Ulrich Wendel (Hrsg.)

Orientierungs-
bibel

SCM R.Brockhaus

SCM
Stiftung Christliche Medien

Dieses Werk einschließlich aller seiner Teile ist urheberrechtlich geschützt. Jede Verwendung außerhalb der engen Grenzen des Urheberrechtsgesetzes ist ohne vorherige schriftliche Einwilligung des Verlages unzulässig und strafbar. Das gilt insbesondere für Vervielfältigungen, Übersetzungen und die Einspeicherung und Verarbeitung in elektronischen Systemen.

Bibeltext:
© Copyright der amerikanischen Originalausgabe:
Holy Bible, New Living Translation, copyright © 1996, 2004, 2007 by Tyndale House Foundation, Carol Stream, Illinois, USA: All rights reserved.
Copyright der deutschen Ausgabe:
© 2002/2006 , SCM-Verlag, Witten

© 2012 SCM R.Brockhaus im SCM-Verlag GmbH & Co. KG
Bodenborn 43 · 58452 Witten
Internet: www.scm-brockhaus.de · E-Mail: info@scm-brockhaus.de

Umschlaggestaltung: Yellow Tree – Agentur für Kommunikation und Design;
www.yellowtree.de
Satz: Satz & Medien Wieser, Stolberg
Druck und Bindung: C.H. Beck, Nördlingen
Gedruckt in Deutschland
ISBN 978-3-417-25168-5
Bestell-Nr. 225.168

Inhaltsverzeichnis

Einführung in die Orientierungsbibel

I. Die Orientierungshilfen beim Bibeltext *8
II. Gott füllt die Zeit: Die Heilsgeschichte verstehen *12
III. Sieben Hauptthemen der Bibel . *32
IV. Mitarbeiter an der Orientierungsbibel..................... *48
V. Einführung in die „Neues Leben"-Bibelübersetzung *49
VI. Mitarbeiter an der „Neues Leben"-Bibelübersetzung *50
VII. Maße, Gewichte und Währungseinheiten *51
VIII. Abkürzungen *52

Das Alte Testament

1. Mose 3
2. Mose 73
3. Mose 131
4. Mose 171
5. Mose 227
Josua 277
Richter 309
Rut 343
1. Samuel 351
2. Samuel 393
1. Könige 429
2. Könige 469
1. Chronik 509
2. Chronik 547
Esra 591
Nehemia 605
Ester 625
Hiob 637
Die Psalmen 675
Die Sprüche 787
Der Prediger Salomo 819
Das Hohelied 831
Jesaja 839
Jeremia 913
Klagelieder 993

Hesekiel 1001
Daniel 1069
Hosea 1093
Joel 1107
Amos 1113
Obadja 1123
Jona 1127
Micha 1131
Nahum 1141
Habakuk 1145
Zefanja 1151
Haggai 1157
Sacharja 1161
Maleachi 1177

Das Neue Testament

Matthäus 1185
Markus 1239
Lukas 1275
Johannes 1331
Apostelgeschichte 1371
Römer 1423
1. Korinther 1449
2. Korinther 1473
Galater 1489
Epheser 1499
Philipper 1509
Kolosser 1517
1. Thessalonicher 1525
2. Thessalonicher 1531
1. Timotheus 1535
2. Timotheus 1543
Titus 1549
Philemon 1553
Hebräer 1557
Jakobus 1575
1. Petrus 1583
2. Petrus 1591
1. Johannes 1597
2. Johannes 1605
3. Johannes 1609
Judas 1613
Offenbarung 1617

Anhang

1. Gattungen und Textformen der Bibel 1643
2. Wohnstätten von Abraham und seinen Nachkommen bis zur ägyptischen Sklaverei 1644
3. Völker, Länder und Orte der Bibel 1644
4. Die Richter: Heimatorte, Regierungszeit und Bibelstellenangaben 1653
5. Davids Familie 1654
6. Propheten der Bibel 1655
7. Reisestationen von Elia 1659
8. Göttliche Wunder durch Elia und Elisa 1660
9. Schafan und seine Nachkommen 1661
10. Gruppen von Psalmen 1662
11. Alphabetische Psalmgebete 1662
12. Gebete der Bibel außerhalb des Psalmenbuchs 1663
13. Seligpreisungen 1664
14. Alttestamentliche Zitate im Neuen Testament 1667
15. Die Wunder von Jesus 1682
16. Die Gleichnisse von Jesus 1683
17. Jüngerkreise von Jesus 1685
18. Das Herrscherhaus von Herodes . 1686
19. Römische Kaiser in neutestamentlicher Zeit 1687
20. Parallelen im Dienst von Petrus und Paulus 1687
21. Predigten und Reden in der Apostelgeschichte 1688
22. Reisewege von Petrus 1689
23. Reisewege von Paulus vor den drei Missionsreisen 1690
24. Christliche Gemeinden in neutestamentlicher Zeit 1690
25. Zur Offenbarung des Johannes . . 1692
26. Hausgemeinden im Neuen Testament 1694
27. Biblische Texte verstehen und auslegen 1694
28. Fahrplan zum Bibellesen 1701
29. Register zu den farbigen Landkarten 1705

Farbtafeln

Zeittafeln
Karten
Pläne

Ausklappseiten

Phasen der Heilsgeschichte
Zusammenschau der Könige von Israel und Juda

Einführung in die Orientierungsbibel

Von den bekanntesten Texten der Bibel hat fast jeder schon einmal gehört: von der Schöpfungsgeschichte, den Zehn Geboten, dem Vaterunser. Viele Christen kennen noch weit mehr Texte aus Gottes Wort. Doch oft sind das einzelne Geschichten, die im Gedächtnis nebeneinanderstehen. Wie hängen sie aber miteinander zusammen? Was gehört wohin in der Bibel? Wie war das noch – wer lebte früher: Mose oder Abraham? Samuel oder Salomo?

Um die Heilige Schrift wirklich zu verstehen, braucht es ein Verständnis für die großen Zusammenhänge. Die übergreifenden Erzählbögen und die roten Fäden, die sich durch die ganze Bibel ziehen, sollte man kennen. Auch ein Einblick in die zeitliche Abfolge der einzelnen Ereignisse ist hilfreich.

Bibeltext mit Rahmenwerk
Zu diesem Zweck wurde die Orientierungsbibel entworfen. Sie will den Lesern auf jeder Doppelseite des Bibeltextes zeigen, wo sie gerade sind: an welcher Stelle innerhalb des betreffenden biblischen Buches und auch an welcher Stelle der großen Geschichte Gottes mit den Menschen.

Der fortlaufende Bibeltext ist deshalb eingebettet in ein Rahmenwerk, das zur Übersicht verhilft. Es besteht aus der Kopf- und der Fußzeile, der Randspalte auf jeder linken Seite und aus mehr als 300 kleinen Textboxen, die in den Bibeltext eingestreut sind. Wozu diese einzelnen Elemente dienen, wird weiter unten erläutert.

Das Besondere an den Orientierungshilfen in dieser Bibelausgabe ist: Sie unterbrechen den biblischen Text nicht. Die Abfolge des Textes bleibt intakt und man kann diese Bibel auch »einfach so« lesen, ohne Seitenblick auf den Rand. Das ist die eine Möglichkeit: die Bibel sozusagen senkrecht, von oben nach unten zu lesen.

Die andere Möglichkeit ist, Seitenblicke zum Rand hin zu tun. Die Orientierungshilfen dort (und oben und unten auf jeder Doppelseite) zeigen die Querverbindungen auf: wie der einzelne Abschnitt mit dem Großen und Ganzen zusammenhängt. So kann man zum Beispiel sehen, welche Position das Kapitel 1. Mose 37 in der Gesamtanlage des ersten Mosebuches einnimmt.

Hummelblick und Adlerblick
Auf diese Weise verbindet die Orientierungsbibel zwei Methoden, die Bibel zu lesen: den Hummelblick und den Adlerblick. Wie eine Hummel jede Blüte einzeln anfliegt und dort verweilt, so konzentriert sich der Hummelblick auf einen einzelnen Bibelabschnitt, vertieft sich in ihn und versucht, alles Nahrhafte und Wohlschmeckende herauszusaugen, was er finden kann.

Der Adlerblick dagegen hat sich ganz hoch geschwungen und kann das gesamte Panorama übersehen. Bibelleser brauchen immer beide Sichtweisen. Um den Adlerblick zu schärfen, dienen die Angaben in der Randspalte, der Kopf- und der Fußzeile. Für den Hummelblick ist der Bibeltext in den übrigen Spalten da. Der Hummelblick wird auch mit jeder anderen Bibelausgabe bedient, die erhältlich ist. Der Adlerblick aber braucht eine besondere Bibelausgabe, die eine Panoramasicht ermöglicht. Das will die Orientierungsbibel sein.

Im Folgenden werden die einzelnen Orientierungshilfen dieser Ausgabe kurz erläutert.

I. Die Orientierungshilfen beim Bibeltext

6. Kurzkommentare zu 7 Hauptthemen der Bibel
1. Reihenfolge der biblischen Bücher
2. Zeitleiste der biblischen Chronologie
5. Angabe der heilsgeschichtlichen Phase
4. Inhaltsangabe für jede Doppelseite
3. Überblick über den Aufbau der biblischen Bücher

1. Die Kopfzeile: Reihenfolge der biblischen Bücher

Quer über jede Doppelseite ist ein Ausschnitt aus der Abfolge der biblischen Bücher abgedruckt. Das betreffende Buch, das man gerade aufgeschlagen hat, ist dabei fett gedruckt. So erfährt man, an welcher Stelle der Bibel sich das gerade gelesene Buch befindet. Weil diese Kopfzeile auf jeder Seite wiederholt wird und der Blick öfter auch unwillkürlich hierhin fallen wird, prägt man sich vielleicht sogar nebenher die Reihenfolge der biblischen Bücher ein, ohne sie mühsam auswendig zu lernen.

Die biblischen Bücher sind auch am Ende des Neuen Testaments so angeordnet, wie es in der Christenheit allgemein üblich ist. Das heißt: Der Hebräer- und der Jakobusbrief sind nach dem Philemonbrief platziert. Einzig die Lutherbibel macht hier eine Ausnahme (weil Martin Luther den Hebräer- und Jakobusbrief für schwächer als die anderen Briefe hielt). Bisher haben sich die meisten Ausgaben der Neues-Leben-Bibel Luthers Reihenfolge angeschlossen. Doch wenn es um Orientierung geht, sollten die Leser mit der Folge vertraut werden, die allgemein anerkannt und in den meisten Bibeln enthalten ist. Deshalb folgt die Orientierungsbibel nicht der Vorgabe Luthers.

Wer die Reihenfolge der neutestamentlichen Bücher bisher nach Luther gelernt hat, kann sich mit einer Gedächtnisstütze für die hier vorliegende Reihenfolge helfen:

Nach den Briefen von Paulus an einzelne Personen (Timotheus, Titus, Philomon) kommen die allgemeinen Kirchenbriefe. Sie beginnen mit der größten Gruppe, den Hebräern. Die Absender der folgenden Briefe sind so angeordnet, wie Paulus in Galater 2,9 die »Säulen der Gemeinde« aufzählt:

»So kam es, dass *Jakobus*, *Petrus* und *Johannes*, die als Säulen der Gemeinde gelten, die Gabe, die Gott mir verliehen hatte, anerkannten ...«

Hier ist von Paulus sicher eine Rangordnung angegeben, wie sie damals galt. Jakobus stand als Bruder des Herrn Jesus vor Petrus. Der andere Bruder von Jesus, Judas, schließt die Reihe der allgemeinen Kirchenbriefe dann ab:

Hebräer → Jakobus → 1. Petrus → 2. Petrus → 1. Johannes → 2. Johannes → 3. Johannes → Judas → Offenbarung.

2. Die Fußzeile:
Zeitleiste der biblischen Chronologie

Am Seitenende ist jeweils quer über eine Doppelseite eine Zeitleiste gesetzt. Sie enthält den Zeitraum, von dem das jeweils aufgeschlagene biblische Buch handelt, und stellt diese Zeit in den größeren Zusammenhang. (Die Abfassungszeiten der biblischen Bücher, soweit man sie überhaupt ermitteln kann, sind hier nicht berücksichtigt.)

Für den Auszug aus Ägypten und die Landnahme sind in dieser Zeitleiste zwei verschiedene Möglichkeiten angegeben. In der theologischen Wissenschaft wird seit längerer Zeit die Spätdatierung (Exodus um 1270 v.Chr.) deutlich bevorzugt. Auch viele konservative Werke zur Bibel halten diese Möglichkeit für denkbar (so z.B. das Lexikon zur Bibel, hg. von Fritz Rienecker und Gerhard Maier). Diese Spätdatierung steht allerdings nicht im Einklang mit der Chronologie, wie sie sich aus der Zusammenschau bestimmter Schriftstellen zwangsläufig ergibt.

Die innerbiblisch vorausgesetzte Frühdatierung (Exodus ca. 1446 v.Chr.) gewinnt in der Wissenschaft zunehmend Fürsprecher, denn einige archäologische Befunde werden neu bewertet. Aus diesem Grund ist in der Zeitleiste die Spätdatierung durch graue Hinterlegung zurückhaltend dargestellt.

Zusätzlich zu wichtigen Ereignissen sind ausgewählte Personen der biblischen Geschichte eingetragen. Bei den Königen nach Salomo ist jeweils angegeben, ob sie das Nord- oder das Südreich regierten.

Eine weitere, umfassende Zeittafel ist auf den farbigen Seiten im Anhang dieser Bibel zu finden. Hier ist allein die Frühdatierung des Exodus wiedergegeben.

3. Der Überblick über den Aufbau der biblischen Bücher

Fast jedes biblische Buch hat seine innere Gliederung, und der Bibeltext zeigt diese Gliederung auch oft durch bestimmte Hinweise an. Es ist für das Verständnis eines einzelnen Abschnitts bedeutsam zu wissen, an welche Stelle des Buches er gehört.

So hat z.B. das Buch des Propheten Hesekiel einen Teil, der eher Unheilsprophetien für Gottes Volk enthält, einen weiteren, der sich an Völker außerhalb Israels richtet, und schließlich zwei Teile, in denen es um Wiederherstellung und heilvolle Zukunftsschau geht. Oder der Römerbrief hat grundsätzlich darlegende Teile wie auch ethisch anwendende. Ein kurzer Blick in die linke Spalte zeigt, wie der gerade gelesene Bibelabschnitt sich zuordnet.

Weil die einzelnen biblischen Bücher unterschiedlich lang sind, sind auch die grauen Kästen in der Leiste am linken Seitenrand unterschiedlich groß. Bei einem Buch mit vielen Kapiteln sind die Kästen kleiner (z.B. bei den Psalmen). Wenn ein Buch nur wenige Kapitel hat, sind die Kästen größer (z.B. bei Amos). Die schematische Leiste für den Aufbau der biblischen Bücher hat also nicht überall denselben Maßstab.

Eine zusätzliche Orientierungshilfe ist der »Tönungsgrad« am linken Rand der schematischen Leiste. Je dunkler der Balken getönt ist, desto mehr biblische Kapitel sind hier vertreten. Je heller er ist, desto weniger Kapitel sind angegeben. Die schematische Leiste zum ersten Buch Mose ist dafür ein gutes Beispiel.

4. Die Inhaltsangabe für jede Doppelseite

Wenn man die Bibel irgendwo aufschlägt und zu lesen beginnt, ist es nützlich, einen schnellen Überblick zu haben, worum es auf der betreffenden Doppelseite gerade geht. Dazu hilft die weiße Textbox im unteren Drittel der linken Spalte. Sie enthält nicht nur die Angabe der Kapitel, die von der betreffenden Doppelseite abgedeckt sind, sondern auch eine kurze Inhaltsangabe. Zusammen mit den fett gedruckten Zwischenüberschriften liefert diese Inhaltsangabe eine rasche erste Orientierung. Sie ist auch hilfreich, wenn man eine bestimmte Stelle aufblättern will, von der man nur ungefähr weiß, wo sie steht.

5. Die Angabe der heilsgeschichtlichen Phase

In der grauen Textbox unten in der linken Spalte steht eine Art Zeitangabe. Hier ist aber nicht einfach ein bestimmter datierbarer Zeitraum gemeint, sondern jeweils der Abschnitt im Ablauf von Gottes Heilsgeschichte, der für die aufgeschlagenen Kapitel zutrifft.

Dieser Angabe liegt eine bestimmte Auffassung von Gottes Heilsgeschichte zugrunde, nämlich dass Gott zu verschiedenen Zeiten verschiedene Weisen hat, mit den Menschen umzugehen. Dieses Verständnis von Heilsgeschichte wird in Kapitel II dieser Einführung ausführlich erläutert. Dort werden auch die acht verschiedenen Phasen genannt, in die man die Geschichte Gottes mit der Welt gliedern kann.

Wichtig zu beachten ist: Es handelt sich hier nicht um ein starres Schema, sondern um eine zusätzliche Verstehenshilfe. Die einzelnen heilsgeschichtlichen Phasen sind nicht strikt voneinander abgetrennt, sondern es gibt Übergänge zwischen ihnen. Jeder Text aus Gottes Wort spricht grundsätzlich zu allen Zeiten und auch heute – egal, welcher Geschichtsepoche man ihn zuordnen kann.

6. Die Kurzkommentare zu sieben Hauptthemen der Bibel

Jedes Buch der Bibel ist wie eine eigene Welt. Viele Bücher haben ihren besonderen Sprachstil oder auch ihre eigene Auffassung von Gott. Gott hat sein Wort unterschiedlichen Autoren anvertraut.

Andererseits gibt es eine erstaunliche Einheit der Heiligen Schrift – obwohl die Autoren so verschieden waren und zu unterschiedlichen Zeiten gelebt haben. Und es gibt Hauptthemen, die sich wie rote Fäden durch die gesamte Schrift ziehen. Wer Gottes Wort als Ganzes erfassen möchte, tut gut daran, bei solchen thematischen Lebensadern, bei solchen Nervenbahnen der Selbstkundgabe Gottes zu beginnen.

Aus vielen möglichen biblischen Hauptthemen wurden in der Orientierungsbibel sieben ausgewählt:

- Gott redet
- Erwählung
- Bundesschlüsse
- Gott befreit
- Gottes Liebe, Gottes Zorn
- Die Antwort des Menschen
- Hinweise auf den Messias

Für jedes dieser Themen sind zwischen 40 und 80 Bibeltexte ausgesucht worden, die jeweils in einer Textbox an der entsprechenden Stelle kommentiert werden. Die Kommentare zu jedem Thema sind untereinander verknüpft, sodass sich eine thematische Kette ergibt. Wo auch immer man in der Orientierungsbibel auf eine kommentierende Textbox stößt, kann man von dort aus den roten Faden zu diesem Thema nach rückwärts oder vorwärts weiterverfolgen. Dazu dient die Angabe der in der Kette vorausgehenden und folgenden Bibelstellen am Ende jeder Textbox.

Für jedes der sieben Themen gibt es in Kapitel III dieser Einführung eine theologische Zusammenfassung. Dort steht auch, mit welcher Schriftstelle jeder der sieben roten Fäden startet und welche Bibelstellen zu jedem Thema behandelt werden.

7. Die Einführungen zu den biblischen Büchern

Vor jedem biblischen Buch steht in der Orientierungsbibel eine kurze Einführung. Sie enthält keine umfassende Darstellung der Verkündigung des betreffenden Buches, sondern bietet lediglich eine Inhaltsangabe. Das wird es erleichtern, in das Buch hineinzufinden.

Außerdem werden die wichtigsten Personen, die in diesem Buch vorkommen, und die wichtigsten Orte aufgezählt. Mit manchen vielleicht fremdartig klingenden Eigennamen dieses biblischen Buches kann man sich so schon einmal vertraut machen.

8. Der Anhang

Im Anhang dieser Ausgabe finden sich sowohl Artikel zum Verstehen der Bibel als auch Übersichten und Diagramme, z.B. über Textgattungen, Personen, Reisewege und Orte in der Bibel.

Die Farbseiten im Anhang enthalten Zeittafeln, Landkarten und Grundrisse.

9. Ausklappseiten

Am Ende dieser Bibel sind zwei Ausklappseiten angefügt. Jeweils eine davon kann so ausgeklappt werden, dass sie stets neben der aufgeschlagenen Bibel sichtbar ist. Die eine Seite enthält eine Übersicht über die Könige Israels und Judas zur Zeit des Alten Testaments. Beim Lesen der Königs- und Chronikbücher kann man so die einzelnen Berichte leichter einordnen. Die andere Ausklappseite bietet einen Überblick über die Abfolge der heilsgeschichtlichen Epochen, wie sie in Kapitel II dieser Einführung jetzt beschrieben wird.

II. Gott füllt die Zeit: Die Heilsgeschichte verstehen

»Die Zeit ist erfüllt, das Reich Gottes ist nahe« (Jesus in Mk 1,15).

Der Glaube an den Gott Abrahams, Isaaks und Jakobs, den Vater von Jesus Christus ist in mehrfacher Hinsicht einzigartig. Eine seiner Besonderheiten ist, dass Gott sich im Verlauf der Geschichte immer wieder zu erkennen gibt. Dabei verändert sich der Lauf der Geschichte. Wenn Gott sich gezeigt hat oder eingegriffen hat, sind die Verhältnisse seitdem nicht mehr dieselben wie bisher. Etwas Neues ist gesetzt. Manche Gegebenheiten der Zeit zuvor sind überwunden.

Epochen und Phasen
Daraus ergibt sich ein Ablauf der Geschichte, der gegliedert ist. Man kann verschiedene Epochen unterscheiden. Dieser Sachverhalt wird traditionell »Heilsgeschichte« genannt. Wenn der Apostel Paulus von der »Haushalterschaft Gottes« spricht (Eph 1,10 im Grundtext; in dieser Bibel: »wenn die Zeit dafür gekommen ist«), dann hat er damit wahrscheinlich auch diese von Gott gestaltete Zeitenfolge gemeint: den Plan Gottes, der von Anbeginn gefasst war, sich dann irgendwann erfüllt und dann auch offen erkennbar zutage liegt (siehe Eph 3,2-11). Die Formulierung »als der festgesetzte Zeitpunkt da war« (Gal 4,4) verrät ebenfalls diese Auffassung.

Einzigartig ist dieses Merkmal des biblischen Glaubens, weil viele andere Religionen und Weltanschauungen ein völlig anderes Zeitverständnis haben. Vielfach ist es zyklisch, das heißt, der Weltlauf bewegt sich letztlich im Kreis und alles Gewesene kehrt irgendwann und irgendwie einmal wieder. Oder die Zeit wird gleichförmig, ohne wirkliche Unterscheidungen, gesehen. Demgegenüber ist die jüdisch-christliche Auffassung von der Zeit linear, das heißt, sie bewegt sich wie auf einem Zeitstrahl vorwärts, einem Ziel entgegen, und kehrt nicht wieder an einen Ursprung zurück.

Gott reagiert und setzt neu an
Im Verlauf dieses Zeitstrahls ist nicht ein Abschnitt wie der andere, sondern weil Gott immer wieder eingreift, gibt es eben unterschiedliche Epochen. Dabei entspricht das, was jeweils neu hinzukommt, durchaus nicht in jedem Fall einem ewigen Plan, den Gott schon so vor Grundlegung der Welt festgelegt hätte. Zumindest einige der neuen Setzungen sind veranlasst durch das Verhalten der Menschen oder von Gottes Volk. Es hat so gehandelt, dass Gott sich veranlasst sah, darauf zu reagieren.

Zum Beispiel ist das Königtum Israels nicht Gottes ursprüngliche Absicht gewesen. Gott wollte immer selbst König seines Volkes sein. Doch sein Volk rief nachdrücklich nach einem König; Gott ging darauf ein, übernahm die Initiative, berief und bevollmächtigte einen König (Saul) – und damit begann ein neuer Abschnitt in der Geschichte des Volkes Gottes (siehe 1 Sam 8). Ein Abschnitt, der dann sogar zu einer wesentlichen Wurzel der Sendung des Messias Jesus, des »Sohnes Davids« (des Königs, der Gott am nächsten war), geworden ist. Dieser Hoheitstitel von Jesus – Sohn Davids – ist nicht denkbar ohne das Königtum Israels – desjenigen Königtums, das Gott abweichend von seiner ursprünglichen Absicht erst als Antwort auf das Verhalten seines Volkes eingesetzt hat.

Hier begegnen wir dem Geheimnis, dass Gott aus den negativen Wirkungen der Menschen etwas Neues schafft, das den Ausgangszustand sogar noch übertrifft. Das ist ein Charakterzug seiner Heilsgeschichte.

»Heilsgeschichte« besteht also aus einem geheimnisvollen Zusammenspiel von Gott und Mensch. Immer behält Gott souverän die Initiative und er ist es, der Neues setzt. Das Nacheinander der einzelnen Zeitabschnitte ist keine logische Abfolge mit innerer zwingender Notwendigkeit. Notwendigkeit hieße: Gott »musste« so handeln.

Doch der Gott der Bibel »muss« nichts. Wenn er handelt, dann aus gnädiger Verbundenheit – aus Liebe.

Rote Fäden in der Geschichte

Wenn von einer Gliederung der Geschichte in Epochen die Rede ist, dann hat zwar jeder Abschnitt seine Besonderheit. Dennoch sind es nicht voneinander strikt abgegrenzte Phasen, zwischen denen tiefe Trennungsstriche oder Zäsuren wären. Dann hätten die einzelnen Epochen wenig miteinander zu tun. Gott setzt zwar immer wieder etwas Neues, doch die Gemeinsamkeiten der Epochen sind zumeist größer als die Unterschiede. Es ist ja immer ein und derselbe Gott, der handelt und der sich dabei treu bleibt. Sein Wesen ist dasselbe und es sind – bei genauem Hinschauen und ausreichendem Nachdenken – auch wiederkehrende Grundmuster seines Handelns abzulesen:

Immer ergreift Gott das Wort und spricht. Durchgehend überwindet seine Liebe und Barmherzigkeit seinen Zorn. Immer wieder befreit Gott sein Volk aus der Unterdrückung. Immer wieder erwählt er sich Menschen, die nach außen hin und nach den Maßstäben dieser Welt kaum Erfolgsaussichten haben. Immer wieder bietet er seinem Volk ein Gemeinschaftsverhältnis zu ihm an, das den Charakter eines Bundesschlusses hat.

Die in sich gegliederte Heilsgeschichte ist also durchgängig von »roten Fäden« durchzogen. Sie haben ihre Ursache eben darin, dass Gott sich treu bleibt. Diese roten Fäden sind keine starren Prinzipien, die man um jeden Preis überall wiederfinden müsste. Prinzipien folgen ja immer einer bestimmten Notwendigkeit, einem Muss – und der Gott der Bibel ist, wie gesagt, keinem Muss unterworfen. Doch im aufmerksamen Beobachten der Geschichte, wie sie uns in der Heiligen Schrift aufgezeichnet ist, kann man eben einige von Gottes Wesenszügen und Handlungsmustern erkennen. Sie greifen über alle einzelnen Epochen hinweg.

Die innere Gliederung der Heilsgeschichte wäre also missverstanden, wenn man sie zu strikt in Abschnitte unterteilen würde und ein Zeitensystem herstellen würde, in dem man alles in Kästchen sortieren könnte. Dagegen sperren sich die Berichte – erkennbar zum Beispiel auch daran, dass die Abschnitte nicht scharf voneinander abgegrenzt sind, sondern oft durch Übergangsphasen verknüpft sind. Doch grundsätzlich ist es klärend und wichtig, ein Verständnis für Gottes Geschichte zu gewinnen, um zu begreifen, wie er sich im Ablauf der Zeit auf so verschiedene Weise zu erkennen geben kann und wie seine Erwartungen an sein Volk im Lauf der Zeiten unterschiedliche Schwerpunkte angenommen haben.

Im Folgenden sollen die verschiedenen Epochen von Gottes Geschichte beschrieben werden. Das kann nur in aller Vorsicht geschehen. Wir können ja immer nur im Nachhinein beobachten, was sich ereignet hat und wie es uns in der Bibel überliefert ist. Nie könnte man vorab sagen, was als Nächstes folgen müsste. Es gibt ja eben kein überzeitliches ordnendes Prinzip außer dem Wesen des lebendigen Gottes selbst. Den Lauf von Gottes Heilsgeschichte zu beschreiben, heißt also im tiefsten Sinn des Wortes nach-zudenken.

1. Urgeschichte

Schon immer haben Bibelleser empfunden, dass die ersten Kapitel der Bibel auf eine Zeit ganz eigener Art zurückblicken. Sie schildern ja wenigstens zu Beginn Dinge, bei denen kein Mensch dabei gewesen ist. Spätere Ereignisse der Geschichte wie die Sintflut oder der Turmbau von Babel haben dann zwar durchaus ihre Spuren in der Geschichtsschreibung der Völker und der Archäologie hinterlassen. Doch was die ersten Kapitel der Bibel erzählen, greift über alle Geschichte hinweg. Darin liegt ihre Besonderheit.

Immer geht es nämlich um Grundmuster menschlichen Verhaltens. Der Mensch in seinem Wesen wird gezeigt: als jemand, der zur Gemeinschaft mit Gott geschaffen ist, der aber notorisch rebelliert, der tötet und unterdrückt, der sein eigenes Leben ins Grenzenlose steigern will. Es scheinen menschliche »Urbilder« zu sein, denen wir hier begegnen. Mit gutem Grund also kann man diese erste Zeit als »Urgeschichte« abgrenzen. Sie reicht von 1. Mose 1 bis 1. Mose 8 oder 11.

Eine Geschichte der Sünde
Der Erzählbogen dieser Kapitel lässt sich gut anhand der »Sündenfälle« des Menschen aufzeigen. Das erste Menschenpaar geht der Lüge auf den Leim, unterschätzt Gottes Gabenfülle und übertritt Gottes Verbot – das ist Rebellion gegen Gott (1Mo 3). Darauf folgt der erste Mord der Menschheit: der soziale Sündenfall (1Mo 4). Er setzt sehr bald sein Gift frei und vervielfältigt sich (4,24). Später ereignet sich ein rätselhafter eigenmächtiger Übergriff aus der Welt des Göttlichen (1Mo 6,1-4). Wie sehr sich die Rebellion gegen Gott und gegeneinander ausgebreitet hat, zeigt die Bestandsaufnahme kurz vor der großen Flut: »dass die Bosheit der Menschen groß war und dass alle ihre Gedanken durch und durch böse waren« (6,5). Am Ende der Entwicklung (und am Ende des Erzählbogens) steht der »kulturelle Sündenfall«: Die Menschheit möchte sich aufgipfeln bis zum Himmel (1Mo 11,1-9). Jedes Mal greift Gott ein und setzt eine Grenze. In dieser Abfolge liegt eine innere Einheit dieser Kapitel 1-11.

Die Menschheit entsteht
Die Besonderheit dieser Zeit, die später so nie wieder kommt, zeigt sich auch an den unermesslich hohen Lebensaltern der Menschen. Dreistellige Jahreszahlen bis hinauf zu mehr als 900 Jahren werden vermerkt – das ist weit entfernt davon, wie die Bibel sonst den Menschen beschreibt (Ps 90,10). Vielleicht ist der Sinn dieser »ur-alten« Lebenszeiten nicht allein der, dass Menschen damals länger lebten als seitdem. Vielleicht soll dadurch einfach zunächst die Gründung der Menschheit dargestellt werden. Wenn jemand mit 60 oder 100 oder 160 Jahren Nachkommen zeugt und dann noch mehrere hundert Jahre weiterlebt und wenn seine Nachkommen jeweils auch im selben Alter Nachkommen zeugen und dann noch ebenso lange weiterleben, dann entsteht ja nach und nach eine Menschheit, die über lange Strecken gleichzeitig lebt. Beschrieben wird also nicht einfach nur eine Generationen-*Folge*, sondern das Anwachsen einer Menschheit, die dann *miteinander* lebt – so wie das Geläut eines Kirchturms erst mit einer Glocke einsetzt, dann kommen weitere Glocken hinzu, der Klang wird voller und voller, und wenn die erste Glocke ausschwingt und ausklingt, läuten die anderen noch weiter: Der Gesamtklang steht noch lange in der Landschaft. Wenn die »uralten« Lebenszeiten der Menschen so aufzufassen sind, dann wäre auch auf diese Weise ein Ur-Anfang beschrieben.

Die wichtigere Bedeutung der Urgeschichte liegt also nicht in geschichtlicher Information, sondern in den ur-menschlichen Bestimmungen, Regungen und Neigungen des Menschen, der vor Gott lebt und der vor Gott flieht. Das ist der Mensch.

Die biblische Urgeschichte hat auch darin ihren ganz eigenen Charakter, dass sie eben die gesamte Menschheit beschreibt (so auch in 1Mo 10). Später wendet sich die biblische Geschichtsschreibung dem Volk Gottes zu und vor allem den »Erzvätern« (Abraham, Isaak, Jakob). Von daher hat man einander gegenübergestellt: Urgeschichte – Vätergeschichte. Oder: Menschheitsgeschichte – Volksgeschichte. Diese Unterscheidungen haben etwas Richtiges gesehen. Die Bibel selbst benennt diese Zeit als »Urzeit« (1Mo 6,4). Auch Jesus spricht von der Besonderheit dieses Ur-Anfangs (Mt 19,4: »im Anfang« [so wörtlich]; 19,8: »ursprünglich« [oder: »von Anbeginn«]), er erkennt diese Zeit also als eine eigene Epoche an.

Urgeschichte als Heilsgeschichte

Eine andere Unterscheidung (die ebenfalls vorgeschlagen wurde) trifft dagegen nicht zu: Mit der Urgeschichte sei die *Welt*geschichte behandelt – und dann folge (mit der Vätergeschichte) die *Heils*geschichte. Gott habe also zunächst die Welt und die Menschheit geschaffen (Urgeschichte) und danach begonnen, rettend einzugreifen und Heil hineinzubringen (Heilsgeschichte). Das ist mit Sicherheit falsch. Denn schon von Anfang an hat Gott rettend eingegriffen und Heil geschaffen, auch in der Urgeschichte: Das erste Menschenpaar, das rebelliert hat, erfährt im Gericht – der Mensch ist nun sterblich – auch Gottes Fürsorge. Gott selbst macht ihnen Kleidung und hilft ihnen, die Folgen ihrer Tat zu tragen. Der erste Mörder der Menschheit, Kain, muss harte Folgen seiner Tat tragen, steht aber dennoch unter Gottes gnädigem Schutz. Zweifellos ist bereits die Urgeschichte zugleich Heilsgeschichte.

Verbindungen zu anderen Zeiten

Diese Beobachtung weist uns wieder darauf hin, dass man die Epochen von Gottes Geschichte nicht zu strikt voneinander abgrenzen darf. Eine weitere – formale – Beobachtung bestätigt das: Das erste Buch Mose ist literarisch gegliedert durch stereotyp wiederkehrende Formulierungen: »Dies ist das Verzeichnis ...« Der oder die Verfasser haben hier ein bewusstes, wiedererkennbares Gliederungssignal gesetzt. Dieses Signal findet sich aber in 1. Mose 5; 6; 10; 11; 25; 36; auch 4. Mose 3 – mit andern Worten: dieses Signal verknüpft die Urgeschichte mit der nachfolgenden Geschichtsschreibung.

Die Bibel wollte offenbar mit den ersten Kapiteln durchaus Ur-Gegebenheiten der Menschheit zeigen, aber diese Epoche nicht völlig loslösen von der übrigen Darstellung.

Bis wann reicht die Darstellung der Urgeschichte? Zumeist wird der Wechsel zum Neuen in 1. Mose 12 gesehen: weil hier Gott neu mit einem Einzelnen beginnt, weil hier mit Abraham die Vätergeschichte beginnt. Doch schon in den Kapiteln zuvor wird die Herkunft Abrahams beschrieben (11,10-32). Und der Bundesschluss mit Noah (1 Mo 9) hat eine bis ans Ende der Zeiten reichende ungeminderte Bedeutung. Deshalb wird man die Schilderung der Urgeschichte besser bis 1. Mose 8 ansetzen. Kapitel 9–11 sind Übergänge: Hier wird auch noch Urmenschliches gezeigt (der Turmbau zu Babel, Kapitel 11) und es werden die Völker der damaligen Welt behandelt (Kapitel 10). In 1. Mose 12 jedoch schlägt Gott ein neues Kapitel auf.

2. Vätergeschichte

»Der Herr redete zu Abram« (1 Mo 12,1): Aus der Menge der Menschheit greift Gott einen Einzelnen heraus und wendet sich ihm zu. Das ist der Begin der Vätergeschichte. Gott fokussiert seine Aufmerksamkeit und seine Absichten auf eine Linie, die er dann konsequent und unbeirrbar verfolgt. Mit dieser Linie wird er auch zum Ziel kommen. Von den Menschen, die zu dieser Linie gehören – den »Vätern« Abram/Abraham, Isaak und Jakob sowie deren Familien – wird erwartet, dass sie sich

- *Gott anvertrauen*, dass sie
- auf ihn *warten* und dass sie
- zu gegebener Zeit mutig *handeln*.

Die Spannung zwischen diesen beiden Haltungen, warten und handeln, bildet das wichtigste Thema der Vätergeschichten.

Die Dramatik dieser Epoche entsteht dadurch, dass die von Gott Erwählten irgendwann ihren Lebensweg in die eigene Hand nehmen, eigene Richtungsentscheidungen treffen, Gottes Eingriff vorgreifen und so Tatsachen schaffen, die ursprünglich nicht in Gottes Absichten enthalten waren. Dadurch entstehen Nebenlinien, die nun in die Hauptlinie von Gottes Weg eingeflochten sind. Gott reagiert darauf und ordnet die Folgen menschlicher Abwege in seine Wege ein. Deutlich ist aber, dass der Weg des wartenden Vertrauens der eigentliche gewesen wäre.

Bund und Erwählung
Die prägende Zusage dieses heilsgeschichtlichen Abschnittes ist der *Bund* mit Abram/Abraham, der mehrfach bekräftigt wird. Diese Gabe ist nicht auf die Väterzeit beschränkt, sondern bleibt weit über sie hinaus in Kraft.

Wenngleich sich Gottes Geschichte auf die Nachkommenschaft Abrams konzentriert, ist diese Linie einem weiten Horizont zugeordnet. Indem Gott die Linie von Abrams Nachkommen segnet, sind zugleich alle Sippen der Erde gesegnet (1Mo 12,3). Von dem Einen ausgehend will Gott letztlich die Vielen erreichen. So ist auch der konkrete Lebens- und Wanderweg der Väter eingezeichnet in die »Welt« und ihre Geschichte. Die Patriarchen ziehen zwischenzeitlich nach Ägypten und halten Beziehung zu Mesopotamien. Die Städte Sodom und Gomorra spielen eine Rolle, Philisterkönige kreuzen den Weg der Väter. Doch Gottes Zuwendung zu seiner Welt besteht in der Väterzeit vorwiegend darin, dass er an Abram und seinen Nachkommen handelt – andere Menschen und Völker erscheinen hier nur am Rande.

Gott redet dementsprechend vorwiegend zu den Patriarchen. Abram/Abraham, Isaak und Jakob sind die Angeredeten. Andere machen nur selten die Erfahrung, von Gott unmittelbar angesprochen zu werden, z.B. Rebekka, die Mutter von Jakob und Esau. Die Sklavin Hagar und die Philisterkönige von Gerar erfahren zwar auch Gottes Reden, aber nur deswegen, weil die Erwählten eigenmächtig in ihren Lebensweg eingegriffen haben und Gott das nun in Verbindung mit seinem Erwählungsweg bringen will. Selbst Sara, die Mutter des versprochenen und lange erhofften Sohnes, ist keine Adressatin von Gottes Anrede, ebenso wenig wie Josef, der doch eine Schlüsselrolle für das Überleben der Väter-Sippe spielt. Er träumt zwar Dinge, die dann so auch eintreffen, und er kann Träume deuten, obwohl das eigentlich Sache Gottes ist, doch die Formulierung »Der HERR sprach« lesen wir bei ihm nicht.

Beginn und Ende dieser Epoche
Der Beginn der Väter-Epoche ist nicht ganz scharf zu fassen. Der Erzählfaden des ersten Buches Mose setzt zweifellos mit der Anrede Gottes an Abram in Kapitel 12,1 einen Anfang; das findet in Haran statt. Doch dieser Anfang – Abram soll seine Heimat verlassen und in das versprochene Land ziehen – hat eine Vorgeschichte in 11,31-32: schon hier ein Bericht über einen Auszug. Die geschichtliche Zusammenfassung in Apostelgeschichte 7,2-3 sieht die Berufung Abrams (von der man in 1Mo 12,1 erfuhr) schon in Ur – wovon in 1. Mose 11,31 die Rede ist.

Die Erzählung von dieser Epoche endet deutlich in 1. Mose 50. Doch die Kapitel zuvor – die Josefsgeschichte – sind schon eine Phase des Übergangs. Denn Josef ist nur einer von zwölf Söhnen Jakobs; seine Bedeutung ist also nicht gleichrangig mit der der drei Patriarchen. Josef erlebt zwar erkennbar Gottes Handeln, aber nicht Gottes Anrede. Im Rahmen der Josefserzählung meldet sich Gott dann direkt zu Wort, wenn er Jakob (nicht Josef) anspricht. Dadurch ergibt sich ein Überleitungscharakter der Kapitel 37–50, der an die Schwelle zur folgenden Epoche führt.

Einige Ausleger ordnen auch das Buch Hiob dieser Epoche zu, denn die Lebenswelt Hiobs ist mit der von Abraham gut vergleichbar. Andererseits deuten einige sprachliche und kulturelle Einzelheiten im Hiobbuch auf spätere Zeiten hin. Die Art, wie Gott sich kundgibt, und das Gesamtthema des Hiobbuchs sind jedoch zeitlos und nicht auf die Merkmale der Väterzeit beschränkt.

Die Väterzeit hat ihre oben beschriebenen Besonderheiten, doch ist sie vielfach mit den Epochen vorher und nachher verbunden. Gott kommt zum Ziel – wie auch schon gegenüber den menschlichen Rebellionen in der Urgeschichte und wie auch später. Der Abrahambund ist noch Tausende Jahre später in Geltung. Die Herausforderung, sich auf Gott zu verlassen und aus dieser Haltung heraus zu warten und dann zu handeln, ist Gottes Volk zu allen Zeiten gegeben.

3. Zum Sinai, vom Sinai her: Gott schafft sich ein Volk

Im Gegensatz zu den Vätergeschichten begegnet uns in der nachfolgenden Epoche – beschrieben vom zweiten Buch Mose an bis hin zum Richterbuch – ein ganzes Volk. Das Versprechen an Abram/Abraham, er solle eine unzählbar große Nachkommenschaft haben, hat sich erfüllt.

Gott schafft sich sein Volk in mehreren Schritten:
- Er *befreit* es aus der ägyptischen Sklaverei.
- Er *sammelt* es um den Sinaibund und um die Weisung (das sogenannte Gesetz). Hier soll sein Volk die innere Mitte haben.
- Er *ermöglicht Nähe* zu sich *und Umgang* mit sich durch die Gaben des Gottesdienstes, der Opfer und der Versöhnung.
- Und er *führt* das Volk in das versprochene Land, wo es sich *ansiedeln* kann.

Der Bund und der Name Gottes

Neben dem Sinaibund ist eine weitere für diese Zeit charakteristische Grundgabe der *Name Gottes*. Schon zuvor hatten Glaubende Gott bei seinem Namen *Jahwe* genannt (1Mo 4,26), doch erst jetzt wird dieser Name beschrieben und inhaltlich gefüllt. Das geschieht dreifach auf der Linie von 2. Mose 3,13-16; 20,2-6; 33,19–34,7 – das sind alles Selbstkundgaben Gottes am Berg Horeb bzw. Sinai. Gott knüpft die Offenbarung seines Namens daran an, wie er sich den Vätern zu erkennen gegeben hat: »Ich bin der Gott deiner Vorfahren – der Gott Abrahams, der Gott Isaaks und der Gott Jakobs«. Er stellt sich aber darüber hinaus vor als
- der *zugewandt Daseiende* (2Mo 3),
- der *Befreiende* (2Mo 20) und
- der, *dessen Barmherzigkeit seinen Zorn weitaus überwiegt* (2Mo 33–34)

Mit dem Namen Jahwe, der dies alles bedeutet, will Gott jetzt gekannt und angeredet sein.

Wie Gott redet

Die Anrede Gottes, die an Abraham, Isaak und Jakob sehr unmittelbar war, ist jetzt für Gottes Volk nicht mehr so direkt erfahrbar. Vermittler sind nötig, zu denen allein Gott unmittelbar spricht. Diese Vermittler sind vor allem Mose und Aaron; von Aaron her die Priester; außerdem treten Propheten auf (Mirjam, die Schwester Moses, später noch einige im Richterbuch) und einige der Volksführer, die »Richter« genannt werden, hören Gottes Reden direkt. Einmal sind es auch siebzig Führende unter den Ältesten, die prophetisch reden.

Bezeichnend für diesen heilsgeschichtlichen Abschnitt ist die Einheit von politischem Führer und Boten Gottes: Mose, Aaron, Josua und die Richter sind zugleich Volksführer wie auch Anführer im Gottesverhältnis. Diese Verbindung wird sich später auflösen.

Umgang mit Gott

Für die gewöhnlichen Angehörigen des Volkes Gottes bleibt die Möglichkeit, auf die Vermittler zu hören, die niedergelegte Weisung Gottes (das »Gesetz«) zu befolgen und auf die mitziehende Wolken- und Feuersäule zu blicken. Die Bundeslade ist der Ort, an dem Gott gegenwärtig ist. Mit den Opfern ist die Möglichkeit geschenkt, sich als Sünder mit Gott versöhnen zu lassen.

Die Aufgabe des Volkes Gottes besteht darin, sich als Gottes Eigentum und Bundespartner zu bewähren und auf den kundgegebenen Namen Gottes ausgerichtet zu bleiben. Die ablenkenden Gegenkräfte sind Unzufriedenheit und beschönigende Erinnerung an die Vergangenheit als Sklaven, ferner der Wunsch nach sichtbaren Göttern und die Orientierung an den

Göttern der Nachbarvölker. Aus dem Wechselspiel zwischen Gottes Berufung und den genannten Gegenkräften entsteht die Dramatik dieser Epoche, die sich bis in die Zeit der »Richter« durchzieht und dort sogar verstärkt. Das Volk ist dabei noch nicht so sehr als nationale Einheit gesehen wie später, sondern ein Verbund von Stämmen, die mal mehr, mal weniger kooperieren. Wenngleich sich Gottes Aufmerksamkeit stark auf sein erwähltes Volk konzentriert, sind doch die anderen Nationen nicht völlig aus dem Blick geraten: An Gottes Volk soll Gottes Weisheit und erwählende Liebe sichtbar werden (5Mo 4,6-7).

Das Ende dieser Epoche
Auch dieser heilsgeschichtliche Abschnitt hat kein klar abgegrenztes Ende. Samuel, der im ersten nach ihm benannten Buch eingeführt wird, wirkt einerseits noch wie ein »Richter« (1Sam 7,15–8,3) und ist so mit der hier beschriebenen Epoche verbunden. Andererseits hat er auch eine Prophetenaufgabe und ist dem König als Gegenüber gesetzt (1Sam 3,19-21; 9,16). Auch erscheint Israel jetzt eher als Einheit (3,20). Damit gehört Samuel schon in die Epoche der Könige und Propheten. Wie die Geschichtsabschnitte zuvor mündet auch diese in eine Übergangsphase.

Der Abschnitt, in dem Gott sich um das Sinaigeschehen herum sein Volk schafft, enthält – bei allen Besonderheiten – doch wesentliche Merkmale, die auch in anderen Zeiten gelten: den Bund; die Erwählung und Verpflichtung, ein heiliges Volk Gottes zu sein; die Weisung (das Gesetz); den Namen Gottes, Jahwe; die Verheißung des Landes; die Möglichkeit, in Gottes Nähe zu kommen, die durch Versöhnung geschaffen wird.

4. Zeit der Könige und Propheten

Anders als bei den vorhergehenden Zeitabschnitten steht am Beginn dieser Epoche kein Eingreifen Gottes. Gott schuf, Gott sprach, Gott erschien – so nahmen die bisherigen Abschnitte ihren Anfang. Die Zeit der Könige und Propheten aber wird ausgelöst durch einen Wunsch im Volk Gottes, den Gott zunächst gar nicht gutheißt. Beschrieben wird diese Epoche in den Samuel-, Königs- und Chronikbüchern.

Das Königtum – nicht Gottes erste Wahl
Gottes Volk soll jetzt durch einen König geleitet werden: Dieser Wunsch ist zum einen veranlasst durch die beeindruckenden Beispiele der umliegenden Völker, zum anderen durch den inneren Niedergang des israelitischen Stämmeverbundes, wie er am Schluss des Richterbuches beschrieben wird. Gott selbst hätte weiter daran festgehalten, dass er allein und kein Mensch der König seines Volkes ist, aber er geht auf den Wunsch der Menschen ein.

Die Beschreibung des Königtums in der Bibel geschieht von einem sehr kritischen Standpunkt aus. Der erste König, Saul, ist ein Fehlstart (und erinnert an einen früheren gescheiterten Versuch: Abimelech, Ri 9). Erst mit Sauls Nachfolger David tritt ein König nach Gottes Herzen auf. In der Folge erhalten nur sehr wenige weitere Könige eine positive Bewertung. Die meisten werden der Erwartung nicht gerecht, dass sie sich ungeteilt auf Gott ausrichten.

Die Propheten als Gegengewicht
Gleichzeitig mit dem Königtum setzt Gott – souverän, nicht auf irgendeinen Wunsch hin – eine zweite Kraft ein: die Propheten. Damit treten zwei Dinge auseinander, die zuvor oft in einer Person verbunden waren: derjenige, der das Volk führt, und derjenige, der Gottes Weisung empfängt. Die Propheten sind das Korrektiv zum König und stehen oft in Opposition zu ihm (und seinen fest angestellten Hofpropheten). Zwar waren schon früher vereinzelt von Gott gesandte Propheten aufgetreten (z.B. Mirjam oder der anonyme Prophet von Ri 6,7-10), aber nun macht Gott das zur stetigen Gabe an sein Volk. Ohne die prophetische Gegenkraft hätten die Könige unbegrenzte

Macht gehabt und wären keinem irdischen Gegenüber Rechenschaft schuldig gewesen.

In politischer Hinsicht wird der bisherige Stämmeverbund Israels nun zu einer einheitlichen Nation (deren Einheit allerdings immer wieder brüchig wird). Doch die Könige werden entscheidend weder an ihren innen- noch an den außenpolitischen Erfolgen gemessen, sondern an ihrer Haltung Gott gegenüber. Daher schneiden auch politisch geschickte Regenten in der biblischen Berichterstattung oft schlecht ab.

Der Bund mit David und der Tempel
Auch in diesem Zeitabschnitt setzt Gott einen besonderen Bund ein: den an David und seine Nachkommenschaft. Im Bericht über dieses Geschehen (2Sam 7) wird die Bezeichnung »Bund« zwar nicht verwendet, aber spätere Bekenntnisse (2Sam 23,5; Ps 89,4.35; 132,11-12) lassen klar erkennen, dass Gott mit der Dynastie Davids einen Bund geschlossen hat. Er enthält die Zusage, dass für alle Zeiten ein Nachkomme Davids über Israel herrschen wird. Dieser Bund ist einseitig von Gott, ohne Vorbedingung aufseiten des Volkes, gegeben.

Eine weitere Gabe Gottes an sein Volk – als Besonderheit dieser Epoche – ist der Tempel, an den Gott seine Gegenwart bindet. Der Tempel nimmt den bisherigen Ort, die Bundeslade, in sich auf.

Wie Gott redet
Wie redet Gott in dieser Zeit zu seinem Volk? Er spricht durch Propheten (die sich nicht nur an den König, sondern auch an einzelne, »einfache« Menschen, wenden), ferner durch die Priester, die Gottes Entscheidungen durch den Einsatz von Losen ermitteln können, die aber auch im Tempelgottesdienst einzelnen Glaubenden gegenüber eine Botschaft Gottes ausrichten (der sogenannte »priesterliche Heils-Bescheid«, wie er in Spuren z.B. in Ps 12,6; 35,3b; 60,8-10 oder Klgl 3,57 zu finden ist). Die dankbare Antwort von Glaubenden auf solch einen Bescheid findet sich vermutlich in Psalmen wie 6,9-11; 28,6-8; 56,10-12. Gott spricht ferner unmittelbar (ohne Auftreten eines Propheten) zu einzelnen Königen (David, Salomo), doch das ist eher die Ausnahme.

Die Glaubenden haben dementsprechend Umgang mit Gott, indem sie Gottesdienst feiern, Opfer bringen, beten (auch persönlich, abseits des Gottesdienstes: wie z.B. in Ps 4 oder 86) und die Gebote des Sinaibundes halten, wie es auch schon zuvor der Fall gewesen ist.

Der Zeitabschnitt der Könige und Propheten hat viele Gemeinsamkeiten mit früheren und späteren Epochen: Die Bundesschlüsse (Noah, Abraham, Sinai) stehen in Geltung, die Weisung vom Sinai will befolgt sein, Gott spricht (bis in die neutestamentliche Zeit hinein) durch Propheten.

Geschichtlich betrachtet untergliedert sich diese Epoche in drei Teile:
4. a) *Die Entstehung des Königreichs*
4. b) *Die Geschichte der getrennten Reiche: Israel (Nordreich) und Juda (Südreich)*
4. c) *Die Geschichte des Südreichs nach dem Untergang des Nordreichs*

Die Trennung der beiden Teile des Reiches wird als Folge einer politischen Fehlentscheidung beschrieben; Gottes Handeln wird hier nicht herausgearbeitet. Allerdings bestätigt Gott dann durch einen Propheten, dass diese Trennung nicht durch Krieg wieder rückgängig gemacht werden soll (1Kö 12).

Demgegenüber ist der Untergang des Nordreiches als Handeln Gottes gekennzeichnet, nämlich als Gericht wegen der fortgesetzten Verehrung fremder Götter (2Kö 17,7-23). Die Einwohner des Nordreiches (»Israel«) werden daher nach Assyrien deportiert.

Auch das Ende dieses Zeitabschnitts ist ein Eingriff des richtenden Gottes: Die verbliebenen Bewohner des Südreichs (»Juda«) werden großenteils nach Babylon deportiert. Anders als die vorhergehenden Zeitabschnitte endet diese Epoche also plötzlich, ohne Übergänge.

5. Die Zeit des Exils

Diese Phase beginnt mit einem abrupten Einbruch. Verursacht ist er zugleich durch das Handeln von Menschen (den babylonischen Eroberern) und Gottes (der den Angriff zu seinem Gericht über sein Volk macht).

Verlust von Gottes Gaben
In diesem Zeitabschnitt ist sehr viel von dem zerstört, was Gott seinem Volk bisher geschenkt hatte. Die *nationale Einheit* besteht nun gar nicht mehr, denn ein Teil des Volkes lebt in der Fremde und ein Teil im verwüsteten Heimatland. Durch diese Verwüstung ist das versprochene *Land* nun auch kaum noch eine Gabe, von der Segen ausgeht. Der *Tempel* als Ort, wo Gottes Name gegenwärtig ist, ist weggefallen. Indem das *Königtum* zerstört ist, scheinen auch die *Bundesverheißungen* an David hinfällig geworden zu sein. Wie man diesen Verlust empfand, spiegelt das Gebet von Asarja, das zwar nicht zum Textbestand der Hebräischen Bibel gehört, aber dennoch einen Einblick in die Lage des Volkes gibt:

»Denn, Herr, wir sind weniger geworden als alle Völker, und herabgesetzt sind wir heute vor aller Welt, weil wir so gesündigt haben. Zu dieser Zeit gibt es weder Herrscher noch Prophet, auch keinen (anderen), der uns leitet, weder Brandopfer noch Schlachtopfer, weder Speisopfer noch Räucherwerk, auch keinen Ort, um dir Gaben zu bringen und Barmherzigkeit zu erlangen. Aber in unserer Zerknirschung und unserem demütigen Geist hoffen wir, dass du uns annimmst« (Dan 3,37-39 nach der griechischen Übersetzung des AT).

Die Bibel erzählt einigermaßen ausführlich und an mehreren Stellen, wie die Verschleppung ins Exil stattfand, aber wenig über das Volk während der Exilsjahre. Dennoch lässt sich einiges darüber zusammentragen, wie in dieser Zeit der Umgang mit Gott möglich war und wie diese Zeit aus Gottes Sicht gedeutet werden kann. (In diese Zeit gehören die Schlüsse des 2. Königs- und des 2. Chronikbuches, das Buch Hesekiel, die Klagelieder und Teile des Jeremia- und Danielbuches. Auch die Kapitel 40-55 oder 40-66 des Jesajabuches und das 26. Kapitel des 3. Buches Mose sprechen in diese Zeit.)

Was bleibt: Gebet und Gottes Wort
Die Bundesschlüsse sind kaum noch eine Basis, auf die Gottes Volk sich verlassen kann, denn die Bünde wurden so massiv gebrochen, dass sie wie zerstört erscheinen (z.B. Jer 11,10; 22,9; 31,32). Auf Gottes Versprechen an Abraham kann man sich also als Beter nicht mehr mit Gewissheit verlassen (Jes 63,15-16). Dennoch redet Gott weiter zum Volk auch in dieser Zeit: vor allem durch die Propheten (Jesaja, Jeremia, Hesekiel – anders als Asarja es betete!). Entsprechend ist es nach wie vor jedem Einzelnen und auch der Gemeinschaft möglich, zu Gott zu beten, wie zahlreiche Psalmen zeigen (Ps 74; 137; Klgl 1-5). Es entsteht der Wort- und Gebetsgottesdienst ohne Opfer, wie er in Synagogen gefeiert werden kann.

Die Schöpferkraft Gottes
Die Propheten zeigen Gott jetzt von einer Seite, die bisher nicht so im Vordergrund stand: Gott ist der Schöpfer, der alles, was er tut, schon vorher angekündigt hat. Darin ist er allen anderen Göttern überlegen. Dieser Hinweis auf Gott konnte seine Überzeugungskraft behalten, denn wenn auch der Tempel zerstört und das Land geraubt ist, so ist die Welt als Schöpfung ja noch intakt – und auch die Feinde Israels haben sich nicht selbst geschaffen, sondern sind Werke Gottes (so verkündigen es die Kapitel Jesaja 40-55). Gottes Thron, der seinen Platz im Tempel gehabt hatte, erscheint nun als Wagen auf Rädern (Hes 1; 10; 11,22-25): Gott ist beweglich und den Verschleppten nicht ferner als denen in Jerusalem.

Deutungen dieser dürren Zeit

Unter den geistlichen Deutungen der Exilszeit sind drei besonders aussagekräftig: Zum einen ist der Verlust der Gaben Gottes zwar eine Wirkung seines Zorns – doch dieser Zorn kam nicht aus der Mitte seines Herzens. Dieses Bekenntnis steht auffällig genau in der Mitte des Buches der Klagelieder (3,33). Zum Zweiten ist die Zeit des Exils von Gott von vornherein als eine begrenzte Zeit gedacht gewesen (Klgl 3,31-32; Jer 25). Zum Dritten hat die Zeit, in der das Heimatland verwüstet liegt, ihren geheimnisvolle Sinn darin, dass es sich nun ausruht vom sündhaften Leben seiner Bewohner – es holt alle versäumten Sabbate am Stück nach (3Mo 26,34.43; 2Chr 36,21). So zeigt sich, dass diese Epoche ausgesprochen hart, aber nicht ohne Gott ist.

Gültige Bundesschlüsse

Wenngleich Gottes Volk die Bundesschlüsse Gottes massiv gebrochen hat, sind sie von Gott aus aber nicht vollständig außer Kraft gesetzt. Denn wenn die Propheten einen neuen Bundesschluss ankündigen, grenzt der sich zwar von den vorherigen Bünden ab, knüpft aber andererseits daran an (Hes 16,59-63; Jes 54,10). Das bezieht sich sowohl auf den Bund mit David, der nach wie vor »verlässlich« genannt wird (Jes 55,3; vgl. Hes 37,25-26) wie auch auf die Versprechen an Abraham und am Sinai (3Mo 26,42-45). Das Vertrauen auf den Bund richtet sich nun allerdings nicht allein rückwärts auf die zuvor gegebenen Bünde, sondern auch vorwärts auf einen neuen Bundesschluss, der alle bisher da gewesenen weit überbieten soll.

Weitere Grundlagen des Umgangs mit Gott sind nach wie vor in Kraft: Auf die Gültigkeit des Namens »Jahwe« fällt kein Schatten eines Zweifels. Die Bundeszeichen, nämlich den Sabbat und die Beschneidung, kann man auch fernab von Tempel und Land einhalten.

Das Ende dieses Zeitabschnitts kommt wieder – wie der Beginn – durch weltpolitisches Handeln von Menschen, die aber Gott dazu beauftragt hat.

6. Der Tempel von Serubbabel

Die Zeit nach dem Exil – wiedergegeben in den Büchern Esra, Nehemia, Haggai, Sacharja, Maleachi; vielleicht sprechen auch die Kapitel Jesaja 56–66 in diese Zeit – ist einerseits geprägt von Wiederherstellung: Der Tempel wird durch Serubbabel neu errichtet, nicht nur auf Wunsch der Menschen, sondern auf den Auftrag Gottes hin. Jerusalem wird erneut nationale Hauptstadt. Andererseits erhalten Tempel und Land nicht dieselbe Bedeutung zurück wie früher, denn gleichzeitig leben große Teile der Juden weiterhin in Babylon und Ägypten und haben dort Umgang mit ihrem Gott.

Tempel, Bund, Gottes Wort

Dennoch ist der Tempel wieder das Zentrum: Es gibt eine Priesterschaft, Gottesdienst und Opfer. Der Bund vom Sinai wird erneuert (Esr 10; Neh 8–10): Das ist nur unter der Voraussetzung möglich, dass Gott ihn nicht aufgekündigt hat. Dementsprechend werden auch die bei Mose angeordneten Feste wieder gefeiert, das Passahfest und das Laubhüttenfest. Auf die Zeit Davids und Salomos greift man bei der Gestaltung des Gottesdienstes zurück (Neh 12,44-47).

Klarer als zuvor kann man auf das geschriebene Wort Gottes zurückgreifen: Es kann nicht nur öffentlich vorgelesen werden (Neh 8), sondern aus ihm schöpft man beim Beten und Nachdenken (Esr 9,11; Neh 1,8.20). Doch auch durch Propheten spricht Gott. Dabei hält er die Forderung nach Gerechtigkeit im Umgang miteinander und die Mahnung, Arme nicht zu unterdrücken, aufrecht, wie sie schon von den frühen Schriftpropheten (Amos, Hosea, Jesaja) ausgesprochen wurde (Sach 7; 8,15-17; auch Neh 5). Allerdings scheint mit fortschreitender Zeit die Prophetie abgeklungen zu sein.

Was Gott erst in der Zukunft geben wird
Nicht alle Gaben Gottes werden jedoch erneuert: So entsteht kein neues Königtum nach der Verheißung an David und seine Dynastie. Die Erwartung eines neuen Königs ist vielmehr in die Zukunft gelegt (Sach 9,9-10). Damit ist für die Gegenwart die drängende Frage aus Psalm 89,50 – »Wo ist deine Gnade geblieben, die du David in einem feierlichen Eid geschworen hast?« – schmerzlich offen geblieben. Auch für den Gottesdienst wird – trotz des neu eingerichteten Tempelgottesdienstes – für die Zukunft eine Erneuerung erwartet, der anders als die Tempelopfer noch eine andere Qualität von Reinigung und des Gebets mit sich bringt (Sach 12–14). Schon zur Zeit des Exils war der prophetische Blick an einem irdischen zweiten Tempel vorbei auf einen in ferner Zukunft neu geschaffenen Tempel gegangen (Hes 40–48).

Für die Juden, die nicht ins Land zurückgekehrt sind, besteht der Umgang mit Gott – wie schon im Exil – im Halten der Gebote, besonders der Bundeszeichen Sabbat und Beschneidung, im persönlichen Gebet, im Synagogengottesdienst und in der Schriftbetrachtung und -auslegung. Für diese Menschen aus Gottes Volk überlappt sich die Zeit des Exils mit der Zeit des zweiten Tempels, was die Lebensführung vor Gott betrifft.

Gottes Aufmerksamkeit ist auch jetzt besonders auf sein Volk fokussiert. Damit handelt er aber zugleich an den übrigen Nationen, indem er sein Volk als Zeichen für sie setzt, an dem man ihn erkennen kann (Jes 11,12; 60; 62,10). Die Völkerwelt ist für Gott nicht bedeutungslos.

Die Zeit des Zweiten Tempels dauert einige Jahrhunderte, von denen die meiste Zeit aber nicht mehr von der biblischen Geschichtsschreibung oder Verkündigung erfasst ist.

7. Gottes Königsherrschaft und der Messias

Mit dem Beginn der nächsten Epoche geschieht ein ganz erheblicher Umbruch. Er setzt mit einem Mal, ohne Übergänge ein: »zum festgesetzten Zeitpunkt« (Gal 4,4). Dieser Zeitabschnitt wird in einer Sprache eröffnet, die in der bisherigen Verkündigung nur teilweise im Mittelpunkt stand: »Jetzt ist die Zeit gekommen. Das Reich Gottes ist nahe! Kehrt um und glaubt an diese gute Botschaft!« (Mk 1,15) »Königsherrschaft Gottes«; »gute Botschaft« (Evangelium): Das sind neue Schwerpunkte.

Entscheidend ist nun nicht zuerst ein neuer Ort von Gottes Gegenwart oder eine neue Art, ihm zu dienen, sondern eine *Person*: der Messias. Jesus von Nazareth tritt als dieser lange versprochene Retter auf. Dabei knüpft er an verschiedene Verheißungslinien an, die zuvor nicht unmittelbar miteinander verbunden waren, zieht sie auf sich und findet in ihnen seinen Auftrag.

Erfüllung messianischer Verheißungen
Er ist zunächst ein Verkündiger wie die Propheten vor ihm – einschließlich deren Aufruf zur Gerechtigkeit im Zusammenleben und der Warnung vor Ausbeutung der Armen. Wie die frühen Propheten aus der Königszeit tut er Wunder. Zugleich erfüllt er aber die Erwartung, die sich auf *den einen* Propheten richtete (nach 5Mo 18,15-19), und tut die angekündigten Wunder *des einen* überragenden Propheten, die keiner der vorhergehenden Boten Gottes vollbrachte: Heilung von Lahmen, Blinden und Aussätzigen (nach Jes 35,5-6 und 61,1; siehe Mt 11,5). Die Verheißung, dass stets ein Nachkomme Davids auf dem Thron regieren solle, zieht er ebenfalls an sich (Lk 1,32-33). Auch das Vorausbild des rätselhaften Dieners oder Knechtes Gottes, das in Jesaja 42–53 gezeigt wird, füllt er aus (Mt 12,17-21; Apg 8,32-35). All diese Erwartungen – *der* Prophet, der königliche Messias in der Nachfolge Davids, der Knecht Gottes – stehen im Alten Testament neben-

einander und standen im damaligen Judentum ebenfalls mehr oder weniger unverbunden nebeneinander. Jesus knüpft an alle an und bündelt sie in sich.

Der Messias bewegt sich zunächst im gegebenen Rahmen des Gottesdienstes Israels und ordnet sich in Gesetzeserfüllung und Tempelgottesdienst ein. Auch dies nimmt er aber schließlich in seine Person auf, indem er selbst das Gesetz verbindlich auslegt und erfüllt und indem er selbst zum Tempel und zum Opfer wird. Dadurch ist alles, was Gott seinem Volk zu geben hat, in diese Person, Jesus, konzentriert. Die geografische und politische Gabe Gottes – das versprochene Land und das Königtum – bringt der Messias allerdings nicht in der erwarteten Weise mit sich. So wie er selbst *in seiner Person* die bisherigen Linien aufnimmt, so entsteht von nun an Gottes Königsherrschaft *in der Mitte derer*, die sich dem Messias anvertrauen.

Jesus erfüllt die Erwartungen an einen königlichen Retter in der Nachfolge Davids nicht einfach, sondern unterbietet und überbietet sie gleichzeitig. Dass er bis zum Äußersten entwürdigt hingerichtet wird, ist unendlich weit unterhalb der Vorstellung eines Herrschers von Gott. Doch dann wird er von den Toten auferweckt – das sprengt wiederum jede Vorstellung und übertrifft jede bisher denkbare Hoheit.

Die gesamte Verkündigung des Neuen Testaments greift das auf und betont, dass in Christus alle Fäden von Gottes Absichten zusammenlaufen. Er ist Ursprung, Mitte und Ziel der Heilsgeschichte Gottes (siehe auch Kapitel III, 2; Seite *33 dieser Einführung). »Jesus Christus, der Sohn Gottes ... ist das göttliche Ja – die feste Zusage Gottes. Denn in ihm erfüllen sich alle göttlichen Zusagen« (2Kor 1,19-20). »Denn in Christus lebt die Fülle Gottes in menschlicher Gestalt« (Kol 2,9).

Heiliger Geist
Gleichzeitig mit diesem Neubeginn – die Zeit ist erfüllt, Gottes Reich ist jetzt nahe – setzt eine bisher nicht gekannte Gegenwart des Geistes Gottes ein. Der Messias selbst ist maßlos erfüllt von ihm. Jesus ist besonders auch durch diese Kraft des Geistes der Messias. Auch in den Personen der Glaubenden und inmitten ihrer Gemeinschaft ist Gottes Geist unmittelbar wirksam. Das wiederum ergibt eine unerhört unmittelbare Beziehung zu Gott: Weil der Messias selbst alle trennende Schuld auf sich gezogen und beseitigt hat, weil also die Welt mit Gott versöhnt ist, ist Gott für jeden Glaubenden direkt als liebender Vater zugänglich.

Der neue Bund
Ein weiterer Neueinsatz besteht im neuen Bundesschluss (Mk 14,24; 2Kor 3,6-18; Hebr 8–9). Dieser neue Bund ersetzt nicht die vorherigen Bundesschlüsse mit Abraham, am Sinai und mit David, sondern kommt von ihnen her (Jes 55,3; Apg 3,25), nimmt sie in sich auf und führt sie fort. Der neue Bund wirkt nicht nur am Volk Gottes insgesamt, sondern in jedem einzelnen Glaubenden. Das führt wiederum dazu, dass Gottes Geist und das tiefe Verständnis für Gottes Weisung in jedem einzelnen Glaubenden tief verankert ist (Jer 31,34; Hes 36,26-27). Außerdem ist der neue Bund auch insofern erweitert und überbietet die vorhergehenden Bünde, dass er jetzt nicht nur dem erwählten Volk Israel gilt. Vielmehr sind im Messias Jesus alle Menschen, ist alle Welt zur Gemeinschaft mit Gott berufen und der neue Bund ist für alle in Kraft, die sich auf den Messias verlassen. Die Geschichte Gottes soll – aus seiner Sicht – von jetzt an eine gemeinsame Geschichte der Glaubenden aus Israel und den von außen Hinzugekommenen sein. Dass die Wege der Christen und der Juden sich bald wieder trennten, ist nicht in Gottes Absicht enthalten gewesen. Er hat den einen Messias für alle gegeben.

Der Name Gottes, der Name Jesu
Bislang hatte Gottes Volk das einzigartige Geschenk des *Namens Gottes* bekommen: Jahwe. Durch alle Zeiten hindurch war die-

se Gabe im Volk Gottes gegenwärtig. Mit diesem Namen darf Gott angesprochen werden und so zeigt er sein Wesen (siehe Epoche 3: Zum Sinai, vom Sinai her). Als Jesus kam, hat er sich zunächst in diesen Umgang mit Gott hineingestellt. Er ist der »Gesegnete, der im *Namen* (!) des Herrn kommt« (nach Ps 118,26 – ein von Jesus häufig zitiertes Wort). Man gebrauchte damals die Umschreibung »Herr«, um den Namen Gottes nicht zu missbrauchen, aber das, was Gott durch den Namen »Jahwe« von sich zeigen wollte, sollte auch in diesem Ersatzwort »Herr« mitklingen. Jesus nannte Gott so – schon allein, indem er die Schrift zitierte und dabei mit großer Wahrscheinlichkeit die damals gebräuchliche Umschreibung verwendete.

Doch Jesus ging nun auch sehr deutlich über den Gebrauch des Gottesnamens hinaus. Zum einen führte er die Anrede »Vater« in das persönliche Gebet ein und zeigte in seiner Botschaft immer wieder, wie väterlich Gott vom Wesen her ist. In seinem großen Schlussgebet Johannes 17 sagt er, dass er den Glaubenden Gottes *Namen* geoffenbart hat – und die Anrede, die in diesem Gebet ganz häufig auftaucht, ist *»Vater«*.

Zum anderen legte Jesus den Grund dafür, dass er selbst »Herr« genannt wurde, indem er in der Vollmacht und Autorität Gottes redete und handelte. Er erlaubte und ordnete an, dass man von nun an in seinem Namen – Jesus – beten solle. So wurde *Jesus* zu dem Namen, in dem alle Rettung liegt (Apg 4,12; Phil 2,9-11).

Weder die Anrede »Vater« noch der Name Jesus sollen den Gottesnamen »Jahwe« ersetzen. Doch das, was Gott von seinem Wesen in den Namen »Jahwe« hineingelegt hat, ist vollständig in den anderen Namen – Vater und Jesus Christus – enthalten und kommt dort zum Klingen. Zugleich ist damit den Glaubenden aus allen Völkern eine Anrede Gottes gegeben, die das Geschenk des Namens Jahwe aufnimmt, diesen Namen selbst aber nicht ausspricht. Denn beim Aussprechen des Jahwe-Namens wäre keine Gemeinschaft von Juden und Nichtjuden möglich; das hellwache Empfinden der Juden für die Heiligkeit des Gottesnamens würde verletzt. Von Jesus her sind also andere Namen für den ewig selben Gott gegeben.

Die Gemeinde von Jesus

Das erste Ziel von Jesus war, Gottes Königsherrschaft auszurufen. Er hat sich dabei aber nicht nur an viele Menschen gewandt, sondern sich zugleich auf seinen Schülerkreis konzentriert. Damit hat er den Keim gelegt für seine Gemeinde, die nach Ostern und Pfingsten aus dem Jüngerkreis erwachsen ist.

Die Gemeinde von Jesus ist nicht das Gleiche wie das Reich Gottes, sondern Gottes Reich ist größer. Aber Jesus' Gemeinde verkörpert in ganz außerordentlicher Weise Gottes Königsherrschaft. Das Wesen von Gottes Reich wird in der Gemeinde bereits Wirklichkeit. Die Abläufe der Welt, die sich von Gott entfernt hat, sind in der Gemeinde durchbrochen und außer Kraft gesetzt (Mt 20,25-28). Die Gemeinde ist also der Ort, wo Gottes Reich zuerst anbricht.

Zugleich hat die Gemeinde die Ermächtigung und den Auftrag, das Evangelium von Christus und die Kraft von Gottes Reich in alle Welt zu tragen. Diese besondere Rolle der Gemeinde ist in Geltung, bis Christus wiederkommen wird.

Die Gemeinde ist aber mehr als ein Modell für die neue Gemeinschaft, wie sie Gott gefällt. Sie ist mehr als eine gegenseitige Glaubensstärkung der Nachfolgerinnen und Nachfolger von Jesus und auch mehr als ein Werkzeug für Gottes Reich. Die Gemeinde ist vielmehr so eng mit Christus selbst verbunden, dass sie ihn geradezu verkörpert. Sie wird der »Leib Christi«, also sein Körper, genannt (1 Kor 12,12; Eph 1,23; Kol 1,18). Außerdem erscheint die Gemeinde an wichtigen Schriftstellen als Braut von Christus – damit wird das einzigartige Nähe- und Vertrauensverhältnis zu ihm angezeigt (2 Kor 11,2; Eph 5,31-32; Offb 19,7).

In dieser heilsgeschichtlichen Epoche sind also zwei durchlaufende Fäden ineinander verwoben: Gott lässt sein Reich aufwachsen und im Zentrum dieser Wachstumsbewegung steht die Gemeinde. Beide sind aufeinander angewiesen: Das Reich Gottes bekommt durch die Gemeinde eine Mitte, Wachstumskraft und ein zeichenhaftes Modell, an dem man ablesen kann, wie Gott es gemeint hat. Die Gemeinde bekommt durch Gottes Reich einen weiten Horizont und die Erinnerung, dass das Ziel noch nicht erreicht ist, wenn eine einzelne Kirche oder Ortsgemeinde in sich gut funktioniert.

Umgang mit Gott
Der Übergang von der Zeit des irdischen Jesus hin zur Zeit der Gemeinde, während Jesus Christus im Himmel regiert, ist kaum eine echter Einschnitt. Zwar ist der Messias nicht mehr körperlich präsent, aber als Auferweckter ist er in der Kraft von Gottes Geist ungemindert gegenwärtig und wirksam. Alles, was er seinen Nachfolgern zu seinen irdischen Lebzeiten anvertraut hat, ist auch in der darauf folgenden Zeit der Gemeinde in Geltung. Er selbst lebt »in ihnen« und sie »in ihm«; der Heilige Geist erfüllt sie: der »Geist von Christus«.

Wie sieht der Umgang mit Gott in diesem Zeitabschnitt aus? Gottesdienst ist jetzt die vertrauensvolle Hingabe des gesamten Lebens nach Geist, Seele und Körper an Gott (Röm 12,1-3). Das Gebet ist noch weniger als zuvor eine herausgehobene heilige Zeit, sondern ist eingebettet in den Alltag. So wie man im Namen von Jesus zu Gott betet, so redet Gott nun von Jesus her. Das heißt:
- Gott redet durch das, was Jesus gesagt hat und was von ihm durch seine Boten (Apostel) überliefert ist.
- Gott redet durch die Heilige Schrift, die natürlich auch schon vorher gesprochen hat, nun aber in Christus ihre klärende Mitte gefunden hat.
- Gott redet durch seinen Geist unmittelbar zu den Glaubenden, und zwar einzeln und in ihrer Gemeinschaft – dies aber stets von Christus her, nie an ihm vorbei und nie über sein Evangelium hinaus.

Ausbreitung in der Welt
Dieses neu gestaltete Volk Gottes aus Israel und den Nationen ist nun ein Zeichen für Gott in der Welt, das als Signal für Gottes Königsherrschaft steht. Durch das, was die Glaubenden von Gott in sich geschehen lassen und im Namen des Messias tun, will Gott von den Menschen erkannt werden. Dieser Zeitabschnitt ist damit gefüllt, dass das Evangelium von Jesus Christus sich ausbreitet und zu allen Völkern und Nationen gebracht wird.

Jede andere äußerlich greifbare Form von Gottes Königsherrschaft über seine Wirklichkeit *in Menschen* hinaus, etwa in geografischer oder politischer Hinsicht oder im Blick auf ein irdisches Königtum, gehört nicht in diesen Zeitabschnitt, sondern ist Sache der Zukunft.

Die Zeit der Königsherrschaft Gottes durch den Messias wird in allen Büchern des Neuen Testaments beschrieben. Erst der Schluss des Buches der Offenbarung zeigt die darauf folgende Zeit.

8. Die Vollendung: Gott alles in allem

Am Ende aller Zeiten wird Christus sichtbar auf die Erde zurückkommen und Gericht halten über die Menschen. Damit ist die Geschichte, so wie wir sie verstehen, beendet. Christus hält Gericht über die Menschen und über den Teufel und schafft dann einen neuen Himmel und eine neue Erde, die von neuen Gegebenheiten geprägt ist.

Bis diese neue Welt Gottes voll und ganz in Kraft ist, gibt es Übergangszeiten. Das ist nicht ungewöhnlich, denn auch der Wechsel von früheren Zeitabschnitten geschah teilweise durch Übergangszeiten hindurch (so der Wechsel von der Urgeschichte zur Vätergeschichte, von der Sinai-Zeit zur Epoche der Könige und Propheten, die Überlappung der Exilszeit mit der Zeit des Zweiten Tempels). Über die Art und die genaue Einordnung dieser Übergangszeit (die 1000 Jahre dauernde Herrschaft von Christus mit den Glaubenden, Offb 20,1-7) gibt es unterschiedliche Auffassungen. Deutlich ist aber, dass sie ein Auftakt zur Vollendung ist.

Diese Vollendungszeit ist in der Bibel im Wesentlichen in Offenbarung 20–21 beschrieben. Auch der Abschnitt 7,9-17 dürfte klar in diese Zeit gehören. Einige Worte der alttestamentlichen Propheten beschreiben diesen Abschnitt ebenfalls, darunter Jesaja 2,2-4; 65,17-19; Hesekiel 40–48. Darüber hinaus sind es nur noch wenige kurze Textpassagen, die sich auf diese Epoche beziehen: 1. Korinther 15,24-28 und 2. Petrus 3,13.

Gott kommt zum Ziel
Die Andeutungen der Bibel über diese Zeit zeigen, dass Gott seine ursprünglichen Absichten und die Geschichte mit seinem Volk und mit der Welt zum Ziel bringt. Hinter der Menschheit liegt ein langer und verschlungener Weg, doch nun erfüllt sich das, was Gott eigentlich wollte.

Diese Erfüllung geschieht allerdings nicht so, dass der Ursprung wiederhergestellt würde. Das zeigt sich schon an der Gestalt der neuen Welt. Sie begegnet uns im Bild des neuen Jerusalems – also einer *Stadt*. Die Geschichte der Welt begann dagegen in einem *Garten*. Davon ausgehend versprach und schenkte Gott seinem Volk ein *Land*. Als seine Königsherrschaft durch den Messias Jesus anbrach, sandte Gott Botschafter »in alle *Welt*« – dies war der Raum, in dem er regierte. Nun mündet alles in eine neue *Stadt*. Der Bogen spannt sich also vom Garten über das versprochene Land und die Welt bis in die Stadt – das neue Jerusalem.

Die Gegenwart Gottes – Gott bei den Menschen – ist nun aber so unmittelbar und ursprünglich geschenkt wie zu Beginn. Damals bewegte sich Gott im Garten umher, um in Liebe seine Menschen aufzusuchen (1Mo 3,8-9); nun, in der Vollendung, wohnt er bei den Menschen (Offb 21,3). Damals stand den Menschen die ganze Fülle der Schöpfung ungetrübt zur Verfügung; nun wird ihnen reiches Auskommen ohne Leid erneut geschenkt.

Zielverfehlung
Die eigentliche Bedeutung des Wortes »Sünde« ist: Zielverfehlung. Indem Menschen Gott ihr Vertrauen vorenthalten, entfernen sie sich von ihm. Das ist Sünde. Die daraus folgenden Handlungen haben ebenfalls sündhaften Charakter.

Auch in der Epoche der Vollendung wird es Menschen geben, die Gott nach wie vor ihr Vertrauen verweigern. Diese Menschen werden im Gericht Gottes nicht anerkannt. Sie gehen für Gottes Absichten verloren und Gott kommt mit ihnen nicht zum Ziel. Er wollte es zwar, aber sie nicht.

Deswegen ist das Bild der neuen Welt Gottes nicht ungetrübt. Auch die, die das Ziel verfehlten, haben ihren Ort. Wir nennen ihn oft pauschal die Hölle. Die letzten Kapitel der Bibel verwenden verschieden Ausdrücke: Feuersee, der zweite Tod oder einfach das Wort »draußen« (Offb 20,14-15; 21,8.27; 22,15).

Das Gericht Gottes hat also einen doppelten Ausgang; es ergibt Annahme und Ablehnung. Wer Christus annahm, wird angenommen, wer ihn ablehnte, wird abgelehnt. Vielleicht würde auch niemand, der Christus nicht liebt, in einer Ewigkeit sein wollen, die erfüllt ist von der Anbetung des Lammes, dem die gleiche Ehre gebührt wie Gott, der auf dem Thron sitzt (Offb 5,6–8.12-13).

Die konkreten Konsequenzen der Ablehnung können aber verschieden aufgefasst werden. Das Wort »Feuersee« schließt eine Qual ohne Ende ein. Das Wort »Tod« könnte dagegen ein komplettes Ende für alle Gottlosen meinen. Der Ausdruck »außerhalb der Stadt« kann bedeuten: Sie sind einfach abseits von Gott und von seinem Leben – nach wie vor in einem selbstbestimmten Bereich, in dem Gott nicht

Herr ist. Darin hätte sich dann erfüllt, was Paulus schrieb: »Gott ... überließ ... sie ihren verwerflichen Gedanken, sodass sie tun, was sie nie tun sollten« (Röm 1,18; siehe schon Ps 81,13 und dann auch Offb 22,11.)

Prägend für das Ziel der Zeiten ist aber nicht ein gleichwertiges Nebeneinander von Licht und Finsternis, sondern dass Gott einen neuen Himmel, eine neue Erde und eine neue Stadt schenkt.

Israel und die Gemeinde
Im Bild der Stadtmauer wird klar, wie treu Gott zu seinen Versprechen und zur Erwählung seines Volkes steht. Die Namen der zwölf Stämme sind klar und deutlich gegenwärtig, indem sie auf den zwölf Stadttoren geschrieben stehen. Die Namen der zwölf Apostel Jesu stehen entsprechend auf den zwölf Grundsteinen der Mauer (Offb 21,12-14). Altes und neues Gottesvolk sind also in enger Verbindung miteinander am Ziel angekommen. Beide sind hoch geehrt: Die Tore bestehen jeweils aus einer kostbaren Perle und die Grundsteine sind entsprechend mit je einem Edelstein geschmückt (Offb 21,19-21). Dennoch ist auch in diesem Bild der Vorrang von Israel, Gottes zuerst erwähltem Volk, festgehalten: Die Gemeinde Jesu (vertreten durch die Apostel) sind *Steine*, jeder Stamm Israels jedoch ist – Gottes *Perle!* Die falsche Auffassung, dass Israel durch die Gemeinde verdrängt oder ersetzt wäre, hat hier keinen Platz.

Vielmehr erfüllen sich die alten Versprechen der Propheten: Zum Tempelberg kommen alle Völker und bringen das Beste, was sie haben. Das war schon damals auf den Berg Zion in Jerusalem bezogen (Jes 2,2-4; 60,1-10) und erfüllt sich hier im neuen Jerusalem. Indem Gott an dieser Stadt festhält und keine andere, neue Stadt setzt, bleibt Gottes Volk Israel im Mittelpunkt. Auf Israel läuft die Geschichte zu. Die Gemeinde von Jesus (aus Juden und Nichtjuden) ist mit einbezogen, ist aber nicht der Brennpunkt, zu dem Israel hinüberwechseln müsste, sondern es verhält sich umgekehrt: Glaubende aus allen Völkern sind jetzt – durch Jesus – am »Berg, auf dem das Haus des Herrn steht« (Jes 2,2), angekommen.

Erfüllung der Bundeszusagen
Weil Gott jetzt unvorstellbar nah bei den Menschen ist, ist ein Tempel nicht mehr nötig. Der Gottesdienst muss nicht geordnet sein, weil er ständig stattfindet. Opfer werden nicht gebraucht, weil alle versöhnt sind. Der Bund als Trauzusage Gottes ist erfüllt und nicht mehr nötig, weil die Herrlichkeit Gottes alles durchdringt.

Das, was Gott mit dem Bund gegeben hatte, ist alles gegenwärtig in dieser neuen Stadt. Der *Herrscher*, der für immer auf dem Thron Davids versprochen wurde und der Inhalt des Bundes mit David ist, regiert jetzt: Es ist der Sohn Davids, Jesus Christus, das Lamm. Schon im Alten Testament wurde die Herrschaft eines gerechten Königs im Bild des Hirten ausgedrückt – was besonders zu König David passt, der ja ursprünglich Schafhirte war. Nachdem die Herrschaftslinie der Davidsdynastie zerbrochen war, kündete Gott einen neuen Hirten im Sinne Davids an (Jer 23,3-5). Nun aber, in der Zeit der Vollendung, ist dieser Hirte, dieser König – das *Lamm*: »Das Lamm, das in der Mitte auf dem Thron ist, wird ihr Hirte sein und für sie sorgen« (Offb 7,17)! Das Bild ist von seiner Logik her paradox (das Lamm wird normalerweise geweidet, aber es weidet hier andere), aber zeigt gerade so die Wesensart der Regierung von Jesus: ein Herrscher, der Opfer war und gerade so gesiegt hat. Gott zeigt hier, wie er sich Herrschaft vorstellt. Zugleich findet der *Bund mit David* seine Erfüllung in Christus, dem Lamm Gottes.

Auch der *Sinaibund* klingt im Hintergrund als erfüllt an: Die Menschen in Gottes Umgebung sind jetzt wirklich ein »heiliges Volk« (2Mo 19,6), denn jedes Verhalten, das den Bund und seine Gebote brechen könnte, hat jetzt keinen Raum mehr (Offb 21,27). Die Stadt spiegelt ebenso Gottes Herrlichkeit, wie es der Berg tat, an dem Gott mit Mose und den Ältesten den Sinaibund schloss (2Mo 24,10; Offb 21,18.21 b).

Berge: Gipfel von Gottes Heilsgeschichte
Gott kommt letztendlich zum Ziel; die Linien in der Geschichte Gottes bündeln sich: Das wird auch noch einmal erkennbar von dem Ort aus, an dem Gottes Gegenwart jetzt lebendig ist. Es ist das neue Jerusalem. Das ist nicht nur eine Stadt, sondern zugleich ein Berg: der Berg Zion (so schon Offb 14,1). Jetzt, wo er – nach Jesajas Ankündigung – »zum wichtigsten Gipfel werden und sich über alle anderen Berge erheben« konnte (Jes 2,2), kann man von hier aus zurückblicken auf die Heilsgeschichte. Sie verläuft von Berg zu Berg und kehrt immer wieder zum Zion zurück.

Das beginnt bei der großen Vertrauensprobe von Abraham auf dem Berg *Morija*, wo er seinen Sohn an Gott zurückgeben sollte (1Mo 22,1-19). Viele Christen sehen hier ein Vorausbild für die Selbsthingabe des Sohnes Gottes, Jesus Christus. Danach wählte Gott den Berg *Horeb* (oder *Sinai*) als Ort, wo er sich zeigte. Dort ließ er Mose nicht nur drei Mal seinen heiligen Namen wissen (2Mo 3,14-16; 20,2-6; 34,5-7.14), sondern zeigte auch – nachdem er sich in Donner, Blitz, Rauch und Feuer kundgegeben hatte (2Mo 19,16-19) – die andere Seite seines Wesens: das leise Säuseln (1Kön 19,11-12). Vielleicht geschieht dies nicht zufällig gerade wieder am Berg Gottes, dem Horeb bzw. Sinai.

Wieder später wählte Gott den Berg aus, auf dem der Tempel als Wohnort seines Namens stehen sollte: den Berg *Zion*. Die biblische Geschichtsschreibung hält fest, dass dieser Berg kein anderer als der Berg Morija ist, an dem Gott bereits gehandelt hatte (2Chr 3,1). Als der Messias Jesus kam, legte er die Willensordnung Gottes von einem Berg aus vor (in der *Bergpredigt*, Mt 5–7) und bildete so ein Gegenüber zu Gottes Selbstmitteilung am Sinai. Später war es dann wieder der Tempelberg, der Berg Zion, von dem aus Jesus zum Tode verurteilt wurde. Die Kreuzigung auf dem *Hügel Golgatha* geschah dann bewusst neben dem Zionsberg, »außerhalb der Stadttore« (Heb 13,12), weil Christus nun ein Verworfener war. Damit hat er denen, die auf ihn vertrauen, ermöglicht, im geistlichen Sinne »zum Berg Zion« zu kommen, »zum himmlischen Jerusalem, ... zur Gemeinde der erstgeborenen Kinder Gottes« (Hebr 12,22-23).

Diese unsichtbare Wirklichkeit wird am Ende der Zeiten, in der Vollendung, sichtbar, indem Gott ganz real in der heiligen Stadt wohnt: auf dem *Berg Zion*. Der Bogen spannt sich damit vom Berg Morija über den Horeb/Sinai zum Zion, weiter über den Berg der Verkündigung Jesu und den Hügel Golgatha zurück zum Zion. Das Ziel ist erreicht.

Gott über alles und in allem der Höchste
In der Schilderung am Schluss der Bibel, in den letzten beiden Kapiteln der Offenbarung, regiert Gott mit Christus, dem Lamm, an seiner Seite. Diese Herrschaft geschieht in völliger Übereinstimmung und keiner nimmt etwas von der Ehre des anderen. Der Apostel Paulus blickt allerdings voraus auf einen Moment, wo Christus seine eigene Herrschaft und Vollmacht letztendlich vollständig an den Vater zurückgeben wird: »Und Gott, der seinem Sohn alles unterworfen hat, wird über alles und in allem der Höchste sein« (1Kor 15,28).

Berge in Gottes Heilsgeschichte

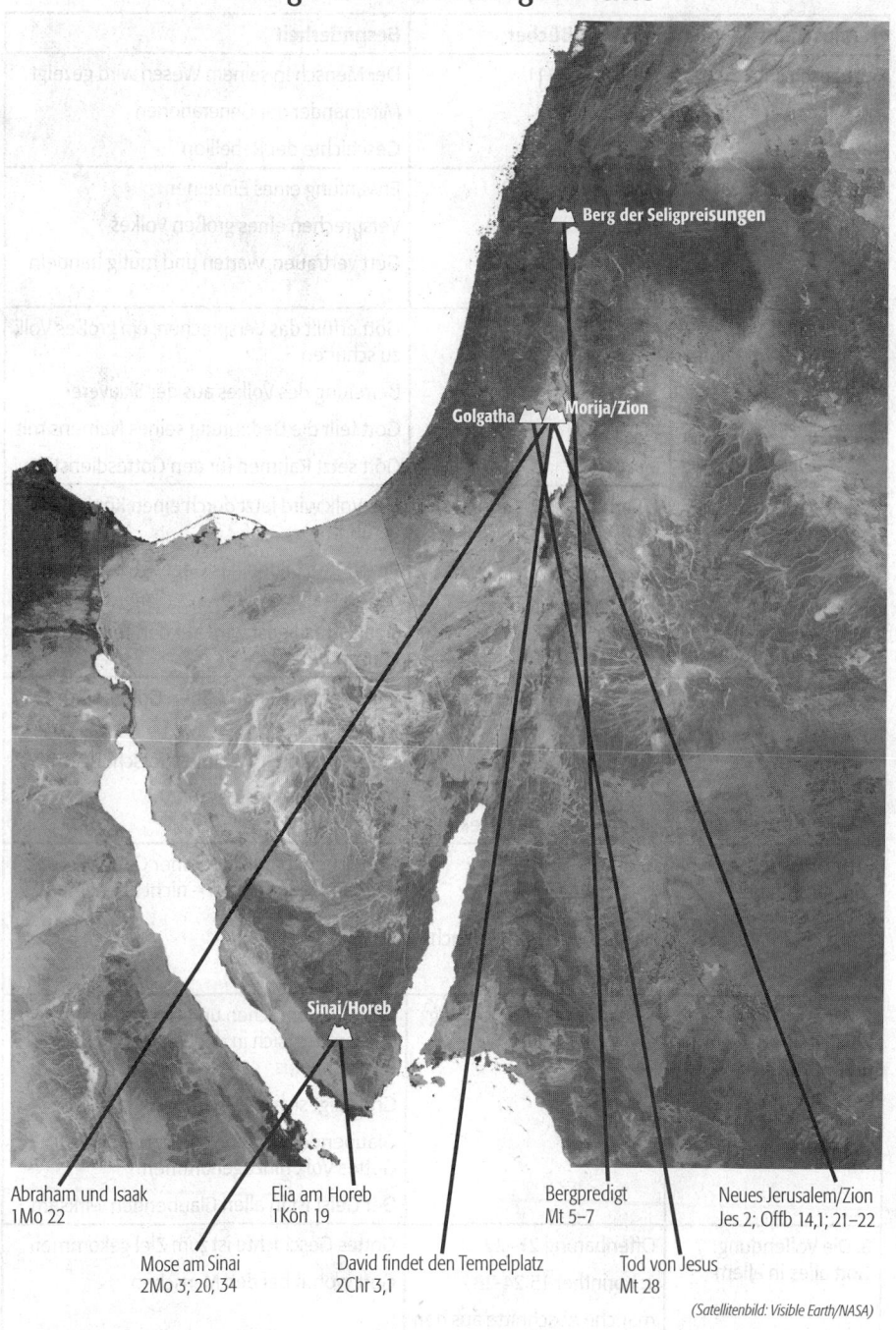

Abraham und Isaak
1Mo 22

Mose am Sinai
2Mo 3; 20; 34

Elia am Horeb
1Kön 19

David findet den Tempelplatz
2Chr 3,1

Bergpredigt
Mt 5–7

Tod von Jesus
Mt 28

Neues Jerusalem/Zion
Jes 2; Offb 14,1; 21–22

(Satellitenbild: Visible Earth/NASA)

Übersicht

Zeitabschnitt	Biblische Bücher	Besonderheit
1. Urgeschichte	1. Mose 1–8/11	Der Mensch in seinem Wesen wird gezeigt Miteinander der Generationen Geschichte der Rebellion
2. Vätergeschichte	1. Mose 12–36/50	Erwählung eines Einzelnen Versprechen eines großen Volkes Gott vertrauen, warten und mutig handeln
3. Zum Sinai, vom Sinai her: Gott schafft sich ein Volk	2. Mose bis Rut	Gott erfüllt das Versprechen, ein großes Volk zu schaffen Befreiung des Volkes aus der Sklaverei Gott teilt die Bedeutung seines Namens mit Gott setzt Rahmen für den Gottesdienst
4. Zeit der Könige und Propheten	1. Samuel bis 2. Chronik einige Psalmen Jesaja, Jeremia, Hosea, Amos, Micha, Nahum, Zefanja	Das Volk wird jetzt durch einen König geführt Propheten bilden das Gegengewicht und zeigen Gottes Willen Der Gottesdienst wird auf den Tempel konzentriert
5. Die Zeit des Exils	Schluss von 2. Könige und 2. Chronik einige Psalmen Jesaja 40-55, Jeremia, Klagelieder, Daniel, Hesekiel	Viele der kostbaren Gaben Gottes sind genommen Konzentration auf Schrifterforschung und Gebet
6. Der Tempel von Serubbabel	Jesaja 56–66 Esra, Nehemia Haggai, Sacharja, Maleachi manche Psalmen	Gott schenkt manche seiner Gaben zurück: das Land, den Tempel – nicht aber einen König
7. Gottes Königsherrschaft und der Messias	Matthäus bis Offenbarung	Gottes Versprechen und Gottes Reden konzentriert sich in der Person von Jesus Christus Gott zeigt sich als Vater Glaubende aus den Völkern werden zu Gottes Volk hinzugenommen Der Geist ist in allen Glaubenden wirksam
8. Die Vollendung: Gott alles in allem	Offenbarung 21–22 1. Korinther 15,24-28 manche Abschnitte aus den atl. Propheten	Gottes Geschichte ist zum Ziel gekommen Gott wohnt bei den Menschen

Gemeinsamkeit zu anderen Zeiten	Wie Gott redet	Bund
Gott greift rettend ein und zieht dem Bösen eine Grenze Gottes Schöpferkraft, Gottes Wort	unmittelbar zu den Menschen	Noahbund
Gott kommt trotz menschlicher Abwege zum Ziel Gott fordert Vertrauen und reagiert darauf Der Abrahambund ist fortan in Geltung	unmittelbar zu denen, die er erwählt hat, und zu denen, die in diesen Erwählungsweg hineingeraten	Abrahambund
Der Sinaibund gilt fortan Versöhnung mit Gott durch Opfer Gottes Name ist gegeben auch für die folgenden Zeiten	zu Mose direkt zum Volk durch Mose und durch das Gesetz	Sinaibund
Die bisherigen Bundesschlüsse gelten weiter Gott redet zu Einzelnen und zum Volk Gott kümmert sich um die Geringen	durch Propheten und Priester durch das Gesetz gelegentlich unmittelbar	Davidsbund
Der Bund (vom Sinai, aber auch mit David) scheint außer Kraft, ist aber nicht hinfällig	durch Propheten durch das Gesetz	
Die Bundesschlüsse sind gültig Gott redet	durch Propheten durch das Gesetz durch prophetisch gedeutete Geschichtsrückblicke	
Gottes Treue zu seinem Volk und den Bundesschlüssen	durch Jesus Christus durch die Verkündigung der Apostel durch Propheten durch seinen Geist durch die Heilige Schrift	neuer Bund in Christus
	als Richter zu allen als der Gegenwärtige zu den Erlösten	Bundeszusagen sind erfüllt

III. Sieben Hauptthemen der Bibel

Wie weiter oben erläutert wurde, sind in der Orientierungsbibel sieben Hauptthemen der gesamtbiblischen Verkündigung ausgewählt worden. Entsprechende Schriftstellen zu diesen Themen werden in Textboxen kommentiert. Die Stellen zu jedem dieser sieben Themen kann man wie an einem roten Faden entlang nachverfolgen (siehe Kapitel I, 6. dieser Einführung).

Jedes dieser Themen wird im Folgenden noch in einer Übersicht dargestellt.

1. Gott redet

Gott ist ein Gott, der sich zeigt und kundgibt – der sich also »offenbart«. Wäre dies nicht so, könnten wir ihn nicht kennenlernen, denn aus sich selbst heraus können die Menschen Gott und seine Wege nicht verstehen. »Wie wunderbar ist doch Gott! Wie unermesslich sind seine Reichtümer, wie tief seine Weisheit und seine Erkenntnis! Unmöglich ist es uns, seine Entscheidungen und Wege zu begreifen!« (Röm 11,33).

Gott, der über und außerhalb der Schöpfung steht, kann nur erkannt werden, wenn er selbst die Initiative ergreift, wenn er sich zeigt und wenn er sich den Menschen erklärt. Und weil Gott mit den Menschen in einer persönlichen Beziehung leben will, tut er dies auch.

Kundgabe ohne Worte
Die Selbstoffenbarungen Gottes finden nicht immer mit Worten statt. Das sagt die Bibel deutlich: »Der Himmel verkündet die Herrlichkeit Gottes« (Ps 19,1). »Der Himmel verkündet seine Gerechtigkeit, und alle Völker sehen seine Herrlichkeit« (Ps 97,6). »Seit Erschaffung der Welt haben die Menschen die Erde und den Himmel und alles gesehen, was Gott erschaffen hat, und können daran ihn, den unsichtbaren Gott, in seiner ewigen Macht und seinem göttlichen Wesen klar erkennen« (Röm 1,20). Weil dies ohne Worte geschieht, kann es überall geschehen, auf der ganzen Erde. Aber weil Worte hier eben fehlen, können aus der Schöpfung auch nur allgemeine Eindrücke darüber gewonnen werden, wer und wie Gott ist und welche Pläne er mit seiner Schöpfung hat.

Neben Offenbarungen durch die Natur spricht die Bibel auch von Offenbarungen durch geistliche Erfahrungen (Jes 6,1-4), durch das menschliche Gewissen (Röm 2,15) und durch die Überlegungen der Philosophen und Dichter der heidnischen Welt (Apg 17,28). Aber auch hier kann Gott nur wie durch Nebel hindurch erkannt werden.

Das gesprochene Wort
Um zu wissen, wer Gott ist, müssen wir Gottes offenbarendes Wort hören. Gott spricht unsere Sprache. Gott redet tatsächlich mit Worten, die wir verstehen können. Natürlich übersteigt Gott unsere Vorstellungen, aber Gott selbst spricht in verständlichen Worten von sich selbst und seinen Wegen.

Zunächst sprach Gott mündlich und nicht schriftlich. Wie genau Gott mit den Menschen redete, können wir nicht immer wissen. Manchmal erschien »der HERR« in menschlicher Form und redete mit Menschen (z.B. 1Mo 26,2). Manchmal unterhielten sich ein Mensch und Gott in einem Gebet (Hab 2). Manchmal sprach Gott mit einer hörbaren Stimme, ohne dass er sich zeigte (Ps 99,7). Manchmal wird einfach gesagt, dass Gott sprach, und wir können nur raten, wie das geschah.

Gott sprach mit Adam und Eva, mit Kain, mit Noah, mit Jakob. Er erklärte Abraham, Mose und danach noch vielen anderen seine Absichten. Später wurde das, was Gott gesagt hatte, auch schriftlich aufgezeichnet und weitergegeben. Man denke zum Beispiel an die Zehn Gebote, die Gott selbst auf Steintafeln geschrieben hatte und die dann später auf Schriftrollen festgehalten wurden (2Mo 20; 5Mo 5).

Diese Offenbarungen Gottes wurden in geschichtliche und theologische Werke aufgenommen, die dann als »Wort Gottes« angesehen wurden. So wuchs langsam eine Sammlung von Schriften, aus denen allmählich das Alte Testament entstand. Neben Erzählungen und Gesetzbüchern entstanden auch Weisheitsliteratur und Sammlungen von Psalmen. Gott sprach oft direkt mit den Propheten, die dann das Wort Gottes weitergaben, zuerst mündlich und später dann auch oft schriftlich. Inhaltlich geht es in diesen Offenbarungen oft darum, wie Gott ist, was er tut und wie sein Volk handeln sollte. Es wird gezeigt, wie sich das einzelne Leben und das Leben des ganzen Volkes an Gottes Weisungen orientieren soll. Gott wird belohnen und bestrafen, je nachdem, ob das Volk treu oder untreu ist.

Spätere Teile des Alten Testaments blicken oft prophetisch in die Zukunft. Es wird versprochen, dass Gott eines Tages erneut mit Macht eingreift, um den Thron Davids wiederherzustellen und um das oft abtrünnige Volk zur Umkehr zu rufen und es dann zu erneuern. Es geht um die Verheißung Gottes, Israel zu einem »Licht für die Heiden« zu machen, damit Israel von anderen als das gesegnete auserwählte Volk Gottes erkannt wird. Dann werden die anderen Nationen zum Berg Zion strömen, um dem wahren Gott zu begegnen (Jes 51,4.11; Mi 4,2).

Jesus, das Wort Gottes
Und dann kam Jesus. Jesus sprach nicht nur die Worte Gottes (Joh 3,34), sondern er selbst war das Wort Gottes, das Leben gab (Joh 6,63.68). Mit Recht schrieb der Autor des Hebräerbriefes: »Vor langer Zeit hat Gott oft und auf verschiedene Weise durch die Propheten zu unseren Vorfahren gesprochen, doch in diesen letzten Tagen sprach er durch seinen Sohn zu uns« (V. 1-2).

Jesus zeigte in seinen Worten und Taten, wer und wie Gott, sein Vater, ist. Jesus offenbarte noch viel deutlicher als je zuvor, was Gottes umfassender Plan für die Weltgeschichte ist und wie sein erwähltes Volk unter den Heiden erweitert werden sollte, bis »Menschen aus der ganzen Welt kommen und ihre Plätze im Reich Gottes einnehmen« (Lk 13,29). Jesus erklärte nicht nur, wie ein Mensch mit Gott versöhnt werden kann, sondern durch seinen Tod und seine Auferstehung machte er den Weg frei, damit es auch tatsächlich geschehen kann.

Jesus sprach das maßgebende Wort. Als er dann wieder zu seinem Vater zurückkehrte, offenbarte sich Gott weiterhin durch Menschen. Er sprach durch die Apostel, die beauftragt worden waren, alle Menschen zu lehren, was Jesus gesagt hatte (Mt 28,20). Er sprach durch Propheten in der Urgemeinde (Apg 11,27). Er sprach zu der versammelten Gemeinde, die versuchte, den Willen Gottes zu verstehen. Er sprach durch den Heiligen Geist (Apg 16,6), durch Geistesgaben, die er gab (1Kor 12,8), und durch die Verkündigung des Evangeliums (1Thess 2,13). Und er sprach durch neu entstehende Schriften, aus denen dann das Neue Testament entstand.

Auch heute noch spricht Gott auf die verschiedenen Arten und Weisen, so wie er schon immer gesprochen hat. Aber Jesus Christus bleibt das letzte und das maßgebende Wort. Die Heilige Schrift ist das geschriebene Wort Gottes, das auf Jesus hindeutet und uns zu Jesus führt. Und Jesus ist der, der uns auch heute Gott offenbart und uns sein Leben schenkt.

Die Schriftstellen, die dem Thema »Gott redet« folgen, sind in dieser Bibelausgabe in eine Reihenfolge gebracht, die dem hier dargestellten Verständnis entspricht. Der rote Faden zum Thema »Gott redet« beginnt mit 1. Mose 1,28-30. Für dieses Thema sind an folgenden Bibelstellen Textboxen mit Kommentaren zu finden:
1. Mose 1,28-30
1. Mose 32,24-30

2. Mose 6,2-8
2. Mose 13,21
2. Mose 20,1ff
2. Mose 33,11
4. Mose 11,24-29
4. Mose 22,28
1. Samuel 3,4-10
1. Könige 19,11-13
Hiob 33,14-16
Hiob 38,1ff
Psalm 19,1-12
Psalm 119,1-2
Jesaja 6,1ff
Matthäus 5,17-48
Matthäus 10,7
Matthäus 11,25-27
Matthäus 18,18-20
Matthäus 19,4
Markus 1,11
Markus 15,37-39
Lukas 4,14-30
Lukas 19,40
Johannes 1,1-18
Johannes 5,39
Johannes 14,25-26
Apostelgeschichte 10,13-14
Apostelgeschichte 15,28
Apostelgeschichte 16,9
Apostelgeschichte 17,22-31
Römer 1,19-21
1. Korinther 2,9-16
1. Korinther 14,29
2. Korinther 4,6
2. Korinther 10,9-12
1. Thessalonicher 2,13
2. Timotheus 2,2
2. Timotheus 3,16-17
Hebräer 1,1-3
Offenbarung 1,7
Offenbarung 1,10-16
Offenbarung 5,1-7

2. Erwählung durch Gott

Immer wieder lesen wir in der Bibel, dass Gott einzelne Menschen oder ein Volk »erwählt« habe. Abraham wurde erwählt (Neh 9,7), das Volk Israel ist erwählt (5Mo 10,13; Ps 33,12). Gott hat sich einen besonderen Diener erwählt (Jes 42,1), ebenso wie er Jesus erwählte (Mt 12,18). Auch alle Glaubenden sind erwählt – die Gemeinde von Jesus (Eph 1,11).

Was bedeutet es, dass Gott bestimmten Menschen seine besondere Aufmerksamkeit schenkt und sie erwählt?

Einige in der Mitte – alle im Blick

Für uns klingt das schnell nach Bevorzugung. Wenn einer besonders in den Mittelpunkt gestellt wird, scheinen im selben Moment ja alle anderen zurückgestellt zu sein. Doch Gottes Absicht ist eine andere, wenn er erwählt. Er konzentriert sich immer wieder auf einige wenige, um an ihnen besonders zu handeln. Dadurch zeigt er für alle anderen sein Wesen. Am Modell macht er deutlich, was seine Ziele für das Ganze sind. Wenn er speziell Einzelne im Blick hat, hat er damit nicht die Übrigen aus seinem Augenmerk verloren. An Psalm 33 kann man das gut ablesen – siehe die Erklärung zu Psalm 33,12.

Diejenigen, die Gott besonders auswählt, genießen nicht einfach Vorteile. Sondern sie stehen auch in einer besonderen Verantwortung. Von ihnen erwartet Gott mehr als von den Übrigen. Amos 3,2 (siehe die Erklärung zu dieser Stelle) bringt den Ernst und die Last der Erwählung zur Sprache: »Unter allen Völkern der Erde habe ich allein euch erwählt. Deshalb muss ich euch für alle eure Sünden bestrafen.«

Der Auftrag der Erwählten

Jeder, der von Gott erwählt ist, hat damit auch eine Aufgabe bekommen – eine Aufgabe, die wiederum allen zugutekommt. Als Gott Abram erwählte (1Mo 12,1-3), segnete er ihn, damit durch ihn andere gesegnet würden. Das Volk Israel wurde von Gott erwählt, damit es als Zeuge Gottes seinen Ruhm bekannt macht (Jes 43,10.21) – sodass alle, die darauf hören, etwas von Gott wissen können. Auch die Nachfolger von Jesus sind zu genau dieser Aufgabe auserwählt worden: »als lebendiges Beispiel für die Güte Gottes« – »um die lobenswerten Taten dessen bekannt zu machen, der euch aus der Finsternis in sein wunderbares Licht gerufen hat« (1 Petr 2,9). Erwählung heißt also nicht, dass Gott seine Lieblingskinder hätte oder an allen anderen desinteressiert wäre. Vielmehr hat er sich dafür entschieden, am Kleinen zu arbeiten und von da ausgehend in das Ganze zu wirken.

Immer stärker gebündelt
Wenn man die Geschichte Gottes entlang den biblischen Erzählungen verfolgt, dann drängt sich der Eindruck auf, als würde Gott seine Aufmerksamkeit anfangs ganz breit der gesamten Menschheit zuwenden und danach schrittweise einengen. Aus der Menschheit erwählte er ein Volk. Später konnte er nicht mehr die Gesamtheit seines Volkes erreichen – es hat sich vielfach für ihn verschlossen. Gott konzentrierte sich daher auf einen Rest – den sogenannten »Heiligen Rest«. In diesem wurde der Keim des Segens für das ganze Volk aufbewahrt. Aus diesem »Heiligen Rest« heraus benannte Gott eine einzelne Gestalt, seinen »Knecht«.

Als Gott seinen Sohn Jesus schickte, war der seitdem das Abbild Gottes. Gottes Erwählung hat sich voll und ganz in ihm gebündelt. Gott wendet sich zur Welt gerade so, dass er seine Sohn in die Welt sandte. Wer sich zu Gott wendet, muss sich also zu Jesus Christus wenden. *Die* Erwählten (die Glaubenden) sind in Gottes Blick von *dem* Erwählten her (Christus).

Der Blick weitet sich wieder
Christus sandte seine Nachfolger, seine Gemeinde, in alle Welt. Sehr bald erreichte sie nicht nur Juden, nicht nur das anfangs erwählte Volk Israel, sondern Menschen aus allen Nationen. Der erwählende Blickwinkel Gottes weitete sich – von Christus und seiner Gemeinde her – wieder umfassend aus. Sein Volk Israel hat er dabei nicht aus dem Blick verloren, sondern es bleibt das erwählte Eigentumsvolk. Am Ende der Geschichte, wenn Gott mit seinen Menschen zum Ziel kommt, ist die Erwählungs-Perspektive wieder so breit wie anfangs bei der Erschaffung der Welt. Ausgenommen bleiben nur noch die, die sich nachhaltig für Gott verschlossen haben. Zu guter Letzt wird Gott »alles in allen« oder »alles in allem« sein. »Alle« – jede Sondererwählung ist damit beendet.

Die »liegende Sanduhr«
Den Blickwinkel der Erwählung, der sich fortschreitend einengt und dann von Christus her fortschreitend erweitert, kann man in der Form einer liegenden Sanduhr skiz-

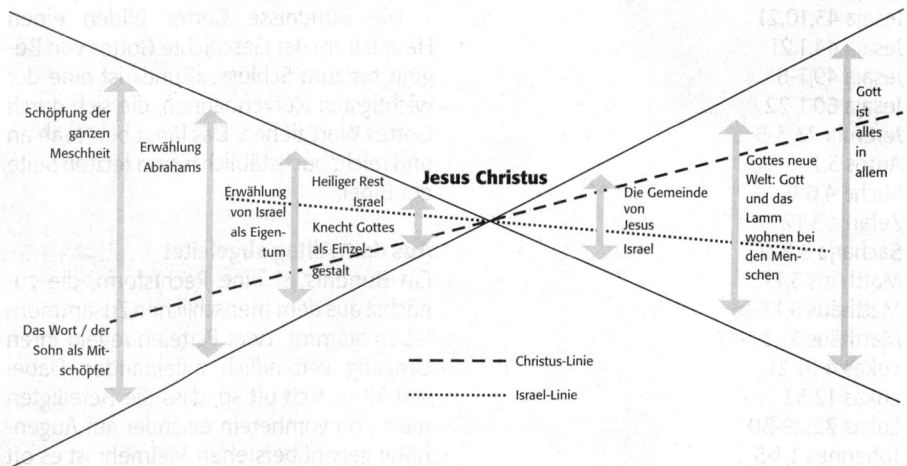

zieren. So versucht es die Grafik auf Seite *35. (Sie knüpft an einen Entwurf der Heilsgeschichte von Oscar Cullmann an und basiert auf der Skizze in Heinrich Ott / Klaus Otte, Die Antwort des Glaubens, Stuttgart ³1981, 241.)

Eine solche Übersicht kann die ganze Fülle der biblischen Verkündigung natürlich nicht abbilden. Sie hat immer die Gefahr in sich, zu vereinfachen. Jeder Text der Heiligen Schrift muss für sich gehört werden und darf nicht in ein Schema gezwängt werden. Doch kann – in aller Vorsicht – eine solche Zusammenschau zur Orientierung helfen.

Die Schriftstellen für den roten Faden zum Thema Erwählung beginnen mit 1. Mose 1,27-28. Folgende Stellen wurden zu diesem Thema kommentiert:

1. Mose 1,27-28
1. Mose 10,32
1. Mose 12,1.3
2. Mose 19,5-6
4. Mose 14,10-23
4. Mose 23,8-10
5. Mose 4,5-8.32-38
5. Mose 10,14-16
5. Mose 32,10
Psalm 33,12
Jesaja 2,2-3
Jesaja 4,2-3
Jesaja 6,13
Jesaja 11,1-10
Jesaja 43,10.21
Jesaja 44,1.21
Jesaja 49,1-6
Jesaja 60,1-22
Jeremia 23,3-5
Amos 3,2
Micha 4,6-8
Zefanja 3,12
Sacharja 3,8-9
Matthäus 3,17
Matthäus 5,13-16
Matthäus 21,37-42
Lukas 4,16-21
Lukas 12,32
Lukas 22,29-30
Johannes 1,1-5
Johannes 4,22
Johannes 17,20-26
Johannes 20,21
Apostelgeschichte 3,26
Apostelgeschichte 4,11-12
Apostelgeschichte 10,42
Apostelgeschichte 13,32-33
Römer 5,15-17
Römer 8,19
Römer 11,26.31
1. Korinther 15,24-28
Epheser 1,10
Epheser 1,22-23
Epheser 2,7
Kolosser 1,15-17
Kolosser 2,9
Titus 2,14
Hebräer 1,1-3
1. Petrus 2,9-10
Offenbarung 1,6-20
Offenbarung 1,17-18
Offenbarung 5,2-5
Offenbarung 21,1-27
Offenbarung 22,16

3. Gottes Bündnisse mit seinem Volk

Gott möchte ein Vertrauensverhältnis zu seinem Volk, das er liebt, aufbauen. Das Vertrauen soll sich entfalten können innerhalb eines schützenden Rahmens. Dieser Rahmen besteht in einem Bundesschluss.

Die Bündnisse Gottes bilden einen Hauptstrom der Geschichte Gottes von Beginn bis zum Schluss. »Bund« ist eine der wichtigsten Nervenbahnen, die sich durch Gottes Wort ziehen. Das fängt bei Noah an und reicht buchstäblich bis zur letzten Seite der Bibel.

Aus dem Alltag abgeleitet

Ein Bündnis ist eine Rechtsform, die zunächst aus dem menschlichen Zusammenleben stammt. Zwei Parteien regeln ihren Umgang verbindlich miteinander. Dabei verhält es sich oft so, dass die Beteiligten nicht von vornherein einander auf Augenhöhe gegenüberstehen. Vielmehr ist es oft ein Übergeordneter, der einem niedriger Gestellten einen Bund anbietet. So schließt z.B. der Königssohn Jonathan mit dem einfachen Schafhirten David einen Freundschaftsbund – und fortan ist ihre Freundschaft unverbrüchlich (1Sam 18,1-4). Oder der König Abimelech schließt ein Bündnis, eine Art Nichtangriffspakt, mit dem wohlhabenden Ausländer Abraham (1Mo 21,22-34). Ein Bund sorgt dafür, dass man sich aufeinander verlassen kann. Ohne Vertrauen ist jedes Bündnis hinfällig und hohl. Doch der Bund stärkt das Vertrauen und gibt ihm Form und Dauer.

Menschliche Bundesschlüsse haben bestimmte Merkmale und Rituale. Sie sind in der Erklärung zu 1. Mose 31,43-54 beschrieben.

Zwei verschiedene Typen von Bund
Gott wählt im Umgang mit denen, die er liebt, die Form des Bündnisses: um das Vertrauen zu stärken und ihm Struktur und Dauer zu geben. Im Laufe der Geschichte schließt er nacheinander verschiedene Bündnisse mit Einzelnen oder mit seinem Volk. Dabei sind zwei Typen zu unterscheiden: Einerseits gibt es den *einseitigen Bund*. Hier verpflichtet sich der Bundesstifter zu etwas. Dem Empfänger dieses Bundes ist keine Pflicht auferlegt, sondern er genießt nur den Segen. Es handelt sich also um einen »Geschenkbund«. Zum anderen gibt es den *zweiseitigen Bund*. Hier liegt auf beiden Partnern eine Bundesverpflichtung. Demzufolge kann so ein Bund von beiden Seiten durch Untreue gebrochen werden – wobei Gott für sich diese Möglichkeit ausschließt.

Im Laufe der alttestamentlichen Geschichte sind es folgende Bündnisse, die Gott schließt (die Bibelstellen geben jeweils die erste Schriftstelle an, von der aus man den roten Faden des jeweiligen Bündnisses nachverfolgen kann):
- mit Noah (1Mo 6,18)
- mit Abram bzw. Abraham (1Mo 15,1-21)
- mit seinem Volk am Sinai (2Mo 24)
- mit David (2Sam 7,11-16)
- mit Pinhas als Bund für die Priester und Leviten (4Mo 25,12)

Die Bündnisse mit Noah, Abraham und David sind einseitig. Der Sinaibund ist ein Bund auf Gegenseitigkeit und erlegt dem Volk Verpflichtungen auf. Der Bundesschluss mit Pinhas geht in einen Bund für die Priester und Leviten über, der diese ebenfalls in die Pflicht nimmt.

Die Nachgeschichte der Bündnisse
All diese Bündnisse haben eine sehr wechselvolle Geschichte. Die Untreue der Bündnispartner und die Treue Gottes liegen im Kampf miteinander. Über lange Zeit hinweg muss Gottes Volk die Konsequenzen seiner Bundesbrüche bitter auskosten. Doch die Bündnisse behalten ihre Segenswirkung: Gott lässt sich an seine Bundesversprechen erinnern. Anführer des Volks erneuern ihrerseits den Bund. Schließlich greift Gott noch einmal – alles Bisherige überbietend – ein und schließt einen neuen Bund:
- neuer Bund in Christus (ab Hos 2,25 angekündigt; ab Mt 26,28 in Erfüllung gegangen)

Dieser Bund löst die vorhergehenden Bundesschlüsse nicht ab, sondern nimmt sie in sich auf und überbietet deren Segenswirkung. Obwohl die überlegene Qualität des neuen Bundes sichtbar macht, wie vorläufig die anderen Bündnisse sind, behalten diese Bündnisse doch bis zuletzt ihre eigene Bedeutung und Kraft. Insbesondere ist es falsch zu sagen, der neue Bund sei ein »christlicher« Bund, der an die Stelle der Bündnisse mit Israel getreten sei. Hier spricht der Apostel Paulus – Jude und Jesusnachfolger – eine deutliche, andere Sprache (Röm 11,28-29).

Der neue Bund – Geschenk oder auch Verpflichtung?
Ist der neue Bund ein einseitiger Geschenkbund, in dem sich nur Gott bzw. Christus festlegen? Oder ein zweiseitiger, der sofort eine Bundespflicht mit sich bringt? Als Jesus beim Passahmahl diesen

Bund einsetzte (Mt 26,28), sprach er nur von seiner eigenen Hingabe, nicht von der antwortenden Hingabe seiner Jünger. Der in diesem Zusammenhang ausgesprochene Auftrag, das Mahl stets zu wiederholen, ist keine Bundesverpflichtung, sondern ein Bundeszeichen. Dennoch erwartet Gott zweifellos, dass sein erneuertes Volk sich von diesem Bund in seiner Lebensführung prägen lässt. Das lassen der Bericht von Lukas und die Weisung von Paulus klar erkennen (Lk 22,19-30; 1Kor 11,17-34). Gerade im Zusammenhang mit dem Abendmahl, in dem der neue Bund gefeiert wird, werden die Feiernden in die Pflicht genommen: Sie müssen die Liebe, die sie empfangen, mit anderen teilen. So entspricht es auch der Absicht von Gottes Erbarmen, das – recht verstanden – als Antwort ein »Gegenopfer« auslösen will (Röm 12,1-2).

Dennoch ist dieser Gehorsam nicht einfach eine Bundesverpflichtung, die Gottes Gemeinde nun erfüllen müsste. Dem menschlichen Bundespartner ist nicht einfach abverlangt, eine entsprechende Leistung zu bringen. Sondern das Verhalten, das Gott von seinen Leuten erwartet, bringt er selbst als Geschenk gleich mit. Denn der Heilige Geist ist eine der wichtigsten Gaben des neuen Bundes (2Kor 3,3.6.17-18), und gerade dieser Geist ermöglicht das Verhalten, das Gott erwartet (Hes 36,27). Im neuen Bund kommt also beides zusammen: Es ist ein zweiseitiger Bund, der eine Antwort vom menschlichen Bundespartner erwartet. Zugleich ist es aber ein klarer Geschenkbund, denn diese Antwort wird als gegebene Möglichkeit in den Bundespartner schon hineingelegt.

Die Schriftstellen, die dem Thema »Bund« folgen, sind geordnet nach den verschiedenen Bundesschlüssen. Sie stehen daher nicht streng in der Reihenfolge der biblischen Bücher, sondern zeichnen die Geschichte der einzelnen Bündnisse nach. Der rote Faden zum Thema Bund beginnt mit 1. Mose 31,43-54. Folgende Stellen werden kommentiert:
1. Mose 6,18
1. Mose 9,8-17
1. Mose 15
1. Mose 17
1. Mose 31,43-54
2. Mose 24
2. Mose 32
2. Mose 34,10
2. Mose 40
4. Mose 25,13
5. Mose 26,16ff
5. Mose 29
Josua 24,25
1. Samuel 4,11
2. Samuel 7,14
2. Samuel 23,5
2. Könige 23,3
Esra 10,3
Nehemia 13,29
Psalm 78,10
Psalm 89,35
Psalm 105,8-10
Psalm 106,45
Jesaja 55,3
Jesaja 59,21
Jeremia 14,21
Jeremia 31,31
Jeremia 34,12-20
Hesekiel 16,8.60
Hesekiel 20,5.12.42
Hesekiel 37,26
Hosea 1,9
Hosea 2,25
Amos 5,27
Micha 6,13-16
Micha 7,20
Sacharja 9,11
Maleachi 2,4-9
Matthäus 1,1
Matthäus 3,9
Matthäus 26,28
Lukas 1,32
Lukas 1,72
Lukas 13,16
Apostelgeschichte 3,25
Römer 9,4
1. Korinther 11,25
2. Korinther 3,7ff
Galater 3,16
Hebräer 8,6

Hebräer 9,15
Offenbarung 11,19
Offenbarung 22,16

4. Gott befreit

Die ersten beiden Kapitel der Bibel beschreiben, wie Gott das Weltall ins Dasein brachte. Immer wieder heißt es: »Und Gott sah, dass es gut war«. Die Schöpfung läuft auf die Menschheit zu. Der Plan war, dass alle – Himmel und Erde, Pflanzen und Tiere, Kreaturen und Menschen – harmonisch miteinander leben sollten, täglich Gottes Güte erfahren und dafür Gottes Ehre spiegeln sollten.

Die letzten beiden Kapitel der Bibel beschreiben eine neue Welt, in der Gott in einer vom Himmel herab kommenden Stadt unter den Menschen lebt. Dort wird dann alles so sein, wie Gott es ursprünglich geplant hatte.

Zwischen diesen beiden Eckpunkten der Bibel liegen jedoch 1185 Kapitel, die ein ganz anderes Bild von der Schöpfung Gottes zeigen, ein Bild mit viel Hass und Zerstörung. Wir finden dort jedoch auch die lange und spannende Geschichte der Rettungsaktionen Gottes, mit denen er – nach einem Zwischenfall mit katastrophalen Folgen (dem Sündenfall) – eingriff, um seine Schöpfung wieder in die richtigen Bahnen zurückzuführen.

Freiheit für die Menschen

Es ist klar, dass es in diesem Prozess der Wiederherstellung in erster Linie um die Menschheit geht. Wir Menschen erleben Gottes Rettung in unserem persönlichen Leben. Wir Menschen erfahren, wie Gott uns nicht nur mit sich selbst, sondern auch mit anderen versöhnt. Dies ist möglich, weil Jesus *als Mensch* auf diese Erde kam. Gott wählte gerade den Weg der Menschwerdung, um die Erlösung zu ermöglichen. Der menschgewordene Sohn Gottes spielte die zentrale Rolle beim Eingreifen Gottes in die Geschichte. Er lebte, starb und stand von den Toten auf, um uns Menschen zu erlösen. Die Erlösung der Welt hängt mit der Erlösung der Menschheit zusammen (Röm 8,21). Die Menschheit empfängt jedoch nicht nur passiv die rettende Gnade Gottes, sondern sie wird auch beauftragt, die Gute Nachricht weiterzusagen und für die Gnade Gottes zu wirken.

Freiheit für den Kosmos

Obwohl die Rettung der Menschheit im Mittelpunkt steht, dürfen wir nicht vergessen, dass der Plan Gottes immer die ganze Schöpfung, das ganze Weltall, mit einschließt. Es geht nicht nur um uns Menschen. Es geht erst recht nicht nur darum, *einzelne* Menschen für den Himmel zu gewinnen. Natürlich gehört dies auch zur biblischen Geschichte. Es ist aber Gottes Absicht, unser *ganzes* Leben zu retten. Konzentrieren wir uns nur auf das individuelle Seelenheil, dann vergessen wir allzu leicht, dass es um mehr geht als nur darum, unsere Seelen für eine geistliche Existenz an einem »geistlichen Ort« vorzubereiten. Wenn wir »Rettung« zu eng verstehen, dann vergessen wir, dass wir geschaffen wurden, um Treuhänder Gottes zu sein, um mit Gott Mitschöpfer und Mitgestalter der Geschichte zu sein. Er will, dass die Menschen miteinander und mit der Natur versöhnt sind.

Die ganze Schöpfung Gottes spiegelt Gottes Herrlichkeit wider (Ps 19). Die ganze Schöpfung sehnt sich nach der Erlösung (Röm 8,20-21), die Gott durch Jesus für uns und für sie vorbereitet hat. Die ganze Schöpfung wird einmal von ihrer Vergänglichkeit befreit werden. Erst dann wird Gott sein Ziel für seine Schöpfung erreicht haben.

Dass Gott die Menschheit und die ganze Schöpfung befreien will, stellt ein zentrales Thema der Bibel dar und verdient es, genauer betrachtet zu werden. Wovon müssen die Menschen und die Schöpfung befreit werden? Vor allem von aller Schlechtigkeit in der Welt und in den Menschen und letztendlich vom Tod. Beides sind Folgen des Sündenfalles und kennzeichnen die ganze Schöpfung Gottes.

Ursachen der Unfreiheit
Hinter dem Sündenfall stehen zwei Kräfte: die Rebellion des Menschen und der Feind Gottes, dessen zerstörerische Macht ständig alles Gute zu zerstören sucht. Dieser Feind, der in der Bibel Satan oder der Teufel genannt wird, wird manchmal auch metaphorisch als »Schlange« oder als »Drache« beschrieben.

Wie genau dieser Feind zum Feind wird, wird in der Bibel nicht genau erklärt. Am Anfang gab es nur die gute Schöpfung Gottes, denn nur Gott allein bestand schon immer, und alles, was Gott erschuf, war gut. Die Herkunft des Feindes bleibt im Dunkeln. Seine zerstörerische Macht wird jedoch in der Bibel an vielen Stellen direkt oder indirekt beschrieben.

Gleich zu Beginn, als die Menschen noch kaum ins Dasein gebracht worden waren (1 Mo 1), mischte sich »die Schlange« ein und führte die Menschheit in Versuchung (1 Mo 3). Durch den Sündenfall geriet die ganze Schöpfung in eine Krise. Immer noch von Gott geliebt, war sie jetzt jedoch von ihm getrennt. Die ganze biblische Geschichte dreht sich um die Wiederherstellung und Erneuerung der guten Schöpfung Gottes.

Gott greift ein
Mitten in der Geschichte gewinnt Gott durch Jesus den großen Sieg gegen seinen Feind. Das klang schon in geheimnisvoller Weise an, als Gott versprach, dass »der Nachkomme der Frau« »den Nachkommen der Schlange« besiegen würde. Der Weg dahin war lang und auf diesem Weg gebrauchte Gott die verschiedensten Strategien. Immer ist es Gott, der die Initiative ergreift. Je nachdem, wie Menschen darauf reagieren, werden sie belohnt und bestraft. Er schuf ein Volk als sein Eigentum, ein im Bund mit Gott lebendes Volk, das ins Leben gerufen wurde, um ein Schauplatz der rettenden Gnade Gottes zu sein. Durch dieses Volk sollte Gottes Heil in die ganze Welt strömen.

Gott befreite dieses Volk aus der ägyptischen Gefangenschaft und beauftragte es dann, selbst eine befreiende Glaubensgemeinschaft zu sein, in der Menschen ganz konkret befreit werden würden von Sünden, von Schulden, vom Sklavendienst, von Armut. Das Volk sollte durch Gottesdienst, Feste des Glaubens und ethisches Handeln lernen, was es bedeutet, als ein befreites und befreiendes Volk im Bund mit Gott zu leben. In diesem Leben mit Gott sollte man auch lernen, welchen Plan Gott für die ganze Welt hatte.

Als Jesus kam, setzte er Zeichen dafür, dass Gott jetzt mit der endgültigen Erlösung begonnen hatte. Jesus tat dies, indem er Menschen von Krankheiten, von bösen Geistern, von Unreinheit, von Ausgrenzung und von Sünden befreite. Und er tat dies durch seinen Tod und seine Auferstehung.

Mitarbeiter der Freiheit
Als die Christen in der Urgemeinde Gottes befreiende Gnade erlebten, wurden sie zu Gottes Mitarbeitern bei diesem Prozess der Befreiung. Sie taten dies durch die Verkündigung des Evangeliums, durch ihren gelebten Glauben und indem sie für Befreiung wirkten. Sie begannen, bis in alle Ecken des Römischen Reiches hinein christliche Gemeinschaften zu gründen und das Evangelium zu verbreiten – eine Ausbreitung, die heute immer noch weitergeht.

Eines Tages wird der Herr alles zum Ziel bringen, wenn Jesus wiederkehrt, »und so werden wir in Ewigkeit bei ihm bleiben« (1 Thess 4,17).

Der rote Faden zum Thema »Gott befreit« beginnt mit 1. Mose 3,15. Kommentiert werden folgende Schriftstellen:
1. Mose 3,15
1. Mose 6,17-18
2. Mose 3,8
2. Mose 14,22
3. Mose 25,10
4. Mose 21,6-9
Josua 2,22-26

Richter 2,10-23
2. Könige 5,1-19
Hiob 19,25
Psalm 130,7
Psalm 146,7
Sprüche 24,11
Jesaja 12,2
Jesaja 58,6
Jesaja 61,1-4
Hesekiel 37,1-14
Matthäus 9,13
Markus 1,23-26
Markus 3,27
Markus 5,25-34
Markus 10,45
Lukas 1,68.74-75
Lukas 10,19
Lukas 13,16
Lukas 19,10
Lukas 21,28
Johannes 11,43-44
Apostelgeschichte 4,12
Apostelgeschichte 16,31
Römer 1,16-17
Römer 8,22
1. Korinther 8,9
Galater 5,1
Kolosser 1,13-14
1. Petrus 2,16
Offenbarung 12,10

5. Gottes Liebe, Gottes Zorn

Gott ist ein Gott der Liebe. Schon vor Erschaffung des Weltalls gab es – nach dem Bekenntnis der Kirche – den dreieinigen Gott, drei »Personen« der Gottheit, die einander liebten. Dieser Gott erschuf das Weltall und alle Lebewesen und vor allem die Menschheit, damit auch sie seine Liebe empfangen konnten (Eph 1,4-6). Gott ist ein Gott, der alle und alles liebt.

Auch Zorn gehört zu den Wesensmerkmalen Gottes. Gottes Zorn hat jedoch nicht den gleichen Stellenwert wie Gottes Liebe. Die Bibel definiert Gott als einen Gott der Liebe – »Gott ist die Liebe« (1 Joh 4,8) – jedoch nie als einen Gottes des Zorns (»Gott ist der Zorn«). Gottes Zorn wird in der Bibel beschrieben als die Reaktion eines gerechten Gottes auf alles, was sich seiner Liebe widersetzt. Gottes Gnade, Vergebung und Liebe sind immer größer als sein Zorn. Wenn in der Bibel Gottes Zorn beschrieben wird, dann ist dies nie ein Ausdruck seiner Unfähigkeit, sich zu beherrschen. Zorn ist immer gerechtfertigter Ausdruck der Heiligkeit Gottes. Es geht Gott immer darum, Menschen »heimzusuchen«, d.h. er möchte die Sünden der Menschen aufdecken, sie zur Einsicht und Umkehr bewegen und ihnen Gnade und Vergebung schenken.

Menschliche Redeweise

Wenn wir in der Bibel von Gottes Zorn lesen, dann ist dies meistens seine Reaktion auf die Sünden der Menschen oder auf ihre Auflehnung gegen ihn. Oft werden Gott dabei sehr menschliche Emotionen und Reaktionen zugeschrieben. So schildern manche Texte, wie Gott zornig wird, es ihm dann aber wieder leidtut und er sich dann wieder über die Menschen erbarmt (2Mo 32,11-14; Jer 30,24). Von Gott mit menschlichen Eigenschaften zu sprechen, nennen die Theologen »Anthropomorphismus« (d.h. so viel wie »als ob Gott menschliche Gestalt hätte«). Gott ist kein Mensch. Wir können Gottes Liebe und Zorn zwar nur mit menschlichen Worten beschreiben, dürfen jedoch nie vergessen, dass Gott anders ist als wir. Gott verliert nicht die Beherrschung, rächt sich nicht aus Zorn und handelt nie ungerecht. Wenn wir anthropomorphe Texte lesen, ist es wichtig, dass wir nicht diejenigen Dinge wörtlich interpretieren, die als Bild gemeint waren.

Der längere Atem der Liebe

Gottes Zorn und Liebe tauchen oft in ein und demselben Text auf. Dabei ist immer klar, dass Gottes Liebe seinen Zorn bei Weitem übersteigt. Zorn ist einerseits die natürliche Folge von verletzter Liebe. Andererseits ist er bei Gott gewissermaßen das notwendige Übel, um Menschen zur Umkehr zu rufen. Gott wäre lieber gnädig, findet es aber manchmal notwendig, zu bestrafen. Dabei hat der Zorn Gottes immer Grenzen, aber seine Liebe ist grenzenlos: »Sein Zorn trifft uns einen Augenblick, doch seine Güte umgibt uns unser Leben lang!« (Ps 30,6; siehe auch Jes 54,7-8).

Im Gesetz von Mose lesen wir: »Ich lasse die Sünden derer, die mich hassen, nicht ungestraft, sondern ich strafe die Kinder für die Sünden ihrer Eltern bis in die dritte und vierte Generation. Denen aber, die mich lieben und meine Gebote befolgen, werde ich bis in die tausendste Generation gnädig sein« (5Mo 5,9.10). Die Sünden der Menschen wirken sich tatsächlich oft bis in die dritte und vierte Generation aus. Ein Blick in die Umwelt, Politik, Wirtschaft, aber auch in das persönliche Leben bestätigt dies. Alkohol-, Drogen- und Machtmissbrauch, aber auch Vernachlässigung, Verwöhnung und Egoismus haben Auswirkungen auf die zukünftigen Generationen. Wie viel mehr haben Gottes Liebe und Gnade Auswirkungen auf noch viel ferner liegende künftige Generationen! Der Ausblick ist unbegrenzt: Vier belasteten Generationen stehen 1.000 gesegnete Generationen gegenüber!

Das Wort »Gnade« bedeutet bereits per Definition, dass es sich um etwas Unverdientes handelt. Gottes Gnade wird nicht nur geschenkt, sondern ist auch viel weitreichender als sein Zorn. Gott wäre bereit gewesen, eine ganze Stadt (Sodom) zu verschonen, wenn es nur zehn Gerechte in ihr gegeben hätte (1Mo 18,32). Das Gebet *eines* Menschen ist ausreichend, um die verdiente Strafe *vieler* abzuwenden (z.B. 2Mo 32,11-13; Dan 9,15-19).

Ungelöste Fragen an Gottes Zorn
Das Thema »Gottes Zorn« ist nicht einfach, weil es viele Fragen offenlässt. Manchmal straft Gott und verschont dabei die Unschuldigen (z.B. 1Mo 6,13-14; 19,12-13). Manchmal scheint Gott jedoch ganze Familien zu bestrafen, nur weil ein Mensch untreu war, oder er scheint ganze Städte zu vernichten, nur weil einige wenige schwer sündigten (z.B. Jos 7,25; 5Mo 13,12-15). Dann gibt es wieder Texte, die zu sagen scheinen, dass Gott niemals Unschuldige zusammen mit den Schuldigen bestraft, und die sogar verbieten, dass Menschen das tun (5Mo 24,16; 2Chr 25,4).

Auch wenn wir letztendlich nicht alle Texte verstehen können, so bauen wir doch auf das, was wir sicher wissen. Gott ist kein ungerechter Gott (siehe 1Mo 18,25). Das bedeutet, dass wir manchmal vertrauen müssen, dass Gott gerecht handelt, auch wenn es vielleicht nicht so aussieht. Es könnte z.B. sein, dass wir nicht alle Aspekte einer Straftat verstehen. Wir können auch nicht behaupten, Gottes Gerechtigkeit bis ins Letzte zu begreifen. Es ist auch möglich, dass wir Gott etwas zuschreiben, was eigentlich Menschen zu verantworten haben. So ist zum Beispiel der Hunger in dieser Welt das Resultat mangelnder Verteilung, nicht mangelnder von Gott gegebener Ressourcen.

Die Gläubigen des Alten Testaments ringen oft damit, zu verstehen, warum Gott etwas zulässt oder sogar etwas verursacht, was ihnen ungerecht erscheint (Ps 73,2-16). Im Neuen Testament spitzen sich diese Fragen dann zu. Warum lässt Gott es zu, dass sein eigener geliebter Sohn von schlechten Menschen getötet wird (Mk 15,34)? Das Leben, der Tod und die Auferstehung Jesu haben so viele Bedeutungsebenen, dass auch wir nicht völlig verstehen können, warum Jesus sterben musste. Ebenso geheimnisvoll ist, dass die schrecklichste Sünde der Menschengeschichte dazu dient, die Versöhnung für die Sünde der ganzen Welt zu erwerben.

Jesus erfuhr und überwand Gottes Zorn
In Jesus nahm Gott selbst die Strafe auf sich, damit er Sündern gnädig sein kann. Das Neue Testament deutet an, dass Jesus vorübergehend die Fülle des göttlichen Zorns erlebte, damit dieser Zorn nachlassen konnte, und Gott erneut seine unbegrenzte Gnade ausgießen konnte (Röm 5,8-9).

Die Hinrichtung des Sohnes Gottes war die ungerechteste Tat der Weltgeschichte, aber Gottes Gerechtigkeit und Treue zeigte sich, als er seinen Sohn von den Toten auferweckte (Apg 2,22-24). In der Tatsache, dass Gott Jesus von den Toten auferweckte, liegt auch unsere Hoffnung begründet, dass Menschen, die in diesem Leben großes Unrecht leiden, letztendlich von einem gerechten Gott gerechtfertigt werden. Ihre Unversehrtheit und Würde wird dann wiederhergestellt (2Kor 4,13-17).

Die Bibel zeigt die Selbstaufopferung Jesu als den klarsten Ausdruck der Liebe Gottes (1Joh 4,10). Diese Liebe ist so stark, dass Jesus sogar um Gottes Vergebung für seine Mörder bittet (Lk 23,34; siehe die Erklärung zu Ps 109,4). Und Jesus' Nachfolger verkünden bald darauf öffentlich, dass Gottes Vergebung auch denen gilt, die den Sohn Gottes hinrichteten (Apg 3,17-19).

Am Ende der Zeiten wird Gottes Zorn noch einmal sichtbar werden, wenn er seinen Feind und alle die, die ihm angehörten, in den Feuersee werfen wird (Offb 19,11-21). Danach wird Gottes Liebe alles umfassen. Es wird die gleiche Liebe sein, die sichtbar wurde, als Gott seinen Sohn sandte (Joh 3,16), die gleiche Liebe, die dazu führte, dass Jesus für seine Feinde starb (Röm 5,8-10), und die gleiche Liebe, die uns durch alle Schwierigkeiten und Ungerechtigkeiten des Lebens durchträgt (Röm 8,35-39). Die Bibel sagt uns deshalb: »Bleibt in der Liebe Gottes« (Jud 21).

Der rote Faden zu diesem Thema beginnt bei 1. Mose 3,23. Zu diesem Thema werden folgende Stellen in den Textboxen erläutert:
1. Mose 3,23
1. Mose 6,5-8
1. Mose 18,25
1. Mose 19,24
2. Mose 32,7-14
2. Mose 33,3.15-17
2. Mose 34,6-7
3. Mose 26
5. Mose 7,7
5. Mose 28

Josua 7,25
2. Chronik 25,15
Psalm 30,6
Psalm 85,5-7
Jesaja 53,5
Jesaja 54,7-8
Jeremia 30,23–31,6
Jeremia 31,20
Klagelieder 3,31-33
Hesekiel 33,11
Daniel 9,16
Hosea 2,21-22
Hosea 11,1.4
Micha 7,18
Habakuk 3,2
Zefanja 3,17
Matthäus 13,47-50
Matthäus 25,31-46
Markus 9,47-48
Lukas 17,32-33
Johannes 3,16-17
Johannes 15,13
Apostelgeschichte 5,1-11
Römer 1,18
Römer 5,8
Römer 8,39
Römer 12,19
2. Korinther 5,14-15
Epheser 2,1-7
1. Thessalonicher 1,10
1. Johannes 3,1.16
Judas 21
Offenbarung 19,11-21

6. Die Antwort des Menschen

Als Gott der Schöpfer, die Erde erschuf, beurteilte er alles als »gut« und sein besonderes Gegenüber, die Menschen, sogar als »sehr gut« (1Mo 1,25.31). Zunächst war die Beziehung zwischen Gott und den ersten Menschen von gegenseitigem Vertrauen und Offenheit geprägt. Gott segnete und beauftragte sie (1Mo 1,28), sorgte täglich für sie (1Mo 1,29-30) und pflegte mit ihnen Gemeinschaft (1Mo 3,8). Das Leben war wirklich »sehr gut« im Garten Eden.

Die erste Antwort: Misstrauen
Gott zwang die Menschen jedoch nicht dazu, »sehr gut« zu bleiben. Sie hatten die Wahl, Gott zu gehorchen oder ihren eigenen Weg zu gehen. Gott selbst hatte sie vor diese Wahl gestellt und ihnen einen freien Willen gegeben. Sie konnten Gott vertrauen oder misstrauen, gehorchen oder nicht gehorchen, sich ihm unterordnen oder sich gegen ihn auflehnen. Der Feind Gottes nutzte die Situation aus und führte die Menschen durch seine Lüge in Versuchung (1Mo 3,1). Die erste Antwort des Menschen war nicht von Vertrauen bestimmt. Adam und Eva entschieden sich dafür, selbst festzulegen, was gut für sie sei. Ihre Tat führte dazu, dass sie sich vor Gott versteckten (1Mo 3,6-8). Sie konnten sich aber nicht vor Gott verbergen und so fingen sie an, die Schuld von sich zu schieben (ein uns allen bekanntes menschliches Verhaltensmuster).

Die Tat der ersten Menschen hatte Auswirkungen auf die ganze Schöpfung. Die ganze Schöpfung wurde sozusagen mit einem alles zerstörenden »Virus« infiziert. Die gute Schöpfung Gottes war zu einer gefallenen Welt geworden und die ersten Menschen und deren Nachkommen zu gefallenen Menschen. Gott hatte die Menschen nach seinem Bild geschaffen. Dieses Bild Gottes in den Menschen ist nicht völlig zerstört, aber beschädigt worden. Gottes Kreativität und Schönheit sind immer noch in der Schöpfung und in den Menschen sichtbar. Nach dem Sündenfall können die Menschen jedoch nicht mehr von sich aus frei entscheiden, wieder mit Gott in einer heilen Beziehung leben zu wollen. Eine Wiederherstellung der zerbrochenen Beziehung gibt es erst dann, wenn Gott selbst die Initiative ergreift, um das zu ermöglichen. Die Welt und die Menschen werden nur dann vor dem Untergang bewahrt, wenn Gott sie erneuert.

Die Menschen haben zwar Gott abgelehnt, aber Gott steht immer noch zu den Menschen und zu seiner Schöpfung. Und so setzt er den Prozess der Errettung dieser jetzt gefallenen Welt in Gang. Die Menschen können nicht allein den Weg zu Gott zurückfinden. Gott bietet ihnen jedoch immer wieder die Gelegenheit dazu an und befähigt sie auch, seine Gnade in Anspruch zu nehmen, um so wieder in einer Beziehung mit Gott zu leben.

Die Geschichte der menschlichen Reaktionen auf Gott
In der Menschheitsgeschichte wiederholt sich die Geschichte Adams und Evas unzählige Male. Aber es gibt auch immer Menschen, die die Stimme Gottes hören und dann antworten: ihr Vertrauen auf Gott setzen und dann Gottes Heilung und Wiederherstellung erleben.

Die ersten elf Kapitel der Bibel erzählen, wie sich die Menschen (abgesehen von Ausnahmen wie Abel, Henoch und Noah) immer weiter von Gott entfernten. Nur diese wenigen gingen »den Weg mit Gott« (so 1Mo 5,24; 6,9 wörtlich). Im zwölften Kapitel beginnt Gottes Geschichte mit Israel. Es war Gottes Absicht, ein Volk ins Leben zu rufen und dann durch dieses Volk das Heilsangebot Gottes der ganzen Welt zu vermitteln. Aber auch das auserwählte Volk Gottes wurde oft untreu. Sie sündigten gegen Gott, ließen soziale Ungerechtigkeit überhandnehmen und beteten andere Götter an. Auch viele ihrer geistlichen Führer sündigten schwer (Jakob, Mose, Gideon und David, um nur einige zu nennen).

Im Alten Testament gibt es Geschichten von besonders schlechten Menschen: Kain, der seinen Bruder erschlug; der Pharao, der sein Herz verhärtete; viele Könige, die taten, »was dem HERRN missfiel« (z.B. 2Kön 24,9). Aber es gibt auch das Gegenteil: Menschen wie Josef, Rut, Daniel und Nehemia, die vertrauensvoll auf Gott reagierten und deshalb als Vorbilder dargestellt werden. Der Leser der Berichte soll so von einigen lernen, welches Verhalten es zu vermeiden gilt, und von anderen, welches nachahmenswert ist.

Jesus als Modell des treuen Menschen

Als Jesus kam, zeigte er, was es bedeutet, Gott ganz treu zu sein. Seine Bereitschaft, sich zu erniedrigen, selbstlos zu dienen und selbst aufopfernd zu sterben, wird uns von Paulus als das Vorbild vorgestellt, wie auch wir leben sollen (Phil 2,5-11). Jesus zeigt uns, wie wir mithilfe des Wortes Gottes Versuchungen widerstehen können (Mt 4,4), wie wir uns gegenseitig dienen sollen (Joh 13,1-17) und dass wir bereit sein sollen, unser ganzes Leben in die Sache Gottes zu investieren.

Genau wie im Alten Testament, so finden wir auch im Neuen Testament Menschen, die uns als Vorbilder für echten Glauben und Treue dienen sollen. Überraschenderweise sind dies oft nicht die engsten Begleiter Jesu, sondern wir finden ein junges Mädchen namens Maria (Lk 1,38); einen samaritanischen Aussätzigen (Lk 17,18); eine Syrophönizierin (Mk 7,24-30); einen Zöllner namens Zachäus (Lk 19,8-10) und einen blinden Bettler namens Bartimäus (Mk 10,46-52). Genau wie im Alten Testament wird der Maßstab hoch angesetzt, wenn das Wesen echter Nachfolge beschrieben wird (Mk 8,34-38). Aber das Neue Testament verspricht, dass es sich immer lohnt, Jesus nachzufolgen, egal, was es kostet (Mk 10,29-30). Und wie Gott im Alten Testament Umkehr anbietet und dazu aufruft, so bietet Jesus seinen Nachfolgern immer wieder die Chance einer Umkehr und eines Neubeginns an (Mk 14,27-28).

Die Bibel als Einladung zur Antwort

Ohne Übertreibung kann man sagen: Die Bibel wurde uns in erster Linie gegeben, um uns zu zeigen, wie wir antworten können auf Gottes Ruf zur Umkehr und auf seine Einladung zu einem Leben mit ihm. Die Schrift hilft uns, Gottes Stimme zu hören, seine Einladung zu verstehen und seine Gnade zu erkennen. Sie zeigt, wie wir unser Leben ihm anvertrauen und nach seinen Weisungen leben können. Paulus drückt das so aus: »Die ganze Schrift ist von Gottes Geist eingegeben und kann uns lehren, was wahr ist, und uns erkennen lassen, wo Schuld in unserem Leben ist. Sie weist uns zurecht und erzieht uns dazu, Gottes Willen zu tun« (2Tim 3,16).

Die Bibel lehrt uns auf verschiedene Weisen. Sie offenbart uns Gott, sein Wesen und seinen Plan. Sie beschreibt, was Gott wichtig ist (z.B. Micha 6,8). Sie gibt uns Vorbilder (vor allem in Jesus), wie wir leben sollen (1Kor 11,1) und »ein sinnvolles, auf andere ausstrahlendes Leben führen« (2Petr 1,8) können. Sie ermutigt uns, uns voll in den Leib Christ und seine Mission eingliedern zu lassen (Eph 4,12-16), bis ans Ende treu zu bleiben (Mk 13,13) und letzten Endes alles zur Ehre Gottes zu tun (Offb 4,9-11). Und wenn wir es nicht schaffen, dieser hohen Berufung gerecht zu werden, dann dürfen wir Gottes Vergebung und Gnade annehmen, die Jesus uns durch seinen Tod und Auferstehung erworben hat – denn wir wissen, »dass Gott, der sein gutes Werk in [uns] angefangen hat, damit weitermachen und es vollenden wird bis zu dem Tag, an dem Christus Jesus wiederkommt« (Phil 1,6).

Würde und Verantwortung

Die Antwort des Menschen auf Gottes Anruf hat durchaus eine große Bedeutung. In der Fähigkeit, antworten zu können, liegt die Würde des Menschen. Zugleich bedeutet die Antwortfähigkeit des Menschen seine Verantwortung. Doch wer sich auf Gott verlässt, wird erfahren, dass Gott selbst alle menschlichen Antwortversuche gütig aufnehmen und zur Ursprungsqualität »sehr gut« zurückbringen wird.

Der rote Faden zum Thema »Die Antwort des Menschen« beginnt bei 1Mo 3,1-8. Kommentare gibt es zu folgenden Schriftstellen:

1. Mose 3,1-8
1. Mose 5,23-24
1. Mose 22,1-18
1. Mose 50,20
2. Mose 8,15
2. Mose 33,12-23
5. Mose. 30,15-20

Rut 1,16
Psalm 51
Daniel 3,16-18
Micha 6,8
Matthäus 4,4
Matthäus 9,9-13
Markus 7,28
Markus 8,31-38
Markus 10,22
Markus 13,13
Markus 14,3
Lukas 1,38
Lukas 17,11-19
Lukas 22,42
Johannes 11,16
Johannes 13,1-17
Johannes 20,26-29
Apostelgeschichte 2,21
Apostelgeschichte 8,36-37
2. Korinther 7,1
Philipper 2,5-11
Kolosser 3,1
1. Thessalonicher 1,9-10
Hebräer 12,1-2
2. Petrus 1,3-11
Offenbarung 4,9-10

7. Hinweise auf den Messias

»Jesus Christus« – in diesen zwei Worten steckt schon eine Geschichte. Denn »Christus« ist ja nicht der Nachname von Jesus, sondern sein Titel: der Messias. Das heißt: der Gesalbte; auf Griechisch: Christos.

Im Judentum erwartete (und erwartet) man den von Gott gesandten Retter, den Messias. Als Jesus auftrat, gab es vielerlei verschiedene Spielarten dieser Erwartung. Der Sohn Davids sollte kommen (Mt 21,9), ebenso »der Prophet«: »Als die Leute dieses Wunder sahen, riefen sie aus: ›Dieser ist wirklich der Prophet, den wir erwartet haben. Er ist es, der in die Welt kommen soll.‹« (Joh 6,14). Der Titel »Christus« trägt diese vielgestaltige Erwartungsgeschichte in sich.

Alle diese Erwartungen eines Retters haben ihre Wurzeln im Alten Testament.

Viele Schriftstellen wecken messianische Hoffnung oder leuchten, von Jesus her betrachtet, als messianische Prophetien auf. Die missionarische Predigt der ersten Christen enthielt ganz zentral den Nachweis, dass Jesus der sei, der im Alten Testament angekündigt ist. Jesus selbst sah sich so: »Und er begann bei Mose und den Propheten und erklärte ihnen alles, was in der Schrift über ihn geschrieben stand (Lk 24,27).

Leise Andeutungen und kräftige Signale
Wenn Bibelleser nach Messias-Hinweisen im Alten Testament fragen, dann gibt es mehrere Wege, sie zu finden. Manche achten auf jede noch so kleinste Andeutung und halten sie für eine deutliche Prophetie für Jesus. Doch das Wesen der alttestamentlichen Prophetie ist es, dass sie zumeist in die damalige Gegenwart gesprochen ist (siehe Seite 1694). Wer damals z.B. auf Jesaja oder Jeremia hörte, konnte nicht schon in jeder Andeutung Christus erkennen. Nach rückwärts, vom Neuen Testament aus, ist das viel einfacher.

Andererseits gibt es Schriftstellen, die in sich so geheimnisvoll sind, dass man sie aus der damaligen Zeit und Situation heraus kaum sinnvoll deuten kann. Sie enthalten ein »Mehr«, einen »Überschuss«, und der ist oft mit messianischer Hoffnung verbunden. Es gibt auch bestimmte Wörter, die sich im Laufe der Geschichte des Volkes Gottes »messianisch aufgeladen« haben. All das sind kräftige Signale, die Fragen nach Gottes künftigen Plänen wecken wollen.

Drei Gruppen von Messiashinweisen
In dieser Bibelausgabe werden die Messiashinweise des Alten Testaments in drei Gruppen unterteilt. Zunächst werden diejenigen Schriftstellen betrachtet, die von sich aus schon auf eine messianische Deutung drängen. Sie enthalten so viel »Triebkraft«, dass eine Auslegung bloß im Rahmen der damaligen Situation keinen befriedigenden Sinn ergibt. Vielmehr las-

sen sie die Leser aufmerksam werden, lassen sie stolpern und fragen: Worauf läuft das hinaus? Steckt da nicht mehr drin? Nicht wenige dieser Schriftstellen werden im Neuen Testament zitiert und auf Jesus gedeutet.

Die zweite Gruppe besteht aus Schriftstellen, die zunächst zwar für damalige Hörer verständlich waren. Der Geschichtsbericht, der Psalm oder der Prophet spricht meist von Verhältnissen seiner Zeit. In diesen Schriftstellen erkennt das Neue Testament jedoch noch eine zweiten Sinn, eine tiefere Ebene, und deutet sie auf Christus. Jede Stelle dieser zweiten Gruppe hat also ein Gegenüber-Zitat im Neuen Testament. Gelegentlich gehen die neutestamentlichen Autoren dabei gedankliche Umwege oder kombinieren Schriftstellen, die auf den ersten Blick weit auseinanderliegen. Solche Auslegung erscheint uns heute als gewagt. Aber die neutestamentlichen Autoren wollten ja ihre Hörer und Leser damals überzeugen und haben deshalb sicherlich so argumentiert, wie es damals plausibel und nachvollziehbar war – selbst wenn uns heute das gelegentlich fremd ist.

Die dritte Gruppe von Schriftstellen sind Bibelworte, die im Neuen Testament nicht ausdrücklich auf Jesus gedeutet wurden, aber in der christlichen Kirche von alters her Aussagekraft hatten. Nicht in jedem Falle wäre ein Leser des Alten Testaments darauf gekommen, dass hier ein tieferer Sinn, ein Messiashinweis enthalten ist. Aber wenn man Christus einmal erkannt hat und ein Ohr für die Fülle der neutestamentliche Verkündigung über ihn hat, gewinnen auch solche Stellen einen Christus-Klang.

Bitte behutsam deuten

Viele der Bibelstellen, die einen Messiashinweis enthalten, sollte man zunächst danach befragen, was sie ursprünglich ihren damaligen Hörern und Lesern sagen wollten. Der messianische Sinn sollte nicht zum einzigen Auslegungsschlüssel werden. Das gilt vor allem für die Stellen aus der dritten Gruppe. Dennoch ist es ein oft erstaunlicher Hinweis auf die Einheit der Heiligen Schrift, die messianischen Verknüpfungen zu entdecken.

Der rote Faden für die Messiashinweise beginnt mit 2. Samuel 7,14 und folgt dann nacheinander den drei genannten Gruppen von Schriftstellen.

Schriftstellen der ersten Gruppe:
2. Samuel 7,14
Psalm 89,39-53
Psalm 110
Jesaja 42,1-4
Jesaja 49,1-7
Jesaja 52,13–53,12
Micha 5,1-4a
Sacharja 9,9-10

Schriftstellen der zweiten Gruppe:
1. Mose 12,1-3
1. Mose 22,18
1. Mose 28,12
2. Mose 12,46
4. Mose 21,9
5. Mose 18,15
5. Mose 21,23
Psalm 2,1-2
Psalm 2,7
Psalm 8,7
Psalm 16,10
Psalm 22
Psalm 34,21
Psalm 35,19
Psalm 40,8-9
Psalm 41,10
Psalm 45,7-8
Psalm 68,19
Psalm 69,10
Psalm 78,2
Psalm 97,7
Psalm 102,26-28
Psalm 118,22-23
Psalm 118,26
Jesaja 7,14
Jesaja 8,17-18
Jesaja 8,23–9,1
Jesaja 11,2-10
Jesaja 26,19
Jesaja 27,9

Jesaja 28,16	1. Mose 49,10
Jesaja 29,18	4. Mose 24,17
Jesaja 35,5	2. Chronik 3,1
Jesaja 52,7	Hiob 19,25
Jesaja 55,3	Hiob 33,23-24
Jesaja 57,19	Psalm 27,12
Jesaja 59,20-21	Psalm 69,22
Jesaja 61,1-2	Psalm 107,29?
Jeremia 31,15	Psalm 109,4
Jeremia 31,31-34	Psalm 132,11?
Daniel 7,13-17	Sprüche 8,22-31
Hosea 11,1	Jesaja 9,5-6
Joel 3,5	Jesaja 50,6
Jona 2,1	Jesaja 63,1
Sacharja 11,12-13	Jeremia 23,5
Sacharja 12,10	Hesekiel 34
Sacharja 13,7	Daniel 9,25
	Haggai 2,7
Schriftstellen der dritten Gruppe:	Sacharja 3,8
1. Mose 3,15	Sacharja 6,12
1. Mose 22,8	

IV. Mitarbeiter an der Orientierungsbibel

Christian Denkers: Inhaltsangaben für Doppelseiten des Bibeltexts im Alten Testament

Michael Dennstedt: Einführungen zu den biblischen Büchern

Matthias Drodowski: Inhaltsangaben für die Doppelseiten des Bibeltexts von Jesaja bis Daniel und des Neuen Testaments

Prof. Dr. Timothy J. Geddert: Einführungen und Kommentare zu den Themen *Gott redet, Gott befreit, Gottes Liebe – Gottes Zorn* und *Die Antwort des Menschen*; theologische Beratung in Einzelfragen

Marcus Heckerle: Fahrplan durch das Alte und das Neue Testament (im Anhang)

Rolf Hilger: Theologische Beratung in Einzelfragen

Sebastian Rink: Text und Grafik der bibelkundlichen Übersichten für die biblischen Bücher sowie der Zeitleisten

Dr. Ulrich Wendel: Herausgeber; Idee und Gesamtkonzeption; Entwurf und Einführung zur biblischen Heilsgeschichte; Einführungen und Kommentare zu den Themen *Erwählung, Bundesschlüsse* und *Hinweise auf den Messias*; Zum Verstehen der Bibel (im Anhang)

V. Einführung in die »Neues Leben«-Bibelübersetzung

Das Besondere an der »Neues Leben«-Bibelübersetzung

Diese Bibelübersetzung ist ideal für Menschen auf der Suche nach einer Bibel, die in heutigem Deutsch geschrieben ist und sich gleichzeitig nah am Grundtext orientiert. Lebensnah, leicht verständlich und doch sachlich und inhaltlich zuverlässig sind die Kennzeichen dieser Bibelübersetzung.

Als Grundtext dienten die »Biblia Hebraica Stuttgartensia«, eine Überarbeitung der »Biblia Hebraica« von Rudolf Kittel und das »Novum Testamentum Graece« in der Bearbeitung von Nestle und Aland u.a. Des Weiteren wurden während der Übersetzung die Septuaginta, der samaritanische Pentateuch sowie alle weiteren relevanten Schriften berücksichtigt. Ein Expertenteam aus Theologen und Übersetzern/Lektoren hat in intensiver Zusammenarbeit den biblischen Grundtext so übersetzt, dass die Gedanken des Originaltextes wiedergegeben werden und dennoch dem heutigen Sprachgebrauch angepasst sind. Damit folgt man dem Vorbild und Charakter der amerikanischen »New Living Translation«. Diese Übersetzung, die sich zum Ziel setzt, den von den biblischen Autoren beabsichtigten Sinn den Lesern von heute zu vermitteln, ist sowohl textlich genau als auch sprachlich gut lesbar.

Die Bibel zum Vorlesen

Heute wie in vergangener Zeit werden biblische Texte häufig laut vorgelesen und sollen dabei gut verstanden werden. Die lebendige Sprache der »Neues Leben«-Bibelübersetzung eignet sich hervorragend zum Vorlesen, aber auch als Grundlage für Predigten und für das persönliche Bibelstudium.

Sprachliche Besonderheiten und Ausnahmen

- Das häufig mit »Stiftshütte« übersetzte »Zeltheiligtum« wird mit »Zelt Gottes« wiedergegeben.
- Für Zion steht Jerusalem, wo sich Zion auf die Stadt, die Einwohner oder die Frauen Jerusalems bezieht. Ansonsten bleibt wie im hebräischen Text Zion bzw. Tochter Zion erhalten.
- Das priesterliche Kleidungsstück Efod ist mit Priesterschurz übersetzt bis auf die Stellen, wo Efod in Verbindung mit Hausgötzen (Teraphim) vorkommt.
- Bei der Weisheitsliteratur wurde besonders auf den poetischen Charakter der Sprache geachtet.
- Viele Ausdrücke, die den Menschen der damaligen Zeit verständlich waren, bedeuten für Leser heute etwas anderes. In diesen Fällen gibt die Übersetzung die heutige Bedeutung wieder. Was z.B. damals als Stadt galt, ist nach modernem Verständnis häufig nur ein Dorf.
- Die Sprache ist dem jeweiligen biblischen Buch sowie der historischen Zeit angemessen. So wird z.B. statt des Begriffs »Gouverneur« bewusst der historisch richtige Ausdruck »Statthalter« oder statt des Begriffs »Armee« »Heer« verwendet.
- Zentrale theologische Begriffe wie Sünde, Schuld, Gnade u.a.m. bleiben erhalten und werden nicht durch modernere Formulierungen in ihrer Bedeutung aufgelöst.

Namensschreibung

Stellen, an denen im Grundtext die hebräische Bezeichnung *el, elohim* oder *eloah* steht, sind in dieser Bibelausgabe mit *Gott* wiedergegeben, außer wenn der Zusammenhang die Übersetzung *Götter* erfordert. Der Gottesname *Jahwe (Jhwh)* wird mit Herr wiedergegeben, in der Zusammensetzung mit *adonai* als *Gott, der Herr*, zusammen mit *Zebaoth* als *Herr, der Allmächtige*. Die Schreibung der Personen- und Ortsnamen folgt weitgehend den »Loccumer Richtlinien zur einheitlichen Schreibung biblischer Eigennamen«.

Fußnoten zum Text

- In den Fußnoten finden sich ergänzende kulturelle und historische Informationen über Orte, Gegenstände und Personen der Bibel, die weitgehend unbekannt sind, um den Lesern die Botschaft der Abschnitte verständlicher zu machen. Dazu gehören auch Gewichte und Entfernungsangaben, die hier in gängige, für den heutigen Leser verständliche Einheiten umgewandelt werden.
- Sätze oder Begriffe, die zum besseren Verständnis freier vom Grundtext übersetzt wurden, werden in den Fußnoten aus dem Hebräischen bzw. Griechischen wörtlich wiedergegeben.
- Fußnoten, die mit einem *Oder (O.)* beginnen, zeigen unterschiedliche Übersetzungsmöglichkeiten der jeweiligen Textstellen.

VI. Mitarbeiter an der »Neues Leben«-Bibelübersetzung

Übersetzung:

Dr. Sieglinde Denzel
Dr. Friedemann Lux
Susanne Naumann
Marita Wilczek

Theologische Prüfung:

Martin Dillig
Jürgen Friedemann
Christian Grewing
Thomas Josiger
Prof. Dr. Heinz-Dieter Neef
Andri Peter
Wilhelm Schneider
Michael Trunk
Michael Wacker

Lektorat:

Ulrike Chuchra
Dorothee Dziewas
Johanna Hausmann
Antje Hoffmann
Johannes Mannhardt

Maike Paul
Renate Peter
Barbara Sewald
Beate Tumat

Mit freundlicher Unterstützung der folgenden Testleser:

Matthias Baumgärtner
Thomas Baumgärtner
Annedore Beck
Norbert Graf
Ulrich Holland
Andreas Jensen
Mirko Lau
Johannes Mannhardt
Manuel Rauchholz
Andreas Schlüter
Andreas Spingler
Hansjörg und Rachel Wittlinger
Frieder Zimmermann u.a.

Ergänzende Bearbeitung:

Rolf Hilger
Dr. Ulrich Wendel

VII. Maße, Gewichte und Währungseinheiten

Längenmaße

Bezeichnung	Hebräische Bezeichnung	Umrechnung (circa-Angaben)
Fingerbreite	Äzba	1,9 cm
Handbreite	Topach	7,6 cm
Spanne	Zärät	22,8 cm
Elle	Ammah	50 cm
Messrute	Kanäh	273 cm
Handlänge	Gomed	30 cm
Schritt	Saad	92,5 cm
Schnur	Chäbäl	28 m

Hohlmaße

Bezeichnung	Hebräische Bezeichnung	Umrechnung (circa-Angaben)
Becher	Log	0,54 l oder 42 g Getreide oder 27 g Mehl
Handvoll	Kaf	2,2 l oder 1,7 kg Getreide oder 1,1 kg Mehl
Krug	Issaron	3,9 l oder 3 kg Getreide oder 1,95 kg Mehl
Sack	Kor	394 l oder 311 kg Getreide oder 200 kg Mehl
Kanne	Hin	6,6 l
Eimer	Bat	39,4 l
Fass	Kor	394 l
Maß	Middah	keine Angaben

Währungseinheiten

Bezeichnung	Hebräische Bezeichnung	Umrechnung (circa-Angaben)
½ Schekel	Beka	6 g
Pim	Pim	7,6 g
Schekel	Schekel	12 g
Schekel des Heiligtums	Schekel	14,5 g
Goldschekel	Schekel	16 g
Kesita	Qesita	48 g?
Mine	Manäh	600 g
Talent	Kikkar	36 kg
Darike	Adarkon	8,4 g

VIII. Abkürzungen

1Chr	1. Chronik	Jak	Jakobus
1Joh	1. Johannes	Jer	Jeremia
1Kön	1. Könige	Jes	Jesaja
1Kor	1. Korinther	Jh.	Jahrhundert
1Mo	1. Mose	Joh	Johannes
1Petr	1. Petrus	Jos	Josua
1Sam	1. Samuel	Jud	Judas
1Thess	1. Thessalonicher	kg	Kilogramm
1Tim	1. Timotheus	Klgl	Klagelieder
2Chr	2. Chronik	km	Kilometer
2Joh	2. Johannes	Kol	Kolosser
2Kön	2. Könige	l	Liter
2Kor	2. Korinther	Lk	Lukas
2Mo	2. Mose	m	Meter
2Petr	2. Petrus	Mal	Maleachi
2Sam	2. Samuel	Mi	Micha
2Thess	2. Thessalonicher	Mk	Markus
2Tim	2. Timotheus	mm	Millimeter
3Joh	3. Johannes	Mt	Matthäus
3Mo	3. Mose	n.Chr.	nach Christus
4Mo	4. Mose	Nah	Nahum
5Mo	5. Mose	Neh	Nehemia
Am	Amos	O.	Oder
Anm.	Anmerkung	Obd	Obadja
Apg	Apostelgeschichte	Offb	Offenbarung
Ca.	Circa	Phil	Philipper
cm	Zentimeter	Phlm	Philemon
D.h.	Das heißt	Pred	Prediger
D.i.	Das ist	Ps	Psalm(en)
Dan	Daniel	Ri	Richter
Eph	Epheser	Röm	Römer
Esr	Esra	S.	Siehe
Est	Ester	Sach	Sacharja
g	Gramm	Spr	Sprüche
Gal	Galater	t	Tonne
Griech.	Griechisch	Tit	Titus
Hab	Habakuk	u.	und
Hag	Haggai	V.	Vers, Verse
Hebr	Hebräer	v.Chr.	vor Christus
Hebr.	Hebräisch	Vgl.	Vergleiche
Hes	Hesekiel	Wörtl.	Wörtlich
Hld	Hoheslied	Zef	Zefanja
Hos	Hosea		

Das Alte Testament

Wir wissen so wenig, wo wir herkommen und wo wir hingehen, auch nicht, was wir hier eigentlich sollen und sind: und wir haben nichts in Händen, darauf wir uns verlassen und damit wir uns trösten und unser Herz stillen können. Aber Gott hat unser Herz gestillt durch seine Schrift.

Matthias Claudius

1. Mose

Inhalt
Am Anfang schafft Gott das Universum, die Welt und alles Lebendige einschließlich der Menschen. Alles ist »sehr gut« und aufeinander abgestimmt.

Irgendwann übertritt das erste Menschenpaar Gottes Weisung und verliert die unmittelbare Nähe zu Gott. Die Menschheit wächst und mit ihr die Bosheit. Gott vernichtet fast alles Leben in einer großen Flut; danach schenkt er einen Neubeginn. So weit reicht die *Urgeschichte*.

Die sich daran anschließende *Vätergeschichte* berichtet, wie Gott mit einem Einzelnen einen eigenen Weg beginnt: Durch Abram, später von Gott in Abraham umbenannt, will er ein besonderes Volk schaffen. Gott verbürgt das mit einem Bund. Abraham soll Gott unbedingt vertrauen. Doch immer wieder nimmt er sein Schicksal selbst in die Hand, z.B. durch die Zeugung seines Sohnes Ismael. Schließlich schenkt Gott Sara und Abraham wie versprochen ihren Sohn Isaak.

Die Familien von Isaak und seinen Zwillingssöhnen erleben eine Geschichte voller List und Betrug. Doch Gott kommt zu seinem Ziel: Die Linie des Volkes, dem sein Bund gilt, geht mit dem Zweitgeborenen Jakob weiter. In einer kritischen Situation gibt Gott auch ihm einen neuen Namen, der zum Namen des ganzen Volkes wird: Israel.

Jakob zeugt zwölf Söhne, und einem von ihnen wendet sich die Erzählung besonders zu: Josef. Durch Höhen und Tiefen führt sein Weg nach Ägypten und in eine einflussreiche Stellung am Hof des Pharaos. So kommt es, dass auch Jakob und seine übrigen Söhne mit ihren Familien nach Ägypten übersiedeln. Wie aus ihnen das besondere Volk wird, berichtet dann das 2. Buch Mose.

Wichtige Personen

Adam und Eva	Urelternpaar
Kain, Abel und Set	Söhne von Adam und Eva
Noah	Erbauer und Kapitän des Rettungsschiffs auf der großen Flut
Sem, Ham und Jafet	Noahs Söhne
Kanaan	ein Sohn Hams, Stammvater der Kanaaniter
Terach	Abrams Vater
Abram/Abraham	Stammvater der Israeliten
Sarai/Sara	seine Frau
Lot	Abrams Neffe
Melchisedek	König von Salem und Priester Gottes
Hagar	Sklavin von Sara
Ismael	Sohn von Abraham und Hagar
Isaak	Sohn von Abraham und Sara
Abimelech	Titel mehrerer Könige von Gerar im Philisterland zwischen Kanaan und dem Mittelmeer
Moab und Ben-Ammi	Nachkommen Lots, Stammväter der Moabiter bzw. Ammoniter
Rebekka	Tochter von Abrahams Neffen Betuël, Isaaks Frau
Jakob/Israel	zweitgeborener Zwillingssohn von Isaak und Rebekka
Esau/Edom	Jakobs älterer Zwillingsbruder, Stammvater der Edomiter
Laban	Bruder von Rebekka
Lea	ältere Tochter von Laban, Jakobs 1. Frau
Rahel	jüngere Tochter von Laban, Jakobs 2. Frau
Bilha	Sklavin von Rahel
Silpa	Sklavin von Lea
Jakobs Kinder:	
Ruben	Sohn von Lea
Simeon	Sohn von Lea
Levi	Sohn von Lea
Juda	Sohn von Lea
Dan	Sohn von Bilha
Naftali	Sohn von Bilha
Gad	Sohn von Silpa
Asser	Sohn von Silpa
Issachar	Sohn von Lea
Sebulon	Sohn von Lea
Josef	Sohn von Rahel, später oberster Beamter des Pharaos
Benjamin	Sohn von Rahel
Dina	Tochter von Lea

Wichtige Orte

Die geschaffene Welt	
Babel, Ur, Haran	Städte im heutigen Irak
Kanaan	im Wesentlichen das heutige Israel/Palästina
Bethel, Sichem, Beerscheba, Gerar	Ortschaften in Kanaan und Umgebung
Ägypten	im Wesentlichen deckungsgleich mit dem heutigen Staat
Negev	Gebiet im Süden von Kanaan
Sodom und Gomorra	Städte in der Jordanebene (am Toten Meer?)
Zoar	Dorf südlich des Toten Meeres
Morija	später Berg Zion/Jerusalem
Goschen	ägyptische Provinz im Nordosten des Landes, westlich der Sinaihalbinsel

DAS ERSTE BUCH MOSE

1. MOSE	
1–11	**Urgeschichte**
1	Der Schöpfungsbericht
2–4	Bestimmung und Verfehlung des Menschen
5–6	Von Adam bis Noah
6–9	Noah und die Flut
10–11	Der Turm zu Babel
11	Von Sem bis Terach
12–50	**Vätergeschichte**
11–25	Abraham: Verheißung, Bund und seine Söhne
25	Die Nachkommen von Ismael
25–35	Jakob und Esau
36	Die Nachkommen von Esau
37–50	Die Geschichte von Josef

1–2
Gott erschafft die Welt und setzt den Menschen in den Garten Eden.

[Urgeschichte]

1. Mose 1,27-28

Erwählung

Als Gott den Menschen schuf, gab er ihm eine ganz besondere Hoheit. Zwar wurde er an demselben Tag erschaffen wie die Landtiere. Er ist also von Anfang an mit Mitgeschöpfen verbunden. Doch die Würde, nach dem Bild Gottes geschaffen zu sein und einen Auftrag zu haben, zeichnet allein den Menschen aus.

Aus der Vielfalt seiner Schöpfung hat Gott also eine Wahl getroffen. Er hat den Menschen erwählt. Diese Erwählung sondert den Menschen aber nicht vom Rest der Schöpfung ab, sondern bringt eine Verantwortung für sie mit sich. Die Erwählung hat einen Zweck. Erwählte sollen Segen hervorbringen.

Die Erwählung Gottes setzt zu Beginn so breit wie nur möglich an: Sie betrifft die gesamte Menschheit. Als Schöpfer hat Gott alle Menschen als sein Gegenüber erwählt.

(» 1. Mose 10,32)

1. Mose 1,28-30

Gott redet

Gott will die Menschheit nicht darüber im Unklaren lassen, wie er sie sieht, wer sie sind, welche Rolle sie im Plan Gottes spielen und vor allem, welche Beziehung er sich mit ihnen wünscht. Und so spricht Gott als zunächst das schöpferische Wort, das die Menschheit ins Leben ruft, und dann das erklärende Wort, wie sie ihren Platz in Gottes guter Schöpfung verstehen sollen.

Gott spricht hier nicht direkt mit dem ersten Menschenpaar. Der Text hält jedoch fest, was die Menschheit wissen soll. Und so spricht Gott durch diesen Text direkt zu uns. Wir sind von Gott gewollt, geschaffen, gesegnet, beauftragt und beschenkt. Wir sind Gott ähnlich, nach seinem Bild geschaffen, damit wir Mitschöpfer Gottes und Mitgestalter der Geschichte sein können. Gott bleibt immer der Herr und wir seine Schöpfung. Wir sind gerufen, aktive Mitarbeiter Gottes bei seinem Vorhaben mit der ganzen Schöpfung zu sein. Gott hat gesprochen.

(» 1. Mose 32,24-30)

Der Schöpfungsbericht

1 Am Anfang schuf Gott den Himmel und die Erde. ²Die Erde aber war wüst und öde, finster war es über den Wassern. Und der Geist Gottes schwebte über der Wasserfläche. ³Da sprach Gott: »Es soll Licht entstehen!«, und es entstand Licht. ⁴Und Gott sah, dass das Licht gut war. Dann trennte er das Licht von der Finsternis. ⁵Gott nannte das Licht »Tag« und die Finsternis »Nacht«. Es wurde Abend und Morgen: der erste Tag.
⁶Und Gott sprach: »Es soll Raum zwischen den Wassern entstehen, der die Wasser voneinander trennt.« ⁷Und so geschah es. Gott schuf diesen Raum, um die Wasser oberhalb und unterhalb dieses Raumes zu trennen. ⁸Und Gott nannte den Raum »Himmel«. Es wurde Abend und Morgen: der zweite Tag.
⁹Und Gott sprach: »Die Wasser unter dem Himmel sollen sich an einem Ort sammeln, damit trockener Boden zum Vorschein kommt.« Und so geschah es. ¹⁰Gott nannte den trockenen Boden »Erde« und die Wasserfläche »Meer«. Und Gott sah, dass es gut war. ¹¹Dann sprach er: »Auf der Erde soll Gras wachsen und sie soll Pflanzen hervorbringen, die Samen tragen, und Bäume voller unterschiedlichster Früchte, in denen ihr Same ist.« Und so geschah es. ¹²Auf der Erde wuchs Gras sowie Pflanzen und Bäume, die Samen trugen. Und Gott sah, dass es gut war. ¹³Es wurde Abend und Morgen: der dritte Tag.
¹⁴Und Gott sprach: »Am Himmel sollen Lichter entstehen, um den Tag von der Nacht zu unterscheiden. Sie sollen Zeichen sein, anhand derer die Jahreszeiten, die Tage und die Jahre bestimmt werden. ¹⁵Diese Lichter am Himmel sollen auf die Erde scheinen.« Und so geschah es. ¹⁶Gott schuf zwei große Lichter: das größere Licht für den Tag und das kleinere für die Nacht. Und Gott schuf auch die Sterne. ¹⁷Er setzte diese Lichter an den Himmel, damit sie die Erde erhellten, ¹⁸Tag und Nacht bestimmten und das Licht von der Finsternis unterschieden. Und Gott sah, dass es gut war. ¹⁹Und es wurde Abend und Morgen: der vierte Tag.
²⁰Und Gott sprach: »Im Meer soll es von Meerestieren wimmeln und Vögel sollen in der Luft fliegen.« ²¹Und so schuf Gott alle Meerestiere, große und kleine, und alle Arten von Vögeln. Und Gott sah, dass es gut war. ²²Dann segnete Gott sie und sprach: »Die Fische sollen sich vermehren und die Meere füllen. Auch die Vögel sollen auf der Erde zahlreich werden.« ²³Und es wurde Abend und Morgen: der fünfte Tag.

²⁴Und Gott sprach: »Die Erde soll alle Arten von Tieren hervorbringen – Vieh, Kriechtiere und wilde Tiere.« Und so geschah es. ²⁵Gott schuf alle Arten von wilden Tieren, Vieh und Kriechtieren. Und Gott sah, dass es gut war.
²⁶Da sprach Gott: »Wir wollen Menschen schaffen nach unserem Bild, die uns ähnlich sind. Sie sollen über die Fische im Meer, die Vögel am Himmel, über alles Vieh, die wilden Tiere* und über alle Kriechtiere herrschen.« ²⁷So schuf Gott die Menschen nach seinem Bild, nach dem Bild Gottes schuf er sie, als Mann und Frau schuf er sie.
²⁸Und Gott segnete sie und gab ihnen den Auftrag: »Seid fruchtbar und vermehrt euch, bevölkert die Erde und nehmt sie in Besitz. Herrscht über die Fische im Meer, die Vögel in der Luft und über alle Tiere auf der Erde.« ²⁹Und Gott sprach: »Seht her! Ich habe euch die Samen tragenden Pflanzen auf der ganzen Erde und die Samen tragenden Früchte der Bäume als Nahrung gegeben. ³⁰Allen Tieren und Vögeln aber habe ich Gras und alle anderen grünen Pflanzen als Nahrung zugewiesen.« Und so geschah es. ³¹Danach betrachtete Gott alles, was er geschaffen hatte. Und er sah, dass es sehr gut war. Und es wurde Abend und Morgen: der sechste Tag.

2 So wurde die Schöpfung des Himmels und der Erde mit allem, was dazugehört, vollendet. ²Am siebten Tag vollendete Gott sein Werk und ruhte von seiner Arbeit aus. ³Und Gott segnete den siebten Tag und erklärte ihn für heilig, weil es der Tag war, an dem er sich von seiner Schöpfungsarbeit ausruhte.
⁴Dies ist der Bericht von der Schöpfung des Himmels und der Erde.

Der Mensch wird erschaffen

Als Gott, der HERR, den Himmel und die Erde erschaffen hatte, ⁵wuchsen noch keine Pflanzen und Sträucher auf der Erde, denn Gott der HERR hatte es noch nicht regnen lassen. Und es gab noch keine Menschen, um den Boden zu bebauen. ⁶Doch Nebel stieg aus dem Erdboden auf und bewässerte das Land. ⁷Da formte Gott, der HERR, aus der Erde den Menschen und blies ihm den Atem des Lebens in die Nase. So wurde der Mensch lebendig.
⁸Dann pflanzte Gott, der HERR, einen Garten in Eden, im Osten gelegen. Dort hinein brachte er den Menschen, den er erschaffen hatte. ⁹Und Gott, der HERR, ließ alle Arten von Bäumen in dem Garten wachsen – schöne Bäume, die köst-

---

1,26 Hebr. *die ganze Erde.*

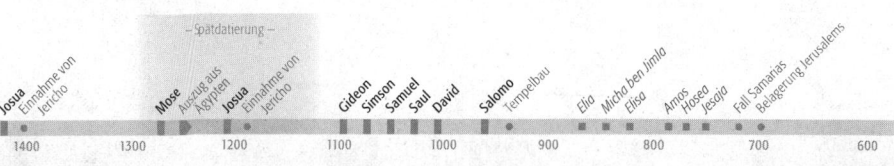

1. MOSE

1–11	Urgeschichte
1	Der Schöpfungsbericht
2–4	Bestimmung und Verfehlung des Menschen
5–6	Von Adam bis Noah
6–9	Noah und die Flut
10–11	Der Turm zu Babel
11	Von Sem bis Terach
12–50	Vätergeschichte
11–25	Abraham: Verheißung, Bund und seine Söhne
25	Die Nachkommen von Ismael
25–35	Jakob und Esau
36	Die Nachkommen von Esau
37–50	Die Geschichte von Josef

2–3
Der Mann wird durch die Frau ergänzt. Die Menschen essen von der verbotenen Frucht.

[Urgeschichte]

1. Mose 3,1-8

Die Antwort des Menschen
Gott segnet die Menschheit und beauftragt sie, Verwalter der Erde und Mitgestalter der Geschichte zu sein (1 Mo 1). Die Menschen reagieren auf dieses Lebensangebot Gottes mit Argwohn. Sie zweifeln an Gottes guten Absichten. Sie wollen autonom sein. Daher verstoßen sie gegen das Verbot Gottes, lassen sich von der Schlange in Versuchung führen und sündigen gegen Gott. Gleich nach ihrer Tat weiß das erste Menschenpaar, dass es jetzt keine vertrauensvolle Beziehung zwischen Menschen und ihrem Gott mehr geben wird. So verstecken sie sich. Der Text berichtet, was damals geschah. Zugleich wird auch ein sich stets wiederholender Ablauf beschrieben: Die Menschen lehnen Gott immer wieder ab und Gott bemüht sich unaufhörlich, sie wieder in eine Beziehung mit ihm zurückzurufen.
(»» 1. Mose 5,23-24)

1. Mose 3,15

Gott befreit
In der Antike war die Vorstellung weit verbreitet, dass der Platz eines Untergebenen »zu Füßen von« seinem Herrn sei. Die Schlange unterwirft sich aber nicht freiwillig »zu Füßen«. In einem Kampf zwischen ihr und der Menschheit beißt sie zu. Den endgültigen Sieg hat jedoch nicht sie, sondern der »Nachkomme« der Frau.
Den ersten Konflikt dieser Erde hatte die Schlange gewonnen. Im letzten Kampf, in der himmlischen Welt, wird die Schlange verlieren (Offb 12,9-12). Dieser Kampf zwischen Gut und Böse, zwischen Gott und seinem übernatürlichen Feind, zwischen dem Nachkomen der Schlange und dem der Frau (Jesus, wie wir später erfahren) führt dazu, dass die Menschheit wieder vom Bösen und vom Tod befreit wird. Dies ist wahrhaftig ein gute Nachricht.
(»» 1. Mose 6,17-18)

1. Mose 3,15

Hinweise auf den Messias (3)
Gottes Antwort auf die Ur-Übertretung des Menschen: Feindschaft zwischen der Schlange und der Frau sowie zwischen dem jeweiligen Nachwuchs. Dieses Wort kann vom Hebräischen her auch wie eine Einzahl klingen (dein Nachkomme; siehe die Erklärung zu 1 Mo 22,18).
Dieser Nachwuchs wird die Schlange töten, aber von ihr verletzt werden. Seit der Alten Kirche hat man diese Ankündigung auf Christus gedeutet, denn er »kam, um die Taten des Teufels zu vernichten« (1 Joh 3,8). Man nennt 1 Mo 3,15 das »Protevangelium«, d.h. erstes Evangelium.
Diese wie auch die in der Betrachtung folgenden Schriftstellen sind für die Christenheit aussagekräftig, werden aber im Neuen Testament nicht als Hinweis auf Jesus aufgegriffen.
(Sacharja 11,12-13 «« | »» 1. Mose 22,8)

liche Früchte trugen. In der Mitte des Gartens wuchsen der Baum des Lebens und der Baum der Erkenntnis von Gut und Böse.

¹⁰Ein Fluss entsprang in Eden, der den Garten bewässerte und sich dann in vier Arme teilte. ¹¹Einer dieser Arme heißt Pischon, der um das Land Hawila fließt, wo Gold zu finden ist. ¹²Das Gold jenes Landes ist außergewöhnlich rein; dort findet man auch Bedolachharz und den Edelstein Schoham. ¹³Der zweite Arm heißt Gihon, der um das Land Kusch fließt. ¹⁴Der dritte Arm ist der Tigris, der östlich von Assyrien fließt. Der vierte Arm heißt Euphrat.

¹⁵Gott, der HERR, brachte den Menschen in den Garten Eden. Er sollte ihn bebauen und bewahren. ¹⁶Er befahl dem Menschen jedoch: »Du darfst jede beliebige Frucht im Garten essen, ¹⁷abgesehen von den Früchten vom Baum der Erkenntnis des Guten und Bösen. Wenn du die Früchte von diesem Baum isst, musst du auf jeden Fall sterben.«

¹⁸Dann sprach Gott, der HERR: »Es ist nicht gut für den Menschen allein zu sein. Ich will ihm ein Wesen schaffen, das zu ihm passt.« ¹⁹Und Gott, der HERR, formte aus Erde alle Arten von Tieren und Vögeln. Er brachte sie zu Adam*, um zu sehen, welche Namen er ihnen geben würde. Und Adam wählte für jedes Tier einen Namen. ²⁰Er gab allem Vieh, den Vögeln und den wilden Tieren Namen. Doch er fand niemanden unter ihnen, der zu ihm passte. ²¹Da ließ Gott, der HERR, Adam in einen tiefen Schlaf versinken. Er entnahm ihm eine seiner Rippen und schloss die Stelle wieder mit Fleisch. ²²Dann formte Gott, der HERR, eine Frau aus der Rippe, die er Adam entnommen hatte, und brachte sie zu ihm.

²³»Endlich!«, rief Adam aus. »Sie ist ein Teil von meinem Fleisch und Blut! Sie soll ›Männin‹ heißen, denn sie wurde vom Mann genommen.« ²⁴Das erklärt, warum ein Mann seinen Vater und seine Mutter verlässt und sich an seine Frau bindet und die beiden zu einer Einheit werden. ²⁵Adam und seine Frau waren beide nackt, aber sie schämten sich nicht.

Der Mann und die Frau sündigen

3 Die Schlange war das listigste von allen Tieren, die Gott, der HERR, erschaffen hatte. »Hat Gott wirklich gesagt«, fragte sie die Frau, »dass ihr keine Früchte von den Bäumen des Gartens essen dürft?«

²»Selbstverständlich dürfen wir sie essen«, entgegnete die Frau der Schlange. ³»Nur über die Früchte vom Baum in der Mitte des Gartens hat Gott gesagt: ›Esst sie nicht, ja berührt sie nicht einmal, sonst werdet ihr sterben.‹«

⁴»Ihr werdet nicht sterben!«, zischte die Schlange. ⁵»Gott weiß, dass eure Augen geöffnet werden, wenn ihr davon esst. Ihr werdet sein wie Gott und das Gute vom Bösen unterscheiden können.«

⁶Die Frau sah: Die Früchte waren so frisch, lecker und verlockend – und sie würden sie klug machen! Also nahm sie eine Frucht, biss hinein und gab auch ihrem Mann davon. Da aß auch er von der Frucht. ⁷In diesem Augenblick wurden den beiden die Augen geöffnet und sie bemerkten auf einmal, dass sie nackt waren. Deshalb flochten sie Feigenblätter zusammen und machten sich Lendenschurze.

⁸Als es am Abend kühl wurde, hörten sie Gott, den HERRN, im Garten umhergehen. Da versteckten sie sich zwischen den Bäumen. ⁹Gott, der HERR, rief nach Adam*: »Wo bist du?«

¹⁰Dieser antwortete: »Als ich deine Schritte im Garten hörte, habe ich mich versteckt. Ich hatte Angst, weil ich nackt bin.«

¹¹»Wer hat dir gesagt, dass du nackt bist?«, fragte Gott, der HERR. »Hast du etwa von den verbotenen Früchten gegessen?«

¹²»Die Frau«, antwortete Adam, »die du mir zur Seite gestellt hast, gab mir die Frucht. Und deshalb habe ich davon gegessen.«

¹³Da fragte Gott, der HERR, die Frau: »Was hast du da getan?«

»Die Schlange verleitete mich dazu«, antwortete sie. »Deshalb aß ich von der Frucht.«

¹⁴Da sprach Gott, der HERR, zu der Schlange: »Weil du das getan hast, sollst du unter allen zahmen und wilden Tieren verflucht sein. Dein Leben lang sollst du auf dem Bauch kriechen und Staub fressen. ¹⁵Von nun an setze ich Feindschaft zwischen dir und der Frau und deinem Nachkommen und ihrem Nachkommen. Er wird dir den Kopf zertreten und du wirst ihn in seine Ferse beißen.«

¹⁶Dann sprach er zu der Frau: »Mit großer Mühe und unter Schmerzen wirst du Kinder zur Welt bringen. Du wirst dich nach deinem Mann sehnen, doch er wird über dich herrschen.«

¹⁷Und zu Adam sprach er: »Weil du auf deine Frau gehört und von der verbotenen Frucht gegessen hast, soll der Ackerboden deinetwegen verflucht sein. Dein ganzes Leben lang wirst du dich abmühen, um dich davon zu ernähren.

2,19 Hebr. *dem Menschen;* so im ganzen Kapitel.   3,9 Hebr. *dem Menschen;* so im ganzen Kapitel.

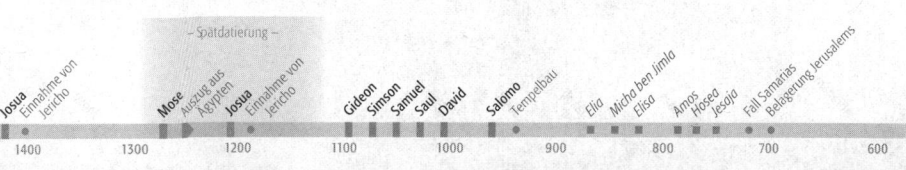

1. MOSE

1–11	**Urgeschichte**
1	Der Schöpfungsbericht
2–4	Bestimmung und Verfehlung des Menschen
5–6	Von Adam bis Noah
6–9	Noah und die Flut
10–11	Der Turm zu Babel
11	Von Sem bis Terach
12–50	**Vätergeschichte**
11–25	Abraham: Verheißung, Bund und seine Söhne
25	Die Nachkommen von Ismael
25–35	Jakob und Esau
36	Die Nachkommen von Esau
37–50	Die Geschichte von Josef

3–4
Die Menschen müssen Eden verlassen. Kain tötet Abel und muss fliehen.

[Urgeschichte]

¹⁸Dornen und Disteln werden auf ihm wachsen, doch du musst dich vom Gewächs des Feldes ernähren. ¹⁹Dein ganzes Leben lang wirst du im Schweiße deines Angesichts arbeiten müssen, um dich zu ernähren – bis zu dem Tag, an dem du zum Erdboden zurückkehrst, von dem du genommen wurdest. Denn du bist aus Staub und wirst wieder zu Staub werden.«

1. Mose 3,23

Gottes Liebe, Gottes Zorn
Manchmal liegen Gottes Gnade und Gottes Strafe nahe beieinander. Mit vollem Recht hätte Gott die Menschheit einfach wegstoßen können. Adam und Eva hatten Gottes Gebot missachtet. Schlimmer noch, sie hatten an Gottes Ehrlichkeit und guten Absichten gezweifelt. Deshalb mussten sie den Garten Eden verlassen: eine harte Strafe. Aber es ist mehr als das.
Sie wurden zwar aus Gottes direkter Gegenwart verbannt, aber nicht aus Gottes Augen und Fürsorge. Die Verbannung selbst wird als Schutz vor der Versuchung gesehen, die der Baum des Lebens für die Menschheit darstellt. Sonst würde sie ihren jetzigen sündhaften Zustand beibehalten. Aber Gott hat größere Pläne für sie. Zunächst werden sie, wie angekündigt, sterben. Doch am Ende wird Gott ihnen das ewige Leben schenken; nicht in diesem Garten, sondern in der himmlischen Stadt, wie in den letzten Kapiteln der Bibel beschrieben. Dann wird Gott wieder bei den Menschen wohnen.
(» 1. Mose 6,5-8)

1. Mose 5,23-24

Die Antwort des Menschen
Henoch »war seinen Weg mit Gott gegangen« (V. 24). Mehr wissen wir nicht über sein Leben. Ein Kind beschrieb ihn einmal so: »Henoch ging jeden Tag mit Gott spazieren. Sie redeten miteinander und waren gute Freunde. Einmal sagte Gott: ›Henoch, mein Freund, wir sind schon so weit gelaufen, wir sind jetzt schon näher bei meinem Haus als bei deinem. Komm doch gleich mit zu mir.‹ Und so gingen sie direkt zum Haus, wo Gott wohnte.«
Ein neutestamentlicher Autor kommentiert es so: »Durch den Glauben wurde Henoch in den Himmel aufgenommen, ohne zu sterben, denn niemand sah ihn mehr, weil Gott ihn zu sich nahm. Doch bevor er fortgenommen wurde, wurde ihm verkündet, dass Gott Freude an ihm hatte« (Hebr 11,5).
In einer Welt, in der das Ziel ein langes und bequemes Leben ist, verkörpern Gläubige eine andere Haltung. Das Leben Abels wurde durch einen Mord verkürzt (1Mo 4,8). Henoch wurde entrückt. Der Wert eines Lebens liegt nicht in dessen Länge, sondern in der Beziehung mit Gott.
(1. Mose 3,1-8 « | » 1. Mose 22,1-18)

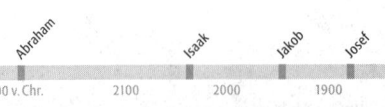

²⁰Da gab Adam seiner Frau den Namen Eva, denn sie sollte die Mutter aller Menschen auf der ganzen Erde werden. ²¹Und Gott, der HERR, machte Adam und seiner Frau Kleidung aus Tierfellen und zog sie ihnen an.

²²Dann sprach Gott, der HERR: »Der Mensch ist geworden wie einer von uns, er kennt sowohl das Gute als auch das Böse. Nicht dass er etwa noch die Früchte vom Baum des Lebens pflückt und isst! Dann würde er ja für immer leben!« ²³Deshalb schickte Gott, der HERR, Adam und seine Frau aus dem Garten Eden fort. Er gab Adam den Auftrag, den Erdboden zu bearbeiten, aus dem er gemacht war. ²⁴Nachdem er sie aus dem Garten vertrieben hatte, stellte Gott, der HERR, Cherubim auf, die mit einem flammenden, blitzenden Schwert den Weg zum Baum des Lebens bewachen.

Kain, Abel und Set

4 Adam* schlief mit seiner Frau Eva und sie wurde schwanger. Und sie brachte Kain* zur Welt und sagte: »Mit der Hilfe des HERRN habe ich einen Mann geboren.*« ²Später brachte sie einen zweiten Sohn zur Welt und nannte ihn Abel*.

Abel wurde ein Schafhirte, Kain ein Bauer. ³Nach einiger Zeit opferte Kain dem Herrn einen Teil seiner Ernte. ⁴Und auch Abel opferte ihm von den erstgeborenen Lämmern aus seiner Herde und von ihrem Fett. Der HERR sah wohlwollend auf Abel und nahm sein Opfer an, ⁵Kain und sein Opfer jedoch wies er zurück. Da wurde Kain sehr zornig und er blickte grimmig zu Boden.

⁶»Warum bist du so zornig?«, fragte der HERR ihn. ⁷»Warum blickst du so grimmig zu Boden? Ist es nicht so: Wenn du Gutes im Sinn hast, kannst du frei umherschauen. Wenn du jedoch Böses planst, lauert die Sünde dir auf. Sie will dich zu Fall bringen. Du aber sollst über sie herrschen!«

⁸Später schlug Kain seinem Bruder Abel vor: »Komm, wir gehen aufs Feld hinaus.« Als sie dort waren, fiel Kain über seinen Bruder her und schlug ihn tot.

⁹Da fragte der HERR Kain: »Wo ist dein Bruder Abel?«

»Ich weiß es nicht«, entgegnete Kain. »Soll ich etwa ständig auf ihn aufpassen?«

¹⁰Doch der HERR sprach: »Was hast du getan? Hörst du nicht: Das Blut deines Bruders schreit zu mir! ¹¹Deshalb sollst du verflucht sein und musst den Acker verlassen, den du mit dem Blut deines Bruders befleckt hast. ¹²Er wird keinen Ertrag mehr bringen, auch wenn du noch so hart arbeitest. Von jetzt an sollst du ein Flüchtling sein, der heimatlos von Ort zu Ort irrt.«

¹³Kain entgegnete dem HERRN: »Meine Strafe* ist zu hart, ich kann sie nicht ertragen. ¹⁴Du vertreibst mich heute von meinem Land und ich muss mich vor dir verstecken. Ich werde ein heimatloser Flüchtling sein, der von Ort zu Ort irrt. Jeder, der mir begegnet, wird mich töten!«

¹⁵Doch der HERR antwortete ihm: »Wenn dich jemand tötet, sollst du siebenmal gerächt werden.« Und er versah Kain mit einem Zeichen, damit niemand ihn töten würde. ¹⁶Dann verließ Kain die Gegenwart des HERRN und ließ sich im Lande Nod*, östlich von Eden, nieder.

¹⁷Kain schlief mit seiner Frau und sie wurde schwanger und brachte einen Sohn zur Welt, den sie Henoch nannten. Kain baute eine Stadt und benannte sie nach seinem Sohn Henoch.

¹⁸Henoch war der Vater* von Irad. Irad war der Vater von Mehujaël. Mehujaël war der Vater von Metuschaël. Metuschaël war der Vater von Lamech.

¹⁹Lamech heiratete zwei Frauen: die eine hieß Ada und die andere Zilla. ²⁰Ada bekam einen Sohn, der den Namen Jabal erhielt. Jabal war der erste Hirte, der in Zelten lebte. ²¹Sein Bruder hieß Jubal; der erste aller Zither- und Flötenspieler. ²²Der Sohn von Lamechs anderer Frau, Zilla, hieß Tubal-Kain. Er war der erste Schmied, der bronzene und eiserne Geräte herstellte. Tubal-Kains Schwester hieß Naama.

²³Eines Tages sagte Lamech: »Ada und Zilla, meine Frauen, hört, was ich sage. Ich töte einen Mann, wenn er mich verwundet, und einen Jungen, wenn er mich leicht verletzt. ²⁴Wenn Kain siebenfach gerächt wird, so soll Lamech siebenundsiebzigfach gerächt werden!«

²⁵Adam und Eva bekamen noch einen Sohn. Eva nannte ihn Set*, denn sie sagte: »Gott hat mir noch einen Sohn geschenkt als Ersatz für Abel, der von Kain getötet wurde.« ²⁶Auch Set bekam später einen Sohn, den er Enosch* nannte. Zu jener Zeit begannen die Menschen den HERRN anzubeten.

4,1a Hebr. *der Mensch*. **4,1b** Der Name *Kain* könnte *Gewinn* oder *Erwerb* bedeuten. **4,1c** O. *habe ich erworben*. **4,2** Hebr. *Vergänglichkeit*. **4,13** O. *Sünde*. **4,16** Hebr. *umherirrend*. **4,18** O. *Stammvater*; so im ganzen Vers. **4,25** *Set* bedeutet wahrscheinlich *geschenkt*; der Name kann auch *eingesetzt* bedeuten. **4,26** Hebr. *Mensch*.

1. MOSE

1–11	Urgeschichte
1	Der Schöpfungsbericht
2–4	Bestimmung und Verfehlung des Menschen
5–6	Von Adam bis Noah
6–9	Noah und die Flut
10–11	Der Turm zu Babel
11	Von Sem bis Terach
12–50	Vätergeschichte
11–25	Abraham: Verheißung, Bund und seine Söhne
25	Die Nachkommen von Ismael
25–35	Jakob und Esau
36	Die Nachkommen von Esau
37–50	Die Geschichte von Josef

5–6
Verzeichnis der Nachkommen von Adam bis Noah. Gott bereut, die Menschen geschaffen zu haben. Die Schöpfung soll ausgelöscht werden. Nur Noah und seine Familie sollen überleben.

[Urgeschichte]

Von Adam bis Noah

5 Dies ist das Verzeichnis der Nachkommen Adams. Als Gott die Menschen schuf, formte er sie nach seinem eigenen Bild. ²Er schuf sie als Mann und Frau, segnete sie und nannte sie ›Mensch‹.

1. Mose 6,5-8

Gottes Liebe, Gottes Zorn
Der Herr des Himmels und der Erde ist keine abwesende, desinteressierte Gottheit. Er ist und war schon immer voll in seine Schöpfung involviert. Er schaut zu, er reagiert, er lenkt die Geschichte. Aber er engt die Menschen nicht ein. Er respektiert die menschliche Freiheit, auch wenn wir uns gegen Gottes Willen und Plan entscheiden und entgegengesetzt handeln. Er hat uns dazu befähigt, uns für oder gegen ihn zu entscheiden.
Nachdem Adam und Eva sündigten, taten dies auch alle ihre Nachkommen. Dieser Text berichtet: »Der Herr sah, dass die Bosheit der Menschen groß war« (V. 5). Es bekümmerte Gott sehr (V. 6). Gott entschied sich dazu, einzugreifen, um die gottlose Menschheit zu bestrafen und die anwachsende Bosheit so einzudämmen.
Gott sah aber nicht nur die menschliche Bosheit, sondern auch Noah, den einzigen zuverlässigen Menschen (V. 8). So entschied sich Gott dazu, ihn und seine Familie zu verschonen und mit ihnen neu anzufangen. Die göttliche Strafe wird so gleichzeitig zu einer Rettungsaktion.
(1. Mose 3,23 «« | »» 1. Mose 19,24)

1. Mose 6,17-18

Gott befreit
Die Sintflut wird in der Bibel nicht als eine Naturkatastrophe dargestellt. Wir erleben Katastrophen als etwas, bei dem willkürlich Gutes und Böses zerstört wird. In der biblischen Erzählung wird die Flut als die lange vorausgeplante Strafe Gottes dargestellt, durch die wieder Klarheit auf der Erde geschaffen werden soll.
Genauso lange vorher hatte Gott jedoch auch geplant, wie er eine einzige Familie und Vertreter aller Tierarten vor der Katastrophe schützen würde. Und so berichten die nächsten Kapitel von der spannenden Rettungsaktion Gottes. Noah hörte Gottes warnende Stimme, glaubte, dass Gott es ernst meinte, empfing von Gott detaillierte Pläne und unternahm ein großes Bauprojekt. Er baute ein Schiff, damit er und seine Familie gerettet werden konnten. Diese Geschichte veranschaulicht so gleichzeitig Gottes Gerechtigkeit und Gnade und auch Noahs vorbildliche Treue. »Er gehorchte Gott, der ihn vor etwas warnte, das noch nicht zu sehen war« (Hebr 11,7).
(1. Mose 3,15 «« | »» 2. Mose 3,8)

  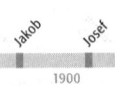 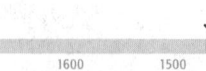

³Als Adam 130 Jahre alt war, wurde sein Sohn Set geboren. Set war das Ebenbild seines Vaters.* ⁴Nach der Geburt von Set lebte Adam noch 800 Jahre und bekam weitere Söhne und Töchter. ⁵Er starb im Alter von 930 Jahren.

⁶Als Set 105 Jahre alt war, wurde sein Sohn Enosch geboren. ⁷Nach der Geburt von Enosch lebte Set noch 807 Jahre und bekam weitere Söhne und Töchter. ⁸Er starb im Alter von 912 Jahren.

⁹Als Enosch 90 Jahre alt war, wurde sein Sohn Kenan geboren. ¹⁰Nach der Geburt von Kenan lebte Enosch noch 815 Jahre und bekam weitere Söhne und Töchter. ¹¹Er starb im Alter von 905 Jahren.

¹²Als Kenan 70 Jahre alt war, wurde sein Sohn Mahalalel geboren. ¹³Nach der Geburt von Mahalalel lebte Kenan noch 840 Jahre und bekam weitere Söhne und Töchter. ¹⁴Er starb im Alter von 910 Jahren.

¹⁵Als Mahalalel 65 Jahre alt war, wurde sein Sohn Jered geboren. ¹⁶Nach der Geburt von Jered lebte Mahalalel noch 830 Jahre und bekam weitere Söhne und Töchter. ¹⁷Er starb im Alter von 895 Jahren.

¹⁸Als Jered 162 Jahre alt war, wurde sein Sohn Henoch geboren. ¹⁹Nach der Geburt von Henoch lebte Jered noch 800 Jahre und bekam weitere Söhne und Töchter. ²⁰Er starb im Alter von 962 Jahren.

²¹Als Henoch 65 Jahre alt war, wurde sein Sohn Metuschelach geboren. ²²Henoch lebte in enger Gemeinschaft mit Gott. Nach der Geburt von Metuschelach lebte Henoch noch 300 Jahre und bekam weitere Söhne und Töchter. ²³Henoch wurde 365 Jahre alt. ²⁴Auf einmal war er nicht mehr da, denn Gott hatte ihn zu sich geholt, weil er in enger Gemeinschaft mit ihm gelebt hatte. ²⁵Als Metuschelach 187 Jahre alt war, wurde sein Sohn Lamech geboren. ²⁶Nach der Geburt von Lamech lebte Metuschelach noch 782 Jahre und bekam weitere Söhne und Töchter. ²⁷Er starb im Alter von 969 Jahren. ²⁸Als Lamech 182 Jahre alt war, wurde ihm ein Sohn geboren. ²⁹Lamech nannte ihn Noah*, denn er sagte: »Er wird uns trösten in unserer schweren und mühseligen Arbeit auf dem Acker, den der HERR verflucht hat.« ³⁰Nach der Geburt von Noah lebte Lamech noch 595 Jahre und bekam weitere Söhne und Töchter. ³¹Er starb im Alter von 777 Jahren.

³²Als Noah 500 Jahre alt war, bekam er drei Söhne: Sem, Ham und Jafet.

Noah und die Flut

6 Die Menschen wurden immer zahlreicher auf der Erde und ihnen wurden auch viele Töchter geboren. ²Da sahen die Gottessöhne, wie schön die Frauen der Menschen waren, und sie nahmen sich diejenige zur Frau, die ihnen am besten gefiel. ³Da sprach der HERR: »Die Menschen sollen von nun an nicht mehr so lange leben, denn sie sind sündig. In Zukunft sollen sie nicht länger als 120 Jahre leben.«

⁴In jenen Tagen – und auch später noch – lebten Riesen auf der Erde. Denn aus der Verbindung der Gottessöhne mit den Menschentöchtern gingen die Riesen hervor. Diese waren die berühmten Helden der Urzeit. ⁵Doch der HERR sah, dass die Bosheit der Menschen groß war und dass alle ihre Gedanken durch und durch böse waren. ⁶Da bereute der HERR, dass er sie geschaffen hatte, ja es bekümmerte ihn sehr. ⁷Und der HERR sprach: »Ich werde diese Menschen, die ich geschaffen habe, von der Erde ausrotten; sowohl die Menschen als auch das Vieh, die Kriechtiere und die Vögel. Ich bereue, dass ich sie überhaupt geschaffen habe.« ⁸Noah aber fand Gnade vor dem Herrn.

⁹Dies ist die Geschichte von Noah und seiner Familie. Noah war ein Gerechter, der einzige fehlerlose Mensch, der damals auf der Erde lebte. Er lebte in enger Gemeinschaft mit Gott. ¹⁰Noah hatte drei Söhne: Sem, Ham und Jafet.

¹¹Die Menschen waren böse und gewalttätig. ¹²Gott sah auf die Erde, und sie war voller Verbrechen, denn die Menschen handelten böse. ¹³Deshalb sprach Gott zu Noah: »Ich habe beschlossen, alle Lebewesen auszulöschen, denn die Erde ist ihretwegen voller Gewalt. Ich will sie zusammen mit der Erde vernichten!

¹⁴Bau ein Schiff* aus harzhaltigem Holz und dichte es innen und außen mit Teer ab. Bau anschließend Decks und Räume ein. ¹⁵Das Schiff soll 300 Ellen lang, 50 Ellen breit und 30 Ellen hoch* sein. ¹⁶Lass unter dem Dach eine Öffnung – eine Elle* breit – frei, die rund um das Schiff geht. Leg dann drei Decks im Schiff an – unten, in der Mitte und oben –, und setz an der Seite eine Tür ein.

¹⁷Sieh! Ich werde die Erde mit einer Flut überschwemmen, um alles Lebendige auf ihr zu vernichten. Alles, was auf der Erde lebt, soll sterben! ¹⁸Doch mit dir schließe ich einen Bund und du sollst, zusammen mit deiner Frau, deinen Söhnen und deren Frauen, in das Schiff gehen.

5,3 Hebr. *war sein Abbild, nach seinem Bild.*   **5,29** Hebr. *ruhen.*   **6,14** Traditionell mit *Arche* übersetzt.   **6,15** Das entspricht ca. 150 m Länge, 25 m Breite und 15 m Höhe.   **6,16** Das entspricht ca. 50 cm.

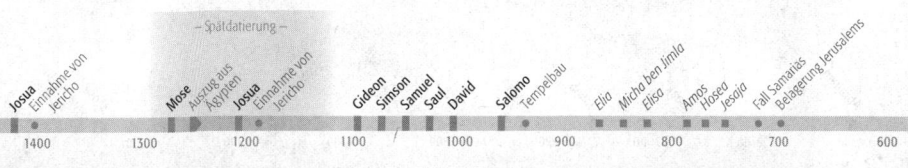

1. MOSE

1–11	**Urgeschichte**
1	Der Schöpfungsbericht
2–4	Bestimmung und Verfehlung des Menschen
5–6	Von Adam bis Noah
6–9	Noah und die Flut
10–11	Der Turm zu Babel
11	Von Sem bis Terach
12–50	**Vätergeschichte**
11–25	Abraham: Verheißung, Bund und seine Söhne
25	Die Nachkommen von Ismael
25–35	Jakob und Esau
36	Die Nachkommen von Esau
37–50	Die Geschichte von Josef

6–9

Die Flut bedeckt die Erde und vernichtet alles Leben. Noah überlebt mit seiner Familie. Gott verspricht, die Erde nicht zu vernichten.

[Urgeschichte]

¹⁹Bring ein Paar von jeder Tierart – ein Männchen und ein Weibchen – in das Schiff, damit sie mit dir die Flut überleben. ²⁰Ein Paar von jeder Vogelart und jeder Tierart, ob groß oder klein, soll zu dir in das Schiff kommen, um zu überleben. ²¹Und nimm genügend Nahrung für deine Familie und all die Tiere mit an Bord.«

²²Noah führte alles genauso aus, wie Gott es ihm befohlen hatte.

Die Flut bedeckt die Erde

7 Dann sprach der HERR zu Noah: »Geh mit deiner ganzen Familie in das Schiff, denn unter allen Menschen auf der Erde bist du in meinen Augen der einzige, der gerecht ist. ²Nimm von allen reinen Tieren je sieben Paare mit, von den unreinen aber nur je ein Paar. ³Wähle dann je sieben Paare von jeder Vogelart. Jedes Paar soll aus einem Männchen und einem Weibchen bestehen, sodass jede Tierart die Flut überlebt. ⁴Noch eine Woche, dann werde ich es 40 Tage und 40 Nächte lang auf der Erde regnen lassen. Ich werde alle Lebewesen, die ich geschaffen habe, vernichten.«

⁵Noah führte alles genauso aus, wie der HERR es ihm befohlen hatte. ⁶Er war 600 Jahre alt, als die Flut über die Erde kam. ⁷Und er ging mit seiner Frau, seinen Söhnen und deren Frauen an Bord des Schiffs, um sich vor der Flut in Sicherheit zu bringen. ⁸Die reinen und die unrei-

---

1. Mose 6,18

Bundesschlüsse
Der erste Bund in der Geschichte, den Gott mit Menschen schließt, ist dieser Bund mit Noah. Es ist ein einseitiger Bund ohne Bedingungen, d.h.: Noah als Bundespartner wird keine Verpflichtung auferlegt. Allein Gott verspricht etwas: nämlich Noah mit seiner Familie vor der Vernichtung der belebten Welt zu retten.
Zwar wird auch die Tierwelt durch diesen Bund in ihrem Fortbestand gesichert. Dennoch ist es ein Bund im Gegenüber zur übrigen Welt. Er schließt nur Noah ein und alle anderen aus, hat keine Auswirkungen auf die restliche, jetzt lebende Menschheit. Das wird bald anders sein, wenn Gott seinen Bund mit Noah neu schließt.
(1. Mose 31,43-51 «‹ | ›» 1. Mose 9,8-17)

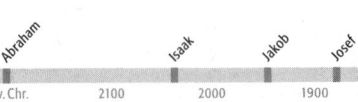

nen Tiere, die Vögel und die Kriechtiere ⁹gingen paarweise zu Noah in das Schiff hinein, so wie Gott es Noah befohlen hatte. ¹⁰Eine Woche später kam die Flut und bedeckte die Erde.

¹¹Als Noah 600 Jahre alt war, am 17. Tag des zweiten Monats*, brachen die unterirdischen Wasserquellen auf und die Schleusen des Himmels öffneten sich. ¹²40 Tage und 40 Nächte goss es in Strömen. ¹³Doch gerade an diesem Tag war Noah mit seiner Frau und seinen Söhnen Sem, Ham und Jafet sowie deren Frauen an Bord des Schiffs gegangen. ¹⁴Mit ihnen im Schiff waren Tiere aller Art – zahme und wilde, große und kleine – dazu alle Arten von Vögeln und Kriechtieren. ¹⁵Je zwei und zwei waren sie zu Noah in das Schiff gekommen, ¹⁶ein Männchen und ein Weibchen, so wie Gott es befohlen hatte. Dann schloss der HERR die Tür hinter ihnen zu.

¹⁷40 Tage lang regnete es in Strömen, die Flut bedeckte den Erdboden und hob das Schiff vom Boden ab. ¹⁸Das Wasser stieg hoch und höher, und das Schiff schwamm auf der Wasseroberfläche. ¹⁹Das Wasser stieg unaufhaltsam weiter. Zuletzt überflutete das Wasser sogar die höchsten Berge der Erde. ²⁰Es stand 15 Ellen* über den höchsten Berggipfeln. ²¹Alle Lebewesen auf der Erde ertranken – alle Vögel, alle zahmen und wilden Tiere, die Kriechtiere und alle Menschen. ²²Alles, was atmete und auf dem Festland lebte, starb. ²³So ließ Gott alle Menschen und Tiere umkommen und vernichtete alles Leben auf der Erde. Allein Noah blieb am Leben und jene, die mit ihm im Schiff waren. ²⁴Und das Wasser stieg 150 Tage lang an.

Das Wasser sinkt

8 Doch Gott dachte an Noah und alle Tiere im Schiff. Er ließ einen Wind aufkommen, der die Wassermassen zurückgehen ließ. ²Gott ließ die unterirdischen Quellen versiegen und stoppte die Regengüsse. ³Nach 150 Tagen begann das Wasser allmählich zu sinken. ⁴Und am 17. Tag des siebten Monats* lief das Schiff auf den Berg Ararat auf. ⁵Das Wasser sank weiter, sodass zweieinhalb Monate später* weitere Berggipfel zu sehen waren.

⁶Nach 40 Tagen öffnete Noah das Fenster, das er in das Schiff eingebaut hatte. ⁷Er ließ einen Raben frei, der aber hin und her flog, bis die Erde trocken war. ⁸Dann ließ Noah eine Taube fliegen, um zu sehen, ob das Wasser inzwischen abgeflossen war. ⁹Aber die Taube fand keinen Platz, an dem sie sich niederlassen konnte, da das Wasser noch die ganze Erde bedeckte. Deshalb kehrte sie zum Schiff zurück. Noah streckte seine Hand aus und holte die Taube wieder zu sich in das Schiff. ¹⁰Noah wartete eine Woche, bevor er die Taube erneut fliegen ließ. ¹¹Diesmal kehrte der Vogel gegen Abend mit dem frischen Blatt eines Olivenbaums im Schnabel zu ihm zurück. Jetzt wusste Noah, dass das Wasser versickert war. ¹²Er wartete eine weitere Woche, dann ließ er die Taube noch einmal fliegen. Dieses Mal kam sie nicht mehr zu ihm zurück.

¹³Schließlich, im 601. Lebensjahr Noahs – zehneinhalb Monate*, nachdem die Flut begonnen hatte –, öffnete Noah das Dach des Schiffs, um Ausschau zu halten. Das Wasser war beinahe ganz verschwunden. ¹⁴Und – nach zwei weiteren Monaten* – war die Erde trocken! ¹⁵Da sprach Gott zu Noah: ¹⁶»Verlass nun mit deiner Frau, deinen Söhnen und Schwiegertöchtern das Schiff! ¹⁷Lass auch alle Tiere und Vögel, die bei dir im Schiff sind, frei, damit sie sich auf der Erde ausbreiten und sich vermehren können.« ¹⁸Da verließen Noah, seine Frau, seine Söhne und deren Frauen das Schiff, ¹⁹und alle Tiere und Vögel mit ihnen.

²⁰Dann errichtete Noah dem HERRN einen Altar und brachte darauf je eines von allen reinen Tieren und allen reinen Vögeln als Brandopfer dar. ²¹Dem HERRN gefiel das Opfer und er sprach zu sich: »Nie mehr will ich um der Menschen willen die Erde verfluchen und alles Lebendige vernichten, so wie ich es gerade getan habe, auch wenn die Gedanken und Taten der Menschen schon von Kindheit an böse sind. ²²Solange die Erde besteht, wird es Saat und Ernte geben, Kälte und Hitze, Sommer und Winter, Tag und Nacht.«

Gottes Bund mit Noah

9 Gott segnete Noah und seine Söhne und befahl ihnen: »Vermehrt euch und bevölkert die Erde. ²Alle Tiere und alle Vögel werden große Angst vor euch haben. Ich habe alle Tiere – auch die Fische – in eure Hand gegeben. ³Ihr könnt euch von ihnen ernähren, wie von Gemüse, Getreide und Obst*. ⁴Doch ihr dürft kein Tierfleisch essen, in dem noch Blut ist.

7,11 Dieser Tag des hebr. Mondkalenders fällt gewöhnlich in den Mai. **7,20** Das sind ca. 7,50 m. **8,4** Dieser Tag des hebr. Mondkalenders fällt gewöhnlich in den Oktober. **8,5** Hebr. *am ersten Tag des zehnten Monats*. Dieser Tag des hebr. Mondkalenders fällt gewöhnlich in den Dezember. **8,13** Hebr. *am ersten Tag des ersten Monats*. Dieser Tag des hebr. Mondkalenders fällt gewöhnlich in den März. **8,14** Hebr. *am 27. Tag des zweiten Monats*. Dieser Tag des hebr. Mondkalenders fällt gewöhnlich in den Mai. **9,3** Hebr. *den grünenden Pflanzen*.

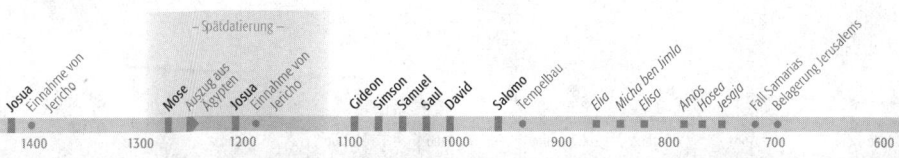

1. MOSE

1–11	Urgeschichte
1	Der Schöpfungsbericht
2–4	Bestimmung und Verfehlung des Menschen
5–6	Von Adam bis Noah
6–9	Noah und die Flut
10–11	Der Turm zu Babel
11	Von Sem bis Terach
12–50	Vätergeschichte
11–25	Abraham: Verheißung, Bund und seine Söhne
25	Die Nachkommen von Ismael
25–35	Jakob und Esau
36	Die Nachkommen von Esau
37–50	Die Geschichte von Josef

9–10

Gott schließt einen Bund mit Noah. Ham sieht Noah nackt und wird verflucht. Nachkommen Jafets und Hams.

[Urgeschichte]

⁵Jeder, der einen Menschen tötet – ob Tier oder Mensch – soll meine Rache erfahren. ⁶Wer das Blut eines Menschen vergießt, dessen Blut soll durch Menschen vergossen werden. Denn die Menschen sind nach dem Vorbild Gottes ge-

1. Mose 9,8-17

Bundesschlüsse

Dieser Bund Gottes mit Noah knüpft an den ersten Bundesschluss an (6,18) und hat dieselbe Absicht: vor Vernichtung durch eine weltweite Flut zu bewahren. Jedoch geht dieser Bund nun weit über den vorhergehenden hinaus. Er schließt alle Nachkommen und alle jetzigen und künftigen Geschöpfe ein. Dementsprechend universal ist das Bundeszeichen: Der Regenbogen ist für alle weithin sichtbar.
Auch dieser Bund ist einseitig, indem Gott nur sich selbst in die Pflicht nimmt. Das Bundeszeichen soll nicht etwa (vorrangig) die Menschen an den Bund erinnern, sondern Gott (V. 15-16)!
An keiner Stelle der Geschichte Gottes wird dieser Bund zurückgenommen. Weil er nicht die Menschen verpflichtet, kann er auch nicht menschlicherseits gebrochen werden. Zwar werden die Menschen bis zuletzt vielfach gottlos sein wie zur Zeit Noahs. Doch Gottes Gericht wird nicht flächendeckend ausfallen, sondern für jeden Einzelnen, je nachdem ob er bereit ist oder nicht (Matthäus 24,17-42).
(1. Mose 6,18 ‹‹ | ›› 1. Mose 15,1-21)

1. Mose 10,32

Erwählung

Das Kapitel 1Mo 10 zählt alle damals bekannten Völker auf. Damit ist angedeutet, dass Gott die gesamte Menschheit im Blick haben will. Der erwählende Blickwinkel ist derselbe wie nach der Schöpfung des ersten Menschenpaars.
Dieser Völkerliste ist eine besondere Erwählungsgeschichte vorausgegangen. Gott war nicht einverstanden mit der bisherigen Menschheit und setzte noch einmal neu an, Menschen auf der Erde anzusiedeln (1Mo 6,5-8; 9,1.7). Dazu hat er eine einzelne Familie gebraucht. Gott hat seine Erwählung also zwischenzeitlich eingeengt auf einen Einzigen: Noah. Nur durch ihn hindurch ging die Linie von Gottes Handeln.
Doch Gottes Absicht war von vornherein, den Blick wieder zu weiten auf alle. Gott möchte jetzt mit der ganzen Menschheit zu tun haben. Ein Beispiel dafür ist der Kriegsherr und Eroberer Nimrod (V. 8-12). Obwohl nichts von einer besonderen Verbindung zu Gott gesagt wird, lebte er – in all seinen menschlichen Möglichkeiten – »in den Augen des HERRN«, unter seinem Blick.
(1. Mose 1,27-28 ‹‹ | ›› Johannes 1,1-5)

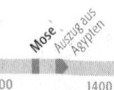

schaffen. ⁷Ihr aber sollt viele Kinder bekommen und die Erde wieder bevölkern!«

⁸Dann sprach Gott zu Noah und seinen Söhnen: ⁹»Ich schließe einen Bund mit euch und euren Nachkommen; ¹⁰mit allen Tieren, die mit euch auf dem Schiff waren – den Vögeln, den zahmen und den wilden Tieren – mit allen Lebewesen auf der Erde: ¹¹Ich gebe euch das feste Versprechen, niemals mehr durch eine Flut die Erde und alle Lebewesen zu vernichten.« ¹²Und Gott sprach: »Ich gebe euch ein Zeichen als Garantie für den ewigen Bund, den ich mit euch und allen Lebewesen schließe, ¹³Ich setze meinen Bogen in die Wolken. Er ist das Zeichen meines unumstößlichen Bundes mit der Erde. ¹⁴Jedes Mal, wenn ich Regenwolken über die Erde schicke, wird der Regenbogen in den Wolken zu sehen sein. ¹⁵Dann werde ich an meinen Bund mit euch und mit allem, was lebt, denken. Niemals mehr wird eine Flut alles Leben auf der Erde vernichten. ¹⁶Wenn der Regenbogen in den Wolken steht, werde ich ihn ansehen, um mich an den ewigen Bund zu erinnern, den ich mit allen Lebewesen auf der Erde geschlossen habe.« ¹⁷Und Gott sprach zu Noah: »Ja, dies ist das Zeichen meines Bundes, den ich mit allen Geschöpfen auf der Erde schließe.«

Noahs Söhne

¹⁸Sem, Ham und Jafet, die drei Söhne Noahs, überlebten zusammen mit ihrem Vater in dem Schiff die Flut. Ham ist der Stammvater der Kanaaniter. ¹⁹Von diesen drei Söhnen Noahs stammen alle Menschen ab, die jetzt über die ganze Erde verstreut leben.

²⁰Nach der Flut fing Noah an Felder zu bestellen und Wein anzubauen. ²¹Eines Tages trank er von seinem Wein, wurde betrunken und lag nackt in seinem Zelt. ²²Als Ham, der Stammvater Kanaans, seinen Vater so daliegen sah, ging er zu seinen Brüdern hinaus und erzählte es ihnen. ²³Da nahmen Sem und Jafet eine Decke, legten sie sich über die Schultern, gingen rückwärts ins Zelt hinein und deckten ihren Vater damit zu. Dabei schauten sie in eine andere Richtung, um ihn nicht nackt zu sehen. ²⁴Als Noah aus seinem Rausch erwachte, erfuhr er, was sein jüngster Sohn Ham ihm angetan hatte. ²⁵Da sprach er:
»Verflucht sei Kanaan!
Er soll als niedrigster Knecht Sem und Jafet dienen!«
²⁶Und Noah fuhr fort:
»Gelobt sei der HERR, der Gott Sems.
Kanaan sei sein Knecht!

²⁷Gott mache Jafets Gebiet groß,
er wohne in den Zelten Sems. Und Kanaan sei sein Knecht!«
²⁸Nach der Flut lebte Noah noch 350 Jahre. ²⁹Er starb im Alter von 950 Jahren.

10 Hier sind die Nachkommen der drei Söhne Noahs – Sem, Ham und Jafet – aufgelistet. Nach der Flut wurden ihnen viele Söhne geboren.

Die Nachkommen Jafets

²Die Söhne Jafets waren Gomer, Magog, Madai, Jawan, Tubal, Meschech und Tiras. ³Die Nachkommen Gomers waren Aschkenas, Rifat und Togarma. ⁴Die Nachkommen Jawans waren Elischa, Tarsis, die Kittäer und die Rodaniter*. ⁵Von diesen Nachkommen stammen die Küstenbewohner der verschiedenen Länder ab. Und jeder Stamm hatte seine eigene Sprache.

Die Nachkommen Hams

⁶Die Söhne Hams waren Kusch, Mizrajim*, Put und Kanaan. ⁷Die Nachkommen Kuschs waren Seba, Hawila, Sabta, Ragma und Sabtecha. Die Nachkommen Ragmas waren Saba und Dedan. ⁸Einer von Kuschs Nachkommen war Nimrod, der ein heldenhafter Krieger wurde. ⁹Er war ein unerschrockener Jäger in den Augen des HERRN. Daher kommt die Redewendung, jemand sei »wie Nimrod, ein unerschrockener Jäger in den Augen des HERRN«. ¹⁰Nimrod legte den Grundstein für sein Reich im Land Babel* in den Städten Babel, Erech, Akkad und Kalne. ¹¹Von dort dehnte er sein Reich bis nach Assyrien aus, wo er Ninive, Rehobot-Ir und Kelach ¹²sowie Resen – das zwischen Ninive und Kelach gelegen ist – erbaute; Ninive ist auch bekannt als die große Stadt.

¹³Mizrajim war der Stammvater der Luditer, Anamiter, Lehabiter, Naftuhiter, ¹⁴Patrositer, Kaftoriter und Kasluhiter, von denen die Philister abstammen.*

¹⁵Kanaans ältester Sohn hieß Sidon, der Stammvater der Sidonier. Kanaan war auch der Stammvater der Hetiter, ¹⁶Jebusiter, Amoriter, Girgaschiter, ¹⁷Hiwiter, Arkiter, Siniter, ¹⁸Arwaditer, Zemariter und Hamatiter. Die Sippen der Kanaaniter breiteten sich immer weiter aus, sodass ¹⁹das Gebiet Kanaans von Sidon bis Gerar und Gaza reichte und bis Sodom, Gomorra, Adma, Zebojim und Lescha.

10,4 Hebr. *Dodanim*; vgl. 1. Chronik 1,7. **10,6** Hebr. *Ägypten*; so auch in 10,13. **10,10** Hebr. *Schinar*. **10,14** Hebr. *Kasluhiter, von denen die Philister abstammen, Kaftoriter*. Vgl. Jeremia 47,4; Amos 9,7.

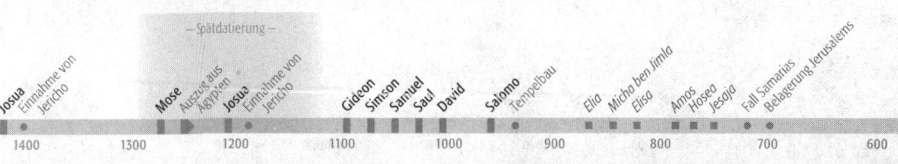

1. MOSE

1–11	Urgeschichte
1	Der Schöpfungsbericht
2–4	Bestimmung und Verfehlung des Menschen
5–6	Von Adam bis Noah
6–9	Noah und die Flut
10–11	Der Turm zu Babel
11	Von Sem bis Terach
12–50	Vätergeschichte
11–25	Abraham: Verheißung, Bund und seine Söhne
25	Die Nachkommen von Ismael
25–35	Jakob und Esau
36	Die Nachkommen von Esau
37–50	Die Geschichte von Josef

10–12

Die Menschen bauen einen Turm, um sich ein Denkmal zu setzen. Verzeichnis der Nachkommen von Sem bis Abram. Verheißung an Abram, Vater eines großen Volkes zu werden.

[Vätergeschichte]

[20] Das sind die Nachkommen Hams nach ihren Stämmen, Sprachen, Gebieten und Völkern.

Die Nachkommen Sems
[21] Auch Sem, dem älteren Bruder Jafets, wurden Söhne geboren. Sem war der Stammvater der Nachkommen Ebers. [22] Die Söhne Sems waren Elam, Assur, Arpachschad, Lud und Aram. [23] Die Nachkommen Arams waren Uz, Hul, Geter und Masch. [24] Arpachschad war der Vater von Schelach,* und Schelach war der Vater von Eber. [25] Eber hatte zwei Söhne. Der erste hieß Peleg – »Teilung« –, denn zu seinen Lebzeiten wurde das Land geteilt. Sein Bruder hieß Joktan. [26] Joktan war der Stammvater von Almodad, Schelef, Hazarmawet, Jerach, [27] Hadoram, Usal, Dikla, [28] Obal, Abimael, Saba, [29] Ofir, Hawila und Jobab. Sie alle waren Nachkommen Joktans. [30] Sie lebten in dem Gebiet, das sich von Mescha bis zu dem Gebirge Sefar im Osten erstreckt. [31] Das sind die Nachkommen Sems nach ihren Stämmen, Sprachen, Gebieten und Völkern.
[32] Von diesen stammen die Völker ab, die sich nach der Flut auf der Erde ausbreiteten. Die Stämme, die von den Söhnen Noahs abstammen, sind Volk um Volk, nach ihrer Abstammung aufgeführt.

10,24 Die griech. Übersetzung ergänzt: *Arpachschad war der Vater von Kainan, Kainan war der Vater von Schelach.*

1. Mose 12,1-3

Erwählung
Seit der Schöpfung und dem Neubeginn nach der Flut hat die Menschheit bereits eine lange Geschichte hinter sich. Nun beginnt Gott eine neue Linie seines Handelns.
Ein Einzelner mit seiner Familie wird erwählt: Abram. Auf ihn konzentriert sich nun alle Aufmerksamkeit Gottes. Sein Handeln an den Menschen und an der Welt verläuft jetzt durch diese erwählende »Engführung« hindurch.
Dass Gott dabei nach wie vor an seiner ganzen Menschheit interessiert ist, zeigt sich am Auftrag Abrams: Zu allen Völkern der Erde hin soll der Segen gehen, den Gott in die Erwählung Abrams hineinlegt.
Der typische Charakter von Gottes Erwählung ist auch hier deutlich: Die Erwählung sondert nicht ab und bevorzugt nicht, sondern ist eine von Gott gewählte Art, für das Ganze zu handeln. Der Erwählte genießt nicht einfach Gottes Zuwendung, sondern ist in die Verantwortung gestellt. Selbst gesegnet werden und für andere zum Segen gemacht werden – dieser doppelte Gesichtspunkt ist entscheidend.
(Kolosser 1,15-17 «« | »» 2. Mose 19,5-6)

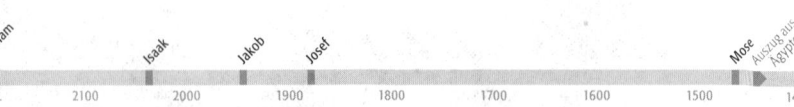

Der Turm zu Babel

11 Damals sprachen alle Menschen auf der ganzen Welt die gleiche Sprache. ²Als die Menschen nach Osten zogen, fanden sie eine Ebene im Land Babel*. Dort ließen sie sich nieder ³und sagten zueinander: »Lasst uns Ziegel formen und sie brennen! Die Ziegel verwendeten sie als Mauersteine und den Asphalt als Mörtel. ⁴»Auf«, sagten sie, »wir wollen eine Stadt errichten mit einem Turm, der bis in den Himmel reicht – ein Denkmal unserer Erhabenheit! Es wird verhindern, dass wir uns über die ganze Welt zerstreuen.«

⁵Der HERR aber kam aus dem Himmel herab, um sich die Stadt und den Turm anzusehen, den sie erbauten. ⁶»Sieh, was sie begonnen haben zu bauen. Weil sie dieselbe Sprache sprechen und ein Volk sind, wird ihnen nichts unmöglich sein, was sie sich vornehmen! ⁷Kommt, wir steigen hinab und geben ihnen verschiedene Sprachen. Dann werden sie sich nicht mehr verständigen können.«

⁸Auf diese Weise zerstreute der HERR die Menschen über die ganze Erde und sie konnten den Bau der Stadt nicht beenden. ⁹Deshalb wurde die Stadt Babel* genannt, weil der HERR dort die Sprache der Menschen verwirrte und sie so über die ganze Erde zerstreute.

Von Sem bis Abram

¹⁰Dies ist der Stammbaum der Nachkommen Sems.

Als Sem 100 Jahre alt war, wurde sein Sohn Arpachschad geboren. Das geschah zwei Jahre nach der Sintflut. ¹¹Nach der Geburt von Arpachschad lebte Sem noch 500 Jahre und bekam weitere Söhne und Töchter. ¹²Als Arpachschad 35 Jahre alt war, wurde sein Sohn Schelach geboren. ¹³Nach der Geburt von Schelach lebte Arpachschad noch 403 Jahre und bekam weitere Söhne und Töchter. ¹⁴Als Schelach 30 Jahre alt war, wurde sein Sohn Eber geboren. ¹⁵Nach der Geburt Ebers lebte Schelach noch 403 Jahre und bekam weitere Söhne und Töchter. ¹⁶Als Eber 34 Jahre alt war, wurde sein Sohn Peleg geboren. ¹⁷Nach der Geburt von Peleg lebte Eber noch 430 Jahre und bekam weitere Söhne und Töchter. ¹⁸Als Peleg 30 Jahre alt war, wurde sein Sohn Regu geboren. ¹⁹Nach der Geburt von Regu lebte Peleg noch 209 Jahre und bekam weitere Söhne und Töchter. ²⁰Als Regu 32 Jahre alt war, wurde sein Sohn Serug geboren. ²¹Nach der Geburt Serugs lebte Regu noch 207 Jahre und bekam weitere Söhne und Töchter. ²²Als Serug 30 Jahre alt war, wurde sein Sohn Nahor geboren. ²³Nach der Geburt Nahors lebte Serug noch 200 Jahre und bekam weitere Söhne und Töchter. ²⁴Als Nahor 29 Jahre alt war, wurde sein Sohn Terach geboren. ²⁵Nach der Geburt Terachs lebte Nahor noch 119 Jahre und bekam weitere Söhne und Töchter. ²⁶Als Terach 70 Jahre alt war, wurde er der Vater von Abram, Nahor und Haran.

Terachs Nachkommen

²⁷Dies ist die Geschichte von Terach und seiner Familie. Terach war der Vater von Abram, Nahor und Haran; und Haran hatte einen Sohn namens Lot. ²⁸Doch Haran starb noch vor seinem Vater Terach in seiner Heimat Ur in Chaldäa. ²⁹Abram und Nahor heirateten. Abrams Frau hieß Sarai und Nahors Frau Milka. Sie war die Tochter seines Bruders Haran und die Schwester von Jiska. ³⁰Doch Sarai konnte keine Kinder bekommen.

³¹Terach nahm seinen Sohn Abram, seine Schwiegertochter Sarai und seinen Enkel Lot, das Kind seines Sohnes Haran, und verließ Ur in Chaldäa, um ins Land Kanaan zu ziehen. Als sie jedoch nach Haran kamen, ließen sie sich dort nieder. ³²Terach lebte 205 Jahre und starb in Haran.

Die Berufung Abrams

12 Dann befahl der HERR Abram: »Verlass deine Heimat, deine Verwandten und die Familie deines Vaters und geh in das Land, das ich dir zeigen werde! ²Von dir wird ein großes Volk abstammen. Ich will dich segnen und du sollst in der ganzen Welt bekannt sein. Ich will dich zum Segen für andere machen. ³Wer dich segnet, den werde ich auch segnen. Wer dich verflucht, den werde ich auch verfluchen. Alle Völker der Erde werden durch dich gesegnet werden.«

⁴Abram machte sich auf den Weg, wie der HERR es ihm befohlen hatte. Und Lot ging mit ihm. Abram war 75 Jahre alt, als er Haran verließ. ⁵Auf den Weg nach Kanaan nahm er seine Frau Sarai, seinen Neffen Lot und alles, was sie besaßen, mit samt ihrem Vieh und ihren Sklaven und Sklavinnen, die sie in Haran erworben hatten. So erreichten sie schließlich Kanaan. ⁶Sie zogen durch Kanaan und kamen zur Eiche More in der Nähe von Sichem. Damals war das Gebiet von den Kanaanitern bewohnt.

⁷Da erschien der HERR Abram und sprach: »Ich werde dieses Land deinem Nachkommen

---

11,2 Hebr. *Schinar*. 11,9 In *Babel* klingt das hebr. Wort für *verwirren* an.

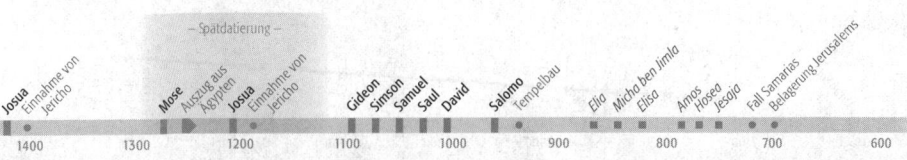

1. MOSE

1–11	Urgeschichte
1	Der Schöpfungsbericht
2–4	Bestimmung und Verfehlung des Menschen
5–6	Von Adam bis Noah
6–9	Noah und die Flut
10–11	Der Turm zu Babel
11	Von Sem bis Terach
12–50	Vätergeschichte
11–25	Abraham: Verheißung, Bund und seine Söhne
25	Die Nachkommen von Ismael
25–35	Jakob und Esau
36	Die Nachkommen von Esau
37–50	Die Geschichte von Josef

12–14
In Ägypten gibt Abram Sarai als seine Schwester aus. Abrams und Lots Hirten streiten um Weideplatz. Wiederholung der Verheißung an Abram. Lot wird gefangen genommen, sein Besitz erbeutet.

[Vätergeschichte]

geben!« Und Abram baute dort dem HERRN, der ihm erschienen war, einen Altar. ⁸Danach zog Abram ins Gebirge östlich von Bethel und schlug seine Zelte zwischen Bethel im Westen und Ai im Osten auf. Dort errichtete er einen Altar und betete den HERRN an. ⁹Dann zog er in mehreren Etappen weiter nach Süden.

Abram und Sarai in Ägypten

¹⁰Damals brach eine Hungersnot im Land aus. Und Abram zog nach Ägypten, um dort zu wohnen, denn die Hungersnot nahm große Ausmaße an. ¹¹Als sie sich der Grenze Ägyptens näherten, sagte Abram zu seiner Frau Sarai: »Du bist eine sehr schöne Frau. ¹²Wenn die Ägypter dich sehen, werden sie sagen: ›Das ist seine Frau.‹ Dann wirst du zwar am Leben bleiben, mich aber werden sie töten. ¹³Gib dich doch als meine Schwester aus, damit die Ägypter mich gut behandeln und am Leben lassen, weil ihnen an dir gelegen ist.«

¹⁴Als sie in Ägypten ankamen, war Sarais Schönheit in aller Munde. ¹⁵Auch die Minister des Pharaos sahen sie und rühmten ihre Schönheit vor ihm. Dieser ließ sie in seinen Harem bringen. ¹⁶Er machte Abram ihretwegen viele Geschenke – Schafe, Kühe, Esel, Kamele, Sklaven und Sklavinnen.

¹⁷Doch der HERR bestrafte den Pharao und seinen ganzen Palast mit einer schweren Krankheit wegen Sarai, Abrams Frau. ¹⁸Der Pharao ließ

---

1. Mose 12,1-3

Hinweise auf den Messias (2)
In einem einzigen Erwählten, Abram, liegt der Keim des Segens für alle Völker der Erde. An der Haltung zu Abram entscheidet sich Segen und Fluch des eigenen Lebens.
In der Geschichte der Nachkommen Abrams, also des Volkes Israel, blitzt die Erfüllung dieser Verheißung gelegentlich auf (z.B. 1Mo 41,33-57; 2Kön 5,1-19; Jes 66,19). Doch das Ziel »alle Völker der Erde« wurde so noch nicht erreicht. Erst in Jesus Christus und durch die Ausbreitung seines Evangeliums kam dieser Segen zu allen Völkern. Paulus stellt das heraus, indem er den Weg des Glaubens in Christus, der nun allen Völkern angeboten ist, auf Gottes Versprechen an Abraham zurückführt: Gal 3,8-9.
Durch das weit gestreckte Ziel wird Gottes Wort an Abram zu einer Stelle, die messianischen Gehalt hat.
(Sacharja 13,7 «« | »» 1. Mose 22,18)

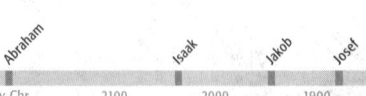

Abram rufen und machte ihm heftige Vorwürfe: »Was hast du mir da angetan? Warum hast du mir nicht gesagt, dass sie deine Frau ist? ¹⁹Warum hast du behauptet, sie sei deine Schwester, sodass ich sie mir zur Frau genommen habe? Hier hast du deine Frau! Nimm sie und verschwinde!« ²⁰Und er ließ Abram und seine Frau mitsamt ihrem Besitz von einigen seiner Soldaten aus dem Land bringen.

Abram und Lot trennen sich

13 Sie verließen Ägypten und zogen nach Norden in den Negev – Abram, seine Frau und Lot und alles, was ihnen gehörte. ²Abram besaß große Viehherden und viel Silber und Gold. ³In Etappen zogen sie weiter bis nach Bethel, an den Ort zwischen Bethel und Ai, wo sie schon einmal ihre Zelte aufgeschlagen hatten. ⁴Damals hatte Abram dort einen Altar erbaut und hier betete er den HERRN erneut an.

⁵Auch Lot, der mit Abram zog, besaß viele Schafe, Kühe und Zelte, ⁶sodass es nicht genügend Weideplätze für all die Tiere gab. Ihr Besitz war zu groß, um zusammenzuwohnen. ⁷Deshalb brach ein Streit aus zwischen den Hirten Abrams und den Hirten Lots. In dieser Zeit lebten außerdem noch die Kanaaniter und Perisiter im Land.

⁸Abram beredete die Sache mit Lot. »Dieser Streit zwischen dir und mir und zwischen deinen Hirten und meinen Hirten muss ein Ende haben«, sagte er. »Schließlich sind wir miteinander verwandt! ⁹Es ist besser, wenn wir uns trennen. Das ganze Land liegt vor dir. Wenn du nach links ziehen willst, werde ich nach rechts ziehen. Gehst du jedoch nach rechts, werde ich mich nach links wenden.«

¹⁰Lot schaute sich die fruchtbare Ebene des Jordantals an, die sich nach Zoar hin erstreckte. Denn bevor der HERR Sodom und Gomorra zerstörte, war das ganze Gebiet gut bewässert, wie der Garten des HERRN oder Ägypten. ¹¹Deshalb wählte Lot das Jordantal. Sie trennten sich voneinander und Lot zog nach Osten. ¹²Während Abram im Land Kanaan blieb, ließ Lot sich in der Gegend der Städte der Jordanebene nieder und zog mit seinen Zelten bis in die Nähe von Sodom. ¹³Die Bewohner Sodoms aber waren sehr böse und sündigten schwer vor dem HERRN.

¹⁴Nachdem Lot fortgezogen war, sprach der HERR zu Abram: »Schau dich nach allen Seiten um. ¹⁵Dieses ganze Land, das du siehst, werde ich dir und deinen Nachkommen für immer zum Besitz geben. ¹⁶Und ich werde dir so viele Nachkommen schenken, dass man sie nicht zählen kann – so wie der Staub auf dem Erdboden! ¹⁷Mach dich auf den Weg und durchzieh das ganze Land, denn ich werde es dir geben.« ¹⁸Da verlegte Abram sein Lager zu dem Eichenhain von Mamre bei Hebron. Dort baute er dem HERRN einen Altar.

Abram rettet Lot

14 König Amrafel von Babel*, König Arjoch von Ellasar, König Kedor-Laomer von Elam und König Tidal von Gojim ²führten Krieg gegen König Bera von Sodom, König Birscha von Gomorra, König Schinab von Adma, König Schemeber von Zebojim und gegen den König von Bela, dem heutigen Zoar.

³Die Könige von Sodom, Gomorra, Adma, Zebojim und Bela hatten ein Bündnis geschlossen und waren mit ihren Heeren ins Siddimtal gezogen, wo heute das Tote Meer ist. ⁴Zwölf Jahre lang waren sie König Kedor-Laomer untertan gewesen, aber im 13. Jahr lehnten sie sich gegen ihn auf.

⁵Ein Jahr später kamen Kedor-Laomer und die mit ihm verbündeten Könige an. Sie besiegten die Refaïter in Aschterot-Karnajim, die Susiter in Ham, die Emiter in der Ebene von Kirjatajim ⁶und die Horiter im Gebirge Seïr bis nach El-Paran am Rande der Wüste. ⁷Dann wandten sie sich nach En-Mischpat, dem heutigen Kadesch, und verwüsteten das ganze Gebiet der Amalekiter und auch die Gegend von Hazezon-Tamar, wo die Amoriter lebten.

⁸Daraufhin brach das Heer der Könige von Sodom, Gomorra, Adma, Zebojim und Bela, dem heutigen Zoar, auf und nahm im Siddimtal Aufstellung zum Kampf ⁹gegen König Kedor-Laomer von Elam, König Tidal von Gojim, König Amrafel von Babel und König Arjoch von Ellasar – vier Könige gegen fünf. ¹⁰Nun gab es jedoch in dem Tal viele Teergruben. Als das Heer der Könige von Sodom und Gomorra floh, fielen manche Krieger in die Teergruben, während der Rest in die Berge entkommen konnte. ¹¹Daraufhin plünderten die Sieger die Reichtümer und Nahrungsmittelvorräte von Sodom und Gomorra und machten sich dann auf den Heimweg. ¹²Auch Lot – den Neffen Abrams, der in Sodom lebte – nahmen sie gefangen und erbeuteten seinen gesamten Besitz. ¹³Einer der Männer jedoch, die entkommen konnten, kam zu Abram dem Hebräer, der bei dem Eichenhain des Amoriters Mamre lagerte. Er berichtete ihm, was

14,1 Hebr. *Schinar*; so auch in 14,9.

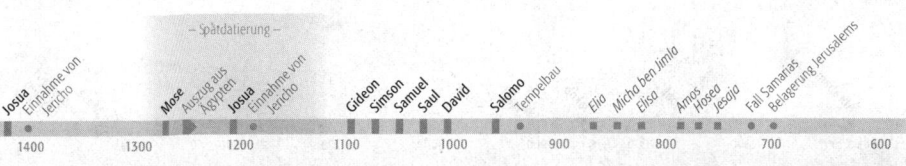

1. MOSE

1–11	Urgeschichte
1	Der Schöpfungsbericht
2–4	Bestimmung und Verfehlung des Menschen
5–6	Von Adam bis Noah
6–9	Noah und die Flut
10–11	Der Turm zu Babel
11	Von Sem bis Terach
12–50	Vätergeschichte
11–25	Abraham: Verheißung, Bund und seine Söhne
25	Die Nachkommen von Ismael
25–35	Jakob und Esau
36	Die Nachkommen von Esau
37–50	Die Geschichte von Josef

14–16

Abram rettet Lot aus der Gefangenschaft. Abram wird von Melchisedek gesegnet. Gottes Bund mit Abram, dass das Land seinen Nachkommen gehören wird. Abram zeugt ein Kind mit Hagar.

[Vätergeschichte]

vorgefallen war. Mamre und seine Verwandten Eschkol und Aner waren mit Abram verbündet.

[14]Als Abram hörte, dass Lot gefangen genommen worden war, rief er alle kampferprobten Männer zusammen, die in seinem Lager geboren worden waren – 318 an der Zahl. Dann verfolgte er Kedor-Laomers Heer bis nach Dan. [15]Dort teilte er seine Männer auf, griff in der Nacht an und besiegte Kedor-Laomers Heer. Abram jagte den Männern bis Hoba, das nördlich von Damaskus liegt, hinterher. [16]Auf diese Weise eroberten Abram und seine Verbündeten alles zurück: die ganze Beute, Abrams Neffen Lot und dessen ganzen Besitz, alle Frauen und alle anderen Gefangenen.

Melchisedek segnet Abram

[17]Als Abram von seinem Sieg über Kedar-Laomer und den mit ihm verbündeten Königen zurückkehrte, zog ihm der König von Sodom ins Schawetal, das ist das Königstal, entgegen. [18]Melchisedek, der König von Salem und ein Priester des höchsten Gottes, brachte ihm Brot und Wein. [19]Melchisedek segnete Abram mit dem folgenden Segen:

»Gesegnet sei Abram durch den höchsten Gott,
  den Schöpfer des Himmels und der Erde.
[20]Und gepriesen sei der höchste Gott,
  der dir deine Feinde in die Hände gegeben hat.«

1. Mose 15,1-21

Bundesschlüsse
Ein weiterer Bund nach Noah kommt in den Blick: Nachdem Gott aus der Menschheit heraus einen Einzelnen erwählt hat, um mit ihm seine Geschichte zu machen – Abram (1Mo 12) –, bekräftigt er nun diese Erwählung mit einem Bundesschluss. Dieser Bund ist einseitig: Er bringt Gaben von Gott mit sich, ohne dem menschlichen Bundespartner eine Verpflichtung aufzuerlegen. Der Inhalt dieses Bundes: Gott wird aus den Nachkommen des bis jetzt kinderlosen Abram ein großes Volk machen (wie bereits in 12,2 angekündigt) und diesem Volk ein Land geben. Der Bundesschluss wird mit einem Opfer und einer feierlichen Zeremonie besiegelt (V. 10 und 17, ähnlich wie in Jer 34,18; siehe die Erklärung dort).
Wenngleich dieser Bund Abram nicht in die Pflicht nimmt, so antwortet Abram doch sehr klar auf diesen Bundesschluss: mit Glauben.
(1. Mose 9,8-17 «« | »» 1. Mose 17,1-21)

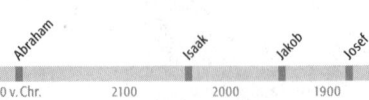
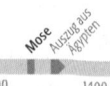

Da gab Abram Melchisedek ein Zehntel von allem, was er zurückerobert hatte. [21]Der König von Sodom sagte zu ihm: »Gib mir nur meine Leute zurück. Die restliche Beute darfst du behalten.« [22]Abram entgegnete: »Ich erhebe meine Hand und schwöre bei dem HERRN, dem höchsten Gott, dem Schöpfer des Himmels und der Erde, [23]dass ich nicht einmal einen Faden oder einen Schuhriemen von dem behalte, was dir gehört. Denn sonst könntest du sagen: ›Ich bin es, der Abram reich gemacht hat!‹ [24]Nur was die jungen Männer bereits verzehrt haben, nehme ich von dir an. Doch gib meinen Verbündeten Aner, Eschkol und Mamre, die mit mir in den Kampf gezogen sind, ihren Teil der Beute.«

Der Bund des HERRN mit Abram

15 Danach sprach der HERR in einer Vision zu Abram: »Hab keine Angst, Abram, denn ich will dich beschützen und dich reich belohnen.«
[2-3]Doch Abram entgegnete: »O allmächtiger HERR, was wirst du geben, wenn ich kinderlos bin? Da du mir keine Kinder geschenkt hast, wird mich mein Verwalter Eliëser von Damaskus beerben.«
[4]Da sprach der HERR zu ihm: »Nein, dein Verwalter wird dich nicht beerben. Du wirst einen Sohn bekommen, der dein Erbe sein wird.« [5]Der HERR führte Abram nach draußen und sprach zu ihm: »Schau hinauf zum Himmel. Kannst du etwa die Sterne zählen?« Dann versprach er ihm: »So zahlreich werden deine Nachkommen sein!« [6]Und Abram glaubte dem HERRN und der HERR erklärte ihn wegen seines Glaubens für gerecht. [7]Dann sprach der HERR zu ihm: »Ich bin der HERR, der dich aus Ur in Chaldäa geführt hat, um dir dieses Land zu geben.«
[8]Doch Abram entgegnete: »O allmächtiger HERR, wie kann ich sicher sein, dass ich es wirklich bekommen werde?«
[9]Da befahl ihm der HERR: »Bring mir eine dreijährige Kuh, eine dreijährige Ziege, einen dreijährigen Widder, eine Turteltaube und eine andere Taube.« [10]Abram holte die Tiere und schlachtete sie. Er schnitt jedes einzelne der Länge nach durch und legte je eine Hälfte der anderen gegenüber. Die Vögel aber zerteilte er nicht. [11]Raubvögel stießen auf die Kadaver herab, doch Abram jagte sie weg. [12]Als die Sonne unterging, fiel Abram in einen tiefen Schlaf. Während er schlief, befiel ihn eine schreckliche, dunkle Angst.
[13]Da sprach der HERR zu Abram: »Du sollst wissen, dass deine Nachkommen Fremde in einem fremden Land sein werden. Sie werden 400 Jahre lang als Sklaven unterdrückt werden. [14]Doch ich werde das Volk, das sie unterdrückt, bestrafen. Am Ende werden sie mit großen Reichtümern von dort wegziehen. [15]Du aber wirst ein hohes Alter erreichen und in Frieden sterben. [16]Erst wenn die Sünde der Amoriter das Maß voll gemacht haben wird, werden deine Nachkommen nach vier Generationen hierher zurückkehren.«
[17]Als die Sonne untergegangen und es ganz dunkel geworden war, fuhr ein rauchender Feuerofen und eine flammende Fackel zwischen den Hälften der Kadaver hindurch. [18]So schloss der HERR an jenem Tag einen Bund mit Abram und sprach: »Ich werde dieses Land deinen Nachkommen geben, das ganze Gebiet von den Grenzen Ägyptens* bis zum großen Fluss Euphrat – [19]das Land der Keniter, Kenasiter, Kadmoniter, [20]Hetiter, Perisiter, Refaïter, [21]Amoriter, Kanaaniter, Girgaschiter und Jebusiter.«

Die Geburt Ismaels

16 Doch Sarai, die Frau Abrams, bekam keine Kinder. Sarai hatte jedoch eine ägyptische Sklavin namens Hagar. [2]Da sagte Sarai zu Abram: »Der HERR hat mir keine Kinder geschenkt. Schlaf du mit meiner Sklavin. Vielleicht kann ich durch sie Kinder haben.« Abram war einverstanden. [3]Sarai gab ihrem Mann ihre ägyptische Sklavin Hagar als Nebenfrau. Sie lebten damals schon zehn Jahre im Land Kanaan.
[4]Abram schlief mit Hagar und sie wurde schwanger. Als Hagar bemerkte, dass sie schwanger war, verachtete sie ihre Herrin Sarai. [5]Da machte Sarai Abram einen Vorwurf: »Das ist alles deine Schuld! Jetzt, wo meine Sklavin schwanger ist, werde ich von ihr verachtet. Dabei habe ich sie dir doch zur Frau gegeben. Der HERR soll Richter sein zwischen dir und mir!«
[6]Abram entgegnete ihr: »Sie ist deine Sklavin. Mach mit ihr, was du für angebracht hältst.« Doch als Sarai hart mit ihr umsprang, lief Hagar fort.
[7]Der Engel des HERRN fand Hagar in der Wüste neben der Quelle am Weg nach Schur. [8]Er sprach zu ihr: »Hagar, Sklavin von Sarai, woher kommst du und wohin gehst du?«

15,18 Hebr. *vom Fluss von Ägypten*; das bezieht sich entweder auf einen östlichen Arm des Nil oder auf den Bach Ägyptens im Sinai (s. 4. Mose 34,5).

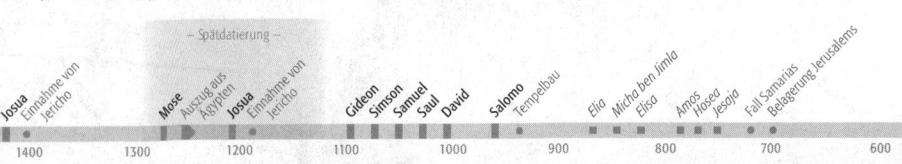

1. MOSE

1–11	Urgeschichte
1	Der Schöpfungsbericht
2–4	Bestimmung und Verfehlung des Menschen
5–6	Von Adam bis Noah
6–9	Noah und die Flut
10–11	Der Turm zu Babel
11	Von Sem bis Terach
12–50	Vätergeschichte
11–25	Abraham: Verheißung, Bund und seine Söhne
25	Die Nachkommen von Ismael
25–35	Jakob und Esau
36	Die Nachkommen von Esau
37–50	Die Geschichte von Josef

16–18
Ismaels Geburt. Bund Gottes mit Abram.
Neue Namen: Abraham und Sara.
Sara soll einen Sohn bekommen.

[Vätergeschichte]

»Ich bin auf der Flucht vor meiner Herrin Sarai«, antwortete sie. ⁹Da sprach der Engel des HERRN: »Kehr zu deiner Herrin zurück und ordne dich ihr unter. ¹⁰Ich werde dir mehr Nachkommen geben, als du zählen kannst. ¹¹Du wirst einen Sohn bekommen. Nenne ihn Ismael*, denn der HERR hat deine Hilferufe gehört. ¹²Dein Sohn wird ungezähmt sein wie ein wilder Esel! Er wird sich gegen alle stellen und alle werden gegen ihn sein. Ja, er wird mit allen seinen Brüdern im Streit leben.«

¹³Da nannte Hagar den HERRN, der zu ihr gesprochen hatte, El-Roï*. Denn sie sagte: »Ich habe den gesehen, der mich sieht!« ¹⁴Die Quelle erhielt später den Namen Beer-Lachai-Roï*. Sie liegt zwischen Kadesch und Bered.

¹⁵Hagar aber gebar Abram einen Sohn und Abram nannte ihn Ismael. ¹⁶Zu dieser Zeit war Abram 86 Jahre alt.

Abram wird umbenannt in Abraham

17 Als Abram 99 Jahre alt war, erschien ihm der HERR und sprach: »Ich bin Gott, der Allmächtige; diene mir treu und lebe so, wie es mir gefällt. ²Ich will einen Bund mit dir schlie-

---

16,11 Hebr. *Gott hört.* 16,13 Hebr. *Der mich sieht.*
16,14 Hebr. *Brunnen des Lebendigen, der mich sieht.*

1. Mose 17,1-21

Bundesschlüsse
Hier bekräftigt Gott den Bund, den er in Kapitel 15 geschlossen hat. Im Mittelpunkt steht nicht die Landverheißung, sondern die Entstehung eines Volkes.
Zusätzlich zum bisherigen Bundesschluss bekommt Abram einen neuen Namen, ebenso wie seine Frau Sarai. Außerdem setzt Gott ein Bundeszeichen ein: die Beschneidung der männlichen Kinder. Dieses Zeichen zu tragen ist höchst wichtig, aber es ist keine Bundesverpflichtung im Sinne einer Bedingung. Den Bund schloss Gott ohne Vorbedingung.
Abrahams Sohn Ismael, der außerhalb der von Gott gedachten Segenslinie zur Welt kam, trägt zwar auch das Bundeszeichen und er steht mit seinen Nachkommen unter einem besonderen Segen Gottes. Seine Linie ist dennoch nicht in Gottes Bund mit Abraham eingeschlossen.
(1. Mose 15,1-21 «« | »» Psalm 105,8-10)

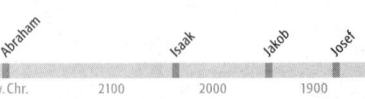

ßen; von dir soll ein mächtiges Volk abstammen.« ³Daraufhin warf Abram sich zu Boden. Da sprach Gott zu ihm: ⁴»Dies ist mein Bund mit dir: Ich will dich zum Vater vieler Völker machen! ⁵Du sollst nicht mehr Abram heißen, sondern Abraham*, denn ich werde dich zum Vater vieler Völker machen. ⁶Ich will dir so viele Nachkommen geben, dass aus ihnen ganze Völker entstehen werden. Auch Könige werden von dir abstammen!

⁷Dieser Bund zwischen uns soll auch für die kommenden Generationen gelten, er wird für alle Zeit Gültigkeit haben zwischen mir und deinen Nachkommen. Ich will dein Gott und der Gott deiner Nachkommen sein. ⁸Ja, ich will dir und deinen Nachkommen das ganze Land Kanaan, in dem du jetzt als Fremder lebst, für immer geben. Und ich will ihr Gott sein.«

Das Zeichen der Beschneidung

⁹»Du und deine Nachkommen«, so befahl Gott Abraham, »ihr sollt meinen Bund halten. ¹⁰Und dies ist der Bund, den ihr halten müsst: Jeder Mann unter euch soll beschnitten werden. ¹¹Die Vorhaut eures Gliedes soll weggeschnitten werden. Das wird das Zeichen des Bundes zwischen mir und euch sein. ¹²Jedes männliche Kind soll acht Tage nach seiner Geburt beschnitten werden. Das gilt für alle, die in deinem Haus geboren werden, selbst für die ausländischen Sklaven, die du gekauft hast und die eigentlich nicht zu deinen Nachkommen gehören. ¹³Wirklich alle sollen beschnitten werden. Auf diese Weise werdet ihr das Zeichen meines ewigen Bundes an eurem Körper tragen. ¹⁴Wer sich nicht beschneiden lässt, muss aus dem Volk ausgestoßen und getötet werden, weil er meinen Bund gebrochen hat.«

Sarai wird umbenannt in Sara

¹⁵Und Gott fügte hinzu: »Was Sarai, deine Frau, betrifft – du sollst sie nicht länger Sarai nennen. Von jetzt an soll sie Sara* heißen. ¹⁶Und ich will sie segnen und dir auch durch sie einen Sohn schenken. Ja, ich will sie überreich segnen und sie zur Mutter vieler Völker machen. Sogar Könige werden unter ihren Nachkommen sein!«

¹⁷Abraham warf sich vor Gott auf sein Gesicht, doch insgeheim lachte er. »Wie kann ich mit 100 Jahren noch Vater werden?«, fragte er sich. »Und Sara ist 90 Jahre alt. Wie kann sie da noch ein Kind bekommen?« ¹⁸Und er sagte zu Gott: »Ja, aber lass Ismael vor dir leben!«

¹⁹Gott aber entgegnete ihm: »Sara, deine Frau, wird einen Sohn bekommen, den sollst du Isaak* nennen. Und ich will meinen ewigen Bund mit ihm und seinen Nachkommen bestätigen. ²⁰Was Ismael betrifft, so will ich deiner Bitte nachkommen. Ich will ihn segnen. Ich will ihn fruchtbar machen und ihm viele Nachkommen schenken. So werde ich aus seinen Nachkommen ein großes Volk machen. Zwölf Fürsten werden von ihm abstammen. ²¹Meinen Bund aber schließe ich mit Isaak, der dir und Sara nächstes Jahr um diese Zeit geboren werden wird.«

²²Nachdem Gott mit Abraham gesprochen hatte, fuhr er zum Himmel auf. ²³Noch am gleichen Tag beschnitt Abraham seinen Sohn Ismael und alle anderen männlichen Angehörigen seines Haushaltes – egal, ob sie in seinem Haus geboren oder als Sklaven gekauft worden waren –, so wie Gott es angeordnet hatte. ²⁴Abraham war 99 Jahre alt, als seine Vorhaut beschnitten wurde. ²⁵Sein Sohn Ismael war bei seiner Beschneidung 13. ²⁶Abraham und sein Sohn Ismael wurden noch am gleichen Tag beschnitten, ²⁷zusammen mit allen anderen männlichen Angehörigen von Abrahams Haushalt, egal, ob sie im Haus geboren oder als Sklaven gekauft worden waren.

Sara wird ein Sohn versprochen

18 Der HERR erschien ihm noch einmal bei dem Eichenhain von Mamre. Eines Tages um die Mittagszeit, als Abraham am Eingang seines Zeltes saß, ²sah er plötzlich drei Männer ganz in der Nähe stehen. Als er sie bemerkte, stand er auf, lief ihnen entgegen und verneigte sich tief vor ihnen. ³»Mein Herr«, sagte er, »wenn du mir, deinem Diener, freundlich gesinnt bist, dann geh doch nicht einfach weiter. ⁴Ruht euch im Schatten dieses Baumes aus, während meine Knechte etwas Wasser holen, um euch die Füße zu waschen. ⁵Ich will euch etwas zu essen bringen, damit ihr danach gestärkt weiterreisen könnt. Denn deshalb seid ihr ja bei mir vorbeigekommen.«

»Gut«, sagten sie, »tu, wie du gesagt hast.«

⁶Da lief Abraham zurück zum Zelt und sagte zu Sara: »Hol schnell drei Maß* deines besten Mehls und backe Fladenbrot.« ⁷Dann lief er hinaus zur Herde, holte ein zartes, junges Kalb und gab es einem Knecht, mit der Anweisung, es umgehend zu schlachten und zuzubereiten. ⁸Als das Essen fertig war, nahm er Butter und Milch und das gebratene Fleisch und servierte es den Män-

---

17,5 *Abram* bedeutet *erhöhter Vater; Abraham* bedeutet *Vater vieler.*   17,15 Hebr. *Fürstin.*   17,19 Hebr. *Er lacht.*   18,6 Hebr. *3 Seas,* ca. 20 kg.

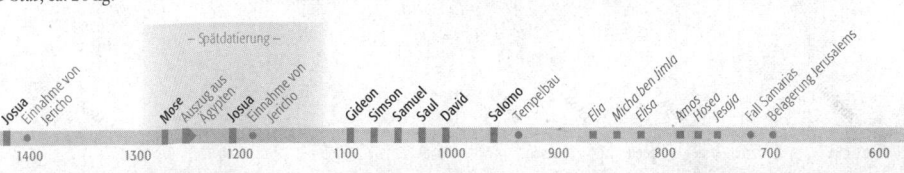

1. MOSE

1–11	Urgeschichte
1	Der Schöpfungsbericht
2–4	Bestimmung und Verfehlung des Menschen
5–6	Von Adam bis Noah
6–9	Noah und die Flut
10–11	Der Turm zu Babel
11	Von Sem bis Terach
12–50	Vätergeschichte
11–25	Abraham: Verheißung, Bund und seine Söhne
25	Die Nachkommen von Ismael
25–35	Jakob und Esau
36	Die Nachkommen von Esau
37–50	Die Geschichte von Josef

18–19

Sara wird in einem Jahr einen Sohn bekommen. Ankündigung der Zerstörung Sodoms und Gomorras. Abraham verhandelt mit Gott um Sodom und Gomorra.

[Vätergeschichte]

nern. Während sie aßen, wartete er bei ihnen unter den Bäumen.
⁹»Wo ist Sara, deine Frau?«, fragten sie ihn. »Im Zelt«, antwortete Abraham.
¹⁰Da sagte der Herr: »Nächstes Jahr um diese Zeit werde ich zurückkehren. Dann wird deine Frau Sara einen Sohn haben.«
Sara aber belauschte das Gespräch vom Eingang des Zeltes aus. ¹¹Und da Abraham und Sara beide alt waren und Sara schon lange nicht mehr in dem Alter war, in dem Frauen Kinder bekommen können, ¹²lachte sie leise. »Jetzt, nachdem ich verwelkt bin, sollte ich noch an Liebeslust denken?!«, dachte sie. »Und mein Mann ist ja auch schon viel zu alt!«
¹³Da sagte der HERR zu Abraham: »Warum hat Sara gelacht und gedacht: ›Sollte ich wirklich noch ein Kind bekommen, obwohl ich schon so alt bin?‹ ¹⁴Sollte dem HERRN etwas unmöglich sein? In genau einem Jahr werde ich wieder zu dir kommen. Und dann wird Sara einen Sohn haben.« ¹⁵Sara hatte Angst und behauptete: »Ich habe nicht gelacht.« Doch der HERR sagte: »Doch, du hast gelacht.«

Abraham bittet für Sodom
¹⁶Daraufhin brachen die Männer auf. Abraham begleitete sie ein Stück.
¹⁷Als sie auf Sodom hinabblickten, überlegte der HERR: »Soll ich wirklich Abraham verheimlichen, was ich vorhabe? ¹⁸Von ihm wird ein großes und mächtiges Volk abstammen und alle

1. Mose 18,25

Gottes Liebe, Gottes Zorn
Abrahams Neffe, Lot, wohnt in der Stadt Sodom. Als Abraham erfährt, dass Gott plant, die Stadt wegen ihres äußerst sündhaften Lebens zu vernichten, tritt er für Sodom ein. Denn ein gerechter und barmherziger Gott würde nicht eine ganze Stadt vernichten. Und so versichert Gott Abraham letztlich: Wenn sich nur zehn Gerechte in Sodom finden lassen, wird die ganze Stadt verschont.
Dieser Text vermittelt wichtige Einsichten in die Wege Gottes. Gott hört zu, wenn Menschen im Gebet für andere eintreten (wie es auch bei Mose der Fall ist: 2Mo 32,7-14). Sein Plan für die Menschen und die Städte steht nicht von vornherein unwiderruflich fest. Er verhandelt. Er gibt nach. Er lässt zu. Gott hält seinen Zorn und seine Strafe unter Kontrolle. Er will nicht, dass seine Strafe Unschuldige trifft. Allerdings bleiben einige Fragen offen: Straft Gott immer noch die Schuldigen durch Katastrophen? Schont er immer die Gerechten? Hat Gott nicht in Jesus den Gerechten bestraft anstelle der Schuldigen? Eins steht fest: Der Richter der ganzen Erde wird gerecht handeln (1Mo 18,25).
(2. Mose 32,7-14 «« | »» 2. Mose 33,3.15-17)

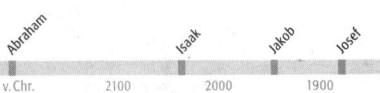

Völker der Erde werden durch ihn gesegnet werden. [19]Ich habe ihn auserwählt, damit er seine Nachkommen lehrt, nach meinem Willen zu leben und zu tun, was richtig und gerecht ist. Dann werde ich alle meine Versprechen einlösen, die ich ihm gegeben habe.« [20]Und so sprach der HERR zu Abraham: »Zahlreiche Klagen über die Einwohner von Sodom und Gomorra sind mir zu Ohren gekommen. Die Anschuldigungen gegen sie sind in der Tat sehr schwer. [21]Ich will nun hingehen und mich davon überzeugen, ob das wahr ist oder nicht. Sollten die Klagen sich als wahr erweisen, werde ich die Einwohner von Sodom und Gomorra vernichten.«

[22]Die beiden anderen Männer setzten ihren Weg nach Sodom fort, der HERR aber blieb bei Abraham zurück. [23]Abraham kam näher heran und fragte: »Willst du etwa die Gerechten zusammen mit den Schuldigen töten? [24]Angenommen, es befinden sich 50 Gerechte in der Stadt: Willst du sie dann wirklich töten? Wirst du den Ort dann nicht wegen der 50 Gerechten verschonen? [25]Ganz sicher würdest du die Gerechten nicht zusammen mit den Schuldigen töten und die einen genauso behandeln wie die anderen! Sollte nicht der Richter der ganzen Welt gerecht handeln?«

[26]Und der HERR antwortete ihm: »Wenn ich in Sodom 50 Gerechte finde, werde ich um ihretwillen die ganze Stadt verschonen.«

[27]Da begann Abraham noch einmal: »Ich habe es gewagt, mit dem HERRN zu sprechen, obwohl ich nur ein sterblicher Mensch bin. [28]Vielleicht fehlen ja noch fünf zu den 50 Gerechten. Wirst du wegen dieser fünf die Stadt zerstören?«

Und der HERR sprach: »Wenn ich 45 finde, werde ich sie nicht zerstören.«

[29]Abraham beharrte: »Angenommen, es lassen sich nur 40 finden?«

Und der HERR antwortete: »Dann werde ich sie wegen der 40 verschonen.«

[30]»Ärgere dich nicht, mein HERR, wenn ich noch einmal rede«, bat Abraham. »Angenommen, es sind nur 30?«

Und der HERR sprach: »Ich werde es nicht tun, wenn ich 30 finde.«

[31]Da sagte Abraham: »Ich habe es gewagt, mit meinem HERRN zu sprechen. Angenommen, es gibt nur 20?«

Und der HERR antwortete: »Dann will ich sie wegen der 20 nicht zerstören.«

[32]Schließlich sagte Abraham: »HERR, bitte werde nicht zornig. Ich will nur noch ein letztes Mal reden! Angenommen, es finden sich dort nur zehn?«

Und der HERR sprach: »Dann will ich sie wegen der zehn nicht zerstören.«

[33]Nach diesem Gespräch mit Abraham ging der HERR fort und Abraham kehrte nach Hause zurück.

Sodom und Gomorra werden zerstört

19 Am Abend erreichten die beiden Engel Sodom. Lot saß gerade beim Stadttor. Als er sie sah, stand er auf und ging ihnen entgegen. Er verneigte sich tief vor ihnen. [2]»Meine Herren«, sagte er, »kommt in mein Haus, lasst euch die Füße waschen und seid meine Gäste für die Nacht. Morgen früh könnt ihr dann weiterreisen.«

»Nein«, antworteten sie, »wir wollen auf dem Marktplatz übernachten.«

[3]Aber Lot drängte sie so lange, bis sie mit ihm in sein Haus kamen. Dort bereitete er für sie ein gutes Essen zu, backte frisches Brot und sie aßen. [4]Noch ehe sie sich schlafen gelegt hatten, kamen alle Männer Sodoms – junge und alte – und umstellten das Haus. [5]Sie schrien: »Lot, wo sind die Männer, die heute Abend zu dir gekommen sind? Schick sie zu uns heraus, wir wollen uns an ihnen befriedigen!« [6]Lot ging zu ihnen vors Haus und schloss die Tür hinter sich zu. [7]»Meine Brüder«, bat er, »begeht doch kein solches Verbrechen! [8]Seht doch, ich habe zwei Töchter, die noch mit keinem Mann geschlafen haben. Die kann ich zu euch herausbringen. Tut mit ihnen, was ihr wollt. Nur lasst diese Männer in Ruhe, denn deshalb sind sie in mein Haus gekommen.«

[9]»Mach, dass du fortkommst!«, riefen sie. »Du hast dich als Fremder bei uns niedergelassen und jetzt spielst du dich als Richter über uns auf! Wir werden dich noch schlimmer zurichten als diese beiden Männer.« Sie stürzten sich auf Lot und wollten die Haustür aufbrechen. [10]Da zogen die beiden Engel ihn ins Haus und verschlossen die Tür. [11]Sie schlugen die Männer vor der Tür mit Blindheit, sodass sie die Tür nicht mehr finden konnten.

[12]»Hast du noch irgendwelche Verwandten in der Stadt – Schwiegersöhne, Söhne, Töchter oder sonst jemand von der Familie?«, fragten die Engel Lot. »Dann bring sie aus der Stadt heraus. [13]Denn wir werden die Stadt dem Erdboden gleichmachen. Schwere Klagen über diesen Ort sind vor den HERRN gekommen und er hat uns beauftragt ihn zu vernichten.«

[14]Da lief Lot zu den Verlobten seiner Töchter und bat sie: »Schnell, verlasst die Stadt! Denn der HERR wird sie zerstören.« Die jungen Männer aber lachten ihn aus.

[15]Bei Tagesanbruch drängten die Engel Lot:

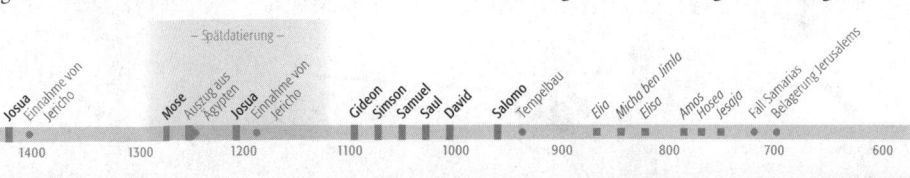

1. MOSE

1–11	Urgeschichte
1	Der Schöpfungsbericht
2–4	Bestimmung und Verfehlung des Menschen
5–6	Von Adam bis Noah
6–9	Noah und die Flut
10–11	Der Turm zu Babel
11	Von Sem bis Terach
12–50	Vätergeschichte
11–25	Abraham: Verheißung, Bund und seine Söhne
25	Die Nachkommen von Ismael
25–35	Jakob und Esau
36	Die Nachkommen von Esau
37–50	Die Geschichte von Josef

19–20
Lot kann mit seinen Töchtern aus Sodom und Gomorra fliehen. Abraham gibt Sara als seine Schwester aus. Abraham darf in Abimelechs Land wohnen.

[Vätergeschichte]

»Nimm deine Frau und deine beiden Töchter. Geh los, damit du nicht umkommst, wenn das Gericht über die Stadt hereinbricht.«

[16]Als Lot immer noch zögerte, nahmen die Engel ihn, seine Frau und seine Töchter bei der Hand und führten sie aus der Stadt hinaus, denn der HERR wollte sie verschonen. Außerhalb der Stadt ließen die Engel sie wieder los. [17]»Lauf um dein Leben!«, warnten die Engel ihn. »Bleib nirgends stehen und schau dich nicht um! Flieh in die Berge, damit du nicht umkommst.«

[18]»Ach, Herr, bitte nicht«, bat Lot. [19]»Du warst so gnädig und hast mir das Leben gerettet! Aber ich schaffe es nicht mehr bis ins Gebirge, bevor das Unglück über die Stadt hereinbricht und mich in den Tod reißt. [20]Jenes Dorf ist nahe genug, um dorthin zu fliehen. Es ist doch nur klein. Ich will mich dort in Sicherheit bringen. Ist es nicht klein genug, damit ich in ihm am Leben bleiben kann?«

[21]»Gut«, antwortete ihm einer der Engel, »ich will auch diese Bitte erfüllen und dieses Dorf nicht zerstören. [22]Bring dich schnell dort in Sicherheit. Denn ich kann nichts tun, bevor du nicht dort bist.« Darum wurde das Dorf Zoar* genannt.

[23]Die Sonne ging gerade auf, als Lot das Dorf erreichte. [24]Da ließ der HERR Feuer und Schwefel vom Himmel auf Sodom und Gomorra regnen. [25]Er machte die Städte dem Erdboden

---

19,22 Hebr. *klein*.

1. Mose 19,24

Gottes Liebe, Gottes Zorn
Die Bibel redet nicht selten von der »Sünde Sodoms«. Gott hatte von den Anschuldigungen gegen diese Städte gehört und schickte Boten, um herauszufinden, ob sie zutrafen (1Mo 18,20-21). Als die Boten ankamen, wurden sie jedoch beinahe vergewaltigt. Gottes Zorn drückt sich als Bestrafung aus: »Da ließ der Herr Feuer und Schwefel vom Himmel auf Sodom und Gomorra regnen« (19,24).
In der Bibel wird Sodoms Sünde unterschiedlich definiert. Im Alten Testament werden soziale Ungerechtigkeit, Hochmut und Mangel an Gastfreundlichkeit genannt. Im Neuen Testament wird auch noch Sex zwischen Engeln und Menschen erwähnt (siehe Jes 1,15-17; Hes 16,49; Jud 7; 2Petr 2,6-10).
Zu dieser Strafgeschichte gehört aber auch eine Rettungsgeschichte. Lot und seine Familie bekamen die Gelegenheit, Gottes Strafe zu entkommen. Gott hätte die ganze Stadt verschont, hätten sich nur zehn gerechte Menschen in ihr gefunden (18,30). Dies war anscheinend nicht der Fall.
(1. Mose 6,5-8 «« | »» 2. Mose 32,7-14)

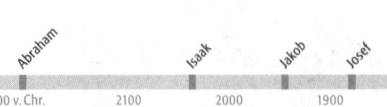

gleich, zusammen mit der ganzen Ebene. Er tötete alle Bewohner und vernichtete alles, was dort wuchs. ²⁶Lots Frau aber schaute auf der Flucht zurück und erstarrte zu einer Salzsäule.

²⁷Früh an diesem Morgen eilte Abraham zu der Stelle, wo er mit dem HERRN gesprochen hatte. ²⁸Er schaute auf Sodom und Gomorra und die ganze Umgebung hinunter und sah von dort Rauch und Qualm wie aus einem Ofen aufsteigen. ²⁹Doch Gott hatte Abrahams Bitte erhört: Er hatte zwar die Städte zerstört, in denen Lot gewohnt hatte, Lot selbst aber in Sicherheit gebracht.

Lot und seine Töchter
³⁰Lot hatte Angst in Zoar zu bleiben. Deshalb zog er sich mit seinen beiden Töchtern in eine Höhle oben in den Bergen zurück, wo er von da an lebte. ³¹Eines Tages sagte die ältere Tochter zur jüngeren: »Hier gibt es weit und breit keinen Mann, mit dem wir schlafen können, und unser Vater ist alt. ³²Komm, wir machen ihn mit Wein betrunken und schlafen dann mit ihm. So werden wir durch unseren Vater zu Kindern kommen.« ³³Noch am selben Abend machten sie ihn betrunken, und die ältere Tochter ging zu ihm und schlief mit ihrem Vater. Dieser aber merkte nicht, wie sie sich zu ihm legte und wieder aufstand.

³⁴Am nächsten Morgen sagte die ältere Tochter zur jüngeren: »Letzte Nacht habe ich mit unserem Vater geschlafen. Wir wollen ihn heute Abend noch einmal mit Wein betrunken machen. Dann geh du zu ihm hinein und schlaf mit ihm. Auf diese Weise werden wir zu Kindern kommen.« ³⁵Also machten sie ihn an diesem Abend wieder betrunken, und die jüngere Tochter ging zu ihm und schlief mit ihm. Lot merkte auch diesmal nicht, wie sie sich zu ihm legte und wieder aufstand. ³⁶So wurden beide Töchter Lots von ihrem Vater schwanger.

³⁷Als die ältere Tochter einen Sohn bekam, nannte sie ihn Moab*. Moab wurde der Stammvater der Moabiter. ³⁸Die jüngere Tochter bekam einen Sohn und nannte ihn Ben-Ammi*. Dieser wurde der Stammvater der Ammoniter.

Abraham betrügt Abimelech

20 Abraham zog südwärts in den Negev und lebte eine Zeit lang zwischen Kadesch und Schur, bevor er sich in der Stadt Gerar niederließ. ²Den Leuten dort erzählte er, dass seine Frau Sara seine Schwester sei. Und so ließ König Abimelech von Gerar Sara in seinen Palast holen.

³In der Nacht erschien Gott Abimelech im Traum und sagte zu ihm: »Du musst sterben. Denn die Frau, die du dir genommen hast, ist verheiratet.«

⁴Da Abimelech jedoch noch nicht mit Sara geschlafen hatte, entgegnete er: »Herr, willst du sogar einen Unschuldigen töten? ⁵Abraham sagte zu mir: ›Sie ist meine Schwester‹, und sie selbst bestätigte: ›Ja, er ist mein Bruder.‹ Ich habe mit reinem Gewissen gehandelt!«

⁶»Ja, ich weiß es«, antwortete Gott. »Deshalb habe ich dich davor bewahrt gegen mich zu sündigen, und ließ es nicht zu, dass du sie berührst. ⁷Schick sie jetzt zu ihrem Mann zurück, denn er ist ein Prophet. Er wird dann für dich beten. So bleibst du am Leben. Wenn du sie aber nicht zu ihm zurückschickst, wirst du und alle deine Angehörigen sterben.«

⁸Am nächsten Morgen stand Abimelech früh auf und ließ alle seine Leute zu sich kommen. Als er ihnen berichtete, was vorgefallen war, bekamen sie große Angst. ⁹Dann ließ Abimelech Abraham rufen. »Warum hast du uns das angetan?«, wollte er wissen. »Was habe ich dir getan, dass du über mich und mein Volk so eine schwere Schuld bringst? So etwas darf man nicht tun! ¹⁰Was hast du damit beabsichtigt?«

¹¹Abraham antwortete: »Ich glaubte, die Bewohner dieser Stadt hätten keine Ehrfurcht vor Gott. Ich befürchtete, sie würden mich wegen meiner Frau töten. ¹²Übrigens ist sie tatsächlich meine Schwester. Wir haben beide denselben Vater, aber verschiedene Mütter, und ich habe sie geheiratet. ¹³Als Gott mich aus meiner Heimat in die Fremde schickte, bat ich sie: ›Tu das mir zuliebe: Gib dich überall, wo wir auch hinkommen, als meine Schwester aus.‹«

¹⁴Abimelech schenkte Abraham Schafe, Rinder, Sklaven und Sklavinnen und gab ihm auch seine Frau Sara zurück. ¹⁵»Mein Land steht dir offen. Lass dich nieder, wo immer es dir gefällt«, bot Abimelech Abraham an. ¹⁶Dann sagte er zu Sara: »Ich gebe deinem ›Bruder‹ 1.000 Schekel* Silber als Entschädigung. So kann jeder sehen, dass deine Ehre nicht angetastet wurde.«

¹⁷Dann betete Abraham zu Gott. Und Gott heilte Abimelech, seine Frau und die Sklavinnen in seinem Haus, sodass sie wieder Kinder bekommen konnten. ¹⁸Denn der HERR hatte alle Frauen im Haus Abimelechs mit Unfruchtbarkeit gestraft, wegen Sara, der Frau Abrahams.

19,37 *Moab* erinnert an einen hebr. Begriff, der *vom Vater* bedeutet.   19,38 Hebr. *Sohn meines Volkes*.   20,16 Das entspricht ca. 12 kg.

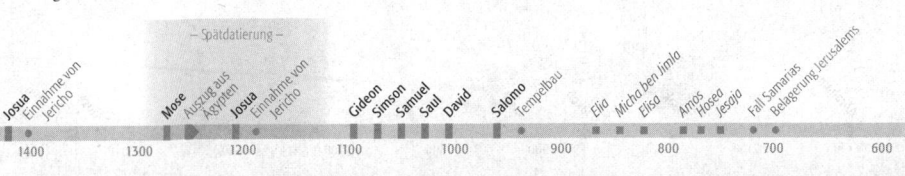

1. MOSE

1–11	Urgeschichte
1	Der Schöpfungsbericht
2–4	Bestimmung und Verfehlung des Menschen
5–6	Von Adam bis Noah
6–9	Noah und die Flut
10–11	Der Turm zu Babel
11	Von Sem bis Terach
12–50	Vätergeschichte
11–25	Abraham: Verheißung, Bund und seine Söhne
25	Die Nachkommen von Ismael
25–35	Jakob und Esau
36	Die Nachkommen von Esau
37–50	Die Geschichte von Josef

21–22
Isaaks Geburt. Hagar und Ismael müssen Abraham verlassen. Abraham und Abimelech schwören, sich nicht zu betrügen. Abraham soll Isaak opfern.

[Vätergeschichte]

Die Geburt von Isaak

21 Der HERR hielt sein Versprechen, das er Sara gegeben hatte. ²Sara wurde schwanger und bekam einen Sohn. Abraham wurde Vater, obwohl er schon sehr alt war, genau zu der Zeit, die Gott vorausgesagt hatte. ³Abraham nannte seinen Sohn, den ihm Sara geboren hatte, Isaak*. ⁴Acht Tage nach der Geburt beschnitt Abraham Isaak, wie Gott es angeordnet hatte. ⁵Abraham war 100 Jahre alt, als sein Sohn Isaak geboren wurde.
⁶Und Sara freute sich: »Gott lässt mich wieder lachen! Alle, die dies hören, werden mit mir lachen. ⁷Denn wer hätte sich träumen lassen, dass ich noch Kinder stille? Und doch habe ich Abraham in seinem hohen Alter einen Sohn geboren!«

Hagar und Ismael werden fortgejagt
⁸Isaak wuchs heran und brauchte schließlich nicht mehr gestillt zu werden. Aus diesem Anlass veranstaltete Abraham ein großes Fest. ⁹Sara aber beobachtete, wie Ismael – der Sohn von Abraham und ihrer ägyptischen Sklavin Hagar – sich über Isaak lustig machte. ¹⁰Da forderte sie Abraham auf: »Jag diese Sklavin und ihren Sohn fort! Ich will nicht, dass mein Sohn Isaak sich mit ihm unser Erbe teilen muss!«

21,3 Hebr. *er lacht.*

---

1. Mose 22,8

Hinweise auf den Messias (3)
Dass der Vater des Volks seinen Sohn opfern soll, ist eine Begebenheit, die kaum mit dem biblischen Charakter Gottes in Einklang steht – zumal Gott seinem Volk solche Kinderopfer streng verbietet. Tatsächlich widerspricht Gott dann auch diesem Opfer.
Gott selbst gab seinen eigenen Sohn jedoch sehr wohl in den Tod. Viele Einzelheiten des Berichts von Abraham und Isaak sind von der Passion von Jesus her sprechend:
Das Opfer findet auf dem Berg Morija statt, dem späteren Tempelberg (siehe die Erklärung zu 2Chr 3,1). Der Sohn trägt das zum Opfer nötige Holz selbst zur Opferstätte. Und schließlich: Gott selbst wird für ein Opferlamm sorgen. Anders als bei Isaak ist das kein anderes Opfertier, sondern Gottes Sohn selbst bleibt das Opfer: »das Lamm Gottes, das die Sünde der Welt wegnimmt« (Joh 1,29). In ihm erfüllt sich das Bekenntnis, dass Gott selbst ein Opferlamm beschaffen wird.
(1. Mose 3,15 «« | »» 1. Mose 49,10)

¹¹Das gefiel Abraham gar nicht, denn Ismael war schließlich auch sein Sohn. ¹²Gott aber sprach zu Abraham: »Ärgere dich nicht wegen des Jungen und deiner Sklavin. Tu alles, was Sara verlangt, denn nur die Nachkommen Isaaks sollen als deine Nachkommen bezeichnet werden. ¹³Doch ich werde auch aus Ismaels Nachkommen ein Volk machen, weil auch er dein Sohn ist.«

¹⁴Am nächsten Morgen stand Abraham früh auf. Er gab Hagar Reiseverpflegung und einen Wasserschlauch mit und legte ihr beides über die Schultern. Dann schickte er sie fort, zusammen mit ihrem Sohn. Hagar ging weg und irrte in der Wüste von Beerscheba umher. ¹⁵Als sie das Wasser im Schlauch ausgetrunken hatten, ließ sie den Jungen im Schatten eines Busches zurück. ¹⁶Sie selbst ging noch etwas weiter und setzte sich ungefähr 100 Meter* entfernt auf den Boden. »Ich kann nicht mit ansehen, wie mein Sohn stirbt!«, seufzte sie und brach in Tränen aus.

¹⁷Aber Gott hörte das Schreien des Jungen und der Engel Gottes rief Hagar vom Himmel aus zu: »Hagar, was ist mit dir? Hab keine Angst! Gott hat das Weinen deines Sohnes gehört, der dort liegt. ¹⁸Steh auf, nimm den Jungen und halte ihn fest an der Hand, denn ich werde seine Nachkommen zu einem großen Volk machen.«

¹⁹Da öffnete Gott Hagar die Augen, sodass sie einen Brunnen entdeckte. Dort füllte sie ihren Wasserschlauch und gab dem Jungen zu trinken. ²⁰Gott war mit dem Jungen. Er wuchs in der Wüste heran und wurde ein ausgezeichneter Bogenschütze. ²¹Er wohnte in der Wüste Paran und seine Mutter nahm ihm eine Ägypterin zur Frau.

Abrahams Vertrag mit Abimelech

²²Damals kam Abimelech zusammen mit Pichol, seinem Heerführer, zu Abraham. »Gott ist bei dir in allem, was du tust«, sagte Abimelech. ²³»Schwöre mir nun bei Gott, dass du mich und meine Nachkommen nicht betrügen wirst. Ich habe dir nur Gutes getan, tu du nun dasselbe an mir und an dem Land, in dem du lebst.«

²⁴»Ich schwöre es dir!«, antwortete Abraham. ²⁵Dann beschwerte er sich bei Abimelech, weil dessen Knechte Abrahams Knechten gewaltsam einen seiner Brunnen weggenommen hatten. ²⁶»Davon höre ich heute zum ersten Mal«, sagte Abimelech. »Ich weiß nicht, wer das getan hat. Auch du hast mir nichts davon gesagt.« ²⁷Abraham gab Abimelech ein Schaf und einen Ochsen und sie schlossen einen Vertrag. ²⁸Als Abraham jedoch sieben weitere Lämmer auf die Seite stellte, ²⁹fragte Abimelech: »Was hast du mit diesen sieben Lämmern vor?«

³⁰Abraham antwortete: »Diese sieben Lämmer sollst du als Geschenk von mir annehmen. Damit bestätigst du offiziell, dass ich diesen Brunnen gegraben habe.« ³¹⁻³²Deshalb wird dieser Ort Beerscheba – ›Brunnen des Schwurs‹ – genannt, weil Abimelech und Abraham hier ihren Bund mit einem Schwur bekräftigt hatten. Danach brachen Abimelech und Pichol, sein Heerführer, auf und kehrten ins Land der Philister zurück. ³³Abraham aber pflanzte in Beerscheba eine Tamariske und betete dort dem HERRN, den ewigen Gott, an. ³⁴Abraham lebte viele Jahre im Land der Philister.

Abrahams Gehorsam wird auf die Probe gestellt

22 Einige Zeit später stellte Gott Abraham auf die Probe. »Abraham!«, rief Gott. »Hier bin ich«, antwortete Abraham.

²»Nimm deinen einzigen Sohn Isaak, den du so lieb hast, und geh mit ihm ins Land Morija. Dort werde ich dir einen Berg zeigen, auf dem du Isaak als Brandopfer für mich opfern sollst.«

³Am nächsten Morgen stand Abraham früh auf. Er sattelte seinen Esel und nahm seinen Sohn Isaak sowie zwei seiner Diener mit. Dann spaltete er Holz für das Brandopfer und machte sich auf den Weg zu dem Ort, den Gott ihm genannt hatte. ⁴Nach drei Tagen entdeckte er den Berg in einiger Entfernung. ⁵»Wartet hier mit dem Esel auf uns!«, wies er seine beiden Diener an. »Der Junge und ich werden noch ein Stück weitergehen. Dort oben werden wir Gott anbeten und dann zu euch zurückkommen.«

⁶Abraham nahm das Holz für das Brandopfer vom Esel und legte es Isaak auf die Schultern. Er selbst trug das Messer und das Feuer. Während die beiden zusammen auf den Berg stiegen, ⁷fragte Isaak: »Vater?«

»Ja, mein Sohn«, antwortete Abraham.

»Wir haben Holz und Feuer«, sagte der Junge, »aber wo ist das Lamm für das Opfer?«

⁸»Gott wird für ein Lamm sorgen, mein Sohn«, antwortete Abraham. So gingen sie zusammen weiter.

⁹Schließlich kamen sie an die Stelle, die Gott Abraham genannt hatte. Dort baute Abraham einen Altar und schichtete das Holz darauf. Dann fesselte er seinen Sohn Isaak und legte ihn auf den Altar, oben auf das Holz. ¹⁰Abraham nahm das Messer, um seinen Sohn als Opfer für den

---

21,16 Hebr. *einen Bogenschuss.*

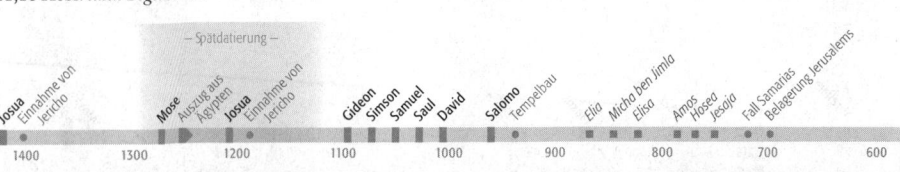

1. MOSE

1–11	Urgeschichte
1	Der Schöpfungsbericht
2–4	Bestimmung und Verfehlung des Menschen
5–6	Von Adam bis Noah
6–9	Noah und die Flut
10–11	Der Turm zu Babel
11	Von Sem bis Terach
12–50	Vätergeschichte
11–25	Abraham: Verheißung, Bund und seine Söhne
25	Die Nachkommen von Ismael
25–35	Jakob und Esau
36	Die Nachkommen von Esau
37–50	Die Geschichte von Josef

22–24
Isaak wird verschont. Segensverheißung für Abrahams Nachkommen. Abraham erwirbt die Höhle Machpela, um Sara beizusetzen. Isaak soll eine Frau aus Abrahams Heimat nehmen.

[Vätergeschichte]

Herrn zu töten. ¹¹In diesem Augenblick rief der Engel des HERRN ihn vom Himmel: »Abraham! Abraham!«
»Ja«, antwortete er. »Ich höre.«
¹²»Lass es sein«, sagte der Engel. »Tu dem Kind nichts. Denn jetzt weiß ich, dass du Ehrfurcht vor Gott hast. Du hättest sogar deinen einzigen Sohn auf meinen Befehl hin geopfert.«

1. Mose 22,1-18

Die Antwort des Menschen
Oberflächlich betrachtet ist dies eine schreckliche Geschichte. Es war damals nicht ungewöhnlich, Kinder zu töten, um religiöse Ziele zu erreichen (auch seitdem nicht). Man glaubte, dass die Gunst der Götter nur mit den kostbarsten Geschenken zu erringen war. Was könnte kostbarer sein als die eigenen Kinder? Ist es möglich, dass ein liebender und gnädiger Gott von Abraham verlangt, den Sohn der Verheißung zu opfern? Das Gesetz von Mose wird Kinderopfer später klar verbieten (5Mo 18,10).
Im vollen Vertrauen auf Gott bereitet Abraham sich vor, den Befehl Gottes auszuführen. »Abraham ging davon aus, dass Gott Isaak wieder zum Leben erwecken konnte, wenn er gestorben war« (Hebr 11,19). Und Gott bleibt seinem Wesen und seinem Versprechen treu. Er unterbindet die Ausführung dieses unmöglichen Befehls und stellt Abraham ein Tier zur Verfügung. »Er holte den Schafbock und opferte ihn anstelle seines Sohnes als Brandopfer« (V. 13). Abraham beweist sich als treu – und Gott auch.
(1. Mose 5,23-24 « | » 1. Mose 50,20)

1. Mose 22,18

Hinweise auf den Messias (2)
Dieses Segensversprechen an Abraham hat eine sprachliche Besonderheit: Das hebräische Wort für »Nachkommen« steht in der Einzahl. Es kann »die Nachkommenschaft« oder »der Nachkomme« bedeuten.
Paulus knüpft an die Einzahlform des Wortes an und deutet das messianisch auf Christus: »Nun hat Gott sein Versprechen Abraham und seinem Nachkommen gegeben. Beachtet, dass hier nicht steht, dass die Zusage seinen Kindern galt, als wären viele Nachkommen damit gemeint. Sie galt dem einen Nachkommen – und dieser ist Christus« (Gal 3,16).
Die Predigt von Petrus in Apg 3 sagt nach dem Zitat von 1Mo 22,18, dass die Israeliten durch Gottes Knecht gesegnet sind (Apg 3,25-26). Auch hier wird »Nachkommen« offenbar als Einzahl aufgefasst. Vom Griechischen her ist das gut möglich, wenngleich in der Neues Leben Bibel bei Apg 3,25 die Mehrzahl gewählt wurde.
(1. Mose 12,1-3 « | » 1. Mose 28,12)

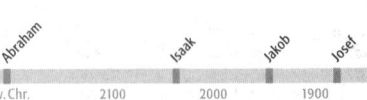

¹³Da sah Abraham auf und entdeckte einen Schafbock, der sich mit den Hörnern in einem Busch verfangen hatte. Er holte den Schafbock und opferte ihn anstelle seines Sohnes als Brandopfer. ¹⁴Abraham nannte den Ort »Der HERR sieht«, deshalb sagt man auch heute noch: »Auf dem Berg des HERRN, wo der HERR sich sehen lässt.«

¹⁵Dann rief der Engel des HERRN noch einmal vom Himmel Abraham zu: ¹⁶»Ich, der HERR, schwöre bei mir selbst: Weil du mir gehorsam warst und sogar deinen geliebten Sohn auf meinen Befehl hin geopfert hättest, ¹⁷werde ich dich reich segnen. Ich werde dir viele Nachkommen schenken. Sie sollen zahllos sein wie die Sterne am Himmel und wie der Sand am Ufer des Meeres. Sie werden ihre Feinde besiegen. ¹⁸Durch deine Nachkommen sollen alle Völker auf der Erde gesegnet sein, denn du hast mir gehorcht.« ¹⁹Danach kehrten sie zu Abrahams Dienern zurück und zogen heim nach Beerscheba, wo Abraham wohnen blieb.

²⁰⁻²²Danach wurde Abraham mitgeteilt: »Milka, die Frau deines Bruders Nahor, hat ihrem Mann acht Söhne geboren.« Der älteste hieß Uz, der zweitälteste Bus; auf ihn folgten Kemuël, von dem die Aramäer abstammen, Kesed, Haso, Pildasch, Jidlaf und Betuël. ²³Betuël war der Vater von Rebekka. ²⁴Seine Nebenfrau Rëuma hatte auch Söhne bekommen: Tabach, Geham, Tahasch und Maacha.

Saras Begräbnis

23 Als Sara 127 Jahre alt war, ²starb sie in Kirjat-Arba, dem heutigen Hebron, im Lande Kanaan. Abraham trauerte und weinte um sie. ³Dann ging er von dort zu den Hetitern und sagte zu ihnen: ⁴»Ich bin ein Fremder bei euch. Bitte gebt mir ein Stück Land, auf dem ich meine Frau begraben kann.«

⁵Die Hetiter antworteten ihm: ⁶»Höre auf uns, Herr. Du bist ein Fürst Gottes unter uns. Jeder von uns stellt dir gerne ein Grab zur Verfügung. Begrabe deine Frau im schönsten unserer Gräber.«

⁷Da verneigte sich Abraham tief vor ihnen ⁸und sagte: »Wenn ihr damit einverstanden seid, dass ich meine Frau bei euch begrabe, dann bittet Efron, den Sohn Sohars, ⁹mir die Höhle in Machpela am Ende seines Ackers zu überlassen. Aber er soll sie mir für den vollen Preis verkaufen, damit ich bei euch eine Grabstätte für meine Familie besitze.«

¹⁰Efron saß unter den Hetitern am Stadttor. Vor allen Anwesenden sagte er zu Abraham: ¹¹»Nein, mein Herr, hör mir zu. Ich schenke dir den Acker mitsamt der Höhle, damit du dort deine Frau begraben kannst. Die hier Anwesenden sind Zeugen dafür.«

¹²Abraham verneigte sich noch einmal vor den Hetitern ¹³und wandte sich an Efron: »Bitte, hör auf mich«, sagte er. »Ich will dir die Höhle abkaufen. Lass mich den vollen Preis für den Acker bezahlen, damit ich meine Frau dort begraben kann.«

¹⁴⁻¹⁵»Mein Herr«, entgegnete Efron, »pass auf! Dir würde ich das Land für 400 Schekel* Silber geben, doch was ist das schon? Du kannst dort deine Tote begraben.«

¹⁶Abraham schlug ein und bezahlte Efron die Summe, die dieser vor den versammelten Hetitern genannt hatte, 400 Schekel nach dem damals üblichen Gewicht. ¹⁷Er erwarb das Landstück bei Machpela, in der Nähe von Mamre. Dazu gehörten der Acker, die Höhle darauf und alle Bäume, die auf dem Gelände wuchsen. ¹⁸Vor den Augen der am Stadttor anwesenden Hetiter wurde dieses Geschäft getätigt. ¹⁹Abraham begrub Sara in Kanaan, in der Höhle in Machpela bei Mamre, das ist bei Hebron. ²⁰Der Acker samt der Höhle wurde Abraham von den Hetitern als Familiengrab übereignet.

Isaak heiratet Rebekka

24 Abraham war inzwischen sehr alt geworden und der HERR hatte ihn in jeder Hinsicht gesegnet. ²Eines Tages sagte Abraham zu seinem ältesten Sklaven, der seinen Besitz verwaltete: ³»Schwöre* mir bei dem HERRN, dem Gott des Himmels und der Erde, dass du meinen Sohn nicht mit einer kanaanitischen Frau verheiratest. ⁴Gehe stattdessen in meine Heimat zu meinen Verwandten und suche dort eine Frau für meinen Sohn Isaak.«

⁵Der Verwalter wandte ein: »Aber was ist, wenn die Frau nicht mit mir in dieses Land kommen will? Soll ich Isaak dann in deine Heimat zurückbringen, die du ja verlassen hast?«

⁶»Nein!«, warnte ihn Abraham. »Bring meinen Sohn auf keinen Fall dorthin! ⁷Denn der HERR, der Gott des Himmels, hat mich aus meiner Heimat und meiner Verwandtschaft geholt. Und er hat mir mit einem Eid versprochen, die-

---

23,15 Das entspricht ca. 5 kg; so auch in 23,16.   24,3 Hebr. *Leg deine Hand unter meinen Oberschenkel und ich will dich schwören lassen.*

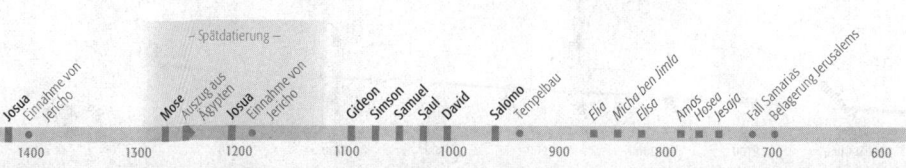

1. MOSE

1–11	Urgeschichte
1	Der Schöpfungsbericht
2–4	Bestimmung und Verfehlung des Menschen
5–6	Von Adam bis Noah
6–9	Noah und die Flut
10–11	Der Turm zu Babel
11	Von Sem bis Terach
12–50	Vätergeschichte
11–25	Abraham: Verheißung, Bund und seine Söhne
25	Die Nachkommen von Ismael
25–35	Jakob und Esau
36	Die Nachkommen von Esau
37–50	Die Geschichte von Josef

24
Abrahams Verwalter findet eine Frau für Isaak: Rebekka.

[Vätergeschichte]

ses Land meinen Nachkommen zu geben. Er wird seinen Engel vor dir her schicken und dafür sorgen, dass du eine Frau für meinen Sohn findest. ⁸Wenn sie jedoch nicht mit dir kommen will, bist du nicht mehr an diesen Eid gebunden. Aber bringe meinen Sohn nicht dorthin zurück.«

⁹Da schwor* der Verwalter, die Anweisungen Abrahams auszuführen. ¹⁰Er belud zehn von den Kamelen seines Herrn mit wertvollen Geschenken, machte sich auf den Weg und ging nach Mesopotamien in die Stadt, in der sich Abrahams Bruder Nahor niedergelassen hatte. ¹¹Dort ließ er die Kamele bei einem Brunnen vor der Stadt lagern. Es war Abend, um die Zeit, wenn die Frauen zum Wasserholen herauskommen.

¹²»HERR, Gott meines Herrn Abraham«, betete er, »lass meine Reise erfolgreich sein und sei gut zu meinem Herrn. ¹³Ich stehe hier neben diesem Brunnen und gleich kommen die jungen Frauen der Stadt heraus, um Wasser zu holen. ¹⁴Ich will eine von ihnen bitten: ›Gib mir bitte etwas aus deinem Krug zu trinken!‹ Wenn sie sagt: ›Trink nur. Ich werde auch deinen Kamelen zu trinken geben‹ – dann weiß ich, dass es diejenige ist, die du für Isaak ausgesucht hast. Daran werde ich erkennen, dass du meinem Herrn Gutes tust.«

¹⁵Noch bevor er sein Gebet beendet hatte, kam Rebekka, die Tochter von Betuël, mit einem Wasserkrug auf der Schulter zum Brunnen. Betuël war der Sohn von Abrahams Bruder Nahor und dessen Frau Milka. ¹⁶Rebekka war sehr schön. Sie war noch nicht verheiratet und hatte noch mit keinem Mann geschlafen. Sie stieg hinunter zum Brunnen, füllte ihren Krug und kam wieder herauf. ¹⁷Schnell lief der Verwalter Abrahams zu ihr und bat sie: »Gib mir bitte ein wenig Wasser aus deinem Krug zu trinken.«

¹⁸»Trink, Herr«, antwortete Rebekka. Sie nahm sofort den Krug von ihrer Schulter und gab ihm zu trinken. ¹⁹Als er getrunken hatte, sagte sie: »Ich will auch für deine Kamele Wasser schöpfen, bis sie genug getrunken haben!« ²⁰Und sie leerte den Krug schnell in die Wasserrinne und eilte wieder zum Brunnen, um Wasser zu schöpfen. Sie schöpfte für alle Kamele. ²¹Schweigend beobachtete sie der Verwalter, um zu erkennen, ob seine Reise erfolgreich sein würde oder nicht. ²²Als die Kamele getrunken hatten, schenkte er ihr einen goldenen Nasenring und zwei goldene Armreife*.

24,9 Hebr. *legte seine Hand unter den Oberschenkel seines Herrn Abraham und schwor einen Eid.*   **24,22** Hebr. *einen halben Schekel* (ca. 6 g) *schweren goldenen Nasenring und zwei zehn Schekel* (ca. 120 g) *schwere goldene Armreife.*

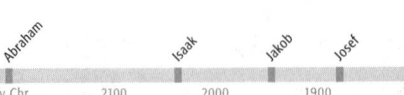

²³»Wie heißt dein Vater?«, fragte er. »Sag mir doch: Habt ihr in eurem Haus vielleicht noch Platz, damit wir übernachten können?« ²⁴»Mein Vater heißt Betuël«, antwortete sie. »Meine Großeltern sind Nahor und Milka. ²⁵Ja, wir haben Platz zum Übernachten für euch und auch ausreichend Stroh und Futter für eure Kamele.«
²⁶Da kniete der Verwalter nieder und betete den HERRN an: ²⁷»Gelobt sei der HERR, der Gott meines Herrn Abraham«, betete er. »Du bist so treu und zuverlässig zu Abraham, denn du hast mich geradewegs zu den Verwandten meines Herrn geführt.«
²⁸Die junge Frau lief schnell nach Hause, um zu erzählen, was geschehen war. ²⁹⁻³⁰Rebekka hatte einen Bruder namens Laban. Als dieser den Nasenring und die Armreife an seiner Schwester sah und hörte, was der Verwalter zu ihr gesagt hatte, lief er hinaus zum Brunnen, wo dieser noch immer mit seinen Kamelen wartete, ³¹und sagte zu ihm: »Komm zu uns, du Gesegneter des HERRN! Warum wartest du noch hier draußen vor der Stadt, wo ich doch eine Unterkunft für euch und einen Platz im Stall für die Kamele vorbereitet habe!«
³²Da ging der Verwalter mit Laban ins Haus. Die Kamele wurden abgezäumt und für den Verwalter und die Männer, die bei ihm waren, wurde Wasser gebracht, um ihnen die Füße zu waschen. ³³Dann wurde das Abendessen für sie aufgetragen. Abrahams Verwalter sagte jedoch: »Ich möchte nichts essen, bevor ich nicht mein Anliegen vorgetragen habe.«
»In Ordnung«, sagte Laban. »Rede!«
³⁴»Ich bin Abrahams Verwalter«, erklärte er. ³⁵»Der HERR hat meinen Herrn reich gesegnet: Er hat ihn zu einem angesehenen Mann gemacht und ihm große Schaf-, Ziegen- und Rinderherden geschenkt und ein Vermögen an Silber und Gold, dazu viele Sklaven und Sklavinnen, Kamele und Esel. ³⁶Sara, die Frau meines Herrn, hat ihm im hohen Alter noch einen Sohn geboren. Und mein Herr hat ihm alles vermacht, was ihm gehört. ³⁷Mein Herr hat mich einen Eid schwören lassen und mir befohlen: ›Nimm meinem Sohn auf gar keinen Fall eine Frau von den Kanaanitern, in deren Land ich wohne. ³⁸Reise stattdessen in meine Heimat zu meinen Verwandten und suche ihm dort eine Frau!‹
³⁹›Aber was ist, wenn die Frau nicht mit mir kommen will?‹, fragte ich ihn. ⁴⁰Da sagte er zu mir: ›Der HERR, in dessen Gegenwart ich lebe, wird seinen Engel mit dir schicken und dafür sorgen, dass dein Vorhaben gelingt. Du wirst in meiner Verwandtschaft eine Frau für meinen Sohn finden. ⁴¹Du wirst deinen Schwur erfüllt haben, wenn du zu meinen Verwandten gehst. Und wenn man sie dir nicht geben will, so ist dein Schwur hinfällig.‹
⁴²Als ich heute zu dem Brunnen kam, betete ich: ›O HERR, Gott meines Herrn Abraham: Lass meine Reise doch bitte erfolgreich sein! ⁴³Ich stehe hier neben diesem Brunnen: Wenn gleich eine junge Frau aus der Stadt zum Brunnen kommt, um Wasser zu schöpfen, werde ich zu ihr sagen: ›Gib mir doch einen Schluck Wasser aus deinem Krug zu trinken. ⁴⁴Wenn sie dann antwortet: ›Trink! Ich will auch für deine Kamele Wasser schöpfen!‹, dann weiß ich, HERR, dass es diejenige ist, die du für den Sohn meines Herrn ausgewählt hast.‹
⁴⁵Noch bevor ich mein stilles Gebet beendet hatte, kam Rebekka mit einem Wasserkrug auf ihrer Schulter aus der Stadt. Sie stieg zum Brunnen hinunter und füllte den Krug mit Wasser. Dann bat ich sie: ›Bitte gib mir zu trinken.‹ ⁴⁶Sofort nahm sie den Krug von ihrer Schulter und sagte: ›Trink! Ich will auch deinen Kamelen zu trinken geben.‹ Nachdem sie die Tiere getränkt hatte, ⁴⁷fragte ich sie, wer ihr Vater sei. ›Ich bin die Tochter von Betuël, dem Sohn von Nahor und Milka‹, antwortete sie mir. Dann legte ich ihr den Nasenring und die Armreife an.
⁴⁸Ich kniete nieder und betete den HERRN, den Gott meines Herrn Abraham, an und dankte ihm. Denn er hatte mich den richtigen Weg geführt, um die Enkelin des Bruders meines Herrn als Frau für seinen Sohn zu finden. ⁴⁹Und nun sagt mir: Werdet ihr meinem Herrn Liebe und Treue erweisen oder nicht? Danach werde ich wissen, wie ich mich weiter zu verhalten habe.«
⁵⁰Da antworteten Laban und Betuël: »Der HERR hat dich hierher geführt, was sollen wir also sagen? ⁵¹Hier ist Rebekka. Nimm sie mit dir! Ja, sie soll den Sohn deines Herrn heiraten, wie der HERR es geführt hat.«
⁵²Als der Verwalter Abrahams das hörte, warf er sich zu Boden und betete den HERRN an. ⁵³Dann holte er Silber- und Goldschmuck und schöne Kleider für Rebekka aus seinem Gepäck. Auch ihrer Mutter und ihrem Bruder machte er wertvolle Geschenke. ⁵⁴Der Verwalter und die Männer, die bei ihm waren, aßen und tranken und legten sich dann schlafen. Am nächsten Morgen standen sie früh auf und der Verwalter sagte: »Lasst mich noch heute aufbrechen und zu meinem Herrn zurückreisen.«
⁵⁵»Lass Rebekka doch noch zehn Tage bei uns bleiben«, baten ihre Mutter und ihr Bruder. »Dann kann sie mit dir gehen.«
⁵⁶Doch er sagte: »Haltet mich nicht auf. Der HERR hat meiner Reise Gelingen geschenkt.

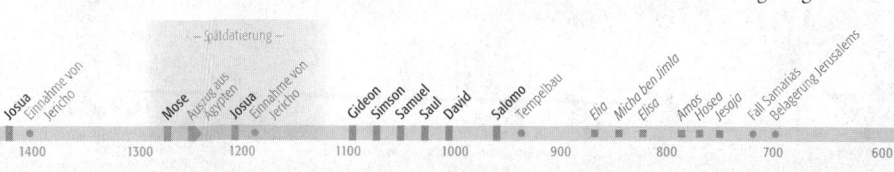

1. MOSE

1–11	Urgeschichte
1	Der Schöpfungsbericht
2–4	Bestimmung und Verfehlung des Menschen
5–6	Von Adam bis Noah
6–9	Noah und die Flut
10–11	Der Turm zu Babel
11	Von Sem bis Terach
12–50	Vätergeschichte
11–25	Abraham: Verheißung, Bund und seine Söhne
25	Die Nachkommen von Ismael
25–35	Jakob und Esau
36	Die Nachkommen von Esau
37–50	Die Geschichte von Josef

24–26

Rebekka wird Isaaks Frau. Abraham wird in der Höhle Machpela beigesetzt. Geburt Esaus und Jakobs. Jakob erhält das Erstgeburtsrecht. Verheißung großer Nachkommenschaft an Isaak. Isaak gibt Rebekka als seine Schwester aus.

[Vätergeschichte]

Lasst mich gehen. Ich möchte zu meinem Herrn zurückkehren.«

⁵⁷»Wir wollen Rebekka rufen«, antworteten sie, »und hören, wie sie darüber denkt.« ⁵⁸Sie riefen Rebekka und fragten sie: »Willst du schon heute mit diesem Mann mitgehen?«

Und sie antwortete: »Ja, ich will.«

⁵⁹Da nahmen sie Abschied von Rebekka und ihrer Amme sowie Abrahams Verwalter und dessen Männern. ⁶⁰Beim Aufbruch segneten sie Rebekka mit folgenden Worten:

»Unsere Schwester, du sollst die Stammmutter von vielen Tausenden werden!

Deine Nachkommen sollen alle ihre Feinde besiegen!«

⁶¹Rebekka und ihre Dienerinnen bestiegen die Kamele und machten sich gemeinsam mit Abrahams Verwalter auf den Weg.

⁶²⁻⁶³Isaak wohnte im Süden des Landes. Eines Abends machte er einen Spaziergang durch die Felder und hing dabei seinen Gedanken nach. Als er vom Brunnen Beer-Lahai-Roï* zurückkam, sah er auf einmal Kamele näher kommen. ⁶⁴Auch Rebekka hatte Isaak entdeckt und stieg schnell von ihrem Kamel. ⁶⁵»Wer ist dieser Mann, der uns dort über die Felder entgegenkommt?«, fragte sie den Verwalter.

Er antwortete: »Es ist mein Herr.« Da verhüllte Rebekka ihr Gesicht mit einem Schleier. ⁶⁶Der Verwalter erzählte Isaak, wie die Reise verlaufen war.

⁶⁷Isaak führte Rebekka in das Zelt seiner Mutter Sara und sie wurde seine Frau. Er liebte sie sehr und wurde so nach dem Tod seiner Mutter getröstet.

Abrahams Tod

25 Abraham heiratete noch einmal. Seine zweite Frau hieß Ketura, ²ihre Söhne hießen Simran und Jokschan, Medan, Midian, Jischbak und Schuach. ³Jokschans Söhne hießen Saba und Dedan. Von Dedan stammen die Aschuriter, die Letuschiter und die Leümmiter ab. ⁴Midians Söhne waren Efa, Efer, Henoch, Abida und Eldaa. Sie alle sind Keturas Nachkommen.

⁵Abraham vermachte seinem Sohn Isaak seinen ganzen Besitz. ⁶Den Söhnen seiner Nebenfrauen gab er Geschenke und schickte sie, als er noch lebte, in das Land des Ostens, damit sie nicht in der Nähe von Isaak wohnten.

⁷Abraham wurde 175 Jahre alt ⁸und starb im hohen Alter nach einem erfüllten Leben. Er

---

24,62 Hebr. *Brunnen des Lebendigen, der mich sieht.* So auch in 25,11.

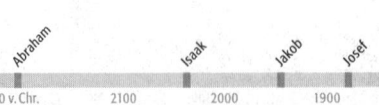
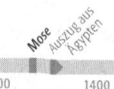

wurde im Tod mit seinen Vorfahren vereint. ⁹Seine Söhne Isaak und Ismael begruben ihn in der Höhle in Machpela bei Mamre, auf dem Acker des Hetiters Efron, des Sohnes von Zohar. ¹⁰Das war der Acker, den Abraham von den Hetitern erworben hatte. Dort wurde er neben seiner Frau Sara begraben. ¹¹Nach Abrahams Tod segnete Gott Isaak. Er wohnte in der Nähe von Beer-Lahai-Roï im Negev*.

Die Nachkommen von Ismael

¹²Dies ist der Stammbaum Ismaels, des Sohnes Abrahams, den ihm Hagar, Saras ägyptische Sklavin, geboren hatte. ¹³Dies waren die Söhne Ismaels, geordnet nach ihren Namen und Stämmen: Nebajot, der Erstgeborene, Kedar, Adbeel, Mibsam, ¹⁴Mischma, Duma, Massa, ¹⁵Hadad, Tema, Jetur, Nafisch und Kedma. ¹⁶Nach ihnen werden die Stämme der Ismaeliter benannt, die in Zeltlagern und Dörfern wohnten. ¹⁷Ismael starb im Alter von 137 Jahren und wurde im Tod mit seinen Vorfahren vereint. ¹⁸Seine Nachkommen wohnten in der Gegend von Hawila bis Schur, das östlich von Ägypten in Richtung Assyrien liegt. Die Stämme, die von Ismael abstammten, ließen sich östlich von ihren Bruderstämmen nieder.

Die Geburt von Jakob und Esau

¹⁹Dies ist die Geschichte von Isaak, dem Sohn Abrahams und seiner Familie. ²⁰Als Isaak 40 Jahre alt war, heiratete er Rebekka, die Tochter des Aramäers Betuël aus dem oberen Mesopotamien. Sie war die Schwester von Laban. ²¹Rebekka konnte keine Kinder bekommen. Isaak betete daher für sie zum HERRN. Der HERR erhörte Isaaks Gebet und Rebekka wurde schwanger. ²²Die beiden Kinder in ihrem Leib stießen sich jedoch und sie seufzte: »Warum muss mir so etwas passieren?« Sie befragte deshalb den HERRN.

²³Der HERR antwortete ihr:

»Zwei Völker sind in deinem Bauch und zwei Nationen werden sich aus deinem Innern trennen. Das eine Volk wird stärker sein als das andere und der Große wird dem Kleinen dienen.«

²⁴Und als die Zeit da war, brachte Rebekka Zwillinge zur Welt. ²⁵Der erste war am ganzen Körper mit rötlichen Haaren bedeckt. Deshalb nannten sie ihn Esau*. ²⁶Dann kam sein Bruder zur Welt. Er hielt mit der Hand die Ferse von Esau umklammert. Deshalb nannten sie ihn Jakob*. Isaak war bei ihrer Geburt 60 Jahre alt.

Esau verkauft sein Erstgeburtsrecht

²⁷Die Jungen wuchsen heran. Esau wurde ein Jäger, der gerne über die Felder streifte. Jakob hingegen blieb lieber bei den Zelten. ²⁸Isaak liebte Esau besonders, weil er gern gebratenes Wild aß, Rebekka bevorzugte Jakob.

²⁹Eines Tages kochte Jakob einen Eintopf. Da kam Esau erschöpft von der Jagd zurück. ³⁰Er sagte zu Jakob: »Ich bin hungrig! Gib mir etwas von dem roten Eintopf, den du gekocht hast.« So erhielt Esau den Beinamen Edom – »rot«.

³¹Jakob entgegnete: »Gut, aber nur, wenn du mir dafür dein Erstgeburtsrecht verkaufst.«

³²»Ich muss ja sowieso einmal sterben«, sagte Esau. »Was nützt mir da mein Erstgeburtsrecht?«

³³Jakob beharrte: »Gut, dann schwöre es mir zuerst.« Da schwor Esau es ihm und verkaufte so alle seine Rechte als Erstgeborener an seinen jüngeren Bruder. ³⁴Dann gab Jakob Esau das Brot und den Linseneintopf. Esau aß und trank. Dann stand er auf und ging wieder weg. So gleichgültig war ihm sein Erstgeburtsrecht.

Isaak täuscht Abimelech

26 Wieder einmal – wie schon zur Zeit Abrahams – kam eine Hungersnot über das Land. Deshalb zog Isaak nach Gerar zu Abimelech, dem König der Philister.

²Dort erschien ihm der HERR und sprach: »Geh nicht nach Ägypten. Wohne in dem Land, das ich dir zeige. ³Bleib hier in diesem Land und ich werde dir beistehen und dich segnen. Ich werde dir und deinen Nachkommen alle diese Länder geben. Ich werde meinen Eid erfüllen, den ich deinem Vater Abraham geschworen habe: ⁴Ich werde deine Nachkommen so zahlreich machen wie die Sterne am Himmel und ihnen alle diese Länder geben. Durch deine Nachkommen werden alle Völker der Erde gesegnet sein. ⁵Das will ich tun, weil Abraham auf mich gehört hat und allen meinen Anordnungen, Geboten, Vorschriften und Gesetzen gehorsam war.«

⁶Da blieb Isaak in Gerar. ⁷Als die Männer des Landes sich nach Rebekka erkundigten, sagte er: »Sie ist meine Schwester.« Er hatte nämlich Angst zuzugeben, dass sie seine Frau war. Denn er befürchtete, dass sie ihn ihretwegen töten würden, weil Rebekka sehr schön war. ⁸Als Isaak nun längere Zeit dort war, schaute der Philisterkönig Abimelech eines Tages zum Fenster hinaus

---

25,11 Hebr. *Südland*. **25,25** *Esau* bedeutet wahrscheinlich *der Haarige*. **25,26** Hebr. *Er ergreift die Ferse*; die Wendung kann auch bildlich gemeint sein und *er täuscht* bedeuten.

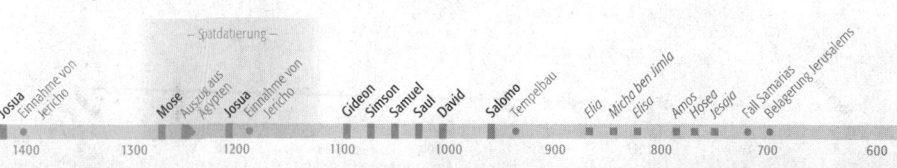

1. MOSE

1–11	Urgeschichte
1	Der Schöpfungsbericht
2–4	Bestimmung und Verfehlung des Menschen
5–6	Von Adam bis Noah
6–9	Noah und die Flut
10–11	Der Turm zu Babel
11	Von Sem bis Terach
12–50	Vätergeschichte
11–25	Abraham: Verheißung, Bund und seine Söhne
25	Die Nachkommen von Ismael
25–35	Jakob und Esau
36	Die Nachkommen von Esau
37–50	Die Geschichte von Josef

26–27

Isaak muss Abimelechs Land verlassen. Abimelech und Isaak schwören, sich nicht anzugreifen. Jakob täuscht Isaak, um seinen Segen zu bekommen.

[Vätergeschichte]

und sah, wie Isaak und Rebekka sich umarmten und küssten.

⁹Abimelech ließ Isaak rufen und sagte zu ihm: »Sie ist ja deine Frau! Warum hast du gesagt, sie sei deine Schwester?«

»Weil ich Angst hatte, man würde mich ihretwegen töten«, antwortete Isaak.

¹⁰»Wie konntest du uns das antun?«, rief Abimelech. »Es hätte nicht viel gefehlt und jemand hätte mit deiner Frau geschlafen und du hättest große Schuld über uns gebracht.« ¹¹Und Abimelech verkündete öffentlich: »Jeder, der diesem Mann oder seiner Frau etwas antut, muss sterben!«

Streit mit den Philistern um Brunnen

¹²In diesem Jahr erntete Isaak hundertmal mehr Getreide, als er ausgesät hatte, denn der HERR segnete ihn. ¹³Sein Besitz nahm immer mehr zu und er wurde sehr reich. ¹⁴Er besaß große Schaf- und Ziegenherden, riesige Rinderherden und viele Sklaven. Das weckte jedoch den Neid der Philister. ¹⁵Sie schütteten alle Brunnen Isaaks, die Abrahams Sklaven zu dessen Lebzeiten gegraben hatten, mit Erde zu.

¹⁶Abimelech bat Isaak: »Verlass unser Land. Du bist zu mächtig für uns geworden.«

¹⁷Da zog Isaak weg von dort und schlug seine Zelte im Tal Gerar auf. ¹⁸Er grub die Brunnen wieder auf, die sein Vater hatte graben lassen und die von den Philistern nach Abrahams Tod zugeschüttet worden waren. Er gab ihnen dieselben Namen, die Abraham ihnen gegeben hatte. ¹⁹Die Sklaven von Isaak gruben im Tal und stießen auf eine Quelle.

²⁰Doch die Hirten von Gerar sagten: »Dies ist unser Wasser!« und stritten sich mit Isaaks Hirten. Deshalb nannte Isaak den Brunnen »Streit«. ²¹Isaaks Männer gruben einen anderen Brunnen, doch auch hier kam es wieder zum Streit, und Isaak nannte ihn »Anfeindung«. ²²Da zog er weiter und ließ noch einen weiteren Brunnen graben. Diesmal gab es keinen Streit. So nannte Isaak den Brunnen Rehobot*. Denn er sagte: »Der HERR hat uns doch noch Raum gegeben, nun werden wir uns im Land ausbreiten können.«

²³Von dort zog Isaak weiter nach Beerscheba. ²⁴In der ersten Nacht nach seiner Ankunft erschien ihm der HERR. »Ich bin der Gott deines Vaters Abraham«, sprach er. »Hab keine Angst, denn ich bin bei dir und werde dich segnen. Um meines Dieners Abraham willen werde ich dir viele Nachkommen schenken.« ²⁵Da errichtete Isaak einen Altar und betete den HERRN an. Er

26,22 Hebr. *weiter Raum*.

schlug an dieser Stelle sein Lager auf und seine Sklaven gruben dort einen Brunnen.

Ein Vertrag mit Abimelech

²⁶Eines Tages kam König Abimelech mit seinem Berater Ahusat und seinem Heerführer Pichol aus Gerar zu Isaak. ²⁷»Was führt euch her?«, fragte Isaak sie. »Ihr seid mir doch nicht freundlich gesinnt, da ihr mich zuvor des Landes verwiesen habt?!«

²⁸Sie antworteten: »Wir sehen, dass der HERR mit dir ist. Deshalb wollen wir einen Vertrag mit dir schließen und diesen dann mit einem Eid bekräftigen. ²⁹Schwöre, dass du uns keinen Schaden zufügen wirst, genauso wie wir dir keinen Schaden zugefügt haben. Wir haben dich immer gut behandelt und dich in Frieden ziehen lassen. Und nun sieh, wie der HERR dich gesegnet hat!«

³⁰Da ließ Isaak ein Essen zubereiten und sie aßen und tranken. ³¹Früh am nächsten Morgen schworen sie sich gegenseitig einen Eid. Dann verabschiedete Isaak sie und sie gingen in Frieden fort. ³²Am gleichen Tag kamen Isaaks Sklaven und berichteten ihm von einem Brunnen, den sie gegraben hatten. »Wir haben Wasser gefunden«, sagten sie. ³³Da nannte Isaak den Brunnen »Schiba*«. Deshalb heißt die Stadt bis heute Beerscheba*.

³⁴Als Esau 40 Jahre alt war, heiratete er Jehudit, die Tochter des Hetiters Beeri, und Basemat, die Tochter des Hetiters Elon. ³⁵Sie bereiteten Isaak und Rebekka viel Kummer.

Jakob stiehlt den Segen von Esau

27 Isaak war alt geworden und konnte nichts mehr sehen. Da rief er Esau, seinen älteren Sohn, zu sich und sagte zu ihm: »Mein Sohn!«

»Ja, Vater?«, antwortete Esau.

²»Ich bin nun alt geworden«, sagte Isaak, »und ich weiß nicht, wie lange ich noch zu leben habe. ³Nimm deinen Bogen, den Köcher und ein paar Pfeile und geh hinaus aufs Feld, um mir ein Stück Wild zu jagen. ⁴Bereite es zu, wie ich es gern mag, und bring es mir, damit ich es essen kann. Dann will ich dich segnen, bevor ich sterbe.«

⁵Rebekka hatte das Gespräch zwischen Isaak und Esau jedoch belauscht. Als Esau zur Jagd gegangen war, ⁶sagte sie zu ihrem Sohn Jakob: »Ich habe gehört, wie dein Vater deinen Bruder Esau bat: ⁷›Bring mir ein Wild und bereite mir ein leckeres Essen zu, damit ich es genießen kann. Dann will ich dich in der Gegenwart des HERRN segnen, bevor ich sterbe.‹ ⁸Nun, mein Sohn, tu, was ich dir sage. ⁹Geh hinaus zur Herde und hol mir zwei schöne Ziegenböckchen. Ich werde sie zubereiten, wie dein Vater es mag. ¹⁰Du bringst ihm dann die Mahlzeit, damit er sie isst und dich vor seinem Tod segnet.«

¹¹»Denk doch nur daran, dass Esau behaart, aber meine Haut glatt ist«, wandte Jakob ein. ¹²»Was ist, wenn mein Vater mich betastet? Dann wird er mich für einen Betrüger halten und ich werde Fluch statt Segen über mich bringen.«

¹³»Dieser Fluch soll dann mir gelten, mein Sohn«, beruhigte ihn Rebekka. »Tu, was ich dir gesagt habe. Geh und hol die Ziegen.«

¹⁴Jakob brachte seiner Mutter zwei Ziegen und sie kochte daraus ein leckeres Fleischgericht, genauso wie sein Vater es gern hatte. ¹⁵Dann nahm Rebekka Esaus Festkleider, die sie bei sich aufbewahrte, und zog sie Jakob an. ¹⁶Sie wickelte die Felle der beiden Ziegenböckchen um seine Hände und um seinen Hals. ¹⁷Dann gab sie ihm das Fleischgericht und etwas frisch gebackenes Brot. ¹⁸Jakob ging zu seinem Vater und sagte: »Mein Vater!«

»Ja«, antwortete dieser. »Wer bist du, mein Sohn?«

¹⁹Jakob antwortete: »Ich bin Esau – dein ältester Sohn. Ich habe getan, was du mir aufgetragen hast. Setz dich auf und iss von meinem Braten, damit du mir deinen Segen geben kannst.«

²⁰Isaak fragte: »Wie konntest du das Tier so schnell finden, mein Sohn?«

»Der HERR, dein Gott, schickte es mir über den Weg«, antwortete Jakob.

²¹Da sagte Isaak zu Jakob: »Komm näher. Ich will dich betasten, mein Sohn, um festzustellen, ob du Esau bist oder nicht.« ²²Jakob trat zu seinem Vater und Isaak betastete ihn. »Die Stimme klingt wie Jakobs Stimme, aber die Hände sind die von Esau«, sagte er. ²³Er erkannte Jakob nicht, weil Jakobs Hände sich genauso behaart anfühlten wie Esaus Hände. Und so segnete Isaak Jakob. ²⁴Bist du wirklich mein Sohn Esau?«, fragte er noch einmal.

»Ja, ich bin Esau«, log Jakob.

²⁵»Gib mir jetzt von dem Wild zu essen, mein Sohn«, sagte Isaak. »Dann werde ich dich segnen.« Jakob reichte es ihm und Isaak aß. Er trank auch den Wein, den Jakob ihm einschenkte. ²⁶Dann sagte Isaak: »Komm her und küss mich, mein Sohn.«

²⁷Jakob trat zu seinem Vater und küsste ihn. Als Isaak den Geruch seiner Kleider roch, segnete er seinen Sohn. Er sagte:

26,33a Das kann *Eid* oder die Zahl *Sieben* bedeuten. **26,33b** Hebr. *Brunnen des Schwurs*.

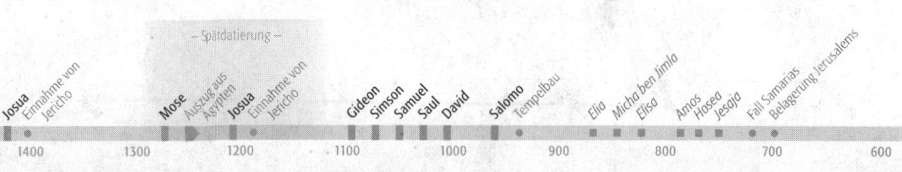

1. MOSE

1–11	Urgeschichte
1	Der Schöpfungsbericht
2–4	Bestimmung und Verfehlung des Menschen
5–6	Von Adam bis Noah
6–9	Noah und die Flut
10–11	Der Turm zu Babel
11	Von Sem bis Terach
12–50	Vätergeschichte
11–25	Abraham: Verheißung, Bund und seine Söhne
25	Die Nachkommen von Ismael
25–35	Jakob und Esau
36	Die Nachkommen von Esau
37–50	Die Geschichte von Josef

27–28
Jakob erhält Isaaks Segen. Jakob soll vor Esau zu Rebekkas Bruder Laban fliehen. Jakob soll eine Frau aus Labans Verwandtschaft nehmen. Jakobs Traum von der Himmelsleiter.

[Vätergeschichte]

»Der Geruch meines Sohnes ist wie der gute Geruch eines Feldes, das der HERR gesegnet hat. ²⁸Gott gebe dir Regen im Überfluss.
Er mache dein Land fruchtbar und gebe dir Korn und Most die Fülle.
²⁹Völker sollen dir dienen und Nationen sollen dich verehren.
Du sollst über deine Brüder herrschen.
Deiner Mutter Söhne sollen sich respektvoll vor dir verneigen.
Wer dich verflucht, soll verflucht sein.
Wer dich aber segnet, der soll gesegnet sein.«
³⁰Gerade als Isaak Jakob gesegnet hatte und Jakob fortgegangen war, kehrte Esau von der Jagd zurück. ³¹Auch er bereitete ein leckeres Essen zu, brachte es seinem Vater und sagte: »Setz dich auf und iss von meinem Wild, damit du mir deinen Segen geben kannst.«
³²Doch Isaak fragte ihn: »Wer bist du?«
»Ich bin es doch, Esau«, antwortete er, »dein erstgeborener Sohn.«
³³Da erschrak Isaak gewaltig und fragte: »Wer war es dann, der ein Stück Wild gejagt und mir etwas davon zum Essen gebracht hat? Ich habe es bereits gegessen. Dann habe ich ihn, noch bevor du kamst, gesegnet. Ich kann den Segen nicht zurücknehmen.«
³⁴Als Esau das hörte, schrie er laut und verbittert auf. »O mein Vater, segne auch mich«, bat er.

1. Mose 28,12

Hinweise auf den Messias (2)
Jakob wird unvermutet mit einer Gottesbegegnung beschenkt. Bevor Gott sich als der Gott von Jakobs Vorvätern vorstellt und das Versprechen an Abraham auch für Jakob in Kraft setzt, sieht Jakob eine Leiter für die Engel, die von der Erde bis zum Himmel reicht.
Diese Szene wird später von Jesus im Gespräch mit Nathanael aufgegriffen (Joh 1,51). Er kündigt an, dass die Engel unter dem offenen Himmel »über dem Menschensohn« auf- und absteigen. Menschensohn ist ein Titel, mit dem Jesus sich oft selbst benennt (siehe die Erklärung zu Dan 7,13-14).
Jakob erkannte den Ort, an dem er träumte, als »Haus Gottes – das Tor zum Himmel« (1Mo 28,17). Wenn Jesus sich nun selbst als diesen Ort bezeichnet, nimmt er für sich in Anspruch, Gottes Wohnung zu sein und die Stelle, über der sich der Himmel öffnet.
(1. Mose 22,18 ‹‹ | ›› 2. Mose 12,46)

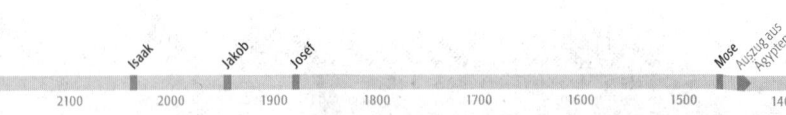

³⁵Doch Isaak sagte: »Dein Bruder war hier und hat mich getäuscht. Er hat deinen Segen bekommen.«
³⁶Esau sagte: »Kein Wunder, dass er Jakob* heißt, denn er hat mich zweimal getäuscht. Zuerst nahm er mir mein Erstgeburtsrecht und nun hat er mich auch noch um meinen Segen gebracht. Hast du denn nicht noch einen Segen für mich?«
³⁷Isaak antwortete: »Ich habe Jakob zum Herrscher über dich gemacht. Alle seine Brüder sollen seine Diener sein. Ich habe ihm reiche Getreide- und Weinernten zugesagt. Was kann ich dir da noch geben, mein Sohn?«
³⁸Esau fragte noch einmal: »Hast du wirklich nur einen einzigen Segen? Mein Vater, segne doch auch mich!« Und er begann laut zu weinen.
³⁹Da sagte sein Vater Isaak zu ihm: »Dort, wo du wohnst, wird das Land nicht fruchtbar sein, kein Regen fällt darauf.
⁴⁰Mithilfe deines Schwertes musst du dich ernähren.

Und deinem Bruder wirst du dienen, doch dann wirst du seine Herrschaft abschütteln und frei sein.«

Jakob flieht nach Mesopotamien

⁴¹Esau hasste Jakob wegen des Segens, den sein Vater Jakob erteilt hatte. Er dachte bei sich selbst: »Sobald mein Vater gestorben ist und die Tage der Trauer vorbei sind, werde ich Jakob töten.«
⁴²Doch es wurde Rebekka berichtet, was ihr älterer Sohn Esau plante. Sie rief ihren jüngeren Sohn Jakob zu sich und sagte zu ihm: »Dein Bruder Esau will sich an dir rächen und dich töten.
⁴³Höre deshalb auf mich: Flieh nach Haran zu meinem Bruder Laban. ⁴⁴Bleib eine Zeit lang bei ihm, bis der Zorn deines Bruders verraucht ist. ⁴⁵Wenn er sich wieder beruhigt und vergessen hat, was du ihm angetan hast, werde ich dich von dort holen lassen. Schließlich will ich nicht euch beide an einem einzigen Tag verlieren!«
⁴⁶Dann sagte Rebekka zu Isaak: »Das Leben ist mir verleidet wegen dieser hetitischen Frauen. Lieber sterbe ich, als dass ich zusehe, wie Jakob auch noch eine von diesen Hetiterinnen heiratet.«

28 Isaak ließ Jakob rufen und segnete ihn. Er forderte ihn auf: »Heirate keine kanaanitische Frau, ²sondern geh nach Mesopotamien zur Familie deines Großvaters Betuël und heirate eine der Töchter von Laban, dem Bruder deiner Mutter. ³Gott, der Allmächtige, segne dich und schenke dir viele Kinder. Von dir sollen viele Völker abstammen! ⁴Gott lasse dir und deinen Nachkommen die Segnungen zuteilwerden, die er Abraham zugesagt hat. Du sollst dieses Land in Besitz nehmen, in dem du jetzt ein Fremder bist. Denn Gott hat es Abraham mit einem Eid versprochen.«
⁵So schickte Isaak seinen Sohn fort. Und Jakob ging nach Mesopotamien zu seinem Onkel Laban, dem Sohn des Aramäers Betuël.
⁶Esau erfuhr, dass sein Vater Jakob gesegnet und nach Mesopotamien geschickt hatte, damit er sich dort mit seinem Segen eine Frau suche. Und dass er Jakob geboten hatte, keine Kanaaniterin zu heiraten. ⁷Jakob hatte seinen Eltern gehorcht und war nach Mesopotamien gegangen. ⁸Da merkte er, dass sein Vater eine Heirat mit einer Kanaaniterin nicht guthieß. ⁹Deshalb ging er zu seinem Onkel Ismael und nahm sich zu seinen beiden Frauen noch Mahalat dazu. Sie war die Schwester von Nebajot und die Tochter von Ismael, dem Sohn Abrahams.

Jakobs Traum in Bethel

¹⁰Jakob verließ Beerscheba und machte sich auf den Weg nach Haran. ¹¹Als die Sonne untergegangen war, richtete er sich an dem Ort, an dem er gerade war, für die Nacht ein. Er nahm sich einen Stein als Kissen und legte sich dort zum Schlafen nieder. ¹²Im Traum sah er eine Leiter, die von der Erde bis in den Himmel reichte. Und er sah die Engel Gottes auf ihr hinauf- und hinabsteigen.
¹³Ganz oben stand der HERR und er sprach: »Ich bin der HERR, der Gott deines Großvaters Abraham und der Gott deines Vaters Isaak. Das Land, auf dem du liegst, werde ich deinen Nachkommen geben. ¹⁴Deine Nachkommen werden so zahlreich sein wie der Staub der Erde. Sie werden sich ausbreiten nach Osten, Westen, Norden und Süden. Durch dich und deine Nachkommen sollen alle Sippen der Erde gesegnet werden. ¹⁵Mehr noch, ich werde bei dir sein und dich beschützen, wo du auch hingehst. Ich werde dich in dieses Land zurückbringen. Ich werde dich nie im Stich lassen und stehe zu meinen Zusagen, die ich dir gegeben habe.«
¹⁶Da wachte Jakob auf und sagte: »An diesem Ort ist der HERR und ich habe es nicht gewusst.«
¹⁷Und er hatte Angst und sagte: »Was für ein Ehrfurcht gebietender Ort! Hier ist das Haus Gottes – das Tor zum Himmel!« ¹⁸Am nächsten Morgen stand er in aller Frühe auf. Er nahm den Stein, den er als Kissen benutzt hatte, und stellte

---

27,36 Hebr. *Er ergreift die Ferse*; das kann auch bildlich gemeint sein und *er täuscht* bedeuten.

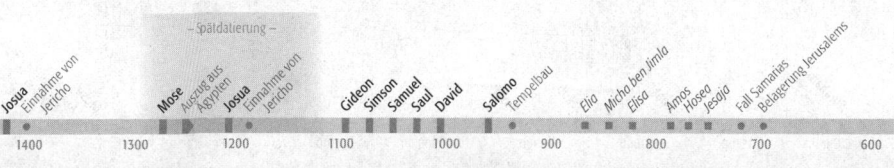

1. MOSE

1–11	Urgeschichte
1	Der Schöpfungsbericht
2–4	Bestimmung und Verfehlung des Menschen
5–6	Von Adam bis Noah
6–9	Noah und die Flut
10–11	Der Turm zu Babel
11	Von Sem bis Terach
12–50	Vätergeschichte
11–25	Abraham: Verheißung, Bund und seine Söhne
25	Die Nachkommen von Ismael
25–35	Jakob und Esau
36	Die Nachkommen von Esau
37–50	Die Geschichte von Josef

28–30
Laban nimmt Jakob auf. Jakob heiratet Labans Töchter. Geburt ihrer Söhne, von Ruben bis Asser.

[Vätergeschichte]

ihn als Gedenkstein auf. Dann goss er Öl über seine Spitze. ¹⁹Er nannte die Stätte Bethel – ›Haus Gottes‹ –; davor hieß das nahe gelegene Dorf Lus.
²⁰Danach legte Jakob folgendes Gelübde ab: »Wenn Gott bei mir ist, mich auf meiner Reise beschützt und mir Nahrung und Kleidung gibt, ²¹und wenn ich wieder sicher zu meiner Familie zurückkommen werde, dann soll er mein Gott sein. ²²An der Stelle, wo ich den Gedenkstein aufgestellt habe, soll das Haus Gottes sein. Ich will dir den zehnten Teil von allem geben, was du mir schenkst.«

Jakob trifft in Mesopotamien ein

29 Jakob machte sich wieder auf den Weg und zog weiter ins Land des Ostens. ²Er kam an einen Brunnen auf einem Feld. Daneben lagerten drei Schafherden, die darauf warteten, zur Tränke geführt zu werden. Der Brunnen war von einem großen Stein bedeckt. ³Für gewöhnlich wartete man dort, bis alle Hirten mit ihren Herden da waren. Erst dann wurde der Stein entfernt und die Herden getränkt. Danach wurde der Stein wieder auf die Brunnenöffnung gewälzt. ⁴Jakob fragte die Hirten: »Woher seid ihr?«
»Aus Haran«, antworteten sie.
⁵»Kennt ihr Laban, den Enkel Nahors?«, fragte er.
»Ja, wir kennen ihn«, antworteten sie.
⁶»Wie geht es ihm?«, fragte Jakob.
»Es geht ihm gut. Dort kommt gerade seine Tochter Rahel mit den Schafen und Ziegen.«
⁷»Es ist doch noch viel zu früh, um die Herden schon zusammenzutreiben«, sagte Jakob. »Tränkt doch die Tiere und geht mit ihnen wieder auf die Weide!«
⁸»Das können wir nicht, bevor nicht alle Hirten mit ihren Herden da sind. Dann erst rollen wir gemeinsam den Stein beiseite und beginnen unsere Herden zu tränken«, antworteten sie.
⁹Während Jakob noch mit den Hirten redete, kam Rahel mit den Schafen und Ziegen ihres Vaters am Brunnen an, denn sie war eine Hirtin. ¹⁰Als Jakob seine Kusine Rahel und die Schafe seines Onkels Laban sah, ging er zum Brunnen hinüber, wälzte den Stein von der Öffnung und tränkte die Herde seines Onkels. ¹¹Dann küsste er Rahel und begann laut zu weinen. ¹²Jakob erklärte ihr, dass er der Neffe ihres Vaters sei, der Sohn von Rebekka. Rahel lief sofort nach Hause und erzählte es ihrem Vater Laban.
¹³Sobald Laban von der Ankunft seines Neffen Jakob erfahren hatte, eilte er ihm entgegen und

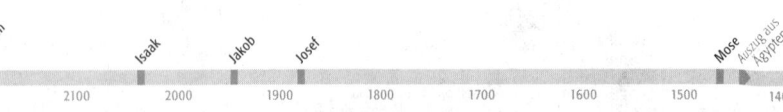

umarmte und küsste ihn. Dann nahm er ihn mit in sein Haus und Jakob erzählte ihm seine Geschichte. ¹⁴»Du bist mein eigen Fleisch und Blut!«, rief Laban aus und Jakob blieb bei ihm.

Jakob heiratet Lea und Rahel
Nach einem Monat ¹⁵sagte Laban zu Jakob: »Du sollst nicht ohne Bezahlung für mich arbeiten, nur weil wir miteinander verwandt sind. Sag mir: Was willst du dafür haben?«
¹⁶Nun hatte Laban zwei Töchter: Die ältere hieß Lea und die jüngere Rahel. ¹⁷Lea hatte glanzlose Augen, Rahel aber hatte eine gute Figur und war wunderschön. ¹⁸Jakob liebte Rahel, deshalb sagte er: »Ich werde sieben Jahre für dich arbeiten, wenn du mir dafür deine jüngere Tochter Rahel zur Frau gibst.«
¹⁹»Einverstanden!«, antwortete Laban. »Bleib bei mir. Ich gebe sie ohnehin lieber dir als einem anderen Mann.«
²⁰Also arbeitete Jakob die folgenden sieben Jahre, um dadurch den Brautpreis für Rahel zu bezahlen. Die Zeit verging für ihn wie im Flug, weil er Rahel liebte. ²¹Danach sagte er zu Laban: »Die sieben Jahre sind um. Nun gib mir meine Frau, damit wir heiraten können.«
²²Da lud Laban alle Leute des Ortes zur Hochzeitsfeier ein. ²³Doch am Abend brachte Laban seine Tochter Lea zu Jakob und Jakob schlief mit ihr. ²⁴Laban gab Lea seine Sklavin Silpa zur Dienerin.
²⁵Doch als Jakob am Morgen aufwachte, entdeckte er Lea neben sich! »Warum hast du mir das angetan?!«, stellte er Laban zur Rede. »Ich habe sieben Jahre für Rahel gearbeitet. Warum hast du mich betrogen?«
²⁶»Bei uns ist es nicht üblich, die jüngere Tochter vor der älteren zu verheiraten«, antwortete Laban. ²⁷»Verbring die Hochzeitswoche mit ihr, dann kannst du auch Rahel haben. – Aber du musst noch weitere sieben Jahre für mich arbeiten.«
²⁸Jakob erklärte sich einverstanden. Nach der Hochzeitswoche gab Laban ihm seine Tochter Rahel zur Frau. ²⁹Rahel gab er seine Sklavin Bilha zur Dienerin. ³⁰Da schlief Jakob auch mit Rahel – und er liebte sie mehr als Lea. Er arbeitete noch weitere sieben Jahre für Laban.

Jakobs Kinder
³¹Doch weil Lea weniger geliebt wurde, schenkte der HERR ihr Kinder, während Rahel kinderlos blieb. ³²Lea wurde schwanger und bekam einen Sohn. Sie nannte ihn Ruben*, denn sie sagte: »Der HERR hat meine Not bemerkt, jetzt wird mein Mann mich lieben.« ³³Schon bald wurde sie wieder schwanger und bekam einen zweiten Sohn. Sie nannte ihn Simeon*, denn sie sagte: »Der HERR hat gehört, dass ich nicht geliebt werde, und hat mir auch noch diesen Sohn geschenkt.« ³⁴Wieder wurde Lea schwanger und bekam einen weiteren Sohn, und sie sagte: »Ganz sicher wird mein Mann mir jetzt seine Zuneigung schenken, denn ich habe ihm drei Söhne geboren!« Daher nannte sie ihn Levi*. ³⁵Danach wurde sie ein weiteres Mal schwanger und bekam einen Sohn. Sie sagte: »Nun will ich den HERRN preisen!« Daher nannte sie ihn Juda*. Danach bekam sie eine Zeit lang keine Kinder mehr.

30 Als Rahel merkte, dass sie keine Kinder bekam, wurde sie eifersüchtig auf ihre Schwester. »Sorge dafür, dass ich schwanger werde, sonst sterbe ich!«, sagte sie zu Jakob.
²Jakob wurde zornig. »Bin ich etwa Gott?«, sagte er. »Er hat dir Kinder versagt.«
³Da schlug Rahel ihm vor: »Schlaf mit meiner Sklavin Bilha, sie soll dann auf meinem Schoß ein Kind zur Welt bringen. So werde dann auch ich durch sie zu einem Kind kommen. ⁴Rahel gab ihm Bilha zur Nebenfrau und Jakob schlief mit ihr. ⁵Bilha wurde schwanger und brachte einen Sohn zur Welt. ⁶Rahel sagte: »Gott hat mir zu meinem Recht verholfen! Er hat mich erhört und mir einen Sohn geschenkt.« Deshalb nannte sie ihn Dan*. ⁷Danach wurde Bilha, die Sklavin von Rahel, noch einmal von Jakob schwanger und bekam einen zweiten Sohn. ⁸Rahel sagte: »Ich lag mit meiner Schwester in erbittertem Wettstreit, aber ich habe gesiegt!« Daher nannte sie ihn Naftali*.
⁹Lea merkte, dass sie keine Kinder mehr bekam. Deshalb gab sie Jakob ihre Sklavin Silpa zur Nebenfrau. ¹⁰Schon bald schenkte Silpa ihm einen Sohn. ¹¹Lea nannte ihn Gad*, denn sie sagte: »Ich habe wieder Glück!« ¹²Dann bekam Silpa einen zweiten Sohn ¹³und Lea nannte ihn Asser*, denn sie sagte: »Wie glücklich bin ich! Die anderen Frauen müssen mich glücklich schätzen!«
¹⁴Eines Tages während der Weizenernte ging Ruben aufs Feld und fand ein paar Alraunen*.

29,32 Der Name *Ruben* bedeutet *Sieh, ein Sohn!* Durch ein Wortspiel wird er mit dem Ausdruck *Er hat mein Elend gesehen* verknüpft.   29,33 Der Name *Simeon* bedeutet wahrscheinlich *Erhörung*.   29,34 Der Name *Levi* erinnert an einen hebr. Begriff, der *hängen an* oder *Zuneigung empfinden für* bedeutet.   29,35 Der Name *Juda* erinnert an den hebr. Begriff für *Lob*.   30,6 Hebr. *Richter* oder *einer, der Recht schafft*.   30,8 Hebr. *mein Kampf*.   30,11 Hebr. *Glück*.   30,13 Hebr. *glücklich*.   30,14 Auch *Liebesäpfel* genannt.

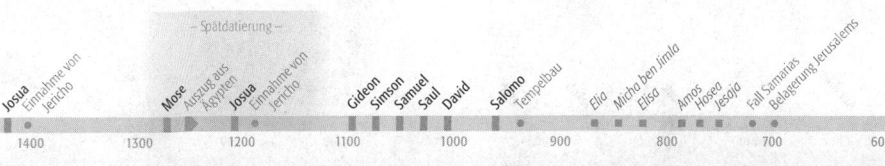

1. MOSE

1–11	Urgeschichte
1	Der Schöpfungsbericht
2–4	Bestimmung und Verfehlung des Menschen
5–6	Von Adam bis Noah
6–9	Noah und die Flut
10–11	Der Turm zu Babel
11	Von Sem bis Terach
12–50	Vätergeschichte
11–25	Abraham: Verheißung, Bund und seine Söhne
25	Die Nachkommen von Ismael
25–35	Jakob und Esau
36	Die Nachkommen von Esau
37–50	Die Geschichte von Josef

30–31
Geburt der Söhne von Issachar bis Josef. Jakob erwirbt Wohlstand. Gott fordert Jakob auf, in seine Heimat zurückzukehren.

[Vätergeschichte]

Er brachte die Früchte seiner Mutter Lea. Rahel bat Lea: »Gib mir bitte von den Alraunen, die dein Sohn gefunden hat.« [15]Doch Lea entgegnete ärgerlich: »Ist es nicht genug, dass du mir meinen Mann weggenommen hast? Willst du mir jetzt auch noch die Alraunen meines Sohnes nehmen?«

Rahel sagte: »Wenn du mir die Alraunen gibst, soll Jakob dafür heute Nacht mit dir schlafen.« [16]Als Jakob am Abend vom Feld nach Hause kam, ging Lea ihm entgegen. »Du musst heute Nacht mit mir schlafen!«, sagte sie. »Ich habe dafür mit den Alraunen bezahlt, die mein Sohn gefunden hat.« Jakob schlief in jener Nacht mit ihr. [17]Und Gott erhörte Leas Gebete. Sie wurde noch einmal schwanger und brachte ihren fünften Sohn zur Welt. [18]Sie nannte ihn Issachar*, denn sie sagte: »Gott hat mich dafür belohnt, weil ich meinem Mann meine Sklavin zur Frau gegeben habe.« [19]Dann wurde sie wieder schwanger und schenkte Jakob einen sechsten Sohn. [20]Sie nannte ihn Sebulon*, denn sie sagte: »Gott hat mich reich beschenkt. Jetzt wird mein Mann mich annehmen, denn ich habe ihm sechs Söhne geboren.« [21]Später brachte sie noch eine Tochter zur Welt, die sie Dina nannte.

[22]Da dachte Gott an Rahel und erhörte ihre Gebete. [23]Sie wurde schwanger und bekam einen Sohn. »Gott hat meine Schande von mir genommen«, sagte sie. [24]Und sie nannte ihn Josef*, denn sie sagte: »Der Herr schenke mir noch einen Sohn.«

Jakobs Wohlstand wächst
[25]Nachdem Rahel Josef geboren hatte, sagte Jakob zu Laban: »Lass mich in meine Heimat zurückkehren. [26]Gib mir meine Frauen und meine Kinder, für die ich bei dir gearbeitet habe, damit ich gehen kann. Denn du weißt selbst, wie ich für dich gearbeitet habe.«

[27]»Tu mir doch den Gefallen und bleib bei mir«, bat Laban. »Ich habe gemerkt, dass der Herr mich deinetwegen gesegnet hat. [28]Was soll ich dir als Lohn geben?«

[29]Jakob antwortete: »Du weißt, was ich geleistet habe und wie deine Schaf- und Rinderherden unter meiner Aufsicht gewachsen sind. [30]Bevor ich kam, hattest du nur wenig. Jetzt bist du reich geworden. Der Herr hat dich durch alles, was ich tat, gesegnet! Nun muss ich aber endlich auch einmal für meine eigene Familie sorgen.«

30,18 Der Name *Issachar* enthält einen hebr. Ausdruck, der *Belohnung* bedeutet. 30,20 Der Name *Sebulon* bedeutet wahrscheinlich *Wohnung*. 30,24 Hebr. *Möge er hinzufügen.*

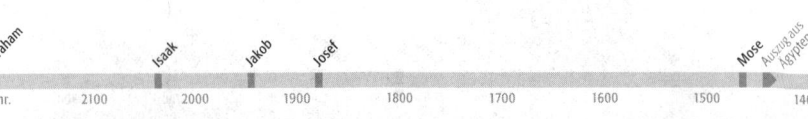

³¹»Was soll ich dir als Lohn geben?«, fragte Laban wieder.

Jakob entgegnete: »Gar nichts. Wenn du mir folgende Bedingung erfüllst, werde ich weiter deine Schafe und Ziegen hüten: ³²Lass mich heute durch deine Herden gehen und alle Schafe und Ziegen aussondern, die gefleckt oder gescheckt sind, und dazu alle dunklen Schafe. Sie sollen mein Lohn sein. ³³So wirst du leicht erkennen können, ob ich ehrlich bin oder nicht, wenn du kommst, um meinen Lohn nachzuprüfen. Von jedem weißen Schaf oder jeder Ziege, die nicht gefleckt oder gescheckt sind, wirst du wissen, dass ich sie dir gestohlen habe.«

³⁴»Ich bin mit deinem Vorschlag einverstanden«, antwortete Laban. ³⁵Doch noch am gleichen Tag ging Laban zu seinen Herden und sonderte alle Ziegenböcke, die gescheckt oder gefleckt waren, alle Ziegen, die gescheckt waren oder weiße Flecken hatten, und alle dunklen Schafe aus und gab sie seinen Söhnen. ³⁶Sie sollten die Tiere drei Tagesreisen weit von Jakob fortbringen. Aber Jakob hütete die übrigen Schafe und Ziegen von Laban.

³⁷Er nahm frische Zweige von Pappeln, Mandelbäumen und Platanen und schälte Streifen von ihrer Rinde ab, sodass das helle Holz darunter zum Vorschein kam. ³⁸Dann stellte er die hell-dunkel gestreiften Zweige in die Tränkrinnen, sodass die Tiere sie sahen, wenn sie zum Trinken kamen. Denn dort paarten sie sich auch. ³⁹Weil sich die Tiere nun vor den hell-dunkel gestreiften Zweigen paarten, warfen sie gestreifte, gescheckte oder gefleckte Junge. ⁴⁰Diese Lämmer trennte Jakob von Labans Herde. Er ließ die übrigen Tiere so weiden, dass sie die gestreiften und die dunklen Tiere in Labans Herde vor Augen hatten. Und so bildete Jakob sich eigene Herden daraus. ⁴¹Immer wenn die kräftigen Muttertiere zur Paarung bereit waren, stellte er die gestreiften Äste in die Tränkrinnen, damit sie sich vor den Zweigen paarten. ⁴²Bei den schwächlichen dagegen tat er es nicht. So bekam Laban die schwachen Jungtiere und Jakob die kräftigen. ⁴³Jakob wurde sehr reich und hatte viele Schafe und Ziegen, Sklavinnen und Sklaven, Kamele und Esel.

Jakob flieht aus Haran

31 Bald kam Jakob jedoch zu Ohren, wie Labans Söhne über ihn schimpften: »Jakob hat alles von unserem Vater gestohlen! Er ist auf Kosten unseres Vaters so reich geworden.« ²Und Jakob fiel auf, dass Labans Verhältnis zu ihm gegenüber früher merklich abgekühlt war.

³Da sprach der HERR zu Jakob: »Kehre zurück ins Land deines Vaters und deines Großvaters und zu deinen Verwandten; ich will mit dir sein.« ⁴Jakob ließ Rahel und Lea auf die Weide holen ⁵und sagte zu ihnen: »Ich merke: Euer Vater behandelt mich nicht mehr so freundlich wie früher. Doch der Gott meines Vaters ist mit mir gewesen. ⁶Ihr wisst, dass ich mit vollem Einsatz für euren Vater gearbeitet habe. ⁷Er dagegen hat mich betrogen und meinen Lohn zehnmal verändert. Doch Gott hat nicht zugelassen, dass er mir schaden konnte. ⁸Denn als er versprach: ›Die gefleckten Tiere sollen dein Lohn sein‹, wurden lauter gefleckte Tiere geboren. Und wenn er dann sagte: ›Du kannst die gestreiften haben‹, warfen die Tiere nur noch gestreifte Lämmer. ⁹Auf diese Weise hat Gott eurem Vater das Vieh weggenommen und mir gegeben. ¹⁰Während der Paarungszeit hatte ich einen Traum. Ich sah, dass die Böcke, welche die Tiere besprangen, gestreift, gescheckt und gefleckt waren. ¹¹Der Engel Gottes sprach im Traum zu mir: ›Jakob!‹ Ich antwortete: ›Ja, ich höre!‹ ¹²Der Engel sagte: ›Schau hin zur Herde. Nur die gestreiften, gescheckten und gefleckten Böcke bespringen die Tiere. Denn ich habe alles gesehen, was Laban dir antut. ¹³Ich bin der Gott, dem du in Bethel begegnet bist. Dort hast du einen Stein geweiht und vor mir ein Gelübde abgelegt. Verlass nun dieses Land und kehre in deine Heimat zurück.‹«

¹⁴Rahel und Lea antworteten: »Vom Besitz unseres Vaters werden wir ohnehin nichts erben. ¹⁵Unser Vater hat uns wie Fremde behandelt. Er hat uns verkauft und das Geld, das er für uns bekommen hat, für sich ausgegeben. ¹⁶Der Reichtum, den Gott unserem Vater weggenommen hat, gehört von Rechts wegen uns und unseren Kindern. Deshalb tu alles, was Gott dir aufgetragen hat.«

¹⁷Da setzte Jakob seine Frauen und Kinder auf Kamele. ¹⁸Er nahm alles Vieh mit und allen Besitz, den er in Mesopotamien erworben hatte, und machte sich auf den Weg ins Land Kanaan zu seinem Vater Isaak. ¹⁹Laban war zu dieser Zeit gerade bei der Schafschur und war deswegen nicht zu Hause. Rahel stahl die Hausgötter ihres Vaters. ²⁰Jakob hielt seinen Plan wegzugehen vor Laban geheim. ²¹Er brach eilig auf und nahm dabei seinen gesamten Besitz mit. Er überquerte den Euphrat und schlug den Weg in Richtung Gilead ein.

Laban verfolgt Jakob

²²Erst nach drei Tagen wurde Laban berichtet, dass Jakob geflohen war. ²³Sofort rief er Männer aus seiner Verwandtschaft zusammen und jagte

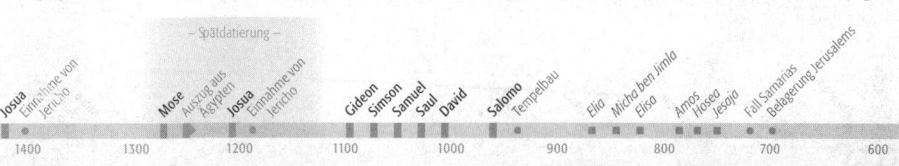

1. MOSE

1–11	Urgeschichte
1	Der Schöpfungsbericht
2–4	Bestimmung und Verfehlung des Menschen
5–6	Von Adam bis Noah
6–9	Noah und die Flut
10–11	Der Turm zu Babel
11	Von Sem bis Terach
12–50	Vätergeschichte
11–25	Abraham: Verheißung, Bund und seine Söhne
25	Die Nachkommen von Ismael
25–35	Jakob und Esau
36	Die Nachkommen von Esau
37–50	Die Geschichte von Josef

31–32
Jakob und Laban vereinbaren, ihre Grenzen zu respektieren. Jakob schickt Boten zu Esau.

[Vätergeschichte]

ihm nach. Sieben Tage später holte er ihn im Bergland von Gilead ein. ²⁴In der Nacht erschien Gott Laban jedoch im Traum. »Hüte deine Zunge, wenn du mit Jakob sprichst«, warnte er ihn. ²⁵Laban holte Jakob ein, als dieser im Bergland von Gilead lagerte. Auch er schlug dort mit seinen Verwandten ein Lager auf. ²⁶»Warum hast du mich getäuscht und mir meine Töchter fortgenommen und wie Kriegsgefangene weggeführt?«, wollte Laban von Jakob wissen. ²⁷»Warum hast du dich heimlich davongemacht, mich getäuscht und mir nichts gesagt? Ich hätte dir ein Abschiedsfest ausgerichtet mit Gesang und dem Klang von Tamburinen und Harfen. ²⁸Warum durfte ich meine Töchter und Enkelkinder nicht zum Abschied küssen? Das war keine kluge Entscheidung. ²⁹Ich könnte es euch heimzahlen. Aber der Gott deines Vaters hat mich letzte Nacht gewarnt: ›Hüte deine Zunge, wenn du mit Jakob sprichst!‹ ³⁰Ich weiß, du bist fortgezogen, weil du dich so sehr nach deiner Heimat sehnst. Aber warum hast du mir auch noch meine Hausgötter gestohlen?«
³¹»Ich verließ dich heimlich, weil ich Angst hatte und mir dachte, du würdest mir deine Töchter wegnehmen«, entgegnete Jakob. ³²»Was jedoch die Hausgötter betrifft: Derjenige, bei dem du sie findest, soll sterben! Durchsuche doch vor den Anwesenden alles, was ich habe, und nimm dir, was dir gehört.« Denn Jakob wusste nicht, dass Rahel die Götter gestohlen hatte.

1. Mose 31,43-54

Bundesschlüsse
Dies ist ein Beispiel für einen Bund zwischen menschlichen Parteien. Er nimmt beide Seiten in die Pflicht. Folgende Merkmale zeichnen einen Bund aus: Er beseitigt Rechtsunsicherheit (V. 43-44), wird in einem Dokument festgehalten (V. 45-48), enthält genau festgelegte gegenseitige Verpflichtungen (V. 49-53), wird mit einem Schwur in Kraft gesetzt (V. 49b.53), mit einem Opfer besiegelt (V. 54) und mit einem gemeinsamen Mahl gefeiert (V. 54).
Auch per Handschlag konnte ein Bund geschlossen werden. Oft wurde er schriftlich dokumentiert (Urkunde, Bundesbuch). Auch Sippen, Volksstämme und Nationen schlossen Bünde miteinander.
Einseitige Bünde, in der nur eine Partei sich verpflichtete, waren die Ausnahme, kamen aber vor (1Mo 21,22-32; Jos 9; 1Sam 18,3-4; 20,8)
Wenn Gott mit Menschen einen Bund schließt, finden sich dort viele Merkmale von menschlich-politischen Bundesschlüssen wieder. So konnte man begreifen, wie Gott sich festlegt und was er von seinen Bündnispartnern erwartet.
(» 1. Mose 6,18)

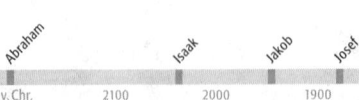

³³Laban durchsuchte zuerst die Zelte von Jakob, Lea und den beiden Sklavinnen, aber er fand die Götter nicht. Schließlich ging er in Rahels Zelt. ³⁴Aber Rahel hatte die Hausgötter in ihrem Kamelsattel versteckt und sich darauf gesetzt. Deshalb konnte Laban sie nicht finden, obwohl er das ganze Zelt durchsuchte. ³⁵»Sei nicht böse, dass ich nicht aufstehen kann, Vater«, sagte Rahel, »aber ich habe gerade meine Tage.« Deshalb konnte Laban die Götter trotz seiner sorgfältigen Suche nicht finden.

³⁶Da wurde Jakob zornig und machte nun selbst Laban Vorwürfe. »Was habe ich dir eigentlich getan?«, fragte er ihn. »Du bist mir nachgejagt wie einem Verbrecher ³⁷und hast meinen gesamten Besitz durchsucht. Was hast du denn nun von deinem Eigentum gefunden? Leg es hier vor deinen und meinen Männern hin. Sie sollen entscheiden, wer von uns beiden im Recht ist!

³⁸20 Jahre war ich bei dir, und während der ganzen Zeit haben deine Schafe oder Ziegen keine Fehlgeburt gehabt. In all den Jahren habe ich keinen einzigen deiner Widder für mich geschlachtet. ³⁹Wenn einmal ein Schaf von einem wilden Tier gerissen wurde, durfte ich es dir nicht bringen, sondern ich habe es selbst ersetzt. Du hast jedes aus der Herde gestohlene Schaf aus meiner Hand gefordert, ganz gleich, ob es bei Tag oder Nacht gestohlen wurde. ⁴⁰Ich litt unter der sengenden Hitze des Tages und unter der Kälte der Nacht, oft konnte ich nicht schlafen. ⁴¹20 Jahre ist ich nun bei dir gewesen – 14 Jahre habe ich für deine beiden Töchter gearbeitet und sechs Jahre für die Herde. Und du hast meinen Lohn zehnmal verändert! ⁴²Hätte der Gott meines Großvaters Abraham und der Ehrfurcht gebietende Gott meines Vaters Isaak mir nicht beigestanden, dann hättest du mich mit leeren Händen fortgeschickt. Aber Gott hat gesehen, wie schwer ich für dich gearbeitet habe und wie schlecht du mich behandelt hast. Deshalb ist er letzte Nacht für mich eingetreten.«

Jakobs Vertrag mit Laban
⁴³Laban antwortete Jakob: »Diese Frauen sind meine Töchter, diese Kinder sind meine Enkel und diese Schafe und Ziegen und alles, was du hier siehst, gehört im Grunde mir. Doch was kann ich jetzt noch für meine Töchter oder Enkel tun? ⁴⁴Lass uns einen Friedensvertrag miteinander schließen und uns dann zur Erinnerung ein Denkmal errichten.«

⁴⁵Da nahm Jakob einen Stein und richtete ihn als Gedenkstein auf. ⁴⁶Seine Männer ließ er Steine sammeln und zu einem Haufen aufschichten. Dann aßen sie gemeinsam auf dem Steinhaufen. ⁴⁷Laban nannte den Steinhaufen Jegar-Sahaduta und Jakob nannte ihn Gal-Ed*.

⁴⁸»Dieser Steinhaufen soll uns an unser Abkommen erinnern«, sagte Laban. Darum heißt der Steinhaufen Gal-Ed. ⁴⁹Man nannte ihn auch Mizpa*, denn Laban fuhr fort: »Der HERR passe auf, ob wir die Bedingungen einhalten, wenn wir nicht beieinander sind. ⁵⁰Ich werde nicht erfahren, ob du meine Töchter schlecht behandelst oder dir noch weitere Frauen nimmst, aber Gott wird es sehen*. ⁵¹Dieser Steinhaufen und dieser Gedenkstein, die ich zwischen uns errichtet habe, ⁵²stehen zwischen uns als Zeugen unseres Vertrags. Ich werde diese Linie nicht in böser Absicht gegen dich und du wirst sie nicht in böser Absicht gegen mich überschreiten. ⁵³Ich rufe den Gott unserer Vorfahren – den Gott deines Großvaters Abraham und den Gott meines Großvaters Nahor – an. Er soll denjenigen von uns bestrafen, der dem anderen Unrecht tut.«

Nachdem Jakob bei dem Ehrfurcht gebietenden Gott seines Vaters Isaak geschworen hatte, ⁵⁴brachte er ihm dort im Bergland ein Opfer dar und lud alle Anwesenden zum Essen ein. Sie aßen und verbrachten an diesem Ort auch die Nacht.

32 Am nächsten Morgen stand Laban früh auf, küsste seine Töchter und Enkel und segnete sie. Dann kehrte er nach Hause zurück.

Jakob schickt Esau Geschenke
²Und Jakob zog weiter. Und es begegneten ihm Engel Gottes. ³Als Jakob sie sah, rief er: »Das ist Gottes Lager!« Und er nannte den Ort Mahanajim*.

⁴Dann schickte Jakob Boten vor sich her zu seinem Bruder Esau nach Edom, ins Land Seïr. ⁵Er trug ihnen auf: »Richtet meinem Herrn Esau folgende Botschaft aus: ›Ich, dein Diener Jakob, habe bis vor kurzem bei unserem Onkel Laban gelebt ⁶und besitze mittlerweile Rinder, Esel, Schafe, Ziegen und viele Sklaven und Sklavinnen. Ich sende dir diese Boten in der Hoffnung, dass du uns freundlich aufnimmst.‹«

⁷Die Boten kehrten mit dieser Nachricht zurück: »Wir sind zu deinem Bruder Esau gekommen. Er zieht dir jetzt mit 400 Mann entgegen!«

31,47 *Jegar-Sahaduta* bedeutet im Aramäischen *Haufen des Zeugnisses*; *Gal-Ed* bedeutet dasselbe im Hebr. **31,49** Hebr. *Wachtturm*. **31,50** Hebr. *Kein Mann ist hier bei uns. Aber Gott ist Zeuge zwischen uns, ob du meine Töchter schlecht behandelst oder dir noch weitere Frauen nimmst*. **32,3** Hebr. *zwei Lager*.

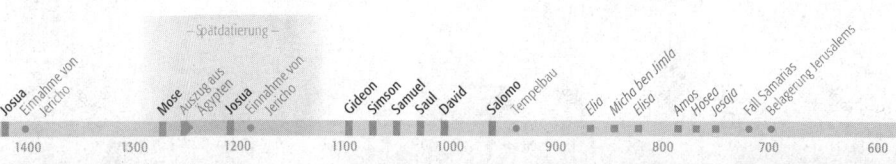

1. MOSE

1–11	Urgeschichte
1	Der Schöpfungsbericht
2–4	Bestimmung und Verfehlung des Menschen
5–6	Von Adam bis Noah
6–9	Noah und die Flut
10–11	Der Turm zu Babel
11	Von Sem bis Terach
12–50	Vätergeschichte
11–25	Abraham: Verheißung, Bund und seine Söhne
25	Die Nachkommen von Ismael
25–35	Jakob und Esau
36	Die Nachkommen von Esau
37–50	Die Geschichte von Josef

32–33
Jakob schickt Esau Geschenke. Jakob ringt mit einem Mann und erhält den Namen Israel. Jakob und Esau versöhnen sich.

[Vätergeschichte]

⁸Darüber erschrak Jakob sehr und er bekam Angst. Er teilte seine Leute sowie seine Schafe, Rinder und Kamele in zwei Lager, ⁹weil er dachte: »Wenn Esau das eine Lager angreift und es niedermacht, kann wenigstens das andere entkommen.«
¹⁰Dann betete Jakob: »O Gott meines Großvaters Abraham und meines Vaters Isaak – HERR, du hast mir geboten: ›Kehre zurück in deine Heimat und zu deinen Verwandten. Ich will dir Gutes tun.‹ ¹¹Ich bin es nicht wert, dass du mir, deinem Diener, mit so großer Treue und grenzenloser Liebe begegnest. Nur mit einem Wanderstock überquerte ich einmal den Jordan und nun füllt mein Besitz zwei Lager! ¹²O HERR, rette mich vor meinem Bruder Esau. Ich habe Angst, dass er kommt, um mich, meine Frauen und meine Kinder zu töten. ¹³Doch du hast versprochen: ›Ich will dir Gutes tun und deine Nachkommen so zahlreich machen wie den Sand am Meer, den man nicht zählen kann.‹«
¹⁴Jakob schlug dort sein Nachtlager auf und stellte von seinem Besitz ein Geschenk für seinen Bruder Esau zusammen: ¹⁵200 Ziegen, 20 Ziegenböcke, 200 Mutterschafe, 20 Widder, ¹⁶30 säugende Kamele mit ihren Jungen, 40 Kühe, zehn Stiere, 20 Eselinnen und zehn Eselfohlen. ¹⁷Er teilte die Tiere in einzelne Herden auf, gab sie seinen Hirten und befahl ihnen: »Zieht vor mir her und lasst jeweils einen Abstand zwischen den einzelnen Herden.«

1. Mose 32,24-30

Gott redet
Welch lebensverändernde Erfahrung für Jakob! Er kämpft mit einem Mann, der so spricht, als sei er Gott (V. 27-29). Obwohl Gott an anderen Stellen sagt: »Jeder Mensch, der mich sieht, muss sterben« (2Mo 33,20; Jes 6,5), bekennt Jakob hier: »Ich habe Gott von Angesicht zu Angesicht gesehen und trotzdem bin ich noch am Leben!« (V. 31) Überlebt Jakob vielleicht nur, weil alles im Schutze der Dunkelheit geschah (V. 27)? Dieser Text erscheint geheimnisvoll und lässt manche Fragen offen.
Und doch hört Jakob durch diese Erfahrung die Stimme Gottes. Gott segnet ihn und gibt ihm einen neuen Namen. Sein Name war »Jakob« (Betrüger, Umstürzler). Ab jetzt soll er »Israel« heißen. Dieser Name bedeutet sowohl »der mit Gott kämpft« als auch »der, für den Gott kämpft.« Jakob weiß jetzt auch ganz neu und persönlich: Gott hat tatsächlich ihn zum Träger der Verheißung bestimmt und ihn beauftragt, und Gott wird ihm in den kommenden Herausforderungen beistehen.
(1. Mose 1,28-30 «« | »» 2. Mose 6,2-8)

¹⁸Dem Mann, der die erste Gruppe anführte, gab er folgende Anweisung: »Wenn du meinem Bruder Esau begegnest, wird er fragen: ›Wohin gehst du? Wessen Sklave bist du? Wem gehören die Tiere, die du vor dir her treibst?‹ ¹⁹Dann sollst du antworten: ›Sie gehören deinem Diener Jakob und sind ein Geschenk für seinen Herrn Esau! Er kommt hinter uns her.‹« ²⁰Den anderen Hirten gab er dieselbe Anweisung und befahl ihnen: »Genau so sollt ihr zu Esau sprechen, wenn ihr ihn trefft. ²¹Und sagt ihm auch: ›Dein Diener Jakob kommt hinter uns her.‹« Jakob dachte sich nämlich: »Ich will Esau mit den Geschenken freundlich stimmen. Wenn ich ihm dann persönlich gegenübertrete, wird er mich vielleicht friedlich empfangen.« ²²Also gingen die Tiere als Geschenk voraus, Jakob aber verbrachte die Nacht im Lager.

Jakob ringt mit Gott

²³⁻²⁴In der Nacht stand Jakob auf. Er nahm seine beiden Frauen, die beiden Sklavinnen und seine elf Söhne mit sich und überquerte den Jabbokfluss an einer Furt. Auch seinen gesamten Besitz brachte er über den Jabbok. ²⁵Dann blieb er allein zurück. Da kam ein Mann und kämpfte mit ihm bis zum Morgengrauen. ²⁶Als der Mann merkte, dass er Jakob nicht besiegen konnte, gab er ihm einen Schlag auf sein Hüftgelenk, sodass es ausrenkte. ²⁷Dann sagte er: »Lass mich los, denn der Morgen dämmert schon.«

Doch Jakob erwiderte: »Ich lasse dich nicht los, bevor du mich gesegnet hast!«

²⁸»Wie heißt du?«, fragte der Mann.

Er antwortete: »Jakob.«

²⁹»Du sollst nicht länger Jakob heißen«, sagte der Mann. »Von jetzt an heißt du Israel*. Denn du hast sowohl mit Gott als auch mit Menschen gekämpft und gesiegt.«

³⁰»Nenn mir deinen Namen!«, forderte Jakob ihn auf.

»Warum erkundigst du dich nach meinem Namen?«, fragte der Mann. Dann segnete er Jakob.

³¹Jakob nannte die Stätte Pnuël* – ›Angesicht Gottes‹ –, denn er sagte: »Ich habe Gott von Angesicht zu Angesicht gesehen und trotzdem bin ich noch am Leben!« ³²Die Sonne ging gerade auf, als er Pnuël verließ. Wegen seiner Hüfte hinkte er. ³³Bis heute essen die Israeliten nicht den Muskel über dem Hüftgelenk, weil Jakob auf diese Stelle geschlagen wurde.

Jakob und Esau schließen Frieden

33 Dann sah Jakob in einiger Entfernung Esau mit 400 Mann herankommen. Er verteilte seine Kinder auf Lea und Rahel und auf die beiden Sklavinnen. ²Dann stellte er die Sklavinnen mit ihren Kindern ganz vorne auf, dahinter Lea mit ihren Kindern und zuletzt Rahel und Josef. ³Er selbst ging vor ihnen her. Bis er zu seinem Bruder kam, verneigte er sich siebenmal tief. ⁴Esau rannte ihm entgegen, fiel ihm um den Hals und küsste ihn. Beide weinten.

⁵Esau sah die Frauen und Kinder und fragte: »Wer ist das?«

»Herr, das sind die Kinder, die Gott mir so zahlreich geschenkt hat«, antwortete Jakob. ⁶Da traten die Sklavinnen mit ihren Kindern vor und verneigten sich tief vor Esau. ⁷Dasselbe machte Lea mit ihren Kindern und zuletzt Rahel und Josef.

⁸»Und was hast du mit den vielen Herden beabsichtigt, die mir auf dem Weg hierher entgegenkamen?«, fragte Esau.

Jakob antwortete: »Es sind Geschenke, mein Herr, damit du mich freundlich empfängst.«

⁹»Bruder, ich habe genug«, entgegnete Esau. »Behalte sie doch.«

¹⁰»Nein, bitte nimm meine Geschenke an, wenn du mir gewogen bist«, sagte Jakob. »Du hast mich so freundlich aufgenommen! Als ich dich sah, war mir, als ob ich Gott selbst sehen würde! ¹¹Bitte, nimm meine Geschenke an, die dir überbracht wurden, denn Gott hat mich überreich beschenkt. Ich habe mehr als genug.« Jakob drängte Esau so lange, bis er die Geschenke schließlich annahm.

¹²»Lass uns nun aufbrechen«, sagte Esau. »Ich werde dir voranziehen.«

¹³Aber Jakob entgegnete: »Mein Herr, du siehst, dass ich kleine Kinder, säugende Schafe, Ziegen und Kühe bei mir habe. Wenn die Tiere zu sehr getrieben werden, könnten sie sterben. ¹⁴Geh du voraus. Wir folgen dir in unserem eigenen langsameren Tempo und treffen dich dann in Seïr.«

¹⁵»Gut«, meinte Esau, »aber ich will wenigstens ein paar meiner Männer mit dir ziehen lassen.«

»Das ist nicht nötig. Sei mir nur wohlgesinnt, mein Herr«, meinte Jakob.

¹⁶Esau zog noch am gleichen Tag nach Seïr zurück. ¹⁷Jakob zog nach Sukkot. Dort baute er sich ein Haus und errichtete Hütten für seine Herden. Deshalb erhielt der Ort den Namen Sukkot*. ¹⁸Schließlich traf er am Ende seiner

---

32,29 Hebr. *Gott kämpft* oder *Einer, der mit Gott kämpft*. **32,32** Hebr. *Penuel*, eine Variante von *Pnuël*. **33,17** Hebr. *Hütten*.

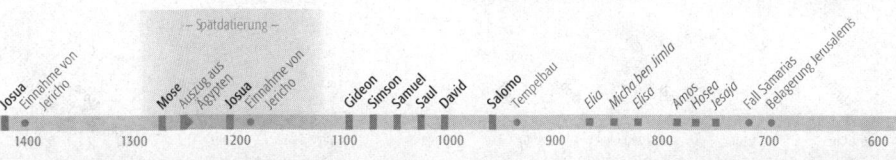

1. MOSE

1–11	Urgeschichte
1	Der Schöpfungsbericht
2–4	Bestimmung und Verfehlung des Menschen
5–6	Von Adam bis Noah
6–9	Noah und die Flut
10–11	Der Turm zu Babel
11	Von Sem bis Terach
12–50	Vätergeschichte
11–25	Abraham: Verheißung, Bund und seine Söhne
25	Die Nachkommen von Ismael
25–35	Jakob und Esau
36	Die Nachkommen von Esau
37–50	Die Geschichte von Josef

33–35
Jakobs Söhne rächen die Vergewaltigung ihrer Schwester. Jakob lässt sich in Bethel nieder. Verheißung großer Nachkommenschaft. Jakob soll Israel heißen.

[Vätergeschichte]

Reise aus Mesopotamien wohlbehalten in Sichem in Kanaan ein und schlug vor der Stadt sein Lager auf. ¹⁹Jakob kaufte für 100 Silberstücke* den Lagerplatz von der Familie Hamors, des Vaters von Sichem. ²⁰Und er errichtete dort einen Altar und nannte ihn El-Elohe-Israel*.

Rache an Sichem

34 Eines Tages besuchte Dina einige junge Frauen, die in der Gegend lebten. ²Als Sichem, der Sohn des Hiwiters Hamor, des Landesfürsten, sie sah, packte und vergewaltigte er sie. ³Doch Sichem verliebte sich in Dina und bemühte sich, ihre Zuneigung zu gewinnen. ⁴Er sprach sogar mit seinem Vater darüber. »Nimm mir dieses Mädchen zur Frau«, verlangte er.

⁵Jakob erfuhr sehr bald, dass seine Tochter vergewaltigt worden war. Doch da seine Söhne gerade draußen auf dem Feld das Vieh hüteten, unternahm er nichts, sondern wartete ihre Heimkehr ab. ⁶Hamor, der Vater von Sichem, kam zu Jakob, um die Sache mit ihm zu besprechen. ⁷Währenddessen kamen auch Jakobs Söhne zurück. Als sie hörten, dass ihre Schwester vergewaltigt worden war, waren sie gekränkt und außer sich vor Wut. Sichem hatte Schande über Jakobs Familie* gebracht, indem er mit Dina schlief. So etwas hätte nicht geschehen dürfen.

⁸Hamor sagte zu Jakob und seinen Söhnen: »Mein Sohn Sichem hat sich in das Mädchen verliebt. Bitte gebt sie ihm zur Frau. ⁹Verschwägert euch mit uns: Heiratet unsere Töchter und gebt uns eure Töchter. ¹⁰Siedelt euch bei uns an; unser Land steht euch offen! Werdet sesshaft und treibt Handel mit uns. Ihr dürft auch Landbesitz bei uns erwerben.«

¹¹Dann sagte Sichem zu Dinas Vater und ihren Brüdern: »Seid mir doch gewogen«, bat er. »Ich will euch geben, was immer ihr fordert. ¹²Ganz gleich, wie hoch die Mitgift ist, die ihr verlangt, ich will sie bezahlen – nur gebt mir das Mädchen zur Frau.«

¹³Dinas Brüder täuschten Sichem und seinen Vater Hamor jedoch, weil Sichem ihre Schwester Dina entehrt hatte. ¹⁴Deshalb sagten sie zu ihnen: »Wir können eurer Bitte unmöglich nachkommen und unsere Schwester einem unbeschnittenen Mann geben. Denn das wäre eine Schande für uns. ¹⁵Unter einer Bedingung könnten wir aber doch auf euren Wunsch eingehen:

33,19 Hebr. *100 Kesitas*; der Wert bzw. das Gewicht einer Kesita ist uns heute nicht mehr bekannt. **33,20** Hebr. *Gott, der Gott Israels*. **34,7** Hebr. *über Israel*.

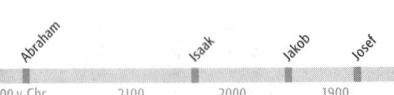
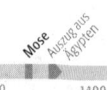

Wenn ihr werdet wie wir und alle eure Männer sich beschneiden* lassen, ¹⁶dann werden wir hier leben und unsere Kinder mit euren Kindern verheiraten. Wir werden hier wohnen bleiben und mit euch zu einem Volk werden. ¹⁷Wenn ihr das nicht tut, nehmen wir unsere Schwester und ziehen weiter.«

¹⁸Hamor und seinem Sohn Sichem gefiel der Vorschlag. ¹⁹Sichem wollte keine Zeit verlieren, der Forderung nachzukommen, denn er liebte Dina sehr. Sichem war ein hoch geachtetes Mitglied seiner Familie. ²⁰Hamor und Sichem gingen zum Stadttor, um diese Angelegenheit mit den Männern der Stadt zu besprechen. ²¹»Diese Männer sind unsere Freunde«, sagten sie. »Sie könnten doch hier unter uns leben und ihren Geschäften nachgehen. Unser Land ist groß genug sie aufzunehmen und wir könnten uns mit ihnen verbinden, indem wir unsere Kinder mit ihren Kindern verheiraten. ²²Sie sind allerdings nur unter einer Bedingung bereit zu bleiben und mit uns zu einem Volk zu werden: Jeder von uns Männern muss sich beschneiden lassen, so wie es bei ihnen üblich ist. ²³Kommt, lasst uns ihrer Forderung nachkommen, damit sie sich bei uns niederlassen. Dann werden alle ihre Herden und ihr Besitz uns gehören.«

²⁴Alle Männer der Stadt waren einverstanden und ließen sich beschneiden. ²⁵Drei Tage später jedoch, als ihre Wunden stark schmerzten, nahmen zwei von Dinas Brüdern, Simeon und Levi, ihre Schwerter und drangen ungehindert in die Stadt ein. Sie brachten alle Männer darin um, ²⁶auch Hamor und Sichem. Dann holten sie Dina aus Sichems Haus und zogen davon. ²⁷Die Söhne Jakobs fielen über die Erschlagenen her und plünderten gemeinsam die Stadt, weil ihre Schwester dort vergewaltigt worden war. ²⁸Sie nahmen alle Schafe, Ziegen, Rinder und Esel mit und raubten alles, was sie sonst noch in der Stadt und draußen auf den Feldern fanden. ²⁹Auch die Frauen und Kinder nahmen sie mit und plünderten alles, was sie in den Häusern fanden.

³⁰Nach dieser Tat sagte Jakob zu Levi und Simeon: »Ihr habt mich ins Unglück gestürzt! Jetzt bin ich allen Bewohnern dieses Landes – den Kanaanitern und Perisitern – verhasst. Wir sind nur wenige. Wenn sie sich gegen uns zusammentun, werden sie uns vernichten. Sie werden uns alle umbringen!«

³¹Doch sie entgegneten: »Hat er nicht unsere Schwester wie eine Prostituierte behandelt?«

Jakobs Rückkehr nach Bethel

35 Gott sprach zu Jakob: »Zieh nach Bethel und lass dich dort nieder. Bau mir einen Altar, denn ich bin dir dort erschienen, als du vor deinem Bruder Esau geflohen bist.«

²Also befahl Jakob seiner Familie und allen, die bei ihm waren: »Werft alle Götterfiguren fort, die ihr noch bei euch habt, reinigt euch und zieht euch saubere Kleider an. ³Wir gehen jetzt nach Bethel. Dort will ich dem Gott, der meine Gebete erhörte, als ich in Not war, einen Altar bauen. Er war auf meiner ganzen Reise bei mir.«

⁴Da gaben sie Jakob ihre Götterfiguren und ihre Ohrringe* und er vergrub sie unter der Eiche bei Sichem. ⁵Dann brachen sie auf. Gott ließ jedoch eine große Angst über die Einwohner der umliegenden Städte kommen, sodass niemand sie verfolgte. ⁶Schließlich trafen Jakob und das ganze Volk, das bei ihm war, in Lus, dem heutigen Bethel, in Kanaan ein. ⁷Dort errichtete Jakob einen Altar und nannte ihn El-Bethel*, weil Gott ihm in Bethel erschienen war, als er vor Esau floh.

⁸Damals starb Rebekkas alte Amme Debora. Sie wurde unter der Eiche unterhalb von Bethel begraben. Seither heißt der Baum Allon-Bakut*.

⁹Gott erschien Jakob ein zweites Mal, nachdem er aus Mesopotamien zurückgekehrt war. Er segnete ihn. ¹⁰»Jakob!«, rief er. »Du sollst nicht mehr Jakob heißen, sondern Israel*.« Und er gab ihm den Namen Israel. ¹¹Und er fuhr fort: »Ich bin Gott, der Allmächtige. Vermehre dich und werde zu einem großen Volk! Von dir werden viele Völker abstammen. Unter deinen Nachkommen werden sogar Könige sein! ¹²Dir und deinen Nachkommen will ich das Land geben, das ich Abraham und Isaak versprochen habe.« ¹³Danach verließ Gott den Ort, an dem er zu Jakob gesprochen hatte.

¹⁴Jakob errichtete eine Steinsäule an der Stelle, an der Gott zu ihm gesprochen hatte. Er schüttete Wein über die Säule als Trankopfer und goss Öl darüber. ¹⁵Jakob nannte den Ort Bethel – ›Haus Gottes‹ –, weil Gott hier zu ihm gesprochen hatte.

34,15 Vgl. 1. Mose 17,9-14. **35,4** Vermutlich wurden die Ohrringe als Amulette getragen. **35,7** Hebr. *der Gott von Bethel*. **35,8** Hebr. *Trauereiche*. **35,10** *Jakob* bedeutet *Er ergreift die Ferse*; die Wendung kann auch bildlich gebraucht werden und *er täuscht* bedeuten; *Israel* bedeutet *Gott kämpft* oder *Einer, der mit Gott kämpft*.

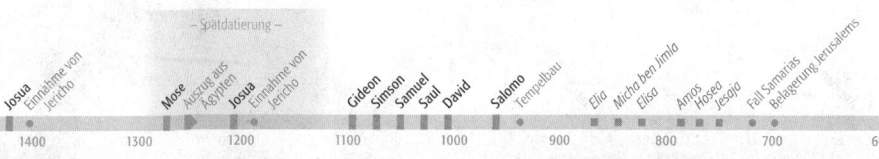

1. MOSE

1–11	Urgeschichte
1	Der Schöpfungsbericht
2–4	Bestimmung und Verfehlung des Menschen
5–6	Von Adam bis Noah
6–9	Noah und die Flut
10–11	Der Turm zu Babel
11	Von Sem bis Terach
12–50	Vätergeschichte
11–25	Abraham: Verheißung, Bund und seine Söhne
25	Die Nachkommen von Ismael
25–35	Jakob und Esau
36	Die Nachkommen von Esau
37–50	Die Geschichte von Josef

35–37
Geburt Benjamins. Rahel und Isaak sterben. Verzeichnis der Nachkommen Esaus. Edoms Bewohner und Könige.

[Vätergeschichte]

Der Tod von Rahel und Isaak

¹⁶Sie verließen Bethel und zogen weiter. Kurz bevor sie Efrata* erreichten, setzten bei Rahel die Wehen ein. ¹⁷Während der schweren Geburt machte ihr die Hebamme Mut: »Hab keine Angst, du bekommst wieder einen Sohn!« ¹⁸Aber Rahel lag im Sterben. Deshalb gab sie ihrem Sohn den Namen Ben-Oni. Sein Vater nannte ihn jedoch Benjamin*. ¹⁹Rahel starb und wurde am Weg nach Efrata, dem heutigen Bethlehem, begraben. ²⁰Jakob errichtete einen Gedenkstein auf ihrem Grab, der heute noch dort zu sehen ist.

²¹Dann zog Jakob* weiter und schlug sein Lager jenseits von Migdal-Eder auf. ²²Als Jakob dort wohnte, schlief Ruben mit Bilha, der Nebenfrau seines Vaters. Und Jakob erfuhr davon.

Dies sind die Namen der zwölf Söhne Jakobs: ²³Die Söhne Leas waren Ruben – Jakobs ältester Sohn –, Simeon, Levi, Juda, Issachar und Sebulon.

²⁴Die Söhne Rahels waren Josef und Benjamin. ²⁵Die Söhne von Bilha, der Sklavin Rahels, waren Dan und Naftali.

²⁶Die Söhne von Silpa, der Sklavin Leas, waren Gad und Asser. Dies waren die Söhne, die Jakob in Mesopotamien geboren wurden. ²⁷So kam Jakob zu seinem Vater Isaak nach Mamre nahe bei Kirjat-Arba, dem heutigen Hebron, wo auch schon Abraham gelebt hatte. ²⁸Isaak wurde 180 Jahre alt. ²⁹Dann starb er nach einem langen und erfüllten Leben und wurde im Tod mit seinen Vorfahren vereint. Seine Söhne Esau und Jakob begruben ihn.

Die Nachkommen von Esau

36 Dies ist die Liste der Nachkommen von Esau, der auch unter dem Namen Edom bekannt ist. ²Esau hatte zwei Frauen aus Kanaan geheiratet: Ada, die Tochter des Hetiters Elon und Oholibama, die Tochter von Ana und Enkelin des Hiwiters Zibon. ³Danach heiratete er seine Kusine Basemat, die Tochter Ismaels und Schwester Nebajots. ⁴Esau und Ada hatten einen Sohn namens Elifas. Basemat brachte einen Sohn namens Reguël zur Welt. ⁵Die Söhne von Esau und Oholibama hießen Jëusch, Jalam und Korach. Alle diese Söhne wurden Esau im Land Kanaan geboren.

35,16 *Efrata* ist der alte Name für *Bethlehem* in Juda. **35,18** *Ben-Oni* bedeutet *Sohn meines Kummers*; *Benjamin* bedeutet *Sohn meiner rechten Hand*. **35,21** Hebr. *Israel*; so auch in 35,22.

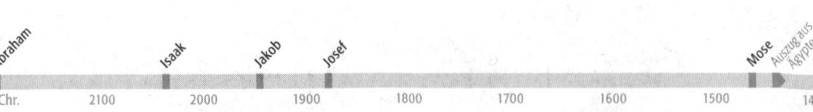

⁶Danach nahm Esau seine Frauen, Söhne und Töchter und alle, die zu seiner Sippe gehörten, dazu seine Viehherden – den ganzen Reichtum, den er in Kanaan erworben hatte –, und zog von seinem Bruder Jakob fort. ⁷Das Land bot nicht genug Nahrung für die riesigen Schaf- und Rinderherden der beiden Brüder. ⁸Deshalb ließ sich Esau, der auch unter dem Namen Edom bekannt ist, im Bergland von Seïr nieder.

⁹Dies ist eine Liste der Nachkommen von Esau, dem Stammvater der Edomiter, die im Bergland von Seïr lebten. ¹⁰Esaus Söhne waren: Elifas, der Sohn von Esaus Frau Ada, und Reguël, der Sohn von Esaus Frau Basemat.

¹¹Die Söhne von Elifas waren: Teman, Omar, Zefo, Gatam und Kenas. ¹²Elifas hatte von seiner Nebenfrau Timna noch einen weiteren Sohn namens Amalek. Dies waren die Enkel von Esaus Frau Ada.

¹³Die Söhne Reguëls waren: Nahat, Serach, Schamma und Misa. Dies waren die Enkel von Esaus Frau Basemat.

¹⁴Von seiner Frau Oholibama, der Tochter Anas und Enkeltochter Zibons, hatte Esau folgende Söhne: Jëusch, Jalam und Korach. ¹⁵Esaus Kinder und Enkel wurden die Oberhäupter verschiedener Stämme im Land Edom: Von Esaus ältestem Sohn Elifas stammen die Fürsten Teman, Omar, Zefo, Kenas, ¹⁶Korach, Gatam und Amalek ab. Sie sind die Nachkommen von Esaus Frau Ada.

¹⁷Von Esaus Sohn Reguël stammen die Fürsten Nahat, Serach, Schamma und Misa ab. Sie sind die Nachkommen von Esaus Frau Basemat.

¹⁸Von Esaus Frau Oholibama stammen die Fürsten Jëusch, Jalam und Korach ab. Sie sind die Nachkommen von Esaus Frau Oholibama, der Tochter Anas. ¹⁹Diese Fürsten stammen von Esau ab, der auch unter dem Namen Edom bekannt ist.

Die ursprünglichen Einwohner von Edom
²⁰Die ursprünglichen Einwohner des Landes Edom stammten von dem Horiter Seïr ab. Dies waren seine Söhne: Lotan, Schobal, Zibon, Ana, ²¹Dischon, Ezer und Dischan. Sie waren die Fürsten der horitischen Stämme, die im Land Edom lebten. ²²Die Söhne von Lotan waren Hori und Hemam. Lotans Schwester hieß Timna.

²³Die Söhne Schobals waren Alwan, Manahat, Ebal, Schefi und Onam.

²⁴Die Söhne Zibons waren Ajja und Ana. Das ist derselbe Ana, der die heißen Quellen in der Wüste entdeckte, als er die Esel seines Vaters hütete.

²⁵Anas Sohn hieß Dischon und seine Tochter Oholibama.

²⁶Die Söhne Dischons waren Hemdan, Eschban, Jitran und Keran.

²⁷Die Söhne Ezers waren Bilhan, Saawan und Akan.

²⁸Die Söhne Dischans waren Uz und Aran. ²⁹Die horitischen Fürsten im Land Seïr hießen also Lotan, Schobal, Zibon, Ana, ³⁰Dischon, Ezer und Dischan.

Die Könige von Edom
³¹Dies sind die Könige, die in Edom herrschten, bevor es Könige in Israel gab:

³²Bela, der Sohn Beors, herrschte von der Stadt Dinhaba aus.

³³Als Bela starb, wurde Jobab, der Sohn Serachs aus Bozra, König.

³⁴Als Jobab starb, wurde Huscham aus dem Land der Temaniter König.

Als Huscham starb, wurde Hadad, der Sohn Bedads, König in der Stadt Awit. Er war derjenige, der das midianitische Heer in Moab vernichtend schlug.

³⁶Als Hadad starb, wurde Samla aus der Stadt Masreka König.

³⁷Als Samla starb, wurde Schaul aus der Stadt Rehobot am Fluss König.

³⁸Als Schaul starb, wurde Baal-Hanan, der Sohn Achbors, König.

³⁹Als Baal-Hanan, der Sohn Achbors, starb, wurde Hadad* König und herrschte von der Stadt Pagu aus. Hadads Frau hieß Mehetabel, die Tochter von Matred und Enkelin von Me-Sahab.

⁴⁰Die folgenden Fürsten stammen von Esau ab: Timna, Alwa, Jetet, ⁴¹Oholibama, Ela, Pinon, ⁴²Kenas, Teman, Mibzar, ⁴³Magdiël und Iram. Nach ihnen wurden die verschiedenen Stämme der Edomiter und ihre Wohngebiete benannt. Der Stammvater der Edomiter war Esau.

Josefs Träume

37 Jakob* ließ sich im Land Kanaan, in dem schon sein Vater gelebt hatte, nieder. ²Dies ist die Geschichte von Jakob und seiner Familie.

Josef war 17 Jahre alt. Er hütete häufig gemeinsam mit seinen Halbbrüdern, den Söhnen von Bilha und Silpa, die väterlichen Schaf- und Ziegenherden. Doch Josef hinterbrachte es seinem

---

36,39 In anderen Handschriften *Hadar*. **37,1** Hebr. *Israel*; so auch in 37,3 u. 13.

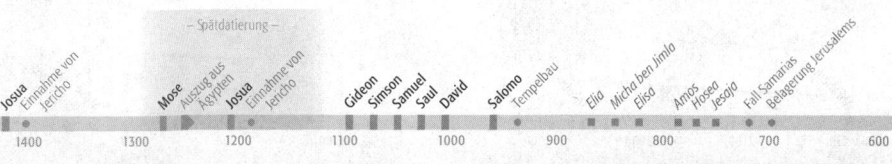

1. MOSE

1–11	Urgeschichte
1	Der Schöpfungsbericht
2–4	Bestimmung und Verfehlung des Menschen
5–6	Von Adam bis Noah
6–9	Noah und die Flut
10–11	Der Turm zu Babel
11	Von Sem bis Terach
12–50	Vätergeschichte
11–25	Abraham: Verheißung, Bund und seine Söhne
25	Die Nachkommen von Ismael
25–35	Jakob und Esau
36	Die Nachkommen von Esau
37–50	Die Geschichte von Josef

37–38
Josef träumt, dass er über seine Familie herrschen wird. Josef wird an Ismaeliten als Sklave verkauft. Judas Söhne schenken Tamar keine Nachkommen.

[Vätergeschichte]

Vater, wenn sie etwas Schlechtes taten. ³Jakob liebte Josef mehr als seine anderen Söhne, weil er ihm erst im Alter geboren worden war. Deshalb ließ er Josef eines Tages ein prächtiges Gewand machen. ⁴Seine Brüder hassten Josef, weil sie merkten, dass ihr Vater ihn lieber hatte als sie, und redeten kein freundliches Wort mehr mit ihm.

⁵Eines Nachts hatte Josef einen Traum, den er seinen Brüdern erzählte. Da hassten sie ihn noch mehr. ⁶»Hört, was ich geträumt habe«, begann er. ⁷»Wir waren draußen auf dem Feld und banden das Getreide in Garben zusammen. Meine Garbe stellte sich auf und blieb stehen. Eure Garben scharten sich um sie und verneigten sich vor ihr!«

⁸»Du willst also König werden und über uns herrschen?!«, verhöhnten ihn seine Brüder. Und sie hassten ihn noch mehr wegen seines Traumes und dem, was er gesagt hatte.

⁹Später hatte Josef noch einen Traum. Auch diesen erzählte er seinen Brüdern. »Ich träumte«, sagte er, »die Sonne, der Mond und elf Sterne verneigten sich vor mir!«

¹⁰Diesen Traum erzählte er nicht nur seinen Brüdern, sondern auch seinem Vater, und dieser wies ihn deswegen zurecht. »Was für einen Traum hast du da gehabt?«, fragte er. »Sollen deine Mutter, deine Brüder und ich uns etwa vor dir verneigen?« ¹¹Josefs Brüder waren eifersüchtig auf Josef. Aber sein Vater dachte über den Traum nach.

¹²Eines Tages, als Josefs Brüder fort waren, um die Herden ihres Vaters in der Nähe von Sichem zu weiden, ¹³sagte Jakob zu Josef: »Deine Brüder sind mit den Herden in der Nähe von Sichem. Ich werde dich zu ihnen schicken.«

»In Ordnung«, antwortete Josef.

¹⁴»Geh und sieh nach, wie es deinen Brüdern und den Tieren geht«, sagte Jakob. »Dann komm zurück und berichte es mir.« So schickte Jakob ihn aus dem Hebrontal nach Sichem.

¹⁵Als Josef dort auf den Feldern umherirrte, traf er einen Mann. »Was suchst du?«, fragte dieser ihn.

¹⁶»Ich suche meine Brüder und ihre Herden«, antwortete Josef. »Kannst du mir sagen, wo sie sind?«

¹⁷»Ja«, sagte der Mann, »aber sie sind weitergezogen. Ich habe gehört, wie deine Brüder sagten, dass sie nach Dotan ziehen wollten.« Josef folgte seinen Brüdern nach Dotan und fand sie dort.

Josef wird als Sklave verkauft
¹⁸Josefs Brüder sahen Josef bereits von Weitem kommen. Noch bevor er bei ihnen war, fassten

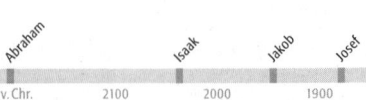

sie den Entschluss ihn umzubringen. ¹⁹»Da kommt ja der Träumer!«, sagten sie zueinander. ²⁰»Los, wir töten ihn und werfen ihn dann in eine der Zisternen. Anschließend erzählen wir, ein wildes Tier habe ihn gefressen. Dann werden wir ja sehen, was aus all seinen Träumen wird!«
²¹Als Ruben das hörte, wollte er Josef helfen. »Lasst ihn am Leben«, sagte er. ²²»Vergießt kein Blut! Werft ihn stattdessen lebendig in diese Zisterne hier in der Wüste. Aber tut ihm nichts an.« Insgeheim jedoch plante Ruben, Josef zu retten und ihn zu seinem Vater zurückzubringen.
²³Als Josef bei ihnen ankam, zogen sie ihm sein schönes Gewand aus ²⁴und warfen ihn in die Zisterne. Es war kein Wasser in der Zisterne. ²⁵Dann setzten sie sich zum Essen. Auf einmal entdeckten sie eine Karawane, die von Gilead her auf sie zukam. Es war eine Gruppe ismaelitischer Händler, die Tragakant*, Balsamharz und Ladanharz nach Ägypten brachte.
²⁶Da sagte Juda zu den anderen: »Was haben wir davon, wenn wir unseren Bruder töten und die Tat vertuschen? ²⁷Lasst uns Josef an diese ismaelitischen Händler verkaufen. Wir wollen uns nicht an ihm vergreifen, schließlich ist er unser Bruder, unser eigen Fleisch und Blut!« Seine Brüder waren einverstanden. ²⁸Also warteten sie, bis die Händler* da waren. Dann holten sie Josef aus der Zisterne und verkauften ihn für 20 Schekel Silber* an die Ismaeliter, die ihn mit nach Ägypten nahmen.
²⁹Als Ruben wiederkam und entdeckte, dass Josef fort war, zerriss er seine Kleider. ³⁰Er ging zu seinen Brüdern und rief: »Der Junge ist fort! Was soll ich jetzt tun?«
³¹Josefs Brüder schlachteten einen Ziegenbock, holten das prächtige Gewand von Josef und tauchten es in das Blut. ³²Dann brachten sie es ihrem Vater. »Wir haben das hier gefunden«, logen sie. »Sieh es dir genau an. Das ist doch Josefs Gewand, oder nicht?«
³³Als der Vater es sich genau angesehen hatte, rief er: »Ja, es ist das Gewand meines Sohnes. Ein wildes Tier muss ihn gefressen haben. In Stücke gerissen wurde Josef, in Stücke gerissen!« ³⁴Jakob zerriss seine Kleider und wickelte sich ein grobes Tuch um seine Hüften. Lange Zeit trauerte er um seinen Sohn. ³⁵Seine ganze Familie versuchte ihn zu trösten, aber Jakob wollte sich nicht trösten lassen. »Ich werde vor Trauer um meinen Sohn sterben!«, weinte er. Und er trauerte weiter um seinen Sohn.

³⁶Die Händler verkauften Josef in Ägypten an Potifar, einen hohen Bediensteten des Pharaos, den Oberbefehlshaber der königlichen Leibwache.

Juda und Tamar

38 Etwa um diese Zeit verließ Juda seine Brüder und zog nach Adullam, wo er bei einem Mann namens Hira wohnte. ²Dort begegnete er einer kanaanitischen Frau, deren Vater Schua hieß, und heiratete sie. ³Seine Frau wurde schwanger und bekam einen Sohn, dem Juda den Namen Er gab. ⁴Sie wurde noch einmal schwanger und bekam wieder einen Sohn, den sie Onan nannte. ⁵Als sie noch einen weiteren Sohn bekam, nannte sie ihn Schela. Zum Zeitpunkt von Schelas Geburt wohnten sie in Kesib.

⁶Als sein ältester Sohn Er erwachsen war, verheiratete Juda ihn mit einer Frau namens Tamar. ⁷Doch er war ein gottloser Mann in den Augen des HERRN, deshalb ließ der HERR ihn sterben. ⁸Da sagte Juda zu Ers Bruder Onan: »Du musst Tamar heiraten und deinem Bruder einen Nachkommen verschaffen.«*

⁹Onan aber wollte keinen Sohn zeugen, der nicht sein eigener Erbe war. Deshalb ließ er jedesmal, wenn er mit Tamar schlief, seinen Samen auf den Boden fließen. ¹⁰Aber das missfiel dem HERRN und er ließ auch Onan sterben.

¹¹Da sagte Juda zu seiner Schwiegertochter Tamar: »Kehre in dein Elternhaus zurück und bleib Witwe, bis mein Sohn Schela alt genug ist dich zu heiraten.« Denn er befürchtete, dass Schela ebenfalls sterben würde wie seine beiden Brüder. Also kehrte Tamar in ihr Elternhaus zurück und wohnte dort.

¹²Nach längerer Zeit starb Judas Frau. Als die Trauerzeit vorüber war, gingen Juda und sein Freund, der Adullamiter Hira, zur Schafschur nach Timna. ¹³Als Tamar mitgeteilt wurde, dass ihr Schwiegervater auf dem Weg zur Schafschur nach Timna war, ¹⁴zog sie ihre Witwenkleider aus und verhüllte sich mit einem Schleier. Dann setzte sie sich vor das Tor von Enajim, das auf dem Weg nach Timna liegt. Denn sie wusste, dass Schela inzwischen erwachsen war, sie ihm jedoch nicht zur Frau gegeben worden war. ¹⁵Juda kam vorüber und bemerkte sie. Er hielt sie für eine Prostituierte, weil ihr Gesicht verschleiert war. ¹⁶Er ging zu ihr und forderte sie auf:

37,25 *Tragakant* wurde in Ägypten zum Einbalsamieren verwendet. **37,28a** Hebr. *midianitische Händler; midianitisch* könnte hier als Oberbegriff für die handeltreibenden arabischen Stämme verwendet werden. So auch in 37,36. **37,28b** Das entspricht ca. 240 g. **38,8** Vgl. 5. Mose 25,5-10.

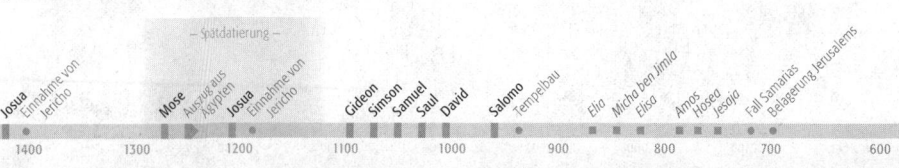

1. MOSE

1–11	Urgeschichte
1	Der Schöpfungsbericht
2–4	Bestimmung und Verfehlung des Menschen
5–6	Von Adam bis Noah
6–9	Noah und die Flut
10–11	Der Turm zu Babel
11	Von Sem bis Terach
12–50	Vätergeschichte
11–25	Abraham: Verheißung, Bund und seine Söhne
25	Die Nachkommen von Ismael
25–35	Jakob und Esau
36	Die Nachkommen von Esau
37–50	Die Geschichte von Josef

38–40

Tamar bekommt Zwillinge von Juda. Josef wird Potifars Sklave. Josef deutet im Gefängnis den Traum des königlichen Mundschenks.

[Vätergeschichte]

»Lass mich mit dir schlafen!« Denn er wusste nicht, dass es seine Schwiegertochter war.
»Was gibst du mir dafür?«, fragte Tamar.
[17]»Ich werde dir ein Ziegenböckchen aus meiner Herde schicken«, versprach Juda.
»Gib mir ein Pfand, bis du mir das Ziegenböckchen tatsächlich geschickt hast«, forderte sie.
[18]»Was für ein Pfand willst du haben?«, fragte er.
Tamar antwortete: »Ich will deinen Siegelring mit der Schnur und deinen Stab.« Juda gab ihr die Sachen und schlief mit ihr. Tamar wurde schwanger. [19]Sie ging nach Hause, legte den Schleier ab und zog wieder ihre Witwenkleider an.
[20]Juda schickte seinen Freund, den Adullamiter Hira, mit dem Ziegenböckchen zu ihr, um seine Pfänder einzulösen. Doch Hira konnte sie nirgends finden. [21]Er fragte die Leute vor Ort: »Wo finde ich die Prostituierte, die hier in Enajim an der Straße saß?«
»Hier gibt es keine Prostituierte«, antworteten sie. [22]Hira kehrte zu Juda zurück und berichtete ihm: »Ich konnte sie nirgends finden und auch die Leute des Ortes behaupteten, dass dort keine Prostituierte saß.«
[23]»Dann soll sie die Pfänder behalten, sonst werden wir noch zum Gespött des Ortes«, sagte Juda. »Ich habe es schließlich versucht, ihr das Ziegenböckchen zukommen zu lassen. Aber sie war nicht aufzufinden.«
[24]Etwa drei Monate später wurde Juda mitgeteilt: »Deine Schwiegertochter Tamar hat Hurerei getrieben. Und sie ist davon schwanger geworden.«
»Führt sie vor das Dorf und verbrennt sie!«, forderte Juda.
[25]Doch als sie aus dem Dorf geführt wurde, sandte sie ihrem Schwiegervater die Pfänder und ließ ihm ausrichten: »Von dem Mann, dem dieses Siegel, diese Schnur und dieser Stab gehören, bin ich schwanger. Sieh doch, wem sie gehören!«
[26]Juda gab zu, dass sie ihm gehörten, und sagte: »Sie ist mir gegenüber im Recht, denn ich habe sie nicht meinem Sohn Schela zur Frau gegeben.« Juda schlief nie mehr mit Tamar.
[27]Als die Zeit der Entbindung gekommen war, bekam Tamar Zwillinge. [28]Während der Geburt streckte einer der beiden seine Hand heraus. Die Hebamme band einen roten Faden um sein Handgelenk und sagte: »Dieser kam zuerst heraus.« [29]Doch da zog er seine Hand wieder zurück und sein Bruder wurde zuerst geboren. »Was für einen Riss hast du deinetwegen gerissen!«, rief die Hebamme. Deshalb wurde er

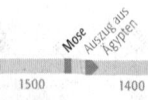

Perez* genannt. ³⁰Dann wurde der Junge mit dem roten Faden um das Handgelenk geboren, er bekam den Namen Serach*.

Josef in Potifars Haus

39 Josef war nach Ägypten gebracht worden. Potifar, ein Minister des Pharaos und Oberbefehlshaber der königlichen Leibwache, kaufte ihn von den ismaelitischen Händlern.

²Der HERR half Josef und ließ ihm alles gelingen, während er im Haus seines ägyptischen Herrn arbeitete. ³Potifar bemerkte, dass der HERR mit Josef war und ihm in allem, was er unternahm, Erfolg schenkte. ⁴Deshalb fand er seine Gunst und wurde Potifars persönlicher Diener. Schon bald übertrug Potifar Josef die Aufsicht über sein Haus und die Verwaltung seines gesamten Besitzes. ⁵Von jenem Tag an segnete der HERR Potifar um Josefs willen. Alle Arbeiten im Haus gelangen, die Ernte fiel gut aus und sein Viehbestand vergrößerte sich ständig. ⁶Deshalb gab Potifar Josef Vollmacht über seinen ganzen Besitz. Er kümmerte sich in seinem Haus um nichts mehr, außer um sein eigenes Essen.

Josef war ein gut aussehender junger Mann. ⁷Daher fing Potifars Frau an, ihn zu begehren und forderte ihn auf, mit ihr zu schlafen. ⁸Doch Josef weigerte sich. »Mein Herr vertraut mir in allem, was sein Hauswesen betrifft. ⁹Er hat in diesem Haus nicht mehr Macht als ich! Er hat mir nichts vorenthalten außer dir, denn du bist seine Frau. Wie könnte ich so etwas tun? Es wäre eine große Sünde gegen Gott.«

¹⁰Obwohl sie ihn Tag für Tag bedrängte, weigerte er sich mit ihr zu schlafen. ¹¹Eines Tages jedoch war keiner der anderen Sklaven da, während er seiner Arbeit im Haus nachging. ¹²Da packte sie ihn an seinem Gewand und verlangte: »Schlaf mit mir!« Josef riss sich los, ließ sein Gewand in ihrer Hand zurück und floh aus dem Haus.

¹³Als sie merkte, dass sie sein Gewand in der Hand hielt, er selbst aber geflohen war, ¹⁴rief sie ihre Diener. »Mein Mann hat diesen hebräischen Sklaven hierher gebracht, der nur seinen Mutwillen mit uns treibt«, sagte sie. »Er wollte mich vergewaltigen, ich aber habe laut geschrien. ¹⁵Da rannte er davon, doch sein Gewand ließ er bei mir zurück.«

¹⁶Sie ließ das Gewand neben sich liegen. Und als ihr Mann am Abend nach Hause kam, ¹⁷erzählte sie ihm dieselbe Geschichte. »Dieser hebräische Sklave, den du ins Haus gebracht hast, wollte mich zum Gespött machen«, sagte sie. ¹⁸»Nur mein Schreien hat mich gerettet. Er rannte hinaus und ließ sein Gewand bei mir zurück!«

Josef kommt ins Gefängnis

¹⁹Als Potifar das hörte, war er außer sich vor Zorn. ²⁰Er ließ Josef in das Gefängnis werfen, in dem die Gefangenen des Königs eingesperrt waren. ²¹Doch der HERR war auch dort mit Josef und sorgte dafür, dass Josef die Gunst des Gefängnisverwalters gewann. ²²Der Verwalter übertrug Josef die Aufsicht über alle anderen Gefangenen und über alles, was im Gefängnis geschah. ²³Der Verwalter musste sich um nichts mehr kümmern. Denn der HERR war mit Josef und ließ alles gelingen, was er tat.

Josef deutet zwei Träume

40 Einige Zeit später ließen sich der oberste Mundschenk und der oberste Bäcker etwas zuschulden kommen. ²Ihr Herr, der Pharao, wurde sehr zornig auf sie ³und ließ sie in das Gefängnis werfen, dem der Oberbefehlshaber der königlichen Leibwache vorstand und in dem auch Josef gefangen war. ⁴Der Oberbefehlshaber der königlichen Leibwache gab Josef den Auftrag, sich um sie zu kümmern.

⁵Eines Nachts hatten der Mundschenk und der Bäcker einen Traum, und beide Träume hatten eine besondere Bedeutung. ⁶Am nächsten Morgen fiel Josef der niedergeschlagene Gesichtsausdruck der beiden auf. ⁷»Warum seid ihr heute so niedergeschlagen?«, fragte er.

⁸Sie antworteten: »Wir hatten beide letzte Nacht einen Traum, aber es gibt niemanden hier, der uns sagen könnte, was unsere Träume bedeuten.«

»Nur Gott kann Träume deuten«, entgegnete Josef. »Erzählt mir, was ihr geträumt habt.«

⁹Der oberste Mundschenk erzählte seinen Traum zuerst. »In meinem Traum«, begann er, »sah ich einen Weinstock. ¹⁰Er hatte drei Ranken, die zu knospen und zu blühen begannen, und schon bald hing der ganze Stock voller reifer Trauben. ¹¹In meiner Hand hielt ich den Weinbecher des Pharaos. Ich nahm die Trauben und presste den Saft hinein. Dann reichte ich den Becher dem Pharao.«

¹²»Ich sage dir, was der Traum bedeutet«, entgegnete Josef. »Die drei Ranken bedeuten drei

---

38,29 Hebr. *Riss, Durchbrecher*. Im Hebr. ein Wortspiel, das so viel wie *sich einen Weg verschaffen, um als Erster zu kommen; vordrängeln* bedeutet. **38,30** Hebr. *rot* oder *Glanz*.

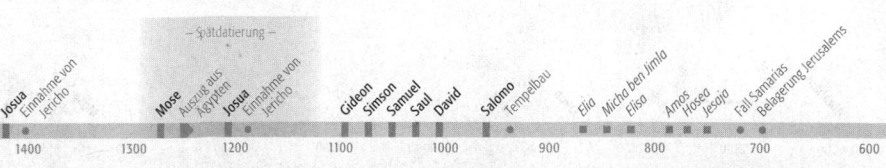

1. MOSE

1–11	Urgeschichte
1	Der Schöpfungsbericht
2–4	Bestimmung und Verfehlung des Menschen
5–6	Von Adam bis Noah
6–9	Noah und die Flut
10–11	Der Turm zu Babel
11	Von Sem bis Terach
12–50	Vätergeschichte
11–25	Abraham: Verheißung, Bund und seine Söhne
25	Die Nachkommen von Ismael
25–35	Jakob und Esau
36	Die Nachkommen von Esau
37–50	Die Geschichte von Josef

40–41
Josef deutet den Traum des königlichen Bäckers. Josef deutet die Träume des Pharaos: sieben Jahre Überfluss, sieben Jahre Hungersnot. Josef wird der Stellvertreter des Pharaos.

[Vätergeschichte]

Tage. ¹³Innerhalb von drei Tagen wird der Pharao dich aus dem Gefängnis holen lassen und dich wieder in deine Stellung als obersten Mundschenk einsetzen. ¹⁴Denk an mich, wenn es dir wieder gut geht! Erzähl dem Pharao von mir und bitte ihn, mich hier herauszuholen. ¹⁵Denn ich wurde aus meiner Heimat, dem Land der Hebräer, entführt. Und jetzt sitze ich hier im Gefängnis, obwohl ich nichts Unrechtes getan habe.«

¹⁶Als der oberste Bäcker sah, dass der Traum des Mundschenks eine so gute Bedeutung hatte, erzählte auch er Josef seinen Traum. »In meinem Traum«, sagte er, »trug ich drei Körbe mit Gebäck auf dem Kopf. ¹⁷Im obersten Korb waren alle möglichen Backwaren für den Pharao. Da kamen Vögel und fraßen den Korb leer.«

¹⁸»Ich sage dir, was das bedeutet«, meinte Josef. »Die drei Körbe bedeuten drei Tage. ¹⁹In drei Tagen wird der Pharao dich aus dem Gefängnis holen und dich hängen lassen. Dann werden Vögel kommen und dein Fleisch fressen.«

²⁰Drei Tage später hatte der Pharao Geburtstag. Er gab ein Festmahl für seinen ganzen Hofstaat und ließ den obersten Mundschenk und den obersten Bäcker aus dem Gefängnis holen. ²¹Den obersten Mundschenk setzte er wieder in sein früheres Amt ein. ²²Den Bäcker jedoch ließ er aufhängen, ganz so, wie Josef es vorausgesagt hatte. ²³Der Mundschenk dachte nicht mehr an Josef, sondern vergaß ihn.

Pharaos Träume

41 Zwei Jahre später träumte der Pharao, dass er am Nilufer stand. ²In dem Traum stiegen plötzlich sieben fette, gesunde Kühe aus dem Fluss und begannen am Ufer zu weiden. ³Dann stiegen sieben magere, hässliche Kühe aus dem Fluss und stellten sich neben die sieben fetten Kühe. ⁴Und die mageren, hässlichen Kühe fraßen die fetten, gesunden Kühe auf. Da erwachte der Pharao.

⁵Bald schlief er wieder ein und hatte einen zweiten Traum: Sieben Ähren wuchsen auf einem einzigen Halm und jede einzelne Ähre war schön und prall gefüllt. ⁶Dann plötzlich wuchsen sieben weitere Ähren an dem Halm, doch diese waren verkümmert und vom Ostwind vertrocknet. ⁷Die verkümmerten Ähren verschluckten die sieben schönen Ähren. Da erwachte der Pharao und merkte, dass es ein Traum gewesen war.

⁸Am nächsten Morgen war der Pharao sehr beunruhigt über die Bedeutung der Träume. Er ließ alle Wahrsager und Gelehrten Ägyptens zu sich kommen und erzählte ihnen seine Träume.

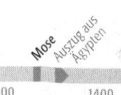

Aber keiner von ihnen konnte sie deuten. ⁹Da sprach der Mundschenk beim König vor. »Majestät, heute ist mir mein Versäumnis wieder eingefallen«, sagte er. ¹⁰»Vor einiger Zeit, als Sie auf den obersten Bäcker und mich zornig waren, haben Sie uns ins Gefängnis werfen lassen. ¹¹Eines Nachts hatten der Bäcker und ich einen Traum und jeder Traum hatte eine Bedeutung. ¹²Wir erzählten die Träume einem jungen Hebräer, einem ehemaligen Sklaven des Oberbefehlshabers der königlichen Leibwache. Er sagte uns, was unsere Träume bedeuteten, ¹³und alles traf genauso ein, wie er vorausgesagt hatte. Ich wurde wieder in meine Stellung als Mundschenk eingesetzt und der oberste Bäcker wurde gehängt.«

¹⁴Sofort schickte der Pharao nach Josef und er wurde schnell aus dem Gefängnis herbeigeholt. Josef ließ sich die Haare schneiden, wechselte seine Kleider und trat vor den Pharao. ¹⁵»Letzte Nacht hatte ich einen Traum«, erzählte der Pharao ihm, »und keiner kann mir sagen, was er bedeutet. Doch ich habe gehört, dass du Träume deuten kannst, deshalb habe ich dich rufen lassen.«

¹⁶»Es steht nicht in meiner Macht, das zu tun, Majestät«, antwortete Josef, »nur Gott kann es. Aber er wird Ihnen sicher etwas Gutes ankündigen.«

¹⁷Der Pharao erzählte ihm den Traum. »Ich stand am Ufer des Nil«, sagte er. ¹⁸»Plötzlich stiegen sieben fette, gesunde Kühe aus dem Fluss und begannen am Ufer zu weiden. ¹⁹Dann stiegen sieben weitere Kühe aus dem Fluss. Sie waren dünn und ausgemergelt – ich habe in ganz Ägypten noch nie so hässliche Tiere gesehen. ²⁰Diese mageren Kühe fraßen die sieben fetten auf, die zuerst aus dem Wasser gestiegen waren. ²¹Aber danach waren sie trotzdem noch genauso hässlich und mager wie zuvor! Dann erwachte ich.

²²Ich schlief wieder ein und hatte einen zweiten Traum. An einem Halm wuchsen sieben schöne, pralle Ähren. ²³Nach ihnen wuchsen sieben verkümmerte, vom Ostwind vertrocknete Ähren aus dem Halm. ²⁴Und die vertrockneten Ähren verschlangen die schönen! Ich habe die Träume meinen Wahrsagern erzählt, aber keiner von ihnen konnte mir sagen, was sie bedeuten.«

²⁵»Beide Träume bedeuten dasselbe«, sagte Josef zum Pharao. »Gott hat Ihnen durch sie mitgeteilt, was er tun wird. ²⁶Die sieben fetten Kühe und die sieben schönen Ähren stehen für sieben reiche, fruchtbare Jahre. ²⁷Die sieben mageren, hässlichen Kühe und die sieben vertrockneten Ähren stehen für sieben Hungerjahre. ²⁸Gott hat Ihnen gezeigt, was er tun wird. ²⁹In den nächsten sieben Jahren wird es in ganz Ägypten reiche Ernten geben. ³⁰Nach ihnen werden jedoch sieben Jahre des Hungers kommen. Sie werden so schwer sein, dass der Überfluss vergessen sein wird. Der Hunger wird das Land aufzehren. ³¹Die Hungersnot wird so schrecklich sein, dass sich niemand mehr an die guten Jahre erinnern wird. ³²Dass Sie den Traum zweimal geträumt haben, bedeutet, dass diese Ereignisse bei Gott beschlossene Sache sind und dass er sie bald eintreten lassen wird.

³³Mein Rat lautet, dass Sie sich einen weisen Mann suchen und ihn über ganz Ägypten setzen. ³⁴Der Pharao sollte Minister ernennen, die in den sieben guten Jahren den fünften Teil der Ernte als Steuern einziehen. ³⁵Sie sollen alles Getreide der sieben guten Jahre in den königlichen Vorratshäusern in den Städten sammeln und aufbewahren. ³⁶Auf diese Weise wird es genug Vorrat für die sieben Hungerjahre geben und das Volk wird nicht verhungern.«

Josef wird Stellvertreter des Pharaos

³⁷Josefs Vorschlag fand Gehör beim Pharao und seinen Beratern. ³⁸Als sie beratschlagten, wer für diese Aufgabe ernannt werden sollte, sagte der Pharao: »Wer könnte besser dafür geeignet sein als Josef? Denn er ist ein Mann, der ganz offensichtlich vom Geist Gottes erfüllt ist.« ³⁹Und er wandte sich an Josef und sagte: »Da Gott dir die Bedeutung der Träume offenbart hat, musst du der weiseste Mann im ganzen Land sein! ⁴⁰Hiermit ernenne ich dich zu meinem Stellvertreter. Mein Volk soll deinen Anweisungen gehorchen. Nur ich allein werde im Rang noch über dir stehen.«

⁴¹Und der Pharao sagte zu Josef: »Hiermit gebe ich dir Vollmacht über ganz Ägypten.« ⁴²Dann steckte er ihm seinen königlichen Siegelring an den Finger. Er gab ihm kostbare Gewänder und legte ihm eine goldene Kette um den Hals. ⁴³Außerdem stellte er Josef einen zweisitzigen Wagen zur Verfügung. Und wo immer er hinkam, ließ man ausrufen: »Werft euch vor ihm nieder!« So erhielt Josef die Vollmacht über ganz Ägypten. ⁴⁴Und der Pharao sagte zu Josef: »Ich bin der König, aber ohne deine Zustimmung soll niemand in Ägypten auch nur eine Hand oder einen Fuß heben.«

⁴⁵Der Pharao gab Josef den Namen Zafenat-Paneach* und gab ihm Asenat zur Frau. Sie war die Tochter von Potifera, dem Priester von On. So übernahm Josef die Regierungsgewalt über

---

41,45 *Zafenat-Paneach* bedeutet wahrscheinlich *Gott spricht und lebt.*

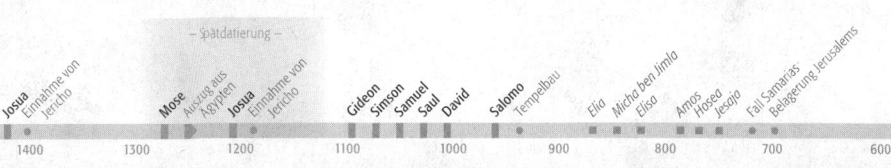

1. MOSE

1–11	Urgeschichte
1	Der Schöpfungsbericht
2–4	Bestimmung und Verfehlung des Menschen
5–6	Von Adam bis Noah
6–9	Noah und die Flut
10–11	Der Turm zu Babel
11	Von Sem bis Terach
12–50	Vätergeschichte
11–25	Abraham: Verheißung, Bund und seine Söhne
25	Die Nachkommen von Ismael
25–35	Jakob und Esau
36	Die Nachkommen von Esau
37–50	Die Geschichte von Josef

41–42
Geburt Manasses und Ephraims. Josefs Brüder wollen Getreide in Ägypten kaufen. Josef verlangt, dass seine Brüder Benjamin mitbringen.

[Vätergeschichte]

ganz Ägypten. ⁴⁶Er war 30 Jahre alt, als er der Stellvertreter des Pharaos, des Königs von Ägypten, wurde. Josef verließ den Pharao und reiste durchs ganze Land.

⁴⁷In den nächsten sieben Jahren gab es überall reiche Ernten. ⁴⁸In diesen Jahren zog Josef einen Teil der Ernte aus ganz Ägypten ein und ließ sie in die Vorratshäuser der Städte bringen, in jede Stadt den Ertrag der sie umgebenden Felder. ⁴⁹Nach sieben Jahren waren die Getreidespeicher bis zum Rand gefüllt. Es gab Korn wie Sand am Meer, so viel, dass man es nicht mehr abmessen konnte.

⁵⁰In dieser Zeit vor der Hungersnot bekamen Josef und seine Frau Asenat zwei Söhne. Asenat war die Tochter von Potifera, dem Priester von On. ⁵¹Josef nannte seinen ältesten Sohn Manasse*, denn er sagte: »Gott hat mich all meinen Kummer und die Familie meines Vaters vergessen lassen.« ⁵²Seinen zweiten Sohn nannte er Ephraim*, denn er sagte: »Gott hat mir im Land meiner Leiden Kinder geschenkt.«

⁵³Schließlich gingen die sieben Jahre des Überflusses zu Ende. ⁵⁴Danach begannen die sieben Hungerjahre, so wie Josef es vorausgesagt hatte. Auch in den angrenzenden Ländern herrschte Hungersnot, aber in Ägypten waren die Vorratshäuser gefüllt. ⁵⁵Doch auch in Ägypten begannen die Menschen schließlich zu hungern. Sie flehten den Pharao um Nahrung an und er sagte zu ihnen: »Geht zu Josef und tut, was er euch sagt.« ⁵⁶Als die Hungersnot immer drückender wurde, ließ Josef die Vorratshäuser öffnen und verkaufte den Ägyptern das Getreide. ⁵⁷Auch die Menschen aus den benachbarten Ländern kamen nach Ägypten, um Getreide bei Josef zu kaufen, denn auf der ganzen Welt herrschte großer Hunger.

Josefs Brüder reisen nach Ägypten

42 Als Jakob* hörte, dass es in Ägypten Getreide gab, sagte er zu seinen Söhnen: »Warum steht ihr hier untätig herum und schaut euch an? ²Ich habe gehört, dass es in Ägypten Getreide gibt. Reist dorthin und kauft etwas für uns, bevor wir alle verhungern.« ³So machten sich zehn von Josefs Brüdern auf den Weg nach Ägypten, um Getreide zu kaufen. ⁴Benjamin, dem jüngeren Bruder Josefs, erlaubte Jakob jedoch nicht mitzugehen. Denn er hatte Angst,

41,51 *Manasse* erinnert an einen hebr. Begriff, der *vergessen lassen* bedeutet. **41,52** *Ephraim* erinnert an einen hebr. Begriff, der *fruchtbar* bedeutet. **42,1** Hebr. *Israel*. So auch in V. 5.

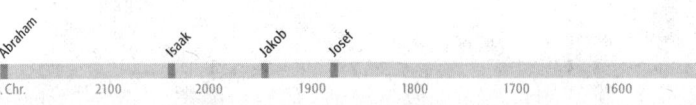

ihm könnte etwas zustoßen. ⁵Jakobs Söhne kamen zusammen mit vielen anderen nach Ägypten, um Getreide zu kaufen, denn die Hungersnot hatte auch Kanaan erreicht.

⁶Josef herrschte über ganz Ägypten und jeder, der Getreide kaufen wollte, musste zu ihm gehen. So kamen auch seine Brüder zu ihm. Sie verneigten sich tief vor ihm. ⁷Josef erkannte sie sofort, ließ sich aber nichts anmerken. »Woher kommt ihr?«, fragte er ungnädig.

»Aus dem Land Kanaan«, antworteten sie. »Wir sind gekommen, um Getreide zu kaufen.« ⁸Seine Brüder erkannten ihn nicht, aber Josef erkannte sie. ⁹Er erinnerte sich an die Träume, die er vor vielen Jahren gehabt hatte. »Ihr seid Spione!«, verdächtigte er sie. »Ihr seid gekommen, um auszukundschaften, wo unser Land seine Schwachstellen hat.«

¹⁰»Nein, mein Herr!«, beteuerten sie. »Wir sind gekommen, um Nahrung zu kaufen. ¹¹Wir sind alle Brüder und ehrliche Männer, Herr! Wir sind keine Spione!«

¹²»Doch, das seid ihr«, beharrte er. »Ihr seid gekommen, um herauszufinden, wo unser Land schwach ist.«

¹³»Herr«, sagten sie, »wir sind zwölf Brüder und unser Vater lebt im Land Kanaan. Unser jüngster Bruder ist bei unserem Vater geblieben und der andere ist tot.«

¹⁴Aber Josef blieb dabei: »Wie ich gesagt habe, ihr seid Spione! ¹⁵Doch ich will eure Geschichte überprüfen. Ich schwöre beim Leben des Pharaos, dass ihr Ägypten erst dann wieder verlassen werdet, wenn euer jüngster Bruder herkommt. ¹⁶Einer von euch kann gehen und euren Bruder holen! Die Übrigen bleiben so lange als meine Gefangenen hier. Dann wird sich herausstellen, ob eure Geschichte wahr ist. Wenn nicht, dann weiß ich, dass ihr Spione seid.«

¹⁷Und er ließ sie alle für drei Tage einsperren. ¹⁸Am dritten Tag sagte er zu ihnen: »Ich bin ein gottesfürchtiger Mann. Wenn ihr tut, was ich sage, werdet ihr am Leben bleiben. ¹⁹Wir wollen sehen, ob ihr wirklich ehrliche Leute seid. Nur einer von euch soll hier im Gefängnis bleiben. Die übrigen können nach Hause gehen und Getreide für ihre hungernden Familien mitnehmen. ²⁰Aber bringt mir euren jüngsten Bruder her. Dann werde ich wissen, dass ihr mir die Wahrheit gesagt habt, und ich werde euch am Leben lassen.« Damit waren sie einverstanden.

²¹Sie sagten zueinander: »Das alles ist nur aufgrund dessen geschehen, was wir Josef vor langer Zeit angetan haben. Wir haben seine Angst gesehen, als er uns um Gnade anflehte, aber nicht darauf gehört. Jetzt müssen wir dafür büßen.«

²²»Habe ich euch damals nicht gesagt, ihr solltet ihm nichts tun?«, warf Ruben ihnen vor. »Aber ihr wolltet ja nicht auf mich hören. Und jetzt werden wir sterben, weil wir seinen Tod auf dem Gewissen haben.«

²³Sie wussten nicht, dass Josef alles verstand, denn er hatte davor durch einen Dolmetscher mit ihnen geredet. ²⁴Nun verließ er den Raum, weil er weinen musste. Dann kam er zurück, sprach mit ihnen und ließ Simeon vor ihren Augen festnehmen.

²⁵Josef befahl seinen Leuten, die Säcke der Männer mit Getreide zu füllen und ihnen Reiseverpflegung mitzugeben. Heimlich gab er ihnen die Anweisung, jedem das bezahlte Geld ganz oben in den Sack zu legen. ²⁶Josefs Brüder luden die Säcke auf ihre Esel und machten sich auf den Heimweg.

²⁷Am Abend wollten sie in einer Herberge übernachten. Als einer von ihnen seinen Sack öffnete, um seinen Esel zu füttern, fand er sein Geld darin. ²⁸»Seht nur!«, rief er. »Mein Geld liegt hier in meinem Sack!« Sie erschraken und sagten zueinander: »Was hat Gott uns angetan?« ²⁹So kamen sie zu ihrem Vater Jakob nach Kanaan und erzählten ihm, was sie erlebt hatten.

³⁰»Der Mann, der dort regiert, war sehr unfreundlich zu uns«, erzählten sie ihm. »Er hielt uns für Spione. ³¹Wir haben beteuert: ›Wir sind ehrliche Männer und keine Spione. ³²Wir sind zwölf Brüder, ein Bruder ist tot und der jüngste ist bei unserem Vater in Kanaan geblieben.‹ ³³Da antwortete der ägyptische Herrscher: ›Ich werde herausfinden, ob ihr ehrliche Männer seid. Lasst einen von euren Brüdern hier bei mir, nehmt Getreide für eure Familien mit und reist nach Hause. ³⁴Aber bringt euren jüngsten Bruder zu mir. Dann werde ich wissen, dass ihr ehrliche Männer seid und keine Spione. Ich werde euch euren Bruder zurückgeben und ihr dürft ungehindert durchs Land reisen.‹«

³⁵Als sie ihre Säcke ausleeren wollten, lag in jedem Sack ihr Geld. Da erschraken sie und auch ihr Vater sehr. ³⁶Jakob rief aus: »Ihr raubt mir meine Kinder! Josef ist verschwunden, Simeon ist fort und jetzt wollt ihr mir auch noch Benjamin wegnehmen. Es bleibt mir auch nichts erspart!«

³⁷Da sagte Ruben zu seinem Vater: »Wenn ich dir Benjamin nicht zurückbringe, darfst du meine beiden Söhne töten. Vertraue ihn mir an. Ich werde ihn zurückbringen!«

³⁸Doch Jakob entgegnete: »Mein Sohn wird nicht mit euch nach Ägypten ziehen, denn sein Bruder Josef ist tot und er allein ist mir übrig geblieben. Wenn ihm auf der Reise etwas zustoßen sollte, würdet ihr mich vor Kummer ins Grab bringen.«

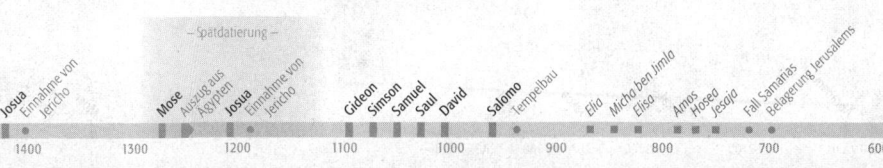

1. MOSE

1–11	Urgeschichte
1	Der Schöpfungsbericht
2–4	Bestimmung und Verfehlung des Menschen
5–6	Von Adam bis Noah
6–9	Noah und die Flut
10–11	Der Turm zu Babel
11	Von Sem bis Terach
12–50	Vätergeschichte
11–25	Abraham: Verheißung, Bund und seine Söhne
25	Die Nachkommen von Ismael
25–35	Jakob und Esau
36	Die Nachkommen von Esau
37–50	Die Geschichte von Josef

43–44
Jakobs Söhne ziehen mit Benjamin nach Ägypten. Josef lässt seinen Silberbecher bei Benjamin verstecken.

[Vätergeschichte]

Die Brüder kehren nach Ägypten zurück

43 Doch die schreckliche Hungersnot im Land ließ nicht nach. ²Als das Getreide, das sie aus Ägypten geholt hatten, aufgebraucht war, sagte Jakob* zu seinen Söhnen: »Geht noch einmal nach Ägypten und kauft uns ein wenig Nahrung.«

³Aber Juda wandte ein: »Der Mann hat uns ausdrücklich gewarnt: ›Kommt nicht mehr ohne euren Bruder zu mir.‹ ⁴Wenn du ihn mit uns gehen lässt, werden wir nach Ägypten ziehen und Getreide kaufen. ⁵Wenn du Benjamin jedoch nicht gehen lässt, werden wir auch nicht gehen. Denn der Mann hat gesagt: ›Ohne euren Bruder dürft ihr mir nicht mehr unter die Augen treten.‹«

⁶»Warum habt ihr ihm überhaupt erzählt, dass ihr noch einen Bruder habt?«, fragte Jakob. »Warum musstet ihr mir das antun?«

⁷»Der Mann hat sich genau nach unserer Familie erkundigt«, antworteten sie. »Er wollte wissen, ob unser Vater noch am Leben sei, und fragte uns, ob wir noch einen Bruder hätten. Deshalb erzählten wir es ihm. Woher hätten wir wissen sollen, dass er sagen würde: ›Bringt euren Bruder her‹?«

⁸Juda sagte zu seinem Vater: »Gib mir den Jungen mit, damit wir aufbrechen können und am Leben bleiben. Andernfalls werden wir alle verhungern – und nicht nur wir, sondern auch du und unsere Kinder. ⁹Ich werde persönlich für ihn bürgen, von mir sollst du ihn zurückfordern. Wenn ich ihn dir nicht gesund zurückbringe, will ich mein Leben lang die Schuld dafür tragen. ¹⁰Wir könnten schon zweimal wieder hier sein, wenn wir nicht so lange gezögert hätten.«

¹¹Da sagte ihr Vater Jakob zu ihnen: »Wenn es nun nicht anders geht, dann tut Folgendes: Bringt dem Mann die besten Erzeugnisse unseres Landes als Geschenke: kostbare Harze*, Honig, Pistazien und Mandeln. ¹²Nehmt doppelt so viel Geld mit und zahlt das Geld zurück, das ihr in euren Säcken gefunden habt. Vielleicht war es ja ein Versehen. ¹³Dann nehmt euren Bruder und geht wieder zu dem Mann. ¹⁴Der allmächtige Gott schenke, dass der ägyptische Herrscher Erbarmen mit euch hat und Simeon freigibt und auch Benjamin zurückkehren lässt. Und wenn ich euch auch noch verlieren muss, dann soll es wohl so sein.«

¹⁵Die Brüder nahmen die Geschenke und doppelt so viel Geld mit und reisten mit Benjamin nach Ägypten. Dort traten sie vor Josef. ¹⁶Als

43,2 Hebr. *Israel*; so auch in 43,6 und 11.   43,11 *Balsamharz, Tragakant und Ladanharz.*

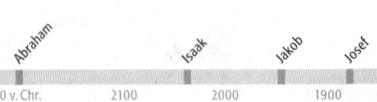

Josef sah, dass Benjamin bei ihnen war, wies er seinen Hausverwalter an: »Diese Männer sollen heute mit mir zu Mittag essen. Führe sie in meinen Palast, schlachte Tiere und bereite ein großes Festmahl vor.« ¹⁷Der Mann tat, wie Josef ihm aufgetragen hatte und führte sie in Josefs Palast.

¹⁸Sie erschraken, weil sie in Josefs Palast gebracht wurden, und sagten zueinander: »Das geschieht sicher wegen des Geldes, das beim letzten Mal wieder in unsere Säcke geraten ist. Jetzt wird man uns verhaften, unsere Esel wegnehmen und uns versklaven.«

Ein Fest in Josefs Palast
¹⁹Als die Brüder ans Palasttor kamen, wandten sie sich an den Hausverwalter. ²⁰Sie sagten zu ihm: »Herr, wir waren schon einmal hier und kauften Getreide. ²¹Als wir auf dem Heimweg in die Herberge kamen und unsere Säcke öffneten, fanden wir darin das gesamte Geld, mit dem wir das Getreide bezahlt hatten. Wir haben es wieder mitgebracht. ²²Wir haben noch mehr Geld dabei, um neues Getreide zu kaufen. Es ist uns ein Rätsel, wer das Geld in unsere Säcke gelegt hat.«

²³»Beruhigt euch und macht euch deswegen keine Sorgen«, sagte der Hausverwalter. »Euer Gott, der Gott eures Vaters, muss es dort hineingelegt haben. Ich habe euer Geld bekommen.« Dann ließ er Simeon frei und brachte ihn zu ihnen.

²⁴Danach führte er die Brüder in Josefs Palast und gab ihnen Wasser, damit sie sich die Füße waschen konnten, und fütterte ihre Esel. ²⁵Sie erfuhren, dass sie dort mit Josef zu Mittag essen würden. Deshalb hielten sie ihre Geschenke für ihn bereit.

²⁶Als Josef in den Palast kam, überreichten sie ihm ihre Geschenke und verneigten sich tief vor ihm. ²⁷Er erkundigte sich nach ihrem Ergehen. Dann fragte er: »Wie geht es eurem alten Vater, von dem ihr mir erzählt habt? Lebt er noch?«

²⁸»Ja, unser Vater, Ihr Diener, lebt noch«, antworteten sie, »und es geht ihm gut.« Und sie knieten sich nieder und verneigten sich vor ihm.

²⁹Josef sah seinen Bruder Benjamin, den Sohn seiner Mutter, an und fragte: »Ist dies euer jüngster Bruder, von dem ihr mir erzählt habt? Gott überschütte dich mit seiner Gnade, mein Sohn.« ³⁰Dann verließ er schnell den Raum, weil die Zuneigung zu seinem Bruder ihn überwältigte und er weinen musste. Er lief in sein Privatzimmer und weinte dort. ³¹Danach wusch er sich das Gesicht und kam wieder zurück; und er beherrschte sich sehr. »Tragt das Essen auf!«, befahl er seinen Bediensteten.

³²Josef aß allein an einem Tisch, seine Brüder aßen an einem anderen Tisch, während die Ägypter an einem dritten saßen. Denn die Ägypter dürfen nicht zusammen mit den Hebräern essen, weil sie sich dadurch verunreinigen würden. ³³Josef wies jedem seiner Brüder einen Platz zu. Und zu ihrer großen Überraschung setzte er sie nach ihrem Alter geordnet, vom Ältesten bis zum Jüngsten. ³⁴Ihr Essen wurde ihnen von Josefs Tafel serviert. Benjamin ließ Josef am meisten geben – fünfmal so viel wie seinen Brüdern. Und sie tranken und feierten in ausgelassener Stimmung.

Josefs silberner Becher

44 Später gab Josef seinem Hausverwalter folgende Anweisungen: »Fülle jeden ihrer Säcke mit so viel Getreide, wie sie tragen können, und leg das Geld von jedem oben in ihre Säcke. ²Meinen silbernen Becher leg oben in den Sack des Jüngsten zusammen mit dem Geld für sein Getreide.« Der Hausverwalter tat, was Josef ihm aufgetragen hatte.

³Bei Morgengrauen machten sich die Brüder mit ihren Eseln auf den Weg. ⁴⁻⁶Josef hatte zu seinem Verwalter gesagt: »Jag ihnen nach! Und wenn du sie erreicht hast, frag sie: ›Warum habt ihr Gutes mit Bösem vergolten? Ist das nicht der silberne Trinkbecher meines Herrn, mit dessen Hilfe er die Zukunft vorhersagt? Was für ein Verbrechen habt ihr da begangen!‹« Die Brüder hatten jedoch gerade die Stadt hinter sich gelassen, da holte der Verwalter sie ein und sagte das zu ihnen, was Josef ihm aufgetragen hatte. ⁷»Warum beschuldigst du uns so schwer?«, entgegneten die Brüder. »Wir würden so etwas nie tun. ⁸Haben wir dir nicht das Geld, das wir in unseren Säcken gefunden haben, den langen Weg aus Kanaan zurückgebracht? Warum sollten wir Silber oder Gold aus dem Palast deines Herrn stehlen? ⁹Wenn du diesen Becher bei einem von uns findest, dann soll derjenige sterben. Und wir anderen wollen die Sklaven deines Herrn sein.«

¹⁰»Gut«, antwortete der Mann, »aber nur derjenige soll ein Sklave sein, bei dem der Becher gefunden wird. Die anderen sind ohne Schuld.«

¹¹Rasch lud jeder seinen Sack von seinem Esel und öffnete ihn. ¹²Der Verwalter durchsuchte alle Säcke, beim ältesten Bruder fing er an, beim Jüngsten hörte es auf. In Benjamins Sack fand er schließlich den Becher! ¹³Da zerrissen die Brüder vor Verzweiflung ihre Kleider, beluden wieder ihre Esel und kehrten in die Stadt zurück. ¹⁴Josef war noch in seinem Palast, als Juda und

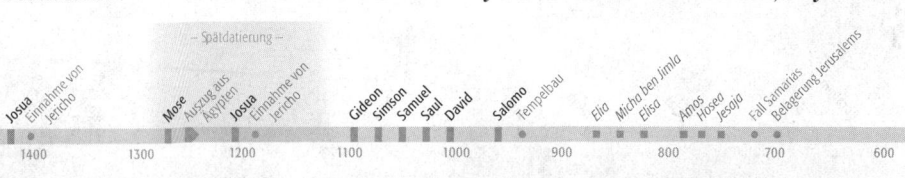

1. MOSE

1–11	Urgeschichte
1	Der Schöpfungsbericht
2–4	Bestimmung und Verfehlung des Menschen
5–6	Von Adam bis Noah
6–9	Noah und die Flut
10–11	Der Turm zu Babel
11	Von Sem bis Terach
12–50	Vätergeschichte
11–25	Abraham: Verheißung, Bund und seine Söhne
25	Die Nachkommen von Ismael
25–35	Jakob und Esau
36	Die Nachkommen von Esau
37–50	Die Geschichte von Josef

44-46
Juda bittet Josef, Benjamin zurückkehren zu lassen. Josef gibt sich seinen Brüdern zu erkennen. Er möchte, dass Jakob nach Ägypten zieht.

[Vätergeschichte]

seine Brüder eintrafen. Die Brüder fielen vor ihm nieder.
¹⁵»Was habt ihr euch nur dabei gedacht?«, fragte Josef. »Wusstet ihr denn nicht, dass ein Mann wie ich wahrsagen kann?«
¹⁶Juda antwortete: »Oh, mein Herr, was sollen wir Ihnen sagen? Wie können wir uns rechtfertigen? Gott straft uns für unsere Sünde. Mein Herr, wir wollen alle Ihre Sklaven sein – wir und unser Bruder, in dessen Sack der Becher gefunden wurde!«
¹⁷»Nein, so nicht«, sagte Josef. »Nur der Mann, bei dem der Becher gefunden wurde, soll mein Sklave sein. Ihr anderen könnt unbehelligt zu eurem Vater nach Hause zurückkehren.«

Juda spricht für seine Brüder
¹⁸Da trat Juda vor und sagte: »Ich weiß, dass Sie so mächtig wie der Pharao sind. Werden Sie bitte nicht zornig, wenn ich noch dies eine sage.
¹⁹Sie fragten uns, ob wir einen Vater oder einen Bruder hätten. ²⁰Wir antworteten: ›Ja, wir haben einen alten Vater und einen Bruder, der ihm im hohen Alter geboren wurde. Sein Bruder ist tot; er allein ist von den Kindern seiner Mutter übrig geblieben und sein Vater liebt ihn sehr.‹ ²¹Und Sie sagten zu uns: ›Bringt ihn her, damit ich ihn sehe.‹ ²²Wir wandten ein: ›Herr, der Junge kann seinen Vater nicht verlassen, denn dann würde sein Vater sterben.‹ ²³Aber Sie befahlen uns: ›Kommt ohne euren jüngsten Bruder nicht mehr hierher.‹ ²⁴Also kehrten wir zu unserem Vater zurück und berichteten ihm, was Sie zu uns gesagt hatten. ²⁵Und als unser Vater sagte: ›Reist noch einmal nach Ägypten und kauft uns ein wenig Nahrung‹, ²⁶antworteten wir: ›Das können wir nicht – es sei denn, du lässt unseren jüngsten Bruder mit uns gehen. Ansonsten dürfen wir dem ägyptischen Herrscher dort nicht mehr unter die Augen treten.‹ ²⁷Da sagte mein Vater zu uns: ›Ihr wisst, dass mir meine Lieblingsfrau* zwei Söhne geboren hatte. ²⁸Und ihr wisst auch, dass einer von ihnen fort ist – ohne Zweifel wurde er von einem wilden Tier zerrissen. Ich habe ihn seither nicht mehr gesehen. ²⁹Wenn ihr mir nun auch noch seinen Bruder nehmt und ihm etwas zustößt, würdet ihr mich vor Kummer ins Grab bringen.‹
³⁰Unser Vater hängt sehr an ihm. Wenn ich ohne den Jungen zu meinem Vater zurückkehre ³¹und er sieht, dass der Junge nicht bei uns ist, wird er sterben. Wir würden die Verantwortung dafür tragen ihn vor Kummer ins Grab gebracht zu haben. ³²Mein Herr, ich habe mich bei meinem Vater für den Jungen verbürgt. Ich habe zu

44,27 Hebr. *Frau.*

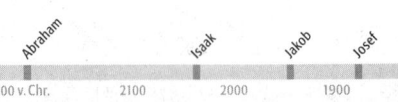
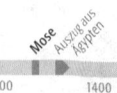

ihm gesagt: ›Wenn ich ihn dir nicht zurückbringe, will ich mein Leben lang die Schuld auf mich nehmen.‹ ³³Bitte, mein Herr, lassen Sie mich anstelle des Jungen als Sklaven für meinen Herrn hier bleiben und lassen Sie den Jungen mit seinen Brüdern zusammen heimkehren. ³⁴Denn wie kann ich zu meinem Vater zurückkehren, wenn der Junge nicht bei mir ist? Ich kann nicht mit ansehen, welchen Schmerz ihm das zufügen würde.«

Josef gibt sich zu erkennen

45 Da konnte Josef sich nicht länger beherrschen. »Verlasst alle den Raum«, befahl er den Anwesenden. So war er mit seinen Brüdern allein, als er sich ihnen zu erkennen gab. ²Dann brach er in Tränen aus und weinte laut, sodass es die Ägypter hörten, und bald wussten alle am Hof des Pharaos davon.

³»Ich bin Josef«, sagte er zu seinen Brüdern. »Lebt mein Vater noch?« Doch seine Brüder waren fassungslos und brachten kein Wort heraus. ⁴»Kommt her zu mir!«, sagte er. Sie kamen näher. Und wieder sagte er: »Ich bin euer Bruder Josef, den ihr nach Ägypten verkauft habt. ⁵Aber macht euch deswegen keine Vorwürfe. Gott selbst hat mich vor euch her geschickt, um euer Leben zu retten. ⁶Denn schon seit zwei Jahren herrscht nun die Hungersnot und auch in den nächsten fünf Jahren wird man weder säen noch ernten können. ⁷Gott hat mich vor euch her geschickt, damit er euch auf wunderbare Art und Weise am Leben erhält und einige von euch übrig bleiben. ⁸Ja, nicht ihr habt mich hierher geschickt, sondern Gott! Und er hat mich zum wichtigsten Berater des Pharaos gemacht – zum Herrn über sein ganzes Haus und zum Herrscher über ganz Ägypten.

⁹Kehrt schnell zu meinem Vater zurück und sagt ihm: ›Dies lässt dir dein Sohn Josef sagen: Gott hat mich zum Herrn über ganz Ägypten gemacht. Komm schnell herab zu mir! Zögere nicht! ¹⁰Du kannst in der Provinz Goschen wohnen, damit du in meiner Nähe bist, du und deine Kinder und Enkelkinder, deine Schaf- und Rinderherden und dein ganzer Besitz. ¹¹Ich werde für euch sorgen, damit du und deine Familie nicht verarmen, denn es liegen noch fünf Jahre des Hungers vor uns.‹«

¹²Dann sagte Josef: »Ihr seht selbst, und auch mein Bruder Benjamin kann sehen, dass ich wirklich Josef bin, der zu euch redet. ¹³Erzählt meinem Vater, wie geachtet ich hier in Ägypten

bin. Erzählt ihm alles, was ihr gesehen habt, und bringt ihn schnell zu mir.« ¹⁴Weinend umarmte er Benjamin und auch Benjamin begann zu weinen. ¹⁵Dann küsste Josef weinend alle seine Brüder. Danach unterhielten sich seine Brüder mit ihm.

Der Pharao lädt Jakob nach Ägypten ein

¹⁶Schon bald erreichte die Nachricht den Palast des Pharaos: »Josefs Brüder sind gekommen!« Der Pharao und sein Hofstaat freuten sich darüber.

¹⁷Der Pharao sagte zu Josef: »Sag deinen Brüdern: ›Beladet eure Tiere und kehrt nach Kanaan zurück. ¹⁸Bringt dann unseren Vater und eure Familien nach Ägypten. Ich will euch das fruchtbarste Gebiet Ägyptens geben und ihr sollt das Beste essen, was es im Land gibt!‹ ¹⁹Sag deinen Brüdern außerdem: ›Nehmt ägyptische Wagen mit für unseren Vater, eure Frauen und eure Kinder. ²⁰Wegen eures Besitzes in Kanaan braucht ihr nicht traurig zu sein, denn das Beste aus ganz Ägypten soll euch gehören.‹«

²¹Und so machten es die Söhne Jakobs* dann auch. Wie der Pharao es befohlen hatte, gab Josef ihnen Wagen und Reiseverpflegung mit. ²²Und er schenkte jedem von ihnen ein neues Gewand – Benjamin aber schenkte er fünf neue Gewänder und 300 Schekel Silber*. ²³Seinem Vater schickte er zehn Esel, beladen mit den besten Erzeugnissen Ägyptens, sowie zehn Eselinnen, beladen mit Getreide und anderen Lebensmitteln für die Reise. ²⁴So schickte er seine Brüder los. Als sie aufbrachen, ermahnte er sie: »Streitet euch nicht unterwegs!« ²⁵Sie verließen Ägypten und kehrten ins Land Kanaan zu ihrem Vater Jakob zurück.

²⁶»Josef lebt noch!«, berichteten sie ihm. »Und er ist Herrscher über ganz Ägypten!« Aber Jakob regte sich nicht, denn er glaubte ihnen nicht. ²⁷Sie richteten ihm aus, was Josef ihnen gesagt hatte. Als er die Wagen sah, die Josef ihnen mitgegeben hatte, um ihn zu holen, kehrten Jakobs Lebensgeister zurück.

²⁸Er sagte: »Das genügt! Mein Sohn Josef lebt noch! Ich will mich auf den Weg machen und ihn noch einmal sehen, bevor ich sterbe.«

Jakobs Reise nach Ägypten

46 Also brach Jakob* nach Ägypten auf. Seinen ganzen Besitz nahm er mit. Als er nach Beerscheba kam, opferte er dem Gott seines Vaters Isaak Schlachtopfer. ²In der Nacht

---

45,21 Hebr. *Israels*; so auch in 45,25.26.27.   45,22 Das entspricht ca. 3,6 kg.   46,1 Hebr. *Israel*; so auch im ganzen Kapitel.

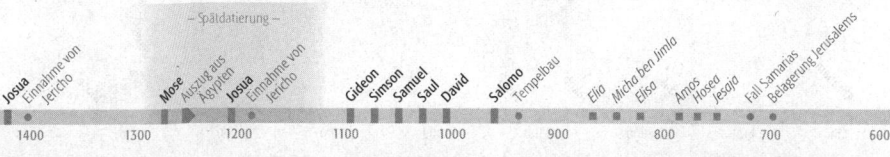

1. MOSE

1–11	Urgeschichte
1	Der Schöpfungsbericht
2–4	Bestimmung und Verfehlung des Menschen
5–6	Von Adam bis Noah
6–9	Noah und die Flut
10–11	Der Turm zu Babel
11	Von Sem bis Terach
12–50	Vätergeschichte
11–25	Abraham: Verheißung, Bund und seine Söhne
25	Die Nachkommen von Ismael
25–35	Jakob und Esau
36	Die Nachkommen von Esau
37–50	Die Geschichte von Josef

46–47
Jakob zieht nach Ägypten. Wiederholung der Verheißung, ein großes Volk zu werden. Jakob lässt sich in Goschen nieder. Josef vermehrt den Reichtum des ägyptischen Reiches.

[Vätergeschichte]

sprach Gott in einer Vision zu ihm: »Jakob! Jakob!«

»Ja, Herr!«, antwortete Jakob.

³»Ich bin Gott«, sprach er, »der Gott deines Vaters. Hab keine Angst, nach Ägypten zu gehen, denn ich werde deine Nachkommen dort zu einem großen Volk machen. ⁴Ich gehe mit dir nach Ägypten und ich werde deine Nachkommen wieder hierher zurückbringen. Du aber wirst in Ägypten sterben und Josef wird dir nach deinem Tod die Augen zudrücken.«

⁵Jakob verließ Beerscheba. Seine Söhne setzten Jakob, ihre Kinder und ihre Frauen auf die Wagen, die der Pharao ihnen geschickt hatte. ⁶Und sie nahmen all ihr Vieh mit und ihren Besitz, den sie im Land Kanaan erworben hatten. Jakob und seine ganze Familie trafen in Ägypten ein – ⁷Söhne und Töchter, Enkelsöhne und Enkeltöchter –, alle seine Nachkommen brachte Jakob mit sich nach Ägypten.

⁸Dies sind die Namen der Nachkommen Jakobs, die mit ihm nach Ägypten kamen:

Ruben, der Älteste, ⁹und seine Söhne Henoch, Pallu, Hezron und Karmi.

¹⁰Simeon und seine Söhne Jemuël, Jamin, Ohad, Jachin, Zohar und Schaul. Die Mutter von Schaul war eine Kanaaniterin.

¹¹Levi und seine Söhne Gerschon, Kehat und Merari.

¹²Juda und seine Söhne Er, Onan, Schela, Perez und Serach. Er und Onan waren jedoch im Land Kanaan gestorben. Die Söhne von Perez hießen Hezron und Hamul.

¹³Issachar und seine Söhne Tola, Puwa, Jaschub* und Schimron.

¹⁴Sebulon und seine Söhne Sered, Elon und Jachleel.

¹⁵Das sind die Söhne Jakobs, die Lea ihm in Mesopotamien geboren hatte. Dazu noch Dina, ihre Tochter. Alles in allem hatte Jakob durch Lea 33 Nachkommen.

¹⁶Gad und seine Söhne Zefon*, Haggi, Schuni, Ezbon, Eri, Arod und Areli.

¹⁷Asser und seine Söhne Jimna, Jischwa, Jischwi und Beri. Ihre Schwester hieß Serach. Beris Söhne hießen Heber und Malkiël.

¹⁸Diese 16 waren die Nachkommen Jakobs durch Silpa, der Dienerin, die Lea von ihrem Vater Laban bekommen hatte.

¹⁹Die Söhne von Jakobs Frau Rahel waren Josef und Benjamin.

²⁰Josefs Söhne, die in Ägypten geboren worden waren, hießen Manasse und Ephraim. Ihre Mutter war Asenat, die Tochter von Potifera, dem Priester von On.

46,13 O. *Hiob.*   46,16 O. *Zifjon.*

²¹Benjamins Söhne waren Bela, Becher, Aschbel, Gera, Naaman, Ehi, Rosch, Muppim, Huppim und Ard. ²²Diese 14 waren die Nachkommen von Jakob und seiner Frau Rahel.
²³Dan und sein Sohn Huschim.
²⁴Naftali und seine Söhne Jachzeel, Guni, Jezer und Schillem.
²⁵Diese sieben waren die Nachkommen Jakobs durch Bilha, der Dienerin, die Rahel von ihrem Vater Laban bekommen hatte.
²⁶Insgesamt zogen 66 direkte Nachkommen von Jakob mit ihm nach Ägypten, dazu noch die Ehefrauen seiner Söhne. ²⁷Josef hatte auch zwei Söhne, die in Ägypten geboren waren. Alles in allem kamen also 70 Mitglieder von Jakobs Familie nach Ägypten.

Jakobs Familie trifft in der Provinz Goschen ein

²⁸Jakob schickte Juda voraus zu Josef, um sich den Weg zur Provinz Goschen weisen zu lassen. Und sie trafen in Goschen ein. ²⁹Da ließ Josef seinen Wagen anspannen und fuhr seinem Vater nach Goschen entgegen. Als Josef seinen Vater sah, fiel er ihm um den Hals und weinte lange. ³⁰Dann sagte Jakob zu Josef: »Nun kann ich sterben, denn ich habe dich gesehen und weiß, dass du noch am Leben bist.«
³¹Und Josef sagte zu seinen Brüdern und ihren Familien: »Ich werde zum Pharao gehen und ihm berichten: ›Meine Brüder und die ganze Familie meines Vaters sind aus Kanaan zu mir gekommen. ³²Diese Männer sind Hirten und Viehzüchter. Sie haben ihre Schaf- und Rinderherden und ihren gesamten Besitz mitgebracht.‹ ³³Wenn der Pharao euch also rufen lässt und euch nach eurem Beruf fragt, ³⁴dann antwortet ihm: ›Majestät, wir sind seit unserer Jugend Viehzüchter, wie auch schon unsere Vorfahren.‹ Dann wird er euch hier in der Provinz Goschen wohnen lassen. Denn Hirten werden in Ägypten verachtet.«

Jakob segnet den Pharao

47 ¹Josef ging zum Pharao und teilte ihm mit: »Mein Vater und meine Brüder sind mit all ihren Schaf- und Rinderherden sowie ihrem gesamten Besitz aus Kanaan hierher gekommen und lagern in der Provinz Goschen.«
²Josef nahm fünf seiner Brüder und stellte sie dem Pharao vor. ³Der Pharao fragte sie: »Was ist euer Beruf?« »Majestät, wir sind Hirten – wie auch schon unsere Vorfahren«, antworteten sie. ⁴»Wir sind gekommen, um hier in Ägypten eine Zeit lang zu leben, denn in Kanaan gibt es keine Weiden mehr für unser Vieh. Die Hungersnot dort ist schwer. Bitte erlauben Sie uns doch, uns in der Provinz Goschen niederzulassen.«
⁵Der Pharao sagte zu Josef: »Deine Familie ist jetzt zu dir gekommen. ⁶Das ganze Land steht dir zur Verfügung. Lass deine Familie im besten Teil Ägyptens wohnen – sie können sich in der Provinz Goschen niederlassen. Und wenn einige von ihnen besonders tüchtig sind, dann setze sie als Aufseher über meinen Viehbestand ein.«
⁷Danach führte Josef seinen Vater Jakob* herein und stellte ihn dem Pharao vor. Und Jakob segnete den Pharao. ⁸»Wie alt bist du?«, fragte ihn der Pharao.
⁹Jakob antwortete: »Ich lebe seit 130 Jahren als Gast auf dieser Erde – und es waren harte Jahre. Doch ich habe noch nicht annähernd das Alter meiner Vorfahren erreicht.« ¹⁰Und Jakob segnete den Pharao noch einmal, bevor er ging.
¹¹Josef ließ seinen Vater und seine Brüder in der Gegend von Ramses, im fruchtbarsten Gebiet Ägyptens, wohnen und gab ihnen dort Grundbesitz – wie der Pharao es angeordnet hatte. ¹²Er versorgte seinen Vater und seine Brüder auch mit Nahrung nach der Größe ihrer Familien.

Josefs führende Rolle während der Hungersnot

¹³In der ganzen Region gab es kein Brot mehr, denn die Hungersnot war drückend. Und die Menschen in Ägypten und in Kanaan litten sehr darunter. ¹⁴Josef nahm beim Verkauf des Getreides praktisch alles Geld ein, das in Ägypten und Kanaan im Umlauf war und brachte es in die Schatzkammern des Pharaos. ¹⁵Als das Geld in Ägypten und Kanaan ausgegangen war, kamen die Ägypter zu Josef. »Geben Sie uns Getreide, Herr!«, baten sie. »Oder sollen wir etwa verhungern, nur weil wir kein Geld mehr haben?«
¹⁶»In Ordnung«, antwortete Josef. »Wenn euch das Geld ausgegangen ist, bringt mir stattdessen euer Vieh. Dann werde ich euch dafür Nahrung geben.« ¹⁷Da brachten sie ihr Vieh zu Josef und er gab ihnen im Gegenzug dafür Getreide. So versorgte er sie in jenem Jahr mit Brot und bekam dafür alle ihre Pferde, Schafe, Rinder und Esel.
¹⁸Das Jahr ging zu Ende und im nächsten Jahr kamen sie wieder und sagten: »Herr, wir müssen zugeben, dass wir kein Geld mehr haben und

---

47,7 Hebr. *Israel*, so im ganzen Kapitel.

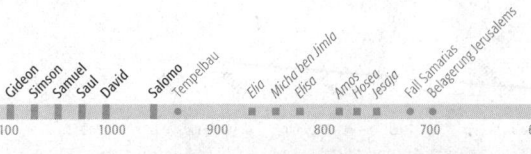

1. MOSE

1–11	Urgeschichte
1	Der Schöpfungsbericht
2–4	Bestimmung und Verfehlung des Menschen
5–6	Von Adam bis Noah
6–9	Noah und die Flut
10–11	Der Turm zu Babel
11	Von Sem bis Terach
12–50	Vätergeschichte
11–25	Abraham: Verheißung, Bund und seine Söhne
25	Die Nachkommen von Ismael
25–35	Jakob und Esau
36	Die Nachkommen von Esau
37–50	Die Geschichte von Josef

47–49
Josef schwört, Jakob nicht in Ägypten zu begraben. Jakob segnet seine Enkel Manasse, Ephraim und seine zwölf Söhne.

[Vätergeschichte]

unser Vieh gehört bereits Ihnen. Wir können Ihnen nichts mehr anbieten außer unserer Körperkraft und unseren Feldern. ¹⁹Warum sollen wir vor Ihren Augen verhungern? Kaufen Sie uns und unseren Grundbesitz für den Pharao – wir wollen seine Sklaven sein. Aber geben Sie uns dafür Getreide, damit wir nicht sterben, und Samen, damit das Land nicht brachliegt.«

²⁰Da kaufte Josef alle Felder in Ägypten für den Pharao. Jeder Ägypter verkaufte ihm sein Feld, weil die Hungersnot so schwer war, und nun gehörte das ganze Land dem Pharao. ²¹Auf diese Weise machte er alle Ägypter zu Sklaven des Pharaos.* ²²Nur das Land der Priester kaufte er nicht, denn sie bekamen eine feststehende Abgabe vom Pharao und konnten sich davon ernähren. Deshalb mussten sie ihr Land nicht verkaufen.

²³Dann sagte Josef zu den Leuten: »Seht, ich habe euch und euer Land für den Pharao gekauft. Ich gebe euch jetzt Saatgut, das ihr aussäen sollt. ²⁴Wenn ihr dann die Ernte einbringt, sollt ihr ein Fünftel davon dem Pharao abliefern. Den Rest dürft ihr behalten. Gebraucht es als Saatgut und als Nahrung für euch und eure Familien.«

²⁵»Sie haben uns das Leben gerettet!«, riefen sie. »Wenn es Ihnen recht ist, Herr, sind wir gern die Sklaven des Pharaos.« ²⁶Daraufhin erließ Josef ein Gesetz für die Felder in Ägypten – und dieses Gesetz gilt noch heute –, dass dem Pharao ein Fünftel der Ernte zusteht. Nur das Land der Priester war nicht in den Besitz des Pharaos übergegangen.

²⁷So ließen sich die Israeliten in der Provinz Goschen in Ägypten nieder. Sie bekamen Kinder und wurden zu einem sehr großen Volk. ²⁸Jakob lebte noch 17 Jahre in Ägypten. Er wurde 147 Jahre alt. ²⁹Als Jakob merkte, dass er bald sterben würde, ließ er seinen Sohn Josef rufen und sagte zu ihm: »Wenn du mir wohlgesinnt bist, dann leg deine Hand unter meine Hüfte. Schwöre mir, dass du treu an mir handelst und mir den Gefallen tust, mich nicht in Ägypten zu begraben. ³⁰Ich möchte bei meinen Vorfahren begraben werden. Wenn ich gestorben bin, dann bring mich aus Ägypten fort und begrabe mich in ihrem Grab.« Josef versprach es ihm. ³¹»Schwör es mir«, beharrte Jakob. Da schwor Josef ihm einen Eid, und Jakob verneigte sich anbetend auf seinem Bett.

47,21 O. *Er zog in ganz Ägypten die Leute in die Städte.*

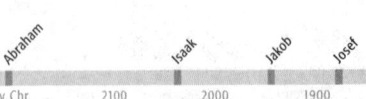

Jakob segnet Manasse und Ephraim

48 Einige Zeit später wurde Josef berichtet, dass sein Vater krank sei. Josef nahm seine beiden Söhne Manasse und Ephraim mit. ²Als Jakob* mitgeteilt wurde, dass Josef gekommen war, nahm er all seine Kraft zusammen und setzte sich in seinem Bett auf.

³Jakob sagte zu Josef: »Gott der Allmächtige ist mir in Lus in Kanaan erschienen und hat mich gesegnet. ⁴Er sagte zu mir: ›Ich werde dir viele Nachkommen schenken. Von dir sollen viele Völker abstammen. Ich werde deinen Nachkommen dieses Land für immer zum Besitz geben.‹ ⁵Heute nehme ich deine beiden Söhne, Ephraim und Manasse, die dir vor meiner Ankunft hier in Ägypten geboren wurden, als meine eigenen Söhne an. Sie sollen Ruben und Simeon gleichgestellt sein. ⁶Die Kinder aber, die dir nach ihnen geboren wurden, sind deine eigenen. Das Land, das sie erben werden, wird innerhalb der Gebiete von Ephraim und Manasse liegen. ⁷Als ich aus Mesopotamien zurückkehrte, starb Rahel in Kanaan in der Nähe von Efrata. Ich habe sie dort an der Straße nach Efrata, dem heutigen Bethlehem, begraben.«

⁸Dann bemerkte Jakob die beiden Söhne Josefs. »Wer sind sie?«, fragte er.

⁹»Das sind meine Söhne, die Gott mir hier in Ägypten geschenkt hat«, antwortete Josef.

Und Jakob sagte: »Bring sie zu mir, ich will sie segnen.«

¹⁰Jakob war aufgrund seines Alters blind geworden und konnte nichts mehr sehen. Deshalb brachte Josef Ephraim und Manasse zu ihm und Jakob küsste und umarmte sie. ¹¹Dann sagte Jakob zu Josef: »Ich hätte nie gedacht, dass ich dich noch einmal sehen würde. Und nun hat Gott mich sogar noch deine Kinder sehen lassen!«

¹²Josef nahm die jungen Männer von den Knien ihres Großvaters und verneigte sich tief vor ihm. ¹³Dann nahm er Ephraim an seine rechte Hand und Manasse an seine linke und stellte sich vor Jakob, sodass sie direkt vor ihrem Großvater standen. ¹⁴Jakob aber kreuzte seine Arme und legte seine rechte Hand auf Ephraims Kopf – obwohl er der Jüngere war – und seine linke auf den Kopf von Manasse, dem Erstgeborenen.

¹⁵Dann segnete er Josef und sagte: »Der Gott, dem mein Großvater Abraham und mein Vater Isaak dienten, der Gott, der mich mein ganzes Leben lang geführt und versorgt hat, ¹⁶und der Gott, der mich von allem Unglück erlöst hat, – er segne diese jungen Männer. In ihnen soll mein Name und der Name meiner Väter fortleben und sie sollen zu einem großen Volk werden.«

¹⁷Doch Josef gefiel es nicht, dass sein Vater seine rechte Hand auf Ephraims Kopf gelegt hatte. Er nahm die rechte Hand seines Vaters und wollte sie von Ephraims Kopf auf Manasses Kopf legen. ¹⁸»Nein Vater«, sagte er, »er ist der Ältere. Leg deine rechte Hand auf seinen Kopf.«

¹⁹Doch sein Vater weigerte sich. »Ich weiß es, mein Sohn«, sagte er. »Auch von Manasse wird ein großes Volk abstammen, aber sein jüngerer Bruder wird noch größer werden. Von ihm werden viele Völker abstammen!« ²⁰Jakob segnete Ephraim und Manasse an jenem Tag mit folgendem Segen: »Mit euren Namen werden die Israeliten einander segnen. Sie werden sagen: ›Gott mache dich wie Ephraim und Manasse.‹« So setzte Jakob Ephraim über Manasse.

²¹Dann sagte Jakob zu Josef: »Ich liege im Sterben, aber Gott wird mit euch sein und euch wieder nach Kanaan, in das Land eurer Vorfahren, bringen. ²²Und ich gebe dir einen Bergrücken mehr als deinen Brüdern, den ich den Amoritern mit Schwert und Bogen weggenommen habe.«

Jakob segnet seine Söhne

49 Dann rief Jakob* alle seine Söhne und sagte: »Kommt her! Ich will euch sagen, was euch die Zukunft bringen wird. ²Kommt zusammen und hört, ihr Söhne Jakobs; hört auf Israel, euren Vater.

³Ruben, du bist mein erstgeborener Sohn.
Meine Stärke habe ich zuerst gezeugt.
Du bist der Erste nach Hoheit und Macht.
⁴Aber du kannst nicht der Erste bleiben,
denn du bist wild wie die Wellen des Meeres.
Du bist mit einer meiner Frauen ins Bett
  gegangen und
hast mich in meinem eigenen Bett entehrt.
⁵Simeon und Levi, die Brüder,
Instrumente der Gewalt ihre Waffen.
⁶Ich will mich von ihnen fernhalten.
Mit ihnen will ich nie gemeinsame Sache
  machen.
Denn in ihrem Zorn haben sie Menschen getötet
und in ihrer Willkür Vieh verstümmelt.
⁷Verflucht sei ihr Zorn, denn er ist grausam;
verflucht ihre Wut, denn sie ist brutal.
Deshalb will ich ihre Nachkommen in Israel
  zerstreuen.
⁸Dich, Juda, ja dich, werden deine Brüder
  rühmen.
Du wirst deine Feinde besiegen.

48,2 Hebr. *Israel*; so auch im ganzen Kapitel. 49,1 Hebr. *Israel*; so auch in 49,24.29.33.

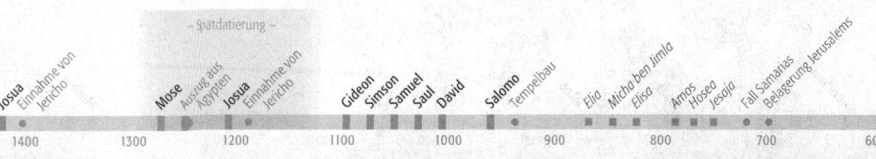

1. MOSE

1–11	**Urgeschichte**
1	Der Schöpfungsbericht
2–4	Bestimmung und Verfehlung des Menschen
5–6	Von Adam bis Noah
6–9	Noah und die Flut
10–11	Der Turm zu Babel
11	Von Sem bis Terach
12–50	**Vätergeschichte**
11–25	Abraham: Verheißung, Bund und seine Söhne
25	Die Nachkommen von Ismael
25–35	Jakob und Esau
36	Die Nachkommen von Esau
37–50	Die Geschichte von Josef

49–50
Jakob segnet seine Söhne. Er wird in der Höhle Machpela beigesetzt.

[Vätergeschichte]

Deine Verwandten werden sich vor dir verneigen.
⁹Juda ist ein junger Löwe,
von deiner Beute bist du aufgestanden, mein Sohn.
Er kauert sich nieder und lagert sich wie ein Löwe
und wie eine Löwin – wer wagt es, ihn aufzustören?
¹⁰Das Zepter wird immer Juda gehören
und der Herrscherstab deinen Nachkommen,
bis zum Kommen des Schilo*,
dem alle Völker gehorchen werden.
¹¹Er wird sein Fohlen an einen Weinstock binden,
das Fohlen seines Esels an die Edelrebe.
Er wird sein Kleid in Wein waschen,
sein Gewand im Blut der Trauben.
¹²Seine Augen sind dunkler als Wein
und seine Zähne weißer als Milch.
¹³Sebulon wird am Meeresufer wohnen
und ein Hafen für Schiffe sein
und sich bis nach Sidon erstrecken.
¹⁴Issachar ist ein knochiger Esel,
der zwischen der Einzäunung* ruht.
¹⁵Als er sah, wie wohltuend die Ruhe
und wie lieblich die Landschaft ist,
beugte er seine Schultern zum Tragen

49,10 Das Wort ist nicht sicher zu deuten. Wahrscheinlich bezeichnet es einen großen Herrscher. 49,14 Hebr. *zwischen den Hürden*.

1. Mose 49,10

Hinweise auf den Messias (3)
Der Segensspruch des Stammvaters Jakob über seinen Sohn Juda kündigt einen Herrscher an, dem sich alle Völker unterstellen werden – dessen Bedeutung also weit über Israel hinausreicht. Schon in vorchristlicher Zeit wurde diese Stelle im Judentum auf einen Messias hin gedeutet.
Jesus kam aus dem Stamm Juda (Mt 1,2-3; Offb 5,5). Auf ihn trifft zu, was Jakob für den Nachkommen Judas voraussah. »Vor diesem Namen sollen sich die Knie aller beugen, die im Himmel und auf der Erde und unter der Erde sind« (Phil 2,10). »Die ganze Erde ist jetzt zum Reich unseres Herrn und seines Christus geworden, und er wird in alle Ewigkeit herrschen« (Offb 11,15).
(1. Mose 22,8 ‹‹ | ›› 4. Mose 24,17)

und wurde ein fronpflichtiger Knecht. ¹⁶Dan wird seinem Volk zum Recht verhelfen, wie jeder andere Stamm in Israel.
¹⁷Er wird eine Schlange am Weg sein,
eine Viper auf dem Pfad,
die das Pferd in die Ferse beißt,
sodass der Reiter abgeworfen wird.
¹⁸Ich vertraue auf deine Hilfe, o HERR!
¹⁹Gad wird von Räuberbanden bedrängt, doch er wird sie abwehren und in die Flucht schlagen.
²⁰Assers Land wird reiche Nahrung hervorbringen,
Nahrung, wie sie Königen zukommt.
²¹Naftali ist eine flüchtige Hirschkuh, die schöne Worte spricht.
²²Josef ist ein fruchtbarer Baum,
ein fruchtbarer Baum an einer Quelle.
Seine Zweige ranken über die Mauer.
²³Bogenschützen greifen ihn an,
schießen auf ihn und kämpfen gegen ihn.
²⁴Doch sein Bogen bleibt fest,
und seine Arme sind gelenkig,
weil der starke Gott Jakobs ihm hilft,
der Hirte, der Fels Israels.
²⁵Der Gott deines Vaters helfe dir;
der Allmächtige segne dich
mit den Segnungen des Himmels
und den Segnungen der Tiefe,
mit den Segnungen der Brüste und des Mutterleibs.
²⁶Die Segnungen deines Vaters sollen überragen
die Segnungen mit uralten Bergen
und die Gabe der ewigen Hügel.
Diese Segnungen sollen auf das Haupt Josefs kommen,
und auf den Scheitel dessen, der ein Fürst ist unter seinen Brüdern.
²⁷Benjamin ist ein reißender Wolf.
Er frisst am Morgen die Beute,
und verteilt am Abend den Raub.«
²⁸Dies sind die zwölf Stämme Israels. Und mit diesen Segenssprüchen segnete Jakob* sie, jeden mit einem besonderen Segen.

Jakobs Tod und Begräbnis
²⁹Dann gab Jakob ihnen folgenden Auftrag: »Wenn ich gestorben bin, dann begrabt mich bei meinem Vater und meinem Großvater in der Höhle auf dem Acker des Hetiters Efron. ³⁰In der Höhle, die auf dem Landstück Machpela östlich von Mamre in Kanaan liegt und die Abraham von dem Hetiter Efron als Grabstätte für seine Familie kaufte. ³¹Dort sind Abraham und seine Frau Sara begraben. Dort sind Isaak und seine Frau Rebekka begraben. Und dort habe ich Lea begraben. ³²Das Landstück und die Höhle sind in unserem Besitz, indem Großvater Abraham hat sie von den Hetitern gekauft.« ³³Nachdem Jakob seinen Söhnen seinen letzten Willen mitgeteilt hatte, sank er auf sein Bett zurück und starb und wurde im Tod mit seinen Vorfahren vereint.

50 Josef warf sich über seinen Vater, küsste ihn und weinte. ²Dann befahl er seinen Ärzten, den Leichnam seines Vaters einzubalsamieren. ³Das Einbalsamieren dauerte 40 Tage und das ägyptische Volk trauerte 70 Tage lang um Jakob. ⁴Als die Trauerzeit vorüber war, ging Josef zu den Beratern des Pharaos. Er sagte zu ihnen: »Wenn ihr mir freundlich gesinnt seid, dann richtet dem Pharao aus, ⁵dass mein Vater mich einen Eid schwören ließ. Er sagte zu mir: ›Ich liege im Sterben. Begrabe mich in meinem Grab, das ich mir im Land Kanaan angelegt habe.‹ Lass mich doch nach Kanaan reisen und meinen Vater begraben. Danach kehre ich wieder zurück.«

⁶Der Pharao ließ ihm sagen: »Geh und begrabe deinen Vater, wie du es ihm geschworen hast.« ⁷Da brach Josef auf, um seinen Vater zu begraben, und alle Sklaven des Pharaos, alle königlichen Würdenträger und alle führenden Männer Ägyptens begleiteten ihn. ⁸Auch seine eigene Familie, seine Brüder und alle Angehörigen seines Vaters, kamen mit. Nur die kleinen Kinder und die Schaf- und Rinderherden ließen sie in der Provinz Goschen zurück. ⁹Sogar Wagen und Reiter begleiteten sie, sodass es ein gewaltiger Zug war.

¹⁰Als sie nach Goren-Atad* östlich des Jordan kamen, hielten sie eine große und feierliche Totenklage. Und Josef veranstaltete für seinen Vater eine siebentägige Trauerfeier. ¹¹Die Bewohner des Landes, die Kanaaniter, bemerkten die Trauerfeier in Goren-Atad und gaben dem Ort den Namen Abel-Mizrajim*, denn sie sagten: »Hier findet eine große Trauerfeier der Ägypter statt.« ¹²Auf diese Weise erfüllten Jakobs Söhne den Wunsch ihres Vaters. ¹³Sie brachten seinen Leichnam nach Kanaan und begruben ihn dort in der Höhle auf dem Landstück Machpela bei Mamre, das Abraham von dem Hetiter Efron als Grabstätte für seine Familie gekauft hatte.

49,28 Hebr. *ihr Vater.* **50,10** Hebr. *Dornstrauch, Tenne.* **50,11** Hebr. *Trauer der Ägypter.*

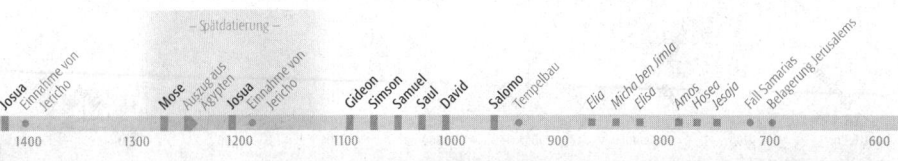

1. MOSE

1–11	Urgeschichte
1	Der Schöpfungsbericht
2–4	Bestimmung und Verfehlung des Menschen
5–6	Von Adam bis Noah
6–9	Noah und die Flut
10–11	Der Turm zu Babel
11	Von Sem bis Terach
12–50	Vätergeschichte
11–25	Abraham: Verheißung, Bund und seine Söhne
25	Die Nachkommen von Ismael
25–35	Jakob und Esau
36	Die Nachkommen von Esau
37–50	Die Geschichte von Josef

50
Josef ist nicht auf Rache aus. Sein Tod.

[Vätergeschichte]

Josef beruhigt seine Brüder

[14]Nachdem er seinen Vater begraben hatte, kehrte Josef mit seinen Brüdern und allen anderen, die ihn zum Begräbnis seines Vaters begleitet hatten, nach Ägypten zurück. [15]Weil nun ihr Vater tot war, bekamen Josefs Brüder Angst. »Was ist, wenn Josef uns feindlich gesinnt ist und sich jetzt für all das Böse rächt, das wir ihm angetan haben?«, sagten sie. [16]Deshalb schickten sie Josef folgende Nachricht: »Bevor dein Vater starb, wies er uns an [17]dir zu sagen: ›Deine Brüder haben dir übel mitgespielt. Vergib ihnen doch das große Unrecht von damals.‹ Deshalb bitten wir dich uns zu vergeben. Wir dienen doch demselben Gott wie unser Vater.« Als Josef die Nachricht erhielt, musste er weinen. [18]Dann kamen seine Brüder und fielen vor ihm nieder. »Wir sind deine Diener«, sagten sie.

[19]Aber Josef sagte zu ihnen: »Habt keine Angst vor mir. Bin ich etwa an Gottes Stelle? [20]Was mich betrifft, hat Gott alles Böse, das ihr geplant habt, zum Guten gewendet. Auf diese Weise wollte er das Leben vieler Menschen retten. [21]Habt also keine Angst. Ich selbst will für euch und eure Familien sorgen.« So beruhigte er sie und sprach freundlich mit ihnen.

Josefs Tod

[22]Josef und die Großfamilie seines Vaters blieben also in Ägypten. Josef wurde 110 Jahre alt. [23]Er erlebte noch die Enkel seines Sohnes Eph-

1. Mose 50,20

Die Antwort des Menschen
Wie sehr muss Josef an der Güte und Treue Gottes gezweifelt haben, als er von seinen eigenen Brüdern in die Sklaverei verkauft wurde. Und wie sehr ebenso, als er von seiner Herrin und seinem Herrn falsch beschuldigt wurde und jahrelang im Gefängnis landete. Ob er wirklich in all diesen dunklen Jahren seinen Mut und sein Vertrauen auf Gott behält?
Am Ende erweist Gott sich als vertrauenswürdig und wendet das Schicksal Josefs. Und nicht nur das – er wendet auch das Schicksal seiner schuldigen Brüder, indem er diese durch Josef vor dem Hungertod errettet. Als Josef am Ende seines Lebens sagt: »Gott hat alles Böse, was ihr geplant habt, zum Guten gewendet« (V. 50), formuliert er einen Satz, der nicht nur in diesem Fall zutrifft. Sogar den Tod seines Sohnes, der von schlechten Menschen geplant und durchgeführt worden war, wendete Gott zum Guten, damit die Welt durch Jesus gerettet werden konnte.
(1. Mose 22,1-18«« | »» 2. Mose 8,15)

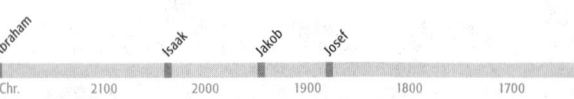

raim und die Kinder von Manasses Sohn Machir, die er behandelte, als wären sie seine eigenen.

²⁴»Bald werde ich sterben«, sagte Josef zu seinen Angehörigen, »aber Gott wird euch ganz bestimmt aus diesem Land führen. Er wird euch in das Land zurückbringen, das er Abraham, Isaak und Jakob* mit einem Eid versprochen hat.«

²⁵Dann ließ Josef die Nachkommen Jakobs einen Eid schwören, und sagte: »Ganz sicher wird Gott euch nach Kanaan zurückführen. Nehmt dann auch meine Gebeine von hier mit.« ²⁶Josef starb im Alter von 110 Jahren. Er wurde einbalsamiert und in Ägypten in einen Sarg gelegt.

50,24 Hebr. *Israel*; so auch in V. 25.

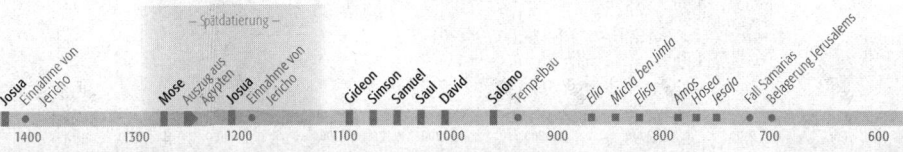

Man liest die Anweisungen des Alten Testaments wohl falsch, wenn man darin eine Reglementierung und damit Einschnürung des Lebens sieht. Sie sind eher eine Beschreibung des Lebens – unter den bewahrenden und leitenden Händen Gottes.

Otto Rodenberg

2. Mose

Inhalt

Nachdem Jakobs Großfamilie sich in der Provinz Goschen im Nordosten Ägyptens angesiedelt hatte, ist sie im Laufe von Jahrhunderten zu einem großen Volk angewachsen, wie Gott es Abraham versprochen hatte. Es besteht aus 12 Stämmen, die sich auf die 12 Söhne Jakobs zurückführen und für die Identität Israels wichtig bleiben.

Josef und seine Verdienste um das Land sind in Vergessenheit geraten. Nun fühlen sich die Ägypter von der starken Minderheit bedroht und unterdrücken Israel. Das bleibt Gott nicht verborgen und er reagiert: Gott stellt sich Mose mit seinem Namen *Ich bin* vor und beauftragt ihn, das Volk Israel aus der Sklaverei heraus in das Land zu bringen, in das er damals Abraham geführt und das er ihm bereits für seine Nachkommen versprochen hatte. In Freiheit soll Israel Gott dienen.

Der regierende Pharao will aber die Sklaven nicht verlieren und verweigert den »Exodus« (Auszug). Gott zermürbt ihn durch zehn Katastrophen. Dann bricht das Volk, reich beschenkt, unter Moses und Gottes Führung in die Wüste auf. Das ist der Start der *Geschichte Gottes mit Israel*, »seinem« jetzt von anderen Völkern abgesonderten Volk.

Seitdem Gott Mose beauftragt, spricht er mit ihm wie von Mensch zu Mensch, führt und ermutigt ihn. Mose wendet sich mit den täglichen Herausforderungen seiner Aufgabe an Gott. – Gott leitet das Volk nicht auf direktem Weg in das versprochene Land, sondern zuerst in entgegensetzte Richtung.

Am Berg Sinai offenbart Gott sich Mose und dem Volk in besonderer Weise. Dort gibt Gott ihm »das Gesetz«, ein Regelwerk für alle Lebensbereiche einer bäuerlichen Gesellschaft. Es gipfelt darin, dass Gott einen Bund mit dem Volk schließt: Wenn Israel sich an das Gesetz hält, schützt Gott das Volk und mehrt sein Wohlergehen.

Nach dem Gesetz gibt Gott Anweisungen für die Errichtung und Ausstattung eines Zeltheiligtums. Dort ist er in neuer Weise gegenwärtig, und es ist der Ort, an dem Priester ihm durch verschiedene Handlungen Ehre und Gehorsam erweisen. Aaron und seine Nachkommen bleiben dauerhaft für den Priesterdienst verantwortlich. Das 3. Buch Mose handelt ausführlich von Gottes Gesetz.

Wichtige Personen

Zwei Pharaonen	Könige von Ägypten
Tochter des ersten Pharaos	Moses Adoptivmutter
Schifra und Pua	hebräische Hebammen
Mose	aus dem Stamm Levi, Anführer des »Exodus«
Zippora	Moses Frau
Jitro/Reguël	Moses Schwiegervater, Priester von Midian
Aaron	Moses älterer Bruder, sein Sprecher und später Hoher Priester
Mirjam	Moses ältere Schwester
Josua	Moses Diener
Hur	mit Aaron zusammen Unterstützer und zeitweiliger Vertreter von Mose
Nadab, Abihu, Eleasar und Itamar	Aarons Söhne, später Priester
Bezalel und Oholiab	leitende Kunsthandwerker am Zelt Gottes

Wichtige Orte

Ägypten	im Wesentlichen deckungsgleich mit dem heutigen Staat, die Sinaihalbinsel gehörte nicht dazu
Goschen	ägyptische Provinz im Nordosten des Landes, westlich der Sinaihalbinsel
Midian	Gebiet östlich der Sinaihalbinsel
Rotes Meer (eigentlich: Schilfmeer)	Nordende des Westarms des Roten Meeres zwischen Ägypten und der Halbinsel Sinai oder Gewässer im Nildelta
Schur, Sin	Wüstenregionen im Westen der Sinaihalbinsel
Mara, Elim, Refidim / Massa und Meriba	Lagerplätze im Westen der Sinaihalbinsel
Sinai/Horeb	Bergmassiv im Süden der Sinaihalbinsel

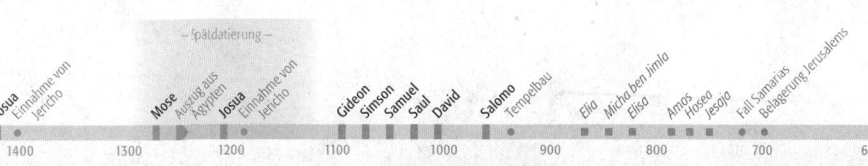

2. MOSE

1–6	Die Israeliten in Ägypten und Moses Vorbereitung
7–12	Die Befreiung Israels – Die 10 Plagen
12–18	Die Reise durch die Wüste zum Berg Sinai
19–24	Gott gibt Israel das Gesetz – Israel nimmt den Bund des HERRN an
24–31	Auftrag zum Bau des Heiligtums – Gott will bei seinem Volk wohnen
32–34	Abfall des Volkes (das Goldene Kalb) und Vergebung durch Gott
35–40	Bau des Heiligtums

1–2

Die Israeliten arbeiten als Sklaven in Ägypten. Moses Geburt, Leben in Ägypten und Flucht nach Midian.

[Zum Sinai, vom Sinai her: Gott schafft sich ein Volk]

DAS ZWEITE BUCH MOSE

Die Israeliten in Ägypten

1 Dies sind die Namen der Söhne Jakobs*, die mit ihrem Vater nach Ägypten gekommen waren, jeder mit seiner Familie: ²Ruben, Simeon, Levi, Juda, ³Issachar, Sebulon, Benjamin, ⁴Dan, Naftali, Gad und Asser. ⁵Josef war bereits in Ägypten. Alles in allem hatte Jakob 70 direkte Nachkommen.

⁶Schließlich waren Josef und seine Brüder gestorben und niemand aus ihrer Generation lebte mehr. ⁷Doch ihre Nachkommen hatten viele Kinder; sie vermehrten sich und wurden so zahlreich, dass sie schon bald das ganze Land bevölkerten. ⁸Dann kam ein neuer König in Ägypten an die Macht, der nichts von Josef wusste. ⁹Er sagte zu seinem Volk: »Diese Israeliten sind uns zu zahlreich und zu mächtig geworden. ¹⁰Wir müssen uns etwas einfallen lassen, damit dieses Volk nicht noch größer wird. Sonst könnten sie sich im Kriegsfall mit unseren Feinden verbünden, gegen uns kämpfen und dann aus dem Land fortziehen.«

¹¹Deshalb setzten die Ägypter Aufseher über die Israeliten ein, um sie mit schwerer Arbeit zu unterdrücken. Die Israeliten mussten für den Pharao, den König von Ägypten, die Vorratsstädte Pitom und Ramses bauen. ¹²Doch je mehr die Ägypter sie unterdrückten, desto zahlreicher wurden die Israeliten! Da bekamen die Ägypter Angst vor ihnen. ¹³Sie zwangen die Israeliten mit Gewalt zur Fronarbeit und ¹⁴machten ihnen durch die harte Arbeit das Leben schwer: Die Israeliten mussten aus Lehm Ziegel herstellen und auf den Feldern arbeiten. ¹⁵Der König von Ägypten erteilte den hebräischen Hebammen Schifra und Pua folgenden Befehl: ¹⁶»Wenn ihr den hebräischen Frauen bei der Geburt Hilfe leistet und ein Junge geboren wird, dann tötet ihn. Ist es jedoch ein Mädchen, dann lasst es am Leben.« ¹⁷Aber weil die Hebammen Ehrfurcht vor Gott hatten, gehorchten sie dem König von Ägypten nicht und ließen die Jungen am Leben.

¹⁸Da rief der König von Ägypten die Hebammen zu sich. »Warum tötet ihr die Jungen nicht?«, wollte er wissen.

1,1 Hebr. *Israels*. So auch in V. 5.

[19] »Herr«, antworteten sie ihm, »die hebräischen Frauen sind kräftiger als die ägyptischen Frauen. Noch bevor eine Hebamme zu ihnen kommt, haben sie ihr Baby bereits geboren.« [20] Gott segnete die Hebammen und das Volk der Israeliten wurde sehr groß und mächtig. [21] Weil die Hebammen Ehrfurcht vor Gott hatten, schenkte er ihnen viele Kinder.

[22] Schließlich befahl der Pharao seinem ganzen Volk: »Werft alle neugeborenen hebräischen Jungen in den Nil, aber verschont die Mädchen.«

Die Geburt von Mose

2 Zu jener Zeit heirateten ein Mann und eine Frau aus dem Stamm Levi. [2] Die Frau wurde schwanger und bekam einen Sohn. Als sie sah, was für ein schönes Kind es war, hielt sie es drei Monate lang versteckt. [3] Schließlich konnte die Frau ihren Sohn nicht länger verstecken. Da nahm sie einen kleinen Korb aus Schilfrohr, dichtete ihn mit Erdharz und Pech ab und legte das Kind in den Korb. Dann setzte sie diesen ins Schilf am Nilufer. [4] Die Schwester des Jungen blieb in einiger Entfernung stehen, um zu erfahren, was mit ihm geschehen würde.

[5] Da kam die Tochter des Pharaos zum Fluss und wollte baden. Ihre Dienerinnen spazierten währenddessen am Flussufer entlang. Die Tochter des Pharaos entdeckte den Korb im Schilf und befahl einer ihrer Dienerinnen ihn ihr zu holen. [6] Als die Tochter des Pharaos den Korb öffnete, sah sie den weinenden Jungen darin. Sie bekam Mitleid und sagte: »Das muss eines der hebräischen Kinder sein.« [7] Da fragte die Schwester des Jungen die Tochter des Pharaos: »Soll ich eine Hebräerin holen, die das Kind für dich stillt?«

[8] »Ja, tu das«, antwortete die Tochter des Pharaos. Das Mädchen lief nach Hause und holte die Mutter des Jungen.

[9] »Nimm dieses Kind mit nach Hause und stille es für mich«, sagte die Tochter des Pharaos zu ihr. »Ich werde dich für deine Hilfe bezahlen.« Da nahm die Mutter ihren Sohn mit nach Hause und stillte ihn.

[10] Als der Junge groß genug war, brachte sie ihn der Tochter des Pharaos, die ihn als ihren eigenen Sohn annahm. Die Tochter des Pharaos sagte: »Ich habe ihn aus dem Wasser gezogen«, und nannte ihn Mose*.

Mose flieht nach Midian

[11] Als Mose erwachsen geworden war, ging er zu seinen Landsleuten und sah, wie hart sie arbeiten mussten. Dabei beobachtete er auch, wie ein Ägypter einen Hebräer schlug. [12] Mose schaute sich nach allen Seiten um. Und als er sich vergewissert hatte, dass niemand in der Nähe war, erschlug Mose den Ägypter und verscharrte ihn im Sand.

[13] Am nächsten Tag ging Mose wieder hinaus und sah, wie zwei Hebräer miteinander stritten. »Warum schlägst du einen Mann aus deinem eigenen Volk?«, fragte er denjenigen, der im Unrecht war.

[14] »Wer hat dich denn zu unserem Aufseher und Richter ernannt?«, entgegnete der Mann. »Willst du mich etwa auch umbringen wie den Ägypter?«

Mose erschrak und dachte: »Nun ist die Sache doch herausgekommen!« [15] Als der Pharao davon erfuhr, wollte er Mose töten lassen. Mose jedoch floh vor dem Pharao in das Land Midian.

Dort setzte er sich an einen Brunnen. [16] Der Priester von Midian hatte sieben Töchter. Sie kamen zu diesem Brunnen und schöpften Wasser, um die Tränkrinnen für die Tiere ihres Vaters zu füllen. [17] Da kamen andere Hirten und wollten sich vordrängen. Mose kam jedoch den Mädchen zu Hilfe und tränkte ihre Herde. [18] Als die Mädchen zu ihrem Vater Reguël* heimkamen, fragte er sie: »Warum kommt ihr heute so früh nach Hause?«

[19] »Ein Ägypter hat uns gegen die Hirten verteidigt«, erzählten sie ihm. »Er hat sogar das Wasser für uns geschöpft und die Herde getränkt.«

[20] »Und wo ist er jetzt?«, fragte ihr Vater. »Warum habt ihr ihn nicht mitgebracht? Ladet ihn doch zum Essen ein!«

[21] Mose entschloss sich dann, bei ihm zu bleiben. Reguël gab ihm seine Tochter Zippora zur Frau. [22] Als sie einen Sohn bekam, nannte Mose ihn Gerschom*. Denn er sagte: »Ich bin ein Gast in einem fremden Land geworden.«

[23] Nach vielen Jahren starb der König von Ägypten. Aber die Israeliten seufzten noch immer unter der harten Arbeit und schrien zu Gott um Hilfe. [24] Er hörte ihr Schreien und erinnerte sich an den Bund, den er mit Abraham, Isaak und Jakob geschlossen hatte. [25] Er sah die Israeliten und kümmerte sich um sie.

2,10 *Mose* erinnert an ein hebr. Wort, das *herausziehen* bedeutet.   **2,18** *Reguël* wird im Folgenden *Jitro* genannt.
2,22 *Gerschom* erinnert an einen hebr. Ausdruck mit der Bedeutung *ein Gast dort*.

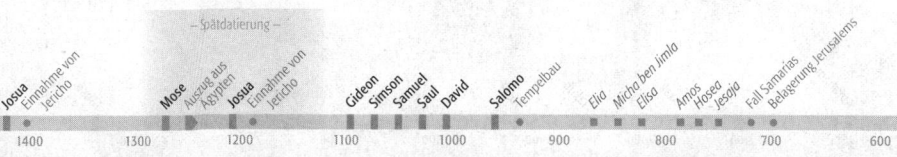

2. MOSE

1–6	Die Israeliten in Ägypten und Moses Vorbereitung
7–12	Die Befreiung Israels – Die 10 Plagen
12–18	Die Reise durch die Wüste zum Berg Sinai
19–24	Gott gibt Israel das Gesetz – Israel nimmt den Bund des HERRN an
24–31	Auftrag zum Bau des Heiligtums – Gott will bei seinem Volk wohnen
32–34	Abfall des Volkes (das Goldene Kalb) und Vergebung durch Gott
35–40	Bau des Heiligtums

3–4

Mose begegnet Gott am Dornbusch. Gott gibt seinen Namen kund. Moses Berufung und Auftrag, die Israeliten aus Ägypten zu führen.

[Zum Sinai, vom Sinai her: Gott schafft sich ein Volk]

Mose und der brennende Dornbusch

3 Mose hütete die Herde seines Schwiegervaters Jitro*, des Priesters von Midian. Eines Tages trieb er die Tiere durch die Wüste und kam zum Horeb*, dem Berg Gottes. ²Da erschien ihm der Engel des HERRN in einer Feuerflamme, die aus einem Dornbusch schlug. Mose sah, dass der Busch zwar in Flammen stand, aber nicht verbrannte. ³»Das ist ja seltsam«, sagte er zu sich selbst. »Warum verbrennt dieser Busch nicht? Das muss ich mir näher ansehen.«
⁴Als der HERR sah, dass Mose herankam, um es genauer zu betrachten, rief er ihn aus dem Busch heraus: »Mose! Mose!«
»Hier bin ich!«, antwortete Mose.
⁵»Komm nicht näher!«, befahl Gott ihm. »Zieh deine Sandalen aus, denn du stehst auf heiligem Boden. ⁶Ich bin der Gott deiner Vorfahren – der Gott Abrahams, der Gott Isaaks und der Gott Jakobs.«* Als Mose das hörte, verhüllte er sein Gesicht, denn er hatte Angst, Gott anzuschauen.
⁷Der HERR sagte zu ihm: »Ich habe gesehen, wie mein Volk in Ägypten unterdrückt wird. Und ich habe ihr Schreien gehört. Ich weiß, wie sehr es leidet. ⁸Ich bin gekommen, um sie aus der

---

3,1a Moses Schwiegervater taucht unter zwei Namen auf: *Jitro* und *Reguël*. 3,1b Auch *Sinai* genannt. 3,6 Vgl. Matthäus 22,32, Markus 12,26b und Lukas 20,37.

2. Mose 3,8

Gott befreit
Der Exodus, der Auszug Israels aus der Sklaverei in Ägypten, ist ein oft wiederkehrendes Thema des Alten Testaments. Gott greift mit einem gewaltigen Befreiungsschlag ein und stellt ein für alle Mal klar: Er hält seine Versprechen; er rettet sein Volk; er steht auf der Seite der Leidenden; er widersetzt sich den Unterdrückern.
Israel feiert diese große Tat Gottes in einem Fest. Es sieht im Exodus das Versprechen dafür, dass Gott auch in Zukunft Israel retten wird. Gott, der einen Weg durchs Rote Meer geschaffen hatte, wird auch »eine Straße durch die Wüste machen« und Israel wieder in ihr Heimatland zurückbringen (Jes 43,16-19).
Israel weiß: Gott kann dort Wege bahnen, wo es keine gibt. Es kann sich darauf verlassen, dass Gott eines Tages Israel einmal *wirklich* befreien wird (Jes 51,9-11; 63,7-18). Jesus erfüllt endgültig diese Hoffnung. Durch seinen Tod und seine Auferstehung öffnet er den wahren Weg zum wirklichen Verheißenen Land.
(1. Mose 6,17-18 «« | »» 2. Mose 14,22)

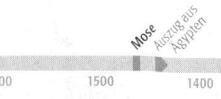

Gewalt der Ägypter zu retten und sie aus Ägypten zu führen in ein schönes, weites Land. In ein Land, in dem Milch und Honig überfließen – das Land, in dem die Kanaaniter, Hetiter, Amoriter, Perisiter, Hiwiter und Jebusiter leben. ⁹Ich habe das Schreien der Israeliten gehört und ich habe gesehen, wie sie von den Ägyptern unterdrückt werden. ¹⁰Nun geh, denn ich sende dich zum Pharao. Du sollst mein Volk, die Israeliten, aus Ägypten führen.«*

¹¹»Wer bin ich, dass ich zum Pharao gehen und die Israeliten aus Ägypten führen sollte?«, fragte Mose Gott. ¹²Er antwortete: »Ich werde mit dir sein. Und dies soll der Beweis sein, dass ich dich gesandt habe: Wenn du die Israeliten aus Ägypten geführt hast, werdet ihr mir an diesem Berg dienen.«*

¹³Aber Mose wandte ein: »Wenn ich zu den Israeliten gehe und ihnen sage: ›Der Gott eurer Vorfahren hat mich zu euch gesandt‹, und sie mich dann fragen: ›Wie heißt er denn?‹, was soll ich ihnen dann antworten?«

¹⁴Gott entgegnete: »Ich bin, der ich immer bin. Sag ihnen einfach: ›Ich bin‹ hat mich zu euch gesandt.‹« ¹⁵Und er fügte hinzu: »Sag ihnen: ›Der HERR*, der Gott eurer Vorfahren – der Gott Abrahams, der Gott Isaaks und der Gott Jakobs – hat mich zu euch gesandt.‹ Das ist mein Name für alle Zeiten; alle kommenden Generationen sollen mich so nennen.

¹⁶Geh und ruf alle führenden Männer der Israeliten zusammen. Sag ihnen: ›Der HERR, der Gott eurer Vorfahren, ist mir erschienen – der Gott Abrahams, Isaaks und Jakobs. Er lässt euch sagen: Ich habe euch nicht geachtet und sehe, was euch in Ägypten angetan wird. ¹⁷Ich will euch aus Ägypten führen, wo ihr so unterdrückt werdet. Ich werde euch in das Land bringen, das die Kanaaniter, Hetiter, Amoriter, Perisiter, Hiwiter und Jebusiter bewohnen – ein Land, in dem Milch und Honig überfließen.‹

¹⁸Die führenden Männer der Israeliten werden auf dich hören. Danach sollst du zusammen mit ihnen zum König von Ägypten gehen und ihm sagen: ›Der HERR, der Gott der Hebräer, ist uns erschienen. Lass uns drei Tagesreisen weit in die Wüste gehen, um dort dem HERRN, unserem Gott, zu opfern.‹

¹⁹Ich weiß aber, dass der König von Ägypten euch nicht ziehen lässt, es sei denn, er wird mit Gewalt dazu gezwungen. ²⁰Deshalb will ich meine Hand ausstrecken und die Ägypter strafen, indem ich unter ihnen Wunder tue. Daraufhin wird er euch schließlich ziehen lassen. ²¹Und ich werde dafür sorgen, dass die Ägypter euch wohlgesinnt sind. Ihr werdet nicht mit leeren Händen fortgehen. ²²Jede israelitische Frau soll sich von ihrer Nachbarin und ihrer Mitbewohnerin silbernen und goldenen Schmuck und schöne Kleider geben lassen. Diese sollt ihr dann euren Söhnen und Töchtern anziehen. So werdet ihr die Ägypter ausplündern!«

Die Zeichen für die Macht des HERRN

4 Doch Mose protestierte erneut: »Aber sie werden mir nicht glauben und nicht auf mich hören. Sie werden einwenden: ›Der HERR ist dir nicht erschienen!‹«

²Da fragte der HERR ihn: »Was hast du da in der Hand?«

»Einen Hirtenstab«, antwortete Mose.

³»Wirf ihn auf den Boden«, befahl ihm der HERR. Mose gehorchte und der Stab verwandelte sich in eine Schlange. Mose lief vor ihr davon.

⁴Da befahl ihm der HERR: »Pack sie beim Schwanz.« Mose packte die Schlange und sie wurde in seiner Hand wieder zum Hirtenstab.

⁵»Wenn sie das sehen, werden sie glauben, dass dir der HERR, der Gott ihrer Vorfahren – der Gott Abrahams, der Gott Isaaks und der Gott Jakobs – erschienen ist.«

⁶Dann sprach der HERR zu Mose: »Steck deine Hand in dein Gewand.« Mose gehorchte, und als er sie wieder herauszog, war sie aussätzig – sie war weiß wie Schnee. ⁷»Steck deine Hand noch einmal in dein Gewand«, forderte der HERR ihn auf. Als Mose seine Hand dieses Mal herauszog, war sie wieder so gesund wie der Rest seines Körpers.

⁸»Wenn sie dir nicht glauben und sich von dem ersten Wunder nicht überzeugen lassen, dann glauben sie dir nach dem zweiten«, sprach der HERR. ⁹»Wenn sie dir jedoch auch nach dem zweiten Wunder nicht glauben und nicht auf dich hören wollen, dann schöpf Wasser aus dem Nil und gieß es auf den trockenen Boden. Dann wird das Wasser, das du aus dem Fluss geschöpft hast, auf dem trockenen Boden zu Blut werden.« ¹⁰Aber Mose erwiderte: »O Herr, ich bin kein guter Redner; ich bin es nie gewesen – und seit du mit mir, deinem Diener, sprichst, hat sich daran nichts geändert. Ich kann nicht gut reden.«

¹¹»Wer hat den Menschen einen Mund gegeben?«, fragte ihn der HERR. »Wer macht die Menschen stumm oder taub, sehend oder blind? Ich bin es, der HERR! ¹²Mach dich jetzt auf den Weg. Ich werde dir helfen und dir zeigen, was du reden sollst.«

3,5-10 Vgl. Apostelgeschichte 7,31-34.   **3,12** Vgl. Apostelgeschichte 7,7.   **3,15** Hebr. *Jahwe*.

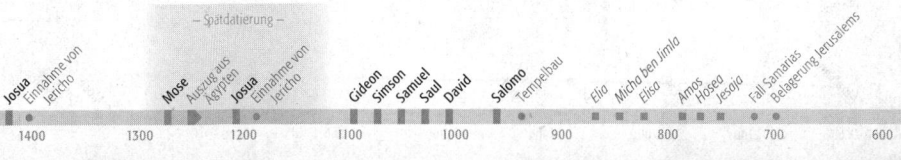

2. MOSE

1–6	Die Israeliten in Ägypten und Moses Vorbereitung
7–12	Die Befreiung Israels – Die 10 Plagen
12–18	Die Reise durch die Wüste zum Berg Sinai
19–24	Gott gibt Israel das Gesetz – Israel nimmt den Bund des HERRN an
24–31	Auftrag zum Bau des Heiligtums – Gott will bei seinem Volk wohnen
32–34	Abfall des Volkes (das Goldene Kalb) und Vergebung durch Gott
35–40	Bau des Heiligtums

4–6

Aaron unterstützt Mose bei seinem Auftrag. Mose fordert den Pharao auf, die Israeliten ziehen zu lassen. Die Israeliten müssen noch härter arbeiten. Gott verspricht den Israeliten Freiheit.

[Zum Sinai, vom Sinai her: Gott schafft sich ein Volk]

[13] Aber Mose bat: »Herr, bitte schick doch einen anderen!«
[14] Da wurde der HERR zornig auf Mose. »Ich weiß doch, dass dein Bruder, der Levit Aaron, gut reden kann«, sprach er. »Er ist bereits auf dem Weg zu dir und wird sich freuen dich zu sehen. [15] Erzähl ihm dann alles und weise ihn an, was er reden soll. Ich werde euch beiden helfen, wenn ihr redet, und werde euch zeigen, was ihr tun sollt. [16] Aaron wird für dich zum Volk sprechen. Es ist so, als ob du durch ihn sprichst. Und er wird deine Botschaften weitergeben, so wie ein Prophet meine. [17] Und nimm deinen Hirtenstab mit. Mit ihm sollst du die Wunder tun.«

Mose kehrt nach Ägypten zurück
[18] Mose ging zu seinem Schwiegervater Jitro zurück und sagte: »Ich möchte gern nach Ägypten zu meinen Verwandten zurückkehren, um zu sehen, ob sie noch am Leben sind.«
»Geh in Frieden!«, entgegnete Jitro.
[19] Der HERR sprach in Midian zu Mose: »Kehre nach Ägypten zurück. Denn alle, die dich umbringen wollten, sind inzwischen gestorben.«
[20] Mose ließ seine Frau und seine Söhne auf Esel steigen und machte sich mit ihnen auf den Weg nach Ägypten. Den Stab Gottes nahm er in seine Hand.
[21] Der HERR sagte zu Mose: »Wenn du nach Ägypten kommst, dann vollbring vor dem Pharao alle Wunder, zu denen ich dich bevollmächtigt habe. Ich will sein Herz aber hart machen, sodass er das Volk nicht gehen lässt. [22] Dann sollst du zum Pharao sagen: ›So spricht der HERR: Israel ist mein erstgeborener Sohn. [23] Ich befehle dir: Lass ihn ziehen, damit er mir dienen kann. Wenn du dich aber weigerst ihn ziehen zu lassen, werde ich deinen erstgeborenen Sohn töten!‹«
[24] Unterwegs in der Herberge fiel der HERR über Mose her und wollte ihn töten. [25] Da nahm Zippora einen scharfen Stein und beschnitt* ihren Sohn. Sie berührte mit der Vorhaut Moses Beine und sagte: »Du bist mein Blutbräutigam.« [26] Zippora sagte »Blutbräutigam« wegen der Beschneidung ihres Sohnes. Da ließ der HERR von ihm ab.
[27] Der HERR hatte Aaron befohlen: »Geh Mose entgegen in die Wüste.« Da machte sich Aaron auf den Weg. Er traf Mose am Berg Gottes und küsste ihn. [28] Mose berichtete Aaron alles, was der HERR ihm aufgetragen hatte. Er erzählte ihm auch von den Wunderzeichen, die er tun sollte.

4,25 Vgl. 1. Mose 17,9-14.

²⁹Mose und Aaron gingen nach Ägypten und riefen die führenden Männer der Israeliten zusammen. ³⁰Aaron teilte ihnen alles mit, was der HERR zu Mose gesagt hatte, und Mose vollbrachte vor den Augen des Volkes die Wunderzeichen. ³¹Das Volk glaubte ihnen. Als sie merkten, dass der HERR ihre Unterdrückung gesehen hatte und sich um sie kümmerte, knieten sie nieder und beteten den HERRN an.

Mose und Aaron gehen zum Pharao

5 Danach gingen Mose und Aaron zum Pharao und sagten zu ihm: »So spricht der HERR, der Gott Israels: ›Lass mein Volk ziehen, damit es in der Wüste mir zu Ehren ein Fest feiern kann.‹«

²»Wer ist dieser HERR?«, antwortete der Pharao. »Wieso sollte ich ihm gehorchen und das Volk der Israeliten ziehen lassen? Ich kenne diesen HERRN nicht und ich werde die Israeliten auf keinen Fall gehen lassen.«

³Doch Aaron und Mose erwiderten: »Der Gott der Hebräer ist uns erschienen. Majestät, lassen Sie uns nur drei Tagesreisen weit in die Wüste ziehen, damit wir dort dem HERRN, unserem Gott, Opfer bringen können. Sonst wird er uns mit Seuchen und Tod strafen.«

⁴»Mose und Aaron, was fällt euch eigentlich ein, dass ihr die Leute von ihrer Arbeit abhaltet?«, rief der König von Ägypten. »Geht wieder an die Arbeit! ⁵Es gibt schon genug von euch hier in Ägypten, und nun haltet ihr die anderen auch noch von der Arbeit ab.«

Die Herstellung von Ziegeln wird erschwert

⁶Noch am selben Tag gab der Pharao den ägyptischen Aufsehern über das Volk und den israelitischen Vorarbeitern folgenden Befehl: ⁷»Liefert den Leuten kein Stroh mehr für die Herstellung der Ziegel. Sie sollen es ab jetzt selbst sammeln. ⁸Trotzdem sollen sie aber genauso viele Ziegel herstellen wie bisher und nicht einen weniger. Sie sind faul, sonst würden sie nicht schreien: ›Wir wollen unserem Gott in der Wüste opfern!‹ ⁹Ladet ihnen noch mehr Arbeit auf, damit sie etwas zu tun haben und nicht mehr solchen Lügen Gehör schenken.«

¹⁰Da gingen die Aufseher und Vorarbeiter zu den Israeliten und sagten: »Wir sollen euch vom Pharao ausrichten, dass er euch ab jetzt kein Stroh mehr liefern lässt. ¹¹Geht und seht selbst, wo ihr Stroh herbekommt. Ihr müsst jedoch genauso viele Ziegel herstellen wie bisher.«

¹²Da zogen die Israeliten durchs ganze Land, um Stroh zu sammeln. ¹³Die Aufseher trieben sie an: »Ihr müsst jeden Tag genauso viele Ziegel herstellen wie früher, als wir euch das Stroh noch gaben!«, verlangten sie. ¹⁴Dann schlugen sie die israelitischen Vorarbeiter, die sie eingesetzt hatten. »Warum habt ihr gestern und heute nicht die festgesetzte Anzahl an Ziegeln abgeliefert, so wie ihr es früher gemacht habt?«, fragten sie.

¹⁵Die israelitischen Vorarbeiter gingen zum Pharao und beschwerten sich: »Majestät, warum behandeln Sie uns, Ihre Diener, so? ¹⁶Man gibt uns kein Stroh mehr und trotzdem sollen wir genauso viele Ziegel herstellen wie bisher. Und nun werden wir, Ihre Diener, sogar noch geschlagen! Ihre Leute tun uns Unrecht.« ¹⁷Doch der Pharao entgegnete ihnen: »Ihr seid einfach nur faul! Deshalb sagt ihr: ›Lass uns ziehen, damit wir dem HERRN Opfer bringen können.‹ ¹⁸Geht und macht euch wieder an die Arbeit! Ihr bekommt kein Stroh, aber ihr müsst trotzdem genauso viele Ziegel herstellen wie früher.«

¹⁹Da merkten die israelitischen Vorarbeiter, wie ausweglos ihre Lage war: Sie mussten weiterhin die gleiche Anzahl Ziegel abliefern. ²⁰Als sie den Palast des Pharaos verließen, trafen sie Mose und Aaron, die draußen auf sie warteten. ²¹»Der HERR soll euch dafür strafen, dass ihr uns beim Pharao und seinem Hofstaat in Verruf gebracht habt«, beklagten sie sich. »Ihr habt ihnen einen Grund geliefert, uns zu töten!«

²²Da wandte sich Mose an den HERRN: »Warum tust du deinem Volk so etwas an, Herr?«, fragte er. »Warum hast du mich hierher gesandt? ²³Seit ich zum Pharao gegangen bin und ihm deine Botschaft ausgerichtet habe, behandelt er dein Volk noch viel schlechter. Und du unternimmst nichts, um dein Volk zu retten!«

Verheißungen der Befreiung

6 »Jetzt sollst du sehen, was ich dem Pharao antun werde«, sprach der HERR zu Mose. »Ich werde ihn mit meiner mächtigen Hand zwingen die Israeliten ziehen zu lassen. Ja, wenn ich ihn mit meiner mächtigen Hand zwinge, wird er sie sogar aus seinem Land jagen.«

²Und Gott fuhr fort: »Ich bin der HERR. ³Ich bin Abraham, Isaak und Jakob als ›der allmächtige Gott‹* erschienen, aber unter meinem Namen ›der HERR‹* habe ich mich ihnen nicht zu erkennen gegeben. ⁴Und ich habe auch einen Bund mit ihnen geschlossen und versprochen

---

6,3a Hebr. *El-Shaddai*.   6,3b Hebr. *Jahwe*.

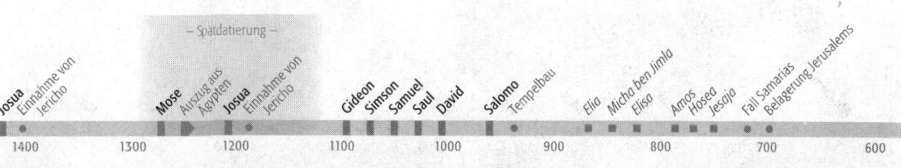

2. MOSE

1–6	Die Israeliten in Ägypten und Moses Vorbereitung
7–12	Die Befreiung Israels – Die 10 Plagen
12–18	Die Reise durch die Wüste zum Berg Sinai
19–24	Gott gibt Israel das Gesetz – Israel nimmt den Bund des HERRN an
24–31	Auftrag zum Bau des Heiligtums – Gott will bei seinem Volk wohnen
32–34	Abfall des Volkes (das Goldene Kalb) und Vergebung durch Gott
35–40	Bau des Heiligtums

6–7

Gott verspricht den Israeliten ein eigenes Land. Das Nilwasser wird zu Blut.

[Zum Sinai, vom Sinai her: Gott schafft sich ein Volk]

ihnen das Land Kanaan zu geben, in dem sie als Fremde lebten. ⁵Ich habe das Seufzen der Israeliten gehört, die von den Ägyptern versklavt werden. Und ich habe an meinen Bund mit ihnen gedacht.

⁶Richte deshalb den Israeliten aus: ›Ich bin der HERR; ich werde euch aus der Sklaverei in Ägypten führen und aus der Zwangsarbeit retten. Ich werde euch mit großer Macht befreien und die Ägypter hart bestrafen. ⁷Ich werde euch zu meinem Volk machen, und ich werde euer Gott sein. Und ihr sollt erkennen, dass ich der HERR, euer Gott, bin, der euch aus der Sklaverei in Ägypten führt. ⁸Ich werde euch in das Land bringen, das ich Abraham, Isaak und Jakob mit erhobener Hand versprochen habe, und es euch als Besitz geben. Ich bin der HERR!‹«

⁹Mose teilte dies den Israeliten mit. Aber sie hörten nicht auf ihn, weil sie so hart arbeiten mussten und jeglichen Mut verloren hatten.

¹⁰Da sprach der HERR zu Mose: ¹¹»Geh noch einmal zum Pharao und fordere ihn auf die Israeliten aus seinem Land ziehen zu lassen.«

¹²»Aber HERR«, wandte Mose ein, »wenn schon mein eigenes Volk nicht auf mich hört, wie sollte dann der Pharao auf mich hören? Ich bin eben kein guter Redner.«

¹³Doch der HERR beauftragte Mose und Aaron, erneut zu den Israeliten und zum Pharao, dem König von Ägypten, zu gehen, um die Israeliten aus Ägypten zu führen.

2. Mose 6,2-8

Gott redet

Nur wenige Texte sprechen so deutlich über die Absichten Gottes. Hier wird offenbart: Gott ist ein beziehungsorientierter, persönlicher Gott mit einem Namen (*Jahwe*, der HERR). Gott bleibt über Generationen treu und gestaltet die Geschichte. Gott hat ein gutes Gedächtnis und hält immer, was er versprochen hat. Gott hört das Schreien der Notleidenden und reagiert darauf. Ungerechtigkeit wird nicht für immer geduldet, sondern Gott greift ein, bestraft und befreit. Er möchte in Beziehung mit seinem Volk leben und sein Volk darf ihn persönlich kennen. Gott möchte seinem Volk ein erfülltes Leben im Verheißenen Land schenken.

Diese Offenbarung beginnt und endet mit den Worten »Ich bin der HERR.« Nicht Israel wird Ägypten besiegen. Nicht Mose wird Israel leiten. Gott, der HERR, ist der »Held« dieser Geschichte. Er wird seinen großen Plan für sein erwähltes Volk und für alles Leben auf der Erde ausführen. Und er beauftragt Menschen wie Moses, an seinem Sieg teilzuhaben.

(1. Mose 32,24-30 ‹‹ | ›› 2. Mose 13,21)

Die Vorfahren von Mose und Aaron

¹⁴Dies sind die führenden Männer ihrer Sippen:
Die Söhne von Ruben, Israels ältestem Sohn, waren Henoch, Pallu, Hezron und Karmi. Von ihnen stammen die gleichnamigen Sippen ab.

¹⁵Simeons Söhne waren Jemuël, Jamin, Ohad, Jachin, Zohar und Schaul, dessen Mutter eine Kanaaniterin war. Von ihnen stammen die gleichnamigen Sippen ab.

¹⁶Dies sind die Namen der Söhne Levis nach ihren Sippen: Gerschon, Kehat und Merari. Levi, ihr Vater, wurde 137 Jahre alt.

¹⁷Die Söhne von Gerschon hießen Libni und Schimi; jeder von ihnen wurde zum Stammvater einer Sippe.

¹⁸Kehats Söhne waren Amram, Jizhar, Hebron und Usiël. Kehat wurde 133 Jahre alt.

¹⁹Die Söhne von Merari hießen Machli und Muschi.
Dies sind die Sippen der Nachkommen Levis, nach ihrem Stammbaum.

²⁰Amram heiratete Jochebed, die Schwester seines Vaters. Sie hatten zwei Söhne: Aaron und Mose. Amram wurde 137 Jahre alt.

²¹Die Söhne von Jizhar hießen Korach, Nefeg und Sichri.

²²Usiëls Söhne waren Mischaël, Elizafan und Sitri.

²³Aaron heiratete Elischeba, die Tochter Amminadabs und Schwester Nachschons. Ihre Söhne hießen Nadab, Abihu, Eleasar und Itamar.

²⁴Die Söhne Korachs waren Assir, Elkana und Abiasaf. Das sind die Sippen der Korachiter.

²⁵Eleasar, der Sohn Aarons, heiratete eine der Töchter Putiëls. Ihr Sohn hieß Pinhas.
Das sind die führenden Männer der Leviten nach Sippen geordnet.

²⁶Aaron und Mose, die hier genannt werden, waren es, denen der Herr befohlen hatte: »Führt die Israeliten nach Stämmen geordnet aus Ägypten.« ²⁷Sie waren es, die mit dem Pharao, dem König von Ägypten, verhandelten, um die Israeliten aus Ägypten zu führen.

²⁸Der Herr sprach in Ägypten zu Mose: ²⁹»Ich bin der Herr! Richte dem Pharao, dem König von Ägypten, alles aus, was ich dir sage.« ³⁰Mose antwortete dem Herrn: »Ich kann nicht gut reden. Warum sollte der Pharao auf mich hören?«

Moses Stab verwandelt sich in eine Schlange

7 Der Herr sprach zu Mose: »Ich habe dir göttliche Vollmacht über den Pharao gegeben. Dein Bruder Aaron wird dein Prophet sein; er wird für dich sprechen. ²Sag Aaron alles, was ich dir auftrage; er soll dann den Pharao auffordern die Israeliten aus seinem Land ziehen zu lassen. ³Aber ich werde das Herz des Pharaos hart machen, damit ich viele Zeichen und Wunder in Ägypten tun kann. ⁴Weil der Pharao nicht auf euch hören wird, werde ich gegen die Ägypter vorgehen und sie hart bestrafen. Und ich werde mein Volk, die Israeliten, nach Stämmen geordnet aus Ägypten führen. ⁵Wenn ich meine Hand gegen die Ägypter erhebe und die Israeliten aus ihrem Land führe, werden sie erkennen, dass ich der Herr bin.

⁶Mose und Aaron handelten genauso, wie der Herr ihnen befohlen hatte. ⁷Mose war 80 und Aaron war 83 Jahre alt, als sie mit dem Pharao redeten.

⁸Der Herr sprach zu Mose und Aaron: ⁹»Wenn der Pharao euch auffordert euch durch ein Wunder auszuweisen, dann sag zu Aaron: ›Wirf deinen Stab vor dem Pharao auf den Boden.‹ Und der Stab wird sich in eine Schlange verwandeln.«

¹⁰Da gingen Mose und Aaron zum Pharao und machten alles genauso, wie der Herr es ihnen befohlen hatte. Aaron warf seinen Stab vor dem Pharao und dessen Hofstaat auf den Boden und der Stab verwandelte sich in eine Schlange. ¹¹Daraufhin ließ der Pharao seine weisen Männer und Zauberer rufen. Sie vollbrachten mit ihren Zauberkünsten dasselbe: ¹²Jeder von ihnen warf seinen Stab auf den Boden und sie verwandelten sich in Schlangen. Aber Aarons Stab verschlang ihre Stäbe. ¹³Der Pharao jedoch blieb unnachgiebig und er hörte nicht auf Mose und Aaron, so wie der Herr es vorausgesagt hatte.

Die erste Plage: Wasser wird zu Blut

¹⁴Da sprach der Herr zu Mose: »Das Herz des Pharaos ist hart, er weigert sich mein Volk ziehen zu lassen. ¹⁵Geh morgen früh zu ihm, wenn er zum Fluss hinabgeht, und warte am Ufer auf ihn. Nimm deinen Hirtenstab mit, der sich in eine Schlange verwandelt hat. ¹⁶Sag zu ihm: ›Der Herr, der Gott der Hebräer, hat mich zu dir geschickt und fordert dich auf: Lass mein Volk ziehen, damit es mir in der Wüste dienen kann. Bisher hast du nicht auf ihn hören wollen. ¹⁷Darum spricht der Herr: An dem, was nun geschieht, wirst du erkennen, dass ich der Herr bin! Ich werde jetzt mit dem Stab, den ich in meiner Hand habe, in das Wasser des Nil schlagen und es wird sich in Blut verwandeln. ¹⁸Alle Fische darin werden sterben und der ganze Fluss wird stinken, sodass die Ägypter sich ekeln werden das Nilwasser zu trinken.‹«

¹⁹Dann sprach der Herr zu Mose: »Befiehl Aaron: ›Nimm deinen Stab und strecke ihn aus

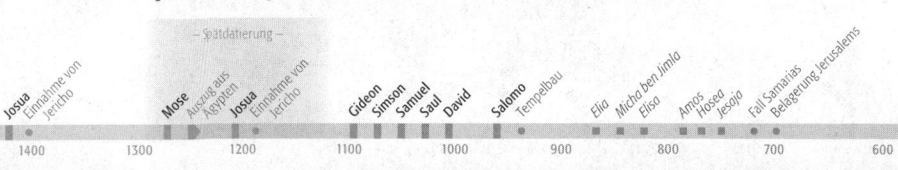

2. MOSE

1–6	Die Israeliten in Ägypten und Moses Vorbereitung
7–12	Die Befreiung Israels – Die 10 Plagen
12–18	Die Reise durch die Wüste zum Berg Sinai
19–24	Gott gibt Israel das Gesetz – Israel nimmt den Bund des HERRN an
24–31	Auftrag zum Bau des Heiligtums – Gott will bei seinem Volk wohnen
32–34	Abfall des Volkes (das Goldene Kalb) und Vergebung durch Gott
35–40	Bau des Heiligtums

7–8
Vier Plagen: Nilwasser wird zu Blut, Frösche, Stechmücken, Stechfliegen.

[Zum Sinai, vom Sinai her: Gott schafft sich ein Volk]

über alle Gewässer Ägyptens – über alle Flüsse, Kanäle, Tümpel und Wasserstellen. Das Wasser darin wird sich in Blut verwandeln. So wird in ganz Ägypten in den hölzernen und steinernen Gefäßen bald nur noch Blut zu finden sein.‹«

[20]Mose und Aaron handelten genauso, wie der HERR ihnen befohlen hatte.

Vor den Augen des Pharaos und seines Hofstaats erhob Aaron seinen Stab und schlug in das Wasser des Nil. Da wurde das ganze Wasser im Fluss zu Blut! [21]Die Fische im Fluss starben und das Wasser im Nil begann so zu stinken, dass die Ägypter es nicht mehr trinken konnten. In ganz Ägypten war das Wasser zu Blut geworden. [22]Doch wieder brachten die ägyptischen Zauberer mit ihren Zauberkünsten dasselbe fertig. Deshalb blieb das Herz des Pharaos hart und er hörte nicht auf Mose und Aaron, so wie der HERR es vorausgesagt hatte. [23]Der Pharao kehrte in seinen Palast zurück und nahm sich auch dies nicht zu Herzen. [24]Die Ägypter gruben am Ufer des Nil nach Grundwasser, denn sie konnten das Wasser aus dem Fluss nicht mehr trinken. [25]Eine ganze Woche verging, nachdem der HERR das Wasser des Nil in Blut verwandelt hatte.

Die zweite Plage: Frösche
[26]Dann sprach der HERR zu Mose: »Geh noch einmal zum Pharao und sag zu ihm: ›So spricht der HERR: Lass mein Volk ziehen, damit es mir dienen kann! [27]Wenn du dich aber weigerst,

2. Mose 8,15

Die Antwort des Menschen
Manchmal sagt Gott, *er* würde Pharaos Herz hart machen, sodass er das Volk nicht gehen lässt (2Mo 4,8; 7,3; 14,4.17). Es wird dann auch berichtet, dass Gott dies tat (10,1; 11,10; 14,8). Andere Stellen sagen jedoch, Pharao habe *selbst* sein Herz hart gemacht (8,28; 9,34).
Wird menschliches Verhalten nun von Gott beeinflusst oder unterliegt es völlig menschlicher Freiheit? Die besten Theologen versuchen vergeblich, dieses Problem zu erklären. Klar ist allerdings: Gott selbst tut niemals das Böse und zwingt auch keinen Menschen, Böses zu tun. Gott nimmt aber auch menschliche Bosheit in seinen Dienst, um seine Ziele zu erreichen (vgl. 1Mo 50,20). Nicht wenige Texte, die zu sagen scheinen, dass Gott etwas tat, meinen damit: »Gott benutzte es«.
Paulus lehrt im Römerbrief: Gott, der Töpfer, fertigt manche Gefäße »für besondere Anlässe« an und andere »für den gewöhnlichen Gebrauch« (Röm 9,17-21). Gott kann alle benutzen, ob sie nun freiwillig oder – wie Pharao - nicht freiwillig kooperieren.
(1. Mose 50,20 «| »» 2. Mose 33,12-23)

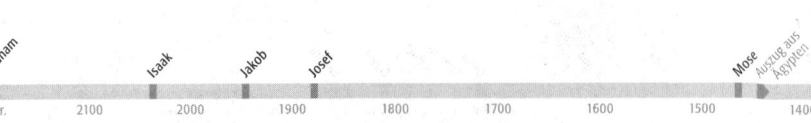

dann werde ich über dein ganzes Land Frösche kommen lassen. ²⁸Der Nil wird von Fröschen nur so wimmeln. Sie werden aus dem Wasser herauskommen und in deinen Palast hüpfen, ja sogar in dein Schlafzimmer und in dein Bett. Sie werden in die Häuser deiner Minister und deines Volkes kommen, selbst in eure Backöfen und Schüsseln. ²⁹Auf dir, auf deinem ganzen Hofstaat und auf deinem Volk sollen die Frösche hüpfen!‹«

8 Dann sprach der HERR zu Mose: »Befiehl Aaron: ›Strecke deinen Stab über alle Flüsse, Kanäle und Tümpel Ägyptens aus und bring Frösche über das ganze Land.‹« ²Da streckte Aaron seinen Arm über die Gewässer Ägyptens aus, und die Frösche kamen heraus und bedeckten das ganze Land. ³Die Zauberer jedoch brachten mit ihren Zauberkünsten dasselbe fertig; auch sie ließen Frösche über das Land kommen.

⁴Da ließ der Pharao Mose und Aaron rufen und bat sie: »Bittet den HERRN, mich und mein Volk wieder von den Fröschen zu befreien. Ich will das Volk ziehen lassen, damit es dem HERRN Opfer bringen kann.«

⁵»Majestät, bestimmen Sie den Zeitpunkt, an dem ich für Sie, Ihren Hofstaat und Ihr Volk beten soll«, antwortete Mose. »Ich werde beten, dass die Frösche aus Ihren Palästen verschwinden und nur noch im Nil zu finden sind.«

⁶»Bete morgen für mich«, sagte der Pharao.

»Es soll geschehen, wie Sie gesagt haben«, antwortete Mose. »Dann werden Sie merken, dass niemand dem HERRN, unserem Gott, gleich ist. ⁷Die Frösche werden aus Ihren Palästen verschwinden und Sie, Ihre Minister und Ihr Volk nicht länger belästigen; nur im Nil werden sie noch zu finden sein.«

⁸Mose und Aaron verließen den Pharao, und Mose flehte den HERRN an, der Froschplage, die er über den Pharao, gebracht hatte, ein Ende zu machen. ⁹Der HERR erhörte sein Gebet, und die Frösche in den Häusern, auf den Gehöften und auf den Feldern starben. ¹⁰Sie wurden auf großen Haufen gesammelt und ein furchtbarer Gestank erfüllte das Land. ¹¹Doch als der Pharao merkte, dass die Froschplage vorbei war, wurde sein Herz wieder hart. Wie der HERR es vorausgesagt hatte, hörte er nicht auf Mose und Aaron.

Die dritte Plage: Stechmücken

¹²Da sprach der HERR zu Mose: »Befiehl Aaron: ›Strecke deinen Stab aus und schlage damit in den Staub auf dem Boden. Dann wird sich der Staub in ganz Ägypten in Stechmücken verwandeln.‹« ¹³Und das machten sie dann auch. Aaron streckte seinen Stab aus und schlug damit in den Staub. Da wurde aller Staub in Ägypten zu Stechmücken, die den Menschen und Tieren zusetzten. ¹⁴Die ägyptischen Zauberer versuchten auch, mit ihren Zauberkünsten Stechmücken hervorzubringen, aber diesmal gelang es ihnen nicht. Die Stechmücken bedeckten die Menschen und Tiere.

¹⁵»Hier hat Gott seine Hand im Spiel«, meinten die Zauberer. Doch das Herz des Pharaos blieb hart. Wie der HERR es vorausgesagt hatte, hörte er nicht auf Mose und Aaron.

Die vierte Plage: Hundsfliegen

¹⁶Dann wies der HERR Mose an: »Steh morgen früh auf und passe den Pharao ab, wenn er zum Fluss geht. Sag dann zu ihm: ›So spricht der HERR: Lass mein Volk ziehen, damit es mir dienen kann! ¹⁷Wenn du mein Volk nicht ziehen lässt, werde ich Fliegenschwärme über dich, deine Minister und dein Volk kommen lassen. Deine Paläste und die Häuser der Ägypter – und sogar der Boden, auf dem sie stehen – werden voll sein von ihnen. ¹⁸In der Provinz Goschen aber, wo mein Volk lebt, wird es anders sein. Dort wird man keine einzige Fliege finden. Daran sollst du erkennen, dass ich der HERR bin und auch in deinem Land die Macht habe. ¹⁹Ich werde einen Unterschied zwischen deinem Volk und meinem Volk machen. Morgen soll dies alles geschehen.‹«

²⁰Und genauso handelte der HERR dann auch. Gewaltige Fliegenschwärme suchten den Palast des Pharaos, die Häuser seiner Minister und ganz Ägypten heim und verwüsteten das Land. ²¹Da ließ der Pharao Mose und Aaron rufen. »In Ordnung!«, sagte er. »Macht euch auf und opfert eurem Gott hier in Ägypten.«

²²Doch Mose entgegnete: »Das geht nicht. Denn die Ägypter verabscheuen die Opfer, die wir dem HERRN, unserem Gott, bringen. Wenn wir ihm hier opfern, wo sie uns sehen können, würden sie uns bestimmt steinigen. ²³Wir wollen drei Tagesreisen weit in die Wüste ziehen, um dem HERRN, unserem Gott, dort Opfer zu bringen, wie er uns wiederholt befohlen hat.«

²⁴»Ich lasse euch ziehen, damit ihr dem HERRN, eurem Gott, in der Wüste Opfer bringen könnt«, sagte der Pharao. »Aber entfernt euch nicht zu weit und betet für mich.«

²⁵»Majestät, sobald ich von Ihnen fortgegangen bin, werde ich für Sie zum HERRN beten. Ab morgen werden die Fliegenschwärme Sie, Ihre Minister und Ihr Volk nicht mehr plagen. Aber täuschen Sie uns nicht noch einmal! Nicht, dass Sie das Volk der Israeliten dann doch nicht ziehen lassen, damit es dem HERRN opfern kann.«

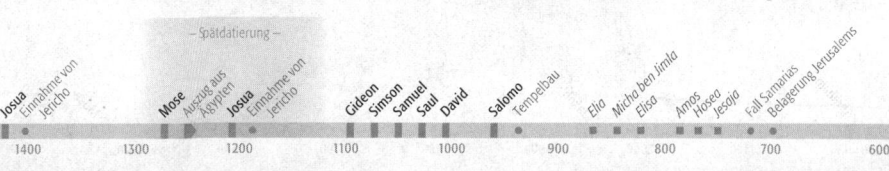

2. MOSE

1–6	Die Israeliten in Ägypten und Moses Vorbereitung
7–12	Die Befreiung Israels – Die 10 Plagen
12–18	Die Reise durch die Wüste zum Berg Sinai
19–24	Gott gibt Israel das Gesetz – Israel nimmt den Bund des HERRN an
24–31	Auftrag zum Bau des Heiligtums – Gott will bei seinem Volk wohnen
32–34	Abfall des Volkes (das Goldene Kalb) und Vergebung durch Gott
35–40	Bau des Heiligtums

9–10
Drei Plagen: Sterben des Viehs, Geschwüre und Hagel. Der Pharao will nur die israelitischen Männer ziehen lassen.

[Zum Sinai, vom Sinai her: Gott schafft sich ein Volk]

²⁶Mose verließ den Pharao und betete zum HERRN. ²⁷Der HERR erhörte sein Gebet und befreite den Pharao, seine Minister und sein Volk von den Fliegen. Nicht eine einzige Fliege blieb übrig. ²⁸Doch der Pharao verhärtete sein Herz auch diesmal und ließ das Volk nicht ziehen.

Die fünfte Plage: Viehpest

9 Da sprach der HERR zu Mose: »Geh zum Pharao und sag zu ihm: ›So spricht der HERR, der Gott der Hebräer: Lass mein Volk ziehen, damit es mir dienen kann! ²Wenn du es weiterhin festhältst und dich weigerst, es ziehen zu lassen, ³wird der HERR eine schwere Seuche über dein Vieh auf dem Feld kommen lassen – über deine Pferde, Esel, Kamele, Rinder, Schafe und Ziegen. ⁴Doch auch hier wird er einen Unterschied zwischen den Tieren der Israeliten und denen der Ägypter machen. Nicht ein einziges Tier der Israeliten wird sterben!‹«
⁵Der HERR kündigte an, dass er die Plage am nächsten Tag über das Land schicken würde. ⁶Und so tat er es dann auch: Alles Vieh der Ägypter starb, von den Tieren der Israeliten kam jedoch kein einziges um. ⁷Der Pharao ließ es überprüfen. Und tatsächlich war kein einziges Tier der Israeliten umgekommen. Doch das Herz des Pharaos blieb trotzdem hart und er ließ das Volk nicht ziehen.

Die sechste Plage: Geschwüre

⁸Dann sprach der HERR zu Mose und Aaron: »Nehmt mit euren beiden Händen Ruß aus einem Ofen. Mose soll ihn vor den Augen des Pharaos in die Luft werfen. ⁹Der Ruß wird sich als feiner Staub über ganz Ägypten ausbreiten und an Menschen und Tieren schlimme Hautgeschwüre ausbrechen lassen.«
¹⁰Also nahmen sie Ruß aus einem Ofen und traten damit vor den Pharao. Nachdem Mose den Ruß in die Luft geworfen hatte, brachen in ganz Ägypten bei Menschen und Tieren schreckliche Hautgeschwüre aus. ¹¹Selbst die Zauberer konnten nicht vor Mose treten, denn sie litten – wie auch alle anderen Ägypter – unter den Geschwüren. ¹²Doch der HERR machte das Herz des Pharaos hart. Er hörte nicht auf sie, wie der HERR es Mose vorausgesagt hatte.

Die siebte Plage: Hagel

¹³Dann sprach der HERR zu Mose: »Tritt morgen früh vor den Pharao und richte ihm aus: ›Der HERR, der Gott der Hebräer, spricht: Lass mein Volk ziehen, damit es mir dienen kann! ¹⁴Denn dieses Mal werde ich so schwere Plagen über

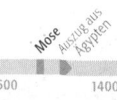

dich, deine Minister und dein Volk kommen lassen, dass du erkennen musst, dass niemand auf der ganzen Erde mir gleich ist. ¹⁵Ich hätte schon längst eine Seuche über euch kommen lassen können, um euch auszurotten. ¹⁶Aber ich habe dich am Leben gelassen, um meine Macht an dir zu zeigen und meinen Namen auf der ganzen Welt bekannt zu machen. ¹⁷Doch du spielst dich meinem Volk gegenüber immer noch als Herr auf und weigerst dich es ziehen zu lassen. ¹⁸Deshalb werde ich morgen um diese Zeit einen so schweren Hagel schicken, wie es ihn in der ganzen Geschichte Ägyptens noch nie gegeben hat. ¹⁹Lass dein Vieh und alles, was du im Freien hast, in Sicherheit bringen. Denn alle Menschen und alle Tiere, die im Freien bleiben und nicht unter einem Dach Schutz suchen, werden im Hagel sterben.«

²⁰Einige der Minister des Pharaos schenkten der Ankündigung des HERRN Glauben. Sofort ließen sie ihre Sklaven und ihr Vieh unter einem Dach Schutz suchen. ²¹Jene aber, die der Ankündigung des HERRN nicht glaubten, ließen ihre Sklaven und ihr Vieh im Freien.

²²Der HERR sprach zu Mose: »Strecke deine Hand zum Himmel aus, dann wird in ganz Ägypten Hagel fallen, auf Menschen, Tiere und Pflanzen.«

²³Da streckte Mose seinen Stab zum Himmel aus und der HERR schickte Donner und Hagel, und Blitze schlugen in die Erde. Der HERR ließ Hagel auf Ägypten niedergehen. ²⁴In dem Hagel leuchteten ständig Blitze auf – noch nie in der Geschichte Ägyptens hatte es einen solch schweren Hagelsturm gegeben. ²⁵Der Hagel zerstörte in ganz Ägypten alles, was sich im Freien befand – er erschlug Menschen und Tiere, vernichtete die Pflanzen auf den Feldern und zerschmetterte die Bäume. ²⁶Lediglich in der Provinz Goschen, wo das Volk der Israeliten lebte, hagelte es nicht.

²⁷Da ließ der Pharao Mose und Aaron rufen. »Diesmal bekenne ich mich schuldig«, sagte er. »Der HERR ist im Recht, mein Volk und ich sind im Unrecht. ²⁸Bittet doch den HERRN, diesem schrecklichen Donner und Hagel ein Ende zu machen. Ich will euch auch gehen lassen und ihr müsst nicht länger hier bleiben.«

²⁹Mose erwiderte: »Majestät, sobald ich die Stadt verlassen habe, werde ich meine Hände erheben und zum HERRN beten. Dann wird der Donner aufhören und es wird nicht länger hageln. Daran werden Sie erkennen, dass die Erde dem HERRN gehört. ³⁰Was jedoch Sie und Ihre Minister betrifft, so weiß ich, dass Sie noch immer nicht Gott, den HERRN, achten.«

³¹Der Hagel hatte den ganzen Flachs und die Gerste vernichtet, weil die Gerste bereits Ähren trug und der Flachs blühte. ³²Der Weizen und der Dinkel jedoch blieben verschont, weil sie erst später reifen.

³³Mose verließ den Pharao und ging zur Stadt hinaus. Er erhob die Hände und betete zum HERRN. Da hörten Donner, Hagel und Regen auf. ³⁴Als der Pharao sah, dass der Regen, der Hagel und der Donner aufgehört hatten, sündigte er weiter und machte sein Herz hart; ebenso seine Minister. ³⁵Der Pharao blieb unnachgiebig und ließ die Israeliten nicht ziehen, so wie der HERR es durch Mose vorausgesagt hatte.

Die achte Plage: Heuschrecken

10 Da sprach der HERR zu Mose: »Geh zum Pharao. Denn ich selbst habe ihn und seine Minister unnachgiebig gemacht, damit ich diese Wunderzeichen unter ihnen tun kann. ²Du sollst deinen Kindern und Enkeln einmal erzählen können, wie ich mit den Ägyptern umgesprungen bin und was für Wunderzeichen ich unter ihnen getan habe. Daran sollt ihr erkennen, dass ich der HERR bin.«

³Mose und Aaron gingen wieder zum Pharao und sagten: »So spricht der HERR, der Gott der Hebräer: ›Wie lange weigerst du dich noch, dich vor mir zu beugen? Lass mein Volk ziehen, damit es mir dienen kann. ⁴Sonst lasse ich morgen Heuschrecken über dein Land herfallen. ⁵Sie werden den ganzen Erdboden bedecken, sodass man ihn nicht mehr sehen kann. Sie werden alles kahl fressen, was vom Hagel nicht zerstört wurde. Sie sollen auch alle Bäume auf den Feldern kahl fressen. ⁶Auch deine Paläste, die Häuser deiner Minister und alle anderen Häuser in Ägypten werden voller Heuschrecken sein. Noch nie in der Geschichte Ägyptens haben deine Vorfahren so etwas erlebt!‹« Mit diesen Worten wandte sich Mose ab und verließ den Palast.

⁷Die Minister baten den Pharao: »Majestät, wie lange soll uns dieser Mann noch schaden? Lassen Sie diese Leute doch endlich ziehen, damit sie ihrem Gott dienen können! Sehen Sie denn nicht, wie Ägypten zugrunde geht?«

⁸So kam es, dass Mose und Aaron noch einmal zum Pharao gebracht wurden. »Geht und dient dem HERRN, eurem Gott«, meinte der Pharao. »Wen wollt ihr denn alles mitnehmen?«

⁹»Wir wollen Junge und Alte mitnehmen«, antwortete Mose, »unsere Söhne und Töchter, unsere Schafe und Rinder. Wir sollen alle zusammen ein Fest für den HERRN feiern.«

¹⁰Der Pharao spottete: »Der HERR sei mit euch, so wie ich euch mit euren kleinen Kindern ziehen lasse. Ich durchschaue eure bösen Absich-

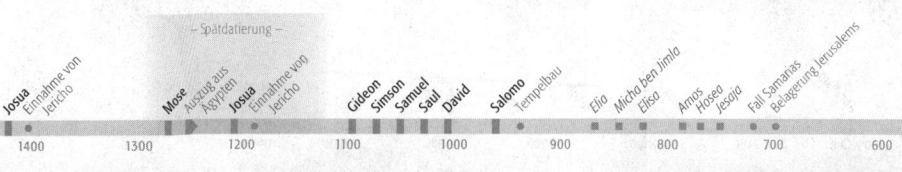

2. MOSE

1–6	Die Israeliten in Ägypten und Moses Vorbereitung
7–12	Die Befreiung Israels – Die 10 Plagen
12–18	Die Reise durch die Wüste zum Berg Sinai
19–24	Gott gibt Israel das Gesetz – Israel nimmt den Bund des HERRN an
24–31	Auftrag zum Bau des Heiligtums – Gott will bei seinem Volk wohnen
32–34	Abfall des Volkes (das Goldene Kalb) und Vergebung durch Gott
35–40	Bau des Heiligtums

10–12
Zwei Plagen: Heuschrecken und Finsternis. Der Tod der ägyptischen Erstgeborenen wird angekündigt. Einsetzung des Passahfestes.

[Zum Sinai, vom Sinai her: Gott schafft sich ein Volk]

ten. ¹¹Daraus wird nichts! Ihr Männer dürft gehen und dem HERRN dienen, denn darum habt ihr mich ja gebeten.« Dann ließ er sie aus dem Palast werfen.

¹²Da sprach der HERR zu Mose: »Strecke deine Hand über Ägypten aus, damit die Heuschrecken über das Land herfallen und alle Pflanzen, die nach dem Hagelsturm noch übrig geblieben sind, kahl fressen.«

¹³Also streckte Mose seinen Stab über Ägypten aus. Und der HERR ließ einen Ostwind kommen, der den ganzen Tag und die ganze Nacht wehte. Als der Morgen kam, hatte der Ostwind die Heuschrecken herangetrieben. ¹⁴Und die Heuschrecken fielen über das ganze Land her; sie ließen sich in ganz Ägypten nieder. Solch eine schlimme Heuschreckenplage hatte Ägypten nie zuvor heimgesucht und wird es auch nie wieder geben. ¹⁵Die Heuschrecken bedeckten den ganzen Boden und verfinsterten das Land. Sie fraßen alle Pflanzen ab und alle Früchte der Bäume, die den Hagelsturm überstanden hatten. In ganz Ägypten blieb nichts Grünes übrig, weder an den Bäumen noch an den Pflanzen.

¹⁶Schnell ließ der Pharao Mose und Aaron holen. »Ich habe gegen den HERRN, euren Gott, und gegen euch gesündigt«, sagte er zu ihnen. ¹⁷»Vergebt mir meine Sünde nur noch dieses eine Mal und bittet doch den HERRN, euren Gott, diese tödliche Plage zu beenden.«

¹⁸Nachdem Mose den Palast verlassen hatte, betete er zum HERRN. ¹⁹Da ließ der Herr den Wind in einen starken Westwind umschlagen, der die Heuschrecken ins Rote Meer* blies. Im ganzen Land blieb nicht eine einzige Heuschrecke übrig. ²⁰Der HERR machte das Herz des Pharaos hart, sodass er die Israeliten nicht ziehen ließ.

Die neunte Plage: Finsternis
²¹Da sprach der HERR zu Mose: »Strecke deine Hand zum Himmel aus. Dann wird eine Finsternis über Ägypten kommen, so dicht, dass man sie greifen kann.« ²²Mose erhob seine Hand zum Himmel, und drei Tage lang lag eine tiefe Finsternis über dem ganzen Land. ²³Keiner konnte den anderen sehen und niemand verließ sein Haus. Dort jedoch, wo die Israeliten lebten, war es hell.

²⁴Da ließ der Pharao Mose rufen und sagte: »Geht und dient dem HERRN. Nur eure Schaf- und Rinderherden sollt ihr hier lassen. Aber eure Kinder dürfen mit euch gehen.«

²⁵Mose erwiderte: »Majestät, Sie müssen uns aber auch ermöglichen Schlacht- und Brandop-

10,19 Hebr. *Schilfmeer*

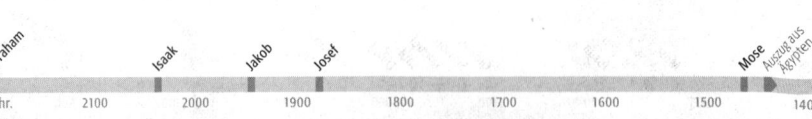

fer für den HERRN, unseren Gott, darzubringen. ²⁶Daher muss auch unser Vieh mit uns ziehen; kein einziges Tier darf zurückbleiben. Wir müssen die Opfergaben für den HERRN, unseren Gott, aus ihnen auswählen. Und wir wissen erst, wenn wir an Ort und Stelle sind, welche Tiere wir ihm opfern sollen.«

²⁷Da verhärtete der HERR das Herz des Pharaos ein weiteres Mal, sodass er nicht bereit war, sie ziehen zu lassen. ²⁸»Hinaus mit dir!«, befahl er Mose. »Wage nicht, mir noch einmal unter die Augen zu kommen, sonst wirst du sterben!«

²⁹Mose antwortete ihm: »Sie haben recht, Majestät. Ich werde mich nie wieder bei Ihnen sehen lassen.«

Die zehnte Plage wird angekündigt

11 Der HERR sprach zu Mose: »Noch eine einzige Plage will ich über den Pharao und über Ägypten kommen lassen. Danach wird der Pharao euch von hier fortziehen lassen. Ja, er wird euch nicht nur ziehen lassen, sondern euch regelrecht fortjagen. ²Fordert alle israelitischen Männer und Frauen auf, sie sollen ihre ägyptischen Nachbarn um silberne und goldene Gegenstände bitten.«

³Der HERR aber sorgte dafür, dass die Ägypter den Israeliten wohlgesinnt waren. Mose war bei den Ministern des Pharaos und beim ägyptischen Volk sogar hoch geachtet.

⁴Mose kündigte dem Pharao an: »So spricht der HERR: ›Um Mitternacht werde ich durch Ägypten gehen. ⁵Dann werden alle erstgeborenen Söhne der Ägypter sterben, vom ältesten Sohn des Pharaos, der auf dem Thron sitzt, bis zum ältesten Sohn einer Sklavin, die mit der Handmühle Korn mahlt. Auch alle erstgeborenen Tiere werden sterben. ⁶Dann werden die Menschen in ganz Ägypten klagen und weinen, wie es noch nie zuvor geschehen ist und auch nie mehr geschehen wird. ⁷Den Israeliten jedoch und ihren Tieren wird nicht das Geringste geschehen, nicht einmal ein Hund wird sie anknurren. Dann werdet ihr erkennen, dass der HERR einen Unterschied zwischen den Ägyptern und den Israeliten macht.‹ ⁸Alle diese Ihre Minister werden zu mir kommen und mich auf Knien anflehen: ›Bitte zieh fort, du und das ganze Volk der Israeliten!‹ Und danach werde ich gehen!« Nach diesen Worten ging Mose voll Zorn vom Pharao fort.

⁹Der HERR hatte nämlich zu Mose gesagt: »Der Pharao wird nicht auf euch hören, damit ich in Ägypten viele Wunder tun kann.« ¹⁰Obwohl Mose und Aaron alle diese Wunder vor dem Pharao vollbracht hatten, verhärtete der HERR sein Herz, sodass der Pharao die Israeliten nicht aus seinem Lande ziehen ließ.

Das erste Passah und die zehnte Plage

12 Der HERR gab Mose und Aaron in Ägypten folgende Anweisungen: ²»Von nun an soll dieser Monat der erste Monat des Jahres für euch sein. ³Sagt der ganzen Gemeinde Israel: ›Am zehnten Tag dieses Monats* soll jeder für seine Familie ein Lamm aussuchen. ⁴Wenn eine Familie zu klein ist, um ein ganzes Lamm zu essen, soll sie sich ein Lamm mit ihrem nächsten Nachbarn teilen. Ihr sollt berechnen, wie viele Personen zum Verzehr des Lammes nötig sind. ⁵Es muss ein einjähriges, männliches Tier ohne Fehler sein – ihr könnt entweder ein Schaf oder eine Ziege nehmen.

⁶Verwahrt die Tiere bis zum 14. Tag des ersten Monats*. Dann sollen alle, die zur Gemeinde Israel gehören, ihr Lamm gegen Abend* schlachten. ⁷Sie sollen etwas von dem Blut des Lammes nehmen und an die beiden Türpfosten und den oberen Türbalken des Hauses streichen, in dem sie es essen. ⁸Sie sollen das Fleisch über dem Feuer braten und noch in derselben Nacht mit bitteren Kräutern und ungesäuertem Brot* essen. ⁹Ihr dürft das Fleisch nicht roh oder gekocht essen. Bratet das Tier samt seinem Kopf, seinen Beinen und seinen Innereien über dem Feuer. ¹⁰Lasst nichts bis zum nächsten Morgen übrig, sondern verbrennt die Reste.

¹¹Beim Essen sollt ihr für die Reise angezogen sein, eure Sandalen an den Füßen und euren Wanderstab in der Hand. Esst es in Eile, denn es ist das Passah des HERRN! ¹²In dieser Nacht will ich durch Ägypten gehen und alle erstgeborenen Söhne und alle erstgeborenen männlichen Tiere töten. Ich will alle Götter Ägyptens richten, denn ich bin der HERR! ¹³Das Blut soll ein Zeichen sein an den Häusern, in denen ihr seid: Wenn ich das Blut sehe, werde ich an euch vorübergehen und euch verschonen. Diese Todesplage wird euch nicht treffen, wenn ich Ägypten strafe.

¹⁴Ihr sollt diesen Tag immer in Erinnerung behalten. Jedes Jahr sollt ihr und eure Nachkom-

---

12,3 Dieser Tag des hebr. Mondkalenders liegt gewöhnlich Ende März/Anfang April.   **12,6a** Vgl. Fußnote zu V. 3.
12,6b Hebr. *zwischen den Abenden;* d.h. zwischen Sonnenuntergang und Dunkelwerden.   **12,8** Brot, das ohne Sauerteig gebacken ist.

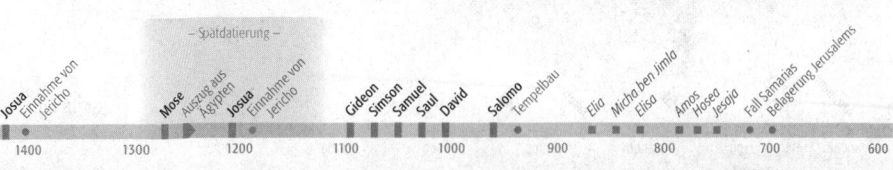

2. MOSE

1–6	Die Israeliten in Ägypten und Moses Vorbereitung
7–12	Die Befreiung Israels – Die 10 Plagen
12–18	Die Reise durch die Wüste zum Berg Sinai
19–24	Gott gibt Israel das Gesetz – Israel nimmt den Bund des HERRN an
24–31	Auftrag zum Bau des Heiligtums – Gott will bei seinem Volk wohnen
32–34	Abfall des Volkes (das Goldene Kalb) und Vergebung durch Gott
35–40	Bau des Heiligtums

12

Vorschriften zur Durchführung des Passahfestes. Tod der ägyptischen Erstgeborenen. Auszug der Israeliten aus Ägypten. Vorschriften für das Passahfest.

[Zum Sinai, vom Sinai her: Gott schafft sich ein Volk]

men ihn als ein besonderes Fest für den HERRN begehen. Diese Anordnung gilt für alle Zeiten. ¹⁵Sieben Tage lang sollt ihr nur ungesäuertes* Brot essen. Am ersten Tag sollt ihr allen Sauerteig aus euren Häusern entfernen. Jeder, der in diesen sieben Tagen Brot isst, das mit Sauerteig gebacken wurde, soll aus der Gemeinschaft der Israeliten ausgestoßen werden und sterben. ¹⁶Am ersten und am siebten Tag sollt ihr zu einer heiligen Festversammlung zusammenkommen. An diesen beiden Tagen dürft ihr nicht arbeiten; ihr dürft nur euer Essen zubereiten.

¹⁷Feiert das Fest der ungesäuerten Brote, denn genau an diesem Tag habe ich euch nach Stämmen geordnet aus Ägypten geführt. Dieses Fest sollen alle künftigen Generationen feiern. Diese Anordnung gilt für alle Zeiten. ¹⁸Esst im ersten Monat vom Abend des 14. Tages an bis zum Abend des 21. Tages nur ungesäuertes Brot. ¹⁹In diesen sieben Tagen darf sich kein Sauerteig in euren Häusern finden lassen. Jeder, der in dieser Woche gesäuertes Brot isst, soll aus der Gemeinschaft der Israeliten ausgestoßen werden und sterben. Dabei spielt es keine Rolle, ob er ein Ausländer oder ein Einheimischer ist. ²⁰Ihr dürft kein Brot essen, das mit Sauerteig gebacken wurde. Wo immer ihr auch lebt, sollt ihr nur ungesäuertes Brot essen.«

²¹Daraufhin rief Mose die führenden Männer Israels zusammen und gab ihnen folgende An-

---

12,15 Brot, das ohne Sauerteig gebacken ist.

2. Mose 12,46

Hinweise auf den Messias (2)
Bei der Einsetzung des Passahfestes wird betont, dass das Festmahl unbedingt an diesem Abend im Rahmen der Hausgemeinschaft verzehrt werden soll. Es darf nichts als Vorrat für andere oder für den nächsten Tag abgezweigt werden – deshalb darf kein Knochen herausgebrochen werden (siehe auch 4Mo 9,12).
Als die römischen Soldaten darauf verzichteten, Jesus am Kreuz die Beinknochen zu brechen, erkannte das Johannesevangelium den Zusammenhang: Hier erfüllt sich eine Passahvorschrift – Jesus ist das Passahlamm (Joh 19,31-37). Ohne Zusammenhang mit dem Passahfest spricht auch Ps 34,21 davon, dass dem, der auf Gott vertraut, kein Knochen zerbrochen wird – siehe die Erklärung dort.
(1. Mose 28,12 «« | »» 4. Mose 21,9)

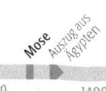

weisungen: »Geht und wählt für jede Familie ein Lamm aus und schlachtet es dann als Passahopfer. ²²Fangt das Blut von jedem Lamm in einer Schüssel auf. Nehmt dann ein Büschel Ysop*, taucht es in das Blut und streicht etwas davon an den oberen Balken und die seitlichen Pfosten der Tür. Keiner von euch darf bis zum Morgen sein Haus verlassen. ²³Dann wird der HERR durch das Land gehen, um die Erstgeburten der Ägypter zu töten. Wenn er das Blut an dem Türbalken und den Türpfosten sieht, wird der HERR an euren Häusern vorübergehen und euch verschonen. Er wird dem Todesengel nicht gestatten, in eure Häuser einzutreten und eure Erstgeburten zu töten.

²⁴Ihr und eure Nachkommen sollt euch immer an diese Vorschriften halten. ²⁵Wenn ihr in das Land kommt, das der HERR euch zugesagt hat, sollt ihr an diesem Brauch festhalten. ²⁶Wenn eure Kinder euch fragen werden: ›Was bedeutet dieser Brauch?‹ ²⁷Dann sollt ihr antworten: ›Das ist ein Passahopfer für den Herrn. Denn er ging in Ägypten an den Häusern der Israeliten vorüber. Als er die Ägypter sterben ließ, hat er unsere Familien verschont.‹« Da knieten die Israeliten nieder und beteten den HERRN an. ²⁸Die Israeliten gingen und machten alles genauso, wie der HERR es Mose und Aaron befohlen hatte. ²⁹Um Mitternacht tötete der HERR alle erstgeborenen Söhne der Ägypter, angefangen vom ältesten Sohn des Pharaos, der auf seinem Thron saß, bis hin zum ältesten Sohn eines Gefangenen im Gefängnis. Auch die Erstgeborenen ihrer Tiere ließ er sterben. ³⁰In dieser Nacht schreckten der Pharao, seine Minister und das ganze ägyptische Volk auf, und im ganzen Land hörte man lautes Klagen und Weinen. Denn es gab kein einziges Haus, in dem nicht jemand gestorben war.

Israels Auszug aus Ägypten

³¹Noch in derselben Nacht ließ der Pharao Mose und Aaron rufen. »Verschwindet!«, forderte er sie auf. »Zieht fort aus unserem Land, ihr und die anderen Israeliten. Geht und dient dem HERRN, wie ihr gesagt habt. ³²Nehmt auch eure Schaf- und Rinderherden mit, wie ihr es wolltet. Geht! Und bittet auch für mich um einen Segen.« ³³Die Ägypter drängten die Israeliten, so schnell wie möglich das Land zu verlassen. Denn sie fürchteten um ihr Leben.

³⁴Die Israeliten nahmen ihre Teigschüsseln mit dem Teig, der noch nicht durchsäuert war, schlugen diese in ihre Mäntel ein und trugen sie auf den Schultern. ³⁵Von den Ägyptern hatten sie sich silberne und goldene Schmuckstücke und Kleidung erbeten, so wie Mose es ihnen aufgetragen hatte. ³⁶Der HERR hatte dafür gesorgt, dass die Ägypter den Israeliten wohlgesinnt waren. Deshalb gaben sie den Israeliten alles, worum diese sie baten. Auf diese Weise plünderten sie die Ägypter aus.

³⁷So verließen die Israeliten Ramses und machten sich zu Fuß auf den Weg nach Sukkot. Es waren etwa 600.000 Männer, dazu Frauen und Kinder. ³⁸Auch viele Nichtisraeliten zogen mit ihnen, außerdem riesige Schaf-, Ziegen- und Rinderherden. ³⁹Aus dem Teig, den sie aus Ägypten mitgenommen hatten, backten sie unterwegs ungesäuerte Fladenbrote. Denn sie waren aus Ägypten vertrieben worden, noch bevor der Teig durchsäuert war und hatten sich auch sonst keinen Reiseproviant vorbereitet.

⁴⁰Die Israeliten hatten 430 Jahre in Ägypten gelebt. ⁴¹Nach 430 Jahren zog das Volk des HERRN nach Stämmen geordnet aus Ägypten fort. ⁴²In dieser Nacht, in der er sein Volk aus Ägypten führte, hielt der HERR selbst Wache. Deshalb sollen die Israeliten in dieser Nacht dem HERRN zu Ehren wachen.

Vorschriften für das Passahfest

⁴³Dann sprach der HERR zu Mose und Aaron: »Das sind die Vorschriften für das Passahfest: Ausländer dürfen nicht am Passahmahl teilnehmen. ⁴⁴Aber jeder Sklave, den ihr kauft, darf daran teilnehmen, wenn er zuvor beschnitten wurde. ⁴⁵Lohnarbeiter und Gäste aus der Fremde dürfen nicht daran teilnehmen. ⁴⁶Ihr sollt das Lamm gemeinsam in einem Haus essen. Ihr dürft nichts vom Fleisch des Opferlammes nach draußen tragen und keinen seiner Knochen zerbrechen.* ⁴⁷Die ganze Gemeinde der Israeliten soll das Fest feiern.

⁴⁸Wenn ein Ausländer bei euch lebt, der mir zu Ehren das Passahfest feiern möchte, müssen zuerst alle männlichen Personen seiner Familie beschnitten werden. Dann kann er das Passahfest mit euch feiern und soll wie ein Einheimischer behandelt werden. Ein unbeschnittener Mann darf jedoch auf keinen Fall vom Passahlamm essen. ⁴⁹Für die Einheimischen und für die Ausländer, die bei euch leben, soll ein und dieselbe Anweisung gelten.«

⁵⁰Die Israeliten machten alles genauso, wie der HERR es Mose und Aaron befohlen hatte. ⁵¹An diesem Tag führte der HERR das Volk der Israeliten nach Stämmen geordnet aus Ägypten.

12,22 Strauch, dessen Zweige zu heiligen Besprengungen benutzt wurden. **12,46** Vgl. Johannes 19,36.

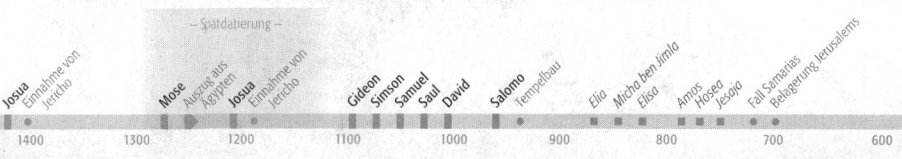

2. MOSE

1–6	Die Israeliten in Ägypten und Moses Vorbereitung
7–12	Die Befreiung Israels – Die 10 Plagen
12–18	Die Reise durch die Wüste zum Berg Sinai
19–24	Gott gibt Israel das Gesetz – Israel nimmt den Bund des HERRN an
24–31	Auftrag zum Bau des Heiligtums – Gott will bei seinem Volk wohnen
32–34	Abfall des Volkes (das Goldene Kalb) und Vergebung durch Gott
35–40	Bau des Heiligtums

13–14
Die Erstgeborenen der Israeliten gehören Gott. Der Pharao verfolgt die Israeliten.

[Zum Sinai, vom Sinai her: Gott schafft sich ein Volk]

Heiligung der Erstgeborenen

13 Dann sprach der HERR zu Mose: ²»Weiht mir alle erstgeborenen Söhne* der Israeliten und jedes erstgeborene männliche Tier. Sie gehören mir!«
³Mose sagte zum Volk: »Erinnert euch immer an den Tag, an dem ihr aus Ägypten, dem Ort eurer Sklaverei, weggezogen seid. Denn der HERR hat euch mit großer Macht von hier weggeführt. Deshalb dürft ihr kein Brot essen, das mit Sauerteig gebacken wurde. ⁴Heute – im Monat Abib* – zieht ihr aus Ägypten fort. ⁵Wenn euch der HERR in das Land der Kanaaniter, Hetiter, Amoriter, Hiwiter und Jebusiter gebracht hat, das er euren Vorfahren mit einem Eid versprochen hat – ein Land, in dem Milch und Honig überfließen –, dann sollt ihr dieses Fest jedes Jahr in diesem Monat feiern. ⁶Sieben Tage lang sollt ihr nur ungesäuertes Brot essen. Am siebten Tag sollt ihr ein großes Fest für den HERRN feiern. ⁷Esst während dieser sieben Tage nur ungesäuertes Brot. Innerhalb der Grenzen eures Landes darf in dieser Zeit weder gesäuertes Brot noch Sauerteig zu finden sein.
⁸An diesem Tag sollt ihr euren Söhnen Folgendes erklären: ›Wir feiern diesen Tag zur Erinnerung an das, was der HERR für uns getan hat, als wir Ägypten verließen.‹ ⁹Dieser Brauch soll

13,2 Vgl. Lukas 2,23. 13,4 Dieser Monat des hebr. Mondkalenders fällt normalerweise in den März oder April.

2. Mose 13,21

Gott redet
Israel wird von Gott Tag und Nacht beschützt und geleitet. Gott schenkt eine Wolkensäule und eine Feuersäule, um seine Gegenwart sichtbar und erfahrbar zu machen.
Aus der Wolke und dem Feuer wird die Strafe gegen Ägypten und die Rettung Israels kommen (2Mo 14,24). Aus ihnen kommt auch das auf zwei Steintafeln geschriebene Wort Gottes (5Mo 5,22). Gott benutzt die Wolken- und Feuersäulen, um seinem Volk zu signalisieren, wann sie lagern und wann sie aufbrechen sollten (4Mo 9,15-21), und dann, um ihnen den Weg zu zeigen und zu erhellen (2Mo 13,21-22; Neh 9,19). Sogar die Nachbarvölker sollten wissen: Gott lebt unter seinem Volk in Wolken und im Feuer und ist für alle sichtbar (4Mo 14,14).
Jahrhunderte später wird Jesaja prophezeien, dass Gott erneut mit einer Wolke und mit Feuer über dem ganzen Berg Zion und über der Festversammlung seines Volkes ein Dach errichtet (Jes 4,5). Das ist nicht wörtlich zu verstehen, sondern bedeutet, dass Gott unter seinem Volk gegenwärtig sein würde.
(2. Mose 6,2-8 «« | »» 2. Mose 20,1-17)

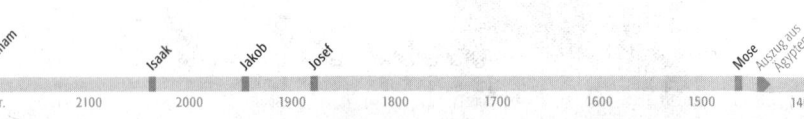

euch – wie ein Zeichen auf eurer Hand oder an eurer Stirn – immer daran erinnern, dass ihr über die Anweisungen des HERRN reden und danach handeln sollt. Denn der HERR hat euch mit großer Macht aus Ägypten befreit.

¹⁰Feiert deshalb dieses Fest jedes Jahr zur festgesetzten Zeit in der vorgeschriebenen Art und Weise. ¹¹Wenn der HERR euch in das Land der Kanaaniter bringt, wie er es euch und euren Vorfahren mit einem Eid versprochen hat, und es euch gibt, ¹²dann sollt ihr dem HERRN eure erstgeborenen Söhne weihen. Jedes erstgeborene männliche Tier sollt ihr außerdem dem HERRN opfern. ¹³Jeden erstgeborenen männlichen Esel sollt ihr mit einem Lamm loskaufen. Wenn ihr ihn jedoch nicht loskaufen wollt, müsst ihr ihm das Genick brechen. Eure erstgeborenen Söhne dagegen müsst ihr loskaufen.

¹⁴Wenn eure Söhne euch später fragen werden: ›Was bedeutet dieser Brauch?‹ Dann sollt ihr ihnen antworten: ›Mit großer Macht hat der HERR uns damals aus der Sklaverei in Ägypten geführt. ¹⁵Der Pharao wollte uns nicht ziehen lassen. Deshalb tötete der HERR alle männlichen Erstgeburten der Ägypter und ihrer Tiere. Darum opfern wir jetzt alle erstgeborenen männlichen Tiere dem HERRN, und die erstgeborenen Söhne kaufen wir los.‹ ¹⁶Dieser Brauch soll euch – wie ein Zeichen auf eurer Hand oder an eurer Stirn – daran erinnern. Denn der HERR hat uns mit großer Macht aus Ägypten geführt.«

Israels Umweg durch die Wüste

¹⁷Als der Pharao das Volk schließlich ziehen ließ, führte Gott es nicht durch das Gebiet der Philister, obwohl dies der kürzeste Weg war. Gott sagte sich: »Wenn das Volk merkt, dass ihm ein Kampf bevorsteht, bereut es möglicherweise den Auszug und kehrt nach Ägypten zurück.« ¹⁸Deshalb ließ er das Volk einen Umweg machen und führte sie durch die Wüste ans Rote Meer. Die Israeliten verließen Ägypten zum Kampf gerüstet.

¹⁹Mose nahm die Gebeine Josefs mit. Denn Josef hatte die Nachkommen Jakobs* schwören lassen und ihnen gesagt: »Ganz sicher wird Gott euch nach Kanaan zurückführen. Nehmt dann auch meine Gebeine von hier mit.« ²⁰Sie brachen von Sukkot auf und lagerten bei Etam am Rande der Wüste. ²¹Der HERR selbst zog vor ihnen her: am Tag in einer Wolkensäule, um ihnen den Weg zu zeigen, und nachts in einer Feuersäule, um ihnen zu leuchten. So konnten sie bei Tag und bei Nacht wandern. ²²Am Tag wurden die Israeliten von der Wolkensäule geführt und in der Nacht von der Feuersäule.

14 Dann gab der HERR Mose folgende Anweisungen: ²»Befiehl den Israeliten umzukehren und am Meer östlich von Pi-Hahirot, zwischen Migdol und dem Meer, gegenüber von Baal-Zefon zu lagern. ³Dann wird der Pharao denken, ihr hättet euch in der Wüste verirrt und lauft ziellos im Land umher. ⁴Ich will das Herz des Pharaos noch ein weiteres Mal hart machen, sodass er euch nachjagen wird. Ich will meine Größe und Macht am Pharao und seinem ganzen Heer zeigen, damit die Ägypter erkennen, dass ich der HERR bin!« Und so machten die Israeliten es dann auch.

Die Ägypter verfolgen Israel

⁵Als dem König von Ägypten mitgeteilt wurde, dass die Israeliten geflohen waren, änderten er und seine Minister ihren Sinn. »Wie konnten wir nur diese israelitischen Sklaven ziehen lassen?«, fragten sie sich. ⁶Der Pharao ließ seinen Streitwagen anspannen und brach mit seinen Kriegern auf. ⁷Er nahm 600 der besten ägyptischen Streitwagen sowie alle übrigen verfügbaren Streitwagen Ägyptens mit, bemannt mit den besten Kriegern. ⁸Der HERR hatte das Herz des Pharaos hart gemacht. Und so jagte dieser den Israeliten nach, obwohl sie das Land kampfbereit* verlassen hatten. ⁹So jagte das ganze Heer der Ägypter – alle Pferde, Streitwagen, Reiter und Krieger des Pharaos – ihnen nach. Bei Pi-Hahirot, gegenüber von Baal-Zefon, holten sie die Israeliten ein, die dort ihr Lager aufgeschlagen hatten.

¹⁰Als die Israeliten den Pharao mit seinem Heer herankommen sahen, bekamen sie große Angst und schrien zum HERRN um Hilfe.

¹¹Mose jedoch warfen sie vor: »Hast du uns etwa hierher gebracht, damit wir in der Wüste sterben? Gab es denn nicht genug Gräber für uns in Ägypten? Warum hast du uns das angetan und uns aus Ägypten geführt? ¹²Haben wir dir nicht schon in Ägypten gesagt: ›Lass uns in Ruhe, wir möchten den Ägyptern dienen?‹ Wir hätten lieber weiter für die Ägypter arbeiten sollen, als hier in der Wüste zu sterben!«

¹³Doch Mose sagte zum Volk: »Habt keine Angst! Wartet ab und seht, wie der HERR euch heute retten wird. Denn ihr werdet diese Ägypter dort nie wiedersehen. ¹⁴Der HERR selbst wird für euch kämpfen. Bleibt ganz ruhig!«

13,19 Hebr. *Israels*. **14,8** Eine andere mögl. Deutung: *unter dem Schutz einer mächtigen Hand.*

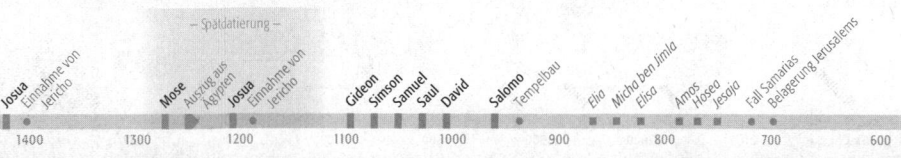

2. MOSE

1–6	Die Israeliten in Ägypten und Moses Vorbereitung
7–12	Die Befreiung Israels – Die 10 Plagen
12–18	Die Reise durch die Wüste zum Berg Sinai
19–24	Gott gibt Israel das Gesetz – Israel nimmt den Bund des HERRN an
24–31	Auftrag zum Bau des Heiligtums – Gott will bei seinem Volk wohnen
32–34	Abfall des Volkes (das Goldene Kalb) und Vergebung durch Gott
35–40	Bau des Heiligtums

14–15
Die Israeliten ziehen durchs Meer, die Ägypter ertrinken. Loblied zur Ehre Gottes.

[Zum Sinai, vom Sinai her: Gott schafft sich ein Volk]

Flucht durchs Rote Meer

15Dann sprach der HERR zu Mose: »Warum schreist du zu mir? Sag den Israeliten, dass sie aufbrechen sollen! 16Halte deinen Hirtenstab hoch, strecke ihn über das Meer aus und teile es. Dann sollen die Israeliten trockenen Fußes hindurchgehen. 17Ich will aber die Herzen der Ägypter hart machen, sodass sie euch folgen werden. Dann werde ich meine Größe und Macht am Pharao und seinem Heer, seinen Streitwagen und Reitern zeigen. 18Und die Ägypter werden dadurch erkennen, dass ich der HERR bin!«

19Dann begaben sich der Engel Gottes und die Wolkensäule, die dem israelitischen Heerlager vorangezogen waren, ans Ende des Zuges. 20So stand die Wolkensäule zwischen dem Heer der Israeliten und dem Heer der Ägypter. Während sie die Ägypter in Dunkelheit hüllte, erhellte sie jedoch auf der Seite der Israeliten die Nacht. Deshalb konnte das ägyptische Heer die Israeliten nicht angreifen.

21Dann streckte Mose seine Hand über das Meer aus. Da ließ der HERR das Wasser durch einen starken Ostwind zurückgehen. Der Wind blies die ganze Nacht, teilte das Meer und verwandelte den Meeresboden in trockenes Land. 22So konnten die Israeliten trockenen Fußes mitten durch das Meer ziehen; links und rechts von ihnen stand das Wasser wie eine Mauer. 23Alle Pferde, Streitwagen und Reiter des Pharaos jagten ihnen mitten ins Meer hinein nach. 24Kurz

2. Mose 14,22

Gott befreit
Das Meer stand zwischen Israel und der Freiheit. Auf der anderen Seite war die Wüste, der Ort, an dem Gott aus einem Sklavenhaufen ein gesegnetes, heiliges, im Bund mit Gott lebendes Volk schaffen würde. Hinter ihnen war die Militärmacht Ägyptens. Pferd und Reiter jagten die schutzlosen Israeliten. Hier konnte nur Gott retten.
Was tat Gott? Er trug sie wie auf Adlerflügeln über das Meer zur Sicherheit auf der anderen Seite. Mit diesem Bild beschreibt Gott das, was er getan hat (2Mo 19,4). Gott hat machtvoll eingegriffen, einen Weg durchs Meer gebahnt und Israel zur Freiheit geführt. Er hat dem Meer befohlen, Israels Feinde zu verschlingen. Israel sang hinterher jubelnd: »Pferde und Reiter warf er ins Meer« (2Mo 15,1).
»Das Meer« steht in der Bibel immer wieder symbolisch für die Hindernisse, die Gott überwinden muss, damit wir frei sein können. Der Seher, dem Gott einen Blick ins endgültige Verheißene Land gewährte, berichtet: »Das Meer war nicht mehr da« (Offb 21,1).
(2. Mose 3,8 «« | »» Jesaja 12,2)

vor Sonnenaufgang blickte der HERR aus der Feuer- und Wolkensäule auf das Heer der Ägypter und brachte die Krieger durcheinander. ²⁵Er ließ die Räder ihrer Streitwagen abspringen, sodass sie kaum noch vorwärts kamen. »Lasst uns fliehen!«, riefen die Ägypter. »Der HERR steht auf der Seite der Israeliten und kämpft gegen uns!«

²⁶Da sprach der HERR zu Mose: »Strecke deine Hand noch einmal über das Meer aus, damit das Wasser zurückfließt und die ägyptischen Streitwagen und Reiter überflutet.« ²⁷Als der Morgen graute, streckte Mose seine Hand über das Meer aus. Da floss das Wasser wieder zurück, den fliehenden Ägyptern entgegen. So trieb der HERR die Ägypter ins Meer. ²⁸Das Wasser überflutete alle Streitwagen und Reiter des Pharaos, die den Israeliten ins Meer nachgejagt waren. Nicht ein einziger Ägypter überlebte.

²⁹Die Israeliten jedoch waren trockenen Fußes mitten durchs Meer gezogen, während das Wasser sich wie eine Wand rechts und links von ihnen erhob. ³⁰So rettete der HERR Israel an jenem Tag vor den Ägyptern. Und die Israeliten sahen die Leichen der Ägypter am Ufer liegen. ³¹Als sie merkten, mit welch großer Macht der HERR die Ägypter besiegt hatte, achteten sie den HERRN und vertrauten ihm und seinem Diener Mose.

Ein Siegeslied

15 Damals sangen Mose und die Israeliten dem HERRN folgendes Lied:
»Wir wollen dem HERRN singen,
denn er ist hoch erhaben;
Pferde und Reiter
warf er ins Meer.
²Der HERR ist meine Kraft und mein Loblied;
er hat mich gerettet.
Er ist mein Gott, ich will ihn loben;
er ist der Gott meines Vaters, ich will ihn preisen!
³Der HERR ist ein mächtiger Krieger;
HERR ist sein Name.
⁴Die Streitwagen des Pharaos und sein Heer
warf er ins Meer.
Die besten seiner Krieger
ertranken im Roten Meer.
⁵Die Fluten bedeckten sie,
wie Steine sanken sie in die Tiefe.
⁶Deine rechte Hand, o HERR,
ist voll herrlicher Kraft.
Deine rechte Hand, o HERR,
besiegt den Feind.
⁷In der Größe deiner Macht
vernichtest du, die sich gegen dich erheben.
Deiner Zornesglut lässt du freien Lauf,
sie verzehrt sie wie Feuer das Stroh.
⁸Beim Hauch deines Atems* türmten sich die Wasser auf!
Die Wasserfluten standen aufrecht wie eine Mauer;
mitten im Meer erstarrten sie.
⁹Die Feinde sagten sich:
›Wir jagen ihnen nach und
holen sie ein,
dann werden wir die Beute verteilen.
Rächen werden wir uns an ihnen.
Wir ziehen unser Schwert,
unsere Hand wird sie vernichten.‹
¹⁰Beim Hauch deines Atems
schlug das Meer über ihnen zusammen.
Sie versanken wie Blei
in den mächtigen Wogen.
¹¹Wer unter den Göttern ist wie du, o HERR?
Wer ist so herrlich und heilig wie du?
Wessen Taten sind so Ehrfurcht gebietend?
Wer vollbringt solche Wunder?
¹²Du hast deine rechte Hand ausgestreckt,
und die Erde verschlang unsere Feinde.
¹³Voller Güte hast du dieses Volk geführt,
das du gerettet hast.
Du hast es durch deine Macht zu deiner heiligen Wohnung geleitet.
¹⁴Die Völker werden es hören und zittern;
die Philister werden sich fürchten.
¹⁵Die Stammesfürsten von Edom werden sich entsetzen;
die Herrscher von Moab werden vor Angst zittern.
Die Bewohner Kanaans wird der Mut verlassen.
¹⁶Angst und Entsetzen werden sie befallen.
Wenn sie deine große Macht sehen,
werden sie leblos wie ein Stein,
bis dein Volk durch ihr Land gezogen sein wird,
o HERR,
bis das Volk durch ihr Land gezogen sein wird,
das du erworben hast.
¹⁷Du wirst sie hineinführen und
auf dem Berg deines Erbbesitzes einpflanzen –
an dem Ort, den du, HERR, zu deiner Wohnung machen wirst;
das Heiligtum, o HERR, das deine Hände errichten werden.
¹⁸Der HERR ist König immer und ewig!«

¹⁹Als nämlich die Pferde des Pharaos mitsamt den Streitwagen und Reitern ins Meer gejagt waren, ließ der HERR die Wassermassen über ihnen

---

15,8 O. *Beim Schnauben deines Zorns.*

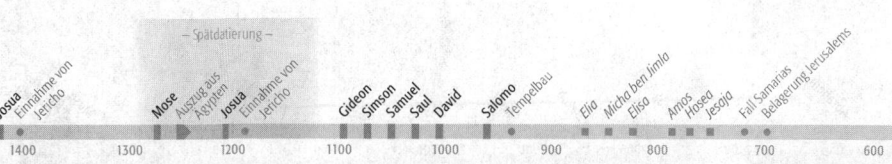

2. MOSE

1–6	Die Israeliten in Ägypten und Moses Vorbereitung
7–12	Die Befreiung Israels – Die 10 Plagen
12–18	Die Reise durch die Wüste zum Berg Sinai
19–24	Gott gibt Israel das Gesetz – Israel nimmt den Bund des HERRN an
24–31	Auftrag zum Bau des Heiligtums – Gott will bei seinem Volk wohnen
32–34	Abfall des Volkes (das Goldene Kalb) und Vergebung durch Gott
35–40	Bau des Heiligtums

15–16
Gott stillt Durst und Hunger. Manna und Wachteln.

[Zum Sinai, vom Sinai her: Gott schafft sich ein Volk]

zusammenschlagen. Die Israeliten aber waren trockenen Fußes durch das Meer gezogen.
²⁰Dann nahm die Prophetin Mirjam, Aarons Schwester, ihr Tamburin und alle Frauen tanzten mit Tamburinen hinter ihr her. ²¹Mirjam sang dazu:
»Singt dem HERRN,
 denn er ist hoch erhaben;
Pferde und Reiter
 warf er ins Meer.«

Bitteres Wasser in Mara
²²Danach führte Mose die Israeliten vom Roten Meer fort und sie zogen in die Wüste Schur. Drei Tage lang wanderten sie durch die Wüste, ohne Wasser zu finden. ²³Als sie nach Mara kamen, fanden sie schließlich Wasser. Doch sie konnten es nicht trinken, denn es war bitter. Deshalb erhielt der Ort den Namen Mara*.
²⁴Da beschwerte sich das Volk bei Mose: »Was sollen wir trinken?«
²⁵Mose rief den HERRN um Hilfe an. Da zeigte der HERR ihm ein Stück Holz. Nachdem Mose das Holz in das Wasser geworfen hatte, wurde das Wasser trinkbar.
In Mara gab der HERR ihnen Vorschriften und Gesetze und stellte sie auf die Probe, ²⁶indem er sagte: »Hört auf mich, den HERRN, euren Gott, und lebt so, wie es mir gefällt: Befolgt meine Gebote und Vorschriften! Dann werde ich euch nicht an den Krankheiten leiden lassen, die ich über die Ägypter gebracht habe, denn ich bin der HERR, der euch gesund macht.«
²⁷Dann zogen sie weiter nach Elim, wo es zwölf Quellen und 70 Palmen gab. Dort am Wasser schlugen sie ihr Lager auf.

Manna und Wachteln vom Himmel
16 Danach brachen sie von Elim auf. Einen Monat*, nachdem sie Ägypten verlassen hatten, erreichten sie die Wüste Sin, die zwischen Elim und dem Berg Sinai liegt. ²Auch hier machten die Israeliten Mose und Aaron wieder heftige Vorwürfe.
³»Hätte uns der HERR doch nur in Ägypten getötet«, klagten sie. »Dort hatten wir immerhin Fleisch und genügend Brot zu essen. Stattdessen habt ihr uns in diese Wüste geführt, damit wir hier alle verhungern.«
⁴Da sprach der HERR zu Mose: »Ich werde für euch Brot vom Himmel regnen lassen.* Die Isra-

15,23 Das bedeutet *Bitterkeit*. **16,1** Hebr. *Am 15. Tag des zweiten Monats.* Der Auszug hatte am 14. Tag des ersten Monats stattgefunden (s. 12,6). **16,4** Vgl. Johannes 6,31.

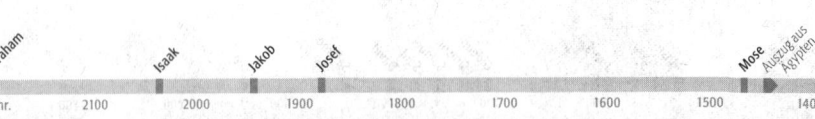

eliten sollen jeden Tag vors Lager gehen und so viel davon auflesen, wie sie für den jeweiligen Tag brauchen. Auf diese Weise will ich prüfen, ob sie meine Anweisungen befolgen oder nicht. ⁵Am sechsten Tag sollen sie das, was sie eingesammelt haben, zubereiten. Und es wird doppelt so viel sein wie an den anderen Tagen.« ⁶Mose und Aaron sagten zu den Israeliten: »Heute Abend werdet ihr merken, dass der HERR es war, der euch aus Ägypten geführt hat. ⁷Morgen früh werdet ihr die Herrlichkeit des HERRN sehen. Er hat eure Klagen gehört, die sich gegen ihn gerichtet haben. Denn wer sind wir schon, dass ihr uns Vorwürfe macht?« ⁸Und Mose fuhr fort: »Der HERR wird euch am Abend Fleisch zu essen geben und am Morgen Brot, bis ihr satt seid, denn er hat euer Jammern gehört. Wer sind wir schon? Ja, eure Klagen richten sich gegen den HERRN, nicht gegen uns.«

⁹Dann sagte Mose zu Aaron: »Fordere die ganze Gemeinschaft der Israeliten auf: ›Kommt vor den HERRN, denn er hat eure Klagen gehört.‹« ¹⁰Und während Aaron dies den Israeliten mitteilte, blickten sie zur Wüste hinüber. Da erschien ihnen die Herrlichkeit des HERRN in der Wolke.

¹¹Und der HERR sprach zu Mose: ¹²»Ich habe die Klagen der Israeliten gehört. Teile ihnen Folgendes mit: ›Gegen Abend* werdet ihr Fleisch zu essen bekommen; morgen früh werdet ihr Brot erhalten und davon satt werden. Dann werdet ihr erkennen, dass ich der HERR, euer Gott, bin.‹«

¹³An diesem Abend flog eine große Anzahl Wachteln herbei. Sie ließen sich im ganzen Lager nieder. Am nächsten Morgen lag Tau rings um das Lager. ¹⁴Als der Tau später am Morgen verschwunden war, bedeckten feine Körner – wie Reif – den Boden. ¹⁵Die Israeliten sahen es und fragten einander: »Was ist das?*« Denn sie wussten nicht, was es war.

Mose antwortete: »Das ist das Brot, das der HERR euch zum Essen gegeben hat. ¹⁶Der HERR gibt euch folgende Anweisung: ›Sammelt euch davon so viel, wie ihr benötigt. Pro Person, die in eurem Zelt lebt, sollt ihr einen Krug* davon sammeln.‹«

¹⁷Und so machten es die Israeliten dann auch: Sie sammelten von der Speise ein – die einen viel, die anderen wenig. ¹⁸Als sie es jedoch abmaßen, hatten diejenigen, die viel gesammelt hatten, nicht zu viel und denjenigen, die nur wenig gesammelt hatten, fehlte nichts.* Jeder hatte genau so viel gesammelt, wie er brauchte.

¹⁹Dann befahl Mose ihnen: »Niemand soll etwas davon über Nacht aufbewahren.« ²⁰Aber einige von ihnen hörten nicht auf Mose und hoben etwas davon auf. Doch am nächsten Morgen war es voller Maden und stank. Da wurde Mose zornig auf sie.

²¹Jeden Morgen sammelten alle so viel, wie sie benötigten. Sobald es dann aber heiß wurde, schmolz das, was sie nicht gesammelt hatten, weg. ²²Am sechsten Tag hatten sie doppelt so viel wie sonst gesammelt – zwei Krüge* statt einem für jeden. Die führenden Männer des Volkes kamen zu Mose und berichteten es ihm. ²³Er gab ihnen folgende Antwort: »Genau so hat der HERR es ja angeordnet. Morgen ist ein Ruhetag, der heilige Sabbat für den HERRN. Deshalb kocht und backt heute, so viel ihr wollt. Und was übrig bleibt, könnt ihr für morgen aufbewahren.«

²⁴Die Israeliten machten es so, wie Mose es angeordnet hatte. Am nächsten Morgen war die übrig gebliebene Speise nicht verdorben und ohne Maden. ²⁵Mose sagte: »Esst es heute. Denn heute halten wir den Sabbat für den HERRN. Heute werdet ihr draußen nichts finden. ²⁶Sammelt sechs Tage lang die Körner. Der siebte Tag aber ist ein Ruhetag, an dem kein Manna für euch auf dem Boden liegen wird.«

²⁷Am siebten Tag gingen einige Israeliten trotzdem vors Lager, um Körner zu sammeln. Doch sie fanden nichts. ²⁸»Wie lange wird dieses Volk sich noch weigern meine Gebote und Anweisungen zu befolgen?«, fragte der HERR Mose. ²⁹»Ich habe euch den siebten Tag, den Sabbat, als Ruhetag gegeben. Deshalb gebe ich euch am sechsten Tag Nahrung für zwei Tage. Am Sabbat sollt ihr zu Hause bleiben. Niemand soll an diesem Tag das Lager verlassen.« ³⁰So ruhte das Volk am siebten Tag.

³¹Die Israeliten nannten die Körner »Manna*«. Sie waren hell wie Koriandersamen und schmeckten wie Honigkuchen.

³²Dann sagte Mose zu den Israeliten: »Der HERR befiehlt Folgendes: ›Bewahrt einen Krug* Manna für eure Nachkommen auf. Auf diese Weise werden sie das Brot sehen können, das ich euch in der Wüste zu essen gab, als ich euch aus Ägypten führte.‹«

³³Mose beauftragte Aaron: »Fülle einen Krug mit Manna und bewahre ihn im Heiligtum auf als Erinnerung für die kommenden Generationen.« ³⁴Wie der HERR es Mose befohlen hatte, stellte Aaron den Krug später zur Aufbewahrung zu den Gesetzestafeln in die Bundeslade.

16,12 Hebr. *zwischen den Abenden*, d.h. zwischen Sonnenuntergang und Dunkelwerden. **16,15** Hebr. *man hu*. Daher wird es später *Manna* genannt. **16,16** Das entspricht ca. 4 l. **16,18** Vgl. 2. Korinther 8,15. **16,22** Das entspricht ca. 8 l. **16,31** Hebr. *Was ist das?*, s. auch 16,15. **16,32** Das entspricht ca. 4 l. So auch in 16,33.34.

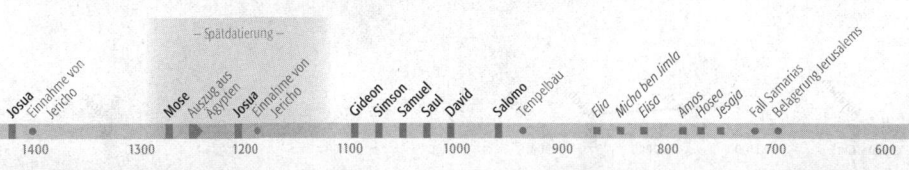

2. MOSE

1–6	Die Israeliten in Ägypten und Moses Vorbereitung
7–12	Die Befreiung Israels – Die 10 Plagen
12–18	Die Reise durch die Wüste zum Berg Sinai
19–24	Gott gibt Israel das Gesetz – Israel nimmt den Bund des HERRN an
24–31	Auftrag zum Bau des Heiligtums – Gott will bei seinem Volk wohnen
32–34	Abfall des Volkes (das Goldene Kalb) und Vergebung durch Gott
35–40	Bau des Heiligtums

17–18

Wasser aus dem Felsen. Die Israeliten besiegen die Amalekiter. Einsetzen von Richtern über das Volk.

[Zum Sinai, vom Sinai her: Gott schafft sich ein Volk]

³⁵40 Jahre lang ernährten sich die Israeliten von Manna, bis sie an der Grenze von Kanaan in besiedeltes Gebiet kamen. ³⁶Ein Krug ist der zehnte Teil eines Efa*.

Wasser aus dem Felsen

17 Auf den Befehl des HERRN hin verließen die Israeliten die Wüste Sin und zogen von Lagerplatz zu Lagerplatz. Schließlich schlugen sie ihr Lager in Refidim auf. Doch dort gab es kein Trinkwasser. ²Da machten die Israeliten Mose Vorwürfe und forderten: »Gib uns Wasser zum Trinken!«

»Warum macht ihr mir Vorwürfe?«, entgegnete Mose. »Und warum fordert ihr den HERRN heraus?«

³Die Israeliten aber waren sehr durstig und sie beklagten sich bei Mose: »Warum hast du uns bloß aus Ägypten geführt? Etwa damit wir, unsere Kinder und unser Vieh verdursten?«

⁴Da schrie Mose zum HERRN: »Was soll ich nur mit diesem Volk tun? Es fehlt nicht viel und sie steinigen mich!«

⁵Der HERR entgegnete Mose: »Geh mit einigen führenden Männern der Israeliten vor dem Volk her. Nimm deinen Stab, mit dem du auf den Nil geschlagen hast, mit. ⁶Ich werde auf einem Felsen am Horeb* vor dich treten. Schlag auf den Felsen. Dann wird Wasser herausströmen und das Volk wird trinken können.« Und Mose tat es vor den Augen der führenden Männer Israels.

⁷Mose nannte den Ort Massa und Meriba*, wegen der Vorwürfe der Israeliten. Sie hatten den HERRN herausgefordert, indem sie fragten: »Ist der HERR bei uns oder nicht?«

Israel besiegt die Amalekiter

⁸Als die Israeliten noch in Refidim lagerten, wurden sie von den Amalekitern angegriffen. ⁹Mose befahl Josua: »Wähle dir Männer aus und kämpfe gegen das Heer von Amalek. Morgen werde ich mich mit dem Stab Gottes in der Hand auf den Hügel dort stellen.«

¹⁰Josua tat, was Mose ihm gesagt hatte. Er führte seine Männer in den Kampf gegen die Amalekiter. In der Zwischenzeit stiegen Mose, Aaron und Hur auf den Hügel. ¹¹Solange Mose seinen Arm hochhielt, waren die Israeliten im Vorteil. Doch immer, wenn er seinen Arm sinken ließ, gewannen die Amalekiter die Oberhand. ¹²Als

16,36 Ein Krug entspricht ca. 4 l, ein Efa ca. 40 l.   17,6 Ein anderer Name für *Sinai*.   17,7 *Massa* heißt *Prüfung, Versuchung* und *Meriba* heißt *Hader*.

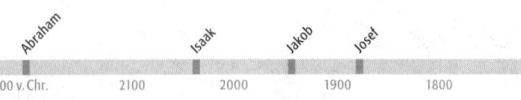

nun Moses Arme schwer wurden, suchten Aaron und Hur ihm einen Stein, auf den er sich setzen konnte. Dann stützten sie seine Arme – der eine den linken und der andere den rechten. Auf diese Weise blieben seine Arme oben, bis die Sonne unterging. ¹³Deshalb gelang es Josua das Heer von Amalek zu schlagen.

¹⁴Dann wies der HERR Mose an: »Schreib dies zur Erinnerung auf und schärfe es Josua ein: Ich werde die Amalekiter vernichten, sodass sich niemand mehr an sie erinnern wird.« ¹⁵Mose errichtete einen Altar und nannte ihn »Der HERR ist mein Banner«. ¹⁶Er sagte: »Schwört dem Herrn Treue*«! Der HERR führt Krieg gegen die Amalekiter von Generation zu Generation.«

Jitros Besuch bei Mose

18 Moses Schwiegervater Jitro, der Priester von Midian, hatte gehört, was Gott für Mose und sein Volk, die Israeliten, getan und wie der HERR sie sicher aus Ägypten geführt hatte. ²Deshalb machte sich Jitro auf den Weg. Er wurde begleitet von Moses Frau Zippora, die Mose zu ihm zurückgeschickt hatte, ³und ihren beiden Söhnen. Der ältere hieß Gerschom*, weil Mose bei seiner Geburt gesagt hatte: »Ich bin ein Gast in einem fremden Land geworden.« ⁴Der jüngere hieß Eliëser*, denn Mose hatte gesagt: »Der Gott meines Vaters hat mir geholfen. Er hat mich vor dem Schwert des Pharaos gerettet.« ⁵Jitro, Moses Frau und seine Söhne kamen zu ihm, als die Israeliten gerade am Berg Gottes lagerten. ⁶Jitro ließ Mose ausrichten: »Ich, dein Schwiegervater Jitro, bin mit deiner Frau und deinen beiden Söhnen zu dir gekommen.«

⁷Da ging Mose seinem Schwiegervater entgegen. Er verneigte sich vor ihm und küsste ihn. Nachdem sie sich begrüßt hatten, begaben sie sich in das Zelt von Mose. ⁸Mose erzählte seinem Schwiegervater alles, was der HERR dem Pharao und den Ägyptern angetan hatte, um Israel zu befreien. Er berichtete ihm auch von den schwierigen Situationen, die sie unterwegs durchgemacht hatten und wie der HERR ihnen immer wieder geholfen hatte. ⁹Jitro freute sich, dass der HERR den Israeliten so viel Gutes getan und sie aus Ägypten geführt hatte.

¹⁰Er rief: »Gelobt sei der HERR, der euch aus der Gewalt der Ägypter und des Pharaos errettet und aus der Sklaverei befreit hat! ¹¹Ich weiß jetzt, dass der HERR größer ist als alle Götter. Er hat es bewiesen, als die Ägypter sie überheblich behandelten.«

¹²Dann brachte Jitro Gott ein Brand- und ein Schlachtopfer dar. Aaron und die führenden Männer der Israeliten kamen zu ihm, um mit Moses Schwiegervater in der Gegenwart Gottes das Opfermahl zu halten.

Jitros weiser Rat

¹³Am nächsten Tag setzte sich Mose, um dem Volk Recht zu sprechen. Die Israeliten standen den ganzen Tag, von morgens bis abends, bei ihm.

¹⁴Als Moses Schwiegervater sah, wie viel Mose für das Volk zu tun hatte, sagte er: »Warum tust du so viel für das Volk? Die Leute standen den ganzen Tag hier, damit du ihre Streitfälle klärst. Warum musst du das allein tun?«

¹⁵Mose antwortete: »Sie kommen zu mir, um Gott zu befragen. ¹⁶Wenn sie einen Streitfall haben, kommen sie zu mir, damit ich zwischen ihnen schlichte und ihnen Gottes Anweisungen und Vorschriften mitteile.«

¹⁷»Das, was du da tust, ist nicht gut«, wandte sein Schwiegervater ein. ¹⁸»Du reibst dich sonst noch auf – und auch für das Volk ist das zu anstrengend. Diese Aufgabe ist zu schwer, als dass du sie allein bewältigen könntest. ¹⁹Nimm einen Rat von mir an – und Gott soll mit dir sein: Sei du weiterhin der Stellvertreter des Volkes Gott gegenüber und bring ihre Angelegenheiten vor ihn.

²⁰Teile ihnen auch Gottes Anweisungen und Vorschriften mit und lehre sie, was sie tun und wie sie ihr Leben führen sollen. ²¹Aber wähle ein paar fähige, gottesfürchtige und zuverlässige Männer aus, die unbestechlich sind. Ernenne diese dann zu Richtern über das Volk und übertrage ihnen die Verantwortung für jeweils 1.000, 100, 50 und zehn Leute. ²²Diese Männer sollen dem Volk Recht sprechen und die einfachen Streitfälle schlichten. Mit allen wichtigen und schwierigen Rechtsfragen sollen sie jedoch zu dir kommen. Verschaffe dir doch Erleichterung, dadurch dass sie dir ein Stück deiner Last abnehmen. ²³Wenn du diesen Rat befolgst und er Gottes Willen entspricht, wird dir die Aufgabe nicht über den Kopf wachsen und alle diese Menschen werden befriedigt nach Hause gehen.«

²⁴Mose beherzigte den Rat seines Schwiegervaters: ²⁵Er wählte fähige Männer unter allen Israeliten aus und ernannte sie zu Richtern über das Volk. Sie wurden über Gruppen von 1.000, 100, 50 und zehn eingesetzt. ²⁶Diese Männer

---

17,16 Hebr. *Die Hand an den Thron des HERRN*. **18,3** *Gerschom* erinnert an einen hebr. Ausdruck mit der Bedeutung *ein Gast dort*. **18,4** Hebr. *Gott hilft*.

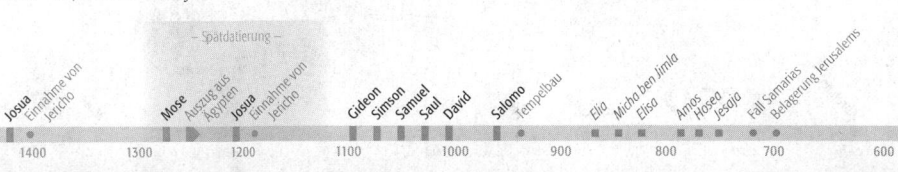

2. MOSE

1–6	Die Israeliten in Ägypten und Moses Vorbereitung
7–12	Die Befreiung Israels – Die 10 Plagen
12–18	Die Reise durch die Wüste zum Berg Sinai
19–24	Gott gibt Israel das Gesetz – Israel nimmt den Bund des HERRN an
24–31	Auftrag zum Bau des Heiligtums – Gott will bei seinem Volk wohnen
32–34	Abfall des Volkes (das Goldene Kalb) und Vergebung durch Gott
35–40	Bau des Heiligtums

19–20
Gott offenbart sich dem Volk am Sinai. Die Zehn Gebote.

[Zum Sinai, vom Sinai her: Gott schafft sich ein Volk]

konnten dem Volk nun jederzeit Recht sprechen. Mit den schwierigen Streitfällen kamen sie zu Mose, die einfachen schlichteten sie selbst.

²⁷Kurze Zeit später verabschiedete sich Mose von seinem Schwiegervater und Jitro kehrte in sein Land zurück.

2. Mose 19,5-6

Erwählung
Gottes Absichten mit Abraham haben begonnen, sich zu verwirklichen: Aus dem Sohn Abrahams und seinen Nachkommen ist ein großes Volk entstanden.
Daher weitet sich das Spektrum von Gottes Erwählung aus: Jetzt bezieht es sich auf ein bestimmtes Volk. Dieses Volk hat eine besondere Stellung inmitten der Völker der Erde. Dabei hält Gott gleichzeitig seine Beziehung zur übrigen Welt aufrecht: »Die ganze Erde gehört mir« (V. 5). Innerhalb dieses umfassenden Eigentumsverhältnisses besteht aber nun noch eine spezielle Beziehung: Israel ist das »besondere Eigentum«.
Ein »heiliges Volk« zu sein (V. 6; siehe auch 5Mo 14,2) ist nicht nur eine besondere Würde, sondern kann auch zu einer besonderen Bürde werden (siehe zu Am 3,2).
So wie ein Priester die Aufgabe hat, Vermittler zwischen Gott und anderen zu sein, so hat offensichtlich auch Gottes Volk eine priesterliche Aufgabe (V. 6). Andere Völker bleiben nicht unberührt von Gottes Aufmerksamkeit.
(1. Mose 12,1-3 ‹‹ | »› 4. Mose 14,10-23)

2. Mose 20,1-17

Gott redet
»Ich bin der Herr, dein Gott, der dich aus der Sklaverei in Ägypten befreit hat.« Mit diesen Worten leitet Gott die Zehn Gebote ein. Gott verpflichtet sein Volk dazu, ihm gehorsam zu sein, aber erst nachdem er zuvor sein Volk aus reiner Gnade gerettet und in eine Beziehung mit sich gerufen hat. Das Alte Testament, genau wie das Neue, ist eine Verfügung der unverdienten Gnade Gottes. Die Zehn Gebote zeigen, wie das Bundesverhältnis Israels mit diesem gnädigen Gott aussehen soll.
Gott lässt Israel nicht im Unklaren darüber, wie er als Herrn anerkannt werden will. Die Gebote der ersten Hälfte zeigen, was es heißt, Gott von ganzem Herzen zu lieben. Die Gebote der zweiten Hälfte erläutern, was es bedeutet, den Nächsten so zu lieben wie sich selbst (vgl. 3Mo 19,18).
Gott tut den ersten Schritt. Er befreit, begleitet, spricht und erwählt. Wenn wir nach Gottes Anweisungen leben, dann ist dies kein Versuch, uns Gottes Gnade zu verdienen, sondern eine dankbare Antwort auf Gottes Gnade.
(2. Mose 13,21 ‹‹ | »› 2. Mose 33,11)

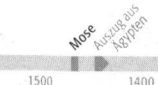

Der HERR offenbart sich am Sinai

19 ¹Etwa zwei Monate*, nachdem sie Ägypten verlassen hatten, erreichten die Israeliten die Wüste Sinai. ²Sie hatten Refidim verlassen, waren in die Wüste Sinai gekommen und schlugen dort am Fuß des Berges Sinai ihr Lager auf.

³Mose bestieg den Berg, um vor Gott zu treten. Der HERR rief ihm vom Berg aus zu: »Richte den Nachkommen Jakobs*, den Israeliten, Folgendes aus: ⁴›Ihr habt gesehen, was ich den Ägyptern angetan habe. Ich habe euch sicher hierher zu mir gebracht, so wie ein Adler seine Jungen auf seinen Flügeln trägt. ⁵Wenn ihr mir nun gehorcht und den Bund haltet, den ich mit euch schließen werde, sollt ihr vor allen anderen Völkern der Erde mein besonderes Eigentum sein, denn die ganze Erde gehört mir. ⁶Ihr sollt mir ein Königreich von Priestern, ein heiliges Volk sein.‹ Richte den Israeliten diese Worte aus.«

⁷Mose kehrte vom Berg zurück, rief die führenden Männer des Volkes zusammen und teilte ihnen alles mit, was der HERR ihm aufgetragen hatte. ⁸Die Israeliten waren einer Meinung: »Wir wollen alles tun, was der HERR uns sagt.« Diese Antwort des Volkes überbrachte Mose dem HERRN.

⁹Da sprach der HERR zu Mose: »Dieses Mal werde ich dir in einer dichten Wolke begegnen, damit das Volk es hört, wenn ich zu dir spreche, und dir deshalb immer Glauben schenkt.«

¹⁰Dann befahl der HERR Mose: »Steig hinunter und sorg dafür, dass sich das Volk heute und morgen nicht verunreinigt und lass sie ihre Kleider waschen. ¹¹Übermorgen sollen sie sich bereithalten, denn dann werde ich vor den Augen des ganzen Volkes auf den Sinai hinunterkommen. ¹²Zieh eine Grenzlinie und warne die Israeliten: ›Wagt es nicht, auf den Berg zu steigen oder ihn auch nur zu berühren. Wer den Berg berührt, muss mit dem Tod bestraft werden! ¹³Niemand darf ihn berühren. Wer es trotzdem tut, soll gesteinigt oder durchbohrt* werden. Ganz gleich, ob Mensch oder Tier, er darf nicht am Leben bleiben.‹* Erst wenn das langgezogene Signal des Widderhorns ertönt, dürfen sie auf den Berg steigen.«

¹⁴Mose stieg vom Berg zum Volk hinab und wies sie an sich nicht zu verunreinigen. Die Israeliten wuschen ihre Kleider. ¹⁵Und Mose befahl ihnen: »Haltet euch am dritten Tag bereit. Bis dahin sollt ihr nicht mit einer Frau schlafen.«

¹⁶Am Morgen des dritten Tages begann es zu donnern und zu blitzen und eine dichte Wolke umgab den Berg. Ein gewaltiger Posaunenschall ertönte, sodass alle Israeliten im Lager vor Angst zitterten. ¹⁷Mose führte sie aus dem Lager heraus Gott entgegen, und sie stellten sich am Fuß des Berges auf. ¹⁸Der ganze Berg Sinai war in Rauch gehüllt, denn der HERR war im Feuer auf ihn herabgekommen. Der Rauch stieg in den Himmel wie Rauch aus einem Schmelzofen und der ganze Berg bebte stark. ¹⁹Der Posaunenschall wurde immer lauter. Mose redete und Gott antwortete für alle hörbar*. ²⁰Als nun der HERR auf den Gipfel des Berges Sinai hinabgekommen war, rief er Mose zu sich. Und Mose stieg auf den Berg.

²¹Der HERR befahl Mose: »Steig wieder hinunter und warne die Israeliten davor, die Grenzlinie zu überschreiten, um mich zu sehen. Sonst würden viele von ihnen sterben. ²²Sogar die Priester, die sich mir sonst nähern dürfen, müssen sich reinigen* oder ich werde sie vernichten.«

²³»Aber HERR, das Volk kann gar nicht auf den Berg steigen«, wandte Mose ein. »Du selbst hast uns gewarnt und mir befohlen, eine Grenzlinie um den Berg zu ziehen und ihn für heilig zu erklären.«

²⁴Doch der HERR antwortete: »Steig trotzdem hinunter und bring Aaron mit auf den Berg. Die Priester und das Volk dürfen jedoch die Grenze nicht überschreiten, um zu mir heraufzukommen. Sonst werde ich sie vernichten.«

²⁵Da stieg Mose hinunter zum Volk und teilte ihnen alles mit.

Die Zehn Gebote

20 ¹Dann sprach Gott folgende Worte: ²»Ich bin der HERR, dein Gott, der dich aus der Sklaverei in Ägypten befreit hat.

³Du sollst außer mir keine anderen Götter haben.

⁴Du sollst dir kein Götzenbild anfertigen von etwas, das im Himmel, auf der Erde oder im Wasser unter der Erde ist. ⁵Du sollst sie weder verehren noch dich vor ihnen zu Boden werfen, denn ich, der HERR, dein Gott, bin ein eifersüchtiger Gott! Ich lasse die Sünden derer, die mich hassen, nicht ungestraft, sondern ich strafe die Kinder für die Sünden ihrer Eltern bis in die dritte und vierte Generation. ⁶Denen aber, die mich lieben und meine Gebote befolgen, werde ich bis in die tausendste Generation gnädig sein.

19,1 Hebr. *Im dritten Monat ... an dem Tag*, d.h. nach dem Mondkalender zwei Monate nach dem Tag des Auszugs aus Ägypten. Dieser Tag des hebr. Mondkalenders fällt in den späten Mai oder frühen Juni; vgl. die Fußnote zu 13,4. **19,3** Hebr. *Israels*. **19,13a** D.h. mit einem Pfeil oder Spieß. **19,13b** Vgl. Hebräer 12,20. **19,19** O. *im Donner*. **19,22** O. *heiligen*.

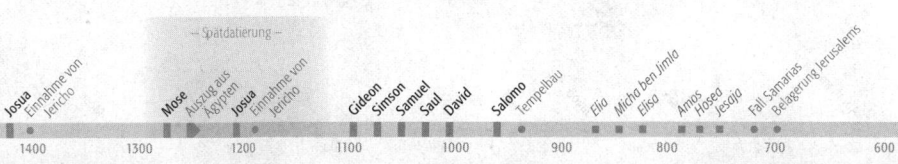

2. MOSE

1–6	Die Israeliten in Ägypten und Moses Vorbereitung
7–12	Die Befreiung Israels – Die 10 Plagen
12–18	Die Reise durch die Wüste zum Berg Sinai
19–24	Gott gibt Israel das Gesetz – Israel nimmt den Bund des HERRN an
24–31	Auftrag zum Bau des Heiligtums – Gott will bei seinem Volk wohnen
32–34	Abfall des Volkes (das Goldene Kalb) und Vergebung durch Gott
35–40	Bau des Heiligtums

20–21
Anweisung zur Errichtung von Altären. Rechte der Sklaven. Einzelfälle persönlichen Unrechts.

[Zum Sinai, vom Sinai her: Gott schafft sich ein Volk]

⁷Du sollst den Namen des HERRN, deines Gottes, nicht missbrauchen. Denn der HERR wird jeden bestrafen, der seinen Namen missbraucht.
⁸Denk an den Sabbat und heilige ihn. ⁹Sechs Tage in der Woche sollst du arbeiten und deinen alltäglichen Pflichten nachkommen, ¹⁰der siebte Tag aber ist ein Ruhetag für den HERRN, deinen Gott. An diesem Tag darf kein Angehöriger deines Hauses irgendeine Arbeit erledigen. Das gilt für dich, deine Söhne und Töchter, deine Sklaven und Sklavinnen, dein Vieh und für alle Ausländer, die bei dir wohnen. ¹¹Denn in sechs Tagen hat der HERR den Himmel, die Erde, das Meer und alles, was darin und darauf ist, erschaffen; aber am siebten Tag hat er geruht. Deshalb hat der HERR den Sabbat gesegnet und für heilig erklärt.
¹²Ehre deinen Vater und deine Mutter*. Dann wirst du lange in dem Land leben, das der HERR, dein Gott, dir geben wird.
¹³Du sollst nicht töten.*
¹⁴Du sollst nicht die Ehe brechen.*
¹⁵Du sollst nicht stehlen.
¹⁶Du sollst keine falsche Aussage über einen deiner Mitmenschen machen.*
¹⁷Du sollst den Besitz deines Nächsten nicht begehren*: Weder sein Haus, seine Frau, seinen Sklaven, seine Sklavin, sein Rind, seinen Esel oder sonst etwas, das deinem Nächsten gehört.«
¹⁸Als die Israeliten das Donnern und den Posaunenschall hörten und die Blitze und den Rauch sahen, der vom Berg aufstieg, zitterten sie vor Angst und blieben in einiger Entfernung stehen.
¹⁹Und sie sagten zu Mose: »Rede du mit uns, dann wollen wir zuhören. Gott soll nicht direkt zu uns sprechen, sonst werden wir sterben.«
²⁰»Habt keine Angst«, beruhigte Mose sie, »denn Gott ist gekommen, um euch auf die Probe zu stellen: Eure Ehrfurcht vor ihm soll euch davon abhalten Schuld auf euch zu laden!«
²¹So blieb das Volk in einiger Entfernung stehen, während Mose sich der dunklen Wolke näherte, in der Gott war.

Das Errichten von Altären
²²Der HERR befahl Mose: »Richte den Israeliten Folgendes aus: ›Ihr habt es selbst miterlebt, dass ich vom Himmel aus zu euch gesprochen habe. ²³Deshalb sollt ihr euch keine Götzen aus Silber oder Gold anfertigen.

20,12 Vgl. Matthäus 15,4 und Markus 7,10. 20,13 Vgl. Matthäus 5,21 und Jakobus 2,11. 20,14 Vgl. Matthäus 5,27. 20,12-16 Vgl. Matthäus 19,18-19, Markus 10,19 und Lukas 18,20. 20,17 Vgl. Römer 7,7.

²⁴Ihr sollt mir einen Altar aus Erde errichten; auf ihm sollt ihr mir eure Opfer bringen – eure Brand- und Friedensopfer, eure Schafe und Ziegen und eure Rinder. Ich werde Orte bestimmen, wo ihr mich anbeten sollt. Dort werde ich zu euch kommen und euch segnen. ²⁵Wenn ihr mir jedoch Altäre aus Stein errichtet, dann gebraucht nur unbehauene Steine. Bearbeitet sie nicht mit einem Meißel, denn damit entweiht ihr sie. ²⁶Steigt keine Stufen zu meinem Altar hinauf, damit man beim Hinaufsteigen nicht unter eure Gewänder blicken kann!‹

Die Rechte von Sklaven

21 Teile den Israeliten folgende Gesetze mit: ²›Wenn ihr euch einen hebräischen Sklaven kauft, soll er euch nur sechs Jahre lang dienen. Im siebten Jahr sollt ihr ihn freilassen; er muss euch für seine Freiheit nichts bezahlen. ³War er unverheiratet, als er euer Sklave wurde, so soll er auch allein wieder gehen. War er jedoch verheiratet, soll seine Frau mit ihm zusammen freigelassen werden.

⁴Hat ihm sein Herr jedoch eine Frau gegeben und sie bekamen Söhne oder Töchter, dann soll die Frau mit ihren Kindern bei ihrem Herrn bleiben, der Mann aber soll allein freigelassen werden. ⁵Falls der Sklave jedoch sagt: ›Ich liebe meinen Herrn, meine Frau und meine Kinder. Ich will nicht freigelassen werden‹, ⁶dann soll ihn sein Herr vor Gott* treten lassen und ihn an die Tür oder an den Türpfosten stellen. Dort soll er ihm das Ohrläppchen mit einem Pfriem durchbohren. Von da an soll er seinem Herrn für immer gehören.

⁷Wenn ein Mann seine Tochter als Sklavin verkauft, so muss sie nicht wie die Männer freigelassen werden. ⁸Wenn sie ihrem Herrn, der sie für sich zur Frau bestimmt hat, nicht gefällt, soll er sie freikaufen lassen. Wenn er sein Eheversprechen nicht einhält, darf er sie aber nicht an Ausländer verkaufen. ⁹Hat er die Sklavin aber für seinen Sohn bestimmt, so muss er sie wie eine Tochter behandeln. ¹⁰Nimmt er sich später noch eine andere Frau, muss er die erste trotzdem mit Essen und Kleidung versorgen und darf ihr den ehelichen Verkehr nicht vorenthalten. ¹¹Wenn er diesen drei Verpflichtungen ihr gegenüber nicht nachkommt, kann sie ihn als freie Frau verlassen ohne etwas dafür zu bezahlen.

Fälle persönlichen Unrechts

¹²Wer einen Menschen so schlägt, dass dieser stirbt, muss mit dem Tod bestraft werden. ¹³Hat er ihn aber nicht absichtlich getötet, sondern durch ein Missgeschick, das Gott zuließ, werde ich einen Ort bestimmen, wohin er fliehen kann. ¹⁴Wer jedoch einen Menschen vorsätzlich und heimtückisch umgebracht hat, soll mit dem Tod bestraft werden. Selbst wenn er an meinem Altar Schutz sucht, sollst du ihn von dort wegholen.

¹⁵Wer seinen Vater oder seine Mutter schlägt, soll hingerichtet werden.

¹⁶Ein Entführer soll mit dem Tod bestraft werden, ganz gleich, ob er sein Opfer schon verkauft hat oder es sich noch in seiner Gewalt befindet.

¹⁷Wer seinen Vater oder seine Mutter verflucht, soll mit dem Tod bestraft werden.*

¹⁸Wenn ein Mann einen anderen im Streit mit einem Stein oder mit der Faust so schlägt, dass er zwar nicht stirbt, aber doch bettlägerig wird; ¹⁹und der Verletzte später wieder aufstehen und an Krücken umhergehen kann, dann soll der Angreifer nicht bestraft werden. Er muss jedoch für den Schaden aufkommen, der dem Verletzten durch den Arbeitsausfall entstanden ist, und die Kosten seiner ärztlichen Behandlung übernehmen.

²⁰Wenn jemand seinen Sklaven oder seine Sklavin so schlägt, dass er oder sie dabei stirbt, muss er bestraft werden. ²¹Wenn der Sklave jedoch noch einen oder zwei Tage lebt, soll er nicht bestraft werden, da der Sklave ihm gehört.

²²Angenommen, zwei Männer kämpfen miteinander und stoßen dabei eine schwangere Frau so, dass ihr Kind zu früh geboren wird, aber kein weiterer Schaden entsteht; dann soll der Schuldige eine Geldstrafe zahlen, die ihm vom Ehemann der Frau auferlegt wird und die der Richter billigt. ²³Wenn aber doch Schaden entsteht, wird die Strafe wie folgt festgelegt: Leben um Leben, ²⁴Auge um Auge, Zahn um Zahn, Hand um Hand, Fuß um Fuß, ²⁵Brandwunde um Brandwunde, Verletzung um Verletzung, Strieme um Strieme.

²⁶Wenn jemand seinen Sklaven oder seine Sklavin so aufs Auge schlägt, dass die geschlagene Person dadurch blind wird, soll er sie zur Entschädigung freilassen. ²⁷Schlägt er seinem Sklaven oder seiner Sklavin einen Zahn aus, soll er die geschädigte Person als Wiedergutmachung freilassen.

²⁸Wenn ein Rind einen Mann oder eine Frau so stößt, dass sie sterben, soll das Rind gesteinigt werden, sein Fleisch dürft ihr jedoch nicht essen. Der Besitzer des Rindes wird nicht bestraft.

21,6 Vgl. 5. Mose 19,17.   21,17 Vgl. Matthäus 15,4 u. Markus 7,10.

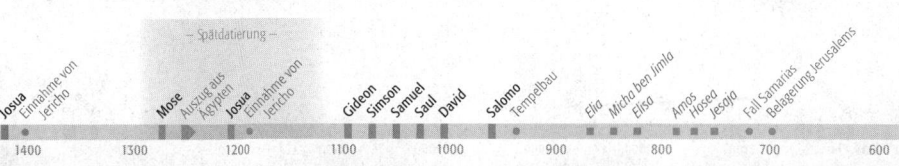

2. MOSE

1–6	Die Israeliten in Ägypten und Moses Vorbereitung
7–12	Die Befreiung Israels – Die 10 Plagen
12–18	Die Reise durch die Wüste zum Berg Sinai
19–24	Gott gibt Israel das Gesetz – Israel nimmt den Bund des HERRN an
24–31	Auftrag zum Bau des Heiligtums – Gott will bei seinem Volk wohnen
32–34	Abfall des Volkes (das Goldene Kalb) und Vergebung durch Gott
35–40	Bau des Heiligtums

21–22
Anweisungen bei Körperverletzung und Diebstahl. Bestimmungen zum sozialen Miteinander.

[Zum Sinai, vom Sinai her: Gott schafft sich ein Volk]

²⁹Wenn das Rind jedoch schon früher auf Menschen losgegangen ist und der Besitzer trotz Warnung keine Sicherheitsvorkehrungen getroffen hat, soll das Rind – wenn es jemanden tötet – gesteinigt werden und auch den Besitzer soll man mit dem Tod bestrafen. ³⁰Falls ihm stattdessen nur eine Geldstrafe auferlegt wird, soll er sie in voller Höhe bezahlen, um sein Leben freizukaufen.

³¹Das gleiche Recht kommt zur Anwendung, wenn das Rind einen Jungen oder ein Mädchen stößt. ³²Stößt das Rind jedoch einen Sklaven oder eine Sklavin, soll der Besitzer des Tieres ihrem Herrn 30 Schekel* bezahlen und das Rind soll gesteinigt werden.

³³Wenn jemand eine Grube offen stehen lässt oder eine Grube aushebt und sie nicht abdeckt und ein Ochse oder ein Esel fällt hinein, ³⁴dann soll der Besitzer der Grube dem Eigentümer des Tieres Schadenersatz leisten. Das tote Tier darf er danach behalten.

³⁵Stößt ein Rind das Rind eines anderen, sodass es stirbt, sollen die Besitzer der Tiere das lebende Rind verkaufen und sich den Erlös teilen. Das tote Tier sollen sie ebenfalls unter sich aufteilen. ³⁶Wenn jedoch bekannt war, dass das Rind schon früher auf andere Tiere losging und sein Besitzer trotzdem keine Sicherheitsvorkehrungen getroffen hat, soll er das tote Tier durch ein anderes Rind ersetzen. Das tote Tier darf er dann behalten. ³⁷Wer ein Rind, ein Schaf oder eine Ziege stiehlt und dann schlachtet oder verkauft, muss das Rind fünffach und das Schaf oder die Ziege vierfach ersetzen.

Schutz des Eigentums

22 Wird ein Dieb bei einem Einbruch ertappt und dabei getötet, gilt der Täter nicht als Mörder. ²War es zur Tatzeit aber schon hell, trägt er die Schuld am Mord. Ein Dieb muss für das, was er gestohlen hat, Ersatz leisten. Kann er es nicht, soll der Dieb als Sklave verkauft werden und die Schuld durch den Erlös bezahlt werden. ³Wenn jemand einen Ochsen, einen Esel, ein Schaf oder eine Ziege stiehlt und das Tier noch lebend bei ihm gefunden wird, soll der Dieb doppelten Ersatz leisten.

⁴Lässt jemand seine Tiere auf seinem Feld oder seinem Weinberg weiden und sie dabei frei herumlaufen, sodass sie den Acker eines anderen abweiden, muss der Besitzer des Tieres den Schaden mit dem besten Ertrag seines Feldes oder Weinbergs ersetzen.

21,32 Das entspricht ca. 360 g Silber.

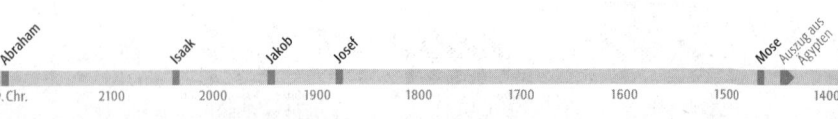

⁵Wenn Feuer auf eine Dornenhecke übergreift und dadurch Garben, Getreide oder sogar ein ganzes Feld verbrennen, soll derjenige, der das Feuer angezündet hat, den Schaden ersetzen.

⁶Wenn jemand einem anderen Geld oder Wertsachen zur Aufbewahrung gibt und sie aus dessen Haus gestohlen werden; dann muss der Dieb, wenn er ergriffen wird, das Gestohlene zweifach ersetzen. ⁷Wird der Dieb jedoch nicht ergriffen, soll der Besitzer des Hauses vor Gott treten, damit man herausfindet, ob nicht er den Besitz des anderen unterschlagen hat.

⁸Wenn sich zwei Menschen um ein Rind, einen Esel, ein Schaf, eine Ziege, ein Kleidungsstück oder sonst einen Gegenstand streiten – von dem der eine behauptet, er sei ihm abhandengekommen – soll diese Angelegenheit vor Gott gebracht werden. Derjenige, den Gott für schuldig erklärt, soll dem anderen doppelten Ersatz leisten.

⁹Wenn jemand einem anderen einen Esel, einen Ochsen, ein Schaf, eine Ziege oder irgendein anderes Tier anvertraut und das Tier stirbt, wird verletzt oder gestohlen, ohne dass es Zeugen gibt, ¹⁰soll der Betreffende vor Gott einen Eid über seine Unschuld ablegen. Der Besitzer des Tieres muss dies dann akzeptieren und der andere braucht keinen Ersatz zu leisten. ¹¹Ist ihm das Tier aber tatsächlich gestohlen worden, muss er dem Besitzer Schadenersatz leisten. ¹²Wurde es dagegen von einem wilden Tier gerissen, muss er den Kadaver als Beweis bringen; in diesem Fall muss er dem Besitzer keinen Schadenersatz leisten. ¹³Wenn jemand ein Tier von einem anderen leiht und es verletzt oder getötet wird, so muss er es ersetzen – sofern der Besitzer nicht dabei war. ¹⁴War der Besitzer jedoch dabei, muss er keinen Ersatz leisten. War das Tier gemietet, so ist der Schaden im Mietpreis eingeschlossen.

Soziale Verantwortung

¹⁵Wenn ein Mann eine Jungfrau, die noch nicht verlobt ist, verführt und mit ihr schläft, muss er die übliche Mitgift bezahlen und sie zur Frau nehmen. ¹⁶Falls ihr Vater sich jedoch weigert, sie ihm zur Frau zu geben, soll der Mann trotzdem die übliche Mitgift für eine Jungfrau bezahlen.

¹⁷Eine Zauberin darfst du nicht am Leben lassen.

¹⁸Wer Geschlechtsverkehr mit einem Tier hat, soll hingerichtet werden.

¹⁹Wer einem anderen Gott als dem HERRN opfert, soll hingerichtet* werden.

²⁰Ausländer sollt ihr nicht unterdrücken oder bedrängen. Denkt daran, dass ihr selbst Ausländer in Ägypten gewesen seid.

²¹Unterdrückt auch keine Waisen und Witwen. ²²Wenn ihr es doch tut und sie zu mir schreien, werde ich ihren Hilferuf erhören. ²³Dann wird mein Zorn entbrennen, und ich werde euch mit dem Schwert töten lassen, sodass eure Frauen Witwen und eure Kinder Waisen werden.

²⁴Wenn ihr einem Bedürftigen aus meinem Volk Geld leiht, dann verlangt keine Zinsen von ihm wie ein Geldverleiher. ²⁵Wenn ihr den Mantel eines anderen als Pfand nehmt, sollt ihr ihn bis zum Einbruch der Nacht zurückgeben. ²⁶Denn er braucht den Mantel, um sich in der Nacht zuzudecken und zu wärmen; worin sollte er sonst schlafen? Wenn er dann zu mir um Hilfe schreit, werde ich ihn erhören, denn ich bin barmherzig.

²⁷Ihr sollt Gott nicht lästern und eine führende Persönlichkeit eures Volkes nicht verfluchen.* ²⁸Den ersten Ertrag eures Getreides und eures Weins dürft ihr nicht zurückhalten. Ihr sollt mir eure erstgeborenen Söhne geben*;

²⁹genauso wie die Erstgeburten eurer Rinder, eurer Schafe und Ziegen. Lasst das neugeborene Tier sieben Tage lang bei seiner Mutter und gebt es mir am achten Tag.

³⁰Ihr seid mir heilig. Deshalb sollt ihr kein Fleisch von einem Tier essen, das von einem wilden Tier auf dem Feld gerissen wurde. Werft den Kadaver stattdessen den Hunden vor.

Ein Ruf nach Gerechtigkeit

23 Verbreitet keine Gerüchte. Macht keine falschen Zeugenaussagen für einen Menschen, der Böses getan hat.

²Schließt euch nicht der Mehrheit an, wenn sie Böses plant. Wenn ihr im Zeugenstand steht, verdreht nicht das Recht, weil ihr euch von der Meinung der Mehrheit beirren lasst. ³Begünstigt in einem Rechtsstreit niemand, nur weil er arm ist.

⁴Wenn ihr das Rind oder den Esel eures Feindes umherirren seht, dann bringt ihm sein Tier zurück. ⁵Wenn ihr seht, dass der Esel eures Feindes unter seiner schweren Last zusammengebrochen ist, lasst ihn nicht mit dem Tier allein,

---

22,19 Mit dem hier gebrauchten hebr. Ausdruck ist die vollständige Übergabe von Dingen, Tieren oder Menschen an den HERRN gemeint, indem diese entweder vernichtet oder als Opfer dargebracht werden.   22,27 Vgl. Apostelgeschichte 23,5.
22,28 2. Mose 13,11-13 erklärt dies näher.

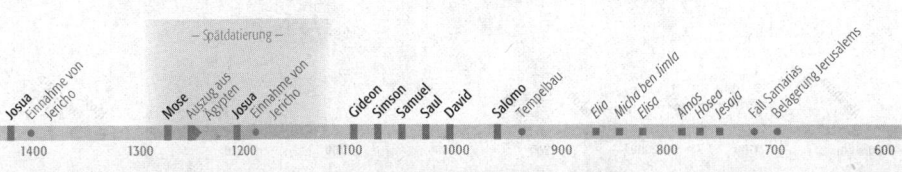

2. MOSE

1–6	Die Israeliten in Ägypten und Moses Vorbereitung
7–12	Die Befreiung Israels – Die 10 Plagen
12–18	Die Reise durch die Wüste zum Berg Sinai
19–24	Gott gibt Israel das Gesetz – Israel nimmt den Bund des HERRN an
24–31	Auftrag zum Bau des Heiligtums – Gott will bei seinem Volk wohnen
32–34	Abfall des Volkes (das Goldene Kalb) und Vergebung durch Gott
35–40	Bau des Heiligtums

23–24
Die Jahresfeste. Verheißung der Gegenwart Gottes bei Einhaltung der Gebote. Das Volk geht den Bund mit Gott ein.

[Zum Sinai, vom Sinai her: Gott schafft sich ein Volk]

sondern helft dem Tier mit ihm zusammen wieder auf.
⁶Verweigert einem Armen eures Volkes bei einer Gerichtsverhandlung nicht sein Recht.
⁷Tragt nicht durch Falschaussagen vor Gericht dazu bei, dass ein Unschuldiger zum Tod verurteilt wird. Denn ich werde es nicht zulassen, dass der Schuldige ungestraft davonkommt.
⁸Nehmt keine Bestechungsgeschenke an, denn Geschenke machen die Sehenden blind und verdrehen den Sachverhalt.
⁹Ihr sollt keinen Ausländer unterdrücken. Ihr wisst, wie es ihm zumute sein muss, denn ihr seid selbst Ausländer in Ägypten gewesen.
¹⁰Sechs Jahre lang sollt ihr eure Felder bestellen und die Ernte einbringen; ¹¹im siebten Jahr aber sollt ihr das Land nicht bestellen, sondern brachliegen lassen. Dann dürfen sich die Armen eures Volkes davon ernähren. Was sie übrig lassen, sollen die wilden Tiere fressen. Das Gleiche gilt für eure Weinberge und Olivenhaine.
¹²Sechs Tage sollt ihr arbeiten. Aber am siebten Tag sollt ihr ruhen, damit euer Rind und euer Esel die Möglichkeit haben auszuruhen und auch der Sohn eurer Sklavin sowie der Ausländer sich erholen können.
¹³Ihr sollt alles befolgen, was ich euch befohlen habe. Betet keine anderen Götter an, ja nehmt nicht einmal ihre Namen in den Mund!

2. Mose 24

Bundesschlüsse
Nachdem Gott sein Volk aus Ägypten befreit und an den Sinai geführt hat, schließt er dort einen Bund mit ihm – jetzt also mit dem ganzen Volk.
Im Gegensatz zum Noah- und Abrahambund ist dies nun ein zweiseitiger, der auch das Volk als Bundespartner in die Pflicht nimmt. Es hat die Zehn Gebote und die Bestimmungen des Bundesbuches (Kapitel 21–23) zu halten. So wird es Gottes besonderes Eigentumsvolk, ein Königreich von Priestern (Kapitel 19,3-8). Gott legt sich fest, Jahwe, der Gott seines Volkes, zu sein (20,2).
In diesem Namen klingt Gottes Eifer um sein Volk mit (20,5-6), zugleich sein Wesen, wie er es Mose gezeigt hat und noch zeigen wird (siehe Seite *14f). Grundlage des Bundes ist Gottes Tat: die Befreiung aus Ägypten. So ist dieser Bund zwar zweiseitig, aber doch asymmetrisch: Gott hat das erste Wort, sein Volk gibt danach Antwort.
Der Bund wird in einer feierlichen Zeremonie geschlossen, zu der ein Opfer, ein Blut-Ritus und ein gemeinsames Mahl gehören.
(Galater 3,16 ««« | »» 5. Mose 26,16-19)

Drei Jahresfeste

¹⁴Dreimal im Jahr sollt ihr mir zu Ehren ein Fest feiern. ¹⁵Das erste ist das Fest der ungesäuerten Brote. Sieben Tage lang sollt ihr Brot essen, das ohne Sauerteig gebacken wurde, wie ich es euch befohlen habe. Dieses Fest soll jedes Jahr zur festgesetzten Zeit im Monat Abib* stattfinden, denn in diesem Monat seid ihr aus Ägypten ausgezogen. Keiner darf mit leeren Händen vor mich kommen. ¹⁶Ihr sollt auch das Fest der Ernte* mit den ersten Erträgen eurer Ernte feiern und das Fest der Lese* am Ende der Erntezeit. ¹⁷Dreimal im Jahr soll jeder Mann in Israel vor Gott, dem HERRN, erscheinen.

¹⁸Opferblut darf auf keinen Fall zusammen mit Brot geopfert werden, in dem Sauerteig ist. Und vom Fett der Tiere, die zu meinen Festen geopfert werden, darf nichts bis zum nächsten Morgen übrig bleiben.

¹⁹Bringt das Beste von den ersten Erträgen der Ernte in das Haus des HERRN, eures Gottes.

Ihr sollt ein Ziegenböckchen nicht in der Milch seiner Mutter kochen.

Verheißung der Gegenwart des HERRN

²⁰Ich werde einen Engel vor euch hergehen lassen, der euch unterwegs beschützt und euch in das Land bringt, das ich für euch bestimmt habe. ²¹Nehmt euch vor ihm in Acht und gehorcht seinen Anweisungen. Lehnt euch nicht gegen ihn auf, denn er wird euch eure Sünden nicht vergeben, weil mein Name in ihm ist. ²²Wenn ihr aber gewissenhaft darauf bedacht seid ihm zu gehorchen, indem ihr alles tut, was ich euch sage, dann werde ich ein Feind eurer Feinde sein und die bedrängen, die euch bedrängen. ²³Denn mein Engel wird vor euch hergehen und euch in das Land der Amoriter, Hetiter, Perisiter, Kanaaniter, Hiwiter und Jebusiter bringen und ich werde sie vernichten. ²⁴Betet nicht ihre Götter an und dient ihnen nicht. Folgt nicht ihrem schlechten Beispiel, sondern reißt ihre Götzenbilder ein und zerstört ihre Steinmale. ²⁵Dient ausschließlich dem HERRN, eurem Gott. Wenn ihr das tut, werde ich euch mit Nahrung und Wasser versorgen und Krankheiten von euch fernhalten. ²⁶Keine Frau in eurem Volk soll eine Fehlgeburt haben oder unfruchtbar sein und ich will euch ein langes Leben schenken.

²⁷Ich werde meinen Schrecken über all diejenigen kommen lassen, in deren Länder ihr einfallt, sodass sie vor euch in Panik geraten. Eure Feinde werden Hals über Kopf vor euch fliehen. ²⁸Ich werde Angst und Schrecken vor euch her senden und die Hiwiter, Kanaaniter und Hetiter vertreiben. ²⁹Doch ich will das alles nicht in einem Jahr tun, weil sonst weite Landstriche öde werden und die wilden Tiere sich zu schnell vermehren würden. ³⁰Ich werde sie nach und nach vertreiben, bis ihr so zahlreich seid, dass ihr das Land in Besitz nehmen könnt. ³¹Ich gebe euch das Gebiet vom Roten Meer bis zum Mittelmeer und von der Wüste bis zum Euphrat. Die Bewohner dieses Landes werde ich in eure Hand geben, sodass ihr sie vertreiben könnt.

³²Schließt keine Verträge mit ihnen und lasst euch nicht auf ihre Götter ein. ³³Ihr sollt sie auch nicht bei euch wohnen lassen, damit sie euch nicht dazu verführen, ihre Götzen anzubeten. Denn das würde euch zum Verhängnis werden!«

Israel nimmt den Bund des HERRN an

24 Dann forderte der HERR Mose auf: »Steig herauf zu mir mit Aaron, Nadab, Abihu und 70 der führenden Männer Israels und betet mich aus einiger Entfernung an. ²Du allein, Mose, darfst zu mir kommen. Die anderen jedoch dürfen sich mir nicht nähern und auch von den restlichen Israeliten darf keiner den Berg besteigen.«

³Als Mose dem Volk alle Worte und Gesetze des HERRN mitgeteilt hatte, antworteten sie ihm einmütig: »Wir wollen alles tun, was der HERR gesagt hat.«

⁴Dann schrieb Mose alle Worte des HERRN auf. Früh am nächsten Morgen errichtete er einen Altar am Fuß des Berges. Rund um den Altar stellte er zwölf Steinsäulen auf, für jeden Stamm Israels eine. ⁵Dann gab er einigen jungen Israeliten den Auftrag, dem HERRN Brandopfer darzubringen und junge Stiere als Friedensopfer zu schlachten. ⁶Mose nahm die eine Hälfte des Blutes und goss es in einige Becken. Mit der anderen Hälfte besprengte er den Altar.

⁷Dann nahm er das Buch des Bundes und las es dem Volk vor. Wieder erklärten sie: »Alles, was der HERR befohlen hat, wollen wir tun. Wir wollen seinen Geboten gehorchen.«

⁸Mose besprengte das Volk mit dem Blut aus den Becken und sagte: »Dieses Blut besiegelt den Bund, den der HERR mit euch geschlossen hat*, indem er euch diese Gesetze gab.«

⁹Anschließend stiegen Mose, Aaron, Nadab, Abihu und 70 der führenden Männer Israels auf

---

23,15 Dieser Monat des hebr. Mondkalenders fällt in der Regel in den März oder April. **23,16a** O. *Wochenfest*; s. 3. Mose 23,15-22. **23,16b** Dieses Fest wurde später *Laubhüttenfest* genannt; s. 3. Mose 23,33-36. **24,8** Vgl. Hebräer 9,20.

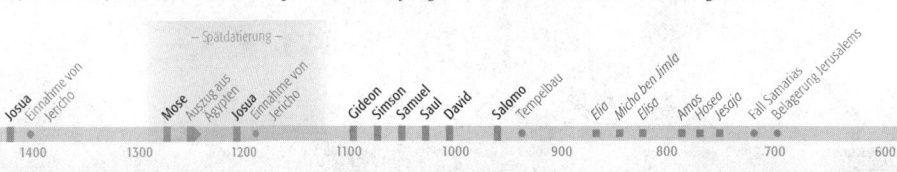

2. MOSE

1–6	Die Israeliten in Ägypten und Moses Vorbereitung
7–12	Die Befreiung Israels – Die 10 Plagen
12–18	Die Reise durch die Wüste zum Berg Sinai
19–24	Gott gibt Israel das Gesetz – Israel nimmt den Bund des HERRN an
24–31	Auftrag zum Bau des Heiligtums – Gott will bei seinem Volk wohnen
32–34	Abfall des Volkes (das Goldene Kalb) und Vergebung durch Gott
35–40	Bau des Heiligtums

24–26
Mose auf dem Berg. Anweisungen zum Bau der Bundeslade und des Heiligtums.

[Zum Sinai, vom Sinai her: Gott schafft sich ein Volk]

den Berg. ¹⁰Dort sahen sie den Gott Israels. Der Boden unter seinen Füßen schimmerte wie Saphir, klar wie der Himmel. ¹¹Und obwohl die führenden Männer Israels Gott sahen, tötete er sie nicht. Ja, sie aßen und tranken sogar in seiner Gegenwart!

¹²Und der HERR sprach zu Mose: »Steig zu mir auf den Berg und bleib eine Weile hier. Ich will dir die steinernen Tafeln geben, auf die ich meine Gesetze und Gebote aufgeschrieben habe, um mein Volk zu unterweisen.« ¹³Da bestieg Mose mit seinem Diener Josua den Berg Gottes.

¹⁴Zu den führenden Männern aber hatte Mose gesagt: »Bleibt hier und wartet auf uns, bis wir zu euch zurückkommen. Wenn ihr in meiner Abwesenheit Rechtsstreitigkeiten habt, fragt Aaron und Hur um Rat, die hier bei euch sind.«

¹⁵Dann stieg er auf den Berg, den daraufhin die Wolke umhüllte. ¹⁶Die Herrlichkeit des HERRN ließ sich auf dem Berg Sinai nieder und die Wolke bedeckte ihn sechs Tage lang. Am siebten Tag rief der HERR Mose mitten aus der Wolke zu sich. ¹⁷Die Herrlichkeit des HERRN sah für die Israeliten aus wie ein loderndes Feuer auf dem Berggipfel. ¹⁸Mose ging direkt in die Wolke hinein und stieg weiter auf den Berg hinauf. 40 Tage und 40 Nächte blieb er auf dem Berg.

Opfer für den Bau des Heiligtums

25 Der HERR sprach zu Mose: ²»Richte den Israeliten aus, dass sie mir eine Abgabe entrichten sollen. Jeder, der etwas geben möchte, soll es dir bringen. ³Folgende Dinge sollt ihr für mich von den Israeliten entgegennehmen: Gold, Silber und Bronze; ⁴violette, purpur- und karmesinfarbene Wolle, feines Leinen, Ziegenhaar, ⁵rot gefärbte Widderfelle und feine Tachasch-Haut*, Akazienholz, ⁶Öl für den Leuchter, Gewürze für das Salböl und das duftende Weihrauchgemisch, ⁷Onyx und andere Edelsteine für den Priesterschurz und die Brusttasche.

⁸Die Israeliten sollen mir ein Heiligtum errichten, damit ich bei ihnen wohnen kann. ⁹Das Heiligtum und seine Einrichtung sollt ihr genauso anfertigen, wie ich es dir zeigen werde.

Die Bundeslade

¹⁰Fertige eine Lade aus Akazienholz an – zweieinhalb Ellen lang, eineinhalb Ellen breit und eineinhalb Ellen hoch*. ¹¹Überzieh sie innen und außen mit reinem Gold und bring ringsum

25,5 Ein besonders wertvolles Leder, vermutlich vom Delfin oder der Seekuh. 25,10 D.i. 1,25 m lang, 75 cm breit und 75 cm hoch.

eine goldene Zierleiste an. ¹²Gieße vier goldene Ringe dafür und befestige sie an ihren vier Ecken, zwei Ringe auf jeder Längsseite. ¹³Fertige Stangen aus Akazienholz an und überzieh sie mit Gold. ¹⁴Steck die Stangen in die Ringe an den Längsseiten der Lade, damit man die Lade tragen kann. ¹⁵Die Tragstangen sollen immer in den Ringen bleiben und dürfen nicht herausgezogen werden. ¹⁶Leg die Gesetzestafeln, die ich dir geben werde, in die Lade.

¹⁷Fertige dann eine Deckplatte aus reinem Gold an. Sie soll zweieinhalb Ellen lang und eineinhalb Ellen breit* sein. ¹⁸Fertige danach zwei Cherubim aus getriebenem Gold auf beiden Enden der Deckplatte an: ¹⁹den einen Cherub auf der einen Seite und den anderen auf der gegenüberliegenden. Die Engel und die Deckplatte sollen zu einem Stück verbunden werden. ²⁰Die Gesichter der Cherubim sollen einander zugewandt und gleichzeitig auf die Deckplatte gerichtet sein. Ihre Flügel sollen nach oben ausgebreitet sein und die Deckplatte abschirmen. ²¹Leg die steinernen Gesetzestafeln, die ich dir geben werde, in die Lade und verschließe sie dann mit der Deckplatte. ²²Dort will ich dir begegnen: Aus dem Raum zwischen den beiden Cherubim, die auf der Deckplatte der Bundeslade stehen, will ich dir alle Anordnungen mitteilen, die ich den Israeliten geben werde.

Der Tisch für die Schaubrote*

²³Fertige auch einen Tisch aus Akazienholz an, zwei Ellen lang, eine Elle breit und eineinhalb Ellen hoch*. ²⁴Überzieh ihn mit reinem Gold und bring ringsum eine goldene Zierleiste an. ²⁵Befestige dann eine Umrandung an der Tischplatte, die eine Handbreite* hoch ist, und versieh diese ebenfalls mit einer goldenen Zierleiste. ²⁶Mach vier goldene Ringe und befestige die Ringe oben an den vier Tischbeinen, ²⁷dicht an der Umrandung. Durch diese Ringe werden Stangen geschoben, sodass man den Tisch tragen kann. ²⁸Fertige die Stangen aus Akazienholz an und überzieh sie mit Gold, mit ihnen soll der Tisch getragen werden. ²⁹Mach aus reinem Gold Schüsseln und Schalen, Kannen und Becher, die für die Trankopfer benötigt werden. ³⁰Auf diesem Tisch sollen ständig Schaubrote vor mir liegen.

Der Leuchter

³¹Fertige einen Leuchter aus reinem, getriebenem Gold an. Der ganze Leuchter – sein Fuß, sein Schaft, seine Kelche, Knospen und Blütenblätter – soll aus einem Stück gearbeitet werden. ³²Er soll sechs Arme haben, drei auf jeder Seite des Leuchters. ³³An jedem der sechs Arme sollen sich drei mandelblumenförmige Kelche befinden, mit Knospen und Blütenblättern. ³⁴Der Schaft des Leuchters soll mit vier mandelblumenförmigen Kelchen geschmückt sein, vollständig mit Knospen und Blütenblättern. ³⁵Unterhalb der Stellen, an denen je zwei der sechs Arme aus dem Schaft hervorgehen, soll je eine Knospe sein. ³⁶Der ganze Leuchter – samt den Verzierungen und Armen – soll aus einem Stück und aus reinem, getriebenem Gold gefertigt sein. ³⁷Stelle dann sieben Lampen für den Leuchter her und bring sie so an, dass sie nach vorn leuchten. ³⁸Die Dochtscheren und Ölschalen sollen ebenfalls aus reinem Gold sein. ³⁹Du sollst den Leuchter und alles Zubehör aus einem Talent* reinen Goldes herstellen.

⁴⁰Achte darauf, dass du alles ganz genau nach dem Entwurf machst, der dir hier auf dem Berg gezeigt worden ist.*

Das Heiligtum

26 Für das Heiligtum sollst du zehn Tuchbahnen herstellen lassen. Aus feinem Leinen und violettem, purpur- und karmesinfarbenem Garn sollst du sie weben. Die Bahnen sollen mit Cherubbildern verziert werden. ²Jede Bahn soll 28 Ellen lang und vier Ellen breit* sein. Alle Tuchbahnen sollen dieselbe Größe haben. ³Du sollst je fünf dieser Bahnen zusammenfügen. ⁴Am Saum der äußersten Tuchbahn des zusammengefügten Stücks sollst du Schlaufen aus violettem Purpur anbringen – genauso sollst du mit der anderen zusammengefügten Stoffbahn verfahren. ⁵Die 50 Schlaufen am Saum der einen Tuchbahn sollen den 50 Schlaufen am Saum der anderen genau gegenüberliegen. ⁶Fertige dann 50 goldene Haken an, um die beiden Stoffbahnen zusammenzufügen.

⁷Stelle Tuchbahnen aus Ziegenhaar als Abdeckung für das Heiligtum her. Elf solcher Bahnen sollst du anfertigen, ⁸jede 30 Ellen lang und vier Ellen breit*. Alle elf Tuchbahnen sollen genau gleich groß sein. ⁹Füge fünf dieser Bahnen zu einem Stück zusammen und die restlichen sechs Bahnen zu einem zweiten. Die sechste Bahn des zweiten Stücks soll an der Vorderseite des Zeltes doppelt gelegt werden. ¹⁰Bring 50 Schlaufen am

---

25,17 D.i. 1,25 m lang und 75 cm breit. **25,23a** D.i. *Brote der Vergegenwärtigung Gottes.* **25,23b** D.i. ca. 1 m lang, 50 cm breit und 75 cm hoch. **25,25** D.i. ca. 8 cm. **25,39** Das entspricht ca. 36 kg. **25,40** Vgl. Hebräer 8,5. **26,2** D.i. ca. 14 m lang und 2 m breit. **26,8** D.i. 15 m lang und 2 m breit.

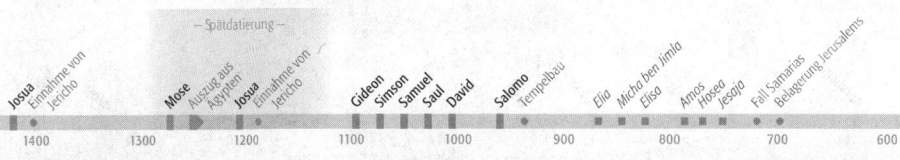

2. MOSE

Kapitel	Inhalt
1–6	Die Israeliten in Ägypten und Moses Vorbereitung
7–12	Die Befreiung Israels – Die 10 Plagen
12–18	Die Reise durch die Wüste zum Berg Sinai
19–24	Gott gibt Israel das Gesetz – Israel nimmt den Bund des HERRN an
24–31	Auftrag zum Bau des Heiligtums – Gott will bei seinem Volk wohnen
32–34	Abfall des Volkes (das Goldene Kalb) und Vergebung durch Gott
35–40	Bau des Heiligtums

26–28
Anweisungen zum Bau des Heiligtums. Aaron und seine Söhne sollen Priester werden.

[Zum Sinai, vom Sinai her: Gott schafft sich ein Volk]

Saum der letzten Bahn jedes zusammengefügten Stücks an, an denen die beiden Stücke miteinander verbunden werden können. ¹¹Fertige danach 50 bronzene Haken an, steck sie in die Schlaufen und verbinde so die beiden Zeltbahnen zu einer Zeltdecke. ¹²⁻¹³An der Rückseite des Zeltes soll die Zeltdecke eine halbe Bahnbreite und auf beiden Seiten je eine Elle* überhängen. ¹⁴Als Zeltdach sollst du eine weitere Decke aus rot gefärbten Widderfellen anfertigen und darüber noch eine Schutzdecke aus Tachasch-Haut* legen.

¹⁵Mach dann Bretter aus Akazienholz. Sie sollen die Wände des Heiligtums bilden. ¹⁶Jedes Brett soll zehn Ellen lang und eineinhalb Ellen breit* sein. ¹⁷An allen Brettern sollen zwei Verbindungszapfen angebracht sein, sodass ein Brett mit dem anderen verbunden werden kann. ¹⁸20 dieser Bretter sollen an der Südseite des Heiligtums stehen. ¹⁹An der Unterseite der 20 Bretter sollst du 40 silberne Sockel anbringen – je zwei Sockel unter jedes Brett, an jeden Zapfen einen. ²⁰Für die Nordseite fertige ebenfalls 20 dieser Bretter an, ²¹auch mit 40 silbernen Sockeln, zwei für jedes Brett. ²²Für die Rückseite, die nach Westen hin liegt, sollst du sechs Bretter anfertigen, ²³außerdem noch zwei Bretter als Eckstücke für die Rückseite des Heiligtums. ²⁴Diese beiden Stützen sollen aus zwei Brettern bestehen, die oben durch eine einzige Klammer über Eck miteinander verbunden sind. Die Stützen für die beiden Ecken sollen auf die gleiche Weise angefertigt werden. ²⁵Es sollen also insgesamt acht Bretter sein, gestützt von 16 silbernen Sockeln – zwei Sockel unter jedem Brett.

²⁶⁻²⁷Fertige danach Riegel aus Akazienholz an, je fünf für die beiden Längsseiten und fünf für die Rückseite, die nach Westen hin liegt. ²⁸Der mittlere Riegel soll in der Mitte der Bretter von einer Seite bis zur anderen entlang laufen. ²⁹Überziehe die Bretter mit Gold und fertige goldene Ringe als Halterung für die Riegel an. Auch die Riegel sollst du mit Gold überziehen.

³⁰Errichte dann mein Heiligtum so, wie ich es dir auf dem Berg gezeigt habe.

³¹Fertige einen Vorhang aus feinem Leinen und violettem, purpur- und karmesinfarbenem Garn an und verziere ihn kunstvoll mit Cherubbildern. ³²Häng diesen Vorhang an goldene Haken, die an vier mit Gold überzogenen Säulen aus Akazienholz angebracht sind. Die Säulen sollen auf silbernen Sockeln stehen. ³³Häng den Vorhang an die Haken und stell die Bundeslade

26,13 Das entspricht ca. 50 cm.   26,14 Ein besonders wertvolles Leder, vermutlich vom Delfin oder der Seekuh.   26,16 D.i. ca. 5 m lang und 75 cm breit.

dahinter auf. Der Vorhang soll das Heilige vom Allerheiligsten abtrennen.

³⁴Leg dann die Deckplatte auf die Bundeslade im Allerheiligsten. ³⁵Den Tisch sollst du draußen vor dem Vorhang aufstellen; ihm gegenüber – an der Südseite des Heiligtums – soll der Leuchter stehen.

³⁶Fertige dann einen weiteren Vorhang aus feinem Leinen für den Eingang des heiligen Zeltes an und webe dabei mit violettem, purpur- und karmesinfarbenem Garn kunstvolle Muster hinein. ³⁷Für diesen Vorhang sollst du fünf Säulen aus Akazienholz anfertigen, sie mit Gold überziehen und goldene Haken daran befestigen. Gieß fünf bronzene Sockel für die Säulen.

Der Brandopferaltar

27 Nimm Akazienholz und bau daraus einen Altar, fünf Ellen breit, fünf Ellen lang und drei Ellen hoch*. ²Fertige an jeder der vier Ecken des Altars ein Horn, das mit dem Altar aus einem Stück hergestellt ist. Überziehe dann den Altar mit Bronze. ³Die Aschebehälter, Schaufeln, Becken, Fleischgabeln und Feuerpfannen sollst du ebenfalls aus Bronze herstellen. ⁴Fertige ein netzartiges Gitter aus Bronze für den Altar an und befestige an allen vier Ecken des Gitters einen bronzenen Ring. ⁵Bring das Gitter unterhalb der Einfassung des Altars auf halber Höhe an. ⁶Fertige dann Stangen aus Akazienholz an und überziehe sie mit Bronze. ⁷Die Stangen sollen durch die Ringe an beiden Seiten des Altars gesteckt werden, wenn man ihn trägt. ⁸Der Altar soll innen hohl sein, aus Brettern gefertigt. Lass ihn genauso bauen, wie ich es dir auf dem Berg gezeigt habe.

Der Vorhof

⁹Den Vorhof des Heiligtums sollst du mit Vorhängen aus feinem Leinen abgrenzen. Auf der Südseite soll sich die Abgrenzung über 100 Ellen* erstrecken. ¹⁰Die Vorhänge sollen mit silbernen Haken und Stangen an 20 Säulen angebracht werden, die auf 20 bronzenen Sockeln stehen. ¹¹Genauso soll es auf der Nordseite des Vorhofs sein – Vorhänge auf einer Länge von 100 Ellen*, gehalten von 20 mit silbernen Haken und Stäben versehenen Säulen, die auf bronzenen Sockeln stehen. ¹²Auf der Westseite des Vorhofs sind Vorhänge mit einer Länge von 50 Ellen* erforderlich, dazu zehn Säulen und zehn Sockel. ¹³Die Ostseite soll ebenfalls 50 Ellen lang sein. ¹⁴Rechts vom Eingang soll ein Vorhang von 15 Ellen* Breite hängen, der von drei Säulen auf drei Sockeln gehalten wird. ¹⁵Der Vorhang auf der linken Seite soll ebenfalls 15 Ellen breit sein und von drei Säulen auf drei Sockeln gehalten werden.

¹⁶Für den Eingang des Vorhofs sollt ihr einen 20 Ellen* breiten Vorhang anfertigen. Webt ihn mit kunstvollen Mustern aus feinem Leinen und violettem, purpur- und karmesinfarbenem Garn. Er soll an vier Säulen befestigt werden, die auf vier Sockeln stehen. ¹⁷Alle Säulen im Vorhof sollen auf Sockeln aus Bronze stehen und mit silbernen Stäben und silbernen Haken versehen sein. ¹⁸Der Vorhof soll 100 Ellen lang, 50 Ellen breit und fünf Ellen hoch* sein. Die Vorhänge sollen aus feinem Leinen und die Sockel aus Bronze sein.

¹⁹Sämtliche Gegenstände, die für den Dienst im Heiligtum gebraucht werden, einschließlich der Zeltpflöcke des Heiligtums und des Vorhofs, sollen aus Bronze sein.

²⁰Richte den Israeliten aus, sie sollen dir reines Öl aus zerstoßenen Oliven für den Leuchter bringen, damit seine Lampen ständig brennen. ²¹Der Leuchter soll außerhalb des Vorhangs, hinter dem die Bundeslade steht, aufgestellt werden. Aaron und seine Söhne sollen dafür sorgen, dass die Lampen im heiligen Zelt vom Abend bis zum Morgen vor dem HERRN brennen. Diese Anordnung gilt für euch und eure Nachkommen für immer.

Die Kleidung der Priester

28 Ruf deinen Bruder Aaron und seine Söhne Nadab, Abihu, Eleasar und Itamar zu dir. Ich habe sie aus dem Volk der Israeliten ausgewählt, damit sie mir als Priester dienen sollen. ²Lass für deinen Bruder Aaron heilige Kleider anfertigen, prächtige und würdevolle Gewänder. ³Beauftrage diejenigen, die ich dafür begabt habe, mit der Anfertigung von Aarons Gewändern. In diesen Gewändern soll Aaron dann zum Priester geweiht werden und mir dienen. ⁴Sie sollen die Brusttasche, den Priesterschurz, das Obergewand, das gewebte Untergewand, den Turban und den Gürtel anfertigen. In diesen heiligen Kleidern sollen Aaron und seine Nach-

---

27,1 D.i. ca. 2,5 m breit, 2,5 m lang und 1,5 m hoch.   **27,9** Das entspricht ca. 50 m.   **27,11** Das entspricht ca. 50 m.
27,12 Das entspricht ca. 25 m; s. a. V. 13.   **27,14** Das entspricht ca. 7,5 m. S. a. V. 15.   **27,16** Das entspricht ca. 10 m.
27,18 D.i. ca. 50 m lang, 25 m breit und 2,5 m hoch.

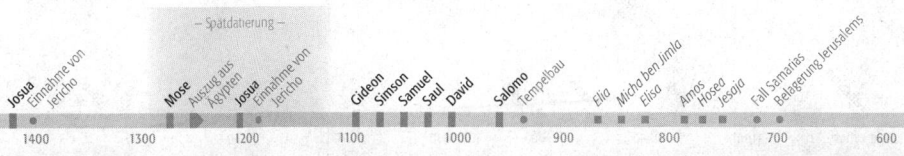

2. MOSE	
1–6	Die Israeliten in Ägypten und Moses Vorbereitung
7–12	Die Befreiung Israels – Die 10 Plagen
12–18	Die Reise durch die Wüste zum Berg Sinai
19–24	Gott gibt Israel das Gesetz – Israel nimmt den Bund des HERRN an
24–31	Auftrag zum Bau des Heiligtums – Gott will bei seinem Volk wohnen
32–34	Abfall des Volkes (das Goldene Kalb) und Vergebung durch Gott
35–40	Bau des Heiligtums

28–29
Beschreibung der Priesterbekleidung. Anweisungen für die Priesterweihe.

[Zum Sinai, vom Sinai her: Gott schafft sich ein Volk]

folger mir als Priester dienen. ⁵Zur Herstellung sollen sie Gold, violettes, purpur- und karmesinfarbenes Garn und feines Leinen verwenden.

Der Priesterschurz
⁶Den Priesterschurz sollen sie aus Gold, violettem, purpur- und karmesinfarbenem Garn und feinem Leinen kunstvoll weben. ⁷Er soll zwei Schulterstücke haben, mithilfe derer das Vorder- und das Rückenteil zusammengefügt werden. ⁸Der Gürtel, mit dem der Schurz zusammengehalten wird, soll aus den gleichen Materialien sein: Goldfäden, violettem, purpur- und karmesinfarbenem Garn und feinem Leinen. Der Gürtel und der Schurz sollen aus einem Stück gewebt sein. ⁹Nimm zwei Onyx-Steine und graviere darauf die Namen der Stämme Israels ein. ¹⁰Sechs Namen sollen auf jedem Stein stehen, und zwar in der Reihenfolge, in der die Stammväter geboren wurden. ¹¹Graviere die Namen der Söhne Israels in Steinschneidearbeit in die Steine, so wie es die Siegelstecher tun. Fasse die Steine mit Gold ein. ¹²Befestige dann die beiden Steine auf den Schulterstücken des Priesterschurzes als Steine des Gedenkens an die Israeliten. Aaron soll diese Namen auf seinen Schultern tragen, damit ich, der HERR, mich an sie erinnere. ¹³Lass Einfassungen ¹⁴und zwei gedrehte Ketten aus reinem Gold herstellen und befestige die Ketten anschließend an den Einfassungen.

Die Brusttasche
¹⁵Fertige dann die Brusttasche* an, in der die Lose aufbewahrt werden. Verwende dazu die gleichen Materialien wie für den Priesterschurz: Gold, violettes, purpur- und karmesinfarbenes Garn und feines Leinen. ¹⁶Die Brusttasche soll quadratisch sein, jede Seite eine Spanne* breit; den Stoff sollst du zu diesem Zweck doppelt legen. ¹⁷Lass die Tasche mit vier Reihen Edelsteinen* besetzen. Die erste Reihe soll aus einem Karneol, einem Topas und einem Smaragd bestehen. ¹⁸Die zweite Reihe aus einem Rubin, einem Saphir und einem Diamanten. ¹⁹Die dritte Reihe aus einem Hyazinth, einem Achat und einem Amethyst. ²⁰Und die vierte Reihe soll aus einem Chrysolith, einem Onyx und einem Jaspis bestehen. Sämtliche Steine sollen mit Gold eingefasst werden. ²¹Jeder Stein steht für einen Stamm Israels. Auf jedem Stein soll mithilfe von Siegelstecherkunst einer der zwölf Stammesnamen eingraviert werden.

²²An der Brusttasche sollst du die gedrehten

28,15 *für die Rechtsentscheidungen;* so auch in V. 16.
28,16 Das entspricht ca. 25 cm. 28,17-20 Die genaue Bestimmung einiger dieser Edelsteine ist unsicher.

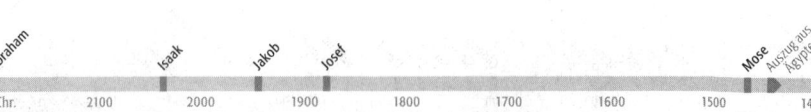

Ketten aus reinem Gold anbringen. ²³Mach dazu zwei goldene Ringe und befestige sie an den oberen Ecken der Brusttasche. ²⁴Zwei Enden der beiden goldenen Ketten sollen dann an diesen Ringen, ²⁵die anderen Enden an den beiden goldenen Einfassungen befestigt werden. Diese ihrerseits werden an der Vorderseite der Schulterstücke des Priesterschurzes angebracht. ²⁶Fertige dann zwei weitere goldene Ringe an und befestige sie an den beiden unteren Ecken der Brusttasche, und zwar auf der Innenseite, die dem Priesterschurz zugewandt ist. ²⁷Fertige danach noch zwei goldene Ringe an und befestige sie unten an den Schulterstücken des Priesterschurzes, vorne dicht über dem Gürtel, der den Priesterschurz zusammenhält. ²⁸Die Brusttasche mit ihren Ringen soll nun mit violetten Purpurschnüren an den Ringen des Priesterschurzes befestigt werden, sodass sie über dem Gürtel sitzt und nicht verrutschen kann. ²⁹Auf diese Weise soll Aaron die Namen der Stämme Israels auf der Brusttasche* auf seinem Herzen tragen, wenn er in die Gegenwart des HERRN im Heiligtum tritt. So wird der HERR immer an sein Volk erinnert. ³⁰In der Brusttasche sollen die Lose* aufbewahrt werden, damit Aaron sie bei sich trägt, wenn er vor den HERRN tritt. Mithilfe der beiden Lose erfährt er den Willen Gottes und kann so Entscheidungen für die Israeliten treffen.

Zusätzliche Kleidung für die Priester

³¹Das Obergewand zum Priesterschurz sollst du ganz aus violettem Garn anfertigen, ³²mit einer Öffnung für Aarons Kopf in der Mitte. Die Öffnung soll durch einen gewebten Kragen* verstärkt werden, um das Einreißen zu verhindern – ähnlich wie bei einem Panzerhemd. ³³Unten an seinem Saum sollst du Granatäpfel aus violettem, purpur- und karmesinfarbenem Garn anbringen, mit goldenen Glöckchen dazwischen. ³⁴Die goldenen Glöckchen und Granatäpfel sollen abwechselnd rings um den ganzen Saum angebracht werden. ³⁵Dieses Gewand soll Aaron tragen, wenn er seinen Dienst verrichtet. Jedes Mal, wenn er das Heiligtum betritt und jedes Mal, wenn er es wieder verlässt, soll man die Glöckchen klingeln hören, damit er nicht stirbt.
³⁶Dann sollst du ein Stirnblatt aus reinem Gold anfertigen und darauf mithilfe der Siegelstecherkunst die folgenden Worte eingravieren: »Dem HERRN geweiht«. ³⁷Dieses Stirnblatt soll mit einer violetten Schnur vorn an Aarons Turban befestigt werden. ³⁸Aaron soll es auf seiner Stirn tragen und so die Schuld aller eventuellen Fehler an den heiligen Opfergaben der Israeliten auf sich nehmen. Er soll es immer tragen, damit der HERR sie annimmt.

³⁹Das Untergewand soll gemustert und aus feinem Leinen gewebt sein. Lass für Aaron einen Turban aus Leinen anfertigen sowie einen bunten, gewebten Gürtel.
⁴⁰Lass auch für Aarons Söhne Untergewänder, Gürtel und Kopfbedeckungen herstellen, die ihnen Würde verleihen und ihnen Achtung beim Volk verschaffen. ⁴¹Zieh Aaron und seinen Söhnen diese Gewänder an. Danach sollst du sie salben, sie in ihr Amt einsetzen und sie weihen, damit sie mir als Priester dienen. ⁴²Mach ihnen auch leinene Beinkleider, die von der Hüfte bis zu den Oberschenkeln reichen, damit sie unter ihren Gewändern nicht nackt sind. ⁴³Diese sollen sie immer tragen, wenn sie das Heiligtum betreten oder sich dem Altar davor nähern, um ihren Dienst auszuüben. So werden sie keine Schuld auf sich laden und nicht sterben. Diese Anordnung gilt für Aaron und seine Nachkommen für alle Zeiten.

Die Priesterweihe

29 Folgendermaßen sollst du Aaron und seine Söhne für den Priesterdienst weihen: Nimm einen jungen Stier und zwei fehlerlose Widder. ²Back aus feinem Weizenmehl und ohne Sauerteig Brot, Kuchen mit Olivenöl und mit Öl bestrichene Fladen. ³Leg alles in einen Korb und bring ihn zusammen mit dem jungen Stier und den beiden Widdern her.
⁴Lass Aaron und seine Söhne zum Eingang des Zeltes Gottes kommen und wasch sie mit Wasser. ⁵Zieh Aaron dann das Untergewand, das Obergewand, den Priesterschurz und die Brusttasche an und binde ihm den Gürtel des Priesterschurzes um. ⁶Setz Aaron den Turban auf und befestige das goldene Stirnblatt daran. ⁷Nimm anschließend das Salböl und salbe ihn, indem du es ihm über den Kopf gießt. ⁸Lass danach seine Söhne zu dir kommen und zieh ihnen ihre Untergewänder an, ⁹binde ihnen den Gürtel um und setz ihnen die Kopfbedeckungen auf. Von diesem Zeitpunkt an werden sie für immer Priester sein. So sollst du Aaron und seine Söhne in ihr Amt einsetzen.
¹⁰Lass den jungen Stier zum Eingang des Zeltes Gottes bringen. Aaron und seine Söhne sollen ihm die Hände auf den Kopf legen.

28,29 für die Rechtsentscheidungen; so auch in V. 30.   28,30 Hebr. *die Urim und Tummim*. Mit diesen beiden Losen befragte der Hohe Priester den HERRN.   28,32 Die Bedeutung des Hebr. ist an dieser Stelle unklar.

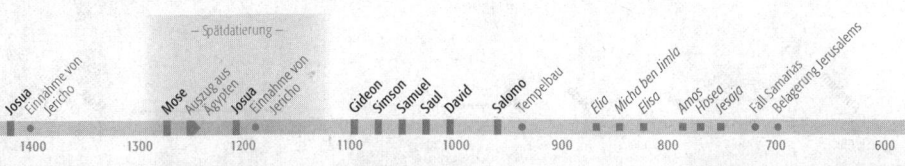

2. MOSE

1–6	Die Israeliten in Ägypten und Moses Vorbereitung
7–12	Die Befreiung Israels – Die 10 Plagen
12–18	Die Reise durch die Wüste zum Berg Sinai
19–24	Gott gibt Israel das Gesetz – Israel nimmt den Bund des HERRN an
24–31	Auftrag zum Bau des Heiligtums – Gott will bei seinem Volk wohnen
32–34	Abfall des Volkes (das Goldene Kalb) und Vergebung durch Gott
35–40	Bau des Heiligtums

29–30

Anweisungen für die Priesterweihe. Anweisung zum Bau des Räucheraltars. Abgaben für das Zelt Gottes.

[Zum Sinai, vom Sinai her: Gott schafft sich ein Volk]

¹¹Schlachte anschließend den Stier in der Gegenwart des HERRN am Eingang des Zeltes Gottes. ¹²Streich etwas von dem Blut mit deinem Zeigefinger auf die Hörner des Altars und gieß den Rest am Fuß des Altars aus. ¹³Nimm das ganze Fett, das die inneren Organe bedeckt, auch den Leberlappen und die beiden Nieren mit ihrem Fett, und verbrenn alles auf dem Altar. ¹⁴Das Fleisch des Tieres, sein Fell und seine Eingeweide mitsamt ihrem Inhalt sollst du außerhalb des Lagers verbrennen, denn es ist ein Sündopfer.
¹⁵Lass danach einen der beiden Widder holen. Aaron und seine Söhne sollen dann ihre Hände auf den Kopf des Widders legen. ¹⁶Schlachte ihn, nimm sein Blut und sprenge es ringsum an den Altar. ¹⁷Der Widder soll zerteilt und seine inneren Organe und die Beine abgewaschen werden. Dann sollst du sie neben den Kopf und die anderen Stücke des Tieres legen ¹⁸und das ganze Tier auf dem Altar verbrennen. Das ist ein Brandopfer für den HERRN, das ihm gefällt.
¹⁹Nimm anschließend den anderen Widder. Auch ihm sollen Aaron und seine Söhne die Hände auf den Kopf legen. ²⁰Schlachte ihn, nimm etwas von seinem Blut und bestreiche damit das rechte Ohrläppchen von Aaron und seinen Söhnen, den Daumen ihrer rechten Hand und die große Zehe ihres rechten Fußes. Den Rest des Bluts sollst du ringsum an die Seiten des Altars sprengen. ²¹Nimm etwas von dem Blut auf dem Altar und von dem Salböl und besprenge damit Aaron, seine Söhne und ihre Gewänder. Auf diese Weise sind sie und ihre Gewänder dem HERRN geweiht.
²²Da dies der Widder für das Einsetzungsopfer von Aaron und seinen Söhnen ist, nimm das Fett des Widders – den Fettschwanz und das Fett, das die inneren Organe bedeckt, den Leberlappen und die beiden Nieren mit ihrem Fett sowie den rechten Schenkel. ²³Außerdem sollst du einen Laib Brot, einen Kuchen mit Öl und einen Fladen aus dem Korb mit den ungesäuerten Broten nehmen, der vor den HERRN gestellt wurde. ²⁴Leg all dies in die Hände von Aaron und seinen Söhnen, damit sie es als Weihegabe vor dem HERRN in einer symbolischen Opferhandlung hin und her schwingen. ²⁵Nimm dann alles wieder aus ihren Händen und verbrenn es auf dem Altar über dem Brandopfer als ein Opfer, das dem HERRN gefällt. ²⁶Nimm das Bruststück des Widders, der für die Priesterweihe Aarons geopfert wird, und schwing es als Weihegabe vor dem HERRN in einer symbolischen Opferhandlung hin und her. Danach darfst du das Fleisch als deinen Anteil behalten.
²⁷Du sollst das Bruststück und die Keule des Widders, die für das Einsetzungsopfer von

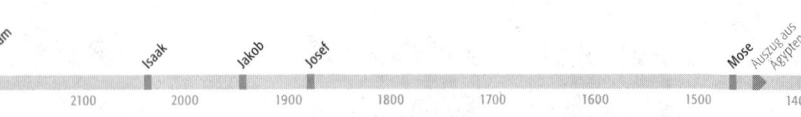

Aaron und seinen Söhnen als Weihegabe vor dem HERRN hin und her geschwungen wurden, für heilig erklären. ²⁸Wann immer die Israeliten in Zukunft dem HERRN Friedensopfer darbringen, gehören diese Fleischstücke Aaron und seinen Söhnen als heilige Abgabe.

²⁹Aarons geheiligte Gewänder sollen später seine Nachfolger bekommen, damit sie in ihnen gesalbt und in das Hohe-Priester-Amt eingesetzt werden können. ³⁰Diejenigen von Aarons Nachkommen, die nach ihm Priester werden, sollen diese Gewänder sieben Tage lang tragen, wenn sie beginnen, im Heiligtum Dienst zu tun.

³¹Nimm den Widder, der als Einsetzungsopfer geschlachtet wurde, und koche sein Fleisch an einem heiligen Ort. ³²Dieses Fleisch sollen Aaron und seine Söhne zusammen mit dem Brot aus dem Korb am Eingang des Heiligtums essen. ³³Durch dieses Opfer wurden Aaron und seine Söhne mit mir versöhnt und in ihr Amt eingesetzt. Nur sie allein dürfen das Fleisch und das Brot essen, denn diese Stücke sind heilig. ³⁴Wenn am nächsten Morgen noch etwas vom Brot oder vom Fleisch des Einsetzungsopfers übrig ist, sollst du es verbrennen. Es darf nicht mehr gegessen werden, denn es ist heilig.

³⁵Du sollst alles genauso ausführen, wie ich es dir aufgetragen habe. Die Priesterweihe soll sieben Tage dauern. ³⁶Jeden Tag sollst du einen jungen Stier als Sündopfer darbringen und damit den Altar von aller Sünde reinigen; weihe dann den Altar, indem du ihn mit Öl salbst. ³⁷Sieben Tage lang sollst du dies jeden Tag tun, damit der Altar vollkommen heilig wird. Jeder, der ihn berührt, ist geheiligt.

Die täglichen Opfer

³⁸Opfere jeden Tag zwei einjährige Lämmer auf dem Altar, ³⁹eins am Morgen, das andere gegen Abend*. ⁴⁰Opfere zusätzlich einen Krug* feinen Mehls, vermischt mit einer viertel Kanne* Öl aus zerstoßenen Oliven; und als Trankopfer eine viertel Kanne Wein. ⁴¹Das andere Lamm sollst du gegen Abend opfern – dazu das gleiche Trank- und Speiseopfer wie am Morgen – als ein Opfer, das für den HERRN auf dem Altar verbrannt wird und das mir gefällt.

⁴²Dies soll ein tägliches Brandopfer sein, von Generation zu Generation. Opfere es mir am Eingang des Zeltes Gottes, wo ich euch begegnen und zu dir sprechen werde. ⁴³Dort will ich den Israeliten begegnen und das Zelt Gottes wird durch meine herrliche Gegenwart geheiligt sein. ⁴⁴Ja, ich will das Zelt Gottes und den Altar heiligen, auch Aaron und seine Söhne will ich heiligen, damit sie mir als Priester dienen können. ⁴⁵Ich werde mitten unter den Israeliten wohnen und ihr Gott sein. ⁴⁶Und sie werden erkennen, dass ich der HERR, ihr Gott, bin, der sie aus Ägypten geführt hat, damit ich bei ihnen wohnen kann. Ich bin der HERR, ihr Gott.

Der Räucheraltar

30 Fertige einen Altar aus Akazienholz an, um Weihrauch als Räucheropfer darauf zu verbrennen. ²Er soll eine Elle lang, eine Elle breit und zwei Ellen hoch* sein. Der Altar und seine Hörner sollen aus einem Stück gefertigt sein. ³Überziehe den Altar, seine Platte, seine Seitenwände und die Hörner mit reinem Gold; rings um den ganzen Altar soll eine goldene Zierleiste verlaufen. ⁴Befestige an den beiden gegenüberliegenden Seiten des Altars unterhalb der Zierleiste zwei goldene Ringe für die Tragstangen. ⁵Die Stangen sollen aus Akazienholz gefertigt und mit Gold überzogen werden. ⁶Stell den Räucheraltar vor dem Vorhang auf, hinter dem sich die Bundeslade mit den Gesetzestafeln und der Deckplatte darauf befindet, wo ich euch begegne.

⁷Jeden Morgen, wenn Aaron die Lampen herrichtet, soll er Weihrauch auf dem Altar verbrennen. ⁸Und jedes Mal, wenn er gegen Abend* die Lampen anzündet, soll er wieder Weihrauch verbrennen. Ihr sollt regelmäßig Räucheropfer vor mir verbrennen. Das gilt für euch und für alle eure Nachkommen. ⁹Bringt kein anderes Räucheropfer auf dem Altar dar, auch keine Brandopfer, Speiseopfer oder Trankopfer.

¹⁰Einmal im Jahr soll Aaron den Altar reinigen, indem er etwas von dem Blut des Sündopfers an die Hörner des Altars streicht. Jedes Jahr soll der Altar so gereinigt werden, von Generation zu Generation, denn er ist besonders heilig.«

Abgabe für das Zelt Gottes

¹¹Und der HERR sprach zu Mose: ¹²»Wenn du die wehrfähigen Männer in Israel zählst, soll jeder Gemusterte dem HERRN ein Lösegeld für sein Leben zahlen. Dann wird während der Musterung keine Seuche unter den Israeliten ausbrechen. ¹³Bei der Musterung soll jeder einen halben Schekel* – nach dem Gewicht, das im Heiligtum gilt, 20 Gera der Schekel – als Abgabe

---

29,39 D.h. zwischen Sonnenuntergang und Dunkelwerden.   29,40a Das entspricht ca. 2 kg.   29,40b Das entspricht ca. 1,5 l.   30,2 D.i. ca. 50 cm lang, 50 cm breit und 1 m hoch.   30,8 D.h. zwischen Sonnenuntergang und Dunkelwerden. 30,13 Das entspricht ca. 8 g Silber.

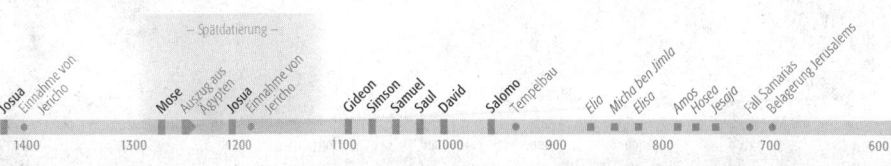

2. MOSE

1–6	Die Israeliten in Ägypten und Moses Vorbereitung
7–12	Die Befreiung Israels – Die 10 Plagen
12–18	Die Reise durch die Wüste zum Berg Sinai
19–24	Gott gibt Israel das Gesetz – Israel nimmt den Bund des HERRN an
24–31	Auftrag zum Bau des Heiligtums – Gott will bei seinem Volk wohnen
32–34	Abfall des Volkes (das Goldene Kalb) und Vergebung durch Gott
35–40	Bau des Heiligtums

30–32
Anweisungen zum Herstellen verschiedener Geräte für das Heiligtum. Anweisungen zur Heiligung des Sabbats.

[Zum Sinai, vom Sinai her: Gott schafft sich ein Volk]

für den HERRN bezahlen. ¹⁴Jeder, der 20 Jahre und älter ist und gemustert wird, soll dem HERRN diese Abgabe bezahlen. ¹⁵Ein Reicher soll nicht mehr und ein Armer nicht weniger als einen halben Schekel als Lösegeld für sein Leben geben. ¹⁶Verwende das Geld für den Dienst im Zelt Gottes. Dadurch werde ich stets an euch denken und eure Schuld von euch nehmen.«

Das Wasserbecken
¹⁷Und der HERR sprach zu Mose: ¹⁸»Fertige ein bronzenes Becken mit einem bronzenen Untergestell an. Stell es zwischen dem Zelt Gottes und dem Altar auf und füll Wasser hinein, ¹⁹damit Aaron und seine Söhne ihre Hände und Füße waschen können. ²⁰Bevor sie das Zelt Gottes betreten, sollen sie sich jedes Mal mit Wasser waschen, damit sie nicht sterben. Genauso, wenn sie sich dem Altar nähern, um für den HERRN ein Opfer zu verbrennen. ²¹Diese Vorschrift gilt für Aaron und seine Nachkommen für alle Zeiten.«

Das Salböl
²²Dann sprach der HERR zu Mose: ²³»Nimm ausgewählte Gewürze: 500 Schekel reine Myrrhe, je 250 Schekel* wohlriechenden Zimt und Ingwer, ²⁴500 Schekel Kassia, gewogen nach dem Gewicht des Heiligtums, und eine Kanne* Olivenöl.

30,23 *500 Schekel* sind ca. 6 kg, *250 Schekel* sind ca. 3 kg.
30,24 *500 Schekel* sind ca. 6 kg, *1 Kanne* entspricht ca. 6,5 l.

2. Mose 32

Bundesschlüsse
Nachdem Gottes Volk die Zehn Gebote als Bundesverpflichtung gehört hatte (2. Mose 20), befindet sich Mose noch auf dem Berg Gottes, um diese Gebote, auf Tafeln geschrieben, von Gott zu empfangen. Gleichzeitig bricht das Volk schon das zweite Gebot und – vielleicht noch schwerwiegender – missachtet die Tat Gottes, die dem Sinaibund zugrunde liegt. Nun soll das Götterbild es sein, das die Israeliten befreit hat. Damit ist der Bund schon gebrochen.
Gott ist im Begriff, den Bund und sein Volk fallen zu lassen und seine Erwählungsgeschichte mit Mose neu anzusetzen, aber aufgrund Moses' Gebet hält er am Sinaibund fest.
(5. Mose 26,16-19 «« | »» 2. Mose 34)

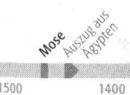

²⁵Stelle daraus ein heiliges Salböl her. Damit sollen Personen oder Gegenstände bei ihrer Weihe gesalbt werden. ²⁶Salbe mit diesem Öl das Zelt Gottes und die Bundeslade, ²⁷den Tisch für die Schaubrote mit allen seinen Geräten, den Leuchter samt seinen Geräten, den Räucheraltar, ²⁸den Brandopferaltar und alle seine Geräte sowie das Wasserbecken mit seinem Untergestell. ²⁹Heilige sie, damit sie vollkommen heilig werden. Jeder, der dann diese Gegenstände berührt, soll geheiligt sein. ³⁰Mit diesem Öl sollst du auch Aaron und seine Söhne salben, um sie auf diese Weise für ihr Priesteramt zu weihen. ³¹Sag den Israeliten: ›Dies soll für immer ausschließlich mein heiliges Salböl sein. ³²Es darf niemals über den Körper eines gewöhnlichen Menschen ausgegossen werden und ihr dürft es niemals in dieser Zusammensetzung für euren eigenen Gebrauch herstellen. Dieses Salböl ist heilig und es soll euch als heilig gelten. ³³Wer ein Öl wie dieses mischt oder irgendeinen Menschen damit salbt, wird aus dem Volk ausgestoßen und muss sterben.‹«

Das Räucheropfer

³⁴Der HERR sprach zu Mose: »Nimm diese wohlriechenden Gewürze: Stakte*, Räucherklaue, Galbanum und reinen Weihrauch. Misch sie zu gleichen Teilen zusammen und ³⁵füge etwas Salz dazu, sodass du ein reines und heiliges Weihrauchgemisch erhältst. ³⁶Zerstoße einen Teil davon zu feinem Pulver und lege es vor die Bundeslade im Heiligtum, wo ich dir begegnen werde. Dieses Weihrauchgemisch soll für euch besonders heilig sein. ³⁷Stelle das Weihrauchgemisch in dieser Zusammensetzung niemals für deinen eigenen Gebrauch her. Es ist für den HERRN geheiligt. ³⁸Wer es herstellt, um daran zu riechen, wird aus dem Volk ausgestoßen und muss sterben.«

Kunsthandwerker: Bezalel und Oholiab

31 Der HERR sprach weiter zu Mose: ²»Ich habe Bezalel, den Sohn Uris und Enkel Hurs, vom Stamm Juda auserwählt. ³Ich habe ihn mit dem Geist Gottes erfüllt und ihm Weisheit, Verstand und Können gegeben, handwerkliche Arbeiten auszuführen. ⁴Ich habe ihn befähigt, Pläne für alle anstehenden Arbeiten zu entwerfen, Gegenstände aus Gold, Silber und Bronze zu schaffen, ⁵Edelsteine zu schleifen und einzufassen und Holz zu schnitzen.

⁶Und ich habe ihm Oholiab, Ahisamachs Sohn vom Stamm Dan zur Seite gestellt. Außerdem habe ich alle künstlerisch Veranlagten begabt, sodass sie all diese Dinge anfertigen können, die ich dir aufgetragen habe: ⁷das Zelt Gottes, die Bundeslade, die Deckplatte der Lade und alle Geräte des Zeltes Gottes: ⁸den Tisch und alle seine Geräte, den goldenen Leuchter mit seinem Zubehör, den Räucheraltar, ⁹den Brandopferaltar und alle seine Geräte sowie das Wasserbecken mit seinem Untergestell. ¹⁰Dazu die heiligen Dienstgewänder für den Hohen Priester Aaron und die Gewänder für seine Söhne für den Priesterdienst, ¹¹das Salböl und das wohlriechende Weihrauchgemisch für das Heiligtum. Sie sollen die Anweisungen, die ich dir gab, befolgen.«

Anweisungen für den Sabbat

¹²Danach sprach der HERR zu Mose: ¹³»Befiehl den Israeliten: Haltet meine Sabbate*, denn sie sind ein Zeichen des ewigen Bundes zwischen mir und euch für alle Zeiten. Dadurch sollt ihr erkennen, dass ich, der HERR, euch heilige. ¹⁴Haltet den Sabbat, denn er soll euch heilig sein. Wer ihn entweiht, muss mit dem Tod bestraft werden; wer an diesem Tag arbeitet, muss aus seinem Volk ausgestoßen werden und sterben. ¹⁵Arbeitet nur sechs Tage, der siebte Tag soll ein Tag vollkommener Ruhe sein, geheiligt für den HERRN. Jeder, der am Sabbat arbeitet, soll mit dem Tod bestraft werden. ¹⁶Die Israeliten sollen den Sabbat für alle Zeiten halten. ¹⁷Er ist ein ewiges Zeichen meines Bundes mit ihnen. Denn in sechs Tagen hat der HERR Himmel und Erde geschaffen, doch am siebten Tage ruhte er aus und erholte sich.«

¹⁸Nachdem der HERR dies alles auf dem Berg Sinai zu Mose gesagt hatte, gab er ihm die beiden steinernen Tafeln mit den Gesetzen des Bundes. Gott selbst hatte sie auf die Tafeln geschrieben.

Das Goldene Kalb

32 Als Mose lange Zeit nicht vom Berg herunterkam, gingen die Leute gemeinsam zu Aaron. »Auf! Mach uns einen Gott, der uns führt!«, forderten sie ihn auf. »Wir wissen nicht, was diesem Mose zugestoßen ist, der uns aus Ägypten hierher gebracht hat.«

²Da entgegnete Aaron: »Nehmt euren Frauen, Söhnen und Töchtern ihre goldenen Ohrringe ab und bringt sie zu mir.«

30,34 Bei *Stakte* handelt es sich um ein wohlriechendes Harz. *Räucherklaue* ist eine Meeresschneckenart, *Galbanum* ein wohlriechendes Arzneikraut. **31,13** O. *Ruhetage*.

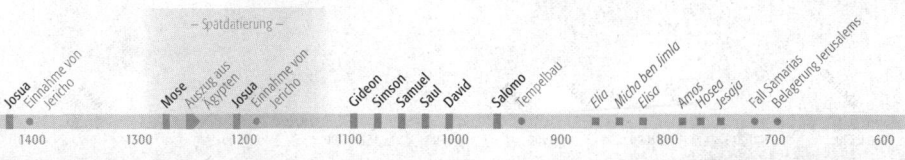

2. MOSE

1–6	Die Israeliten in Ägypten und Moses Vorbereitung
7–12	Die Befreiung Israels – Die 10 Plagen
12–18	Die Reise durch die Wüste zum Berg Sinai
19–24	Gott gibt Israel das Gesetz – Israel nimmt den Bund des HERRN an
24–31	Auftrag zum Bau des Heiligtums – Gott will bei seinem Volk wohnen
32–34	Abfall des Volkes (das Goldene Kalb) und Vergebung durch Gott
35–40	Bau des Heiligtums

32–33

Das Volk tanzt um das Goldene Kalb. Mose zerstört die Gesetzestafeln und bittet Gott um Gnade für das Volk.

[Zum Sinai, vom Sinai her: Gott schafft sich ein Volk]

³Alle Israeliten kamen Aarons Aufforderung nach und brachten ihre goldenen Ohrringe zu ihm. ⁴Aaron nahm das Gold von ihnen, schmolz es ein und verwendete es dazu, um ein Götzenbild in Form eines Kalbes anzufertigen. Da riefen die Leute: »Das ist dein Gott, Israel, der dich aus Ägypten geführt hat!«

⁵Als Aaron das sah, errichtete er einen Altar vor dem Kalb und verkündete: »Morgen feiern wir hier ein Fest für den HERRN!«

⁶Am nächsten Morgen standen die Israeliten früh auf, um Brandopfer und Friedensopfer darzubringen. Danach setzten sie sich, um zu essen und zu trinken, und feierten ein rauschendes, ausschweifendes Fest.*

⁷Der HERR befahl Mose: »Steig schnell hinunter! Dein Volk, das du aus Ägypten geführt hast, tut etwas Schlimmes. ⁸Es hat sich von den Geboten, die ich ihnen gegeben habe, abgewandt. Die Israeliten haben sich ein Kalb angefertigt, es angebetet, ihm geopfert und gerufen: ›Dies ist dein Gott, Israel, der dich aus Ägypten geführt hat!‹«

⁹»Ich habe erlebt, wie eigenwillig dieses Volk ist«, fuhr der HERR fort. ¹⁰»Ich will meinen Zorn über sie kommen lassen und sie alle vernichten. Dich will ich jedoch zu einem großen Volk machen.«

¹¹Aber Mose flehte den HERRN, seinen Gott, an: »HERR, warum willst du dein Volk in deinem Zorn vernichten, das du doch mit so großer

32,6 Vgl. 1. Korinther 10,7.

2. Mose 32,7-14

Gottes Liebe, Gottes Zorn

»Damit aus einem Haufen entflohener Sklaven ein Volk entsteht, muss noch viel geschehen. Und wenn dieses Volk dann ... ein Modell für Gottes ›Schalom-Projekt‹ werden soll, dann muss erst recht viel geschehen« (Bernhard Ott). Kaum verlässt Mose das Volk und es ist auf sich gestellt – schon betet es fremde Götter an (2Mo 32,1). Gott reagiert mit Zorn, so wie auch jede menschliche Liebe die Möglichkeit des Zorns enthält.

Gott zürnt und will sein Volk vernichten. Mit Mose jedoch will er neu anfangen. Mose aber tritt im Gebet für das Volk ein: »Dein guter Ruf steht auf dem Spiel! Du hast doch etwas versprochen!« So bereut Gott sein Handeln und zeigt sich seinem Volk gegenüber gnädig. Gott ist in der Tat souverän. Er hält seine Versprechen und ist unendlich vergebungsbereit. Bibeltexte wie dieser verdeutlichen, wie wichtig es ist, Gott die Treue zu halten, und wie Gott Menschen gebraucht, um für andere einzutreten. Vor Mose hat schon Abraham die Fürbitte für andere praktiziert.
(1. Mose 19,24 «‹ | ›» 1. Mose 18,25)

Macht und starker Hand aus Ägypten geführt hast? ¹²Die Ägypter werden sagen: ›Gott hat sie in die Berge geführt, um sie dort zu töten und zu vernichten.‹ Lass ab von deinem schrecklichen Zorn! Gib dein Vorhaben auf, solch ein Unheil über dein Volk zu bringen! ¹³Denk an deine Diener Abraham, Isaak und Jakob*, denen du geschworen hast: ›Ich werde euch so viele Nachkommen schenken, wie es Sterne am Himmel gibt. Ihnen werde ich dieses Land, das ich euch versprochen habe, als ewigen Besitz geben.‹«

¹⁴Da tat es dem HERRN leid und er ließ das angedrohte Unheil nicht über sie kommen.

¹⁵Mose stieg den Berg hinunter; in seinen Händen hielt er die steinernen Gesetzestafeln, die auf beiden Seiten beschrieben waren. ¹⁶Gott selbst hatte die Tafeln gemacht und die Worte darauf geschrieben.

¹⁷Als Josua das Geschrei der Israeliten hörte, sagte er zu Mose: »Es hört sich so an, als ob im Lager eine Schlacht ausgebrochen ist.«

¹⁸Doch Mose antwortete: »Nein, es klingt weder nach dem Jubeln von Siegern noch nach dem Geschrei von Verlierern: Es klingt vielmehr nach Gesang.«

¹⁹Als sie sich dem Lager näherten, sah Mose das Kalb und die Menschen, die darum herum tanzten. Außer sich vor Zorn warf er die Steintafeln auf den Boden und zerschmetterte sie am Fuß des Berges. ²⁰Mose nahm das Kalb, das sie gemacht hatten, verbrannte es im Feuer und zerstampfte die Asche zu Staub. Den Staub streute er ins Wasser und gab es dann den Leuten zu trinken.

²¹Danach fragte er Aaron: »Was hat das Volk dir getan, dass es zu so einer schwerwiegenden Sünde verführt hast?« ²²»Sei nicht zornig, mein Herr«, antwortete Aaron. »Du weißt doch selbst, wie böse dieses Volk ist. ²³Sie baten mich: ›Mach uns einen Gott, der uns führt, denn wir wissen nicht, was diesem Mose, der uns aus Ägypten geführt hat, zugestoßen ist.‹ ²⁴Deshalb forderte ich sie auf: ›Wer Gold hat, bringe es mir.‹ Als sie mir den Schmuck brachten, warf ich ihn ins Feuer – und heraus kam dieses goldene Kalb.«

²⁵Mose sah, dass die Israeliten taten, was sie wollten*; Aaron hatte sie dazu gebracht. ²⁶Deshalb stellte Mose sich an den Eingang des Lagers und rief: »Alle, die auf der Seite des HERRN stehen, sollen zu mir herüberkommen!« Da kamen alle Leviten zu ihm.

²⁷Und Mose sagte zu ihnen: »So spricht der HERR, der Gott Israels: ›Schnallt eure Schwerter um. Geht dann durchs Lager von einem Tor zum anderen und tötet eure Brüder, eure Freunde und Nachbarn.‹« ²⁸Die Leviten gehorchten Mose; an jenem Tag starben etwa 3.000 Mann.

²⁹Dann forderte Mose die Leviten auf: »Weiht euch und eure Söhne heute alle zusammen zum Dienst für den HERRN, damit ihr heute gesegnet werdet.«

Mose bittet für Israel

³⁰Am nächsten Tag sagte Mose zum Volk: »Ihr habt eine schwerwiegende Sünde begangen, aber ich will noch einmal zum HERRN auf den Berg steigen. Vielleicht kann ich es erreichen, dass er euch vergibt.«

³¹So kehrte Mose zum HERRN zurück und bat: »Diese Leute haben eine große Sünde begangen: Sie haben sich einen Gott aus Gold gemacht. ³²Doch ich bitte dich, vergib ihnen ihre Sünde – wenn nicht, dann streiche mich aus dem Buch, das du führst.«

³³Der HERR antwortete Mose: »Ich werde nur die aus meinem Buch streichen, die gegen mich gesündigt haben. ³⁴Nun geh und führe das Volk an den Ort, den ich dir genannt habe. Mein Engel wird euch führen. Wenn meine Zeit kommt, werde ich die Israeliten jedoch für ihre Sünden bestrafen.«

³⁵Und der HERR bestrafte das Volk, weil sie das Kalb angebetet hatten, das Aaron gemacht hatte.

Gott bestraft die Israeliten

33 Der HERR sprach zu Mose: »Zieh mit dem Volk, das du aus Ägypten geführt hast, in das Land, das ich Abraham, Isaak und Jakob* mit einem Eid versprochen habe. ²Ich will einen Engel vor euch her senden, der die Kanaaniter, Amoriter, Hetiter, Perisiter, Hiwiter und Jebusiter vertreibt. ³Er soll euch in ein Land bringen, in dem Milch und Honig überfließen. Ich selbst aber will nicht mit euch ziehen, denn ihr seid ein eigenwilliges Volk. Sonst könnte es sein, dass ich euch unterwegs vernichte.«

⁴Als die Israeliten diese harten Worte hörten, trauerten sie und keiner legte seinen Schmuck an. ⁵Denn der HERR hatte Mose aufgetragen, ihnen auszurichten: »Ihr seid ein eigenwilliges Volk. Wenn ich auch nur einen Augenblick unter euch weilte, würde ich euch vernichten. Legt euren Schmuck ab, dann werde ich sehen, was ich mit euch tun werde.« ⁶Da legten die Israeliten am Berg Sinai* ihren Schmuck ab.

32,13 Hebr. *Israel.*   32,25 O. *dass das Volk zügellos geworden war.*   33,1 Hebr. *Israel.*   33,6 Hebr. *Horeb;* ein anderer Name für *Sinai.*

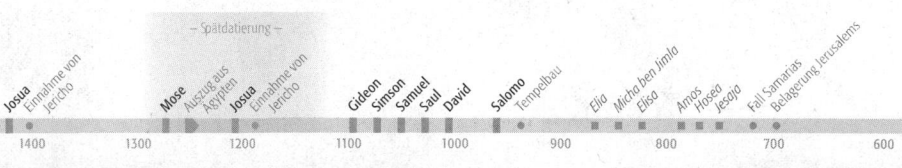

2. MOSE

1–6	Die Israeliten in Ägypten und Moses Vorbereitung
7–12	Die Befreiung Israels – Die 10 Plagen
12–18	Die Reise durch die Wüste zum Berg Sinai
19–24	Gott gibt Israel das Gesetz – Israel nimmt den Bund des HERRN an
24–31	Auftrag zum Bau des Heiligtums – Gott will bei seinem Volk wohnen
32–34	Abfall des Volkes (das Goldene Kalb) und Vergebung durch Gott
35–40	Bau des Heiligtums

33–34
Gott zieht zur Strafe nicht mit dem Volk. Mose sieht auf dem Berg die Herrlichkeit Gottes. Neue Gesetzestafeln.

[Zum Sinai, vom Sinai her: Gott schafft sich ein Volk]

2. Mose 33,3.15-17

Gottes Liebe, Gottes Zorn

Gott will nicht mit Israel ins versprochene Land ziehen (V. 3) Allenfalls ein Engel könnte dies an seiner Stelle tun (V. 2). Gottes Geduld scheint begrenzt zu sein.
Aber Gottes Liebe und Treue sind, wie so oft, stärker als sein Zorn. Mose tritt im Gebet für das Volk und für sich selbst (V. 12f) ein. Steht Gott seinem Volk nicht bei, so will auch Mose nicht gehen. Wenn Gott nicht mit seinem Volk zieht, so unterscheidet es sich nicht von den übrigen Völkern. Und so gibt Gott nach. Er steht zu seinem Volk.
Der Bericht zeichnet ein Bild von Gott, das deutlich zeigt: Gottes Gnade hat seinen Zorn überwunden.
(1. Mose 18,25 ‹‹‹ | ››› 2. Mose 34,6-7)

2. Mose 33,11

Gott redet

Wie spricht Gott mit den Menschen? Zur Zeit des Alten Testaments konnte dies sehr unterschiedlich geschehen. Zu seinem Volk sprach Gott gewöhnlich durch die Propheten. Die Propheten selbst hörten Gott in Worten und Visionen. Mehrfach jedoch sprach Gott mit seinem Diener Mose noch viel unmittelbarer: »persönlich, direkt und nicht in Rätseln« (4Mo 12,8). In 2. Mose 33,11 lesen wir sogar, wie Gott mit Mose »von Angesicht zu Angesicht« spricht.
Obwohl wir heute Gottes Stimme nicht so direkt hören wie Mose, sind wir nicht im Nachteil! Wir haben die Heilige Schrift, die Gottes Wort vermittelt. Der Heilige Geist spricht uns an. Und wir kennen Jesus, der »von Angesicht zu Angesicht« unter uns lebte.
(2. Mose 21,1-17 ‹‹‹ | ››› 4. Mose 11,24-29)

2. Mose 33,12-23

Die Antwort des Menschen

Mose und Gott stehen in enger Beziehung und reden miteinander wie Freunde (V. 11). Diesmal sprechen sie darüber, wie schwierig es ist, das Volk zu leiten. Mose beklagt, er könne es nicht allein meistern. Und so verhandelt er mit Gott: Wen schickt Gott mit? Was hat er vor? Darf Mose Gottes Herrlichkeit sehen? (V. 12f.18).
Gott antwortet erstaunlich entgegenkommend. Er verspricht seine Begleitung und Hilfe (V. 14). Er versichert Mose: »Du stehst in meiner Gunst und ich kenne dich« (V. 17). Er zeigt seine Güte und offenbart sich als der zuverlässige Gott (V. 19). So sieht eine tiefe Freundschaft zwischen Gott und einem Menschen aus. Und doch bleibt Gott der stärkere Partner. Wenn er mitgeht, ist nichts zu schwer.
(2. Mose 8,15 ‹‹‹ | ››› 5. Mose 30,15-20)

⁷Jedes Mal, wenn die Israeliten ihr Lager aufschlugen, errichtete Mose in einiger Entfernung außerhalb des Lagers ein Zelt, das er »Zelt der Begegnung« nannte. Jeder, der den HERRN etwas fragen wollte, ging dorthin.

⁸Immer wenn Mose zum Zelt der Begegnung hinausging, erhoben sich alle Israeliten und traten an den Eingang ihrer Zelte. Sie schauten hinter Mose her, bis er in das Zelt hineingegangen war. ⁹Sobald Mose das Zelt betreten hatte, ließ sich die Wolkensäule nieder und lagerte vor dem Eingang, während der HERR mit Mose sprach. ¹⁰Wenn die Israeliten sahen, dass die Wolkensäule vor dem Eingang des Zeltes der Begegnung stand, warf sich jeder am Eingang seines Zeltes zu Boden. ¹¹Der HERR sprach mit Mose von Angesicht zu Angesicht, wie einer, der mit seinem Freund redet. Danach kehrte Mose wieder ins Lager zurück, doch ein junger Mann namens Josua, ein Sohn Nuns, verließ das Zelt der Begegnung nie.

Mose sieht die Herrlichkeit des HERRN

¹²Mose sagte zum HERRN: »Du hast mir zwar den Auftrag gegeben, dieses Volk nach Kanaan zu führen, aber du hast mir nicht gesagt, wen du mit mir schicken willst. Du hast gesagt, dass du mich kennst und dass du mir freundlich gesinnt bist. ¹³Wenn dem wirklich so ist, dann zeig mir doch, was du vorhast, damit ich dich besser verstehe und merke, dass du mir freundlich gesinnt bist. Denk doch daran, dass dieses Volk dein Volk ist.«

¹⁴Der HERR antwortete ihm: »Ich selbst werde mit dir gehen, Mose. Ich will dir Ruhe verschaffen.«

¹⁵Da entgegnete Mose: »Wenn du nicht selbst mit uns gehst, dann führe uns nicht von hier weg. ¹⁶Denn woran soll man erkennen, dass du deinem Volk und mir wohlgesinnt bist? Doch einzig daran, dass du mit uns ziehst und wir uns deshalb vor allen anderen Völkern auf der Erde auszeichnen.«

¹⁷Der HERR sagte zu Mose: »Ich will dir auch diesen Wunsch erfüllen, den du gerade geäußert hast. Denn du stehst in meiner Gunst und ich kenne dich.«

¹⁸Doch Mose hatte noch eine weitere Bitte: »Lass mich deine Herrlichkeit sehen.« ¹⁹Der HERR antwortete: »Ich will meine Güte an dir vorüberziehen lassen und will meinen Namen ›der HERR‹ vor dir ausrufen. Ich schenke meine Gnade und mein Erbarmen, wem ich will.* ²⁰Mein Gesicht kannst du jedoch nicht sehen, denn jeder Mensch, der mich sieht, muss sterben.« ²¹Dann fuhr der HERR fort: »Stell dich hier auf diesen Felsen neben mich. ²²Wenn ich dann in meiner Herrlichkeit vorüberziehe, werde ich dich in die Felsspalte stellen und meine Hand schützend über dich halten, bis ich vorübergegangen bin. ²³Dann will ich meine Hand wegnehmen und du wirst mir hinterher sehen. Mein Gesicht aber kann niemand sehen.«

Neue Gesetzestafeln

34 Der HERR befahl Mose: »Haue dir zwei Steintafeln wie die ersten. Danach werde ich auf diese Tafeln die gleichen Worte schreiben, die auf den ersten Tafeln gestanden haben, die du zerschmettert hast. ²Mach dich bereit, morgen früh auf den Sinai zu steigen und mir dort auf dem Gipfel des Berges zu begegnen. ³Niemand darf dich begleiten und keiner darf den Berg betreten. Nicht einmal die Schaf-, Ziegen- und Rinderherden dürfen in der Nähe des Berges weiden.«

⁴Also meißelte Mose zwei Steintafeln zurecht wie die beiden ersten. Dem Befehl des HERRN gemäß stieg er früh am nächsten Morgen auf den Berg, die beiden Steintafeln in den Händen.

⁵Dann kam der HERR in der Wolkensäule herab, trat zu ihm und rief seinen Namen ›der HERR‹ aus. ⁶Er ging an Mose vorüber und sprach: »Ich bin der HERR, der barmherzige und gnädige Gott. Meine Geduld, meine Liebe und Treue sind groß. ⁷Diese Gnade erweise ich Tausenden, indem ich Schuld, Unrecht und Sünde vergebe. Und trotzdem lasse ich die Sünde nicht ungestraft, sondern strafe die Kinder für die Sünden ihrer Eltern bis in die dritte und vierte Generation.«

⁸Da kniete Mose sich schnell nieder, neigte sein Gesicht zur Erde, betete den HERRN an ⁹und sagte: »Wenn du mir freundlich gesinnt bist, Herr, dann begleite uns. Dies ist ein eigenwilliges Volk; doch vergib uns unsere Schuld und Sünde. Nimm uns als dein Eigentum an!«

¹⁰Der HERR erwiderte: »Ich schließe einen Bund mit euch: Ich werde vor deinem ganzen Volk Wunder vollbringen, wie sie auf der ganzen Erde und bei keinem Volk je zuvor vollbracht wurden. Alle Israeliten werden sehen, was ich tue – Ehrfurcht gebietend wird sein, was ich an dir tun werde. ¹¹Hör genau zu, was ich euch jetzt sage: Ich will die Amoriter, Kanaaniter, Hetiter, Perisiter, Hiwiter und Jebusiter vor dir vertreiben.

33,19 Vgl. Römer 9,15.

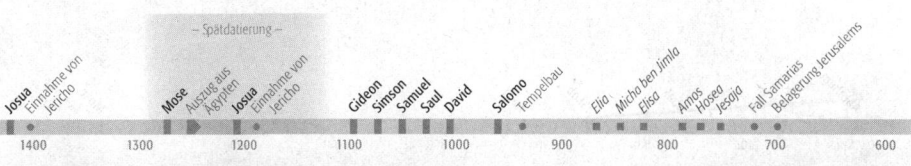

2. MOSE

1–6	Die Israeliten in Ägypten und Moses Vorbereitung
7–12	Die Befreiung Israels – Die 10 Plagen
12–18	Die Reise durch die Wüste zum Berg Sinai
19–24	Gott gibt Israel das Gesetz – Israel nimmt den Bund des HERRN an
24–31	Auftrag zum Bau des Heiligtums – Gott will bei seinem Volk wohnen
32–34	Abfall des Volkes (das Goldene Kalb) und Vergebung durch Gott
35–40	Bau des Heiligtums

34–35
Gott schließt einen Bund mit Israel. Bedingungen für den Bund. Anweisungen für den Sabbat.

[Zum Sinai, vom Sinai her: Gott schafft sich ein Volk]

¹²Schließt mit den Bewohnern des Landes, in das ihr zieht, auf keinen Fall Verträge ab, damit sie euch nicht zum Stolperstein werden. ¹³Reißt stattdessen ihre heidnischen Altäre ein, zertrümmert ihre heiligen Säulen und haut ihre Götzenpfähle um. ¹⁴Ihr sollt keinen anderen Gott anbeten, denn der HERR ist ein eifersüchtiger Gott.

2. Mose 34

Bundesschlüsse
Nachdem das Volk für den Bundesbruch bestraft wurde, erneuert Gott nun den Bund: Er gibt neue Gebotstafeln und stellt bei seinem Bundesschluss (V. 10) bisher ungekannte Wunder in Aussicht. Doch größer noch ist die Bedeutung, die er nun Mose gegenüber seinem Namen »Jahwe« gibt: Er ist der, dessen Erbarmen seine Strafe um ein Vielfaches überwiegt (V. 6-7). Die Bedeutung des Namens Jahwe, die schon in Kapitel 20,5-6 gezeigt wurde – ein eifernder Gott –, wiederholt Gott ausdrücklich (V. 14).
Die Bundespflichten des Volkes werden in einer längeren Gebotsreihe genannt. Sie greifen teilweise Bestimmungen aus den Zehn Geboten auf (Verbot von fremden Göttern, Halten des Sabbats), führen zumeist aber darüber hinaus. Jer 34,13-14 erinnert daran, dass auch die Freilassung von Sklaven zur Bundesverpflichtung gehörte (2Mo 21,2). Die Zehn Gebote bleiben dabei die Grundlage des Bundes (V. 27-28).
(2. Mose 32 ‹‹ | ›› Jeremia 34,12-20)

2. Mose 34,6-7

Liebe und Zorn
Hier wird ein Bild eines liebenden, aber auch strafenden Gottes gezeichnet. Gott offenbart Mose sein Wesen und seine Wege. »Ich bin *Jahwe*« (der HERR). Das heißt: Er ist ein zuverlässiger Gott (siehe auch Seite *14f zur Bedeutung dieses Namens). Er ist zuverlässig, indem er barmherzig und gnädig, geduldig, liebevoll und treu ist und indem er Schuld, Unrecht und Sünde vergibt. Wer ist ein Gott wie dieser Gott?
Gleichwohl wird Sünde bestraft. Und so stehen sich auch in diesem Text die beiden Kräfte ›Liebe‹ und ›Zorn‹ gegenüber. Mose tritt für das Volk ein und bittet Gott um Begleitung, Vergebung und Annahme.
Erneut sichert Gott seinem Volk seine immerwährende Liebe zu. Sie gilt für Tausende von Generationen (2Mo 20,5), in diesen für Tausende von Menschen. Wer aber die Vergebung Gottes ablehnt, der muss auch mit seiner Strafe rechnen. So will Gott – durch Gnade, aber auch, wenn nötig, durch Strafe – sein Volk erziehen, damit es lernt, seine Gebote zu halten.
(2. Mose 33,3.15-17 ‹‹ | ›› Jeremia 31,20)

¹⁵Schließt deshalb keine Verträge mit den Bewohnern des Landes. Sonst könnte es sein, dass sie euch – wenn sie ihre Götzen anbeten und ihnen opfern – zu ihren Opfermahlen einladen und ihr daran teilnehmt. ¹⁶Ihr würdet eure Söhne mit ihren Töchtern verheiraten, die anderen Göttern dienen. Und sie würden eure Söhne dann zum Götzendienst verleiten. ¹⁷Gießt euch keine Götzenbilder.

¹⁸Feiert das Fest der ungesäuerten Brote. Sieben Tage lang sollt ihr ungesäuertes* Brot essen, wie ich es euch befohlen habe, zur festgesetzten Zeit im Monat Abib*, denn in diesem Monat habt ihr Ägypten verlassen.

¹⁹Jeder erstgeborene Junge und jedes erstgeborene männliche Tier – ob Rind, Schaf oder Ziege – gehört mir. ²⁰Ein erstgeborener Esel kann ausgelöst werden, indem an seiner statt ein Lamm geopfert wird. Wenn ihr das nicht tun wollt, müsst ihr dem Esel das Genick brechen. Jeden erstgeborenen Sohn hingegen müsst ihr auslösen. Niemand darf mit leeren Händen vor dem HERRN erscheinen.

²¹Sechs Tage sollt ihr arbeiten, am siebten Tag aber sollt ihr ausruhen, auch während der Zeit des Pflügens und Erntens. ²²Wenn ihr den ersten Weizen erntet, sollt ihr das Fest der Ernte* feiern, und am Ende der Erntezeit das Fest der Lese*. ²³Dreimal im Jahr sollen alle israelitischen Männer vor dem HERRN, dem Gott Israels, erscheinen. ²⁴Ich werde die Völker vor euch vertreiben und euer Gebiet vergrößern. Während ihr dreimal im Jahr zum Heiligtum zieht, um vor dem HERRN, eurem Gott, zu erscheinen, wird niemand euer Land angreifen.

²⁵Ihr dürft das Blut eines Opfertieres nicht zusammen mit gesäuertem Brot opfern. Und vom Fleisch des Passahlammes darf nichts bis zum folgenden Morgen aufbewahrt werden. ²⁶Bringt das Beste aus der ersten Ernte eines Jahres zum Haus des HERRN, eures Gottes.

Und kocht ein Ziegenböckchen nicht in der Milch seiner Mutter.

²⁷Und der HERR sprach zu Mose: »Schreib alle diese Worte auf, denn das sind die Bedingungen des Bundes, den ich mit dir und mit Israel geschlossen habe.«

²⁸Mose war 40 Tage und 40 Nächte oben auf dem Berg bei dem HERRN. Während dieser Zeit aß und trank er nichts. Gott schrieb die Bedingungen des Bundes – die Zehn Gebote – auf die steinernen Tafeln.

²⁹Dann stieg Mose mit den beiden steinernen Tafeln in der Hand vom Berg herab. Er wusste aber nicht, dass sein Gesicht leuchtete, weil er mit dem HERRN gesprochen hatte. ³⁰Als Aaron und die Israeliten das Leuchten auf Moses Gesicht sahen, hatten sie Angst sich ihm zu nähern.

³¹Aber Mose rief sie zu sich. Da kamen Aaron und die führenden Männer der Gemeinschaft zu ihm, und Mose redete zu ihnen. ³²Danach kamen auch alle Israeliten zu Mose und er teilte ihnen alle Anweisungen mit, die der HERR ihm auf dem Sinai gegeben hatte. ³³Nachdem Mose ihnen alles mitgeteilt hatte, verhüllte er sein Gesicht mit einem Tuch. ³⁴Doch jedes Mal, wenn er das Heiligtum betrat, um mit dem HERRN zu reden, nahm er das Tuch von seinem Gesicht, bis er wieder herauskam. Dann teilte er den Israeliten mit, was der HERR ihm befohlen hatte, ³⁵und sie sahen wieder das Leuchten auf seinem Gesicht. Danach verhüllte er sein Gesicht wieder mit dem Tuch, bis er erneut hineinging, um mit dem HERRN zu sprechen.

Anweisungen für den Sabbat

35 Nun berief Mose eine Versammlung aller Israeliten ein und teilte ihnen mit: »Der HERR befiehlt euch Folgendes: ²Arbeitet nur sechs Tage pro Woche. Der siebte Tag soll ein Tag völliger Ruhe sein, ein heiliger Tag, der dem HERRN gehört. Jeder, der an diesem Tag arbeitet, muss mit dem Tod bestraft werden. ³An diesem Tag dürft ihr in euren Häusern nicht einmal Feuer anzünden.«

Gaben für das Zelt Gottes

⁴Dann sagte Mose zur ganzen Gemeinschaft der Israeliten: »Das hat der HERR befohlen: ⁵Jeder, der es freiwillig tut, soll dem HERRN folgende Abgaben entrichten: Gold, Silber und Bronze, ⁶violettes, purpur- und karmesinfarbenes Garn, feines Leinen; Ziegenhaar, ⁷rot gefärbte Widderfelle und Tachasch-Haut*, Akazienholz, ⁸Öl für den Leuchter; Gewürze für das Salböl und das Weihrauchgemisch, ⁹Onyx-Steine und andere Edelsteine für den Priesterschurz und die Brusttasche.

¹⁰Alle, die dazu begabt sind, sollen mithelfen alles anzufertigen, was der HERR befohlen hat: ¹¹das Heiligtum mit seinen Decken, die Haken, Bretter, Riegel, Säulen und Sockel, ¹²die Bundeslade mit ihren Tragstangen, die Deckplatte, den Vorhang vor dem Allerheiligsten; ¹³den Tisch

---

34,18a D.h. ohne Sauerteig gebackenes Brot.   **34,18b** Dieser Monat des hebr. Mondkalenders fällt normalerweise in den März oder April.   **34,22a** O. *Wochenfest*.   **34,22b** Dieses Fest wurde später *Laubhüttenfest* genannt; s. 3. Mose 23,33-36.   **35,7** Ein besonders wertvolles Leder, vermutlich vom Delfin oder der Seekuh.

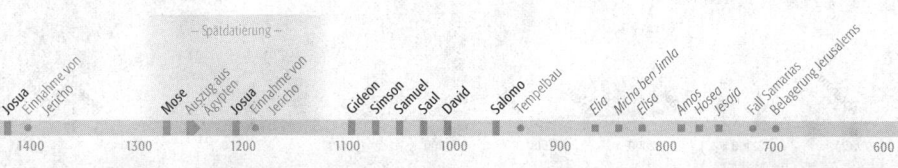

2. MOSE

1–6	Die Israeliten in Ägypten und Moses Vorbereitung
7–12	Die Befreiung Israels – Die 10 Plagen
12–18	Die Reise durch die Wüste zum Berg Sinai
19–24	Gott gibt Israel das Gesetz – Israel nimmt den Bund des HERRN an
24–31	Auftrag zum Bau des Heiligtums – Gott will bei seinem Volk wohnen
32–34	Abfall des Volkes (das Goldene Kalb) und Vergebung durch Gott
35–40	Bau des Heiligtums

35–36
Abgaben für das Zelt Gottes, den Priesterdienst und die Gewänder. Bericht über die Arbeiten am Zelt Gottes.

[Zum Sinai, vom Sinai her: Gott schafft sich ein Volk]

mit seinen Tragstangen, seinen Geräten und den Schaubroten*, ¹⁴den Leuchter mit seinen Geräten und Lampen sowie das Öl für den Leuchter, ¹⁵den Räucheraltar und seine Tragstangen, das Salböl und das wohlriechende Weihrauchgemisch, den Vorhang für den Eingang des Zeltes Gottes, ¹⁶den Brandopferaltar mit dem dazugehörigen bronzenen Gitter, seine Tragstangen und Geräte, das Reinigungsbecken mit seinem Untergestell, ¹⁷die Decken für die Wände des Vorhofs und die Säulen und Sockel, den Vorhang für den Eingang zum Vorhof, ¹⁸die Zeltpflöcke des Heiligtums und des Vorhofs sowie die dazugehörigen Seile, ¹⁹die heiligen Gewänder für den Dienst des Hohen Priesters Aaron im Heiligtum und die Gewänder seiner Söhne für ihren Priesterdienst.«

²⁰Da löste sich die Versammlung der Israeliten auf und die Leute gingen von Mose weg zu ihren Zelten. ²¹Und alle, die freiwillig etwas geben wollten, kamen wieder und brachten dem HERRN eine Gabe für das Zelt Gottes, für den Priesterdienst und für die heiligen Gewänder. ²²Sowohl Männer als auch Frauen kamen, alle, die aus freien Stücken etwas gaben: Sie brachten dem HERRN Spangen, Ohrringe, Fingerringe und Halsketten; goldene Gegenstände aller Art brachten sie als Weihegaben zum HERRN. ²³Und jeder, der violettes, purpur- und karmesinfarbenes Garn, feines Leinen, Ziegenhaar, rot gefärbte Widderfelle oder Tachasch-Haut* besaß, brachte es her. ²⁴Jeder, der Silber oder Bronze oder Akazienholz besaß, gab es her.

²⁵Alle Frauen, die gute Spinnerinnen waren, spannen violettes, purpur- und karmesinfarbenes Garn und feines Leinen und brachten es herbei. ²⁶Alle Frauen, die dazu begabt waren, spannen das Ziegenhaar. ²⁷Die Stammesfürsten spendeten Onyx-Steine und andere Edelsteine für den Priesterschurz und die Brusttasche. ²⁸Sie spendeten auch Gewürze und Öl für die Lampen, für das Salböl und für das wohlriechende Weihrauchgemisch. ²⁹So brachten die Israeliten – all diejenigen Männer und Frauen, die gerne einen Beitrag zum Zelt Gottes leisten wollten – dem HERRN freiwillige Gaben. Denn der HERR hatte sie durch Mose dazu aufgefordert.

³⁰Und Mose sagte zu den Israeliten: »Der HERR hat Bezalel, den Sohn Uris und Enkel Hurs, vom Stamm Juda auserwählt. ³¹Er hat ihn mit dem Geist Gottes erfüllt und ihm große Weisheit, Verstand und Können für alle anstehenden Arbeiten gegeben: ³²Bezalel kann Kunst-

35,13 D.i. Brote der Vergegenwärtigung Gottes. 35,23 Ein besonders wertvolles Leder, vermutlich vom Delfin oder der Seekuh.

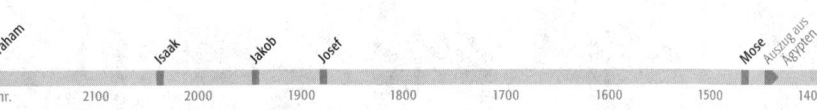

werke entwerfen und Gegenstände aus Gold, Silber und Bronze schaffen. ³³Er kann Edelsteine schleifen und einfassen und Holz verarbeiten. ³⁴Und der HERR hat ihn und Oholiab, den Sohn des Ahisamach aus dem Stamm Dan, befähigt, andere anzuleiten. ³⁵Der HERR hat sie in besonderer Weise zu allen möglichen handwerklichen Arbeiten befähigt und auch zu Webe- und Stickereiarbeiten mit violettem, purpur- und karmesinfarbenem Garn und feinem Leinen. Sie können sie entwerfen und kunstvoll ausführen.

36 Bezalel, Oholiab und die anderen Kunsthandwerker, denen der Herr Weisheit und Verstand gegeben hat, werden das Zelt Gottes genauso bauen und einrichten, wie der Herr es befohlen hat.«

²Also beauftragte Mose Bezalel und Oholiab und all die anderen Kunsthandwerker, denen der HERR besondere Fertigkeiten verliehen hatte und die gerne mitarbeiten wollten, mit der Arbeit zu beginnen. ³Mose stellte ihnen die Materialien zur Verfügung, die das Volk für den Bau des Heiligtums gespendet hatte. Jeden Morgen brachten die Israeliten weitere Gaben. ⁴Da unterbrachen die Kunsthandwerker ihre Arbeit am Heiligtum und kamen zu Mose. ⁵»Die Leute haben jetzt mehr Material gespendet, als wir für die Arbeit benötigen, die der HERR angeordnet hat«, sagten sie.

⁶Da ließ Mose im ganzen Lager bekannt geben: »Niemand soll mehr etwas anfertigen, um es für den Bau des Zeltes Gottes zu spenden.« Da brachten die Leute keine Gaben mehr zu Mose. ⁷Denn sie hatten genug Material gespendet, um alle Arbeiten auszuführen, und es blieb sogar noch etwas übrig.

Die Arbeiten am Zelt Gottes

⁸Die Kunsthandwerker webten zunächst zehn Tuchbahnen aus feinem Leinen und violettem, purpur- und karmesinfarbenem Garn. Diese verzierten sie kunstvoll mit Cherubbildern. ⁹Alle Bahnen waren genau gleich groß: 28 Ellen lang und vier Ellen breit*. ¹⁰Je fünf dieser Bahnen wurden zu einem Stück zusammengefügt. ¹¹Am Saum der beiden letzten Bahnen jedes zusammengefügten Stücks wurden 50 Schlaufen aus violettem Purpur befestigt. ¹²Die 50 Schlaufen am Saum der einen Tuchbahn entsprachen den Schlaufen am Saum der anderen. ¹³Dann fertigten sie 50 goldene Haken an, mithilfe derer sie die beiden Tuchbahnen zu einem Ganzen zusammenfügten.

¹⁴Danach fertigten sie elf Zeltbahnen aus Ziegenhaar für die Abdeckung des Heiligtums an. ¹⁵Alle elf Planen hatten genau dieselbe Größe, nämlich 30 Ellen Länge und vier Ellen Breite*. ¹⁶Die Kunsthandwerker fügten fünf dieser Zeltbahnen zu einem Stück zusammen und die sechs verbleibenden Planen zu einem zweiten. ¹⁷Dann brachten sie 50 Schlaufen am Saum der jeweils letzten Bahn der beiden zusammengefügten Stücke an. ¹⁸Sie stellten 50 bronzene Haken her, um die beiden Teile zu einer Zeltplane zusammenzufügen. ¹⁹Anschließend fertigten sie als Zeltdach noch eine weitere Decke aus rot gefärbten Widderfellen an und legten darüber noch eine Schutzdecke aus Tachasch-Haut*.

²⁰Für die Wände des Zeltes Gottes fertigten sie Bretter aus Akazienholz an. ²¹Jedes Brett war zehn Ellen lang und eineinhalb Ellen breit*. ²²An jedem Brett brachten sie zwei Verbindungszapfen an. ²³Für die Südseite des Zeltes Gottes stellten sie 20 Bretter her. ²⁴An der Unterseite der 20 Bretter brachten sie 40 silberne Sockel an: je zwei für jedes Brett, an jedem Zapfen einen. ²⁵Für die Nordseite des Zeltes Gottes fertigten sie ebenfalls 20 Bretter an, ²⁶dazu 40 silberne Sockel, zwei für jedes Brett. ²⁷Die Westseite des Zeltes Gottes – die Rückseite – bestand aus sechs Brettern ²⁸und einem zusätzlichen Brett an jeder Ecke. ²⁹Diese beiden Eckrahmen wurden unten miteinander verbunden und oben fest mit einem einzigen Ring zusammengefügt, sodass sie von oben bis unten eine Einheit bildeten. ³⁰Für die Westseite stellten sie also insgesamt acht Bretter und 16 silberne Sockel her, zwei für jedes Brett.

³¹⁻³²Danach fertigten sie Riegel aus Akazienholz an, je fünf für die beiden Längsseiten und fünf für die Rückseite, die nach Westen hin liegt. ³³Der mittlere der fünf Riegel verlief auf halber Höhe der Bretter von einer Seite zur anderen. ³⁴Die Bretter und die Riegel wurden mit Gold überzogen. Die Ringe, die als Halterung für die Riegel dienten, bestanden aus reinem Gold.

³⁵Der Vorhang wurde aus feinem Leinen und violettem, purpur- und karmesinfarbenem Garn angefertigt; der Stoff wurde kunstvoll mit Cherubbildern verziert. ³⁶Für den Vorhang fertigten sie vier goldene Haken und vier Säulen aus Akazienholz an, die sie mit Gold überzogen. Die Sockel wurden aus Silber gegossen.

³⁷Dann fertigten sie einen weiteren Vorhang aus feinem Leinen für den Eingang des heiligen

---

36,9 Das entspricht ca. 14 m Länge und 2 m Breite. **36,15** Das entspricht ca. 15 m Länge und 2 m Breite. **36,19** Ein besonders wertvolles Leder, vermutlich vom Delfin oder der Seekuh. **36,21** Das entspricht ca. 5 m Länge und 75 cm Breite.

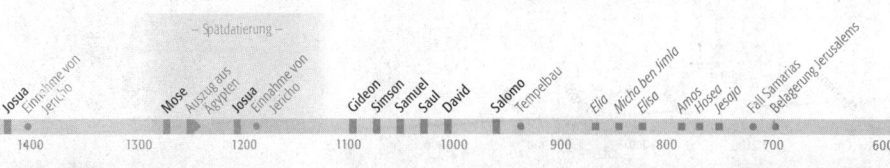

2. MOSE

1–6	Die Israeliten in Ägypten und Moses Vorbereitung
7–12	Die Befreiung Israels – Die 10 Plagen
12–18	Die Reise durch die Wüste zum Berg Sinai
19–24	Gott gibt Israel das Gesetz – Israel nimmt den Bund des HERRN an
24–31	Auftrag zum Bau des Heiligtums – Gott will bei seinem Volk wohnen
32–34	Abfall des Volkes (das Goldene Kalb) und Vergebung durch Gott
35–40	Bau des Heiligtums

36–38
Die Anfertigung der Bundeslade und der Geräte für das Heiligtum. Arbeiten am Vorhof.

[Zum Sinai, vom Sinai her: Gott schafft sich ein Volk]

Zeltes an, in den sie mit violettem, purpur- und karmesinfarbenem Garn kunstvolle Muster hineinwebten. ³⁸Danach stellten sie fünf Säulen und die dazugehörigen Nägel her. Die Kapitelle und die Querstangen wurden mit Gold überzogen. Die fünf Sockel waren aus Bronze.

Die Bundeslade

37 Als Nächstes fertigte Bezalel die Bundeslade aus Akazienholz an. Sie war zweieinhalb Ellen lang, eineinhalb Ellen breit und eineinhalb Ellen hoch*. ²Innen und außen überzog er sie mit reinem Gold und brachte ringsum eine Zierleiste aus reinem Gold an. ³Er goss vier goldene Ringe und befestigte sie an ihren vier Ecken. ⁴Bezalel fertigte Stangen aus Akazienholz an und überzog sie mit Gold. ⁵Diese steckte er durch die Ringe auf beiden Seiten der Lade, sodass man die Lade tragen konnte.
⁶Danach fertigte er die Deckplatte aus reinem Gold an; sie war zweieinhalb Ellen lang und eineinhalb Ellen breit*. ⁷Bezalel fertigte zwei Cherubim aus getriebenem Gold auf den beiden Enden der Deckplatte an; ⁸den einen Cherub auf der einen Seite und den anderen auf der gegenüberliegenden. Sie wurden mit der Deckplatte zu einem Stück verbunden. ⁹Die Gesichter der Cherubim waren einander zugewandt und gleichzeitig auf die Deckplatte gerichtet. Ihre Flügel, die nach oben ausgebreitet waren, schirmten die Deckplatte ab.

Der Tisch für die Schaubrote*

¹⁰Dann fertigte Bezalel den Tisch aus Akazienholz an, zwei Ellen lang, eine Elle breit und eineinhalb Ellen hoch*. ¹¹Er überzog ihn mit reinem Gold und brachte ringsum eine goldene Zierleiste an. ¹²An der Tischplatte brachte Bezalel eine Umrandung an – eine Handbreite* hoch –, die er wiederum mit einer goldenen Zierleiste versah. ¹³Dann goss er vier goldene Ringe und befestigte sie oben an den vier Tischbeinen, ¹⁴dicht an der Umrandung. Die Stangen konnten durch diese Ringe geschoben werden, um den Tisch zu tragen. ¹⁵Die Tragstangen machte er aus Akazienholz und vergoldete sie anschließend. ¹⁶Aus reinem Gold fertigte er dann die Geräte für die Trankopfer an, die auf dem Tisch stehen sollten: Schüsseln, Schalen, Kannen und Becher.

37,1 D.i. ca. 1,25 m lang, 75 cm breit und 75 cm hoch. **37,6** D.i. ca. 1,25 m lang und 75 cm breit. **37,10a** D.i. *Brote der Vergegenwärtigung Gottes.* **37,10b** D.i. ca. 1 m lang, 50 cm breit und 75 cm hoch. **37,12** Das sind ca. 8 cm.

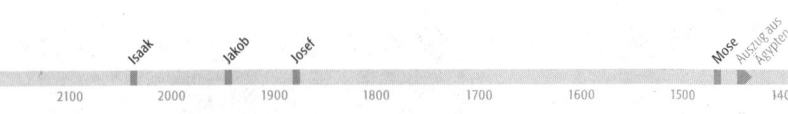

Der Leuchter

¹⁷Dann fertigte Bezalel den Leuchter aus reinem, getriebenem Gold an. Der ganze Leuchter – sein Fuß, sein Schaft, seine Kelche, Knospen und Blütenblätter – war aus einem Stück gearbeitet. ¹⁸Der Leuchter hatte sechs Arme, je drei auf beiden Seiten des Leuchters. ¹⁹An jedem der sechs Arme waren drei mandelblumenförmige Kelche befestigt, mit Knospen und Blütenblättern. ²⁰Auch der Schaft des Leuchters war mit vier mandelblumenförmigen Kelchen – samt Knospen und Blütenblättern – geschmückt. ²¹Unterhalb der Stellen, an denen je zwei der sechs Arme aus dem Schaft hervorgingen, befand sich eine Knospe. ²²Der ganze Leuchter – samt den Verzierungen und Armen – war aus einem Stück und aus reinem, getriebenem Gold gefertigt. ²³Er stellte auch die sieben Lampen für den Leuchter, die Dochtscheren und Ölschalen her, alle aus reinem Gold. ²⁴Der ganze Leuchter und sein Zubehör bestanden aus einem Talent* reinen Goldes.

Der Räucheraltar

²⁵Den Räucheraltar zimmerte Bezalel aus Akazienholz. Er war eine Elle lang, eine Elle breit und zwei Ellen* hoch. Der Altar und seine Hörner waren aus einem Stück gefertigt. ²⁶Bezalel überzog den Altar, seine Platte, seine Seitenwände und seine Hörner mit reinem Gold. Rings um den Altar brachte er eine goldene Zierleiste an. ²⁷Unterhalb der Leiste befestigte er auf den beiden gegenüberliegenden Seiten je zwei goldene Ringe für die Tragstangen. ²⁸Die Tragstangen wurden aus Akazienholz hergestellt und mit Gold überzogen.

²⁹Dann stellte er das heilige Salböl und das wohlriechende Weihrauchgemisch her.

Der Brandopferaltar

38 Bezalel zimmerte auch den Brandopferaltar aus Akazienholz. Er war fünf Ellen lang, fünf Ellen breit und drei Ellen hoch*. ²An jeder der vier Ecken des Altars war ein Horn, das mit dem Altar aus einem Stück hergestellt war. Diesen Altar überzog er mit Bronze. ³Dann stellte er aus Bronze alle Geräte her, die auf dem Altar benutzt wurden – die Aschebehälter, Schaufeln, Becken, Fleischgabeln und Feuerpfannen. ⁴Anschließend fertigte er für den Altar ein netzartiges Gitter aus Bronze an, das er auf halber Höhe unterhalb der Einfassung anbrachte. ⁵Dann goss er vier Ringe für die Tragstangen und befestigte sie an den vier Ecken des Gitters. ⁶Die Tragstangen selbst machte er aus Akazienholz und überzog sie mit Bronze. ⁷Sie wurden auf beiden Seiten des Altars durch die Ringe geschoben, damit man ihn tragen konnte. Der Altar war innen hohl und aus Holzbrettern gefertigt.

Das Wasserbecken

⁸Das bronzene Becken und sein bronzenes Untergestell stellte Bezalel aus den Spiegeln der Frauen her, die am Eingang des Zeltes Gottes den Dienst versahen.

Der Vorhof

⁹Dann führten die Kunsthandwerker unter der Leitung von Bezalel die Arbeiten für den Vorhof aus. Die Vorhänge aus feinem Leinen erstreckten sich auf der Südseite über 100 Ellen*. ¹⁰Dazu fertigten sie 20 Säulen und 20 bronzene Sockel an; die Haken und Stangen für die Vorhänge waren aus Silber. ¹¹Auch für die ebenfalls 100 Ellen* lange Nordseite fertigten sie 20 Säulen mit bronzenen Sockeln sowie silberne Haken und Stangen an. ¹²Die Westseite war 50 Ellen lang*. Ihre Wände bestanden aus Vorhängen, die von zehn Säulen mit Sockeln sowie silbernen Haken und Stangen gehalten wurden. ¹³Die Ostseite war ebenfalls 50 Ellen lang*.

¹⁴⁻¹⁵Auf beiden Seiten des Eingangs war der Vorhang jeweils 15 Ellen* lang und wurde von drei Säulen auf drei Sockeln gehalten. ¹⁶Sämtliche Vorhänge des Vorhofs bestanden aus feinem Leinen. ¹⁷Jede Säule hatte einen bronzenen Sockel, die Haken und Stangen waren aus Silber. Die Kapitelle der Säulen waren mit Silber überzogen, die Säulen selbst waren mit silbernen Stangen versehen.

¹⁸Den Vorhang vor dem Eingang zum Vorhof webten sie aus feinem Leinen mit kunstvollen Mustern aus violettem, purpur- und karmesinfarbenem Garn. Er war 20 Ellen lang, fünf Ellen breit und fünf Ellen hoch*, genauso wie die übrigen Vorhänge des Vorhofs. ¹⁹Der Vorhang wurde von vier bronzenen Säulen gehalten, die auf bronzenen Sockeln ruhten. Die Haken waren aus Silber; die Kapitelle der Säulen und die Stäbe waren versilbert.

²⁰Alle Zeltpflöcke des Zeltes Gottes und des Vorhofs waren aus Bronze.

37,24 Das entspricht ca. 36 kg. **37,25** D.i. ca. 50 cm lang, 50 cm breit und 1 m hoch. **38,1** D.i. ca. 2,5 m lang, 2,5 m breit und 1,5 m hoch. **38,9** Das sind ca. 50 m. **38,11** Das entspricht ca. 50 m. **38,12** Das sind ca. 25 m. **38,13** Das sind ca. 25 m. **38,14** Das entspricht ca. 7,50 m. **38,18** D.i. ca. 10 m lang, 2,5 m breit und 2,5 m hoch.

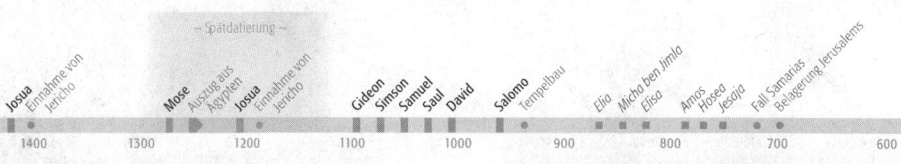

2. MOSE

1–6	Die Israeliten in Ägypten und Moses Vorbereitung
7–12	Die Befreiung Israels – Die 10 Plagen
12–18	Die Reise durch die Wüste zum Berg Sinai
19–24	Gott gibt Israel das Gesetz – Israel nimmt den Bund des HERRN an
24–31	Auftrag zum Bau des Heiligtums – Gott will bei seinem Volk wohnen
32–34	Abfall des Volkes (das Goldene Kalb) und Vergebung durch Gott
35–40	Bau des Heiligtums

38–39
Auflistung des verwendeten Materials für den Bau des Zeltes und seiner Geräte. Die Anfertigung der Priestergewänder.

[**Zum Sinai, vom Sinai her: Gott schafft sich ein Volk**]

Verwendetes Material

[21]Im Auftrag von Mose machten die Leviten unter der Leitung von Itamar, dem Sohn des Priesters Aaron, eine Aufstellung des Materials, das zum Bau des Zeltes Gottes verwendet wurde. [22]Bezalel, der Sohn Uris und Enkel Hurs, vom Stamm Juda, hatte alles angefertigt, was der HERR Mose aufgetragen hatte. [23]Ihm stand Oholiab, der Sohn Ahisamachs, vom Stamm Dan zur Seite, ein Kunsthandwerker, dessen Fähigkeiten vor allem auf dem Gebiet des Webens und Bestickens von feinem Leinen und violettem, purpur- und karmesinfarbenem Garn lagen.

[24]Zum Bau des Zeltes Gottes und seiner Geräte wurden insgesamt 29 Talente und 730 Schekel* Gold verwendet, das freiwillig gespendet worden war. [25]Die Gesamtsumme des Silbers, das anlässlich der Musterung aller männlichen Israeliten zusammengekommen war, betrug 100 Talente und 1.775 Schekel*. [26]Jeder gemusterte Mann, der 20 Jahre oder älter war, hatte einen halben Schekel nach dem Gewicht des Heiligtums bezahlt; insgesamt waren es 603.550 Männer. [27]Aus den 100 Talenten Silber wurden die 100 Sockel für das Heiligtum und für die Säulen, an denen der Vorhang befestigt war, gegossen; pro Sockel ein Talent*. [28]Aus den restlichen 1.775 Schekeln Silber wurden die Haken für die Säulen gegossen sowie die Kapitelle und Verbindungsstangen versilbert.

[29]Das Volk hatte darüber hinaus 70 Talente und 2.400 Schekel Bronze* gespendet. [30]Daraus hatte Bezalel die Sockel der Säulen am Eingang des Zeltes Gottes gegossen; außerdem den bronzenen Altar mit dem bronzenen Gitter und die Geräte des Altars. [31]Des Weiteren hatte er aus der Bronze die Sockel für die Wände des Vorhofs und die Sockel für seinen Eingang hergestellt sowie die Zeltpflöcke für das gesamte Zelt Gottes und den Vorhof.

Die Kleidung der Priester

39 Die Kunsthandwerker fertigten aus violettem, purpur- und karmesinfarbenem Garn die heiligen Gewänder an, die Aaron bei seinem Dienst im Heiligtum tragen sollte. Sie

38,24 *29 Talente* entsprechen ca. 1.050 kg und *730 Schekel nach dem Gewicht des Heiligtums* ca. 10,5 kg. Insgesamt waren es also ca. 1.060 kg Gold. **38,25** *100 Talente* entsprechen ca. 3.600 kg und *1.775 Schekel nach dem Gewicht des Heiligtums* ca. 26 kg. Insgesamt wurden also ca. 3.626 kg Silber verwendet. **38,27** Das entspricht ca. 36 kg. **38,29** *70 Talente* entsprechen ca. 2.520 kg und *2.400 Schekel* ca. 29 kg. Insgesamt wurden also ca. 2.550 kg Bronze verarbeitet.

stellten sie so her, wie der HERR es Mose gegenüber angeordnet hatte.

Der Priesterschurz

²Der Priesterschurz wurde aus Gold, violettem, purpur- und karmesinfarbenem Garn und feinem Leinen angefertigt. ³Den goldenen Faden stellte ein fähiger Kunsthandwerker her, indem er Gold zu dünnen Blättern hämmerte und diese dann in feine Streifen schnitt. Diese verwob er mit dem violetten, purpur- und karmesinfarbenen Garn und dem Leinen.
⁴Die Kunsthandwerker fertigten zwei Schulterstücke an, mithilfe derer das Vorder- und das Rückenteil zusammengefügt wurden. ⁵Der Gürtel, mit dem der Schurz zusammengehalten wurde, und der Schurz selbst wurden aus einem Stück gewebt. Dazu wurden die gleichen Materialien verwendet, nämlich Goldfaden, violettes, purpur- und karmesinfarbenes Garn und feines Leinen, so wie der HERR es Mose befohlen hatte. ⁶Die beiden Onyx-Steine an den Schulterstücken des Priesterschurzes wurden mit Gold eingefasst. In die Steine wurden die Namen der Stämme Israels nach Art und Weise der Siegelstecher eingraviert. ⁷Diese Steine sollten den HERRN an die Israeliten erinnern. Sie wurden auf den Schulterstücken des Priesterschurzes befestigt, so wie der HERR es Mose befohlen hatte.

Die Brusttasche

⁸Die Brusttasche wurde im gleichen Stil wie der Priesterschurz angefertigt: gewoben aus feinem Leinen und Goldfaden sowie violettem, purpur- und karmesinfarbenem Garn. ⁹Der Stoff wurde zu diesem Zweck doppelt gelegt, eine Spanne lang und eine Spanne breit*. ¹⁰Dann wurde sie mit vier Reihen Edelsteinen* besetzt. Die erste Reihe bestand aus einem Karneol, einem Topas und einem Smaragd, ¹¹die zweite Reihe aus einem Rubin, einem Saphir und einem Diamanten, ¹²die dritte Reihe aus einem Hyazinth, einem Achat und einem Amethyst, ¹³die vierte Reihe aus einem Chrysolith, einem Onyx und einem Jaspis. Alle diese Steine waren mit Gold eingefasst. ¹⁴Auf jedem der Steine war mithilfe von Siegelstecherkunst je ein Name der zwölf Stämme Israels eingraviert.
¹⁵Die Kunsthandwerker befestigten gedrehte Ketten aus reinem Gold an der Brusttasche. ¹⁶Anschließend fertigten sie zwei goldene Einfassungen und zwei goldene Ringe an. Die Ringe brachten sie an den oberen Ecken der Brusttasche an; ¹⁷die beiden goldenen Bänder befestigten sie dann an den goldenen Ringen an der Brusttasche. ¹⁸Die anderen Enden der Bänder befestigten sie an den beiden goldenen Einfassungen, die sie wiederum an der Vorderseite der Schulterstücke des Priesterschurzes festmachten. ¹⁹Dann fertigten sie noch zwei goldene Ringe an, die sie an den beiden unteren Ecken der Brusttasche anbrachten, und zwar auf der Innenseite, die dem Priesterschurz zugewandt ist. ²⁰Daraufhin stellten sie noch zwei weitere goldene Ringe her. Sie brachten sie unten an den beiden Schulterstücken des Priesterschurzes an, vorne dicht über dem Gürtel, der den Priesterschurz zusammenhält. ²¹Mithilfe violetter Purpurschnüre befestigten sie die Brusttasche mit ihren Ringen an den Ringen des Priesterschurzes, sodass diese über dem Gürtel saß und nicht verrutschen konnte. Alles wurde genauso ausgeführt, wie der HERR es Mose gegenüber angeordnet hatte.

Weitere Gewänder für die Priester

²²Das Obergewand zum Priesterschurz webten sie aus violettem Garn, ²³mit einer Öffnung für den Kopf in der Mitte. Den Saum dieser Öffnung verstärkten sie, um das Einreißen zu verhindern – ähnlich wie bei einem Panzerhemd. ²⁴Am unteren Saum des Gewandes brachten sie Granatäpfel aus violettem, purpur- und karmesinfarbenem Garn an. ²⁵Dann fertigten sie Glöckchen aus reinem Gold an und befestigten diese zwischen den Granatäpfeln, ²⁶sodass sich immer ein Glöckchen und ein Granatapfel abwechselten – rings um den ganzen unteren Saum. Dieses Gewand sollte Aaron tragen, wenn er seinen Dienst versah, so wie der HERR es Mose befohlen hatte.
²⁷Schließlich wurden noch die Untergewänder aus feinem Leinen für Aaron und seine Söhne gewebt. ²⁸Der Turban, die Kopfbedeckungen und die Beinkleider bestanden ebenfalls aus feinem Leinen. ²⁹Der Gürtel war aus feinem Leinen mit kunstvollen Mustern aus violettem, purpur- und karmesinfarbenem Garn gewebt, so wie der HERR es Mose befohlen hatte. ³⁰Zuletzt fertigten sie das heilige Stirnblatt aus reinem Gold an und gravierten darauf mithilfe der Siegelstecherkunst die folgenden Worte ein: »Dem HERRN geweiht«. ³¹Dieses Stirnblatt befestigten sie mit einer violetten Schnur oben am Turban, so wie der HERR es Mose befohlen hatte.

Mose begutachtet das Werk

³²Und so wurde das Zelt Gottes schließlich fertig gestellt. Die Israeliten hatten alle Arbeiten genauso ausgeführt, wie der HERR es Mose befoh-

---

39,9 Das entspricht ca. 25 cm. **39,10** Die genaue Bestimmung mancher dieser Edelsteine ist unsicher.

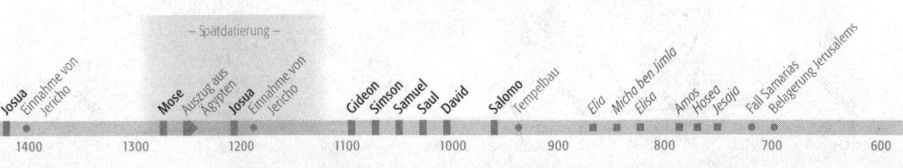

2. MOSE

1–6	Die Israeliten in Ägypten und Moses Vorbereitung
7–12	Die Befreiung Israels – Die 10 Plagen
12–18	Die Reise durch die Wüste zum Berg Sinai
19–24	Gott gibt Israel das Gesetz – Israel nimmt den Bund des HERRN an
24–31	Auftrag zum Bau des Heiligtums – Gott will bei seinem Volk wohnen
32–34	Abfall des Volkes (das Goldene Kalb) und Vergebung durch Gott
35–40	Bau des Heiligtums

39–40
Das Werk wird von Mose begutachtet und das Zelt Gottes eingerichtet und eingeweiht.

[Zum Sinai, vom Sinai her: Gott schafft sich ein Volk]

len hatte. ³³Sie brachten alles zu Mose: das Zelt mit allem, was dazu gehörte, die Haken, Bretter, Riegel, Säulen und Sockel, ³⁴die Zeltdecken aus rot gefärbten Widderfellen und Tachasch-Haut*, den Vorhang vor dem Allerheiligsten, ³⁵die Bundeslade mit ihren Tragstangen und der Deckplatte, ³⁶den Tisch mit all seinen Geräten und den Schaubroten*, ³⁷den goldenen Leuchter mit seinen Lampen, seinem ganzen Zubehör und dem Öl, ³⁸den goldenen Altar, das Salböl, das wohlriechende Weihrauchgemisch, den Vorhang für den Zelteingang, ³⁹den bronzenen Altar mit dem bronzenen Gitter, seinen Tragstangen und allen seinen Geräten, das Wasserbecken mit seinem Untergestell, ⁴⁰die Vorhänge des Vorhofs mit den Säulen und Sockeln, den Vorhang für den Eingang des Vorhofs, die Seile und Zeltpflöcke, all die Geräte, die für den Dienst im Zelt Gottes benötigt wurden, ⁴¹die heiligen Gewänder, mit denen der Hohe Priester Aaron seinen Dienst im Heiligtum versah, sowie die Gewänder seiner Söhne für ihren Priesterdienst.

⁴²Die Israeliten hatten alle Arbeiten genauso ausgeführt, wie der HERR es Mose befohlen hatte. ⁴³Nachdem Mose ihr Werk begutachtet hatte, segnete er sie, weil sie alles gemäß den Anweisungen des HERRN ausgeführt hatten.

39,34 Ein besonders wertvolles Leder, vermutlich vom Delfin oder der Seekuh. **39,36** D.i. *Brote der Vergegenwärtigung Gottes*.

2. Mose 40

Bundesschlüsse
Der Bundesschluss vom Sinai soll stets in der Mitte des Volkes sichtbar sein. Zu diesem Zweck wird die Bundeslade eingeweiht. Sie enthält die Gesetzestafeln und hält so Gottes Gebote gegenwärtig.
Die Bundeslade hat ihren Platz im Zelt Gottes. Dieser Ort ist mehr als ein äußeres Erinnerungszeichen: Gottes Herrlichkeit erfüllt das Zelt (V. 34-38). Gott beglaubigt das Zeichen. Gleichzeitig mit der Einweihung der Bundeslade bekommt Mose Anweisung, wie er Aaron als Priester und damit den Priesterdienst einsetzen soll. Damit hat Gott eine gnädige Begleitung des Bundes gegeben: Für den Fall der Übertretung ist nun Versöhnung (durch den vermittelnden Dienst der Priester) möglich. Das Volk darf so das Bundesverhältnis fortführen.

(2. Mose 34 «« | »» 5. Mose 29)

Das Zelt Gottes wird eingeweiht

40 Dann sprach der HERR zu Mose: »²Errichte das Zelt Gottes am ersten Tag des neuen Jahres*. ³Stell die Bundeslade mit den Gesetzestafeln hinein und häng den Vorhang davor. ⁴Bring dann den Tisch hinein und leg alles Erforderliche darauf. Bring auch den Leuchter herein und setz die Lampen darauf.

⁵Stell den goldenen Räucheraltar vor die Bundeslade. Häng den Vorhang am Eingang des Zeltes Gottes auf. ⁶Stell dann den Brandopferaltar vor den Eingang des Zeltes Gottes. ⁷Stell das Wasserbecken zwischen das Zelt Gottes und den Altar und füll es mit Wasser. ⁸Errichte den Vorhof und häng den Vorhang am Eingang des Vorhofs auf.

⁹Nimm dann das Salböl und salbe damit das Zelt Gottes und alles, was zu ihm gehört. Weihe dadurch das Zelt Gottes mit allen seinen Geräten, damit es heilig wird. ¹⁰Den Brandopferaltar und alle seine Geräte sollst du ebenso salben und ihn dadurch weihen, damit er besonders heilig wird. ¹¹Salbe anschließend das Wasserbecken mit seinem Untergestell, um sie zu weihen.

¹²Lass Aaron und seine Söhne an den Eingang des Zeltes Gottes treten und wasch sie mit Wasser. ¹³Zieh Aaron die heiligen Gewänder an, salbe ihn und weihe ihn so für seinen Priesterdienst. ¹⁴Lass danach seine Söhne herantreten und zieh ihnen ihre Gewänder an. ¹⁵Salbe sie, wie du ihren Vater gesalbt hast, damit sie mir als Priester dienen können. Durch diese Salbung wird ihnen und ihren Nachkommen das Priestertum für immer übertragen.«

¹⁶Mose hielt sich genau an die Anordnungen des HERRN. ¹⁷So wurde das Zelt Gottes am ersten Tag des neuen Jahres* – ein Jahr, nachdem sie Ägypten verlassen hatten – errichtet. ¹⁸Zunächst errichtete Mose das Zelt. Dazu steckte er die Bretter in die Sockel, brachte dann die Riegel an und stellte die Säulen auf. ¹⁹Dann breitete er die Zeltplane darüber aus und legte die Schutzdecken darauf, so wie der HERR es ihm befohlen hatte.

²⁰Mose legte die beiden Gesetzestafeln in die Bundeslade, steckte die Tragstangen durch die Ringe und legte die Deckplatte auf die Lade. ²¹Dann brachte er die Bundeslade in das Zelt Gottes und hängte den Vorhang davor, sodass der Vorhang die Bundeslade verdeckte, wie der HERR es ihm befohlen hatte.

²²Anschließend stellte er den Tisch in das Zelt Gottes, vor den Vorhang vor dem Allerheiligsten, an die Nordseite des Zeltes Gottes. ²³Er schichtete die Schaubrote* auf dem Tisch zu zwei Stapeln auf, wie der HERR es ihm aufgetragen hatte.

²⁴Auf die südliche Seite des Zeltes Gottes, dem Tisch gegenüber, stellte Mose den Leuchter. ²⁵Dann setzte er die Lampen vor dem HERRN auf, wie der HERR es ihm befohlen hatte. ²⁶Auch den goldenen Räucheraltar stellte er im Zelt Gottes vor dem Vorhang auf. ²⁷Darauf verbrannte er wohlriechendes Weihrauchgemisch, wie der HERR es ihm aufgetragen hatte.

²⁸Dann hängte Mose den Vorhang am Eingang des Zeltes Gottes auf ²⁹und stellte den Brandopferaltar vor den Eingang des Zeltes Gottes. Anschließend brachte er auf ihm ein Brand- und ein Speiseopfer dar, wie der HERR ihn angewiesen hatte.

³⁰Danach stellte er das Wasserbecken zwischen dem Zelt Gottes und dem Altar auf. Er füllte es mit Wasser, ³¹damit die Priester und Mose sich darin ihre Hände und Füße waschen konnten. ³²Jedes Mal, wenn sie das Zelt Gottes betreten oder an den Altar treten wollten, reinigten sie sich dort, so wie der HERR es Mose befohlen hatte.

³³Schließlich errichtete Mose die Wände des Vorhofs rund um das Zelt Gottes und den Altar. Und er befestigte den Vorhang am Eingang des Vorhofs.

Die Herrlichkeit des HERRN erfüllt das Zelt Gottes

Als Mose das Werk vollendet hatte, ³⁴bedeckte die Wolke das Zelt Gottes und die Herrlichkeit des HERRN erfüllte es. ³⁵Mose konnte das Zelt Gottes nicht mehr betreten, weil die Wolke sich darauf herabgesenkt und das Zelt Gottes mit der Herrlichkeit des HERRN erfüllt hatte.

³⁶Jedes Mal, wenn die Wolke sich vom Zelt Gottes erhob, brachen die Israeliten auf. ³⁷Erhob die Wolke sich jedoch nicht, blieben auch sie, wo sie waren, bis die Wolke sich wieder erhob. ³⁸Während ihrer ganzen Wanderung ruhte die Wolke des HERRN tagsüber auf dem Zelt Gottes. In der Nacht war Feuer in der Wolke, das alle Israeliten sehen konnten.

40,2 Hebr. *Am ersten Tag des ersten Monats.* Dieser Tag des hebr. Mondkalenders liegt gewöhnlich Ende März/Anfang April.
40,17 Hebr. *am ersten Tag des ersten Monats;* vgl. die Anm. zu 40,2.   **40,23** D.i. *Brote der Vergegenwärtigung Gottes.*

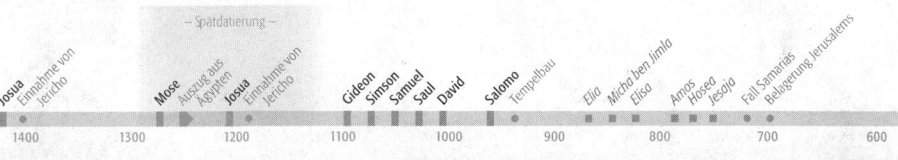

Die Heiligen Schriften wollen einen demütigen Leser haben, der ehrfürchtig hält und fürchtet die Reden Gottes, der ständig fleht: Lehre mich! Lehre mich! – Den Stolzen widersteht der Geist.

Martin Luther

3. Mose

Inhalt

Nachdem im 2. Buch Mose schon einige Gesetze aufgeführt sind, widmet sich das 3. Buch vollständig diesem Thema. Dem Wesen nach ist das Gesetz in erster Linie der Vertragstext des Bundes zwischen Gott und Israel. Sich nach dem Gesetz zu richten drückt Treue zu Gott aus, es zu brechen heißt Gott missachten. Durch diese Regeln des gesellschaftlichen Lebens macht Gott Recht und Gerechtigkeit in dem Volk zu seinem eigenen Anliegen: Verbrechen gegen Menschen sind Verbrechen gegen Gott.

Das Gesetz umfasst bürgerliche Rechte und Pflichten sowie Strafgesetze. Viele Regelungen verbriefen Rechte und Schutz für sozial Schwächere. Manche bleiben hinter modernen Vorstellungen von Freiheit und Gleichheit zurück, doch selbst sie sind damals großenteils vorbildlich gewesen.

Das Gesetz beschreibt ebenfalls den »Gottesdienst«, d.h. Sinn, Anlässe und Ablauf bestimmter Handlungen im Heiligtum. Dieser geregelte Umgang der Israeliten mit Gott ist, anders als wir es heute meist empfinden, authentische Begegnung mit ihm in einer Zeit, in der Gott nur gelegentlich und mit einzelnen Menschen spricht. Seine Offenbarung dem ganzen Volk gegenüber am Berg Sinai und seine Vertrautheit mit Mose bleiben Ausnahmeerscheinungen.

Im 3. Buch Mose liegt der Schwerpunkt auf der Herstellung eines rechten Verhältnisses zwischen Israeliten und Gott durch Opfer. Die Opfer werden unterschieden nach ihrem Zweck, dem Gegenstand, der geopfert wird, oder dessen Behandlung im Opfervorgang. Das Reden von »Wiedergutmachung«, auch wenn kein Vergehen vorliegt, deutet an, dass zur Bundesbeziehung mit Gott mehr gehört als moralische Rechtschaffenheit.

Der Bund und das Gesetz werden im 5. Buch Mose erneut ausführlich behandelt, um dann zu einer »Nervenbahn« des gesamten Alten Testament zu werden. Weiter auf der Wüstenwanderung, aber auch mit Anordnungen, geht es im 4. Buch Mose.

Wichtige Personen

Mose	Anführer der Wüstenwanderung
Aaron	aus dem Stamm Levi, Hoher Priester
Nadab, Abihu, Eleasar und Itamar	Aarons Söhne, Priester

Wichtiger Ort

Sinai/Horeb	Bergmassiv im Süden der Sinaihalbinsel

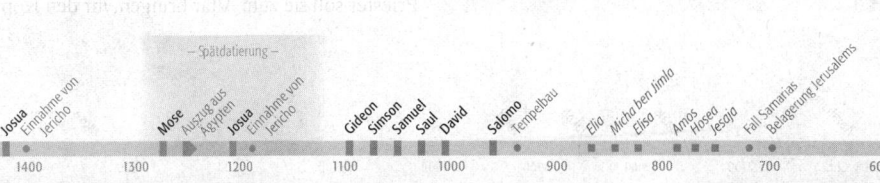

3. MOSE

1–7	Anweisungen zum Opfern
8–10	Beginn des Priestertums
11–15	Reinheit und Unreinheit
16	Der Versöhnungstag
17–26	Das Heiligkeitsgesetz
27	Gelübde

1–3
Anweisungen zur Durchführung von Brand-, Speise- und Friedensopfern.

[Zum Sinai, vom Sinai her: Gott schafft sich ein Volk]

DAS DRITTE BUCH MOSE

Die Brandopfer

1 Der HERR rief Mose von dem Zelt Gottes aus zu sich und sprach zu ihm: ²»Gib den Israeliten folgende Anweisungen: ›Will jemand von euch dem HERRN ein Opfer bringen, soll er dafür Tiere aus seiner Schaf- und Rinderherde auswählen.

³Will er ein Rind als Brandopfer bringen, soll er einen fehlerlosen Stier zum Eingang des Zeltes Gottes bringen, damit er vom HERRN angenommen wird. ⁴Er lege dem Opfertier seine Hand auf den Kopf, damit der HERR es als Wiedergutmachung für ihn annimmt und ihm seine Schuld vergibt. ⁵Dann soll er das Rind vor dem HERRN schlachten, und die männlichen Nachkommen Aarons, die Priester, sollen das Blut des Tieres darbringen, indem sie es ringsum an den Altar sprengen, der vor dem Eingang des Zeltes Gottes steht. ⁶Dann soll der Israelit dem Opfertier das Fell abziehen und es in Stücke zerlegen. ⁷Die Nachkommen Aarons, die Priester, sollen auf dem Altar ein Feuer entfachen und Holzscheite darüber schichten. ⁸Anschließend sollen sie die einzelnen Teile des Tieres – mitsamt dem Kopf und dem Fett – auf den brennenden Holzstoß auf dem Altar legen. ⁹Die Innereien und die Beine muss der Israelit zuvor mit Wasser abwaschen. Dann soll der Priester alles vollständig auf dem Altar verbrennen. Ein solches Brandopfer gefällt dem HERRN.

¹⁰Will der Israelit ein Schaf oder eine Ziege als Brandopfer bringen, muss es ein fehlerloses männliches Tier sein. ¹¹Er soll das Tier auf der Nordseite des Altars vor dem HERRN schlachten. Aarons Nachkommen, die Priester, sollen das Blut des Tieres ringsum an den Altar sprengen. ¹²Dann soll der Israelit das Tier in Stücke zerlegen und der diensthabende Priester soll sie, mitsamt dem Kopf und dem Fett, auf den brennenden Holzstoß auf dem Altar legen. ¹³Die Innereien und Beine soll der Israelit zuvor mit Wasser abwaschen. Anschließend soll der Priester alles vollständig auf dem Altar verbrennen. Ein solches Brandopfer gefällt dem HERRN.

¹⁴Will jemand dem HERRN einen Vogel als Brandopfer bringen, muss es entweder eine Turteltaube oder eine andere Taube sein. ¹⁵Der Priester soll sie zum Altar bringen, ihr den Kopf

abtrennen und ihn auf dem Altar verbrennen. Das Blut soll er an der Wand des Altars herunterrinnen lassen. ¹⁶Der Priester soll den Kropf und die Federn* entfernen und sie auf die Ostseite des Altars zur Asche werfen. ¹⁷Daraufhin soll er dem Vogel die Flügel einreißen, ohne sie jedoch ganz abzutrennen, und ihn auf dem brennenden Holzstoß auf dem Altar vollständig verbrennen. Ein solches Brandopfer gefällt dem HERRN.

Die Speiseopfer

2 Wenn jemand dem HERRN ein Speiseopfer bringen will, so soll dieses aus feinem Mehl bestehen. Er soll Öl darübergießen, etwas Weihrauch hinzufügen ²und dieses Opfer zu den Nachkommen Aarons, den Priestern, bringen. Dann soll einer von ihnen eine Handvoll des mit Öl vermischten Mehls und den ganzen Weihrauch nehmen und diesen Teil des Speiseopfers auf dem Altar verbrennen. Ein solches Opfer gefällt dem HERRN. ³Der Rest des Speiseopfers steht Aaron und seinen Nachkommen zu. Er gilt als besonders heilig, denn er ist ein Teil des Opfers, das für den HERRN auf dem Altar verbrannt wurde.

⁴Wenn jemand etwas im Ofen Gebackenes als Speiseopfer bringen will, muss dies aus feinem Mehl und ohne Sauerteig zubereitet sein: mit Öl getränkte Kuchen oder mit Öl bestrichene Fladen. ⁵Wenn das Speiseopfer auf einem Backblech gebacken ist, soll es aus feinem Mehl und Öl, aber ohne Sauerteig zubereitet sein. ⁶Brecht es in Stücke und gießt Öl darüber; dann ist es ein Speiseopfer. ⁷Wird das Opfer in einer Pfanne zubereitet, sollen ebenfalls feines Mehl und Öl verwendet werden.

⁸Ihr sollt das Speiseopfer so zubereiten und anschließend dem HERRN darbringen. Gebt es dem Priester, der es dann zum Altar bringt. ⁹Der Priester soll den für den Altar bestimmten Teil des Speiseopfers nehmen und auf dem Altar verbrennen. Ein solches Opfer gefällt dem HERRN. ¹⁰Der Rest des Speiseopfers steht Aaron und seinen Nachkommen zu. Er gilt als besonders heilig, denn er ist ein Teil der Opfer, die für den HERRN auf dem Altar verbrannt werden.

¹¹Verwendet für die Speiseopfer, die ihr dem HERRN darbringt, keinen Sauerteig, denn Sauerteig und Honig dürft ihr nicht als Opfer für den HERRN verbrennen. ¹²Ihr dürft sie mir zwar mit den ersten Früchten eures Feldes bringen, aber ihr dürft sie nicht als Opfer auf dem Altar verbrennen. ¹³Würzt alle eure Speiseopfer mit Salz! Vergesst es nie, euren Speiseopfern Salz hinzuzufügen: das Zeichen für die Beständigkeit des Bundes eures Gottes. Salzt alle eure Opfergaben.

¹⁴Wenn ihr dem HERRN jedoch ein Speiseopfer von den ersten Früchten eurer Ernte bringen wollt, dann verwendet dazu über dem Feuer geröstete Ähren oder zerstoßene Körner. ¹⁵Gießt danach Öl darüber und fügt Weihrauch hinzu, so ist es ein Speiseopfer. ¹⁶Der Priester soll den für den Altar bestimmten Teil der zerstoßenen Weizenkörner mitsamt dem Öl und dem ganzen Weihrauch nehmen und als ein Opfer für den HERRN verbrennen.

Die Friedensopfer

3 Wenn jemand ein Friedensopfer aus seinen Rinderherden bringen will, soll er ein fehlerloses männliches oder weibliches Tier in die Gegenwart des HERRN bringen. ²Er soll seine Hand auf den Kopf des Opfertieres legen und es vor dem Eingang des Zeltes Gottes schlachten. Dann sollen Aarons Nachkommen, die Priester, das Blut des Tieres ringsum an die Seiten des Altars sprengen. ³Einen Teil des Friedensopfers soll der Israelit als Opfer für den HERRN auf dem Altar verbrennen: das Fett, das die Innereien bedeckt und an ihnen hängt, ⁴die beiden Nieren mit dem Fett, das an ihnen und an den Lenden sitzt, und den Leberlappen, er soll bei den Nieren abgetrennt werden. ⁵Diese Teile sollen die Nachkommen Aarons auf dem Altar auf dem Brandopfer, das über dem brennenden Holzstoß liegt, verbrennen. Ein solches Opfer gefällt dem HERRN.

⁶Wenn jemand dem HERRN ein Friedensopfer aus seinen Schaf- oder Ziegenherden bringen will, soll er ein fehlerloses weibliches oder männliches Tier wählen. ⁷Will er ein Schaf darbringen, soll er es vor den HERRN bringen. ⁸Er soll ihm die Hand auf den Kopf legen und es am Eingang des Zeltes Gottes schlachten. Dann sollen die Nachkommen Aarons das Blut des Schafs ringsum an die Seiten des Altars sprengen. ⁹Das Fett des Friedensopfers soll als Opfer für den HERRN auf dem Altar verbrannt werden: der Fettschwanz, dicht beim Schwanzwirbel abgetrennt, das Fett, das die Innereien bedeckt und an ihnen hängt, ¹⁰die beiden Nieren mit dem Fett, das an ihnen und an den Lenden sitzt, und der Leberlappen, er soll bei den Nieren abgetrennt werden. ¹¹Der Dienst tuende Priester soll

---

1,16 O. *den Kropf mit seinem Inhalt*. Die Bedeutung des Hebr. an dieser Stelle ist unklar.

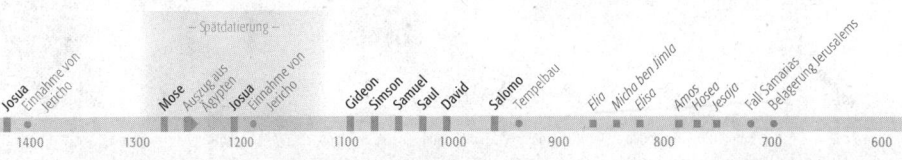

3. MOSE	
1–7	Anweisungen zum Opfern
8–10	Beginn des Priestertums
11–15	Reinheit und Unreinheit
16	Der Versöhnungstag
17–26	Das Heiligkeitsgesetz
27	Gelübde

3–5
Anweisungen zur Durchführung von Sündopfern. Liste von unabsichtlichen Sünden, die ein Sündopfer erfordern.

[Zum Sinai, vom Sinai her: Gott schafft sich ein Volk]

alles auf dem Altar verbrennen; ein solches Opfer gefällt dem HERRN.
¹²Wenn jemand eine Ziege opfern will, soll er sie vor den HERRN bringen. ¹³Er soll ihr die Hand auf den Kopf legen und sie am Eingang des Zeltes Gottes schlachten. Dann sollen die Nachkommen Aarons das Blut ringsum an die Seiten des Altars sprengen. ¹⁴Einen Teil seiner Opfergabe soll der Israelit für den HERRN auf dem Altar verbrennen: nämlich das Fett, das die Innereien bedeckt und an ihnen hängt, ¹⁵die beiden Nieren mit dem Fett, das an ihnen und an den Lenden sitzt, und den Leberlappen, er soll bei den Nieren abgetrennt werden. ¹⁶Der Dienst tuende Priester soll alles auf dem Altar verbrennen; ein solches Opfer gefällt dem HERRN. Alles Fett gehört dem HERRN.
¹⁷Ihr dürft kein Blut oder Fett essen. Diese Anordnung gilt für euch und eure Nachkommen für alle Zeiten, wo ihr auch wohnt.‹«

Die Sündopfer

4 Dann sprach der HERR zu Mose: ²»Richte den Israeliten aus: ›Folgendes ist zu tun, wenn jemand unabsichtlich gegen ein Gebot des HERRN verstößt:
³Wenn der Hohe Priester sündigt und so Schuld auf das ganze Volk lädt, soll er dem HERRN wegen der Sünde, die er begangen hat, einen jungen, fehlerlosen Stier als Sündopfer bringen. ⁴Er soll den Stier vor den HERRN an den Eingang des Zeltes Gottes bringen, ihm die Hand auf den Kopf legen und ihn dort in der Gegenwart des HERRN schlachten. ⁵Anschließend soll der Hohe Priester etwas von dem Blut des Tieres nehmen und in das Zelt Gottes bringen. ⁶Er soll seinen Finger in das Blut tauchen und es siebenmal vor dem HERRN gegen den Vorhang vor dem Allerheiligsten sprengen. ⁷Dann soll er etwas von dem Blut an die Hörner des Räucheraltars streichen, der in dem Zelt Gottes vor dem HERRN steht. Das restliche Blut des Stiers soll er an den Fuß des Brandopferaltars vor dem Eingang des Zeltes Gottes gießen. ⁸Danach soll er das ganze Fett des Stiers herausschneiden: das Fett, das die Innereien bedeckt und an ihnen hängt, ⁹die beiden Nieren mit dem Fett, das an ihnen und an den Lenden sitzt, und den Leberlappen, er soll bei den Nieren abgetrennt werden. ¹⁰Dies sind die gleichen Stücke, die einem Stier bei einem Friedensopfer entnommen werden. Dann soll der Priester die Fettstücke auf dem Brandopferaltar verbrennen.
¹¹Den Rest des Tieres jedoch – das Fell, sein Fleisch mitsamt dem Kopf und den Beinen, seine

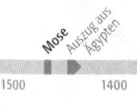

Innereien und sein Mist – ¹²soll er an einen reinen Ort außerhalb des Lagers bringen; an den Ort, an den man auch die Asche bringt. Hier soll alles auf einem Holzstoß verbrannt werden.

¹³Hat die ganze Gemeinschaft der Israeliten jedoch unabsichtlich gesündigt und gegen ein Gebot des HERRN verstoßen, wird sie schuldig. ¹⁴Sobald sich die Gemeinschaft ihrer Schuld bewusst wird, soll sie einen jungen Stier als Sündopfer vor das Zelt Gottes bringen. ¹⁵Die führenden Männer sollen ihre Hände auf den Kopf des Stiers legen und ihn vor dem HERRN schlachten. ¹⁶Sodann soll der Hohe Priester etwas von dem Blut des Stiers in das Zelt Gottes bringen, ¹⁷seinen Finger in das Blut tauchen und es siebenmal vor dem HERRN gegen den Vorhang vor dem Allerheiligsten sprengen. ¹⁸Anschließend soll er etwas von dem Blut an die Hörner des Räucheraltars streichen, der in dem Zelt Gottes vor dem HERRN steht. Das restliche Blut soll er danach am Fuß des Brandopferaltars vor dem Eingang des Zeltes Gottes ausgießen. ¹⁹Der Hohe Priester soll das gesamte Fett des Tieres herausschneiden und auf dem Altar verbrennen; ²⁰genauso wie beim Sündopfer für sich selbst. Auf diese Weise wird er Wiedergutmachung für das Volk schaffen und dem Volk wird vergeben werden. ²¹Den Stier soll man nach draußen vor das Lager bringen und dort verbrennen, wie beim Sündopfer für den Hohen Priester. Dies ist das Sündopfer für die ganze Gemeinschaft der Israeliten.

²²Wenn ein Stammesfürst unabsichtlich gegen ein Gebot des HERRN, seines Gottes, verstößt und so schuldig wird, ²³soll er – sobald er auf seine Sünde aufmerksam gemacht wird – einen fehlerlosen Ziegenbock als Opfergabe darbringen. ²⁴Er soll seine Hand auf den Kopf des Tieres legen und es an der Stelle schlachten, an der die Brandopfer vor dem HERRN geschlachtet werden. Dann ist es sein Sündopfer. ²⁵Danach soll der Priester mit seinem Finger etwas von dem Blut des Sündopfers an die Hörner des Brandopferaltars streichen und das restliche Blut am Fuß des Brandopferaltars ausgießen. ²⁶Wie beim Friedensopfer soll er anschließend das gesamte Fett des Ziegenbocks auf dem Altar verbrennen. Auf diese Weise wird der Priester Wiedergutmachung für die Sünde des Stammesfürsten schaffen und dem Stammesfürsten wird vergeben werden.

²⁷Wenn jemand aus dem Volk* unabsichtlich gegen ein Gebot des HERRN verstößt und so schuldig wird, ²⁸soll er – sobald er auf seine Sünde aufmerksam gemacht wird – eine fehlerlose Ziege als Opfergabe für seine Sünde bringen. ²⁹Er soll seine Hand auf den Kopf des Sündopfertieres legen und es an der Stelle schlachten, an der die Brandopfer geschlachtet werden. ³⁰Sodann soll der Priester mit seinem Finger etwas von dem Blut an die Hörner des Brandopferaltars streichen und den Rest am Fuß des Altars ausgießen. ³¹Danach soll er – wie bei einem Friedensopfer – das gesamte Fett der Ziege herausschneiden und es auf dem Altar verbrennen. Ein solches Opfer gefällt dem HERRN. Auf diese Weise wird der Priester Wiedergutmachung für diese Person schaffen und ihr wird vergeben werden.

³²Wenn jemand ein Schaf als Sündopfer darbringt, muss es ein fehlerloses weibliches Tier sein. ³³Er soll seine Hand auf den Kopf des Sündopfertieres legen und es dort schlachten, wo die Brandopfer geschlachtet werden. ³⁴Dann soll der Priester mit seinem Finger etwas von dem Blut an die Hörner des Brandopferaltars streichen und das restliche Blut am Fuß des Altars ausgießen. ³⁵Danach soll er – wie bei einem Friedensopfer – das ganze Fett des Tieres herausschneiden und es über den Opfern, die für den HERRN auf dem Altar dargebracht werden, verbrennen. Auf diese Weise wird der Priester Wiedergutmachung für diese Person schaffen und ihr wird vergeben werden.

Sünden, die ein Sündopfer erforderlich machen

5 Wenn jemand sündigt, indem er den öffentlichen Aufruf zur Zeugenaussage hört und keine Aussage macht, obwohl er die Tat gesehen oder davon gehört hat, dann lädt er Schuld auf sich.

²Oder wenn jemand – ohne es zu bemerken – etwas Unreines berührt, beispielsweise den Kadaver eines unreinen wilden Tieres, eines unreinen Haustieres oder eines unreinen Kriechtieres, so ist er doch unrein und lädt Schuld auf sich.

³Oder wenn jemand – ohne es zu bemerken – einen unreinen Menschen berührt oder einen Gegenstand, der durch die Berührung eines unreinen Menschen unrein geworden ist, es aber später merkt, dann lädt er Schuld auf sich.

⁴Oder wenn jemand – ohne sich im Klaren darüber zu sein – leichtfertig schwört etwas Gutes oder Böses zu tun, und es später erkennt, so lädt er Schuld auf sich.

⁵Hat sich nun jemand auf die eine oder andere Art schuldig gemacht, soll er seine Schuld beken-

---

4,27 Hebr. *aus dem Volk des Landes.*

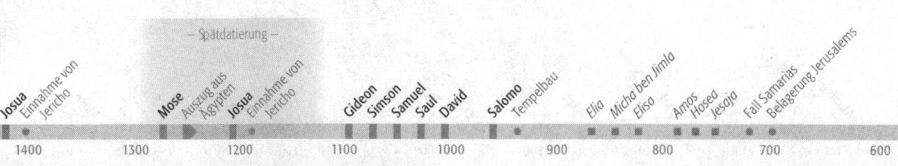

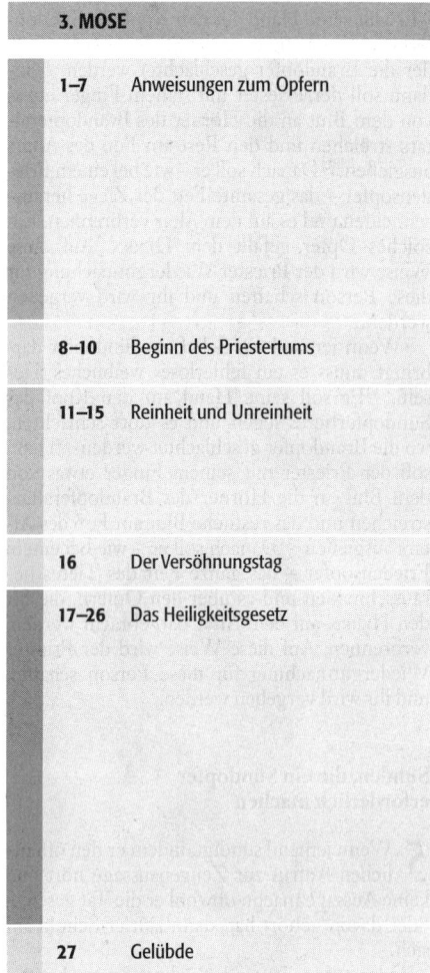

3. MOSE

1–7	Anweisungen zum Opfern
8–10	Beginn des Priestertums
11–15	Reinheit und Unreinheit
16	Der Versöhnungstag
17–26	Das Heiligkeitsgesetz
27	Gelübde

5–6
Möglichkeit des Sündopfers für arme Menschen. Anweisungen zur Durchführung von Schuldopfern. Weitere Anweisungen zur Prozedur der Opfer.

[Zum Sinai, vom Sinai her: Gott schafft sich ein Volk]

nen ⁶und dem HERRN als Wiedergutmachung seiner Sünde ein weibliches Schaf oder eine Ziege als Sündopfer bringen. Und der Priester wird Wiedergutmachung seiner Sünde für ihn schaffen.

⁷Wer sich kein Schaf oder keine Ziege leisten kann, soll dem HERRN zwei junge Turteltauben oder zwei andere junge Tauben als Wiedergutmachung seiner Sünde bringen; eine für das Sündopfer, die andere für das Brandopfer. ⁸Er soll sie zum Priester bringen, der die eine Taube als Sündopfer darbringen soll. Der Priester soll dem Tier das Genick brechen, ohne jedoch den Kopf ganz abzutrennen. ⁹Danach soll er etwas von dem Blut der Taube an die Seiten des Altars sprengen, das restliche Blut aber soll er am Fuß des Altars ausdrücken. Das ist ein Sündopfer. ¹⁰Die andere Taube soll der Priester als Brandopfer gemäß den Gesetzen darbringen. Auf diese Weise wird der Priester Wiedergutmachung für die Schuld dieses Menschen schaffen und ihm wird vergeben werden.

¹¹Wer sich keine zwei Turteltauben oder zwei andere junge Tauben leisten kann, soll einen Krug* feines Mehl als Opfergabe für seine Sünde bringen. Da es jedoch ein Sündopfer ist, darf das Mehl nicht mit Öl vermischt und nicht mit Weihrauch bestreut werden. ¹²Er soll das Mehl zum Priester bringen, der eine Handvoll davon als für den Altar bestimmten Teil nehmen soll. Dieses Mehl soll der Priester dann über den Opfern, die für den HERRN auf dem Altar dargebracht werden, verbrennen. Dann ist es ein Sündopfer. ¹³So schafft der Priester Wiedergutmachung für einen Menschen, der durch eines dieser Dinge schuldig geworden ist, und ihm wird vergeben werden. Wie beim Speiseopfer steht das restliche Mehl dem Priester zu.«

Die Schuldopfer

¹⁴Dann sprach der HERR zu Mose: ¹⁵»Wenn jemand unabsichtlich etwas veruntreut, das dem HERRN geweiht ist, soll er dem HERRN einen fehlerlosen Widder aus seiner Herde als Schuldopfer bringen. Das Tier muss mindestens zwei Schekel des Heiligtums* wert sein. ¹⁶Dann soll er die geweihten Dinge, die er veruntreut hat, zuzüglich 20 Prozent ersetzen und dem Priester übergeben. Der Priester wird ihm durch den als Schuldopfer dargebrachten Widder Wiedergutmachung schaffen und ihm wird vergeben werden.

¹⁷Wenn jemand sündigt, indem er unabsichtlich gegen eines der Gebote des HERRN verstößt,

5,11 Das entspricht ca. 2 kg.   5,15 Das entspricht ca. 30 g Silber.

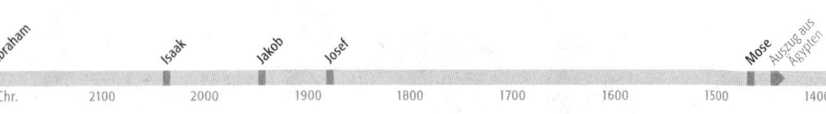

wird er schuldig und soll die Verantwortung dafür tragen. ¹⁸Er soll dem Priester einen fehlerlosen Widder aus seiner Herde als Schuldopfer bringen. Das Tier muss den festgesetzten Wert haben. Auf diese Weise soll der Priester Wiedergutmachung für den Schuldigen schaffen, der unbeabsichtigt gesündigt hat, und ihm wird vergeben werden. ¹⁹Es ist ein Schuldopfer, denn er wurde an dem HERRN schuldig.«

²⁰Und der HERR sprach zu Mose: ²¹»Wenn jemand gegen den HERRN sündigt und ihm die Treue bricht, indem er einen Gegenstand, den ein anderer ihm anvertraut oder ausgeliehen hat, als sein Eigentum ausgibt oder ihm etwas stiehlt oder ihn erpresst, ²²oder wenn jemand einen verlorenen Gegenstand findet, dies aber abstreitet oder deswegen sogar einen Meineid leistet, ²³wenn also jemand eine dieser Sünden begangen hat und dadurch schuldig geworden ist, soll er das Gestohlene, Erpresste oder ihm Anvertraute oder das Verlorene, welches er fand und für sich behielt, ²⁴oder das, was er durch das Ablegen eines Meineids unrechtmäßig erhielt, zurückgeben. Am Tag seines Schuldopfers soll er der Person, der Schaden zugefügt wurde, in voller Höhe Ersatz leisten zuzüglich 20 Prozent des Werts. ²⁵Danach soll er dem Priester einen fehlerlosen Widder im festgesetzten Wert als Schuldopfer bringen. ²⁶Dann wird der Priester für ihn Wiedergutmachung vor dem HERRN schaffen und ihm wird seine Schuld vergeben werden.«

Weitere Anweisungen für das Brandopfer

6 Dann sprach der HERR zu Mose: ²»Gib Aaron und seinen Nachkommen folgende Anweisungen in Bezug auf das Brandopfer: ›Das Brandopfer soll die ganze Nacht bis zum Morgen auf dem Altar liegen bleiben und das Feuer auf dem Altar soll stets brennen. ³Am Morgen soll der Dienst tuende Priester sein leinenes Gewand sowie seine leinenen Beinkleider anziehen und die Asche des Brandopfers wegräumen und neben den Altar schütten. ⁴Dann soll er seine Kleider wechseln und die Asche vor das Lager an einen reinen Ort bringen. ⁵Währenddessen soll das Feuer auf dem Altar weiterbrennen; es darf niemals ausgehen. Jeden Morgen soll der Priester frisches Holz auf das Feuer legen. Darauf soll er das tägliche Brandopfer legen und die Fettstücke der Friedensopfer verbrennen. ⁶Das Feuer auf dem Altar muss ständig brennen; es darf niemals ausgehen.

Weitere Anweisungen für das Speiseopfer

⁷Die folgenden Anweisungen betreffen das Speiseopfer. Dieses Opfer sollen die Nachkommen Aarons in der Gegenwart des HERRN auf dem Altar darbringen. ⁸Der Dienst tuende Priester soll eine Handvoll des feinen, mit Öl vermischten Mehls und allen Weihrauch, der darüber gestreut wurde, nehmen und es dann auf dem Altar verbrennen; dieses Opfer wird dem HERRN gefallen. ⁹Das restliche Mehl dürfen Aaron und seine Nachkommen essen. Es darf jedoch nicht mit Sauerteig gebacken werden und soll an einem heiligen Ort im Vorhof des Zeltes Gottes verzehrt werden. ¹⁰Dieses Mehl darf niemals mit Sauerteig gebacken werden. Es ist der Anteil der Priester, den ich ihnen von den Opfern, die für mich auf dem Altar verbrannt werden, zugewiesen habe. Wie das Sündopfer und das Schuldopfer ist es besonders heilig. ¹¹Alle männlichen Nachkommen Aarons dürfen von dem Speiseopfer essen, denn es ist der ihnen für alle Zeiten zustehende Anteil an den Opfern, die für den Herrn auf dem Altar verbrannt werden. Wer diese Speise berührt, wird heilig.‹«

Das Verfahren für das Einsetzungsopfer

¹²Und der HERR sprach zu Mose: ¹³»An dem Tag, an dem Aaron und seine Söhne gesalbt werden, sollen sie dem HERRN ein Speiseopfer, bestehend aus einem Krug* feinen Mehls, darbringen. Die eine Hälfte soll am Morgen und die andere am Abend geopfert werden. ¹⁴Das Mehl soll auf einem Backblech mit Öl vermischt und danach gebacken werden. Die Fladen sollen in Stücke gebrochen und dem HERRN dargebracht werden. Dieses Opfer wird dem HERRN gefallen. ¹⁵Auch künftige Hohe Priester sollen dieses Opfer am Tag ihrer Priesterweihe herrichten und es vollständig auf dem Altar verbrennen. Diese Anordnung gilt für immer. ¹⁶Sämtliche Speiseopfer der Priester sollen vollständig verbrannt werden und niemand darf davon essen.«

Weitere Anweisungen für das Sündopfer

¹⁷Weiter sprach der HERR zu Mose: ¹⁸»Gib Aaron und seinen Nachkommen folgende Anweisungen bezüglich des Sündopfers: ›Das Sündopfer soll man in der Gegenwart des HERRN an der Stelle schlachten, an der auch die Brandopfer geschlachtet werden. Das Sündopfer ist besonders heilig. ¹⁹Der Priester, der das Opfer darbringt, soll den ihm zustehenden Teil an einem heiligen Ort im Vorhof des Zeltes Gottes essen. ²⁰Jeder, der das Opferfleisch berührt, wird geheiligt. Falls etwas vom Blut des Opfers auf ein Klei-

6,13 Das entspricht ca. 2 kg.

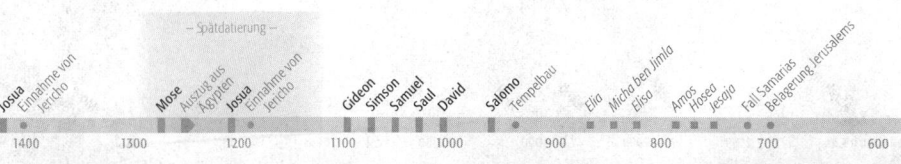

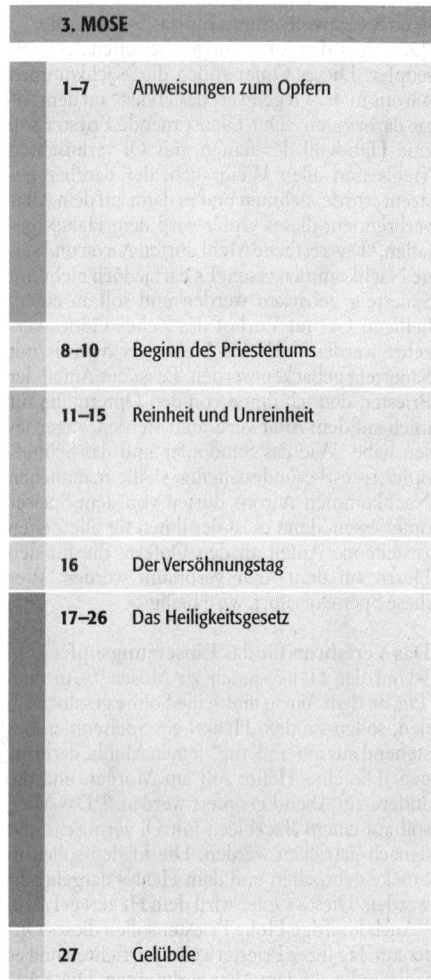

3. MOSE

1–7	Anweisungen zum Opfern
8–10	Beginn des Priestertums
11–15	Reinheit und Unreinheit
16	Der Versöhnungstag
17–26	Das Heiligkeitsgesetz
27	Gelübde

6–8
Weitere Anweisungen zur Prozedur der Opfer. Verbot des Verzehrs von Fett und Blut der Opfertiere. Die Priester werden durch die Opfer mitversorgt. Priesterweihe Aarons und seiner Söhne.

[Zum Sinai, vom Sinai her: Gott schafft sich ein Volk]

dungsstück spritzt, muss man es an einem heiligen Ort auswaschen. ²¹Wurde das Opferfleisch in einem Tongefäß gekocht, muss das Gefäß danach zerbrochen werden. Wurde es aber in einem bronzenen Gefäß gekocht, so soll dieses gründlich gesäubert und mit Wasser ausgespült werden. ²²Nur die männlichen Angehörigen einer Priesterfamilie dürfen von diesem Opfer essen, denn es ist besonders heilig. ²³Wurde von einem Sündopfer ein Teil des Blutes jedoch in das Zelt Gottes gebracht, um im Heiligtum Wiedergutmachung zu schaffen, darf nichts vom Fleisch des Tieres gegessen werden; man soll es vielmehr vollständig verbrennen.

Weitere Anweisungen für das Schuldopfer

7 Die folgenden Anweisungen betreffen das Schuldopfer, das besonders heilig ist. ²Das Schuldopfer soll man an der Stelle schlachten, an der auch die Brandopfer geschlachtet werden. Der Dienst tuende Priester soll das Blut des Opfertieres ringsum an die Seiten des Altars sprengen. ³Dann soll er das ganze Fett darbringen: den Fettschwanz, das Fett, das die Innereien umgibt, ⁴die beiden Nieren mit dem Fett, das an ihnen und an den Lenden sitzt, und den Leberlappen, der bei den Nieren abgetrennt werden soll. ⁵Diese Teile soll der Priester danach als Opfer auf dem Altar verbrennen; es ist ein Schuldopfer. ⁶Alle männlichen Angehörigen der Priesterfamilie dürfen von dem Fleisch essen. Sie sollen es an einem heiligen Ort essen, denn es ist besonders heilig.

⁷Für das Fleisch von Sünd- und Schuldopfern gilt das Gleiche: Es gehört dem Priester, der die Wiedergutmachungszeremonie vollzogen hat. ⁸Dem Priester, der für jemanden ein Brandopfer darbringt, gehört auch das Fell des Opfertieres. ⁹Ebenso gehört jedes Speiseopfer, das im Ofen gebacken oder in einer Pfanne oder auf einem Backblech zubereitet wurde, dem Priester, der es darbringt. ¹⁰Alle anderen Speiseopfer, sei es mit Öl vermischtes oder trockenes Mehl, sollen unter allen Nachkommen Aarons aufgeteilt werden.

Weitere Anweisungen für das Friedensopfer

¹¹Folgende Anweisungen betreffen das Friedensopfer, das dem HERRN dargebracht wird. ¹²Wenn jemand ein Friedensopfer als Dankopfer darbringt, soll er zum Tieropfer außerdem noch ungesäuerte, mit Öl vermischte Kuchen sowie ungesäuerte, mit Öl bestrichene Fladen und mit Öl vermischtes Mehl darbringen; ¹³darüber hi-

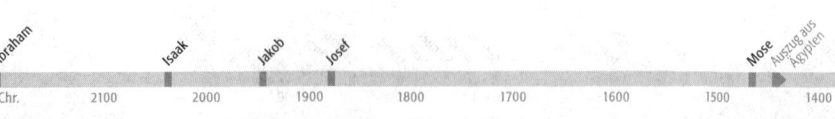

naus soll dem Dankopfer noch gesäuertes Brot beigegeben werden. ¹⁴Von jeder Brotsorte soll dem HERRN ein Stück als Gabe gebracht werden. Das Brot soll danach dem Priester gehören, der das Blut des Opfertieres an den Altar gesprengt hat. ¹⁵Das Fleisch muss noch am selben Tag, an dem es dargebracht wird, verzehrt werden und darf nicht bis zum nächsten Morgen aufbewahrt werden.

¹⁶Wenn jemand jedoch aufgrund eines Gelübdes oder freiwillig ein Opfer darbringt, soll das Fleisch am selben Tag gegessen werden; was davon übrig bleibt, darf auch noch am folgenden Tag verzehrt werden. ¹⁷Sind am dritten Tag noch Fleischreste übrig, müssen sie allerdings verbrannt werden. ¹⁸Wenn jemand noch am dritten Tag vom Fleisch des Friedensopfers isst, wird das Opfer vom HERRN nicht angenommen. Es hat keinerlei Wert mehr für den, der das Opfer dargebracht hat. Denn dann ist das Fleisch unrein und wer davon isst, muss die Folgen seiner Sünde tragen.

¹⁹Fleisch, das mit irgendetwas Unreinem in Berührung kommt, darf nicht verzehrt werden; es muss verbrannt werden. Das Opferfleisch darf nur von Menschen gegessen werden, die rein sind. ²⁰Wenn jemand unrein ist und dennoch vom Fleisch eines Friedensopfers isst, das dem HERRN dargebracht wurde, soll er aus dem Volk ausgestoßen und getötet werden. ²¹Wenn jemand etwas Unreines berührt – sei es einen unreinen Menschen, ein unreines Tier oder sonst irgendetwas Unreines – und dann Fleisch von einem Friedensopfer für den HERRN isst, soll er aus dem Volk ausgestoßen und getötet werden.‹«

Das Verbot, Blut und Fett zu verzehren

²²Dann sprach der HERR zu Mose: ²³»Gib den Israeliten folgende Anweisungen: ›Ihr sollt kein Fett von Rindern, Schafen oder Ziegen essen. ²⁴Das Fett eines tot aufgefundenen oder von einem wilden Tier gerissenen Tieres dürft ihr niemals essen; ihr dürft es aber zu sonstigen Zwecken verwenden. ²⁵Wer Fett von einem Opfertier isst, von dem Teile als Opfer für den HERRN auf dem Altar verbrannt wurden, muss aus dem Volk ausgestoßen und getötet werden. ²⁶Ihr dürft das Blut eines Vogels genauso wenig essen wie das Blut irgendeines anderen Tieres, wo ihr auch lebt. ²⁷Wer Blut isst, soll aus dem Volk ausgestoßen und getötet werden.‹«

Ein Anteil für die Priester

²⁸Dann sprach der HERR zu Mose: ²⁹»Gib den Israeliten folgende Anweisungen: ›Wenn jemand dem HERRN ein Friedensopfer darbringt, soll er ihm einen Teil davon als besondere Opfergabe bringen. ³⁰Mit eigenen Händen soll er das Fett, das als Opfer für den HERRN auf dem Altar verbrannt wird, zusammen mit dem Bruststück darbringen. Das Bruststück soll er als Weihegabe in einer symbolischen Opferhandlung vor dem HERRN hin und her schwingen. ³¹Dann soll der Priester das Fett auf dem Altar verbrennen, das Brustfleisch jedoch steht Aaron und seinen Nachkommen zu. ³²Auch die rechte Keule eures Friedensopfers sollt ihr den Priestern als heilige Abgabe überlassen. ³³Demjenigen von den Nachkommen Aarons, der das Blut und das Fett des Friedensopfers dargebracht hat, soll die rechte Keule als sein Anteil am Opfertier gehören. ³⁴Denn ich habe die Brust und die rechte Keule als Weihegaben von den Friedensopfern der Israeliten angenommen und gebe sie dem Priester Aaron und seinen Nachkommen. Dieser Anteil steht ihnen von den Israeliten für alle Zeiten zu. ³⁵Vom Zeitpunkt ihrer Priesterweihe an steht Aaron und seinen Nachkommen dieser Anteil aus den Opfern, die für den HERRN auf dem Altar verbrannt werden, zu. ³⁶Der HERR hat befohlen, dass die Israeliten den Priestern diesen Anteil vom Zeitpunkt ihrer Salbung an zukommen lassen sollen. Diese Vorschrift gilt für alle kommenden Generationen.‹«

³⁷Dies sind die Anweisungen für das Brandopfer, das Speiseopfer, das Sündopfer, das Schuldopfer, das Einsetzungsopfer und das Friedensopfer. ³⁸Der HERR gab Mose diese Gesetze in der Wüste auf dem Berg Sinai, als er die Israeliten anwies dem HERRN ihre Opfer zu bringen.

Die Priesterweihe

8 Der HERR sprach zu Mose: ²»Nimm Aaron zusammen mit seinen Söhnen sowie ihre heiligen Gewänder, das Salböl, den jungen Stier für das Sündopfer, die beiden Widder und den Korb mit den ungesäuerten Broten ³und lass alle Israeliten am Eingang des Zeltes Gottes zusammenkommen.«

⁴Mose führte aus, was der HERR ihm befohlen hatte. Als das ganze Volk sich am Eingang des Zeltes Gottes versammelt hatte, ⁵verkündete Mose ihnen: »Was ich jetzt tun werde, hat mir der HERR befohlen!« ⁶Dann ließ er Aaron und seine Söhne zu sich kommen und wusch sie mit Wasser. ⁷Er bekleidete Aaron mit dem Untergewand und band ihm den Gürtel um. Danach zog Mose ihm das Obergewand und den Priesterschurz an und befestigte diesen mit dem Gürtel. ⁸Anschließend befestigte er die Brusttasche am

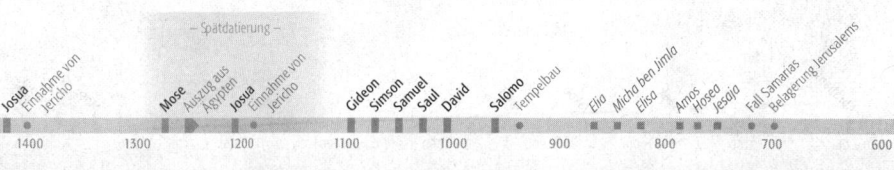

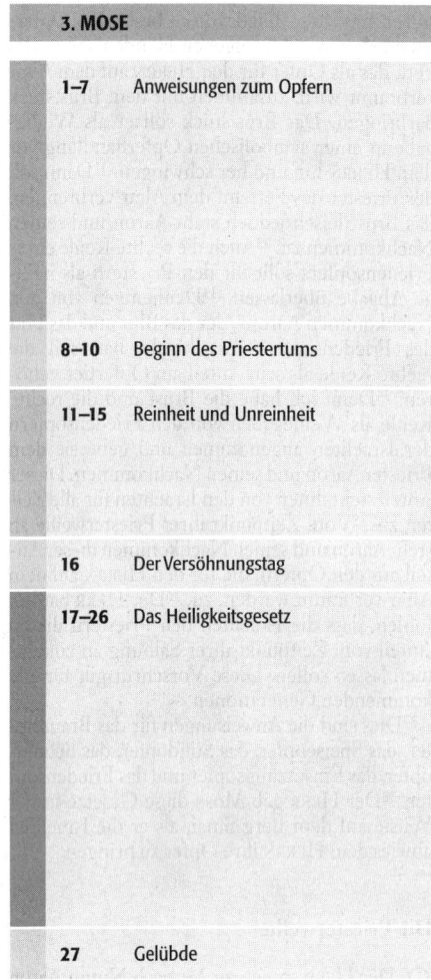

3. MOSE

1–7	Anweisungen zum Opfern
8–10	Beginn des Priestertums
11–15	Reinheit und Unreinheit
16	Der Versöhnungstag
17–26	Das Heiligkeitsgesetz
27	Gelübde

8–9
Priesterweihe Aarons und seiner Söhne. Aaron und seine Söhne bringen die ersten Opfer dar.

[Zum Sinai, vom Sinai her: Gott schafft sich ein Volk]

Priesterschurz und legte die Lose Urim und Tummin* hinein. ⁹Danach setzte Mose Aaron den Turban auf, an dessen Vorderseite er das goldene Stirnblatt befestigte, genauso, wie der HERR es ihm befohlen hatte.

¹⁰Dann nahm Mose das Salböl und salbte das Zelt Gottes und alles, was darin war, und weihte es auf diese Weise. ¹¹Er sprengte etwas von dem Öl siebenmal auf den Altar und salbte ihn mit all seinen Geräten, ebenso das Wasserbecken und sein Untergestell, und weihte alles auf diese Weise. ¹²Dann goss er Aaron etwas von dem Salböl auf den Kopf und salbte ihn, um ihn zu weihen. ¹³Als Nächstes ließ er Aarons Söhne zu sich kommen, zog ihnen ihre Untergewänder an, band ihnen die Gürtel um und setzte ihnen die Turbane auf, genauso, wie der HERR es ihm befohlen hatte.

¹⁴Dann ließ er den jungen Stier für das Sündopfer holen und Aaron und seine Söhne legten dem Opfertier ihre Hände auf den Kopf. ¹⁵Mose schlachtete den Stier und strich etwas von dem Blut an die vier Hörner des Altars. Den Rest goss er am Fuß des Altars aus. Auf diese Weise weihte er den Altar und reinigte ihn von aller Sünde*. ¹⁶Dann nahm Mose das gesamte Fett, das die Innereien umgibt, den Leberlappen sowie die beiden Nieren und ihr Fett und verbrannte es auf dem Altar. ¹⁷Der Rest des Tieres, einschließlich seines Fells, seines Fleisches und des Mists, wurde außerhalb des Lagers verbrannt, genauso, wie der HERR es Mose befohlen hatte.

¹⁸Dann ließ Mose den Widder zum Brandopfer herbringen und Aaron und seine Söhne legten ihre Hände auf den Kopf des Tieres. ¹⁹Mose schlachtete den Widder und sprengte sein Blut ringsum an die Seiten des Altars. ²⁰⁻²¹Danach zerlegte er den Widder. Nachdem er die Innereien und die Beine mit Wasser abgewaschen hatte, verbrannte Mose das ganze Tier – den Kopf, die Fleischstücke und das Fett – auf dem Altar, wie der HERR es ihm befohlen hatte. Das war ein Brandopfer, das dem HERRN gefiel.

²²Danach ließ Mose den zweiten Widder, den Widder für das Einsetzungsopfer, herbringen. Aaron und seine Söhne legten dem Tier die Hände auf den Kopf. ²³Mose schlachtete es und strich etwas von dem Blut an Aarons rechtes Ohrläppchen, an den Daumen seiner rechten Hand sowie an die große Zehe seines rechten Fußes. ²⁴Als Nächstes ließ er Aarons Söhne zu sich kommen und strich etwas von dem Blut an ihr rechtes Ohrläppchen, an den Daumen ihrer

8,8 Mit diesen beiden Losen befragte der Hohe Priester den HERRN. **8,15** O. *damit für ihn gesühnt wurde.*

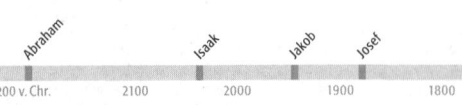

rechten Hand und an die große Zehe ihres rechten Fußes. Das restliche Blut sprengte er ringsum an die Seiten des Altars.

25 Dann nahm er das Fett des Tieres, und zwar das Fett vom Schwanz, das Fett, das die Innereien umgibt, den Leberlappen und die beiden Nieren mit dem Fett daran sowie die rechte Keule. 26 Aus dem Brotkorb, der vor dem HERRN stand, holte er einen Laib ungesäuerten Brotes, einen mit Öl zubereiteten Kuchen und ein Fladenbrot und legte sie auf die Fettstücke und die rechte Keule. 27 Danach gab er alles Aaron und seinen Söhnen, welche die einzelnen Teile vor dem HERRN als Weihegabe in einer symbolischen Opferhandlung hin und her schwangen. 28 Dann nahm Mose ihnen wieder alle Opfergaben aus den Händen und verbrannte sie über dem Brandopfer auf dem Altar. Das war ein Einsetzungsopfer, das dem HERRN gefiel. 29 Anschließend nahm Mose das Bruststück und schwang es als Weihegabe in der Gegenwart des HERRN in einer symbolischen Opferhandlung hin und her. Dies war Moses Anteil an dem Widder des Einsetzungsopfers, genauso, wie der HERR es ihm befohlen hatte.

30 Als Nächstes nahm Mose etwas von dem Salböl und etwas von dem Blut auf dem Altar und besprengte damit Aaron und seine Gewänder sowie seine Söhne und ihre Gewänder. Auf diese Weise weihte er Aaron und seine Gewänder sowie seine Söhne und ihre Gewänder.

31 Dann forderte Mose Aaron und seine Söhne auf: »Kocht das Fleisch am Eingang des Zeltes Gottes und esst es dort zusammen mit dem Brot, das sich im Korb für das Einsetzungsopfer befindet, so wie der HERR es mir für euch befohlen hat. 32 Was vom Fleisch oder Brot übrig bleibt, sollt ihr verbrennen. 33 Sieben Tage lang sollt ihr den Eingang des Zeltes Gottes nicht verlassen, denn so lange soll eure Priesterweihe dauern. 34 Was heute getan wurde, hat der HERR angeordnet, um eure Schuld von euch zu nehmen. 35 Ihr sollt sieben Tage lang Tag und Nacht am Eingang des Zeltes Gottes bleiben und die Anweisungen des HERRN befolgen, sonst müsst ihr sterben. Denn das hat der HERR mir aufgetragen.« 36 Und Aaron und seine Söhne taten alles, was der HERR ihnen durch Mose befohlen hatte.

Die Priester beginnen mit ihrer Arbeit

9 Am achten Tag rief Mose Aaron und seine Söhne und die führenden Männer Israels zusammen. 2 Er gab Aaron den Auftrag: »Hol ein junges, fehlerloses Kalb für ein Sündopfer und einen fehlerlosen Widder für ein Brandopfer und bring sie vor den Herrn. 3 Befiehl dann den Israeliten: ›Bringt einen Ziegenbock für ein Sündopfer sowie ein einjähriges Kalb und ein einjähriges Schaf für ein Brandopfer herbei. Es müssen fehlerlose Tiere sein! 4 Bringt außerdem einen Stier und einen Widder, um sie als Friedensopfer vor dem Herrn zu opfern, und mit Öl vermischtes Mehl als Speiseopfer. Denn der Herr will euch heute erscheinen.‹«

5 Da brachten sie alle diese Dinge vor das Zelt Gottes, wie Mose es befohlen hatte, und die ganze Gemeinschaft versammelte sich und stand vor dem HERRN. 6 Mose sagte zu ihnen: »Wenn ihr diese Anweisungen des HERRN befolgt, wird euch die Herrlichkeit des HERRN erscheinen.«

7 Dann sagte er zu Aaron: »Tritt an den Altar und bring dein Sündopfer und dein Brandopfer dar, damit deine Sünden und die des Volkes vergeben werden. Bring danach die Opfergaben der Israeliten dar, um Wiedergutmachung für sie zu schaffen, so wie der HERR es befohlen hat.«

8 Also trat Aaron an den Altar und schlachtete das Kalb als Sündopfer für sich selbst. 9 Seine Söhne reichten ihm das Blut und er tauchte seinen Finger hinein und strich etwas davon an die Hörner des Altars. Den Rest des Blutes goss er am Fuß des Altars aus. 10 Anschließend verbrannte er das Fett, die Nieren und den Leberlappen des Sündopfers auf dem Altar, so wie der HERR es Mose befohlen hatte. 11 Das Fleisch und das Fell jedoch verbrannte er außerhalb des Lagers.

12 Als Nächstes schlachtete Aaron den Widder für das Brandopfer. Seine Söhne reichten ihm das Blut, das er ringsum an den Altar sprengte. 13 Sie reichten ihm das zerlegte Tier einschließlich des Kopfes und er verbrannte es auf dem Altar. 14 Dann wusch er die inneren Organe und die Beine und verbrannte sie über dem Brandopfer auf dem Altar.

15 Danach brachte Aaron die Opfergaben des Volkes dar. Er schlachtete den Ziegenbock und brachte ihn als Sündopfer für das Volk dar, so wie er es zuvor für sich selbst getan hatte. 16 Dann brachte er das Brandopfer auf die vorgeschriebene Art und Weise dar. 17 Auch das Speiseopfer brachte er dar: Er nahm eine Handvoll von dem Mehl und verbrannte es auf dem Altar, zusätzlich zu dem täglichen Speiseopfer, das zusammen mit dem Brandopfer am Morgen dargebracht wird.

18 Danach schlachtete Aaron den Stier und den Widder für das Friedensopfer des Volkes. Seine Söhne reichten ihm das Blut und er sprengte es ringsum an den Altar. 19 Dann nahm er die Fettstücke der beiden Tiere – den Fettschwanz und das Fett, das die Innereien umgibt, sowie die Nieren und den Leberlappen. 20 Er legte die Fettstücke auf die Bruststücke der Tiere und

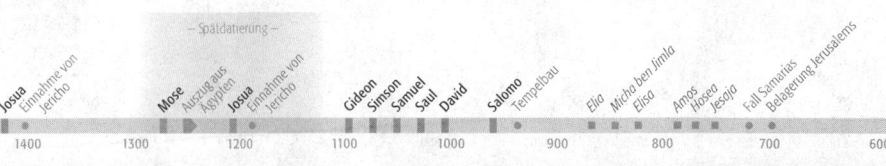

3. MOSE

1–7	Anweisungen zum Opfern
8–10	Beginn des Priestertums
11–15	Reinheit und Unreinheit
16	Der Versöhnungstag
17–26	Das Heiligkeitsgesetz
27	Gelübde

9–11
Gottes Herrlichkeit erscheint dem Volk. Aarons Söhne versündigen sich an Gott. Wie sich die Priester im Tempel verhalten sollen. Übersicht über Tiere, die (nicht) gegessen werden dürfen.

[Zum Sinai, vom Sinai her: Gott schafft sich ein Volk]

verbrannte sie auf dem Altar. ²¹Dann schwang Aaron die Bruststücke und die rechte Keule als eine Weihegabe vor dem HERRN in einer symbolischen Opferhandlung hin und her, so wie Mose es befohlen hatte.

²²Am Ende erhob Aaron seine Hände und segnete das Volk. Nachdem er das Sündopfer, das Brandopfer und das Friedensopfer dargebracht hatte, stieg er vom Altar herab. ²³Dann begaben sich Mose und Aaron in das Zelt Gottes, und als sie wieder herauskamen, segneten sie das Volk erneut. Da erschien die Herrlichkeit des HERRN dem ganzen Volk: ²⁴Feuer ging von ihm aus und verzehrte das Brandopfer und die Fettstücke auf dem Altar. Als die Israeliten das sahen, jubelten sie vor Freude und warfen sich zu Boden.

Die Sünde Nadabs und Abihus

10 Aarons Söhne Nadab und Abihu nahmen jedoch ihre Räucherpfannen, legten glühende Kohlen hinein und streuten Weihrauch darüber. Sie verbrannten so ein eigenmächtiges Räucheropfer für den HERRN, das er ihnen nicht befohlen hatte. ²Da ging Feuer vom Herrn aus und tötete die beiden Männer.

³Mose sagte zu Aaron: »Jetzt geschieht, was der HERR angekündigt hat: ›An denen, die mir nahe sind, werde ich mich als heilig erweisen. Vor dem ganzen Volk werde ich meine Herrlichkeit zeigen.‹«

Aaron aber schwieg.

⁴Dann rief Mose Mischaël und Elizafan, die Söhne von Aarons Onkel Usiël, zu sich. Er beauftragte sie: »Kommt und holt die toten Körper eurer Verwandten aus dem Heiligtum und bringt sie vors Lager.« ⁵Da kamen sie und trugen die Leichen in ihren Untergewändern vor das Lager, wie Mose ihnen befohlen hatte.

⁶Dann sagte Mose zu Aaron und seinen Söhnen Eleasar und Itamar: »Lasst euer Haar nicht als Zeichen eurer Trauer* offen und ungekämmt hängen* und zerreißt nicht eure Kleider. Ihr müsst sonst sterben und der Zorn des HERRN wird über das ganze Volk der Israeliten kommen. Alle anderen Israeliten, eure Landsleute, dürfen jedoch um Nadab und Abihu trauern, die der HERR durch das Feuer getötet hat. ⁷Ihr aber dürft den Eingang des Zeltes Gottes nicht verlassen, sonst werdet ihr sterben, denn ihr seid mit dem Salböl des HERRN geweiht.« Da handelten sie so, wie Mose es ihnen aufgetragen hatte.

10,6a *Als Zeichen eurer Trauer* wurde sinngemäß ergänzt.
10,6b O. *indem ihr eure Häupter entblößt.*

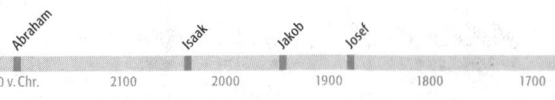

Anweisungen für die Priester

⁸Dann sprach der HERR zu Aaron: ⁹»Die folgende Vorschrift gilt für dich und deine Nachkommen für alle Zeiten. Wenn ihr sie nicht einhaltet, müsst ihr sterben: Ihr dürft weder Wein noch andere alkoholische Getränke trinken, bevor ihr das Zelt Gottes betretet, ¹⁰damit ihr unterscheiden könnt zwischen dem Heiligen und dem Gewöhnlichen, zwischen dem Reinen und dem Unreinen. ¹¹So könnt ihr die Israeliten alle Vorschriften lehren, die der HERR ihnen durch Mose gegeben hat.«

¹²Dann sagte Mose zu Aaron und seinen beiden ihm verbliebenen Söhnen Eleasar und Itamar: »Nehmt, was von dem Speiseopfer übrig ist, nachdem der vorgeschriebene Teil als Opfer für den HERRN auf dem Altar verbrannt wurde. Esst es neben dem Altar in Form von Broten, die ohne Sauerteig zubereitet werden, denn es ist besonders heilig. ¹³Ihr sollt es an einem heiligen Ort verzehren, denn es ist der Anteil an den Opfern, die für den HERRN auf dem Altar verbrannt wurden. Dieser Anteil steht euch und euren Nachkommen zu – so wurde es mir befohlen. ¹⁴Das Bruststück und die Keule, die euch von den Friedensopfern der Israeliten zustehen, dürft ihr zusammen mit euren Töchtern und Söhnen an einem reinen Ort verzehren. ¹⁵Die Keule und das Bruststück soll man mit den Fettstücken, die als Opfer auf dem Altar verbrannt werden, vor dem HERRN in einer symbolischen Opferhandlung hin und her schwingen. Danach gehören sie euch und euren Nachkommen, wie der HERR es befohlen hat. Diese Vorschrift gilt für alle Zeiten.«

¹⁶Als Mose sich nach dem Ziegenbock des Sündopfers erkundigte, stellte sich heraus, dass er verbrannt worden war. Mose wurde sehr zornig auf Eleasar und Itamar, die beiden übrig gebliebenen Söhne Aarons. ¹⁷»Warum habt ihr das Sündopfer nicht im Heiligtum verzehrt?«, stellte er sie zur Rede. »Es ist besonders heilig! Der HERR hat es euch gegeben, damit ihr die Gemeinschaft von ihrer Schuld befreit und vor dem HERRN Wiedergutmachung für sie schafft. ¹⁸Da das Blut des Tieres nicht ins Heiligtum gebracht wurde, hättet ihr das Fleisch im Heiligtum essen müssen, wie ich es angeordnet habe*.«

¹⁹Aaron entgegnete: »Heute haben meine Söhne sowohl ihr Sündopfer als auch ihr Brandopfer vor dem HERRN dargebracht. Und mir ist heute solch ein Unglück zugestoßen. Hätte es da dem HERRN gefallen, wenn ich das Sündopfer heute gegessen hätte?« ²⁰Als Mose dies hörte, stimmte er ihm zu.

Reine und unreine Tiere

11 Dann sprach der HERR zu Mose und Aaron: ²»Gebt den Israeliten folgende Anweisungen: ›Von allen Landtieren dürft ihr diejenigen essen, ³die vollständig gespaltene Hufe oder Pfoten haben und wiederkäuen. ⁴Die folgenden hier genannten* Wiederkäuer und Tiere, die gespaltene Hufe oder Pfoten haben, dürft ihr nicht essen: Das Kamel, denn es käut zwar wieder, hat aber keine gespaltenen Hufe. Es ist unrein für euch. ⁵Den Klippdachs*, denn er käut zwar wieder, hat aber keine gespaltenen Pfoten. Er ist unrein für euch. ⁶Den Hasen, denn er käut zwar wieder, hat aber keine gespaltenen Pfoten. Auch er ist unrein für euch. ⁷Das Schwein, denn es hat zwar vollständig gespaltene Hufe, käut aber nicht wieder. Es ist unrein für euch. ⁸Das Fleisch dieser Tiere dürft ihr nicht essen und ihre Kadaver dürft ihr nicht berühren. Sie sind unrein für euch.

⁹Von den Tieren, die im Wasser leben, dürft ihr alle essen, die sowohl Flossen als auch Schuppen haben. ¹⁰Aber alle großen und kleinen Tiere*, die im Meer und in den Flüssen leben, aber keine Flossen oder keine Schuppen haben, sollt ihr verabscheuen. ¹¹Ihr sollt sie verabscheuen und dürft das Fleisch dieser Tiere nicht essen. Selbst ihre Kadaver sollen euch zuwider sein. ¹²Alle Lebewesen im Wasser, die nicht sowohl Flossen als auch Schuppen haben, sollt ihr verabscheuen.

¹³Folgende Vögel dürft ihr nicht essen, sondern ihr sollt sie verabscheuen, weil sie ein Gräuel sind: den Adler, den Geier, den Seeadler, ¹⁴den Bussard, alle Falkenarten, ¹⁵alle Rabenarten, ¹⁶den Strauß, die Nachteule, die Seemöwe, alle Habichtarten, ¹⁷das Käuzchen, den Kormoran, den Uhu, ¹⁸die Schleiereule, den Pelikan, den Aasgeier, ¹⁹den Storch, alle Reiherarten, den Wiedehopf und die Fledermaus.

²⁰⁻²¹Von den geflügelten Insekten, die auf dem Boden krabbeln, dürft ihr lediglich diejenigen essen, die mit ihren Hinterbeinen springen. Alle anderen dieser Insekten sollen euch zuwider sein. ²²Alle Arten von Heuschrecken, Grillen, Wanderheuschrecken und Grashüpfern dürft ihr essen. ²³Alle anderen Insekten jedoch sollt ihr verabscheuen.

10,18 O. *wie es mir befohlen worden ist.*   **11,4** Manche Tiere, Vögel und Insekten in diesem Kapitel sind nicht eindeutig zu identifizieren.   **11,5** Ein murmeltierähnlicher Pflanzenfresser, der in kleinen Rudeln zwischen Felsen lebt.   **11,10** Hebr. *von allem Gewimmel im Wasser und von allen lebendigen Wesen im Wasser.*

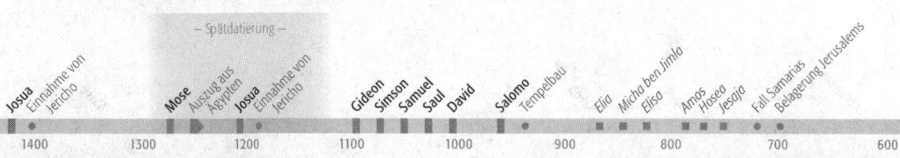

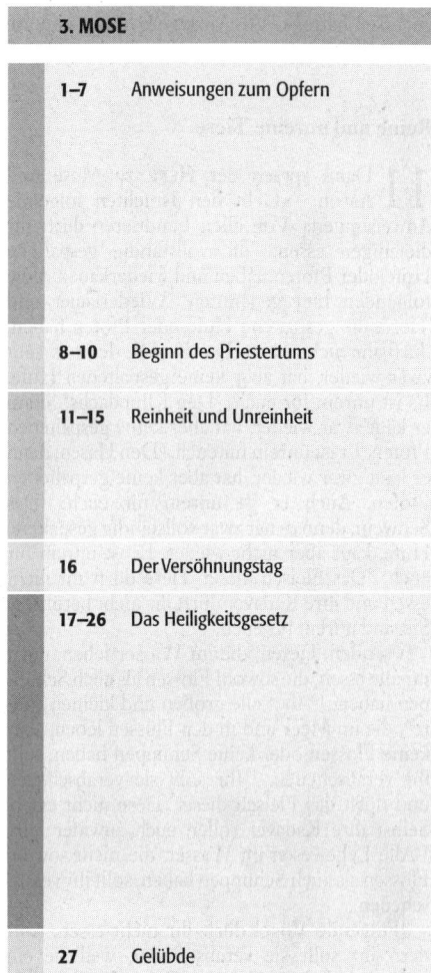

3. MOSE

1–7	Anweisungen zum Opfern
8–10	Beginn des Priestertums
11–15	Reinheit und Unreinheit
16	Der Versöhnungstag
17–26	Das Heiligkeitsgesetz
27	Gelübde

11–13
Kadaver machen unrein. Unreinheit nach Geburt und durch ansteckende Hautkrankheiten.

[Zum Sinai, vom Sinai her: Gott schafft sich ein Volk]

²⁴Folgende Tiere machen euch unrein; wer ihren Kadaver berührt, ist bis zum Abend unrein. ²⁵Jeder, der den Kadaver eines solchen unreinen Tieres fortträgt, muss seine Kleider waschen und ist bis zum Abend unrein: ²⁶Jedes Tier, das zwar gespaltene, aber nicht vollständig gespaltene Hufe hat oder nicht wiederkäut, soll in euren Augen unrein sein. Wer den Kadaver eines solchen Tieres berührt, ist bis zum Abend unrein. ²⁷Alle Tiere, die auf vier Pfoten gehen, sind für euch unrein. Wer den Kadaver eines solchen Tieres berührt, ist bis zum Abend unrein, ²⁸und wer seinen Kadaver fortträgt, muss seine Kleider waschen und bleibt bis zum Abend unrein. Diese Tiere sind für euch unrein.

²⁹⁻³⁰Von den kleinen Tieren, die über den Boden huschen oder krabbeln, sind folgende für euch unrein: der Maulwurf, die Maus, der Gecko, die Schleiche, alle Eidechsenarten und das Chamäleon. ³¹Alle diese kleinen Tiere sind für euch unrein. Jeder, der den Kadaver eines solchen Tieres berührt, ist bis zum Abend unrein. ³²Jeder Gegenstand, auf den ein gerade verendetes Tier fällt, ist unrein. Dabei spielt es keine Rolle, ob der Gegenstand aus Holz, Stoff, Leder oder Sackleinen ist. Er muss in Wasser gelegt werden und ist bis zum Abend unrein. Danach ist er wieder rein.

³³Wenn ein solcher Kadaver in ein Tongefäß fällt, wird das Gefäß samt seinem Inhalt unrein und es muss zerschlagen werden. ³⁴Jede Speise wird unrein, wenn sie mit dem Wasser in Berührung kommt, mit dem ein unreiner Gegenstand gewaschen wurde. Und jedes Getränk, das aus einem unreinen Gefäß getrunken wird, ist ebenfalls unrein. ³⁵Jeder Gegenstand, auf den der Kadaver eines solchen Tieres fällt, ist unrein. Wenn es sich um einen Backofen oder um einen kleinen Herd handelt, muss er eingerissen werden, denn er ist unrein geworden und soll für euch unrein sein.

³⁶Wenn der Kadaver eines solchen Tieres jedoch in eine Quelle oder eine Zisterne fällt, bleibt das Wasser rein. Wer aber den Kadaver berührt, wird unrein. ³⁷Fällt der Kadaver jedoch auf Getreidesaat, die ausgebracht werden soll, bleibt die Saat rein. ³⁸Wenn die Saat, auf die der Kadaver fällt, jedoch nass ist, wird die Saat unrein.

³⁹Wenn ein Tier, dessen Fleisch ihr essen dürft, stirbt und ihr seinen Kadaver berührt, seid ihr bis zum Abend unrein. ⁴⁰Wer von dem Fleisch dieses Tieres isst oder seinen Kadaver fortträgt, muss seine Kleider waschen. Danach bleibt er bis zum Abend unrein.

⁴¹Jedes Tier, das auf dem Boden kriecht oder krabbelt, soll von euch verabscheut werden und ihr dürft es nicht essen. ⁴²Alle Kriechtiere sowie alle Tiere mit vier oder mehr Beinen, die auf dem Boden krabbeln, dürft ihr nicht essen, denn sie sind unrein. ⁴³Verunreinigt euch auf keinen Fall durch diese Kriechtiere, damit ich euch nicht verabscheue. ⁴⁴Denn ich bin der HERR, euer Gott. Heiligt euch und seid heilig, weil ich heilig bin. Und verunreinigt euch nicht durch eines dieser Tiere, die auf dem Boden kriechen. ⁴⁵Ich, der HERR, bin es, der euch aus Ägypten geführt hat, um euer Gott zu sein. Ihr sollt heilig sein, weil ich heilig bin.*

⁴⁶Dies sind die Anweisungen bezüglich des Viehs, der Vögel sowie aller Lebewesen im Wasser oder auf dem Land. ⁴⁷So könnt ihr nun unterscheiden zwischen dem, was rein und was unrein ist, und zwischen dem, was ihr essen und was ihr nicht essen dürft.‹«

Die Reinigung nach der Geburt

12 Der HERR sprach zu Mose: ²»Gib den Israeliten folgende Anweisungen: ›Eine Frau ist nach der Geburt eines Jungen sieben Tage lang unrein, genauso wie bei ihrer Monatsblutung. ³Am achten Tag soll der Junge beschnitten* werden. ⁴Danach muss die Frau noch 33 Tage während der Zeit ihrer Reinigung vom Blut der Geburt zu Hause bleiben. Bis die Zeit ihrer Reinigung abgelaufen ist, darf sie nichts Heiliges berühren und auch nicht das Heiligtum betreten. ⁵Nach der Geburt einer Tochter ist eine Frau zwei Wochen lang unrein, wie bei ihrer Monatsblutung. Danach muss sie weitere 66 Tage wegen ihrer Reinigung vom Blut der Geburt zu Hause bleiben. ⁶Wenn die Zeit ihrer Reinigung nach der Geburt eines Kindes verstrichen ist, soll die Frau ein einjähriges Lamm für ein Brandopfer und eine junge Taube oder eine Turteltaube als ein Sündopfer zum Priester am Eingang des Zeltes Gottes bringen. ⁷Der Priester soll diese dann dem HERRN opfern und Wiedergutmachung für die Frau schaffen. Danach wird sie wieder von ihrer Blutung rein sein. Dies sind die Anweisungen für eine Frau, die einen Sohn oder eine Tochter zur Welt bringt.

⁸Wenn eine Frau sich das erforderliche Lamm jedoch nicht leisten kann, soll sie stattdessen zwei Turteltauben oder zwei junge Tauben nehmen*; die eine für das Brandopfer, die andere für das Sündopfer. Wenn der Priester auf diese Weise Wiedergutmachung für die Frau geschaffen hat, wird sie wieder rein sein.‹«

Ansteckende Hautkrankheiten

13 Dann sprach der HERR zu Mose und Aaron: ²»Wer eine Schwellung, einen Ausschlag oder einen hellen Fleck an seiner Haut hat, der sich zu einer ansteckenden Hautkrankheit* entwickeln könnte, soll zum Priester Aaron oder zu einem seiner Nachkommen gebracht werden. ³Der Priester soll sich die befallene Stelle ansehen. Wenn die Haare an dieser Stelle hell geworden sind und die Hautveränderung tiefer zu gehen scheint, handelt es sich um eine ansteckende Hautkrankheit. Falls der Priester dies entdeckt, soll er den Betreffenden für unrein erklären. ⁴Wenn die befallene Stelle jedoch hell aussieht, die Hautveränderung aber oberflächlich zu sein scheint und das Haar darauf nicht weiß geworden ist, soll der Priester den Betreffenden für sieben Tage unter Quarantäne stellen. ⁵Am siebten Tag soll der Priester ihn dann erneut untersuchen. Kann er keine Veränderung der befallenen Stelle erkennen und hat sich die Hautveränderung nicht ausgebreitet, soll der Priester den Betreffenden für sieben weitere Tage unter Quarantäne stellen. ⁶Am siebten Tag soll er ihn dann erneut untersuchen. Wenn die Verfärbung der befallenen Stelle zurückgegangen ist und die Hautveränderung sich nicht weiter ausgebreitet hat, soll der Priester den Betreffenden für rein erklären, denn es handelte sich lediglich um einen vorübergehenden Ausschlag. Nachdem der Betreffende seine Kleider gewaschen hat, ist er rein. ⁷Wenn der Ausschlag sich jedoch weiter ausbreitet, nachdem der Betreffende vom Priester untersucht und als rein erklärt worden war, soll der Betreffende sich dem Priester ein weiteres Mal zeigen. ⁸Sieht der Priester nun, dass sich der Ausschlag ausgebreitet hat, soll er die Person für unrein erklären, denn es handelt sich um eine ansteckende Hautkrankheit.

⁹Jeder Mensch, der möglicherweise an einer ansteckenden Hautkrankheit leidet, soll zur Untersuchung zum Priester gebracht werden. ¹⁰Wenn der Priester dann eine helle Schwellung entdeckt, auf der die Haare weiß geworden sind und auf der wildes Fleisch wuchert, ¹¹handelt es sich um eine schon länger bestehende ansteckende Hautkrankheit, und der Priester soll den Betreffenden für unrein erklären. In solchen Fällen

11,45 Vgl. 1. Petrus 1,16. **12,3** S. 1. Mose 17,9-14. **12,8** Vgl. Lukas 2,24. **13,2** Normalerweise mit *Aussatz* wiedergegeben. Das im gesamten Abschnitt gebrauchte hebr. Wort wird jedoch für verschiedene Hautkrankheiten benutzt.

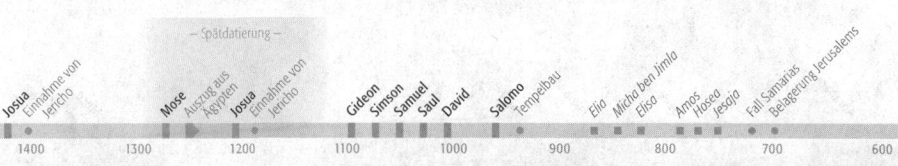

3. MOSE

1–7	Anweisungen zum Opfern
8–10	Beginn des Priestertums
11–15	Reinheit und Unreinheit
16	Der Versöhnungstag
17–26	Das Heiligkeitsgesetz
27	Gelübde

13
Verschiedene Fälle von Unreinheit durch ansteckende Hautkrankheiten. Anweisungen für Schimmelbefall bei Kleidung.

[Zum Sinai, vom Sinai her: Gott schafft sich ein Volk]

braucht er ihn nicht zur weiteren Beobachtung unter Quarantäne zu stellen, weil der Betreffende eindeutig unrein ist.
[12]Wenn sich die Hautkrankheit nun so weit ausgebreitet hat, dass sie den ganzen Körper des Betreffenden vom Kopf bis zu den Füßen überzieht, [13]soll der Priester den Kranken genauer untersuchen. Ist tatsächlich der ganze Körper von der Hautkrankheit bedeckt, soll er den Kranken für rein erklären, denn seine ganze Haut ist hell geworden und deshalb ist er rein. [14]Sobald sich jedoch wildes Fleisch an ihm zeigt, wird er unrein. [15]Wenn der Priester wildes Fleisch entdeckt, soll er ihn für unrein erklären. Wildes Fleisch ist unrein, da es sich in diesem Fall stets um eine ansteckende Hautkrankheit handelt. [16]Verschwindet das wilde Fleisch jedoch und wird wieder hell wie die übrige Haut, soll die Person zum Priester gehen. [17]Stellt sich dann bei der Untersuchung heraus, dass die befallene Stelle tatsächlich hell geworden ist, soll der Priester den Betreffenden für rein erklären.

[18]Wenn jemand ein Geschwür auf der Haut hat, das zwar abheilt, [19]bei dem aber eine helle Schwellung oder ein rötlich-weißer Fleck zurückbleibt, soll er sich vom Priester untersuchen lassen. [20]Wenn der Priester feststellt, dass die Beschädigung der Haut tiefer geht und dass das Haar an der befallenen Stelle weiß geworden ist, soll er die Person für unrein erklären. Es handelt sich hierbei um eine ansteckende Hautkrankheit, die in dem Geschwür ausgebrochen ist. [21]Wenn der Priester jedoch feststellt, dass auf der befallenen Stelle kein weißes Haar zu sehen ist, die Hautveränderung nicht tiefer zu gehen scheint und die Verfärbung zurückgegangen ist, soll er die Person für sieben Tage unter Quarantäne stellen. [22]Breitet sich der Fleck während dieser Zeit weiter aus, soll der Priester die Person für unrein erklären, denn es handelt sich um eine ansteckende Hautkrankheit. [23]Wenn der Fleck jedoch nicht größer wird und sich nicht ausgebreitet hat, handelt es sich in diesem Fall lediglich um die Narbe des Geschwürs, und der Priester soll die Person für rein erklären.

[24]Wenn jemand eine Hautverbrennung erlitten hat und bei der Heilung der Brandwunde ein rötlich-weißer oder weißer Fleck entsteht, [25]soll der Priester den Fleck untersuchen. Stellt er dabei fest, dass das Haar an der betroffenen Stelle weiß geworden ist und die Hautveränderung tiefer zu gehen scheint, ist im Bereich der Verbrennung eine ansteckende Hautkrankheit ausgebrochen. In diesem Fall soll der Priester den Betreffenden für unrein erklären, denn es handelt sich um eine ansteckende Hautkrankheit. [26]Stellt der Priester jedoch fest, dass sich

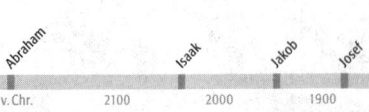
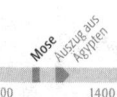

kein weißes Haar auf der befallenen Stelle zeigt, die Hautveränderung nicht tiefer zu gehen scheint und die Verfärbung zurückgegangen ist, soll er den Betreffenden für sieben Tage unter Quarantäne stellen. ²⁷Am siebten Tag soll er ihn erneut untersuchen. Hat sich der Fleck ausgebreitet, soll der Priester die Person für unrein erklären, denn es handelt sich um eine ansteckende Hautkrankheit. ²⁸Wenn der Fleck jedoch nicht größer wird und sich nicht ausgebreitet hat und auch die Hautverfärbung zurückgegangen ist, handelt es sich lediglich um eine Schwellung der Verbrennung. In diesem Fall soll der Priester die Person für rein erklären, denn es handelt sich nur um eine Narbe der Brandwunde.

²⁹Wenn ein Mann oder eine Frau einen Ausschlag am Kopf oder am Kinn hat, ³⁰soll der Priester den Ausschlag untersuchen. Wenn er tiefer zu gehen scheint und sich feines gelbes Haar auf der befallenen Stelle zeigt, soll der Priester die betroffene Person für unrein erklären. Es handelt sich bei dem Ausschlag um eine Flechte, um eine ansteckende Hautkrankheit des Kopfs oder Kinns. ³¹Wenn der Priester bei seiner Untersuchung jedoch feststellt, dass der Ausschlag nur die Haut in Mitleidenschaft gezogen hat, sich jedoch keine schwarzen Haare auf der Stelle zeigen, soll er die betroffene Person für sieben Tage unter Quarantäne stellen. ³²Am siebten Tag soll der Priester den Ausschlag erneut untersuchen. Wenn die Hautkrankheit sich nicht ausgebreitet hat, sich keine gelben Haare zeigen und der Ausschlag nur oberflächlich zu sein scheint, ³³soll sich die kranke Person das ganze Haar scheren lassen; lediglich das Haar auf der befallenen Stelle soll nicht geschoren werden. Danach soll der Priester die Person für weitere sieben Tage unter Quarantäne stellen ³⁴und den Ausschlag am siebten Tag erneut untersuchen. Wenn sich der Ausschlag auf der Haut nicht ausgebreitet hat und oberflächlich zu sein scheint, soll der Priester die Person für rein erklären. Nachdem sie ihre Kleider gewaschen hat, ist die Person rein. ³⁵Falls der Ausschlag sich jedoch auszubreiten beginnt, nachdem die Person für rein erklärt wurde, ³⁶soll der Priester eine weitere Untersuchung vornehmen. Hat sich der Ausschlag auf der Haut ausgebreitet, muss der Priester nicht erst nach gelben Haaren suchen, denn die betroffene Person ist unrein. ³⁷Hat er jedoch den Eindruck, dass sich der Ausschlag nicht weiter ausbreitet, und sind auf der befallenen Stelle auch schwarze Haare gewachsen, ist der Ausschlag abgeheilt und

die Person rein. Der Priester soll sie für rein erklären.

³⁸Wenn ein Mann oder eine Frau helle, weiße Flecken auf der Haut bekommen hat, ³⁹soll der Priester die befallene Stelle untersuchen. Sind die Flecken auf der Haut nur blass-weiß, handelt es sich um einen harmlosen Hautausschlag und die Person ist rein.

⁴⁰Wenn einem Mann die Haare auf dem Hinterkopf ausfallen, hat er zwar eine Glatze, aber er ist dennoch rein. ⁴¹Fallen ihm die Haare auf dem Vorderkopf aus, hat er zwar eine kahle Stirn, aber er ist dennoch rein. ⁴²Tritt aber an der kahlen Stelle an der Stirn oder am Hinterkopf ein rötlich-weißer Ausschlag auf, ist dort möglicherweise eine ansteckende Hautkrankheit ausgebrochen. ⁴³Wenn der Priester ihn untersucht und dabei feststellt, dass die befallene Haut angeschwollen ist und rötlich-weiß aussieht, genauso wie auch bei einer anderen ansteckenden Hautkrankheit, ⁴⁴hat der Mann eine ansteckende Hautkrankheit und ist unrein. Der Priester soll ihn wegen des Ausschlags am Kopf für unrein erklären.

⁴⁵Wer an einer ansteckenden Hautkrankheit leidet, soll seine Kleider zerreißen und sein Haar offen hängen lassen*. Er soll seinen Bart bedecken und ›Unrein! Unrein!‹ rufen. ⁴⁶Solange die Krankheit anhält, ist er unrein. Als Unreiner muss er abgesondert leben und außerhalb des Lagers wohnen.

Von Schimmel befallene Kleidung

⁴⁷Angenommen, ein Schimmelpilz* befällt ein wollenes oder leinenes Kleidungsstück ⁴⁸oder einen wollenen oder leinenen Stoff, eine Tierhaut oder irgendeinen Gegenstand aus Leder. ⁴⁹Wird die befallene Stelle an der Kleidung, der Tierhaut, dem Stoff oder den Ledergegenständen grünlich oder rötlich, ist sie von Schimmel befallen und soll zur Untersuchung zum Priester gebracht werden. ⁵⁰Der Priester soll sich den Fleck ansehen und den Gegenstand für sieben Tage wegschließen. ⁵¹Am siebten Tag soll er ihn erneut untersuchen. Hat sich der Befall ausgebreitet, handelt es sich bei dem Fleck um bösartigen Schimmel und das Material ist unrein. ⁵²Der Priester soll die Kleidung oder den Stoff aus Leinen oder Wolle oder den befallenen ledernen Gegenstand im Feuer verbrennen.

⁵³Stellt der Priester jedoch bei der erneuten Untersuchung fest, dass sich der Schimmel nicht ausgebreitet hat, ⁵⁴soll er anordnen, dass der befallene Gegenstand gewaschen und dann weitere

---

13,45 O. *und seine Kopfbedeckung ablegen.*   **13,47** Gewöhnlich mit *Aussatz* übersetzt. Der im ganzen Abschnitt verwendete hebr. Ausdruck ist derselbe, der für die verschiedenen in 13,1-46 beschriebenen Hautkrankheiten gebraucht wird.

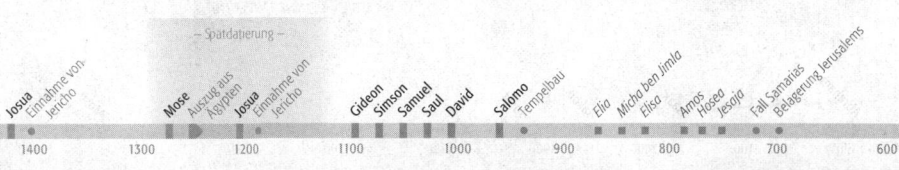

3. MOSE

1–7	Anweisungen zum Opfern
8–10	Beginn des Priestertums
11–15	Reinheit und Unreinheit
16	Der Versöhnungstag
17–26	Das Heiligkeitsgesetz
27	Gelübde

13–14
Prozedur der Reinigung nach ansteckenden Hautkrankheiten.

[Zum Sinai, vom Sinai her: Gott schafft sich ein Volk]

sieben Tage weggeschlossen wird. ⁵⁵Danach soll der Priester ihn noch einmal untersuchen. Stellt er dabei fest, dass die befallene Stelle ihr Aussehen nach dem Waschen nicht verändert hat, ist der Gegenstand, auch wenn der Schimmel sich nicht ausgebreitet hat, unrein und muss vollständig verbrannt werden, ganz gleich, ob er innen oder außen befallen ist. ⁵⁶Sieht der Priester jedoch, dass die befallene Stelle nach dem Waschen verblasst ist, soll er den Fleck aus dem Kleidungsstück, dem Stoff oder dem Leder herausschneiden. ⁵⁷Tritt der Schimmel jedoch zu einem späteren Zeitpunkt wieder auf, breitet sich der Schimmelpilz eindeutig aus und der befallene Gegenstand muss verbrannt werden. ⁵⁸Ist der Fleck nach dem Waschen verschwunden, soll das Kleidungsstück, der Stoff oder der lederne Gegenstand noch einmal gewaschen werden und ist danach rein.

⁵⁹Dies sind die Anweisungen für den Umgang mit Schimmel an wollener oder leinener Kleidung, an Stoff oder an irgendeinem Gegenstand aus Leder. So kann der Priester entscheiden, ob diese Dinge rein oder unrein sind.«

Die Reinigung nach ansteckenden Hautkrankheiten

14 Und der HERR sprach zu Mose: ²»Die folgenden Anweisungen gelten für einen Kranken, der unter einer ansteckenden Hautkrankheit* gelitten hat und wieder für rein erklärt werden will: Er muss zum Priester gebracht werden, ³der ihn außerhalb des Lagers untersuchen soll. Stellt der Priester fest, dass die ansteckende Hautkrankheit abgeheilt ist, ⁴soll er für die Reinigung des Geheilten zwei reine, lebende Vögel, ein Stück Zedernholz, karmesinfarbene Wolle und einen Büschel Ysop holen lassen. ⁵Dann soll der Priester einen der Vögel über einem Tongefäß, das mit lebendigem Wasser* gefüllt ist, ausbluten lassen. ⁶Den lebenden Vogel soll er dann mit dem Zedernholz, der karmesinfarbenen Wolle und dem Ysop in das mit dem lebendigen Wasser vermischte Blut des geschlachteten Vogels tauchen. ⁷Anschließend soll er den Geheilten, der gereinigt werden soll, siebenmal mit dem Blut des Vogels besprengen und ihn dann für rein erklären. Den lebenden Vogel soll er fliegen lassen. ⁸Der Geheilte soll seine Kleider waschen, sich das Haar vollständig sche-

14,2 Gewöhnlich mit *Aussatz* wiedergegeben. Siehe die Anm. zu 13,2. 14,5 D.h. Wasser, das nicht aus einem Brunnen, sondern aus einem fließenden Gewässer geschöpft wurde.

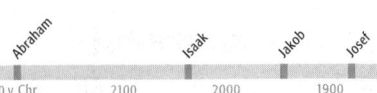

ren und sich baden. Dann ist er rein und darf ins Lager zurückkehren. Allerdings soll er noch sieben Tage außerhalb seines Zeltes verbringen. ⁹Am siebten Tag muss er sich erneut das gesamte Haar scheren, einschließlich des Bartes und der Augenbrauen, sodass alle Haare abgeschnitten werden, seine Kleider waschen und sich baden. Dann ist er rein.

¹⁰Am achten Tag soll der Geheilte zwei fehlerlose männliche Lämmer und ein einjähriges fehlerloses weibliches Lamm nehmen, dazu drei Krug feines Mehl und einen Becher* Öl als Speiseopfer. ¹¹Der Dienst tuende Priester soll den Geheilten, der sich reinigen lässt, zusammen mit den Opfergaben in die Gegenwart des HERRN an den Eingang des Zeltes Gottes bringen. ¹²Der Priester soll eines der männlichen Lämmer zusammen mit dem Öl als Schuldopfer darbringen und beides vor dem HERRN als Weihegaben in einer symbolischen Opferhandlung hin und her schwingen. ¹³Dann soll er das Lamm dort an dem heiligen Ort schlachten, wo auch die Sündopfer und die Brandopfer geschlachtet werden. Wie das Sündopfer gehört auch das Schuldopfer dem Priester, es ist besonders heilig. ¹⁴Dann soll der Priester etwas von dem Blut des Schuldopfers an das rechte Ohrläppchen, den Daumen der rechten Hand und die große Zehe des rechten Fußes der geheilten Person, die sich reinigen lässt, streichen.

¹⁵Anschließend soll der Priester sich etwas von dem Becher Öl in seine linke Hand gießen. ¹⁶Er soll seinen rechten Zeigefinger in das Öl tauchen und es siebenmal vor dem HERRN versprengen. ¹⁷Danach soll er etwas von dem in seiner linken Hand verbliebenen Öl an das rechte Ohrläppchen, den Daumen der rechten Hand und die große Zehe des rechten Fußes der geheilten Person, über das Blut des Schuldopfers, streichen. ¹⁸Das restliche Öl in seiner Hand soll der Priester dem, der sich reinigen lässt, auf den Kopf streichen und so Wiedergutmachung für ihn schaffen.

¹⁹Dann soll der Priester das Sündopfer bringen, um dadurch dem, der sich reinigen lässt, Wiedergutmachung für seine Unreinheit zu schaffen. Danach soll der Priester das Brandopfer schlachten ²⁰und es zusammen mit dem Speiseopfer auf dem Altar darbringen. Auf diese Weise soll er Wiedergutmachung für den Geheilten schaffen und dieser wird rein sein.

²¹Falls jemand zu arm ist, soll er nur ein männliches Lamm als Schuldopfer und nur einen Krug* feines, mit Öl vermischtes Mehl als Speiseopfer und einen Becher* Öl bringen. Das Schuldopfer soll in einer symbolischen Opferhandlung hin und her geschwungen werden und so Wiedergutmachung für den Betreffenden, der sich reinigen lässt, schaffen. ²²Er soll außerdem zwei Turteltauben oder zwei junge Tauben bringen, je nachdem, was er sich leisten kann. Ein Vogel soll als Sündopfer und der andere als Brandopfer dienen. ²³Am achten Tag, nachdem er für rein erklärt wurde, soll der Geheilte dem Priester die Opfergaben zum Eingang des Zeltes Gottes in die Gegenwart des Herrn bringen. ²⁴Der Priester soll das für das Schuldopfer bestimmte Lamm und den Becher Öl nehmen und sie vor dem HERRN als Weihegabe in einer symbolischen Opferhandlung hin und her schwingen. ²⁵Dann soll der Priester das Lamm für das Schuldopfer schlachten und etwas von dem Blut des Tieres an das rechte Ohrläppchen, den Daumen der rechten Hand und die große Zehe des rechten Fußes desjenigen streichen, der sich reinigen lässt. ²⁶Danach soll der Priester sich etwas von dem Öl in seine linke Hand gießen. ²⁷Er soll mit seinem rechten Zeigefinger etwas von dem Öl, das sich in seiner linken Hand befindet, siebenmal vor dem HERRN versprengen. ²⁸Sodann soll der Priester etwas von dem Öl in seiner Hand über das Blut auf dem rechten Ohrläppchen, dem Daumen der rechten Hand und der großen Zehe des rechten Fußes desjenigen streichen, der sich reinigen lässt. ²⁹Das restliche Öl in seiner Hand soll der Priester dem, der sich reinigen lässt, auf den Kopf streichen, um so Wiedergutmachung für ihn zu schaffen.

³⁰Dann soll der Priester eine der beiden Turteltauben oder jungen Tauben – je nachdem, was die Person sich leisten konnte – darbringen. ³¹Eines der Tiere dient als Sündopfer und das andere als Brandopfer, das zusammen mit dem Speiseopfer dargebracht wird. Auf diese Weise soll der Priester dem, der sich reinigen lässt, Wiedergutmachung vor dem HERRN schaffen. ³²Dies sind die Anweisungen zur Reinigung derer, die von einer ansteckenden Hautkrankheit genesen sind, sich jedoch das vollständige Opfer nicht leisten können.«

Schimmel an Häusern
³³Weiter sprach der HERR zu Mose und Aaron: ³⁴»Wenn ihr nach Kanaan kommt, das ich euch zum Besitz gebe, und ich dort an einem Haus Schimmel* entstehen lasse, ³⁵soll der Besitzer des befallenen Hauses zum Priester gehen und ihm mitteilen: ›Mein Haus ist vermutlich vom

---

14,10 *Drei Krug* entspricht ca. 6 kg, *ein Becher* entspricht ca. 0,5 l. **14,21** *Ein Krug* entspricht ca. 2 kg, *ein Becher* entspricht ca. 0,5 l. **14,34** Für gewöhnlich mit *Aussatz* wiedergegeben. Siehe die Anm. zu 13,47.

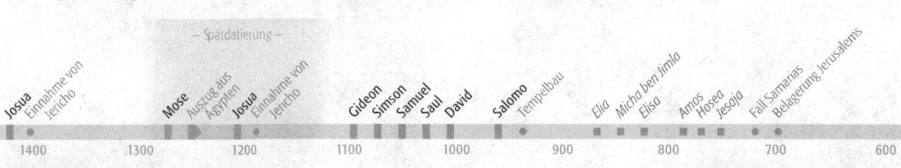

3. MOSE

1–7	Anweisungen zum Opfern
8–10	Beginn des Priestertums
11–15	Reinheit und Unreinheit
16	Der Versöhnungstag
17–26	Das Heiligkeitsgesetz
27	Gelübde

14–15
Anweisungen für Schimmelbefall am Haus. Unreinheit durch Ausflüsse der Geschlechtsorgane.

[Zum Sinai, vom Sinai her: Gott schafft sich ein Volk]

Schimmel befallen.‹ ³⁶Der Priester soll das Haus völlig ausräumen lassen, bevor er kommt und den Fleck begutachtet, damit nicht alles, was sich darin befindet, unrein wird. Dann soll er hineingehen, um das Haus zu untersuchen. ³⁷Wenn er die befallene Stelle begutachtet und es sich um grünliche oder rötliche Flecken an den Wänden des Hauses handelt, die nicht nur oberflächlich sind, sondern tiefer in die Wände zu gehen scheinen, ³⁸soll er das Haus verlassen und es für sieben Tage verschließen. ³⁹Am siebten Tag soll er wiederkommen und es erneut untersuchen. Hat der Schimmel sich inzwischen an den Wänden des Hauses ausgebreitet, ⁴⁰dann soll der Priester die befallenen Steine aus der Wand herausbrechen und anschließend zu einem unreinen Ort außerhalb der Stadt bringen lassen. ⁴¹Danach soll er innen die ganzen Wände im Haus abkratzen lassen; der abgekratzte Lehm soll dann auch an den unreinen Ort außerhalb der Stadt gebracht werden. ⁴²Anschließend soll man neue Steine nehmen, diese anstelle der entfernten Steine einfügen und die Wände mit frischem Lehm neu verputzen.

⁴³Bricht der Schimmel jedoch noch einmal im Haus aus, nachdem die Steine herausgebrochen und die Wände abgeschabt und frisch verputzt wurden, ⁴⁴soll der Priester erneut kommen, um das Haus zu untersuchen. Stellt er dabei fest, dass sich der Schimmel weiter ausgebreitet hat, handelt es sich um einen bösartigen Schimmel und das Haus ist unrein. ⁴⁵Es muss abgerissen werden. Danach sollen alle Steine, das Holz und der Lehm aus der Stadt heraus an den unreinen Ort gebracht werden. ⁴⁶Jeder, der das Haus betritt, während es abgeschlossen ist, wird bis zum Abend unrein. ⁴⁷Jeder, der in dem Haus schläft oder isst, soll seine Kleidung waschen.

⁴⁸Stellt der Priester bei seiner Besichtigung fest, dass der Schimmel nicht wieder aufgetreten ist, nachdem das Haus neu verputzt wurde, soll er das Haus für rein erklären, da der Schimmelbefall eindeutig verschwunden ist. ⁴⁹Um das Haus zu reinigen, soll der Priester zwei Vögel, ein Stück Zedernholz, karmesinfarbene Wolle und einen Büschel Ysop nehmen. ⁵⁰Er soll einen der Vögel über einem Tongefäß, das mit lebendigem Wasser* gefüllt ist, ausbluten lassen. ⁵¹Dann soll er das Zedernholz, den Ysop, die karmesinfarbene Wolle und den lebenden Vogel in das mit dem lebendigen Wasser gemischte Blut des geschlachteten Vogels tauchen und das Haus damit siebenmal besprengen. ⁵²Wenn er das

14,50 D.h. Wasser, das nicht aus einem Brunnen, sondern aus einem fließenden Gewässer geschöpft wurde.

Haus auf diese Weise gereinigt hat, ⁵³soll er den noch lebenden Vogel fliegen lassen. Auf diese Weise soll er das Haus reinigen, dann wird es rein sein.

⁵⁴Dies sind die Anweisungen für den Umgang mit den verschiedenen ansteckenden Hautkrankheiten* und Schimmelbefall*, ⁵⁵egal, ob Kleider oder Häuser davon befallen sind ⁵⁶oder ob es sich um angeschwollene Hautpartien, Ausschläge oder helle Flecken auf der Haut handelt. ⁵⁷Diese Anweisungen sollen immer dann befolgt werden, wenn ansteckende Hautkrankheiten oder Schimmelbefall auftreten, um zu entscheiden, ob etwas rein oder unrein ist.«

Körperliche Unreinheit

15 Der HERR sprach zu Mose und Aaron: ²»Gebt den Israeliten folgende Anweisungen: ›Wenn ein Mann einen Ausfluss aus seinem Glied* hat, ist der Ausfluss unrein. ³Der Mann ist durch seinen Ausfluss unrein, egal, ob der Ausfluss anhält oder zeitweise aufhört. ⁴Jedes Bett, auf dem er liegt, und alles, worauf er sitzt, wird unrein.

⁵Wenn jemand das Bett des Mannes berührt, soll er seine Kleider waschen und sich baden; er bleibt unrein bis zum Abend. ⁶Setzt sich jemand auf den Platz, auf dem der Mann mit dem Ausfluss zuvor saß, soll er seine Kleider waschen und sich baden; er bleibt unrein bis zum Abend. ⁷Falls jemand den Mann berührt, der an dem Ausfluss leidet, soll er seine Kleider waschen und sich baden; er bleibt dann unrein bis zum Abend. ⁸Und wenn der Kranke jemanden anspuckt, soll dieser seine Kleider waschen und sich baden; er ist unrein bis zum Abend. ⁹Auch jeder Sattel, auf dem der Mann beim Reiten sitzt, wird unrein. ¹⁰Wenn jemand einen Gegenstand berührt, auf dem der Kranke saß oder lag, wird er unrein bis zum Abend. Wer einen solchen Gegenstand trägt, soll seine Kleider waschen und sich baden und bleibt bis zum Abend unrein. ¹¹Wenn der Mann jemanden berührt, ohne sich zuvor die Hände gewaschen zu haben, soll dieser seine Kleider waschen und sich baden und bleibt bis zum Abend unrein. ¹²Jedes Tongefäß, das der Mann mit dem Ausfluss berührt, soll zerschlagen werden, und jedes hölzerne Gerät, das er berührt, soll mit Wasser abgewaschen werden.

¹³Wenn der Ausfluss des Mannes abklingt, soll er sieben Tage warten. Danach soll er seine Kleider waschen und sich in lebendigem Wasser* baden. Dann wird er rein sein. ¹⁴Am achten Tag soll er mit zwei Turteltauben oder zwei jungen Tauben zum Eingang des Zeltes Gottes in die Gegenwart des HERRN kommen und die Vögel dem Priester geben. ¹⁵Der Priester soll die eine Taube als Sündopfer, die andere als Brandopfer darbringen. Auf diese Weise soll er ihm vor dem HERRN Wiedergutmachung für seinen Ausfluss schaffen.

¹⁶Wenn ein Mann einen Samenerguss hat, soll er seinen ganzen Körper im Wasser baden und bleibt bis zum Abend unrein. ¹⁷Jedes Kleidungs- oder Lederstück, das mit dem Samen in Berührung kommt, soll gewaschen werden und bleibt bis zum Abend unrein. ¹⁸Und wenn ein Mann mit einer Frau schläft, sollen sich beide anschließend baden; sie bleiben bis zum Abend unrein.

¹⁹Wenn eine Frau ihre Tage hat, ist sie eine Woche lang unrein. Berührt jemand sie während dieser Zeit, ist er bis zum Abend unrein. ²⁰Alles, worauf die Frau in dieser Zeit liegt oder sitzt, wird unrein. ²¹Wenn jemand ihr Bett berührt, soll er seine Kleider waschen und sich baden; er bleibt unrein bis zum Abend. ²²Jeder, der einen Gegenstand berührt, auf dem die unreine Frau sitzt, soll seine Kleider waschen und sich baden und bleibt unrein bis zum Abend. ²³Liegt etwas auf dem Bett oder dem Sitz, auf dem die unreine Frau saß, dann wird derjenige, der es berührt, unrein bis zum Abend. ²⁴Wenn ein Mann während dieser Zeit mit ihr schläft, verunreinigt sie ihn, und so ist er sieben Tage unrein und jedes Bett, auf das er sich legt, wird unrein.

²⁵Wenn die Blutungen länger als gewöhnlich anhalten oder die Frau Zwischenblutungen hat, ist die Frau so lange unrein, wie der Ausfluss anhält. Sie ist unrein wie in der Zeit ihrer Monatsblutung. ²⁶Genauso wird auch jedes Bett, auf dem sie in dieser Zeit liegt, und jeder Gegenstand, auf dem sie sitzt, unrein. ²⁷Wer eines dieser Dinge berührt, wird unrein. In diesem Fall soll er seine Kleider waschen und sich baden, und er bleibt unrein bis zum Abend.

²⁸Wenn die außergewöhnlichen Blutungen aufgehört haben, soll die Frau sieben Tage warten. Danach ist sie wieder rein. ²⁹Am achten Tag soll sie zwei Turteltauben oder zwei junge Tauben zum Priester am Eingang des Zeltes Gottes bringen. ³⁰Der Priester soll die eine als Sündopfer und die andere als Brandopfer darbringen und auf diese Weise für die Frau Wiedergutmachung schaffen.

14,54a Gewöhnlich mit *Aussatz* wiedergegeben. Siehe die Anm. zu 13,2 und 13,47.   **14,54b** Gewöhnlich mit *Aussatz* wiedergegeben.   **15,2** Hebr. *einen Ausfluss aus seinem Fleisch*; so auch in 15,32.   **15,13** D.h. Wasser, das nicht aus einem Brunnen, sondern aus einem fließenden Gewässer geschöpft wurde.

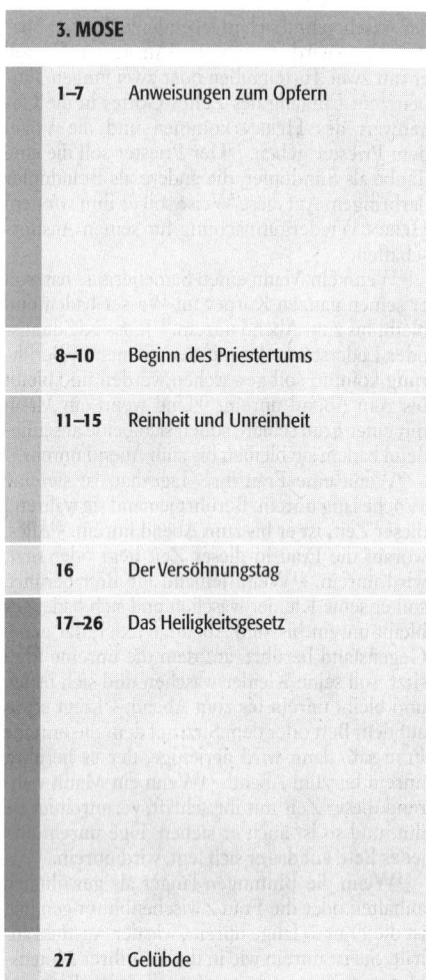

3. MOSE	
1–7	Anweisungen zum Opfern
8–10	Beginn des Priestertums
11–15	Reinheit und Unreinheit
16	Der Versöhnungstag
17–26	Das Heiligkeitsgesetz
27	Gelübde

15–17
Versöhnungstag: Wiedergutmachung für alle Sünden des Volkes.

[Zum Sinai, vom Sinai her: Gott schafft sich ein Volk]

³¹So sollt ihr die Israeliten wegen ihrer Unreinheit absondern, damit sie nicht aufgrund ihrer Unreinheit sterben, wenn sie meine Wohnung, die sich in ihrer Mitte befindet, verunreinigen. ³²Diese Anweisungen gelten für Männer, die durch einen Ausfluss oder einen Samenerguss unrein werden, ³³für Frauen während ihrer monatlichen Blutung und für alle, egal, ob Mann oder Frau, die unter einem Ausfluss leiden, sowie für Männer, die mit einer unreinen Frau schlafen.‹«

Der Versöhnungstag

16 Nach dem Tod von Aarons beiden Söhnen, die starben, als sie ein eigenmächtiges Räucheropfer verbrannten, das der HERR ihnen nicht befohlen hatte*, redete der HERR mit Mose. ²Er sprach: »Warne deinen Bruder Aaron davor, zu jeder beliebigen Zeit in das Allerheiligste hinter dem Vorhang vor die Deckplatte der Bundeslade zu treten, damit er nicht stirbt. Denn ich selbst erscheine in der Wolke über der Deckplatte.

³Aaron darf das Allerheiligste nur betreten, wenn er mir einen jungen Stier als Sündopfer und einen Widder als Brandopfer darbringt. ⁴Er soll ein leinenes Untergewand und leinene Beinkleider anziehen. Anschließend soll er sich einen leinenen Gürtel umbinden und einen leinenen Turban aufsetzen. Dies sind heilige Gewänder. Bevor er sie anzieht, soll er seinen Körper mit Wasser waschen. ⁵Dann soll er sich von den Israeliten zwei Ziegenböcke für ein Sündopfer und einen Widder für ein Brandopfer geben lassen.

⁶Aaron soll den Stier, der für ihn selbst bestimmt ist, als Sündopfer darbringen, um Wiedergutmachung für sich und seine Familie zu schaffen. ⁷Dann soll er die beiden Ziegenböcke an den Eingang des Zeltes Gottes in die Gegenwart des HERRN bringen. ⁸Um zu entscheiden, welches Tier dem Herrn geopfert wird und welches der Sündenbock* ist, soll Aaron über den beiden Ziegenböcken das Los werfen. ⁹Den Bock, auf den das Los für den HERRN gefallen ist, soll Aaron als Sündopfer darbringen. ¹⁰Der Bock, den das Los zum Sündenbock bestimmt hat, soll lebendig vor den HERRN gestellt werden, um für das Volk Wiedergutmachung zu schaffen und dann in die Wüste gejagt zu werden.

¹¹Aaron soll den jungen Stier, der für ihn selbst bestimmt ist, als Sündopfer darbringen, um für

16,1 Hebr. *als sie sich der Gegenwart des Herrn näherten.* Vgl. Kap. 10,1. 16,8 Hebr. *asasel;* das bedeutet im vorliegenden Kontext *Bock der Wegnahme;* so auch in 16,10.26.

sich und seine Familie Wiedergutmachung zu schaffen. Wenn er den zum Sündopfer bestimmten jungen Stier geschlachtet hat, ¹²soll er eine Räucherschale mit brennenden Kohlen von dem Altar, der vor dem HERRN steht, füllen. Dann soll er seine beiden Hände mit dem duftenden Weihrauchgemisch füllen und damit hinter den Vorhang ins Allerheiligste gehen. ¹³Dort soll er das Weihrauchgemisch in der Gegenwart des HERRN auf die glühenden Kohlen legen, sodass die Wolke von Räucherwerk die Deckplatte, die auf der Bundeslade ruht, verdeckt. Dann wird er nicht sterben. ¹⁴Anschließend soll er seinen Finger in das Blut des Stiers tauchen und es von vorne gegen die Deckplatte sprengen. Danach soll er mit seinem Finger siebenmal etwas von dem Blut vor die Lade sprengen.

¹⁵Aaron soll den Ziegenbock als Sündopfer für das Volk schlachten und das Blut in das Allerheiligste* bringen. Dort soll er das Blut auf die Deckplatte und vor die Lade sprengen, so wie er es mit dem Blut des Stiers getan hat. ¹⁶Auf diese Weise soll er das Allerheiligste reinigen wegen aller Sünde der Israeliten und ihrer Unreinheit. Dasselbe soll er für das Zelt Gottes tun, das inmitten ihrer Unreinheit steht. ¹⁷Niemand darf sich in dem Zelt Gottes befinden, während Aaron hineingeht, um im Allerheiligsten Wiedergutmachung zu schaffen, bis er es wieder verlässt. So soll Aaron Wiedergutmachung für sich, seine Familie und die ganze Gemeinschaft der Israeliten schaffen.

¹⁸Dann soll Aaron hinausgehen, um den Altar zu reinigen, der vor dem HERRN steht, indem er etwas von dem Blut des Stiers und des Ziegenbocks ringsum an die Hörner des Altars streicht. ¹⁹Danach soll er mit seinem Finger siebenmal etwas von dem Blut an den Altar sprengen. Auf diese Weise soll er ihn von der Verunreinigung durch die Israeliten reinigen und ihn heiligen.

²⁰Wenn Aaron so das Allerheiligste, das Zelt Gottes und den Altar gereinigt* hat, soll er den lebenden Ziegenbock holen. ²¹Er soll ihm beide Hände auf den Kopf legen und alle Verfehlungen und alle Schuld der Israeliten über ihm bekennen. Auf diese Weise soll er dem Ziegenbock die Sünden der Israeliten auferlegen; dann soll er den Ziegenbock von einem für diese Aufgabe ausgewählten Mann in die Wüste bringen lassen. ²²Wenn der Mann den Ziegenbock in der Wüste freigelassen hat, soll der Bock die Sünden des Volkes in das Ödland tragen. ²³Aaron soll anschließend wieder das Zelt Got-

tes betreten und dort die leinenen Gewänder ausziehen, die er vor dem Betreten des Allerheiligsten anzog, und sie dort zurücklassen. ²⁴Dann soll er sich an einem heiligen Ort baden, seine Gewänder wieder anziehen und hinausgehen, um das Brandopfer für sich und das Volk darzubringen. Auf diese Weise soll er für sich und das Volk Wiedergutmachung schaffen. ²⁵Auch das Fett des Sündopfers soll er auf dem Altar verbrennen.

²⁶Der Mann, der den Sündenbock fortgebracht hat, soll seine Kleider waschen und sich baden. Danach darf er ins Lager zurückkehren. ²⁷Der Stier und der Ziegenbock, die als Sündopfer dargebracht wurden und deren Blut ins Allerheiligste gebracht wurde, um Wiedergutmachung zu schaffen, sollen vor das Lager gebracht und mitsamt ihrem Fell, ihrem Fleisch und ihrem Mist verbrannt werden. ²⁸Der Mann, der sie verbrannt hat, soll seine Kleider waschen und sich baden. Danach darf er ins Lager zurückkehren.

²⁹Am zehnten Tag des siebten Monats* sollt ihr fasten und keinerlei Arbeit tun. An diese Vorschrift sollt ihr euch immer halten. Sie gilt sowohl für jene, die aufgrund ihrer Geburt Israeliten sind, als auch für die Ausländer, die in eurer Mitte leben. ³⁰Denn an diesem Tag wird Wiedergutmachung für euch geschaffen, um euch zu reinigen, und ihr werdet in der Gegenwart des HERRN von allen euren Sünden rein. ³¹Es soll ein Tag völliger Ruhe sein, an dem ihr fasten sollt. An diese Vorschrift sollt ihr euch immer halten. ³²Die Wiedergutmachungszeremonie soll durch den gesalbten Hohen Priester vollzogen werden, der anstelle seines Vorfahren Aaron in dieses Amt eingesetzt wurde. Er soll die heiligen Leinengewänder anziehen, ³³um das Allerheiligste, das Zelt Gottes und den Altar zu reinigen und für die Priester und das gesamte Volk Wiedergutmachung zu schaffen. ³⁴Diese Vorschrift gilt für alle Zeiten, damit einmal in jedem Jahr Wiedergutmachung für die Sünden der Israeliten geschaffen wird.«

Aaron befolgte alle diese Anweisungen, die der HERR Mose gegeben hatte.

Verbot, Blut zu essen

17 Dann sprach der HERR zu Mose: ²»Richte Aaron, seinen Söhnen und allen Israeliten aus: ›Folgendes hat der HERR befohlen: ³Jeder Israelit, der irgendwo innerhalb oder außerhalb

---

16,15 Hebr. *in den Raum hinter dem inneren Vorhang.* 16,20 Hebr. *die Sühnung vollendet hat.* 16,29 Dieser Tag des hebr. Mondkalenders liegt gewöhnlich Ende September/Anfang Oktober.

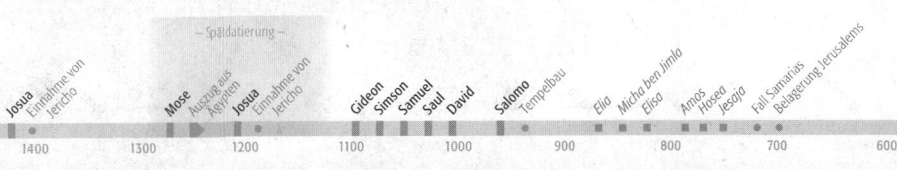

3. MOSE

1–7	Anweisungen zum Opfern
8–10	Beginn des Priestertums
11–15	Reinheit und Unreinheit
16	Der Versöhnungstag
17–26	Das Heiligkeitsgesetz
27	Gelübde

17–19
Blut von Opfertieren muss vor Gott gebracht werden. Blut darf als Träger des Lebens nicht verzehrt werden. Verbot bestimmter sexueller Praktiken.

[Zum Sinai, vom Sinai her: Gott schafft sich ein Volk]

des Lagers ein Rind, ein Lamm oder eine Ziege schlachtet ⁴und das Tier nicht zum Eingang des Zeltes Gottes bringt, um es dem HERRN als Opfergabe vor dessen Wohnung darzubringen, lädt schwere Schuld* auf sich. Denn er hat Blut vergossen und soll aus seinem Volk ausgestoßen und getötet werden. ⁵Die Israeliten sollen ihre Opfertiere, die sie bisher auf freiem Feld schlachteten, zum Priester an den Eingang des Zeltes Gottes bringen und sie dort als Friedensopfer für den HERRN schlachten. ⁶Dann kann der Priester das Blut an den Altar des HERRN am Eingang des Zeltes Gottes sprengen und das Fett verbrennen. Dieses Opfer wird dem HERRN gefallen. ⁷Die Israeliten dürfen ihre Opfer nicht mehr den bösen Geistern* bringen und mir dadurch die Treue brechen. Diese Vorschrift sollt ihr und eure Nachkommen immer einhalten.‹

⁸Teile ihnen zudem Folgendes mit: ›Wenn jemand von den Israeliten oder von den Ausländern, die bei euch leben, ein Brandopfer oder ein Schlachtopfer bringen will, ⁹es aber nicht zum Eingang des Zeltes Gottes bringt, um es dem HERRN zu opfern, soll er aus seinem Volk ausgestoßen und getötet werden.

¹⁰Ich werde gegen jeden vorgehen, der Blut isst, ob er nun zu den Israeliten oder zu den Ausländern gehört, die bei euch leben. Einen solchen Menschen werde ich aus seinem Volk ausstoßen und töten, ¹¹denn das Leben eines jeden Geschöpfes ist in seinem Blut. Ich habe euch das Blut gegeben, damit ihr dadurch Wiedergutmachung für eure Sünden bewirken könnt. Das Blut bringt euch Wiedergutmachung, weil das Leben in ihm ist. ¹²Deshalb habe ich den Israeliten befohlen: Keiner von euch darf Blut essen. Und auch die Ausländer, die bei euch leben, dürfen niemals Blut verzehren.

¹³Wenn jemand von den Israeliten oder von den Ausländern, die bei euch leben, auf die Jagd geht und ein Tier oder einen Vogel erlegt, der gegessen werden darf, soll er das Tier ausbluten lassen und das Blut mit Erde bedecken. ¹⁴Das Leben eines jeden Geschöpfes ist in seinem Blut. Deshalb habe ich den Israeliten befohlen niemals Blut zu verzehren, denn das Leben eines jeden Lebewesens ist in seinem Blut. Daher sollen alle, die Blut verzehren, ausgestoßen und getötet werden.

¹⁵Jeder Einheimische oder Ausländer, der das Fleisch eines verendeten oder gerissenen Tieres isst, soll seine Kleider waschen und sich baden. Er bleibt bis zum Abend unrein; danach ist er wieder rein. ¹⁶Wenn er jedoch seine Kleider

17,4 Hebr. *Blutschuld.* 17,7 O. *den Dämonen.*

nicht wäscht und sich nicht badet, lädt er Schuld auf sich.‹«

Verbotene sexuelle Praktiken

18 Weiter sprach der HERR zu Mose: ²»Gib den Israeliten folgende Anweisungen: ›Ich bin der HERR, euer Gott. ³Verhaltet euch nicht wie die Leute in Ägypten, wo ihr einst gelebt habt, oder wie die Leute in Kanaan, wo ich euch hinführen werde! Lebt nicht nach ihren Bräuchen! ⁴Ihr sollt vielmehr meine Vorschriften befolgen und meine Gesetze einhalten und dementsprechend leben; denn ich bin der HERR, euer Gott. ⁵Haltet euch an meine Gesetze und Vorschriften, denn wer sie befolgt, wird durch sie leben.* Ich bin der HERR!

⁶Ihr dürft nicht mit einer Blutsverwandten schlafen, denn ich bin der HERR. ⁷Entehre deinen Vater nicht, indem du mit deiner Mutter schläfst*. Sie ist deine Mutter, du sollst nicht mit ihr schlafen. ⁸Du sollst auch nicht mit einer anderen Frau deines Vaters schlafen, denn auch damit entehrst du deinen Vater.

⁹Du sollst auch nicht mit deiner Schwester oder Halbschwester schlafen, egal, ob sie die Tochter deines Vaters oder deiner Mutter ist. Dabei spielt es keine Rolle, ob sie im selben Haus geboren wurde wie du oder in einem anderen.

¹⁰Du darfst auch nicht mit deiner Enkeltochter schlafen, der Tochter deines Sohnes oder deiner Tochter, denn damit würdest du dich entehren. ¹¹Du sollst nicht mit der Tochter einer Frau deines Vaters schlafen, die er gezeugt hat, denn sie ist deine Halbschwester. ¹²Du darfst nicht mit deiner Tante, der Schwester deines Vaters, schlafen, denn sie ist eine Blutsverwandte deines Vaters. ¹³Du darfst auch nicht mit deiner Tante, der Schwester deiner Mutter, schlafen, denn sie ist eine Blutsverwandte deiner Mutter. ¹⁴Ebenso darfst du nicht mit der Frau deines Onkels, des Bruders deines Vaters, schlafen, denn sie ist deine Tante. ¹⁵Auch mit deiner Schwiegertochter darfst du nicht schlafen, denn sie ist die Frau deines Sohnes. Du sollst keinen Geschlechtsverkehr mit ihr haben. ¹⁶Du sollst nicht mit der Frau deines Bruders schlafen, sonst entehrst du deinen Bruder. ¹⁷Du sollst nicht mit einer Frau und ihrer Tochter oder Enkeltochter schlafen. Die beiden sind Blutsverwandte und es wäre eine unverzeihliche Schandtat. ¹⁸Nimm nicht die Schwester deiner Frau als Nebenfrau, solange deine Frau noch lebt.

¹⁹Während eine Frau ihre monatliche Blutung hat, ist sie unrein und du darfst nicht mit ihr schlafen.

²⁰Verunreinige dich nicht, indem du mit der Frau eines anderen schläfst.

²¹Lass keines deiner Kinder für den Moloch durchs Feuer gehen, damit du den Namen deines Gottes nicht entweihst. Ich bin der HERR!

²²Ein Mann soll keinen Geschlechtsverkehr mit einem anderen Mann haben, denn das ist abscheulich.

²³Weder ein Mann noch eine Frau dürfen Geschlechtsverkehr mit einem Tier haben, denn das ist verabscheuungswürdig.

²⁴Verunreinigt euch nicht auf diese Weise, denn so haben sich die Völker verunreinigt, die ich vor euch vertreibe. ²⁵Durch ihr Verhalten wurde das ganze Land unrein. Deshalb bestrafe ich die Menschen, die dort wohnen, und das Land wird sie ausspucken. ²⁶Ihr aber sollt euch an alle meine Gesetze und Vorschriften halten und nicht so etwas Verabscheuungswürdiges tun. Das gilt sowohl für euch Israeliten als auch für die Ausländer, die bei euch leben. ²⁷All diese verabscheuungswürdigen Bräuche haben die Bewohner des Landes getan, die vor euch im Land gewohnt haben, und das Land ist davon unrein geworden. ²⁸Das Land wird euch sonst ausspucken, weil ihr es verunreinigt, wie es auch das Volk, das vor euch dort lebte, ausgespuckt hat. ²⁹Alle, die so etwas Verabscheuungswürdiges tun, werden aus ihrem Volk ausgeschlossen werden und müssen sterben. ³⁰Haltet deshalb meine Gesetze und übernehmt keine der verabscheuungswürdigen Bräuche dieser Völker, die vor euch in diesem Land verübt wurden. Macht euch nicht unrein, indem ihr so etwas tut. Ich bin der HERR, euer Gott.‹«

Heiligkeit im persönlichen Verhalten

19 Der HERR sprach zu Mose: ²»Teile dem ganzen Volk der Israeliten Folgendes mit: ›Ihr sollt heilig sein, weil ich, der HERR, euer Gott, heilig bin.* ³Jeder von euch soll seine Mutter und seinen Vater ehren und immer meinen Sabbat als Ruhetag halten; denn ich bin der HERR, euer Gott. ⁴Setzt euer Vertrauen nicht in Götzen und fertigt euch keine Götzenfiguren an. Denn ich bin der HERR, euer Gott.

18,5 Vgl. Römer 10,5 und Galater 3,12. **18,7** O. *Du sollst nicht mit deinem Vater oder mit deiner Mutter schlafen.*
19,2 Vgl. 1. Petrus 1,16.

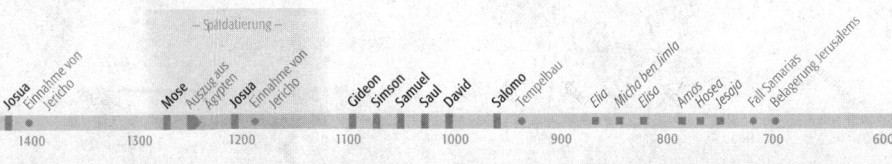

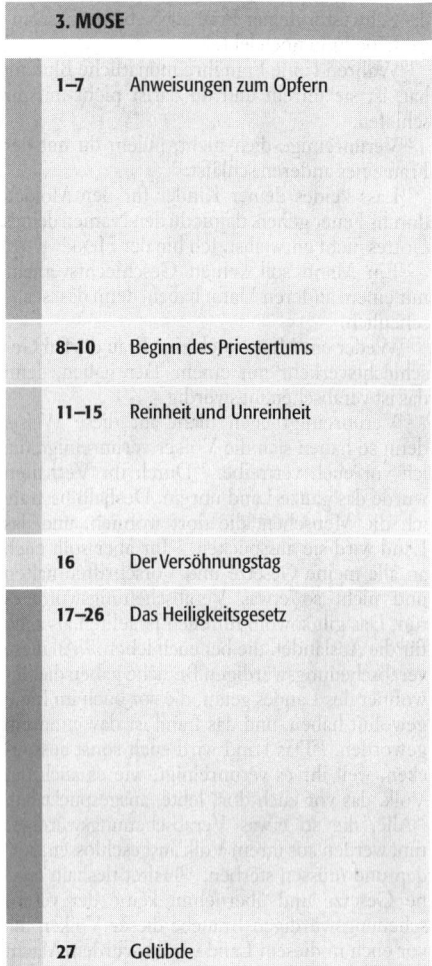

3. MOSE

1–7	Anweisungen zum Opfern
8–10	Beginn des Priestertums
11–15	Reinheit und Unreinheit
16	Der Versöhnungstag
17–26	Das Heiligkeitsgesetz
27	Gelübde

19–20
Ethische Anweisungen für heiliges Verhalten. Folge bei Missachtung der Anweisungen.

[Zum Sinai, vom Sinai her: Gott schafft sich ein Volk]

⁵Wenn ihr dem HERRN ein Friedensopfer bringt, dann opfert es so, dass ihr und euer Opfer dem HERRN gefallt. ⁶Es muss an dem Tag, an dem es geopfert wird, verzehrt werden, oder spätestens am Tag darauf. Alles, was davon noch am dritten Tag übrig ist, soll verbrannt werden. ⁷Isst aber trotzdem noch jemand am dritten Tag von dem Opfer, ist es unrein und ich werde das Opfer nicht annehmen. ⁸Wer am dritten Tag davon isst, lädt Schuld auf sich, denn er entweiht, was dem HERRN heilig ist. Er soll aus seinem Volk ausgestoßen und getötet werden.

⁹Wenn ihr die Ernte in eurem Land einbringt, dann sollt ihr das Getreide nicht bis zum äußersten Rand eurer Felder abschneiden und keine Nachlese halten. ¹⁰Auch in euren Weinbergen sollt ihr keine Nachlese halten und die Trauben, die zu Boden fallen, nicht aufsammeln. Lasst sie für die Armen und die Ausländer liegen. Ich bin der HERR, euer Gott.

¹¹Ihr sollt nicht stehlen. Ihr sollt nicht lügen. Ihr sollt einander nicht betrügen. ¹²Ihr sollt in meinem Namen keinen Meineid ablegen und so den Namen eures Gottes entweihen. Ich bin der HERR! ¹³Ihr sollt niemanden erpressen oder berauben. Ihr sollt Arbeiter, die ihr für einen Tag beschäftigt, noch am selben Abend bezahlen. ¹⁴Ihr sollt einen Tauben nicht beschimpfen und einem Blinden nichts in den Weg stellen, sondern Ehrfurcht vor eurem Gott haben. Ich bin der HERR!

¹⁵Wenn ihr eine Gerichtsverhandlung führt, sollt ihr kein Unrecht tun. Ihr sollt eure Mitmenschen stets gerecht richten und weder die Armen begünstigen noch die Reichen bevorzugen. ¹⁶Verleumdet eure Mitmenschen nicht. Du sollst deinem Nächsten nicht nach dem Leben trachten. Ich bin der HERR!

¹⁷Hege in deinem Herzen keinen Hass gegen irgendeinen anderen Menschen, sondern weise ihn zurecht, damit du nicht seinetwegen Schuld auf dich lädst. ¹⁸Übe keine Rache an einem Angehörigen deines Volkes und trage ihm nichts nach, sondern liebe deinen Nächsten wie dich selbst.* Ich bin der HERR! ¹⁹Haltet alle meine Vorschriften.

Kreuzt nicht verschiedene Arten Vieh und sät nicht zwei unterschiedliche Sorten Saatgut auf eurem Feld aus. Zieht keine Kleidung an, die aus zwei verschiedenen Materialien gewoben ist.

²⁰Wenn ein Mann mit einer Sklavin schläft, die einem anderen verlobt ist, jedoch nicht freigelassen oder losgekauft wurde, muss der Mann

---

19,18 Vgl. Matthäus 5,43; 19,18-19; 22,39; Markus 12,31; Lukas 10,27; Römer 13,9; Galater 5,14 u. Jakobus 2,8.

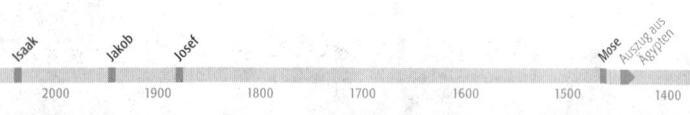

Schadenersatz leisten. Die beiden werden aber nicht mit dem Tod bestraft, denn die Frau war nicht frei. ²¹Der Mann soll dem HERRN einen Widder als Schuldopfer an den Eingang des Zeltes Gottes bringen. ²²Der Priester soll ihm mit dem Widder Wiedergutmachung vor dem HERRN schaffen für die Sünde, die er begangen hat. Dann wird dem Mann seine Sünde vergeben.

²³Wenn ihr in das Land kommt und dort Obstbäume pflanzt, sollt ihr in den ersten drei Jahren ihre Früchte nicht ernten. Sie sind für euch verboten* und dürfen nicht gegessen werden. ²⁴Im vierten Jahr soll die gesamte Ernte als Ausdruck des Lobes und des Dankes dem HERRN geweiht werden. ²⁵Ab dem fünften Jahr dürft ihr die Früchte essen und werdet auf diese Weise einen umso reicheren Ertrag haben. Ich bin der HERR, euer Gott.

²⁶Esst kein Fleisch, in dem noch Blut ist. Treibt keine Wahrsagerei oder Zauberei. ²⁷Ihr sollt euer Haar an den Schläfen nicht abschneiden und euren Bart nicht stutzen. ²⁸Ritzt eure Haut nicht ein aus Trauer um einen Toten und lasst euch nicht tätowieren. Ich bin der HERR!

²⁹Entehrt eure Tochter nicht, indem ihr sie zur Hure macht, damit im Land nicht Hurerei und Sittenlosigkeit herrscht.

³⁰Ihr sollt meine Sabbate als Ruhetage einhalten und Ehrfurcht vor meinem Heiligtum haben. Ich bin der HERR!

³¹Wendet euch nicht an Totenbeschwörer und sucht keine Wahrsager, denn durch sie werdet ihr unrein. Ich bin der HERR, euer Gott.

³²Ehrt und respektiert ältere Menschen. Habt Ehrfurcht vor eurem Gott. Ich bin der HERR!

³³Wenn sich ein Ausländer bei euch niederlässt, sollt ihr ihn nicht ausbeuten. ³⁴Den Ausländer, der bei euch wohnt, sollt ihr wie einen von euch behandeln und ihr sollt ihn lieben wie euch selbst. Denn ihr selbst wart einst Fremde in Ägypten. Ich bin der HERR, euer Gott.

³⁵Vor Gericht sollt ihr ehrlich sein und auch beim Abmessen und Abwiegen sollt ihr nicht betrügen. ³⁶Eure Waagen und Gewichtssteine sollen korrekt sein, genauso wie eure Hohlmaße für das Abmessen von Getreide oder von Flüssigkeiten*. Ich bin der HERR, euer Gott, der euch aus Ägypten geführt hat. ³⁷Ihr sollt darauf achten, alle meine Gesetze und Vorschriften zu befolgen, denn ich bin der HERR!«

Strafe für Ungehorsam

20 Dann sprach der HERR zu Mose: ²»Gib den Israeliten folgende Anweisungen: ›Jeder von den Israeliten oder von den in Israel ansässigen Ausländern, der eins oder mehrere seiner Kinder dem Moloch weiht, soll vom ganzen Volk durch Steinigung hingerichtet werden. ³Ich selbst will gegen diesen Menschen vorgehen und ihn aus seinem Volk ausstoßen und töten, weil er mein Heiligtum verunreinigt und meinen heiligen Namen entweiht hat, indem er sein Kind dem Moloch gab. ⁴Und wenn die Israeliten davor ihre Augen verschließen, dass dieser Mensch ein Kind dem Moloch geweiht hat und ihn nicht mit dem Tod bestrafen, ⁵will ich selbst gegen ihn und seine Sippe vorgehen. Ich werde ihn zusammen mit all denen, die sich ihm anschließen und dem Moloch dienen, aus ihrem Volk ausstoßen und töten.

⁶Wenn mir jemand untreu wird, indem er sich an Wahrsager und Totenbeschwörer wendet, will ich gegen ihn vorgehen und ihn aus seinem Volk ausstoßen und töten. ⁷Heiligt euch und seid heilig, denn ich bin der HERR, euer Gott. ⁸Haltet euch an meine Vorschriften und befolgt sie. Ich bin der HERR, der euch heilig macht.

⁹Wenn jemand seinen Vater oder seine Mutter verflucht, soll er mit dem Tod bestraft werden.* Er hat schwere Schuld auf sich geladen*, denn er hat seinen Vater oder seine Mutter verflucht.

¹⁰Wenn ein Mann mit der Frau eines anderen schläft, sollen sowohl der Mann als auch die Frau hingerichtet werden. ¹¹Wenn ein Mann mit der Frau seines Vaters schläft, entehrt er seinen Vater. Sowohl der Mann als auch die Frau müssen hingerichtet werden, denn sie haben schwere Schuld auf sich geladen*. ¹²Wenn ein Mann mit seiner Schwiegertochter schläft, müssen beide hingerichtet werden. Sie haben etwas Abscheuliches getan und schwere Schuld auf sich geladen.

¹³Wenn ein Mann Geschlechtsverkehr mit einem Mann hat, müssen beide mit dem Tod bestraft werden. Sie haben etwas Verabscheuungswürdiges getan und schwere Schuld auf sich geladen. ¹⁴Wenn ein Mann eine Frau und zugleich ihre Mutter heiratet, ist das verwerflich. Alle drei sollen verbrannt werden, damit so etwas Verwerfliches nicht unter euch existiert.

¹⁵Wenn ein Mann Geschlechtsverkehr mit einem Tier hat, muss er hingerichtet werden, und das Tier sollt ihr töten. ¹⁶Wenn eine Frau sich einem Tier nähert, um Geschlechtsverkehr mit

---

19,23 Hebr. *sie sind für euch unbeschnitten.* 19,36 Hebr. *Benutzt ein ehrliches Efa* (ein Trockenmaß) *und eine ehrliche Kanne* (Hohlmaß). 20,9a Vgl. Matthäus 15,4 u. Markus 7,10. 20,9b Hebr. *sein Blut komme über ihn.* 20,11 Hebr. *ihr Blut komme über sie.* So auch in 20,12.13.16.27.

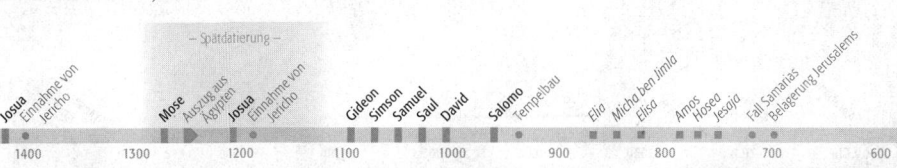

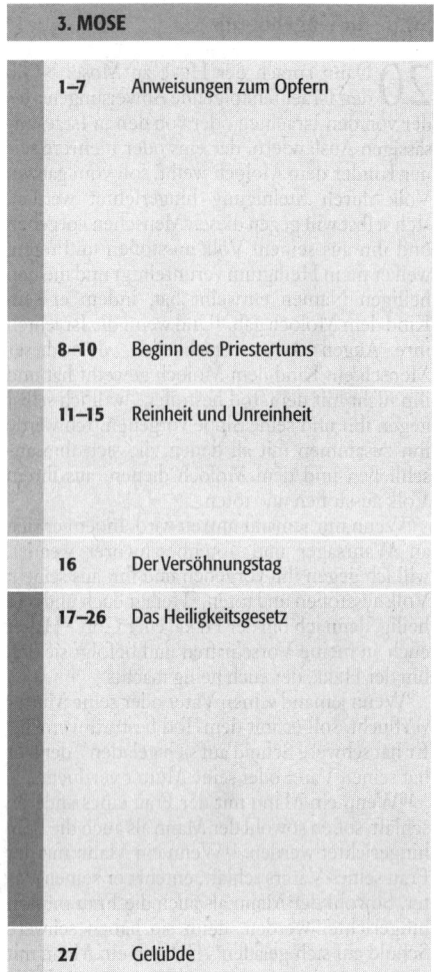

3. MOSE

1–7	Anweisungen zum Opfern
8–10	Beginn des Priestertums
11–15	Reinheit und Unreinheit
16	Der Versöhnungstag
17–26	Das Heiligkeitsgesetz
27	Gelübde

20–22
Die Anweisungen dienen der Unterscheidung Israels von den Völkern Kanaans. Persönliche Verhältnisse der Priester. Regelung, wer vom heiligen Opfer essen darf.

[Zum Sinai, vom Sinai her: Gott schafft sich ein Volk]

ihm zu haben, sollen sie und das Tier mit dem Tod bestraft werden. Beide müssen sterben, denn sie haben schwere Schuld auf sich geladen. [17]Wenn ein Mann mit seiner Schwester schläft, der Tochter seines Vaters oder seiner Mutter, ist dies eine schlimme Schande. Beide sollen ausgestoßen und öffentlich hingerichtet werden. Da der Mann mit seiner Schwester geschlafen hat, muss er die Folgen seines Vergehens tragen. [18]Schlafen ein Mann und eine Frau miteinander, während die Frau ihre Tage hat, sollen beide aus ihrem Volk ausgestoßen und getötet werden.

[19]Niemand darf mit der Schwester seiner Mutter oder seines Vaters schlafen, denn sie ist eine Blutsverwandte. Beide sollen die Folgen ihres Vergehens tragen. [20]Wenn ein Mann mit der Frau seines Onkels schläft, hat er seinen Onkel entehrt. Sowohl der Mann als auch die Frau laden Schuld auf sich und sollen kinderlos sterben. [21]Wenn ein Mann die Frau seines Bruders heiratet, hat er damit seinen Bruder entehrt. Ein solches Verhalten ist verwerflich und das schuldige Paar wird kinderlos bleiben.

[22]Haltet euch an alle meine Gesetze und Vorschriften und befolgt sie. Andernfalls wird euch das Land ausspucken, in das ich euch führe, damit ihr darin wohnt. [23]Übernehmt nicht die Bräuche der Völker, die ich vor euch vertreiben werde. Denn weil sie diese Bräuche ausgeübt haben, verabscheue ich sie zutiefst. [24]Doch ich habe euch versprochen: Ihr werdet ihr Land in Besitz nehmen, ich selbst werde es euch geben: ein Land, in dem Milch und Honig überfließen. Ich bin der HERR, euer Gott, der euch aus allen Völkern ausgesondert hat.

[25]Deshalb sollt ihr unterscheiden zwischen reinen und unreinen Tieren und zwischen reinen und unreinen Vögeln. Verunreinigt euch nicht durch ein Tier, einen Vogel oder ein Kriechtier, die ich für unrein erklärt habe. [26]Ihr sollt für mich heilig sein, weil ich, der HERR, heilig bin. Ich habe euch aus allen anderen Völkern ausgesondert, damit ihr mir gehört.

[27]Männer und Frauen unter euch, die sich als Totenbeschwörer oder Wahrsager betätigen, sollen hingerichtet werden. Sie sollen gesteinigt werden, denn sie haben schwere Schuld auf sich geladen.‹«

Anweisungen für die Priester

21 Der HERR sprach zu Mose: »Gib den Priestern, den Nachkommen Aarons, folgende Anweisungen: ›Keiner der Priester soll einen Toten berühren und sich dadurch verunreinigen, [2]es sei denn, es handelt sich um einen

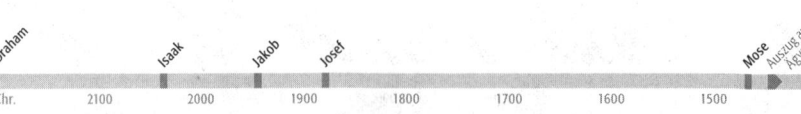

nahen Angehörigen – Mutter oder Vater, Sohn, Tochter oder Bruder. ³Er darf sich auch an seiner Schwester verunreinigen, wenn sie noch unverheiratet war und ihm deswegen nahestand. ⁴Als Verheirateter soll er sich nicht unter seinen Verwandten verunreinigen. Er würde sich sonst entweihen.

⁵Die Priester dürfen sich niemals eine Glatze scheren, den Bart stutzen oder ihre Haut einritzen. ⁶Sie sollen heilig für ihren Gott sein und dürfen seinen Namen niemals entweihen. Schließlich bringen sie die Opfer für den HERRN – die Speise ihres Gottes – dar, darum sollen sie heilig sein.

⁷Priester dürfen keine Prostituierten, keine Frau, die schon mit einem anderen Mann geschlafen hat, und auch keine Geschiedene heiraten, denn die Priester sind Gott geweiht. ⁸Ihr sollt sie als heilig achten, weil sie eurem Gott Speise bringen. Ihr sollt sie als heilig betrachten, weil ich, der HERR, heilig bin, der auch euch heilig macht. ⁹Wenn die Tochter eines Priesters sich prostituiert, entweiht sie dadurch nicht nur sich selbst, sondern auch ihren Vater. Sie soll verbrannt werden.

¹⁰Der Hohe Priester, auf dessen Kopf das Salböl gegossen und der in sein Amt eingesetzt wurde, damit er die heiligen Priestergewänder trägt, soll sein Haar nicht offen und ungekämmt hängen lassen* und seine Kleider nicht zerreißen. ¹¹Er darf sich nicht verunreinigen, indem er sich einem Toten nähert, selbst wenn es sein Vater oder seine Mutter ist. ¹²Er soll das Heiligtum seines Gottes in diesem Fall nicht verlassen, damit er es nicht entweiht. Denn er ist durch das Salböl seines Gottes geweiht. Ich bin der HERR!

¹³Der Hohe Priester darf nur eine Frau heiraten, die noch Jungfrau ist. ¹⁴Er darf keine Witwe und keine geschiedene oder durch Prostitution entweihte Frau heiraten, sondern nur eine Jungfrau aus seinem eigenen Stamm, ¹⁵damit er seine Nachkommen in seinem Stamm nicht entweiht. Denn ich, der HERR, heilige ihn.‹«

¹⁶Dann sprach der HERR zu Mose: ¹⁷»Gib Aaron folgende Anweisung: ›Keiner deiner Nachkommen, der eine Behinderung hat, darf mir Opfer darbringen. ¹⁸Denn niemand, der eine Behinderung hat, darf sich mir nähern: Keiner, der blind oder lahm ist, dessen Gesicht entstellt ist oder der sonst eine Missbildung hat. ¹⁹Keiner, der einen gebrochenen Fuß, eine gebrochene Hand hat, ²⁰oder einen Buckel hat oder unter Muskelschwund leidet. Keiner, der einen weißen Fleck im Auge, irgendeine Hautkrankheit oder verletzte Hoden hat. ²¹Kein Nachkomme des Priesters Aaron, der irgendeine Behinderung hat, darf dem HERRN Opfer darbringen. Weil er einen körperlichen Makel hat, darf er seinem Gott keine Opfer bringen. ²²Er darf von der Speise, die Gott dargebracht wird, essen – von den heiligen und den besonders heiligen Opfern. ²³Wegen seines körperlichen Makels darf er sich jedoch nie dem Vorhang vor dem Allerheiligsten nähern oder an den Altar treten, denn damit würde er mein Heiligtum entweihen. Ich bin der HERR, der sie heilig macht.‹«

²⁴Mose teilte diese Worte Aaron, seinen Söhnen und allen Israeliten mit.

22

Der HERR sprach zu Mose: ²»Sag Aaron und seinen Söhnen, dass sie die heiligen Gaben, welche die Israeliten mir weihen, mit großer Sorgfalt behandeln, damit sie meinen heiligen Namen nicht entweihen. Ich bin der HERR! ³Sprich zu ihnen: ›Diese Anordnung gilt für alle eure Nachkommen: Jeder Priester, der sich den heiligen, mir geweihten Gaben der Israeliten nähert, während er unrein ist, soll von meiner Gegenwart ausgestoßen und getötet werden. Ich bin der HERR!

⁴Wenn einer der Nachkommen Aarons eine ansteckende Hautkrankheit* oder einen Ausfluss hat, darf er erst wieder von den heiligen Gaben essen, wenn er rein ist. Wenn ein Priester etwas berührt, das durch einen Toten verunreinigt wurde, wenn er einen Samenerguss gehabt hat ⁵oder ein unreines Kriechtier oder einen Menschen berührt hat, der aus irgendeinem Grund unrein ist, ⁶bleibt er bis zum Abend unrein. Er darf nichts von den heiligen Opfern essen, bis er seinen Körper mit Wasser gereinigt hat. ⁷Nach Sonnenuntergang ist er wieder rein. Danach darf er von den heiligen Opfern essen, denn sie sind zu seiner Nahrung bestimmt. ⁸Ein Priester darf kein Fleisch von einem verendeten oder gerissenen Tier essen, denn damit würde er sich verunreinigen. Ich bin der HERR! ⁹Die Priester sollen sich an diese Anordnungen halten. Sonst laden sie Schuld auf sich und müssen sterben, weil sie etwas Heiliges entweiht haben. Ich bin der HERR, der sie heiligt.

¹⁰Außer der Familie des Priesters darf niemand von den heiligen Opfern essen, auch kein Gast oder Hausangestellter des Priesters. ¹¹Kauft ein Priester jedoch einen Sklaven, darf dieser davon essen. Genauso die Kinder seiner Sklaven, die im Haus des Priesters geboren wurden. ¹²Heiratet die Tochter eines Priesters einen Mann, der keiner Priesterfamilie angehört, darf sie nicht mehr

---

21,10 O. *darf niemals die Kopfbedeckung ablegen.* **22,4** Gewöhnlich mit *Aussatz* übersetzt. Siehe die Anm. zu 13,2.

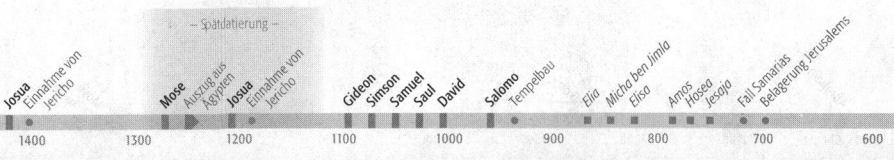

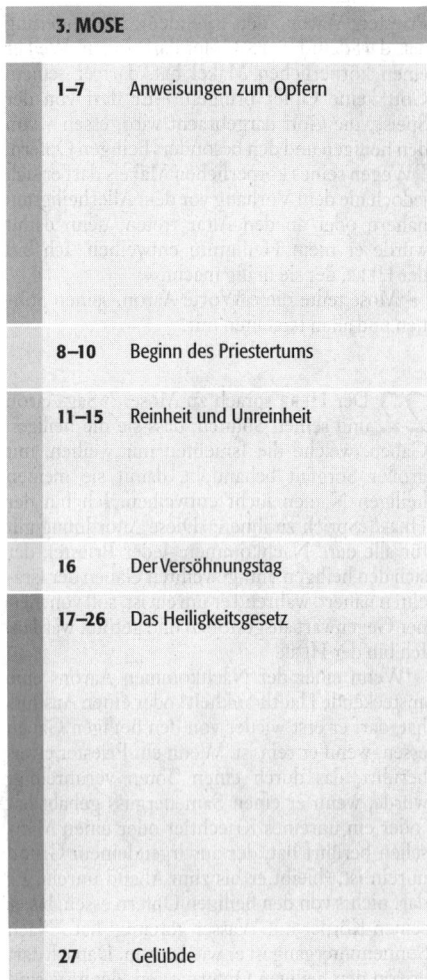

3. MOSE	
1–7	Anweisungen zum Opfern
8–10	Beginn des Priestertums
11–15	Reinheit und Unreinheit
16	Der Versöhnungstag
17–26	Das Heiligkeitsgesetz
27	Gelübde

22–23
Opfer für Gott müssen makellos sein. Vorgeschriebene Jahresfeste.

[Zum Sinai, vom Sinai her: Gott schafft sich ein Volk]

von den heiligen Opfern essen. [13]Wenn sie jedoch verwitwet oder geschieden ist und keine Kinder hat und dann in das Haus ihres Vaters zurückkehrt, darf sie wieder – wie in ihrer Jugend – von den Anteilen essen, die ihrem Vater zustehen. Wer jedoch nicht zur Familie des Priesters gehört, darf auf keinen Fall davon essen.

[14]Wenn jemand versehentlich von den heiligen Opfern isst, soll er es dem Priester erstatten und 20 Prozent dazugeben. [15]Die Priester dürfen die heiligen Opfergaben, die sie von den Israeliten erhalten, nicht entweihen [16]und Schuld auf Menschen laden, indem sie ihnen gestatten, von den heiligen Opfergaben zu essen. Denn ich bin der HERR, der sie heilig macht.‹«

Würdige und unwürdige Opfer
[17]Dann sprach der HERR zu Mose: [18]»Gib Aaron, seinen Nachkommen und allen Israeliten folgende Anweisungen, die sowohl für die Israeliten als auch für die in Israel ansässigen Ausländer gelten: ›Wenn ihr dem HERRN ein Brandopfer bringt, sei es freiwillig oder um ein Gelübde zu erfüllen, [19]wird dieses Opfer nur dann angenommen, wenn es sich um ein fehlerloses männliches Tier handelt. Es kann ein Stier, ein Lamm oder ein Ziegenbock sein. [20]Ihr dürft kein Tier mit einem körperlichen Makel opfern, denn solch ein Opfer nehme ich nicht an.

[21]Wenn ihr dem HERRN ein Rind, ein Schaf oder eine Ziege als Friedensopfer bringt, sei es freiwillig oder um ein Gelübde zu erfüllen, soll das Tier fehlerlos und gesund sein, damit ich das Opfer annehme. [22]Ihr dürft dem HERRN kein Tier opfern, das blind, verletzt oder verstümmelt ist oder ein Geschwür oder eine Hautkrankheit hat. Solche Tiere dürft ihr nicht als Opfer für den Herrn auf dem Altar darbringen. [23]Wenn ein Rind, eine Ziege oder ein Lamm verwachsen oder verkrüppelt ist, darf es zwar noch als freiwilliges Opfer dargebracht werden, nicht aber um ein Gelübde zu erfüllen. [24]Ein Tier, dem die Hoden zerquetscht, zerschlagen, abgerissen oder abgeschnitten wurden, darf dem HERRN nicht geopfert werden. Das sollt ihr in eurem Land nicht mit Tieren tun. [25]Ihr dürft solche Tiere auch nicht von Ausländern kaufen, um sie dann eurem Gott zu opfern. Solche Opfer werde ich nicht annehmen, weil die Tiere verstümmelt sind und einen Makel haben.‹«

[26]Und der HERR sprach zu Mose: [27]»Wenn ein Rind, ein Lamm oder eine Ziege geboren wird, soll das Tier sieben Tage lang bei seiner Mutter gelassen werden. Erst vom achten Tag an nehme ich es als Opfer, das für den HERRN auf dem Altar verbrannt wird, an. [28]Aber schlachtet niemals ein Muttertier und sein Junges am gleichen Tag,

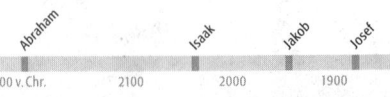
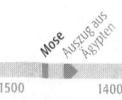

ganz gleich ob es sich um ein Rind, ein Schaf oder eine Ziege handelt. ²⁹Wenn ihr dem HERRN ein Dankopfer darbringt, soll es so geopfert werden, dass Gott es für euch annimmt. ³⁰Das Fleisch des Opfertieres soll noch am gleichen Tag gegessen werden. Lasst nichts davon bis zum nächsten Morgen übrig. Ich bin der HERR!

³¹Haltet euch an alle meine Gebote und befolgt sie. Ich bin der HERR! ³²Entweiht meinen heiligen Namen nicht. Die Israeliten sollen mich als heilig behandeln. Ich bin es, der HERR, der euch heiligt. ³³Ich habe euch aus Ägypten geführt, um euer Gott zu sein. Ich bin der HERR!«

Die vorgeschriebenen Feste

23 Der HERR sprach zu Mose: ²»Gib den Israeliten folgende Anweisungen: ›Die Feste des HERRN sollt ihr als heilige Versammlungen ausrufen. Dies sind meine Feiertage: ³Ihr sollt sechs Tage pro Woche arbeiten, der siebte Tag aber ist der Sabbat, ein Tag vollkommener Ruhe, an dem ihr zum Gottesdienst zusammenkommen sollt. An diesem Tag sollt ihr nicht arbeiten. Wo auch immer ihr lebt, sollt ihr diesen Ruhetag für den HERRN einhalten. ⁴Außerdem hat der HERR auch noch Feste angeordnet, heilige Gottesdienste, die ihr zu der für sie festgesetzten Zeit ausrufen sollt.

Passah und das Fest der ungesäuerten Brote

⁵Am 14. Tag des ersten Monats* findet gegen Abend* die Passahfeier für den HERRN statt. ⁶Einen Tag später* beginnt das Fest der ungesäuerten Brote, das zur Ehre des HERRN gefeiert wird: Sieben Tage sollt ihr Brot essen, das ohne Sauerteig gebacken wurde. ⁷Am ersten Tag des Festes sollt ihr zu einer heiligen Versammlung zusammenkommen und keine alltägliche Arbeit erledigen. ⁸Sieben Tage lang soll das Volk Opfer für den HERRN auf dem Altar verbrennen. Am siebten Tag soll das Volk wiederum zu einer heiligen Festversammlung zusammenkommen und nicht arbeiten.‹«

Das Fest der ersten Garbe

⁹Dann befahl der HERR Mose: ¹⁰»Gib den Israeliten folgende Anweisungen: ›Wenn ihr in das Land kommt, das ich euch geben werde, und die Getreideernte einbringt, sollt ihr dem Priester die erste Garbe eures Getreides geben. ¹¹Am Tag nach dem Sabbat soll der Priester sie dann vor dem HERRN in einer symbolischen Opferhandlung hin und her schwingen, damit sie für euch angenommen wird. ¹²An dem Tag, an dem ihr die Garbe darbringt, sollt ihr dem HERRN ein fehlerloses, einjähriges Lamm als Brandopfer bringen. ¹³Dazu kommt ein Speiseopfer, bestehend aus zwei Krug* feinen, mit Öl vermischten Mehls. Dieses Opfer, das für den HERRN auf dem Altar verbrannt wird, gefällt ihm. Dazu sollt ihr eine viertel Kanne* Wein als Trankopfer darbringen. ¹⁴Bis zu diesem Tag, bis ihr eurem Gott dieses Opfer dargebracht habt, dürft ihr kein Brot und kein geröstetes oder frisches Getreide aus der neuen Ernte essen. Diese Anordnung gilt für immer für euch und eure Nachkommen, wo ihr auch lebt.

Das Fest der Ernte*

¹⁵Vom Tag nach dem Sabbat an – dem Tag, an dem ihr die Getreidegarbe als Weihegabe dargebracht habt – sollt ihr sieben Wochen abzählen. ¹⁶Zählt 50 Tage bis zum Tag nach dem siebten Sabbat und bringt dann dem HERRN ein Opfer von neuem Getreide. ¹⁷Bringt von zu Hause zwei Brote als Weihegabe für den Herrn. Diese Brote sollen mit Sauerteig und aus zwei Krug* feinen Mehls von den ersten Ernteerträgen gebacken sein. ¹⁸Zusammen mit diesem Brot sollt ihr dem HERRN sieben fehlerlose einjährige Lämmer, einen jungen Stier und zwei Widder als Brandopfer darbringen. Diese Brandopfer sollen für den HERRN zusammen mit den dazugehörigen Speise- und Trankopfern auf dem Altar verbrannt werden und werden ihm gefallen. ¹⁹Anschließend sollt ihr einen Ziegenbock als Sündopfer und zwei einjährige Lämmer als Friedensopfer darbringen.

²⁰Der Priester soll diese Weihegaben vor dem HERRN in einer symbolischen Opferhandlung hin und her schwingen, zusammen mit den Broten, die aus den ersten Erträgen der Getreideernte gebacken wurden, und den beiden Lämmern. Sie sind dem HERRN heilig und gehören den Priestern. ²¹Am gleichen Tag sollt ihr eure alltägliche Arbeit ruhen lassen und eine heilige Festversammlung einberufen. Diese Anordnung gilt für immer für euch und eure Nachkommen, wo ihr auch lebt.

²²Wenn ihr die Getreideernte in eurem Land einbringt, dann schneidet das Getreide nicht bis an die Ränder eurer Felder und haltet keine Nachlese. Überlass beides den Armen und den Ausländern. Ich bin der HERR, euer Gott.‹«

23,5a Dieser Tag des hebr. Mondkalenders liegt gewöhnlich Ende März/Anfang April.   **23,5b** D.h. zwischen Sonnenuntergang und Dunkelwerden.   **23,6** Hebr. *am 15. Tag des gleichen Monats*.   **23,13a** Das entspricht ca. 4 kg.   **23,13b** Das entspricht ca. 1,5 l.   **23,15** Dieses Fest wird auch *Wochenfest* genannt.   **23,17** Das entspricht ca. 4 kg.

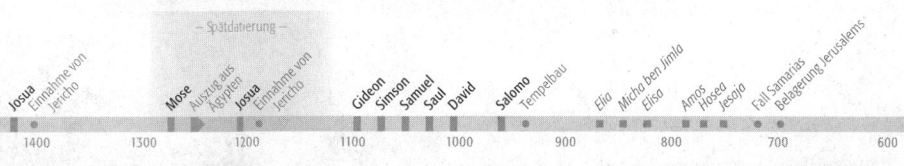

3. MOSE	
1–7	Anweisungen zum Opfern
8–10	Beginn des Priestertums
11–15	Reinheit und Unreinheit
16	Der Versöhnungstag
17–26	Das Heiligkeitsgesetz
27	Gelübde

23–25
Weitere vorgeschriebene Jahresfeste. Leuchter und Brote vor dem Allerheiligsten. Todesstrafe für Gotteslästerung. Ersatzleistungen bei Verletzungen.

[Zum Sinai, vom Sinai her: Gott schafft sich ein Volk]

Das Fest der Posaunen*

²³Der HERR befahl Mose: ²⁴»Gib den Israeliten folgende Anweisungen: ›Der erste Tag des siebten Monats* soll ein Ruhetag für euch sein, an dem ihr das Volk mit lauten Posaunenklängen zur heiligen Festversammlung zusammenruft. ²⁵An diesem Tag sollt ihr keiner alltäglichen Arbeit nachgehen. Stattdessen sollt ihr für den HERRN ein Opfer auf dem Altar verbrennen.‹«

Der Versöhnungstag

²⁶Weiter sprach der HERR zu Mose: ²⁷»Am zehnten Tag des siebten Monats* soll der Versöhnungstag gefeiert werden. An diesem Tag sollt ihr eine heilige Festversammlung abhalten, fasten und ein Opfer für den HERRN auf dem Altar verbrennen. ²⁸Ihr dürft an diesem Tag nicht arbeiten, denn es ist der Versöhnungstag, an dem vor dem HERRN, eurem Gott, Wiedergutmachung für euch geschaffen wird. ²⁹Jeder, der an diesem Tag nicht fastet, wird aus seinem Volk ausgestoßen und getötet werden. ³⁰Und ich will jeden umkommen lassen, der an diesem Tag irgendeine Arbeit verrichtet. ³¹An diesem Tag dürft ihr nicht arbeiten! Diese Anordnung gilt für euch und eure Nachkommen für immer, wo ihr auch lebt. ³²Dieser Tag soll ein Tag vollkommener Ruhe für euch sein, an dem ihr fasten sollt. Vom Abend des neunten Tages bis zum darauffolgenden Abend sollt ihr ruhen.«

Das Laubhüttenfest

³³Und der HERR sprach zu Mose: ³⁴»Gib den Israeliten folgende Anweisungen: ›Am 15. Tag des siebten Monats* soll das Laubhüttenfest beginnen. Ihr sollt es sieben Tage lang für den HERRN feiern. ³⁵Haltet am ersten Tag, an dem eure alltägliche Arbeit ruhen soll, eine heilige Festversammlung ab. ³⁶An jedem der sieben Festtage sollt ihr für den HERRN ein Opfer auf dem Altar verbrennen. Am achten Tag sollt ihr euch erneut zu einer heiligen Festversammlung einfinden und für den HERRN ein Opfer darbringen. Auch an diesem Tag sollt ihr keiner Arbeit nachgehen.

³⁷Das sind die vom HERRN festgesetzten Feste. An diesen Tagen sollt ihr heilige Festversammlungen einberufen, um Opfer für den HERRN auf dem Altar darzubringen – Brand- und Speiseopfer, Schlacht- und Trankopfer –, so wie sie für jeden Tag vorgeschrieben sind. ³⁸Dazu kommen

---

23,23 Dieses Fest wird auch *Neujahrsfest* genannt.
23,24 Dieser Tag des hebr. Mondkalenders fällt auf Ende September/Anfang Oktober.   **23,27** Dieser Tag des hebr. Mondkalenders fällt auf Ende September / Anfang Oktober.   **23,34** Dieser Tag des hebr. Mondkalenders fällt auf Ende September / Anfang Oktober.

noch die regelmäßigen Sabbattage des HERRN und eure persönlichen Gaben, die ihr dem HERRN als Erfüllung eines Gelübdes oder freiwillig darbringt.

³⁹Ab dem 15. Tag des siebten Monats*, wenn ihr die gesamte Ernte des Landes eingebracht habt, sollt ihr sieben Tage lang dieses Fest für den HERRN feiern. Der erste Tag und der achte Tag des Festes sollen Tage vollkommener Ruhe sein. ⁴⁰Am ersten Tag sollt ihr schöne Früchte von euren Bäumen sammeln und Palmwedel, Zweige von Laubbäumen sowie Weidenruten zusammentragen. Feiert dann sieben Tage lang fröhlich vor dem HERRN, eurem Gott. ⁴¹Jedes Jahr im siebten Monat sollt ihr sieben Tage lang dieses Fest für den HERRN feiern. Diese Anordnung gilt für euch und eure Nachkommen für immer. ⁴²Während dieser Woche sollt ihr in Laubhütten wohnen! Alle Israeliten sollen in Laubhütten wohnen. ⁴³Das soll die Generationen nach euch daran erinnern, dass ich die Israeliten in Hütten wohnen ließ, als ich sie aus Ägypten geführt habe. Ich bin der HERR, euer Gott.‹«

⁴⁴Und Mose gab den Israeliten alle diese Anweisungen des HERRN für die Jahresfeste weiter.

Öl für den Leuchter und Schaubrote*

24 Der HERR sprach zu Mose: ²»Befiehl den Israeliten dir reines Öl von zerstoßenen Oliven für den Leuchter zu bringen, damit seine Lampen ständig brennen. ³Aaron soll ihn täglich im Zelt Gottes, außerhalb des Vorhangs vor der Bundeslade herrichten, damit seine Lampen vom Abend bis zum Morgen vor dem HERRN brennen. Diese Anordnung gilt für euch und eure Nachkommen für immer. ⁴Aaron soll dafür sorgen, dass die Lampen auf dem Leuchter aus reinem Gold ständig vor dem Herrn brennen.

⁵Außerdem sollst du zwölf Brote aus besonders feinem Mehl backen – zwei Krug Mehl* sollst du für jeden Laib nehmen. ⁶Leg die Brote in zwei Stapeln zu je sechs Broten auf den goldenen Tisch vor dem HERRN. ⁷Leg auf jeden Stapel reinen Weihrauch. Dieser soll anschließend anstelle des Brotes als Opfer für den HERRN auf dem Altar verbrannt werden. ⁸An jedem Sabbat sollen diese Brote vor dem HERRN ausgelegt werden. Das ist eine dauernde Bundesverpflichtung vonseiten der Israeliten. ⁹Die Brote, die sie im Heiligtum essen sollen, stehen Aaron und seinen männlichen Nachkommen für alle Zeiten zu.

Denn diese Brote sind ein besonders heiliger Teil der Opfer, die dem HERRN durch das Feuer dargebracht werden.«

Bestrafung für Gotteslästerung, Mord und Körperverletzung

¹⁰Eines Tages geriet im Lager ein Mann, der eine israelitische Mutter und einen ägyptischen Vater hatte, in Streit mit einem Israeliten. ¹¹Er lästerte den Namen des HERRN und verfluchte ihn. Daraufhin wurde der Mann zu Mose gebracht. Seine Mutter hieß Schelomit; sie war eine Tochter Dibris vom Stamm Dan. ¹²Sie ließen den Mann bewachen, bis der HERR ihnen seinen Willen in dieser Sache zeigen würde.

¹³Da sprach der HERR zu Mose: ¹⁴»Lass den Lästerer vor das Lager bringen. Alle, die seine Worte gehört haben, sollen ihm die Hände auf den Kopf legen. Danach soll die ganze Gemeinschaft ihn steinigen. ¹⁵Sag den Israeliten: ›Jeder, der seinen Gott verflucht, lädt schwere Schuld auf sich. ¹⁶Jeder, der den Namen des HERRN lästert, muss hingerichtet werden. Er soll durch die ganze Gemeinschaft der Israeliten gesteinigt werden. Egal, ob Israelit oder Ausländer – wer den Namen des HERRN lästert, muss mit dem Tod bestraft werden.

¹⁷Wenn jemand einen anderen Menschen umbringt, soll er hingerichtet werden.

¹⁸Jeder, der das Tier eines anderen tötet, soll es ihm durch ein lebendiges Tier ersetzen. ¹⁹Wenn jemand einen anderen verletzt, soll ihm dasselbe zugefügt werden, was er dem anderen zugefügt hat – ²⁰Knochenbruch um Knochenbruch, Auge um Auge, Zahn um Zahn. Welche Verletzung ein Mensch auch immer einem anderen zugefügt hat, soll auch ihm zugefügt werden.

²¹Wer ein Tier tötet, soll es ersetzen, doch wer einen Menschen tötet, soll mit dem Tod bestraft werden.

²²Für einen Ausländer soll dasselbe gelten wie für einen Israeliten. Ich bin der HERR, euer Gott.‹«

²³Nachdem Mose dies den Israeliten ausgerichtet hatte, führten sie den Lästerer vor das Lager und steinigten ihn dort, so wie der HERR es Mose befohlen hatte.

Das Sabbatjahr

25 Auf dem Sinai befahl der HERR Mose: ²»Gib den Israeliten folgende Anweisungen: ›Wenn ihr in das Land kommt, das ich euch

---

23,39 Dieser Tag des hebr. Mondkalenders fällt gewöhnlich auf Ende September/Anfang Oktober.   **24,1** O. *Brote der Vergegenwärtigung Gottes.*   **24,5** Das entspricht ca. 4 kg.

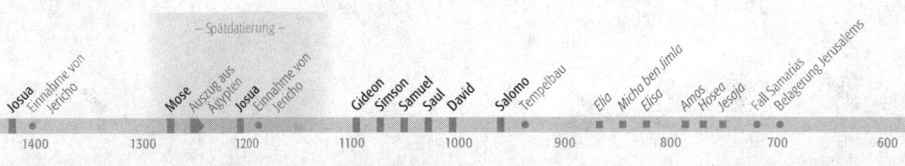

3. MOSE

1–7	Anweisungen zum Opfern
8–10	Beginn des Priestertums
11–15	Reinheit und Unreinheit
16	Der Versöhnungstag
17–26	Das Heiligkeitsgesetz
27	Gelübde

25

Alle sieben Jahre sollen die Felder nicht abgeerntet werden. Generalerlass alle 50 Jahre. Regelungen zum Grundbesitz. Umgang mit armen Israeliten.

[Zum Sinai, vom Sinai her: Gott schafft sich ein Volk]

gebe, soll auch das Land selbst einen Sabbat* für den HERRN einhalten. ³Sechs Jahre lang dürft ihr eure Felder bestellen, eure Weinberge beschneiden und eure Ernte einbringen. ⁴Im siebten Jahr aber soll das Land ein Sabbatjahr – eine Ruhezeit für den HERRN – haben. Während dieses Jahres sollt ihr nichts aussäen und eure Weinberge nicht beschneiden. ⁵Bringt keine Ernte von dem ein, was von selbst wächst, und lest auch keine Trauben, die an euren unbeschnittenen Weinstöcken wachsen. Das Land soll ein Jahr Ruhezeit haben. ⁶Was während des Sabbatjahres von selbst in eurem Land wächst, soll euch, euren Sklaven und Sklavinnen, euren Tagelöhnern und allen Ausländern, die bei euch leben, zur Nahrung dienen. ⁷Auch euer Vieh und die wilden Tiere, die in eurem Land leben, sollen sich davon ernähren.

Das Erlassjahr

⁸Sodann sollt ihr sieben Sabbatjahre abzählen, sieben mal sieben Jahre, also zusammen 49 Jahre. ⁹Am zehnten Tag des siebten Monats*, am Versöhnungstag, sollt ihr im ganzen Land die Posaunen blasen lassen. ¹⁰Dieses 50. Jahr soll für euch heilig sein und ihr sollt im ganzen Land Befreiung für alle seine Bewohner ausrufen. Es soll ein Erlassjahr für euch sein, in dem jeder von

25,2 Das bedeutet *eine Ruhezeit*. 25,9 Dieser Tag des hebr. Mondkalenders fällt gewöhnlich auf Ende September/Anfang Oktober.

3. Mose 25,10

Gott befreit

Gott ist ein Gott, der befreit. Aber auch sein Volk soll andere befreien. In den Sabbatgesetzen gebot Gott radikale Befreiungen. Alle sieben Jahre sollte Israel alle Sklaven freilassen und den Armen alle Schulden erlassen. Alle fünfzig Jahre sollte es letztendlich überhaupt keine Armut mehr geben, denn allen Familien sollte ihr angestammter Familienbesitz (und in Israel waren ursprünglich alle Landbesitzer gewesen) zurückgegeben werden, falls sie diesen in der Zwischenzeit verloren hatten.
Am Versöhnungstag zu Beginn des Erlassjahrs sollte die »Befreiung für alle Bewohner« ausgerufen werden. Da Israel selbst die Befreiung aus der Sklaverei und die Vergebung ihrer Schulden erfahren hatte, sollten sie jetzt genauso an anderen handeln.
Ob Israel jemals das Erlassjahr wirklich praktizierte? Das wissen wir leider nicht. Wir wissen jedoch, dass sie das Prinzip verstanden hatten und darauf hofften, dass Gott eines Tages diesen Traum verwirklichen würde (Jes 61).
(Psalm 130,7-8 ‹‹‹ | ››› Jesaja 61,1-4)

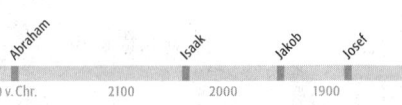
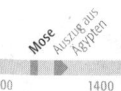

euch wieder seinen ererbten Landbesitz erhält und jeder wieder zu seiner Familie zurückkehren kann. ¹¹Ja, das 50. Jahr soll ein Erlassjahr für euch sein. In diesem Jahr dürft ihr nichts aussäen. Holt keine Ernte ein von dem, was von selbst wächst, und lest nicht die Trauben, die auf euren unbeschnittenen Weinbergen wachsen. ¹²Denn es ist ein Erlassjahr und ihr sollt es als eine heilige Zeit begehen. Ihr sollt euch von dem ernähren, was von selbst auf dem Feld wächst.

¹³In einem Erlassjahr soll jeder seinen ererbten Landbesitz zurückbekommen. ¹⁴Wenn du einem anderen etwas verkaufst oder von ihm etwas kaufst, sollt ihr einander nicht übervorteilen. ¹⁵Wenn du Land von deinen Landsleuten kaufst, soll der Kaufpreis sich nach der Zahl der Jahre richten, die seit dem letzten Erlassjahr vergangen sind. Der Verkäufer soll dir nur die bis zum nächsten Erlassjahr verbleibenden Erntejahre berechnen. ¹⁶Wenn es noch viele Jahre bis zum nächsten Erlassjahr sind, soll der Kaufpreis höher sein. Steht das Erlassjahr jedoch kurz bevor, soll der Preis niedrig sein. Schließlich verkauft er nur eine bestimmte Anzahl von Ernten. ¹⁷Du sollst deine Landsleute nicht übervorteilen, sondern Ehrfurcht vor deinem Gott haben. Denn ich bin der HERR, euer Gott.

¹⁸Haltet euch an meine Vorschriften und befolgt meine Gesetze genau, so werdet ihr sicher im Land leben. ¹⁹Dann wird das Land seinen Ertrag bringen und ihr werdet genug zu essen haben und sicher darin leben. ²⁰Aber vielleicht fragt ihr euch ja: »Was sollen wir im siebten Jahr essen, wenn wir nichts säen und keine Ernte einbringen dürfen?« ²¹Dann sollt ihr wissen: »Im sechsten Jahr werde ich das Land euretwegen segnen, sodass der Ertrag, den es abwirft, euch für drei Jahre ausreicht. ²²Wenn ihr dann im achten Jahr die neue Saat aussät, werdet ihr noch immer von den Erträgen des sechsten Jahres zehren. Ja, ihr werdet euch so lange davon ernähren, bis die neue Ernte im neunten Jahr eingebracht wird.« ²³Das Land darf nicht für immer verkauft werden, denn es gehört mir. Ihr seid nur Fremde und Gäste, die in meinem Land leben.

Rückkauf von Grundbesitz

²⁴Bei jedem Verkauf von ererbtem Landbesitz soll ein Rückkaufsrecht vereinbart werden. ²⁵Wenn einer eurer Landsleute verarmt und deshalb einen Teil seines ererbten Landes verkaufen muss, soll sein nächster Verwandter es für ihn zurückkaufen. ²⁶Hat er jedoch keinen Verwandten, der das Land zurückkaufen könnte, kann aber nach einiger Zeit die erforderliche Summe aufbringen, um es zurückzukaufen, ²⁷dann soll er die Jahre, die seit dem Verkauf vergangen sind, vom Kaufpreis abziehen. Die Restsumme zahlt er demjenigen, der das Land von ihm gekauft hat. So kann er wieder zu seinem Besitz kommen. ²⁸Kann der ursprüngliche Besitzer jedoch nicht genügend Geld aufbringen, um das Land zurückzukaufen, bleibt es bis zum nächsten Erlassjahr im Besitz des Käufers. Im Erlassjahr fällt das Land dann wieder an den ursprünglichen Besitzer zurück.

²⁹Wenn jemand ein Haus verkauft, das in einer befestigten Stadt steht, hat er vom Zeitpunkt des Verkaufs an ein Jahr lang das Recht es zurückzukaufen. Nur in dieser Zeit hat der Verkäufer das Rückkaufsrecht. ³⁰Wird es jedoch innerhalb dieses einen Jahres nicht zurückgekauft, geht ein Haus in einer befestigten Stadt dauerhaft in den Besitz des Käufers und seiner Nachkommen über. Auch im Erlassjahr fällt es nicht an den ursprünglichen Besitzer zurück. ³¹Häuser in Siedlungen jedoch, die von keinen Mauern umgeben sind, sollen wie Landbesitz behandelt werden. Solche Häuser dürfen jederzeit zurückgekauft werden und fallen im Erlassjahr an den ursprünglichen Besitzer zurück.

³²Die Leviten haben aber immer das Recht, Häuser, die sie in ihren Städten verkauft haben, zurückzukaufen. ³³Kauft jedoch ein Levit sein Haus nicht zurück, soll es im Erlassjahr wieder frei werden. Schließlich sind die Häuser in den Städten der Leviten der einzige Besitz, den sie in Israel haben. ³⁴Das Weideland um ihre Städte darf nicht verkauft werden, denn es ist ihr bleibender Besitz.

Unterstützung von Armen und Freikauf von Sklaven

³⁵Wenn einer deiner israelitischen Landsleute verarmt und nicht mehr für seinen Unterhalt aufkommen kann, dann sollst du ihn – wie einen Ausländer oder Gast – unterstützen, damit er bei euch leben kann. ³⁶Fordere keine Zinsen oder Aufschläge von ihm, sondern habe Ehrfurcht vor deinem Gott und lass deinen Landsmann bei dir leben. ³⁷Verleih ihm dein Geld nicht gegen Zinsen und fordere deine Lebensmittel nicht mit einem Aufschlag zurück. ³⁸Ich bin der HERR, euer Gott, der euch aus Ägypten geführt hat, um euch das Land Kanaan zu geben und euer Gott zu sein.

³⁹Wenn einer deiner israelitischen Landsleute verarmt und sich dir verkauft, sollst du ihn nicht wie einen Sklaven behandeln. ⁴⁰Behandle ihn dagegen wie einen Lohn- oder Gastarbeiter; er soll für dich bis zum nächsten Erlassjahr arbeiten. ⁴¹Anschließend sollen er und seine Kinder frei sein und zu ihrer Sippe und dem Besitz ihrer

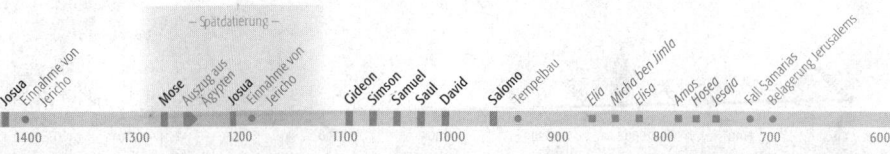

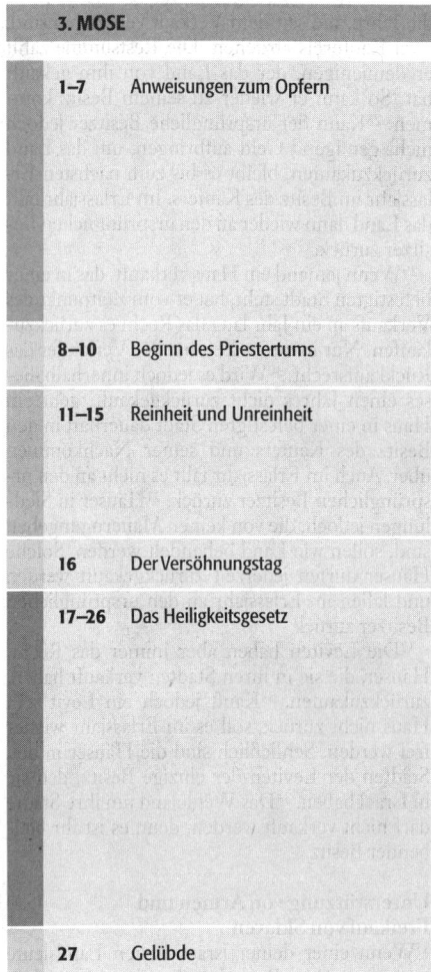

3. MOSE	
1–7	Anweisungen zum Opfern
8–10	Beginn des Priestertums
11–15	Reinheit und Unreinheit
16	Der Versöhnungstag
17–26	Das Heiligkeitsgesetz
27	Gelübde

25–26
Regelungen zum Umgang mit Sklaven und armen Israeliten. Gott segnet Gehorsam mit Versorgung. Gott straft Ungehorsam mit Leid, Knechtschaft und Verwüstung.

[Zum Sinai, vom Sinai her: Gott schafft sich ein Volk]

Vorfahren zurückkehren. ⁴²Die Israeliten gehören mir, ich habe sie aus Ägypten geführt, deshalb dürfen sie nicht als Sklaven verkauft werden. ⁴³Zwing sie nicht zur Sklavenarbeit, sondern habe Ehrfurcht vor deinem Gott.
⁴⁴Kauft eure Sklaven und Sklavinnen aus euren Nachbarvölkern. ⁴⁵Auch die Kinder der bei euch

3. Mose 26

Gottes Liebe, Gottes Zorn
Gott segnet die, die ihm gehorsam sind, und straft die Ungehorsamen. Das ist zunächst eine gute Nachricht: Sein Segen ist allumfassend und enthält alles, was zum Leben nötig ist. Der Gehorsam, den Gott erwartet, zwingt sein Volk nicht in eine gebeugte Abhängigkeit. Im Gegenteil: Er will aufrichten und Rückgrat geben (V. 13).
Verstörend in diesem Kapitel ist allerdings, dass die Strafe viel ausführlicher entfaltet wird als der Segen. Das Verhältnis zwischen Zorn und Gnade ist sonst bei Gott gerade anders (siehe die Erklärung zu Ps 30,6): Der Zorn ist begrenzt. Hier scheint er aber zu überwiegen. Haben wir es hier doch mit einem grausamen Gott zu tun? Der Text zeigt es anders:
• Die Strafandrohung ist fünffach gestaffelt. Nach jeder Einheit kann man innehalten und umkehren. Das Anwachsen der Strafe kann sofort gestoppt werden.
• Die Steigerung der Strafe (7 mal 7 mal 7 mal 7) übersteigt jede Vorstellung. Vielleicht kommt es nicht wörtlich auf jede Einzelheit an, sondern es soll gezeigt werden: Es hat keinen Sinn zu versuchen, abseits von Gott irgendwie davonzukommen. Jeder Lebensraum ohne Gott wird unweigerlich verschwinden.
• Gott traut seinem Volk zu, dass es sein Ergehen »lesen« und deuten kann. Das zeigt sich z.B. auch in Am 4,6-13. Gott hat mündige Menschen als Gegenüber.
• Die Strafe will nicht nur zur Einsicht bringen. Sondern menschliche Sünde hat tiefe Spuren in der Welt aufgerissen. Die müssen erst wieder vernarben und heilen. Die Strafe verschafft dazu Gelegenheit (siehe V. 34-35.43). Ohne die Strafe hätten die Leidtragenden der menschlichen Sünde keine Atempause.
• Mitten in dem Strudel menschlicher Vergehen hat Gott sein Versprechen aufgerichtet (V. 40). Dass Menschen umkehren, ist nicht nur eine Möglichkeit, sondern Gottes Verheißung.
• Selbst wenn Gott alle fünf Stufen der Strafe durchführen muss, ist doch damit seine Bundestreue nicht angetastet. Sein Bund bleibt bestehen (V. 44-45). Darauf kann sein Volk sich berufen. Gott wird es nicht völlig vernichten.
Die Strafandrohung ist also sehr ernst. Doch auch dieses Kapitel zielt auf Gottes Treue.
(Micha 7,18 «« | »» 5. Mose 28)

lebenden Ausländer dürft ihr kaufen und deren Nachkommen, die in eurem Land geboren sind. Sie sollen euch für immer gehören ⁴⁶und ihr dürft sie euren Kindern als bleibenden Besitz vererben. Ihr dürft sie zu Sklavenarbeit einsetzen, aber einen Israeliten dürft ihr nicht zur Sklavenarbeit zwingen.

⁴⁷Wenn einer eurer israelitischen Landsleute verarmt und sich an einen Ausländer, der bei euch lebt und zu Vermögen gekommen ist, oder an einen seiner Nachkommen verkauft, ⁴⁸hat er, nachdem er sich verkauft hat, das Recht auf Freikauf. Er kann von einem nahen Verwandten freigekauft werden. ⁴⁹Ein Onkel, ein Cousin oder sonst ein naher Verwandter aus seiner Sippe darf ihn freikaufen. Er kann sich aber auch selbst freikaufen, wenn er genügend Geld aufbringen kann. ⁵⁰Zusammen mit dem, der ihn gekauft hat, soll er die Jahre berechnen, die zwischen dem Zeitpunkt des Verkaufs und dem nächsten Erlassjahr liegen. Der Preis, um den er sich verkauft hat, soll dem Lohn entsprechen, den ein Arbeiter in dieser Zeit verdienen würde. ⁵¹Wenn es beim Freikauf noch viele Jahre bis zum Erlassjahr sind, muss der Betreffende den entsprechend größeren Teil der Kaufsumme zurückzahlen. ⁵²Sind es aber nur noch wenige Jahre, muss er eine geringere Summe – entsprechend den verbleibenden Jahren – für seinen Freikauf bezahlen. ⁵³Der bei euch lebende Ausländer soll ihn wie einen Arbeiter behandeln, der Jahr für Jahr seinen Lohn von ihm bekommt. Lasst nicht zu, dass er ihn hart und rücksichtslos behandelt. ⁵⁴Wenn ein Israelit nicht freigekauft werden konnte, müssen er und seine Kinder im Erlassjahr freigelassen werden. ⁵⁵Denn die Israeliten gehören mir; sie sind mein Eigentum, weil ich sie aus Ägypten geführt habe. Ich bin der HERR, euer Gott.

Die Segnungen für den Gehorsam

26 Ihr sollt keine Götzen anfertigen und weder geschnitzte Bilder noch heilige Säulen oder behauene Steine in eurem Land aufstellen, um sie anzubeten. Denn ich bin der HERR, euer Gott. ²Ihr sollt meine Ruhetage einhalten und Ehrfurcht vor meinem Heiligtum haben. Ich bin der HERR!

³Wenn ihr euch an meine Vorschriften haltet und meine Gebote befolgt, ⁴will ich es immer zur rechten Zeit regnen lassen. Dann wird die Erde ihre Erträge hervorbringen und die Bäume ihre Früchte. ⁵Die Dreschzeit wird bis zur Weinlese dauern und die Weinlese bis zur Saatzeit. Ihr werdet mehr als genug zu essen haben und sicher in eurem Land leben.

⁶Ich will euch Frieden im Land schenken, sodass ihr ohne Angst schlafen könnt. Ich will die wilden Tiere aus eurem Land jagen und euer Land vor Angriffen schützen. ⁷Ja, ihr werdet alle eure Feinde vertreiben und sie werden durch eure Schwerter fallen. ⁸Fünf von euch werden 100 in die Flucht schlagen und 100 von euch 10.000! Eure Feinde werden durch eure Schwerter umkommen.

⁹Ich werde mich euch zuwenden, euch viele Nachkommen schenken und alle meine Bundeszusagen erfüllen. ¹⁰Ihr werdet so viel Getreide von der Ernte des Vorjahres zu essen haben, dass ihr erst altes Getreide wegwerfen müsst, um Platz für die neue Ernte zu schaffen. ¹¹Ich will mitten unter euch wohnen und mich nicht mehr voller Abscheu von euch abwenden. ¹²Ich will mitten unter euch leben; ich will euer Gott sein und ihr sollt mein Volk sein.* ¹³Ich bin der HERR, euer Gott, der euch aus Ägypten geführt hat, damit ihr nicht länger Sklaven der Ägypter seid. Ich habe das Joch der Sklaverei von euren Schultern genommen, sodass ihr aufrecht gehen könnt.

Die Strafen für Ungehorsam

¹⁴Wenn ihr jedoch nicht auf mich hört und meine Gebote nicht befolgt, ¹⁵sondern den Bund mit mir brecht, indem ihr meine Gesetze missachtet und meine Vorschriften gering schätzt und daher nicht alle meine Gebote befolgt, ¹⁶werde ich euch folgendermaßen bestrafen: Ich werde schreckliches Leid über euch kommen lassen, ihr werdet unter unheilbaren Krankheiten und Fieber zu leiden haben, sodass ihr erblindet und langsam dahinsiecht. Vergebens werdet ihr eure Saat aussäen, weil eure Feinde die Ernte essen. ¹⁷Ich werde mich gegen euch wenden, sodass ihr von euren Feinden besiegt werdet. Eure Feinde werden über euch herrschen und ihr werdet auf der Flucht sein, selbst wenn niemand euch verfolgt.

¹⁸Und wenn ihr mir trotzdem nicht gehorcht, werde ich euch siebenmal härter für eure Sünden bestrafen. ¹⁹Ich werde euren großen Stolz brechen, indem ich den Himmel über euch unnachgiebig wie Eisen und die Erde unter euch hart wie Bronze mache. ²⁰All eure Mühe und Arbeit wird umsonst sein, denn euer Land wird keinen Ertrag bringen und eure Bäume werden keine Früchte tragen.

²¹Und wenn ihr euch mir dann immer noch widersetzt und mir nicht gehorchen wollt, werde

26,12 Vgl. 2. Korinther 6,16.

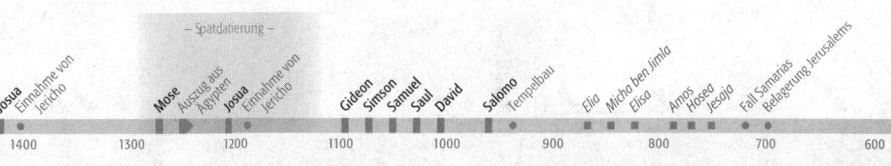

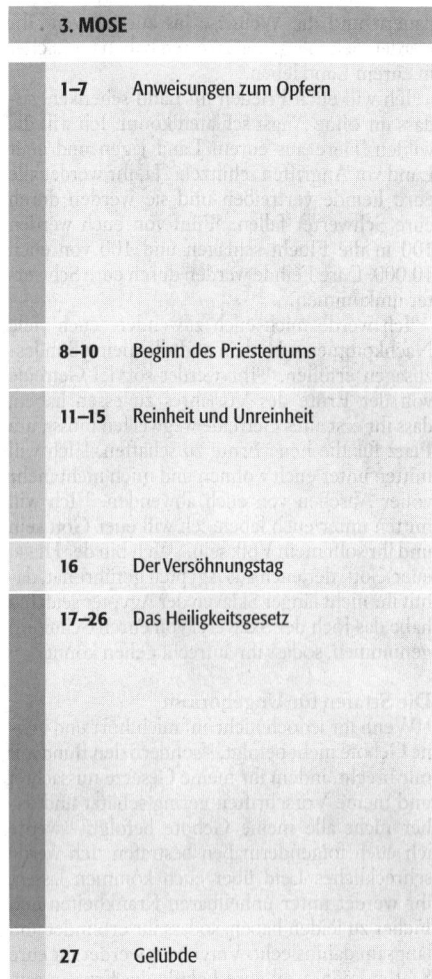

3. MOSE

1–7	Anweisungen zum Opfern
8–10	Beginn des Priestertums
11–15	Reinheit und Unreinheit
16	Der Versöhnungstag
17–26	Das Heiligkeitsgesetz
27	Gelübde

26–27
Auch bei Bestrafung wird Gott an seinem Bund festhalten. Regelungen für den Rückerwerb von Grundbesitz.

[Zum Sinai, vom Sinai her: Gott schafft sich ein Volk]

ich euch wiederum siebenmal härter für eure Sünden bestrafen. ²²Ich werde wilde Tiere auf euch loslassen, die eure Kinder fressen, euer Vieh reißen und so viele von euch töten, dass eure Straßen menschenleer daliegen.

²³Und wenn ihr euch auch dadurch nicht warnen lasst und euch weiterhin gegen mich stellt, ²⁴werde ich mich persönlich gegen euch stellen und euch wiederum siebenmal härter für eure Sünden bestrafen. ²⁵Ich werde euch durch das Schwert umkommen lassen, um euch dafür zu bestrafen, dass ihr den Bund mit mir gebrochen habt. Wenn ihr euch in eure Städte zurückzieht, werde ich eine Seuche unter euch ausbrechen lassen und ihr werdet in die Hand eurer Feinde fallen. ²⁶Ich werde eure Lebensmittelvorräte zur Neige gehen lassen, sodass zehn Frauen ihr Brot in einem einzigen Ofen backen und es anschließend abgewogen und zugeteilt wird. Obwohl ihr noch zu essen habt, werdet ihr nicht satt werden.

²⁷Wenn ihr mir dann noch immer nicht gehorchen wollt und euch weiterhin gegen mich stellt, ²⁸werde ich euch im Zorn entgegentreten. Ich werde euch siebenmal härter für eure Sünden bestrafen. ²⁹Ihr werdet sogar das Fleisch eurer eigenen Söhne und das Fleisch eurer eigenen Töchter essen. ³⁰Ich werde eure Heiligtümer zerstören und eure Räucheraltäre zerschlagen. Eure Leichen werde ich neben eure leblosen Götzen werfen und ich werde euch verabscheuen. ³¹Ich werde eure Städte in Trümmer legen und eure Heiligtümer einreißen; eure Räucheropfer werde ich nicht mehr annehmen. ³²Ja, ich selbst werde euer Land verwüsten. Eure Feinde, die dann darin wohnen, werden darüber entsetzt sein. ³³Ich werde euch unter die Völker zerstreuen und euch mit gezücktem Schwert forttreiben. Euer Land wird zur Wüste und eure Städte werden zu Trümmerhaufen. ³⁴Während ihr euch im Land eurer Feinde befindet und das Land öde daliegt, wird es für die vergessenen Sabbatjahre entschädigt werden. Dann wird es ruhen und seine Ruhejahre nachholen. ³⁵Während das Land öde daliegt, wird es die Ruhe haben, die ihr ihm in jedem siebten Jahr, als ihr es bewohntet, versagt habt.

³⁶Diejenigen von euch, die dann noch übrig sind, werde ich mutlos machen, während sie im Land ihrer Feinde leben. Bereits das Rascheln eines verwelkten Blattes wird sie erschrecken und in die Flucht schlagen, als ob feindliche Krieger ihnen nachjagten: Sie werden fallen, obwohl niemand sie verfolgt. ³⁷Ja, obwohl niemand sie verfolgt, werden sie übereinander stolpern, als würden sie vor feindlichen Heeren fliehen. Gegen eure Feinde könnt ihr nicht bestehen. ³⁸Ihr werdet unter Fremden umkommen und im

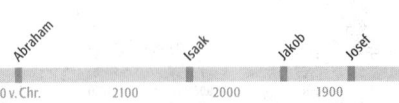
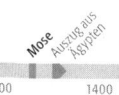

Land eurer Feinde ausgelöscht werden. ³⁹Und diejenigen von euch, die dann noch übrig sind, werden als Folge ihrer Sünden – und auch als Folge der Sünden ihrer Vorfahren – im Land ihrer Feinde dahinsiechen.

⁴⁰Dann schließlich wird mein Volk seine Sünden und die Sünden seiner Vorfahren bekennen. Als sie mir die Treue gebrochen und sich gegen mich gestellt haben, ⁴¹habe auch ich mich gegen sie gestellt und sie ins Land ihrer Feinde gebracht. Wenn sie dann ihre ungehorsamen Herzen demütigen und die Strafe für ihre Sünden annehmen, ⁴²werde ich mich an meinen Bund mit Jakob, an meinen Bund mit Isaak und an meinen Bund mit Abraham erinnern und werde an das Land denken. ⁴³Zuerst aber wird das Land seine Sabbatruhe genießen, während mein Volk nicht darin wohnt und es verlassen daliegt. Mein Volk wird die angemessene Strafe für seine Sünden erhalten, denn es hat meine Vorschriften verachtet und meine Gesetze nicht befolgt.

⁴⁴Doch auch wenn sie im Land ihrer Feinde leben, will ich sie nicht so verwerfen und verachten, dass ich meinen Bund mit ihnen breche und sie ganz und gar vernichte. Denn ich bin der HERR, ihr Gott. ⁴⁵Ich werde mich an meinen Bund mit ihren Vorfahren erinnern, die ich vor den Augen der Völker aus Ägypten geführt habe, um ihr Gott zu sein. Ich bin der HERR!‹«

⁴⁶Dies sind die Gesetze, Vorschriften und Anweisungen, die der HERR den Israeliten* durch Mose am Berg Sinai gab.

Gelübde

27 Der HERR sprach zu Mose: ²»Gib den Israeliten folgende Anweisungen: ›Wenn jemand gelobt, eine Person dem Herrn zu weihen, so muss er die entsprechende Summe bezahlen und sie so wieder loskaufen. ³Legt die Summe wie folgt fest: Ein Mann zwischen 20 und 60 Jahren ist 50 Schekel des Heiligtums* wert; ⁴eine Frau im selben Alter 30*. ⁵Ein Junge von fünf bis 20 Jahren ist 20 Schekel wert und ein Mädchen im selben Alter zehn*. ⁶Ein Junge zwischen einem Monat und fünf Jahren ist fünf Schekel wert, ein Mädchen im selben Alter drei*. ⁷Ein Mann über 60 ist 15 Schekel wert, eine Frau im selben Alter zehn*. ⁸Wenn derjenige, der ein solches Gelübde abgelegt hat, die vorgeschriebene Summe jedoch nicht aufbringen kann, soll er die geweihte Person zum Priester bringen. Je nachdem, was der Gelobende zahlen kann, setzt der Priester dann ihren Wert fest.

⁹Hat mir jemand ein Tier geweiht, das als Opfer für den HERRN dargebracht werden kann, ist es heilig. ¹⁰Dieses Tier darf nicht durch ein anderes – weder ein besseres noch ein schlechteres – ausgetauscht oder ersetzt werden. Wenn es trotzdem ausgetauscht wird, sind beide Tiere heilig. ¹¹Weiht jemand dem HERRN jedoch ein unreines Tier, das nicht als Opfer für den HERRN dargebracht werden kann, dann soll er das Tier zum Priester bringen. ¹²Der Priester soll das Tier schätzen, ob es gut oder schlecht ist, und dann seinen Wert festsetzen; seine Einschätzung soll Gültigkeit haben. ¹³Wenn derjenige, der das Tier geweiht hat, es loskaufen will, soll er den vom Priester festgesetzten Wert zuzüglich 20 Prozent bezahlen.

¹⁴Wenn jemand dem HERRN sein Haus weiht, soll der Priester dessen Wert schätzen und festsetzen. Die Einschätzung des Priesters soll Gültigkeit haben. ¹⁵Wenn derjenige, der das Haus geweiht hat, es wieder loskaufen will, soll er den vom Priester festgesetzten Wert zuzüglich 20 Prozent bezahlen. Dann gehört das Haus wieder ihm.

¹⁶Wenn jemand dem HERRN ein Stück seines ererbten Grundbesitzes weiht, soll sein Wert nach dem zu seiner Bestellung erforderlichen Saatgut geschätzt werden: Für ein Feld, für das ein Sack* Gerste benötigt wird, sind 50 Schekel* zu bezahlen, ¹⁷sofern das Feld dem HERRN vom Erlassjahr an geweiht wird. ¹⁸Wird das Feld jedoch nach dem Erlassjahr geweiht, soll der Priester den Preis für das Feld gemäß der verbleibenden Jahre bis zum nächsten Erlassjahr berechnen und den Wert entsprechend verringern. ¹⁹Wenn derjenige, der das Feld geweiht hat, es loskaufen will, soll er den vom Priester festgesetzten Wert des Landes zuzüglich 20 Prozent bezahlen. Dann gehört das Feld wieder ihm. ²⁰Verkauft er das Feld jedoch an einen anderen, ohne es zuvor losgekauft zu haben, kann es nicht mehr losgekauft werden. ²¹Wenn dieses Feld im Erlassjahr frei wird, soll es dem HERRN geweiht sein und in den Besitz der Priester übergehen.

²²Wenn jemand dem HERRN ein Feld weiht, das er nicht geerbt, sondern gekauft hat, ²³soll der Priester seinen Wert entsprechend der bis zum nächsten Erlassjahr verbleibenden Jahre berechnen. Den für das Land festgesetzten Wert

---

26,46 Hebr. *zwischen sich und den Israeliten.* **27,3** Hebr. *50 Schekel Silber, gemäß dem Schekel des Heiligtums;* das entspricht ca. 750 g Silber. **27,4** Das entspricht ca. 450 g Silber. **27,5** Das sind ca. 300 g bzw. 150 g Silber. **27,6** Das sind ca. 75 g bzw. 45 g Silber. **27,7** Das sind ca. 220 g bzw. 150 g Silber. **27,16a** Das sind ca. 390 l oder ca. 310 kg Getreidesamen. **27,16b** Das entspricht ca. 750 g Silber.

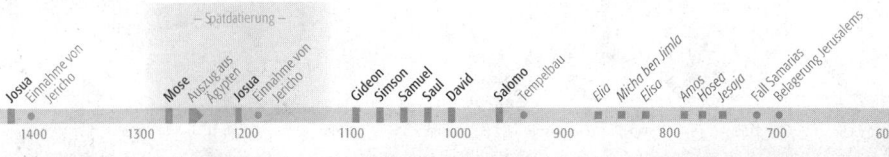

3. MOSE

1–7	Anweisungen zum Opfern
8–10	Beginn des Priestertums
11–15	Reinheit und Unreinheit
16	Der Versöhnungstag
17–26	Das Heiligkeitsgesetz
27	Gelübde

27
Was Gott in jedem Fall gehört.

[Zum Sinai, vom Sinai her: Gott schafft sich ein Volk]

soll er noch am selben Tag dem HERRN als heilige Gabe geben. ²⁴Im Erlassjahr fällt das Feld wieder an den ursprünglichen Besitzer zurück, von dem er es gekauft hat und dessen Erbbesitz es ist. ²⁵Sämtliche Schätzungen sollen nach dem Schekel des Heiligtums festgesetzt werden. Ein Schekel wiegt 20 Gera*.

²⁶Niemand darf dem HERRN das erstgeborene Tier aus seinen Rinder-, Schaf- oder Ziegenherden weihen, weil alle Erstgeburten ihm ohnehin gehören. ²⁷Wenn es sich jedoch um das Erstgeborene eines unreinen Tieres handelt, darf er es loskaufen, indem er den vom Priester festgesetzten Wert zuzüglich 20 Prozent bezahlt. Kauft er es nicht los, soll es zum festgesetzten Wert verkauft werden.

²⁸Alles jedoch, was jemand aus seinem Besitz unwiderruflich dem HERRN weiht* – sei es ein Mensch, ein Tier oder ein Stück Grundbesitz – darf nicht verkauft oder losgekauft werden. Alles auf diese Weise Geweihte ist besonders heilig für den HERRN. ²⁹Menschen, die mir geweiht wurden, können nicht losgekauft werden. Sie müssen auf jeden Fall getötet werden.

³⁰Ein Zehntel aller Erträge des Landes, sei es Getreide oder Früchte, gehört dem HERRN und ist heilig. ³¹Will jemand seinen Zehnten loskaufen, muss er dessen Wert zuzüglich 20 Prozent bezahlen. ³²Auch jedes zehnte Tier aus euren Rinder-, Schaf- und Ziegenherden gehört dem HERRN. Bei der Zählung soll jedes zehnte Tier* ihm geweiht sein. ³³Das zehnte Tier darf nicht danach ausgewählt werden, ob es gut oder schlecht ist, und es darf auch nicht ausgetauscht werden. Wird es aber doch ausgetauscht, gehören beide Tiere dem HERRN.«

³⁴Diese Gebote gab der HERR den Israeliten am Berg Sinai durch Mose.

27,25 Ein *Gera* entspricht ca. 0,75 g. **27,28** Der hier gebrauchte hebr. Ausdruck steht für die vollständige Heiligung von Dingen, Tieren oder Menschen für den HERRN, indem sie entweder vernichtet oder als Opfer dargebracht werden; so auch in V. 29. **27,32** Hebr. *das unter dem Hirtenstab hindurchgeht*, nach der damaligen Zählgewohnheit.

4. Mose

Inhalt

Das Buch beginnt mit einer Volkszählung, enthält verschiedene Ordnungen und erzählt die Geschichte der Wüstenwanderung weiter. Gut ein Jahr nach der Flucht aus Ägypten brechen die Israeliten vom Sinai auf, nach Norden in Richtung Kanaan. Die Wanderung ist weiterhin geprägt von Vertrauenskrisen des Volkes gegenüber der Führung; immer wieder werden Protest und Sorgen laut. Mose wendet sich damit an Gott, der ein Urteil fällt oder Zeichen der Ermutigung gibt.

Das Volk lagert südlich des Landes Kanaan, und Mose schickt zwölf Männer aus, das Land zu erkunden, einen führenden Mann aus jedem Stamm. Zusammen sind sie 40 Tage unterwegs. Sie bringen überwältigende Kostproben der Früchte Kanaans mit. Aber zehn der Spione erklären, dass die Bewohner zu mächtig seien, als dass Israel sie besiegen und das Land einnehmen könne. Im Nu ist das Volk entmutigt und verängstigt, die beiden zuversichtlichen Männer – Josua und Kaleb – werden nicht gehört, es kommt zum Aufstand. So verordnet Gott den Israeliten eine 40-jährige Wüstenwanderung, bis alle volljährigen Männer, die an dieser Stelle ihr Vertrauen verweigerten, gestorben sein würden.

Der Bericht geht über zum 40. Wanderjahr. Statt erneut von Süden vorzustoßen, führt Gott das Volk in Gebiete östlich des Jordan. Dort wird Land erobert, das zweieinhalb Stämmen Israels zugesprochen wird. Zuletzt lagern alle in der Ebene am Ostufer des Jordan. Die letzte Etappe steht bevor, damit geht es im Buch Josua weiter. Das 5. Buch Mose konzentriert sich sozusagen auf die geistliche Lagebesprechung.

Wichtige Personen

Mose	Anführer der Wüstenwanderung
Aaron	aus dem Stamm Levi, Hoher Priester
Mirjam	Moses Schwester
Eleasar	Hoher Priester nach Aarons Tod
Pinhas	Sohn von Eleasar
Zwölf Spione	darunter Kaleb aus dem Stamm Juda und Hoschea/Josua aus dem Stamm Ephraim; Letzterer ist Moses Mitarbeiter und wird sein Nachfolger
Korach, Datan und Abiram	Anführer eines Aufstands
Sihon	König der Amoriter im »Land der Amoriter«
Og	Amoriterkönig von Baschan
Balak	König der Moabiter
Bileam	Wahrsager
Jakob	Enkel Abrahams, des Stammvaters Israels; steht oft für das Volk Israel

Wichtige Orte

Sinai/Horeb	Bergmassiv im Süden der Sinaihalbinsel
Tabera, Kibroth-Hattaawa, Hazerot, Kadesch(-Barnea), Wasser von Meriba, Beer und viele andere	Lagerplätze im Osten und der Mitte der Sinaihalbinsel sowie im Land der Moabiter
Hor	Berg im Nordosten der Sinaihalbinsel
Land der Edomiter	südöstlich des Toten Meeres
Land der Moabiter	östlich des Toten Meeres und des unteren Jordan
Land der Amoriter	ehemaliges moabitisches Gebiet zwischen Gilead im Norden und dem Oberlauf des Arnon im Süden; Hauptstadt Heschbon
Gilead	Gebiet nördlich und südlich des Jabbok, von Amoritern bewohnt
Baschan	Gebiet nördlich und nordöstlich von Gilead bis zum Hermongebirge, von Amoritern bewohnt; Hauptstädte Edreï und Aschtarot
Pisga, Peor	Berge im Land der Moabiter, südöstlich der unteren Jordanebene
Schittim	Ort in der östlichen unteren Jordanebene

4. MOSE

1–10	Organisation des Volkes Israel
10–25	Die Israeliten verlassen den Sinai – Reise durch die Wüste
25–36	Israel in der Gegend von Moab

1–2
Zählung und Musterung aller Männer ab 20 Jahren außer den Leviten.
Anordnung der Stämmelager um das Zelt Gottes.

[Zum Sinai, vom Sinai her: Gott schafft sich ein Volk]

DAS VIERTE BUCH MOSE

Die erste Zählung in Israel

1 Am ersten Tag des zweiten Monats*, im zweiten Jahr nach dem Auszug Israels aus Ägypten, sprach der HERR in der Wüste Sinai im Zelt Gottes zu Mose. Er sprach: ²⁻³»Zähl zusammen mit Aaron die ganze Gemeinschaft der Israeliten nach ihren Sippen und Familien. Zählt alle Männer, die 20 Jahre und älter sind, und mustert alle wehrfähigen Israeliten. ⁴Dabei soll euch je ein Stammesfürst aus jedem Stamm behilflich sein.
⁵Folgende Männer sollen euch helfen: für den Stamm Ruben Elizur, der Sohn des Schedëur, ⁶für den Stamm Simeon Schelumiël, der Sohn des Zurischaddai, ⁷für den Stamm Juda Nachschon, der Sohn des Amminadab, ⁸für den Stamm Issachar Netanel, der Sohn des Zuar, ⁹für den Stamm Sebulon Eliab, der Sohn des Helon, ¹⁰für die Nachkommen Josefs: für den Stamm Ephraim Elischama, der Sohn des Ammihud, für den Stamm Manasse Gamliël, der Sohn des Pedazur, ¹¹für den Stamm Benjamin Abidam, der Sohn des Gidoni, ¹²für den Stamm Dan Ahiëser, der Sohn des Ammischaddai, ¹³für den Stamm Asser Pagiël, der Sohn des Ochran, ¹⁴für den Stamm Gad Eljasaf, der Sohn des Deguël, ¹⁵für den Stamm Naftali Ahira, der Sohn des Enan.«
¹⁶Diese Männer waren die berufenen Stammesfürsten und Oberhäupter des israelitischen Volkes.
¹⁷Mose und Aaron ließen diese zuvor namentlich aufgeführten Männer zu sich kommen ¹⁸und riefen noch am gleichen Tag* die ganze Gemeinschaft zusammen. Alle israelitischen Männer, die 20 Jahre und älter waren, wurden nach Sippen und Familien geordnet in Listen eingetragen, einer nach dem anderen, ¹⁹so wie der HERR es Mose befohlen hatte. So musterte Mose das Volk in der Wüste Sinai.
²⁰⁻²¹Von den Nachkommen Rubens, Jakobs* ältestem Sohn, wurden 46.500 wehrfähige Männer, die 20 Jahre und älter waren, gemustert. Ihre

1,1 Dieser Tag des hebr. Mondkalenders liegt gewöhnlich Ende April/Anfang Mai. **1,18** Hebr. *am ersten Tag des zweiten Monats*; s. 1,1. **1,20** Hebr. *Israels*.

Namen wurden nach Sippen und Familien geordnet aufgeschrieben. ²²⁻²³Von den Nachkommen Simeons wurden 59.300 wehrfähige Männer, die 20 Jahre und älter waren, gemustert. Ihre Namen wurden nach Sippen und Familien geordnet aufgeschrieben. ²⁴⁻²⁵Von den Nachkommen Gads wurden 45.650 wehrfähige Männer, die 20 Jahre und älter waren, gemustert. Ihre Namen wurden nach Sippen und Familien geordnet aufgeschrieben. ²⁶⁻²⁷Von den Nachkommen Judas wurden 74.600 wehrfähige Männer, die 20 Jahre und älter waren, gemustert. Ihre Namen wurden nach Sippen und Familien geordnet aufgeschrieben. ²⁸⁻²⁹Von den Nachkommen Issachars wurden 54.400 wehrfähige Männer, die 20 Jahre und älter waren, gemustert. Ihre Namen wurden nach Sippen und Familien geordnet aufgeschrieben. ³⁰⁻³¹Von den Nachkommen Sebulons wurden 57.400 wehrfähige Männer, die 20 Jahre und älter waren, gemustert. Ihre Namen wurden nach Sippen und Familien geordnet aufgeschrieben. ³²⁻³³Von den Nachkommen Ephraims, des Sohns Josefs, wurden 40.500 wehrfähige Männer, die 20 Jahre und älter waren, gemustert. Ihre Namen wurden nach Sippen und Familien geordnet aufgeschrieben. ³⁴⁻³⁵Von den Nachkommen Manasses, des Sohns Josefs, wurden 32.200 wehrfähige Männer, die 20 Jahre und älter waren, gemustert. Ihre Namen wurden nach Sippen und Familien geordnet aufgeschrieben. ³⁶⁻³⁷Von den Nachkommen Benjamins wurden 35.400 wehrfähige Männer, die 20 Jahre und älter waren, gemustert. Ihre Namen wurden nach Sippen und Familien geordnet aufgeschrieben. ³⁸⁻³⁹Von den Nachkommen Dans wurden 62.700 wehrfähige Männer, die 20 Jahre und älter waren, gemustert. Ihre Namen wurden nach Sippen und Familien geordnet aufgeschrieben. ⁴⁰⁻⁴¹Von den Nachkommen Assers wurden 41.500 wehrfähige Männer, die 20 Jahre und älter waren, gemustert. Ihre Namen wurden nach Sippen und Familien geordnet aufgeschrieben. ⁴²⁻⁴³Von den Nachkommen Naftalis wurden 53.400 wehrfähige Männer, die 20 Jahre und älter waren, gemustert. Ihre Namen wurden nach Sippen und Familien geordnet aufgeschrieben.

⁴⁴Das waren die Männer, die Mose und Aaron zusammen mit den zwölf Stammesfürsten Israels musterten – je ein Stammesfürst für einen Stamm Israels. ⁴⁵Alle wehrfähigen israelitischen Männer, die 20 Jahre und älter waren, wurden auf diese Weise nach ihren Familien geordnet gemustert. ⁴⁶Die Gesamtzahl der Gemusterten betrug 603.550.

⁴⁷Die Leviten wurden nicht zusammen mit den anderen Stämmen gemustert, ⁴⁸denn der HERR hatte zu Mose gesagt: ⁴⁹»Den Stamm Levi sollst du nicht mustern, die Leviten sollen nicht mit den übrigen Israeliten gezählt werden. ⁵⁰Betraue sie mit der Instandhaltung des Zeltes Gottes, seiner Einrichtungsgegenstände und Geräte. Sie sollen das Zelt Gottes und seine Ausrüstung auf eurer Wanderung tragen, den Dienst in ihm versehen und rings um es lagern. ⁵¹Die Leviten sind für den Auf- und Abbau des Zeltes Gottes zuständig. Wer sich unerlaubt dem Zelt Gottes nähert, soll mit dem Tod bestraft werden. ⁵²Die übrigen Israeliten sollen nach ihren Heeresabteilungen geordnet bei ihrem Banner lagern. ⁵³Die Leviten aber sollen rings um das Zelt Gottes lagern, damit der Zorn des HERRN nicht die Gemeinschaft der Israeliten trifft. Sie haben die Aufgabe das Zelt Gottes zu bewachen*.«

⁵⁴Und die Israeliten führten alles genau so aus, wie der HERR es Mose befohlen hatte.

Die Ordnung des israelitischen Lagers

2 Dann gab der HERR Mose und Aaron folgende Anweisungen: ²»Die Israeliten sollen in einiger Entfernung rings um das Zelt Gottes lagern. Jeder soll bei dem Banner seiner Heeresabteilung und dem seiner Sippe lagern.

³⁻⁴Unter dem Banner von Juda sollen folgende Stämme gegen Sonnenaufgang, östlich des Zeltes Gottes, lagern: der Stamm Juda unter der Führung von Nachschon, dem Sohn Amminadabs, mit einer Truppenstärke von 74.600 Männern, ⁵⁻⁶daneben der Stamm Issachar unter der Führung von Netanel, dem Sohn Zuars, mit einer Truppenstärke von 54.400 Männern ⁷⁻⁸sowie der Stamm Sebulon unter der Führung von Eliab, dem Sohn Helons, mit einer Truppenstärke von 57.400 Männern.

⁹Damit beträgt die Gesamtzahl der wehrfähigen Männer auf Judas Seite des Lagers 186.400. Diese drei Stämme sollen zuerst aufbrechen, wenn die Israeliten zu einem neuen Lagerplatz ziehen.

¹⁰⁻¹¹Unter dem Banner von Ruben sollen folgende Stämme südlich des Zeltes Gottes lagern: der Stamm Ruben unter der Führung von Elizur, dem Sohn Schedëurs, mit einer Truppenstärke von 46.500 Männern, ¹²⁻¹³daneben der Stamm Simeon unter der Führung von Schelumiël, dem Sohn Zurischaddais, mit einer Truppenstärke von 59.300 Männern ¹⁴⁻¹⁵sowie der Stamm Gad unter der Führung von Eljasaf, dem Sohn

1,53 O. *Die Leviten sind für den Dienst im Zelt Gottes zuständig.*

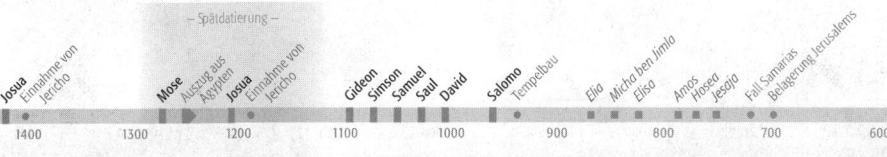

4. MOSE

1–10 Organisation des Volkes Israel

10–25 Die Israeliten verlassen den Sinai – Reise durch die Wüste

25–36 Israel in der Gegend von Moab

2–3
Anordnung der Stämmelager um das Zelt Gottes. Die Leviten sollen priesterliche Dienste vor dem Zelt Gottes ausüben. Sie werden gezählt und bekommen Aufgaben zugewiesen.

[Zum Sinai, vom Sinai her: Gott schafft sich ein Volk]

Deguëls*, mit einer Truppenstärke von 45.650 Männern.
¹⁶Damit beträgt die Gesamtzahl der wehrfähigen Männer auf Rubens Seite des Lagers 151.450. Diese drei Stämme sollen als Zweite aufbrechen.
¹⁷Die Leviten sollen mit dem Zelt Gottes in der Mitte des Lagers aufbrechen. Alle Stämme sollen in der gleichen Reihenfolge weiterziehen, in der sie lagern, jeder an seinem Platz unter seinem Banner.
¹⁸⁻¹⁹Unter dem Banner von Ephraim sollen folgende Stämme westlich des Zeltes Gottes lagern: der Stamm Ephraim unter der Führung von Elischama, dem Sohn Ammihuds, mit einer Truppenstärke von 40.500 Männern, ²⁰⁻²¹daneben der Stamm Manasse unter der Führung von Gamliël, dem Sohn Pedazurs, mit einer Truppenstärke von 32.200 Männern ²²⁻²³sowie der Stamm Benjamin unter der Führung von Abidan, dem Sohn Gidonis, mit einer Truppenstärke von 35.400 Männern.
²⁴Damit beträgt die Gesamtzahl der wehrfähigen Männer auf Ephraims Seite des Lagers 108.100. Diese drei Stämme sollen nach den Leviten aufbrechen.
²⁵⁻²⁶Unter dem Banner von Dan sollen sich folgende Stämme nördlich des Zeltes Gottes lagern: der Stamm Dan unter der Führung von Ahiëser, dem Sohn Ammischaddais, mit einer Truppenstärke von 62.700 Männern, ²⁷⁻²⁸daneben der Stamm Asser unter der Führung von Pagiël, dem Sohn Ochrans, mit einer Truppenstärke von 41.500 Männern ²⁹⁻³⁰sowie der Stamm Naftali unter der Führung von Ahira, dem Sohn Enams, mit einer Truppenstärke von 53.400 Männern.
³¹Damit beträgt die Gesamtzahl der wehrfähigen Männer auf Dans Seite des Lagers 157.600. Diese drei Stämme sollen die Nachhut bilden.«
³²Alles in allem betrug die Zahl der wehrfähigen Israeliten, erfasst nach ihren Stämmen und Heeresabteilungen, 603.550. ³³Doch die Leviten wurden nicht zusammen mit den übrigen Israeliten gemustert, so wie der HERR es Mose befohlen hatte. ³⁴Und die Israeliten führten alles so aus, wie der HERR es Mose aufgetragen hatte. Jeder lagerte sich unter seinem Banner und brach mit seiner Sippe und seiner Familie auf.

2,14-15 Andere Handschriften lesen *Reguëls*.

Die Leviten werden zum priesterlichen Dienst bestimmt

3 Das sind die Nachkommen von Aaron und Mose zu der Zeit, als der HERR mit Mose auf dem Sinai redete: ²Aarons ältester Sohn hieß Nadab und seine anderen Söhne Abihu, Eleasar und Itamar. ³Das sind die Namen der Söhne Aarons. Sie alle wurden gesalbt und in das Priesteramt eingesetzt. ⁴Doch Nadab und Abihu starben in der Wüste Sinai vor dem HERRN, als sie ein eigenmächtiges Räucheropfer verbrannten. Weil beide keine Söhne hatten, versahen nur Eleasar und Itamar mit ihrem Vater Aaron den Priesterdienst.

⁵Der HERR sprach zu Mose: ⁶»Ruf den Stamm Levi zusammen und bring sie zum Priester Aaron, sie sollen ihm helfen. ⁷Sie sollen für Aaron und die ganze Gemeinschaft den Dienst vor dem Zelt Gottes verrichten, indem sie die anfallenden Pflichten erledigen. ⁸Sie sollen sämtliche Geräte des Zeltes Gottes in Ordnung halten und für die Israeliten Dienst tun. ⁹Die Leviten sollen Aaron und seinen Nachkommen aus dem Volk der Israeliten zur Verfügung stehen. ¹⁰Beauftrage Aaron und seine Nachkommen, das Priesteramt auszuüben. Wer sich jedoch unerlaubt dem Heiligtum nähert, muss hingerichtet werden!«

¹¹Weiter sprach der HERR zu Mose: ¹²»Ich habe die Leviten aus der Mitte der Israeliten anstelle aller ihrer erstgeborenen Söhne ausgewählt. Die Leviten sind mein Eigentum, ¹³weil alle erstgeborenen Söhne mir gehören. Seit dem Tag, an dem ich alle Erstgeburten in Ägypten töte, habe ich alle Erstgeborenen in Israel, Menschen wie Tiere, mir geweiht. Sie gehören mir. Ich bin der HERR.«

Die Zählung der Leviten

¹⁴Erneut sprach der HERR zu Mose in der Wüste Sinai: ¹⁵»Zähl alle männlichen Leviten, die einen Monat oder älter sind, nach ihren Familien und Sippen.« ¹⁶Also zählte Mose sie, so wie der HERR es angeordnet hatte.

¹⁷Die Söhne Levis hießen Gerschon, Kehat und Merari. ¹⁸Die Söhne Gerschons waren Libni und Schimi, nach denen auch ihre Sippen benannt sind. ¹⁹Die Söhne Kehats hießen Amram, Jizhar, Hebron und Usiël. Nach ihnen sind auch ihre Sippen benannt. ²⁰Die Söhne Meraris waren Machli und Muschi, nach denen auch ihre Sippen benannt sind.

Das sind die levitischen Sippen nach ihren Familien:

²¹Von Gerschon stammen die Sippen der Libniter und Schimiter ab. ²²Bei ihnen wurden 7.500 männliche Personen, die einen Monat oder älter waren, gezählt. ²³Die Sippen der Gerschoniter lagerten hinter dem Zelt Gottes nach Westen hin. ²⁴Ihr Anführer war Eljasaf, der Sohn Laëls. ²⁵Die Nachkommen Gerschons waren für das Zelt Gottes, das Zeltdach und den Vorhang am Eingang des Zeltes Gottes verantwortlich. ²⁶Ferner für die Vorhänge zur Abgrenzung des Vorhofs, der das Zelt und den Altar umgibt, für den Vorhang am Eingang des Vorhofs, für die Seile und alle damit zusammenhängende Arbeit.

²⁷Von Kehat stammen die Sippen der Amramiter, Jizhariter, Hebroniter und Usiëliter ab. ²⁸Bei ihnen wurden 8.600 männliche Personen, die einen Monat oder älter waren, gezählt. Sie waren verantwortlich für den Dienst im Heiligtum ²⁹und lagerten auf der südlichen Seite des Zeltes Gottes. ³⁰Der Anführer der Kehatiter war Elizafan, der Sohn Usiëls. ³¹Die Nachkommen Kehats waren verantwortlich für die Bundeslade, den Tisch, den Leuchter, die Altäre, alle Geräte, die im Heiligtum gebraucht wurden, den Vorhang* und die damit zusammenhängende Arbeit. ³²Der Priester Eleasar, ein Sohn Aarons, war der Fürst aller Leviten und hatte die Aufsicht über diejenigen, die den Dienst im Heiligtum verrichteten.

³³Von Merari stammen die Sippen der Machliter und Muschiter ab. ³⁴Bei ihnen wurden 6.200 männliche Personen, die einen Monat oder älter waren, gezählt. ³⁵Sie lagerten auf der nördlichen Seite des Zeltes Gottes. Zuriël, der Sohn des Abihajils, war der Anführer der Merariter. ³⁶Die Nachkommen Meraris waren zuständig für die Bretter des Zeltes Gottes – die Riegel, die Säulen und die Sockel – sowie für alle dazugehörigen Geräte und die damit zusammenhängende Arbeit. ³⁷Darüber hinaus waren sie verantwortlich für die Säulen des Vorhofs und ihre Sockel, die Zeltpflöcke und die Seile.

³⁸Mose sowie Aaron und seine Nachkommen, die für die Israeliten den Dienst am Heiligtum versahen, lagerten auf der Ostseite des Zeltes Gottes vor dessen Eingang. Wer sich jedoch unerlaubt dem Heiligtum näherte, musste mit dem Tod bestraft werden.

³⁹Unter den Leviten, die Mose und Aaron auf Anordnung des HERRN gezählt hatten, befanden sich also 22.000 männliche Personen, die einen Monat oder älter waren.

3,31 vor dem Allerheiligsten.

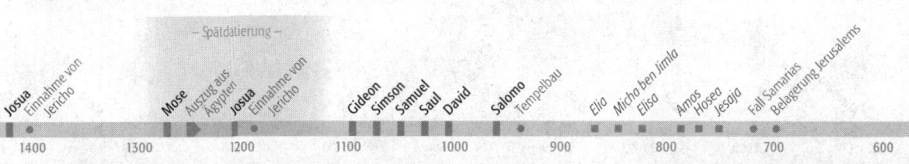

4. MOSE	
1–10	Organisation des Volkes Israel
10–25	Die Israeliten verlassen den Sinai – Reise durch die Wüste
25–36	Israel in der Gegend von Moab

3–4
Die Leviten sind statt der Erstgeborenen dem Herrn geweiht. Aufgaben einzelner levitischer Sippen.

[Zum Sinai, vom Sinai her: Gott schafft sich ein Volk]

Das Loskaufen der erstgeborenen Söhne

40 Der HERR sprach zu Mose: »Zähl nun alle erstgeborenen Söhne der Israeliten, die einen Monat oder älter sind, und schreib ihre Zahl auf. 41 Du sollst die Leviten für mich als Ersatz für die erstgeborenen Söhne der Israeliten nehmen und das Vieh der Leviten als Ersatz für die erstgeborenen Tiere der Israeliten. Ich bin der HERR.«

42 Da zählte Mose die erstgeborenen Söhne der Israeliten, wie der HERR ihn beauftragt hatte. 43 Die Gesamtzahl der erstgeborenen israelitischen Söhne, die einen Monat oder älter waren, betrug 22.273.

44 Dann sprach der HERR zu Mose: 45 »Nimm die Leviten als Ersatz für die erstgeborenen Söhne der Israeliten. Das Vieh der Leviten nimm als Ersatz für die erstgeborenen Tiere der Israeliten. Die Leviten werden mir gehören. Ich bin der HERR. 46 Um die 273 erstgeborenen Söhne Israels, welche die Zahl der Leviten übersteigen, loszukaufen, 47 sollst du pro Kopf fünf Schekel* einsammeln, nach dem Gewicht, das im Heiligtum gilt: den Schekel zu 20 Gera. 48 Diese Summe sollst du Aaron und seinen Söhnen zum Loskauf der überzähligen Erstgeburten bei den Israeliten geben.«

49 Da sammelte Mose die Loskaufsumme von den erstgeborenen Israeliten ein, welche die Zahl der Leviten überstiegen. 50 Es kam eine Summe von 1.365 Schekel nach dem Gewicht des Heiligtums* zusammen, 51 die Mose Aaron und seinen Söhnen aushändigte, so wie der HERR es ihm befohlen hatte.

Die Pflichten der Kehatiter

4 Und der HERR sprach zu Mose und Aaron: 2 »Zählt auch die Sippen und Familien der Kehatiter vom Stamm Levi, 3 und zwar alle Männer zwischen 30 und 50, die sich zum Dienst im Zelt Gottes eignen.« 4 Die Kehatiter sind im Zelt Gottes für das Allerheiligste zuständig. 5 Beim Aufbruch des Lagers sollen Aaron und seine Söhne hineingehen und zuerst den Vorhang vor dem Allerheiligsten abhängen und die Bundeslade damit bedecken. 6 Dann sollen sie eine Decke aus Tachasch-Haut* darauflegen und darüber ein violettes Tuch ausbreiten. Schließlich sollen sie die Tragstangen wieder an der Lade anbringen.

7 Danach sollen sie ein violettes Tuch über den

3,47 Das entspricht ca. 75 g. 3,50 Das entspricht ca. 20 kg Silber. 4,6 Ein besonders wertvolles Leder, vermutlich vom Delfin oder der Seekuh.

Tisch für die Schaubrote* breiten und die Schüsseln, Schalen, Becher sowie die Kannen für das Trankopfer daraufstellen. Auch die Schaubrote sollen darauf liegen. ⁸Über alles sollen sie ein karmesinfarbenes Tuch breiten und das Ganze schließlich mit einer Decke aus Tachasch-Haut* abdecken. Anschließend sollen sie die Tragstangen am Tisch anbringen.

⁹Dann sollen sie sich ein violettes Tuch nehmen und damit den Leuchter und seine Lampen mitsamt seinen Dochtscheren, Ölschalen und Ölgefäßen bedecken. ¹⁰Anschließend sollen sie den Leuchter und seine Geräte in eine Decke aus Tachasch-Haut* wickeln und auf eine Trage legen.

¹¹Auch über den Räucheraltar* sollen Aaron und seine Söhne ein violettes Tuch breiten, ihn dann mit einer Decke aus Tachasch-Haut* verhüllen und die Tragstangen anbringen. ¹²Aaron und seine Söhne sollen die übrigen Geräte, die für den Dienst im Heiligtum benötigt werden, in ein violettes Tuch wickeln, in Tachasch-Haut hüllen und schließlich auf eine Trage legen.

¹³Sodann sollen sie den Brandopferaltar von der Asche reinigen und ihn mit einem purpurfarbenen Tuch bedecken. ¹⁴Darauf sollen sie alle Geräte legen, mit denen sie den Opferdienst auf dem Altar verrichten – die Feuerpfannen, Fleischgabeln, Schaufeln, Becken und alle Behälter –, alles mit einer Decke aus Tachasch-Haut* zudecken und die Tragstangen anbringen.

¹⁵Erst wenn Aaron und seine Söhne beim Aufbruch des Lagers das Heiligtum und alle seine Geräte verhüllt haben, sollen die Kehatiter kommen, um sie zu tragen. Doch sie dürfen die heiligen Gegenstände selbst nicht berühren, sonst sterben sie. Diese Gegenstände des Zeltes Gottes sollen die Kehatiter tragen.

¹⁶Eleasar, der Sohn des Priesters Aaron, ist für das Öl des Leuchters, das Weihrauchgemisch, das tägliche Speiseopfer und das Salböl verantwortlich. Auch die Aufsicht über das gesamte Zelt Gottes, über das Heiligtum und alle seine Geräte, liegt in seiner Verantwortung.«

¹⁷Dann sprach der HERR zu Mose und Aaron: ¹⁸»Lasst nicht zu, dass die Kehatiter aus dem Stamm Levi vollständig vernichtet werden! ¹⁹Tut Folgendes, damit sie am Leben bleiben und nicht sterben, wenn sie sich den besonders heiligen Gegenständen nähern: Aaron und seine Söhne sollen sie stets begleiten und jeden einzelnen Mann anweisen, was er arbeiten oder tragen soll. ²⁰Aber die Kehatiter dürfen das Heiligtum nicht betreten, um die heiligen Gegenstände auch nur für einen Augenblick anzusehen, sonst müssen sie sterben.«

Die Pflichten der Gerschoniter

²¹Und der HERR sprach zu Mose: ²²»Zähl ebenso die Sippen und Familien der Gerschoniter vom Stamm Levi. ²³Zähl alle Männer zwischen 30 und 50, die sich zum Dienst im Zelt Gottes eignen.

²⁴Die Gerschoniter sind dafür verantwortlich Folgendes zu arbeiten und zu tragen: ²⁵Sie sollen die Zeltdecken des Zeltes Gottes tragen sowie das Zelt Gottes selbst, das Zeltdach und die Decke aus Tachasch-Haut*, die darübergespannt ist, und den Vorhang vom Eingang des Zeltes Gottes. ²⁶Außerdem die Vorhänge des Vorhofs, der das Heiligtum und den Brandopferaltar umgibt, den Vorhang am Eingangstor zum Vorhof und die dazugehörigen Seile und Geräte. Die Gerschoniter sollen alle Arbeiten ausführen, die dabei anfallen. ²⁷Aaron und seine Söhne sollen die Gerschoniter anweisen, was sie tragen und wo sie Hand anlegen sollen. Ihr sollt den Gerschonitern alles übergeben. ²⁸Das sind die Pflichten der Gerschoniter am Zelt Gottes, denen sie unter der Aufsicht von Itamar, dem Sohn des Priesters Aaron, nachkommen sollen.

Die Pflichten der Merariter

²⁹Zähl auch die Sippen und Familien der Merariter vom Stamm Levi. ³⁰Zähl alle Männer zwischen 30 und 50, die sich für den Dienst im Zelt Gottes eignen.

³¹Folgende Gegenstände sollen sie im Rahmen ihrer Arbeit am Zelt Gottes tragen: die Bretter des Zeltes Gottes, die Riegel, die Säulen mit ihren Sockeln, ³²die Säulen für den Vorhof mit ihren Sockeln, Pflöcken, Seilen und allen dazugehörigen Gegenständen. Sagt jedem einzelnen Mann genau, was er zu tragen hat. ³³Das sind die Aufgaben der Merariter im Zelt Gottes, die sie unter der Aufsicht von Itamar, dem Sohn des Priesters Aaron, ausführen sollen.«

Die Zählung der Leviten

³⁴So zählten Mose, Aaron und die führenden Männer der Gemeinschaft die Kehatiter nach ihren Sippen und Familien geordnet. ³⁵Sie zählten alle Männer zwischen 30 und 50, die sich zum Dienst im Zelt Gottes eigneten. ³⁶Die Gesamtzahl dieser Männer betrug 2.750. ³⁷Das war die Gesamtzahl der Kehatiter, die sich zum Dienst

---

4,7 D.i. *Brote der Vergegenwärtigung Gottes.* **4,8** S. Fußnote zu 4,6. **4,10** S. Fußnote zu 4,6. **4,11a** Hebr. *den goldenen Altar.* **4,11b** Ein besonders wertvolles Leder, vermutlich vom Delfin oder der Seekuh. So auch in V. 12. **4,14** S. Fußnote zu 4,11b. **4,25** Ein besonders wertvolles Leder, vermutlich vom Delfin oder der Seekuh.

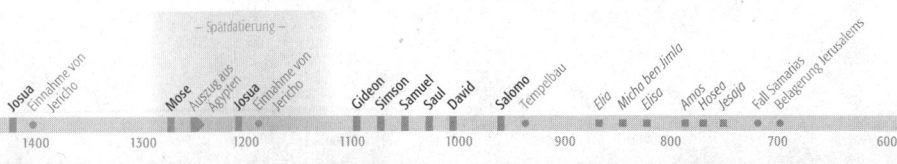

4. MOSE

1–10 Organisation des Volkes Israel

10–25 Die Israeliten verlassen den Sinai – Reise durch die Wüste

25–36 Israel in der Gegend von Moab

4–6
Zählung der levitischen Männer zwischen 30 und 50 Jahren. Vorgehensweisen bei Unreinheit, Schadensansprüchen und Ehebruch. Anweisungen für Gottgeweihte.

[Zum Sinai, vom Sinai her: Gott schafft sich ein Volk]

im Zelt Gottes eigneten. Mose und Aaron zählten sie auf Anordnung des HERRN hin.
³⁸⁻³⁹Auch bei den Gerschonitern wurden alle Männer zwischen 30 und 50, die sich zum Dienst im Zelt Gottes eigneten, nach ihren Sippen und Familien gezählt. ⁴⁰Die Gesamtzahl dieser Männer betrug 2.630. ⁴¹Das war die Gesamtzahl aller Gerschoniter, die sich für den Dienst im Zelt Gottes eigneten. Mose und Aaron zählten sie, wie der HERR es angeordnet hatte.
⁴²⁻⁴³Auch bei den Merariten wurden alle Männer zwischen 30 und 50, die sich zum Dienst im Zelt Gottes eigneten, nach ihren Sippen und Familien gezählt. ⁴⁴Ihre Gesamtzahl belief sich auf 3.200. ⁴⁵Dies war die Gesamtzahl aller Merariter, die durch Mose und Aaron gezählt wurden, wie der HERR es durch Mose angeordnet hatte.
⁴⁶So zählten Mose, Aaron und die führenden Männer Israels alle Leviten nach ihren Sippen und Familien. ⁴⁷Die Zahl aller Männer zwischen 30 und 50, die sich eigneten, im Zelt Gottes Dienst zu tun und es zu tragen, ⁴⁸betrug 8.580. ⁴⁹Jeder einzelne Mann wurde angewiesen, was er arbeiten und was er tragen sollte, wie der HERR es Mose befohlen hatte.

Vorgehensweise bei Unreinheit

5 Der HERR gab Mose folgende Anweisungen: ²»Befiehl den Israeliten, jede Person aus dem Lager hinauszuschicken, die an einer ansteckenden Hautkrankheit* oder einem Ausfluss leidet oder sich durch die Berührung eines Leichnams verunreinigt hat. ³Das gilt sowohl für Männer als auch für Frauen; ihr sollt sie vor das Lager schicken, damit das Lager, in dem ich unter euch wohne, nicht verunreinigt wird.«
⁴Die Israeliten befolgten dies und schickten die betreffenden Personen vor das Lager, genauso wie der HERR es Mose befohlen hatte.
⁵Danach redete der HERR zu Mose: ⁶»Gib den Israeliten folgende Anweisungen: ›Wenn jemand, sei es ein Mann oder eine Frau, auf die eine oder andere Weise sündigt und dadurch dem HERRN untreu wird, lädt er Schuld auf sich. ⁷Er soll die Sünde, die er begangen hat, bekennen und den gesamten Schaden, den er angerichtet hat, ersetzen. Er soll 20 Prozent dazutun und alles demjenigen geben, an dem er sich schuldig gemacht hat. ⁸Wenn diese Person jedoch tot ist und keine nahen Verwandten hat, denen der

---

5,2 Gewöhnlich mit *Aussatz* übersetzt. Das hier gebrauchte hebr. Wort wird als Bezeichnung für verschiedene Hautkrankheiten verwendet.

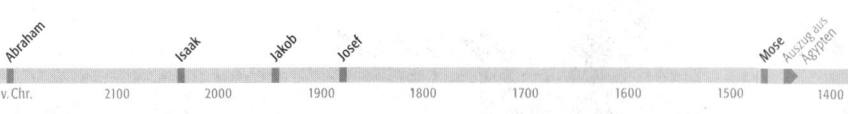

Schadenersatz geleistet werden könnte, dann gehört er dem HERRN. Er soll dem Priester übergeben werden, zusätzlich zu dem Widder als Sühne, mit dem der Priester Wiedergutmachung für den Schuldigen schafft. ⁹Von allen Opfergaben der Israeliten, die sie dem Priester bringen, steht ihm der entsprechende Anteil zu. ¹⁰Die heiligen Gaben sollen ihm gehören. Alles, was jemand dem Priester gibt, soll diesem gehören.‹«

Schutz der Ehe

¹¹Und der Herr sprach zu Mose: ¹²»Gib den Israeliten folgende Anweisungen: ›Angenommen, eine verheiratete Frau geht fremd und wird ihrem Mann untreu. ¹³Sie schläft mit einem anderen Mann, ohne dass ihr Mann es bemerkt. Die Frau verheimlicht, dass sie unrein geworden ist, und es gibt auch keine Zeugen dafür, weil sie nicht auf frischer Tat ertappt wurde. ¹⁴Wenn ihr Mann nun eifersüchtig wird, weil er meint, seine Frau habe ihn betrogen – egal, ob zu Recht oder zu Unrecht – ¹⁵soll er seine Frau zusammen mit einer Opfergabe von einem Krug* Gerstenmehl zum Priester bringen. Auf das Mehl darf kein Öl gegossen und kein Weihrauch gestreut werden, denn es ist ein Eifersuchtsopfer – ein Opfer, das ihre Schuld ans Licht bringen soll. ¹⁶Dann soll der Priester sie herantreten lassen und sie vor den HERRN stellen. ¹⁷Er soll geweihtes Wasser in ein Tongefäß gießen und etwas Staub vom Fußboden des Zeltes Gottes in das Wasser streuen. ¹⁸Nachdem er die Frau vor den HERRN gestellt hat, soll er ihr Haar lösen und das Opfer, das ihre Schuld ans Licht bringen soll – das Eifersuchtsopfer – in ihre Hände legen. Den Krug mit dem bitteren Wasser, das Fluch über die Schuldigen bringt, soll der Priester in den Händen halten. ¹⁹Dann soll er mit der Frau eindringlich reden und zu ihr sagen: »Wenn kein anderer Mann mit dir geschlafen hat und du dich nicht verunreinigt hast, indem du in deiner Ehe untreu warst, wird dir dieses fluchbringende bittere Wasser nichts anhaben. ²⁰Wenn du deinen Mann jedoch betrogen und dich verunreinigt hast, indem du mit einem anderen Mann geschlafen hast«, – ²¹ja, der Priester soll über der Frau folgenden Fluch aussprechen – »dann soll das Volk sehen, dass der Fluch des HERRN auf dir liegt, indem er dich unfruchtbar macht* und deinen Bauch anschwellen lässt. ²²Dieses fluchbringende Wasser soll in deinen Körper eindringen, deinen Bauch anschwellen lassen und dich unfruchtbar machen.« Und die Frau soll antworten: »Ja, so soll es sein.« ²³Der Priester soll diese Flüche aufschreiben und sie in dem bitteren Wasser abwaschen. ²⁴Das fluchbringende bittere Wasser soll er der Frau zu trinken geben, damit es in ihr wirken kann.

²⁵Der Priester soll der Frau das Eifersuchtsopfer aus der Hand nehmen, es vor dem HERRN in einer symbolischen Opferhandlung hin und her schwingen und dann zum Altar bringen. ²⁶Eine Handvoll davon soll er als symbolischen Anteil auf dem Altar verbrennen. Danach soll er der Frau das Wasser zu trinken geben. ²⁷Wenn sie sich tatsächlich verunreinigt hat und ihrem Mann untreu war, wird ihr das fluchbringende Wasser, nachdem der Priester es ihr zu trinken gegeben hat, schaden: Ihr Bauch wird anschwellen, sie wird unfruchtbar werden und in ihrem Volk verflucht sein. ²⁸Wenn die Frau sich aber nicht verunreinigt hat und unschuldig ist, soll ihr nichts geschehen und sie wird weiter Kinder bekommen können.

²⁹Diese Anweisung gilt in Fällen von Eifersucht: Wenn eine Frau sich verunreinigt, indem sie ihrem Mann untreu ist, ³⁰oder wenn ein Mann von Eifersucht gepackt wird, soll er seine Frau vor den HERRN stellen, und der Priester soll so vorgehen, wie die Anweisung es vorschreibt. ³¹Den Ehemann trifft keine Schuld, doch seine Frau muss die Folgen ihrer Sünde tragen.‹«

Gesetze bezüglich der Gottgeweihten

6 Dann sprach der HERR zu Mose: »Sprich zu den Israeliten und gib ihnen folgende Anweisungen: ²›Wenn jemand, sei es ein Mann oder eine Frau, ein Gelübde ablegt sich dem HERRN auf besondere Weise zu weihen, ³soll er auf Wein und andere alkoholische Getränke verzichten. Er soll keinen Wein- oder Branntweinessig zu sich nehmen, keinen Traubensaft trinken und keine Trauben oder Rosinen essen. ⁴Solange er durch sein Gelübde gebunden ist, darf er nichts verzehren, das vom Weinstock stammt, nicht einmal die Kerne oder die Haut von Trauben. ⁵Er soll sich während der Zeit seines Gelübdes das Haar nicht schneiden. Bis die Zeit abgelaufen ist, für die er sich dem HERRN geweiht hat, ist er heilig und soll deshalb sein Haar wachsen lassen. ⁶Während der gesamten Zeit seines Gelübdes für den HERRN darf er sich keinem Toten nähern. ⁷Selbst wenn es sich bei dem Toten um seinen eigenen Vater, seine Mutter, seinen Bruder oder seine Schwester handelt, darf er sich ihretwegen nicht verunreinigen, denn er ist dem HERRN geweiht. ⁸Und während

---

5,15 Das entspricht ca. 2 kg.   **5,21** Hebr. *indem er deine Schenkel dahinschwinden lässt*. So auch V. 22 und 27.

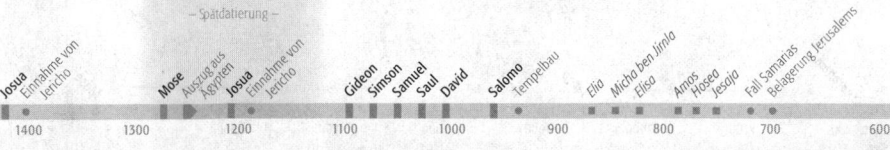

4. MOSE

1–10 Organisation des Volkes Israel

10–25 Die Israeliten verlassen den Sinai – Reise durch die Wüste

25–36 Israel in der Gegend von Moab

6–7
Anweisungen für Gottgeweihte. Aaronitischer Segen. Opfergaben für die Einweihung des Zeltes Gottes.

[Zum Sinai, vom Sinai her: Gott schafft sich ein Volk]

der Zeit seiner Weihe ist er heilig für den HERRN.
⁹Sollte sein geweihter Kopf trotzdem verunreinigt werden, weil ein Mensch neben ihm unerwartet stirbt, muss er seinen Kopf am siebten Tag, dem Tag seiner Reinigung kahl scheren. ¹⁰Am achten Tag soll er dem Priester zwei Turteltauben oder zwei junge Tauben zum Eingang des Zeltes Gottes bringen. ¹¹Der Priester soll den einen Vogel als Sündopfer und den anderen als Brandopfer darbringen. Auf diese Weise soll er Wiedergutmachung für den Gottgeweihten schaffen, weil er wegen des Toten Schuld auf sich geladen hat. Der Gottgeweihte soll sich noch am selben Tag erneut dem HERRN weihen. ¹²Weil er sich in der Zeit seiner besonderen Weihe verunreinigt hat, zählen die vergangenen Tage nicht mehr. Er muss die Zeit, für die er sich dem HERRN geweiht hat, von diesem Tag an noch einmal ganz einhalten und ein einjähriges Lamm als Schuldopfer darbringen.‹
¹³Für das Ende der Zeit, in der er sich mir besonders geweiht hat, gelten folgende Anweisungen: ›Man soll ihn zum Eingang des Zeltes Gottes bringen. ¹⁴Und er soll dem HERRN folgende Opfer bringen: ein fehlerloses einjähriges, männliches Lamm als Brandopfer, ein fehlerloses einjähriges, weibliches Lamm als Sündopfer und einen fehlerlosen Widder als Friedensopfer, ¹⁵einen Korb mit ungesäuertem* Backwerk – Kuchen aus besonders feinem, mit Öl vermischtem Mehl und mit Öl bestrichene Fladen – sowie das dazugehörige Speiseopfer und die vorgeschriebenen Trankopfer. ¹⁶All diese Opfer soll der Priester dem HERRN bringen und das Sündopfer sowie das Brandopfer durchführen. ¹⁷Den Widder soll er dem HERRN als Friedensopfer bringen, zusammen mit dem Korb ungesäuerter Backwaren. Außerdem soll er das dazugehörige Speise- und Trankopfer darbringen.
¹⁸Dann soll der Gottgeweihte seinen geweihten Kopf am Eingang des Zeltes Gottes scheren und das Haar auf das Feuer unter dem Friedensopfer legen. ¹⁹Der Priester soll einen ungesäuerten Kuchen und einen ungesäuerten Brotfladen aus dem Korb nehmen und beides zusammen mit der gekochten Schulter des Widders dem Gottgeweihten in die Hände legen, nachdem dieser sein geweihtes Haar geschoren hat. ²⁰Danach soll der Priester die Gaben vor dem HERRN in einer symbolischen Opferhandlung hin und her schwingen. Sie sind dem HERRN geweiht und stehen dem Priester zu, genauso wie das Brust- und das Schenkelstück. Anschließend darf der Gottgeweihte wieder Wein trinken.

6,15 Das bedeutet *ohne Sauerteig gebacken*.

²¹Dieses Gesetz gilt für den Gottgeweihten, der dem HERRN ein Gelübde abgelegt hat. Wegen seines Gelübdes muss er dem HERRN die oben genannte Opfergabe bringen; was er sich darüber hinaus noch leisten kann, ist freiwillig. Wenn er jedoch eine zusätzliche Gabe gelobt hat, muss er seinem Gelübde nachkommen, so wie es das Gesetz der Weihe verlangt.«‹

Der priesterliche Segen
²²Dann sprach der HERR zu Mose: ²³»Sag Aaron und seinen Söhnen Folgendes: ›Segnet die Israeliten mit diesem Segen:
²⁴Der HERR segne dich
und beschütze dich.
²⁵Der HERR wende sich dir freundlich zu
und sei dir gnädig.
²⁶Der HERR sei dir besonders nahe
und gebe dir seinen Frieden.‹
²⁷Auf diese Weise sollen Aaron und seine Söhne meinen Namen über den Israeliten aussprechen und ich selbst will sie segnen.«

Die Einsetzungsopfer
7 Als Mose das Zelt Gottes errichtet und es mitsamt den dazugehörigen Geräten sowie dem Altar und seinen Geräten gesalbt und geweiht hatte, ²brachten die Stammesfürsten Israels – die führenden Männer, die auch die Zählung durchgeführt hatten – ³zusammen sechs Planwagen und zwölf Rinder als Opfergaben vor den HERRN – einen Wagen für zwei Stammesfürsten und ein Rind für einen – und brachten sie vor das Zelt Gottes. ⁴Dann sprach der HERR zu Mose: ⁵»Nimm ihre Geschenke an, sie sollen für den Dienst am Zelt Gottes eingesetzt werden. Gib sie den Leviten, je nachdem, was für Aufgaben sie haben.« ⁶Da nahm Mose die Wagen und die Tiere und gab sie den Leviten. ⁷Den Gerschonitern gab er zwei Wagen und vier Rinder, so wie es für ihre Arbeit erforderlich war. ⁸Den Meraritern teilte er vier Wagen und acht Rinder zu, so wie es für ihre Arbeit notwendig war, die sie unter der Leitung Itamars, des Sohns des Priesters Aaron, ausübten. ⁹Den Kehatitern dagegen gab er keinen Wagen und keine Rinder, weil ihre Männer die heiligen Gegenstände des Zeltes Gottes auf ihren Schulter tragen sollten.

¹⁰Außerdem brachten die Anführer Gaben für die Einweihung des Altars, als dieser gesalbt wurde. Alle brachten ihre Gaben vor den Altar. ¹¹Da befahl der HERR Mose: »Jeden Tag soll einer der Anführer seine Gabe für die Einweihung des Altars bringen.«

¹²Am ersten Tag brachte Nachschon, der Sohn Amminadabs und Fürst des Stammes Juda, seine Gabe. ¹³Sie bestand aus einer 130 Schekel schweren silbernen Schüssel und einer 70 Schekel* schweren silbernen Opferschale, nach dem Gewicht des Heiligtums. Beide waren mit feinem Mehl gefüllt, das mit Öl vermischt und zum Speiseopfer bestimmt war. ¹⁴Außerdem brachte er ein goldenes Gefäß, das zehn Schekel* schwer und mit Weihrauch gefüllt war. ¹⁵Er brachte einen jungen Stier, einen Widder und ein einjähriges Lamm für das Brandopfer, ¹⁶einen Ziegenbock für das Sündopfer ¹⁷sowie zwei Rinder, fünf Widder, fünf Ziegenböcke und fünf einjährige Lämmer für das Friedensopfer. Das war die Gabe, die Nachschon, der Sohn des Amminadab, brachte.

¹⁸Am zweiten Tag brachte Netanel, der Sohn Zuars und Fürst des Stammes Issachar, seine Gabe. ¹⁹Sie bestand aus einer 130 Schekel schweren silbernen Schüssel und einer 70 Schekel* schweren silbernen Opferschale, nach dem Gewicht des Heiligtums. Beide waren mit feinem Mehl gefüllt, das mit Öl vermischt und zum Speiseopfer bestimmt war. ²⁰Außerdem brachte er ein goldenes Gefäß, das zehn Schekel* schwer und mit Weihrauch gefüllt war. ²¹Er brachte einen jungen Stier, einen Widder und ein einjähriges Lamm für das Brandopfer, ²²einen Ziegenbock für das Sündopfer ²³sowie zwei Rinder, fünf Widder, fünf Ziegenböcke und fünf einjährige Lämmer für das Friedensopfer. Das war die Gabe, die Netanel, der Sohn des Zuar, brachte.

²⁴Am dritten Tag brachte Eliab, der Sohn Helons und Fürst des Stammes Sebulon, seine Gabe. ²⁵Sie bestand aus einer 130 Schekel schweren silbernen Schüssel und einer 70 Schekel* schweren silbernen Opferschale, nach dem Gewicht des Heiligtums. Beide waren mit feinem Mehl gefüllt, das mit Öl vermischt und zum Speiseopfer bestimmt war. ²⁶Außerdem brachte er ein goldenes Gefäß, das zehn Schekel* schwer und mit Weihrauch gefüllt war. ²⁷Er brachte einen jungen Stier, einen Widder und ein einjähriges Lamm für das Brandopfer, ²⁸einen Ziegenbock für das Sündopfer ²⁹sowie zwei Rinder, fünf Widder, fünf Ziegenböcke und fünf einjährige Lämmer für das Friedensopfer. Das war die Gabe, die Eliab, der Sohn des Helon, brachte.

7,13 *130 Schekel des Heiligtums* entsprechen ca. 2 kg, *70 Schekel des Heiligtums* entsprechen ca. 1 kg. **7,14** *Zehn Schekel* (des Heiligtums, vgl. V. 86) entsprechen ca. 150 g. **7,19** S. Fußnote zu 7,13. **7,20** S. Fußnote zu 7,14. **7,25** S. Fußnote zu 7,13. **7,26** S. Fußnote zu 7,14.

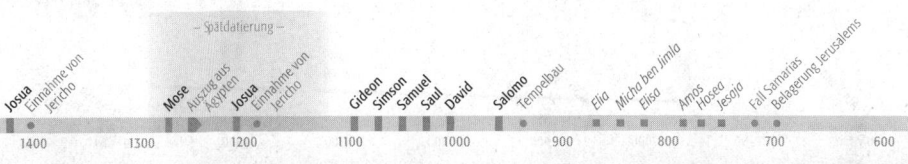

4. MOSE

1–10	Organisation des Volkes Israel
10–25	Die Israeliten verlassen den Sinai – Reise durch die Wüste
25–36	Israel in der Gegend von Moab

7
Opfergaben für die Einweihung des Zeltes Gottes.

[Zum Sinai, vom Sinai her: Gott schafft sich ein Volk]

³⁰Am vierten Tag brachte Elizur, der Sohn Schedëurs und Fürst des Stammes Ruben, seine Gabe. ³¹Sie bestand aus einer 130 Schekel schweren silbernen Schüssel und einer 70 Schekel* schweren silbernen Opferschale, nach dem Gewicht des Heiligtums. Beide waren mit feinem Mehl gefüllt, das mit Öl vermischt und zum Speiseopfer bestimmt war. ³²Außerdem brachte er ein goldenes Gefäß, das zehn Schekel* schwer und mit Weihrauch gefüllt war. ³³Er brachte einen jungen Stier, einen Widder und ein einjähriges Lamm für das Brandopfer, ³⁴einen Ziegenbock für das Sündopfer ³⁵sowie zwei Rinder, fünf Widder, fünf Ziegenböcke und fünf einjährige Lämmer für das Friedensopfer. Das war die Gabe, die Elizur, der Sohn des Schedëur, brachte.

³⁶Am fünften Tag brachte Schelumiël, der Sohn Zurischaddais und Fürst des Stammes Simeon, seine Gabe. ³⁷Sie bestand aus einer 130 Schekel schweren silbernen Schüssel und einer 70 Schekel* schweren silbernen Opferschale, nach dem Gewicht des Heiligtums. Beide waren mit feinem Mehl gefüllt, das mit Öl vermischt und zum Speiseopfer bestimmt war. ³⁸Außerdem brachte er ein goldenes Gefäß, das zehn Schekel* schwer und mit Weihrauch gefüllt war. ³⁹Er brachte einen jungen Stier, einen Widder und ein einjähriges Lamm für das Brandopfer, ⁴⁰einen Ziegenbock für das Sündopfer ⁴¹sowie zwei Rinder, fünf Widder, fünf Ziegenböcke und fünf einjährige Lämmer für das Friedensopfer. Das war die Gabe, die Schelumiël, der Sohn des Zurischaddai, brachte.

⁴²Am sechsten Tag brachte Eljasaf, der Sohn Deguëls und Fürst des Stammes Gad, seine Gabe. ⁴³Sie bestand aus einer 130 Schekel schweren silbernen Schüssel und einer 70 Schekel* schweren silbernen Opferschale, nach dem Gewicht des Heiligtums. Beide waren mit feinem Mehl gefüllt, das mit Öl vermischt und zum Speiseopfer bestimmt war. ⁴⁴Außerdem brachte er ein goldenes Gefäß, das zehn Schekel* schwer und mit Weihrauch gefüllt war. ⁴⁵Er brachte einen jungen Stier, einen Widder und ein einjähriges Lamm für das Brandopfer, ⁴⁶einen Ziegenbock für das Sündopfer ⁴⁷sowie zwei Rinder, fünf Widder, fünf Ziegenböcke und fünf einjährige Lämmer für das Friedensopfer. Das war die Gabe, die Eljasaf, der Sohn des Deguël, brachte.

⁴⁸Am siebten Tag brachte Elischama, der Sohn Ammihuds und Fürst des Stammes Ephraim, seine Gabe. ⁴⁹Sie bestand aus einer 130 Schekel

7,31 S. Fußnote zu 7,13.   7,32 S. Fußnote zu 7,14.
7,37 S. Fußnote zu 7,13.   7,38 S. Fußnote zu 7,14.
7,43 S. Fußnote zu 7,13.   7,44 S. Fußnote zu 7,14.

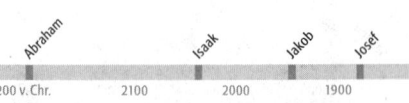

schweren silbernen Schüssel und einer 70 Schekel* schweren silbernen Opferschale, nach dem Gewicht des Heiligtums. Beide waren mit feinem Mehl gefüllt, das mit Öl vermischt und zum Speiseopfer bestimmt war. ⁵⁰Außerdem brachte er ein goldenes Gefäß, das zehn Schekel* schwer und mit Weihrauch gefüllt war. ⁵¹Er brachte einen jungen Stier, einen Widder und ein einjähriges Lamm für das Brandopfer, ⁵²einen Ziegenbock für das Sündopfer ⁵³sowie zwei Rinder, fünf Widder, fünf Ziegenböcke und fünf einjährige Lämmer für das Friedensopfer. Das war die Gabe, die Elischama, der Sohn des Ammihud, brachte.

⁵⁴Am achten Tag brachte Gamliël, der Sohn Pedazurs und Fürst des Stammes Manasse, seine Gabe. ⁵⁵Sie bestand aus einer 130 Schekel schweren silbernen Schüssel und einer 70 Schekel* schweren silbernen Opferschale, nach dem Gewicht des Heiligtums. Beide waren mit feinem Mehl gefüllt, das mit Öl vermischt und zum Speiseopfer bestimmt war. ⁵⁶Außerdem brachte er ein goldenes Gefäß, das zehn Schekel* schwer und mit Weihrauch gefüllt war. ⁵⁷Er brachte einen jungen Stier, einen Widder und ein einjähriges Lamm für das Brandopfer, ⁵⁸einen Ziegenbock für das Sündopfer ⁵⁹sowie zwei Rinder, fünf Widder, fünf Ziegenböcke und fünf einjährige Lämmer für das Friedensopfer. Das war die Gabe, die Gamliël, der Sohn des Pedazur, brachte.

⁶⁰Am neunten Tag brachte Abidan, der Sohn Gidonis und Fürst des Stammes Benjamin, seine Gabe. ⁶¹Sie bestand aus einer 130 Schekel schweren silbernen Schüssel und einer 70 Schekel* schweren silbernen Opferschale, nach dem Gewicht des Heiligtums. Beide waren mit feinem Mehl gefüllt, das mit Öl vermischt und zum Speiseopfer bestimmt war. ⁶²Außerdem brachte er ein goldenes Gefäß, das zehn Schekel* schwer und mit Weihrauch gefüllt war. ⁶³Er brachte einen jungen Stier, einen Widder und ein einjähriges Lamm für das Brandopfer, ⁶⁴einen Ziegenbock für das Sündopfer ⁶⁵sowie zwei Rinder, fünf Widder, fünf Ziegenböcke und fünf einjährige Lämmer für das Friedensopfer. Das war die Gabe, die Abidan, der Sohn des Gidoni, brachte.

⁶⁶Am zehnten Tag brachte Ahiëser, der Sohn Ammischaddais und Fürst des Stammes Dan, seine Gabe. ⁶⁷Sie bestand aus einer 130 Schekel schweren silbernen Schüssel und einer 70 Schekel* schweren silbernen Opferschale, nach dem Gewicht des Heiligtums. Beide waren mit feinem Mehl gefüllt, das mit Öl vermischt und zum Speiseopfer bestimmt war. ⁶⁸Außerdem brachte er ein goldenes Gefäß, das zehn Schekel* schwer und mit Weihrauch gefüllt war. ⁶⁹Er brachte einen jungen Stier, einen Widder und ein einjähriges Lamm für das Brandopfer, ⁷⁰einen Ziegenbock für das Sündopfer ⁷¹sowie zwei Rinder, fünf Widder, fünf Ziegenböcke und fünf einjährige Lämmer für das Friedensopfer. Das war die Gabe, die Ahiëser, der Sohn des Ammischaddai, brachte.

⁷²Am elften Tag brachte Pagiël, der Sohn Ochrans und Fürst des Stammes Asser, seine Gabe. ⁷³Sie bestand aus einer 130 Schekel schweren silbernen Schüssel und einer 70 Schekel* schweren silbernen Opferschale, nach dem Gewicht des Heiligtums. Beide waren mit besonders feinem Mehl gefüllt, das mit Öl gemischt und zum Speiseopfer bestimmt war. ⁷⁴Außerdem brachte er ein goldenes Gefäß, das zehn Schekel* schwer und mit Weihrauch gefüllt war. ⁷⁵Er brachte einen jungen Stier, einen Widder und ein einjähriges Lamm für das Brandopfer, ⁷⁶einen Ziegenbock für das Sündopfer ⁷⁷sowie zwei Rinder, fünf Widder, fünf Ziegenböcke und fünf einjährige Lämmer für das Friedensopfer. Das war die Gabe, die Pagiël, der Sohn des Ochran, brachte.

⁷⁸Am zwölften Tag brachte Ahira, der Sohn Enans und Fürst des Stammes Naftali, seine Gabe. ⁷⁹Sie bestand aus einer 130 Schekel schweren silbernen Schüssel und einer 70 Schekel* schweren silbernen Opferschale, nach dem Gewicht des Heiligtums. Beide waren mit feinem Mehl gefüllt, das mit Öl vermischt und zum Speiseopfer bestimmt war. ⁸⁰Außerdem brachte er ein goldenes Gefäß, das zehn Schekel* schwer und mit Weihrauch gefüllt war. ⁸¹Er brachte einen jungen Stier, einen Widder und ein einjähriges Lamm für das Brandopfer, ⁸²einen Ziegenbock für das Sündopfer ⁸³sowie zwei Rinder, fünf Widder, fünf Ziegenböcke und fünf einjährige Lämmer für das Friedensopfer. Das war die Gabe, die Ahira, der Sohn des Enan, brachte.

⁸⁴Das waren die Gaben, welche die israelitischen Fürsten anlässlich der Salbung des Altars brachten: zwölf silberne Schüsseln, zwölf silberne Opferschalen und zwölf goldene Räuchergefäße. ⁸⁵Jede silberne Schüssel wog 130 Schekel und jede Opferschale 70 Schekel, alle zusammen wogen 2.400 Schekel* nach dem

---

7,49 S. Fußnote zu 7,13.   **7,50** S. Fußnote zu 7,14.   **7,55** S. Fußnote zu 7,13.   **7,56** S. Fußnote zu 7,14.   **7,61** S. Fußnote zu 7,13.   **7,62** S. Fußnote zu 7,14.   **7,67** S. Fußnote zu 7,13.   **7,68** S. Fußnote zu 7,14.   **7,73** S. Fußnote zu 7,13.   **7,74** S. Fußnote zu 7,14.   **7,79** S. Fußnote zu 7,13.   **7,80** S. Fußnote zu 7,14.   **7,85** *130 Schekel des Heiligtums* sind ca. 2 kg, *70 Schekel d. H.* entsprechen ca. 1 kg, *2.400 Schekel d. H.* sind ca. 35 kg.

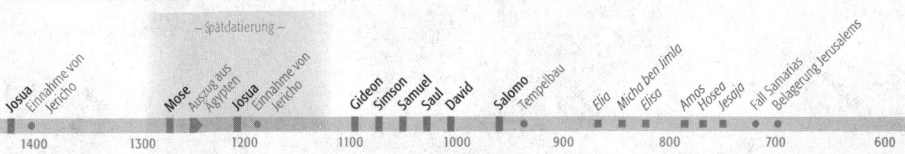

4. MOSE

1–10 Organisation des Volkes Israel

10–25 Die Israeliten verlassen den Sinai – Reise durch die Wüste

25–36 Israel in der Gegend von Moab

7–9
Gott spricht an der Bundeslade zu Mose. Weihe und Dienstbeginn der Leviten. Das zweite Passahfest.

[Zum Sinai, vom Sinai her: Gott schafft sich ein Volk]

Gewicht des Heiligtums. ⁸⁶Dazu zwölf goldene Gefäße. Jedes von ihnen war zehn Schekel schwer, nach dem Gewicht des Heiligtums, und mit Weihrauch gefüllt. Das Gesamtgewicht der goldenen Gefäße betrug 120 Schekel*. ⁸⁷Alles in allem brachten sie zwölf Stiere, zwölf Widder und zwölf einjährige Lämmer für die Brandopfer, zusammen mit den dazugehörenden Speiseopfern. Dazu zwölf Ziegenböcke für das Sündopfer. ⁸⁸Außerdem brachten sie 24 junge Stiere, 60 Widder, 60 Ziegenböcke und 60 einjährige Lämmer für das Friedensopfer. Das waren die Gaben für den Altar, nachdem er gesalbt worden war.

⁸⁹Jedes Mal, wenn Mose in das Zelt Gottes ging, um mit dem HERRN zu reden, hörte er die Stimme von der Deckplatte her, die auf der Bundeslade ruhte, und zwar von dem Raum zwischen den beiden Cherubim. Auf diese Weise sprach der HERR zu ihm.

Die Lampen des Leuchters

8 Der HERR sprach zu Mose: ²»Gib Aaron folgende Anweisung: ›Bring die sieben Lampen so auf dem Leuchter an, dass sie nach vorn leuchten.‹« ³Aaron machte es so: Er brachte die Lampen des Leuchters so an, dass sie den Raum vor dem Leuchter erhellten, wie der HERR es Mose befohlen hatte. ⁴Der ganze Leuchter war aus getriebenem Gold gefertigt; vom Fuß bis zu seinen Blüten bestand er aus getriebenem Gold. Mose hatte ihn genauso angefertigt, wie der HERR es ihm gezeigt hatte.

Die Leviten werden geweiht

⁵Und der HERR sprach zu Mose: ⁶»Sondere die Leviten von den übrigen Israeliten ab und reinige sie. ⁷Um sie zu reinigen, sollst du sie mit dem Reinigungswasser* besprengen. Außerdem sollen sie sich am ganzen Körper rasieren und ihre Kleider waschen und sich so reinigen. ⁸Dann sollen sie einen jungen Stier bringen und das dazugehörige Speiseopfer aus feinem, mit Öl vermischtem Mehl. Du aber sollst einen weiteren jungen Stier für ein Sündopfer nehmen. ⁹Ruf die ganze israelitische Gemeinschaft zusammen und lass die Leviten vor das Zelt Gottes treten. ¹⁰Wenn du die Leviten vor den HERRN treten lässt, sollen ihnen die Israeliten die Hände auf-

---

7,86 *Zehn Schekel des Heiligtums* entsprechen ca. 150 g, *120 Schekel d. H.* sind knapp 2 kg.   **8,7** O. *Entsündigungswasser*; s. 4. Mose 19.

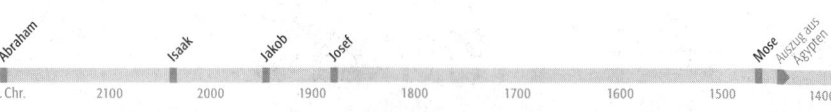

legen. ¹¹Aaron soll die Leviten vor dem HERRN als symbolisches Opfer von den Israeliten darbringen und sie auf diese Weise für den Dienst des HERRN weihen.

¹²Die Leviten sollen ihre Hände auf die Köpfe der beiden Stiere legen. Den einen sollst du dem HERRN als Sündopfer und den anderen als Brandopfer bringen, um so Wiedergutmachung für die Leviten zu schaffen. ¹³Lass dann die Leviten vor Aaron und seine Söhne treten und bring sie als symbolisches Opfer für den HERRN dar. ¹⁴Auf diese Weise sollst du die Leviten von den restlichen Israeliten absondern, sodass sie mir gehören. ¹⁵Danach dürfen die Leviten am Zelt Gottes Dienst tun, denn du hast sie gereinigt und als symbolisches Opfer dargebracht. ¹⁶Denn ich habe sie mir genommen anstelle aller erstgeborenen Söhne der Israeliten. ¹⁷Alle männlichen Erstgeborenen der Israeliten gehören mir, Menschen wie Tiere. Ich habe sie in der Nacht, in der ich alle Erstgeburten in Ägypten getötet habe, für mich geheiligt. ¹⁸Aber nun nehme ich an ihrer Stelle die Leviten ¹⁹und gebe sie Aaron und seinen Nachkommen. Die Leviten sollen am Zelt Gottes für die Israeliten Dienst tun und Wiedergutmachung für sie schaffen, damit den Israeliten nichts Schlimmes zustößt, wenn sie sich dem Heiligtum nähern sollten.«

²⁰Da weihten Mose, Aaron und die ganze israelitische Gemeinschaft die Leviten. Die Israeliten führten alles genauso aus, wie der HERR es Mose bezüglich der Leviten befohlen hatte: ²¹Die Leviten reinigten sich und wuschen ihre Kleider und Aaron brachte sie als symbolisches Opfer vor dem HERRN dar. Dann schuf er Wiedergutmachung für sie, um sie zu reinigen. ²²Danach begannen die Leviten ihren Dienst im Zelt Gottes unter der Leitung von Aaron und seinen Söhnen. Auf diese Weise führten die Israeliten alles so aus, wie der HERR es Mose hinsichtlich der Leviten befohlen hatte.

²³Und der HERR gab Mose weitere Anweisungen: ²⁴»Die Leviten sollen den Dienst im Heiligtum im Alter von 25 Jahren beginnen ²⁵und im Alter von 50 Jahren beenden. ²⁶Sie dürfen ihren Stammesbrüdern dann zwar bei der Ausübung ihres Dienstes helfen, dürfen jedoch selbst nicht mehr zum Dienst eingeteilt werden. Auf diese Weise sollst du den Leviten ihre Aufgaben zuweisen.«

Das zweite Passahfest

9 Im ersten Monat* des zweiten Jahres nach dem Auszug der Israeliten aus Ägypten sprach der HERR zu Mose in der Wüste Sinai: ²»Die Israeliten sollen zur festgesetzten Zeit das Passahfest feiern: ³Am 14. Tag des gleichen Monats sollt ihr es gegen Abend* feiern. Befolgt dabei alle meine Vorschriften und Gesetze für das Fest.«

⁴Und Mose befahl den Israeliten das Passahfest zu feiern. ⁵Da begingen sie das Passahfest in der Wüste Sinai, und zwar am 14. Tag des ersten Monats gegen Abend. Und sie feierten es genauso, wie der HERR es durch Mose angeordnet hatte. ⁶Einige der Männer waren jedoch unrein, weil sie einen Toten berührt hatten, und konnten deshalb das Passahfest nicht an diesem Tag feiern. Daher kamen sie noch am selben Tag zu Mose und Aaron ⁷und sagten zu ihnen: »Wir haben uns verunreinigt, weil wir einen Toten berührt haben. Aber warum sollen wir deswegen davon ausgeschlossen werden, zusammen mit den übrigen Israeliten das Opfer des HERRN zur vorgeschriebenen Zeit darzubringen?«

⁸Mose antwortete: »Wartet hier. Ich will hören, was der HERR diesbezüglich anordnet.«

⁹Und der HERR sprach zu Mose: ¹⁰»Teile den Israeliten Folgendes mit: ›Wenn einer von euch oder euren Nachkommen zur Zeit des Passahfestes unrein ist, weil er einen Toten berührt hat oder wenn er auf einer Reise ist, ¹¹dann soll er es einen Monat später* gegen Abend feiern. An diesem Tag soll er das Passahlamm mit bitteren Kräutern essen sowie ungesäuertes Brot*. ¹²Er darf nichts davon bis zum nächsten Morgen übrig lassen und darf keinen seiner Knochen brechen. Er soll alle Vorschriften bezüglich des Passahfestes befolgen.

¹³Derjenige, der rein ist und sich nicht auf einer Reise befindet, aber trotzdem nicht das Passahfest feiert, soll aus seinem Volk ausgestoßen und getötet werden. Denn er hat dem HERRN nicht zum vorgeschriebenen Zeitpunkt geopfert und muss die Folgen seiner Schuld tragen. ¹⁴Wenn ein Ausländer bei euch wohnt und das Passahfest mitfeiert, muss er die gleichen Gesetze und Vorschriften befolgen, die auch für die Einheimischen gelten.‹«

Die Wolken- und Feuersäule

¹⁵Am Tag, als man das Zelt Gottes errichtet hatte, wurde es von der Wolke bedeckt. Vom Abend

---

9,1 Dieser Monat des hebr. Mondkalenders fällt gewöhnlich in den April. So auch in den Versen 3 und 5. **9,3** D.h. zwischen Sonnenuntergang und Dunkelwerden. So auch in den Versen 5 und 11. **9,11a** Hebr. *am 14. Tag des zweiten Monats*. Dieser Tag des hebr. Mondkalenders liegt gewöhnlich Ende April/Anfang Mai. **9,11b** Brot, das ohne Sauerteig gebacken wurde.

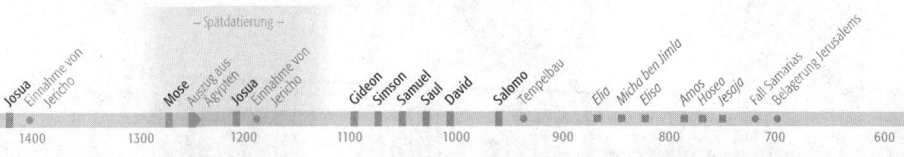

4. MOSE

1–10	Organisation des Volkes Israel
10–25	Die Israeliten verlassen den Sinai – Reise durch die Wüste
25–36	Israel in der Gegend von Moab

9–11
Gott ist als Wolke über seinem Zelt. Israel bricht vom Sinai in Richtung Kanaan auf. Das Volk ist unzufrieden.

[Zum Sinai, vom Sinai her: Gott schafft sich ein Volk]

bis zum Morgen aber leuchtete die Wolke über dem Zelt Gottes wie Feuer. ¹⁶So war es von nun an immer: Die Wolke bedeckte das Zelt Gottes, aber in der Nacht leuchtete sie wie Feuer. ¹⁷Wenn sich die Wolke über dem heiligen Zelt erhob, brachen die Israeliten ihr Lager ab. Wo auch immer die Wolke sich niederließ, schlugen sie ihr Lager wieder auf. ¹⁸Auf den Befehl des HERRN hin machten sich die Israeliten auf den Weg und auf den Befehl des HERRN hin lagerten sie. Solange aber die Wolke über dem Zelt Gottes lag, blieben sie an diesem Ort. ¹⁹Auch wenn die Wolke längere Zeit über dem Zelt Gottes stehen blieb, hielten sich die Israeliten an die Anweisung des HERRN und brachen nicht auf. ²⁰Manchmal blieb die Wolke nur wenige Tage über dem Zelt Gottes stehen. Auf den Befehl des HERRN hin lagerten sie und auf den Befehl des HERRN hin brachen sie wieder auf. ²¹Es kam sogar vor, dass die Wolke nur über Nacht blieb und sich schon am nächsten Morgen wieder erhob. Dann brachen die Israeliten auf. Egal, ob es Tag oder Nacht war: Sobald die Wolke sich erhob, brachen sie auf. ²²Ganz gleich, ob die Wolke für zwei Tage, für einen Monat oder für ein Jahr über dem Zelt Gottes stehen blieb: Solange sie auf ihm ruhte, lagerten die Israeliten und zogen nicht weiter. Doch wenn die Wolke sich erhob, brachen die Israeliten ihr Lager ab. ²³Auf den Befehl des HERRN hin lagerten sie und auf den Befehl des HERRN hin brachen sie wieder auf. Sie befolgten die Anordnungen des HERRN und hielten sich an die Anweisungen, die er ihnen durch Mose gab.

Die silbernen Trompeten

10 Der HERR sprach zu Mose: ²»Fertige zwei Trompeten aus getriebenem Silber an. Mit ihnen sollst du der Gemeinschaft das Signal geben, sich zu versammeln oder das Lager abzubrechen. ³Werden beide Trompeten geblasen, soll das Volk sich bei dir am Eingang des Zeltes Gottes versammeln. ⁴Ertönt jedoch nur eine Trompete, sollen nur die Stammesfürsten Israels zu dir kommen.

⁵Wenn ihr nun das Signal für den Aufbruch gebt, sollen die Stämme, die auf der Ostseite des Zeltes Gottes lagern, aufbrechen. ⁶Wenn das Signal zum zweiten Mal ertönt, sollen die Stämme auf der Südseite folgen. Man soll kurze Signale als Zeichen für das Weiterziehen geben. ⁷Soll das Volk jedoch zu einer Versammlung zusammengerufen werden, dann blast ein Trompetensignal, aber gebt keine kurzen Signale. ⁸Nur die Priester, die Nachkommen Aarons, dürfen

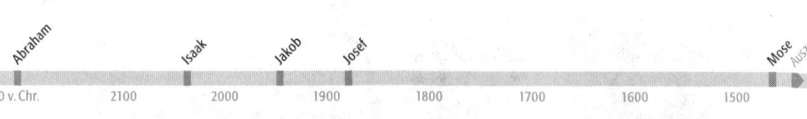

die Trompeten blasen. Diese Anordnung gilt für immer für euch und eure Nachkommen.

⁹Wenn Feinde euer Land angreifen und ihr gegen sie in den Krieg zieht, sollt ihr mit diesen Trompeten Alarm blasen, damit der HERR, euer Gott, an euch denkt und euch vor euren Feinden rettet. ¹⁰Blast die Trompeten auch bei freudigen Anlässen, bei euren Festen sowie zu Beginn jeden Monats bei euren Brand- und Friedensopfern. Die Trompeten sollen den HERRN, euren Gott, an euch erinnern. Ich bin der HERR, euer Gott.

Die Israeliten verlassen den Sinai

¹¹Am 20. Tag des zweiten Monats*, im zweiten Jahr nach dem Auszug Israels aus Ägypten, erhob sich die Wolke vom Zelt Gottes. ¹²Da brachen die Israeliten nach Stämmen geordnet auf und verließen die Wüste Sinai, bis die Wolke in der Wüste Paran stehen blieb.

¹³So brachen sie das erste Mal auf, wie der HERR ihnen durch Mose befohlen hatte. ¹⁴Die Stämme, die unter dem Banner Judas lagerten, führten den Zug an. Der Stamm Juda stand unter der Führung von Nachschon, dem Sohn Amminadabs. ¹⁵Der Stamm Issachar wurde von Netanel, dem Sohn Zuars, angeführt ¹⁶und der Stamm Sebulon von Eliab, dem Sohn Helons. ¹⁷Dann brachen die Gerschoniter und Merariter mit dem Zelt Gottes auf, das zuvor abgebaut worden war. ¹⁸Danach folgten die Stämme, die unter dem Banner Rubens lagerten. Der Stamm Ruben stand unter der Führung von Elizur, dem Sohn Schedëurs. ¹⁹Der Stamm Simeon wurde von Schelumiël, dem Sohn Zurischaddais, angeführt ²⁰und der Stamm Gad von Eljasaf, dem Sohn Degüels. ²¹Dann folgten die Kehatiter mit den heiligen Geräten. Wenn sie im nächsten Lager eintrafen, war das Zelt Gottes bereits aufgestellt worden. ²²Anschließend brachen die Stämme, die unter dem Banner von Ephraim lagerten, auf. Der Stamm Ephraim wurde von Elischama, dem Sohn Ammihuds, angeführt ²³und der Stamm Manasse von Gamliël, dem Sohn Pedazurs. ²⁴Der Stamm Benjamin unterstand der Führung von Abidan, dem Sohn Gidonis. ²⁵Die Stämme, die unter dem Banner von Dan lagerten, bildeten die Nachhut des ganzen Zuges. Der Stamm Dan stand unter der Leitung von Ahiëser, dem Sohn Ammischaddais. ²⁶Der Stamm Asser wurde von Pagiël, dem Sohn Ochrans, angeführt ²⁷und der Stamm Naftali von Ahira, dem Sohn Enans. ²⁸In dieser Marschordnung zogen die Israeliten weiter, Stamm um Stamm.

²⁹Eines Tages sagte Mose zu seinem Schwager Hobab, dem Sohn des Midianiters Reguël: »Wir machen uns auf den Weg in das Land, das der HERR uns versprochen hat. Komm doch mit uns! Dir wird es gut gehen bei uns, denn der HERR hat Israel viel Gutes versprochen!«

³⁰Aber Hobab antwortete: »Ich will nicht mit euch ziehen, sondern lieber in mein Land zu meinen Verwandten zurückkehren.«

³¹»Bitte verlass uns nicht«, bat Mose. »Denn du kennst die Stellen in der Wüste, an denen wir lagern können, und könntest uns führen. ³²Wenn du mit uns kommst, werden wir alles Gute, das der HERR uns schenkt, mit dir teilen.«

³³Nachdem sie den Berg des HERRN verlassen hatten, marschierten sie drei Tage lang. Die Bundeslade des HERRN wurde während der drei Tage an der Spitze des Zuges getragen, um ihnen zu zeigen, wo sie Rast machen sollten. ³⁴Am Tag stand die Wolke des HERRN über ihnen, wenn sie aufbrachen. ³⁵Und immer, wenn die Leviten sich mit der Lade auf den Weg machten, rief Mose: »Steh auf, HERR! Deine Feinde sollen vertrieben werden und vor dir fliehen!« ³⁶Und wenn sie mit der Lade Halt machten, sagte er: »Kehr zurück, HERR, zu den vielen Tausenden Israels!«

Die Israeliten beklagen sich bei Mose

11 Doch schon bald begannen die Israeliten sich beim HERRN über ihre Schwierigkeiten zu beklagen. Als der HERR dies hörte, wurde er zornig auf sie und ließ ein Feuer am Rand ihres Lagers ausbrechen, das einen Teil des Lagers zerstörte. ²Die Israeliten liefen zu Mose und schrien um Hilfe. Da betete er zum HERRN und das Feuer erlosch. ³Deshalb wurde dieser Ort Tabera* genannt, weil dort Feuer vom HERRN unter ihnen gewütet hatte.

⁴Doch die Fremden, die mit ihnen zogen, sehnten sich nach Annehmlichkeiten, und so klagten auch die Israeliten von Neuem. »Wer gibt uns Fleisch zu essen?«, jammerten sie. ⁵»Denkt nur an die vielen Fische, die wir in Ägypten ganz umsonst bekamen. Wir bekamen so viele Gurken und Melonen, Lauch, Zwiebeln und Knoblauch, wie wir nur wollten. ⁶Aber jetzt haben wir alle Lust am Essen verloren, wo wir nichts außer diesem Manna zu sehen bekommen!«

⁷Das Manna sah aus wie Koriandersamen und hatte die Farbe von Edelharz. ⁸Die Leute gingen

---

10,11 Dieser Tag des hebr. Mondkalenders liegt gewöhnlich Ende April/Anfang Mai. **11,3** Hebr. *Stätte des Verbrennens*.

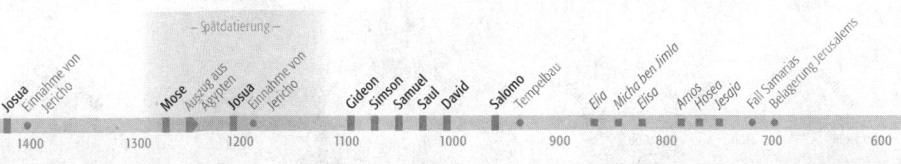

4. MOSE

1–10	Organisation des Volkes Israel
10–25	Die Israeliten verlassen den Sinai – Reise durch die Wüste
25–36	Israel in der Gegend von Moab

11–12
Mose wird die Last zu groß. 70 Männer tragen die Verantwortung für das Volk mit. Mirjam und Aaron zweifeln an Moses Sonderstellung.

[Zum Sinai, vom Sinai her: Gott schafft sich ein Volk]

umher, sammelten es vom Boden auf und mahlten es mit Handmühlen oder zerstießen es in Mörsern. Dann kochten sie es in Töpfen oder backten Fladenbrote. Das Manna schmeckte wie Ölkuchen. ⁹Jede Nacht, wenn der Tau auf das Lager fiel, kam auch das Manna herab.

¹⁰Mose hörte, wie die israelitischen Familien vor ihren Zelten standen und jammerten, und der HERR wurde sehr zornig. Da wurde auch Mose ungehalten ¹¹und er fragte den HERRN: »Warum behandelst du deinen Diener so schlecht? Womit habe ich es verdient, dass du mir die Verantwortung für solch ein Volk auflädst? ¹²Bin ich etwa die Mutter dieses Volkes? Oder habe ich es geboren, sodass du mich aufforderst: ›Trag es auf deinen Armen – so wie eine Amme einen Säugling trägt – in das Land, das ich ihren Vorfahren mit einem Eid versprochen habe.‹? ¹³Woher soll ich denn Fleisch nehmen, um es all den Menschen zu geben? Denn sie jammern und rufen: ›Gib uns Fleisch zu essen!‹ ¹⁴Ich kann die Sorge für dieses Volk nicht allein tragen, diese Last ist zu schwer für mich. ¹⁵Willst du mir aber nicht helfen, dann töte mich lieber gleich, wenn du mir etwas Gutes tun willst, damit ich meine elende Lage nicht länger mit ansehen muss!«

Mose wählt 70 Anführer aus
¹⁶Da sprach der HERR zu Mose: »Versammle 70 der führenden Männer Israels, von denen du

---

4. Mose 11,24-29

Gott redet
Manchmal wollen Menschen aus einer Position, Berufung oder Begabung ein Vorrecht ableiten, so wie Josua es hier tut (V. 28). Auch die Jünger Jesu handelten einmal ähnlich, als sie die Tätigkeit eines Dieners Gottes, der nicht zu ihrer Gruppe gehörte (Mk 9,38), unterbinden wollten. Mose war anders. Er hätte es vorgezogen, wenn nicht nur »alle führenden Männer«, sondern das ganze Volk Gottes prophetisch geredet hätte (V. 29). Im Hintergrund steht die Einsicht von Mose, dass er große Aufgaben nicht allein erfüllen konnte (2Mo 4,13-14. 33,12; 18,14-17).
Vielleicht deutet der Wunsch des Mose aber auch schon darauf hin, dass es eines Tages tatsächlich so sein sollte: Die Gabe des Geistes Gottes und die Fähigkeit, prophetisch zu reden, würde tatsächlich auf alle verteilt werden: »In diesen Tagen werde ich meinen Geist sogar über alle meine Diener, ob Mann oder Frau, ausgießen, und sie werden weissagen« (Joel 2,28-29; Apg 1,18).
(2. Mose 33,11 «« | »» 4. Mose 22,28)

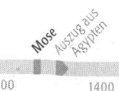

weißt, dass sie Älteste und Vorsteher des Volkes sind. Lass sie zum Zelt Gottes kommen und sich dort mit dir zusammen aufstellen. ¹⁷Ich werde herabkommen und dort zu dir sprechen. Ich werde einen Teil von dem Geist, der auf dir ruht, nehmen und auf sie legen. Sie sollen die Sorge für das Volk gemeinsam mit dir tragen, damit du die Last nicht mehr alleine tragen musst.

¹⁸Befiehl dem Volk, dass es sich heiligen soll. Sag den Leuten: ›Morgen werdet ihr Fleisch zu essen bekommen, denn ihr seid mir mit eurem Gejammer in den Ohren gelegen: »Wer gibt uns Fleisch zu essen? Wie gut hatten wir es doch in Ägypten!« Der HERR wird euch Fleisch geben und ihr werdet davon essen. ¹⁹Nicht nur einen Tag sollt ihr davon essen, auch nicht zwei, fünf, zehn oder 20 Tage. ²⁰Ihr werdet einen ganzen Monat lang Fleisch essen, bis es euch wieder zu den Ohren herauskommt und ihr euch davor ekeln werdet. Denn ihr habt den HERRN, der mitten unter euch lebt, zurückgewiesen, indem ihr vor ihm gejammert habt: »Warum haben wir Ägypten nur verlassen!«‹«

²¹Mose wandte ein: »Es sind 600.000 wehrfähige Männer hier bei mir und du versprichst ihnen so viel Fleisch zu geben, dass sie einen ganzen Monat zu essen haben. ²²Können denn so viele Schafe und Rinder für sie geschlachtet werden, dass es genug für jeden gibt? Oder würde es ausreichen, wenn alle Fische im Meer gefangen würden?«

²³Da entgegnete der HERR: »Ist meine Macht etwa begrenzt? Du wirst schon sehen, ob meine Ankündigung eintrifft oder nicht.«

²⁴Also ging Mose hinaus und teilte dem Volk die Worte des HERRN mit. Dann berief er 70 der führenden Männer und wies sie an, sich um das Zelt Gottes herum aufzustellen. ²⁵Da kam der HERR in der Wolke herab und redete mit Mose. Er nahm etwas von dem Geist, der auf Mose lag, und legte ihn auf die 70 führenden Männer. Sobald der Geist auf sie kam, weissagten sie. Dies geschah jedoch nur dieses eine Mal.

²⁶Zwei Männer waren noch im Lager, als der Geist auf sie kam; der eine hieß Eldad, der andere Medad. Sie gehörten zu den führenden Männern des Volkes, waren aber nicht zum Zelt Gottes gegangen und begannen nun mitten im Lager zu weissagen. ²⁷Ein junger Mann lief zu Mose und berichtete ihm: »Eldad und Medad reden im Lager prophetisch.« ²⁸Josua, der Sohn Nuns, der von seiner Jugend an Moses Diener war, forderte: »Mose, mein Herr, hindere sie doch daran!«

²⁹Doch Mose antwortete: »Willst du etwa meine Rechte eifersüchtig verteidigen? Ich wünsche mir, dass alle aus dem Volk des HERRN Propheten wären und dass der HERR seinen Geist auf alle legte!« ³⁰Dann kehrte Mose zusammen mit den führenden Männern Israels ins Lager zurück.

Der HERR schickt Wachteln

³¹Danach ließ der HERR einen Wind aufkommen, der Wachteln vom Meer herüber trieb. Die Wachteln fielen beim Lager auf den Boden. Etwa eine Tagesreise* weit lagen die Wachteln bis zu zwei Ellen* hoch rings um das Lager auf dem Boden. ³²Die Israeliten machten sich auf und sammelten den ganzen Tag, die ganze Nacht und noch den ganzen darauffolgenden Tag lang Wachteln. Jeder sammelte mindestens zehn Säcke voll! Dann breiteten sie die Vögel rings um das Lager aus, um sie zu dörren. ³³Als sie das Fleisch in den Mund gesteckt, aber noch nicht gekaut hatten, da entbrannte der Zorn des HERRN gegen das Volk und er schlug die Israeliten mit einer sehr schweren Plage. ³⁴Dieser Ort wurde daher Kibroth-Hattaawa* genannt, weil dort die Leute begraben wurden, die gierig gewesen waren. ³⁵Die Israeliten aber zogen weiter nach Hazerot.

Die Vorwürfe von Mirjam und Aaron

12 Dort übten Mirjam und Aaron Kritik an Mose wegen der kuschitischen Frau, die er geheiratet hatte. Er hatte sich nämlich eine kuschitische Frau genommen. ²Sie fragten: »Hat der HERR wirklich nur durch Mose geredet? Hat er es denn nicht auch durch uns getan?« Und der HERR hörte es.

³Mose war sehr demütig, es gab niemanden auf der Erde, der demütiger war als er. ⁴Und der HERR befahl Mose, Aaron und Mirjam: »Geht hinaus zum Zelt Gottes.« Und sie gingen alle drei hinaus. ⁵Dann kam der HERR in der Wolkensäule herab und stellte sich in den Eingang des Zeltes Gottes. Er rief Aaron und Mirjam zu sich und die beiden traten vor. ⁶Der HERR sprach zu ihnen: »Hört, was ich euch jetzt sage: Wenn unter euch ein Prophet des HERRN ist, gebe ich mich ihm durch Visionen zu erkennen und rede mit ihm durch Träume. ⁷Bei meinem Diener Mose ist es aber anders; er hat sich in meinem ganzen Haus als treu erwiesen. ⁸Mit ihm spreche ich persönlich, direkt und nicht in Rätseln! Er sieht den HERRN in seiner Gestalt. Aber warum

---

11,31a Das entspricht ca. 30-40 km. **11,31b** Das entspricht ca. 1 m. **11,34** D.h. *Gräber der Gier*.

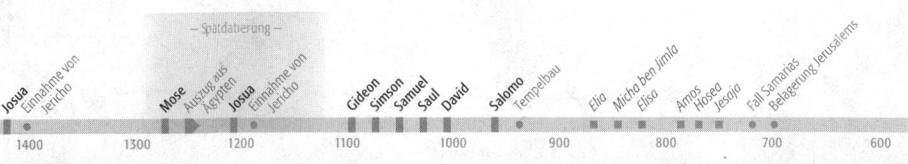

4. MOSE

1–10	Organisation des Volkes Israel
10–25	Die Israeliten verlassen den Sinai – Reise durch die Wüste
25–36	Israel in der Gegend von Moab

12–14
Mirjam bekommt zur Strafe Aussatz. Zwölf Spione erkunden Kanaan. Das Volk hat Angst vor den Kanaanitern und rebelliert gegen Mose und Aaron.

[Zum Sinai, vom Sinai her: Gott schafft sich ein Volk]

habt ihr euch dann nicht gescheut, so mit meinem Diener Mose zu sprechen?«
⁹Der HERR verließ sie voller Zorn. ¹⁰Nachdem die Wolke sich von dem Zelt Gottes erhoben hatte, wurde Mirjam vor Aussatz weiß wie Schnee. Als Aaron sich zu Mirjam umwandte und sah, dass sie aussätzig war, ¹¹flehte er Mose an: »Mein Herr! Strafe uns nicht für diese Sünde, die wir unüberlegt begangen haben. ¹²Lass sie nicht wie eine Fehlgeburt aussehen, die schon bei der Geburt halb verwest ist.«
¹³Da bat Mose den HERRN: »Mach sie doch wieder gesund, mein Gott!«
¹⁴Und der HERR sprach zu Mose: »Wenn ihr Vater ihr ins Gesicht gespuckt hätte, müsste sie sich dann nicht sieben Tage lang schämen? Sie muss sieben Tage lang außerhalb des Lagers bleiben, danach kann sie wieder zurückkehren.«
¹⁵So wurde Mirjam für sieben Tage aus dem Lager ausgeschlossen und das Volk zog nicht weiter, bis Mirjam wieder ins Lager zurückgekehrt war. ¹⁶Danach verließen sie Hazerot und schlugen das Lager in der Wüste Paran auf.

Zwölf Männer erkunden Kanaan

13 Nun sprach der HERR zu Mose: ²»Schick Männer aus, die Kanaan erkunden sollen, das Land, das ich den Israeliten geben will. Aus jedem Stamm sollst du einen der führenden Männer auswählen.« ³Wie der HERR ihm befohlen hatte, schickte Mose zwölf Männer aus der Wüste Paran los, jeder von ihnen hatte eine führende Stellung in seinem Stamm inne. ⁴Und das sind ihre Namen: Schammua, der Sohn Sakkurs, vom Stamm Ruben, ⁵Schafat, der Sohn Horis, vom Stamm Simeon, ⁶Kaleb, der Sohn Jefunnes, vom Stamm Juda, ⁷Jigal, der Sohn Josefs, vom Stamm Issachar, ⁸Hoschea, der Sohn Nuns, vom Stamm Ephraim, ⁹Palti, der Sohn Rafus, vom Stamm Benjamin, ¹⁰Gaddiël, der Sohn Sodis, vom Stamm Sebulon, ¹¹Gaddi, der Sohn Susis, vom Stamm Manasse, dem Sohn Josefs, ¹²Ammiël, der Sohn Gemallis, vom Stamm Dan, ¹³Setur, der Sohn Michaels, vom Stamm Asser, ¹⁴Nachbi, der Sohn Wofsis, vom Stamm Naftali ¹⁵sowie Gëuël, der Sohn Machis, vom Stamm Gad.
¹⁶Diese Männer schickte Mose los, um das Land zu erkunden. Damals gab Mose Hoschea, dem Sohn Nuns, den Namen Josua*.
¹⁷Mose gab den Spionen folgende Anweisungen mit auf den Weg: »Nehmt den Weg durch

13,16 *Hoschea* (s. 13,8) bedeutet *Rettung*; *Josua* heißt *der Herr ist die Rettung*.

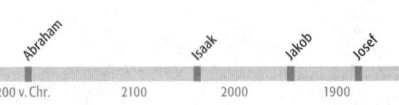

den Negev* und steigt dann ins Gebirge hinauf. ¹⁸Findet heraus, wie die Beschaffenheit des Landes ist und ob die Leute, die dort leben, stark oder schwach, wenige oder viele sind. ¹⁹Macht ausfindig, ob das Land gut oder schlecht ist und ob die Städte befestigt oder unbefestigt sind. ²⁰Findet weiter heraus, ob der Boden fruchtbar oder karg ist und ob es dort Bäume gibt oder nicht. Seid mutig! Und bringt Kostproben der Früchte des Landes mit.« Zu jener Zeit wurden nämlich gerade die ersten Trauben reif.

²¹So machten sie sich auf den Weg und erkundeten das Land von der Wüste Zin bis nach Rehob, das an dem Weg nach Hamat liegt. ²²Sie durchquerten den Negev und gelangten nach Hebron, wo die Anakiter* Ahiman, Scheschai und Talmai lebten. Hebron war sieben Jahre vor der ägyptischen Stadt Zoan gegründet worden. ²³Als sie ins Eschkoltal* kamen, pflückten sie dort Granatäpfel und Feigen und schnitten eine Weinrebe ab, die zwei Personen an einem Stock zwischen sich tragen mussten! ²⁴Deshalb wurde dieses Tal Eschkoltal genannt, weil die Israeliten dort diese Traube abgeschnitten hatten.

Die Spione berichten

²⁵Nachdem sie das Land 40 Tage lang erkundet hatten, kehrten die Männer zurück. ²⁶Als sie bei Mose, Aaron und der ganzen Gemeinschaft der Israeliten in Kadesch in der Wüste Paran eintrafen, berichteten sie ihnen und zeigten ihnen die Früchte des Landes. ²⁷Ihr Bericht lautete folgendermaßen: »Wir kamen in das Land, in das du uns geschickt hast. Dort fließen in der Tat Milch und Honig und das hier sind Früchte, die dort wachsen. ²⁸Doch die Menschen, die dort leben, sind stark und ihre Städte sind sehr groß und gut befestigt; sogar die Anakiter haben wir dort gesehen. ²⁹Die Amalekiter wohnen im Negev* und die Hetiter, Jebusiter und Amoriter im Gebirge. Die Kanaaniter wohnen an der Mittelmeerküste und im Jordantal.«

³⁰Doch Kaleb ermutigte die Israeliten, die sich gegen Mose stellten: »Lasst uns sofort aufbrechen und das Land einnehmen, denn wir können es ganz bestimmt erobern!«, rief er.

³¹Aber die anderen Spione wandten ein: »Wir können nicht gegen sie in den Kampf ziehen, denn sie sind stärker als wir.« ³²Und sie stellten den Israeliten das Land, das sie erkundet hatten, negativ dar: »Das Land, durch das wir gezogen sind, um es zu erkunden, verschlingt seine Bewohner. Die Menschen, die wir dort gesehen haben, sind sehr groß. ³³Sogar die Riesen, die Anakiter, haben wir gesehen. Wir kamen uns neben ihnen wie Heuschrecken vor, und das waren wir in ihren Augen vermutlich auch.«

Das Volk rebelliert

14 Da schrien alle Israeliten laut auf und weinten die ganze Nacht hindurch. ²Sie murrten gegen Mose und Aaron und klagten: »Wären wir doch bloß in Ägypten oder hier in der Wüste gestorben! Ach, wären wir doch schon tot! ³Warum hat uns der HERR in dieses Land gebracht? Etwa nur, damit wir hier in der Schlacht getötet werden und unsere Frauen und Kinder als Sklaven verschleppt werden? Wäre es da nicht das Beste für uns nach Ägypten zurückzukehren?« ⁴Und sie sagten zueinander: »Lasst uns einen Anführer wählen und nach Ägypten zurückkehren.«

⁵Da warfen sich Mose und Aaron vor der versammelten israelitischen Gemeinschaft zu Boden. ⁶Zwei der Spione – Josua, der Sohn Nuns, und Kaleb, der Sohn Jefunnes – zerrissen ihre Kleider ⁷und sagten zu den Israeliten: »Das Land, das wir durchwandert und ausgekundschaftet haben, ist sehr gut. ⁸Und wenn der HERR uns gut gesinnt ist, wird er uns in dieses Land bringen und es uns geben: Es ist ein Land, in dem Milch und Honig überfließen. ⁹Aber lehnt euch nicht gegen den HERRN auf und habt keine Angst vor den Bewohnern des Landes. Sie werden eine leichte Beute für uns sein! Sie haben keinen Schutz, aber mit uns ist der HERR! Habt also keine Angst vor ihnen!«

¹⁰Die ganze Gemeinschaft wollte Josua und Kaleb steinigen. Doch da erschien allen Israeliten die Herrlichkeit des HERRN am Zelt Gottes. ¹¹Und der HERR sprach zu Mose: »Wie lange wird mich dieses Volk noch verachten? Wie lange noch wollen sie mir nicht vertrauen trotz all der Wunder, die ich unter ihnen getan habe? ¹²Ich will sie verstoßen und durch eine Seuche umkommen lassen! Dich aber will ich zu einem Volk machen, das größer und mächtiger ist als sie.«

Mose bittet für das Volk

¹³»Aber die Ägypter werden davon hören«, gab Mose dem HERRN zu bedenken. »Durch deine Macht hast du dieses Volk aus ihrer Mitte befreit. ¹⁴Und auch die Bewohner dieses Landes werden dies erfahren. Sie haben gehört, dass du, HERR, mit diesem Volk bist, dem du dich für alle

---

13,17 Hebr. *Südland*; so auch in 13,22.   **13,22** Bei den *Anakitern* handelte es sich um Riesen.   **13,23** Hebr. *Tal der Trauben*; so auch 13,24.   **13,29** Hebr. *Südland*.

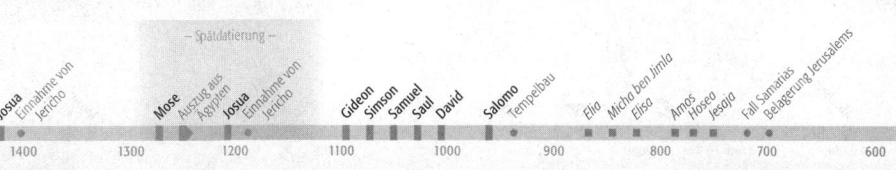

4. MOSE

1–10	Organisation des Volkes Israel
10–25	Die Israeliten verlassen den Sinai – Reise durch die Wüste
25–36	Israel in der Gegend von Moab

14–15
Mose leistet Fürbitte für das Volk. Zur Strafe muss das Volk 40 Jahre durch die Wüste irren. Vorschriften zu Opfergaben.

[Zum Sinai, vom Sinai her: Gott schafft sich ein Volk]

sichtbar zeigt. Sie wissen, dass deine Wolke über ihnen steht und dass du bei Tag in einer Wolkensäule und bei Nacht in einer Feuersäule vor ihnen her ziehst. ¹⁵Wenn du nun das ganze Volk auf einen Schlag tötest, werden die Völker, die von dir gehört haben, sagen: ¹⁶›Der HERR konnte dieses Volk nicht in das Land bringen, das er ihnen mit einem Eid versprochen hatte, deshalb hat er sie in der Wüste getötet.‹ ¹⁷HERR, deine Macht soll so groß sein, wie du gesagt hast, als du sprachst: ¹⁸›Ich bin der HERR. Meine Geduld, meine Liebe und Treue sind groß. Ich vergebe Sünde und Unrecht. Und trotzdem lasse ich die Sünde nicht ungestraft, sondern bestrafe die Kinder für die Sünden ihrer Eltern bis in die dritte und vierte Generation.‹ ¹⁹Vergib diesem Volk doch seine Sünden aus deiner beständigen Liebe heraus, so wie du ihm immer und immer wieder vergeben hast, seit es Ägypten verließ.« ²⁰Da antwortete ihm der HERR: »Ich werde ihnen vergeben, wie du gebeten hast. ²¹Aber so wahr ich lebe und so wahr die Erde erfüllt wird von meiner Herrlichkeit, ²²⁻²³soll keiner dieser Menschen das Land, das ich ihren Vorfahren mit einem Eid versprochen habe, jemals sehen. Sie haben meine Herrlichkeit und die Wunder, die ich in Ägypten und in der Wüste getan habe, miterlebt und mich trotzdem immer und immer wieder herausgefordert, indem sie meine Anweisungen nicht befolgten. Keiner von denen, die mich verachtet haben, soll das Land sehen. ²⁴Mein Diener Kaleb dagegen ist anders: Er hat

4. Mose 14,10-23

Erwählung
Gott will seinen Weg mit dem erwählten Eigentumsvolk weitergehen und ihm einen hoffnungsvollen Vorgeschmack auf die Zukunft geben: Kundschafter erforschen das versprochene Land. Als aber im Volk die Skepsis und Angst überwiegen, löst das Gottes Zorn aus. Er ist im Begriff, seine Erwählung preiszugeben und mit Mose einen Neubeginn anzusetzen (V. 12). Das wäre dann ein Geschehen, das mit der Erwählung Noahs und dem Neubeginn nach der Flut vergleichbar wäre. Seitdem hat Gott das schon einmal in Betracht gezogen (2Mo 32,10).
Doch aufgrund des entschlossenen Gebets von Mose gibt Gott diesen Plan auf. Mose argumentiert mit Gottes Ehre und seiner Bundestreue: Diese würden von den umliegenden Völkern in Zweifel gezogen, wenn Gott sein Eigentumsvolk fallen ließe (V. 15-16). Damit ist wieder eine von Gottes Absichten angesprochen, wenn er erwählt: Diese Erwählung soll anderen etwas über Gott zeigen.
Gott hält schließlich an der Erwählung seines Volks fest, doch aus ihr darf keine falsche Sicherheit entstehen.
(2. Mose 19,5-6 «‹ | »» 4. Mose 23,8-10)

stets treu zu mir gehalten. Ihn will ich in das Land bringen, das er schon betreten hat, und seine Nachkommen sollen es erobern. ²⁵Die Amalekiter und Kanaaniter bleiben im Tal wohnen. Morgen sollt ihr wieder umkehren und in die Wüste ziehen, in Richtung Rotes Meer.«

Der Herr bestraft die Israeliten

²⁶Dann sprach der HERR zu Mose und Aaron: ²⁷»Wie lange soll mir dieses böse Volk noch Vorwürfe machen? Ich habe ihre Klagen gehört. ²⁸Richte ihnen Folgendes aus: ›So wahr ich lebe, werde ich euch genau das antun, mit dem ihr mir in den Ohren gelegen habt, spricht der HERR. ²⁹Ihr alle sollt hier in der Wüste sterben! Weil ihr euch gegen mich aufgelehnt habt, soll keiner von euch, der 20 Jahre oder älter ist und gemustert wurde*, ³⁰seinen Fuß in das Land setzen, das ich euch mit einem Eid zugesagt habe. Nur Kaleb, der Sohn Jefunnes, und Josua, der Sohn Nuns, sollen davon ausgenommen sein. ³¹Aber eure Kinder, von denen ihr gesagt habt, sie würden von euren Feinden verschleppt werden, bringe ich sicher in das Land. Sie werden dieses Land kennenlernen, das ihr ausgeschlagen habt. ³²Eure Leichen werden jedoch in der Wüste verwesen. ³³Und eure Kinder müssen die Folgen eurer Treulosigkeit tragen. Sie sollen 40 Jahre lang als Hirten durch die Wüste wandern, bis auch der Letzte von euch in der Wüste gestorben ist. ³⁴Weil die Männer 40 Tage das Land erkundet haben, sollt ihr 40 Jahre lang die Folgen eurer Sünde tragen: ein Jahr für jeden Tag. Ihr sollt erfahren, wie es ist, mich zum Feind zu haben. ³⁵Ich, der HERR, habe gesprochen! Jedem dieser bösen Menschen, die sich in der Wüste gegen mich aufgelehnt haben, werde ich dies antun. Jeder von ihnen wird hier umkommen!‹«

³⁶⁻³⁷Die Männer jedoch, die Mose als Spione in das Land geschickt hatte, tötete der HERR auf der Stelle. Denn sie hatten die übrigen Israeliten nach ihrer Rückkehr durch ihre negativen Berichte veranlasst sich gegen den HERRN aufzulehnen. ³⁸Von den Männern, die das Land erkundet hatten, blieben nur Josua und Kaleb am Leben.

³⁹Nachdem Mose den Israeliten die Worte des HERRN ausgerichtet hatte, waren die Menschen sehr traurig. ⁴⁰Am nächsten Morgen standen sie früh auf, um in das Bergland hinaufzuziehen. »Ja, wir haben Schuld auf uns geladen«, sprachen sie, »aber jetzt wollen wir in das Land ziehen, das der HERR uns versprochen hat.«

⁴¹Doch Mose sagte: »Warum setzt ihr euch schon wieder über den Befehl des HERRN hinweg? Euer Vorhaben wird nicht gelingen. ⁴²Zieht nicht in das Land, denn der HERR ist nicht bei euch. Sonst werdet ihr von euren Feinden geschlagen werden. ⁴³Wenn ihr den Amalekitern und Kanaanitern in der Schlacht gegenübersteht, werdet ihr durchs Schwert umkommen. Der HERR wird euch nicht helfen, weil ihr ihn verlassen habt.«

⁴⁴Doch die Israeliten waren so vermessen, trotzdem in das Bergland hinaufzuziehen, obwohl weder Mose noch die Bundeslade das Lager verließen. ⁴⁵Da kamen ihnen die Amalekiter und die Kanaaniter, die im Gebirge lebten, entgegen, schlugen sie und verfolgten sie bis nach Horma.

Vorschriften bezüglich der Opfergaben

15 Der HERR sprach zu Mose: ²»Gib den Israeliten folgende Anweisungen: ›Wenn ihr in dem Land wohnt, das ich euch geben will, ³⁻⁴und ihr für den HERRN ein Opfer aus euren Schaf-, Ziegen- oder Rinderherden auf dem Altar verbrennen wollt, sollt ihr außerdem ein Speise- und Trankopfer darbringen. Dabei spielt es keine Rolle, ob das Brand- oder Schlachtopfer mir dargebracht wird, um ein Gelübde zu erfüllen oder als ein freiwilliges Opfer oder aber um mich zu den jährlichen Festen zu erfreuen. Das Speiseopfer soll aus einem Krug feinem Mehl bestehen, das mit einer viertel Kanne* Öl vermischt ist. ⁵Zu jedem Lamm, das ihr mir als Brand- oder Schlachtopfer darbringt, sollt ihr mir eine viertel Kanne* Wein als Trankopfer darbringen.

⁶Opfert ihr mir einen Widder, dann sollt ihr mir als Speiseopfer zwei Krug feines Mehl, vermischt mit einer drittel Kanne Öl, darbringen ⁷und eine drittel Kanne* Wein als Trankopfer. Dieses Opfer wird dem HERRN gefallen.

⁸Wenn ihr einen jungen Stier als Brand- oder Schlachtopfer darbringt, um ein Gelübde zu erfüllen oder als Friedensopfer für den HERRN, ⁹dann sollt ihr außerdem als Speiseopfer drei Krug feines Mehl, vermischt mit einer halben Kanne Öl, darbringen ¹⁰sowie eine halbe Kanne* Wein als Trankopfer. Dieses Opfer wird dem HERRN gefallen.

¹¹So sollt ihr bei jedem Stier, Widder, Lamm und bei jeder Ziege vorgehen. ¹²Opfert ihr meh-

---

14,29 S. Kapitel 1,2-3. **15,4** *Ein Krug* entspricht ca. 2 kg Mehl und *eine viertel Kanne* ist ca. 1,5 l Öl. **15,5** Das entspricht ca. 1,5 l. **15,6-7** *Zwei Krug* sind ca. 4 kg, *eine drittel Kanne* entspricht ca. 2 l. **15,9-10** *Drei Krug* sind ca. 6 kg, *eine halbe Kanne* entspricht ca. 3 l.

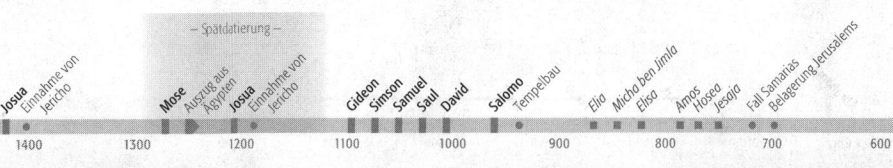

4. MOSE

1–10	Organisation des Volkes Israel
10–25	Die Israeliten verlassen den Sinai – Reise durch die Wüste
25–36	Israel in der Gegend von Moab

15–16
Todesstrafe bei Sabbatverstoß. Quasten an den Kleidern sollen an Gottes Gebote erinnern. Korach zettelt einen Aufstand gegen Mose und Aaron an.

[Zum Sinai, vom Sinai her: Gott schafft sich ein Volk]

rere Tiere, sollt ihr auch die entsprechende Anzahl an Speise- und Trankopfern darbringen. ¹³Jeder Einheimische, der ein Opfer auf dem Altar verbrennt, das dem HERRN gefallen soll, muss diese Anweisungen befolgen. ¹⁴Und wenn ein Ausländer, der bei euch lebt oder euer Gast ist, ein Opfer auf dem Altar verbrennt, das dem HERRN gefallen soll, muss er dabei genauso vorgehen wie ihr. ¹⁵Für euch und die Ausländer gelten dieselben Gesetze. Diese Opfervorschriften sind für euch und eure Nachkommen für alle Zeiten gültig. Der Fremde ist euch dabei gleichgestellt. ¹⁶Für euch und die Fremden, die bei euch leben, gelten dieselben Anweisungen und Gesetze.‹«

¹⁷Außerdem sagte der HERR zu Mose: ¹⁸»Gib den Israeliten folgende Anordnungen: ›Wenn ihr in das Land kommt, in das ich euch bringen werde, ¹⁹und von dem Getreide esst, das dort wächst, sollt ihr einen Teil davon dem HERRN geben. ²⁰Bringt einen Kuchen als Abgabe aus dem ersten Mehl, das ihr mahlt. Entrichtet die Abgabe, wie ihr es auch mit dem ersten Getreide, das ihr auf der Tenne drescht, tun sollt. ²¹Alle kommenden Generationen sollen dem HERRN jedes Jahr diesen Teil von dem ersten Mehl geben.

²²⁻²³Angenommen jedoch, ihr befolgt versehentlich nicht alle diese Gebote, die der HERR euch durch Mose gegeben hat von dem Tag an, an dem der HERR sie angeordnet hat, und auch in Zukunft für alle kommenden Generationen. ²⁴Wenn nun also ein solcher Fehler begangen wurde und die Gemeinschaft ihn zunächst nicht bemerkte, soll die ganze Gemeinschaft einen jungen Stier als Brandopfer darbringen. Dieses Opfer wird dem HERRN gefallen und es soll zusammen mit dem vorgeschriebenen Speise- und Trankopfer dargebracht werden. Zuvor müsst ihr mir noch einen Ziegenbock als Sündopfer darbringen. ²⁵Damit soll der Priester Wiedergutmachung für alle Israeliten schaffen und ihnen wird vergeben werden. Denn es handelte sich um eine unbeabsichtigte Sünde, für die sie dem HERRN das erforderliche Sündopfer sowie ein Brandopfer dargebracht haben. ²⁶Der ganzen Gemeinschaft der Israeliten wird vergeben werden, auch den Ausländern, die bei ihnen leben, denn das ganze Volk war für die ungewollte Sünde mit verantwortlich.

²⁷Wenn ein Einzelner versehentlich eine Sünde begeht, soll er eine einjährige weibliche Ziege als Sündopfer darbringen. ²⁸Der Priester soll vor dem HERRN Wiedergutmachung schaffen für die Person, die versehentlich Schuld auf sich geladen hat, und ihr wird vergeben werden. ²⁹Für die einheimischen Israeliten und für die Ausländer, die bei euch leben, gilt ein einheitliches Gesetz

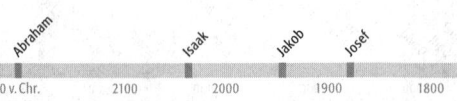

bezüglich dessen, wie bei einer unbeabsichtigten Sünde vorgegangen werden soll.

³⁰Wer jedoch vorsätzlich gegen eines der Gebote des HERRN verstößt, egal, ob es sich um einen Einheimischen oder einen Ausländer handelt, lästert den HERRN und soll daher aus seinem Volk ausgestoßen und getötet werden. ³¹Weil er das Wort des HERRN verachtet und bewusst gegen sein Gebot verstoßen hat, soll er auf jeden Fall ausgestoßen und getötet werden und so die Folgen seiner Schuld tragen.‹«

Die Strafe bei einem Verstoß gegen die Sabbatvorschriften

³²Als die Israeliten noch in der Wüste waren, entdeckten sie einen Mann, der am Sabbat Holz aufsammelte. ³³Diejenigen, die ihn beim Holzsammeln gesehen hatten, brachten ihn vor Mose, Aaron und die ganze Gemeinschaft. ³⁴Er wurde zunächst gefangen gehalten, weil sie nicht wussten, was mit ihm geschehen sollte. ³⁵Da sprach der HERR zu Mose: »Der Mann soll hingerichtet werden. Die ganze Gemeinschaft soll ihn vor dem Lager steinigen.« ³⁶Da brachten sie ihn vor das Lager und steinigten ihn zu Tode, wie der HERR es Mose befohlen hatte.

Quasten an der Kleidung

³⁷Und der HERR sprach zu Mose: ³⁸»Gib den Israeliten folgende Anweisung: ›Ihr und eure Nachkommen sollt Quasten an dem Saum eurer Gewänder befestigen und an jeder Quaste eine blaue Kordel anbringen. ³⁹Jedes Mal wenn ihr sie anschaut, sollen die Quasten euch an die Gebote des HERRN erinnern, damit ihr sie befolgt und nicht eure eigenen Wege geht* und mir so untreu werdet. ⁴⁰Sie sollen euch daran erinnern, dass ihr allen meinen Geboten gehorchen sollt und so für euren Gott heilig seid. ⁴¹Ich bin der HERR, euer Gott, der euch aus Ägypten geführt hat, um euer Gott zu sein. Ich bin der HERR, euer Gott!‹«

Korachs Aufstand

16 ¹⁻²Korach, der Sohn Jizhars aus der Sippe Kehat vom Stamm Levi, zettelte mit Datan und Abiram, den Söhnen Eliabs, und On, dem Sohn Pelets vom Stamm Ruben, einen Aufstand gegen Mose an. Sie wurden unterstützt von 250 Israeliten, die alle angesehene, führende Männer der Versammlung waren. ³Sie schlossen sich gegen Mose und Aaron zusammen und sagten zu ihnen: »Ihr seid zu weit gegangen! Jeder Israelit ist heilig und der HERR ist mitten unter uns. Warum stellt ihr euch über das Volk des HERRN?«

⁴Als Mose das hörte, warf er sich zu Boden. ⁵Dann sagte er zu Korach und seinen Anhängern*: »Morgen früh wird der HERR zeigen, wer zu ihm gehört und wer heilig ist. Nur wen der HERR erwählt, darf sich ihm nähern. ⁶Du, Korach, und deine Anhänger, ihr sollt Folgendes tun: Nehmt euch Räucherpfannen, ⁷zündet morgen früh darin Feuer an und streut vor dem HERRN Weihrauch darüber. Derjenige, den der HERR dann erwählt, der ist heilig. Ihr Leviten seid es, die zu weit gegangen seid!«

⁸Und Mose sprach zu Korach: »Hört doch, ihr Leviten! ⁹Ist es euch etwa zu wenig, dass der Gott Israels euch aus der ganzen Gemeinde der Israeliten auserwählt hat, ihm nahe zu sein, in seinem Heiligtum Dienst zu tun und für das Volk zu dienen? ¹⁰Nur du und deine levitischen Brüder dürft in seine Nähe kommen, und jetzt fordert ihr außerdem noch das Priesteramt! ¹¹In Wirklichkeit lehnt ihr euch mit deinen Anhängern gegen den HERRN auf! Wer ist überhaupt Aaron, dass ihr gegen ihn aufbegehrt?«

¹²Mose ließ auch Datan und Abiram, die Söhne Eliabs, zu sich rufen, aber sie ließen ihm ausrichten: »Wir kommen nicht zu dir. ¹³Reicht es denn nicht, dass du uns aus einem Land, in dem Milch und Honig überfließen, in diese Wüste geführt hast, um uns hier sterben zu lassen? Willst du dich nun auch noch als Herrscher über uns aufspielen? ¹⁴Tatsächlich hast du uns in ein Land geführt, in dem Milch und Honig überfließen, und uns Felder und Weingärten zum Besitz gegeben! Willst du diesen Leuten weiterhin etwas vormachen? Wir kommen nicht!«

¹⁵Da wurde Mose sehr zornig und bat den HERRN: »Nimm ihre Opfer nicht an. Nicht einen einzigen Esel habe ich ihnen weggenommen und auch sonst habe ich keinem von ihnen je etwas zuleide getan.«

¹⁶Und Mose forderte Korach auf: »Du und deine Anhänger, kommt morgen vor den HERRN. Auch Aaron wird da sein. ¹⁷Dann soll jeder seine Räucherpfanne mitbringen und Weihrauch hineinstreuen. Anschließend soll jeder seine Räucherpfanne vor den HERRN bringen, 250 Räucherpfannen sollen es sein. Auch du und Aaron sollen eine Räucherpfanne mitbringen.« ¹⁸Da kamen die Männer mit ihren Räucherpfannen, legten glühende Kohlen hinein, streuten Räucherwerk darüber und stellten sich gemeinsam mit Mose und Aaron am Eingang des Zeltes Gottes auf. ¹⁹Korach, der die ganze Gemein-

---

15,39 Hebr. *und nicht eurem Herz und euren Augen folgt*.   16,5 Hebr. *und seiner ganzen Gemeinschaft*; s. a. 16,6.11.16.

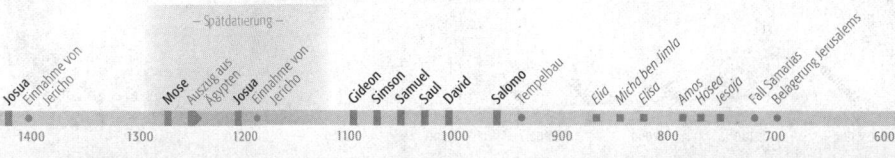

4. MOSE

1–10 Organisation des Volkes Israel

10–25 Die Israeliten verlassen den Sinai – Reise durch die Wüste

25–36 Israel in der Gegend von Moab

16–18
Korachs Sippe wird ausgelöscht. Unter dem aufständischen Volk bricht eine Plage aus. Aaron wird als erwählter Priester bestätigt. Nur die Priester dürfen ins Heiligtum.

[Zum Sinai, vom Sinai her: Gott schafft sich ein Volk]

schaft gegen Mose und Aaron aufgewiegelt hatte, und alle Israeliten kamen zum Eingang des Zeltes Gottes. Dann erschien ihnen die Herrlichkeit des HERRN ²⁰und der HERR sprach zu Mose und Aaron: ²¹»Tretet von diesem Volk zurück, denn ich will es auf der Stelle vernichten!«

²²Aber Mose und Aaron warfen sich zu Boden. »Gott, du bist der Herr alles Lebendigen«, beteten sie, »willst du wirklich das ganze Volk bestrafen, wenn doch nur ein einziger Mann schuldig geworden ist?«

²³Und der HERR antwortete Mose: ²⁴»Befiehl den Leuten, sich von den Zelten Korachs, Datans und Abirams zurückzuziehen.«

²⁵Da stand Mose auf und ging zu Datan und Abiram. Die führenden Männer Israels folgten ihm. ²⁶»Geht weg von den Zelten dieser gottlosen Männer!«, befahl er der Menge. »Berührt nichts, was ihnen gehört, damit ihr nicht aufgrund ihrer Sünden vernichtet werdet.« ²⁷Da wichen alle von den Zelten Korachs, Datans und Abirams zurück. Datan und Abiram waren aus ihren Zelten getreten und standen mit ihren Frauen, Kindern und übrigen Familienangehörigen in den Zelteingängen.

²⁸Mose sagte: »Daran sollt ihr erkennen, dass der HERR mich gesandt hat, damit ich alle diese Dinge tue, und dass ich nicht eigenmächtig handle. ²⁹Wenn diese Männer sterben wie alle anderen Menschen auch und sie das gewöhnliche Schicksal aller Menschen trifft, dann hat der HERR mich nicht gesandt. ³⁰Wenn der HERR jedoch etwas noch nie Dagewesenes vollbringt und die Erde sich auftut und sie und alles, was ihnen gehört, verschlingt, sodass sie lebendig ins Totenreich hinabfahren, dann werdet ihr erkennen, dass diese Männer den HERRN verachtet haben.«

³¹Kaum hatte Mose ausgesprochen, da spaltete sich die Erde unter ihnen. ³²Der Boden öffnete sich und verschluckte die Männer und ihre Familien samt allen, die zu Korach gehörten, sowie ihren ganzen Besitz. ³³Sie fuhren lebendig ins Totenreich hinab, mitsamt ihrem ganzen Besitz. Die Erde schloss sich wieder über ihnen und so verschwanden sie aus der versammelten Menschenmenge. ³⁴Aber alle Israeliten, die um sie herum gestanden hatten, flohen bei ihrem Schreien, denn sie dachten, die Erde würde auch sie verschlingen. ³⁵Dann schickte der HERR Feuer und verbrannte die 250 Männer, die Weihrauch darbrachten.

17 Und der HERR sprach zu Mose: ²»Beauftrage Eleasar, den Sohn des Priesters Aaron, dass er alle Räucherpfannen von der Feuer-

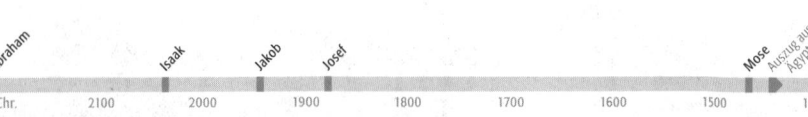

stätte aufsammeln und anschließend die Glut ausschütten soll, denn sie sind heilig. ³Aus den Pfannen dieser Männer, die mit ihrem Leben für ihre Sünden bezahlt haben, soll man Bleche hämmern und den Altar damit überziehen. Denn die Pfannen wurden dem HERRN gebracht und sind somit heilig. Auf diese Weise sollen sie den Israeliten als Warnung dienen.«

⁴Der Priester Eleasar sammelte die bronzenen Räucherpfannen der verbrannten Männer ein, die dann zu einem Überzug für den Altar umgearbeitet wurden. ⁵Dieser sollte den Israeliten als Warnung dienen, dass sich außer den Nachkommen Aarons niemand dem HERRN nähern und vor ihm Weihrauch verbrennen durfte. Andernfalls würde ihm das Gleiche zustoßen wie Korach und seinen Anhängern*, wie der Herr es ihm durch Mose angekündigt hatte.

⁶Am nächsten Morgen machte die ganze Gemeinschaft der Israeliten Mose und Aaron Vorwürfe. Sie riefen: »Ihr habt das Volk des HERRN umgebracht!« ⁷Während das Volk sich gegen Mose und Aaron zusammenschloss, wandten diese sich zum Zelt Gottes um. Da wurde es von der Wolke bedeckt und die Herrlichkeit des HERRN erschien.

⁸Mose und Aaron traten in den Eingang des Zeltes Gottes ⁹und der HERR befahl Mose: ¹⁰»Geht weg von diesem Volk, damit ich es augenblicklich vernichten kann!« Aber Mose und Aaron warfen sich zu Boden. ¹¹Und Mose sagte zu Aaron: »Nimm eine Räucherpfanne und leg etwas von der auf dem Altar befindlichen Glut hinein. Streue dann Weihrauch darüber und bring sie schnell hinaus zu den Israeliten, um Wiedergutmachung für sie zu schaffen. Denn der Zorn des HERRN wütet schon unter ihnen – das Strafgericht hat bereits begonnen.«

¹²Aaron nahm die Räucherpfanne, wie Mose ihm aufgetragen hatte, und lief mitten in die Menschenmenge hinein. Das Strafgericht hatte tatsächlich schon begonnen, doch Aaron verbrannte den Weihrauch und schaffte Wiedergutmachung für die Menschen. ¹³Als er zwischen den Lebenden und den Toten stand, hörte die Plage auf. ¹⁴Trotzdem starben an jener Plage 14.700 Menschen, zusätzlich zu denen, die beim Aufstand von Korach ums Leben gekommen waren. ¹⁵Als die Plage aufgehört hatte, kehrte Aaron zu Mose an den Eingang des Zeltes Gottes zurück.

Aarons grünender Stab

¹⁶Danach sprach der HERR zu Mose: ¹⁷»Sprich mit den Israeliten und lass dir von den Stammesfürsten hölzerne Stäbe geben, einen für jeden Stamm Israels, insgesamt also zwölf Stäbe. Schreib den Namen des jeweiligen Fürsten auf seinen Stab. ¹⁸Auf den Stab des Stammes Levi sollst du jedoch Aarons Namen schreiben, denn für jeden Stammesfürsten soll es einen Stab geben. ¹⁹Leg dann die Stäbe in das Zelt Gottes vor die Bundeslade, wo ich euch begegne. ²⁰Der Stab des Mannes, den ich erwähle, wird grünen. Damit will ich den ständigen Klagen der Israeliten, die sie gegen euch vorbringen, ein Ende machen.«

²¹Nachdem Mose dies den Israeliten mitgeteilt hatte, brachte jeder Stammesfürst ihm einen Stab, sodass es insgesamt zwölf Stäbe waren. Auch der Stab Aarons war darunter. ²²Mose legte die Stäbe im Zelt Gottes vor den HERRN. ²³Als Mose am nächsten Tag das Zelt Gottes betrat, da grünte der Stab Aarons vom Stamm Levi: Er hatte Blätter und Blüten getrieben und trug sogar Mandeln!

²⁴Mose brachte die Stäbe aus dem Heiligtum zu den Israeliten hinaus und zeigte sie ihnen. Jeder Mann nahm seinen Stab in die Hand. ²⁵Und der HERR sprach zu Mose: »Bring Aarons Stab wieder vor die Bundeslade zurück. Er soll dort als warnendes Zeichen für alle, die sich in Zukunft gegen mich auflehnen wollen, aufbewahrt werden. Das soll ihrer Auflehnung gegen mich ein Ende machen und weiteres Sterben verhindern.« ²⁶Mose führte es genauso aus. Wie der HERR es ihm befohlen hatte, so machte er es.

²⁷Daraufhin sagten die Israeliten zu Mose: »Wir sind so gut wie tot! Wir kommen um! Wir kommen alle um! ²⁸Wer auch nur in die Nähe des Zeltes Gottes kommt, muss sterben. Sollen wir denn alle umkommen?«

Die Pflichten der Priester und Leviten

18 Der HERR sprach zu Aaron: »Du, deine Nachkommen und der ganze Stamm Levi sollen für alle Vergehen am Heiligtum verantwortlich sein. Für Verstöße beim Priesterdienst tragen jedoch nur du und deine männlichen Nachkommen die Verantwortung.

²Die übrigen Leviten, die wie du von Levi abstammen, sollen dir und deinen Nachkommen helfen, den Dienst vor dem Zelt Gottes zu verrichten. ³Sie sollen deine Pflichten und die Pflichten am Zelt Gottes erledigen. Nur den heiligen Geräten oder dem Altar dürfen sie nicht zu nahe kommen, sonst müssen sie – aber auch ihr – sterben. ⁴Die Leviten sollen sich dir anschließen

---

17,5 Hebr. *seiner ganzen Gemeinschaft.*

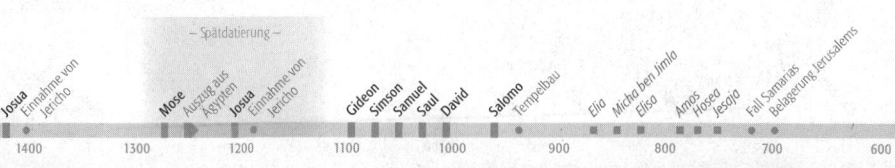

4. MOSE

1–10 Organisation des Volkes Israel

10–25 Die Israeliten verlassen den Sinai – Reise durch die Wüste

25–36 Israel in der Gegend von Moab

18–19
Priester und Leviten leben von den Abgaben des Volkes. Asche für das Reinigungswasser. Unreinheit bei Berührung mit Toten.

[Zum Sinai, vom Sinai her: Gott schafft sich ein Volk]

und alle anfallenden Aufgaben am Zelt Gottes erledigen. Kein Unbefugter darf euch helfen. ⁵Du und deine männlichen Nachkommen aber sollen den Dienst im Heiligtum und den Dienst am Altar ausüben, damit der Zorn des HERRN sich nie wieder gegen die Israeliten richtet. ⁶Ich selbst habe deine levitischen Stammesbrüder aus den Israeliten als Geschenk für euch herausgenommen, damit sie als mir Geweihte den Dienst am Heiligtum ausüben. ⁷Du und deine Nachkommen jedoch seid für die priesterlichen Aufgaben und für den Dienst am Altar und im Allerheiligsten zuständig. Ich verleihe euch das Priesteramt als ein Geschenk. Jeder andere, der sich dem Heiligtum nähert, soll getötet werden.«

Unterstützung für die Priester und Leviten
⁸Der HERR sprach weiter zu Aaron: »Ich überlasse dir den Teil aller Opfergaben der Israeliten, der nicht verbrannt wird*. Ich gebe ihn dir und deinen Nachkommen als einen Anteil, der euch für alle Zeiten zusteht. ⁹Von den besonders heiligen Opfern, die nicht verbrannt werden, soll dir Folgendes zustehen: Von allen Speiseopfern, Sündopfern und Schuldopfern, die sie mir bringen, gehört dieser Teil dir und deinen Söhnen als etwas besonders Heiliges. ¹⁰Ihr sollt ihn an einem besonders heiligen Ort verzehren. Alle männlichen Personen dürfen davon essen und er soll euch heilig sein.

¹¹Alle Gaben der Israeliten, die sie durch Hin- und Herschwingen darbringen, gehören ebenfalls dir. Ich habe sie dir und allen deinen männlichen und weiblichen Nachkommen als Anteil gegeben. Jeder in deiner Familie, der rein ist, darf davon essen.

¹²Außerdem gebe ich dir die Erstlingsgaben, die das Volk dem HERRN bringt – das Beste vom Öl, Traubenmost und Getreide. ¹³Alle ersten Früchte ihres Landes, welche die Leute dem HERRN bringen, gehören dir. Jeder in deiner Familie, der rein ist, darf davon essen.

¹⁴Alles, was dem HERRN geweiht wurde*, gehört ebenfalls dir.

¹⁵Jede Erstgeburt vom Mensch und vom Tier, die dem HERRN dargebracht wird, gehört dir. Die Erstgeborenen der Menschen sollst du, genauso wie die Erstgeborenen der unreinen Tiere, stets loskaufen. ¹⁶Sobald das Kind einen Mo-

---

18,8 *... der nicht verbrannt wird* wurde zum besseren Verständnis eingefügt. **18,14** Hebr. *Alles, was mit dem Bann belegt wurde ...* Mit dem hier gebrauchten hebr. Ausdruck ist die vollständige Übergabe von Dingen, Tieren oder Menschen an den HERRN gemeint, indem diese entweder vernichtet oder als Opfer dargebracht werden.

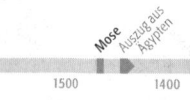

nat alt ist, sollst du es loskaufen, und zwar für fünf Schekel Silber nach dem Gewicht des Heiligtums* – 20 Gera der Schekel. ¹⁷Die Erstgeborenen eines Rindes, eines Schafs oder einer Ziege darfst du hingegen nicht loskaufen. Sie sind für den HERRN bestimmt. Sprenge ihr Blut an den Altar und verbrenne ihr Fett auf dem Altar als Opfer, das dem HERRN gefällt. ¹⁸Das Fleisch dieser Tiere gehört dir, so wie auch das Bruststück, das durch Hin- und Herschwingen dargebracht wird, und der rechte Schenkel dir gehören. ¹⁹Alle Anteile der heiligen Opfer, welche die Israeliten dem HERRN darbringen, gehören dir und deinen männlichen und weiblichen Nachkommen für alle Zeit. Dieser Bund* gilt für immer zwischen dem HERRN und dir und deinen Nachkommen.«

²⁰Weiter sprach der HERR zu Aaron: »Du sollst keinen Erbbesitz im Land der Israeliten erhalten und kein Land dort besitzen. Denn ich bin dein Erbbesitz und dein Anteil inmitten der Israeliten. ²¹Den Leviten will ich den zehnten Teil aller Einkünfte* der Israeliten zum Erbbesitz geben für ihren Dienst, den sie im Heiligtum ausüben. ²²Von nun an dürfen sich die Israeliten nicht mehr dem Zelt Gottes nähern. Andernfalls laden sie Schuld auf sich und müssen sterben. ²³Allein die Leviten sollen im Zelt Gottes Dienst tun und verantwortlich dafür sein. Diese Anordnung gilt für immer für euch und alle kommenden Generationen. Doch die Leviten sollen keinen Erbbesitz unter den Israeliten erhalten, ²⁴denn ich habe ihnen den zehnten Teil aller Einkünfte der Israeliten zum Erbbesitz gegeben. Dieser zehnte Teil wird als Abgabe für den HERRN erhoben. Deshalb habe ich gesagt, dass sie keinen Grundbesitz unter den Israeliten erhalten sollen.«

²⁵Dann sprach der HERR zu Mose: ²⁶»Gib den Leviten folgende Anweisungen: ›Wenn ihr den zehnten Teil der Einkünfte von den Israeliten einnehmt, den ich euch als Erbbesitz überlassen habe, sollt ihr ein Zehntel davon – also ein Zehntel des zehnten Teils – dem HERRN als Weihegabe bringen. ²⁷Der HERR wird es als eure heilige Abgabe betrachten wie das Getreide aus der Tenne oder den Wein aus der Kelter der übrigen Israeliten. ²⁸So sollt auch ihr von den Abgaben, die ihr von den Israeliten erhaltet, dem HERRN eine Gabe bringen und diesen Anteil des HERRN dem Priester Aaron geben. ²⁹Von allem, was ihr erhaltet, sollt ihr dem HERRN die Abgabe entrichten und nur die besten Teile der Gaben dafür nehmen.‹

³⁰Richte den Leviten aus: ›Wenn ihr den besten Teil davon darbringt, so ist es, als ob er aus euren eigenen Tennen oder Keltern stammte. ³¹Danach dürft ihr diese Gaben mit euren Familien an jedem beliebigen Ort verzehren, denn sie sind der Lohn für euren Dienst am Zelt Gottes. ³²Ihr macht euch nicht schuldig und entweiht damit auch nicht die heiligen Gaben der Israeliten, wenn ihr die besten Teile davon abgebt, und müsst deswegen nicht sterben.‹«

Das Reinigungswasser*

19 Der HERR sprach zu Mose und Aaron: ²»Noch ein weiteres Gesetz des HERRN sollt ihr beachten: Lasst euch von den Israeliten eine gesunde rotbraune Kuh bringen, die fehlerlos ist und der noch nie ein Joch aufgelegt wurde. ³Übergebt sie dem Priester Eleasar. Danach soll man sie vor das Lager bringen und in seiner Gegenwart schlachten. ⁴Eleasar soll seinen Finger in ihr Blut tauchen und es siebenmal in Richtung der Vorderseite des Zeltes Gottes sprengen. ⁵Anschließend soll die Kuh aus ihrem eigenen Mist vor den Augen Eleasars verbrannt werden: ihre Haut, ihr Fleisch und ihr Blut. ⁶Der Priester soll dann Zedernholz, Ysop und karmesinrote Wolle nehmen und alles in das Feuer werfen, in dem die Kuh verbrannt wird. ⁷Daraufhin soll der Priester seine Kleider waschen und sich baden. Anschließend darf er ins Lager zurückkehren, er bleibt jedoch bis zum Abend unrein. ⁸Der Mann, der das Tier verbrannt hat, soll ebenfalls seine Kleider waschen und sich baden; auch er bleibt bis zum Abend unrein. ⁹Dann soll ein Mann, der rein ist, die Asche der Kuh nehmen und an einen reinen Ort außerhalb des Lagers bringen. Dort soll sie für die Gemeinschaft der Israeliten für die Herstellung des Reinigungswassers, das zur Entsündigung dient, aufbewahrt werden. ¹⁰Der Mann, der die Asche der Kuh gesammelt hat, soll seine Kleider waschen und bleibt bis zum Abend unrein. Diese Anordnung gilt für immer für die Israeliten und alle Ausländer, die bei ihnen leben.

¹¹Wer einen Toten berührt, bleibt sieben Tage lang unrein. ¹²Am dritten und am siebten Tag soll er sich mit dem Reinigungswasser reinigen und ist dann wieder rein. Reinigt er sich jedoch nicht am dritten und am siebten Tag, so wird er nicht rein. ¹³Wer einen Toten berührt und sich nicht auf die vorgeschriebene Weise reinigt, verunreinigt das Heiligtum des HERRN und muss aus Israel ausgestoßen und getötet werden.

18,16 Das entspricht ca. 75 g. **18,19** Hebr. *Salzbund*. **18,21** Hebr. *den Zehnten*; so auch in 18,26. **19,1** O. *Entsündigungswasser*; auch in V. 9.12.13.

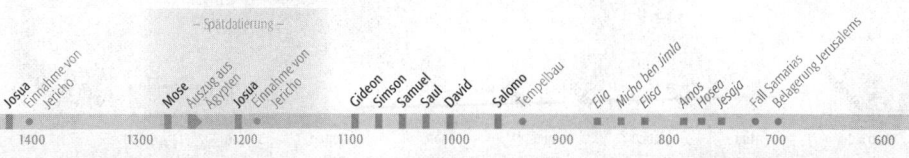

4. MOSE

1–10	Organisation des Volkes Israel
10–25	Die Israeliten verlassen den Sinai – Reise durch die Wüste
25–36	Israel in der Gegend von Moab

19–21
Mirjams Tod. Mose und Aaron werden das Volk nicht nach Kanaan hineinführen. Aarons Tod. Sieg über die Kanaaniter.

[Zum Sinai, vom Sinai her: Gott schafft sich ein Volk]

Da er nicht mit dem Reinigungswasser besprengt wurde, bleibt er unrein.
¹⁴Folgendes Gesetz gilt, wenn jemand in einem Zelt stirbt: Jeder, der das Zelt betritt oder sich im Zelt befindet, ist sieben Tage unrein. ¹⁵Jedes Gefäß im Zelt, das nicht mit einem Deckel verschlossen war, ist ebenfalls unrein.

¹⁶Jeder, der auf freiem Feld einen Toten*, menschliche Knochen oder ein Grab berührt, ist ebenfalls sieben Tage unrein.

¹⁷In diesem Fall soll man etwas von der Asche des als Sündopfer verbrannten Tieres in ein Gefäß füllen und lebendiges Wasser* darübergießen. ¹⁸Dann soll ein reiner Mann im Büschel Ysop nehmen, es in das Wasser tauchen und damit das Zelt, seine Einrichtungsgegenstände und alle Personen, die im Zelt waren oder mit einem Grab, menschlichen Knochen oder einem Toten in Berührung kamen, besprengen. ¹⁹Am dritten und am siebten Tag soll der reine Mann die unreine Person besprengen und sie so am siebten Tag entsündigen. Nachdem der Betreffende seine Kleider gewaschen und sich gebadet hat, wird er am Abend wieder rein.

²⁰Jeder aber, der sich verunreinigt und sich nicht auf die vorgeschriebene Weise reinigt, soll aus der Gemeinschaft ausgestoßen und getötet werden, denn er hat das Heiligtum des HERRN verunreinigt. Da er nicht mit dem Reinigungswasser* besprengt wurde, bleibt er unrein. ²¹Diese Anordnung gilt für die Israeliten für immer. Wer das Reinigungswasser versprengt hat, muss seine Kleider waschen, und wer das Reinigungswasser berührt, ist bis zum Abend unrein. ²²Alles, was die unreine Person berührt, wird unrein. Und jeder, der sie berührt, wird bis zum Abend unrein.«

Wasser aus dem Felsen

20 Im ersten Monat* kam die ganze Gemeinschaft der Israeliten in die Wüste Zin und schlug das Lager bei Kadesch auf. Dort starb Mirjam und wurde begraben.

²In Kadesch gab es kein Trinkwasser, deshalb versammelten sich die Israeliten aufgebracht bei Mose und Aaron ³und machten Mose Vorwürfe: »Wären wir doch nur zusammen mit unseren Landsleuten gestorben, als der HERR sie umkom-

---

19,16 Hebr. *einen Erschlagenen* oder (durch einen natürlichen Tod) *Verstorbenen;* so auch in V. 18.   **19,17** D.h. Wasser, das nicht aus einem Brunnen, sondern aus einem fließenden Gewässer geschöpft wurde.   **19,20** O. *Entsündigungswasser;* so auch in V. 21.   **20,1** Dieser Monat des hebr. Mondkalenders liegt gewöhnlich Ende März / Anfang April.

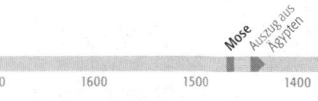

men ließ! ⁴Hast du uns, das Volk des HERRN, in diese Wüste geführt, damit wir hier mit unserem Vieh sterben? ⁵Warum hast du uns aus Ägypten geführt und an diesen schrecklichen Ort gebracht? Hier gibt es weder Getreide noch Feigen, Trauben, Granatäpfel oder Trinkwasser.«

⁶Mose und Aaron gingen von dem Menschenauflauf weg zum Eingang des Zeltes Gottes und warfen sich dort zu Boden. Da erschien ihnen die Herrlichkeit des HERRN ⁷und der HERR sprach zu Mose: »Nimm den Stab und ruf gemeinsam mit deinem Bruder Aaron die ganze Gemeinschaft zusammen. Redet dann vor den Augen der Israeliten mit dem Felsen dort, dann wird Wasser aus ihm fließen. ⁸Du wirst Wasser aus dem Felsen quellen lassen und allen Menschen und ihrem Vieh Trinkwasser geben.«

⁹Da holte Mose den Stab aus dem Heiligtum, wie der HERR ihm aufgetragen hatte. ¹⁰Anschließend ließen er und Aaron das Volk vor dem Felsen zusammenkommen. »Hört zu, ihr eigensinnigen Menschen!«, rief Mose. »Was meint ihr? Werden wir euch Wasser aus diesem Felsen quellen lassen?« ¹¹Und Mose holte aus und schlug zweimal mit dem Stab auf den Felsen. Da strömte Wasser heraus, sodass alle Israeliten und ihr Vieh genug zu trinken hatten.

¹²Der HERR aber sagte zu Mose und Aaron: »Weil ihr mir nicht vertraut und den Israeliten nicht meine Heiligkeit deutlich gemacht habt, sollt ihr mein Volk nicht in das Land führen, das ich ihnen geben werde.« ¹³Der Ort bekam den Namen »Wasser von Meriba*«, weil die Israeliten hier dem HERRN Vorwürfe gemacht hatten und der HERR ihnen seine Heiligkeit zeigte.

Die Edomiter verweigern Israel den Durchzug

¹⁴Von Kadesch aus sandte Mose Boten zum König der Edomiter und ließ ihn fragen: »Deine Brüder, die Israeliten, lassen dir ausrichten: Du weißt, was wir durchmachen mussten: ¹⁵Unsere Vorfahren zogen nach Ägypten hinab und lebten dort eine lange Zeit. Doch die Ägypter misshandelten uns und unsere Vorfahren. ¹⁶Als wir dann zum HERRN um Hilfe schrien, erhörte er uns und sandte einen Boten, der uns aus Ägypten führte. Nun lagern wir bei Kadesch, einer Stadt an der Grenze deines Landes. ¹⁷Lass uns bitte durch dein Land ziehen. Wir werden weder deine Felder noch deine Weinberge betreten und auch kein Wasser aus euren Brunnen trinken. Wir bleiben auf der Straße des Königs: Wir werden weder nach rechts noch nach links abbiegen, bis wir dein Gebiet durchquert haben.«

¹⁸Doch der König der Edomiter antwortete: »Ihr dürft nicht durch mein Land ziehen, sonst ziehe ich euch mit meinem Heer entgegen.«

¹⁹Da entgegneten die Israeliten: »Wir werden auf der Straße bleiben. Wenn wir oder unser Vieh von deinem Wasser trinken, werden wir es bezahlen. Wir wollen nur zu Fuß durch dein Land ziehen.«

²⁰Doch der König von Edom blieb dabei: »Nein, ihr dürft nicht hindurchziehen.« Gleichzeitig zog er ihnen mit einem großen Heer gut bewaffneter Krieger entgegen. ²¹Weil die Edomiter die Israeliten nicht durch ihr Land ziehen ließen, waren die Israeliten gezwungen, einen anderen Weg einzuschlagen.

Aaron stirbt

²²Die Israeliten verließen Kadesch und zogen zum Berg Hor. ²³Dort am Berg Hor, an der Grenze Edoms, sprach der HERR zu Mose und Aaron: ²⁴»Aaron wird in Kürze im Tod mit seinen Vorfahren vereint werden. Er soll nicht in das Land kommen, das ich den Israeliten geben werde, weil ihr euch beim Wasser von Meriba meinen Anweisungen widersetzt habt. ²⁵Steig mit Aaron und seinem Sohn Eleasar auf den Berg Hor. ²⁶Lass Aaron dort seine Priestergewänder ausziehen und zieh sie seinem Sohn Eleasar an. Dann wird Aaron sterben und im Tod mit seinen Vorfahren vereint werden.«

²⁷Mose tat, was der HERR ihm aufgetragen hatte, und sie stiegen vor den Augen der ganzen Gemeinschaft auf den Berg Hor. ²⁸Auf dem Gipfel ließ Mose Aaron seine Priestergewänder ausziehen und zog sie dann Aarons Sohn Eleasar an. Danach starb Aaron auf dem Gipfel des Berges und Mose und Eleasar stiegen wieder hinunter. ²⁹Als das Volk hörte, dass Aaron gestorben war, trauerten alle Israeliten 30 Tage lang um ihn.

Der Sieg über die Kanaaniter

21 Als der kanaanitische König von Arad, das im Negev* liegt, erfuhr, dass die Israeliten auf der Straße nach Atarim heranzogen, griff er sie an und nahm einige von ihnen gefangen. ²Da legten die Israeliten ein Gelübde ab und versprachen dem HERRN: »Wenn du dieses Volk in unsere Hand gibst, werden wir alle ihre Städte bis auf den Grund zerstören*.« ³Der HERR erhörte

---

20,13 Hebr. *Vorwurf, Hadern.* 21,1 Hebr. *Südland.* 21,2 Hebr. *... so werden wir an ihren Städten den Bann vollstrecken.* Mit dem hier gebrauchten hebr. Ausdruck ist die vollständige Übergabe von Dingen, Tieren oder Menschen an den HERRN gemeint, indem diese entweder vernichtet oder als Opfer dargebracht werden; so auch in 21,3.

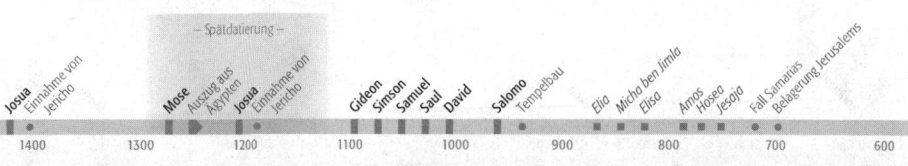

4. MOSE

1–10	Organisation des Volkes Israel
10–25	Die Israeliten verlassen den Sinai – Reise durch die Wüste
25–36	Israel in der Gegend von Moab

21
Giftschlangen als Strafe und die Bronzeschlange als Rettung für das murrende Volk. Israel besiegt die Amoriter und Baschan.

[Zum Sinai, vom Sinai her: Gott schafft sich ein Volk]

sie und schenkte ihnen den Sieg über die Kanaaniter. Die Israeliten töteten die Kanaaniter und zerstörten ihre Städte. Den Ort des Kampfes nennt man seither Horma*.

21,3 Hebr. *Zerstörung, Vernichtung.*

4. Mose 21,6-9

Gott befreit
Zu den Wüstenbewohnern vieler Wüsten gehören Schlangen, darunter auch Giftschlangen. Diese stellen eine wirkliche Gefahr dar. In unserem Text erscheinen sie als eine verdiente Strafe Gottes für den Ungehorsam des Volkes. Die Israeliten bekennen ihre Schuld, und Gott greift rettend ein. Wenn Gott uns die Konsequenzen unserer Missetaten fühlen lässt, dann ist es leichter, Sünde zu erkennen und zu bekennen. Gottes Strafe hat hier eine rettende Funktion.
In diesem Text erscheint Gott als der gerechte Richter. Er ist jedoch auch der gnädige Gott, der einen Ausweg aus der Notsituation zeigt, wenn das Volk bereit ist, im Vertrauen auf ihn auf das stellvertretende Opfer zu schauen. Dieser Text erinnert an 1Mo 3,15, wo Gott vorausgesagt hatte, dass die zerstörende Macht der Schlange einmal ein Ende haben würde. Und so ist die Botschaft dieses Textes letztendlich: »Schaut den an, der die Schlange besiegt.« Gott ist der, der Israel sowohl von den Schlangen also auch von ihren Sünden befreit.
(Jesaja 12,2 ‹‹‹ | ››› Psalm 130,7-8)

4. Mose 21,9

Hinweise auf den Messias (2)
Die Schlange aus Bronze war ein »Gegenmittel« gegen die Strafe, die Gott wegen der Rebellion der Israeliten verhängt hatte. Gott nahm die Strafe nicht zurück, sondern setzte einen Ort ein, an dem man vor der Gefahr gerettet wurde. Demzufolge musste jeder Einzelne für sich diesen »Ort« aufsuchen – die bronzene Schlange anblicken.
Das entspricht genau der Art, wie Gott in Jesus Christus Rettung brachte. Aus dem Zerfall mit Gott als Folge der Sünde werden immer Einzelne gerettet. »Wie Mose in der Wüste die Bronzeschlange an einem Pfahl aufgerichtet hat, so muss auch der Menschensohn an einem Pfahl aufgerichtet werden, damit jeder, der glaubt, das ewige Leben hat« (Joh 3,14-15).
Das Geschehen auf dem Weg ans Rote Meer wird so zum Voraus-Abbild für die Kreuzigung von Jesus.
(2. Mose 12,46 ‹‹‹ | ››› 5. Mose 18,15)

Die bronzene Schlange

⁴Vom Berg Hor aus zogen die Israeliten weiter und schlugen den Weg zum Roten Meer ein, um Edom zu umgehen. Doch unterwegs wurden die Israeliten ungeduldig ⁵und klagten Gott und Mose an: »Warum habt ihr uns aus Ägypten geführt? Etwa, damit wir hier in der Wüste sterben? Hier gibt es weder Brot noch Wasser und dieses Manna können wir nicht mehr sehen!«

⁶Da schickte der HERR Giftschlangen. Viele der Israeliten wurden gebissen und starben. ⁷Daraufhin liefen die Leute zu Mose und riefen: »Wir haben Schuld auf uns geladen, als wir dem HERRN und dir Vorwürfe machten. Bete zum HERRN, dass er uns von den Schlangen befreit!« Und Mose betete für das Volk.

⁸Da sprach der HERR zu ihm: »Fertige eine Schlange an und befestige sie oben an einer Stange. Jeder, der sie anschaut, nachdem er gebissen wurde, wird am Leben bleiben.« ⁹Mose fertigte eine Schlange aus Bronze an und befestigte sie an der Spitze einer Stange. Jeder, der von einer Schlange gebissen wurde und dann die bronzene Schlange anschaute, blieb am Leben.

Israels Reise nach Moab

¹⁰Dann zogen die Israeliten weiter und schlugen ihr Lager in Obot auf. ¹¹Von Obot brachen sie auf und lagerten sich in Ije-Abarim, das in der Wüste östlich von Moab liegt. ¹²Von dort zogen sie in das Bachtal des Sered, wo sie erneut ihr Lager aufschlugen. ¹³Danach zogen sie weiter und lagerten in der Wüste auf der anderen Seite des Flusses Arnon, der im Gebiet der Amoriter entspringt und die Grenze zwischen den Moabitern und den Amoritern bildet. ¹⁴Deshalb heißt es im Buch der Kriege des HERRN: »Die Stadt Waheb im Gebiet von Sufa und die Bachtäler des Arnon ¹⁵sowie der Abhang seiner Zuflüsse, der sich bis in die Gegend von Ar erstreckt und bis an das Gebiet von Moab reicht.« ¹⁶Von dort zogen die Israeliten nach Beer*, dem Brunnen, an dem der HERR Mose aufforderte: »Ruf das Volk zusammen, ich will ihm Wasser geben.« ¹⁷Damals stimmten die Israeliten folgendes Lied an:

»Brunnen, lass dein Wasser quellen!
Singt ihm zu!
¹⁸Brunnen, den Fürsten gruben
und angesehene Leute mit ihren Zeptern und
 Stäben aushoben.«

Die Israeliten verließen die Wüste und zogen weiter nach Mattana, ¹⁹dann nach Nahaliël und nach Bamot. ²⁰Von dort kamen sie ins Tal, das im Gebiet der Moabiter in der Nähe des Pisga liegt und von wo aus man einen weiten Blick über das Jordantal hat*.

Der Sieg über Sihon und Og

²¹Die Israeliten schickten Boten zu Sihon, dem König der Amoriter, mit folgender Botschaft: ²²»Lass uns durch dein Land ziehen. Wir bleiben auf der Straße des Königs, bis wir dein Gebiet durchzogen haben. Wir werden weder deine Felder noch deine Weinberge betreten und kein Wasser aus deinen Brunnen trinken.« ²³Doch Sihon erlaubte ihnen nicht, durch sein Land zu ziehen. Stattdessen rief er sein Heer zusammen und zog Israel in die Wüste entgegen. Bei Jahaz trafen sie aufeinander und Sihon griff die Israeliten an. ²⁴Doch die Israeliten schlugen ihn und eroberten sein Land vom Arnon bis zum Jabbok und zum Gebiet der Ammoniter, denn die Grenze der Ammoniter war stark befestigt.

²⁵Auf diese Weise nahm Israel alle Städte der Amoriter ein und ließ sich darin nieder, in der Stadt Heschbon und den umliegenden Ortschaften. ²⁶Heschbon war die Hauptstadt des amoritischen Königs Sihon gewesen. Er hatte einst den moabitischen Herrscher besiegt und dessen Land bis zum Arnon eingenommen. ²⁷Aus diesem Grund heißt es in einem Gedicht:

»Kommt nach Heschbon.
Die Stadt Sihons soll wieder aufgebaut und
 befestigt werden.
²⁸Ein Feuer ging aus von Heschbon,
eine Flamme von der Stadt Sihons;
sie verbrannte die Stadt Ar in Moab*
und vernichtete die Herrscher auf den Höhen
 des Arnon.
²⁹Wehe dir, Volk von Moab;
es geht mit dir zu Ende, Volk des Kemosch*!
Er machte seine Söhne zu Flüchtlingen,
seine Töchter zu Gefangenen Sihons, des
 Amoriterkönigs.
³⁰Wir haben sie überwältigt.
Zerstört sind die Städte von Heschbon bis nach
 Dibon.
Wir haben sie verwüstet bis Nofach und
 verbrannt bis Medeba*.«

³¹Die Israeliten ließen sich also im Gebiet der Amoriter nieder. ³²Nachdem Mose Männer ausgesandt hatte, um Jaser zu erkunden, eroberten die Israeliten die Stadt und die umliegenden Ortschaften und vertrieben die Amoriter, die dort lebten. ³³Danach zogen sie nach Norden, und zwar nach Baschan. Doch König Og von Baschan und sein Heer stellten sich ihnen bei Edreï

21,16 Hebr. *Brunnen*. 21,20 O. *über Jeschimon blickt*. 21,28 O. *die Städte Moabs*. 21,29 *Kemosch* ist der Hauptgott der Moabiter. 21,30 Die Bedeutung des Hebr. an dieser Stelle ist unklar.

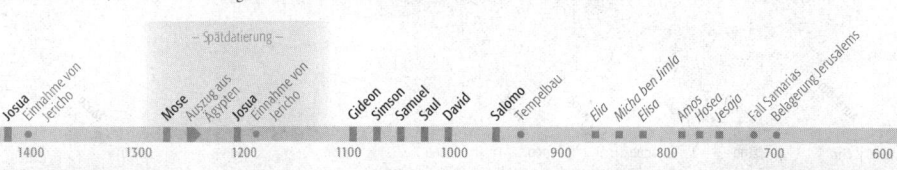

4. MOSE

1–10	Organisation des Volkes Israel

10–25	Die Israeliten verlassen den Sinai – Reise durch die Wüste

25–36	Israel in der Gegend von Moab

21–22
Balak will Israel durch Bileam verfluchen lassen. Ein Engel mahnt Bileam, nur zu tun, was Gott ihm sagt.

[Zum Sinai, vom Sinai her: Gott schafft sich ein Volk]

zum Kampf entgegen. ³⁴Der HERR sprach zu Mose: »Hab keine Angst vor ihm, denn ich habe Og, sein ganzes Heer und sein Land in deine Hand gegeben. Verfahre mit ihm gleich wie mit Sihon, dem Amoriterkönig, der in Heschbon wohnte.« ³⁵Und tatsächlich besiegten die Israeliten König Og und töteten ihn, seine Söhne und sein ganzes Heer, sodass kein einziger überlebte, und sie nahmen sein Land in Besitz.

Balak lässt Bileam holen

22 Danach zogen die Israeliten weiter und lagerten in den moabitischen Ebenen östlich des Jordan, gegenüber von Jericho. ²Balak, der Sohn Zippors, erfuhr, was die Israeliten den Amoritern angetan hatten. ³Und da das Volk der Israeliten groß war, fürchteten sich die Moabiter und hatten große Angst vor den Israeliten. ⁴Der König von Moab sagte zu den führenden Männern Midians: »Dieses Gesindel wird alles in unserer Umgebung kahl fressen, wie ein Rind das Gras frisst.«

Deshalb schickte Balak, der Sohn Zippors, der zu dieser Zeit König von Moab war, ⁵Boten zu Bileam, dem Sohn Beors, der in seiner Heimat Petor* am Euphrat lebte, und ließ ihm sagen: »Ein Volk ist aus Ägypten herangezogen. Es hat sich über das ganze Land ausgebreitet und lagert

22,5 O. der in Petor, im Land der Amaviter, war.

4. Mose 22,28

Gott redet
Der Schöpfer des Himmels und der Erde ist zweifellos dazu fähig, einer seiner Kreaturen besondere Fähigkeiten zu verleihen – sogar einem Esel die Fähigkeit zu sprechen (siehe auch Lk 19,40). Wenn wir diesen Text jedoch nur dazu benutzen, um darüber zu argumentieren, ob die Bibel auch märchenhafte Erzählungen enthält oder immer nur historische Begebenheiten, dann haben wir den Text nicht richtig gehört. Diese Diskussion ist ein Thema unserer Zeit, nicht eines der damaligen.
Diese Erzählung will vermitteln: Gott kann überraschende Wunder tun (durch einen Esel sprechen). Gott kann auch einen Menschen (Bileam) für seine Absichten gebrauchen, der weder die Absicht hatte, das Wort Gottes zu vermitteln, noch zum Volk Gottes gehörte. Normalerweise respektiert Gott die menschliche Freiheit. Manchmal greift er jedoch auch sehr direkt ein, wenn ungehorsame Menschen seine Pläne durchkreuzen wollen. Und wenn Gott durch einen Esel sprechen kann, dann kann er dies auch durch jeden von uns.
(4. Mose 11,24-29 «« | »» 1. Korinther 14,29)

mir gegenüber. ⁶Komm doch zu mir und verfluche dieses Volk, denn es ist mir überlegen. Vielleicht kann ich sie dann besiegen und aus dem Land vertreiben. Denn ich weiß: Wen du segnest, der ist gesegnet, und wen du verfluchst, der ist verflucht.«

⁷Die führenden Männer aus Moab und Midian machten sich mit dem Geld für die Bezahlung Bileams auf den Weg. Als sie zu Bileam kamen, überbrachten sie ihm die Botschaft von Balak. ⁸»Bleibt über Nacht hier«, sagte Bileam. »Morgen werde ich euch mitteilen, was mir der HERR gesagt hat.« Da blieben die führenden Männer aus Moab bei Bileam.

⁹In der Nacht erschien Gott Bileam und fragte ihn: »Wer sind diese Männer da bei dir?« ¹⁰Bileam antwortete Gott: »Balak, der Sohn Zippors und König von Moab, hat mir durch sie folgende Botschaft gesandt: ¹¹›Das Volk, das aus Ägypten herangezogen ist, hat sich über das ganze Land ausgebreitet. Komm doch zu mir und verfluche es. Vielleicht kann ich dann gegen sie kämpfen und sie aus dem Land vertreiben.‹«

¹²»Geh nicht mit ihnen«, befahl Gott Bileam. »Du darfst dieses Volk nicht verfluchen, denn es ist gesegnet.«

¹³Am nächsten Morgen stand Bileam auf und sagte zu den führenden Männern Balaks: »Geht nach Hause. Der HERR verweigert mir die Erlaubnis, mit euch zu gehen.«

¹⁴Da kehrten die führenden Männer aus Moab zu Balak zurück und berichteten ihm: »Bileam hat sich geweigert, mit uns zu kommen.« ¹⁵Doch Balak versuchte es noch einmal. Diesmal schickte er noch mehr und noch wichtigere Männer als beim ersten Mal. ¹⁶Als sie zu Bileam kamen, richteten sie ihm aus: »So spricht Balak, der Sohn Zippors: ›Bitte, lass dich nicht abhalten, zu mir zu kommen. ¹⁷Ich will dich fürstlich bezahlen und alles tun, was du willst. Komm doch zu mir und verfluche dieses Volk.‹« ¹⁸Doch Bileam antwortete ihnen: »Selbst wenn Balak mir einen Palast voller Silber und Gold schenken würde, steht es trotzdem nicht in meiner Macht, die Anordnung des HERRN, meines Gottes, zu missachten und etwas gegen seinen Willen zu tun. ¹⁹Aber bleibt doch über Nacht bei mir. Ich will sehen, was der HERR mir zu sagen hat.«

²⁰In dieser Nacht erschien Gott Bileam und erlaubte ihm: »Wenn diese Männer gekommen sind, um dich zu holen, dann geh mit ihnen. Aber du darfst nur das tun, was ich dir sage.«

Bileam und seine Eselin

²¹Am nächsten Morgen stand Bileam auf, sattelte seine Eselin und machte sich mit den führenden Männern aus Moab auf den Weg. ²²Aber Gott wurde zornig, weil Bileam aufgebrochen war. Während Bileam in Begleitung seiner beiden Diener auf seiner Eselin dahinritt, stellte sich der Engel des HERRN Bileam in den Weg, um ihn aufzuhalten. ²³Als die Eselin den Engel des HERRN sah, der ihr mit gezücktem Schwert den Weg versperrte, bog sie vom Weg ab aufs Feld. Aber Bileam schlug die Eselin, um sie wieder auf den Weg zu bringen. ²⁴Da stellte sich der Engel des HERRN auf einen Hohlweg, der zwischen den Mauern von zwei Weinbergen verlief. ²⁵Als die Eselin den Engel des HERRN dort stehen sah, drückte sie sich fest an die Mauer und klemmte dabei Bileams Fuß zwischen sich und der Mauer ein. Da schlug Bileam die Eselin erneut. ²⁶Der Engel des HERRN ging noch ein Stück weiter und stellte sich an einer Stelle auf, die so eng war, dass man weder nach rechts noch nach links ausweichen konnte. ²⁷Als die Eselin diesmal den Engel sah, legte sie sich unter Bileam auf den Weg. Bileam packte die Wut und er schlug sie mit seinem Stock.

²⁸Da gab der HERR der Eselin die Fähigkeit zu sprechen. »Was habe ich dir getan, dass du mich dreimal schlägst?«, fragte sie Bileam.

²⁹»Du hast mich zum Narren gehalten!«, rief Bileam. »Hätte ich ein Schwert dabei, so würde ich dich jetzt töten!«

³⁰»Bin ich nicht die Eselin, auf der du schon immer geritten bist?«, entgegnete die Eselin. »Habe ich etwa früher schon einmal so etwas getan?«

»Nein«, gab Bileam zu.

³¹Der HERR öffnete Bileam die Augen, sodass er den Engel des HERRN mit gezücktem Schwert in der Hand auf dem Weg stehen sah. Da verneigte sich Bileam vor ihm und warf sich zu Boden.

³²»Warum hast du deine Eselin dreimal geschlagen?«, wollte der Engel des HERRN von ihm wissen. »Ich bin gekommen, um dir den Weg zu versperren, weil du sonst vor meinen Augen ins Verderben rennst. ³³Dreimal hat die Eselin mich gesehen und ist mir ausgewichen. Andernfalls hätte ich dich mit Sicherheit getötet und die Eselin am Leben gelassen.«

³⁴Da sagte Bileam zu dem Engel des HERRN: »Ich habe mich schuldig gemacht, denn ich habe nicht bemerkt, dass du mir den Weg versperrt hast. Wenn dir mein Plan nicht gefällt, werde ich wieder umkehren.«

³⁵Doch der Engel des HERRN befahl ihm: »Geh mit diesen Männern, aber sag nur das, was ich dir auftrage.« Bileam zog mit den führenden Männern Balaks weiter. ³⁶Als Balak hörte, dass Bileam unterwegs war, kam er ihm bis zur moabitischen

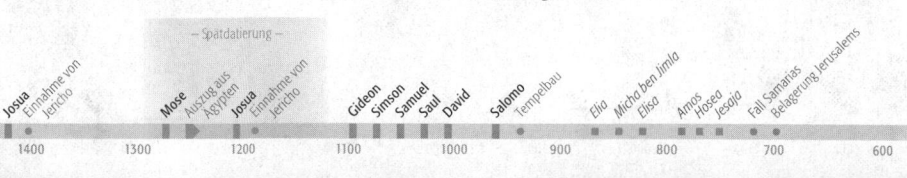

4. MOSE

1–10	Organisation des Volkes Israel
10–25	Die Israeliten verlassen den Sinai – Reise durch die Wüste
25–36	Israel in der Gegend von Moab

22–24
Bileam kann Israel nur segnen, nicht verfluchen.

[Zum Sinai, vom Sinai her: Gott schafft sich ein Volk]

Stadt Ar, die am Fluss Arnon an der Grenze des Landes lag, entgegen.
³⁷»Warum bist du nicht sofort gekommen? Habe ich dir nicht durch meine Boten ausrichten lassen, dass du dringend zu mir kommen sollst?«, fragte Balak Bileam. »Meinst du etwa, ich könnte dich nicht angemessen belohnen?«
³⁸Bileam antwortete: »Jetzt bin ich ja gekommen. Aber steht es denn in meiner Macht, einfach irgendetwas zu sagen? Ich kann nur das sagen, was Gott mir in den Mund legt.« ³⁹Anschließend zogen Bileam und Balak zusammen nach Kirjat-Huzot, ⁴⁰wo Balak Rinder, Schafe und Ziegen opferte. Einen Teil des Fleisches ließ er Bileam und den führenden Männern bringen, die bei ihm waren. ⁴¹Am nächsten Morgen führte Balak Bileam hinauf nach Bamot-Baal*. Von dort aus konnte man den Rand des israelitischen Lagers sehen.

Bileam segnet Israel

23 Bileam sagte zu Balak: »Errichte mir hier sieben Altäre und bring mir sieben junge Stiere und sieben Widder.« ²Balak befolgte Bileams Anweisungen, und die beiden opferten auf jedem Altar je einen jungen Stier und einen Widder.

22,41 Hebr. *Kulthöhe Baals.*

---

4. Mose 23,8-10

Erwählung
Als der Moabiterkönig Balak sich von Israel bedroht fühlt, will er ein damals gängiges Mittel benutzen und einen berufsmäßigen Wahrsager engagieren, damit der einen Fluch auf Israel legt (4Mo 22,4b-6).
Doch der beauftragte Wahrsager Bileam merkt, dass dieses Volk, gegen das er sprechen soll, eine unüberwindliche Besonderheit hat: Es ist bereits von Jahwe gesegnet (22,12). Dagegen kann und will er nicht ankommen. So verhält es sich auch beim zweiten und dritten Versuch (23,18-24; 24,3-9). Das dritte Segenswort ist nun ausdrücklich und mehr als die vorigen beiden von Gottes Geist eingegeben (24,1-2).
Das Bekenntnis, dass Gott seine Erwählung nie bereuen wird (23,19), steht in einer gewissen Spannung zu den Berichten in 2Mo 32,9-10 und 4Mo 14,12. Doch der Ausgang ist jedes Mal derselbe: Gott bleibt dabei, dass Israel sein erwähltes Eigentumsvolk ist, nicht zu vergleichen mit anderen Völkern.
(4. Mose 14,10-23 ««| »» 5. Mose 10,14-16)

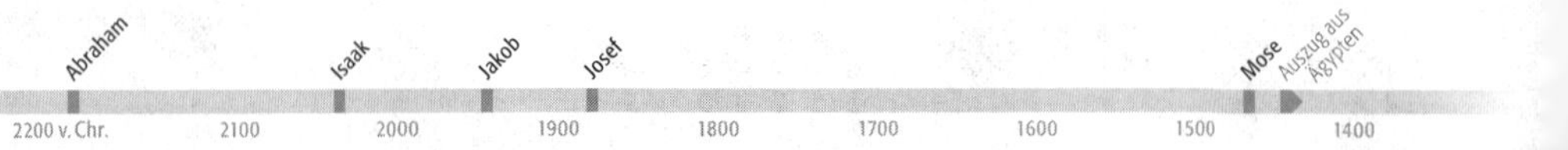

³Danach forderte Bileam Balak auf: »Bleib hier bei deinen Brandopfern stehen. Ich will gehen und sehen, ob der HERR zu mir kommt. Was er mir zeigt, werde ich dir mitteilen.« Und Bileam stieg auf einen Hügel. ⁴Dort kam Gott zu ihm. Bileam sagte zu ihm: »Ich habe sieben Altäre errichtet und auf jedem Altar einen jungen Stier und einen Widder geopfert.«

⁵Da gab der HERR Bileam eine Botschaft für Balak und sprach: »Geh zurück zu Balak und rede so mit ihm.«

⁶Als Bileam zurückkehrte, stand der König noch immer neben den Brandopfern und die führenden Männer Moabs waren bei ihm. ⁷Da begann Bileam zu weissagen:
»Aus Aram berief mich Balak zu sich,
der König von Moab holte mich aus dem Gebirge des Ostens:
›Komm, verfluche Jakob für mich.
Komm und verwünsche Israel.‹
⁸Doch wie kann ich verfluchen,
wen Gott nicht verflucht hat?
Wie kann ich verwünschen,
wen der HERR nicht verwünscht hat?
⁹Ja, von den Gipfeln der Felsen sehe ich es,
von den Höhen erblicke ich es:
ein Volk, das abgesondert lebt
und sich nicht zu den anderen Völkern zählt.
¹⁰Wer kann die Nachkommen Jakobs zählen, die so zahlreich sind wie der Staub,
oder wer kann nur ein Viertel von Israel berechnen?
Lass mich sterben wie die Gerechten und
lass meines Lebens Ende wie ihres sein.«

¹¹Da fuhr Balak Bileam an: »Was hast du mir angetan? Ich habe dich holen lassen, damit du meine Feinde verfluchst. Jetzt hast du sie auch noch gesegnet!«

¹²Doch Bileam entgegnete: »Muss ich nicht dem HERRN gehorsam sein und die Worte aussprechen, die er mir in den Mund legt?«

Bileams zweite Weissagung

¹³König Balak forderte ihn auf: »Komm mit mir an eine andere Stelle, von der aus du das ganze Volk überblicken kannst. Von hier aus siehst du nur den Rand des Lagers und nicht das ganze Volk. Verfluche es mir dann von dort aus.« ¹⁴Und er führte Bileam zum Späherfeld auf dem Gipfel des Pisga. Dort errichtete Balak sieben Altäre und opferte auf jedem einen jungen Stier und einen Widder. ¹⁵Daraufhin sagte Bileam zu Balak: »Bleib hier bei deinen Brandopfern stehen, während ich die Begegnung mit dem HERRN suchen will.« ¹⁶Der HERR begegnete Bileam, gab ihm eine Botschaft und sprach: »Geh zurück zu Balak und rede so mit ihm.« ¹⁷Bileam kehrte zum König zurück, der immer noch neben seinen Brandopfern stand; die führenden Männer Moabs waren bei ihm. »Was hat der HERR gesagt?«, fragte Balak.

¹⁸Da begann Bileam zu weissagen:
»Steh auf, Balak, und höre!
Achte auf meine Worte, Sohn Zippors!
¹⁹Gott ist kein Mensch, der lügt.
Er ist kein Mensch, der etwas bereut.
Hat er je etwas gesagt und nicht getan?
Hat er je etwas versprochen und es nicht wahr gemacht?
²⁰Ich erhielt den Befehl zu segnen.
Er hat gesegnet und ich kann den Segen nicht aufheben.
²¹Er sieht nichts Böses in Jakob
und nimmt kein Unheil in Israel wahr.
Der HERR, ihr Gott, ist mit ihnen;
er ist ihr König, dem ihr Jubel gilt.
²²Gott hat sie aus Ägypten geführt,
er ist für sie wie die Hörner eines wilden Stiers.
²³Kein Fluch kann Jakob schaden,
kein Zauberspruch hat Macht über Israel.
Zur rechten Zeit heißt es von Jakob und Israel:
›Was hat Gott für Israel vollbracht!‹
²⁴Dieses Volk steht auf wie eine Löwin,
wie ein Löwe erhebt es sich.
Es legt sich nicht nieder, bevor es seine Beute verzehrt
und das Blut der Erschlagenen trinkt.«

²⁵Da sagte Balak zu Bileam: »Wenn du sie schon nicht verfluchst, dann segne sie doch wenigstens nicht.«

²⁶Doch Bileam gab ihm zur Antwort: »Habe ich dir nicht gesagt: ›Was der HERR mir sagt, das muss ich tun‹?«

Bileams dritte Weissagung

²⁷Balak sagte zu Bileam: »Komm, ich bringe dich an eine andere Stelle. Vielleicht gefällt es Gott, dass du sie von dort aus für mich verfluchst.«

²⁸Und er brachte Bileam auf den Gipfel des Berges Peor, von dem aus man einen weiten Blick über das Jordantal hat. ²⁹Erneut forderte Bileam Balak auf: »Bau mir hier sieben Altäre und bereite sieben junge Stiere und sieben Widder zum Opfer vor.« ³⁰Balak tat, was Bileam ihm aufgetragen hatte und opferte auf jedem Altar einen jungen Stier und einen Widder.

24 Inzwischen war es Bileam jedoch klar geworden, dass der HERR Israel segnen wollte. Deshalb ging er nicht wie die vorigen Male weg, um ein Zeichen zu erhalten. Stattdessen wandte er sich zur Wüste, ²wo er die Israeliten

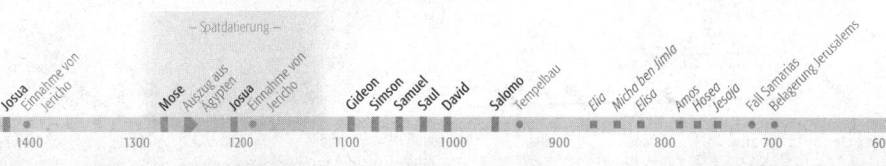

4. MOSE

1–10	Organisation des Volkes Israel

10–25	Die Israeliten verlassen den Sinai – Reise durch die Wüste

25–36	Israel in der Gegend von Moab

24–25
Bileam weissagt Moabs Untergang durch Israel. Israel lässt sich von moabitischen und midianitischen Frauen verführen.

[Zum Sinai, vom Sinai her: Gott schafft sich ein Volk]

nach Stämmen geordnet lagern sah. Da kam der Geist Gottes über ihn ³und er weissagte:
»So spricht Bileam, der Sohn Beors,
der Mann, dessen Augen geöffnet sind*.
⁴So spricht der Mann, der die Worte Gottes hört,
der die Visionen des Allmächtigen schaut,
der mit geöffneten Augen niederfällt:
⁵Wie schön sind deine Zelte, Jakob,
und deine Wohnungen, Israel!
⁶Sie breiten sich vor mir aus wie Bachtäler,
wie sattes Grün am Ufer eines Flusses.
Sie sind wie Aloebäume, die der HERR gepflanzt hat,
wie Zedern am Wasser.
⁷Er wird reichlich Wasser haben
und seine Saat wird ausreichend getränkt.
Sein König soll mächtiger sein als Agag,
und sein Reich wird erhöht werden.
⁸Gott, der sie aus Ägypten geführt hat,
ist für sie wie die Hörner eines wilden Stiers.
Er verschlingt alle Völker, die sich ihm in den Weg stellen,
zermalmt ihre Knochen und zerschmettert sie mit seinen Pfeilen.
⁹Wie ein Löwe legt Israel sich nieder und liegt da wie eine Löwin;
wer wagt es, Israel aufzustören?
Gesegnet ist, wer dich segnet,
und verflucht ist, wer dich verflucht.«

24,3 Wortbedeutung unsicher, s. a. V. 4.

4. Mose 24,17

Hinweise auf den Messias (3)
Der Wahrsager Bileam (siehe die Erklärung zu 4Mo 23,8-10) blickt in seinem vierten Wort (24,15-24) weit voraus in Israels Zukunft. Er sieht da einen Herrscher aus Jakob kommen (V. 19). Jakob ist dabei ein anderer Name für Israel (siehe V. 17 und auch 1Mo 32,29).
Das Zepter ist ein Bild für die Macht dieses Herrschers und der Stern ein Bild für seinen Glanz und seine Vorrangstellung (siehe Jes 14,12-14). Schon frühe jüdische Auslegungen sprechen in diesem Zusammenhang vom Messias. Die christliche Deutung hat das fortgeführt und eine Ankündigung von Jesus gesehen: »Jakobs Stern ist aufgegangen.« Schriftstellen wie Mt 2,2 und Offb 22,16 haben aber wahrscheinlich keinen absichtsvollen Bezug zu dieser Stelle. Der »Morgenstern« in Offb 22,16 ist eher ein Zeichen für den Anbruch von Gottes Tag.
Auch wenn das Neue Testament die Bileam-Weissagung nicht direkt aufgreift, ist doch klar: Sie blickt auf einen besonderen Retter für Gottes Volk voraus, den Gott geben wird.
(1. Mose 22,8 «« | »» 2. Chronik 3,1)

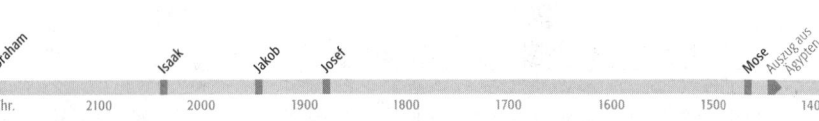

¹⁰Da wurde Balak wütend auf Bileam. Zornig schlug er die Hände zusammen und brüllte: »Ich habe dich hergerufen, damit du meine Feinde verfluchst! Stattdessen hast du sie jetzt schon dreimal gesegnet. ¹¹Mach, dass du fortkommst! Geh sofort nach Hause! Ich hatte versprochen, dich reich zu belohnen, doch der HERR hat dich um deinen Lohn gebracht.«

¹²Bileam erwiderte Balak: »Habe ich es nicht schon deinen Boten gesagt, die du zu mir geschickt hast? Ich sagte: ¹³›Selbst wenn Balak mir einen Palast voller Silber und Gold gäbe, könnte ich mich dem Befehl des HERRN trotzdem nicht widersetzen und aus eigenem Willen etwas Gutes oder Schlechtes tun.‹ Ich kann nur das sagen, was der HERR mir sagt. ¹⁴Jetzt kehre ich zu meinem Volk zurück. Doch vorher will ich dir noch sagen, was die Israeliten schließlich mit deinem Volk machen werden.«

Bileams letzte Weissagungen

¹⁵Und Bileam weissagte:
»Das sagt Bileam, der Sohn Beors,
so spricht der Mann, dessen Augen geöffnet* sind,
¹⁶so spricht der, der Gottes Worte hört,
der die Gedanken des Allerhöchsten kennt,
der die Visionen des Allmächtigen schaut,
der mit geöffneten Augen niederfällt:
¹⁷Ich sehe ihn, aber noch nicht jetzt.
Ich erkenne ihn, doch er ist noch nicht nahe.
Ein Stern geht auf aus Jakob;
ein Zepter kommt aus Israel hervor.
Es zerschmettert die Schläfen Moabs
und zermalmt seine Krieger.
¹⁸Seine Feinde Edom und Seïr wird er einnehmen.
Ja, Israel entfaltet eine gewaltige Macht.
¹⁹Ein Herrscher wird kommen aus Jakob
und wird die Überlebenden aus den Städten vernichten.«
²⁰Bileam blickte auf das Volk Amaleks und prophezeite Folgendes:
»Amalek war die erste der Nationen,
doch am Ende wird es Zeuge seines eigenen Untergangs sein!«
²¹Und er schaute hinüber zu den Kenitern und weissagte:
»Euer Wohnsitz ist stark befestigt, euer Nest liegt auf einem Felsen. ²²Doch ihr Keniter werdet vernichtet werden, wenn Assyrien euch gefangen nimmt.«
²³Und er schloss seine Weissagungen mit folgenden Worten:
»O weh, wer wird überleben, wenn Gott dies alles tut? ²⁴Schiffe kommen von den Küsten Zyperns. Sie bezwingen Assyrien und erobern Eber, doch auch sie werden Zeugen ihres eigenen Untergangs sein.«

²⁵Danach stand Bileam auf und kehrte wieder in seine Heimat zurück. Und auch Balak ging nach Hause.

Moab verleitet Israel

25 Als die Israeliten in Schittim lagerten, begannen sie mit den moabitischen Frauen Hurerei zu treiben. ²Die Frauen hatten sie zu den Opferfesten für ihre Götter eingeladen, und schon bald nahmen die Israeliten an ihren Opfermahlen teil und beteten die Götter Moabs an. ³Als ganz Israel den Baal-Peor verehrte, wurde der HERR sehr zornig über sein Volk ⁴und er befahl Mose: »Lass alle Rädelsführer holen und am helllichten Tag hinrichten, damit mein glühender Zorn nicht das ganze Volk der Israeliten trifft.« ⁵Da befahl Mose den Richtern Israels: »Jeder von euch soll diejenigen von euren Leuten hinrichten, die den Baal-Peor angebetet haben.«

⁶Ausgerechnet in diesem Moment kam einer der israelitischen Männer und brachte vor den Augen von Mose und den versammelten Israeliten, die am Eingang des Zeltes Gottes trauerten, eine Midianiterin ins Lager. ⁷Als Pinhas, der Sohn Eleasars und Enkel des Priesters Aaron das sah, verließ er die Versammlung, packte einen Speer ⁸und eilte dem Mann in dessen Zelt nach. Dort durchbohrte er den Körper des Mannes und der Frau mit einem Stoß. Auf diese Weise wurde der Plage, die bereits unter den Israeliten wütete, Einhalt geboten. ⁹Es waren aber schon 24.000 Menschen durch die Plage gestorben.

¹⁰Der HERR sprach zu Mose: ¹¹»Pinhas, der Sohn Eleasars und Enkel des Priesters Aaron ist kompromisslos für mich eingetreten und hat dadurch meine Eifersucht von den Israeliten abgewendet. Sonst hätte ich ganz Israel in meinem Zorn vernichtet. ¹²Teile ihm mit, dass ich einen besonderen Friedensbund mit ihm schließe. ¹³Er und seine Nachkommen sollen für alle Zeiten Priester sein, denn er ist für seinen Gott eingetreten und hat Wiedergutmachung für die Israeliten geschaffen.«

¹⁴Der Israelit, der zusammen mit der Midianiterin getötet worden war, hieß Simri und war der

---

24,15 Wortbedeutung unsicher; s. a. V. 16.

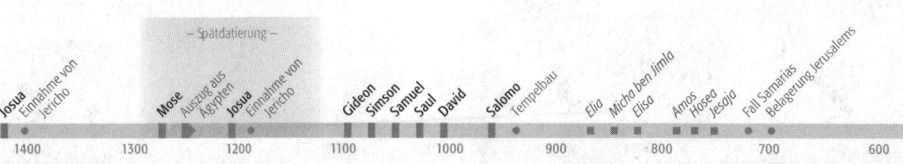

4. MOSE

1–10	Organisation des Volkes Israel

10–25	Die Israeliten verlassen den Sinai – Reise durch die Wüste

25–36	Israel in der Gegend von Moab

25–26
Zählung aller wehrfähigen Männer ab 20 Jahren.

[Zum Sinai, vom Sinai her: Gott schafft sich ein Volk]

Sohn Salus und Anführer einer Sippe aus dem Stamm Simeon. ¹⁵Die midianitische Frau, die getötet worden war, hieß Kosbi. Sie war die Tochter von Zur, dem Anführer einer midianitischen Sippe.

¹⁶Der HERR sprach zu Mose: ¹⁷»Greift die Midianiter an und vernichtet sie, ¹⁸denn sie haben euch hinterhältig Schaden zugefügt durch Baal-Peor und durch Kosbi, die Tochter eines midianitischen Anführers, die getötet wurde, als ich euch wegen Baal-Peor vernichten wollte.«

Israels zweite Volkszählung
¹⁹Als die Plage vorüber war,

26 sprach der HERR zu Mose und Eleasar, dem Sohn des Priesters Aaron: ²»Zählt alle wehrfähigen Männer Israels, die 20 Jahre und älter sind, nach ihren Sippen.« ³⁻⁴So ordneten Mose und der Hohe Priester Eleasar in den moabitischen Ebenen am Jordan gegenüber von Jericho eine Volkszählung aller Israeliten, die 20 Jahre und älter waren, an – wie der HERR Mose befohlen hatte. Dies sind die Nachkommen der Israeliten, die aus Ägypten gezogen waren:

Der Stamm Ruben
⁵Von den Söhnen Rubens, des ältesten Sohnes Israels, stammen folgende Sippen ab: Von Henoch die Henochiter, von Pallu die Palluiter,

---

4. Mose 25,12

Bundesschlüsse
Neben den großen Bundesschlüssen mit Gottes Volk oder seinen Repräsentanten schließt Gott hier noch einen »kleineren«, besonderen Bund: mit Pinhas. Aus diesem Bund leitet sich der Priesterdienst der Leviten ab. Pinhas ist ein Enkel von Aaron – des ersten Priesters innerhalb des Sinaibundes.
Der Priesterbund mit Pinhas ist damit eingeordnet in den Sinaibund. Er ist ein untergeordneter Bundesschluss und hat keine selbständige Bedeutung und keine Verheißung, die den großen Bundesschlüssen gleichrangig wäre.
Dennoch kann auch die weitere Geschichte dieses priesterlichen Bundes das Wesen von Gott aufzeigen, der inmitten menschlicher Untreue treu bleibt.
(Hebräer 9,15 «« | »» Nehemia 13,29)

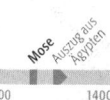

Abraham		Isaak	Jakob	Josef					Mose	Auszug aus Ägypten
2200 v. Chr.	2100	2000	1900	1800	1700	1600	1500	1400		

⁶von Hezron die Hezroniter und von Karmi die Karmiter. ⁷Die Zahl der Männer aus den Sippen, die von Ruben abstammen, betrug 43.730. ⁸Pallu war der Vater von Eliab. ⁹Eliabs Söhne hießen Nemuël, Datan und Abiram. Datan und Abiram waren die von der Gemeinschaft berufenen Anführer, die sich mit Korach gegen Mose und Aaron verschworen und sich gegen den HERRN aufgelehnt hatten. ¹⁰Doch die Erde öffnete sich und verschlang sie zusammen mit Korach, während ihre 250 Anhänger durchs Feuer umkamen. Das sollte eine Warnung für das ganze Volk der Israeliten sein. ¹¹Die Söhne Korachs aber kamen damals nicht um.

Der Stamm Simeon
¹²Von Simeons Söhnen stammen folgende Sippen ab: von Jemuël die Jemuëliter, von Jamin die Jaminiter, von Jachin die Jachiniter, ¹³von Serach die Serachiter und von Schaul die Schauliter. ¹⁴Die Zahl der Männer aus den Sippen, die von Simeon abstammen, betrug 22.200.

Der Stamm Gad
¹⁵Von Gads Söhnen stammen folgende Sippen ab: von Zifjon die Zifjoniter, von Haggi die Haggiter, von Schuni die Schuniter, ¹⁶von Osni die Osniter, von Eri die Eriter, ¹⁷von Arod die Aroditer und von Areli die Areliter. ¹⁸Die Zahl der Männer aus den Sippen, die von Gad abstammen, betrug 40.500.

Der Stamm Juda
¹⁹Zwei von Judas Söhnen, Er und Onan, starben kinderlos im Land Kanaan. ²⁰Von Judas anderen Söhnen stammen folgende Sippen ab: von Schela die Schelaniter, von Perez die Pereziter und von Serach die Serachiter. ²¹Von Perez' Söhnen stammen folgende Untersippen ab: von Hezron die Hezroniter und von Hamul die Hamuliter. ²²Die Zahl der Männer aus den Sippen, die von Juda abstammen, betrug 76.500.

Der Stamm Issachar
²³Von Issachars Söhnen stammen folgende Sippen ab: von Tola die Tolaiter, von Puwa die Puwaiter, ²⁴von Jaschub die Jaschubiter und von Schimron die Schimroniter. ²⁵Die Zahl der Männer aus den Sippen, die von Issachar abstammen, betrug 64.300.

Der Stamm Sebulon
²⁶Von Sebulons Söhnen stammen folgende Sippen ab: von Sered die Serediter, von Elon die Eloniter und von Jachleel die Jachleeliter. ²⁷Die Zahl der Männer aus den Sippen, die von Sebulon abstammen, betrug 60.500.

Der Stamm Manasse
²⁸Josefs Söhne waren Ephraim und Manasse. ²⁹Manasse war der Vater von Machir, von dem die Sippe der Machiriter abstammt. Machir wiederum war der Vater von Gilead, von dem die Sippe der Gileaditer abstammt.
³⁰Von Gileads Söhnen stammen folgende Sippen ab: von Iëser die Iëseriter, von Helek die Helekiter, ³¹von Asriël die Asriëliter, von Sichem die Sichemiter, ³²von Schemida die Schemidaiter und von Hefer die Heferiter. ³³Hefers Sohn Zelofhad hatte keine Söhne, aber Töchter mit Namen Machla, Noa, Hogla, Milka und Tirza. ³⁴Die Zahl der Männer aus den Sippen, die von Manasse abstammen, betrug 52.700.

Der Stamm Ephraim
³⁵Von Ephraims Söhnen stammen folgende Sippen ab: von Schutelach die Schutelachiter, von Becher die Becheriter und von Tahan die Tahaniter. ³⁶Von Schutelachs Sohn Eran stammt die Sippe der Eraniter ab. ³⁷Die Zahl der Männer aus den Sippen, die von Ephraim abstammen, betrug 32.500. Das waren Nachkommen von Josef.

Der Stamm Benjamin
³⁸Von Benjamins Söhnen stammen folgende Sippen ab: von Bela die Belaiter, von Aschbel die Aschbeliter, von Ahiram die Ahiramiter, ³⁹von Schufam die Schufamiter und von Hufam die Hufamiter. ⁴⁰Von Belas Söhnen Ard und Naaman stammen die Arditer und die Naamaniter ab. ⁴¹Die Zahl der Männer aus den Sippen, die von Benjamin abstammen, betrug 45.600.

Der Stamm Dan
⁴²Von Dans Sohn Schuham stammt die Sippe der Schuhamiter ab. ⁴³Die Zahl der schuhamitischen Männer, die von Dan abstammen, betrug 64.400.

Der Stamm Asser
⁴⁴Von Assers Söhnen stammen folgende Sippen ab: von Jimna die Jimniter, von Jischwi die Jischwiter und von Beria die Beriiter. ⁴⁵Von Berias Söhnen stammen folgende Sippen ab: von Heber die Heberiter und von Malkiël die Malkiëliter. ⁴⁶Asser hatte außerdem eine Tochter namens Serach. ⁴⁷Die Zahl der Männer aus den Sippen, die von Asser abstammen, betrug 53.400.

Der Stamm Naftali
⁴⁸Von Naftalis Söhnen stammen folgende Sippen ab: von Jachzeel die Jachzeeliter, von Guni die Guniter, ⁴⁹von Jezer die Jezeriter und von Schillem die Schillemiter. ⁵⁰Die Zahl der Män-

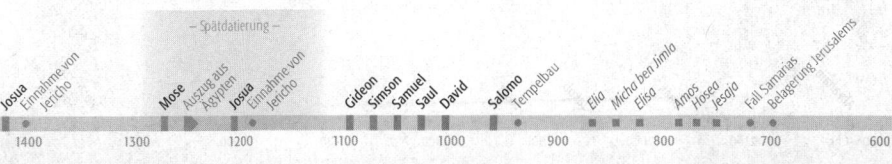

4. MOSE

1–10 Organisation des Volkes Israel

10–25 Die Israeliten verlassen den Sinai – Reise durch die Wüste

25–36 Israel in der Gegend von Moab

26–28
Zählung aller männlichen Leviten. Zelofads Töchter veranlassen Gott zu gerechteren Bestimmungen. Josua wird das Volk nach Kanaan hineinführen. Vorschriften für regelmäßige Opfer.

[Zum Sinai, vom Sinai her: Gott schafft sich ein Volk]

ner aus den Sippen, die von Naftali abstammen, betrug 45.400.

Die Ergebnisse der Volkszählung

[51] Die Gesamtzahl der israelitischen Männer betrug also 601.730. [52] Danach sprach der HERR zu Mose: [53] »Das Land soll unter den Stämmen ihrer Größe entsprechend aufgeteilt werden. [54] Gib den größeren Stämmen mehr Land und den kleineren weniger, sodass jeder Gruppe das Erbe entsprechend ihrer Bevölkerungszahl gegeben wird. [55] Teile das Land durch das Los zu und leg den Besitz jedes Stammes anhand der Listen der Volkszählung fest. [56] Das jeweilige Erbe soll durch das Los an die größeren und kleineren Stammesverbände verteilt werden.

Der Stamm Levi

[57] Von Levis Söhnen stammen folgende Sippen ab: von Gerschon die Gerschoniter, von Kehat die Kehatiter und von Merari die Merariter. [58] Auch die Sippen der Libniter, der Hebroniter, der Machliter, der Muschiter und der Korachiter stammen von Levi ab. Ein Nachkomme von Kehat hieß Amram [59] und Amrams Frau hieß Jochebed, eine Levitin, die in Ägypten geboren worden war. Amram und Jochebed bekamen drei Kinder: Aaron, Mose und ihre Schwester Mirjam. [60] Aarons Söhne waren Nadab, Abihu, Eleasar und Itamar. [61] Nadab und Abihu starben, als sie vor dem HERRN ein eigenmächtiges Räucheropfer verbrannten.

[62] Die Zahl der männlichen Leviten, die einen Monat oder älter waren, betrug 23.000. Die Leviten wurden nicht mit den anderen Israeliten gezählt, denn sie erhielten keinen Erbbesitz unter den Israeliten.

[63] Dies war die Zählung der Israeliten, die Mose und der Priester Eleasar in den Ebenen von Moab am Jordan, gegenüber von Jericho, durchführten. [64] Unter den Gezählten befand sich keiner mehr von denen, die Mose und Aaron bei der früheren Zählung in der Wüste Sinai gezählt hatten. [65] Denn der HERR hatte von ihnen gesagt: »Sie müssen alle in der Wüste sterben.« Und so war von ihnen keiner mehr übrig geblieben außer Kaleb, dem Sohn Jefunnes, und Josua, dem Sohn Nuns.

Zelofhads Töchter

27 Eines Tages kamen die Töchter von Zelofhad – Machla, Noa, Hogla, Milka und Tirza – zum Zelt Gottes. Ihr Vater Zelofhad war der Sohn von Hefer, einem Nachkommen Gileads, dem Sohn Machirs, dem Sohn Manasses,

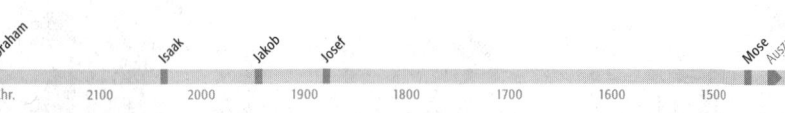

dem Sohn Josefs. ²Die Frauen stellten sich an den Eingang des Zeltes Gottes vor Mose, den Priester Eleasar, die Stammesfürsten und die ganze Gemeinschaft. ³»Unser Vater starb in der Wüste. Doch er gehörte nicht zu den Anhängern Korachs, die sich gegen den HERRN auflehnten, sondern er starb wegen seiner eigenen Sünden. Er hatte aber keine Söhne. ⁴Warum soll nun der Name unseres Vaters aussterben, nur weil er keinen Sohn hatte? Gebt uns ebenfalls Grundbesitz unter den Verwandten unseres Vaters.«

⁵Mose brachte ihren Fall vor den HERRN. ⁶Dieser gab Mose zur Antwort: ⁷»Die Töchter Zelofhads haben recht. Gib ihnen ebenfalls Grundbesitz unter den Verwandten ihres Vaters und übertrag ihnen den Besitz, der ihrem Vater zugestanden hätte. ⁸Teile den Israeliten dann Folgendes mit: ›Wenn ein Mann stirbt und keinen Sohn hat, sollt ihr sein Erbe seinen Töchtern übertragen. ⁹Hat er auch keine Töchter, dann sollt ihr sein Erbe seinen Brüdern geben. ¹⁰Hat er auch keine Brüder, so sprecht sein Erbe den Brüdern seines Vater zu. ¹¹Und wenn auch sein Vater keine Brüder hat, sollt ihr sein Erbe an seinen nächsten Verwandten in seiner Sippe fallen.‹ Diese Rechtsordnung gilt für die Israeliten, wie der HERR es Mose befohlen hat.«

Josua wird zum Nachfolger Moses bestimmt

¹²Der HERR sprach zu Mose: »Steig auf das Gebirge Abarim und schau dir das Land an, das ich den Israeliten geben werde. ¹³Wenn du es gesehen hast, wirst du wie dein Bruder Aaron mit deinen Vorfahren vereint werden, ¹⁴denn in der Wüste Zin habt ihr euch meinen Anweisungen widersetzt. Als sich die Israeliten gegen mich auflehnten, habt ihr ihnen nicht an dem Wasser meine Heiligkeit vor Augen geführt. Deshalb heißt es »Wasser von Meriba*« bei Kadesch in der Wüste Zin.

¹⁵Da sagte Mose zum HERRN: ¹⁶»HERR, Gott alles Lebendigen, ernenne einen neuen Anführer für die Gemeinschaft. ¹⁷Gib den Israeliten jemanden, der sie führt, damit das Volk des HERRN nicht wie eine Herde ohne Hirte ist.«

¹⁸Der HERR antwortete: »Hol Josua, den Sohn Nuns, der vom Geist erfüllt ist, und leg ihm deine Hand auf. ¹⁹Lass ihn vor den Priester Eleasar und die ganze Gemeinschaft treten und setze ihn öffentlich in sein neues Amt ein. ²⁰Übertrage ihm einen Teil deiner Autorität, damit ihm die ganze Gemeinschaft der Israeliten gehorcht.

²¹Josua soll zum Priester Eleasar gehen, damit dieser das heilige Los* vor dem HERRN befragt. Auf diese Weise werden Josua und die Gemeinschaft der Israeliten wissen, was sie tun sollen.«

²²Mose machte es so, wie der HERR ihm befohlen hatte: Er ließ Josua kommen und vor Eleasar und die ganze Gemeinschaft treten. ²³Dann legte er ihm seine Hände auf und setzte ihn in sein Amt ein, wie der HERR es angeordnet hatte.

Die täglichen Opfer

28 Der HERR sprach zu Mose: ²»Befiehl den Israeliten Folgendes: ›Achtet darauf, die Opfergaben für mich zu den festgesetzten Zeiten auf dem Altar zu verbrennen. Denn solche Opfer gefallen mir.‹

³Teile den Israeliten mit: ›Folgendes Opfer sollt ihr für den HERRN auf dem Altar verbrennen: täglich zwei einjährige, fehlerlose Lämmer als regelmäßiges Brandopfer. ⁴Ein Lamm sollt ihr am Morgen und das andere gegen Abend opfern, ⁵dazu einen Krug feines Mehl vermischt mit einer viertel Kanne* Olivenöl. ⁶Das ist das tägliche Brandopfer, wie es am Sinai zum ersten Mal dargebracht wurde, ein Opfer, das dem HERRN gefällt. ⁷Zu jedem Lamm gehört ein Trankopfer, bestehend aus einer viertel Kanne* Wein, der im Heiligtum als Trankopfer für den HERRN ausgegossen wird. ⁸Opfert das zweite Lamm gegen Abend, zusammen mit dem gleichen Speise- und Trankopfer wie am Morgen: Das ist ein Opfer, das dem HERRN gefällt.

Die Opfer am Sabbat

⁹Am Sabbat sollt ihr zwei einjährige, fehlerlose Lämmer und zwei Krug* feines, mit Öl vermischtes Mehl als Speiseopfer sowie das dazugehörige Trankopfer darbringen. ¹⁰Dieses Brandopfer soll am Sabbat zusätzlich zu dem üblichen täglichen Brand- und Trankopfer dargebracht werden.

Die monatlichen Opfer

¹¹Am ersten Tag jeden Monats sollt ihr dem HERRN zwei junge Stiere, einen Widder und sieben einjährige, fehlerlose Lämmer als Brandopfer darbringen. ¹²Dazu drei Krug feines, mit Öl vermischtes Mehl als Speiseopfer zu jedem Stier, zwei Krug feines, mit Öl vermischtes Mehl als Speiseopfer zu dem Widder ¹³und je ein Krug*

27,14 Hebr. *Vorwurf, Hadern.* **27,21** Hebr. *die Urim.* Mit diesem Los, das sich zusammen mit den Tummim in einer Tasche der Amtskleidung des Hohen Priesters befand, befragte dieser den HERRN. **28,5** *Ein Krug* entspricht ca. 2 kg; *eine viertel Kanne* ist ca. 1,5 l. **28,7** Das entspricht ca. 1,5 l. **28,9** Das entspricht ca. 4 kg. **28,12-13** *Drei Krug* sind ca. 6 kg, *zwei Krug* entsprechen 4 kg und *ein Krug* ist ca. 2 kg.

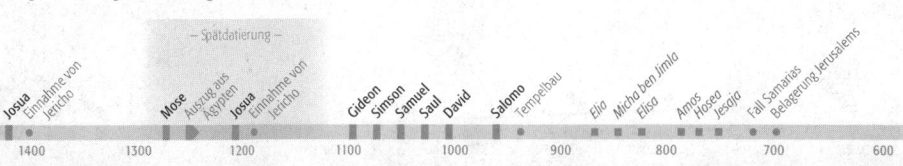

4. MOSE

1–10 Organisation des Volkes Israel

10–25 Die Israeliten verlassen den Sinai – Reise durch die Wüste

25–36 Israel in der Gegend von Moab

28–29
Vorschriften für regelmäßige Opfer.

[Zum Sinai, vom Sinai her: Gott schafft sich ein Volk]

feines, mit Öl vermischtes Mehl als Speiseopfer zu jedem Lamm. Dieses Brandopfer wird auf dem Altar verbrannt und gefällt dem HERRN. ¹⁴Außerdem sollt ihr bei jedem Opfer ein Trankopfer darbringen, und zwar eine halbe Kanne Wein zu jedem Stier, eine drittel Kanne zum Widder und eine viertel Kanne* für jedes Lamm. Bringt dieses Opfer am ersten Tag jeden Monats dar.

¹⁵Bringt dem HERRN außerdem einen Ziegenbock als Sündopfer dar. Daneben sollt ihr auch die täglichen Brand- und Trankopfer durchführen.

Die Opfer am Passahfest
¹⁶Am 14. Tag des ersten Monats* findet das Passah zu Ehren des HERRN statt. ¹⁷Am 15. Tag desselben Monats beginnt das siebentägige Fest, währenddessen ihr nur ungesäuertes* Brot essen dürft. ¹⁸Am ersten Tag des Festes sollt ihr eine heilige Versammlung des Volkes einberufen. An diesem Tag sollt ihr nicht eurer gewohnten Arbeit nachgehen. ¹⁹Ihr sollt dem HERRN als Brandopfer zwei junge Stiere, einen Widder und sieben einjährige Lämmer darbringen. Die Tiere müssen fehlerlos sein. ²⁰Diese Opfer sollen begleitet sein von Speiseopfern aus feinem, mit Öl vermischtem Mehl – drei Krug sollt ihr zu jedem Stier und zwei Krug zu dem Widder darbringen, ²¹außerdem einen Krug* zu jedem der sieben Lämmer. ²²Darüber hinaus sollt ihr einen Ziegenbock als Sündopfer darbringen, um Wiedergutmachung für euch zu schaffen. ²³Diese Opfer sollt ihr zusätzlich zu den üblichen täglichen Morgenopfern darbringen. ²⁴An jedem der sieben Tage sollt ihr diese Opfer, die dem HERRN gefallen, auf dem Altar verbrennen. Sie sollen zusätzlich zu den üblichen täglichen Brandopfern und den dazugehörigen Trankopfern dargebracht werden. ²⁵Am siebten Festtag sollt ihr eine weitere heilige Versammlung des Volkes einberufen. Auch an diesem Tag sollt ihr eure Arbeit ruhen lassen.

Die Opfer für das Fest der Ernte
²⁶Am Tag des Erntefestes*, an dem ihr dem HERRN die ersten Erträge eures Getreides darbringt, sollt ihr eine heilige Versammlung einberufen. An diesem Tag sollt ihr eure Arbeit ruhen lassen. ²⁷Als Brandopfer, das dem HERRN gefällt, sollt ihr zwei junge Stiere, einen Widder und sie-

---

28,14 *Eine halbe Kanne* ist ca. 3 l, *eine drittel Kanne* entspricht ca. 2 l und *eine viertel Kanne* ist ca. 1,5 l. **28,16** Dieser Tag des hebr. Mondkalenders liegt gewöhnlich Ende März/Anfang April. **28,17** Brot, das ohne Sauerteig gebacken wurde. **28,20-21** *Drei Krug* sind ca. 6 kg, *zwei Krug* sind ca. 4 kg und *ein Krug* ist ca. 2 kg. **28,26** O. *Wochenfest.*

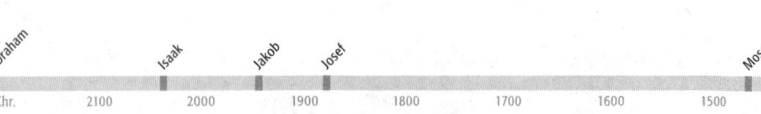

ben einjährige männliche Lämmer darbringen. ²⁸Dazu feines, mit Öl vermischtes Mehl als Speiseopfer, und zwar drei Krug zu jedem Stier, zwei Krug zum Widder ²⁹und einen Krug* zu jedem der sieben Lämmer. ³⁰Außerdem sollt ihr einen Ziegenbock opfern, um Wiedergutmachung für euch zu schaffen. ³¹Diese besonderen Opfer sollt ihr zusammen mit den dazugehörigen Trankopfern zusätzlich zu den täglichen Brandopfern und den dazugehörigen Speiseopfern darbringen. Ihr dürft nur fehlerlose Tiere opfern.

Die Opfer für das Fest der Posaunen*

29 Am ersten Tag des siebten Monats* sollt ihr das Fest der Posaunen feiern. An diesem Tag sollt ihr eine heilige Versammlung einberufen und eure Arbeit ruhen lassen. ²Ihr sollt ein Brandopfer darbringen, das dem HERRN gefällt: einen jungen Stier, einen Widder und sieben einjährige, fehlerlose Lämmer. ³Dazu feines, mit Öl vermischtes Mehl als Speiseopfer, und zwar drei Krug zu dem Stier, zwei Krug zu dem Widder ⁴und einen Krug* zu jedem der sieben Lämmer; ⁵außerdem einen Ziegenbock als Sündopfer, um Wiedergutmachung für euch zu schaffen. ⁶Diese besonderen Opfer sollen – zusätzlich zu den Monatsanfangsopfern sowie den täglichen Brandopfern und den dazugehörigen Speise- und Trankopfern – in der vorgeschriebenen Weise als Opfer für den HERRN auf dem Altar verbrannt werden. Solche Opfer gefallen dem HERRN.

Die Opfer für den Versöhnungstag

⁷Am zehnten Tag des siebten Monats* sollt ihr eine weitere heilige Versammlung einberufen. An diesem Tag sollt ihr fasten und alle Arbeit ruhen lassen. ⁸Ihr sollt ein Brandopfer darbringen, wie es dem HERRN gefällt: einen jungen Stier, einen Widder und sieben einjährige Lämmer. Die Tiere müssen fehlerlos sein. ⁹Diese Opfer sollen begleitet sein von Speiseopfern aus feinem, mit Öl vermischtem Mehl – drei Krug zu dem Stier, zwei Krug zu dem Widder und ¹⁰ein Krug* zu jedem der sieben Lämmer. ¹¹Außerdem sollt ihr einen Ziegenbock als Sündopfer darbringen, und zwar zusätzlich zu dem Sündopfer der Wiedergutmachungszeremonie*. Führt daneben auch die täglichen Brandopfern mit den dazugehörigen Speise- und Trankopfern durch.

Die Opfer für das Laubhüttenfest

¹²Am 15. Tag des siebten Monats* sollt ihr eine heilige Versammlung einberufen und eure Arbeit ruhen lassen. Ihr sollt sieben Tage lang ein Fest zur Ehre des HERRN feiern. ¹³Verbrennt dabei Folgendes als Opfer, das dem HERRN gefällt, auf dem Altar: 13 junge Stiere, zwei Widder und 14 einjährige Lämmer. Die Tiere müssen fehlerlos sein. ¹⁴Außerdem feines, mit Öl vermischtes Mehl als Speiseopfer – drei Krug zu jedem der 13 Stiere, zwei Krug zu jedem der beiden Widder ¹⁵und ein Krug* für jedes der 14 Lämmer. ¹⁶Dazu sollt ihr einen Ziegenbock als Sündopfer darbringen und darüber hinaus auch die täglichen Brandopfer mit den dazugehörigen Speise- und Trankopfern durchführen.

¹⁷Am zweiten Tag sollt ihr zwölf junge Stiere, zwei Widder und 14 einjährige Lämmer opfern. Die Tiere müssen fehlerlos sein. ¹⁸Jedes dieser Stier-, Widder- und Lammopfer soll von dem vorgeschriebenen Speise- und Trankopfer begleitet sein. ¹⁹Dazu sollt ihr einen Ziegenbock als Sündopfer darbringen und zusätzlich auch die täglichen Brandopfer mit den dazugehörigen Speise- und Trankopfern durchführen.

²⁰Am dritten Tag des Festes sollt ihr elf junge Stiere, zwei Widder und 14 einjährige, fehlerlose Lämmer opfern. ²¹Jedes dieser Stier-, Widder- und Lammopfer soll von dem vorgeschriebenen Speise- und Trankopfer begleitet sein. ²²Dazu sollt ihr einen Ziegenbock als Sündopfer darbringen und darüber hinaus auch die täglichen Brandopfer mit den dazugehörigen Speise- und Trankopfern durchführen.

²³Am vierten Tag des Festes sollt ihr zehn junge Stiere, zwei Widder und 14 einjährige, fehlerlose Lämmer opfern. ²⁴Jedes dieser Stier-, Widder- und Lammopfer soll von dem vorgeschriebenen Speise- und Trankopfer begleitet sein. ²⁵Dazu sollt ihr einen Ziegenbock als Sündopfer darbringen und darüber hinaus auch die täglichen Brandopfer mit den dazugehörigen Speise- und Trankopfern durchführen.

²⁶Am fünften Tag des Festes sollt ihr neun junge Stiere, zwei Widder und 14 einjährige, fehlerlose Lämmer opfern. ²⁷Jedes dieser Stier-, Widder- und Lammopfer soll von dem vorgeschriebenen Speise- und Trankopfer begleitet sein. ²⁸Dazu sollt ihr einen Ziegenbock als Sündopfer darbringen und darüber hinaus auch die täglichen Brandopfer mit den dazugehörigen Speise- und Trankopfern durchführen.

28,28-29 S. Fußnote zu 28,20-21. **29,1a** Dieses Fest wird auch *Neujahrsfest* genannt. **29,1b** Dieser Tag des hebr. Mondkalenders liegt gewöhnlich Ende September/Anfang Oktober. **29,3-4** S. Fußnote zu 28,20-21. **29,7** S. Fußnote zu 29,1b. **29,9-10** S. Fußnote zu 28,20-21. **29,11** Vgl. 3. Mose 7,7 und 16,32. **29,12** S. Fußnote zu 29,1b. **29,14-15** S. Fußnote zu 28,20-21.

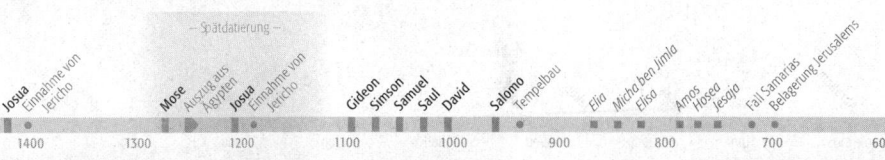

4. MOSE

1–10 Organisation des Volkes Israel

10–25 Die Israeliten verlassen den Sinai – Reise durch die Wüste

25–36 Israel in der Gegend von Moab

29–31
Regelungen für Gelübde von Frauen. Israel besiegt Midian.

[Zum Sinai, vom Sinai her: Gott schafft sich ein Volk]

²⁹Am sechsten Tag des Festes sollt ihr acht junge Stiere, zwei Widder und 14 einjährige, fehlerlose Lämmer opfern. ³⁰Jedes dieser Stier-, Widder- und Lammopfer soll von dem vorgeschriebenen Speise- und Trankopfer begleitet sein. ³¹Dazu sollt ihr einen Ziegenbock als Sündopfer darbringen und darüber hinaus auch die täglichen Brandopfer mit den dazugehörigen Speise- und Trankopfern durchführen.

³²Am siebten Tag des Festes sollt ihr sieben junge Stiere, zwei Widder und 14 einjährige, fehlerlose Lämmer opfern. ³³Jedes dieser Stier-, Widder- und Lammopfer soll von dem vorgeschriebenen Speise- und Trankopfer begleitet sein. ³⁴Dazu sollt ihr einen Ziegenbock als Sündopfer darbringen und darüber hinaus auch die täglichen Brandopfer mit den dazugehörigen Speise- und Trankopfern durchführen.

³⁵Am achten Tag sollt ihr eine Festversammlung abhalten und eure Arbeit ruhen lassen. ³⁶Als Brandopfer, als Opfer, das dem HERRN gefällt, sollt ihr einen jungen Stier, einen Widder und sieben einjährige Lämmer auf dem Altar verbrennen. Die Tiere müssen fehlerlos sein. ³⁷Jedes dieser Opfer soll von dem vorgeschriebenen Speise- und Trankopfer begleitet sein. ³⁸Dazu sollt ihr einen Ziegenbock als Sündopfer darbringen und darüber hinaus auch die täglichen Brandopfer mit den dazugehörigen Speise- und Trankopfern durchführen.

³⁹Diese Opfer sollt ihr dem HERRN an euren Festen darbringen, und zwar zusätzlich zu euren Brand-, Speise-, Trank- oder Friedensopfern, die ihr aufgrund von Gelübden oder als freiwillige Opfer darbringt.«

30 Alle diese Anweisungen gab Mose an die Israeliten weiter, so wie der HERR es ihm befohlen hatte.

Vorschriften in Bezug auf Gelübde

²Danach sagte Mose zu den israelitischen Stammesfürsten: »Folgendes befiehlt der HERR: ³›Wenn ein Mann dem HERRN ein Gelübde ablegt oder sich mit einem Eid dazu verpflichtet, sich von etwas zu enthalten, darf er diesen Schwur nicht brechen. Er muss alles tun, was er gelobt hat.

⁴Wenn eine junge Frau dem HERRN gelobt oder schwört, sich von etwas zu enthalten, während sie noch im Haus ihres Vaters lebt, ⁵und ihr Vater von ihrem Gelübde oder Schwur hört, aber nichts dazu sagt, dann sind alle ihre Gelübde gültig. Auch alle ihre Schwüre, sich von etwas zu enthalten, sind dann verbindlich. ⁶Verbietet ihr Vater ihr jedoch die Erfüllung des Gelübdes

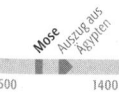

oder des Schwurs, sich von etwas zu enthalten, gleich an dem Tag, an dem er erstmals davon hört, muss sie sich nicht mehr daran halten. Der HERR wird ihr vergeben, weil ihr Vater ihr seine Zustimmung verweigert hat.

⁷Angenommen, eine Frau hat ein Gelübde abgelegt oder einen voreiligen Schwur geleistet, der sie bindet, und heiratet dann. ⁸Wenn ihr Mann davon erfährt und nicht an dem Tag, an dem er davon hört, Einspruch erhebt, bleiben ihre Gelübde gültig und ihre Schwüre, mit denen sie sich gebunden hat, sind verbindlich. ⁹Verbietet ihr Mann ihr die Erfüllung jedoch an dem Tag, an dem er davon hört, hebt er ihr Gelübde, unter dem sie steht, oder ihren voreiligen Schwur, mit dem sie sich gebunden hat, auf und der HERR wird ihr vergeben. ¹⁰Eine verwitwete oder eine geschiedene Frau jedoch muss ihre Gelübde erfüllen.

¹¹Angenommen, eine verheiratete Frau legt ein Gelübde ab oder verpflichtet sich durch einen Schwur, sich einer Sache zu enthalten. ¹²Wenn ihr Mann davon erfährt und nichts dagegen unternimmt, bleiben alle ihre Gelübde gültig und jeder Schwur, sich von etwas zu enthalten, ist verbindlich. ¹³Verbietet ihr Mann ihr jedoch an dem Tag, an dem er davon hört, die Erfüllung, werden alle ihre Gelübde oder Schwüre, sich von etwas zu enthalten, ungültig. Weil ihr Mann sie für ungültig erklärt hat, wird der HERR ihr vergeben. ¹⁴Ein Mann darf also alle Gelübde oder Schwüre, die seine Frau ablegt, um sich von etwas zu enthalten, bestätigen oder aufheben. ¹⁵Wenn er sich jedoch bis zum folgenden Tag nicht dazu äußert, gibt er damit seine Zustimmung zu allen Gelübden und Selbstverpflichtungen, die seine Frau binden. Er bestätigte sie, weil er geschwiegen hat, als er davon hörte. ¹⁶Hebt er später ein Gelübde oder einen Schwur auf, muss er die Folgen der Schuld seiner Frau tragen.«

¹⁷Dies sind die Vorschriften, die der HERR Mose im Hinblick auf das Verhältnis zwischen einem Mann und dessen Frau und zwischen einem Vater und dessen noch im väterlichen Haus lebender Tochter gab.

Der Sieg über die Midianiter

31 Der HERR befahl Mose: ²»Nimm Rache an den Midianitern dafür, dass sie die Israeliten zum Götzendienst verführt haben!* Danach wirst du im Tod mit deinen Vorfahren vereint.«

³Mose sagte zum Volk: »Macht mobil zum Krieg und zieht gegen die Midianiter, um im Namen des HERRN Vergeltung an ihnen zu üben. ⁴Aus jedem Stamm Israels sollt ihr 1.000 Männer in die Schlacht schicken.«

⁵Da wurden aus jedem Stamm Israels 1.000 Männer rekrutiert, sodass es insgesamt 12.000 kampfbereite Männer waren. ⁶Mose schickte sie – 1.000 Männer aus jedem Stamm – zusammen mit Pinhas, dem Sohn des Priesters Eleasar, in den Kampf. Pinhas führte die Geräte des Heiligtums und die Signaltrompeten mit sich. ⁷Sie kämpften gegen die Midianiter, wie ihr es Mose befohlen hatte, und töteten alle Männer, ⁸darunter auch die fünf midianitischen Könige Ewi, Rekem, Zur, Hur und Reba. Auch Bileam, der Sohn Beors, wurde mit dem Schwert getötet.

⁹Die Israeliten nahmen die midianitischen Frauen und Kinder gefangen und erbeuteten ihre Viehherden und ihren ganzen Besitz. ¹⁰Sie brannten alle befestigten Siedlungen und alle Zeltdörfer der Midianiter nieder. ¹¹⁻¹²Dann brachten sie die Beute sowie die Gefangenen und das Vieh zu Mose, zum Priester Eleasar und zur Gemeinschaft der Israeliten ins Lager in den Ebenen von Moab am Jordan, gegenüber von Jericho. ¹³Mose, der Priester Eleasar und die führenden Männer des Volkes gingen vor das Lager hinaus ihnen entgegen. ¹⁴Doch Mose war zornig auf die Heerführer, und zwar auf die Heerführer über 1.000 und auf die Heerführer über 100 Krieger, die aus der Schlacht zurückkehrten.

¹⁵»Habt ihr etwa alle Frauen am Leben gelassen?*«, fragte er sie. ¹⁶»Sie sind es ja gerade, die die Israeliten auf Bileams Rat hin verführt haben, dem HERRN untreu zu werden und den Baal-Peor anzubeten. Ihretwegen kam die Plage über das Volk des HERRN. ¹⁷Tötet nun alle Jungen sowie alle Frauen, die bereits mit einem Mann geschlafen haben. ¹⁸Nur die Mädchen, die noch Jungfrauen sind, lasst für euch am Leben. ¹⁹Alle diejenigen von euch, die einen Menschen getötet oder einen Leichnam berührt haben, müssen sieben Tage außerhalb des Lagers bleiben. Ihr sollt euch und eure Gefangenen am dritten und am siebten Tag reinigen. ²⁰Auch eure Kleider und alles, was aus Leder, Ziegenhaar oder Holz ist, sollt ihr reinigen.«

²¹Danach sagte der Priester Eleasar zu den Männern, die in den Kampf gezogen waren: »Der HERR hat Mose folgende Anweisungen gegeben: ²²Alle Gegenstände aus Gold, Silber, Bronze, Eisen, Zinn oder Blei – ²³die also nicht verbrennen – sollt ihr im Feuer läutern, damit sie

---

31,2 *dafür ... haben* wurde zum besseren Verständnis eingefügt.   **31,15** Andere Handschriften lesen *Warum habt ihr alle Frauen am Leben gelassen?*

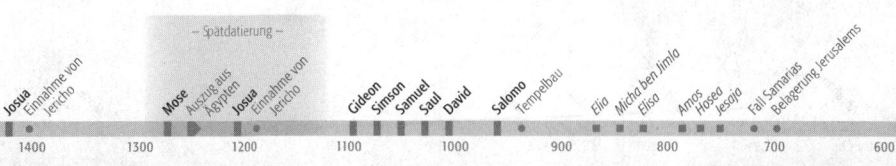

4. MOSE

1–10	Organisation des Volkes Israel
10–25	Die Israeliten verlassen den Sinai – Reise durch die Wüste
25–36	Israel in der Gegend von Moab

31–32
Aufteilung der Beute aus Midian. Ruben und Gad wünschen, die Gebiete östlich des Jordan zu erhalten.

[Zum Sinai, vom Sinai her: Gott schafft sich ein Volk]

rein werden. Anschließend sollen sie mit dem Reinigungswasser* gereinigt werden. Alles Brennbare aber sollt ihr im Wasser abwaschen. ²⁴Am siebten Tag sollt ihr eure Kleider waschen: Danach seid ihr rein und dürft ins Lager zurückkehren.‹«

Die Verteilung der Beute
²⁵Und der HERR sprach zu Mose: ²⁶»Du, der Priester Eleasar und die führenden Männer der einzelnen Stämme sollen sämtliche in der Schlacht erbeuteten Gegenstände sowie alle Gefangenen und Tiere erfassen. ²⁷Teile dann die Beute in zwei Teile und gib die eine Hälfte den Männern, die in den Kampf gezogen sind und an der Schlacht teilgenommen haben, und die andere Hälfte dem Rest der Gemeinschaft. ²⁸Von dem Anteil der Männer, die in den Krieg gezogen sind, sollt ihr eine Abgabe für den HERRN erheben: je einen von 500 Gefangenen und je ein Tier von 500 Rindern, Eseln, Schafen und Ziegen. ²⁹Diesen Teil der dem Heer gehörenden Hälfte der Beute sollt ihr dem Priester Eleasar als Abgabe für den HERRN geben. ³⁰Von der Hälfte, die den Israeliten gehört, sollt ihr je einen von 50 Gefangenen und je ein Tier von 50 Rindern, Eseln, Schafen und Ziegen nehmen und diesen Teil den Leviten, die für das Zelt Gottes des HERRN zuständig sind, geben.« ³¹Mose und der Priester Eleasar machten es so, wie der HERR es Mose befohlen hatte.

³²Alles in allem hatten die Krieger Folgendes an Beute mitgebracht: 675.000 Schafe und Ziegen, ³³72.000 Rinder, ³⁴61.000 Esel ³⁵und 32.000 junge Mädchen, die noch mit keinem Mann geschlafen hatten.

³⁶Also betrug die Hälfte der Beute, die den Kriegern gehörte: 337.500 Schafe und Ziegen, ³⁷von denen 675 dem HERRN gehörten; ³⁸36.000 Rinder, von denen 72 dem HERRN gehörten; ³⁹30.500 Esel, von denen 61 dem HERRN gehörten; ⁴⁰16.000 junge Mädchen, von denen 32 dem HERRN gehörten. ⁴¹Mose gab dem Priester Eleasar die Abgabe für den HERRN, wie der HERR es ihm aufgetragen hatte.

⁴²Die Hälfte der Beute, die den Israeliten gehörte und die Mose von dem Anteil, der den Kriegern gehörte, abgeteilt hatte, ⁴³belief sich auf 337.500 Schafe, ⁴⁴36.000 Rinder, ⁴⁵30.500 Esel, ⁴⁶und 16.000 junge Mädchen. ⁴⁷Von der Hälfte, die den Israeliten gehörte, nahm Mose je einen von 50 Gefangenen und je einen von 50 Tieren und gab sie den Leviten, die für das Zelt Gottes des HERRN zuständig waren, so wie der HERR es ihm befohlen hatte.

31,23 O. *Entsündigungswasser*. Vgl. 19,18-20.

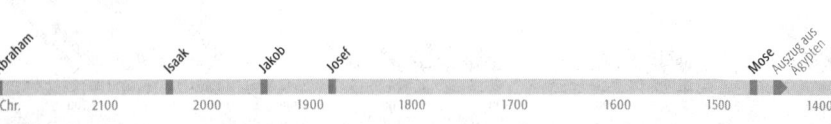

⁴⁸Anschließend kamen die Heerführer über 1.000 und über 100 Krieger zu Mose ⁴⁹und sagten: »Herr, wir haben alle Krieger, die unter unserem Befehl stehen, gezählt und nicht einer wird vermisst! ⁵⁰Deshalb möchten wir dem HERRN alle goldenen Schmuckstücke, die wir erbeutet haben – Armbänder, Armspangen, Ringe, Ohrringe und Halsketten –, als Weihegabe bringen und damit für uns Wiedergutmachung vor dem HERRN schaffen.«

⁵¹Mose und der Priester Eleasar nahmen die kunstvoll gearbeiteten goldenen Gegenstände von den Heerführern entgegen. ⁵²Insgesamt wog das Gold, das die Heerführer über 1.000 und über 100 Krieger dem HERRN als Gabe brachten, etwa 16.750 Schekel*. ⁵³Die Krieger hatten alle auch Beute für sich selbst gemacht. ⁵⁴Mose und der Priester Eleasar nahmen die Gaben der Heerführer über 1.000 und über 100 Krieger an und brachten das Gold in das Zelt Gottes, um den HERRN an Israel zu erinnern.

Das Gebiet östlich des Jordan

32 Inzwischen waren die Viehherden der Stämme Ruben und Gad sehr groß geworden. Als sie sahen, dass die Gebiete um Jaser und Gilead für ihre Schaf- und Rinderherden geradezu ideal waren, ²gingen sie zu Mose, dem Priester Eleasar und den führenden Männern der Gemeinschaft und sagten: ³»Das Gebiet um Atarot, Dibon, Jaser, Nimra, Heschbon, Eleale, Sibma, Nebo und Beon, ⁴das der HERR für die Gemeinschaft der Israeliten erobert hat, ist ausgezeichnetes Weideland. Und, Herr, wir haben große Schaf- und Rinderherden.« ⁵Sie fuhren fort: »Wenn du uns gewogen bist, dann gib uns doch dieses Land zum Besitz. Lass uns nicht auf die andere Seite des Jordan ziehen.«

⁶»Wollt ihr etwa hier bleiben, während eure Landsleute in den Kampf ziehen?«, fragte Mose sie. ⁷»Warum wollt ihr den restlichen Israeliten den Mut nehmen, in das Land hinüberzugehen, das der HERR ihnen geben wird? ⁸Genauso machten es eure Väter, als ich sie von Kadesch-Barnea aussandte, um das Land zu erkunden. ⁹Nachdem sie ins Eschkol-Tal* vorgestoßen waren und das Land erkundet hatten, nahmen sie den Israeliten den Mut in das Land zu ziehen, das der HERR ihnen geben wollte. ¹⁰Damals wurde der HERR zornig auf die Israeliten und schwor: ¹¹›Von allen, die aus Ägypten gezogen sind, wird keiner, der 20 Jahre oder älter ist, jemals das Land sehen, das ich Abraham, Isaak und Jakob mit einem Eid versprochen habe, denn sie haben mir nicht gehorcht. ¹²Einzig Kaleb, der Sohn Jefunnes, des Kenasiters, und Josua, der Sohn Nuns, haben sich treu zu mir gehalten.‹

¹³Der HERR war sehr zornig über die Israeliten und ließ sie 40 Jahre lang in der Wüste umherziehen, bis alle gestorben waren, die in seinen Augen schlecht gehandelt hatten. ¹⁴Und jetzt kommt ihr Abkömmlinge sündiger Männer und verhaltet euch wieder genau wie eure Vorfahren! So macht ihr den Zorn des HERRN gegen Israel nur noch größer. ¹⁵Wenn ihr ihm auf diese Weise den Rücken zukehrt und er das Volk deswegen noch länger in der Wüste lässt, seid ihr für den Untergang all dieser Menschen verantwortlich.«

¹⁶Sie aber traten zu Mose und entgegneten: »Wir wollen hier nur Pferche für unsere Schaf- und Ziegenherden errichten und befestigte Städte für unsere Familien bauen. ¹⁷Danach wollen wir uns bewaffnen und an der Spitze unserer israelitischen Landsleute in den Kampf ziehen, bis wir ihnen allen zu ihrem Land verholfen haben. In der Zwischenzeit werden unsere Familien in den befestigten Städten bleiben, damit sie vor den Bewohnern des Landes sicher sind. ¹⁸Wir werden erst in unsere Häuser zurückkehren, wenn jeder unter den Israeliten sein Erbe in Besitz genommen hat. ¹⁹Wir beanspruchen jedoch kein Land auf der anderen Seite des Jordan, denn wir haben unser Erbe dann schon hier auf der Ostseite bekommen.«

²⁰Da sagte Mose zu ihnen: »Wenn ihr euer Wort haltet und euch vor dem HERRN zum Kampf rüstet, ²¹und wenn eure Truppen den Jordan überschreiten, bis der HERR seine Feinde vertrieben hat ²²und das Land endgültig unterworfen ist, dann könnt ihr in dieses Land zurückkehren. Denn so erfüllt ihr eure Pflicht gegenüber dem HERRN und den übrigen Israeliten und dann soll euch das Land auf der Ostseite des Jordan vor dem HERRN gehören. ²³Wenn ihr euer Wort aber nicht haltet, dann habt ihr gegen den HERRN gesündigt und eure Sünde wird mit Sicherheit auf euch zurückfallen. ²⁴Baut nun Städte für eure Familien und errichtet Pferche für eure Schaf- und Ziegenherden, aber haltet euer Versprechen!«

²⁵Da antworteten die Leute aus den Stämmen Gad und Ruben: »Herr, wir sind deine Diener und werden deine Anweisungen befolgen. ²⁶Unsere Kinder und Frauen sowie unser gesamtes Vieh sollen in den Städten von Gilead bleiben. ²⁷Jeder von uns aber, der eine Waffe tragen kann, wird den Jordan überqueren, um vor dem HERRN zu kämpfen, wie du es gesagt hast, Herr.«

31,52 Das entspricht ca. 200 kg.   **32,9** Hebr. *Tal der Trauben*; vgl. 13,23.

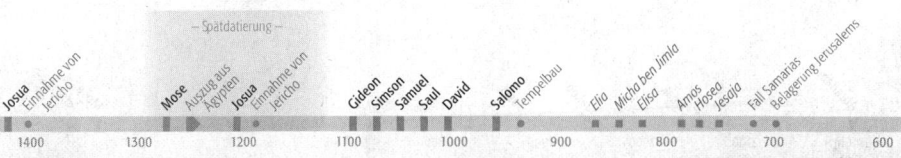

4. MOSE

1–10 Organisation des Volkes Israel

10–25 Die Israeliten verlassen den Sinai – Reise durch die Wüste

25–36 Israel in der Gegend von Moab

32–34
Die Gebiete östlich des Jordan fallen Ruben, Gad und halb Manasse zu. Liste der Stationen und der dazugehörigen Ereignisse während der Wüstenwanderung.

[Zum Sinai, vom Sinai her: Gott schafft sich ein Volk]

²⁸Da gab Mose dem Priester Eleasar, Josua, dem Sohn Nuns, und den Stammesfürsten Israels folgende Anweisungen: ²⁹»Wenn alle Männer von Gad und Ruben, die fähig sind vor dem HERRN zu kämpfen, mit euch den Jordan überqueren, dann sollt ihr ihnen nach der Eroberung des Landes dieses Gebiet als Grundbesitz geben. ³⁰Ziehen ihre Truppen jedoch nicht mit euch hinüber, sollen sie zusammen mit euch Grund und Boden in Kanaan erhalten.«

³¹Die Stämme Gad und Ruben antworteten: »Wir wollen tun, was der HERR deinen Dienern gesagt hat. ³²Wir wollen bewaffnet vor dem HERRN nach Kanaan ziehen, doch unser Erbbesitz soll hier auf dieser Seite des Jordan sein.«

³³Da wies Mose den Stämmen Gad und Ruben sowie dem halben Stamm Manasse, dem Sohn von Josef, das Gebiet des Amoriterkönigs Sihon und das Gebiet des Königs Og von Baschan zu: das ganze Land mit seinen Städten und den dazugehörigen Ländereien. ³⁴Die Männer vom Stamm Gad erbauten die Städte Dibon, Atarot, Aroër, ³⁵Atrot-Schofan, Jaser, Jogboha, ³⁶Bet-Nimra und Bet-Haram; diese befestigten Städte bauten sie und errichteten Pferche für ihre Schaf- und Ziegenherden.

³⁷Die Männer vom Stamm Ruben erbauten die Städte Heschbon, Elale, Kirjatajim, ³⁸Nebo, Baal-Meon und Sibma und änderten die Namen einiger Städte, die sie wieder aufgebaut hatten.

³⁹Danach zogen die Nachkommen Machirs vom Stamm Manasse nach Gilead, eroberten es und vertrieben die Amoriter, die dort lebten. ⁴⁰Und Mose gab ihnen Gilead als Besitz und sie ließen sich dort nieder. ⁴¹Und Jaïr, ein Nachkomme Manasses, zog aus und eroberte die Zeltdörfer der Amoriter und nannte sie Zeltdörfer Jaïrs*. ⁴²Ein Mann namens Nobach zog aus und eroberte Kenat mitsamt den umliegenden Ortschaften und nannte es Nobach nach sich selbst.

Erinnerung an Israels lange Wanderung

33 Das war die Wegstrecke der Israeliten, nachdem sie Ägypten unter der Führung von Mose und Aaron verlassen hatten. ²Mose fertigte auf Befehl des HERRN hin einen schriftlichen Bericht über ihre Marschroute an. Anhand der Orte, an denen sie unterwegs Rast gemacht hatten, führte er die einzelnen Etappen ihrer Wanderung auf.

³Am 15. Tag des ersten Monats* brachen sie von Ramses auf. Erhobenen Hauptes machten

---

32,41 Hebr. *Hawwot-Jaïr*. **33,3** Dieser Tag des hebr. Mondkalenders liegt gewöhnlich Ende März/Anfang April.

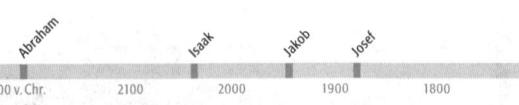

sich die Israeliten vor den Augen des ganzen ägyptischen Volkes auf den Weg. ⁴Die Ägypter begruben währenddessen ihre erstgeborenen Söhne, die der HERR in der Nacht zuvor getötet hatte. In jener Nacht hatte der HERR ihre Götter gerichtet.

⁵Nachdem die Israeliten Ramses verlassen hatten, schlugen sie ihr Lager in Sukkot auf. ⁶Dann verließen sie Sukkot und lagerten in Etam am Rande der Wüste. ⁷Sie brachen von Etam auf und wandten sich nach Pi-Hahirot, das gegenüber von Baal-Zefon liegt, und schlugen ihr Lager bei Migdol auf. ⁸Dann verließen sie Pi-Hahirot, zogen mitten durch das Meer in die Wüste, marschierten drei Tagesreisen weit in der Wüste Etam und lagerten schließlich in Mara. ⁹Sie brachen von Mara auf und gelangten nach Elim, wo es zwölf Quellen und 70 Palmen gab. Dort schlugen sie ihr Lager auf. ¹⁰Sie verließen Elim und lagerten am Roten Meer. ¹¹Sie verließen das Rote Meer und lagerten in der Wüste Sin. ¹²Sie verließen die Wüste Sin und lagerten in Dofka. ¹³Sie verließen Dofka und lagerten in Alusch. ¹⁴Sie verließen Alusch und lagerten in Rafidim, wo das Volk kein Wasser zu trinken hatte. ¹⁵Sie verließen Rafidim und lagerten in der Wüste Sinai. ¹⁶Sie verließen die Wüste Sinai und lagerten in Kibroth-Hattaawa. ¹⁷Sie verließen Kibroth-Hattaawa und lagerten in Hazerot. ¹⁸Sie verließen Hazerot und lagerten in Ritma. ¹⁹Sie verließen Ritma und lagerten in Rimmon-Perez. ²⁰Sie verließen Rimmon-Perez und lagerten in Libna. ²¹Sie verließen Libna und lagerten in Rissa. ²²Sie verließen Rissa und lagerten in Kehelata. ²³Sie verließen Kehelata und lagerten im Gebirge Schefer. ²⁴Sie verließen das Gebirge Schefer und lagerten in Harada. ²⁵Sie verließen Harada und lagerten in Makhelot. ²⁶Sie verließen Makhelot und lagerten in Tahat. ²⁷Sie verließen Tahat und lagerten in Tarach. ²⁸Sie verließen Tarach und lagerten in Mitka. ²⁹Sie verließen Mitka und lagerten in Haschmona. ³⁰Sie verließen Haschmona und lagerten in Moserot. ³¹Sie verließen Moserot und lagerten in Bene-Jaakan. ³²Sie verließen Bene-Jaakan und lagerten in Hor-Gidgad. ³³Sie verließen Hor-Gidgad und lagerten in Jotbata. ³⁴Sie verließen Jotbata und lagerten in Abrona. ³⁵Sie verließen Abrona und lagerten in Ezjon-Geber. ³⁶Sie verließen Ezjon-Geber und lagerten in Kadesch in der Wüste Zin. ³⁷Sie verließen Kadesch und lagerten am Berg Hor, an der Grenze zu Edom. ³⁸Auf Anweisung des HERRN bestieg der Priester Aaron diesen Berg. Dort starb er am ersten Tag des fünften Monats* im 40. Jahr, nachdem die Israeliten aus Ägypten gezogen waren. ³⁹Aaron war 123 Jahre alt, als er auf dem Berg Hor starb.

⁴⁰Damals hörte der kanaanitische König von Arad, das im Negev* in Kanaan liegt, dass die Israeliten sich seinem Land näherten. ⁴¹Und sie verließen den Berg Hor und lagerten in Zalmona. ⁴²Sie verließen Zalmona und lagerten in Punon. ⁴³Sie verließen Punon und lagerten in Obot. ⁴⁴Sie verließen Obot und lagerten in Ije-Abarim an der Grenze zu Moab. ⁴⁵Sie verließen Ije-Abarim und lagerten in Dibon-Gad. ⁴⁶Sie verließen Dibon-Gad und lagerten in Almon-Diblatajim. ⁴⁷Sie verließen Almon-Diblatajim und lagerten im Gebirge Abarim gegenüber vom Nebo. ⁴⁸Sie verließen das Gebirge Abarim und lagerten in den Ebenen von Moab am Jordan, gegenüber von Jericho. ⁴⁹Sie lagerten am Jordan von Bet-Jeschimot bis Abel-Schittim in den Ebenen von Moab.

⁵⁰Während ihres Aufenthalts am Jordan in den Ebenen von Moab gegenüber von Jericho sprach der HERR zu Mose: ⁵¹»Sag den Israeliten: ›Wenn ihr über den Jordan ins Land Kanaan zieht, ⁵²sollt ihr alle Bewohner des Landes vertreiben. Ihr sollt alle ihre in Stein gemeißelten und gegossenen Götzenbilder zerstören und alle ihre Kulthöhen vernichten. ⁵³Nehmt das Land in Besitz und lasst euch darin nieder, denn ich habe es euch gegeben, damit ihr es erobert. ⁵⁴Ihr sollt das Land durch das Los unter den Sippen aufteilen. Dabei sollen die größeren Sippen ein größeres Stück Land erhalten als die kleineren. Die Entscheidung des Loses ist bindend. Teilt das Land unter den Stämmen eurer Väter auf. ⁵⁵Wenn ihr die Bewohner des Landes jedoch nicht vertreibt, werden diejenigen, die ihr übrig lasst, wie Dornen in euren Augen und Stacheln in eurer Seite sein. Sie werden euch in dem Land, in dem ihr wohnen werdet, drangsalieren. ⁵⁶Und ich werde euch das antun, was ich eigentlich ihnen antun wollte.‹«

Die Grenzen des Landes

34 Der HERR sprach zu Mose: ²»Gib den Israeliten folgende Anweisungen: ›Wenn ihr nach Kanaan kommt – das Land, das euch als Erbe zufallen wird –, dann sollen folgende Grenzen gelten: ³Die Südseite eures Landes soll bei der Wüste Zin beginnend an Edom entlang verlaufen. Die südliche Grenze soll im Osten am Toten Meer beginnen, ⁴südlich vom Aufstieg

---

33,38 Dieser Tag des hebr. Mondkalenders liegt gewöhnlich in der zweiten Julihälfte.   33,40 Hebr. *Südland*.

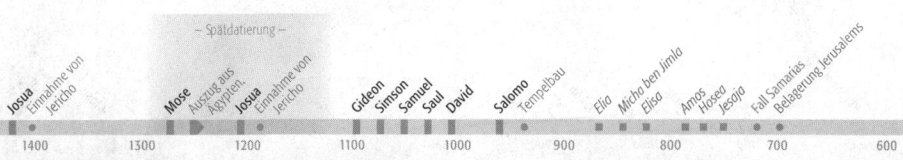

4. MOSE

1–10	Organisation des Volkes Israel
10–25	Die Israeliten verlassen den Sinai – Reise durch die Wüste
25–36	Israel in der Gegend von Moab

34–35
Ausgewählte Männer sollen das Land auf neuneinhalb Stämme verteilen. Städte für Leviten und Freistädte. Regelungen bei Mord.

[Zum Sinai, vom Sinai her: Gott schafft sich ein Volk]

von Akrabbim* ihre Richtung ändern und nach Zin hinüber verlaufen. Sie soll südlich von Kadesch-Barnea weitergehen und sich von dort nach Hazar-Addar bis hinüber nach Azmon ziehen. ⁵Von Azmon soll sie sich zum Bach von Ägypten wenden und am Mittelmeer enden.
⁶Die Küste des Mittelmeeres soll eure westliche Landesgrenze bilden; das soll die westliche Grenze sein.
⁷Das soll eure nördliche Grenze sein: Ihr sollt sie vom Mittelmeer bis zum Berg Hor ziehen. ⁸Sie soll von dort nach Hamat, durch Zedad und ⁹nach Sifron verlaufen und in Hazar-Enan enden. Das soll eure nördliche Grenze sein.
¹⁰Die östliche Grenze sollt ihr von Hazar-Enan nach Schefam ziehen. ¹¹Dann soll sie hinab nach Ribla östlich von Ajin verlaufen und von dort weiter, bis sie auf die Abhänge am Ostufer des Sees Genezareth trifft. ¹²Dann soll sie weiter am Jordan entlangführen und am Toten Meer enden. Dies sind die Grenzen eures Landes auf allen Seiten.«
¹³Mose befahl den Israeliten: »Das ist das Gebiet, das ihr durch das Los unter euch als Erbbesitz aufteilen sollt. Der HERR hat befohlen, es den neuneinhalb verbleibenden Stämmen zu geben. ¹⁴Denn die Stämme Ruben und Gad und der halbe Stamm Manasse haben ihren Landanteil bereits bekommen. ¹⁵Diese zweieinhalb Stämme haben ihr Erbe schon auf der Ostseite des Jordan, gegenüber von Jericho, erhalten.«

Diese Männer sollen das Land verteilen
¹⁶Und der HERR sprach zu Mose: ¹⁷»Das sind die Männer, die das Land als Erbbesitz unter euch aufteilen sollen: der Priester Eleasar und Josua, der Sohn Nuns. ¹⁸Außerdem sollt ihr aus jedem Stamm einen führenden Mann auswählen, um das Land zu verteilen, ¹⁹und zwar: Kaleb, den Sohn Jefunnes, vom Stamm Juda, ²⁰Schemuël, den Sohn Ammihuds, vom Stamm Simeon, ²¹Elidad, den Sohn Kislons, vom Stamm Benjamin, ²²Bukki, den Sohn Joglis, vom Stamm Dan, ²³Hanniël, den Sohn Efods, vom Stamm Manasse, dem Sohn Josefs, ²⁴Kemuël, den Sohn Schiftans, vom Stamm Ephraim, dem Sohn Josefs, ²⁵Elizafan, den Sohn Parnachs, vom Stamm Sebulon, ²⁶Paltiël, den Sohn Asans, vom Stamm Issachar, ²⁷Ahihud, den Sohn Schelomis, vom Stamm Asser ²⁸sowie Pedahel, den Sohn Ammihuds, vom Stamm Naftali.«
²⁹Dies sind die Männer, denen der HERR befahl, das Land unter den Israeliten auszuteilen.

34,4 D. h. *Skorpionenpass.*

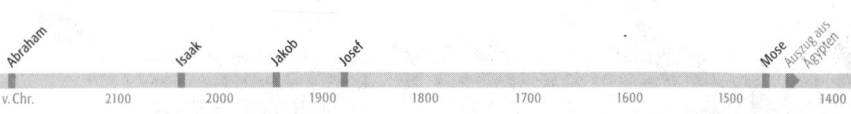

Die Städte der Leviten

35 Und der HERR sprach zu Mose am Jordan in den Ebenen von Moab, gegenüber von Jericho: ²»Weise die Israeliten an, den Leviten aus ihrem Grundbesitz bestimmte Städte zu geben, in denen sie wohnen können. Auch das sie umgebende Weideland soll den Leviten gehören. ³In den Städten sollen sie wohnen und die umliegenden Weideflächen sollen für ihr Vieh und ihre anderen Tiere sein. ⁴Das Weideland, das ihr den Leviten im Umkreis dieser Städte überlasst, soll sich von den Stadtmauern in jede Richtung 1.000 Ellen* weit ins Land erstrecken. ⁵Die Länge der Ost-, Süd-, West- und Nordseite soll somit jeweils 2.000 Ellen* – zuzüglich der jeweiligen Abmessung der Stadt – betragen und die Stadt soll in der Mitte liegen. Dieses Gebiet soll als Weideland zu den Städten gehören.

⁶Ihr sollt den Leviten sechs Freistädte geben, in die ein Mensch, der einen anderen getötet hat, fliehen kann. Außerdem sollt ihr ihnen 42 weitere Städte geben. ⁷Alles in allem sollt ihr den Leviten also 48 Städte mit dem dazugehörigen Weideland überlassen. ⁸Diese Städte sollt ihr, die Israeliten, aus eurem Grundbesitz an sie abtreten. Die größeren Stämme sollen ihnen mehr Städte geben als die kleineren Stämme. Jeder Stamm soll entsprechend der Größe seines Besitzes, den er erhalten wird, den Leviten Städte überlassen.«

Die Freistädte

⁹Und der HERR sprach zu Mose: ¹⁰»Sag den Israeliten: ›Wenn ihr über den Jordan nach Kanaan zieht, ¹¹dann bestimmt einige Städte, die euch als Freistädte dienen sollen. Wer aus Versehen einen Menschen getötet hat, kann dorthin fliehen. ¹²Diese Städte sollen Zufluchtsorte sein, in denen ein Mensch, der einen anderen getötet hat, vor der Blutrache sicher ist. Ein Mörder darf nur hingerichtet werden, wenn die Gemeinschaft ihn dazu verurteilt hat. ¹³Von den Städten, die ihr den Leviten gebt, sollen sechs Freistädte für euch sein, ¹⁴drei auf der Ostseite des Jordan und drei auf der Westseite in Kanaan. Sie sollen Freistädte sein. ¹⁵Diese sechs Städte sollen den Israeliten, den bei euch lebenden Ausländern und euren Gästen Schutz bieten. Jeder, der ungewollt einen Menschen tötet, kann dorthin fliehen.

¹⁶Wenn jemand jedoch einen anderen mit einem Gegenstand aus Eisen schlägt, sodass dieser stirbt, ist er ein Mörder und muss mit dem Tod bestraft werden. ¹⁷Oder wenn jemand einen anderen mit einem großen Stein schlägt, mit dem man einen Menschen umbringen kann, und dieser tatsächlich stirbt, so ist er ein Mörder und muss hingerichtet werden. ¹⁸Oder wenn jemand einen anderen mit einem Gegenstand aus Holz schlägt, mit dem man jemanden umbringen kann, und dieser tatsächlich stirbt, ist er ein Mörder und muss sterben. ¹⁹Der nächste Verwandte des Opfers* soll den Mörder töten. Sobald er ihn zu fassen bekommt, soll er ihn töten. ²⁰Wenn jemand eine andere Person aus Hass oder Vorsatz stößt oder einen Gegenstand nach ihr wirft, und die betreffende Person stirbt, ²¹oder wenn jemand eine andere Person aus Feindschaft mit der Hand schlägt und die betreffende Person stirbt, ist er ein Mörder und soll mit dem Tod bestraft werden. Der nächste Verwandte des Opfers soll den Mörder töten, sobald er ihn zu fassen bekommt.

²²Hat er ihn aber versehentlich und nicht aus Vorsatz gestoßen oder ungewollt einen Gegenstand nach ihm geworfen, ²³oder – ohne ihn vorher bemerkt zu haben – einen Stein, durch den man getötet werden kann, auf ihn fallen lassen und der Betreffende stirbt, obwohl er nicht mit ihm verfeindet war und ihm auch keinen Schaden zufügen wollte, ²⁴dann soll die Gemeinschaft nach dieser Rechtsordnung zwischen dem Mörder und dem Bluträcher Recht sprechen. ²⁵Sie soll den Menschen, der einen anderen getötet hat, vor dem Bluträcher beschützen und ihn in die Freistadt zurückbringen, in die er geflohen war. Dort soll er bis zum Tod des Hohen Priesters, der mit dem heiligen Öl gesalbt wurde, bleiben.

²⁶Wenn derjenige, der jemanden getötet hat, jedoch die Freistadt verlässt, in die er geflohen war, ²⁷und der Bluträcher ihn außerhalb der Stadtgrenzen antrifft und ihn tötet, soll der Bluträcher nicht als Mörder gelten. ²⁸Der Mensch, der einen anderen getötet hat, hätte bis zum Tod des Hohen Priesters in der Freistadt bleiben müssen. Nachdem der Hohe Priester gestorben ist, darf er jedoch nach Hause zurückkehren. ²⁹Diese Anordnungen gelten für immer für euch und eure Nachkommen, wo ihr auch lebt.

³⁰Wer einen Menschen erschlägt, darf nur aufgrund von Zeugenaussagen zum Tod verurteilt werden. Ein einzelner Zeuge reicht aber nicht aus, um gegen jemanden das Todesurteil zu fällen. ³¹Ein Mörder, der zum Tod verurteilt wurde, darf sich nicht mit Geld freikaufen: Mörder müssen hingerichtet werden. ³²Auch jemand, der in eine Freistadt geflohen ist, darf sich nicht mit Geld freikaufen, um vor dem Tod des Hohen

---

35,4 Das entspricht ca. 500 m. **35,5** Das entspricht ca. 1 km. **35,19** Hebr. *der Bluträcher;* so auch in V. 21.

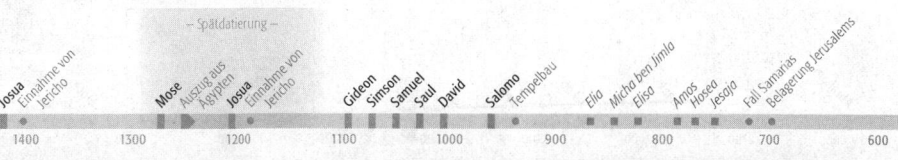

4. MOSE

1–10	Organisation des Volkes Israel
10–25	Die Israeliten verlassen den Sinai – Reise durch die Wüste
25–36	Israel in der Gegend von Moab

35–36
Grundbesitz soll bei den Stämmen bleiben.

[Zum Sinai, vom Sinai her: Gott schafft sich ein Volk]

Priesters nach Hause zurückkehren zu dürfen. ³³Ihr sollt das Land, in dem ihr lebt, nicht entweihen, denn vergossenes Blut entweiht das Land. Für das durch vergossenes Blut entweihte Land kann auch keine Wiedergutmachung geschaffen werden, außer durch das Blut dessen, der es vergossen hat. ³⁴Deshalb sollt ihr das Land, in dem ihr wohnt und in dem auch ich wohne, nicht verunreinigen. Denn ich, der HERR, wohne mitten unter den Israeliten.‹«

Frauen, die Grundbesitz erben

36 Daraufhin kamen die führenden Männer der Sippe Gilead – die Nachkommen Machirs, des Sohnes Manasses, die von Josef abstammen – zu Mose und den Stammesfürsten der israelitischen Stämme und trugen eine Bitte vor: ²»Herr, der HERR hat dich beauftragt, das Land durch das Los unter den Israeliten zu verteilen. Du hast von ihm die Anweisung erhalten, das Erbe unseres Stammesbruders Zelofhad seinen Töchtern zu geben. ³Wenn jedoch eine von ihnen einen Mann aus einem anderen israelitischen Stamm heiratet, geht ihr Erbbesitz unserem Stamm verloren. Er wird dann dem Stamm gehören, in den sie einheiratet. Auf diese Weise verlieren wir ein Stück vom Grundbesitz unseres Stammes. ⁴Wenn dann das Erlassjahr für die Israeliten kommt, wird ihr Erbbesitz endgültig dem Stamm, in den sie eingeheiratet hat, zufallen und dem Stamm unserer Vorfahren für immer verloren gehen.«

⁵Da gab Mose den Israeliten folgende Vorschrift des HERRN: »Die Männer des Stammes Josef haben recht. ⁶Bezüglich der Töchter von Zelofhad ordnet der HERR Folgendes an: ›Sie dürfen nur Männer aus ihrem eigenen Stamm heiraten. ⁷Von dem ererbten Grundbesitz darf nichts von einem Stamm an einen anderen übergehen, denn das Erbe eines jeden Stammes unter den Israeliten soll erhalten bleiben. ⁸Die Töchter aus den Stämmen Israels, die Grundbesitz erben, müssen innerhalb ihres eigenen Stammes heiraten, damit alle israelitischen Männer ihren Grund und Boden aus dem Besitz ihrer Vorfahren erben. ⁹Kein ererbter Grundbesitz darf von einem Stamm an einen anderen übergehen. Jeder Stamm Israels muss sein ihm zugewiesenes Erbe an Land behalten.‹«

¹⁰Die Töchter von Zelofhad befolgten die Anweisungen, die der HERR Mose gegeben hatte. ¹¹Alle – Machla, Tirza, Hogla, Milka und Noa – heirateten die Söhne ihrer Onkel, ¹²die Nachkommen Manasses, des Sohnes Josefs, waren.

Auf diese Weise verblieb ihr Erbbesitz beim Stamm ihrer Vorfahren.

¹³Dies sind die Gebote und Gesetze, die der HERR den Israeliten in den Ebenen von Moab am Jordan, gegenüber von Jericho, durch Mose gab.

Von meiner Kindheit an hat mich die Bibel mit Visionen über die Bestimmung der Welt erfüllt. In Zeiten des Zweifels haben ihre Größe und ihre hohe dichterische Weisheit mich getröstet. Sie ist für mich wie eine zweite Natur.

Marc Chagall

5. Mose

Inhalt

Die Israeliten lagern in der Ebene östlich des Jordan. Nach der 40-jährigen Wanderung besteht das Volk zum Großteil aus Menschen, die die Sklaverei in Ägypten und die eindrucksvollen Gottesoffenbarungen am Berg Sinai nicht mehr selbst erlebt haben. Ihnen zuerst, aber eigentlich allen folgenden Generationen gilt die beschriebene Unterweisung in Gottes Gesetz. Der Schwerpunkt liegt dabei darauf, Gott zu lieben, zu achten und sich ihm anzuvertrauen. Infolgedessen wird die Verehrung anderer Götter als besonders schwerwiegendes Vergehen herausgestellt. Auch der achtungsvolle Umgang miteinander wird betont.

Ausführlich wird der Hauptsinn des Gesetzes beschrieben: Es fasst die von Gott gesetzten und vom Volk akzeptierten Vereinbarungen des Bundes zwischen Gott und dem Volk zusammen. Mehrfach wiederholt wird die Mahnung, nicht an irgendwelchen Plätzen im Land Opfer zu bringen, sondern nur an einem Ort, den Gott dazu aussuchen und an dem er besonders gegenwärtig sein würde. Wenn die Israeliten die Bundesvereinbarungen von Herzen einhalten, bleibt Gott ihnen als »sein Volk« in besonderer Liebe zugetan. Sie sollen reiche Ernten und Sicherheit als Gottes Segnungen dankbar genießen. Die Nachbarvölker werden durch Israel etwas von Gottes Weisheit und Gerechtigkeit erkennen.

Der Bund ist auch die Grundlage, auf der Gott Israel das Land Kanaan zuspricht. Wird das Volk Gott untreu, wird es Not leiden und das Land wieder verlieren – genau wie dessen bisherige Bewohner nun wegen ihres ungerechten Lebensstils aus dem Land vertrieben werden.

Nachdem die Rahmenbedingungen geklärt sind, können die Israeliten das versprochene Land – nach dem Tod von Mose – endlich in Besitz nehmen. Davon berichtet das Buch Josua.

Wichtige Personen

Mose	Anführer der Wanderung bis an den Jordan
Josua/Hoschea	Moses Nachfolger

Wichtige Orte

Östliche untere Jordanebene	Lagerplatz der Israeliten
Nebo	Berg im Land der Moabiter, östlich der unteren Jordanebene

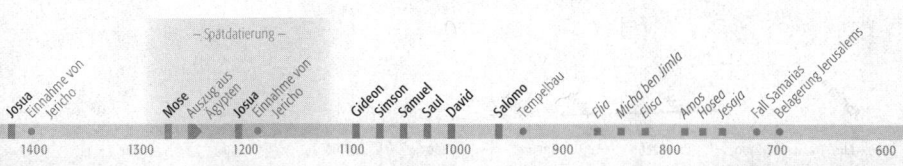

5. MOSE

1–3	Rückblick: Die Reise durch die Wüste
4–11	Einführung in das Gesetz
12–26	Die einzelnen Gesetze
27–30	Segen für Gehorsam, Fluch für Ungehorsam
31–34	Ausblick: Josua wird zum Anführer Israels

1
Aufbruch nach Kanaan. Einsetzung von Ältesten. Das Misstrauen zu Gott führt zur 40-jährigen Wüstenwanderung.

[Zum Sinai, vom Sinai her: Gott schafft sich ein Volk]

DAS FÜNFTE BUCH MOSE

Israel wird aufgefordert, den Sinai zu verlassen

1 Das vorliegende Buch enthält die Reden, die Mose vor allen Israeliten in der Wüste östlich des Jordan hielt. Damals lagerten die Israeliten im Jordantal* in der Nähe von Suf, zwischen Paran, Tofel, Laban, Hazerot und Di-Sahab. ²Normalerweise benötigt man für die Reise vom Sinaigebirge* über das Gebirge Seïr bis nach Kadesch-Barnea elf Tage. ³Im 40. Jahr*, am ersten Tag des elften Monats*, teilte Mose den Israeliten alles mit, was der HERR ihm für sie aufgetragen hatte. ⁴Das war nach dem Sieg über Sihon, den König der Amoriter, der in Heschbon regiert hatte, und über Og, den König von Baschan, der in Aschtarot und Edreï geherrscht hatte.

⁵Östlich des Jordan, in Moab, begann Mose ihnen das Gesetz folgendermaßen auszulegen: ⁶»Der HERR, unser Gott, sprach am Sinai zu uns: ›Ihr lagert nun schon lange genug an diesem Berg. ⁷Brecht auf und zieht ins Gebirge der Amoriter und zu ihren Nachbarn im Jordantal, in den Bergen, in den westlichen Ausläufern des Gebirges, im Negev* und an der Mittelmeerküste, in das Land der Kanaaniter und in den Libanon, bis zum großen Strom Euphrat. ⁸Seht! Ich habe euch dieses Land ausgeliefert! Geht hinein und nehmt es in Besitz, denn es ist das Land, das ich, der HERR, euren Vorfahren Abraham, Isaak und Jakob und ihren Nachkommen mit einem Eid versprochen habe.‹

Mose ernennt Älteste aus jedem Stamm

⁹Damals sagte ich euch: ›Ich kann die Verantwortung für euch nicht alleine tragen. ¹⁰Der HERR, euer Gott, hat euch so zahlreich wie die Sterne am Himmel gemacht. ¹¹Der HERR, der Gott eurer Väter, mache euch noch tausendmal zahlreicher und segne euch, wie er es euch versprochen hat! ¹²Doch wie kann ich allein eure

---

1,1 O. *in der Araba*; so auch in 1,7. **1,2** Hebr. *Horeb*, ein anderer Name für *Sinai*; so auch in 1,6.19. **1,3a** Gerechnet vom Auszug der Israeliten aus Ägypten. Vom Sinai waren sie im Frühjahr des zweiten Jahres aufgebrochen (vgl. 4. Mose 10,11). **1,3b** Dieser Tag des hebr. Mondkalenders liegt gewöhnlich Ende Januar/Anfang Februar. **1,7** Hebr. *Südland*.

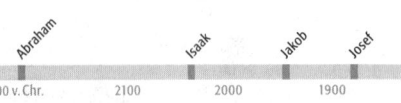

Rechtsstreitigkeiten schlichten und eure Sorgen und Probleme auf mich nehmen? ¹³Wählt aus jedem Stamm einige weise, verständige und erfahrene Männer, die ich dann zu Anführern ernennen werde.‹

¹⁴Ihr gabt mir damals zur Antwort: ›Dein Vorschlag ist gut.‹ ¹⁵Deshalb berief ich weise und erfahrene Männer aus euren Stämmen und ernannte sie zu Anführern und Ältesten über euch und eure Stämme; Anführer über 1.000, über 100, über 50 und über zehn. ¹⁶Eure Richter wies ich damals an: ›Hört eure Mitmenschen an und richtet gerecht zwischen ihnen, egal, ob es sich um eure Landsleute oder um Fremde handelt. ¹⁷Seid bei euren Entscheidungen unparteiisch; hört den niedrig Stehenden genauso an wie den Angesehenen. Habt keine Angst vor Menschen, denn ihr richtet anstelle von Gott. Sollte ein Fall zu schwierig für euch sein, dann kommt damit zu mir, damit ich mich selbst damit befasse.‹ ¹⁸Damals gab ich euch Anweisungen, wie ihr euch verhalten sollt.

Spione erkunden das Land

¹⁹Dann brachen wir auf und zogen vom Sinai durch die große, schreckliche Wüste, die ihr selbst gesehen habt, den ganzen Weg bis ins Bergland der Amoriter, so wie der HERR, unser Gott, es uns befohlen hatte. Als wir in Kadesch-Barnea ankamen, ²⁰sagte ich zu euch: ›Nun seid ihr bis zum Bergland der Amoriter gekommen, das der HERR, unser Gott, uns gibt. ²¹Schaut euch um! Der HERR, euer Gott, hat es euch ausgeliefert. Geht und nehmt es in Besitz, wie es der HERR, der Gott eurer Vorfahren, gesagt hat. Habt keine Angst und seid nicht mutlos!‹

²²Doch ihr gabt mir alle zur Antwort: ›Lass uns zuerst Männer losschicken, die das Land für uns erkunden sollen. Sie sollen herausfinden, wie wir am besten ins Land kommen können und wie die Städte sind, zu denen wir kommen werden.‹ ²³Der Vorschlag gefiel mir. Deshalb wählte ich zwölf Männer, einen aus jedem Stamm. ²⁴Diese stiegen hinauf in die Berge und stießen bis ins Eschkoltal* vor. Dabei erkundeten sie das Land. ²⁵Bei ihrer Rückkehr brachten sie uns einige von den Früchten mit, die dort wachsen. Und sie berichteten uns: ›Das Land, das der HERR, unser Gott, uns geben will, ist ein gutes Land.‹

Israel lehnt sich gegen den HERRN auf

²⁶Aber ihr habt euch gegen das Gebot des HERRN, eures Gottes, aufgelehnt und euch geweigert, in das Land hineinzuziehen. ²⁷Ihr habt in euren Zelten gemurrt und gejammert: ›Weil der HERR uns hasst, hat er uns aus Ägypten hierher geführt, damit wir von den Amoritern vernichtet werden. ²⁸Wohin sollen wir nur gehen? Unsere Landsleute haben uns mit ihrem Bericht allen Mut genommen. Sie haben erzählt: »Wir haben ein größeres und mächtigeres Volk, als wir es sind, gesehen und riesige Städte, deren Mauern bis in den Himmel reichen, und sogar Riesen – die Anakiter!«‹

²⁹Ich erwiderte: ›Erschreckt nicht und habt keine Angst vor ihnen! ³⁰Der HERR, euer Gott, geht doch vor euch her. Er wird für euch kämpfen, wie er es schon in Ägypten vor euren Augen getan hat. ³¹Ihr habt erlebt, wie der HERR, euer Gott, euch den ganzen langen Weg durch die Wüste bis hierher getragen hat, wie ein Vater sein Kind trägt. ³²Und trotzdem vertraut ihr dem HERRN, eurem Gott, in dieser Sache nicht. ³³Er geht doch vor euch her und wählt die geeigneten Lagerplätze aus: in der Nacht in der Feuersäule, um euch den Weg zu zeigen, den ihr gehen sollt, und am Tag in der Wolkensäule.‹

³⁴Als der HERR eure Klagen hörte, wurde er zornig und schwor: ³⁵›Nicht einer dieser Männer, dieser bösen Generation, wird das gute Land sehen, das ich euren Vorfahren mit einem Eid versprochen habe! ³⁶Nur Kaleb, der Sohn Jefunnes, wird das Land sehen, denn er ist dem HERRN treu geblieben. Ihm und seinen Nachkommen will ich das Land geben, das er schon betreten hat.‹

³⁷Auch auf mich war der HERR euretwegen zornig. Er sprach zu mir: ›Auch du wirst nicht in das Land hineinkommen! ³⁸Josua, der Sohn Nuns, der dir dient, soll in das Land kommen. Ermutige ihn, denn er soll das Land unter den Israeliten verteilen. ³⁹Ich will das Land euren Kindern geben. Ihr habt behauptet, dass sie gefangen genommen würden, doch sie werden das Land erobern. Euer Nachwuchs, der heute noch nicht gut und böse auseinander halten kann, soll in das Land kommen. ⁴⁰Ihr aber sollt jetzt umkehren und wieder in die Wüste in Richtung Rotes Meer ziehen.‹

⁴¹Da bekannt ihr: ›Wir haben gegen den HERRN gesündigt. Wir wollen in das Land ziehen und darum kämpfen, so wie der HERR, unser Gott, es uns befohlen hat.‹ Und jeder Mann nahm seine Waffen, und auf einmal wart ihr der Meinung, ihr könntet das Bergland problemlos erobern.

⁴²Doch der HERR sprach zu mir: ›Verbiete ihnen hinaufzuziehen und anzugreifen, denn ich werde nicht mit ihnen sein. Wenn sie es doch tun, werden sie von ihren Feinden geschlagen

---

1,24 Hebr. *Tal der Trauben.*

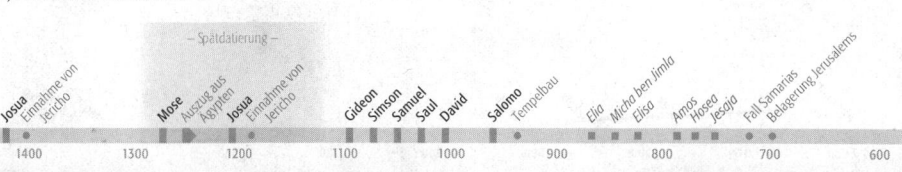

5. MOSE

1–3	Rückblick: Die Reise durch die Wüste
4–11	Einführung in das Gesetz
12–26	Die einzelnen Gesetze
27–30	Segen für Gehorsam, Fluch für Ungehorsam
31–34	Ausblick: Josua wird zum Anführer Israels

1–3
Wüstenzug durch Edom und Moab.
Sieg über die Amoriter und Baschan.

[Zum Sinai, vom Sinai her: Gott schafft sich ein Volk]

werden.‹ ⁴³Mit diesen Worten habe ich euch gewarnt, doch ihr wolltet nicht auf mich hören. Stattdessen habt ihr euch dem Befehl des HERRN widersetzt und wart so vermessen, trotzdem ins Bergland zu ziehen. ⁴⁴Doch die Amoriter, die dort lebten, griffen euch an. Sie jagten euch hinterher, so wie ein aufgeschreckter Bienenschwarm es tut, und rieben euch zwischen Seïr und Horma auf. ⁴⁵Nach eurer Rückkehr habt ihr weinend zum HERRN gefleht, doch er verschloss seine Ohren vor euch und hörte nicht auf euch. ⁴⁶Deshalb bliebt ihr für lange Zeit in Kadesch-Barnea.

Israels Wanderung durch die Wüste

2 Schließlich kehrten wir wieder um und machten uns auf den Weg durch die Wüste zum Roten Meer, wie der HERR mir befohlen hatte. Lange Zeit wanderten wir um das Gebirge Seïr herum. ²Dann sprach der HERR zu mir: ³›Ihr seid nun lange genug um dieses Gebirge gezogen; geht nun nach Norden. ⁴Gib dem Volk folgenden Befehl: Ihr werdet jetzt durch das Gebiet eures Brudervolks, der Edomiter, ziehen, die Nachkommen Esaus sind. Sie leben in Seïr. Die Edomiter werden sich bedroht fühlen, deshalb sollt ihr sehr vorsichtig sein. ⁵Fangt keinen Krieg mit ihnen an, denn ich werde euch keinen Fußbreit von ihrem Land geben. Ich habe das ganze Bergland Seïr Esau zum Besitz gegeben. ⁶Kauft von ihnen die Nahrung, die ihr benötigt, und bezahlt auch das Wasser, das ihr trinken werdet.‹ ⁷Der HERR, euer Gott, hat alles, was ihr getan habt, gesegnet. Er hat sich bei jedem eurer Schritte durch die große Wüste um euch gekümmert. In diesen 40 Jahren war der HERR, euer Gott, mit euch und es hat euch an nichts gefehlt. ⁸Also zogen wir an unserem Brudervolk, den Nachkommen Esaus, die in Seïr wohnen, vorüber und verließen die Straße, die von Elat und Ezjon-Geber durch das Arabatal* nach Norden führt.

Als wir eine neue Richtung zur moabitischen Wüste eingeschlagen hatten, ⁹warnte uns der HERR: ›Bedrängt die Moabiter, die Nachkommen Lots, nicht und beginnt keinen Krieg mit ihnen. Ich werde euch nichts von ihrem Land geben, denn ich habe ihnen Ar zum Besitz gegeben.‹

2,8 Die Verlängerung des Jordantals südlich des Toten Meeres.

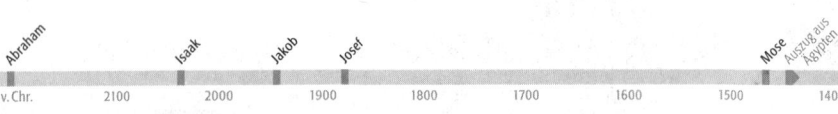

¹⁰Früher wohnte dort ein großes und mächtiges Volk, die sogenannten Emiter*, die so groß wie die Anakiter* waren. ¹¹Wie die Anakiter werden sie zu den Riesen gezählt und die Moabiter nennen sie Emiter. ¹²In früheren Zeiten wohnten die Horiter im Gebirge Seïr, doch sie wurden von den Nachkommen Esaus vertrieben und vernichtet. Sie siedelten sich dort an ihrer Stelle an, so wie es die Israeliten in dem Land taten, das der HERR ihnen gegeben hatte.

¹³Der HERR forderte uns auf: ›Brecht auf und überquert den Bach Sered.‹ Und das machten wir dann auch. ¹⁴Seit unserem Aufbruch von Kadesch-Barnea bis zu diesem Tag, als wir den Bach Sered überquerten, waren 38 Jahre vergangen. Denn der HERR hatte geschworen, dass alle wehrfähigen Männer des Lagers sterben müssten. ¹⁵Der HERR hatte seine Hand gegen sie erhoben, bis sie schließlich alle tot waren.

¹⁶Nachdem alle Männer des Volkes im wehrfähigen Alter gestorben waren, ¹⁷sprach der HERR zu mir: ¹⁸›Heute sollt ihr durch das Gebiet von Moab bei Ar ziehen ¹⁹und euch dem Land der Ammoniter, der Nachkommen Lots, nähern. Aber bedrängt sie nicht und fangt keinen Krieg mit ihnen an. Ich werde euch nichts von ihrem Land geben, denn ich habe es ihnen zum Besitz gegeben.‹

²⁰Auch dieses Gebiet galt einst als Gebiet der Riesen, die darin wohnten; allerdings bezeichneten die Ammoniter sie als Samsummiter. ²¹Sie waren ein mächtiges und zahlreiches Volk, hoch gewachsen wie die Anakiter. Doch der HERR vernichtete sie, sodass die Ammoniter sie verdrängten und sich in ihrem Land ansiedeln konnten. ²²Auf ähnliche Weise hatte er den Nachkommen Esaus am Gebirge Seïr geholfen. Er hatte die Horiter vernichtet, sodass sie diese verdrängen und sich in deren Land niederlassen konnten. Dort leben die Nachkommen Esaus bis heute. ²³Die Awiter hatten in Dörfern im Gebiet von Gaza gewohnt. Aber die Kreter kamen von Kreta herüber, vernichteten sie und siedelten sich in ihrem Land an.

²⁴Der HERR forderte uns auf: ›Brecht auf, zieht weiter und überquert den Fluss Arnon. Ich habe den Amoriter Sihon, den König von Heschbon, in eure Hand gegeben. Greift ihn an und beginnt mit der Eroberung seines Landes. ²⁵Von heute an will ich alle Völker der Erde in Angst und Schrecken vor euch versetzen. Wenn sie von euch hören, werden sie unruhig werden und vor Angst vor euch zittern.‹

Der Sieg über Sihon von Heschbon

²⁶Da schickte ich Boten aus der Wüste Kedemot zu König Sihon von Heschbon. Sie überbrachten ihm folgendes Friedensangebot: ²⁷›Lass uns durch dein Land ziehen. Wir werden auf der Hauptstraße bleiben und weder nach rechts noch nach links abbiegen. ²⁸Alle Nahrung, die du uns gibst, und das Wasser, das wir trinken, werden wir bezahlen. Bitte lass uns zu Fuß durch dein Land ziehen, ²⁹so wie es die Nachkommen Esaus am Gebirge Seïr und die Moabiter, die in Ar leben, getan haben. Wir wollen den Jordan überqueren, um in das Land zu ziehen, das der HERR, unser Gott, uns gibt.‹ ³⁰Doch Sihon, der König von Heschbon, gestattete uns nicht durch sein Land zu ziehen. Denn der HERR, euer Gott, hatte ihn hart und unbelehrbar gemacht, um ihn uns auszuliefern, wie er es dann auch tat.

³¹Danach sprach der HERR zu mir: ›Ich habe König Sihon und sein Land in deine Hand gegeben. Macht euch nun daran, sein Land zu erobern und zu besetzen.‹ ³²König Sihon zog uns mit seinem Heer nach Jahaz entgegen, um gegen uns zu kämpfen. ³³Doch der HERR, unser Gott, gab ihn in unsere Hand und wir schlugen ihn vernichtend, ihn, seine Söhne und sein ganzes Volk. ³⁴Wir eroberten alle seine Städte und töteten* alle Männer, Frauen und Kinder. Nicht einen einzigen ließen wir am Leben. ³⁵Wir nahmen nur das Vieh als Beute mit und plünderten die Städte, die wir eingenommen hatten.

³⁶Der HERR, unser Gott, gab Aroër am Ufer des Arnon, die Stadt im Flusstal und das ganze Gebiet bis Gilead in unsere Gewalt. Es gab keine Stadt, die für uns unbezwingbar gewesen wäre. ³⁷Dem Land der Ammoniter, dem ganzen Gebiet am Jabbok und den Städten im Bergland hingegen näherten wir uns nicht, weil der HERR, unser Gott, es uns ausdrücklich verboten hatte.

Der Sieg über Og von Baschan

3 Wir schlugen eine neue Richtung ein und zogen nach Baschan. Aber König Og von Baschan zog uns mit seinem ganzen Heer entgegen, um in Edreï mit uns zu kämpfen. ²Doch der HERR sprach zu mir: ›Hab keine Angst vor ihm, denn ich habe dir den Sieg über Og und sein Heer geschenkt und sein ganzes Land in deine Hand gegeben. Verfahre genauso mit ihm wie mit Sihon, dem König der Amoriter, der in Heschbon herrschte.‹ ³Der HERR, unser Gott,

---

2,10a Hebr. *Emim*. Das bedeutet *Schrecken*. **2,10b** Die *Anakiter* waren sprichwörtlich als Riesen bekannt. **2,34** Hebr. *und vollstreckte den Bann*. Mit dem hier gebrauchten hebr. Ausdruck ist die vollständige Übergabe von Dingen, Tieren oder Menschen an den HERRN gemeint, indem diese entweder vernichtet oder als Opfer dargebracht werden.

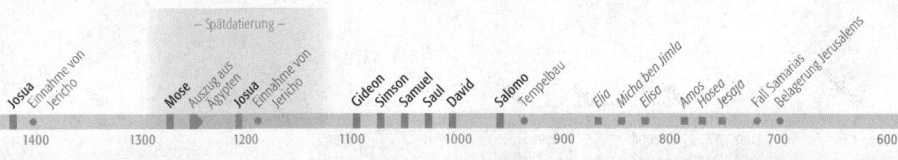

5. MOSE

1–3	Rückblick: Die Reise durch die Wüste
4–11	Einführung in das Gesetz
12–26	Die einzelnen Gesetze
27–30	Segen für Gehorsam, Fluch für Ungehorsam
31–34	Ausblick: Josua wird zum Anführer Israels

3–4
Verteilung des Landes östlich des Jordan an Ruben, Gad und halb Manasse. Josua statt Mose wird das Volk über den Jordan führen. Ermahnung, das Gesetz Gottes zu befolgen.

[Zum Sinai, vom Sinai her: Gott schafft sich ein Volk]

gab König Og von Baschan und sein ganzes Volk in unsere Hand und wir töteten alle. Nicht ein einziger entkam. ⁴Wir eroberten damals alle seine Städte, es gab keine Stadt, die wir nicht eingenommen hätten: 60 Städte, das ganze Gebiet von Argob, das Königreich Ogs in Baschan. ⁵Dabei waren alle Städte befestigt, mit hohen Mauern und verriegelten Toren. Auch sehr viele unbefestigte Orte nahmen wir ein. ⁶Wir zerstörten das Königreich Baschan bis auf den Grund*, so wie wir es mit dem Reich König Sihons von Heschbon gemacht hatten, und töteten die ganze Bevölkerung: Männer, Frauen und Kinder. ⁷Das Vieh hingegen und die Beute aus den Städten behielten wir für uns.

⁸So nahmen wir zu jener Zeit das Land der beiden Amoriterkönige östlich des Jordan ein – vom Fluss Arnon bis zum Berg Hermon. ⁹Der Berg Hermon heißt bei den Sidoniern Sirjon und bei den Amoritern Senir. ¹⁰Wir eroberten alle Städte der Hochebene, ganz Gilead und ganz Baschan bis zu den Städten Salcha und Edreï im Königreich Ogs von Baschan. ¹¹König Og von Baschan war der Letzte der Riesen. Sein eisernes Bett war neun Ellen lang und vier Ellen breit*. Kann man es nicht noch in der ammonitischen Stadt Rabba ansehen?

3,6 S. Fußnote zu 2,34.   3,11 Das entspricht ca. 4,5 m Länge und 2 m Breite.

5. Mose 4,5-8

Erwählung
So wie in Abraham alle Völker der Erde gesegnet sein sollen (1Mo 12,3), so sollen von Israels Erwählung auch die profitieren, die keine eigene Geschichte mit Jahwe haben. An der Haltung Israels soll für alle erkennbar werden, mit was für einem Gott Israel es zu tun hat.
Vordergründig könnte man an Gottes Volk dessen Weisheit und Klugheit bestaunen (V. 6). Doch die eigentliche Qualität Israels liegt darin, was Gott an ihm tut: das Geschenk der unvergleichlichen Nähe, die gerechten Gebote (V. 7-8), die Selbstbekundung Gottes aus dem Feuer und die Rettung aus Ägypten (V. 32-38).
Die Berufung der Erwählten liegt also darin, ein Erkennungszeichen Gottes in der Welt zu sein: »Dann werden alle Völker der Welt sehen, dass ihr das Volk des Herrn seid, und werden sich vor euch fürchten« (5Mo 28,10).
Das traf in der Geschichte auch immer wieder ein, z.B. als die Leute von Jericho oder die Philister genau über Gottes Befreiungstaten Bescheid wussten (Jos 2,9-11; 1Sam 6,5-6) und ihm die Ehre gaben (Jos 2,11b).
(5. Mose 10,14-16 ‹‹ | ›› Jesaja 43,10)

Das Land östlich des Jordan wird verteilt

¹²Als wir das Land in Besitz nahmen, gab ich den Stämmen Ruben und Gad das Gebiet jenseits von Aroër, das am Fluss Arnon liegt, sowie die Hälfte des Gebirges Gilead mit seinen Städten. ¹³Den Rest Gileads und ganz Baschan – das einstige Königreich Ogs – teilte ich dem halben Stamm Manasse zu. Der ganze Landstrich Argob, nämlich ganz Baschan, war als Land der Riesen bekannt. ¹⁴Jaïr, ein Nachkomme Manasses, eroberte den ganzen Landstrich Argob bis zur Grenze der Geschuriter und Maachatiter. Er nannte Baschan nach sich selbst Zeltdörfer Jaïrs*, und so heißen sie noch heute. ¹⁵Gilead gab ich der Sippe Machir. ¹⁶Den Stämmen Ruben und Gad gab ich das Gebiet von Gilead südlich des Jabboks bis zur Mitte des Arnontals und im Osten bis zum Jabbok an der ammonitischen Grenze, ¹⁷außerdem das Jordantal einschließlich der Gebiete am Ostufer, vom See Genezareth bis hinunter zum Toten Meer am Fuße des Gebirges Pisga.

¹⁸Damals befahl ich ihnen: ›Der HERR, euer Gott, hat euch dieses Land gegeben, damit ihr es in Besitz nehmt. Trotzdem müssen alle eure wehrfähigen Männer den Jordan zusammen mit euren Landsleuten, den Israeliten, kampfbereit überschreiten. ¹⁹Nur eure Frauen und Kinder und eure Viehherden – denn ich weiß, dass sie riesig sind –, mögen in den Städten zurückbleiben, die ich euch gegeben habe. ²⁰Wenn der HERR auch euren Landsleuten Sicherheit geschenkt hat, so wie euch, und wenn auch sie das Land, das der HERR, euer Gott, ihnen jenseits des Jordan geben will, in Besitz genommen haben, könnt ihr zu eurem Besitz, den ich euch gegeben habe, zurückkehren.‹

Mose darf das Land nicht betreten

²¹Damals sagte ich zu Josua: ›Du hast gesehen, wie der HERR, dein Gott, mit diesen beiden Königen verfahren ist. Genauso wird er es mit allen Königreichen westlich des Jordan machen, in die du kommen wirst. ²²Habt keine Angst vor den Völkern dort, denn der HERR, euer Gott, wird für euch kämpfen.‹

²³Gleichzeitig bat ich den HERRN und sagte: ²⁴›Allmächtiger HERR, du hast gerade erst begonnen mir, deinem Diener, deine Größe und Macht zu zeigen. Gibt es einen Gott im Himmel oder auf der Erde, der solche Taten und Wunder vollbringen kann wie du? ²⁵Lass mich doch bitte den Jordan überqueren und das herrliche Land auf der anderen Seite des Flusses sehen, das schöne Bergland und den Libanon.‹

²⁶Doch der HERR war euretwegen zornig auf mich und wollte mich nicht erhören. ›Genug!‹, befahl er mir. ›Kein Wort mehr davon. ²⁷Steig hinauf zum Gipfel des Pisga und schau nach Westen, Norden, Süden und Osten, denn du wirst den Jordan nicht überqueren. ²⁸Betraue Josua mit dieser Aufgabe, stärke und ermutige ihn, denn er soll die Israeliten über den Jordan führen. Er soll das Land unter ihnen aufteilen, das du sehen wirst.‹ ²⁹So blieben wir im Tal bei Bet-Peor.

Mose fordert Israel zum Gehorsam auf

4 Nun, ihr Israeliten, befolgt die Gesetze und Vorschriften, die ich euch lehren will. Dann werdet ihr am Leben bleiben und in das Land hineinkommen, das der HERR, der Gott eurer Väter, euch geben will, und es erobern. ²Fügt dem Gesetz, das ich euch gebe, nichts hinzu und lasst nichts davon weg, damit ihr den Geboten des HERRN, eures Gottes, gehorcht, die ich euch verkünde. ³Ihr habt gesehen, was der HERR wegen des Baal-Peors mit euch tat, als der HERR, euer Gott, alle vernichtete, die dem Baal-Peor nachgelaufen sind. ⁴Ihr aber, die ihr dem HERRN, eurem Gott, damals die Treue gehalten habt, seid heute noch alle am Leben.

⁵Wenn ihr in dem Land lebt, in das ihr zieht, um es zu erobern, sollt ihr diese Gesetze und Vorschriften halten. So wie der HERR, mein Gott, es mir aufgetragen hat, habe ich sie euch übermittelt. ⁶Befolgt sie, denn ihretwegen werdet ihr eure Nachbarvölker durch eure Weisheit und Klugheit beeindrucken. Wenn sie von euren Gesetzen hören, werden sie sagen: ›Dieses große Volk ist wirklich klug und weise.‹ ⁷Welchem anderen großen Volk ist sein Gott so nahe, wie der HERR, unser Gott, uns nahe ist, wenn wir zu ihm rufen? ⁸Und welches große Volk hat Gesetze und Vorschriften, die so gerecht sind wie das Gesetz, das ich euch heute gebe?

⁹Nehmt euch jedoch in Acht! Vergesst niemals, was der HERR für euch getan hat. An diese Dinge sollt ihr euch erinnern, solange ihr lebt, und ihr sollt euren Kindern und Enkeln davon erzählen. ¹⁰Erzählt ihnen auch von dem Tag, als ihr am Berg Sinai* vor dem HERRN, eurem Gott, standet und er mir befahl: ›Ruf die Israeliten zu mir, ich will zu ihnen sprechen, damit sie mich in ihrem Land ihr ganzes Leben lang achten und mein Gesetz an ihre Kinder weitergeben.‹ ¹¹Ihr euch am Fuß des Berges aufgestellt, während dieser in Flammen stand. Die Flammen loderten

---

3,14 Hebr. *Hawwot-Jaïr*. 4,10 Hebr. *Horeb*, ein anderer Name für Sinai; so auch in 4,15.

5. MOSE

1–3	Rückblick: Die Reise durch die Wüste
4–11	Einführung in das Gesetz
12–26	Die einzelnen Gesetze
27–30	Segen für Gehorsam, Fluch für Ungehorsam
31–34	Ausblick: Josua wird zum Anführer Israels

4–5
Verbot, Götzenbilder anfertigen. Israels Gott ist der einzige Gott. Die Zehn Gebote.

[Zum Sinai, vom Sinai her: Gott schafft sich ein Volk]

bis in den Himmel, der Berg war in dunkle Wolken und tiefe Finsternis gehüllt. ¹²Und der HERR redete zu euch aus dem Feuer. Ihr habt seine Worte gehört. Seine Gestalt jedoch konntet ihr nicht sehen, ihr konntet nur seine Stimme hören. ¹³Er verkündete seinen Bund, den er euch zu halten befahl: die Zehn Gebote, die er dann auf zwei Steintafeln schrieb. ¹⁴Damals beauftragte mich der HERR, euch die Gesetze und Vorschriften zu lehren. Diese solltet ihr in dem Land befolgen, in das ihr ziehen würdet, um es zu erobern.

Warnung vor Götzendienst

¹⁵An jenem Tag, an dem der HERR aus dem Feuer am Sinai zu euch sprach, habt ihr seine Gestalt nicht gesehen. ¹⁶Passt deshalb auf, dass ihr nichts Böses tut, indem ihr euch irgendein Götzenbild anfertigt – ganz gleich, ob in Gestalt eines Mannes oder einer Frau, ¹⁷in Gestalt eines Tieres, das auf der Erde lebt, oder eines Vogels, der am Himmel kreist, ¹⁸in Gestalt eines Kriechtieres oder eines Fisches, der im Wasser schwimmt. ¹⁹Und wenn ihr zum Himmel blickt und die Sonne, den Mond und die Sterne seht – all die Himmelskörper –, dann lasst euch nicht dazu verleiten sie anzubeten. Der HERR, euer Gott, hat sie für alle Völker auf der Erde geschaffen*. ²⁰Euch aber hat er aus dem Feuerofen, aus Ägypten, gerettet, damit ihr sein Volk, sein ureigenster Besitz, werdet, und das seid ihr heute.

²¹Doch der HERR war euretwegen zornig auf mich. Er schwor, dass ich den Jordan nicht überschreiten und das gute Land nicht betreten sollte, das der HERR, euer Gott, euch als besonderes Eigentum gibt. ²²Ihr werdet zwar den Jordan überqueren, um das gute Land zu erobern; ich aber werde hier sterben und den Fluss nicht überqueren. ²³Hütet euch den Bund zu vergessen, den der HERR, euer Gott, mit euch geschlossen hat, indem ihr euch ein Gottesbild, in welcher Gestalt oder Form auch immer, schafft. Dieses hat der HERR, euer Gott, euch streng verboten. ²⁴Denn der HERR, euer Gott, ist ein verzehrendes Feuer, er ist ein eifersüchtiger Gott!

²⁵Angenommen, ihr lebt viele Jahre in dem Land, habt Kinder und Enkel und tut Böses, indem ihr euch irgendwelche Götzenbilder anfertigt. Das missfällt dem HERRN, eurem Gott, und fordert seinen Zorn heraus. ²⁶Ich rufe heute Himmel und Erde als Zeugen gegen euch auf. Wenn ihr so etwas tut, werdet ihr schnell wieder aus dem Land verschwinden, das ihr erobern werdet, nachdem ihr den Jordan überschritten

4,19 O. *hat diese Himmelskörper den anderen Völkern zur Verehrung zugeteilt.*

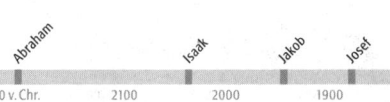

habt. Ihr werdet dann nicht lange in dem Land leben, sondern vernichtet werden. ²⁷Der HERR wird euch unter die Völker zerstreuen und nur wenige von euch werden bei den Völkern überleben, zu denen euch der HERR führt. ²⁸Dort werdet ihr Götzen aus Holz und Stein anbeten, die von Menschen gemacht wurden; Götter, die weder sehen noch hören, weder essen noch riechen können. ²⁹Dann werdet ihr den HERRN, euren Gott, suchen. Und wenn ihr ihn aufrichtig und ernsthaft sucht, werdet ihr ihn finden.

³⁰Wenn diese schwere Zeit in ferner Zukunft über euch hereinbricht, werdet ihr schließlich wieder zum HERRN, eurem Gott, zurückkehren und auf seine Worte hören. ³¹Denn der HERR, euer Gott, ist barmherzig. Er lässt euch nicht fallen, vernichtet euch nicht und vergisst auch nicht den Bund, den er mit euren Vorfahren schloss.

Es gibt nur einen Gott

³²Durchforscht doch einmal die ganze Geschichte, von der Zeit, als Gott die Menschen auf der Erde schuf, bis heute. Sucht von einem Ende der Erde bis zum anderen. Geschah denn schon einmal so etwas Großes oder hat man jemals zuvor etwas Vergleichbares gehört? ³³Hat je ein Volk die Stimme Gottes* aus dem Feuer gehört – wie ihr –, ohne zu sterben? ³⁴Hat je ein Gott den Versuch gemacht, sich ein Volk durch Prüfungen, Zeichen, Wunder, Krieg, Respekt einflößende Machtbeweise und schreckliche Taten aus einem anderen Volk zu holen, wie der HERR es in Ägypten vor euren Augen für euch tat?

³⁵Er hat euch diese Dinge gezeigt, damit ihr erkennt, dass der HERR Gott ist und dass es keinen anderen Gott gibt. ³⁶Er ließ euch seine Stimme aus dem Himmel hören, um euch zu unterweisen. Er ließ euch hier auf der Erde sein großes Feuer sehen und ihr habt sein Reden aus dem Feuer gehört. ³⁷Weil er eure Vorfahren liebte, hat er euch, ihre Nachkommen, auserwählt und euch selbst mit großer Macht aus Ägypten geführt. ³⁸Er vertreibt nun Völker, die größer und stärker sind als ihr, um euch in ihr Land zu bringen und es euch zum Besitz zu geben, genauso wie es jetzt der Fall ist. ³⁹Ihr sollt es heute wissen und es euch zu Herzen nehmen: Der HERR ist Gott im Himmel und auf der Erde und es gibt keinen anderen Gott! ⁴⁰Wenn ihr alle seine Vorschriften und Gebote befolgt, die ich euch heute gebe, wird es euch und euren Kindern gut gehen und ihr werdet lange in dem Land leben, das euch der HERR, euer Gott, für immer gibt.«

Die Freistädte im Osten

⁴¹Danach wählte Mose drei Städte östlich des Jordan aus, ⁴²damit jeder, der versehentlich und nicht aus Hass einen Menschen getötet hatte, in eine dieser Städte fliehen und Schutz finden konnte. ⁴³Er wählte folgende Städte: Bezer auf der Hochebene der Wüste für den Stamm Ruben, Ramot in Gilead für den Stamm Gad sowie Golan in Baschan für den Stamm Manasse.

Einführung in das Gesetz

⁴⁴Dies ist das Gesetz, das Mose den Israeliten vorlegte. ⁴⁵Dies sind die Anordnungen, Gesetze und Vorschriften, die Mose den Israeliten gab, nachdem sie Ägypten verlassen hatten ⁴⁶und im Tal bei Bet-Peor östlich des Jordans lagerten. Zuvor hatte das Gebiet dem amoritischen König Sihon gehört, der von Heschbon aus regiert hatte. Doch Mose und die Israeliten hatten ihn und sein Volk besiegt, als sie von Ägypten heraufgezogen waren. ⁴⁷Die Israeliten eroberten sein Land und das Land König Ogs von Baschan – der beiden Amoriterkönige östlich des Jordan. ⁴⁸Die Israeliten besetzten das gesamte Gebiet von Aroër am Ufer des Arnon bis zum Berg Sion, der auch Hermon genannt wird, ⁴⁹und das östliche Jordantal bis hinunter zum Toten Meer am Fuß des Pisga.

Die Zehn Gebote (Vgl. 2. Mose 20)

5 Mose rief alle Israeliten zusammen und sagte zu ihnen: »Hört auf die Gesetze und Vorschriften, die ich euch heute gebe. Prägt sie euch ein und befolgt sie gewissenhaft.

²Am Sinai* schloss der HERR, unser Gott, einen Bund mit uns. ³Er schloss diesen Bund nicht mit unseren Vorfahren, sondern mit uns allen, die wir heute hier am Leben sind. ⁴Der HERR sprach auf dem Berg mitten aus dem Feuer persönlich zu euch. ⁵Ich stand zwischen euch und dem HERRN, denn ihr hattet Angst vor dem Feuer und seid nicht auf den Berg gestiegen. Er sprach zu mir und ich gab seine Worte an euch weiter. Er sagte:

⁶›Ich bin der HERR, dein Gott, der dich aus der Sklaverei in Ägypten befreit hat.

⁷Du sollst außer mir keine anderen Götter haben.

⁸Du sollst dir kein Götzenbild anfertigen von etwas, das im Himmel, auf der Erde oder im Wasser unter der Erde ist. ⁹Du sollst sie weder verehren noch dich vor ihnen zu Boden werfen, denn ich, der HERR, dein Gott, bin ein eifersüch-

---

4,33 O. *Stimme eines Gottes.*   **5,2** Hebr. *Horeb,* ein anderer Name für *Sinai.*

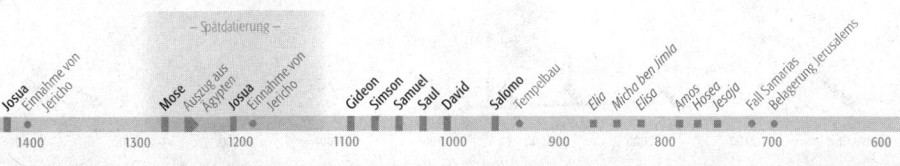

5. MOSE

1–3	Rückblick: Die Reise durch die Wüste
4–11	Einführung in das Gesetz
12–26	Die einzelnen Gesetze
27–30	Segen für Gehorsam, Fluch für Ungehorsam
31–34	Ausblick: Josua wird zum Anführer Israels

5–7
Die Zehn Gebote. »Höre, Israel«: Gebot, Gott zu lieben. Israel folgt Gott, weil er große Taten an Israel getan hat.

[Zum Sinai, vom Sinai her: Gott schafft sich ein Volk]

tiger Gott! Ich lasse die Sünden derer, die mich hassen, nicht ungestraft, sondern ich strafe die Kinder für die Sünden ihrer Eltern bis in die dritte und vierte Generation. ¹⁰Denen aber, die mich lieben und meine Gebote befolgen, werde ich bis in die tausendste Generation gnädig sein.

¹¹Du sollst den Namen des HERRN, deines Gottes, nicht missbrauchen. Denn der HERR wird jeden bestrafen, der seinen Namen missbraucht.

¹²Halte den Sabbat, indem du ihn heiligst, wie der HERR, dein Gott, es befohlen hat. ¹³Sechs Tage in der Woche sollst du arbeiten und deinen alltäglichen Pflichten nachkommen. ¹⁴Der siebte Tag aber ist ein Ruhetag für den HERRN, deinen Gott. An diesem Tag darf kein Angehöriger deines Hauses irgendeine Arbeit verrichten. Das gilt für dich, deine Söhne und Töchter, deine Sklaven und Sklavinnen, deinen Ochsen, deinen Esel und dein übriges Vieh sowie für alle Fremden, die bei dir wohnen. Alle deine Sklaven und Sklavinnen sollen ausruhen, so wie auch du ausruhst. ¹⁵Denk daran, dass du selbst einmal Sklave in Ägypten warst und dass der HERR, dein Gott, dich mit großer Macht und gewaltigen Taten aus dem Land geführt hat. Deshalb hat dir der HERR, dein Gott, befohlen, den Sabbat zu halten.

¹⁶Ehre deinen Vater und deine Mutter, wie der HERR, dein Gott, dir befohlen hat. Dann wird es dir gut gehen und du wirst lange in dem Land leben, das dir der HERR, dein Gott, geben wird.

¹⁷Du sollst nicht töten.
¹⁸Du sollst nicht die Ehe brechen.
¹⁹Du sollst nicht stehlen.
²⁰Du sollst keine falsche Aussage über einen deiner Mitmenschen machen.

²¹Du sollst nicht die Frau deines Nächsten begehren. Und du sollst auch nicht sein Haus, sein Feld, seinen Sklaven oder seine Sklavin, seinen Ochsen oder Esel oder irgendetwas anderes begehren, das deinem Nächsten gehört.‹

²²Diese Worte sprach der HERR mit lauter Stimme auf dem Berg zu euch allen mitten aus dem Feuer und den dunklen Wolken heraus. Dem fügte er nichts mehr hinzu. Er schrieb seine Worte auf zwei Steintafeln und gab sie mir. ²³Doch als ihr die Stimme aus der Dunkelheit hörtet, während der Berg in Flammen stand, kamen die führenden Männer eurer Stämme zu mir. ²⁴Ihr ließt mir durch sie ausrichten: ›Der HERR, unser Gott, hat uns seine Herrlichkeit und Macht gezeigt und wir haben seine Stimme mitten aus dem Feuer gehört. Heute haben wir erlebt, dass Gott zu Menschen sprach und sie trotzdem nicht sterben mussten. ²⁵Aber am Ende werden wir doch noch sterben, denn dieses gewaltige Feuer wird uns noch töten. Wenn wir den HERRN, unseren Gott, auf diese Weise wei-

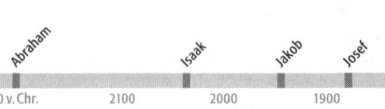

ter zu uns reden hören, werden wir sterben! ²⁶Kann denn ein Mensch die Stimme des lebendigen Gottes mitten aus dem Feuer hören, so wie wir, und am Leben bleiben? ²⁷Geh du doch und höre, was der HERR, unser Gott, zu sagen hat und teile uns anschließend alles mit, was er dir gesagt hat. Dann wollen wir es hören und befolgen.‹

²⁸Der HERR erhörte eure Bitte, die ihr an mich gerichtet habt. Daraufhin sprach er zu mir: ›Ich habe gehört, was die Leute zu dir gesagt haben. Sie haben in allem recht. ²⁹Wenn sie mich doch nur immer so achteten und jeden Tag allen meinen Geboten gehorchten! Dann würde es ihnen und ihren Nachkommen für immer gut gehen. ³⁰Geh und fordere sie auf, in ihre Zelte zurückzukehren. ³¹Bleib du aber hier bei mir, dann will ich dir meine Gebote, Gesetze und Vorschriften geben. Teile sie anschließend dem Volk mit, damit die Menschen sie in dem Land befolgen, das ich ihnen zum Besitz gebe.‹ ³²Achtet darauf, dass ihr genauso handelt, wie der HERR, euer Gott, es euch befohlen hat. Weicht nicht davon ab! ³³Bleibt auf dem Weg, den der HERR, euer Gott, euch gezeigt hat. Dann werdet ihr lange in dem Land leben, das ihr erobern werdet, und es wird euch gut gehen.

Aufforderung zur bedingungslosen Hingabe

6 Dies sind die Gebote, Gesetze und Vorschriften, die ich euch nach dem Willen des HERRN, eures Gottes, lehren soll. Denn ihr sollt sie in dem Land befolgen, in das ihr nun hinüberzieht, um es zu erobern. ²Ihr, eure Kinder und Enkel, ihr sollt dem HERRN, eurem Gott, mit Ehrfurcht begegnen und alle seine Gesetze und Gebote halten, solange ihr lebt. Dann wird er euch ein langes Leben schenken. ³Hört genau zu, ihr Israeliten, und gehorcht! Dann wird es euch gut gehen und ihr werdet viele Nachkommen haben in dem Land, in dem Milch und Honig überfließen, wie ihr der HERR, der Gott eurer Väter, es euch versprochen hat.

⁴Hört, ihr Israeliten! Der HERR, unser Gott, ist der einzige HERR.* ⁵Ihr sollt den HERRN, euren Gott, von ganzem Herzen, von ganzer Seele und mit eurer ganzen Kraft lieben. ⁶Bewahrt die Gebote, die ich euch heute gebe, in eurem Herzen. ⁷Schärft sie euren Kindern ein. Sprecht über sie, wenn ihr zu Hause oder unterwegs seid, wenn ihr euch hinlegt oder wenn ihr aufsteht. ⁸Bindet sie zur Erinnerung um eure Hand und tragt sie an eurer Stirn, ⁹schreibt sie auf die Pfosten eurer Haustüren und auf eure Tore.

¹⁰Der HERR, euer Gott, wird euch schon bald in das Land bringen, das er euren Vätern Abraham, Isaak und Jakob mit einem Eid versprochen hat. Darin sind große, reiche Städte, die ihr nicht erbaut habt; ¹¹Häuser voller Waren, die ihr nicht gekauft habt; Zisternen, die ihr nicht gegraben habt, und Weinberge und Olivenhaine, die ihr nicht gepflanzt habt. Wenn ihr euch also in dem Land satt essen könnt, ¹²dann vergesst den HERRN nicht, der euch aus der Sklaverei in Ägypten befreit hat. ¹³Ihr sollt den HERRN, euren Gott, fürchten und ihm dienen. Wenn ihr einen Eid ablegt, dürft ihr es nur in seinem Namen tun. ¹⁴Lauft nicht den Göttern eurer Nachbarvölker hinterher, ¹⁵denn der HERR, euer Gott, der mitten unter euch wohnt, ist ein eifersüchtiger Gott. Sonst wird sich sein Zorn gegen euch richten und euch vernichten. ¹⁶Fordert den HERRN, euren Gott, nicht heraus, wie ihr es bei Massa getan habt. ¹⁷Haltet die Gebote des HERRN, eures Gottes – alle Anordnungen und Vorschriften, die er euch gab. ¹⁸Tut, was in den Augen des HERRN gut und richtig ist. Dann wird es euch gut gehen und ihr werdet in das schöne Land kommen, das der HERR euren Vorfahren mit einem Eid versprochen hat, und es erobern. ¹⁹Ihr werdet alle eure Feinde vor euch vertreiben, wie der HERR euch angekündigt hat.

²⁰Eure Kinder werden euch später fragen: ›Was bedeuten diese Anordnungen, Vorschriften und Gesetze, die der HERR, unser Gott, euch gegeben hat?‹ ²¹Dann sollt ihr ihnen antworten: ›Wir waren Sklaven des Pharaos in Ägypten, doch der HERR hat uns mit großer Macht aus Ägypten geführt. ²²Vor unseren Augen schlug er Ägypten und den Pharao samt seinem ganzen Hofstaat mit schrecklichen Plagen und mächtigen Zeichen. ²³Er führte uns aus Ägypten, um uns in das Land zu bringen, das er unseren Vorfahren mit einem Eid versprochen hatte. ²⁴Und der HERR, unser Gott, befahl uns, alle diese Vorschriften zu halten und Ehrfurcht vor ihm zu haben, damit er für uns sorgt und es uns alle Tage gut geht, wie es nun der Fall ist. ²⁵Denn wenn wir die Gebote genau befolgen, die der HERR, unser Gott, uns gab, sind wir dadurch gerechtfertigt.‹

Die Heiligkeit des Volkes

7 Wenn der HERR, euer Gott, euch in das Land bringt, das ihr nun erobern werdet, wird er viele Völker vor euch vertreiben: die Hetiter, die Girgaschiter, die Amoriter, die Kana-

---

6,4 O. *Der HERR, unser Gott, der HERR, ist einer* oder *der HERR ist unser Gott, der HERR ist einer.*

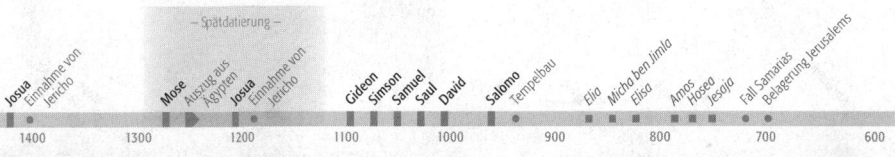

5. MOSE

1–3	Rückblick: Die Reise durch die Wüste
4–11	Einführung in das Gesetz
12–26	Die einzelnen Gesetze
27–30	Segen für Gehorsam, Fluch für Ungehorsam
31–34	Ausblick: Josua wird zum Anführer Israels

7–8
Gott gibt die Kanaaniter in die Hand Israels. Israel soll die Kanaaniter als Bann vernichten. Erinnerung an Gottes Begleitung und Aufruf, ihm zu gehorchen.

[Zum Sinai, vom Sinai her: Gott schafft sich ein Volk]

aniter, die Perisiter, die Hiwiter und die Jebusiter; sieben Völker, die alle größer und mächtiger sind als ihr. ²Wenn der HERR, euer Gott, sie euch ausliefert und ihr sie besiegt, sollt ihr sie vernichten*. Schließt keine Verträge mit ihnen und verschont sie nicht. ³Heiratet nicht in ihre Familien ein: Verheiratet eure Töchter nicht mit ihren Söhnen oder eure Söhne nicht mit ihren Töchtern. ⁴Denn sie würden eure Kinder dazu bringen, sich von ihm abzuwenden und andere Götter zu verehren. Dann aber würde sich der Zorn des HERRN gegen euch richten und euch schnell vernichten. ⁵Reißt stattdessen ihre Altäre ein und zertrümmert ihre heiligen Säulen. Schlagt ihre Ascherapfähle in Stücke und verbrennt ihre Götzenbilder. ⁶Denn ihr seid ein heiliges Volk für den HERRN, euren Gott. Von allen Völkern der Erde gehört ihr als Volk dem HERRN, eurem Gott.

⁷Der HERR hat euch nicht erwählt und hält an euch fest, weil ihr größer oder bedeutender wärt als die anderen Völker – ihr seid sogar das unbedeutendste aller Völker –, ⁸sondern weil er euch liebt und weil er das Versprechen halten wollte, das er euren Vorfahren mit einem Eid gegeben hatte. Aus diesem Grund hat er euch mit großer Macht aus Ägypten geführt und euch aus der

---

7,2 Hebr. *den Bann vollstrecken*. Mit dem hier gebrauchten hebr. Ausdruck ist die vollständige Übergabe von Dingen, Tieren oder Menschen an den HERRN gemeint, indem diese entweder vernichtet oder als Opfer dargebracht werden; so auch in V. 26.

5. Mose 7,7-8

Gottes Liebe, Gottes Zorn
Bibelstellen wie diese vermitteln fast den Eindruck, dass Gott damals nur Israel liebte. Alle anderen Völker wurden anscheinend von Gott (und Israel) verachtet, vertrieben oder einfach vernachlässigt. Nur Israel schien seine Gnade zu erfahren. Diese Schriftstellen müssen wir aber mit Blick auf die gesamte biblische Geschichte betrachten. Gott hat Israel geschaffen, damit es eine Segensquelle der Gnade Gottes für die ganze Welt sein kann.
Dieser Text rät Israel, demütig zu bleiben. Israel verdankt seine Sonderrolle im Plan Gottes nicht seinen Errungenschaften, sondern allein Gottes Gnade. Wenn Israel seine Mission verfolgt, den wahren Gott der Welt bekannt zu machen, zu zeigen, dass Gott gnädig ist, seine Versprechen hält und sowohl einzelne Menschen als auch ganze Völker errettet und über Tausende von Generationen seinen Bund hält, dann profitiert davon nicht nur Israel, sondern die ganze Welt. An Jesus und seiner Gemeinde (die in Israel ihren Anfang nahm) sehen wir, wie dies Wirklichkeit wurde.
(5. Mose 28 ‹‹ | ›› Hosea 2,21-25)

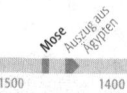

Sklaverei des Pharaos, des Königs von Ägypten, befreit. ⁹Erkennt deshalb, dass der HERR, euer Gott, der wahre Gott ist. Er ist der treue Gott, der über 1.000 Generationen hinweg zu seinem Bund mit denen steht, die ihn lieben und seinen Geboten nachkommen. ¹⁰Aber er bestraft und vernichtet diejenigen, die ihn hassen. Ja, wer ihn hasst, den bestraft er auf der Stelle. ¹¹Befolgt deshalb die Gebote, Gesetze und Vorschriften, die ich euch heute gebe.

¹²Wenn ihr diese Gesetze haltet und sie befolgt, wird der HERR, euer Gott, zu seinem Bund mit euch stehen und euch mit seiner beständigen Liebe begegnen, wie er es euren Vorfahren mit einem Eid versprochen hat. ¹³Er wird euch lieben und segnen und zu einem großen Volk machen. In dem Land, das er euren Vorfahren versprochen hat, wird er euch viele Kinder und reiche Ernten an Getreide, Wein und Öl schenken und eure Rinder-, Schaf- und Ziegenherden vermehren. ¹⁴Ihr werdet gesegneter sein als alle anderen Völker der Erde. Kein Mann und keine Frau – ja nicht einmal eines eurer Tiere – soll unfruchtbar sein. ¹⁵Und der HERR wird euch vor aller Krankheit schützen. Er wird euch nicht an den schrecklichen Seuchen leiden lassen, die ihr in Ägypten kennengelernt habt, sondern wird sie stattdessen über eure Feinde bringen.

¹⁶Vernichtet alle Völker, die der HERR, euer Gott, in eure Hand gibt. Verschont sie nicht und dient nicht ihren Göttern, denn sonst werden sie euch zu Fall bringen. ¹⁷Vielleicht denkt ihr bei euch: ›Wie können wir es jemals schaffen, diese Völker, die so viel größer sind als wir, zu vertreiben?‹ ¹⁸Habt keine Angst vor ihnen! Denkt daran, was der HERR, euer Gott, mit dem Pharao und allen Ägyptern gemacht hat. ¹⁹Und denkt auch an die Plagen, die ihr doch mit euren eigenen Augen gesehen habt, und an die Zeichen und Wunder, an die große Macht und die gewaltigen Taten, mit denen er euch aus Ägypten führte. Mit derselben Macht wird der HERR, euer Gott, gegen die Völker vorgehen, die euch jetzt Angst einflößen. ²⁰Und schließlich wird er Angst und Schrecken über sie kommen lassen, durch die auch noch die Überlebenden umkommen, die sich vor euch verstecken! ²¹Nein, ihr müsst vor diesen Völkern keine Angst haben, denn der HERR, euer Gott, ist mitten unter euch, und er ist ein großer und Ehrfurcht gebietender Gott. ²²Der HERR, euer Gott, wird diese Völker nach und nach vor euch vertreiben. Ihr könnt sie nicht alle auf einmal vernichten, denn sonst würden die wilden Tiere sich zu rasch vermehren und euch schaden. ²³Doch er wird sie in eure Hand geben und sie in große Verwirrung stürzen, bis sie vernichtet sind. ²⁴Er wird ihre Könige in eure Hand geben und ihr werdet ihre Namen von der Erde auslöschen. Niemand wird vor euch bestehen können, bis ihr sie alle vernichtet habt.

²⁵Verbrennt ihre Götzenbilder und begehrt nicht das Silber und Gold, das an ihnen ist. Behaltet nichts davon für euch, sonst wird es euch zu Fall bringen, denn der HERR, euer Gott, verabscheut es. ²⁶Nehmt auf keinen Fall einen dieser Gegenstände, die er verabscheut, in eure Häuser, damit ihr nicht wie sie vernichtet werdet. Verabscheut diese Dinge von ganzem Herzen, denn sie sind zur Vernichtung bestimmt.

Aufruf zum Gehorsam und zur Dankbarkeit

8 Befolgt gewissenhaft alle Gebote, die ich euch heute gebe! Dann werdet ihr leben und viele Nachkommen haben und das Land erobern, das der HERR euren Vorfahren mit einem Eid versprochen hat. ²Erinnert euch an den ganzen Weg, den der HERR, euer Gott, euch während dieser 40 Jahre durch die Wüste führte. Dadurch wollte er euch demütigen und auf die Probe stellen, um euren wahren Charakter ans Licht zu bringen und um zu sehen, ob ihr seine Gebote befolgen würdet oder nicht. ³Ja, er ließ euch eure Abhängigkeit spüren, indem er euch hungern ließ. Dann gab er euch Manna zu essen, das ihr und eure Vorfahren bis dahin nicht kanntet. Dadurch wollte er euch zeigen, dass der Mensch mehr als nur Brot zum Leben braucht. Er lebt auch von jedem Wort, das aus dem Mund des HERRN kommt. ⁴Denn während dieser 40 Jahre nutzten sich eure Kleider nicht ab und auch eure Füße schwollen nicht an. ⁵Daran solltet ihr erkennen, dass der HERR, euer Gott, euch erzieht, so wie Eltern ihr Kind erziehen.

⁶Lebt nach dem Willen des HERRN, eures Gottes, und habt Ehrfurcht vor ihm, indem ihr seine Gebote in eurem Leben umsetzt. ⁷Denn der HERR, euer Gott, bringt euch in ein gutes Land. Dort gibt es Flüsse, Seen und Quellen, die in den Tälern und Bergen entspringen, ⁸und Weizen und Gerste, Weinstöcke und Feigenbäume, Granatäpfel, Ölbäume und Honig. ⁹Es ist ein Land, in dem ihr euch satt essen könnt und es euch an nichts fehlen wird. Ein Land, in dem die Steine Eisen enthalten und aus dessen Bergen du Kupfer abbauen kannst. ¹⁰Wenn ihr dann gegessen habt und satt seid, sollt ihr den HERRN, euren Gott, für das gute Land, das er euch gegeben hat, loben.

¹¹Passt aber auf, dass ihr den HERRN, euren Gott nicht vergesst und dann seine Gebote, Vorschriften und Gesetze, die ich euch heute gebe, nicht mehr befolgt. ¹²Wenn ihr genug zu essen

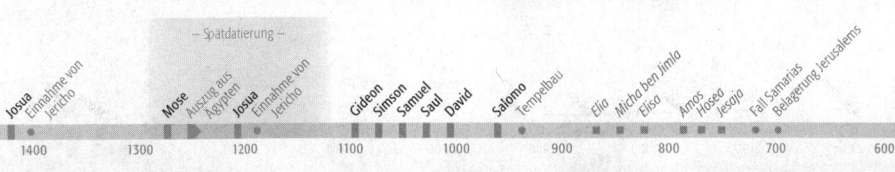

5. MOSE

1–3	Rückblick: Die Reise durch die Wüste
4–11	Einführung in das Gesetz
12–26	Die einzelnen Gesetze
27–30	Segen für Gehorsam, Fluch für Ungehorsam
31–34	Ausblick: Josua wird zum Anführer Israels

8–10
Israel bekommt das Land, obwohl es eigensinnig ist. Erinnerung an das Goldene Kalb und die zweite Anfertigung der Gesetzestafeln.

[Zum Sinai, vom Sinai her: Gott schafft sich ein Volk]

habt und euch prächtige Häuser baut und darin wohnt, ¹³und wenn eure Schaf-, Ziegen- und Rinderherden groß werden und ihr viel Gold, Silber und vieles andere besitzt, ¹⁴dann werdet nicht überheblich und vergesst nicht den HERRN, euren Gott, der euch aus der Sklaverei in Ägypten befreit hat. ¹⁵Er hat euch durch die große, schreckliche Wüste mit ihren wasserlosen Gegenden, ihren Giftschlangen und Skorpionen geführt. Er ließ euch Wasser aus dem Felsen sprudeln ¹⁶und gab euch in der Wüste Manna zu essen, eine Speise, die eure Vorfahren bis dahin nicht kannten. Auf diese Weise wollte er euch demütig machen und auf die Probe stellen, um euch letztendlich mit Gutem zu beschenken. ¹⁷Denkt nur nicht, ihr wärt aus eigener Kraft und Anstrengung reich geworden. ¹⁸Erinnert euch vielmehr daran, dass es der HERR, euer Gott, ist, der euch die Kraft gibt, Reichtum zu erwerben. Denn er erfüllt den Bund, den er mit euren Vorfahren schloss und der jetzt noch gilt.

¹⁹Eines jedoch kann ich euch heute versichern: Wenn ihr den HERRN, euren Gott, vergesst und anderen Göttern nachlauft, sie verehrt und anbetet, dann werdet ihr umkommen. ²⁰Weil ihr dem HERRN, eurem Gott, nicht gehorcht, wird er euch vernichten, so wie er die Völker vor euch vernichtet.

Gott ermöglicht den Sieg

9 Hört, ihr Israeliten! Ihr seid heute im Begriff den Jordan zu überqueren, um Völker zu vertreiben, die größer und mächtiger sind als ihr. Sie leben in großen Städten mit Mauern, die bis in den Himmel reichen. ²Sie sind hoch gewachsen und stark – Nachkommen der Anakiter*. Ihr wisst, dass über sie gesagt wird: ›Wer kann gegen die Anakiter bestehen?‹ ³Doch ihr werdet es erleben: Der HERR, euer Gott, wird vor euch herziehen wie ein verzehrendes Feuer und sie vernichten. Er wird sie in eure Hand geben, sodass ihr sie schnell vertreiben und vernichten könnt, wie der HERR es euch versprochen hat.

⁴Wenn der HERR, euer Gott, sie vor euch vertrieben hat, dann sagt nicht zu euch selbst: ›Weil wir so rechtschaffen sind, hat der HERR uns in dieses Land gebracht, damit wir es erobern.‹ Nein, er vertreibt diese Völker aufgrund ihrer Verkommenheit vor euch. ⁵Er lässt euch ihr Land nicht erobern, weil ihr so rechtschaffen und aufrichtig seid. Der HERR, euer Gott, wird diese Völker aufgrund ihrer Verkommenheit

---

9,2 Die *Anakiter* waren sprichwörtlich als Riesen bekannt.

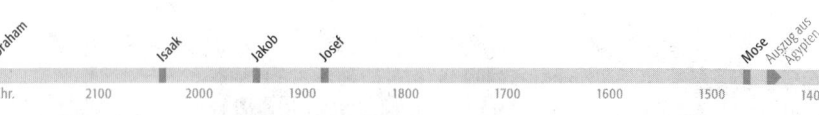

vor euch vertreiben und um den Eid zu erfüllen, den er euren Vätern Abraham, Isaak und Jakob geleistet hat. ⁶Seht es doch ein: Der HERR, euer Gott, gibt euch dieses gute Land nicht, weil ihr gerecht seid. Denn ihr seid ein eigensinniges Volk.

Das goldene Kalb

⁷Denkt daran und vergesst nicht, wie oft ihr in der Wüste den Zorn des HERRN, eures Gottes, herausgefordert habt. Von dem Tag an, als ihr Ägypten verlassen habt, bis heute hab ihr euch immer wieder gegen ihn aufgelehnt. ⁸Und als ihr ihn am Sinai* gereizt habt, war er so zornig auf euch, dass er euch vernichten wollte. ⁹Damals war ich auf den Berg gestiegen, um die Steintafeln mit den Bedingungen des Bundes zu erhalten, den der HERR mit euch geschlossen hatte. Ich war 40 Tage und 40 Nächte auf dem Berg, ohne etwas zu essen oder zu trinken. ¹⁰Der HERR gab mir die beiden Steintafeln, die Gott eigenhändig beschrieben hatte. Darauf standen all die Worte, die er auf dem Berg aus dem Feuer zu euch gesprochen hatte, als ihr unten versammelt wart. ¹¹Am Ende der 40 Tage und Nächte gab mir der HERR die beiden steinernen Bundestafeln ¹²und befahl mir: ›Steh auf! Steig sofort hinunter, denn dein Volk, das du aus Ägypten geführt hast, handelt böse. Wie schnell haben sie den Weg verlassen, den ich ihnen gewiesen habe, und sich ein Götzenbild angefertigt.‹

¹³Und der HERR sprach zu mir: ›Ich habe dieses Volk beobachtet: Es ist eigensinnig. ¹⁴Lass es mich vernichten und seinen Namen unter dem Himmel auslöschen. Dann will ich aus deinen Nachkommen ein größeres und mächtigeres Volk machen, als sie es sind.‹

¹⁵Ich wandte mich um und stieg von dem Berg hinunter, der in Flammen stand. Die beiden Bundestafeln hielt ich in meinen Händen. ¹⁶Da sah ich, dass ihr gegen den HERRN, euren Gott, gesündigt hattet: Ihr hattet euch ein Götzenbild in Form eines Kalbes angefertigt. Wie schnell hattet ihr den Weg verlassen, den der HERR, euer Gott, euch gewiesen hatte! ¹⁷Deshalb nahm ich die beiden Tafeln, schleuderte sie auf den Boden und zerschmetterte sie vor euren Augen. ¹⁸Dann warf ich mich vor dem HERRN nieder und lag 40 Tage und Nächte vor ihm. In dieser Zeit aß und trank ich nichts. Denn ihr hattet gesündigt und den Zorn des HERRN herausgefordert, indem ihr tatet, was er hasst. ¹⁹Ich stand große Angst aus, weil der HERR so zornig auf euch war, dass er euch töten wollte. Doch auch diesmal erhörte er mich. ²⁰Auch auf Aaron war der HERR sehr zornig und wollte ihn töten. Damals betete ich auch für Aaron. ²¹Ich nahm den Gegenstand eurer Sünde, das Kalb, das ihr gemacht hattet, verbrannte es im Feuer und zerstampfte die Asche zu feinem Staub. Diesen Staub streute ich in den Bach, der vom Berg herabfließt.

²²Auch in Tabera, Massa und Kibroth-Hattaawa* habt ihr den Zorn des HERRN herausgefordert. ²³In Kadesch-Barnea* schickte der HERR euch mit folgendem Auftrag los: ›Geht und nehmt das Land ein, das ich euch gegeben habe.‹ Doch ihr habt euch dem Befehl des HERRN, eures Gottes, widersetzt. Ihr habt ihm nicht vertraut und wart ihm nicht gehorsam. ²⁴Seit ich euch kenne, lehnt ihr euch gegen den HERRN auf.

²⁵Deshalb lag ich 40 Tage und Nächte lang vor dem HERRN auf dem Boden, weil er angekündigt hatte, euch zu vernichten. ²⁶Ich flehte ihn an: ›O allmächtiger HERR, vernichte doch nicht dein eigenes Volk! Du hast sie durch deine große Macht und mit starker Hand aus Ägypten befreit. ²⁷Denk an deine Diener Abraham, Isaak und Jakob und hab Nachsicht mit der Sturheit, der Gottlosigkeit und der Sünde dieser Menschen. ²⁸Sonst wird man in dem Land, aus dem du uns geführt hast, sagen: Der HERR konnte sie nicht in das Land bringen, das er ihnen versprochen hat. Oder er hat sie gehasst und sie deshalb aus Ägypten geführt, um sie in der Wüste zu töten. ²⁹Dabei ist es doch dein Volk und dein besonderes Eigentum, das du durch deine große Macht und mit starker Hand aus Ägypten geführt hast.‹

Neue Gesetzestafeln

10 Damals gab der HERR mir die Anweisung: ›Hau zwei Steintafeln zurecht wie die ersten und fertige einen Kasten aus Holz an. Steig dann zu mir auf den Berg. ²Ich will noch einmal die gleichen Worte auf die Tafeln schreiben, wie auf die ersten beiden, die du zerschmettert hast. Leg die Tafeln anschließend in den Kasten*.‹

³Also fertigte ich einen Kasten aus Akazienholz an. Dann hieb ich zwei Steintafeln wie die beiden ersten zurecht und nahm sie mit auf den Berg. ⁴Und der HERR schrieb dasselbe wie beim ersten Mal auf die Tafeln – die Zehn Gebote, die er auf

---

9,8 Hebr. *Horeb*, ein anderer Name für *Sinai*. 9,22 *Tabera* bedeutet *Stätte des Verbrennens*, vgl. 4. Mose 11,1-3. *Massa* bedeutet *Prüfung, Versuchung*, vgl. 2. Mose 17,1-7. *Kibroth-Hattaawa* bedeutet *Gräber der Gier*, vgl. 4. Mose 11,31-34. 9,23 S. 4. Mose 13. 10,2 D.i. die Bundeslade. So auch in V. 5.

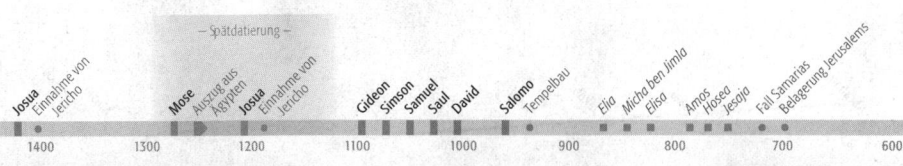

5. MOSE

1–3	Rückblick: Die Reise durch die Wüste
4–11	Einführung in das Gesetz
12–26	Die einzelnen Gesetze
27–30	Segen für Gehorsam, Fluch für Ungehorsam
31–34	Ausblick: Josua wird zum Anführer Israels

10–11
Israel soll seine Eigensinnigkeit ablegen und Gott lieben. Gehorsam gegenüber Gott bringt Israel Segen.

[Zum Sinai, vom Sinai her: Gott schafft sich ein Volk]

dem Berg aus dem Feuer zu euch gesprochen hatte, als ihr unten versammelt wart. Dann gab er mir die Tafeln. ⁵Ich stieg wieder vom Berg hinunter und legte die Tafeln in den Kasten, den ich gemacht hatte. Und dort liegen sie noch heute, wie der HERR mir befohlen hat.

⁶Die Israeliten zogen von Beerot-Bene-Jaakan nach Moser, wo Aaron starb und begraben wurde. Sein Sohn Eleasar wurde an seiner Stelle Hoher Priester. ⁷Danach zogen sie weiter nach Hor-Gidgad und von dort nach Jotbata, einer Gegend mit vielen Bächen. ⁸Damals wählte der HERR den Stamm Levi aus, die Lade des Bundes des HERRN zu tragen, am Heiligtum Dienst zu tun und in seinem Namen zu segnen. Diese Aufgaben haben sie noch heute. ⁹Deshalb haben die Leviten keinen Anteil und kein Erbe unter den übrigen israelitischen Stämmen. Der HERR selbst ist ihr Erbteil, wie der HERR, euer Gott, es ihnen versprochen hat.

¹⁰Wie beim ersten Mal blieb ich wieder 40 Tage und 40 Nächte auf dem Berg. Und der HERR erhörte mich auch diesmal und ließ von seinem Vorhaben ab, euch zu vernichten. ¹¹Stattdessen sprach er zu mir: ›Steh auf und führe das Volk weiter. Sie werden in das Land kommen, das ich ihren Vorfahren mit einem Eid versprochen habe, und es erobern.‹

Aufruf zu Liebe und Gehorsam
¹²Und nun, Israel? Was verlangt der HERR, dein Gott, von dir? Er verlangt von dir nur, dass du

5. Mose 10,14-16

Erwählung
Dass Gott ein besonders Volk erwählt hat, ist kein Anlass zu Stolz oder zur Geringschätzung anderer Völker. Der Grund für die Erwählung liegt allein in Gottes Liebe (V. 15). Messbare Vorzüge hat Israel sonst nicht – im Vergleich zu anderen Völkern ist es sogar unbedeutender (5Mo 7,7-8).
Die Erwählten sind von Gott besonders in Beschlag genommen. Gott möchte nicht nur ihren praktizierten Gehorsam (V. 13), sondern Liebe aus ganzem Herzen (V. 12).
Israel, das Gott nahe steht, soll sich nicht überheblich fern halten von den Ausländern, die im Lande leben, sondern im Gegenteil für sie sorgen (V. 18-19), denn wenn Gott sein Volk liebt, heißt das nicht, dass die Ausländer von ihm ungeliebt wären (V. 18).
Die angemessene Haltung der Erwählten ist keine Selbstsicherheit, sondern das Staunen: »Gesegnet bist du, Israel! Wer ist wie du: ein Volk, das der Herr gerettet hat?« (5Mo 33,29).
(4. Mose 13,8-10 ‹‹ | ›› 5. Mose 4,5-8)

ihn achtest, dass du nach seinem Willen lebst, dass du ihn liebst und ihm mit ganzem Herzen und mit aller Kraft dienst. ¹³Außerdem sollst du den guten Geboten und Vorschriften des HERRN, die ich dir heute gebe, gehorchen. ¹⁴Der ganze Himmel, die Erde und alles, was auf ihr ist, gehören dem HERRN, deinem Gott. ¹⁵Deine Vorfahren aber hat der HERR geliebt. Und euch, ihre Nachkommen, hat er aus allen Völkern erwählt, wie sich heute zeigt. ¹⁶Reinigt deshalb eure Herzen* und seid nicht mehr so eigensinnig.

¹⁷Der HERR, euer Gott, ist der Gott aller Götter und der Herr aller Herren. Er ist der große Gott, mächtig und Ehrfurcht gebietend, unparteiisch und unbestechlich. ¹⁸Er verhilft Witwen und Waisen zu ihrem Recht. Er liebt die Ausländer und gibt ihnen Nahrung und Kleidung. ¹⁹Auch ihr sollt die Ausländer lieben, denn ihr wart selbst einmal Ausländer in Ägypten. ²⁰Ihr sollt den HERRN, euren Gott, achten, ihm dienen und ihn lieben. Schwört allein bei seinem Namen. ²¹Er ist euer Ruhm und euer Gott, der diese großen und Angst einflößenden Wunder tat, die ihr selbst miterlebt habt. ²²Als eure Vorfahren nach Ägypten zogen, waren sie nur 70 Leute. Mittlerweile hat der HERR, euer Gott, euch so zahlreich wie die Sterne am Himmel gemacht!

11 Ihr sollt den HERRN, euren Gott, lieben und seinen Anordnungen, Gesetzen, Vorschriften und Geboten immer gehorchen. ²Begreift es doch! Ich rede jetzt nicht zu euren Kindern, die weder die Strafe des HERRN, eures Gottes, noch seine Größe und Respekt einflößende Macht je am eigenen Leib erfahren haben. ³Sie erlebten die Wunder und gewaltigen Taten nicht mit, die er in Ägypten am Pharao, dem König von Ägypten, und seinem ganzen Land vollbrachte. ⁴Sie erlebten nicht mit, was der HERR dem Heer Ägyptens und seinen Pferden und Kriegswagen antat – wie er sie in den Fluten des Roten Meeres ertränkte, als sie euch verfolgten, und wie er ihnen einen vernichtenden Schlag versetzte, der bis heute noch nachwirkt. ⁵Sie erlebten nicht mit, wie der HERR in der Wüste für euch sorgte, bis ihr hierher kamt. ⁶Sie erlebten auch nicht mit, wie er Datan und Abiram, die Söhne Eliabs und Nachkommen Rubens, bestrafte, wie sich die Erde auftat und sie zusammen mit ihren Familien, Zelten und Anhängern verschlang. ⁷Ihr jedoch habt all diese mächtigen Taten des HERRN mit euren eigenen Augen gesehen.

Gehorsam wird gesegnet

⁸Befolgt deshalb alle Gebote, die ich euch heute gebe. Dann seid ihr stark genug, um in das Land hinüberzugehen und es zu erobern. ⁹Und ihr werdet lange in dem Land leben, von dem der HERR euren Vorfahren mit einem Eid versprochen hat, es ihnen und ihren Nachkommen zu geben – ein Land, in dem Milch und Honig überfließen! ¹⁰Denn das Land, in das ihr nun zieht, um es zu erobern, ist nicht wie Ägypten, aus dem ihr kommt. Dort musstet ihr eure Felder nach der Saat künstlich bewässern wie einen Gemüsegarten. ¹¹Hier gibt es jedoch Berge und Täler und es fällt genügend Regen. ¹²Der HERR, euer Gott, sorgt selbst für dieses Land. Er wacht darüber Tag für Tag, das ganze Jahr über.

¹³Befolgt die Gebote des HERRN, die ich euch heute gebe, liebt den HERRN, euren Gott, und dient ihm aufrichtig und mit aller Kraft. ¹⁴Dann wird er es in eurem Land zur rechten Zeit regnen lassen, im Herbst und im Frühjahr, sodass ihr Getreide, Trauben für Wein und Oliven für Öl ernten könnt. ¹⁵Er wird euch saftige Weiden für euer Vieh geben und ihr werdet genug zu essen haben.

¹⁶Doch passt auf! Lasst euch nicht dazu verleiten, vom HERRN abzufallen und andere Götter zu verehren und sie anzubeten. ¹⁷Sonst fordert ihr den Zorn des HERRN heraus. Er wird den Himmel verschließen, sodass kein Regen mehr fällt und auf euren Feldern nichts mehr wächst. Dann werdet ihr sehr bald sterben in dem guten Land, das der HERR euch geben will. ¹⁸Macht diese Worte zu eurer Herzensangelegenheit. Bindet sie zur Erinnerung auf eure Hand und tragt sie auf eurer Stirn. ¹⁹Bringt sie euren Kindern bei und redet über sie, ob ihr zu Hause oder unterwegs seid, ob ihr euch hinlegt oder aufsteht. ²⁰Schreibt sie auf eure Türpfosten und an eure Tore. ²¹Wenn ihr meine Gebote befolgt, werdet ihr und eure Nachkommen – solange sich der Himmel über der Erde wölbt – in dem Land wohnen bleiben, das der HERR euren Vorfahren mit einem Eid versprochen hat.

²²Wenn ihr die Gebote, die ich euch gebe, gewissenhaft befolgt, indem ihr den HERRN, euren Gott, liebt, seinen Willen tut und euch an ihn haltet, ²³dann wird der HERR alle diese Völker vor euch vertreiben. Ihr werdet Völker verjagen, die größer und stärker sind als ihr. ²⁴Alles Land, auf das ihr euren Fuß setzt, wird euch gehören: Eure Grenzen werden sich von der Wüste bis zum Libanon erstrecken, vom Euphrat bis zum Mittelmeer. ²⁵Niemand wird gegen euch bestehen können, denn der HERR, euer Gott, wird im

---

10,16 Hebr. *Beschneidet die Vorhaut eures Herzens.*

5. MOSE

1–3	Rückblick: Die Reise durch die Wüste
4–11	Einführung in das Gesetz
12–26	Die einzelnen Gesetze
27–30	Segen für Gehorsam, Fluch für Ungehorsam
31–34	Ausblick: Josua wird zum Anführer Israels

11–13
Das Land einnehmen bedeutet, Gottes Gebote anzuerkennen. Gott wird einen Ort für den Gottesdienst bestimmen.

[Zum Sinai, vom Sinai her: Gott schafft sich ein Volk]

ganzen Land, das ihr betretet, Angst und Schrecken vor euch verbreiten, wie er es euch versprochen hat.

²⁶Heute dürft ihr wählen, ob ihr den Segen oder den Fluch wollt! ²⁷Den Segen, wenn ihr seine Gebote, die ich euch heute gebe, befolgt. ²⁸Den Fluch jedoch, wenn ihr seine Gebote nicht in eurem Leben umsetzt und von dem Weg abweicht, den ich euch heute zeige, indem ihr anderen Göttern nachlauft, die ihr bis jetzt nicht einmal kanntet.

²⁹Wenn der HERR, euer Gott, euch in das Land bringt, in das ihr nun zieht, um es zu erobern, sollt ihr den Segen auf dem Berg Garizim und den Fluch auf dem Berg Ebal bekannt machen. ³⁰Diese beiden Berge liegen westlich der Hauptstraße auf der anderen Seite des Jordan im Land der Kanaaniter, die im Jordantal* wohnen, in der Nähe von Gilgal und zwar im Westen, nicht weit von der Eiche More. ³¹Denn ihr seid im Begriff, den Jordan zu überqueren, und das Land, das der HERR, euer Gott, euch gibt, zu erobern. Wenn ihr das Land nun in Besitz genommen habt und in ihm lebt, ³²sollt ihr die Gesetze und Vorschriften, die ich euch heute vorlege, alle befolgen.

Die Feier des Gottesdienstes

12 Das sind die Gesetze und Vorschriften, die ihr gewissenhaft befolgen sollt, solange ihr in dem Land lebt, das der HERR, der Gott eurer Vorfahren, euch zum Besitz gegeben hat: ²Wenn ihr die Völker vertreibt, die dort leben, dann zerstört alle Heiligtümer, an denen sie ihre Götter verehrt haben, bis auf den Grund – auf den hohen Bergen und Hügeln und unter jedem dicht belaubten Baum. ³Reißt ihre Altäre ein und zertrümmert ihre heiligen Säulen. Verbrennt ihre Ascherapfähle und schlagt ihre Götterstatuen in Stücke. Nichts darf mehr an sie erinnern! ⁴Verehrt den HERRN, euren Gott, nicht auf dieselbe Art und Weise, wie diese Völker ihre Götter verehrten. ⁵Der HERR, euer Gott, wird sich einen Ort im ganzen Stammesgebiet auswählen. Begebt euch nur dorthin, um ihn zu verehren. ⁶An diesen Ort sollt ihr eure Brand- und Schlachtopfer bringen, eure Pflichtabgaben*, eure Weihegaben, die Opfer im Rahmen eurer Gelübde und eure freiwilligen Opfer sowie alle erstgeborenen Tiere aus euren Schaf-, Ziegen- und Rinderherden. ⁷Dort sollt ihr und eure Familien in der Gegenwart des HERRN, eures Gottes, feiern und euch an dem freuen, was ihr durch

11,30 Hebr. *in der Araba.* Der Garizim und der Ebal liegen sich gegenüber. **12,6** O. *Zehnten;* so auch 12,11.17.

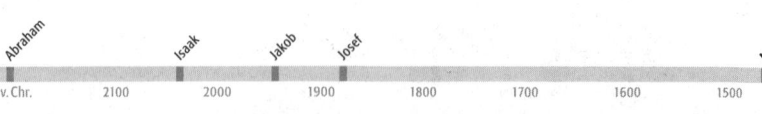

eurer Hände Arbeit und durch den Segen des HERRN, eures Gottes, erreicht habt.

⁸Bis jetzt handhabte es jeder von uns so, wie es ihm gefiel, doch das muss sich jetzt ändern. ⁹Denn ihr seid noch nicht in das Land gekommen, das der HERR, euer Gott, euch als Erbteil geben wird, damit ihr in ihm zur Ruhe kommt. ¹⁰Schon bald aber werdet ihr den Jordan überqueren und in dem Land wohnen, das der HERR, euer Gott, euch als Erbteil gibt. Wenn er euch dann Ruhe vor allen euren Feinden ringsum geschenkt hat und ihr in Sicherheit lebt, ¹¹sollt ihr alles, was ich euch anordne – nämlich eure Brand- und Schlachtopfer, eure Pflichtabgaben und Weihegaben und die Opfer im Rahmen eines Gelübdes – zu dem Ort bringen, den der HERR, euer Gott, sich erwählt, damit er dort verehrt werde. ¹²Feiert mit euren Söhnen und Töchtern und allen euren Sklaven und Sklavinnen in der Gegenwart des HERRN, eures Gottes. Auch die Leviten, die in euren Städten leben, sollen mitfeiern, denn sie erben selbst kein Land. ¹³Bringt eure Opfer auf keinen Fall an irgendeinem beliebigen Ort dar, ¹⁴sondern ausschließlich an dem Ort, den sich der HERR zu diesem Zweck in einem eurer Stammesgebiete auserwählen wird. Dort sollt ihr eure Brandopfer darbringen und all das tun, was ich anordne.

¹⁵In euren Städten dürft ihr jedoch so viele Tiere schlachten und so viel Fleisch essen, wie ihr wollt – je nachdem, wie viel der HERR, euer Gott, euch durch seinen Segen gibt. Jeder von euch darf von dem Fleisch essen, egal, ob er rein oder unrein ist, so wie es auch bei Gazellen- und Hirschfleisch der Fall ist. ¹⁶Nur das Blut dürft ihr nicht essen, sondern ihr sollt es wie Wasser auf den Boden gießen.

¹⁷Das, was für den HERRN bestimmt ist, dürft ihr nicht zu Hause verzehren: weder die Pflichtabgaben von eurem Getreide, Wein oder Öl, noch die erstgeborenen Schafe, Ziegen und Rinder aus euren Herden, auch nicht die Opfer im Rahmen eines Gelübdes oder auf freiwilliger Basis sowie Weihegaben. ¹⁸Esst sie vielmehr in der Gegenwart des HERRN, eures Gottes, an dem Ort, den er dazu bestimmt – ihr, eure Söhne und Töchter, eure Sklaven und Sklavinnen und die Leviten, die in euren Städten leben. Freut euch in der Gegenwart des HERRN, eures Gottes, über alles, was ihr durch eurer Hände Arbeit erreicht habt. ¹⁹Solange ihr in eurem Land lebt, sollt ihr euch hüten, die Leviten dabei zu übergehen.

²⁰Wenn der HERR, euer Gott, euer Gebiet vergrößert, wie er es versprochen hat, dürft ihr Fleisch essen, wann immer ihr wollt. ²¹Wenn der Ort, den der HERR, euer Gott, sich erwählt, damit dort sein Name verehrt werde, sehr weit von eurem Wohnort entfernt liegt, dürft ihr eure Schafe, Ziegen und Rinder, die der HERR euch gegeben hat, zu Hause schlachten und dort von dem Fleisch essen. ²²Ihr dürft dieses Fleisch essen, genauso wie man Gazellen- oder Hirschfleisch isst. Dabei spielt es keine Rolle, ob ihr rein oder unrein seid. ²³Doch ihr sollt kein Blut essen. Denn im Blut ist das Leben und ihr dürft nicht das Leben zusammen mit dem Fleisch essen. ²⁴Esst kein Blut! Gießt es wie Wasser auf den Boden! ²⁵Esst kein Blut! Dann wird es euch und euren Nachkommen gut gehen, weil ihr in den Augen des HERRN richtig handelt. ²⁶Bringt eure heiligen Gaben und eure Opfer im Rahmen eines Gelübdes jedoch an den Ort, den sich der HERR erwählen wird. ²⁷Das Fleisch und das Blut eurer Brandopfer sollt ihr auf dem Altar des HERRN, eures Gottes, opfern. Das Blut eurer Schlachtopfer sollt ihr an den Altar des HERRN, eures Gottes, gießen, das Fleisch hingegen dürft ihr essen. ²⁸Achtet darauf, dass ihr alle meine Gebote in eurem Leben umsetzt, damit es euch und euren Nachkommen immer gut geht, weil ihr tut, was in den Augen des HERRN, eures Gottes, gut und richtig ist.

²⁹Der HERR, euer Gott, wird die Völker vor euch verjagen, zu denen ihr jetzt zieht. Wenn ihr sie mit seiner Hilfe vertrieben habt und in ihrem Land wohnt, ³⁰dann hütet euch davor, ihrem Beispiel zu folgen und über ihre Götter Auskünfte einzuholen, indem ihr fragt: ›Wie haben diese Völker ihre Götter verehrt? Ich will es dann genauso machen.‹ ³¹Ihr dürft den HERRN, euren Gott, nicht auf diese Weise verehren. Diese Völker haben im Namen ihrer Götter Dinge getan, die der HERR verabscheut. Ja, sie haben sogar ihre Söhne und Töchter als Opfer für ihre Götter verbrannt.

13 Befolgt gewissenhaft das ganze Gesetz, das ich euch gebe. Fügt nichts hinzu und lasst nichts davon weg.

Warnung vor Götzendienst

²Angenommen, ein Prophet tritt unter euch auf oder jemand, der prophetische Träume hat, und kündigt euch Zeichen und Wunder an, ³die auch tatsächlich eintreffen. Wenn ein solcher Prophet euch dann aber auffordert: ›Kommt, lasst uns anderen Göttern nachfolgen, Göttern, die ihr noch nicht kennt, und sie verehren‹, ⁴sollt ihr nicht auf die Worte dieses Propheten oder Träumers hören. Der HERR, euer Gott, stellt euch damit auf die Probe, um zu sehen, ob ihr ihn aufrichtig und mit aller Kraft liebt. ⁵Folgt allein dem HERRN,

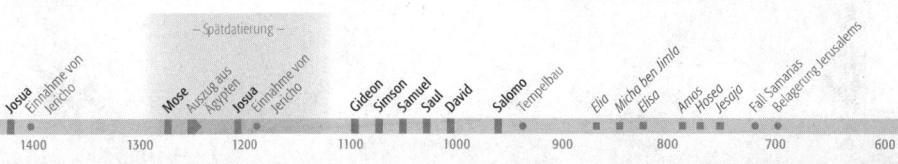

5. MOSE

1–3	Rückblick: Die Reise durch die Wüste
4–11	Einführung in das Gesetz
12–26	Die einzelnen Gesetze
27–30	Segen für Gehorsam, Fluch für Ungehorsam
31–34	Ausblick: Josua wird zum Anführer Israels

13–15
Verführer zum Götzendienst müssen ausgelöscht werden. Liste reiner und unreiner Tiere. Abgaben für die Leviten. Schuldenerlass alle sieben Jahre.

[Zum Sinai, vom Sinai her: Gott schafft sich ein Volk]

eurem Gott, nach und achtet ihn. Gehorcht seinen Geboten und hört auf seine Stimme! Dient ihm und haltet euch an ihn! ⁶Der falsche Prophet oder Träumer aber soll hingerichtet werden. Denn er hetzt euch gegen den HERRN, euren Gott, auf, der euch aus der Sklaverei in Ägypten befreit und aus diesem Land geführt hat. Er wird euch von dem Weg abbringen, den der HERR, euer Gott, euch gewiesen hat. So sollt ihr das Böse aus eurer Mitte entfernen.

⁷Wenn dein Bruder, dein Sohn oder deine Tochter, deine geliebte Frau oder dein bester Freund dich heimlich verleiten will und sagt: ›Komm, lass uns anderen Göttern dienen!‹ – Götter, die weder ihr noch eure Vorfahren gekannt habt, ⁸Götter, die von Völkern rings um euch verehrt werden, ob sie nun in eurer Nähe oder an einem weit entfernten Ort auf der Erde wohnen –, ⁹dann gib ihm in diesem Fall nicht nach und hör nicht auf ihn. Hab keine Nachsicht mit ihm, schone ihn nicht und decke ihn auch nicht. ¹⁰Töte ihn! Du sollst den ersten Stein auf ihn werfen und anschließend das ganze Volk. ¹¹Steinigt ihn zu Tode, denn er wollte euch vom HERRN, eurem Gott, abbringen, der euch aus Ägypten, dem Land eurer Sklaverei, geführt hat. ¹²Ganz Israel soll davon erfahren. Dann wird jeder Angst haben und niemand wird mehr so etwas Schlimmes bei euch tun.

¹³Angenommen, ihr hört in einer der Städte, die der HERR, euer Gott, euch gibt, ¹⁴wie skrupellose Leute ihre Mitmenschen mit der Aufforderung in die Irre führen: ›Kommt, lasst uns andere Götter verehren‹ – Götter, die ihr noch nicht kennt. ¹⁵Dann sollt ihr euch dieser Sache annehmen und gründliche Nachforschungen anstellen. Stellt sich heraus, dass es wahr ist und tatsächlich etwas so Abscheuliches vorgekommen ist, ¹⁶sollt ihr die Bewohner der Stadt durchs Schwert töten. Auch das gesamte Vieh soll durchs Schwert getötet werden. Ihr sollt die ganze Stadt und alles, was sich in ihr befindet, vernichten.* ¹⁷Tragt alles, was ihr in der Stadt findet, auf dem Marktplatz zusammen. Anschließend sollt ihr es zusammen mit der ganzen Stadt für den HERRN, euren Gott, verbrennen. Die Stadt soll für immer zerstört bleiben und darf nie wieder aufgebaut werden. ¹⁸⁻¹⁹Behaltet nichts als Beute, das zur Vernichtung bestimmt ist. Dann wird der HERR nicht länger zornig sein, sondern euch mit Barmherzigkeit begegnen. Gehorcht dem HERRN, eurem Gott, und befolgt alle seine

---

13,16 Hebr. *und an allem ... den Bann vollstrecken.* Mit dem hier gebrauchten hebr. Ausdruck ist die vollständige Übergabe von Dingen, Tieren oder Menschen an den HERRN gemeint, indem diese entweder vernichtet oder als Opfer dargebracht werden; so auch in 13,17.

Gebote, die ich euch heute gebe. Lebt so, wie es in seinen Augen richtig ist. Dann wird er Erbarmen mit euch haben und euch zu einem großen Volk machen, so wie er es euren Vorfahren mit einem Eid versprochen hat.

Reine und unreine Tiere

14 Da ihr Kinder des HERRN, eures Gottes, seid, sollt ihr euch niemals wegen eines Toten die Haut einritzen oder die Haare über der Stirn abrasieren. ²Ihr seid für den HERRN, euren Gott, geheiligt. Er hat euch unter allen Völkern der Erde zu seinem Eigentum erwählt.

³Ihr dürft keine Tiere essen, die der HERR verabscheut. ⁴Folgende Tiere* dürft ihr essen: Rinder, Schafe, Ziegen, ⁵Hirsche, Gazellen, Damwild, Steinböcke, Gemsen, Antilopen und Bergziegen. ⁶Alle Tiere, die vollständig gespaltene Hufe oder Pfoten haben und wiederkäuen, dürft ihr essen. ⁷Folgende Wiederkäuer und Tiere mit gespaltenen Hufen dürft ihr nicht essen: das Kamel, den Hasen und den Klippdachs*, denn sie käuen zwar wieder, haben aber keine gespaltenen Hufe oder Pfoten. Sie sind unrein für euch. ⁸Das Schwein, denn es hat zwar gespaltene Hufe, käut aber nicht wieder; es ist unrein für euch. Das Fleisch dieser Tiere dürft ihr nicht essen, ja nicht einmal ihren Kadaver berühren.

⁹Von den Tieren, die im Wasser leben, dürft ihr alle essen, die sowohl Flossen als auch Schuppen haben. ¹⁰Aber diejenigen, die nicht sowohl Flossen als auch Schuppen haben, dürft ihr nicht essen, denn sie sind unrein für euch.

¹¹Ihr dürft alle reinen Vögel essen. ¹²Folgende Vögel jedoch dürft ihr nicht essen: den Adler, den Geier, den Seeadler, ¹³den Bussard, alle Falkenarten, ¹⁴alle Rabenarten, ¹⁵den Strauß, die Nachteule, die Seemöwe, alle Habichtarten, ¹⁶das Käuzchen, den Uhu, die Schleiereule, ¹⁷den Pelikan, den Aasgeier, den Kormoran, ¹⁸den Storch, alle Reiherarten, den Wiedehopf und die Fledermaus.

¹⁹Alle geflügelten Insekten sind unrein für euch und dürfen nicht gegessen werden. ²⁰Alle reinen geflügelten Tiere hingegen dürft ihr essen.

²¹Esst kein verendetes Tier, denn ihr seid für den HERRN, euren Gott, geheiligt. Ihr dürft es den Ausländern, die bei euch leben, geben oder verkaufen; sie können es essen.

Kocht ein Ziegenböckchen nicht in der Milch seiner Mutter.

Steuern und Abgaben

²²Gebt jedes Jahr den zehnten Teil dessen, was auf euren Feldern wächst, ab. ²³Bringt diese Abgabe an den Ort, den der HERR, euer Gott, sich erwählt, damit dort sein Name verehrt werde, und verzehrt sie in seiner Gegenwart. Das gilt für euer Getreide, euren Wein, euer Olivenöl und die erstgeborenen männlichen Tiere aus euren Schaf-, Ziegen- und Rinderherden. Dadurch sollt ihr lernen, dem HERRN, eurem Gott, immer mit Ehrfurcht zu begegnen. ²⁴Es kann sein, dass der Ort, den der HERR, euer Gott, für die Verehrung seines Namens bestimmt hat, zu weit entfernt von eurem Wohnort liegt. Wenn der HERR euch nun reiche Ernten geschenkt hat, sodass ihr die vielen Abgaben nicht dorthin transportieren könnt, ²⁵dürft ihr den zehnten Teil eurer Ernte und Tiere verkaufen und mit dem Erlös an den Ort gehen, den der HERR, euer Gott, erwählen wird. ²⁶Kauft dort von dem Geld, was immer ihr wollt – Rinder, Schafe, Ziegen, Wein oder andere alkoholische Getränke oder was ihr sonst möchtet. Feiert dann mit eurer Familie ein fröhliches Fest in der Gegenwart des HERRN, eures Gottes. ²⁷Übergeht dabei die Leviten nicht, die in euren Städten leben, denn sie besitzen kein Land und haben kein Erbteil wie ihr.

²⁸Am Ende jedes dritten Jahres sollt ihr die gesamte Ernteabgabe des betreffenden Jahres in die nächstgelegene Stadt bringen und dort aufbewahren. ²⁹Sie ist für die Leviten bestimmt, denn sie besitzen kein Land und haben kein Erbe unter euch, sowie für die Ausländer, die Waisen und die Witwen in euren Städten, damit sie sich satt essen können. Dann wird der HERR, euer Gott, alles segnen, was ihr tut.

Schuldenerlass

15 Am Ende jedes siebten Jahres sollen alle Schulden erlassen werden. ²Das soll folgendermaßen geschehen: Jeder, der einem anderen Israeliten Geld geliehen hat, soll ihm dann die Schulden erlassen. Er darf von ihm keine Rückzahlungen mehr fordern, weil ein Schuldenerlass zu Ehren des HERRN ausgerufen wurde. ³Dies gilt jedoch nur für eure Landsleute – von einem Ausländer darfst du die Schulden weiterhin eintreiben. ⁴Eigentlich sollte es keine Armen unter euch geben, denn der HERR, euer Gott, wird euch in dem Land, das er euch als Erbe gibt, reich segnen. ⁵Doch ihr müsst dem

---

14,4-19 Manche der hier genannten Tierarten können nicht genau bestimmt werden. **14,7** Ein murmeltierähnlicher Pflanzenfresser, der in kleinen Rudeln zwischen Felsen lebt.

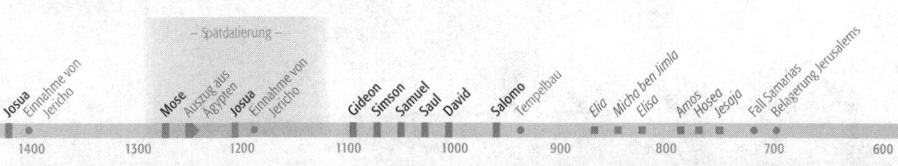

5. MOSE

1–3	Rückblick: Die Reise durch die Wüste
4–11	Einführung in das Gesetz
12–26	Die einzelnen Gesetze
27–30	Segen für Gehorsam, Fluch für Ungehorsam
31–34	Ausblick: Josua wird zum Anführer Israels

15–16

Freilassung hebräischer Sklaven. Die makellose Erstgeburt der Herdentiere muss Gott geopfert werden. Die jährlichen Feste. Richter sollen über Gerechtigkeit wachen.

[Zum Sinai, vom Sinai her: Gott schafft sich ein Volk]

HERRN, eurem Gott gehorchen und seine Gebote, die ich euch heute gebe, gewissenhaft befolgen. ⁶Ja, der HERR, euer Gott, wird euch segnen, wie er es versprochen hat. Ihr werdet vielen Völkern leihen, aber selbst nie etwas borgen müssen! Ihr werdet über viele Völker herrschen, aber nie von anderen beherrscht werden!

⁷Gibt es jedoch Arme unter euren Landsleuten in euren Städten in dem Land, das der HERR, euer Gott, euch gibt, dann seid ihnen gegenüber nicht hartherzig und geizig. ⁸Seid vielmehr großzügig und leiht ihnen, was sie brauchen. ⁹Hütet euch davor, euren armen Landsleuten gegenüber kleinlich zu sein, weil ihr insgeheim denkt: ›Das siebte Jahr, das Erlassjahr, steht ja schon kurz bevor.‹ Wenn ihr ihnen nichts gebt und der Bedürftige euretwegen zum HERRN schreit, ladet ihr dadurch Schuld auf euch. ¹⁰Gebt gerne, ohne zu klagen. Dann wird euch der HERR, euer Gott, bei allem, was ihr tut, segnen. ¹¹Es wird immer Arme im Land geben. Deshalb befehle ich euch, den armen und bedürftigen Israeliten gegenüber freigiebig zu sein.

Freilassung der hebräischen Sklaven

¹²Wenn jemand, ein Israelit oder eine Israelitin, sich euch als Sklave verkauft, soll er euch sechs Jahre dienen. Im siebten Jahr sollt ihr ihn freilassen.

¹³Wenn ihr einen Sklaven freilasst, dann schickt ihn nicht mit leeren Händen fort. ¹⁴Gebt ihm ein großzügiges Abschiedsgeschenk mit von euren Schafen und Ziegen, eurem Getreide und eurem Wein. Lasst ihn an dem Reichtum teilhaben, mit dem der HERR, euer Gott, euch gesegnet hat. ¹⁵Denkt daran, dass ihr Sklaven in Ägypten wart und dass der HERR, euer Gott, euch befreit hat! Deshalb gebe ich euch heute dieses Gebot. ¹⁶Angenommen jedoch, euer Sklave sagt zu euch: ›Ich will bei dir bleiben‹, weil er euch und eure Familie liebt und es ihm bei euch gut geht. ¹⁷In diesem Fall sollt ihr einen Pfriemen nehmen und ihm damit an der Tür oder am Türpfosten das Ohrläppchen durchbohren. Danach wird er für immer euer Sklave sein. Dasselbe gilt für eure Sklavinnen.

¹⁸Es soll euch nicht schwerfallen, eure Sklaven und Sklavinnen freizulassen. Denn ihre Arbeit während dieser sechs Jahre war doppelt so viel wert wie der Lohn eines Lohnarbeiters. Dann wird der HERR, euer Gott, euch in allem segnen, was ihr tut.

Alle erstgeborenen männlichen Herdentiere sollen geopfert werden

¹⁹Heiligt alle erstgeborenen männlichen Tiere aus euren Schaf-, Ziegen- und Rinderherden für

den HERRN, euren Gott. Arbeitet nicht mit einem erstgeborenen Rind auf dem Feld und schert nicht das Erstgeborene eines Schafs oder einer Ziege. ²⁰Ihr und eure Familie sollt diese Tiere jedes Jahr in der Gegenwart des HERRN, eures Gottes, an dem Ort, den der HERR sich erwählt, verzehren. ²¹Wenn das erstgeborene Tier jedoch lahm oder blind ist oder sonst einen Fehler hat, dürft ihr es dem HERRN, eurem Gott, nicht opfern. ²²Esst es stattdessen zu Hause. Jeder darf davon essen, egal, ob er rein oder unrein ist, so wie auch jeder von dem Fleisch einer Gazelle oder eines Hirsches essen darf. ²³Das Blut jedoch dürft ihr nicht essen, sondern ihr sollt es wie Wasser auf den Boden gießen.

Passah und das Fest der ungesäuerten Brote

16 Zu Ehren des HERRN, eures Gottes, sollt ihr stets im Monat Abib* das Passahfest feiern. Denn in diesem Monat hat euch der HERR, euer Gott, in der Nacht aus Ägypten geführt. ²Opfert dem HERRN, eurem Gott, Rinder, Schafe und Ziegen als Passahopfer an dem Ort, den der HERR bestimmt, damit dort sein Name verehrt werde. ³Esst dazu kein Brot, das mit Sauerteig gebacken wurde. Sieben Tage lang sollt ihr nur ungesäuertes Brot essen – das Brot der Not –, weil ihr eilig aus Ägypten aufgebrochen seid. Dieses Brot soll euch Zeit eures Lebens an den Tag erinnern, an dem ihr aus Ägypten fortgezogen seid. ⁴Sieben Tage lang soll im ganzen Land kein Sauerteig zu finden sein. Vom Fleisch des Passahlammes, das ihr am Abend des ersten Tages geschlachtet habt, dürft ihr nichts bis zum nächsten Morgen aufbewahren.

⁵Ihr dürft das Passah nicht in irgendeiner eurer Städte schlachten, die der HERR, euer Gott, euch gibt. ⁶Es darf nur an dem Ort geschlachtet werden, den der HERR, euer Gott, dafür bestimmt, damit dort sein Name verehrt werde. Schlachtet es gegen Abend, zum Zeitpunkt eures Auszugs aus Ägypten. ⁷Kocht das Lamm und esst es an dem Ort, den der HERR, euer Gott, dafür bestimmt. Am Morgen sollt ihr wieder in eure Wohnungen zurückkehren. ⁸Während der folgenden sechs Tage dürft ihr nur ungesäuertes Brot essen. Am siebten Tag sollt ihr euch vor dem HERRN, eurem Gott, versammeln und keine Arbeit erledigen.

Das Fest der Ernte*

⁹Zählt sieben Wochen vom Beginn eurer Getreideernte an. ¹⁰Feiert dann das Fest der Ernte zu Ehren des HERRN, eures Gottes. Bringt ihm ein freiwilliges Opfer dar, je nachdem, wie reich er euch gesegnet hat. ¹¹Feiert ein fröhliches Fest vor dem HERRN, eurem Gott, und zwar an dem Ort, den er bestimmt hat, damit dort sein Name verehrt werde. Feiert mit euren Söhnen und Töchtern, euren Sklaven und Sklavinnen, den Leviten aus euren Städten, den Ausländern sowie den Witwen und Waisen, die unter euch leben. ¹²Denkt daran, dass ihr Sklaven in Ägypten wart, und befolgt daher diese Vorschriften gewissenhaft.

Das Laubhüttenfest

¹³Auch das Laubhüttenfest soll am Ende der Erntezeit – wenn das Getreide gedroschen ist und die Trauben gekeltert sind – gefeiert werden, und zwar sieben Tage lang. ¹⁴Bei diesem Fest sollt ihr fröhlich sein zusammen mit euren Söhnen und Töchtern, euren Sklaven und Sklavinnen, den Leviten, den Ausländern sowie den Witwen und Waisen, die in euren Städten wohnen. ¹⁵Feiert dieses Fest sieben Tage lang zu Ehren des HERRN, eures Gottes, an dem Ort, den er bestimmt. Denn der HERR, euer Gott, schenkt euch reiche Ernten und segnet all eure Arbeit. Es soll ein reines Freudenfest sein!

¹⁶Dreimal im Jahr soll jeder Mann in Israel vor dem HERRN, eurem Gott, an dem Ort erscheinen, den er dafür bestimmt: zum Fest der ungesäuerten Brote, zum Fest der Ernte und zum Laubhüttenfest. Doch ihr sollt nicht mit leeren Händen vor ihm erscheinen. ¹⁷Jeder soll so viel geben, wie er kann, je nachdem wie reich der HERR, euer Gott, euch gesegnet hat.

Gerechtigkeit für das Volk

¹⁸Ernennt in den Städten, die der HERR, euer Gott, euch gibt, Richter und Schreiber für jeden Stamm. Sie sollen das Volk gerecht richten. ¹⁹Beugt nicht das Recht, seid unparteiisch und unbestechlich. Denn Bestechungsgelder machen die Augen der Weisen blind und verdrehen die Aussagen der Gerechten. ²⁰Bemüht euch unermüdlich um Gerechtigkeit, damit ihr am Leben bleibt und das Land, das der HERR, euer Gott, euch gibt, in Besitz nehmen könnt.

²¹Stellt niemals einen hölzernen Ascherapfahl neben den Altar des HERRN, eures Gottes, den ihr euch bauen werdet. ²²Errichtet keine geweihten Säulen, denn der HERR, euer Gott, hasst sie.

16,1 Dieser Monat des hebr. Mondkalenders fällt gewöhnlich in den März/April.   **16,9** O. *Wochenfest*; so auch in 16,10.16.

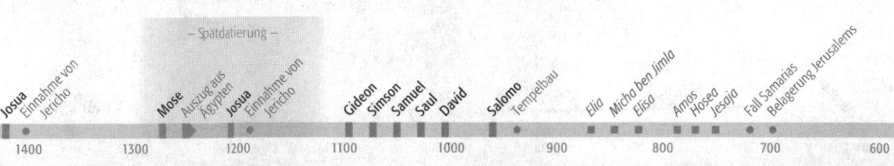

5. MOSE

1–3	Rückblick: Die Reise durch die Wüste
4–11	Einführung in das Gesetz
12–26	Die einzelnen Gesetze
27–30	Segen für Gehorsam, Fluch für Ungehorsam
31–34	Ausblick: Josua wird zum Anführer Israels

17–18
Anweisungen für Könige. Die Israeliten sollen ihr Leben auf Gottes Weisungen ausrichten.

[Zum Sinai, vom Sinai her: Gott schafft sich ein Volk]

17 Opfert dem HERRN, eurem Gott, niemals ein Rind, eine Ziege oder ein Schaf, das krank ist oder irgendeine Art von Behinderung aufweist, denn er verabscheut solche Gaben.
²Angenommen, in einer der Städte, die der HERR, euer Gott, euch gibt, wird jemand, ein Mann oder eine Frau, dabei ertappt, wie er gegen den Willen des HERRN verstößt und seinen Bund bricht, ³indem er anderen Göttern dient und sie anbetet – sei es die Sonne, den Mond oder einen anderen Himmelskörper –, was ich euch verboten habe. ⁴Wenn euch so etwas zu Ohren kommt, dann nehmt euch der Sache an und untersucht den Fall gründlich. Stellt es sich heraus, dass tatsächlich etwas so Abscheuliches in Israel geschehen ist, ⁵dann soll der Betreffende, der das Verbrechen begangen hat, vor das Stadttor gebracht und zu Tode gesteinigt werden. ⁶Niemand darf jedoch auf die Aussage eines einzigen Zeugen hin mit dem Tod bestraft werden. Ein Mensch darf immer nur aufgrund von mindestens zwei oder drei Zeugenaussagen zum Tod verurteilt werden. ⁷Um den Verurteilten zu töten, müssen die Zeugen die ersten Steine werfen, danach soll das ganze Volk ihn steinigen. Auf diese Weise sollt ihr das Böse aus eurer Mitte entfernen.
⁸Angenommen, ein Fall, der normalerweise in euren Städten entschieden wird, ist zu schwierig, sodass ihr zu keiner Entscheidung kommt. Das kann zum Beispiel in einem Prozess der Fall sein, in dem es um ein Kapitalverbrechen, um

5. Mose 18,15

Hinweise auf den Messias (2)
Mose gilt im Alten Testament als ein ganz einzigartiger Prophet, nicht zu vergleichen mit anderen Boten Gottes (4Mo 12,5-8). Nun wird ein entsprechender künftiger Prophet angekündigt. Aus dieser Stelle entstand eine bestimmte Form von Messiaserwartung im Judentum: Man erwartete den Messias als den endgültigen Propheten. Er ragt aus der Folge der anderen Propheten Israels deutlich heraus.
Mehrfach im Neuen Testament wird diese Ankündigung als in Jesus Christus erfüllt angesehen: Joh 1,21; 5,46; 7,40; Apg 3,22; 7,37; vielleicht auch Joh 1,45. Lk 7,39 könnte womöglich ein indirekter Hinweis sein.
Die Aufforderung »Hört gut auf alles, was er euch sagt« klingt auch in der Bestätigung Gottes für Jesus in Mt 17,5 durch.
(4. Mose 21,9 ‹‹‹ | ››› 5. Mose 21,23)

  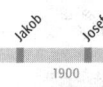 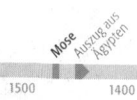

Körperverletzung oder eine andere schwierige Rechtsfrage geht. Begebt euch dann an den Ort, den der HERR, euer Gott, dafür bestimmt. ⁹Geht dort zu den levitischen Priestern und dem Richter, der gerade im Amt ist, und legt ihnen den Fall vor. Sie sollen dann darüber urteilen. ¹⁰Das Urteil, das an dem Ort gefällt wird, den sich der HERR erwählt, hat absolute Gültigkeit. Haltet euch daran. ¹¹Befolgt ihr Urteil und ihre Anweisungen genau und weicht nicht davon ab. ¹²Wer so vermessen ist, das Urteil des Richters oder Priesters – der doch im Dienst des HERRN, eures Gottes, steht – nicht zu befolgen, soll mit dem Tod bestraft werden. Auf diese Weise sollt ihr das Böse aus Israel beseitigen. ¹³Teilt dies dem ganzen Volk mit, damit sie Respekt haben und nicht mehr so vermessen handeln.

Richtlinien für einen König
¹⁴Schon bald werdet ihr in das Land kommen, das der HERR, euer Gott, euch gibt, und werdet es erobern und euch darin ansiedeln. Wenn ihr dann denkt: ›Wir wollen einen König wie all die anderen Völker um uns herum‹, ¹⁵ernennt nur den Mann zum König, den der HERR, euer Gott, dazu erwählt. Setzt auf keinen Fall einen Ausländer, der nicht zu eurem Volk gehört, als König ein, sondern nur einen Israeliten. ¹⁶Der König soll nicht viele Pferde besitzen. Er darf niemanden vom Volk nach Ägypten schicken, um dort Pferde zu beschaffen, denn der HERR hat euch gesagt: ›Ihr dürft nie wieder nach Ägypten zurückkehren.‹ ¹⁷Er soll sich nicht viele Frauen nehmen, damit er sich nicht vom HERRN abwendet. Und er soll sich nicht übermäßig viel Silber und Gold anhäufen.
¹⁸Wenn er dann den Thron bestiegen hat, soll er sich eine Abschrift dieses Gesetzes anfertigen lassen, das bei den levitischen Priestern aufbewahrt wird. ¹⁹Diese Abschrift soll immer in seiner Reichweite sein und er soll jeden Tag darin lesen, solange er lebt, damit er lernt, dem HERRN, seinem Gott, mit der erforderlichen Ehrfurcht zu begegnen und alle Vorschriften dieses Gesetzes gewissenhaft zu befolgen. ²⁰Dadurch wird verhindert, dass er sich über seine Landsleute erhebt oder in irgendeinem Punkt von den Geboten abweicht. Dann werden er und seine Nachkommen viele Jahre in Israel herrschen.

Die Gaben für die Priester und Leviten
18 Die levitischen Priester und der ganze Stamm Levi sollen keinen Erbbesitz wie die anderen Stämme haben. Die Abgaben der Israeliten von den Opfern, die für den HERRN auf dem Altar verbrannt werden, sollen ihnen zum Lebensunterhalt dienen. ²Sie sollen keinen eigenen Besitz unter den Israeliten haben. Der HERR selbst ist ihr Erbe, wie er es ihnen versprochen hat.
³Bestimmte Teile von den Tieren, die den Israeliten als Opfer gebracht werden, stehen den Priestern zu, und zwar die Vorderkeule, die Kinnlade und der Magen der Schafe, Ziegen und Rinder. ⁴Außerdem sollt ihr den Priestern den ersten Teil eurer Getreideernte, eures neuen Weins, eures Olivenöls und eurer Schurwolle geben. ⁵Denn der HERR, euer Gott, hat den Stamm Levi aus allen Stämmen auserwählt, damit er für immer im Namen des HERRN diene.
⁶Jeder Levit, der in euren Städten wohnt, darf an den Ort kommen, den sich der HERR bestimmt. ⁷Dort darf er im Namen des HERRN, seines Gottes, Dienst tun, genau wie seine levitischen Stammesbrüder, die dort bereits vor dem HERRN dienen. ⁸Ihm steht der gleiche Anteil an den Opfern und Abgaben zu, auch wenn er noch eine private Einkommensquelle hat.

Aufforderung, ein heiliges Leben zu führen
⁹Wenn ihr in das Land kommt, das der HERR, euer Gott, euch gibt, dürft ihr auf keinen Fall die verabscheuungswürdigen Bräuche der dort lebenden Völker übernehmen. ¹⁰Niemand aus eurem Volk darf seinen Sohn oder seine Tochter durchs Feuer gehen lassen, Wahrsagerei oder Zauberei treiben, Omen deuten, hexen, ¹¹andere mit einem Bann belegen, als Medium auftreten oder Tote beschwören und befragen. ¹²Jeder, der so etwas tut, ist dem HERRN ein Gräuel. Wegen dieser abscheulichen Taten wird er die anderen Völker vor euch vertreiben. ¹³Ihr dagegen sollt so leben, wie es dem HERRN, eurem Gott, gefällt. ¹⁴Die Völker, die ihr vertreiben werdet, hören auf Zauberer und Wahrsager. Doch das hat der HERR, euer Gott, euch verboten.

Wahre und falsche Propheten
¹⁵Der HERR, euer Gott, wird einen Propheten wie mich einsetzen, den er aus eurem Volk erwählt. Hört gut auf alles, was er euch sagt. ¹⁶Genau darum habt ihr den HERRN, euren Gott, gebeten, als ihr euch am Sinai* versammelt hattet: ›Wir wollen nicht mehr die Stimme des HERRN, unseres Gottes, hören und nicht mehr dieses gewaltige Feuer sehen müssen, damit wir nicht sterben.‹
¹⁷Da sprach der HERR zu mir: ›Sie haben recht.

18,16 Hebr. *Horeb*, ein anderer Name für *Sinai*.

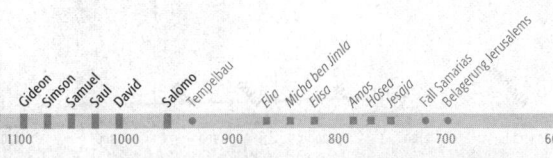

5. MOSE

1–3	Rückblick: Die Reise durch die Wüste
4–11	Einführung in das Gesetz
12–26	Die einzelnen Gesetze
27–30	Segen für Gehorsam, Fluch für Ungehorsam
31–34	Ausblick: Josua wird zum Anführer Israels

18–20
Gott wird durch Propheten zum Volk sprechen. Freistädte zum Schutz vor Blutrache bei Unfällen. Anweisungen für den Kriegsfall.

[Zum Sinai, vom Sinai her: Gott schafft sich ein Volk]

¹⁸Ich will einen Propheten wie dich einsetzen, den ich aus ihrem Volk erwähle. Diesem Propheten werde ich meine Worte in den Mund legen und er wird dem Volk alles sagen, was ich ihm auftrage. ¹⁹Ich selbst werde jeden zur Rechenschaft ziehen, der nicht auf meine Worte hört, die dieser Prophet in meinem Namen verkünden wird. ²⁰Jeder Prophet aber, der sich anmaßt in meinem Namen zu sprechen, obwohl ich es ihm gar nicht aufgetragen habe, oder der im Namen anderer Götter redet, muss sterben.‹ ²¹Nun fragt ihr euch vielleicht: ›Woran erkennen wir, ob eine Botschaft vom HERRN stammt oder nicht?‹ ²²Wenn ein Prophet etwas im Namen des HERRN vorhersagt und es nicht eintrifft, dann ist seine Botschaft nicht vom HERRN. Dieser Prophet hat eigenmächtig gehandelt und ihr sollt nicht auf ihn hören.

Freistädte

19 Der HERR, euer Gott, wird die Völker, deren Land er euch gibt, schon bald vor euch verjagen. Ihr werdet sie mit seiner Hilfe vertreiben und euch in ihren Städten und Häusern niederlassen. ²Dann sollt ihr in dem Land, das der HERR, euer Gott, euch zur Eroberung gibt, drei Freistädte bestimmen. ³Setzt die Wege, die in diese Städte führen, instand. Teilt dann das Land, das der HERR, euer Gott, euch gibt, in drei Bezirke. In jedem dieser Bezirke soll eine Freistadt liegen*, damit jeder, der einen anderen getötet hat, sich dort in Sicherheit bringen kann. ⁴Wenn jemand aus Versehen einen anderen tötet, ohne vorher etwas gegen ihn gehabt zu haben, soll er in eine dieser Städte fliehen, damit er am Leben bleibt. ⁵Angenommen, zwei Männer gehen in den Wald, um Holz zu fällen. Nun kann es passieren, dass einer mit der Axt ausholt, um einen Baum zu fällen, und das Eisen sich vom Stiel löst und den anderen tödlich trifft. In diesem Fall soll der Betreffende in eine der Freistädte fliehen, um sein Leben zu retten. ⁶Wäre die Entfernung zur nächsten Freistadt zu groß, könnte ein aufgebrachter Bluträcher ihm nachjagen und ihn stellen und töten, obwohl kein todeswürdiges Verbrechen vorliegt, denn es war ein Unfall*. ⁷Deshalb weise ich euch an: Bestimmt drei solcher Freistädte.

⁸Der HERR, euer Gott, wird euer Gebiet vergrößern, wie er es euren Vorfahren mit einem Eid zugesagt hat, und euch das ganze Land geben, das er ihnen versprochen hat. ⁹Dieses Land

---

19,3 Sinngemäß ergänzt. 19,6 Hebr. *denn er hat vorher nichts gegen den Getöteten gehabt.*

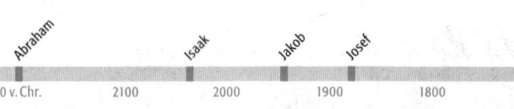

wird er euch geben, wenn ihr die Gebote, die ich euch heute mitgeteilt habe, gewissenhaft befolgt, indem ihr den HERRN, euren Gott, liebt und nach seinem Willen lebt. Bestimmt außerdem noch drei weitere Freistädte. ¹⁰Auf diese Weise wird verhindert, dass in dem Land, das der HERR, euer Gott, euch zum Besitz geben wird, Unschuldige getötet werden und ihr euch des Mordes schuldig macht.

¹¹Angenommen jedoch, jemand hasst einen anderen, überfällt ihn, schlägt ihn tot und flieht dann in eine dieser Freistädte. ¹²In diesem Fall sollen die führenden Männer seiner Heimatstadt ihn aus der Freistadt holen lassen und dem Bluträcher ausliefern, damit dieser ihn tötet. ¹³Mit einem Mörder dürft ihr kein Mitleid haben! Reinigt Israel von der Schuld des Mordes, damit es euch gut geht.

Handelt gerecht!

¹⁴Versetzt keine Grenzsteine, mit denen eure Vorfahren ihren Erbbesitz in dem Land markiert haben, das der HERR, euer Gott, euch zum Besitz gibt.

¹⁵Verurteilt niemanden wegen irgendeines Verbrechens, wenn es nur einen einzigen Zeugen dafür gibt. Auf die Aussage von zwei oder drei Zeugen hin soll jede Sache entschieden werden. ¹⁶Wenn ein falscher Zeuge jemanden beschuldigt, ein Verbrechen begangen zu haben, ¹⁷sollen die beiden Männer, die den Rechtsstreit haben, zu den amtierenden Priestern und Richtern gehen. ¹⁸Die Richter sollen den Fall gründlich untersuchen. Stellt es sich dann heraus, dass der Kläger gelogen und den anderen bewusst falsch beschuldigt hat, ¹⁹soll dieser die Strafe erhalten, die er über den Angeklagten bringen wollte. Auf diese Weise beseitigt ihr das Böse in Israel. ²⁰Alle anderen sollen es hören, damit sie abgeschreckt werden, selbst einmal etwas Ähnliches zu tun. ²¹Habt niemals Mitleid mit solchen Menschen! Denn es gilt: Leben um Leben, Auge um Auge, Zahn um Zahn, Hand um Hand, Fuß um Fuß.

Kriegsgesetze

20 Wenn ihr gegen eure Feinde in den Krieg zieht und ihr euch einer großen Übermacht an Pferden und Streitwagen gegenüberseht, dann habt keine Angst vor ihnen. Der HERR, euer Gott, der euch aus Ägypten hierher geführt hat, ist mit euch! ²Bevor ihr in den Kampf zieht, soll der Priester vor die Truppen treten und zu ihnen sprechen. ³Er soll sagen: ›Hört mir zu, ihr jungen Männer Israels! Habt keine Angst, wenn ihr heute in die Schlacht gegen eure Feinde zieht! Erschreckt nicht und verliert nicht den Mut! Geratet nicht in Panik vor ihnen. ⁴Denn der HERR, euer Gott, geht mit euch! Er wird für euch gegen eure Feinde kämpfen und wird euch den Sieg geben!‹

⁵Dann sollen sich die Offiziere an die Truppen wenden und sagen: ›Hat jemand von euch gerade ein neues Haus gebaut, es aber noch nicht eingeweiht? Er soll nach Hause zurückkehren. Er könnte sonst im Kampf getötet werden und ein anderer würde dann sein Haus einweihen. ⁶Oder hat jemand gerade einen Weingarten gepflanzt, konnte aber noch keine Ernte einbringen? Er soll nach Hause zurückkehren. Er könnte sonst im Kampf sterben und ein anderer würde an seiner Stelle ernten. ⁷Hat sich jemand verlobt? Er soll nach Hause zurückkehren. Er könnte sonst im Kampf umkommen und ein anderer würde seine Verlobte heiraten.‹ ⁸Und sie sollen weiter zu den Männern sagen: ›Fehlt jemandem von euch der Mut? Oder hat jemand von euch Angst? Dann soll er nach Hause zurückkehren, sonst könnte er noch die anderen mit seiner Angst anstecken.‹ ⁹Nachdem die Offiziere dies gesagt haben, sollen sie Heerführer über die einzelnen Truppen einsetzen.

¹⁰Zieht ihr gegen eine Stadt, um sie anzugreifen, dann macht den Bewohnern zunächst ein Friedensangebot. ¹¹Wenn sie eure Bedingungen annehmen und euch die Tore öffnen, sollen alle Einwohner der Stadt Zwangsarbeit für euch leisten. ¹²Weigern sie sich jedoch, Frieden mit euch zu schließen und rüsten sich zum Kampf, dann sollt ihr die Stadt angreifen. ¹³Wenn der HERR, euer Gott, sie in eure Hand gibt, sollt ihr alle Männer der Stadt töten. ¹⁴Doch die Frauen und Kinder, das Vieh und die übrige Beute, die ihr in der Stadt findet, dürft ihr behalten. Diese Beute eurer Feinde, die der HERR, euer Gott, euch gegeben hat, dürft ihr genießen. ¹⁵So sollt ihr bei Städten vorgehen, die weit von euch entfernt liegen, die also nicht zu den Städten der Völker eures Landes gehören.

¹⁶In den Städten der Völker, die der HERR, euer Gott, euch zum Besitz gibt, dürft ihr niemanden am Leben lassen. ¹⁷Ihr sollt die Hetiter, Amoriter, Kanaaniter, Perisiter, Hiwiter und Jebusiter vernichten*, wie der HERR, euer Gott, euch befohlen hat. ¹⁸Denn die Völker des Landes sollen euch nicht ihre verabscheuungswürdigen reli-

---

20,17 Hebr. *den Bann vollstrecken*. Mit dem hier gebrauchten hebr. Ausdruck ist die vollständige Übergabe von Dingen, Tieren oder Menschen an den HERRN gemeint, indem diese entweder vernichtet oder als Opfer dargebracht werden.

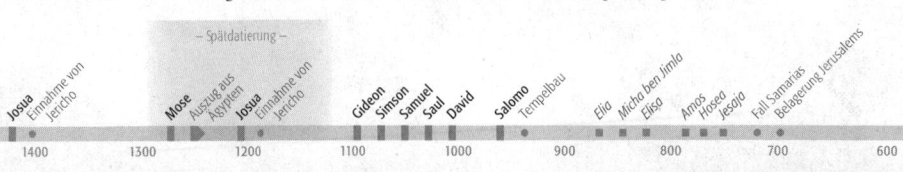

5. MOSE

1–3	Rückblick: Die Reise durch die Wüste
4–11	Einführung in das Gesetz
12–26	Die einzelnen Gesetze
27–30	Segen für Gehorsam, Fluch für Ungehorsam
31–34	Ausblick: Josua wird zum Anführer Israels

20–22
Verschiedene Regelungen.

[Zum Sinai, vom Sinai her: Gott schafft sich ein Volk]

giösen Bräuche lehren, die sie zu Ehren ihrer Götter ausgeführt haben, damit ihr euch dadurch nicht gegen den HERRN, euren Gott, versündigt.
¹⁹Müsst ihr eine Stadt lange belagern, um sie einzunehmen, sollt ihr keine Obstbäume fällen, sondern ihre Früchte essen. Legt keine Axt an sie. Sie sind doch keine Feinde, die ihr angreifen müsst! ²⁰Bäume, von denen ihr wisst, dass sie keine essbaren Früchte tragen, dürft ihr dagegen fällen. Fertigt euch daraus Belagerungsanlagen für die Stadt, mit der ihr Krieg führt, bis sie eingenommen ist.

Reinigung im Fall eines ungeklärten Mordes

21 Angenommen, in dem Land, das der HERR, euer Gott, euch zum Besitz gibt, wird jemand ermordet auf einem Feld aufgefunden und es kann nicht aufgeklärt werden, wer den Mord begangen hat. ²In diesem Fall sollen eure führenden Männer und Richter dorthin gehen und feststellen, welches die nächstgelegene Stadt ist. ³Die Ältesten dieser Stadt sollen eine junge Kuh nehmen, die noch nie in ein Joch gespannt wurde oder sonstige Arbeiten verrichtet hat. ⁴Diese sollen die Kuh in ein Bachtal führen, in dem weder gepflügt noch gesät wird. Dort sollen sie ihr das Genick brechen. ⁵Dann sollen die levitischen Priester vortreten. Denn der HERR, euer Gott, hat sie erwählt, vor ihm zu dienen

---

5. Mose 21,23

Hinweise auf den Messias (2)

»Aufgehängte« waren im Judentum nicht Menschen, die am Galgen hingerichtet wurden (diese Hinrichtungsart wurde nicht ausgeübt). Es handelt sich vielmehr um Hingerichtete, denen ein würdiges Begräbnis verweigert blieb. Ihr Leichnam wurde öffentlich ausgestellt, um dem Betreffenden noch die letzte Ehre zu nehmen. Gottes Gebot setzt dieser Praxis einen engen Rahmen: Nur bis zum Abend darf ein so Entehrter dort hängen (siehe Jos 8,29; 10,26-27). Paulus erkennt in der Kreuzigung von Jesus das Urteil Gottes wieder: »Verflucht ist jeder, der an einem Holz hängt.« (Gal 3,13). Gottes Gebot in 5. Mose 21,22-23 hat nicht schon in sich einen speziellen messianischen Nebensinn. Doch es zeigt, wie Jesus in eine Reihe mit den bis ins Äußerste Verworfenen gestellt wird, für die dieses Gebot gilt. Für Jesus hat Gott dieses Urteil – »verflucht!« – nicht zurückgenommen. Erst mit der Auferweckung hat er ihn rehabilitiert.

(5. Mose 18,15 «« | »» Psalm 2,1-2)

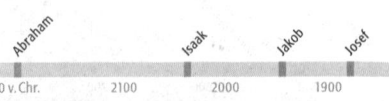

und im Namen des HERRN zu segnen. Außerdem sollen sie in allen Rechtsstreitigkeiten und bei allen Gewaltverbrechen ein Urteil fällen. ⁶Die Ältesten jener Stadt, die dem Fundort des Ermordeten am nächsten liegt, sollen nun über der Kuh, deren Genick gebrochen wurde, ihre Hände waschen. ⁷Dann sollen sie sagen: ›Wir haben diesen Mann nicht umgebracht und wir waren auch nicht Zeugen der Tat. ⁸O HERR, vergib deinem Volk, den Israeliten, die du befreit hast. Gib ihnen nicht die Schuld an dem Tod eines unschuldigen Menschen.‹ Auf diese Weise sollen sie von der Schuld des Mordes befreit werden. ⁹Wenn ihr diese Anweisungen befolgt, tut ihr, was in den Augen des HERRN richtig ist. So werdet ihr euer Volk von der Schuld an dem Mord reinigen.

Die Heirat mit einer Kriegsgefangenen

¹⁰Angenommen, ihr zieht gegen eure Feinde in den Krieg und der HERR, euer Gott, gibt sie in eure Hände und ihr macht Gefangene. ¹¹Dann kann es sein, dass einer von euch unter den Gefangenen eine schöne Frau sieht, sich in sie verliebt und sie heiraten will. ¹²In diesem Fall soll er sie mit in sein Haus nehmen. Dort soll sie sich den Kopf scheren, ihre Nägel schneiden, ¹³die Kleider ihrer Gefangenschaft ausziehen und neue Kleider anziehen. Sie soll in seinem Haus bleiben und einen Monat lang um ihre Eltern trauern. Danach kann er sie heiraten und sie soll seine Frau sein. ¹⁴Wenn sie ihm dann nicht mehr gefällt, muss er sie gehen lassen, wohin sie will. Er darf sie nicht verkaufen und auch nicht wie eine Sklavin behandeln, denn er hat sie gegen ihren Willen zur Frau genommen.

Die Rechte der Erstgeborenen

¹⁵Angenommen, ein Mann hat zwei Frauen und liebt nur die eine*, die andere aber nicht. Beide jedoch haben ihm einen Sohn geboren, und der erstgeborene Sohn stammt von der Frau, die er nicht liebt*. ¹⁶Wenn dieser Mann seinen Besitz unter seinen Söhnen aufteilt, darf er den Sohn der geliebten Frau* nicht als Erstgeborenen behandeln. Denn der Sohn der ungeliebten Frau ist eigentlich der Erstgeborene. ¹⁷Er muss seinen ältesten Sohn, den er zuerst zeugte und dem das Recht des Erstgeborenen zusteht, anerkennen und ihm den doppelten Anteil seines Besitzes vererben, auch wenn dieser der Sohn der ungeliebten Frau ist.

Der Umgang mit einem rebellischen Sohn

¹⁸Angenommen, ein Mann hat einen unbelehrbaren, eigensinnigen Sohn, der seinen Eltern nicht gehorchen will, nicht einmal, wenn sie ihn deswegen bestrafen. ¹⁹In diesem Fall sollen die Eltern ihren Sohn packen und vor die Ältesten der Stadt zum Gerichtsplatz am Tor bringen. ²⁰Sie sollen erklären: ›Unser Sohn ist unbelehrbar und eigensinnig und weigert sich, uns zu gehorchen. Er ist ein Fresser und Säufer.‹ ²¹Daraufhin sollen alle Männer dieser Stadt ihn zu Tode steinigen. Auf diese Weise sollt ihr das Böse bei euch beseitigen. Alle Israeliten sollen davon hören, damit sie abgeschreckt werden.

Verschiedene Vorschriften

²²Wenn jemand ein Verbrechen begangen hat, auf das die Todesstrafe steht, und der Tote nach seiner Hinrichtung an einen Baum gehängt wurde, ²³dürft ihr den Leichnam nicht über Nacht an dem Baum hängen lassen. Ihr sollt ihn noch am selben Tag bestatten, denn ein auf diese Weise Aufgehängter ist von Gott verflucht. Verunreinigt nicht das Land, das der HERR, euer Gott, euch zum Besitz gibt!

22 Wenn ihr seht, dass ein Rind, ein Schaf oder eine Ziege von einem eurer Landsleute entlaufen ist, dann überlasst es nicht seinem Schicksal, sondern bringt das Tier zurück. ²Falls der Besitzer nicht in eurer Nähe wohnt oder ihr nicht wisst, wem das Tier gehört, behaltet es bei euch, bis der Besitzer nach ihm sucht. Dann sollt ihr es ihm zurückgeben. ³Genauso sollt ihr vorgehen, wenn einer eurer Landsleute einen Esel, ein Kleidungsstück oder sonst etwas verloren hat und ihr es findet. Verweigert keinem eure Hilfe.

⁴Wenn ihr seht, wie ein Esel oder ein Rind von einem eurer Landsleute auf der Straße stürzt, dann geht nicht einfach weiter, sondern helft dem Tier mit ihm zusammen wieder auf die Beine.

⁵Eine Frau darf keine Männerkleidung tragen und ein Mann soll keine Frauenkleidung anziehen. Der HERR, euer Gott, verabscheut Menschen, die das tun.

⁶Wenn ihr unterwegs auf dem Boden oder in einem Baum ein Vogelnest findet, in dem junge Vögel oder Eier mit der Vogelmutter sind, dann sollt ihr nicht die Mutter zusammen mit den Jungen nehmen. ⁷Die Jungen dürft ihr nehmen, die Mutter sollt ihr aber fliegen lassen. Dann wird es euch gut gehen und ihr werdet lange leben.

21,15a O. *er liebt die eine mehr als die andere.*   **21,15b** O. *die er weniger liebt.* So auch 21,16.17.   **21,16** O. *der Frau, die er mehr liebt.*

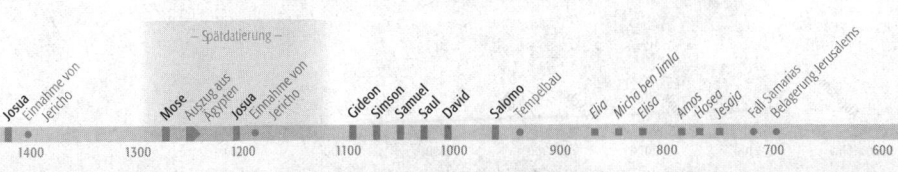

5. MOSE

1–3	Rückblick: Die Reise durch die Wüste
4–11	Einführung in das Gesetz
12–26	Die einzelnen Gesetze
27–30	Segen für Gehorsam, Fluch für Ungehorsam
31–34	Ausblick: Josua wird zum Anführer Israels

22–23
Über Rufmord und Vergewaltigung. Wer nicht zum Gottesdienst kommen darf. Verschiedene Vorschriften.

[Zum Sinai, vom Sinai her: Gott schafft sich ein Volk]

⁸Wenn ihr ein Haus baut, sollt ihr das Flachdach mit einem Geländer sichern. Sonst würdet ihr euch schuldig machen, falls jemand von eurem Dach stürzt.
⁹Pflanzt in eurem Weinberg außer den Weinstöcken nichts anderes. Sonst fällt der ganze Ertrag, sowohl die Trauben als auch die anderen Früchte, die ihr gepflanzt habt, dem Heiligtum zu.
¹⁰Spannt nicht ein Rind und einen Esel zusammen vor den Pflug.
¹¹Tragt keine Kleidung, in der Wolle und Leinen zusammengewebt sind.
¹²Bringt an den vier Zipfeln eurer Obergewänder Quasten an.

Schutz vor übler Nachrede und Vergewaltigung

¹³Angenommen, ein Mann heiratet eine Frau und schläft mit ihr. Nach einiger Zeit gefällt sie ihm aber nicht mehr ¹⁴und er verbreitet ein böses Gerücht über sie, indem er behauptet: ›Ich habe diese Frau geheiratet. Als ich aber mit ihr geschlafen habe, stellte ich fest, dass sie keine Jungfrau mehr war.‹ ¹⁵Dann sollen die Eltern der Frau zu den Ältesten der Stadt gehen und ihnen den Beweis ihrer Jungfräulichkeit zeigen. ¹⁶Ihr Vater soll zu den Ältesten sagen: ›Ich habe meine Tochter diesem Mann zur Frau gegeben und jetzt gefällt sie ihm nicht mehr. ¹⁷Deshalb verleumdet er sie und behauptet: Deine Tochter war bei unserer Hochzeit keine Jungfrau mehr. Doch hier ist der Beweis für die Jungfräulichkeit meiner Tochter.‹ Sie sollen das Kleid vor den Ältesten der Stadt ausbreiten. ¹⁸Daraufhin sollen die Richter den Mann ergreifen und ihn bestrafen. ¹⁹Er muss dem Vater der Frau eine Strafe von 100 Schekel Silber* zahlen, die ihm die Ältesten auferlegen sollen. Danach bleibt sie seine Frau und er darf sich nie von ihr scheiden lassen.
²⁰Angenommen jedoch, die Anschuldigungen des Mannes sind wahr und die Frau war tatsächlich keine Jungfrau mehr. ²¹In diesem Fall sollen die Ältesten die Frau vor die Tür ihres Elternhauses bringen und die Männer der Stadt sollen sie zu Tode steinigen. Sie hat etwas Schändliches in Israel getan, weil sie sich im Haus ihres Vaters wie eine Hure verhalten hat. Auf diese Weise sollt ihr das Böse aus eurer Mitte entfernen.
²²Wenn herauskommt, dass ein Mann mit der Frau eines anderen schläft, sollen sowohl der Mann als auch die Frau mit dem Tod bestraft werden. Auf diese Weise sollt ihr das Böse aus Israel beseitigen.

22,19 Das entspricht ca. 1,2 kg.

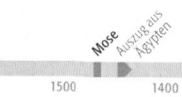

²³Wenn ein Mann in einer Stadt ein verlobtes Mädchen trifft, das noch Jungfrau ist, und mit ihr schläft, ²⁴sollt ihr die beiden vor das Stadttor bringen und zu Tode steinigen. Das Mädchen ist schuldig, weil sie nicht um Hilfe gerufen hat. Der Mann muss sterben, weil er mit einer Frau geschlafen hat, die einem anderen Mann versprochen war. Auf diese Weise sollt ihr das Böse bei euch beseitigen. ²⁵Hat der Mann das verlobte Mädchen jedoch auf dem Feld vergewaltigt, soll nur der Mann mit dem Tod bestraft werden. ²⁶Der jungen Frau sollt ihr nichts tun; sie hat kein Verbrechen begangen, auf das die Todesstrafe steht. Dieser Fall ähnelt dem, bei dem jemand einen anderen angreift und umbringt. ²⁷Der Mann hat sie draußen auf dem Feld vergewaltigt und als sie um Hilfe gerufen hat, war niemand da, der ihr hätte helfen können.

²⁸Wenn ein Mann ein Mädchen, das noch nicht verlobt ist, verführt und mit ihr schläft und sie dabei ertappt werden, ²⁹soll er ihrem Vater 50 Schekel Silber* bezahlen. Dann soll er das Mädchen heiraten, weil er mit ihr geschlafen hat, und darf sich nie von ihr scheiden lassen.

23

Ein Mann darf nicht mit der Frau seines Vaters schlafen, denn damit würde er seinen Vater entehren.

Vorschriften für den Gottesdienst

²Ein Mann, dessen Hoden verletzt oder dessen Glied abgeschnitten ist, darf nicht in die Versammlung des HERRN aufgenommen werden.

³Ein Mann, der aus einer Mischehe stammt, darf ebenfalls nicht in die Versammlung des HERRN aufgenommen werden. Selbst in der zehnten Generation dürfen seine Nachkommen nicht in die Versammlung des HERRN aufgenommen werden.

⁴Ammoniter oder Moabiter und ihre Nachkommen dürfen nicht einmal in der zehnten Generation in die Versammlung des HERRN aufgenommen werden; sie sollen nie aufgenommen werden. ⁵Als ihr aus Ägypten kamt, sind euch diese Völker nicht mit Brot und Wasser entgegengekommen, sondern haben Bileam, den Sohn Beors, aus Petor in Mesopotamien angeworben, um euch zu verfluchen. ⁶Der HERR, euer Gott, war jedoch nicht bereit, auf Bileam zu hören. Er verwandelte den Fluch in einen Segen, weil der HERR, euer Gott, euch liebt. ⁷Solange ihr lebt, sollt ihr den Ammonitern oder Moabitern niemals helfen oder ihnen etwas Gutes tun.

⁸Die Edomiter oder Ägypter allerdings sollt ihr nicht dauerhaft aus eurer Versammlung ausschließen. Denn die Edomiter sind euer Brudervolk und in Ägypten habt ihr als Fremde gewohnt. ⁹Die Nachkommen, die ihnen geboren werden, können in der dritten Generation in die Versammlung des HERRN aufgenommen werden.

Sonstige Vorschriften

¹⁰Wenn ihr gegen eure Feinde in den Krieg zieht, dann verunreinigt euer Lager nicht.

¹¹Jeder Mann, der aufgrund eines nächtlichen Samenergusses unrein wird, muss das Lager verlassen und den Tag über außerhalb des Lagers bleiben. ¹²Gegen Abend soll er sich baden und darf dann bei Sonnenuntergang wieder ins Lager zurückkehren.

¹³Vor dem Lager sollt ihr einen Bereich haben, wo ihr eure Notdurft verrichten könnt. ¹⁴Nehmt dafür einen Spaten mit, grabt damit vorher ein Loch und bedeckt anschließend alles. ¹⁵Das Lager soll heilig sein, denn der HERR, euer Gott, zieht selbst mit euch, um euch zu beschützen und um eure Feinde in eure Hand zu geben. Deshalb soll er nichts Anstößiges bei euch sehen, damit er sich nicht von euch abwendet.

¹⁶Wenn ein ausländischer Sklave von seinem Herrn fortläuft und bei euch Schutz sucht, dann liefert ihn nicht seinem Herrn aus. ¹⁷Lasst ihn bei euch wohnen und übervorteilt ihn nicht. Er soll wählen, in welcher Stadt er wohnen möchte.

¹⁸Kein Israelit und keine Israelitin dürfen als Tempelprostituierte arbeiten. ¹⁹Bringt kein Geld, das aus Prostitution stammt, zur Erfüllung eines Gelübdes in das Haus des HERRN, eures Gottes. Denn das verabscheut der HERR, euer Gott.

²⁰Verlangt keine Zinsen für Darlehen, die ihr euren israelitischen Landsleuten gewährt, weder für Geld, Lebensmittel oder irgendetwas anderes, das gegen Zinsen verliehen werden kann. ²¹Von Ausländern dürft ihr Zinsen verlangen, aber nicht von Israeliten. Dann wird der HERR, euer Gott, alles segnen, was ihr in dem Land tut, in das ihr nun zieht, um es zu erobern.

²²Wenn ihr dem HERRN, eurem Gott, ein Gelübde ablegt, dann erfüllt es auch. Denn der HERR, euer Gott, verlangt dies von euch. Wenn ihr es nicht tut, ladet ihr Schuld auf euch. ²³Ihr macht euch jedoch nicht schuldig, wenn ihr gar kein Gelübde ablegt. ²⁴Was ihr aber ausgesprochen habt, sollt ihr auch halten. Was ihr dem HERRN, eurem Gott, freiwillig versprochen habt, das tut auch.

22,29 Das entspricht ca. 600 g.

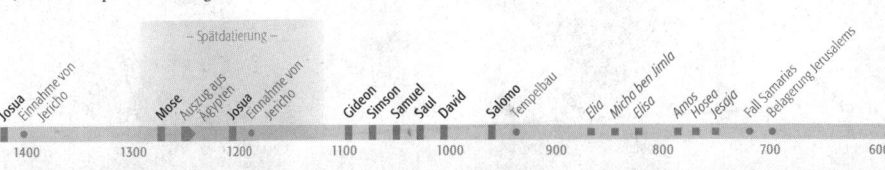

5. MOSE

1–3	Rückblick: Die Reise durch die Wüste
4–11	Einführung in das Gesetz
12–26	Die einzelnen Gesetze
27–30	Segen für Gehorsam, Fluch für Ungehorsam
31–34	Ausblick: Josua wird zum Anführer Israels

23–26
Verschiedene Vorschriften. Früchte von der ersten Ernte in Kanaan sollen Gott gegeben werden.

[Zum Sinai, vom Sinai her: Gott schafft sich ein Volk]

²⁵Wenn ihr in den Weinberg eures Nächsten kommt, dürft ihr nach Herzenslust Trauben essen, bis ihr satt seid. Füllt aber keine Körbe damit. ²⁶Auch wenn ihr in das Getreidefeld von einem eurer Landsleute kommt, dürft ihr euch einige Ähren mit der Hand abpflücken. Ihr dürft sie aber nicht mit der Sichel ernten.

24 Angenommen, ein Mann heiratet eine Frau. Später gefällt sie ihm nicht mehr, weil er etwas Anstößiges an ihr findet. Er stellt ihr einen Scheidebrief aus, gibt ihn ihr und schickt sie fort. ²Sie verlässt ihn und heiratet einen anderen. ³Wenn dieser sie ebenfalls nicht mehr liebt, ihr einen Scheidebrief ausstellt und sie damit fortschickt – oder wenn der zweite Mann, den sie geheiratet hat, stirbt –, ⁴dann darf ihr erster Mann, der sie fortgeschickt hat, sie nicht wieder heiraten, weil sie unrein ist. Denn so etwas verabscheut der Herr. Ihr dürft keine Schuld auf das Land laden, das der Herr, euer Gott, euch als besonderen Besitz gibt.
⁵Ein frisch verheirateter Mann soll weder zum Kriegsdienst eingezogen noch mit anderen besonderen Aufgaben betraut werden. Er soll ein Jahr frei von öffentlichen Verpflichtungen zu Hause verbringen dürfen, damit er mit der Frau, die er geheiratet hat, glücklich sein kann.
⁶Ihr dürft nicht beide Mühlsteine oder auch nur den oberen Mühlstein pfänden, denn er ist für den Besitzer lebensnotwendig.
⁷Wenn jemand gefasst wird, der einen seiner Landsleute – einen Israeliten – entführt hat und als Sklaven hält oder ihn verkauft, soll der Entführer sterben. Auf diese Weise sollt ihr das Böse bei euch beseitigen.
⁸Ansteckende Hautkrankheiten* sollt ihr sorgfältig beobachten und alle Anordnungen der levitischen Priester befolgen: Haltet euch genau an die Anweisungen, die ich ihnen gegeben habe. ⁹Denkt daran, was der Herr, euer Gott, unterwegs mit Mirjam tat, nachdem ihr aus Ägypten gezogen wart.
¹⁰Wenn ihr einem anderen etwas leiht, dann sollt ihr nicht in sein Haus gehen, um ein Pfand dafür zu holen. ¹¹Bleibt draußen stehen. Derjenige, der etwas von euch leiht, soll das Pfand zu euch herausbringen. ¹²Wenn er jedoch arm ist und nur einen einzigen Mantel besitzt, den er euch als Sicherheit geben könnte, dann behaltet den Mantel nicht über Nacht. ¹³Bei Sonnenuntergang sollt ihr ihn seinem Besitzer zurück-

---

24,8 Normalerweise mit *Aussatz* wiedergegeben. Das hier gebrauchte hebr. Wort wird jedoch für verschiedene ansteckende Hautkrankheiten benutzt.

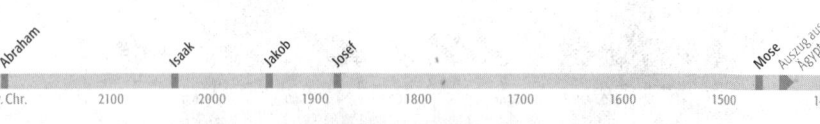

geben, damit er darin schlafen und euch segnen kann. Das wird vor dem HERRN, eurem Gott, als gerechte Tat gelten.

¹⁴Arme und bedürftige Arbeiter sollt ihr nicht übervorteilen, ganz gleich ob es sich um Israeliten handelt oder um Ausländer, die in euren Städten wohnen. ¹⁵Zahlt ihnen ihren Lohn jeden Tag vor Sonnenuntergang aus, denn sie sind arm und dringend darauf angewiesen. Sonst rufen sie vielleicht zum HERRN um Hilfe und ihr macht euch schuldig.

¹⁶Eltern dürfen nicht für die Sünden ihrer Kinder und Kinder nicht für die Sünden ihrer Eltern mit dem Tod bestraft werden. Jeder soll nur für seine eigene Schuld sterben.

¹⁷Beugt Ausländern und Waisen gegenüber nicht das Recht und pfändet nicht das Kleid einer Witwe. ¹⁸Denkt immer daran, dass ihr einmal Sklaven in Ägypten wart und dass der HERR, euer Gott, euch von dort befreit hat. Deshalb fordere ich euch auf nach diesen Anweisungen zu handeln.

¹⁹Wenn ihr beim Ernten eine Garbe auf dem Feld vergesst, geht nicht zurück, um sie zu holen. Lasst sie für die Ausländer, Waisen und Witwen stehen. Dann wird der HERR, euer Gott, euch bei allem, was ihr tut, segnen. ²⁰Wenn ihr die Oliven von den Bäumen schlagt, dann haltet keine Nachlese. Lasst die verbleibenden Oliven für die Ausländer, Waisen und Witwen hängen. ²¹Auch bei eurer Weinlese sollt ihr keine Nachlese halten. Die übrig gebliebenen Trauben sollen den Ausländern, Waisen und Witwen gehören. ²²Denkt daran, dass ihr selbst einmal Sklaven in Ägypten wart. Deshalb fordere ich euch auf, nach diesen Anweisungen zu handeln.

25 Angenommen, zwei Leute haben einen Rechtsstreit miteinander und gehen damit vor Gericht. Der Richter soll den Unschuldigen freisprechen und den Schuldigen verurteilen. ²Steht auf das Vergehen des Schuldigen die Prügelstrafe, soll der Richter ihm befehlen sich auf den Boden zu legen, und ihm dann in seiner Gegenwart – entsprechend seines Vergehens – eine gewisse Anzahl Schläge geben lassen. ³Allerdings soll niemand je mehr als 40 Schläge erhalten, denn mit mehr Schlägen würdet ihr euren Landsmann öffentlich demütigen.

⁴Hindert einen Ochsen nicht am Fressen, während er Korn drischt.

⁵Wenn zwei Brüder zusammen wohnen und einer von ihnen stirbt, ohne Kinder zu hinterlassen, darf die Witwe keinen Mann außerhalb der Familie heiraten. Der Bruder ihres Mannes soll sie zur Frau nehmen. ⁶Der erste Sohn, den sie bekommt, soll als Sohn des verstorbenen Bruders gelten, damit sein Name in Israel fortbesteht. ⁷Will der Bruder des Verstorbenen jedoch die Witwe nicht heiraten, soll sie zu den Ältesten am Stadttor gehen und sagen: ›Mein Schwager weigert sich, den Namen seines Bruders in Israel zu erhalten – er will mich nicht heiraten.‹ ⁸Dann werden die Ältesten der Stadt ihn kommen lassen und ihn zur Rede stellen. Weigert er sich anschließend immer noch sie zu heiraten, ⁹soll seine Schwägerin ihm vor den Stadtältesten einen Schuh ausziehen, ihm ins Gesicht spucken und sagen: ›So ergeht es einem Mann, der die Familie seines Bruders nicht erhalten will.‹ ¹⁰Von da an wird seine Familie nur noch bekannt sein als ›die Familie des Mannes, dem der Schuh ausgezogen wurde‹.

¹¹Wenn zwei Israeliten miteinander kämpfen und die Frau des einen ihrem Mann zu Hilfe kommt, indem sie an die Geschlechtsteile des anderen greift, ¹²sollt ihr der Frau die Hand abhacken, ohne Mitleid mit ihr zu haben.

¹³Benutzt keine falschen Gewichtssteine ¹⁴und keine falschen Messbecher. ¹⁵Verwendet ehrliche Gewichte und Maße, damit ihr lange in dem Land lebt, das der HERR, euer Gott, euch gibt. ¹⁶Wer mit falschen Gewichten und Maßen betrügt, den verabscheut der HERR, euer Gott.

¹⁷Denkt daran, was die Amalekiter euch angetan haben, als ihr aus Ägypten kamt. ¹⁸Sie griffen euch an, als ihr müde und erschöpft wart, und brachten alle um, die geschwächt am Ende eures Zuges gingen. Sie hatten keine Ehrfurcht vor Gott. ¹⁹Wenn der HERR, euer Gott, euch in dem Land, das er euch zum Besitz gibt, Ruhe vor euren Feinden ringsum verschafft hat, sollt ihr die Amalekiter vernichten, sodass sich niemand mehr an sie erinnert. Vergesst das niemals!

Ernteopfer und -abgaben

26 Ihr werdet nun in das Land kommen, das der HERR, euer Gott, euch zum Besitz gibt. Ihr werdet es erobern und euch darin ansiedeln. ²Nehmt dann ein paar von den ersten Früchten jeder Ernte, die ihr in dem Land einbringt, das der HERR, euer Gott, euch gibt. Legt sie in einen Korb und geht an den Ort, den sich der HERR, euer Gott, erwählt, damit dort sein Name angebetet werde. ³Geht zum diensthabenden Priester und sagt zu ihm: ›Wir bestätigen dem HERRN, deinem Gott, dass wir wirklich in das Land gekommen sind, das er unseren Vorfahren mit einem Eid versprochen hat.‹ ⁴Danach soll der Priester den Korb aus euren Händen nehmen und vor den Altar des HERRN, eures

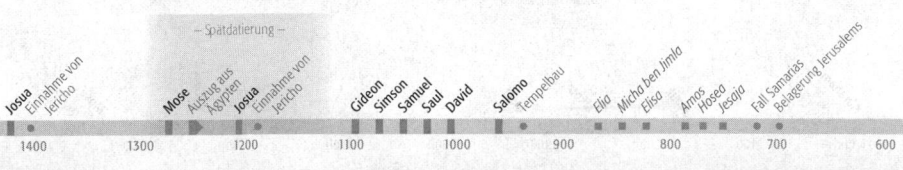

5. MOSE

Kapitel	Inhalt
1–3	Rückblick: Die Reise durch die Wüste
4–11	Einführung in das Gesetz
12–26	Die einzelnen Gesetze
27–30	Segen für Gehorsam, Fluch für Ungehorsam
31–34	Ausblick: Josua wird zum Anführer Israels

26–27
Alle drei Jahre soll ein Zehntel der Ernte den Leviten und Bedürftigen gehören. Nach der Jordanüberquerung soll Israel einen Altar errichten. Verfluchungen für Gesetzesübertreter.

[Zum Sinai, vom Sinai her: Gott schafft sich ein Volk]

Gottes, stellen. ⁵Dann sollt ihr vor dem HERRN, eurem Gott, sprechen: ›Unser Stammvater war ein Aramäer, der umherzog und mit wenigen Männern nach Ägypten ging, um dort zu leben. Doch in Ägypten wurde er zu einem großen und mächtigen Volk. ⁶Als die Ägypter uns misshandelten und unterdrückten, indem sie uns zu Sklavenarbeit zwangen, ⁷riefen wir zum HERRN, dem Gott unserer Vorfahren. Er hörte unser Rufen und sah unser Elend, unser Leid und unsere Unterdrückung. ⁸Deshalb führte uns der HERR mit starker Hand und großer Macht, unter Schrecken erregenden Ereignissen und unter Zeichen und Wundern aus Ägypten. ⁹Er brachte uns an diesen Ort und gab uns dieses Land, in dem Milch und Honig überfließen. ¹⁰Und nun, o HERR, bringen wir dir den ersten Teil der Ernte unserer Felder, die du uns geschenkt hast.‹ Mit diesen Worten sollt ihr die Erntegaben vor den HERRN, euren Gott, legen und ihn anbeten. ¹¹Feiert dann zusammen mit den Leviten und den Ausländern, die bei euch wohnen, ein fröhliches Fest, weil der HERR, euer Gott, euch und euren Familien so viel Gutes geschenkt hat.

¹²In jedem dritten Jahr sollt ihr den Leviten, Ausländern, Waisen und Witwen den zehnten Teil eurer Ernte geben, damit sie in euren Städten genug zu essen haben. ¹³Dann sollt ihr vor dem HERRN, eurem Gott, erklären: ›Ich habe diese heilige Gabe aus meinem Haus genommen und sie den Leviten, Ausländern, Waisen und Witwen gegeben, genauso wie du es mir befoh-

5. Mose 26,16-19

Bundesschlüsse

Im Rückblick auf den Bundesschluss am Sinai findet sich hier eine konzentrierte und prägnante Formulierung (»Bundesformel«): Jahwe will euer Gott sein; ihr wollt sein Volk sein. Diese Formel macht noch einmal deutlich: Der Bund ist zweiseitig. Jeder Bundespartner legt sich auf eine Verpflichtung fest.
Die Wortwahl dieser Formel greift die Pflicht des Volkes aus 2. Mose 24,7 und die Gabe Gottes aus 2. Mose 19,5-6 auf: »Alles, was der HERR gesagt hat, wollen wir tun und darauf hören.« – »Werdet ihr nun meiner Stimme gehorchen und meinen Bund halten, so sollt ihr mein Eigentum sein vor allen Völkern.«
Diese Bundesformel wird in späteren Zeiten vielfach aufgegriffen werden, wenn Propheten eine Bundeserneuerung oder einen ganz neuen Bundesschluss ankündigen.
(2. Mose 24 ‹‹ | ›› 2. Mose 32)

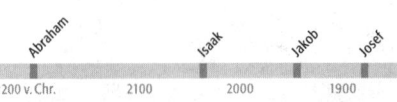
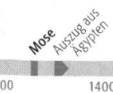

len hast. Ich habe keines deiner Gebote vergessen oder gebrochen. ¹⁴Ich habe nichts davon gegessen, während sich die Stämme trauerte oder unrein war, und ich habe nichts davon einem Toten gegeben. Ich habe dir, dem HERRN, meinem Gott, gehorcht und alles getan, was du mir befohlen hast. ¹⁵Sieh herab von deiner heiligen Wohnung im Himmel und segne dein Volk, die Israeliten, und das Land, das du uns gegeben hast – ein Land, in dem Milch und Honig fließen –, so wie du es unseren Vorfahren mit einem Eid versprochen hast.‹

Haltet die Gebote Gottes!
¹⁶Heute hat der HERR, euer Gott, euch befohlen, alle diese Gesetze und Vorschriften zu halten. Ihr sollt sie von ganzem Herzen und mit ganzer Kraft befolgen. ¹⁷Ihr habt heute dem HERRN erklärt, dass er euer Gott ist und dass ihr euch nach seinen Gesetzen, Geboten und Vorschriften richten wollt, indem ihr nach seinem Willen lebt und auf seine Stimme hört. ¹⁸Der HERR hat heute erklärt, dass ihr sein Volk seid, wie er es versprochen hat, und dass ihr alle seine Gebote befolgen sollt. ¹⁹Er hat erklärt, dass er euch über alle anderen Völker setzen wird, die er gemacht hat. Dann werdet ihr gerühmt, gelobt und geehrt werden. Ihr werdet ein Volk sein, das dem HERRN, eurem Gott, heilig ist, wie er es versprochen hat.«

Der Altar auf dem Berg Ebal

27 Danach befahl Mose mit den führenden Männern Israels dem Volk: »Befolgt alle Gebote, die ich euch heute gebe. ²Wenn ihr über den Jordan in das Land zieht, das der HERR, euer Gott, euch gibt, sollt ihr einige große Steine aufstellen und sie weiß anstreichen. ³Auf diese Steine sollt ihr, sobald ihr den Fluss überquert habt, das ganze Gesetz schreiben. Dann werdet ihr in das Land kommen, das der HERR, euer Gott, euch geben will: ein Land, in dem Milch und Honig überfließen, wie es euch der HERR, der Gott eurer Vorfahren, versprochen hat. ⁴Sobald ihr den Jordan überquert habt, sollt ihr die Steine am Berg Ebal aufstellen und sie weiß anstreichen, wie ich es euch heute befehle. ⁵Errichtet dort einen Altar für den HERRN, euren Gott, und zwar aus Steinen, die noch nicht mit eisernen Werkzeugen bearbeitet wurden. ⁶Aus unbehauenen Steinen sollt ihr den Altar bauen. Auf ihm sollt ihr dem HERRN, eurem Gott, Brandopfer darbringen. ⁷Außerdem sollt ihr Friedensopfer darbringen und dort essen und ein großes Freudenfest vor dem HERRN, eurem Gott, feiern. ⁸Schreibt dann das ganze Gesetz klar und deutlich auf die Steine.«

⁹Mose und die levitischen Priester sagten zum Volk: »Ihr Israeliten, seid still und hört zu! Von heute an seid ihr das Volk des HERRN, eures Gottes. ¹⁰Gehorcht deshalb dem HERRN, eurem Gott, indem ihr alle Gebote und Vorschriften haltet, die ich euch heute gegeben habe.«

Strafandrohungen vom Berg Ebal
¹¹Am gleichen Tag gab Mose dem Volk folgende Anweisung: ¹²»Wenn ihr den Jordan überquert habt, sollen sich die Stämme Simeon, Levi, Juda, Issachar, Josef und Benjamin auf dem Berg Garizim aufstellen, um das Volk zu segnen. ¹³Die Stämme Ruben, Gad, Asser, Sebulon, Dan und Naftali sollen sich auf dem Berg Ebal aufstellen, um einen Fluch auszusprechen. ¹⁴Dann sollen die Leviten mit lauter Stimme zu allen Männern Israels sagen:

¹⁵›Verflucht ist jeder, der Götzen schnitzt oder gießt und sie heimlich aufstellt. Sie sind das Werk menschlicher Kunst und der HERR verabscheut sie.‹

Und das ganze Volk soll antworten:
›So soll es sein.‹

¹⁶›Verflucht ist jeder, der seinen Vater oder seine Mutter verachtet.‹

Und das ganze Volk soll antworten:
›So soll es sein.‹

¹⁷›Verflucht ist jeder, der den Grenzstein zwischen sich und seinem Nachbarn versetzt.‹

Und das ganze Volk soll antworten:
›So soll es sein.‹

¹⁸›Verflucht ist jeder, der einen Blinden vom Weg abbringt.‹

Und das ganze Volk soll antworten:
›So soll es sein.‹

¹⁹›Verflucht ist jeder, der das Recht von Ausländern, Waisen und Witwen beugt.‹

Und das ganze Volk soll antworten:
›So soll es sein.‹

²⁰›Verflucht ist jeder, der mit der Frau seines Vaters schläft, denn damit entehrt er seinen Vater.‹

Und das ganze Volk soll antworten:
›So soll es sein.‹

²¹›Verflucht ist jeder, der Geschlechtsverkehr mit einem Tier hat.‹

Und das ganze Volk soll antworten:
›So soll es sein.‹

²²›Verflucht ist jeder, der mit seiner Schwester oder Halbschwester schläft.‹

Und das ganze Volk soll antworten:
›So soll es sein.‹

²³›Verflucht ist jeder, der mit seiner Schwiegermutter schläft.‹

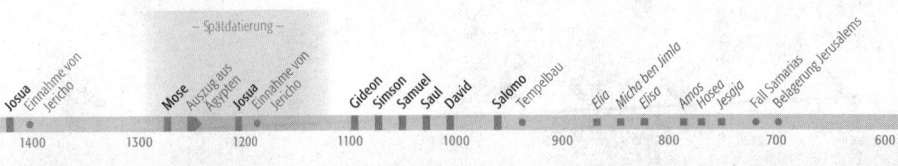

5. MOSE

1–3	Rückblick: Die Reise durch die Wüste
4–11	Einführung in das Gesetz
12–26	Die einzelnen Gesetze
27–30	Segen für Gehorsam, Fluch für Ungehorsam
31–34	Ausblick: Josua wird zum Anführer Israels

27–28
Gehorsam bringt Segen, Ungehorsam bringt Fluch.

[Zum Sinai, vom Sinai her: Gott schafft sich ein Volk]

Und das ganze Volk soll antworten: ›So soll es sein.‹
²⁴›Verflucht ist jeder, der heimlich einen anderen Menschen umbringt.‹
Und das ganze Volk soll antworten: ›So soll es sein.‹
²⁵›Verflucht ist jeder, der für Geld einen unschuldigen Menschen tötet.‹

5. Mose 28

Gottes Liebe, Gottes Zorn

Segen für die Gehorsamen, aber eine vielfach gesteigerte Strafe für die Ungehorsamen: Dieses Kapitel ist noch bedrückender als 3. Mose 26 (siehe die Erklärung dort). Das Wesen Gottes, dass die Liebe den Zorn besiegt, scheint hier verdunkelt zu sein.
Verborgen im Text sind aber Hinweise, die zum Verständnis helfen:
• So kommt es in der überlangen Aufzählung der Strafe wohl nicht auf jede Einzelheit, sondern auf die Masse an. Nach V. 61 ist die Liste immer noch nicht vollständig. Die Länge der Aufzählung will sagen: Es hat keinen Sinn, nach einem Ausweg zu suchen. Die Situation ohne Gott ist nicht beherrschbar!
• Hat Gott seine Liebe vergessen und nun Freude an der Vergeltung (V. 63)? Gilt also ein Wort wie Klagelieder 3,33 nicht immer? Doch Gottes Freude an der Vergeltung ist nur vorübergehend. In Kapitel 30,9b ist das zu Ende und Gott ist wieder zu seinem eigentlichen Wesen zurückgekehrt.

Der größere Zusammenhang zeigt weiter:

• Das erste Wort Gottes ist die Rettung (5Mo 26,5-9). Der Bund Gottes mit seinem Volk bleibt in Kraft (26,16-29; 29,8.24; 30,20). Der Bund wurde von Menschen gebrochen, ist von Gott aus aber nicht zerbrochen.
• Wenn Gottes Volk umkehrt, wird Gott unverzüglich aktiv und stellt es wieder her (30,1-10). Als Ergebnis werden die Menschen sogar besser sein als zuvor: Zunächst hat Gottes Volk keine Einsicht geschenkt bekommen, um den Weg zu begreifen (29,3). Doch am Ende schenkt Gott Herzen, die ihn lieben können (30,6)! Gott bewirkt jetzt Erneuerung von innen her.
• Schließlich wird Gottes Wesen klar definiert. Mag sein, dass er zwischenzeitlich die Freude am Segen verloren hat (28,63): Sein Wesenskern ist dennoch voller Güte. »Er ist euer Leben!« (30,20). Er straft, aber ist nicht Strafe. Er zürnt, aber ist nicht der Zorn in Person. Gottes Identität besteht vielmehr nur darin: »Er ist euer Leben.«
Als Bibelleser sollten wir das abgrundtief ernste Kapitel 28 nicht entschärfen. Aber wir sollen es in seinem Zusammenhang lesen. Gottes Gnade lässt sich nicht auslöschen.

(3. Mose 26 ‹‹‹ | ››› 5. Mose 7,7-8)

Und das ganze Volk soll antworten:
›So soll es sein.‹
²⁶›Verflucht ist jeder, der nicht alle Gebote dieses Gesetzes beachtet und befolgt.‹
Und das ganze Volk soll antworten:
›So soll es sein.‹«

Segnungen für Gehorsam

28 »Wenn ihr dem HERRN, eurem Gott, gehorcht und alle Gebote haltet, die ich euch heute gebe, wird euch der HERR, euer Gott, über alle Völker der Welt setzen. ²Wenn ihr dem HERRN, eurem Gott, gehorcht, werdet ihr folgendermaßen gesegnet werden:

³Ihr werdet gesegnet werden in euren Städten und ihr werdet gesegnet werden auf dem Land. ⁴Ihr werdet gesegnet werden mit vielen Kindern, reichen Ernten und zahlreichen Jungtieren bei euren Schaf-, Ziegen- und Rinderherden. ⁵Ihr werdet gesegnet sein mit Erntekörben, die von Früchten überquellen, und mit Backtrögen, die bis oben mit Brot gefüllt sind. ⁶Ihr werdet gesegnet sein, wenn ihr nach Hause kommt, und ihr werdet gesegnet sein, wenn ihr fortgeht.

⁷Der HERR wird euch den Sieg über eure Feinde schenken, wenn sie euch angreifen. Sie werden euch aus einer Richtung angreifen, aber in sieben Richtungen vor euch fliehen! ⁸Der HERR wird euch bei allem, was ihr tut, segnen. Er wird euch große Vorräte geben. Der HERR, euer Gott, wird euch in dem Land, das er euch gibt, segnen.

⁹Wenn ihr den Geboten des HERRN, eures Gottes, gehorcht und nach seinem Willen lebt, wird der HERR, euer Gott, euch als sein heiliges Volk einsetzen, wie er es euch mit einem Eid versprochen hat. ¹⁰Dann werden alle Völker der Welt sehen, dass ihr das Volk des HERRN seid, und werden sich vor euch fürchten.

¹¹Der HERR wird euch in dem Land, das er euch gibt – wie er euren Vorfahren mit einem Eid versprochen hat –, ein Übermaß an Gutem schenken: viele Kinder, unzählige Jungtiere und reiche Ernten. ¹²Der HERR wird seine Schatzkammer, den Himmel, für euch öffnen, um es zur rechten Zeit regnen zu lassen und um all eure Arbeit zu segnen. Ihr werdet vielen Völkern etwas ausleihen, selbst aber nie etwas von ihnen borgen müssen. ¹³Wenn ihr den Geboten des HERRN, eures Gottes, die ich euch heute gebe, gehorcht und sie genau befolgt, wird der HERR euch zum Kopf und nicht zum Schwanz machen, und es wird mit euch immer weiter aufwärts gehen und nicht bergab. ¹⁴Ihr dürft von keinem einzigen Gebot, das ich euch heute gebe, abweichen. Lauft keinen anderen Göttern nach und verehrt sie nicht.

Strafandrohungen als Folge von Ungehorsam

¹⁵Wenn ihr jedoch dem HERRN, eurem Gott, nicht gehorcht und seine Gebote und Vorschriften, die ich euch heute gebe, nicht gewissenhaft befolgt, werden euch die folgenden Flüche treffen:

¹⁶Ihr werdet verflucht sein in den Städten und ihr werdet verflucht sein auf dem Land. ¹⁷Ihr werdet gestraft sein mit leeren Erntekörben und leeren Backtrögen. ¹⁸Ihr werdet gestraft sein mit wenig Kindern, schlechten Ernten und wenig Jungtieren bei euren Schaf-, Ziegen- und Rinderherden. ¹⁹Ihr werdet verflucht sein, wenn ihr nach Hause kommt, und ihr werdet verflucht sein, wenn ihr fortgeht.

²⁰Der HERR selbst wird Flüche, Verwirrung und Bedrohung über euch bringen bei allem, was ihr tut, bis ihr schließlich bald zugrunde gegangen und vernichtet seid, weil ihr Unrecht getan und mich verlassen habt. ²¹Der HERR wird euch die Pest schicken, bis alle von euch umgekommen sind in dem Land, in das ihr nun hineingehen werdet, um es zu erobern. ²²Der HERR wird euch mit Auszehrung, Fieber und Entzündungen strafen, mit Hitze und Dürre, mit Schädlingen und Pilzkrankheiten an eurem Getreide. Dies alles wird euch verfolgen, bis ihr zugrunde gegangen seid. ²³Der Himmel über euch wird unnachgiebig wie Bronze und die Erde unter euch hart wie Eisen sein. ²⁴Der HERR wird Sand und Staub vom Himmel auf euer Land regnen lassen, bis ihr vernichtet seid.

²⁵Der HERR wird euch euren Feinden ausliefern. Ihr werdet sie aus einer Richtung angreifen, aber in sieben Richtungen vor ihnen fliehen! Ihr werdet zum abschreckenden Beispiel für die Königreiche der Erde werden. ²⁶Eure Leichen werden den Vögeln und wilden Tieren als Nahrung dienen und niemand wird sie verscheuchen.

²⁷Der HERR wird euch mit den Geschwüren Ägyptens, mit Beulen, juckenden Ausschlägen und anderen Hautkrankheiten heimsuchen – und ihr werdet nicht geheilt werden können. ²⁸Der HERR wird euch mit Wahnsinn, mit Blindheit und mit Verwirrung schlagen. ²⁹Am helllichten Tag werdet ihr wie ein Blinder im Dunkeln umhertasten und nichts wird euch gelingen. Ihr werdet ständig unterdrückt und benachteiligt werden und niemand wird euch zu Hilfe kommen.

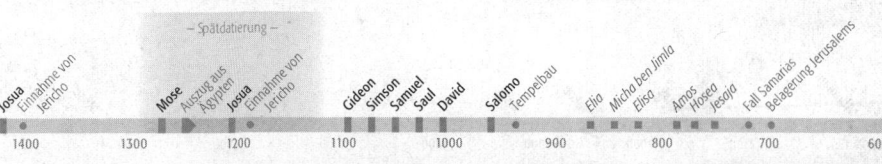

5. MOSE

1–3	Rückblick: Die Reise durch die Wüste
4–11	Einführung in das Gesetz
12–26	Die einzelnen Gesetze
27–30	Segen für Gehorsam, Fluch für Ungehorsam
31–34	Ausblick: Josua wird zum Anführer Israels

28–29
Ungehorsam bringt Fluch.

[Zum Sinai, vom Sinai her: Gott schafft sich ein Volk]

30 Ihr werdet euch mit einer Frau verloben, doch ein anderer wird mit ihr schlafen. Ihr werdet ein Haus bauen, doch nicht darin wohnen. Ihr werdet einen Weinberg pflanzen, aber niemals seine Früchte essen. 31 Euer Rind wird vor euren Augen geschlachtet werden, aber ihr werdet nichts von seinem Fleisch bekommen. Euer Esel wird gestohlen werden und nicht mehr zu euch zurückkommen. Eure Schafe und Ziegen werden euren Feinden in die Hände fallen, ohne dass euch jemand hilft. 32 Ihr werdet mit ansehen müssen, wie eure Söhne und Töchter als Sklaven fortgeführt werden. Ihr werdet euch nach ihnen sehnen, doch ihr werdet nichts dagegen tun können. 33 Ein Volk, von dem ihr nie zuvor gehört habt, wird die Ernte verzehren, für die ihr so hart gearbeitet habt. Ihr werdet ständig unterdrückt und schlecht behandelt werden. 34 Ihr werdet wahnsinnig werden über dem, was sich vor euren Augen abspielt. 35 Der HERR wird euch von Kopf bis Fuß mit unheilbaren Geschwüren bedecken.

36 Der HERR wird euch und den König, den ihr gekrönt habt, zu einem Volk führen, von dem weder ihr noch eure Vorfahren je gehört haben. Dort werdet ihr Götter aus Holz und Stein verehren. 37 Ihr werdet zum abschreckenden Beispiel werden. Alle Völker, zu denen der HERR, euer Gott, euch führen wird, werden euch verhöhnen und über euch spotten.

38 Ihr werdet viel aussäen, aber wenig ernten, denn eure Ernte wird von Heuschrecken aufgefressen werden. 39 Ihr werdet Weinberge anlegen und sie bestellen, doch ihr könnt den Wein nicht trinken, ja nicht einmal die Trauben lesen, denn Würmer werden sie abfressen. 40 In eurem ganzen Land wird es Olivenbäume geben, aber kein Olivenöl, um euch zu salben, denn die Früchte fallen von den Bäumen, bevor sie reif sind. 41 Ihr werdet Söhne und Töchter haben, doch ihr werdet sie nicht behalten, denn sie werden gefangen weggeführt werden. 42 Heuschreckenschwärme werden eure Bäume und Ernten zerstören. 43 Die Ausländer, die bei euch leben, werden immer stärker werden, ihr hingegen immer schwächer. 44 Sie werden euch leihen, ihr jedoch werdet nichts haben, was ihr ihnen leihen könntet. Sie werden der Kopf sein und ihr der Schwanz!

45 Wenn ihr nicht auf den HERRN, euren Gott, hört und die Gebote und Anordnungen, die er euch gegeben hat, nicht genau befolgt, werden euch alle diese Flüche verfolgen und treffen, bis ihr umgekommen seid. 46 Sie sollen immer eine Warnung für euch und eure Nachkommen sein. 47 Weil ihr dem HERRN, eurem Gott, trotz eures Wohlstands nicht fröhlich und dankbar gedient habt, 48 müsst ihr euren Feinden dienen, die der

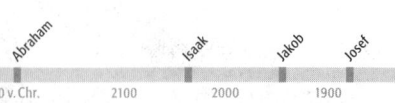

HERR gegen euch schickt. Ihr werdet Hunger und Durst haben. Es wird euch an Kleidung und allem anderen fehlen. Er wird dafür sorgen, dass ihr erbarmungslos unterdrückt werdet, bis ihr vernichtet seid.

⁴⁹Der HERR wird ein Volk aus der Ferne, vom Ende der Erde, gegen euch schicken, dessen Sprache ihr nicht versteht. Es wird sich auf euch stürzen wie ein Geier. ⁵⁰Das Volk ist grausam, es hat keine Achtung vor den Alten und kein Erbarmen mit den Jungen. ⁵¹Seine Heere werden euer Vieh und den Ertrag eurer Felder verzehren, sodass ihr verhungern werdet. Sie werden euch nichts übrig lassen: weder Getreide, noch neuen Wein, Olivenöl, Kälber, Lämmer oder junge Ziegen, sodass ihr schließlich zugrunde geht. ⁵²Sie werden eure Städte belagern, bis alle starken und hohen Mauern im Land, auf deren Schutz ihr vertraut, gefallen sind. Sie werden alle Städte belagern in dem Land, das der HERR, euer Gott, euch gegeben hat. ⁵³Die Not während der Belagerung durch eure Feinde wird so groß sein, dass ihr sogar das Fleisch eurer eigenen Söhne und Töchter essen werdet, die der HERR, euer Gott, euch gegeben hat. ⁵⁴⁻⁵⁵Selbst ein verwöhnter und vornehmer Mann wird sein eigenes Kind verzehren und eifersüchtig darüber wachen, dass sein Bruder, seine geliebte Frau und seine restlichen Kinder, die ihm geblieben sind, nichts vom Fleisch seines eigenen Kindes abbekommen. Denn er hat nichts anderes zu essen in der Zeit der Not und der Bedrängnis, weil eure Feinde alle eure Städte belagern. ⁵⁶⁻⁵⁷Selbst eine verwöhnte und vornehme Frau – die vor lauter Verweichlichung noch nie einen Fuß auf den Boden gesetzt hat – wird die Nachgeburt und die Kinder, die sie geboren hat, heimlich verzehren. Sie wird eifersüchtig darüber wachen, dass ihr geliebter Ehemann, ihr Sohn oder ihre Tochter nichts davon abbekommen. Denn sie wird nichts anderes zu essen haben in der Zeit der Not und der Bedrängnis, weil eure Feinde alle eure Städte belagern.

⁵⁸Befolgt alle Vorschriften des Gesetzes, die in diesem Buch aufgeschrieben sind, und achtet den herrlichen und Respekt einflößenden Namen des HERRN, eures Gottes! ⁵⁹Sonst wird der HERR schlimme Krankheiten über euch und eure Kinder kommen lassen, sodass ihr ständig an schweren Krankheiten leidet. ⁶⁰Er wird all die Krankheiten Ägyptens bei euch ausbrechen lassen, vor denen ihr so große Angst habt. Und ihr werdet sie nicht mehr loswerden. ⁶¹Auch mit Krankheiten und Leiden, die nicht in diesem Gesetzbuch verzeichnet sind, wird der HERR euch schlagen, bis ihr vollständig vernichtet seid. ⁶²Obwohl ihr zahllos wart wie die Sterne am Himmel, werden nur wenige von euch übrig bleiben, denn ihr habt nicht auf den HERRN, euren Gott, gehört.

⁶³Der HERR hatte große Freude daran, euch Gutes zu tun und euch zu einem großen Volk zu machen. Und genauso wird es ihm nun Freude machen, euch auszurotten und zu vernichten, bis ihr aus dem Land verschwunden seid, in das ihr nun zieht, um es zu erobern. ⁶⁴Denn der HERR wird euch unter alle Völker zerstreuen, von einem Ende der Erde bis zum anderen. Dort werdet ihr fremde Götter verehren müssen, die weder ihr noch eure Vorfahren gekannt haben, Götter aus Holz und Stein. ⁶⁵Doch unter den fremden Völkern werdet ihr nicht sicher sein und nicht zur Ruhe kommen. Und der HERR wird euch dort unter Angst, Finsternis und Verzweiflung leiden lassen. ⁶⁶Euer Leben wird am seidenen Faden hängen. Tag und Nacht werdet ihr in Angst leben und eures Lebens nicht mehr sicher sein. ⁶⁷Am Morgen werdet ihr – aus Angst vor den Schrecken, denen ihr ständig ins Auge sehen müsst – sagen: ›Wäre es nur schon Abend!‹ Und am Abend werdet ihr sagen: ›Wäre es nur schon Morgen!‹ ⁶⁸Dann wird der HERR euch auf Schiffen nach Ägypten zurückschicken, auf dem Weg, von dem ich euch sagte: ›Ihr sollt ihn nie mehr wiedersehen.‹ Dort werdet ihr euch euren Feinden als Sklaven zum Kauf anbieten, aber niemand wird euch kaufen wollen.«

⁶⁹Das sind die Bedingungen des Bundes, den Mose auf Befehl des HERRN mit den Israeliten erneuerte, während sie in Moab waren, und den er am Sinai* mit ihnen geschlossen hatte.

Erinnerung an den Bund

29 Mose rief die Israeliten zu sich und sagte zu ihnen: »Ihr habt mit eigenen Augen gesehen, was der HERR in Ägypten dem Pharao, seinen Ministern und seinem ganzen Land angetan hat – ²all die gewaltigen Beweise seiner Macht, die ihr selbst gesehen habt, die Zeichen und erstaunlichen Wunder. ³Doch bis auf den heutigen Tag hat der HERR euch keinen Verstand gegeben, der begreift, keine Augen, die sehen und keine Ohren, die hören! ⁴40 Jahre lang habe ich euch durch die Wüste geführt, ohne dass eure Kleider und Schuhe zerschlissen wären. ⁵Ihr hattet kein Brot zu essen und keinen Wein oder andere alkoholischen Getränke zu trinken.

28,69 Hebr. *Horeb*, ein anderer Name für *Sinai*.

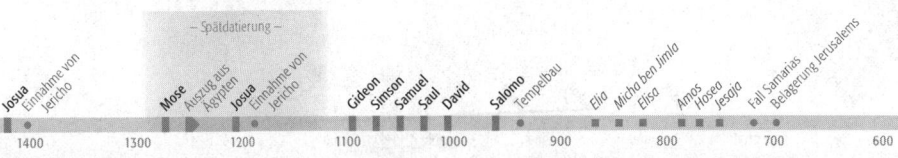

5. MOSE

1–3	Rückblick: Die Reise durch die Wüste
4–11	Einführung in das Gesetz
12–26	Die einzelnen Gesetze
27–30	Segen für Gehorsam, Fluch für Ungehorsam
31–34	Ausblick: Josua wird zum Anführer Israels

29–30
Gottes große Taten als Grund, sich an den Bund mit ihm zu halten. Bundesbruch bedeutet Landverlust. Rückkehr zu Gott bedeutet Leben.

[Zum Sinai, vom Sinai her: Gott schafft sich ein Volk]

Denn ihr solltet erkennen, dass er der HERR, euer Gott, ist. ⁶Als wir hierher kamen, zogen König Sihon von Heschbon und König Og von Baschan gegen uns in den Krieg, doch wir besiegten sie. ⁷Wir eroberten ihr Land und gaben es den Stämmen Ruben und Gad und dem halben Stamm Manasse zum Erbbesitz.

⁸Befolgt deshalb die Vorschriften dieses Bundes und setzt sie auch in eurem Leben um, damit euch alles, was ihr tut, gelingt. ⁹Ihr alle steht heute vor dem HERRN, eurem Gott: eure Stammesfürsten, eure Ältesten, eure Heerführer, alle Männer Israels, ¹⁰eure Kinder, eure Frauen und die Nichtisraeliten, die bei euch im Lager leben, euer Holz schlagen und euer Wasser tragen. ¹¹Ihr steht heute hier, um den Bund mit dem HERRN, eurem Gott, zu besiegeln und seine Strafandrohungen anzunehmen. Der HERR schließt heute diesen Bund mit euch. ¹²Er will euch heute als sein Volk einsetzen und will euer Gott sein, wie er es euch versprochen und euren Vorfahren Abraham, Isaak und Jakob mit einem Eid zugesagt hat. ¹³Doch nicht mit euch allein schließe ich diesen Bund mit all seinen Bedingungen, ¹⁴sondern auch mit allen, die heute hier mit uns vor dem HERRN, unserm Gott stehen, sowie mit allen euren Nachkommen, die noch nicht geboren sind.

¹⁵Ihr wisst sicher noch, wie wir in Ägypten lebten und wie es war, als wir durch die Gebiete

5. Mose 29

Bundesschlüsse
Im Land Moab – nach Jahrzehnten der Wanderung durch die Wüste und an der Schwelle zum versprochenen Land – schließt Gott den Bund vom Sinai erneut mit seinem Volk. Gottes Treue ist jetzt nicht nur an der Befreiung aus Ägypten erkennbar, sondern auch an seiner Hilfe während der Wanderung (V. 4-7). Der Bund gilt ausdrücklich auch allen Nachkommen (V. 13-14).
Sehr breit werden die Folgen aufgezeigt, wenn das Volk den Bund hält und wenn es das nicht tut (Kapitel 28; 30,15-18; schon in 3. Mose 26 findet sich eine solche Gegenüberstellung). Doch auch wenn man am Bundesgehorsam scheitert, ist es möglich, umzukehren. Gott wird dann die verheerenden Konsequenzen, die man tragen musste, beenden und in Segen verwandeln (30,1-10).
Der Bund sichert also Gottes Treue zu, verbindet aber niemanden automatisch mit Gott, sondern fordert eine eigene Entscheidung (30,19-20).
(2. Mose 40 ‹‹ | »» Micha 6,13-16)

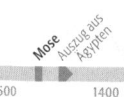

feindlicher Völker zogen. ¹⁶Ihr habt ihre abscheulichen Götzen aus Holz, Stein, Silber und Gold gesehen, die es bei ihnen gab. ¹⁷Kein Mann, keine Frau, keine Familie und kein Stamm von euch soll sich mehr vom HERRN, unserem Gott, abwenden und die Götter dieser fremden Völker verehren, damit keine Wurzel unter euch bittere und giftige Früchte trägt. ¹⁸Niemand, der diese Warnung hört, soll sich einreden: ›Es wird mir schon nicht schaden, wenn ich die Gebote Gottes nicht beachte.‹ Das würde seinen Untergang bedeuten! ¹⁹Der HERR wird einem solchen Menschen nicht vergeben. Sein Zorn und seine Eifersucht werden gegen ihn entbrennen. Alle Strafandrohungen, die in diesem Buch stehen, werden ihn treffen und der HERR wird seinen Namen von der Erde auslöschen. ²⁰Der HERR wird ihn aus den Stämmen Israels ausstoßen gemäß den Strafandrohungen des Bundes, die im vorliegenden Gesetzbuch aufgeschrieben sind.

²¹Dann werden die kommenden Generationen – eure eigenen Nachkommen sowie die Menschen aus fernen Ländern – sehen, wie verwüstet das Land ist und mit welchen Seuchen euch der HERR bestraft hat. ²²Der Boden wird verbrannt und mit Schwefel und Salz bedeckt sein, sodass auf ihm nichts mehr gepflanzt werden kann und nichts wächst, nicht einmal ein einzelner Grashalm. Es wird sein wie bei Sodom und Gomorra, wie bei Adma und Zebojim, die der HERR in seinem Zorn zerstört hat. ²³Alle Völker werden fragen: ›Weshalb hat der HERR diesem Land das angetan? Warum war er so zornig?‹

²⁴Und man wird ihnen antworten: ›Das ist geschehen, weil die Bewohner des Landes den Bund brachen, den der HERR, der Gott ihrer Vorfahren, mit ihnen geschlossen hatte, als er sie aus Ägypten führte. ²⁵Sie wandten sich von ihm ab und verehrten fremde Götter und beteten sie an, Götter, die sie bis dahin nicht kannten und die der HERR nicht für sie bestimmt hatte. ²⁶Deshalb wurde der HERR sehr zornig über dieses Land und brachte alle Strafandrohungen über die Bewohner des Landes, die in diesem Buch aufgeschrieben sind. ²⁷In seinem Zorn und seiner Wut jagte der HERR sie aus ihrem Land und trieb sie in ein anderes, in dem sie heute noch leben!‹

²⁸Was noch kommen wird, weiß allein der HERR, unser Gott. Seinen Willen hat er uns und unseren Nachkommen jedoch für immer gezeigt, damit wir alle Anweisungen dieses Gesetzes befolgen.

Kehrt zum HERRN zurück!

30 Wenn euch nun alle diese Segnungen oder Flüche widerfahren, von denen ich zu euch gesprochen habe, und ihr über sie nachdenkt; wenn ihr bei den Völkern seid, zu denen der HERR, euer Gott, euch verstoßen hat; ²wenn ihr dann zum HERRN, eurem Gott, zurückkehrt und ihr und eure Kinder beginnen, den Geboten, die ich euch heute gegeben habe, mit ganzem Herzen und mit aller Kraft zu gehorchen, ³wird der HERR euer Schicksal wieder zum Guten wenden. Er wird sich euer erbarmen und euch wieder aus allen Völkern sammeln, unter die er euch verstreut hat. ⁴Auch wenn ihr euch am äußersten Ende der Erde befindet, wird der HERR, euer Gott, euch von dort zurückholen und sammeln. ⁵Er wird euch zurückführen in das Land, das euren Vorfahren gehörte, und ihr werdet das Land wieder besitzen. Ja, er wird euch noch wohlhabender und zahlreicher machen als eure Vorfahren!

⁶Der HERR, euer Gott, wird euer Herz und die Herzen eurer Nachkommen reinigen*, damit ihr ihn aufrichtig und mit aller Kraft liebt und am Leben bleibt. ⁷Der HERR, euer Gott, wird alle diese Flüche über eure Feinde und Verfolger kommen lassen. ⁸Dann werdet ihr dem HERRN wieder gehorchen und alle seine Gebote halten, die ich euch heute gebe. ⁹Der HERR, euer Gott, wird euch Erfolg schenken bei allem, was ihr tut. Er wird euch viele Kinder, unzählige Jungtiere sowie reiche Ernten schenken. Der HERR wird sich wieder an euch freuen und euch Gutes tun – so wie es bei euren Vorfahren der Fall war – ¹⁰wenn ihr seiner Stimme gehorcht und seine Gebote und Anordnungen befolgt, die in diesem Gesetzbuch aufgeschrieben sind, und wenn ihr euch aufrichtig und mit aller Kraft wieder dem HERRN, eurem Gott, zuwendet.

Wählt zwischen Leben und Tod!

¹¹Dieses Gesetz, das ich euch heute gebe, ist nicht zu schwer für euch, als dass ihr es nicht verstehen und befolgen könntet. ¹²Es ist nicht hoch oben im Himmel, so unerreichbar, dass ihr fragen müsstet: ›Wer soll für uns in den Himmel hinaufsteigen und es herabholen, damit wir es hören und befolgen können?‹ ¹³Es ist nicht auf der anderen Seite des Meeres, so weit entfernt, dass ihr fragen müsstet: ›Wer soll übers Meer fahren, um es zu holen, damit wir es hören und befolgen können?‹ ¹⁴Nein, seine Botschaft ist euch ganz nah; sie liegt auf euren Lippen und in eurem Herzen, sodass ihr sie befolgen könnt.

30,6 O. *beschneiden.*

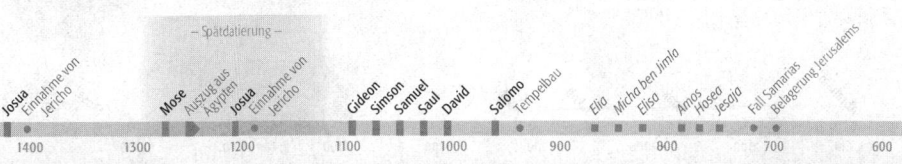

5. MOSE

1–3	Rückblick: Die Reise durch die Wüste
4–11	Einführung in das Gesetz
12–26	Die einzelnen Gesetze
27–30	Segen für Gehorsam, Fluch für Ungehorsam
31–34	Ausblick: Josua wird zum Anführer Israels

30–31
Josua wird Moses Nachfolger. Vorlesen der Gesetze an jedem Sabbatjahr. Gott offenbart Mose die Zukunft des Volkes: Israel wird sich von Gott abwenden und das Land verlieren.

[Zum Sinai, vom Sinai her: Gott schafft sich ein Volk]

¹⁵Hört mir zu! Heute stelle ich euch vor die Wahl zwischen Gut und Böse, zwischen Leben und Tod. ¹⁶Ich fordere euch heute auf, den HERRN, euren Gott, zu lieben und seine Gebote, Gesetze und Vorschriften zu halten, indem ihr nach seinem Willen lebt. Dann werdet ihr am Leben bleiben und zu einem großen Volk werden. Der HERR, euer Gott, wird euch in dem Land segnen, in das ihr nun zieht, um es zu erobern. ¹⁷Wenn ihr jedoch nichts mehr von ihm wissen wollt, wenn ihr ihm nicht gehorcht und euch dazu verleiten lasst, anderen Göttern zu dienen und sie anzubeten, ¹⁸dann werdet ihr mit Sicherheit zugrunde gehen; das kündige ich euch schon heute an. Dann werdet ihr nicht lange in dem Land leben, in das ihr jetzt über den Jordan zieht, um es zu erobern.

¹⁹Heute stelle ich euch vor die Wahl zwischen Leben und Tod, zwischen Segen und Fluch. Der Himmel und die Erde sind meine Zeugen. Wählt doch das Leben, damit ihr und eure Nachkommen am Leben bleiben! ²⁰Entschließt euch, den HERRN, euren Gott, zu lieben, ihm zu gehorchen und euch ihm ganz anzuvertrauen, denn er ist euer Leben. Ihr werdet dann lange in dem Land leben, das der HERR euren Vorfahren Abraham, Isaak und Jakob mit einem Eid versprochen hat.«

5. Mose 30,15-20

Die Antwort des Menschen

Der Weg der Menschen ist nicht vorherbestimmt. Gott spricht den Willen der Menschen an. Sie können und müssen sich entscheiden, entweder den Weg des Guten oder den Weg des Bösen zu gehen. Das Gute zu wählen bedeutet Segen und Leben; das Böse zu wählen bedeutet Fluch und Tod. Das gilt sowohl dem Einzelnen als auch dem ganzen Volk.

Was heißt es, das Gute zu wählen? Im Vordergrund steht nicht die Einhaltung von Gesetzen! Dieser Text betont etwas anderes. Es geht darum, Gott zu lieben (V. 16) und ihm ganz zu vertrauen (V. 20). Es bedeutet, andere Götter zu verlassen und nur dem einen Gott zu dienen (V. 17). Es geht darum, nach Gottes Willen zu leben und *dann* die Gebote zu halten – aus Liebe (V. 16). Denen, die das Gute wählen, wird es oft schon in diesem Leben gut gehen, aber ganz bestimmt im nächsten. Das Allerbeste kommt noch: »Du wirst mich ... schließlich in Ehren aufnehmen. ... Doch mir geht es gut, weil ich mich nahe an Gott halte!« (Ps 72,24.28).

(2. Mose 33,12-23 «‹ | »› Rut 1,16)

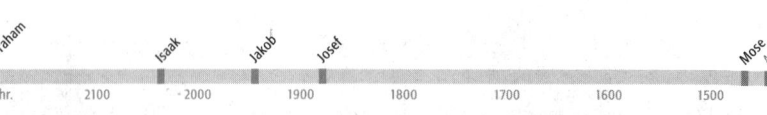

Josua wird zum Anführer Israels

31 Mose richtete die folgenden Worte an alle Israeliten: ²»Ich bin nun 120 Jahre alt und nicht mehr in der Lage, euer Anführer zu sein. Außerdem hat der HERR zu mir gesagt: ›Du wirst den Jordan nicht überqueren.‹ ³Doch der HERR, euer Gott, zieht selbst vor euch über den Fluss. Er wird die Bewohner des Landes vertreiben und ihr werdet ihr Land in Besitz nehmen. Josua wird als euer neuer Anführer mit euch hinübergehen, wie der HERR es angeordnet hat. ⁴Der HERR wird mit den Völkern so verfahren wie mit den amoritischen Königen Sihon und Og, die er vernichtet hat, und ihrem Land. ⁵Der HERR wird sie in eure Hand geben und ihr sollt sie so behandeln, wie ich es euch befohlen habe. ⁶Seid stark und mutig! Habt keine Angst und erschreckt nicht vor ihnen! Der HERR, euer Gott, wird selbst mit euch gehen. Er wird euch nicht verlassen und euch nicht im Stich lassen.«

⁷Danach ließ Mose Josua rufen und sagte vor ganz Israel zu ihm: »Sei stark und mutig! Denn du sollst diese Menschen in das Land führen, das der HERR ihren Vorfahren mit einem Eid versprochen hat. Du wirst es als Erbe unter ihnen aufteilen. ⁸Hab keine Angst und verliere nicht den Mut, denn der HERR selbst wird vor dir hergehen. Er wird bei dir sein. Er wird sich nicht von dir zurückziehen und dich nicht im Stich lassen!«

Das Gesetz wird öffentlich vorgelesen

⁹Mose schrieb dieses Gesetz nieder und übergab es den Priestern, den Nachkommen Levis, welche die Bundeslade des HERRN trugen, und den führenden Männern Israels. ¹⁰Danach wies er sie an: »Nach Ablauf von jeweils sieben Jahren, im Sabbatjahr, während des Laubhüttenfestes, ¹¹sollt ihr allen Israeliten dieses Gesetz vorlesen, wenn sie kommen, um sich vor dem HERRN, eurem Gott, an dem Ort zu versammeln, den er sich erwählt. ¹²Ruft alle zusammen: Männer, Frauen, Kinder und auch die Ausländer, die in euren Städten leben. Sie sollen zuhören und lernen, dem HERRN, eurem Gott, mit Ehrfurcht zu begegnen und sich an alle Vorschriften dieses Gesetzes gewissenhaft zu halten. ¹³Tut dies, damit eure Kinder, die diese Gebote noch nicht kennen, sie hören. Sie sollen lernen, dem HERRN, eurem Gott, mit Ehrfurcht zu begegnen, solange ihr in dem Land lebt, das ihr erobern werdet, nachdem ihr den Jordan überquert habt.«

Israels Ungehorsam wird angekündigt

¹⁴Danach sprach der HERR zu Mose: »Für dich ist die Zeit gekommen zu sterben. Ruf Josua und komm mit ihm zum Zelt Gottes. Dort will ich ihn in sein Amt einsetzen.« Mose und Josua gingen also gemeinsam zum Zelt Gottes. ¹⁵Der HERR erschien ihnen in einer Wolkensäule im Eingang des heiligen Zeltes.

¹⁶Der HERR sprach zu Mose: »Nach deinem Tod* wird dieses Volk sich mit fremden Göttern einlassen, den Göttern des Landes, in das es zieht. Es wird mich verlassen und den Bund brechen, den ich mit ihm geschlossen habe. ¹⁷Dann wird mein Zorn gegen es entbrennen. Ich will es verlassen und ihm nicht länger helfen. Es wird aufgerieben werden. Großes Unglück und schreckliche Not werden über es kommen, sodass die Menschen sagen werden: ›Diese Katastrophen treffen uns, weil Gott nicht mehr bei uns ist!‹ ¹⁸In dieser Zeit werde ich mich ganz von den Israeliten abwenden, weil sie sich schuldig machten und sich anderen Göttern zuwandten.

¹⁹Schreib nun die Worte des folgenden Liedes auf und bring es den Israeliten bei. Sie sollen es lernen, damit es für mich ein Zeuge gegen sie sein kann. ²⁰Denn ich werde sie in das Land bringen, das ich ihren Vorfahren mit einem Eid versprochen habe – ein Land, in dem Milch und Honig überfließen. Aber wenn sie dann essen und satt und wohl genährt sind, werden sie sich anderen Göttern zuwenden und sie verehren. Sie werden mich ablehnen und den Bund brechen, den ich mit ihnen geschlossen habe. ²¹Wenn daraufhin großes Unglück und schreckliche Not über sie kommen werden, dann wird das Lied Zeuge gegen sie sein, denn ihre Nachkommen werden es nie vergessen. Ich weiß, was für eine Gesinnung dieses Volk schon jetzt hat, bevor ich es überhaupt in das Land gebracht habe, das ich ihm mit einem Eid versprochen habe.« ²²Noch am gleichen Tag schrieb Mose die Worte des Liedes auf und brachte es den Israeliten bei.

²³Der HERR befahl Josua, dem Sohn Nuns: »Sei stark und mutig! Du sollst die Israeliten in das Land bringen, das ich ihnen mit einem Eid versprochen habe. Ich werde bei dir sein.«

²⁴Nachdem Mose alle Worte des Gesetzes vollständig in ein Buch geschrieben hatte, ²⁵gab er den Leviten, welche die Bundeslade des HERRN trugen, folgende Anweisungen: ²⁶»Nehmt dieses Gesetzbuch und legt es neben die Bundeslade des HERRN, eures Gottes, damit es dort als Zeuge gegen das Volk der Israeliten auftreten kann. ²⁷Denn ich weiß, wie unbelehrbar und eigenwillig ihr seid. Ihr habt euch schon gegen den

---

31,16 Hebr. *Wenn du dich zu deinen Vätern gelegt hast.*

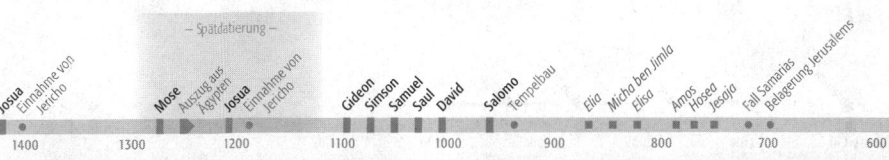

5. MOSE

Kapitel	Inhalt
1–3	Rückblick: Die Reise durch die Wüste
4–11	Einführung in das Gesetz
12–26	Die einzelnen Gesetze
27–30	Segen für Gehorsam, Fluch für Ungehorsam
31–34	Ausblick: Josua wird zum Anführer Israels

31–32
Moses Lied: Rückblick und Ausblick auf die Geschichte.

[Zum Sinai, vom Sinai her: Gott schafft sich ein Volk]

HERRN aufgelehnt, während ich noch bei euch war. Wie wird das erst nach meinem Tod sein! [28]Ruft jetzt alle führenden Männer und Ältesten eurer Stämme zusammen, damit ich zu ihnen sprechen kann. Ich werde den Himmel und die Erde als Zeugen gegen sie anrufen. [29]Ich weiß, dass ihr es nach meinem Tod schlimm treiben und den Weg, den ich euch gewiesen habe, verlassen werdet. Am Ende der Zeit wird euch das Unglück treffen. Denn ihr fordert den Zorn des HERRN heraus, indem ihr tut, was ihm nicht gefällt.«

Moses Lied
[30]Und Mose trug den versammelten Israeliten das folgende Lied bis zum Schluss vor:

32 »Höre, o Himmel, ich will reden!
Höre, o Erde, meine Worte!
[2]Meine Lehre soll niedergehen wie der Regen;
meine Rede wird sich niederlassen wie der Tau,
wie Regenschauer auf zarte Grashalme
und Regentropfen auf sattgrüne Pflanzen.
[3]Ich will den Namen des HERRN bekannt
  machen.
Gebt unserem Gott die Ehre!
[4]Er ist ein Fels, sein Tun ist vollkommen.
Alles, was er macht, ist richtig und gerecht.
Er ist ein treuer Gott, der kein Unrecht tut;
gerecht und zuverlässig ist er!

5. Mose 32,10

Erwählung
In seinem Lied fasst Mose das Wichtigste über Gott und Israels Geschichte zusammen, sodass man es einprägsam behalten kann (V. 46). Für die Erwählung des Volkes gebraucht er das Bild vom Fund in der Wüste (V. 10). Gott fand dort ein schwaches Wesen, das er aber lieb gewann und großzog. In berührenden Bildern wird Gottes fürsorgliche Zuwendung gemalt (V. 11-14). Das Wort »Adler« (V. 11) ist dabei höchstwahrscheinlich mit »Geier« zu übersetzen; bei Adlern ist die im Text erwähnte Brutpflege in der Natur nicht nachgewiesen.
Das Bild vom Augapfel (V. 10) zeigt unvergleichlich bewegend, wie kostbar Israel für Gott ist (vgl. Ps 17,8; Sach 2,12). Gott fand sein Volk in der Wüste – es ist vor allem der Prophet Hosea, der diese Vorstellung aufgreift (Hos 9,10; 13,5). Von daher kann Hosea auch künftige Wüstenzeiten deuten: Es kann sein, dass Gott sein Volk auf diese Weise an den Ort der ersten Liebe zurückführt (Hos 2,16.21). Die Erfahrung der Dürre wäre so ein Ruf Gottes.
(Jesaja 43,10 «« | »» Psalm 33,12)

⁵Dieses treulose und verdorbene Volk hat ihn
    schlecht behandelt.
Nicht seine Kinder sind sie, sondern
    Schandflecken!
⁶So geht ihr mit dem HERRN um,
ihr einfältigen und unvernünftigen Menschen?
Ist er denn nicht euer Vater, der euch geschaffen
    hat?
Hat nicht er euch geformt und gemacht?
⁷Denkt an die längst vergangenen Tage,
achtet auf die längst verblichenen Generationen.
Fragt euren Vater, er wird es euch erzählen,
und befragt eure Alten, sie werden es euch sagen.
⁸Als der Höchste den Völkern ihren Erbbesitz
    zuwies,
als er die Menschen voneinander trennte,
setzte er die Grenzen zwischen den Völkern fest,
gemäß der Zahl der Israeliten.
⁹Doch Israel gehört dem HERRN,
Jakob ist sein besonderes Eigentum.
¹⁰Er fand sie in einem öden Land,
in der weiten, einsamen Wüste.
Er umgab sie und wachte über sie,
er behütete sie wie seinen Augapfel.
¹¹Wie ein Adler, der seinen Jungen das Fliegen
    beibringt,
über ihnen schwebt und sie auffängt,
seine Schwingen ausbreitet
und sie auf seinen Flügeln in die Höhe trägt,
¹²so führte der HERR sie;
er allein, ohne fremde Götter.
¹³Er ließ sie über das Hochland ziehen
und von den Feldern essen.
Er gab ihnen Honig aus den Bergen
und Öl aus dem harten Fels,
¹⁴Rahm von den Kühen
und Milch von Ziegen,
dazu das Beste von Lämmern
und fehlerlose Widder und Ziegen aus Baschan
sowie den allerbesten Weizen.
Den erlesensten Wein habt ihr getrunken,
gekeltert aus dem Saft edelster Trauben.
¹⁵Doch schon bald wurde Jeschurun* fett und
    schlug aus.
– Ihr wurdet fett, dick und aufsässig! –
Sie verließen den Gott, der sie geschaffen hatte,
und verachteten den Fels ihrer Rettung.
¹⁶Sie erregten seine Eifersucht mit fremden
    Göttern;
sie weckten seinen Zorn durch abscheuliche
    Taten.
¹⁷Sie opferten Dämonen, die nicht Gott sind,
Göttern, die sie nicht kannten,
neuen Göttern, die erst aufgekommen waren,
Göttern, die eure Vorfahren niemals angebetet
    haben.
¹⁸Ihr wolltet nichts mehr von dem Fels wissen,
    der euer Vater war,
und habt den Gott vergessen, der euch geboren
    hat.
¹⁹Der HERR sah dies und verwarf
voller Zorn seine eigenen Söhne und Töchter.
²⁰Er sprach: ›Ich will mich vor ihnen verbergen,
will sehen, was dann aus ihnen wird!
Denn sie sind eine verdorbene Generation,
Kinder, die keine Treue kennen.
²¹Sie machten mich eifersüchtig mit Göttern, die
    keine sind,
und machten mich zornig mit wertlosen Götzen.
Jetzt werde ich euch auch eifersüchtig machen
    mit einem Volk, das nicht mein Volk ist.
Ich will euch zornig machen mit einem Volk, das
    nichts von mir weiß.
²²Denn mein Zorn wütet wie ein Feuer
und versengt noch die Tiefen des Totenreichs.
Er verzehrt die Erde und ihre Ernte
und setzt die Grundfesten der Berge in Brand.
²³Ich will sie im Unglück ersticken,
will sie niederschießen mit meinen Pfeilen.
²⁴Ich will sie mit verzehrendem Hunger,
brennendem Fieber und tödlichen Krankheiten
    schlagen.
Ich will gefährliche Raubtiere auf sie hetzen
und Giftschlangen, die lautlos im Staub
    dahingleiten.
²⁵Draußen soll das Schwert ihnen den Tod
    bringen
und drinnen soll der Schrecken sie schlagen,
junge Männer und junge Frauen,
Säuglinge und Greise.
²⁶Ich hätte gern beschlossen: »Ich will sie
    zerstreuen,
sodass sich niemand mehr an sie erinnert.«
²⁷Doch ich fürchte den Hohn ihrer Feinde,
dass ihre Feinde es falsch deuten und behaupten:
»Unsere Macht hat gesiegt!
Es war nicht der HERR, der dies tat!«
²⁸Israel ist ein Volk ohne Verstand,
Klugheit sucht man bei ihnen vergeblich.
²⁹O wären sie doch weise und könnten dies
    verstehen,
dann würden sie begreifen, was für ein Schicksal
    sie erwartet!
³⁰Wie könnte ein einziger Tausend von ihnen
    vertreiben
und zwei von ihnen Zehntausend in die Flucht
    schlagen,
wenn ihr Fels sie ihnen nicht ausgeliefert,
wenn der HERR sie nicht dahingegeben hätte?‹

32,15 Ein Kosename *Israels*.

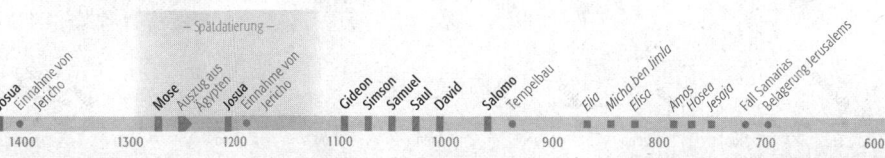

5. MOSE

1–3	Rückblick: Die Reise durch die Wüste
4–11	Einführung in das Gesetz
12–26	Die einzelnen Gesetze
27–30	Segen für Gehorsam, Fluch für Ungehorsam
31–34	Ausblick: Josua wird zum Anführer Israels

32–33

Einschärfung, Gottes Gesetz zu befolgen. Mose wird auf dem Nebo sterben. Mose segnet die Stämme Israels.

[Zum Sinai, vom Sinai her: Gott schafft sich ein Volk]

³¹Denn der Fels unserer Feinde ist nicht wie unser Fels,
selbst unsere Feinde müssen das einräumen.
³²Ihre Reben stammen von den Weinstöcken Sodoms
und von den Weinbergen Gomorras.
Ihre Beeren sind giftig,
bitter sind ihre Trauben.
³³Ihr Wein ist Schlangengift,
das tödliche Gift der Vipern.
³⁴›Ich verwahre diese Dinge,
schließe sie weg mit meinen Schätzen.
³⁵Mir allein steht es zu, Rache zu nehmen und Vergeltung zu üben.
Zu gegebener Zeit werden ihre Füße taumeln.
Der Tag ihres Unglücks ist nahe,
ihr Schicksal wird sie bald ereilen.‹
³⁶Ja, der HERR wird sein Volk richten,
sich aber über seine Diener erbarmen,
wenn er sieht, dass ihre Stärke dahin ist
und dass weder Sklave noch Freier mehr sind.
³⁷Dann wird er fragen: ›Wo sind ihre Götter,
die Felsen, bei denen sie Zuflucht suchten,
³⁸die das Fett ihrer Opfer aßen
und den Wein ihrer Trankopfer tranken?
Sollen sie doch aufstehen und euch helfen!
Sollen sie doch euer Schutzschild sein!
³⁹Erkennt doch endlich: Ich allein bin es!
Es gibt keinen Gott außer mir!
Ich bin es, der tötet und der Leben gibt;
ich verwunde und ich heile.
Niemand kann aus meiner Hand erretten!
⁴⁰Ja, jetzt erhebe ich meine Hand zum Himmel
und spreche: So wahr ich für immer lebe,
⁴¹wenn ich mein blitzendes Schwert geschärft habe
und anfange zu richten,
werde ich meinen Feinden vergelten
und an denen, die mich hassen, Rache üben.
⁴²Meine Pfeile sollen trunken sein von Blut
und mein Schwert soll Fleisch fressen:
das Blut der Erschlagenen und Gefangenen
und die Häupter der Anführer des Feindes.‹
⁴³Freut euch, ihr Völker, mit seinem Volk!
Alle Engel Gottes sollen ihn anbeten*,
denn er wird das Blut seiner Diener rächen.
Er wird Vergeltung üben an seinen Feinden
und wird sein Land und sein Volk von Schuld reinigen.«

32,43 So in den Schriftrollen vom Toten Meer und in der altgriech. Übersetzung; die jüngeren hebr. Handschriften lesen *bejubelt sein Volk, o Nationen*.

⁴⁴Mose und Josua*, der Sohn Nuns, trugen dem Volk alle Worte dieses Lieds vor. ⁴⁵Als Mose allen Israeliten das ganze Lied vorgetragen hatte, ⁴⁶sagte er zu ihnen: »Nehmt euch die Worte, mit denen ich euch heute ermahnt habe, zu Herzen. Schärft sie euren Kindern ein, damit sie jedes Wort dieses Gesetzes gewissenhaft befolgen. ⁴⁷Diese Anweisungen sind nicht nur leere Worte – sie sind euer Leben! Wenn ihr diese Worte ernst nehmt, könnt ihr lange in dem Land leben, das ihr erobern werdet, nachdem ihr den Jordan überquert habt.«

Moses Tod wird angekündigt
⁴⁸Am gleichen Tag sprach der HERR zu Mose: ⁴⁹»Steig auf das Gebirge östlich des Flusses*, auf den Nebo, der in Moab gegenüber von Jericho liegt. Blicke dann über Kanaan, das Land, das ich den Israeliten zum Besitz gebe. ⁵⁰Danach sollst du dort auf dem Berg sterben und im Tod mit deinen Vorfahren vereint werden, genauso wie dein Bruder Aaron auf dem Berg Hor starb und mit seinen Vorfahren vereint wurde. ⁵¹Denn ihr habt mir beide vor den Israeliten nicht gehorcht, und zwar am Wasser von Meriba-Kadesch in der Wüste Zin. Dort habt ihr es versäumt, den Israeliten meine Heiligkeit vor Augen zu führen. ⁵²Deshalb sollst du das Land, das ich den Israeliten gebe, nur aus der Ferne sehen, aber du wirst es nicht betreten.«

Mose segnet das Volk

33 Mit den folgenden Worten segnete Mose, der Mann Gottes, die Israeliten vor seinem Tod:
²»Der HERR kam vom Sinai«, sagte er, »und erschien ihnen vom Gebirge Seïr her; sein Leuchten ging aus von den Bergen von Paran und erstrahlte aus Meriba-Kadesch. Feuerflammen schossen aus seiner rechten Hand.*
³Ja, du liebst die Völker, alle Heiligen sind in deiner Hand.
Sie folgen deinen Spuren und nehmen deine Unterweisung an.
⁴Mose hat uns das Gesetz auferlegt, als besonderen Besitz der Versammlung Israels*.
⁵Der HERR wurde König in Israel*, als die Fürsten des Volkes sich versammelten und die Stämme Israels zusammenkamen.«
⁶Mose sagte: »Der Stamm Ruben soll leben und nicht aussterben, doch seine Männer sollen wenige sein.« ⁷Den Stamm Juda segnete Mose mit den folgenden Worten: »O HERR, hör die Stimme Judas und bring ihn zu seinem Volk. Eigenhändig kämpft er für die Seinen. Hilf ihm gegen seine Feinde!«
⁸So segnete Mose den Stamm Levi: »O HERR, du hast den Männern deines treuen Dieners deine heiligen Lose* anvertraut. Du hast sie bei Massa auf die Probe gestellt und an den Wassern von Meriba mit ihnen gestritten. ⁹Doch später haben sie deinem Wort gehorcht und deinen Bund gehalten. Ihre Treue zu dir war größer als die zu ihren Eltern, Geschwistern und Kindern*. ¹⁰Nun sollen sie Jakob deine Vorschriften lehren und Israel dein Gesetz. Sie sollen den Duft von Weihrauch zu dir emporsteigen lassen und Brandopfer auf deinen Altar legen. ¹¹Segne die Leviten, o HERR, und nimm ihre Werke an. Zerschmettere diejenigen, die sich gegen sie erheben, und ihre Feinde, dass sie nicht mehr aufstehen.«
¹²Über den Stamm Benjamin sagte Mose: »Er ist der Liebling des HERRN und lebt in Sicherheit bei ihm. Der HERR beschirmt ihn beständig und wohnt mit ihm auf den Höhen.«
¹³Über die Stämme Josefs sagte Mose: »Ihr Land ist vom HERRN gesegnet mit dem kostbaren Tau vom Himmel und dem Grundwasser, ¹⁴mit den köstlichsten Dingen, die in der Sonne wachsen, und den besten Früchten, die jeden Monat heranreifen, ¹⁵mit dem Besten der uralten Berge und der Auslese der ewigen Hügel, ¹⁶mit dem Besten der Erde und ihrem Überfluss. Die Gunst dessen, der im Dornbusch erschien, soll auf Josef kommen und auf das Haupt des Fürsten unter seinen Brüdern. ¹⁷Josef hat die Herrlichkeit eines jungen Stiers, seine Hörner gleichen denen eines wilden Stiers. Mit ihnen wird er Völker niederstoßen, Völker bis an die Enden der Erde. Dies sind die Zehntausende von Ephraim und die Tausende von Manasse.«
¹⁸Über die Stämme Sebulon und Issachar* sagte Mose: »Sebulon, freue dich deiner Reisen, und du, Issachar, freue dich deiner Zelte. ¹⁹Sie rufen Völker auf den Berg und bringen dort angemessene Opfer dar. Sie leben vom Überfluss der Meere und von den verborgenen Schätzen des Sandes.«
²⁰Über den Stamm Gad sagte Mose: »Gelobt sei der HERR, der das Gebiet von Gad vergrößert! Wie eine Löwin liegt Gad da und zer-

---

32,44 Hebr. *Hoschea*, eine Variante des Namens *Josua*; s. 4. Mose 13,16.   32,49 O. *die Berge von Abarim*.   33,2 Die Bedeutung des Hebr. an dieser Stelle ist unklar.   33,4 Hebr. *Jakobs*.   33,5 Hebr. *in Jeschurun*, ein Kosename Israels.   33,8 Hebr. *die Urim und Tummim*. Mit diesen beiden Losen, die sich in einer Brusttasche der Amtskleidung des Hohen Priesters befanden, befragte dieser den Herrn.   33,9 Hebr. *Die über ihren Vater und ihre Mutter sagen:* »Ich sehe sie nicht« *und über ihren Bruder:* »Ich kenne ihn nicht« *und über ihre Kinder:* »Ich weiß nichts über sie.«   33,18 *und Issachar* ist sinngemäß ergänzt.

5. MOSE

1–3	Rückblick: Die Reise durch die Wüste
4–11	Einführung in das Gesetz
12–26	Die einzelnen Gesetze
27–30	Segen für Gehorsam, Fluch für Ungehorsam
31–34	Ausblick: Josua wird zum Anführer Israels

33–34
Mose segnet die Stämme Israels. Er stirbt.

[Zum Sinai, vom Sinai her: Gott schafft sich ein Volk]

reißt Arm und Kopf. ²¹Die Gaditer nahmen sich das beste Land, man wies ihnen den Anteil eines Fürsten zu. Sie kamen zu den führenden Männern des Volkes und vollstreckten die Gerechtigkeit des HERRN und seine Urteile zusammen mit Israel.«

²²Über den Stamm Dan sagte Mose: »Dan ist ein junger Löwe, der aus Baschan hervorspringt.«

²³Über den Stamm Naftali sagte Mose: »Naftali, du besitzt die Gunst und den Segen des HERRN im Übermaß; der Westen und der Süden sollen dir gehören.«

²⁴Über den Stamm Asser sagte Mose: »Asser, von allen Söhnen bist du am meisten gesegnet. Du wirst von deinen Brüdern geliebt und badest deine Füße in Öl. ²⁵Die Riegel deiner Tore sollen aus Eisen und Bronze sein. Solange du lebst, soll deine Kraft nicht nachlassen!«

²⁶»Keiner gleicht dem Gott Jeschuruns*. Er fährt am Himmel dahin, um euch zu helfen, und in seiner Erhabenheit über den Wolken. ²⁷Der ewige Gott ist eure Zuflucht und unter euch sind seine ewigen Arme. Er vertreibt eure Feinde vor euch und hat euch befohlen: ›Vernichtet sie!‹ ²⁸Israel wird in Sicherheit wohnen und die Nachkommen Jakobs für sich allein leben, in einem Land voller Getreide und Wein, auf das der Tau des Himmels fällt. ²⁹Wie glücklich bist du, Israel! Wer ist wie du: ein Volk, das der HERR gerettet hat? Er ist dein Schild, das dich schützt, und dein Schwert, das dir zum Sieg verhilft! Deine Feinde werden dir ihre Ergebenheit heucheln, du aber wirst über sie triumphieren!«

Moses Tod

34 Anschließend stieg Mose aus den Ebenen von Moab auf den Berg Nebo, den Gipfel des Pisga, der gegenüber von Jericho liegt. Und der HERR zeigte ihm das ganze Land: das Land von Gilead bis Dan, ²das ganze Land von Naftali, das Land von Ephraim und Manasse, das Land Judas bis zum Mittelmeer, ³den Negev*, sowie das Jordantal mit Jericho – der Palmenstadt – bis nach Zoar. ⁴Dann sprach er zu Mose: »Dies ist das Land, das ich Abraham, Isaak und Jakob mit einem Eid versprochen habe, indem ich sagte: ›Ich werde es euren Nachkommen geben.‹ Ich habe es dir gezeigt, aber du wirst es nicht betreten.«

⁵Mose, der Diener des HERRN, starb dort in Moab, wie der HERR es angekündigt hatte. ⁶Der

---

33,26 Ein Kosename *Israels*.   **34,3** Hebr. *das Südland*.

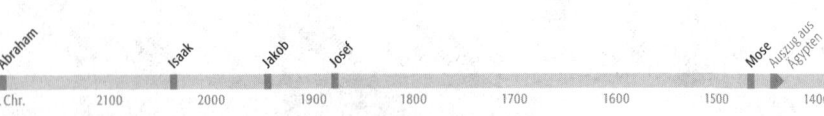

HERR begrub ihn* in einem Tal bei Bet-Peor in Moab. Der genaue Ort seiner Grabstätte ist jedoch bis heute nicht bekannt. ⁷Mose starb im Alter von 120 Jahren, aber seine Augen waren nicht schwach geworden und er war noch rüstig. ⁸30 Tage lang trauerten die Israeliten in den Ebenen von Moab um Mose, bis die übliche Trauerzeit vorüber war.

⁹Josua, der Sohn Nuns, war mit dem Geist der Weisheit erfüllt, denn Mose hatte ihm die Hände aufgelegt. Deshalb hörten die Israeliten auf ihn und machten alles so, wie der HERR es ihnen durch Mose befohlen hatte.

¹⁰Nie wieder gab es einen Propheten wie Mose in Israel, dem der HERR persönlich begegnete. ¹¹Der HERR hatte Mose gesandt, um in Ägypten all die Zeichen und Wunder an dem Pharao, seinen Ministern und seinem Land zu vollbringen. ¹²Und Mose hatte vor den Augen aller Israeliten Machtvolles und Schrecken Erregendes getan.

34,6 O. *man begrub ihn.*

Mit Gottes Wort darf man nicht scherzen. Kannst du es nicht verstehen, so zieh den Hut vor ihm ab. Es leidet keinen Scherz, sondern es ist lauter Ernst und will geehret sein.

Martin Luther

Josua

Inhalt

Nachdem Josua die Führung der Israeliten übernommen hat, zieht das Volk durch den Jordan nach Kanaan. Genau genommen sind es die neuneinhalb Stämme, die noch kein Gebiet erhalten haben, zusammen mit den wehrfähigen Männern der Stämme, die östlich des Jordan Land zugewiesen bekommen haben. In der Ebene westlich des Jordan schlagen sie ihr Lager auf. Von da aus erobern sie nach Gottes Anweisungen eine Stadt und Region nach der anderen; zuerst das Gebiet westlich des unteren Jordan, dann das Land südlich davon bis an den Rand der Wüste auf der Sinaihalbinsel und zuletzt den Norden bis Sidon im heutigen Libanon. – Der Bericht betont, dass die vernichtenden Kriegszüge nicht menschlicher Willkür unterliegen; auch führt militärische Stärke nicht unbedingt zum Sieg. Sondern Gott selbst ist der eigentliche Heerführer und vollzieht sein Gericht an den Völkern, die dort wohnen.

Danach wird die Verteilung des Landes an die einzelnen Stämme beschrieben. Die Männer, die östlich des Jordan wohnen, kehren zurück. Josua erinnert das Volk an seine Geschichte, und die Israeliten bekräftigen, dass sie Gott allein dienen wollen. Das Buch schließt mit dem Tod von Josua und dem Hohen Priester Eleasar. Im Richterbuch gehen die Ereignisse weiter.

Wichtige Personen

Mose	Vorgänger Josuas
Josua/Hoschea	Anführer der Eroberung Kanaans
Zwei israelitische Spione	
Rahab	Prostituierte in Jericho
Eleasar	Hoher Priester
Pinhas	Sohn Eleasars, Priester

Wichtige Orte

Schittim	letzter Lagerplatz der Israeliten in der östlichen unteren Jordanebene
Land Israel	später manchmal »von Dan bis Beerscheba« genannt
Gilgal	erster Lagerplatz in der westlichen unteren Jordanebene
Jericho, Ai und viele andere	von den Israeliten eroberte Städte im Land Kanaan
Gibeon	eine nichteroberte Stadt in Kanaan
Silo	Ort, bei dem das Zelt Gottes aufgestellt wird
Sichem	Ort der Bundeserneuerung

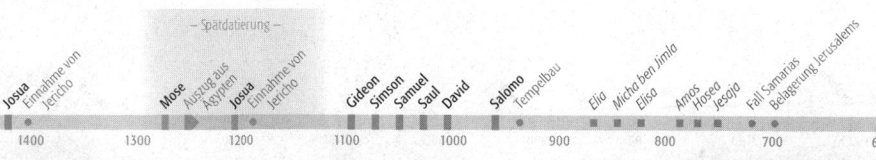

JOSUA

1–5	Die Israeliten durchqueren den Jordan
5–12	Die Israeliten nehmen das Land ein
13–21	Die Israeliten teilen das Land auf
22–24	Die Erneuerung des Bundes

1–2
Josua soll Israel über den Jordan ins versprochene Land führen. Rahab schützt die israelitischen Kundschafter vor den Männern Jerichos.

[Zum Sinai, vom Sinai her: Gott schafft sich ein Volk]

Gottes Auftrag für Josua

1 Nachdem Mose, der Diener des HERRN, gestorben war, sprach der HERR mit Josua. Dieser war ein Mitarbeiter von Mose und ein Sohn Nuns. ²»Mein Diener Mose ist jetzt tot. Geh nun zusammen mit meinem Volk über den Jordan in das Land, das ich den Israeliten gebe. ³Ich sage dir zu, was ich schon Mose versprochen habe: ›Wohin ihr auch geht, werdet ihr Land betreten, das ich euch geschenkt habe: ⁴von der Wüste* im Süden bis zu den Bergen des Libanon im Norden, das ganze Land der Hetiter, bis zum Euphrat im Osten und zum Mittelmeer im Westen. Das soll euer Gebiet sein.‹ ⁵Solange du lebst, wird sich niemand gegen dich behaupten können, denn ich will bei dir sein, wie ich bei Mose war. Ich werde dich nie verlassen und dich nicht aufgeben.

⁶Sei stark und mutig, denn du sollst meinem Volk zu dem Land verhelfen, das ich seinen Vorfahren versprochen habe. ⁷Sei stark und mutig. Gehorche gewissenhaft den Gesetzen, die dir mein Diener Mose gab. Weiche nicht von ihnen ab, damit du Erfolg hast, wohin du auch gehst. ⁸Die Worte des Gesetzes sollen immer in deinem Mund sein. Denke Tag und Nacht über das Gesetz nach, damit du allem, was darin geschrieben steht, Folge leisten kannst, denn nur dann wirst du erfolgreich sein. ⁹Ich sage dir: Sei stark und mutig! Hab keine Angst und verzweifle nicht. Denn ich, der HERR, dein Gott, bin bei dir, wohin du auch gehst.«

Josuas Auftrag für die Israeliten

¹⁰Daraufhin befahl Josua den Anführern Israels: ¹¹»Geht durch das Lager und fordert die Leute auf, Proviant vorzubereiten, denn in drei Tagen werdet ihr den Jordan überqueren, um das Land, das der HERR, euer Gott, euch gibt, in Besitz zu nehmen.«

¹²Dann sagte er zu den Stämmen Ruben und Gad und dem halben Stamm Manasse: ¹³»Denkt daran, was euch Mose, der Diener des HERRN, gesagt hat: ›Der HERR, euer Gott, schenkt euch Frieden und gibt euch dieses Land.‹ ¹⁴Eure Frauen, Kinder und euer Vieh können hier auf der Ostseite des Jordan in dem Land bleiben, das Mose euch gab. Eure Krieger aber sollen

---

1,4 Gemeint ist die Wüste Negev.

sich bewaffnen und den übrigen Stämmen über den Jordan vorangehen. Helft ihnen und bleibt an ihrer Seite, ¹⁵bis der HERR auch ihnen Frieden schenkt, wie er ihn euch gegeben hat; bis auch sie das Land eingenommen haben, das der HERR, euer Gott, ihnen gibt. Erst dann dürft ihr hierher, ans Ostufer des Jordan, zurückkehren, in das Land, das euch Mose, der Diener des HERRN, zugewiesen hat.«

¹⁶Sie antworteten: »Wir wollen alles tun, was du uns gesagt hast, und hingehen, wohin du uns schickst. ¹⁷Wir wollen dir gehorchen, wie wir Mose gehorcht haben. Möge der HERR, dein Gott, mit dir sein, wie er mit Mose war. ¹⁸Wer sich gegen dein Wort auflehnt und den Anweisungen, die du uns gegeben hast, nicht vollständig gehorcht, soll mit dem Tod bestraft werden. Sei stark und mutig!«

Rahab rettet die Spione

2 Josua entsandte heimlich zwei Spione aus dem israelitischen Lager in Schittim. Er wies sie an: »Erkundet das Land, vor allem die Gegend um Jericho.« Die beiden Männer brachen auf und kamen in das Haus einer Prostituierten namens Rahab. Dort blieben sie über Nacht.

²Doch jemand hatte dem König von Jericho zugetragen: »Heute Nacht sind israelitische Männer gekommen, um das Land auszuspionieren.« ³Deshalb ließ der König von Jericho Rahab sagen: »Schick die Männer heraus, die in dein Haus gekommen sind. Sie wurden gesandt, um das Land auszuspionieren!«

⁴Rahab, die die beiden Männer versteckt hatte, entgegnete: »Die Männer waren tatsächlich hier, aber ich wusste nicht, woher sie kamen. ⁵Sie haben die Stadt bei Einbruch der Dunkelheit, kurz bevor die Stadttore geschlossen wurden, wieder verlassen, und ich weiß nicht, wohin sie gegangen sind. Wenn ihr euch beeilt, holt ihr sie vielleicht noch ein.« ⁶Sie hatte die beiden aber auf das Dach des Hauses gebracht und unter einigen Flachsbündeln versteckt, die dort aufgeschichtet waren. ⁷Da suchten die Männer des Königs die Straße ab, die zu den flachen Jordanübergängen führte. Gleich nachdem sie die Stadt verlassen hatten, wurden die Tore geschlossen.

⁸Bevor die Kundschafter sich in dieser Nacht schlafen legten, stieg Rahab noch einmal auf das Dach, um mit ihnen zu reden. ⁹»Ich weiß, dass der HERR euch dieses Land gegeben hat«, sagte sie zu ihnen. »Wir haben alle große Angst vor euch. Die Leute fürchten sich entsetzlich. ¹⁰Denn wir haben gehört, wie der HERR euch trockenen Fußes durch das Rote Meer gebracht hat, als ihr aus Ägypten auszogt. Wir wissen auch, was ihr Sihon und Og, den beiden Amoriterkönigen jenseits des Jordan, angetan habt, deren Völker ihr völlig vernichtet habt*. ¹¹Als wir das hörten, ängstigten wir uns schrecklich! Keiner hat noch den Mut zu kämpfen. Denn der HERR, euer Gott, ist der Gott oben im Himmel und unten auf der Erde. ¹²Nun schwört mir bei dem HERRN, dass ihr mich und meine Familie verschonen werdet, weil ich euch geholfen habe. Gebt mir ein Pfand, dass ihr mich ¹³am Leben lasst, und ebenso meine Eltern und Geschwister sowie deren Familien.«

¹⁴»Wir bieten euch unser eigenes Leben als Pfand für eure Sicherheit«, erklärten die Männer. »Wenn ihr uns nicht verratet, werden wir unser Versprechen halten und euch verschonen, wenn der HERR uns das Land gibt.«

¹⁵Daraufhin ließ Rahab die beiden an einem Seil durch das Fenster hinab. Ihr Haus war nämlich in die Stadtmauer gebaut. ¹⁶»Geht ins Bergland«, riet sie ihnen, »damit ihr nicht gefasst werdet. Versteckt euch dort drei Tage lang, bis die Männer, die euch verfolgen, in die Stadt zurückgekehrt sind, und zieht dann weiter.« ¹⁷»Unser Versprechen, das du uns unter Eid abgenommen hast, können wir nur erfüllen, wenn du Folgendes tust: ¹⁸Lass das rote Seil, an dem du uns herablässt, aus dem Fenster hängen, wenn wir in die Stadt kommen. Hole außerdem deinen Vater, deine Mutter, deine Brüder und Schwestern und alle deine Verwandten in dein Haus. ¹⁹Wer das Haus verlässt, auf die Straße geht und dort getötet wird, ist selbst dafür verantwortlich. Dort gilt unsere Verpflichtung nicht. Sollte jemand, der sich in diesem Haus aufhält, umgebracht werden, tragen wir die volle Verantwortung. ²⁰Verrätst du uns jedoch, so sind wir nicht mehr an diesen Schwur gebunden.«

²¹»Einverstanden«, antwortete Rahab und schickte sie auf den Weg. Das rote Seil band sie ans Fenster.

²²Die Spione wanderten ins Bergland hinein und blieben drei Tage lang dort, bis ihre Verfolger nach erfolgloser Suche in die Stadt zurückgekehrt waren. ²³Daraufhin kamen die beiden Kundschafter wieder aus den Bergen herab und überquerten den Jordan. Sie gingen zu Josua, dem Sohn von Nun, und berichteten, was sie erlebt hatten. ²⁴»Der HERR wird das ganze Land in

---

2,10 Mit dem hier gebrauchten hebr. Begriff ist die vollständige Übergabe von Dingen, Tieren oder Menschen an den HERRN gemeint, indem diese entweder vernichtet oder als Opfer dargebracht werden.

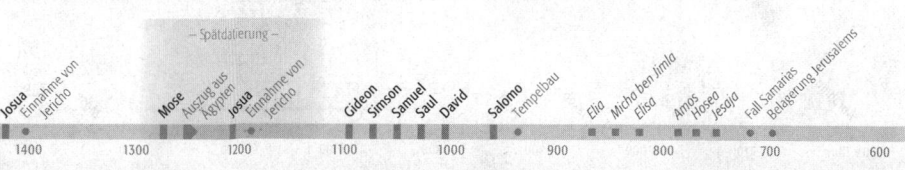

JOSUA

1–5	Die Israeliten durchqueren den Jordan
5–12	Die Israeliten nehmen das Land ein
13–21	Die Israeliten teilen das Land auf
22–24	Die Erneuerung des Bundes

3–4
Israel durchquert trockenen Fußes den Jordan. Zwei Denkmäler erinnern an die Überquerung.

[Zum Sinai, vom Sinai her: Gott schafft sich ein Volk]

unsere Hände geben«, sagten sie, »und die Einwohner haben schreckliche Angst vor uns.«

Die Israeliten überqueren den Jordan

3 Früh am nächsten Morgen verließen Josua und die Israeliten Schittim und schlugen ihr Lager am Flussufer auf, bevor sie den Jordan überquerten. ²Drei Tage später gingen die Anführer durch das Lager ³und gaben den Leuten folgende Anweisung: »Wenn ihr die Bundeslade des HERRN, eures Gottes, die von den levitischen Priestern getragen wird, seht, dann folgt ihr. ⁴So wisst ihr, wohin ihr gehen sollt, da ihr diesen Weg noch nie gegangen seid. Haltet etwa 2.000 Ellen* Abstand zur Lade. Kommt ihr nicht näher.«

⁵Danach gebot Josua dem Volk: »Heiligt euch, denn morgen wird der HERR große Wunder unter euch tun.«

⁶Zu den Priestern sagte er: »Nehmt die Bundeslade und zieht vor dem Volk durch den Fluss.« Und so nahmen sie die Bundeslade auf, machten sich auf den Weg und zogen vor dem Volk her.

⁷Zu Josua sagte der HERR: »Ab heute will ich dich zu einem bedeutenden Mann in den Augen der Israeliten machen. Alle sollen wissen, dass ich mit dir bin, wie ich mit Mose war. ⁸Gib den

---
3,4 etwa 1.000 m

Josua 2,22-25

Gott befreit
Die Entscheidung Rahabs, israelitische Kundschafter zu beherbergen, könnte ursprünglich berechnende Beweggründe gehabt haben. Vielleicht vermutet sie, dass das anrückende Heer ihre Stadt besiegen wird und es ihr hinterher besser ergehen wird, wenn sie schon vorher die Seiten gewechselt hat. Letztendlich geht es jedoch um eine tiefere Entscheidung: Wird sie auf der Seite des Schöpfers des Himmels und der Erde stehen und damit auch auf der Seite seines Bundespartners Israel? Oder wird sie sich gegen diese stellen?
Rahabs Entscheidung, sich Israel anzuschließen, hat große Auswirkungen auf ihre ganze Verwandtschaft (V. 22-23). Die Entscheidung führt auch dazu, dass später mit ihrer Geschichte wahrer Glaube veranschaulicht wurde (Jak 2,25). Und diese Entscheidung führt dazu, dass diese Prostituierte, diese Fremde, zu einer Vorfahrin des Königs David werden wird – und damit auch zu einem Ast im Stammbaum Jesu (Mt 1,5). Es lohnt sich, dem wahren Gott anzugehören.
(Psalm 146,7 «« | »» 2. Könige 5,1-19)

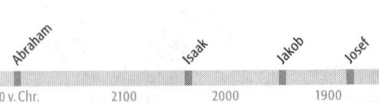

Priestern, die die Bundeslade tragen, folgende Anweisung: ›Wenn ihr ans Jordanufer kommt, geht ein paar Schritte in den Fluss hinein und bleibt dann stehen.‹«

⁹Josua sagte den Israeliten: »Kommt her und hört, was euch der HERR, euer Gott, zu sagen hat! ¹⁰Heute werdet ihr erfahren, dass ihr einen lebendigen Gott habt. Er wird die Kanaaniter, Hetiter, Hiwiter, Perisiter, Girgaschiter, Amoriter und Jebusiter vor euch vertreiben. ¹¹Seht! Die Bundeslade, die dem HERRN der ganzen Erde gehört, wird euch über den Jordan führen! ¹²Nun wählt zwölf Männer, einen aus jedem Stamm Israels. ¹³Die Priester werden die Lade Gottes – des HERRN der ganzen Erde – tragen. Sobald sie mit ihren Füßen im Jordan sind, wird das Wasser, das von oben herabfließt, wie ein Damm stehen bleiben, und der Fluss wird sich stauen.«

¹⁴Da brachen die Menschen auf, um den Jordan zu überqueren, und die Priester, die die Bundeslade trugen, gingen voran. ¹⁵Es war gerade Erntezeit, und der Fluss war über die Ufer getreten. Doch als die Priester, die die Lade trugen, an den Jordan kamen und vom Ufer ins Wasser traten, ¹⁶begann sich der Fluss bei der Stadt namens Adam, gegenüber von Zaretan, stromaufwärts zu stauen. Das Wasser blieb wie ein Damm stehen. Unterhalb der Staustelle floss es weiter ins Tote Meer, bis das Flussbett schließlich trocken war. In der Nähe von Jericho überquerte das Volk nun den Fluss. ¹⁷Währenddessen standen die Priester, die die Bundeslade des HERRN trugen, mitten im Flussbett auf trockenem Boden, und die Menschen zogen an ihnen vorbei, bis alle den Jordan überquert hatten.

Denkmäler für die Jordanüberquerung

4 Nachdem das ganze Volk den Fluss überquert hatte, sagte der HERR zu Josua: ²»Wähle zwölf Männer, einen aus jedem Stamm. ³Lass sie von dort, wo die Priester stehen, zwölf Steine aus dem Flussbett holen, und an dem Ort aufstellen, an dem ihr heute Nacht lagern werdet.«

⁴Also rief Josua die zwölf Männer, die er ausgewählt hatte – einen aus jedem Stamm – zusammen ⁵und befahl ihnen: »Geht in den Jordan, zur Bundeslade des HERRN, eures Gottes. Jeder von euch soll einen Stein aufheben und auf seinen Schultern aus dem Fluss tragen; insgesamt zwölf Steine, einen für jeden der zwölf Stämme. ⁶Diese Steine sollen als Denkmal dienen. Später werden eure Kinder einmal fragen: ›Was bedeuten euch diese Steine?‹ ⁷Dann könnt ihr ihnen antworten: ›Sie erinnern uns daran, dass der Jordan sich teilte, als ihn die Bundeslade des HERRN durchquerte.‹ Diese Steine sollen eine ewige Gedenkstätte für das Volk Israel sein.« ⁸Die Israeliten taten, was Josua ihnen befohlen hatte. Sie holten zwölf Steine aus dem Jordan, einen für jeden Stamm, wie der HERR Josua angewiesen hatte, und trugen sie an die Stelle, wo sie das Nachtlager aufschlagen wollten. Dort errichteten sie das Denkmal.

⁹Josua baute noch ein weiteres Denkmal, ebenfalls aus zwölf Steinen aus dem Jordan, und zwar dort, wo die Priester standen, die die Bundeslade des HERRN getragen hatten. Dieses Denkmal befindet sich noch heute dort.

¹⁰Die Priester, die die Lade trugen, standen so lange im Fluss, bis alle Anweisungen des HERRN, die Mose Josua für das Volk gegeben hatte, ausgeführt waren. Das Volk beeilte sich, den Fluss zu durchqueren. ¹¹Als schließlich alle am anderen Ufer waren, folgten ihnen die Priester vor den Augen des Volkes mit der Lade des HERRN. ¹²Die bewaffneten Krieger der Stämme Ruben und Gad und des halben Stammes Manasse führten den Zug der Israeliten über den Jordan an, wie Mose es angeordnet hatte. ¹³Diese Krieger – etwa 40.000 – zogen in der Gegenwart des HERRN durch den Fluss in Richtung der Ebene von Jericho zum Kampf.

¹⁴An diesem Tag machte der HERR Josua in den Augen aller Israeliten zu einem bedeutenden Mann, und bis ans Ende seines Lebens achteten sie ihn, wie sie Mose geachtet hatten.

¹⁵Der HERR sagte zu Josua: ¹⁶»Befiehl den Priestern, die die Bundeslade tragen, aus dem Flussbett herauszukommen.« ¹⁷Da befahl Josua den Priestern: »Kommt aus dem Jordan heraus!« ¹⁸Sobald die Priester, die die Bundeslade des HERRN trugen, aus dem Flussbett stiegen und ihre Füße auf trockenes Land setzten, kam das Wasser des Jordan zurück und überflutete die Ufer wieder wie vorher.

¹⁹Das Volk überquerte den Jordan am zehnten Tag des ersten Monats*. Sie lagerten bei Gilgal, östlich von Jericho. ²⁰Dort in Gilgal stellte Josua die zwölf Steine auf, die er aus dem Flussbett mitgenommen hatte. ²¹Dann sagte er zu den Israeliten: »Wenn eure Nachkommen später ihre Väter fragen: ›Was bedeuten euch diese Steine?‹ ²²Dann könnt ihr ihnen antworten: ›An diesem Ort haben die Israeliten den Jordan trockenen Fußes überquert.‹ ²³Denn der HERR, euer Gott, hat den Fluss auf eurem Weg austrocknen lassen bis ihr ihn durchquert habt, wie er es am Roten

---

4,19 Dieser Tag des hebr. Mondkalenders liegt gewöhnlich Ende März oder Anfang April.

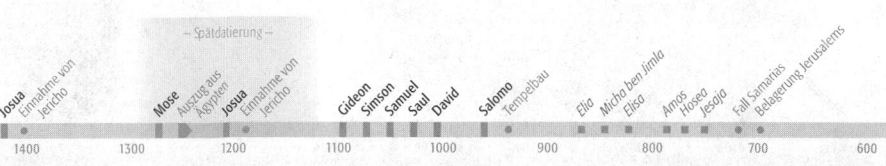

JOSUA

1–5	Die Israeliten durchqueren den Jordan
5–12	Die Israeliten nehmen das Land ein
13–21	Die Israeliten teilen das Land auf
22–24	Die Erneuerung des Bundes

5–6
Beschneidung aller Männer und Feier des Passahfestes. Jericho wird vernichtet. Rahab wird gerettet.

[Zum Sinai, vom Sinai her: Gott schafft sich ein Volk]

Meer tat, als er es vor uns her austrocknete, bis wir alle hindurchgegangen waren. ²⁴Dies tat er, damit alle Völker der Erde die große Macht des HERRN erkennen und damit ihr dem HERRN, eurem Gott, immer mit Ehrfurcht begegnet.«

5 Als die amoritischen Könige auf der Westseite des Jordan und die kanaanitischen Könige, die an der Mittelmeerküste lebten, hörten, dass der HERR den Jordan ausgetrocknet hatte, während die Israeliten ihn durchquerten, sank ihnen der Mut und sie waren aus Angst vor den Israeliten wie gelähmt.

Israel führt die alten Bundesrituale wieder ein

²Der HERR sagte zu Josua: »Nimm Messer aus Feuerstein und beschneide die Israeliten wieder.« ³Also fertigte Josua Steinmesser an und beschnitt alle israelitischen Männer bei Gibeat-Haaralot.*
⁴Josua musste sie beschneiden, weil alle Männer, die beim Auszug aus Ägypten im waffenfähigen Alter waren, in der Wüste gestorben waren. ⁵Diejenigen, die Ägypten verlassen hatten, waren alle beschnitten gewesen, aber diejenigen, die nach dem Auszug aus Ägypten während der Wüstenwanderung geboren wurden, waren unbeschnitten. ⁶Die Israeliten waren 40 Jahre durch die Wüste gezogen, bis sämtliche Männer, die beim Auszug aus Ägypten in waffenfähigem Alter gewesen waren, gestorben waren. Sie hatten sich dem HERRN widersetzt, und der HERR hatte daher geschworen, dass sie das Land, das er ihnen verheißen hatte – ein Land, in dem Milch und Honig fließen – nicht zu sehen bekommen sollten. ⁷Deshalb beschnitt Josua die Söhne, die unterwegs nicht beschnitten worden waren – diejenigen, die der HERR nun an den Platz ihrer Väter gestellt hatte. ⁸Nachdem alle Männer beschnitten worden waren, blieben sie im Lager, bis ihre Wunden verheilt waren.
⁹Dann sagte der HERR zu Josua: »Heute habe ich die Schande eurer Sklavenzeit in Ägypten von euch abgewälzt.« Deshalb heißt dieser Ort bis heute Gilgal*.
¹⁰Während die Israeliten in Gilgal in der Ebene von Jericho lagerten, feierten sie das Passahfest am Abend des 14. Tages des ersten Monats*. ¹¹Am Tag nach dem Passah aßen sie ungesäuertes Brot und geröstetes Korn, das sie in dem neuen

5,3 *Gibeat-Haaralot* bedeutet »Hügel der Vorhäute«.
5,9 *Gilgal* bedeutet »abwälzen«.   5,10 Dieser Tag des hebr. Mondkalenders liegt gewöhnlich Ende März oder Anfang April.

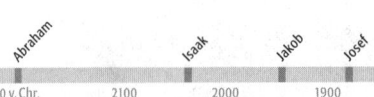

Land geerntet hatten. ¹²Von diesem Tag an gab es nie wieder Manna und die Israeliten ernährten sich schon in diesem Jahr von den Früchten Kanaans.

Der Heerführer des HERRN kommt zu Josua

¹³Als Josua in der Nähe von Jericho war, sah er plötzlich einen Mann, der ihm mit gezücktem Schwert in der Hand gegenüberstand. Josua ging auf ihn zu und fragte: »Gehörst du zu uns oder zu unseren Feinden?« ¹⁴»Weder noch«, antwortete er. »Ich bin der Anführer der Heerscharen des HERRN und bin eben eingetroffen.«

Da warf sich Josua voller Ehrfurcht vor ihm nieder. »Welche Befehle hast du für mich, deinen Diener?«, fragte er. ¹⁵Der Heerführer des HERRN antwortete: »Zieh deine Sandalen aus, denn du stehst auf heiligem Boden.« Da gehorchte Josua.

Der Fall Jerichos

6 Die Tore von Jericho waren fest verschlossen, weil sich die Bewohner vor den Israeliten fürchteten; niemand durfte hinein oder hinaus. ²Da sagte der HERR zu Josua: »Ich habe Jericho, seinen König und dessen starke Krieger in deine Hand gegeben. ³Dein Heer soll die Stadt einmal am Tag umrunden. Das soll sechs Tage lang geschehen. ⁴Dabei sollen sieben Priester vor der Lade hergehen, und jeder von ihnen soll ein Widderhorn tragen. Am siebten Tag sollt ihr die Stadt siebenmal umrunden und die Priester sollen in die Hörner stoßen. ⁵Wenn ihr hört, dass die Priester ihre Hörner blasen, soll das ganze Volk lautes Kriegsgeschrei anstimmen. Daraufhin werden die Stadtmauern zusammenbrechen, und das Volk kann geradewegs in die Stadt eindringen.«

⁶Josua rief die Priester zusammen und sagte zu ihnen: »Nehmt die Bundeslade. Sieben Priester sollen mit je einem Widderhorn vor ihr hergehen.« ⁷Dann befahl er dem Volk: »Umrundet die Stadt. Die bewaffneten Männer sollen vor der Lade des HERRN hergehen.«

⁸Nachdem Josua zum Volk gesprochen hatte, machten sich die sieben Priester mit den Widderhörnern in der Gegenwart des HERRN auf den Weg. Während sie gingen, bliesen sie die Hörner. Die Bundeslade des HERRN folgte ihnen. ⁹Vor den Priestern, die ununterbrochen die Hörner bliesen, gingen die bewaffneten Krieger und das Volk folgte der Lade. ¹⁰»Schreit nicht, ja redet nicht einmal«, befahl Josua. »Ich will keinen Ton von euch hören, bis ich euch befehle zu schreien. Dann schreit!« ¹¹Und so wurde die Lade des HERRN jeden Tag einmal um die Stadt getragen; danach kehrten alle zurück und verbrachten die Nacht im Lager.

¹²Am nächsten Morgen stand Josua früh auf, und die Priester trugen wieder die Lade des HERRN. ¹³Die sieben Priester mit den Widderhörnern gingen vor der Lade des HERRN und bliesen ununterbrochen ihre Hörner. Vor den Priestern mit den Hörnern marschierten bewaffnete Krieger und das Volk folgte der Lade des HERRN. Die ganze Zeit wurden die Hörner geblasen. ¹⁴Am zweiten Tag umrundeten sie die Stadt einmal und kehrten ins Lager zurück. So machten sie es sechs Tage lang.

¹⁵Am siebten Tag gingen die Israeliten bei Tagesanbruch los und umrundeten die Stadt auf dieselbe Art sieben Mal. Nur an diesem Tag gingen sie sieben Mal um die Stadt herum. ¹⁶Während der siebten Umrundung, als die Priester ins Horn bliesen, befahl Josua dem Volk: »Schreit! Denn der HERR hat die Stadt in eure Hand gegeben! ¹⁷Als ein Opfer für den HERRN soll die Stadt und alles, was darin ist, bis auf den Grund zerstört werden*. Nur die Prostituierte Rahab und alle, die in ihrem Haus sind, sollen am Leben bleiben, denn sie hat unseren Kundschaftern Unterschlupf gewährt. ¹⁸Ihr dürft euch nichts von dem, was zur Vernichtung bestimmt ist nehmen, sonst gebt ihr euch und das Lager Israels der Vernichtung preis und stürzt es ins Unglück. ¹⁹Alle Gegenstände aus Silber, Gold, Kupfer oder Eisen sind dem HERRN geweiht und müssen in seine Schatzkammer gebracht werden.«

²⁰Die Priester bliesen die Hörner. Als die Israeliten das hörten, schrien sie so laut sie konnten. Da stürzten die Mauern Jerichos zusammen, und die Israeliten drangen geradewegs in die Stadt ein und eroberten sie. ²¹Alles, was darin war – Männer und Frauen, Junge und Alte, Rinder, Schafe, Ziegen und Esel –, alles wurde vernichtet.

²²Zu den beiden Kundschaftern sagte Josua: »Geht zum Haus der Prostituierten und holt sie und ihre ganze Familie heraus, wie ihr versprochen habt.«

²³Die jungen Männer, die die Stadt ausgekundschaftet hatten, gingen hinein und holten Rahab und ihre ganze Familie; ihren Vater, ihre Mutter, ihre Brüder und alle anderen Verwandten. Sie brachten sie in die Nähe des israelitischen Lagers.

6,17 Mit dem hier gebrauchten hebr. Begriff ist die vollständige Übergabe von Dingen, Tieren oder Menschen an den HERRN gemeint, indem diese entweder vernichtet oder als Opfer dargebracht werden; so auch in 6,18.21.

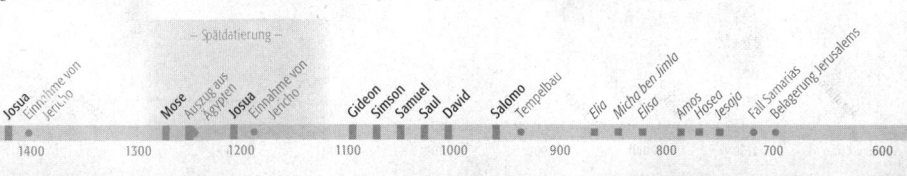

JOSUA

1–5	Die Israeliten durchqueren den Jordan
5–12	Die Israeliten nehmen das Land ein
13–21	Die Israeliten teilen das Land auf
22–24	Die Erneuerung des Bundes

6–7
Josua verflucht den künftigen Wiedererbauer Jerichos. Israel verliert gegen Ai, weil Achan gottgeweihte Gegenstände entwendet hat.

[Zum Sinai, vom Sinai her: Gott schafft sich ein Volk]

²⁴Danach brannten die Israeliten die Stadt vollständig nieder. Nur die silbernen, goldenen, kupfernen und eisernen Gegenstände wurden in die Schatzkammer des Hauses des HERRN gebracht. ²⁵Die Prostituierte Rahab und alle ihre Verwandten wurden von Josua verschont, weil sie die Kundschafter versteckt hatte, die Josua nach Jericho geschickt hatte. Noch heute lebt sie beim israelitischen Volk.

²⁶Damals sprach Josua folgenden Fluch aus: »Verflucht sei vor dem HERRN jeder, der es wagt, die Stadt wieder aufzubauen. Wenn er den Grundstein legt, soll sein ältester Sohn sterben. Wenn er die Tore errichtet, soll er seinen jüngsten Sohn verlieren.«

²⁷So war der HERR an Josuas Seite, und er wurde im ganzen Land berühmt.

Ai besiegt die Israeliten

7 Doch die Israeliten veruntreuten Dinge, die dem HERRN geweiht werden sollten.* Ein Mann namens Achan hatte einige Gegenstände an sich genommen, und der HERR wurde sehr zornig über die Israeliten. Achan war der Sohn Karmis, aus dem Geschlecht Sabdis, von der Sippe Serach vom Stamm Juda.

²Von Jericho aus schickte Josua ein paar Männer in die Stadt Ai, östlich von Bethel, bei Bet-

---

7,1 S. Anm. zu 6,17; so auch in 7,11.12.13.15.

Josua 7,25

Gottes Liebe, Gottes Zorn
Der Bibeltext vermittelt den Eindruck, als hätte nur ein einziger Mensch (Achan) gesündigt, viele andere aber wurden mitbestraft. Israels Armee verlor den Kampf, 36 Krieger kamen ums Leben, ganz Israel wurde gedemütigt und Achans ganze Familie wurde getötet. Wie kann das gerecht sein? Dazu enthält der hier vorliegende Text einige wichtige Aussagen. Die Sünden einzelner Menschen können tatsächlich ganze Nationen in großes Unglück stürzen. Dies hat sich im Verlauf der Geschichte bis zum heutigen Tag oft wiederholt. Sünde hat Konsequenzen, aber nicht immer ausschließlich für den Sünder. Warum mussten Achans Kinder sterben? Es ist nicht klar, ob die Anweisung von Gott ausging (siehe V. 15). Vielleicht hat Josua übereilt gehandelt. Andere Texte verdeutlichen, dass jenes nicht hätte geschehen dürfen. »Kinder [dürfen] nicht für die Sünden ihrer Eltern mit dem Tod bestraft werden« (5Mo 24,16). Dennoch macht die Geschichte um Achan klar: Sünde hat schwerwiegende Konsequenzen.
(Jeremia 30,23–31,6 ‹« | »› 2. Chronik 25,15)

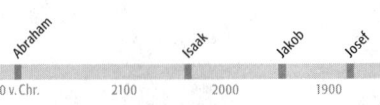

Awen. Er sagte zu ihnen: »Geht nach Ai und erkundet die Gegend.« Sie gingen und gehorchten. ³Nach ihrer Rückkehr erzählten sie ihm: »Es ist eine kleine Stadt, 2.000 bis 3.000 von uns könnten sie einnehmen und zerstören. Es ist nicht nötig, dass das ganze Volk dorthin zieht.«

⁴Daraufhin zogen etwa 3.000 Krieger gegen Ai, die jedoch vernichtend geschlagen wurden. Die Männer aus Ai ⁵verfolgten die Israeliten von den Stadttoren aus bis zu den Steinbrüchen* und töteten 36 von ihnen am Berghang. Die Israeliten waren vor Angst wie gelähmt und ihr Mut schmolz dahin.

⁶Josua und die Anführer Israels zerrissen ihre Kleider, streuten sich Staub ins Haar und warfen sich bis zum Abend vor der Lade des HERRN zu Boden. ⁷Josua rief: »Ach, Allmächtiger HERR, warum hast du uns über den Jordan gebracht, wenn du uns nun von den Amoritern töten lassen willst? Wären wir doch nur damit zufrieden gewesen, auf der anderen Seite des Jordan zu bleiben! ⁸Ach, HERR, was soll ich sagen, nun, da Israel vor seinen Feinden geflohen ist? ⁹Wenn die Kanaaniter und die anderen Völker, die in diesem Land leben, davon hören, werden sie uns umzingeln und unser Volk vernichten. Was willst du dann für die Ehre deines großen Namens tun?«

¹⁰Da sagte der HERR zu Josua: »Steh auf! Warum liegst du vor mir auf deinem Gesicht? ¹¹Die Israeliten haben gesündigt und meinen Bund gebrochen, den ich ihnen geboten habe! Sie haben Gegenstände genommen und gestohlen, die ich für mich ausgesondert habe. Aber sie haben nicht nur gestohlen, sondern darüber hinaus auch noch gelogen und die Gegenstände zu ihren übrigen Besitztümern gelegt. ¹²Deshalb können die Israeliten vor ihren Feinden nicht bestehen und müssen vor ihnen fliehen. Von jetzt an ist Israel dem Untergang geweiht; ich werde nicht weiter bei euch sein, wenn ihr nicht die besagten Gegenstände in eurer Mitte, die zur Vernichtung bestimmt waren, zerstört.

¹³Steh auf! Befiehl dem Volk, sich als Vorbereitung auf morgen zu heiligen. Denn der HERR, der Gott Israels, spricht: ›In deiner Mitte, Israel, befinden sich Gegenstände, die für mich, den HERRN, bestimmt sind. Du kannst vor deinen Feinden nicht bestehen, bis du diese Gegenstände nicht entfernt hast. ¹⁴Morgen früh sollst du nach Stämmen geordnet antreten. Der Stamm, den der Herr zeigt, soll mit allen seinen Sippen vortreten, und der HERR wird eine Sippe bezeichnen. Dann soll die betreffende Sippe vortreten, und der HERR wird die schuldige Familie bezeichnen. Schließlich soll jedes einzelne Familienmitglied vortreten, einer nach dem anderen. ¹⁵Derjenige, den das Los trifft, soll mit allem, was er besitzt, verbrannt werden, denn er hat den Bund des HERRN gebrochen und eine Schandtat in Israel begangen.«

Achans Sünde

¹⁶Früh am nächsten Morgen ließ Josua die Stämme Israels antreten, und der Stamm Juda wurde ausgelost. ¹⁷Dann ließ er die Sippen Judas hervortreten, und die Sippe von Serach wurde ausgelost. Danach ließ er die Familien von Serach antreten, und die Familie Sabdi wurde ausgelost. ¹⁸Jedes einzelne Mitglied der Familie Sabdi musste vortreten, Mann für Mann, und Achan blieb übrig.

¹⁹Daraufhin sagte Josua zu Achan: »Mein Sohn, gib dem HERRN, dem Gott Israels, die Ehre und lobe ihn. Sage mir, was du getan hast. Verheimliche mir nichts.«

²⁰Achan antwortete: »Ja, es ist wahr, ich habe gegen den HERRN, den Gott Israels, gesündigt. Folgendes habe ich getan: ²¹Ich sah ein schönes Gewand aus Babylon*, 200 Silberschekel* und einen über 50 Schekel* schweren Goldbarren. Ich wollte sie so gern haben, dass ich sie mir einfach nahm. Sie sind unter meinem Zelt vergraben, das Silber zuunterst.«

²²Josua schickte ein paar Männer los. Sie liefen zum Zelt und fanden die gestohlenen Dinge dort vergraben, das Silber zuunterst. ²³Sie brachten die Dinge zu Josua und den Israeliten und legten sie in der Gegenwart des HERRN auf den Boden. ²⁴Josua und die anderen Israeliten nahmen Achan, das Silber, das Gewand, den Goldbarren, Achans Söhne und Töchter, sein Vieh, seine Esel, seine Schafe, seine Ziegen, sein Zelt und alles, was er besaß, und führten sie in das Tal Achor. ²⁵Dort sagte Josua zu Achan: »Du hast uns in großes Unglück gestürzt, jetzt wird der HERR dich ins Unglück stürzen.« Und alle Israeliten steinigten Achan mit seiner Familie und verbrannten sie. ²⁶Sie errichteten einen großen Steinhaufen über Achan, der noch heute zu sehen ist. Deshalb heißt das Tal heute noch »Tal Achor«*. Danach war der HERR nicht mehr zornig.

Die Israeliten besiegen Ai

8 Der HERR sagte zu Josua: »Hab keine Angst und lass den Mut nicht sinken. Geh und greife Ai mit dem ganzen Heer an, denn ich

---

7,5 O. *bis nach Schebarim.* 7,21a Hebr. *Schinar.* 7,21b Etwa 2,4 kg. 7,21c Etwa 600 gr. 7,26 D.h. *Tal des Unglücks.*

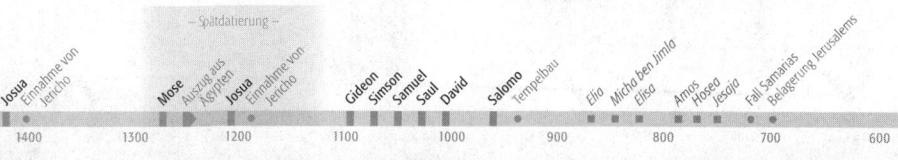

JOSUA

- **1–5** Die Israeliten durchqueren den Jordan
- **5–12** Die Israeliten nehmen das Land ein
- **13–21** Die Israeliten teilen das Land auf
- **22–24** Die Erneuerung des Bundes

8–9
Ai wird durch eine List zerstört. Errichtung eines Altars. Die Gibeoniter wollen durch eine List Frieden mit Israel schließen.

[Zum Sinai, vom Sinai her: Gott schafft sich ein Volk]

habe den König von Ai, sein Volk, seine Stadt und sein Land in deine Hand gegeben. ²Du sollst sie vernichten, wie du Jericho und seinen König vernichtet hast. Diesmal dürft ihr die eroberten Güter und das Vieh behalten. Lege einen Hinterhalt hinter der Stadt.«

³Da machte sich Josua mit dem israelitischen Heer zum Angriff auf Ai bereit. Josua wählte 30.000 tüchtige Krieger aus und schickte sie nachts ⁴mit folgendem Befehl auf den Weg: »Verbergt euch in einem Hinterhalt kurz hinter der Stadt und haltet euch bereit. ⁵Unter meiner Führung wird das Hauptheer die Stadt von vorne angreifen. Wenn die Männer von Ai wie beim ersten Mal herauskommen, um gegen uns zu kämpfen, werden wir vor ihnen fliehen. ⁶Wir lassen sie uns so lange verfolgen, bis wir alle Männer von der Stadt fortgelockt haben. Sie werden denken: ›Die Israeliten laufen vor uns davon, genau wie beim ersten Mal.‹ Wenn wir dann vor ihnen fliehen, ⁷stürzt ihr aus dem Hinterhalt hervor und nehmt die Stadt ein. Der HERR, euer Gott, wird sie in eure Hände geben. ⁸Setzt die Stadt dann in Brand, wie der HERR es geboten hat. Das ist euer Auftrag.«

⁹In der Nacht legten sie sich zwischen Bethel und der Westseite von Ai in einen Hinterhalt. Josua blieb in dieser Nacht bei den Leuten im Lager. ¹⁰Früh am nächsten Morgen weckte er seine Männer, und sie marschierten mit ihm und den Anführern Israels an der Spitze in Richtung Ai. ¹¹Das Heer zog mit ihm hinauf und lagerte nördlich von Ai, sodass nur noch ein Tal zwischen ihnen und der Stadt lag. ¹²In der nächsten Nacht befahl Josua 5.000 Männern, sich in einen Hinterhalt zwischen Bethel und der Westseite der Stadt zu legen. ¹³Auf diese Weise stationierten sie das Hauptheer nördlich der Stadt und die Nachhut westlich davon. Josua selbst ging in der Nacht ins Tal.

¹⁴Als der König von Ai die Israeliten früh am nächsten Morgen jenseits des Tales sah, liefen er und seine Männer hinaus und griffen sie an einer Stelle an, von der aus man das Jordantal überblicken konnte. Er hatte aber nicht bemerkt, dass hinter der Stadt ein Hinterhalt gelegt worden war. ¹⁵Josua und das ganze israelitische Heer flohen in Richtung Wüste, als wären sie vernichtend geschlagen ¹⁶und alle Männer, die in der Stadt geblieben waren, wurden aufgerufen, sie zu verfolgen. Sie setzten Josua nach und entfernten sich so von der Stadt. ¹⁷In ganz Ai oder Bethel gab es nicht einen einzigen Mann, der nicht hinter den Israeliten herjagte. Während sie den Israeliten nachjagten, blieb die Stadt schutzlos zurück.

[18] Da sagte der HERR zu Josua: »Richte dein Krummschwert auf Ai, denn ich will die Stadt in deine Hand geben.« Josua tat, was der Herr ihm befohlen hatte. [19] Auf sein Zeichen stürzten die Männer aus dem Hinterhalt hervor und drangen in die Stadt ein. Sie eroberten sie und setzten sie sogleich in Brand.
[20] Als sich die Männer von Ai umschauten, stieg Rauch aus der Stadt zum Himmel, und sie wussten nicht, wohin sie fliehen sollten; denn die Israeliten, die in Richtung Wüste geflohen waren, wandten sich jetzt gegen ihre Verfolger. [21] Als Josua und die übrigen Israeliten sahen, dass die Männer aus dem Hinterhalt die Stadt eingenommen hatten und Rauch aus der Stadt aufstieg, drehten sie sich um und griffen die Männer von Ai an. [22] Die Israeliten aber, die in der Stadt waren, kamen heraus und attackierten den Feind ebenfalls. So waren die Männer von Ai zwischen die Fronten geraten und alle kamen um. Nicht ein einziger überlebte oder konnte fliehen. [23] Nur der König von Ai wurde lebend gefangen genommen und zu Josua gebracht.
[24] Als das israelitische Heer alle Männer von Ai, die es in die Wüste außerhalb der Stadt verfolgt hatte, getötet hatte, töteten sie auch alle übrigen Einwohner. [25] So wurde an jenem Tag die gesamte Bevölkerung von Ai – alles in allem 12.000 Menschen – ausgelöscht. [26] Denn Josua hielt sein Krummschwert so lange auf die Stadt gerichtet, bis alle Einwohner von Ai getötet worden waren*. [27] Nur das Vieh und die geplünderten Dinge aus der Stadt behielten die Israeliten als Beute für sich, wie der HERR Josua angewiesen hatte. [28] Josua brannte Ai nieder, weshalb es bis heute in Trümmern liegt.
[29] Den König von Ai ließ Josua an einem Baum erhängen, wo er bis zum Abend blieb. Bei Sonnenuntergang nahmen die Israeliten den Leichnam ab und warfen ihn vor das Stadttor. Sie errichteten einen großen Steinhaufen über ihm, der bis heute dort liegt.

Erneuerung des Bundes

[30] Anschließend baute Josua dem HERRN, dem Gott Israels, einen Altar auf dem Berg Ebal. [31] Nach der Anweisung, die Mose, der Diener des HERRN, im Gesetzbuch niedergeschrieben hatte, errichtete er einen Altar aus unbehauenen Steinen, die nicht mit eisernen Werkzeugen bearbeitet worden waren. Auf diesem Altar brachten sie dem HERRN Brand- und Friedensopfer. [32] Und Josua schrieb eine Abschrift des Gesetzes auf die Steine des Altars, das Mose damals vor den Augen der Israeliten aufgeschrieben hatte.
[33] Daraufhin wurden sämtliche Israeliten – die Angehörigen des Volkes und die Ausländer – mit den Ältesten, Aufsehern und Richtern in zwei Gruppen aufgeteilt. Die eine Gruppe stand am Fuß des Berges Garizim, die andere am Fuß des Berges Ebal. Beide Gruppen standen einander gegenüber, und zwischen ihnen waren die levitischen Priester, die die Bundeslade des HERRN trugen. Dies alles geschah auf die Anweisungen hin, die Mose, der Diener des HERRN, dem Volk der Israeliten damals zu seinem eigenen Segen gegeben hatte.
[34] Danach las Josua ihnen allen die Segenssprüche und Fluchworte vor, die im Gesetzbuch standen. [35] Jedes einzelne Gebot, das Mose ihnen gegeben hatte, las Josua den versammelten Israeliten vor, auch den Frauen und Kindern und Ausländern, die unter den Israeliten lebten.

Die Gibeoniter überlisten Israel

9 Nun erfuhren alle Könige westlich des Jordan, was geschehen war. Es waren die Könige der Hetiter, Amoriter, Kanaaniter, Perisiter, Hiwiter und Jebusiter, die im Bergland – in den westlichen Gebirgsausläufern – und an der Mittelmeerküste bis hinauf in den Libanon lebten. [2] Sie vereinigten in großer Eile ihre Heere, um gemeinsam gegen Josua und die Israeliten zu kämpfen.
[3] Als die Einwohner Gibeons jedoch hörten, was Josua mit Jericho und Ai getan hatte, [4] dachten sie sich eine List aus. Einige gingen als Boten zu Josua. Sie beluden ihre Packesel mit verwitterten Satteltaschen und alten, zerschlissenen und geflickten Weinschläuchen. [5] Sie zogen abgetragene, zerlumpte Kleidung und geflickte Sandalen an und nahmen trockenes, altes Brot mit auf die Reise. [6] Als sie ins israelitische Lager in Gilgal kamen, sagten sie zu Josua und den Männern von Israel: »Wir kommen aus einem fernen Land und bitten euch, einen Friedensvertrag* mit uns zu schließen.«
[7] Die Israeliten antworteten den Hiwitern: »Vielleicht wohnt ihr auch ganz in der Nähe. Dann können wir keinen Friedensvertrag mit euch schließen.« [8] Sie sagten zu Josua: »Wir wollen uns euch unterwerfen.« Josua fragte: »Aber wer seid ihr und woher kommt ihr?«
[9] Sie antworteten: »Wir kommen aus einem weit entfernten Land. Wir haben von der Macht

---

8,26 Mit dem hier gebrauchten hebr. Begriff ist die vollständige Übergabe von Dingen, Tieren oder Menschen an den HERRN gemeint, indem diese entweder vernichtet oder als Opfer dargebracht werden.   **9,6** O. *ein Bündnis.*

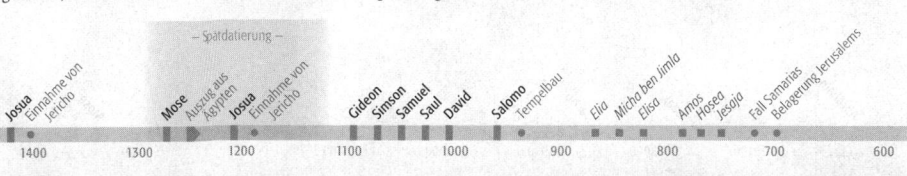

JOSUA

1–5 Die Israeliten durchqueren den Jordan

5–12 Die Israeliten nehmen das Land ein

13–21 Die Israeliten teilen das Land auf

22–24 Die Erneuerung des Bundes

9–10
Die Gibeoniter werden Israels Sklaven. Israel hilft Gibeon gegen die amoritischen Könige.

[Zum Sinai, vom Sinai her: Gott schafft sich ein Volk]

des HERRN, eures Gottes, und von seinen Taten in Ägypten gehört. ¹⁰Wir haben auch gehört, was er mit den beiden Amoriterkönigen östlich des Jordan gemacht hat – mit König Sihon von Heschbon und König Og von Baschan, der in Aschtarot lebte. ¹¹Deshalb haben unsere Anführer und unser Volk uns beauftragt: ›Packt Proviant für die Reise und zieht den Israeliten entgegen. Sagt ihnen, dass wir uns ihnen unterwerfen wollen und bittet sie, einen Friedensvertrag mit uns zu schließen.‹

¹²Dieses Brot war noch warm, als wir es bei unserem Aufbruch einpackten. Seht selbst, wie alt und vertrocknet es jetzt ist. ¹³Diese Weinschläuche waren neu, als wir sie füllten, jetzt sind sie alt und zerschlissen. Und unsere Kleider und Sandalen sind von der sehr langen Reise abgetragen.«

¹⁴Die Israeliten prüften das Brot der Ankömmlinge, aber sie befragten nicht den HERRN. ¹⁵Danach schloss Josua einen Friedensvertrag mit ihnen, in dem er zusicherte, sie am Leben zu lassen. Diesem Abkommen stimmten die Anführer Israels durch einen Schwur zu.

¹⁶Drei Tage nachdem sie den Vertrag geschlossen hatten, stellte sich heraus, dass diese Leute ganz in der Nähe lebten! ¹⁷Die Israeliten waren nämlich weitergezogen und hatten die betreffenden Städte innerhalb von drei Tagen erreicht. Die Städte hießen Gibeon, Kefira, Beerot und Kirjat-Jearim. ¹⁸Sie griffen die Städte jedoch nicht an, denn ihre eigenen Anführer hatten es ihnen vor dem HERRN, dem Gott Israels, geschworen.

Deshalb murrten die Israeliten über ihre Anführer. ¹⁹Doch diese sagten zu ihnen: »Wir haben in der Gegenwart des HERRN, des Gottes Israels, einen Eid geschworen. Wir dürfen sie nicht anrühren. ²⁰Wir müssen sie am Leben lassen, denn wir würden Gott erzürnen, wenn wir unseren Schwur brächen. ²¹Lasst sie leben. Aber sie sollen Holz für uns hacken und für das ganze Volk Wasser tragen.«

Und sie taten, was die Anführer ihnen vorgeschlagen hatten. ²²Josua rief die führenden Gibeoniter zu sich und fragte sie: »Warum habt ihr uns belogen? Warum habt ihr gesagt, ihr würdet in einem fernen Land wohnen, wenn ihr doch ganz in unserer Nähe lebt? ²³Ihr sollt verflucht sein! Von jetzt an werdet ihr für alle Zeit als Sklaven für das Haus meines Gottes Holz hacken und Wasser tragen.«

²⁴Sie entgegneten. »Wir taten es, weil wir erfuhren, dass der HERR, dein Gott, seinem Diener Mose befohlen hat, euch das ganze Land zu geben und alle Völker, die darin leben, zu vernichten. Wir fürchteten um unser Leben. Darum ha-

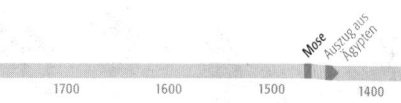

ben wir es getan. ²⁵Jetzt sind wir dir auf Gedeih und Verderb ausgeliefert – verfahre mit uns, wie du es für gut und richtig hältst.«

²⁶So verschonte Josua sie und erlaubte den Israeliten nicht, die Gibeoniter zu töten. ²⁷Doch damals machte er die Gibeoniter zu Holzhackern und Wasserträgern für das Volk und für den Altar des HERRN – welchen Ort der HERR auch immer dazu erwählen würde. Dies gilt noch heute.

Israel besiegt die Könige des Südens

10 Als nächstes hörte Adoni-Zedek, der König von Jerusalem, dass Josua Ai erobert, bis auf den Grund zerstört* und dessen König getötet hatte, genau wie er Jericho erobert und dessen König getötet hatte. Er erfuhr auch, dass die Gibeoniter Frieden mit den Israeliten geschlossen hatten und jetzt unter ihnen wohnten. ²All dies ängstigte ihn und sein Volk sehr, denn Gibeon war eine große Stadt – so groß wie die königlichen Städte und größer als Ai – und die Gibeoniter waren starke Krieger. ³Deshalb schickte König Adoni-Zedek von Jerusalem Boten an mehrere andere Könige: Hoham von Hebron, Piram von Jarmut, Jafia von Lachisch und Debir von Eglon. ⁴»Kommt und helft mir, Gibeon zu zerstören«, bat er sie, »denn es hat mit Josua und den Israeliten Frieden geschlossen.« ⁵So vereinigten die fünf Amoriterkönige – die Könige von Jerusalem, Hebron, Jarmut, Lachisch und Eglon ihre Heere, brachten ihre Truppen in Stellung und griffen Gibeon an.

⁶Die Männer von Gibeon schickten Boten zu Josua nach Gilgal ins israelitische Lager. »Verlass deine Diener jetzt nicht«, baten sie. »Hilf uns! Komm schnell und rette uns! Denn alle amoritischen Könige aus dem Bergland marschieren gegen uns.«

⁷Daraufhin brachen Josua und das gesamte israelitische Heer nach Gilgal auf. ⁸»Hab keine Angst vor ihnen«, sagte der HERR zu Josua, »denn ich will dir den Sieg über sie geben. Nicht ein einziger von ihnen wird gegen dich bestehen können.«

⁹Josua marschierte die ganze Nacht durch und führte einen Überraschungsangriff gegen die amoritischen Heere aus. ¹⁰Der HERR versetzte diese in Panik, und die Israeliten erschlugen sie reihenweise bei Gibeon. Dann verfolgten sie sie auf der Straße hinauf nach Bet-Horon, jagten sie bis nach Aseka und Makkeda und schlugen sie. ¹¹Als die Amoriter auf der Straße, die von Bet-Horon herunterführte, vor den Israeliten flohen, bewarf der HERR sie mit großen Hagelkörnern vom Himmel, bis sie Aseka erreichten. Der Hagel tötete mehr Feinde, als die Israeliten mit dem Schwert umgebracht hatten.

¹²An diesem Tag gab der HERR den Israeliten den Sieg über die Amoriter. Josua betete vor ganz Israel zum HERRN und er sagte: »Möge die Sonne stillstehen über Gibeon und der Mond über dem Tal von Ajalon.« ¹³Da standen Sonne und Mond still, bis die Israeliten sich an ihren Feinden gerächt hatten.

Wird dieses Ereignis nicht im Buch des Aufrichtigen beschrieben? Die Sonne blieb hoch am Himmel stehen. Sie ging etwa einen ganzen Tag nicht unter. ¹⁴Niemals vorher oder nachher hat es einen Tag gegeben, an dem der HERR eine solche Bitte eines Menschen erhörte. Denn der Herr kämpfte für Israel.

¹⁵Danach kehrten Josua und das israelitische Heer in ihr Lager nach Gilgal zurück.

Josua tötet die fünf Könige des Südens

¹⁶Während der Schlacht waren die fünf Könige geflohen. Sie versteckten sich in einer Höhle bei Makkeda. ¹⁷Als Josua hörte, dass sie gefunden worden waren, ¹⁸erließ er folgenden Befehl: »Versperrt den Eingang der Höhle mit großen Steinen und stellt Wachen davor auf. ¹⁹Die übrigen sollen den Feinden unermüdlich nachsetzen und von hinten angreifen. Lasst sie nicht in ihre Städte zurückkehren, denn der HERR, euer Gott, hat euch den Sieg über sie gegeben.«

²⁰So schlugen Josua und das israelitische Heer die fünf Heere vernichtend. Einem kleinen Rest aber gelang es zu fliehen und die befestigten Städte zu erreichen. ²¹Danach kehrten die Israeliten sicher zu Josua ins Lager in Makkeda zurück. Von da an wagte niemand mehr, auch nur ein Wort gegen die Israeliten zu sagen.

²²Josua befahl: »Entfernt die Steine vom Eingang der Höhle und bringt die fünf Könige zu mir.« ²³Da holten sie die fünf Könige aus der Höhle – die Könige von Jerusalem, Hebron, Jarmut, Lachisch und Eglon. ²⁴Als sie herauskamen, rief Josua das ganze Heer zusammen und befahl den Anführern, die ihn begleitet hatten: »Kommt und stellt eure Füße auf die Nacken der Könige.« Sie taten, was er ihnen befohlen hatte.

²⁵»Ihr sollt euch niemals fürchten oder den Mut sinken lassen«, gebot Josua seinen Männern. »Seid stark und mutig, denn so wird der

---

10,1 Mit dem hier gebrauchten hebr. Begriff ist die vollständige Übergabe von Dingen, Tieren oder Menschen an den HERRN gemeint, indem diese entweder vernichtet oder als Opfer dargebracht werden; so auch in 10,28.35.37.39.40.

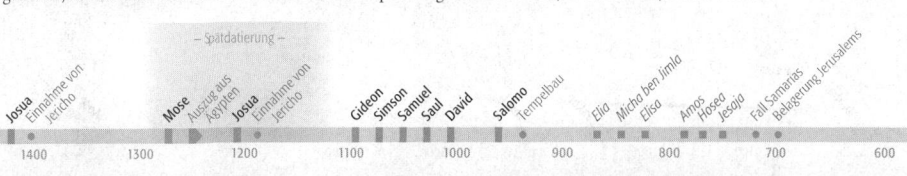

JOSUA

1–5	Die Israeliten durchqueren den Jordan
5–12	Die Israeliten nehmen das Land ein
13–21	Die Israeliten teilen das Land auf
22–24	Die Erneuerung des Bundes

10–11

Israel besiegt die Städte im Süden und Norden des Landes.

[Zum Sinai, vom Sinai her: Gott schafft sich ein Volk]

HERR mit allen Feinden verfahren, gegen die ihr kämpft.« ²⁶Danach tötete Josua die fünf Könige und hängte sie an fünf Bäume. Dort hingen sie bis zum Abend. ²⁷Bei Sonnenuntergang gab Josua Anweisung, die Leichname der Könige von den Bäumen zu nehmen und in die Höhle zu werfen, in der sie sich versteckt hatten. Danach wurde der Eingang der Höhle mit vielen Steinen versperrt, die bis heute dort liegen.

Israel besiegt die Städte des Südens
²⁸Am selben Tag nahm Josua die Stadt Makkeda ein und zerstörte sie bis auf den Grund und tötete alles Leben darin, einschließlich das des Königs. Nicht ein einziger Einwohner der Stadt überlebte. Er tötete den König von Makkeda, wie er den König von Jericho getötet hatte. ²⁹Danach zogen Josua und die Israeliten von Makkeda nach Libna und griffen es an. ³⁰Auch diese Stadt und ihren König gab der HERR in die Hände der Israeliten. Sie zerstörten sie bis auf die Grundmauern, brachten sämtliche Einwohner um und ließen niemanden am Leben. Auch den König von Libna tötete Josua, wie er den König von Jericho getötet hatte.

³¹Von Libna aus zogen Josua und die Israeliten nach Lachisch, brachten die Truppen in Stellung und griffen an. ³²Am zweiten Tag gab der HERR es in ihre Hände. Auch hier wurde die gesamte Bevölkerung wie in Libna getötet. ³³Währenddessen war König Horam von Geser mit seinem Heer eingetroffen, um Lachisch beizustehen. Aber Josuas Männer töteten ihn und vernichteten sein Heer und niemand entkam.

³⁴Danach zogen Josua und das israelitische Heer nach Eglon, brachten die Truppen in Stellung und griffen es an. ³⁵Sie eroberten es am selben Tag, und wie in Lachisch töteten sie auch hier alle Einwohner der Stadt. ³⁶Nachdem sie Eglon verlassen hatten, griffen sie Hebron an ³⁷und eroberten es, und danach die umliegenden Städte. Wie in Eglon löschten sie auch hier die gesamte Bevölkerung aus. Niemand blieb am Leben. ³⁸Dann kehrten sie um und griffen Debir an. ³⁹Sie eroberten die Stadt und die umliegenden Dörfer und nahmen ihren König gefangen. Und sie töteten alle Einwohner; niemand blieb am Leben. Mit Debir und seinem König geschah das Gleiche, wie mit Libna und Hebron und deren Königen.

⁴⁰So eroberte Josua das ganze Gebiet – das Bergland, den Negev, die westlichen Gebirgsausläufer und die östlichen Gebirgshänge. Er erschlug alle Könige in diesem Gebiet und ließ keinen am Leben. Er tötete alle Einwohner des Landes, wie der HERR, der Gott Israels, es befohlen hatte. ⁴¹Josua tötete sie von Kadesch-Barnea

bis nach Gaza und von Goschen bis nach Gibeon. ⁴²In einem einzigen Feldzug besiegte Josua alle diese Könige und eroberte ihre Länder, denn der HERR, der Gott Israels, kämpfte für Israel. ⁴³Danach kehrten Josua und das israelitische Heer zu ihrem Lager in Gilgal zurück.

Israel besiegt die Könige des Nordens

11 Als König Jabin von Hazor hörte, was geschehen war, sandte er Botschaften an folgende Könige: an den König Jobab von Madon, den König von Schimron; den König von Achschaf, ²alle Könige des nördlichen Berglandes, die Könige im Jordantal südlich von Galiläa*, die Könige in den westlichen Gebirgsausläufern, die Könige von Dor im Westen, ³die Könige von Kanaan, sowohl im Osten als auch im Westen, die Könige der Amoriter; die Könige der Hetiter, die Könige der Perisiter, die Könige im jebusitischen Bergland und an die Hiwiter in den Städten an den Hängen des Berges Hermon, im Land Mizpa.
⁴Alle diese Könige schlossen sich zum Kampf gegen Israel zusammen. Die Krieger ihrer vereinigten Heere waren so zahlreich wie der Sand am Meer. Außerdem besaßen sie ein riesiges Aufgebot an Pferden und Streitwagen. ⁵Sie zogen aus und schlugen ihr Lager am Wasser bei Merom auf, um gegen Israel zu kämpfen.
⁶Da sagte der HERR zu Josua: »Hab keine Angst vor ihnen! Ich werde dafür sorgen, dass sie morgen um diese Zeit alle tot sind. Ihre Pferde sollst du lähmen und ihre Streitwagen verbrennen.«
⁷Also zogen Josua und seine Krieger zum Wasser bei Merom und griffen überraschend an. ⁸Der HERR schenkte ihnen den Sieg und die Israeliten schlugen ihre Feinde und verfolgten sie bis zu der großen Stadt Sidon und bis nach Misrefot-Majim und nach Osten bis ins Tal von Mizpa, so lange, bis kein feindlicher Krieger mehr am Leben war. ⁹Danach lähmte Josua die Pferde und verbrannte ihre Streitwagen, wie der HERR es ihm aufgetragen hatte.
¹⁰Anschließend kehrte er um, eroberte Hazor und tötete dessen König. Hazor war die Hauptstadt des Bundes all dieser Königreiche gewesen. ¹¹Die Israeliten vernichteten* alles Leben in der Stadt, nicht ein einziger Einwohner überlebte. Danach setzte Josua die Stadt in Brand.
¹²Josua eroberte alle diese Städte und nahm deren Könige gefangen. Er tötete sie und ihre Untertanen, wie Mose, der Diener des HERRN, ihn angewiesen hatte. ¹³Außer Hazor brannten die Israeliten jedoch keine der Städte nieder, die auf den Hügeln erbaut waren. ¹⁴Den erbeuteten Besitz und das Vieh der verwüsteten Städte behielten die Israeliten für sich, die Menschen jedoch töteten sie alle. Sie ließen niemanden am Leben. ¹⁵Wie der HERR es seinem Diener Mose aufgetragen hatte, so trug Mose es Josua auf. Und Josua tat, wie ihm befohlen worden war und gehorchte allen Anweisungen genau, die der HERR Mose erteilt hatte.
¹⁶So eroberte Josua das ganze Gebiet – das Bergland, den Negev, das Land Goschen, die westlichen Gebirgsausläufer, das Jordantal und die Berge und Täler Israels. ¹⁷Das israelitische Gebiet erstreckte sich nun vom Berg Halak, der in Richtung Seïr liegt, bis nach Baal-Gad am Fuße des Hermon im Libanontal. Josua nahm alle Könige dieser Gebiete gefangen und ließ sie töten, ¹⁸weshalb er lange Zeit gegen sie Krieg führen musste. ¹⁹Außer den Hiwitern von Gibeon schloss keine einzige Stadt in dem ganzen Gebiet mit den Israeliten Frieden; alle anderen wurden im Kampf eingenommen. ²⁰Denn der HERR verhärtete ihre Herzen und brachte sie dazu, gegen Israel zu kämpfen. Auf diese Weise wurden sie gnadenlos ausgetilgt, sodass sie vernichtet wurden, wie der HERR es Mose geboten hatte.
²¹Damals zog Josua ins Feld und löschte alle Nachkommen von Anak aus, die im Bergland von Hebron, in Debir, Anab und im ganzen Bergland von Juda und Israel lebten. Er tötete sie alle und zerstörte ihre Städte bis auf den Grund. ²²Im Land der Israeliten überlebte kein Anakiter, nur in Gaza, Gat und Aschdod blieben einige übrig.
²³Josua nahm das ganze Land ein, wie der HERR es Mose geboten hatte. Er übereignete den Israeliten das Land als Erbe und teilte es unter den Stämmen auf. Und so hatte das Land endlich Ruhe vom Krieg.

Die besiegten Könige östlich des Jordan

12 Dies sind die Könige östlich des Jordan, die getötet und deren Länder erobert wurden. Ihre Gebiete erstreckten sich von der Arnon-Schlucht bis zum Hermon und umfassten das Gebiet östlich des Jordan.
²Der Amoriterkönig Sihon, der in Heschbon

11,2b Hebr. *von Kinneret.* **11,11** Hebr. *Und vollstreckt den Bann* Mit dem hier gebrauchten hebr. Begriff ist die vollständige Heiligung von Dingen, Tieren oder Menschen an den HERRN gemeint, indem diese entweder vernichtet oder als Opfer dargebracht werden; so auch in 11,12.20.21.

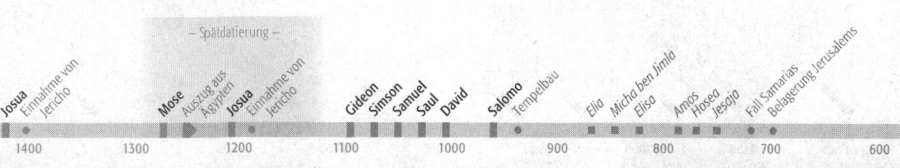

JOSUA

1–5	Die Israeliten durchqueren den Jordan
5–12	Die Israeliten nehmen das Land ein
13–21	Die Israeliten teilen das Land auf
22–24	Die Erneuerung des Bundes

12–13
Übersicht über die besiegten Könige. Übersicht über unerobertes Land und die Gebiete Ruben, Gad und halb Manasse.

[Zum Sinai, vom Sinai her: Gott schafft sich ein Volk]

lebte, wurde geschlagen. Zu seinem Herrschaftsbereich gehörte Aroër am Rande der Arnon-Schlucht; es reichte von der Mitte der Schlucht bis zum Jabbok, der Grenze zu den Ammonitern. Dieses Territorium umfasste die Hälfte des gegenwärtigen Gilead. ³Darüber hinaus herrschte Sihon über das Jordantal in Richtung Norden bis hinauf zum Westufer des Sees von Galiläa* und nach Süden bis hinunter zum Toten Meer, von Bet-Jeschimot bis zu den Hängen des Gebirges Pisga. ⁴König Og von Baschan, einer der letzten Refaïten, lebte in Aschtarot und Edrei. ⁵Er herrschte über ein Gebiet, das sich vom Hermon bis nach Salcha, über ganz Baschan bis an die Grenzen zu den Geschuritern und Maachatitern erstreckte. Zu seinem Reich gehörte die Nordhälfte von Gilead bis an die Grenze des Herrschaftsgebietes von König Sihon von Heschbon. ⁶Mose, der Diener des HERRN, und die Israeliten hatten die Völker von König Sihon und König Og vernichtet, und Mose hatte ihr Land den Stämmen Ruben und Gad und dem halben Stamm Manasse gegeben.

Die besiegten Könige aus dem Land westlich des Jordan

⁷Josua und das israelitische Heer hatten die Könige auf der Westseite des Jordan, von Baal-Gad im Libanontal bis zum Berg Halak, der nach Seïr hin liegt, besiegt. Josua wies dieses Land den israelitischen Stämmen als Erbteil zu; ⁸das Bergland, die westlichen Gebirgsausläufer, das Jordantal, die östlichen Gebirgshänge, die Wüste von Judäa und den Negev. Die Völker, die dort lebten, waren die Hetiter, die Amoriter, die Kanaaniter, die Perisiter, die Hiwiter und die Jebusiter. Dies ist die Liste der besiegten Könige: ⁹Der König von Jericho, der König von Ai bei Bethel, ¹⁰der König von Jerusalem, der König von Hebron, ¹¹der König von Jarmut, der König von Lachisch, ¹²der König von Eglon, der König von Geser, ¹³der König von Debir, der König von Geder, ¹⁴der König von Horma, der König von Arad, ¹⁵der König von Libna, der König von Adullam, ¹⁶der König von Makkeda, der König von Bethel, ¹⁷der König von Tappuach, der König von Hefer, ¹⁸der König von Afek, der König von Scharon, ¹⁹der König von Madon, der König von Hazor, ²⁰der König von Schimron-Meron, der König von Achschaf, ²¹der König von Taanach, der König von Megiddo, ²²der König von Kedesch, der König von Jokneam am Karmel, ²³der König von Dor, das im Bergland von Dor liegt, der König von Gojim in Gilgal, ²⁴der König von Tirza. Alles in allem waren es 31 Könige.

12,3a Hebr. *des Sees von Kinneret.*

Das Land, das noch erobert werden muss

13 Als Josua sehr alt geworden war, sagte der HERR zu ihm: »Du wirst alt, und es gibt noch sehr viel Land, das erobert werden muss. ²Das verbleibende Land umfasst noch die Gebiete der Philister und der Geschuriter. ³Das sind Gebiete, die den Kanaanitern gehören. Dieses Land reicht vom Fluss Schihor an der Grenze Ägyptens nach Norden bis nach Ekron und umfasst die fünf Fürstenstädte der Philister: Gaza, Aschdod, Aschkelon, Gat und Ekron. Auch das Land der Awiter ⁴im Süden müsst ihr noch erobern. Im Norden warten noch folgende Gebiete auf die Eroberung: das ganze Land der Kanaaniter und Meara, das den Sidoniern gehört, bis nach Afek an der Grenze der Amoriter; ⁵das Land der Gebaliter und der ganze Libanon in Richtung Osten, von Baal-Gad unter dem Hermon bis nach Lebohamat. ⁶Alle Bewohner vom Libanon bis nach Misrefot-Majim, alle Sidonier will ich vor den Israeliten her aus dem Land vertreiben. Weise es deshalb Israel als Erbe zu, wie ich es dir geboten habe. ⁷Teile diese Gebiete als Erbe unter den neun Stämmen und dem halben Stamm Manasse auf.«

Das Land, das östlich des Jordan verteilt wurde

⁸Der halbe Stamm Manasse sowie die Stämme Ruben und Gad hatten bereits ihr Erbteil östlich des Jordan erhalten, denn Mose, der Diener des HERRN, hatte ihnen dieses Land zugewiesen: ⁹Aroër am Rande der Arnon-Schlucht, einschließlich der Stadt mitten in der Schlucht und die ganze Hochebene jenseits von Medeba bis nach Dibon. ¹⁰Außerdem alle Städte des Amoriterkönigs Sihon, der in Heschbon geherrscht hatte bis an die Grenzen von Ammon. ¹¹Dazu Gilead, das Gebiet der Geschuriter und Maachatiter, den ganzen Berg Hermon, ganz Baschan bis nach Salcha, ¹²das ganze Königreich von Og von Baschan, der in Aschtarot und Edrei regiert hatte. König Og war einer der letzten Refaïten gewesen, denn Mose hatte sie besiegt und vertrieben. ¹³Die Geschuriter und Maachatiter vertrieben die Israeliten allerdings nicht, und so kommt es, dass sie bis heute unter den Israeliten leben.

Ein Erbe für den Stamm Levi

¹⁴Nur dem Stamm Levi hatte Mose kein Land zugewiesen. Stattdessen hatte der HERR ihnen versprochen, dass ihr Erbteil aus den Opfern stammen sollte, die auf dem Altar des HERRN, des Gottes Israels, verbrannt werden.

Das Land, das dem Stamm Ruben zugewiesen wurde

¹⁵Den Sippen des Stammes Ruben hatte Mose ihren Anteil zugewiesen.

¹⁶Ihr Gebiet erstreckte sich von Aroër am Rande der Arnon-Schlucht, einschließlich der Stadt mitten in der Schlucht bis in die Hochebene Medeba. ¹⁷Es umfasste Heschbon und die übrigen Städte in der Ebene – Dibon, Bamot-Baal, Bet-Baal-Meon, ¹⁸Jahaz, Kedemot, Mefaat, ¹⁹Kirjatajim, Sibma, Zeret-Schahar auf dem Bergland über dem Tal, ²⁰Bet-Peor, die Hänge des Gebirges Pisga und Bet-Jeschimot.

²¹Außerdem gehörten alle anderen Städte der Hochebene und des gesamten Königreiches von Sihon dazu. Sihon war der Amoriterkönig, der in Heschbon geherrscht hatte und den Mose zusammen mit den Anführern Midians – Ewi, Rekem, Zur, Hur und Reba – getötet hatte, Fürsten, die in den mit Sihon verbündeten Gebieten lebten. ²²Auch den Wahrsager Bileam, den Sohn des Beor, hatten die Israeliten mit dem Schwert getötet. ²³Der Jordan markierte die Westgrenze des Stammes Ruben. Die Städte und Dörfer in diesem Gebiet wurden den Sippen dieses Stammes zum Erbteil gegeben.

Das Land, das dem Stamm Gad zugewiesen wurde

²⁴Mose teilte den Sippen des Stammes Gad ihren Anteil zu. ²⁵Ihr zugewiesenes Gebiet umfasste Jaser, alle Städte Gileads und die Hälfte des Landes der Ammoniter bis hin zu der Stadt Aroër unmittelbar bei Rabba. ²⁶Es erstreckte sich von Heschbon bis nach Ramat-Mizpe und Betonim und von Mahanajim bis in die Region von Lo-Dabar und das Gebiet des Jordantals östlich des Flusses bis zum See von Galiläa*. ²⁷Dazu erhielten sie den Rest des Reiches von König Sihon von Heschbon und das östliche Jordantal bis zum See von Galiläa. Im Tal lagen Bet-Haram, Bet-Nimra, Sukkot, Zafon. ²⁸Die Städte und Dörfer in diesem Gebiet waren das Erbteil der Sippen des Stammes Gad.

Das Land, das dem halben Stamm Manasse zugewiesen wurde

²⁹Mose wies den Sippen des halben Stammes Manasse ihren Anteil zu. ³⁰Ihr Gebiet bestand aus Mahanajim und umfasste ganz Baschan, das gesamte frühere Reich von König Og, sowie alle

---

13,26 Hebr. *See von Kinneret.*

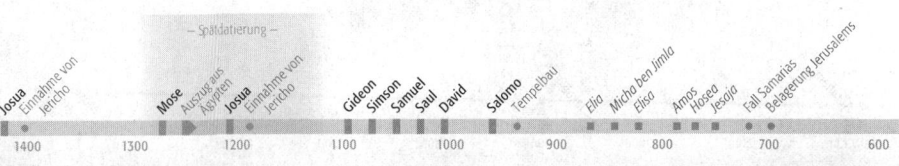

JOSUA

1–5	Die Israeliten durchqueren den Jordan
5–12	Die Israeliten nehmen das Land ein
13–21	Die Israeliten teilen das Land auf
22–24	Die Erneuerung des Bundes

14–15
Kaleb bekommt Hebron. Übersicht über das Gebiet Juda.

[Zum Sinai, vom Sinai her: Gott schafft sich ein Volk]

60 Zeltstädte von Jaïr in Baschan. ³¹Außerdem gehörten die Hälfte von Gilead und die Regierungssitze von König Og, Aschtarot und Edrei, dazu. All dies erhielt die Hälfte der Nachkommen von Machir, dem Sohn von Manasse.

³²Dies sind die Zuweisungen, die Mose in den Ebenen von Moab, jenseits des Jordan, östlich von Jericho, vorgenommen hatte. ³³Dem Stamm Levi hatte Mose jedoch kein Land als Erbteil zugewiesen, denn der HERR, der Gott Israels, war selbst sein Erbteil, wie er es versprochen hatte.

Das Land, das westlich des Jordan verteilt wurde

14 Dies ist das Gebiet, das die Israeliten im Land Kanaan als Erbteil erhielten. Der Priester Eleasar, Josua, der Sohn Nuns, und die Anführer der einzelnen Stämme wiesen es den Israeliten zu. ²Diese neuneinhalb Stämme empfingen ihr Erbteil durch das Los, wie der HERR es durch Mose bestimmt hatte. ³Den zweieinhalb Stämmen hatte Mose ihr Erbteil bereits östlich des Jordan zugewiesen. Den Leviten gab er kein Erbteil unter ihnen. ⁴Der Stamm Josef hatte sich in zwei Stämme aufgespalten – Manasse und Ephraim. Die Leviten aber erhielten gar kein Land, nur die Städte, in denen sie lebten, und die umliegenden Flächen als Weide für ihre Viehherden. ⁵So wurde die Verteilung des Landes streng nach den Anweisungen vorgenommen, die der HERR Mose gegeben hatte.

Kaleb fordert sein Land

⁶Die Männer vom Stamm Juda kamen in Gilgal zu Josua. Kaleb, der Sohn des Kenasiters Jefunne, sagte zu Josua: »Denke daran, was der HERR in Kadesch-Barnea zu Mose, dem Gottesmann, über dich und mich sagte. ⁷Ich war 40 Jahre alt, als mich Mose, der Diener des HERRN, von Kadesch-Barnea aus losschickte, um das Land zu erkunden. Ich kehrte zurück und lieferte ihm aus vollster Überzeugung einen positiven Bericht, ⁸doch meine Brüder, die mit mir gegangen waren, machten dem Volk Angst und nahmen ihm den Mut. Ich für mein Teil folgte ganz dem HERRN, meinem Gott. ⁹Deshalb versprach mir Mose damals mit einem Eid: ›Das Land, das du betreten hast, wird für immer das Erbteil deiner Familie sein, denn du bist dem HERRN, meinem Gott, ganz gefolgt.‹

¹⁰Der HERR hat mich bis jetzt am Leben erhalten, wie er es versprochen hat. Vor 45 Jahren gab er Mose während der Wüstenwanderung Israels diese Zusage für mich. Heute bin ich 85 Jahre alt. ¹¹Ich bin immer noch so stark wie damals, als

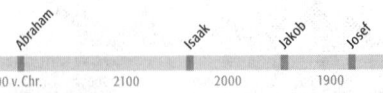
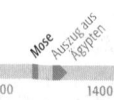

Mose mich auf Kundschaft schickte, und ich bin heute noch rüstig und genauso gut im Kampf wie damals. ¹²Deshalb bitte ich dich, mir das Bergland zu geben, das der HERR mir an diesem Tag versprochen hat. Du wirst dich erinnern: damals kundschafteten wir aus, dass dort die Anakiter in großen, befestigen Städten leben. Doch wenn der HERR mit mir ist, werde ich sie aus dem Land vertreiben, wie der HERR gesagt hat.«

¹³Da segnete Josua Kaleb, den Sohn von Jefunne und gab ihm Hebron als Erbteil. ¹⁴Hebron gehört daher bis heute den Nachkommen von Kaleb, dem Sohn des Kenasiters Jefunne, weil er dem HERRN, dem Gott Israels, ganz folgte. ¹⁵Hebron hieß vormals Kirjat-Arba, nach Arba, einem großen Mann der Anakiter. Und das Land hatte Ruhe vom Krieg.

Das Land des Stammes Juda

15 Das Land, das den Sippen des Stammes Juda durch das Los zugewiesen wurde, erstreckte sich in Richtung Süden bis zur Grenze von Edom; sein südlichstes Gebiet war die Wüste Zin.

²Die Südgrenze ihres Gebietes verlief südlich der Bucht des Toten Meeres, ³erstreckte sich dann südlich vom Akrabbimpass* durch die Wüste Zin und südlich von Kadesch-Barnea nach Hezron. Sie zog sich nach Addar hinauf und bog dort nach Karka ab. ⁴Dann lief sie weiter nach Azmon und bis zum Bach von Ägypten, dem sie dann bis zum Mittelmeer folgte. Das war die südliche Grenze.

⁵Die Ostgrenze zog sich am Toten Meer entlang bis zur Mündung des Jordan.

Die Nordgrenze begann an der Bucht, in der der Jordan ins Tote Meer mündet, ⁶verlief dann hinüber nach Bet-Hogla und weiter nördlich von Bet-Araba zum Stein von Bohan. Bohan war ein Nachkomme Rubens. ⁷Von dort aus zog sie sich durch das Tal von Achor nach Debir und bog in Richtung Norden nach Gilgal ab, das jenseits der Hänge von Adummim auf der Südseite des Tals liegt. Von hier reichte sie bis zu den Quellen von En-Schemesch und Rogel. ⁸Danach verlief sie durch das Tal des Sohnes von Hinnom, an den Südhängen der Jebusiter entlang, wo die Stadt Jerusalem liegt; danach zum Gipfel des Berges, der sich im Westen über dem Hinnom-Tal, am Nordende des Tales von Refaïm befindet. ⁹Hier änderte sie die Richtung und verlief vom Gipfel des Berges weiter bis zur Quelle von Neftoach und von dort bis zu den Städten des Gebirges Efron. Dann bog sie nach Baala ab, das ist Kirjat-Jearim. ¹⁰Sie umrundete den Berg Seïr im Westen, verlief weiter bis zu der Stadt Kesalon am Nordhang des Berges Jearim und hinunter nach Bet-Schemesch und Timna. ¹¹Die Grenzlinie zog sich bis zum Abhang des Hügels nördlich von Ekron weiter, wo sie nach Schikkaron und zum Berg Baala abbog. Sie zog sich an Jabneel vorbei und endete am Mittelmeer. ¹²Die Küstenlinie des Mittelmeeres bildete die Westgrenze. Das sind die Grenzen der Gebiete der Sippen des Stammes Juda.

Das Land, das Kaleb zugewiesen wurde

¹³Auf Befehl des HERRN an Josua wurde Kaleb, dem Sohn von Jefunne, inmitten des Gebietes von Juda ein Anteil zugewiesen. Kaleb erhielt die Stadt Kirjat-Arba, das heutige Hebron, die nach Anaks Vorfahren benannt war. ¹⁴Von dort vertrieb er die drei Nachkommen Anaks: Scheschai, Ahiman und Talmai. ¹⁵Dann zog er zum Kampf gegen die Einwohner der Stadt Debir, das früher Kirjat-Sefer hieß. ¹⁶Kaleb sagte: »Wer Kirjat-Sefer angreift und einnimmt, dem gebe ich meine Tochter Achsa zur Frau.« ¹⁷Otniël, der Sohn von Kalebs jüngerem Bruder Kenas, eroberte die Stadt, und da gab Kaleb ihm seine Tochter Achsa zur Frau.

¹⁸ Als Achsa zu Otniël kam, versuchte sie ihn* zu überzeugen, ihren Vater um zusätzliches Ackerland zu bitten. Sie stieg von ihrem Esel, und Kaleb fragte sie: »Was hast du? Was kann ich für dich tun?«

¹⁹Sie antwortete: »Gib mir ein Geschenk als Zeichen deines Segens. Du hast mir dürres Land im Süden geschenkt; nun gib mir auch Wasserquellen dazu.« Daraufhin gab Kaleb ihr die oberen und die unteren Quellen.

Die Städte, die Juda zum Erbe erhielt

²⁰Dies war das Erbteil, das die Sippen des Stammes Juda erhielten. ²¹Die Städte Judas entlang der Grenzen von Edom im äußersten Süden sind Kabzeel, Eder, Jagur, ²²Kina, Dimona, Adada, ²³Kedesch, Hazor, Jitnan, ²⁴Sif, Telem, Bealot, ²⁵Hazor-Hadatta, Kerijot-Hezron, das ist Hazor, ²⁶Amam, Schema, Molada, ²⁷Hazar-Gadda, Heschmon, Bet-Pelet, ²⁸Hazar-Schual, Beerscheba, Bizjotja, ²⁹Baala, Ijim, Ezem, ³⁰Eltolad, Kesil, Horma, ³¹Ziklag, Madmanna, Sansanna, ³²Lebaot, Schilhim, En und Rimmon. Alles in allem waren es 29 Städte mit den umliegenden Dörfern.

³³Juda erhielt darüber hinaus die folgenden Städte an den westlichen Gebirgsausläufern:

15,3 Hebr. *Skorpionpass.* **15,18** In manchen griechischen Handschriften heißt es *Otniël überredete sie.*

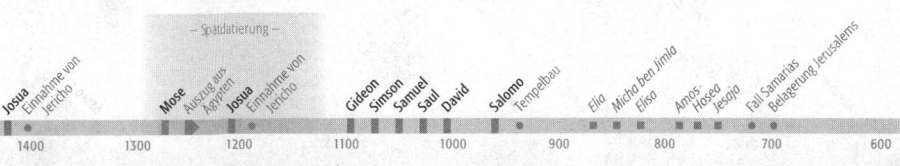

JOSUA

1–5	Die Israeliten durchqueren den Jordan
5–12	Die Israeliten nehmen das Land ein
13–21	Die Israeliten teilen das Land auf
22–24	Die Erneuerung des Bundes

15–17
Übersicht über die Städte Judas.
Übersicht über die Gebiete Ephraim und halb Manasse.

[Zum Sinai, vom Sinai her: Gott schafft sich ein Volk]

Eschtaol, Zora, Aschna, ³⁴Sanoach, En-Gannim, Tappuach, Enam, ³⁵Jarmut, Adullam, Socho, Aseka, ³⁶Schaarajim, Aditajim, Gedera und Gederotajim. Alles in allem waren es 14 Städte mit den umliegenden Dörfern.

³⁷Ebenfalls zu Juda gezählt wurden Zenan, Hadascha, Migdal-Gad, ³⁸Dilan, Mizpe, Jokteel, ³⁹Lachisch, Bozkat, Eglon, ⁴⁰Kabbon, Lachmas, Kitlisch, ⁴¹Gederot, Bet-Dagon, Naama und Makkeda – insgesamt 16 Städte mit den umliegenden Dörfern. ⁴²Hinzu kamen noch Libna, Eter, Aschan, ⁴³Jiftach, Aschna, Nezib, ⁴⁴Keïla, Achsib und Marescha – insgesamt neun Städte mit den umliegenden Dörfern.

⁴⁵Darüber hinaus umfasste das Stammesgebiet von Juda Ekron und die umliegenden Städte und Dörfer. ⁴⁶Westlich von Ekron gehörten die Städte bei Aschdod mit den umliegenden Dörfern dazu. ⁴⁷Außerdem auch Aschdod selbst mit seinen Städten und Dörfern und Gaza mit seinen Städten und Dörfern bis zum Bach von Ägypten und entlang der Mittelmeerküste.

⁴⁸Juda erhielt außerdem folgende Städte im Bergland: Schamir, Jattir, Socho, ⁴⁹Danna, Kirjat-Sanna, das heutige Debir, ⁵⁰Anab, Eschtemoa, Anim, ⁵¹Goschen, Holon und Gilo – insgesamt elf Städte mit den umliegenden Dörfern.

⁵²Dazu kamen die Städte Arab, Duma, Eschan, ⁵³Janum, Bet-Tappuach, Afeka, ⁵⁴Humta, Kirjat-Arba, das heutige Hebron, und Zior – insgesamt neun Städte mit den umliegenden Dörfern.

⁵⁵Hinzu kamen Maon, Karmel, Sif, Jutta, ⁵⁶Jesreel, Jokdeam, Sanoach, ⁵⁷Kajin, Gibea und Timna – insgesamt zehn Städte mit den umliegenden Dörfern.

⁵⁸Außerdem noch Halhul, Bet-Zur, Gedor, ⁵⁹Maarat, Bet-Anot und Eltekon – sechs Städte mit den umliegenden Dörfern. ⁶⁰Des weiteren Kirjat-Baal, das ist Kirjat-Jearim, und Rabba – insgesamt zwei Städte mit den umliegenden Dörfern.

⁶¹In der Wüste zählten dazu die Städte Bet-Araba, Middin, Sechacha, ⁶²Nibschan, die Salzstadt und En-Gedi – insgesamt sechs Städte mit den umliegenden Dörfern. ⁶³Die Jebusiter, die in der Stadt Jerusalem lebten, konnte der Stamm Juda jedoch nicht vertreiben; daher leben die Jebusiter dort bis heute zusammen mit den Angehörigen Judas.

Das Erbe von Ephraim und dem halben Stamm Manasse

16 Das Gebiet, das den Nachkommen Josefs durch das Los zugewiesen wurde, erstreckte sich vom Jordan bei Jericho, östlich der

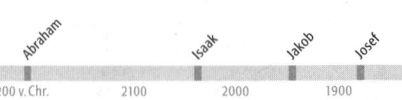

Quellen bei Jericho, durch die Wüste und ins Bergland von Bethel. ²Von Bethel erstreckte es sich hinüber nach Lus und weiter nach Atarot im Gebiet der Arkiter. ³Im Westen verlief die Grenze hinunter ins Gebiet der Jafletiter bis in die Region des unteren Bet-Horon, dann weiter nach Geser und endete am Mittelmeer.

Das Land, das Ephraim zugewiesen wurde
⁴Auch die Stämme der Söhne von Josef, Manasse und Ephraim, erhielten ihr Erbteil.

⁵Das folgende Gebiet wurde den Sippen des Stammes Ephraim zugewiesen: Die südliche Grenze ihres Erbteils verlief östlich von Atrot-Addar. Von dort erstreckte sie sich zum oberen Bet-Horon ⁶und dann weiter bis zum Mittelmeer. Die Nordgrenze verlief von Michmetat in einem Bogen ostwärts, vorüber an Taanat-Silo, nach Janoach. ⁷Von Janoach aus verlief sie hinunter nach Atarot und Naara, berührte Jericho und endete am Jordan. ⁸Von Tappuach aus führte sie nach Westen und folgte dem Bach Kana bis zum Mittelmeer. Das ist das Erbteil, das die Sippen des Stammes Ephraim bekamen.

⁹Ephraim erhielt darüber hinaus einige Städte mit den umliegenden Dörfern im Gebiet des halben Stammes Manasse. ¹⁰Aus Geser vertrieben sie die Kanaaniter jedoch nicht, und so leben die Bewohner von Geser bis heute als Sklaven unter dem Stamm Ephraim.

Das Land, das dem halben Stamm Manasse zugewiesen wurde

17 Die nächste Landzuteilung bekam der halbe Stamm Manasse, die Nachkommen von Josefs ältestem Sohn zugelost. Gilead und Baschan auf der Ostseite des Jordan waren bereits den Sippen von Machir gegeben worden, weil dieser ein bedeutender Krieger gewesen war. Machir war der älteste Sohn von Manasse und der Vater von Gilead. ²Den übrigen Sippen des Stammes Manasse wurde Land auf der Westseite des Jordan zugewiesen: Es waren die Sippen der Abiëseriter, Helekiter, Asriëliter, Sichemiter, Heferiter und Schemidaiter.

³Zelofhad jedoch, der Sohn von Hefer, der ein Nachfahre von Manasse, Machir und Gilead war, hatte keine Söhne, sondern Töchter. Ihre Namen waren Machla, Noa, Hogla, Milka und Tirza. ⁴Diese Frauen gingen zum Priester Eleasar, zu Josua, dem Sohn Nuns, und zu den israelitischen Anführern und sagten: »Der HERR hat Mose geboten, uns ein Erbteil zu geben, wie den Männern unseres Stammes.«

Deshalb gab Josua ihnen zusammen mit ihren Onkeln ein Erbteil, wie der HERR es befohlen hatte. ⁵Und so belief sich Manasses Erbteil auf zehn Landteile, zusätzlich zu dem Gebiet von Gilead und Baschan jenseits des Jordan, ⁶weil die weiblichen Nachkommen Manasses gemeinsam mit den männlichen Nachkommen ein Erbteil erhielten. Die restlichen Nachkommen Manasses erhielten das Land Gilead. ⁷Die Grenze des Stammes Manasse erstreckte sich von Asser bis nach Michmetat, östlich von Sichem. Von dort aus verlief sie nach Westen zu dem Volk, das bei En-Tappuach lebt. ⁸Das Land um Tappuach gehörte Manasse, die Stadt Tappuach jedoch, an der Grenze von Manasses Gebiet gelegen, gehörte dem Stamm Ephraim. ⁹Von dort verlief die Grenze hinab zur Südseite des Baches Kana. Mehrere dieser Städte in Manasses Gebiet gehörten dem Stamm Ephraim. Dann verlief die Grenze Manasses am Nordufer des Baches Kana entlang bis zum Mittelmeer. ¹⁰Das Land südwärts gehörte Ephraim, das Land nordwärts gehörte Manasse und das Mittelmeer bildete Manasses Westgrenze. Nördlich grenzt Manasse an Asser, und östlich an Issachar.

¹¹Die folgenden Städte innerhalb des Gebietes von Issachar und Asser bekam Manasse zugesprochen: Bet-Schean, Jibleam, Dor, das heißt Nafot-Dor, En-Dor, Taanach und Megiddo, jeweils mit den umliegenden Dörfern. ¹²Allerdings konnten die Nachkommen Manasses diese Städte nicht erobern. Die Kanaaniter schafften es, in diesem Gebiet zu bleiben. ¹³Später jedoch, als die Israeliten stark genug wurden, zwangen sie die Kanaaniter, als Sklaven für sich zu arbeiten. Aber sie vertrieben sie nicht. ¹⁴Die Nachkommen Josefs fragten Josua: »Warum hast du uns nur einen einzigen Teil des Landes als Erbteil gegeben, obwohl der HERR uns doch gesegnet und zu einem so großen Volk gemacht hat?«

¹⁵Josua antwortete: »Wenn ihr ein so großes Volk seid und euch das Bergland von Ephraim zu klein ist, dann geht in den Wald auf das Gebiet der Perisiter und Refaïter und macht dort Land für euch urbar.«

¹⁶Sie sagten: »Das Bergland reicht uns nicht aus, und die Kanaaniter im Flachland rund um Bet-Schean mit seinen Tochterstädten und im Tal Jesreel haben eiserne Streitwagen.«

¹⁷Da sagte Josua zu den Stämmen Ephraim und Manasse, den Nachkommen Josefs: »Weil ihr ein so großes und starkes Volk seid, sollt ihr nicht nur einen Teil erhalten. ¹⁸Ihr sollt zusätzlich die Wälder des Berglandes bekommen. Rodet dort Land. Ihr werdet aber auch die Gebirgsausläufer besitzen, denn ihr werdet die Kanaaniter vertrei-

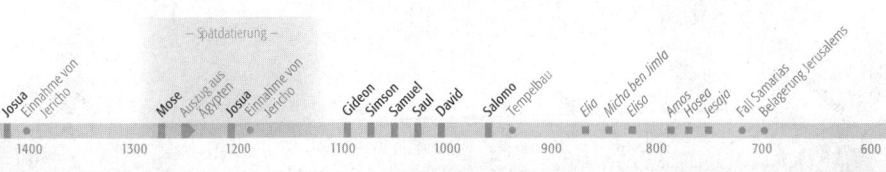

JOSUA

1–5	Die Israeliten durchqueren den Jordan
5–12	Die Israeliten nehmen das Land ein
13–21	Die Israeliten teilen das Land auf
22–24	Die Erneuerung des Bundes

18–19
Übersicht über die Gebiete Benjamin, Simeon, Sebulon, Issachar und Asser.

[Zum Sinai, vom Sinai her: Gott schafft sich ein Volk]

ben, obwohl sie stark sind und eiserne Streitwagen haben.«

Die Verteilung des restlichen Landes

18 Nun, da das Land unter der Herrschaft der Israeliten stand, kam die ganze israelitische Gemeinschaft bei Silo zusammen und stellte dort das Zelt Gottes* auf. ²Sieben Stämmen war bisher noch kein Erbteil zugewiesen worden.
³Josua fragte die Israeliten: »Wie lange wollt ihr noch warten, bis ihr das Land in Besitz nehmt, das der HERR, der Gott eurer Vorfahren, euch gegeben hat? ⁴Bestimmt drei Männer aus jedem Stamm; die will ich losschicken, damit sie das Land durchwandern. Sie sollen es im Hinblick auf die Verteilung des Erbteils aufnehmen und zu mir zurückkehren. ⁵Sie sollen es in sieben Bereiche aufteilen. Juda soll in seinem Gebiet im Süden und Josef in seinem Gebiet im Norden bleiben. ⁶Schreibt die sieben Teile des Landes auf und bringt mir das Verzeichnis hierher. Dann will ich hier in der Gegenwart des HERRN, unseres Gottes, das Los werfen. ⁷Die Leviten allerdings werden kein Land unter euch bekommen, denn ihr Erbteil ist ihre Aufgabe als Priester des HERRN. Und die Stämme Gad und Ruben und der halbe Stamm Manasse haben ihr Erbteil bereits erhalten. Mose, der Diener des HERRN, hat es ihnen auf der Ostseite des Jordan zugewiesen.«
⁸Den Männern, die das Land aufnehmen sollten, befahl Josua beim Aufbruch: »Geht und durchwandert das Land. Kehrt dann mit euren Aufzeichnungen zu mir zurück, und ich werde den Stämmen ihr Land zuweisen, indem ich hier in Silo in der Gegenwart des HERRN das heilige Los werfe.« ⁹Die Männer befolgten den Auftrag und teilten das ganze Gebiet in sieben Bereiche auf, wobei sie die Städte einzeln auflisteten. Dann kamen sie zu Josua ins Lager nach Silo zurück. ¹⁰Dort warf Josua das Los in der Gegenwart des HERRN. So verteilte Josua die verschiedenen Gebiete unter den Israeliten.

Das Land, das Benjamin zugewiesen wurde
¹¹Die erste Landzuteilung ging an die Sippen des Stammes Benjamin. Ihnen wurde das Land zwischen dem Land der Stämme Juda und Josef zugelost. ¹²Die nördliche Grenze begann am Jordan und verlief nördlich des Hanges von Jericho, dann durch das Bergland und nach Westen bis zur Wüste von Bet-Awen. ¹³Von dort lief sie

18,1 Hebr. *Zelt der Begegnung*.

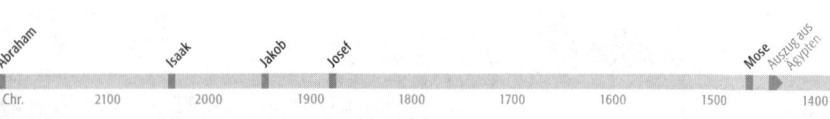

in südlicher Richtung auf dem Hochland weiter nach Lus, das heutige Bethel, und hinab nach Atrot-Addar auf den Berg südlich des unteren Bet-Horon.

¹⁴Die Grenze bog in südöstlicher Richtung ab, am westlichen Kamm des Berges gegenüber von Bet-Horon entlang. Sie endete schließlich in Kirjat-Baal, das ist Kirjat-Jearim, einer der Städte, die zum Stamm Juda gehörten. Das war die Westgrenze.

¹⁵Die Südgrenze befand sich am Rand von Kirjat-Jearim. Von dort erstreckte sich das Gebiet Benjamins noch etwas nach Westen. Von Kirjat-Jearim verlief die Grenze zur Quelle von Neftoach ¹⁶und hinunter zum Fuß des Berges am Tal des Sohnes von Hinnom, am nördlichen Ende des Tales von Refaïm. Von dort erstreckte sie sich hinab ins Hinnomtal, an der Südseite des Gebirgszuges vorbei, auf dem die Jebusiter leben, und weiter hinab nach En-Rogel. ¹⁷Dort bog sie in Richtung Norden ab und verlief nach En-Schemesch und weiter nach Gelilot, gegenüber den Berghängen von Adummim. Dann lief sie zum Stein von Bohan hinab; Bohan war ein Nachkomme Rubens. ¹⁸Schließlich zog sie sich an der Nordseite des Bergrückens oberhalb des Jordantals entlang und dann hinunter in die Tiefebene. ¹⁹Dann lief sie an der Nordseite des Hügels bei Bet-Hogla vorüber, und endete am Nordufer des Toten Meeres. Dies war die Südgrenze. ²⁰Die Ostgrenze bildete der Jordan. Das waren die Grenzen des Erbteils der Sippen des Stammes Benjamin.

Die Städte, die Benjamin zugewiesen wurden
²¹Folgende Städte wurden den Familien des Stammes Benjamin zugewiesen: Jericho, Bet-Hogla, Emek-Keziz, ²²Bet-Araba, Zemarajim, Bethel, ²³Awim, Para, Ofra, ²⁴Kefar-Ammoni, Ofni, Geba – insgesamt zwölf Städte mit den umliegenden Dörfern. ²⁵Außerdem Gibeon, Rama, Beerot, ²⁶Mizpe, Kefira, Moza, ²⁷Rekem, Jirpeel, Tarala, ²⁸Zela, Elef, Jebus, das heutige Jerusalem, Gibea und Kirjat-Jearim – insgesamt 14 Städte mit den umliegenden Dörfern. Das war das Erbteil, das den Sippen des Stammes Benjamin zugewiesen wurde.

Das Land, das Simeon zugewiesen wurde

19 Die zweite Landzuteilung ging durch Losentscheid an die Sippen des Stammes Simeon. Ihr Erbteil lag mitten im Gebiet von Juda.

²Simeons Erbteil umfasste Beerscheba, Schema, Molada, ³Hazar-Schual, Baala, Ezem, ⁴Eltolad, Betul, Horma, ⁵Ziklag, Bet-Markabot, Hazar-Susa, ⁶Bet-Lebaot und Scharuhen – 13 Städte mit den umliegenden Dörfern. ⁷Dazu gehörten außerdem Ajin, Rimmon, Eter und Aschan – insgesamt vier Städte mit den umliegenden Dörfern, ⁸einschließlich aller Dörfer um diese Städte herum bis nach Baalat-Beer, das auch als Rama im Negev bekannt ist. Das war das Erbteil der Sippen des Stammes Simeon. ⁹Ihr Erbteil entstammte dem Land, das Juda zugeteilt worden war, weil Judas Gebiet zu groß für die Zahl seiner Stammesmitglieder war. Deshalb erhielt der Stamm Simeon Land inmitten des Erbteils von Juda.

Das Land, das Sebulon zugeteilt wurde
¹⁰Die dritte Landzuteilung ging an die Sippen des Stammes Sebulon. Das Gebiet des Erbteils von Sebulon reichte bis Sarid. ¹¹Von dort erstreckte es sich nach Westen, an Marala vorüber, berührte Dabbeschet und reichte bis zum Bach östlich von Jokneam. ¹²In der entgegengesetzten Richtung erstreckte es sich nach Osten von Sarid bis zum Gebiet von Kislot-Tabor und von dort nach Daberat und hinauf nach Jafia. ¹³Es zog sich im Osten nach Gat-Hefer, Et-Kazin und Rimmon und dann nach Nea. ¹⁴Die Nordgrenze des Erbteils von Sebulon verlief im Bogen an Hannaton vorbei und endete im Tal von Jiftach-El. ¹⁵Zu den Städten in diesen Gebieten gehörten Kattat, Nahalal, Schimron, Jidala und Bethlehem – insgesamt zwölf Städte mit den umliegenden Dörfern. ¹⁶Das war das Erbteil der Sippen des Stammes Sebulon, mit ihren Städten und Dörfern.

Das Land, das Issachar zugewiesen wurde
¹⁷Die vierte Landzuteilung ging an die Sippen des Stammes Issachar. ¹⁸Ihr Gebiet umfasste die folgenden Städte: Jesreel, Kesullot, Schunem, ¹⁹Hafarajim, Schion, Anaharat, ²⁰Rabbit, Kischjon, Ebez, ²¹Remet, En-Gannim, En-Hadda und Bet-Pazzez. ²²Das Gebiet reichte bis an Tabor, Schahazajim und Bet-Schemesch heran und endete am Jordan – insgesamt 16 Städte mit den umliegenden Dörfern.

²³Das war das Erbteil, das den Sippen des Stammes Issachar zugewiesen wurde, samt den Städten und Dörfern.

Das Land, das Asser zugewiesen wurde
²⁴Die fünfte Landzuteilung ging an die Sippen des Stammes Asser. ²⁵Sein Gebiet umfasste folgende Städte: Hekat, Hali, Beten, Achschaf, ²⁶Allammelech, Amad und Mischal. Das Gebiet reichte im Westen bis zum Karmel nach Schihor-Libnat. ²⁷In der entgegengesetzten Rich-

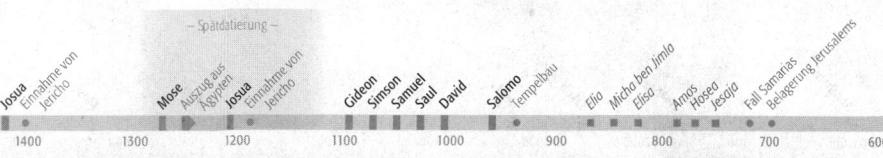

JOSUA

1–5	Die Israeliten durchqueren den Jordan
5–12	Die Israeliten nehmen das Land ein
13–21	Die Israeliten teilen das Land auf
22–24	Die Erneuerung des Bundes

19–21
Übersicht über die Gebiete Naftali und Dan. Josua erhält Land. Festlegung der Freistädte zum Schutz vor Blutrache bei Unfällen. Übersicht über die levitischen Städte.

[Zum Sinai, vom Sinai her: Gott schafft sich ein Volk]

tung zog die Grenze sich nach Osten in Richtung Bet-Dagon und erstreckte sich bis nach Sebulon im Tal von Jiftach-El im Norden und nach Bet-Emek und Negiël. In nördlicher Richtung verlief sie weiter nach Kabul, 28Abdon, Rehob, Hammon und Kana bis nach Groß-Sidon. 29Dann zog sich die Grenze nach Rama und zur befestigten Stadt Tyrus und stieß bei Hosa bis ans Mittelmeer vor. Zu Assers Gebiet gehörten außerdem Mahaleb, Achsib, 30Umma, Afek und Rehob – insgesamt 22 Städte mit den umliegenden Dörfern. 31Das war das Erbteil der Sippen des Stammes Asser samt den Städten und Dörfern.

Das Land, das Naftali zugewiesen wurde
32Die sechste Landzuteilung ging an die Familien des Stammes Naftali. 33Naftalis Grenzen begannen bei Helef, an der Eiche von Zaanannim, und erstreckten sich nach Südosten über Adami-Nekeb und Jabneel bis nach Lakkum und endeten am Jordan. 34In entgegengesetzter Richtung erstreckte sich das Gebiet an Asnot-Tabor vorbei nach Hukkok. Im Süden wurde es durch Sebulon begrenzt, im Westen von Asser und im Osten durch den Jordan. 35Die zu diesem Gebiet gehörigen befestigten Städte waren Ziddim, Zer, Hammat, Rakkat, Kinneret, 36Adama, Rama, Hazor, 37Kedesch, Edreï, En-Hazor, 38Jiron, Migdal-El, Horem, Bet-Anat und Bet-Schemesch – insgesamt 19 Städte mit den umliegenden Dörfern. 39Das war das Erbteil der Sippen des Stammes Naftali samt den Städten und Dörfern.

Das Land, das Dan zugewiesen wurde
40Die siebte Landzuteilung ging an die Sippen des Stammes Dan. 41Das Gebiet von Dans Erbteil umfasste Zora, Eschtaol, Ir-Schemesch, 42Schaalbim, Ajalon, Jitla, 43Elon, Timna, Ekron, 44Elteke, Gibbeton, Baalat, 45Jehud, Bene-Berak, Gat-Rimmon und Me-Jarkon, 46und das Gebiet gegenüber von Rakkon sowie das Gebiet gegenüber von Jafo.
47Den Leuten vom Stamm Dan ging jedoch ihr Land verloren; sie zogen daher zu der Stadt Leschem, kämpften gegen sie und eroberten sie. Sie töteten ihre Einwohner und ließen sich in ihr nieder. Sie benannten die Stadt Dan nach ihrem Stammvater. 48Das war das Erbteil der Sippen des Stammes Dan – die genannten Städte mit ihren Dörfern.

Das Land, das Josua zugewiesen wurde
49Nachdem alles Land unter den Stämmen aufgeteilt war, gaben die Israeliten Josua ein Erbteil bei ihnen. 50Wie der HERR angeordnet hatte, gaben sie ihm Timnat-Serach im Bergland von

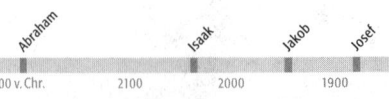
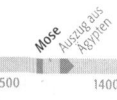

Ephraim, die Stadt die er sich ausgesucht hatte. Er baute die Stadt wieder auf und ließ sich dort nieder.

⁵¹Das sind die Gebiete, die der Priester Eleasar, Josua, der Sohn Nuns, und die israelitischen Anführer den Stämmen Israels durch das heilige Los in der Gegenwart des HERRN vor dem Eingang des Zeltes Gottes* in Silo als Erbteile zuwiesen. So wurde die Verteilung des Landes abgeschlossen.

Die Freistädte

20 Der HERR sagte zu Josua: ²»Gib den Israeliten folgende Anweisungen: Bestimmt euch Freistädte, wie ich es durch Mose befohlen habe. ³Wer einen anderen Menschen versehentlich und ohne Vorsatz tötet, kann sich in eine dieser Städte flüchten und ist dort vor den Verwandten des Getöteten sicher, falls diese versuchen, Blutrache für den Totschlag zu nehmen. ⁴Wenn jemand in einer dieser Städte Zuflucht sucht, soll er den Ältesten der Stadt vor dem Stadttor seinen Fall darlegen. Sie müssen dem Beschuldigten Einlass in ihre Stadt gewähren und ihn bei sich aufnehmen. Er soll dort wohnen bleiben. ⁵Wenn die Verwandten des Opfers kommen, um den Totschlag zu rächen, dürfen die Ältesten der Stadt ihnen den Beschuldigten nicht ausliefern, denn der Tod war ein Unfall. ⁶Er muss jedoch in der Stadt bleiben bis er vor Gericht gestellt worden ist. Dann muss er bis zum Tod des Hohen Priesters, der zur Zeit des Unfalls im Amt war, in der betreffenden Stadt bleiben. Danach darf er in die Stadt, aus der er geflohen ist, zurückkehren.«

⁷Die folgenden Städte wurden zu Freistädten geweiht: Kedesch in Galiläa, im Bergland von Naftali; Sichem im Bergland von Ephraim, und Kirjat-Arba, das heutige Hebron im Bergland von Juda. ⁸Auf der anderen Seite des Jordan, östlich von Jericho, waren bereits folgende Städte zu Freistädten bestimmt worden: Bezer in der Wüstenebene des Stammes Ruben; Ramot in Gilead, im Stammesgebiet von Gad und Golan in Baschan, im Stammesland von Manasse. ⁹Diese Städte wurden sowohl für die Israeliten als auch für die Ausländer, die bei ihnen lebten, ausgesondert. Wer einen Menschen ohne Vorsatz tötete, konnte sich in eine dieser Städte flüchten. Auf diese Weise wurde vermieden, dass jemand aus Rache getötet wurde, bevor er vor Gericht gestellt worden war.

Die Städte, die den Leviten zugewiesen wurden

21 Danach traten die Anführer des Stammes Levi an den Priester Eleasar und an Josua, den Sohn Nuns, und die Anführer der übrigen Stämme Israels heran. ²In Silo, im Land Kanaan, sagten sie zu ihnen: »Der HERR hat durch Mose befohlen, uns Städte zuzuweisen, in denen wir leben können, außerdem Weideland für unser Vieh.« ³Deshalb gaben die Israeliten den Leviten von ihrem Erbteil auf Anweisung des HERRN die folgenden Städte mit Weideland:

⁴Die Nachkommen Aarons, die der Sippe der Kehatiter vom Stamm Levi angehörten, erhielten 13 Städte, aus dem Stammesgebiet von Juda, Simeon und Benjamin zugelost. ⁵Den übrigen Familien der Sippe Kehat wurden zehn Städte aus den Gebieten von Ephraim, Dan und dem halben Stamm Manasse durch das Los zugewiesen.

⁶Die Nachkommen Gerschons erhielten 13 Städte aus den Gebieten der Stämme Issachar, Asser, Naftali und des halben Stammes Manasse in Baschan.

⁷Die Nachkommen Meraris erhielten zwölf Städte aus den Gebieten der Stämme Ruben, Gad und Sebulon. ⁸So verteilten die Israeliten die betreffenden Städte und ihr Weideland durch das Los unter den Leviten, wie es der HERR durch Mose befohlen hatte.

⁹Die folgenden Städte aus den Gebieten der Stämme Juda und Simeon gaben die Israeliten ¹⁰den Nachkommen Aarons, die den Sippen der Kehatiter im Stamm Levi angehörten, da das Los zuerst auf sie fiel: ¹¹Kirjat-Arba, das heutige Hebron, im Bergland von Juda sowie das umliegende Weideland. Arba war ein Vorfahre von Anak. ¹²Die Felder außerhalb der Stadt und die umliegenden Dörfer jedoch erhielt Kaleb, der Sohn von Jefunne.

¹³Die folgenden Städte mit dem umliegenden Weideland bekamen die Nachkommen des Priesters Aaron: Hebron, eine Freistadt für diejenigen, die einen Menschen getötet hatten, Libna, ¹⁴Jattir, Eschtemoa, ¹⁵Holon, Debir, ¹⁶Ajin, Jutta und Bet-Schemesch – neun Städte aus diesen beiden Stämmen.

¹⁷Aus dem Stamm Benjamin erhielten die Priester folgende Städte mit dem umliegenden Weideland: Gibeon, Geba, ¹⁸Anatot und Alemet – vier Städte. ¹⁹Insgesamt besaßen die Priester, die Nachkommen Aarons, also 13 Städte mit dem umliegenden Weideland.

19,51 Hebr. *Zelt der Begegnung.*

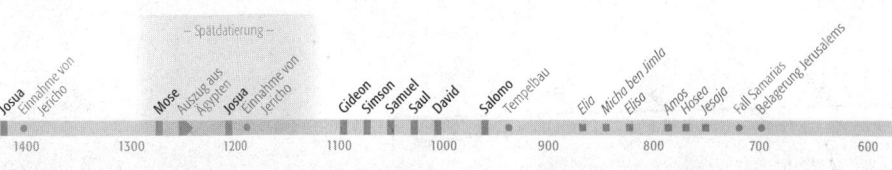

JOSUA

1–5 Die Israeliten durchqueren den Jordan

5–12 Die Israeliten nehmen das Land ein

13–21 Die Israeliten teilen das Land auf

22–24 Die Erneuerung des Bundes

21–22
Übersicht über die levitischen Städte. Die östlichen Stämme errichten ein Denkmal am Jordan.

[Zum Sinai, vom Sinai her: Gott schafft sich ein Volk]

²⁰Den übrigen Angehörigen der Sippen der Kehatiter aus dem Stamm Levi wurden folgende Städte mit dem dazugehörigen Weideland aus dem Stammesgebiet Ephraims zugelost: ²¹Sichem im Bergland von Ephraim, eine Freistadt für diejenigen, die einen Menschen getötet hatten, Geser, ²²Kibzajim und Bet-Horon – insgesamt vier Städte.
²³Der Stamm Dan gab ihnen die folgenden Städte mit dem umliegenden Weideland: Elteke, Gibbeton, ²⁴Ajalon und Gat-Rimmon – insgesamt vier Städte.
²⁵Vom halben Stamm Manasse erhielten die Priester die folgenden Städte mit Weideland: Taanach und Gat-Rimmon – insgesamt zwei Städte. ²⁶Alles in allem besaß der Rest der Sippen von Kehat also zehn Städte.
²⁷Die Nachkommen von Gerschon, aus den Sippen des Stammes Levi, erhielten zwei Städte mit Weideland aus dem Gebiet des halben Stammes Manasse: die Freistadt Golan in Baschan und Beëschtera. ²⁸Aus dem Gebiet des Stammes Issachar erhielten sie Kischjon, Daberat, ²⁹Jarmut und En-Gannim – insgesamt vier Städte mit dem umliegenden Weideland. ³⁰Aus dem Stammesgebiet von Asser erhielten sie Mischal, Abdon, ³¹Helkat und Rehob – insgesamt vier Städte mit dem umliegenden Weideland. ³²Aus dem Stammesgebiet von Naftali erhielten sie die Freistadt Kedesch in Galiläa, Hammot-Dor und Kartan – insgesamt drei Städte mit dem umliegenden Weideland. ³³Alles in allem wurden den Gerschonitern also 13 Städte mit dem umliegenden Weideland zugewiesen.
³⁴Der Rest der Leviten – die Sippen Merari – erhielt folgende Städte aus dem Gebiet von Sebulon: Jokneam, Karta, ³⁵Dimna und Nahalal – vier Städte mit dem umliegenden Weideland. ³⁶Aus dem Stammesgebiet von Ruben erhielten sie Bezer, Jahaz, ³⁷Kedemot und Mefaat – vier Städte mit dem umliegenden Weideland. ³⁸Aus dem Stammesgebiet von Gad erhielten sie die Freistadt Ramot in Gilead, Mahanajim, ³⁹Heschbon und Jaser – insgesamt vier Städte mit dem umliegenden Weideland. ⁴⁰Insgesamt wurden den Sippen Merari also zwölf Städte zugelost.
⁴¹Alles in allem erhielten die Leviten innerhalb des israelitischen Gebietes also 48 Städte mit dem umliegenden Weideland. ⁴²Jede einzelne dieser Städte war von Weideland umgeben.
⁴³So gab der HERR den Israeliten das ganze Land, das er den Vorfahren des Volkes versprochen hatte, und sie eroberten es und ließen sich darin nieder. ⁴⁴Und der HERR gab ihnen Frieden ringsum, wie er es ihren Vorfahren geschworen hatte. Keiner ihrer Feinde konnte gegen sie be-

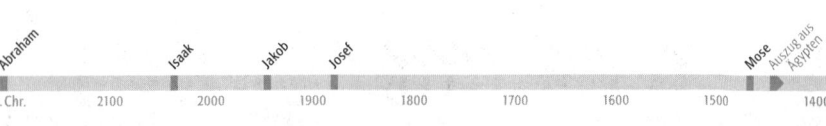

stehen, denn der HERR schenkte ihnen den Sieg über sie. ⁴⁵Nicht eine einzige Verheißung, die der HERR Israel gegeben hatte, blieb unerfüllt. Sie trafen alle ein.

Die östlichen Stämme kehren heim

22 Damals rief Josua die Stämme Ruben und Gad und den halben Stamm Manasse zu sich. ²Er sagte zu ihnen: »Ihr habt alles getan, was Mose, der Diener des HERRN, von euch verlangt hat, und habt allen Befehlen, die ich erteilt habe, gehorcht. ³Ihr habt eure Landsleute bis heute nicht im Stich gelassen und so die Anordnung des HERRN eures Gottes befolgt. ⁴Jetzt hat der HERR, euer Gott, ihnen Frieden geschenkt, wie er es ihnen versprochen hat. Deshalb geht jetzt nach Hause in das Land, das Mose, der Diener des HERRN, euch auf der Ostseite des Jordan gegeben hat. ⁵Doch achtet sorgfältig darauf, dass ihr auch weiterhin alle Gebote und das Gesetz, das Mose, der Diener des HERRN, euch gegeben hat, haltet. Liebt den HERRN, euren Gott, handelt nach seinem Willen, gehorcht seinen Geboten, haltet euch an ihn und dient ihm von ganzem Herzen und ganzer Seele.«

⁶Und Josua segnete sie und schickte sie nach Hause. ⁷Der einen Hälfte des Stammes Manasse hatte Mose das Land Baschan gegeben. Der anderen Hälfte hatte Josua zusammen mit den übrigen Stämmen das Land westlich des Jordan zugeteilt. Als Josua sie heimschickte, segnete er sie ⁸und sagte zu ihnen: »Kehrt mit dem großen Reichtum, den ihr von euren Feinden erbeutet habt, nach Hause zurück. Teilt die riesengroßen Viehherden, das Silber und Gold, das Kupfer und das Eisen und die großen Mengen Kleidung mit euren Verwandten.«

⁹Da verließen die Männer von Ruben und Gad und vom halben Stamm Manasse die übrigen Israeliten bei Silo im Land Kanaan. Sie machten sich auf den Heimweg in ihr eigenes Land Gilead, das Gebiet, das ihnen auf den Befehl des HERRN durch Mose zugesprochen worden war.

Die östlichen Stämme errichten ein Denkmal

¹⁰Doch als sie nach Gilead am Jordan kamen, das noch in Kanaan liegt, errichteten Ruben und Gad und der halbe Stamm Manasse dort einen riesigen Altar am Ufer des Jordan. ¹¹Als das übrige Israel hörte, dass sie auf der Seite der Israeliten, in Gelilot im Land Kanaan, einen Altar errichtet hatten, ¹²kam die ganze Gemeinde bei Silo zusammen und rüstete zum Kampf gegen ihre Bruderstämme. ¹³Zunächst sandten sie jedoch eine Abordnung unter der Führung von Pinhas, einem Sohn des Priesters Eleasar, zu ihnen nach Gilead. ¹⁴Zehn Fürsten Israels gingen mit ihm, aus jedem der zehn Stämme einer, alles Oberhäupter der verschiedenen Sippen Israels.

¹⁵Als sie in das Land Gilead kamen, sagten sie zu den Stämmen Ruben und Gad und zum halben Stamm Manasse: ¹⁶»Die Gemeinschaft des HERRN lässt euch ausrichten: ›Warum verratet ihr den Gott Israels? Wie konntet ihr euch vom HERRN abwenden und euch gegen ihn auflehnen indem ihr einen Altar errichtet? ¹⁷War unsere Sünde in Peor denn nicht groß genug? Wir sind doch noch nicht völlig davon gereinigt. Die Strafe traf damals die ganze Gemeinschaft des HERRN. ¹⁸Und ihr wendet euch jetzt vom HERRN ab! Wenn ihr euch heute gegen den HERRN auflehnt, wird er uns morgen allen zürnen. ¹⁹Wenn euer Land unrein ist, dann kommt auf unsere Seite des Flusses, die im Besitz des HERRN ist, wo er im Zelt Gottes wohnt, und siedelt euch unter uns an. Aber lehnt euch nicht gegen den HERRN und gegen uns auf, indem ihr einen Altar für euch errichtet. Es gibt nur einen wahren Altar des HERRN, unseres Gottes. ²⁰Hat Gott nicht alle Israeliten gestraft, als Achan, ein Angehöriger der Sippe Serach, sündigte und Dinge veruntreute, die für den HERRN bestimmt waren*? Und das, obwohl er es als Einzelner tat. Und musste er nicht wegen seiner Sünde sterben?‹«

²¹Da antworteten die Leute von Ruben, Gad und dem halben Stamm Manasse den führenden Männern ihrer Sippen: ²²»Der HERR allein ist Gott! Der HERR allein ist Gott! Sollten wir so etwas getan haben, dann verschont uns heute nicht. Aber der HERR weiß und auch ganz Israel soll wissen, ²³dass wir den Altar nicht errichtet haben, um uns vom HERRN abzuwenden. Wir wollen auf ihm auch nicht unsere Brand-, Getreide- oder Friedensopfer darbringen. Wenn wir ihn zu diesem Zweck errichtet haben, möge der HERR selbst uns strafen.

²⁴Wir haben diesen Altar nur deshalb errichtet, weil wir befürchten, dass eure künftigen Nachkommen zu den unseren sagen werden: ›Mit welchem Recht betet ihr den HERRN, den Gott Israels, an? ²⁵Der HERR hat den Jordan als Grenze zwischen die Nachkommen Rubens und die Nachkommen Gads gestellt. Ihr habt kein Anrecht am HERRN.‹ Und eure Nachkommen könnten unsere Nachkommen davon abhalten

---

22,20 Mit dem hier gebrauchten hebr. Begriff ist die vollständige Übergabe von Dingen, Tieren oder Menschen an den HERRN gemeint, indem diese entweder vernichtet oder als Opfer dargebracht werden.

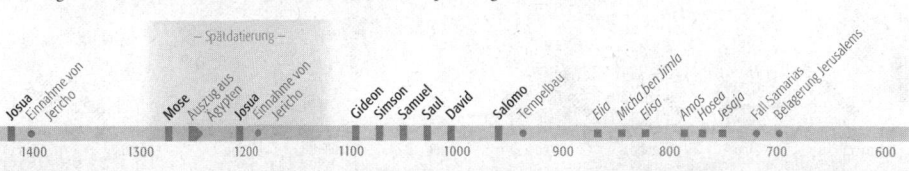

JOSUA

1–5	Die Israeliten durchqueren den Jordan
5–12	Die Israeliten nehmen das Land ein
13–21	Die Israeliten teilen das Land auf
22–24	Die Erneuerung des Bundes

22–24
Das Denkmal am Jordan erinnert Folgegenerationen daran, Gott anzubeten. Israel soll keine Mischehen eingehen und keine Götzen anbeten. Volksversammlung in Sichem. Israel soll sich für oder gegen Gott entscheiden.

[Zum Sinai, vom Sinai her: Gott schafft sich ein Volk]

den HERRN anzubeten. ²⁶Deshalb haben wir beschlossen, den Altar zu errichten, nicht für Brand- oder Schlachtopfer, ²⁷sondern als Denkmal. Er soll unsere und eure Nachkommen daran erinnern, dass auch wir das Recht haben, den HERRN an seinem Heiligtum mit unseren Brandopfern, Opfergaben und Friedensopfern zu ehren. Dann werden eure Nachkommen nicht zu den unseren sagen können: ›Ihr habt kein Anrecht auf den HERRN.‹ ²⁸Wenn sie das sagen, können unsere Nachkommen antworten: ›Seht diese Nachbildung des Altars des HERRN, die unsere Vorfahren errichtet haben. Sie ist nicht für Brandopfer oder andere Opfergaben bestimmt; sie ist ein Zeichen der Erinnerung für uns und für euch.‹ ²⁹Wir wollen uns auf keinen Fall gegen den HERRN auflehnen oder uns von ihm abwenden, indem wir uns einen eigenen Altar für Brand- und Getreideopfer und Opfergaben bauen. Nur der Altar des HERRN, unseres Gottes, der vor dem Zelt Gottes steht, darf zu diesem Zweck benutzt werden.«

³⁰Als der Priester Pinhas und die führenden Männer der Israeliten diese Worte der Nachkommen von Ruben, Gad und Manasse hörten, waren sie zufrieden. ³¹Der Priester Pinhas, der Sohn des Priesters Eleasar, antwortete ihnen: »Nun wissen wir, dass der HERR unter uns ist, denn ihr habt nicht treulos gegen den HERRN gehandelt, wie wir dachten. Vielmehr habt ihr Israel aus der Hand des HERRN errettet.«

³²Danach verließen Pinhas, der Sohn des Priesters Eleasar, und die Ältesten die Stämme Ruben und Gad in Gilead und kehrten ins Land Kanaan zurück, um den Israeliten zu berichten. ³³Die Israeliten waren zufrieden und lobten Gott, und von Krieg gegen Ruben und Gad konnte keine Rede mehr sein. ³⁴Die Leute von Ruben und Gad nannten ihren Altar »Zeuge«, denn sie sagten: »Er ist ein Zeuge zwischen uns, dass der HERR Gott ist.«

Josuas Vermächtnis an Israel

23 Viele Jahre waren vergangen, seit der HERR dem Volk Israel Ruhe vor allen seinen Feinden ringsumher geschenkt hatte. Josua, der inzwischen sehr alt war, ²rief alle Ältesten, Anführer, Richter und Heerführer Israels zusammen. Er sagte zu ihnen: »Ich bin jetzt alt geworden. ³Ihr habt alles gesehen, was der HERR, euer Gott, euretwegen mit diesen Völkern gemacht hat. Ja, der HERR, euer Gott, hat für euch gekämpft. ⁴Ich habe euch das Land aller Völker, die bis jetzt noch nicht besiegt sind, und das Land derer, die ich ausgerottet habe, als Erbteil zuge-

lost – vom Jordan bis zum Mittelmeer im Westen. ⁵Der HERR, euer Gott, wird alle Völker, die jetzt dort leben, vor euch vertreiben. Ihr werdet ihr Land in Besitz nehmen, wie der HERR, euer Gott, es euch zugesagt hat.

⁶Deshalb bleibt dabei, alle Anweisungen genau zu befolgen, die im Gesetzbuch von Mose aufgeschrieben sind. Weicht nicht davon ab. ⁷Sorgt dafür, dass ihr euch nicht mit den anderen Völkern vermischt, die noch übrig geblieben sind. Verehrt ihre Götter nicht, schwört nicht bei ihrem Namen. ⁸Haltet euch stattdessen an den HERRN, euren Gott, wie ihr es bis heute getan habt.

⁹Der HERR hat schließlich große und mächtige Völker für euch vertrieben, und bis heute hat noch keines vor euch bestehen können. ¹⁰Jeder Einzelne von euch wird 1.000 Feinde in die Flucht schlagen, denn der HERR, euer Gott, kämpft für euch, wie er es euch versprochen hat. ¹¹Deshalb achtet um euer selbst willen sorgfältig darauf, den HERRN, euren Gott, zu lieben.

¹²Wenn ihr euch jedoch von ihm abwendet und Mischehen mit den Überlebenden der Völker, die unter euch verblieben sind, eingeht, ¹³dürft ihr sicher sein, dass der HERR, euer Gott, sie nicht mehr weiter aus eurem Land vertreiben wird. Statt dessen werden sie euch zur Schlinge und zum Strick werden, zum ständigen Schmerz in eurer Seite und zum Dorn in euren Augen, bis ihr aus dem guten Land, das der HERR, euer Gott, euch gegeben hat, ausgelöscht sein werdet.

¹⁴Bald werde ich sterben und den Weg alles Irdischen gehen. Tief in euren Herzen wisst ihr, dass jede Verheißung des HERRN, eures Gottes, wahr geworden ist. Nicht eine einzige blieb unerfüllt! ¹⁵⁻¹⁶Doch wie der HERR, euer Gott, euch die guten Dinge gab, die er euch verheißen hat, so wird er auch Unglück über euch bringen, wenn ihr den Bund des HERRN, eures Gottes, brecht, den er euch geboten hat. Er wird euch in diesem guten Land, das er euch gegeben hat, ausrotten. Wenn ihr andere Götter anbetet und ihnen dient, wird sein Zorn gegen euch auflodern.«

Die Erneuerung des Bundes des HERRN

24 Danach rief Josua alle Stämme Israels, mit seinen Ältesten, Anführern, Richtern und Heerführern nach Sichem. Sie kamen und traten gemeinsam vor Gott.

²Josua sagte zum ganzen Volk: »Dies spricht der HERR, der Gott Israels: ›Eure Vorfahren, auch Terach, der Vater von Abraham und Nahor, lebten seit langer Zeit jenseits des Euphrat, und sie beteten andere Götter an. ³Doch ich brachte euren Stammvater Abraham aus dem Land jenseits des Euphrat und führte ihn ins Land Kanaan. Ich gab ihm viele Nachkommen durch seinen Sohn Isaak. ⁴Isaak gab ich Jakob und Esau. Esau gab ich das Bergland von Seïr: Jakob und seine Kinder zogen hinab nach Ägypten.

⁵Dann schickte ich euch Mose und Aaron, und brachte schreckliche Plagen über Ägypten; danach führte ich euer Volk von dort hinaus. ⁶Doch als eure Vorfahren zum Roten Meer kamen, jagten die Ägypter ihnen mit Pferden und Streitwagen nach. ⁷Als sie da zum HERRN schrien, legte ich Dunkelheit zwischen sie und die Ägypter. Ich ließ das Meer über den Ägyptern zusammenschlagen. Sie haben mit eigenen Augen gesehen, was ich getan habe. Danach habt ihr viele Jahre in der Wüste gelebt.

⁸Schließlich brachte ich euch in das Land der Amoriter, die östlich des Jordan wohnten. Sie kämpften gegen euch, aber ich schenkte euch den Sieg über sie, und ihr habt ihr Land erobert, weil ich sie vor euch vernichtet habe. ⁹Danach führte Balak, der Sohn Zippors, der König von Moab, Krieg gegen Israel. Er ließ Bileam, den Sohn Beors rufen, um euch zu verfluchen, ¹⁰aber ich wollte nicht auf ihn hören. Stattdessen musste er euch segnen, und so rettete ich euch vor Balak.

¹¹Als ihr den Jordan überschritten hattet und nach Jericho kamt, kämpften die Männer Jerichos gegen euch. Und auch viele andere bekämpften euch, darunter die Amoriter, die Perisiter, die Kanaaniter, die Hetiter, die Girgaschiter, die Hiwiter und die Jebusiter. Doch ich schenkte euch den Sieg über sie. ¹²Ich sandte Hornissen vor euch her. Sie, und nicht ihr mit euren Schwertern und Bögen, haben die beiden Könige der Amoriter vertrieben. ¹³Ich gab euch ein Land, für das ihr nicht gearbeitet hattet, und ich gab euch Städte, die ihr nicht erbaut hattet – die Städte, in denen ihr heute lebt. Ich gab euch Weinberge und Olivenhaine, von denen ihr euch jetzt ernährt, obwohl ihr sie nicht gepflanzt habt.‹

¹⁴Deshalb ehrt den HERRN und dient ihm treu und beständig. Trennt euch von den Götzen, die eure Vorfahren anbeteten, als sie jenseits des Euphrat und in Ägypten lebten. Dient allein dem HERRN! ¹⁵Wenn ihr aber nicht bereit seid, dem HERRN zu dienen, dann entscheidet euch heute, wem ihr dienen wollt: den Göttern, denen eure Vorfahren jenseits des Euphrat dienten oder den Göttern der Amoriter, in deren Land ihr heute lebt? Ich und meine Familie werden jedenfalls dem HERRN dienen.«

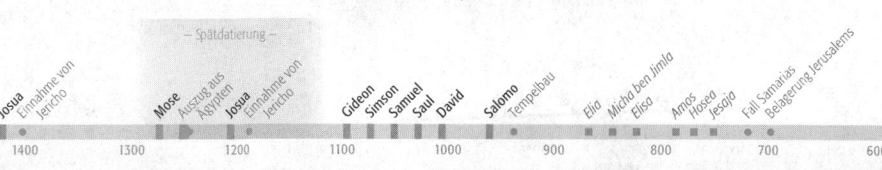

JOSUA

1–5 Die Israeliten durchqueren den Jordan

5–12 Die Israeliten nehmen das Land ein

13–21 Die Israeliten teilen das Land auf

22–24 Die Erneuerung des Bundes

24
Israel schließt einen Bund mit Gott. Tod Josuas und der Ältesten.

[Zum Sinai, vom Sinai her: Gott schafft sich ein Volk]

¹⁶Das Volk antwortete: »Wir wollen den HERRN niemals verlassen, um anderen Göttern zu dienen, ¹⁷denn der HERR, unser Gott, ist es, der uns und unsere Vorfahren aus der Sklaverei in Ägypten befreite und hierher gebracht hat. Vor unseren Augen vollbrachte er große Wunder. Er hat uns auf dem ganzen Weg bewahrt, den wir gegangen sind und uns vor allen Völkern geschützt, durch deren Gebiet wir gezogen sind. ¹⁸Der HERR vertrieb die Amoriter und die anderen Völker vor uns, die hier in diesem Land lebten. Deshalb wollen auch wir dem HERRN dienen, denn er allein ist unser Gott.«

¹⁹Daraufhin sagte Josua zum Volk: »Ihr könnt dem HERRN nicht dienen, denn er ist ein heiliger und eifersüchtiger Gott. Er wird eure Auflehnung und Sünde nicht vergeben. ²⁰Wenn ihr den HERRN verlasst und fremden Göttern dient, wird er sich gegen euch wenden und euch vernichten, nachdem er so gut zu euch gewesen ist.«

²¹Doch das Volk antwortete Josua: »Nein, wir wollen dem HERRN dienen!«

²²Da sagte Josua: »Ihr bezeugt selbst, dass ihr euch entschieden habt, dem HERRN zu dienen.« Sie entgegneten: »Ja, so ist es.«

²³»Gut«, sagte Josua, »dann zerstört die Götzen unter euch und wendet eure Herzen dem HERRN, dem Gott Israels, zu.«

²⁴Das Volk sagte zu Josua: »Wir werden dem HERRN, unserem Gott, dienen. Wir werden ihm allein gehorchen.«

Josua 24,25

Bundesschlüsse

Der Sinaibund hatte nicht nur seine Auswirkungen in der Geschichte durch Segen und Fluch. Immer wieder ergreifen die Führenden nach einer Zeit der Untreue die Initiative, um den Bund zu erneuern. Das ist möglich, weil Gott zu seinen Bundesverheißungen steht.
Eine wichtige Bundeserneuerung findet zu der Zeit statt, als Israel das versprochene Land (eine Bundesverheißung an Abraham) eingenommen hat. Josua blickt zurück auf die Zeit, in der Gottes Volk neben Jahwe noch andere Götzen verehrt hat (V. 23), und ruft zur entschiedenen Treue auf. Die Gebote und Ordnungen, die Josua dabei gibt, dürften keine völlig neuen sein, sondern den durch Mose gegebenen Geboten entsprechen.
Diese Bundeserneuerung ist voller Hoffnung, steht aber zugleich im Schatten des Wissens, dass Gottes Volk kaum zur Treue fähig ist (V. 19). Es wird deshalb noch oft nötig sein, den Bund zu erneuern.
(Sacharja 9,11 «« | »» 1. Samuel 4,11)

²⁵An diesem Tag schloss Josua in Sichem für das Volk einen Bund mit dem HERRN und gab ihnen Gebote und Ordnungen. ²⁶Josua schrieb diese Dinge in das Gesetzbuch Gottes. Als Erinnerung an ihre Übereinkunft nahm er einen riesigen Stein und stellte ihn unter dem großen Baum neben dem Zelt Gottes, des HERRN, auf.

²⁷Josua sagte zum ganzen Volk: »Dieser Stein wird als Zeuge gegen uns auftreten, denn er hat alles gehört, was der HERR zu uns sagte. Er wird als Zeuge gegen euch auftreten, damit ihr euren Gott nicht betrügt.« ²⁸Danach entließ Josua die Leute, jeden in sein Erbteil.

Das Begräbnis der Ältesten im Verheißenen Land

²⁹Einige Zeit danach starb Josua, der Sohn Nuns, der Diener des HERRN, im Alter von 110 Jahren. ³⁰Er wurde auf seinem Erbteil, in Timnat-Serach im Bergland von Ephraim, nördlich des Berges Gaasch, begraben.

³¹Israel diente dem HERRN, solange Josua und die Ältesten, die ihn noch lange überlebten und noch um alles wussten, was der HERR für Israel getan hatte, am Leben waren.

³²Die Gebeine Josefs, die die Israeliten aus Ägypten mitgenommen hatten, als sie Ägypten verließen, wurden in Sichem begraben, auf dem Land, das Jakob von den Söhnen Hamors, des Vaters von Sichem, für 100 Kesita* gekauft hatte. Das Land lag in dem Gebiet, das den Stämmen Ephraim und Manasse, den Nachkommen Josefs, zugewiesen worden war.

³³Auch Eleasar, der Sohn Aarons, starb. Er wurde im Bergland von Ephraim begraben, in der Stadt Gibea, die sein Sohn Pinhas erhalten hatte.

24,32 Der Wert bzw. das Gewicht dieser Währung ist heute nicht mehr bekannt.

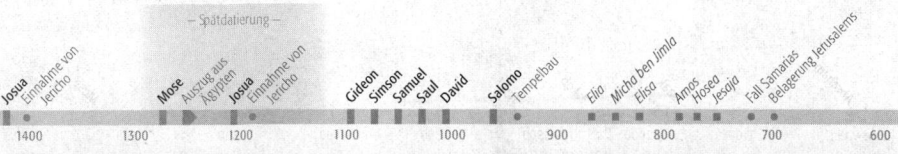

Ob es die Geschichte Davids ist, der in all seiner Bedrängnis immer wieder den Herrn fragt und fragen darf, oder ob es Elia in seinem Eifer oder in seiner Verzagtheit ist, ob Gideon oder Jona, ob Josua oder Hiskia – nirgends geht es um uns direkt angehende Weisung oder um Nachahmung des Berichteten. Immer aber, im Alten wie im Neuen Testament, dürfen wir aufblicken zu Gott, der so ist, und der ganz gewiss auch uns heute führen will durch sein Gebot, bis ins Einzelne, auf Wegen, die jedes Mal anders sein können, und doch immer in der Beständigkeit seiner Treue.

Otto Rodenberg

Richter

Inhalt

Unter Josua haben die israelitischen Stämme das Land nicht vollständig eingenommen. Angehörige der besiegten Völker leben weiterhin unter ihnen. Wieder wächst eine Generation heran, die die dramatische Geschichte Gottes mit seinem Volk nicht miterlebt hat. Es dauert nicht lange, bis die Israeliten überall im Land sich den Göttern der anderen Völker zuwenden. So brechen sie den Bund, den Gott mit ihnen geschlossen hatte. Die Folgen bleiben nicht aus: Andere Völker bedrängen Israel, und Gottes Volk leidet Not. Wenn Israel sich auf Gott besinnt und sich an ihn wendet, setzt er einen sogenannten Richter ein. Wie Mose ist er für die oberste Rechtsprechung zuständig, und wie ein fähiger König besiegt er die Feinde und verschafft seinem Volk wieder Frieden. Der Wohlstand kehrt zurück und hält an, solange der Richter lebt. Dann wird das Volk Gott wieder untreu, und traurigerweise wiederholt sich die Geschichte immer wieder.

Der Bericht verweist auf die Orientierungslosigkeit im Volk. Aber auch die meisten Richter fragen kaum nach Gott und dem Bund. Sowohl politische Herrschaft als auch göttliche Korrektur sind schwach ausgeprägt. Die Richterperiode ist eine Übergangszeit, die nach Klärung der Verhältnisse ruft. Das 1. Buch Samuel erzählt die weitere Entwicklung, die sich bereits hier leise andeutet.

Wichtige Personen

Otniël, Ehud, Schamgar	Richter
Debora	Prophetin und Richterin
Barak	Heerführer unter Debora
Jaël	mutige Frau im Krieg
Ein namenloser Prophet zur Zeit der Bedrängnis durch die Midianiter	
Gideon/Jerubbaal	Richter
Abimelech	Herrscher
Tola	
Jaïr	
Jeftah	
Ibzan	Richter
Elon	
Abdon	
Simson	
Delila	Simsons Geliebte
Pinhas	Priester

Wichtige Orte

Land Israel	
von Philistern bewohntes Land zwischen Israel und dem Mittelmeer	
Timna, Aschkelon, Gaza	zur Zeit Simsons von den Philistern beherrschte Städte
Silo	Ort, an dem das Zelt Gottes aufgestellt ist
Bethel	Aufenthaltsort der Lade Gottes

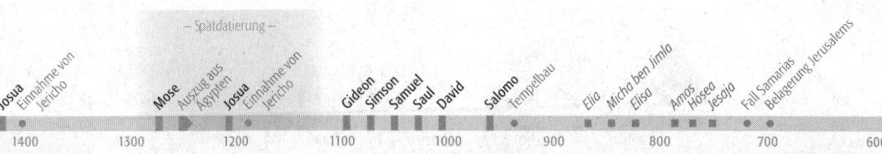

Richter

RICHTER	
1–3	Einleitung: Israels Gehorsam und Ungehorsam
3–16	Erzählungen über die Richter
3	Otniël, Ehud und Schamgar
4–5	Debora und Barak
6–8	Gideon
9	„König" Abimelech
10	Tola und Jaïr
11–12	Jeftah
12	Ibzan, Elon und Abdon
13–16	Simson
17–21	Wirre Zustände vor der Königszeit

1–2
Eroberte und nichteroberte Gebiete. Gott wird wegen Israels Ungehorsam die Völker Kanaans nicht vertreiben.

[Zum Sinai, vom Sinai her: Gott schafft sich ein Volk]

Juda und Simeon erobern das Land

1 Nach Josuas Tod fragten die Israeliten den HERRN: »Welcher von unseren Stämmen soll die Kanaaniter als Erstes angreifen?« ²Der HERR antwortete: »Juda soll als Erstes angreifen; ich gebe das Land in seine Gewalt.« ³Da sagten die Männer von Juda zu ihren Brüdern vom Stamm Simeon: »Kommt, zieht mit uns in das Gebiet, das uns zugeteilt wurde, und kämpft mit uns gegen die Kanaaniter. Danach werden wir euch helfen, euer Gebiet zu erobern.« Und so zogen die Männer vom Stamm Simeon mit Juda in die Schlacht.

⁴Als die Männer vom Stamm Juda angriffen, schenkte der Herr ihnen den Sieg über die Kanaaniter und Perisiter, und sie töteten 10.000 feindliche Krieger in der Nähe der Stadt Bezek. ⁵Bei Bezek trafen sie auf König Adoni-Bezek und kämpften gegen ihn, und die Kanaaniter und Perisiter wurden besiegt. ⁶Adoni-Bezek floh, doch die Israeliten setzten ihm nach. Sie bekamen ihn zu fassen und schnitten ihm die Daumen von den Händen und die großen Zehen von den Füßen ab. ⁷Da sagte Adoni-Bezek: »70 Königen habe ich die Daumen und die großen Zehen abschneiden lassen, und sie mussten auflesen, was von meinem Tisch herunterfiel. Jetzt hat Gott mir vergolten, was ich ihnen angetan habe.« Er wurde nach Jerusalem gebracht, und dort starb er.

⁸Nun griffen die Männer vom Stamm Juda Jerusalem an und eroberten die Stadt. Sie erschlugen die Bewohner mit dem Schwert und setzten die Stadt in Brand. ⁹Daraufhin wandten sie sich nach Süden, um gegen die Kanaaniter zu kämpfen, die im Bergland, im Negev und im Hügelland lebten. ¹⁰Sie kämpften gegen die Kanaaniter in Hebron, dem ehemaligen Kirjat-Arba, und besiegten die Streitkräfte von Scheschai, Ahiman und Talmai. ¹¹Von dort wandten sie sich gegen die Einwohner der Stadt Debir, des früheren Kirjat-Sefer.

¹²Kaleb sagte: »Wer Kirjat-Sefer angreift und einnimmt, dem gebe ich meine Tochter Achsa zur Frau.« ¹³Otniël, der Sohn von Kalebs jüngerem Bruder Kenas, eroberte die Stadt, und da gab Kaleb ihm seine Tochter Achsa zur Frau.

¹⁴Als Achsa zu Otniël kam, versuchte sie ihn zu überzeugen, ihren Vater um zusätzliches Ackerland zu bitten. Sie ließ sich von ihrem Esel glei-

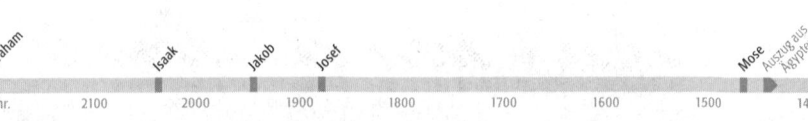

ten, und Kaleb fragte sie: »Was hast du? Was kann ich für dich tun?« ¹⁵Sie antwortete: »Gib mir ein Geschenk als Zeichen deines Segens. Du hast mir dürres Land im Süden geschenkt; nun gib mir auch Wasserquellen dazu.« Daraufhin gab Kaleb ihr die oberen und die unteren Quellen.

¹⁶Als die Männer vom Stamm Juda Jericho* verlassen hatten, waren die Keniter, die Nachkommen von Moses Schwiegervater, mit ihnen in die Wüste von Judäa gezogen. Sie ließen sich nun unter den Einheimischen nieder.

¹⁷Juda zog zusammen mit seinem Bruder Simeon in den Kampf gegen die Kanaaniter, die in Zefat lebten, und sie zerstörten die Stadt bis auf den Grund*. Deshalb erhielt die Stadt den Namen Horma*. ¹⁸Gaza, Aschkelon und Ekron sowie die umliegenden Gebiete wurden ebenfalls von Juda eingenommen.*

Israel kann das Land nicht erobern

¹⁹Der HERR war mit den Männern von Juda und sie eroberten das Bergland. Das Volk, das in den Ebenen lebte, konnten sie jedoch nicht vertreiben, denn es hatte eiserne Streitwagen. ²⁰Kaleb erhielt die Stadt Hebron, wie Mose es angeordnet hatte. Die Nachkommen der drei Söhne Anaks, die dort lebten, wurden von Kaleb vertrieben. ²¹Dem Stamm Benjamin hingegen gelang es nicht, die Jebusiter aus Jerusalem zu vertreiben. Deshalb leben die Jebusiter bis heute neben dem Stamm Benjamin in Jerusalem.

²²Die Nachkommen von Josef zogen gegen die Stadt Bethel und der HERR war mit ihnen. ²³Sie sandten Kundschafter nach Bethel, das früher Lus hieß. ²⁴Die Kundschafter begegneten einem Mann, der gerade aus der Stadt herauskam, und sie sagten zu ihm: »Zeig uns einen Weg, wie wir in die Stadt gelangen können, und wir werden dich verschonen!« ²⁵Er zeigte ihnen einen Zugang zur Stadt und sie töteten jeden Einwohner außer diesem einen Mann und seiner Familie. ²⁶Später zog der Mann in das Gebiet der Hetiter und gründete dort die Stadt Lus. Sie ist dort bis heute unter diesem Namen bekannt.

²⁷Dem Stamm Manasse gelang es nicht, die Einwohner von Bet-Schan, Taanach, Dor, Jibleam, Megiddo und den umliegenden Dörfern zu vertreiben, und so blieben die Kanaaniter in diesem Gebiet wohnen. ²⁸Als die Israeliten stärker wurden, zwangen sie die Kanaaniter zwar zur Fronarbeit, doch sie konnten sie nicht aus dem Land vertreiben.

²⁹Ebenso misslang es dem Stamm Ephraim, die Kanaaniter, die in Geser lebten, zu vertreiben, und so wohnten die Kanaaniter dort mitten unter ihnen.

³⁰Der Stamm Sebulon konnte die Kanaaniter nicht vertreiben, die in Kitron und Nahalol lebten, und diese blieben unter ihnen wohnen. Allerdings verpflichtete Sebulon sie zur Fronarbeit.

³¹Der Stamm Asser konnte die Einwohner von Akko, Sidon, Ahlab, Achsib, Helba, Afek und Rehob nicht vertreiben. ³²Und so siedelten sich die Menschen vom Stamm Asser mitten unter den Kanaanitern an, denen bisher das Land gehört hatte, weil sie sie nicht vertreiben konnten.

³³Der Stamm Naftali konnte die Siedlungen von Bet-Schemesch und Bet-Anat nicht erobern. Deshalb wurde er mitten unter den Kanaanitern, denen bisher das Land gehört hatte, sesshaft. Allerdings mussten die Einwohner von Bet-Schemesch und Bet-Anat Fronarbeit für den Stamm Naftali verrichten.

³⁴Der Stamm Dan wurde von den Amoritern ins Bergland verdrängt; es gelang den Männern vom Stamm Dan nicht, in die Täler vorzustoßen. ³⁵Die Amoriter setzten alles daran, im Gebirge Heres, in Ajalon und Schaalbim wohnen zu bleiben. Doch als die Nachkommen von Josef stärker wurden, zwangen sie die Amoriter zu Fronarbeit. ³⁶Die Grenze der Amoriter verlief vom Pass von Akrabbim* bis nach Sela und von dort aus weiter hinauf.

Der Bote des HERRN kommt nach Bochim

2 Der Engel des HERRN kam von Gilgal nach Bochim herauf und sagte zu den Israeliten: »Ich habe euch aus Ägypten herausgeführt und in dieses Land gebracht, das ich euren Vorfahren mit einem Schwur zugesichert habe. Ich habe gesagt: ›Meinen Bund mit euch werde ich niemals brechen. ²Ihr dagegen sollt euch nicht mit den Menschen verbünden, die in diesem Land wohnen. Ihre Altäre sollt ihr zerstören.‹ Doch ihr habt nicht auf mich gehört. Warum habt ihr das getan? ³Nun sage ich: Ich werde die Menschen, die in eurem Land leben, nicht mehr für euch vertreiben. Sie werden euch von allen Seiten bedrängen und ihre Götter werden eine Stolperfal-

---

1,16 Hebr. *die Stadt der Palmen.* **1,17a** Hebr. *und vollstreckten den Bann.* Mit dem hier gebrauchten hebr. Begriff ist die vollständige Übergabe von Dingen, Menschen oder Tieren an den Herrn gemeint, indem diese entweder vernichtet oder als Opfer dargebracht werden; so auch in 21,3. **1,17b** Das bedeutet *Zerstörung.* **1,18** O. nach der griech. Version *Doch Gaza, Aschkelon und Ekron sowie die umliegenden Gebiete wurden nicht von Juda eingenommen.* **1,36** Das bedeutet *Skorpion-Pass.*

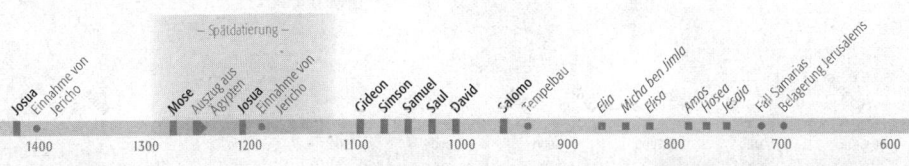

RICHTER

1–3	Einleitung: Israels Gehorsam und Ungehorsam
3–16	Erzählungen über die Richter
3	Otniël, Ehud und Schamgar
4–5	Debora und Barak
6–8	Gideon
9	„König" Abimelech
10	Tola und Jaïr
11–12	Jeftah
12	Ibzan, Elon und Abdon
13–16	Simson
17–21	Wirre Zustände vor der Königszeit

2–3
Josuas Tod. Der Kreislauf von Ungehorsam, Strafe, Rettung, neuem Ungehorsam. Richter retten Israel. Otniëls Sieg über die Aramäer.

[Zum Sinai, vom Sinai her: Gott schafft sich ein Volk]

le für euch sein.« ⁴Als der Engel des HERRN das zum Volk gesagt hatte, brachen die Israeliten in lautes Weinen aus. ⁵Sie nannten den Ort deshalb Bochim* und brachten dem HERRN dort Opfer dar.

Josuas Tod
⁶Nachdem Josua das Volk entlassen hatte, gingen die einzelnen Stämme daran, das Land, das ihnen als Erbbesitz zugeteilt war, zu erobern. ⁷Solange Josua und später die Ältesten, die all die großen Taten gesehen hatten, die der HERR für Israel vollbrachte, lebten, dienten die Israeliten dem HERRN.
⁸Josua, der Sohn von Nun, der Diener des HERRN, starb mit 110 Jahren. ⁹Er wurde in dem Land begraben, das er als Erbteil erhalten hatte, in Timnat-Serach im Bergland von Ephraim, nördlich vom Berg Gaasch.

Israel ist Gott ungehorsam
¹⁰Als aus Josuas Generation alle gestorben waren, wuchs eine neue Generation heran, die den HERRN nicht kannte und nichts von den Taten wusste, die er für Israel vollbracht hatte. ¹¹Da taten die Israeliten Böses in den Augen des HERRN und beteten Baal an. ¹²Sie verließen den HERRN, den Gott ihrer Vorfahren, der sie aus Ägypten herausgeführt hatte. Sie liefen anderen Göttern nach und beteten die Götter der Völker an, die

2,5 Das bedeutet *Weinen*.

Richter 2,10-23

Gott befreit
Im Alten Testament findet man den hier beschriebenen Teufelskreis öfter. Wenn es den Israeliten gut geht, vergessen sie, dass sie dies Gott zu verdanken haben, und laufen anderen Göttern nach. Wenn sich dann die Situation ändert und es den Israeliten schlecht geht, wenden sie sich Gott wieder zu und bitten um seine Hilfe. Der verlassene, aber treue Gott rettet sie dann aus ihrer Not. Und dann beginnt der Kreislauf wieder von Neuem. Oft wird ausdrücklich gesagt, dass Gott selbst eingreift, um Israels Schicksal zu wenden, um es entweder zu bestrafen oder zu erretten. Die umliegenden Völker sind dabei oft Gottes Werkzeuge.
Dieser Teufelskreis wird oft mit dem unheilvollen Satz eingeleitet: »Eine neue Generation wuchs heran, die den HERRN nicht kannte« (V. 10). Mehrfach lesen wir dann auch das Resultat: »Jeder tat, was er für richtig hielt« (Ri 17,6). Wie wichtig es doch ist, von Generation zu Generation sich an den wahren Gott zu halten!
(Jesaja 58,6 ‹‹| » Hiob 19,25)

um sie her lebten. So weckten sie den Zorn des HERRN. ¹³Sie verließen den Herrn, um Baal und Aschtoret zu dienen. ¹⁴Darum wurde der HERR zornig auf die Israeliten, und er lieferte sie Räubern aus, die ihren Besitz stahlen. Er gab sie ihren Feinden ringsum preis, sodass sie sich nicht mehr gegen sie behaupten konnten. ¹⁵Jedesmal, wenn die Israeliten in die Schlacht zogen, stellte sich der HERR gegen sie und ließ sie den Kampf verlieren, so wie er es ihnen geschworen hatte. Und das Volk war in großer Not.

Gott rettet sein Volk

¹⁶Da setzte der HERR Richter ein, die die Israeliten vor ihren Feinden retten sollten. ¹⁷Aber die Israeliten hörten nicht auf die Richter, sondern ließen sich mit anderen Göttern ein und warfen sich vor ihnen nieder. So schnell wandten sie sich vom Weg ihrer Vorfahren ab, die sich gehorsam an die Gebote des HERRN gehalten hatten, und folgten ihrem Beispiel nicht. ¹⁸Immer wenn der HERR einen Richter über Israel einsetzte, war er mit dem Richter und rettete das Volk vor seinen Feinden, solange der Richter lebte. Denn der HERR hatte Mitleid mit seinem Volk, das schwer unter seinen Bedrängern und Unterdrückern stöhnte. ¹⁹Doch sobald der Richter gestorben war, kehrten die Israeliten zu ihrem alten Lebensstil zurück und verhielten sich schlimmer als ihre Väter. Sie liefen anderen Göttern nach, dienten ihnen und warfen sich vor ihnen nieder. Und sie weigerten sich, ihre schlechte Lebensweise und ihr trotziges Verhalten aufzugeben. ²⁰Da wurde der HERR zornig auf Israel. Er sagte: »Weil dieses Volk sich nicht an den Bund gehalten hat, auf den ich seine Vorfahren verpflichtet habe, und weil es nicht auf mich gehört hat, ²¹werde ich kein einziges der Völker vertreiben, die bei Josuas Tod noch unbesiegt waren. ²²Damit will ich Israel auf die Probe stellen, damit ich sehe, ob es dem HERRN gehorchen wird wie seine Vorfahren.« ²³Deshalb ließ der HERR die Völker im Land bleiben, anstatt sie schnell zu vertreiben, und darum hatte er auch nicht zugelassen, dass Josua alle Völker besiegte.

Die in Kanaan verbliebenen Völker

3 Der HERR ließ bestimmte Völker im Land bleiben, um die Israeliten auf die Probe zu stellen, die noch nicht an den Kriegen gegen Kanaan teilgenommen hatten. ²Das tat er, um die Generationen von Israeliten, die keine Erfahrung im Kampf hatten, die Kriegskunst zu lehren. ³Folgende Völker wurden nicht vertrieben: die Philister, die fünf Herrscher besaßen, alle Kanaaniter, die Sidonier und die Hiwiter, die im Bergland des Libanon vom Berg Baal-Hermon bis nach Lebo-Hamat wohnten. ⁴Alle diese Völker wurden verschont, um die Israeliten auf die Probe zu stellen. Es sollte deutlich sichtbar werden, ob sie den Geboten, die der HERR ihren Vorfahren durch Mose gegeben hatte, gehorchen würden.

⁵So kam es, dass Israel mitten unter den Kanaanitern, Hetitern, Amoritern, Perisitern, Hiwitern und Jebusitern lebte. ⁶Und israelitische Söhne heirateten deren Töchter, und israelitische Töchter wurden mit deren Söhnen verheiratet. Und die Israeliten dienten deren Göttern.

Otniël wird Richter in Israel

⁷Die Israeliten taten Böses in den Augen des HERRN. Sie vergaßen den HERRN, ihren Gott, und dienten den Baalen und Ascheren. ⁸Da wurde der HERR zornig auf Israel, und er gab das Volk in die Hände von Kuschan-Rischatajim, dem König von Aram-Naharajim*. Acht Jahre lang waren die Israeliten dem Kuschan-Rischatajim unterworfen.

⁹Doch als die Israeliten zum HERRN um Hilfe schrien, schickte der HERR ihnen einen Mann, der das Volk retten sollte. Sein Name war Otniël, und er war der Sohn von Kalebs jüngerem Bruder Kenas. ¹⁰Der Geist des HERRN kam über ihn und er wurde Richter in Israel. Otniël zog in den Kampf und der HERR schenkte ihm den Sieg über Kuschan-Rischatajim, den König von Aram. ¹¹Danach herrschte 40 Jahre lang Frieden im Land. Dann starb Otniël, der Sohn von Kenas.

Ehud wird Richter in Israel

¹²Wieder taten die Israeliten Böses in den Augen des HERRN, deshalb gab der HERR Israel in die Gewalt von Eglon, dem König von Moab. ¹³Eglon verbündete sich mit den Ammonitern und Amalekitern, zog heran, besiegte Israel und nahm Jericho* ein. ¹⁴18 Jahre lang waren die Israeliten König Eglon von Moab unterworfen.

¹⁵Doch als die Israeliten zum HERRN um Hilfe schrien, schickte der HERR ihnen einen Mann, der sie retten sollte. Er hieß Ehud und war der Sohn von Gera, aus dem Stamm Benjamin. Ehud war Linkshänder. Die Israeliten sandten Ehud mit ihren Steuerabgaben zu Eglon, dem König von Moab. ¹⁶Ehud fertigte sich einen zwei-

---

3,8 *Aram-Naharajim* bedeutet *Aram der zwei Flüsse*. Man nimmt an, dass es zwischen den Flüssen Euphrat und Balich im Nordwesten Mesopotamiens lag. **3,13** Hebr. *die Stadt der Palmen*.

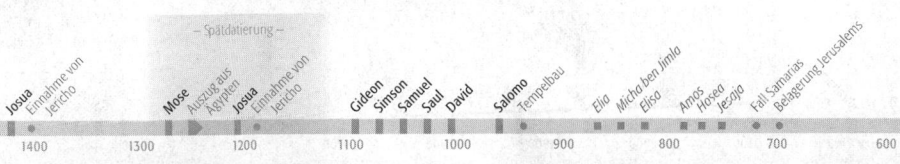

RICHTER	
1–3	Einleitung: Israels Gehorsam und Ungehorsam
3–16	Erzählungen über die Richter
3	Otniël, Ehud und Schamgar
4–5	Debora und Barak
6–8	Gideon
9	„König" Abimelech
10	Tola und Jaïr
11–12	Jeftah
12	Ibzan, Elon und Abdon
13–16	Simson
17–21	Wirre Zustände vor der Königszeit

3–5
Ehuds Sieg über Moab. Deboras Sieg gegen Jabin. Debora dankt Gott in einem Lied.

[Zum Sinai, vom Sinai her: Gott schafft sich ein Volk]

schneidigen Dolch an, der eine Elle* lang war, und befestigte ihn an seinem rechten Oberschenkel unter seiner Kleidung. [17]So überbrachte er dem König von Moab das Steuergeld. Eglon war ein sehr dicker Mann. [18]Als Ehud das Geld übergeben hatte, schickte er diejenigen, die es getragen hatten, nach Hause.

[19]Ehud selbst kehrte jedoch bei den Gottesbildern von Gilgal um. Er ging zurück zu Eglon und sagte zu ihm: »Ich habe eine geheime Botschaft für dich, o König.« Der König bat um Ruhe und alle Anwesenden verließen das Zimmer. [20]Ehud trat zu Eglon in das kühle Obergemach, das allein für den König bestimmt war, und sagte: »Ich habe eine Botschaft von Gott für dich!« Da stand König Eglon von seinem Sessel auf. [21]Ehud zog nun mit der linken Hand den Dolch heraus, der an seinem rechten Oberschenkel befestigt war, und stieß ihn dem König in den Bauch. [22]Der Dolch fuhr so tief hinein, dass die Klinge samt dem Griff im Fett verschwand und der Inhalt des Darms austrat. Ehud ließ den Dolch stecken. [23]Dann ging er hinaus in die Vorhalle, schloss die Tür des Obergemachs hinter sich zu und verriegelte sie.

[24]Als Ehud fort war, kamen die Diener des Königs zurück und fanden die Tür zum Obergemach verschlossen. Sie dachten, Eglon würde gerade in dem kühlen Zimmer seine Notdurft verrichten, [25]und warteten stundenlang. Weil der König die Tür des Obergemachs nicht öffnete, holten sie einen Schlüssel und schlossen die Tür auf. Da fanden sie ihren Herrn tot auf dem Boden liegen.

[26]Während die Diener noch warteten, war Ehud geflohen und an den Götzenbildern vorbei nach Seïra gelangt. [27]Im Bergland von Ephraim ließ er das Horn erschallen und führte dann eine Schar Israeliten die Berge hinab. Er selbst ging voran. [28]»Folgt mir«, sagte er, »denn der HERR hat euch den Sieg über eure Feinde, die Moabiter, geschenkt.« Da zogen sie mit ihm und nahmen die Jordanfurten ein, die nach Moab führten, und ließen niemanden mehr hinüber. [29]Dann griffen sie die Moabiter an und töteten fast 10.000 ihrer stärksten und mutigsten Krieger. Nicht ein Einziger entkam. [30]So wurde Moab an jenem Tag von Israel unterworfen, und das Land hatte 80 Jahre lang Frieden.

Schamgar wird Richter in Israel
[31]Auf Ehud folgte Schamgar, der Sohn von Anat. Er erschlug 600 Philister mit einem Rinderstecken und rettete Israel auf diese Weise.

3,16 Das entspricht ca. 45 cm.

Debora wird Richterin in Israel

4 Nachdem Ehud tot war, taten die Israeliten wieder Böses in den Augen des HERRN. ²Deshalb lieferte der HERR sie an Jabin aus, einen kanaanitischen König, der in Hazor herrschte. Sein Heerführer war Sisera. Er lebte in Haroschet-Haggojim. ³Nachdem Sisera, der 900 eiserne Streitwagen befehligte, die Israeliten 20 Jahre lang grausam unterdrückt hatte, schrien die Israeliten zum HERRN um Hilfe.

⁴Debora, eine Prophetin, die mit Lappidot verheiratet war, war zu dieser Zeit Richterin in Israel. ⁵Sie wohnte unter Deboras Palme zwischen Rama und Bethel im Bergland von Ephraim, und die Israeliten gingen mit ihren Rechtsstreitigkeiten zu ihr. ⁶Eines Tages ließ sie Barak, den Sohn von Abinoam, der in Kedesch im Land von Naftali lebte, zu sich rufen. Sie sagte zu ihm: »Der HERR, der Gott Israels, befiehlt dir: ›Sammle 10.000 Krieger aus den Stämmen Naftali und Sebulon und zieh mit ihnen auf den Berg Tabor. ⁷Ich will Sisera, Jabins Heerführer, mit seinen Streitwagen und Kriegern zum Fluss Kischon locken. Dort werde ich dir den Sieg über ihn schenken.‹«

⁸Barak antwortete ihr: »Wenn du mitkommst, gehe ich, aber wenn nicht, gehe ich auch nicht!« ⁹»Gut«, entgegnete sie, »ich komme mit dir. Doch dieser Feldzug wird dir keinen Ruhm einbringen, denn der HERR wird einer Frau den Sieg über Sisera schenken.« Und Debora machte sich auf und zog mit Barak nach Kedesch. ¹⁰In Kedesch rief Barak die Stämme Sebulon und Naftali zusammen, und 10.000 Krieger zogen mit ihm. Debora begleitete sie.

¹¹Der Keniter Heber, ein Nachkomme von Moses Schwager* Hobab, hatte sich von den anderen Mitgliedern seines Stammes abgesondert und sein Zelt bei der geweihten Eiche von Zaanannim, in der Nähe von Kedesch, aufgeschlagen.

¹²Als Sisera hörte, dass Barak, der Sohn von Abinoam, zum Berg Tabor hinaufgezogen war, ¹³rief er alle 900 eisernen Streitwagen und alle seine Krieger zusammen, und sie zogen von Haroschet-Haggojim zum Fluss Kischon.

¹⁴Da sagte Debora zu Barak: »Auf! Heute ist der Tag, an dem der HERR Sisera in deine Gewalt geben wird. Ist der HERR nicht schon vor dir unterwegs?« Da führte Barak seine 10.000 Krieger den Berg Tabor hinunter in die Schlacht. ¹⁵Als Barak mit scharfem Schwert angriff, rief der HERR eine große Verwirrung unter Sisera, seinen Wagen und seiner ganzen Streitmacht hervor. Sisera sprang von seinem Wagen herunter und entkam zu Fuß. ¹⁶Barak verfolgte die Streitwagen und das Heer bis nach Haroschet-Haggojim. Sämtliche Krieger von Sisera wurden getötet; kein Einziger blieb am Leben.

¹⁷Sisera floh zu Fuß zum Zelt von Jaël, der Frau des Keniters Heber, denn Hebers Familie lebte mit König Jabin von Hazor in Frieden. ¹⁸Jaël kam Sisera entgegen und sagte zu ihm: »Kehr ein, mein Herr, kehr bei mir ein und hab keine Angst.« Da ging er mit ihr ins Zelt und sie deckte ihn mit einer Decke zu.

¹⁹»Bitte gib mir etwas Wasser«, bat er, »ich bin durstig.« Sie öffnete den Schlauch mit Milch, gab ihm zu trinken und deckte ihn wieder zu. ²⁰»Stell dich an den Zelteingang«, befahl er ihr. »Wenn jemand kommt und dich fragt, ob hier drinnen jemand ist, dann sag nein.«

²¹Doch Jaël, die Frau von Heber, nahm sich einen Zeltpflock und einen Hammer, und als Sisera vor Erschöpfung eingeschlafen war, schlich sie leise zu ihm hin. Sie schlug den Zeltpflock durch seine Schläfe bis in den Boden und er starb. ²²Als Barak kam, um Sisera zu suchen, ging Jaël ihm entgegen. Sie sagte: »Komm, ich will dir den Mann zeigen, den du suchst.« Er folgte ihr ins Zelt und fand Sisera darin tot liegen, den Zeltpflock durch die Schläfe geschlagen.

²³An diesem Tag erlebte Israel, wie Gott dem Kanaaniterkönig Jabin eine schwere Niederlage zufügte*. ²⁴Von da an bedrängten die Israeliten König Jabin immer stärker, bis sie ihn schließlich vernichteten.

Deboras Lied

5 An jenem Tag sangen Debora und Barak, der Sohn von Abinoam, folgendes Lied:
²»Dass die Starken in Israel sich als stark
  erwiesen, dass sich das Volk bereitwillig
  aufopferte – dafür preist den HERRN!
³Hört zu, ihr Könige!
Merkt auf, ihr mächtigen Herrscher!
Denn ich will dem HERRN singen,
mein Lied soll erklingen für den HERRN, den
  Gott Israels.
⁴HERR, als du ausgezogen bist von Seïr
und hinausgegangen bist von den Feldern von
  Edom,
da erzitterte die Erde, da fielen Tropfen vom
  Himmel
und aus den Wolken strömte der Regen.
⁵Die Berge bebten beim Kommen des HERRN.
Selbst der Sinai schwankte in der Gegenwart des
  HERRN, des Gottes von Israel.

4,11 O. *Schwiegervater.* 4,23 Hebr. *So demütigte Gott Jabin an diesem Tag.*

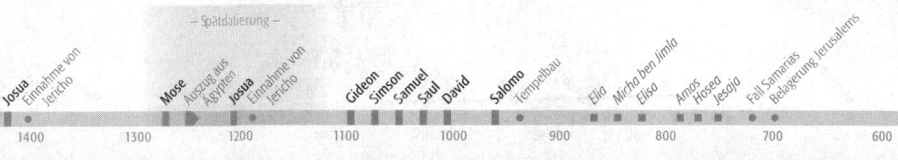

RICHTER

1–3	Einleitung: Israels Gehorsam und Ungehorsam
3–16	Erzählungen über die Richter
3	Otniël, Ehud und Schamgar
4–5	Debora und Barak
6–8	Gideon
9	„König" Abimelech
10	Tola und Jaïr
11–12	Jeftah
12	Ibzan, Elon und Abdon
13–16	Simson
17–21	Wirre Zustände vor der Königszeit

5–6
Debora dankt Gott in einem Lied. Gott möchte Israel durch Gideon von den Midianitern retten.

[Zum Sinai, vom Sinai her: Gott schafft sich ein Volk]

⁶In den Tagen von Schamgar, Anats Sohn, und in den Tagen von Jaël
mieden die Menschen die Hauptstraßen, die Reisenden hielten sich an die schmalen Seitenwege.
⁷Nur noch wenige Menschen lebten in den Dörfern von Israel –
bis Debora aufstand, eine Mutter Israels.
⁸Als Israel sich neue Götter suchte, brach Krieg an den Stadttoren aus.
Doch weder Schild noch Speer waren unter 40.000 Kriegern in Israel zu finden!
⁹Mein Herz ist den Anführern von Israel zugetan und denen im Volk, die sich bereitwillig zeigten.
Preist den HERRN!
¹⁰Ihr, die ihr auf weißen Eseln reitet und auf prächtigen Satteldecken sitzt,
und ihr, die ihr auf der Straße wandert, denkt darüber nach!
¹¹Hört, wie sie singen, wenn sie Wasser schöpfen!
Sie singen von der Gerechtigkeit des HERRN, von den großen Taten,
die er für die Dorfbewohner von Israel tat,
als das Volk des HERRN hinunter an die Stadttore zog.
¹²Wach auf, Debora, wach auf! Wach auf, wach auf und sing ein Lied!
Erhebe dich, Barak! Führ deine Gefangenen siegreich fort, Sohn von Abinoam!
¹³Da zog herab, was übrig war von den Angesehenen im Volk,
der HERR kam herab zu mir mit den Helden.
¹⁴Sie kamen herab aus Ephraim – einem Land, das einst den Amalekitern gehörte,
und Benjamin folgte mit seinen Leuten.
Aus Machir zogen Befehlshaber hinab;
aus Sebulon kamen, die den Führerstab tragen.
¹⁵Die Fürsten von Issachar gingen mit Debora und Barak;
sie folgten Barak und eilten hinunter ins Tal.
Nur der Stamm Ruben konnte sich nicht entschließen.
¹⁶Warum bliebst du daheim bei den Schafhürden – um das Flötenspiel bei den Herden zu hören?
Der Stamm Ruben konnte sich nicht entschließen.
¹⁷Gilead blieb untätig östlich des Jordan.
Und warum hielt sich Dan bei den Schiffen auf?
Asser saß still am Ufer,
blieb gemächlich sitzen an seinen Buchten.
¹⁸Sebulon aber wagte sein Leben auf den Hochebenen des Landes, ebenso Naftali.
¹⁹Könige kamen und kämpften, die Könige von Kanaan kämpften in Taanach bei den Quellen von Megiddo,

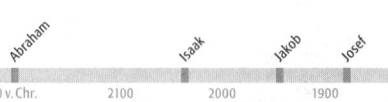

doch sie trugen kein Silber vom Schlachtfeld.
²⁰Die Sterne kämpften vom Himmel aus.
Sie kämpften auf ihrer Bahn gegen Sisera.
²¹Der Kischon schwemmte sie fort –
der uralte Fluss, der Kischon.
Vorwärts, meine Seele, nur Mut!
²²Die Hufe der Pferde hämmerten über den Boden,
im wilden Galopp jagten die mächtigen Streitrosse.
²³›Die Leute von Meros seien verflucht‹, sprach der Engel des HERRN.
›Sie seien für immer verflucht,
weil sie dem HERRN nicht zu Hilfe eilten,
weil sie dem HERRN nicht beistanden unter den mächtigen Kriegern.‹
²⁴Gepriesen unter den Frauen sei Jaël, die Frau von Heber, dem Keniter.
Sie sei gesegnet vor allen Frauen, die in Zelten leben.
²⁵Sisera bat um Wasser und Jaël gab ihm Milch.
In einer vornehmen Schale brachte sie ihm saure Milch.
²⁶Dann ergriff sie mit ihrer Linken einen Zeltpflock
und mit ihrer Rechten den Hammer des Arbeiters.
Sie schlug auf Sisera ein und zerschmetterte seinen Kopf.
Sie zerschlug und durchbohrte seine Schläfe.
²⁷Er sank, er fiel, er krümmte sich zu ihren Füßen.
Er krümmte sich und fiel zu ihren Füßen nieder und lag tot da.
²⁸Aus dem Fenster hielt Siseras Mutter Ausschau
und rief in Angst durchs Gitter hindurch:
›Warum verspätet sich sein Streitwagen?
Warum hören wir den Hufschlag seiner Gespanne nicht?‹
²⁹Antwort geben ihr weise Frauen, und sie selbst wiederholt ihre Worte:
³⁰›Sie verteilen die Beute, die sie machten – ein, zwei Frauen für jeden Mann.
Prächtige Gewänder für Sisera, bunte, schön bestickte Tücher für meinen Hals.‹
³¹HERR, all deine Feinde sollen umkommen wie Sisera!
Aber die dich lieben, sollen in ihrer Kraft wachsen wie die aufgehende Sonne!«
Danach hatte das Land 40 Jahre lang Ruhe.

Gideon wird Richter in Israel

6 Wieder taten die Israeliten Böses in den Augen des HERRN, und der HERR lieferte sie für sieben Jahre den Midianitern aus. ²Die Unterdrückung durch die Midianiter war so hart, dass die Israeliten sich in den Bergen Befestigungen bauten, in die sie sich zurückziehen konnten. Diese bestanden aus Wassergräben, aber auch aus Höhlen und Felsenhöhen, die ihnen als Burgen dienten. ³Jedesmal, wenn die Israeliten Getreide aussäten, fielen die Midianiter und Amalekiter bei ihnen ein. Auch die Völker aus dem Osten griffen Israel an, ⁴belagerten das Land und vernichteten die Ernte bis nach Gaza. Sie ließen den Israeliten nichts zu essen übrig und nahmen ihnen alle Schafe, Rinder und Esel weg. ⁵Denn zahlreich wie die Heuschrecken fielen sie mit ihrem Vieh und ihren Zelten bei ihnen ein. Sie und ihre Kamele waren so viele, dass man sie nicht zählen konnte, und sie blieben, bis das Land geplündert war. ⁶Auf diese Weise machten die Midianiter Israel arm. Da schrien die Israeliten zum HERRN um Hilfe.

⁷Als sie wegen Midian zum HERRN um Hilfe schrien, ⁸schickte der HERR den Israeliten einen Propheten. Er sagte: »So spricht der HERR, der Gott von Israel: ›Ich selbst habe euch aus Ägypten herausgeführt und aus dem Sklavenhaus befreit ⁹und euch vor den Ägyptern und allen anderen Unterdrückern gerettet. Ich habe eure Feinde vor euch her vertrieben und euch ihr Land gegeben. ¹⁰Ich habe euch gesagt: Ich bin der HERR, euer Gott. Die Götter der Amoriter, in deren Land ihr lebt, dürft ihr nicht verehren. Doch ihr habt nicht auf mich gehört.‹«

¹¹Dann kam der Engel des HERRN und setzte sich unter die geweihte Eiche bei Ofra. Sie gehörte Joasch aus der Sippe Abiëser. Gideon, der Sohn von Joasch, drosch gerade Weizen unten in der Kelter, um es vor den Midianitern in Sicherheit zu bringen. ¹²Der Engel des HERRN erschien ihm und sagte: »Der HERR ist mit dir, tapferer Held!«

¹³»Ach, Herr«, entgegnete Gideon, »wenn der HERR mit uns ist, warum ist uns dann all das passiert? Wo bleiben die Wunder, von denen unsere Vorfahren uns erzählten? Sagten sie nicht: ›Der HERR hat uns aus Ägypten herausgeführt‹? Jetzt hat der HERR uns verlassen und an die Midianiter ausgeliefert.«

¹⁴Da wandte sich der HERR zu ihm und sagte: »Geh mit der Kraft, die du hast, und rette Israel vor den Midianitern. Ich sende dich aus!«

¹⁵»Aber mein Herr«, antwortete Gideon, »womit kann ich Israel retten? Meine Sippe ist die schwächste im ganzen Stamm Manasse und ich bin der Jüngste in meiner Familie!«

¹⁶Der HERR sagte zu ihm: »Ich werde mit dir sein. Du wirst Midian vernichten, als wäre es nur ein einziger Mann.«

¹⁷Gideon wandte ein: »Wenn ich Gnade vor

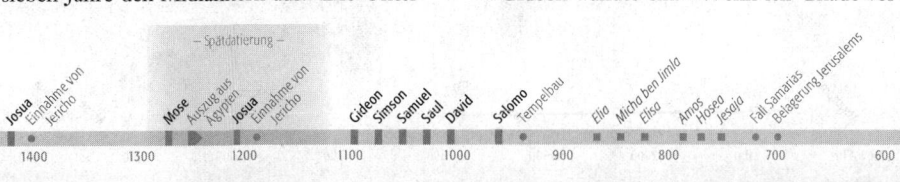

RICHTER

1–3	Einleitung: Israels Gehorsam und Ungehorsam
3–16	Erzählungen über die Richter
3	Otniël, Ehud und Schamgar
4–5	Debora und Barak
6–8	Gideon
9	„König" Abimelech
10	Tola und Jaïr
11–12	Jeftah
12	Ibzan, Elon und Abdon
13–16	Simson
17–21	Wirre Zustände vor der Königszeit

6–7
Gideon reißt den Altar Baals ein und verfeuert den Ascherapfahl. Gideon sammelt ein Heer gegen Midian und Amalek. Das Heer wird stark reduziert.

[Zum Sinai, vom Sinai her: Gott schafft sich ein Volk]

dir gefunden habe, gib mir ein Zeichen, das beweist, dass du, HERR, es bist, der zu mir spricht. ¹⁸Geh nicht fort, ehe ich zurück bin und dir meine Gabe herausbringe und sie dir vorsetze.«

Der HERR antwortete: »Ich werde hier warten, bis du wiederkommst.«

¹⁹Gideon ging ins Haus. Er bereitete einen jungen Ziegenbock zu und backte ungesäuerte Brote aus einem Efa* Mehl. Er legte das Fleisch in einen Korb und goss die Brühe in einen Topf. Dann brachte er die Speisen hinaus unter die geweihte Eiche und bot sie dem Engel an. ²⁰Der Engel Gottes sagte zu ihm: »Leg das Fleisch und das ungesäuerte Brot auf diesen Felsen da und gieß die Brühe darüber*.« Gideon tat es. ²¹Der Engel des HERRN berührte Fleisch und Brot mit dem Stab in seiner Hand, und aus dem Felsen flammte Feuer empor und verzehrte alles, was Gideon gebracht hatte. Dann verschwand der Engel des HERRN.

²²Als Gideon erkannte, dass es der Engel des HERRN gewesen war, schrie er auf: »Allmächtiger HERR, ich bin verloren*, denn ich habe den Engel des HERRN von Angesicht zu Angesicht gesehen!«

²³»Friede sei mit dir«, erwiderte der HERR. »Hab keine Angst. Du wirst nicht sterben.« ²⁴Gideon baute dem HERRN an diesem Ort einen Altar und nannte ihn Jahwe Schalom*. Der Altar steht bis heute in Ofra, der Stadt der Sippe Abiëser.

²⁵In dieser Nacht sprach der HERR zu Gideon: »Nimm den Stier deines Vaters und zwar den zweiten, der sieben Jahre alt ist. Reiß den Altar ein, den dein Vater dem Baal errichtet hat, und haue den Ascherapfahl um, der daneben steht. ²⁶Dann bau dem HERRN, deinem Gott, hier auf der Höhe dieser Befestigung einen Altar und bereite ihn für ein Opfer vor. Bring dann den siebenjährigen Stier als Brandopfer auf dem Altar dar. Als Feuerholz gebrauche das Holz des Ascherapfahls, den du umgehauen hast.« ²⁷Gideon nahm zehn von seinen Knechten und befolgte die Anweisungen des HERRN. Er tat es jedoch nicht am Tag, sondern in der Nacht, denn er hatte Angst vor seiner Familie und vor den Leuten in der Stadt.

²⁸Früh am nächsten Morgen, als die Bewohner der Stadt aufstanden, entdeckten sie, dass der Altar des Baal eingerissen, der Ascherapfahl daneben verschwunden und ein Stier* auf einem neu erbauten Altar geopfert worden war. ²⁹Die Leute sagten zueinander: »Wer hat das getan?« Sie

6,19 Das entspricht ca. 40 l.   **6,20** O. *gieß die Brühe weg.*   **6,22** Hebr. *Weh mir!*   **6,24** Das bedeutet *Der HERR ist Frieden.*   **6,28** Hebr. *der zweite Stier.*

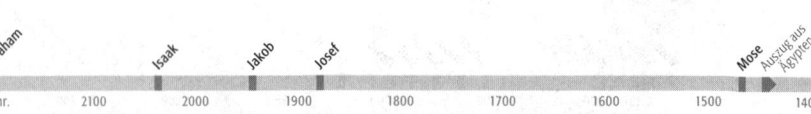

fragten herum und forschten nach, und schließlich fanden sie heraus, dass es Gideon, der Sohn von Joasch, gewesen war.

³⁰»Gib deinen Sohn heraus«, verlangten sie da von Joasch. »Er soll sterben, weil er den Altar von Baal zerstört und den Ascherapfahl umgehauen hat.«

³¹Aber Joasch erwiderte allen, die um ihn herumstanden: »Wollt ihr Baal etwa verteidigen? Wollt ihr ihn retten? Wer für ihn kämpft, soll noch an diesem Morgen sterben! Wenn Baal tatsächlich ein Gott ist, wird er sich selbst dafür rächen, dass jemand seinen Altar eingerissen hat!« ³²Von da an wurde Gideon Jerubbaal genannt, das bedeutet: »Möge Baal sich selbst rächen«, weil er den Altar des Baal eingerissen hatte.

³³Bald danach versammelten sich die Heere von Midian und Amalek und den Völkern des Ostens und vereinten sich zu einem Bündnis gegen Israel. Sie überquerten den Jordan und schlugen ihr Lager im Tal von Jesreel auf. ³⁴Da kam der Geist des HERRN über Gideon. Mit einem Widderhorn rief er zu den Waffen, und die Männer aus der Sippe Abiëser schlossen sich seiner Truppe an. ³⁵Dann schickte er Boten nach Manasse und ließ die Männer zum Kampf einberufen. Er sandte ebenfalls Boten nach Asser, Sebulon und Naftali, und auch sie schlossen sich ihm an.

³⁶Gideon sagte zu Gott: »Wenn du Israel wirklich durch mich retten willst, wie du es gesagt hast, ³⁷dann gib mir ein Zeichen: Ich werde heute Abend geschorene Wolle auf die Tenne legen. Wenn die Wolle morgen früh feucht vom Tau und der Boden rundherum trocken ist, weiß ich, dass du Israel durch mich retten willst, wie du es zugesagt hast.« ³⁸Und genau so geschah es. Als Gideon früh am nächsten Morgen aufstand, drückte er die geschorene Wolle aus und es kam eine ganze Schale voll Tau heraus.

³⁹Da sagte Gideon zu Gott: »Ich möchte nicht deinen Zorn erregen, wenn ich jetzt noch einmal eine Bitte ausspreche. Aber ich möchte es nur noch dieses eine Mal mit der Wolle versuchen. Bitte lass diesmal die Wolle trocken sein, während der Boden vom Tau rundherum nass ist.« ⁴⁰In der Nacht tat Gott, worum Gideon ihn gebeten hatte: Nur die geschorene Wolle blieb trocken, während auf dem Boden rundherum Tau lag.

Gideon besiegt die Midianiter

7 Jerubbaal – das ist Gideon – und seine Leute brachen früh am Morgen auf und zogen zur Quelle Harod. Die Heere von Midian lagerten nördlich von ihnen im Tal beim Hügel More. ²Der HERR sagte zu Gideon: »Du hast zu viele Leute bei dir. Wenn ich dir so den Sieg über Midian schenken würde, könnten sich die Israeliten vor mir damit brüsten, dass sie sich aus eigener Kraft gerettet hätten. ³Sag deshalb den Leuten: ›Wer sich fürchtet oder Angst hat, soll weggehen* und nach Hause zurückkehren.‹« Da gingen 22.000 von ihnen nach Hause, und nur 10.000 blieben und waren bereit zu kämpfen.

⁴Doch der HERR sagte zu Gideon: »Es sind immer noch zu viele Leute! Führe sie ans Wasser hinunter; ich werde sie dort prüfen und dir zeigen, wer mit dir gehen soll und wer nicht.« ⁵Als Gideon seine Krieger zum Wasser führte, sagte der HERR zu ihm: »Alle Männer, die das Wasser mit der Zunge schlürfen wie Hunde, sollst du in einer Gruppe zusammenstellen. Und alle Männer, die sich zum Trinken hinknien, sollen eine zweite Gruppe bilden.« ⁶Nur 300 Männer schlürften das Wasser aus ihren Händen. Alle anderen knieten sich hin, um zu trinken. ⁷Der HERR sagte zu Gideon: »Mit diesen 300 Männern, die das Wasser aus der Hand geschlürft haben, werde ich euch retten und dir den Sieg über die Midianiter schenken. Alle anderen sollen nach Hause gehen.« ⁸Da sammelte Gideon die Vorräte und Widderhörner der anderen Krieger ein und schickte sie zu ihren Zelten zurück. Die 300 Männer aber behielt er bei sich.

Das Lager der Midianiter befand sich unten im Tal. ⁹In jener Nacht sagte der HERR zu Gideon: »Steh auf! Steig hinab zum Lager der Midianiter, denn ich schenke dir den Sieg über sie! ¹⁰Wenn du jedoch Angst hast sie anzugreifen, dann geh mit deinem Knecht Pura ins Lager hinunter. ¹¹Belausche, was die Midianiter sagen, dann wirst du Mut fassen und mit leichterem Herzen angreifen.«

Also nahm Gideon Pura und schlich mit ihm zusammen hinunter zu den Wachen des feindlichen Lagers. ¹²Die Heere von Midian, Amalek und den Völkern des Ostens hatten sich so zahlreich wie ein Schwarm Heuschrecken im Tal niedergelassen. Ihre Kamele waren zahllos wie die Sandkörner am Meer. ¹³Gideon schlich sich an, als ein Mann seinem Kameraden gerade einen Traum erzählte. Der Mann sagte: »Ich habe geträumt, dass ein Laib Gerstenbrot ins midianiti-

---

7,3 Hebr. *vom Berg Gilead fortgehen*. Die Identität des Berges Gilead in diesem Zusammenhang ist unklar. Vielleicht handelt es sich um einen anderen Namen für den Berg Gilboa.

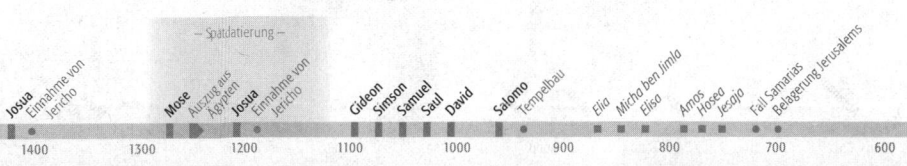

RICHTER

	1–3	Einleitung: Israels Gehorsam und Ungehorsam
	3–16	Erzählungen über die Richter
	3	Otniël, Ehud und Schamgar
	4–5	Debora und Barak
	6–8	Gideon
	9	„König" Abimelech
	10	Tola und Jaïr
	11–12	Jeftah
	12	Ibzan, Elon und Abdon
	13–16	Simson
	17–21	Wirre Zustände vor der Königszeit

7–8
Gideon schlägt die Midianiter. Er tötet die Könige Midians. Gideon weist die Königswürde zurück.

[Zum Sinai, vom Sinai her: Gott schafft sich ein Volk]

sche Lager rollte. Er traf ein Zelt und warf es um, sodass es völlig zerstört dalag!«

¹⁴Sein Kamerad antwortete: »Dein Traum kann nur eines bedeuten: Gott hat Gideon, dem Sohn von Joasch, dem Israeliten, den Sieg über Midian und die verbündeten Heere gegeben!«

¹⁵Als Gideon den Traum und seine Deutung hörte, warf er sich vor Gott nieder und dankte ihm. Dann kehrte er ins israelitische Lager zurück und rief: »Steht auf! Der HERR hat euch den Sieg über die Midianiter geschenkt!« ¹⁶Er teilte die 300 Männer in drei Gruppen auf und gab jedem Mann ein Widderhorn und einen Tonkrug mit einer Fackel darin. ¹⁷Dann sagte er zu ihnen: »Behaltet mich im Auge. Wenn ich am Rand des Lagers bin, dann tut genau dasselbe wie ich. ¹⁸Sobald ich und die Männer bei mir in ihre Hörner blasen, blast ihr auf den anderen Seiten des Lagers ebenfalls in die Hörner und ruft: ›Für den HERRN und für Gideon!‹«

¹⁹Gideon und die 100 Männer, die ihn begleiteten, erreichten den äußeren Rand des midianitischen Lagers kurz nach dem Wachwechsel, gerade als die mittlere Nachtwache begann*. Da bliesen sie in ihre Hörner und zertrümmerten gleichzeitig die Krüge, die sie mit sich trugen. ²⁰Daraufhin ließen auch die anderen Gruppen ihre Hörner erschallen und zerschmetterten die Krüge. Sie hielten die Fackeln in der linken Hand und die Hörner in der rechten und schrien: »Ein Schwert für den HERRN und für Gideon!« ²¹Dabei blieben sie jedoch an ihren Plätzen rund um das Lager stehen. Im Lager liefen alle durcheinander, schlugen Alarm und riefen zur Flucht auf. ²²Als die 300 Israeliten in ihre Hörner bliesen, fügte es der HERR, dass sich die Krieger im Lager gegenseitig bekämpften. Und das ganze Heer floh bis nach Bet-Schitta bei Zereda und an die Grenze von Abel-Mehola bei Tabbat.

²³Daraufhin rief Gideon die Krieger von Naftali, Asser und ganz Manasse zusammen, und sie schlossen sich der Verfolgung des fliehenden Heers von Midian an. ²⁴Außerdem sandte er Boten ins Bergland von Ephraim und ließ ausrichten: »Kommt herunter und greift die Midianiter an! Nehmt ihnen die Wasserstellen bis Bet-Bara und den Jordan weg.« Da wurden alle Männer vom Stamm Ephraim zusammengerufen, und sie besetzten die Wasserstellen bis Bet-Bara und den Jordan. ²⁵Sie nahmen Oreb und Zeeb, die beiden midianitischen Fürsten, gefangen und töteten Oreb auf dem Stein des Oreb und Zeeb an der Kelter von Zeeb. Dann setzten sie den Mi-

---

7,19 Das war gegen Mitternacht.

dianitern weiter nach. Die Köpfe von Oreb und Zeeb brachten sie zu Gideon auf die andere Seite des Jordan.

Gideon tötet Sebach und Zalmunna

8 Und die Leute von Ephraim fragten Gideon: »Warum hast du uns das angetan? Warum hast du nicht nach uns rufen lassen, als du ausgerückt bist, um gegen die Midianiter zu kämpfen?« Und sie stritten heftig mit ihm. ²Doch Gideon entgegnete ihnen: »Was habe ich schon getan, verglichen mit euch? Ist nicht die Nachlese von Ephraim besser als die Weinlese von Abiëser? ³Gott hat euch den Sieg über die midianitischen Fürsten Oreb und Zeeb geschenkt. Was habe ich im Vergleich dazu vollbracht?« Als sie diese Antwort hörten, waren sie nicht mehr zornig auf Gideon.

⁴Dann kam Gideon an den Jordan und überquerte ihn mit seinen 300 Männern. Sie waren von der Verfolgung des midianitischen Heeres völlig erschöpft. ⁵Als sie nach Sukkot kamen, fragte Gideon die Leute dort: »Könnt ihr meinen Kriegern einige Brote zu essen geben? Sie sind sehr müde. Ich verfolge Sebach und Zalmunna, die Könige von Midian.«

⁶Doch die Obersten von Sukkot gaben ihm zur Antwort: »Noch hast du Sebach und Zalmunna nicht gefangen. Warum sollten wir dann deinem Heer Brot geben?« ⁷Da sagte Gideon: »Wenn der HERR mir den Sieg über Sebach und Zalmunna geschenkt hat, werde ich zurückkehren und euch mit den Dornen und Stacheln der Wüste das Fleisch verdreschen.«

⁸Von dort zog Gideon hinauf nach Pnuël und trug die gleiche Bitte vor, erhielt jedoch die gleiche Antwort wie von den Männern in Sukkot. ⁹Da sagte er zu den Einwohnern von Pnuël: »Wenn ich siegreich zurückkehre, werde ich diesen Turm einreißen!«

¹⁰Sebach und Zalmunna hielten sich mit ihrem Heer von etwa 15.000 Kriegern in Karkor auf. Es war der Rest des vereinigten Heeres des Ostens; 120.000 Männer waren bereits gefallen. ¹¹Gideon zog auf der Karawanenstraße östlich von Nobach und Jogboha hinauf und schlug das Heer, das sich in Sicherheit wähnte. ¹²Sebach und Zalmunna flohen, aber Gideon verfolgte sie. Er nahm diese beiden Könige von Midian gefangen und versetzte alle ihre Soldaten in Angst und Schrecken.

¹³Danach kehrte Gideon, der Sohn von Joasch, aus dem Kampf über den Heres-Pass zurück. ¹⁴Dort nahm er einen jungen Mann von den Leuten aus Sukkot gefangen und fragte ihn aus. Er ließ ihn die Namen aller 77 Obersten und Ältesten der Stadt aufschreiben. ¹⁵Und als er zu den Leuten von Sukkot kam, sagte er: »Hier sind Sebach und Zalmunna. Ihretwegen habt ihr mich verhöhnt und gesagt: ›Noch hast du Sebach und Zalmunna nicht gefangen. Warum sollten wir dann deinem Heer Brot geben?‹« ¹⁶Daraufhin ergriff er die Ältesten der Stadt und schlug sie mit Dornen und Stacheln aus der Wüste. ¹⁷Den Turm von Pnuël ließ er einreißen und alle Männer in der Stadt töten.

¹⁸Danach fragte Gideon Sebach und Zalmunna: »Die Männer, die ihr in Tabor getötet habt – wie sahen die aus?«

»Wie du«, antworteten sie. »Sie sahen alle aus wie Königssöhne.«

¹⁹»Das waren meine Brüder, die Söhne meiner Mutter!«, rief Gideon aus. »So wahr der HERR lebt: Ich hätte euch nicht getötet, wenn ihr sie am Leben gelassen hättet.«

²⁰Und er wandte sich zu Jeter, seinem ältesten Sohn, und befahl ihm: »Auf! Töte sie!« Aber Jeter zog sein Schwert nicht, denn er war noch ein Kind und hatte Angst.

²¹Da verlangten Sebach und Zalmunna von Gideon: »Steh du auf und töte uns selbst! Wie der Mann ist, so ist auch seine Stärke.« Und Gideon stand auf und tötete die beiden und nahm sich die kleinen Monde von den Hälsen ihrer Kamele.

Gideons heiliges Efod

²²Danach baten die Israeliten Gideon: »Sei unser Herrscher! Du und dein Sohn und dein Enkel sollen über uns herrschen, denn du hast uns vor Midian gerettet.«

²³Doch Gideon erwiderte: »Ich will nicht über euch herrschen, ebenso wenig wie mein Sohn. Der HERR soll über euch herrschen! ²⁴Aber ich habe eine Bitte: Jeder von euch soll mir einen Ring aus seiner Beute geben.« Die Feinde waren nämlich Ismaeliter und trugen goldene Ringe.

²⁵»Gern!«, antworteten sie. Sie breiteten einen Mantel aus und jeder warf einen goldenen Ring hinein, den er erbeutet hatte. ²⁶Das Gesamtgewicht dieser goldenen Ringe betrug 1.700 Goldschekel*, nicht eingerechnet die Halbmonde, die Ohrgehänge, die Purpurgewänder der Könige von Midian und die Ketten, die die Kamele um den Hals trugen. ²⁷Gideon machte ein heiliges

---

8,26 Das entspricht ca. 30 kg.

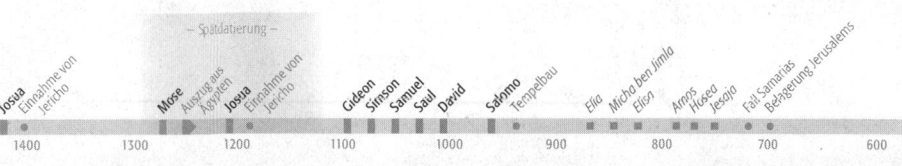

RICHTER		
	1–3	Einleitung: Israels Gehorsam und Ungehorsam
	3–16	Erzählungen über die Richter
	3	Otniël, Ehud und Schamgar
	4–5	Debora und Barak
	6–8	Gideon
	9	„König" Abimelech
	10	Tola und Jaïr
	11–12	Jeftah
	12	Ibzan, Elon und Abdon
	13–16	Simson
	17–21	Wirre Zustände vor der Königszeit

8–9
Nach Gideons Tod betet Israel Götzen an. Abimelech wird König von Sichem und tötet seine Brüder. Gaal hetzt Sichem gegen Abimelech auf.

[Zum Sinai, vom Sinai her: Gott schafft sich ein Volk]

Efod* aus dem Gold und stellte es in seiner Heimatstadt Ofra auf. Sämtliche Israeliten trieben dort Abgötterei, indem sie das Efod anbeteten, und es wurde Gideon und seiner Familie zum Verhängnis. [28]Auf diese Weise unterwarf Israel Midian, das sich nie wieder von diesem Schlag erholte. Und das Land hatte 40 Jahre lang Frieden, solange Gideon lebte. [29]Danach kehrte Gideon*, der Sohn von Joasch, nach Hause zurück. [30]Er hatte 70 leibliche Söhne, denn er besaß viele Frauen. [31]In Sichem hatte er darüber hinaus eine Nebenfrau, die ihm einen Sohn gebar, und er nannte ihn Abimelech. [32]Gideon, der Sohn von Joasch, starb in hohem Alter und wurde in der Grabstätte seines Vaters Joasch beigesetzt, in Ofra, der Stadt der Sippe Abiëser. [33]Sobald Gideon tot war, trieben die Israeliten wieder Abgötterei mit den Baalen und machten den Baal-Berit zu ihrem Gott. [34]Sie vergaßen den HERRN, ihren Gott, der sie vor allen Feinden ringsherum gerettet hatte. [35]Und auch der Familie von Jerubbaal – das ist Gideon – hielten sie nicht die Treue, obwohl er so viel Gutes für Israel getan hatte.

Abimelech herrscht über Sichem

9 Eines Tages ging Gideons* Sohn Abimelech nach Sichem, um die Brüder seiner Mutter zu besuchen. Er wandte sich an sie und die übrigen Mitglieder der Familie seiner Mutter und sagte zu ihnen: [2]»Redet doch einmal mit den Einwohnern von Sichem, ob sie die 70 Söhne Gideons oder lieber nur einen einzigen Mann als Herrscher über sich haben wollen. Und vergesst nicht, dass ich zu eurem eigenen Fleisch und Blut gehöre!« [3]Daraufhin traten Abimelechs Onkel bei den Einwohnern von Sichem für ihn ein und wiederholten, was er ihnen gesagt hatte. Und die Einwohner von Sichem entschieden sich für Abimelech, weil er ihr Verwandter war. [4]Sie gaben ihm 70 Silbermünzen aus dem Tempel des Baal-Berit. Mit dem Geld warb er einige zwielichtige, zu allem entschlossene Männer an, die sich bereiterklärten, ihm zu folgen. [5]Er führte sie zum Haus seines Vaters in Ofra und brachte dort auf einem einzigen Stein seine Brüder um, alle 70 Söhne von Gideon. Nur der jüngste Sohn von

8,27 Nach 2. Mose 28,6 ein Priesterschurz, hier wahrscheinlich eine Götzenskulptur, die mit einem solchen Priesterschurz bekleidet wurde. **8,29** Hebr. *Jerubbaal*. **9,1** Hebr. *Jerubbaal*; so auch in den folgenden Versen.

Gideon, Jotam, blieb am Leben, weil er sich versteckt hatte. ⁶Danach beriefen die Einwohner von Sichem und Bet-Millo eine Versammlung unter der geweihten Eiche von Sichem ein, und machten Abimelech zu ihrem König.

Jotams Gleichnis

⁷Als Jotam das erfuhr, stieg er auf den Gipfel des Berges Garizim und rief laut: »Hört mir zu, ihr Einwohner von Sichem, wenn ihr wollt, dass Gott euch zuhört! ⁸Einst beschlossen die Bäume, einen König zu wählen. Sie sprachen zum Olivenbaum: ›Sei unser König!‹ ⁹Doch dieser antwortete ihnen: ›Soll ich vielleicht aufhören, Öl hervorzubringen, das Gott und Menschen ehrt, nur um über den Bäumen zu schweben?‹

¹⁰Da sprachen sie zum Feigenbaum: ›Sei du unser König!‹ ¹¹Doch der Feigenbaum entgegnete: ›Soll ich vielleicht aufhören, meine süßen Früchte hervorzubringen, nur um über den Bäumen zu schweben?‹

¹²Da sprachen sie zum Weinstock: ›Sei du unser König!‹ ¹³Doch der Weinstock erwiderte: ›Soll ich vielleicht aufhören, den Wein hervorzubringen, der Gott und die Menschen erfreut, nur um über den Bäumen zu schweben?‹

¹⁴Schließlich wandten sich alle Bäume an den Dornbusch und sagten: ›Komm, sei du unser König!‹ ¹⁵Und der Dornbusch antwortete: ›Wenn ihr mich wirklich zu eurem König machen wollt, dann kommt und sucht Schutz in meinem Schatten. Wenn nicht, soll Feuer aus dem Dornbusch hervorbrechen und die Zedern des Libanon verzehren.‹

¹⁶Nun fragt euch, ob ihr treu und ehrenhaft gehandelt habt, als ihr Abimelech zu eurem König gemacht habt, und ob ihr euch gegenüber Gideon und seinen Nachkommen richtig verhalten habt. Habt ihr meinem Vater vergolten, was er für euch getan hat? ¹⁷Denn er hat für euch gekämpft und hat sein Leben für euch eingesetzt, als er euch vor den Midianitern gerettet hat. ¹⁸Ihr aber habt euch gegen meinen Vater und seine Nachkommen gewandt und seine 70 Söhne auf einem einzigen Stein umgebracht. Und ihr habt Abimelech, den Sohn einer Sklavin, zum König über Sichem gemacht, nur weil er mit euch verwandt ist. ¹⁹Wenn ihr Gideon und seinen Nachkommen gegenüber tatsächlich treu und ehrenhaft gehandelt habt, dann sollt ihr euch an Abimelech freuen und er soll seine Freude an euch haben. ²⁰Wenn ihr jedoch treulos wart, dann soll Feuer aus Abimelech hervorbrechen und das Volk von Sichem und Bet-Millo verzehren; und es soll Feuer aus den Einwohnern von Sichem und Bet-Millo hervorbrechen und Abimelech verzehren!« ²¹Danach floh Jotam vor seinem Bruder Abimelech. Er entkam nach Beer und blieb dort.

Sichems Abfall von Abimelech

²²Abimelech herrschte drei Jahre über Israel, ²³da stiftete Gott Unfrieden* zwischen Abimelech und den Einwohnern von Sichem, und sie fielen von ihm ab. ²⁴So sollte sich das Verbrechen rächen, das Abimelech an den 70 Söhnen von Gideon begangen hatte. Weil er seine Brüder umgebracht hatte und weil die Männer von Sichem ihn dabei unterstützt hatten, sollten sie nun bestraft werden. ²⁵Die Einwohner von Sichem legten Abimelech oben in den Bergen einen Hinterhalt und raubten alle aus, die auf der Straße vorüberkamen. Doch Abimelech erfuhr davon.

²⁶In dieser Zeit zog Gaal, der Sohn von Ebed, mit seinen Brüdern nach Sichem und gewann das Vertrauen der Einwohner. ²⁷Sie gingen aufs Feld hinaus, hielten die Weinlese und kelterten die Trauben. Sie feierten ein Freudenfest im Tempel ihres Gottes, wo sie aßen und tranken. Und sie fingen an, Abimelech zu verfluchen. ²⁸»Wer ist schon Abimelech?«, rief Gaal, der Sohn von Ebed. »Warum sollten wir Männer von Sichem ihm weiterhin dienen? Er ist doch nur der Sohn von Gideon, und Sebul ist nur sein Verwalter. Dient lieber den Männern von Hamor, das sind die wahren Söhne von Sichem! Warum sollten wir Abimelech dienen? ²⁹Wenn ich hier die Macht hätte, würde ich Abimelech vertreiben. Ich würde zu ihm sagen*: ›Verstärke dein Heer und zieh in den Kampf!‹«

³⁰Als Sebul, der Verwalter der Stadt, erfuhr, was Gaal, der Sohn von Ebed, gesagt hatte, wurde er sehr zornig. ³¹Er schickte Boten zu Abimelech nach Aruma und ließ ihm ausrichten: »Gaal, der Sohn von Ebed, und seine Brüder sind nach Sichem gezogen, und jetzt wiegeln sie die Stadt gegen dich auf. ³²Komm in der Nacht mit den Männern, die du bei dir hast, und lege dich draußen auf den Feldern in einen Hinterhalt. ³³Brich dann am Morgen, sobald es Tag wird, auf und überfalle die Stadt. Wenn Gaal und seine Männer gegen dich ausziehen, kannst du so mit ihnen verfahren, wie es sich ergibt.«

³⁴Also machte sich Abimelech mit der ganzen Mannschaft, die er bei sich hatte, noch in derselben Nacht auf den Weg. Sie teilten sich in vier Gruppen auf und legten sich um Sichem herum in den Hinterhalt. ³⁵Als Gaal, der Sohn von Ebed, herauskam und im Stadttor stand, tauch-

---

9,23 Hebr. *sandte einen bösen Geist.* **9,29** So mit der griech. Version; im Hebr. heißt es *Und er sagte.*

RICHTER

1–3	Einleitung: Israels Gehorsam und Ungehorsam
3–16	Erzählungen über die Richter
3	Otniël, Ehud und Schamgar
4–5	Debora und Barak
6–8	Gideon
9	„König" Abimelech
10	Tola und Jaïr
11–12	Jeftah
12	Ibzan, Elon und Abdon
13–16	Simson
17–21	Wirre Zustände vor der Königszeit

9–11
Abimelech zerstört Sichem und stirbt. Israels Untreue führt es in die Hände der Ammoniter. Jeftah soll Oberbefehlshaber Gileads werden.

[Zum Sinai, vom Sinai her: Gott schafft sich ein Volk]

ten Abimelech und sein Heer aus dem Hinterhalt auf. ³⁶Gaal sah sie und sagte zu Sebul: »Schau, da kommen Leute von den Bergen herunter!«

Sebul antwortete: »Das sind nur die Schatten der Berge, die wie Männer aussehen.«

³⁷Doch Gaal wiederholte: »Nein, es kommen Leute vom höchsten Berggipfel* herunter. Und eine weitere Gruppe marschiert auf der Straße bei Elon-Meonenim*.«

³⁸Da spottete Sebul: »Wo bleibt nun dein großes Maul? Hast du nicht gesagt: ›Wer ist schon Abimelech, und warum sollten wir ihm dienen?‹ Da sind ja die Leute, die du verachtet hast! Also rück jetzt aus und kämpfe mit ihnen!«

³⁹Da führte Gaal die Männer von Sichem in den Kampf gegen Abimelech, ⁴⁰doch er wurde von Abimelech gejagt und musste fliehen. Viele Krieger aus Sichem wurden getötet und ihre Leichen lagen am Boden bis zum Stadttor hin. ⁴¹Abimelech blieb in Aruma, und Sebul vertrieb Gaal und seine Brüder aus Sichem.

⁴²Am nächsten Tag gingen die Einwohner von Sichem hinaus aufs Feld. Abimelech hörte davon, ⁴³nahm seine Leute, teilte sie in drei Gruppen ein und legte einen Hinterhalt in den Feldern. Als er sah, dass die Leute aus der Stadt herauskamen, fiel er über sie her und machte sie nieder. ⁴⁴Abimelech und seine Gruppe stürmten das Stadttor und stellten sich dort auf, während die beiden anderen Gruppen die Leute auf den Feldern angriffen und erschlugen. ⁴⁵Abimelech kämpfte den ganzen Tag gegen die Stadt, bis er sie schließlich eroberte. Er tötete die Einwohner, riss die Stadt nieder und bestreute den Boden mit Salz.

⁴⁶Als diejenigen, die im Turm von Sichem wohnten, hörten, was geschehen war, suchten sie Zuflucht in den Kellergewölben des Tempels von Baal-Berit. ⁴⁷Abimelech wurde berichtet, dass die Menschen sich dorthin geflüchtet hatten, ⁴⁸und er führte seine Leute den Berg Zalmon hinauf. Dort nahm er eine Axt, schlug einen Ast von einem Baum ab und legte ihn auf seine Schulter. »Rasch, tut dasselbe, was ich getan habe«, wies er seine Männer an. ⁴⁹Da hieben auch alle seine Leute einen Ast ab und zogen hinter Abimelech her. Die Äste schichteten sie über dem Kellergewölbe des Tempels auf und setzten das Gewölbe über den Menschen in Brand. So starben alle, die im Turm von Sichem gewohnt hatten, etwa 1.000 Männer und Frauen.

⁵⁰Danach zog Abimelech nach Tebez, belagerte die Stadt und eroberte sie. ⁵¹In der Stadt stand

9,37a Hebr. *dem Mittelpunkt des Landes.* **9,37b** Das bedeutet *Zaubererbaum.*

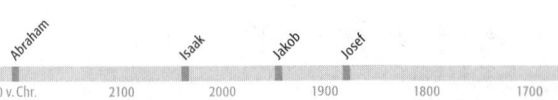

ein stark befestigter Turm und die gesamte Bevölkerung suchte Schutz darin. Sie verschlossen die Tür und stiegen aufs Dach des Turmes. ⁵²Abimelech kam zu dem Turm und wollte ihn stürmen. Doch gerade als er den Eingang in Brand stecken wollte, ⁵³warf eine Frau einen Mühlstein vom Dach. Der Stein traf Abimelech am Kopf und zerschmetterte ihm den Schädel. ⁵⁴Sterbend rief Abimelech nach seinem jungen Waffenträger und sagte: »Zieh schnell dein Schwert und töte mich! Man soll nicht von mir sagen, eine Frau habe Abimelech getötet!« Da stach der junge Mann zu, und er starb. ⁵⁵Als die Männer in Israel sahen, dass Abimelech tot war, gingen sie auseinander und kehrten nach Hause zurück.

⁵⁶Auf diese Weise übte Gott Vergeltung für das Unrecht, das Abimelech seinem Vater durch die Ermordung seiner 70 Brüder angetan hatte. ⁵⁷Und auch auf die Einwohner von Sichem ließ er all das Unrecht zurückfallen, das sie getan hatten. So erfüllte sich der Fluch von Jotam, dem Sohn von Gideon.

Tola wird Richter in Israel

10 Nach dem Tod von Abimelech erschien Tola, der Sohn von Pua und ein Nachkomme von Dodo, um Israel zu retten. Er gehörte dem Stamm Issachar an und lebte in der Stadt Schamir im Bergland von Ephraim. ²Tola war 23 Jahre lang Richter in Israel. Als er starb, wurde er in Schamir begraben.

Jaïr wird Richter in Israel

³Anschließend war Jaïr, ein Mann aus Gilead, 22 Jahre lang Richter in Israel. ⁴Seine 30 Söhne ritten auf 30 Eseln, und ihnen gehörten 30 Städte im Land Gilead, die noch heute Hawwot-Jaïr* genannt werden. ⁵Als Jaïr starb, wurde er in Kamon begraben.

Die Ammoniter unterdrücken Israel

⁶Wieder taten die Israeliten Böses in den Augen des Herrn. Sie dienten den Baalen und der Aschtoret und den Göttern von Aram, Sidon, Moab, Ammon und den Philistern. Und sie verließen den Herrn und dienten ihm nicht mehr. ⁷Da wurde der Herr zornig auf Israel, und er lieferte das Volk den Philistern und Ammonitern aus, ⁸die es von diesem Zeitpunkt an bedrängten und unterdrückten. 18 Jahre lang unterdrückten sie die Israeliten östlich des Jordan im Land der Amoriter, das heißt in Gilead. ⁹Die Ammoniter setzten auch ans Westufer des Jordan über und griffen Juda, Benjamin und Ephraim an. Die Israeliten waren in großer Not. ¹⁰Schließlich schrien sie zum Herrn und sagten: »Wir haben gegen dich gesündigt, als wir uns von dir, unserem Gott, abgewandt und den Baalen gedient haben.«

¹¹Der Herr antwortete: »Habe ich euch nicht vor den Ägyptern, den Amoritern, den Ammonitern, den Philistern, ¹²den Sidoniern, den Amalekitern und den Maonitern gerettet? Als sie euch unterdrückten, habt ihr zu mir geschrien, und ich habe euch gerettet. ¹³Dennoch habt ihr mich verlassen und anderen Göttern gedient. Deshalb werde ich euch nicht mehr retten. ¹⁴Geht und schreit zu den Göttern, die ihr für euch gewählt habt! Sollen sie euch doch in der Stunde der Not helfen!«

¹⁵Doch die Israeliten flehten weiter zum Herrn und sagten: »Wir haben gesündigt! Mach mit uns, was dir gefällt, nur rette uns noch dieses Mal.« ¹⁶Und sie beseitigten die fremden Götter aus ihrer Mitte und dienten dem Herrn. Da konnte er ihre Not nicht länger ertragen.

¹⁷Zu dieser Zeit hatten die Heere von Ammon zum Krieg gerüstet und lagerten in Gilead, und das israelitische Heer wurde zusammengerufen und lagerte in Mizpa. ¹⁸Die Ältesten von Gilead besprachen untereinander: »Welcher Mann nimmt den Kampf gegen die Ammoniter auf? Er soll Herrscher über ganz Gilead werden.«

Jeftah wird Richter in Israel

11 Jeftah aus Gilead war ein großer Krieger. Er war aber der Sohn einer Prostituierten, sein Vater war Gilead. ²Auch Gileads Frau gebar ihm Söhne, und als diese erwachsen waren, jagten sie Jeftah fort. »Du wirst nichts vom Erbe unseres Vaters bekommen«, sagten sie, »denn du bist der Sohn einer anderen Frau.« ³Jeftah floh vor seinen Brüdern und ließ sich im Land Tob nieder. Eine Gruppe zwielichtiger Männer schloss sich Jeftah an und zog mit ihm umher.

⁴Etwa um diese Zeit kam es zum Krieg zwischen den Ammonitern und Israel. ⁵Als die Ammoniter angriffen, gingen die Ältesten von Gilead ins Land Tob, um Jeftah zu holen. ⁶Sie baten ihn: »Komm zurück, du sollst unser Oberbefehlshaber sein! Hilf uns im Kampf gegen die Ammoniter!«

⁷Doch Jeftah entgegnete ihnen: »Habt ihr mich nicht gehasst und aus dem Haus meines

---

10,4 Das bedeutet *Zeltstädte Jaïrs*.

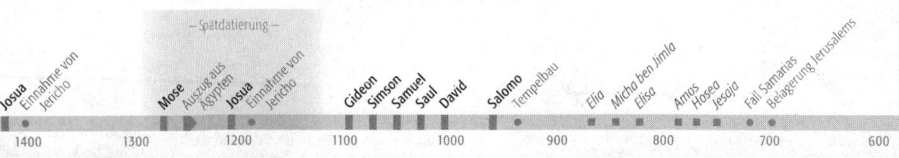

RICHTER

1–3	Einleitung: Israels Gehorsam und Ungehorsam
3–16	Erzählungen über die Richter
3	Otniël, Ehud und Schamgar
4–5	Debora und Barak
6–8	Gideon
9	„König" Abimelech
10	Tola und Jaïr
11–12	Jeftah
12	Ibzan, Elon und Abdon
13–16	Simson
17–21	Wirre Zustände vor der Königszeit

11–12

Jeftah verhandelt mit den Ammonitern. Er verliert seine Tochter. Jeftah besiegt Ephraim.

[Zum Sinai, vom Sinai her: Gott schafft sich ein Volk]

Vaters vertrieben? Warum wendet ihr euch jetzt an mich, wo ihr in Not seid?«
⁸»Wir wenden uns an dich, weil wir wollen, dass du mit uns in den Kampf gegen die Ammoniter ziehst«, antworteten die Ältesten von Gilead. »Du sollst der Herrscher über das ganze Volk von Gilead werden.«
⁹Da fragte Jeftah: »Wenn ich mit euch komme und der Herr mir den Sieg über die Ammoniter schenkt, werde ich dann wirklich euer Herrscher sein?«
¹⁰»Der HERR ist unser Zeuge«, erwiderten die Ältesten von Gilead. »Hiermit versprechen wir zu tun, was wir vereinbart haben.«
¹¹Da ging Jeftah mit den Ältesten von Gilead, und das Volk machte ihn zu seinem Anführer und zum Oberbefehlshaber des Heeres. In Mizpa brachte Jeftah alle Anliegen, die ihn bewegten, vor den HERRN.
¹²Danach schickte Jeftah Boten zum König von Ammon und ließ ihn fragen: »Was liegt zwischen uns vor, dass du hergekommen bist, um mein Land anzugreifen?« ¹³Der König von Ammon antwortete Jeftahs Boten: »Als die Israeliten aus Ägypten hierher kamen, haben sie mir das Land vom Arnon bis zum Jabbok und hinunter bis zum Jordan weggenommen. Gib dieses Land freiwillig zurück.«
¹⁴Jeftah sandte noch einmal Boten zu dem Ammoniterkönig und ließ ihm ausrichten:
¹⁵»Jeftah sagt: ›Israel hat Moab oder Ammon kein Land weggenommen. ¹⁶Als die Israeliten aus Ägypten auszogen und nach der Wanderung durch die Wüste bis zum Roten Meer und nach Kadesch kamen, ¹⁷schickten sie Boten zum König von Edom und baten: Erlaube uns, durch dein Land zu ziehen. Doch der König von Edom verweigerte es ihnen. Daraufhin schickten sie Boten zum König von Moab, aber auch er lehnte ihre Bitte ab. Also blieben sie in Kadesch.
¹⁸Schließlich umgingen sie Edom und Moab und wählten den Weg durch die Wüste. Sie zogen an der Ostgrenze von Moab entlang und lagerten jenseits des Arnon, ohne das Gebiet von Moab zu betreten, denn der Arnon ist die Grenze von Moab.
¹⁹Dann schickte Israel Boten zu Sihon, dem König der Amoriter, der in Heschbon herrschte, mit der Bitte: Erlaube uns, durch dein Land zu ziehen, um an unseren Bestimmungsort zu gelangen. ²⁰Aber König Sihon traute den Israeliten nicht und wollte sie ebenfalls nicht durch sein Land ziehen lassen. Stattdessen sammelte er ein Heer und lagerte bei Jahaz und griff sie an. ²¹Doch der HERR, der Gott Israels, schenkte seinem Volk den Sieg über König Sihon und sein

Heer. So nahm Israel das ganze Land der Amoriter, die in diesem Gebiet lebten, in Besitz. ²²Und Israel eroberte das ganze Land der Amoriter, vom Arnon bis zum Jabbok und von der Wüste bis zum Jordan.

²³Du siehst, es war der HERR, der Gott Israels, der den Amoritern das Land weggenommen und es Israel gegeben hat. Und nun willst du es wieder in Besitz nehmen? ²⁴Du behältst doch auch, was dein Gott Kemosch dir gibt, und wir behalten, was der HERR, unser Gott, uns gibt. ²⁵Bist du vielleicht etwas Besseres als Balak, der Sohn von Zippor, der König von Moab? Hat dieser etwa Israel das Land streitig gemacht? Hat er etwa Krieg mit den Israeliten angefangen? ²⁶Schon seit 300 Jahren leben die Israeliten in Heschbon und den zugehörigen Ortschaften, in Aroër und den umliegenden Dörfern und in den Städten am Arnon. Warum habt ihr nicht schon früher versucht sie zurückzuerobern? ²⁷Ich habe mir dir gegenüber nichts zu Schulden kommen lassen, aber du tust mir Unrecht, indem du mich angreifst. Der HERR ist der Richter. Er soll heute entscheiden, wer von uns recht hat – Israel oder Ammon.«'

²⁸Doch der König von Ammon hörte nicht auf Jeftahs Botschaft.

Jeftahs Schwur

²⁹Da kam der Geist des HERRN über Jeftah. Er zog durch das Land Gilead und Manasse und nach Mizpa in Gilead und zog von Mizpa aus gegen die Ammoniter. ³⁰Jeftah legte dem HERRN ein Gelübde ab. Er versprach: »Wenn du mir den Sieg über die Ammoniter schenkst, ³¹will ich dem HERRN das Erste geben, das mir aus der Tür meines Hauses entgegenkommt, wenn ich wohlbehalten von den Ammonitern heimkehre. Ich will es als Brandopfer darbringen.«

³²Jeftah führte sein Heer gegen die Ammoniter, und der HERR schenkte ihm den Sieg. ³³Es gelang ihm, die Ammoniter vernichtend zu schlagen, von Aroër bis Minnit – 20 Städte –, sogar bis Abel-Keramim. Auf diese Weise unterwarf Israel die Ammoniter.

³⁴Als Jeftah nach Mizpa heimkehrte, lief ihm seine Tochter entgegen. Sie schlug das Tamburin und tanzte vor Freude. Sie war sein einziges Kind; er hatte sonst keinen Sohn und keine Tochter. ³⁵Als er sie erblickte, zerriss er vor Kummer seine Kleider. »Meine Tochter!«, rief er aus. »Mir bricht das Herz! Du bereitest mir einen Kummer! Denn ich habe dem HERRN ein Versprechen gegeben und kann es nicht mehr zurücknehmen.«

³⁶Sie antwortete: »Vater, du hast dem HERRN ein Versprechen gegeben. Du musst mir tun, was du vereinbart hast, denn der HERR hat dir zur Rache an deinen Feinden, den Ammonitern, verholfen.« ³⁷Und sie bat ihren Vater: »Aber erlaube mir nur eines: Lass mich noch in die Berge hinaufgehen und zwei Monate lang mit meinen Freundinnen weinen, denn ich werde als Jungfrau sterben.«

³⁸»So geh«, sagte Jeftah. Und er ließ sie für zwei Monate fortgehen. Sie und ihre Freundinnen gingen in die Berge und weinten, weil sie nie einem Mann gehören würde*. ³⁹Als sie nach zwei Monaten nach Hause zurückkehrte, hielt ihr Vater sein Gelübde, und sie starb als Jungfrau. So wurde es Brauch in Israel, ⁴⁰dass die jungen Israelitinnen sich jedes Jahr für vier Tage zurückziehen, um die Tochter von Jeftah aus Gilead zu beklagen.

Ephraim kämpft mit Jeftah

12 Danach wurden die Männer vom Stamm Ephraim zum Kampf einberufen und zogen nach Zafon. Sie stellten Jeftah zur Rede: »Warum hast du uns nicht zu Hilfe gerufen, als du gegen Ammon gekämpft hast? Jetzt werden wir dir dein Haus über dem Kopf anzünden!«

²»Als ich und mein Volk in heftigen Streit mit den Ammonitern gerieten, habe ich euch gerufen«, antwortete Jeftah. »Doch ihr seid nicht zu unserer Rettung gekommen. ³Ihr wolltet uns nicht gegen die Ammoniter helfen. Als ich das merkte, setzte ich mein Leben aufs Spiel und zog ohne euch in die Schlacht, und der HERR schenkte mir den Sieg über die Ammoniter. Warum also seid ihr zu mir heraufgekommen und wollt jetzt gegen mich kämpfen?«

⁴Die Ältesten von Ephraim antworteten: »Ihr seid doch nichts weiter als Flüchtlinge aus Ephraim; schließlich liegt Gilead mitten in Ephraim und mitten in Manasse.« Da sammelte Jeftah alle seine Leute, griff die Männer von Ephraim an und besiegte sie.

⁵Die Männer von Gilead besetzten die Furten des Jordan, die nach Ephraim führten. Und immer wenn ein Flüchtling aus Ephraim kam und sagte: »Ich möchte hinübergehen«, fragten ihn die Männer aus Gilead: »Gehörst du zum Stamm Ephraim?« Antwortete der Mann: »Nein«, ⁶forderten sie ihn auf: »Sag einmal ›Schibbolet*‹.« Wenn er dann »Sibbolet« sagte, weil er das Wort nicht richtig aussprechen konnte, packten sie ihn und brachten ihn an den Furten des Jor-

---

11,38 Hebr. *und sie weinten über ihre Jungfrauschaft*.   12,6 D.h. *Strömung* oder *Wasserschwall*.

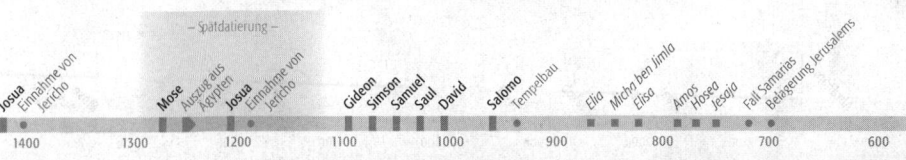

RICHTER

1–3	Einleitung: Israels Gehorsam und Ungehorsam
3–16	Erzählungen über die Richter
3	Otniël, Ehud und Schamgar
4–5	Debora und Barak
6–8	Gideon
9	„König" Abimelech
10	Tola und Jaïr
11–12	Jeftah
12	Ibzan, Elon und Abdon
13–16	Simson
17–21	Wirre Zustände vor der Königszeit

13–14
Ankündigung der Geburt Simsons. Simson ist Gott geweiht. Simson möchte ein Philistermädchen heiraten.

[Zum Sinai, vom Sinai her: Gott schafft sich ein Volk]

dan um. Auf diese Weise kamen damals 42.000 Männer vom Stamm Ephraim ums Leben. ⁷Jeftah war sechs Jahre lang Richter in Israel. Als er starb, wurde er in einer der Städte von Gilead begraben.

Ibzan wird Richter in Israel
⁸Nach Jeftah wurde Ibzan Richter in Israel. Er lebte in Bethlehem ⁹und hatte 30 Söhne und 30 Töchter. Ibzan verheiratete seine Töchter mit Männern außerhalb seiner Sippe und holte für seine Söhne 30 junge Frauen von außerhalb in seine Familie. Er war sieben Jahre lang Richter in Israel. ¹⁰Als er starb, wurde er in Bethlehem begraben.

Elon wird Richter in Israel
¹¹Nach ihm wurde Elon aus Sebulon Richter in Israel. Er sprach zehn Jahre lang in Israel Recht. ¹²Als Elon starb, wurde er in Ajalon im Land Sebulon begraben.

Abdon wird Richter in Israel
¹³Nach ihm wurde Abdon aus Piraton, der Sohn von Hillel, Richter in Israel. ¹⁴Er hatte 40 Söhne und 30 Enkel, die auf 70 Eseln ritten. Er war acht Jahre lang Richter in Israel. ¹⁵Dann starb er und wurde in Piraton in Ephraim, im Bergland der Amalekiter, begraben.

Die Geburt von Simson

13 Wieder taten die Israeliten Böses in den Augen des HERRN, und der HERR lieferte sie 40 Jahre der Gewalt der Philister aus.
²In jener Zeit lebte in der Stadt Zora ein Mann namens Manoach aus dem Stamm Dan. Seine Frau konnte keine Kinder bekommen, und so waren sie kinderlos. ³Eines Tages erschien der Engel des HERRN Manoachs Frau und sprach: »Du hast bis jetzt keine Kinder bekommen können, doch nun wirst du bald schwanger werden und einen Sohn bekommen. ⁴Achte darauf, dass du weder Wein noch andere alkoholische Getränke zu dir nimmst und auch keine unreinen Speisen isst. ⁵Du wirst schwanger werden und einen Sohn zur Welt bringen, und sein Haar darf niemals geschnitten werden. Denn er wird von Geburt an ein Nasiräer* sein und wird beginnen, Israel von den Philistern zu befreien.«
⁶Die Frau lief zu ihrem Mann und erzählte ihm: »Ein Gottesmann ist mir erschienen! Er sah aus wie ein Engel Gottes; sein Anblick er-

13,5 Ein Nasiräer war ein Gott Geweihter, der sich an bestimmte Gesetze halten musste. Vgl. 4. Mose 6.

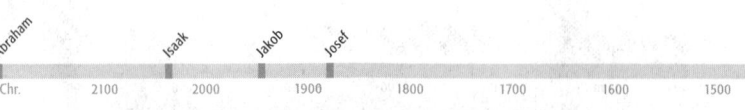

schreckte mich. Ich habe ihn nicht gefragt, woher er kam, und er hat mir seinen Namen nicht genannt. ⁷Aber er hat gesagt: ›Du wirst schwanger werden und einen Sohn gebären. Du darfst keinen Wein und keine anderen alkoholischen Getränke zu dir nehmen und keine unreinen Speisen essen, denn dein Sohn soll vom Tag seiner Geburt bis zum Tag seines Todes ein Nasiräer sein.‹«

⁸Da betete Manoach zum HERRN. Er sagte: »Herr, bitte lass den Gottesmann, den du geschickt hast, noch einmal zu uns kommen. Er soll uns sagen, wie wir mit diesem Sohn umgehen sollen, der zur Welt kommen wird.«

⁹Gott erhörte sein Gebet, und der Engel Gottes erschien Manoachs Frau noch einmal, als sie auf dem Feld saß. Wieder war ihr Mann nicht bei ihr, ¹⁰aber sie rannte schnell zu ihm und sagte: »Der Mann, der vor kurzem zu mir gekommen ist, ist mir wieder erschienen!«

¹¹Manoach stand auf und lief zusammen mit seiner Frau zurück. Er fragte den Engel: »Bist du der Mann, der vor kurzem mit meiner Frau gesprochen hat?«

»Ja«, antwortete er, »der bin ich.«

¹²Da fragte Manoach ihn: »Wenn deine Worte sich erfüllen, wie sollen wir dann mit dem Jungen umgehen? Auf was müssen wir achten?«

¹³Der Engel des HERRN antwortete: »Deine Frau soll alle meine Anweisungen beachten. ¹⁴Sie darf keine Trauben oder Rosinen essen*, keinen Wein oder andere alkoholische Getränke zu sich nehmen und keine unreinen Speisen essen. Sie soll alles beachten, was ich ihr angewiesen habe.«

¹⁵Da sagte Manoach zum Engel des HERRN: »Bitte bleib noch hier; wir wollen dir einen jungen Ziegenbock zubereiten.«

¹⁶»Auch wenn ich dableibe«, antwortete der Engel des HERRN, »werde ich nichts davon essen. Wenn du aber ein Brandopfer zubereiten willst, dann sollst du es zur Ehre des HERRN darbringen.« Manoach hatte noch nicht gemerkt, dass es der Engel des HERRN war.

¹⁷Er fragte den Engel des HERRN: »Wie heißt du? Wenn dies alles wirklich wahr wird, wollen wir dir gern unser Lob aussprechen.«

¹⁸»Warum fragst du nach meinem Namen?«, entgegnete der Engel des HERRN. »Du würdest ihn doch nicht verstehen, wenn ich ihn dir sagte.*«

¹⁹Also nahm Manoach den jungen Ziegenbock und ein Speiseopfer und brachte sie auf einem Felsen als Opfer für den HERRN dar. Da tat der HERR vor den Augen von Manoach und seiner Frau etwas Wunderbares: ²⁰Als die Flamme vom Altar hoch in den Himmel loderte, stieg der Engel des HERRN in ihr empor. Als Manoach und seine Frau das sahen, fielen sie zu Boden.

²¹Der Engel des HERRN erschien Manoach und seiner Frau nicht wieder. Manoach hatte nun erkannt, dass es der Engel des HERRN gewesen war, ²²und er sagte zu seiner Frau: »Wir werden bestimmt sterben, denn wir haben Gott gesehen!«

²³Doch seine Frau meinte: »Wenn es dem HERRN gefallen hätte, uns zu töten, hätte er das Brand- und Speiseopfer sicher nicht von uns angenommen. Er hätte uns das alles nicht gezeigt und wir hätten nicht solche Dinge von ihm gehört.«

²⁴Und die Frau brachte einen Sohn zur Welt und nannte ihn Simson. Der HERR segnete ihn, als er heranwuchs. ²⁵In Mahane-Dan, das zwischen den Städten Zora und Eschtaol gelegen ist, begann der Geist des HERRN ihn zu bewegen.

Simsons Rätsel

14 Eines Tages, als Simson nach Timna hinabging, fiel ihm bei den Philistern ein Mädchen auf. ²Er kehrte nach Hause zurück und erzählte seinem Vater und seiner Mutter davon: »In Timna habe ich bei den Philistern eine junge Frau gesehen. Die möchte ich gern heiraten.«

³Sein Vater und seine Mutter wandten ein: »Gibt es denn keine Frau in unserem Stamm oder unter den Israeliten, die du heiraten kannst? Warum musst du dir ausgerechnet bei den unbeschnittenen Philistern eine Frau suchen?«

Aber Simson sagte zu seinem Vater: »Gib mir die und keine andere zur Frau, denn sie gefällt mir.« ⁴Sein Vater und seine Mutter merkten nicht, dass hier der HERR am Werk war und einen Anlass suchte, gegen die Philister vorzugehen, die damals über Israel herrschten.

⁵Als Simson und seine Eltern nach Timna hinabreisten, wurde Simson in der Nähe der Weinberge von Timna von einem jungen Löwen angegriffen. ⁶Da kam der Geist des HERRN über ihn und er zerriss den Löwen mit seinen bloßen Händen, als wäre es ein junger Ziegenbock. Seinem Vater und seiner Mutter sagte er nichts von dem, was er getan hatte. ⁷Er ging dann nach Timna hinab und sprach mit der Frau, und sie gefiel ihm sehr.

⁸Einige Zeit später ging er wieder nach Timna, um die Frau zu heiraten. Er verließ den Weg, denn er wollte nach dem Kadaver des Löwen se-

---

13,14 Hebr. *Von allem, was vom Weinstock kommt, soll sie nicht essen.*   13,18 Hebr. *Er ist wunderbar.*

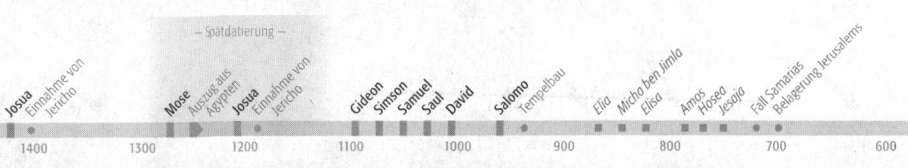

RICHTER

1–3	Einleitung: Israels Gehorsam und Ungehorsam
3–16	Erzählungen über die Richter
3	Otniël, Ehud und Schamgar
4–5	Debora und Barak
6–8	Gideon
9	„König" Abimelech
10	Tola und Jaïr
11–12	Jeftah
12	Ibzan, Elon und Abdon
13–16	Simson
17–21	Wirre Zustände vor der Königszeit

14–16
Simsons Braut hintergeht ihn und bekommt einen anderen Mann. Simson brennt die Felder der Philister nieder und erschlägt 1.000 Männer.

[Zum Sinai, vom Sinai her: Gott schafft sich ein Volk]

hen – und da fand er im Körper des Löwen einen Bienenschwarm und Honig. ⁹Simson holte sich mit den Händen etwas Honig heraus und aß ihn unterwegs. Er gab auch seinem Vater und seiner Mutter davon, und sie aßen ebenfalls. Aber er erzählte ihnen nicht, dass er den Honig aus dem Kadaver des Löwen geholt hatte.

¹⁰Sein Vater ging zu Simsons Braut hinab, und Simson veranstaltete in Timna ein Fest, wie es damals Brauch unter den jungen Männern war. ¹¹Als man ihn dort sah, schickte man ihm 30 Brautbegleiter, die mit ihm feiern sollten. ¹²Simson sagte zu ihnen: »Ich will euch ein Rätsel aufgeben. Wenn ihr das Rätsel innerhalb der sieben Festtage löst, schenke ich euch 30 Unterkleider und 30 Festkleider. ¹³Könnt ihr es nicht lösen, müsst ihr mir 30 Unterkleider und 30 Festkleider geben.«

»Gut«, stimmten sie zu, »lass uns dein Rätsel hören.«

¹⁴Er sagte:
»Aus dem, der frisst, kam Nahrung;
aus dem Starken kam Süßes.«

Drei Tage lang schafften sie es nicht, das Rätsel zu lösen. ¹⁵Am vierten* Tag sagten sie schließlich zu Simsons Frau: »Überrede* deinen Mann, uns die Lösung zu verraten, oder wir brennen das Haus deines Vaters nieder und dich gleich mit! Oder habt ihr uns vielleicht zu dem Fest eingeladen, um uns arm zu machen?«

¹⁶Da ging die Frau weinend zu Simson und sagte: »Du liebst mich nicht; du hasst mich! Du hast meinen Leuten ein Rätsel aufgegeben und verrätst mir die Antwort nicht.«

»Nicht einmal meinem Vater oder meiner Mutter habe ich die Antwort verraten«, antwortete er. »Warum sollte ich sie dir sagen?« ¹⁷Aber sie weinte ständig, wenn sie bei ihm war, das ganze Fest über. Zuletzt, am siebten Tag, hielt er es nicht mehr aus und verriet ihr die Antwort, und sie sagte sie den jungen Männern.

¹⁸Am siebten Tag, vor Sonnenuntergang, kamen die Männer der Stadt mit der Antwort zu Simson:
»Was ist süßer als Honig?
Was ist stärker als ein Löwe?«

Simson antwortete: »Wenn ihr nicht mit meiner Kuh gepflügt hättet, hättet ihr die Lösung meines Rätsels nie gefunden!« ¹⁹Da kam der Geist des HERRN über ihn, und er ging hinunter in die Stadt Aschkelon, erschlug dort 30 Männer, nahm die Kleider weg und gab sie den Männern, die sein Rätsel gelöst hatten. Dann kehrte er wütend zum Haus seines Vaters zu-

14,15a So in der griech. Version; im Hebr. lautet es *siebten*. 14,15b Hebr. *verführe*.

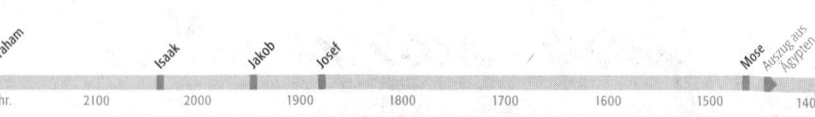

rück. ²⁰Seine Frau aber wurde mit dem Mann verheiratet, der bei der Hochzeit sein Brautführer gewesen war.

Simsons Rache an den Philistern

15 Einige Tage später, zur Zeit der Weizenernte, wollte Simson seine Frau besuchen. Er brachte eine junge Ziege als Geschenk für sie mit und sagte: »Ich möchte zu meiner Frau ins Zimmer gehen.« Doch ihr Vater ließ ihn nicht hereinkommen. ²»Ich war fest davon überzeugt, dass du sie hasst«, erklärte er, »deshalb habe ich sie mit deinem Brautführer verheiratet. Aber schau, ihre jüngere Schwester ist noch viel schöner. Du kannst sie an ihrer Stelle haben.«

³Simson antwortete ihm: »Diesmal trifft mich keine Schuld, wenn ich den Philistern etwas Böses antue!« ⁴Er ging weg und fing 300 Füchse, band sie paarweise an den Schwänzen zusammen und befestigte eine Fackel in der Mitte an jedem Schwanzpaar. ⁵Dann zündete er die Fackeln an und ließ die Füchse in die Getreidefelder der Philister laufen. Auf diese Weise brannte er ihr ganzes Korn nieder – das noch stehende Korn und die Garben. Auch ihre Weinberge und Olivenbäume wurden zerstört.

⁶»Wer hat das getan?«, wollten die Philister wissen.

»Simson, der Schwiegersohn des Timniters«, lautete die Antwort, »weil der ihm seine Frau weggenommen und mit seinem Brautführer verheiratet hat.« Da zogen die Philister los und verbrannten die Frau und ihren Vater.

⁷»Weil ihr das getan habt«, schwor Simson, »werde ich Rache an euch nehmen, und ich werde erst aufhören, wenn meine Rache befriedigt ist!« ⁸Und er verprügelte die Philister mit mächtigen Schlägen. Dann ging er weg und zog sich in eine Höhle in den Felsen von Etam zurück.

⁹Daraufhin marschierten die Philister nach Juda, schlugen dort ihr Lager auf und breiteten sich bei der Stadt Lehi aus. ¹⁰Die Männer von Juda fragten die Philister: »Warum seid ihr gegen uns aufmarschiert?«

Diese antworteten: »Wir sind gekommen, um Simson zu fangen. Wir wollen uns an ihm rächen für das, was er uns angetan hat.«

¹¹Da zogen 3.000 Männer aus Juda zu der Felsenhöhle von Etam hinab. Sie sagten zu Simson: »Ist dir denn nicht bewusst, dass die Philister über uns herrschen? Was hast du uns da angetan!«

Aber Simson antwortete: »Ich habe mich nur für das gerächt, was sie mir zugefügt haben.«

¹²Die Männer von Juda erklärten: »Wir sind gekommen, um dich zu fesseln und den Philistern auszuliefern.«

»Gut«, antwortete Simson, »aber schwört mir, dass ihr selbst nicht über mich herfallen werdet.«

¹³»Nein, wir werden dich nur fesseln und den Philistern ausliefern«, versprachen sie. »Wir werden nicht über dich herfallen.« Sie fesselten ihn mit zwei neuen Seilen und führten ihn von dem Felsen fort.

¹⁴Als Simson nach Lehi kam, brachen die Philister in Triumphgeschrei aus. Doch der Geist des HERRN kam über Simson, und er zerriss die Seile an seinen Armen, als wären es angesengte Flachsfäden, und sie fielen von seinen Gelenken ab. ¹⁵Und er fand den frischen Kinnbacken eines Esels, hob ihn auf und erschlug damit 1.000 Philister. ¹⁶Und er rief:

»Mit dem Kinnbacken eines Esels habe ich sie gründlich verprügelt!
Mit dem Kinnbacken eines Esels habe ich 1.000 Männer erschlagen!«

¹⁷Als er das gesagt hatte, warf er den Kinnbacken fort. Der Ort wird seither Ramat-Lehi* genannt.

¹⁸Simson wurde sehr durstig und er schrie zum HERRN: »Du hast deinem Diener diesen großen Sieg geschenkt. Und jetzt soll ich vor Durst sterben und in die Hände dieses unbeschnittenen Volkes fallen?« ¹⁹Da ließ Gott Wasser aus einer Höhle bei Lehi sprudeln, und Simson trank und gewann neue Lebenskraft. Er nannte den Ort En-Hakore*, und diese Quelle ist bis heute in Lehi zu finden.

²⁰Simson war 20 Jahre lang Richter in Israel, während die Philister über das Land herrschten.

Simson trägt ein Stadttor fort

16 Eines Tages ging Simson in die Philisterstadt Gaza. Dort sah er eine Prostituierte und verbrachte die Nacht mit ihr. ²Schon bald sprach es sich in Gaza herum: »Simson ist hier!« Und die Leute streiften suchend umher und lauerten ihm die ganze Nacht am Stadttor auf. Sie verhielten sich jedoch ruhig und sagten zueinander: »Wenn das Morgenlicht durchbricht, werden wir ihn umbringen.«

³Aber Simson schlief nur bis Mitternacht. Dann stand er auf, packte die beiden Flügel des Stadttors und riss es samt Pfosten und Riegel aus dem Boden. Er legte es sich über die Schultern

---

15,17 Das bedeutet *Kinnbacken-Höhe*. **15,19** Der bedeutet *Quelle des Rufenden*.

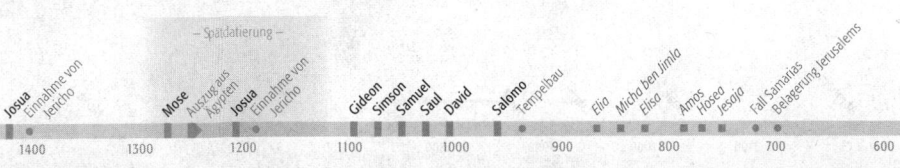

RICHTER

1–3	Einleitung: Israels Gehorsam und Ungehorsam
3–16	Erzählungen über die Richter
3	Otniël, Ehud und Schamgar
4–5	Debora und Barak
6–8	Gideon
9	„König" Abimelech
10	Tola und Jaïr
11–12	Jeftah
12	Ibzan, Elon und Abdon
13–16	Simson
17–21	Wirre Zustände vor der Königszeit

16–17
Durch Delilas List wird Simson Gefangener der Philister. Simson reißt 3.000 Philister mit in den Tod. Ein Götterbild in Michas Haus.

[Zum Sinai, vom Sinai her: Gott schafft sich ein Volk]

und trug es bis auf den Gipfel des Berges, der Hebron gegenüberliegt.

Simson und Delila
⁴Einige Zeit später verliebte sich Simson in eine Frau namens Delila. Delila lebte im Tal Sorek. ⁵Die Fürsten der Philister gingen zu ihr und sagten: »Bring Simson dazu* dir zu verraten, was ihn so stark macht und wie wir ihn überwältigen und fesseln können. Dafür erhältst du von jedem von uns 1.100 Schekel* Silber.«
⁶Also bat Delila Simson: »Bitte verrate mir doch, was dich so stark macht und wie man dich fesseln und besiegen kann.«
⁷Simson antwortete: »Wenn man mich mit sieben neuen Bogensehnen fesselt, die noch nicht getrocknet sind, werde ich so schwach wie alle anderen Menschen.«
⁸Da brachten die Philisterfürsten Delila sieben neue Bogensehnen, die noch nicht getrocknet waren, und sie fesselte Simson damit. ⁹Einige Männer hatten sich in einem Zimmer ihres Hauses versteckt, und nun rief sie: »Achtung, Simson! Die Philister kommen!« Aber Simson zerriss die Bogensehnen, als wären es angesengte Bindfäden. Das Geheimnis seiner Kraft blieb trotzdem unentdeckt.
¹⁰Delila sagte zu Simson: »Du hast mich zum Narren gehalten und belogen! Jetzt verrate mir aber, wie man dich wirklich fesseln kann!«
¹¹Simson antwortete: »Wenn man mich mit neuen Seilen fesselt, die noch unbenutzt sind, werde ich so schwach wie alle anderen Menschen.«
¹²Da nahm Delila neue Seile und fesselte ihn damit. Die Männer hielten sich wieder in dem Zimmer versteckt und Delila rief: »Achtung, Simson! Die Philister kommen!« Aber Simson zerriss die Seile an seinen Armen, als wären es dünne Fäden.
¹³Da sagte Delila: »Bisher hast du deinen Spott mit mir getrieben und mich belogen! Willst du mir nicht endlich sagen, wie man dich fesseln kann?«
Simson antwortete: »Wenn du meine sieben Haarlocken in das Gewebe auf deinem Webstuhl webst und mit dem Webkamm andrückst*, werde ich so schwach wie alle anderen Menschen.«
Also webte Delila, während er schlief, seine sieben Locken in das Gewebe ¹⁴und drückte sie mit dem Webkamm an. Wieder rief sie: »Achtung, Simson! Die Philister kommen!« Simson er-

16,5a Hebr. *verführe Simson*. 16,5b Das entspricht ca. 13 kg. 16,13 So mit der griech. Version; im Hebr. fehlt die Wendung *auf deinem Webstuhl webst und mit dem Webkamm andrückst*.

wachte und riss den Webkamm samt Gewebe aus dem Webstuhl heraus und befreite sein Haar.

¹⁵Da warf ihm Delila vor: »Wie kannst du sagen, dass du mich liebst, wenn du mir nicht vertraust*? Du hast mich jetzt drei Mal getäuscht und mir noch immer nicht gesagt, was dich so stark macht.« ¹⁶Und sie lag ihm Tag für Tag mit ihren Vorwürfen in den Ohren und bedrängte ihn, bis er es nicht mehr aushielt.

¹⁷Darum vertraute Simson ihr schließlich sein ganzes Geheimnis* an und sagte zu ihr: »Mein Haar ist noch nie geschnitten worden, denn seit meiner Geburt bin ich Gott als Nasiräer geweiht. Wenn man meine Haare abschneiden würde, würde mich meine Kraft verlassen und ich wäre so schwach wie alle anderen Menschen.«

¹⁸Delila merkte, dass er ihr diesmal die Wahrheit gesagt hatte. Sie schickte jemanden zu den Philisterfürsten und ließ ihnen sagen: »Kommt noch ein einziges Mal, denn jetzt hat er mir sein ganzes Geheimnis anvertraut.« Die Philisterfürsten kamen und brachten ihr das Geld mit. ¹⁹Delila ließ Simson auf ihrem Schoß einschlafen, rief einen Mann herein und schnitt Simson die sieben Haarlocken ab. Und tatsächlich, sie bezwang ihn und seine Stärke verließ ihn. ²⁰Dann rief sie: »Achtung, Simson! Die Philister kommen!«

Er erwachte und dachte: »Ich werde mich befreien und meine Fesseln abschütteln wie die übrigen Male.« Denn er wusste nicht, dass der HERR ihn verlassen hatte.

²¹Da packten ihn die Philister und stachen ihm die Augen aus. Dann brachten sie ihn nach Gaza, wo er in Bronzeketten gelegt wurde und im Gefängnis den Mühlstein drehen musste. ²²Aber es dauerte nicht lange, und sein Haar begann wieder zu wachsen.

Simsons Sieg

²³Eines Tages versammelten sich die Fürsten der Philister, um ihrem Gott Dagon ein Opfer darzubringen. Es wurde ein großes Freudenfest daraus, und sie sagten: »Unser Gott hat uns den Sieg über unseren Feind Simson geschenkt!«

²⁴Alle Leute, die Simson sahen, lobten ihren Gott und sagten: »Unser Gott hat unseren Feind in unsere Hände gegeben – ihn, der so viele von uns getötet und unser Land verheert hat!«

²⁵In ihrer ausgelassenen Stimmung riefen sie schließlich nach Simson, weil sie ihren Spaß mit ihm haben wollten. Simson wurde aus dem Gefängnis herbeigeholt und machte für sie Späße. Sie stellten ihn zwischen die Säulen des Tempels. ²⁶Da sagte Simson zu dem Jungen, der ihn an der Hand führte: »Lass mich los und lege meine Hände an die Säulen, die das Haus tragen. Ich möchte mich dort anlehnen.« ²⁷Der Tempel war aber voller Menschen. Alle Fürsten der Philister waren da, und auf dem Dach drängten sich 3.000 Leute, Männer und Frauen, die Simson bei seinen Späßen zusahen.

²⁸Da rief Simson den HERRN an und sagte: »Allmächtiger HERR, erinnere dich an mich. O Gott, gib mir noch ein einziges Mal Kraft, damit ich, o Gott, mich an den Philistern für den Verlust meiner Augen rächen kann.« ²⁹Dann umfasste Simson die beiden Mittelsäulen, auf denen das Haus ruhte, die eine mit seinem rechten, die andere mit seinem linken Arm, und stemmte sich dagegen. ³⁰»Lass mich mit den Philistern sterben!«, rief er. Er stemmte mit aller Kraft, und da stürzte der Tempel über den Fürsten der Philister und allen anderen Anwesenden ein. Auf diese Weise tötete Simson im Sterben mehr Menschen als in seinem ganzen Leben.

³¹Später kamen seine Brüder und die ganze Familie seines Vaters, um seinen Leichnam zu holen. Sie brachten ihn nach Hause und begruben ihn zwischen Zora und Eschtaol im Grab seines Vaters Manoach. Simson war 20 Jahre lang Richter in Israel gewesen.

Michas Götterbild

17 Im Bergland von Ephraim lebte ein Mann namens Micha. ²Er sagte zu seiner Mutter: »Die 1.100 Schekel* Silber, die dir jemand weggenommen hat und weswegen du auch vor meinen Ohren einen Fluch ausgesprochen hast, sind hier bei mir. Ich selbst habe sie genommen.«

»Der HERR segne dich, mein Sohn«, antwortete seine Mutter. ³Er händigte ihr die 1.100 Schekel Silber aus. Daraufhin sagte sie: »Jetzt weihe ich diese Silbermünzen dem HERRN. Sie sollen meinem Sohn zugutekommen. Es soll daraus ein geschnitztes und gegossenes Gottesbild gemacht werden. Deshalb gebe ich sie dir jetzt wieder.« ⁴Als Micha seiner Mutter das Geld gegeben hatte, nahm sie davon 200 Schekel* Silber und brachte sie zu einem Goldschmied. Dieser formte und goss für das Geld ein Gottesbild, das in Michas Haus aufgestellt wurde.

⁵Nun hatte Micha ein Heiligtum: Er machte sich einen Priesterschurz* und ein paar Hausgöt-

---

16,15 Hebr. *wenn mir dein Herz nicht gehört.* **16,17** Hebr. *sein ganzes Herz;* so auch in V. 18. **17,2** Das entspricht ca. 13 kg. **17,4** Das entspricht ca. 2,4 kg. **17,5a** Hebr. *Efod.*

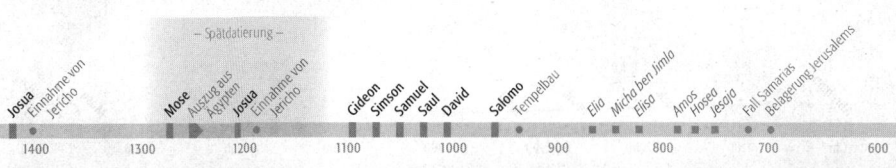

RICHTER

1–3	Einleitung: Israels Gehorsam und Ungehorsam
3–16	Erzählungen über die Richter
3	Otniël, Ehud und Schamgar
4–5	Debora und Barak
6–8	Gideon
9	„König" Abimelech
10	Tola und Jaïr
11–12	Jeftah
12	Ibzan, Elon und Abdon
13–16	Simson
17–21	Wirre Zustände vor der Königszeit

17–18
Ein Levit wird Michas Priester. Daniter plündern Michas Heiligtum, nehmen seinen Priester mit und überfallen Lajisch.

[Zum Sinai, vom Sinai her: Gott schafft sich ein Volk]

zen* und stellte einen seiner Söhne als Priester ein. ⁶Damals hatte Israel noch keinen König, deshalb tat jeder, was er für richtig hielt.

⁷Zu dieser Zeit lebte ein junger Mann aus dem Stamm Juda als Fremder in Bethlehem in Juda. Er war ein Levit. ⁸Er verließ Bethlehem, um sich an irgendeinem Ort, wo sich etwas finden würde, als Fremder niederzulassen. Auf seiner Reise kam er auch ins Bergland von Ephraim und zu Michas Haus. ⁹»Woher kommst du?«, fragte ihn Micha.

Er antwortete: »Ich bin ein Levit aus Bethlehem in Juda und suche nach irgendeinem Ort, an dem ich leben kann.«

¹⁰»Bleib hier bei mir«, sagte Micha, »du kannst für mich Vater und Priester sein. Ich will dir zehn Schekel* Silber im Jahr geben, dazu auch Kleidung und was du zum Essen brauchst.« ¹¹Der Levit war einverstanden bei dem Mann zu bleiben, und er wuchs Micha ans Herz wie ein eigener Sohn. ¹²Micha stellte also den jungen Priester ein und er lebte in Michas Haus. ¹³»Jetzt weiß ich, dass der HERR mir Gutes tun wird«, sagte Micha, »weil ich einen Leviten habe, der mir als Priester dient.«

Götzendienst im Stamm Dan

18 Damals hatte Israel noch keinen König. Der Stamm Dan suchte einen Ort, an dem er sich niederlassen konnte, denn er hatte das ihm zugewiesene Land in Israel noch nicht in vollen Besitz genommen. ²Die Männer von Dan wählten fünf Krieger aus ihrer Sippe, die in den Städten Zora und Eschtaol lebten. Es waren kampferprobte Männer, die durch das Land streifen und es auskundschaften sollten. »Geht und durchforscht das Land«, trug man ihnen auf.

Als diese Krieger ins Bergland von Ephraim kamen, stießen sie auf Michas Haus und übernachteten dort. ³In Michas Haus fiel ihnen der Dialekt des jungen Leviten auf, und sie nahmen ihn beiseite und fragten ihn: »Wer hat dich hierher gebracht und was machst du hier? Warum bist du hier?« ⁴Der Levit erzählte ihnen die ganze Geschichte. »Micha hat mich angestellt und ich bin sein Priester geworden«, erklärte er.

⁵Da baten sie: »Frage doch bei Gott nach, ob unsere Reise erfolgreich sein wird.«

⁶»Geht in Frieden«, antwortete der Priester. »Der HERR betrachtet eure Reise mit Wohlwollen.«

⁷Darauf machten sich die fünf Männer auf den Weg. Als sie in die Stadt Lajisch kamen, sahen

17,5b Hebr. *Terafim.*   **17,10** Das entspricht ca. 120 g.

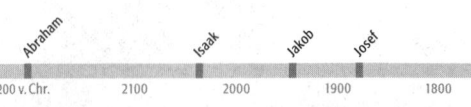

sie, dass die Menschen dort ganz nach Art der Sidonier ein sorgenfreies Leben führten und in Frieden und Sicherheit lebten. Es gab niemanden, der etwas von ihnen wollte*, keine Eroberer und keine Unterdrücker. Außerdem waren sie weit von Sidon entfernt und hatten keine Verbündeten in der Nähe.

⁸Als die Männer nach Zora und Eschtaol zurückkehrten, fragten ihre Stammesbrüder: »Was habt ihr herausgefunden?«

⁹Die Männer antworteten: »Lasst uns angreifen! Wir haben das Land gesehen und es ist sehr gut. Aber ihr seid schwerfällig. Ihr sollt nicht zögern, sondern das Land angreifen und es erobern. ¹⁰Wenn ihr dort ankommt, werdet ihr sehen, dass die Bewohner ein sorgloses Leben führen. Es ist nach allen Seiten hin ein weites Land. Gott hat es in eure Hand gegeben!«

¹¹Da machten sich 600 bewaffnete Krieger von der Sippe Dan von Zora und Eschtaol aus auf den Weg. ¹²Sie zogen hinauf und lagerten an einem Ort westlich von Kirjat-Jearim in Juda, der bis heute Mahane-Dan* heißt. ¹³Von dort zogen sie hinauf ins Bergland von Ephraim und kamen zu Michas Haus.

¹⁴Die fünf Männer, die das Land um Lajisch erkundet hatten, sagten zu den anderen: »Wisst ihr eigentlich, dass sich in diesem Haus ein Priesterschurz*, einige Hausgötter* und ein geschnitztes und gegossenes Gottesbild befinden? Es ist wohl eindeutig, was wir zu tun haben.« ¹⁵Da bogen sie vom Weg ab und gingen zu Michas Haus, wo der junge Levit lebte, und grüßten ihn freundlich. ¹⁶Während die 600 bewaffneten Krieger vom Stamm Dan vor dem Tor stehen blieben, ¹⁷drangen die fünf Kundschafter, die losgezogen waren, um das Land zu erkunden, in das Haus ein und nahmen das geschnitzte und gegossene Gottesbild, den Priesterschurz und die Hausgötter an sich. Der Priester stand am Eingang bei den 600 bewaffneten Kriegern. ¹⁸Als er sah, wie die Männer die heiligen Gegenstände aus Michas Heiligtum heraustrugen, fragte er: »Was macht ihr da?«

¹⁹»Sei still und halt den Mund«, sagten sie. »Komm mit uns! Du sollst für uns Vater und Priester sein. Ist es nicht viel besser, der Priester für einen ganzen israelitischen Stamm zu sein als nur für die Familie eines einzigen Mannes?« ²⁰Da freute sich der Priester. Er nahm den Priesterschurz, die Hausgötter und das geschnitzte Götterbild und schloss sich den Leuten an.

²¹Und sie machten sich wieder auf den Weg, mit ihren Kindern, ihrem Vieh und ihrem Besitz an der Spitze des Zuges.

²²Als die Männer vom Stamm Dan Michas Haus ein Stück hinter sich gelassen hatten, rief Micha einige seiner Nachbarn zusammen und jagte ihnen nach. ²³Sie schrien hinter den Fliehenden her, bis die Leute von Dan sich umdrehten und Micha fragten: »Was willst du? Warum hast du dir diese Männer zusammengerufen?«

²⁴»Was soll die Frage?«, entgegnete Micha. »Ihr habt meine Götter gestohlen, die ich mir gemacht habe. Außerdem habt ihr meinen Priester mitgenommen und seid davongezogen. Was bleibt mir da noch?«

²⁵Die Männer von Dan antworteten: »Pass auf, was du sagst! Manche von uns sind sehr hitzköpfig; sie könnten zornig werden und dich und deine Familie töten.« ²⁶Und sie setzten ihren Weg fort. Als Micha sah, dass sie stärker waren als er, kehrte er um und ging zurück nach Hause.

²⁷Die Männer von Dan nahmen also die Götzen mit, die Micha gemacht hatte, und auch seinen Priester. Sie überfielen die Stadt Lajisch, deren Einwohner ruhig und sorglos lebten. Sie töteten die Bewohner und brannten die Stadt nieder. ²⁸Es gab keine Rettung für die Einwohner, denn sie lebten weit von Sidon entfernt und hatten keine Verbündeten in der Nähe. Das alles geschah im Tal bei Bet-Rehob.

Danach bauten die Männer von Dan die Stadt wieder auf und ließen sich darin nieder. ²⁹Sie nannten sie Dan nach ihrem Ahnherrn, dem Sohn von Israel; der ursprüngliche Name der Stadt war jedoch Lajisch gewesen.

³⁰Sie stellten das geschnitzte Götterbild auf und ernannten Jonatan, den Sohn von Gerschom, einem Nachkommen von Mose*, zum Priester. Er und seine Nachkommen dienten dem Stamm Dan als Priester, bis die Bewohner des Landes in die Verbannung geführt wurden. ³¹So kam es, dass der Stamm Dan Michas geschnitztes Bild bei sich aufstellte, und es blieb dort, solange das Zelt Gottes in Silo stand.

Der Levit und seine Nebenfrau

19 In jenen Tagen hatte Israel noch keinen König. In einem abgelegenen Landstrich des Berglands von Ephraim lebte ein Mann aus dem Stamm Levi als Fremder. Eines Tages

---

18,7 Hebr. *der einem irgendetwas zuleide tat im Land*, d.h., niemand hatte Interesse an Lajisch und würde sich im Fall eines Angriffs für die Menschen einsetzen. **18,12** Das bedeutet *Lager von Dan*. **18,14a** Hebr. *Efod*, so auch in V. 17 u. 20. **18,14b** Hebr. *Terafim*; so auch in V. 17 u. 20 **18,30** Nach einer alten hebr. Überlieferung, einigen griech. Handschriften und der lat. Vulgata; im Hebr. heißt es *von Manasse*.

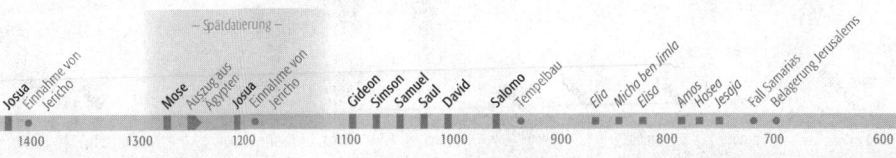

RICHTER

1–3	Einleitung: Israels Gehorsam und Ungehorsam
3–16	Erzählungen über die Richter
3	Otniël, Ehud und Schamgar
4–5	Debora und Barak
6–8	Gideon
9	„König" Abimelech
10	Tola und Jaïr
11–12	Jeftah
12	Ibzan, Elon und Abdon
13–16	Simson
17–21	Wirre Zustände vor der Königszeit

19–20
Die Nebenfrau eines Reisenden wird brutal von Benjaminitern vergewaltigt. Vorbereitung der Rache für die Schandtat Benjamins.

[Zum Sinai, vom Sinai her: Gott schafft sich ein Volk]

machte er eine junge Frau aus Bethlehem in Juda zu seiner Nebenfrau. ²Doch die Frau war ihm untreu* und kehrte ins Haus ihres Vaters nach Bethlehem in Juda zurück. Als sie etwa vier Monate dort war, ³machte sich ihr Mann mit einem Knecht und zwei Eseln auf den Weg nach Bethlehem, um sie zur Rückkehr zu überreden. Als er beim Haus ihres Vaters ankam, bat sie ihn herein, und auch ihr Vater hieß ihn herzlich willkommen. ⁴Sein Schwiegervater drängte ihn, doch eine Weile zu bleiben, und so blieb er drei Tage und aß, trank und schlief bei ihnen.
⁵Am vierten Tag stand der Mann früh auf. Er wollte aufbrechen, doch der Vater der Frau sagte: »Iss doch noch ein Stück Brot, bevor du dich auf den Weg machst.« ⁶Die beiden setzten sich und aßen und tranken zusammen. Danach meinte der Vater der Frau: »Tu mir den Gefallen und bleib noch diese Nacht und lass es dir gut gehen.« ⁷Der Mann erhob sich und wollte sich verabschieden, aber sein Schwiegervater drängte ihn sehr zu bleiben. Schließlich gab er nach und übernachtete noch einmal bei ihm. ⁸Am Morgen des fünften Tages stand er wieder früh auf, weil er sich auf den Weg machen wollte, und wieder sagte der Vater der Frau: »Stärke dich doch und bleibe noch bis zum Nachmittag.« Da aßen die beiden noch einmal zusammen.
⁹Als sich der Mann mit seiner Nebenfrau und seinem Knecht zum Aufbruch rüstete, sagte sein Schwiegervater: »Schau, es ist schon spät. Ihr solltet lieber hier übernachten. Es wird bald Abend. Bleib noch eine Nacht hier und lass es dir gut gehen. Morgen könnt ihr euch dann früh auf den Weg nach Hause machen.«
¹⁰Doch diesmal war der Mann entschlossen abzureisen. Er nahm seine beiden gesattelten Esel und seine Nebenfrau und brach auf und kam bis in die Gegend von Jebus, das ist Jerusalem. ¹¹Als sie Jebus erreichten, war der Tag fast vorbei, und der Knecht des Mannes schlug vor: »Komm, lass uns hier in dieser jebusitischen Stadt einkehren und die Nacht dort verbringen.«
¹²»Nein«, antwortete sein Herr, »wir können nicht in dieser fremden Stadt bleiben, in der es keine Israeliten gibt. Wir wollen lieber nach Gibea weitergehen.« ¹³Und er ermutigte seinen Knecht: »Lass uns ruhig in eine andere Ortschaft weiterziehen. In Gibea oder Rama werden wir schon eine Übernachtungsmöglichkeit finden.« ¹⁴Also zogen sie weiter. Bei Sonnenuntergang kamen sie nach Gibea, eine Stadt im Land Benjamin. ¹⁵Dort kehrten sie ein, um zu übernachten. Sie stellten sich auf den Platz der Stadt, aber

---
19,2 O. Doch die Nebenfrau wurde zornig auf ihn.

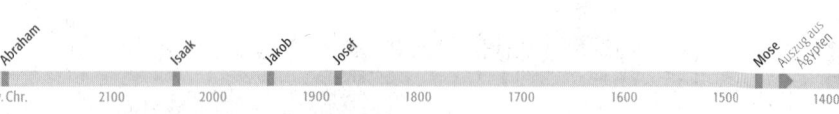

keiner bot ihnen für die Nacht seine Gastfreundschaft an. ¹⁶Da kam ein alter Mann von seiner Arbeit auf den Feldern nach Hause. Er stammte aus dem Bergland von Ephraim und lebte als Fremder in Gibea. Die Einwohner der Stadt gehörten zum Stamm Benjamin. ¹⁷Als er die Reisenden auf dem Platz sitzen sah, fragte der alte Mann: »Woher kommst du und wohin gehst du?«

¹⁸»Wir sind unterwegs von Bethlehem in Juda zu einem abgelegenen Landstrich im Bergland von Ephraim«, erklärte der Mann. »Von dort komme ich. Ich war in Bethlehem in Juda und befinde mich nun auf dem Heimweg. Aber niemand hat uns für die Nacht in sein Haus eingeladen, ¹⁹obwohl wir alles dabeihaben, was wir brauchen. Wir haben Stroh und Futter für unsere Esel und genügend Brot und Wein für uns*.«

²⁰»Friede sei mit dir«, sagte der alte Mann. »Alles, was du brauchst, lass meine Sorge sein. Du darfst jedenfalls die Nacht nicht hier auf dem Platz verbringen.« ²¹Er nahm sie mit nach Hause und fütterte ihre Esel. Nachdem sie ihre Füße gewaschen hatten, aßen und tranken sie zusammen.

²²Während sie es sich gut gehen ließen, umstellten einige Männer aus der Stadt das Haus. Es waren durch und durch verdorbene Menschen. Sie schlugen gegen die Tür und forderten den Alten auf: »Bring den Mann heraus, der bei dir wohnt, wir wollen uns an ihm befriedigen*.«

²³Da ging der alte Mann, dem das Haus gehörte, hinaus, um mit ihnen zu reden. »Nein, meine Brüder, so etwas Schlimmes dürft ihr nicht tun. Dieser Mann ist als Gast in mein Haus gekommen, es wäre eine Schandtat*, ihm das anzutun. ²⁴Hier sind meine Tochter, die noch Jungfrau ist, und die Nebenfrau des Mannes. Ich will sie euch selbst herausbringen, und ihr könnt euch an ihnen vergehen und mit ihnen machen, was ihr wollt. Aber diesem Mann dürft ihr nicht etwas so Schändliches antun.«

²⁵Aber die Männer wollten nicht auf ihn hören. Da ergriff der Levit seine Nebenfrau und brachte sie zu ihnen nach draußen. Die Männer aus der Stadt missbrauchten sie die ganze Nacht und vergewaltigten sie abwechselnd bis zum Morgen. Erst in der Morgendämmerung ließen sie von ihr ab. ²⁶Bei Tagesanbruch kehrte die Frau zu dem Haus zurück, in dem ihr Mann übernachtete. Sie brach auf der Türschwelle zusammen und blieb dort liegen, bis es hell wurde.

²⁷Als ihr Mann am Morgen aufstand, die Haustür öffnete und heraustrat, weil er sich auf den Weg machen wollte, fand er seine Nebenfrau dort. Sie lag mit dem Gesicht am Boden, die Hände zur Schwelle ausgestreckt. ²⁸»Steh auf«, sagte er. »Wir wollen gehen!« Aber sie gab keine Antwort.* Da legte er sie auf seinen Esel und brachte sie nach Hause.

²⁹Zu Hause nahm er ein Messer, schnitt den Körper seiner Nebenfrau in zwölf Teile und schickte jedem Stamm Israels eines davon. ³⁰Jeder, der es sah, sagte: »Ein so abscheuliches Verbrechen ist nicht mehr vorgekommen, seit Israel aus Ägypten auszog. Denkt darüber nach, beratet euch und sprecht darüber!«

Israels Krieg mit Benjamin

20 Daraufhin zogen alle Israeliten aus, von Dan bis Beerscheba und aus dem Land Gilead, und versammelten sich in Mizpa vor dem HERRN. ²Die führenden Männer des ganzen Volkes und alle Stämme Israels – 400.000 mit Schwertern bewaffnete Krieger – nahmen ihren Platz in der Versammlung des Gottesvolkes ein. ³Und der Stamm Benjamin erfuhr, dass die anderen Stämme nach Mizpa hinaufgezogen waren.

Die Israeliten sagten: »Erzählt uns, wie dieses schreckliche Verbrechen geschehen ist.«

⁴Der Levit, der Ehemann der Ermordeten, sagte: »Meine Nebenfrau und ich kamen nach Gibea im Land Benjamin und wollten dort die Nacht verbringen. ⁵Doch einige Bürger von Gibea hatten es auf mich abgesehen. In der Nacht umzingelten sie das Haus und wollten mich umbringen. Sie vergewaltigten meine Nebenfrau, bis sie starb. ⁶Da nahm ich meine Nebenfrau und schnitt ihren Leichnam in zwölf Teile und schickte sie ins gesamte Gebiet der Stämme von Israel, denn diese Männer haben an Israel ein schreckliches und schändliches Verbrechen begangen. ⁷Da ihr Israeliten nun alle hier zusammen seid, beratet, was in diesem Fall unternommen werden muss, und trefft eine Entscheidung!«

⁸Da stand das ganze Volk auf und entschied einstimmig: »Keiner von uns wird in sein Zelt oder sein Haus zurückkehren. ⁹So wollen wir gegen Gibea vorgehen: Wir werden Lose werfen und entscheiden, wer Gibea angreift. ¹⁰Ein Zehntel der Männer* aus jedem Stamm soll dafür ausgewählt werden, die Krieger mit Nahrung

---

19,19 Hebr. *für mich und für deine Magd und für den Diener, der bei deinen Knechten ist.* **19,22** Hebr. *ihn erkennen.* **19,23** Hebr. *Gottlosigkeit;* so auch in 20,6. **19,28** In d. griech. Version folgt d. Satz *Denn sie war tot.* **20,10** Hebr. *zehn Männer von 100 aus allen Stämmen Israels und 100 von 1.000 und 1.000 von 10.000.*

RICHTER

1–3	Einleitung: Israels Gehorsam und Ungehorsam
3–16	Erzählungen über die Richter
3	Otniël, Ehud und Schamgar
4–5	Debora und Barak
6–8	Gideon
9	„König" Abimelech
10	Tola und Jaïr
11–12	Jeftah
12	Ibzan, Elon und Abdon
13–16	Simson
17–21	Wirre Zustände vor der Königszeit

20–21
Benjamin wird von Israel verwüstet. Die Töchter Israels sollen keine Benjaminiter heiraten.

[Zum Sinai, vom Sinai her: Gott schafft sich ein Volk]

zu versorgen, die gekommen sind, um an Gibea im Stamm Benjamin für dieses schreckliche Verbrechen Rache zu nehmen, das in Israel begangen wurde.« ¹¹So sammelten sich alle Männer von Israel geschlossen gegen die Stadt.

¹²Die Israeliten sandten in das gesamte Gebiet des Stammes Benjamin Boten mit der Nachricht: »Was für ein abscheuliches Verbrechen ist bei euch geschehen! ¹³Liefert uns diese verdorbenen Männer aus Gibea aus, damit wir sie umbringen und Israel von dem Bösen reinigen können.«

Doch die Männer von Benjamin wollten nicht auf ihre Brüder, die Israeliten, hören. ¹⁴Stattdessen verließen sie ihre Städte und sammelten sich in Gibea, um gegen die Israeliten zu kämpfen. ¹⁵An jenem Tag, als die Männer von Benjamin aus den Städten zusammenkamen, wurden 26.000 mit Schwertern bewaffnete Krieger zum Kampf aufgeboten, nicht eingerechnet die 700 hervorragenden Kämpfer aus der Stadt Gibea. ¹⁶700 vortreffliche Krieger vom Stamm Benjamin waren Linkshänder, und jeder Einzelne von ihnen konnte mit der Steinschleuder ein Ziel haargenau treffen, ohne je daneben zu schießen. ¹⁷Auch in Israel wurde ein Heer von 400.000 mit Schwertern bewaffneten Kriegern einberufen – die Männer von Benjamin nicht eingerechnet –, lauter erfahrene Kämpfer.

¹⁸Vor der Schlacht gingen die Israeliten nach Bethel und fragten Gott: »Welcher Stamm soll im Kampf gegen Benjamin den Anfang machen?«

Der HERR antwortete: »Juda soll als Erstes gehen.«

¹⁹Früh am nächsten Morgen brachen die Israeliten auf und lagerten in der Nähe von Gibea. ²⁰Dann zogen sie los, um Benjamin anzugreifen, und stellten sich vor der Stadt zum Kampf auf. ²¹Doch die Krieger von Benjamin stürmten aus der Stadt heraus und töteten an diesem Tag 22.000 Israeliten auf dem Schlachtfeld.

²²Die Israeliten fassten neuen Mut und stellten sich wieder an dem Ort auf, wo sie am Tag vorher gestanden hatten. ²³Denn sie waren nach Bethel hinaufgegangen und hatten bis zum Abend vor dem HERRN geklagt. Sie hatten den HERRN gefragt: »Sollen wir noch einmal gegen unseren Bruder Benjamin kämpfen?«, und der HERR hatte geantwortet: »Zieht hinauf und kämpft gegen ihn.«

²⁴Also zogen sie am zweiten Tag wieder gegen Benjamin in den Kampf. ²⁵Doch die Krieger von Benjamin kamen ihnen auch an diesem Tag aus der Stadt entgegen und töteten weitere 18.000 Israeliten, alles erfahrene Schwertkämpfer.

²⁶Da gingen die Israeliten, das ganze Volk, noch einmal hinauf nach Bethel und blieben wei-

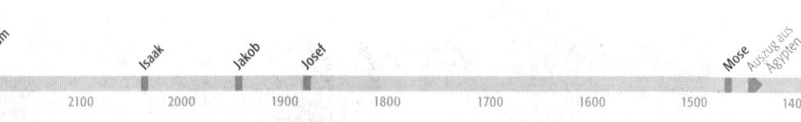

nend vor dem HERRN und fasteten bis zum Abend. Sie brachten dem HERRN Brand- und Friedensopfer dar ²⁷und sie befragten dort den HERRN. Denn damals stand die Bundeslade Gottes in Bethel, ²⁸und Pinhas, der Sohn von Eleasar und Enkel von Aaron, diente zu jener Zeit als Priester. Er fragte den HERRN: »Sollen wir weiterhin gegen unseren Bruder Benjamin kämpfen oder sollen wir es lassen?« Der Herr sprach: »Zieht hinauf! Morgen werde ich euch den Sieg über ihn schenken.«

²⁹Da legten die Israeliten einen Hinterhalt rund um Gibea. ³⁰Am dritten Tag zogen sie wieder in den Kampf gegen Benjamin und stellten sich bei Gibea auf wie zuvor. ³¹Als die Krieger von Benjamin ausrückten, ließen sie sich von der Stadt weglocken, und wie an den Tagen davor fingen sie an, einige von den Israeliten zu töten. Etwa 30 Männer starben auf dem Schlachtfeld und auf den Straßen, die nach Bethel und Gibea führten.

³²Da dachten die Krieger von Benjamin: »Wir haben sie wie bisher geschlagen!« Aber die Israeliten sagten sich: »Wir wollen zum Schein fliehen, damit sie uns auf den Straßen nachsetzen und sich von der Stadt entfernen.«

³³So zogen sich die Israeliten bis Baal-Tamar zurück und formierten sich dort neu zum Angriff. Gleichzeitig brachen die Israeliten, die westlich von Gibea im Hinterhalt lagen, aus ihren Verstecken hervor. ³⁴So rückten aus ganz Israel 10.000 ausgewählte Krieger gegen Gibea vor und es tobte ein heftiger Kampf, und die Männer von Benjamin erkannten die Katastrophe nicht, die über sie hereinbrach. ³⁵Auf diese Weise schenkte der HERR Israel den Sieg über Benjamin, und an diesem Tag töteten die Israeliten 25.100 Krieger von Benjamin, alles erfahrene Schwertkämpfer. ³⁶Da mussten die Männer vom Stamm Benjamin einsehen, dass sie geschlagen waren.

Die Israeliten räumten nämlich das Feld vor den Männern von Benjamin, um den Männern, die im Hinterhalt lagen, Raum zum Angriff zu geben. ³⁷Diese brachen dann aus ihren Verstecken gegen Gibea hervor, drangen von allen Seiten in die Stadt ein und erschlugen alle, die sich noch darin aufhielten, mit dem Schwert. ³⁸Zwischen den Israeliten und den Männern im Hinterhalt war aber die Vereinbarung getroffen worden, eine große Rauchwolke aus der Stadt aufsteigen zu lassen. ³⁹Als sich nun die Männer von Israel zum Schein zur Flucht wandten und die Männer von Benjamin anfingen, einige Israeliten zu erschlagen, und schon dachten, diese seien wie die letzten Male besiegt, ⁴⁰war das verabredete Zeichen, die Rauchsäule über der Stadt, zu sehen. Als die Männer von Benjamin sich umdrehten, sahen sie, dass die ganze Stadt in Flammen stand. ⁴¹In diesem Moment machten die Israeliten kehrt und griffen an. Da erschraken die Männer von Benjamin, weil ihnen klar wurde, dass sie ihrem Verhängnis nicht mehr entrinnen konnten. ⁴²Sie zogen sich dann vor den Israeliten in Richtung Wüste zurück, doch die Schlacht holte sie ein: Von den Israeliten, die aus der Stadt kamen, wurden sie vernichtet. ⁴³Sie umzingelten die Männer von Benjamin, jagten sie, holten sie an ihrem Ruhelager ein, das sie östlich von Gibea aufgeschlagen hatten, und brachten sie endgültig zur Strecke. ⁴⁴Dabei fielen von Benjamin 18.000 Mann, lauter tapfere Krieger. ⁴⁵Die Überlebenden flohen in die Wüste zum Fels Rimmon, doch auf dem Weg dorthin töteten die Israeliten weitere 5.000 und jagten ihnen nach, bis sie bei Gidon noch einmal 2.000 erschlagen hatten.

⁴⁶So verlor der Stamm Benjamin an diesem einen Tag 25.000 mutige Krieger und gute Schwertkämpfer. ⁴⁷Es blieben nur 600 Männer übrig, die zum Fels Rimmon entkamen, wo sie sich vier Monate lang versteckten. ⁴⁸Die Israeliten kehrten in das Gebiet des Stammes Benjamin zurück und löschten alles Leben in den Städten von Benjamin aus – Menschen, Vieh und alles, was sie vorfanden. Die Städte selbst, durch die sie kamen, brannten sie nieder.

Israel verhilft Benjamin wieder zu Frauen

21 Die Israeliten hatten in Mizpa geschworen: »Niemand von uns darf seine Tochter jemals mit einem Mann aus dem Stamm Benjamin verheiraten.« ²Nun zogen sie nach Bethel und saßen dort in der Gegenwart Gottes bis zum Abend und klagten und weinten bitterlich: ³»O HERR, Gott Israels, warum ist das in Israel geschehen? Nun hat Israel einen Stamm verloren.«

⁴Früh am nächsten Morgen errichteten sie einen Altar und brachten darauf Brand- und Friedensopfer dar. ⁵Dann sagten sie: »Welcher Stamm von Israel war nicht dabei, als wir in Mizpa unsere Versammlung vor dem HERRN abhielten?« Damals hatten sie vor dem HERRN einen feierlichen Eid geschworen, dass jeder, der nicht kommen würde, unbedingt sterben sollte.

⁶Nun hatten die Israeliten Mitleid mit Benjamin und sagten: »Heute haben wir einen ganzen Stamm von Israel verloren. ⁷Wo sollen wir Frauen für die wenigen Überlebenden hernehmen, wo wir doch beim HERRN geschworen haben, sie niemals mit unseren Töchtern zu verheiraten?«

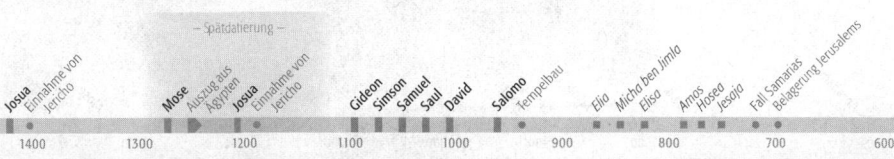

RICHTER

1–3	Einleitung: Israels Gehorsam und Ungehorsam
3–16	Erzählungen über die Richter
3	Otniël, Ehud und Schamgar
4–5	Debora und Barak
6–8	Gideon
9	„König" Abimelech
10	Tola und Jaïr
11–12	Jeftah
12	Ibzan, Elon und Abdon
13–16	Simson
17–21	Wirre Zustände vor der Königszeit

21
Frauen aus Jabesch-Gilead und Silo werden den Benjaminitern gegeben.

[Zum Sinai, vom Sinai her: Gott schafft sich ein Volk]

⁸Darum fragten sie: »Hat einer von den Stämmen Israels gefehlt, als wir nach Mizpa vor den HERRN zogen?« Und sie stellten fest, dass niemand aus Jabesch-Gilead ins Lager zur Versammlung gekommen war. ⁹Denn eine nähere Untersuchung des Volkes hatte ergeben, dass keiner der Einwohner von Jabesch-Gilead da war. ¹⁰Also schickten sie 12.000 Krieger nach Jabesch-Gilead mit dem Befehl: »Tötet sämtliche Einwohner von Jabesch-Gilead, auch die Frauen und Kinder. ¹¹Folgendes sollt ihr tun: Erschlagt* alle Männer und jede Frau, die keine Jungfrau mehr ist.« ¹²Unter den Einwohnern von Jabesch-Gilead fanden sie 400 junge Frauen, die noch unberührt und mit keinem Mann zusammen gewesen waren. Diese brachten sie in ihr Lager bei Silo im Land Kanaan.

¹³Nun schickte die Versammlung der Israeliten eine Gesandtschaft zu den Männern von Benjamin, die beim Fels Rimmon lebten, und bot ihnen Frieden an. ¹⁴Daraufhin kehrten die Männer von Benjamin aus der Wüste in ihren Landbesitz zurück, und die 400 Frauen aus Jabesch-Gilead, die verschont worden waren, wurden mit ihnen verheiratet. Doch es waren nicht genügend Frauen für alle.

¹⁵Das Volk hatte Mitleid mit Benjamin, denn der HERR hatte eine Lücke in die Stämme von Israel gerissen. ¹⁶Deshalb überlegten die Ältesten der Israeliten: »Wie können wir Frauen für die übrigen Männer finden, wo doch alle Frauen vom Stamm Benjamin tot sind? ¹⁷Durch die Überlebenden soll Benjamin ein Erbbesitz erhalten bleiben, damit nicht ein ganzer israelitischer Stamm für immer ausgelöscht ist. ¹⁸Aber unsere eigenen Töchter können wir ihnen nicht als Frauen geben, denn wir als Volk der Israeliten haben feierlich geschworen: ›Verflucht sei jeder, der Benjamin eine Frau gibt.‹«

¹⁹Da fiel ihnen ein: »Es wird doch alljährlich ein Fest für den HERRN in Silo gefeiert, zwischen Labona und Bethel, östlich der Straße von Bethel nach Sichem.« ²⁰Sie gaben den Männern von Benjamin die Anweisung: »Geht und versteckt euch in den Weinbergen. ²¹Wenn ihr seht, dass die Frauen von Silo zum Reigentanz herauskommen, dann müsst ihr aus den Weinbergen hervorbrechen. Jeder von euch muss sich eine von den Frauen aus Silo packen und sie als seine Frau mit ins Land Benjamin nehmen! ²²Und wenn ihre Väter und Brüder zu uns kommen und sich beklagen, werden wir zu ihnen sagen:

21,11 Hebr. *vollstreckt den Bann*. Mit dem hier gebrauchten hebr. Begriff ist die vollständige Übergabe von Dingen, Menschen oder Tieren an den Herrn gemeint, indem diese entweder vernichtet oder als Opfer dargebracht werden.

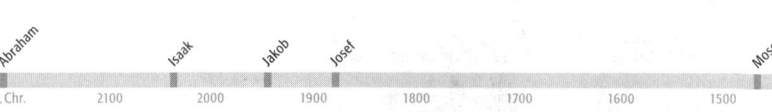

›Bitte habt Verständnis, denn wir konnten im Kampf gegen Jabesch-Gilead nicht genug Frauen bekommen. Und ihr macht euch nicht schuldig, denn ihr habt sie ihnen ja nicht selbst gegeben.‹«

²³Die Männer von Benjamin befolgten diese Anweisung. Sie entführten von dem Tanz so viele Frauen, wie sie brauchten, und brachten sie in das Land, das ihnen als Erbbesitz gehörte. Dort bauten sie ihre Städte wieder auf und wohnten darin. ²⁴Und auch die Versammlung der Israeliten löste sich auf, und jeder kehrte zu seinem Stamm und zu seiner Sippe zurück. So zogen sie alle nach Hause in das Land, das ihnen als Erbbesitz gehörte.

²⁵Damals hatte Israel noch keinen König, deshalb tat jeder, was er für richtig hielt.

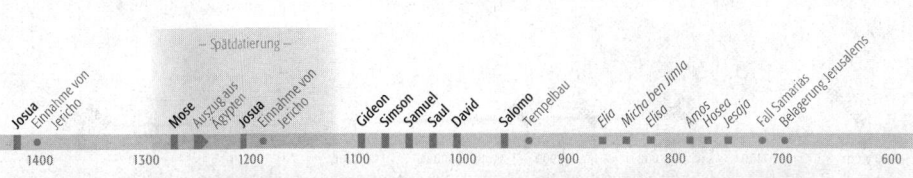

Im Alten Testament gibt es Menschen, Dinge und Reden in einem so großen Stile, dass das griechische und indische Schrifttum ihm nichts zur Seite zu stellen hat.

Friedrich Nietzsche

Rut

Inhalt
Ruts Geschichte spielt in der Richterzeit. Sie ist eine Moabiterin und hatte einen Israeliten geheiratet, der mit seinen Eltern in ihr Land ausgewandert war. Ihr Schwiegervater, ihr Schwager und ihr Mann sterben. Sie hat keine Kinder. Als ihre Schwiegermutter Noomi, die keine Angehörigen mehr hat, in ihren israelitischen Heimatort zurückkehrt, begleitet Rut sie.

Für die beiden alleinstehenden Witwen Noomi und Rut stellt sich die Frage des Lebensunterhalts. Dank eines göttlichen Gesetzes und guter Fügung entwickelt sich die Lage zum Besten für alle Beteiligten. Rut wird in das Volk Israel aufgenommen und wird sogar zu einer Urahnin des späteren Königs David.

Wichtige Personen

Elimelech	aus dem Stamm Juda, Auswanderer aus Bethlehem
Noomi	seine Frau
Kiljon und Machlon	die Söhne von Elimelech und Noomi
Orpa und Rut	Moabiterinnen, die Schwiegertöchter von Elimelech und Noomi
Boas	Verwandter von Elimelech in Bethlehem
Obed	Sohn von Boas und Rut
Isai	Sohn von Obed
David	Sohn von Isai, später König von Israel

Wichtige Orte

Bethlehem	Stadt im Stammesgebiet von Juda
Land Moab	östlich vom Toten Meer

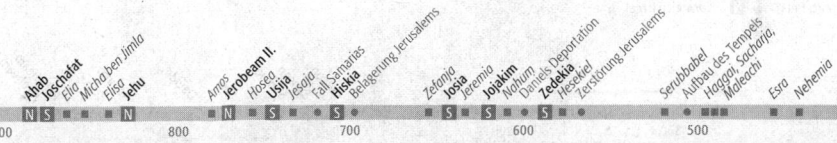

RUT		
1		Noomi und Rut kehren aus Moab zurück nach Juda
2–3		Rut findet Boas
4		Boas heiratet Rut

1-2

Die Moabiterin Rut zieht mit Noomi nach Bethlehem. Rut sammelt auf Boas' Feldern Getreide auf.

[Zum Sinai, vom Sinai her: Gott schafft sich ein Volk]

Rut

Elimelech zieht mit seiner Familie nach Moab

1 Zu der Zeit, als die Richter in Israel regierten, verließ ein Mann aus Bethlehem in Juda das Land, weil eine Hungersnot ausgebrochen war. Zusammen mit seiner Frau und seinen beiden Söhnen zog er ins Land Moab, um sich dort als Fremder niederzulassen. ²Der Name des Mannes war Elimelech und seine Frau hieß Noomi. Ihre beiden Söhne hießen Machlon und Kiljon. Sie gehörten zur Sippe Efrat aus Bethlehem im Land Juda. Als sie das Gebiet von Moab erreichten, blieben sie dort. ³Eines Tages starb Elimelech, und Noomi blieb mit ihren Söhnen allein zurück. ⁴Die beiden heirateten moabitische Frauen. Die eine hieß Orpa, die andere Rut. So lebten sie etwa zehn Jahre dort. ⁵Dann starben auch Machlon und Kiljon. Noomi blieb allein zurück, ohne ihren Mann und ihre Söhne.

Noomi und Rut kehren zurück

⁶Eines Tages hörte Noomi im Land Moab, dass der HERR sich seinem Volk wieder gnädig zugewandt und ihm Nahrung geschenkt hatte. Darum beschlossen Noomi und ihre Schwieger-

---

Rut 1,16

Die Antwort des Menschen
Die Geschichte von Rut gehört zu den schönsten des Alten Testaments. Es ist eine Geschichte von Erlösung, von Gottes Fürsorge und einer wunderschönen Liebe.
Eine jüdische Frau, Noomi, hat zwei ausländische Schwiegertöchter. Alle drei sind verwitwet. Als Noomi beschließt, wieder in ihr eigenes Land zurückzukehren, bittet ihre Schwiegertochter Rut, mitkommen zu dürfen. In diesem bekannten Text verpflichtet sie sich nicht nur ihrer Schwiegermutter, sondern auch deren Volk und deren Gott. Damit verlässt sie ihre eigene Familie, ihr eigenes Land und ihre alten Götter. Es ist ein Bild und Beispiel einer echten Bekehrung. Für diese lebensverändernde Entscheidung wird sie auch reichlich belohnt. Die Fürsorge des Gottes Israels ist umfassend. Sie wird sogar zur Urgroßmutter von Israels berühmtestem König, dem König David. Und dadurch wird sie auch zu einer Vorfahrin von Jesus Christus selbst (Mt 1,5).
(5. Mose 30,15-20 «« | »» Psalm 51)

S Südreich Juda   N Nordreich Israel

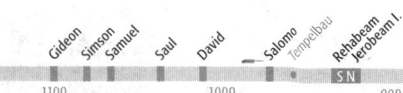

töchter, von Moab wegzugehen und in Noomis Heimat zurückzukehren. ⁷Zusammen mit Orpa und Rut verließ Noomi den Ort, an dem sie gelebt hatte, und sie machten sich auf den Weg, um nach Juda zurückzukehren.

⁸Unterwegs sagte Noomi jedoch zu ihren beiden Schwiegertöchtern: »Geht lieber zurück nach Hause zu euren Müttern. Der HERR vergelte euch eure Liebe, die ihr euren verstorbenen Männern und auch mir entgegengebracht habt. ⁹Er schenke jeder von euch ein neues ruhiges Zuhause in einer zweiten Ehe.« Dann küsste sie sie zum Abschied, und alle drei weinten laut.

¹⁰»Nein«, erwiderten Orpa und Rut. »Wir wollen mit dir zu deinem Volk gehen.«

¹¹Aber Noomi entgegnete: »Kehrt lieber um, meine Töchter. Warum solltet ihr mit mir gehen? Kann ich denn noch weitere Söhne gebären, die euch heiraten könnten, wenn sie irgendwann groß genug dazu sind?* ¹²Nein, meine Töchter, kehrt um, denn ich bin zu alt, um noch einmal zu heiraten. Und selbst wenn ich sagen würde: ›Ich habe noch Hoffnung‹, ja, selbst wenn ich mich noch diese Nacht mit einem Mann verbinden und Söhne bekommen würde, was würde das nützen? ¹³Würdet ihr warten, bis sie erwachsen sind? Würdet ihr euch so lange einschließen und auf jede andere Ehe verzichten? Nein, geht nicht mit mir, meine Töchter! Mein bitteres Leid ist noch schwerer für mich als für euch, denn der HERR selbst hat es über mich gebracht.«

¹⁴Da brachen sie noch einmal in lautes Weinen aus, und Orpa küsste ihre Schwiegermutter zum Abschied. Rut jedoch bestand darauf, bei Noomi zu bleiben. ¹⁵»Sieh doch«, sagte Noomi zu ihr, »deine Schwägerin ist zu ihrem Volk und zu ihrem Gott zurückgegangen, und du solltest ebenfalls umkehren und ihr folgen.«

¹⁶Aber Rut antwortete: »Verlang nicht von mir, dass ich dich verlasse und umkehre. Wo du hingehst, dort will ich auch hingehen, und wo du lebst, da möchte ich auch leben*. Dein Volk ist mein Volk und dein Gott ist mein Gott. ¹⁷Wo du stirbst, da will ich auch sterben und begraben werden. Der HERR soll mich strafen, wenn ich zulasse, dass irgendetwas anderes als der Tod uns trennt!« ¹⁸Als Noomi sah, dass Rut fest entschlossen war, mit ihr zu gehen, bedrängte sie sie nicht weiter.

¹⁹Die beiden setzten ihre Reise fort. Als sie nach Bethlehem kamen, verursachte ihre Ankunft große Aufregung in der ganzen Stadt. »Ist das wirklich Noomi?«, fragten die Frauen.

²⁰»Nennt mich nicht mehr Noomi«, erwiderte diese. »Nennt mich Mara*, denn der Allmächtige hat mir das Leben bitter gemacht. ²¹Reich und wohlhabend bin ich ausgewandert und mit leeren Händen lässt mich der HERR heimkehren. Warum solltet ihr mich Noomi nennen, wenn der HERR mir so viel Leid zugemutet* und der Allmächtige solches Unglück über mich gebracht hat?«

²²So kehrte Noomi aus Moab zurück, begleitet von ihrer Schwiegertochter Rut, der jungen Moabiterin. Als sie in Bethlehem eintrafen, begann gerade die Gerstenernte.

Rut arbeitet auf dem Feld von Boas

2 Von der Seite ihres Mannes her war Noomi mit einem wohlhabenden und angesehenen Mann in Bethlehem verwandt. Er hieß Boas und stammte aus der gleichen Sippe wie Elimelech. ²Eines Tages sagte die Moabiterin Rut zu Noomi: »Ich möchte hinaus auf die Felder gehen. Dort will ich hinter denen, die es mir erlauben, das liegen gebliebene Getreide aufsammeln.«

Noomi antwortete: »Geh nur, meine Tochter.« ³Rut ging hinaus und fing an, das Getreide zu sammeln, das die Erntearbeiter liegen ließen. Dabei fügte es sich so, dass sie auf ein Feld geriet, das Boas gehörte, dem Verwandten von Elimelech.

⁴Als nun Boas aus Bethlehem kam, begrüßte er die Erntearbeiter. »Der HERR sei bei euch!«, sagte er.

»Der HERR segne dich!«, antworteten die Arbeiter.

⁵Boas fragte den jungen Mann, der die Arbeiter beaufsichtigte: »Zu wem gehört das Mädchen dort hinten?«

⁶Der Mann antwortete: »Das ist die junge Frau aus Moab, die mit Noomi zurückgekommen ist. ⁷Sie hat gesagt: ›Ich möchte gern zwischen den Garben das liegen gebliebene Getreide hinter den Erntearbeitern aufsammeln.‹ So ist sie zu uns gekommen. Von heute Morgen an bis jetzt hat sie unentwegt gearbeitet und sich kaum ausgeruht.«

⁸Da sagte Boas zu Rut: »Hör zu, meine Tochter. Geh nicht auf die anderen Felder, um Getreide aufzusammeln, geh nicht weg von hier. Schließ dich den Frauen an, die auf meinem Feld arbeiten. ⁹Achte darauf, auf welchem Teil des Feldes sie ernten, und folge ihnen. Ich habe den jungen Männern gesagt, dass sie dich nicht

---

1,11 Hebr. *Habe ich etwa noch Söhne in meinem Leib, die eure Männer werden könnten?*   1,16 Hebr. *wo du zur Nacht bleibst, da will ich auch bleiben.*   1,20 *Noomi* bedeutet *angenehm; Mara* bedeutet *bitter.*   1,21 Hebr. *gegen mich gezeugt hat.*

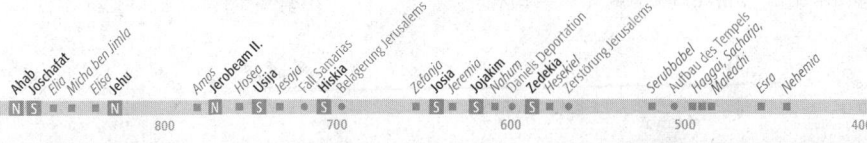

RUT

1	Noomi und Rut kehren aus Moab zurück nach Juda
2–3	Rut findet Boas
4	Boas heiratet Rut

2-4
Boas bietet Rut an, nur auf seinen Feldern Getreide zu sammeln. Rut gewinnt Boas' Zuneigung. Boas möchte Rut heiraten.

[Zum Sinai, vom Sinai her: Gott schafft sich ein Volk]

belästigen sollen. Und wenn du Durst bekommst, kannst du zu den Gefäßen gehen und von dem Wasser trinken, das sie aus dem Brunnen geschöpft haben.«

[10]Rut warf sich ihm zu Füßen. »Warum bist du so freundlich zu mir?«, fragte sie. »Warum beachtest du mich, obwohl ich eine Ausländerin bin?«

[11]»Man hat mir genau erzählt, was du nach dem Tod deines Mannes alles für deine Schwiegermutter getan hast«, antwortete Boas, »und dass du deinen Vater und deine Mutter und deine Heimat verlassen hast, um zu einem Volk auszuwandern, das du vorher nicht gekannt hast. [12]Der HERR, der Gott Israels, unter dessen Flügeln du Zuflucht gesucht hast, soll dir das vergelten und dich reich dafür belohnen.«

[13]»Ich hoffe, ich finde auch weiterhin dein Wohlwollen, mein Herr«, antwortete sie. »Du hast mir Mut gemacht und freundlich mit mir geredet, obwohl ich noch nicht einmal wie eine deiner Mägde bin.«

[14]Als es Essenszeit war, rief Boas ihr zu: »Komm herüber und iss etwas von unserem Brot mit. Du kannst es auch gern in den Essig eintauchen.« Also setzte sie sich zu seinen Erntearbeitern, und Boas gab ihr geröstete Körner, und sie aß davon, bis sie satt wurde, und hatte sogar noch einen Teil davon übrig.

[15]Als Rut wieder an die Arbeit ging, befahl Boas seinen jungen Männern: »Lasst sie auch zwischen den Garben Getreide sammeln und hindert sie nicht daran. [16]Ja, zieht sogar hin und wieder ein paar Ähren aus den Garben und lasst sie absichtlich herunterfallen, damit sie sie auflesen kann. Und schüchtert sie nicht ein!*«

[17]So sammelte Rut den ganzen Tag Gerste, und als sie das Getreide am Abend drosch, kam ungefähr ein Efa* heraus. [18]Sie hob es auf und trug es in die Stadt und zeigte es ihrer Schwiegermutter. Außerdem gab sie Noomi die Reste, die sie vom Mittagessen übrig hatte.

[19]»Wo hast du heute nur das viele Korn gesammelt?«, rief Noomi. »Wo hast du gearbeitet? Der HERR segne den, der sich so großzügig um dich gekümmert hat!«

Rut erzählte ihrer Schwiegermutter, bei wem sie gearbeitet hatte. Und sie sagte: »Der Mann, auf dessen Feld ich heute war, heißt Boas.«

[20]»Der HERR, der seine Gnade weder den Lebenden noch den Toten entzogen hat, segne ihn«, sagte Noomi zu ihrer Schwiegertochter. »Dieser Mann ist einer unserer nächsten Verwandten, einer der Loskäufer* unserer Familie.«

2,16 Hebr. *Schreit sie nicht an.* 2,17 Das entspricht ca. 40 l. 2,20 S. 3. Mose 25,25 u. 5. Mose 25,5.

²¹Die Moabiterin Rut sagte: »Boas hat mich außerdem aufgefordert, wiederzukommen und bei seinen Erntearbeitern zu bleiben, bis die ganze Ernte eingebracht ist.«

²²»Das ist gut!«, rief Noomi aus. »Bleib die ganze Ernte über bei seinen Mägden. Dort bist du sicher, während man dich auf den anderen Feldern womöglich belästigen würde.«

²³Also hielt sich Rut an die Frauen, die für Boas arbeiteten, und sammelte auf seinen Feldern Getreide, bis die Gerstenernte und die Weizenernte zu Ende waren. Während dieser Zeit wohnte sie weiterhin bei ihrer Schwiegermutter.

Rut auf der Tenne

3 Eines Tages sagte Noomi zu Rut: »Meine Tochter, es ist Zeit, dass ich ein Zuhause für dich finde, damit für dich gesorgt ist. ²Boas, mit dessen Mägden du zusammen warst, ist ein naher Verwandter von uns. Heute Nacht wird er die Gerste auf der Tenne worfeln. ³Nun nimm ein Bad, parfümiere dich und zieh dein schönstes Kleid an. Dann geh zur Tenne, aber zeig dich Boas nicht, bevor er fertig gegessen und getrunken hat. ⁴Achte darauf, wo er sich hinlegt; dann geh, deck seine Füße auf und leg dich dort hin. Er wird dir dann sagen, was du weiter tun sollst.«

⁵»Ich werde alles tun, was du sagst«, antwortete Rut. ⁶Am Abend ging sie zur Tenne und folgte den Anweisungen ihrer Schwiegermutter.

⁷Als Boas seine Mahlzeit beendet hatte und guter Dinge war, legte er sich neben den Getreidehaufen und schlief ein. Da kam Rut leise herbei, deckte seine Füße auf und legte sich nieder. ⁸Um Mitternacht fuhr Boas plötzlich vom Schlaf auf und beugte sich vor. Überrascht sah er eine Frau zu seinen Füßen liegen. ⁹»Wer bist du?«, fragte er.

»Ich bin deine Magd Rut«, antwortete sie. »Breite einen Zipfel deiner Decke* über mich, denn du bist der Loskäufer meiner Familie.«

¹⁰»Der HERR segne dich, meine Tochter!«, rief Boas aus. »Jetzt zeigst du noch größere Liebe als bisher, weil du nicht jüngeren Männern nachläufst, egal, ob reich oder arm. ¹¹Mach dir keine Sorgen, meine Tochter. Ich werde alles für dich tun, worum du mich bittest, denn jeder in der Stadt weiß, dass du eine anständige Frau bist. ¹²Es stimmt, dass ich einer der Loskäufer deiner Familie bin, doch es gibt noch einen Mann, der näher mit dir verwandt ist als ich. ¹³Bleib heute Nacht hier. Wenn der Mann morgen früh bereit ist, dich auszulösen, soll er das tun. Wenn er aber keine Lust dazu hat, dann werde ich dich auslösen, so wahr der HERR lebt! Jetzt leg dich wieder hin bis zum Morgen.«

¹⁴Also blieb Rut bis zum Morgen zu seinen Füßen liegen. Sie stand jedoch auf, bevor es hell genug wurde, um einen Menschen zu erkennen. Denn Boas meinte: »Es braucht keiner zu wissen, dass eine Frau hier auf der Tenne war.« ¹⁵Er sagte zu Rut: »Nimm das Tuch, das du dir umgelegt hast und halte es auf.« Er füllte sechs Maß* Gerste in das Tuch und half Rut, es auf den Rücken zu nehmen. Dann ging Boas* zurück in die Stadt.

¹⁶Als Rut wieder zu ihrer Schwiegermutter kam, fragte Noomi: »Was hast du erreicht, meine Tochter?«

Rut erzählte Noomi alles, was Boas für sie getan hatte, ¹⁷und fügte hinzu: »Er hat mir diese sechs Maß Gerste gegeben und gesagt: ›Du sollst nicht mit leeren Händen zu deiner Schwiegermutter zurückkommen.‹«

¹⁸Da sagte Noomi zu ihr: »Warte in Ruhe ab, meine Tochter, bis du erfährst, wie die Sache ausgeht. Der Mann wird nicht ruhen, bis er die Sache noch heute entschieden hat.«

Boas heiratet Rut

4 Boas ging zum Stadttor und setzte sich dort hin. Als der andere Loskäufer, von dem er gesprochen hatte, vorbeilief, rief Boas ihm zu: »Komm doch herüber und setz dich zu mir.« Und der Mann kam und setzte sich zu Boas. ²Dann holte Boas zehn weitere Männer von den Ältesten der Stadt und bat sie ebenfalls Platz zu nehmen. Also setzen sie sich dazu. ³Boas sagte zu dem Loskäufer der Familie: »Noomi, die aus Moab zurückgekehrt ist, will das Land unseres Verwandten Elimelech verkaufen. ⁴Ich dachte, ich sollte dir das sagen und dir einen Vorschlag machen: Wenn du das Land auslösen willst, dann kaufe es jetzt in der Gegenwart der Ältesten meines Volkes und aller, die hier sitzen. Wenn du es jedoch nicht auslösen willst, dann lass es mich wissen, denn es gibt keinen anderen Loskäufer außer dir, und ich bin erst nach dir an der Reihe.«

Der Mann antwortete: »Gut, ich werde es auslösen.«

⁵Da sagte Boas zu ihm: »Wenn du das Land von Noomi kaufst, erwirbst du damit auch Rut,

---

3,9 Hebr. *deine Flügel*; Rut spricht symbolisch von einer Eheschließung. **3,15a** Das hebr. *Maß* ist eine unbekannte Maßeinheit. **3,15b** In den meisten hebr. Handschriften steht *er*; in vielen hebr. Manuskripten, in der syr. und in der lat. Version heißt es *sie*.

RUT

1 — Noomi und Rut kehren aus Moab zurück nach Juda

2–3 — Rut findet Boas

4 — Boas heiratet Rut

4
Boas heiratet Rut. Ihr erstes Kind gilt als Nachkomme Noomis.

[Zum Sinai, vom Sinai her: Gott schafft sich ein Volk]

S Südreich Juda   N Nordreich Israel

---

die moabitische Witwe, und musst sie heiraten, damit ihrem verstorbenen Mann ein Erbe für das Land geboren wird*.«

⁶»Dann kann ich es nicht auslösen«, sagte der Loskäufer, »denn damit würde ich meinen eigenen Besitz gefährden. Übernimm du mein Loskaufrecht; ich kann das Land nicht auslösen.«

⁷Bei einem Loskauf- oder Tauschgeschäft war es damals in Israel üblich, sich eine Sandale auszuziehen und sie dem Handelspartner zu geben. Das war die öffentliche Bestätigung für den Vertragsabschluss. ⁸Der Loskäufer der Familie zog also seine Sandale aus und sagte zu Boas: »Kauf du das Land.«

⁹Darauf sagte Boas zu den Ältesten und zu allen anwesenden Leuten: »Ihr seid Zeugen, dass ich heute den gesamten Besitz Elimelechs, Kiljons und Machlons von Noomi gekauft habe. ¹⁰Zusammen mit dem Land habe ich auch Rut erworben, die moabitische Witwe von Machlon. Sie soll meine Frau werden, damit der Verstorbene einen Erben bekommt, der seinen Namen weiterträgt. So wird sein Name im Kreis seiner Verwandten und unter den Bürgern der Stadt nicht untergehen. Ihr alle seid heute Zeugen dafür.«

¹¹Da sagten alle, die im Tor zusammen waren, und die Ältesten: »Wir sind Zeugen! Der HERR beschenke die Frau, die jetzt in dein Haus kommt, so reich wie Rahel und Lea, aus denen das ganze Volk Israel hervorgegangen ist! Dein Familienglück soll sich mehren in Efrata und dein Name bedeutend werden in Bethlehem. ¹²Und der HERR schenke dir durch diese junge Frau ebenso viele Nachkommen wie unserem Ahnherrn Perez, dem Sohn von Tamar und Juda.«

Die Nachkommen von Boas

¹³So heiratete Boas Rut und sie wurde seine Frau. Als er mit ihr schlief, ließ der HERR sie schwanger werden, und sie gebar einen Sohn. ¹⁴Und die Frauen der Stadt sagten zu Noomi: »Gelobt sei der HERR, der dir heute einen Loskäufer geschenkt hat! Sein Name soll in Israel gefeiert werden! ¹⁵Durch dieses Kind sollst du innerlich wieder gesund werden, und im Alter soll es für dich sorgen. Denn es ist der Sohn deiner Schwiegertochter, die dich so sehr liebt und die dir mehr bedeutet als sieben Söhne!«

¹⁶Noomi nahm das Kind und legte es auf ihren Schoß und übernahm die Pflege des Jungen. ¹⁷Die Nachbarinnen sagten: »Jetzt hat Noomi

---

4,5 Hebr. *um den Namen des Verstorbenen auf seinem Erbbesitz wieder aufleben zu lassen.* D.h., der erste Sohn aus dieser Verbindung galt als Nachkomme des Verstorbenen, trug seinen Namen und erbte seinen Besitz. Auf diese Weise blieb das Land in der Familie.

endlich wieder einen Sohn!« Und sie nannten ihn Obed*. Er wurde der Vater von Isai und der Großvater von David.

¹⁸Dies ist der Stammbaum, der mit Perez begann: Perez war der Vater von Hezron. ¹⁹Hezron war der Vater von Ram. Ram war der Vater von Amminadab. ²⁰Amminadab war der Vater von Nachschon. Nachschon war der Vater von Salmon. ²¹Salmon war der Vater von Boas. Boas war der Vater von Obed. ²²Obed war der Vater von Isai. Isai war der Vater von David.

4,17 Das bedeutet *Diener des Herrn*.

Und nie ist je eine Kunst noch Buch auf Erden gekommen, das jeder so bald ausgelernt hat wie die Heilige Schrift. Und es sind ja doch nicht Leseworte, wie sie meinen, sondern lauter Lebensworte darin, die nicht zum Spekulieren und hoch zum Dichten, sondern zum Leben und Tun geschrieben sind.

Martin Luther

1. Samuel

Inhalt

Israel wird von den Philistern bedrängt. In einer Schlacht erbeuten sie sogar die Lade Gottes. Samuel, ein Gott besonders geweihter Mann, der im Zelt Gottes aufwächst, wird zunächst Prophet und bald auch rettender Richter. Nachdem er seinen allseits geschätzten Dienst niedergelegt hat, wird er gebeten, einen König nach dem Vorbild der Nachbarländer über Israel einzusetzen. Hinter diesem Anliegen erkennen Gott und Samuel ein grundsätzliches Misstrauen der Israeliten gegenüber Gott und seiner Führung. Damit brechen sie den Bund krasser als je zuvor.

Gott reagiert, indem er das Volk vor den belastenden Begleiterscheinungen einer Monarchie warnen lässt. Dann wählt er einen Mann aus dem Volk aus, den Samuel zum König salbt: Saul. Gott erklärt, dass er nach wie vor zu seinen Bundeszusagen steht. Seine Segnungen sind von nun an nicht nur abhängig vom Gehorsam des Volkes, sondern auch von dem des Königs.

Nach einem glänzenden Start wird Saul bald ungehorsam. Samuel ist weiterhin Prophet und hält ihm jeweils vor, was aus Gottes Sicht unrecht und recht ist. Dieses meist spannungsvolle Gegenüber von König und Prophet wird typisch für die ganzen folgenden Jahrhunderte, in denen Israel eigene Könige hat.

Gott wendet sich von König Saul ab und beruft David als dessen Nachfolger. Bis zu Sauls Tod in einer Schlacht gegen die Philister hat David schwere Prüfungen zu bestehen. Das 2. Buch Samuel wird von seiner Herrschaft berichten.

Wichtige Personen

Elkana	Levit aus dem Gebiet Ephraim
Hanna und Peninna	seine Frauen
Eli	Priester und Richter
Samuel	Sohn Elkanas und Hannas, Prophet und Richter
Saul	aus dem Stamm Benjamin, erster König Israels
Jonatan	Sohn Sauls, Freund Davids
Abner	Heerführer unter Saul, Sauls Onkel
David	aus dem Stamm Juda, Hirte, Musiker, mutiger Mann im Krieg, Heerführer; später König
Goliat	riesiger Krieger der Philister
Michal	Tochter Sauls, Davids 1. Frau
Abigajil	Witwe Nabals, Davids 2. Frau
Ahinoam aus Jesreel	Davids 3. Frau
Ahimelech	Priester
Abjatar	Sohn Ahimelechs, Priester
Totenbeschwörerin in Endor	

Wichtige Orte

Rama	Samuels Heimatort
Silo, Nob	Orte, an denen das Zelt Gottes aufgestellt war; die Lade Gottes war in Silo
Aschdod, Gat, Ekron	von den Philistern beherrschte Städte, in die die Lade Gottes gebracht wird
Bet-Schemesch, Kirjat-Jearim	weitere Aufenthaltsorte der Lade Gottes in Israel
Bethel, Gilgal, Mizpa	Residenzorte Samuels
Gibea	Sauls Heimatort
Bethlehem	Davids Heimatort

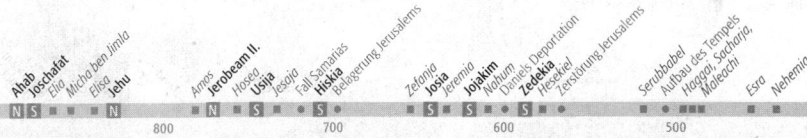

1. & 2. SAMUEL

1–8	Samuel, Richter und Prophet
9–15	Saul, der erste König – Aufstieg und Fall
16–31	Saul und David
1–10	König David
11–12	Davids Krise
13–20	Absaloms Aufstand, seine Vor- und Nachgeschichte
21–24	Davids letzte Jahre

1–2

Elkanas Familie. Hanna bittet um einen Sohn. Geburt und Weihe Samuels. Lobgebet Hannas.

[Zum Sinai, vom Sinai her: Gott schafft sich ein Volk]

DAS ERSTE BUCH SAMUEL

Elkana und seine Familie

1 Es war ein Mann namens Elkana, der lebte in Rama, ein Zufit vom Gebirge Ephraim. Er war der Sohn von Jeroham, der Enkel von Elihu und der Urenkel von Tohu, der ein Sohn des Ephraimiters Zuf war. ²Er hatte zwei Frauen, Hanna und Peninna. Peninna hatte Kinder, aber Hanna war kinderlos geblieben.

³Jedes Jahr zog Elkana nach Silo, um den HERRN, den Allmächtigen, anzubeten und ihm Opfer zu bringen. Die Priester des HERRN waren dort die beiden Söhne von Eli – Hofni und Pinhas. ⁴An dem Tag, an dem Elkana sein Opfer darbrachte, gab er Peninna und jedem ihrer Söhne und Töchter ihren Anteil am Opferfleisch. ⁵Hanna jedoch gab er ein besonderes Stück*, weil er sie liebte und der HERR ihr keine Kinder geschenkt hatte. ⁶Doch ihre Nebenbuhlerin Peninna machte sich über sie lustig, weil der HERR sie kinderlos gelassen hatte. ⁷Jahr um Jahr war es dasselbe – Peninna verhöhnte Hanna, wenn sie zum Heiligtum des HERRN* gingen, sodass Hanna weinte und nichts mehr essen wollte.

⁸»Warum weinst du, Hanna?«, fragte ihr Mann Elkana. »Warum isst du denn nichts? Warum bist du so traurig? Du hast doch mich – ist das nicht besser als zehn Söhne?«

Hannas Gebet um einen Sohn

⁹Eines Tages, nachdem sie in Silo gegessen und getrunken hatten, ging Hanna zum Heiligtum des HERRN. Dort saß der Priester Eli am Platz neben dem Eingang. ¹⁰Hanna war ganz in ihren Kummer versunken und weinte bitterlich, während sie zum HERRN flehte. ¹¹Sie legte ein Gelübde ab: »Allmächtiger HERR, wenn du mein Leid siehst und an mich denkst und mich nicht vergisst und mir einen Sohn schenkst, dann will ich ihn dir, HERR, geben. Sein ganzes Leben lang soll sein Haar niemals geschnitten werden.«

¹²Eli beobachtete sie, während sie lange Zeit zum HERRN betete. ¹³Er sah, dass ihre Lippen sich bewegten, aber er hörte nichts, weil Hanna

---

1,5 O. *eine doppelte Portion. Die Bedeutung des Hebr. an dieser Stelle ist unklar.* **1,7** Hebr. *Haus des HERRN;* so auch in 1,24.

nur im Stillen für sich betete. Er dachte deshalb, sie habe getrunken. ¹⁴»Musstest du betrunken hierher kommen?«, wollte er wissen. »Werde erst einmal wieder nüchtern!«

¹⁵»Nein, Herr!« antwortete sie. »Ich bin nicht betrunken! Aber ich bin sehr traurig und habe dem HERRN mein Herz ausgeschüttet. ¹⁶Denk nicht, dass ich eine schlechte Frau bin! Ich habe aus großem Kummer und Leid gebetet.«

¹⁷»Dann geh in Frieden«, sagte Eli, »der Gott Israels wird dir deine Bitte, die du hast, erfüllen.«

¹⁸»Lass mich Gunst in deinen Augen finden!«, rief sie. Dann ging sie zurück und fing wieder an zu essen und sie war nicht mehr traurig.

Samuels Geburt und Weihung

¹⁹Am nächsten Morgen stand die ganze Familie früh auf und ging, den HERRN noch einmal anzubeten. Dann kehrten sie heim nach Rama. Als Elkana mit Hanna schlief, erhörte der HERR ihre Bitte. ²⁰Sie wurde schwanger und brachte, als es so weit war, einen Sohn zur Welt. Sie nannte ihn Samuel*, denn sie sagte: »Ich habe ihn vom HERRN erbeten.«

²¹Im nächsten Jahr zog Elkana mit seiner ganzen Familie wieder nach Silo, um dem HERRN das jährliche Opfer zu bringen, und er wollte sein Gelübde erfüllen. ²²Doch Hanna ging nicht mit. Sie sagte zu ihrem Mann: »Warte, bis das Kind entwöhnt ist. Dann will ich es vor das Angesicht des HERRN bringen und dort für immer lassen.«

²³»Mach es so, wie du es für richtig hältst«, stimmte ihr Mann Elkana zu. »Bleib hier, bis du ihn entwöhnt hast, und der HERR wird sein Versprechen wahr machen.« Also blieb sie zu Hause und stillte den Säugling bis zu seiner Entwöhnung.

²⁴Als das Kind entwöhnt war, brachte Hanna es zum Heiligtum des HERRN in Silo. Sie nahm auch einen dreijährigen Stier* mit, dazu ein Efa* Mehl und einen Schlauch Wein. Der Junge war aber noch sehr klein. ²⁵Nach der Schlachtung des Stiers brachten sie das Kind zu Eli. ²⁶»Verzeih, mein Herr«, sagte Hanna. »So wahr du lebst: Ich bin die Frau, die hier bei dir stand und zum HERRN betete. ²⁷Ich habe den HERRN gebeten, mir dieses Kind zu schenken, und er hat meine Bitte erfüllt. ²⁸Jetzt gebe ich ihn dem HERRN und er soll ihm sein ganzes Leben lang gehören.« Und sie beteten dort den HERRN an.

Hannas Lobgebet
V. 1-10: vgl. Lk 1,46-55

2 Hanna betete:
»Mein Herz freut sich am HERRN!
Der HERR hat mir neue Kraft gegeben!
Jetzt lache ich über meine Feinde;
ja, ich freue mich über deine Hilfe.
²Keiner ist heilig wie der HERR!
Keiner außer dir;
kein Fels ist wie unser Gott.
³Vergesst euren Stolz und euren Hochmut!
Hört auf mit euren überheblichen Reden!
Der HERR ist ein Gott, der alles weiß;
und er wird euch richten für das, was ihr getan habt.
⁴Der Bogen der Helden ist zerbrochen;
und die Schwachen sind nun stark.
⁵Die satt waren, müssen für ihr Brot arbeiten;
und die hungerten, sind jetzt satt.
Die unfruchtbare Frau hat jetzt sieben Kinder;
aber die Frau, die viele Kinder hatte, wird keine mehr haben.
⁶Der HERR bringt Tod und Leben;
er führt ins Totenreich und er führt wieder heraus.
⁷Der HERR macht arm und er macht reich;
er erniedrigt und erhöht.
⁸Er erhebt die Schwachen aus dem Staub –
ja, den Armen aus dem Aschehaufen.
Er behandelt sie wie Fürsten, setzt sie auf die Ehrenplätze.
Denn dem HERRN gehören die Säulen der Erde,
auf sie hat er sie fest gegründet.
⁹Er wird seine Gottesfürchtigen schützen,
aber die Gottlosen werden in der Dunkelheit umkommen.
Keiner wird sich aus eigener Kraft retten.
¹⁰Die gegen den HERRN kämpfen, werden zerschmettert werden.
Er schleudert Donner gegen sie aus dem Himmel;
der HERR richtet die ganze Erde.
Er schenkt seinem König große Stärke;
er stärkt die Macht seines Gesalbten.«

¹¹Danach kehrte Elkana heim nach Rama. Der Junge aber diente dem HERRN unter der Aufsicht des Priesters Eli.

Elis böse Söhne

¹²Elis Söhne waren niederträchtige Männer, die keine Achtung vor dem HERRN hatten ¹³noch vor den Rechten der Priester gegenüber dem Volk.

1,20 *Samuel* klingt ähnlich wie der hebr. Ausdruck für »von Gott erbeten« oder »von Gott erhört«.   **1,24a** O. *drei Stiere*.
1,24b Das entspricht ca. 39 l.

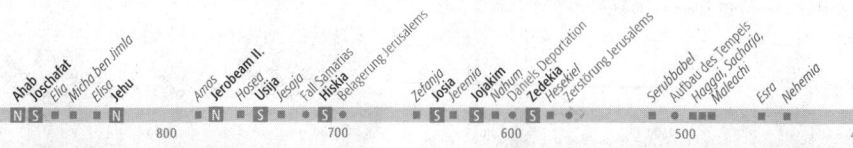

1. & 2. SAMUEL

1–8	Samuel, Richter und Prophet
9–15	Saul, der erste König – Aufstieg und Fall
16–31	Saul und David
1–10	König David
11–12	Davids Krise
13–20	Absaloms Aufstand, seine Vor- und Nachgeschichte
21–24	Davids letzte Jahre

2–3
Die Sünde der Söhne Elis und Gottes Strafe dafür. Gott spricht zu Samuel.

[Zum Sinai, vom Sinai her: Gott schafft sich ein Volk]

S Südreich Juda   N Nordreich Israel

Wenn also jemand ein Schlachtopfer darbrachte, kam der Diener des Priesters mit einer dreizinkigen Gabel in der Hand. Während das Fleisch des Opfertiers noch kochte, ¹⁴stach der Diener damit in den Topf, den Kessel, das Becken oder die Schüssel und alles, was an der Gabel hängen blieb, nahm der Priester für sich. So erging es allen Israeliten, die nach Silo kamen. ¹⁵Manchmal kam der Diener des Priesters sogar noch, bevor das Fett verbrannt worden war. Dann sprach er zu dem, der das Opfer darbrachte: »Gib mir das Fleisch roh, nicht gekocht, für den Priester, damit er es braten kann.«
¹⁶Wenn der Mann einwandte: »Nimm, so viel du willst, aber zuerst muss das Fett verbrannt werden«, dann verlangte der Diener: »Nein, gib es mir jetzt, oder ich nehme es mir mit Gewalt.« ¹⁷Die Sünde der jungen Männer war in den Augen des HERRN besonders schwer wiegend, weil sie die Opfergaben für den HERRN gering schätzten.
¹⁸Der junge Samuel diente vor dem HERRN und trug den leinenen Priesterschurz. ¹⁹Jedes Jahr nähte seine Mutter ihm einen kleinen Mantel und brachte ihn ihm, wenn sie mit ihrem Mann kam, um das jährliche Opfer zu bringen. ²⁰Bevor sie nach Hause zurückkehrten, segnete Eli Elkana und seine Frau und sagte: »Möge der HERR dir noch weitere Kinder geben von dieser Frau anstelle dieses Jungen, den sie für den HERRN erbeten hat.« ²¹Und tatsächlich schenkte der HERR

1. Samuel 3,4-10

Gott redet
Man könnte diesem Text entnehmen: Gott spricht nicht nur zu religiösen Leitern (wie Eli), sondern zu jedem, sogar zu Kindern. Das ist aber nicht das Anliegen dieses Texts. Im Alten Testament sprach Gott eigentlich nur zu besonders ausgewählten Menschen, meistens Priestern und vor allem Propheten. Das gewöhnliche Volk hörte Gottes Wort nicht direkt, sondern durch die Propheten und die Heiligen Schriften. Erst im Neuen Testament wird Gottes Geist auf alle Glaubenden ausgegossen, und deshalb können jetzt alle Gottes Stimme hören. In diesem Bericht ist Samuel zwar noch jung, aber bereits zu einem prophetischen Dienst berufen.
Gott hat dem Priester ein hartes Urteil anzusagen. Dieser kann die Stimme Gottes nicht hören, und so findet Gott einen anderen Weg, um seine Botschaft zu vermitteln. Samuels Antwort auf die rufende Stimme Gottes ist dennoch ein Vorbild für alle, seien sie nun jung oder alt: »Sprich, dein Diener hört« (V. 10).
(1. Könige 19,11-13 ‹‹ | ›› Hiob 33,14-16)

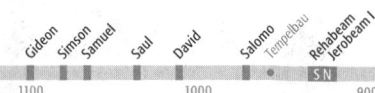

Hanna noch drei Söhne und zwei Töchter. Der junge Samuel wuchs inzwischen in der Gegenwart des HERRN auf.

²²Eli war mittlerweile sehr alt, doch er war sich darüber im Klaren, was seine Söhne dem ganzen Volk Israel antaten. Er wusste, dass sie mit den jungen Frauen schliefen, die am Eingang vom Zelt Gottes* Dienst taten. ²³Eli sagte zu ihnen: »Ich habe von den Leuten über die schlimmen Dinge, die ihr macht, gehört. Warum tut ihr so etwas? ²⁴Ihr müsst damit aufhören, meine Söhne! Die Berichte, die ich über euch im Volk des HERRN höre, sind nicht gut. ²⁵Wenn jemand gegen einen anderen sündigt, kann Gott für ihn eintreten. Doch wenn jemand gegen den HERRN sündigt, wer soll dann für ihn eintreten?« Aber Elis Söhne wollten nicht auf ihren Vater hören, denn der HERR hatte bereits beschlossen, sie zu töten.

²⁶Der junge Samuel wurde inzwischen älter und gewann in wachsendem Maße Ansehen beim HERRN und bei den Menschen.

Der HERR kündigt die Strafe für Elis Familie an

²⁷Eines Tages kam ein Prophet zu Eli und sagte zu ihm: »So spricht der HERR: ›Habe ich mich etwa nicht deinen Vorfahren deutlich offenbart, als sie in Ägypten im Haus des Pharaos waren? ²⁸Ich habe deinen Stammvater Aaron aus allen Stämmen Israels zu meinem Priester bestimmt, damit er vor meinen Altar tritt, Weihrauch verbrennt und den Priesterschurz trägt, wenn er mir dient. Und alle Feueropfer habe ich dem Haus deines Vaters zugewiesen. ²⁹Warum missachtet ihr meine Opfer? Warum ehrst du deine Söhne mehr als mich – denn du und sie, ihr seid fett geworden von den besten Stücken der Opfer, die mein Volk Israel mir darbrachte!‹

³⁰Deshalb spricht der HERR, der Gott Israels: ›Ich hatte versprochen, dass deine Sippe des Stammes Levi* mir für alle Zeiten dienen soll.‹ Doch jetzt spricht der HERR: ›Das kann nun nicht mehr gelten, denn ich werde nur ehren, die mich ehren, und werde verachten, die mich verachten. ³¹Ich will dir und deiner Sippe ein Ende setzen, und niemand aus deiner Sippe wird alt werden. ³²Mit Neid wirst du zusehen, wie ich das Volk Israel aufblühen lasse. Die Mitglieder deiner Familie hingegen werden nicht alt werden. ³³Doch nicht jeden aus deiner Familie, der vor meinem Altar dient, werde ich ausrotten, damit du nicht an deiner Trauer und deinem Kummer zerbrichst, aber alle Nachkommen deines Hauses müssen im besten Alter sterben. ³⁴Und als Zeichen für dich, dass dies alles eintreten wird, werden deine beiden Söhne Hofni und Pinhas am selben Tag sterben!

³⁵Dann werde ich einen treuen Priester erwählen, der so handelt, wie es mir gefällt. Ich will ihm ein Haus bauen, das Bestand hat, und er wird für immer meinem gesalbten König dienen*. ³⁶Später werden sich alle deine Nachkommen vor ihm verneigen und ihn um Geld und Nahrung bitten. Bitte, werden sie sagen, gib uns Arbeit unter den Priestern, damit wir etwas zu essen haben.‹«

Der HERR spricht zu Samuel

3 In der Zwischenzeit diente der junge Samuel dem HERRN, indem er Eli half. Damals waren Botschaften vom HERRN selten und Visionen kamen nicht häufig vor. ²Eines Nachts hatte sich der inzwischen fast blinde Eli gerade an seinem Platz schlafen gelegt. ³Die Lampe Gottes war noch nicht erloschen, und Samuel schlief im Heiligtum des HERRN, wo die Lade Gottes stand. ⁴Plötzlich rief der HERR: »Samuel!«

»Hier bin ich!«, antwortete Samuel. ⁵Er sprang auf und lief zu Eli. »Hier bin ich. Du hast mich gerufen.«

»Ich habe dich nicht gerufen«, antwortete Eli. »Leg dich wieder hin.« Und Samuel ging und legte sich wieder hin.

⁶Da rief der HERR noch einmal: »Samuel!«

Wieder sprang Samuel auf und lief zu Eli. »Hier bin ich«, sagte er. »Du hast mich gerufen.«

»Ich habe dich nicht gerufen, mein Sohn«, sagte Eli. »Leg dich wieder hin.«

⁷Samuel erkannte den HERRN noch nicht, denn er hatte noch nie eine Botschaft vom HERRN erhalten. ⁸Deshalb rief der HERR ihn ein drittes Mal, und wieder sprang Samuel auf und lief zu Eli. »Hier bin ich«, sagte er. »Du hast mich gerufen.«

Da merkte Eli, dass es der HERR war, der den Jungen rief. ⁹Er sagte zu Samuel: »Geh und leg dich wieder hin, und wenn du wieder gerufen wirst, dann antworte: ›Sprich, HERR, dein Diener hört.‹« Also legte Samuel sich wieder an seinen Platz.

¹⁰Und der HERR trat zu ihm und rief wie zuvor: »Samuel! Samuel!«

Samuel antwortete: »Sprich, dein Diener hört.«

2,22 Hebr. *Zelt der Versammlung*. In manchen Handschriften fehlt dieser Satz völlig.   **2,30** Hebr. *dass dein Haus und deines Vaters Haus*.   **2,35** Hebr. *wird vor meinem Gesalbten alle Tage einhergehen*.

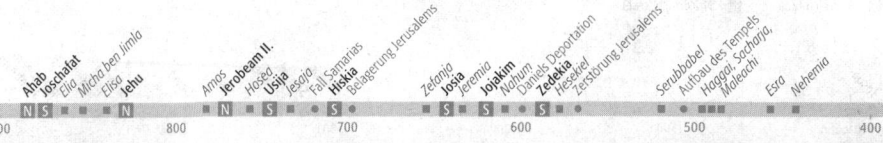

1. & 2. SAMUEL

1–8	Samuel, Richter und Prophet
9–15	Saul, der erste König – Aufstieg und Fall
16–31	Saul und David
1–10	König David
11–12	Davids Krise
13–20	Absaloms Aufstand, seine Vor- und Nachgeschichte
21–24	Davids letzte Jahre

3–4
Samuel wird Prophet Gottes. Die Bundeslade fällt in die Hand der Philister. Eli stirbt.

[Zum Sinai, vom Sinai her: Gott schafft sich ein Volk]

¹¹Da sprach der HERR zu Samuel: »Ich werde in Israel etwas tun, das schmerzvoll sein wird für jeden, der davon hört. ¹²An jenem Tag werde ich alle meine Ankündigungen gegen Eli und seine Familie wahr machen. ¹³Ich habe ihm vorausgesagt, dass ich seine Familie für immer richten will, weil seine Söhne Gott gelästert haben und er sie nicht bestraft hat. ¹⁴Deshalb habe ich dem Haus Eli geschworen, dass die Schuld seines Hauses durch kein Opfer jemals vergeben werden kann.«

Samuel spricht für den HERRN
¹⁵Samuel blieb bis zum Morgen liegen; dann öffnete er die Türen vom Heiligtum des HERRN*. Er hatte Angst, Eli von der Erscheinung zu erzählen. ¹⁶Doch Eli rief ihn: »Samuel, mein Sohn.«
»Hier bin ich«, antwortete Samuel.
¹⁷»Was hat der HERR zu dir gesagt? Erzähle mir alles. Gott soll dich strafen, wenn du mir irgendetwas verschweigst!« ¹⁸Da erzählte Samuel ihm alles; er verschwieg ihm nichts. »Er ist der HERR«, sagte Eli darauf. »Er soll tun, was er für das beste hält.«
¹⁹Als Samuel heranwuchs, war der HERR mit ihm, und ließ alle Voraussagen Samuels eintreffen. ²⁰Im ganzen Land, von Dan bis Beerscheba, wussten die Israeliten, dass Samuel zum Propheten des HERRN bestimmt war. ²¹Der HERR er-

3,15 Hebr. *des Hauses des HERRN*.

1. Samuel 4,11

Bundesschlüsse
Nach der Bundeserneuerung durch Josua folgte eine wechselhafte Zeit, in der die Richter wirkten. Bundestreue war aufseiten des Volkes oft nicht sichtbar. Gegen Ende dieser Zeit wird eins der Bundeszeichen, die Bundeslade (siehe bei 2Mo 40), von den Feinden erbeutet. Damit scheint Gott sich von seinem Volk zurückgezogen zu haben.
Der Besitz der Bundeslade bringt den Philistern Unglück – ein Zeichen, dass Gott auch jetzt noch sein Bund nicht egal ist. Deshalb wollen die Feinde die Lade wieder loswerden (Kapitel 5). Doch auch wenn sie wieder zurück zu Israel kommt, ist das keine Garantie dafür, dass alles automatisch gut würde. Vielmehr sind die 20 Jahre, in denen die Lade abseits aufbewahrt wird, ein Zeichen dafür, dass Gott das Volk verlassen hat (1Sam 7,2). Gott wird erst wieder segnen, wenn das Volk von Herzen zu ihm zurückkehrt (1Sam 7,3).
(Josua 24,25 «« | »» 2. Könige 23,3)

S Südreich Juda   N Nordreich Israel

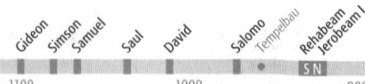

schien weiterhin in Silo und überbrachte Samuel dort in Silo Botschaften.

4 Und Samuels Worte richteten sich an das ganze Volk Israel.

Die Philister erbeuten die Bundeslade

Israel führte Krieg gegen die Philister. Die Israeliten lagerten bei Eben-Eser, die Philister standen bei Afek. ²Die Philister griffen an, besiegten die Israeliten und töteten etwa 4.000 Mann. ³Und als das Volk Israel ins Lager zurückkam, fragten die Anführer*: »Warum hat der HERR zugelassen, dass die Philister uns besiegen?« Dann beschlossen sie: »Wir wollen die Bundeslade des HERRN aus Silo holen, damit er in unsere Mitte kommt und uns vor unseren Feinden retten wird.«

⁴Das Volk schickte Männer nach Silo, die die Bundeslade des HERRN, des Allmächtigen, der zwischen den Cherubim thront, holen sollten. Hofni und Pinhas, die beiden Söhne Elis, begleiteten die Lade Gottes. ⁵Als die Bundeslade des HERRN im Lager ankam, schrien die Israeliten so laut vor Freude, dass die Erde bebte.

⁶Die Philister hörten die Schreie und fragten einander: »Was soll der Jubel im hebräischen Lager?« Als sie erfuhren, dass die Lade des HERRN eingetroffen war, ⁷gerieten sie außer sich vor Angst. »Gott ist in ihr Lager gekommen!«, sagten sie. »Was für ein Unglück! Noch nie mussten wir uns einer solchen Herausforderung stellen! ⁸Wer kann uns vor diesem mächtigen Gott Israels retten? Es ist der gleiche Gott, der die Ägypter mit Plagen in der Wüste geschlagen hat. ⁹Seid mutig und zeigt, dass ihr Männer seid, Philister! Wenn nicht, werdet ihr die Sklaven der Hebräer werden, so wie sie die unseren gewesen sind! Zeigt, dass ihr Männer seid und kämpft!«

¹⁰Also kämpften die Philister und wieder wurden die Israeliten besiegt und sie wandten sich um und flohen in ihre Zelte. Die Niederlage war groß, denn an jenem Tag fielen 30.000 israelitische Männer. ¹¹Die Lade Gottes wurde erbeutet, und Hofni und Pinhas, die beiden Söhne Elis, wurden getötet.

Der Tod Elis

¹²Ein Mann aus dem Stamm Benjamin lief vom Schlachtfeld fort und gelangte noch am selben Tag nach Silo. Er hatte seine Kleider zerrissen und Staub auf seinen Kopf gestreut. ¹³Eli saß auf einem Stuhl neben der Straße und wartete auf Nachrichten über den Kampf, denn sein Herz zitterte vor Angst um die Lade Gottes. Als der Bote eintraf und erzählte, was geschehen war, ging ein Aufschrei durch die Stadt. ¹⁴»Was bedeutet dieser Lärm?«, fragte Eli, als er das Geschrei hörte.

Der Bote lief zu Eli, um ihm zu berichten. ¹⁵Eli war 98 Jahre alt und inzwischen erblindet. ¹⁶Der Bote sagte zu ihm: »Ich komme vom Schlachtfeld – heute bin ich von dort geflohen.«

»Was ist geschehen, mein Sohn?«, wollte Eli wissen.

¹⁷»Israel ist schwer geschlagen«, antwortete der Bote. »Die Israeliten sind vor den Philistern geflohen. Auch deine beiden Söhne Hofni und Pinhas wurden getötet. Und die Lade Gottes wurde erbeutet.«

¹⁸Als der Bote berichtete, was mit der Lade geschehen war, fiel Eli rückwärts von seinem Stuhl neben das Tor. Dabei brach er sich das Genick und starb, denn er war alt und füllig. 40 Jahre lang war er Richter in Israel gewesen.

¹⁹Elis Schwiegertochter, die Frau von Pinhas, war schwanger und die Geburt stand kurz bevor. Als sie hörte, dass die Lade Gottes erbeutet worden war und ihr Mann und ihr Schwiegervater tot waren, setzten die Wehen ein. Sie brach zusammen und gebar. ²⁰Doch als sie im Sterben lag, sagten die Frauen, die bei ihr waren, zu ihr: »Hab keine Angst; du hast einen Sohn geboren!« Aber sie antwortete und reagierte nicht darauf.

²¹Sie nannte das Kind Ikabod und murmelte: »Israels Herrlichkeit ist vergangen«, weil die Lade Gottes erbeutet worden war und ihr Mann und ihr Schwiegervater tot waren. ²²Dann sagte sie: »Die Herrlichkeit ist von Israel gewichen, denn die Lade Gottes ist erbeutet worden.«

Die Bundeslade in den Händen der Philister

5 Die Philister brachten die Lade Gottes von Eben-Eser nach Aschdod. ²Sie trugen sie in den Tempel von Dagon und stellten sie neben dessen Standbild auf. ³Doch als die Bürger von Aschdod am nächsten Morgen in den Tempel von Dagon kamen, war Dagon umgefallen und lag mit dem Gesicht zur Erde vor der Lade des HERRN. Sie nahmen das Standbild und stellten es wieder auf. ⁴Doch als sie früh am nächsten Morgen kamen, lag das Standbild wieder mit dem Gesicht zur Erde vor der Lade des HERRN. Diesmal lagen sein Kopf und seine Hände abgeschlagen im Eingang. Nur sein Rumpf war unbeschädigt. ⁵Aus diesem Grund treten in Aschdod sowohl die Priester von Dagon als auch alle

---

4,3 Hebr. *die Ältesten Israels.*

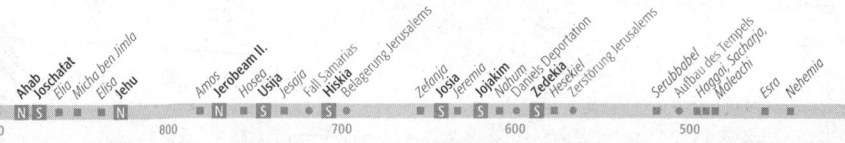

1. & 2. SAMUEL

1–8	Samuel, Richter und Prophet
9–15	Saul, der erste König – Aufstieg und Fall
16–31	Saul und David
1–10	König David
11–12	Davids Krise
13–20	Absaloms Aufstand, seine Vor- und Nachgeschichte
21–24	Davids letzte Jahre

5–7
Gott plagt die Philister mit Geschwüren und Tod. Rückgabe der Bundeslade an die Israeliten. Samuel versammelt das Volk in Mizpa, damit es vor Gott Buße tut.

[Zum Sinai, vom Sinai her: Gott schafft sich ein Volk]

anderen Besucher des Tempels von Dagon bis heute nicht auf diese Türschwelle.

⁶Daraufhin versetzte der HERR die Bewohner von Aschdod und der umliegenden Dörfer in Schrecken und plagte sie mit Geschwüren. ⁷Als die Leute erkannten, was da vor sich ging, riefen sie: »Wir können die Lade des Gottes Israels nicht bei uns behalten! Er ist gegen uns und unseren Gott Dagon.« ⁸Sie riefen deshalb alle Herrscher der Philister zusammen und fragten: »Was sollen wir mit der Lade des Gottes Israels machen?«

Die Herrscher antworteten: »Bringt sie in die Stadt Gat.« Also schafften sie die Lade des Gottes Israels nach Gat. ⁹Doch als die Lade dort eintraf, begann der HERR die Bevölkerung von Gat, Jung und Alt, mit Geschwüren zu plagen, sodass eine gewaltige Panik ausbrach.

¹⁰Daraufhin schickten sie die Lade Gottes in die Stadt Ekron, doch als die Leute sie kommen sahen, riefen sie: »Sie bringen die Lade des Gottes Israels hierher, um auch uns umzubringen!« ¹¹Wieder berief das Volk alle Herrscher der Philister ein und bat sie: »Bitte schickt die Lade des Gottes Israels dorthin zurück, wo sie hergekommen ist, oder sie* wird uns alle töten.« Denn die Hand Gottes lag schwer auf ihnen und in der Stadt herrschte große Angst. ¹²Wer nicht starb, wurde von Geschwüren geplagt; und überall hörte man Jammern und Stöhnen.

Die Philister geben die Bundeslade zurück

6 Die Lade des HERRN blieb insgesamt sieben Monate im Gebiet der Philister. ²Danach riefen die Philister ihre Priester und Wahrsager zusammen und fragten sie: »Was sollen wir mit der Lade des HERRN machen? Sagt uns, wie wir sie in ihr Land zurückschaffen können.«

³»Schickt die Lade des Gottes Israels zurück, aber sie darf nicht leer sein«, lautete die Anweisung. »Schickt eine Opfergabe zur Versöhnung eurer Schuld. Dann werdet ihr wieder gesund werden und erkennen, warum er euch so geplagt hat.«

⁴»Was für ein Schuldopfer sollen wir ihm schicken?«, fragten sie.

Da sagten die Priester und Wahrsager: »Da die Plage sowohl euch als auch eure fünf Herrscher befallen hat, fertigt fünf goldene Geschwüre und fünf goldene Mäuse, ⁵genau so wie die, das Land zugrunde gerichtet haben. Erweist damit dem Gott Israels die Ehre. Vielleicht wird er dann aufhören, euch, eure Götter und euer

5,11 O. er.

S Südreich Juda   N Nordreich Israel

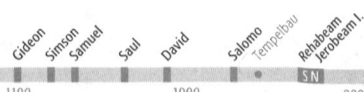

Land heimzusuchen. ⁶Seid nicht so verstockt, wie es der Pharao und die Ägypter waren. Sie wollten Israel erst ziehen lassen, nachdem der HERR sie heimgesucht hatte. ⁷Baut einen neuen Wagen und sucht zwei Kühe, die gerade gekalbt haben, die aber noch nie ein Joch trugen. Spannt die Kühe vor den Wagen, aber bringt ihre Kälber von ihnen weg nach Hause zurück. ⁸Stellt die Lade des HERRN auf den Wagen und daneben legt einen Kasten mit den goldenen Gegenständen, die ihr ihm als Opfergabe entrichten wollt. Dann lasst sie ihres Weges ziehen. ⁹Wenn sie eure Landesgrenze überschreitet und nach Bet-Schemesch zieht, werden wir wissen, dass es der HERR war, der dieses große Unglück über uns gebracht hat. Wenn nicht, wissen wir, dass es einfach ein Zufall war und nicht seine Hand auf uns lag.«

¹⁰Die Anweisungen wurden befolgt. Zwei Kühe mit neugeborenen Kälbern wurden vor den Wagen gespannt und ihre Kälber behielten sie zu Hause zurück. ¹¹Dann wurden die Lade des HERRN und der Kasten mit den goldenen Mäusen und den Nachbildungen der goldenen Geschwüre auf den Wagen gestellt. ¹²Und die Kühe zogen unter ständigem Gebrüll geradewegs die Straße nach Bet-Schemesch entlang, ohne nach rechts oder links abzuweichen. Die Herrscher der Philister folgten ihnen bis zur Grenze von Bet-Schemesch.

¹³Die Einwohner von Bet-Schemesch waren gerade bei der Weizenernte im Tal, und als sie die Lade sahen, gerieten sie außer sich vor Freude. ¹⁴Der Wagen fuhr in das Feld, das einem Mann namens Josua aus Bet-Schemesch gehörte, und kam neben einem großen Felsen zum Stehen. Die Leute zerkleinerten das Holz des Wagens und brachten die Kühe dem HERRN als Brandopfer dar. ¹⁵Die Leviten hoben die Lade des HERRN und den Kasten mit den goldenen Gegenständen vom Wagen und stellten sie auf den großen Felsen. An jenem Tag brachten die Einwohner von Bet-Schemesch dem HERRN Brandopfer und Schlachtopfer dar. ¹⁶Die fünf Herrscher der Philister beobachteten das alles und kehrten noch am selben Tag nach Ekron zurück.

¹⁷Die goldenen Geschwüre, die die Philister dem HERRN als Schuldopfer geschickt hatten, waren je eines für die Städte Aschdod, Gaza, Aschkelon, Gat und Ekron. ¹⁸Auch die Mäuse standen für die Zahl aller Städte der Philister unter den fünf Herrschern – von den befestigten Städten bis zu den Dörfern der Bauern. Der große Fels in Bet-Schemesch, auf dem sie die Lade des HERRN absetzten, steht noch heute im Feld von Josua und erinnert an das Geschehene.

Die Bundeslade wird nach Kirjat-Jearim gebracht

¹⁹Der HERR tötete 70 Männer* aus Bet-Schemesch, weil sie in die Lade des HERRN hineingeschaut hatten, und das Volk trauerte sehr über die harte Bestrafung des HERRN. ²⁰»Wer kann die Gegenwart des HERRN, dieses heiligen Gottes, ertragen?«, fragten die Menschen von Bet-Schemesch. »Zu wem sollen wir die Lade von hier aus schicken?« ²¹Sie sandten Boten an die Einwohner von Kirjat-Jearim und ließen ihnen ausrichten: »Die Philister haben die Lade des HERRN zurückgegeben. Bitte kommt und holt sie!«

7 Die Männer aus Kirjat-Jearim kamen, um die Lade des HERRN zu holen. Sie brachten sie ins Haus von Abinadab, das auf einem Hügel stand und übertrugen Eleasar, seinem Sohn, die Verantwortung dafür. ²Die Lade blieb lange Zeit in Kirjat-Jearim – insgesamt 20 Jahre. Ganz Israel trauerte, dass der HERR das Volk verlassen hatte.

Samuel führt das Volk Israel zum Sieg

³Schließlich sagte Samuel zum Volk Israel: »Wenn ihr wirklich von ganzem Herzen zum HERRN zurückkehren wollt, dann trennt euch von euren fremden Göttern und den Bildern der Astarte. Nehmt euch vor, von nun an allein dem HERRN zu gehorchen und ihm allein zu dienen; dann wird er euch vor den Philistern retten.« ⁴Da zerstörten die Israeliten ihre Bilder von Baal und Astarte und dienten nur noch dem HERRN.

⁵Daraufhin forderte Samuel sie auf: »Ganz Israel soll sich in Mizpa versammeln. Ich will für euch zum HERRN beten.« ⁶Und sie versammelten sich dort, schöpften Wasser und gossen es vor dem HERRN aus. An jenem Tag fasteten sie und bekannten: »Wir haben gegen den HERRN gesündigt.« Und Samuel hielt in Mizpa Gericht über Israel.

⁷Als die Philister hörten, dass die Israeliten sich in Mizpa versammelt hatten, zogen die Herrscher der Philister mit ihrem Heer gegen Israel aus. Die Israeliten erfuhren davon und fürchteten sich vor den Philistern. ⁸»Bitte den HERRN, unseren Gott, uns vor den Philistern zu retten!«,

---

6,19 So in einigen Handschriften; im Hebr. steht außerdem noch: *50.000 Männer*. Diese Zahlenangabe ist vermutlich versehentlich aufgenommen worden.

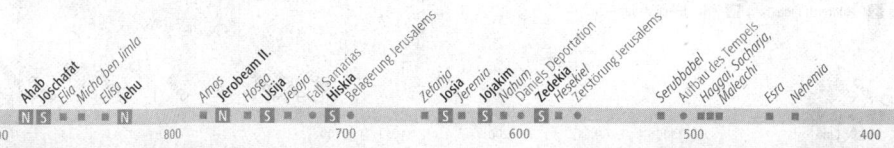

1. & 2. SAMUEL

1–8	Samuel, Richter und Prophet
9–15	Saul, der erste König – Aufstieg und Fall
16–31	Saul und David
1–10	König David
11–12	Davids Krise
13–20	Absaloms Aufstand, seine Vor- und Nachgeschichte
21–24	Davids letzte Jahre

7–9
Sieg über die Philister. Samuel wird Richter über Israel. Das Volk verlangt einen König. Warnung vor dem Königtum. Samuel und Saul begegnen sich.

[Zeit der Könige und Propheten]

flehten sie Samuel an. ⁹Samuel nahm ein junges Lamm und brachte es dem HERRN als Brandopfer. Er flehte den HERRN an, Israel zu helfen, und der HERR erhörte ihn.

¹⁰Noch während Samuel das Brandopfer darbrachte, trafen die Philister ein und wollten Israel angreifen. Doch der HERR ließ es über den Philistern so laut donnern, dass sie in Panik verfielen und von den Israeliten geschlagen wurden. ¹¹Die Israeliten verfolgten die Philister von Mizpa aus bis unterhalb von Bet-Car und töteten alle, die sie unterwegs ergriffen.

¹²Dann nahm Samuel einen Stein und stellte ihn zwischen Mizpa und Schen. Er nannte ihn Eben-Eser – »Stein der Hilfe« –, denn er sagte: »Bis hierher hat der HERR uns geholfen.« ¹³So kam es, dass die Philister besiegt wurden und lange Zeit nicht mehr in das Gebiet Israels einfielen. Und solange Samuel lebte, blieb die Hand des HERRN gegen die Philister erhoben. ¹⁴Die israelitischen Städte von Ekron bis Gat, die die Philister ihnen weggenommen hatten, wurden von Israel samt den dazugehörigen Gebieten zurückerobert. Und auch zwischen den Israeliten und den Amoritern herrschte in dieser Zeit Frieden.

¹⁵Samuel blieb Richter in Israel, solange er lebte. ¹⁶Jedes Jahr reiste er umher und saß in Bethel, Gilgal und Mizpa zu Gericht. An allen diesen Orten sprach er Recht für das Volk Israel. ¹⁷Danach kehrte er in sein Haus in Rama zurück und ließ sich auch dort Rechtsstreitigkeiten vortragen. Und Samuel errichtete dem HERRN in Rama einen Altar.

Das Volk Israel will einen König haben

8 Als Samuel alt wurde, ernannte er seine Söhne zu Richtern über Israel. ²Joel, sein Erstgeborener, und Abija, sein Zweitgeborener, saßen in Beerscheba zu Gericht. ³Aber seine Söhne handelten nicht nach seinem Vorbild, sondern suchten nur ihren Vorteil. Sie ließen sich bestechen und beugten das Recht.

⁴Schließlich kamen die Ältesten Israels in Rama bei Samuel zusammen. ⁵»Sieh her«, sagten sie zu ihm, »du bist jetzt alt und deine Söhne sind nicht wie du. Gib uns einen König, der über uns richtet, wie ihn alle anderen Völker haben.«

⁶Samuel war sehr ärgerlich über ihre Bitte, ihnen einen König zu geben, um über sie Recht zu sprechen und fragte den HERRN um Rat. ⁷»Hör auf die Stimme des Volkes, auf alles, was sie sagen«, antwortete der HERR, »denn nicht dich weisen sie zurück, sondern mich. Sie wollen mich nicht länger als König. ⁸Sie tun, was sie im-

S Südreich Juda   N Nordreich Israel

mer getan haben, seit ich sie aus Ägypten hierher gebracht habe. Denn sie haben mich immer wieder vergessen und sind anderen Göttern nachgelaufen. Und jetzt tun sie dir dasselbe an. ⁹Erfüll ihre Bitte, aber warne sie deutlich davor, wie ein König über sie herrschen wird.«

Samuel warnt vor dem Königtum
¹⁰Samuel gab die Warnung des HERRN an das Volk weiter, das von ihm einen König forderte. ¹¹»So wird ein König über euch herrschen«, sagte er. »Er wird eure Söhne in sein Heer einziehen und sie vor seinen Wagen laufen lassen. ¹²Manche werden Befehlshaber in seinem Heer werden, andere werden eingesetzt werden, seine Felder zu pflügen und seine Ernte einzubringen und manche werden seine Waffen und die Ausrüstung für seine Wagen herstellen. ¹³Der König wird euch eure Töchter nehmen, damit sie für ihn kochen, backen und Salben herstellen. ¹⁴Er wird euch eure besten Felder und Weingärten und Olivenhaine wegnehmen und sie seinen Dienern geben. ¹⁵Er wird ein Zehntel eurer Ernte nehmen und unter seinen Hofleuten und Dienern verteilen. ¹⁶Er wird eure Knechte und Mägde für sich beanspruchen und eure besten jungen Männer und eure Esel für sich beschlagnahmen. ¹⁷Er wird ein Zehntel von eurem Kleinvieh verlangen und ihr werdet seine Knechte sein. ¹⁸Wenn dieser Tag kommt, werdet ihr um Hilfe schreien wegen eures Königs, um den ihr gebeten habt, aber der HERR wird euch dann nicht erhören.«

¹⁹Doch das Volk wollte nicht auf Samuels Warnung hören. »Auch wenn es so ist, wir wollen trotzdem einen König«, sagten sie. ²⁰»Wir wollen wie die Völker um uns herum sein. Unser König soll über uns herrschen und unsere Schlachten führen.«

²¹Samuel hörte, was das Volk sagte, und überbrachte es dem HERRN, ²²und der HERR antwortete: »Tu, was sie sagen, gib ihnen einen König.« Daraufhin sprach Samuel zu den Männern Israels: »Geht nach Hause, jeder in seine Stadt zurück.«

Saul begegnet Samuel

9 Kisch war ein reicher Mann aus dem Stamm Benjamin. Er war der Sohn von Abiël und Enkel von Zeror, Urenkel Bechorats und Ururenkel Afiachs. ²Sein Sohn Saul war ein stattlicher junger Mann, der am besten aussehende Mann in ganz Israel – er war einen Kopf größer als alle anderen im Volk.

³Eines Tages brachen Kisch, dem Vater von Saul, die Eselinnen aus, und er befahl seinem Sohn Saul: »Nimm einen Knecht mit und mach dich auf die Suche nach den Eselinnen.« ⁴Saul zog durch das Gebirge Ephraim, die Gebiete von Schalischa und Schaalim und durch Benjamin, aber sie fanden sie nicht. ⁵Schließlich kamen sie in das Gebiet von Zuf, und Saul sagte zu seinem Knecht, der bei ihm war: »Lass uns umkehren. Mein Vater wird sich inzwischen größere Sorge um uns machen als um die Eselinnen!«

⁶Doch der Knecht antwortete: »Einen Moment noch! Hier in dieser Stadt lebt ein Mann Gottes. Er wird sehr verehrt, weil alles, was er sagt, eintrifft. Lass uns dort hingehen. Vielleicht kann er uns sagen, welchen Weg wir nehmen müssen.«

⁷»Aber wenn wir zu ihm gehen, was sollen wir ihm anbieten?«, fragte Saul seinen Knecht. »Wir haben nicht einmal mehr etwas zu essen in unseren Taschen, und schon gar nichts, was wir dem Mann Gottes geben könnten. Was haben wir also?«

⁸»Doch«, erwiderte der Knecht, »ich habe noch einen Viertel Silberschekel*, das will ich dem Mann Gottes geben, damit er uns den Weg sagt.« ⁹Wenn die Menschen damals in Israel etwas von Gott wissen wollten, sagten sie: »Kommt, wir gehen zum Seher«, denn die heutigen Propheten wurden früher Seher genannt.

¹⁰»Der Vorschlag ist gut«, sagte Saul zu seinem Knecht. »Komm, lass uns gehen!« Und sie machten sich auf den Weg in die Stadt, in der der Mann Gottes lebte.

¹¹Als sie den Aufstieg zur Stadt hinaufgingen, begegneten ihnen ein paar junge Frauen, die kamen, um Wasser zu holen. Saul und sein Knecht fragten sie: »Ist der Seher heute hier?«

¹²»Ja«, antworteten sie. »Er ist gerade vor dir angekommen, um an einer öffentlichen Opferfeier oben auf der Anhöhe teilzunehmen. ¹³Beeilt euch, damit ihr ihn noch erreicht, bevor er auf den Berg geht, um zu essen. Die Gäste werden nicht anfangen, bevor er da ist und das Essen gesegnet hat. Geht jetzt, dann werdet ihr ihn noch antreffen.«

¹⁴Sie betraten die Stadt, und als sie durch die Stadtmitte gingen, kam ihnen Samuel entgegen. Er war im Begriff, auf den Berg zu steigen. ¹⁵Der HERR hatte Samuel aber am Tag zuvor gesagt: ¹⁶»Morgen um diese Zeit werde ich einen Mann aus dem Gebiet von Benjamin zu dir senden. Sal-

---

9,8 Das entspricht ca. 3 g.

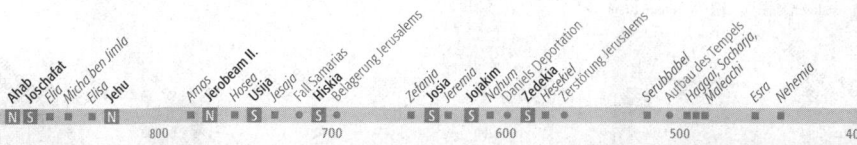

1. & 2. SAMUEL

1–8	Samuel, Richter und Prophet
9–15	Saul, der erste König – Aufstieg und Fall
16–31	Saul und David
1–10	König David
11–12	Davids Krise
13–20	Absaloms Aufstand, seine Vor- und Nachgeschichte
21–24	Davids letzte Jahre

9–10
Saul bleibt über Nacht bei Samuel. Saul wird zum König gesalbt und vor dem Volk als König ausgerufen.

[Zeit der Könige und Propheten]

be ihn zum Anführer meines Volkes Israel. Er wird es vor den Philistern retten, denn ich habe Erbarmen mit meinem Volk und habe seine Schreie gehört.«

17Als Samuel Saul bemerkte, sagte der HERR: »Das ist der Mann, den ich dir angekündigt habe! Er wird über mein Volk herrschen.«

18In diesem Augenblick trat Saul im Torweg auf Samuel zu und fragte: »Kannst du mir bitte sagen, wo ich das Haus des Sehers finde?«

19»Ich bin der Seher!«, antwortete Samuel. »Geh vor mir her auf die Anhöhe zur Opferstätte, wir wollen heute zusammen essen. Am Morgen werde ich dir sagen, was du wissen willst, und dich deines Weges ziehen lassen. 20Und mach dir keine Sorgen um die Eselinnen, die vor drei Tagen verloren gingen, denn sie sind bereits wiedergefunden worden. Und wem gehört alles Wertvolle in Israel? Gehört es nicht dir und deiner ganzen Familie?«

21Saul antwortete: »Aber ich stamme doch nur aus Benjamin, dem kleinsten Stamm in Israel, und meine Familie ist die unbedeutendste von allen Familien dieses Stammes! Warum sagst du so etwas zu mir?«

22Samuel brachte Saul und seinen Knecht in die Halle und ließ sie an der Stirnseite des Tisches vor 30 geladenen Gästen Platz nehmen. 23Dann wies er den Koch an: »Bring das Stück Fleisch her, das du zurückbehalten solltest.« 24Der Koch brachte ein besonders gutes Stück Fleisch herein und legte es Saul vor. »Nimm es und iss«, sagte Samuel. »Ich habe es schon für dich zurücklegen lassen, als ich die anderen einlud.« Da aß Saul an jenem Tag mit Samuel.

25Als sie von der Anhöhe der Stadt zurückgekehrt waren, nahm Samuel Saul mit hinauf auf das Dach des Hauses und richtete ihm dort einen Schlafplatz* 26und er legte sich schlafen. Am nächsten Morgen, bei Tagesanbruch, standen sie früh auf und Samuel rief zu Saul hinauf: »Steh auf! Es wird Zeit aufzubrechen. Ich will dich ein Stück begleiten.« Saul machte sich bereit und gemeinsam verließen sie das Haus. 27Am Stadtrand befahl Samuel Saul: »Schick deinen Knecht voraus!« Als der Knecht gegangen war, sagte Samuel: »Bleib hier stehen, denn ich habe eine Botschaft für dich von Gott erhalten.«

Samuel salbt Saul zum König

10 Dann nahm Samuel ein Fläschchen Öl und goss es über Sauls Kopf aus. Er küsste

---

9,25 So in der griech. Version; im Hebr. heißt es *und sprach dort mit ihm.*

ihn und sagte: »Ich tue das, weil der HERR dich zum Anführer seines Volkes Israel gesalbt hat. ²Wenn du heute von mir weggehst, wirst du beim Grab Rahels bei Zelzach im Gebiet von Benjamin zwei Männer treffen. Sie werden dir sagen, dass die Eselinnen, die du gesucht hast, gefunden wurden. Dein Vater sorgt sich nicht mehr um die Eselinnen, sondern macht sich große Sorgen um dich und fragt: ›Was soll ich wegen meines Sohnes unternehmen?‹

³Wenn du dann weitergehst und zur Eiche Tabor kommst, werden dir drei Männer entgegenkommen, die auf dem Weg zum Heiligtum Gottes nach Bethel sind. Der eine wird drei junge Ziegen bei sich haben, der andere drei Brote und der dritte einen Schlauch mit Wein. ⁴Sie werden dich grüßen und dir zwei der Brote anbieten; und du sollst sie annehmen.

⁵Dann wirst du nach Gibea Gottes kommen, wo Wachposten der Philister lagern. Und wenn du in die Stadt kommst, wirst du einer Gruppe Propheten begegnen, die vom Altar auf dem Hügel herabkommen. Sie werden auf einer Harfe, einem Tamburin, einer Flöte und einer Leier spielen, und sie werden weissagen. ⁶Zur gleichen Zeit wird der Geist des HERRN mit Macht über dich kommen, und du wirst mit ihnen zusammen prophetisch reden. Du wirst in einen anderen Menschen verwandelt werden. ⁷Wenn diese Zeichen eingetreten sind, dann tu, was du für richtig hältst, denn Gott wird mit dir sein. ⁸Geh mir voraus, hinunter nach Gilgal, und warte dort sieben Tage auf mich. Ich werde dich dort treffen und Brand- und Friedensopfer darbringen. Wenn ich komme, werde ich dir weitere Anweisungen geben.«

Die vorausgesagten Zeichen erfüllen sich

⁹Als Saul sich zum Gehen wandte, verwandelte Gott sein Herz, und noch am selben Tag erfüllten sich alle Zeichen. ¹⁰Als Saul und sein Knecht Gibea erreichten, kamen ihnen die Propheten entgegen. Da kam der Geist Gottes über Saul und auch er begann mitten unter ihnen prophetisch zu reden. ¹¹Seine Freunde sahen, wie er mit den Propheten weissagte und riefen sich gegenseitig zu: »Was ist passiert? Gehört Saul denn auch zu den Propheten? Wie ist der Sohn von Kisch zum Propheten geworden?« ¹²Doch einer der Nachbarn antwortete: »Aber wer ist denn ihr Vater?« Das ist auch der Ursprung des Sprichworts: »Gehört Saul auch zu den Propheten?«

¹³Als Saul aufgehört hatte prophetisch zu reden, stieg er zum Altar auf den Hügel hinauf. ¹⁴»Wo seid ihr nur gewesen?«, fragte sein Onkel ihn und seinen Knecht.

»Wir haben nach den Eselinnen gesucht«, antwortete Saul, »aber wir konnten sie nicht finden. Deshalb sind wir zu Samuel gegangen.«

¹⁵»Und was hat er gesagt?«, fragte sein Onkel.

¹⁶»Er sagte, die Eselinnen seien bereits gefunden worden«, antwortete Saul. Aber er erzählte seinem Onkel nicht, dass Samuel mit ihm über das Königtum gesprochen hatte.

Saul wird zum König ausgerufen

¹⁷Samuel berief das Volk zu einer Versammlung vor dem HERRN in Mizpa ein. ¹⁸Er sagte zu den Israeliten: »So spricht der HERR, der Gott Israels: ›Ich habe Israel aus Ägypten herausgeführt und euch vor den Ägyptern und allen anderen Völkern, die euch unterdrückten, gerettet. ¹⁹Doch obwohl ich euch aus aller Not und Bedrängnis gerettet habe, habt ihr mich heute verworfen und gesagt: Wir wollen lieber einen König! Deshalb stellt euch jetzt nach Stämmen und Sippen geordnet vor dem HERRN auf.‹«

²⁰Samuel ließ alle Stämme Israels antreten und der Stamm Benjamin wurde erwählt*. ²¹Dann ließ er jede einzelne Sippe des Stammes Benjamin vortreten und die Sippe Matri wurde erwählt. Und schließlich wurde Saul, der Sohn des Kisch, erwählt. Doch als sie nach ihm suchten, war er verschwunden. ²²Da fragten sie den HERRN: »Wo ist er?«

Und der HERR antwortete: »Er versteckt sich beim Gepäck des Lagers.« ²³Dort fanden sie ihn und holten ihn hervor, und als er mitten unter das Volk trat, war er einen Kopf größer als alle anderen.

²⁴Daraufhin sagte Samuel zum ganzen Volk: »Das ist der Mann, den der HERR ausgewählt hat. Keiner in Israel ist ihm gleich.«

Und alle riefen: »Es lebe der König!«

²⁵Samuel erklärte dem Volk die Rechte und Pflichten eines Königs. Er schrieb sie auf eine Rolle und legte sie dem HERRN vor. Dann entließ Samuel die Leute wieder nach Hause.

²⁶Als Saul nach Gibea heimkehrte, wurden einige Männer des Heeres, deren Herzen Gott berührt hatte, zu seinen ständigen Begleitern. ²⁷Aber es gab auch schlechte Menschen, die sagten: »Wie soll dieser Mann uns retten können?« Und sie verachteten ihn und weigerten sich, ihm ein Geschenk zu bringen. Doch Saul beachtete sie nicht.

10,20 Hebr. *durch das Los erwählt*; so auch in 10,21.

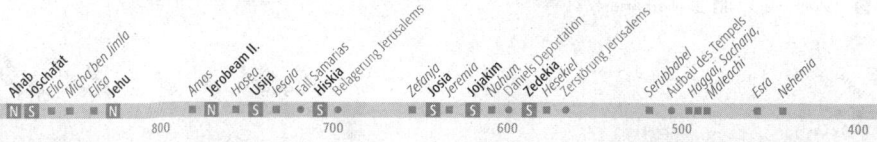

1. & 2. SAMUEL

1–8	Samuel, Richter und Prophet
9–15	Saul, der erste König – Aufstieg und Fall
16–31	Saul und David
1–10	König David
11–12	Davids Krise
13–20	Absaloms Aufstand, seine Vor- und Nachgeschichte
21–24	Davids letzte Jahre

11–12
Saul besiegt die Ammoniter und wird zum König gekrönt. Samuel mahnt das Volk, Gott mit ganzem Herzen zu dienen.

[Zeit der Könige und Propheten]

S Südreich Juda   N Nordreich Israel

Saul besiegt die Ammoniter

11 König Nahasch von Ammon führte sein Heer gegen Jabesch in der Gegend von Gilead. Die Einwohner von Jabesch sagten zu ihm: »Schließ ein Bündnis mit uns und wir werden deine Knechte sein.«

²»Gut«, sagte der Ammoniter Nahasch, »ich werde mich mit euch verbünden, aber nur unter einer Bedingung. Ich werde jedem Einzelnen von euch das rechte Auge ausstechen als Schande für ganz Israel!«

³»Gib uns sieben Tage, um Boten in alle Gebiete Israels auszuschicken!«, antworteten die Ältesten von Jabesch. »Wenn keiner uns zur Hilfe kommt, nehmen wir deine Bedingung an.«

⁴Als die Boten nach Gibea, in die Heimatstadt Sauls, kamen und den Leuten dort von ihrer schwierigen Lage berichteten, brachen alle in Tränen aus. ⁵Saul kam gerade mit seinen Rindern vom Feld heim und fragte: »Was ist los? Warum weinen alle?« Sie erzählten ihm, was die Boten aus Jabesch berichtet hatten.

⁶Als Saul diese Worte hörte, kam der Geist Gottes über ihn und er wurde sehr zornig. ⁷Er nahm zwei Rinder, schnitt sie in Stücke und befahl den Boten, sie mit folgender Botschaft durch ganz Israel zu tragen: »So wird es den Rindern eines jeden ergehen, der sich weigert, Saul und Samuel in die Schlacht zu folgen!« Da fiel der Schrecken des HERRN auf das Volk und sämtliche Männer strömten auf einmal herbei. ⁸Saul musterte bei Besek das Heer und es waren 300.000 Mann aus Israel und 30.000 Mann aus Juda gekommen.

⁹Saul sagte zu den Boten, die gekommen waren: »Richtet den Männern von Jabesch in der Gegend von Gilead aus: ›Morgen um die Mittagszeit werden wir euch retten!‹« Als die Boten diese Botschaft überbrachten, herrschte große Freude in der Stadt!

¹⁰Die Männer von Jabesch ließen den Ammonitern sagen: »Morgen werden wir zu euch hinauskommen, und ihr könnt mit uns machen, was ihr wollt.« ¹¹Doch als früh am nächsten Morgen Saul eintraf, hatte er das Volk in drei Abteilungen aufgeteilt. Noch vor Anbruch der Morgendämmerung überraschte er die Ammoniter mit einem Angriff und schlug sie bis zum Mittag vernichtend. Die Übriggebliebenen wurden zerstreut, sodass nicht einmal zwei von ihnen zusammenblieben.

¹²Da rief das Volk zu Samuel: »Wo sind die Männer, die sagten, dass Saul nicht über uns herrschen dürfe? Bring sie her, wir wollen sie töten.«

¹³Aber Saul antwortete: »Heute wird niemand

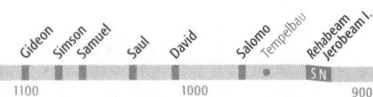

getötet, denn heute hat der HERR Israel gerettet!«
¹⁴Dann sagte Samuel zum Volk: »Kommt, lasst uns nach Gilgal gehen und den König noch einmal bestätigen.« ¹⁵Da zogen sie nach Gilgal und krönten Saul vor dem HERRN zum König. Dann brachten sie dem HERRN Friedensopfer und Saul und alle Israeliten waren sehr glücklich.

Samuels Abschiedsrede

12 Danach wandte Samuel sich an das Volk: »Ich habe getan, was ihr verlangt habt, und euch einen König gegeben. ²Nun wird er euch vorangehen. Ich aber bin alt und grau geworden und auch meine Söhne leben unter euch. Seit ich ein Junge war bis heute, habe ich euch als euer Anführer gedient. ³Jetzt sagt mir, während ihr hier vor dem HERRN und vor seinem Gesalbten steht – wessen Rind oder Esel habe ich gestohlen? Habe ich jemals einen von euch betrogen? Habe ich euch jemals unterdrückt? Habe ich jemals Bestechungsgeld angenommen und mich dadurch beeinflussen lassen? Sagt es mir, und ich will wieder gutmachen, was ich Unrechtes getan habe.«

⁴»Nein«, antworteten sie, »du hast uns niemals betrogen oder unterdrückt und hast nicht ein einziges Mal Bestechungsgeld angenommen.«

⁵»Der HERR und sein Gesalbter sind heute meine Zeugen«, erklärte Samuel, »dass ihr mir nichts vorwerfen könnt.«

»Ja, so ist es«, antworteten sie.

⁶»Es war der HERR, der Mose und Aaron eingesetzt hat«, fuhr Samuel fort. »Er hat eure Vorfahren aus dem Land Ägypten herausgeführt. ⁷Nun steht still vor dem HERRN, während ich euch an all die großen Taten erinnere, die der HERR für euch und eure Vorfahren vollbracht hat.

⁸Als die Israeliten in Ägypten waren* und eure Vorfahren zum HERRN schrien, sandte er Mose und Aaron, um sie aus Ägypten herauszuführen und in dieses Land zu bringen. ⁹Aber schon bald vergaß das Volk den HERRN, seinen Gott. Deshalb lieferte der HERR sie an Sisera, den Heerführer von Hazor, an die Philister und den König von Moab aus, die gegen sie kämpften.

¹⁰Da schrien sie wieder zum HERRN und bekannten: ›Wir haben gesündigt, indem wir uns vom HERRN abwandten und die Bilder des Baal und der Astarte anbeteten. Aber wir wollen dich anbeten, wenn du uns vor unseren Feinden rettest.‹ ¹¹Da sandte der HERR Jerubbaal, Barak*, Jeftah und Samuel*, um euch vor euren Feinden ringsumher zu retten, und ihr konntet in Sicherheit leben.

¹²Doch als ihr saht, dass Nahasch, der König der Ammoniter, gegen euch zum Kampf auszog, seid ihr zu mir gekommen und habt einen König von mir gefordert, der über euch herrscht, obwohl doch der HERR, euer Gott, bereits euer König ist. ¹³Nun gut, hier ist der König, den ihr erwählt und den ihr erbeten habt. Ja, der HERR hat nun einen König über euch eingesetzt.

¹⁴Wenn ihr von nun an den HERRN fürchtet und ihm dient und auf seine Stimme hört, wenn ihr euch nicht gegen die Gebote des HERRN auflehnt, und wenn ihr und euer König, der über euch herrscht, dem HERRN, eurem Gott, nachfolgt, dann wird er mit euch sein. ¹⁵Wenn ihr euch jedoch gegen die Gebote des HERRN auflehnt und nicht auf ihn hören wollt, wird seine Hand so schwer auf euch lasten wie auf euren Vorfahren.

¹⁶Nun kommt her und seht, was der HERR Großes vor euren Augen tun wird. ¹⁷Es ist doch gerade die Zeit der Weizenernte; ich will den HERRN bitten, Donner und Regen zu schicken. Dann werdet ihr erkennen, wie unrecht es in den Augen des HERRN von euch war, um einen König zu bitten!«

¹⁸Samuel rief zum HERRN, und der HERR schickte Donner und Regen. Da fürchtete sich das ganze Volk vor dem HERRN und vor Samuel. ¹⁹»Bete für uns zum HERRN, deinem Gott, dass wir nicht sterben!«, schrien sie. »Denn jetzt haben wir all unseren Sünden auch noch die Sünde hinzugefügt, um einen König zu bitten.« ²⁰»Habt keine Angst«, beruhigte Samuel sie. »Es stimmt, ihr habt Unrecht getan. Doch von nun an dient dem HERRN mit eurem ganzen Herzen und wendet euch niemals wieder von ihm ab. ²¹Betet nicht wieder ohnmächtige Götzen an, die euch nicht helfen oder retten können – sie sind nutzlos! ²²Der HERR wird sein auserwähltes Volk um seines großen Namens willen nicht verlassen. Er hat euch zu seinem Volk gemacht.

²³Was mich angeht, so werde ich ganz bestimmt nicht gegen den HERRN sündigen, indem ich aufhöre, für euch zu beten. Und ich werde euch weiterhin lehren, was gut und richtig ist. ²⁴Aber ihr sollt den HERRN fürchten und ihm aufrichtig dienen. Denkt an all das Wunderbare, das er für euch getan hat. ²⁵Wenn ihr jedoch weiterhin sündigt, werdet ihr und euer König vernichtet werden.«

12,8 Hebr. *Als Jakob in Ägypten war.* **12,11a** So in der griech. und der syr. Version; im Hebr. heißt es *Bedan.* **12,11b** In der syr. Version steht *Simson.*

1. & 2. SAMUEL

- 1–8 Samuel, Richter und Prophet
- 9–15 Saul, der erste König – Aufstieg und Fall
- 16–31 Saul und David

- 1–10 König David
- 11–12 Davids Krise
- 13–20 Absaloms Aufstand, seine Vor- und Nachgeschichte
- 21–24 Davids letzte Jahre

13–14
Saul und Jonatan führen Krieg gegen die Philister. Sauls Ungehorsam führt zur zeitlichen Begrenzung seiner Herrschaft. Jonatan führt die Israeliten zum Sieg.

[Zeit der Könige und Propheten]

S Südreich Juda   N Nordreich Israel

Der Krieg mit den Philistern

13 Saul war 30 Jahre alt*, als er König wurde, und er herrschte zwei Jahre* über Israel, ²als er 3.000 Mann aus Israel auswählte. 2.000 von ihnen nahm er mit nach Michmas und auf das Gebirge von Bethel. Die restlichen 1.000 zogen mit seinem Sohn Jonatan nach Gibea in das Gebiet von Benjamin. Den Rest des Volkes entließ er nach Hause.

³Kurz darauf griff Jonatan die Wachposten der Philister in Geba an und tötete sie. Rasch verbreitete sich unter den Philistern diese Nachricht. Auch Saul ließ im ganzen Land das Horn blasen und sagte: »Die Hebräer sollen es erfahren!« ⁴Überall in Israel riefen die Leute: »Saul hat die Wachposten der Philister vernichtet! Israel hat sich dadurch den Hass der Philister zugezogen.« Deshalb wurde erneut das Volk zusammengerufen und zog zu Saul nach Gilgal.

⁵Auch die Philister sammelten sich zum Kampf gegen Israel. Sie hatten 3.000 Streitwagen, 6.000 Reiter und so viele Krieger wie Sandkörner am Meeresstrand! Sie lagerten in Michmas östlich von Bet-Awen. ⁶Als die Israeliten die Übermacht des feindlichen Heeres sahen, verließ sie der Mut und sie verkrochen sich in Höhlen und Löchern, hinter Felsen, in Gräbern und Zisternen. ⁷Einige von ihnen überquerten den Jordan und flohen in die Gebiete von Gad und Gilead.

Sauls Ungehorsam und Samuels Zurechtweisung

Saul blieb in Gilgal und seine Männer zitterten vor Angst. ⁸Er wartete dort sieben Tage auf Samuel, wie dieser ihn zuvor angewiesen hatte, aber Samuel kam nicht nach Gilgal. Als Saul merkte, dass seine Krieger anfingen, ihm davonzulaufen, ⁹verlangte er: »Bringt mir das Brandopfer und die Friedensopfer!« Und er selbst brachte das Brandopfer dar. ¹⁰Kaum hatte er die Opferhandlung vollzogen, traf Samuel ein. Saul ging ihm entgegen und begrüßte ihn, ¹¹aber Samuel sagte: »Was hast du getan?«

Saul antwortete: »Ich musste mitansehen, wie mir die Männer davonliefen, und du bist nicht zum vereinbarten Zeitpunkt erschienen, während die Philister schon in Michmas bereitstanden. ¹²Da habe ich mir gesagt: ›Die Philister wollen mich in Gilgal angreifen, und ich habe noch nicht einmal den HERRN um Hilfe gebeten!‹ So sah ich mich gezwungen, das Brandopfer selbst darzubringen.«

13,1a So in einigen wenigen griech. Handschriften; im Hebr. fehlt die Zahlenangabe.   **13,1b** Hebr. *herrschte ... und zwei*; die Zahl ist im Hebr. unvollständig.

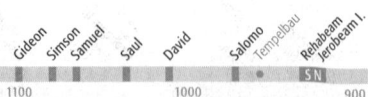

¹³»Wie dumm von dir!«, rief Samuel zu Saul. »Du hast das Gebot des HERRN, deines Gottes, das er dir gegeben hat, nicht befolgt. Hättest du das getan, hätte der HERR dein Königtum über Israel für immer bestehen lassen. ¹⁴So aber wird deine Herrschaft nicht von Dauer sein, denn der HERR hat sich einen Mann nach seinem Herzen ausgesucht. Er hat ihn bereits zum Anführer seines Volk bestimmt, weil du dem HERRN nicht gehorcht hast.«

Israel ist militärisch im Nachteil

¹⁵Danach verließ Samuel Gilgal und zog weiter. Der Rest der Israeliten zog mit Saul dem feindlichen Heer entgegen. Sie kamen von Gilgal hinauf nach Gibea ins Gebiet von Benjamin.* Als Saul die Männer musterte, die noch bei ihm waren, zählte er nur noch 600 Mann! ¹⁶Saul und Jonatan blieben mit ihrem Heer in Geba im Gebiet von Benjamin. Die Philister hatten ihr Lager in Michmas aufgeschlagen. ¹⁷Schon bald verließen drei Stoßtrupps das Lager der Philister. Der eine ging Richtung Ofra in das Gebiet von Schual, ¹⁸ein anderer in Richtung Bet-Horon und der dritte in Richtung Grenze oberhalb des Tals Zeboïm in der Nähe der Wüste.

¹⁹In jener Zeit gab es im ganzen Land Israel keinen Schmied; denn die Philister befürchteten, die Schmiede könnten Schwerter und Speere für die Hebräer anfertigen. ²⁰Deshalb mussten die Israeliten zu den Philistern gehen, wenn sie ihre Pflugscharen, Spaten, Beile oder Sicheln* schärfen lassen wollten. ²¹Das Schärfen einer Pflugschar, eines Spatens, eines Beils oder eines Ochsenstachels kostete einen zwei Drittel Silberschekel*. ²²So kam es, dass mit Ausnahme von Saul und Jonatan kein einziger Israelit am Kampftag ein Schwert oder einen Speer besaß.

²³Der Pass bei Michmas wurde inzwischen von einem Posten der Philister kontrolliert.

Jonatans kühner Plan

14 Eines Tages sagte Jonatan, der Sohn Sauls, zu seinem jungen Waffenträger: »Komm, wir wollen zum Posten der Philister dort drüben gehen.« Seinem Vater sagte Jonatan jedoch nicht, was er vorhatte. ²Saul und die 600 Männer, die bei ihm waren, lagerten am Rand des Gebietes von Gibea unter dem Granatapfelbaum in Migron. ³Unter ihnen befand sich auch der Priester Ahija, der den leinenen Priesterschurz trug. Ahija war der Sohn von Ikabods Bruder Ahitub; dieser war ein Sohn von Pinhas und Enkel von Eli, der als Priester des HERRN in Silo gedient hatte.

Niemand bemerkte, dass Jonatan weggegangen war. ⁴Um zu dem Posten der Philister zu gelangen, musste er einen Weg zwischen zwei Felsklippen entlanggehen; die eine nannte man Bozez und die andere Senne. ⁵Die nördliche Klippe befand sich gegenüber von Michmas, die andere im Süden gegenüber von Geba. ⁶»Komm, lass uns zu dem Posten dieser Gottlosen hinübergehen«, sagte Jonatan zu seinem jungen Waffenträger. »Vielleicht wird der HERR uns helfen, denn den HERRN kann nichts aufhalten. Er kann eine Schlacht gewinnen, ganz gleich, ob er viele oder nur wenige Krieger hat!«

⁷»Tu, was du für das beste hältst«, antwortete der Waffenträger. »Ich bin an deiner Seite, was immer du vorhast.«

⁸»Gut«, meinte Jonatan. »Wir gehen zu den Männern hinüber und zeigen uns ihnen. ⁹Wenn sie zu uns sagen: ›Bleibt, wo ihr seid, bis wir bei euch sind‹, bleiben wir stehen und gehen nicht zu ihnen hinauf. ¹⁰Wenn sie uns aber sagen: ›Kommt herauf zu uns‹, gehen wir hinauf. Das soll das Zeichen des HERRN sein, dass er uns hilft, sie zu besiegen.«

¹¹Als sich die beiden den Posten der Philister zeigten, riefen diese: »Seht! Die Hebräer kriechen aus ihren Löchern, in denen sie sich versteckt hielten!« ¹²Und sie riefen Jonatan und seinem Waffenträger entgegen: »Kommt herauf, wir werden euch eine Lektion erteilen!«

»Komm, klettere hinter mir«, sagte Jonatan zu seinem Waffenträger, »der HERR hat sie in die Hand Israels gegeben!« ¹³Sie kletterten auf Händen und Füßen hinauf. Da prallten die Philister vor Jonatan zurück und sein Waffenträger, der hinter ihm ging, tötete sie. ¹⁴So töteten Jonatan und sein Waffenträger bei diesem ersten Angriff etwa 20 Mann auf einer halben Furchenlänge eines Joches Acker*. ¹⁵Da brach im Heer der Philister Panik aus – sowohl im Lager als auch auf dem Feld, unter den Wachen und den Stoßtrupps. Dann bebte die Erde und alle waren außer sich vor Entsetzen über Gottes Handeln.

Israel besiegt die Philister

¹⁶Die Späher Sauls in Gibea im Gebiet von Benjamin sahen, dass im Lager der Philister ein großer Tumult herrschte. ¹⁷»Stellt fest, wer von uns fehlt«, befahl Saul den Leuten, die bei ihm wa-

---

13,15 So in der griech. Version; im Hebr. heißt es *Samuel verließ Gilgal und zog nach Gibea ins Gebiet von Benjamin.* **13,20** So in der griech. Version; im Hebr. lautet es *oder Pflugscharen.* **13,21** Das entspricht ca. 8 g. **14,14** Ein Joch war die Fläche eines Ackers, das ein Ochsengespann an einem Tag pflügen konnte.

1. & 2. SAMUEL

1–8	Samuel, Richter und Prophet
9–15	Saul, der erste König – Aufstieg und Fall
16–31	Saul und David
1–10	König David
11–12	Davids Krise
13–20	Absaloms Aufstand, seine Vor- und Nachgeschichte
21–24	Davids letzte Jahre

14–15

Die Israeliten besiegen die Philister.
Saul leistet einen leichtfertigen Schwur.
Sieg über die Amalekiter.

[Zeit der Könige und Propheten]

ren. Und als sie nachschauten, merkten sie, dass Jonatan und sein Waffenträger fort waren. ¹⁸Da rief Saul Ahija zu: »Bring die Lade Gottes her!« Denn zu dieser Zeit war die Lade Gottes bei den Israeliten. ¹⁹Doch während Saul noch mit dem Priester sprach, nahm das Getümmel im Lager der Philister immer mehr zu. Da sagte Saul zu Ahija: »Lass es gut sein!«*

²⁰Und Saul und seine Männer stürzten sich in die Schlacht und sahen, dass die Philister sich gegenseitig töteten. Es herrschte eine sehr große Verwirrung. ²¹Sogar die Hebräer, die schon länger bei den Philistern waren und für sie kämpften, schlossen sich jetzt Saul, Jonatan und den restlichen Israeliten an. ²²Und auch die Männer Israels, die sich im Gebirge Ephraim versteckt hatten, jagten den Philistern nach, als sie von deren Flucht hörten. ²³So rettete der HERR an jenem Tag Israel und die Schlacht erstreckte sich bis über die Grenzen von Bet-Awen hinaus.

Sauls leichtfertiger Schwur

²⁴Als die Israeliten an jenem Tag in Bedrängnis gerieten, entschloss sich Saul das Volk zu sagen: »Verflucht sei jeder, der vor dem Abend – bevor ich mich an meinen Feinden gerächt habe – etwas isst.« Deshalb aß niemand an diesem Tag irgendetwas, ²⁵obwohl sie auf dem Boden im Wald Honigwaben fanden. ²⁶Sie rührten den Honig nicht einmal an, denn alle fürchteten sich vor dem Fluch.

²⁷Jonatan hatte das Gebot, das sein Vater dem Volk verordnet hatte, jedoch nicht gehört, und er tauchte einen Stock, den er in der Hand hatte, in ein Stück Honigwabe und aß den Honig. Danach fühlte er sich sehr viel besser. ²⁸Aber einer der Männer sah es und sagte: »Dein Vater hat das Heer einen strikten Eid schwören lassen, dass jeder verflucht sein soll, der heute etwas isst.« Alle Israeliten waren deshalb schwach und erschöpft.

²⁹»Mein Vater stürzt das Land ins Unglück!«, rief Jonatan. »Seht doch, wie viel besser es mir geht, nachdem ich ein wenig Honig gegessen habe. ³⁰Wie viel größer wäre die Niederlage der Philister gewesen, wenn man den Männern erlaubt hätte, von den Nahrungsvorräten zu essen, die sie von ihren Feinden erbeuteten!«

³¹An diesem Tag verfolgten und töteten sie die Philister von Michmas bis nach Ajalon. Dabei wurden sie immer schwächer. ³²Am Abend stürzten sie sich auf die erbeuteten Tiere und schlachteten die Schafe, Rinder und Kälber, doch sie aßen sie, ohne sie ausbluten zu lassen. ³³Aber jemand berichtete Saul: »Die Männer sündigen

14,19 Hebr. *Zieh deine Hand zurück.*

S Südreich Juda   N Nordreich Israel

gegen den HERRN; sie essen Fleisch, in dem noch Blut ist.«

»Das ist ein großes Unrecht«, sagte Saul. »Wälzt sofort einen großen Stein hier herüber. ³⁴Dann geht zu den Männern und sagt ihnen: ›Bringt die Rinder und Schafe her, damit wir sie hier schlachten. Sündigt nicht gegen den HERRN, indem ihr Fleisch esst, das noch Blut enthält.‹« Also brachten alle in dieser Nacht ihre Tiere und schlachteten sie dort. ³⁵Und Saul baute dem HERRN einen Altar. Es war der erste, den er errichtete.

³⁶Dann sagte Saul: »Wir wollen die Philister die ganze Nacht verfolgen, sie ausplündern und bis auf den letzten Mann töten.«

Seine Männer antworteten: »Wir tun, was immer du für das beste hältst.«

Aber der Priester sagte: »Wir wollen zuerst Gott befragen.«

³⁷Also fragte Saul Gott: »Sollen wir die Philister verfolgen? Wirst du uns helfen, sie zu besiegen?« Aber Gott antwortete ihm an diesem Tag nicht.

³⁸Da sagte Saul: »Ich will, dass alle meine Truppenführer hierher kommen. Wir müssen herausfinden, wer heute Schuld auf sich geladen hat. ³⁹Ich schwöre beim Namen des HERRN, der Israel gerettet hat, dass der Schuldige sterben wird, selbst wenn es mein eigener Sohn Jonatan wäre!« Aber keiner wagte ihm zu sagen, wie es sich verhielt. ⁴⁰Dann sagte Saul zum ganzen Volk Israel: »Jonatan und ich wollen uns auf diese Seite stellen und ihr stellt euch auf die andere.« Und das Volk sagte zu Saul: »Tu, was du für richtig hältst!«

⁴¹Dann betete Saul zum HERRN: »Gott Israels, bitte zeig uns, welche Seite schuldig ist und welche unschuldig*.« Jonatan und Saul wurden als Schuldige ausgewählt* und das Volk wurde für unschuldig erklärt.

⁴²Da sagte Saul: »Jetzt wähle* zwischen mir und meinem Sohn Jonatan.« Und es zeigte sich, dass Jonatan der Schuldige war.

⁴³»Sag mir, was du getan hast«, wollte Saul von Jonatan wissen.

»Ich habe mit der Spitze eines Stockes, den ich in der Hand hatte, ein wenig Honig gekostet«, gestand Jonatan. »Ich bin bereit, dafür zu sterben.«

⁴⁴»Ja, Jonatan«, sagte Saul, »Gott soll mich strafen, wenn du dafür nicht getötet wirst!«

⁴⁵Aber das Volk schritt ein und sagte zu Saul: »Sollte Jonatan, der Israel heute gerettet hat, sterben? Auf gar keinen Fall! So wahr der HERR lebt, soll ihm kein Haar gekrümmt werden, denn mit Gottes Hilfe hat er heute diesen Sieg errungen.« Auf diese Weise rettete das Volk Jonatan und bewahrte ihn vor dem Tod. ⁴⁶Saul ließ die Verfolgung der Philister abbrechen und die Philister kehrten nach Hause zurück.

Sauls Kriege

⁴⁷Nachdem Saul Israels Thron bestiegen hatte, kämpfte er gegen alle seine Feinde ringsum – gegen Moab, Ammon, Edom, die Könige von Zoba und die Philister. Und in allen Kriegen war er siegreich. ⁴⁸Er vollbrachte große Taten, besiegte die Amalekiter und rettete Israel vor allen, die das Volk ausgeplündert hatten.

⁴⁹Sauls Söhne waren Jonatan, Jischwi und Malkischua. Außerdem hatte er zwei Töchter: die ältere hieß Merab und die jüngere Michal. ⁵⁰Sauls Frau war Ahinoam, die Tochter von Ahimaaz. Sauls Heerführer war Abner, der Sohn seines Onkels Ner. ⁵¹Abners Vater Ner und Sauls Vater Kisch waren Söhne von Abiël.

⁵²Der Kampf mit den Philistern war unvermindert hart, solange Saul lebte. Deshalb zog Saul jeden mutigen und starken Mann, dem er begegnete, in sein Heer ein.

Saul besiegt die Amalekiter

15 Samuel sagte zu Saul: »Ich habe dich zum König über sein Volk Israel gesalbt, weil der HERR mir den Auftrag dazu gegeben hat. Jetzt höre die Botschaft des HERRN! ²So spricht der HERR, der Allmächtige: ›Ich habe nicht vergessen, was die Amalekiter Israel angetan haben: Sie haben Israel im Weg gestanden, als es aus Ägypten kam. ³Geh, besiege und vernichte* sie – Männer, Frauen, Kinder, Säuglinge, Rinder, Schafe, Kamele und Esel, verschone nichts.‹«

⁴Also rief das Volk zusammen. Es waren 200.000 Mann Fußvolk und zusätzlich 10.000 Mann aus Juda. ⁵Dann marschierte er zur Stadt der Amalekiter und legte sich im Tal auf die Lauer. ⁶Den Kenitern schickte er die Botschaft: »Zieht fort von dem Ort, an dem die Amalekiter leben, oder ihr werdet mit ihnen sterben. Denn ihr seid freundlich zum Volk Israel

---

14,41a Dies entspricht der hebr. Version. In der griech. Übersetzung heißt es: ... *wenn der Fehler bei mir oder bei meinem Sohn Jonatan liegt, antworte mit Urim; wenn er jedoch bei den Männern Israels liegt, antworte mit Tummim*. Mit den beiden Losen Urim und Tummim, die sich in einer Tasche der Amtskleidung des Hohen Priesters befanden, befragte dieser den HERRN. **14,41b** Hebr. *durch das Los ausgewählt*. **14,42** Hebr. *ziehe Lose*. **15,3** Hebr. *und vollstreckt den Bann*. Mit dem hier gebrauchten hebr. Begriff ist die vollständige Übergabe von Dingen, Tieren oder Menschen an den HERRN gemeint, indem diese entweder vernichtet oder als Opfer dargebracht werden.

1. & 2. SAMUEL

1–8	Samuel, Richter und Prophet
9–15	Saul, der erste König – Aufstieg und Fall
16–31	Saul und David
1–10	König David
11–12	Davids Krise
13–20	Absaloms Aufstand, seine Vor- und Nachgeschichte
21–24	Davids letzte Jahre

15–16

Saul missachtet Gottes Anweisungen. Gott wendet sich von Saul ab. Samuel zieht nach Bethlehem, um David zum König zu salben.

[Zeit der Könige und Propheten]

gewesen, als es aus Ägypten kam.« Da packten die Keniter zusammen und zogen von den Amalekitern fort.

⁷Dann schlug Saul die Amalekiter vernichtend von Hawila bis nach Schur, das östlich von Ägypten liegt. ⁸Er nahm Agag, den König der Amalekiter, gefangen und tötete alle anderen. ⁹Saul und seine Männer verschonten das Leben von Agag und behielten die besten Schafe und Rinder, die fetten Kälber und Lämmer ein – überhaupt alles, was ihnen wertvoll erschien. Sie töteten nur, was nutzlos oder von minderer Qualität war.

Der HERR wendet sich von Saul ab

¹⁰Da sprach der HERR zu Samuel: ¹¹»Ich bereue, dass ich Saul zum König gemacht habe, denn er ist mir nicht treu gewesen und hat mir wieder nicht gehorcht.« Darüber war Samuel so tief erschüttert, dass er die ganze Nacht zum HERRN schrie.

¹²Früh am nächsten Morgen machte sich Samuel auf die Suche nach Saul. Jemand sagte ihm: »Saul ist nach Karmel gegangen, um sich dort ein Siegesdenkmal zu errichten; dann ist er weitergezogen nach Gilgal.«

¹³Als Samuel ihn schließlich fand, begrüßte Saul ihn. »Der HERR segne dich«, sagte er. »Ich habe den Befehl des HERRN ausgeführt!«

¹⁴»Woher kommt dann das Blöken der Schafe und das Gebrüll der Rinder, das ich höre?«, wollte Samuel wissen.

¹⁵»Meine Männer haben sie von den Amalekitern mitgebracht. Sie haben die besten Schafe und Rinder verschont«, gab Saul zu. »Aber sie wollen sie dem HERRN, deinem Gott, als Opfer darbringen. Alles andere haben wir vernichtet.«

¹⁶Da sagte Samuel zu Saul: »Hör auf damit! Vernimm, was der HERR mir letzte Nacht gesagt hat!«

»Sprich!«, erwiderte Saul.

¹⁷Samuel sagte zu ihm: »Obwohl du vielleicht selbst gering von dir dachtest, bist du aber der Anführer der Stämme Israels geworden. Der HERR hat dich zum König über Israel gesalbt. ¹⁸Und er hat dir einen Auftrag erteilt und dir befohlen: ›Geh und töte die Sünder, die Amalekiter; kämpfe gegen sie, bis sie alle vernichtet sind.‹ ¹⁹Warum hast du dem HERRN nicht gehorcht? Warum warst du auf Beute aus und hast genau das getan, was der HERR dir verboten hat?«

²⁰»Aber ich habe dem HERRN gehorcht«, beharrte Saul. »Ich habe den Auftrag, den der HERR mir gab, erfüllt. Ich habe Agag, den König von Amalek, hergebracht und alle anderen Amalekiter habe ich getötet. ²¹Dann haben meine Männer die besten Schafe und Rinder als Beute

mitgenommen, um sie dem HERRN, deinem Gott, in Gilgal zu opfern.«
²²Aber Samuel entgegnete: »Was gefällt dem HERRN mehr: deine Brandopfer und Opfergaben oder dein Gehorsam gegenüber seiner Stimme? Ihm zu gehorchen ist sehr viel besser als ein Opfer darzubringen, auf ihn zu hören ist besser als das Fett von Widdern. ²³Auflehnung ist so schlimm wie die Sünde der Zauberei und Eigensinn so schlimm wie Götzendienst. Weil du dich vom Wort des HERRN abgewandt hast, hat er sich nun auch von dir abgewandt; du wirst nicht länger König sein.«

Saul bittet um Vergebung

²⁴Da gab Saul schließlich zu: »Ja, ich habe gesündigt. Ich habe deine Anweisungen und den Befehl des HERRN nicht befolgt, denn ich hatte Angst vor dem Volk und tat, was es verlangte. ²⁵Bitte, vergib mir meine Sünde und tritt mit mir vor den HERRN, um ihn anzubeten.«
²⁶Doch Samuel antwortete: »Ich werde nicht mit dir gehen! Weil du dich vom Wort des HERRN abgewandt hast, hat er sich nun auch von dir abgewandt; du wirst nicht länger König über Israel sein.«
²⁷Als Samuel sich zum Gehen wandte, versuchte Saul ihn zurückzuhalten. Er packte ihn am Mantel, dabei riss ein Stück Stoff ab. ²⁸Da sagte Samuel zu ihm: »So hat heute der HERR dir die Königsherrschaft über Israel entrissen, um sie einem anderen zu geben – einem, der besser ist als du. ²⁹Und er, der Israels Herrlichkeit ist, lügt nicht und ändert seinen Sinn nicht, denn er ist kein Mensch, der seinen Sinn ändert!«
³⁰Da bat Saul ihn noch einmal: »Ich weiß, dass ich gesündigt habe. Aber bitte erweise mir vor den Ältesten meines Volkes und vor ganz Israel die nötige Achtung. Komm mit mir, damit ich den HERRN, deinen Gott, anbete.« ³¹Da ging Samuel mit ihm und Saul betete zum HERRN.

Samuel richtet König Agag hin

³²Danach sagte Samuel: »Hol Agag, den König der Amalekiter, her.« Agag trat gelassen vor ihn, denn er dachte: »Sicherlich ist das Schlimmste nun vorbei und ich bin verschont geblieben!«*
³³Aber Samuel sagte: »Dein Schwert hat die Kinder vieler Mütter getötet, so wird jetzt auch deine Mutter kinderlos sein.« Und Samuel hieb Agag in Gilgal vor dem HERRN in Stücke.
³⁴Dann ging er heim nach Rama und Saul kehrte in sein Haus in Gibea zurück. ³⁵Samuel traf nie wieder mit Saul zusammen, aber er hörte nicht auf, um ihn zu trauern. Und dem HERRN tat es leid, dass er Saul zum König über Israel gemacht hatte.

Samuel salbt David zum König

16 Der HERR sprach zu Samuel: »Wie lange willst du noch um Saul trauern? Ich habe mich von ihm als König über Israel abgewandt. Jetzt füll dein Horn mit Öl und mach dich auf den Weg. Such in Bethlehem einen Mann namens Isai auf, denn ich habe mir unter seinen Söhnen einen als König ausgewählt.«
²Aber Samuel fragte: »Wie kann ich das tun? Wenn Saul davon hört, wird er mich töten.«
»Nimm eine junge Kuh mit«, antwortete der HERR, »und sage, dass du gekommen bist, um dem HERRN ein Opfer zu bringen. ³Lade Isai dazu ein, und ich werde dir zeigen, was du tun und welchen seiner Söhne du für mich salben sollst.«
⁴Samuel tat, was der HERR ihm gesagt hatte. Als er in Bethlehem ankam, bekamen die Ältesten der Stadt Angst und fragten: »Kommst du in Frieden?«
⁵»Ja, in Frieden«, antwortete Samuel. »Ich bin gekommen, um dem HERRN ein Opfer zu bringen. Reinigt euch und kommt mit mir zum Schlachtopfer.« Dann vollzog Samuel den Reinigungsritus für Isai und seine Söhne und lud auch sie zum Schlachtopfer ein.
⁶Als sie kamen, sah Samuel Eliab an und dachte: »Sicher ist das der Gesalbte des HERRN!«
⁷Doch der HERR sprach zu Samuel: »Lass dich nicht von seinem Äußeren oder seiner Größe blenden, ich habe ihn nicht erwählt. Der HERR entscheidet nicht nach den Maßstäben der Menschen! Der Mensch urteilt nach dem, was er sieht, doch der HERR sieht ins Herz.«
⁸Dann befahl Isai seinem Sohn Abinadab, vor Samuel hinzutreten. Aber Samuel sagte: »Auch ihn hat der HERR nicht ausgewählt.« ⁹Als nächstes rief Isai Schamma, aber Samuel sagte: »Auch diesen hat der HERR nicht ausgewählt.« ¹⁰Auf diese Weise wurden Samuel sieben Söhne Isais vorgestellt. Doch Samuel sagte zu Isai: »Der HERR hat keinen von ihnen erwählt.« ¹¹Dann fragte er: »Sind das alle deine Söhne?«
»Der Jüngste fehlt noch«, antwortete Isai. »Er ist draußen auf den Feldern und hütet die Schafe.«
»Lass ihn sofort holen«, sagte Samuel. »Wir können nicht anfangen, bis er da ist.«

15,32 In den Schriftrollen vom Toten Meer und in der griech. Version heißt es: *Agag kam zögernd, denn er dachte: »Sicher ist dies die Bitternis des Todes.«*

1. & 2. SAMUEL

1–8	Samuel, Richter und Prophet
9–15	Saul, der erste König – Aufstieg und Fall
16–31	Saul und David
1–10	König David
11–12	Davids Krise
13–20	Absaloms Aufstand, seine Vor- und Nachgeschichte
21–24	Davids letzte Jahre

16–17

David wird zum König gesalbt. David wird Sauls Waffenträger. Goliat verhöhnt die Israeliten. David tritt gegen ihn an.

[Zeit der Könige und Propheten]

S Südreich Juda   N Nordreich Israel

¹²Da ließ Isai ihn holen. Er war sonnengebräunt, gut aussehend und hatte schöne Augen. Und der HERR sprach: »Ja, das ist er; salbe ihn.« ¹³Und während David inmitten seiner Brüder stand, nahm Samuel das Öl, das er mitgebracht hatte, und goss es über Davids Kopf aus. Von diesem Tag an kam der Geist des HERRN über ihn und verließ ihn nicht mehr. Danach kehrte Samuel nach Rama zurück.

David kommt an den Hof Sauls

¹⁴Der Geist des HERRN hatte Saul verlassen und der HERR schickte ihm einen bösen Geist, der ihn quälte. ¹⁵Da sagten die Diener Sauls zu ihm: »Offensichtlich quält dich ein böser Geist, den Gott geschickt hat. ¹⁶Lass uns einen guten Musikanten suchen, der die Harfe für dich spielt, wenn der böse Geist dich peinigt. Er wird dann für dich darauf spielen und bald wird es dir wieder besser gehen.«

¹⁷Da befahl Saul seinen Dienern: »Sucht jemanden, der gut spielen kann, und bringt ihn her.«

¹⁸Einer der Diener erwiderte: »Ein Sohn Isais aus Bethlehem ist ein begabter Harfenspieler. Er ist auch mutig und tapfer im Kampf und wortgewandt. Außerdem ist er ein sehr gut aussehender Mann und der HERR ist mit ihm.«

¹⁹Also schickte Saul Boten zu Isai und ließ ihm sagen: »Schick mir deinen Sohn David, den Hirten.« ²⁰Isai gehorchte und schickte David zu Saul, zusammen mit einer jungen Ziege und einem Esel, beladen mit Speisen und Wein. ²¹So kam es, dass David zu Saul ging und ihm diente. Saul hatte David sehr gern und David wurde einer seiner Waffenträger.

²²Saul schickte Boten zu Isai und bat ihn: »Bitte erlaube, dass David in meinem Dienst bleibt, denn ich bin sehr zufrieden mit ihm.« ²³Immer wenn der böse Geist von Gott Saul peinigte, spielte David die Harfe. Dann ging es Saul besser und der böse Geist verließ ihn.

Goliat fordert die Israeliten heraus

17 Inzwischen rüsteten die Philister zur Schlacht und versammelten ihr Heer bei Socho im Gebiet von Juda. Sie schlugen ihr Lager zwischen Socho und Aseka bei Efes-Dammim auf. ²Daraufhin sammelte Saul seine Truppen im Tal der Eichen und sie stellten sich zur Schlacht auf. ³So standen sich die Philister und die Israeliten auf zwei Hügeln gegenüber und zwischen ihnen lag das Tal.

⁴Da trat aus den Reihen der Philister ein einzelner Krieger hervor. Es war Goliat, der aus Gat

stammte. Er war etwa sechs Ellen und eine Spanne groß*! ⁵Er trug einen bronzenen Helm und einen Schuppenpanzer, der an die 5.000 Schekel Bronze* wog. ⁶Außerdem trug er bronzene Beinschienen und auf dem Rücken einen bronzenen Wurfspieß. ⁷Der Schaft seines Speers war so dick wie ein Weberbaum und besaß eine eiserne Spitze, die fast 600 Schekel Eisen* wog. Ein Schildträger ging vor ihm her.

⁸Goliat stellte sich hin und rief zu den Israeliten hinüber: »Braucht ihr ein ganzes Heer, um diesen Streit zu entscheiden? Stehe ich nicht für die Philister und ihr für Saul? Wählt einen Mann aus, der zu mir herunterkommt. ⁹Wenn es eurem Mann gelingt, mich zu töten, werden wir eure Sklaven sein. Wenn ich ihm aber überlegen bin und ihn töte, seid ihr unsere Sklaven und müsst uns dienen. ¹⁰Ich fordere das Heer Israels heute heraus! Stellt einen Mann, der mit mir kämpft!« ¹¹Als Saul und die Israeliten die Worte des Philisters hörten, erschraken sie und hatten große Angst.

Isai schickt David in Sauls Lager

¹²David war der Sohn eines Mannes, der Isai hieß, ein Efratiter aus Bethlehem im Gebiet von Juda. Isai, der insgesamt acht Söhne hatte, war zu jener Zeit, als Saul regierte, schon zu alt, um in den Krieg zu ziehen. ¹³Seine drei ältesten Söhne – der Erstgeborene Eliab, der zweite Sohn Abinadab und der dritte Sohn Schamma – waren mit Saul in den Kampf gegen die Philister gezogen. ¹⁴David war der jüngste von Isais Söhnen. Die drei ältesten waren bei Saul. ¹⁵David dagegen entfernte sich immer wieder von Saul, um seinem Vater in Bethlehem bei den Schafen und Ziegen zu helfen.

¹⁶Vierzig Tage lang, am Morgen und am Abend, baute sich der Philister vor den Israeliten auf.

¹⁷Eines Tages sagte Isai zu seinem Sohn David: »Bring deinen Brüdern dieses Efa* geröstetes Korn und diese zehn Brote ins Lager. ¹⁸Und gib diese zehn Stücke Käse ihrem Hauptmann. Schau nach, wie deine Brüder zurechtkommen, und bring mir ein Lebenszeichen von ihnen mit*. ¹⁹Sie sind bei Saul und dem israelitischen Heer im Tal der Eichen und kämpfen gegen die Philister.« ²⁰David überließ die Schafe der Obhut eines Hirten und machte sich mit den Geschenken früh am nächsten Morgen auf den Weg, wie Isai es ihm befohlen hatte. Er traf gerade im Lager ein, als das Heer mit Geschrei und Schlachtrufen in den Kampf zog. ²¹Schon bald standen sich die Schlachtreihen der Israeliten und Philister gegenüber, Heer gegen Heer. ²²David ließ sein Gepäck bei der Lagerwache und lief zu den Schlachtreihen hinaus, um seine Brüder zu begrüßen. ²³Während er mit ihnen sprach, sah er, wie Goliat, der Philister aus Gat, aus den Reihen der Philister als einzelner Krieger hervortrat und wieder wie zuvor die gleichen Worte sagte, sodass es David hörte.

²⁴Sobald die Israeliten ihn erblickten, liefen sie vor Angst davon. ²⁵»Habt ihr diesen Mann gesehen, der da heraufkommt?«, fragten die Männer Israels. »Er kommt nur, um Israel zu verspotten. Wer ihn tötet, den will der König reich belohnen, und er will ihm seine Tochter geben, und seine ganze Familie braucht keine Steuern mehr in Israel zu bezahlen!«

²⁶David fragte ein paar Männer, die in seiner Nähe standen: »Was bekommt der Mann, der diesen Philister tötet und der Schande für Israel ein Ende setzt? Denn wer ist dieser unbeschnittene Philister überhaupt, dass er das Heer des lebendigen Gottes verhöhnen darf?« ²⁷Da sagten sie zu ihm: »Was du gehört hast, stimmt. Das ist die Belohnung für den, der ihn tötet.«

²⁸Doch als sein ältester Bruder Eliab ihn mit den Männern sprechen hörte, wurde er wütend. »Was tust du hier überhaupt?«, fragte er. »Was ist mit den paar Schafen, die du in der Steppe hüten solltest? Ich kenne deinen Stolz und deine Verschlagenheit. Du bist nur gekommen, um den Kampf zu sehen!«

²⁹»Was habe ich denn getan?«, antwortete David. »Ich habe doch nur eine Frage gestellt!« ³⁰Er ging zu ein paar anderen Männern hinüber, fragte sie noch einmal das Gleiche und bekam wieder dieselbe Antwort. ³¹Dann wurde Saul über Davids Fragen unterrichtet und er ließ David holen.

David tötet Goliat

³²»Mach dir keine Sorgen mehr«, sagte David zu Saul. »Ich werde mit diesem Philister kämpfen!« ³³Aber Saul entgegnete: »Es ist völlig ausgeschlossen, dass du gegen diesen Philister kämpfst. Du bist doch noch ein Junge und er ist schon von Jugend auf ein Krieger!«

³⁴Aber David gab nicht nach. »Ich hüte die Schafe meines Vaters«, sagte er. »Wenn ein Löwe oder ein Bär kommt, um ein Lamm aus der Herde zu rauben, ³⁵dann verfolge ich ihn, schlage auf ihn ein und reiße ihm das Lamm aus dem Maul. Wenn das Raubtier mich dann angreift, packe ich es an der Mähne und schlage es

---

17,4 Das entspricht ca. 3 m; im griech. Text heißt es *vier Ellen und 1 Spanne*, also etwa 2 m. **17,5** Das entspricht ca. 60 kg. **17,7** Das entspricht ca. 7 kg. **17,17** Das entspricht ca. 39 l. **17,18** Hebr. *und bring ein Unterpfand von ihnen mit.*

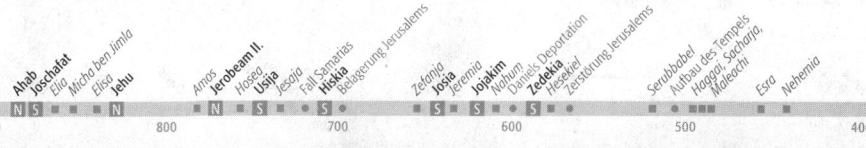

1. & 2. SAMUEL

1–8	Samuel, Richter und Prophet
9–15	Saul, der erste König – Aufstieg und Fall
16–31	Saul und David
1–10	König David
11–12	Davids Krise
13–20	Absaloms Aufstand, seine Vor- und Nachgeschichte
21–24	Davids letzte Jahre

17–18

David tötet Goliat. Israel schlägt die Philister in die Flucht. David wird Sauls Heerführer. Saul wird eifersüchtig auf David und fürchtet ihn.

[Zeit der Könige und Propheten]

tot. ³⁶Das habe ich schon mit Löwen und Bären gemacht, und so wird es auch diesem unbeschnittenen Philister ergehen, denn er hat das Heer des lebendigen Gottes verhöhnt! ³⁷Der HERR, der mich aus den Klauen des Löwen und des Bären gerettet hat, wird mich auch vor diesem Philister retten!«

Schließlich war Saul einverstanden. »Gut, so geh«, sagte er. »Der HERR ist mit dir!«

³⁸Er gab David seine eigene Rüstung – er setzte ihm einen bronzenen Helm auf und zog ihm einen Brustpanzer an. ³⁹David schnallte sich Sauls Schwert um und versuchte damit zu gehen, denn er hatte so etwas noch nie zuvor getragen. »Ich kann darin nicht gehen«, protestierte er, »ich bin nicht daran gewöhnt.« Und er legte die Rüstung wieder ab. ⁴⁰Dann holte er fünf glatte Kiesel aus einem Bach und legte sie in seine Hirtentasche. Und so näherte er sich, bewaffnet nur mit seinem Hirtenstab und seiner Schleuder, dem Philister.

⁴¹Der Philister trat David entgegen; sein Schildträger ging ihm voran. ⁴²Er schnaubte verächtlich über diesen sonnengebräunten gut aussehenden Jungen. ⁴³»Bin ich ein Hund«, rief er David zu, »dass du mit einem Stock auf mich zukommst?« Und er verfluchte David im Namen seiner Götter. ⁴⁴»Komm herüber, ich werde dein Fleisch den Vögeln und wilden Tieren vorwerfen!«, rief er David zu.

⁴⁵David rief zurück: »Du trittst mir mit Schwert, Speer und Wurfspieß entgegen, ich aber komme im Namen des HERRN, des Allmächtigen – des Gottes des israelitischen Heeres, das du verhöhnt hast. ⁴⁶Heute wird der HERR dich besiegen und ich werde dich töten und dir den Kopf abhauen. Und dann werde ich die Leichen deiner Männer den Vögeln und wilden Tieren vorwerfen, und die ganze Welt wird wissen, dass es einen Gott in Israel gibt! ⁴⁷Und jeder wird wissen, dass der HERR keine Waffen braucht, um sein Volk zu retten. Es ist sein Kampf. Der HERR wird euch in unsere Hände geben!«

⁴⁸Als der Philister sich auf ihn zubewegte, um ihn anzugreifen, lief David ihm rasch entgegen. ⁴⁹Er griff in seine Hirtentasche, holte einen Kiesel heraus, schleuderte ihn und traf den Philister an der Stirn. Der Stein bohrte sich in seine Stirn und er fiel mit dem Gesicht voran auf den Boden. ⁵⁰So triumphierte David nur mit Stein und Schleuder über den Philister, besiegte und tötete ihn. Und weil er kein Schwert hatte, ⁵¹lief er hinüber, zog das Schwert des Philisters aus der Scheide, tötete ihn und schlug ihm den Kopf ab.

S Südreich Juda   N Nordreich Israel

Israel schlägt die Philister in die Flucht

Als die Philister sahen, dass ihr stärkster Mann tot war, flohen sie. ⁵²Die Männer von Israel und Juda stimmten ein Siegesgeschrei an, setzten ihnen nach und verfolgten sie bis nach Gat* und vor die Tore von Ekron. Auf dem ganzen Weg von Schaarajim bis nach Gat und Ekron lagen die Leichen der toten Philister. ⁵³Dann kehrten die Israeliten um und plünderten das Lager der Philister. ⁵⁴David brachte den Kopf des Philisters nach Jerusalem, aber die Waffen des Philisters bewahrte er in seinem Zelt auf.

⁵⁵Während Saul beobachtete, wie David dem Philister entgegenging, fragte er seinen Heerführer Abner: »Wessen Sohn ist das, Abner?«

»So wahr du lebst, mein König, ich weiß es nicht«, antwortete Abner.

⁵⁶»Dann finde heraus, wessen Sohn der Junge ist!«, verlangte der König.

⁵⁷Nachdem David den Philister getötet hatte, brachte Abner ihn zu Saul. David hielt immer noch den Kopf des Philisters in der Hand. ⁵⁸»Wer ist dein Vater, Junge?«, fragte Saul.

David antwortete: »Sein Name ist Isai, wir leben in Bethlehem.«

David und Jonatan werden Freunde

18 Nach seinem Gespräch mit Saul fühlte sich Jonatan mit David tief verbunden und er liebte ihn wie sein eigenes Leben. ²Von diesem Tag an behielt Saul David bei sich und ließ ihn nicht mehr nach Hause zurückkehren. ³Jonatan schloss mit David einen Freundschaftsbund, weil er ihn liebte wie sein eigenes Leben ⁴und besiegelte ihn, indem er ihm sein Gewand, seine Rüstung, sein Schwert, seinen Bogen und seinen Gürtel schenkte.

Saul wird eifersüchtig auf David

⁵David zog für Saul in den Kampf und war erfolgreich in allem, was Saul ihm auftrug. Schließlich machte Saul ihn zum Heerführer, eine Wahl, die den Beifall des Volkes und auch der Diener Sauls fand. ⁶Als das Heer nach dem Sieg Davids über den Philister nach Hause zurückkehrte, kamen die Frauen aus allen Städten König Saul entgegen. Sie sangen und tanzten vor Freude und spielten auf Tamburinen und Zimbeln*. ⁷Sie sangen:

»Saul hat Tausende getötet,
aber David Zehntausende!«

⁸Saul wurde sehr zornig, weil ihm das Lied ganz und gar nicht gefiel. Er dachte: »Sie sagen, David habe Zehntausende getötet, und ich nur Tausende. Als nächstes werden sie ihn zu ihrem König machen!« ⁹Und von da an war Saul eifersüchtig auf David.

¹⁰Am nächsten Tag wurde Saul von einem bösen Geist Gottes befallen, sodass er wie ein Wahnsinniger in seinem Haus tobte. David begann, auf der Harfe zu spielen, wie er es immer tat. Doch Saul hatte einen Speer in der Hand ¹¹und schleuderte ihn nach David in der Absicht, ihn an die Wand zu spießen. David aber konnte dem Speer zweimal ausweichen. ¹²Da fürchtete sich Saul vor David, weil der Herr ihn verlassen hatte und jetzt mit David war. ¹³Schließlich verbannte Saul David aus seiner Nähe und gab ihm den Oberbefehl über tausend Mann, die David immer wieder in die Schlacht führte.

¹⁴Und David hatte Erfolg bei allem, was er unternahm, denn der Herr war mit ihm. ¹⁵Als Saul das erkannte, fürchtete er sich noch mehr vor David. ¹⁶Doch ganz Israel und Juda liebte David, weil er seine Truppen so erfolgreich in die Schlacht führte.

David heiratet eine Tochter Sauls

¹⁷Eines Tages sagte Saul zu David: »Ich bin bereit, dir meine ältere Tochter Merab zur Frau zu geben. Zuerst musst du dich jedoch als tapferer Kämpfer bewähren, indem du für den Herrn kämpfst und seine Kriege führst.« Dabei dachte Saul aber: »Ich will ihn nicht töten, sondern die Philister sollen es tun.

¹⁸»Wer bin ich, und welche Stellung hat meine Familie in Israel, dass gerade ich der Schwiegersohn des Königs werden sollte?«, rief David aus. ¹⁹Aber als der Tag der Hochzeit von David mit Merab gekommen war, verheiratete Saul seine Tochter mit Adriël, einem Mann aus Mehola.

²⁰Inzwischen hatte sich jedoch Sauls Tochter Michal in David verliebt, und Saul war hocherfreut, als er das hörte. ²¹»Ich will sie ihm zur Frau geben, aber sie soll ihm zum Verhängnis werden, sodass er den Philistern in die Hände fällt«, dachte er. Zu David aber sagte er: »Ich gebe dir noch einmal die Möglichkeit, mein Schwiegersohn zu werden!«

²²Dann wies Saul seine Männer an, David beiseitezunehmen und zu ihm zu sagen: »Der König schätzt dich sehr und auch alle seine Diener haben dich gern. Also werde doch sein Schwiegersohn.«

17,52 So in manchen griech. Handschriften; im Hebr. steht *ein Tal*.   18,6 Um was es sich bei dem letztgenannten Instrument handelt, ist unklar.

1. & 2. SAMUEL

1–8	Samuel, Richter und Prophet
9–15	Saul, der erste König – Aufstieg und Fall
16–31	Saul und David
1–10	König David
11–12	Davids Krise
13–20	Absaloms Aufstand, seine Vor- und Nachgeschichte
21–24	Davids letzte Jahre

18–20
David heiratet Michal. Saul versucht, David zu töten. Michal und Jonatan retten Davids Leben.

[Zeit der Könige und Propheten]

S Südreich Juda   N Nordreich Israel

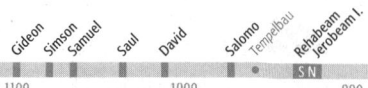

---

²³Als Sauls Männer das zu David sagten, entgegnete der: »Wie soll ein armer und einfacher Mann einfach so der Schwiegersohn des Königs werden?«
²⁴Die Männer richteten dem König diese Antwort aus ²⁵und Saul befahl ihnen: »Sagt David, dass der König als Brautpreis lediglich die Vorhäute von 100 Philistern verlange! Er solle ihn an seinen Feinden rächen.« In Wirklichkeit hoffte er, dass David in der Schlacht gegen die Philister fallen würde.
²⁶Die Diener richteten die Worte Sauls David aus und erfreut nahm dieser das Angebot an, der Schwiegersohn des Königs zu werden. Noch bevor die festgesetzte Frist abgelaufen war, ²⁷zogen er und seine Männer in die Schlacht. Sie töteten 200 Philister und David überbrachte ihre Vorhäute dem König, um sein Schwiegersohn zu werden. Da gab Saul ihm seine Tochter Michal zur Frau.
²⁸Als Saul erkannte, dass der HERR mit David war und seine Tochter Michal David liebte, ²⁹fürchtete er sich noch mehr vor ihm, und er wurde für den Rest seines Lebens zu seinem Feind. ³⁰Immer, wenn das Heer der Philister angriff, kämpfte David erfolgreicher als alle anderen Truppenführer Sauls. Auf diese Weise wurde sein Name berühmt.

Saul versucht, David zu töten

19 Da verlangte Saul von seinen Dienern und seinem Sohn Jonatan, David zu töten. Doch Jonatan war Davids Freund, ²deshalb berichtete er ihm vom Plan seines Vaters. »Mein Vater Saul will dich töten«, warnte er ihn. »Morgen früh musst du dich versteckt halten. ³Ich werde meinen Vater bitten, mit mir zusammen aufs freie Feld zu gehen, und in der Nähe deines Verstecks will ich mit ihm über dich sprechen. Dann sage ich dir, was ich herausgefunden habe.«
⁴Jonatan redete mit seinem Vater über David und sagte viel Gutes über ihn. »Bitte, mein König, werde nicht schuldig an deinem Diener David«, bat Jonatan. »Er hat dir nie etwas Böses getan, sondern hat dir immer geholfen. ⁵Hast du vergessen, wie er sein Leben aufs Spiel setzte, um den Philister zu töten, und wie der HERR Israel daraufhin einen großen Sieg geschenkt hat? Damals warst du glücklich darüber. Warum solltest du einen Unschuldigen wie David ermorden? Es gibt keinen Grund dafür!«
⁶Saul hörte auf Jonatan und schwor: »So wahr der HERR lebt, David soll nicht getötet werden.« ⁷Danach rief Jonatan David und erzählte ihm,

was geschehen war. Dann brachte er David zu Saul und alles war wieder wie zuvor.

⁸Kurz darauf kam es wieder zum Krieg und David führte seine Truppen gegen die Philister. Er schlug sie vernichtend, sodass sie die Flucht ergriffen.

⁹Eines Tages, als Saul zu Hause mit seinem Speer in der Hand saß, ließ der HERR wieder einen bösen Geist über ihn kommen. David spielte aber auf der Harfe. ¹⁰Da schleuderte Saul seinen Speer nach ihm, um ihn an die Wand zu spießen. Doch David sprang zur Seite und floh in die Nacht hinaus. Der Speer blieb in der Wand stecken.

Michal rettet David das Leben

¹¹Saul ließ das Haus Davids durch seine Männer bewachen. Sie hatten Befehl, David am nächsten Morgen zu töten. Doch seine Frau Michal warnte ihn: »Wenn du nicht heute Nacht noch fortgehst, wirst du morgen früh tot sein.« ¹²Sie half ihm, durch ein Fenster hinunterzuklettern, und er entkam. ¹³Dann nahm sie einen Götzen*, legte ihn in Davids Bett, deckte ihn mit Decken zu und legte ein Geflecht aus Ziegenfell auf seinen Kopf. ¹⁴Als Saul seine Männer sandte, um David gefangen zu nehmen, sagte sie zu ihnen: »Er ist krank.«

¹⁵»Dann bringt ihn samt Bett zu mir«, befahl Saul seinen Männern, »damit ich ihn töten kann!« ¹⁶Doch als sie ankamen, fanden sie im Bett nur einen Götzen mit einem Geflecht aus Ziegenfell auf dem Kopf.

¹⁷»Warum hast du mich getäuscht und meinen Feind entkommen lassen?«, wollte Saul von Michal wissen.

»Ich musste es tun«, antwortete Michal. »Er hat gedroht mich zu töten, wenn ich ihn nicht gehen lasse.«

¹⁸Auf diese Weise entkam David. Er ging nach Rama zu Samuel und erzählte ihm alles, was Saul ihm angetan hatte. Dann nahm Samuel David mit nach Najot und sie blieben dort. ¹⁹Als Saul erfuhr, dass David in Najot in Rama war, ²⁰schickte er Männer hin, die ihn gefangen nehmen sollten. Doch als sie ankamen und sahen, wie unter der Leitung Samuels die anderen Propheten weissagten, kam der Geist Gottes über Sauls Männer, und auch sie begannen prophetisch zu reden. ²¹Als Saul hörte, was geschehen war, schickte er weitere Männer, aber auch sie fingen an prophetisch zu reden. Und das Gleiche geschah noch ein drittes Mal. ²²Schließlich machte sich Saul selbst auf den Weg nach Rama. Bei der großen Zisterne in Sechu fragte er: »Wo sind Samuel und David?«

»Sie sind in Najot in Rama«, antwortete man ihm. ²³Doch auf dem Weg nach Najot in Rama kam der Geist Gottes über Saul, und auch er begann prophetisch zu reden, bis er in Najot in Rama ankam. ²⁴Dort zog auch er seine Kleider aus und weissagte vor Samuel, bis er schließlich hinfiel und den ganzen Tag und die ganze Nacht auf dem Boden liegen blieb. Daher kommt das Sprichwort: »Gehört Saul auch zu den Propheten?«

Jonatan hilft David

20 David floh aus Najot in Rama und traf sich mit Jonatan. »Was habe ich getan?«, rief er. »Was habe ich verbrochen? Womit habe ich deinen Vater beleidigt, dass er versucht, mich zu töten?«

²»Das ist nicht wahr«, protestierte Jonatan. »Du wirst nicht sterben. Er erzählt mir immer alles, was er vorhat, Wichtiges und Unwichtiges. Ich weiß, dass er mir so etwas nicht verschweigen würde. Es ist einfach nicht wahr!«

³Da schwor David vor Jonatan einen Eid und sagte: »Dein Vater weiß genau um unsere Freundschaft, deshalb hat er sich gesagt: ›Jonatan darf nichts davon erfahren, sonst macht ihn das traurig.‹ Aber ich schwöre dir, ich bin nur einen einzigen Schritt vom Tod entfernt! Ich schwöre es, so wahr der HERR lebt und so wahr du lebst!«

⁴»Sag mir, was ich für dich tun soll«, rief Jonatan.

⁵David antwortete: »Morgen ist Neumondstag. Da sollte ich eigentlich am königlichen Festessen teilnehmen, doch morgen werde ich mich bis zum Abend des dritten Tages auf dem Feld verstecken. ⁶Wenn dein Vater fragt, wo ich bin, dann sag zu ihm: ›David hat mich um Erlaubnis gebeten, heim nach Bethlehem zu gehen, um dort mit seiner Familie das jährliche Opfer darzubringen.‹ ⁷Wenn er sagt: ›Es ist gut‹, dann weißt du, dass alles in Ordnung ist. Wenn er jedoch zornig wird, dann wirst du wissen, dass er mich umbringen will. ⁸Ich bitte dich, tu mir diesen Gefallen. Denk doch an den Freundschaftsbund, den du mit mir vor dem HERRN geschlossen hast. Doch wenn ich an deinem Vater schuldig geworden bin, dann töte du mich. Aber bitte, verrate mich nicht an ihn!«

⁹»Niemals!«, rief Jonatan. »Du weißt, wenn

19,13 Hebr. *teraphim*; so auch in 19,16.

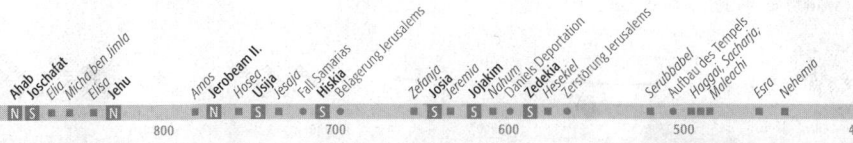

1. & 2. SAMUEL

1–8 Samuel, Richter und Prophet

9–15 Saul, der erste König – Aufstieg und Fall

16–31 Saul und David

1–10 König David

11–12 Davids Krise

13–20 Absaloms Aufstand, seine Vor- und Nachgeschichte

21–24 Davids letzte Jahre

20–21
Jonatan verhilft David zur Flucht. David flieht zu Priester Ahimelech, danach zu König Achisch von Gat.

[Zeit der Könige und Propheten]

ich merken würde, dass mein Vater dich umbringen will, würde ich es dir sofort sagen.«
¹⁰Dann fragte David: »Wie kann ich erfahren, ob dein Vater zornig geworden ist?«
¹¹»Komm mit mir aufs Feld hinaus«, antwortete Jonatan. Und sie gingen zusammen hinaus. ¹²Dann sagte Jonatan zu David: »Ich verspreche beim HERRN, dem Gott Israels, dass ich morgen oder übermorgen um diese Zeit mit meinem Vater sprechen werde, um herauszufinden, was er über dich denkt. Wenn er wohlwollend über dich spricht, und ich es dich nicht wissen lasse, ¹³dann soll der HERR mich dafür bestrafen. Wenn er jedoch zornig ist und dich tot sehen will, dann will ich dich warnen, damit du dich in Sicherheit bringen kannst. Der HERR sei mit dir, wie er mit meinem Vater gewesen ist. ¹⁴Und begegne mir, solange ich lebe, mit der treuen Liebe des HERRN, damit ich nicht sterbe. ¹⁵Und halte auch meiner Familie diese Treue, selbst wenn der HERR alle deine Feinde vernichtet.«
¹⁶So schloss Jonatan einen Bund mit David* und sagte: »Der HERR soll alle deine Feinde vernichten!«* ¹⁷Und Jonatan ließ auch David bei seiner Liebe zu ihm schwören, denn Jonatan liebte David wie sein eigenes Leben.
¹⁸Danach sagte Jonatan: »Morgen ist Neumondstag. Man wird dich vermissen, wenn dein Platz am Tisch leer bleibt. ¹⁹Geh übermorgen an den Ort, an dem du dich schon einmal versteckt hast, und warte dort beim Steinhaufen*. ²⁰Ich werde drei Pfeile in diese Richtung schießen, als übte ich ein bestimmtes Ziel zu treffen. ²¹Dann werde ich einen Jungen schicken, der die Pfeile holen soll. Wenn du mich zu ihm sagen hörst: ›Sie sind auf dieser Seite‹, dann wirst du wissen, so wahr der HERR lebt, dass alles in Ordnung ist und es keinen Grund zur Beunruhigung gibt. ²²Wenn ich jedoch zu dem Junge sage: ›Geh noch weiter – die Pfeile sind noch ein Stückchen weiter vorn‹, dann bedeutet das, dass du fliehen musst, denn der HERR schickt dich fort. ²³Und nun lass uns das halten, was wir uns gegenseitig versprochen haben. Der HERR ist unser Zeuge.«
²⁴Also verbarg David sich auf dem Feld. Am Neumondstag setzte sich der König zum Festmahl an die Tafel. ²⁵Er setzte sich auf seinen üblichen Platz an der Wand. Abner saß neben ihm und Jonatan ihm gegenüber*. Doch Davids Platz blieb leer. ²⁶An diesem Tag sagte Saul nichts dazu, denn er dachte: »Irgendetwas ist geschehen und David kann den Reinheitsgesetzen nicht

20,16a Hebr. *mit dem Haus Davids*. **20,16b** Unsichere Bedeutung im Hebr. in Bezug auf Satz und Kontext. **20,19** Hebr. *dem Stein Asel*. Die Bedeutung des Hebr. an dieser Stelle ist unklar. **20,25** So in der griech. Version; im Hebr. heißt es *Jonatan erhob sich*.

genügen. Das ist sicher der Grund dafür, dass er nicht hier ist.« ²⁷Doch als Davids Platz auch am nächsten Tag leer blieb, fragte Saul seinen Sohn Jonatan: »Warum ist der Sohn Isais weder gestern noch heute beim Essen erschienen?«

²⁸Jonatan antwortete: »David hat mich gebeten, ihn nach Bethlehem gehen zu lassen. ²⁹Er sagte: ›Lass mich doch gehen, denn wir feiern das Opferfest unserer Familie in der Stadt, und mein Bruder verlangt, dass ich kommen soll. Wenn du mir Gutes tun willst, dann lass mich gehen, damit ich meine Brüder sehen kann.‹ Deshalb ist er nicht an der Tafel des Königs erschienen.«

³⁰Saul packte der Zorn über Jonatan. »Du Sohn einer verdorbenen Mutter!«*, verfluchte er ihn. »Glaubst du etwa, ich weiß nicht, dass du zu dem Sohn Isais hältst, dir und deiner Mutter, die dich geboren hat, zur Schande? ³¹Solange dieser Sohn Isais am Leben ist, wirst du nicht König sein können. Jetzt geh und lass ihn herschaffen, denn er muss sterben!«

³²»Aber was hat er getan?«, wollte Jonatan von seinem Vater wissen. »Warum soll er getötet werden?« ³³Da schleuderte Saul seinen Speer nach Jonatan, um ihn damit zu durchbohren. Nun erkannte Jonatan, dass sein Vater fest entschlossen war, David zu töten. ³⁴Zornig stand Jonatan vom Tisch auf und aß den ganzen Tag nichts mehr, denn das schändliche Verhalten seines Vaters gegenüber David traf ihn sehr.

³⁵Am nächsten Morgen ging Jonatan wie vereinbart aufs Feld hinaus und nahm einen Jungen mit. ³⁶»Lauf«, forderte er den Jungen auf, »damit du die Pfeile findest, die ich abschieße.« Der Junge lief los und Jonatan schoss einen Pfeil über ihn hinweg. ³⁷Als der Junge die Stelle schon fast erreicht hatte, wo der Pfeil lag, den Jonatan abgeschossen hatte, rief Jonatan: »Der Pfeil liegt noch ein Stückchen weiter vor dir. ³⁸Schnell, schnell, halt dich nicht auf.« Der Junge sammelte rasch den Pfeil ein und lief zu seinem Herrn zurück. ³⁹Er verstand natürlich nicht, was Jonatan meinte; nur Jonatan und David wussten es. ⁴⁰Dann gab Jonatan seinen Bogen und die Pfeile dem Jungen und befahl ihm, sie in die Stadt zurückzubringen.

⁴¹Sobald der Junge fort war, kam David aus seinem Versteck bei dem Steinhaufen* hervor. Er fiel vor Jonatan nieder und verneigte sich dreimal. Dann küssten sie sich zum Abschied und beide weinten, besonders David. ⁴²Schließlich sagte Jonatan zu David: »Geh in Frieden, denn wir haben einen Bund im Namen des HERRN geschlossen. Dafür wird der HERR zwischen uns und unseren Kindern für immer Zeuge sein.«

21 Dann machte sich David auf den Weg und Jonatan kehrte in die Stadt zurück.

David flieht vor Saul
²David ging zum Priester Ahimelech in die Stadt Nob. Als Ahimelech ihn sah, war er erschrocken. »Warum bist du allein?«, fragte er. »Warum ist niemand bei dir?«

³»Der König hat mir einen Auftrag gegeben«, antwortete David. »Ich darf niemandem etwas darüber erzählen. Meine Männer haben Befehl, sich mir erst später anzuschließen. ⁴Was hast du zu essen hier? Gib mir fünf Brote oder was du sonst gerade da hast.«

⁵»Wir haben kein gewöhnliches Brot da«, entgegnete der Priester, »sondern nur das heilige Brot. Ich darf es dir nur geben, wenn sich deine Männer in letzter Zeit von Frauen ferngehalten haben.«

⁶»Meine Männer konnten schon seit Tagen nicht mehr mit Frauen zusammen sein«, erwiderte David. »Als wir loszogen, waren sie rein, obwohl es nur ein gewöhnliches Vorhaben war. Wie viel mehr werden sie heute rein sein!«

⁷Weil kein anderes Brot zur Verfügung stand, gab der Priester ihm das heilige Brot. Diese Schaubrote*, die dem HERRN im Heiligtum geweiht wurden, waren gerade an diesem Tag durch frisches Brot ersetzt worden.

⁸Nun hielt sich an diesem Tag auch der Edomiter Doëg, der Aufseher über alle Hirten Sauls, im Heiligtum des HERRN auf*.

⁹David fragte Ahimelech: »Hast du vielleicht einen Speer oder ein Schwert? Der Auftrag des Königs war so dringend, dass ich nicht einmal Zeit hatte, eine Waffe mitzunehmen.«

¹⁰»Ich habe nur das Schwert des Philisters Goliat, den du im Tal der Eichen getötet hast«, antwortete der Priester. »Es liegt in einen Mantel gewickelt hinter dem Priesterschurz. Nimm es, wenn du willst, denn etwas anderes gibt es hier nicht.«

»Ein besseres Schwert gibt es nicht«, sagte David. »Gib es mir!«

¹¹So floh David weiter vor Saul und ging zu König Achisch von Gat. ¹²Doch dessen Diener sagten zu Achisch: »Ist das nicht David, der König des Landes? Ist das nicht der, zu dessen Ehre das Volk getanzt und gesungen hat: ›Saul hat Tausende getötet, aber David Zehntausende‹?«

20,30 Hebr. *Du Sohn einer ungehorsamen Frau.* 20,41 So in der griech. Version; im Hebr. heißt es *bei der Südseite.* 21,7 Das sind Brote *der Vergegenwärtigung Gottes.* 21,8 Hebr. *wurde aufgehalten vor dem HERRN.*

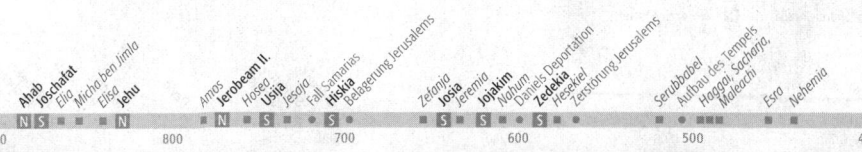

1. & 2. SAMUEL

1–8	Samuel, Richter und Prophet
9–15	Saul, der erste König – Aufstieg und Fall
16–31	Saul und David
1–10	König David
11–12	Davids Krise
13–20	Absaloms Aufstand, seine Vor- und Nachgeschichte
21–24	Davids letzte Jahre

22–23
David flieht in die Höhle Adullam. 400 Männer schließen sich David an. Saul lässt Ahimelech samt Sippe töten. David rettet die Stadt Keïla vor den Philistern.

[Zeit der Könige und Propheten]

¹³David hörte diese Worte und fürchtete sich vor der Reaktion König Achischs von Gat. ¹⁴Deshalb gab er vor, wahnsinnig zu sein, kritzelte an die Türen und sabberte in seinen Bart. ¹⁵Schließlich sagte König Achisch zu seinen Männern: »Musstet ihr einen Verrückten zu mir bringen? ¹⁶Haben wir nicht schon genug davon hier? Meint ihr, ihr musstet auch diesen noch zu mir bringen, damit er hier bei mir tobt? Warum sollte so jemand mein Gast sein dürfen?«

David in der Höhle Adullam

22 Da verließ David Gat und floh in die Höhle Adullam. Als seine Brüder und alle, die zum Haus seines Vaters gehörten, davon erfuhren, schlossen sie sich ihm schon bald an. ²Und noch weitere kamen: Männer, die in Not waren, sich verschuldet hatten oder verbittert waren. Schließlich war David der Anführer von etwa 400 Mann.

³Von dort aus ging David nach Mizpe in Moab und fragte den König: »Dürfen mein Vater und meine Mutter bei euch leben, bis ich weiß, was Gott mit mir vorhat?« ⁴So brachte er sie zu dem König von Moab, und sie blieben dort, solange David sich in der Bergfestung aufhielt.

⁵Eines Tages forderte der Prophet Gad David auf: »Verlass die Bergfestung und kehre ins Gebiet von Juda zurück.« Daraufhin zog David in den Wald von Heret. ⁶Schon bald erfuhr Saul, dass David und seine Männer in Juda waren. Der König saß gerade unter einer Tamariske auf dem Hügel bei Gibea, den Speer in der Hand und umgeben von seinen Männern.

⁷»Hört zu, ihr Männer vom Stamm Benjamin!«, rief Saul ihnen zu. »Hat der Sohn Isais euch Felder und Weinberge versprochen? Hat er versprochen, euch zu Hauptleuten und Heerführern zu machen? ⁸Habt ihr euch deshalb gegen mich verschworen? Denn keiner von euch hat mir gesagt, dass sich sogar mein eigener Sohn mit dem Sohn Isais verbündet hat. Keinem von euch macht es etwas aus, dass mein eigener Sohn einen Feind aufhetzt, gegen mich vorzugehen!«

⁹Da sagte der Edomiter Doëg, der sich unter den Männern Sauls befand: »Ich habe gesehen, wie der Sohn Isais nach Nob zu Ahimelech, dem Sohn Ahitubs, kam. ¹⁰Ahimelech befragte für ihn den HERRN. Dann gab er ihm zu essen und das Schwert des Philisters Goliat.«

Die Ermordung der Priester

¹¹Sofort ließ König Saul Ahimelech und seine gesamte Sippe, die alle in Nob als Priester Dienst taten, holen. Als sie zum König kamen, ¹²rief Saul: »Hör mir zu, Sohn Ahitubs!«

»Ich höre, mein Herr«, erwiderte Ahimelech.

¹³»Warum hast du dich mit dem Sohn Isais gegen mich verschworen?«, wollte Saul wissen. »Warum hast du ihm zu essen und ein Schwert gegeben? Warum hast du Gott für ihn befragt? Dadurch hast du ihn ermutigt, sich jetzt gegen mich zu erheben und aufzulehnen.«

¹⁴Ahimelech antwortete dem König: »Gibt es unter all deinen Dienern einen treueren als David, deinen Schwiegersohn? Ist er denn nicht der Anführer deiner Leibwache* und ein angesehenes Mitglied deines Hauses? ¹⁵Es war doch nicht das erste Mal, dass ich Gott für ihn befragte. Du kannst mir und meiner Familie dafür keine Schuld geben, denn ich wusste nichts von einer Verschwörung gegen dich.«

¹⁶»Du sollst sterben, Ahimelech, zusammen mit allen, die zu dir gehören!«, rief der König. ¹⁷Und er befahl seiner Leibwache*: »Umstellt und tötet diese Priester des HERRN, denn es sind Verbündete Davids. Sie wussten, dass er vor mir auf der Flucht war, und haben es mir nicht gesagt.« Aber Sauls Männer weigerten sich, die Priester des HERRN zu töten.

¹⁸Da sagte der König zu Doëg: »Umstell und schlag du diese Priester tot.« Und Doëg wandte sich gegen sie und tötete insgesamt 85 Priester, die alle noch ihren leinenen Priesterschurz trugen. ¹⁹Dann zog er nach Nob, in die Stadt der Priester, und tötete alles Lebende – Männer und Frauen, Kinder und Säuglinge, Rinder, Esel und Schafe.

²⁰Einzig Abjatar, einer der Söhne Ahimelechs und ein Enkel Ahitubs, entkam und floh zu David. ²¹Als er David berichtete, dass Saul die Priester des HERRN getötet hatte, ²²rief David aus: »Als ich den Edomiter Doëg an jenem Tag in Nob sah, wusste ich, dass er es Saul erzählen würde. Jetzt bin ich schuld am Tod deiner ganzen Familie. ²³Bleib hier bei mir und hab keine Angst. Ich will dich schützen, denn derselbe, der mich töten will, will auch dich umbringen.«

David beschützt die Stadt Keïla

23 Eines Tages wurde David berichtet: »Die Philister greifen Keïla an und plündern die Tennen«. ²David fragte den HERRN: »Soll ich hingehen und gegen die Philister kämpfen?«

»Ja, geh. Besiege die Philister und rette Keïla«, befahl der HERR ihm.

³Aber Davids Männer sagten: »Wir fürchten uns schon hier in Juda genug. Und nun sollen wir nach Keïla gehen und gegen das Heer der Philister kämpfen?«

⁴Da fragte David den HERRN ein zweites Mal und wieder antwortete er: »Geh hinab nach Keïla; ich werde dir helfen, die Philister zu besiegen.«

⁵Da zog David mit seinen Männern nach Keïla. Sie schlugen die Philister, erbeuteten ihren gesamten Viehbestand und retteten die Einwohner der Stadt. ⁶Der Priester Abjatar, der Sohn Ahimelechs, schloss sich David in Keïla an und brachte die Orakeltasche mit.

⁷Saul hörte schon bald, dass David in Keïla war. Da rief er aus: »Gott hat ihn verstoßen und in meine Hand gegeben, denn er hat sich selbst in einer Stadt mit Mauern und Toren eingeschlossen.« ⁸Und Saul rüstete das ganze Volk zum Kampf, um nach Keïla zu ziehen und David und seine Männer dort zu umzingeln. ⁹Aber David erfuhr von Sauls Plan und befahl dem Priester Abjatar, die Orakeltasche zu holen. ¹⁰David betete: »HERR, Gott Israels, ich habe gehört, dass Saul kommen und Keïla zerstören will, weil ich hier bin. ¹¹Werden die Einwohner von Keïla mich an ihn ausliefern?* Und wird Saul tatsächlich kommen, wie ich es gehört habe? HERR, Gott Israels, sag es mir!«

Und der HERR sprach: »Er wird kommen.«

¹²Wieder fragte David: »Werden die Einwohner von Keïla mich und meine Männer tatsächlich an Saul ausliefern?«

Und der HERR antwortete: »Ja, sie werden euch ausliefern.«

David in der Wüste

¹³Da verließen David und seine Männer, etwa 600 Mann, Keïla und streiften im Land umher. Saul erfuhr schon bald, dass David aus Keïla entkommen war, deshalb zog er nicht mit seinem Heer aus. ¹⁴David hielt sich an unzugänglichen Stellen in der Wüste und im Bergland von Sif auf. Saul jagte ihn während der ganzen Zeit, aber Gott ließ nicht zu, dass er ihn fand.

¹⁵Und David erfuhr, als er gerade in Horescha in der Wüste Sif war, dass Saul auf dem Weg sei, um ihn aufzuspüren und zu töten. ¹⁶Da suchte

---

22,14 So die griech. Version, die hebr. Version bleibt unklar. 22,17 Hebr. *Läufern.* 23,11 In manchen Handschriften fehlt der erste Satz von 23,11.

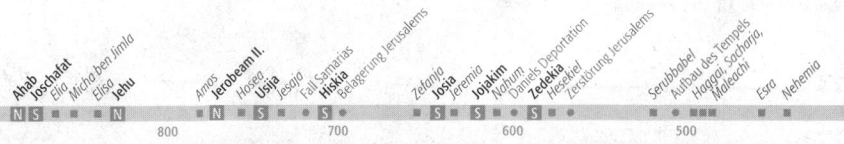

1. & 2. SAMUEL

1–8	Samuel, Richter und Prophet
9–15	Saul, der erste König – Aufstieg und Fall
16–31	Saul und David

1–10	König David
11–12	Davids Krise
13–20	Absaloms Aufstand, seine Vor- und Nachgeschichte
21–24	Davids letzte Jahre

23–25
David versteckt sich in der Wüste. Saul verfolgt David unerbittlich. David verschont Saul. Vorläufiges Ende der Verfolgung. Samuels Tod. David bittet Nabal um Unterstützung.

[Zeit der Könige und Propheten]

Jonatan David auf und ermutigte ihn in seinem Glauben an Gott. ¹⁷»Hab keine Angst«, sagte er zu ihm, »mein Vater Saul wird dich niemals finden. Du wirst König über Israel werden und ich werde der zweite Mann nach dir sein. Das hat auch mein Vater erkannt.« ¹⁸Und die beiden erneuerten ihren Freundschaftsbund vor dem HERRN. Dann kehrte Jonatan nach Hause zurück und David blieb in Horescha.

¹⁹Doch einige Männer aus Sif gingen zu Saul nach Gibea und sagten: »David hält sich bei uns versteckt. Er befindet sich an unzugänglichen Stellen in den Bergen von Horescha auf dem Hügel Hachila, südlich von Jeschimon. ²⁰Wenn du bereit bist zu kommen, König, dann komm; wir werden ihn dir ausliefern.«

²¹»Der HERR segne euch«, antwortete Saul. »So gibt es doch noch jemanden, dem an mir liegt! ²²Geht und überprüft noch einmal alles, damit ihr sicher seid, wo er sich aufhält und wer ihn dort gesehen hat. Mir wurde gesagt, dass er sehr listig ist. ²³Findet heraus, wo er sich überall versteckt halten könnte und kommt mit einem genaueren Bericht zurück. Dann werde ich mit euch gehen. Wenn er wirklich in diesem Gebiet ist, werde ich ihn finden, und wenn ich jedes Versteck in Juda aufspüren muss!«

²⁴Also kehrten die Männer vor Saul nach Sif zurück. David und seine Männer waren inzwischen in die Wüste Maon ins Tal südlich von Jeschimon gezogen. ²⁵Als David hörte, dass Saul und seine Männer ihn suchten, zog er zu dem großen Felsen hinab und blieb dort in der Wüste Maon. Aber Saul erfuhr davon und verfolgte ihn bis in die Wüste Maon hinein. ²⁶Dann befand sich Saul auf der einen Seite des Berges, David und seine Männer auf der anderen. David setzte alles daran, Saul zu entkommen. Gerade als Saul und seine Männer sie umzingeln wollten, um sie gefangen zu nehmen, ²⁷kam ein Bote zu Saul mit der Nachricht: »Die Philister sind erneut ins Land eingefallen. Komm schnell!« ²⁸Saul brach die Verfolgung Davids ab, um gegen die Philister zu kämpfen. Seither heißt der Ort »Fluchtfelsen«*.

David verschont Saul

24 Danach zog David sich an unzugängliche Stellen in den Bergen von En-Gedi zurück. ²Nachdem Saul die Philister verfolgt hatte und zurückgekehrt war, wurde ihm gemeldet: »David ist jetzt in der Wüste En-Gedi.« ³Saul

---

23,28 O. auch »Trennungsfelsen«. Hebr. *Sela-Hammachlekot*.

wählte 3.000 der besten Krieger Israels aus und machte sich in der Nähe der Steinbockfelsen auf die Suche nach David und seinen Männern. ⁴An der Stelle, an der die Straße an ein paar Schafhürden vorüberführt, ging Saul in eine Höhle, um seine Notdurft zu verrichten. Doch hinten in dieser Höhle hielten sich David und seine Männer versteckt.

⁵Die flüsterten ihm zu: »Heute ist der Tag, von dem der HERR zu dir gesagt hat: ›Ich werde dir deinen Feind in deine Hand geben, sodass du mit ihm tun kannst, was du willst.‹« David schlich sich nach vorne und schnitt heimlich einen Zipfel von Sauls Gewand ab.

⁶Doch dann bekam David ein schlechtes Gewissen, weil er etwas von Sauls Gewand abgeschnitten hatte. ⁷Und er sagte zu seinen Männern: »Der HERR bewahre mich davor, dass ich dem Gesalbten des Herrn etwas antue. Denn er ist ja der Gesalbte des HERRN.« ⁸Und er wies seine Männer zurecht und ließ nicht zu, dass sie Saul etwas antaten.

Nachdem Saul die Höhle verlassen hatte und weitergegangen war, ⁹trat David heraus und rief ihm nach: »Mein Herr und König!« Und als Saul sich umdrehte, verneigte David sich tief und warf sich vor ihm nieder.

¹⁰Dann rief er Saul zu: »Warum hörst du auf Leute, die sagen, David wolle dir schaden? ¹¹Heute kannst du mit eigenen Augen sehen, dass es nicht wahr ist. Denn der HERR hatte dich hinten in der Höhle in meine Hand gegeben, und ein paar meiner Männer verlangten von mir, dass ich dich töte. Doch ich habe dich verschont. Ich habe gesagt: ›Niemals werde ich ihm, meinem Herrn, etwas antun, denn er ist der Gesalbte des HERRN.‹ ¹²Sieh, mein Vater, was ich in der Hand halte. Es ist ein Zipfel deines Gewandes! Ich habe es abgeschnitten, aber ich habe dich nicht getötet. Das zeigt, dass ich dir nicht schaden will und dass ich nicht an dir schuldig geworden bin. Aber du jagst mich und willst mich töten. ¹³Der HERR wird zwischen uns entscheiden. Er wird dich für das strafen, was du mir anzutun versuchst, aber ich werde dir niemals Schaden zufügen. ¹⁴Wie ein altes Sprichwort sagt: ›Böse Menschen begehen böse Taten.‹ Ich werde dir nichts antun. ¹⁵Wem jagt der König von Israel überhaupt nach? Einem toten Hund, einem einzelnen Floh! ¹⁶Der HERR soll darüber richten, wer von uns recht hat. Er soll mein Fürsprecher sein und mir zu meinem Recht verhelfen!«

¹⁷Als David geendet hatte, rief Saul: »Bist du es wirklich, mein Sohn David?« Und er begann zu weinen. ¹⁸Dann sagte er zu David: »Du bist gerechter als ich, denn du hast mir Böses mit Gutem vergolten. ¹⁹Ja, du hast mir heute bewiesen, wie gut du mit mir umgehst. Der HERR hat mich dir ausgeliefert und du hättest mich töten können, aber du hast es nicht getan. ²⁰Wer würde schon seinen Feind entkommen lassen, wenn er ihn in seiner Gewalt hat? Was du heute für mich getan hast, dafür soll der HERR dich belohnen. ²¹Ich weiß genau, dass du König werden wirst, und deine Herrschaft über Israel wird Bestand haben. ²²Schwöre mir beim HERRN, dass du meine Nachkommen nicht töten und mein Geschlecht nicht auslöschen wirst!«

²³David schwor es und Saul kehrte nach Hause zurück. David und seine Männer dagegen zogen wieder in die Berge hinauf.

Samuels Tod

25 Samuel starb und ganz Israel versammelte sich und hielt für ihn die Totenklage. Dann begruben sie ihn bei seinem Haus in Rama.

Nabal fordert Davids Zorn heraus

Danach zog David hinab in die Wüste Maon*. ²Ein wohlhabender Mann aus Maon hatte Grundbesitz in Karmel. Er besaß 3.000 Schafe und 1.000 Ziegen, und er war gerade dort, weil es die Zeit der Schafschur war. ³Der Name des Mannes war Nabal. Seine Frau Abigajil war eine kluge und schöne Frau. Doch Nabal, ein Nachkomme Kalebs, war grob und unehrlich.

⁴Als David in der Wüste hörte, dass Nabal seine Schafe schor, ⁵schickte er zehn seiner jungen Männer nach Karmel. Sie sollten Nabal von ihm Grüße ausrichten und ihm sagen: ⁶»Friede und Glück dir, deiner Familie und allem, was dir gehört! ⁷Ich habe gehört, dass du deine Schafe scheren lässt. Als deine Hirten bei uns waren, haben wir ihnen nichts getan und ihnen während der ganzen Zeit, in der sie in Karmel waren, nie etwas gestohlen. ⁸Frage deine Knechte, sie werden es dir bestätigen. Bitte empfange meine Männer freundlich, denn wir sind an einem Festtag gekommen. Gib ihnen und deinem Sohn David bitte, was immer du gerade zur Hand hast.«

⁹Davids junge Männer überbrachten Nabal die Botschaft im Namen Davids und warteten auf seine Antwort.

¹⁰»Wer ist dieser David?«, spottete Nabal. »Für wen hält dieser Sohn Isais sich? Heutzutage laufen viele Knechte ihren Herren fort. ¹¹Soll ich

---

25,1 So in der griech. Version; im Hebr. steht *Paran*.

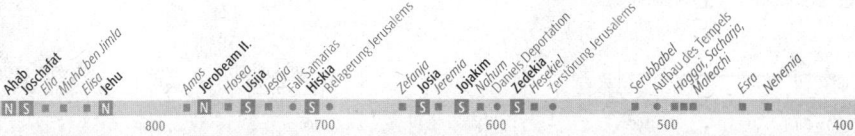

1. & 2. SAMUEL

1–8	Samuel, Richter und Prophet
9–15	Saul, der erste König – Aufstieg und Fall
16–31	Saul und David
1–10	König David
11–12	Davids Krise
13–20	Absaloms Aufstand, seine Vor- und Nachgeschichte
21–24	Davids letzte Jahre

25–26
David will Nabal vernichten. Abigajil bittet David um Nachsicht. David heiratet Abigajil. Saul verfolgt David erneut.

[Zeit der Könige und Propheten]

S Südreich Juda   N Nordreich Israel

vielleicht mein Brot und Wasser und das Fleisch, das ich für meine Schafscherer geschlachtet habe, nehmen und es Männern geben, die von wer weiß woher kommen?« ¹²Die Boten kehrten zu David zurück und berichteten ihm alles.

¹³»Holt eure Schwerter!«, sagte David und er und seine Männer schnallten sich ihre Schwerter um. Mit 400 Mann machte er sich auf den Weg; 200 blieben zurück, um das Lager zu bewachen.

¹⁴In der Zwischenzeit ging einer von Nabals Knechten zu Abigajil und berichtete ihr: »David hat Boten aus der Wüste geschickt, die unseren Herrn grüßen sollten, aber er hat sie beschimpft. ¹⁵Dabei waren die Männer sehr gut zu uns und haben uns nie etwas getan. Während der ganzen Zeit, in der wir auf den Feldern umherzogen, wurde uns nie etwas gestohlen. ¹⁶Tag und Nacht waren sie für uns und die Schafe wie eine schützende Mauer, solange wir die Herden in ihrer Nähe weideten. ¹⁷Überleg doch, was du tun kannst, denn unser Herr und sein ganzes Haus stürzen sonst ins Unglück. Er ist so übellaunig, dass niemand mit ihm reden kann.«

¹⁸Abigajil verlor keine Zeit. Schnell nahm sie 200 Brote, zwei Schläuche Wein, fünf zubereitete Schafe, etwa fünf Sea* geröstetes Korn, 100 Rosinenkuchen und 200 Feigenkuchen. Sie lud alles auf einige Esel ¹⁹und sagte zu ihren Knechten: »Geht schon voraus. Ich komme euch gleich nach.« Aber ihrem Mann Nabal sagte sie nicht, was sie vorhatte.

²⁰Als sie im Schutz des Berges auf ihrem Esel abwärtsritt, sah sie David und seine Männer auf sich zukommen. ²¹David sagte gerade: »Für nichts und wieder nichts habe ich die Herden dieses Kerls in der Wüste beschützt, und nichts, was ihm gehörte, ging verloren. Aber er hat mir Gutes mit Bösem vergolten. ²²Gott soll mich strafen, wenn ich bis morgen früh von allen seinen Leuten auch nur einen, der gegen die Wand pinkelt, am Leben lasse!«

Abigajil bittet für Nabal
²³Als Abigajil David sah, stieg sie rasch von ihrem Esel und verbeugte sich tief vor ihm. ²⁴Sie warf sich ihm zu Füßen und sagte: »Mich trifft alle Schuld in dieser Sache, mein Herr. Bitte lass mich mit dir reden und hör dir an, was ich zu sagen habe. ²⁵Beachte doch Nabal, diesen bösartigen Menschen, nicht. Er ist ein Narr, wie schon sein Name sagt*. Ich aber habe deine Boten, die du geschickt hast, nie zu Gesicht bekommen. ²⁶Nun, mein Herr, so wahr der HERR lebt und du selbst auch, der HERR hat dich vom Mord ab-

25,18 Das entspricht ca. 65 l.   25,25 Der Name *Nabal* bedeutet »Narr«.

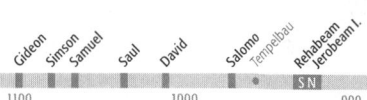

gehalten und dich daran gehindert, dich selbst zu rächen. So sollen alle deine Feinde und alle, die dir schaden wollen, bestraft werden wie Nabal. ²⁷Hier ist ein Geschenk, das ich dir, mein Herr, mitgebracht habe, verteile es unter deinen Leuten. ²⁸Bitte vergib mir, wenn ich dich gekränkt habe. Der HERR wird dich sicher mit einer Herrschaft belohnen, die Bestand hat, denn du kämpfst die Kriege des HERRN. Man soll dir dein Leben lang nicht vorwerfen können, dass du etwas Unrechtes getan hast.

²⁹Selbst wenn du verfolgt wirst und dich jemand umbringen will, wird der HERR, dein Gott, sich um dich sorgen und dein Leben beschützen! Das Leben deiner Feinde jedoch wird fortgeschleudert werden wie Steine, die von einer Schleuder abgeschossen werden! ³⁰Wenn der HERR alle seine Zusagen erfüllt und dich zum Herrscher über Israel gemacht hat, ³¹dann wird dein Gewissen unbelastet sein, weil du nicht sinnlos Blut vergossen und dich eigenmächtig gerächt hast. Und wenn der HERR dies alles für dich getan hat, dann denke an mich!«

³²David antwortete Abigajil: »Gepriesen sei der HERR, der Gott Israels, der dich heute zu mir gesandt hat! ³³Gepriesen sei deine Klugheit! Gesegnet sollst du sein, weil du mich daran gehindert hast, Blut zu vergießen und mich selbst zu rächen. ³⁴Denn ich schwöre beim HERRN, dem Gott Israels, der mich davon abgehalten hat, dir etwas anzutun: Wenn du mir nicht so schnell entgegengeeilt wärst, würde morgen früh unter den Leuten Nabals keiner mehr von allen, die an die Wand pinkeln, am Leben sein.« ³⁵Und er nahm ihre Geschenke an und sagte zu ihr: »Kehre in Frieden nach Hause zurück. Ich habe gehört, was du gesagt hast, und werde deine Bitte erfüllen.«

³⁶Als Abigajil zu Nabal zurückkam, feierte er gerade in seinem Haus ein großes Festmahl, das dem eines Königs entsprach. Er war bester Laune, aber völlig betrunken, deshalb erzählte sie ihm bis zum nächsten Morgen nichts von ihrer Begegnung mit David. ³⁷Am anderen Morgen, als er wieder nüchtern war, erzählte sie ihm, was geschehen war. Daraufhin erlitt er einen Schlag* und wurde völlig gelähmt. ³⁸Etwa zehn Tage später ließ der HERR ihn sterben.

David heiratet Abigajil
³⁹Als David hörte, dass Nabal tot war, sagte er: »Gepriesen sei der HERR, der mir gegenüber Nabal zu meinem Recht verholfen hat und mich davon abhielt, etwas Böses zu tun. Der HERR hat Nabal für seine Bosheit bestraft.« Dann schickte David Boten zu Abigajil und ließ sie bitten, seine Frau zu werden. ⁴⁰Als die Boten nach Karmel kamen, sagten sie zu Abigajil: »David hat uns geschickt. Er will dich zur Frau nehmen.« ⁴¹Sie stand auf, verneigte sich tief und antwortete: »Ja, ich bin seine Dienerin und bereit, den Dienern meines Herrn die Füße zu waschen.« ⁴²Rasch machte sie sich bereit zum Aufbruch, bestieg ihren Esel und folgte, begleitet von fünf ihrer Dienerinnen, den Boten Davids. Und so wurde sie seine Frau. ⁴³David heiratete außerdem noch Ahinoam aus Jesreel; beide waren somit seine Frauen. ⁴⁴Saul hatte seine Tochter Michal, Davids Frau, inzwischen mit einem Mann aus Gallim namens Palti, dem Sohn Lajischs, verheiratet.

David verschont Saul ein zweites Mal

26 Boten kamen aus Sif zu Saul nach Gibea und berichteten ihm: »David versteckt sich auf dem Hügel Hachila, von dem aus man über Jeschimon blickt.« ²Da machte sich Saul mit 3.000 der besten Männer Israels auf den Weg in die Wüste Sif, um David dort aufzuspüren. ³Er schlug entlang der Straße beim Hügel Hachila, bei Jeschimon, wo David sich in der Wüste versteckte, sein Lager auf. Aber David erfuhr, dass Saul ihn in der Wüste suchte, ⁴und schickte Kundschafter aus, die ihm bestätigten, dass Saul tatsächlich gekommen war.

⁵Da schlich David sich an das Lager Sauls heran. Er sah, wo Saul und sein Heerführer Abner, der Sohn Ners, schliefen: Die Krieger hatten sich in einem großen Kreis niedergelassen und in ihrer Mitte lag Saul. ⁶»Kommt einer von euch mit, wenn ich ins Lager zu Saul schleiche?«, fragte David den Hetiter Ahimelech und Abischai, den Sohn der Zeruja und Bruder Joabs.

»Ich gehe mit dir«, antwortete Abischai. ⁷Also gingen David und Abischai nachts ins Lager hinein und fanden Saul schlafend in der Mitte des Lagers liegend, den Speer neben seinem Kopf in den Boden gesteckt. Abner und die Krieger lagen um ihn herum. ⁸»Heute hat Gott dir deinen Feind ausgeliefert!«, flüsterte Abischai David zu. »Lass mich ihn mit diesem Speer durchbohren. Ich spieße ihn an den Boden. Ein einziger Stoß genügt; ich werde nicht ein zweites Mal zustechen müssen!«

⁹»Nein!«, sagte David zu Abischai. »Töte ihn nicht. Denn wer kann ungestraft bleiben, wenn er den Gesalbten des HERRN angegriffen hat?

25,37 Hebr. *sein Herz ließ ihn im Stich*.

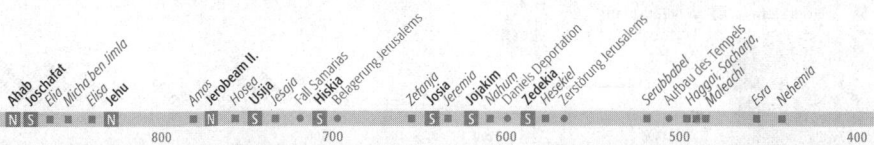

1. & 2. SAMUEL

1–8	Samuel, Richter und Prophet
9–15	Saul, der erste König – Aufstieg und Fall
16–31	Saul und David
1–10	König David
11–12	Davids Krise
13–20	Absaloms Aufstand, seine Vor- und Nachgeschichte
21–24	Davids letzte Jahre

26–28
David verschont Saul ein zweites Mal. Erneutes Ende der Verfolgung. David flieht zu den Philistern. Saul sucht Rat bei einer Totenbeschwörerin.

[Zeit der Könige und Propheten]

10 So wahr der HERR lebt, eines Tages wird er Sauls Leben beenden: Entweder stirbt er eines natürlichen Todes oder er wird in der Schlacht fallen. 11 Aber der HERR bewahre mich davor, seinem Gesalbten etwas anzutun! Doch nimm jetzt den Speer dort neben seinem Kopf und den Wasserkrug und dann weg von hier!«

12 David nahm den Speer und den Wasserkrug neben Sauls Kopf an sich. Dann entkamen er und Abischai, ohne von jemandem gesehen zu werden, und ohne auch nur jemanden aufzuwecken, denn der HERR hatte Sauls Männer in tiefen Schlaf fallen lassen. 13 David kletterte den Berg jenseits des Lagers hinauf, bis er sich in sicherer Entfernung befand. 14 Von dort rief er zu Abner, dem Sohn Ners, und den Kriegern hinunter: »Wach auf, Abner!«

»Wer bist du, dass du es wagst, so zum König herüberzuschreien?«, fragte Abner.

15 »Du bist doch ein Mann, nicht wahr, Abner?«, höhnte David. »Wo in ganz Israel gibt es einen, der so ist wie du? Warum hast du deinen Herrn, den König, nicht bewacht, als jemand aus dem Volk kam, um ihn zu töten? 16 Das war wirklich nicht gut! So wahr der HERR lebt, ihr alle habt den Tod verdient, weil ihr euren Herrn, den Gesalbten des HERRN, nicht beschützt habt! Sieh dich um! Wo ist der Speer des Königs und wo der Wasserkrug, der sich neben seinem Kopf befand?«

17 Saul erkannte Davids Stimme und rief: »Bist du es, mein Sohn David?«

David antwortete: »Ja, mein Herr und König. 18 Warum verfolgst du mich? Was habe ich getan? Worin besteht mein Verbrechen? 19 Doch nun hör mich an, mein Herr und König. Wenn der HERR dich gegen mich aufgehetzt hat, dann lass ihn mein Opfer annehmen. Waren es aber Menschen, dann sollen sie vom HERRN verflucht sein. Sie haben mich aus meiner Heimat vertrieben, sodass ich nicht mehr unter dem Volk des HERRN leben kann und wollen, dass ich anderen Göttern diene. 20 Muss ich auf fremdem Boden sterben, fern der Gegenwart des HERRN? Warum ist der König von Israel ausgezogen, einen einzelnen Floh zu suchen? Warum jagt er mich wie ein Rebhuhn in den Bergen?«

21 Da bekannte Saul: »Ich habe gesündigt. Komm zurück nach Hause, mein Sohn. Ich will dir nie mehr etwas Böses antun, denn du hast heute mein Leben hoch geachtet. Ich war ein Narr und habe großes Unrecht begangen.«

22 »Hier ist der Speer des Königs«, antwortete David. »Einer von den jungen Männern soll kommen und ihn holen. 23 Der HERR belohnt die, die Gutes tun und treu sind. Der HERR hat dich heute in meine Hand gegeben, aber ich

habe dem Gesalbten des HERRN nichts angetan. ²⁴So wertvoll dein Leben für mich gewesen ist, so wertvoll soll mein Leben in den Augen des HERRN sein. Er helfe mir aus allen Schwierigkeiten heraus.«

²⁵Und Saul sagte zu David: »Gesegnet seist du, mein Sohn David. In allem, was du tust, wirst du erfolgreich sein.« Dann ging David fort und Saul kehrte nach Hause zurück.

David unter den Philistern

27 Aber David dachte: »Eines Tages wird Saul mich doch noch umbringen. Am besten, ich fliehe zu den Philistern. Dann wird Saul aufhören, mich in ganz Israel zu jagen, und ich werde endlich sicher sein.«

²Und er zog mit seinen 600 Männern zu König Achisch von Gat, dem Sohn Maochs. ³Er blieb zusammen mit seinen Leuten bei ihm in Gat und auch ihre Familien nahmen sie jeweils mit. David hatte seine beiden Frauen dabei – Ahinoam aus Jesreel und Abigajil aus Karmel, die Witwe Nabals. ⁴Saul erfuhr schon bald, dass David nach Gat geflohen war und hörte auf, ihn weiter zu verfolgen.

⁵Eines Tages sagte David zu Achisch: »Wenn du einverstanden bist, würden wir lieber in einer der Städte auf dem Land statt hier in der Königsstadt leben.« ⁶Da gab Achisch ihm die Stadt Ziklag, die noch heute den Königen von Juda gehört. ⁷David lebte ein Jahr und vier Monate bei den Philistern.

⁸David und seine Männer unternahmen Überfälle auf die Geschuriter, die Girsiter und die Amalekiter. Alle diese Völker bewohnten das Gebiet bis Schur und bis nach Ägypten hin. ⁹In den Dörfern, die er angriff, ließ er nicht einen einzigen Menschen am Leben. Die Schafe, Rinder, Esel, Kamele und Kleider nahm er mit und kam zurück zu König Achisch.

¹⁰»Wen hast du heute überfallen?«, fragte Achisch ihn dann.

Und David antwortete: »Den Süden Judas, die Jerachmeeliter und die Keniter.«

¹¹David ließ niemanden am Leben. So konnte er verhindern, dass jemand nach Gat gehen und berichten konnte, wo er wirklich gewesen war. So machte es David die ganze Zeit, während er bei den Philistern lebte. ¹²Achisch glaubte David und dachte: »Inzwischen muss das Volk Israel ihn hassen. Jetzt muss er hier bleiben und mir für immer dienen.«

Saul befragt eine Totenbeschwörerin

28 Etwa um diese Zeit rüsteten die Philister zu einem neuen Krieg gegen Israel. König Achisch sagte zu David: »Ich erwarte, dass du und deine Männer mit mir in die Schlacht ziehen.«

²»Gut«, stimmte David zu, »jetzt wirst du selbst sehen, wozu ich fähig bin.«

Dann sagte Achisch zu David: »Ich mache dich auf Lebenszeit zu meinem Leibwächter.«

³Samuel war inzwischen gestorben, und ganz Israel hatte um ihn getrauert. Er war in seiner Heimatstadt Rama begraben worden. Saul hatte alle Totenbeschwörer und Wahrsager aus dem Land Israel verbannt.

⁴Die Philister schlugen ihr Lager bei Schunem auf, Saul und das ganze Heer Israels lagerten auf dem Gebirge Gilboa. ⁵Als Saul das Heer der Philister sah, erschrak er sehr. ⁶Er fragte den HERRN, was er tun solle. Aber der HERR antwortete ihm nicht, weder durch Träume noch durch das Los* noch durch die Propheten. ⁷Da sagte Saul zu seinen Dienern: »Sucht eine Frau, die die Geister der Toten herbeirufen kann. Ich will sie fragen, was ich tun soll.«

Seine Diener antworteten: »In Endor lebt eine Totenbeschwörerin.«

⁸Da verkleidete Saul sich, zog andere Kleider an und machte sich in Begleitung zweier seiner Männer auf den Weg. Als sie nachts bei der Frau ankamen, sagte er zu ihr:

»Ich möchte, dass du mir durch den Geist eines Toten die Zukunft voraussagst. Hol mir den aus dem Totenreich herauf, den ich dir nennen werde.«

⁹»Willst du, dass ich getötet werde?«, fragte die Frau. »Du weißt doch, dass Saul alle Totenbeschwörer und Wahrsager aus dem Land vertrieben hat. Warum stellst du mir eine Falle?«

¹⁰Aber Saul schwor einen Eid im Namen des HERRN und versprach: »So wahr der HERR lebt, dir wird nichts geschehen, wenn du das tust.«

¹¹Schließlich meinte die Frau: »Gut, wessen Geist soll ich für dich rufen?«

»Rufe Samuel«, antwortete Saul.

¹²Als die Frau Samuel sah, schrie sie: »Warum hast du mich getäuscht? Du bist ja Saul!«

¹³»Hab keine Angst!«, sagte der König zu ihr. »Was siehst du?«

»Ich sehe einen Geist* aus der Erde heraufsteigen«, sagte sie.

¹⁴»Wie sieht er aus?«, fragte Saul.

»Es ist ein alter Mann. Er ist in einen Mantel

28,6 Hebr. *durch Urim.* Mit den beiden Losen Urim und Tummim, die sich in einer Tasche der Amtskleidung des Hohen Priesters befanden, befragte dieser den HERRN. **28,13** Hebr. *einen Gott.*

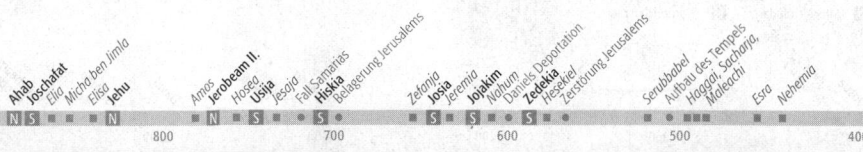

1. & 2. SAMUEL

1–8 Samuel, Richter und Prophet

9–15 Saul, der erste König – Aufstieg und Fall

16–31 Saul und David

1–10 König David

11–12 Davids Krise

13–20 Absaloms Aufstand, seine Vor- und Nachgeschichte

21–24 Davids letzte Jahre

28–30
Samuels Geist verurteilt Saul und sagt seine Niederlage und seinen Tod voraus. Die Philister schicken David weg. David tötet die Amalekiter.

[Zeit der Könige und Propheten]

S Südreich Juda   **N** Nordreich Israel

---

gehüllt«, antwortete sie. Saul erkannte, dass es Samuel war, und warf sich vor ihm zu Boden.

¹⁵»Warum hast du mich gestört und mich zurückrufen lassen?«, fragte Samuel.

»Weil ich in großer Not bin«, antwortete Saul. »Die Philister führen Krieg gegen mich, und Gott hat mich verlassen und antwortet mir weder durch die Propheten noch durch Träume. Deshalb habe ich dich rufen lassen, damit du mir sagst, was ich tun soll.«

¹⁶Aber Samuel antwortete: »Warum fragst du mich, wenn der HERR dich verlassen hat und dein Feind geworden ist? ¹⁷Der HERR hat getan, was er durch mich vorausgesagt hat. Er hat dir das Königtum genommen und es einem anderen, nämlich David, gegeben. ¹⁸Du hast der Stimme des HERRN nicht gehorcht, als er dich anwies, seinen Zorn an den Amalekitern zu vollstrecken, deshalb handelt der HERR jetzt so. ¹⁹Der HERR wird dich und Israel den Philistern ausliefern, und morgen schon werden du und deine Söhne hier bei mir sein. Der HERR wird zulassen, dass das ganze Heer Israels von den Philistern besiegt wird.«

²⁰Saul fiel der Länge nach zu Boden, gelähmt vor Entsetzen über Samuels Worte. Er war sowieso geschwächt, denn er hatte den ganzen Tag und die ganze Nacht nichts gegessen. ²¹Als die Frau sah, wie erschüttert er war, sagte sie: »Herr, ich habe deinem Befehl gehorcht und dabei mein Leben aufs Spiel gesetzt. ²²Jetzt tu, was ich sage, und nimm etwas zu essen von mir an, damit du kräftig genug für den Rückweg bist.«

²³Aber Saul weigerte sich: »Ich will nichts essen.« Doch die Männer, die ihn begleiteten, und die Frau bedrängten ihn so lange, bis er schließlich nachgab. Er stand auf und setzte sich auf das Bett. ²⁴Die Frau hatte ein Kalb gemästet. Schnell ging sie hinaus und schlachtete es. Dann knetete sie Teig und backte ungesäuertes Brot. ²⁵Das alles brachte sie Saul und seinen Männern. Sie aßen und machten sich noch in derselben Nacht auf den Rückweg.

Die Philister schicken David zurück

29 Das gesamte Heer der Philister sammelte sich bei Afek, und die Israeliten schlugen ihr Lager bei der Quelle in Jesreel auf. ²Als die Herrscher der Philister mit ihren Truppen in Verbänden zu je 100 und 1.000 Mann aufmarschierten, bildeten David und seine Männer mit Achisch den Schluss. ³Doch die Heerführer der Philister wollten wissen: »Was haben diese Hebräer hier verloren?«

Achisch antwortete: »Das ist David, der früher

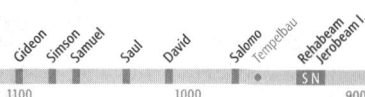

König Saul von Israel diente. Er ist schon lange bei mir, und ich habe nichts Verdächtiges an ihm gefunden, seit er zu mir übergelaufen ist.«

⁴Doch die Heerführer waren empört. »Schick ihn zurück. Er soll wieder an den Ort zurückkehren, den du ihm zugewiesen hast!«, verlangten sie. »Er kann nicht mit uns in die Schlacht ziehen. Was, wenn er sich gegen uns wendet? Gibt es eine bessere Möglichkeit für ihn, sich mit seinem Herrn zu versöhnen als mit den Köpfen unserer Männer? ⁵Ist das nicht derselbe David, von dem die Frauen Israels bei ihren Tänzen gesungen haben: ›Saul hat Tausende getötet, aber David Zehntausende?‹«

⁶Da ließ Achisch David rufen. »So wahr der HERR lebt«, sagte er zu ihm, »ich halte dich für ehrlich. Mir wäre es recht, du würdest mit uns in die Schlacht ziehen, denn bis jetzt habe ich nichts an dir auszusetzen gehabt. Aber die anderen Herrscher der Philister trauen dir nicht. ⁷Verärgere sie nicht, sondern kehr wieder um und zieh in Frieden heim.«

⁸David entgegnete Achisch: »Habe ich je etwas Anstößiges getan, seit ich in deinen Diensten stehe? Warum kann ich nicht gegen die Feinde meines Herrn, des Königs, kämpfen?«

⁹Aber Achisch beharrte: »In meinen Augen bist du so gut wie ein Engel Gottes. Aber die Heerführer der Philister wollen nicht, dass du mit in die Schlacht ziehst. ¹⁰Steh morgen früh auf und verlasse das Lager mit deinen Männern, die einst Saul, deinem Herrn, dienten und zieht fort, sobald es hell wird.« ¹¹Am nächsten Morgen machte sich David mit seinen Männern auf den Weg und kehrte ins Land der Philister zurück. Die Philister aber zogen weiter in Richtung Jesreel.

David besiegt die Amalekiter

30 Drei Tage später, als David und seine Männer wieder in der Stadt Ziklag eintrafen, mussten sie feststellen, dass die Amalekiter in das Südland eingefallen waren und Ziklag niedergebrannt hatten. ²Sie hatten die Frauen, die Kinder und alle anderen gefangen genommen und verschleppt, aber niemanden getötet. ³Als David und seine Männer kamen, sahen sie die niedergebrannte Stadt und dass ihre Frauen, Söhne und Töchter verschleppt worden waren. ⁴Da weinten sie, bis sie die Kräfte verließen. ⁵Auch die beiden Frauen Davids, Ahinoam aus Jesreel und Abigajil, die Witwe Nabals, aus Karmel, waren gefangen genommen worden. ⁶David befand sich in einer sehr schwierigen Lage, denn seine Männer waren über den Verlust ihrer Frauen und Kinder so verbittert, dass sie schon davon redeten, ihn zu steinigen. Doch David fand neue Kraft im Vertrauen auf den HERRN, seinen Gott.

⁷Er sagte zum Priester Abjatar, dem Sohn Ahimelechs: »Hol mir die Orakeltasche!« Abjatar brachte sie ihm. ⁸Dann fragte David den HERRN: »Soll ich diese Räuberbande verfolgen? Werde ich sie einholen?«

Und der HERR antwortete ihm: »Ja, setze ihnen nach. Du wirst sie einholen und die Gefangenen befreien!« ⁹Da machten David und seine 600 Mann sich auf den Weg, und schon bald kamen sie zum Bach Besor, wo einige zurückblieben und Halt machten. ¹⁰200 von den Männern waren zu erschöpft, um den Bach zu überqueren, deshalb setzte David die Verfolgung mit den restlichen 400 Mann fort. ¹¹Einige seiner Männer fanden auf einem Feld einen Ägypter und brachten ihn zu David. Sie gaben ihm etwas Brot zu essen und Wasser zu trinken, ¹²außerdem ein Stück Feigenkuchen und zwei Rosinenkuchen, weil er seit drei Tagen und Nächten nichts getrunken und gegessen hatte. Er erholte sich rasch.

¹³»Zu wem gehörst du und woher kommst du?«, fragte David ihn.

»Ich bin ein Ägypter, der Sklave eines Amalekiters«, antwortete dieser. »Mein Herr hat mich vor drei Tagen hier zurückgelassen, weil ich krank geworden war. ¹⁴Wir waren in das Südland der Kreter, in das Gebiet von Juda und in das Gebiet von Kaleb eingefallen und hatten gerade Ziklag niedergebrannt.«

¹⁵»Willst du mich zu dieser Räuberbande führen?«, fragte David.

Der junge Mann antwortete: »Wenn du mir bei Gott schwörst, dass du mich nicht töten und mich nicht meinem Herrn zurückgeben wirst, bringe ich dich zu diesen Räubern.«

¹⁶Und so führte der Ägypter sie hin. Die Amalekiter hatten sich über die ganze Gegend zerstreut und aßen und tranken und feierten vor Freude über die reiche Beute, die sie bei den Philistern und im Gebiet von Juda gemacht hatten. ¹⁷Früh am nächsten Morgen, als es gerade hell wurde, überfiel David die Amalekiter und schlug sie in dem Kampf, der bis zum Abend andauerte. Keiner von ihnen entkam, bis auf 400 junge Männer, die auf Kamelen flohen. ¹⁸David bekam alles zurück, was die Amalekiter ihm genommen hatten, auch seine beiden Frauen. ¹⁹Nicht das Geringste fehlte, keiner von den Söhnen oder Töchtern, auch nichts von der Beute, die sie mitgenommen hatten. David brachte alles zurück. ²⁰Er nahm alle Schafe und Rinder mit und seine Männer trieben sie vor den anderen Viehherden her. »Das alles gehört David; es ist seine Beute«, sagten sie.

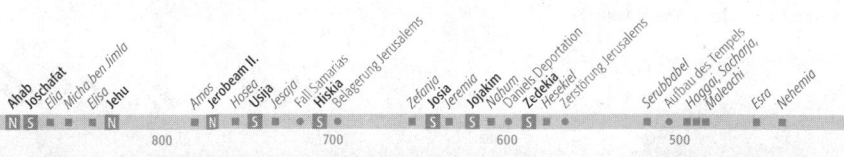

1. & 2. SAMUEL

1–8	Samuel, Richter und Prophet
9–15	Saul, der erste König – Aufstieg und Fall
16–31	Saul und David
1–10	König David
11–12	Davids Krise
13–20	Absaloms Aufstand, seine Vor- und Nachgeschichte
21–24	Davids letzte Jahre

30–31
Saul und seine Söhne sterben im Kampf gegen die Philister.

[Zeit der Könige und Propheten]

S Südreich Juda   N Nordreich Israel

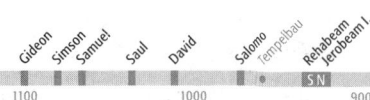

21Als sie zum Bach Besor kamen und dort wieder auf die 200 Männer trafen, die zu erschöpft gewesen waren, um weiter mit ihnen zu ziehen, kamen diese ihnen entgegen. David begrüßte sie freundlich. 22Doch ein paar böse und nichtsnutzige Männer, die mit ihm gezogen waren, sagten: »Sie sind nicht mit uns gegangen, deshalb bekommen sie auch nichts von der Beute. Gib ihnen ihre Frauen und Kinder und lass sie gehen.«

23Aber David antwortete: »Nein, meine Brüder! Geht nicht so mit dem um, was der HERR uns geschenkt hat. Er hat uns bewahrt und geholfen, den Feind zu besiegen. 24Glaubt ihr, irgendjemand wird euch zustimmen, wenn ihr so etwas sagt? Jeder bekommt den gleichen Anteil – diejenigen, die in die Schlacht zogen, bekommen genauso viel wie diejenigen, die das Lager mit dem Gepäck bewachten. Alles soll miteinander geteilt werden.« 25Dies galt auch weiterhin, denn David machte es zu einem gültigen Gesetz in Israel, das noch heute in Kraft ist.

26Als David nach Ziklag zurückkam, schickte er einen Teil der Beute an die Ältesten von Juda, mit denen er befreundet war. »Hier ist ein Geschenk für euch aus der Beute von den Feinden des HERRN«, ließ er ihnen ausrichten. 27Die Geschenke gingen an die Ältesten von Betul, Rama im Südland, Jattir, 28Aroër, Sifmot, Eschtemoa, 29Racal*, den Städten der Jerachmeeliter und den Städten der Keniter, 30an die Ältesten von Horma, Bor-Aschan, Atach, 31Hebron und an alle anderen Orte, in denen David mit seinen Männern gewesen war.

Sauls Tod
1. Chronik 10,1-12

31 Die Philister griffen Israel an und schlugen die Israeliten in die Flucht. Unzählige fielen auf den Hängen des Gebirges Gilboa. 2Die Philister umzingelten Saul und seine Söhne und töteten Jonatan, Abinadab und Malkischua, die Söhne Sauls. 3Um Saul tobte der Kampf besonders heftig und die Bogenschützen der Philister drangen zu ihm durch und verwundeten ihn schwer. 4Da sagte Saul zu seinem Waffenträger: »Nimm dein Schwert und töte mich, bevor diese Unbeschnittenen mich durchbohren und demütigen.« Aber sein Waffenträger hatte Angst und wollte es nicht tun. Da nahm Saul sein Schwert und stürzte sich hinein. 5Als der Waffenträger sah, dass Saul tot war, stürzte auch er sich in sein Schwert und starb neben dem König. 6So starben

30,29 In der griech. Version heißt es *Karmel*.

Saul, drei seiner Söhne, sein Waffenträger und seine Männer gemeinsam an diesem Tag.

⁷Als die Israeliten, die in der Jesreelebene und im Jordangebiet wohnten, sahen, dass ihr Heer geflohen und Saul und seine Söhne tot waren, verließen sie ihre Städte und flohen. Da kamen die Philister und besetzten die Städte.

⁸Am nächsten Tag kehrten die Philister zurück, um die Toten auszurauben. Dabei fanden sie die Leichen Sauls und seiner drei Söhne im Gebirge Gilboa. ⁹Sie schlugen Saul den Kopf ab und zogen ihm seine Rüstung aus. Dann schickten sie Boten in alle Teile ihres Landes und ließen die Siegesnachricht in den Tempeln ihrer Götzen und beim ganzen Volk verkünden. ¹⁰Sie legten seine Rüstung im Tempel der Astarte nieder und hängten seinen Leichnam an der Mauer der Stadt Bet-Schean auf.

¹¹Doch als die Einwohner von Jabesch in Gilead hörten, was die Philister Saul angetan hatten, ¹²marschierten ihre Krieger die ganze Nacht durch nach Bet-Schean. Dort holten sie die Leichen Sauls und seiner Söhne von der Mauer herunter. Sie brachten sie nach Jabesch und verbrannten sie dort. ¹³Dann nahmen sie ihre Gebeine, begruben sie unter der Tamariske in Jabesch und fasteten sieben Tage lang.

So verhält es sich mit der ganzen Heiligen Schrift, dass sie sich durch allenthalben zusammengetragene Stellen selbst auslegen und ihre alleinige Lehrmeisterin sein will. Von allen Möglichkeiten ist das die sicherste Weise, denn Sinn der Schrift zu erforschen, wenn du dich bemühst, von einer Zusammenstellung und genauen Betrachtung der einzelnen Stellen zum Gesamtverständnis zu kommen.

Martin Luther

 Südreich Juda    Nordreich Israel

2. Samuel

Inhalt

Nach Sauls Tod wird Isch-Boschet, ein Sohn Sauls, zum König gekrönt. David wird zunächst nur König des Stammes Juda. Er verhält sich freundlich gegenüber Sauls Nachkommen, während die Heerführer einen Bruderkrieg anzetteln und politische Morde begehen, u.a. an Isch-Boschet. Anschließend wird David König über das gesamte Volk Israel, erobert Jerusalem, lässt die Lade Gottes dorthin bringen und führt Kriege gegen Israels Feinde. Er fragt jeweils Gott um Weisung, und so besiegt er alle Völker in Israels Nachbarschaft.

Als David sich darüber Gedanken macht, wie Gott denn unter seinem Volk wohnt, lässt Gott ihm sagen, dass er jetzt kein beeindruckendes Heiligtum gebaut haben will. Stattdessen schließt er mit David einen Bund: Einer seiner Nachkommen soll immer König sein. Zwar ist politisches Gedeihen weiterhin von Gehorsam und Treue Gott gegenüber abhängig, aber Gott wird seine Dynastie nicht wie die Sauls verwerfen. David ist zutiefst berührt.

Auf der Höhe seines Lebens, als David alle außenpolitischen Ziele erreicht und Gottes Treuezusage weit über seine Generation hinaus empfangen hatte, begeht er Ehebruch und einen Mord. Das daraufhin angekündigte Gericht Gottes nimmt augenblicklich seinen Lauf. Später verfehlt er Gottes Willen, indem er eigenmächtig eine Volkszählung durchführt. Dennoch hält David an Gott fest, und Gott steht zu seinem Bund.

Die folgende von den Herrschern geprägte Geschichte Israels erzählen die Bücher der Könige.

Wichtige Personen

David	aus dem Stamm Juda, zunächst König von Juda, später von ganz Israel
Joab	Heerführer unter David
Isch-Boschet	Sohn Sauls, König von Israel (außer Juda)
Abner	Heerführer unter Isch-Boschet
Mefi-Boschet	Sohn von Sauls Sohn Jonatan
Ziba	Mefi-Boschets Verwalter
Abinadab und Obed-Edom	Gastgeber für die Lade Gottes
Nathan und Gad	Propheten
Uria	Hetiter, berühmter Krieger Davids
Batseba	Urias Frau, dann Frau Davids
Amnon	Sohn Davids und Ahinoams
Absalom	Sohn Davids und Maachas, kurze Zeit König von Israel
Tamar	Tochter Davids und Maachas
Salomo/Jedidja	Sohn Davids und Batsebas
Zadok und Abjatar	Priester
Ahimaaz und Jonatan	Söhne der Priester Zadok bzw. Abjatar
Ahitofel und Huschai	königliche Ratgeber
Arauna	jebusitischer Einwohner Jerusalems, dessen Tenne David kauft, um dort einen Altar zu bauen

Wichtige Orte

Hebron	erste Residenz König Davids
Jerusalem	spätere Residenz König Davids; Ort, an den die Lade Gottes gebracht wird
Baala/Kirjat-Jearim	Ort, an dem die Lade Gottes war
Rabba	Hauptstadt der Ammoniter, östlich von Israel
Mahanajim	Ort in Israel östlich des Jordan, Residenzort Isch-Boschets; später Ort, an den David flieht

1. & 2. SAMUEL

1–8	Samuel, Richter und Prophet
9–15	Saul, der erste König – Aufstieg und Fall
16–31	Saul und David
1–10	König David
11–12	Davids Krise
13–20	Absaloms Aufstand, seine Vor- und Nachgeschichte
21–24	Davids letzte Jahre

1–2
David erfährt vom Tod Sauls und Jonatans. David wird König über Juda in Hebron. Juda und Israel bekämpfen sich.

[Zeit der Könige und Propheten]

S Südreich Juda   N Nordreich Israel

Das zweite Buch Samuel

David erfährt von Sauls Tod

1 Nach Sauls Tod war David gerade von seinem Sieg über die Amalekiter zurückgekehrt und hatte zwei Tage in Ziklag verbracht. ²Am dritten Tag traf ein Mann aus Sauls Heer ein. Er hatte seine Kleider zerrissen und sich Erde auf den Kopf gestreut. Er warf sich vor David zu Boden, um ihm die Ehre zu erweisen.

³»Woher kommst du?«, fragte David ihn.
»Ich bin aus dem Lager der Israeliten geflohen«, antwortete der Mann.
⁴»Was ist geschehen?«, wollte David wissen. »Berichte mir!«
Der Mann antwortete: »Unser gesamtes Heer ist geflohen. Viele Männer sind tot oder verwundet und auch Saul und sein Sohn Jonatan wurden getötet.«
⁵»Woher weißt du, dass Saul und Jonatan tot sind?«, fragte David den jungen Mann, der ihm die Nachricht überbrachte.
⁶Der junge Mann antwortete: »Ich war zufällig auf dem Gebirge Gilboa. Ich sah, wie Saul sich auf seinen Speer lehnte und wie er von feindlichen Streitwagen schon fast eingeholt war. ⁷Als er sich umwandte und mich sah, rief er mir zu sich. ›Hier bin ich‹, sagte ich. ⁸Und er sagte zu mir: ›Wer bist du?‹ Ich antwortete: ›Ich bin ein Amalekiter.‹ ⁹Da bat er mich: ›Komm herüber zu mir und töte mich, denn ich liege schon im Sterben, bin aber noch bei vollem Bewusstsein.‹
¹⁰Da ging ich zu ihm und tötete ihn, denn ich wusste, dass er nicht überleben würde. Dann nahm ich seine Krone und die Armspange, um sie dir, meinem Herrn, zu bringen.«
¹¹Da zerrissen David und seine Männer ihre Kleider. ¹²Sie klagten und weinten und fasteten bis zum Abend um Saul und seinen Sohn Jonatan und um das Heer des Herrn und die Männer Israels, weil so viele in der Schlacht umgekommen waren. ¹³Dann fragte David den jungen Mann, der ihm die Nachricht überbracht hatte: »Woher kommst du?«
Dieser antwortete: »Ich bin der Sohn eines Fremden, eines Amalekiters, der in deinem Land lebt.«
¹⁴»Hattest du denn keine Scheu, den Gesalbten des Herrn zu töten?«, fragte David. ¹⁵Dann sagte er zu einem seiner Männer: »Töte ihn!«

Und dieser schlug ihn nieder, sodass er starb. ¹⁶»Dafür sollst du büßen*. Du hast dich selbst zum Tod verurteilt«, sagte David, »als du gestanden hast: ›Ich habe den Gesalbten des HERRN getötet.‹«

Davids Lied für Saul und Jonatan

¹⁷Danach stimmte David ein Klagelied über Saul und seinen Sohn Jonatan an ¹⁸und befahl, die Männer von Juda dieses Lied zu lehren. Das ›Lied des Bogens‹ ist im Buch von Jaschar* aufgezeichnet.
¹⁹»Dein Stolz, Israel, liegt tot auf deinen Bergen!
Die Helden sind gefallen!
²⁰Verkündet die Nachricht nicht in Gat,
lasst sie nicht hören in den Straßen von Aschkelon.
Sonst freuen sich die Töchter der Philister, sonst triumphieren die Töchter der Unbeschnittenen.
²¹Ihr Berge von Gilboa,
kein Tau und kein Regen soll auf euch fallen,
keine Frucht, nicht einmal die für die Opfergabe, soll auf euren Äckern wachsen.
Denn der Schild der Helden wurde beschmutzt;
der Schild Sauls ist nicht länger mit Öl gesalbt.
²²Die Pfeile von Jonatans Bogen verfehlten nie ihr Ziel,
sondern durchbohrten seine Feinde und töteten die Helden.
Und auch Saul kam mit seinem Schwert nie erfolglos zurück.
²³Geliebt und geehrt waren Saul und Jonatan.
Sie blieben zusammen im Leben und im Tod.
Sie waren schneller als Adler;
sie waren stärker als Löwen.
²⁴Ihr Frauen von Israel, weint um Saul,
denn er hat euch in vornehme Kleider aus Purpur gehüllt
und sie mit Goldschmuck verziert.
²⁵Die Helden sind im Kampf gefallen!
Jonatan liegt tot auf deinen Bergen.
²⁶Ich weine um dich, mein Bruder Jonatan!
Wie habe ich dich geliebt.
Und wie glücklich machte mich deine Liebe,
glücklicher als die Liebe der Frauen.
²⁷Die Helden sind gefallen!
Die tapfersten Krieger haben wir verloren.«

David wird zum König von Juda gesalbt

2 Danach fragte David den HERRN: »Soll ich in eine der Städte Judas zurückgehen?«
Und der HERR antwortete: »Ja.«
Daraufhin fragte David: »Wohin soll ich gehen?«
Und der HERR antwortete: »Nach Hebron.«
²So zog David nach Hebron. Seine beiden Frauen, Ahinoam aus Jesreel und Abigajil, die Witwe Nabals aus Karmel, kamen mit ihm. ³Auch seine Männer, die bei ihm waren, zogen zusammen mit ihren Familien mit, und ließen sich in der Nähe der Stadt Hebron nieder. ⁴Die Männer von Juda kamen zu David und salbten ihn zum König über den Stamm Juda.
Als David berichtet wurde, dass die Einwohner von Jabesch im Gebiet von Gilead Saul begraben hatten, ⁵ließ er ihnen durch Boten ausrichten: »Der HERR segne euch für eure Liebe zu eurem Herrn, dafür, dass ihr ihn begraben habt. ⁶Der HERR erweise euch Liebe und Treue! Und auch ich will euch belohnen für das, was ihr getan habt. ⁷Nun seid starke und mutige Männer! Denn Saul, euer Herr, ist tot, aber das Volk Juda hat mich zu seinem neuen König gesalbt.«

Isch-Boschet wird König über Israel

⁸Doch Abner, der Sohn Ners, der Heerführer Sauls, hatte bereits Sauls Sohn Isch-Boschet* nach Mahanajim gebracht. ⁹Dort ließ er ihn zum König über Gilead, Asser, Jesreel, Ephraim, Benjamin und das restliche Israel ausrufen. ¹⁰Isch-Boschet, der Sohn Sauls, war 40 Jahre alt, als er König über Israel wurde. Er regierte zwei Jahre lang. Der Stamm Juda hingegen hielt zu David. ¹¹David herrschte siebeneinhalb Jahre lang in Hebron als König über den Stamm Juda.

Krieg zwischen Israel und Juda

¹²Abner führte die Männer Isch-Boschets, des Sohnes Sauls, von Mahanajim nach Gibeon. ¹³Etwa um die gleiche Zeit rückte Joab, der Sohn der Zeruja, mit Davids Truppen aus. Beim Teich von Gibeon trafen sie aufeinander. Dort schlugen die beiden Heere einander gegenüber, jeweils auf einer Seite des Teiches, ihr Lager auf. ¹⁴Abner sagte zu Joab: »Lass uns ein paar junge Krieger auswählen, die vor uns in einem Kampfspiel gegeneinander antreten.«
»Gut«, stimmte Joab zu. ¹⁵Jede Seite wählte ihre Männer aus: zwölf aus dem Stamm Benjamin für Isch-Boschet, den Sohn Sauls, und zwölf für David. ¹⁶Jeder der Männer packte seinen Gegner an den Haaren und stieß ihm sein Schwert in die Seite, sodass alle starben. Seither nannte man diese Stelle bei Gibeon Helkat-Hazzurim*. ¹⁷Danach stürzten sich die beiden Heere

---

1,16 Hebr. *dein Blut über dein Haupt.*   1,18 O. *Buch des Aufrechten.*   2,8 Auch unter dem Namen *Eschbaal* bekannt.
2,16 Das bedeutet übersetzt *Feld der Schwerter.*

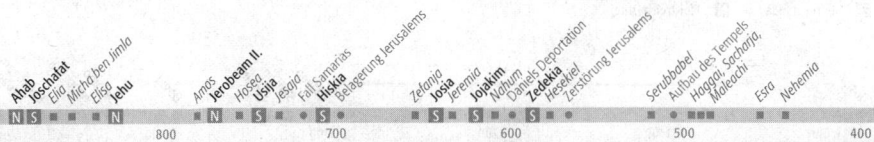

1. & 2. SAMUEL

1–8	Samuel, Richter und Prophet
9–15	Saul, der erste König – Aufstieg und Fall
16–31	Saul und David
1–10	König David
11–12	Davids Krise
13–20	Absaloms Aufstand, seine Vor- und Nachgeschichte
21–24	Davids letzte Jahre

2–3
Anhaltende Kämpfe zwischen den Anhängern Sauls und Davids. David und Abner schließen einen Bund, David zum König über Israel zu machen. Joab jagt Abner nach.

[Zeit der Könige und Propheten]

S Südreich Juda   N Nordreich Israel

in einen erbitterten Kampf. Abner und die Männer Israels wurden aber von den Truppen Davids geschlagen.

Asaëls Tod
[18]Joab, Abischai und Asaël, die drei Söhne der Zeruja, befanden sich an jenem Tag im Heer Davids. Asaël, der so schnell laufen konnte wie eine Gazelle, [19]jagte Abner nach, nur darauf bedacht, ihn einzuholen. [20]Da blickte sich Abner um und rief: »Bist du es, Asaël?«

»Ja, ich bin es«, antwortete dieser.

[21]»Kämpf mit jemand anderem!«, warnte ihn Abner. »Nimm dir einen der jüngeren Männer vor und entwaffne ihn.« Aber Asaël weigerte sich und jagte weiter hinter Abner her.

[22]Wieder rief Abner: »Scher dich weg! Wenn ich dich töten muss, kann ich deinem Bruder Joab nie mehr in die Augen sehen.« [23]Aber Asaël wollte nicht aufgeben. Da stieß Abner ihm das stumpfe Ende seines Speeres in den Bauch, sodass es am Rücken wieder herauskam. Asaël sank zu Boden und starb. Und jeder, der an die Stelle kam und Asaël dort tot liegen sah, blieb stehen.

[24]Joab und Abischai aber setzten Abner nach. Die Sonne ging gerade unter, als sie zum Hügel Amma kamen, der bei Giach an der Straße in die Wüste von Gibeon liegt. [25]Die Männer vom Stamm Benjamin sammelten sich um Abner und nahmen oben auf dem Hügel Aufstellung. [26]Abner rief zu Joab hinunter: »Soll denn das Morden ewig weitergehen? Weißt du denn nicht, dass wir dadurch immer erbittertere Gegner werden? Wann befiehlst du deinen Männern, ihre Brüder nicht weiter zu verfolgen?«

[27]Da sagte Joab: »So wahr Gott lebt, wenn du nicht geredet hättest, hätten sie ihre Brüder noch bis morgen früh verfolgt.« [28]Und er blies das Horn und seine Männer gaben die Verfolgung der Truppen Israels auf und stellten den Kampf ein.

[29]Die ganze Nacht lang marschierten Abner und seine Männer durch die Jordanebene*. Sie setzten über den Jordan, durchquerten das ganze Tal Bitron und kamen wieder in Mahanajim an.

[30]Als Joab die Verfolgung Abners aufgegeben hatte, sammelte er seine ganze Truppe um sich und stellte fest, dass außer Asaël nur 19 Männer fehlten. [31]Die Leute Davids hingegen hatten aus dem Stamm Benjamin und von Abners Kriegern 360 Mann getötet. [32]Joab und seine Männer brachten Asaëls Leichnam nach Bethlehem und begruben ihn dort neben seinem Vater. Dann

2,29 Hebr. *die Araba.*

marschierten sie die Nacht durch und gelangten bei Tagesanbruch nach Hebron.

3 Das war der Anfang eines langen Krieges zwischen den Anhängern Sauls und den Anhängern Davids. Mit der Zeit wurde David immer mächtiger, während das Königshaus Sauls immer schwächer wurde.

Die Söhne Davids in Hebron
1. Chronik 3,1-4
²Dies waren die Söhne, die David in Hebron geboren wurden: Der älteste war Amnon, seine Mutter war Ahinoam aus Jesreel. ³Der zweite war Kilab, seine Mutter war Abigajil, die Witwe Nabals aus Karmel. Der dritte war Absalom, seine Mutter war Maacha, die Tochter von Talmai, dem König von Geschur. ⁴Der vierte war Adonija, seine Mutter war Haggit. Der fünfte war Schefatja, seine Mutter war Abital. ⁵Der sechste war Jitream, seine Mutter war Davids Frau Egla. Alle diese Söhne wurden David in Hebron geboren.

Abner läuft zu David über
⁶Der Krieg zwischen den Anhängern Sauls und den Anhängern Davids ging weiter. Abner wurde zum mächtigen Anführer derer, die dem Königshaus Sauls treu geblieben waren. ⁷Nun hatte Saul eine Nebenfrau gehabt namens Rizpa, eine Tochter Ajas. Eines Tages beschuldigte Isch-Boschet Abner: »Warum hast du mit der Nebenfrau meines Vaters geschlafen?« ⁸Über diese Frage Isch-Boschets wurde Abner sehr zornig. »Bin ich vielleicht ein judäischer Hund?«, schrie er. »Dies nach allem, was ich bis heute für die Familie deines Vaters Saul, seine Verwandten und Freunde getan habe. Ich habe dich davor bewahrt, dass du David in die Hände fällst, und du beschimpfst mich wegen dieser Frau? ⁹Gott soll mich strafen, wenn ich David nicht helfe, alles zu bekommen, was der HERR ihm zugesagt hat! ¹⁰Deshalb werde ich David Sauls Königreich übergeben und ihn zum König über Israel und Juda von Dan bis Beerscheba machen.« ¹¹Isch-Boschet wagte aus Angst vor Abner kein Wort mehr zu sagen.

¹²Daraufhin schickte Abner Boten zu David und ließ ihm sagen: »Wem gehört das Land? Lass uns einen Bund schließen, und ich will dir dazu verhelfen, dass sich dir ganz Israel zuwendet.«

¹³»Gut«, antwortete David, »ich schließe einen Bund mit dir, aber unter einer Bedingung: Ich verhandle nicht mit dir, wenn du mir nicht meine Frau Michal, Sauls Tochter, mitbringst.«

¹⁴Zugleich schickte David Boten zu Isch-Boschet, dem Sohn Sauls, und ließ ihm ausrichten: »Gib mir meine Frau Michal zurück, denn ich habe sie mit dem Leben von 100 Philistern erkauft.« ¹⁵Da ließ Isch-Boschet Michal von ihrem Ehemann Paltiël*, dem Sohn Lajischs, wegholen. ¹⁶Paltiël folgte ihr weinend bis nach Bahurim, dann sagte Abner zu ihm: »Geh nach Hause!« Da erst kehrte Paltiël um.

¹⁷In der Zwischenzeit hatte Abner sich mit den Ältesten Israels beraten und zu ihnen gesagt: »Schon seit einiger Zeit wolltet ihr David zu eurem König machen. ¹⁸Jetzt ist der richtige Zeitpunkt zum Handeln gekommen! Denn der HERR hat über ihn gesagt: ›Ich habe meinen Diener David dazu erwählt, mein Volk vor den Philistern und allen seinen anderen Feinden zu retten.‹« ¹⁹Er sprach auch mit den Ältesten des Stammes Benjamin. Dann ging er nach Hebron, um David mitzuteilen, was Israel und der ganze Stamm Benjamin beschlossen hatten.

²⁰Als Abner zusammen mit 20 Männern nach Hebron kam, gab David für sie ein Festmahl. ²¹Da sagte Abner zu David: »Lass mich gehen und das Volk Israel an deine Seite rufen. Es wird einen Bund mit dir schließen und du wirst über das ganze Land König sein, wie du es ersehnt hast.« Da entließ David Abner und er machte sich unbehelligt auf den Weg.

Joab ermordet Abner
²²Kurz darauf kehrte Joab mit Davids Männern von einem Streifzug zurück. Sie hatten reiche Beute gemacht. Abner befand sich zu diesem Zeitpunkt nicht mehr bei David in Hebron; dieser hatte ihn verabschiedet und er war unbehelligt fortgegangen. ²³Als nun Joab mit dem ganzen Heer, das bei ihm war, ankam, berichtete man ihm: »Abner, der Sohn Ners, ist zum König gekommen und der hat ihn unbehelligt wieder ziehen lassen.« ²⁴Da eilte Joab zum König. »Was hast du getan?«, fragte er. »Abner ist zu dir gekommen und du hast ihn einfach wieder gehen lassen? ²⁵Du kennst doch Abner, Ners Sohn, und weißt genau, dass er nur gekommen ist, um dich zu betrügen. Er will dich ausspionieren und deine Pläne in Erfahrung bringen!«

²⁶Dann verließ Joab David und schickte Boten hinter Abner her. Sie holten ihn bei der Zisterne von Sira ein und brachten ihn zurück. Von all dem wusste David nichts. ²⁷In Hebron nahm Joab Abner gleich am Stadttor beiseite, als wolle er etwas Vertrauliches mit ihm besprechen.

3,15 So im Hebr.; dies ist eine Variante des Namens *Palti* (s. 1. Samuel 25,44).

1. & 2. SAMUEL

1–8	Samuel, Richter und Prophet
9–15	Saul, der erste König – Aufstieg und Fall
16–31	Saul und David

1–10	König David
11–12	Davids Krise
13–20	Absaloms Aufstand, seine Vor- und Nachgeschichte
21–24	Davids letzte Jahre

3–5
David trauert um den ermordeten Abner. König Isch-Boschet wird ermordet. David wird König über ganz Israel. Einnahme Jerusalems und Bau des Palastes.

[Zeit der Könige und Propheten]

S Südreich Juda **N** Nordreich Israel

Doch dort stieß er Abner einen Dolch in den Bauch, sodass er starb. Joab tötete Abner aus Rache, weil dieser seinen Bruder Asaël getötet hatte. [28]Als David davon erfuhr, sagte er: »Ich schwöre beim HERRN, dass mich und mein Königtum keine Schuld trifft an diesem Verbrechen gegen Abner, den Sohn Ners. [29]Joab und seine Familie tragen dafür die Verantwortung. So soll es unter seinen Nachkommen immer welche geben, die offene Geschwüre oder Aussatz* haben, an Krücken gehen, durch das Schwert sterben oder um Nahrung betteln!«

[30]So töteten Joab und sein Bruder Abischai Abner, weil Abner in der Schlacht bei Gibeon ihren Bruder Asaël umgebracht hatte.

David trauert um Abner

[31]David sagte zu Joab und den anderen, die bei ihm waren: »Zerreißt eure Kleider, zieht das Trauergewand an und haltet die Totenklage um Abner.« Und König David selbst ging hinter der Bahre her. [32]Sie begruben Abner in Hebron, und der König und das ganze Volk weinten an seinem Grab. [33]Dann sang der König dieses Klagelied für Abner:

»Musste Abner sterben, wie ein Gottloser stirbt?
[34]Deine Hände waren nicht gebunden,
deine Füße nicht in Ketten gelegt.
Nein, du wurdest ermordet,
bist Verbrechern in die Hände gefallen.«

Und wieder weinte das ganze Volk um Abner. [35]Später baten die Leute David, doch etwas zu essen. Aber David schwor: »Gott soll mich strafen, wenn ich vor Sonnenuntergang etwas esse.« [36]Das machte beim Volk großen Eindruck. Es gefiel ihnen, wie überhaupt alles, was der König tat. [37]Und so wusste jedermann in ganz Israel, dass David keine Schuld an Abners Tod traf.

[38]Dann sagte der König zu seinen Dienern: »Wisst ihr denn nicht, dass heute in Israel ein großer und bedeutender Mann gefallen ist? [39]Und obwohl ich zum König gesalbt bin, bin ich noch zu schwach und diese beiden Söhne der Zeruja, Joab und Abischai, sind zu stark für mich. Deshalb soll der HERR diese Männer für ihre bösen Taten bestrafen.«

3,29 O. *eine ansteckende Hautkrankheit*. Der hier gebrauchte hebr. Begriff kann für verschiedene Hautkrankheiten stehen.

Der Mord an Isch-Boschet

4 Als Isch-Boschet, der Sohn Sauls, hörte, dass Abner in Hebron getötet worden war, verlor er allen Mut und alle in Israel waren bestürzt. ²Unter Isch-Boschet dienten als Hauptleute zwei Brüder, Baana und Rechab. Sie waren Söhne Rimmons, der zum Stamm Benjamin gehörte und kamen aus Beerot. Die Stadt Beerot zählt auch zum Gebiet von Benjamin, ³weil ihre früheren Bewohner nach Gittajim flohen, wo sie noch immer als Fremde leben.

⁴Sauls Sohn Jonatan hatte einen Sohn namens Mefi-Boschet*, der an beiden Beinen gelähmt war. Er war fünf Jahre alt, als die Nachricht vom Tod Sauls und Jonatans aus Jesreel eintraf; da nahm die Amme das Kind und floh. Doch in der Eile stürzte sie und ließ ihn fallen und seitdem war er gelähmt.

⁵Eines Tages gingen Rechab und Baana, die Söhne des Rimmon aus Beerot, um die Mittagszeit zum Haus von Isch-Boschet, während dieser seinen Mittagsschlaf hielt. ⁶Die Türhüterin, die Weizen gesiebt hatte, war müde geworden und ebenfalls eingeschlafen. So konnten sich die beiden Brüder ins Haus einschleichen.* ⁷Sie gelangten bis ins Schlafzimmer von Isch-Boschet, der dort auf seinem Bett lag, töteten ihn und schlugen ihm den Kopf ab. Den nahmen sie mit und liefen die ganze Nacht durch die Jordanebene*. ⁸Dann kamen sie nach Hebron und zeigten David den Kopf. »Sieh!«, riefen sie. »Das ist der Kopf von Isch-Boschet, dem Sohn deines Feindes Saul, der dich töten wollte. Heute hat der HERR dich an Saul und seiner ganzen Familie gerächt!« ⁹Aber David sagte zu Rechab und Baana, den Söhnen Rimmons aus Beerot: »So wahr der HERR lebt, der mich aus jeder Gefahr gerettet hat: ¹⁰Einst überbrachte mir jemand die Nachricht von Sauls Tod und er hielt sich für einen Freudenboten. Doch ich ließ ihn ergreifen und in Ziklag töten. Das war der Lohn, den er für seine Nachricht erhielt! ¹¹Welchen Lohn soll ich da gottlosen Männern geben, die einen unschuldigen Mann in seinem eigenen Haus, ja in seinem Bett, getötet haben? Sollte ich dafür nicht euer Leben fordern und euch töten lassen?« ¹²David beauftragte seine Diener; die töteten sie, schlugen ihnen die Hände und Füße ab und hängten ihre Leichen am Teich von Hebron auf; den Kopf Isch-Boschets nahmen sie und begruben ihn in Abners Grab in Hebron.

David wird König über ganz Israel
1. Chronik 11,1-3; 12,24-41

5 Danach zogen alle Stämme Israels nach Hebron zu David und sagten: »Wir alle gehören zu deinem Volk. ²Schon lange, selbst als Saul noch unser König war, hast du das Heer Israels im Kampf angeführt. Und der HERR hat dir zugesagt: ›Du wirst wie ein Hirte mein Volk Israel führen und wirst der Anführer Israels sein.‹« ³Und so schloss König David bei Hebron vor dem HERRN einen Bund mit den Ältesten Israels. Und sie salbten ihn zum König über Israel.

⁴David war 30 Jahre alt, als er König wurde. Er herrschte insgesamt 40 Jahre lang: ⁵sieben Jahre und sechs Monate in Hebron als König über Juda und 33 Jahre in Jerusalem als König über ganz Israel und Juda.

David erobert Jerusalem
1. Chronik 11,4-9; 14,1-7; 3,5-9

⁶Danach führte der König seine Truppen nach Jerusalem, um gegen dessen Einwohner, die Jebusiter, zu kämpfen. »Hier werdet ihr nie hereinkommen«, höhnten die Jebusiter. »Selbst Blinde und Lahme könnten euch abwehren!« Sie hielten sich für sicher. ⁷Doch David eroberte die Festung Zion, die heutige Stadt Davids.

⁸An diesem Tag sagte David: »Kriecht durch den Wassertunnel in die Stadt hinauf und bringt diese Jebusiter um, die mir so verhasst sind, auch die Lahmen und Blinden.« Daher kommt das Sprichwort: »Blinde und Lahme dürfen das Haus nicht betreten.« ⁹David machte die Festung zu seinem Wohnsitz und nannte sie Stadt Davids. Er baute weitere Befestigungen rund um die Stadt, vom Millo* ausgehend stadteinwärts. ¹⁰Und David wurde immer mächtiger, weil der HERR, der Allmächtige, mit ihm war.

¹¹Hiram, der König von Tyrus, schickte Boten zu David. Sie kamen zusammen mit Zimmerleuten und Steinmetzen, die ihm einen Palast bauen sollten. Hiram schickte außerdem Zedernstämme als Bauholz. ¹²Daran erkannte David, dass der HERR ihn als König über Israel bestätigt und sein Königtum seinem Volk Israel zuliebe groß gemacht hatte.

¹³Nachdem David von Hebron nach Jerusalem gezogen war, nahm er sich noch weitere Frauen und Nebenfrauen und bekam noch viele Söhne und Töchter. ¹⁴Das sind die Namen von Davids Söhnen, die in Jerusalem geboren wurden:

4,4 Auch bekannt unter dem Namen *Merib-Baal* (s. 1. Chronik 9,40). **4,6** So die griech. Version; die Hebr. lautet: *Sie gingen eigenständig in die Mitte des Hauses, um Weizen zu nehmen, und sie schlugen ihn in den Bauch. Dann flohen Rechab und Baana.* Vermutlich ist die hebr. Version eine Verdoppelung von V. 7. **4,7** Hebr. *die Araba*. **5,9** D.h. *Aufschüttung, Wall*. »Millo« nannte man einen Teil der Befestigungsanlage der Stadt.

1. & 2. SAMUEL

1–8	Samuel, Richter und Prophet
9–15	Saul, der erste König – Aufstieg und Fall
16–31	Saul und David

1–10	König David
11–12	Davids Krise
13–20	Absaloms Aufstand, seine Vor- und Nachgeschichte
21–24	Davids letzte Jahre

5–7
David besiegt die Philister. Die Bundeslade wird in ein Zelt in Jerusalem gebracht. David soll kein Haus für Gott bauen.

[Zeit der Könige und Propheten]

Schammua, Schobab, Nathan, Salomo, ¹⁵Jibhar, Elischua, Nefeg, Jafia, ¹⁶Elischama, Eljada und Elifelet.

David besiegt die Philister
1. Chronik 14,8-17

¹⁷Als die Philister hörten, dass David zum König über Israel gesalbt worden war, kamen sie mit ihrem ganzen Heer, um ihn in ihre Gewalt zu bringen. Aber David erfuhr davon und zog sich in die Festung zurück. ¹⁸Die Philister kamen und schlugen ihr Lager im Tal Refaïm auf. ¹⁹Da fragte David den HERRN: »Soll ich hinausgehen und mit den Philistern kämpfen? Wirst du sie in meine Hand geben?«

Und der HERR antwortete: »Ja, geh hinaus. Ich sorge dafür, dass du sie besiegen wirst.«

²⁰Da zog David nach Baal-Perazim und besiegte die Philister. »Der HERR hat es getan!«, rief David. »Er brauste durch meine Feinde hindurch wie eine wütende Flut!« Und er nannte den Ort Baal-Perazim*. ²¹Die Philister hatten ihre Götzen dort zurückgelassen und David und seine Männer nahmen sie mit.

²²Doch schon bald darauf kehrten die Philister zurück und schlugen ihr Lager wieder im Tal Refaïm auf. ²³Und auch diesmal befragte David den HERRN. »Greif sie nicht von vorn an«, antwortete der HERR, »sondern umgehe sie und falle ihnen beim Bakawald in den Rücken. ²⁴Sobald du in den Wipfeln der Bakabäume ein Geräusch hörst, das wie Schritte klingt, dann greif an! Das wird das Zeichen sein, dass der HERR vor dir hergezogen ist, um das Heer der Philister zu schlagen.« ²⁵David tat, was der HERR ihm befohlen hatte, und besiegte die Philister von Gibeon* bis nach Geser.

Die Bundeslade wird nach Jerusalem gebracht
1. Chronik 13; 15; 16

6 Daraufhin rief David erneut alle besonders bewährten Männer Israels zusammen; es waren 30.000 Mann. ²Er führte sie nach Baala im Gebiet von Juda*. Sie sollten die Lade Gottes holen, die den Namen des HERRN, des Allmächtigen, trägt, der über den Cherubim thront. ³Sie stellten die Lade auf einen neuen Wagen, nachdem sie sie aus dem Haus Abinadabs geholt hatten, das auf einer Anhöhe stand. Usa und Achjo,

---

5,20 D.h. *der Herr, der hindurchbraust.* **5,25** So in der griech. Version; im Hebr. steht *Geba.* **6,2** *Baala im Gebiet von Juda* ist vermutlich eine Namensvariante von Kirjat-Jearim (s. 1.Chronik 13,6).

die Söhne Abinadabs, lenkten den Wagen, ⁴auf dem sich die Lade Gottes befand; Achjo ging vor ihr her.* ⁵David und das ganze Volk Israel tanzten begeistert vor dem HERRN; sie sangen* und spielten auf Zithern, Harfen, Tamburinen, Rasseln und Zimbeln.

⁶Doch als sie zur Tenne von Nachon kamen, stolperten die Rinder und Usa streckte die Hand aus, um die Lade Gottes festzuhalten. ⁷Da wurde der HERR zornig auf Usa, weil er das getan hatte, und Gott tötete ihn, sodass er dort neben der Lade des HERRN starb. ⁸David war empört, dass der HERR Usa so aus dem Leben gerissen hatte. Er nannte den Ort Perez-Usa*. Diesen Namen trägt er noch heute.

⁹David bekam an jenem Tag Angst vor dem HERRN und er fragte sich: »Wie soll die Lade des HERRN jemals zu mir kommen?« ¹⁰Und er beschloss, die Lade des HERRN nicht in die Stadt Davids zu bringen. Er brachte sie stattdessen in das Haus von Obed-Edom aus Gat. ¹¹Die Lade des HERRN blieb drei Monate bei der Familie von Obed-Edom und der HERR segnete ihn und sein ganzes Haus.

¹²Dann erfuhr König David: »Der HERR hat Obed-Edoms Haus und alles, was er besitzt, wegen der Lade Gottes gesegnet.« Da ging er zum Haus Obed-Edoms, um die Lade in einem festlichen Zug in die Stadt Davids zu holen. ¹³Als die Träger der Lade des HERRN sechs Schritte gegangen waren, blieben sie stehen und David opferte ein Rind und ein Mastkalb. ¹⁴Und David tanzte begeistert vor der Lade und trug dabei nur einen leinenen Priesterschurz. ¹⁵So brachten David und alle Israeliten die Lade des HERRN unter großem Jubel und dem Schall der Hörner nach Jerusalem.

Michal verachtet David
1. Chronik 16,1-3

¹⁶Doch als die Lade des HERRN in die Stadt Davids getragen wurde, schaute Michal, die Tochter Sauls, aus dem Fenster. Sie sah, wie König David vor dem HERRN hüpfte und tanzte, und verachtete ihn dafür.

¹⁷Die Lade des HERRN wurde in das Zelt gebracht, das David eigens für sie hatte errichten lassen und an den vorgesehenen Platz in der Mitte gestellt. David brachte dem HERRN Brand- und Friedensopfer dar. ¹⁸Danach segnete er das Volk im Namen des HERRN, des Allmächtigen. ¹⁹Und er verteilte Geschenke an alle Israeliten, an jeden Mann und jede Frau: einen Laib Brot, einen Dattelkuchen* und einen Rosinenkuchen. Danach machten sich alle auf den Weg nach Hause.

²⁰Als David nach Hause zurückkehrte, um seine Familie zu begrüßen, kam Michal, die Tochter Sauls, ihm entgegen und sagte: »Wie würdevoll der König von Israel heute aussah! Er hat sich vor den Mägden seiner Untertanen entblößt, wie es nur einer tut, der keine Scham kennt!«

²¹Doch David gab Michal zurück: »Ich habe vor dem HERRN getanzt, der mich vor deinem Vater und seinen Nachkommen erwählt hat. Der HERR hat mich zum Anführer seines Volkes Israel gemacht. Ja, vor ihm will ich auch künftig tanzen. ²²Und ich bin sogar bereit, mich noch tiefer zu erniedrigen als diesmal und demütig von mir zu denken; aber bei den Mägden, von denen du gesprochen hast, werde ich an Ansehen gewinnen.« ²³Michal aber, die Tochter Sauls, blieb ihr Leben lang kinderlos.

Die Zusage des HERRN für David
1. Chronik 17,1-14; 22,7-10; 28,2-7

7 Als der König in seinem Palast wohnte und der HERR dem Land Frieden geschenkt hatte, ²ließ der König den Propheten Nathan rufen. »Sieh doch«, sagte er, »ich lebe hier in diesem herrlichen Palast aus Zedern und die Lade Gottes steht in einem Zelt.«

³Nathan antwortete: »Fang an und verwirkliche, was du vorhast, denn der HERR ist mit dir!«

⁴Doch noch in derselben Nacht sprach der HERR zu Nathan: ⁵»Geh zu meinem Diener David und sag ihm: ›So spricht der HERR: Glaubst du, dass du mir ein Haus bauen sollst, in dem ich wohne? ⁶Seit dem Tag, an dem ich die Israeliten aus Ägypten herausgeführt habe, habe ich noch nie in einem Tempel gewohnt. Bis heute ist meine Wohnung immer ein Zelt gewesen, mit dem ich umhergezogen bin. ⁷Und ich habe mich nie bei den führenden Männern Israels, den Hirten meines Volkes Israel, darüber beklagt. Ich habe sie nie gefragt: »Warum habt ihr mir kein Haus aus Zedern gebaut?«‹

⁸Darum sollst du jetzt meinem Diener David ausrichten: ›So spricht der HERR, der Allmächtige: Ich habe dich zum Herrscher über mein Volk Israel gemacht, als du noch draußen auf dem Feld die Schafe gehütet hast. ⁹Ich bin mit dir gewesen, was immer du unternommen hast, und habe alle deine Feinde vernichtet. Und ich habe

---

6,4 Im Hebr. steht *So fuhren sie ihn vom Haus Abinadabs, das auf dem Hügel stand, weg mit der Lade Gottes, während Achjo vor der Lade herging*. Der erste Abschnitt ist vermutlich eine sekundäre Verdoppelung von V. 3.   **6,5** So in der griech. Version (s. auch 1. Chronik 13,8); im Hebr. steht *mit Zypressenhölzern*.   **6,8** D.h. *Entreißung Usas*.   **6,19** Die Bedeutung des Hebr. ist unklar.

1. & 2. SAMUEL

1–8	Samuel, Richter und Prophet
9–15	Saul, der erste König – Aufstieg und Fall
16–31	Saul und David
1–10	König David
11–12	Davids Krise
13–20	Absaloms Aufstand, seine Vor- und Nachgeschichte
21–24	Davids letzte Jahre

7–8
Verheißung, dass jemand von Davids Nachkommen für immer als König herrschen wird. David festigt seine Herrschaft durch Unterwerfung der Nachbarvölker.

[Zeit der Könige und Propheten]

deinen Namen berühmt gemacht; er gehört zu den Namen der Großen auf Erden. ¹⁰Meinem Volk Israel werde ich eine Heimat geben, einen sicheren Ort, an dem ihm nichts geschieht. Es wird sein Land sein, in dem feindliche Völker es nicht mehr unterdrücken dürfen, wie es bisher der Fall war, ¹¹seit der Zeit, in der ich Richter

2. Samuel 7,11-16

Bundesschlüsse

In der Zeit der Könige und Propheten ist das Verhältnis zu Gott vom Sinaibund bestimmt. Doch Gott fügt hier einen weiteren Bund hinzu: den mit König David und dessen Nachkommenschaft. Er wirkt sich auf das ganze Volk Gottes aus, aber ist auf den Herrscher konzentriert. Inhalt ist nicht das Volk als Gottes Eigentum und nicht das Land, sondern eine ungebrochene Herrschaftslinie entlang der Dynastie Davids. Israel bekommt damit die Gabe der politischen Beständigkeit und die Hoffnung, auch künftige Herrscher würden Männer nach dem Herzen Gottes (1Sam 13,14; Apg 13,22) sein.

Dieser Bund ist ein einseitig gegebener: Er wurde aus freiem Entschluss von Gott gesetzt, ohne dass der Empfänger des Bundes seinerseits zu etwas verpflichtet würde. Gott wird Verfehlung zwar ahnden, aber nicht so, dass er diesen Bund zurücknehmen würde.

Das Versprechen Gottes wird an dieser Stelle zwar nicht als Bund bezeichnet, aber später kennzeichnet die Heilige Schrift es deutlich als Bundesschluss.

(Offenbarung 11,19 ««« | »» 2. Samuel 23,5)

2. Samuel 7,14

Hinweise auf den Messias (1)

Gott verspricht David, dass seine Dynastie als Königslinie ewig Bestand haben wird. Den Thron über Israel wird immer jemand von Davids Nachkommen besetzen.

Die Zeitbestimmung »ewig« wirkt fast so, als sprenge sie die Vorstellung eines irdischen Königtums. Im Alten Orient konnte man das aber auch als Zusage einer unerschütterlichen Herrschaft verstehen. Auch die Bezeichnung des Königs als »Gottes Sohn« (im Sinne einer Adoption) kann zunächst nichts weiter als ein sehr hoher königlicher Würdetitel sein.

Allerdings ist außer Salomo, dem Nachkommen Davids, nie ein anderer jüdischer König mit diesem Titel bezeichnet worden, auch keiner von den treuen und vorbildlichen Königen wie Hiskia oder Josia. Von daher konnte man in V. 14 schnell mehr als einen irdischen König sehen. Eine messianische Spur steht zwar nicht im Vordergrund, ist aber schon angelegt. Sie wird sich im Verlauf der Geschichte verstärken, wie Psalm 89 zeigt. Das Neuen Testament greift das in Hebräer 1,5 auf.

(»» Psalm 89,39-53)

S Südreich Juda   N Nordreich Israel

ernannte, die über mein Volk herrschen sollten. Und ich will dich vor allen deinen Feinden beschützen.

Und nun kündigt der HERR dir an, dass er dir ein Haus bauen wird. ¹²Denn wenn du stirbst, werde ich einen deiner Nachkommen als deinen Nachfolger einsetzen und werde sein Königtum festigen. ¹³Er wird dann für mich, für meinen Namen, ein Haus bauen. Und ich werde seiner Herrschaft für immer Bestand geben. ¹⁴Ich will sein Vater sein und er soll mein Sohn sein. Wenn er sündigt, werde ich ihn durch andere Völker strafen. ¹⁵Aber meine Gnade will ich ihm nie entziehen, wie ich sie Saul entzogen habe, dem ich zu deinen Gunsten die Herrschaft weggenommen habe. ¹⁶Dein Haus und deine Königsherrschaft werden für alle Zeit vor mir bestehen bleiben und dein Thron wird für immer feststehen.«

¹⁷Nathan berichtete David alles, was der HERR ihm gesagt hatte.

Davids Dankgebet
1. Chronik 17,15-27

¹⁸Da ging König David hinein, setzte sich vor dem HERRN nieder und betete: »Wer bin ich, Gott, mein HERR, und was ist meine Familie, dass du mich so weit gebracht hast? ¹⁹Und jetzt, Gott, mein HERR, gibst du mir und meinen Nachkommen zu allem anderen auch noch eine Zusage, die bis in die ferne Zukunft reicht. Ist das allen Menschen bestimmt*, Gott, mein HERR? ²⁰Was kann ich noch zu dir sagen? Du kennst mich, deinen Diener, genau, Gott, mein HERR. ²¹Weil du es zugesagt hast und weil es dein Wille war, hast du all dies Große getan und es mich erkennen lassen.

²²Du bist groß, Gott, mein HERR! Keiner ist dir gleich und es gibt keinen anderen Gott. Wir haben nie auch nur von einem anderen Gott wie dir gehört. ²³Welches andere Volk auf Erden ist wie dein Volk Israel? Welches andere Volk, mein Gott, hast du aus der Sklaverei erlöst und zu deinem eigenen Volk erwählt? Du hast ihm einen Namen gemacht, als du dein Volk aus Ägypten gerettet hast. Du hast große und Furcht erregende Wunder für dein Volk vollbracht und die anderen Völker und Götter vertrieben. ²⁴Du hast Israel auf ewig zu deinem Volk gemacht, und du, HERR, bist sein Gott geworden.

²⁵Und jetzt, HERR und Gott, tu, was du mir und meiner Familie zugesagt hast und bestätige diese Zusage für alle Zeiten. ²⁶Dann wird dein Name für immer groß sein und überall wird man sagen: ›Der HERR, der Allmächtige, ist Gott über Israel!‹ Und das Königshaus deines Dieners David wird vor dir Bestand haben.

²⁷Allmächtiger HERR, Gott Israels, ich wage es, so zu dir zu beten, weil du mir offenbart hast, dass du mir ein Haus bauen willst! ²⁸Denn du bist der wahre Gott, Gott, mein HERR. Deine Worte sind Wahrheit, und du hast mir, deinem Diener, all dies Gute zugesagt. ²⁹Jetzt segne die Familie deines Dieners, damit sie für immer vor dir Bestand hat. Du selbst hast es zugesagt und wenn du deinem Diener und seiner Familie einen Segen gewährst, Gott, mein HERR, so ist es ein Segen für immer!«

Davids Siege über die Nachbarvölker
V.1-14: 1. Chronik 18,1-13; V.15-18: Kapitel 20,23-26; 1. Chronik 18,14-17; vgl. 1. Könige 4,1-6

8 Danach unterwarf und demütigte David die Philister, indem er ihrer Herrschaft ein Ende setzte*. ²Außerdem besiegte David die Moabiter. Die Gefangenen mussten sich in einer Reihe auf den Boden legen und er unterteilte sie mithilfe einer Messschnur in Gruppen. Die ersten beiden Gruppen tötete er, die dritte ließ er am Leben. Die Moabiter wurden seine Knechte und mussten ihm Tribut zahlen.

³David schlug auch Hadad-Eser, den Sohn Rehobs und König von Zoba. Er war gerade ausgezogen, um seine Stellung am Euphrat zu stärken. ⁴David nahm 1.700 Wagenlenker* und 20.000 Fußsoldaten gefangen. Die Zugpferde der Streitwagen ließ er verkrüppeln, nur 100 von ihnen blieben verschont.

⁵Als die Aramäer aus Damaskus König Hadad-Eser von Zoba zu Hilfe eilten, tötete David 22.000 von ihnen. ⁶Dann setzte er für die Aramäer in Damaskus Statthalter ein und sie wurden seine Untertanen und mussten ihm Tribut zahlen. Der HERR schenkte David den Sieg, wo er auch hinkam. ⁷David brachte die goldenen Schilde von Hadad-Esers Kriegern nach Jerusalem, ⁸dazu eine große Menge Bronze aus Tebach und Berotai, die zu den Städten Hadad-Esers gehörten.

⁹Als König Toï von Hamat hörte, dass David das ganze Heer von Hadad-Eser geschlagen hatte, ¹⁰schickte er seinen Sohn Joram zu König

---

7,19 Die Bedeutung des Hebr. ist unklar.   **8,1** Hebr. *indem er Meteg-Amma eroberte;* die Bedeutung des Hebr. ist unklar. »Meteg-Amma« bedeutet soviel wie *Zaum der Hauptstadt* oder *Zügel der Hauptstadt* und könnte sich auch auf die Größe einer Stadt beziehen; vgl. 1. Chronik 18,1.   **8,4** In der griech. Version heißt es *1.000 Streitwagen und 7.000 Wagenlenker;* s. auch 1. Chronik 18,4.

1. & 2. SAMUEL

1–8	Samuel, Richter und Prophet
9–15	Saul, der erste König – Aufstieg und Fall
16–31	Saul und David
1–10	König David
11–12	Davids Krise
13–20	Absaloms Aufstand, seine Vor- und Nachgeschichte
21–24	Davids letzte Jahre

8–10
David festigt seine Herrschaft durch Unterwerfung der Nachbarvölker. Die Nachkommen Sauls werden geehrt. David besiegt die Ammoniter und Aramäer.

[Zeit der Könige und Propheten]

David, um ihn zu grüßen und zu seinem Erfolg zu gratulieren. Hadad-Eser hatte nämlich viele Kriege gegen Toï geführt. Joram brachte David als Geschenke Geräte aus Silber, Gold und Bronze mit. ¹¹König David weihte alle diese Geschenke dem HERRN, auch das Silber und Gold von den anderen Völkern, die er unterworfen hatte: ¹²von den Edomitern*, Moabitern, Ammonitern, Philistern und Amalekitern und von Hadad-Eser, dem Sohn Rehobs, dem König von Zoba.

¹³König David gewann neuen Ruhm, als er nach seinem Sieg über die Aramäer zurückkehrte und 18.000 Edomiter* im Salztal tötete. ¹⁴Überall in Edom setzte er Statthalter ein und alle Edomiter wurden seine Untertanen. Der HERR schenkte David den Sieg, wo er auch hinkam.

¹⁵David herrschte über ganz Israel und sorgte im ganzen Volk für Recht und Gerechtigkeit. ¹⁶Joab, der Sohn der Zeruja, war Heerführer. Joschafat, der Sohn Ahiluds, war Kanzler. ¹⁷Zadok, der Sohn Ahitubs, und Ahimelech, der Sohn Abjatars, waren Priester. Seraja war der Hofschreiber. ¹⁸Benaja, der Sohn Jojadas, führte die königliche Leibwache* an. Davids Söhne hatten den Rang von Priestern.*

David beschenkt Mefi-Boschet

9 Eines Tages fragte David: »Ist noch irgendjemand aus Sauls Familie am Leben? Ich will ihnen Gutes tun, wie ich es Jonatan versprochen habe.« ²Er ließ einen Mann namens Ziba rufen, der zu Sauls Dienern gehört hatte. »Bist du Ziba?«, fragte der König.

»Ja, Herr«, antwortete Ziba.

³Da fragte der König ihn: »Ist aus Sauls Familie noch jemand am Leben? Wenn ja, möchte ich ihm in Gottes Namen Gutes tun.«

Ziba antwortete: »Ja, einer von Jonatans Söhnen ist noch am Leben, aber er ist an beiden Beinen gelähmt.«

⁴»Wo ist er?«, fragte der König.

»In Lo-Dabar«, erwiderte Ziba, »im Haus von Machir, dem Sohn Ammiëls.« ⁵David schickte nach ihm und ließ ihn aus Machirs Haus holen. ⁶Als Mefi-Boschet, der Sohn Jonatans und Enkel Sauls, zu David kam, warf er sich vor ihm nieder und verbeugte sich voller Ehrfurcht. Da sagte

---

8,12 So in einigen hebr. Handschriften und in der griech. und syr. Version (s. auch 8,14; 1. Chronik 18,11); in den meisten hebr. Handschriften steht *Aram*. **8,13** So in einigen hebr. Handschriften und in der griech. und syr. Version (s. auch 8,14; 1. Chronik 18,12); in den meisten hebr. Handschriften steht *Aramäer*. **8,18a** Hebr. *der Kreter und Pleter*. **8,18b** Hebr. *Davids Söhne waren Priester*.

S Südreich Juda   **N** Nordreich Israel

David: »Also du bist Mefi-Boschet!«, und er antwortete: »Ja, ich bin dein Diener.«

⁷Doch David antwortete: »Hab keine Angst! Ich will dir Gutes tun, wie ich es deinem Vater Jonatan versprochen habe. Ich will dir alle Ländereien zurückgeben, die früher deinem Großvater Saul gehörten, und du bist eingeladen, immer mit mir an meinem Tisch zu essen.«

⁸Mefi-Boschet warf sich erneut vor dem König zu Boden. »Sollte der König zu einem toten Hund wie mir so gut sein? Bin ich das wert?«, rief er aus.

⁹Dann ließ der König Ziba, den Diener Sauls, rufen und sagte: »Ich habe dem Enkel deines Herrn alles gegeben, was Saul und seiner Familie gehört hat. ¹⁰Du und deine Söhne und Knechte sollen das Land für ihn bebauen, die Ernte einbringen und so für seinen Unterhalt sorgen. Aber Mefi-Boschet selbst, der Enkel deines Herrn, wird immer bei mir an meinem Tisch essen.«

Ziba, der 15 Söhne und 20 Knechte hatte, ¹¹antwortete: »Ja, mein Herr und König, ich werde tun, was du befiehlst.« Und von da an aß Mefi-Boschet regelmäßig mit David zusammen, als wäre er einer seiner Söhne. ¹²Mefi-Boschet hatte einen kleinen Sohn namens Micha. Alle Mitglieder des Hauses von Ziba wurden Mefi-Boschets Diener. ¹³Und Mefi-Boschet, dessen beide Beine gelähmt waren, wohnte in Jerusalem, um dort täglich mit dem König zu essen.

David besiegt die Ammoniter
1. Chronik 19

10 Einige Zeit später starb der König der Ammoniter und sein Sohn Hanun wurde König. ²David sagte: »Ich werde Hanun gegenüber loyal sein, denn sein Vater Nahasch hat sich immer loyal mir gegenüber verhalten.« Und er schickte Gesandte, die Hanun sein Beileid zum Tod seines Vaters übermitteln sollten.

Doch als die Gesandten Davids im Land der Ammoniter eintrafen, ³sagten die führenden Männer des Landes zu Hanun, ihrem Herrn: »Glaubst du wirklich, David schickt diese Männer, um deinen Vater zu ehren und dir sein Beileid zu übermitteln? Nein, David hat sie zu dir geschickt, damit sie die Stadt auskundschaften, sodass er kommen und sie erobern kann.« ⁴Da ließ Hanun die Boten Davids ergreifen, jedem Einzelnen den Bart zur Hälfte abscheren und die Kleider bis über dem Gesäß abschneiden. Dann schickte er sie zurück. ⁵Als David hörte, was geschehen war, schickte er den Männern, die sich sehr schämten, Boten entgegen. Er ließ ihnen ausrichten: »Bleibt in Jericho, bis eure Bärte nachgewachsen sind und kommt erst dann zurück!«

⁶Die Ammoniter erkannten, dass sie David ernsthaft verärgert hatten, und warben 20.000 aramäische Söldner aus Bet-Rehob und Zoba, den König von Maacha mit 1.000 Mann sowie 12.000 Mann aus Tob an. ⁷Als David das hörte, ließ er Joab mit dem ganzen Heer der kriegstüchtigen Männer ausrücken. ⁸Die Ammoniter bezogen am Eingang der Stadttore Stellung, während die Aramäer aus Zoba und Rehob und die Männer aus Tob und Maacha sich zum Kampf auf dem offenen Feld rüsteten.

⁹Als Joab sah, dass er an zwei Fronten kämpfen musste, wählte er die besten Männer aus seinem Heer aus. Sie sollten mit ihm in die Schlacht gegen die Aramäer ziehen. ¹⁰Der Rest des Heeres, unter dem Befehl seines Brudes Abischai, sollte die Ammoniter angreifen. ¹¹»Wenn die Aramäer zu stark für mich sind, dann komm und hilf mir«, sagte Joab zu seinem Bruder. »Und wenn die Ammoniter zu stark für dich sind, komme ich dir zu Hilfe. ¹²Sei mutig! Lass uns tapfer für unser Volk und die Städte unseres Gottes kämpfen. Der Wille des HERRN geschehe.«

¹³Als Joab und seine Männer angriffen, wandten sich die Aramäer zur Flucht. ¹⁴Und als die Ammoniter das sahen, flohen auch sie vor Abischai und zogen sich in die Stadt zurück. Nachdem die Schlacht damit beendet war, kehrte Joab nach Jerusalem zurück.

¹⁵Als die Aramäer sahen, dass die Israeliten sie geschlagen hatten, versammelten sie ihr Heer erneut.

¹⁶Hadad-Eser ließ außerdem zusätzliche aramäische Truppen von der anderen Seite des Euphrat* anrücken. Sie trafen unter dem Befehl von Schobach, dem Heerführer von Hadad-Eser, in Helam ein. ¹⁷Als David davon hörte, rief er ganz Israel zu den Waffen, überquerte den Jordan und zog weiter bis Helam. Die Aramäer formierten sich zur Schlacht und kämpften gegen ihn. ¹⁸Doch die Aramäer wurden von den Israeliten in die Flucht geschlagen. David und seine Truppen töteten 700 Wagenlenker und 40.000 Reiter*, darunter auch den Heerführer Schobach. ¹⁹Als die Könige, die mit Hadad-Eser verbündet waren, erkannten, dass Israel sie besiegt hatte, ergaben sie sich und wurden Untertanen Israels. Danach hatten die Aramäer Angst, den Ammonitern noch einmal zu helfen.

10,16 Hebr. *des Flusses*.   **10,18** In manchen griech. Handschriften heißt es *Fußsoldaten*; vgl. den Paralleltext 1. Chronik 19,18.

1. & 2. SAMUEL

1–8	Samuel, Richter und Prophet
9–15	Saul, der erste König – Aufstieg und Fall
16–31	Saul und David
1–10	König David
11–12	Davids Krise
13–20	Absaloms Aufstand, seine Vor- und Nachgeschichte
21–24	Davids letzte Jahre

11–12

David schläft mit Batseba und lässt ihren Mann töten. Gott bestraft David für seine Sünde. Das Kind Davids und Batsebas stirbt.

[Zeit der Könige und Propheten]

David und Batseba

11 Im nächsten Frühjahr, zu der Zeit, in der die Könige in den Krieg ziehen, schickte David Joab mit seinen Männern und dem ganzen Heer Israels in den Kampf gegen die Ammoniter. Sie verwüsteten das Land und belagerten die Stadt Rabba. David blieb jedoch in Jerusalem zurück. ²An einem Spätnachmittag erhob sich David von der Mittagsruhe und ging auf dem Dach des Palastes umher. Da fiel sein Blick vom Dach aus auf eine außergewöhnlich schöne Frau, die gerade ein Bad nahm. ³Er schickte einen Diener los, der herausfinden sollte, wer die Frau war. Man sagte ihm: »Es ist Batseba, die Tochter von Eliam und Frau des Hetiters Uria.« ⁴Da ließ David sie holen; und als sie in den Palast kam, schlief er mit ihr. – Sie hatte gerade die Reinigungshandlungen nach ihrer monatlichen Blutung beendet. – Danach kehrte sie nach Hause zurück. ⁵Als Batseba merkte, dass sie schwanger war, ließ sie es David mitteilen.

⁶Da ließ David Joab den Befehl überbringen: »Schick mir den Hetiter Uria.« Und Joab schickte ihn zu David. ⁷Als Uria eintraf, fragte David ihn, ob es Joab und dem Heer gut gehe und ob der Krieg erfolgreich verliefe. ⁸Dann sagte er zu Uria: »Geh nach Hause und ruh dich aus.« Er ließ ihm sogar ein Geschenk bringen, nachdem Uria den Palast verlassen hatte. ⁹Aber Uria ging nicht nach Hause. Er verbrachte die Nacht am Eingang des Palastes mit den anderen Dienern des Königs.

¹⁰Als David davon hörte, fragte er Uria: »Warum bist du nicht nach Hause gegangen, nachdem du so lange fort warst?«

¹¹Uria antwortete: »Die Lade und die Krieger Israels und Judas leben in Zelten* und Joab und seine Männer übernachten auf offenem Feld. Wie könnte ich da nach Hause gehen und essen und trinken und mit meiner Frau schlafen? Ich schwöre bei deinem Leben, das werde ich nicht tun.«

¹²David befahl ihm: »Bleib heute noch hier. Morgen lasse ich dich dann zum Heer zurückkehren.« Also blieb Uria diesen und den nächsten Tag in Jerusalem. ¹³David lud ihn zum Essen ein und machte ihn betrunken. Doch am Abend ging Uria nicht nach Hause, sondern schlief wieder bei den anderen Dienern des Königs am Eingang des Palastes.

11,11 O. *in Sukkot.*

David arrangiert Urias Tod

¹⁴Am nächsten Morgen schrieb David einen Brief an Joab, den er Uria mitgab. ¹⁵Der Brief enthielt folgende Anweisung: »Schick Uria in die vordersten Reihen, wo der Kampf am heftigsten ist. Dann zieht euch von ihm zurück, sodass er getötet wird.« ¹⁶Joab wusste, wo die stärksten Krieger des Feindes kämpften und so setzte er Uria genau an dieser Stelle ein. ¹⁷Als dann die belagerten Ammoniter Joab angriffen, wurde der Hetiter Uria zusammen mit mehreren anderen von Davids Kriegern getötet.

¹⁸Daraufhin schickte Joab David eine Mitteilung über den Verlauf der Schlacht. ¹⁹Er trug dem Boten auf: »Wenn du dem König den Verlauf der Schlacht berichtet hast ²⁰und er dann zornig wird und fragt: ›Warum sind die Truppen so dicht an die Stadt herangerückt? Wussten sie denn nicht, dass sie von der Stadtmauer aus beschossen werden? ²¹Wurde nicht Abimelech, der Sohn Jerubbaals* in Tebez von einer Frau getötet, die einen Mühlstein von der Mauer auf ihn herabwarf? Warum also seid ihr so nah an die Mauer herangerückt?‹ – dann sage ihm einfach: ›Auch dein Diener, der Hetiter Uria, wurde getötet.‹«

²²Der Bote ging nach Jerusalem und berichtete David alles, was Joab ihm aufgetragen hatte. ²³»Die Feinde waren uns überlegen. Sie rückten aus und griffen uns auf offenem Feld an«, sagte er. »Und als wir sie bis an die Stadttore zurückdrängten, ²⁴schossen die Bogenschützen von der Mauer mit Pfeilen auf uns. Einige deiner Männer wurden getötet, darunter auch der Hetiter Uria.«

²⁵Da sagte David: »Richte Joab aus: ›Lass dich nicht entmutigen! Das Schwert tötet mal den einen, mal den anderen. Kämpfe entschlossen weiter gegen die Stadt und zerstöre sie!‹ So sollst du ihm Mut machen.«

²⁶Als Urias Frau hörte, dass ihr Mann tot war, trauerte sie um ihn. ²⁷Nachdem die Trauerzeit vorüber war, schickte David nach ihr und ließ sie in den Palast bringen. Sie wurde seine Frau und gebar ihm einen Sohn. Aber dem HERRN missfiel, was David getan hatte.

Nathan tadelt David

12 Da sandte der HERR Nathan zu David. Als dieser zu David kam, sagte er: »In einer Stadt lebten zwei Männer. Der eine war reich, der andere arm. ²Der Reiche besaß viele Schafe und Rinder. ³Der Arme hatte nichts außer einem kleinen Lamm, das er gekauft hatte. Er zog es zusammen mit seinen Kindern auf. Es aß vom Teller des Mannes, trank aus seinem Becher und es schlief in seinen Armen. Er behandelte es wie eine Tochter. ⁴Eines Tages kam ein Gast in das Haus des reichen Mannes. Doch statt ein Lamm oder ein Rind aus seiner eigenen Herde für den Gast zu schlachten, nahm er das Lamm des Armen, schlachtete es und setzte es seinem Gast vor.«

⁵David wurde sehr zornig über diesen Mann. »So wahr der HERR lebt«, schwor er, »wer so etwas tut, verdient den Tod! ⁶Er muss dem Armen vier Lämmer für das eine geben, das er ihm, ohne auch nur das geringste Mitleid zu zeigen, geraubt hat.«

⁷Da sagte Nathan zu David: »Du bist dieser Mann! So spricht der HERR, der Gott Israels: ›Ich habe dich zum König über Israel gesalbt und vor den Anschlägen Sauls gerettet. ⁸Ich habe dir das Haus deines Herrn geschenkt und seine Frauen und Israel und Juda. Und wenn das noch nicht genügte, hätte ich dir noch viel mehr gegeben. ⁹Warum also hast du das Wort des HERRN missachtet und etwas so Schreckliches getan? Denn du hast den Hetiter Uria durch die Ammoniter ermorden lassen und seine Frau gestohlen. ¹⁰Von jetzt an wird das Schwert eine ständige Bedrohung für deine Familie sein, denn du hast mich missachtet, indem du die Frau des Hetiters Uria zu deiner gemacht hast.‹

¹¹Und weiter spricht der HERR: ›Ich werde deine eigene Familie gegen dich aufbringen. Ich werde deine Frauen einem anderen Mann geben und er wird vor aller Augen mit ihnen schlafen. ¹²Du hast es im Geheimen getan, ich werde es dir öffentlich, vor den Augen ganz Israels, antun.‹«

David bekennt seine Schuld

¹³Da bekannte David Nathan: »Ich habe gegen den HERRN gesündigt.«

Nathan antwortete: »Ja, aber der HERR hat dir vergeben und du musst wegen dieser Sünde nicht sterben. ¹⁴Doch du hast den Feinden des HERRN die Möglichkeit gegeben, ihn zu verachten und zu verspotten, deshalb wird dein Kind sterben.«

¹⁵Als Nathan nach Hause zurückgekehrt war, ließ der HERR das Kind, das Urias Frau David geboren hatte, todkrank werden. ¹⁶David flehte Gott an, den Jungen zu verschonen. Er aß nichts und lag nachts auf dem nackten Boden. ¹⁷Die angesehensten unter seinen Hofleuten baten ihn aufzustehen und mit ihnen zu essen, aber er weigerte sich. ¹⁸Am siebten Tag starb das Kind. Davids Diener fürchteten sich, es ihm zu sagen.

11,21 Mit *Jerubbaal* ist Gideon gemeint, denn dieser wurde auch Jerubbaal genannt (s. Richter 6,32; 7,1).

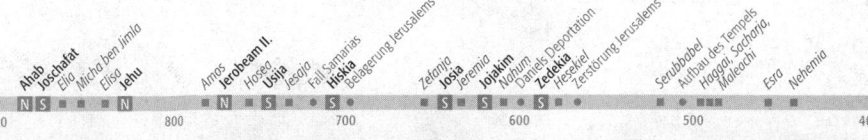

1. & 2. SAMUEL

1–8	Samuel, Richter und Prophet
9–15	Saul, der erste König – Aufstieg und Fall
16–31	Saul und David
1–10	König David
11–12	Davids Krise
13–20	Absaloms Aufstand, seine Vor- und Nachgeschichte
21–24	Davids letzte Jahre

12–13
Die Ammoniter werden Fronarbeiter. Amnon vergewaltigt Absaloms Schwester Tamar. Absalom lässt Amnon töten.

[Zeit der Könige und Propheten]

»Schon als das Kind noch am Leben war, hörte er nicht auf uns«, sagten sie. »Was wird er sich antun, wenn wir ihm sagen, dass es tot ist?«
[19]Doch als David sah, dass sie miteinander flüsterten, merkte er, was geschehen war. »Ist das Kind tot?«, fragte er.

»Ja«, antworteten sie. [20]Da stand David auf, wusch und salbte sich und wechselte die Kleider. Dann ging er ins Heiligtum des HERRN und betete zu ihm. Danach kehrte er in den Palast zurück, ließ sich Brot bringen und aß. [21]Seine Diener waren überrascht. »Wir verstehen dich nicht«, sagten sie. »Als das Kind noch lebte, hast du geweint und gefastet. Jetzt, wo es tot ist, stehst du auf und isst wieder.«

[22]David antwortete: »Ich habe gefastet und geweint, als das Kind noch lebte, denn ich sagte mir: ›Wer weiß? Vielleicht wird der HERR mir gnädig sein und das Kind am Leben lassen.‹ [23]Aber warum sollte ich fasten, wenn es tot ist? Kann ich es damit wieder zurückholen? Eines Tages werde ich zu ihm gehen, aber es kann nicht zu mir zurückkehren.«

[24]Dann tröstete David seine Frau Batseba und schlief mit ihr. Sie wurde schwanger und gebar einen Sohn. David nannte ihn Salomo. Der HERR hatte das Kind lieb [25]und sandte den Propheten Nathan, der ihm im Auftrag des HERRN den Namen Jedidja* gab.

David erobert Rabba
1. Chronik 20,1-3
[26]In der Zwischenzeit belagerte Joab mit dem Heer Israels weiter die ammonitische Stadt Rabba und eroberte schließlich die Königsstadt. [27]Joab schickte Boten zu David mit der Nachricht: »Ich habe gegen Rabba gekämpft und den Stadtteil, der am Fluss liegt, erobert*. [28]Jetzt komm mit dem restlichen Heer und nimm die ganze Stadt ein, dann wird der Ruhm des Sieges über die Stadt dir und nicht mir zufallen.«
[29]Da führte David den Rest seines Heeres nach Rabba und eroberte die Stadt. [30]Er nahm dem König die Krone vom Kopf* und sie wurde David aufgesetzt. Die Krone, die etwa ein Talent* wog, bestand aus Gold und war mit einem Edelstein besetzt. David machte reiche Beute in der Stadt. [31]Die Einwohner von Rabba nahm er mit und zwang sie, mit Steinsägen, Pickeln, Äxten und an den Ziegelöfen für ihn zu arbeiten. Ebenso verfuhr er mit den Einwohnern der anderen

12,25 Der Name bedeutet »Geliebter des Herrn«.
12,27 O. *die Stadt des Wassers erobert*. 12,30a In der griech. Version heißt es *er nahm Milkom die Krone ab*; vgl. 1. Könige 11,5. Milkom, auch Molech genannt, war der Gott der Ammoniter. 12,30b Das entspricht ca. 36 kg.

ammonitischen Städte. Danach kehrten David und sein Heer nach Jerusalem zurück.

Tamar wird vergewaltigt

13 Danach geschah Folgendes: Davids Sohn Absalom hatte eine schöne Schwester namens Tamar. Amnon, auch ein Sohn Davids, verliebte sich in sie. ²Amnon war so besessen von seiner Halbschwester Tamar, dass er krank wurde. Sie war eine Jungfrau und er sah keine Möglichkeit, an sie heranzukommen.
³Doch Amnon hatte einen Freund namens Jonadab. Er war der Sohn von Davids Bruder Schamma*. ⁴Er sagte zu Amnon: »Was ist los? Welchen Grund kann es geben, dass der Sohn eines Königs jeden Morgen so niedergeschlagen aussieht? Willst du ihn mir nicht sagen?«
Da erzählte Amnon ihm: »Ich liebe Tamar, die Schwester meines Bruders Absalom.«
⁵Jonadab riet ihm: »Leg dich ins Bett und stell dich krank. Wenn dein Vater dich sieht, bitte ihn, deine Schwester Tamar zu schicken und dir etwas zu essen zu bringen. Sag ihm: ›Sie soll es vor meinen Augen zubereiten, damit ich es sehe. Dann werde ich mir von ihr etwas davon geben lassen.‹«
⁶Also legte Amnon sich hin und stellte sich krank. Als der König ihn besuchte, bat Amnon ihn: »Lass doch meine Schwester Tamar kommen und vor meinen Augen einen oder zwei Kuchen backen. Sie soll sie mir zu essen geben.« ⁷Da schickte David Tamar ins Haus von Amnon, damit sie ihm etwas zu essen zubereite.
⁸Tamar ging ins Haus ihres Bruders Amnon. Während er im Bett lag, konnte er zusehen, wie sie den Teig knetete. Dann backte sie daraus ein paar Kuchen für ihn. ⁹Doch als sie ihm die Kuchen auf einem Teller brachte, weigerte er sich zu essen. »Geht alle hinaus«, befahl er seinen Dienern. Sie verließen das Zimmer. ¹⁰Dann sagte er zu Tamar: »Nun bring das Essen in mein Schlafzimmer und gib es mir dort.« Also brachte Tamar es ihm ans Bett. ¹¹Doch als sie es ihm gab, packte er sie und sagte: »Komm, leg dich zu mir, meine Schwester.«
¹²»Nein, mein Bruder!«, rief sie. »Tu mir das nicht an! Du weißt, dass so etwas in Israel ein schweres Verbrechen ist. ¹³Wohin könnte ich nach dieser Schande noch gehen? Und du würdest in Israel als Schänder gelten. Bitte, sag es dem König und er wird unserer Heirat zustimmen.«

¹⁴Aber Amnon wollte nicht auf sie hören; und er überwältigte und vergewaltigte sie. ¹⁵Danach schlug seine Liebe in Hass um, und er hasste sie mehr, als er sie je geliebt hatte. »Hinaus!«, herrschte er sie an.
¹⁶»Nein, nein!«, schrie Tamar. »Mich jetzt zurückzustoßen, ist ein größeres Unrecht als das, das du mir bereits angetan hast!«
Aber Amnon wollte nicht auf sie hören. ¹⁷Er rief nach seinem Diener und befahl: »Schaff diese Frau hinaus und verriegle die Tür hinter ihr!«
¹⁸Da warf der Diener sie hinaus und verschloss die Tür hinter ihr. Sie trug ein langes Gewand*, wie es damals für die Töchter des Königs, die noch Jungfrauen waren, Brauch war. ¹⁹Doch nun zerriss Tamar ihr Gewand, streute sich Asche auf ihren Kopf und legte die Hand darauf. Dann lief sie laut schreiend fort.
²⁰Da fragte sie ihr Bruder Absalom: »Ist es wahr, dass Amnon mit dir geschlafen hat? Beruhige dich. Er ist ja dein Bruder, also gräme dich doch nicht deswegen.« Und von da an lebte Tamar einsam im Haus ihres Bruders Absalom. ²¹Als König David hörte, was geschehen war, wurde er sehr zornig. ²²Und Absalom redete kein Wort mehr mit Amnon, denn er hasste ihn, weil er seine Schwester Tamar vergewaltigt hatte.

Absaloms Rache an Amnon

²³Zwei Jahre später, als Absaloms Schafe in Baal-Hazor in der Nähe der Stadt Ephraim geschoren wurden, lud Absalom alle Söhne des Königs zu einem Fest ein. ²⁴Er ging zum König und sagte: »Ich bin gerade mitten in der Schafschur. Darf ich den König und seine Diener bitten zu kommen?«
²⁵Der König antwortete: »Nein, mein Sohn. Wir können doch nicht alle kommen, denn das wäre eine zu große Last für dich.« Absalom drängte ihn weiter, doch der König wollte nicht kommen und segnete ihn, bevor er ihn entließ.
²⁶Schließlich sagte Absalom: »Wenn du selbst nicht möchtest, könnte stattdessen doch mein Bruder Amnon mitkommen?«
»Warum gerade Amnon?«, wollte der König wissen. ²⁷Aber Absalom drängte ihn immer weiter, bis er schließlich Amnon und alle anderen Söhne des Königs mit ihm gehen ließ.
²⁸Absalom sagte zu seinen Männern: »Wartet, bis Amnon betrunken ist, dann tötet ihn auf mein Zeichen hin! Habt keine Angst. Ihr tut es schließlich auf meinen Befehl! Nur Mut, erweist euch als tapfere Männer!« ²⁹Und auf Absaloms

---

13,3 Hebr. *Schimea* (so auch in 13,32); vgl. 1. Chronik 2,13. **13,18** O. *ein Gewand mit Ärmeln* o. *ein reich verziertes Gewand*. Die Bedeutung des Hebr. ist unklar.

1. & 2. SAMUEL

1–8	Samuel, Richter und Prophet
9–15	Saul, der erste König – Aufstieg und Fall
16–31	Saul und David
1–10	König David
11–12	Davids Krise
13–20	Absaloms Aufstand, seine Vor- und Nachgeschichte
21–24	Davids letzte Jahre

13–14
Absalom flieht und wird nach Jerusalem zurückgebracht. Absalom will den König sehen.

[Zeit der Könige und Propheten]

S Südreich Juda   N Nordreich Israel

Zeichen hin töteten sie Amnon. Da sprangen die übrigen Söhne des Königs auf, stiegen auf ihre Maultiere und flohen.

³⁰Während sie sich noch auf dem Rückweg befanden, erreichte David das Gerücht: »Absalom hat alle Söhne des Königs umgebracht; nicht ein einziger ist entkommen!« ³¹Der König sprang auf, zerriss sein Gewand und warf sich zu Boden. Auch seine Diener um ihn herum zerrissen ihre Kleider.

³²Doch Jonadab, der Sohn von Davids Bruder Schamma, sagte zu ihm: »Nein, mein Herr, nicht alle Söhne des Königs wurden getötet, nur Amnon ist tot! Absalom hat diesen Plan verfolgt, seit Amnon seine Schwester Tamar vergewaltigt hat. ³³Darum glaube nicht an das Gerücht, dass alle deine Söhne tot seien. Nur Amnon ist tot!«
³⁴Absalom aber war inzwischen geflohen.

Als nun der Wächter Ausschau hielt, sah er eine größere Menschenmenge, die auf dem Weg den Berghang herunterkam.*
³⁵»Sieh doch«, sagte Jonadab zum König, »die Söhne des Königs kommen zurück. Es ist genauso geschehen, wie ich es gesagt habe.« ³⁶Und schon bald trafen sie ein und weinten und klagten. Auch der König und seine Diener brachen in Tränen aus. ³⁷David trauerte lange um seinen Sohn Amnon.

Absalom floh zu Talmai, dem Sohn Ammihuds, dem König von Geschur. ³⁸Er blieb drei Jahre in Geschur. ³⁹Und David, der sich inzwischen über den Tod Amnons getröstet hatte, war mittlerweile auch nicht mehr zornig auf seinen Sohn Absalom*.

Joab bewirkt Absaloms Rückkehr

14 Joab, der Sohn der Zeruja, merkte, wie sehr der König Absalom vermisste. ²Er ließ eine Frau aus Tekoa holen, die für ihre Weisheit bekannt war, und sagte zu ihr: »Gib vor, in Trauer zu sein; leg Trauerkleidung an und salbe dich nicht mit Öl. Benimm dich wie eine Frau, die schon seit langer Zeit um einen Toten trauert. ³Dann geh zum König und erzähl ihm folgende Geschichte.« Und er sagte ihr, was sie dem König erzählen sollte.

⁴Als die Frau zum König kam, warf sie sich vor ihm zu Boden und rief: »Mein König! Hilf mir!«
⁵»Was fehlt dir?«, fragte der König.

13,34 Soweit die hebr. Version. Die griech. Version fügt noch an: *Der Mann lief zum König und berichtete ihm: »Ich sehe eine Menschenmenge auf der Straße nach Horonajim den Berghang herunterkommen.«* 13,39 O. *hielt es nicht mehr für nötig, Absalom zu verfolgen.*

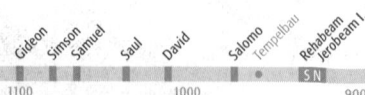

»Ach, ich bin Witwe, mein Mann ist tot«, antwortete sie. ⁶»Meine beiden Söhne kämpften auf dem Feld miteinander, und da niemand in der Nähe war und einschreiten konnte, wurde einer von ihnen dabei getötet. ⁷Jetzt verlangt die Familie: ›Gib uns deinen Sohn heraus. Wir werden ihn umbringen und das Leben seines Bruders rächen, den er ermordet hat. So kann er auch nicht den Familienbesitz erben.‹ Sie wollen mir also den letzten Sohn und Erben nehmen*, sodass der Name meines Mannes und seine Familie vom Angesicht der Erde verschwinden werden.«

⁸»Überlass die Sache mir«, sagte der König. »Geh heim, ich werde die nötigen Befehle geben.«

⁹»Mein Herr und König«, antwortete die Frau aus Tekoa, »ich und meine Familie übernehmen die Verantwortung dafür, wenn mein Sohn nicht gerächt wird. Der König aber ist nicht Schuld daran.«

¹⁰Da sagte der König: »Wenn jemand etwas dagegen hat, bring ihn zu mir. Ich versichere dir, er wird dich danach in Ruhe lassen!«

¹¹Da sagte sie: »Schwöre mir beim HERRN, deinem Gott, dass du nicht zulässt, dass sich jemand an meinem Sohn rächt und durch Blutrache noch Schlimmeres angerichtet wird.«

»So wahr der HERR lebt«, antwortete er, »deinem Sohn soll kein Haar gekrümmt werden!«

¹²»Eine Bitte habe ich noch«, sagte sie.

»Sprich«, forderte er sie auf.

¹³Sie entgegnete: »Warum tust du für jemanden aus dem Volk Gottes nicht, was du für mich zu tun versprochen hast? Mit dieser Entscheidung hast du, mein König, dich selbst überführt, denn du lässt deinen verbannten Sohn nicht heimkehren. ¹⁴Wir alle müssen irgendwann sterben. Unser Leben ist wie Wasser, das auf dem Boden verschüttet wurde und nicht wieder eingesammelt werden kann. Aber Gott löscht das Leben nicht aus, sondern versucht den Verbannten heimzuholen, damit er nicht weiter von ihm verstoßen bleibt!

¹⁵Aber ich bin zu dir gekommen, mein Herr und König, um meine Bitte vorzutragen, weil meine Familie mir Angst einjagt. Ich sagte mir: ›Ich will mit dem König reden. Vielleicht hilft er mir ja. ¹⁶Ja, er wird meiner Bitte nachgehen und mich vor dem Mann retten, der mich und meinen Sohn um das Erbe, das Gott uns zugedacht hat, bringen will. ¹⁷Das Wort meines Herrn und Königs wird mir Ruhe schenken.‹ Ich weiß ja, dass mein Herr und König wie ein Engel Gottes ist, der Gutes von Bösem unterscheiden kann. Der HERR, dein Gott, sei mit dir.«

¹⁸»Eines will ich noch wissen, aber antworte mir offen und verschweige nichts«, sagte der König.

»Ja, sprich, mein Herr und König«, entgegnete sie.

¹⁹»Hat Joab dich geschickt?«

Und die Frau antwortete: »Mein Herr und König, wie könnte ich das leugnen? Niemand kann etwas vor dir verbergen. Ja, dein Diener Joab hat mich geschickt und mir aufgetragen, was ich sagen soll. ²⁰Er tat es, damit du die Sache einmal mit anderen Augen siehst. Doch du bist weise wie ein Engel Gottes und verstehst alles, was unter uns geschieht!«

²¹Da sagte der König zu Joab: »Nun gut, geh und hol den jungen Mann, Absalom, zurück.«

²²Joab warf sich vor dem König zu Boden, segnete ihn und sagte: »Nun weiß ich doch, dass ich in deiner Gunst stehe, mein Herr und König, denn du hast mir diese Bitte erfüllt!«

²³Und Joab ging nach Geschur und holte Absalom nach Jerusalem zurück. ²⁴Doch der König erließ folgenden Befehl: »Absalom soll in sein Haus gehen, aber er darf mir nie unter die Augen kommen.« Deshalb lebte Absalom wieder in seinem Haus, aber den König sah er nicht.

Versöhnung zwischen Absalom und David

²⁵Kein Mann in Israel war so schön und so bewundert wie Absalom. Er war vom Scheitel bis zur Sohle vollkommen. ²⁶Sein Haar ließ er sich einmal im Jahr schneiden, weil es ihm zu schwer wurde. Als er es wog, war es 200 Schekel* schwer nach königlichem Gewicht. ²⁷Er hatte drei Söhne und eine Tochter. Der Name seiner Tochter war Tamar und sie war sehr schön.

²⁸Absalom lebte zwei Jahre in Jerusalem, ohne dass er den König je zu sehen bekam. ²⁹Schließlich schickte er nach Joab, um ihn zu bitten, sich beim König für ihn einzusetzen, aber Joab wollte nicht kommen. Absalom schickte ein zweites Mal nach ihm, doch Joab weigerte sich erneut zu kommen. ³⁰Da sagte Absalom zu seinen Knechten: »Geht und zündet das Gerstenfeld von Joab, das neben meinem Feld liegt, an.« Daraufhin steckten die Knechte das Feld in Brand.

³¹Da ging Joab zu Absalom und fragte: »Warum haben deine Knechte mein Feld angezündet?«

³²Absalom antwortete: »Ich habe nach dir schicken lassen, weil ich wollte, dass du für mich zum König gehst und ihn fragst, warum er mich aus Geschur zurückkommen ließ. Ich wäre besser dort geblieben. Nun aber will ich den König sehen: Wenn er mich in irgendeiner Sache

---

14,7 Hebr. *Sie wollen meine Kohle auslöschen, die übrig geblieben ist.* **14,26** Das entspricht ca. 2,4 kg.

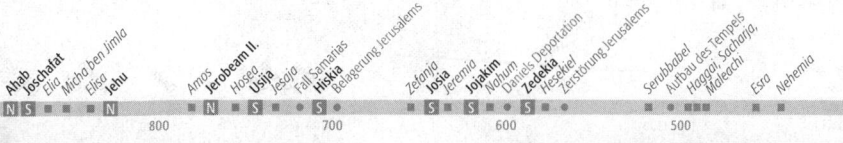

1. & 2. SAMUEL

1–8	Samuel, Richter und Prophet
9–15	Saul, der erste König – Aufstieg und Fall
16–31	Saul und David
1–10	König David
11–12	Davids Krise
13–20	Absaloms Aufstand, seine Vor- und Nachgeschichte
21–24	Davids letzte Jahre

15–16

Absalom lässt sich in Hebron zum König ausrufen. David flieht vor Absalom mitsamt seinen Leuten und der Bundeslade. Ziba unterstützt David.

[Zeit der Könige und Propheten]

für schuldig befindet, soll er mich hinrichten lassen.«

³³Joab berichtete es dem König. Da ließ David Absalom rufen und er kam und warf sich vor dem König zu Boden und David küsste ihn.

Absaloms Aufstand

15 Danach beschaffte sich Absalom Pferde und einen Wagen und bezahlte 50 Mann dafür, dass sie vor ihm herliefen. ²Jeden Morgen stand er früh auf und ging hinaus zum Stadttor. Wenn jemand mit einem Rechtsstreit zum König kam, fragte Absalom ihn: »Aus welcher Stadt kommst du?« Gehörte er zu einem der Stämme Israels, ³sagte Absalom zu ihm: »Du bist wirklich im Recht. Aber beim König ist niemand, der sich damit befassen wird. ⁴Ich wünschte, ich wäre der Richter in diesem Land. Dann könnten die Leute mit ihren Streitfällen zu mir kommen und ich würde ihnen Gerechtigkeit verschaffen!« ⁵Und wenn die Menschen sich vor ihm verneigen wollten, ließ Absalom es nicht zu, sondern umarmte und küsste sie. ⁶So verhielt sich Absalom jedem Israeliten gegenüber, der mit einem Streitfall zum König kam. Auf diese Weise schlich er sich in die Herzen aller Israeliten.

⁷Nach vier Jahren* sagte Absalom zum König: »Lass mich nach Hebron gehen und mein Gelübde erfüllen, das ich vor dem HERRN abgelegt habe. ⁸Denn als ich in Geschur in Aram war, versprach ich: ›Wenn der HERR mich nach Jerusalem zurückbringt, will ich dem HERRN ein Opfer darbringen.‹«

⁹Da sagte der König zu ihm: »Geh in Frieden.« Also ging Absalom nach Hebron. ¹⁰Doch von dort aus sandte er Boten in alle Teile Israels. Sie sollten überall ausrichten: »Wenn ihr die Hörner hört, dann ruft: ›Absalom ist in Hebron zum König gekrönt worden.‹« ¹¹Er nahm 200 Männer aus Jerusalem als Gäste mit, die jedoch nichts von seinen Plänen wussten. ¹²Während er die Opfer darbrachte, schickte er nach Ahitofel, einem von Davids Ratgebern, der in Gilo lebte. Und schon bald schlossen sich ihm weitere Männer an, und der Kreis der Verschwörer um Absalom wurde immer größer.

David flieht aus Jerusalem

¹³Ein Bote traf bei David ein und berichtete ihm: »Ganz Israel ist zu Absalom übergelaufen.«

¹⁴»Wir müssen sofort fliehen! Es gibt für uns keine Rettung vor Absalom«, drängte David

---

15,7 So in der griech. und der syr. Version; im Hebr. steht *und es war gegen Ende der 40 Jahre.*

S Südreich Juda N Nordreich Israel

1400 v. Chr. — 1300 — 1200 — 1100 — 1000 — 900

Josua (Einnahme von Jericho) · Gideon · Simson · Samuel · Saul · David · Salomo (Tempelbau) · Rehabeam / Jerobeam I.

seine Männer, die bei ihm in Jerusalem waren. »Rasch, bevor er kommt, sonst bricht das Unheil über uns herein und er richtet in der Stadt ein Blutbad an!«

¹⁵»Wir stehen auf deiner Seite«, antworteten seine Leute. »Es soll geschehen, was du für das Beste hältst.« ¹⁶Der König und alle, die zu seinem Hof gehörten, verließen sofort die Stadt. Nur zehn Nebenfrauen ließ er zurück, damit sie sich um den Palast kümmerten. ¹⁷Der König und seine Leute flohen bis an die Stadtgrenze und machten dort Halt, ¹⁸um die Truppen des Königs an ihm vorüberziehen zu lassen. Es waren 600 Gatiter, die David aus Gat gefolgt waren, und die königliche Leibwache*.

¹⁹Der König wandte sich an Ittai, den Anführer der Gatiter, und fragte: »Warum kommst du mit uns? Kehr um und bleib bei König Absalom, denn du bist Gast in Israel, ein Fremder in der Verbannung. ²⁰Du bist erst gestern gekommen und jetzt sollst du mit uns flüchten? Ich weiß ja noch nicht einmal, wo ich hingehen werde. Kehr um und geh mit deinen Landsleuten zurück. Der HERR sei mit deiner Liebe und Treue bei dir*.«

²¹Doch Ittai antwortete dem König: »So wahr der HERR lebt und so wahr mein Herr und König lebt, ich werde mit dir gehen, wohin du auch gehst, auch wenn es mich das Leben kosten sollte.«

²²David antwortete: »Gut, dann komm mit uns.« Und Ittai, seine Männer und ihre Familien zogen an ihm vorüber.

²³Im Land herrschte große Trauer, als das ganze Kriegsvolk vorbeizog. Der König durchquerte das Kidrontal und marschierte mit allen Kriegern auf die Wüste zu.

²⁴Auch Zadok war mit den Leviten bei ihm, die die Bundeslade Gottes trugen. Sie stellten sie nieder und Abjatar brachte Opfer dar, bis alle aus der Stadt vorbeigezogen waren. ²⁵David befahl Zadok, die Lade Gottes in die Stadt zurückzubringen. »Wenn der HERR mir gnädig ist«, sagte David, »wird er mich zurückbringen und ich werde die Lade und das Heiligtum wiedersehen. ²⁶Wenn er mich jedoch verlassen hat, dann soll er mit mir tun, was er für das Beste hält.«

²⁷Dann sagte er zu dem Priester Zadok: »Sieh her*, kehr du in Frieden in die Stadt zurück mit deinem Sohn Ahimaaz und Abjatar mit seinem Sohn Jonatan. ²⁸Ich werde an den Furten des Jordan* Halt machen und dort auf Nachricht von euch warten.« ²⁹Da brachten Zadok und Abjatar die Lade Gottes nach Jerusalem zurück und blieben dort.

³⁰David ging den Weg hinauf, der zum Ölberg führte, und er weinte. Sein Kopf war verhüllt und er ging barfuß. Auch die Leute, die bei ihm waren, verhüllten ihr Gesicht und weinten, während sie den Berg hinaufstiegen. ³¹Als jemand David berichtete, dass Ahitofel zu Absalom übergelaufen war, betete David: »HERR, sorge dafür, dass Ahitofel Absalom schlechte Ratschläge gibt!«

³²Als David die Stätte auf dem Ölberg erreichte, an der die Menschen Gott anbeteten, kam ihm der Arkiter Huschai entgegen. Er hatte seine Kleider zerrissen und sich Erde auf den Kopf gestreut. ³³Doch David sagte zu ihm: »Wenn du mit mir gehst, wirst du mir nur zur Last fallen. ³⁴Kehre nach Jerusalem zurück und sage zu Absalom: ›Ich will dein Ratgeber sein, mein König, so wie ich früher der Ratgeber deines Vaters war.‹ So hast du die Möglichkeit, Ahitofels Ratschläge zu durchkreuzen. ³⁵Die Priester Zadok und Abjatar sind ebenfalls dort. Berichte ihnen alles, was du aus dem Palast des Königs hörst. ³⁶Sie werden ihre Söhne Ahimaaz, den Sohn von Zadok, und Jonatan, den Sohn von Abjatar, zu mir schicken und mich auf dem Laufenden halten.« ³⁷Da kehrte Davids Freund Huschai in die Stadt Jerusalem zurück und zur gleichen Zeit zog Absalom in Jerusalem ein.

David und Ziba

16 David war gerade vom Gipfel des Berges weitergezogen, als Ziba, der Diener von Mefi-Boschet, ihm entgegenkam. Er führte zwei gesattelte Esel mit sich, die mit 200 Broten, 100 Rosinenkuchen, 100 frisch gepflückten Sommerfrüchten und einem Weinschlauch beladen waren. ²»Wofür sind die?«, fragte der König.

Ziba antwortete: »Die Esel sind zum Reiten für die königliche Familie und das Brot und die Früchte sind für deine jungen Männer, damit sie etwas zu essen haben. Den Wein sollt ihr mitnehmen für diejenigen, die auf dem Weg durch die Wüste müde werden.«

³»Und wo ist Mefi-Boschet, der Enkel deines Herrn*?«, fragte der König ihn.

»Er ist in Jerusalem geblieben«, antwortete Ziba. »Er sagte: ›Heute werde ich von den Isra-

---

15,18 Hebr. *die Kreter und Pleter.* **15,20** So in der griech. Version; im Hebr. heißt es *mögen Liebe und Treue mit dir sein.*
15,27 So in der griech. Version; im Hebr. lautet es *Bist du ein Seher? O. Siehst du?* **15,28** Hebr. *an den Übergängen der Wüste.*
16,3 Hebr. *Und wo ist der Sohn deines Herrn?*

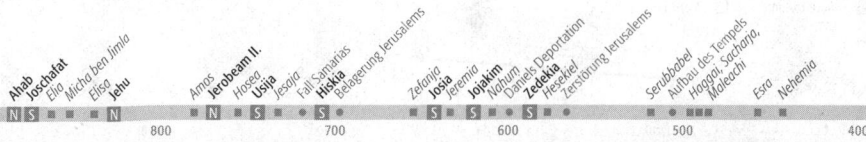

1. & 2. SAMUEL

1–8	Samuel, Richter und Prophet
9–15	Saul, der erste König – Aufstieg und Fall
16–31	Saul und David
1–10	König David
11–12	Davids Krise
13–20	Absaloms Aufstand, seine Vor- und Nachgeschichte
21–24	Davids letzte Jahre

16–17
Ahitofel gibt Absalom Ratschläge zur Machtfestigung und zum Sturz Davids. Huschai warnt David vor Absalom.

[Zeit der Könige und Propheten]

S Südreich Juda **N** Nordreich Israel

eliten das Königreich meines Großvaters Saul zurückerhalten.«
⁴Da sagte der König zu Ziba: »Dann gehört dir ab jetzt der ganze Besitz Mefi-Boschets.«
»Ich danke dir, Herr«, antwortete Ziba. »Und ich möchte auch weiterhin deine Gunst genießen.«

Schimi verflucht David
⁵Als König David an Bahurim vorüberzog, kam aus dem Dorf ein Mann heraus und verfluchte sie. Es war Schimi, der Sohn Geras, aus der Sippe Sauls. ⁶Er bewarf David und seine Leute mit Steinen, obwohl alle Krieger den König umgaben. ⁷»Fort mit dir, du Mörder, du Übeltäter!«, schrie er fluchend. ⁸»Der HERR bestraft dich dafür, dass du Saul und seine Familie ermordet hast. Du hast ihm den Thron gestohlen und jetzt hat der HERR ihn deinem Sohn Absalom gegeben. Nun trifft dich das Unglück und du hast es verdient, du Mörder!«
⁹»Warum darf dieser tote Hund meinen Herrn, den König, verfluchen?«, fragte Abischai, der Sohn der Zeruja, den König. »Lass mich ihm den Kopf abschlagen!«
¹⁰»Nein!«, sagte der König. »Was soll ich nur mit euch Söhnen der Zeruja tun! Wenn der HERR ihm befohlen hat, David zu verfluchen, wer könnte ihn da aufhalten?« ¹¹Dann sagte David zu Abischai und zu seinen Männern: »Mein eigener Sohn will mich töten, hätte da nicht dieser Mann aus dem Stamm Benjamin* sehr viel mehr Grund dazu? Deshalb lasst ihn in Ruhe, er soll mich verfluchen, denn der HERR hat es ihm aufgetragen. ¹²Vielleicht wird der HERR ja mein Elend sehen und wird mich segnen, statt die Flüche wahr werden zu lassen.« ¹³David und seine Männer zogen weiter und Schimi lief am Abhang des Berges neben ihnen her. Die ganze Zeit über verfluchte er David und warf Steine und Erde nach ihm.
¹⁴Der König und alle, die ihn begleiteten, erreichten müde von der Reise den Jordan* und machten dort Rast.

Ahitofel gibt Absalom Ratschläge
¹⁵In der Zwischenzeit waren Absalom und die Krieger Israels in Begleitung von Ahitofel in Jerusalem eingetroffen. ¹⁶Da kam Davids Freund, der Arkiter Huschai, zu Absalom und sagte: »Es lebe der König! Es lebe der König!«

16,11 Hebr. *dieser Benjaminiter*. Somit handelte es sich um einen Verwandten Sauls, der zum Stamm Benjamin gehörte. **16,14** So in der griech. Version (s. auch 17,16); im Hebr. heißt es *als sie ihr Ziel erreichten*.

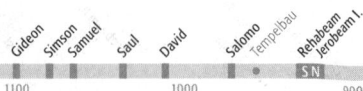

¹⁷»Behandelst du so deinen Freund?«, fragte Absalom ihn. »Warum bist du nicht bei ihm?« ¹⁸»Ich bin hier, weil ich dem Mann dienen will, den der HERR und sein Volk Israel erwählt haben«, antwortete Huschai. ¹⁹»Und warum sollte ich Davids Sohn nicht dienen? So wie ich deinem Vater geholfen habe, helfe ich jetzt auch dir.«

²⁰Da wandte sich Absalom an Ahitofel und fragte ihn: »Gib mir einen Rat. Was soll ich jetzt tun?«

²¹Ahitofel antwortete: »Geh und schlafe mit den Nebenfrauen deines Vaters, denn er hat sie hiergelassen, damit sie sich um das Haus kümmern. Danach wird ganz Israel wissen, dass eine Versöhnung zwischen dir und deinem Vater undenkbar ist, und deine Anhänger werden noch entschlossener zu dir stehen.« ²²Sie errichteten für Absalom ein Zelt auf dem Dach des Palasts. Alle konnten es sehen, als er zu den Nebenfrauen seines Vaters ging.

²³Absalom befolgte Ahitofels Ratschläge, gerade so wie David es getan hatte. Denn jedes Wort, das Ahitofel damals sprach, galt so viel wie eine Offenbarung Gottes.

17 Als nächstes sagte Ahitofel zu Absalom: »Lass mich 12.000 Männer auswählen, mit denen ich noch heute Nacht aufbreche und David hinterherjage. ²Ich bekomme ihn zu fassen, solange er noch erschöpft und entmutigt ist. Er wird in Panik geraten und seine Truppen werden fliehen. Dann werde ich nur den König töten ³und dir das ganze Volk zurückbringen, wie eine Braut zu ihrem Mann zurückkehrt. Schließlich trachtest du nur einem einzigen Mann nach dem Leben.* Dann herrscht im Volk wieder Frieden.« ⁴Dieser Plan gefiel Absalom und den Ältesten Israels.

Huschai widerspricht Ahitofels Rat

⁵Doch dann sagte Absalom: »Holt den Arkiter Huschai. Wir wollen hören, was er darüber denkt.« ⁶Als Huschai kam, berichtete Absalom ihm, was Ahitofel ihm geraten hatte. Dann fragte er: »Sollen wir Ahitofels Rat befolgen? Wenn nicht, dann rede.«

⁷Huschai antwortete: »Diesmal hat Ahitofel dir keinen guten Rat gegeben. ⁸Du kennst deinen Vater und seine Leute; sie sind geübte Kämpfer. Im Augenblick sind sie wahrscheinlich gereizt wie eine Bärin, der man ihre Jungen weggenommen hat. Und bedenke, dass dein Vater ein Krieger ist. Er wird die Nacht nicht bei seinen Leuten verbringen.* ⁹Wahrscheinlich hat er sich bereits in einem Erdloch oder irgendwo anders versteckt. Und wenn gleich zu Anfang ein paar von deinen Männern fallen, wird es überall heißen: »Absaloms Anhänger haben eine Niederlage erlitten!« ¹⁰Dann werden auch die Tapfersten, auch wenn sie das Herz eines Löwen besitzen, den Mut verlieren. Denn jeder in Israel weiß, was für ein mächtiger Mann dein Vater ist, und wie mutig seine Krieger sind.

¹¹Ich schlage vor, du versammelst das ganze israelitische Heer, von Dan bis Beerscheba, das so zahllos ist wie der Sand am Meer. Du selbst musst die Truppen aber in den Kampf führen. ¹²Wenn wir dann David irgendwo finden, werden wir über ihn herfallen, wie der Tau auf den Boden fällt, sodass von ihm und seinen Männern keiner am Leben bleibt. ¹³Und wenn er sich in irgendeine Stadt flüchtet, dann sollen alle Männer Israels Seile um die Stadt legen und wir schleifen sie bis ins nächste Tal, sodass kein Stein auf dem anderen bleibt.«

¹⁴Da sagten Absalom und alle Männer Israels: »Der Rat des Arkiters Huschais ist besser als der von Ahitofel.« Denn der HERR hatte dafür gesorgt, dass der kluge Rat Ahitofels missachtet wurde. So wollte der HERR Verderben über Absalom bringen.

Huschai warnt David

¹⁵Huschai berichtete den Priestern Zadok und Abjatar, was Ahitofel Absalom und den Ältesten Israels geraten und was er selbst stattdessen vorgeschlagen hatte. ¹⁶»Rasch«, befahl er, »schickt einen Boten. David darf heute Nacht nicht an den Furten des Jordan* bleiben. Er muss ihn sofort überqueren, sonst werden er und sein ganzes Heer sterben.«

¹⁷Jonatan und Ahimaaz hielten sich bei der Quelle Rogel auf, denn sie durften sich in der Stadt nicht sehen lassen. Eine Magd überbrachte ihnen die Nachricht und sie gingen zu König David und berichteten ihm. ¹⁸Doch ein Junge erkannte sie und berichtete Absalom davon. Die beiden flohen inzwischen in das Haus eines Mannes in Bahurim. Dieser hatte in seinem Hof einen Brunnen, in dem sie sich verbargen. ¹⁹Die Frau des Mannes legte über die Öffnung des Brunnens eine Decke und streute Korn zum Trocknen darauf aus; so konnte niemand etwas Verdächtiges erkennen.

²⁰Als Absaloms Männer in das Haus kamen, fragten sie die Frau: »Wo sind Ahimaaz und Jonatan?«

17,3 So in der griech. Version; im Hebr. heißt es *Der Mann, den du suchst, steht für die Rückkehr aller.*   **17,8** O. *Er wird das Volk nicht übernachten lassen.*   **17,16** Hebr. *an den Übergängen der Wüste.*

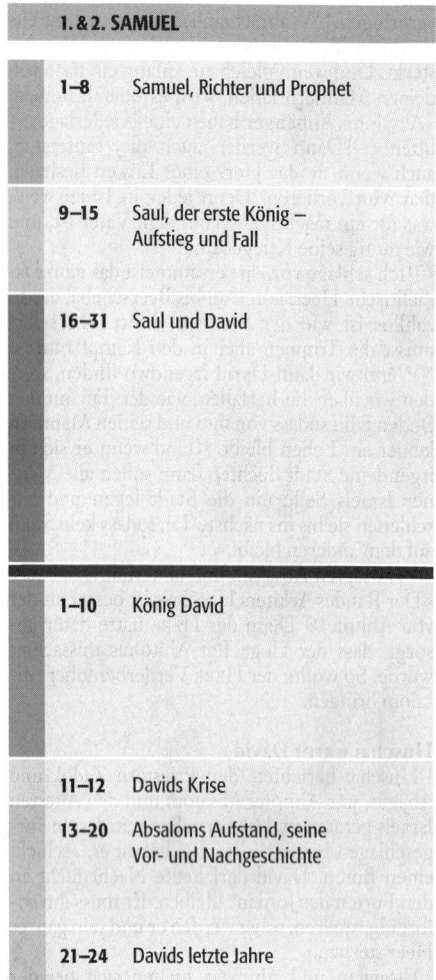

1. & 2. SAMUEL	
1–8	Samuel, Richter und Prophet
9–15	Saul, der erste König – Aufstieg und Fall
16–31	Saul und David
1–10	König David
11–12	Davids Krise
13–20	Absaloms Aufstand, seine Vor- und Nachgeschichte
21–24	Davids letzte Jahre

17–18
Ahitofel erhängt sich. Joab tötet Absalom. Zwei Boten bringen David Kunde über den Sieg.

[**Zeit der Könige und Propheten**]

Sie antwortete: »Sie haben den Bach dort überquert.« Die Suche blieb erfolglos und Absaloms Männer kehrten nach Jerusalem zurück. ²¹Danach kletterten die beiden Männer aus dem Brunnen und eilten zu König David. »Rasch!«, forderten sie ihn auf. »Überquere noch heute Nacht den Jordan!« Und sie erzählten ihm, was Ahitofel Absalom geraten hatte. ²²David und alle, die bei ihm waren, überquerten noch in derselben Nacht den Jordan und bei Tagesanbruch waren alle auf der anderen Seite.

²³Als Ahitofel merkte, dass sein Rat nicht befolgt wurde, sattelte er seinen Esel, ging zurück in seine Heimatstadt, brachte seine Angelegenheiten in Ordnung und erhängte sich. Er starb und wurde im Grab seines Vaters begraben.

²⁴David gelangte schon bald nach Mahanajim. Absalom überquerte inzwischen mit dem gesamten israelitischen Heer den Jordan. ²⁵Er hatte Amasa zum Heerführer ernannt; dieser nahm die Stelle von Joab ein. Amasa war der Sohn des Israeliten* Jeter*. Seine Mutter Abigal, die Tochter Nahaschs, war die Schwester von Joabs Mutter Zeruja. ²⁶Absalom und das Heer Israels schlugen ihr Lager im Gebiet von Gilead auf.

²⁷Als David in Mahanajim ankam, wurde er von Schobi, dem Sohn Nahaschs, aus der ammonitischen Stadt Rabba, von Machir, dem Sohn Ammiëls, aus Lo-Dabar, und von dem Gileaditer Barsillai aus Roglim empfangen. ²⁸Schlafmatten, Töpfe, Schalen, Weizen, Gerste, Mehl, geröstetes Korn, Bohnen, Linsen ²⁹sowie Honig, Butter, Schafe und Käse brachten sie David und seinen Männern. Denn sie sagten sich: »Sie müssen nach ihrem langen Marsch durch die Wüste sehr müde sein und großen Hunger und Durst haben.«

Absaloms Niederlage und Tod

18 Als nächstes musterte David sein Heer und teilte es in Einheiten zu je 1.000 Mann und in kleinere Einheiten zu je 100 Mann ein; danach ernannte er die jeweiligen Anführer. ²Ein Drittel des Heeres wurde Joab unterstellt, ein Drittel Joabs Bruder Abischai, dem Sohn der Zeruja, und ein Drittel dem Gatiter Ittai. Der König sagte zu seinen Truppen: »Ich selbst werde mit euch in den Kampf ziehen.«

³Aber seine Männer waren dagegen: »Du darfst nicht mitkommen«, sagten sie. »Wenn wir umkehren und fliehen müssen – selbst wenn

---

17,25a So im Hebr.; in manchen griech. Handschriften heißt es *eines Ismaeliten* (s. auch 1. Chronik 2,17).
17,25b Hebr. *Jitra*, eine Variante des Namens Jeter.

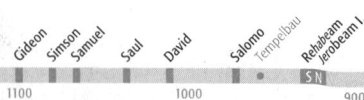

die Hälfte von uns stirbt –, werden Absaloms Truppen nichts darauf geben. Du bedeutest ihnen so viel wie 10.000 von uns* und es ist besser, du bleibst hier in der Stadt und schickst uns Hilfe, wenn wir sie benötigen.«

⁴»Wenn ihr das für das Beste haltet, will ich es tun«, stimmte der König schließlich zu. Er stellte sich neben das Stadttor, während die Abteilungen seines Heeres an ihm vorüberzogen. ⁵Der König befahl Joab, Abischai und Ittai: »Verschont meinen Jungen Absalom.« Alle Männer hörten, wie der König allen Anführern diesen Befehl gab.

⁶So zogen Davids Truppen in den Kampf, dem Heer Israels entgegen, und im Wald von Ephraim begann die Schlacht. ⁷Die israelitischen Truppen wurden von Davids Männern zurückgeschlagen und erlitten eine schwere Niederlage: An jenem Tag fielen 20.000 Mann. ⁸Der Kampf breitete sich über die ganze Gegend aus und es kamen mehr Männer durch den Wald um als durch das Schwert.

⁹In der Schlacht traf Absalom unerwartet auf einige von Davids Männern. Er versuchte auf seinem Maultier zu fliehen, doch als er unter den dicken Ästen einer großen Eiche hindurchritt, verfing sein Haar sich im Geäst. Sein Maultier lief weiter und er blieb zwischen Himmel und Erde in der Luft hängen. ¹⁰Einer von Davids Männern war Zeuge des Vorfalls und meldete Joab: »Ich habe Absalom gesehen. Er hängt an einer Eiche fest.«

¹¹»Was?«, fragte Joab. »Du hast ihn dort gesehen und nicht getötet? Ich hätte dich dafür mit zehn Silberstücken und einem Gürtel belohnt!«

¹²»Auch für 1.000 Silberstücke würde ich dem Sohn des Königs nichts antun«, antwortete der Mann. »Wir haben alle gehört, wie der König zu dir und Abischai und Ittai gesagt hat: ›Verschont meinen Jungen Absalom.‹ ¹³Wenn ich den König verraten hätte, indem ich seinen Sohn tötete – und der König würde mit Sicherheit herausfinden, wer es getan hat –, würdest du mich sicher im Stich lassen.«

¹⁴»Schluss jetzt, ich habe genug Zeit mit dir vergeudet«, sagte Joab. Dann nahm er drei Dolche und stieß sie Absalom ins Herz, während dieser, noch immer am Leben, hilflos an der Eiche festhing. ¹⁵Danach umringten zehn junge Waffenträger Joabs Absalom, schlugen und töteten ihn. ¹⁶Dann blies Joab das Horn und seine Männer gaben die Verfolgung der Israeliten auf, denn Joab wollte sein Heer schonen. ¹⁷Sie warfen Absaloms Leichnam in eine tiefe Grube im Wald und schichteten darüber einen großen Steinhaufen. Und alle Israeliten flohen nach Hause.

¹⁸Absalom hatte sich schon zu seinen Lebzeiten im Königstal ein Denkmal errichten lassen, denn er hatte sich gesagt: »Ich habe keinen Sohn, in dem mein Name fortlebt.« Er benannte das Denkmal nach sich selbst und es ist bis auf den heutigen Tag als ›Absaloms Denkmal‹ bekannt.

David trauert um Absalom

¹⁹Danach sagte Ahimaaz, der Sohn Zadoks: »Ich will zum König laufen und ihm die Nachricht bringen, dass der HERR ihm den Sieg über seine Feinde gegeben hat.«

²⁰»Nein«, befahl Joab, »du würdest heute keine gute Nachricht bringen, denn der Sohn des Königs ist tot. Du kannst ein anderes Mal mein Bote sein, aber nicht heute.«

²¹Und er sagte zu einem Mann aus Kusch: »Geh und sag dem König, was du gesehen hast.« Der Mann verneigte sich vor Joab und lief los.

²²Doch Ahimaaz drängte Joab weiter: »Ganz gleich, was geschieht, bitte lass mich hinter dem Kuschiter herlaufen.«

»Warum willst du denn unbedingt gehen, mein Sohn?«, antwortete Joab. »Du bringst doch keine gute Nachricht.«

²³»Ja, aber lass mich trotzdem gehen«, bat er.

Schließlich sagte Joab: »Also gut, dann geh.« Ahimaaz nahm den Weg durch die Jordanebene und überholte den Mann aus Kusch.

²⁴Während David sich gerade zwischen dem inneren und äußeren Stadttor aufhielt, stieg ein Wächter auf das Dach des in die Mauer eingelassenen Tores. Er sah einen einzelnen Mann auf die Stadt zulaufen. ²⁵Er meldete es sofort dem König, und dieser antwortete: »Wenn er allein ist, bringt er eine gute Nachricht.«

Als der Bote näher kam, ²⁶sah der Wächter noch einen zweiten Mann, der auf die Stadt zulief. Er rief zum Torwächter hinunter: »Da kommt noch einer! Auch er läuft allein.«

Der König antwortete: »Auch er wird eine gute Nachricht bringen.«

²⁷»Der erste Mann scheint Ahimaaz, der Sohn des Zadok, zu sein. Ich erkenne ihn an der Art, wie er läuft«, sagte der Wächter.

»Er ist ein guter Mann und kommt mit guten Nachrichten«, antwortete der König.

²⁸Da rief Ahimaaz dem König zu: »Sieg!« Er warf sich vor dem König zu Boden und sagte: »Gepriesen sei der HERR, dein Gott, der die Auf-

---

18,3 So in der griech. Version und anderen hebr. Handschriften. Im Hebr. heißt es *wahrlich, nun sind wir gleich 10.000*.

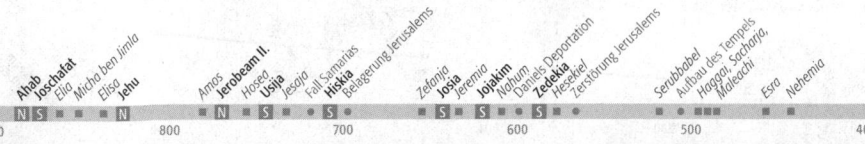

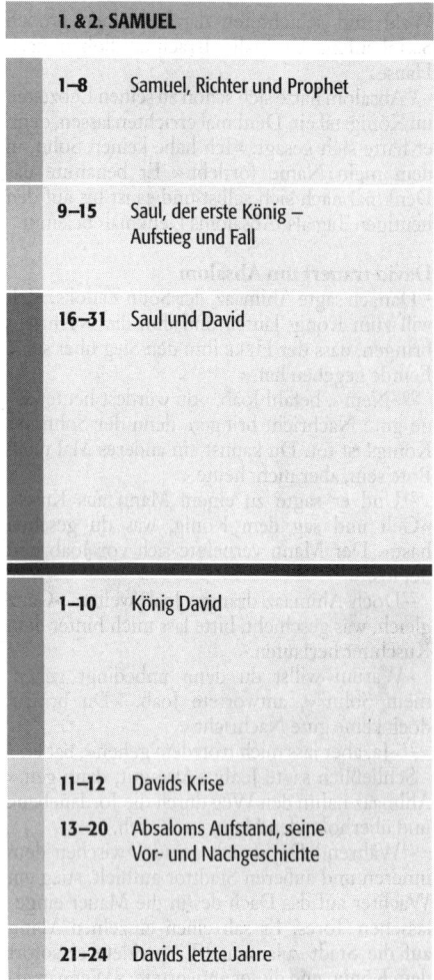

1. & 2. SAMUEL

1–8	Samuel, Richter und Prophet
9–15	Saul, der erste König – Aufstieg und Fall
16–31	Saul und David
1–10	König David
11–12	Davids Krise
13–20	Absaloms Aufstand, seine Vor- und Nachgeschichte
21–24	Davids letzte Jahre

18–19
David trauert um Absalom und soll dem Heer zum Sieg gratulieren. Davids Rückkehr und Freundlichkeit.

[Zeit der Könige und Propheten]

rührer, die es wagten, sich gegen meinen Herrn, den König, zu erheben, in deine Hand gegeben hat.«

²⁹»Was ist mit meinem Jungen, mit Absalom?«, fragte der König. »Geht es ihm gut?«

Ahimaaz antwortete: »Als Joab uns befahl, hierher zu kommen, herrschte ein großes Durcheinander. Ich weiß nicht, was geschah.«

³⁰»Warte hier«, befahl ihm der König. Ahimaaz trat zur Seite.

³¹Da traf der Mann aus Kusch ein und sagte: »Ich habe gute Nachrichten für meinen Herrn, den König. Der HERR hat dir heute den Sieg gegeben über alle, die sich gegen dich erhoben haben.«

³²»Was ist mit meinem Jungen, mit Absalom?«, fragte der König. »Geht es ihm gut?«

Der Kuschiter antwortete: »So wie ihm sollte es allen deinen Feinden ergehen, allen, die dir Böses wollen und sich gegen dich erheben!«

19 Da wurde der König von seinen Gefühlen überwältigt. Er stieg hinauf in das Zimmer über dem Tor und weinte. Noch im Gehen klagte er: »Mein Sohn Absalom! Mein Sohn, mein Sohn Absalom! Wäre ich doch nur an deiner Stelle gestorben! Absalom, mein Sohn, mein Sohn!«

Joab tadelt den König
²Joab erfuhr schon bald, dass der König um Absalom weinte und trauerte.

³Als die Truppen von dem Kummer des Königs um seinen Sohn hörten, verkehrte sich ihre Freude über den Sieg in tiefe Trauer. ⁴Sie schlichen an jenem Tag in die Stadt zurück, als ob sie sich schämten und in der Schlacht geflohen wären. ⁵Der König hatte sein Gesicht verhüllt und klagte laut: »Mein Sohn Absalom! Absalom, mein Sohn, mein Sohn!«

⁶Da ging Joab ins Haus des Königs und sagte zu ihm: »Wir haben heute dein Leben und das Leben deiner Söhne, Töchter, Frauen und Nebenfrauen gerettet. Und du beschämst uns durch dein Verhalten. ⁷Du scheinst diejenigen zu lieben, die dich hassen, und die zu hassen, die dich lieben. Heute hast du deutlich gezeigt, dass dir deine Heerführer und Krieger nichts bedeuten. Seit heute weiß ich: Wenn Absalom am Leben und wir alle tot wären, wärst du zufrieden. ⁸Jetzt geh hinaus und gratuliere dem Heer, denn ich schwöre beim HERRN, wenn du es nicht tust, wird nicht ein einziger Mann heute Nacht hierbleiben. Das wäre schlimmer für dich als alles, was du bisher erleben musstest.« ⁹Da ging der König hinaus und setzte sich ins Stadttor, und

als sich unter seinen Kriegern die Nachricht verbreitete, dass er dort war, gingen alle zu ihm hin.
In der Zwischenzeit waren die Israeliten in ihre jeweiligen Heimatorte geflohen. ¹⁰In allen Stämmen Israels stritten die Leute miteinander und sagten: »Der König hat uns von unseren Feinden befreit und vor den Philistern gerettet, doch jetzt musste er vor Absalom aus dem Land fliehen. ¹¹Nun ist Absalom, den wir zu unserem König gesalbt hatten, in der Schlacht gefallen. Worauf wartet ihr? Warum holt ihr den König nicht wieder zurück?«
¹²König David hörte von diesem Wunsch des Volkes Israel. Da schickte er die Priester Zadok und Abjatar zu den Ältesten von Juda und ließ ihnen ausrichten: »Warum seid ihr die letzten, die den König in seinen Palast zurückholen wollen? ¹³Ihr seid doch meine Verwandten, mein Fleisch und Blut! Warum seid ihr die letzten, die den König zurückholen wollen? ¹⁴Und Amasa sollt ihr von mir ausrichten: ›Bist du nicht mit mir verwandt? Gott soll mich strafen, wenn ich dich nicht an Joabs Stelle zu meinem Heerführer ernenne.‹« ¹⁵Da überzeugte David alle Männer von Juda und sie ließen dem König ausrichten: »Kehre zu uns zurück und bring alle mit, die bei dir sind.«

Davids Rückkehr nach Jerusalem
¹⁶Da machte sich der König auf den Rückweg. Als er am Jordan anlangte, kam ihm das Volk von Juda bis nach Gilgal entgegen, um ihn über den Fluss zu geleiten. ¹⁷Auch der Benjaminiter Schimi, der Sohn Geras, aus Bahurim, eilte mit den Männern von Juda herbei, um König David zu begrüßen. ¹⁸Bei ihm waren 1.000 Mann aus dem Stamm Benjamin, darunter auch Ziba, der Diener Sauls, mit seinen 15 Söhnen und 20 Knechten. Sie erreichten den Jordan noch vor der Ankunft des Königs. ¹⁹Dann durchquerten sie die Furt und stellten sich dem König zur Verfügung, um ihn und sein Gefolge über den Fluss zu bringen.

David verschont Schimi
Als der König gerade den Jordan überqueren wollte, warf sich Schimi, der Sohn Geras, vor ihm zu Boden. ²⁰»Mein Herr und König, vergib mir«, bat er. »Vergiss das Schlimme, das ich getan habe, als du Jerusalem verlassen musstest. ²¹Ich weiß jetzt, wie groß meine Sünde war. Deshalb bin ich heute hierher gekommen, um dich als erster vom ganzen Haus Josef* zu begrüßen.«
²²Da sagte Abischai, der Sohn der Zeruja: »Schimi soll sterben, denn er hat den gesalbten König des HERRN verflucht!«
²³»Was soll ich bloß mit euch Söhnen der Zeruja machen! Ihr führt mich in Versuchung«, rief David aus. »Heute soll niemand in Israel getötet werden, denn ich bin wieder König über Israel!« ²⁴Und David wandte sich an Schimi und gelobte: »Du sollst nicht sterben!«

Davids Freundlichkeit gegenüber Mefi-Boschet
²⁵Auch Mefi-Boschet, Sauls Enkel, kam dem König entgegen. Er hatte seit dem Tag, an dem der König Jerusalem verließ, bis zu dem Tag, an dem er in Frieden zurückkam, seine Füße und Kleider nicht mehr gewaschen und seinen Bart nicht geschnitten. ²⁶Als er nun von Jerusalem her dem König entgegenkam, fragte dieser ihn: »Warum bist du nicht mit mir gekommen, Mefi-Boschet?«
²⁷Mefi-Boschet antwortete: »Mein Herr und König, mein Diener hat mich hintergangen. Ich habe ihm befohlen: ›Sattle meinen Esel, damit ich mit dem König ziehen kann.‹ Denn wie du weißt, bin ich gelähmt. ²⁸Er aber hat mich bei dir, meinem Herrn und König, verleumdet. Doch ich weiß, dass du wie ein Engel Gottes bist, deshalb tu, was du für richtig hältst. ²⁹Alle Angehörigen meines Vaters hatten von dir nur den Tod zu erwarten, mein Herr und König, doch stattdessen hast du mich an deinen Tisch geladen! Wie könnte ich da vom König noch etwas fordern?«
³⁰»Schon gut«, antwortete der König. »Ich setze nun fest, dass du und Ziba den Besitz Sauls unter euch aufteilen sollt.«
³¹»Er kann auch alles haben«, sagte Mefi-Boschet, »nachdem du wieder in Frieden heimgekehrt bist, mein Herr und König!«

Davids Freundlichkeit gegenüber Barsillai
³²Der Gileaditer Barsillai war aus Roglim gekommen, um den König über den Jordan zu geleiten und ihn dort zu verabschieden. ³³Er war schon ein alter Mann von 80 Jahren. Er hatte den König während seines Aufenthaltes in Mahanajim mit Nahrung versorgt, denn er war sehr reich. ³⁴»Komm mit mir und wohne bei mir in Jerusalem«, sagte der König zu Barsillai. »Dort werde ich für dich sorgen.«
³⁵»Nein«, antwortete dieser, »ich bin viel zu alt, um mit dem König nach Jerusalem zu gehen. ³⁶Ich bin jetzt 80 Jahre alt und kann nicht mehr unterscheiden, was gut ist und was nicht. Was ich

---

19,21 Diese Bezeichnung wird oft als Umschreibung für alle nördlichen Stämme verwendet. Im vorliegenden Kontext wird aber auch der Stamm Benjamin mitgerechnet, zu dem Schimi gehörte.

1. & 2. SAMUEL

1–8	Samuel, Richter und Prophet
9–15	Saul, der erste König – Aufstieg und Fall
16–31	Saul und David
1–10	König David
11–12	Davids Krise
13–20	Absaloms Aufstand, seine Vor- und Nachgeschichte
21–24	Davids letzte Jahre

19–21
Israel und Juda streiten sich um David. Scheba wendet sich gegen David und wird ermordet. Hungersnot wegen Sauls Sünde an den Gibeonitern.

[Zeit der Könige und Propheten]

S Südreich Juda   N Nordreich Israel

esse und trinke, kann ich nicht mehr schmecken, und ich kann die Stimmen der Sänger und Sängerinnen nicht mehr hören. Ich wäre nur eine Last für meinen Herrn, den König. [37]Ich möchte nur noch mit dem König zusammen über den Jordan setzen. Warum willst du, mein König, mich so reich belohnen? [38]Lass mich in meine Heimatstadt zurückkehren, um dort zu sterben, wo mein Vater und meine Mutter begraben sind. Doch hier ist dein Diener Kimham. Lass ihn mit dir, mein Herr und König, ziehen und gib ihm, was immer du ihm Gutes geben willst!«

[39]Der König stimmte zu: »Kimham soll mit mir gehen und ich will ihm Gutes tun. Was immer du möchtest, werde ich für dich tun!« [40]Danach überquerte das ganze Volk gemeinsam mit dem König den Jordan. Barsillai kehrte, nachdem David ihn gesegnet und geküsst hatte, in seine Heimatstadt zurück. [41]Der König zog nach Gilgal und nahm Kimham mit. Das ganze Heer Judas und das halbe Heer Israels begleiteten ihn über den Fluss.

Ein Streit um den König
[42]Doch die Israeliten beklagten sich beim König: »Warum haben unsere Brüder, die Männer von Juda, sich das Recht herausgenommen, den König, seine Familie und seine Männer über den Jordan zu bringen?« [43]»Weil der König uns näher steht«, entgegneten die Männer aus Juda. »Warum solltet ihr euch darüber ärgern? Wir haben nichts dafür vom König verlangt. Und er hat uns keine Geschenke dafür gegeben.«

[44]»Aber es gibt zehn Stämme in Israel«, widersprachen die Israeliten. »Deshalb ist unser Anrecht auf David zehnmal größer als eures.* Warum habt ihr uns so missachtet? Haben wir nicht als erste gesagt, dass wir ihn wieder zum König haben wollen?« Aber die Antwort der Männer aus Juda fiel noch schärfer aus als die der Israeliten.

Schebas Aufstand
V.23-26: Kapitel 8,16-18; vgl. 1. Könige 4,1-6

20 Da stieß ein Unruhestifter aus dem Stamm Benjamin namens Scheba, ein Sohn Bichris, in das Horn und rief: »Wir haben nichts mit David und seiner Familie zu schaffen. Dieser Sohn Isais geht uns nichts an. Kommt, ihr Männer Israels, lasst uns nach Hause gehen!« [2]Da fielen die Israeliten von David ab und folg-

19,44 Hebr. *Aber die Männer von Israel ... antworteten: Wir haben zehn Anteile am König, also haben wir auch auf David mehr Recht als ihr.*

ten Scheba. Die Judäer aber blieben bei ihrem König und begleiteten ihn vom Jordan bis nach Jerusalem.

³Als der König in seinem Palast in Jerusalem eintraf, gab er Anweisung, die zehn Nebenfrauen, die er als Hüterinnen des Hauses zurückgelassen hatte, in ein bewachtes Haus zu bringen. Sie bekamen alles, was sie brauchten, aber er schlief nicht mehr mit ihnen. Bis zu ihrem Tod waren sie eingeschlossen und lebten wie Witwen.

⁴Danach sagte der König zu Amasa: »Ruf mir innerhalb von drei Tagen die Männer von Juda zusammen und melde dich dann wieder bei mir!« ⁵Amasa ging, um die Männer von Juda zusammenzurufen, aber es dauerte länger als die Frist, die ihm dafür zugestanden worden war. ⁶Da sagte David zu Abischai: »Scheba, der Sohn Bichris, wird für uns noch gefährlicher werden als Absalom. Rasch, nimm die Männer deines Herrn und verfolge ihn, bevor er befestigte Städte einnimmt, und uns schadet*.«

⁷Abischai zog mit den Männern Joabs sowie der Leibwache* des Königs und den mächtigsten Kriegern Davids von Jerusalem aus und machte sich an die Verfolgung Schebas, des Sohns von Bichri. ⁸Als sie zu dem großen Stein in Gibeon kamen, trafen sie auf Amasa. Joab trug seinen Waffenrock und darüber einen Gürtel mit einem Dolch. Als er vortrat, um Amasa zu begrüßen, löste er heimlich den Dolch aus der Scheide. ⁹»Wie geht es dir, mein Bruder?«, fragte Joab Amasa und fasste mit der rechten Hand dessen Bart, als wolle er ihn küssen. ¹⁰Amasa bemerkte aber nicht den Dolch, den Joab in seiner linken Hand hielt. Joab stieß ihn damit in den Bauch, sodass seine Eingeweide hervorquollen und auf die Erde fielen. Er brauchte kein zweites Mal zuzustoßen, denn Amasa war sofort tot. Dann machten sich Joab und sein Bruder Abischai wieder an die Verfolgung Schebas.

¹¹Einer von Joabs Männern stellte sich neben Amasas Leiche und rief: »Wenn ihr für Joab und David seid, dann folgt Joab.« ¹²Doch Amasa lag mitten auf dem Weg in seinem Blut, und Joabs Mann sah, dass eine Menschenmenge sich um ihn scharte. Da zog er ihn von der Straße auf ein Feld und warf einen Mantel über ihn, weil jeder, der vorbeikam, bei ihm stehen blieb. ¹³Als Amasa aus dem Weg war, folgten alle Joab, um Scheba, den Sohn Bichris, zu verfolgen.

¹⁴Scheba war inzwischen durch alle Stammesgebiete Israels bis zur Stadt Abel-Bet-Maacha* gezogen. Alle Männer der Sippe Bichri* sammelten sich und schlossen sich ihm an. ¹⁵Als Joabs Truppen eintrafen, belagerten sie Abel-Bet-Maacha. Sie errichteten einen Wall vor der äußeren Stadtmauer, gelangten so zur Hauptmauer und versuchten, sie einzureißen. ¹⁶Doch eine weise Frau aus der Stadt rief: »Hört mich an. Sagt Joab, er soll herkommen, damit ich mit ihm sprechen kann.« ¹⁷Als Joab kam, fragte die Frau: »Bist du Joab?«

»Der bin ich«, antwortete er.

Da sagte sie: »Hör deine Magd an.«

»Ich höre«, sagte er.

¹⁸Sie fuhr fort: »Einst gab es ein Sprichwort: ›Frage die Stadt Abel um Rat, dann geht eine Sache gut aus.‹ ¹⁹Wir sind friedliebende und treue Leute in Israel. Du aber willst eine Stadt und Mutter in Israel zerstören. Warum willst du zerstören, was dem HERRN gehört?«

²⁰Joab antwortete: »Glaub mir, ich will deine Stadt nicht zerstören! ²¹Alles, was ich will, ist ein Mann namens Scheba, ein Sohn von Bichri vom Gebirge Ephraim, der sich gegen König David aufgelehnt hat. Wenn ihr ihn mir ausliefert, werden wir von der Stadt abziehen!«

Da sagte die Frau: »Wir werden dir seinen Kopf über die Mauer werfen.« ²²Dann überzeugte sie mit ihrer Weisheit die Einwohner der Stadt und sie schlugen Scheba den Kopf ab und warfen ihn Joab hinunter. Da ließ er das Horn zum Rückzug blasen und alle seine Männer kehrten nach Hause zurück. Joab aber ging zum König nach Jerusalem.

²³Joab wurde wieder zum Heerführer Israels ernannt. Benaja, der Sohn Jojadas, hatte den Oberbefehl über die königliche Leibwache. ²⁴Adoniram* war der Oberaufseher über die Fronarbeiter. Joschafat, der Sohn Ahiluds, war Kanzler. ²⁵Schewa war Hofschreiber. Zadok und Abjatar waren Priester ²⁶und auch der Jaïriter Ira war ein Priester Davids.

David rächt die Gibeoniter

21 Während Davids Regierungszeit herrschte drei Jahre lang eine Hungersnot und David befragte den HERRN deswegen. Der HERR antwortete: »Auf Saul und seiner Familie lastete eine Blutschuld, weil sie die Gibeoniter ermordet haben.«

²Da rief der König die Gibeoniter zusammen. Sie gehörten nicht zu Israel, sondern zum übrig

---

20,6 Hebr. *und er unser Auge ausreißen lässt.* 20,7 Hebr. die *Kreter und Pleter*; so auch in 20,23. 20,14a Hebr. *Abel-Bet und Maacha.* In Anlehnung an V. 15 wurde »und« gestrichen. 20,14b Text im Hebr. an dieser Stelle unklar. 20,24 So in der griech. Version (s. auch 1. Könige 4,6; 5,28); im Hebr. steht *Adoram*.

1. & 2. SAMUEL

1–8	Samuel, Richter und Prophet
9–15	Saul, der erste König – Aufstieg und Fall
16–31	Saul und David
1–10	König David
11–12	Davids Krise
13–20	Absaloms Aufstand, seine Vor- und Nachgeschichte
21–24	Davids letzte Jahre

21–22

Die Sünde Sauls an den Gibeonitern wird gesühnt. Kämpfe mit den Philistern. David lobt Gottes Größe und Beistand.

[Zeit der Könige und Propheten]

gebliebenen Teil der Amoriter. Die Israeliten hatten sich mit ihnen verbündet, doch Saul in seinem Eifer für Israel und Juda hatte versucht, sie zu vernichten. ³David fragte sie: »Was kann ich für euch tun, um diese Schuld zu begleichen? Sagt es mir, damit ihr das Volk des HERRN wieder segnet.«

⁴»Wir wollen kein Silber und Gold von Sauls Familie«, antworteten die Gibeoniter, »und haben auch nicht das Recht, Israeliten dafür hinzurichten.«

»Was kann ich dann für euch tun?«, fragte David.

⁵Da antworteten sie: »Es war Saul, der uns austilgen wollte. Es sollte für uns keinen Platz in Israel geben. ⁶Deshalb sollen uns sieben seiner Nachkommen ausgeliefert werden, und wir werden sie vor dem HERRN in Gibeon, auf dem Berg des HERRN*, hinrichten.«

»Gut«, stimmte der König zu, »ich will es tun.« ⁷Er verschonte aber Jonatans Sohn Mefi-Boschet, der Sauls Enkel war, wegen des Eides, den er und Jonatan vor dem HERRN geschworen hatten. ⁸Der König nahm Sauls Söhne Armoni und Mefi-Boschet, deren Mutter Rizpa war, die Tochter Ajas, und die fünf Söhne von Sauls Tochter Merab*, der Frau von Adriël, dem Sohn Barsillais aus Mehola, ⁹und lieferte sie an die Gibeoniter aus. Diese richteten sie auf dem Berg vor dem HERRN hin. So starben alle sieben auf einmal. Es war in den ersten Tagen der Gerstenernte.

¹⁰Rizpa, die Tochter Ajas, breitete Sackleinen über einen Felsen und blieb dort sitzen bis der erste Regen fiel. Am Tag verscheuchte sie die Geier und in der Nacht hielt sie die wilden Tiere von den Leichen fern. ¹¹Als David erfuhr, was Rizpa, die Nebenfrau Sauls, getan hatte, ¹²holte er sich von den Einwohnern von Jabesch in Gilead die Gebeine Sauls und seines Sohnes Jonatan. Die Männer von Jabesch in Gilead hatten damals ihre Leichen vom Marktplatz der Stadt Bet-Schean gestohlen, wo die Philister sie nach ihrem Sieg über Saul auf dem Gebirge Gilboa aufgehängt hatten. ¹³David holte die Gebeine von Saul und Jonatan sowie die Gebeine der hingerichteten Männer ¹⁴und ließ sie im Grab von Sauls Vater Kisch in der Stadt Zela im Gebiet von Benjamin bestatten. Nachdem alle Befehle des Königs ausgeführt worden waren, machte Gott der Hungersnot in Israel ein Ende.

21,6 So in der griech. Version (s. auch 21,9); im Hebr. heißt es *in Gibea von Saul, dem Erwählten des HERRN.* 21,8 In dem meisten hebr. Handschriften steht *Michal* (s. aber 1. Samuel 18,19).

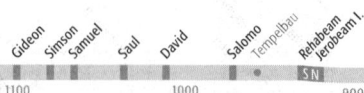

Kämpfe mit den Riesen der Philister
1. Chronik 20,4-8

¹⁵Wieder einmal kam es zum Krieg zwischen den Philistern und Israel. David und seine Männer zogen den Philistern entgegen. David war vom Kampf erschöpft, ¹⁶als Jischbi aus Nob, ein Nachkomme der Riesen*, ihn töten wollte. Er war mit einem Speer bewaffnet, dessen Spitze 300 Schekel Bronze* wog, und mit einem neuen Schwert ausgerüstet. ¹⁷Doch Abischai, der Sohn von Zeruja, kam David zu Hilfe und tötete den Philister. Danach sagten Davids Männer: »Du darfst nicht wieder in den Kampf ziehen! Wir wollen nicht, dass das Licht Israels erlischt.«

¹⁸Danach kam es bei Gob wieder zur Schlacht gegen die Philister. Im Kampf tötete Sibbechai aus Huscha Saf, der ebenfalls ein Nachkomme der Riesen war. ¹⁹In einer weiteren Schlacht gegen die Philister bei Gob tötete Elhanan, der Sohn Jaïrs* aus Bethlehem, Goliat aus Gat. Der Schaft seines Speeres war so dick wie ein Weberbaum. ²⁰In einer weiteren Schlacht bei Gat trat ein sehr großer Mann mit sechs Fingern an jeder Hand und sechs Zehen an jedem Fuß auf – ebenfalls ein Nachkomme der Riesen – ²¹und verhöhnte Israel. Doch er wurde von Jonatan, dem Sohn von Davids Bruder Schamma*, getötet. ²²Alle vier Philister waren Nachkommen der Riesen von Gat, aber sie wurden von David und seinen Kriegern getötet.

Davids Loblied
Vgl. Psalm 18

22 Das folgende Lied sang David dem HERRN, nachdem der HERR ihn vor allen seinen Feinden und vor Saul gerettet hatte:
²»Der HERR ist mein Fels, meine Burg und mein Retter;
³mein Gott ist meine Zuflucht, bei dem ich Schutz suche.
Er ist mein Schild, die Stärke meines Heils und meine Festung.
Zu ihm kann ich fliehen,
er rettet mich aus Gewalt.
⁴HERR, wenn ich dich lobe und anrufe,
dann werde ich vor meinen Feinden gerettet.
⁵Die Wogen des Todes verschlangen mich,
die Fluten der Zerstörung gingen über mich hinweg.
⁶Das Totenreich* öffnete sich schon vor mir,
der Tod selbst starrte mir ins Gesicht.
⁷Doch in meiner Not betete ich zum HERRN
und schrie zu meinem Gott um Hilfe.
Da erhörte er mich in seinem Heiligtum,
mein Schreien drang durch bis an sein Ohr.
⁸Da erbebte die Erde und wankte vor seinem Zorn,
die Fundamente des Himmels bewegten sich und wurden erschüttert.
⁹Rauch drang aus seiner Nase
und Flammen aus seinem Mund,
und glühende Kohlen wurden herausgeworfen.
¹⁰Er tat den Himmel auf und kam herab,
dabei war es dunkel unter seinen Füßen.
¹¹Auf einem mächtigen Engel* flog er herbei,
er schwebte herab* auf den Flügeln des Windes.
¹²Er hüllte sich in Dunkelheit
und verbarg sein Kommen in dichten Regenwolken.
¹³Im Glanz seiner Gegenwart brannten glühende Kohlen.
¹⁴Der HERR donnerte vom Himmel her,
der Höchste ließ seine Stimme erschallen.
¹⁵Er schoss Pfeile ab und zerstreute seine Feinde,
er schleuderte seinen Blitz und verwirrte sie.
¹⁶Auf den Befehl des HERRN,
auf einen Hauch seines Mundes hin,
wurde der Meeresgrund sichtbar,
und die Fundamente der Erde freigelegt.
¹⁷Er streckte seine Hand aus vom Himmel und rettete mich;
er zog mich aus tiefem Wasser herauf.
¹⁸Er befreite mich von meinen mächtigen Feinden,
von denen, die mich hassten und zu stark für mich waren.
¹⁹Sie fielen über mich her, als ich am schwächsten war,
doch der HERR gab mir Halt.
²⁰Er brachte mich an einen sicheren Ort
und rettete mich, weil er Freude an mir hatte.
²¹Der HERR wird mich belohnen, weil ich aufrichtig bin*,
und mir den Lohn dafür geben, dass ich unschuldig bin.
²²Denn ich bin die Wege des HERRN gegangen
und habe mich nicht von meinem Gott abgewandt, um dem Bösen nachzulaufen.
²³Alle seine Rechte habe ich ständig vor Augen,
nie bin ich von seinen Geboten abgewichen.
²⁴Ich bin ohne Schuld vor Gott,
denn ich habe mich von der Sünde ferngehalten.

21,16a Im Hebr. heißt es *ein Nachkomme Rafas*; so auch in 21,18.20.22. »Rafa« galt als Stammvater der Riesen. **21,16b** Das entspricht ca. 3,6 kg. **21,19** So im Paralleltext 1. Chronik 20,5; im Hebr. heißt es *Sohn von Jaare-Oregim*. **21,21** So im Paralleltext 1. Chronik 20,7; im Hebr. heißt es *Schimea*. **22,6** Hebr. *Scheol*. **22,11a** Hebr. *Cherub*. **22,11b** So in manchen hebr. Handschriften (s. auch Psalm 18,12); in anderen hebr. Handschriften steht *erscheinend*. **22,21** Hebr. *nach meiner Gerechtigkeit*; so auch in V. 25.

1. & 2. SAMUEL

1–8	Samuel, Richter und Prophet
9–15	Saul, der erste König – Aufstieg und Fall
16–31	Saul und David
1–10	König David
11–12	Davids Krise
13–20	Absaloms Aufstand, seine Vor- und Nachgeschichte
21–24	Davids letzte Jahre

22–23
David lobt Gottes Größe und Beistand. Davids Haus soll für immer Gott gehören. Davids berühmteste Krieger.

[Zeit der Könige und Propheten]

S Südreich Juda   N Nordreich Israel

---

²⁵Der HERR hat mich belohnt, weil ich recht tue und weil ich mich vorbildlich verhielt.
²⁶Den Treuen erweist du dich als treu, den Aufrichtigen begegnest du mit Aufrichtigkeit.
²⁷Den Reinen erweist du dich als rein, doch den Falschen überführst du.
²⁸Denn du rettest den Elenden, aber die Stolzen erniedrigst du.
²⁹HERR, du bist mein Licht, du, HERR, hast meine Finsternis erhellt.
³⁰Mit dir kann ich ganze Heere zerschlagen, mit dir überwinde ich jede Mauer.
³¹Gottes Wege sind vollkommen. Alle Worte des HERRN sind wahr. Allen, die sich zu ihm flüchten, bietet er Schutz.
³²Wer ist Gott außer dem HERRN? Wer ist ein Fels außer Gott?
³³Gott ist meine feste Burg und macht meinen Weg sicher.
³⁴Er macht meine Schritte leichtfüßig wie die eines Hirsches, und stellt mich hin auf meine Höhen.
³⁵Er bereitet mich auf den Kampf vor und macht mich stark, sodass ich einen bronzenen Bogen spannen kann.
³⁶Du gibst mir rettenden Schutz und durch deine Hilfe* hast du mich stark gemacht.

22,36 So in den Schriftrollen vom Toten Meer; in den meisten hebr. Handschriften steht *deine Antwort*.

2. Samuel 23,5

Bundesschlüsse
Im betenden Rückblick auf sein Leben bekennt David, dass Gott seinen Bund mit ihm geschlossen hat. Er hat das damals gegebene Versprechen also deutlich als Bundeszusage erkannt.
Gott hatte den Thronfolger Davids damals »Sohn« genannt und sich selbst als seinen Vater bezeichnet (2Sam 7,14). Sohn bedeutet also »erwählter Herrscher«, wie es auch in Psalm 2,7 der Fall ist. Von diesem Sprachgebrauch her konnte »Gottes Sohn« dann später zu einem Messiastitel werden, ohne dass man an biologische Herkunft denken muss.
Wenn David jetzt, bei seinem Lebensrückblick, von »seinem Haus« spricht, meint er damit die Linie der Nachkommen seiner Familie.
Was generell für den Bund Gottes gilt, betont David hier ausdrücklich: Er ist unerschütterlich und Gott wird ihn von sich aus niemals zurücknehmen.
(2. Samuel 7,11-16 «« | »» Psalm 89,35)

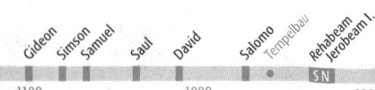

³⁷Du hast den Weg für meine Füße geebnet,
damit ich nicht stürze.
³⁸Ich habe meine Feinde verfolgt und getötet,
ich gab nicht auf, bis sie besiegt waren.
³⁹Ich habe sie vernichtet; ich schlug sie, sodass sie
nicht mehr aufstehen konnten
und mir zu Füßen lagen.
⁴⁰Du hast mir Kraft für den Kampf gegeben
und mir meine Feinde unterworfen.
⁴¹Du schlugst sie in die Flucht,
sodass ich alle, die mich hassten, vernichten
konnte.
⁴²Sie suchten nach Hilfe, doch niemand kam, um
sie zu retten.
Sie schrien zum HERRN, doch er antwortete
ihnen nicht.
⁴³Ich zermalmte sie zu Staub der Erde
und zertrat sie wie Schmutz auf der Straße.
⁴⁴Du hast mir den Sieg über meine
Herausforderer geschenkt
und mich zum Herrscher über Völker gesetzt,
ein Volk, das ich nicht einmal kenne, dient mir.
⁴⁵Fremde Menschen unterwerfen sich mir.
Sobald sie nur von mir hörten, gehorchten sie
mir.
⁴⁶Sie verlieren allen Mut
und kommen zitternd aus ihren Festungen.
⁴⁷Der HERR lebt! Ich preise ihn. Er ist mein Fels!
Ich will Gott, den Fels meines Heils, erheben!
⁴⁸Er ist der Gott, der denen vergilt, die mir Böses
wollen.
Er unterwirft mir die Völker
⁴⁹und rettet mich vor meinen Feinden.
Du setzt mich über die, die sich gegen mich
erhoben
und befreist mich aus der Gewalt meiner
Gegner.
⁵⁰Dafür, HERR, will ich dich preisen unter den
Völkern
und deinem Namen Loblieder singen.
⁵¹Du hast deinem König große Siege geschenkt
und Gnade erwiesen David, deinem Gesalbten,
und seinen Nachkommen bis in alle Ewigkeit.«

Davids letzte Worte

23 Dies sind die letzten Worte Davids:
»David, der Sohn Isais, spricht –
David, der Mann, den Gott erhöht hat,
David, der Mann, den der Gott Jakobs gesalbt
hat,
David, der Liebling in den Liedern Israels.
²Der Geist des HERRN spricht durch mich;
seine Worte liegen auf meiner Zunge.
³Der Gott Israels hat gesprochen.
Der Fels Israels hat zu mir gesagt:
›Wer gerecht herrscht über die Menschen,
wer in der Furcht Gottes herrscht,
⁴ist wie das Morgenlicht,
wie die Sonne, die an einem wolkenlosen
Himmel aufgeht
und nach erfrischendem Regen zartes Grün
sprießen lässt.‹
⁵Ja, mein Haus gehört fest zu Gott!
Er hat einen ewigen Bund mit mir geschlossen.
Sein Bund ist endgültig und besiegelt.
Für immer wird er mir Erfolg und Wohlergehen
schenken.
⁶Die Gottlosen aber sind wie Dornen, die
weggeworfen werden,
denn mit der Hand fasst man sie nicht an.
⁷Man muss sich mit Eisen und Speer wappnen,
um sie aufzulesen;
und am Ende werden sie vom Feuer verzehrt
werden.«

Davids berühmteste Krieger

1. Chronik 11,10-47; 27,1-15

⁸Dies sind die Namen der berühmtesten Krieger Davids. Der erste war der Hachmoniter Jischbaal*; er war der Oberste der »Drei«*. Einmal tötete er mit seinem Speer in einer einzigen Schlacht 800 Mann.*

⁹Der zweite unter den »Dreien« war Eleasar, der Sohn des Ahoachiters Dodos. Einst kämpfte Eleasar gegen die Philister. Nachdem das ganze Heer Israels die Flucht ergriffen hatte, ¹⁰tötete er Philister um Philister, bis seine Hand zu müde war, um sein Schwert zu heben. So schenkte der HERR den Israeliten an jenem Tag einen großen Sieg. Sie kehrten um und sammelten die Beute ein.

¹¹Der nächste war Schamma, der Sohn Ages aus Harar. Einmal kämpften die Philister bei Lehi auf einem Linsenacker. Als das Heer Israels vor den Philistern floh, ¹²hielt Schamma die Stellung, entriss das Feld den Philistern und schlug sie in die Flucht. So schenkte der HERR den Israeliten einen großen Sieg.

¹³Einmal, während der Erntezeit, als David in der Höhle Adullam war, lagerte das Heer der Philister im Tal von Refaïm. Drei von Davids 30 berühmtesten Kriegern gingen zu David hinab.

23,8a So in der griech. Version; im Hebr. steht unverständlich *sie wohnten in der tachkemonitischen Siedlung*. 23,8b Damit sind die drei größten Krieger von David gemeint. 23,8c So in manchen griech. Handschriften (s. auch 1. Chronik 11,11); der hebr. Text ist an dieser Stelle unklar; eine mögliche Übersetzung könnte lauten: *der Drei. Der Esniter Adino tötete 800 Mann auf einmal.*

1. & 2. SAMUEL

1–8	Samuel, Richter und Prophet
9–15	Saul, der erste König – Aufstieg und Fall
16–31	Saul und David

1–10	König David
11–12	Davids Krise
13–20	Absaloms Aufstand, seine Vor- und Nachgeschichte
21–24	Davids letzte Jahre

23–24
Davids Krieger. David zählt das Volk und wird dafür mit einer dreitägigen Plage in Israel bestraft.

[Zeit der Könige und Propheten]

S Südreich Juda   N Nordreich Israel

---

¹⁴David hielt sich damals in der Bergfestung auf und ein Posten der Philister hatte die Stadt Bethlehem besetzt. ¹⁵David sagte sehnsüchtig zu seinen Männern: »Wer holt mir Wasser aus dem Brunnen am Tor in Bethlehem?« ¹⁶Da drangen die drei Krieger in das Lager der Philister ein, schöpften etwas Wasser aus dem Brunnen am Tor in Bethlehem und brachten es David. Doch er weigerte sich, davon zu trinken, sondern goss es als Trankopfer für den HERRN aus. ¹⁷»Der HERR bewahre mich davor, es zu trinken«, rief er. »Dieses Wasser ist so kostbar wie das Blut dieser Männer, die dafür ihr Leben aufs Spiel gesetzt haben.« Darum weigerte er sich, davon zu trinken. Diese Heldentat vollbrachten die drei Krieger.

Davids berühmte Krieger

¹⁸Joabs Bruder Abischai, der Sohn von Zeruja, war der Anführer der »Dreißig«*. Er tötete mit seinem Speer 300 Feinde und genoss hohes Ansehen unter den »Dreißig«. ¹⁹Abischai war der berühmteste der »Dreißig«* und wurde ihr Anführer, aber an die »Drei« reichte er nicht heran.

²⁰Benaja, der Sohn Jojadas, war ein tapferer Krieger aus Kabzeel, der große Taten vollbrachte. Er tötete zwei der stärksten Krieger* Moabs. Ein anderes Mal verfolgte er einen Löwen, der in einen Brunnen hineingefallen war. Er stieg hinab und tötete ihn, trotz Schnee und schlüpfrigem Boden. ²¹Wieder ein anderes Mal tötete er, lediglich mit einem Stock bewaffnet, einen großen ägyptischen Krieger, der sich mit einem Speer verteidigte. Benaja rang dem Ägypter den Speer aus der Hand und tötete ihn damit. ²²Das sind einige der Taten Benajas, des Sohnes Jojadas, und er genoss hohes Ansehen unter den »Dreißig«. ²³Er wurde höher geachtet als die anderen Mitglieder der »Dreißig«, aber an die »Drei« reichte er nicht heran. David machte ihn zum Anführer seiner Leibwache.

²⁴Zu den »Dreißig« gehörten auch: Asaël, der Bruder von Joab; Elhanan, der Sohn Dodos, aus Bethlehem; ²⁵Schamma aus Harod; Elika aus Harod; ²⁶Helez aus Pelet*; Ira, der Sohn Ikkeschs, aus Tekoa; ²⁷Abiëser aus Anatot; Sibbechai* aus Huscha; ²⁸Zalmon aus Ahoach; Mahrai

---

23,18 So in manchen hebr. Handschriften und in der syr. Version; in den meisten hebr. Handschriften steht *der Drei*. Mit der Kurzform »Dreißig« sind die 30 berühmten Krieger Davids gemeint.   23,19 So in der syr. Version; im Hebr. steht *der Drei*.   23,20 Hebr. *die zwei Gotteslöwen*.   23,26 So im Paralleltext 1. Chronik 11,27 (s. auch 1. Chronik 27,10); im Hebr. steht *aus Palti*.   23,27 So in manchen griech. Handschriften (s. auch 1. Chronik 11,29); im Hebr. steht *Mebunnai*.

aus Netofa; ²⁹Heled*, der Sohn Baanas, aus Netofa; Ittai, der Sohn Ribais, aus Gibea im Gebiet Benjamins; ³⁰Benaja aus Piraton; Hiddai* aus Nahale-Gaasch*; ³¹Abialbon aus Bet-Araba; Asmawet aus Bahurim; ³²Eljachba aus Schaalbon; von den Söhnen Jaschens: Jonatan; ³³Schama aus Hara; Ahiam, der Sohn Scharars, aus Harar; ³⁴Elifelet, der Sohn Ahasbais, aus Maacha; Eliam, der Sohn Ahitofels, aus Gilo; ³⁵Hezro aus Karmel; Paarai aus Arab; ³⁶Jigal, der Sohn Nathans, aus Zoba; Bani aus Gad; ³⁷Zelek aus Ammon; Nachrai aus Beerot, der Waffenträger Joabs, des Sohnes Zerujas; ³⁸Ira und Gareb aus Jattir; ³⁹der Hetiter Uria. Insgesamt waren es 37.

Davids Volkszählung
1. Chronik 21,1-6; 27,23.24

24 Wieder einmal entbrannte der Zorn des HERRN gegen Israel und er brachte David gegen das Volk auf. So befahl er: »Geh und zähle das Volk von Israel und Juda.«

²Da sagte der König zu Joab, seinem Heerführer: »Zieh durch alle Stammesgebiete Israels, von Dan bis Beerscheba, und zähl alle wehrfähigen Männer, damit ich weiß, wie viele es sind.«

³Doch Joab antwortete dem König: »Der HERR, dein Gott, lasse das Volk noch hundertmal zahlreicher werden, als es jetzt schon ist und ich wünsche dir, dass du das noch erlebst! Aber warum willst du dies tun?«

⁴Doch der König bestand gegenüber Joab und den anderen Truppenführern darauf, die Volkszählung durchzuführen, und so machten sie sich daran, das Volk von Israel zu zählen. ⁵Als erstes setzten sie über den Jordan und lagerten bei Aroër, südlich der Stadt im Tal. Sie zogen dann durch das Gebiet von Gad und in Richtung Jaser, ⁶dann nach Gilead im Gebiet von Tachtim-Hodschi* und nach Dan und in die Gegend von Sidon. ⁷Dann gelangten sie zur befestigten Stadt Tyrus und in alle Städten der Hiwiter und Kanaaniter. Schließlich zogen sie in den Süden Judas bis Beerscheba. ⁸Auf diese Weise kamen sie durch das ganze Land und kehrten nach neun Monaten und 20 Tagen wieder nach Jerusalem zurück. ⁹Joab meldete dem König das Ergebnis der Volkszählung. Es waren 800.000 wehrfähige Männer in Israel und 500.000 in Juda.

Die Strafe für Davids Sünden
1. Chronik 21,7-30

¹⁰Doch nachdem David die Volkszählung hatte durchführen lassen, meldete sich sein Gewissen, und er sagte zum HERRN: »Ich habe eine große Sünde begangen. Vergib mir mein falsches Handeln, HERR.«

¹¹Als David am nächsten Morgen aufstand, erging das Wort des HERRN an den Propheten Gad, den Seher Davids. Der HERR beauftragte ihn: ¹²»Geh und sag zu David: ›So spricht der HERR: Ich will dir die Wahl zwischen drei Strafen lassen. Entscheide dich für eine davon und ich werde sie vollstrecken!‹«

¹³Gad ging zu David, teilte ihm die Botschaft des HERRN mit und fragte ihn dann: »Willst du sieben* Jahre eine Hungersnot im ganzen Land haben, drei Monate vor deinen Feinden auf der Flucht sein oder drei Tage lang eine schwere Plage im ganzen Land haben? Überleg es dir und lass mich wissen, welche Antwort ich dem geben soll, der mich gesandt hat.«

¹⁴»Das macht mir Angst!«, sagte David zu Gad. »Doch lieber möchte ich in die Hände des HERRN fallen, denn seine Barmherzigkeit ist groß. Lass mich nur nicht in die Hände von Menschen fallen!«

¹⁵Da sandte der HERR noch am gleichen Morgen eine Plage über Israel und sie wütete drei Tage lang. Es starben im ganzen Land, von Dan bis Beerscheba, 70.000 Menschen. ¹⁶Doch als der Engel sich bereit machte, Jerusalem zu zerstören, hatte der HERR Mitleid mit dem Volk, und er sprach zu dem Engel, der unter dem Volk wütete: »Halt! Es ist genug!« Der Engel des HERRN befand sich gerade auf der Tenne des Jebusiters Arauna.

¹⁷Als David den Engel sah, der das Volk mit der Plage schlug, sagte er zum HERRN: »Ich habe gesündigt und Unrecht getan! Diese Leute aber – was haben sie getan? Dein Zorn soll mich und meine Familie treffen.«

David errichtet einen Altar

¹⁸An diesem Tag kam Gad zu David und sagte zu ihm: »Geh und errichte dem HERRN einen Altar auf der Tenne des Jebusiters Arauna.«

¹⁹David tat, was der HERR ihm durch Gad befohlen hatte, und machte sich auf den Weg. ²⁰Als Arauna sah, dass der König und seine Männer zu ihm kamen, trat er heraus und warf sich vor dem König zu Boden. ²¹»Warum bist du zu deinem

---

23,29 So in manchen hebr. Handschriften (s. auch 1. Chronik 11,30); in den meisten hebr. Handschriften steht *Heleb*. **23,30a** So im Hebr.; in manchen griech. Handschriften steht *Hurai* (s. auch den Paralleltext 1. Chronik 11,32). **23,30b** O. *aus dem Tal von Gaasch*. **24,6** In der griech. Version heißt es *nach Gilead und Kadesch im Land der Hetiter*. **24,13** So im Hebr.; in der griech. Version steht *drei* (s. auch 1. Chronik 21,12).

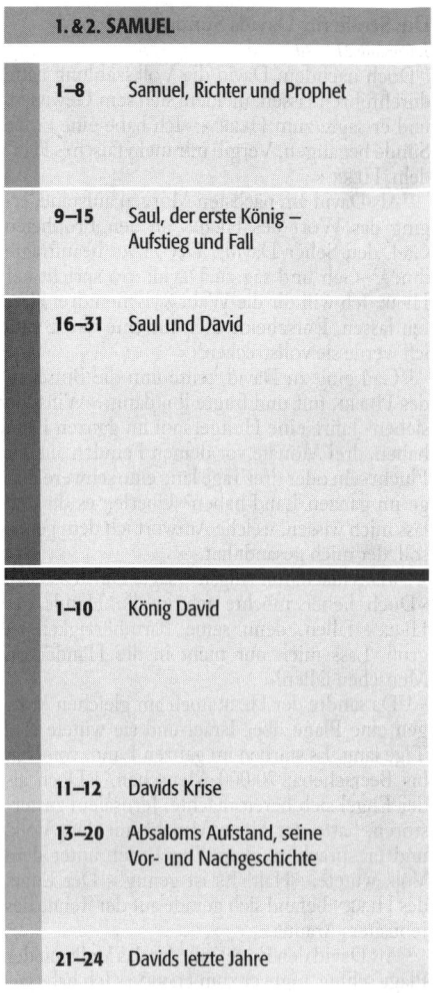

1. & 2. SAMUEL

1–8	Samuel, Richter und Prophet
9–15	Saul, der erste König – Aufstieg und Fall
16–31	Saul und David
1–10	König David
11–12	Davids Krise
13–20	Absaloms Aufstand, seine Vor- und Nachgeschichte
21–24	Davids letzte Jahre

24
David kauft einen Dreschplatz, um dort Gott Opfer zu bringen.

[Zeit der Könige und Propheten]

Diener gekommen, mein Herr und König?«, fragte er.

David antwortete: »Ich bin gekommen, um deine Tenne zu kaufen und dem HERRN dort einen Altar zu errichten, damit diese Plage, die auf dem Volk lastet, aufhört!«

22»Nimm sie, mein Herr, und opfere, was immer du willst«, sagte Arauna zu David. »Hier sind Rinder für das Brandopfer und als Brennholz kannst du die Dreschschlitten und Rindergeschirre nehmen. 23Ich schenke dir alles, mein König. Möge der HERR, dein Gott, dein Opfer gnädig annehmen.«

24Doch der König antwortete Arauna: »Nein, ich will es angemessen bezahlen, denn ich möchte dem HERRN, meinem Gott, keine Opfer darbringen, die mich nichts gekostet haben.« Und David zahlte ihm 50 Silberschekel* für die Tenne und die Rinder. 25Er errichtete dem HERRN einen Altar und brachte Brand- und Friedensopfer dar. Der HERR erhörte sein Gebet für das Land und die Plage in Israel hörte auf.

24,24 Das entspricht ca. 600 g.

S Südreich Juda   N Nordreich Israel

1. Könige

Inhalt

Nach Davids Tod wird sein Sohn Salomo König. Er lässt für Gott einen prachtvollen Tempel in Jerusalem bauen. Gott nimmt ihn als sichtbaren festen Wohnsitz an (siehe Einleitung zu 5. Mose). In seinem Einweihungsgebet, zugleich Rede an das Volk, betont Salomo das Wesentliche: Gott ist größer als der Tempel. Gott ist der Gott aller Völker der Erde. Gott möge Sünde vergeben und den Israeliten die Befolgung seines Gesetzes ans Herz legen. – Gott antwortet damit, dass er seinen Bund bestätigt und als Bedingungen erstens die Treue zu ihm und zweitens das Einhalten der Gesetze nennt.

Salomos Regierungszeit ist von Frieden und Reichtum geprägt. Neben immenser Bau- und Handelstätigkeit widmet er sich der Naturwissenschaft und der Weisheit. Aber das goldene Zeitalter währt nicht lange: Salomo hat unzählige Frauen, und mit der Zeit verehrt er auch ihre Götter. Gott reagiert bundesgemäß mit Gericht: Nach Salomos Tod macht ein Mann aus dem Volk Salomos Sohn das Reich streitig. Von nun an (931/930 v.Chr.) gibt es zwei israelitische Staaten: Zehn Stämme leben unter wechselnden Herrscherhäusern; den Nachkommen Davids verbleibt nur Juda und Benjamin.

Der erste Herrscher über die Stämme im Norden Israels bricht bewusst mit Gott, indem er zwei Staatsheiligtümer mit Götterfiguren errichtet. Im Folgenden werden die Könige beider Staaten, ihre Kriege und andere Ereignisse beschrieben. Vor allem wird festgestellt, ob sie tun, was Gott gefällt oder – wie meistens – nicht. König David bleibt beispielhafter Maßstab.

Nach etlichen Generationen so abgehandelter Könige schwenkt die Blickrichtung von ihnen weg auf einen herausragenden Propheten: Elia. Er fordert König Ahab von Israel und seine Frau heraus; beide hatten die Verehrung anderer Götter stark vorangetrieben. Auch hilft Elia einer Not leidenden Frau. Das 2. Buch der Könige setzt die Prophetengeschichte fort, bevor es wieder zur Königsberichterstattung übergeht.

Wichtige Personen

David	König von Juda, dann ganz Israel ca. 1011–971 v.Chr.
Abischag	Dienerin Davids
Adonija	Sohn von David und Haggit
Salomo	Sohn von David und Batseba, König von ganz Israel ca. 971–931 v.Chr.
Zadok und Abjatar	Priester
Hiram	König von Tyrus (heute Libanon)
Hiram	Bronzeschmied aus Tyrus
Königin von Saba	(vielleicht im heutigen Jemen)
Ahija	Prophet
Schemaja	Prophet
Jehu	Prophet
Mehrere namenlose Propheten	
Schischak	Pharao von Ägypten
Elia	Prophet
Eine Witwe in Zarpat in Phönizien (heute Libanon)	
Obadja	Palastvorsteher Ahabs
Elisa	Diener Elias, später Prophet
Nabot	Israelit in Jesreel
Micha ben Jimla	Prophet

Könige von Juda (und Benjamin), Dynastie Davids:

Rehabeam	Sohn Salomos
Abija	
Asa	tut, was Gott gefällt
Joschafat	tut, was Gott gefällt
Joram	

Könige von Israel (Stämme des Nordens):

Jerobeam (I.)	zunächst Angestellter Salomos, 1. Herrscherhaus
Nadab	
Bascha	2. Herrscherhaus
Ela	
Simri	3. Herrscherhaus
Omri	4. Herrscherhaus
Ahab	
Isebel	Prinzessin von Tyrus, Ahabs Frau
Ahasja	

Wichtige Orte

Jerusalem	Hauptstadt ganz Israels, dann Judas; Ort, an dem der Tempel Gottes errichtet wird
Opferstätte bei Gibeon	
Sichem, Pnuël	erste Residenzstädte Jerobeams I. (Nordstämme)
Bethel, Dan	Orte mit offiziellen Ersatzheiligtümern für die Stämme des Nordens
Tirza	frühere Hauptstadt Israels (Nordstämme)
Samaria	spätere Hauptstadt Israels (Nordstämme)
Krit	vermutlich östlicher Nebenfluss des Jordan
Karmel	Bergrücken an der Westküste Israels
Horeb	Berg im Süden der Sinaihalbinsel

DAS ERSTE BUCH DER KÖNIGE

1. & 2. KÖNIGE	
1–2	Davids Ende
2–11	König Salomo
1. Könige 12– 2. Könige 17	Die Königreiche Israel und Juda
1. Könige 17 bis 2. Könige 2	Der Prophet Elia Herrscher in Israel und Juda
3–13	Der Prophet Elisa Herrscher in Israel und Juda
14–17	Weitere Herrscher in Israel und Juda bis zum Ende des Königreiches Israel
18–25	Das Königreich Juda bis zum Exil

1
David wird pflegebedürftig. Adonija will König werden. Salomo wird zum König gesalbt.

[Zeit der Könige und Propheten]

David in hohem Alter

1 König David war mittlerweile sehr alt geworden. Ihm wurde überhaupt nicht mehr warm, obwohl sie viele Decken auf ihn häuften. ²Da meinten seine Diener zu ihm: »Lass uns für dich ein unberührtes junges Mädchen suchen, das dich bedienen und pflegen soll. Es kann in deinen Armen liegen, damit dir warm wird.«
³Sie suchten in ganz Israel nach einem schönen Mädchen und fanden schließlich Abischag aus der Stadt Schunem. Die brachten sie zum König. ⁴Sie war außergewöhnlich schön, und von da an bediente sie den König und sorgte für ihn. Er aber schlief nicht mit ihr.

Adonija erhebt Anspruch auf den Thron

⁵Nun wurde Adonija, dessen Mutter Haggit war, überheblich und sagte: »Ich will jetzt König werden!« Er verschaffte sich Streitwagen und Pferde* und verpflichtete 50 Männer, die vor ihm herliefen. ⁶Noch nie in seinem Leben war er von seinem Vater ermahnt worden; der König hatte ihn nie gefragt: »Warum tust du das?« Außerdem war Adonija ein sehr gut aussehender Mann und nach Absalom Davids zweitgeborener Sohn. ⁷Er sprach mit Joab, dem Sohn der Zeruja, und dem Priester Abjatar. Sie erklärten sich einverstanden, ihm zu helfen. ⁸Unter denen, die nicht bereit waren, Adonija zu unterstützen, waren der Priester Zadok, Benaja, der Sohn Jojadas, und der Prophet Nathan sowie Schimi, Reï und die Leibwache Davids*.
⁹Adonija zog zum Stein Sohelet* bei der Quelle Rogel und opferte Schafe, Rinder und gemästete Kälber. Er lud alle seine Brüder – die Söhne des Königs – und alle Männer aus Juda, die dem König dienten, zur Opferung ein. ¹⁰Aber den Propheten Nathan, Benaja, die Leibwache des Königs und seinen Bruder Salomo lud er nicht ein.
¹¹Da fragte der Prophet Nathan Batseba, Salomos Mutter: »Weißt du, dass Haggits Sohn Adonija sich selbst zum König ernannt hat? Und David, unser Herr, weiß nichts davon! ¹²Wenn du dein Leben und das deines Sohnes Salomo retten willst, dann folge meinem Rat. ¹³Geh jetzt gleich

---

1,5 O. *und Wagenlenker*. 1,8 Hebr. *Davids Helden*; s. auch 1,10. 1,9 Das bedeutet *zum Schlangenstein*.

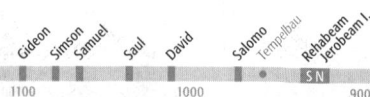

zu König David und sprich zu ihm: ›Mein Herr, hast du mir, deiner Dienerin, nicht versprochen: »Dein Sohn Salomo soll der nächste König werden und auf meinem Thron sitzen?« Wie kommt es, dass nun Adonija König geworden ist?‹ ¹⁴Und noch während du mit ihm sprichst, werde ich hereinkommen und deine Worte bestätigen.«

¹⁵Batseba ging ins Schlafzimmer des Königs. Er war jetzt sehr alt und wurde von Abischag aus Schunem versorgt. ¹⁶Batseba verneigte sich und warf sich vor ihm nieder.

»Was ist dein Anliegen?«, fragte er sie.

¹⁷Sie antwortete: »Mein Herr, du hast mir, deiner Dienerin, beim HERRN, deinem Gott, geschworen: ›Dein Sohn Salomo soll der nächste König werden und auf meinem Thron sitzen.‹ ¹⁸Nun ist stattdessen Adonija König geworden, und du weißt es nicht einmal. ¹⁹Er hat viele Rinder, gemästete Kälber und Schafe geopfert und alle deine Söhne, den Priester Abjatar und Joab, den Heerführer, dazu eingeladen. Deinen Diener Salomo wollte er jedoch nicht dabei haben. ²⁰Und nun, mein Herr und König, wartet ganz Israel auf deine Entscheidung, wer nach dir auf dem Thron sitzen soll. ²¹Wenn du nichts unternimmst, wird man meinen Sohn Salomo und mich nach deinem Tod als Verräter verfolgen.«

²²Während Batseba noch mit dem König sprach, traf der Prophet Nathan ein. ²³Es wurde dem König gemeldet: »Der Prophet Nathan ist hier.«

Nathan trat ein und warf sich vor dem König nieder. ²⁴Dann fragte er: »Mein Herr und König, war es dein Beschluss, dass Adonija der nächste König werden und auf deinem Thron sitzen soll? ²⁵Er ist heute herabgezogen und hat viele Rinder, Mastkälber und Schafe geopfert und alle deine Söhne aufgefordert, an der Feier teilzunehmen. Auch die Heerführer und der Priester Abjatar sind eingeladen. Sie alle essen und trinken mit ihm und jubeln ihm zu: ›Es lebe König Adonija!‹ ²⁶Doch ich, dein Diener, wurde nicht eingeladen, und ebenso wenig der Priester Zadok, Benaja, der Sohn Jojadas, und dein Diener Salomo. ²⁷Hast du, mein Herr, das tatsächlich veranlasst, ohne deine Diener wissen zu lassen, wer nach dir auf dem Thron sitzen wird?«

David macht Salomo zum König

²⁸Da befahl David: »Holt Batseba!« Sie kam zurück und trat vor den König. ²⁹Und der König schwor: »So wahr der HERR lebt, der mich aus aller Not gerettet hat, ³⁰erkläre ich heute: Dein Sohn Salomo soll der nächste König werden und auf meinem Thron sitzen, wie ich es dir vor dem HERRN, dem Gott Israels, geschworen habe.«

³¹Da verbeugte sich Batseba tief, warf sich vor ihm zu Boden und rief: »Mein Herr, König David, soll ewig leben!«

³²König David befahl weiter: »Ruft den Priester Zadok, den Propheten Nathan und Benaja, den Sohn Jojadas.« Als sie vor ihm standen, ³³sagte der König zu ihnen: »Nehmt die Leibwache mit und begleitet meinen Sohn Salomo hinunter zur Quelle Gihon. Salomo lasst dabei auf meinem eigenen Maultier reiten. ³⁴Dort sollen der Priester Zadok und der Prophet Nathan ihn zum König über Israel salben. Dann lasst die Trompeten blasen und ruft aus: ›Es lebe König Salomo!‹ ³⁵Wenn ihr danach hierher heraufgezogen seid, soll er auf meinem Thron sitzen. Er wird mir als König nachfolgen, denn ich habe ihn zum Herrscher über Israel und Juda ernannt.«

³⁶»So soll es geschehen!«, antwortete Benaja, der Sohn Jojadas, dem König. »Möge der HERR, der Gott meines Herrn, des Königs, es so bestätigen. ³⁷Und der HERR stehe Salomo bei, wie er dir beigestanden hat, und Salomos Herrschaft soll noch großartiger werden als deine!«

³⁸Also brachten der Priester Zadok, der Prophet Nathan, Benaja, der Sohn Jojadas, und die königliche Leibwache* Salomo hinunter zur Quelle Gihon, und Salomo saß auf dem Maultier, das König David sonst ritt. ³⁹Dort holte der Priester Zadok ein Fläschchen Öl aus dem Zelt und salbte Salomo damit. Dann erklangen die Trompeten, und das ganze Volk rief: »Es lebe König Salomo!« ⁴⁰Danach zog das ganze Volk unter Flötenspiel und Jubel hinter Salomo her nach Jerusalem zurück. Der Freudenlärm war so gewaltig, dass die Erde bebte.

⁴¹Adonija und seine Gäste hatten gerade ihr Festmahl beendet, als der Lärm und die Jubelrufe zu ihnen herüber klangen. Als Joab die Trompeten hörte, fragte er: »Warum herrscht ein solcher Lärm in der Stadt?«

⁴²Während er noch sprach, traf Jonatan, der Sohn des Priesters Abjatar, ein. »Komm herein«, forderte Adonija ihn auf, »denn du bist ein zuverlässiger Mann. Sicher bringst du gute Nachrichten.«

⁴³»Ganz und gar nicht!«, antwortete Jonatan. »Unser Herr, König David, hat Salomo zum König ausrufen lassen! ⁴⁴Er hat den Priester Zadok, den Propheten Nathan und Benaja, den Sohn Jojadas sowie die königliche Leibwache mit ihm geschickt. Salomo ritt auf dem Maultier des Königs, ⁴⁵und Zadok und Nathan haben ihn beim

---

1,38 Hebr. *die Keretiter und Peletiter;* so auch in 1,44.

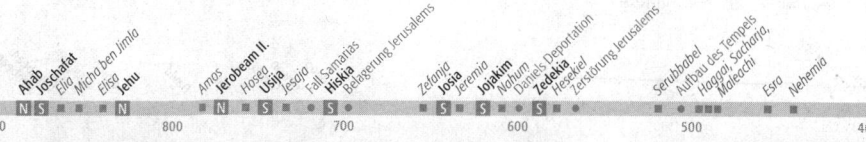

1. & 2. KÖNIGE

1–2	Davids Ende
2–11	König Salomo
1. Könige 12– 2. Könige 17	Die Königreiche Israel und Juda
1. Könige 17 bis 2. Könige 2	Der Prophet Elia Herrscher in Israel und Juda
3–13	Der Prophet Elisa Herrscher in Israel und Juda
14–17	Weitere Herrscher in Israel und Juda bis zum Ende des Königreiches Israel
18–25	Das Königreich Juda bis zum Exil

1–2

Adonija und seine Anhänger fürchten sich vor Salomo. Salomo soll Gott treu bleiben und Davids Politik fortführen. Salomo lässt Adonija und Joab töten und setzt Abjatar als Priester ab.

[Zeit der Könige und Propheten]

Gihon zum neuen König gesalbt. Von dort sind sie jubelnd hinaufgezogen, und die ganze Stadt feiert mit ihnen. Das ist der Lärm, den ihr hört. ⁴⁶Und nun sitzt Salomo bereits als König auf dem Thron! ⁴⁷Außerdem überbrachten die Hofleute König David ihre Segenswünsche und sagten: ›Wir wünschen dir, dass dein Gott Salomos Ruhm noch größer macht als deinen, und dass Salomos Herrschaft noch größer wird als deine!‹ Danach hat der König sich auf seinem Bett verneigt. ⁴⁸Er sagte: ›Ich lobe den HERRN, den Gott Israels, der uns heute, da ich es mit eigenen Augen sehen kann, den Mann gegeben hat, der auf meinem Thron sitzen soll.‹«

⁴⁹Da sprangen Adonijas Gäste voller Angst auf und liefen in alle Richtungen auseinander. ⁵⁰Auch Adonija selbst fürchtete sich sehr vor Salomo. Er lief hin und hielt sich an den Hörnern des Altars* fest. ⁵¹Da wurde Salomo berichtet: »Adonija hat Angst vor König Salomo. Er hält die Hörner des Altars umklammert und ruft: ›König Salomo soll heute noch schwören, dass er seinen Diener nicht mit dem Schwert töten lassen wird!‹«

⁵²Salomo antwortete: »Wenn er sich als treu erweist, wird ihm nichts geschehen. Wenn nicht, wird er sterben.« ⁵³König Salomo ließ Adonija vom Altar wegholen. Er kam und warf sich vor dem König nieder, aber Salomo sagte zu ihm: »Geh nach Hause.«

Davids letzte Anweisungen an Salomo

2 Als König David im Sterben lag, sprach er zu seinem Sohn Salomo: ²»Ich gehe nun den Weg, den jeder Mensch eines Tages gehen muss. Du aber sei mutig und verhalte dich wie ein Mann. ³Diene dem HERRN, deinem Gott, und bleib auf seinen Wegen. Halte alle Gesetze, Gebote, Vorschriften und Mahnungen, die im Gesetz Mose festgehalten sind; dann wirst du Erfolg haben mit allem, was du tust und wo du dich auch hinwendest. ⁴Dann wird der HERR die Zusage, die er mir gab, halten: ›Wenn deine Nachkommen so leben, wie es gefordert ist, und mir treu folgen von ganzem Herzen und mit ganzer Seele, dann wird stets einer von ihnen auf dem Thron Israels sitzen.‹

⁵Doch du weißt, was Joab, der Sohn der Zeruja, mir angetan hat. Er hat meine beiden Heerführer – Abner, den Sohn Ners, und Amasa, den Sohn Jeters – ermordet. Im Krieg vergossenes

---

1,50 Diese Hörner waren an den vier Ecken des Brandopferaltars im Heiligtum angebracht (s. 2. Mose 27,2). Wer Zuflucht suchte, hielt sich an ihnen fest.

Blut hat er im Frieden gerächt. Auf diese Weise hat er seinen Gürtel und seine Sandalen mit dem Blut des Krieges beschmutzt. ⁶Verfahre mit ihm, wie du es für richtig hältst, aber lass nicht zu, dass er in Frieden stirbt.

⁷Sei besonders freundlich zu den Söhnen von Barsillai aus Gilead. Lade sie an deinen Tisch ein, denn sie haben mir geholfen, als ich vor deinem Bruder Absalom fliehen musste.

⁸Und vergiss auch Schimi, den Sohn Geras, nicht, den Benjaminiter aus Bahurim. Er hat mich mit einem schrecklichen Fluch belegt, als ich nach Mahanajim floh. Als er mir am Jordan entgegenkam, habe ich beim HERRN geschworen: ›Ich werde dich nicht mit dem Schwert töten.‹ ⁹Doch du sollst ihn nicht ungestraft lassen. Du bist ein kluger Mann und weißt, wie du ihn umbringen kannst.«

¹⁰Dann starb David und wurde in der Stadt Davids begraben. ¹¹Er hatte 40 Jahre über Israel geherrscht, sieben in Hebron und 33 in Jerusalem. ¹²Salomo folgte ihm auf den Thron. Er nahm den Platz seines Vaters David ein, und das Reich war fest in seiner Hand.

Salomo festigt seine Herrschaft

¹³Eines Tages kam Adonija, der Sohn von Haggit, zu Batseba, der Mutter Salomos. »Kommst du in Frieden?«, fragte diese ihn.

»Ja«, entgegnete er. ¹⁴»Ich möchte dich etwas fragen.«

»Was willst du?«, fragte sie.

¹⁵Er antwortete: »Wie du weißt, stand das Königreich mir zu; ganz Israel hatte fest damit gerechnet, dass ich König werde. Doch dann wurde mir das Königreich genommen, und stattdessen ist alles an meinen Bruder gefallen, weil der HERR es so wollte. ¹⁶Deshalb bitte ich dich jetzt nur um einen Gefallen. Schlag ihn mir nicht ab.«

»Sprich«, sagte sie.

¹⁷Er sagte: »Sprich mit König Salomo, denn ich weiß, er wird alles tun, worum du ihn bittest. Bitte ihn, mir Abischag, das Mädchen aus Schunem, zur Frau zu geben.«

¹⁸»Gut«, antwortete Batseba, »ich will mit dem König über dich sprechen.«

¹⁹Und Batseba ging zu König Salomo, um ihm Adonijas Bitte vorzutragen. Der König erhob sich von seinem Thron, kam ihr entgegen und verbeugte sich vor ihr. Als er wieder auf dem Thron Platz genommen hatte, befahl er, auch für die Königinmutter einen Thron zu bringen, und sie setzte sich an seine rechte Seite.

²⁰»Ich habe eine kleine Bitte an dich«, sagte sie. »Schlag sie mir nicht ab.«

»Was wünschst du, meine Mutter?«, fragte er. »Ich werde dir nichts abschlagen.«

²¹»Dann gib deinem Bruder Adonija Abischag aus Schunem zur Frau«, antwortete sie.

²²Da sagte König Salomo zu seiner Mutter: »Wie kannst du mich bitten, Adonija Abischag zur Frau zu geben? Ebenso gut könntest du mich bitten, ihm das Königreich zu überlassen! Er ist doch mein älterer Bruder und der Priester Abjatar und Joab, der Sohn von Zeruja, stehen auf seiner Seite.« ²³Und König Salomo schwor beim HERRN: »Gott soll mich strafen, wenn diese Bitte Adonija nicht das Leben kostet. ²⁴So wahr der HERR lebt, der mich als König bestätigt und mich auf den Thron meines Vaters David gesetzt hat; der mir ein Haus begründet hat, wie er es versprochen hat: Adonija wird noch heute sterben!« ²⁵Daraufhin sandte König Salomo Benaja, den Sohn Jojadas, und der tötete Adonija.

²⁶Zu dem Priester Abjatar sagte der König: »Geh auf dein Land, nach Anatot. Du hast zwar den Tod verdient, aber ich will dich jetzt nicht töten, weil du die Lade des HERRN vor meinem Vater getragen hast und weil du ihm in schwierigen Zeiten treu geblieben bist.« ²⁷Und Salomo enthob Abjatar seines Amtes als Priester des HERRN und erfüllte damit das Wort, das der HERR in Silo über die Nachkommen Elis verkündet hatte.

²⁸Joab hatte sich damals nicht Absalom angeschlossen, diesmal aber auf die Seite Adonijas gestellt. Als er vom Tod Adonijas erfuhr, floh er zum heiligen Zelt des HERRN und umfasste die Hörner am Altar.* ²⁹Als König Salomo hörte, dass Joab ins Zelt des HERRN geflohen war und am Altar stand, schickte er Benaja, den Sohn Jojadas, mit den Worten: »Geh und töte ihn!«

³⁰Benaja ging in das Zelt des HERRN und sagte zu Joab: »Der König befiehlt dir herauszukommen!«

Doch Joab entgegnete: »Nein, ich will hier sterben.«

Da ging Benaja wieder zum König und berichtete ihm, was Joab gesagt hatte.

³¹»Tu, was er gesagt hat«, befahl der König. »Töte ihn dort und begrabe ihn. Damit wendest du das unschuldige Blut, das Joab vergossen hat, von mir und der Familie meines Vaters ab. ³²So bestraft ihn der HERR für den Mord an den beiden Männern, die gerechter und besser waren als er. Denn mein Vater trug keine Mitschuld am Tod von Abner, dem Sohn Ners, dem Heerführer Israels, und Amasa, dem Sohn Jeters, dem Heerführer Judas, die mit dem Schwert umge-

---

2,28 S. die Anm. zu 1,50.

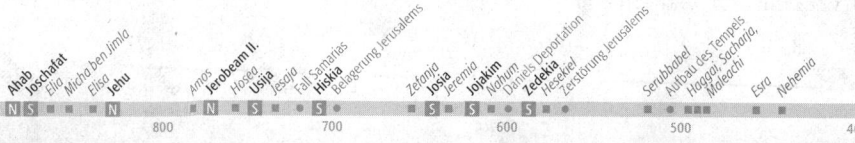

1. & 2. KÖNIGE

1–2	Davids Ende
2–11	König Salomo
1. Könige 12 – 2. Könige 17	Die Königreiche Israel und Juda
1. Könige 17 bis 2. Könige 2	Der Prophet Elia Herrscher in Israel und Juda
3–13	Der Prophet Elisa Herrscher in Israel und Juda
14–17	Weitere Herrscher in Israel und Juda bis zum Ende des Königreiches Israel
18–25	Das Königreich Juda bis zum Exil

2–4
Salomo lässt Schimi töten. Salomo erhält große Weisheit von Gott. Salomos Urteil über ein Kind und zwei Frauen. Übersicht über Salomos Hofstaat.

[Zeit der Könige und Propheten]

bracht wurden. ³³Das Blut dieser Morde wird für immer an Joab und seinen Nachkommen kleben. David aber, seinen Nachkommen und seinem Thron soll der HERR für immer Frieden schenken.«

³⁴Da ging Benaja, der Sohn Jojadas, zurück, stieß Joab nieder und tötete ihn. Und Joab wurde auf seinem Besitz in der Wüste begraben. ³⁵Danach ernannte der König Benaja, den Sohn Jojadas, anstelle von Joab zum Heerführer, und der Priester Zadok nahm den Platz Abjatars ein.

³⁶Daraufhin ließ der König Schimi holen und sagte zu ihm: »Bau dir ein Haus hier in Jerusalem und wohne darin. Wage dich keinen Schritt aus der Stadt hinaus. ³⁷Denn das sollst du wissen: An dem Tag, an dem du den Bach Kidron überquerst, wirst du ganz bestimmt sterben, und dann wirst du für deinen Tod selbst verantwortlich sein.«

³⁸Schimi erwiderte dem König: »Deine Entscheidung ist gerecht; ich will mich daran halten, wie du, mein Herr und König, es gesagt hast.« Und Schimi lebte lange Zeit in Jerusalem.

³⁹Drei Jahre später aber flohen zwei von Schimis Knechten zu König Achisch von Gat, dem Sohn Maachas. Man berichtete Schimi: »Deine Knechte sind in Gat!« ⁴⁰Da sattelte er seinen Esel und ritt zu Achisch nach Gat, um sie zu suchen. Als er sie gefunden hatte, nahm er sie mit zurück.

⁴¹Salomo erfuhr, dass Schimi von Jerusalem nach Gat gereist und wieder zurückgekehrt war. ⁴²Er ließ ihn holen und fragte ihn: »Habe ich dich nicht beim HERRN schwören lassen und dir gesagt: ›An dem Tag, an dem du dich aufmachst und irgendwo hingehst, wirst du sicher sterben!‹ Und du hast geantwortet: ›Die Entscheidung ist gerecht; ich will tun, was du sagst.‹ ⁴³Warum hast du den Schwur, den du dem HERRN geleistet hast, nicht gehalten und meinem Befehl nicht gehorcht?«

⁴⁴Und der König fuhr fort: »Du erinnerst dich wohl noch an alles, was du meinem Vater, König David, angetan hast. Der HERR wird dich für dein begangenes Unrecht bestrafen. ⁴⁵König Salomo dagegen wird vom HERRN gesegnet sein. Und für alle Zeit wird der Thron Davids vor dem HERRN bestehen.« ⁴⁶Danach führte Benaja, der Sohn Jojadas, Schimi auf Befehl des Königs hinaus und tötete ihn.

Auf diese Weise war das Reich nun fest in Salomos Hand.

S Südreich Juda   N Nordreich Israel

Salomo bittet um Weisheit
V.4-15: 2. Chronik 1,1-13

3 Salomo schloss einen Bund mit dem Pharao, dem König von Ägypten, und heiratete dessen Tochter. Er holte sie in die Stadt Davids, bis sein Palast und das Haus des HERRN sowie die Stadtmauer fertig gebaut waren. ²Damals gab es noch kein Haus des HERRN. Deshalb brachten die Israeliten ihre Opfer auf den Kulthöhen dar.

³Salomo liebte den HERRN und befolgte alle Anweisungen seines Vaters David bis auf eine einzige: Auch er nutzte weiterhin diese Altäre auf den Hügeln für Opfergaben und Rauchopfer. ⁴Die wichtigste Kulthöhe stand in Gibeon; dorthin ging der König und opferte 1.000 Brandopfer auf dem Altar. ⁵In dieser Nacht in Gibeon erschien der HERR Salomo im Traum. Gott sprach: »Was willst du haben? Bitte, und ich werde es dir geben!«

⁶Salomo antwortete: »Du hast deinem Diener David, meinem Vater, so viel Gutes getan, weil er ehrlich und wahrhaftig und dir von Herzen treu war. Diese Güte hat bis heute Bestand, denn du hast ihm einen Sohn geschenkt, der nun auf seinem Thron sitzt. ⁷HERR, mein Gott, nun hast du deinen Diener anstelle meines Vaters David zum König gemacht. Aber ich bin im Grunde noch ein Kind, das nicht weiß, was es tun soll. ⁸Hier stehe ich inmitten deines erwählten Volkes, das so groß ist, dass niemand es mehr zählen kann! ⁹Schenk deinem Diener ein gehorsames Herz, damit ich dein Volk gut regiere und den Unterschied zwischen Gut und Böse erkenne. Denn wer könnte dieses große Volk, das dir gehört, regieren?«

¹⁰Dem HERRN gefiel Salomos Antwort, und er freute sich, dass er ihn um Weisheit gebeten hatte. ¹¹Deshalb sprach Gott zu ihm: »Dies war deine Bitte, und nicht ein langes Leben oder Reichtümer für dich selbst oder der Tod deiner Feinde. ¹²Darum will ich dir geben, worum du mich gebeten hast! Ich schenke dir Weisheit und Verstand, wie kein Mensch vor dir sie besaß und keiner sie mehr besitzen wird. ¹³Und darüber hinaus gebe ich dir, worum du mich nicht gebeten hast – Reichtum und Ehre. Dir wird kein König gleichkommen solange du lebst. ¹⁴Und wenn du mir gehorchst und meine Gesetze und Gebote hältst, wie dein Vater David es getan hat, schenke ich dir auch ein langes Leben.«

¹⁵Da erwachte Salomo und merkte, dass er geträumt hatte. Er kehrte nach Jerusalem zurück und ging zur Bundeslade des HERRN. Dann lud er seinen ganzen Hofstaat zu einem großen Festessen ein und brachte Brandopfer und Friedensopfer dar.

Salomo urteilt weise

¹⁶Damals kamen zwei Prostituierte zum König und stellten sich vor ihn. ¹⁷»Bitte, mein Herr«, begann die eine, »diese Frau und ich wohnen im selben Haus. Ich habe ein Kind geboren, während sie bei mir war. ¹⁸Drei Tage später bekam sie ebenfalls ein Kind. Wir waren ganz allein im Haus, niemand sonst war bei uns. ¹⁹Aber ihr Kind starb in der Nacht, denn sie hat es erdrückt. ²⁰Da stand sie nachts auf und nahm mir meinen Sohn weg, während ich schlief. Sie legte mir ihr totes Kind in die Arme und nahm meines zu sich. ²¹Am Morgen, als ich aufstand und meinen Sohn stillen wollte, war er tot! Doch als ich ihn mir im Morgenlicht genauer ansah, merkte ich, dass es gar nicht der Sohn war, den ich geboren hatte.«

²²Da fiel ihr die andere Frau ins Wort: »Nein, mein Sohn lebt und dein Sohn ist tot.«

»Nein«, sagte die erste Frau, »das tote Kind ist deins und das lebende ist meins.« Und so ging es hin und her vor dem König.

²³Da sagte der König: »Diese sagt: ›Mein Sohn lebt und deiner ist tot.‹ Die andere aber sagt: ›Nein, dein Sohn ist tot und meiner lebt.‹« ²⁴Dann fuhr er fort: »Bringt mir ein Schwert.« Man brachte dem König ein Schwert. ²⁵Dann sagte er: »Teilt das lebende Kind in zwei Teile und gebt jeder dieser Frauen eine Hälfte!«

²⁶Da schrie die Mutter des lebenden Kindes voller Mitgefühl zum König: »Bitte, mein Herr! Gebt ihr das lebende Kind – aber tötet es nicht!«

Die andere Frau jedoch sagte: »Es soll weder dir noch mir gehören; teilt es.«

²⁷Da sprach der König: »Tötet es nicht, sondern gebt das lebende Kind der ersten Frau, denn sie ist seine Mutter!«

²⁸Als die Israeliten von diesem Urteil hörten, das der König gefällt hatte, fürchteten sie den König, denn sie sahen, dass Gott Salomo Weisheit gegeben hatte, um gerechte Urteile zu fällen.

Salomos Beamte und Statthalter
V.1-6: 2. Samuel 8,15-18; 20,23-26

4 Salomo war König über ganz Israel. ²Folgende Männer waren die wichtigsten an seinem Hof: Asarja, der Sohn Zadoks, war Priester. ³Elihoref und Ahia, die Söhne Schischas, waren Hofschreiber. Joschafat, der Sohn Ahiluds, war Kanzler. ⁴Benaja, der Sohn Jojadas, war Heerführer. Zadok und Abjatar waren Priester. ⁵Asarja, der Sohn Nathans, stand den Statthaltern der Provinzen vor. Sabud, der Sohn Nathans, ein Priester, war ein Freund des Königs. ⁶Ahischar hatte den Palast unter sich. Hadoniram, der

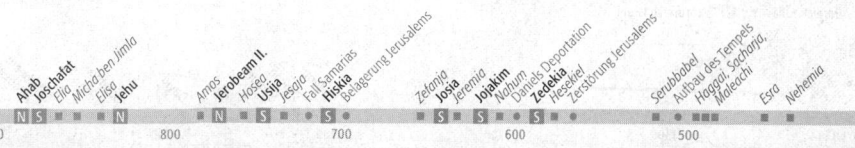

1. & 2. KÖNIGE

1–2	Davids Ende
2–11	König Salomo
1. Könige 12– 2. Könige 17	Die Königreiche Israel und Juda
1. Könige 17 bis 2. Könige 2	Der Prophet Elia Herrscher in Israel und Juda
3–13	Der Prophet Elisa Herrscher in Israel und Juda
14–17	Weitere Herrscher in Israel und Juda bis zum Ende des Königreiches Israel
18–25	Das Königreich Juda bis zum Exil

4–5
Übersicht über Salomos Hofstaat. Salomos Staatsgrenzen, Reichtum und Weisheit. Salomo erwirbt von Tyrus Holz für den Tempel.

[Zeit der Könige und Propheten]

Sohn Abdas, hatte die Aufsicht über die Fronarbeiter.
⁷Darüber hinaus hatte Salomo zwölf Provinzstatthalter über ganz Israel eingesetzt. Sie hatten die Aufgabe, den König und seinen Hof zu versorgen. Jeder der zwölf übernahm diese Aufgabe einen Monat im Jahr.
⁸Und das sind die Namen der zwölf Statthalter: Der Sohn von Hur war für das Gebirge von Ephraim zuständig; ⁹der Sohn von Deker für Makaz, Schaalbim, Bet-Schemesch, Elon und Bet-Hanan; ¹⁰der Sohn von Hesed für Arubbot, einschließlich Sochos und des ganzen Gebietes von Hefer. ¹¹Der Sohn von Abinadab war für das ganze Bergland von Dor zuständig. Er war mit Tafat, einer Tochter Salomos, verheiratet. ¹²Baana, der Sohn Ahiluds, war zuständig für Taanach, Megiddo, ganz Bet-Schean – das liegt bei Zaretan unterhalb von Jesreel – und für das ganze Gebiet von Bet-Schean bis Abel-Mehola und hinüber nach Jokneam.
¹³Der Sohn Gebers war für Ramot in Gilead zuständig, einschließlich der Städte Jaïrs in Gilead, die sogenannt wurden nach Jaïr, dem Sohn von Manasse, dazu für die Umgebung von Argob in Baschan, das waren 60 große Städte mit Stadtmauern, die mit bronzenen Riegeln versehen waren. ¹⁴Ahinadab, der Sohn Iddos, war zuständig für Mahanajim; ¹⁵Ahimaaz für Naftali. Er war mit Basemat, einer anderen Tochter Salomos, verheiratet.
¹⁶Baana, der Sohn Huschais, war zuständig für Asser und Bealot; ¹⁷Joschafat, der Sohn Paruachs, für Issachar; ¹⁸Schimi, der Sohn Elas, für Benjamin; ¹⁹Geber, der Sohn Uris, für das Gebiet von Gilead, einschließlich der Gebiete von Sihon, dem König der Amoriter, und Og, dem König von Baschan. Und obwohl es eine große Fläche war, gab es nur einen Statthalter über das ganze Gebiet.

Salomos Reichtum und Weisheit
²⁰Das Volk von Juda und Israel war so zahlreich wie der Sand am Meer. Die Menschen hatten genug zu essen und zu trinken und waren glücklich.

5 König Salomo herrschte über alle Königreiche vom Euphrat* bis zum Land der Philister und bis nach Ägypten. Die Einwohner dieser Länder zahlten Steuern an Salomo und blieben ihm sein ganzes Leben lang unterworfen.
²Der tägliche Nahrungsmittelbedarf für Salomos Palast belief sich auf 30 Sack feinsten Mehls*

5,1 Hebr. *von dem Fluss*; so auch in 5,4.   5,2a Das sind ca. 12.000 l.

und 60 Sack vom gewöhnlichen Mehl*, ³¹⁰ Mastrinder, 20 Weiderinder, 100 Schafe sowie Hirsche, Gazellen, Rehe und gemästetes Geflügel.
⁴Salomos Herrschaftsbereich erstreckte sich über das ganze Gebiet westlich des Euphrat, von Tifsach bis nach Gaza, und über alle Könige, die dort regierten. Und es herrschte Frieden im ganzen Land. ⁵Unter Salomos Herrschaft lebten ganz Juda und Israel in Frieden und Sicherheit. Und von Dan bis Beerscheba hatte jeder seinen eigenen Feigenbaum und seinen eigenen Weinstock.
⁶Salomo hatte 4.000* Ställe für seine Pferde, welche die Streitwagen zogen, und 12.000 Pferde*. ⁷Die Provinzstatthalter versorgten König Salomo und seinen Hof mit Lebensmitteln, jeder in dem Monat, für den er zuständig war. Und sie achteten darauf, dass nichts fehlte. ⁸Außerdem brachten sie die für die Pferde benötigte Menge Gerste und Stroh dorthin, wo der König war, wie es ihnen vorgeschrieben war.
⁹Gott schenkte Salomo Weisheit, Einsicht und unermessliche Erkenntnis. ¹⁰Seine Weisheit war sogar noch größer als die der Männer aus dem Osten und als alle Weisheit Ägyptens. ¹¹Er war weiser als alle anderen Menschen, auch weiser als der Esrachiter Etan und die Söhne Mahols: Heman, Kalkol und Darda. Sein Ruhm verbreitete sich unter den benachbarten Völkern. ¹²Er verfasste 3.000 Sprichwörter und 1.005 Lieder. ¹³Er beschrieb alle Arten von Pflanzen, von der Zeder auf dem Libanon bis zum Ysop, der in Mauerritzen wächst. Auch über die Tiere, über Vögel, Reptilien und Fische schrieb er Verse. ¹⁴Die Könige aller Völker schickten ihre Gesandten, damit sie der Weisheit Salomos lauschen sollten, von der man überall gehört hatte.

Vorbereitungen für den Bau des Tempels
2. Chronik 2

¹⁵König Hiram von Tyrus war stets ein treuer Freund von König David gewesen. Als er hörte, dass Salomo zum König gesalbt worden war, schickte er eine Delegation zu Salomo. ¹⁶Daraufhin ließ Salomo Hiram folgende Botschaft zukommen:
¹⁷»Du weißt, dass mein Vater David gern ein Haus bauen wollte, um den Namen des HERRN, seines Gottes, zu ehren. Doch wegen der vielen Kriege mit den Völkern, deren Gebiete an das unsere grenzen, war er dazu nicht in der Lage, ehe der HERR ihm nicht den Sieg über alle seine Feinde gab. ¹⁸Doch nun hat der HERR, mein Gott, mir um mich her Frieden geschenkt; ich habe keine Feinde mehr und alles ist ruhig. ¹⁹Deshalb möchte ich nun ein Haus bauen, um den Namen des HERRN, meines Gottes, zu ehren. Denn der HERR hat zu meinem Vater gesagt: ›Dein Sohn, den ich auf deinen Thron setzen will, soll dieses Haus bauen, um meinen Namen zu ehren.‹ ²⁰Deshalb bitte ich dich, auf dem Libanon Zedern für mich fällen zu lassen. Meine Männer sollen mit deinen zusammenarbeiten, und ich will deinen Männern bezahlen, was immer du an Lohn verlangst. Denn du weißt, dass es bei uns niemanden gibt, der so gut Holz fällen kann wie die Männer aus Sidon!« ²¹Als Hiram Salomos Botschaft erhielt, war er hocherfreut und sagte: »Heute sei der HERR gelobt, dass er David einen so weisen Sohn für das große Volk der Israeliten gegeben hat.« ²²Und er schickte Salomo folgende Antwort:
»Ich habe deine Botschaft erhalten und will dir gerne Zedern und Zypressen liefern. ²³Meine Diener werden die Stämme von den Berghängen des Libanon ans Meer hinunterschaffen, ich werde sie zu Flößen zusammenbinden und an den Ort bringen, den du uns nennst. Danach werden wir die Flöße wieder auflösen und du kannst das Holz dort holen lassen. Erfülle mir dafür meinen Wunsch und liefere Lebensmittel für meinen Hof.«
²⁴So lieferte Hiram so viel Zedern- und Zypressenholz an Salomo, wie er verlangt hatte. ²⁵Salomo schickte ihm dafür jedes Jahr 20.000 Sack Weizen* an seinen Hof und 20.000 Eimer Olivenöl*. ²⁶Der HERR schenkte Salomo Weisheit, so wie er es versprochen hatte. Und Hiram und Salomo schlossen ein Friedensabkommen.
²⁷König Salomo verpflichtete 30.000 Fronarbeiter aus ganz Israel. ²⁸Er schickte sie abwechselnd in den Libanon, jeden Monat 10.000, sodass jeder Mann immer einen Monat im Libanon war und zwei Monate daheim. Hadoniram war der Aufseher über die Arbeiter. ²⁹Darüber hinaus hatte Salomo 80.000 Männer, die im Bergland Steine abtrugen und weitere 70.000 Lastträger. ³⁰Sie alle wurden bei ihrer Arbeit beaufsichtigt von 3.600* Vorarbeitern. ³¹Auf Befehl des Königs bauten sie im Steinbruch wertvolle große Gesteinsblöcke ab und verwendeten sie als Grundsteine für den Tempel. ³²Männer aus der Stadt Gebal halfen Salomos und Hirams

---

5,2b Das sind ca. 23.600 l. **5,6a** So in manchen griech. Handschriften (s. auch 2. Chronik 9,25); im Hebr. steht 40.000. **5,6b** O. *12.000 Wagenlenker.* **5,25a** Das sind ca. 78.760.000 l. **5,25b** So in manchen griech. Versionen, das sind ca. 709.000 l; s. auch 2. Chronik 2,9. Im Hebr. heißt es *20 Kor.* **5,30** So in manchen griech. Handschriften (s. auch 2. Chronik 2,2.18); im Hebr. heißt es *3.300.*

1. & 2. KÖNIGE

1–2	Davids Ende
2–11	König Salomo
1. Könige 12– 2. Könige 17	Die Königreiche Israel und Juda
1. Könige 17 bis 2. Könige 2	Der Prophet Elia Herrscher in Israel und Juda
3–13	Der Prophet Elisa Herrscher in Israel und Juda
14–17	Weitere Herrscher in Israel und Juda bis zum Ende des Königreiches Israel
18–25	Das Königreich Juda bis zum Exil

6–7

Maße des Tempels. Gott verspricht, im Volk zu wohnen, solange Salomo ihm treu bleibt. Die Gestaltung des Tempelinneren. Salomos Palast und Hallen.

[Zeit der Könige und Propheten]

Bauleuten, die Holzstämme und Steinblöcke zu bearbeiten und so für den Bau des Tempels herzurichten.

Salomo erbaut den Tempel
2. Chronik 3,1-4; Hes 41,1-26

6 Im Monat Siw* – das ist der zweite Monat – des vierten Jahres seiner Herrschaft über Israel begann König Salomo, das Haus des HERRN zu bauen, 480 Jahre nach dem Aufbruch des Volkes Israel aus Ägypten. ²Das Haus, das König Salomo für den HERRN errichten ließ, war 60 Ellen lang, 20 Ellen breit und 30 Ellen hoch*. ³Die Vorhalle vor dem Tempel erstreckte sich über die ganze Breite von 20 Ellen und war 10 Ellen lang*. ⁴Salomo ließ rund um den ganzen Tempel vergitterte, gerahmte Fensteröffnungen einbauen.

⁵Und er baute an den Außenmauern des Hauses einen Rundgang, der auch um die Halle und das Allerheiligste herumführte. In dem Rundgang ließ er Kammern einrichten. ⁶Der untere Anbau war fünf Ellen breit, der mittlere sechs Ellen und der oberste sieben Ellen*. Dadurch entstanden am Haus ringsumher Vorsprünge. Die Balken waren also nicht in die Tempelmauern selbst eingelassen.

⁷Die für den Bau verwendeten Steine wurden bereits im Steinbruch behauen, sodass das Gebäude errichtet werden konnte, ohne dass der Klang eines Hammers, einer Axt oder eines anderen Eisenwerkzeugs zu hören war.

⁸Der Eingang des unteren Stockwerks* befand sich auf der rechten Seite des Hauses. Zum mittleren Stockwerk führten Wendeltreppen hinauf, die dieses auch mit dem dritten Stockwerk verbanden. ⁹Als der Bau soweit vollendet war, ließ Salomo das Gebäude mit Bohlen und Brettern aus Zedernholz decken. ¹⁰Er baute den Rundgang um das ganze Haus herum und verband ihn durch Zedernholzbalken mit den Tempelmauern. Die Stockwerke dieses Anbaus waren je fünf Ellen hoch*.

¹¹Und der HERR sprach zu Salomo: ¹²»Mit dem Haus, das du baust, verhält es sich so: Wenn du alle meine Gesetze und Vorschriften befolgst und meinen Geboten gehorchst, halte ich dir gegenüber die Versprechen, die ich deinem Vater

---

6,1 Dieser Monat des hebr. Mondkalenders fällt gewöhnlich in den April/Mai. 6,2 Das sind ca. 30 m Länge, 10 m Breite und 15 m Höhe. 6,3 Das sind ca. 10 m Breite und 5 m Länge. 6,6 Das sind ca. 2,5 m, 3 m u. 3,5 m. 6,8 So in der griech. Version; im Hebr. steht *des mittleren Ganges*. 6,10 Das sind ca. 2,5 m.

David gab. ¹³Ich will bei dem israelitischen Volk leben und mein Volk niemals verlassen.«

Das Innere des Tempels
2. Chronik 3,5-14

¹⁴Und so baute und vollendete Salomo den Tempel. ¹⁵Im Innern wurde er mit Zedernholz verkleidet. Die Wände bis an die Decken ließ Salomo mit Holz täfeln und die Böden mit Zypressenholz auslegen. ¹⁶20 Ellen* vor der Rückwand zog er vom Boden bis zur Decke eine Wand aus Zedernholz hoch. So teilte er im Tempelinnern einen hinteren Raum für das Allerheiligste ab; ¹⁷die vordere Halle vor dem Allerheiligsten war 40 Ellen* lang. ¹⁸Die Innenwände des Hauses waren vollständig mit Zedernholz verkleidet, sodass kein Stein zu sehen war. Die Täfelung wurde mit Schnitzereien in Form von Kürbissen und Blüten geschmückt.

¹⁹Das Allerheiligste, in dem die Bundeslade stehen sollte, ließ Salomo im hinteren Teil des Tempels einrichten. ²⁰Dieses Allerheiligste maß in Länge, Breite und Höhe jeweils 20 Ellen*. Wände und Decke ließ er mit reinem Gold überziehen, ebenso den Altar davor mit Zedernholz. ²¹Schließlich überzog er die Innenräume des Hauses mit reinem Gold und ließ das Allerheiligste, das er mit Gold überzogen hatte, mit goldenen Ketten abriegeln. ²²So war nun der gesamte Tempel mit Gold verkleidet; das Haus und der Altar vor dem Allerheiligsten, alles überzog er mit Gold.

²³In das Allerheiligste ließ Salomo zwei Cherubim aus Olivenholz stellen; jeder von ihnen war zehn Ellen* hoch. ²⁴Die Flügelspannweite jedes Engels betrug zehn Ellen, ein einzelner Flügel maß fünf Ellen*. ²⁵Auch der zweite Cherub war zehn Ellen hoch. Die beiden Cherubim waren in Gestalt und Größe völlig gleich; ²⁶beide waren zehn Ellen hoch. ²⁷Salomo ließ sie mitten im Allerheiligsten aufstellen. Ihre ausgebreiteten Flügel reichten von einer Wand zur anderen und innen berührten sich ihre Flügel in der Mitte des Raumes. ²⁸Und er ließ die beiden Cherubim vergolden.

²⁹Die Wände des Allerheiligsten wurden innen und außen mit geschnitzten Cherubim, Palmen und geöffneten Blüten verziert. ³⁰Der Fußboden des Hauses wurde innen und außen mit Gold überzogen.

³¹Für den Eingang des Allerheiligsten ließ Salomo Flügeltüren aus Olivenholz mit fünfeckigen Türpfosten anfertigen. ³²Die beiden Flügeltüren aus Olivenholz wurden ebenfalls mit geschnitzten Cherubim, Palmen und geöffneten Blüten geschmückt und alles wurde mit Gold überzogen.

³³Dann ließ er viereckige Türpfosten aus Olivenholz für den Eingang des Tempels ³⁴und zwei Türen aus Zypressenholz anfertigen. Die Türen waren mit drehbaren Beschlägen versehen und konnten umgeschlagen werden. ³⁵Auch diese Türen wurden mit geschnitzten Cherubim, Palmen und geöffneten Blüten verziert und das Schnitzwerk mit Gold verkleidet.

³⁶Die Mauern des Innenhofes wurden aus drei Lagen behauener Steine und einer Lage Zedernholz errichtet.

³⁷Der Grundstein für das Haus des HERRN wurde im Monat Siw* des vierten Jahres gelegt. ³⁸Im Monat Bul* – das ist der achte Monat – des elften Jahres war der gesamte Bau gemäß allen Richtlinien vollendet. Der Tempelbau dauerte also sieben Jahre.

Salomo erbaut seinen Palast

7 Auch einen Palast für sich selbst ließ Salomo errichten; seine Fertigstellung nahm 13 Jahre in Anspruch.

²Einer dieser Bauten Salomos wurde das Libanon-Waldhaus genannt. Es war 100 Ellen lang, 50 Ellen breit und 30 Ellen hoch*. Die Deckenbalken aus Zedernholz ruhten auf vier Reihen Zedernholzsäulen. ³Das Gebäude besaß ein Zedernholzdach, getragen von 45 Deckenbalken, die auf drei Säulenreihen zu je 15 Säulen auflagen. ⁴In zwei gegenüberliegenden Seitenwänden befanden sich je drei Fensterreihen. ⁵Die mit Rahmen versehenen Eingänge waren rechteckig und je drei ebensolche Fenster lagen einander gegenüber.

⁶Salomo ließ auch eine Säulenhalle bauen; sie war 50 Ellen lang und 30 Ellen breit*. An ihrer Vorderseite lag eine Vorhalle mit Säulen und einem Aufgang.

⁷Außerdem gab es noch die Thronhalle, in der Salomo zu Gericht saß. Sie war vom Boden bis zur Decke mit Zedernholz getäfelt. ⁸Dahinter in einem anderen Hof lag Salomos Palast, in dem er wohnte; er war auf die gleiche Weise erbaut. Ein ganz ähnliches Haus ließ er noch einmal für die Tochter des Pharaos errichten, die er geheiratet

---

6,16 Das sind ca. 10 m. **6,17** Das sind ca. 20 m. **6,20** Das sind jeweils ca. 10 m. **6,23** Das sind ca. 5 m; s. auch 6,24-26. **6,24** Das sind ca. 2,5 m. **6,37** Dieser Monat des hebr. Mondkalenders fällt gewöhnlich in den April/Mai. **6,38** Dieser Monat des hebr. Mondkalenders fällt gewöhnlich in den Okt./Nov. **7,2** Das sind ca. 50 m Länge, 25 m Breite und 15 m Höhe. **7,6** Das sind ca. 25 m Länge und 15 m Breite.

1. & 2. KÖNIGE

1–2	Davids Ende
2–11	König Salomo
1. Könige 12– 2. Könige 17	Die Königreiche Israel und Juda
1. Könige 17 bis 2. Könige 2	Der Prophet Elia Herrscher in Israel und Juda
3–13	Der Prophet Elisa Herrscher in Israel und Juda
14–17	Weitere Herrscher in Israel und Juda bis zum Ende des Königreiches Israel
18–25	Das Königreich Juda bis zum Exil

7–8
Hiram aus Tyrus fertigt die Säulen für den Tempel und seine Inneneinrichtung. Die Bundeslade wird in den Tempel gebracht.

[Zeit der Könige und Propheten]

S   Südreich Juda   N   Nordreich Israel

---

hatte. ⁹Alle diese Bauten bestanden in allen Teilen aus besonders guten Steinblöcken im Quadermaß, die mit Steinsägen zugeschnitten worden waren. Aus ihnen war das ganze Haus, vom Boden bis zum Dach und von außen bis in den innersten Hof. ¹⁰Manche dieser schweren Gesteinsblöcke in der Grundmauer waren zehn Ellen, manche acht Ellen lang*. ¹¹Auch die Wände waren aus exakt behauenen Steinquadern und Zedernholzbalken. ¹²Der große Hof bestand aus drei Lagen Steinquadern und einer Lage Zedernholz, genau wie die Mauern um den Innenhof vom Haus des HERRN und die Eingangshalle des Palastes.

Die Einrichtung des Tempels
V. 23-39: 2. Chronik 4,2-6; vgl. 2. Mose 30,17-21

¹³Als Nächstes ließ König Salomo Hiram aus Tyrus kommen, ¹⁴einen erfahrenen und äußerst geschickten Bronzeschmied. Hirams Mutter war eine Witwe aus dem Stamm Naftali, sein Vater war ein Bronzegießer aus Tyrus. Er kam und erklärte sich bereit, für König Salomo zu arbeiten.

¹⁵Hiram goss zwei bronzene Säulen; jede war 18 Ellen hoch und maß knapp zwölf Ellen im Umfang*. ¹⁶Als Abschluss für die Säulen fertigte er zwei Kapitelle aus gegossener Bronze, jedes fünf Ellen* hoch. ¹⁷Jedes Kapitell wurde mit Gitterwerk aus sieben Reihen ineinander verflochtener Ketten versehen. ¹⁸Rund um das Gitterwerk waren die Säulenkapitelle mit einem zweireihigen Relief aus Granatäpfeln geschmückt. ¹⁹Die Kapitelle auf den Säulen der Eingangshalle waren vier Ellen* stark und wie Lilien geformt. ²⁰Um jedes Kapitell auf den beiden Säulen verlief ein Relief aus 200 Granatäpfeln in zwei Reihen, direkt neben der Rundung am Gitterwerk. ²¹Hiram ließ die Säulen am Eingang des Tempels aufstellen. Eine stellte er rechts auf und nannte sie Jachin und die andere stellte er links auf und nannte sie Boas*. ²²Die Kapitelle auf den Säulen waren wie Lilien geformt. Damit war die Arbeit an den Säulen abgeschlossen.

²³Nun goss Hiram das »Meer«. Es war rund und maß zehn Ellen von Rand zu Rand, war fünf Ellen tief und hatte einen Umfang von 30 Ellen.* ²⁴Am Rand war es mit einem zweireihigen Relief aus Kürbissen verziert, etwa zehn Kürbisse je Elle, ganz rundherum. Sie wurden mit dem Becken mitgegossen.

7,10 Das sind 5 m bzw. 4 m. **7,15** Das sind ca. 9 m Höhe und ca. 6 m Umfang. **7,16** Das sind ca. 2,5 m. **7,19** Das sind ca. 2 m. **7,21** Jachin bedeutet wahrscheinlich *er macht fest* und Boas *in ihm ist Stärke*. **7,23** Vgl. 2. Chronik 4,2.

²⁵Es ruhte auf zwölf Rindern, die alle nach außen blickten. Drei wandten sich nach Norden, drei nach Westen, drei nach Süden und drei nach Osten. Und das Meer stand auf den Rindern, deren Hinterteile alle nach innen zeigten.* ²⁶Die Metallwände des Beckens waren etwa eine Handbreit dick und sein Rand öffnete sich wie ein Kelch und war geformt wie eine Lilienblüte. Es fasste etwa 2.000 Eimer* Wasser.

²⁷Hiram schuf außerdem zehn Gestelle aus Bronze: alle waren vier Ellen lang, vier Ellen breit und drei Ellen hoch*. ²⁸Dies war ihre Bauart: Sie besaßen Seitenbretter und Querleisten zwischen den Sprossen. ²⁹Sowohl die Bretter als auch die Querleisten waren mit Schnitzereien in Gestalt von Löwen, Rindern und Cherubim verziert. Über und unter den Löwen und Rindern waren herabhängende Kränze eingeschnitzt. ³⁰Jedes Gestell hatte vier bronzene Räder und bronzene Achsen. An den vier Ecken waren Stützträger unter dem Kessel angegossen; jedem Stützträger gegenüber befanden sich Kränze. ³¹Die Öffnung war oben und ragte eine Elle über den Wagen hinaus; sie war rund und etwa eine und eine halbe Elle weit; auf der Außenseite befand sich ebenfalls Schnitzwerk. Die Querleisten waren viereckig, nicht rund. ³²Unter den Leisten waren die vier Räder; ihre Halterungen waren am Gestell. Der Durchmesser der Räder betrug eine und eine halbe Elle. ³³Sie waren den Rädern von Streitwagen nachgebildet. Die Halterungen, Speichen, Felgen und Naben waren ebenfalls gegossen.

³⁴An allen vier Ecken der Gestelle waren Stützträger angebracht. Sie waren ebenfalls aus einem Guss mit dem Gestell. ³⁵Oben an jedem Gestell, eine halbe Elle hoch, befanden sich ringsum Griffe und Leisten. ³⁶Sie waren über und über mit geschnitzten Cherubim, Löwen und Palmen verziert und außerdem gab es rundherum geschnitzte Kränze. ³⁷Alle zehn Gestelle hatten dieselbe Größe und sahen völlig gleich aus, denn alle waren aus derselben Form gegossen.

³⁸Dazu fertigte Hiram zehn bronzene Kessel, für jedes der zehn Gestelle einen. Jeder dieser Kessel war vier Ellen weit und fasste 40 Eimer* Wasser. ³⁹Er stellte fünf Gestelle an der rechten und fünf an der linken Seite des Tempels auf. Das Meer kam an die rechte Seite des Tempels in südöstlicher Richtung. ⁴⁰Auch die Kessel, Schaufeln und Schalen stellte er her. Und so vollendete Hiram alles, was er im Auftrag König Salomos für das Haus des HERRN anfertigen sollte: ⁴¹zwei Säulen, zwei kugelförmige Kapitelle oben auf den Säulen, zwei Gitterwerke zum Schmuck der Kapitelle oben auf den Säulen, ⁴²400 Granatäpfel, die an Ketten von den Kapitellen herabhingen, das sind zwei Reihen Granatäpfel für jedes Gitterwerk aus Ketten, die rund um die Kapitelle auf der Spitze der Säulen hingen,* ⁴³die zehn Gestelle mit den zehn Kesseln, ⁴⁴das Meer und die zwölf Rinder darunter, ⁴⁵die Kessel, die Schaufeln und die Schalen.

All diese Gerätschaften für das Haus des HERRN, die Hiram im Auftrag Salomos anfertigte, bestanden aus blank polierter Bronze. ⁴⁶Der König hatte sie in Tonformen im Jordantal zwischen Sukkot und Zaretan gießen lassen. ⁴⁷Salomo ließ die Geräte ungewogen, weil es so viele waren; das Gewicht der Bronze konnte nicht mehr festgestellt werden.

⁴⁸Alle diese Gegenstände ließ Salomo für das Haus des HERRN anfertigen: den goldenen Altar, den goldenen Tisch für die Schaubrote*, ⁴⁹die goldenen Leuchter, je fünf rechts und fünf links vor dem Allerheiligsten, den Blumenschmuck, die Leuchter und Zangen, alle aus Gold, ⁵⁰die Kelche, Lichtputzscheren, Kessel, Schalen und Räucherpfannen, alle aus reinem Gold. Selbst die Angeln zu den Türen zum Eingang des Allerheiligsten und zum Hauptraum des Tempels waren aus Gold.

⁵¹So brachte König Salomo seine Arbeit am Haus des HERRN zum Abschluss. Am Ende ließ er alle Gaben, die sein Vater David gestiftet hatte – Silber, Gold und sonstige Gegenstände – herbeibringen und in den Schatzkammern des Tempels verschließen.

Die Lade wird in den Tempel gebracht
Vgl. 2. Chronik 5,2-14

8 Dann rief Salomo die Ältesten sowie die führenden Männer aller Stämme und Sippen Israels in Jerusalem zusammen. Sie sollten die Bundeslade des HERRN aus Zion, der Stadt Davids, holen. ²So versammelten sich alle Männer Israels bei König Salomo zum Fest im Monat Etanim, das ist der siebte Monat.* ³Als die Ältesten Israels eingetroffen waren, hoben die Priester die Lade hoch. ⁴Dann nahmen die Priester und Leviten die Lade des HERRN zusammen mit dem Zelt Gottes und allen heiligen Geräten, die darin waren, und trugen sie hinauf. ⁵König Salomo und die ganze Gemeinschaft der Israeliten,

---

7,26 Das entspricht ca. 78.800 l. **7,25-26** Vgl. 2. Chronik 4,4-5. **7,27** Das sind ca. 2 m Länge u. Breite u. 1,5 m Höhe. **7,38** Das sind ca. 2 m u. 1.600 l. **7,40-42** Vgl. 2. Chronik 4,11-13. **7,48** Hebr. *Brote zur Vergegenwärtigung Gottes.* **8,2** Das Laubhüttenfest begann am 15. Tag des siebten Monats nach dem hebr. Mondkalender, gewöhnlich Ende Sept./Anfang Okt.

1. & 2. KÖNIGE	
1–2	Davids Ende
2–11	König Salomo
1. Könige 12– 2. Könige 17	Die Königreiche Israel und Juda
1. Könige 17 bis 2. Könige 2	Der Prophet Elia Herrscher in Israel und Juda
3–13	Der Prophet Elisa Herrscher in Israel und Juda
14–17	Weitere Herrscher in Israel und Juda bis zum Ende des Königreiches Israel
18–25	Das Königreich Juda bis zum Exil

8
Die Bundeslade wird in den Tempel gebracht. Gottes Herrlichkeit erfüllt den Tempel. Salomos Lobgebet und Bitte, dass Gott die Bittgebete des Volkes erhört.

[Zeit der Könige und Propheten]

die sich bei ihm versammelt hatte, opferten Schafe und Rinder vor der Lade – so viele, dass niemand sie mehr zählen konnte. ⁶Dann trugen die Priester die Bundeslade des HERRN an ihren Ort in das innere Heiligtum des Tempels, das Allerheiligste, unter die Flügel der Cherubim. ⁷Die Cherubim breiteten ihre Flügel über der Lade aus und bildeten so einen Baldachin über der Lade und ihren Tragstangen. ⁸Diese Stangen waren so lang, dass ihre Enden vom Heiligtum, von der Vorhalle vor dem Allerheiligsten, aus zu sehen waren; weiter außerhalb waren sie nicht zu sehen. Sie befinden sich noch heute dort. ⁹In der Lade waren nur die beiden Steintafeln, die Mose am Horeb hineingelegt hatte. Dort hatte der HERR einen Bund mit dem israelitischen Volk geschlossen, als es Ägypten verließ.

¹⁰Als die Priester aus dem Heiligtum heraustraten, erfüllte eine Wolke das Haus des HERRN. ¹¹Die Priester konnten deswegen ihren Dienst nicht fortsetzen, denn die Herrlichkeit des HERRN war im Haus des HERRN gegenwärtig.

Salomo segnet das Volk
Vgl. 2. Chronik 6,1-10
¹²Dann betete Salomo: »Der HERR hat gesagt, dass er im tiefsten Dunkel wohnen will. ¹³Doch ich habe dir ein prachtvolles Haus gebaut, eine Wohnung, in der du nun für immer wohnen sollst!«

¹⁴Dann wandte sich der König der ganzen Gemeinschaft der Israeliten zu, die vor ihm stand, segnete sie und sagte: ¹⁵»Gepriesen sei der HERR, der Gott Israels, der sein Versprechen erfüllt hat, das er meinem Vater David gab. Denn er hat gesagt: ¹⁶›Seit dem Tag, an dem ich mein Volk der Israeliten aus Ägypten herausgeführt habe, habe ich keine Stadt unter den Stämmen Israels dazu bestimmt, dass darin ein Haus zur Ehre meines Namens errichtet werden sollte. Doch nun habe ich David zum König über mein Volk gesetzt.‹

¹⁷Mein Vater David wollte ein Haus bauen, damit der Name des HERRN, des Gottes Israels, darin geehrt wird. ¹⁸Doch der HERR sprach zu ihm: ›Es gefällt mir, dass du dir vorgenommen hast, ein Haus zur Ehre meines Namens zu bauen, ¹⁹doch du bist nicht derjenige, der es tun soll. Dein Sohn wird es an deiner Stelle bauen.‹

²⁰Und nun hat der HERR getan, was er zugesagt hat, denn ich bin anstelle meines Vaters David König geworden, wie der HERR es gesagt hat. Ich habe dieses Haus zur Ehre des HERRN, des Gottes Israels, gebaut. ²¹Und ich habe darin einen Platz für die Lade geschaffen, welche die Tafeln des Bundes enthält, den der HERR mit

S Südreich Juda N Nordreich Israel

unseren Vorfahren geschlossen hat, als er sie aus Ägypten herausführte.«

Salomos Gebet zur Tempelweihe
Vgl. 2. Chronik 6,12-39

²²Dann stellte sich Salomo mit zum Himmel erhobenen Händen vor den Altar des HERRN und die ganze Versammlung Israels blickte auf ihn. ²³Er betete: »HERR, Gott Israels, es gibt keinen Gott, der dir gleicht, weder im Himmel noch auf der Erde. Du erfüllst deine Versprechen und bist all denen mit deiner großen Liebe treu, die dir gehorchen und bereit sind, von ganzem Herzen deinen Willen zu tun. ²⁴Du hast deine Zusage an deinen Diener David, meinen Vater, erfüllt. Dein Mund hatte sie ausgesprochen und heute hat deine Hand sie erfüllt. ²⁵Und nun, HERR, Gott Israels, erfülle, was du deinem Diener David, meinem Vater, versprochen hast. Denn du hast gesagt: ›Wenn deine Nachkommen auf ihren Weg achten werden und mit mir leben, wie du es getan hast, werden sie für immer in Israel herrschen.‹ ²⁶Jetzt, Gott Israels, lass dieses Wort an deinen Diener David, meinen Vater, wahr werden.

²⁷Aber wird Gott tatsächlich auf der Erde wohnen? Der höchste Himmel kann dich nicht fassen – wie viel weniger dieses Haus, das ich errichtet habe! ²⁸Höre dennoch das Gebet deines Dieners und vernimm meine Bitte, HERR, mein Gott. Höre die Gebete, die dein Diener heute an dich richtet. ²⁹Tag und Nacht sollen deine Augen über diesem Haus wachen, denn du hast versprochen: ›Hier soll mein Name wohnen.‹ Bitte erhöre die Gebete, die ich hier spreche. ³⁰Bitte erhöre die inständigen Bitten, die wir, dein Volk der Israeliten und ich, an diesem Ort im Gebet an dich richten. Ja, höre uns im Himmel, wo du wohnst, und wenn du uns hörst, vergib uns.

³¹Wenn ein Mensch einem anderen ein Unrecht zufügt und vor dem Altar in diesem Haus seine Unschuld beschwören soll, ³²dann höre im Himmel und sprich du das Urteil. Strafe den Schuldigen und lass seine Taten auf ihn zurückfallen, aber sprich den Unschuldigen frei, wie es sein Recht ist.

³³Wenn dein Volk der Israeliten von seinen Feinden besiegt wird, weil es gegen dich gesündigt hat, und wenn es sich dir dann wieder zuwendet und deinen Namen anruft und hier in diesem Tempel zu dir betet und fleht, ³⁴dann höre es im Himmel und vergib ihm seine Sünde und bring es zurück in dieses Land, das du seinen Vorfahren gegeben hast.

³⁵Wenn der Himmel verschlossen bleibt und kein Regen fällt, weil dein Volk gegen dich gesündigt hat, und wenn es dann zu diesem Tempel gewandt betet und deinen Namen anruft und sich von seiner Sünde abwendet, weil du es bestraft hast, ³⁶dann höre es im Himmel und vergib deinen Dienern, den Israeliten, ihre Sünde. Zeig ihnen, wie sie nach deinem Willen leben können, und lass es regnen auf dein Land, das du deinem Volk als Erbe anvertraut hast.

³⁷Wenn eine Hungersnot im Land herrscht oder eine Seuche ausbricht, wenn es eine Missernte gibt, Heuschrecken einfallen oder Raupen die Ernte vernichten, wenn die Feinde deines Volkes ins Land eindringen und seine Städte belagern – welche Not oder Krankheit auch kommen mag: ³⁸Wenn dann irgendeiner aus deinem Volk zu dir betet und fleht, indem er dir seinen Kummer und seine Not zu Füßen legt und die Hände zu diesem Haus hin erhebt, oder wenn das ganze Volk seine Stimme im Gebet erhebt, ³⁹dann höre es im Himmel, wo du wohnst, vergib ihm und hilf. Gib jedem, was er verdient, denn du allein kennst das menschliche Herz. ⁴⁰Dann werden sie dich achten, solange sie in dem Land leben, das du unseren Vorfahren geschenkt hast.

⁴¹Und wenn Fremde, die nicht zu deinem Volk der Israeliten gehören, von dir hören und aus fernen Ländern kommen, um deinen Namen anzubeten – ⁴²denn sie werden von dir und deinen gewaltigen Wundern und deiner Macht hören –, wenn sie dann zu diesem Haus gewandt beten, ⁴³höre sie im Himmel, wo du wohnst, und gib ihnen alles, worum sie dich bitten. Denn alle Völker der Erde sollen dich erkennen und achten, so wie dein Volk der Israeliten es tut. Alle sollen erkennen, dass dieses Haus, das ich gebaut habe, deinen Namen trägt.

⁴⁴Wenn die Israeliten in deinem Auftrag in den Krieg ziehen gegen ihre Feinde und wenn sie dann im Gebet zum HERRN in die Richtung dieser Stadt blicken, die du erwählt hast, und zu diesem Haus, das ich deinem Namen errichtet habe, ⁴⁵dann höre ihre Gebete und ihr Flehen im Himmel und hilf ihnen.

⁴⁶Wenn sie gegen dich sündigen – denn welcher Mensch wäre ohne Sünde? –, dann wirst du vielleicht zornig sein über sie und sie ihren Feinden ausliefern, die sie in ein fremdes Land verschleppen, es sei nah oder fern. ⁴⁷Doch vielleicht wenden sie sich in ihrem Exil voller Reue wieder zu dir und sagen: ›Wir haben gesündigt, wir haben Böses getan und schlecht gehandelt.‹ ⁴⁸Wenn sie sich dann von ganzem Herzen und von ganzer Seele im Land ihrer Feinde, die sie gefangen nahmen, wieder dir zuwenden und zu dem Land hingewandt beten, das du ihren Vorfahren geschenkt hast, und zu dieser Stadt, die du erwählt hast, und zu diesem Haus, das ich zur Ehre deines Namens gebaut habe, ⁴⁹dann höre

1. & 2. KÖNIGE

1–2	Davids Ende
2–11	König Salomo
1. Könige 12– 2. Könige 17	Die Königreiche Israel und Juda
1. Könige 17 bis 2. Könige 2	Der Prophet Elia Herrscher in Israel und Juda
3–13	Der Prophet Elisa Herrscher in Israel und Juda
14–17	Weitere Herrscher in Israel und Juda bis zum Ende des Königreiches Israel
18–25	Das Königreich Juda bis zum Exil

8–9
Salomos Bitte, dass Gott die Bittgebete des Volkes erhört. Festgottesdienst zur Einweihung des Tempels und Laubhüttenfest.
Die Landverheißung hängt an der Treue des Volkes zu Gott. Kanaanitische Völker werden zur Fronarbeit herangezogen.

[Zeit der Könige und Propheten]

S Südreich Juda   **N** Nordreich Israel

---

ihre Gebete im Himmel, wo du wohnst. Verhilf ihnen zu ihrem Recht [50]und vergib deinem Volk, das gegen dich gesündigt hat und dir untreu war. Lass es Gnade finden bei seinen Feinden und Unterdrückern, [51]denn es ist dein Volk – dein Eigentum –, das du aus Ägypten herausgeführt hast wie aus einem glühenden Ofen.

[52]Lass deine Augen für die Bitten deines Dieners und für die Bitten deines Volkes Israel offen sein. Höre und antworte ihm, wenn es zu dir ruft. [53]Denn als du, allmächtiger HERR, unsere Vorfahren aus Ägypten herausgeführt hast, hast du zu deinem Diener Mose gesagt, dass du Israel als deinen ganz besonderen Besitz von allen Völkern der Erde absonderst.«

Die Tempelweihe
V. 54-66: 2. Chronik 7,1-10

[54]Als Salomo diese Gebete und Bitten an den HERRN zu Ende gesprochen hatte, stellte er sich vor den Altar des HERRN, vor dem er mit zum Himmel erhobenen Händen gekniet hatte. [55]Er trat vor die ganze Versammlung Israels, segnete sie mit lauter Stimme und sagte: [56]»Gelobt sei der HERR, der seinem Volk der Israeliten Ruhe geschenkt hat, wie er es versprochen hat. Kein einziges Wort von den wunderbaren Zusagen, die er durch seinen Diener Mose gegeben hat, blieb unerfüllt. [57]Der HERR, unser Gott, sei mit uns, wie er mit unseren Vorfahren war; er möge uns nicht verlassen oder verstoßen. [58]Er wecke in uns den Wunsch, in allem seinen Willen zu tun und in Übereinstimmung mit seinen Geboten, Gesetzen und Vorschriften zu leben, die er unseren Vorfahren gab. [59]Mögen diese Worte, die ich in der Gegenwart des HERRN gebetet habe, Gott alle Zeit, Tag und Nacht, vor Augen stehen, sodass der HERR, unser Gott, meine Sache und die Sache seines israelitischen Volkes jeden Tag aufs Neue vertritt. [60]So sollen die Völker der ganzen Welt erkennen, dass es keinen anderen Gott gibt als den HERRN. [61]Ihr aber sollt dem HERRN, unserem Gott, von ganzem Herzen treu sein. Lebt nach seinen Gesetzen und haltet seine Gebote, so wie ihr es jetzt tut.«

[62]Dann brachten der König und ganz Israel mit ihm dem HERRN ihre Schlachtopfer. [63]Salomo schlachtete dem HERRN als Friedensopfer 22.000 Rinder und 120.000 Schafe. So weihten der König und ganz Israel das Haus des HERRN ein. [64]Am gleichen Tag weihte der König den Innenhof vor dem Haus des HERRN. Hier brachte er Brandopfer, Speiseopfer und das Fett von Friedensopfern dar, denn der bronzene Altar in der Gegenwart des HERRN war zu klein, um so viele Opfer zu fassen.

[65]Dann feierten Salomo und ganz Israel in der

Gegenwart des HERRN, ihres Gottes, das Laubhüttenfest*. Eine riesige Menschenmenge war zusammengeströmt, von der Grenze Hamats bis zum Bach von Ägypten. Die Feier dauerte insgesamt 14 Tage – sieben Tage für die Einweihung des Altars und weitere sieben Tage für das Laubhüttenfest.* ⁶⁶Als das Fest vorüber war*, schickte Salomo die Leute nach Hause. Sie segneten den König und gingen heim, und alle freuten sich und waren glücklich, weil der HERR seinem Diener David und seinem israelitischen Volk so viel Gutes getan hatte.

Die Antwort des HERRN an Salomo
2. Chronik 7,11-22

9 So schloss Salomo den Bau am Haus des HERRN und auch am Königspalast ab. Er führte alles aus, was er sich vorgenommen hatte. ²Dann erschien der HERR Salomo ein zweites Mal, wie es bereits in Gibeon geschehen war. ³Er sprach zu ihm: »Ich habe dein Gebet und deine Bitte gehört. Ich habe dieses Haus, das du erbaut hast, erwählt, sodass dort für immer mein Name wohnen wird. Meine Augen werden darüber wachen und ich werde mit meinem Herzen dort sein. ⁴Und wenn du mir aufrichtig und von ganzem Herzen treu bist, wie dein Vater David es war, wenn du meinen Geboten gehorchst, meine Gesetze hältst und meine Vorschriften befolgst,* ⁵dann lasse ich den Thron deiner Herrschaft über Israel für immer bestehen. Denn ich habe deinem Vater David versprochen: ›Es wird dir niemals an einem Nachfolger auf dem Thron Israels fehlen.‹

⁶Doch wenn ihr oder eure Nachkommen mich verlassen werdet und meine Gebote und Gesetze missachtet, die ich euch gab, und wenn ihr hingeht und andere Götter anbetet und ihnen dient, ⁷dann reiße ich die Israeliten aus diesem Land, das ich ihnen gegeben habe, heraus. Ich werde mich von diesem Haus, das ich mir erwählt habe, damit mein Name dort verehrt wird, abwenden. Ich mache Israel zum Hohn und Gespött der Völker. ⁸Und so eindrucksvoll dieses Haus auch wirken mag – es wird zu einem Schreckensbild werden für alle, die vorübergehen. Sie werden spotten und fragen: ›Warum hat der HERR an seinem Land und seinem Haus so gehandelt?‹ ⁹Und die Antwort wird lauten: ›Weil sie den HERRN, ihren Gott, der ihre Vorfahren aus Ägypten herausgeführt hat, verlassen und andere Götter angebetet und ihnen gedient haben. Deshalb hat der HERR all dieses Unglück über sein Volk kommen lassen.‹«

Salomos Abkommen mit Hiram
2. Chronik 8

¹⁰Am Ende der zwei Jahrzehnte, die Salomo für den Bau des Hauses des HERRN und des königlichen Palastes benötigte, ¹¹überließ Salomo König Hiram von Tyrus 20 Städte im Land Galiläa, weil er Salomo mit Zedern- und Zypressenholz und Gold geholfen hatte, wie es sein Wunsch gewesen war. ¹²Hiram war aus Tyrus gekommen, um sich die Städte, die Salomo ihm überlassen hatte, anzusehen, aber er war nicht zufrieden damit. ¹³»Was sind das für Städte, die du mir gegeben hast, mein Bruder?«, fragte er. Hiram nannte das Gebiet Kabul*; und so wird es noch heute genannt. ¹⁴Hiram hatte Salomo 120 Talente* Gold geschickt.

Salomos große Leistungen

¹⁵Das Folgende ist der Bericht über die Fronarbeiter, die König Salomo verpflichtete, um das Haus des HERRN, den königlichen Palast, den Millo*, die Stadtmauer von Jerusalem und die Städte Hazor, Megiddo und Geser zu bauen. ¹⁶Denn der Pharao, der König von Ägypten, hatte Geser angegriffen und erobert, die kanaanitische Bevölkerung getötet und die Stadt niederbrennen lassen. Er gab die Stadt seiner Tochter als Hochzeitsgeschenk mit, als sie Salomo heiratete. ¹⁷Salomo ließ Geser und das untere Bet-Horon wieder aufbauen sowie ¹⁸Baalat und Tamar* in der Wüste im Land Juda. ¹⁹Er errichtete Siedlungen, in denen große Kornspeicher waren, und andere, in denen seine Streitwagen und Pferde* stationiert waren. Überall, in Jerusalem, im Libanon und in seinem ganzen Herrschaftsbereich ließ er durch die Fronarbeiter Bauten errichten.*

²⁰Es lebten immer noch einige Leute im Land, die keine Israeliten waren, darunter Amoriter, Hetiter, Perisiter, Hiwiter und Jebusiter. ²¹Sie waren die Nachkommen der Völker, die Israel nicht ganz ausgerottet* hatte. Diese verpflichtete Salomo als Fronarbeiter, und so ist es bis heute. ²²Die Israeliten dagegen verpflichtete Salomo nicht zur Fronarbeit, sondern wies ihnen Aufga-

---

8,65a Hebr. *das Fest*; s. die Anm. zu 8,2. **8,65b** Hebr. *sieben Tage und sieben Tage, vierzehn Tage*; vgl. den Paralleltext 2. Chronik 7,8-10. **8,66** Hebr. *am achten Tag*; das bezieht sich wahrscheinlich auf den auf das siebentägige Laubhüttenfest folgenden Tag; vgl. den Paralleltext 2. Chronik 7,9-10. **9,4-9** Vgl. 2. Chronik 7,17-22. **9,13** D.h. *wertlos*. **9,14** Das sind ca. 4.300 kg. **9,15** O. *die stützenden Terrassen*; so auch in 9,24. **9,18** O. *Tadmor*. **9,19** O. *Wagenlenker*. **9,19-23** Vgl. 2. Chronik 8,6-10. **9,21** Hebr. *den Bann vollstreckt*. Mit dem hier gebrauchten hebr. Begriff ist die vollständige Übergabe von Dingen, Tieren oder Menschen an den HERRN gemeint, indem diese entweder vernichtet o. als Opfer dargebracht werden.

1. & 2. KÖNIGE	
1–2	Davids Ende
2–11	König Salomo
1. Könige 12– 2. Könige 17	Die Königreiche Israel und Juda
1. Könige 17 bis 2. Könige 2	Der Prophet Elia Herrscher in Israel und Juda
3–13	Der Prophet Elisa Herrscher in Israel und Juda
14–17	Weitere Herrscher in Israel und Juda bis zum Ende des Königreiches Israel
18–25	Das Königreich Juda bis zum Exil

9–11
Salomos Hof, Bauten und Schiffe. Die Königin von Saba staunt über Salomos Weisheit und Reichtum. Salomos Frauen verführen ihn zur Götzenanbetung.

[Zeit der Könige und Propheten]

ben zu als Krieger, Schreiber und Offiziere in seinem Heer, zum Beispiel als Befehlshaber über die Streitwagen und Wagenlenker. ²³550 von ihnen ernannte er zu Oberaufsehern für seine Bauvorhaben; dort überwachten sie das Volk, das die Arbeit tat.

²⁴Nachdem Salomo die Tochter des Pharaos aus der Stadt Davids in den Palast gebracht hatte, den er für sie gebaut hatte, ließ er den Millo errichten.

²⁵Dreimal im Jahr opferte Salomo dem HERRN Brand- und Friedensopfer auf dem Altar, den er hatte errichten lassen, und verbrannte auch Weihrauch für den HERRN. So vollendete er sein großes Werk, den Bau des Tempels.

²⁶Später baute König Salomo Schiffe in Ezjon-Geber bei Elat im Land Edom, an der Küste des Schilfmeeres. ²⁷Hiram stellte seine Diener, erfahrene Seeleute, zur Verfügung, welche die Flotte gemeinsam mit Salomos Männern steuerten. ²⁸Sie segelten nach Ofir und kamen mit 420 Talenten* Gold für König Salomo zurück.

Der Besuch der Königin von Saba
Vgl. 2. Chronik 9,1-12

10 Die Königin von Saba hörte davon, dass Salomo dem Namen des HERRN Ehre bereitete. Sie machte sich auf den Weg, um ihn mit Rätseln auf die Probe zu stellen. ²Mit großem Gefolge zog sie in Jerusalem ein, begleitet von einer mit Gold, Balsamöl und kostbaren Edelsteinen reich beladenen Kamelkarawane. Als sie zu Salomo kam, sprach die Königin mit ihm über alles, was sie sich vorgenommen hatte. ³Salomo beantwortete alle ihre Fragen; nichts war so schwierig, dass der König es ihr nicht erklären konnte. ⁴Als die Königin von Saba die Weisheit Salomos erkannte und den Palast sah, den er gebaut hatte, ⁵war sie außer sich vor Staunen. Sie bewunderte auch die erlesenen Speisen, die vor ihm aufgetragen wurden, seinen geschickten Umgang mit seinem Gefolge, die prächtige Kleidung seiner Sekretäre und ihr Auftreten, seine Mundschenke und die Brandopfer, die Salomo im Haus des HERRN darbrachte.

⁶Sie sagte zum König: »Alles, was ich in meinem Land über deine Fähigkeiten und deine Weisheit gehört habe, ist wahr! ⁷Ich habe es nicht geglaubt, bis ich hierher kam und es mit eigenen Augen sah. Dabei wurde mir nicht einmal die Hälfte davon berichtet. Deine Weisheit und dein Reichtum sind weit größer, als man mir

9,28 Das sind ca. 15 t.

sagte. ⁸Wie glücklich dieses Volk sein muss! Welch ein Vorrecht für deine Minister, dir Tag für Tag zu dienen und deine Weisheit zu hören. ⁹Der HERR, dein Gott, sei gepriesen, der Freude hat an dir und dich auf den Thron Israels gesetzt hat. Weil der HERR Israel für immer liebt, hat er dich zum König gemacht, damit durch dich Recht und Gerechtigkeit herrschen.«

¹⁰Dann schenkte sie dem König 120 Talente* Gold, große Mengen Balsamöl und kostbare Edelsteine. Nie wieder kamen so viele wohlriechende Öle ins Land wie sie die Königin von Saba Salomo schenkte.

¹¹Hirams Schiffe brachten zusammen mit dem Gold aus Ofir auch eine Menge Sandelholz und kostbare Edelsteine mit. ¹²Aus dem Sandelholz ließ der König ein Geländer für das Haus des HERRN und den königlichen Palast sowie Harfen und Zithern für die Sänger machen. Niemals zuvor und auch niemals wieder kam so viel Sandelholz ins Land.

¹³König Salomo gab der Königin von Saba, was ihr gefiel und worum sie ihn bat, zusätzlich zu seinen Geschenken, mit denen er sie großzügig bedachte. Dann brach sie mit ihrem Gefolge auf und kehrte in ihr eigenes Land zurück.

Salomos Weisheit und Größe

Vgl. 2. Chronik 9,13-28; V.26-29: 2. Chronik 1,14-17

¹⁴ Salomo nahm alljährlich 666 Talente* Gold ein, ¹⁵nicht mitgerechnet die Abgaben der Kaufleute und Händler, der Könige von Arabien und der Statthalter des Landes.

¹⁶Der König ließ 200 große Schilde aus getriebenem Gold anfertigen; für jeden wurden 600 Schekel* Gold verarbeitet. ¹⁷Dann ließ er noch 300 kleinere Schilde aus getriebenem Gold fertigen, von denen für jeden drei Minen* Gold gebraucht wurden. Und er ließ sie in das Libanon-Waldhaus bringen.

¹⁸Dann ließ er einen mächtigen Thron aus Elfenbein bauen und mit reinem Gold überziehen. ¹⁹Der Thron besaß sechs Stufen und eine runde Rückenlehne. Er hatte auf beiden Seiten Armlehnen und rechts und links davon stand die Gestalt eines Löwen. ²⁰Zwölf weitere Löwen wurden zu beiden Seiten der sechs Stufen aufgestellt. Kein Thron auf der ganzen Welt war vergleichbar mit diesem.

²¹Sämtliche Trinkgefäße König Salomos waren aus Gold, ebenso wie alle übrigen Gerätschaften im Libanon-Waldhaus. Sie bestanden nicht aus Silber, denn dieses war zur Zeit Salomos nichts wert.

²²Der König hatte eine Flotte von Tarsis-Schiffen auf dem Meer, die im Verband mit der Flotte von Hiram segelte. Alle drei Jahre kehrten die Schiffe zurück, beladen mit Gold, Silber, Elfenbein, Affen und Pfauen*.

²³Auf diese Weise übertraf König Salomo alle anderen Könige der Erde an Reichtum und Weisheit. ²⁴Von überall her kamen die Menschen, um ihn zu sehen und Zeugen der Weisheit zu werden, die Gott ihm verliehen hatte. ²⁵Und Jahr um Jahr brachten ihm alle, die ihn besuchten, Geschenke: silberne und goldene Geräte, Gewänder, Waffen, Balsamöle, Pferde und Maultiere.

²⁶Salomo schuf sich ein riesiges Heer aus 1.400 Streitwagen und 12.000 Pferden*. Er stationierte sie in den Garnisonsstädten und bei sich in Jerusalem. ²⁷Der König sorgte dafür, dass es in Jerusalem so viel Silber gab wie Steine. Und Zedernholz war so verbreitet wie das Holz der Maulbeerfeigenbäume, die im Hügelland wuchsen. ²⁸Salomos Pferde wurden aus Ägypten und aus Koë eingeführt; die königlichen Händler erwarben sie dort zum üblichen Preis. ²⁹Damals kostete ein Streitwagen aus Ägypten 600 Silberstücke und ein Pferd wurde für 150 Silberstücke gehandelt. Dann wurden sie an die Könige der Hetiter und an die Könige von Aram weiterverkauft.

Salomos zahlreiche Frauen

11 König Salomo liebte viele ausländische Frauen. Außer der Tochter des Pharaos heiratete er noch Frauen aus Moab, Ammon, Edom, Sidon und aus dem Volk der Hetiter. ²Dies waren die Völker, von denen der HERR seinem Volk ganz klar befohlen hatte: »Lasst euch nicht mit ihnen ein, denn sie würden euch dazu verführen, ihre Götter anzubeten.« Doch Salomo hatte eine Vorliebe für sie. ³Er hatte 700 Frauen und 300 Nebenfrauen, und sie beeinflussten sein Herz. ⁴Als Salomo alt geworden war, hatten seine Frauen ihn so weit gebracht, dass er ihre Götter anbetete. Er vertraute nicht länger allein auf den HERRN, seinen Gott, wie sein Vater, König David, es getan hatte. ⁵Salomo betete Astarte, die Göttin der Sidonier, an und Milkom, den abscheulichen Gott der Ammoniter. ⁶Und so tat Salomo etwas, was dem HERRN missfiel; er hielt sich nicht mehr ausschließlich an den HERRN, wie sein Vater David es getan hatte. ⁷Er ließ für Kemosch, den scheußlichen

---

10,10 Das sind ca. 4.300 kg. **10,14** Das sind ca. 24 t. **10,16** Das sind ca. 7,2 kg. **10,17** Das entspricht ca. 1,8 kg. **10,22** O. *Pavianen.* **10,26** O. *12.000 Wagenlenker.*

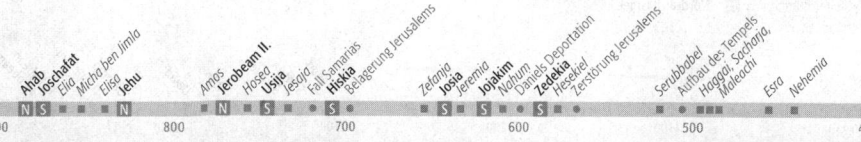

1. & 2. KÖNIGE

1–2	Davids Ende
2–11	König Salomo
1. Könige 12– 2. Könige 17	Die Königreiche Israel und Juda
1. Könige 17 bis 2. Könige 2	Der Prophet Elia Herrscher in Israel und Juda
3–13	Der Prophet Elisa Herrscher in Israel und Juda
14–17	Weitere Herrscher in Israel und Juda bis zum Ende des Königreiches Israel
18–25	Das Königreich Juda bis zum Exil

11–12

Salomos Untreue führt dazu, dass das Königreich zerbrechen wird. Verheißung an Jerobeam, Herrscher über die nördlichen Stämme zu werden. Salomos Tod und Rehabeams Thronfolge. Rehabeam soll über die Strenge seiner Regierung entscheiden.

[Zeit der Könige und Propheten]

S Südreich Juda   N Nordreich Israel

Gott Moabs, auf dem Berg östlich von Jerusalem, einen Altar errichten, und einen weiteren für Moloch, den abscheulichen Gott der Ammoniter. ⁸Das tat Salomo für alle seine ausländischen Frauen, die ihren Göttern Weihrauch verbrennen und opfern wollten.

⁹Der HERR wurde zornig über Salomo, weil sein Herz sich vom HERRN, dem Gott Israels, abgewandt hatte, obwohl er ihm zweimal erschienen war. ¹⁰Er hatte Salomo eindringlich davor gewarnt, andere Götter anzubeten, doch Salomo hörte nicht darauf. ¹¹Da sprach der HERR zu ihm: »Weil du meinen Bund nicht gehalten und meinen Gesetzen, die ich dir gab, nicht gehorcht hast, werde ich dir dein Königreich nehmen und es einem deiner Diener geben. ¹²Doch um deines Vaters David willen werde ich es noch nicht zu deinen Lebzeiten tun. Ich werde es erst deinem Sohn wegnehmen. ¹³Und er soll weiterhin wenigstens König eines Stammes bleiben, um meines Dieners David und um Jerusalems, meiner erwählten Stadt, willen.«

Salomos Feinde

¹⁴Mit dem Edomiter Hadad aus dem Königsgeschlecht von Edom schickte der HERR Salomo einen erbitterten Feind. ¹⁵Vor vielen Jahren, als Krieg mit Edom herrschte, war Davids Heerführer Joab nach Edom gezogen, um einige Israeliten zu bestatten, die in der Schlacht gefallen waren. Zu dieser Zeit hatte er nahezu die gesamte männliche Bevölkerung Edoms ausgerottet. ¹⁶Joab und das Heer waren sechs Monate dort geblieben, bis sie in Edom alle Männer getötet hatten. ¹⁷Doch Hadad und einige wenige Männer aus dem Hofstaat seines Vaters waren geflohen. Hadad war damals noch ein Junge gewesen. Sie wollten nach Ägypten. ¹⁸Zuerst flohen sie von Midian nach Paran, wo sich ihnen weitere Männer anschlossen. Von dort zogen sie weiter nach Ägypten und gingen zum Pharao, dem König von Ägypten. Er gab Hadad Unterkunft, Nahrung und Land. ¹⁹Der Pharao mochte Hadad sehr und gab ihm die Schwester von Königin Tachpenes, seiner eigenen Gattin, zur Frau. ²⁰Sie gebar ihm einen Sohn, Genubat, der gemeinsam mit den Söhnen des Pharaos bei Tachpenes im Palast aufwuchs. So war Genubat stets mit Pharaos Söhnen zusammen.

²¹Als Hadad in Ägypten hörte, dass David und sein Heerführer Joab tot waren, sagte er zum Pharao: »Lass mich gehen. Ich möchte in mein Land zurückkehren.«

²²Der Pharao fragte ihn: »Was fehlt dir bei uns, dass du nach Hause zurückkehren willst?«

»Mir fehlt nichts«, antwortete Hadad. »Aber bitte lass mich gehen.«

²³Außerdem machte Gott auch Reson, Eljadas Sohn, zu Salomos Feind. Reson war vor seinem Herrn, dem König Hadad-Eser von Zoba, geflohen. ²⁴Nun war er der Anführer von ein paar aufständischen Männern, die als Räuberbande durch das Land zogen, als David die Aramäer besiegte. Reson und seine Männer gingen nach Damaskus, blieben dort und herrschten wie Könige. ²⁵Er war während der ganzen Regierungszeit Salomos Israels erbitterter Feind und stiftete, ebenso wie Hadad, viel Unruhe. Reson, der später in Aram herrschte, hasste Israel.

Jerobeam rebelliert gegen Salomo
V.41-43: 2. Chronik 9,29-31

²⁶Ein weiterer Aufrührer gegen den König war Jerobeam, der Sohn von Nebat, einer von Salomos eigenen Leuten. Er stammte aus der Stadt Zereda in Ephraim; seine Mutter war eine Witwe namens Zerua. ²⁷Und so wurde Jerobeam zum Feind des Königs: Salomo ließ den Millo* bauen und damit die Lücke in der Stadt seines Vaters David schließen. ²⁸Jerobeam war ein fähiger junger Mann, und als Salomo sah, wie tüchtig er war, machte er ihn zum Aufseher über die Fronarbeiter aus den Stämmen Ephraim und Manasse*.

²⁹Eines Tages, als Jerobeam Jerusalem verließ, begegnete ihm auf der Straße der Prophet Ahija aus Silo, der einen neuen Mantel trug. Die beiden waren allein auf dem Feld ³⁰und Ahija nahm den neuen Mantel, den er trug, und riss ihn in zwölf Stücke. ³¹Dann sagte er zu Jerobeam: »Nimm zehn von diesen Stücken, denn so spricht der HERR, der Gott Israels: ›Ich entreiße Salomo das Reich und gebe dir zehn Stämme! ³²Einen Stamm werde ich ihm lassen, meinem Diener David und der Stadt Jerusalem zuliebe, die ich aus allen Stämmen Israels auserwählt habe. ³³Denn sie haben mich verlassen und Astarte, die Göttin der Sidonier, Kemosch, den Gott der Moabiter, und Milkom, den Gott der Ammoniter, angebetet. Sie haben meine Wege verlassen und nicht länger nach meinem Willen gehandelt, meinen Gesetzen nicht gehorcht und meine Vorschriften nicht befolgt, wie Salomos Vater David es getan hat.

³⁴Doch ich will Salomo nicht das ganze Königreich wegnehmen. Denn weil mein Diener David, den ich erwählt habe, meinen Geboten und Gesetzen gehorcht hat, werde ich Salomo die Herrschaft lassen, solange er lebt. ³⁵Seinem Sohn aber nehme ich das Reich und gebe zehn der Stämme dir. ³⁶Ein Stamm aber wird seinem Sohn bleiben, sodass die Nachkommen meines Dieners David weiterhin in Jerusalem herrschen*, der Stadt, die ich erwählt habe, damit dort mein Name wohne. ³⁷Dich werde ich auf den Thron Israels setzen und du wirst über alles herrschen, was dein Herz begehrt, und wirst König sein über Israel. ³⁸Wenn du auf das hören wirst, was ich dir sage, meinen Weg nicht verlässt und nach meinem Willen fragst, und wenn du meinen Gesetzen und Geboten gehorchst, wie mein Diener David es getan hat, dann werde ich immer auf deiner Seite sein. Ich gründe mit dir ein bleibendes Herrschergeschlecht, wie ich es für David tat, und vertraue dir Israel an. ³⁹Die Nachkommen Davids dagegen werde ich deswegen bestrafen – doch nicht für immer.‹«

⁴⁰Salomo versuchte nun, Jerobeam umzubringen, doch dieser floh nach Ägypten zu König Schischak von Ägypten und blieb dort, bis Salomo starb.

⁴¹Alles Weitere über Salomos Herrschaft, einschließlich eines Berichts über seine große Weisheit, steht im Buch der Taten Salomos. ⁴²Salomo herrschte 40 Jahre von Jerusalem aus über ganz Israel. ⁴³Als er starb, wurde er in der Stadt seines Vaters David begraben. Danach wurde sein Sohn Rehabeam König.

Die Stämme des Nordens lösen sich vom Königshaus Davids
Vgl. 2. Chronik 10,1-19

12 Rehabeam machte sich auf den Weg nach Sichem, denn ganz Israel hatte sich dort versammelt, um ihn zum König zu krönen. ²Als Jerobeam, der Sohn Nebats, die Nachricht vom Tod Salomos erhielt, kehrte er aus Ägypten zurück, wohin er vor König Salomo geflohen war. ³Die führenden Männer Israels ließen ihn holen; und Jerobeam trat mit der ganzen Gemeinde Israels vor Rehabeam. Sie sagten: ⁴»Dein Vater war ein sehr strenger Herrscher. Von dir hoffen wir, dass du unseren Dienst erleichterst und das schwere Joch, das dein Vater uns auferlegt hat. Dann werden wir dir treu dienen.«

⁵Rehabeam antwortete: »Geht für drei Tage fort. Dann kommt wieder her zu mir.« Damit zog das Volk ab.

⁶König Rehabeam besprach sich mit den erfahrenen Beratern, die schon seinem Vater Salomo zur Seite gestanden hatten, als er noch lebte. »Was ratet ihr mir?«, fragte er. »Was soll ich dem Volk antworten?«

⁷Sie meinten: »Wenn du dich dem Volk gegenüber heute freundlich zeigst, ihnen dienst und

---

11,27 O. *die Stützmauern.*   11,28 Hebr. *aus dem Haus Josef.*   11,36 Hebr. *weiterhin eine Leuchte dort haben.*

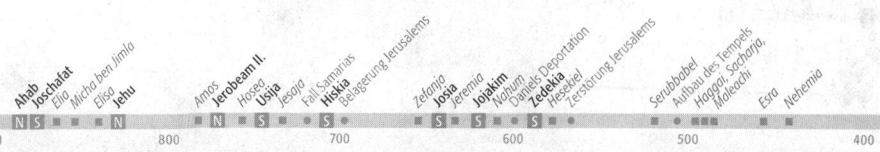

1. & 2. KÖNIGE

1–2	Davids Ende
2–11	König Salomo
1. Könige 12– 2. Könige 17	Die Königreiche Israel und Juda
1. Könige 17 bis 2. Könige 2	Der Prophet Elia Herrscher in Israel und Juda
3–13	Der Prophet Elisa Herrscher in Israel und Juda
14–17	Weitere Herrscher in Israel und Juda bis zum Ende des Königreiches Israel
18–25	Das Königreich Juda bis zum Exil

12–13

Teilung des Reiches. Das Südreich Juda bleibt Rehabeam treu, die Nordstämme machen Jerobeam zum König. Jerobeam errichtet Heiligtümer mit goldenen Kälbern in Bethel und Dan. Sein Tun wird verurteilt.

[Zeit der Könige und Propheten]

ihnen gibst, worum sie dich bitten, werden sie dir treue Untertanen sein.«
⁸Doch Rehabeam verwarf den Rat der erfahrenen Berater und holte stattdessen die Meinung der jungen Männer ein, die mit ihm zusammen aufgewachsen waren und ihm jetzt dienten. ⁹»Was ratet ihr mir?«, fragte er sie. »Was soll ich dem Volk antworten, das von mir verlangt hat: ›Erleichtere uns das Joch, das dein Vater uns auferlegt hat.‹«
¹⁰Die jungen Männer, die mit ihm aufgewachsen waren, antworteten: »Du solltest den Leuten, die sich über die harten Lasten deines Vaters beklagt haben, antworten: ›Mein kleiner Finger ist dicker als die Taille meines Vaters. ¹¹Mein Vater hat euch schwere Lasten auferlegt, doch ich werde noch viel mehr von euch verlangen. Mein Vater hat euch mit der Peitsche gestraft, ich werde eine Peitsche mit Stacheln verwenden!‹«
¹²Drei Tage später kehrte Jerobeam mit dem ganzen Volk zurück, um Rehabeams Entscheidung zu hören, wie es der König angekündigt hatte. ¹³Doch Rehabeam fuhr sie an, denn er hatte sich der Empfehlung der älteren Berater verschlossen ¹⁴und folgte stattdessen der seiner jüngeren Berater. Er sagte zum Volk: »Mein Vater hat euch schwere Lasten auferlegt, doch ich werde noch viel mehr von euch verlangen! Mein Vater hat euch mit der Peitsche gestraft, ich werde eine Peitsche mit Stacheln verwenden!«
¹⁵Und so weigerte sich der König, der Bitte des Volkes nachzukommen. Auf diese Weise erfüllte sich die Botschaft des HERRN an Jerobeam, den Sohn Nebats, die ihm der Prophet Ahija aus Silo überbracht hatte.
¹⁶Als die Israeliten erkannten, dass der König ihre Bitte ablehnte, riefen sie: »Was haben wir mit David zu schaffen? Dieser Sohn Isais geht uns nichts an! Lass uns heimziehen, Israel! Sorge selbst für dein Haus, David!« Und sie kehrten nach Hause zurück. ¹⁷Rehabeam herrschte allerdings weiterhin über die Israeliten, die in den Städten Judas lebten.
¹⁸Der König schickte Adoram, den Aufseher der Fronarbeiter, doch er wurde von den Israeliten zu Tode gesteinigt. Und König Rehabeam sprang auf seinen Streitwagen und floh nach Jerusalem. ¹⁹Bis heute weigern sich die nördlichen Stämme Israels, einen Nachkommen Davids als König anzuerkennen.
²⁰Als die Israeliten erfuhren, dass Jerobeam zurückgekehrt war, ließen sie ihn holen, beriefen eine Versammlung ein und machten ihn zum König über ganz Israel. Einzig und allein der Stamm Juda hielt dem Königshaus Davids die Treue.

Die Weissagung Schemajas
Vgl. 2. Chronik 11,1-4

²¹Als Rehabeam in Jerusalem eintraf, versammelte er die Heere von Juda und Benjamin, 180.000 ausgewählte Männer. Sie sollten gegen Israel kämpfen und ihm die Königsherrschaft zurückgewinnen. ²²Doch Gott sprach zu Schemaja, dem Mann Gottes: ²³»Sage Rehabeam, dem Sohn Salomos und König von Juda, und dem ganzen Volk von Juda und Benjamin und dem übrigen Volk: ²⁴›So spricht der HERR: Zieht nicht hinauf und kämpft nicht gegen eure Verwandten, die Israeliten. Geht wieder nach Hause, denn was geschehen ist, war mein Wille!‹« Und sie gehorchten der Botschaft des HERRN und gingen nach Hause, wie er es ihnen befohlen hatte.

Jerobeam macht goldene Kälber

²⁵Jerobeam baute die Stadt Sichem im Gebirge Ephraim aus und ließ sich dort nieder. Später zog er von dort fort und baute die Stadt Pnuël. ²⁶Jerobeam dachte sich: »Nun wird die Herrschaft wieder an das Geschlecht Davids zurückfallen. ²⁷Wenn die Menschen nach Jerusalem gehen, um im Haus des HERRN zu opfern, werden sie sich auch wieder ihrem Herrn, König Rehabeam von Juda, unterwerfen. Dann werden sie mich umbringen und sich wieder Rehabeam, dem König von Juda, zuwenden.«

²⁸So überlegte der König. Deshalb ließ er zwei goldene Kälber anfertigen und sagte zum Volk: »Es macht euch zu große Umstände, wenn ihr nach Jerusalem gehen müsst. Seht her, dies sind eure Götter, die euch aus Ägypten herausgeführt haben!«

²⁹Er stellte das eine in Bethel auf und das andere in Dan. ³⁰Das wurde für das Volk zur Sünde, denn sie gingen nun hin und nahmen dafür sogar den weiten Weg nach Dan auf sich.

³¹Jerobeam errichtete außerdem Höhenheiligtümer und berief Priester aus den Reihen des Volkes, die nicht zu den Nachkommen Levis gehörten. ³²Er bestimmte den 15. Tag des achten Monats* zum Festtag, ähnlich dem Fest in Juda. In Bethel opferte er dann den goldenen Kälbern, die er hatte gießen lassen. Und dort ernannte er auch Priester der Höhenheiligtümer, die er errichtet hatte. ³³So ging Jerobeam am 15. Tag im achten Monat, den er dazu bestimmt hatte, hinauf zu dem Altar in Bethel, den er selbst gemacht hatte. Er stiftete ein Fest für Israel und trat selbst vor den Altar, um Weihrauch zu verbrennen.

Ein Prophet verurteilt Jerobeam

13 Ein Mann Gottes aus Juda kam im Auftrag des HERRN nach Bethel, gerade als Jerobeam vor den Altar trat, um dort zu opfern. ²Da rief er zum Altar hin, was der HERR ihm gesagt hatte: »Altar! Altar! ›So spricht der HERR: Dem Königshaus Davids wird ein Kind mit Namen Josia geboren werden. Der wird die Priester der Höhenheiligtümer, die Opfer auf dir verbrennen, töten und Menschenknochen wird er auf dir verbrennen.‹« ³Am gleichen Tag tat er ein Zeichen und sagte: »Der HERR hat versprochen, folgendes Zeichen zu geben: Dieser Altar bricht auseinander, und die Asche, die darauf liegt, wird verschüttet.«

⁴Als König Jerobeam hörte, was der Prophet gegen den Altar in Bethel gesprochen hatte, deutete er mit der Hand auf ihn und rief: »Ergreift diesen Mann!« Doch im gleichen Augenblick wurde die Hand des Königs, mit der er auf ihn zeigte, gelähmt und er konnte sie nicht zurückziehen. ⁵Gleichzeitig zersprang der Altar und die Asche ergoss sich daraus, wie der Prophet es nach dem Zeichen des HERRN vorhergesagt hatte.

⁶Da bat ihn der König: »Bete zu dem HERRN, deinem Gott, und bitte ihn für mich, meine Hand wieder gesund zu machen!« Der Mann Gottes betete zum HERRN, und die Hand des Königs wurde wieder vollständig gesund.

⁷Da lud der König ihn ein: »Komm mit mir in den Palast und iss etwas, und ich will dir auch ein Geschenk geben.«

⁸Doch der Prophet erwiderte: »Selbst wenn du mir die Hälfte deines Palastes anbieten würdest, würde ich nicht mit dir gehen und würde an diesem Ort nichts essen und nichts trinken. ⁹Denn der HERR hat mir folgendes Gebot mitgegeben: ›Du darfst nichts essen und nichts trinken und du darfst auch nicht auf demselben Weg, den du gekommen bist, zurückgehen.‹« ¹⁰Und er verließ Bethel und ging auf einem anderen Weg nach Hause.

¹¹Zum Zeitpunkt dieser Ereignisse lebte ein alter Prophet in Bethel. Seine Söhne kamen nach Hause und erzählten ihm alles, was der Mann Gottes an jenem Tag in Bethel getan hatte. Sie wiederholten auch, was er zum König gesagt hatte. ¹²Ihr Vater fragte sie: »Welchen Weg hat er genommen?« Sie sagten ihrem Vater, welche Straße der Mann Gottes aus Juda eingeschlagen hatte. ¹³»Rasch, sattelt den Esel«, sagte der alte Mann zu seinen Söhnen. Und als sie ihm den

---

12,32 u. 33 Dieser Tag des hebr. Mondkalenders liegt gewöhnlich Ende Okt./Anfang Nov., genau einen Monat nach dem alljährlichen Laubhüttenfest in Juda (s. 3. Mose 23,34).

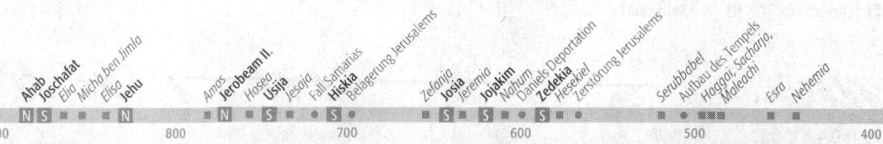

1. & 2. KÖNIGE	
1–2	Davids Ende
2–11	König Salomo
1. Könige 12 – 2. Könige 17	Die Königreiche Israel und Juda
1. Könige 17 bis 2. Könige 2	Der Prophet Elia Herrscher in Israel und Juda
3–13	Der Prophet Elisa Herrscher in Israel und Juda
14–17	Weitere Herrscher in Israel und Juda bis zum Ende des Königreiches Israel
18–25	Das Königreich Juda bis zum Exil

13–14

Jerobeam ändert seine Haltung nicht. Jerobeams Familie wird ausgelöscht und Israel verschleppt werden.

[Zeit der Könige und Propheten]

Esel gesattelt hatten, ¹⁴ritt er hinter dem Propheten her und fand ihn unter einer Eiche sitzend.

Er fragte ihn: »Bist du der Mann Gottes, der aus Juda gekommen ist?«

»Ja«, antwortete dieser, »der bin ich.«

¹⁵Da sagte er zu ihm: »Komm mit mir nach Hause und iss etwas.«

¹⁶»Nein, das kann ich nicht«, antwortete dieser wieder. »Ich werde hier an diesem Ort nicht essen und nicht trinken. ¹⁷Denn der HERR hat mir folgendes Gebot mit auf den Weg gegeben: ›Du darfst dort weder essen noch trinken, und du darfst auch nicht auf demselben Weg zurückkehren, den du gegangen bist.‹«

¹⁸Doch der alte Prophet antwortete: »Auch ich bin ein Prophet, so wie du. Und ein Engel gab mir die Botschaft vom HERRN: ›Nimm ihn mit in dein Haus und gib ihm zu essen und Wasser zu trinken.‹« Doch der alte Mann log. ¹⁹Da ging er mit ihm zurück, und der Prophet aß in seinem Haus und trank etwas Wasser.

²⁰Während sie noch am Tisch saßen, erging eine Botschaft des HERRN an den Propheten, der ihn mit zurückgenommen hatte. ²¹Er sagte zu dem Mann Gottes aus Juda: »So spricht der HERR: ›Du hast die Botschaft des HERRN missachtet und dem Gebot, das der HERR, dein Gott, dir gab, nicht gehorcht. ²²Du bist an diesen Ort zurückgekehrt und hast gegessen und Wasser getrunken, obwohl er dir befohlen hatte: »Iss und trinke dort nichts.« Deshalb wird dein Leichnam nicht im Grab deiner Väter bestattet werden.‹«

²³Als der Prophet aus Juda fertig gegessen und getrunken hatte, sattelte sein Gastgeber seinen eigenen Esel für ihn, ²⁴und er machte sich wieder auf den Weg. Doch während er ritt, fiel ihn ein Löwe an und tötete ihn. Sein Leichnam lag auf der Straße und der Esel und der Löwe standen daneben. ²⁵Leute kamen vorbei und sahen den Leichnam auf der Straße liegen und den Löwen daneben stehen und sie erzählten es in der Stadt, in der der alte Prophet lebte.

²⁶Als der alte Prophet, der ihn von seinem Weg zurückgebracht hatte, das hörte, sagte er: »Das ist der Mann Gottes, der dem Gebot des HERRN nicht gehorcht hat. Der HERR hat sein Wort wahr gemacht, wie es angekündigt war, und ihn von einem Löwen angreifen und töten lassen.«

²⁷Er sagte zu seinen Söhnen: »Sattelt mir einen Esel.« Sie taten es ²⁸und er ritt hinaus und fand den Leichnam auf der Straße. Der Esel und der Löwe standen noch immer neben ihm, denn der Löwe hatte weder den toten Propheten gefressen noch den Esel angegriffen. ²⁹Da legte er den Leichnam des Mannes Gottes auf den Esel und

S Südreich Juda   N Nordreich Israel

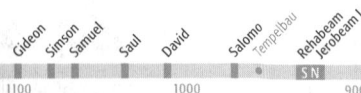

nahm ihn mit zurück in seine Stadt, um ihn zu betrauern und zu bestatten. ³⁰Er legte ihn in sein eigenes Grab und sie betrauerten ihn und riefen: »Ach, mein Bruder!«

³¹Danach sagte der Prophet zu seinen Söhnen: »Wenn ich sterbe, legt mich in das Grab, in dem auch dieser Mann Gottes begraben ist. Legt meine Gebeine neben seine. ³²Denn es wird bestimmt eintreffen, was er im Auftrag des HERRN gegen den Altar in Bethel und die Höhenheiligtümer in den Städten Samariens vorausgesagt hat.«

³³Auch nach all dem änderte Jerobeam sein böses Vorgehen nicht. Er setzte weiterhin Priester aus den Reihen des Volkes für die Höhenheiligtümer ein. Jeder, der wollte, konnte dort als Priester dienen. ³⁴Dies wurde Jerobeams Sünde, die schließlich das Ende seiner Herrschaft und den Tod seiner ganzen Familie zur Folge hatte.

Ahijas Weissagung gegen Jerobeam

14 Damals wurde Jerobeams Sohn Abija krank. ²Da sagte Jerobeam zu seiner Frau: »Geh und verkleide dich, sodass niemand erkennt, dass du die Königin bist. Dann geh zum Propheten Ahija in Silo – das ist der Mann, der mir vorhergesagt hat, dass ich König über dieses Volk werden würde. ³Nimm ihm zehn Brote, ein paar Kuchen und einen Topf Honig mit. Er wird dir das Schicksal des Jungen sagen.«

⁴Genau so tat es Jerobeams Frau. Sie machte sich auf den Weg, ging nach Silo und kam ins Haus von Ahija. Er war inzwischen ein alter Mann und aufgrund seines Alters erblindet. ⁵Doch der Herr hatte zu Ahija gesagt: »Jerobeams Frau wird kommen, aber sie wird vorgeben, eine andere zu sein. Sie wird dich nach ihrem Sohn fragen, denn er ist krank. Gib ihr die Antwort, die ich dir sagen werde.«

⁶Als Ahija ihre Schritte an der Tür hörte, rief er ihr zu: »Tritt ein, Frau Jerobeams! Warum gibst du dich als eine andere aus?« Und er sprach weiter: »Ich habe schlechte Nachrichten für dich. ⁷Sage deinem Mann Jerobeam: ›So spricht der HERR, der Gott Israels: Ich habe dich aus dem Volk herausgehoben und zum Herrscher über mein israelitisches Volk gemacht. ⁸Ich habe dem Königshaus Davids das Reich genommen und es dir gegeben. Doch du warst nicht wie mein Diener David, der meinen Geboten gehorcht hat und mir von ganzem Herzen gefolgt ist und stets tat, was ich von ihm verlangte. ⁹Du warst schlimmer als alle, die vor dir gelebt haben. Du hast dir andere Götter anfertigen lassen und mit deinen gegossenen Abbildern meinen Zorn erregt. Und weil du dich von mir abgewandt hast, ¹⁰werde ich Unglück über deine Familie bringen und alle männlichen Nachkommen in Israel töten, ganz gleich, ob sie als Sklaven dienen oder ihr eigener Herr sind. Ich will deine Familie hinwegfegen, so wie man Mist wegfegt, bis er vollständig entfernt ist. ¹¹Wer von deinen Nachkommen in der Stadt stirbt, wird den Hunden zum Opfer fallen. Und wer außerhalb stirbt, den werden die Vögel fressen. Dies alles wird geschehen, weil der HERR es sagt.‹

¹²Geh nach Hause; sobald du in die Stadt kommst, wird der Junge sterben. ¹³Ganz Israel wird um ihn trauern und alle werden kommen, um ihn zu beerdigen. Er ist das einzige Mitglied deiner Familie, das je ein angemessenes Begräbnis erhalten wird, denn dieses Kind ist das einzig Gute, das der HERR, der Gott Israels, in der ganzen Familie von Jerobeam findet. ¹⁴Und der HERR erwählt einen König für Israel, der alle Nachkommen Jerobeams ausrotten wird. Das wird noch heute geschehen, gleich jetzt! ¹⁵Dann schlägt der HERR Israel, dass es schwankt wie ein Schilfrohr im Wasser. Er wird die Israeliten aus diesem guten Land, das er ihren Vorfahren gegeben hat, vertreiben und über den Euphrat* hinaus verstreuen, denn sie haben den Zorn des HERRN erregt, als sie die Ascherabilder anbeteten. ¹⁶Er wird Israel verlassen, weil Jerobeam gesündigt und ganz Israel zur Sünde verführt hat.«

¹⁷Da kehrte Jerobeams Frau nach Tirza zurück, und das Kind starb in dem Augenblick, in dem sie ihr Haus betrat. ¹⁸Das israelitische Volk begrub den Jungen und trauerte um ihn, genau wie der HERR es durch seinen Diener, den Propheten Ahija, vorausgesagt hatte.

¹⁹Alles Weitere über Jerobeams Herrschaft, seine Kriege und seine Regierungsweise ist im Buch der Geschichte der Könige Israels beschrieben. ²⁰Jerobeam herrschte 22 Jahre. Als er starb, wurde sein Sohn Nadab König an seiner Stelle.

Rehabeam herrscht in Juda
2. Chronik 12,1-16

²¹In der Zwischenzeit herrschte Rehabeam, der Sohn Salomos, als König in Juda. Er war 41 Jahre alt, als er König wurde, und er regierte 17 Jahre in Jerusalem, der Stadt, die sich der HERR unter allen Stämmen Israels als den Ort erwählt hatte, an dem sein Name verehrt werden sollte. Rehabeams Mutter war Naama, eine Ammoniterin. ²²Aber die Menschen in Juda taten, was dem

---

14,15 Hebr. *den Fluss*.

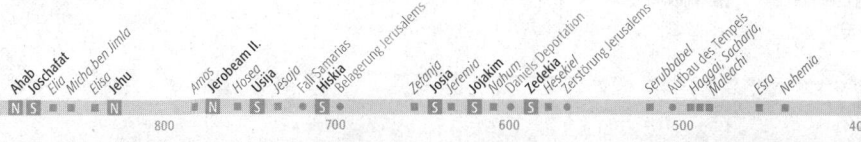

1. & 2. KÖNIGE	
1–2	Davids Ende
2–11	König Salomo
1. Könige 12 – 2. Könige 17	Die Königreiche Israel und Juda
1. Könige 17 bis 2. Könige 2	Der Prophet Elia Herrscher in Israel und Juda
3–13	Der Prophet Elisa Herrscher in Israel und Juda
14–17	Weitere Herrscher in Israel und Juda bis zum Ende des Königreiches Israel
18–25	Das Königreich Juda bis zum Exil

14–16

Rehabeam und Ahija sind Gott untreu. Asa lässt die falschen Heiligtümer in Juda zerstören und zerschlägt die Befestigungen Baschas von Israel. Nadab von Israel wird von Bascha gestürzt, seine Nachkommen getötet. Bascha ist Gott untreu.

[Zeit der Könige und Propheten]

HERRN missfiel, und erregten durch ihre Sünde, die noch größer war als die ihrer Vorfahren, seinen Zorn. ²³Sie errichteten Höhenheiligtümer und stellten auf jedem Hügel und unter jedem grünen Baum Säulen, Gedenksteine und Bilder zu Ehren der Aschera auf. ²⁴Es gab sogar männliche Tempelprostituierte im Land. Es wurden die abscheulichen Praktiken und Bräuche jener Völker ausgeübt, die der HERR vor den Israeliten aus dem Land vertrieben hatte.

²⁵Im fünften Jahr von König Rehabeams Herrschaft zog König Schischak aus Ägypten gegen Jerusalem in den Krieg. ²⁶Er plünderte das Haus des HERRN und den Königspalast und stahl alles, auch die goldenen Schilde, die Salomo hatte anfertigen lassen.* ²⁷König Rehabeam ersetzte sie später durch Bronzeschilde, die er dem Anführer der Leibwache übergab, die den Eingang zu seinem Palast bewachte. ²⁸Jedes Mal, wenn der König in das Haus des HERRN ging, trugen die Wachen diese Schilde, und danach brachten sie sie wieder in die Wachstube der Leibwache zurück.

²⁹Alles Weitere über Rehabeams Herrschaft und seine Taten steht im Buch der Geschichte der Könige von Juda beschrieben. ³⁰Zwischen Rehabeam und Jerobeam herrschte ihr ganzes Leben lang Krieg. ³¹Als Rehabeam starb, wurde er bei seinen Vorfahren in der Stadt Davids begraben. Seine Mutter war die Ammoniterin Naama. Nach ihm wurde sein Sohn Abija König.

Abija herrscht in Juda
2. Chronik 13

15 Die Herrschaft Abijas über Juda begann im 18. Jahr des Königs Jerobeam, des Sohnes von Nebat. ²Er regierte drei Jahre in Jerusalem. Seine Mutter war Maacha, die Tochter von Abischalom. ³Er beging die gleichen Sünden wie sein Vater vor ihm, und sein Herz gehörte nicht vollständig dem HERRN, seinem Gott, wie es bei seinem Stammvater David der Fall gewesen war. ⁴Doch David zuliebe ließ Gott sein Königshaus fortbestehen*, schenkte Abija einen Sohn, der nach ihm herrschen sollte, und ließ Jerusalem bestehen. ⁵Denn David hatte immer getan, was dem Herrn gefiel, und seinen Geboten sein ganzes Leben lang gehorcht, außer in der Sache mit dem Hetiter Uria.

⁶Auch zwischen Rehabeam* und Jerobeam herrschte ständig Krieg. ⁷Alles Weitere über Abijas Herrschaft und seine Taten steht im Buch

14,26 Vgl. 2. Chronik 12,9-11. **15,4** Hebr. *gab er ihm eine Leuchte in Jerusalem*. **15,6** In einigen Handschriften steht *Abija*.

der Geschichte der Könige von Juda beschrieben. Abija und Jerobeam befanden sich ständig im Krieg miteinander. ⁸Als Abija starb, wurde er in der Stadt Davids begraben. Nach ihm wurde sein Sohn Asa König.

Asa herrscht in Juda
V.9-15: 2. Chronik 14,1-5; 15,8-19; V.16-24: 2. Chronik 16,1-6.11-14

⁹Die Herrschaft Asas über Juda begann im 20. Jahr der Herrschaft Jerobeams in Israel. ¹⁰Er regierte 41 Jahre in Jerusalem. Seine Mutter war Maacha, die Tochter Abischaloms. ¹¹Asa lebte so, dass es dem HERRN gefiel, wie sein Stammvater David es getan hatte. ¹²Er verbannte die männlichen Tempelprostituierten aus dem Land und ließ sämtliche Götzen, die seine Vorfahren aufgestellt hatten, entfernen. ¹³Seine Mutter Maacha entließ er sogar aus ihrer Stellung als Königinmutter, weil sie der Göttin Aschera ein Schandbild hatte aufstellen lassen. Er ließ das Bild umstürzen und am Bach Kidron verbrennen.* ¹⁴Die Höhenheiligtümer wurden nicht völlig abgeschafft, aber Asa selbst blieb dem HERRN sein ganzes Leben lang treu. ¹⁵Er ließ das Silber und Gold und die Geräte, die er und sein Vater geweiht hatten, in das Haus des HERRN bringen.

¹⁶Asa und König Bascha von Israel befanden sich ihr ganzes Leben lang im Krieg miteinander. ¹⁷König Bascha von Israel fiel in Juda ein und befestigte Rama, damit niemand zu König Asa hinein- oder herausgelangen konnte.* ¹⁸Daraufhin nahm Asa das gesamte Silber und Gold, das sich noch in den Schatzkammern vom Haus des HERRN und im königlichen Palast befand und ließ es durch einige seiner Sekretäre zu Ben-Hadad, dem Sohn von Tabrimmon und Enkel von Hesjon, dem König von Aram, schicken, der in Damaskus herrschte. Zugleich übermittelte er ihm folgende Botschaft: ¹⁹»Lass uns den Vertrag, der zwischen deinem und meinem Vater bestand, erneuern. Hiermit sende ich dir Silber und Gold als Geschenk. Geh und brich dein Bündnis mit König Bascha von Israel, damit er mein Land verlässt.«

²⁰Ben-Hadad erfüllte König Asas Bitte und befahl seinen Heerführern, Israel anzugreifen. Sie eroberten Ijon, Dan und Abel-Bet-Maacha und ganz Kinneret mit dem ganzen Gebiet von Naftali. ²¹Als Bascha davon hörte, verwarf er seinen Plan, Rama zur Festung auszubauen, und zog sich nach Tirza zurück. ²²Daraufhin befahl König Asa ganz Juda, dass jeder ohne Ausnahme helfen sollte, die Bausteine und das Holz, das Bascha zur Befestigung von Rama gebraucht hatte, fortzuschaffen. Asa benutzte das Baumaterial, um Geba in Benjamin und Mizpa zu befestigen.

²³Alles Weitere über Asas Herrschaft, alle seine Taten, das ganze Ausmaß seiner Macht und die Städte, die er bauen ließ, ist im Buch der Geschichte der Könige von Juda beschrieben. Im hohen Alter aber erkrankte Asa an einem Fußleiden. ²⁴Als er starb, wurde er bei seinen Vorfahren in der Stadt seines Stammvaters David begraben. Nach ihm wurde sein Sohn Joschafat König.

Nadab herrscht in Israel

²⁵ Die Herrschaft Nadabs, des Sohns Jerobeams, über Israel begann im zweiten Jahr der Regierungszeit von König Asa in Juda. Er regierte zwei Jahre in Israel. ²⁶Doch er tat, was dem HERRN missfiel, und folgte darin ganz dem Beispiel seines Vaters, indem er ebenso wie Jerobeam sündigte und Israel zur Sünde verleitete.

²⁷Schließlich zettelte Bascha, der Sohn Ahijas, aus dem Stamm Issachar, eine Verschwörung gegen Nadab an. Er ermordete ihn, als Nadab mit dem israelitischen Heer Gibbeton, eine Stadt der Philister, belagerte. ²⁸Bascha tötete Nadab im dritten Jahr der Herrschaft König Asas in Juda und wurde der nächste König. ²⁹Sofort ließ er alle Nachkommen Jerobeams umbringen, sodass kein einziges Mitglied der Familie am Leben blieb, wie es der HERR durch den Propheten Ahija von Silo vorausgesagt hatte. ³⁰Das geschah, weil Jerobeam durch die Sünden, die er begangen und zu denen er Israel verleitet hatte, den Zorn des HERRN, des Gottes Israels, erregt hatte. ³¹Alles Weitere über Nadabs Herrschaft und seine Taten steht im Buch der Geschichte der Könige Israels beschrieben.

Bascha herrscht in Israel

³²Asa und König Bascha von Israel lagen ihr ganzes Leben miteinander im Krieg. ³³Die Herrschaft Baschas über ganz Israel begann im dritten Jahr der Regierungszeit König Asas in Juda. Bascha regierte 24 Jahre in Tirza. ³⁴Doch er tat, was dem HERRN missfiel, und folgte dem Beispiel Jerobeams, sündigte wie er und verführte wie er das israelitische Volk zur Sünde.

16 Diese Botschaft des HERRN über Bascha empfing der Prophet Jehu, der Sohn Hananis: ²»Ich habe dich aus dem Staub emporgehoben und zum Herrscher über mein Volk der Israeliten gemacht, doch du bist dem schlechten

15,13-15 Vgl. 2. Chronik 15,16-18. **15,17-22** Vgl. 2. Chronik 16,1-6.

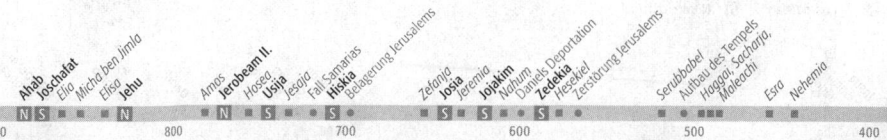

1. & 2. KÖNIGE

1–2	Davids Ende
2–11	König Salomo
1. Könige 12– 2. Könige 17	Die Königreiche Israel und Juda
1. Könige 17 bis 2. Könige 2	Der Prophet Elia Herrscher in Israel und Juda
3–13	Der Prophet Elisa Herrscher in Israel und Juda
14–17	Weitere Herrscher in Israel und Juda bis zum Ende des Königreiches Israel
18–25	Das Königreich Juda bis zum Exil

16–17
Baschas Familie soll ausgelöscht werden. Simri tötet Baschas Familie und wird König. Omri wird zum König ernannt und macht Samaria zur Hauptstadt Israels. Omris Untreue. Ahab wird König und betet Baal an. Elia kündigt eine Dürre an und wird von Gott versorgt.

[Zeit der Könige und Propheten]

Vorbild Jerobeams gefolgt. Du hast mein Volk zur Sünde verleitet, sodass es meinen Zorn auf sich gezogen hat. ³Deshalb werde ich Bascha und seine Familie auslöschen, so wie ich die Nachkommen Jerobeams, des Sohnes Nebats, ausgelöscht habe. ⁴Diejenigen Mitglieder von Baschas Familie, die in der Stadt sterben, werden den Hunden zum Opfer fallen, und die auf dem Feld sterben, werden von den Vögeln gefressen werden.«

⁵Alles Weitere über Baschas Herrschaft, seine Taten und das ganze Ausmaß seiner Macht steht im Buch der Geschichte der Könige Israels beschrieben. ⁶Als Bascha starb, wurde er in Tirza begraben. Nach ihm wurde sein Sohn Ela König.

⁷Die Botschaft des HERRN an Bascha und seine Familie war vom Propheten Jehu, dem Sohn Hananis, verkündet worden, weil Bascha getan hatte, was dem HERRN missfiel, und ihn durch seine Taten zornig gemacht hatte, genau wie zuvor die Familie Jerobeams. Der zweite Grund war aber, dass Bascha die Familie Jerobeams ausgerottet hatte.

Ela herrscht in Israel
⁸Die Herrschaft Elas, des Sohnes Baschas, begann im 26. Jahr der Regierungszeit König Asas in Juda. Er regierte zwei Jahre lang in Tirza. ⁹Dann begann einer seiner Männer, Simri, der Befehlshaber über die Hälfte der Streitwagen, eine Verschwörung gegen ihn. Eines Tages war Ela in Tirza im Haus von Arza, dem Palastaufseher, und betrank sich. ¹⁰Simri verschaffte sich Zugang zum Haus, schlug ihn nieder und tötete ihn. Das geschah im 27. Jahr von König Asas Herrschaft in Juda. Danach wurde Simri der nächste König.

¹¹Sobald er als König auf dem Thron saß, brachte er die gesamte Königsfamilie von Bascha um; er ließ nicht einen einzigen männlichen Nachkommen am Leben und verschonte auch keine Verwandten und Freunde. ¹²Auf diese Weise löschte Simri die ganze Familie Baschas aus, wie es der HERR durch den Propheten Jehu gegen Bascha vorhergesagt hatte. ¹³Das geschah wegen der Sünden Baschas und seines Sohnes Ela, und weil beide Israel zur Sünde verleitet hatten. Auf diese Weise hatten sie mit ihrem Götzendienst den Zorn des HERRN, des Gottes Israels, herausgefordert. ¹⁴Alles Weitere über Elas Herrschaft und seine Taten steht im Buch der Geschichte der Könige Israels beschrieben.

Simri herrscht in Israel
¹⁵Die Herrschaft Simris begann im 27. Jahr der Regierungszeit König Asas in Juda, doch er regierte nur sieben Tage in Tirza. Das Heer bela-

gerte zu dieser Zeit gerade die Stadt Gibbeton, die den Philistern gehörte. ¹⁶Als beim Heer die Nachricht eintraf: »Simri hat sich gegen den König verschworen und ihn ermordet«, wählten die Israeliten Omri, den Heerführer, am selben Tag noch im Lager zum neuen König. ¹⁷Omri führte das ganze Heer von Gibbeton nach Tirza und ließ die Stadt angreifen. ¹⁸Als Simri sah, dass die Stadt eingenommen war, verschanzte er sich in der Zitadelle des Palastes, setzte den Palast in Brand und starb dort. ¹⁹Denn auch er hatte getan, was dem HERRN missfiel, und war dem Vorbild Jerobeams gefolgt und hatte gesündigt wie er und wie Jerobeam Israel zur Sünde verleitet. ²⁰Alles Weitere über Simris Herrschaft und die Einzelheiten seiner Verschwörung ist im Buch der Geschichte der Könige Israels beschrieben.

Omri herrscht in Israel

²¹Damals waren die Israeliten in zwei Lager gespalten. Die eine Hälfte des Volkes wollte Tibni, den Sohn Ginats, zum König machen, die andere Hälfte unterstützte Omri. ²²Doch Omris Anhänger waren den Anhängern von Tibni, dem Sohn Ginats, überlegen. Tibni wurde getötet, und Omri wurde König.

²³Die Herrschaft Omris über Israel begann im 31. Jahr der Regierungszeit König Asas in Juda. Er regierte insgesamt zwölf Jahre, sechs davon in Tirza. ²⁴Dann erwarb er den Berg Samaria für zwei Talente* Silber von seinem Besitzer Schemer. Er baute dort eine Stadt und nannte sie nach Schemer, dem Besitzer des Berges, Samaria. ²⁵Doch auch Omri tat, was dem HERRN missfiel, und noch schlimmer als alle vor ihm. ²⁶Er folgte in allem dem Beispiel Jerobeams, des Sohnes von Nebat, und sündigte wie dieser, indem er wie Jerobeam die Israeliten zum Götzendienst verleitete. Auf diese Weise erregten sie den Zorn des HERRN, des Gottes Israels. ²⁷Alles Weitere über Omris Herrschaft, das ganze Ausmaß seiner Macht und seine Taten, ist im Buch der Geschichte der Könige Israels beschrieben. ²⁸Als Omri starb, wurde er in Samaria begraben. Sein Sohn Ahab wurde der nächste König.

Ahab herrscht in Israel

²⁹Die Herrschaft Ahabs, des Sohnes Omris, über Israel begann im 38. Jahr der Regierungszeit König Asas in Juda. Er regierte 22 Jahre in Samaria über Israel. ³⁰Doch Ahab tat, was dem HERRN missfiel, mehr als alle Könige vor ihm. ³¹Und als genügte es nicht, ein Leben wie Jerobeam, der Sohn Nebats, zu führen, nahm er auch noch Isebel, die Tochter von Etbaal, dem König von Sidon, zur Frau und begann, den Baal anzubeten. ³²Zuerst baute er dem Baal in Samaria einen Tempel und darin einen Altar. ³³Dann ließ er ein Ascherabild aufstellen. Er tat mehr, was den Zorn des HERRN, des Gottes Israels, erregte, als alle Könige Israels vor ihm.

³⁴Während seiner Herrschaft baute Hiël, ein Mann aus Bethel, Jericho wieder auf. Als er den Grundstein legte, starb dabei sein ältester Sohn Abiram. Und als er die Stadttore einsetzte, kam sein jüngster Sohn Segub dabei um. Alles geschah genau so, wie es Josua, der Sohn Nuns, im Auftrag des HERRN vorausgesagt hatte.

Elia wird von Raben ernährt

17 Und Elia aus Tischbe in Gilead sagte zu Ahab: »So wahr der HERR, der Gott Israels, lebt – der Gott, dem ich diene: Die nächsten Jahre wird weder Tau noch Regen fallen, es sei denn, ich ordne es an!«

²Dann sprach der HERR zu Elia: ³»Geh von hier weg und ziehe nach Osten und versteck dich am Bach Krit, der zum Jordan fließt. ⁴Trink aus dem Bach. Den Raben habe ich befohlen, dich zu versorgen.«

⁵Elia machte sich auf und tat, was der HERR ihm befohlen hatte, und blieb am Bach Krit, der zum Jordan fließt. ⁶Die Raben brachten ihm morgens und abends Brot und Fleisch und er trank aus dem Bach. ⁷Doch nach einer Weile trocknete der Bach aus, denn im Land fiel kein Regen mehr.

Die Witwe von Zarpat

⁸Da sprach der HERR zu Elia: ⁹»Steh auf und geh nach Zarpat in der Nähe von Sidon und bleib dort. Ich habe dort einer Witwe den Auftrag gegeben, dich zu versorgen.«

¹⁰Also machte er sich auf und ging nach Zarpat. Als er an den Toren der Stadt ankam, sah er eine Witwe, die Holz auflas, und er rief ihr zu und fragte: »Würdest du mir einen Becher Wasser holen, damit ich trinken kann?« ¹¹Als sie sich auf den Weg machte, es zu holen, rief er ihr nach: »Und bring mir bitte auch ein Stück Brot mit.«

¹²Doch sie antwortete: »So wahr der HERR, dein Gott, lebt, ich habe kein einziges Stück Brot mehr. Im Topf ist nur noch eine Handvoll Mehl und im Krug nur noch ein kleiner Rest Öl. Ich habe gerade ein paar Zweige gesammelt, um diese Mahlzeit zu bereiten für mich und meinen Sohn; wir werden essen und sterben.«

16,24 Das sind ca. 72 kg.

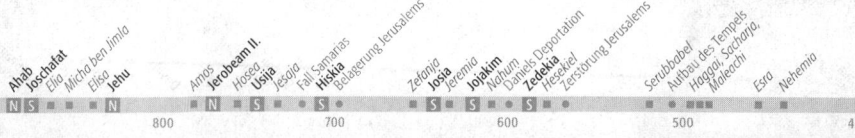

1. & 2. KÖNIGE	
1–2	Davids Ende
2–11	König Salomo
1. Könige 12– 2. Könige 17	Die Königreiche Israel und Juda
1. Könige 17 bis 2. Könige 2	Der Prophet Elia Herrscher in Israel und Juda
3–13	Der Prophet Elisa Herrscher in Israel und Juda
14–17	Weitere Herrscher in Israel und Juda bis zum Ende des Königreiches Israel
18–25	Das Königreich Juda bis zum Exil

17–18
Elia bei einer Witwe. Elia zeigt sich Ahab und fordert die Baalspriester heraus, den wahren Gott zu offenbaren.

[Zeit der Könige und Propheten]

¹³Doch Elia sagte zu ihr: »Hab keine Angst! Geh und mach, was du gesagt hast, aber backe mir zuerst einen kleinen Laib Brot und bring ihn heraus. Dann backe für dich und deinen Sohn. ¹⁴Denn so spricht der HERR, der Gott Israels: ›Das Mehl im Topf wird nicht aufgebraucht werden und das Öl im Krug nicht zur Neige gehen, bis zu dem Tag, an dem der HERR dem Land Regen schickt!‹«

¹⁵Sie ging los und tat, was Elia ihr aufgetragen hatte, und sie, Elia und ihr Sohn aßen viele Tage lang. ¹⁶Denn das Mehl im Topf nahm kein Ende und das Öl im Krug ging nicht zur Neige, wie es der HERR durch Elia versprochen hatte.

¹⁷Einige Zeit später wurde der Sohn der Frau des Hauses krank. Es ging ihm immer schlechter, und schließlich hörte er auf zu atmen. ¹⁸Da sagte sie zu Elia: »Mann Gottes, was habe ich mit dir zu schaffen? Bist du gekommen, um mich an meine Sünden zu erinnern und dann meinen Sohn zu töten?«

¹⁹Aber Elia antwortete: »Gib mir deinen Sohn.« Er nahm ihn ihr aus den Armen, trug ihn hinauf in das obere Zimmer, in dem er wohnte, und legte ihn auf sein Bett. ²⁰Dann flehte er zum HERRN und sprach: »HERR, mein Gott, warum bringst du Unglück über diese Witwe, die mich in ihr Haus aufgenommen hat, und hast ihren Sohn sterben lassen?«

²¹Und er warf sich drei Mal über das Kind und flehte zum HERRN und sprach: »HERR, mein Gott, lass das Leben in dieses Kind wieder zurückkehren.« ²²Der HERR erhörte Elias Gebet, und das Leben kehrte in das Kind zurück, und es wurde wieder lebendig. ²³Elia nahm es und trug es vom oberen Zimmer hinunter ins Haus und übergab es seiner Mutter. »Sieh, dein Sohn lebt!«, sagte er.

²⁴Da sagte die Frau zu Elia: »Jetzt weiß ich bestimmt, dass du ein Mann Gottes bist und der HERR wahrhaftig durch dich spricht.«

Das Gottesurteil auf dem Berg Karmel

18 Die Monate vergingen, und im dritten Jahr sprach der HERR zu Elia: »Geh und zeige dich Ahab. Ich will dem Land Regen schicken!« ²Da ging Elia, um sich Ahab zu zeigen.

Inzwischen war in Samaria eine große Hungersnot ausgebrochen. ³Deshalb ließ Ahab seinen Palastvorsteher Obadja rufen, der ein treuer Anhänger des HERRN war. ⁴Er hatte einst, als Isebel alle Propheten des HERRN töten ließ, 100 Propheten in zwei Höhlen verborgen, in jeder Höhle 50, und hatte sie mit Essen und Trinken versorgt. ⁵Ahab sagte zu Obadja: »Geh durch das Land zu jeder Quelle und jedem Bach und sieh, ob wir Gras finden, um die Pferde und Maultiere zu retten, damit wir nicht alles Vieh sterben lassen müssen.« ⁶Sie teilten das Land zwischen sich auf, um es zu durchsuchen. Ahab ging in die eine Richtung, Obadja in die andere.

⁷Als Obadja unterwegs war, kam ihm Elia entgegen. Als er ihn erkannte, warf er sich vor ihm auf die Erde. »Bist du es wirklich, mein Herr Elia?«, fragte er.

⁸»Ja, ich bin es«, antwortete Elia. »Nun geh und sag deinem Herrn: ›Elia ist da.‹«

⁹»Aber, Herr«, protestierte Obadja, »was habe ich dir getan, dass du deinen Diener an Ahab auslieferst, der mich ganz sicher töten wird? ¹⁰So wahr der Herr, dein Gott, lebt, der König hat dich in jedem Volk und jedem Königreich suchen lassen. Und jedes Mal, wenn man ihm sagte: ›Elia ist nicht hier‹, ließ Ahab das Reich oder das Volk schwören, dass sie dich nicht gefunden hatten. ¹¹Und nun sagst du zu mir: ›Geh und sag deinem Herrn: Elia ist hier!‹ ¹²Sobald ich dir den Rücken gekehrt habe, wird der Geist des Herrn dich wer weiß wohin bringen. Wenn ich zu Ahab gehe und ihm Bescheid sage, und dann kommt er und findet dich nicht, so wird er mich töten. Dabei bin ich seit meiner Jugend ein treuer Diener des Herrn gewesen. ¹³Mein Herr, hat dir denn niemand erzählt, was ich tat, als Isebel die Propheten des Herrn tötete? Ich habe 100 von ihnen in zwei Höhlen verborgen und mit Essen und Trinken versorgt. ¹⁴Und jetzt sagst du zu mir: ›Geh und sag deinem Herrn: Elia ist hier!‹ Er wird mich umbringen!«

¹⁵Doch Elia antwortete: »So wahr der Herr, der Allmächtige, lebt, dem ich diene, ich werde mich Ahab noch heute zeigen.«

¹⁶Da machte sich Obadja auf den Weg zu Ahab und sagte es ihm, und Ahab ging Elia entgegen. ¹⁷»Bist du es, der Israel ins Unglück gestürzt hat?«, fragte Ahab, als er ihn sah.

¹⁸»Nicht ich habe Israel ins Unglück gestürzt«, entgegnete Elia, »sondern du und die Familie deines Vaters, denn ihr wolltet den Geboten des Herrn nicht gehorchen und stattdessen hast du die Bilder des Baal angebetet. ¹⁹Ruf nun das ganze israelitische Volk auf dem Berg Karmel zusammen, auch die 450 Propheten Baals und die 400 Propheten der Aschera, die an Isebels Tisch sitzen.«

²⁰Da schickte Ahab Boten zu allen Israeliten und rief die Propheten auf dem Berg Karmel zusammen. ²¹Elia stellte sich vor das Volk und sagte: »Wie lange wollt ihr noch hin- und herschwanken? Wenn der Herr Gott ist, folgt ihm! Wenn aber Baal Gott ist, dann folgt ihm!« Doch das Volk schwieg.

²²Da sagte Elia zu ihnen: »Ich bin als einziger Prophet des Herrn übrig geblieben, Baal dagegen hat 450 Propheten. ²³Holt zwei Stiere. Die Propheten Baals sollen sich einen aussuchen, ihn in Stücke zerschneiden und auf das Holz legen, doch ohne es anzuzünden. Ich werde den anderen Stier vorbereiten und auf das Holz legen, es aber ebenfalls nicht anzünden. ²⁴Dann ruft ihr den Namen eures Gottes an, und ich werde den Namen des Herrn anrufen. Der Gott, der mit Feuer antwortet, ist der wahre Gott!« Und das Volk antwortete: »Das ist gut.«

²⁵Da sagte Elia zu den Baalspropheten: »Wählt einen Stier und bereitet ihn zuerst vor, denn ihr seid viele. Dann ruft den Namen eures Gottes an. Aber setzt das Holz nicht in Brand.«

²⁶Sie bereiteten den Stier vor, den man ihnen gab. Dann riefen sie den ganzen Vormittag lang den Namen des Baal an: »Baal, antworte uns!« Aber es kam keine Antwort. Daraufhin tanzten sie um den Altar, den sie errichtet hatten.

²⁷Gegen Mittag begann Elia, sie zu verspotten. »Vielleicht solltet ihr etwas lauter rufen«, höhnte er, »denn er ist doch ein Gott! Mag sein, er ist tief in Gedanken, oder vielleicht hat er zu tun. Oder er ist auf Reisen, oder er schläft und muss geweckt werden!«

²⁸Da schrien sie lauter und ritzten sich, wie es Brauch bei ihnen war, mit Messern und Schwertern, bis das Blut floss. ²⁹Nach dem Mittag gerieten sie in Ekstase, bis die Zeit des Speiseopfers gekommen war, aber es erklang keine Stimme, es kam keine Antwort, nichts regte sich.

³⁰Da forderte Elia das Volk auf: »Kommt hier herüber!« Sie drängten sich um ihn, als er den Altar des Herrn, der eingerissen worden war, wieder aufbaute. ³¹Er nahm zwölf Steine, einen für jeden Stamm der Söhne Jakobs, zu denen der Herr gesprochen hatte: »Dein Name soll Israel sein«, ³²und mit diesen Steinen baute er einen Altar im Namen des Herrn. Dann hob er einen Graben rund um den Altar aus, so breit, dass er zwei Maß Saatkörner* fasste. ³³Er häufte Holz auf den Altar, zerteilte den Stier in Stücke und legte die Fleischstücke auf das Holz. ³⁴Dann sagte er: »Füllt vier große Vorratskrüge mit Wasser und gießt sie über das Opfer und das Holz.« Danach sagte er zu ihnen: »Tut dasselbe noch einmal!« Und schließlich sagte er: »Nun tut es ein drittes Mal!« Und sie taten es ein drittes Mal, ³⁵und das Wasser lief am Altar hinunter und füllte sogar den Graben.

18,32 Das sind ca. 26 l.

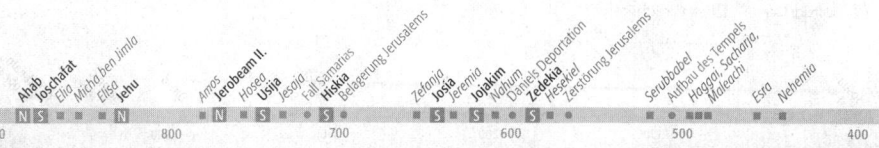

1. & 2. KÖNIGE

1–2	Davids Ende
2–11	König Salomo
1. Könige 12– 2. Könige 17	Die Königreiche Israel und Juda
1. Könige 17 bis 2. Könige 2	Der Prophet Elia Herrscher in Israel und Juda
3–13	Der Prophet Elisa Herrscher in Israel und Juda
14–17	Weitere Herrscher in Israel und Juda bis zum Ende des Königreiches Israel
18–25	Das Königreich Juda bis zum Exil

18–19
Es regnet wieder. Elias Flucht zum Berg Horeb. Gottesbegegnung und neuer Auftrag. Elisa wird Elias Nachfolger.

[Zeit der Könige und Propheten]

S   Südreich Juda   N   Nordreich Israel

---

³⁶Als die Zeit für das Speiseopfer gekommen war, trat der Prophet Elia heran und betete: »HERR, Gott Abrahams, Isaaks und Jakobs*, zeig uns heute, dass du Gott in Israel bist und dass ich dein Diener bin und all dies auf deinen Befehl hin getan habe. ³⁷Antworte mir, HERR! Antworte mir, damit dieses Volk erkennt, dass du, HERR, Gott bist und dass du ihre Herzen zurückerobert hast.«

³⁸Da ließ der HERR Feuer herabfallen und setzte das Opferfleisch, das Holz, die Steine und die Erde in Brand und trocknete sogar den Graben aus. ³⁹Als das Volk das sah, warfen die Menschen sich zu Boden und riefen: »Der HERR ist Gott! Der HERR ist Gott!«

⁴⁰Da gebot Elia ihnen: »Ergreift die Baalspropheten. Nicht ein Einziger darf entkommen!« Und sie ergriffen sie alle, und Elia ließ sie an den Bach Kischon hinunterbringen und tötete sie dort.

Elia betet um Regen

⁴¹Dann sagte Elia zu Ahab: »Geh hin, iss und trink! Denn ich höre einen mächtigen Regensturm heranziehen!«

⁴²Also machte Ahab sich auf, um zu essen und zu trinken. Elia aber stieg auf den Gipfel des Karmel hinauf, kauerte sich auf den Boden und legte den Kopf zwischen die Knie. ⁴³Dann sagte er

18,36 Hebr. *und Israels*.

1. Könige 19,11-13

Gott redet
Durch Elia sprach Gott mit großer Macht zu seinem Volk. Durch Elia tat Gott auch große Wunder, die Gottes Macht zeigten, Gottes Strafe erteilten und Gottes Gnade vermittelten. Meist war Elia stark und zuversichtlich. Aber in einer besonders schwierigen Zeit ging er durch eine große persönliche Glaubenskrise (siehe 1 Kön 19,3-4) und brauchte selbst Ermutigung von Gott.
Gott entschied, seine Gegenwart nicht in spektakulären Ereignissen zu offenbaren. Elia hörte die Stimme Gottes weder im Sturm noch im Erdbeben noch im Feuer, sondern in »einem leisen Säuseln« – ganz als ob Gott sagen wollte: Ich zeige mich nicht nur in den großen Wundern wie der strafenden Dürre, dem Wolkenbruch oder dem Feuer vom Himmel – Wunder, die dem Gebet Elias gefolgt waren. Nein, Gott zeigt sich und spricht Worte der Ermutigung, wenn jemand offene Augen hat, die sehen, dass es vorübergeht, und Ohren hat, die Gottes leises Flüstern hören können.
(Jesaja 6,1-13 «‹ | ›» 1. Samuel 3,4-10)

zu seinem Diener: »Geh und schau zum Meer hinaus.«

Der Mann ging und schaute, dann sagte er: »Ich sehe nichts.« Elia sagte zu ihm: »Geh noch mal hin«, und sieben Mal ging er. ⁴⁴Beim siebten Mal endlich meldete ihm der Diener: »Ich sah eine kleine Wolke, etwa so groß wie die Hand eines Mannes, über dem Meer auftauchen.«

Da rief Elia: »Lauf zu Ahab und sage ihm: ›Steig in deinen Streitwagen und fahre los, damit dich der Regen nicht daran hindert!‹«

⁴⁵Und im nächsten Augenblick wurde der Himmel schwarz von Wolken. Ein heftiger Wind kam auf und brachte starken Regen, und Ahab bestieg seinen Wagen und fuhr nach Jesreel. ⁴⁶In diesem Augenblick kam die Kraft des HERRN über Elia. Er gürtete seinen Mantel und lief den ganzen Weg nach Jesreel vor Ahab her.

Elia flieht zum Sinai

19 Ahab erzählte Isebel alles, was Elia getan hatte und wie er alle Baalspropheten mit dem Schwert getötet hatte. ²Daraufhin schickte Isebel einen Boten zu Elia und ließ ihm ausrichten: »Die Götter sollen auch mich töten, wenn ich nicht morgen um diese Zeit das Gleiche mit dir tue, wie du es mit ihnen gemacht hast.«

³Da bekam Elia Angst und floh um sein Leben. Er ging nach Beerscheba in Juda; dort ließ er seinen Diener zurück. ⁴Er aber ging allein eine Tagesstrecke weit in die Wüste. Schließlich sank er unter einem Ginsterstrauch nieder, der dort stand, und wollte nur noch sterben. »Ich habe genug, HERR«, sagte er. »Nimm mein Leben, denn ich bin nicht besser als meine Vorfahren.«

⁵Dann legte er sich hin und schlief unter dem Strauch ein. Doch plötzlich berührte ihn ein Engel und sagte zu ihm: »Steh auf und iss!« ⁶Er blickte auf und sah ein Stück auf heißen Steinen gebackenes Brot und einen Krug Wasser bei seinem Kopf stehen. Also aß und trank er und legte sich wieder hin.

⁷Da kam der Engel des HERRN ein zweites Mal, berührte ihn und sagte: »Steh auf und iss, denn vor dir liegt eine lange Reise!«

⁸Er erhob sich, aß und trank, und das Essen gab ihm genug Kraft, um 40 Tage und Nächte bis zum Berg Gottes, dem Horeb, zu wandern. ⁹Dort fand er eine Höhle, in der er die Nacht verbrachte.

Der HERR spricht zu Elia

Doch der HERR sprach zu ihm: »Was tust du hier, Elia?«

¹⁰Elia antwortete: »Ich habe dem HERRN, Gott, dem Allmächtigen, von ganzem Herzen gedient. Denn die Israeliten haben ihren Bund mit dir gebrochen, deine Altäre niedergerissen und deine Propheten getötet. Ich allein bin übrig geblieben, und jetzt wollen sie auch mich umbringen.«

¹¹Da sprach der HERR zu ihm: »Geh hinaus und stell dich auf den Berg vor den HERRN, denn der HERR wird vorübergehen.« Zuerst kam ein heftiger Sturm, der die Berge teilte und die Felsen zerschlug, vor dem HERRN her. Doch der HERR war nicht im Sturm. Nach dem Sturm bebte die Erde, doch der HERR war nicht im Erdbeben. ¹²Und nach dem Erdbeben kam ein Feuer, doch der HERR war nicht im Feuer. Und nach dem Feuer ertönte ein leises Säuseln. ¹³Als Elia es hörte, zog er seinen Mantel vors Gesicht, ging nach draußen und stellte sich in den Eingang der Höhle.

Eine Stimme sprach: »Was tust du hier, Elia?«

¹⁴Er sagte: »Ich habe dem HERRN, Gott, dem Allmächtigen, von ganzem Herzen gedient. Aber die Israeliten haben ihren Bund mit dir gebrochen, deine Altäre niedergerissen und deine Propheten umgebracht. Ich allein bin übrig geblieben, und jetzt wollen sie auch mich noch umbringen.«

¹⁵Da sprach der HERR zu ihm: »Geh zurück auf dem Weg, den du gekommen bist, durch die Wüste nach Damaskus. Wenn du dort bist, salbe Hasaël zum König von Aram. ¹⁶Dann salbe Jehu, den Sohn Nimschis, zum König von Israel, und salbe Elisa, den Sohn Schafats aus Abel-Mehola, an deiner Stelle zum Propheten. ¹⁷Wer Hasaël entkommt, den wird Jehu töten, und wer Jehu entkommt, den wird Elisa umbringen! ¹⁸Doch 7.000 Menschen in Israel will ich verschonen: alle, die sich nie vor Baal niedergeworfen und ihn geküsst haben.«

Die Berufung Elisas

¹⁹Danach verließ Elia den Berg und fand Elisa, den Sohn Schafats. Er war gerade dabei, mit zwölf Paar Rindern zu pflügen; er selbst folgte dem zwölften Paar. Elia trat zu ihm hin und legte ihm seinen Mantel um die Schultern. ²⁰Da ließ Elisa die Rinder stehen, lief hinter Elia her und bat ihn: »Lass mich noch meinen Vater und meine Mutter umarmen, dann will ich mit dir gehen!«

Elia antwortete: »Geh nur zurück! Aber vergiss nicht, was ich mit dir gemacht habe.«

²¹Elisa wandte sich von ihm ab und nahm ein Paar Rinder. Er schlachtete sie, machte ein Feuer mit dem Pflug und briet die Rinder darauf. Das Fleisch brachte er seinen Leuten, und sie aßen

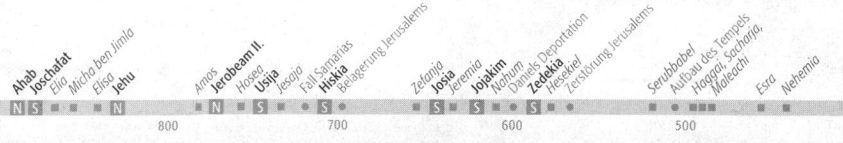

1. & 2. KÖNIGE

1–2	Davids Ende
2–11	König Salomo
1. Könige 12– 2. Könige 17	Die Königreiche Israel und Juda
1. Könige 17 bis 2. Könige 2	Der Prophet Elia Herrscher in Israel und Juda
3–13	Der Prophet Elisa Herrscher in Israel und Juda
14–17	Weitere Herrscher in Israel und Juda bis zum Ende des Königreiches Israel
18–25	Das Königreich Juda bis zum Exil

20
Gott hilft Ahab in zwei Schlachten gegen die Aramäer.

[Zeit der Könige und Propheten]

S Südreich Juda   N Nordreich Israel

davon. Dann stand er auf, ging mit Elia und wurde sein Diener.

Ben-Hadad greift Samaria an

20 Nun bot König Ben-Hadad von Aram sein gesamtes Heer auf, unterstützt von den Streitwagen und Pferden von 32 weiteren Herrschern. Er zog hin und belagerte Samaria und kämpfte gegen die Stadt. ²Ben-Hadad schickte Boten in die Stadt, die sagten zu König Ahab von Israel: ³»So spricht Ben-Hadad: ›Dein Silber und Gold gehören mir, und ebenso deine Frauen und deine besten Kinder!‹«

⁴»Wie du es willst, mein Herr und König«, antwortete Ahab. »Ich bin dein mit allem, was ich habe!«

⁵Doch schon bald kehrten Ben-Hadads Boten wieder zurück und sagten: »So spricht Ben-Hadad: ›Ich habe durch meine Boten verlangt: Gib mir dein Silber und Gold, deine Frauen und Kinder. ⁶Doch morgen um diese Zeit werde ich meine Leute schicken. Die werden deinen Palast und die Häuser deiner Diener durchsuchen und alles, was dir lieb und teuer ist, mitnehmen!‹«

⁷Daraufhin berief Ahab alle Ältesten von Israel zu sich und sagte zu ihnen: »Seht und begreift doch, wie übel dieser Mann vorgeht! Als er von mir verlangte, meine Frauen und Kinder und mein Gold und Silber an ihn auszuliefern, habe ich mich nicht geweigert.«

⁸»Gib ihm auf keinen Fall mehr, wenn er noch etwas verlangt«, rieten ihm die Ältesten und das ganze Volk.

⁹So ließ Ahab den Boten Ben-Hadads ausrichten: »Sagt meinem Herrn, dem König: ›Ich gebe dir alles, was du beim ersten Mal von deinem Diener verlangt hast, aber auf diese letzte Forderung kann ich nicht eingehen.‹« Mit dieser Antwort kehrten die Boten zu ihm zurück.

¹⁰Da sandte Ben-Hadad ihm folgende Entgegnung: »Die Götter sollen mich ins Unglück stürzen, ja mir noch Schlimmeres zufügen, wenn von Samaria genug Staub übrig bleiben wird, um damit die hohlen Hände meiner Krieger zu füllen, die mit mir ziehen.«

¹¹Der König von Israel ließ ihm antworten: »Sagt ihm: ›Ein Krieger, der sich noch zum Kampf rüstet, sollte nicht prahlen wie einer, der die Rüstung bereits ablegt.‹«

¹²Diese Antwort erreichte Ben-Hadad und die übrigen Könige, während sie sich in ihren Zelten betranken. »Macht euch zum Kampf bereit!«, befahl Ben-Hadad seinen Untergebenen. Also griffen sie die Stadt an.

Ahabs Sieg über Ben-Hadad

¹³Da erschien ein Prophet bei Ahab, dem König von Israel, und teilte ihm mit: »So spricht der HERR: ›Siehst du die großen feindlichen Heere? Noch heute gebe ich sie in deine Hand. Dann erkennst du, dass ich der HERR bin.‹«

¹⁴Ahab fragte: »Durch wen will er das tun?«

Der Prophet antwortete: »So spricht der HERR: ›Durch die Truppen der Provinzstatthalter.‹«

»Wer soll zuerst angreifen?«, fragte Ahab.

»Du«, antwortete er.

¹⁵Also versammelte Ahab die 232 Männer der Provinzstatthalter. Dann zählte er den Rest seines Heeres, 7.000 Mann. ¹⁶Um die Mittagszeit marschierten die Israeliten los, während Ben-Hadad und die 32 mit ihm verbündeten Könige sich in ihren Zelten betranken. ¹⁷Angeführt wurden sie von den Männern der Provinzstatthalter. Als sie heranrückten, berichteten sie Ben-Hadad: »Truppen aus Samaria sind im Anmarsch.«

¹⁸»Ergreift sie lebendig«, befahl Ben-Hadad, »ob sie nun in friedlicher oder in kriegerischer Absicht gekommen sind.«

¹⁹Aber als die Männer der Provinzstatthalter und das nachfolgende Heer die Stadt hinter sich gelassen hatten, ²⁰tötete jeder Krieger einen Gegner. Da flohen die Aramäer, aber die Krieger aus Israel folgten ihnen. Ben-Hadad, der König von Aram, entkam auf seinem Pferd und mit ihm einige Wagen. ²¹Dann zog der König von Israel in den Kampf, und die übrigen Pferde wurden getötet, die Streitwagen zerstört, und die Aramäer erlitten eine schwere Niederlage.

²²Danach kam der Prophet zu König Ahab und sagte: »Bereite dich vor und tu, was du kannst, denn wenn das Jahr um ist, wird der König von Aram dich erneut angreifen.«

Ben-Hadads zweiter Angriff

²³Die Ratgeber Ben-Hadads sagten zu ihm: »Die Gottheiten Israels sind Berggötter; deshalb haben sie gewonnen. Wenn wir aber in der Ebene mit ihnen kämpfen, werden wir sie vielleicht schlagen. ²⁴Eines jedoch musst du tun: Setze diesmal Heerführer an die Stelle der Könige! ²⁵Stell ein Heer auf wie das, das du verloren hast. Gib uns die gleiche Anzahl Pferde und Streitwagen, und wir werden in der Ebene mit ihnen kämpfen. Dort werden wir sie mit Sicherheit schlagen.« König Ben-Hadad hörte auf sie und folgte ihrem Rat. ²⁶Im folgenden Frühjahr rief er das aramäische Heer zusammen und führte es erneut gegen Israel in die Schlacht, diesmal in Afek. ²⁷Auch Israel brachte sein Heer in Stellung, versorgte es und zog in den Kampf. Doch die israelitischen Truppen lagerten ihnen gegenüber wie zwei kleine Ziegenherden, während die Aramäer das Land überzogen. ²⁸Da kam der Mann Gottes wieder zum König von Israel und sagte: »So spricht der HERR: ›Die Aramäer haben behauptet, der HERR sei ein Gott der Berge und nicht der Ebenen. Deshalb helfe ich dir, dieses gewaltige Heer zu besiegen. Dann werdet ihr erkennen, dass ich der HERR bin.‹«

²⁹Sieben Tage lang lagerten die beiden Heere einander gegenüber, und am siebten Tag begann die Schlacht. Die Israeliten töteten an einem einzigen Tag 100.000 Mann vom aramäischen Fußvolk. ³⁰Der Rest rettete sich hinter die Stadtmauern von Afek, doch diese stürzten ein und erschlugen 27.000 von ihnen. Ben-Hadad floh in die Stadt und versteckte sich dort an verschiedenen Orten. ³¹Seine Diener sagten zu ihm: »Herr, wir haben gehört, dass die Könige von Israel großmütig sind. Wir wollen uns in Säcke kleiden, uns Stricke um den Hals legen und so zum König von Israel gehen. Vielleicht lässt König Ahab dich dann am Leben.«

³²Also legten sie Säcke und Stricke an, gingen zum König von Israel und baten: »Dein Knecht Ben-Hadad sagt: ›Bitte lass mich am Leben!‹«

Der König von Israel antwortete: »Lebt er denn noch? Er ist mein Bruder!«

³³Da flammte Hoffnung in ihnen auf, und sie antworteten schnell: »Ja, Ben-Hadad ist dein Bruder!«

»Geht und holt ihn«, sagte er zu ihnen. Und als Ben-Hadad kam, ließ Ahab ihn zu sich auf den Streitwagen steigen.

³⁴Ben-Hadad sagte zu ihm: »Ich werde dir die Städte, die mein Vater deinem Vater nahm, zurückgeben, und du darfst Märkte in Damaskus einrichten, wie mein Vater es in Samaria tat.«

Da antwortete Ahab: »Mit dieser Abmachung will ich dich gehen lassen.« So schlossen sie einen Vertrag, und Ben-Hadad wurde freigelassen.

Ein Prophet verurteilt Ahab

³⁵Da sagte einer von den Prophetenschülern zu einem seiner Gefährten, weil es der HERR ihm geboten hatte: »Schlag mich nieder!« Doch der Mann weigerte sich, den Propheten zu schlagen. ³⁶Da sagte er zu ihm: »Weil du der Stimme des HERRN nicht gehorcht hast, tötet dich ein Löwe, sobald du mich verlässt.« Und sobald er gegangen war, griff ein Löwe ihn an und tötete ihn.

³⁷Nun wandte der Prophet sich an einen anderen und sagte: »Schlag mich nieder!« Da schlug dieser ihn nieder und verletzte ihn.

³⁸Der Prophet blieb am Weg, wo König Ahab vorbeikommen musste. Er hatte sich die Augen verbunden, um sich unkenntlich zu machen. ³⁹Als der König vorüberkam, rief der Prophet

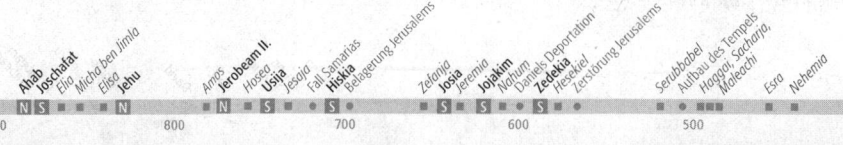

1. & 2. KÖNIGE

1–2	Davids Ende
2–11	König Salomo
1. Könige 12– 2. Könige 17	Die Königreiche Israel und Juda
1. Könige 17 bis 2. Könige 2	Der Prophet Elia Herrscher in Israel und Juda
3–13	Der Prophet Elisa Herrscher in Israel und Juda
14–17	Weitere Herrscher in Israel und Juda bis zum Ende des Königreiches Israel
18–25	Das Königreich Juda bis zum Exil

20–22

Ahab und seine Familie müssen sterben, weil er Gott nicht gehorsam war und sich Nabots Weinberg genommen hat.
Die Könige von Israel und Juda planen die Eroberung Ramots.

[Zeit der Könige und Propheten]

S Südreich Juda   N Nordreich Israel

---

ihm zu: »Dein Diener war in der Schlacht, und ein Mann kam und brachte mir einen Gefangenen. Er sagte: ›Bewache diesen Mann; wenn er entkommt, musst du dein Leben für seines geben oder ein Talent* Silber bezahlen!‹ ⁴⁰Doch während dein Diener mit etwas anderem beschäftigt war, verschwand der Gefangene!«

»Damit ist dein Urteil gesprochen«, antwortete der König von Israel. »Du hast dich selbst gerichtet.«

⁴¹Da nahm der Prophet schnell die Binde von seinen Augen, und der König von Israel erkannte in ihm einen der Propheten. ⁴²Der Prophet sagte zu ihm: »So spricht der HERR: ›Weil du den Mann, der auf meinen Befehl getötet werden sollte*, verschont hast, musst du an seiner Stelle sterben und dein Volk anstelle seines Volkes.‹« ⁴³Da ging der König von Israel zornig und voller Missmut in seinen Palast nach Samaria.

Nabots Weinberg

21 Einige Zeit später geschah Folgendes: Ganz nah bei dem Palast König Ahabs von Samaria in Jesreel lag ein Weinberg, der einem Mann namens Nabot gehörte. ²Da sagte Ahab zu Nabot: »Dein Weinberg liegt so nah bei meinem Palast; überlass ihn mir, damit ich einen Gemüsegarten daraus machen kann. Ich werde dir dafür einen besseren Weinberg geben, oder wenn du willst, werde ich ihn dir auch bezahlen.«

³Doch Nabot antwortete: »Der HERR bewahre mich davor, dir das Erbe zu geben, das ich von meinen Vorfahren übernommen habe.« ⁴Voller Zorn und Ärger darüber, dass Nabot aus Jesreel gesagt hatte: ›Ich will dir das Erbe meiner Vorfahren nicht geben‹, ging Ahab in seinen Palast. Er legte sich ins Bett, drehte sein Gesicht zur Wand und wollte auch nichts mehr essen.

⁵»Was ist nur mit dir?«, fragte seine Frau Isebel, als sie zu ihm hereinkam. »Was hat dich so aufgebracht, dass du nicht einmal mehr essen willst?«

⁶»Ich habe zu dem Jesreeliter Nabot gesagt: ›Verkaufe mir deinen Weinberg oder lass mich ihn gegen einen anderen eintauschen‹, und er antwortete: ›Ich werde dir meinen Weinberg nicht geben!‹«, erzählte Ahab ihr.

⁷»Du bist doch der König von Israel?«, sagte seine Frau Isebel da zu ihm. »Steh auf und iss

20,39 Das sind ca. 36 kg.   **20,42** Hebr. *an dem der Bann vollstreckt werden sollte*. Mit dem hier gebrauchten hebr. Begriff ist die vollständige Übergabe von Dingen, Tieren oder Menschen an den HERRN gemeint, indem diese entweder vernichtet oder als Opfer dargebracht werden.

und ärgere dich nicht. Ich werde dir Nabots Weinberg verschaffen!«

⁸Und sie schrieb Briefe in Ahabs Namen, versiegelte sie mit seinem Siegel und schickte sie an die Ältesten und die anderen führenden Männer der Stadt, in der Nabot lebte. ⁹In ihren Briefen ordnete sie an: »Ruft ein Fasten aus und gebt Nabot dabei einen Ehrenplatz im Volk. ¹⁰Setzt zwei gewissenlose Schurken* ihm gegenüber, die sollen ihn beschuldigen: ›Du hast Gott und den König verflucht.‹ Dann schleppt ihn hinaus und steinigt ihn zu Tode.«

¹¹Die Ältesten und die anderen führenden Männer, die in der Stadt wohnten, befolgten Isebels Anweisungen und verfuhren, wie sie es ihnen in den Briefen geschrieben hatte. ¹²Sie ließen ein Fasten ausrufen und wiesen Nabot einen Ehrenplatz vor dem Volk zu. ¹³Dann kamen zwei Schurken, die saßen ihm gegenüber und klagten ihn vor den Ohren der Anwesenden an: »Nabot hat Gott und den König verflucht.« Er wurde aus der Stadt hinausgeführt, gesteinigt und starb. ¹⁴Danach benachrichtigten sie Isebel: »Nabot wurde gesteinigt und ist tot.«

¹⁵Als Isebel hörte, dass Nabot zu Tode gesteinigt worden war, sagte sie zu Ahab: »Geh und nimm den Weinberg in Besitz, den der Jesreeliter Nabot dir nicht verkaufen wollte, denn Nabot ist tot!« ¹⁶Und als Ahab hörte, dass Nabot tot war, ging er sofort hinunter, um Nabots Weinberg in Besitz zu nehmen.

¹⁷Doch der HERR sprach zu Elia aus Tischbe: ¹⁸»Steh auf und geh zu Ahab, dem König von Israel, der in Samaria herrscht. Du findest ihn in Nabots Weinberg, denn dorthin ist er gegangen, um ihn in Besitz zu nehmen. ¹⁹Richte ihm folgende Botschaft aus: So spricht der HERR: ›Du hast gemordet und jetzt auch noch geraubt.‹ Und weiter sage zu ihm: So spricht der HERR: ›Die Hunde werden vor der Stadt dein Blut auflecken, gerade dort, wo sie das Blut Nabots aufgeleckt haben!‹«

²⁰»So hat mein Feind mich also gefunden!«, rief Ahab Elia zu.

»Ja«, antwortete Elia. »Ich habe dich gefunden, weil du dich dazu hergegeben hast, zu tun was unrecht ist in den Augen des Herrn. ²¹Ich bringe Unglück über dich und lösche dich aus. Keinen deiner männlichen Verwandten in Israel werde ich am Leben lassen, ganz gleich, ob sie als Sklaven dienen oder ihr eigener Herr sind. ²²Deine Familie rotte ich aus, wie ich es mit den Familien von Jerobeam, dem Sohn Nebats, und von Bascha, dem Sohn Ahijas, getan habe. Denn du hast meinen Zorn erregt und Israel zur Sünde verleitet.‹ ²³Und über Isebel hat der HERR gesagt: ›Die Hunde werden Isebel an der Stadtmauer von Jesreel fressen. ²⁴Wer aus Ahabs Familie in der Stadt stirbt, wird den Hunden zum Opfer fallen, und die auf offenem Feld sterben, werden von den Vögeln gefressen werden.‹«

²⁵Es gab keinen anderen, der sich so zu dem hergab, was in den Augen des HERRN Unrecht war, wie Ahab, der von seiner Frau Isebel dazu verführt wurde. ²⁶Vor allem machte er sich schuldig, weil er Götzen anbetete, wie die Amoriter es getan hatten, die der HERR vor den Israeliten aus dem Land vertrieben hatte.

²⁷Als Ahab diese Worte hörte, zerriss er seine Kleider, legte sich einen Sack um und begann zu fasten. Er schlief sogar in Sackleinen und ging sehr bedrückt umher.

²⁸Da bekam Elia aus Tischbe eine weitere Botschaft des HERRN: ²⁹»Hast du gesehen, wie Ahab vor mir Reue gezeigt hat? Weil er das getan hat, werde ich das Unglück nicht geschehen lassen, solange er lebt. Es wird erst seine Nachkommen treffen.«

Joschafat und Ahab
2. Chronik 18,1-8

22 Drei Jahre lang herrschte kein Krieg zwischen Aram und Israel. ²Im dritten Jahr stattete König Joschafat von Juda König Ahab von Israel einen Besuch ab. ³Da sagte der König von Israel zu seinen Leuten: »Ist euch bewusst, dass Ramot in Gilead uns gehört? Und wir tun nichts, um es dem König von Aram abzunehmen!« ⁴Dann fragte er Joschafat: »Willst du mit mir gegen Ramot in Gilead kämpfen?«

Und Joschafat antwortete König Ahab: »Ich bin auf deiner Seite, mein Volk ist wie dein Volk, meine Pferde sind wie deine Pferde.« ⁵Und Joschafat fügte hinzu: »Doch frag zuerst, was der HERR dazu sagt.«*

⁶Also ließ König Ahab die Propheten rufen, etwa 400 an der Zahl, und fragte sie: »Soll ich gegen Ramot in Gilead in den Krieg ziehen oder es besser lassen?«

Alle antworteten: »Zieh in den Krieg! Der Herr wird dir einen großen Sieg schenken!«

⁷Joschafat aber fragte: »Ist hier nicht noch ein Prophet des HERRN, den wir befragen können?«

⁸Der König von Israel antwortete ihm: »Es gibt noch einen, um den HERRN zu befragen, aber ich hasse ihn. Er hat nichts als schlechte Nachrichten für mich: Micha, der Sohn von Jimla.«

»So solltest du nicht reden«, sagte Joschafat.

21,10 Hebr. *zwei Söhne Belials*; so auch in 21,13.   22,5-9 Vgl. 2. Chronik 18,4-8.

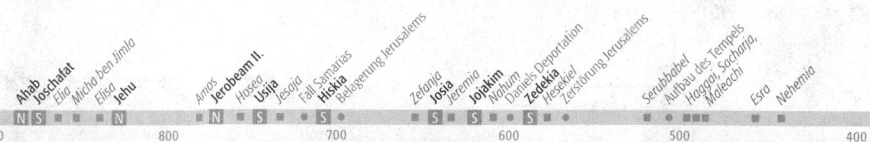

1. & 2. KÖNIGE

1–2	Davids Ende
2–11	König Salomo
1. Könige 12– 2. Könige 17	Die Königreiche Israel und Juda
1. Könige 17 bis 2. Könige 2	Der Prophet Elia Herrscher in Israel und Juda
3–13	Der Prophet Elisa Herrscher in Israel und Juda
14–17	Weitere Herrscher in Israel und Juda bis zum Ende des Königreiches Israel
18–25	Das Königreich Juda bis zum Exil

22

Der Prophet Micha ben Jimla. Tod Ahabs. Joschafat von Juda ist Gott treu. Ahasja wird König in Israel.

[Zeit der Könige und Propheten]

⁹Also rief der König von Israel einen seiner Diener und befahl: »Rasch! Hole Micha, den Sohn Jimlas.«

Micha weissagt gegen Ahab
Vgl. 2. Chronik 18,9-27

¹⁰König Ahab von Israel und König Joschafat von Juda saßen in ihren königlichen Gewändern auf ihren Thronen auf einem Platz am Tor von Samaria. Die Propheten weissagten vor ihnen. ¹¹Zedekia, der Sohn Kenaanas, machte sich eiserne Hörner und verkündete: »So spricht der HERR: ›Mit diesen wirst du die Aramäer niederstoßen, bis du sie vernichtet hast!‹« ¹²Alle anderen Propheten stimmten ihm zu. »Ja«, sagten sie, »zieh hinauf nach Ramot in Gilead und triumphiere, denn der HERR schenkt dir den Sieg!«

¹³Der Bote, der gegangen war, um Micha zu holen, sagte zu diesem: »Hörst du? Alle Propheten weissagen dem König Gutes. Schließ dich ihnen doch an und versprich auch du ihm Erfolg.« ¹⁴Doch Micha entgegnete: »So wahr der HERR lebt, ich werde nur sagen, was der HERR zu mir redet.«

¹⁵Als Micha vor dem König stand, fragte Ahab ihn: »Micha, sollen wir gegen Ramot in Gilead in den Krieg ziehen oder nicht?«

Und Micha antwortete: »Zieh in den Krieg und triumphiere! Der HERR schenkt dem König einen großen Sieg!«

¹⁶Doch der König entgegnete: »Wie oft muss ich dich beschwören, dass du im Namen des HERRN nur die Wahrheit sagst?«

¹⁷Da sagte Micha ihm: »Ich sah, wie ganz Israel in den Bergen verstreut war wie Schafe ohne Hirten. Und der HERR sprach: ›Sie haben keinen Herrn mehr. Sie sollen in Frieden nach Hause gehen.‹«

¹⁸»Habe ich es dir nicht gesagt?«, sagte der König von Israel zu Joschafat. »Er hat niemals etwas Gutes für mich, nur schlechte Nachrichten.«

¹⁹Da fuhr Micha fort: »Höre also, was der HERR spricht! Ich sah den HERRN auf seinem Thron sitzen, rechts und links umgeben von den himmlischen Heerscharen. ²⁰Und der HERR sprach: ›Wer kann Ahab verleiten, gegen Ramot in Gilead in den Krieg zu ziehen, damit er dort stirbt?‹ Es kamen viele Vorschläge, ²¹bis schließlich ein Geist vor den HERRN trat und sagte: ›Ich kann es tun!‹

›Wie willst du es anfangen?‹, fragte der HERR.

²²Und der Geist antwortete: ›Ich werde gehen und dafür sorgen, dass Ahabs Propheten alle Lügen weissagen.‹

›Damit wirst du Erfolg haben‹, sagte der HERR. ›Geh und tue es.‹

²³Du siehst also, der HERR hat deinen Propheten einen Lügengeist in den Mund gelegt. Denn der HERR hat beschlossen, Unglück über dich zu bringen.«

²⁴Da trat Zedekia, der Sohn Kenaanas, auf Micha zu und schlug ihm ins Gesicht. »Wie? Sollte der Geist des HERRN mich verlassen haben, um mit dir zu reden?«, fragte er.

²⁵Micha antwortete: »Du wirst es an dem Tag erkennen, wenn du von einem Raum zum anderen irrst und verzweifelt einen Ort suchst, an dem du dich verbergen kannst.«

²⁶Da befahl der König von Israel: »Nimm Micha und übergib ihn an Amon, den obersten Mann der Stadt, und an meinen Sohn Joasch. ²⁷Richte ihnen aus: So spricht der König: ›Werft diesen Mann ins Gefängnis und gebt ihm nur wenig Wasser und Nahrung, bis ich sicher zurückgekehrt bin!‹«

²⁸Doch Micha antwortete: »Wenn du sicher zurückkehrst, hat der HERR nicht durch mich gesprochen!« Und er fügte hinzu: »Denkt an meine Worte, ihr Völker!«

Ahabs Tod
Vgl. 2. Chronik 18,28-34

²⁹Und so zogen der König von Israel und König Joschafat von Juda gegen Ramot in Gilead. ³⁰König Ahab sagte zu Joschafat: »Wenn ich in die Schlacht ziehe, werde ich mich verkleiden; du hingegen trage deine Königsgewänder.« Und der König von Israel verkleidete sich und zog in die Schlacht.

³¹Der König von Aram hatte jedoch seinen 32 Anführern der Wagenlenker befohlen: »Greift nur den König von Israel an, niemanden sonst!« ³²Als nun diese Anführer der Wagenlenker Joschafat entdeckten, dachten sie: »Dort ist der König von Israel!«, und setzten ihm nach, um gegen ihn zu kämpfen. Doch als Joschafat laut schrie, ³³merkten sie, dass er nicht der König von Israel war, und ließen von der Verfolgung ab.

³⁴Ein Mann aber schoss aufs Geratewohl einen Pfeil ab und traf den König von Israel zwischen den Scharnieren und dem Brustpanzer. »Bring mich aus der Schlacht heraus!«, rief Ahab seinem Wagenlenker zu, »denn ich bin verwundet!« ³⁵Den ganzen Tag tobte die Schlacht. Ahab musste in seinem Streitwagen bleiben und sich den Aramäern entgegenstellen. Das Blut aus seiner Wunde rann in das Innere des Streitwagens, und als es Abend wurde, starb er. ³⁶Bei Sonnenuntergang ging der Ruf durch die Truppen: »Jeder gehe heim in seine Stadt und in sein Land!«

³⁷So starb der König, und sein Leichnam wurde nach Samaria gebracht und dort begraben. ³⁸Dann wurde sein Streitwagen am Teich von Samaria gereinigt, wo die Tempelprostituierten badeten, und Hunde kamen und leckten das Blut des Königs auf, wie der HERR es vorausgesagt hatte.

³⁹Alles Weitere über Ahabs Herrschaft, seine Taten und die Geschichte des Elfenbeinpalastes und der Städte, die er bauen ließ, steht im Buch der Geschichte der Könige von Israel beschrieben. ⁴⁰Als Ahab starb, wurde er bei seinen Vorfahren begraben. Nach ihm wurde sein Sohn Ahasja König.

Joschafat herrscht in Juda
2. Chronik 20,31-21,1

⁴¹Die Herrschaft Joschafats, des Sohnes Asas, begann im vierten Jahr der Regierungszeit König Ahabs in Israel. ⁴²Er war 35 Jahre alt, als er König wurde, und regierte 25 Jahre in Jerusalem. Seine Mutter war Asuba, die Tochter von Schilhi.* ⁴³Joschafat folgte ganz dem Vorbild seines Vaters Asa und wich nicht davon ab. Er verhielt sich so, wie es dem HERRN gefiel. ⁴⁴Nur die Höhenheiligtümer wurden nicht abgerissen, sodass das Volk weiterhin auf ihnen opferte und Weihrauch verbrannte. ⁴⁵Joschafat schloss Frieden mit dem König von Israel.

⁴⁶Alles Weitere über Joschafats Herrschaft, das ganze Ausmaß seiner Macht und die Kriege, die er führte, ist im Buch der Geschichte der Könige Judas beschrieben. ⁴⁷Er verbannte die letzten Tempelprostituierten aus dem Land, die noch aus der Zeit seines Vaters Asa übrig geblieben waren.

⁴⁸Damals gab es in Edom keinen König, nur einen Statthalter. ⁴⁹Joschafat ließ auch eine Flotte von Tarsis-Schiffen bauen, die nach Ofir segeln und Gold heranschaffen sollte. Doch die Schiffe kamen niemals dazu, Segel zu setzen, denn sie zerschellten bei Ezjon-Geber. ⁵⁰Damals schlug Ahasja, Ahabs Sohn, Joschafat vor: »Wir wollen unsere Männer gemeinsam auf den Schiffen fahren lassen.« Doch Joschafat lehnte das Angebot ab.

⁵¹Als Joschafat starb, wurde er bei seinen Vorfahren in der Stadt seines Stammvaters David begraben. Nach ihm wurde sein Sohn Joram König.

Ahasja herrscht in Israel

⁵²Die Herrschaft Ahasjas, des Sohnes Ahabs, über Israel begann im 17. Jahr der Regierungszeit König Joschafats in Juda. Er regierte zwei

22,42-44 Vgl. 2. Chronik 20,31-33.

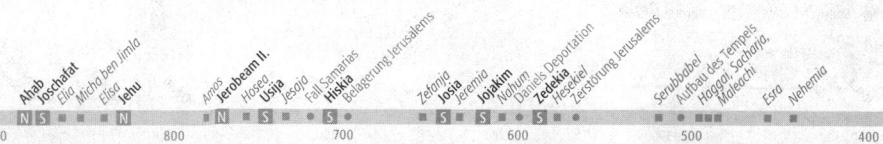

1. & 2. KÖNIGE

1–2	Davids Ende
2–11	König Salomo
1. Könige 12 – 2. Könige 17	Die Königreiche Israel und Juda
1. Könige 17 bis 2. Könige 2	Der Prophet Elia Herrscher in Israel und Juda
3–13	Der Prophet Elisa Herrscher in Israel und Juda
14–17	Weitere Herrscher in Israel und Juda bis zum Ende des Königreiches Israel
18–25	Das Königreich Juda bis zum Exil

Jahre in Samaria. ⁵³Doch er tat, was dem HERRN missfiel, und folgte darin dem Beispiel seines Vaters und seiner Mutter und dem Jerobeams, des Sohnes Nebats, der Israel zur Sünde verleitet hatte. ⁵⁴Auch er diente dem Baal und betete ihn an. Dadurch erregte er den Zorn des HERRN, des Gottes Israels, genauso wie sein Vater es getan hatte.

22
Ahasja betet Baal an.

[Zeit der Könige und Propheten]

S Südreich Juda   N Nordreich Israel

Josua / Einnahme von Jericho — Gideon — Simson — Samuel — Saul — David — Salomo / Tempelbau — Rehabeam / Jerobeam I.

1400 v. Chr. — 1300 — 1200 — 1100 — 1000 — 900

2. Könige

Inhalt

Nach Elias Entrückung verkündigt Elisa das Gericht Gottes in Wort und Tat. Elisas Dienst ist besonders geprägt von Wundertaten: Zeichen der Macht Gottes, nicht nur für Könige, sondern auch für in Not geratene einfache Menschen.

Kein einziger König der zehn Stämme Israels orientiert sich an Gott. Das Volk übernimmt die religiösen Vorstellungen und Rituale seiner Nachbarvölker; die Könige gehen dabei voran. Deshalb lässt Gott das Land immer wieder angreifen, bis Israel 722/721 v.Chr. schließlich von Assyrien besiegt wird. Die Israeliten werden in Gebiete im heutigen Ostsyrien und Westiran vertrieben, während andere von den Assyrern besiegte Völker im ehemals israelitischen Land angesiedelt werden.

Juda existiert weiter, obwohl auch dort die Götter der Nachbarn verehrt werden. Im Gegensatz zu Israel regieren in Jerusalem immer wieder Könige, die nach Gott fragen und entsprechende Reformen durchführen. Doch auch hier nimmt die Untreue Gott gegenüber immer krassere Formen an. Schließlich verwirft Gott das Volk und den Tempel. Geschichtlich schlägt sich das in der Unterwerfung Judas durch die Babylonier nieder. 597 v.Chr. wird Jerusalem erobert und die Oberschicht der Bevölkerung nach Babel (heute Südirak) verschleppt. 587/586 v.Chr. zerstören die Babylonier Stadt und Tempel völlig. Auch viele einfache Leute müssen in die »Babylonische Gefangenschaft« gehen, einige fliehen – nach Ägypten.

Israel, wohin? Das Volk ist zerstreut, das Land besetzt. Der Bund ist gebrochen. Das 2. Königebuch endet jedoch mit der Begnadigung des vorletzten Königs von Juda, der ja ein Nachkomme Davids war.

Die Geschichte geht im Buch Esra weiter, während die Chronikbücher die Vergangenheit unter anderen Gesichtspunkten entfalten.

Wichtige Personen

Elia	Prophet
Elisa	Prophet
Die Witwe eines Prophetenschülers	
Ein Ehepaar in Schunem	
Gehasi	Diener Elisas
Naaman	Heerführer des Königs von Aram in Damaskus (heute Syrien)
Ein Mädchen aus Israel	Dienerin von Naamans Frau
Vier aussätzige Männer in Samaria	
Ben-Hadad (II.), Hasaël, Ben-Hadad (III.)	Könige von Aram
Jojada	Priester
Jona	Prophet
Rezin	König von Aram
Salmanassar (V.)	König von Assyrien (Großreich, Kernland im heutigen Irak), Eroberer Israels
Sanherib	König von Assyrien
Jesaja	Prophet
Schafan	Hofschreiber Josias
Hilkija	Hoher Priester
Hulda	Prophetin
Necho	Pharao von Ägypten
Nebukadnezar	König von Babel (Großreich, Kernland im heutigen Irak), Eroberer Judas
Gedalja	Statthalter in Juda

Könige von Juda, Dynastie Davids:

Joschafat	Sohn Asas, tut was Gott gefällt
Joram	
Ahasja	
Atalja	Mutter Ahasjas, Herrscherin in Juda
Joasch	Sohn Ahasjas, tut was Gott gefällt
Amazja	tut was Gott gefällt
Asarja/Usija	tut was Gott gefällt
Jotam	tut was Gott gefällt
Ahas	
Hiskia	tut was Gott gefällt
Manasse	
Amon	
Josia	tut was Gott gefällt
Joahas	
Eljakim/Jojakim	Sohn Josias
Jojachin	
Mattanja/Zedekia	Onkel Jojachins, letzter König von Juda

Könige von Israel:

Ahasja	Sohn Ahabs
Joram	Sohn Ahabs
Jehu	5. Herrscherhaus
Joahas	
Joasch	
Jerobeam (II.)	
Secharja	
Schallum	6. Herrscherhaus
Menahem	7. Herrscherhaus
Pekachja	
Pekach	8. Herrscherhaus
Hoschea	9. Herrscherhaus, letzter König von Israel

Wichtige Orte

Jerusalem	Hauptstadt Judas
Samaria	Hauptstadt Israels (Nordstämme)
Dotan	Stadt in Israel
Babel	Residenzstadt Nebukadnezars, am Euphrat (heute Irak)
Mizpa	Residenz Gedaljas

1. & 2. KÖNIGE

1–2	Davids Ende
2–11	König Salomo
1. Könige 12– 2. Könige 17	Die Königreiche Israel und Juda
1. Könige 17 bis 2. Könige 2	Der Prophet Elia Herrscher in Israel und Juda
3–13	Der Prophet Elisa Herrscher in Israel und Juda
14–17	Weitere Herrscher in Israel und Juda bis zum Ende des Königreiches Israel
18–25	Das Königreich Juda bis zum Exil

1–2
Ahasja muss wegen seiner Untreue sterben. Elia wird entrückt. Elisa wird Elias rechtmäßiger Nachfolger.

[Zeit der Könige und Propheten]

S Südreich Juda   N Nordreich Israel

DAS ZWEITE BUCH DER KÖNIGE

Elia tritt König Ahasja entgegen

1 Nach König Ahabs Tod erklärten die Moabiter ihre Unabhängigkeit von Israel. ²Eines Tages fiel Ahasja durch das Gitter in einem der oberen Gemächer in Samaria und verletzte sich. Er schickte Boten und beauftragte sie: »Geht und fragt Baal-Sebub, den Gott von Ekron, ob ich wieder gesund werde.«

³Da befahl der Engel des HERRN Elia aus Tischbe: »Geh den Boten des Königs von Samaria entgegen und frage sie: ›Warum wollt ihr Baal-Sebub, den Gott von Ekron, befragen? Gibt es denn keinen Gott in Israel? ⁴Deshalb spricht der HERR: Du wirst dich von dem Bett, auf dem du liegst, nicht mehr erheben, sondern sterben.‹« Und Elia machte sich auf den Weg.

⁵Als die Boten zum König zurückkehrten, fragte er sie: »Warum seid ihr so schnell wieder zurück?«

⁶Sie antworteten: »Ein Mann kam uns entgegen und befahl uns: ›Kehrt zum König zurück, der euch geschickt hat, und sagt zu ihm: »So spricht der HERR: Warum wollt ihr Baal-Sebub, den Gott von Ekron, befragen? Gibt es denn keinen Gott in Israel? Deshalb wirst du dich von dem Bett, auf dem du liegst, nicht mehr erheben, sondern sterben.«‹«

⁷»Was war das für ein Mann, der unterwegs mit euch gesprochen hat?«, fragte der König. ⁸Sie antworteten: »Er trug einen Mantel aus Fell und hatte einen Ledergürtel um die Hüften.«

»Das war Elia aus Tischbe!«, rief der König. ⁹Und er schickte einen Hauptmann mit seiner Truppe von 50 Mann zu ihm. Der stieg hinauf und fand Elia auf einem Hügel sitzend. Er sagte zu ihm: »Mann Gottes, der König befiehlt dir: ›Komm schnell hinunter.‹«

¹⁰Doch Elia entgegnete dem Hauptmann: »Wenn ich ein Mann Gottes bin, so soll Feuer vom Himmel fallen und dich und deine 50 Mann töten!« Da kam Feuer vom Himmel und verbrannte sie alle.

¹¹Daraufhin schickte der König einen zweiten Hauptmann mit 50 Mann. Auch dieser sagte zu Elia: »Mann Gottes, der König befiehlt dir: ›Komm augenblicklich hinunter!‹«

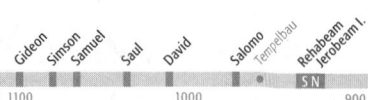

¹²Elia antwortete ihnen: »Wenn ich ein Mann Gottes bin, so soll Feuer vom Himmel fallen und dich und deine 50 Mann töten!« Und wieder kam das Feuer Gottes vom Himmel und verbrannte sie alle.

¹³Da schickte der König einen dritten Hauptmann mit 50 Mann. Doch dieser Hauptmann kam hinauf zu Elia, sank vor ihm auf die Knie und bat ihn: »Mann Gottes, verschone mein Leben und das Leben deiner 50 Knechte. ¹⁴Sieh, das Feuer ist vom Himmel herabgefallen und hat bereits die beiden anderen samt ihren Leuten verbrannt. Doch bitte verschone nun mein Leben!«

¹⁵Da sagte der Engel des HERRN zu Elia: »Hab keine Angst. Geh mit ihm.« Und Elia stand auf und ging mit ihm zum König.

¹⁶Elia sagte zum König: »So spricht der HERR: ›Du hast Boten zu Baal-Sebub, dem Gott von Ekron, geschickt, um ihn zu befragen. Gibt es denn keinen Gott in Israel, den man befragen könnte? Deshalb wirst du dich von dem Bett, auf dem du liegst, nicht mehr erheben, sondern sterben.‹«

¹⁷Und so starb Ahasja, wie der HERR es durch Elia vorausgesagt hatte. Da Ahasja keinen Sohn hatte, wurde Joram nach ihm König. Das geschah im zweiten Jahr der Regierungszeit König Jorams von Juda, des Sohnes Joschafats. ¹⁸Alles Weitere über Ahasjas Herrschaft und seine Taten steht im Buch der Geschichte der Könige Israels beschrieben.

Elia wird in den Himmel entrückt

2 Als der HERR beschloss, Elia in einem Wirbelsturm in den Himmel zu holen, war dieser gerade zusammen mit Elisa von Gilgal aufgebrochen. ²Elia sagte zu Elisa: »Bleib hier, denn der HERR hat mir befohlen, nach Bethel zu gehen.«

Doch Elisa antwortete: »So wahr der HERR lebt und du selbst auch: Ich werde dich nicht verlassen!« Also gingen sie zusammen nach Bethel.

³Dort kamen die Prophetenschüler, die in Bethel lebten, zu Elisa, und fragten ihn: »Wusstest du, dass der HERR deinen Herrn heute von dir nehmen wird?«

»Seid still!«, antwortete Elisa. »Ich weiß es.«

⁴Da sagte Elia zu ihm: »Elisa, bleib hier, denn der HERR hat mir befohlen, nach Jericho zu gehen.«

Doch Elisa antwortete abermals: »So wahr der HERR lebt und du selbst auch: Ich werde dich nicht verlassen.« Als sie Jericho erreichten, ⁵kamen die Prophetenschüler, die in Jericho wohnten, zu Elisa und fragten ihn: »Wusstest du, dass der HERR deinen Herrn heute von dir nehmen wird?«

»Seid still!«, antwortete Elisa. »Ich weiß es.«

⁶Da sagte Elia zu Elisa: »Bleib hier, denn der HERR hat mir befohlen, zum Jordan zu gehen.«

Doch Elisa antwortete noch einmal: »So wahr der HERR lebt und du selbst auch: Ich werde dich nicht verlassen.« Und sie wanderten zusammen weiter.

⁷50 Männer von den Prophetenschülern gingen mit ihnen und beobachteten von Weitem, wie Elia und Elisa am Jordan stehen blieben. ⁸Elia faltete seinen Mantel zusammen und schlug damit auf das Wasser. Der Fluss teilte sich und die beiden schritten trockenen Fußes hinüber.

⁹Am anderen Ufer sagte Elia zu Elisa: »Was kann ich noch für dich tun, bevor ich fortgenommen werde?«

Elisa antwortete: »Setz mich als deinen rechtmäßigen Nachfolger ein!«*

¹⁰»Diese Bitte ist schwer zu erfüllen«, antwortete Elia. »Wenn du sehen wirst, wie ich von dir fortgenommen werde, wird sie dir gewährt werden. Wenn du es jedoch nicht sehen wirst, wird sie dir nicht gewährt.«

¹¹Während sie weitergingen und miteinander redeten, erschien plötzlich ein Wagen aus Feuer am Himmel und Pferde aus Feuer und trennte sie, und Elia wurde von einem Wirbelsturm in den Himmel getragen. ¹²Elisa sah es und rief: »Mein Vater! Mein Vater! Du Streitwagen Israels und sein Lenker!« Und als er sie nicht mehr sehen konnte, zerriss er seine Kleider in zwei Teile.

¹³Dann hob er Elias Mantel auf, der diesem entfallen war, und kehrte ans Jordanufer zurück. ¹⁴Auch er schlug mit dem Mantel auf das Wasser und rief: »Wo ist der HERR, der Gott Elias?« Da teilte sich der Fluss und Elisa durchquerte ihn.

¹⁵Als die Prophetenschüler aus Jericho das sahen, riefen sie: »Der Geist Elias ruht auf Elisa!« Und sie liefen ihm entgegen und warfen sich vor ihm nieder. ¹⁶»Sieh hier«, sagten sie zu ihm, »bei uns sind 50 unserer stärksten Männer. Sie können sich aufmachen und nach deinem Herrn suchen. Vielleicht hat der Geist des HERRN ihn entführt und auf irgendeinem Berg oder in einem Tal abgesetzt.«

2,9 Hebr. *Lass mich den doppelten Teil deines Geistes erben.* Der doppelte Anteil gehörte dem erstgeborenen Sohn, s. 5. Mose 21,17.

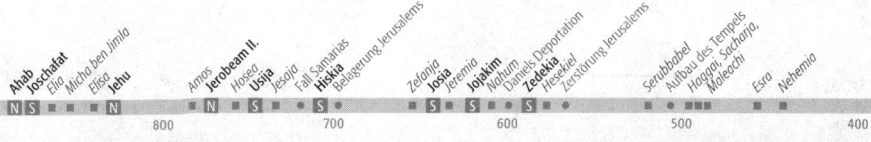

1. & 2. KÖNIGE

1–2	Davids Ende
2–11	König Salomo
1. Könige 12– 2. Könige 17	Die Königreiche Israel und Juda
1. Könige 17 bis 2. Könige 2	Der Prophet Elia Herrscher in Israel und Juda
3–13	Der Prophet Elisa Herrscher in Israel und Juda
14–17	Weitere Herrscher in Israel und Juda bis zum Ende des Königreiches Israel
18–25	Das Königreich Juda bis zum Exil

3–4
Gott unterstützt Israel, Juda und Edom im Krieg gegen Moab. Elisa beschenkt eine Witwe mit Öl.

[Zeit der Könige und Propheten]

»Nein«, antwortete Elisa, »schickt sie nicht los.« ¹⁷Doch sie drängten ihn, bis er nachgab und sagte: »Gut, sie sollen gehen.« Sie sandten 50 Mann, die suchten drei Tage lang, aber sie fanden Elia nicht. ¹⁸Elisa war noch in Jericho, als sie zurückkehrten. »Habe ich euch nicht gesagt, dass ihr hier bleiben sollt?«, fragte er.

Die ersten Wunder Elisas

¹⁹Die Männer der Stadt Jericho redeten zu Elisa: »Wie du siehst, Herr, ist diese Stadt sehr schön gelegen. Doch das Wasser ist schlecht, und es verursacht Fehlgeburten.«

²⁰Da sagte Elisa: »Bringt mir eine neue Schale mit Salz.« Sie taten, was er verlangte. ²¹Elisa ging damit hinaus zu der Quelle, schüttete das Salz hinein und sagte: »So spricht der HERR: ›Ich habe dieses Wasser gesund gemacht. Es wird nicht länger Tod und Fehlgeburten bringen.‹« ²²Seither ist das Wasser gesund – wie Elisa gesagt hatte.

²³Danach ging Elisa weiter hinauf nach Bethel. Auf dem Weg begegneten ihm ein paar kleine Jungen aus der Stadt. Sie verhöhnten ihn und riefen: »Komm her, du Glatzkopf! Komm her, du Glatzkopf!« ²⁴Elisa wandte sich um. Als er sie sah, verfluchte er sie im Namen des HERRN. Da kamen zwei Bärinnen aus dem Wald heraus und zerrissen 42 von ihnen. ²⁵Elisa aber ging weiter zum Berg Karmel und kehrte dann nach Samaria zurück.

Krieg zwischen Israel und Moab

3 Die Herrschaft Jorams, des Sohnes Ahabs, über Israel begann im 18. Jahr der Regierungszeit König Joschafats in Juda. Er regierte zwölf Jahre in Samaria. ²Joram tat, was dem HERRN missfiel, aber nicht so wie sein Vater und seine Mutter, denn er ließ die Baalssäule umstürzen, die sein Vater errichtet hatte. ³Doch auch er hielt fest an der Sünde des Götzendienstes, zu der Jerobeam, der Sohn Nebats, die Israeliten verleitet hatte, und hörte nicht damit auf.

⁴König Mescha von Moab war Schafzüchter. Er zahlte an den König von Israel 100.000 Lämmer und Wolle von 100.000 Widdern. ⁵Nach König Ahabs Tod kam es jedoch zum Aufstand des Königs von Moab gegen den König von Israel. ⁶Da berief König Joram ganz Israel zum Heer ein und zog von Samaria aus los. ⁷Auf dem Weg ließ er König Joschafat von Juda folgende Botschaft überbringen: »Der König von Moab hat sich gegen mich aufgelehnt. Willst du mir helfen, Moab zu bekämpfen?«

Joschafat antwortete: »Ich bin auf deiner Seite, mein Volk ist wie dein Volk, meine Pferde sind wie deine Pferde.« ⁸Und er fragte: »Welchen Weg nehmen wir?«

»Durch die Wüste Edom«, antwortete Joram. ⁹So zogen die Könige von Israel, Juda und Edom los. Als sie sieben Tage lang durch die Wüste gezogen waren, gab es kein Wasser mehr für die Männer und die Lasttiere.

¹⁰»Was nun?«, rief der König von Israel. »Der HERR hat drei Könige hierher gebracht, nur damit Moab uns besiegt.«

¹¹Doch Joschafat fragte: »Ist denn kein Prophet des HERRN hier, durch den wir den HERRN befragen können?«

Da antwortete einer von den Männern des Königs von Israel: »Elisa, der Sohn Schafats, ist da. Er war Elias Diener.*«

¹²Joschafat sagte: »Dann spricht der HERR durch ihn.« Und die Könige von Israel, Juda und Edom gingen zu Elisa.

¹³»Ich will nichts mit dir zu tun haben«, sagte Elisa zum König von Israel. »Befrage doch die Propheten deines Vaters und deiner Mutter!«

Aber König Joram antwortete: »Nein! Der HERR hat diese drei Könige hierher geführt, nur damit sie vom König von Moab abgeschlachtet werden!«

¹⁴Da sagte Elisa: »So wahr der HERR, der Allmächtige, dem ich diene, lebt – ich würde mich nicht mit dir abgeben und dich nicht beachten, wenn nicht König Joschafat von Juda bei dir wäre, den ich hoch achte. ¹⁵Lasst jemanden holen, der die Harfe spielen kann.«

Während die Harfe gespielt wurde, kam die Macht des HERRN über Elisa, ¹⁶und er sagte: »So spricht der HERR: ›Hebt in diesem Tal überall Gruben aus!‹ ¹⁷Denn so spricht der HERR: ›Ihr werdet weder Wind noch Regen sehen, und doch wird dieses Tal voll Wasser laufen. Ihr werdet genug für euch selbst haben und für euer Vieh und eure anderen Tiere. ¹⁸Doch das ist dem HERRN noch zu wenig, denn er schenkt euch auch den Sieg über die Moabiter! ¹⁹Ihr werdet ihre schönen und gut befestigten Städte erobern, ihre Bäume umhauen, ihre Quellen zum Versiegen bringen und ihr gutes Ackerland in eine Steinwüste verwandeln.‹«

²⁰Und am nächsten Morgen um die Zeit des Speiseopfers strömte von Edom her Wasser und verteilte sich schon bald im Land.

²¹Als die Moabiter hörten, dass ihnen die Könige zum Kampf entgegenzogen, wurden alle verfügbaren Männer, vom jüngsten bis zum ältesten, aufgeboten und an die Grenze geschickt.

²²Am nächsten Morgen, als sie aufstanden, schien die Sonne auf das Wasser und ließ es für die Augen der Moabiter rot aufleuchten wie Blut. ²³»Das ist Blut!«, riefen die Moabiter. »Die Könige haben sich gegenseitig angegriffen und umgebracht! Wir wollen gehen und die Beute einsammeln!«

²⁴Doch als sie ins israelitische Lager eindrangen, kamen die Israeliten herausgelaufen und griffen die Moabiter an. Diese wandten sich um und flohen, aber die Israeliten verfolgten und besiegten sie. ²⁵Sie zerstörten die Städte, begruben das gute Ackerland unter Steinen, die sie alle darauf warfen, brachten die Quellen zum Versiegen und fällten alle wertvollen Bäume. Schließlich war nur noch die Steinmauer von Kir-Heres übrig, doch die Schleuderer umringten und beschossen die Stadt.

²⁶Als der König von Moab sah, dass er im Begriff war, den Kampf zu verlieren, nahm er 700 seiner Männer, um zum König von Edom durchzubrechen, doch der Plan misslang. ²⁷Da nahm er seinen ältesten Sohn, der nach ihm König werden sollte, und brachte ihn als Brandopfer auf der Stadtmauer dar. Daraufhin entstand großer Zorn über Israel, sodass sie schließlich abzogen und in ihre Heimat zurückkehrten.

Elisa hilft einer armen Witwe

4 Eines Tages kam die Witwe eines Prophetenschülers zu Elisa und klagte: »Mein Mann, dein Diener, ist tot. Du weißt, wie sehr er den HERRN geachtet hat. Doch jetzt kommt der Gläubiger und droht, meine beiden Söhne als Sklaven mitzunehmen.«

²»Was kann ich für dich tun?«, fragte Elisa. »Sag mir, was du noch im Haus hast?«

»Deine Dienerin hat nichts mehr, nur einen Krug Öl«, antwortete sie.

³Da befahl Elisa ihr: »Geh und leih dir von deinen Freunden und Nachbarn so viele leere Krüge wie möglich. ⁴Dann geh mit deinen Söhnen in dein Haus und schließ die Tür hinter euch. Gieß das Öl in die Gefäße und stell sie beiseite, wenn sie voll sind.«

⁵Sie tat, was er ihr befohlen hatte. Ihre Söhne brachten ihr leere Gefäße und sie füllte eines nach dem anderen. ⁶Bald waren alle Behälter bis zum Rand gefüllt.

»Bring mir noch einen Krug«, sagte sie zu einem ihrer Söhne.

»Es sind keine mehr da!«, antwortete er. Und in diesem Augenblick versiegte das Öl.

3,11 Hebr. *Er goss Elia Wasser über die Hände.*

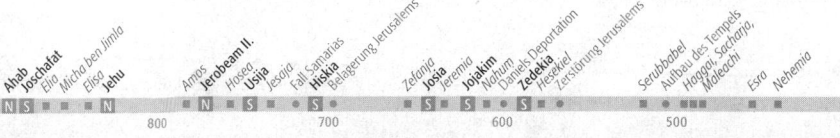

1. & 2. KÖNIGE

1–2	Davids Ende
2–11	König Salomo
1. Könige 12– 2. Könige 17	Die Königreiche Israel und Juda
1. Könige 17 bis 2. Könige 2	Der Prophet Elia Herrscher in Israel und Juda
3–13	Der Prophet Elisa Herrscher in Israel und Juda
14–17	Weitere Herrscher in Israel und Juda bis zum Ende des Königreiches Israel
18–25	Das Königreich Juda bis zum Exil

4–5
Elisa erweckt einen lang ersehnten Sohn wieder zum Leben. Der Aramäer Naaman reist wegen seines Aussatzes zu Elisa.

[Zeit der Könige und Propheten]

⁷Als sie hinkam und dem Mann Gottes erzählte, was geschehen war, sagte er zu ihr: »Nun verkauf das Öl und bezahl eure Schulden, und es wird noch genug für dich und deine Söhne zum Leben übrig bleiben.«

Elisa und die Frau aus Schunem
⁸Eines Tages kam Elisa in die Stadt Schunem. Dort lebte eine wohlhabende Frau, die ihn zum Essen einlud. Von da an pflegte er jedes Mal, wenn er durch die Stadt kam, bei ihr zu essen. ⁹Die Frau sagte zu ihrem Mann: »Ich weiß, dass dieser Mann, der immer zu uns kommt, ein heiliger Mann Gottes ist. ¹⁰Wir sollten ihm ein kleines Dachzimmer einrichten und ein Bett, einen Tisch, einen Stuhl und eine Lampe hineinstellen, sodass er dort wohnen kann, wenn er zu uns kommt.«

¹¹Eines Tages kam Elisa wieder einmal nach Schunem und ging hinauf in sein Zimmer, um sich auszuruhen. ¹²Er sagte zu seinem Diener Gehasi: »Hol mir diese Frau aus Schunem.« Also rief er sie, und sie kam. ¹³Elisa sagte zu Gehasi: »Sag ihr: Die Fürsorge, die du uns erwiesen hast, wissen wir zu schätzen. Was können wir nun für dich tun? Können wir beim König oder beim Heerführer ein gutes Wort für dich einlegen?«

»Ich wohne sicher unter meinen Leuten«, antwortete sie. ¹⁴Elisa fragte: »Was können wir dann für sie tun?«

Gehasi sagte: »Sie hat keinen Sohn, und ihr Mann ist schon alt.«

¹⁵»Ruf sie noch einmal herein«, befahl Elisa. Als die Frau zurückkam und in der Tür stehen blieb, ¹⁶sagte Elisa zu ihr: »Nächstes Jahr um diese Zeit wirst du einen Sohn im Arm halten!«

»Ach nein, Herr«, wehrte sie ab. »Mann Gottes, lüge deine Dienerin nicht an.« ¹⁷Doch die Frau wurde schwanger, und im nächsten Jahr um die gleiche Zeit hatte sie einen Sohn, wie Elisa es ihr vorausgesagt hatte.

¹⁸Als der Junge schon älter war, ging er eines Tages aufs Feld hinaus zu seinem Vater, der bei der Ernte half. ¹⁹Plötzlich klagte er: »Mein Kopf! Mein Kopf!«

Sein Vater befahl einem der Knechte: »Trag ihn zu seiner Mutter.«

²⁰Der Knecht brachte ihn zu ihr, und seine Mutter hielt ihn auf dem Schoß, doch um die Mittagszeit starb er. ²¹Sie trug ihn hinauf in das Zimmer des Propheten, legte ihn auf sein Bett, ging hinaus und schloss die Tür hinter ihm ab. ²²Dann ließ sie ihrem Mann ausrichten: »Schick mir einen der Knechte und eine Eselin, damit ich

S Südreich Juda   N Nordreich Israel

schnell zu dem Mann Gottes gelange und bald wieder zurück sein kann.«

²³»Warum heute?«, fragte er. »Es ist weder Neumond noch Sabbat.«

Doch sie entgegnete: »Es hat schon seine Richtigkeit.« ²⁴Sie sattelte die Eselin und befahl dem Knecht: »Beeil dich! Reite nicht meinetwegen langsam, es sei denn, ich sage es dir.«

²⁵Sie machte sich auf den Weg und kam zu dem Propheten auf dem Berg Karmel. Elisa sah sie bereits von Weitem. Er sagte zu seinem Diener Gehasi: »Sieh, die Frau aus Schunem kommt. ²⁶Lauf ihr entgegen und frag sie: ›Geht es dir, deinem Mann und deinem Sohn gut?‹«

»Ja«, antwortete die Frau, »es geht uns allen gut.«

²⁷Doch als sie zu dem Mann Gottes auf dem Berg kam, umklammerte sie seine Füße. Gehasi wollte sie wegstoßen, aber Elisa sagte: »Lass sie. Irgendetwas macht ihr großen Kummer, aber der HERR hat mir nicht gesagt, was.«

²⁸Da sagte sie: »Habe ich meinen Herrn um einen Sohn gebeten? Ich habe dir doch gesagt: ›Mache mir keine falschen Hoffnungen!‹« ²⁹Da sagte Elisa zu Gehasi: »Mach dich reisefertig; nimm meinen Stab und geh! Sprich mit niemandem und wenn dich jemand grüßt, dann reagiere nicht. Leg dem Kind meinen Stab aufs Gesicht.«

³⁰Doch die Mutter des Jungen sagte: »So wahr der HERR lebt und du selbst auch: Ich werde dich nicht loslassen.« Also kehrte Elisa mit ihr zurück.

³¹Gehasi lief schnell voraus und legte dem Kind den Stab aufs Gesicht, aber nichts geschah. Es zeigte kein Lebenszeichen. Er kehrte um, lief Elisa entgegen und sagte: »Das Kind ist nicht aufgewacht.«

³²Als Elisa im Haus eintraf, war das Kind wirklich tot. Es lag auf dem Bett des Propheten. ³³Er ging ins Zimmer hinein, schloss die Tür hinter sich und betete zum HERRN. ³⁴Dann stand er auf, legte sich über das Kind und presste seinen Mund auf den Mund des Kindes, seine Augen auf dessen Augen und seine Hände auf dessen Hände. Als er sich über ihn beugte, wurde der Körper des Kindes wieder warm. ³⁵Elisa stand auf und ging ein paarmal im Zimmer auf und ab. Dann beugte er sich wieder über das Kind. Diesmal nieste der Junge sieben Mal und schlug die Augen auf.

³⁶Da rief Elisa Gehasi herein. »Ruf die Frau aus Schunem!«, sagte er. Er tat es, und als sie hereinkam, sagte Elisa: »Hier, nimm deinen Sohn.« ³⁷Sie fiel vor ihm auf die Knie und warf sich auf den Boden. Dann hob sie ihren Sohn auf und verließ den Raum.

Wunder während einer Hungersnot

³⁸Danach kehrte Elisa nach Gilgal zurück, wo eine Hungersnot herrschte. Als die Prophetenschüler sich um ihn versammelt hatten, sagte er zu seinem Diener: »Setz einen großen Topf aufs Feuer und koche diesen Männern etwas zu essen.«

³⁹Einer ging hinaus aufs Feld, um Kräuter zu holen, und fand wilde Kürbisse. Er sammelte eine Tasche voll, kam zurück, schnitt sie klein und legte sie in den Topf, ohne genau zu wissen, worum es sich handelte. ⁴⁰Er gab es ihnen, doch als die Männer davon gekostet hatten, riefen sie: »Mann Gottes, in diesem Topf ist Gift!« Und sie konnten nicht weiteressen.

⁴¹Da sagte Elisa: »Gebt mir etwas Mehl.« Er schüttete das Mehl in den Topf und sagte: »Gib es ihnen zu essen.« Und es schadete ihnen nicht.

⁴²Eines Tages brachte ein Mann aus Baal-Schalischa dem Mann Gottes einen Sack frisches Korn und 20 Gerstenbrote, die aus dem ersten Korn der neuen Ernte gebacken waren. Elisa sagte: »Gib es den Leuten, damit sie etwas zu essen haben.«

⁴³»Was?«, rief sein Knecht aus. »Damit soll ich 100 Leute satt machen?«

»Gib es ihnen zu essen«, wiederholte Elisa, »denn der HERR spricht: ›Sie werden davon essen und es wird noch etwas übrig bleiben!‹« ⁴⁴Und er gab es ihnen. Sie aßen davon und es blieb noch etwas übrig, wie der HERR es vorausgesagt hatte.

Die Heilung von Naaman

5 Der Heerführer Naaman war hoch angesehen bei seinem Herrn, dem König von Aram, denn durch ihn hatte der HERR Aram Erfolg geschenkt. Doch Naaman war zwar ein großer Krieger, aber er litt an Aussatz.

²Nun war eine Schar Aramäer in Israel eingefallen. Sie hatten ein junges Mädchen gefangen genommen, das dann als Dienerin zu Naamans Frau kam. ³Eines Tages äußerte das Mädchen seiner Herrin gegenüber: »Ich wünschte, mein Herr würde zu dem Propheten in Samaria gehen. Er könnte ihn von seinem Aussatz heilen.«

⁴Naaman ging und erzählte seinem Herrn: »Das und das hat das Mädchen aus Israel gesagt.« ⁵Da befahl ihm der König von Aram: »Reise zu dem Propheten. Ich werde einen Brief an den König von Israel schreiben.« Naaman brach auf. Er nahm zehn Talente Silber, 6.000 Schekel Gold* und zehn Prachtgewänder mit.

5,5 Das sind ca. 360 kg Silber und ca. 96 kg Gold.

1. & 2. KÖNIGE

1–2	Davids Ende
2–11	König Salomo
1. Könige 12– 2. Könige 17	Die Königreiche Israel und Juda
1. Könige 17 bis 2. Könige 2	Der Prophet Elia Herrscher in Israel und Juda
3–13	Der Prophet Elisa Herrscher in Israel und Juda
14–17	Weitere Herrscher in Israel und Juda bis zum Ende des Königreiches Israel
18–25	Das Königreich Juda bis zum Exil

5–6
Naaman wird vom Aussatz geheilt. Gehasi wird aussätzig als Strafe für Ungehorsam. Elisa unterstützt den König Israels gegen die Aramäer.

[Zeit der Könige und Propheten]

⁶In dem Brief, den er dem König von Israel gab, stand: »Mit diesem Brief schicke ich dir meinen Diener Naaman. Ich möchte, dass du ihn von seinem Aussatz heilst.«
⁷Als der König von Israel das las, zerriss er seine Kleider und sagte: »Dieser Mann schickt mir einen Aussätzigen, damit ich ihn heile! Bin ich Gott, dass ich töten und Leben geben kann? Seht und begreift doch, dass er nur nach einem Vorwand sucht, um Streit mit mir anzufangen.«
⁸Als jedoch Elisa, der Mann Gottes, hörte, dass der König von Israel seine Kleider zerrissen hatte, sandte er ihm eine Nachricht: »Warum hast du deine Kleider zerrissen? Schick Naaman zu mir. Er soll sehen, dass es einen Propheten in Israel gibt.«
⁹Also zog Naaman mit seinen Pferden und Streitwagen zu Elisas Haus und wartete vor der Tür. ¹⁰Elisa ließ ihm durch einen Diener ausrichten: »Geh und wasche dich sieben Mal im Jordan. Dann wird deine Haut wieder gesund und du wirst geheilt sein.«
¹¹Da ging Naaman ärgerlich fort. »Ich hatte angenommen, dass er persönlich zu mir kommt!«, sagte er. »Ich hatte erwartet, dass er die Hand über die aussätzige Haut ausstrecken, den Namen des HERRN, seines Gottes, anrufen und mich heilen würde! ¹²Sind der Abana und der Parpar in Damaskus denn nicht besser als alle Flüsse Israels? Warum kann ich mich nicht in ihnen waschen und geheilt werden?« Und er drehte sich um und ging zornig fort.

2. Könige 5,1-19

Gott befreit
Was für eine erstaunliche Geschichte! Naaman ist »ein großer Krieger«, ein Heerführer in der feindlichen Armee Arams (V. 1). Ohne seine Truppen macht Naaman sich auf, um durch den Propheten Elisa beim Gott Israels Heilung für seinen Aussatz zu suchen. Der Plan bezieht die Könige beider Nationen ein. Arams König glaubt anscheinend an die Heilungsmacht des Gottes Israels. Der König Israels sieht nur Hinterlist, Trug und einen Vorwand, eine kriegerische Auseinandersetzung zu beginnen.
Naaman findet tatsächlich Heilung, auch wenn die Heilungsmethode ihn zunächst stört. Er wird frei – nicht nur von Krankheit, sondern auch frei für den Glauben an den wahren Gott. Doch Naaman hat noch ein Problem. Er will jetzt dem Gott Israels dienen, muss aber zu Hause mit seinem König in den Tempel des fremden Gottes Rimmon gehen und so tun, als würde er diesen anbeten. Darf er das? Die Antwort Elisas ist überraschend: »Geh in Frieden.«
(Josua 2,22-25) «« | »» Sprüche 24,11)

S Südreich Juda   N Nordreich Israel

¹³Seine Begleiter aber redeten ihm gut zu. »Herr«, sprachen sie zu ihm, »wenn der Prophet etwas Großes von dir verlangt hätte, hättest du es dann nicht getan? Wie viel eher solltest du ihm gehorchen, wenn er dich nur auffordert: ›Bade dich, damit du wieder gesund wirst!‹« ¹⁴Also ging Naaman hinab an den Jordan und tauchte sich sieben Mal unter, wie der Mann Gottes es ihm befohlen hatte. Da wurde seine Haut so gesund wie die eines kleinen Kindes und er war geheilt.

¹⁵Daraufhin kehrten Naaman und sein ganzes Gefolge zu dem Mann Gottes zurück. Als er vor ihm stand, sagte Naaman: »Ich weiß jetzt, dass es keinen Gott auf der Welt gibt außer in Israel. Bitte, nimm ein Geschenk von deinem Diener an.«

¹⁶Doch Elisa antwortete: »So wahr der HERR lebt, dem ich diene: Ich werde nichts annehmen.« Und obwohl Naaman ihn sehr drängte, nahm er kein einziges Geschenk an.

¹⁷Da meinte Naaman: »Gut, doch dann erlaube deinem Diener, zwei Maultiere mit Erde zu beladen. Dein Diener wird keinem anderen Gott als dem HERRN jemals wieder Brandopfer oder andere Opfer bringen. ¹⁸Nur eines möge der HERR deinem Diener nachsehen: Wenn mein Herr in den Tempel Rimmons geht, um dort anzubeten, und sich dabei auf meinen Arm stützt, sodass ich mich auch im Tempel Rimmons befinde, möge der HERR deinem Diener verzeihen, wenn ich mich mit ihm verneige.«

¹⁹»Geh in Frieden«, sagte Elisa.

Gehasis Gier

Naaman war schon auf dem Heimweg, ²⁰als Gehasi, Elisas Diener, zu sich sagte: »Mein Herr war zu entgegenkommend zu diesem Aramäer, dass er seine Geschenke nicht angenommen hat. So wahr der HERR lebt: Ich laufe ihm nach und lasse mir etwas von ihm geben.« ²¹Und er lief hinter ihm her.

Als Naaman ihn herankommen sah, stieg er von seinem Streitwagen und ging ihm entgegen. »Ist alles in Ordnung?«, fragte er.

²²»Ja«, antwortete Gehasi. »Aber mein Herr schickt mich, dir zu sagen: ›Soeben sind zwei Prophetenschüler aus dem Gebirge Ephraim angekommen. Schenk ihnen doch ein Talent Silber* und zwei schöne Gewänder.‹«

²³»Nimm zwei Talente Silber«, drängte Naaman ihn, und er gab ihm zwei Gewänder, tat das Geld in zwei Beutel und schickte zwei seiner Diener mit, die die Geschenke für Gehasi trugen. ²⁴Doch als sie sich dem Berg näherten, nahm Gehasi den Dienern die Geschenke ab und schickte sie zurück. Dann trug er die Sachen ins Haus und versteckte sie.

²⁵Als er zu seinem Herrn kam, fragte Elisa ihn: »Wo bist du gewesen, Gehasi?«

»Nirgendwo«, antwortete der.

²⁶Da fragte ihn Elisa: »Weißt du nicht, dass ich im Geiste bei dir war, als Naaman vom Streitwagen stieg und dir entgegenkam? Ist dies die Zeit, Geld oder Gewänder anzunehmen oder Olivenhaine, Weinberge, Schafe, Rinder oder Diener und Dienerinnen? ²⁷Du wirst für immer an dem Aussatz Naamans leiden und deine Nachkommen auch.« Und als Gehasi den Raum verließ, war er aussätzig; seine Haut war weiß wie Schnee.

Der schwimmende Axtkopf

6 Eines Tages sagten die Prophetenschüler zu Elisa: »Wie du siehst, ist der Ort, an dem wir uns mit dir treffen, nicht groß genug. ²Lass uns zum Jordan hinuntergehen; jeder soll einen Baumstamm nehmen, aus denen wir uns einen neuen Versammlungsort bauen können.«

»Geht nur«, sagte er.

³»Bitte, komm mit uns«, bat einer.

»Gut, ich komme mit«, sagte Elisa.

⁴Und er ging mit ihnen. Am Jordan angekommen, begannen sie, Bäume zu fällen. ⁵Und als einer von ihnen einen Baum fällte, fiel ihm das Eisen von seiner Axt ins Wasser. »Ach, mein Herr«, rief er erschrocken, »die Axt war nur geliehen!«

⁶»Wo ist sie hineingefallen?«, fragte Elisa. Als der Mann ihm die Stelle zeigte, schnitt er einen Stock ab und warf ihn dorthin. Da tauchte das Eisen auf und schwamm auf dem Wasser. ⁷»Nimm es heraus«, sagte Elisa. Und er streckte die Hand aus und ergriff das Axteisen.

Elisa stellt den Aramäern eine Falle

⁸Der König von Aram führte Krieg gegen Israel. Während er sich mit seinen Heerführern beriet, schlug er vor: »Ich will da und da das Lager aufschlagen.«

⁹Aber Elisa, der Mann Gottes, warnte den König von Israel: »Geh nicht dort hin, denn die Aramäer wollen ihre Truppen dort zusammenziehen.« ¹⁰Da ließ der König von Israel den Ort, den Elisa ihm genannt und vor dem er ihn gewarnt hatte, überprüfen. Das tat er mehrere Male.

5,22 Das entspricht ca. 36 kg; vgl. 5,23; zwei Talente Silber entsprechen ca. 72 kg.

1. & 2. KÖNIGE	
1–2	Davids Ende
2–11	König Salomo
1. Könige 12– 2. Könige 17	Die Königreiche Israel und Juda
1. Könige 17 bis 2. Könige 2	Der Prophet Elia Herrscher in Israel und Juda
3–13	Der Prophet Elisa Herrscher in Israel und Juda
14–17	Weitere Herrscher in Israel und Juda bis zum Ende des Königreiches Israel
18–25	Das Königreich Juda bis zum Exil

6–7
Die aramäischen Feinde können nichts ausrichten und werden verschont. Samaria leidet Hunger. Das aramäische Heerlager ist menschenleer.

[Zeit der Könige und Propheten]

¹¹Schließlich wurde der König von Aram wütend deswegen. Er ließ seine Heerführer rufen und fragte sie empört: »Wer unter uns ist der Verräter, der zum König von Israel hält?«
¹²»Es ist keiner von uns, mein Herr und König«, antwortete einer der Heerführer. »Elisa, der Prophet in Israel, sagt dem König von Israel jedes Wort, das du in deinem Schlafzimmer sprichst.«
¹³Da befahl der König: »Geht und stellt fest, wo Elisa sich aufhält. Dann schicken wir Leute hin, die ihn gefangen nehmen sollen.«
Er erhielt die Nachricht: »Elisa ist in Dotan.«
¹⁴Also schickte der König von Aram bei Nacht ein großes Heer mit vielen Streitwagen und Pferden, das die Stadt umzingelte. ¹⁵Als der Diener des Propheten am nächsten Morgen aufstand und aus dem Haus trat, war die Stadt umgeben von Truppen, Pferden und Streitwagen. »Mein Herr, was sollen wir tun?«, rief er Elisa zu.
¹⁶»Hab keine Angst!«, sagte Elisa. »Denn es sind mehr auf unserer Seite als auf ihrer.« ¹⁷Und er betete: »HERR, öffne ihm die Augen und lass ihn sehen.« Da öffnete der HERR dem Diener die Augen, und als er aufblickte, sah er, dass das Bergland um Elisa herum voll feuriger Pferde und Streitwagen war.
¹⁸Als das aramäische Heer gegen sie vorrückte, betete Elisa zum HERRN: »Mach sie doch alle blind.« Und der HERR tat, worum Elisa ihn gebeten hatte. ¹⁹Daraufhin sagte Elisa zu ihnen: »Ihr habt den falschen Weg genommen. Das ist nicht die richtige Stadt! Folgt mir, ich will euch zu dem Mann bringen, den ihr sucht.« Und er führte sie nach Samaria. ²⁰Sobald sie in der Stadt waren, betete Elisa: »Bitte, HERR, öffne ihnen die Augen und lass sie sehen.« Der HERR tat es, und sie merkten, dass sie mitten in Samaria waren.
²¹Als der König von Israel sie sah, rief er Elisa zu: »Mein Vater, soll ich sie töten?«
²²»Auf gar keinen Fall!«, befahl Elisa. »Du würdest doch auch keine Krieger töten, die du im Kampf gefangen genommen hast. Gib ihnen Brot zu essen und Wasser zu trinken und schick sie zurück zu ihrem Herrn.«
²³Da ließ der König ein großes Fest für sie ausrichten und als sie gegessen und getrunken hatten, schickte er sie zu ihrem König zurück. Danach ließen die aramäischen Plünderer das Land Israel in Frieden.

Ben-Hadad belagert Samaria
²⁴Einige Zeit später aber ließ König Ben-Hadad von Aram sein Heer sammeln und zog los und belagerte Samaria. ²⁵So kam es zu einer großen Hungersnot in der Stadt. Bald wurde ein Esels-

kopf für 80 Schekel Silber gehandelt, und eine Handvoll Taubenmist kostete über fünf Schekel Silber.*

²⁶Eines Tages ging der König von Israel auf der Stadtmauer entlang. Da rief eine Frau ihm zu: »Mein Herr und König, hilf mir!«

²⁷»Wenn der HERR dir nicht hilft, was kann ich dann tun?«, gab er zurück. »Ich habe weder Speisen noch Wein.« ²⁸Aber dann fragte er: »Was willst du?«

Sie antwortete: »Diese Frau da hat vorgeschlagen: ›Lass uns heute deinen Sohn essen und morgen wollen wir meinen Sohn essen.‹ ²⁹Also haben wir meinen Sohn gekocht und gegessen. Am nächsten Tag habe ich dann gesagt: ›Gib mir deinen Sohn, damit wir ihn essen können‹, aber sie hat ihn versteckt.«

³⁰Als der König das hörte, zerriss er seine Kleider. Und als er weiter auf der Mauer entlangging, sah das Volk, dass er Unterkleider aus Sackleinen trug. ³¹»Gott soll mich töten, wenn ich Elisa, den Sohn des Schafat, nicht heute noch enthaupten lasse«, schwor der König.

³²Elisa saß in seinem Haus mit den Ältesten zusammen, als der König einen Boten vor sich her schickte. Doch noch bevor der Bote eintraf, sagte Elisa zu den Ältesten: »Dieser Mörder hat einen Mann ausgeschickt, der mich umbringen soll. Wenn er kommt, schließt die Tür und sperrt ihn aus. Ich höre schon die Schritte seines Herrn hinter ihm.«

³³Noch während er sprach, traf der Bote ein. Und der König sagte:* »Der HERR hat dieses Unglück über uns gebracht! Warum soll ich noch länger auf den HERRN hoffen?«

7 Elisa antwortete: »Höre folgende Botschaft vom HERRN! ›So spricht der HERR: Morgen um diese Zeit werden auf dem Markt von Samaria ein Maß feines Mehl und zwei Maß Gerste nur noch einen Schekel Silber kosten.‹«*

²Der Mann, auf den der König sich stützte, sagte zu dem Propheten: »Das wäre selbst dann unmöglich, wenn der HERR die Fenster des Himmels öffnete!«

Doch Elisa antwortete: »Du wirst mit eigenen Augen sehen, wie es geschieht, aber du wirst nichts davon essen!«

Vier aussätzige Männer gehen ins Lager der Feinde

³Vor den Stadttoren saßen vier Aussätzige. »Warum sollen wir hier warten, bis wir sterben?«, fragten sie sich. ⁴»Wenn wir hier bleiben, sterben wir, und wenn wir in die Stadt zurückgehen, wo der Hunger herrscht, sterben wir auch. Wir können genauso gut hingehen und uns den Aramäern ergeben. Wenn sie uns am Leben lassen, umso besser. Wenn sie uns töten – nun, dann sterben wir eben.«

⁵Also gingen sie noch am gleichen Abend ins Lager der Aramäer hinaus, doch als sie ankamen, war da niemand! ⁶Denn der HERR hatte das Heer der Aramäer getäuscht, sodass die Krieger glaubten, das Rasseln heranstürmender Streitwagen, das Galoppieren von Pferden und das Heranrücken eines großen Heeres zu hören. »Der König von Israel hat die Hetiter und Ägypter angeworben und greift an!«, riefen sie einander zu. ⁷So brachen sie in der Abenddämmerung auf und ergriffen die Flucht, ließen ihre Zelte, Pferde, Esel und alles andere im Stich und rannten um ihr Leben.

⁸Als die aussätzigen Männer am Rande des Lagers ankamen, gingen sie in eines der Zelte, aßen, tranken und schleppten Silber, Gold und Gewänder heraus und versteckten alles. Dann gingen sie in ein weiteres Zelt und verfuhren ebenso. ⁹Schließlich sagten sie zueinander: »Wir handeln nicht richtig, wenn wir die gute Nachricht dieses Tages nicht weitersagen. Wenn wir bis morgen warten, machen wir uns schuldig. Kommt, gehen wir zurück und erzählen es im Palast des Königs.«

¹⁰So kehrten sie in die Stadt zurück und erzählten den Wächtern am Tor: »Wir sind ins Lager der Aramäer gegangen und haben dort niemanden mehr vorgefunden. Die Pferde und Esel waren angebunden und die Zelte unverändert.« ¹¹Dann machten die Wächter die Neuigkeit allen bekannt und meldeten sie auch im Palast des Königs.

Israel plündert das Lager

¹²Der König erhob sich mitten in der Nacht und sagte zu seinen Dienern: »Ich weiß, was geschehen ist. Die Aramäer wissen, dass wir am Verhungern sind, deshalb haben sie ihr Lager verlassen und sich in den Feldern versteckt. Sie sagen: ›Wenn sie alle aus der Stadt hinauslaufen, dann werden wir sie gefangen nehmen und die Stadt erobern.‹«

¹³Einer der Diener schlug vor: »Sie sollen fünf von den Pferden nehmen, die wir noch haben. Ihnen wird es sowieso ergehen wie allen Israeliten, die noch übrig sind, und an ihnen werden wir Israels Schicksal erkennen.«

6,25 Das entspricht ca. 960 g bzw. 60 g. **6,33** Hebr. *er sagte.* **7,1** Das entspricht ca. 13 l Mehl bzw. 26 l Gerste für nur ca. 12 g Silber.

1. & 2. KÖNIGE

1–2	Davids Ende
2–11	König Salomo
1. Könige 12– 2. Könige 17	Die Königreiche Israel und Juda
1. Könige 17 bis 2. Könige 2	Der Prophet Elia Herrscher in Israel und Juda
3–13	Der Prophet Elisa Herrscher in Israel und Juda
14–17	Weitere Herrscher in Israel und Juda bis zum Ende des Königreiches Israel
18–25	Das Königreich Juda bis zum Exil

7–8
Das aramäische Lager wird geplündert. Hasaël wird König Arams. Unter Joram wird Edom von Juda unabhängig.

[Zeit der Könige und Propheten]

S Südreich Juda   N Nordreich Israel

¹⁴Also holten sie zwei Streitwagen mit Pferden, und der König schickte sie hinter dem aramäischen Heer her mit dem Auftrag: »Geht und findet heraus, was passiert ist.« ¹⁵Sie folgten ihnen bis zum Jordan. Der Weg war übersät mit Kleidungsstücken und Ausrüstungsgegenständen, derer die Aramäer sich auf ihrer überstürzten Flucht entledigt hatten. Dann kehrten sie um und erstatteten dem König Bericht. ¹⁶Da liefen die Einwohner Samarias hinaus und plünderten das aramäische Lager. Und so kam es, dass tatsächlich ein Maß feines Mehl und zwei Maß Gerste für einen Schekel Silber* verkauft wurden, wie der HERR vorausgesagt hatte. ¹⁷Der König befahl dem Mann, der ihn begleitet hatte, das Tor zu beaufsichtigen, doch er wurde umgerannt und zu Tode getrampelt, als das Volk durch das Tor stürmte.

Er starb so, wie der Prophet es vorausgesagt hatte, als der König in sein Haus kam. ¹⁸Er hatte zum König gesagt: »Morgen um diese Zeit werden auf den Märkten von Samaria ein Maß feines Mehl und zwei Maß Gerste nur noch einen Schekel Silber kosten.« ¹⁹Der Mann des Königs hatte dem Mann Gottes geantwortet: »Das wäre selbst dann unmöglich, wenn der HERR die Fenster des Himmels öffnete!« Und darauf hatte er gesagt: »Du wirst mit eigenen Augen sehen, wie es geschieht, aber du wirst nicht davon essen können!« ²⁰Und so war es gekommen, denn er war am Tor zu Tode getrampelt worden.

Die Frau aus Schunem kehrt zurück

8 Elisa hatte der Frau, deren Sohn er lebendig gemacht hatte, aufgetragen: »Nimm deine Familie und ziehe an einen anderen Ort, denn der HERR hat beschlossen, Israel eine Hungersnot zu schicken, die sieben Jahre dauern wird.« ²Und die Frau tat, was der Prophet ihr geraten hatte. Sie nahm ihre Familie und zog für sieben Jahre ins Land der Philister.

³Als die sieben Jahre vorüber waren, kehrte sie aus dem Land der Philister zurück und ging zum König, um mit ihm über ihr Haus und ihr Land zu reden. ⁴Als sie kam, sprach der König gerade mit Gehasi, dem Diener des Propheten. Er hatte ihn aufgefordert: »Erzähl mir noch mehr über die großen Taten, die Elisa vollbracht hat.« ⁵Gehasi erzählte ihm, wie Elisa einen Toten ins Leben zurückgeholt hatte. In diesem Augenblick trat die Mutter des Jungen, den er lebendig gemacht hatte, ein, um mit dem König über ihr Haus und ihr Land zu sprechen.

7,16 S. die Anm. zu 7,1; so auch 7,18.

»Sieh doch, mein Herr!«, rief Gehasi. »Dies ist ja die Frau, und das ist ihr Sohn – der, den Elisa ins Leben zurückgeholt hat!«

⁶Da fragte der König sie und sie bestätigte es. Da wies er einen Mann aus seinem Hofstaat an: »Gib ihr alles zurück, was sie aufgegeben hat, einschließlich dessen, was ihr Land in ihrer Abwesenheit an Ernten eingebracht hat.«

Hasaël ermordet Ben-Hadad

⁷Elisa kam nach Damaskus, wo König Ben-Hadad erkrankt war. Dem König wurde zugetragen: »Der Mann Gottes ist hierher gekommen.« ⁸Da befahl er Hasaël: »Nimm ein Geschenk für den Mann Gottes mit und bitte ihn, den HERRN zu fragen: ›Werde ich wieder gesund werden?‹«

⁹Hasaël nahm Geschenke mit und belud 40 Kamele mit den besten Erzeugnissen von Damaskus. Damit ging er zu Elisa und sagte: »Dein Diener Ben-Hadad, der König von Aram, schickt mich, um zu fragen: ›Werde ich wieder gesund werden?‹«

¹⁰Elisa antwortete: »Geh und sage ihm: ›Du wirst wieder gesund.‹ Aber der HERR hat mir gezeigt, dass er gewiss sterben wird.« ¹¹Und dann sah Elisa Hasaël starr an, bis diesem sehr unbehaglich zu Mute wurde. Dann begann der Prophet zu weinen.

¹²»Warum weint mein Herr?«, fragte Hasaël ihn.

Elisa antwortete: »Ich weiß, dass du den Israeliten Schreckliches antun wirst. Du wirst ihre Städte niederbrennen, ihre jungen Männer töten, ihre kleinen Kinder zerschmettern und ihre schwangeren Frauen aufschlitzen!«

¹³Da entgegnete Hasaël: »Wie sollte ein Hund wie dein Diener so Großes vollbringen?«

Doch Elisa antwortete: »Der HERR hat mir gezeigt, dass du König von Aram werden wirst.«

¹⁴Dann machte er sich wieder auf den Weg. Als Hasaël zurückkam, fragte ihn der König: »Was hat Elisa dir gesagt?«

Hasaël antwortete: »Er sagte mir: ›Du wirst ganz bestimmt wieder gesund werden.‹«

¹⁵Doch am nächsten Tag nahm Hasaël eine Decke, tauchte sie in Wasser und drückte sie dem König aufs Gesicht, bis er tot war. Danach wurde Hasaël König von Aram.

Joram herrscht in Juda
2. Chronik 21; 22,1

¹⁶Die Herrschaft Jorams, des Sohnes von König Joschafat von Juda, begann im fünften Jahr der Herrschaft König Jorams, des Sohnes Ahabs, in Israel, als Joschafat noch König von Juda war. ¹⁷Er war 32 Jahre alt, als er König wurde, und er regierte acht Jahre in Jerusalem.* ¹⁸Doch Joram folgte dem Vorbild der Könige Israels und war genauso schlecht wie die Familie Ahabs, denn er hatte eine von Ahabs Töchtern geheiratet. Er tat, was dem HERRN missfiel. ¹⁹Dennoch wollte der HERR Juda nicht endgültig untergehen lassen, weil er einen Bund mit seinem Diener David geschlossen und ihm zugesagt hatte, dass seine Nachkommen für immer herrschen würden*.

²⁰Während Jorams Herrschaft lehnten sich die Edomiter gegen Juda auf und krönten einen eigenen König.* ²¹Joram zog deshalb mit seinen Streitwagen gegen die Stadt Zaïr. Die Edomiter umzingelten ihn und seine Wagenlenker. In der Nacht aber schlug er die Edomiter, sodass sie alle flohen. ²²Doch seither ist Edom von Juda unabhängig. Etwa zur gleichen Zeit fiel auch die Stadt Libna ab.

²³Die übrigen Ereignisse während Jorams Herrschaft und seine Taten sind im Buch der Geschichte der Könige von Juda beschrieben. ²⁴Als Joram starb, wurde er bei seinen Vorfahren in der Stadt Davids begraben. Nach ihm wurde sein Sohn Ahasja König.

Ahasja herrscht in Juda
2. Chronik 22,1-6

²⁵Die Herrschaft Ahasjas, des Sohnes Jorams, über Juda begann im zwölften Jahr der Herrschaft König Jorams in Israel. König Joram war der Sohn Ahabs. ²⁶Ahasja war 22 Jahre alt, als er König wurde, und er regierte ein Jahr in Jerusalem. Seine Mutter war Atalja, eine Enkelin König Omris von Israel. ²⁷Ahasja folgte dem Beispiel der Herrscherfamilie Ahabs und tat, was dem HERRN missfiel, denn er war durch seine Heirat mit der Familie Ahabs verschwägert.

²⁸Ahasja führte gemeinsam mit Joram, dem Sohn Ahabs, Krieg gegen König Hasaël von Aram bei Ramot in Gilead. Dabei verwundeten die Aramäer Joram. ²⁹Er kehrte nach Jesreel zurück, um sich dort von seinen Verletzungen zu erholen, die er in Rama erlitten hatte, als er gegen König Hasaël von Aram gekämpft hatte. Während seines Aufenthalts dort erhielt er Besuch von König Ahasja von Juda, dem Sohn Jorams.

8,17 u. 18 Vgl. 2. Chronik 21,5 u. 6.   **8,19** Hebr. *David und seinen Nachkommen für immer eine Leuchte zu geben.*   **8,20-22** Vgl. 2. Chronik 21,8-10a.

1. & 2. KÖNIGE	
1–2	Davids Ende
2–11	König Salomo
1. Könige 12– 2. Könige 17	Die Königreiche Israel und Juda
1. Könige 17 bis 2. Könige 2	Der Prophet Elia Herrscher in Israel und Juda
3–13	Der Prophet Elisa Herrscher in Israel und Juda
14–17	Weitere Herrscher in Israel und Juda bis zum Ende des Königreiches Israel
18–25	Das Königreich Juda bis zum Exil

9
Jehu wird König über Israel und lässt Joram, Ahasja und Isebel töten.

[Zeit der Könige und Propheten]

Jehu wird zum König von Israel gesalbt
V.1-29: 2. Chronik 22,5-9

9 Inzwischen hatte der Prophet Elisa einen der Prophetenschüler rufen lassen. »Geh nach Ramot in Gilead«, befahl er ihm. »Nimm dieses Fläschchen Öl mit ²und wenn du angekommen bist, suche Jehu, den Sohn Joschafats und Enkel Nimschis. Lass ihn allein in einen abgeschiedenen Raum rufen, ohne seine Freunde, ³und gieße ihm das Öl aus dem Fläschchen über den Kopf. Sage zu ihm: ›So spricht der HERR: Ich salbe dich zum König über Israel.‹ Dann öffne die Tür und lauf um dein Leben!«

⁴Der Prophetenschüler ging nach Ramot in Gilead. ⁵Als er dort ankam, saßen die Truppenführer beisammen. »Ich habe eine Botschaft für dich, Hauptmann«, sagte er.

»Für wen von uns?«, fragte Jehu.

»Für dich, Hauptmann«, antwortete er. ⁶Da stand Jehu auf und ging mit ihm ins Haus. Dort goss der Prophetenschüler ihm das Öl über den Kopf und sagte: »So spricht der HERR, der Gott Israels: ›Ich salbe dich zum König über Israel, das Volk des HERRN. ⁷Du sollst die Familie Ahabs, deines Herrn, auslöschen. Auf diese Weise will ich den Mord an meinen Propheten und all den Dienern des HERRN rächen, die Isebel auf dem Gewissen hat. ⁸Die ganze Familie Ahabs wird ausgerottet werden – alle ihre männlichen Glieder in Israel, ob sie als Sklaven dienen oder ihr eigener Herr sind. ⁹Ich werde das Haus Ahabs auslöschen, wie ich die Familien Jerobeams, des Sohnes Nebats, und Baschas, des Sohnes Ahijas, ausgelöscht habe. ¹⁰Isebel wird auf dem Landstück in Jesreel von Hunden gefressen werden, und niemand wird sie begraben.‹« Dann lief der Prophetenschüler zur Tür und rannte davon.

¹¹Jehu ging zu den Dienern seines Herrn zurück, und einer von ihnen fragte ihn: »Was wollte dieser Verrückte? Ist alles in Ordnung?«

»Ihr wisst doch, wie dieser Mann redet«, gab Jehu zurück.

¹²»Weich nicht aus«, sagten sie. »Erzähl uns, was vorgefallen ist.« Da berichtete Jehu: »Das und das hat der Mann gesagt. ›So spricht der HERR: Ich salbe dich zum König über Israel.‹«

¹³Als sie das hörten, breiteten sie rasch ihre Mäntel auf den Stufen aus, ließen das Horn blasen und riefen: »Jehu ist König!«

Jehu tötet Joram und Ahasja
¹⁴So kam es, dass Jehu, der Sohn Joschafats und Enkel Nimschis, eine Verschwörung gegen König Joram begann. Joram hatte mit dem Heer Israels Ramot in Gilead gegen König Hasaël

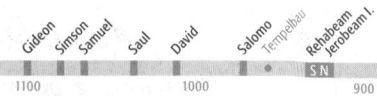

von Aram verteidigt. ¹⁵Dabei war Joram aber im Kampf gegen die Aramäer verwundet worden und nach Jesreel zurückgekehrt, um dort wieder gesund zu werden. Deshalb befahl Jehu: »Wenn ihr es so wollt, dann sorgt dafür, dass niemand aus der Stadt entkommt und in Jesreel berichten kann.«

¹⁶Dann bestieg er einen Streitwagen und fuhr nach Jesreel zu Joram, der dort verwundet lag. König Ahasja von Juda hielt sich gerade ebenfalls dort auf, weil er Joram einen Besuch abstattete. ¹⁷Die Wache auf dem Turm von Jesreel sah Jehu und seine Leute kommen und rief: »Ich sehe Truppen!«

»Schick einen Reiter aus, ihnen entgegen, der fragen soll: ›Kommt ihr in friedlicher Absicht?‹«, rief König Joram zurück.

¹⁸Also ritt ein Reiter aus und sagte: »Der König will wissen: ›Kommt ihr in friedlicher Absicht?‹«

Jehu antwortete: »Was kümmert es dich, ob Frieden herrscht? Kehr um und folge mir!«

Der Wächter meldete: »Der Reiter hat mit ihnen gesprochen, aber er kehrt nicht zurück.«

¹⁹Da schickte der König einen zweiten Reiter aus. Auch dieser ritt zu ihnen hin und sagte: »Der König will wissen: ›Kommt ihr in friedlicher Absicht?‹«

Wieder antwortete Jehu: »Was kümmert es dich, ob Frieden herrscht? Kehr um und folge mir!«

²⁰Der Wächter rief: »Er hat mit ihnen gesprochen, aber auch er kehrt nicht zurück! Es muss Jehu, der Sohn Nimschis, sein, denn er fährt wie ein Wahnsinniger.«

²¹»Schnell! Macht meinen Streitwagen bereit!«, befahl König Joram.

König Joram von Israel und König Ahasja von Juda fuhren, jeder in seinem Streitwagen, Jehu entgegen. Auf dem Feld, das Nabot von Jesreel gehört hatte, trafen sie aufeinander. ²²Als König Joram Jehu sah, fragte er: »Kommst du in Frieden, Jehu?«

Jehu antwortete: »Wie kann Frieden herrschen, solange wir überall dem Götzendienst und der Zauberei deiner Mutter Isebel begegnen?«

²³Da rief König Joram König Ahasja zu: »Verrat, Ahasja!«, riss seine Pferde herum und floh. ²⁴Doch Jehu spannte seinen Bogen und traf Joram zwischen die Schultern. Der Pfeil durchbohrte sein Herz und er sank im Streitwagen zusammen.

²⁵Jehu befahl seinem Krieger Bidkar: »Nimm ihn und wirf ihn auf das Feld Nabots von Jesreel. Weißt du noch, wie wir beide hinter seinem Vater Ahab herritten? Der HERR hat über ihn gesagt: ²⁶›Ich nehme auf diesem Grundstück Rache an dir für den Mord an Nabot und seinen Söhnen, dessen Zeuge ich gestern Abend wurde, spricht der HERR.‹ Nimm ihn deshalb und wirf ihn auf dieses Land, wie der HERR es vorausgesagt hat.«

²⁷Als König Ahasja von Juda sah, was geschah, floh er auf der Straße nach Bet-Gan. Doch Jehu setzte ihm nach und rief: »Tötet auch ihn!« Und sie verwundeten Ahasja in seinem Streitwagen auf der Höhe von Gur bei Jibleam. Er kam noch bis nach Megiddo, doch dort starb er. ²⁸Seine Männer brachten ihn im Streitwagen nach Jerusalem, wo sie ihn bei seinen Vorfahren in der Stadt Davids begruben. ²⁹Die Herrschaft Ahasjas über Juda hatte im elften Jahr der Herrschaft König Jorams, des Sohnes Ahabs, begonnen.

Isebels Tod

³⁰Als die Königinmutter Isebel hörte, dass Jehu nach Jesreel gekommen war, schminkte und frisierte sie sich und setzte sich ans Fenster. ³¹Und als Jehu durch das Tor ritt, rief sie ihm zu: »Kommst du in Frieden, du, der du wie Simri der Mörder deines Herrn bist?«

³²Jehu blickte auf zum Fenster und rief: »Wer ist hier für mich?« Zwei oder drei Bedienstete schauten aus dem Fenster. ³³»Werft sie hinaus!«, schrie Jehu. Da warfen sie Isebel aus dem Fenster, und ihr Blut spritzte auf die Wand und die Pferde, die über sie hinwegtrampelten. ³⁴Dann betrat Jehu den Palast und aß und trank. Schließlich sagte er: »Irgendjemand sehe nach dieser verfluchten Frau und bestatte sie; sie ist immerhin die Tochter eines Königs.« ³⁵Doch als sie hinausgingen, um sie zu bestatten, fanden sie nur noch ihren Schädel, ihre Füße und ihre Hände.

³⁶Als sie zurückkehrten und es Jehu berichteten, meinte er: »Damit erfüllt sich die Botschaft des HERRN, die er durch seinen Diener Elia von Tischbe verkünden ließ: ›Auf dem Landstück in Jesreel wird Isebels Fleisch von Hunden gefressen werden. ³⁷Ihr Leichnam wird wie Mist auf dem Feld von Jesreel werden, und keiner wird sagen können: Das ist Isebel.‹«

Jehu rottet Ahabs Geschlecht aus

10 Ahab hatte 70 Söhne, die in Samaria lebten. Jehu verfasste Briefe und schickte sie nach Samaria an die führenden Männer der Stadt*, an die Ältesten und an die Erzieher der Söhne König Ahabs. Der Brief lautete: ²»Die

---

10,1 So in manchen griech. Handschriften und in der lat. Vulgata (s. auch 10,6); im Hebr. steht *Jesreels*.

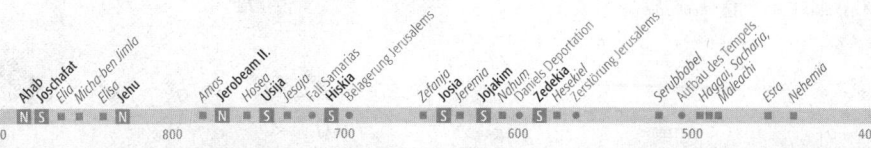

1. & 2. KÖNIGE

1–2	Davids Ende
2–11	König Salomo
1. Könige 12– 2. Könige 17	Die Königreiche Israel und Juda
1. Könige 17 bis 2. Könige 2	Der Prophet Elia Herrscher in Israel und Juda
3–13	Der Prophet Elisa Herrscher in Israel und Juda
14–17	Weitere Herrscher in Israel und Juda bis zum Ende des Königreiches Israel
18–25	Das Königreich Juda bis zum Exil

10–11

Jehu tötet die Nachkommen Ahabs und Ahasjas. Ausrottung des Baalskultes in Israel. Joasch wird vor Atalja verborgen.

[Zeit der Könige und Propheten]

Söhne des Königs sind bei euch, euch stehen Streitwagen, Pferde, eine gut befestigte Stadt und Waffen zur Verfügung. Sobald ihr diesen Brief in Händen haltet, ³sucht den Fähigsten und Besten unter den Söhnen eures Herrn aus, krönt ihn zum König und kämpft für die Königsfamilie.«

⁴Doch sie hatten große Angst und sagten: »Zwei Könige konnten nichts gegen diesen Mann ausrichten! Was können wir schon gegen ihn tun?« ⁵Und die Verwalter des Palastes und der Stadt, die Ältesten und die Erzieher ließen Jehu folgende Nachricht zukommen: »Wir sind deine Diener und hören auf dein Wort. Wir werden niemanden zum König krönen; tu, was du für das Beste hältst.«

⁶Jehu antwortete in einem zweiten Brief: »Wenn ihr auf meiner Seite steht und mir gehorsam sein wollt, dann bringt mir morgen um diese Zeit die Köpfe der Söhne eures Herrn hierher nach Jesreel.«

Die 70 Söhne des Königs standen unter der Obhut der führenden Männer der Stadt, die sie erzogen hatten. ⁷Als der Brief eintraf, töteten sie alle 70 Söhne des Königs. Sie legten ihre Köpfe in Körbe und ließen sie Jehu nach Jesreel bringen. ⁸Ein Bote ging zu ihm und sagte: »Sie haben die Köpfe der Söhne des Königs gebracht.«

Da befahl Jehu: »Werft sie in zwei Haufen vor die Stadttore und lasst sie bis zum Morgen dort liegen.«

⁹Am Morgen ging er hinaus und stellte sich vor die Menge. »Euch trifft keine Schuld«, sagte er. »Ich bin es, der sich gegen seinen Herrn verschworen und ihn getötet hat. Aber wer hat diese umgebracht? ¹⁰Seid sicher, dass die Worte des HERRN über die Familie Ahabs eintreffen werden. Genau dies hat der HERR getan, was er durch seinen Diener Elia verkündet hat.« ¹¹Und Jehu tötete alle Übriggebliebenen der Familie Ahabs, die in Jesreel lebten, alle seine wichtigen Männer, seine Angehörigen und Priester. Nicht ein Einziger blieb übrig.

¹²Danach brach Jehu nach Samaria auf. Unterwegs bei Bet-Eked der Hirten ¹³traf er auf Verwandte von König Ahasja von Juda. »Wer seid ihr?«, fragte er sie.

Sie antworteten: »Wir sind Verwandte von König Ahasja. Wir wollen die Söhne des Königs und die Söhne der Königinmutter besuchen.«

¹⁴»Ergreift sie lebendig!«, rief Jehu. Und nahmen alle 42 gefangen und töteten sie am Brunnen von Bet-Eked. Keiner von ihnen entkam.

¹⁵Als Jehu weiterziehen wollte, kam ihm Jonadab, der Sohn Rechabs, entgegen. Er grüßte

ihn und sagte: »Bist du mir genauso treu wie ich dir?«

»Ja, das bin ich«, antwortete Jonadab.

»Wenn das stimmt«, sagte Jehu, »dann gib mir deine Hand.« Jonadab streckte seine Hand aus, und Jehu half ihm in seinen Streitwagen. [16]Dann sagte Jehu: »Komm mit mir und sieh, wie sehr ich für den HERRN kämpfe.« Jonadab fuhr mit ihm. [17]Nach seiner Ankunft in Samaria brachte Jehu alle um, die noch von Ahabs Familie in Samaria übrig waren, bis sie alle ausgerottet waren, wie der HERR es durch Elia verkündet hatte.

Jehu lässt die Baalspriester umbringen

[18]Dann berief Jehu eine Versammlung aller Einwohner der Stadt ein und sagte zu ihnen: »Ahab hat Baal ein bisschen gedient, doch wartet, wie ich ihm erst dienen werde! [19]Ruft die Propheten und alle Diener Baals und auch seine Priester herbei. Aber sorgt dafür, dass auch wirklich alle kommen, denn ich will Baal ein großes Opfer bringen. Wer fernbleibt, wird hingerichtet.« Doch Jehu handelte hinterlistig. Sein Plan war, alle Diener Baals zu töten.

[20]Dann befahl er: »Bereitet alles für einen feierlichen Gottesdienst zu Ehren Baals vor!« So geschah es. [21]Jehu sandte Boten in ganz Israel aus, und alle Anhänger des Baal kamen, nicht ein einziger fehlte, sodass der Baalstempel voll von Menschen war. [22]Nun wies Jehu den Aufseher über die Kleiderkammer an: »Sorg dafür, dass alle Diener Baals festliche Gewänder tragen.« Also gab er ihnen die Gewänder.

[23]Dann betrat Jehu zusammen mit Jonadab, dem Sohn Rechabs, den Baalstempel. Er forderte die Diener Baals auf: »Sorgt dafür, dass sich nur die Diener Baals hier aufhalten, und lasst niemand herein, der den HERRN anbetet!« [24]So gingen sie in den Tempel, um Schlacht- und Brandopfer darzubringen. Jehu hatte aber das Gebäude inzwischen von 80 seiner Männer umstellen lassen und ihnen gedroht: »Wer einen von denen entkommen lässt, die ich in eure Hände gebe, wird mit seinem Leben für ihn bezahlen!«

[25]Nachdem die Brandopfer dargebracht waren, wies Jehu seine Wachen und Kämpfer an: »Geht hinein und tötet alle. Keiner darf entkommen!« Und so töteten sie alle mit ihren Schwertern. Danach schleppten die Wachen und Kämpfer die Leichen nach draußen. Dann betraten Jehus Männer das Innere vom Haus des Baals. [26]Sie schafften die heiligen Säulen hinaus und verbrannten sie. [27]Sie zerschlugen den Gedenkstein des Baal, rissen den Baalstempel ein und machten einen öffentlichen Abort daraus. Und genau das ist er bis heute geblieben. [28]So rottete Jehu die Baalsanbetung in Israel aus. [29]Die goldenen Kälber in Bethel und Dan aber – jene schwere Sünde, zu der Jerobeam, der Sohn Nebats, Israel verleitet hatte – zerstörte er nicht.

[30]Dennoch sprach der HERR zu Jehu: »Du hast das getan, was ich wollte und meinen Auftrag, die Familie Ahabs auszurotten, erfüllt. Deshalb sollen noch deine Ururenkel Könige von Israel sein.« [31]Doch Jehu hielt das Gesetz des HERRN, des Gottes Israels, nicht von ganzem Herzen. Auch er ließ nicht von der Sünde des Götzendienstes ab, zu der Jerobeam Israel verleitet hatte.

Jehus Tod

[32]Etwa um diese Zeit begann der HERR, Israels Gebiet zu verkleinern. König Hasaël eroberte Teile des Landes [33]östlich des Jordan, einschließlich ganz Gilead, Gad, Ruben und Manasse. Auch das Gebiet von der Stadt Aroër am Arnon und im Norden bis Gilead und Baschan brachte er in seine Gewalt.

[34]Die übrigen Ereignisse während Jehus Herrschaft und seine Taten und Errungenschaften sind im Buch der Geschichte der Könige von Israel beschrieben. [35]Als Jehu starb, wurde er bei seinen Vorfahren in Samaria begraben. Nach ihm wurde sein Sohn Joahas König. [36]Jehu hatte Israel insgesamt 28 Jahre von Samaria aus regiert.

Atalja herrscht in Juda
Vgl. 2. Chronik 22,10-12

11 Als Atalja, die Mutter von König Ahasja, erfuhr, dass ihr Sohn tot war, brachte sie alle übrig gebliebenen Mitglieder der Königsfamilie um. [2]Doch Ahasjas Schwester Joscheba, der Tochter König Jorams, gelang es, Joasch, den Sohn Ahasjas, heimlich aus der Schar der Königskinder, die getötet wurden, zu retten. Sie brachte Joasch und seine Amme in die Bettenkammer. So verbarg sie ihn vor Atalja, sodass er nicht getötet wurde. [3]Sechs Jahre lang musste sich Joasch im Haus des HERRN verstecken – so lange herrschte Atalja über das Land.

Der Aufstand gegen Atalja

[4]Im siebten Jahr ließ der Priester Jojada die Anführer der Söldner und der Leibwachen zum Haus des HERRN rufen. Er schloss einen Bund mit ihnen und ließ sie im Haus des HERRN einen Treueid schwören. Dann zeigte er ihnen den Sohn des Königs.

[5]Danach befahl er ihnen: »Ihr sollt Folgendes tun: Ein Drittel derjenigen von euch, die am

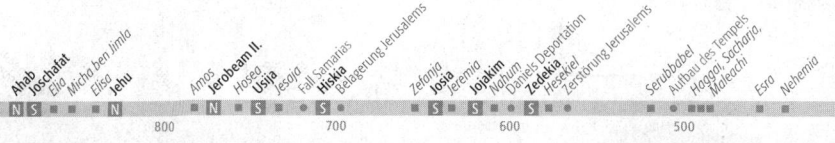

1. & 2. KÖNIGE	
1–2	Davids Ende
2–11	König Salomo
1. Könige 12– 2. Könige 17	Die Königreiche Israel und Juda
1. Könige 17 bis 2. Könige 2	Der Prophet Elia Herrscher in Israel und Juda
3–13	Der Prophet Elisa Herrscher in Israel und Juda
14–17	Weitere Herrscher in Israel und Juda bis zum Ende des Königreiches Israel
18–25	Das Königreich Juda bis zum Exil

11–12
Der Priester Jojada ruft Joasch zum König aus und lässt Atalja töten. Das Volk und der König werden auf Gott verpflichtet. Der Tempel wird instand gesetzt.

[Zeit der Könige und Propheten]

Sabbat Dienst haben, soll den Königspalast bewachen. ⁶Das zweite Drittel soll am Tor Sur Wache halten und das letzte Drittel am Tor hinter dem Haus der Leibwache Aufstellung nehmen; so sollt ihr rings um das Haus Wache halten. ⁷Die beiden anderen Einheiten, die am Sabbat keinen Dienst haben, sollen im Haus des HERRN an der Seite des Königs wachen. ⁸Bildet eine Wache rings um den König und nehmt eure Waffen zur Hand. Wer sich ohne Aufforderung nähert, muss sterben. Haltet euch die ganze Zeit dicht beim König.«
⁹Die Anführer machten es genau so, wie der Priester Jojada ihnen befohlen hatte. Sie brachten die Männer, die sich am Sabbat zum Dienst meldeten, und auch die, deren Dienst am Sabbat zu Ende ging, zum Priester Jojada, ¹⁰und dieser rüstete sie mit den Speeren und Schilden aus, die König David gehört hatten und die im Haus des HERRN aufbewahrt wurden. ¹¹Die Wachen stellten sich mit ihren Waffen in der Hand um den König herum auf. Sie bildeten eine Linie von der Südseite des Tempels um das Gebäude herum bis zur Nordseite und rund um den Altar.
¹²Dann führte Jojada den Sohn des Königs heraus und setzte ihm die Krone auf. Er gab ihm die Ordnung in die Hand und sie riefen ihn zum König aus. Sie salbten ihn und alle klatschten in die Hände und riefen: »Lang lebe der König!«

Ataljas Tod
Vgl. 2. Chronik 23,12-15
¹³Als Atalja den Lärm der Wachen und des Volkes hörte, eilte sie in das Haus des HERRN. ¹⁴Sie sah den König bei der Säule stehen, wie es der Brauch war. Er war umringt von Truppenführern und Trompetern, und die Menschen aus dem ganzen Land freuten sich und bliesen die Trompeten. Als Atalja das sah, zerriss sie ihre Kleider und schrie: »Verrat! Verrat!«
¹⁵Da befahl der Priester Jojada den Befehlshabern der Truppen: »Schafft sie durch die Reihen hinaus und tötet jeden, der sie zu befreien versucht.« Denn er hatte gesagt: »Tötet sie nicht im Haus des HERRN.« ¹⁶Sie packten sie und schleppten sie hinaus an den Weg, den sonst die Pferde in das Haus des Königs gingen. Dort wurde sie getötet.

Jojadas religiöse Reformen
Vgl. 2. Chronik 23,16-21
¹⁷Danach schloss Jojada einen Bund zwischen dem HERRN und dem König und dem Volk, in dem besiegelt wurde, dass sie das Volk des HERRN sein sollten. Gleichzeitig schloss er einen Bund zwischen dem König und dem Volk. ¹⁸Das ganze Volk strömte hinüber zum Baalstempel

und riss ihn ein. Es zerstörte die Altäre, zerschmetterte die Götzen und tötete den Baalspriester Mattan vor den Altären.

Der Priester Jojada stellte Wachen im Haus des HERRN auf. ¹⁹Dann nahm er die Truppenführer, die Söldner, die Leibwachen und das ganze Volk mit sich und führte den König vom Haus des HERRN durch das Tor der Wache in den Palast, und der König nahm seinen Platz auf dem Königsthron ein. ²⁰Alle jubelten und in der Stadt herrschte Frieden, weil Atalja im Haus des Königs mit dem Schwert getötet worden war.

Joasch lässt den Tempel instand setzen
V.1-4: 2. Chronik 24,1-16; V.5-16: Vgl. Kap.22,4-7

12 Joasch war sieben Jahre alt, als er König wurde. ²Die Herrschaft Joaschs über Juda begann im siebten Jahr der Regierungszeit König Jehus in Israel. Er regierte 40 Jahre in Jerusalem. Seine Mutter war Zibja; sie stammte aus Beerscheba. ³Sein ganzes Leben lang tat Joasch, was dem HERRN gefiel, denn der Priester Jojada war sein Ratgeber. ⁴Doch auch er ließ die Höhenheiligtümer nicht entfernen, an denen das Volk nach wie vor Opfer brachte und Weihrauch verbrannte.

⁵Eines Tages sagte König Joasch zu den Priestern: »Sammelt alles Geld, das als heiliges Opfer zum Haus des HERRN gebracht wurde – sowohl die üblichen Abgaben, die für die Begleichung eines persönlichen Gelübdes festgesetzten Summen, als auch die freiwilligen Gaben. ⁶Jeder Priester soll das Geld von seinen Bekannten nehmen und sie sollen damit die Reparaturen bezahlen, die am Tempel notwendig sind.«

⁷Doch im 23. Jahr von Joaschs Herrschaft* hatten die Priester den Tempel noch immer nicht ausbessern lassen. ⁸Da ließ König Joasch Jojada und die übrigen Priester rufen und fragte sie: »Warum habt ihr den Tempel noch nicht wieder instand gesetzt? Ihr sollt die Spenden von euren Bekannten nicht mehr für euch selbst verwenden. Von jetzt an soll alles für die nötigen Arbeiten am Tempel genutzt werden.« ⁹Die Priester willigten ein, kein Geld mehr vom Volk anzunehmen, und waren auch einverstanden, dass sie die Reparaturen am Tempel nicht selbst vornehmen sollten.

¹⁰Daraufhin bohrte der Priester Jojada ein Loch in den Deckel eines großen Kastens und stellte ihn rechts vom Altar im Eingang zum Haus des HERRN auf. Die Priester, die den Eingang bewachten, legten alles Geld, das die Leute brachten, dort hinein. ¹¹Wenn der Kasten voll war, zählten der Hofschreiber und der Hohe Priester das Geld, das zum Haus des HERRN gebracht worden war, und steckten es in Beutel. ¹²Dann übergaben sie es den Aufsehern, die für die Ausbesserungsarbeiten am Haus des HERRN verantwortlich waren, und diese bezahlten damit die Leute, die am Haus des HERRN arbeiteten – die Zimmerleute, die Maurer, ¹³die Steinmetze und die, welche die benötigten Steine herbeischafften. Außerdem kauften sie von dem Geld Holz und Steine und beglichen noch andere Kosten, die durch die Arbeiten am Haus entstanden.

¹⁴Aus dem Geld, das zum Haus des HERRN gebracht wurde, wurden also keine silbernen Becher, Lichtputzscheren, Becken, Trompeten oder andere goldene oder silberne Gegenstände für das Haus des HERRN gefertigt, ¹⁵sondern es wurde den Aufsehern übergeben, welche die Reparaturen am Haus des HERRN leiteten. ¹⁶Sie brauchten keine Abrechnungen vorzulegen; es waren ehrliche Arbeiter. ¹⁷Das Geld, das für Schuldopfer und Sündopfer gespendet wurde, wurde dagegen nicht im Haus des HERRN gesammelt; es gehörte den Priestern.

Das Ende von Joaschs Herrschaft
2. Chronik 24,17-27

¹⁸Etwa um diese Zeit griff König Hasaël von Aram Gat an und eroberte es. Danach wandte er sich gegen Jerusalem. ¹⁹Da ließ König Joasch von Juda alle heiligen Geräte, die seine Vorgänger Joschafat, Joram und Ahasja, die Könige von Juda, geweiht hatten und auch die Schätze, die er selbst geweiht hatte, zusammentragen und schickte sie Hasaël, zusammen mit allem Gold aus den Schatzkammern im Haus des HERRN und im Königspalast. Daraufhin zog Hasaël von Jerusalem ab.

²⁰Die übrigen Ereignisse während Joaschs Herrschaft und seine Taten sind im Buch der Geschichte der Könige von Juda beschrieben. ²¹Seine Diener verschworen sich schließlich gegen ihn und ermordeten ihn im Haus des Millo auf der Straße nach Silla. ²²Die Mörder waren Josachar, der Sohn Schimats, und Josabad, der Sohn Schomers, seine Diener. Joasch wurde bei seinen Vorfahren in der Stadt Davids begraben. Nach ihm wurde sein Sohn Amazja König.

12,7 Das war 812 v.Chr.

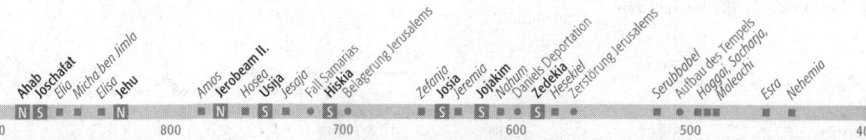

1. & 2. KÖNIGE

1–2	Davids Ende
2–11	König Salomo
1. Könige 12– 2. Könige 17	Die Königreiche Israel und Juda
1. Könige 17 bis 2. Könige 2	Der Prophet Elia Herrscher in Israel und Juda
3–13	Der Prophet Elisa Herrscher in Israel und Juda
14–17	Weitere Herrscher in Israel und Juda bis zum Ende des Königreiches Israel
18–25	Das Königreich Juda bis zum Exil

13–14

Unter Joahas gerät Israel in Bedrängnis gegen Aram. Joasch erobert die israelitischen Städte von Aram zurück. Amazja besiegt Edom und unterliegt Israel.

[Zeit der Könige und Propheten]

Joahas herrscht in Israel

13 Die Herrschaft von Joahas, dem Sohn Jehus, über Israel begann im 23. Jahr der Regierungszeit König Joaschs, des Sohnes Ahasjas, in Juda. Er regierte 17 Jahre in Samaria. ²Doch Joahas tat, was dem HERRN missfiel. Er folgte dem Beispiel Jerobeams, des Sohnes Nebats, und hielt fest am Götzendienst, zu dem Jerobeam, der Sohn Nebats, Israel verleitet hatte. ³Deshalb war der Zorn des HERRN groß gegen die Israeliten und er ließ es zu, dass König Hasaël von Aram und sein Sohn Ben-Hadad sie immer wieder besiegten.

⁴Aber Joahas betete zum HERRN um Hilfe und der HERR erhörte sein Gebet. Der HERR sah, wie furchtbar der König von Aram Israel unterdrückte. ⁵Deshalb gab er ihnen einen Befreier, der die Israeliten aus der Tyrannei der Aramäer rettete. Danach lebte Israel wieder wie früher in Sicherheit. ⁶Doch leider ließen die Menschen nicht von der Sünde Jerobeams ab, zu der er Israel verführt hatte. In Samaria blieb auch ein Ascherabild stehen. ⁷Schließlich war Joahas' Heer auf 50 Reiter, zehn Streitwagen und 10.000 Fußsoldaten zusammengeschrumpft. Alle anderen Krieger hatte der König von Aram vernichtet, als seien sie Staub unter seinen Füßen.

⁸Die übrigen Ereignisse während Joahas' Herrschaft, seine Taten und das ganze Ausmaß seiner Macht sind im Buch der Geschichte der Könige Israels beschrieben. ⁹Als Joahas starb, wurde er in Samaria bei seinen Vorfahren begraben. Nach ihm wurde sein Sohn Joasch König.

Joasch herrscht in Israel

¹⁰Die Herrschaft Joaschs, des Sohnes Joahas, über Israel begann im 37. Jahr der Regierungszeit König Joaschs in Juda. Er regierte 16 Jahre in Samaria. ¹¹Doch Joasch tat, was dem HERRN missfiel. Er hielt fest am Götzendienst, zu dem Jerobeam, der Sohn Nebats, Israel verleitet hatte, und setzte ihn fort. ¹²Die übrigen Ereignisse während Joaschs Herrschaft und seine Taten sowie das ganze Ausmaß seiner Macht, und sein Krieg gegen König Amazja von Juda sind im Buch der Geschichte der Könige Israels beschrieben. ¹³Als Joasch starb, wurde er bei seinen Vorfahren in Samaria begraben. Nach ihm wurde Jerobeam König.

Elisas letzte Prophezeiung

¹⁴Als Elisa bereits an der Krankheit litt, die zu seinem Tod führen sollte, besuchte ihn König Joasch von Israel und weinte um ihn. »Mein Va-

S Südreich Juda   N Nordreich Israel

ter! Mein Vater! Du Streitwagen und Wagenlenker Israels!«, klagte er. ¹⁵Elisa wies ihn an: »Hol einen Bogen und ein paar Pfeile.« Der König holte sie. ¹⁶Elisa befahl dem König von Israel: »Spann den Bogen!« Der König legte seine Hand an den Bogen und Elisa legte seine eigenen Hände auf die Hände des Königs. ¹⁷Dann befahl er: »Öffne das Fenster nach Osten.« Der König öffnete es. Schließlich sagte er: »Schieß!« Und der König schoss den Pfeil ab.

Da prophezeite Elisa: »Das ist der Pfeil der Rettung des HERRN, er bringt den Sieg über Aram, denn du wirst die Aramäer bei Afek endgültig besiegen. ¹⁸Nun nimm die übrigen Pfeile und schlage sie auf den Boden.« Der König nahm sie und schlug drei Mal damit auf den Boden, dann hörte er auf. ¹⁹Da wurde der Mann Gottes sehr zornig mit ihm. »Du hättest fünf oder sechs Mal auf den Boden schlagen sollen!«, rief er. »Dann hättest du Aram für immer vernichtet. Nun wirst du es nur drei Mal besiegen.« ²⁰Dann starb Elisa und wurde begraben.

Jedes Jahr im Frühjahr fielen Räuber aus Moab ins Land ein. ²¹Einmal, als einige Israeliten gerade einen Mann begruben, sahen sie eine solche Räuberbande. Da warfen sie den Leichnam hastig in Elisas Grab. Doch sobald der Leichnam die Gebeine Elisas berührte, erwachte der Tote wieder zum Leben und sprang auf die Füße.

²²König Hasaël von Aram hatte Israel während der ganzen Regierungszeit von Joahas unterdrückt. ²³Doch der HERR war dem israelitischen Volk gnädig und wandte sich ihm zu. Er hatte Erbarmen mit den Israeliten wegen seines Bundes mit Abraham, Isaak und Jakob. Er wollte sie nicht vernichten und nicht aus seiner Gegenwart verbannen. ²⁴König Hasaël von Aram starb und nach ihm wurde sein Sohn Ben-Hadad König. ²⁵Daraufhin gelang es König Joasch, dem Sohn von Joahas, die Städte, die Hasaël seinem Vater genommen hatte, Ben-Hadad, dem Sohn Hasaëls, wieder abzunehmen. Joasch siegte drei Mal über Ben-Hadad und dabei gewann er die israelitischen Städte zurück.

Amazja herrscht in Juda
2. Chronik 25;26,1.2

14 Die Herrschaft Amazjas, des Sohnes Joaschs, über Juda begann im zweiten Jahr der Herrschaft König Joaschs von Israel, dem Sohn von Joahas. ²Amazja war 25 Jahre alt, als er König wurde, und er herrschte 29 Jahre in Jerusalem. Seine Mutter war Joaddan; sie stammte aus Jerusalem. ³Amazja tat, was dem HERRN gefiel, aber er war nicht wie sein Stammvater David. Stattdessen folgte er dem Beispiel seines Vaters Joasch. ⁴Auch er ließ die Höhenheiligtümer, an denen das Volk nach wie vor Opfer darbrachte und Weihrauch verbrannte, nicht entfernen.

⁵Als Amazjas Herrschaft gefestigt war, ließ er die Männer hinrichten, die seinen Vater ermordet hatten.* ⁶Die Kinder der Mörder aber tötete er nicht, denn er hielt sich an das Gebot des HERRN, das im Gesetzbuch von Mose geschrieben steht: »Eltern dürfen nicht für die Sünden ihrer Kinder und Kinder nicht für die Sünden ihrer Eltern mit dem Tod bestraft werden. Jeder soll nur für seine eigene Schuld hingerichtet werden.«*

⁷Amazja tötete auch 10.000 Edomiter im Salztal. Er eroberte Sela und änderte den Namen der Stadt in Jokteel, und so heißt sie noch heute.*

⁸Eines Tages forderte Amazja Israels König Joasch, den Sohn von Joahas und Enkel Jehus, heraus: »Lass uns gegeneinander kämpfen und sehen, wer der Stärkere von uns ist!«

⁹Doch König Joasch von Israel antwortete König Amazja von Juda: »Draußen in den Bergen des Libanon schickte eine Distel einer Zeder die Botschaft: ›Gib deine Tochter meinem Sohn zur Frau.‹ Doch im nächsten Augenblick kamen die wilden Tiere vorüber, die auf dem Libanon leben und zertrampelten die Distel. ¹⁰Du hast Edom vernichtend geschlagen und wirst übermütig. Nun sei zufrieden mit deinem Sieg und bleib zu Hause! Warum willst du Streit anfangen, der dir und den Einwohnern Judas Unglück bringen wird?«

¹¹Aber Amazja wollte nicht hören, und so rüstete König Joasch von Israel zum Krieg gegen König Amazja von Juda. Die beiden Heere bezogen in Bet-Schemesch in Juda Stellung. ¹²Juda wurde vom israelitischen Heer besiegt und die Männer flohen nach Hause. ¹³König Joasch von Israel nahm König Amazja von Juda, den Sohn von Joasch und Enkel Ahasjas, in Bet-Schemesch gefangen; dann zog er nach Jerusalem. Dort riss Joasch auch die Jerusalemer Stadtmauer auf einer Länge von 400 Ellen* ein, vom Ephraimstor bis zum Ecktor. ¹⁴Dann ließ er alles Gold und Silber und die Geräte aus dem Haus des HERRN und aus der Schatzkammer des Palastes fortschaffen. Schließlich nahm er noch Geiseln und kehrte nach Samaria zurück.

14,5 u. 6 Vgl. 2. Chronik 25,3 u. 4.   14,6 S. 5. Mose 24,16.   14,7-28 Vgl. 2. Chronik 25,17-28   14,13 Das entspricht ca. 200 m.

1. & 2. KÖNIGE

1–2	Davids Ende
2–11	König Salomo
1. Könige 12– 2. Könige 17	Die Königreiche Israel und Juda
1. Könige 17 bis 2. Könige 2	Der Prophet Elia Herrscher in Israel und Juda
3–13	Der Prophet Elisa Herrscher in Israel und Juda
14–17	Weitere Herrscher in Israel und Juda bis zum Ende des Königreiches Israel
18–25	Das Königreich Juda bis zum Exil

14–15
Erfolge von Jerobeam II. Asarja von Juda und Könige Israels. Die Assyrer fallen in Israel ein.

[Zeit der Könige und Propheten]

[S] Südreich Juda [N] Nordreich Israel

---

[15] Die übrigen Ereignisse während Joaschs Herrschaft, das ganze Ausmaß seiner Macht und sein Krieg mit König Amazja von Juda sind im Buch der Geschichte der Könige Israels beschrieben. [16] Als Joasch starb, wurde er bei seinen Vorfahren in Samaria bestattet. Nach ihm wurde sein Sohn Jerobeam König.

[17] König Amazja von Juda lebte nach dem Tod von König Joasch von Israel, dem Sohn von Joahas, noch 15 Jahre. [18] Die übrigen Ereignisse während Amazjas Herrschaft sind im Buch der Geschichte der Könige Judas beschrieben. [19] In Jerusalem kam es zur Verschwörung gegen Amazja und der König floh nach Lachisch. Doch seine Feinde schickten ihm dorthin Männer nach, die ihn töteten. [20] Sie brachten ihn auf einem Pferd nach Jerusalem zurück, und er wurde bei seinen Vorfahren in der Stadt Davids begraben.

[21] Dann krönte das ganze Volk von Juda Amazjas 16-jährigen Sohn Asarja zum nächsten König. [22] Nach dem Tod seines Vaters eroberte Asarja die Stadt Elat für Juda zurück und baute sie wieder auf.*

Jerobeam II. herrscht in Israel

[23] Die Herrschaft Jerobeams, des Sohnes Joaschs, über Israel begann im 15. Jahr der Regierungszeit König Amazjas, des Sohnes von Joasch, in Juda. Jerobeam regierte 41 Jahre in Samaria [24] und er tat, was dem HERRN missfiel. Er hielt fest am Götzendienst, zu dem Jerobeam, der Sohn Nebats, Israel verleitet hatte. [25] Jerobeam gewann Israels Gebiete zwischen Hamat und dem Salzmeer zurück, wie der HERR, der Gott Israels, es durch seinen Diener Jona, den Sohn Amittais, den Propheten aus Gat-Hefer, vorausgesagt hatte. [26] Denn der HERR sah, wie sehr alle in Israel litten – ob Sklaven oder Freie –, und dass sie niemanden hatten, der ihnen half. [27] Und weil der HERR versprochen hatte, dass er den Namen Israel nicht auslöschen werde, gebrauchte er Jerobeam, den Sohn Joaschs, zu ihrer Rettung.

[28] Die übrigen Ereignisse während der Herrschaft Jerobeams und seine Taten, das ganze Ausmaß seiner Macht, seine Kriege und wie er Damaskus und Hamat, das zu Juda gehört hatte, für Israel zurückgewann, sind im Buch der Geschichte der Könige Israels beschrieben. [29] Als Jerobeam starb, wurde er bei seinen Vorfahren, den Königen von Israel, begraben. Nach ihm wurde sein Sohn Secharja König.

14,21 u. 22 Vgl. 2. Chronik 26,1 u. 2.

Asarja herrscht in Juda
2. Chronik 26

15 Die Herrschaft Asarjas, des Sohnes Amazjas, über Juda begann im 27. Jahr der Regierungszeit König Jerobeams von Israel. ²Er war 16 Jahre alt, als er König wurde und er herrschte 52 Jahre in Jerusalem. Seine Mutter war Jecholja; sie stammte aus Jerusalem. ³Asarja tat, was dem HERRN gefiel, so wie sein Vater Amazja. ⁴Doch auch er ließ die Heiligtümer auf den Bergen, an denen das Volk nach wie vor opferte und Weihrauch verbrannte, nicht entfernen. ⁵Der HERR schlug den König mit Aussatz, der ihm bis zu seinem Tod anhaftete. Er lebte völlig isoliert in einem Haus ganz für sich. Jotam, der Sohn des Königs, war oberster Verwalter des königlichen Palastes und regierte das Volk.

⁶Die übrigen Ereignisse während Asarjas Herrschaft und seine Taten sind im Buch der Geschichte der Könige Judas beschrieben. ⁷Als Asarja starb, wurde er bei seinen Vorfahren in der Stadt Davids begraben. Nach ihm wurde sein Sohn Jotam König.

Secharja herrscht in Israel
⁸Die Herrschaft Secharjas, des Sohnes Jerobeams, über Israel begann im 38. Jahr der Regierungszeit König Asarjas in Juda. Er regierte sechs Monate in Samaria. ⁹Wie seine Vorfahren tat auch Secharja, was dem HERRN missfiel. Er hielt am Götzendienst fest, zu dem Jerobeam, der Sohn Nebats, Israel verleitet hatte. ¹⁰Da begann Schallum, der Sohn des Jabesch, eine Verschwörung gegen Secharja, ermordete ihn vor den Augen der Öffentlichkeit* und wurde an seiner Stelle König. ¹¹Die übrigen Ereignisse während Secharjas Herrschaft sind im Buch der Geschichte der Könige Israels beschrieben. ¹²So erfüllte sich die Botschaft des HERRN an Jehu: »Deine Nachkommen werden bis zu den Ururenkeln Könige Israels sein.«

Schallum herrscht in Israel
¹³Die Herrschaft Schallums, des Sohnes Jabeschs, über Israel begann im 39. Jahr der Regierungszeit König Asarjas in Juda. Schallum regierte nur einen Monat in Samaria. ¹⁴Dann zog Menahem, der Sohn Gadis, von Tirza nach Samaria, ermordete ihn dort und wurde an seiner Stelle König. ¹⁵Die übrigen Ereignisse während Schallums Herrschaft, einschließlich seiner Verschwörung, sind im Buch der Geschichte der Könige Israels beschrieben.

Menahem herrscht in Israel
¹⁶Menahem zerstörte die ganze Stadt Tifsach mit ihrem Hinterland bis nach Tirza, weil die Einwohner sich ihm nicht ergeben wollten. Er tötete die gesamte Bevölkerung und schlitzte den Schwangeren die Bäuche auf.

¹⁷Die Herrschaft Menahems, des Sohnes Gadis, über Israel begann im 39. Jahr der Regierungszeit König Asarjas in Juda. Er regierte zehn Jahre in Samaria. ¹⁸Doch Menahem tat, was dem HERRN missfiel. Während seiner ganzen Herrschaft hielt er am Götzendienst fest, zu dem Jerobeam, der Sohn Nebats, Israel verleitet hatte. ¹⁹Schließlich fiel Pul*, der König von Assyrien, ins Land ein. Doch Menahem gab ihm 1.000 Talente* Silber, damit er ihm half, seine Macht zu festigen. ²⁰Zur Beschaffung dieser Summe erließ Menahem eine Steuer, die er den reichen Bürgern Israels auferlegte; jeder musste 50 Schekel* Silber zahlen. Da verzichtete der König von Assyrien auf einen Angriff und zog sich aus dem Land zurück. ²¹Die übrigen Ereignisse während Menahems Herrschaft und seine Taten sind im Buch der Geschichte der Könige Israels beschrieben. ²²Als Menahem starb, wurde sein Sohn Pekachja König.

Pekachja herrscht in Israel
²³Die Herrschaft Pekachjas, des Sohnes Menahems, über Israel begann im 50. Jahr der Herrschaft König Asarjas in Juda. Er regierte zwei Jahre in Samaria. ²⁴Doch auch Pekachja tat, was dem HERRN missfiel. Er hielt am Götzendienst fest, zu dem Jerobeam, der Sohn Nebats, Israel verleitet hatte.

²⁵Pekach, der Sohn Remaljas, ein wichtiger Kämpfer Pekachjas, verschwor sich gegen ihn. Er nahm 50 Männer aus Gilead mit sich und ermordete den König sowie Argob und Arje in der Zitadelle des Palastes in Samaria. Danach wurde Pekach König von Israel. ²⁶Die übrigen Ereignisse während Pekachjas Herrschaft und seine Taten sind im Buch der Geschichte der Könige Israels beschrieben.

Pekach herrscht in Israel
²⁷Die Herrschaft Pekachs, des Sohnes Remaljas, über Israel begann im 52. Jahr der Regierungszeit König Asarjas in Juda. Er regierte 20 Jahre in Samaria. ²⁸Doch Pekach tat, was dem HERRN missfiel. Er hielt fest am Götzendienst, zu dem Jerobeam, der Sohn Nebats, Israel verleitet hatte. ²⁹Während seiner Herrschaft griff König Tiglat-Pileser von Assyrien Israel an und eroberte Ijon, Abel-Bet-Maacha, Janoach, Kedesch und

---

15,10 O. *in Jibleam.* **15,19a** O. *Tiglat-Pileser.* **15,19b** Das entspricht ca. 36 t. **15,20** Das entspricht ca. 600 g.

1. & 2. KÖNIGE

1–2	Davids Ende
2–11	König Salomo
1. Könige 12– 2. Könige 17	Die Königreiche Israel und Juda
1. Könige 17 bis 2. Könige 2	Der Prophet Elia Herrscher in Israel und Juda
3–13	Der Prophet Elisa Herrscher in Israel und Juda
14–17	Weitere Herrscher in Israel und Juda bis zum Ende des Königreiches Israel
18–25	Das Königreich Juda bis zum Exil

15–17

Juda verbündet sich mit Assyrien und übernimmt dessen Kult. Weil Israel Gott untreu ist, fällt es an Assyrien, die Bewohner werden verschleppt.

[Zeit der Könige und Propheten]

Hazor. Auch die Gebiete von Gilead, Galiläa und ganz Naftali nahm er ein und verschleppte ihre Einwohner als Gefangene nach Assyrien. ³⁰Da begann Hoschea, der Sohn Elas, eine Verschwörung gegen Pekach, den Sohn Remaljas, ermordete ihn und wurde an seiner Stelle König. Seine Herrschaft über Israel begann im 20. Jahr König Jotams, des Sohnes Asarjas. ³¹Die übrigen Ereignisse während Pekachs Herrschaft und seine Taten sind im Buch der Geschichte der Könige Israels beschrieben.

Jotam herrscht in Juda
2. Chronik 27

³²Die Herrschaft Jotams, des Sohnes Usijas, über Juda begann im zweiten Jahr der Herrschaft König Pekachs in Israel. ³³Er war 25 Jahre alt, als er König wurde, und regierte 16 Jahre in Jerusalem. Seine Mutter war Jeruscha, die Tochter Zadoks.

³⁴Jotam tat, was dem HERRN gefiel, ganz wie sein Vater Usija. ³⁵Doch auch er ließ die Höhenheiligtümer, an denen das Volk nach wie vor opferte und Weihrauch verbrannte, nicht entfernen. Jotam baute das obere Tor am Haus des HERRN.

³⁶Die übrigen Ereignisse während Jotams Herrschaft und seine Taten sind im Buch der Geschichte der Könige Judas beschrieben. ³⁷Damals bewirkte der HERR, dass König Rezin von Aram und Pekach, der Sohn Remaljas, gegen Juda zogen. ³⁸Als Jotam starb, wurde er bei seinen Vorfahren in der Stadt seines Stammvaters David begraben. Nach ihm wurde sein Sohn Ahas König.

Ahas herrscht in Juda
2. Chronik 28

16 Die Herrschaft von Ahas, dem Sohn Jotams, über Juda begann im 17. Jahr der Regierungszeit König Pekachs in Israel. ²Ahas war 20 Jahre alt, als er König wurde, und regierte 16 Jahre in Jerusalem. Er tat nicht, was dem HERRN, seinem Gott, gefiel, wie sein Stammvater David es getan hatte. ³Stattdessen folgte er dem Beispiel der Könige Israels und ließ sogar seinen Sohn als Opfer im Feuer verbrennen, wie es den abscheulichen Praktiken der Völker entsprach, die der HERR vor den Israeliten aus dem Land vertrieben hatte. ⁴Vor den Höhenheiligtümern, auf den Hügeln und unter jedem grünen Baum brachte er Opfer dar und verbrannte Weihrauch.*

16,2-4 Vgl. 2. Chronik 28,1-4.

⁵König Rezin von Aram und König Pekach von Israel, der Sohn Remaljas, erklärten Ahas den Krieg. Sie belagerten Jerusalem, konnten die Stadt aber nicht erobern. ⁶Damals gewann Rezin, der König von Aram, die Stadt Elat für Edom* zurück. Er vertrieb das Volk von Juda und ließ Edomiter* in die Stadt ziehen, die bis heute dort leben.
⁷König Ahas schickte König Tiglat-Pileser von Assyrien folgende Botschaft: »Ich bin dein Diener und dein treuer Anhänger*. Komm und schütze mich vor den Heeren Arams und Israels, die mich angreifen wollen.« ⁸Und er nahm Silber und Gold aus dem Haus des HERRN und der Schatzkammer des Palastes und ließ es dem König von Assyrien als Geschenk überreichen. ⁹Da folgte der König seiner Bitte. Deshalb griffen die Assyrer Damaskus an, schleppten ihre Einwohner als Gefangene fort und siedelten sie in Kir an. König Rezin aber töteten sie.
¹⁰Danach zog König Ahas nach Damaskus, um sich dort mit König Tiglat-Pileser zu treffen. Während seines Aufenthalts in Damaskus fiel ihm ein Altar auf. Er schickte dem Priester Uria ein Modell des Altars mit seinen genauen Maßen, ¹¹und Uria baute den Altar genau nach den Anweisungen des Königs nach, sodass er ihn fertiggestellt hatte, als dieser aus Damaskus zurückkehrte. ¹²Nach seiner Rückkehr besuchte der König den Altar und stieg zu ihm hinauf. ¹³Er brachte ein Brand- und ein Speiseopfer dar, goss ein Trankopfer darüber aus und versprengte das Blut seiner Friedensopfer auf ihm.
¹⁴Danach ließ König Ahas den alten bronzenen Altar, der vor dem HERRN zwischen dem Eingang und dem neuen Altar gestanden hatte, von dort wegbringen und an der Nordseite des neuen Altars aufstellen. ¹⁵Dann befahl er dem Priester Uria: »Nutze den neuen Altar für die morgendlichen Brandopfer, die abendlichen Speiseopfer, das Brand- und Speiseopfer des Königs und die Brandopfer des Volkes, einschließlich seiner Speise- und Trankopfer. Das Blut von den Brandopfern und anderen Opfern soll über dem neuen Altar versprengt werden. Um den bronzenen Altar werde ich mich kümmern.« ¹⁶Der Priester Uria tat alles, was König Ahas ihm aufgetragen hatte.
¹⁷Der König ließ die Seitenverschalungen und Kessel an den Wagen entfernen. Er ließ das Meer von den bronzenen Rindern herunterheben und auf den Steinboden stellen. ¹⁸Außerdem änderte er aus Achtung gegenüber dem König von Assyrien das Dach der Sabbathalle, die am Haus des HERRN gebaut worden war, und den äußeren Eingang des Königs.
¹⁹Die übrigen Ereignisse während der Herrschaft von Ahas und seine Taten sind im Buch der Geschichte der Könige Judas beschrieben. ²⁰Als Ahas starb, wurde er bei seinen Vorfahren in der Stadt Davids begraben. Nach ihm wurde sein Sohn Hiskia König.

Hoschea herrscht in Israel
V. 3-23: Kap. 18,9-12

17 Die Herrschaft Hoscheas, des Sohnes Elas, über Israel begann im zwölften Jahr der Herrschaft von König Ahas in Juda. Er regierte neun Jahre in Samaria. ²Hoschea tat, was dem HERRN missfiel, doch er war nicht ganz so schlimm wie seine Vorgänger.

³König Salmanassar von Assyrien griff König Hoschea an und Hoschea unterwarf sich und zahlte ihm Tribut. ⁴Hoschea versuchte sich gegen den König von Assyrien aufzulehnen. Er schickte Boten zu König So von Ägypten und verweigerte außerdem noch die jährliche Tributzahlung an Assyrien. Als der König von Assyrien den Verrat entdeckte, ließ er Hoschea gefangen nehmen und ins Gefängnis werfen.

⁵Dann marschierte der König von Assyrien in ganz Israel ein und belagerte Samaria. Die Belagerung dauerte drei Jahre. ⁶Im neunten Jahr der Herrschaft König Hoscheas schließlich fiel Samaria, und das israelitische Volk wurde nach Assyrien verschleppt. Die Israeliten wurden in Halach, am Ufer des Habor in Gosan und in den Städten der Meder angesiedelt.

Israel fällt an Assyrien
⁷Dies ereignete sich, weil die Israeliten andere Götter anbeteten und damit gegen den HERRN, ihren Gott, sündigten, der sie aus Ägypten, aus der Herrschaft des Pharaos, des Königs von Ägypten, herausgeführt hatte. ⁸Sie hatten die Praktiken der Völker, die der HERR vor ihnen aus dem Land vertrieben hatte, übernommen und dazu neue Bräuche eingeführt, die die Könige von Israel begonnen hatten. ⁹Außerdem hatten sie vieles getan, was dem HERRN, ihrem Gott, missfiel. Sie hatten in allen Siedlungen, vom kleinsten Außenposten bis hin zur größten befestigten Stadt, Höhenheiligtümer errichtet. ¹⁰Sie hatten auf allen Hügeln und unter jedem grünen Baum Gedenksteine und Ascherabilder aufgestellt. ¹¹An diesen Orten verbrannten sie Weih-

---

16,6a O. *Aram*.   **16,6b** O. *Aramäer*.   **16,7** Hebr. *dein Sohn*.

1. & 2. KÖNIGE	
1–2	Davids Ende
2–11	König Salomo
1. Könige 12– 2. Könige 17	Die Königreiche Israel und Juda
1. Könige 17 bis 2. Könige 2	Der Prophet Elia Herrscher in Israel und Juda
3–13	Der Prophet Elisa Herrscher in Israel und Juda
14–17	Weitere Herrscher in Israel und Juda bis zum Ende des Königreiches Israel
18–25	Das Königreich Juda bis zum Exil

17–18

Israels Verfehlungen. Ende des Nordreichs Israel als selbstständige Macht. In Israel leben Fremde und beten verschiedene Götter an. Hiskia zahlt keinen Tribut an Assyrien und erobert das Land der Philister.

[Zeit der Könige und Propheten]

rauch, genau wie die Völker, die der HERR vor ihnen aus dem Land vertrieben hatte. So hatten die Israeliten viel Böses getan, das den Zorn des HERRN erregte. ¹²Sogar Götzen beteten sie an, obwohl der HERR ihnen gesagt hatte: »Das sollt ihr nicht tun.« ¹³Wieder und wieder hatte der HERR seine Propheten und Seher geschickt, die Israel und Juda warnten: »Kehrt um von euren falschen Wegen. Gehorcht meinen Vorschriften und haltet euch an meine Gebote, die in dem Gesetz enthalten sind, das ich euren Vorfahren auferlegt und euch durch meine Diener, die Propheten, gegeben habe.«

¹⁴Aber die Israeliten wollten nicht hören. Sie waren ebenso widerspenstig wie ihre Vorfahren, die sich geweigert hatten, an den HERRN, ihren Gott, zu glauben. ¹⁵Sie setzten sich über seine Gebote hinweg und ignorierten den Bund, den er mit ihren Vorfahren geschlossen hatte, und schlugen seine Warnungen in den Wind. Sie beteten nutzlose Götzen an und gaben sich selbst Nutzlosem hin. Sie folgten dem Vorbild der Völker um sie herum und verschlossen ihre Ohren gegen das Verbot des HERRN, fremde Bräuche nachzuahmen. ¹⁶Sie verwarfen alle Gebote des HERRN, ihres Gottes, und machten sich zwei Kälber aus Metall. Sie stellten ein Ascherabild auf und beteten den Baal und die Sterne des Himmels an. ¹⁷Sogar ihre eigenen Söhne und Töchter opferten sie im Feuer. Sie befragten Wahrsager, trieben Zauberei, verkauften sich an das Böse und erregten so den Zorn des HERRN.

¹⁸Und der HERR wurde so zornig über Israel, dass er sie aus seiner Gegenwart vertrieb. Nur der Stamm Juda blieb im Land. ¹⁹Doch auch das Volk von Juda weigerte sich, die Gebote des HERRN, seines Gottes, zu halten. Sie schlugen den gleichen falschen Weg ein, auf dem ihnen Israel vorangegangen war. ²⁰Da verstieß der HERR alle Nachkommen Israels. Er bestrafte sie, indem er sie Plünderern preisgab, bis er sie aus seiner Gegenwart vertrieben hatte. ²¹Denn als der HERR Israel vom Königreich Davids abspaltete, wählten die Israeliten Jerobeam, den Sohn Nebats, zum König. Der aber verleitete Israel zu großer Sünde, indem er sie dazu brachte, nicht länger dem HERRN nachzufolgen. ²²Und das israelitische Volk folgte danach weiter den falschen Wegen Jerobeams. Es hielt an der Sünde des Götzendienstes fest, ²³bis der HERR es schließlich aus seiner Gegenwart entfernte, wie er es durch alle seine Diener, die Propheten, vorausgesagt hatte. Am Ende wurden die Israeliten aus ihrem Land nach Assyrien verschleppt, wo sie bis heute leben.

S Südreich Juda N Nordreich Israel

In Israel siedeln sich Fremde an

²⁴Der König von Assyrien ließ Leute aus Babel, Kuta, Awa, Hamat und Sefarwajim kommen und siedelte sie statt der Israeliten in den Städten Samariens an. So übernahmen sie Samaria und die anderen Städte Israels.

²⁵Doch weil sie bei ihrer Ankunft nicht den HERRN anbeteten, schickte der HERR Löwen zu ihnen, die einige von ihnen töteten.

²⁶Da meldete man dem König von Assyrien: »Die Leute, die du in den Städten Samariens angesiedelt hast, wissen nichts von der Verehrung des Gottes dieses Landes. Deshalb hat dieser Gott Löwen geschickt, die unter den Menschen wüten, weil sie ihn nicht anbeten.«

²⁷Daraufhin befahl der König von Assyrien: »Einer der aus dem Land verbannten Priester Samariens soll zurückkehren, dort wohnen und sie darin unterweisen, wie der Gott des Landes anzubeten ist.« ²⁸So kam es, dass einer der Priester, die aus Samaria verbannt worden waren, nach Bethel zurückkehrte und sie lehrte, wie sie den HERRN anbeten sollten.

²⁹Doch die verschiedenen Völker hielten auch an der Anbetung ihrer eigenen Götter fest. In einer Stadt nach der anderen stellten sie in den Höhenheiligtümern, die die Samaritaner errichtet hatten, ihre Götzen auf. ³⁰Die Einwanderer aus Babel beteten die Götzen ihres Gottes Sukkot-Benot an, die Einwanderer aus Kuta ihren Gott Nergal und die Einwanderer aus Hamat Aschima. ³¹Die Awiter beteten ihre Götter Nibhas und Tartak an und die Einwanderer aus Sefarwajim brachten ihren Göttern Adrammelech und Anammelech sogar ihre eigenen Kinder als Brandopfer dar.

³²Sie beteten zwar auch den HERRN an, aber sie ernannten Priester aus ihren eigenen Reihen und die Priester opferten an den Höhenheiligtümern. ³³Obwohl sie den HERRN anbeteten, hielten sie also weiterhin an ihren Göttern fest, wie es den Bräuchen der Völker entsprach, aus denen sie kamen.

³⁴Und so ist es bis heute geblieben. Sie üben ihre früheren Bräuche aus, statt den HERRN allein anzubeten und den Gesetzen, Vorschriften, Anweisungen und Geboten zu gehorchen, die er den Nachkommen Jakobs, dessen Namen er in Israel änderte, gab. ³⁵Denn der HERR hatte einen Bund mit den Nachkommen Jakobs geschlossen und ihnen geboten: »Ihr dürft keine anderen Götter anbeten, ihr dürft euch nicht vor ihnen verneigen, sie nicht verehren und ihnen nicht opfern. ³⁶Ihr sollt allein den HERRN anbeten, der euch mit großen Wundern und mächtiger Hand aus Ägypten herausgeführt hat. Ihn sollt ihr anbeten und vor ihm euch neigen; ihm allein sollt ihr Opfer bringen. ³⁷Ihr sollt die Gesetze, Vorschriften, Anweisungen und Gebote, die er für euch niederschrieb, halten und keine anderen Götter anbeten. ³⁸Ihr sollt den Bund, den ich mit euch geschlossen habe, nicht vergessen, und keine anderen Götter anbeten. ³⁹Nur den HERRN, euren Gott, sollt ihr anbeten. Er allein wird euch vor allen euren Feinden retten.«

⁴⁰Aber das Volk wollte nicht hören und hielt an seinen früheren Bräuchen fest. ⁴¹Die Völker beteten zwar den HERRN an, aber ebenso auch ihre Götzen. Und genau das tun ihre Nachkommen bis heute.

Hiskia herrscht in Juda
V.1-8: 2. Chronik 29-31; V.9-12: Kap.17,3-23

18 Die Herrschaft Hiskias, des Sohnes von Ahas, über Juda begann im dritten Jahr der Regierungszeit König Hoscheas, des Sohnes Elas, in Israel. ²Er war 25 Jahre alt, als er König wurde, und er regierte 29 Jahre in Jerusalem. Seine Mutter war Abi, die Tochter Secharjas. ³Hiskia tat, was dem HERRN gefiel, so wie sein Stammvater David vor ihm. ⁴Er ließ die Höhenheiligtümer zerstören, die Gedenksteine umhauen und die Ascherabilder umstürzen. Er zerbrach die bronzene Schlange, die Mose gemacht hatte, weil das Volk Israel angefangen hatte, sie anzubeten, indem es Weihrauch vor ihr verbrannte. Die Bronzeschlange wurde Nehuschtan* genannt.

⁵Hiskia vertraute dem HERRN, dem Gott Israels. Weder vorher noch nachher gab es einen König im Land Juda, der ihm gleichkam. ⁶Er blieb dem HERRN in allem treu und hielt die Gebote, die der HERR Mose gegeben hatte. ⁷Deshalb war der HERR mit ihm und schenkte ihm Erfolg in allem, was er unternahm. Hiskia lehnte sich gegen den König von Assyrien auf und weigerte sich, ihm weiterhin Tribut zu zahlen. ⁸Und er eroberte die Gebiete der Philister bis hin nach Gaza und die dazugehörigen Landstriche, vom kleinsten Außenposten bis hin zur größten befestigten Stadt.

⁹Als Hoschea, der Sohn Elas, das siebte Jahr König in Israel war und Hiskias Herrschaft bereits vier Jahre andauerte, griff König Salmanassar von Assyrien Samaria an und belagerte die Stadt. ¹⁰Drei Jahre später, im sechsten Jahr von König Hiskias Regierungszeit – dem neunten Jahr von König Hoscheas Herrschaft in Israel –

18,4 Nebuschtan klingt wie das hebr. Wort, das »Schlange«, »Bronze« und »Unreines« bedeutet.

1. & 2. KÖNIGE	
1–2	Davids Ende
2–11	König Salomo
1. Könige 12– 2. Könige 17	Die Königreiche Israel und Juda
1. Könige 17 bis 2. Könige 2	Der Prophet Elia Herrscher in Israel und Juda
3–13	Der Prophet Elisa Herrscher in Israel und Juda
14–17	Weitere Herrscher in Israel und Juda bis zum Ende des Königreiches Israel
18–25	Das Königreich Juda bis zum Exil

18–19
Assyrien fordert Judas Tribut und Unterwürfigkeit. Hiskia bittet Gott um Hilfe.

[Zeit der Könige und Propheten]

fiel Samaria. [11]Danach führte der König von Assyrien die Israeliten nach Assyrien und siedelte sie in Halach, an den Ufern des Habor in Gosan und in den Städten der Meder an. [12]Denn sie hatten nicht auf den HERRN, ihren Gott, hören wollen, sondern gegen seinen Bund verstoßen – gegen die Gesetze, die er ihnen durch seinen Diener Mose gegeben hatte.

Assyrien marschiert in Juda ein
V.13-16: 2. Chronik 32,1-8; Jesaja 36,1

[13]Im 14. Jahr von König Hiskias Herrschaft griff König Sanherib von Assyrien alle befestigten Städte in Juda an und eroberte sie. [14]König Hiskia schickte dem König von Assyrien folgende Botschaft nach Lachisch: »Ich habe falsch gehandelt. Ich zahle dir, was du verlangst, wenn du nur wieder umkehrst.« Daraufhin forderte der König von Assyrien 300 Talente Silber und 30 Talente Gold* von ihm. [15]Um diese Summe aufzubringen, brauchte König Hiskia alles Silber aus dem Haus des HERRN und den Schatzkammer des Palastes. [16]Sogar das Gold von den Türen am Tempel des HERRN und von den Türpfosten, die er selbst mit Gold überzogen hatte, ließ er abschlagen und händigte alles dem assyrischen König aus.

[17]Trotzdem befahl der König von Assyrien seinem Heerführer sowie dem obersten Verwalter und dem Mundschenk, mit einem riesigen Heer von Lachisch aus gegen Jerusalem zu ziehen. Die Assyrer lagerten an der Wasserleitung an dem oberen Teich, der auf dem Weg zu jenem Feld liegt, auf dem Wäsche gebleicht wird. [18]Sie verlangten nach König Hiskia selbst, doch es kamen der Palastverwalter Eljakim, der Sohn von Hilkija, der Hofschreiber Schebna und der königliche Kanzler Joach, der Sohn von Asaf, zu ihnen.

Sanherib bedroht Jerusalem
V.17-37: 2. Chronik 32,9-19; Jesaja 36,2-22

[19]Der oberste Mundschenk redete zu ihnen: »Berichtet Hiskia: So spricht der große König von Assyrien: ›Auf wen vertraust du, dass du dir so sicher bist? [20]Glaubst du, Kampfkraft und zahlenmäßige Stärke durch bloße Worte ersetzen zu können? Auf wen vertraust du, dass du dich gegen mich erhebst? [21]Auf Ägypten vielleicht? Wenn du dich auf Ägypten stützt, wirst du feststellen, dass es ein schwaches Rohr ist, das unter deinem Gewicht bricht und deine Hand durchbohrt. Auf den Pharao von Ägypten kann man nicht zählen!‹

[22]Vielleicht sagst du ja zu mir: ›Wir vertrauen auf den HERRN, unseren Gott!‹ Ist das nicht der

---

18,14 Das entspricht ca. 10,8 t Silber und ca. 1,1 t Gold.

Gott, dessen Heiligtümer und Altäre Hiskia eingerissen und dafür gesorgt hat, dass alle Einwohner Judas nur noch hier in Jerusalem anbeten?
²³Mein Herr, der König von Assyrien, schlägt dir eine Wette vor. Wenn du in deinem ganzen Heer 2.000 Reiter findest, so schicke ich dir 2.000 Pferde für sie. ²⁴Wie kannst du es wagen, mit deinem winzigen Heer auch nur den schwächsten Truppenverband meines Herrn herauszufordern, auch wenn du dich auf die Streitwagen und Reiter* Ägyptens verlässt? ²⁵Glaubst du vielleicht, ich sei ohne den ausdrücklichen Befehl des HERRN in dein Land eingefallen? Der HERR selbst hat mir befohlen: ›Geh und vernichte es!‹«
²⁶Da antworteten Eljakim, der Sohn von Hilkija, Schebna und Joach dem obersten Mundschenk des Königs: »Bitte sprich aramäisch mit uns; wir verstehen es gut. Sprich nicht hebräisch, denn die Leute oben auf der Stadtmauer könnten uns hören.«
²⁷Doch der oberste Mundschenk entgegnete: »Mein Herr will, dass jeder in Juda dies hört, nicht nur ihr – also auch die Leute auf der Stadtmauer. Bald schon werden sie zusammen mit euch ihren eigenen Kot essen und ihren eigenen Urin trinken.«
²⁸Damit stand er auf und rief laut auf Hebräisch: »Hört die Botschaft des großen Königs von Assyrien! ²⁹So spricht der König: ›Lasst euch nicht von König Hiskia täuschen. Er wird euch nicht vor mir retten können. ³⁰Lasst euch nicht von Hiskia blenden damit, dass ihr dem HERRN vertrauen sollt. Lasst euch nicht verführen von den Worten: »Der HERR wird uns retten! Diese Stadt wird dem assyrischen König nicht in die Hände fallen!«
³¹Hört nicht auf Hiskia!‹ Der König von Assyrien bietet euch folgenden Handel an: ›Schließt Frieden mit mir und kommt heraus. Dann wird jeder Einzelne von euch weiterhin von seinem Weinstock und seinem Feigenbaum essen und aus seinem eigenen Brunnen trinken dürfen. ³²Ich werde euch später in ein anderes Land bringen – ein Land, das wie euer Land ist und reiche Ernten hervorbringt: Getreide und Wein, Brot und Weingärten, Olivenbäume und Honig. Wählt das Leben, nicht den Tod!
Hört nicht auf Hiskia, wenn er euch verführt mit dem Versprechen: »Der HERR wird uns retten!« ³³Haben die Götter irgendeines anderen Volks ihr Land jemals vor dem König von Assyrien gerettet? ³⁴Was wurde aus den Göttern von Hamat und Arpad? Und was aus den Göttern von Sefarwajim, Hena und Awa? Haben sie Samarien vor mir retten können? ³⁵Welcher Gott hat jemals sein Land vor meiner Macht schützen können, dass der HERR Jerusalem vor mir retten könnte?‹«
³⁶Doch die Menschen schwiegen und antworteten nicht, denn der König hatte ihnen befohlen: »Antwortet ihm nicht!« ³⁷Der Palastverwalter Eljakim, der Sohn von Hilkija, der Hofschreiber Schebna und der Kanzler Joach, der Sohn von Asaf, kehrten mit zerrissenen Kleidern zu Hiskia zurück und berichteten ihm, was der oberste Mundschenk des assyrischen Königs gesagt hatte.

Hiskia bittet den HERRN um Hilfe
Jesaja 37,1-20

19 Als König Hiskia ihren Bericht hörte, zerriss er seine Kleider, legte ein Gewand aus grobem Tuch an und ging in das Haus des HERRN. ²Er schickte den Palastverwalter Eljakim, den Hofschreiber Schebna und die obersten Priester, alle in grobes Tuch gekleidet, zum Propheten Jesaja, dem Sohn des Amoz. ³Sie richteten ihm aus: »So spricht König Hiskia: ›Dies ist ein Tag der Not, der Strafe und der Schande. Es ist, als wenn ein Kind geboren werden sollte und die Mutter hat nicht die Kraft dazu. ⁴Aber vielleicht hat der HERR, dein Gott, ja gehört, wie der Mundschenk des Königs von Assyrien den lebendigen Gott verhöhnt hat, und straft ihn für seine Worte. Bete für diejenigen von uns, die noch übrig sind!‹«
⁵Als König Hiskias Männer Jesaja die Botschaft ausgerichtet hatten, ⁶antwortete der Prophet: »Sagt eurem Herrn: So spricht der HERR: ›Hab keine Angst wegen der lästerlichen Rede, die der Diener des Königs von Assyrien gegen mich gehalten hat. ⁷Ich werde dafür sorgen, dass der König aus Assyrien die Nachricht erhält, dass seine Anwesenheit zu Hause dringend erforderlich ist. Dann werde ich dafür sorgen, dass er in sein Land zurückkehrt, und dort werde ich ihn mit dem Schwert töten.‹«
⁸In der Zwischenzeit war der Mundschenk des assyrischen Königs zu seinem König zurückgekehrt. Dieser hatte sich aus Lachisch zurückgezogen und Libna angegriffen. ⁹Doch schon bald erreichte ihn die Nachricht, dass König Tirhaka von Äthiopien* ein Heer gegen ihn in den Krieg führe. Da ließ er Hiskia folgende Botschaft zukommen: ¹⁰»Diese Botschaft ist für König Hiskia von Juda bestimmt. Lass dich von deinem

18,24 O. *Wagenlenker.* 19,9 Hebr. *von Kusch.*

1. & 2. KÖNIGE

1–2	Davids Ende
2–11	König Salomo
1. Könige 12– 2. Könige 17	Die Königreiche Israel und Juda
1. Könige 17 bis 2. Könige 2	Der Prophet Elia Herrscher in Israel und Juda
3–13	Der Prophet Elisa Herrscher in Israel und Juda
14–17	Weitere Herrscher in Israel und Juda bis zum Ende des Königreiches Israel
18–25	Das Königreich Juda bis zum Exil

19–20
Hiskia bittet Gott um Hilfe gegen Sanherib. Der Prophet Jesaja. Gott tötet 185.000 Assyrer und ihren König. Hiskia wird geheilt.

[Zeit der Könige und Propheten]

S   Südreich Juda   N   Nordreich Israel

Gott, auf den du vertraust, nicht mit Versprechungen täuschen, der König von Assyrien werde Jerusalem nicht erobern. [11]Du weißt sehr wohl, dass die Könige von Assyrien alle Länder vernichtet haben, wohin sie auch kamen! Warum sollte es dir anders ergehen? [12]Was ist mit Gosan, Haran und Rezef oder dem Volk von Eden, das in Telassar lebte? Haben ihre Götter sie retten können? Nein, meine Vorgänger haben sie alle vernichtet! [13]Was wurde aus dem König von Hamat und dem König von Arpad? Was aus den Königen von Sefarwajim, Hena und Awa?«

[14]Nachdem Hiskia diesen Brief erhalten und gelesen hatte, ging er hinauf zum Haus des HERRN und breitete das Schreiben vor dem HERRN aus. [15]Dann betete er zum HERRN: »HERR, Gott Israels, der du zwischen Cherubim thronst! Du allein bist Gott über alle Königreiche der Erde. Du allein hast Himmel und Erde geschaffen. [16]Höre meine Worte, HERR, und erhöre mich! Öffne deine Augen, HERR, und sieh! Höre Sanheribs Lästerworte gegen den lebendigen Gott.

[17]Es stimmt, HERR, dass die Könige Assyriens all jene Völker und ihr Land vernichtet haben. [18]Sie haben die Götter dieser Völker ins Feuer geworfen. Denn es waren ja gar keine Götter, sondern nur Holz und Stein, von Menschen geschaffen. Die konnten sie vernichten. [19]HERR, unser Gott, rette uns vor seiner Macht; dann werden alle Königreiche der Erde wissen, dass du allein, HERR, Gott bist.«

Jesaja sagt Judas Befreiung voraus
2. Chronik 32,20-23; Jesaja 37, 21-38

[20]Da schickte Jesaja, der Sohn des Amoz, Hiskia folgende Botschaft: »So spricht der HERR, der Gott Israels: ›Ich habe dein Gebet erhört.‹ Über Sanherib, den König von Assyrien, [21]hat der HERR Folgendes zu sagen:

›Die jungfräuliche Tochter Zion verachtet und verspottet dich. Die Tochter Jerusalem schüttelt den Kopf hinter dir her.

[22]Was glaubst du eigentlich, wen du beschimpft und gelästert hast? Gegen wen hast du deine Stimme erhoben? Auf wen hast du so hochmütig herabgesehen? Es war der Heilige Israels!

[23]Durch deine Boten hast du den Herrn verspottet. Du hast gesagt: »Mit meinen vielen Streitwagen habe ich die höchsten Berge erobert – die fernsten Gipfel des Libanon. Ich habe seine mächtigsten Zedern gefällt und seine schönsten Zypressen. Ich habe das Land erforscht bis an seine äußersten Winkel, habe seine dichtesten Wälder durchstreift.

²⁴Ich habe Brunnen in so manchem fremden Land gegraben und mich an ihrem Wasser erfrischt. Mit meiner Fußsohle trockne ich die Flüsse Ägyptens aus.«

²⁵Aber hast du nicht gehört? Ich habe es vor langer Zeit beschlossen. Von Anfang an habe ich geplant, was ich jetzt geschehen lasse: dass du befestigte Städte in Trümmerhaufen verwandeln sollst.

²⁶Deshalb waren ihre Einwohner so wehrlos. Sie waren voller Furcht und wurden dir zur leichten Beute. Deshalb waren sie wie Gras, so leicht zu zertreten wie zarte junge Pflanzen auf dem Feld. Sie waren wie Gras, das auf dem Hausdach grünt und verdorrt, bevor es wachsen kann. ²⁷Doch ich kenne dich gut – ich weiß von deinem Kommen und Gehen und allen deinen Taten. Ich erinnere mich, wie du gegen mich gewütet hast. ²⁸Weil du gegen mich aufbegehrt hast und ich deinen Übermut sehr wohl gehört habe, werde ich dir einen Ring durch die Nase bohren und dir meine Zügel anlegen.

Ich werde dafür sorgen, dass du umkehrst und auf demselben Weg zurückgehst, auf dem du gekommen bist.‹

²⁹Und das ist das Zeichen für dich: Dieses Jahr wirst du nur das essen, was von selbst wächst, und nächstes Jahr wirst du nur das essen, was aus diesem gewachsen ist. Doch im dritten Jahr wirst du Korn säen und ernten; du wirst Weinstöcke pflanzen und ihre Früchte essen. ³⁰Und das, was übrig geblieben ist von Juda und entkommen konnte, wird wieder im Boden Wurzel fassen, gedeihen und Frucht bringen. ³¹Denn ein Rest wird von Jerusalem ausgehen, eine Schar Gerettete vom Berg Zion. Dafür wird der HERR, der Allmächtige, sorgen. ³²›Und so spricht der HERR über den König von Assyrien: Er wird diese Stadt nicht betreten, um seine Pfeile darin abzuschießen. Er wird nicht mit seinen Schilden vor ihren Toren aufmarschieren und keine Erdwälle gegen die Stadtmauern aufschütten. ³³Auf der Straße, auf der er gekommen ist, wird er zurückkehren. Er wird diese Stadt nicht betreten, spricht der HERR. ³⁴Denn ich werde diese Stadt verteidigen und retten – um meiner Ehre willen und meinem Diener David zuliebe.‹«

³⁵In dieser Nacht ging der Engel des HERRN hinaus ins assyrische Lager und tötete 185.000 Mann. Als sie am nächsten Morgen aufwachten, lag alles voller Leichen. ³⁶Da brach König Sanherib von Assyrien das Lager ab und kehrte in sein Land zurück. Er blieb in Ninive. ³⁷Eines Tages, als er im Tempel seines Gottes Nisroch anbetete, wurde er von seinen Söhnen Adrammelech und Sarezer mit dem Schwert getötet. Die beiden flohen ins Land Ararat und sein Sohn Asarhaddon wurde nach ihm König.

Hiskias Krankheit und Genesung
2. Chronik 32,24; Jesaja 38,1-8.21-22

20 Damals war Hiskia todkrank geworden, und der Prophet Jesaja, der Sohn des Amoz, besuchte ihn. Er brachte ihm folgende Botschaft: »So spricht der HERR: ›Bring deine Angelegenheiten in Ordnung, denn du wirst sterben. Du wirst nicht mehr von dieser Krankheit genesen.‹«

²Da drehte er sein Gesicht zur Wand und betete zum HERRN: ³»Denke doch daran, HERR, wie ich dir immer von ganzem Herzen treu war und stets getan habe, was dir Freude machte.« Und Hiskia weinte bitterlich.

⁴Daraufhin erhielt Jesaja folgende Botschaft des HERRN, noch bevor er den Hof verlassen hatte: ⁵»Geh noch einmal zurück zu Hiskia, dem Fürsten meines Volkes. Sag ihm: So spricht der HERR, der Gott deines Stammvaters David: ›Ich habe dein Gebet gehört und deine Tränen gesehen. Ich will dich gesund machen. In drei Tagen wirst du in das Haus des HERRN gehen. ⁶Ich will deinem Leben noch 15 Jahre hinzufügen und dich und deine Stadt vor dem König von Assyrien retten. Das tue ich um meiner Ehre willen und meinem Diener David zuliebe.‹«

⁷Dann ordnete Jesaja an: »Holt einen Feigenkuchen.« Sie brachten ihn und legten ihn auf das Geschwür, und Hiskia wurde wieder gesund.

⁸Hiskia hatte Jesaja gefragt: »Welches Zeichen wird mir der HERR geben, dass er mich heilen wird und ich in drei Tagen zum Haus des HERRN gehen kann?«

⁹Jesaja antwortete: »Der HERR gibt dir folgendes Zeichen als Beweis dafür, dass er sein Versprechen halten wird: Möchtest du, dass der Schatten der Sonnenuhr zehn Striche vorwärts- oder zehn Striche rückwärtswandern soll?«

¹⁰»Der Schatten geht immer vorwärts«, sagte Hiskia. »Lass ihn zehn Striche rückwärtsgehen!« ¹¹Jesaja bat den HERRN darum, und dieser ließ den Schatten an der Sonnenuhr des Ahas zehn Striche rückwärts gehen.

Gesandte aus Babel
2. Chronik 32,25-33; Jesaja 39

¹²Bald darauf schickte Merodach-Baladan, der Sohn Baladans und König von Babel, Hiskia einen Brief und Geschenke, denn er hatte gehört, dass Hiskia sehr krank gewesen war. ¹³Hiskia hieß die Gesandten willkommen und zeigte ih-

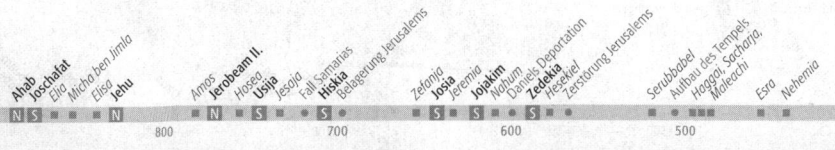

1. & 2. KÖNIGE

1–2	Davids Ende
2–11	König Salomo
1. Könige 12– 2. Könige 17	Die Königreiche Israel und Juda
1. Könige 17 bis 2. Könige 2	Der Prophet Elia Herrscher in Israel und Juda
3–13	Der Prophet Elisa Herrscher in Israel und Juda
14–17	Weitere Herrscher in Israel und Juda bis zum Ende des Königreiches Israel
18–25	Das Königreich Juda bis zum Exil

20–22
Hiskia empfängt Babels Gesandte. Manasse betreibt Götzendienst. Ankündigung, dass Jerusalem zerstört wird. Josia lässt den Tempel ausbessern. Das Gesetzbuch wird gefunden.

[Zeit der Könige und Propheten]

nen den Inhalt seiner Schatzkammern – das Silber, das Gold, die Gewürze und die Duftöle, auch seine Waffen und die anderen Schätze. Er zeigte ihnen einfach alles in seinem Palast und in seinem Königreich.

[14] Kurz darauf kam der Prophet Jesaja zu König Hiskia und fragte ihn: »Was wollten diese Männer? Woher kamen sie?«

Hiskia antwortete: »Sie kamen aus dem fernen Babel.«

[15] »Was haben sie in deinem Palast gesehen?«, fragte Jesaja.

»Sie sahen alles«, antwortete Hiskia. »Ich habe ihnen alles gezeigt, was ich besitze – all meine Schätze.«

[16] Da sagte Jesaja zu Hiskia: »Lass dir Folgendes vom HERRN sagen: [17] ›Es wird eine Zeit kommen, in der alles, was du besitzt – alles, was deine Vorfahren bis heute gesammelt haben –, nach Babel gebracht wird. Es wird nichts hier bleiben, spricht der HERR. [18] Deine eigenen Nachkommen werden verschleppt werden. Sie werden dort im Palast dem König von Babel dienen.‹«

[19] Da sagte Hiskia zu Jesaja: »Diese Botschaft des HERRN, die du mir überbracht hast, ist gut.« Denn er dachte sich: »Immerhin werden zu meinen Lebzeiten Frieden und Sicherheit herrschen.«

[20] Die übrigen Ereignisse während Hiskias Herrschaft, das ganze Ausmaß seiner Macht und wie er einen Teich baute und einen Tunnel grub, um die Stadt mit Wasser zu versorgen, sind im Buch der Geschichte der Könige Judas beschrieben. [21] Als Hiskia starb, wurde sein Sohn Manasse König.

Manasse herrscht in Juda
Vgl. 2. Chronik 33,1-20

21 Manasse war zwölf Jahre alt, als er König wurde, und er regierte 55 Jahre in Jerusalem. Seine Mutter war Hefzi-Bah. [2] Manasse tat, was dem HERRN missfiel. Er ahmte all die abscheulichen Praktiken der Völker nach, die der HERR vor den Israeliten vertrieben hatte. [3] Die Höhenheiligtümer, die sein Vater Hiskia zerstört hatte, ließ er wieder aufrichten. Dazu baute er dem Baal Altäre und ließ ein Ascherabild aufstellen, wie König Ahab von Israel es schon getan hatte. Er verneigte sich vor den Mächten des Himmels und betete sie an. [4] Sogar im Haus des HERRN, dem Ort, von dem der HERR gesagt hatte: »In Jerusalem soll für immer mein Name verehrt werden«, stellte er Altäre auf. [5] Und er baute den Mächten des Himmels Altäre und stellte sie in beiden Vorhöfen des Hauses des HERRN auf.

S Südreich Juda   N Nordreich Israel

⁶Schließlich opferte Manasse sogar seinen eigenen Sohn im Feuer. Außerdem trieb er Zauberei und Beschwörung, befragte Totengeister und Wahrsager. So tat er vieles, was dem HERRN missfiel, um ihn zu kränken.

⁷Manasse stellte sogar im Haus des HERRN ein Ascherabild auf, das er hatte anfertigen lassen – an dem Ort, an dem der HERR David und seinem Sohn Salomo verkündet hatte: »Hier wird mein Name für immer verehrt werden – in diesem Haus und in Jerusalem, der Stadt, die ich aus allen Stämmen Israels erwählt habe. ⁸Wenn sie meine Gebote befolgen – das ganze Gesetz, das mein Diener Mose ihnen gegeben hat –, werden sie für immer in diesem Land, das ich ihren Vorfahren geschenkt habe, wohnen.« ⁹Doch das Volk wollte nicht hören, und Manasse verleitete sie zu noch weit Schlimmerem als alles, was jene Völker getan hatten, die der HERR vernichtet hatte, als Israel das Land in Besitz nahm.

¹⁰Da ließ der HERR durch seine Diener, die Propheten, verkünden: ¹¹»König Manasse von Juda hat abscheuliche Dinge getan. Er ist noch schlimmer als die Amoriter, die vor ihm in diesem Land lebten. Er hat das Volk Juda zum Götzendienst verleitet. ¹²Deshalb spricht der HERR, der Gott Israels: Ich will so großes Unglück über Jerusalem und Juda bringen, dass es allen, die davon hören, in den Ohren schmerzen wird. ¹³Ich will Jerusalem mit demselben Maß messen, das ich an Samaria und das Geschlecht Ahabs angelegt habe. Ich will die Einwohner Jerusalems auslöschen, wie man einen Teller abspült und die Unterseite nach oben dreht. ¹⁴Ja, ich werde selbst die wenigen aus meinem Volk verwerfen, die noch übrig sind, und sie ihren Feinden ausliefern, dass sie für sie zur Beute werden. ¹⁵Denn seit ihre Vorfahren aus Ägypten kamen bis heute haben sie getan, was mir missfällt, und haben meinen Zorn erregt.«

¹⁶Manasse vergoss so viel unschuldiges Blut, dass ganz Jerusalem voll davon war. Das kam noch zu der Sünde hinzu, zu der er das Volk von Juda verleitete, das zu tun, was dem HERRN missfiel.

¹⁷Die übrigen Ereignisse während der Herrschaft Manasses und seine Taten, einschließlich der Sünde, die er beging, sind im Buch der Geschichte der Könige Judas beschrieben. ¹⁸Als Manasse starb, wurde er im Palastgarten, dem Garten Usas, begraben. Nach ihm wurde sein Sohn Amon König.

Amon herrscht in Juda
2. Chronik 33,21-25

¹⁹Amon war 22 Jahre alt, als er König wurde, und er regierte zwei Jahre in Jerusalem. Seine Mutter war Meschullemet, die Tochter von Haruz aus Jotba. ²⁰Amon tat, was dem HERRN missfiel, so wie sein Vater Manasse es getan hatte. ²¹Er folgte ganz dem Beispiel seines Vaters und betete die gleichen Götzen an, die sein Vater angebetet hatte. ²²Er wandte sich vom HERRN, dem Gott seiner Vorfahren, ab und verließ seine Wege.

²³Schließlich verschworen sich Amons eigene Diener gegen ihn und ermordeten ihn in seinem Palast. ²⁴Doch das Volk des Landes tötete die Verschwörer gegen den König und machte Josia, seinen Sohn, zum König.

²⁵Die übrigen Ereignisse während Amons Herrschaft und seine Taten sind im Buch der Geschichte der Könige Judas beschrieben. ²⁶Er wurde in seinem Grab im Garten Usas bestattet. Nach ihm wurde sein Sohn Josia König.

Josia herrscht in Juda
2. Chronik 34,1-13

22 Josia war acht Jahre alt, als er König wurde, und er herrschte 31 Jahre in Jerusalem. Seine Mutter war Jedida, die Tochter von Adaja aus Bozkat. ²Josia tat, was dem HERRN gefiel. Er folgte in allem dem Beispiel seines Stammvaters David und ließ sich in keiner Weise vom rechten Weg abbringen.

³Im 18. Jahr seiner Regierungszeit schickte König Josia den Hofschreiber Schafan, den Sohn Azaljas und Enkel Meschullams, zum Haus des HERRN. Er trug ihm auf: ⁴»Geh zum Hohen Priester Hilkija und lass dir das Geld aushändigen, das in das Haus des HERRN gebracht wurde und das die Priester am Tor vom Volk eingenommen haben. ⁵Dieses Geld gib den Männern, die die Ausbesserung des Tempels beaufsichtigen. Sie sollen damit die Arbeiter bezahlen, die das Haus des HERRN wieder instand setzen. ⁶Sie werden Zimmerleute, Bauleute und Steinmetze anstellen müssen. Und sie sollen Holz und behauene Steine kaufen, die für den Tempel benötigt werden. ⁷Die Aufseher brauchen keine Rechenschaft über das Geld, das sie erhalten, abzulegen, denn sie sollen auf Treu und Glauben handeln.«

Hilkija findet das Gesetz Gottes
Vgl. 2. Chronik 34,14-28

⁸Der Hohe Priester Hilkija sagte zu dem Hofschreiber Schafan: »Dieses Gesetzbuch habe ich im Haus des HERRN gefunden!« Er reichte es Schafan und dieser las es.

⁹Daraufhin eilte Schafan zum König und berichtete ihm: »Deine Diener haben das im Tempel eingenommene Geld genommen und es den

1. & 2. KÖNIGE

1–2	Davids Ende
2–11	König Salomo
1. Könige 12– 2. Könige 17	Die Königreiche Israel und Juda
1. Könige 17 bis 2. Könige 2	Der Prophet Elia Herrscher in Israel und Juda
3–13	Der Prophet Elisa Herrscher in Israel und Juda
14–17	Weitere Herrscher in Israel und Juda bis zum Ende des Königreiches Israel
18–25	Das Königreich Juda bis zum Exil

22–23
Josia beklagt die Sünden der Vergangenheit. Josia erneuert den Bund mit Gott und vernichtet alle Götzen samt Kultstätten.

[Zeit der Könige und Propheten]

Aufsehern gegeben, die für das Haus des HERRN verantwortlich sind.« ¹⁰Und der Schreiber Schafan fuhr fort: »Der Priester Hilkija hat mir ein Buch gegeben.« Und Schafan las es dem König vor.

¹¹Als der König hörte, was in dem Gesetzbuch geschrieben stand, zerriss er seine Kleider. ¹²Dann erteilte er dem Priester Hilkija, Ahikam, dem Sohn Schafans, und Achbor, dem Sohn Michajas, dem Hofschreiber Schafan und Asaja, dem Diener des Königs, folgenden Befehl: ¹³»Geht und befragt für mich und für das Volk und für ganz Juda den HERRN über die Worte, die in dem Buch geschrieben stehen, das gefunden wurde. Der Zorn des HERRN richtet sich gegen uns, weil unsere Vorfahren den Worten dieses Buches nicht gefolgt sind und nicht getan haben, was darin für uns geschrieben steht.«

¹⁴Da gingen der Priester Hilkija, Ahikam, Achbor, Schafan und Asaja in den neueren zweiten Bezirk von Jerusalem, um die Prophetin Hulda zu befragen. Hulda war die Frau von Schallum, dem Sohn Tikwas und Enkel Harhas, des Aufsehers über die Kleiderkammer. ¹⁵Sie sagte zu ihnen: »So spricht der HERR, der Gott Israels: ›Sagt dem Mann, der euch geschickt hat: ¹⁶So spricht der HERR: Ich werde über diese Stadt und ihre Einwohner all das Unheil bringen, das in dem Buch geschrieben steht, welches der König von Juda gelesen hat. ¹⁷Denn sie haben sich von mir abgewandt und für andere Götter Weihrauch verbrannt. Sie haben mit ihren Taten mei-

2. Könige 23,3

Bundesschlüsse
Nach wechselvollen Jahrhunderten erlebt Gottes Volk eine weitere Bundeserneuerung unter König Josia. Auslöser ist das Gesetzbuch, das – lange vergessen – im Tempel gefunden wird (2Kön 22,8-10). Es dürfte dem Buch entsprechen, in dem Mose die Ordnungen Gottes aufgezeichnet hatte (5Mo 31,9.24-26). Es stellt also die Bundesverpflichtung des Volkes dar.
Die Bundeserneuerung von Josia ist durch das Entsetzen darüber angestoßen, dass die Bestimmungen des Gesetzbuchs nicht befolgt wurden. Die Erneuerung wird durch einen Schwur des Königs wie auch des Volkes durchgeführt, wobei betont wird, dass man den Bundesverpflichtungen »von ganzem Herzen und von ganzer Seele« treu sein will. Diese Verpflichtung hat sofort Konsequenzen für das Tun und Lassen: Alle Verehrung fremder Götter wird abgestellt. Das Passafest, das nie in der Königszeit beachtet wurde, wird nun gefeiert.
Zuvor geschahen schon Bundeserneuerungen unter Asa und dem Priester Jojada (2Chr 15,9-15; 2Kön 11,17).
(1. Samuel 4,11 «« | »» Esra 10,3)

S Südreich Juda   N Nordreich Israel

nen Zorn erregt. Mein Zorn brennt über diese Stadt; er wird nicht gelöscht werden.‹

¹⁸Aber geht zum König von Juda, der euch gesandt hat, um den HERRN zu suchen, und sagt ihm: ›So spricht der HERR, der Gott Israels: Du hast meine Botschaft soeben gehört. ¹⁹Dein Herz war berührt und du hast vor dem HERRN Buße getan, als du hörtest, was ich über diese Stadt und ihre Einwohner gesagt habe, dass nämlich dieser ganze Landstrich verflucht und öde daliegen wird. Du hast deine Kleider zerrissen und vor mir geweint. Deshalb habe ich dich erhört, spricht der HERR. ²⁰Ich will das vorausgesagte Unglück erst nach deinem Tod über diese Stadt kommen lassen, wenn du in Frieden gestorben und begraben bist. Du wirst das Unglück, das ich über diesen Ort bringen werde, nicht mehr sehen.‹« Diese Botschaft überbrachten sie dem König.

Josias Reformen
Vgl. 2. Chronik 34,29-33

23 Da rief der König die Ältesten in Juda und Jerusalem zusammen. ²Dann zog er mit ganz Juda und Jerusalem, mit den Priestern und den Propheten und dem ganzen Volk, vom einfachsten Mann bis zum vornehmsten, hinauf zum Haus des HERRN. Dort las der König ihnen das ganze Buch des Bundes vor, das im Haus des HERRN entdeckt worden war. ³Er nahm seinen Platz ein und erneuerte den Bund in der Gegenwart des HERRN. Er gelobte, dem HERRN zu gehorchen und seine Gebote, Vorschriften und Gesetze von ganzem Herzen und von ganzer Seele zu befolgen. Damit bestätigte er alle Bedingungen des Bundes, die in dem Buch niedergelegt waren, und auch das Volk gelobte, den Bund zu halten.

⁴Dann befahl der König dem Hohen Priester Hilkija, den obersten Priestern und den Priestern am Tor des Tempels, sämtliche Gegenstände, die bei der Anbetung des Baal, der Aschera und der Mächte des Himmels verwendet wurden, aus dem Tempel zu entfernen. Er ließ sie außerhalb von Jerusalem auf den Hängen des Kidrontals verbrennen und brachte die Asche nach Bethel. ⁵Er setzte die Götzenpriester ab, die von den Königen Judas ernannt worden waren. Sie hatten vor den Höhenheiligtümern, die in den Städten Judas und in der Umgebung von Jerusalem standen, Weihrauch verbrannt und dem Baal, der Sonne, dem Mond, den Sternbildern und den Mächten des Himmels geopfert. ⁶Der König ließ das Ascherabild aus dem Haus des HERRN entfernen und aus Jerusalem hinaus an den Bach Kidron schaffen, wo es verbrannt wurde. Dann ließ er es zu Staub zermahlen und den Staub auf die Gräber des einfachen Volkes werfen. ⁷Auch die Wohnungen der männlichen Tempelprostituierten, die sich innerhalb des Tempelbezirks befanden und in denen die Frauen Gewänder für Aschera webten, ließ er einreißen.

⁸Alle Priester, die in den anderen Städten Judas lebten, ließ Josia nach Jerusalem zurückholen. Er entweihte die Höhenheiligtümer, vor denen Weihrauch verbrannt worden war, von Geba bis nach Beerscheba. Auch die Höhen der Feldgeister im Eingang zum Tor Joschuas, des Statthalters, ließ er zerstören. Dieses Tor befand sich zur Linken, wenn man zum Stadttor hineingeht. ⁹Die Priester der Höhenheiligtümer durften nicht mehr vor dem Altar des HERRN in Jerusalem dienen, aber es war ihnen noch gestattet, zusammen mit den anderen Priestern ungesäuertes Brot zu essen.

¹⁰Dann entweihte der König die Opferstätte Tofet im Tal Ben-Hinnom, damit niemand mehr dort seinen Sohn oder seine Tochter dem Moloch als Brandopfer darbringen konnte. ¹¹Die Pferde, die die Könige Judas der Sonne geweiht hatten, ließ er vom Eingang zum Haus des HERRN entfernen. Sie standen auf jener Seite des Tempels, an der das Haus des Kämmerers Netan-Melech war. Die Streitwagen, die ebenfalls der Sonne geweiht waren, ließ er verbrennen.

¹²Josia ließ die Altäre niederreißen, die die Könige von Juda auf dem Dach des Palastes über dem von Ahas erbauten Obergeschoss errichtet hatten. Er zerstörte die Altäre, die Manasse in den beiden Höfen vom Haus des HERRN aufgestellt hatte. Sie wurden in Stücke geschlagen und die Trümmer im Kidrontal verstreut. ¹³Und er entweihte die Heiligtümer östlich von Jerusalem südlich des Berges des Verderbens, die König Salomo von Israel für Astarte, die abscheuliche Göttin der Sidonier, für Kemosch, den schrecklichen Gott der Moabiter, und für Milkom, den furchtbaren Gott der Ammoniter, errichtet hatte. ¹⁴Er zerschlug die Gedenksteine, stürzte die Ascherabilder um und verstreute an diesen Stätten menschliche Gebeine.

¹⁵Auch den Altar in Bethel ließ der König niederreißen, jenes Höhenheiligtum, das Jerobeam, der Sohn Nebats, errichtet hatte, als er Israel zur Sünde verleitete. Er zertrümmerte und verbrannte den Altar und verbrannte das Ascherabild. ¹⁶Als Josia sich umsah, fiel sein Blick auf mehrere Gräber am Hang. Er befahl, die Gebeine herauszuholen, und ließ sie auf dem Altar verbrennen, um diesen zu entweihen. All das geschah genau so, wie der HERR es durch den

1. & 2. KÖNIGE	
1–2	Davids Ende
2–11	König Salomo
1. Könige 12– 2. Könige 17	Die Königreiche Israel und Juda
1. Könige 17 bis 2. Könige 2	Der Prophet Elia Herrscher in Israel und Juda
3–13	Der Prophet Elisa Herrscher in Israel und Juda
14–17	Weitere Herrscher in Israel und Juda bis zum Ende des Königreiches Israel
18–25	Das Königreich Juda bis zum Exil

23–24
Josia feiert das Passahfest. Juda wird Ägypten und Babylon tributpflichtig. Jojachin, 10.000 Männer und die Schätze des Palastes und des Tempels werden nach Babylon verschleppt.

[Zeit der Könige und Propheten]

Propheten vorhergesagt hatte. ¹⁷Dann fragte Josia: »Was ist das für ein Grabmal dort drüben?« Die Einwohner der Stadt antworteten: »Es ist das Grab des Mannes Gottes, der aus Juda kam und alles vorausgesagt hat, was du am Altar von Bethel getan hast!«
¹⁸Josia antwortete: »Lasst ihn in Frieden. Rührt seine Gebeine nicht an.« Und er ließ seine Gebeine und damit auch die des alten Propheten aus Samaria nicht verbrennen.
¹⁹Dann zerstörte Josia alle Höhenheiligtümer in den Städten Samariens, wie er es in Bethel getan hatte. Sie waren von den Königen Israels errichtet worden und hatten den Zorn des HERRN erregt. ²⁰Er ließ die Priester der Höhenheiligtümer auf ihren eigenen Altären hinrichten und verbrannte menschliche Gebeine darauf. Danach kehrte er nach Jerusalem zurück.

Josia feiert das Passahfest
2. Chronik 35
²¹Dann erließ König Josia folgenden Befehl an das ganze Volk: »Ihr sollt das Passah zu Ehren des HERRN, eures Gottes, feiern, wie es in diesem Buch des Bundes geschrieben steht.« ²²Ein solches Passahfest war seit der Regierungszeit der Richter in Israel nicht mehr gefeiert worden, nicht ein einziges Mal in den vielen Jahren der Königsherrschaft in Israel und Juda. ²³Ein solches Passah zu Ehren des HERRN wurde erst im 18. Jahr der Herrschaft König Josias in Jerusalem gefeiert.
²⁴Auch die Totenbeschwörer und Wahrsager, die Hausgötzen und alle anderen Götzenbilder ließ Josia in Jerusalem und im ganzen Land Juda abschaffen. So erfüllte er die Gesetze, die in dem vom Priester Hilkija im Haus des HERRN gefundenen Buch niedergelegt waren. ²⁵Keiner der früheren Könige war wie Josia gewesen, denn er wandte sich wirklich von ganzem Herzen, mit ganzer Seele und aus ganzer Kraft dem HERRN zu und hielt alle Gesetze Moses. Und auch nach ihm gab es nie wieder einen solchen König.
²⁶Doch wegen der Gräueltaten von König Manasse blieb der HERR weiterhin zornig über Juda und nichts konnte ihn besänftigen. ²⁷Denn der HERR hatte gesagt: »Ich werde Juda zerstören, wie ich Israel zerstört habe. Ich werde dieses Volk aus meiner Gegenwart verbannen und meine erwählte Stadt Jerusalem und das Haus, in dem mein Name angebetet werden sollte, verwerfen.«
²⁸Die übrigen Ereignisse während Josias Herrschaft und seine Taten sind im Buch der Geschichte der Könige Judas beschrieben.
²⁹Während Josias Herrschaft zog Pharao Ne-

cho, der König von Ägypten, zum Euphrat, um gegen den König von Assyrien zu kämpfen. König Josia marschierte ihm entgegen, doch König Necho tötete ihn, als er ihn bei Megiddo traf. [30]Josias Männer brachten seinen Leichnam von Megiddo nach Jerusalem zurück und begruben ihn in seinem eigenen Grab. Dann salbte das Volk seinen Sohn Joahas zum nächsten König nach seinem Vater.

Joahas herrscht in Juda
2. Chronik 36,1-4

[31]Joahas war 23 Jahre alt, als er König wurde, und er regierte drei Monate in Jerusalem. Seine Mutter war Hamutal, die Tochter Jirmejas aus Libna. [32]Joahas tat, was dem HERRN missfiel, gerade so wie seine Vorfahren.

[33]Pharao Necho ließ Joahas ins Gefängnis in Ribla in der Provinz Hamat bringen, damit er nicht mehr von Jerusalem aus regieren konnte. Er forderte von Juda 100 Talente Silber und ein Talent Gold* Tribut. [34]Außerdem setzte Pharao Necho Eljakim, einen anderen Sohn Josias, anstelle seines Vaters als König ein und änderte Eljakims Namen in Jojakim. Joahas jedoch wurde als Gefangener nach Ägypten gebracht und starb dort.

Jojakim herrscht in Juda
V. 36-24,7: 2. Chronik 36,5-8

[35]Jojakim gab dem Pharao das Silber und das Gold. Um die Reichtümer aufzubringen, die Pharao Necho als Tribut forderte, erhob Jojakim eine Steuer vom Volk. Jeder musste seinem Vermögen entsprechend Abgaben leisten.

[36]Jojakim war 25 Jahre alt, als er König wurde, und er regierte elf Jahre in Jerusalem. Seine Mutter war Sebuda, die Tochter Pedajas aus Ruma. [37]Auch Jojakim tat, was dem HERRN missfiel, nicht anders als seine Vorfahren.

24
Während Jojakims Herrschaft griff König Nebukadnezar von Babel an. Jojakim ergab sich ihm und zahlte ihm drei Jahre lang Tribut, doch dann lehnte er sich gegen ihn auf. [2]Da schickte der HERR Truppen aus Chaldäa, Aram, Moab und Ammon nach Juda, die das Land verwüsten sollten, wie der HERR durch seine Propheten vorausgesagt hatte. [3]Dies kam über Juda auf Befehl des HERRN, um sie aus seiner Gegenwart zu verbannen wegen der vielen Sünden Manasses. [4]Manasse hatte Jerusalem mit unschuldigem Blut überschwemmt, und das wollte der HERR nicht vergeben.

[5]Die übrigen Ereignisse während Jojakims Herrschaft und seine Taten sind im Buch der Geschichte der Könige von Juda beschrieben. [6]Als Jojakim starb, wurde sein Sohn Jojachin König. [7]Der König von Ägypten verließ danach sein Land nicht mehr, denn der König von Babel hatte das ganze Gebiet besetzt, das früher dem König von Ägypten gehörte, vom Bach von Ägypten bis zum Euphrat.

Jojachin herrscht in Juda
2. Chronik 36,9.10; Jeremia 22,24-30

[8]Jojachin war 18 Jahre alt, als er König wurde, und er regierte drei Monate in Jerusalem. Seine Mutter war Nehuschta, die Tochter Elnatans aus Jerusalem. [9]Wie sein Vater tat auch Jojachin, was dem HERRN missfiel.

[10]Während Jojachins Herrschaft zogen die Heerführer des babylonischen Königs Nebukadnezar gegen Jerusalem und belagerten die Stadt. [11]Schließlich schlug Nebukadnezar, der König von Babel, selbst vor der Stadt sein Lager auf. [12]Da ergab sich König Jojachin von Juda zusammen mit seinen Dienern, Heerführern, den Hofleuten und der Königinmutter dem König von Babel.

Im achten Jahr der Herrschaft Nebukadnezars wurde Jojachin gefangen genommen. [13]Wie der HERR vorausgesagt hatte, ließ Nebukadnezar alle Schätze aus dem Haus des HERRN und dem Königspalast fortschaffen. Die goldenen Gefäße, die König Salomo von Israel im Tempel aufgestellt hatte, wurden zerschlagen. [14]König Nebukadnezar führte 10.000 Gefangene aus Jerusalem fort, darunter die Heerführer und besten Krieger, Kunsthandwerker und Schmiede. So blieb nur das einfache Volk im Land.

[15]Nebukadnezar brachte König Jojachin, seine Frauen und den Hofstaat, die Königinmutter und alle führenden Männer Jerusalems als Gefangene nach Babel. [16]Dazu nahm er 7.000 Krieger und 1.000 Kunsthandwerker und Schmiede mit, alles gesunde und kampferprobte Männer, sie alle kamen nach Babel. [17]Dann setzte er Mattanja, Jojachins Onkel, als nächsten König ein und änderte seinen Namen in Zedekia.

Zedekia herrscht in Juda
2. Chronik 36,11-16; Jeremia 52,1-11

[18]Zedekia war 21 Jahre alt, als er König wurde, und er herrschte elf Jahre in Jerusalem. Seine Mutter war Hamutal, die Tochter Jirmejas aus Libna. [19]Doch Zedekia tat, was dem HERRN missfiel, gerade so, wie Jojakim es getan hatte. [20]So kam der Zorn des HERRN über die Einwoh-

---

23,33 Das entspricht ca. 3,6 t Silber und ca. 36 kg Gold.

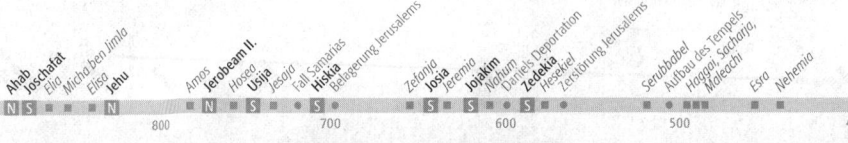

1. & 2. KÖNIGE	
1–2	Davids Ende
2–11	König Salomo
1. Könige 12– 2. Könige 17	Die Königreiche Israel und Juda
1. Könige 17 bis 2. Könige 2	Der Prophet Elia Herrscher in Israel und Juda
3–13	Der Prophet Elisa Herrscher in Israel und Juda
14–17	Weitere Herrscher in Israel und Juda bis zum Ende des Königreiches Israel
18–25	Das Königreich Juda bis zum Exil

24–25
Zedekia lehnt sich gegen Babylon auf und wird verschleppt. Zerstörung des Tempels.

[Zeit der Könige und Propheten]

ner Jerusalems und das ganze Volk von Juda. Er verbannte sie schließlich aus seiner Gegenwart.

Der Fall Jerusalems
Jeremia 39,1-7
Zedekia lehnte sich gegen den König von Babel auf.

25 Da führte am zehnten Tag des zehnten Monats* im neunten Jahr von Zedekias Herrschaft König Nebukadnezar von Babel sein gesamtes Heer gegen Jerusalem. Er ließ die Stadt einkesseln und Bollwerke vor den Stadtmauern errichten. ²Die Belagerung Jerusalems dauerte bis ins elfte Jahr von König Zedekias Herrschaft. ³Am neunten Tag des vierten Monats* war die Hungersnot in der Stadt unerträglich geworden. Es war überhaupt nichts Essbares mehr für die Menschen vorhanden. ⁴Schließlich drangen die feindlichen Kräfte durch die Stadtmauer in die Stadt ein. Dem König und seinen Kriegern gelang die Flucht im Schutz der Dunkelheit durch das Tor zwischen den beiden Mauern hinter dem Garten des Königs, obwohl die Stadt von den Chaldäern umzingelt war. Sie nahmen den Weg in Richtung auf das Jordantal.

⁵Doch die Krieger aus Babel setzten ihnen nach und holten den König im Jordantal von Jericho ein. Seine Männer waren alle in die Flucht geschlagen worden. ⁶Sie nahmen den König gefangen und brachten ihn zum König von Babel nach Ribla, wo er verurteilt wurde. ⁷Man ließ Zedekia mit ansehen, wie alle seine Söhne getötet wurden. Dann blendeten sie ihm die Augen, legten ihn in Ketten und führten ihn nach Babel.

Der Tempel wird zerstört
2. Chronik 36,17-21; Jeremia 52,12-27;
V. 8-12: Jeremia 39,8-10
⁸Am siebten Tag des fünften Monats* – es war das 19. Jahr der Herrschaft Nebukadnezars, des Königs von Babel –, zog Nebusaradan, der Oberste der Leibwache und Vertraute des Königs von Babel, in Jerusalem ein. ⁹Er brannte das Haus des HERRN, den Königspalast und alle Häuser in Jerusalem nieder, zerstörte alle wichtigen Bauten der Stadt durch das Feuer ¹⁰und be-

---

25,1 Eine ganze Reihe von Ereignissen in 2. Könige kann anhand der Daten in erhaltenen babylonischen Dokumenten überprüft und zu unserem heutigen Kalender in Beziehung gesetzt werden. Das Ereignis, um das es hier geht, fand demnach am 15. Januar 588 v.Chr. statt. **25,3** Das Ereignis, um das es hier geht, fiel auf den 18. Juli 586 v.Chr.; s. auch die Anm. zu 25,1. **25,8** Dieses Ereignis fiel auf den 14. August 586 v.Chr.; s. auch die Anm. zu 25,1.

S Südreich Juda N Nordreich Israel

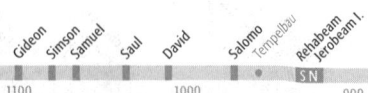

fahl dem chaldäischen Heer, das ihm unterstand, die Stadtmauer von Jerusalem ringsum niederzureißen. ¹¹Danach führte Nebusaradan, der Oberste der Leibwache, alle, die noch in der Stadt verblieben waren, ins Exil. Auch die Krieger, die zum König von Babel übergelaufen waren, wurden fortgebracht. ¹²Lediglich ein Teil der ärmsten Leute durfte bleiben, um die Weingärten und Felder zu bestellen.

¹³Die Krieger aus Babel zerschlugen die Bronzesäulen, die bronzenen Wagen und das bronzene Meer im Haus des HERRN und schafften die Bronze nach Babel. ¹⁴Auch die Töpfe, Schöpfkellen, Lichtputzscheren, Schalen und alle bronzenen Gefäße, die beim Gottesdienst im Tempel benutzt wurden, nahmen sie mit. ¹⁵Und auch die Räucherpfannen und Becken und all die anderen Gegenstände aus Gold oder Silber nahm der Oberste der Leibwache an sich.

¹⁶Die Bronze von den beiden Säulen, den Wagen und dem Meer war so schwer, dass sie nicht gewogen werden konnte. Diese Gegenstände waren von Salomo für das Haus des HERRN gefertigt worden. ¹⁷Jede der Säulen war 18 Ellen* hoch. Das bronzene Kapitell oben auf jeder Säule war drei Ellen* hoch und rundherum mit einem Gitterwerk aus bronzenen Granatäpfeln geschmückt.

¹⁸Der Oberste der Leibwache nahm den obersten Priester Seraja, seinen Gehilfen Zefanja und die drei Torhüter gefangen. ¹⁹Von den Einwohnern, die sich noch in der Stadt verborgen hielten, nahm er einen führenden Mann des Heeres, fünf der persönlichen Ratgeber des Königs, den obersten Schreiber des Heerführers, der für die Musterung zuständig war, und 60 weitere Männer aus dem Volk des Landes gefangen, ²⁰und Nebusaradan, der Oberste der Leibwache, brachte sie dem König von Babel nach Ribla. ²¹Und dort in Ribla, in der Provinz Hamat, ließ der König von Babel sie alle hinrichten. So wurde das Volk von Juda ins Exil geführt.

Gedalja als Statthalter von Juda
Jeremia 40-43; V.22-24: Jeremia 40,7-9; 43,5-7
²²Danach ernannte König Nebukadnezar, der König von Babel, Gedalja, den Sohn Ahikams und Enkel Schafans, zum Statthalter über das Volk, das noch in Juda verblieben war. ²³Als die Truppenführer und ihre Männer erfuhren, dass der König von Babel Gedalja zum Statthalter ernannt hatte, kamen sie zu ihm nach Mizpa. Unter ihnen waren Jischmael, der Sohn Netanjas, Johanan, der Sohn Kareachs, Seraja, der Sohn Tanhumets, der Netofatiter, und Jaasanja, der Sohn eines Maachatiters, samt ihren Männern.

²⁴Gedalja schwor ihnen und ihren Männern: »Habt keine Angst vor den Chaldäern. Bleibt im Land und dient dem König von Babel, dann wird es euch gut gehen.« ²⁵Doch im siebten Monat* ging Jischmael, der Sohn Netanjas und Enkel Elischamas, der aus königlicher Familie stammte, mit zehn Männern nach Mizpa. Sie ermordeten Gedalja und alle, die bei ihm waren, ob aus Juda oder Chaldäa.

²⁶Daraufhin flohen alle Einwohner Judas, vom einfachsten Mann bis zum vornehmsten, mit den Truppenführern nach Ägypten, denn sie fürchteten sich vor den Chaldäern.

Hoffnung für Israels Königsfamilie
Jeremia 52,31-34
²⁷Im 37. Jahr von König Jojachins Exil in Babel wurde Ewil-Merodach König in Babel. Er war Jojachin, dem König von Juda, freundlich gesinnt und ließ ihn am 27. Tag des zwölften Monats* aus dem Gefängnis frei. ²⁸Er sprach sehr gnädig mit Jojachin und gab ihm vor allen anderen gefangenen Königen in Babel den Vorzug. ²⁹Jojachin durfte seine Gefängniskleidung ablegen und für den Rest seines Lebens an der königlichen Tafel essen. ³⁰Darüber hinaus ließ der König ihm einen regelmäßigen Betrag zukommen, den er bis zu seinem Lebensende jeden Tag erhielt.

25,17a Das entspricht ca. 9 m. **25,17b** Das entspricht ca. 1,5 m. **25,25** Dieser Monat fiel in den Okt./Nov. des Jahres 586 v.Chr. **25,27** Dieses Ereignis fiel auf den 2. April 561 v.Chr.; s. auch die Anm. zu 25,1.

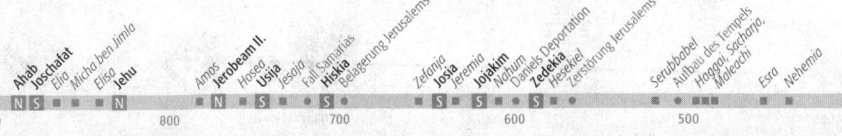

Welch ein Buch! Groß und weit wie die Welt, wurzelnd in den Abgründen der Schöpfung und hinaufragend in die blauen Geheimnisse des Himmels. Sonnenaufgang und Sonnenuntergang, Verheißung und Erfüllung, Geburt und Tod, das ganze Drama der Menschheit, alles ist in diesem Buch. Es ist das Buch der Bücher, Biblia.

Heinrich Heine

1. Chronik

Inhalt

Die Chronikbücher greifen die Geschichte von Adam bis zur Babylonischen Gefangenschaft auf, erstrecken sich also über denselben Zeitraum wie 1. Mose bis 2. Könige. Das 1. Buch der Chronik geht etwa so weit wie das 2. Buch Samuel; 2. Chronik entspricht den beiden Königebüchern. – Die Chronik ist jedoch keine bloße Wiederholung. In der hebräischen Bibel stehen die Chronikbücher auch nicht direkt nach den Büchern der Könige, sondern am Ende. Während Israels Geschichte in den vorherstehenden Büchern in vielfältigen Ereignissen lebendig wird, konzentriert sich die Chronik auf wenige Schwerpunkte.

Das 1. Buch der Chronik dokumentiert zunächst die Generationenabfolge der Israeliten, nach Stämmen und Großfamilien geordnet. Damit fängt sie buchstäblich bei Adam an und bewegt sich zielstrebig über Abraham und Juda auf König David zu. Daneben werden Familien und Einzelpersonen mit ihren Verdiensten oder Aufgaben genannt. Dabei handelt es sich um Menschen aus dem Umfeld Davids sowie aus dem Stamm Levi, dem ja bereits auf der Wüstenwanderung die gottesdienstlichen Tätigkeiten übertragen wurden (siehe Einleitung zu 2. Mose).

David ist dann auch der Einzige, von dem viel berichtet wird. Hervorgehoben werden, anders als im 2. Buch Samuel, seine Erfolge, seine Verbindung mit Gott und seine Vorbereitungen für den Tempelbau. Das Buch schließt mit der Übergabe der Regierungsgeschäfte an Salomo. Im Mittelpunkt stehen dabei der geplante Tempel und die Beachtung von Gottes Bund als Wegweiser in eine gesegnete Zukunft.

Wichtige Personen

Abraham	Stammvater Israels
Jabez	Nachkomme Judas
Saul	1. König Israels
David	2. König Israels
Davids dreißig berühmte Krieger	
Hiram	König von Tyrus
Asaf	aus dem Stamm Levi, Lobpreisleiter
Zadok	Priester
Gad	Prophet
Arauna	jebusitischer Einwohner Jerusalems, dessen Tenne David kauft, um dort einen Altar zu bauen
Salomo	3. König Israels

Wichtige Orte

Jerusalem	Hauptstadt von ganz Israel; Ort, an den die Lade Gottes gebracht wird
Gibeon	Ort, bei dem das Zelt Gottes aufgestellt war

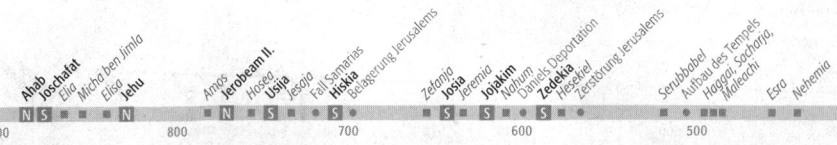

1. & 2. CHRONIK

1–9	Die Herkunft des Volkes Israel
10–22	Das Königtum Davids
23–27	Ordnungen für Tempeldienst und Heer
28–29	Davids Lebensabschluss
1–9	Das Königtum Salomos und der Tempelbau
10–36	Das Königreich Juda bis zum Exil

1–2
Abstammungsverzeichnis von Adam bis Esau. Edoms Herrscher. Abstammungsverzeichnis Judas.

[Zeit der Könige und Propheten]

DAS ERSTE BUCH DER CHRONIK

Von Adam bis zu den Söhnen Noahs
1. Mose 5; Lukas 3,36-38

1 Die Nachkommen Adams waren Set, Enosch, ²Kenan, Mahalalel, Jered, ³Henoch, Metuschelach, Lamech ⁴und Noah. Die Söhne Noahs waren* Sem, Ham und Jafet.

Die Nachkommen Jafets
V. 5-16: 1. Mose 10,1-20
⁵Die Nachkommen Jafets waren Gomer, Magog, Madai, Jawan, Tubal, Meschech und Tiras. ⁶Die Nachkommen Gomers waren Aschkenas, Rifat und Togarma. ⁷Die Nachkommen Jawans waren Elischa, Tarsis, die Kittäer und die Rodaniter.

Die Nachkommen Hams
⁸Die Nachkommen Hams waren Kusch, Mizrajim, Put und Kanaan. ⁹Die Nachkommen Kuschs waren Seba, Hawila, Sabta, Ragma und Sabtecha. Die Nachkommen Ragmas waren Saba und Dedan. ¹⁰Kusch war auch der Vater von Nimrod. Dieser war der erste große Herrscher auf der Erde. ¹¹Mizrajim war der Vater der Luditer, der Anamiter, der Lehabiter, der Naftuhiter, ¹²der Patrositer, der Kasluhiter und der Kaftoriter, aus denen die Philister hervorgingen.* ¹³Von Kanaan stammten ab: Sidon, sein ältester Sohn, und Het, ¹⁴außerdem die Jebusiter, Amoriter, Girgaschiter, ¹⁵Hiwiter, Arkiter, Siniter, ¹⁶Arwaditer, Zemariter und Hamatiter.

Die Nachkommen Sems
1. Mose 10,21-31
¹⁷Die Nachkommen Sems waren Elam, Assur, Arpachschad, Lud und Aram, Uz, Hul, Geter und Masch. ¹⁸Arpachschad war der Vater von Schelach. Schelach war der Vater von Eber. ¹⁹Eber hatte zwei Söhne. Der erste hieß Peleg, denn zu seiner Zeit wurde die Erde geteilt. Sein Bruder hieß Joktan. ²⁰Joktan war der Vater von Almodad, Schelef, Hazarmawet, Jerach, ²¹Hadoram, Usal, Dikla, ²²Obal, Abimaël, Saba, ²³Ofir,

---

1,4 So in der griech. Version (s. auch 1. Mose 5,3-32); im Hebr. fehlt die Wendung *Die Söhne Noahs waren.*
1,12 Hebr. *der Kasluhiter, aus denen die Philister hervorgingen, und der Kaftoriter;* s. auch Jeremia 47,4; Amos 9,7.

S Südreich Juda   N Nordreich Israel

Hawila und Jobab. Sie alle waren Nachkommen Joktans.

Von Sem bis Abraham
V.17-27: 1. Mose 11,10-26; Lukas 3,34-36
²⁴Sem, Arpachschad, Schelach*, ²⁵Eber, Peleg, Regu, ²⁶Serug, Nahor, Terach ²⁷und Abram, dessen Name später Abraham lautete.

Die Nachkommen Abrahams
V.28-31: 1. Mose 25,12-18
²⁸Die Söhne Abrahams waren Isaak und Ismael. ²⁹Und das sind ihre Nachkommen:
Der älteste Sohn Ismaels war Nebajot; seine weiteren Söhne waren Kedar, Adbeel, Mibsam, ³⁰Mischma, Duma, Massa, Hadad, Tema, ³¹Jetur, Nafisch und Kedma. Dies waren die Söhne Ismaels.
³²Die Söhne Keturas, der Nebenfrau Abrahams, waren Simran, Jokschan, Medan, Midian, Jischbak und Schuach. Die Söhne Jokschans waren Saba und Dedan. ³³Die Söhne Midians waren Efa, Efer, Henoch, Abida und Eldaa. Sie alle sind Söhne und Enkel von Ketura.

Die Nachkommen Isaaks
V.32.33: 1. Mose 25,1-4
³⁴Abraham war der Vater von Isaak. Die Söhne Isaaks waren Esau und Israel*.

Die Nachkommen Esaus
V.35-42: 1. Mose 36,1-30
³⁵Die Söhne Esaus waren Elifas, Reguël, Jëusch, Jalam und Korach. ³⁶Die Söhne Elifas waren Teman, Omar, Zefo, Gatam, Kenas, Timna und Amalek*. ³⁷Die Söhne Reguëls waren Nahat, Serach, Schamma und Misa.

Die ursprünglichen Einwohner von Edom
³⁸Die Söhne Seïrs waren Lotan, Schobal, Zibon, Ana, Dischon, Ezer und Dischan. ³⁹Die Söhne Lotans waren Hori und Hemam. Lotans Schwester hieß Timna. ⁴⁰Die Söhne Schobals waren Alwan, Manahat, Ebal, Schefi und Onam. Die Söhne Zibons waren Aja und Ana. ⁴¹Der Sohn Anas war Dischon. Die Söhne Dischons waren Hemdan, Eschban, Jitran und Keran. ⁴²Die Söhne Ezers waren Bilhan, Saawan und Akan*. Die Söhne Dischans* waren Uz und Aran.

Die Herrscher von Edom
1. Mose 36,31-43
⁴³Das waren die Könige, die in Edom herrschten, bevor es einen König in Israel gab:
Bela, der Sohn Beors, der von der Stadt Dinhaba aus regierte. ⁴⁴Als Bela starb, wurde Jobab, der Sohn Serachs aus der Stadt Bozra, König. ⁴⁵Als Jobab starb, wurde Huscham aus dem Gebiet der Temaniter König. ⁴⁶Als Huscham starb, wurde Hadad, der Sohn Bedads, König und regierte von der Stadt Awit aus. Er schlug die Midianiter im Gebiet von Moab. ⁴⁷Als Hadad starb, wurde Samla aus der Stadt Masreka König. ⁴⁸Als Samla starb, wurde Schaul aus der Stadt Rehobot am Fluss* König. ⁴⁹Als Schaul starb, wurde Baal-Hanan, der Sohn Achbors, König. ⁵⁰Als Baal-Hanan starb, wurde Hadad König und herrschte von der Stadt Pagu aus. Seine Frau war Mehetabel, die Tochter von Matred und Enkelin Me-Sahabs. ⁵¹Dann starb Hadad.
Die Oberhäupter der Stämme Edoms waren Timna, Alwa*, Jetet, ⁵²Oholibama, Ela, Pinon, ⁵³Kenas, Teman, Mibzar, ⁵⁴Magdiël und Iram. Das waren die Oberhäupter der Stämme Edoms.

Die Nachkommen Israels
V.1-15: Matthäus 1,2-6; Lukas 3,31-34

2 Die Söhne Israels waren Ruben, Simeon, Levi, Juda, Issachar, Sebulon, ²Dan, Josef, Benjamin, Naftali, Gad und Asser.

Die Nachkommen Judas
V.4-16: Rut 4,18-22
³Juda hatte drei Söhne von einer Tochter des Kanaaniters Schua. Sie hießen Er, Onan und Schela. Doch der älteste Sohn, Er, tat, was dem HERRN missfiel, deshalb ließ der HERR ihn sterben. ⁴Juda bekam noch zwei Söhne von Tamar, seiner Schwiegertochter. Ihre Namen waren Perez und Serach. Insgesamt hatte Juda also fünf Söhne. ⁵Die Söhne von Perez waren Hezron und Hamul. ⁶Die Söhne Serachs waren Simri, Etan, Heman, Kalkol und Darda – es waren insgesamt fünf. ⁷Achan*, der Sohn Karmis, brachte Unglück über Israel, indem er Beute für sich behielt, die dem HERRN geweiht war. ⁸Der Sohn Etans war Asarja.

1,24 In manchen griech. Handschriften heißt es *Arpachschad, Kainan, Schelach*. **1,34** *Israel* ist der Name, den Gott Jakob gab; s. 2,1; 5,1; 6,23; 7,29; 29,10. **1,36** In manchen griech. Handschriften steht ... *Kenas und Amalek, der ihm von seiner Nebenfrau Timna geboren wurde* (s. auch 1. Mose 36,12). **1,42a** So in vielen hebr. und griech. Handschriften (s. auch 1. Mose 36,27); in den meisten hebr. Handschriften steht *Jaakan*. **1,42b** Hebr. *Dischon*; vgl. 1,38 und den Paralleltext in 1. Mose 36,28. **1,48** Vermutlich ist hier der Euphrat gemeint. **1,51** So im Paralleltext in 1. Mose 36,40; im Hebr. steht *Alja*. **2,7** Hebr. *Achar*; vgl. Josua 7,1. *Achar* bedeutet »Unglück«.

1. & 2. CHRONIK

1–9	Die Herkunft des Volkes Israel
10–22	Das Königtum Davids
23–27	Ordnungen für Tempeldienst und Heer
28–29	Davids Lebensabschluss
1–9	Das Königtum Salomos und der Tempelbau
10–36	Das Königreich Juda bis zum Exil

2–3
Abstammungsverzeichnis von Hezron, Kaleb und David.

[Zeit der Könige und Propheten]

Von Judas Enkel Hezron bis zu David

⁹Die Söhne, die Hezron geboren wurden, waren Jerachmeel, Ram und Kaleb. ¹⁰Ram war der Vater von Amminadab, Amminadab war der Vater von Nachschon, dem Oberhaupt von Juda. ¹¹Nachschon war der Vater von Salmon und Salmon der Vater von Boas. ¹²Boas war der Vater von Obed und Obed der Vater von Isai. ¹³Isais erstgeborener Sohn war Eliab, sein zweiter Abinadab, sein dritter Schamma, ¹⁴sein vierter Netanel, sein fünfter Raddai, ¹⁵sein sechster Ozem und sein siebter Sohn war David. ¹⁶Ihre Schwestern hießen Zeruja und Abigal. Zeruja hatte drei Söhne; sie hießen Abischai, Joab und Asaël. ¹⁷Abigals Sohn hieß Amasa. Sein Vater war der Ismaeliter Jeter.

Die Nachkommen von Hezrons Sohn Kaleb

¹⁸Hezrons Sohn Kaleb hatte zwei Frauen, Asuba und Jeriot. Ihre Söhne hießen Jescher, Schobab und Ardon. ¹⁹Nach Asubas Tod heiratete Kaleb Efrata, und sie bekamen einen Sohn namens Hur. ²⁰Hur war der Vater von Uri und Uri der Vater von Bezalel.

²¹Als Hezron 60 Jahre alt war, heiratete er eine Tochter Machirs, des Vaters von* Gilead. Sie hatten einen Sohn namens Segub. ²²Segub war der Vater von Jaïr, der über 23 Zeltdörfer im Gebiet von Gilead herrschte. ²³Später eroberten die Geschuriter und Aramäer die Zeltdörfer Jaïrs und nahmen auch Kenat mit seinen 60 umliegenden Dörfern ein. Sie alle waren Nachkommen Machirs, des Vaters von Gilead. ²⁴Bald nachdem Hezron in der Stadt Kaleb-Efrata gestorben war, gebar ihm seine Frau Abija einen Sohn, der den Namen Aschhur erhielt. Aschhur war der Vater von Tekoa.

Die Nachkommen von Hezrons Sohn Jerachmeel

²⁵Die Söhne Jerachmeels, des ältesten Sohnes Hezrons, waren Ram, der Erstgeborene, dann Buna, Oren, Ozem und Ahija. ²⁶Jerachmeel hatte noch eine weitere Frau namens Atara. Sie war die Mutter von Onam.

²⁷Die Söhne Rams, des ältesten Sohnes Jerachmeels, waren Maaz, Jamin und Eker. ²⁸Die Söhne Onams waren Schammai und Jada. Die Söhne Schammais waren Nadab und Abischur. ²⁹Die Söhne von Abischur und seiner Frau Abihajil waren Achban und Molid. ³⁰Die Söhne Nadabs waren Seled und Appajim. Seled starb kinderlos, ³¹doch Appajim hatte einen Sohn namens Jischi. Der Sohn Jischis war Scheschan. Scheschan hat-

2,21 O. *der Gründer von*; so auch 2,23.24.42.44-45.49-52, wo es im Text *der Vater von* heißt.

te einen Sohn namens Achlai. ³²Die Söhne Jadas, Schammais Bruder, waren Jeter und Jonatan. Jeter starb kinderlos. ³³Jonatans Söhne waren Pelet und Sasa. Sie alle waren Nachkommen Jerachmeels.

³⁴Scheschan hatte keine Söhne, wohl aber Töchter. Und er hatte einen ägyptischen Knecht namens Jarha. ³⁵Scheschan gab seinem Knecht Jarha eine seiner Töchter zur Frau und sie hatten einen Sohn namens Attai. ³⁶Attai war der Vater von Nathan. Nathan war der Vater von Sabad. ³⁷Sabad war der Vater von Eflal. Eflal war der Vater von Obed. ³⁸Obed war der Vater von Jehu. Jehu war der Vater von Asarja. ³⁹Asarja war der Vater von Helez. Helez war der Vater von Elasa. ⁴⁰Elasa war der Vater von Sismai. Sismai war der Vater von Schallum. ⁴¹Schallum war der Vater von Jekamja und Jekamja war der Vater von Elischama.

Die Nachkommen von Hezrons Sohn Kaleb

⁴²Die Nachkommen Kalebs, des Bruders Jerachmeels: Der älteste Sohn war Mescha, der Vater von Sif, und der zweite Maresha*, der Vater von Hebron. ⁴³Die Söhne Hebrons waren Korach, Tappuach, Rekem und Schema. ⁴⁴Schemas Sohn hieß Raham, der Vater von Jorkoam. Rekems Sohn hieß Schammai. ⁴⁵Der Sohn Schammais war Maon und dieser war der Vater von Bet-Zur.

⁴⁶Kalebs Nebenfrau Efa gebar Haran, Moza und Gases. Harans Sohn hieß Gases. ⁴⁷Die Söhne Jahdais waren Regem, Jotam, Geschan, Pelet, Efa und Schaaf.

⁴⁸Maacha, eine andere Nebenfrau Kalebs, gebar Scheber und Tirhana. ⁴⁹Außerdem gebar sie Schaaf, den Vater Madmannas, und Schewa, den Vater Machbenas und Gibeas. Kaleb hatte aber auch eine Tochter namens Achsa. ⁵⁰Sie alle waren Nachkommen Kalebs.

Die Nachkommen von Kalebs Sohn Hur

Die Söhne Hurs, des ältesten Sohnes von Efrata, waren Schobal, der Vater von Kirjat-Jearim, ⁵¹Salmon, der Vater von Bethlehem, und Haref, der Vater von Bet-Gader. ⁵²Die Nachkommen Schobals, des Vaters von Kirjat-Jearim, waren Reaja sowie die Hälfte der Manahatiter. ⁵³In Kirjat-Jearim wohnten die Sippen der Jeteriter, Putiter, Schumatiter und Mischraiter, aus denen die Zoratiter und Eschtaoliter hervorgingen.

⁵⁴Die Nachkommen Salmons waren Bethlehem, die Netofatiter, Atrot-Bet-Joab und die Hälfte der Manahatiter, die Zoratiter ⁵⁵und die Sippen der Schreiber, die in Jabez wohnten – die Tiratiter, Schimatiter und Suchatiter. Sie alle waren Kiniter, die von Hammat, dem Vater der Rechabiter*, abstammten.

Die Nachkommen Davids
2. Samuel 3,2-5; 5,13-16; V.5-9: Kap.14,4-7

3 Dies waren die Söhne, die David in Hebron geboren wurden:
Der älteste Sohn war Amnon; seine Mutter war Ahinoam aus Jesreel. Der Zweitgeborene war Daniel*; seine Mutter war Abigajil aus Karmel. ²Der dritte Sohn war Absalom; seine Mutter war Maacha, die Tochter von Talmai, dem König von Geschur. Der vierte war Adonija; seine Mutter war Haggit. ³Der fünfte war Schefatja; seine Mutter war Abital. Der sechste war Jitream; seine Mutter war Davids Frau Egla. ⁴Diese sechs Söhne wurden David in Hebron geboren, wo er siebeneinhalb Jahre regierte.

Danach regierte David in Jerusalem weitere 33 Jahre lang. ⁵Dies waren die Söhne, die David in Jerusalem geboren wurden: Schammua, Schobab, Nathan und Salomo. Ihre Mutter war Batseba, die Tochter von Eliam. ⁶Doch David hatte noch neun weitere Söhne: Jibhar, Elischama*, Elifelet*, ⁷Nogah, Nefeg, Jafia, ⁸Elischama, Eljada, Elifelet. ⁹Dies waren die Söhne Davids, ohne die Söhne seiner Nebenfrauen. Ihre Schwester war Tamar.

Die Nachkommen Salomos
V.10-24: Matthäus 1,7-11

¹⁰Die Nachkommen Salomos in direkter Linie waren Rehabeam, Abija, Asa, Joschafat, ¹¹Joram, Ahasja, Joasch, ¹²Amazja, Asarja, Jotam, ¹³Ahas, Hiskia, Manasse, ¹⁴Amon und Josia. ¹⁵Die Söhne Josias waren Johanan, der älteste, dann der zweite Sohn Jojakim, der dritte Zedekia und der vierte Schallum. ¹⁶Jojakim hatte einen Sohn namens Jechonja* und dieser einen Sohn namens Zedekia.

Die Nachkommen Jechonjas

¹⁷Die Söhne Jechonjas*, der in Gefangenschaft geriet, waren Schealtiël, ¹⁸Malkiram, Pedaja, Schenazzar, Jekamja, Hoschama und Nedabja. ¹⁹Die Söhne Pedajas waren Serubbabel und Schimi. Die Söhne Serubbabels waren Meschullam und Hananja; ihre Schwester war Schelomit.

2,42 Hebr. unverständlich *und die Söhne Mareschas.*   2,55 O. *des Gründers von Bet-Rechab.*   3,1 Im Paralleltext 2. Samuel 3,3 steht *Kilab.*   3,6a In manchen hebr. und griech. Handschriften (s. auch 14,5-7 und 2. Samuel 5,15) steht *Elischua.*
3,6b O. *Elpelet;* vgl. den Paralleltext in 14,5-7.   3,16.17 Jechonja ist ein anderer Name für Jojachin.

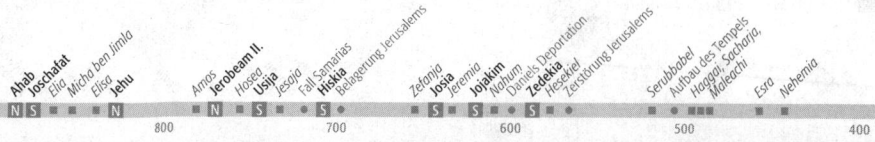

1. & 2. CHRONIK

1–9 Die Herkunft des Volkes Israel

10–22 Das Königtum Davids

23–27 Ordnungen für Tempeldienst und Heer

28–29 Davids Lebensabschluss

1–9 Das Königtum Salomos und der Tempelbau

10–36 Das Königreich Juda bis zum Exil

4–5
Abstammungsverzeichnis von Juda, Simeon und Ruben.

[Zeit der Könige und Propheten]

S Südreich Juda   N Nordreich Israel

---

²⁰Seine fünf weiteren Söhne hießen Haschuba, Ohel, Berechja, Hasadja und Juschab-Hesed. ²¹Die Söhne Hananjas waren Pelatja, Jeschaja, Refaja, Arnan, Obadja und Schechanja.* ²²Schechanjas Nachkommen waren Schemaja und seine Söhne Hattusch, Jigal, Bariach, Nearja und Schafat – zusammen sechs. ²³Die Söhne Nearjas waren Eljoënai, Hiskija und Asrikam – zusammen drei. ²⁴Die Söhne Eljoënais waren Hodawja, Eljaschib, Pelaja, Akkub, Johanan, Delaja und Anani – zusammen sieben.

Die Nachkommen Judas
V. 1-23: 4. Mose 26,19-22

4 Zu den Nachkommen Judas gehörten Perez, Hezron, Karmi, Hur und Schobal. ²Schobals Sohn Reaja hatte einen Sohn mit Namen Jahat. Jahats Söhne hießen Ahumai und Lahad. Das waren die Sippen der Zoratiter.
³Die Nachkommen von* Etam waren Jesreel, Jischma und Jidbasch; ihre Schwester hieß Hazlelponi; ⁴ferner Pnuël, der Vater von Gedor, und Eser, der Vater von Huscha. Das waren die Nachkommen Hurs, des Erstgeborenen Efratas, des Vaters von* Bethlehem.
⁵Aschhur, der Vater von Tekoa, hatte zwei Frauen; sie hießen Hela und Naara. ⁶Naara gebar ihm Ahusam, Hefer, Temni und Ahaschtari. Das waren die Söhne Naaras. ⁷Hela gebar Zeret, Sohar, Etnan und Koz. ⁸Die Söhne von Koz waren Anub und Zobeba; auch die Sippen Aharhels, des Sohnes Harums, stammten von ihm ab.
⁹Ein Mann namens Jabez aber war angesehener als alle seine Brüder. Seine Mutter nannte ihn Jabez*, denn sie sagte: »Ich habe ihn unter Schmerzen zur Welt gebracht.« ¹⁰Er war es, der zum Gott Israels betete: »Segne mich doch und erweitere mein Gebiet! Sei bei mir in allem, was ich tue, und bewahre mich vor allem Kummer und Schmerz!« Und Gott erfüllte ihm seine Bitte.
¹¹Kelub, der Bruder von Schuha, war der Vater von Mehir und dieser war der Vater von Eschton. ¹²Eschtons Söhne hießen Bet-Rafa, Paseach und Tehinna. Tehinna war der Vater der Stadt Nahasch. Das waren die Nachkommen Rechas.

3,21 Vers nach griech. Version korrigiert, da er im Hebr. unverständlich ist.   **4,3** So in der griech. Version; im Hebr. heißt es *Der Vater von*. Die Bedeutung des Hebr. ist unklar.   **4,4** O. *der Gründer von*; so auch gültig für V. 4 und in 4,5.11.12.17-18.21, wo es im Text *der Vater von* heißt.   **4,9** *Jabez* klingt wie das hebr. Wort für »Schmerz«.

¹³Die Söhne von Kenas waren Otniël und Seraja. Otniëls Söhne waren Hatat und Meonotai*. ¹⁴Der Sohn von Meonotai war Ofra. Der Sohn von Seraja war Joab, der Gründer des Tals der Zimmerleute. Es wurde sogenannt, weil seine Bewohner Zimmerleute waren.

¹⁵Die Söhne Kalebs, des Sohnes Jefunnes, waren Iru, Ela und Naam. Der Sohn Elas war Kenas.

¹⁶Die Söhne Jehallelels waren Sif, Sifa, Tirja und Asarel.

¹⁷Die Söhne Esras waren Jeter, Mered, Efer und Jalon. Mered heiratete die ägyptische Frau Bitja, die die Mutter von Mirjam, Schammai und Jischbach, dem Vater von Eschtemoa, wurde. ¹⁸Mered heiratete aber auch eine Frau aus Juda, die die Mutter von Jered, dem Vater von Gedor, Heber, dem Vater von Socho, und Jekutiël, dem Vater von Sanoach, wurde. Mereds ägyptische Frau hieß Bitja; sie war die Tochter des Pharaos.*

¹⁹Hodijas Frau war die Schwester von Naham. Einer ihrer Söhne war der Vater des Garmiters Keïla, der andere war der Maachatiter Eschtemoa.

²⁰Die Söhne Schimons waren Amnon und Rinna, Ben-Hanan und Tilon. Die Nachkommen Jischis waren Sohet und Ben-Sohet.

Die Nachkommen von Judas Sohn Schela

²¹Schela war ein Sohn Judas. Die Nachkommen Schelas waren Er, der Vater von Lecha, und Lada, der Vater von Marescha, die Sippen der Leinenweber* in Bet-Aschbea, ²²Jokim, die Einwohner von Koseba, Joasch und Saraf, die über Moab und Jaschubilehem herrschten. Alle diese Namen sind aus alten Berichten überliefert. ²³Alle diese Männer waren Töpfer, die in Netaim und Gedera lebten und für den König arbeiteten.

Die Nachkommen Simeons

4. Mose 26,12-14; V.28-30: Josua 15,26-31; V.28-33: Josua 19,2-8

²⁴Die Söhne Simeons waren Jemuël, Jamin, Jarib, Serach und Schaul. ²⁵Der Sohn Schauls war Schallum, dessen Sohn war Mibsam und dessen Sohn Mischma. ²⁶Der Sohn Mischmas war Hammuël, Hammuëls Sohn hieß Sakkur und dessen Sohn Schimi. ²⁷Schimi hatte sechzehn Söhne und sechs Töchter; seine Brüder hatten dagegen nicht viele Kinder. Deshalb wurde der Stamm Simeon niemals so groß wie der Stamm Juda.

²⁸Sie lebten in Beerscheba, Molada, Hazar-Schual, ²⁹Baala, Ezem, Eltolad, ³⁰Betuël, Horma, Ziklag, ³¹Bet-Markabot, Hazar-Susa, Bet-Biri und Schaarajim und herrschten über diese Städte bis zur Zeit König Davids. ³²Außerdem lebten sie in den fünf Städten Etam, Ajin, Rimmon, Tochen und Aschan ³³und den sie umgebenden Dörfern bis hin nach Baal*. Das war ihr Gebiet, und ihre Namen sind in den Geschlechtsregistern verzeichnet.

³⁴Ferner: Meschobab, Jamlech, Joscha, der Sohn Amazjas, ³⁵Joel, Jehu, der Sohn Joschibjas, des Sohnes Serajas, des Sohnes Asiëls, ³⁶Eljoënai, Jaakoba, Jeschohaja, Asaja, Adiël, Jesimiël, Benaja ³⁷und Sisa, der Sohn Schifis, des Sohnes Allons, des Sohnes Jedajas, des Sohnes Schimris, des Sohnes Schemajas; ³⁸das waren die Namen der führenden Männer ihrer Sippen und ihre Familien breiteten sich sehr aus. ³⁹Auf der Suche nach Weideland für ihre Herden zogen sie bis in das Gebiet von Gedor, östlich des Tales. ⁴⁰Dort fanden sie üppiges Weideland. Und das Land bot viel Raum, war ruhig und sicher. Einige von Hams Nachkommen hatten früher im Gebiet von Gedor gelebt. ⁴¹Doch während der Herrschaft König Hiskias von Juda fielen die Simeoniten ein und zerstörten die Zelte der Nachkommen Hams und die der Meüniter, die auch dort wohnten. Sie töteten* die Bewohner und nahmen das Land in Besitz – bis zum heutigen Tag; denn es gab dort Weideland für ihre Herden. ⁴²500 dieser Männer aus dem Stamm Simeon zogen zum Gebirge Seïr. Angeführt wurden sie von Pelatja, Nearja, Refaja und Usiël, den Söhnen von Jischi. ⁴³Sie töteten die wenigen Amalekiter, die überlebt hatten, und wohnen bis heute dort.

Die Nachkommen Rubens

4. Mose 26,5-7

5 Der älteste Sohn Israels war Ruben. Doch weil er mit einer der Nebenfrauen seines Vaters geschlafen hatte, wurde sein Erstgeburtsrecht auf die Söhne Josefs, des Sohnes Israels, übertragen. So ist Ruben im Geschlechtsregister nicht als erstgeborener Sohn verzeichnet. ²Die Nachkommen Judas wurden der mächtigste Stamm Israels, sodass einer von ihnen zum Herrscher des Volkes gewählt wurde; das Erstgeburtsrecht aber erhielt Josef.

4,13 So in manchen griech. Handschriften u. in der lat. Vulgata; im Hebr. fehlt die Wendung *und Meonotai*. **4,17 u. 18** Der Zusammenhang der V. 17 u. 18 ist im Hebr. unklar. Die vorliegende Übers. ist eine wahrscheinliche Annäherung. **4,21** Hebr. *Byssusbearbeiter*. **4,33** So im Hebr.; in manchen griech. Handschriften (s. auch Josua 19,8) heißt es *Baalat-Beer*. **4,41** Hebr. *und vollstreckten den Bann*. Mit dem hier gebrauchten hebr. Begriff ist die vollständige Übergabe von Dingen, Tieren o. Menschen an den HERRN gemeint, indem diese entweder vernichtet o. als Opfer dargebracht werden.

1. & 2. CHRONIK

1–9	Die Herkunft des Volkes Israel
10–22	Das Königtum Davids
23–27	Ordnungen für Tempeldienst und Heer
28–29	Davids Lebensabschluss
1–9	Das Königtum Salomos und der Tempelbau
10–36	Das Königreich Juda bis zum Exil

5–6
Abstammungsverzeichnis von Gad, den Stämmen östlich des Jordan und Levi.

[Zeit der Könige und Propheten]

³Die Söhne Rubens, des ältesten Sohnes Israels, waren Henoch, Pallu, Hezron und Karmi. ⁴Die Nachkommen Joels in direkter Linie waren Schemaja, Gog, Schimi, ⁵Micha, Reaja, Baal ⁶und Beera. Beera war das Oberhaupt des Stammes Ruben und wurde von König Tiglat-Pileser von Assyrien ins Exil verschleppt. ⁷Beeras Verwandte sind in ihrem Geschlechtsregister nach ihren Sippen verzeichnet: als erster Jëiël, dann Secharja ⁸und Bela, der Sohn des Asas, des Sohnes Schemas, des Sohnes Joels.

Der Stamm Ruben lebte in dem Gebiet, das sich von Aroër bis Nebo und Baal-Meon erstreckt. ⁹Weil sie so große Herden im Gebiet von Gilead hatten, breiteten sie sich nach Osten bis zum Rand der Wüste aus, die bis zum Euphrat reicht.

¹⁰Während der Herrschaft Sauls besiegten sie die Hagariter in einer Schlacht. Danach nahmen sie die Niederlassungen der Hagariter entlang der östlichen Grenze von Gilead in Besitz.

Die Nachkommen Gads
4. Mose 26,15-17

¹¹Ihnen gegenüber, im Gebiet von Baschan, lebten die Nachkommen Gads, die sich bis nach Salcha ausgebreitet hatten. ¹²Joel war das Oberhaupt in Baschan, Schafam sein Stellvertreter, danach folgten Janai und Schafat. ¹³Ihre Verwandten, die führenden Männer sieben weiterer Sippen, waren Michael, Meschullam, Scheba, Jorai, Jakan, Sia und Eber. ¹⁴Sie alle waren Nachkommen von Abihajil, der in direkter Linie von Huri, Jaroach, Gilead, Michael, Jeschischai, Jachdo und Bus abstammte. ¹⁵Ahi, der Sohn Abdiëls, der Sohn von Guni, war das Oberhaupt ihrer Sippen. ¹⁶Sie lebten im Gebiet von Gilead, in Baschan und seinen Dörfern und auf dem Weideland der Scharon-Ebene bis an ihre Grenze. ¹⁷Sie alle sind in den Geschlechtsregistern aus der Zeit König Jotams von Juda und König Jerobeams von Israel verzeichnet.

Die Stämme östlich des Jordan
V.23.24: 4. Mose 26,29-34

¹⁸Das Heer der Stämme Ruben, Gad und des halben Stammes Manasse zählte 44.760 erfahrene Krieger. Es waren kampferprobte Männer, mit Schilden, Schwertern und Bogen ausgerüstet. ¹⁹Diese zogen gegen die Hagariter und gegen die Heere von Jeter, Nafisch und Nodab in den Krieg. ²⁰In der Schlacht schrien sie zu Gott und er erhörte ihr Gebet, weil sie ihm vertrauten. So wurde ihnen geholfen und die Hagariter und ihre Verbündeten wurden geschlagen. ²¹Sie erbeuteten von ihnen 50.000 Kamele, 250.000 Schafe, 2.000 Esel und 100.000 Gefangene.

²²Viele ihrer Feinde kamen in der Schlacht um, denn der Krieg war von Gott ausgegangen. Danach lebten die Eroberer in diesem Gebiet, bis sie ins Exil verschleppt wurden.

²³Die eine Hälfte des Stammes Manasse breitete sich im Gebiet von Baschan bis nach Baal-Hermon, zum Senir und zum Berg Hermon aus. Dieser Teil des Stammes war sehr zahlreich. ²⁴Die Oberhäupter ihrer Sippen waren: Efer, Jischi, Eliël, Asriël, Jirmeja, Hodawja und Jachdiël – alles berühmte Krieger und führende Männer ihrer Sippen. ²⁵Doch sie waren dem Gott ihrer Väter nicht treu, sondern beteten stattdessen die Götter der Völker des Landes an, die Gott ihretwegen vernichtet hatte. ²⁶Deshalb berührte der Gott Israels die Gedanken König Puls von Assyrien, – das ist König Tiglat-Pileser von Assyrien –, sodass er die Rubeniter, Gaditer und den halben Stamm Manasse in die Gefangenschaft führte und sie nach Halach, an den Fluss Habor, nach Hara und zum Fluss Gosan schleppte, wo sie bis heute wohnen.

Die Familien der Priester
2. Mose 6,16-25; V.29-34: Kap.6,35-38; V.29-41: Esra 7,1-5

²⁷Die Söhne Levis waren Gerschon, Kehat und Merari. ²⁸Die Söhne Kehats waren Amram, Jizhar, Hebron und Usiël. ²⁹Die Kinder Amrams waren Aaron, Mose und Mirjam. Die Söhne Aarons waren Nadab, Abihu, Eleasar und Itamar.

³⁰Eleasar war der Vater von Pinhas. Pinhas war der Vater von Abischua. ³¹Abischua war der Vater von Bukki. Bukki war der Vater von Usi. ³²Usi war der Vater von Serachja. Serachja war der Vater von Merajot. ³³Merajot war der Vater von Amarja. Amarja war der Vater von Ahitub. ³⁴Ahitub war der Vater von Zadok. Zadok war der Vater von Ahimaaz. ³⁵Ahimaaz war der Vater von Asarja. Asarja war der Vater von Johanan. ³⁶Johanan war der Vater von Asarja – dieser war Priester in dem Tempel, den Salomo in Jerusalem bauen ließ. ³⁷Asarja war der Vater von Amarja. Amarja war der Vater von Ahitub. ³⁸Ahitub war der Vater von Zadok. Zadok war der Vater von Schallum. ³⁹Schallum war der Vater von Hilkija. Hilkija war der Vater von Asarja. ⁴⁰Asarja war der Vater von Seraja. Seraja war der Vater von Jozadak, ⁴¹der ins Exil verschleppt wurde, als der HERR das Volk von Juda und die Einwohner Jerusalems in die Hände Nebukadnezars gab.

Die Nachkommen Levis
2. Mose 6,16-25; V.1-48: 4. Mose 3,14-39

6 Die Söhne Levis waren Gerschon, Kehat und Merari. ²Die Söhne Gerschons hießen Libni und Schimi. ³Die Söhne Kehats waren Amram, Jizhar, Hebron und Usiël; ⁴die Söhne Meraris waren Machli und Muschi.

Im Folgenden sind die levitischen Sippen nach ihrer Abstammung aufgezählt:

⁵Die Nachkommen Gerschons in direkter Linie waren Libni, Jahat, Simma, ⁶Joach, Iddo, Serach und Jeotrai.

⁷Die Nachkommen Kehats in direkter Linie waren Amminadab, Korach, Assir, ⁸Elkana, Abiasaf, Assir, ⁹Tahat, Uriël, Usija und Schaul. ¹⁰Die Nachkommen Elkanas waren Amasai und Ahimot, ¹¹danach in direkter Linie Elkana, Zuf, Nahat, ¹²Eliab, Jeroham, Elkana und Samuel*. ¹³Die Söhne Samuels waren der Erstgeborene Joel* und der zweite Sohn Abija.

¹⁴Die Nachkommen Meraris in direkter Linie waren Machli, Libni, Schimi, Usa, ¹⁵Schima, Haggija und Asaja.

Die Musiker im Zelt Gottes
V.16-32: Kap.15,16-21; 25,1-31

¹⁶David beauftragte die folgenden Männer, den Gesang im Haus des HERRN zu leiten, nachdem die Lade dort einen festen Platz gefunden hatte. ¹⁷Sie dienten mit ihrem Gesang vor dem Zelt Gottes, bis Salomo später das Haus des HERRN in Jerusalem erbaute. Ihren Dienst verrichteten sie nach den Anweisungen, die sie erhalten hatten. ¹⁸Folgende Männer und ihre Söhne waren mit dieser Aufgabe betraut:

Der Sänger Heman gehörte der Sippe Kehats an. Seine Vorfahren in direkter Linie waren: Joel, Samuel, ¹⁹Elkana, Jeroham, Eliël, Tohu, ²⁰Zuf, Elkana, Mahat, Amasai, ²¹Elkana, Joel, Asarja, Zefanja, ²²Tahat, Assir, Abiasaf, Korach, ²³Jizhar, Kehat, Levi und Israel.

²⁴Hemans erster Gehilfe* war Asaf. Er stand zu seiner Rechten. Asafs Vorfahren in direkter Linie waren: Berechja, Schima, ²⁵Michael, Maaseja, Malkija, ²⁶Etni, Serach, Adaja, ²⁷Etan, Simma, Schimi, ²⁸Jahat, Gerschon und Levi.

²⁹Hemans zweiter Gehilfe war Etan aus der Sippe Meraris. Er stand zur Linken Hemans. Seine Vorfahren in direkter Linie waren: Kuschaja, Abdi, Malluch, ³⁰Haschabja, Amazja, Hilkija, ³¹Amzi, Bani, Schemer, ³²Machli, Muschi, Merari und Levi.

6,12 So in manchen griech. Handschriften (s. auch 6,18); im Hebr. fehlt die Wendung *und Samuel*. **6,13** So in manchen griech. Handschriften und in der syr. Version (s. auch 6,18 und 1. Samuel 8,2); im Hebr. steht *Waschni*. **6,24** Hebr. *Bruder*; auch in 6,29.

1. & 2. CHRONIK

1–9 Die Herkunft des Volkes Israel

10–22 Das Königtum Davids

23–27 Ordnungen für Tempeldienst und Heer

28–29 Davids Lebensabschluss

1–9 Das Königtum Salomos und der Tempelbau

10–36 Das Königreich Juda bis zum Exil

6–7
Abstammungsverzeichnis von Aaron, Issachar, Benjamin, Naftali und Josef.

[Zeit der Könige und Propheten]

S Südreich Juda **N** Nordreich Israel

---

³³Ihren Verwandten, ebenfalls Leviten, wurden verschiedene andere Aufgaben im Heiligtum, dem Haus Gottes, zugewiesen.

Die Nachkommen Aarons
V.35-38: Kap.5,29-34

³⁴Nur Aaron und seine Nachkommen brachten die Opfer auf dem Brandopferaltar dar und verbrannten Weihrauch auf dem Räucheropferaltar. Sie erfüllten alle Pflichten im Allerheiligsten. So erwirkten sie Versöhnung für Israel, wie es Mose, der Diener Gottes, ihnen geboten hatte.

³⁵Die Nachkommen Aarons in direkter Linie waren Eleasar, Pinhas, Abischua, ³⁶Bukki, Usi, Serachja, ³⁷Merajot, Amarja, Ahitub, ³⁸Zadok und Ahimaaz.

Die Wohnorte der Leviten
V.39-45: Josua 21,9-19; V.51-55: Josua 21,5.20-26; V.56-61: Josua 21,6.27-33; V.62-66: Josua 21,7.34-40

³⁹Dies ist ein Verzeichnis der Städte und Gebiete, die den Nachkommen Aarons aus der Sippe Kehats durch das Los zugewiesen wurden. ⁴⁰Dazu gehörten im Gebiet von Juda Hebron und das Weideland ringsum; ⁴¹aber das Ackerland und die zu Hebron gehörenden Dörfer fielen an Kaleb, den Sohn Jefunnes. ⁴²Die Nachkommen Aarons erhielten folgende Städte, jeweils mit dem dazugehörigen Weideland: die Zufluchtsstadt Hebron, Libna, Jattir, Eschtemoa, ⁴³Holon, Debir, ⁴⁴Aschan* und Bet-Schemesch. ⁴⁵Aus dem Gebiet von Benjamin erhielten sie Geba, Alemet und Anatot, auch jeweils mit dem dazugehörigen Weideland. Insgesamt erhielten die Nachkommen Aarons also 13 Städte. ⁴⁶Den übrigen Nachkommen Kehats wurden durch das Los zehn Städte aus dem Gebiet des halben Stammes Manasse zugewiesen.

⁴⁷Den Nachkommen Gerschons wurden durch das Los 13 Städte aus den Gebieten Issachars, Assers, Naftalis und aus dem zu Manasse gehörenden Gebiet Baschan zugewiesen.

⁴⁸Den Nachkommen Meraris wurden durch das Los die zwölf Städte aus den Gebieten Rubens, Gads und Sebulons zugewiesen.

⁴⁹Alle diese Städte und das dazugehörige Weideland gab das Volk Israel den Leviten. ⁵⁰Die oben erwähnten Städte in den Gebieten Judas, Simeons und Benjamins wurden durch das Los vergeben.

⁵¹Die übrigen Nachkommen Kehats erhielten folgende Städte aus dem Gebiet von Ephraim, ebenfalls mit dem dazugehörigen Weideland: ⁵²Sichem, eine Zufluchtsstadt im Gebirge Ephraim, Geser, ⁵³Kibzajim, Bet-Horon, ⁵⁴Ajalon

---

6,44 So im Hebr.; im Paralleltext Josua 21,16 steht *Ajin*.

und Gat-Rimmon. ⁵⁵Außerdem erhielten sie aus dem Gebiet des halben Stammes Manasse: Taanach und Jibleam, jeweils mit dem dazugehörigen Weideland.

⁵⁶Die Nachkommen Gerschons erhielten aus dem Gebiet des halben Stammes Manasse die Städte Golan in Baschan und Aschtarot, jeweils mit dem dazugehörigen Weideland. ⁵⁷Aus dem Gebiet von Issachar erhielten sie Kedesch, Daberat, ⁵⁸Ramot und En-Gannim, ebenfalls mit dem dazugehörigen Weideland. ⁵⁹Aus dem Gebiet von Asser erhielten sie Mischal, Abdon, ⁶⁰Helkat und Rehob, jeweils mit dem dazugehörigen Weideland. ⁶¹Aus dem Gebiet von Naftali erhielten sie Kedesch in Galiläa, Hammon und Kirjatajim, ebenfalls jeweils mit dem dazugehörigen Weideland.

⁶²Die übrigen Nachkommen Meraris erhielten aus dem Gebiet Sebulons die Städte* Rimmon und Tabor, jeweils mit dem dazugehörigen Weideland. ⁶³Vom Gebiet Rubens östlich des Jordan gegenüber von Jericho erhielten sie die Wüstenstadt Bezer, Jahaz, ⁶⁴Kedemot und Mefaat, jeweils mit dem dazugehörigen Weideland. ⁶⁵Aus dem Gebiet Gads erhielten sie Ramot in Gilead, Mahanajim, ⁶⁶Heschbon und Jaser, jeweils mit dem dazugehörigen Weideland.

Die Nachkommen Issachars
4. Mose 26,23-25

7 Die vier Söhne Issachars waren Tola, Puwa, Jaschub und Schimron. ²Die Söhne Tolas waren Usi, Refaja, Jeriël, Jachmai, Jibsam und Schemuël. Jeder von ihnen war das Oberhaupt einer Sippe. Zur Zeit König Davids betrug die Zahl der wehrfähigen Männer von den Nachkommen Tolas nach ihren Geschlechtsregistern 22.600.

³Der Sohn Usis war Jisrachja. Die Söhne Jisrachjas waren Michael, Obadja, Joel und Jischija. Diese fünf waren jeweils führende Männer ihrer Sippen. ⁴Nach den Geschlechtsregistern ihrer Sippen verfügten sie über ein Heer von 36.000 Mann, denn sie alle hatten viele Frauen und Söhne.

⁵Die Gesamtzahl der wehrfähigen Männer aus den Sippen des Stammes Issachar betrug 87.000. Sie alle waren in den Geschlechtsregistern verzeichnet.

Die Nachkommen Benjamins
Kap.8,1-28; 4. Mose 26,38-41

⁶Benjamins drei Söhne hießen Bela, Becher und Jediaël.

⁷Die Söhne Belas waren Ezbon, Usi, Usiël, Jerimot und Ir. Diese fünf waren führende Männer ihrer Sippen. Die Zahl der wehrfähigen Männer betrug 22.034. Sie alle waren in den Geschlechtsregistern verzeichnet.

⁸Die Söhne Bechers waren Semira, Joasch, Eliëser, Eljoënai, Omri, Jerimot, Abija, Anatot und Alemet; alle diese waren Söhne Bechers. ⁹Laut dem jeweiligen Geschlechtsregister ihrer Sippen gab es 20.200 wehrfähige Männer.

¹⁰Der Sohn Jediaëls war Bilhan. Die Söhne Bilhans waren Jëusch, Benjamin, Ehud, Kenaana, Setan, Tarsis und Ahischahar. ¹¹Sie alle waren Nachkommen Jediaëls und führende Männer ihrer Sippen und die Zahl der wehrfähigen Männer betrug 17.200 Mann, die mit dem Heer in den Krieg zogen.

¹²Die Söhne Irs waren Schuppim und Huppim. Huschim war der Sohn von Aher.

Die Nachkommen Naftalis
¹³Die Söhne Naftalis waren Jachzeel, Guni, Jezer und Schillem. Sie alle waren Nachkommen Bilhas.

Die Nachkommen Manasses
V.14-29; 4. Mose 26,28-37

¹⁴Die Söhne Manasses waren Asriël und Machir. Beide stammten von seiner aramäischen Nebenfrau. Machir war der Vater von* Gilead. ¹⁵Machir fand jeweils eine Frau für Huppim und Schuppim. Seine Schwester hieß Maacha und einer seiner Nachkommen war Zelofhad, der nur Töchter bekam. ¹⁶Machirs Frau Maacha bekam einen Sohn, den sie Peresch nannte. Der Name seines Bruders war Scheresch. Seine Söhne waren Ulam und Rekem. ¹⁷Der Sohn Ulams hieß Bedan. Sie alle sind Nachkommen von Gilead, dem Sohn von Machir, dem Sohn Manasses.

¹⁸Seine Schwester Molechet gebar Ischhod, Abiëser und Machla.

¹⁹Die Söhne Schemidas waren Achjan, Sichem, Likhi und Aniam.

Die Nachkommen Ephraims
²⁰Ephraim hatte einen Sohn namens Schutelach, nach ihm folgten in direkter Linie Bered, Tahat, Elada, Tahat, ²¹Sabad und Schutelach.

Zwei andere Söhne Ephraims hießen Eser und Elad. Diese wurden getötet, als sie versuchten, Vieh von den ortsansässigen Bauern bei Gat zu

---

6,62 In der griech. Version heißt es dann *Jokneam* und *Karta, Rimmon* ... (s. auch Josua 21,34). **7,14** O. *der Gründer von*.

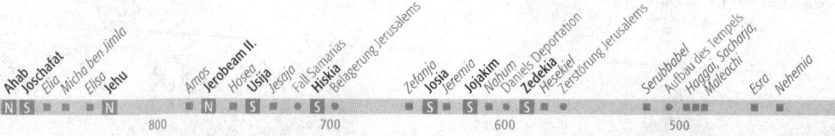

1. & 2. CHRONIK

1–9	Die Herkunft des Volkes Israel
10–22	Das Königtum Davids
23–27	Ordnungen für Tempeldienst und Heer
28–29	Davids Lebensabschluss
1–9	Das Königtum Salomos und der Tempelbau
10–36	Das Königreich Juda bis zum Exil

7–9
Abstammungsverzeichnis von Asser und Benjamin bis Saul. Bewohner Jerusalems nach dem Exil.

[Zeit der Könige und Propheten]

stehlen. ²²Ihr Vater Ephraim trauerte lange um sie und seine Verwandten kamen, um ihn zu trösten. ²³Danach schlief Ephraim wieder mit seiner Frau und sie wurde schwanger und bekam einen Sohn. Ephraim nannte ihn Beria*, wegen des Unglücks, das über seine Familie gekommen war.

²⁴Ephraim hatte eine Tochter namens Scheera. Sie erbaute das untere und das obere Bet-Horon und Usen-Scheera.

²⁵Zu Ephraims Nachkommen in direkter Linie gehörten Refach, Reschef, Telach, Tahan, ²⁶Ladan, Ammihud, Elischama, ²⁷Nun und Josua.

²⁸Der Besitz, den die Nachkommen Ephraims bewohnten, reichte in südlicher Richtung bis hin nach Bethel mit seinen umliegenden Ortschaften, in östlicher Richtung bis Naara, in westlicher Richtung bis Geser und seinen umliegenden Ortschaften und in nördlicher Richtung bis Schichem und seinen umliegenden Ortschaften, ja bis nach Aja mit seinen umliegenden Ortschaften. ²⁹Im Besitz der Nachkommen Manasses befanden sich die Städte Bet-Schean, Taanach, Megiddo und Dor, jeweils mit ihren umliegenden Ortschaften. In diesen Städten lebten die Nachkommen Josefs, des Sohnes Israels.

Die Nachkommen Assers
4. Mose 26,44-47

³⁰Die Söhne Assers waren Jimna, Jischwa, Jischwi und Beria. Sie hatten eine Schwester namens Serach. ³¹Die Söhne Berias waren Heber und Malkiël, der Vater von Birsajit. ³²Die Söhne Hebers waren Jaflet, Schemer und Hotam. Sie hatten eine Schwester namens Schua. ³³Die Söhne Jaflets waren Pasach, Bimhal und Aschwat; dies waren die Söhne Jaflets. ³⁴Die Söhne Schemers waren Ahi, Rohga, Hubba und Aram. ³⁵Die Söhne seines Bruders Hotam* waren Zofach, Jimna, Schelesch und Amal. ³⁶Die Söhne Zofachs waren Suach, Harnefer, Schual, Beri, Jimra, ³⁷Bezer, Hod, Schamma, Schilscha, Jitran* und Beera. ³⁸Die Söhne Jeters waren Jefunne, Pispa und Ara.

³⁹Die Söhne Ullas waren Arach, Hanniël und Rizja.

⁴⁰Jeder dieser Nachkommen Assers war der Anführer einer Sippe. Alle waren auserlesene, kampferprobte Krieger und berühmte Anführer. Unter diesen Nachkommen, die in den Registern für den Kriegsdienst eingetragen waren, befanden sich 26.000 Mann.

7,23 *Beria* klingt ähnlich wie das hebr. Wort für »Tragödie« oder »Unglück«. 7,35 Möglicherweise ein anderer Name für *Helem.* 7,37 Möglicherweise ein anderer Name für *Jeter*; vgl. 7,38.

Die Nachkommen Benjamins
Kap. 7,6-12; 4. Mose 26,38-41

8 Benjamins ältester Sohn hieß Bela, der zweite Aschbel, der dritte Achrach, ²der vierte Noha und der fünfte Rafa. ³Die Söhne Belas waren Ard, Gera*, Abihud, ⁴Abischua, Naaman, Ahoach, ⁵Gera, Schefufan und Huram.

⁶Die Söhne Ehuds, die führenden Männer der Sippen, die in Geba wohnten, wurden gefangen nach Manahat weggeführt. ⁷Es waren Naaman, Ahija und Gera. Gera, der Vater von Usa und Ahihud, führte sie in die Verbannung.

⁸Nachdem er sich von seinen Frauen Huschim und Baara getrennt hatte, bekam Schaharajim Kinder im Gebiet von Moab ⁹mit seiner Frau Hodesch. Sie gebar ihm Jobab, Zibja, Mescha, Malkam, ¹⁰Jëuz, Sacheja und Mirma. Alle diese Söhne waren führende Männer ihrer Sippen.

¹¹Schaharajims Frau Huschim hatte bereits Abitub und Elpaal geboren. ¹²Die Söhne Elpaals waren Eber, Mischam, Schemed – Schemed erbaute Ono und Lod mit den umliegenden Dörfern – ¹³sowie Beria und Schema. Diese beiden waren die führenden Männer der Sippen, die in Ajalon wohnten; sie vertrieben die Einwohner von Gat.

¹⁴Elpaal*, Schaschak, Jeremot, ¹⁵Sebadja, Arad, Eder, ¹⁶Michael, Jischpa und Joha waren Berias Söhne.

¹⁷Sebadja, Meschullam, Hiski, Heber, ¹⁸Jischmerai, Jislia und Jobab waren die Söhne Elpaals.

¹⁹Jakim, Sichri, Sabdi, ²⁰Eliënai, Zilletai, Eliël, ²¹Adaja, Beraja und Schimrat waren die Söhne Schimis.

²²Jischpan, Eber, Eliël, ²³Abdon, Sichri, Hanan, ²⁴Hananja, Elam, Antotija, ²⁵Jifdeja und Pnuël waren die Söhne Schaschaks.

²⁶Schamscherai, Scheharja, Atalja, ²⁷Jaareschja, Elija und Sichri waren die Söhne Jerohams.

²⁸Diese waren als führende Männer ihrer Sippen in den Geschlechtsregistern verzeichnet. Sie lebten in Jerusalem.

Die Familie und Nachkommen Sauls
Kap. 9,35-44

²⁹In Gibeon lebte Jëiël*, der Vater von* Gibeon. Der Name seiner Frau war Maacha, ³⁰und sein ältester Sohn hieß Abdon. Jëiëls weitere Söhne waren Zur, Kisch, Baal, Ner*, Nadab, ³¹Gedor, Achjo, Secher und Miklot*. ³²Miklot war der Vater von Schima. Sie alle wohnten mit ihren Familien nahe beieinander in Jerusalem.

³³Ner war der Vater von Kisch und Kisch war der Vater von Saul. Saul war der Vater von Jonatan, Malkischua, Abinadab und Eschbaal. ³⁴Jonatan war der Vater von Merib-Baal. Merib-Baal war der Vater von Micha. ³⁵Micha war der Vater von Piton, Melech, Tachrea und Ahas. ³⁶Ahas war der Vater von Joadda. Joadda war der Vater von Alemet, Asmawet und Simri. Simri war der Vater von Moza, ³⁷danach folgten in direkter Linie Bina, Refaja, Elasa und Azel. ³⁸Azel hatte sechs Söhne. Sie hießen Asrikam, Bochru, Jischmael, Schearja, Obadja und Hanan. Dies waren die Söhne Azels. ³⁹Azels Bruder Eschek hatte drei Söhne: Der älteste Sohn war Ulam, der zweite Jëusch und der dritte Elifelet. ⁴⁰Die Söhne Ulams waren alle kampferprobte Krieger und sehr gute Bogenschützen. Sie hatten viele Söhne und Enkel – insgesamt 150. Das waren die Nachkommen Benjamins.

9 Alle Namen der Israeliten wurden in einem Geschlechtsregister eingetragen und im Buch der Könige von Israel aufgeschrieben.

Die Bewohner Jerusalems nach der Zeit des Exils
V.2-9: Nehemia 11,1-9; V.10-13: Nehemia 11,10-14;
V.14-34: Vgl. Kap. 25; 26; Nehemia 11,15-23

Die Bewohner von Juda wurden nach Babylon verschleppt, weil sie Gott untreu geworden waren. ²Die Ersten, die aus dem Exil zurückkehrten und sich wieder auf ihrem Besitz in den Städten ansiedelten, waren einfache Leute*. Mit ihnen kamen Priester, Leviten und Tempeldiener. ³In Jerusalem ließen sich Angehörige aus den Stämmen Juda, Benjamin, Ephraim und Manasse nieder:

⁴Es war Utai, der Sohn Ammihuds, der Sohn Omris, der Sohn Imris, der Sohn Banis, eines Nachkommen von Perez, dem Sohn Judas. ⁵Aus der Sippe der Schelaniter waren es der erstgeborene Sohn Asaja und seine Söhne. ⁶Aus der Sippe der Serachiter war es Jëuël. Insgesamt kehrten 690 Familien aus dem Stamm Juda zurück.

⁷Aus dem Stamm Benjamin waren es Sallu, der Sohn Meschullams, des Sohnes Hodawjas, des Sohnes Senuas, ⁸und Jibneja, der Sohn Jerohams, und Ela, der Sohn Usis, des Sohnes Michris, und Meschullam, der Sohn Schefatjas, des Sohnes

---

8,3 Möglicherweise *Gera, der Vater von Ehud*; vgl. 8,6 u. Richter 3,15.   **8,14** Hebr. *Achjo*.   **8,29a** Der Name *Jëiël* wurde in Anlehnung an 9,35 ergänzt (dies entspricht der griech. Version).   **8,29b** O. *der Gründer von*.   **8,30** Der Name *Ner* wurde in Anlehnung an 9,36 ergänzt (dies entspricht der griech. Version).   **8,31** Der Name *Miklot* wurde in Anlehnung an 9,37 ergänzt (dies entspricht der griech. Version und einigen anderen alten Übersetzungen).   **9,2** Hebr. *Israeliten*.

1. & 2. CHRONIK

1–9 Die Herkunft des Volkes Israel

10–22 Das Königtum Davids

23–27 Ordnungen für Tempeldienst und Heer

28–29 Davids Lebensabschluss

1–9 Das Königtum Salomos und der Tempelbau

10–36 Das Königreich Juda bis zum Exil

9–10
Bewohner Jerusalems nach dem Exil. Sauls Familie, Tod und Untreue.

[Zeit der Könige und Propheten]

Reguëls, des Sohnes Jibnijas. [9]Alle diese Männer waren Anführer ihrer Sippen; sie wurden im Geschlechtsregister verzeichnet. Insgesamt kehrten 956 Familien zurück.

[10]Von den Priestern waren es Jedaja, Jojarib, Jachin [11]und Asarja, der Sohn Hilkijas, des Sohnes Meschullams, des Sohnes Zadoks, des Sohnes Merajots, des Sohnes Ahitubs. Asarja war der Hohe Priester im Haus Gottes. [12]Außerdem waren es Adaja, der Sohn Jerohams, des Sohnes Paschhurs, des Sohnes Malkijas, und Masai, der Sohn Adiëls, des Sohnes Jachseras, des Sohnes Meschullams, des Sohnes Meschillemots, des Sohnes Immers. [13]Sie waren führende Männer ihrer Sippen und äußerst fähige Männer, die im Haus Gottes dienten. Insgesamt kehrten 1.760 Familien zurück, die zu den Sippen der Priester gehörten.

[14]Von den Leviten waren es Schemaja, der Sohn Haschubs, des Sohnes Asrikams, des Sohnes Haschabjas, ein Nachkomme von Merari, [15]und Bakbukja, Heresch, Galal, Mattanja, der Sohn Michas, des Sohnes Sichris, des Sohnes Asafs, [16]und Abda, der Sohn Schammuas, des Sohnes Galals, des Sohnes Jedutuns, und Berechja, der Sohn Asas, des Sohnes Elkanas, der in den Dörfern der Netofatiter lebte.

[17]Von den Torhütern waren es Schallum, Akkub, Talmon und Ahiman. Schallum war der oberste Torhüter. [18]Und bis heute sind sie für das Königstor auf der Ostseite verantwortlich. Diese Männer bewachten als Torhüter die Lager der Leviten. [19]Schallum war der Sohn Kores, ein Nachkomme Abiasafs aus der Sippe Korachs. Er und seine Verwandten, die Korachiter, waren dafür verantwortlich, den Eingang zum Zelt Gottes zu bewachen, so wie schon ihre Vorfahren den Eingang zum Lager des HERRN bewacht hatten. [20]Früher hatte Pinhas, der Sohn Eleasars, die Aufsicht über die Torhüter, und der HERR war mit ihm gewesen. [21]Später war Secharja, der Sohn Meschelemjas, für den Eingang zum Zelt Gottes verantwortlich gewesen.

[22]Insgesamt betrug die Zahl der Torhüter 212 und sie wurden in die Geschlechtsregister ihrer Dörfer eingetragen. David und der Seher Samuel hatten ihre Vorfahren in ihr Amt eingesetzt. [23]Diese Torhüter und ihre Nachkommen bewachten die Eingänge zum Zelt Gottes sowie später zum Haus des HERRN. [24]Die Torhüter waren auf allen vier Seiten aufgestellt – im Osten, im Westen, im Norden und im Süden. [25]Von Zeit zu Zeit kamen ihre Verwandten aus den Dörfern, um jeweils sieben Tage mit ihnen zusammen Dienst zu tun.

[26]Nur die vier obersten Torhüter, auch sie waren Leviten, waren zu ständiger Anwesenheit

S Südreich Juda N Nordreich Israel

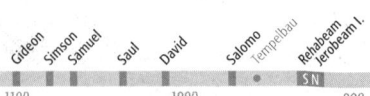

verpflichtet, denn sie waren für die Räume und Schatzkammern im Haus Gottes zuständig. ²⁷Sie verbrachten die Nacht in der Umgebung des Hauses Gottes, denn sie hatten die Aufgabe, es zu bewachen und jeden Morgen die Tore zu öffnen.

²⁸Einige der Torhüter waren verantwortlich für die verschiedenen Geräte, die im Gottesdienst gebraucht wurden. Sie wurden von ihnen abgezählt hinein- und herausgetragen. ²⁹Andere waren für die Ausstattungsgegenstände, die Geräte im Heiligtum und für die Vorräte an feinem Mehl, Wein, Öl, Weihrauch und Gewürzen zuständig. ³⁰Und einige der Priester stellten die wohlriechenden Salböle her. ³¹Der Levit Mattitja, der älteste Sohn des Korachiters Schallum, war mit der Herstellung des Backwerks* betraut. ³²Angehörige der Sippe Kehats beaufsichtigten die Zubereitung der Schaubrote* für jeden Sabbat.

³³Die Sänger, die zugleich führende Männer der Leviten waren, wohnten in den Räumen vom Haus Gottes. Sie waren von allen anderen Aufgaben befreit, weil sie ständig im Dienst waren. ³⁴Alle diese Männer wohnten in Jerusalem. Sie waren die Oberhäupter levitischer Sippen und in den Geschlechtsregistern verzeichnet.

Die Familie und Nachkommen Sauls
Vgl. 8,29-38

³⁵Jëiël, der Vater von* Gibeon, lebte in Gibeon. Der Name seiner Frau war Maacha ³⁶und sein ältester Sohn hieß Abdon. Jëiëls weitere Söhne waren Zur, Kisch, Baal, Ner, Nadab, ³⁷Gedor, Achjo, Secher und Miklot. ³⁸Miklot war der Vater von Schima. Sie alle wohnten mit ihren Familien nahe beieinander in Jerusalem.

³⁹Der Sohn Ners war Kisch, Kisch war der Vater von Saul. Saul war der Vater von Jonatan, Malkischua, Abinadab und Eschbaal. ⁴⁰Jonatan war der Vater von Merib-Baal. Merib-Baal war der Vater von Micha. ⁴¹Die Söhne Michas waren Piton, Melech, Tachrea und Ahas*. ⁴²Ahas war der Vater von Joadda*. Joadda war der Vater von Alemet, Asmawet und Simri. Simri war der Vater von Moza, ⁴³danach folgten in direkter Linie Bina, Refaja, Elasa und Azel. ⁴⁴Azel hatte sechs Söhne. Sie hießen Asrikam, Bochru, Jischmael, Schearja, Obadja und Hanan. Das waren Azels Söhne.

Der Tod König Sauls
Vgl. 1. Samuel 31

10 Die Philister griffen Israel an und schlugen die Israeliten in die Flucht. Unzählige fielen auf den Hängen des Gebirges Gilboa. ²Die Philister verfolgten Saul und seine Söhne und töteten Jonatan, Abinadab und Malkischua, die Söhne Sauls. ³Um Saul tobte der Kampf besonders heftig, und die Bogenschützen der Philister drangen zu ihm durch und verwundeten ihn schwer. ⁴Da sagte Saul zu seinem Waffenträger: »Nimm dein Schwert und töte mich, bevor diese unbeschnittenen Philister kommen und mich demütigen.« Aber sein Waffenträger hatte Angst und wollte es nicht tun. Da nahm Saul sein Schwert und stürzte sich hinein. ⁵Als der Waffenträger sah, dass Saul tot war, stürzte auch er sich ins Schwert und starb. ⁶So starben Saul und drei seiner Söhne, und das war das Ende seines Hauses.

⁷Als die Israeliten, die in der Ebene wohnten, sahen, dass ihr Heer geflohen und Saul und seine Söhne tot waren, verließen sie ihre Städte und flohen. Da kamen die Philister und besetzten die Städte.

⁸Am nächsten Tag kehrten die Philister zurück, um die Toten auszurauben. Dabei fanden sie die Leichen Sauls und seiner Söhne im Gebirge Gilboa. ⁹Sie zogen Saul aus, schlugen ihm den Kopf ab und nahmen seine Rüstung. Dann schickten sie Boten in alle Teile des Landes und ließen sie die Siegesnachricht von Sauls Tod ihren Götzen und dem ganzen Volk verkünden. ¹⁰Sie legten seine Rüstung in dem Haus ihrer Götter nieder und hängten seinen Kopf an dem Tempel des Gottes Dagon auf.

¹¹Doch als die Einwohner von Jabesch in Gilead hörten, was die Philister Saul angetan hatten, ¹²zogen ihre Krieger aus und holten die Leichen Sauls und seiner Söhne nach Jabesch. Dann nahmen sie ihre Gebeine und begruben sie unter der Eiche bei Jabesch und fasteten sieben Tage lang.

¹³Saul starb, weil er dem HERRN untreu geworden war. Er wollte dem Wort des HERRN nicht gehorchen und befragte sogar den Geist eines Toten, ¹⁴anstatt den HERRN um Rat zu bitten. Deshalb ließ der HERR ihn sterben und gab sein Königreich David, dem Sohn Isais.

9,31 Es wurde für die Speiseopfer gebraucht. **9,32** In diesem Fall bedeutet das übersetzt *Schichtbrote*. **9,35** O. *der Gründer von*. **9,41** Der Name *Ahas* wurde in Anlehnung an 8,35 ergänzt (dies entspricht auch einigen alten Übersetzungen wie z.B. der syr. Version und der latein. Vulgata). **9,42** So in manchen hebr. Handschriften und in der griech. Version (s. auch 8,36); im Hebr. steht *Jara*.

1. & 2. CHRONIK

1–9	Die Herkunft des Volkes Israel
10–22	Das Königtum Davids
23–27	Ordnungen für Tempeldienst und Heer
28–29	Davids Lebensabschluss
1–9	Das Königtum Salomos und der Tempelbau
10–36	Das Königreich Juda bis zum Exil

11–12
Davids Salbung zum König und Eroberung Jerusalems. Davids Krieger und Anhänger.

[Zeit der Könige und Propheten]

David wird König über ganz Israel
Vgl. 2. Samuel 5,1-3

11 Da kamen alle Israeliten zu David nach Hebron und sagten: »Wir alle gehören zu deinem Volk. ²Schon lange, selbst als Saul noch König war, hast du das Heer Israels im Kampf angeführt. Und der HERR, dein Gott, hat dir zugesagt: ›Du wirst wie ein Hirte mein Volk Israel führen und wirst der Anführer meines Volkes Israel sein.‹« ³Und so schloss König David bei Hebron vor dem HERRN einen Bund mit den Ältesten Israels. Und sie salbten ihn zum König über Israel, wie der HERR es durch Samuel vorausgesagt hatte.

David erobert Jerusalem
Vgl. 2. Samuel 5,6-10

⁴Danach führte David die Israeliten nach Jerusalem, das damals Jebus hieß, wo zu dieser Zeit noch die Jebusiter lebten. ⁵»Hier werdet ihr nie hereinkommen«, höhnten die Jebusiter. Doch David eroberte die Festung Zion, die heutige Stadt Davids.
⁶David sagte zu seinen Männern: »Wer die Jebusiter als Erster angreift, soll mein Heerführer werden.« Da griff Joab, der Sohn von Zeruja, als Erster an und wurde dadurch Heerführer.
⁷David machte die Festung zu seinem Wohnsitz; darum nannte man sie Stadt Davids. ⁸Er baute weitere Befestigungen rund um die Stadt, vom Millo aus ins umliegende Land hinein. Joab baute die restliche Stadt wieder auf. ⁹Und David wurde immer mächtiger, weil der HERR, der Allmächtige, mit ihm war.

Davids berühmteste Krieger
Vgl. 2. Samuel 23,8-17; vgl. 27,1-15

¹⁰Das sind die berühmtesten Krieger Davids, die treu zu ihm standen und gemeinsam mit dem ganzen Volk beschlossen, David zu ihrem König zu machen, wie es der HERR Israel gesagt hatte. ¹¹Das Folgende ist ein Verzeichnis der berühmtesten Krieger Davids:
Der erste war der Hachmoniter Joschobam; er war der Oberste der »Drei«*. Einmal tötete er mit seinem Speer in einer einzigen Schlacht 300 Mann.
¹²Der zweite unter den »Dreien« war Eleasar, der Sohn Dodos, ein Nachkomme Ahoachs. ¹³Einmal kämpfte er an Davids Seite in der

---

11,11 So in manchen griech. Handschriften (s. auch 2. Samuel 23,8); im Hebr. heißt es *Befehlshaber über die Dreißig* oder *Befehlshaber der Hauptleute*. Mit *Drei* sind die drei größten Krieger von David gemeint.

S Südreich Juda   N Nordreich Israel

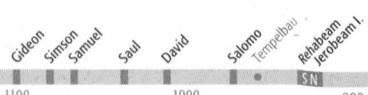

Schlacht gegen die Philister bei Pas-Dammim. Die Schlacht fand auf einem Gerstenfeld statt. Nachdem die Israeliten geflohen waren, [14]behaupteten Eleasar und David ihren Platz mitten auf dem Feld, und es gelang ihnen, die Philister zu schlagen. So schenkte der HERR den Israeliten einen großen Sieg.

[15]Einmal, als David sich an dem Felsen bei der Höhle Adullam aufhielt, lagerte das Heer der Philister im Tal von Refaïm. Drei von Davids 30 berühmtesten Kriegern gingen zu David hinab. [16]David hielt sich damals in der Bergfestung auf, und ein Posten der Philister hatte die Stadt Bethlehem besetzt. [17]Da sagte David sehnsüchtig zu seinen Männern: »Wer holt mir Wasser aus dem Brunnen am Tor in Bethlehem?« [18]Da drangen die drei in das Lager der Philister ein, schöpften etwas Wasser aus dem Brunnen am Tor in Bethlehem und brachten es David. Doch er weigerte sich, davon zu trinken, sondern goss es als Trankopfer für den HERRN aus. [19]»Mein Gott bewahre mich davor, dass ich davon trinke!«, rief er. »Dieses Wasser ist so kostbar wie das Blut dieser Männer, die ihr Leben aufs Spiel gesetzt haben, um es mir zu holen.« Darum weigerte er sich, davon zu trinken. Diese Heldentat vollbrachten die drei Krieger.

Davids 30 berühmte Krieger
Vgl. 2. Samuel 23,18-39

[20]Joabs Bruder Abischai war der Anführer der »Dreißig«*. Er tötete mit seinem Speer 300 Feinde. Er gehörte aber nicht zu den drei berühmtesten Kriegern. [21]Abischai war der Berühmteste der »Dreißig« und wurde ihr Anführer, aber an die »Drei« reichte er nicht heran.

[22]Benaja, der Sohn Jojadas, war ein tapferer Krieger aus Kabzeel, der große Taten vollbrachte. Er tötete zwei der stärksten Krieger* Moabs. Ein anderes Mal verfolgte er einen Löwen, der in einen Brunnen hineingefallen war. Er stieg hinab und tötete ihn, trotz Schnee und schlüpfrigem Boden. [23]Wieder ein anderes Mal tötete er, lediglich mit einem Stock bewaffnet, einen ägyptischen Krieger, der fünf Ellen* groß war. Dieser verteidigte sich mit einem Speer so dick wie ein Weberbaum. Benaja rang dem Ägypter den Speer aus der Hand und tötete ihn damit. [24]Das sind einige der Taten Benajas, des Sohnes Jojadas, und er genoss hohes Ansehen unter den »Dreißig«. [25]Er wurde höher geachtet als die anderen Mitglieder der »Dreißig«, aber an die »Drei« reichte er nicht heran. David machte ihn zum Anführer seiner Leibwache.

[26]Die berühmten Krieger waren: Asaël, der Bruder von Joab; Elhanan, der Sohn Dodos, aus Bethlehem; [27]Schammot aus Harod*; Helez aus Pelet; [28]Ira, der Sohn Ikkeschs, aus Tekoa; Abiëser aus Anatot; [29]Sibbechai aus Huscha; Ilai* aus Ahoach; [30]Mahrai aus Netofa; Heled, der Sohn Baanas, aus Netofa; [31]Ittai, der Sohn Ribais, aus Gibea im Gebiet Benjamins; Benaja aus Piraton; [32]Hiddai aus Nahale-Gaasch*; Abiël* aus Araba; [33]Asmawet aus Bahurim; Eljachba aus Schaalbon; [34]die Söhne von Jaschen aus Gison; Jonatan, der Sohn Schages, aus Harar; [35]Ahiam, der Sohn Sachars*, aus Harar; Elifal, der Sohn Urs; [36]Hefer aus Mechera; Ahija aus Palon; [37]Hezro aus Karmel; Naarai, der Sohn Esbais; [38]Joel, der Bruder Nathans; Mibhar, der Sohn Hagris; [39]Zelek aus Ammon; Nachrai aus Beerot, der Waffenträger Joabs, des Sohnes Zerujas; [40]Ira und Gareb aus Jattir; [41]der Hetiter Uria; Sabad, der Sohn Achlais; [42]der Rubeniter Adina, der Sohn Schisas, einer der führenden Männer des Stammes Ruben, der dreißig Mann unter sich hatte; [43]Hanan, der Sohn Maachas; Joschafat aus Mitni; [44]Usija aus Aschtarot; Schama und Jehiël, die Söhne Hotams, aus Aroër; [45]Jediaël, der Sohn Schimris; Joha, sein Bruder, aus Tiz; [46]Eliël aus Mahawim; Jeribai und Joschawja, die Söhne Elnaams; der Moabiter Jitma; [47]Eliël, Obed und Jaasiël aus Zoba.

Die Männer, die sich David anschlossen
V.24-41: Vgl.11,1-3; 2. Samuel 5,1-3;
V.25-38: 1. Mose 35,23-26

12 Folgende Männer schlossen sich David in Ziklag an, als er sich vor Saul, dem Sohn Kischs, verbarg. Sie gehörten zu den Kriegern, die an seiner Seite kämpften. [2]Alle waren erfahrene Bogenschützen und konnten sowohl mit der rechten als auch mit der linken Hand Steine schleudern und Pfeile abschießen.

Vom Stamm Benjamin aus der Sippe Sauls kamen: [3]Ahiëser, ihr Anführer, und Joasch, die Söhne Schemaas aus Gibea; Jesiël und Pelet, die Söhne Asmawets; Beracha und Jehu aus Anatot; [4]Jischmaja aus Gibeon, ein berühmter Krieger und Anführer der »Dreißig«; [5]Jirmeja, Jahasiël, Johanan und Josabad aus Gedera; [6]Elusai, Jerimot, Bealja, Schemarja und Schefatja aus Haruf;

11,20 So in der syr. Version; im Hebr. steht *der Drei*; so auch in 11,21. Mit der Kurzform »Dreißig« sind die 30 berühmten Krieger Davids gemeint. **11,22** Hebr. *die zwei Gotteslöwen*. **11,23** Das entspricht ca. 2,5 m. **11,27** Im Paralleltext 2. Samuel 23,25 heißt es *Schamma aus Harod*. **11,29** Im Paralleltext 2. Samuel 23,28 steht *Zalmon*. **11,32a** O. *aus dem Tal von Gaasch*. **11,32b** Im Paralleltext 2. Samuel 23,31 steht *Abialbon*. **11,35** Im Paralleltext 2. Samuel 23,33 steht *der Sohn Scharars*.

1. & 2. CHRONIK

1–9 Die Herkunft des Volkes Israel

10–22 Das Königtum Davids

23–27 Ordnungen für Tempeldienst und Heer

28–29 Davids Lebensabschluss

1–9 Das Königtum Salomos und der Tempelbau

10–36 Das Königreich Juda bis zum Exil

12–13
Davids Anhänger. David bringt die Bundeslade zu Obed-Edom.

[Zeit der Könige und Propheten]

⁷Elkana, Jischija, Asarel, Joëser und Joschobam aus der Sippe Korachs; ⁸Joëla und Sebadja, die Söhne Jerohams aus Gedor.

⁹Auch einige berühmte Krieger aus dem Stamm Gad liefen zu David über, als er sich in einer Bergfestung in der Wüste aufhielt. Sie waren kampferprobte Krieger, mit Schild und Speer bewaffnet, kämpften wie Löwen und waren flink wie Gazellen in den Bergen. ¹⁰Eser war ihr Anführer, Obadja war der Zweite in der Rangordnung, Eliab war der Dritte, ¹¹Mischmanna war der Vierte, Jirmeja war der Fünfte, ¹²Attai war der Sechste, Eliël war der Siebte, ¹³Johanan war der Achte, Elsabad war der Neunte, ¹⁴Jirmeja war der Zehnte und Machbannai war der Elfte. ¹⁵Diese Gaditer waren alle Heerführer. Noch der Schwächste von ihnen konnte es mit hundert Kriegern aufnehmen und der Stärkste nahm es sogar mit tausend auf. ¹⁶Sie überquerten den Jordan zu Beginn des Jahres, wenn der Fluss Hochwasser führt, und vertrieben alle Bewohner der Täler westlich und östlich des Ufers.

¹⁷Auch aus den Stämmen Benjamin und Juda kamen einige Männer zu David in die Bergfestung. ¹⁸David ging ihnen entgegen und sagte: »Wenn ihr in Frieden kommt und mir helfen wollt, will ich euch gerne aufnehmen. Wenn ihr aber gekommen seid, um mich an meine Feinde zu verraten, obwohl ich ohne Schuld bin, wird es der Gott unserer Vorfahren sehen und euch dafür strafen.« ¹⁹Da kam der Geist über Amasai, der später Anführer der »Dreißig« wurde, und er sagte: »Wir gehören zu dir, David! Wir stehen auf deiner Seite, Sohn Isais. Friede und Wohlergehen dir und Friede allen, die dich unterstützen, denn dein Gott hilft dir!« Da nahm David sie auf und machte sie zu Anführern seiner Truppen.

²⁰Auch aus dem Stamm Manasse liefen einige Männer zu David über und schlossen sich ihm an, als er auf der Seite der Philister gegen Saul kämpfen sollte. Doch dazu kam es nicht, denn nachdem sie sich beraten hatten, schickten die Philister David und seine Leute zurück. Sie sagten sich: »Es könnte uns den Kopf kosten, wenn er zu Saul, seinem früheren Herrn, überlaufen würde.«

²¹Dies sind die Männer aus dem Stamm Manasse, die zu David überliefen, als er nach Ziklag zurückkehrte: Adnach, Josabad, Jediaël, Michael, Josabad, Elihu und Zilletai. Jeder von ihnen war Anführer über tausend Mann aus dem Stamm Manasse. ²²Sie halfen David bei der Verfolgung von Räuberbanden, denn sie waren alle kampffahrene Krieger und wurden Anführer in seinem Heer. ²³Jeden Tag stießen weitere Männer zu

David, bis er über ein riesiges Heer verfügte, groß wie das Heer Gottes.

²⁴Im Folgenden sind die Zahlen der Krieger angegeben, die sich David in Hebron anschlossen. Sie wollten ihm zu Sauls Thron verhelfen, wie der HERR es befohlen hatte.

²⁵Aus dem Stamm Juda waren es 6.800 Mann, für den Kampf gerüstet und bewaffnet mit Schild und Speer.

²⁶Aus dem Stamm Simeon waren es 7.100 kampfbereite Krieger.

²⁷Aus dem Stamm Levi waren es 4.600 Mann, ²⁸dazu noch Jojada, das Oberhaupt der Sippe Aarons, mit 3.700 Mann, ²⁹und Zadok, ein junger Krieger, mit 22 Angehörigen seiner Sippe, die alle Anführer waren.

³⁰Aus dem Stamm Benjamin, den Stammesbrüdern Sauls, kamen 3.000 Krieger. Doch der größte Teil des Stammes hielt damals noch treu zum Haus Sauls.

³¹Aus dem Stamm Ephraim waren es 20.800 Krieger, die alle angesehene Männer in ihren Sippen waren.

³²Vom halben Stamm Manasse kamen 18.000 Männer, die namentlich dazu ausgewählt wurden, David den Thron zu erobern.

³³Aus dem Stamm Issachar waren es 200 führende Männer mit ihren Leuten. Sie hatten ein Gespür für den Lauf der Geschichte und wussten, was das Beste für Israel war.

³⁴Aus dem Stamm Sebulon kamen 50.000 Krieger, die mit dem Heer auszogen, alle voll bewaffnet, kampfbereit und David treu ergeben.

³⁵Aus dem Stamm Naftali waren es 1.000 Anführer und 37.000 Krieger, bewaffnet mit Schild und Speer.

³⁶Aus dem Stamm Dan waren es 28.600 Krieger, alle zum Kampf bereit.

³⁷Aus dem Stamm Asser waren es 40.000 Krieger, die mit dem Heer auszogen, alle zum Kampf bereit.

³⁸Aus dem Gebiet östlich des Jordan – wo die Stämme Ruben und Gad und der halbe Stamm Manasse wohnten – kamen 120.000 Mann, ausgerüstet mit allen Waffen zur Schlacht.

³⁹Alle diese Männer kamen kampfbereit in geordneten Truppen nach Hebron mit dem Ziel, David zum König über ganz Israel zu machen. Auch die übrigen Israeliten teilten diesen Wunsch mit ihnen. ⁴⁰Drei Tage lang blieben sie bei David, aßen und tranken mit ihm, denn ihre Familien versorgten sie mit allem, was sie brauchten. ⁴¹Auch die Bewohner aus den umliegenden Gebieten, sogar aus Issachar, Sebulon und Naftali, schafften Nahrungsmittel auf Eseln, Kamelen, Maultieren und Rindern heran. Riesige Vorräte an Mehl, Feigenkuchen, Rosinen, Wein, Öl, Rindern und Schafen wurden gebracht; denn in Israel herrschte große Freude.

David versucht die Bundeslade zu holen
Vgl. 2. Samuel 6,1-11

13 David beriet sich mit seinen führenden Männern und allen Anführern, die 100 oder 1.000 Krieger unter sich hatten. ²Dann wandte er sich an die versammelten Israeliten: »Wenn ihr einverstanden seid und wenn es der Wille des HERRN, unseres Gottes, ist, wollen wir allen Israeliten im Land, einschließlich der Priester und Leviten in ihren Städten und Dörfern, Boten schicken und sie auffordern, sich hier bei uns zu versammeln. ³Wir wollen die Lade unseres Gottes, um die wir uns während der Herrschaft Sauls nicht gekümmert haben, heimholen.«

⁴Die ganze Versammlung stimmte zu, denn es überzeugte sie. ⁵Also ließ David ganz Israel zusammenrufen, von einem Ende des Landes zum anderen*, um die Lade Gottes aus Kirjat-Jearim zu holen. ⁶Dann zog David mit allen Israeliten nach Baala, das auch Kirjat-Jearim genannt wird, im Gebiet von Juda, um die Lade Gottes von dort zu holen, die den Namen des HERRN trägt, der über den Cherubim thront. ⁷Sie schafften die Lade Gottes aus dem Haus Abinadabs heraus und stellten sie auf einen neuen Wagen, den Usa und Achjo lenkten. ⁸David und das ganze Volk von Israel tanzten begeistert vor Gott; sie sangen und spielten auf Zithern, Harfen, Tamburinen, Zimbeln und Trompeten.

⁹Doch als sie zur Tenne von Kidon kamen, stolperten die Rinder, und Usa streckte die Hand aus, um die Lade festzuhalten. ¹⁰Da wurde der HERR zornig auf Usa, und er tötete ihn, weil er die Lade berührt hatte. So starb Usa in der Gegenwart Gottes. ¹¹David war empört, dass der HERR Usa so aus dem Leben gerissen hatte. Er nannte den Ort Perez-Usa*. Diesen Namen trägt er noch heute.

¹²David bekam an jenem Tag Angst vor Gott und er fragte sich: »Wie kann ich die Lade Gottes jemals zu mir holen?« ¹³Und er beschloss, die Lade nicht in die Stadt Davids zu bringen. Er brachte sie stattdessen in das Haus von Obed-Edom aus Gat. ¹⁴Die Lade Gottes blieb drei Monate bei der Familie von Obed-Edom und der HERR segnete ihn und sein ganzes Haus.

13,5 Hebr. *vom Schihor Ägyptens bis Hamat.* **13,11** D.h. *Entreißung Usas.*

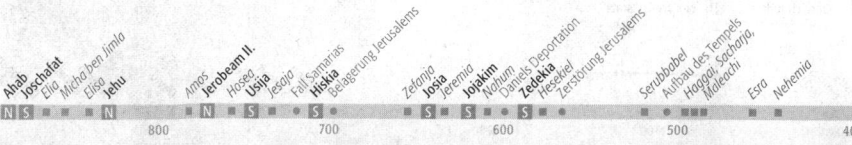

1. & 2. CHRONIK

1–9	Die Herkunft des Volkes Israel
10–22	Das Königtum Davids
23–27	Ordnungen für Tempeldienst und Heer
28–29	Davids Lebensabschluss
1–9	Das Königtum Salomos und der Tempelbau
10–36	Das Königreich Juda bis zum Exil

14–16
Davids Sieg über die Philister. Transport der Bundeslade nach Jerusalem.

[Zeit der Könige und Propheten]

S Südreich Juda   N Nordreich Israel

Davids Familie und sein Palast
Vgl. 2. Samuel 5,11-16; V.4-7: Vgl. 3,5-9

14 Hiram, der König von Tyrus, schickte Boten zu David. Sie kamen zusammen mit Steinmetzen und Zimmerleuten, die ihm einen Palast bauen sollten. Hiram schickte ihm außerdem Zedernstämme als Bauholz. ²Daran erkannte David, dass der HERR ihn als König über Israel bestätigt und sein Königtum seinem Volk Israel zuliebe groß gemacht hatte.

³David nahm sich in Jerusalem noch weitere Frauen und bekam noch viele Söhne und Töchter. ⁴Das sind die Namen von Davids Söhnen, die in Jerusalem geboren wurden: Schammua, Schobab, Nathan, Salomo, ⁵Jibhar, Elischua, Elpelet, ⁶Nogah, Nefeg, Jafia, ⁷Elischama, Beeljada und Elifelet.

David besiegt die Philister
Vgl. 2. Samuel 5,17-25

⁸Als die Philister hörten, dass David zum König über ganz Israel gesalbt worden war, kamen sie mit ihrem ganzen Heer, um ihn in ihre Gewalt zu bringen. Aber David erfuhr davon und zog ihnen entgegen. ⁹Die Philister kamen und schlugen ihr Lager im Tal Refaïm auf. ¹⁰Da fragte David Gott: »Soll ich hinausgehen und mit den Philistern kämpfen? Wirst du sie in meine Hand geben?« Und der HERR antwortete: »Ja, geh hinaus. Ich sorge dafür, dass du sie besiegen wirst.«

¹¹Da zog David mit seinen Truppen nach Baal-Perazim und besiegte die Philister. »Gott hat es getan!«, rief David. »Er hat mich wie eine wütende Flut durch die Reihen meiner Feinde brechen lassen!« Und er nannte den Ort Baal-Perazim*. ¹²Die Philister hatten ihre Götzen* dort zurückgelassen, und David befahl, sie im Feuer zu verbrennen.

¹³Doch schon bald darauf kehrten die Philister zurück und schlugen ihr Lager wieder im Tal Refaïm auf. ¹⁴Und auch diesmal befragte David Gott. »Greif sie nicht von vorn an«, antwortete Gott, »sondern umgehe sie und überfalle sie vom Bakawald aus. ¹⁵Sobald du in den Wipfeln der Bakabäume ein Geräusch hörst, das wie Schritte klingt, dann greif an! Das wird das Zeichen sein, dass Gott vor dir hergezogen ist, um das Heer der Philister zu schlagen.« ¹⁶David tat, was Gott ihm befohlen hatte, und besiegte das Heer der Philister von Gibeon bis nach Geser.

¹⁷Auf diese Weise breitete Davids Ruhm sich aus, und der HERR sorgte dafür, dass alle Völker sich vor ihm fürchteten.

14,11 D.h. *der Herr, der hindurchbraust.* **14,12** Hebr. *ihre Götter;* vgl. den Paralleltext in 2. Samuel 5,21.

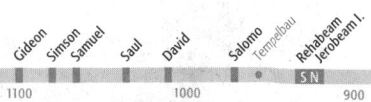

Vorbereitungen für den Transport der Bundeslade

V.16-21: Vgl.6,16-32; 25;1-31

15 David ließ mehrere Häuser für sich in der Stadt Davids bauen. Er bestimmte auch einen Platz für die Lade Gottes und ließ dort ein Zelt für sie aufstellen. ²Dann ordnete er an: »Niemand darf die Lade Gottes tragen außer den Leviten. Der HERR hat sie dazu erwählt, die Lade des HERRN zu tragen und ihm für immer zu dienen.«

³Dann rief er alle Israeliten nach Jerusalem, um die Lade des HERRN an den Ort zu bringen, den er für sie vorbereitet hatte. ⁴Und er ließ auch folgende Nachkommen Aarons* und Leviten kommen:

⁵120 Mann aus der Sippe Kehats, mit Uriël als Anführer.

⁶220 Mann aus der Sippe Meraris, mit Asaja als Anführer.

⁷130 Mann aus der Sippe Gerschons, mit Joel als Anführer.

⁸200 Mann aus der Sippe Elizafans, mit Schemaja als Anführer.

⁹80 Mann aus der Sippe Hebrons, mit Eliël als Anführer.

¹⁰112 Mann aus der Sippe Usiëls, mit Amminadab als Anführer.

¹¹Außerdem rief David die Priester Zadok und Abjatar und die Leviten Uriël, Asaja, Joel, Schemaja, Eliël und Amminadab zu sich. ¹²Er sagte zu ihnen: »Ihr seid die Oberhäupter der Leviten. Damit ihr die Lade des HERRN, des Gottes Israels, zusammen mit den anderen Leviten an den Ort bringen könnt, den ich für sie vorbereitet habe, sollt ihr euch alle vorher für diesen Dienst reinigen. ¹³Beim ersten Mal seid ihr nicht dabei gewesen, und der HERR, unser Gott, hat uns dafür bestraft, weil wir ihn nicht so geehrt haben, wie es richtig gewesen wäre.« ¹⁴Da reinigten sich die Priester und Leviten, damit sie die Lade des HERRN, des Gottes Israels, nach Jerusalem bringen konnten. ¹⁵Dann trugen die Leviten die Lade Gottes mithilfe der Tragestangen auf ihren Schultern, wie der HERR es Mose vorgeschrieben hatte.

¹⁶David befahl den Oberhäuptern der Leviten, aus ihrem Stamm Sänger auszusuchen, die voller Freude singen und auf Zithern, Harfen und Zimbeln spielen sollten. ¹⁷Die Leviten übertrugen Heman, dem Sohn Joels, Asaf, dem Sohn Berechjas, und Etan, dem Sohn Kuschajas aus der Sippe Meraris die Leitung. ¹⁸Folgende Männer sollten sie unterstützen: Secharja, Jaasiël, Schemiramot, Jehiël, Unni, Eliab, Benaja, Maaseja, Mattitja, Elifelehu, Mikneja und die Torhüter Obed-Edom und Jëiël.

¹⁹Die Sänger Heman, Asaf und Etan sollten die bronzenen Zimbeln schlagen; ²⁰Secharja, Jaasiël, Schemiramot, Jehiël, Unni, Eliab, Maaseja und Benaja die Zither spielen*; ²¹Mattitja, Elifelehu, Mikneja, Obed-Edom, Jëiël und Asaja die Harfen*. ²²Kenanja, der Oberste der Leviten, wurde wegen seiner Begabung zum Vorsänger bestimmt.

²³Berechja und Elkana bewachten die Lade. ²⁴Die Priester Schebanja, Joschafat, Netanel, Amasai, Secharja, Benaja und Eliëser bliesen die Trompeten, während sie vor der Lade Gottes hergingen. Obed-Edom und Jehija waren ebenfalls Wächter der Lade.

Die Bundeslade wird nach Jerusalem gebracht

Vgl. 2. Samuel 6,12-19

²⁵David, die Ältesten Israels und die Anführer des israelitischen Heeres zogen zum Haus Obed-Edoms, um die Bundeslade des HERRN in einem festlichen Zug nach Jerusalem zu holen. ²⁶Und weil Gott den Leviten beistand, die die Bundeslade des HERRN trugen, opferte man sieben Stiere und sieben Widder. ²⁷David trug ein Gewand aus feinem Linen*, ebenso die Leviten, die die Lade trugen, wie auch die Sänger und der Vorsänger Kenanja. Außerdem trug David einen leinenen Priesterschurz. ²⁸So brachten alle Israeliten die Bundeslade des HERRN unter großem Jubel nach Jerusalem, begleitet vom Schall der Posaunen und Trompeten und unter dem Klang von Zimbeln, Harfen und Zithern.

²⁹Doch als die Bundeslade des HERRN in die Stadt Davids getragen wurde, schaute Michal, die Tochter Sauls, aus dem Fenster. Sie sah, wie König David hüpfte und tanzte, und verachtete ihn dafür.

V. 1-3: 2. Samuel 6,17-19

16 Die Lade Gottes wurde in das Zelt gebracht, das David eigens für sie hatte errichten lassen, und dort in die Mitte gestellt. Dann brachten sie Gott Brand- und Friedensopfer dar. ²Danach segnete David das Volk im Na-

---

15,4 Damit sind die Priester gemeint, denn nur die *Nachkommen Aarons* durften nach dem Gesetz den Priesterdienst ausüben. **15,20** Im Hebr. heißt es weiter *gemäß den Alamoth*, wahrscheinlich ein Begriff aus der Musik. Die Bedeutung des Hebr. ist unklar. **15,21** Im Hebr. heißt es weiter *gemäß den Scheminith*, wahrscheinlich ein Begriff aus der Musik. Die Bedeutung des Hebr. ist unklar. **15,27** Hebr. *aus Byssus*.

1. & 2. CHRONIK

1–9	Die Herkunft des Volkes Israel
10–22	Das Königtum Davids
23–27	Ordnungen für Tempeldienst und Heer
28–29	Davids Lebensabschluss
1–9	Das Königtum Salomos und der Tempelbau
10–36	Das Königreich Juda bis zum Exil

16–17
Freude über die Gegenwart Gottes in Jerusalem. David soll kein Haus für Gott bauen.

[Zeit der Könige und Propheten]

men des HERRN. ³Und er verteilte Geschenke an alle Israeliten, an jeden Mann und jede Frau: einen Laib Brot, einen Dattelkuchen* und einen Rosinenkuchen.
⁴David wählte einige Leviten aus, die vor der Lade des HERRN dienen sollten, indem sie den HERRN, den Gott Israels, rühmen, preisen und loben. ⁵Ihr Leiter war Asaf und sein Stellvertreter Secharja. Ihnen zur Seite standen Jaasiël, Schemiramot, Jehiël, Mattitja, Eliab, Benaja, Obed-Edom und Jëiël. Sie spielten auf den Harfen und Zithern und Asaf ließ die Zimbeln erklingen. ⁶Die Priester Benaja und Jahasiël bliesen die ganze Zeit die Trompete vor der Bundeslade des HERRN.

Davids Loblied
Vgl. Psalm 105,1-15; 96; 106,1.47-48
⁷An jenem Tag beauftragte David zum ersten Mal Asaf und die anderen Leviten den HERRN zu preisen. Und sie sangen:
⁸»Dankt dem HERRN und verkündet seinen Namen.
Erzählt allen Völkern von seinen Taten.
⁹Singt ihm und spielt ihm ein Lied zur Ehre.
Erzählt von allen seinen Wundern.
¹⁰Freut euch über seinen heiligen Namen.
Alle, die zum HERRN beten, sollen fröhlich sein!
¹¹Sucht den HERRN und seine Macht,
sucht seine Gegenwart alle Zeit.
¹²Denkt an seine mächtigen Taten,
an seine Wunder und Urteile, die er fällte,
¹³ihr Nachkommen Israels, seines Dieners,
ihr Nachkommen Jakobs, seine Auserwählten.
¹⁴Er ist der HERR, unser Gott,
dessen Urteile sich über die ganze Erde erstrecken.
¹⁵Er steht zu seinem Bund*,
zu dem Versprechen, das für tausend Generationen gilt.
¹⁶Diesen Bund schloss er mit Abraham
und schwor Isaak den Eid.
¹⁷Jakob bestätigte er ihn als feste Ordnung,
ja ganz Israel als ewig gültiges Bündnis
¹⁸und sprach: ›Ich will dir das Land Kanaan zum Erbe geben.‹
¹⁹Das sagte er, als sie noch wenige waren,
eine kleine Schar in einem fremden Land.
²⁰Sie wanderten von Volk zu Volk
und von einem Königreich zum anderen.
²¹Doch er ließ nicht zu, dass sie unterdrückt wurden,
und zu ihrer Hilfe warnte er die Könige:

16,3 Die Bedeutung des Hebr. ist unklar.   16,15 So in manchen griech. Handschriften (s. auch Psalm 105,8); im Hebr. heißt es *gedenkt seines Bundes auf ewig*.

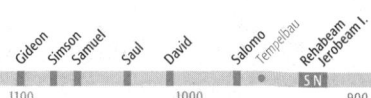

²²›Rührt dieses Volk nicht an, das ich erwählt habe,
und fügt meinen Propheten kein Leid zu.‹
²³Die ganze Erde singe dem HERRN!
Verkündet täglich, dass er uns rettet.
²⁴Erzählt den Völkern von seinen Taten
und sagt allen, welche Wunder er tut!
²⁵Denn der HERR ist groß und sehr zu loben!
Mehr als alle anderen Götter ist er zu fürchten.
²⁶Die Götter anderer Völker sind nur Götzen,
der HERR aber hat den Himmel gemacht!
²⁷Ehre und Herrlichkeit umgeben ihn,
Macht und Freude erfüllen seine Wohnung.
²⁸Ihr Völker der Welt, gebt dem HERRN Ehre,
unterstellt euch seiner Macht.
²⁹Gebt dem HERRN die Ehre, die ihm zusteht!
Bringt eure Opfer dar und kommt vor sein Angesicht.
Betet den HERRN in seiner heiligen Herrlichkeit an.
³⁰Die ganze Erde soll vor ihm erbeben.
Die Erde ist fest gegründet und kann nicht einstürzen.
³¹Der Himmel freue sich und die Erde juble!
Erzählt allen Völkern, dass der HERR allein König ist.
³²Das Meer und alles, was darin ist, soll seinen Ruhm verkünden!
Die Felder und alles, was darauf wächst,
³³und auch die Bäume des Waldes sollen sich vor dem HERRN freuen,
denn er kommt, um die Erde zu richten.
³⁴Dankt dem HERRN, denn er ist gut
und seine Gnade bleibt ewig bestehen.
³⁵Ruft laut: ›Rette uns, Gott, unser Befreier!
Sammle und rette uns aus den Völkern,
damit wir deinen heiligen Namen preisen
und uns freuen, dass wir dich loben können.‹
³⁶Gelobt sei der HERR, der Gott Israels,
bis in alle Ewigkeit!«
Und das ganze Volk rief »Amen!« und lobte den HERRN.

Ordnung des Gottesdienstes in Jerusalem und Gibeon

³⁷David ordnete an, dass Asaf und die anderen Leviten ständig vor der Bundeslade des HERRN Dienst tun und die täglichen Aufgaben verrichten sollten. ³⁸Dazu gehörten auch Obed-Edom und 68 weitere Leviten. Obed-Edom, der Sohn Jedutuns, und Hosa dienten als Torhüter.

³⁹Den Priester Zadok und die anderen Priester ließ er weiterhin ihren Dienst im Heiligtum des HERRN auf dem Hügel bei Gibeon versehen. ⁴⁰Sie brachten dem HERRN jeden Morgen und Abend auf dem dafür bestimmten Altar die Brandopfer dar, wie es dem Gesetz, das der HERR Israel gegeben hatte, entsprach. ⁴¹Außerdem ließ David Heman, Jedutun und andere, die dazu ausgewählt und namentlich bestimmt worden waren, in Gibeon, damit sie mit ihrem Gesang den HERRN loben, weil seine Gnade niemals endet. ⁴²Sie begleiteten die Lieder zur Ehre Gottes mit Trompeten, Zimbeln und anderen Musikinstrumenten. Die Söhne Jedutuns wurden zu Torhütern ernannt.

⁴³Dann kehrten alle nach Hause zurück, und auch David kehrte heim, um seine Familie zu begrüßen.

Die Zusage des HERRN für David
Vgl. 2. Samuel 7,1-16; vgl. 22,7-10; 28,2-7

17 Als David in seinem Palast wohnte, ließ er den Propheten Nathan rufen. »Sieh doch«, sagte er, »ich lebe hier in diesem herrlichen Palast aus Zedern und die Bundeslade des HERRN steht in einem Zelt.« ²Nathan antwortete: »Verwirkliche, was du vorhast, denn Gott ist mit dir.«

³Doch noch in derselben Nacht sprach Gott zu Nathan: ⁴»Geh zu meinem Diener David und sag ihm: ›So spricht der HERR: Nicht du sollst mir das Haus bauen, in dem ich wohne. ⁵Seit dem Tag, an dem ich die Israeliten aus Ägypten herausgeführt habe, habe ich noch nie in einem Tempel gewohnt. Bis heute ist meine Wohnung immer ein Zelt gewesen, mit dem ich von einem Ort zum anderen zog. ⁶Und ich habe mich nie bei den Richtern Israels, den Hirten meines Volkes Israel, darüber beklagt. Ich habe sie nie gefragt: Warum habt ihr mir kein Haus aus Zedern gebaut?‹

⁷Darum sollst du jetzt meinem Diener David ausrichten: ›So spricht der HERR, der Allmächtige: Ich habe dich zum Herrscher über mein Volk Israel gemacht, als du noch draußen auf dem Feld die Schafe gehütet hast. ⁸Ich bin mit dir gewesen, was immer du unternommen hast, und habe alle deine Feinde vernichtet. Und ich habe deinen Namen berühmt gemacht; er gehört zu den Namen der Großen auf Erden. ⁹Meinem Volk Israel werde ich eine Heimat geben, einen sicheren Ort, an dem ihm nichts geschieht. Es wird sein Land sein, in dem feindliche Völker es nicht mehr unterdrücken dürfen, wie es bisher der Fall war, ¹⁰seit der Zeit, in der ich Richter ernannte, die über mein Volk herrschen sollten. Und ich will dir alle deine Feinde unterwerfen.

Und nun kündige ich dir an, dass der HERR dir ein Haus bauen wird. ¹¹Denn wenn du stirbst, werde ich einen deiner Nachkommen als deinen Nachfolger einsetzen und werde sein Königtum

1. & 2. CHRONIK

1–9	Die Herkunft des Volkes Israel
10–22	Das Königtum Davids
23–27	Ordnungen für Tempeldienst und Heer
28–29	Davids Lebensabschluss
1–9	Das Königtum Salomos und der Tempelbau
10–36	Das Königreich Juda bis zum Exil

17–19
Davids Königtum hat für immer Bestand. David festigt seine Herrschaft gegenüber den Nachbarvölkern. Krieg gegen die Ammoniter.

[Zeit der Könige und Propheten]

festigen. ¹²Er wird dann für mich ein Haus bauen. Und ich werde seiner Herrschaft für immer Bestand geben. ¹³Ich will sein Vater sein und er soll mein Sohn sein. Ich will ihm meine Gnade nie entziehen, wie ich sie deinem Vorgänger entzogen habe. ¹⁴Ich werde ihn für alle Zeit über mein Königshaus und mein Königreich setzen und sein Thron wird für immer feststehen.‹«

Davids Dankgebet
Vgl. 2. Samuel 7,17-29

¹⁵Nathan berichtete David alles, was der HERR ihm gesagt hatte. ¹⁶Da ging König David hinein, setzte sich vor dem HERRN nieder und betete: »Wer bin ich, HERR, mein Gott, und was ist meine Familie, dass du mich so weit gebracht hast? ¹⁷Und jetzt, mein Gott, gibst du mir und meinen Nachkommen zu allem anderen auch noch eine Zusage, die bis in die ferne Zukunft reicht. Du redest mit mir, wie mit jemandem, der etwas ganz Besonderes ist*, HERR, mein Gott! ¹⁸Was kann ich noch zu dir sagen, da du mir so viel Ehre erweist? Du kennst mich genau. ¹⁹Mir zuliebe und weil es dein Wille war, HERR, hast du all dies Große getan und es mich erkennen lassen.

²⁰HERR, keiner ist dir gleich und es gibt keinen anderen Gott. Wir haben nie auch nur von einem anderen Gott wie dir gehört. ²¹Welches andere Volk auf Erden ist wie dein Volk Israel? Welches andere Volk, mein Gott, hast du aus der Sklaverei erlöst und zu deinem eigenen Volk erwählt? Du hast dir einen Namen gemacht, als du dein Volk aus Ägypten gerettet hast. Du hast große und Furcht erregende Wunder vollbracht und die Völker, die sich ihm in den Weg stellten, vertrieben. ²²Du hast Israel auf ewig zu deinem Volk gemacht, und du, HERR, bist sein Gott geworden.

²³Und jetzt, HERR, tu, was du mir und meiner Familie zugesagt hast, und lass diese Zusage für alle Zeiten Bestand haben. ²⁴Dann wird dein Name als zuverlässig gelten für immer groß sein, und überall wird man sagen: ›Der HERR, der Allmächtige, der Gott Israels, ist Gott über Israel!‹ Und das Königshaus deines Dieners David wird vor dir Bestand haben.

²⁵Mein Gott, ich wage es, so zu dir zu beten, weil du mir offenbart hast, dass du mir ein Haus bauen willst! ²⁶Denn du, HERR, bist der wahre Gott, und du hast mir, deinem Diener, all dies Gute zugesagt. ²⁷Du hast die Familie deines Dieners gesegnet, damit sie für immer vor dir Bestand hat. Weil du sie gesegnet hast, HERR, wird sie für immer gesegnet sein.«

17,17 Die Bedeutung des Hebr. an dieser Stelle ist unklar.

Davids Siege über die Nachbarvölker
Vgl. 2. Samuel 8

18 Danach unterwarf und demütigte David die Philister und eroberte Gat und die umliegenden Ortschaften von ihnen. ²Außerdem besiegte David die Moabiter und sie wurden seine Knechte und mussten ihm Tribut zahlen.

³David schlug auch Hadad-Eser, den König von Zoba, bei Hamat. Er war gerade ausgezogen, um seine Stellung am Euphrat zu stärken. ⁴David erbeutete von ihm 1.000 Streitwagen und nahm 7.000 Reiter und 20.000 Fußsoldaten gefangen. Die Zugpferde der Streitwagen ließ er verkrüppeln, nur 100 von ihnen blieben verschont. ⁵Als die Aramäer aus Damaskus König Hadad-Eser von Zoba zu Hilfe eilten, tötete David 22.000 von ihnen. ⁶Dann setzte er für die Aramäer in Damaskus Statthalter ein und die Aramäer wurden seine Untertanen und mussten ihm Tribut zahlen. Der HERR schenkte David den Sieg, wo er auch hinkam. ⁷David brachte die goldenen Schilde von Hadad-Esers Kriegern nach Jerusalem, ⁸dazu eine große Menge Bronze aus Tibhat* und Kun, die zu den Städten Hadad-Esers gehörten. Später ließ Salomo daraus das bronzene Meer, die Säulen und die verschiedenen bronzenen Gefäße herstellen.

⁹Als König Toï von Hamat hörte, dass David das ganze Heer König Hadad-Esers von Zoba geschlagen hatte, ¹⁰schickte er seinen Sohn Hadoram zu König David, um ihn zu grüßen und zu seinem Erfolg zu gratulieren. Hadad-Eser hatte nämlich viele Kriege gegen Toï geführt. Hadoram brachte David als Geschenke Geräte aus Gold, Silber und Bronze mit. ¹¹König David weihte alle diese Geschenke dem HERRN, auch das Silber und Gold von den anderen Völkern, die er unterworfen hatte: von den Edomitern, Moabitern, Ammonitern, Philistern und Amalekitern.

¹²Abischai, der Sohn der Zeruja, besiegte im Salztal die Edomiter und tötete 18.000 Mann. ¹³Überall in Edom setzte er Statthalter ein und alle Edomiter wurden Davids Untertanen. Der HERR schenkte David den Sieg, wo er auch hinkam.

¹⁴David herrschte über ganz Israel und sorgte im ganzen Volk für Recht und Gerechtigkeit. ¹⁵Joab, der Sohn der Zeruja, war Heerführer. Joschafat, der Sohn Ahiluds, war Kanzler. ¹⁶Zadok, der Sohn Ahitubs, und Abimelech, der Sohn Abjatars, waren Priester. Schawscha* war der Hofschreiber. ¹⁷Benaja, der Sohn Jojadas, führte die königliche Leibwache*. Davids Söhne dienten als führende Männer an der Seite des Königs.

David besiegt die Ammoniter
Vgl. 2. Samuel 10

19 Einige Zeit später starb Nahasch, der König der Ammoniter, und sein Sohn wurde König. ²David sagte: »Ich will Hanun gegenüber loyal sein, denn sein Vater Nahasch hat sich immer loyal mir gegenüber verhalten.« Und er schickte Gesandte, die Hanun sein Beileid zum Tod seines Vaters übermitteln sollten.

Doch als die Gesandten Davids mit ihrer Botschaft im Land der Ammoniter eintrafen, um ihm das Beileid auszusprechen, ³sagten die führenden Männer des Landes zu Hanun: »Glaubst du wirklich, David schickt diese Männer, um deinen Vater zu ehren und dir sein Beileid zu übermitteln? Nein, sie sind zu dir gekommen, damit sie das Land auskundschaften, sodass er kommen und es erobern kann!« ⁴Da ließ Hanun die Boten Davids ergreifen, jedem Einzelnen den Bart abscheren und die Kleider bis über dem Gesäß abschneiden. Dann schickte er sie zurück. ⁵Als David hörte, was geschehen war, schickte er den Männern, die sich sehr schämten, Boten entgegen. Er ließ ihnen ausrichten: »Bleibt in Jericho, bis eure Bärte nachgewachsen sind und kommt erst dann zurück!«

⁶Die Ammoniter erkannten, dass sie David ernsthaft verärgert hatten. Deshalb schickten Hanun und die Ammoniter 1.000 Talente* Silber nach Mesopotamien, zu den Aramäern nach Maacha und nach Zoba, um Streitwagen und Reiter anzuwerben. ⁷Sie erwarben 32.000 Streitwagen und sicherten sich die Unterstützung des Königs von Maacha und seines Heeres. Dieser kam mit seinen Truppen und lagerte vor der Stadt Medeba. Auch die Ammoniter kamen aus ihren Städten und sammelten sich zum Kampf. ⁸Als David das hörte, ließ er Joab mit dem ganzen Heer der kriegstüchtigen Männer ausrücken. ⁹Die Ammoniter bezogen am Eingang der Stadttore Stellung, während die anderen Könige sich zum Kampf auf dem offenen Feld rüsteten.

¹⁰Als Joab sah, dass er an zwei Fronten kämpfen musste, wählte er die besten Männer aus seinem Heer aus. Sie sollten mit ihm in die Schlacht gegen die Aramäer ziehen. ¹¹Der Rest des Heeres, unter dem Befehl seines Bruders Abischai, sollte

---

18,8 So im Hebr.; Tibhat ist eine Variante des Namens *Tebach*; vgl. den Paralleltext in 2. Samuel 8,8. **18,16** So im Hebr.; im Paralleltext 2. Samuel 8,17 steht *Seraja*. **18,17** Hebr. *die Kreter und Pleter*. **19,6** Das entspricht ca. 36 t.

1. & 2. CHRONIK

1–9	Die Herkunft des Volkes Israel
10–22	Das Königtum Davids
23–27	Ordnungen für Tempeldienst und Heer
28–29	Davids Lebensabschluss
1–9	Das Königtum Salomos und der Tempelbau
10–36	Das Königreich Juda bis zum Exil

19–21
Davids Sieg über die Ammoniter und Philister. David lässt das Volk zählen und wird mit einer dreitägigen Plage in Israel bestraft.

[Zeit der Könige und Propheten]

S Südreich Juda   N Nordreich Israel

---

die Ammoniter angreifen. ¹²»Wenn die Aramäer zu stark für mich sind, dann komm und hilf mir«, sagte Joab zu seinem Bruder. »Und wenn die Ammoniter zu stark für dich sind, werde ich dir helfen. ¹³Sei mutig! Lass uns tapfer für unser Volk und die Städte unseres Gottes kämpfen. Der Wille des HERRN geschehe.«

¹⁴Als Joab und seine Männer angriffen, wandten sich die Aramäer zur Flucht. ¹⁵Und als die Ammoniter das sahen, flohen auch sie vor Abischai und zogen sich in die Stadt zurück. Joab aber kehrte nach Jerusalem zurück.

¹⁶Als die Aramäer sahen, dass die Israeliten sie geschlagen hatten, ließen sie zusätzliche aramäische Truppen von der anderen Seite des Euphrat* anrücken. Sie kamen unter dem Befehl von Schobach*, dem Heerführer Hadad-Esers. ¹⁷Als David davon hörte, rief er ganz Israel zu den Waffen, überquerte den Jordan und brachte seine Truppen in Stellung. Und nachdem er sein Heer den Aramäern gegenüber aufgestellt hatte, kam es zur Schlacht. ¹⁸Doch die Aramäer wurden von den Israeliten in die Flucht geschlagen. David und seine Truppen töteten 7.000 Wagenlenker und 40.000 Fußsoldaten, darunter auch den Heerführer Schobach. ¹⁹Als die Verbündeten Hadad-Esers erkannten, dass Israel sie besiegt hatte, ergaben sie sich David und wurden seine Untertanen. Danach wollten die Aramäer den Ammonitern nicht mehr helfen.

David erobert Rabba
Vgl. 2. Samuel 12,26-31

20 Im folgenden Frühjahr, zu der Jahreszeit, in der die Könige in den Krieg ziehen, führte Joab das israelitische Heer in den Kampf gegen die Ammoniter, verwüstete ihr Land und belagerte die Stadt Rabba. David selbst war in Jerusalem geblieben. Schließlich eroberte und zerstörte Joab Rabba.

²Als David nach Rabba kam, nahm er dem König die Krone vom Kopf*, und sie wurde David aufgesetzt. Die Krone, die etwa ein Talent* wog, bestand aus Gold und war mit einem Edelstein besetzt. David machte reiche Beute in der Stadt. ³Die Einwohner von Rabba nahm er mit und zwang sie, mit Steinsägen, Pickeln und Äxten* für ihn zu arbeiten. Ebenso verfuhr er mit den

---

19,16a Hebr. *des Flusses*.   19,16b So im Paralleltext 2. Samuel 10,16; im Hebr. steht *Schofach*; so auch in 19,18.
20,2a In der griech. Version und in der lat. Vulgata heißt es *nahm er die Krone von Milkom*; vgl. 1. Könige 11,5. Milkom, auch Moloch genannt, war der Gott der Ammoniter.
20,2b Das entspricht ca. 36 kg.   20,3 So im Paralleltext 2. Samuel 12,31; im Hebr. steht *mit Sägen*.

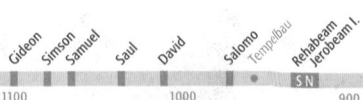

Einwohnern der anderen ammonitischen Städte. Danach kehrten David und sein Heer nach Jerusalem zurück.

Kämpfe gegen die Philister
Vgl. 2. Samuel 21,15-22

⁴Danach kam es bei Geser zur Schlacht gegen die Philister. Im Kampf tötete Sibbechai aus Huscha Saf*, einen Nachkommen der Riesen*, und die Philister wurden besiegt und unterworfen. ⁵In einer anderen Schlacht gegen die Philister tötete Elhanan, der Sohn Jaïrs, Lachmi, den Bruder Goliats aus Gat. Der Schaft seines Speeres war so dick wie ein Weberbaum. ⁶In einer weiteren Schlacht bei Gat trat ein sehr großer Mann mit sechs Fingern an jeder Hand und sechs Zehen an jedem Fuß auf – ebenfalls ein Nachkomme der Riesen – ⁷und er verhöhnte Israel. Doch er wurde von Jonatan, dem Sohn von Davids Bruder Schamma, getötet. ⁸Diese Philister waren Nachkommen der Riesen von Gat, aber sie wurden von David und seinen Kriegern getötet.

Davids Volkszählung
Vgl. 2. Samuel 24,1-9

21 Satan erhob sich gegen Israel und brachte David dazu, eine Volkszählung anzuordnen. ²So befahl der König Joab und den führenden Männern des Volkes: »Zieht durch ganz Israel – von Beerscheba bis Dan – und zählt die Israeliten. Teilt mir dann das Ergebnis mit, damit ich weiß, wie viele es sind.«

³Doch Joab erwiderte: »Der HERR lasse das Volk noch hundertmal zahlreicher werden, als es jetzt schon ist! Sie alle, mein Herr und König, sind schon jetzt deine treuen Untertanen. Also warum, mein Herr, verlangst du so etwas? Warum soll Israel schuldig werden?«

⁴Doch der König bestand gegenüber Joab darauf, die Volkszählung durchzuführen, und so zog dieser durch das ganze Land Israel. Dann kehrte er nach Jerusalem zurück ⁵und meldete David das Ergebnis der Volkszählung. Es waren 1.100.000 wehrfähige Männer in Israel und 470.000 in Juda. ⁶Die Stämme Levi und Benjamin hatte Joab jedoch nicht mitgezählt, weil er das Vorgehen des Königs für falsch hielt.

Die Strafe für Davids Sünde
Vgl. 2. Samuel 24,10-17

⁷Gott missfiel diese Volkszählung und er bestrafte Israel dafür. ⁸Da sagte David zu Gott: »Ich habe eine große Sünde begangen. Vergib mir mein falsches Handeln.«

⁹Da sprach der HERR zu Gad, dem Seher Davids: ¹⁰»Geh und sag zu David: ›So spricht der HERR: Ich will dir die Wahl zwischen drei Strafen lassen. Entscheide dich für eine davon und ich werde sie vollstrecken!‹«

¹¹Gad ging zu David und sagte: »So spricht der HERR: ›Du kannst dich entscheiden zwischen ¹²drei Jahren Hungersnot, drei Monaten Flucht vor deinen Feinden, die dich schließlich zum Kampf fordern werden oder drei Tagen, in denen eine schwere Plage, das Schwert des HERRN, in Israel wütet und der Engel des HERRN das ganze Land verwüstet.‹ Überleg es dir und lass mich wissen, welche Antwort ich dem geben soll, der mich gesandt hat.«

¹³»Das macht mir Angst!«, sagte David zu Gad. »Doch lieber möchte ich in die Hände des HERRN fallen, denn seine Barmherzigkeit ist groß. Lass mich nur nicht in die Hände von Menschen fallen!«

¹⁴Da sandte der HERR eine Plage über Israel, an der 70.000 Menschen starben. ¹⁵Gott sandte seinen Engel nach Jerusalem, um es zu zerstören. Doch als der HERR sah, wie der Engel die Stadt vernichten wollte, hatte er Mitleid mit dem Volk, und er sprach zu dem Engel, der unter dem Volk wütete: »Halt! Es ist genug!« Der Engel des HERRN befand sich gerade auf der Tenne des Jebusiters Arauna*.

¹⁶David blickte auf und sah den Engel des HERRN zwischen Himmel und Erde stehen, das Schwert gezogen und über Jerusalem ausgestreckt. Da warfen sich David und die Ältesten Israels, die alle in Trauergewänder gehüllt waren, mit dem Gesicht zu Boden. ¹⁷Und David sagte zu Gott: »Ich habe die Volkszählung befohlen. Ich allein also habe gesündigt und Unrecht getan! Diese Leute aber – was haben sie getan? HERR, mein Gott, dein Zorn soll mich und meine Familie treffen, aber verschone dein Volk.«

David baut einen Altar
Vgl. 2. Samuel 24,18-25

¹⁸Da befahl der Engel des HERRN Gad, David zu sagen, dass er dem HERRN einen Altar auf der Tenne Araunas, des Jebusiters, errichten solle. ¹⁹David tat, was der HERR ihm durch Gad befohlen hatte und machte sich auf den Weg. ²⁰Arauna, der gerade beim Dreschen des Weizens war, wandte sich um und sah den Engel. Seine vier Söhne, die bei ihm waren, versteckten sich. ²¹Als

---

20,4a So im Paralleltext 2. Samuel 21,18; im Hebr. steht *Sippai*. 20,4b Hebr. *ein Nachkomme Rafas*; so auch in 20,6.8.
21,15 So im Paralleltext 2. Samuel 24,16; im Hebr. steht *Ornan*, ein anderer Name für Arauna; so auch in 21,18-21.

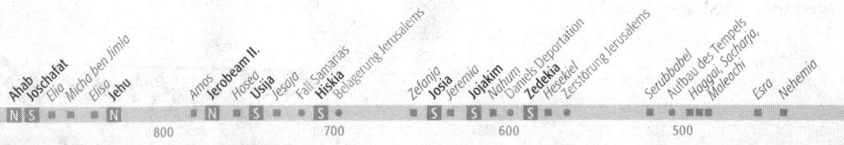

1. & 2. CHRONIK

1–9	Die Herkunft des Volkes Israel
10–22	Das Königtum Davids
23–27	Ordnungen für Tempeldienst und Heer
28–29	Davids Lebensabschluss
1–9	Das Königtum Salomos und der Tempelbau
10–36	Das Königreich Juda bis zum Exil

21–23

David kauft eine Tenne, auf der Gottes Haus stehen soll. Salomo wird das Haus Gottes errichten lassen. Aufgaben der Leviten und ihre Sippen.

[Zeit der Könige und Propheten]

Arauna David kommen sah, verließ er die Tenne und warf sich vor ihm zu Boden.

²²David sagte zu Arauna: »Ich möchte diese Tenne zum rechtmäßigen Preis von dir kaufen. Dann will ich dem HERRN hier einen Altar errichten, damit diese Plage aufhört.«

²³»Nimm sie, mein Herr, und tue mit ihr, was immer du willst«, sagte Arauna zu David. »Hier sind Rinder für die Brandopfer und als Brennholz kannst du die Dreschschlitten und als Speiseopfer den Weizen nehmen. Ich schenke das alles.«

²⁴Doch der König antwortete Arauna: »Nein, ich möchte dir auf jeden Fall den rechtmäßigen Preis dafür zahlen. Ich will nicht dein Eigentum nehmen und dem HERRN geben und Opfer darbringen, die mich nichts gekostet haben.« ²⁵Und David gab Arauna 600 Goldschekel* als Preis für die Tenne. ²⁶Dann errichtete er dem HERRN einen Altar und brachte Brand- und Friedensopfer dar. Als David betete, antwortete ihm der HERR. Er ließ Feuer vom Himmel auf den Brandopferaltar fallen. ²⁷Dann sprach der HERR zu dem Engel und dieser steckte das Schwert wieder in die Scheide.

²⁸Als David sah, dass der HERR sein Gebet erhört hatte, brachte er auf der Tenne des Jebusiters Arauna weitere Opfer dar. ²⁹Zu dieser Zeit befanden sich das Heiligtum des HERRN, das Mose in der Wüste errichtet hatte, und der Brandopferaltar noch auf dem Hügel bei Gibeon. ³⁰Doch David wagte nicht mehr, dorthin zu gehen, um Gott zu befragen, denn er hatte große Angst vor dem Schwert des Engels des HERRN.

22 Da sagte David: »Hier soll das Haus Gottes, des HERRN, gebaut werden und der Altar, auf dem die Brandopfer der Israeliten dargebracht werden.«

Die Vorbereitungen für den Bau des Hauses Gottes

V.2-5: Vgl. 29,1-5; V.7-10: Vgl. 17,1-14; 28,2-7; 2. Samuel 7,1-16

²David ließ alle Ausländer, die in Israel lebten, zusammenrufen und ließ sie als Steinhauer arbeiten. Sie sollten Steinblöcke für den Bau des Hauses Gottes behauen. ³Er ließ große Mengen Eisen für die Nägel herbeischaffen, die für die Flügel der Tore und für die Klammern benötigt wurden, und solche Mengen Bronze, dass man sie nicht mehr wiegen konnte. ⁴Außerdem sorgte er dafür, dass reichlich Zedernholz zur Verfü-

21,25 Das entspricht ca. 7,2 kg.

S Südreich Juda   N Nordreich Israel

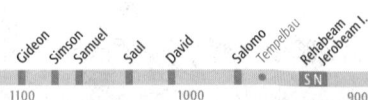

gung stand, denn die Männer aus Tyrus und Sidon hatten David riesige Mengen Zedernstämme gebracht. ⁵David sagte sich: »Mein Sohn Salomo ist noch jung und unerfahren, aber das Haus des HERRN soll ein prachtvoller Bau werden, auf der ganzen Welt bekannt und berühmt. Deshalb will ich schon jetzt alles Nötige für ihn vorbereiten.« So ließ David noch vor seinem Tod große Mengen an Baumaterial zusammentragen.

⁶Dann ließ er seinen Sohn Salomo holen und beauftragte ihn damit, ein Haus für den HERRN, den Gott Israels, zu bauen. ⁷»Mein Sohn, ich wollte selbst ein Haus zu Ehren des Namens des HERRN, meines Gottes, errichten«, sagte er zu ihm. ⁸»Aber der HERR sprach zu mir: ›Du hast in den großen Schlachten, in denen du gekämpft hast, viel Leben vernichtet. Weil du so viel Blut vor mir vergossen hast, sollst du es nicht sein, der ein Haus zu Ehren meines Namens baut. ⁹Doch du wirst einen Sohn haben, der wird in Ruhe und Frieden leben. Ich will dafür sorgen, dass er Ruhe vor allen seinen Feinden hat. Er soll Salomo* heißen. Und während seiner Herrschaft will ich Israel Ruhe und Frieden schenken. ¹⁰Er ist es, der ein Haus zu Ehren meines Namens bauen wird. Er soll mein Sohn sein und ich will sein Vater sein. Und der Thron seiner Herrschaft über Israel soll für immer Bestand haben.‹

¹¹Nun, mein Sohn, der HERR sei mit dir, damit es dir gelingt, das Haus des HERRN, deines Gottes zu bauen, wie er es für dich vorausgesagt hat. ¹²Der HERR gebe dir Weisheit und Erkenntnis. Er wird dich über Israel einsetzen, damit du das Gesetz des HERRN, deines Gottes, bewahrst. ¹³Denn wenn du die Vorschriften und Gebote, die der HERR Israel durch Mose gegeben hat, beachtest, wird dir alles gelingen. Sei stark und tapfer, hab keine Angst und verlier niemals den Mut!

¹⁴Ich habe unter großem Aufwand für das Haus des HERRN schon 100.000 Talente* Gold und 1.000.000 Talente* Silber zusammengebracht, sowie große Mengen Eisen und Bronze, die man nicht mehr wiegen kann. Auch Holz und Steine für die Mauern habe ich bringen lassen, doch du wirst noch mehr herbeischaffen. ¹⁵Viele Handwerker stehen dir zur Verfügung: Steinmetze, Zimmerleute, Maurer und andere Meister ihres Fachs, ¹⁶die mit den großen Mengen an Gold, Silber, Bronze und Eisen umgehen können. Nun mach dich an die Arbeit und der HERR sei mit dir!«

¹⁷Dann befahl David den führenden Männern Israels, seinen Sohn Salomo zu unterstützen.

¹⁸»Der HERR, euer Gott, ist mit euch«, erklärte er. »Er hat euch ringsum Frieden verschafft. Er hat die Bewohner dieses Landes mir ausgeliefert und sie sind jetzt Untertanen des HERRN und seines Volkes. ¹⁹Nun sucht den HERRN, euren Gott, von ganzem Herzen. Baut das Heiligtum Gottes, des HERRN, damit ihr die Bundeslade des HERRN und die heiligen Geräte Gottes in das Haus bringen könnt, das zu Ehren des Namens des HERRN errichtet wird.«

Die Pflichten der Leviten

23 Als David nach einem erfüllten Leben alt geworden war, ernannte er seinen Sohn Salomo zum König über Israel. ²Er ließ dazu alle führenden Männer Israels sowie die Priester und Leviten zusammenrufen. ³Alle Leviten, die dreißig Jahre und älter waren, wurden gezählt, und es waren 38.000 Mann. ⁴David bestimmte: »24.000 von ihnen sollen die Arbeiten am Haus des HERRN beaufsichtigen; 6.000 die Aufgaben von Schreibern und Richtern übernehmen; ⁵4.000 als Torhüter arbeiten und weitere 4.000 den HERRN mit den Instrumenten, die ich anfertigen ließ, preisen.« ⁶Dann teilte David die Leviten in Abteilungen ein, benannt nach den Sippen der drei Söhne Levis – Gerschon, Kehat und Merari.

Die Gerschoniter

⁷Die Söhne Gerschons waren Ladan und Schimi. ⁸Ladan hatte drei Söhne: Jehiël, das Oberhaupt der Familie, Setam und Joel. ⁹Schimi hatte drei Söhne: Schelomit, Hasiël und Haran. Sie alle waren führende Männer in der Sippe Ladans. ¹⁰Schimi hatte vier Söhne: Jahat, Sisa, Jëusch und Beria. ¹¹Jahat war das Oberhaupt der Familie, Sisa der Zweitgeborene. Jëusch und Beria wurden zusammen als eine Sippe und somit auch nur als eine Abteilung gerechnet, weil beide nur wenige Söhne hatten.

Die Kehatiter

V.16-23: Vgl 24,20-30
¹²Kehat hatte vier Söhne: Amram, Jizhar, Hebron und Usiël. ¹³Die Söhne Amrams waren Aaron und Mose. Aaron und seine Nachkommen wurden für alle Zeiten ausgesondert, um die Aufgaben im Allerheiligsten zu übernehmen. Sie sollten für alle Zeiten in der Gegenwart des HERRN die Rauchopfer darbringen, ihm dienen und in seinem Namen den Segen verkünden.

22,9 Der Name *Salomo* klingt wie das hebr. Wort für »Frieden« und ist wahrscheinlich davon abgeleitet.
22,14a Das entspricht ca. 3.600 t.   **22,14b** Das entspricht ca. 36.000 t.

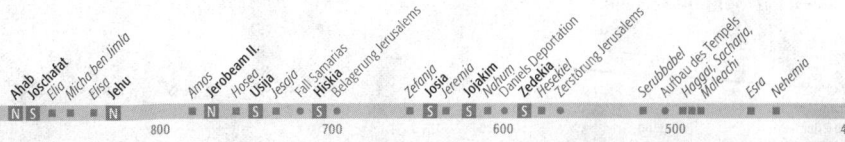

1. & 2. CHRONIK

1–9	Die Herkunft des Volkes Israel
10–22	Das Königtum Davids
23–27	Ordnungen für Tempeldienst und Heer
28–29	Davids Lebensabschluss
1–9	Das Königtum Salomos und der Tempelbau
10–36	Das Königreich Juda bis zum Exil

23–25
Die levitischen Sippen verrichten Arbeiten am Haus Gottes. Aufgaben für Priester, Sänger und Musiker.

[Zeit der Könige und Propheten]

¹⁴Die Söhne Moses, des Mannes Gottes, wurden zum Stamm Levi gerechnet. ¹⁵Moses Söhne waren Gerschom und Eliëser. ¹⁶Der älteste Sohn Gerschoms war Schubaël. ¹⁷Eliëser hatte nur einen einzigen Sohn, Rehabja. Rehabja aber hatte viele Nachkommen. ¹⁸Der älteste Sohn Jizhars war Schelomit. ¹⁹Die Söhne Hebrons waren der erstgeborene Sohn Jerija, der zweite Amarja, der dritte Jahasiël und der vierte Jekamam. ²⁰Die Söhne Usiëls waren der erstgeborene Sohn Micha und der zweite Jischija.

Die Merariter
²¹Die Söhne Meraris waren Machli und Muschi. Die Söhne Machlis waren Eleasar und Kisch. ²²Eleasar starb ohne Söhne; er hatte nur Töchter. Seine Töchter heirateten ihre Cousins, die Söhne von Kisch. ²³Die drei Söhne Muschis waren Machli, Eder und Jeremot.

²⁴Das waren die Namen der Nachkommen Levis, geordnet nach ihren Sippen und führenden Männern. Um im Haus des HERRN zu dienen, musste ein Mann 20 Jahre oder älter sein. ²⁵Denn David sagte: »Der HERR, der Gott Israels, hat uns Ruhe geschenkt und er wird für alle Zeit in Jerusalem wohnen. ²⁶Nun brauchen die Leviten das Heiligtum und die Geräte für den Dienst nicht mehr zu tragen.« ²⁷Zu den letzten Anweisungen Davids gehörte, dass alle Leviten gezählt wurden, die 20 Jahre oder älter waren.

²⁸Ihre Aufgabe war es, den Nachkommen Aarons bei ihrem Dienst im Haus des HERRN zur Hand zu gehen. Sie beaufsichtigten die Vorhöfe und Kammern, sorgten für die Reinigung der heiligen Geräte und waren zuständig für alle Arbeiten, die im Haus Gottes anfielen. ²⁹Sie hatten für die Schaubrote* zu sorgen, für das feine Mehl zum Speiseopfer, die Fladen, die ohne Sauerteig gebacken wurden, das Pfannenbackwerk und das übrige Backwerk. Außerdem waren sie für die Gewichte und Maße verantwortlich. ³⁰Jeden Morgen und Abend sangen sie dem HERRN Dank- und Loblieder. ³¹Sie halfen bei den Brandopfern, die dem HERRN am Sabbat, zum Neumondfest und zu den anderen vorgeschriebenen Festen dargebracht wurden. Immer tat eine dafür bestimmte Anzahl von Leviten Dienst in der Gegenwart des HERRN.

³²Und so versahen die Leviten ihren Dienst im Zelt Gottes und im Heiligtum und unterstützten die Priester, ihre Stammesbrüder, bei ihrer Arbeit im Haus des HERRN.

23,29 In diesem Fall bedeutet das übersetzt *Schichtbrote*.

S Südreich Juda   N Nordreich Israel

Die Pflichten der Priester
Vgl. 5,27-34; 6,34-38; V.4-19: Vgl. Nehemia 12,12-21

24 Auch die Nachkommen Aarons wurden in Abteilungen zum Dienst eingeteilt. Die Söhne Aarons waren Nadab, Abihu, Eleasar und Itamar. ²Nadab und Abihu starben noch vor ihrem Vater und hatten keine Söhne. So blieben nur Eleasar und Itamar, die als Priester Dienst tun konnten.

³Mit der Hilfe Zadoks, eines Nachkommens Eleasars, und Ahimelechs, eines Nachkommens Itamars, teilte David die Nachkommen Aarons je nach ihren Pflichten in Gruppen auf. ⁴Die Nachkommen Eleasars wurden in 16, die Nachkommen Itamars in acht Gruppen unterteilt, denn unter den Nachkommen Eleasars gab es mehr Männer als unter den Nachkommen Itamars.

⁵Sie wurden durch das Los eingeteilt, sodass niemand bevorzugt wurde, denn sowohl unter den Nachkommen Eleasars als auch unter den Nachkommen Itamars gab es führende Priester, die Gott geweiht waren*. ⁶Der Schreiber Schemaja, der Sohn Netanels, ein Levit, hielt dies schriftlich fest. Dabei waren anwesend: der König, die führenden Männer des Volkes, der Priester Zadok, Ahimelech, der Sohn Abjatars, und die führenden Männer der Priester und Leviten. Die Nachkommen Eleasars und Itamars wurden jeweils abwechselnd ausgelost.

⁷Das 1. Los fiel auf Jojarib, das 2. auf Jedaja, ⁸das 3. auf Harim, das 4. auf Seorim, ⁹das 5. auf Malkija, das 6. auf Mijamin, ¹⁰das 7. auf Hakkoz, das 8. auf Abija, ¹¹das 9. auf Jeschua, das 10. auf Schechanja, ¹²das 11. auf Eljaschib, das 12. auf Jakim, ¹³das 13. auf Huppa, das 14. auf Jeschebab, ¹⁴das 15. auf Bilga, das 16. auf Immer, ¹⁵das 17. auf Hesir, das 18. auf Pizez, ¹⁶das 19. auf Petachja, das 20. auf Jeheskel, ¹⁷das 21. auf Jachin, das 22. auf Gamul, ¹⁸das 23. auf Delaja, das 24. auf Maasja.

¹⁹Jede Gruppe erfüllte ihre Pflichten im Haus des HERRN gemäß den Vorschriften, die ihnen ihr Stammvater Aaron auf Befehl des HERRN, des Gottes Israels, gegeben hatte.

Die Familien der Leviten
Vgl. 23,16-23

²⁰Zu den übrigen Leviten gehörten: von den Nachkommen Amrams: Schubaël; von den Nachkommen Schubaëls: Jechdeja; ²¹von den Nachkommen Rehabjas: Jischija, der ihr Oberhaupt war; ²²von den Nachkommen Jizhars: Schelomit; von den Nachkommen Schelomits: Jahat; ²³von den Nachkommen Hebrons*: der erstgeborene Sohn Jerija, der zweite Amarja, der dritte Jahasiël und der vierte Jekamam; ²⁴von den Nachkommen Usiëls: Micha; von den Nachkommen Michas: Schamir; ²⁵von den Nachkommen Jischijas, eines Bruders von Micha: Secharja; ²⁶von den Nachkommen Meraris: Machli und Muschi; von den Nachkommen Jaasijas: Beno*; ²⁷von den Nachkommen Meraris über Jaasija: Beno, Schoham, Sakkur und Ibri; ²⁸von den Nachkommen Machlis: Eleasar, der selbst keine Söhne hatte; ²⁹von den Nachkommen Kischs: Jerachmeel; ³⁰von den Nachkommen Muschis: Machli, Eder und Jeremot.

Das waren die Sippen der Leviten. ³¹Wie die Nachkommen Aarons, ihre Stammesbrüder, wurden auch sie durch das Los eingeteilt, ohne Ansehen von Rang oder Alter. Wieder waren König David, Zadok, Ahimelech und die führenden Männer der Priester und Leviten anwesend.

Die Pflichten der Sänger und Musiker
Vgl. 6,16-32; 15,16-21

25 Dann ernannte David zusammen mit den Heerführern Männer aus den Sippen Asafs, Hemans und Jedutuns, die von Gott begeistert auf Harfen, Zithern und Zimbeln spielen sollten. Das Folgende ist eine Liste ihrer Namen und Aufgaben:

²Von den Söhnen Asafs waren es Sakkur, Josef, Netanja und Asarela. Sie dienten unter der Leitung ihres Vaters Asaf, der auf Anweisung des Königs Gott begeistert pries.

³Von den Söhnen Jedutuns waren es Gedalja, Zeri, Jeschaja, Haschabja, Mattitja und Schimi, insgesamt sechs. Sie dienten unter der Leitung ihres Vaters Jedutun, der von Gott begeistert die Harfe spielte, um den HERRN zu loben und zu preisen.

⁴Von den Söhnen Hemans waren es Bukkija, Mattanja, Usiël, Schubaël, Jerimot, Hananja, Hanani, Eliata, Giddalti, Romamti-Eser, Joschbekascha, Malloti, Hotir und Mahasiot. ⁵Sie alle waren Söhne Hemans, des Sehers des Königs. Gott hatte ihm versprochen, ihn zu einem mächtigen Mann zu machen*, und schenkte ihm 14 Söhne und drei Töchter.

⁶Alle diese Männer unterstanden der Leitung

24,5 Hebr. *heilige Priesterfürsten und Priesterfürsten Gottes*. **24,23** So in einigen hebr. Handschriften und der griech. Version. Im sonst zugrunde liegenden hebr. Text fehlt dieser Name. **24,26** O. *von den Nachkommen Meraris: Machli und Muschi und die Nachkommen seines Sohnes Jaasijas*; ebenso V. 27: *von den Nachkommen Meraris über Jaasija, seinem Sohn: Schoham und Sakkur und Ibri*. **25,5** Hebr. *das Horn aufzurichten*, o. andere mögliche Übersetzung *gemäß Gottes Anweisung bliesen sie in das Horn*. Die Bedeutung des Hebr. bleibt aber unklar.

1. & 2. CHRONIK

1–9	Die Herkunft des Volkes Israel
10–22	Das Königtum Davids
23–27	Ordnungen für Tempeldienst und Heer
28–29	Davids Lebensabschluss
1–9	Das Königtum Salomos und der Tempelbau
10–36	Das Königreich Juda bis zum Exil

25–26
Aufgaben für Sänger, Musiker und Torhüter. Verantwortliche für administrative Aufgaben.

[Zeit der Könige und Propheten]

ihrer Väter Asaf, Jedutun und Heman. Zu ihren Pflichten im Haus des HERRN gehörte es, den Gesang mit Zimbeln, Zithern und Harfen im Gottesdienst zu begleiten, so wie es der König angeordnet hatte. [7]Sie und ihre Familien waren für den Gesang zur Ehre des HERRN ausgebildet und jeder Einzelne von ihnen war ein geübter Sänger. Insgesamt waren es 288 Mann.

[8]Das Los bestimmte die Reihenfolge, nach der sie ihren Dienst zu tun hatten, ohne Rücksicht darauf, ob der Betreffende jung oder alt, Lehrer oder Schüler war.

[9]Das 1. Los fiel auf Josef aus der Sippe Asafs und zwölf seiner Söhne und Verwandten*; das 2. auf Gedalja und zwölf seiner Söhne und Verwandten; [10]das 3. auf Sakkur und zwölf seiner Söhne und Verwandten; [11]das 4. auf Zeri und zwölf seiner Söhne und Verwandten; [12]das 5. auf Netanja und zwölf seiner Söhne und Verwandten; [13]das 6. auf Bukkija und zwölf seiner Söhne und Verwandten; [14]das 7. auf Asarela und zwölf seiner Söhne und Verwandten; [15]das 8. auf Jeschaja und zwölf seiner Söhne und Verwandten; [16]das 9. auf Mattanja und zwölf seiner Söhne und Verwandten; [17]das 10. auf Schimi und zwölf seiner Söhne und Verwandten; [18]das 11. auf Asarel und zwölf seiner Söhne und Verwandten; [19]das 12. auf Haschabja und zwölf seiner Söhne und Verwandten; [20]das 13. auf Schubaël und zwölf seiner Söhne und Verwandten; [21]das 14. auf Mattitja und zwölf seiner Söhne und Verwandten; [22]das 15. auf Jeremot und zwölf seiner Söhne und Verwandten; [23]das 16. auf Hananja und zwölf seiner Söhne und Verwandten; [24]das 17. auf Joschbekascha und zwölf seiner Söhne und Verwandten; [25]das 18. auf Hanani und zwölf seiner Söhne und Verwandten; [26]das 19. auf Malloti und zwölf seiner Söhne und Verwandten; [27]das 20. auf Eliata und zwölf seiner Söhne und Verwandten; [28]das 21. auf Hotir und zwölf seiner Söhne und Verwandten; [29]das 22. auf Giddalti und zwölf seiner Söhne und Verwandten; [30]das 23. auf Mahasiot und zwölf seiner Söhne und Verwandten; [31]das 24. auf Romamti-Eser und zwölf seiner Söhne und Verwandten.

Die Pflichten der Torhüter
V.1-28: Vgl.9,14-32

26 Zu den Abteilungen der Torhüter gehörten:

Von der Sippe der Korachiter: Meschelemja, der Sohn Kores, aus der Familie Asafs. [2]Die Söh-

---

25,9 So in der griech. Version; im Hebr. fehlt die Wendung *und zwölf seiner Söhne und Verwandten.*

ne Meschelemjas waren der Erstgeborene Secharja, der zweite Sohn Jediaël, der dritte Sebadja, der vierte Jatniël, ³der fünfte Elam, der sechste Johanan und der siebte Eljoënai.

⁴Auch Obed-Edom gehörte dazu. Seine Söhne waren der Erstgeborene Schemaja, der zweite Sohn Josabad, der dritte Joach, der vierte Sachar, der fünfte Netanel, ⁵der sechste Ammiël, der siebte Issachar und der achte Peülletai; denn Gott hatte Obed-Edom gesegnet. ⁶Die Söhne von Obed-Edoms Sohn Schemaja waren angesehene Männer, die in ihrer Sippe führende Positionen innehatten. ⁷Ihre Namen waren Otni, Refaël, Obed und Elsabad. Auch ihre Verwandten Elihu und Semachja waren besonders fähige Männer. ⁸Alle diese Nachkommen Obed-Edoms, einschließlich ihrer Söhne und Verwandten, waren begabte Männer, in hohem Maße zu ihrem Amt befähigt. Insgesamt waren es 62 Mann.

⁹Auch Meschelemjas Söhne und Verwandte, insgesamt 18, waren fähige Männer.

¹⁰Aus der Sippe Merari gehörte Hosa dazu. Er machte Schimri zum Oberhaupt seiner Familie, obwohl er nicht der Erstgeborene war. ¹¹Hosas andere Söhne waren der zweite Sohn Hilkija, der dritte Tebalja und der vierte Secharja. Zu Hosas Familie gehörten insgesamt 13 Söhne und Verwandte.

¹²Die Abteilungen der Torhüter waren nach den führenden Männern ihrer Familien benannt und wie die anderen Leviten dienten sie im Haus des HERRN. ¹³Sie wurden nach Familienzugehörigkeit zur Wache an den verschiedenen Toren eingeteilt, ohne Berücksichtigung ihres Alters, denn die Entscheidung wurde durch das Los gefällt.

¹⁴Die Verantwortung für das Osttor erhielt Meschelemja. Das Nordtor wurde seinem Sohn Secharja, einem Mann von großer Weisheit, zugewiesen. ¹⁵Das Südtor fiel an Obed-Edom, seine Söhne bekamen die Verantwortung für das Vorratshaus. ¹⁶Schuppim und Hosa wurde die Bewachung des Westtors und des Schallechettors an der ansteigenden Straße übertragen. Die Wachen waren wie folgt verteilt: ¹⁷Jeden Tag wurden sechs Leviten dem Osttor, vier dem Nordtor, vier dem Südtor und je zwei dem Vorratshaus zugewiesen; ¹⁸am Parbar* auf der Westseite bewachten vier die Straße und zwei den Parbar.

¹⁹Das waren die Abteilungen der Torhüter aus den Sippen Korach und Merari.

Die Schatzmeister und die Beamten der Verwaltung

²⁰Andere Leviten unter der Leitung Ahijas trugen die Verantwortung für die Schatzkammern und die geweihten Gaben im Haus Gottes. ²¹Zu den Nachkommen Ladans aus der Sippe Gerschon, führende Männer ihrer Familien, gehörten Jehiël ²²und seine Söhne Setam und dessen Bruder Joel, die die Schatzkammern im Haus des HERRN verwalteten.

²³Die Nachkommen aus den Sippen Amram, Jizhar, Hebron und Usiël waren mit folgenden Aufgaben betraut:

²⁴Schubaël, ein Nachkomme Gerschons, des Sohnes Moses, war der oberste Verwalter der Schatzkammern. ²⁵Der Sohn seines Bruders Eliëser war Rehabja, nach ihm folgten in direkter Linie Jeschaja, Joram, Sichri und Schelomit.

²⁶Schelomit und seine Verwandten trugen die Verantwortung für die Gaben, die König David, die führenden Männer der Sippen und des Heeres, die Hauptleute und die Heerführer dem HERRN geweiht hatten. ²⁷Diese Männer hatten einen Teil der Beute, die sie in der Schlacht gemacht hatten, für den Unterhalt des Hauses des HERRN gestiftet. ²⁸Außerdem verwalteten Schelomit und seine Verwandten alles, was der Seher Samuel, Saul, der Sohn Kischs, Abner, der Sohn Ners, und Joab, der Sohn der Zeruja, dem HERRN geweiht hatten. Alle geweihten Gaben unterstanden ihrer Aufsicht.

²⁹Kenanja stammte aus der Sippe Jizhar. Er und seine Söhne wurden zu Verwaltern und Richtern über Israel ernannt.

³⁰Haschabja stammte aus der Sippe Hebron. Er und seine Verwandten, 1.700 fähige Männer, waren für die israelitischen Gebiete westlich des Jordan verantwortlich. Sie waren dort zuständig für alle Belange im Dienst für den HERRN sowie für die königliche Verwaltung.

³¹Ebenfalls aus der Sippe Hebron stammte Jerija; er war das Oberhaupt der Hebroniter. Anhand der Geschlechtsregister wurden im 40. Regierungsjahr Davids fähige Männer aus der Sippe Hebron gesucht und schließlich in Jaser in Gilead gefunden. ³²Unter den Verwandten Jerijas fanden sich 2.700 fähige Männer, jeder von ihnen Oberhaupt seiner Familie. König David betraute sie mit der Verwaltung der Stämme Ruben und Gad und des halben Stammes Manasse. Sie waren verantwortlich für alle Belange im Dienst des HERRN und für die Interessen des Königs.

26,18 Die Bedeutung ist unklar, evtl. handelte es sich um einen Anbau an der Westseite des salomonischen Tempels.

1. & 2. CHRONIK

1–9	Die Herkunft des Volkes Israel
10–22	Das Königtum Davids
23–27	Ordnungen für Tempeldienst und Heer
28–29	Davids Lebensabschluss
1–9	Das Königtum Salomos und der Tempelbau
10–36	Das Königreich Juda bis zum Exil

27–28
Verzeichnis der Heerführer, Stammesfürsten, Liegenschaftsverwalter und Ratgeber. Salomo wird Thronfolger.

[Zeit der Könige und Propheten]

Die Befehlshaber und Abteilungen des Heeres
Vgl. 11,10-47; 2. Samuel 23,8-39

27 Das Folgende ist eine Liste der führenden israelitischen Männer der Sippen und des Heeres, der Hauptleute und der Männer, die für die Verwaltung zuständig waren. Sie waren vom König mit der Leitung der verschiedenen Heeresabteilungen betraut und taten jeweils einen Monat im Jahr Dienst. Jede Abteilung bestand aus 24.000 Mann. ²Joschobam, der Sohn Sabdiëls, war der Befehlshaber der ersten Abteilung, die im ersten Monat Dienst tat. Seine Abteilung war 24.000 Mann stark. ³Joschobam war ein Nachkomme von Perez; im ersten Monat hatte er den Oberbefehl über alle führenden Männer des Heeres.

⁴Dodai, ein Nachkomme Ahoachs, war der Befehlshaber der zweiten Abteilung, die im zweiten Monat Dienst tat. Seine Abteilung war 24.000 Mann stark. Der führende Mann seines Heeres war Miklot.

⁵Benaja, der Sohn des Priesters Jojada, war der Befehlshaber der dritten Abteilung, die im dritten Monat Dienst tat. Seine Abteilung war 24.000 Mann stark. ⁶Er war einer der berühmten 30 Krieger Davids und ihr Anführer. Sein Sohn Ammisabad war der führende Mann seines Heeres.

⁷Asaël, der Bruder Joabs, war der Befehlshaber der vierten Abteilung, die im vierten Monat Dienst tat. Seine Abteilung war 24.000 Mann stark. Asaëls Stellvertreter war sein Sohn Sebadja.

⁸Der Serachiter Schamhut war der Befehlshaber der fünften Abteilung, die im fünften Monat Dienst tat. Seine Abteilung war 24.000 Mann stark.

⁹Ira, der Sohn Ikkeschs aus Tekoa, war der Befehlshaber der sechsten Abteilung, die im sechsten Monat Dienst tat. Seine Abteilung war 24.000 Mann stark.

¹⁰Helez, ein Nachkomme Ephraims aus Pelet, war der Befehlshaber der siebten Abteilung, die im siebten Monat Dienst tat. Seine Abteilung war 24.000 Mann stark.

¹¹Sibbechai, ein Nachkomme Serachs aus Huscha, war der Befehlshaber der achten Abteilung, die im achten Monat Dienst tat. Seine Abteilung war 24.000 Mann stark.

¹²Abiëser aus Anatot vom Stamm Benjamin war der Befehlshaber der neunten Abteilung, die im neunten Monat Dienst tat. Seine Abteilung war 24.000 Mann stark.

¹³Mahrai, ein Nachkomme Serachs aus Netofa,

war der Befehlshaber der zehnten Abteilung, die im zehnten Monat Dienst tat. Seine Abteilung war 24.000 Mann stark.

¹⁴Benaja aus Piraton vom Stamm Ephraim, war der Befehlshaber der elften Abteilung, die im elften Monat Dienst tat. Seine Abteilung war 24.000 Mann stark.

¹⁵Heldai, ein Nachkomme Otniëls aus Netofa, war der Befehlshaber der zwölften Abteilung, die im zwölften Monat Dienst tat. Seine Abteilung war 24.000 Mann stark.

Die Stammesführer
1. Mose 35,23-26; 4. Mose 1,5-16

¹⁶Folgende Männer führten die Stämme Israels an:

den Stamm Ruben: Eliëser, der Sohn Sichris; den Stamm Simeon: Schefatja, der Sohn Maachas; ¹⁷den Stamm Levi: Haschabja, der Sohn Kemuëls; die Nachkommen Aarons: Zadok; ¹⁸den Stamm Juda: Elihu, ein Bruder Davids; den Stamm Issachar: Omri, der Sohn Michaels; ¹⁹den Stamm Sebulon: Jischmaja, der Sohn Obadjas; den Stamm Naftali: Jeremot, der Sohn Asriëls; ²⁰den Stamm Ephraim: Hoschea, der Sohn Asasjas; den halben Stamm Manasse: Joel, der Sohn Pedajas; ²¹den anderen halben Stamm Manasse: Jiddo, der Sohn Secharjas; den Stamm Benjamin: Jaasiël, der Sohn Abners; ²²den Stamm Dan: Asarel, der Sohn Jerohams.

Dies waren die führenden Männer der Stämme Israels.

²³David hatte diejenigen, die 20 Jahre und jünger waren, nicht zählen lassen, denn der HERR hatte zugesagt, Israel so zahlreich wie die Sterne am Himmel zu machen. ²⁴Joab, der Sohn der Zeruja, hatte zwar mit der Zählung begonnen, sie aber nicht zu Ende geführt, weil der HERR deswegen zornig über Israel wurde. Daher findet man keine endgültige Zahl in der Chronik König Davids.

Die Verwalter der königlichen Güter und die Ratgeber des Königs

²⁵Asmawet, der Sohn Adiëls, war verantwortlich für die Schatzkammern des Königs.

Jonatan, der Sohn Usijas, verwaltete die Vorräte auf dem Land, in den Städten, Dörfern und Vorratstürmen.

²⁶Esri, der Sohn Kelubs, war für die Feldarbeiter zuständig, die auf den Ländereien arbeiteten.

²⁷Schimi aus Rama trug die Verantwortung für die Weinberge. Sabdi aus Schefam war verantwortlich für die Weinvorräte aus den Weinbergen.

²⁸Baal-Hanan aus Geder beaufsichtigte die Olivenhaine und die Maulbeerfeigenbäume im Hügelland. Joasch war für die Vorräte an Öl zuständig.

²⁹Schitrai aus Scharon beaufsichtigte die Rinder in der Ebene von Scharon. Schafat, der Sohn Adlais, war verantwortlich für die Rinder in den Tälern. ³⁰Der Ismaeliter Obil war für die Kamele verantwortlich, Jechdeja aus Meronot für die Eselinnen. ³¹Der Hagariter Jasis war für die Schafe zuständig.

Sie alle waren Verwalter der Güter, die König David besaß.

³²Jonatan, Davids Onkel, ein weiser und gelehrter Mann, war Ratgeber des Königs. Jehiël, der Sohn Hachmonis, beaufsichtigte die Söhne des Königs. ³³Ahitofel war königlicher Ratgeber. Der Arkiter Huschai war ein Freund des Königs. ³⁴Ahitofels Nachfolger waren Jojada, der Sohn Benajas, und Abjatar. Joab war Heerführer des Königs.

Davids Anweisungen für Salomo
V.2-7: Vgl. 17,1-14; 22,7-10; 2. Samuel 7,1-16;
V.14-19: 2. Chronik 4,7–5,1

28 David ließ alle führenden Männer Israels nach Jerusalem kommen: die Oberhäupter der Stämme, die Befehlshaber der Abteilungen, die im Dienst des Königs standen, die führenden Männer des Heeres und die Hauptleute, die Verwalter der Güter und der Viehherden des Königs und seiner Söhne, die Kämmerer, alle einflussreichen Männer und herausragenden Krieger. ²König David stand auf und sagte zu ihnen: »Meine Brüder, mein Volk, hört mir zu! Es war mein Wunsch, ein Haus zu bauen, in dem die Bundeslade des HERRN, der Fußschemel Gottes, für immer stehen soll. Ich hatte bereits die nötigen Vorbereitungen für den Bau getroffen, ³doch da sagte Gott zu mir: ›Nicht du sollst ein Haus zu Ehren meines Namens bauen, denn du hast in vielen Schlachten gekämpft und viel Blut vergossen.‹

⁴Doch der HERR, der Gott Israels, hat mich aus der Familie meines Vaters erwählt und für alle Zeiten zum König über Israel eingesetzt. Denn er hat den Stamm Juda zur Herrschaft bestimmt, und aus den Familien Judas hat er die Familie meines Vaters erwählt. Und von den Söhnen meines Vaters hat der HERR an mir Gefallen gefunden und mich zum König über ganz Israel gemacht. ⁵Und von allen meinen Söhnen – denn der HERR hat mir viele Kinder geschenkt – hat er meinen Sohn Salomo erwählt. Er soll auf dem Thron des HERRN über Israel herrschen. ⁶Er sprach zu mir: ›Dein Sohn Salomo soll mein Haus und seine Vorhöfe bauen, denn ich habe

1. & 2. CHRONIK

1–9	Die Herkunft des Volkes Israel
10–22	Das Königtum Davids
23–27	Ordnungen für Tempeldienst und Heer
28–29	Davids Lebensabschluss
1–9	Das Königtum Salomos und der Tempelbau
10–36	Das Königreich Juda bis zum Exil

28–29
Wenn Salomo Gott treu bleibt, wird sein Reich Bestand haben. Übergabe der Bauanweisungen an Salomo. Davids Lobgebet für die Gaben zum Bau des Hauses Gottes.

[Zeit der Könige und Propheten]

ihn zu meinem Sohn erwählt, und ich will sein Vater sein. ⁷Und wenn er weiterhin meinen Geboten und Vorschriften gehorcht, wie er es bis jetzt tut, werde ich seinem Königtum für immer Bestand geben.‹ ⁸Deshalb bitte ich euch nun vor ganz Israel, der Gemeinde des HERRN, und vor Gott, der uns hört: Achtet sorgfältig darauf, die Gebote des HERRN, eures Gottes, einzuhalten, damit dieses gute Land in eurem Besitz bleibt und ihr es euren Kindern für alle Zeiten weitervererben könnt.

⁹Und du, mein Sohn Salomo, lerne den Gott deines Vaters kennen. Diene ihm von ganzem Herzen und von ganzer Seele. Denn der HERR sieht ins Herz der Menschen und versteht es; er kennt jeden unserer Gedanken. Wenn du ihn suchst, wirst du ihn finden. Wenn du ihn aber verlässt, wird er dich für immer verstoßen. ¹⁰Mach dir bewusst, dass der HERR dich erwählt hat, ihm ein Haus, ein Heiligtum, zu bauen. Sei stark und mach dich an die Arbeit!«

¹¹Dann übergab David seinem Sohn Salomo die Pläne für die Vorhalle und das Tempelgebäude, für die Schatzkammern, die Obergemächer, die Innenräume und den Raum für die Deckplatte der Bundeslade*. ¹²Er händigte ihm auch die Pläne aus, die er für die Vorhöfe des Hauses des HERRN, für die äußeren Räume, die Schatzkammern des Hauses Gottes und die Räume für die geweihten Gaben entworfen hatte. ¹³Außerdem gab David Salomo Anweisungen für die Aufgaben, die die verschiedenen Abteilungen der Priester und Leviten im Haus des HERRN übernehmen sollten. Und er beschrieb ihm die Geräte, die für den Dienst im Haus des HERRN verwendet werden sollten.

¹⁴David gab den Gold- und Silberanteil für die Herstellung der Geräte des Gottesdienstes an. ¹⁵Er nannte die Goldmenge, die für die goldenen Leuchter und Lampen benötigt wurde, und die Silbermenge, die für die silbernen Leuchter und Lampen nötig war, je nachdem, für was sie verwendet wurden. ¹⁶Er bestimmte, wie viel Gold für jeden einzelnen Tisch der Schaubrote* gebraucht wurde, und wie viel Silber für die anderen Tische. ¹⁷David nannte auch die Goldmenge für die Gabeln, Schalen und Kannen, die alle aus reinem Gold waren, und legte auch die Menge des Goldes oder Silbers für jeden einzelnen Becher fest. ¹⁸Und schließlich bestimmte er die Menge an reinem Gold für den Räucheraltar und übergab Salomo den Plan für den Wagen mit den golde-

28,11 Mit diesem Raum war das »Allerheiligste« gemeint.   28,16 In diesem Fall bedeutet das übersetzt *Schichtbrote*.

nen Cherubim, deren Flügel sich über der Bundeslade des HERRN ausbreiten sollten. ¹⁹»Alle Pläne und Anweisungen«, sagte David, »wurden mir bis ins Kleinste schriftlich aus der Hand des HERRN übermittelt.«

²⁰Und David sagte zu seinem Sohn Salomo: »Sei stark und tapfer und mach dich an die Arbeit! Hab keine Angst und verlier niemals den Mut! Denn Gott, der HERR, mein Gott, ist mit dir. Er wird dich nicht verlassen oder fallen lassen. Er wird dir zur Seite stehen, bis der Bau des Hauses des HERRN vollendet ist. ²¹Die Abteilungen der Priester und Leviten werden im Haus Gottes Dienst tun. Auch hast du für alle anfallenden Arbeiten fähige Leute zur Verfügung, und die führenden Männer und das ganze Volk werden deine Befehle ausführen.«

Gaben für den Bau des Hauses Gottes
V.1-5: Vgl. 22,1-5

29 Dann wandte sich König David an alle versammelten Männer und sagte: »Mein Sohn Salomo, den Gott erwählt hat, ist noch jung und unerfahren. Die Aufgabe, die vor ihm liegt, ist groß, denn er soll nicht einen Palast für Menschen bauen, sondern für Gott, den HERRN. ²Ich habe schon so viel Material für den Bau des Hauses meines Gottes zusammengetragen, wie ich konnte: Gold, Silber, Bronze, Eisen und Holz für die Geräte, die daraus hergestellt werden, sowie große Mengen an Onyxsteinen, anderen Edelsteinen und Marmor. ³Weil mir das Haus meines Gottes so wichtig ist, möchte ich, dass all mein privater Besitz an Gold und Silber ebenfalls für das Haus meines Gottes verwendet wird. Zusätzlich zu dem, was ich bereits für den heiligen Ort gesammelt habe, gebe ich nun ⁴3.000 Talente* Gold aus Ofir und 7.000 Talente* reinen Silbers für die Auskleidung der Wände des Gebäudes ⁵und für die übrigen Gold- und Silberarbeiten, die von Kunsthandwerkern ausgeführt werden. Wer ist nun bereit, heute ebenfalls etwas für den HERRN zu geben?

⁶Die führenden Männer der Sippen, die Anführer der Stämme Israels, die führenden Männer des Heeres und die Hauptleute und die königlichen Verwalter zeigten ihre Bereitschaft ⁷und stifteten 5.000 Talente* Gold, 10.000 Dariken*, 10.000 Talente* Silber, 18.000 Talente* Bronze und 100.000 Talente* Eisen für den Bau des Hauses Gottes. ⁸Wer Edelsteine besaß, stiftete sie und sie wurden in die Schatzkammer im Haus des HERRN gebracht und der Aufsicht Jehiëls, eines Nachkommen Gerschons, übergeben. ⁹Das Volk jubelte über diese Freigebigkeit, denn alle hatten dem HERRN großzügig und frohen Herzens gespendet, und auch König David freute sich sehr darüber.

Davids Lobgebet

¹⁰Dann lobte David den HERRN vor allen Versammelten: »HERR, Gott unseres Stammvaters Israel, gepriesen seist du für immer und ewig! ¹¹Dein, HERR, sind Größe, Macht, Herrlichkeit, Ruhm und Hoheit. Alles im Himmel und auf der Erde gehört dir; dein ist das Reich, HERR. Wir beten dich an als den Herrn über alles. ¹²Reichtum und Ehre kommen allein von dir, denn du bist Herr über alles. Macht und Stärke verleihst du dem, den du groß und mächtig machen willst.

¹³Gott, wir danken dir und preisen deinen herrlichen Namen. ¹⁴Denn wer bin ich, und was ist mein Volk, dass wir dir etwas geben könnten? Alles, was wir haben, stammt von dir; wir geben dir nur, was du zuvor uns geschenkt hast. ¹⁵Wir sind nur Besucher und Fremde vor dir, so wie unsere Vorfahren auch. Unsere Tage auf Erden sind wie ein Schatten, ohne Hoffnung.

¹⁶HERR, unser Gott, diese vielen Güter, die wir zusammengetragen haben, um ein Haus zu Ehren deines heiligen Namens zu bauen, kommen von dir! Alles gehört dir! ¹⁷Ich weiß, mein Gott, dass du unsere Herzen prüfst und dich über Aufrichtigkeit freust. Du weißt, dass ich all das mit aufrichtigem Herzen gegeben habe, und ich habe mich darüber gefreut, dass auch dein Volk, das sich hier versammelt hat, so freigebig dir gegenüber war.

¹⁸HERR, Gott unserer Stammväter Abraham, Isaak und Jakob, sorge dafür, dass dein Volk diese Gesinnung behält. Richte ihr Herz auf dich! ¹⁹Gib meinem Sohn Salomo das ungeteilte Verlangen, deine Gebote, Ratschlüsse und Vorschriften zu befolgen und dieses prachtvolle Haus zu errichten, dessen Bau ich vorbereitet habe.«

²⁰Dann forderte David alle Versammelten auf: »Preist den HERRN, euren Gott!« Und alle priesen den HERRN, den Gott ihrer Vorfahren, und sie verneigten sich und warfen sich vor dem HERRN und dem König zu Boden.

Salomo wird zum König ernannt

²¹Am nächsten Tag brachten sie dem HERRN Schlacht- und Brandopfer. Sie opferten 1.000 Jungstiere, 1.000 Widder und 1.000 Schafböcke

---

29,4a Das entspricht ca. 108 t.   **29,4b** Das entspricht ca. 252 t.   **29,7a** Das entspricht ca. 180 t.   **29,7b** Das sind pers. Goldmünzen.   **29,7c** Das entspricht ca. 360 t.   **29,7d** Das entspricht ca. 648 t.   **29,7e** Das entspricht ca. 3.600 t.

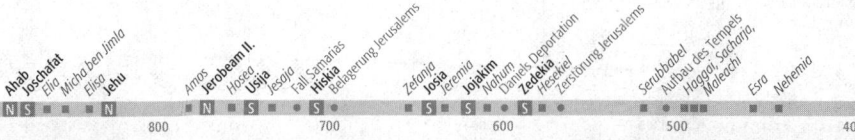

1. & 2. CHRONIK

1–9	Die Herkunft des Volkes Israel
10–22	Das Königtum Davids
23–27	Ordnungen für Tempeldienst und Heer
28–29	Davids Lebensabschluss
1–9	Das Königtum Salomos und der Tempelbau
10–36	Das Königreich Juda bis zum Exil

sowie die dazugehörigen Trankopfer. Auch viele Schlachtopfer wurden für das ganze Volk Israel dargebracht. ²²An jenem Tag aßen und tranken sie in der Gegenwart des HERRN und waren voller Freude.

Und zum zweiten Mal machten sie Davids Sohn Salomo zum neuen König. Sie salbten ihn vor den Augen des HERRN zu ihrem König und Zadok zu ihrem Priester. ²³So bestieg Salomo den Thron des HERRN anstelle seines Vaters David und er war erfolgreich, denn ganz Israel stand hinter ihm. ²⁴Alle führenden Männer des Volkes, die herausragenden Krieger und auch die anderen Söhne König Davids gelobten König Salomo die Treue. ²⁵Der HERR ließ Salomo vor den Augen von ganz Israel immer mächtiger werden und verlieh seiner Herrschaft einen solchen Glanz, wie sie noch kein König in Israel vor ihm gehabt hatte.

Zusammenfassung von Davids Herrschaft
²⁶So herrschte David, der Sohn Isais, über ganz Israel. ²⁷Er regierte Israel 40 Jahre lang, davon sieben Jahre in Hebron und 33 Jahre in Jerusalem. ²⁸David starb in hohem Alter, nach einem langen Leben voller Reichtum und Ruhm. Sein Sohn Salomo wurde sein Nachfolger. ²⁹Die Ereignisse während König Davids Herrschaft sind von Anfang bis Ende in den Berichten des Sehers Samuel, des Propheten Nathan und des Sehers Gad aufgezeichnet. ³⁰Diese Schriften berichten auch von seiner Regierungszeit und seiner Macht und über alles, was ihm und Israel und allen Königreichen der anderen Länder passierte.

29
Salomos Krönung. Davids Tod.

[Zeit der Könige und Propheten]

S Südreich Juda   N Nordreich Israel

2. Chronik

Inhalt
Die Schwerpunkte des ersten sind auch im zweiten Buch der Chronik gesetzt. Das erste große Thema ist Salomos Bau und Einweihung des ersehnten Tempels für Gott. Im Vergleich zu 1. Könige werden hier mehr gottesdienstliche Handlungen beschrieben.

Nach der Teilung Israels in zwei Staaten widmet sich die Chronik, entsprechend ihrem Interesse an David und seinen Nachkommen, nur noch dem Staat Juda. Israels Könige kommen nur vereinzelt und in Beziehung zu jenen vor. Was die Könige tun, die sich an Gott ausrichten, wird ausführlicher dargestellt als in den Königebüchern. Erhöhtes Augenmerk gilt auch den Priestern (aus dem Stamm Levi) und allem, was im und am Tempel geschieht.

Spielten in den Königebüchern Elia und Elisa als Propheten mit starken Taten eine besondere Rolle, so treten in der Chronik immer wieder unauffällige Propheten auf, die mit einfachen klaren Worten mahnen oder auch ermutigen. Die Chronik schätzt sie sehr hoch, indem sie feststellt, dass der Untergang Judas wesentlich daher kommt, dass Volk und Könige die Botschaften der Propheten missachtet haben.

Im letzten Abschnitt geht das 2. Buch der Chronik über 2. Könige hinaus – nicht wirklich überraschend, denn ein Prophet hat es bereits angekündigt: Der Zusammenbruch des Staatswesens und die Zerstreuung des Volkes bedeuten nicht das Ende Israels. Das Gericht Gottes beinhaltet auch die Einladung zu einem neuen Anfang. Den entfaltet das Buch Esra.

Wichtige Personen

Salomo	letzter König ganz Israels
Hiram	König von Tyrus (heute Libanon)
Hiram	Bronzeschmied aus Tyrus
David	Salomos Vater
Königin von Saba (vielleicht im heutigen Jemen)	
Schemaja	Prophet
Asarja	Prophet
Elia	Prophet
Mehrere namenlose Propheten	
Schischak	Pharao von Ägypten
Ahab	König von Israel
Jojada	Hoher Priester
Sanherib	König von Assyrien (Großreich, Kernland im heutigen Irak)
Jesaja	Prophet
Hilkija	Priester
Schafan	Hofschreiber Josias
Nebukadnezar	König von Babel (Großreich, Kernland im heutigen Irak), ca. 604–562 v.Chr.
Jeremia	Prophet
Kyrus (II.)	König von Persien (Großreich, Kernland im heutigen Iran), ca. 558–530 v.Chr.

Könige von Juda, Dynastie Davids:

Rehabeam	Sohn Salomos
Abija	Sohn Rehabeams
Asa	Sohn Abijas; tut, was Gott gefällt
Joschafat	Sohn Asas; tut, was Gott gefällt
Joram	Sohn Joschafats
Ahasja	Sohn Jorams
Atalja	Mutter Ahasjas, Herrscherin in Juda
Joasch	Sohn Ahasjas; tut, was Gott gefällt
Amazja	Sohn Joaschs; tut, was Gott gefällt
Asarja/Usija	Sohn Amazjas; tut, was Gott gefällt
Jotam	Sohn Asarjas/Usijas; tut, was Gott gefällt
Ahas	Sohn Jotams
Hiskia	Sohn Ahas'; tut, was Gott gefällt
Manasse	Sohn Hiskias
Amon	Sohn Manasses
Josia	Sohn Amons; tut, was Gott gefällt
Joahas	Sohn Josias
Eljakim/Jojakim	Sohn Josias
Jojachin	Sohn Eljakims/Jojakims
Mattanja/Zedekia	Onkel Jojachins, letzter König von Juda

Wichtige Orte

Gibeon	Ort, bei dem das Zelt Gottes aufgestellt war
Jerusalem	Hauptstadt von ganz Israel, später von Juda; Ort, an dem der Tempel Gottes errichtet wird
Babel	Residenzstadt Nebukadnezars, am Euphrat (heute Irak)

Das zweite Buch der Chronik

1. & 2. CHRONIK

1–9	Die Herkunft des Volkes Israel
10–22	Das Königtum Davids
23–27	Ordnungen für Tempeldienst und Heer
28–29	Davids Lebensabschluss
1–9	Das Königtum Salomos und der Tempelbau
10–36	Das Königreich Juda bis zum Exil

1–2
Salomo erhält Weisheit und Erkenntnis. Salomo bezieht von Tyrus Holz und einen Handwerksmeister.

[Zeit der Könige und Propheten]

Salomo bittet um Weisheit
V.2-13: 1. Könige 3,4-15; V.14-17: 1. Könige 10,26-29

1 Die Herrschaft Salomos, des Sohnes König Davids, war inzwischen fest begründet, denn der HERR, sein Gott, war bei ihm und schenkte ihm große Macht. ²Salomo ließ ganz Israel zusammenrufen – die Heerführer, die Richter und alle politischen Führer und die führenden Männer der Familien. ³Und Salomo und die ganze Gemeinde mit ihm, sie alle gingen auf den Hügel bei Gibeon, wo das Zelt Gottes stand, das Mose, der Diener des HERRN, in der Wüste errichtet hatte. ⁴Die Bundeslade hatte David zuvor aus Kirjat-Jearim in das Zelt bringen lassen, das er in Jerusalem dafür hatte errichten lassen. ⁵Der bronzene Altar jedoch, den Bezalel, der Sohn Uris und Enkel Hurs, geschaffen hatte, befand sich noch in Gibeon vor dem Heiligtum des HERRN. Vor ihm versammelten sich nun Salomo und das ganze Volk. ⁶Und Salomo opferte dort vor dem HERRN 1.000 Brandopfer auf dem bronzenen Altar, der sich vor dem Zelt Gottes befand.

⁷In dieser Nacht erschien Gott Salomo und sprach: »Was willst du haben? Bitte, und ich werde es dir geben!«

⁸Salomo erwiderte: »Du hast meinem Vater David so viel Gutes getan, und nun hast du mich an seiner Stelle zum König gemacht. ⁹Ich bitte dich, mein HERR und Gott: Halte doch das Versprechen, das du meinem Vater David gegeben hast, denn du hast mich zum König über ein Volk gemacht, das so zahlreich ist wie die Staubkörner der Erde! ¹⁰Schenk mir Weisheit und Erkenntnis, damit ich gute Entscheidungen fälle, denn wer wäre fähig, dein großes Volk zu regieren?«

¹¹Da sprach Gott zu Salomo: »Weil dies dein Wunsch ist und weil du nicht um Reichtum, Schätze und Ehre oder um den Tod deiner Feinde und auch nicht um ein langes Leben gebeten hast, sondern um Weisheit und Erkenntnis, damit du mein Volk gut regieren kannst, über das ich dich zum König eingesetzt habe, ¹²darum will ich dir die Weisheit und Erkenntnis schenken. Doch darüber hinaus werde ich dir auch Reichtum, Schätze und Ehre schenken, wie noch kein König vor dir sie hatte und auch keiner nach dir

S Südreich Juda   N Nordreich Israel

sie haben wird!« ¹³So kehrte Salomo von dem Zelt Gottes auf dem Hügel bei Gibeon nach Jerusalem zurück und herrschte über Israel.

¹⁴Salomo schuf sich ein riesiges Heer aus 1.400 Streitwagen und 12.000 Pferden*. Viele von ihnen stationierte er in den Städten, die eigens für die Streitwagen gebaut worden waren, einen Teil behielt er jedoch bei sich in Jerusalem.* ¹⁵Der König sorgte dafür, dass es in Jerusalem so viel Silber und Gold gab wie Steine. Und wertvolles Zedernholz war so verbreitet wie das Holz der einfachen Maulbeerfeigenbäume, die im Hügelland wuchsen. ¹⁶Salomos Pferde wurden aus Ägypten und aus Koë eingeführt; die königlichen Händler erwarben sie dort zum üblichen Preis. ¹⁷Damals kostete ein ägyptischer Streitwagen 600 Silberstücke und ein Pferd wurde für 150 Silberstücke gehandelt. Viele Gespanne wurden an die Könige der Hetiter und an die Könige von Aram weiterverkauft.

Vorbereitungen für den Bau des Tempels
1. Könige 5,15-32

¹⁸Als Nächstes beschloss Salomo, ein Haus für den Namen des HERRN und einen Königspalast für sich selbst zu bauen.

2 Er verpflichtete 70.000 Arbeiter, dazu 80.000 Männer, die im Gebirge Steine hauen sollten, und 3.600 Vorarbeiter. ²Dann ließ Salomo König Hiram von Tyrus folgende Botschaft zukommen:

»Schick mir Zedernholzstämme wie die, die du meinem Vater David für den Bau seines Palastes geliefert hast. ³Ich will ein Haus bauen, in dem der Name des HERRN, meines Gottes, geehrt wird. Es soll ein Ort sein, an dem Weihrauch verbrannt wird und beständig Schaubrote* ausgelegt werden und wo dem HERRN, unserem Gott, jeden Morgen und Abend, jeden Sabbat, zum Neumondfest und zu den anderen Festen Brandopfer dargebracht werden. So ist es Israel für alle Zeiten geboten.

⁴Es soll ein prachtvolles Haus werden, denn unser Gott ist größer als alle anderen Götter. ⁵Doch wer kann ihm ein Haus bauen, das seiner würdig wäre, denn auch der höchste Himmel kann ihn nicht fassen! Wer bin ich, dass ich ihm ein Haus errichten will, es sei denn als Ort, an dem ihm Brandopfer dargebracht werden?

⁶Deshalb schicke mir einen Mann, der mit Gold und Silber, Bronze und Eisen umzugehen weiß und mit purpurnen, scharlachroten und blauen Stoffen; einen Meister der Schnitzkunst, der mit den Kunsthandwerkern Judas und Jerusalems, die mein Vater David ausgewählt hat, zusammenarbeiten soll. ⁷Und schick mir auch Zedern-, Zypressen- und Sandelholz aus dem Libanon, denn ich weiß, dass deine Leute sehr gute Holzfäller sind. Meine Männer sollen mit deinen zusammenarbeiten. ⁸Sie werden mir eine gewaltige Menge Holz beschaffen müssen, denn das Haus, das ich bauen will, soll groß und prächtig werden. ⁹Deine Männer sollen als Lohn 20.000 Sack Weizen, 20.000 Sack Gerste*, 20.000 Eimer Wein und 20.000 Eimer Öl* erhalten.«

¹⁰König Hiram ließ Salomo folgendes Schreiben überbringen:»Weil der HERR sein Volk liebt, hat er dich zu seinem König gemacht. ¹¹Gepriesen sei der HERR, der Gott Israels, der den Himmel und die Erde geschaffen hat! Er hat König David einen weisen Sohn geschenkt, begabt mit Klugheit und Verstand, der ein Haus für den HERRN und einen Königspalast für sich selbst bauen will.

¹²Ich schicke Hiram zu dir, einen Meister seines Fachs. ¹³Er ist der Sohn einer Israelitin aus Dan; sein Vater stammt aus Tyrus. Hiram kann Gold-, Silber-, Bronze- und Eisenarbeiten anfertigen; er kann mit Stein und Holz umgehen und mit Stoffen in Purpur, Scharlachrot und Blau sowie Leinen. Außerdem kann er gravieren und jeden Entwurf, den man ihm vorgibt, zusammen mit deinen Kunsthandwerkern und den Männern, die schon dein Vater David ausgewählt hat, umsetzen.

¹⁴Schick mir den Weizen, die Gerste, das Öl und den Wein, von denen du gesprochen hast. ¹⁵Wir werden so viele Bäume auf dem Libanon fällen, wie du benötigst, und die Stämme in Flößen auf dem Meer hinunter nach Jafo bringen. Von dort kannst du sie dann weiter nach Jerusalem schaffen lassen.«

¹⁶Dann ließ Salomo alle im Land Israel lebenden Ausländer zählen, wie es auch sein Vater David getan hatte. Die Zählung ergab 153.600 Männer. ¹⁷Salomo verpflichtete 70.000 von ihnen als gewöhnliche Arbeiter, weitere 80.000 mussten in den Steinbrüchen des Gebirges arbeiten und 3.600 wurden als Vorarbeiter für das Volk angestellt.

1,14 O. *12.000 Wagenlenkern*. **1,14-17** Vgl. 1. Könige 10,26-29. **2,3** Das bedeutet hier übersetzt *Schichtbrote*. **2,9a** Das sind jeweils ca. 7.876.000 l. **2,9b** Das sind jeweils ca. 788.000 l.

1. & 2. CHRONIK

1–9	Die Herkunft des Volkes Israel
10–22	Das Königtum Davids
23–27	Ordnungen für Tempeldienst und Heer
28–29	Davids Lebensabschluss
1–9	Das Königtum Salomos und der Tempelbau
10–36	Das Königreich Juda bis zum Exil

3–4
Bau und Aussehen des Tempels und seiner Geräte.

[Zeit der Könige und Propheten]

Salomo baut den Tempel
V.1-14: 1. Könige 6; V.15-17: 1. Könige 7,15-20

3 So begann Salomo mit dem Bau des Hauses des HERRN auf dem Berg Morija in Jerusalem, wo der HERR seinem Vater David erschienen war. Es wurde auf dem Land des Jebusiters Arauna* errichtet, an dem Ort, den David dafür bestimmt hatte. ²Mit dem Bau wurde am zweiten Tag des zweiten Monats*, im vierten Jahr von Salomos Regierungszeit begonnen.

³Und dies sind die Maße, nach denen Salomo das Haus Gottes baute: Das Fundament des Hauses war 60 Ellen lang und 20 Ellen breit.* ⁴Seine Vorhalle war 20 Ellen breit;* sie verlief also über die gesamte Vorderfront des Hauses. Die inneren Wände und die Decke der Vorhalle waren mit reinem Gold überzogen. Auch die Höhe der Vorhalle betrug 20 Ellen.*

⁵Der Hauptraum war mit vergoldetem Zypressenholz getäfelt und mit geschnitzten Palmen und mit Ketten verziert, ⁶seine Wände mit kostbaren Edelsteinen und reinem Gold aus dem Land Parwajim geschmückt. ⁷Alle Wände, Balken, Türen und Schwellen waren mit Gold

---

3,1 Hebr. *Ornan*, ein anderer Name für Arauna; vgl. 2. Samuel 24,16. **3,2** Dieser Tag des hebr. Mondkalenders liegt gewöhnlich im April o. Anfang Mai. **3,3** Das sind ca. 30 m Länge und 10 m Breite. **3,4a** Das sind ca. 10 m; s. auch 3,8. **3,4b** So in manchen griech. und syr. Handschriften; das sind ca. 10 m. Hebr. *120 Ellen*.

2. Chronik 3,1

Hinweise auf den Messias (3)
Die Ortsangabe in dieser Schriftstelle stellt den Tempelberg in wichtige heilsgeschichtliche Zusammenhänge:
• David hatte vom Jebusiter Arauna rechtmäßig ein Grundstück erworben und für Jahwe dort einen Altar gebaut. Dort – auf dem Berg Zion – errichtete Salomo dann den Tempel. Hier erfahren wir nun, dass dieser Berg derselbe ist wie der Berg Morija, wo Abraham seinen Sohn opfern sollte, Gott aber dann stattdessen selbst für ein Opfertier sorgte (siehe die Erklärung zu 1Mo 22,8).
• David war zum Grundstück von Arauna gekommen, als Gott seine Strafe für Davids Übertretung vollzog. Gottes Gericht hielt gerade an diesem Grundstück inne (2Sam 24,15-18; 1Chr 21,14-27).
• Dieser Berg hat also mehrfach Gottes Handeln gesehen: Gott selbst schafft hier ein Opfer herbei, Gott bricht hier sein Strafgericht ab, hier entsteht der Tempel als Ort für die Opfer und die Vergebung Gottes – und in unmittelbarer Nähe dieses Berges ist der Hügel Golgatha, wo Jesus sich opferte, um Gottes Gericht auf sich zu nehmen.
(4. Mose 24,17 « | » Hiob 19,25)

S Südreich Juda   N Nordreich Israel

überzogen und die Wände zierten zusätzlich geschnitzte Cherubim.

⁸Dann baute er das Allerheiligste. Es war 20 Ellen breit, entsprechend der Gesamtbreite des Hauses, und 20 Ellen lang. Sein Inneres wurde mit fast 600 Talenten reinem Gold* ausgekleidet. ⁹Es wurden Nägel verwendet, die aus 50 Schekel Gold* bestanden. Die oberen Räume wurden ebenfalls mit reinem Gold überzogen.

¹⁰Salomo ließ zwei Cherubim-Figuren anfertigen und vergolden. Sie wurden im Allerheiligsten aufgestellt. ¹¹Die Flügelspanne der beiden nebeneinander stehenden Cherubim betrug 20 Ellen.* Der äußere Flügel der ersten Figur war fünf Ellen lang* und berührte die Wand des Hauses. Der innere Flügel maß ebenfalls fünf Ellen und berührte den einen Flügel der zweiten Figur. ¹²Genauso maß auch der äußere Flügel des zweiten Cherubim fünf Ellen und berührte die gegenüberliegende Wand, und der innere Flügel, ebenfalls fünf Ellen lang, berührte den Flügel der ersten Figur. ¹³So betrug die Flügelspanne beider Cherubim zusammen 20 Ellen. Beide standen aufrecht und blickten zum Hauptraum hinüber. ¹⁴Salomo ließ einen blau und rot gefärbten Vorhang aus feinem Leinen anfertigen, der mit Cherubimbildern bestickt war.

¹⁵Für die Front des Hauses ließ Salomo zwei Säulen anfertigen, jede 35 Ellen* hoch, die oben jeweils mit einem fünf Ellen hohen Kapitell versehen wurden. ¹⁶Die Kapitelle schmückte ein Gitterwerk aus ineinander verschlungenen Ketten, die mit 100 Granatäpfeln verziert waren. ¹⁷Diese beiden Säulen ließ Salomo vor dem Tempel aufstellen, eine rechts, die andere links. Die rechte nannte er Jachin, die linke Boas.*

Die Geräte für den Tempel
V.2-6: 1. Könige 7,23-39; 4,7-5,1: 1. Könige 7,40-51; 1. Chronik 28,14-19

4 Salomo ließ einen bronzenen Altar anfertigen. Dieser maß 20 Ellen in Länge und Breite und war zehn Ellen hoch.* ²Dann goss er das »Meer«. Es war rund und maß zehn Ellen von Rand zu Rand*, war fünf Ellen tief* und hatte einen Umfang von 30 Ellen*. ³Unter dem Beckenrand war es ringsum mit zwei Reliefbändern verziert, die Rinderfiguren ähnelten. Es waren etwa zehn Rinder pro Elle*, und sie waren aus einem Guss mit dem Becken gefertigt.

⁴Es ruhte auf zwölf Rindern. Drei wandten sich nach Norden, drei nach Westen, drei nach Süden und drei nach Osten. Und das Meer stand auf den Rindern, deren Hinterteile alle nach innen zeigten. ⁵Die Metallwände des Beckens waren etwa eine Handbreit dick, und sein Rand öffnete sich wie ein Kelch und war geformt wie eine Lilienblüte. Es fasste etwa 3.000 Eimer Wasser.* ⁶Passend dazu ließ Salomo zehn Kessel anfertigen und aufstellen; jeweils fünf rechts und links vom Becken. In den Kesseln wurden die Brandopfer abgespült; die Priester aber wuschen sich im Becken.

⁷Dazu ließ er, den Vorschriften entsprechend, zehn goldene Leuchter gießen und im Tempel aufstellen. Fünf wurden vor die rechte Wand gestellt und fünf vor die linke. ⁸Außerdem ließ er zehn Tische anfertigen und in den Tempel bringen, fünf vor die rechte Wand und fünf vor die linke, sowie 100 goldene Schalen gießen.

⁹Auch einen Vorhof für die Priester sowie den großen äußeren Vorhof ließ Salomo anlegen. Für den großen Vorhof ließ er Torflügel zimmern und mit Bronze überziehen. ¹⁰Das Becken wurde an der rechten Seite des Tempels aufgestellt, in südöstlicher Richtung.

¹¹Auch die Kessel, Schaufeln und Schalen stellte Hiram her.

Und so vollendete Hiram alles, was er im Auftrag König Salomos für das Haus Gottes anfertigen sollte: ¹²zwei Säulen, zwei kugelförmige Kapitelle oben auf den Säulen, zwei Gitterwerke zum Schmuck der Kapitelle oben auf den Säulen, ¹³400 Granatäpfel, die an Ketten von den Kapitellen herabhingen, das sind zwei Reihen Granatäpfel für jedes Gitterwerk aus Ketten, die rund um die Kapitelle auf der Spitze der Säulen hingen, ¹⁴die Wagen und die dazugehörenden Kessel, ¹⁵das Meer und die zwölf Rinder darunter, ¹⁶die Kessel, die Schaufeln, die Fleischgabeln und die übrigen Geräte. Alle diese Gegenstände für das Haus des HERRN fertigte Hiram aus polierter Bronze für König Salomo. ¹⁷Der König hatte sie in Tonformen im Jordantal zwischen Sukkot und Zereda gießen lassen. ¹⁸Das Gewicht der Bronze, die dabei verbraucht wurde, ließ sich wegen der großen Menge der Geräte, die Salomo anfertigte, nicht mehr feststellen.

¹⁹All diese Gegenstände ließ Salomo für das Haus Gottes anfertigen: den goldenen Altar, die Tische für die Schaubrote*, ²⁰die Leuchter mit den Lampen aus reinem Gold, die wie vorge-

3,8 Das sind ca. 21,5 t. **3,9** Das sind ca. 600 g. **3,11a** Das sind ca. 10 m; s. auch 3,13. **3,11b** Das sind ca. 2,5 m; s. auch 3,12.15. **3,15** Das sind ca. 17,5 m. **3,17** *Jachin* bedeutet wahrscheinlich *er macht fest*, und *Boas in ihm ist Stärke*. **4,1** Das sind ca. 10 m in Länge u. Breite u. ca. 5 m in der Höhe. **4,2a** Das sind ca. 5 m. **4,2b** Das sind ca. 2,5 m. **4,2c** Das sind ca. 15 m. **4,3** Eine Elle entspricht ca. 50 cm. **4,5** Das sind ca. 118.000 l. **4,19** Das bedeutet übersetzt *Brote der Vergegenwärtigung Gottes*.

1. & 2. CHRONIK

1–9	Die Herkunft des Volkes Israel
10–22	Das Königtum Davids
23–27	Ordnungen für Tempeldienst und Heer
28–29	Davids Lebensabschluss
1–9	Das Königtum Salomos und der Tempelbau
10–36	Das Königreich Juda bis zum Exil

5–6
Die Bundeslade kommt ins Allerheiligste. Salomos Dank und Bitte, dass Gott die Bitten Israels erhört.

[Zeit der Könige und Propheten]

schrieben vor dem Allerheiligsten brennen sollten, ²¹den Blumenschmuck, die Leuchter und Zangen, alles aus reinem Gold, ²²die Lichtputzscheren, Kessel, Schalen und Räucherpfannen, alle aus reinem Gold, sowie die mit Gold verkleideten Türen für die Eingänge zum Allerheiligsten und den Hauptraum des Tempels.

Die Lade wird in den Tempel überführt
Vgl. 1. Könige 8,1-11

5 Als alles, was er für das Haus des HERRN gemacht hatte, fertig war, ließ Salomo die Gaben holen, die schon sein Vater David geweiht hatte: das Silber und Gold und alle Geräte. Sie wurden in die Schatzkammern im Haus Gottes gebracht.
²Dann rief Salomo die Ältesten sowie die führenden Männer aller Stämme und Sippen Israels in Jerusalem zusammen. Sie sollten die Bundeslade des HERRN aus Zion, der Stadt Davids, holen. ³So versammelten sich alle Männer Israels bei König Salomo zum Fest im Monat Etanim, das ist der siebte Monat.* ⁴Als die Ältesten Israels eingetroffen waren, hoben die Leviten die Lade hoch. ⁵Dann nahmen die Priester und Leviten die Lade zusammen mit dem Zelt Gottes und allen heiligen Geräten, die darin waren, und trugen sie hinauf. ⁶König Salomo und die ganze Gemeinschaft der Israeliten, die sich bei ihm versammelt hatte, opferten Schafe und Rinder vor der Lade – so viele, dass niemand sie mehr zählen konnte.
⁷Dann trugen die Priester die Bundeslade des HERRN an ihren Ort ins innere Heiligtum des Tempels, das Allerheiligste, unter die Flügel der Cherubim. ⁸Die Cherubim breiteten ihre Flügel über der Lade aus und bildeten so einen Baldachin über der Lade und ihren Tragestangen. ⁹Diese Stangen waren so lang, dass ihre Enden vom Heiligtum, von der Vorhalle vor dem Allerheiligsten, aus zu sehen waren; weiter außerhalb waren sie nicht zu sehen. Sie befinden sich noch heute dort. ¹⁰In der Lade waren nur die beiden Tafeln, die Mose am Horeb hineingelegt hatte. Dort hatte der HERR einen Bund mit dem israelitischen Volk geschlossen, als es Ägypten verließ.
¹¹Dann zogen die Priester wieder aus dem Heiligtum heraus. Alle anwesenden Priester hatten sich gereinigt, unabhängig von ihrer Abteilung. ¹²Alle Leviten, die als Sänger Dienst taten – Asaf,

---

5,3 Das Laubhüttenfest begann am 15. Tag des siebten Monats nach dem hebr. Mondkalender, gewöhnlich Ende September/Anfang Oktober.

S Südreich Juda   N Nordreich Israel

Heman, Jedutun und ihre Söhne und Brüder – trugen feine Leinengewänder. Sie standen östlich des Altars und spielten auf Zimbeln, Harfen und Zithern, begleitet von 120 Priestern, die Trompete bliesen. ¹³Die Trompeter und Sänger lobten den HERRN und dankten ihm, und ihr Gesang klang wie aus einem einzigen Mund. Begleitet von Trompeten, Zimbeln und anderen Instrumenten erhoben sie ihre Stimmen und priesen den HERRN:

»Seine Güte ist so groß!

Seine Gnade bleibt ewig bestehen.«

In diesem Augenblick erfüllte eine Wolke das Haus des HERRN. ¹⁴Die Priester konnten deswegen ihren Dienst nicht fortsetzen, denn die Herrlichkeit des HERRN war im Haus Gottes gegenwärtig.

Salomo segnet das Volk
Vgl. 1. Könige 8,12-20

6 Dann betete Salomo: »Der HERR hat gesagt, dass er in tiefstem Dunkel wohnen will. ²Doch ich habe dir ein prachtvolles Haus gebaut, eine Wohnung, in der du für immer wohnen sollst!«

³Dann wandte sich der König der ganzen Gemeinschaft der Israeliten zu, die vor ihm stand, segnete sie und sagte: ⁴»Gepriesen sei der HERR, der Gott Israels, der sein Versprechen erfüllt hat, das er meinem Vater David gab. Denn er hat gesagt: ⁵›Seit dem Tag, an dem ich mein Volk der Israeliten aus Ägypten herausgeführt habe, habe ich keine Stadt unter den Stämmen Israels dazu bestimmt, dass darin ein Haus zur Ehre meines Namens errichtet werden sollte. Und ich habe auch keinen Mann dazu bestimmt, mein Volk der Israeliten zu führen. ⁶Doch nun soll Jerusalem diese Stadt und David dieser König sein.‹

⁷Mein Vater David wollte ein Haus bauen, damit der Name des HERRN, des Gottes Israels, darin geehrt wird. ⁸Doch der HERR sprach zu ihm: ›Es gefällt mir, dass du dir vorgenommen hast, ein Haus zur Ehre meines Namens zu bauen, ⁹doch du bist nicht derjenige, der es tun soll. Dein Sohn wird es an deiner Stelle bauen.‹

¹⁰Und nun hat der HERR getan, was er zugesagt hat, denn ich bin anstelle meines Vaters David König geworden, wie der HERR es gesagt hat. Ich habe dieses Haus zur Ehre des HERRN, des Gottes Israels, gebaut. ¹¹Dort hinein habe ich die Lade gebracht, und in dieser ist der Bund aufbewahrt, den der HERR mit den Israeliten geschlossen hat.«

Salomos Weihegebet
Vgl. 1. Könige 8,22-50

¹²Dann stellte sich Salomo mit erhobenen Händen vor den Altar des HERRN, und die ganze Versammlung Israels blickte auf ihn. ¹³Er hatte eine bronzene Plattform anfertigen lassen mit fünf mal fünf Ellen Fläche sowie drei Ellen Höhe* und sie in der Mitte des äußeren Vorhofs aufstellen lassen. Darauf stand er vor der ganzen Versammlung, kniete nieder, hob seine Hände zum Himmel ¹⁴und betete: »HERR, Gott Israels, es gibt keinen Gott, der dir gleicht, weder im Himmel noch auf der Erde. Du erfüllst deine Versprechen und bist all denen mit deiner großen Liebe treu, die dir gehorchen und bereit sind, von ganzem Herzen deinen Willen zu tun. ¹⁵Du hast deine Zusage an deinen Diener David, meinen Vater, erfüllt. Dein Mund hatte sie ausgesprochen, und heute hat deine Hand sie erfüllt. ¹⁶Und nun, HERR, Gott Israels, erfülle, was du deinem Diener David, meinem Vater, versprochen hast. Denn du hast gesagt: ›Wenn deine Nachkommen auf ihren Weg achten werden und meine Gesetze halten, wie du es getan hast, werden sie für immer in Israel herrschen.‹ ¹⁷Bitte, HERR, Gott Israels, halte das Versprechen, das du deinem Diener David gegeben hast.

¹⁸Aber wird Gott tatsächlich auf der Erde wohnen? Der höchste Himmel kann dich nicht fassen – wie viel weniger dieses Haus, das ich errichtet habe! ¹⁹Höre dennoch mein Gebet und vernimm meine Bitte, HERR, mein Gott. Höre die Gebete, die dein Diener an dich richtet. ²⁰Tag und Nacht sollst du über diesen Tempel wachen, über diesen Ort, von dem du gesagt hast, dass hier dein Name wohnen soll. Bitte erhöre die Gebete, die ich hier spreche. ²¹Bitte erhöre die inständigen Bitten, die wir, dein Volk der Israeliten und ich, an diesem Ort im Gebet an dich richten. Ja, höre uns im Himmel, wo du wohnst, und wenn du uns hörst, vergib uns.

²²Wenn ein Mensch einem anderen ein Unrecht zufügt und vor dem Altar in diesem Haus seine Unschuld beschwören soll, ²³dann höre ihn im Himmel und sprich du das Urteil. Strafe den Schuldigen und lass seine Taten auf ihn zurückfallen, aber sprich den Unschuldigen frei, wie es sein Recht ist.

²⁴Wenn dein Volk der Israeliten von seinen Feinden besiegt wird, weil es gegen dich gesündigt hat, und wenn es sich dir dann wieder zuwendet und deinen Namen anruft und hier in diesem Haus zu dir betet und fleht, ²⁵dann höre es im Himmel und vergib ihm seine Sünde und bring

---

6,13 Das sind gut 6 m² Fläche und eine Höhe von 1,5 m.

1. & 2. CHRONIK

1–9	Die Herkunft des Volkes Israel
10–22	Das Königtum Davids
23–27	Ordnungen für Tempeldienst und Heer
28–29	Davids Lebensabschluss
1–9	Das Königtum Salomos und der Tempelbau
10–36	Das Königreich Juda bis zum Exil

6–7
Salomos Bitte, dass Gott die Bitten Israels erhört. Der Tempel wird eingeweiht. Gott erhört Salomos Bitte und ermahnt das Volk zur Treue.

[Zeit der Könige und Propheten]

 Südreich Juda   N Nordreich Israel

es zurück in dieses Land, das du ihm und seinen Vorfahren geschenkt hast. ²⁶Wenn der Himmel verschlossen bleibt und kein Regen fällt, weil dein Volk gegen dich gesündigt hat, und wenn das Volk dann zu diesem Haus gewandt betet und deinen Namen anruft und sich von seiner Sünde abwendet, weil du es bestraft hast, ²⁷dann höre es im Himmel und vergib deinen Dienern, den Israeliten, ihre Sünde. Zeig ihnen, wie sie nach deinem Willen leben können, und lass es regnen auf dein Land, das du deinem Volk als Erbe anvertraut hast.

²⁸Wenn eine Hungersnot im Land herrscht oder eine Seuche ausbricht, wenn es eine Missernte gibt, Heuschrecken einfallen oder Raupen die Ernte vernichten, wenn die Feinde deines Volkes ins Land eindringen und seine Städte belagern – welche Not oder Krankheit auch kommen mag: ²⁹Wenn dann irgendeiner aus deinem Volk zu dir betet und fleht, indem er dir seinen Kummer und seine Not zu Füßen legt und die Hände zu diesem Haus hin erhebt, oder wenn das ganze Volk seine Stimme im Gebet erhebt, ³⁰dann höre es im Himmel, wo du wohnst, vergib ihm und hilf. Gib jedem, was er verdient, denn du allein kennst das menschliche Herz. ³¹Dann werden sie dich achten und auf deinen Wegen bleiben, solange sie in dem Land leben, das du unseren Vorfahren geschenkt hast.

³²Wenn Fremde, die nicht zu deinem Volk der Israeliten gehören, von deinem großen Namen und deinen gewaltigen Wundern hören und von deiner Macht und aus fernen Ländern hierher kommen und zu diesem Haus gewandt beten, ³³dann höre sie im Himmel, wo du wohnst, und gib ihnen alles, worum sie dich bitten. Denn alle Völker der Erde sollen dich erkennen und achten, so wie dein Volk der Israeliten es tut. Alle sollen erkennen, dass dieses Haus, das ich gebaut habe, deinen Namen trägt.

³⁴Wenn die Israeliten in deinem Auftrag gegen ihre Feinde in den Krieg ziehen, und wenn sie dann im Gebet zu dir in die Richtung dieser Stadt blicken, die du erwählt hast, und zu diesem Haus, das ich deinem Namen errichtet habe, ³⁵dann höre ihre Gebete und ihr Flehen im Himmel und hilf ihnen.

³⁶Wenn sie gegen dich sündigen – denn welcher Mensch wäre ohne Sünde? – dann wirst du vielleicht zornig sein über sie und sie ihren Feinden ausliefern, die sie in ein fremdes Land verschleppen, es sei nah oder fern. ³⁷Doch vielleicht wenden sie sich in ihrem Exil voller Reue wieder zu dir und sagen: ›Wir haben gesündigt, wir haben Böses getan und schlecht gehandelt.‹ ³⁸Wenn sie sich dann von ganzem Herzen und von ganzer Seele im Land ihres Exils, in das sie

gebracht wurden, wieder dir zuwenden und zu dem Land hingewandt beten, das du ihren Vorfahren geschenkt hast, und zu dieser Stadt, die du erwählt hast, und zu diesem Haus, das ich zur Ehre deines Namens gebaut habe, ³⁹dann höre ihre Gebete im Himmel, wo du wohnst. Verhilf ihnen zu ihrem Recht und vergib deinem Volk, das gegen dich gesündigt hat.

⁴⁰Bitte, mein Gott, erhöre die Gebete, die an diesem Ort vor dich gebracht werden. ⁴¹Und nun, HERR und Gott, komm und nimm deinen Ort der Ruhe ein, du und die Bundeslade, das Zeichen deiner Macht. Deine Priester, HERR und Gott, sollen uns deine Rettung vermitteln, und die dir vertrauen, sollen sich an deiner Güte freuen. ⁴²HERR und Gott, weise deinen Gesalbten nicht zurück, sondern erinnere dich, wie sehr du deinen Diener David liebst.*«

Die Tempelweihe
V.1-22: 1. Könige 8,54-66; 9,1-9

7 Als Salomo sein Gebet beendet hatte, fiel Feuer vom Himmel und verzehrte die Brandopfer sowie alle anderen Opfer, und die herrliche Gegenwart des HERRN erfüllte den Tempel. ²Die Priester konnten das Haus des HERRN nicht betreten, weil die herrliche Gegenwart des HERRN darin war. ³Als die Israeliten sahen, wie das Feuer vom Himmel fiel und die herrliche Gegenwart des HERRN den Tempel erfüllte, warfen sie sich zu Boden und beteten den HERRN an und lobten ihn:

»Seine Güte ist so groß!
Seine Gnade bleibt ewig bestehen.«

⁴Dann brachten der König und das ganze Volk dem HERRN Schlachtopfer; ⁵König Salomo opferte 22.000 Rinder und 120.000 Schafe. So weihten der König und das ganze Volk das Haus Gottes ein. ⁶Die Priester und die Leviten nahmen die ihnen zugewiesenen Plätze ein, und die Leviten sangen wie David: »Seine Gnade bleibt ewig bestehen.« Sie begleiteten ihren Gesang mit Musik und spielten auf den Instrumenten, die König David eigens für das Lob des HERRN hatte anfertigen lassen. Den Leviten gegenüber standen die Priester und bliesen die Trompeten, und ganz Israel hörte zu.

⁷Dann weihte Salomo die Mitte des Hofes vor dem Haus des HERRN, denn dort brachte er die Brandopfer und das Fett von Friedensopfern dar. Das war nötig, weil der bronzene Altar, den er gebaut hatte, die vielen Brandopfer, Speiseopfer und das Fett der Friedensopfer nicht fassen konnte.

⁸Dann feierten Salomo und ganz Israel in dieser Zeit sieben Tage lang das Laubhüttenfest*. Eine riesige Menschenmenge war zusammengeströmt, von der Grenze Hamats bis zum Bach von Ägypten. ⁹Am achten Tag fand eine Abschlussfeier statt, denn die Einweihung des Altars und das Laubhüttenfest waren jeweils sieben Tage lang gefeiert worden. ¹⁰Am Ende dieser Feier* schickte Salomo das Volk wieder nach Hause. Alle waren froh und glücklich, weil der HERR David, Salomo und seinem Volk so viel Gutes getan hatte.

Die Antwort des HERRN auf Salomos Gebet

¹¹So vollendete Salomo das Haus des HERRN und den Königspalast. Alles, was er sich für das Haus des HERRN und den Königspalast vorgenommen hatte, gelang ihm. ¹²Eines Nachts erschien ihm der HERR und sprach: »Ich habe dein Gebet erhört und will in diesem Tempel eure Opfer annehmen. ¹³Wenn ich den Himmel verschließe, sodass kein Regen fällt, oder Heuschrecken sende, welche die Ernte auffressen, oder meinem Volk Seuchen schicke, ¹⁴und mein Volk, das meinen Namen trägt, dann Reue zeigt, wenn die Menschen zu mir beten und meine Nähe suchen und zu mir zurückkehren, will ich sie im Himmel erhören und ihnen die Sünden vergeben und ihr Land heilen. ¹⁵Ich will auf alle Gebete achten, die an diesem Ort gesprochen werden, ¹⁶denn ich habe dieses Haus ausgewählt und für alle Zeiten als Wohnung meines Namens geheiligt. Meine Augen und mein Herz werden für immer hier sein.

¹⁷Und wenn du mir treu bist, wie dein Vater David es war, wenn du meinen Geboten gehorchst, meine Gesetze hältst und meine Vorschriften befolgst,* ¹⁸werde ich deine Königsherrschaft befestigen, wie ich es bereits deinem Vater David versprach: ›Du wirst stets einen Nachfolger haben, der über Israel herrscht.‹

¹⁹Wenn ihr mich aber verlasst und meine Gesetze und Gebote, die ich euch gegeben habe, nicht einhaltet, sondern hingeht und andere Götter anbetet und ihnen dient, ²⁰dann reiße ich die Israeliten aus diesem meinem Land, das ich ihnen gegeben habe, heraus. Ich werde mich von diesem Haus, das ich mir zur Ehre meines Namens erwählt habe, abwenden und es zum Hohn und Gespött der Völker machen. ²¹So

---

6,42 O. gedenke der Treue deines Dieners David.   **7,8** Hebr. das Fest (so auch in 7,9); s. die Anm. zu 5,3.   **7,10** Hebr. Und am 23. Tag des siebten Monats. Dieser Tag des hebr. Mondkalenders liegt gewöhnlich Ende Sept. / Anfang Okt.
7,17-22 Vgl. 1. Könige 9,4-9.

1. & 2. CHRONIK

1–9	Die Herkunft des Volkes Israel
10–22	Das Königtum Davids
23–27	Ordnungen für Tempeldienst und Heer
28–29	Davids Lebensabschluss
1–9	Das Königtum Salomos und der Tempelbau
10–36	Das Königreich Juda bis zum Exil

8–9
Salomos Errungenschaften, Weisheit und Reichtum.

[Zeit der Könige und Propheten]

---

eindrucksvoll dieses Haus jetzt auch erscheinen mag – es wird zu einem Schreckensbild werden für alle, die vorübergehen. Sie werden spotten und fragen: ›Warum hat der HERR an seinem Land und seinem Haus so gehandelt?‹ ²²Und die Antwort wird lauten: ›Weil sie den HERRN, den Gott ihrer Vorfahren, der sie aus Ägypten herausgeführt hat, verlassen und andere Götter angebetet und ihnen gedient haben. Deshalb hat er all dieses Unglück über sie kommen lassen.‹«

Salomos Verdienste
1. Könige 9,10-28

8 Nach den 20 Jahren, in denen Salomo das Haus des HERRN und seinen Königspalast errichtet hatte, ²wandte er seine Aufmerksamkeit dem Wiederaufbau der Städte zu, die er von Hiram erhalten hatte, und siedelte Israeliten darin an. ³Damals griff Salomo auch Hamat-Zoba an und eroberte es. ⁴Er baute die Wüstenstadt Tadmor wieder auf und gründete im Gebiet von Hamat Siedlungen, in denen die Kornvorräte gelagert wurden. ⁵Salomo befestigte das obere und das untere Bet-Horon, zog Stadtmauern hoch und ließ Tore einsetzen, die verriegelt werden konnten. ⁶Baalat wurde wieder aufgebaut, dazu Siedlungen, in denen große Kornspeicher waren, und andere, in denen seine Streitwagen und Pferde* stationiert waren. Überall, in Jerusalem, im Libanon und in seinem ganzen Herrschaftsbereich ließ er durch die Fronarbeiter Bauten errichten.*
⁷Noch immer lebten einige Leute im Land, die keine Israeliten waren, darunter Hetiter, Amoriter, Perisiter, Hiwiter und Jebusiter. ⁸Sie waren Nachkommen der Völker, die Israel nicht ganz ausgerottet hatte. Diese verpflichtete Salomo als Fronarbeiter, und so ist es bis heute. ⁹Die Israeliten dagegen verpflichtete Salomo nicht zur Fronarbeit, sondern wies ihnen Aufgaben zu als Krieger und Schreiber und Offiziere in seinem Heer, zum Beispiel als Befehlshaber über die Streitwagen und Wagenlenker. ¹⁰250 von ihnen ernannte Salomo zu Oberaufsehern über das Volk.
¹¹Salomo brachte seine Frau, die Pharaonentochter, aus der Stadt Davids in den neuen Palast, den er für sie gebaut hatte, denn er sagte: »Keine Frau soll im Palast Davids, des Königs von Israel, wohnen, denn dort stand die Bundeslade des HERRN; es ist heiliger Boden.«
¹²Dann opferte Salomo dem HERRN Brandopfer auf dem Altar des HERRN, den er vor dem

---

8,6 O. *und Reiter.*   **8,6-10** Vgl. 1. Könige 9,19-23.

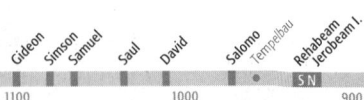

Eingang des Tempels errichtet hatte. ¹³Er tat dies gemäß den Geboten für jeden Tag, die Mose dem Volk gegeben hatte, am Sabbat, zu den Neumondfesten und den drei Jahresfesten – dem Fest der ungesäuerten Brote, dem Wochenfest und dem Laubhüttenfest. ¹⁴Bei der Einteilung der Priester zu ihrem Dienst hielt Salomo sich an die Vorschriften seines Vaters David. Auch die Leviten bestellte er, damit sie Gott durch ihren Gesang lobten und den Priestern bei ihren täglichen Pflichten halfen. Die Torhüter wies er je nach ihren Abteilungen bestimmten Toren zu; auch dabei hielt er sich an die Vorschriften Davids, des Mannes Gottes. ¹⁵Und die Anordnungen des Königs bezüglich der Priester, Leviten und Schatzkammern wurden in allen Punkten erfüllt.

¹⁶So wurde Salomos ganzes Werk ausgeführt – von dem Tag der Grundsteinlegung des Hauses des HERRN an bis zu seiner Vollendung. Schließlich war das Haus des HERRN fertig.

¹⁷Danach wandte Salomo sich den Städten Ezjon-Geber und Elat zu, die in Edom an der Küste des Meeres lagen. ¹⁸Hiram stellte ihm Schiffe und erfahrene Seeleute zur Verfügung. Sie segelten zusammen mit Salomos Männern nach Ofir, kehrten mit 450 Talenten Gold* zurück und brachten es König Salomo.

Der Besuch der Königin von Saba
Vgl. 1. Könige 10,1-13

9 Als Salomos Ruhm bis zur Königin von Saba drang, machte sie sich nach Jerusalem auf, denn sie wollte ihn mit Rätseln auf die Probe stellen. Sie zog mit großem Gefolge in die Stadt ein, begleitet von einer mit Balsamöl, Gold und kostbaren Edelsteinen reich beladenen Kamelkarawane. Als sie zu Salomo kam, sprach sie mit ihm über alles, was sie sich vorgenommen hatte. ²Salomo beantwortete alle ihre Fragen; nichts war so schwierig, dass er es ihr nicht erklären konnte. ³Als die Königin von Saba die Weisheit Salomos erkannte und den Palast sah, den er gebaut hatte, ⁴war sie außer sich vor Staunen. Sie bewunderte auch die erlesenen Speisen, die vor ihm aufgetragen wurden, seinen geschickten Umgang mit seinem Gefolge, die prächtige Kleidung seiner Sekretäre und ihr Auftreten, seine Mundschenke und die Brandopfer, die Salomo im Haus des HERRN darbrachte.

⁵Sie sagte zum König: »Alles, was ich in meinem Land über deine Fähigkeiten und deine Weisheit gehört habe, ist wahr! ⁶Ich habe es nicht geglaubt, bis ich hierher kam und es mit eigenen Augen sah. Dabei wurde mir nicht einmal die Hälfte davon berichtet. Deine Weisheit ist noch größer, als man mir sagte. ⁷Wie glücklich dieses Volk sein muss! Welch ein Vorrecht für deine Minister, dir Tag um Tag zu dienen und deine Weisheit zu hören! ⁸Der HERR, dein Gott, sei gepriesen, der Freude an dir hat und dich auf den Thron gesetzt hat, damit du in seinem Namen herrschst. Weil dein Gott Israel so sehr liebt und weil er will, dass dieses Reich für immer besteht, hat er dich zum König gemacht, damit durch dich Recht und Gerechtigkeit herrschen.«

⁹Dann schenkte sie dem König 120 Talente* Gold, große Mengen Balsamöl und kostbare Edelsteine. So wohlriechende Öle wie sie die Königin von Saba Salomo schenkte, hatte es noch nie im Land gegeben.

¹⁰Auch die Schiffsmannschaften von Hiram und Salomo brachten mit dem Gold aus Ofir große Ladungen Sandelholz und wertvolle Edelsteine mit. ¹¹Aus dem Sandelholz ließ der König Stufen* für das Haus des HERRN und den Königspalast sowie Harfen und Zithern für die Sänger anfertigen. Nie zuvor hatte es so erlesenes Sandelholz in Juda gegeben.

¹²König Salomo gab der Königin von Saba alles, was ihr gefiel und worum sie ihn bat – zusätzlich zu seinen Geschenken, mit denen er sie großzügig bedachte. Dann brach sie mit ihrem Gefolge auf und kehrte in ihr eigenes Land zurück.

Salomos Reichtum und Größe
Vgl. 1. Könige 10,14-29

¹³Salomo nahm alljährlich 666 Talente* Gold ein, ¹⁴nicht mitgerechnet die Abgaben der Kaufleute und Händler. Auch die Könige Arabiens und die Statthalter des Landes brachten Salomo Gold und Silber.

¹⁵Der König ließ 200 große Schilde aus getriebenem Gold anfertigen; für jeden wurden 600 Schekel* Gold verarbeitet. ¹⁶Außerdem ließ er noch 300 kleinere Schilde aus getriebenem Gold herstellen, von denen für jeden 300 Schekel* Gold gebraucht wurden. Und er ließ sie in das Libanon-Waldhaus bringen.

¹⁷Dann ließ der König einen mächtigen Thron aus Elfenbein bauen und mit reinem Gold überziehen. ¹⁸Der Thron hatte sechs Stufen und einen Fußschemel aus reinem Gold. Auf beiden Seiten des Sitzes befanden sich Armlehnen, und rechts und links davon stand die Gestalt eines

---

8,18 Das sind gut 16 t. **9,9** Das sind ca. 4,3 t. **9,11** O. *Tore.* Die Bedeutung des Hebr. an dieser Stelle ist unklar. **9,13** Das sind ca. 24 t. **9,15** Das sind ca. 7,2 kg. **9,16** Das sind ca. 3,6 kg.

1. & 2. CHRONIK

1–9	Die Herkunft des Volkes Israel
10–22	Das Königtum Davids
23–27	Ordnungen für Tempeldienst und Heer
28–29	Davids Lebensabschluss
1–9	Das Königtum Salomos und der Tempelbau
10–36	Das Königreich Juda bis zum Exil

9–11
Salomos Reichtum und Tod. Israel wendet sich von König Rehabeam ab. Befestigung von Städten in Juda und Benjamin. Wegzug der Priester und Leviten ins Reich Juda.

[Zeit der Könige und Propheten]

Löwen. ¹⁹Und zwölf weitere Löwen wurden zu beiden Seiten der sechs Stufen aufgestellt. Kein Thron auf der ganzen Welt war vergleichbar mit diesem. ²⁰Sämtliche Trinkgefäße König Salomos waren aus Gold, ebenso wie alle übrigen Gerätschaften im Libanon-Waldhaus. Sie waren nicht aus Silber, denn dieses war zur Zeit Salomos nichts wert.

²¹Der König besaß eine Flotte von Tarsis-Schiffen, bemannt mit Hirams Seeleuten. Alle drei Jahre kehrten die Schiffe zurück, beladen mit Gold, Silber, Elfenbein, Affen und Pfauen*.

²²So übertraf König Salomo alle anderen Könige der Erde an Reichtum und Weisheit. ²³Die Könige aller Völker kamen zu ihm, um ihn zu sehen und Zeugen der Weisheit zu werden, die Gott ihm verliehen hatte. ²⁴Jahr um Jahr brachten ihm alle, die ihn besuchten, Geschenke: silberne und goldene Geräte, Gewänder, Waffen, Balsamöle, Pferde und Maultiere.

²⁵Salomo hatte 4.000 Stallplätze für Pferde und Streitwagen und 12.000 Pferde*. Er stationierte sie in den Garnisonsstädten und auch in seiner unmittelbaren Nähe in Jerusalem. ²⁶Er herrschte über alle Könige vom Euphrat* bis zum Land der Philister und im Süden bis nach Ägypten. ²⁷Der König sorgte dafür, dass es in Jerusalem so viel Silber gab wie Steine. Und Zedernholz war so verbreitet wie das Holz der Maulbeerfeigenbäume, die im Hügelland wachsen. ²⁸Salomos Pferde wurden aus Ägypten und vielen anderen Ländern eingeführt.

Zusammenfassung von Salomos Herrschaft
1. Könige 11,41-43

²⁹Die übrigen Ereignisse während Salomos ganzer Herrschaft sind im Bericht des Propheten Nathan, in der Weissagung Ahijas aus Silo und in den Visionen des Sehers Jedo gegen Jerobeam, den Sohn Nebats, beschrieben. ³⁰Salomo regierte 40 Jahre von Jerusalem aus über ganz Israel. ³¹Als er starb, wurde er in der Stadt seines Vaters David begraben. Nach ihm wurde sein Sohn Rehabeam König.

Aufruhr der Stämme des Nordens
Vgl. 1. Könige 12,1-20

10 Rehabeam machte sich auf den Weg nach Sichem, denn ganz Israel hatte sich dort versammelt, um ihn zum König zu krönen. ²Als Jerobeam, der Sohn Nebats, die Nachricht vom

9,21 O. *Pavianen.* 9,25 O. *12.000 Reiter.* 9,26 Hebr. *vom Fluss.*

Tod Salomos erhielt, kehrte er aus Ägypten zurück, wohin er vor König Salomo geflohen war. ³Die führenden Männer Israels ließen ihn holen, und er und das ganze Volk Israel traten gemeinsam vor Rehabeam. ⁴»Dein Vater war ein sehr strenger Herrscher«, sagten sie. »Von dir hoffen wir, dass du unseren Dienst erleichterst und das schwere Joch, das er uns auferlegt hat. Dann werden wir dir treu dienen.«

⁵Doch Rehabeam antwortete: »Kommt in drei Tagen wieder zu mir.« Damit zog das Volk ab.

⁶König Rehabeam besprach sich mit den erfahrenen Beratern, die schon seinem Vater Salomo zur Seite gestanden hatten, als er noch lebte. »Was ratet ihr mir?«, fragte er. »Was soll ich dem Volk antworten?«

⁷Sie entgegneten: »Wenn du dich dem Volk freundlich und wohlgesinnt zeigst und ihnen gibst, worum sie dich bitten, werden sie dir treue Untertanen sein.«

⁸Doch Rehabeam verwarf den Rat der erfahrenen Berater und holte stattdessen die Meinung der jungen Männer ein, die mit ihm aufgewachsen waren und ihm jetzt dienten. ⁹»Was ratet ihr mir?«, fragte er sie. »Was soll ich dem Volk antworten, das von mir verlangt hat: ›Erleichtere uns das Joch, das dein Vater uns auferlegt hat.‹«

¹⁰Die jungen Männer, die mit ihm aufgewachsen waren, antworteten: »Du solltest den Leuten, die sich über die harten Lasten deines Vaters beklagt haben, antworten: ›Mein kleiner Finger ist dicker als die Taille meines Vaters. ¹¹Mein Vater hat euch schwere Lasten auferlegt, aber ich werde noch viel mehr von euch verlangen! Mein Vater hat euch mit der Peitsche bestraft, ich werde eine Peitsche mit Stacheln verwenden.«

¹²Drei Tage später kehrte Jerobeam mit dem ganzen Volk zurück, um Rehabeams Entscheidung zu hören, wie es der König angekündigt hatte. ¹³Da fuhr Rehabeam sie schroff an, denn er hatte sich dem Rat der älteren Berater verschlossen ¹⁴und folgte stattdessen dem seiner jüngeren Ratgeber. Er antwortete dem Volk: »Mein Vater hat euch schwere Lasten auferlegt, aber ich werde noch viel mehr von euch verlangen. Mein Vater hat euch mit der Peitsche gestraft, ich werde eine Peitsche mit Stacheln verwenden!« ¹⁵Und so weigerte sich der König, der Bitte des Volkes nachzukommen. Auf diese Weise erfüllte sich die Botschaft des HERRN an Jerobeam, den Sohn Nebats, die ihm der Prophet Ahija aus Silo überbracht hatte.

¹⁶Als die Israeliten erkannten, dass der König ihre Bitte ablehnte, riefen sie: »Was haben wir mit David zu schaffen? Dieser Sohn Isais geht uns nichts an! Lass uns heimziehen, Israel! Sorge selbst für dein Haus, David!« Und sie kehrten nach Hause zurück. ¹⁷Rehabeam herrschte jedoch weiter über die Israeliten, die in den Städten Judas lebten.

¹⁸Der König schickte Adoniram, den Aufseher der Fronarbeiter, doch er wurde von den Israeliten zu Tode gesteinigt. Und König Rehabeam sprang auf seinen Streitwagen und floh nach Jerusalem. ¹⁹Bis heute weigern sich die nördlichen Stämme Israels, einen Nachkommen Davids als König anzuerkennen.

Die Weissagung Schemajas
Vgl. 1. Könige 12,21-24

11 Als Rehabeam in Jerusalem eintraf, versammelte er die Heere von Juda und Benjamin – 180.000 ausgewählte Männer. Sie sollten gegen Israel kämpfen und ihm die Königsherrschaft zurückgewinnen. ²Doch der HERR sprach zu Schemaja, dem Mann Gottes: ³»Sage Rehabeam, dem Sohn Salomos und König von Juda, und den Israeliten in Juda und Benjamin: ⁴›So spricht der HERR: Zieht nicht hinauf und kämpft nicht gegen eure Verwandten. Geht wieder nach Hause, denn was geschehen ist, war mein Wille!‹« Da gehorchten sie den Worten des HERRN und kehrten um, anstatt gegen Jerobeam zu kämpfen.

Rehabeam legt Festungen in Juda an

⁵Rehabeam blieb in Jerusalem und ließ folgende Städte zu Festungen ausbauen: ⁶Bethlehem, Etam, Tekoa, ⁷Bet-Zur, Socho, Adullam, ⁸Gat, Marescha, Sif, ⁹Adorajim, Lachisch, Aseka, ¹⁰Zora, Ajalon und Hebron. Alle diese Städte in den Gebieten Judas und Benjamins wurden befestigt. ¹¹Rehabeam ließ die Verteidigungsanlagen verstärken und setzte Befehlshaber für die genannten Städte ein. Außerdem ließ er Nahrungsmittel-, Öl- und Weinvorräte anlegen. ¹²Als weitere Verteidigungsmaßnahme ließ er Schilde und Speere in jede einzelne Stadt bringen. So blieben die Stämme Juda und Benjamin unter seiner Herrschaft.

¹³Die Priester und Leviten aus ganz Israel aber hielten weiterhin zu Rehabeam. ¹⁴Die Leviten verließen sogar ihre Häuser und ihren Besitz und zogen nach Juda und Jerusalem, denn Jerobeam und seine Söhne hatten ihnen verboten, dem HERRN als Priester zu dienen. ¹⁵Jerobeam ernannte seine eigenen Priester, die vor den Höhenheiligtümern dienten und die Feldgeister und Kälber anbeteten, die er anfertigen ließ. ¹⁶Aus ganz Israel strömten die Menschen, die den HERRN, den Gott Israels, anbeten wollten, mit den Leviten nach Jerusalem, wo sie dem

1. & 2. CHRONIK

1–9	Die Herkunft des Volkes Israel
10–22	Das Königtum Davids
23–27	Ordnungen für Tempeldienst und Heer
28–29	Davids Lebensabschluss
1–9	Das Königtum Salomos und der Tempelbau
10–36	Das Königreich Juda bis zum Exil

11–13
Juda wird Ägypten untertan. Abija erhält Gottes Hilfe im Kampf gegen Jerobeam.

[Zeit der Könige und Propheten]

S Südreich Juda   N Nordreich Israel

HERRN, dem Gott ihrer Vorfahren, opfern durften. ¹⁷Auf diese Weise wurde das Königreich Juda gestärkt. Drei Jahre lang unterstützten alle diese Menschen Rehabeam, den Sohn Salomos, und versuchten, dem HERRN zu gehorchen, wie es David und Salomo getan hatten.

Rehabeams Familie
¹⁸Rehabeam heiratete Mahalat, die Tochter von Davids Sohn Jerimot und Abihajil, der Tochter Eliabs, des Sohnes Isais. ¹⁹Mahalat hatte drei Söhne: Jëusch, Schemarja und Saham.
²⁰Später nahm er noch Maacha zur Frau, die Tochter Abischaloms. Maacha gebar ihm Abija, Attai, Sisa und Schelomit. ²¹Rehabeam liebte Maacha, die Tochter Abischaloms, mehr als alle seine anderen Frauen und Nebenfrauen. Insgesamt hatte er 18 Frauen und 60 Nebenfrauen, die ihm 28 Söhne und 60 Töchter schenkten. ²²Rehabeam machte Maachas Sohn Abija zum Oberhaupt über seine Brüder und bestimmte ihn zu seinem Thronfolger. ²³Doch er war klug und übertrug auch seinen anderen Söhnen große Verantwortung, indem er sie in die Festungsstädte im ganzen Gebiet von Juda und Benjamin schickte. Er sorgte großzügig für sie und verschaffte ihnen viele Frauen.

Ägypten marschiert in Juda ein
V. 1-16: 1. Könige 14,21-31

12 Doch als Rehabeams Königsherrschaft gefestigt war, wandte er sich vom Gesetz des HERRN ab und alle Israeliten folgten seinem Beispiel. ²Weil der König und sein Volk dem HERRN untreu geworden waren, zog König Schischak aus Ägypten im fünften Jahr von Rehabeams Herrschaft gegen Jerusalem in den Krieg. ³Mit 1.200 Streitwagen, 60.000 Reitern und einem riesigen Heer Fußsoldaten, darunter Libyer, Sukkijiter und Kuschiter*, fiel er ins Land ein. ⁴Schischak eroberte die Festungen in Juda und marschierte auch gegen Jerusalem.
⁵Da kam der Prophet Schemaja zu Rehabeam und den führenden Männern Judas, die vor Schischak nach Jerusalem geflohen waren. Er sagte zu ihnen: »So spricht der HERR: Ihr habt mich verlassen, deshalb verlasse ich euch und liefere euch an Schischak aus.«
⁶Da waren der König und die führenden Männer Israels voll Reue und sagten: »Der HERR ist gerecht.«
⁷Als der HERR sah, dass sie sich gedemütigt hatten, gab er Schemaja folgende Botschaft: »Weil

12,3 O. *Äthiopier.*

sie bereuen, will ich sie nicht ganz vernichten, sondern ihnen schon bald Rettung schicken. Schischak soll nicht zum Werkzeug meines Zorns über Jerusalem werden. ⁸Doch mein Volk wird ihm untertan werden, damit die Menschen den Unterschied zwischen meiner Herrschaft und der Herrschaft eines irdischen Königs erkennen.«

⁹So eroberte König Schischak Jerusalem. Er plünderte das Haus des HERRN und den Königspalast und stahl alles, auch die goldenen Schilde, die Salomo hatte anfertigen lassen.* ¹⁰König Rehabeam ersetzte sie später durch Bronzeschilde, die er dem Anführer der Leibwache übergab, die den Eingang zu seinem Palast bewachte. ¹¹Jedes Mal, wenn der König in das Haus des HERRN ging, trugen die Wachen diese Schilde, und danach brachten sie sie wieder in die Wachstube der Leibwache zurück. ¹²Weil Rehabeam Reue zeigte, wurde der Zorn des HERRN besänftigt, sodass er ihn nicht völlig vernichtete. Noch immer gab es manches Gute im Land Juda.

Zusammenfassung von Rehabeams Herrschaft

¹³König Rehabeam konnte seine Herrschaft in Jerusalem wieder festigen und regierte weiter. Er war 41 Jahre alt, als er König wurde, und regierte 17 Jahre in Jerusalem, der Stadt, die sich der HERR unter allen Stämmen Israels als den Ort erwählt hatte, an dem sein Name verehrt werden sollte. Rehabeams Mutter war Naama, eine Ammoniterin. ¹⁴Doch sein Handeln war schlecht, denn er suchte den HERRN nicht von ganzem Herzen.

¹⁵Die übrigen Ereignisse während Rehabeams Regierungszeit sind in den Berichten des Propheten Schemaja und des Sehers Iddo beschrieben. Und Rehabeam und Jerobeam führten ununterbrochen Krieg miteinander. ¹⁶Als Rehabeam starb, wurde er in der Stadt Davids begraben. Nach ihm wurde sein Sohn Abija König.

Abijas Krieg mit Jerobeam
1. Könige 15,1-8

13 Abijas Herrschaft über Juda begann im 18. Jahr der Regierungszeit Jerobeams. ²Er regierte drei Jahre in Jerusalem. Seine Mutter war Michaja, eine Tochter Uriëls aus Gibea.

Dann kam es zum Krieg zwischen Abija und Jerobeam. ³Abija schickte 400.000 kampferprobte Krieger ins Feld; Jerobeam stellte 800.000 tapfere Männer aus Israel auf. ⁴Als sie im Gebirge Ephraim ankamen, stieg Abija auf den Berg Zemarajim und rief Jerobeam und dem israelitischen Heer entgegen: »Hört mir zu! ⁵Wisst ihr denn nicht mehr, dass der HERR, der Gott Israels, einen Salzbund* mit David geschlossen und ihm und seinen Nachkommen den Thron Israels für alle Zeit zugesagt hat? ⁶Doch Jerobeam, der Sohn Nebats, ein Diener von Davids Sohn Salomo, wurde zum Verräter an seinem Herrn. ⁷Eine Bande leichtfertiger Aufrührer schloss sich ihm an. Sie widersetzten sich Salomos Sohn Rehabeam, als dieser jung und schwach war und sich nicht gegen sie wehren konnte. ⁸Glaubt ihr wirklich, ihr könntet euch gegen das Reich des HERRN stellen, das von einem Nachkommen Davids regiert wird? Euer Heer ist zwar riesig und mitten unter euch sind die goldenen Kälber, die Jerobeam zu euren Göttern gemacht hat! ⁹Doch ihr habt die Priester des HERRN, die Söhne Aarons, und die Leviten davongejagt und eure eigenen Priester ernannt, wie es die anderen Völker tun. Jeder kann bei euch dieses Amt erhalten! Wer mit einem jungen Stier und sieben Widdern daherkommt, kann bei euch Priester werden.

¹⁰Doch unser Gott ist der HERR, den wir nie verlassen haben. Nur die Nachkommen Aarons dienen dem HERRN als Priester, und allein die Leviten dürfen ihnen dabei zur Seite stehen. ¹¹Sie bringen dem HERRN jeden Morgen und Abend Brandopfer und verbrennen Weihrauch. Sie legen die Brote auf den heiligen Tisch und zünden abends das Licht der goldenen Leuchter an. Wir halten die Gebote des HERRN, unseres Gottes, aber ihr habt seinen Weg verlassen. ¹²Deshalb ist Gott bei uns. Er geht uns voran. Seine Priester blasen ihre Trompeten und führen uns gegen euch in die Schlacht. Ihr Israeliten, kämpft nicht gegen den HERRN, den Gott eurer Vorfahren, denn diesen Kampf könnt ihr nicht gewinnen!«

¹³Währenddessen hatte Jerobeam angeordnet, dass ein Teil seines Heeres heimlich einen Hinterhalt gegen die Männer von Juda legen sollte, damit er ihnen in den Rücken fallen konnte. ¹⁴Als die Judäer merkten, dass sie von vorn und hinten gleichzeitig angegriffen wurden, riefen sie zum HERRN. Die Priester bliesen in ihre Trompeten ¹⁵und die Männer Judas stimmten ein Kriegsgeschrei an. Da schlug Gott Jerobeam und das israelitische Heer vor Abija und dem Heer Judas. ¹⁶Die Israeliten flohen vor den Kriegern aus Juda und Gott lieferte sie den Judäern aus. ¹⁷Abija und seine Männer fügten ihnen schwere Verluste zu; an jenem Tag fielen

---

12,9-11 Vgl. 1. Könige 14,26-28.   **13,5** Vgl. 3. Mose 2,13 u. 4. Mose 18,19.

1. & 2. CHRONIK

1–9	Die Herkunft des Volkes Israel
10–22	Das Königtum Davids
23–27	Ordnungen für Tempeldienst und Heer
28–29	Davids Lebensabschluss
1–9	Das Königtum Salomos und der Tempelbau
10–36	Das Königreich Juda bis zum Exil

14–15
Abija erobert israelitische Städte. Asa folgt Gott und stellt Untreue gegenüber Gott unter Todesstrafe. Asa wird angegriffen.

[Zeit der Könige und Propheten]

500.000 der besten Kämpfer Israels. ¹⁸So wurde Israel gedemütigt, weil die Judäer auf den HERRN, den Gott ihrer Vorfahren, vertraut hatten. ¹⁹Abija verfolgte Jerobeam und eroberte mehrere Städte des Landes, darunter Bethel, Jeschana und Efron, jeweils mit den umliegenden Ortschaften.

²⁰Zu Abijas Lebzeiten gelang es Jerobeam nicht mehr, seine alte Macht zurückzugewinnen, und schließlich beendete der HERR sein Leben und er starb. ²¹Abija dagegen wurde immer mächtiger. Er heiratete 14 Frauen und bekam 22 Söhne und 16 Töchter. ²²Die übrigen Ereignisse während Abijas Herrschaft, einschließlich seiner Reden und Taten, sind beim Propheten Iddo beschrieben. ²³Als Abija starb, wurde er in der Stadt Davids begraben. Nach ihm wurde sein Sohn Asa König, und zehn Jahre lang herrschte Frieden im Land.

Die Anfangsjahre der Herrschaft Asas
V. 1-5: 1. Könige 15,11-12; V. 8-14: 20,1-30

14 Asa lebte so, wie es dem HERRN, seinem Gott, Freude machte. ²Er ließ die fremden Altäre und Höhenheiligtümer niederreißen, die Säulen der Götzen umstürzen und die Ascherabilder zerschlagen. ³Er befahl dem Volk von Juda, den HERRN, den Gott seiner Vorfahren, zu suchen, seinem Gesetz zu gehorchen und seine Gebote zu halten. ⁴Auch aus den Städten Judas ließ er die Höhenheiligtümer und Rauchopfersäulen entfernen. So herrschte Frieden in Asas Reich. ⁵In diesen Jahren errichtete der König im ganzen Land Festungen, denn das Land hatte Ruhe. Niemand erklärte ihm damals den Krieg, denn der HERR schenkte ihm Ruhe. ⁶Asa sagte zum Volk von Juda: »Lasst uns Städte bauen und sie mit Mauern, Türmen, Toren und Riegeln befestigen. Noch gehört das Land uns, weil wir den HERRN, unseren Gott, gesucht haben. So hat er uns Ruhe vor unseren Feinden geschenkt.« Und sie setzten ihre Bauvorhaben in die Tat um und brachten sie auch zum Abschluss.

⁷In König Asas Heer dienten 300.000 Mann aus dem Stamm Juda, bewaffnet mit großen Schilden und Speeren, und 280.000 Mann aus dem Stamm Benjamin, die mit kleinen Schilden und Bogen bewaffnet waren. Alle waren tapfere Krieger.

⁸Dann sammelte der Kuschiter* Serach ein riesiges Heer*, unterstützt von 300 Streitwagen,

---
14,8a O. *Äthiopier.* 14,8b O. *ein Heer von Tausend mal Tausenden.*

und drang bis zur Stadt Marescha vor. ⁹Asa stellte seine Streitmacht im Tal Zefata bei Marescha zur Schlacht auf. ¹⁰Dann rief er den Herrn, seinen Gott, an: »Herr, keiner außer dir kann den Schwachen gegen die Mächtigen helfen! Hilf uns, Herr, unser Gott, denn wir vertrauen allein auf dich. In deinem Namen sind wir gegen dieses riesige Heer in die Schlacht gezogen. Du, Herr, bist unser Gott; kein Mensch kann gegen dich bestehen!«

¹¹Da schlug der Herr die Kuschiter* vor Asa und dem Heer von Juda, und sie liefen davon. ¹²Asa und seine Männer verfolgten sie bis nach Gerar. Dabei erlitt das Heer der Kuschiter so schwere Verluste, dass es sich nicht mehr sammeln konnte. Die Kuschiter wurden vom Herrn und seinem Heer geschlagen, und die Judäer machten reiche Beute. ¹³Von Gerar aus griffen sie alle im Umkreis liegenden Städte an, und der Schrecken des Herrn kam über die Menschen, die dort lebten. Auch hier war die Beute groß. ¹⁴Zum Schluss griffen sie noch die Lager der Hirten an und erbeuteten eine große Anzahl Schafe und Kamele. Dann kehrten sie nach Jerusalem zurück.

Asas religiöse Reformen
V. 8-19: 1. Könige 15,9-15

15 Da kam der Geist Gottes über Asarja, den Sohn Odeds. ²Er zog König Asa entgegen. »Hör mir zu, Asa!«, rief er. »Hört, Männer aus den Stämmen Juda und Benjamin! Der Herr ist so lange bei euch, wie ihr ihm treu bleibt! Wenn ihr ihn sucht, wird er sich finden lassen, doch wenn ihr ihn verlasst, wird er euch verlassen. ³Lange Zeit lebten die Israeliten ohne den wahren Gott, ohne Priester, der sie unterwies, und ohne das Gesetz Gottes. ⁴Aber in schweren Zeiten sind sie zum Herrn, dem Gott Israels, zurückgekehrt, haben ihn gesucht, und er hat sich von ihnen finden lassen. ⁵In diesen Zeiten war das Reisen sehr gefährlich, und die Bewohner aller Länder waren von großen Unruhen betroffen. ⁶Ein Volk kämpfte gegen das andere und eine Stadt gegen die andere, denn Gott zermürbte die Menschen durch viele Sorgen und Nöte. ⁷Nun aber seid stark und mutig und gebt nicht auf, denn euer Tun soll belohnt werden!«

⁸Asa wurde durch diese Rede und die Weissagung des Propheten Asarja, des Sohns von Oded, sehr ermutigt, und er ließ alle Götzen im Gebiet von Juda und Benjamin und in den Städten, die er im Gebirge Ephraim erobert hatte, entfernen. Den Altar des Herrn jedoch, der vor dem Eingang des Tempels des Herrn stand, ließ er erneuern.

⁹Dann rief Asa alle Einwohner aus dem Gebiet von Juda und Benjamin und die Leute aus den Stämmen Ephraims, Manasses und Simeons, die sich unter ihnen angesiedelt hatten, zusammen. Viele Israeliten waren zu ihm gekommen, weil sie gesehen hatten, dass der Herr, sein Gott, mit ihm war. ¹⁰Die Versammlung fand im dritten Monat*, im 15. Jahr von Asas Herrschaft, in Jerusalem statt. ¹¹An diesem Tag opferten sie dem Herrn von den Tieren, die sie in der Schlacht erbeutet hatten, 700 Rinder und 7.000 Schafe und Ziegen. ¹²Danach schlossen sie einen Bund: Sie versprachen, den Herrn, den Gott ihrer Vorfahren, aus ganzem Herzen und ganzer Seele zu suchen. ¹³Jeder, der den Herrn, den Gott Israels, nicht suchen wollte, sollte hingerichtet werden, ganz gleich, ob jung oder alt, Mann oder Frau. ¹⁴Sie schworen mit lauter Stimme dem Herrn und mit Freudengeschrei und dem Klang von Trompeten und Hörnern. ¹⁵Die Freude über den Bund war groß, denn die Menschen hatten sich ihm wirklich von ganzem Herzen verpflichtet. Begeistert suchten sie Gott und er ließ sich von ihnen finden. Und der Herr schenkte ihnen ringsum Ruhe.

¹⁶Asa entließ sogar seine Mutter Maacha aus ihrer Stellung als Königinmutter, weil sie der Göttin Aschera ein Schandbild hatte aufstellen lassen. Er ließ das Bild umstürzen, zerschlagen und am Bach Kidron verbrennen.* ¹⁷Die Höhenheiligtümer wurden nicht völlig abgeschafft, aber Asa selbst blieb Gott sein ganzes Leben lang treu. ¹⁸Er ließ das Silber und Gold und die Geräte, die er und sein Vater geweiht hatten, in das Haus Gottes bringen. ¹⁹Und bis zum 35. Jahr von Asas Regierungszeit war Frieden.

Asas letzte Regierungsjahre
V. 1-14: 1. Könige 15,16-24

16 Im 36. Jahr der Herrschaft Asas fiel König Bascha von Israel in Juda ein und befestigte Rama, damit niemand mehr zu König Asa hinein- oder herausgelangen konnte.* ²Daraufhin nahm Asa von dem Silber und Gold aus der Schatzkammer im Haus des Herrn und aus dem Königspalast und schickte es Ben-Hadad,

---

14,11 O. *Äthiopier*; so auch in 14,12.   **15,10** Dieser Monat des hebr. Mondkalenders fällt gewöhnlich in den Mai/Juni.
15,16-18 Vgl. 1. Könige 15,13-15.   **16,1-6** Vgl. 1. Könige 15,17-22.

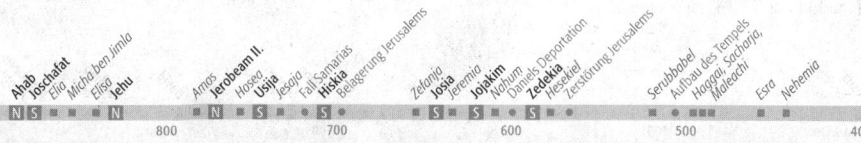

1. & 2. CHRONIK

1–9	Die Herkunft des Volkes Israel
10–22	Das Königtum Davids
23–27	Ordnungen für Tempeldienst und Heer
28–29	Davids Lebensabschluss
1–9	Das Königtum Salomos und der Tempelbau
10–36	Das Königreich Juda bis zum Exil

16–18

Asa vertraut Aram mehr als Gott. Joschafat lässt die Gebote Gottes ausrufen. Ahab möchte mit Joschafat Ramot angreifen.

[Zeit der Könige und Propheten]

 Südreich Juda   Nordreich Israel

dem König von Aram, der in Damaskus herrschte. Dazu ließ er ihm folgende Botschaft überbringen: ³»Lass uns den Vertrag, der zwischen deinem und meinem Vater bestand, erneuern. Hiermit schicke ich dir Silber und Gold. Geh und brich dein Bündnis mit König Bascha von Israel, damit er mein Land verlässt.«

⁴Ben-Hadad erfüllte König Asas Bitte und befahl seinen Heerführern, Israel anzugreifen. Sie eroberten die Städte Ijon, Dan und Abel-Majim sowie die Städte in Naftali, in denen sich Kornspeicher befanden. ⁵Als Bascha davon hörte, verwarf er seinen Plan, Rama auszubauen, und stellte seine Bemühungen ein. ⁶Daraufhin rief König Asa alle Männer aus Juda zusammen und befahl ihnen, die Bausteine und das Holz, das Bascha zur Befestigung von Rama gebraucht hatte, fortzuschaffen und die Städte Geba und Mizpa damit auszubauen.

⁷In dieser Zeit kam der Seher Hanani zu Asa, dem König von Juda, und sagte zu ihm: »Weil du dein Vertrauen auf den König von Aram gesetzt hast statt auf den HERRN, deinen Gott, konntest du das Heer des Königs von Aram nicht besiegen. ⁸Erinnere dich an das riesige Heer der Kuschiter* und Libyer mit all ihren Streitwagen und Reitern! Damals hast du dich auf den HERRN verlassen, und er hat sie in deine Hände gegeben. ⁹Die Augen des HERRN blicken über die ganze Erde, um die zu stärken, deren Herzen ganz ihm gehören. Du hast dich töricht verhalten. Von jetzt an wirst du Krieg führen müssen.« ¹⁰Da wurde Asa so wütend auf den Propheten, der ihm diese Botschaft überbracht hatte, dass er ihn ins Gefängnis werfen ließ. Zur gleichen Zeit begann er auch andere Angehörige seines Volkes zu unterdrücken.

Zusammenfassung von Asas Herrschaft

¹¹Alle Ereignisse während der ganzen Herrschaft Asas sind auch im Buch der Könige von Juda und Israel beschrieben. ¹²Im 39. Jahr seiner Regierungszeit befiel Asa ein Fußleiden. Doch selbst in dieser schlimmen Krankheit suchte er nicht beim HERRN, sondern nur bei seinen Ärzten Hilfe. ¹³Und so starb er im 41. Jahr seiner Herrschaft. ¹⁴Er wurde in dem Grab bestattet, das er für sich in der Stadt Davids hatte aushauen lassen. Man legte ihn auf ein mit Balsamöl und Salben getränktes Bett, und bei seinem Begräbnis brannte ihm zu Ehren ein riesiges Feuer.

16,8 O. *Äthiopier.*

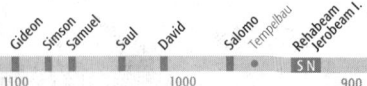

Joschafat herrscht in Juda

17 Nach ihm wurde sein Sohn Joschafat König. Er wurde so mächtig, dass er allen Angriffen aus Israel standhalten konnte. ²Joschafat stationierte Truppen in den Festungen Judas und setzte im Gebiet von Juda und den Städten Ephraims, die sein Vater Asa erobert hatte, Statthalter ein.

³Der HERR war mit Joschafat, weil er dem Beispiel seines Stammvaters David in den ersten Jahren seiner Regierungszeit folgte und nicht die Götzenbilder Baals anbetete. ⁴Er suchte den Gott seines Vaters und hielt seine Gebote, statt die Bräuche des Reiches Israel zu übernehmen. ⁵Deshalb stärkte der HERR Joschafats Macht im Reich Juda. Das ganze Volk brachte ihm Geschenke und er wurde wohlhabend und hoch geachtet. ⁶Er hielt sich vollkommen an die Wege des HERRN, ließ in Juda die Höhenheiligtümer niederreißen und die Ascherabilder umstürzen.

⁷Im dritten Jahr seiner Herrschaft schickte Joschafat seine führenden Männer aus; sie sollten die Bewohner der Städte im Gebiet von Juda lehren. Diese Männer waren Ben-Hajil, Obadja, Secharja, Netanel und Michaja. ⁸Sie wurden begleitet von mehreren Leviten; ihre Namen waren Schemaja, Netanja, Sebadja, Asaël, Schemiramot, Jonatan, Adonija, Tobija und Tob-Adonija; außerdem waren die Priester Elischama und Joram bei ihnen. ⁹Mit Abschriften des Gesetzbuches des HERRN zogen sie durch die Städte Judas und lehrten das Volk.

¹⁰Da kam der Schrecken des HERRN über die umliegenden Königreiche, sodass keines von ihnen es wagte, Joschafat den Krieg zu erklären. ¹¹Einige von den Philistern brachten ihm sogar Geschenke und Silber als Abgaben und die Araber schickten 7.700 Widder und 7.700 Ziegenböcke.

¹²Auf diese Weise wurde Joschafat immer mächtiger. Er legte im ganzen Gebiet von Juda Festungen und Kornspeicher an. ¹³In den Städten ließ er große Vorräte anhäufen und in Jerusalem stationierte er ein Heer kampferprobter Krieger. ¹⁴Sein Heer war nach Sippen geordnet und setzte sich folgendermaßen zusammen:

Aus Juda kamen 300.000 angesehene Kämpfer, zusammengefasst in Einheiten zu je 1.000, unter dem Befehl von Adna. ¹⁵Dessen nächster Untergebener war Johanan, der 280.000 Mann befehligte. ¹⁶Nach ihm in der Rangordnung kam Amasja, der Sohn Sichris, der sich freiwillig in den Dienst des HERRN gestellt hatte und 200.000 angesehene Krieger unter sich hatte.

¹⁷Aus dem Stamm Benjamin kamen 200.000 Mann, bewaffnet mit Bogen und Schilden. Sie unterstanden dem Befehl Eljadas, eines kampferprobten Kriegers. ¹⁸Ihm zur Seite stand Josabad, der 180.000 bewaffnete Männer befehligte.

¹⁹Sie alle dienten dem König. Dazu kamen diejenigen, die Joschafat in den Festungsstädten in ganz Juda stationiert hatte.

Joschafat und Ahab

18 Joschafat erfreute sich großen Reichtums und war hoch geehrt. Auf sein Betreiben kam es zur Eheschließung zwischen seinem Sohn und der Tochter König Ahabs von Israel.* ²Wenige Jahre später reiste Joschafat nach Samarien, um Ahab zu besuchen. Dieser schlachtete unzählige Schafe und Rinder für ihn und seine Begleiter. Da verleitete Ahab Joschafat dazu, mit ihm zusammen Ramot in Gilead anzugreifen. ³»Willst du mit mir gegen Ramot in Gilead kämpfen?«, fragte Ahab, der König von Israel, Joschafat, den König von Juda.

Und Joschafat antwortete: »Ja, ich will! Wir beide sind Brüder; meine Truppen folgen deinem Befehl. Und wir werden mit dir zusammen kämpfen.« ⁴Und er fügte hinzu: »Doch frag zuvor, was der HERR sagt.«*

⁵Also ließ König Ahab die Propheten rufen, etwa 400 an der Zahl, und fragte sie: »Sollen wir gegen Ramot in Gilead in den Krieg ziehen oder es besser lassen?«

Alle antworteten: »Zieh in den Krieg. Gott wird dir einen großen Sieg schenken!«

⁶Doch Joschafat fragte: »Ist hier nicht noch ein Prophet des HERRN, den wir befragen können?«

⁷König Ahab antwortete: »Es gibt noch einen, um den HERRN zu befragen, aber ich hasse ihn. Er hat nichts als schlechte Nachrichten für mich: Micha, der Sohn von Jimla.«

»So solltest du nicht sprechen«, sagte Joschafat. ⁸Also rief der König von Israel einen seiner Diener und befahl: »Rasch! Hole Micha, den Sohn Jimlas.«

Micha weissagt gegen Ahab
Vgl. 1. Könige 22,10-28

⁹König Ahab von Israel und König Joschafat von Juda saßen in ihren königlichen Gewändern auf ihren Thronen auf einem Platz am Tor von Samaria. Alle Propheten weissagten vor ihnen. ¹⁰Zedekia, der Sohn Kenaanas, machte sich eiserne Hörner und verkündete: »So spricht der

---

18,1 Hebr. *Er verschwägerte sich mit Ahab.* 18,4-8 Vgl. 1. Könige 22,5-9.

1. & 2. CHRONIK

1–9 Die Herkunft des Volkes Israel

10–22 Das Königtum Davids

23–27 Ordnungen für Tempeldienst und Heer

28–29 Davids Lebensabschluss

1–9 Das Königtum Salomos und der Tempelbau

10–36 Das Königreich Juda bis zum Exil

18–20
Der Prophet Micha ben Jimla. Ahab stirbt, weil er Micha nicht glaubt. Gottesfürchtige Richter sprechen in Juda Recht. Joschafat bittet mit dem Volk vor der Schlacht gegen Moab, Ammon und Edom um Gottes Hilfe.

[Zeit der Könige und Propheten]

S Südreich Juda   N Nordreich Israel

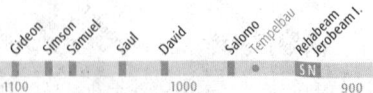

HERR: Mit diesen wirst du die Aramäer niederstoßen, bis du sie vernichtet hast!«
¹¹Alle anderen Propheten stimmten ihm zu. »Ja«, sagten sie, »zieh hinauf nach Ramot in Gilead und triumphiere, denn der HERR schenkt dir den Sieg!«
¹²Der Bote, der gegangen war, um Micha zu holen, sagte zu diesem: »Hörst du? Alle Propheten weissagen dem König Gutes. Schließ dich ihnen doch an und versprich auch du ihm Erfolg.«
¹³Aber Micha antwortete: »So wahr der HERR lebt, ich werde nur sagen, was mein Gott zu mir redet.«
¹⁴Als Micha vor dem König stand, fragte Ahab ihn: »Micha, sollen wir gegen Ramot in Gilead in den Krieg ziehen oder nicht?«
Micha antwortete: »Zieh hinauf und siege! Sie werden in deine Hand gegeben werden.«
¹⁵Doch der König entgegnete: »Wie oft muss ich dich beschwören, dass du im Namen des HERRN nur die Wahrheit sagst?«
¹⁶Daraufhin sagte Micha zu ihm: »Ich sah, wie ganz Israel in den Bergen zerstreut war, wie Schafe ohne Hirten. Und der HERR sprach: ›Sie haben keinen Herrn mehr. Sie sollen in Frieden nach Hause gehen!‹«
¹⁷»Habe ich es dir nicht gesagt?«, meinte der König von Israel zu Joschafat. »Er hat niemals etwas Gutes für mich, nur schlechte Nachrichten.«
¹⁸Micha fuhr fort: »Hört, was der HERR spricht! Ich sah den HERRN auf seinem Thron sitzen, rechts und links umgeben von den himmlischen Heerscharen. ¹⁹Und der HERR sprach: ›Wer kann König Ahab von Israel verleiten, gegen Ramot in Gilead in den Krieg zu ziehen, damit er dort stirbt?‹ Es kamen viele Vorschläge, ²⁰bis schließlich ein Geist vor den HERRN trat und sagte: ›Ich kann es tun!‹
›Wie willst du es anfangen?‹, fragte der HERR.
²¹Der Geist antwortete: ›Ich werde gehen und dafür sorgen, dass Ahabs Propheten alle Lügen weissagen.‹
›Damit wirst du Erfolg haben‹, sagte der HERR. ›Geh und tue es.‹
²²Du siehst also, der HERR hat deinen Propheten einen Lügengeist in den Mund gelegt. Denn der HERR hat beschlossen, Unglück über dich zu bringen.«
²³Da ging Zedekia, der Sohn Kenaanas, zu Micha hin und schlug ihm ins Gesicht. »Wie? Sollte der Geist des HERRN mich verlassen haben, um zu dir zu sprechen?«, fragte er.
²⁴Micha antwortete: »Du wirst es an dem Tag erkennen, wenn du von einem Raum zum anderen irrst und verzweifelt einen Ort suchst, an dem du dich verbergen kannst.« ²⁵Da befahl der

König von Israel: »Nehmt Micha gefangen und übergebt ihn Amon, dem obersten Mann der Stadt und meinem Sohn Joasch. ²⁶Sagt ihnen: So spricht der König: ›Werft diesen Mann ins Gefängnis und gebt ihm nur wenig Wasser und Nahrung, bis ich sicher zurückgekehrt bin!‹«

²⁷Doch Micha antwortete: »Wenn du sicher zurückkehrst, hat der HERR nicht durch mich gesprochen!« Und er fügte hinzu: »Denkt an meine Worte, ihr Völker.«

Ahabs Tod
Vgl. 1. Könige 22,29-36

²⁸Und so zogen der König von Israel und König Joschafat von Juda gegen Ramot in Gilead. ²⁹König Ahab sagte dabei zu Joschafat: »Wenn ich in die Schlacht ziehe, werde ich mich verkleiden, aber du trage ruhig deine Königsgewänder.« So verkleidete sich der König von Israel und sie zogen in die Schlacht.

³⁰Der König von Aram hatte jedoch den Anführern seiner Wagenlenker befohlen: »Greift nur den König von Israel an, niemanden sonst!« ³¹Als nun diese Anführer der Wagenlenker Joschafat entdeckten, dachten sie: »Dort ist der König von Israel!«, und setzten ihm nach, um gegen ihn zu kämpfen. Doch Joschafat schrie und der HERR half ihm, indem er sie von ihm weglockte. ³²Als sie merkten, dass er nicht der König von Israel war, ließen sie von der Verfolgung ab. ³³Ein Mann jedoch schoss aufs Geratewohl einen Pfeil ab und traf den König von Israel zwischen den Scharnieren und dem Brustpanzer. »Bring mich aus der Schlacht heraus!«, rief Ahab seinem Wagenlenker zu. »Ich bin verwundet!« ³⁴Die Schlacht tobte aber den ganzen Tag, und Ahab hielt sich bis zum Abend in seinem Wagen aufrecht, das Gesicht den Aramäern zugewandt. Dann, bei Sonnenuntergang, starb er.

Joschafat ernennt Richter

19 Als König Joschafat von Juda wieder sicher zurück in seinem Palast in Jerusalem war, ²kam der Seher Jehu, der Sohn Hananis, zu ihm. »Musstest du den Gottlosen helfen und die lieben, die den HERRN hassen?«, fragte er König Joschafat. »Durch dein Verhalten hast du dir den Zorn des HERRN zugezogen. ³Doch es steckt noch immer Gutes in dir, denn du hast die Ascherabilder aus dem ganzen Land entfernen lassen und dich ganz der Suche nach Gott verschrieben.«

⁴Joschafat lebte weiter in Jerusalem, aber er ging auch hinaus zu seinem Volk und reiste dazu von Beerscheba bis ins Gebirge Ephraim. Er ermutigte die Menschen, sich wieder dem HERRN, dem Gott ihrer Vorfahren, zuzuwenden. ⁵Im ganzen Land ernannte er Richter in den befestigten Städten ⁶und ermahnte sie: »Überlegt immer gründlich, bevor ihr ein Urteil fällt. Denn ihr urteilt nicht für Menschen, sondern für Gott. Und er wird bei euch sein, wenn ihr Recht sprecht. ⁷Fürchtet den HERRN und handelt gewissenhaft, denn der HERR, unser Gott, wird kein Unrecht und keine Parteilichkeit dulden und nicht zulassen, dass ihr bestechlich seid.«

⁸Joschafat ernannte auch für Jerusalem einige Leviten, Priester und führende Männer der Familien zu Richtern, damit sie für den HERRN Recht sprechen und Streitereien unter den Einwohnern Jerusalems schlichten sollten. ⁹Er forderte sie auf: »Fürchtet den HERRN, handelt treu und seid mit ganzem Herzen bei der Sache. ¹⁰Wenn ihr über eure Brüder aus den Städten zu richten habt – ganz gleich, ob es sich um Mord oder einen anderen Verstoß gegen das Gesetz, die Gebote, Satzungen und Vorschriften handelt –, dann ermahnt sie, nicht gegen den HERRN zu sündigen, damit sich sein Zorn nicht gegen euch richtet. Wenn ihr danach handelt, ladet ihr keine Schuld auf euch.

¹¹In allen Fragen, welche die Gebote des HERRN betreffen, soll der Hohe Priester Amarja über euch stehen. Sebadja, der Sohn Jismaels, einer der Anführer des Stammes Juda, hat das letzte Wort in allen Angelegenheiten des Königs. Die Leviten werden euch als Verwalter unterstützen. Handelt mutig und der HERR wird mit denen sein, die Gutes tun.«

Krieg mit Moab, Ammon und Edom
Vgl. 14,8-14

20 Danach zogen die Moabiter, Ammoniter und einige der Meüniter gegen Joschafat in den Krieg. ²Boten kamen und meldeten Joschafat: »Ein riesiges Heer aus Edom, vom anderen Ufer des Meeres, marschiert auf dich zu. Sie sind bereits in Hazezon-Tamar«, ein anderer Name für En-Gedi. ³Joschafat fürchtete sich und betete zum HERRN. Er ließ in ganz Juda ein Fasten anordnen. ⁴Aus allen Städten im Land strömten die Menschen zusammen, um den HERRN zu suchen, auch aus allen Städten Judas.

⁵Im neuen Vorhof im Haus des HERRN trat Joschafat vor das Volk von Juda und Jerusalem. ⁶Er betete: »HERR, Gott unserer Vorfahren, du bist der Gott, der im Himmel wohnt. Du bist Herr über alle Reiche auf Erden. Du bist groß und mächtig; keiner kann dir standhalten! ⁷Unser Gott, hast du nicht die Einwohner dieses Landes

1. & 2. CHRONIK

1–9	Die Herkunft des Volkes Israel
10–22	Das Königtum Davids
23–27	Ordnungen für Tempeldienst und Heer
28–29	Davids Lebensabschluss
1–9	Das Königtum Salomos und der Tempelbau
10–36	Das Königreich Juda bis zum Exil

20–21
Gott kämpft an Joschafats Stelle. Joram tötet seine Brüder. Edom erlangt Unabhängigkeit.

[Zeit der Könige und Propheten]

vor deinem Volk der Israeliten vertrieben? Und hast du dieses Land nicht für immer den Nachkommen deines Freundes Abraham geschenkt? 8Dein Volk hat sich hier niedergelassen und dir diesen Tempel gebaut, damit dein Name darin geehrt wird. Die Menschen sagten: 9›Immer, wenn uns ein Unglück droht wie Krieg, Strafgericht, Krankheit oder Hungersnot, dann dürfen wir in deiner Gegenwart vor dieses Haus treten, wo dein Name verehrt wird. Wir dürfen dich um Rettung anflehen und du wirst uns hören und uns helfen.‹

10Nun sieh, was die Heere aus Ammon, Moab und vom Gebirge Seïr tun. Du hast unseren Vorfahren verboten, in diese Länder einzudringen, als sie Ägypten verließen, deshalb sind sie ihnen ausgewichen und haben sie nicht verwüstet. 11Nun sieh, wie sie es uns vergelten! Denn sie sind gekommen, um uns aus unserem Land, das du uns als Erbe gegeben hast, zu vertreiben. 12Unser Gott, willst du sie nicht dafür bestrafen? Wir können nichts gegen dieses riesige Heer ausrichten, das uns angreifen will. Wir wissen nicht, was wir tun sollen, aber unsere Augen sind ganz auf dich gerichtet.«

13Das ganze Volk von Juda, mit allen Männern, Frauen und Kindern, stand vor dem HERRN. 14Da kam mitten in der Versammlung der Geist des HERRN auf Jahasiël; er war ein Sohn Secharjas und Enkel von Benaja, dessen Vater Jehiël und dessen Großvater Mattanja gewesen war; ein Levit und Nachkomme Asafs. 15Jahasiël rief: »Hört, König Joschafat und auch ihr Leute von Juda und Einwohner Jerusalems. So spricht der HERR zu euch: ›Habt keine Angst und verliert nicht den Mut angesichts dieses riesigen Heeres, denn nicht ihr kämpft diesen Kampf, sondern Gott. 16Morgen sollt ihr ihnen entgegenziehen. Sie kommen über die Anhöhe von Ziz herauf und am Ende des Tales vor der Wüste von Jeruël werdet ihr auf sie treffen. 17Doch ihr werdet diese Schlacht nicht kämpfen müssen. Geht in Stellung; dann verhaltet euch still und seht, wie der HERR siegt. Er ist mit euch, Einwohner Judas und Jerusalems. Habt keine Angst und lasst den Mut nicht sinken. Zieht ihnen morgen entgegen, denn der HERR ist bei euch!«

18König Joschafat verbeugte sich tief, und alle Menschen aus dem Gebiet von Juda und aus Jerusalem taten es ihm nach und beteten den HERRN an. 19Dann erhoben sich die Leviten von den Nachkommen von Kehat und Korach und begannen, den HERRN, den Gott Israels, mit sehr lauter Stimme zu loben. 20Früh am nächsten Morgen machten sie sich auf und zogen hinaus in die Wüste von Tekoa. Auf dem Weg sagte Joschafat zu ihnen: »Hört

S Südreich Juda   N Nordreich Israel

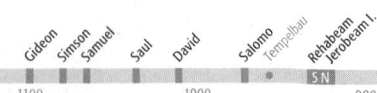

mir zu, Männer aus Juda und Jerusalem! Glaubt an den HERRN, euren Gott, dann werdet ihr siegen. Glaubt seinen Propheten, und es wird euch gelingen!« ²¹Nachdem er sich mit dem Volk beraten hatte, ernannte der König Sänger, die in heiligem Schmuck dem Heer vorangehen und dem HERRN singen und seine Herrlichkeit preisen sollten. Sie sangen: »Dankt dem HERRN; denn seine Gnade bleibt ewig bestehen!«

²²In dem Augenblick, in dem sie anfingen zu singen und Gott zu loben, ließ der HERR die Heere von Ammon, Moab und aus dem Gebirge Seïr, die Juda angriffen, in einen Hinterhalt laufen, und sie wurden geschlagen. ²³Die Heere von Moab und Ammon griffen ihre Bundesgenossen aus dem Gebirge Seïr an und töteten sie. Danach kämpften sie gegeneinander.

²⁴So kam es, dass die Männer aus Juda, als sie zu ihrem Aussichtspunkt in der Wüste gelangten und nach dem Heer Ausschau hielten, nur noch Leichen auf dem Boden liegen sahen. Nicht ein einziger war entkommen. ²⁵König Joschafat und seine Männer schwärmten aus, um die Beute einzusammeln. Sie fanden große Mengen an Ausrüstung, Kleidung* und andere wertvolle Gegenstände – mehr als sie fortschaffen konnten. Ihre Beute war so groß, dass sie drei Tage brauchten, um sie zusammenzutragen. ²⁶Am vierten Tag versammelten sie sich im Lobetal*, das seinen Namen jenem Tag verdankt, weil das Volk dort den HERRN lobte und ihm dankte. Noch heute trägt es diesen Namen.

²⁷Dann kehrte das ganze Heer nach Jerusalem zurück mit Joschafat an der Spitze, und sie waren glücklich, denn der HERR hatte ihnen Freude am Sieg über ihre Feinde geschenkt. ²⁸Unter dem Klang von Harfen, Zithern und Trompeten zogen sie in Jerusalem ein und marschierten bis zum Haus des HERRN. ²⁹Als die Könige der umliegenden Reiche hörten, dass der HERR selbst gegen die Feinde Israels gekämpft hatte, kam der Schrecken Gottes über sie. ³⁰Und so herrschte Frieden in Joschafats Reich, denn sein Gott schenkte ihm ringsum Ruhe.

Zusammenfassung von Joschafats Herrschaft
1. Könige 22,41-51

³¹Und so herrschte Joschafat über das Gebiet von Juda. Er war 35 Jahre alt, als er König wurde, und regierte 25 Jahre in Jerusalem. Seine Mutter war Asuba, die Tochter von Schilhi.* ³²Joschafat folgte ganz dem Vorbild seines Vaters Asa und wich nicht davon ab. Er verhielt sich so, wie es dem HERRN gefiel. ³³Nur die Höhenheiligtümer wurden nicht abgerissen, denn das Volk diente noch nicht von ganzem Herzen dem Gott seiner Vorfahren. ³⁴Die übrigen Ereignisse während Joschafats Regierungszeit sind in dem Bericht Jehus, des Sohnes Hananis, beschrieben, der im Buch der Könige Israels enthalten ist.

³⁵Später schloss König Joschafat von Juda einen Bund mit König Ahasja von Israel, der ihn dazu verleitete, Unrecht zu tun. ³⁶Gemeinsam bauten sie im Hafen von Ezjon-Geber eine Flotte von Handelsschiffen, die nach Tarsis fahren sollten. ³⁷Daraufhin weissagte Eliëser, der Sohn Dodawas von Marescha, gegen Joschafat. Er sagte: »Weil du dich mit König Ahasja verbündet hast, wird der HERR dein Werk zunichtemachen.« Und tatsächlich wurden die Schiffe zerstört und setzten niemals Segel nach Tarsis.

Joram herrscht in Juda
2. Könige 8,16-24

21 Als Joschafat starb, wurde er bei seinen Vorfahren in der Stadt Davids begraben. Nach ihm wurde sein Sohn Joram König. ²Jorams Brüder – die anderen Söhne von Joschafat, dem König von Juda – waren Asarja, Jehiël, Secharja, Asarja, Michael und Schefatja. ³Ihr Vater hatte jeden von ihnen großzügig mit Silber, Gold und kostbaren Schätzen ausgestattet und ihnen einige Festungen in Juda anvertraut. Joram aber wurde König, weil er der Älteste war. ⁴Doch als Joram die Herrschaft von seinem Vater übernommen und genügend gefestigt hatte, ließ er alle seine Brüder und mehrere führende Männer in Israel umbringen.

⁵Joram war 32 Jahre alt, als er König wurde, und er regierte acht Jahre in Jerusalem.* ⁶Doch er folgte dem Vorbild der Könige Israels und war genauso schlecht wie die Familie Ahabs, denn er hatte eine von Ahabs Töchtern geheiratet. So tat Joram, was dem HERRN missfiel. ⁷Dennoch wollte der HERR das Königsgeschlecht Davids nicht vernichten, denn er hatte einen Bund mit David geschlossen und zugesagt, dass seine Nachkommen für immer herrschen würden*.

⁸Während Jorams Herrschaft lehnten sich die Edomiter gegen Juda auf und krönten einen eigenen König.* ⁹Deshalb zog Joram mit seinem ganzen Heer und allen seinen Streitwagen gegen Edom in den Krieg. Die Edomiter umzingelten ihn und seine Wagenlenker; in der Nacht aber schlug er sie. ¹⁰Doch seither ist Edom von Juda unabhängig. Etwa zur gleichen Zeit fiel auch die

---

20,25 O. *Leichen.* 20,26 Hebr. *Tal von Beracha.* 20,31-33 Vgl. 1. Könige 22,42-44. 21,5 u. 6 Vgl. 2. Könige 8,17 u. 18. 21,7 Hebr. *versprochen, David und seinen Nachkommen für immer eine Leuchte zu geben.* 21,8-10a Vgl. 2. Könige 8,20-22.

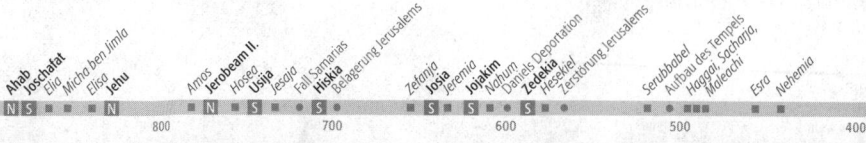

1. & 2. CHRONIK

1–9	Die Herkunft des Volkes Israel
10–22	Das Königtum Davids
23–27	Ordnungen für Tempeldienst und Heer
28–29	Davids Lebensabschluss
1–9	Das Königtum Salomos und der Tempelbau
10–36	Das Königreich Juda bis zum Exil

21–23
Joram stirbt qualvoll. Ahasja fällt Jehu zum Opfer. Jojada verhilft Joasch gegen Atalja zur Königswürde.

[Zeit der Könige und Propheten]

Stadt Libna ab, weil Joram den HERRN, den Gott seiner Vorfahren, verlassen hatte. ¹¹Er hatte Höhenheiligtümer im Gebirge von Juda errichten lassen und die Einwohner Jerusalems und ganz Judas zum Götzendienst verleitet.

¹²Da bekam Joram folgendes Schreiben von dem Propheten Elia:

»So spricht der HERR, der Gott deines Stammvaters David: ›Du bist dem guten Beispiel deines Vaters Joschafat und König Asas von Juda nicht gefolgt. ¹³Stattdessen war dein Handeln so schlecht wie das der Könige von Israel. Du hast die Einwohner Jerusalems und ganz Judas zum Götzendienst verleitet, gerade wie Ahabs Familie es in Israel machte. Sogar deine eigenen Brüder, Söhne deines Vaters, hast du umgebracht, Männer, die besser waren als du. ¹⁴Deshalb wird der HERR dir, deinem Volk, deinen Kindern und Frauen und allem, was zu dir gehört, eine schwere Last aufbürden. ¹⁵Du selbst wirst schwer krank werden, so schlimm, dass deine Eingeweide nach einiger Zeit herausquellen.‹«

¹⁶Dann brachte der HERR die Philister und die Araber, die in der Nähe der Kuschiter* leben, gegen Joram auf. ¹⁷Sie zogen gegen Juda in den Krieg, eroberten es und schleppten allen Besitz aus dem Palast des Königs fort, ebenso seine Söhne und Frauen. Nur sein jüngster Sohn Joahas* blieb ihm als einziger erhalten.

¹⁸Danach schlug der HERR Joram mit einer unheilbaren inneren Krankheit. ¹⁹Nach zwei Jahren war die Krankheit so weit fortgeschritten, dass seine Eingeweide herausquollen, und er starb unter großen Qualen. Es wurde kein Feuer ihm zu Ehren entzündet, wie man es für seine Vorfahren getan hatte. ²⁰Joram war 32 Jahre alt, als er König wurde, und er regierte acht Jahre in Jerusalem. Als er starb, wurde er nicht betrauert. Er wurde in der Stadt Davids begraben, aber nicht in den Gräbern der Könige.

Ahasja herrscht in Juda
2. Könige 8,25-29; 9,1-29

22 Danach machten die Einwohner Jerusalems Ahasja, Jorams jüngsten Sohn, zum König. Die arabischen Räuberhorden hatten alle seine älteren Söhne umgebracht. Nun herrschte Ahasja, der Sohn Jorams, des Königs von Juda. ²Ahasja war 22* Jahre alt, als er König

21,16 O. den Äthiopiern. 21,17 O. *Ahasja*, eine Variante des Namens Joahas; vgl. 22,1. 22,2 So in manchen griech. Handschriften und in der syr. Version (s. auch 2. Könige 8,26); im Hebr. steht *42*.

S Südreich Juda   N Nordreich Israel

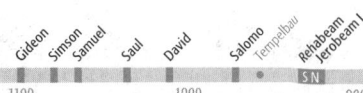

wurde, und er herrschte ein Jahr in Jerusalem. Seine Mutter war Atalja, eine Enkelin Omris. ³Auch Ahasja folgte dem Beispiel der Familie Ahabs und seine Mutter bestärkte ihn noch mit ihren Ratschlägen. ⁴Er tat, was dem HERRN missfiel, so wie Ahabs Familie es getan hatte. Nach dem Tod seines Vaters waren sie als Ratgeber zu ihm gekommen und hatten ihn ins Verderben geführt.

⁵Ahasja folgte ihrem schlechten Rat und führte gemeinsam mit Joram, dem Sohn König Ahabs von Israel Krieg gegen König Hasaël von Aram bei Ramot in Gilead. Dabei verwundeten die Aramäer Joram. ⁶Joram kehrte nach Jesreel zurück, um sich dort von seinen Verletzungen zu erholen, die er in Rama erlitten hatte, als er gegen König Hasaël von Aram gekämpft hatte. Während seines Aufenthalts dort erhielt er Besuch von König Ahasja von Juda, dem Sohn Jorams. ⁷Aber Gott hatte beschlossen, dass dieser Besuch bei Joram Ahasja ins Verderben führen sollte. Als er dort angekommen war, ging Ahasja gemeinsam mit Joram zu Jehu hinaus, dem Sohn Nimschis, den der HERR dazu gesalbt hatte, die Familie Ahabs auszurotten.

⁸Als Jehu das Urteil an Ahabs Familie vollstreckte, stieß er auf führende Männer aus Juda und Söhne der Brüder von Ahasja, die in Ahasjas Diensten standen, und er tötete sie ebenfalls. ⁹Dann machte Jehu sich auf die Suche nach Ahasja selbst. In der Stadt Samaria, wo er sich versteckt hielt, spürten sie ihn auf und brachten ihn zu Jehu und töteten ihn. Und Ahasja wurde begraben, denn sie sagten: »Er war ein Sohn von Joschafat, der den HERRN von ganzem Herzen suchte.« Aber in der Familie von Ahasja war niemand mehr, der König werden konnte.

Atalja herrscht in Juda
Vgl. 2. Könige 11,1-3

¹⁰Als Atalja, die Mutter von König Ahasja, erfuhr, dass ihr Sohn tot war, brachte sie alle übrig gebliebenen Mitglieder der Königsfamilie von Juda um. ¹¹Doch Joscheba, der Tochter des Königs, gelang es, Joasch, den Sohn Ahasjas, heimlich aus der Schar der Königskinder, die getötet wurden, zu retten. Sie brachte ihn und seine Amme in die Bettenkammer. Auf diese Weise verbarg Joscheba, die Frau des Priesters Jojada und Schwester Ahasjas, das Kind, sodass Atalja es nicht töten konnte. ¹²Sechs Jahre lang wurde Joasch im Haus Gottes versteckt gehalten – so lange herrschte Atalja über das Land.

Aufstand gegen Atalja
Vgl. 2. Könige 11,4-12

23 Im siebten Jahr nahm Jojada allen Mut zusammen und verbündete sich mit den Hauptleuten des Heeres: mit Asarja, dem Sohn Jerohams, Jismael, dem Sohn Johanans, Asarja, dem Sohn Obeds, Maaseja, dem Sohn Adajas, und Elischafat, dem Sohn Sichris. ²Diese Männer gingen in die Städte Judas und luden die Leviten und die führenden Männer der Familien Israels ein, nach Jerusalem zu kommen. ³Sie versammelten sich im Haus Gottes und schlossen einen Bund mit dem König.

Jojada sagte zu ihnen: »Es ist so weit; der Königssohn muss die Herrschaft übernehmen, wie es der HERR den Nachkommen Davids zugesagt hat. ⁴Ihr sollt Folgendes tun: Wenn die Priester und Leviten am Sabbat Dienst tun, wird ein Drittel von ihnen an den Toren Wache stehen. ⁵Ein weiteres Drittel wird zum Königspalast hinübergehen und das letzte Drittel wird am Grundtor Aufstellung nehmen. Und das ganze Volk soll in den Vorhöfen vom Haus des HERRN bleiben. ⁶Niemand darf das Haus des HERRN betreten außer den Priestern und den Leviten, die Dienst haben, denn sie sind dafür geheiligt. Das übrige Volk soll den Anordnungen des HERRN gehorchen. ⁷Die Leviten bilden eine Leibwache für den König, jeder mit der Hand an der Waffe. Wer den Tempel betritt, muss getötet werden. Ihr dürft euren Platz dicht neben dem König nicht einen Augenblick verlassen und müsst ihn immer begleiten.«

⁸Die Leviten und das übrige Volk hielten sich an alles, was der Priester Jojada angeordnet hatte. Sie brachten die Männer, die sich am Sabbat zum Dienst meldeten, und auch die, deren Dienst am Sabbat zu Ende ging. Der Priester Jojada ließ keine der Abteilungen nach Hause gehen. ⁹Er rüstete die Befehlshaber mit den Speeren und Schilden und Kleinschilden aus, die König David gehört hatten und nun im Haus Gottes aufbewahrt wurden. ¹⁰Sie mussten rund um den König Aufstellung nehmen, die Hand an der Waffe. Die Wachen bildeten eine Linie von der Südseite des Tempels bis zur Nordseite und rund um den Altar.

¹¹Dann geleiteten sie Joasch, den Sohn des Königs, heraus. Sie setzten ihm die Krone auf, gaben ihm die Gesetzesrolle und riefen ihn zum König aus. Danach salbten Jojada und seine Söhne ihn und riefen: »Lang lebe der König!«

1. & 2. CHRONIK

1–9	Die Herkunft des Volkes Israel
10–22	Das Königtum Davids
23–27	Ordnungen für Tempeldienst und Heer
28–29	Davids Lebensabschluss
1–9	Das Königtum Salomos und der Tempelbau
10–36	Das Königreich Juda bis zum Exil

23–24
Joasch besteigt den Thron. Restaurierung des Tempels. Mit Jojadas Tod endet die Treue Joaschs gegenüber Gott. Joasch wird ermordet.

[Zeit der Könige und Propheten]

Ataljas Tod
Vgl. 2. Könige 11,13-16

¹²Als Atalja den Lärm hörte, den die jubelnde Menschenmenge machte, eilte sie zum Volk ins Haus des HERRN. ¹³Sie sah den König auf dem ihm zustehenden Platz an der Säule im Eingang stehen. Er war umringt von Truppenführern und Trompetern, und die Menschen aus dem ganzen Land freuten sich und bliesen die Trompeten. Sänger leiteten mit Musikinstrumenten den Lobgesang an. Als Atalja das sah, zerriss sie ihre Kleider und rief: »Verrat! Verrat!«
¹⁴Da befahl der Priester Jojada den Befehlshabern der Truppen: »Schafft sie durch die Reihen hinaus und tötet jeden, der sie zu befreien versucht. Aber tötet sie nicht hier, im Haus des HERRN.« ¹⁵Da ergriffen sie sie, führten sie zum Rosstor am Haus des Königs und töteten sie dort.

Jojadas religiöse Reformen
Vgl. 2. Könige 11,17-20

¹⁶Dann schloss Jojada einen Bund zwischen dem HERRN und dem König und dem Volk, dass sie das Volk des HERRN sein sollten. ¹⁷Das ganze Volk strömte hinüber zum Baalstempel und riss ihn ein. Die Altäre wurden umgestürzt, die Götzenbilder zerschlagen und Mattan, der Baalspriester, wurde vor den Altären getötet.
¹⁸Daraufhin übertrug Jojada die Aufgaben im Haus des HERRN den Priestern, den Leviten, die von David dafür bestimmt worden waren. Sie sollten dem HERRN Brandopfer darbringen, wie das Gesetz von Mose es vorschreibt, und singen und loben, wie David es angeordnet hatte. ¹⁹An den Toren vom Haus des HERRN stationierte er Wachen, die alle zurückwiesen, die in irgendeiner Weise unrein waren.
²⁰Dann nahm er die Truppenführer, die vornehmen Bürger, die führenden Männer des Volkes und das ganze Volk mit sich und führte den König aus dem Haus des HERRN hinaus. Sie zogen durch das obere Tor in den Palast ein und setzten den König auf den Königsthron. ²¹Alle jubelten und die Stadt hatte Frieden, weil Atalja mit dem Schwert getötet worden war.

Joasch lässt den Tempel instand setzen
2. Könige 12,1-17

24 Joasch war sieben Jahre alt, als er König wurde, und er regierte 40 Jahre in Jerusalem. Seine Mutter war Zibja; sie stammte aus Beerscheba. ²Solange der Priester Jojada am Leben war, tat Joasch, was dem HERRN gefiel. ³Jojada

wählte zwei Frauen für Joasch aus und er bekam Söhne und Töchter.

⁴Einige Zeit später kam es Joasch in den Sinn, das Haus des HERRN wieder instand zu setzen. ⁵Er ließ die Priester und Leviten rufen und sagte zu ihnen: »Geht in die Städte Judas und sammelt von allen Israeliten Geld ein, damit ihr das Haus eures Gottes jedes Jahr instand setzen könnt. Geht jetzt und haltet euch nicht auf!« Aber die Leviten ließen sich Zeit.

⁶Da ließ der König den Hohen Priester Jojada rufen und fragte ihn: »Warum hast du den Leviten nicht befohlen, in Juda und Jerusalem die Abgabe einzuziehen, die Mose, der Diener des HERRN, der Gemeinschaft Israels für das Zelt Gottes auferlegt hat?«

⁷Denn die gottlose Atalja und ihre Söhne hatten das Haus Gottes verfallen lassen und hatten die heiligen Geräte aus dem Haus des HERRN für den Götzendienst des Baal missbraucht. ⁸Deshalb befahl der König nun, einen Kasten anzufertigen und ihn am Tor vor dem Haus des HERRN aufzustellen. ⁹Dann wurde in ganz Juda und Jerusalem bekannt gemacht, dass man dem HERRN die Abgabe zahlen solle, die Mose, der Diener Gottes, den Israeliten in der Wüste auferlegt hatte. ¹⁰Die führenden Männer und das Volk brachten nun alle voller Freude Geld und legten es in den Kasten, bis er voll war.

¹¹Immer, wenn die Leviten den Kasten zu den Männern des Königs brachten und diese sahen, dass er voll war, kamen der Schreiber des Königs und ein Beauftragter des Hohen Priesters, nahmen das Geld und der Kasten wurde wieder an seinen Platz zurückgebracht. Dies taten sie Tag für Tag, und es kam eine große Summe zusammen. ¹²Der König und Jojada gaben das Geld den Aufsehern über die Bauarbeiten am Haus des HERRN, und diese stellten Steinmetze und Zimmerleute an, die das Haus des HERRN wieder instand setzen sollten. Auch Kunstschmiede wurden beauftragt, mit Eisen und Bronze das Haus des HERRN auszubessern.

¹³Die beauftragten Männer arbeiteten schwer und kamen gut voran. Sie richteten das Haus des HERRN nach den ursprünglichen Plänen wieder her. ¹⁴Als die Arbeiten abgeschlossen waren, brachten sie das übrig gebliebene Geld dem König und Jojada. Damit wurden die für das Haus des HERRN benötigten Gegenstände bezahlt – Geräte für den Gottesdienst und für die Brandopfer, Schalen und andere Gefäße aus Gold und Silber. Solange Jojada lebte, wurden regelmäßig Brandopfer im Haus des HERRN dargebracht.

¹⁵Jojada wurde sehr alt und starb schließlich im Alter von 130 Jahren. ¹⁶Er wurde bei den Königen in der Stadt Davids begraben, weil er so viel Gutes bewirkt hatte für Israel und für Gott und sein Haus.

Jojadas Reformen werden wieder aufgehoben
V.17-27: 2. Könige 12,18-22

¹⁷Aber nach Jojadas Tod kamen die führenden Männer Judas und verneigten sich vor dem König; und er hörte auf ihre Ratschläge. ¹⁸Sie verließen das Haus des HERRN, des Gottes ihrer Vorfahren, und beteten stattdessen Ascherabilder und Götzen an. Wegen dieser Schuld wurde Gott sehr zornig auf Juda und Jerusalem. ¹⁹Der HERR schickte Propheten, die die Menschen zur Umkehr bewegen sollten und sie warnten, aber das Volk wollte nicht auf sie hören.

²⁰Da kam der Geist Gottes über Secharja, den Sohn des Priesters Jojada. Er stellte sich vor das Volk und sagte: »So spricht Gott: ›Warum missachtet ihr die Gebote des HERRN? Ihr könnt nur verlieren. Weil ihr den HERRN verlassen habt, hat er jetzt euch verlassen!‹«

²¹Da verschworen sie sich gegen ihn und steinigten ihn auf Befehl vom König im Vorhof vom Haus des HERRN. ²²König Joasch hatte die Liebe und Treue vergessen, die Secharjas Vater Jojada ihm erwiesen hatte, denn er ließ seinen Sohn ermorden. Secharjas letzte Worte waren: »Der HERR soll es sehen und sie dafür zur Rechenschaft ziehen!«

Das Ende von Joaschs Herrschaft

²³Zu Beginn des nächsten Jahres zog das aramäische Heer gegen Joasch. Die Aramäer drangen in Juda und Jerusalem ein und töteten die führenden Männer des Volkes. Die Beute schickten sie ihrem König in Damaskus. ²⁴Sie griffen nur mit einem kleinen Heer an, doch der HERR half ihnen, ein viel größeres Heer zu besiegen. Das Volk von Juda hatte den HERRN, den Gott seiner Vorfahren, verlassen; so wurde nun das Strafgericht an Joasch vollstreckt.

²⁵Als die Aramäer abzogen, blieb Joasch schwer verwundet zurück. Seine eigenen Männer verschworen sich gegen ihn, weil er den Sohn des Priesters Jojada hatte umbringen lassen. Sie ermordeten ihn in seinem Bett. Er wurde in der Stadt Davids begraben, aber nicht in den Königsgräbern. ²⁶Dies waren die Verschwörer: Josachar, der Sohn der Ammoniterin Schimat, und Josabad, der Sohn der Moabiterin Schomer.

²⁷Die Geschichte seiner Söhne, die Weissagungen über ihn und der Bericht über seine Instandsetzung des Hauses Gottes sind in der Schrift zum Buch der Könige enthalten. Nach Joaschs Tod wurde sein Sohn Amazja König.

1. & 2. CHRONIK

1–9	Die Herkunft des Volkes Israel
10–22	Das Königtum Davids
23–27	Ordnungen für Tempeldienst und Heer
28–29	Davids Lebensabschluss
1–9	Das Königtum Salomos und der Tempelbau
10–36	Das Königreich Juda bis zum Exil

25–26
Amazja wird Gott untreu und von ihm verlassen. Amazjas Niederlage gegen Israel und Ermordung. Usija wird König.

[Zeit der Könige und Propheten]

S Südreich Juda   N Nordreich Israel

Amazja herrscht in Juda
V.1-28: 2. Könige 14,1-20

25 Amazja war 25 Jahre alt, als er König wurde, und er regierte 29 Jahre in Jerusalem. Seine Mutter war Joaddan; sie stammte aus Jerusalem. ²Amazja tat zwar, was dem HERRN gefiel, aber nicht von ganzem Herzen.

³Sobald Amazja seine Herrschaft gefestigt hatte, ließ er die Männer hinrichten, die seinen Vater ermordet hatten.* ⁴Die Kinder der Mörder aber ließ er nicht töten, denn er hielt sich an das Gebot des HERRN, das im Gesetzbuch von Mose steht: »Eltern dürfen nicht für die Sünden ihrer Kinder und Kinder nicht für die Sünden ihrer Eltern mit dem Tod bestraft werden. Jeder soll nur für seine eigene Schuld hingerichtet werden.«*

⁵Amazja versammelte die Männer von Juda, ordnete sie nach ihren Sippen und gab jeder Sippe aus Juda und Benjamin einen Anführer. Dann führte er eine Zählung durch und stellte fest, dass er 300.000 Mann für sein Heer hatte. Die Soldaten waren alle mindestens 20 Jahre alt und geübt im Umgang mit Speer und Schild. ⁶Darüber hinaus hatte er 100.000 erfahrene Soldaten aus Israel angeworben, denen er 100 Talente Silber* bezahlte.

25,3 u. 4 Vgl. 2. Könige 14,5 u. 6.   **25,4** 5. Mose 24,16.
25,6 Das sind ca. 3,6 t.

2. Chronik 25,15

Gottes Liebe, Gottes Zorn
Manchmal ist man schnell geneigt, die Texte des Alten Testaments auf ihren Gebots- und Verbotscharakter zu reduzieren. Die geschichtlichen Berichte würden sich dann lediglich mit den Konsequenzen des Gehorsams oder Ungehorsams befassen. Doch noch bevor Gott Israel das Gesetz gab, machte er klar, dass es viel eher darauf ankommt, Gottes rettende Gnade zu empfangen, seine Stimme zu hören, im Bund der Treue mit ihm zu leben und eine ausgesonderte Nation mit einer Bestimmung zu sein (z.B. 2Mo 19,3-6). Das Gesetz enthält viel mehr (und Bedeutsameres) als ausschließlich Gebote und Verbote.
Dies wird auch in diesem Bericht deutlich. Der König hat sich verfehlt. Das weckt Gottes Zorn, doch dieser Zorn hat eine bemerkenswerte Konsequenz: Gott sendet dem Sünder einen Propheten, um ihn zur Einsicht zu führen. Gott greift ein, um ihn davon zu überzeugen, dass er ihm allein die Treue halten solle. Gottes Ziel ist es nicht, Gebote einzuklagen, sondern Menschenherzen anzusprechen und richtige Entscheidungen herbeizuführen.
(Josua 7,25 ‹‹ | ›› Daniel 9,15-19)

⁷Doch ein Mann Gottes kam zum König und sagte: »Mein König, wirb keine Truppen aus Israel an, denn der HERR ist nicht auf der Seite Israels. Er wird den Leuten aus Ephraim nicht helfen! ⁸Wenn du meinst, mit ihnen zusammen stark zu sein, so kann Gott dich vor dem Feind zu Fall bringen. Gott hat die Macht zu helfen oder zu stürzen.«

⁹Amazja fragte den Mann Gottes: »Aber was wird aus den 100 Talenten, die ich für das Heer Israels bezahlt habe?«

Der Mann Gottes erwiderte: »Der HERR kann dir sehr viel mehr geben als das!« ¹⁰Also entließ Amazja die angeworbenen Truppen und schickte sie zurück nach Ephraim. Doch damit zog er sich ihren Zorn zu und sie kehrten sehr wütend nach Hause zurück.

¹¹Dann nahm Amazja all seinen Mut zusammen und führte sein Heer ins Salztal, wo sie 10.000 Männer aus Seïr töteten. ¹²Weitere 10.000 Männer nahmen die Judäer gefangen, brachten sie auf einen Felsen hinauf und stürzten sie von dort hinunter, sodass sie beim Aufprall starben.

¹³Währenddessen raubten die angeworbenen Söldnertruppen, die Amazja wieder nach Hause geschickt hatte, mehrere judäische Städte zwischen Samaria und Bet-Horon aus. Dabei töteten sie 3.000 Männer und machten reiche Beute.

¹⁴Als Amazja nach dem Sieg über die Edomiter zurückkehrte, brachte er Götzen der Einwohner von Seïr mit. Er stellte sie als Götter auf, verneigte sich vor ihnen und verbrannte Weihrauch für sie. ¹⁵Da wurde der HERR zornig auf Amazja. Er schickte einen Propheten zu Amazja, der ihn fragte: »Warum hast du Götzen eines Volkes angebetet, die nicht einmal ihr eigenes Volk vor dir beschützen konnten?«

¹⁶Doch der König fiel ihm ins Wort und sagte: »Habe ich dich etwa um Rat gefragt? Schweig, oder ich lasse dich töten!«

Bevor der Prophet ihn verließ, sagte er zu ihm: »Ich weiß, dass Gott beschlossen hat, dich zu vernichten, weil du das getan und meinen Rat nicht angenommen hast!«

¹⁷Nachdem er seine Ratgeber befragt hatte, forderte König Amazja von Juda König Joasch von Israel, den Sohn von Joahas und Enkel Jehus, mit folgenden Worten heraus: »Lass uns gegeneinander kämpfen und sehen, wer der Stärkere von uns ist!«* ¹⁸Doch König Joasch von Israel antwortete König Amazja von Juda: »Draußen in den Bergen des Libanon schickte eine Distel einer Zeder die Botschaft: ›Gib meinem Sohn deine Tochter zur Frau.‹ Doch in diesem Augenblick kamen die wilden Tiere vorüber, die auf dem Libanon leben, und zertrampelten die Distel. ¹⁹Du magst stolz auf deinen Sieg über Edom sein und noch mehr Ehre suchen, doch nun bleib zu Hause. Warum willst du Streit anfangen, der dir und den Einwohnern Judas Unglück bringen wird?«

²⁰Doch Amazja wollte nicht hören, denn Gott hatte beschlossen, sie zu vernichten, weil sie die Götter der Edomiter angebetet hatten. ²¹So rüstete König Joasch von Israel zum Krieg gegen König Amazja von Juda. Die beiden Heere bezogen in Bet-Schemesch in Juda Stellung. ²²Juda wurde vom israelitischen Heer besiegt und die Männer flohen nach Hause. ²³König Joasch von Israel nahm König Amazja von Juda, den Sohn von Joasch und Enkel Ahasjas, in Bet-Schemesch gefangen und brachte ihn nach Jerusalem zurück. Dort riss Joasch die Jerusalemer Stadtmauer auf einer Länge von 400 Ellen* ein, vom Ephraimstor bis zum Ecktor. ²⁴Er nahm alles Gold und Silber und die Geräte aus dem Haus des HERRN, die in der Obhut von Obed-Edom gewesen waren. Auch die Schätze aus der Schatzkammer des Palastes erbeutete er. Dann nahm er Geiseln und kehrte nach Samaria zurück.

²⁵König Amazja von Juda, der Sohn Joaschs, lebte nach dem Tod von König Joasch von Israel, dem Sohn von Joahas, noch 15 Jahre. ²⁶Alle weiteren Ereignisse während Amazjas Herrschaft sind im Buch der Könige Judas und Israels beschrieben. ²⁷Nachdem Amazja den HERRN verlassen hatte, kam es in Jerusalem zu einer Verschwörung gegen ihn, und er floh nach Lachisch. Doch seine Feinde schickten ihm dorthin Männer nach, die ihn töteten. ²⁸Sie brachten seinen Leichnam auf einem Pferd zurück und er wurde bei seinen Vorfahren in der Stadt Davids begraben.

Usija herrscht in Juda
2. Könige 14,21-22; 15,1-4

26 Danach krönte das ganze Volk von Juda Amazjas 16-jährigen Sohn Usija zum nächsten König.* ²Nach dem Tod seines Vaters eroberte Usija die Stadt Elat für Juda zurück und baute sie wieder auf. ³Usija war 16 Jahre alt, als er König wurde, und er herrschte 52 Jahre in Jerusalem. Seine Mutter war Jecholja; sie stammte aus Jerusalem. ⁴Er tat, was dem HERRN gefiel, so wie sein Vater Amazja. ⁵Usija suchte Gott, solange Secharja lebte, der ihn im Glauben an Gott unterwies. Und solange der König den HERRN

25,17-28 Vgl. 2. Könige 14,8-20.   25,23 Das sind ca. 200 m.   26,1 u. 2 Vgl. 2. Könige 14,21 u. 22.

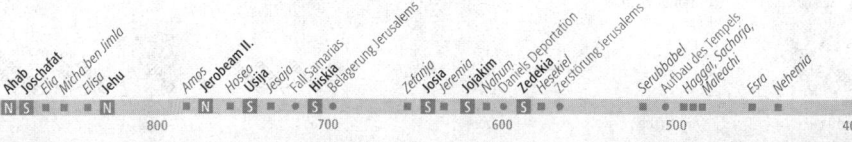

1. & 2. CHRONIK

1–9	Die Herkunft des Volkes Israel
10–22	Das Königtum Davids
23–27	Ordnungen für Tempeldienst und Heer
28–29	Davids Lebensabschluss
1–9	Das Königtum Salomos und der Tempelbau
10–36	Das Königreich Juda bis zum Exil

26–28
Usijas Ruhm und Hochmut. Jotams Macht kommt durch seine Treue. Ahas' Untreue führt zu großen Verlusten.

[Zeit der Könige und Propheten]

suchte, ließ Gott ihm alles gelingen, was er unternahm. ⁶Er erklärte den Philistern den Krieg und riss die Stadtmauern von Gat, Jabne und Aschdod nieder. Dann gründete er im Gebiet von Aschdod und in anderen Landesteilen der Philister neue Städte. ⁷Gott half ihm nicht nur im Krieg gegen die Philister, sondern auch in den Kämpfen mit den Arabern von Gur-Baal und in den Kriegen gegen die Meüniter. ⁸Selbst die Ammoniter mussten Usija Tribut zahlen. Sein Ruhm drang bis nach Ägypten, so mächtig wurde er.

⁹Usija ließ in Jerusalem Türme bauen, und zwar am Ecktor, am Taltor und am Winkel in der Stadtmauer. ¹⁰Außerdem legte er Festungen in der Wüste an und ließ zahlreiche Zisternen graben, weil er große Viehherden im Gebirge und in den Ebenen hielt. Er liebte den Ackerbau und beschäftigte viele Bauern und Weingärtner, sowohl in den Bergen als auch am Karmel.

¹¹Usija besaß ein einsatzbereites Heer mit mehreren Einheiten gut ausgebildeter Kämpfer. Das Heer war von dem Schreiber Jeïel und seinem Gehilfen Maaseja aufgestellt worden. Sie unterstanden dem Befehl Hananjas, eines Heerführers des Königs. ¹²Die Krieger wurden von 2.600 führenden Männern ihrer Sippen befehligt. ¹³Das Heer war 307.500 Mann stark, alles ausgesuchte Kämpfer, die bereit waren, den König gegen jeden Feind zu verteidigen. ¹⁴Usija rüstete das ganze Heer mit Schilden, Speeren, Helmen, Schuppenpanzern, Bogen und Schleudersteinen aus. ¹⁵Er ließ in Jerusalem kunstvolle Wurfmaschinen bauen und aufstellen, um damit Pfeile und Steingeschosse von den Türmen und Ecken der Stadtmauer abzuschießen. Sein Ruhm breitete sich immer weiter aus, denn ihm wurde auf wunderbare Weise geholfen, sodass seine Macht wuchs.

Usijas Sünde und Bestrafung
2. Könige 15,5-7

¹⁶Doch als Usija so mächtig geworden war, wurde er auch hochmütig, und das brachte ihn zu Fall. Er wurde dem HERRN, seinem Gott, untreu und betrat das Haus des HERRN, um eigenhändig Weihrauch auf dem Altar zu verbrennen. ¹⁷Der Priester Asarja folgte ihm mit 80 Priestern des HERRN, alles mutige Männer. ¹⁸Sie traten König Usija entgegen und sagten: »Es steht dir nicht zu, Usija, dem HERRN Weihrauch zu verbrennen. Das ist die Aufgabe der Priester, der Söhne Aarons, die für diesen Dienst ausgesondert sind. Verlass das Heiligtum, denn du bist untreu geworden. Das wird dir vor Gott dem HERRN keine Ehre einbringen.«

¹⁹Da wurde Usija, der das Räuchergefäß bereits in den Händen hielt, sehr wütend. Doch während er auf die Priester zornig wurde und vor dem Räucheraltar im Haus des HERRN stand, brach plötzlich auf seiner Stirn Aussatz aus. ²⁰Als der Hohe Priester Asarja und die anderen Priester das sahen, jagten sie ihn hinaus. Der König selbst beeilte sich hinauszukommen, weil der HERR ihn bestraft hatte. ²¹Und so litt König Usija an Aussatz, bis er starb. Er lebte völlig isoliert, ausgeschlossen aus dem Haus des HERRN. Sein Sohn Jotam war oberster Verwalter des königlichen Palastes und regierte das Volk.

²²Alle weiteren Ereignisse während der Herrschaft Usijas wurden von dem Propheten Jesaja, dem Sohn des Amoz, beschrieben. ²³Schließlich starb Usija, und weil er Aussatz gehabt hatte, wurde er bei seinen Vorfahren in einem Feld neben der Grabstätte für die Könige begraben. Nach ihm wurde sein Sohn Jotam König.

Jotam herrscht in Juda
2. Könige 15,32-38

27 Jotam war 25 Jahre alt, als er König wurde, und er regierte 16 Jahre in Jerusalem. Seine Mutter war Jeruscha, die Tochter Zadoks. ²Er tat, was dem HERRN gefiel, so wie sein Vater Usija. Doch Jotam drang nicht in das Haus des HERRN ein. Das Volk aber handelte weiterhin gottlos.

³Jotam baute das obere Tor am Haus des HERRN wieder auf und ließ auch die Stadtmauer am Ofel instand setzen. ⁴Er baute Städte im Gebirge von Juda und errichtete Festungen und Wehrtürme in den Waldgebieten. ⁵Jotam führte Krieg gegen den König der Ammoniter und besiegte ihn. In jenem Jahr erhielt er von den Ammonitern 100 Talente Silber*, 10.000 Sack Weizen und 10.000 Sack Gerste*. Auch im nächsten und übernächsten Jahr brachten sie ihm diese Gaben.

⁶König Jotam wurde so mächtig, weil er darauf achtete, nach dem Willen des HERRN, seines Gottes, zu leben.

⁷Die übrigen Ereignisse während Jotams Herrschaft, einschließlich seiner Kriege und anderer Taten, sind im Buch der Könige Israels und Judas beschrieben. ⁸Er war 25 Jahre alt, als er König wurde, und regierte 16 Jahre in Jerusalem. ⁹Als er starb, wurde er in der Stadt Davids begraben. Nach ihm wurde sein Sohn Ahas König.

Ahas herrscht in Juda
V. 1-27: 2. Könige 16,1-20

28 Ahas war 20 Jahre alt, als er König wurde, und er regierte 16 Jahre in Jerusalem. Er tat nicht, was dem HERRN gefiel, wie sein Stammvater David es getan hatte.* ²Stattdessen folgte er dem Beispiel der Könige Israels und ließ Bilder für den Baalsgottesdienst anfertigen. ³Er brachte im Tal Ben-Hinnom Opfer dar und opferte sogar seine eigenen Söhne im Feuer, wie es den abscheulichen Praktiken der Völker entsprach, die der HERR vor den Israeliten aus dem Land vertrieben hatte. ⁴Vor den Höhenheiligtümern, auf den Hügeln und unter jedem grünen Baum brachte er Opfer dar und verbrannte Weihrauch.

⁵Deshalb ließ der HERR, sein Gott, es geschehen, dass der König von Aram ihn besiegte und viele Angehörige seines Volkes ins Exil nach Damaskus verschleppte. Auch der König von Israel errang einen Sieg über Ahas und fügte seinem Heer hohe Verluste zu. ⁶An einem einzigen Tag tötete Pekach, der Sohn Remaljas, 120.000 tapfere Männer aus dem judäischen Heer, weil sie den HERRN, den Gott ihrer Vorfahren, verlassen hatten. ⁷Danach tötete Sichri, ein Krieger aus Ephraim, den Königssohn Maaseja, den Palastverwalter Asrikam und Elkana, die rechte Hand des Königs. ⁸Das israelitische Heer nahm 200.000 Frauen und Kinder aus Juda gefangen, machte reiche Beute und brachte sie nach Samaria.

⁹Doch als das Heer heimkehrte, kam ihnen Oded entgegen, ein Prophet des HERRN, der in Samaria war, und sagte: »Der HERR, der Gott eurer Vorfahren, war zornig auf Juda und hat euch deshalb den Sieg geschenkt. Aber die Gewalt, mit der ihr sie bekämpft habt, schreit zum Himmel. ¹⁰Und nun wollt ihr diese Leute aus Juda und Jerusalem zu euren Sklaven machen. Bedenkt eure eigene Schuld vor dem HERRN, eurem Gott! ¹¹Hört auf mich und lasst die Gefangenen, die ihr von euren Brüdern mitgebracht habt, frei, denn nun hat sich der Zorn des HERRN gegen euch gerichtet.«

¹²Einige der führenden Männer Ephraims – Asarja, der Sohn Johanans, Berechja, der Sohn Meschillemots, Jehiskija, der Sohn Schallums, und Amasa, der Sohn Hadlais – traten denen, die aus der Schlacht heimkehrten, in den Weg. ¹³»Ihr dürft die Gefangenen nicht hierher bringen!«, erklärten sie ihnen. »Dadurch würden wir schuldig vor dem HERRN und ihr würdet unsere

---

27,5a Das sind ca. 3,6 t Silber.   **27,5b** Das sind ca. 4.000.000 l Weizen bzw. Gerste.   **28,1-4** Vgl. 2. Könige 16,2-4.

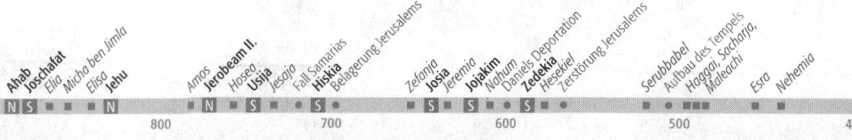

1. & 2. CHRONIK

1–9	Die Herkunft des Volkes Israel
10–22	Das Königtum Davids
23–27	Ordnungen für Tempeldienst und Heer
28–29	Davids Lebensabschluss
1–9	Das Königtum Salomos und der Tempelbau
10–36	Das Königreich Juda bis zum Exil

28–29

Israel behandelt die judäischen Gefangenen gut. Ahas schließt den Tempel und sucht Hilfe bei den Assyrern und aramäischen Göttern. Unter Hiskia wird der Tempelbetrieb wiederhergestellt.

[Zeit der Könige und Propheten]

Sünden und unsere Schuld noch größer machen. Unsere Schuld ist schon groß genug, und der Zorn des HERRN hat sich bereits gegen Israel gerichtet.«

¹⁴Da ließen die Krieger die Gefangenen frei. Vor den Augen der Anführer und des ganzen Volkes gaben sie die Beute heraus. ¹⁵Dann traten die erwähnten Männer vor und verteilten Kleidung aus der Beute an jene Gefangenen, die nackt waren. Sie gaben ihnen Kleider und Schuhe und zu essen und zu trinken und sie versorgten ihre Wunden mit Öl. Alle, die zu schwach waren, setzten sie auf Esel und brachten die Gefangenen dann zurück zu ihren Verwandten – nach Jericho, der Palmenstadt. Danach kehrten sie nach Samaria zurück.

Ahas schließt den Tempel

¹⁶Zu dieser Zeit bat König Ahas von Juda den König von Assyrien um Hilfe. ¹⁷Das Heer von Edom war erneut in Juda eingefallen und hatte Gefangene gemacht, ¹⁸und die Philister hatten Städte im Gebirge und im Südland von Juda überfallen. Sie hatten bereits Bet-Schemesch, Ajalon, Gederot und Socho, jeweils mit den umliegenden Ortschaften, sowie Timna mit seinen Ortschaften und Gimso mit seinen Dörfern erobert und besetzt. ¹⁹Der HERR demütigte Juda wegen König Ahas von Juda*, weil dieser nichts gegen das gottlose Verhalten seines Volkes unternommen hatte und dem HERRN untreu geworden war. ²⁰So zog auch König Tiglat-Pileser von Assyrien gegen ihn herauf und bedrängte König Ahas, statt ihm zu helfen. ²¹Ahas hatte das Haus des HERRN, den Königspalast und auch die Häuser seiner führenden Männer geplündert und alles dem König von Assyrien übergeben. Doch auch das half ihm nichts.

²²In seiner Bedrängnis verhielt sich König Ahas sogar noch treuloser gegenüber dem HERRN. ²³Er opferte den Göttern von Damaskus, die ihn besiegt hatten, denn er sagte sich: »Diese Götter haben den Herrschern von Aram geholfen, also werden sie auch mir helfen, wenn ich ihnen opfere.« Doch er beschwor nur seinen eigenen Untergang und den Niedergang ganz Israels herauf. ²⁴Ahas nahm die Geräte aus dem Haus Gottes und zerschlug sie. Er schloss die Tore vom Haus des HERRN und stellte an allen Ecken Jerusalems eigene Altäre auf. ²⁵In allen Städten Judas ließ er Höhenheiligtümer errichten, auf denen anderen Göttern Rauchopfer dargebracht wurden. So erregte Ahas den Zorn des HERRN, des Gottes seiner Vorfahren.

²⁶Alle weiteren Ereignisse während seiner

28,19 Hebr. *von Israel*.

S Südreich Juda   N Nordreich Israel

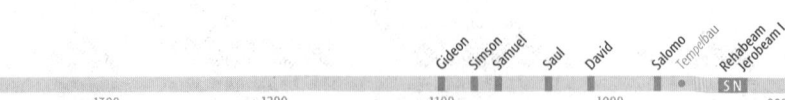

Herrschaft sind im Buch der Könige Judas und Israels beschrieben. ²⁷Als Ahas starb, wurde er in Jerusalem begraben, aber nicht in den Königsgräbern von Israel. Nach ihm wurde sein Sohn Hiskia König.

Hiskia herrscht in Juda
V.1-19: 2. Könige 18,1-6

29 Hiskia war 25 Jahre alt, als er König wurde, und er regierte 29 Jahre in Jerusalem. Seine Mutter war Abi, die Tochter Secharjas. ²Er tat, was dem HERRN gefiel, so wie sein Stammvater David.

Hiskia schließt den Tempel wieder auf

³Gleich im ersten Monat seines ersten Amtsjahres ließ Hiskia die Türen vom Haus des HERRN wieder aufschließen und setzte sie instand. ⁴Er bestellte die Priester und Leviten zu einer Versammlung auf den östlich gelegenen Platz ⁵und hielt folgende Rede: »Ihr Leviten, hört mir zu! Reinigt euch und das Haus des HERRN, des Gottes eurer Vorfahren. Entfernt alles Unreine aus dem Heiligtum. ⁶Unsere Vorfahren waren dem HERRN untreu und taten, was unserem Gott missfiel. Sie verließen den HERRN und sein Heiligtum; sie kehrten ihm den Rücken. ⁷Die Türen an der Vorhalle verschlossen sie und löschten die Lichter, verbrannten nicht länger Weihrauch und brachten dem Gott Israels im Heiligtum keine Brandopfer mehr dar. ⁸Deshalb ist der HERR auf Juda und Jerusalem zornig geworden. Wie ihr sehen könnt, hat er sie zum Gegenstand von Grauen, Hohn und Abscheu gemacht. ⁹Unsere Vorfahren sind deshalb in der Schlacht gefallen, unsere Söhne, Töchter und Frauen gingen in die Gefangenschaft. ¹⁰Doch nun will ich einen Bund mit dem HERRN, dem Gott Israels, schließen, damit sein Zorn nicht länger gegen uns wütet. ¹¹Ihr sollt eure Pflichten wieder aufnehmen. Der HERR hat euch dazu bestimmt, ihm in seiner Gegenwart zu dienen und ihm Opfer darzubringen.«

¹²Daraufhin nahmen diese Leviten wieder den Dienst auf: von Kehats Nachkommen: Mahat, der Sohn Amasais, und Joel, der Sohn Asarjas; von Meraris Nachkommen: Kisch, der Sohn Abdis, und Asarja, der Sohn Jehallelels; von Gerschons Nachkommen: Joach, der Sohn Simmas, und Eden, der Sohn Joachs. ¹³Von Elizafans Nachkommen: Schimri und Jeïel; von Asafs Nachkommen: Secharja und Mattanja; ¹⁴von Hemans Nachkommen: Jehiël und Schimi; von Jedutuns Nachkommen: Schemaja und Usiël.

¹⁵Diese Männer riefen die übrigen Leviten zusammen und heiligten sich. Dann begannen sie, das Haus des HERRN zu reinigen, wie der König es gemäß dem Wort des HERRN angeordnet hatte. ¹⁶Die Priester gingen ins Heiligtum vom Haus des HERRN, um es zu reinigen, und schafften alles Unreine, das sie vorfanden, hinaus in den Vorhof vom Haus des HERRN. Von dort brachten die Leviten es an den Bach Kidron.

¹⁷Am ersten Tag des ersten Monats* begannen sie und nach acht Tagen waren sie bis in die Vorhalle vorgedrungen. Dann heiligten sie das Haus des HERRN selbst weitere acht Tage lang, und am 16. Tag des ersten Monats war das Werk beendet.

Die Wiedereinweihung des Tempels

¹⁸Dann gingen die Leviten zu König Hiskia und berichteten ihm: »Wir haben das ganze Haus des HERRN gereinigt, den Brandopferaltar und die dazugehörigen Gegenstände sowie den Tisch der Schaubrote* mit allen Geräten. ¹⁹Dabei haben wir auch die Gegenstände, die König Ahas zu seiner Zeit entweiht hatte, gereinigt und geheiligt. Sie stehen jetzt vor dem Altar des HERRN.«

²⁰Früh am nächsten Morgen ließ König Hiskia die führenden Männer der Stadt zusammenkommen und ging zum Haus des HERRN. ²¹Sie nahmen sieben Stiere, sieben Widder, sieben Lämmer und sieben Ziegenböcke als Sündopfer für das Königreich, für das Heiligtum und für Juda mit. Der König befahl den Priestern, den Nachkommen Aarons, auf dem Altar des HERRN zu opfern. ²²Sie töteten die Stiere und die Priester nahmen das Blut und besprengten den Altar damit. Dasselbe machten sie mit den Widdern und den Lämmern. ²³Dann wurden die Ziegenböcke für das Sündopfer vor den König und das versammelte Volk gebracht und sie legten ihnen die Hände auf. ²⁴Die Priester schlachteten die Tiere als Sündopfer und versprengten ihr Blut über dem Altar zur Wiedergutmachung für die Schuld von ganz Israel, denn der König hatte geboten, dass das Brandopfer und das Sündopfer für ganz Israel dargebracht werden sollte.

²⁵Dann ließ König Hiskia die Leviten mit Zimbeln, Harfen und Zithern im Haus des HERRN Aufstellung nehmen, wie es der HERR geboten hatte durch David, durch Gad, den Seher des Königs, und durch den Propheten Nathan. ²⁶Die Leviten nahmen daraufhin mit den Instru-

---

29,17 Dieser Tag des hebr. Mondkalenders liegt gewöhnlich im März o. Anfang April. **29,18** Das bedeutet hier übersetzt *Schichtbrote*.

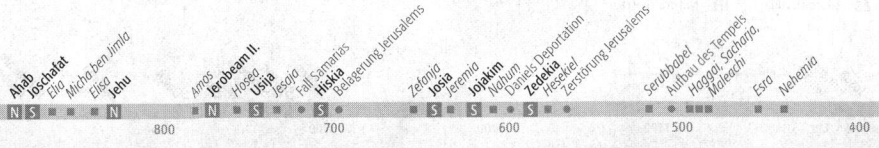

1. & 2. CHRONIK

1–9	Die Herkunft des Volkes Israel
10–22	Das Königtum Davids
23–27	Ordnungen für Tempeldienst und Heer
28–29	Davids Lebensabschluss
1–9	Das Königtum Salomos und der Tempelbau
10–36	Das Königreich Juda bis zum Exil

29–30
Brand- und Dankopfer am Tempel. Zum großen Passahfest wird ganz Juda und Israel eingeladen.

[Zeit der Könige und Propheten]

S Südreich Juda   N Nordreich Israel

menten Davids ihre Plätze ein, und die Priester stellten sich mit den Trompeten auf. ²⁷Hiskia befahl, das Brandopfer auf den Altar zu legen. Als das Brandopfer begann, setzte der Lobgesang für den HERRN ein, begleitet von den Trompeten und anderen Instrumenten Davids, des Königs von Israel. ²⁸Die ganze Versammlung betete zum HERRN, während die Lieder erklangen und die Trompeter ihre Instrumente bliesen, bis die Brandopfer dargebracht waren. ²⁹Dann knieten der König und alle Anwesenden nieder zur Anbetung. ³⁰König Hiskia und die führenden Männer befahlen den Leviten, den HERRN mit den Liedern von David und vom Seher Asaf zu preisen. Sie sangen voller Freude und verneigten sich in Anbetung vor Gott.

³¹Dann erklärte Hiskia: »Ihr habt euch dem HERRN geweiht. Nun tretet vor und bringt eure Schlacht- und Dankopfer zum Haus des HERRN.« Da brachten die Leute ihre Schlacht- und Dankopfer, und manche brachten außerdem Brandopfer dar. ³²Sie opferten 70 Rinder, 100 Widder und 200 Lämmer, alle als Brandopfer zu Ehren des HERRN. ³³Dazu kamen als Weihegaben 600 Rinder und 3.000 Schafe. ³⁴Doch es waren nicht genug Priester da, um die Brandopfer alle vorzubereiten, deshalb halfen ihnen die Leviten, bis alles bewältigt war und mehr Priester sich geheiligt hatten. Denn die Leviten hatten sich mehr als die Priester darum bemüht, sich zu reinigen. ³⁵Es gab Brandopfer im Überfluss, außerdem die üblichen Trankopfer und Fett von den Friedensopfern. So wurde der Dienst im Haus des HERRN festgesetzt. ³⁶Und Hiskia und das ganze Volk freuten sich sehr über das, was Gott für das Volk getan hatte, denn alles war sehr schnell gelungen.

Vorbereitungen für das Passah

30 Nun ließ Hiskia ganz Israel und Juda zusammenrufen und auch Ephraim und Manasse durch Briefe einladen, zum Haus des HERRN in Jerusalem zu kommen, um das Passah des HERRN, des Gottes Israels, zu feiern. ²Der König, seine führenden Männer und alle Einwohner Jerusalems entschieden, das Passah im zweiten Monat* zu feiern. ³Davor, zur rechten Zeit, konnten sie es noch nicht feiern, denn nicht genügend Priester hatten sich geheiligt; auch hatte sich noch nicht das ganze Volk in Jerusalem versammelt. ⁴Dieser Plan nun gefiel dem König und der ganzen Gemeinschaft. ⁵Und so ging an

---

30,2 Dieser Monat des hebr. Mondkalenders fällt gewöhnlich in den April/Mai; s. auch 30,13.15.

das ganze Volk der Israeliten, von Beerscheba bis nach Dan, die Aufforderung, nach Jerusalem zu kommen, um das Passah des HERRN, des Gottes Israels, zu feiern. Bisher war es nicht von allen so gehalten worden, wie es vorgeschrieben war.

⁶Auf Befehl des Königs zogen Boten in ganz Israel und Juda umher. Sie hatten Briefe des Königs und seiner führenden Männer bei sich, in denen stand:

»Ihr Israeliten, kehrt um zum HERRN, dem Gott Abrahams, Isaaks und Israels, damit er sich den wenigen von uns, die den Sieg der assyrischen Könige überlebt haben, wieder zuwendet. ⁷Seid nicht wie eure Vorfahren und eure Brüder, die den HERRN, den Gott ihrer Vorfahren, verließen, wie ihr sehen, wie sie zum Gegenstand des Entsetzens wurden. ⁸Seid nicht widerspenstig, wie sie es waren, sondern reicht dem HERRN die Hand. Kommt in sein Heiligtum, das er für immer geheiligt hat. Wendet euch dem HERRN, eurem Gott, zu, damit sein Zorn sich von euch abwendet. ⁹Wenn ihr wieder zum HERRN zurückkehrt, werden die Eroberer euren Brüdern und Kindern gnädig sein, und sie werden in dieses Land zurückkehren dürfen. Denn der HERR, euer Gott, ist gnädig und barmherzig. Wenn ihr zu ihm zurückkehrt, wird er euch nicht abweisen.«

Die Passahfeier

¹⁰Die Boten zogen von Stadt zu Stadt durch Ephraim und Manasse, bis nach Sebulon. Doch die meisten Menschen lachten nur über sie und verhöhnten sie. ¹¹Lediglich einige Leute aus Asser und Manasse und Sebulon zeigten Reue und zogen nach Jerusalem. ¹²Zur gleichen Zeit legte Gott seine Hand auf das Volk von Juda und weckte in den Menschen den gemeinsamen Wunsch, dem Befehl des Königs und seiner Männer zu folgen, wie es dem Wort des HERRN entsprach. ¹³Und so kam im zweiten Monat eine riesige Menschenmenge in Jerusalem zusammen, um das Fest der ungesäuerten Brote zu feiern. ¹⁴Die Menschen machten sich daran, die Altäre aus der Stadt zu entfernen, rissen die Räucheraltäre nieder und schafften sie zum Bach Kidron.

¹⁵Am 14. Tag des zweiten Monats* wurden die Passahlämmer geschlachtet. Die Priester und Leviten bekannten ihre Schuld und reinigten sich und brachten Brandopfer zum Haus des HERRN. ¹⁶Dort nahmen sie ihre Plätze ein, wie es die Vorschriften im Gesetz Moses, des Mannes Gottes, vorsahen. Die Priester nahmen das Opferblut von den Leviten und versprengten es über dem Altar.

¹⁷Da viele der Anwesenden sich nicht gereinigt hatten, schlachteten die Leviten die Passahlämmer für sie, um sie für den HERRN zu heiligen. ¹⁸Viele, vor allem aus Ephraim, Manasse, Issachar und Sebulon, hatten sich nicht gereinigt und aßen das Passah nicht so, wie es den Vorschriften entspricht. Doch König Hiskia betete für sie und sagte: »Der HERR, der gütig ist, vergebe all denen, ¹⁹die dem HERRN, dem Gott ihrer Vorfahren, von ganzem Herzen folgen wollen, auch wenn sie sich nicht wie vorgeschrieben für das Heiligtum gereinigt haben.« ²⁰Und der HERR erhörte Hiskias Gebet und vergab dem Volk.

²¹So feierten die Israeliten, die in Jerusalem versammelt waren, voller Freude sieben Tage lang das Fest der ungesäuerten Brote. Jeden Tag sangen die Leviten und Priester das Loblied des HERRN, begleitet von den mächtigen Instrumenten des HERRN. ²²Hiskia lobte die Leviten, weil sie dem HERRN so gut gedient hatten. Sieben Tage dauerte das Fest, und sie aßen und opferten Friedensopfer und dankten dem HERRN, dem Gott ihrer Vorfahren.

²³Danach beschloss die ganze Gemeinschaft, das Fest noch weitere sieben Tage fortzusetzen, und voller Freude feierten sie noch eine Woche lang. ²⁴König Hiskia von Juda schenkte dem Volk 1.000 Stiere und 7.000 Schafe, und die führenden Männer stifteten 1.000 junge Stiere und 10.000 Schafe. Es hatten sich auch immer mehr Priester geheiligt.

²⁵Alle Menschen Judas freuten sich: die Priester, die Leviten, die Besucher aus ganz Israel, die Fremden, die in Israel lebten und alle anderen, die in Juda lebten. ²⁶Es herrschte großer Jubel in der Stadt, denn ein solches Fest hatte Jerusalem seit den Tagen Salomos, des Sohnes von König David von Israel, nicht mehr erlebt. ²⁷Danach sprachen die levitischen Priester den Segen über das Volk und Gott erhörte ihr Gebet in seiner heiligen Wohnung im Himmel.

Hiskias religiöse Reformen

31 Als das Fest vorüber war, zogen die Israeliten, die daran teilgenommen hatten, in die Städte Judas, Benjamins, Ephraims und Manasses und stürzten die heiligen Säulen um, zerschlugen die Ascherabilder und rissen die Höhenheiligtümer und Altäre nieder, bis alles

---

30,15 Dieser Tag des hebr. Mondkalenders liegt Ende April o. Anfang Mai.

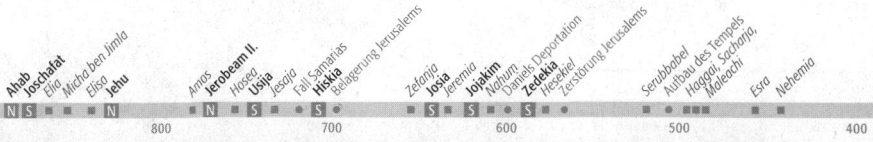

1. & 2. CHRONIK

1–9	Die Herkunft des Volkes Israel
10–22	Das Königtum Davids
23–27	Ordnungen für Tempeldienst und Heer
28–29	Davids Lebensabschluss
1–9	Das Königtum Salomos und der Tempelbau
10–36	Das Königreich Juda bis zum Exil

31–32
Vernichtung der Götzenbilder. Abgaben an den Tempel zur Unterstützung der Priester und Leviten. Sanherib überfällt Juda und verspottet Gott.

[Zeit der Könige und Propheten]

vernichtet war. Danach kehrten sie alle in ihre eigenen Städte und Häuser zurück. ²Hiskia teilte die Priester und Leviten in Abteilungen ein. Sie sollten die Brand- und Friedensopfer darbringen, den Gottesdienst feiern und den HERRN an den Toren des Tempels loben und ihm danken. ³Darüber hinaus steuerte der König aus seinem Besitz Opfertiere zu den täglichen Brandopfern am Morgen und am Abend bei sowie zu den Sabbat- und Neumondfeiern und den übrigen Jahresfesten, die das Gesetz des HERRN vorschreibt. ⁴Und er forderte die Einwohner Jerusalems auf, den Priestern und Leviten den festgesetzten Teil ihres Einkommens abzuliefern, damit diese sich ganz dem Gesetz des HERRN widmen konnten.

⁵Sobald die Anordnung bekannt wurde, brachte das Volk viele Erstlingsfrüchte der Ernte – Korn, neuen Wein, Öl, Honig und andere Feldfrüchte; dazu spendeten sie den Zehnten von allem, was sie besaßen. ⁶Auch alle, die in den Städten Judas lebten, brachten den Zehnten von ihren Rindern und Schafen und auch den Zehnten von allem, was für den HERRN, ihren Gott, bestimmt war. Alles wurde an einem Ort gesammelt. ⁷Die erste dieser Abgaben wurde im dritten Monat* abgeliefert, und bis zum siebten Monat* waren sie damit fertig. ⁸Als Hiskia und seine Männer kamen und sahen, wie viel sich angesammelt hatte, dankten sie dem HERRN und seinem Volk der Israeliten.

⁹Hiskia wollte von den Priestern und Leviten wissen, woher all die angehäuften Gaben kamen. ¹⁰Der Oberpriester Asarja aus der Familie Zadoks antwortete: »Seit das Volk angefangen hat, Gaben in das Haus des HERRN zu bringen, hatten wir genug zu essen und konnten sogar noch große Vorräte anlegen, denn der HERR hat sein Volk gesegnet. Und die Vorräte siehst du hier.«

¹¹Hiskia bestimmte, dass Vorratsräume im Haus des HERRN eingerichtet werden sollten, und so geschah es dann auch. ¹²Dorthin wurden gewissenhaft alle Spenden und Abgaben gebracht und der Aufsicht des Leviten Konanja übergeben. Sein Bruder Schimi stand ihm zur Seite. ¹³Ihnen als Aufseher unterstellt waren Jehiël, Asasja, Nahat, Asaël, Jerimot, Josabad, Eliël, Jismachja, Mahat und Benaja. So bestimmten es König Hiskia und Asarja, der Vorsteher über das Haus Gottes.

¹⁴Der Levit Kore, Sohn von Jimna und Torhüter am Osttor, war für die Gott freiwillig gebrachten Opfer verantwortlich, um sie als Abga-

---

31,7a Dieser Monat des hebr. Mondkalenders fällt gewöhnlich in den Mai/Juni. **31,7b** Dieser Monat des hebr. Mondkalenders fällt gewöhnlich in den Sept./Okt.

S Südreich Juda   N Nordreich Israel

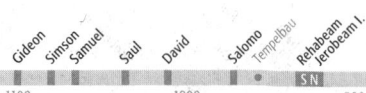

ben für den HERRN und als Hochheiliges zu verteilen. ¹⁵Eden, Minjamin, Jeschua, Schemaja, Amarja und Schechanja halfen ihm dabei. Sie teilten aus in den Städten der Priester, entsprechend ihrer Ordnungen, und sorgten dafür, dass alle ihren Anteil erhielten. ¹⁶Das galt auch für alle Männer und Jungen, die älter als drei Jahre und in die Geschlechtsregister eingetragen waren; für alle, die täglich in das Haus des HERRN kamen, um ihre Aufgaben zu erfüllen, wie es ihrer Ordnung entsprach. ¹⁷Auch die Priester, die nach ihren Familien in den Geschlechtsregistern verzeichnet waren, sowie die Leviten, die 20 Jahre und älter waren und entsprechend ihren Aufgaben und Ordnungen eingetragen waren, erhielten ihren Anteil. ¹⁸Alle Familien, die in den Geschlechtsregistern verzeichnet waren, einschließlich der Kleinkinder, Frauen, Söhne und Töchter, wurden berücksichtigt, denn sie alle hatten sich sorgfältig gereinigt. ¹⁹Unter den Priestern, den Nachkommen Aarons, die in den Dörfern außerhalb der Städte wohnten, wurden Männer ernannt, die allen männlichen Mitgliedern der Priesterfamilien und allen Leviten, die in den Geschlechtsregistern verzeichnet waren, ihren Anteil zuwiesen.

²⁰So sorgte Hiskia für die Verteilung in ganz Juda und tat damit, was dem HERRN, seinem Gott, gefiel und gut war in seinen Augen. ²¹In allem, was er für das Haus Gottes tat, und in seinem aufrichtigen Bemühen, das Gesetz und die Gebote zu halten, suchte Hiskia seinen Gott von ganzem Herzen. Und ihm glückte alles, was er unternahm.

Assyrien greift Juda an
V.1-23: 2. Könige 18,13-37; 19; Jesaja 36; 37

32 Nachdem Hiskia sein Werk treu zu Ende geführt hatte, fiel Sanherib, der König von Assyrien, in Juda ein. Er belagerte die Festungsstädte und versuchte, sie zu erobern. ²Als Hiskia merkte, dass Sanherib auch Jerusalem angreifen wollte, ³beriet er sich mit seinen führenden Männern und den erfahrensten Kriegern, und sie beschlossen, die Quellen vor der Stadt zuzuschütten. ⁴Zu diesem Zweck holten sie viele Männer zusammen, die den Bach, der durch das Land floss, und die Quellen verstopften. Denn sie sagten sich: »Warum sollten die Könige von Assyrien hierher kommen und genügend Wasser finden?«

⁵Dann begann Hiskia entschlossen damit, die beschädigten Stellen der Mauer zu reparieren, Türme zu bauen und zusätzlich eine zweite Mauer vor der ersten zu errichten. Auch den Millo* in der Stadt Davids ließ er verstärken. Außerdem wurden auf seinen Befehl große Mengen Waffen und Schilde hergestellt. ⁶Er unterstellte die Stadtbevölkerung dem Befehl von Truppenführern und ordnete eine Versammlung auf dem Platz vor dem Stadttor an. Dort sprach er eindringlich zum Volk: ⁷»Seid zuversichtlich und mutig! Habt keine Angst vor dem König von Assyrien oder seinem mächtigen Heer, das er bei sich hat, denn auf unserer Seite steht eine weit größere Macht! ⁸Er hat nur Menschen auf seiner Seite. Uns aber hilft der HERR, unser Gott; er kämpft für uns!« Und das Volk glaubte den Worten von Hiskia, dem König von Juda.

Sanherib bedroht Jerusalem

⁹Da schickte König Sanherib von Assyrien, während er noch mit seinem Heer vor der Stadt Lachisch lag, durch seine Diener folgende Botschaft an König Hiskia und das ganze Volk von Juda, das sich in Jerusalem aufhielt:

¹⁰»So spricht König Sanherib von Assyrien: Was lässt euch glauben, dass ihr die Belagerung Jerusalems überleben könnt? ¹¹Wenn Hiskia zu euch sagt: ›Der HERR, unser Gott, wird uns vor dem König von Assyrien retten‹, täuscht er euch und verurteilt euch zum Hungertod! ¹²Wisst ihr denn nicht, dass es Hiskia war, der sämtliche Höhenheiligtümer und Altäre seines Gottes zerstört hat und Juda und Jerusalem befahl: ›Nur noch vor einem Altar sollt ihr anbeten und darauf opfern.‹

¹³Wisst ihr denn nicht, was ich und meine Vorfahren mit den Völkern der Erde gemacht haben? Konnten die Götter dieser Völker ihre Anhänger etwa vor mir retten? ¹⁴Nennt mir nur einen einzigen Gott jener Völker, die meine Vorfahren vernichtet haben, der sein Volk gegen mich schützen konnte! Warum glaubt ihr, euer Gott sei mächtiger? ¹⁵Lasst euch doch nicht von Hiskia täuschen und in die Irre führen! Ich sage es noch einmal – kein Gott, nicht ein einziger, hat sein Volk jemals vor mir oder meinen Vorfahren retten können. Auch eurem Gott kann dies nicht gelingen!«

¹⁶Und Sanheribs Männer spotteten noch viel mehr über Gott, den HERRN, und seinen Diener Hiskia. ¹⁷Der assyrische König schickte sogar Briefe, in denen er den HERRN, den Gott Israels, verhöhnte. Er schrieb: »Es ist den Göttern der anderen Nationen nicht gelungen, ihre Völker aus meiner Macht zu erretten, und es wird auch dem Gott Hiskias nicht gelingen.« ¹⁸Die assyri-

32,5 O. *die stützenden Terrassen.*

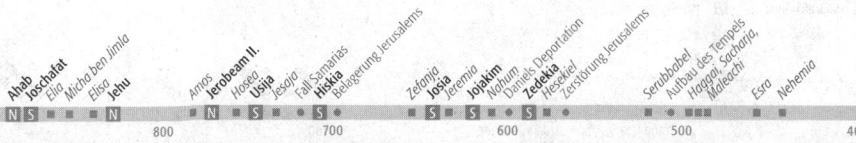

1. & 2. CHRONIK

- 1–9 Die Herkunft des Volkes Israel
- 10–22 Das Königtum Davids
- 23–27 Ordnungen für Tempeldienst und Heer
- 28–29 Davids Lebensabschluss
- 1–9 Das Königtum Salomos und der Tempelbau
- 10–36 Das Königreich Juda bis zum Exil

32–33
Sanherib wird von Gott besiegt. Manasses Abscheulichkeiten und Umkehr zu Gott. Amons Untreue und Ermordung.

[Zeit der Könige und Propheten]

---

schen Boten drohten in hebräischer Sprache dem Volk in Jerusalem, das auf der Stadtmauer war, um ihnen Angst einzujagen und sie zu erschrecken, damit sie die Stadt einnehmen konnten. [19]Sie sprachen über den Gott Jerusalems, als wäre er einer der fremden Götter, die doch von Menschen gemacht sind.

[20]Da beteten König Hiskia und der Prophet Jesaja, der Sohn von Amoz, deswegen und flehten den Himmel an. [21]Und der HERR schickte einen Engel, der das Heer im Lager des Königs von Assur mit all seinen Befehlshabern und Obersten vernichtete. Und Sanherib musste gedemütigt den Rückzug in sein eigenes Land antreten. Als er dort den Tempel seines Gottes betrat, brachten ihn seine eigenen Söhne mit dem Schwert um. [22]Auf diese Weise hat der HERR Hiskia und die Einwohner Jerusalems vor König Sanherib von Assyrien und vor allen anderen gerettet. Schließlich herrschte im ganzen Land Frieden. [23]Von nun an genoss Hiskia, der König von Juda, die Hochachtung aller Völker, und es trafen viele Gaben für den HERRN und wertvolle Geschenke für Hiskia in Jerusalem ein.

Hiskias Krankheit und Genesung
V. 24-33: 2. Könige 20; Jesaja 38; 39

[24]Zu dieser Zeit befiel Hiskia eine tödliche Krankheit. Er betete zum HERRN, und dieser erhörte ihn und tat ein Wunder an ihm. [25]Doch Hiskia würdigte die Güte nicht, die ihm der HERR erwiesen hatte, sondern er wurde überheblich. Deshalb wurde der HERR zornig auf ihn und auf Juda und Jerusalem. [26]Da bereute Hiskia seine Überheblichkeit und die Einwohner Jerusalems ebenfalls. Deswegen kam der Zorn des HERRN nicht über sie, solange Hiskia lebte.

[27]Hiskia war sehr reich und hoch geachtet. Er ließ Schatzkammern für sein Gold und Silber, für seine Edelsteine und kostbaren Öle und für seine Schilde und anderen Kostbarkeiten bauen. [28]Auch für die Kornvorräte, den neuen Wein und das Öl ließ er Speicher errichten; und für sein Vieh baute er Ställe und Pferche für die Herden. [29]Er gründete Städte und erwarb riesige Schaf- und Rinderherden, denn Gott schenkte ihm großen Reichtum. [30]Er ließ die obere Quelle des Gihon dämmen und leitete das Wasser hinunter auf die Westseite der Stadt Davids. In allem, was er tat, hatte er Erfolg.

[31]Als jedoch Boten aus Babel eintrafen und nach dem Wunder fragten, das im Land geschehen war, zog Gott sich von Hiskia zurück, um ihn auf die Probe zu stellen und zu sehen, wie es in seinem Herzen aussah.

Zusammenfassung der Herrschaft Hiskias

³²Die übrigen Ereignisse während Hiskias Herrschaft und seine guten Taten sind in der Weissagung des Propheten Jesaja, des Sohnes Amoz', beschrieben, im Buch der Könige von Juda und Israel. ³³Als Hiskia starb, wurde er im oberen Bereich der Gräber der Nachkommen Davids begraben, und ganz Juda und Jerusalem gaben ihm bei seinem Begräbnis die Ehre. Nach ihm wurde sein Sohn Manasse König.

Manasse herrscht in Juda
Vgl. 2. Könige 21,1-18

33 Manasse war zwölf Jahre alt, als er König wurde, und er regierte 55 Jahre in Jerusalem. ²Er tat, was dem HERRN missfiel, und ahmte die abscheulichen Praktiken der Völker nach, die der HERR vor den Israeliten vertrieben hatte. ³Die Höhenheiligtümer, die sein Vater Hiskia zerstört hatte, ließ er wieder aufrichten. Dazu baute er den Baalen Altäre und stellte Ascherabilder auf. Er verneigte sich vor den Mächten des Himmels und betete sie an. ⁴Sogar im Haus des HERRN, von dem der HERR gesagt hatte: »In Jerusalem soll für immer mein Name verehrt werden«, stellte er Altäre auf. ⁵Und er baute den Mächten des Himmels Altäre und stellte sie in den beiden Vorhöfen vom Haus des HERRN auf. ⁶Manasse opferte seine Söhne im Tal Ben-Hinnom im Feuer. Er trieb Zauberei und Beschwörung, befragte Totengeister und Wahrsager und tat vieles, was dem HERRN missfiel, um ihn zu kränken.

⁷Manasse stellte im Haus Gottes ein Götzenbild auf, das er hatte anfertigen lassen; in dem Haus, von dem Gott zu David und seinem Sohn Salomo gesagt hatte: »Hier wird mein Name für immer verehrt werden – in diesem Haus und in Jerusalem, der Stadt, die ich aus allen Stämmen Israel erwählt habe. ⁸Wenn sie meine Gebote befolgen – die Anweisungen, Gesetze und Vorschriften, die durch Mose gegeben wurden –, werde ich sie nie aus diesem Land, das ich euren Vorfahren geschenkt habe, verbannen.« ⁹Manasse verleitete Juda und die Einwohner Jerusalems zu noch weit Schlimmerem als alles, was jene Völker getan hatten, die der HERR vernichtet hatte, als Israel das Land in Besitz nahm. ¹⁰Immer wieder redete der HERR zu Manasse und seinem Volk, aber sie hörten nicht auf ihn. ¹¹Schließlich schickte der HERR die Anführer des Heers des assyrischen Königs, und Manasse wurde gefangen genommen. Sie legten ihn in bronzene Ketten und brachten ihn nach Babel. ¹²In dieser Notlage wandte sich Manasse an den HERRN, seinen Gott. Er betete demütig zum Gott seiner Vorfahren, ¹³und der HERR nahm sein Gebet an und erhörte sein Bitten. Deshalb ließ er Manasse nach Jerusalem, auf seinen Thron, zurückkehren. Da erkannte Manasse, dass der HERR allein Gott ist.

¹⁴Danach baute Manasse die äußere Mauer um die Stadt Davids wieder auf, im Westen vom Gihon im Tal bis zum Fischtor und weiter um den Ofel herum, wo er sie besonders hoch machen ließ. Er stationierte Heerführer in allen Festungsstädten Judas. ¹⁵Außerdem ließ Manasse die fremden Götter und das Götzenbild aus dem Haus des HERRN entfernen. Er riss die Altäre nieder, die er auf dem Tempelberg und in ganz Jerusalem hatte aufstellen lassen, und ließ sie aus der Stadt schaffen. ¹⁶Dann ließ er den Altar des HERRN wiederherstellen und brachte darauf Friedens- und Dankopfer dar. Außerdem ermutigte er das Volk von Juda, den HERRN, den Gott Israels, anzubeten. ¹⁷Das Volk opferte zwar weiterhin an den Höhenheiligtümern, doch nur noch dem HERRN, seinem Gott.

¹⁸Die übrigen Ereignisse während der Herrschaft Manasses, sein Flehen zu seinem Gott und die Worte, die die Seher im Namen des HERRN, des Gottes Israels, zu ihm sprachen, sind im Buch der Könige Israels beschrieben. ¹⁹Manasses Gebet, Gottes Antwort darauf und eine Aufzählung aller seiner Sünden und Treulosigkeiten finden sich im Bericht der Seher. Darin stehen auch die Orte, an denen er Höhenheiligtümer errichten ließ und Ascherabilder und Götzen aufstellte, bevor er seinen Sinn änderte. ²⁰Als Manasse starb, wurde er in seinem Palast begraben. Nach ihm wurde sein Sohn Amon König.

Amon herrscht in Juda
2. Könige 21,19-26

²¹Amon war 22 Jahre alt, als er König wurde, und er regierte zwei Jahre in Jerusalem. ²²Er tat, was dem HERRN missfiel, so wie sein Vater Manasse. Er betete alle Götzen an, die sein Vater Manasse gemacht hatte, und brachte ihnen Opfer dar. ²³Doch anders als sein Vater kehrte er nicht um zum HERRN, sondern lud viel Schuld auf sich.

²⁴Schließlich verschworen sich Amons eigene Diener gegen ihn und ermordeten ihn in seinem Palast. ²⁵Doch das Volk des Landes tötete die Verschwörer gegen den König und machte Josia, seinen Sohn, zum König.

1. & 2. CHRONIK

1–9	Die Herkunft des Volkes Israel
10–22	Das Königtum Davids
23–27	Ordnungen für Tempeldienst und Heer
28–29	Davids Lebensabschluss
1–9	Das Königtum Salomos und der Tempelbau
10–36	Das Königreich Juda bis zum Exil

34–35
Josias Treue, Ausmerzung des Götzendienstes und Restaurierung des Tempels. Das Gesetzbuch Moses wird gefunden. Josia verpflichtet sich und das Volk darauf. Josias Passahfest.

[Zeit der Könige und Propheten]

Josia herrscht in Juda
2. Könige 22,1-7; 2. Könige 23,4-20

34 Josia war acht Jahre alt, als er König wurde, und er regierte 31 Jahre in Jerusalem. ²Er tat, was dem HERRN gefiel, folgte dem Beispiel seines Stammvaters David und ließ sich in keiner Weise vom rechten Weg abbringen.

³Im achten Jahr seiner Herrschaft, als er noch sehr jung war, begann Josia, den Gott seines Stammvaters David zu suchen. Im zwölften Jahr dann fing er an, Juda und Jerusalem zu reinigen, indem er die Höhenheiligtümer, die Ascherabilder und die geschnitzten und gegossenen Götzenbilder zerstörte. ⁴Er sorgte dafür, dass die Altäre für die Baalsbilder und ihre Räucherstätten niedergerissen wurden. Und er zerschlug die Ascherabilder und die geschnitzten und gegossenen Götzenbilder, zermalmte sie und verstreute den Staub über den Gräbern derer, die ihnen geopfert hatten. ⁵Dann verbrannte er die Gebeine der Priester auf ihren eigenen Altären. So reinigte er Juda und Jerusalem.

⁶Genauso verfuhr er in den Städten von Manasse, Ephraim und Simeon und auch in Naftali: ⁷Er zerstörte die Altäre und die Ascherabilder, zerschmetterte die Götzen zu Staub und riss im ganzen Land Israel die Räucherstätten ein. Dann kehrte er nach Jerusalem zurück.

⁸Im 18. Jahr seiner Herrschaft, nachdem er das ganze Land und den Tempel gereinigt hatte, beauftragte Josia Schafan, den Sohn Azaljas, den Stadthauptmann Maaseja und den Kanzler Joach, den Sohn von Joahas, mit der Instandsetzung des Hauses des HERRN, seines Gottes. ⁹Sie übergaben dem Hohen Priester Hilkija das Geld, das die Leviten, die als Torhüter im Haus Gottes Dienst taten, eingesammelt hatten. Die Gaben kamen von den Einwohnern Manasses, Ephraims und vom ganzen Rest Israels, aber auch aus ganz Juda und Benjamin und von der Bevölkerung Jerusalems. ¹⁰Sie vertrauten das Geld den Männern an, welche die Arbeiten am Haus des HERRN überwachten. Diese bezahlten damit die Arbeiter, die die Instandsetzung durchführten. ¹¹Zimmerleute und Steinmetze kauften davon behauene Steine für die Mauern, Holz für das Dach und für die Balken. Die Häuser, welche die früheren Könige Judas dem Verfall überlassen hatten, brachten sie nun wieder in Ordnung.

¹²Die Männer verrichteten ihre Arbeit gewissenhaft und treu. Sie unterstanden der Leitung von Jahat und Obadja, Leviten aus der Familie von Merari, sowie Secharja und Meschullam aus der Familie von Kehat. Andere Leviten – alles begabte Musiker – ¹³führten die Aufsicht über

die übrigen Arbeiter. Weitere Leviten waren als Schreiber, Sekretäre und Torhüter tätig.

Hilkija findet das Gesetzbuch Gottes
Vgl. 2. Könige 22,8-20

¹⁴Als sie das Geld, das im Haus des HERRN gesammelt worden war, herausnehmen wollten, entdeckte der Priester Hilkija das Gesetzbuch des HERRN, das durch Mose gegeben worden war. ¹⁵Er sagte zu dem Hofschreiber Schafan: »Ich habe dieses Gesetzbuch im Haus des HERRN gefunden!«, und er reichte es Schafan.

¹⁶Schafan brachte das Buch zum König und berichtete ihm: »Deine Diener führen alles aus, was ihnen aufgetragen wurde. ¹⁷Das Geld, das im Haus des HERRN gesammelt wurde, haben sie genommen und es den Aufsehern und Arbeitern gegeben.« ¹⁸Und dann fuhr der Schreiber Schafan fort: »Der Priester Hilkija hat mir ein Buch gegeben.« Und Schafan las dem König daraus vor.

¹⁹Als der König hörte, was in dem Gesetzbuch geschrieben stand, zerriss er seine Kleider. ²⁰Dann erteilte er Hilkija, Ahikam, dem Sohn Schafans, Achbor, dem Sohn Michajas, dem Schreiber Schafan und Asaja, dem Diener des Königs, folgenden Befehl: ²¹»Geht und befragt den HERRN für mich und für den ganzen Rest Israels und Judas. Fragt ihn nach den Worten, die in diesem Buch stehen, das gefunden wurde. Der Zorn des HERRN richtet sich gegen uns, weil unsere Vorfahren dem Wort des HERRN nicht gehorcht haben und nicht nach dem handelten, was in diesem Buch geschrieben steht.«

²²Da gingen Hilkija und die anderen Männer in den neueren zweiten Bezirk von Jerusalem, um die Prophetin Hulda so zu befragen. Sie war die Frau von Schallum, dem Sohn Tokhats und Enkel Harhas, des Aufsehers über die Kleiderkammer. ²³Hulda sagte ihnen: »So spricht der HERR, der Gott Israels: ›Sagt dem Mann, der euch geschickt hat: ²⁴So spricht der HERR: Ich werde über diese Stadt und ihre Einwohner all das Unheil jener Flüche bringen, die in dem Buch geschrieben stehen, das dem König von Juda vorgelesen wurde. ²⁵Denn sie haben sich von mir abgewandt und für andere Götter Weihrauch verbrannt. Sie haben mit ihren Taten meinen Zorn erregt. Mein Zorn wird sich über diesen Ort ergießen und nicht zur Ruhe kommen.‹

²⁶Aber geht zum König von Juda, der euch gesandt hat, um den HERRN zu suchen, und sagt ihm: ›So spricht der HERR, der Gott Israels: Du hast meine Botschaft soeben gehört. ²⁷Dein Herz war berührt und du hast vor Gott Buße getan, als du seine Worte über diese Stadt und ihre Einwohner hörtest. Du hast Buße getan, deine Kleider zerrissen und vor mir geweint. Deshalb habe ich dich erhört, spricht der HERR. ²⁸Ich will das vorausgesagte Unglück erst nach deinem Tod über diese Stadt und ihre Einwohner kommen lassen, wenn du in Frieden gestorben und begraben worden bist. Du wirst das Unglück, das ich über diesen Ort bringen werde, nicht mehr sehen.‹« Diese Botschaft überbrachten sie dem König.

Josias religiöse Reformen
Vgl. 2. Könige 23,1-3

²⁹Da rief der König die Ältesten in Juda und Jerusalem zusammen. ³⁰Dann zog er mit ganz Juda und Jerusalem, mit den Priestern und Leviten und dem ganzen Volk, vom wichtigsten Mann bis zum unbedeutendsten, hinauf zum Haus des HERRN. Dort las der König ihnen das ganze Buch des Bundes vor, das im Haus des HERRN entdeckt worden war. ³¹Er nahm seinen Platz ein und erneuerte den Bund in der Gegenwart des HERRN. Er gelobte, dem HERRN zu gehorchen und alle seine Gebote, Vorschriften und Gesetze von ganzem Herzen und ganzer Seele zu halten. Er versprach, alle Bedingungen des Bundes, die in dem Buch niedergelegt waren, zu erfüllen. ³²Und er ließ alle Einwohner Jerusalems und das ganze Volk von Benjamin ebenso geloben. Auf diese Weise erneuerten die Einwohner Jerusalems ihren Bund mit Gott, dem Gott ihrer Vorfahren.

³³So verbannte Josia alle Götzen aus dem Land der Israeliten und befahl jedem in der Bevölkerung, den HERRN, ihren Gott, anzubeten. Und solange Josia lebte, blieben sie dem HERRN, dem Gott ihrer Vorfahren, treu.

Josia feiert das Passah
2. Könige 23,21-25

35 Danach feierte Josia in Jerusalem das Passah des HERRN. Am 14. Tag des ersten Monats* wurden die Passahlämmer geschlachtet. ²Josia bestellte die Priester zu ihrem Dienst und ermutigte sie, ihre Aufgaben im Haus des HERRN zu erfüllen. ³Den Leviten, die für den Dienst des HERRN abgesondert waren und die Israeliten unterweisen sollten, sagte er: »Bringt die Lade nun in das Haus, das Salomo, der Sohn Davids und König von Israel, errichtet hat. Ihr sollt sie nicht mehr auf euren Schultern tragen. Dient nun dem HERRN, eurem Gott, und seinem

---

35,1 Dieser Tag des hebr. Mondkalenders liegt Ende März / Anfang April.

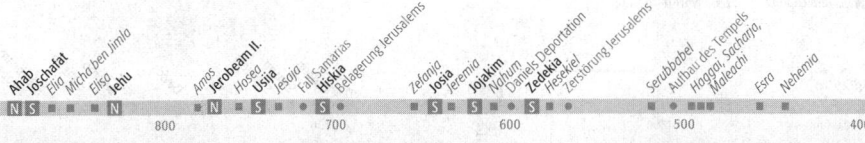

1. & 2. CHRONIK

1–9	Die Herkunft des Volkes Israel
10–22	Das Königtum Davids
23–27	Ordnungen für Tempeldienst und Heer
28–29	Davids Lebensabschluss
1–9	Das Königtum Salomos und der Tempelbau
10–36	Das Königreich Juda bis zum Exil

35–36
Josias Passahfest und Tod. Joahas wird nach Ägypten verschleppt. Judas Tributpflicht gegenüber Ägypten. Jojakim und Jojachin werden nach Babel verschleppt. Abfall des Volkes unter Zedekia.

[Zeit der Könige und Propheten]

S Südreich Juda   N Nordreich Israel

---

israelitischen Volk. ⁴Haltet euch bereit, geordnet nach Familien und Abteilungen, wie es den Anweisungen entspricht, die König David von Israel gegeben und Salomo, sein Sohn, aufgeschrieben hat. ⁵Nehmt eure Plätze im Heiligtum ein entsprechend den Gruppen der Familien eurer Brüder aus dem Volk, und zwar je eine Abteilung einer Familie der Leviten für eine Gruppe. ⁶Schlachtet die Passahlämmer, reinigt euch und kümmert euch um die Zubereitung für eure Brüder, damit sie nach den Anweisungen, die der HERR durch Mose gegeben hat, handeln.«

⁷Dann stiftete Josia dem Volk 30.000 Lämmer und junge Ziegen und 3.000 Rinder aus seinem persönlichen Besitz für die Passahopfer derjenigen, die sich versammelt hatten. ⁸Auch die Männer des Königs gaben großzügig für das Volk, die Priester und die Leviten. Hilkija, Secharja und Jehiël, die Vorsteher im Haus Gottes, übergaben den Priestern 2.600 Lämmer und Ziegen und 300 Rinder als Passahopfer. ⁹Die Anführer der Leviten – Konanja und seine Brüder Schemaja und Netanel sowie Haschabja, Jeïël und Josabad – übergaben den Leviten 5.000 Lämmer und Ziegen und 500 Rinder für das Passahopfer.

¹⁰Als alles für die Passahfeier geordnet war, nahmen die Priester und Leviten, geordnet nach Abteilungen, ihre Plätze ein, wie der König es festgelegt hatte. ¹¹Dann schlachteten sie die Passahlämmer, und die Priester nahmen das Blut von den Leviten und versprengten es auf dem Altar, während die Leviten die Tiere zubereiteten. ¹²Sie legten die Brandopfer beiseite, um sie dem Volk zu geben nach ihren Familien, damit sie dem HERRN opfern konnten, wie es im Buch Mose vorgeschrieben war. Mit den Rindern verfuhren sie genauso. ¹³Dann brieten sie die Passahlämmer am Feuer nach der Vorschrift, kochten die heiligen Opfer in Töpfen, Kesseln und Pfannen und teilten sie rasch an die Leute aus.

¹⁴Danach bereiteten sie das Passahmahl für sich selbst und die Priester, denn die Priester, die Söhne Aarons, waren bis in die Nacht mit den Brandopfern und dem Fett beschäftigt gewesen. Deshalb bereiteten die Leviten für sich und für die Priester das Mahl zu. ¹⁵Die Sänger, Nachkommen Asafs, waren ebenfalls auf ihren Plätzen, ganz nach den Anordnungen Davids, Asafs, Hemans und Jedutuns, des Sehers des Königs. Die Torhüter bewachten die Tore und brauchten ihre Plätze nicht zu verlassen, denn ihre Brüder, die Leviten, bereiteten auch für sie das Passah.

¹⁶Auf diese Weise wurde an jenem Tag der Dienst des HERRN geordnet, um das Passah zu feiern und die Brandopfer auf dem Altar des

HERRN darzubringen, wie König Josia es befohlen hatte. ¹⁷Alle versammelten Israeliten feierten das Passah und danach sieben Tage lang das Fest der ungesäuerten Brote. ¹⁸Seit der Zeit des Propheten Samuel war kein solches Passahfest mehr in Israel gefeiert worden. Keiner der Könige Israels hatte je ein Passah wie Josia gefeiert, an dem alle Priester und Leviten, alle Einwohner Jerusalems und Besucher aus ganz Juda und Israel teilnahmen. ¹⁹Dieses Passah wurde im 18. Jahr von Josias Regierungszeit begangen.

Josia stirbt im Kampf
2. Könige 23,26-30

²⁰Nachdem Josia die Arbeiten am Tempel beendet hatte, führte König Necho von Ägypten seine Streitmacht nach Karkemisch am Euphrat, und Josia zog ihm entgegen. ²¹Doch König Necho schickte Boten zu Josia, die ihm folgende Botschaft überbrachten:

»Was willst du von mir, König von Juda? Ich habe heute keinen Streit mit dir! Ich will nur gegen das Volk kämpfen, mit dem ich im Krieg liege. Gott hat mir befohlen, mich zu beeilen. Wende dich nicht gegen Gott, der auf meiner Seite ist, sonst wird er dich vernichten!«

²²Aber Josia ließ nicht ab von ihm, sondern wollte ihn unbedingt in einen Kampf verwickeln. Er hörte nicht darauf, was Necho in Gottes Auftrag gesagt hatte. Stattdessen zog er auf der Ebene von Megiddo in die Schlacht. ²³Doch die feindlichen Bogenschützen schossen auf König Josia. Da rief er seinen Männern zu: »Bringt mich hier heraus, ich bin schwer verwundet!«

²⁴Sie hoben Josia von seinem Streitwagen und legten ihn in einen anderen seiner Wagen. Darin brachten sie ihn nach Jerusalem zurück, wo er starb. Er wurde in den Königsgräbern begraben und ganz Juda und Jerusalem trauerte um ihn. ²⁵Jeremia schrieb Klagelieder für Josia, und bis heute werden von den Sängerinnen und Sängern Trauerlieder über Josia gesungen. Sie wurden Teil der Tradition in Israel und sind im Buch der Klagelieder aufgezeichnet. ²⁶Die übrigen Ereignisse während Josias Herrschaft und seine guten Taten, die er nach dem Gesetz des HERRN vollbrachte, ²⁷sind alle im Buch der Könige Israels und Judas beschrieben.

Joahas herrscht in Juda
2. Könige 23,31-35

36 Danach machte das Volk des Landes Joahas, den Sohn von Josia, zum nächsten König in Jerusalem. ²Joahas war 23 Jahre alt, als er König wurde, und er regierte drei Monate in Jerusalem; ³dann wurde er vom ägyptischen König abgesetzt. Dieser forderte von Juda 100 Talente Silber und ein Talent Gold* als Tribut. ⁴Der König von Ägypten setzte Eljakim, den Bruder von Joahas, als König von Juda und Jerusalem ein und änderte Eljakims Namen in Jojakim. Seinen Bruder Joahas aber nahm König Necho als Gefangenen mit nach Ägypten.

Jojakim herrscht in Juda
2. Könige 23,36-24,7

⁵Jojakim war 25 Jahre alt, als er König wurde, und er regierte elf Jahre in Jerusalem. Auch er tat, was dem HERRN, seinem Gott, missfiel. ⁶Da zog der babylonische König Nebukadnezar gegen ihn heran. Er legte Jojakim in bronzene Ketten und nahm ihn mit nach Babel. ⁷Auch einige Geräte aus dem Haus des HERRN nahm er mit und ließ sie in seinem Palast* in Babel aufstellen. ⁸Die übrigen Ereignisse während der Herrschaft Jojakims, einschließlich seiner schlechten Taten und aller Dinge, die ihm vorgeworfen werden können, sind im Buch der Könige Israels und Judas beschrieben. Nach ihm wurde sein Sohn Jojachin König.

Jojachin herrscht in Juda
2. Könige 24,8-17; Jeremia 22,24-30

⁹Jojachin war 18 Jahre alt, als er König wurde, und er regierte drei Monate und zehn Tage in Jerusalem. Jojachin tat, was dem HERRN missfiel. ¹⁰Im Frühjahr des folgenden Jahres ließ König Nebukadnezar ihn gefangen nehmen und nach Babel bringen, und mit ihm Schätze aus dem Haus des HERRN. Nebukadnezar ernannte Jojachins Bruder Zedekia zum nächsten König in Juda und Jerusalem.

Zedekia herrscht in Juda
V.11-21: 2. Könige 24,18-20; 25,1-21; Jeremia 52,1-27

¹¹Zedekia war 21 Jahre alt, als er König wurde, und er regierte elf Jahre in Jerusalem. ¹²Er tat, was dem HERRN, seinem Gott, missfiel, und weigerte sich, vor dem Propheten Jeremia Buße zu tun, der im Namen des HERRN zu ihm sprach. ¹³Zugleich lehnte er sich auch gegen König Nebukadnezar auf, obwohl er vor ihm im Namen Gottes geschworen hatte. Zedekia war ein hartherziger, widerspenstiger Mann, der sich weigerte, zum HERRN, dem Gott Israels, umzukehren.

¹⁴Auch die Anführer der Priester und des Volkes wandten sich immer mehr von Gott ab. Sie folgten den gottlosen Bräuchen der Völker und

---

36,3 Das sind ca. 3,6 t Silber und ca. 36 kg Gold.   36,7 O. *Tempel.*

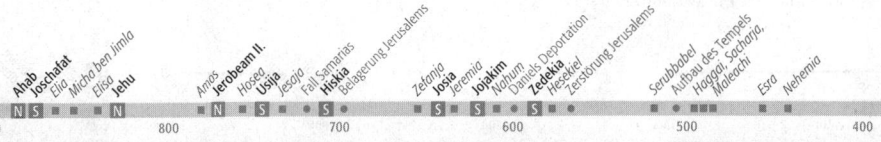

1. & 2. CHRONIK

1–9	Die Herkunft des Volkes Israel
10–22	Das Königtum Davids
23–27	Ordnungen für Tempeldienst und Heer
28–29	Davids Lebensabschluss
1–9	Das Königtum Salomos und der Tempelbau
10–36	Das Königreich Juda bis zum Exil

36

Das Volk missachtet die Warnungen der Propheten. Jerusalem und der Tempel werden zerstört, die Einwohner nach Babel verschleppt. Heimkehr der Verschleppten unter Perserkönig Kyrus.

[Zeit der Könige und Propheten]

entweihten das heilige Haus des HERRN in Jerusalem. ¹⁵Der HERR, der Gott ihrer Vorfahren, sandte wieder und wieder seine Boten, die sie warnten, denn er sorgte sich um sein Volk und um sein Heiligtum. ¹⁶Doch das Volk machte sich über die Boten Gottes lustig und gab nichts auf deren Worte. Sie verspotteten die Propheten so lange, bis der HERR so zornig auf sein Volk wurde, dass er durch nichts mehr zu besänftigen war.

Der Fall Jerusalems
Jeremia 39,1-10

¹⁷Da ließ der HERR den König der Chaldäer gegen sie in die Schlacht ziehen. Er tötete Judas junge Männer mit dem Schwert sogar im Heiligtum und verschonte weder junge Männer und Frauen noch die Alten. Gott gab sie alle in die Hände Nebukadnezars. ¹⁸Er nahm alle Gegenstände, große und kleine, aus dem Haus Gottes und die Schätze aus dem Haus des HERRN und dem Königspalast und die Reichtümer der Männer des Königs mit nach Babel. ¹⁹Dann legten sie Feuer an das Haus Gottes, rissen die Jerusalemer Stadtmauer ein, brannten alle Paläste nieder und zerstörten alle kostbaren Gerätschaften. ²⁰Die wenigen, die überlebten, wurden nach Babel verschleppt. Dort mussten sie dem König und seinen Söhnen dienen, bis das Königtum der Perser an die Macht kam. ²¹So erfüllte sich das Wort des HERRN, das er durch Jeremia verkündet hatte. Von da an lag das Land in vollkommener Sabbatruhe und war öde und verlassen, bis 70 Jahre erfüllt waren.

Kyrus gestattet den Juden die Rückkehr aus dem Exil
Vgl. Esra 1,1-3

²²Im ersten Jahr der Herrschaft von König Kyrus von Persien* erfüllte sich das Wort des HERRN, das er durch Jeremia gesprochen hatte. Er entflammte den Geist des Kyrus, des Königs von Persien, sodass dieser folgende Erklärung abfassen und im ganzen Reich verkünden ließ: ²³»So spricht Kyrus, der König von Persien: Der HERR, der Gott des Himmels, hat mir alle Königreiche der Erde gegeben. Er hat mich dazu bestimmt, ihm ein Haus zu errichten in Jerusalem in Juda. Wer unter euch seinem Volk angehört – sein Gott sei mit ihm! Er soll hinaufziehen.«

36,22 Das erste Jahr der Herrschaft von Kyrus war das Jahr 538 v.Chr.

Esra

Inhalt

König Kyrus I. hatte 538 v.Chr. den aus Juda Weggeführten erlaubt zurückzukehren. Er trägt ihnen sogar auf, den Tempel Gottes wieder aufzubauen und übernimmt die Kosten. Das ehemalige Land Israel bleibt allerdings unter seiner Herrschaft.

Daraufhin bildet sich ein erster Zug von Rückkehrern aus den Stämmen Juda, Benjamin und Levi. Sie werden von ihren bisherigen Nachbarn beschenkt, wie damals vor dem Auszug aus Ägypten (siehe Einleitung zu 2. Mose). Die meisten können ihre Abstammung nachweisen; der Fortbestand des Volkes Gottes ist gesichert.

Zuerst bauen die Priester den Brandopferaltar auf und bringen die nach dem Gesetz vorgeschriebenen Opfer. Der Tempel wird an der Stelle des Tempels Salomos und in ähnlicher Weise errichtet, aber bescheidener. Der Bau gerät durch den Widerstand der eingesessenen Bevölkerung ins Stocken und wird erst 516 v.Chr. vollendet, 70 Jahre nach der Zerstörung.

Dann wird berichtet, wie Esra mit einem Einwandererzug ca. 80 Jahre nach Kyrus' Erlass nach Jerusalem kommt. Zumindest den führenden Leuten unter den Israeliten dort ist bewusst, dass ihre Vertreibung und die Zerstörung der Heimat ein Gerichtshandeln Gottes aufgrund ihrer Untreue ihm gegenüber war. Der Neuanfang wird als große Gnade empfunden. Auf diesem Hintergrund ist es umso schockierender, dass viele der Rückkehrer sich wieder mit den Völkern ihrer Umgebung und so mit fremden Göttern verbunden haben. Die betroffenen Ehen werden geschieden.

Eingeschoben ist ein Abschnitt darüber, dass zur Zeit Esras der Wiederaufbau Jerusalems behindert wird.

Die weitere Entwicklung der Stadt berichtet das Buch Nehemia.

Wichtige Personen

Kyrus (II.)	König von Persien (Großreich, Kernland im heutigen Iran)
Scheschbazar/ Serubbabel	Statthalter der Provinz Juda
Jeschua	Priester
Darius (I.)	König von Persien
Ahasveros/Xerxes (I.)	König von Persien
Artahsasta/Artaxerxes (I.)	König von Persien
Haggai	Prophet
Sacharja	Prophet
Esra	Priester und Schriftgelehrter

Wichtige Orte

Jerusalem	Zentrum der Israeliten in der Provinz Juda
Samaria	ehemalige Hauptstadt von Israel (Nordstämme)

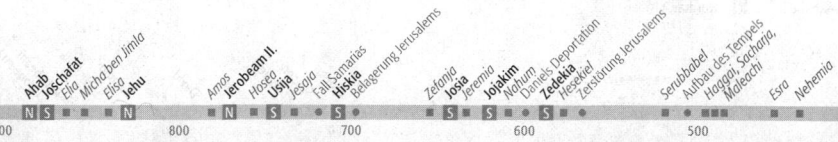

ESRA & NEHEMIA

1–6	Erste Rückkehr aus dem Exil und Wiederaufbau des Tempels
7–10	Zweite Rückkehr aus dem Exil und Sündenbekenntnis des Volkes
1–6	Heimkehr Nehemias und Wiederaufbau der Stadtmauer
7–13	Vollendung der Mauer und Neuverpflichtung auf das Gesetz

1–2
Kyrus lässt die Israeliten nach Jerusalem zurückkehren, damit sie das Haus Gottes bauen. Verzeichnis der Heimkehrer.

[**Der zweite Tempel**]

ESRA

Kyrus gestattet den Juden die Rückkehr aus dem Exil
Vgl. 2. Chronik 36,22-23

1 Und im ersten Jahr, als Kyrus König von Persien war*, erfüllte sich das Wort des HERRN, das er durch Jeremia gesprochen hatte: Er entflammte den Geist des Kyrus, sodass dieser die folgende Erklärung abfassen und im ganzen Reich verkünden ließ: ²»So spricht Kyrus, der König von Persien: Der HERR, der Gott des Himmels, hat mir alle Königreiche der Erde gegeben. Nun hat er mich dazu bestimmt, ihm in Jerusalem in Juda ein Haus zu errichten. ³Wer unter euch seinem Volk angehört – sein Gott sei mit ihm! – soll nach Jerusalem in Juda hinaufziehen, um das Haus des HERRN, des Gottes Israels, zu bauen. Denn er ist der Gott, der in Jerusalem wohnt. ⁴Aber auch die übrigen Einwohner aus all den Orten, in denen er als Fremder lebt, sollen ihn unterstützen mit Silber und Gold, mit Vorräten, mit Vieh und darüber hinaus mit einer freiwilligen Gabe für das Haus Gottes in Jerusalem.«

⁵Und so machten sich die Anführer der Stämme Juda und Benjamin, die Priester und Leviten sowie jeder, dem Gott den Geist entflammte, auf, um hinaufzuziehen und das Haus des HERRN in Jerusalem zu errichten. ⁶Alle ihre Nachbarn unterstützten sie mit Gefäßen aus Silber, mit Gold, mit Vorräten, mit Vieh und mit Kostbarkeiten. Dazu gaben sie ihnen freiwillige Gaben.

⁷König Kyrus ließ die Gerätschaften herausholen, die Nebukadnezar aus dem Haus des HERRN in Jerusalem geholt und in den Tempel seiner Götter gebracht hatte. ⁸Und Kyrus, der König von Persien, ließ sie in die Obhut von Mitredat, dem Schatzmeister von Persien, bringen. Der zählte sie Scheschbazar, dem Fürsten von Juda, vor.

⁹Und dies war ihre Zahl: 30 goldene Schalen, 1.000 silberne Schalen, 29 goldene Gefäße*, ¹⁰30 goldene Becher, 410 silberne Becher minderer Qualität und 1.000 andere Gerätschaften.

¹¹Alle Geräte aus Gold und aus Silber zusammen waren 5.400. Scheschbazar führte alles mit

---

1,1 Das erste Jahr der Herrschaft von Kyrus war das Jahr 538 v.Chr. **1,9** Die Bedeutung dieses hebr. Wortes ist unklar.

sich, als er mit den Verbannten von Babel nach Jerusalem hinaufzog.

Die Juden, die mit Serubbabel heimkehrten
Vgl. Nehemia 7,6-72

2 Und dies sind diejenigen*, die aus der Gefangenschaft hinaufzogen; die Verschleppten, die Nebukadnezar, der babylonische König, nach Babel gebracht hatte und die dann nach Jerusalem und Juda zurückkehrten, jeder in seine Stadt. ²Diese kamen mit Serubbabel: Jeschua, Nehemja, Seraja, Reelaja, Mordochai, Bilschan, Misperet, Bigwai, Rehum und Baana.
Dies ist die Zahl der Männer des Volkes Israel: ³2.172 Nachkommen von Parosch, ⁴372 Nachkommen von Schefatja, ⁵775 Nachkommen von Arach, ⁶2.812 Nachkommen von Pahat-Moab, das sind die Nachkommen von Jeschua und Joab, ⁷1.254 Nachkommen von Elam, ⁸945 Nachkommen von Sattu, ⁹760 Nachkommen von Sakkai, ¹⁰642 Nachkommen von Bani, ¹¹623 Nachkommen von Bebai, ¹²1.222 Nachkommen von Asgad, ¹³666 Nachkommen von Adonikam, ¹⁴2.056 Nachkommen von Bigwai, ¹⁵454 Nachkommen von Adin, ¹⁶698 Nachkommen von Ater, das sind die Nachkommen von Hiskia, ¹⁷323 Nachkommen von Bezai, ¹⁸112 Nachkommen von Jorah, ¹⁹223 Nachkommen von Haschum, ²⁰95 Nachkommen von Gibbar, ²¹123 Nachkommen aus Bethlehem, ²²56 Männer aus Netofa, ²³128 Männer aus Anatot, ²⁴42 Nachkommen aus Bet-Asmawet, ²⁵743 Nachkommen aus Kirjat-Jearim, Kefira und Beerot, ²⁶621 Nachkommen aus Rama und Geba, ²⁷122 Männer aus Michmas, ²⁸223 Männer aus Bethel und Ai, ²⁹52 Nachkommen von Nebo, ³⁰156 Nachkommen von Magbisch, ³¹1.254 Nachkommen des anderen Elam, ³²320 Nachkommen von Harim, ³³725 Nachkommen aus Lod, Hadid und Ono, ³⁴345 Nachkommen aus Jericho, ³⁵3.630 Nachkommen von Senaa.
³⁶Die Priester: 973 Nachkommen von Jedaja aus dem Haus Jeschuas, ³⁷1.052 Nachkommen von Immer, ³⁸1.247 Nachkommen von Paschhur, ³⁹1.017 Nachkommen von Harim.
⁴⁰Die Leviten: 74 Nachkommen von Jeschua und Kadmiël, das sind die Nachkommen Hodawjas.
⁴¹Die Sänger: 128 Nachkommen von Asaf.
⁴²Die Torhüter: insgesamt 139 Nachkommen von Schallum, von Ater, von Talmon, von Akkub, von Hatita und von Schobai.
⁴³Die Tempeldiener*: die Nachkommen von Ziha, von Hasufa, von Tabbaot, ⁴⁴die Nachkommen von Keros, von Sia, von Padon, ⁴⁵die Nachkommen von Lebana, von Hagaba, von Akkub, ⁴⁶die Nachkommen von Hagab, von Salmai, von Hanan, ⁴⁷die Nachkommen von Giddel, von Gahar, von Reaja, ⁴⁸die Nachkommen von Rezin, von Nekoda, von Gasam, ⁴⁹die Nachkommen von Usa, von Paseach, von Besai, ⁵⁰die Nachkommen von Asna, die Nachkommen der Meuniter, die Nachkommen der Nefusiter, ⁵¹die Nachkommen von Bakbuk, von Hakufa, von Harhur, ⁵²die Nachkommen von Bazlut, von Mehida, von Harscha, ⁵³die Nachkommen von Barkos, von Sisera, von Temach, ⁵⁴die Nachkommen von Neziach und von Hatifa.
⁵⁵Die Nachkommen der Diener Salomos: die Nachkommen von Sotai, von Soferet, von Peruda, ⁵⁶die Nachkommen von Jaala, von Darkon, von Giddel, ⁵⁷die Nachkommen von Schefatja, von Hattil, von Pocheret-Zebajim und die Nachkommen von Ami.
⁵⁸Insgesamt waren es 392 Tempeldiener und Nachkommen der Diener Salomos.
⁵⁹Diejenigen, die aus Tel-Melach, Tel-Harscha, Kerub-Addon und Immer kamen, kannten ihr Vaterhaus und ihre Abstammung nicht und konnten nicht angeben, ob sie aus Israel waren. ⁶⁰Es waren 652 Nachkommen von Delaja, von Tobija und von Nekoda.
⁶¹Und von den Nachkommen der Priester: die Nachkommen von Habaja, von Hakkoz und von Barsillai. Letzterer hatte sich eine von den Töchtern Barsillais aus Gilead zur Frau genommen und wurde mit ihrem Namen gerufen. ⁶²Diese suchten nach ihrer Eintragung in den Geschlechtsregistern. Die wurden nicht gefunden; deshalb wurden sie vom Priesteramt ausgeschlossen. ⁶³Der Statthalter befahl ihnen, nicht von den Opfergaben zu essen, bis ein Priester mithilfe der beiden Lose Urim und Tummim den HERRN darüber befragen konnte.
⁶⁴Die ganze Gemeinde zusammen zählte 42.360 Männer, ⁶⁵außer ihren Dienern und ihren Mägden, diese waren 7.337, und sie hatten 200 Sänger und Sängerinnen.
⁶⁶Sie besaßen 736 Pferde, 245 Maultiere, ⁶⁷435 Kamele und 6.720 Esel.
⁶⁸Als sie am Haus des HERRN in Jerusalem angekommen waren, zeigten sich einige der Fami-

---

2,1 Hebr. *die Söhne der Provinz*. **2,43** Hebr. *die [dem Heiligtum] Geschenkten*. Die Tempeldiener bildeten die unterste Gruppe in der Tempelhierarchie.

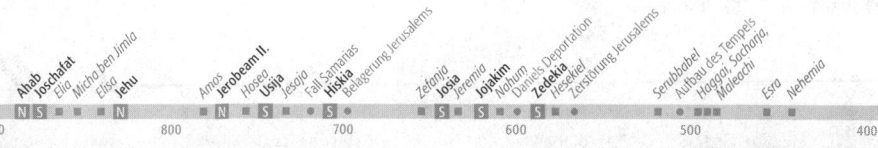

ESRA & NEHEMIA

1–6	Erste Rückkehr aus dem Exil und Wiederaufbau des Tempels
7–10	Zweite Rückkehr aus dem Exil und Sündenbekenntnis des Volkes
1–6	Heimkehr Nehemias und Wiederaufbau der Stadtmauer
7–13	Vollendung der Mauer und Neuverpflichtung auf das Gesetz

3–4
Errichtung des Altars und Beginn der Brandopfer. Das Fundament des Tempels wird gelegt. Die Landesbewohner versuchen, die Israeliten am Tempelbau zu hindern.

[Der zweite Tempel]

lienoberhäupter großzügig für den Aufbau des Hauses Gottes an seiner Stelle. ⁶⁹Nach ihren Möglichkeiten gaben sie für den Schatz des Bauwerkes 61.000 Golddariken*, 5.000 Minen* Silber und 100 Gewänder für die Priester.

⁷⁰Die Priester, die Leviten und das Volk, die Sänger, die Torhüter und die Tempeldiener ließen sich in ihren Städten nieder. So wohnte ganz Israel in seinen Städten.

Der Altar wird wieder aufgebaut

3 Als der siebte Monat* herankam, hatten sich die Nachkommen Israels in den Städten niedergelassen. Da versammelte sich das Volk wie ein Mann in Jerusalem. ²Jeschua, der Sohn Jozadaks, und seine Brüder, die Priester und Serubbabel, der Sohn Schealtiëls, und seine Brüder machten sich daran, den Altar des Gottes Israels zu bauen. Sie wollten auf ihm Brandopfer darbringen, wie es im Gesetz Moses, des Mannes Gottes, vorgeschrieben war. ³Trotz der Bedrohung durch die anderen Bewohner des Landes* errichteten sie den Altar wieder an seiner Stelle. Und sie opferten auf ihm das Brandopfer für den HERRN, am Morgen und am Abend.

⁴Dann begingen sie das Laubhüttenfest, wie es vorgeschrieben ist: Tag für Tag brachten sie die bestimmte Menge Brandopfer nach der Vorschrift dar, jeden Tag die entsprechende Sache. ⁵Danach brachten sie die regulären Brandopfer dar, ebenso auch die zum Neumond und jene, die zu allen geheiligten Festversammlungen des HERRN gehören, sowie die für alle, die sich durch Spenden für den HERRN großzügig zeigten. ⁶Vom ersten Tag des siebten Monats an* begannen sie das Brandopfer für den HERRN darzubringen, dabei hatte der Bau am Tempel des HERRN noch nicht begonnen.

Das Volk baut den Tempel wieder auf

⁷Und sie gaben den Steinmetzen und Handwerkern Silber. Die Sidoniter und Tyrer bekamen

---

2,69a Das entspricht ca. 512 kg Gold. **2,69b** Das entspricht ca. 3.000 kg. **3,1** Eine ganze Reihe von Ereignissen in Esra kann anhand der Daten in erhaltenen babylonischen/persischen Dokumenten überprüft und zu unserem heutigen Kalender in Beziehung gesetzt werden. Das Jahr wird hier nicht angegeben, es kann sich um das erste (538 v.Chr.) oder um das zweite Jahr von Kyrus' Herrschaft (537 v.Chr.) handeln. Der siebte Monat des hebr. Mondkalenders lag im Jahr 538 v.Chr. im Sept./Okt. und im Jahr 537 v.Chr. im Okt./Nov. **3,3** Hebr. *denn in Schrecken waren gegen sie (manche) von den Völkern der Länder*. **3,6** Dieser Tag des hebr. Mondkalenders fällt gewöhnlich in den Sept. oder Okt. Das Laubhüttenfest begann am 15. Tag des siebten Monats.

S Südreich Juda   N Nordreich Israel

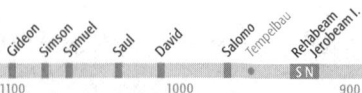

Essen und Trinken sowie Öl, damit sie Zedernholz vom Libanon über das Meer nach Jafo brächten, gemäß der Erlaubnis, die sie von Kyrus, dem König von Persien, bekommen hatten.

⁸Und im zweiten Jahr nach ihrem Kommen zum Haus Gottes in Jerusalem, im zweiten Monat*, begannen Serubbabel, der Sohn Schealtiëls, Jeschua, der Sohn Jozadaks, der Rest ihrer Brüder, die Priester und Leviten und alle, die aus der Gefangenschaft nach Jerusalem gekommen waren. Sie betrauten die Leviten, die 20 Jahre und älter waren, mit der Aufsicht über die Arbeit am Haus des HERRN. ⁹Jeschua, seine Söhne und seine Brüder, Kadmiël und seine Söhne sowie alle Söhne von Juda traten wie ein Mann an, um die zu leiten, die am Haus Gottes arbeiteten, dazu die Nachkommen Henadads, ihre Söhne und ihre Brüder, die Leviten.

¹⁰Und die Bauleute legten das Fundament für den Tempel des HERRN. Da wurden die Priester in ihren Gewändern mit den Trompeten aufgestellt und die Leviten, die Nachkommen Asafs, mit Zimbeln, um den HERRN zu loben, so wie David, der König von Israel, es angeordnet hatte. ¹¹Mit Lob und Dank sangen sie dem HERRN:

»Denn er ist gut! Ewig währt seine Gnade über Israel!«

Dann jubelte das ganze Volk laut und mit großem Lobpreis zum HERRN, weil das Fundament zum Haus des HERRN gelegt worden war.

¹²Viele der älteren Priester, Leviten und führenden Männer der Sippen, die das erste Haus gesehen hatten, weinten mit lauter Stimme, als man dieses Haus vor ihren Augen gründete. Viele aber erhoben die Stimme mit fröhlichem Jubel. ¹³Und man konnte die Stimme des Jubelgeschreis und die Stimme des Weinens des Volkes nicht auseinander halten, denn das Volk erhob großen Jubel und wurde bis in die Ferne gehört.

Die Feinde der Israeliten wollen den Wiederaufbau des Tempels verhindern

4 Die Feinde Judas und Benjamins hatten gehört, dass die Verbannten dem HERRN, dem Gott Israels, einen Tempel errichteten. ²Sie kamen zu Serubbabel und den übrigen Oberhäuptern der Familien* und sagten zu ihnen: »Wir möchten mit euch bauen, denn wie ihr halten auch wir uns zu eurem Gott. Wir haben ihm geopfert, seit Asarhaddon, der assyrische König, uns hierher gebracht hat.«

³Doch Serubbabel, Jeschua und die übrigen Oberhäupter der Familien Israels sprachen: »Es steht euch nicht zu, mit uns das Haus unseres Gottes zu bauen. Wir allein werden das Haus für den HERRN, den Gott Israels, bauen, wie König Kyrus von Persien es uns aufgetragen hat.«

⁴Und es geschah, dass die Bewohner des Landes alles taten, damit die Hände des Volkes von Juda schlaff wurden, um sie so vom Bauen abzuhalten. ⁵Während der ganzen Regierungszeit von Kyrus, dem König von Persien, bis zur Herrschaft von Darius, dem König von Persien, bestachen sie Ratgeber gegen sie, um ihren Plan zu vereiteln.

Die Opposition unter König Artahsasta

⁶Während der Herrschaft von Ahasveros*, zu Beginn seiner Regierungszeit, verfassten sie eine Anklage gegen die Bewohner von Juda und Jerusalem. ⁷Und in den Tagen Artahsastas* schrieben Bischlam, Mitredat und Tabeel mit dem Rest der Gefährten an Artahsasta, den König von Persien. Und der Brief war in aramäischer Schrift verfasst und ins Aramäische übersetzt.* ⁸Der Kanzler Rehum und der Schreiber Schimschai schrieben den folgenden Brief gegen Jerusalem an König Artahsasta. ⁹Sodann*: Rehum der Kanzler und Schimschai der Schreiber und die übrigen ihrer Gefährten, die Richter und Schreiber und Verwalter*, die Männer aus Erech, Babel und Susa – das sind Elamiter –, ¹⁰und die übrigen Völker, die der große und edle Asenappar* verschleppt und in der Stadt von Samaria und den übrigen Gebieten westlich des Euphrat* angesiedelt hat. ¹¹Dies ist die Abschrift des Briefes, den sie an ihn schickten:

»An Artahsasta, den König, von deinen Dienern, den Menschen westlich des Euphrat.

¹²Dem König sei kundgetan, dass die Juden, die von dir zu uns heraufzogen, nach Jerusalem gekommen sind und diese aufrührerische und verdorbene Stadt wieder aufbauen. Sie vollenden die Mauern und bessern die Fundamente aus. ¹³Nun sei dem König kundgetan: Wenn jene Stadt gebaut wird und die Mauern vollendet werden, dann werden sie keinen Tribut, keine Steuern und keinen Zoll entrichten. Dies wird den Königen sicherlich schaden!

3,8 Dieser Monat des hebr. Mondkalenders fiel im Jahr 536 v.Chr. auf den April oder Mai. **4,2** Hebr. *Väter*; so auch in 4,3. **4,6** So im Hebr.; Ahasveros ist ein anderer Name für *Xerxes*. Er regierte von 486–465 v.Chr. **4,7a** Ein anderer Name für *Artaxerxes*, der von 465–424 v.Chr. regierte. **4,7b** Der ursprüngliche Text von 4,8–6,18 ist auf Aramäisch geschrieben. **4,9-10** Diese Verse scheinen in ihrer jetzigen Position den Text zu unterbrechen; evtl. gehören sie hinter 4,11. **4,9** Die Bedeutung der Beamtentitel ist im Aramäischen unklar. **4,10a** Aramäisch *Osenappar*, ein anderer Name für *Aschurbanipal*. **4,10b** Hebr. *jenseits des Flusses*.

ESRA & NEHEMIA

| 1–6 | Erste Rückkehr aus dem Exil und Wiederaufbau des Tempels |

| 7–10 | Zweite Rückkehr aus dem Exil und Sündenbekenntnis des Volkes |

| 1–6 | Heimkehr Nehemias und Wiederaufbau der Stadtmauer |

| 7–13 | Vollendung der Mauer und Neuverpflichtung auf das Gesetz |

4–6
König Artahsasta befiehlt, den Aufbau Jerusalems zu verhindern. Der Tempelbau wird wieder aufgenommen und von König Darius finanziert.

[Der zweite Tempel]

¹⁴Da auch wir mit dem Salz des Palastes würzen, ist es uns unmöglich, die Schande des Königs mitanzusehen: Deshalb senden wir diese Nachricht und machen es dem König bekannt. ¹⁵Man soll in den Chroniken* deiner Väter nachforschen. Dort in den Chroniken wirst du finden und erfahren, dass diese Stadt eine aufrührerische Stadt ist, die Königen und Ländern schadet und in deren Mitte seit ewigen Zeiten Aufruhr gestiftet wird. Deshalb wurde diese Stadt zerstört. ¹⁶Wir lassen den König wissen, dass du, wenn jene Stadt gebaut wird und die Mauern vollendet werden, keinen Anteil mehr am Gebiet westlich des Euphrat haben wirst.«

¹⁷Daraufhin sandte der König diese Botschaft: »An den Kanzler Rehum, den Schreiber Schimschai und ihre Gefährten, die in Samaria und westlich des Euphrat wohnen: Friede! ¹⁸Der Brief, den ihr an uns gesandt habt, wurde mir Wort für Wort vorgelesen. ¹⁹Ich habe den Befehl gegeben und es wurde nachgeforscht und herausgefunden, dass jene Stadt sich seit ewigen Zeiten gegen die Könige auflehnte und eine Brutstätte des Aufruhrs und Abfalls war! ²⁰Mächtige Könige haben über Jerusalem und die Gegend westlich des Euphrat geherrscht und Tribut, Steuern und Zoll erhalten. ²¹Nun gebt Befehl, jene Männer an ihrem Vorhaben zu hindern. Diese Stadt wird nicht aufgebaut, bis ich den Befehl erteile. ²²Und seid vor Nachlässigkeit in dieser Sache gewarnt, damit den Königen kein Schaden entstehe!«

²³Sobald vor Rehum, dem Schreiber Schimschai und ihren Gefährten die Abschrift des Briefes von König Artahsasta verlesen worden war, eilten sie zu den Juden nach Jerusalem und behinderten sie mit aller Gewalt.

Die Arbeit am Tempel wird wieder aufgenommen
²⁴Die Arbeit am Haus Gottes in Jerusalem kam zum Stillstand und ruhte bis zum zweiten Jahr der Herrschaft von König Darius von Persien.*

5 Und die Propheten Haggai und Sacharja, der Sohn Iddos, weissagten den Juden in Juda und Jerusalem im Namen des Gottes Israels, der über ihnen war. ²Damals begannen Serubbabel, der Sohn Schealtiëls, und Jeschua, der Sohn Jozadaks, das Haus Gottes in Jerusalem zu bauen. Und die Propheten Gottes standen ihnen zur Seite und halfen ihnen.

4,15 Hebr. *Buch der Denkwürdigkeiten.* **4,24** Das zweite Jahr der Herrschaft von König Darius war das Jahr 520 v.Chr.

³Zu dieser Zeit kamen Tattenai, der Statthalter westlich des Euphrat*, Schetar-Bosnai und deren Mitstreiter nach Jerusalem und fragten: »Wer gab euch den Befehl, dieses Haus zu bauen und die Mauern zu vollenden?« ⁴Und weiter sagten sie* zu ihnen: »Wie sind die Namen der Männer, die dieses Gebäude bauen?« ⁵Doch weil ihr Gott über die führenden Männer der Juden wachte, behinderte man sie nicht, bis ein Bericht zu Darius kam und ein Brief bezüglich der Angelegenheit zurückkam.

Tattenais Brief an König Darius

⁶Dies ist die Abschrift des Briefes, den Tattenai, der Statthalter westlich des Euphrat und Schetar-Bosnai und seine Gefährten, die Perser westlich des Euphrat, an König Darius schickten. ⁷Sie sandten ihm folgenden Bericht: »König Darius allen Frieden! ⁸Wir möchten den König davon in Kenntnis setzen, dass wir in die Provinz Juda gereist sind, zum Haus des großen Gottes, das aus quadratischen Steinen gebaut wird. In die Wände wird Holz gesetzt. Die Arbeit wird eifrig und mit Erfolg betrieben. ⁹Wir haben die Ältesten gefragt und zu ihnen gesagt: ›Wer gab euch den Befehl, dieses Haus zu bauen und die Mauern zu vollenden?‹ ¹⁰Und wir haben nach den Namen der Anführer verlangt, damit wir sie aufschreiben und dir mitteilen können.

¹¹Ihre Antwort lautete: ›Wir sind Diener des Gottes des Himmels und der Erde und wir bauen das Haus auf, das vor vielen Jahren von einem großen König Israels errichtet und vollendet wurde. ¹²Weil unsere Vorfahren den Zorn des Gottes des Himmels heraufbeschworen hatten, hat er sie in die Hände König Nebukadnezars von Babel, des Chaldäers, ausgeliefert, der dieses Haus zerstörte und das Volk nach Babel verschleppte. ¹³Doch Kyrus, der König von Babel*, hat im ersten Jahr seiner Herrschaft den Befehl gegeben, dass das Haus dieses Gottes aufgebaut werden soll. ¹⁴Er gab auch die goldenen und silbernen Geräte des Hauses Gottes heraus, die Nebukadnezar aus dem Tempel Gottes in Jerusalem herausnehmen ließ und in den Tempel von Babel hatte bringen lassen. König Kyrus ließ sie aus dem Tempel in Babel holen und in die Obhut eines Mannes namens Scheschbazar geben, den er zum Statthalter ernannt hatte. ¹⁵Und er sprach zu ihm: ›Nimm diese Geräte, geh, leg sie im Tempel in Jerusalem nieder und das Haus Gottes soll an seiner früheren Stelle aufgebaut werden.‹ ¹⁶So kam es, dass jener Scheschbazar kam und den Grundstein für das Haus Gottes in Jerusalem legte. Seither wurde gebaut, aber noch nicht vollendet.‹

¹⁷Wenn es dem König gefällt, dann soll in der Schatzkammer des Königs in Babel nachgeforscht werden, ob König Kyrus tatsächlich den Befehl gegeben hat, das Haus Gottes in Jerusalem aufzubauen. Danach lasse uns der König seinen Beschluss in dieser Sache wissen.«

Darius gestattet die Wiederaufnahme der Arbeit

6 König Darius gab Anweisung, in den Archiven Babels, wo die Schätze aufbewahrt werden, Nachforschungen anstellen zu lassen. ²In der Festung Achmeta in der Provinz Medien fand sich eine Schriftrolle folgenden Inhalts:

»Aufzeichnung: ³König Kyrus hat im ersten Jahr seiner Herrschaft eine Verordnung über das Haus Gottes in Jerusalem erlassen: Das Haus soll als eine Stätte aufgebaut werden, an der geopfert wird, und seine Fundamente sollen so gelegt werden: Seine Höhe und Breite sollen jeweils 60 Ellen* betragen. ⁴Auf drei Schichten aus quadratischem Stein soll eine Schicht neues Holz folgen. Die Kosten werden vom Haus des Königs bestritten. ⁵Die goldenen und silbernen Geräte des Hauses Gottes, die Nebukadnezar aus dem Tempel in Jerusalem nach Babel schaffen ließ, sollen an ihren Ort im Tempel in Jerusalem zurückkehren. Und du sollst sie im Haus Gottes niederlegen.«

⁶»Nun, Tattenai, Statthalter westlich des Euphrat*, Schetar-Bosnai und eure Gefährten, die Perser westlich des Euphrat: Haltet euch vom Haus Gottes fern! ⁷Es soll an seiner Stätte aufgebaut werden. Und ihr sollt den Statthalter und die Ältesten der Juden nicht an der Arbeit am Haus Gottes hindern. ⁸Hiermit verfüge ich, wie ihr mit den Ältesten der Juden verfahren sollt, damit sie das Haus jenes Gottes errichten können: Aus den Einkünften des Königs von den Steuern westlich des Euphrat sollen jenen Männern ihre Kosten bezahlt werden, und zwar unverzüglich! ⁹Gebt ihnen, was immer an jungen Stieren, Widdern und Lämmern für die Brandopfer für den Gott des Himmels nötig ist, dazu Weizen, Salz, Wein und Öl, gemäß der Anweisung der Priester, die in Jerusalem sind. Und das alles Tag für Tag, ohne Nachlässigkeit! ¹⁰Dann werden sie Opfer bringen können, die dem Gott

---

5,3 Hebr. *jenseits des Flusses*. **5,4** O. *Darauf sagten wir ihnen die Namen der Männer, die am Bau beteiligt waren*. **5,13** König Kyrus von Persien wird hier als König von Babel bezeichnet, weil Persien das babylonische Reich erobert hatte. **6,3** Das entspricht ca. 30 m. **6,6** Hebr. *jenseits des Flusses*.

ESRA & NEHEMIA

1–6	Erste Rückkehr aus dem Exil und Wiederaufbau des Tempels
7–10	Zweite Rückkehr aus dem Exil und Sündenbekenntnis des Volkes
1–6	Heimkehr Nehemias und Wiederaufbau der Stadtmauer
7–13	Vollendung der Mauer und Neuverpflichtung auf das Gesetz

6–7
Einweihung des Tempels und das erste Passahfest. Esra soll Gottes Gesetz unter den Israeliten bekannt machen.

[Der zweite Tempel]

des Himmels gefallen, und werden für das Leben des Königs und das seiner Söhne beten. ¹¹Hiermit verfüge ich: Jeder, der diesen Befehl missachtet, der soll an einen Balken, der aus seinem Haus herausgerissen wurde, geschlagen und aufgehängt werden; sein Haus aber soll in einen Schutthaufen* verwandelt werden. ¹²Möge der Gott, der seinen Namen dort wohnen lässt, jeden König und jedes Volk vernichten, die diesem Befehl zuwider handeln und das Haus jenes Gottes in Jerusalem zerstören. Ich, Darius, habe diesen Befehl erlassen. Er soll genau befolgt werden.«

Die Tempelweihe
¹³Tattenai, der Statthalter westlich des Euphrat, Schetar-Bosnai und ihre Gefährten fügten sich gewissenhaft der Anordnung des Königs. ¹⁴Die Ältesten der Juden bauten und hatten Erfolg, wie es von den Propheten Haggai und Sacharja, dem Sohn Iddos, vorausgesagt worden war. Sie bauten und vollendeten, wie der Gott Israels es geboten hatte und wie es von Kyrus, Darius und Artahsasta, den Königen von Persien, bestimmt worden war. ¹⁵Am dritten Tag des Monats Adar* im sechsten Jahr der Herrschaft von König Darius wurde dieses Haus vollendet.

¹⁶Dann wurde das Haus Gottes zur Freude der Israeliten, der Priester, der Leviten und der anderen Verbannten geweiht. ¹⁷Bei der Einweihung des Hauses Gottes wurden 100 Stiere, 200 Widder und 400 Lämmer geopfert. Zwölf Ziegenböcke wurden als Sündopfer für die zwölf Stämme Israel dargebracht. ¹⁸Danach wurden die Priester nach ihren Abteilungen und die Leviten nach ihren Ordnungen für den Dienst Gottes in Jerusalem eingeteilt, wie es im Buch Mose vorgeschrieben ist.

Die Feier des Passahfestes
¹⁹Am 14. Tag des ersten Monats* begingen die Verbannten das Passahfest. ²⁰Die Priester und Leviten hatten sich allesamt gereinigt und waren rein. Sie schlachteten das Passahopfer für die Verbannten, ihre Brüder, die Priester, und für sich selbst. ²¹Die Israeliten, die aus dem Exil zurückgekehrt waren, aßen und mit ihnen jeder, der sich zu ihnen von der Unreinheit der Bewohner des Landes abgekehrt hatte, um den HERRN, den Gott Israels, zu suchen. ²²Fröhlich feierten sie sieben Tage lang das Fest der ungesäuerten

6,11 O. *Misthaufen*. **6,15** Das Ereignis, um das es hier geht, fand am 12. März 515 v.Chr. statt; s. auch die Anm. zu 3,1. **6,19** Das Ereignis, um das es hier geht, fand am 21. April des Jahres 515 v.Chr. statt; s. auch die Anm. zu 3,1.

Brote. Denn der HERR hatte sie fröhlich gemacht und die Haltung des assyrischen Königs* verändert, sodass dieser ihnen bei der Arbeit am Haus Gottes, des Gottes Israels half.

Esra trifft in Jerusalem ein

7 Nach diesen Ereignissen, während der Herrschaft von Artahsasta, dem König von Persien, lebte ein Mann namens Esra. Er war der Sohn Serajas, des Sohnes Asarjas, des Sohnes Hilkijas, ²des Sohnes Schallums, des Sohnes Zadoks, des Sohnes Ahitubs, ³des Sohnes Amarjas, des Sohnes Asarjas, des Sohnes Merajots, ⁴des Sohnes Serachjas, des Sohnes Usis, des Sohnes Bukkis, ⁵des Sohnes Abischuas, des Sohnes Pinhas', des Sohnes Eleasars, des Sohnes des ersten Priesters Aaron. ⁶Dieser Esra zog von Babel herauf. Er war Schriftgelehrter, bewandert im Gesetz von Mose, das der HERR, der Gott Israels, gegeben hatte. Der König gab ihm, worum er bat, weil der HERR, sein Gott, seine Hand über ihn hielt. ⁷Einige Israeliten und Priester, Leviten, Sänger, Torhüter und Tempeldiener zogen mit ihm nach Jerusalem hinauf. Das war im siebten Jahr von König Artahsasta.

⁸Er traf im fünften Monat* des siebten Jahres des Königs in Jerusalem ein. ⁹Er hatte den ersten Tag des ersten Monats* für den Aufbruch des Zuges von Babel bestimmt und erreichte Jerusalem am ersten Tag des fünften Monats*, denn sein Gott hielt seine gnädige Hand über ihn. ¹⁰Esra hatte beschlossen, das Gesetz des HERRN zu studieren, ihm zu gehorchen und Israel in Satzung und Recht zu unterweisen.

Artahsastas Brief an Esra
¹¹Und dies ist die Abschrift des Briefes, den König Artahsasta Esra, dem Priester und Schriftgelehrten der Gebote und Gesetze des HERRN, für Israel mitgegeben hatte:

¹²»Artahsasta, der König der Könige, an den Priester Esra, den Gelehrten des Gesetzes des Gottes des Himmels: Friede! ¹³Ich habe verfügt, dass jeder Angehörige des Volkes Israel in meinem Reich, einschließlich der Priester und Leviten, der mit dir nach Jerusalem zurückkehren möchte, gehen kann. ¹⁴Der König und sein Rat der Sieben senden dich, festzustellen, wie es in Juda und Jerusalem um das Gesetz deines Gottes steht, das sich in deiner Hand befindet. ¹⁵Außerdem sollst du Silber und Gold überbringen, das der König und seine Ratgeber dem Gott Israels, der in Jerusalem wohnt, schenken möchten. ¹⁶Das gilt auch für alles Silber und Gold, das du in der ganzen Provinz Babel erhältst, zusätzlich zu den freiwilligen Gaben, die das Volk und die Priester für das Haus ihres Gottes in Jerusalem geben. ¹⁷Dieses Geld sollst du für den Kauf von Stieren, Widdern, Lämmern und für die Speise- und Trankopfer verwenden, die du auf dem Altar des Hauses eures Gottes in Jerusalem darbringen sollst. ¹⁸Das Silber und das Gold, das übrig bleibt, dürfen du und deine Brüder verwenden, wie es nach eurem Ermessen dem Willen eures Gottes entspricht. ¹⁹Was jedoch die Gerätschaften angeht, die dir für den Dienst im Haus deines Gottes anvertraut werden, so sollst du sie vor Gott in Jerusalem übergeben. ²⁰Den Rest von dem, was du für das Haus deines Gottes besorgen musst, kannst du aus der Schatzkammer des Königs nehmen.

²¹Ich, König Artahsasta, weise hiermit sämtliche Schatzmeister der Provinz westlich des Euphrat* an: ›Ihr sollt Esra, dem Priester und Gelehrten des Gesetzes des Gottes des Himmels, geben, was immer er von euch fordert. ²²Ihr sollt ihm bis zu 100 Talente Silber*, 100 Sack Weizen*, 100 Eimer Wein*, 100 Eimer Olivenöl* und unbegrenzte Mengen Salz geben. ²³Ihr sollt für alles sorgen, was der Gott des Himmels für sein Haus verlangt, damit kein Zorn über das Reich des Königs und seiner Söhne komme. ²⁴Ich sage euch außerdem, dass keinem Priester, Leviten, Sänger, Torhüter, Tempeldiener oder sonstigem Diener am Haus Gottes Tribut, Steuern und Zoll auferlegt werden darf.‹

²⁵Du, Esra, sollst die Weisheit, die dein Gott dir gab, einsetzen, um Schreiber und Richter zu ernennen, die das ganze Volk westlich des Euphrat, das die Gesetze deines Gottes kennt, regieren. Wer die Gesetze nicht kennt, den sollt ihr darin unterweisen. ²⁶Wer dem Gesetz deines Gottes und dem Gesetz des Königs nicht gehorcht, wird unverzüglich mit Tod, Verbannung, Geldstrafe oder Gefängnis bestraft.«

Esra preist den HERRN
²⁷Gelobt sei der HERR, der Gott unserer Väter, der dem König den Wunsch ins Herz gab, das Haus des HERRN in Jerusalem zu verschönern! ²⁸Er schenkte mir die Gunst des Königs, seiner Ratgeber und seiner mächtigen Fürsten! Ich

---

6,22 Das ist König Kyrus von Persien.   7,8 Dieser Monat des hebr. Mondkalenders fiel in den August u. September des Jahres 458 v.Chr.   7,9a Das Ereignis, um das es hier geht, fand am 8. April des Jahres 458 v.Chr. statt; s. auch die Anm. zu 3,1.   7,9b Dieses Ereignis fiel auf den 4. August des Jahres 458 v.Chr.; s. auch die Anm. zu 3,1.   7,21 Hebr. *jenseits des Flusses*.   7,22a Das entspricht ca. 3.600 kg.   7,22b Das entspricht ca. 39.500 l.   7,22c Das entspricht ca. 3.940 l.   7,22d Das entspricht ca. 3.940 l.

ESRA & NEHEMIA

1–6	Erste Rückkehr aus dem Exil und Wiederaufbau des Tempels
7–10	Zweite Rückkehr aus dem Exil und Sündenbekenntnis des Volkes
1–6	Heimkehr Nehemias und Wiederaufbau der Stadtmauer
7–13	Vollendung der Mauer und Neuverpflichtung auf das Gesetz

8–9

Esra und seine Begleiter treffen in Jerusalem ein und bringen Opfer dar. Esra trauert, weil die Israeliten mit den kanaanitischen Völkern Ehebünde eingegangen sind.

[Der zweite Tempel]

fasste Mut, weil der HERR, mein Gott, seine Hand über mich hielt und ich rief die Oberhäupter Israels zusammen, um mit mir hinaufzuziehen.

Die Heimkehrer, die Esra begleiteten

8 Und dies sind die Familienoberhäupter und Geschlechtsregister derer, die während der Herrschaft von König Artahsasta mit mir aus Babel hinaufzogen: ²Aus der Nachkommenschaft von Pinhas: Gerschom, aus der Nachkommenschaft von Itamar: Daniel, ³aus der Nachkommenschaft von David: Hattusch, der Sohn Schechanjas, aus der Nachkommenschaft von Parosch: Secharja, mit ihm ließen sich 150 Männer eintragen. ⁴Aus der Nachkommenschaft von Pahat-Moab: Eljoënai, der Sohn Serachjas, und 200 Männer mit ihm, ⁵aus der Nachkommenschaft von Sattu: Schechanja, der Sohn Jahasiëls, und 300 Männer mit ihm, ⁶aus der Nachkommenschaft von Adin: Ebed, der Sohn Jonatans, und 50 Männer mit ihm. ⁷Aus der Nachkommenschaft von Elam: Jesaja, der Sohn Ataljas, und 70 Männer mit ihm, ⁸aus der Nachkommenschaft von Schefatja: Sebadja, der Sohn Michaels, und 80 Männer mit ihm, ⁹aus der Nachkommenschaft von Joab: Obadja, der Sohn Jehiëls, und 218 Männer mit ihm. ¹⁰Aus der Nachkommenschaft von Bani: Schelomit, der Sohn Josifjas, und 160 Männer mit ihm, ¹¹aus der Nachkommenschaft von Bebai: Secharja, der Sohn Bebais, und 28 Männer mit ihm, ¹²aus der Nachkommenschaft von Asgad: Johanan, der Sohn Katans, und 110 Männer mit ihm. ¹³Aus der Nachkommenschaft von Adonikam: die Letzten*, und ihre Namen waren Elifelet, Jëiël, Schemaja und 60 Männer mit ihnen, ¹⁴aus der Nachkommenschaft von Bigwai: Utai, der Sohn Sabbuds, und 70 Männer mit ihm.

Esras Reise nach Jerusalem

¹⁵Ich bestimmte den Fluss, der nach Ahawa fließt, als Sammelpunkt und wir lagerten dort drei Tage. Und ich sah das Volk und die Priester, aber ich fand keine Leviten. ¹⁶Deshalb schickte ich nach Eliëser, Ariël, Schemaja, Elnatan, Jarib, Elnatan, Nathan, Secharja und Meschullam, den Familienoberhäuptern. Und auch Jojarib und Elnatan ließ ich holen, die Lehrer. ¹⁷Sie sollten zu Iddo, dem Vorsteher von Kasifja, gehen und ihn, seinen Bruder und die Tempeldiener bitten, uns Diener für das Haus Gottes zu schicken. ¹⁸Da Gott seine gnädige Hand über uns hielt,

8,13 Die Bedeutung des Hebr. an dieser Stelle ist unklar.

S Südreich Juda   N Nordreich Israel

schickten sie uns einen Mann namens Scherebja und 18 seiner Söhne und Brüder. Scherebja war ein kluger Mann, ein Nachkomme Machlis, der ein Nachkomme Levis, des Sohnes Jakobs*, war. ¹⁹Außerdem schickten sie uns Haschabja und Jesaja von den Nachkommen Meraris sowie 20 seiner Söhne und Brüder ²⁰und 220 Tempeldiener. Diese waren Gehilfen der Leviten, die von König David und den Fürsten eingesetzt worden waren. Sie alle wurden namentlich registriert.

²¹Dort am Fluss Ahawa ordnete ich ein Fasten an, um vor Gott Buße zu tun. Wir beteten zu unserem Gott und erbaten von ihm eine sichere Reise für uns, unsere Kinder und unseren Besitz. ²²Denn ich schämte mich, den König um Soldaten und Reiter als Begleitschutz vor Feinden auf der Reise zu bitten. Schließlich hatten wir zum König gesagt: »Die Hand unseres Gottes beschützt alle, die ihn suchen, doch sein grimmiger Zorn kommt über die, die ihn verlassen.« ²³Deshalb fasteten wir und beteten zu unserem Gott und er erhörte uns.

²⁴Ich sonderte zwölf der obersten Priester aus: Scherebja, Haschabja und zehn ihrer Brüder. ²⁵Ihnen übertrug ich die Verantwortung für das Silber, das Gold, die Weihegeschenke und die Gerätschaften, die der König, seine Ratgeber, seine führenden Männer und alle anwesenden Israeliten für das Haus unseres Gottes gespendet hatten. ²⁶So gab ich in ihre Hände: 650 Talente* Silber, 100 Talente* silberne Geräte, 100 Talente* Gold, ²⁷20 goldene Becken, entsprechend dem Wert von 1.000 Dariken*, und zwei Gefäße aus polierter Bronze, so kostbar wie Gold.

²⁸Und ich sagte zu ihnen: »Ihr wurdet als heilig für den HERRN ausgesondert, ebenso dieser Schatz. Das Silber und das Gold sind ein freiwilliges Opfer für den HERRN, den Gott eurer Väter. ²⁹Seid wachsam und passt gut darauf auf, bis ihr alles zu den obersten Priestern, Leviten und Familienoberhäuptern Israels in Jerusalem bringen und in die Schatzkammern des Hauses des HERRN legen könnt.« ³⁰Die Priester und Leviten nahmen das gewogene Silber und Gold sowie die Geräte entgegen, um diese Schätze in das Haus unseres Gottes in Jerusalem zu bringen.

³¹Wir brachen vom Fluss Ahawa am zwölften Tag des ersten Monats* auf und machten uns auf den Weg nach Jerusalem. Die Hand unseres Gottes beschützte uns und rettete uns vor Feinden und Räubern. ³²So trafen wir in Jerusalem ein, wo wir drei Tage lang Rast machten.

³³Am vierten Tag wurden das Silber, das Gold und die Geräte im Haus unseres Gottes gewogen und Meremot, dem Sohn des Priesters Uria, anvertraut. Bei ihm waren Eleasar, der Sohn von Pinhas, und die Leviten Josabad, der Sohn Jeschuas, und Noadja, der Sohn Binnuis. ³⁴Die Gesamtmenge wurde nach Anzahl und Gewicht jener Zeit aufgeschrieben.

³⁵Dann brachten die Verbannten, die aus der Gefangenschaft zurückgekehrt waren, dem Gott Israels Brandopfer dar. Sie opferten zwölf Ochsen für ganz Israel, 96 Widder und 77 Lämmer sowie zwölf Böcke als Sündopfer. All diese brachte man dem HERRN als Brandopfer dar.

³⁶Die Anordnungen des Königs wurden seinen Satrapen* und den Statthaltern der Provinz westlich des Euphrat* übergeben und sie unterstützten daraufhin das Volk und das Haus Gottes.

Esras Gebet in der Frage der Mischehen

9 Danach kamen jedoch die führenden Männer zu mir und sagten: »Das Volk der Israeliten und die Priester und Leviten haben sich nicht von den Völkern, die im Land leben, ferngehalten. Dies hätten die abscheulichen Praktiken der Kanaaniter, Hetiter, Perisiter, Jebusiter, Ammoniter, Moabiter, Ägypter und Amoriter verlangt. ²Die Israeliten nahmen deren Töchter für sich und ihre Söhne. So wurde die heilige Nachkommenschaft mit den Völkern, die im Lande leben, vermischt. Und die Obersten und führenden Männer begingen als Erste diesen Treuebruch.«

³Als ich von dieser Sache hörte, zerriss ich mein Kleid und meinen Mantel und raufte mir Haare und Bart. Erschüttert saß ich auf dem Boden. ⁴Da versammelten sich alle bei mir, die Ehrfurcht vor dem Wort des Gottes Israels hatten und die angesichts des Treuebruchs der Verbannten erzitterten. Ich aber blieb zutiefst bestürzt sitzen, bis die Zeit des abendlichen Speiseopfers gekommen war.

⁵Zur Zeit des abendlichen Speiseopfers raffte ich mich mit zerrissenem Kleid und Mantel aus meiner Trauerhaltung auf. Ich kniete nieder, erhob meine Hände zum HERRN, meinem Gott, ⁶und betete: »Mein Gott, ich schäme mich und ich wage kaum, mein Gott, mein Gesicht zu dir zu erheben. Denn unsere Sünden haben sich

---

8,18 Hebr. *Israel.* **8,26a** Das entspricht ca. 23.400 kg. **8,26b** Das entspricht ca. 3.600 kg. **8,26c** Das entspricht ca. 3.600 kg. **8,27** Das entspricht ca. 8,4 kg. **8,31** Das Ereignis, um das es hier geht, fand am 19. April 458 v.Chr. statt; s. auch die Anm. zu 3,1. **8,36a** Das persische Königreich war in Satrapien unterteilt, die von einem Satrapen regiert wurden. **8,36b** Hebr. *jenseits des Flusses.*

ESRA & NEHEMIA

1–6	Erste Rückkehr aus dem Exil und Wiederaufbau des Tempels
7–10	Zweite Rückkehr aus dem Exil und Sündenbekenntnis des Volkes
1–6	Heimkehr Nehemias und Wiederaufbau der Stadtmauer
7–13	Vollendung der Mauer und Neuverpflichtung auf das Gesetz

9–10

Esra trauert, weil die Israeliten mit den kanaanitischen Völkern Ehebünde eingegangen sind. Das Volk tut Buße und beschließt, die Mischehen aufzulösen.

[Der zweite Tempel]

hoch über uns aufgetürmt und unsere Schuld reicht bis zum Himmel. ⁷Seit den Tagen unserer Väter leben wir in großer Schuld, bis heute. Wegen unserer Sünden wurden wir, unsere Könige und unsere Priester in die Hand der Könige der Länder ausgeliefert; dem Schwert, der Gefangenschaft, der Plünderung und den offenen Schmähungen übergeben. Das ist noch heute so.

⁸Doch nun wurde uns ein kurzer Augenblick der Gnade geschenkt, denn der HERR, unser Gott, hat uns Gerettete überleben lassen. Er hat uns Zuflucht an dem Ort seines Heiligtums gewährt. Unser Gott hat unsere Augen hell gemacht und unsere Unterdrückung erleichtert. ⁹Denn wir sind Sklaven, doch unser Gott hat uns auch in der Sklaverei nicht verlassen, sondern uns durch die Könige Persiens Gnade gewährt. Er hat uns wieder zum Leben erweckt, sodass wir das Haus unseres Gottes aufbauen und es aus seinen Trümmern erstehen lassen konnten. Er hat uns ein Bollwerk in Juda und Jerusalem gegeben.

¹⁰Was, unser Gott, sollen wir nun sagen, nach all diesem? Wir haben deine Gebote missachtet! ¹¹Diese hast du durch die Hand deiner Diener, der Propheten, gegeben, indem du sagtest: ›Das Land, in das ihr kommt, um es zu besitzen, ist verunreinigt von den Unreinheiten der Völker der Länder. Durch ihre Gräueltaten ist das Land von einem Ende zum anderen mit Verderben erfüllt. ¹²Nun sollt ihr eure Töchter nicht ihren Söhnen geben und ihre Töchter nicht für

Esra 10,3

Bundesschlüsse

Auch nach der Babylonischen Gefangenschaft, zurückgekehrt ins versprochene Land, gibt es Anlass, den gebrochenen Bund zu erneuern. Hier ist es das Verbot, nichtjüdische Frauen der Völker, die im Land leben, zu heiraten. Der Priester Esra zitiert die Gebote Gottes, die übertreten wurden (Esr 9,11-12; vgl. 3Mo 18,25-30; 5Mo 7,39), und bekennt die Schuld. Das Volk folgt im Schuldbekenntnis (Esr 10,2) und bittet um einen neuen Bundesschluss durch Esra. Der nimmt dem Volk einen entsprechenden Schwur ab. Ein Zeichen dafür, wie ernst es das Volk mit der Erneuerung meint, ist das Namensverzeichnis aller, das die Gebot gebrochen haben (Esr 10,18-44).
Ganz ähnlich spielt auch bei der Bundeserneuerung unter Nehemia (Neh 8–10) das schriftlich aufgezeichnete Gesetz eine auslösende Rolle. Nachdem Esra das Gesetzbuch des Mose vorgelesen hat, zieht man Konsequenzen und feiert das Laubhüttenfest, legt ein Schuldbekenntnis ab und verpflichtet sich schriftlich neu zum Gehorsam.
(2. Könige 23,3 «« | »» Offenbarung 11,19)

eure Söhne nehmen. Ihr sollt bis in Ewigkeit nicht nach ihrem Wohlstand und ihrem Glück suchen, damit ihr stark werdet, die Güter des Landes genießen und sie für immer an eure Söhne vererben könnt.‹

¹³Nach allem, was uns wegen unserer bösen Taten und unserer großen Schuld widerfahren ist – dabei warst du, unser Gott, zurückhaltend angesichts unserer Vergehen, denn du hast uns Gerettete wie diese geschenkt ¹⁴– nach all dem sollten wir etwa deine Gebote erneut missachten? Sollten wir uns mit den Völkern zusammentun, die so abscheuliche Dinge vollbringen? Muss dein Zorn uns denn nicht vernichten, sodass kein Rest Gerettete überleben wird? ¹⁵HERR, Gott Israels, du bist gerecht. Wir stehen vor dir in unserer Schuld, ein kleiner Rest, der entkommen ist, doch auch von diesem Rest kann keiner in deiner Gegenwart bestehen.«

Das Volk bekennt seine Sünde

10 Während Esra vor dem Haus Gottes auf den Knien lag und betete und unter Tränen dieses Geständnis ablegte, sammelte sich eine große Menschenmenge aus Israel um ihn – Männer, Frauen und Kinder –, und alle weinten bitterlich. ²Schließlich sagte Schechanja, der Sohn Jehiëls, ein Nachkomme Elams, zu Esra: »Wir bekennen, dass wir unserem Gott untreu waren, als wir die fremden Frauen von den Völkern dieses Landes geheiratet haben. Aber es besteht dennoch Hoffnung für Israel! ³Wir wollen einen Bund mit unserem Gott schließen, dass wir alle diese Frauen und ihre Kinder fortschicken. Wir wollen den Rat befolgen, den mein Herr und die anderen, die die Gebote unseres Gottes halten, uns gegeben haben. Wie das Gesetz es vorschreibt, so soll es gemacht werden. ⁴Erhebe dich, denn diese Sache ist deine Pflicht. Wir sind mit dir. Sei stark und handle!«

⁵Da erhob Esra sich. Er forderte von den obersten Priestern, von den Leviten und von allen Israeliten den Schwur, dass sie halten wollten, was eben gesagt worden war. Und sie schworen es. ⁶Daraufhin verließ Esra den Vorplatz vor dem Haus Gottes und ging zur Kammer Johanans, des Sohnes Eljaschibs. Dort ging er hinein, ohne Brot zu essen oder Wasser zu trinken. Er trauerte über den Treuebruch der Verbannten. ⁷Danach wurden die Rückkehrer in ganz Juda und Jerusalem aufgerufen, nach Jerusalem zu kommen. ⁸Wer nicht innerhalb von drei Tagen eintraf, sollte auf Beschluss der führenden Männer und der Ältesten enteignet und aus der Gemeinschaft der Verbannten ausgeschlossen werden.

⁹Binnen drei Tagen hatten sich alle Männer von Juda und Benjamin in Jerusalem versammelt. Das war am 20. Tag des neunten Monats*. All das Volk war auf dem Platz vor dem Haus Gottes zusammengekommen und zitterte wegen der Angelegenheit und weil es regnete. ¹⁰Da erhob sich der Priester Esra und sagte zu ihnen: »Ihr seid untreu gewesen, denn ihr habt fremde Frauen geheiratet. Ihr habt die Schuld Israels vergrößert. ¹¹Doch nun gebt dem HERRN, dem Gott eurer Vorfahren, Ehre und tut, was er verlangt. Haltet euch von den Völkern dieses Landes fern und trennt euch von euren ausländischen Frauen.«

¹²Da antworteten die Anwesenden und sprachen mit lauter Stimme: »Du hast recht; wir müssen tun, was du sagst! ¹³Aber das Volk ist zahlreich und es ist Regenzeit, sie haben keine Kraft, um im Freien zu stehen. Diese Sache kann nicht in einem oder zwei Tagen erledigt werden, denn es sind viele, die sich in dieser Sache schuldig gemacht haben. ¹⁴Unsere Obersten sollen für die Versammlung entscheiden. Jeder, der in unseren Städten wohnt und der eine ausländische Frau hat, soll zu einer dafür festgesetzten Zeit zusammen mit den führenden Männern und Richtern seiner Stadt kommen, damit der Zorn unseres Gottes in dieser Sache abgewendet wird.« ¹⁵Nur Jonatan, der Sohn Asaëls, und Jachseja, der Sohn Tikwas, lehnten diesen Vorschlag ab und Meschullam und Schabbetai, der Levit, schlossen sich ihnen an.

¹⁶Die Verbannten verfuhren so: Esra, der Priester, wählte Männer aus, Familienoberhäupter nach den Häusern ihrer Väter, die alle namentlich genannt wurden. Diese setzten sich am ersten Tag des zehnten Monats* zusammen und berieten über die Sache. ¹⁷Am ersten Tag des ersten Monats* hatten sie die Angelegenheiten aller Männer, die ausländische Frauen geheiratet hatten, geregelt.

Die Männer, die Mischehen eingegangen waren

¹⁸Im Folgenden sind die Priester, die ausländische Frauen geheiratet hatten, aufgelistet:

Aus der Nachkommenschaft von Jeschua, dem Sohn Jozadaks, und seiner Brüder: Maaseja,

---

10,9 Das Ereignis, um das es hier geht, fand am 19. Dezember 458 v.Chr. statt; s. auch die Anm. zu 3,1. **10,16** Dieses Ereignis fiel auf den 29. Dezember des Jahres 458 v.Chr.; s. auch die Anm. zu 10,9. **10,17** Dieses Ereignis fiel auf den 27. März des Jahres 457 v.Chr.; s. auch die Anm. zu 10,9.

ESRA & NEHEMIA

1–6 Erste Rückkehr aus dem Exil und Wiederaufbau des Tempels

7–10 Zweite Rückkehr aus dem Exil und Sündenbekenntnis des Volkes

1–6 Heimkehr Nehemias und Wiederaufbau der Stadtmauer

7–13 Vollendung der Mauer und Neuverpflichtung auf das Gesetz

10
Verzeichnis der Israeliten, die Mischehen eingegangen sind.

Eliëser, Jarib und Gedalja. ¹⁹Sie schworen, ihre Frauen fortzuschicken, und jeder bekannte seine Schuld mit einem Widder als Schuldopfer.
²⁰Aus der Nachkommenschaft von Immer: Hanani und Sebadja; ²¹aus der Nachkommenschaft von Harim: Maaseja, Elia, Schemaja, Jehiël und Usija; ²²aus der Nachkommenschaft von Paschhur: Eljoënai, Maaseja, Jismael, Netanel, Josabad und Elasa.
²³Von den Leviten: Josabad, Schimi und Kelaja, der auch Kelita genannt wurde, Petachja, Juda und Eliëser.
²⁴Von den Sängern: Eljaschib; von den Torhütern: Schallum, Telem und Uri.
²⁵Und aus Israel: Aus der Nachkommenschaft von Parosch: Ramja, Jisija, Malkija, Mijamin, Eleasar, Haschabja und Benaja; ²⁶aus der Nachkommenschaft von Elam: Mattanja, Secharja, Jehiël, Abdi, Jeremot und Elia; ²⁷aus der Nachkommenschaft von Sattu: Eljoënai, Eljaschib, Mattanja, Jeremot, Sabad und Asisa. ²⁸Aus der Nachkommenschaft von Bebai: Johanan, Hananja, Sabbai und Atlai; ²⁹aus der Nachkommenschaft von Bigewai: Meschullam, Malluch, Adaja, Jaschub, Scheal und Jeremot; ³⁰aus der Nachkommenschaft von Pahat-Moab: Adna, Kelal, Benaja, Maaseja, Mattanja, Bezalel, Binnui und Manasse.
³¹Und die Nachkommen von Harim: Eliëser, Jischija, Malkija, Schemaja, Simeon, ³²Benjamin, Malluch und Schemarja.
³³Aus der Nachkommenschaft von Haschum: Mattenai, Mattatta, Sabad, Elifelet, Jeremai, Manasse und Schimi; ³⁴aus der Nachkommenschaft von Bani: Maadai, Amram, Uël, ³⁵Benaja, Bedja, Keluhi, ³⁶Wanja, Meremot, Eljaschib, ³⁷Mattanja, Mattenai, Jaasai. ³⁸Aus der Nachkommenschaft von Binnui: Schimi, ³⁹Schelemja, Nathan, Adaja, ⁴⁰Machnadbai, Schaschai, Scharai, ⁴¹Asarel, Schelemja, Schemarja, ⁴²Schallum, Amarja und Josef; ⁴³aus der Nachkommenschaft von Nebo: Jëiël, Mattitja, Sabad, Sebina, Jaddai, Joel und Benaja.
⁴⁴Jeder dieser Männer hatte eine ausländische Frau, manche von ihnen hatten auch Kinder.

[Der zweite Tempel]

Nehemia

Inhalt

Der Tempel in Jerusalem ist wieder in Betrieb, aber die Stadt liegt weiterhin in Trümmern. Als Nehemia davon erfährt, setzt er sich beim persischen König dafür ein, den Wiederaufbau leiten zu dürfen. Dieser gestattet es ihm und stellt das Material zur Verfügung.

Nehemia organisiert den Wiederaufbau der Stadtmauer als ein Gemeinschaftswerk. Die Israeliten werden von den anderen Völkern der Umgebung bedroht, stärker noch als beim Tempelbau, aber die Arbeit wird 445 v.Chr. in kürzester Zeit vollendet.

Esra verliest öffentlich das Gesetz und etliche leitende Männer studieren es gründlich. Kurz darauf kommt das Volk zusammen, um seine Schuld zu bekennen. Dabei wird ihnen ein geschichtlicher Rückblick vorgetragen. Er gipfelt in der Erkenntnis, dass Gott sein Volk nicht verlassen hat und offenbar in Liebe an seinem Bund festhält. Daraufhin verpflichtet sich das Volk, Gottes Gesetz zu befolgen.

Als Nehemia, der nach zwölf Jahren Statthalterschaft zu seinem König nach Persien zurückgekehrt war, wieder einmal nach Jerusalem kommt, findet er etliche Missstände vor, die gegen Gottes Gesetz verstoßen. Er ordnet diese Angelegenheiten.

Wie wird die Entwicklung weitergehen? Die Bibel berichtet es nicht ausdrücklich; es ist aber zu ahnen.

Erst das Neue Testament wirft einen Seitenblick auf die Verhältnisse knapp 500 Jahre später.

Wichtige Personen

Nehemia	Mundschenk König Artahsastas, dann Statthalter von Juda
Artahsasta/ Artaxerxes (I.)	König von Persien (Großreich, Kernland im heutigen Iran)
Sanballat und Tobija	Gegner des Mauerbaus in Jerusalem
Esra	Priester und Schriftgelehrter

Wichtiger Ort

Jerusalem	Zentrum der Israeliten in der Provinz Juda

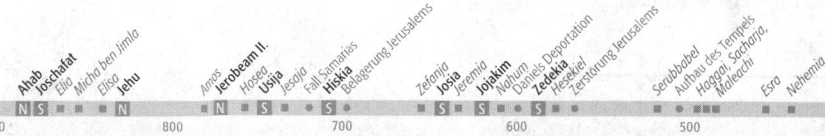

ESRA & NEHEMIA

1–6 Erste Rückkehr aus dem Exil und Wiederaufbau des Tempels

7–10 Zweite Rückkehr aus dem Exil und Sündenbekenntnis des Volkes

1–6 Heimkehr Nehemias und Wiederaufbau der Stadtmauer

7–13 Vollendung der Mauer und Neuverpflichtung auf das Gesetz

1–2
Nehemia beklagt die Not der Heimkehrer und zieht nach Jerusalem, um die Stadt wieder aufzubauen. Entschluss, die Stadtmauer zu errichten.

[Der zweite Tempel]

NEHEMIA

1 Dies sind die Erlebnisse Nehemias, des Sohnes Hachaljas.

Nehemias Sorge um Jerusalem
Im Monat Kislev des 20. Jahres* hielt ich mich in der Burg Susa auf. ²Da bekam ich Besuch von Hanani, einem meiner Brüder, und einigen Männern aus Juda. Ich erkundigte mich nach den Juden, welche die Gefangenschaft überlebt hatten, und fragte nach Jerusalem. ³Sie antworteten mir: »Die Leute, die in die Provinz Juda zurückgekehrt sind, leben in großer Not und Bedrängnis. Die Stadtmauer von Jerusalem liegt noch in Trümmern und die Stadttore sind verbrannt.«
⁴Als ich das hörte, setzte ich mich nieder und weinte. Tagelang trauerte ich, fastete und betete zu dem Gott des Himmels. ⁵Schließlich sagte ich: »Ach HERR, Gott des Himmels, großer und Ehrfurcht gebietender Gott, der seinen Bund der beständigen Liebe denen hält, die ihn lieben und seinen Geboten gehorchen. ⁶Hör mir doch bitte zu und sieh herab, öffne deine Ohren für das Flehen deines Dieners! Tag und Nacht bitte ich dich für die Israeliten, deine Diener, und bekenne dir ihre Sünden, mit denen wir gegen dich schuldig geworden sind. Auch meine Familie und ich haben gesündigt! ⁷Wir haben böse gegen dich gehandelt und deine Gebote, Vorschriften und Gesetze nicht befolgt, die du uns durch deinen Diener Mose gegeben hast.
⁸Denk daran, was du deinem Diener Mose mitgegeben hast: ›Wenn ihr untreu seid, werde ich euch unter die Völker zerstreuen. ⁹Doch wenn ihr zu mir zurückkehrt und meine Gebote haltet, so werde ich euch – selbst wenn ihr bis an die Enden der Erde vertrieben seid – von dort sammeln und euch an den Ort bringen, den ich erwählt habe, damit mein Name dort verehrt wird.‹
¹⁰Sie sind ja deine Diener und das Volk, das du durch deine große Kraft und mit deiner starken Hand erlöst hast. ¹¹Herr, höre auf das Gebet dei-

1,1 Eine ganze Reihe von Ereignissen im Buch Nehemia kann anhand der Daten in erhaltenen persischen Dokumenten überprüft und zu unserem heutigen Kalender in Beziehung gesetzt werden. Die Angabe *des 20. Jahres* bezieht sich wahrscheinlich auf die Herrschaft König Artaxerxes I.; das Ereignis fand daher im Nov./Dez. 446 v.Chr. statt; vgl. 2,1; 5,14.

S Südreich Juda   N Nordreich Israel

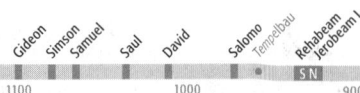

nes Dieners und das Flehen all derer, die Freude daran haben, dich zu ehren. Lass deinen Diener doch heute Erfolg haben und gib diesem Mann Erbarmen für mich.« Denn ich war Mundschenk des Königs.

Nehemia geht nach Jerusalem

2 Im Monat Nisan*, im 20. Jahr der Regierung von König Artahsasta*, feierte der König ein Fest und ich servierte ihm den Wein. Bis dahin hatte ich in seiner Gegenwart noch nie Trauer gezeigt. ²Da sprach der König zu mir: »Warum siehst du so traurig aus? Du bist doch nicht krank? Dann kann dies nur bedeuten, dass du Kummer in deinem Herzen hast!«

Ich erschrak zutiefst ³und erwiderte dem König: »Lang lebe der König! Aber warum sollte ich nicht traurig sein? Die Stadt, in der meine Vorfahren begraben sind, liegt in Trümmern und ihre Tore wurden verbrannt.«

⁴Da fragte mich der König: »Was erbittest du von mir?« Ich flehte zu dem Gott des Himmels ⁵und antwortete: »Wenn es Ihrer Majestät gefällt und wenn Sie an mir, Ihrem Diener, Gefallen gefunden haben, dann bitte ich Sie, mich nach Juda zu schicken, um die Stadt, in der meine Vorfahren begraben liegen, wieder aufzubauen.«

⁶Der König – die Königin saß neben ihm – fragte: »Wie lange wird deine Reise dauern? Wann wirst du zurückkommen?« Der Gedanke, mich zu senden, gefiel dem König. Ich nannte ihm also eine bestimmte Zeit ⁷und sagte zu ihm: »Wenn es Ihrer Majestät recht ist, dann gebe man mir Briefe an die Statthalter westlich des Euphrat* mit, damit sie mich durchziehen lassen, bis ich nach Juda komme; ⁸außerdem einen Brief an Asaf, den Verwalter der königlichen Wälder, damit er mir Holz gibt für die Balken an den Toren der Burg, die zum Tempel gehören, für die Stadtmauer und für das Haus, in das ich einziehe.« Und weil die gütige Hand meines Gottes über mir war, gewährte mir der König meine Bitte.

⁹Als ich zu den Statthaltern westlich des Euphrat kam, übergab ich ihnen die Briefe des Königs. Der König hatte Offiziere und Reiter mit mir geschickt. ¹⁰Als der Horoniter Sanballat und der Ammoniter Tobija das hörten, missfiel es ihnen sehr, dass jemand gekommen war, der sich um das Wohl der Israeliten sorgte.

Nehemia begutachtet die Stadtmauer von Jerusalem

¹¹Als ich nach Jerusalem kam und drei Tage dort gewesen war, ¹²machte ich mich nachts auf mit ein paar Männern. Ich hatte noch niemandem davon erzählt, was Gott mir als Plan für Jerusalem ins Herz gegeben hatte. Auch hatte ich kein Tier bei mir außer dem, auf dem ich ritt. ¹³Ich ritt also bei Nacht durch das Taltor hinaus und am Drachenquell vorüber zum Misttor, um die eingerissenen Mauern Jerusalems und die niedergebrannten Tore zu begutachten. ¹⁴Dann ritt ich weiter zum Quelltor und zum Königsteich, aber da war kein Durchkommen. ¹⁵So ging ich zu Fuß bei Nacht das Bachtal hinauf und begutachtete die Mauer, bevor ich umdrehte und durch das Taltor wieder zurückkehrte.

¹⁶Die Oberhäupter der Stadt wussten jedoch nicht, wohin ich gegangen war und was ich tat. Denn bis dahin hatte ich niemanden von den Juden, weder die Priester noch die vornehmen Bürger, die Oberhäupter der Stadt oder die Übrigen, welche die Arbeit ausführen sollten, eingeweiht. ¹⁷Jetzt sagte ich zu ihnen: »Ihr seht das Elend, in dem wir uns befinden: Jerusalem ist verwüstet und seine Tore sind niedergebrannt. Kommt, lasst uns die Stadtmauer Jerusalems wieder aufbauen, damit wir nicht länger ein Gespött sind!« ¹⁸Und ich erzählte ihnen, wie Gott seine gütige Hand über mich gehalten hatte und auch, was der König zu mir gesagt hatte. Darauf antworteten sie mir: »Wir wollen anfangen und bauen!« Und sie machten sich an das gute Werk.

¹⁹Als der Horoniter Sanballat, der Ammoniter Tobija und der Araber Geschem das hörten, spotteten sie über uns und verhöhnten uns: »Was habt ihr vor? Wollt ihr euch etwa gegen den König auflehnen?«

²⁰Da entgegnete ich ihnen: »Der Gott des Himmels ist es, der uns Gelingen geben wird. Und wir, seine Diener, werden ans Werk gehen und bauen. Für euch aber gibt es keinen Anteil, keinen Rechtsanspruch und kein Andenken in Jerusalem.«

Der Wiederaufbau der Jerusalemer Stadtmauer

3 Und so begannen der Hohe Priester Eljaschib und die anderen Priester mit dem Bau des Schafstors. Sie weihten es, setzten seine Torflügel ein und bauten weiter bis zum Turm Mea und bis zum Turm Hananel. ²Neben ihnen ar-

---

2,1a Dieser Monat des hebr. Mondkalenders fiel im Jahr 445 v.Chr. in den April/Mai. **2,1b** Ein anderer Name für Artaxerxes; vgl. 1,1 und Esra 4,7. **2,7** Hebr. *jenseits des Flusses*.

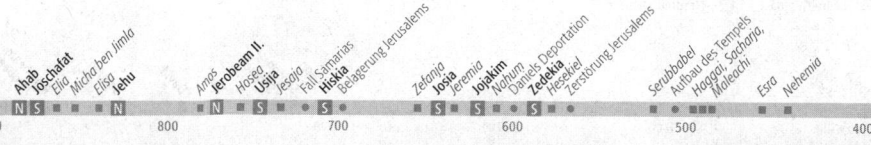

ESRA & NEHEMIA

1–6 Erste Rückkehr aus dem Exil und Wiederaufbau des Tempels

7–10 Zweite Rückkehr aus dem Exil und Sündenbekenntnis des Volkes

1–6 Heimkehr Nehemias und Wiederaufbau der Stadtmauer

7–13 Vollendung der Mauer und Neuverpflichtung auf das Gesetz

3–4 Verzeichnis derer, die die Mauer und Tore ausbessern. Feinde planen einen Angriff auf die Baustelle.

[Der zweite Tempel]

beiteten die Männer aus Jericho und daneben baute Sakkur, der Sohn Imris.

³Das Fischtor bauten die Söhne Senaas. Sie verlegten die Balken und setzten die Torflügel, Schlösser und Riegel ein. ⁴Neben ihnen arbeitete Meremot, der Sohn Urias und Enkel von Hakkoz. An seiner Seite besserte Meschullam, der Sohn Berechjas und Enkel Meschesabels, die Mauer aus, daneben Zadok, der Sohn Baanas. ⁵Neben diesen waren die Leute aus Tekoa mit der Instandsetzung beschäftigt. Ihre vornehmen Bürger allerdings weigerten sich, im Dienst für ihren Herrn den Rücken krumm zu machen.

⁶Das Altstadttor* besserten Jojada, der Sohn Paseachs, und Meschullam, der Sohn Besodjas, aus. Sie verlegten die Balken und setzten die Torflügel, Schlösser und Riegel ein. ⁷An ihrer Seite waren Männer aus Gibeon und Mizpa beschäftigt: Melatja von Gibeon und Jadon von Meronot; Männer, die unter der Herrschaft des Statthalters westlich des Euphrat* standen. ⁸Daneben besserte Usiël, der Sohn Harhajas, ein Goldschmied, die Mauer aus; neben ihm arbeitete Hananja, ein Salbenmischer. Den Abschnitt bis an die breite Mauer Jerusalems bauten sie aus.

⁹Neben ihnen war Refaja, der Sohn Hurs, der Vorsteher der einen Hälfte des Bezirks Jerusalem, beschäftigt. ¹⁰An seiner Seite besserte Jedaja, der Sohn Harumafs, den Mauerabschnitt aus, der seinem eigenen Haus gegenüber lag, und neben ihm arbeitete Hattusch, der Sohn Haschabnejas. ¹¹Den Ofenturm und einen weiteren Abschnitt der Mauer besserten Malkija, der Sohn Harims, und Haschub, der Sohn Pahat-Moabs aus. ¹²Daneben befestigte Schallum, der Sohn von Lohesch und Vorsteher der anderen Hälfte des Bezirks Jerusalem, mit seinen Töchtern einen Teil der Mauer.

¹³Das Taltor besserten Hanun und die Bewohner von Sanoach aus; sie bauten es und setzten die Torflügel, Schlösser und Riegel ein, und dazu befestigten sie 1.000 Ellen* Stadtmauer bis zum Misttor.

¹⁴Das Misttor besserte Malkija, der Sohn Rechabs, der Vorsteher des Bezirks Bet-Kerem, aus. Er baute es und setzte die Torflügel, Schlösser und Riegel ein.

¹⁵Das Quelltor besserte Schallun, der Sohn Kolhoses, der Vorsteher des Bezirks Mizpa, aus. Er baute es auf, versah es mit einem Dach und setzte die Torflügel, Schlösser und Riegel ein. Außerdem befestigte er die Mauer am Teich der Wasserleitung in der Nähe des Gartens des Königs bis zu der Treppe, die von der Stadt Davids

---

3,6 O. *Jeschanator*. 3,7 Hebr. *jenseits des Flusses*. 3,13 Das sind ca. 500 m.

hinabführte. ¹⁶Nach ihm besserte Nehemja, der Sohn Asbuks, der Vorsteher des halben Bezirks Bet-Zur, die Mauer aus. Er befestigte sie bis gegenüber den Gräbern Davids, bis zum Teich, den man angelegt hatte und bis zum Haus der Krieger.

¹⁷Nach ihm kamen die Leviten unter der Aufsicht von Rehum, dem Sohn Banis. An seiner Seite besserte Haschabja, der Vorsteher des halben Bezirks Keïla, für seinen Bezirk aus. ¹⁸Nach ihm besserten ihre Landsleute unter der Führung von Binnui, dem Sohn Henadads, dem Vorsteher der anderen Hälfte des Bezirks Keïla, die Mauer aus.

¹⁹Neben ihnen besserte Eser, der Sohn Jeschuas, der Vorsteher von Mizpa, einen weiteren Abschnitt der Mauer gegenüber dem Aufgang zur Waffenkammer an der Ecke aus. ²⁰Nach ihm war Baruch, der Sohn Sabbais, eifrig beschäftigt mit einem weiteren Abschnitt von der Ecke bis zur Haustür des Hohen Priesters Eljaschib. ²¹Meremot, der Sohn Urias und Enkel von Hakkoz*, baute einen zweiten Abschnitt der Mauer wieder auf, der von der Haustür bis zum Ende von Eljaschibs Haus reichte.

²²Nach ihm bauten die Priester aus der Umgebung des Jordan. ²³Neben ihnen arbeiteten Benjamin und Haschub gegenüber von ihrem Haus; danach baute Asarja, der Sohn Maasejas und Enkel Ananjas, an dem Abschnitt neben seinem Wohnhaus. ²⁴Danach arbeitete Binnui, der Sohn Henadads, an einem zweiten Abschnitt der Mauer vom Haus Asarjas bis zum Winkel und zur Ecke. ²⁵Palal, der Sohn Usais, baute gegenüber dem Winkel und dem oberen Turm, der sich am Haus des Königs beim Hof der Wache erhebt. Neben ihm waren Pedaja, der Sohn des Parosch, ²⁶und die Tempeldiener, die auf dem Hügel Ofel wohnten, tätig; sie befestigten die Mauer bis gegenüber vom Wassertor im Osten und dem Turm, der sich dort erhebt. ²⁷Dann kamen die Leute aus Tekoa, die einen zweiten Abschnitt gegenüber dem großen, aufragenden Turm bis zur Mauer des Ofel ausbesserten.

²⁸Oberhalb des Rosstors arbeiteten die Priester, jeder gegenüber von seinem Haus. ²⁹Daneben arbeitete Zadok, der Sohn Immers, an der Mauer gegenüber seinem Haus, und nach ihm Schemaja, der Sohn Schechanjas, der Torhüter des Osttors. ³⁰An seiner Seite setzten Hananja, der Sohn Schelemjas, und Hanun, der sechste Sohn Zalafs, einen weiteren Abschnitt instand, während Meschullam, der Sohn Berechjas, am Mauerstück gegenüber von seinem Haus arbeitete. ³¹Malkija, einer der Goldschmiede, baute die Mauer bis zum Haus der Tempeldiener und Händler gegenüber dem Wachttor und bis hinauf zum Obergemach an der Ecke. ³²Und zwischen dem Obergemach an der Ecke und dem Schaftor besserten die Goldschmiede und Händler die Mauer aus.

Feinde wollen den Wiederaufbau verhindern
³³Sanballat war wütend, als er erfuhr, dass wir die Mauer wieder aufbauten. Er ärgerte sich sehr und verhöhnte die Juden. ³⁴Zu seinen Landsleuten und den Mächtigen in Samaria sagte er: »Was machen die elenden Juden da? Wird man sie gewähren lassen? Werden sie opfern? Werden sie es heute noch vollenden? Werden sie die Steine aus dem Schutthaufen wiederbeleben, die doch verbrannt sind?«

³⁵Und der Ammoniter Tobija, der neben ihm stand, warf ein: »Was sie auch bauen – schon ein Fuchs wird die Steinmauer einreißen, wenn er hinaufspringt!«

³⁶Da betete ich: »Höre uns, unser Gott, wie verachtet wir sind. Lass ihren Hohn auf sie selbst zurückfallen und lass sie Plünderung erleiden in einem Land, in dem sie gefangen sind! ³⁷Sieh nicht über ihre Schuld hinweg und tilge ihre Sünden nicht aus vor dir, denn sie haben dich vor allen Bauleuten beleidigt.«

³⁸Schließlich stellten wir die Mauer bis zur Hälfte ihrer ursprünglichen Höhe rund um die ganze Stadt fertig, und das Volk war mit ganzem Herzen dabei.

4 Als Sanballat und Tobija und die Araber, Ammoniter und Aschdoditer hörten, dass die Wiederherstellung der Mauern Jerusalems Fortschritte machte und die Lücken in der Mauer sich zu schließen begannen, kochten sie vor Zorn. ²Sie schlossen sich zusammen und planten, in Jerusalem einzufallen und Verwirrung in der Stadt zu stiften. ³Doch wir beteten zu unserem Gott und bewachten die Stadt Tag und Nacht, um sie vor ihnen zu schützen.

⁴Und das Volk von Juda sprach: »Die Lastenträger sind mit ihrer Kraft am Ende, aber es gibt noch so viel Schutt. Wir können die Mauer nicht weiterbauen.« ⁵Unterdessen sagten sich unsere Feinde: »Bevor sie überhaupt wissen, was geschieht, werden wir mitten unter ihnen sein, sie töten und ihrem Werk ein Ende machen.«

⁶Die Juden, die in ihrer Nähe lebten, kamen immer wieder von ihren Wohnorten zu uns und forderten uns auf: »Kommt zu uns zurück!« ⁷Daraufhin stellte ich an den offenen Stellen,

---

3,21 Vgl. Neh 3,4: Meremot baute zwei Abschnitte.

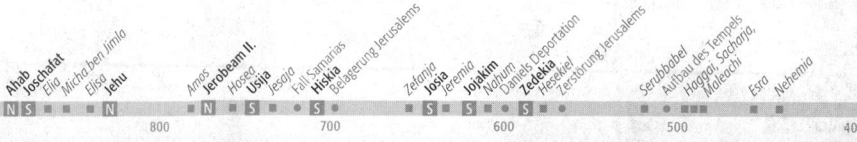

ESRA & NEHEMIA

1–6 Erste Rückkehr aus dem Exil und Wiederaufbau des Tempels

7–10 Zweite Rückkehr aus dem Exil und Sündenbekenntnis des Volkes

1–6 Heimkehr Nehemias und Wiederaufbau der Stadtmauer

7–13 Vollendung der Mauer und Neuverpflichtung auf das Gesetz

4–6
Die Bauleute werden bewaffnet. Nehemia setzt sich für Fürsorglichkeit und Unterstützung innerhalb des Volkes ein. Jerusalems Feinde wollen Nehemia schaden.

[Der zweite Tempel]

hinter den niedrigsten Abschnitten der Mauer, bewaffnete Wachen auf. Ich teilte die Leute nach Sippen ein und befahl ihnen, sich mit ihren Schwertern, Speeren und Bögen zu bewaffnen.
⁸Und ich sah mich um, trat vor die vornehmen Bürger, die Oberhäupter der Stadt und das übrige Volk und sagte zu ihnen: »Fürchtet euch nicht vor ihnen! Denkt an den HERRN, der groß und furchtbar ist, und kämpft für eure Freunde, eure Familien und euer Zuhause!«
⁹Als unsere Feinde hörten, dass wir ihren Plan kannten und dass Gott ihn vereitelt hatte, kehrten wir an die Mauer zurück, jeder an seine Arbeit. ¹⁰Doch von diesem Tag an arbeitete nur noch die Hälfte meiner Männer an der Mauer, während die andere Hälfte, mit Speeren, Schilden, Bögen und Kettenpanzern bewaffnet, Wache stand. Die führenden Männer standen hinter dem Volk von Juda, ¹¹das die Mauer wieder aufbaute. Die Lastenträger setzten ihre Arbeit fort, eine Hand am Werkzeug, die andere an der Waffe. ¹²Jeder, der baute, trug ein Schwert an seiner Seite. Und der Mann mit dem Signalhorn stand neben mir.
¹³Ich erklärte den vornehmen Bürgern, den Oberhäuptern der Stadt und dem übrigen Volk: »Der Bau, an dem wir arbeiten, ist groß und sehr weitläufig; wir arbeiten getrennt entlang der Mauer und weit voneinander entfernt. ¹⁴Deshalb lauft, wenn ihr den Klang des Hornes hört, sofort dahin, von wo er ertönt. Unser Gott wird für uns kämpfen!«
¹⁵So arbeiteten wir vom Beginn der Morgendämmerung an, bis abends die Sterne wieder sichtbar wurden. Die ganze Zeit stand die Hälfte der Männer mit dem Speer in der Hand Wache. ¹⁶Darüber hinaus forderte ich damals alle auf, über Nacht in Jerusalem zu bleiben. Auf diese Weise konnten sie und ihr Gefolge nachts Wache stehen und tagsüber arbeiten. ¹⁷In dieser Zeit kam keiner von uns – weder ich, meine Verwandten, meine Diener noch die Wachen, die bei mir waren – je aus unseren Kleidern. Alle führten wir unsere Waffen mit, selbst wenn wir nur Wasser holten.

Nehemia nimmt Partei für die Unterdrückten

5 Etwa um diese Zeit beklagten sich Männer aus dem Volk und ihre Ehefrauen über ihre jüdischen Mitbürger. ²Einige sagten: »Wir haben viele Söhne und Töchter. Wir brauchen mehr Getreide, damit wir genug Nahrung haben, um zu überleben.« ³Andere sagten: »Wir haben bereits unsere Felder, Weinberge und

S Südreich Juda   N Nordreich Israel

Häuser verpfändet. Wir brauchen Getreide, um unseren Hunger stillen zu können.« ⁴Und noch andere sagten: »Wir haben unsere Felder und Weinberge bereits bis ans Äußerste beliehen, um dem König die Steuern zu bezahlen. ⁵Wir sind doch vom selben Fleisch und Blut wie unsere Landsleute, und unsere Kinder sind geradeso wie ihre. Und doch müssen wir unsere Kinder in die Sklaverei verkaufen. Wir haben bereits einige unserer Töchter verkauft und sind machtlos dagegen, denn unsere Felder und Weinberge gehören längst anderen.«

⁶Als ich ihre Klagen darüber hörte, wurde ich sehr zornig. ⁷Ich dachte nach und klagte dann die vornehmen Bürger und Oberhäupter der Stadt an. Ich sagte zu ihnen: »Ihr betreibt Wucher mit euren eigenen Verwandten!« Ihretwegen berief ich eine große Versammlung ein. ⁸Dort sprach ich zu ihnen: »Soweit es uns möglich war, haben wir unsere jüdischen Verwandten losgekauft von den fremden Völkern. Und nun verkauft ihr eure Brüder, damit sie uns wieder zum Kauf angeboten werden?« Sie aber schwiegen und hatten nichts zu ihrer Verteidigung vorzubringen. ⁹Da fuhr ich fort: »Was ihr tut, ist nicht gut! Solltet ihr nicht in Ehrfurcht vor Gott leben, um zu verhindern, dass wir unseren Feinden zum Gespött werden? ¹⁰Auch ich selbst, meine Verwandten und meine Männer haben dem Volk Geld und Korn geliehen, doch nun wollen wir ihnen diese Schuld erlassen. ¹¹Gebt ihnen ihre Felder, Weinberge, Olivenhaine und Häuser noch heute zurück! Und erlasst ihnen auch alles, was sie euch an Geld, Korn, Wein und Öl noch schuldig sind.«

¹²Da antworteten sie: »Wir werden alles zurückgeben und nichts mehr von ihnen einfordern. Wir wollen tun, was du sagst.« Daraufhin rief ich die Priester und ließ die vornehmen Bürger und Stadtoberhäupter einen Eid schwören, so zu handeln, wie sie es versprochen hatten.

¹³Dann schüttelte ich die Falten meines Mantels aus und sagte: »Wer diesen Eid nicht hält, den soll Gott genauso aus seinem Haus und seinem Besitz herausschleudern! Er soll genau so ausgeschüttelt und leer sein.«

Die ganze Versammlung antwortete: »Amen«, und sie lobten den HERRN. Und die Leute taten, was sie versprochen hatten.

¹⁴Auch verzichtete ich von dem Tag an, als der König mich beauftragte, Statthalter in Juda zu werden, für mich und meine Familie auf die mir zustehenden Abgaben eines Statthalters, und zwar für die ganzen zwölf Jahre – vom 20. bis zum 32. Jahr der Herrschaft von König Artaxerxes*. ¹⁵Dagegen hatten die früheren Statthalter, die vor mir amtierten, dem Volk schwere Lasten auferlegt und neben Brot und Wein auch 40 Schekel Silber* als Abgabe gefordert. Selbst ihre Untergebenen hatten das Volk übervorteilt. Doch aus Gottesfurcht handelte ich nicht so. ¹⁶Ich habe auch selbst am Bau der Mauer mitgearbeitet und alle meine Männer waren ebenfalls dort bei der Arbeit versammelt. Wir alle haben kein Land gekauft. ¹⁷An meinem Tisch trafen sich 150 Vorsteher der Juden zum Essen, ganz abgesehen von den vielen Besuchern aus den Völkern, die um uns herum lebten. ¹⁸Dafür mussten täglich ein Rind, sechs ausgewählte Schafe und Ziegen und eine große Anzahl Geflügel für mich zubereitet werden. Alle zehn Tage wurden darüber hinaus die Weinvorräte aufgefüllt. Dennoch forderte ich mein Recht als Statthalter auf Abgaben vom Volk nicht ein, da die Arbeit ohnehin schwer auf den Menschen lastete.

¹⁹Mein Gott, denke zu meinem Besten daran, was ich für dieses Volk getan habe!

Fortgesetzter Widerstand gegen den Wiederaufbau der Mauer

6 Als Sanballat, Tobija, der Araber Geschem und unsere übrigen Feinde hörten, dass der Wiederaufbau der Mauer unter meiner Aufsicht vollendet und keine einzige Lücke darin verblieben war – nur die Torflügel waren zu diesem Zeitpunkt noch nicht in die Tore eingefügt –, ²schickten Sanballat und Geschem mir eine Nachricht: »Komm, wir wollen uns in Kefirim im Tal Ono treffen.« Da sie aber planten, mir etwas anzutun, ³ließ ich ihnen durch Boten folgende Antwort überbringen: »Eine große Aufgabe nimmt mich in Anspruch. Daher kann ich nicht kommen. Die Arbeit würde stocken, wenn ich sie unterbräche, um zu euch zu kommen.«

⁴Vier Mal schickten sie mir die gleiche Botschaft, und jedes Mal gab ich dieselbe Antwort. ⁵Beim fünften Mal schickte Sanballat seinen Diener mit einem offenen Brief in der Hand zu mir, ⁶in dem stand: »Die Leute und Geschem sagen mir, dass du und die Juden einen Aufstand planen und dass ihr deshalb die Mauer wieder aufbaut. Ihrem Bericht nach willst du ihr König werden. ⁷Du hast dir sogar Propheten bestellt, die über dir in Jerusalem ausrufen sollen: ›Seht! Juda hat wieder einen König!‹ Dieser Bericht

---

5,14 D.h. von 445 bis 433 v.Chr.; s. Anm. zu 1,1. **5,15** Das sind ca. 480 g.

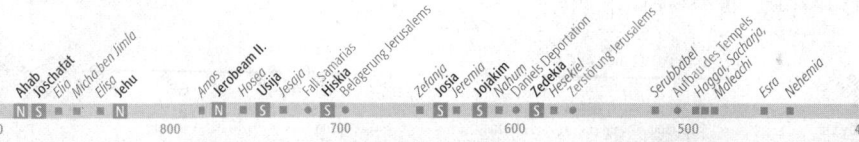

ESRA & NEHEMIA

1–6 Erste Rückkehr aus dem Exil und Wiederaufbau des Tempels

7–10 Zweite Rückkehr aus dem Exil und Sündenbekenntnis des Volkes

1–6 Heimkehr Nehemias und Wiederaufbau der Stadtmauer

7–13 Vollendung der Mauer und Neuverpflichtung auf das Gesetz

6–7
Die Feinde Jerusalems wollen Nehemia schaden. Vollendung der Mauer und Zählung des Volkes.

[Der zweite Tempel]

wird auch dem König zu Ohren kommen. Mach dich also auf den Weg und lass uns die Sache besprechen.«
⁸Ich schickte ihm als Antwort: »Es ist nicht so, wie du sagst. Du hast diese Geschichte frei erfunden.« ⁹Sie wollten uns nur einschüchtern und sagten sich: »Ihre Hände werden von der Arbeit ablassen, sodass das Werk nicht getan wird.« Deshalb betete ich um die Kraft, die Arbeit fortzusetzen.*

¹⁰Später besuchte ich Schemaja, den Sohn Delajas und Enkel Mehetabels, der ans Haus gefesselt war. Er sagte: »Wir wollen uns im Haus Gottes, im Inneren des Tempels, treffen und die Türen verbarrikadieren, denn deine Feinde werden kommen, um dich zu töten. Heute Nacht kommen sie und wollen dich umbringen.«

¹¹Doch ich antwortete: »Sollte ein Mann wie ich vor dem Feind davonlaufen? Sollte jemand in meiner Stellung sich in den Tempel flüchten, um sein Leben zu retten? Nein, ich werde nicht kommen!« ¹²Ich merkte, dass nicht Gott ihn gesandt hatte, sondern dass er vielmehr gegen mich geweissagt hatte, weil Tobija und Sanballat ihn bestochen hatten. ¹³Sie hatten ihn gekauft, um mir Angst einzujagen und mich zur Sünde zu verleiten, indem ich seinen Vorschlag befolgte. Dann hätten sie mich in Verruf bringen und schmähen können.

¹⁴Mein Gott, gedenke Tobija und Sanballat nach allem Bösen, was sie getan haben, und auch der Prophetin Noadja und der anderen Propheten, die mich einschüchtern wollten!

Die Bauleute vollenden die Mauer
¹⁵Am 25. Tag des Monats Elul*, nach 52 Tagen, wurde die Mauer vollendet. ¹⁶Als alle unsere Feinde davon erfuhren, fürchteten sich die benachbarten Völker und verloren den Mut, denn sie erkannten, dass wir dieses Werk mit der Hilfe unseres Gottes ausgeführt hatten.

¹⁷In diesen 52 Tagen gingen viele Briefe zwischen Tobija und den vornehmen Bürgern von Juda hin und her. ¹⁸Denn viele in Juda hatten ihm die Treue geschworen, weil er der Schwiegersohn von Schechanja war, dem Sohn Arachs, und weil sein Sohn Johanan mit der Tochter Meschullams, des Sohnes Berechjas, verheiratet war. ¹⁹Sie erzählten mir sogar von seinen guten Taten, und dann hinterbrachten sie ihm alles, was ich gesagt hatte. Und Tobija schickte Drohbriefe, um mich einzuschüchtern.

6,9 Hebr. *Nun aber stärke meine Hände.* **6,15** Der Monat Elul des hebr. Mondkalenders lag im Jahr 445 v. Chr im Sept./Okt. Das Ereignis, um das es hier geht, fand demnach am 2. Oktober 445 v.Chr. statt; s. Anm. zu 1,1.

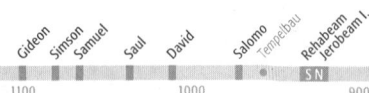

7 Als der Bau der Mauer abgeschlossen war und unter meiner Leitung die Torflügel in die Tore eingesetzt worden waren, wurden die Torhüter, Sänger und Leviten ernannt. ²Ich übertrug die Verantwortung für Jerusalem meinem Bruder Hanani und Hananja, dem Befehlshaber der Burg, denn er war ein zuverlässiger Mann, der Gott mehr achtete als die meisten anderen. ³Ich sagte zu ihnen: »Haltet die Tore Jerusalems geschlossen, bis die Sonne hoch am Himmel steht. Lasst sie schließen und verriegeln, während die Torhüter noch Wache stehen. Die Einwohner Jerusalems stellt als Wachen an: Manche sollen auf den ihnen zugewiesenen Platz Dienst tun, die anderen vor ihren Häusern.«

Nehemia führt eine Volkszählung durch
Vgl. Esra 2,1-70

⁴Damals war die Stadt groß und weitläufig, doch ihre Einwohnerzahl war sehr gering und es waren noch nicht genug Häuser wieder aufgebaut*. ⁵Deshalb gab mein Gott mir den Gedanken, die Oberhäupter der Stadt, die vornehmen Bürger und die restliche Bevölkerung zusammenzurufen, damit sie sich in ein Geschlechtsregister eintragen ließen. Ich hatte nämlich das Geschlechtsregister der Familien entdeckt, die als Erste nach Juda zurückgekehrt waren. Darin fand ich geschrieben:

⁶»Und dies sind diejenigen, die aus der Gefangenschaft hinaufzogen; die Verschleppten, die Nebukadnezar, der babylonische König, mitgenommen hatte und die dann nach Jerusalem und Juda zurückkehrten, jeder in seine Stadt. ⁷Sie kamen mit Serubbabel: Jeschua, Nehemja, Asarja, Raamja, Nahamani, Mordochai, Bilschan, Misperet, Bigwai, Rehum und Baana. Dies ist die Zahl der Männer des Volkes Israel:

⁸2.172 Nachkommen von Parosch, ⁹372 Nachkommen von Schefatja, ¹⁰652 Nachkommen von Arach, ¹¹2.818 Nachkommen von Pahat-Moab, das sind die Nachkommen von Jeschua und Joab, ¹²1.254 Nachkommen von Elam, ¹³845 Nachkommen von Sattu, ¹⁴760 Nachkommen von Sakkai, ¹⁵648 Nachkommen von Binnui, ¹⁶628 Nachkommen von Bebai, ¹⁷2.322 Nachkommen von Asgad, ¹⁸667 Nachkommen von Adonikam, ¹⁹2067 Nachkommen von Bigwai, ²⁰655 Nachkommen von Adin, ²¹98 Nachkommen von Ater, das sind die Nachkommen von Hiskija, ²²328 Nachkommen von Haschum, ²³324 Nachkommen von Bezai, ²⁴112 Nachkommen von Harif, ²⁵95 Nachkommen von Gibeon, ²⁶188 Männer aus Bethlehem und Netofa, ²⁷128 Männer aus Anatot, ²⁸42 Männer aus Bet-Asmawet, ²⁹743 Männer aus Kirjat-Jearim, Kefira und Beerot, ³⁰621 Männer aus Rama und Geba, ³¹122 Männer aus Michmas, ³²123 Männer aus Bethel und Ai, ³³52 Männer des anderen Nebo, ³⁴1.254 Nachkommen des anderen Elam, ³⁵320 Nachkommen von Harim, ³⁶345 Männer aus Jericho, ³⁷721 Männer aus Lod, Hadid und Ono, ³⁸3.930 Nachkommen von Senaa.

³⁹Die Priester: 973 Nachkommen von Jedaja aus dem Haus Jeschuas, ⁴⁰1.052 Nachkommen von Immer, ⁴¹1.247 Nachkommen von Paschhur, ⁴²1.017 Nachkommen von Harim.

⁴³Die Leviten: 74 Nachkommen von Jeschua und Kadmiël, das sind die Nachkommen Hodawjas.

⁴⁴Die Sänger: 148 Nachkommen von Asaf.

⁴⁵Die Torhüter: insgesamt 138 Nachkommen von Schallum, von Ater, von Talmon, von Akkub, von Hatita und von Schobai.

⁴⁶Die Tempeldiener: die Nachkommen von Ziha, von Hasufa, von Tabbaot, ⁴⁷die Nachkommen von Keros, von Sia, von Padon, ⁴⁸die Nachkommen von Lebana, von Hagaba, von Salmai, ⁴⁹die Nachkommen von Hanan, von Giddel, von Gahar, ⁵⁰die Nachkommen von Reaja, von Rezin, von Nekoda, ⁵¹die Nachkommen von Gasam, von Usa, von Paseach, ⁵²die Nachkommen von Besai, die Nachkommen der Meüniter, die Nachkommen der Nefusiter, ⁵³die Nachkommen von Bakbuk, von Hakufa, von Harhur, ⁵⁴die Nachkommen von Bazlut, von Mehida, von Harscha, ⁵⁵die Nachkommen von Barkos, von Sisera, von Temach, ⁵⁶die Nachkommen von Neziach und von Hatifa.

⁵⁷Die Nachkommen der Diener König Salomos: die Nachkommen von Sotai, von Soferet, von Peruda, ⁵⁸die Nachkommen von Jaala, von Darkon, von Giddel, ⁵⁹die Nachkommen von Schefatja, von Hattil, von Pocheret-Zebajim und von Amon. ⁶⁰Insgesamt waren es 392 Tempeldiener und Nachkommen der Diener Salomos.

⁶¹Eine andere Gruppe kehrte zu dieser Zeit aus Tel-Melach, Tel-Harscha, Kerub-Addon und Immer zurück. Sie kannten ihre Sippe und ihre Abstammung nicht und konnten nicht angeben, ob sie aus Israel waren. ⁶²Es waren 642 Nachkommen von Delaja, Tobija und Nekoda.

⁶³Und von den Nachkommen der Priester: die Nachkommen von Habaja, von Hakkoz und von Barsillai. Letzterer hatte sich eine von den Töchtern Barsillais aus Gilead zur Frau genommen und wurde mit ihrem Namen gerufen. ⁶⁴All diese suchten nach ihrer Eintragung in den Ge-

---

7,4 O. *es waren noch nicht genügend Familien gegründet.*

ESRA & NEHEMIA

1–6	Erste Rückkehr aus dem Exil und Wiederaufbau des Tempels
7–10	Zweite Rückkehr aus dem Exil und Sündenbekenntnis des Volkes
1–6	Heimkehr Nehemias und Wiederaufbau der Stadtmauer
7–13	Vollendung der Mauer und Neuverpflichtung auf das Gesetz

7–9
Zählung des Volkes. Dem Volk wird das Gesetz Gottes vorgelesen und erklärt. Feier des Laubhüttenfestes. Das Volk bekennt seine Sünden und rühmt Gottes Größe.

[Der zweite Tempel]

schlechtsregistern. Die wurden nicht gefunden; deshalb wurden sie vom Priesteramt ausgeschlossen. ⁶⁵Der Statthalter befahl ihnen, nicht von den Opfergaben zu essen, bis ein Hoher Priester mithilfe der beiden Lose Urim und Tummim den HERRN darüber befragen konnte.

⁶⁶Die gesamte Gemeinde zusammen zählte 42.360 Männer, ⁶⁷außer ihren Sklaven und ihren Dienerinnen, diese waren 7.337, und sie hatten 245 Sänger und Sängerinnen. ⁶⁸Des Weiteren besaßen sie 736 Pferde, 245 Maultiere*, 435 Kamele und 6.720 Esel.

⁶⁹Einige Familienoberhäupter spendeten für die Aufbauarbeit. Der Statthalter stiftete der Schatzkammer 1.000 Golddariken*, 50 goldene Becken und 530 Gewänder für die Priester. ⁷⁰Die anderen Oberhäupter stifteten der Schatzkammer insgesamt 20.000 Golddariken* und 2.200 Minen Silber* für die Aufbauarbeit. ⁷¹Die übrige Bevölkerung gab 20.000 Golddariken, etwa 2.000 Minen Silber* und 67 Gewänder für die Priester.

⁷²Die Priester, Leviten, Torhüter, Sänger, Tempeldiener und einige Leute aus dem Volk ließen sich in ihren Städten nieder. So wohnten alle Israeliten in ihren Städten.«

Esra verliest das Gesetz

Als der siebte Monat* herankam und die Israeliten sich in ihren Städten niedergelassen hatten,

8 versammelte sich das ganze Volk wie ein Mann auf dem Platz vor dem Wassertor. Sie baten den Schriftgelehrten Esra, das Gesetzbuch des Mose zu holen, das der HERR Israel gegeben hatte. ²So brachte der Priester Esra am ersten Tag des siebten Monats* das Gesetzbuch vor die Versammlung aller Männer und Frauen und aller Kinder, die das Gehörte verstehen konnten. ³Vom frühen Morgen bis zum Mittag las er auf dem Platz vor dem Wassertor den Männern, Frauen und Kindern, die es verstehen konnten, laut daraus vor. Und das ganze Volk hörte der Verlesung des Gesetzbuches aufmerksam zu. ⁴Der Schriftgelehrte Esra stand auf einer hölzernen Plattform, die eigens für diesen Zweck errichtet worden war. Zu seiner Rechten standen

7,68 Die erste Vershälfte wurde ergänzt nach dem Paralleltext Esra 2,66. **7,69** Das sind ca. 8,4 kg Gold. **7,70a** Das sind ca. 170 kg Gold; s. auch 7,71. **7,70b** Das sind ca. 1,3 t. **7,71** Das sind ca. 1,2 t. **7,72** Dieser Monat des hebr. Mondkalenders fiel in den Oktober/November 445 v.Chr. **8,2** Dieses Ereignis fiel auf den 8. Oktober 445 v.Chr.; s. Anm. zu 1,1.

S Südreich Juda   N Nordreich Israel

Mattitja, Schema, Anaja, Uria, Hilkija und Maaseja, zu seiner Linken Pedaja, Mischaël, Malkija, Haschum, Haschbaddana, Secharja und Meschullam. ⁵Das ganze Volk sah, wie Esra die Schriftrolle öffnete, denn er stand höher als das Volk. Als er sie öffnete, standen alle auf.

⁶Esra lobte den HERRN, den großen Gott, und das ganze Volk antwortete: »Amen! Amen!« und alle hoben die Hände zum Himmel. Dann knieten sie sich nieder, und mit dem Gesicht zur Erde beteten sie den HERRN an.

⁷Daraufhin belehrten die Leviten – Jeschua, Bani, Scherebja, Jamin, Akkub, Schabbetai, Hodija, Maaseja, Kelita, Asarja, Josabad, Hanan und Pelaja – das Volk über das Gesetz, während die Leute an ihrem Platz stehen blieben. ⁸Sie lasen abschnittsweise aus dem Gesetzbuch Gottes vor, erklärten die Bedeutung und halfen so dem Volk, die vorgelesenen Passagen zu verstehen. ⁹Und der Statthalter Nehemia, der Priester und Schriftgelehrte Esra und die Leviten, die das Volk belehrten, sagten zu allen: »Heute ist ein heiliger Tag für den HERRN, euren Gott. Weint also nicht und trauert auch nicht!« Denn alle Menschen hatten geweint, als sie die Worte des Gesetzes hörten.

¹⁰Nehemia* fuhr fort: »Geht und feiert ein Fest mit köstlichem Essen und süßen Getränken und teilt eure Speisen mit denen, die nichts vorbereitet haben. Denn dies ist ein heiliger Tag für unseren Herrn. Seid nicht traurig, denn die Freude am HERRN ist eure Zuflucht!«

¹¹Auch die Leviten beruhigten das Volk und sagten: »Still! Seid doch nicht traurig, denn dies ist ein heiliger Tag!« ¹²Da machten sich die Leute auf den Weg zu einem großen Freudenfest, bei dem sie aßen und tranken und ihre Speisen miteinander teilten, weil sie die Worte verstanden hatten, die ihnen gesagt worden waren.

Das Laubhüttenfest

¹³Am zweiten Tag* versammelten sich alle Familienoberhäupter und die Priester und Leviten bei Esra, um das Gesetz genauer zu studieren. ¹⁴Im Gesetz, das der HERR durch Mose gegeben hatte, fanden sie geschrieben, dass die Israeliten während des Festes im siebten Monat* in Laubhütten wohnen ¹⁵und dies auch bekannt machen sollten. Daraufhin ließen sie in Jerusalem und in allen Städten der Israeliten ausrufen: »Geht hinaus auf die Berge und holt Zweige vom Olivenbaum und vom wilden Ölbaum, Myrten- und Palmenzweige und solche von anderen Laubbäumen, um daraus Laubhütten zu bauen, wie es das Gesetz vorschreibt.«

¹⁶Da zogen die Menschen hinaus und holten Zweige und bauten daraus Laubhütten auf den Dächern ihrer Häuser, in ihren Höfen, in den Höfen des Hauses Gottes und auf den Plätzen vor dem Wassertor und dem Ephraimtor. ¹⁷Die ganze Versammlung, die aus der Gefangenschaft zurückgekehrt war, errichtete sich Laubhütten und wohnte darin. Dies hatten die Israeliten seit der Zeit Josuas, des Sohnes von Nun, nicht mehr getan bis zu diesem Tag. Überall herrschte große Freude. ¹⁸An jedem Tag des Festes, vom ersten bis zum letzten, wurde aus dem Gesetzbuch Gottes vorgelesen, und sie feierten sieben Tage lang. Am achten Tag schließlich hielten sie eine feierliche Versammlung, wie es das Gesetz vorschrieb.

Das Volk bekennt seine Sünden

9 Am 24. Tag desselben Monats* versammelten sich die Israeliten, in grobes Tuch gekleidet und mit Asche auf dem Kopf, und sie fasteten. ²Wer israelitischer Herkunft war, sonderte sich von allen Ausländern ab und bekannte seine Sünden und die Sünden seiner Vorfahren. ³Drei Stunden lang* standen sie an ihren Plätzen und lasen im Gesetzbuch des HERRN, ihres Gottes. Drei weitere Stunden lang bekannten sie ihre Sünden und beteten den HERRN, ihren Gott, an. ⁴Auf der Plattform für die Leviten standen Jeschua, Bani, Kadmiël, Schebanja, Bunni, Scherebja, Bani und Kenani und riefen mit lauter Stimme den HERRN, ihren Gott, an.

⁵Dann riefen die Leviten Jeschua, Kadmiël, Bani, Haschabneja, Scherebja, Hodija, Schebanja und Petachja: »Steht auf und lobt den HERRN, euren Gott, der von Ewigkeit zu Ewigkeit lebt!«

Gepriesen sei dein herrlicher Name! Er ist größer, als wir es mit unserem Lobpreis ausdrücken können.

⁶Du allein bist der HERR. Du hast den Himmel gemacht, das Firmament und die Sterne, die Erde und alles, was auf ihr lebt und das Meer und alles, was darin ist. Du hast ihnen allen das Leben geschenkt und die himmlischen Heerscharen beten dich an.

8,10 Hebr. *er.* **8,13** Es handelt sich um den zweiten Tag des siebten Monats des hebr. Kalenders. Dieses Ereignis fiel auf den 9. Oktober 445 v.Chr.; s. Anm. zu 1,1 und 8,2. **8,14** Dieser Monat des hebr. Mondkalenders fällt gewöhnlich in den September/Oktober; s. 3. Mose 23,39-43. **9,1** Es handelt sich um den siebten Monat des hebr. Kalenders. Das Ereignis fiel auf den 31. Oktober 445 v.Chr.; s. Anm. zu 1,1 und 8,2. **9,3** Hebr. *einen Vierteltag lang;* so auch in 9,3b.

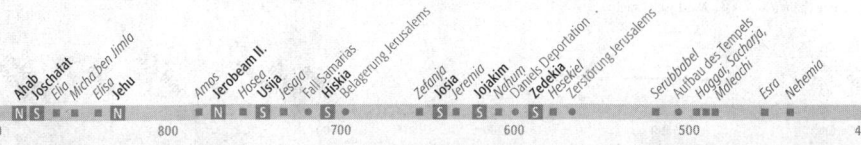

ESRA & NEHEMIA

1–6	Erste Rückkehr aus dem Exil und Wiederaufbau des Tempels
7–10	Zweite Rückkehr aus dem Exil und Sündenbekenntnis des Volkes
1–6	Heimkehr Nehemias und Wiederaufbau der Stadtmauer
7–13	Vollendung der Mauer und Neuverpflichtung auf das Gesetz

9
Das Volk denkt an Gottes Treue und die eigene Untreue.

[Der zweite Tempel]

⁷Du, HERR, bist der Gott, der sich Abram erwählt hat. Du hast ihn aus Ur in Chaldäa herausgeführt und hast seinen Namen in Abraham geändert. ⁸Als er sich vor dir als treu erwiesen hatte, hast du den Bund mit ihm geschlossen, ihm und seinen Nachkommen das Land der Kanaaniter, der Hetiter, Amoriter, Perisiter, Jebusiter und Girgasiter zu geben. Und du hast getan, was du versprochen hast, denn du bleibst deinem Wort treu. ⁹Du hast das Leid unserer Vorfahren in Ägypten gesehen und ihre Schreie am Schilfmeer gehört. ¹⁰Zeichen und Wunder hast du am Pharao vollbracht, an seinen Dienern und an allen Bewohnern seines Landes, denn du wusstest, wie vermessen die Ägypter sie behandelten. Du hast deinen Namen bekannt gemacht; dein Ruhm hält noch heute an.

¹¹Du hast das Meer vor unseren Vorfahren geteilt; wie auf trockenem Land konnten sie hindurchziehen. Ihre Verfolger hast du in die Tiefen des Meeres geworfen, sie versanken wie Steine in den gewaltigen Fluten.

¹²Bei Tag hast du unsere Vorfahren mit einer Wolkensäule geführt und bei Nacht mit einer Feuersäule, um ihnen den Weg zu erhellen, auf dem sie gehen sollten.

¹³Du bist auf den Berg Sinai herabgekommen, hast vom Himmel aus mit ihnen gesprochen und ihnen klare Regeln, zuverlässige Weisungen und gute Vorschriften und Gebote gegeben.

¹⁴Du hast ihnen deinen heiligen Sabbat bekannt gemacht und ihnen durch deinen Diener Mose Gebote, Weisungen und Vorschriften gegeben.

¹⁵Brot vom Himmel hast du ihnen gegeben, als sie hungrig waren, und Wasser aus dem Felsen quellen lassen, als sie Durst litten. Du hast ihnen befohlen hinzugehen und das Land in Besitz zu nehmen, für das du deine Hand zum Schwur erhoben hast, dass du es ihnen geben willst.

¹⁶Doch unsere Vorfahren wurden eigenmächtig und widerspenstig; sie wollten deine Gebote nicht befolgen.

¹⁷Sie weigerten sich zu gehorchen und dachten nicht mehr an deine Wunder, die du an ihnen vollbracht hattest. Stattdessen lehnten sie sich auf und wählten einen Anführer, um in die Sklaverei in Ägypten zurückzukehren. Du bist ein Gott, der vergibt, gnädig und barmherzig, langsam zum Zorn und voll beständiger Liebe. Du hast sie nicht verlassen, ¹⁸auch dann nicht, als sie sich ein gegossenes Kalb machten und sprachen: ›Das ist unser Gott, der uns aus Ägypten geführt hat!‹ Schreckliche Lästerungen haben sie begangen.

S Südreich Juda   N Nordreich Israel

¹⁹Du aber hast sie in deiner großen Barmherzigkeit nicht in der Wüste verlassen.
Die Wolkensäule wich nicht von ihnen, die sie am Tag auf dem Weg geleitete, noch die Feuersäule in der Nacht, die ihnen den Weg erleuchtete, auf dem sie gehen sollten.
²⁰Du hast deinen guten Geist gesandt, um sie zu unterweisen, hast ihnen dein Brot vom Himmel* nicht vorenthalten und ihnen weiter Wasser geschenkt, damit sie ihren Durst löschen konnten.
²¹40 Jahre lang hast du sie in der Wüste versorgt, und nie hat es ihnen an etwas gemangelt. Ihre Kleider verschlissen nicht und ihre Füße schwollen nicht an.
²²Danach hast du Königreiche und Völker in ihre Gewalt gegeben. Du hast ihnen Landstrich um Landstrich übergeben. Sie haben das ganze Land König Sihons von Heschbon und auch das Land König Ogs von Baschan erobert.
²³So zahlreich wie die Sterne am Himmel hast du ihre Nachkommen gemacht und sie in das Land gebracht, von dem du ihren Vätern versprochen hast, dass sie hineingehen und es in Besitz nehmen sollten.
²⁴Und ihre Nachkommen zogen hinein und haben es in Besitz genommen. Du hast ihnen die Kanaaniter, die das Land bewohnten, unterworfen. Die Völker des Landes und ihre Könige gabst du in ihre Gewalt; sie konnten mit ihnen umgehen, wie es ihnen gefiel. ²⁵Sie eroberten befestigte Städte und fruchtbares Land. Sie erbeuteten Häuser voller guter Dinge, schon gegrabene Zisternen, Weingärten, Olivenhaine und Obstbäume in großer Zahl. Und so aßen sie, bis sie satt waren und fett wurden, und erfreuten sich an deinen guten Gaben.
²⁶Doch sie waren widerspenstig und lehnten sich gegen dich auf. Sie wandten sich ab von deinem Gesetz und töteten die Propheten, die sie ermahnten zu dir zurückzukehren, und begingen schreckliche Lästerungen.
²⁷Deshalb hast du sie in die Hand ihrer Feinde gegeben, die sie sehr bedrängten. Doch in der Zeit der Not schrien sie zu dir und du hast sie im Himmel erhört. In deiner großen Barmherzigkeit sandtest du ihnen Retter, die sie aus den Händen ihrer Feinde befreiten.
²⁸Aber sobald sie wieder Ruhe hatten, taten sie erneut, was böse ist in deinen Augen, und wieder hast du sie ihren Feinden überlassen, sodass sie von ihnen überwältigt wurden. Doch immer wieder schrie dein Volk zu dir um Hilfe, und du hast es im Himmel erhört und nach deiner Barmherzigkeit befreit.

²⁹Du hast die Menschen gemahnt, zu deinem Gesetz zurückzukehren, aber sie waren hochmütig und gehorchten deinen Geboten nicht. Sie sündigten gegen deine Gesetze, durch die ein Mensch doch das Leben findet, und sie zu befolgt. Aber sie zeigten dir die kalte Schulter, wurden widerspenstig und wollten nicht hören.
³⁰Viele Jahre hattest du Geduld mit ihnen. Durch deinen Geist haben deine Propheten sie gewarnt. Doch noch immer wollten sie nicht hören. Und so hast du sie in die Gewalt der Bewohner fremder Länder gegeben.
³¹Doch in deiner großen Barmherzigkeit hast du sie nicht ganz vernichtet. Du hast sie auch nicht verlassen, weil du ein gnädiger und barmherziger Gott bist!
³²Und nun, unser Gott, du großer, mächtiger und Ehrfurcht gebietender Gott, der seinen Bund der beständigen Liebe hält, lass all die Nöte nicht unbedeutend sein vor dir! Die Nöte, die über uns und unsere Könige und Fürsten, unsere Priester und Propheten, unsere Vorfahren und dein ganzes Volk gekommen sind, seit den Tagen der Könige von Assyrien bis heute.
³³In allem, was uns getroffen hat, hast du gerecht gehandelt. Denn du bist treu geblieben, wir aber haben uns schuldig gemacht.
³⁴Unsere Könige, Fürsten, Priester und unsere Vorfahren haben deinem Gesetz nicht gehorcht und nicht auf deine Gebote und Warnungen gehört, die du ihnen gegeben hast.
³⁵Selbst in ihrem eigenen Königreich dienten sie dir nicht, obwohl du sie mit Gutem überschüttet hast. Du gabst ihnen weites, fruchtbares Land, aber sie ließen nicht von ihrer Bosheit ab.
³⁶Und so sind wir heute Sklaven. In dem Land, das du unseren Vorfahren geschenkt hast, um seine Erträge und Güter zu genießen, müssen wir nun dienen. ³⁷Der Ertrag dieses Landes macht die Könige reich, die du wegen unserer Sünden über uns gesetzt hast. Sie verfügen über uns und unser Vieh, wie es ihnen gefällt, wir aber leiden große Not.

Das Volk verpflichtet sich zum Gehorsam

10 *Darum legen wir nun ein feierliches Versprechen ab und halten es schriftlich fest. Auf dem versiegelten Dokument stehen die Namen unserer Fürsten, Leviten und Priester.« ²Es unterzeichneten: der Statthalter Nehemia, Hachaljas Sohn; dazu Zedekia, ³Seraja, Asarja, Jirmeja, ⁴Paschhur, Amarja, Malkija, ⁵Hattusch, Schebanja, Malluch, ⁶Harim, Meremot, Obadja,

---

9,20 O. *dein Manna.*   10 Abweichende Verszählung möglich: statt 10,1-40: 9,38–10,39.

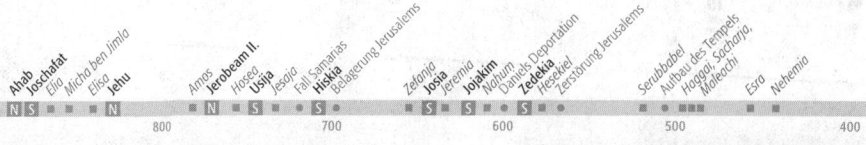

ESRA & NEHEMIA

1–6 Erste Rückkehr aus dem Exil und Wiederaufbau des Tempels

7–10 Zweite Rückkehr aus dem Exil und Sündenbekenntnis des Volkes

1–6 Heimkehr Nehemias und Wiederaufbau der Stadtmauer

7–13 Vollendung der Mauer und Neuverpflichtung auf das Gesetz

10–11

Selbstverpflichtung des Volkes, nach Gottes Gesetz zu leben, keine Mischehen einzugehen, den Sabbat zu heiligen und Tempelabgaben zu verrichten. Jerusalem wird bevölkert.

[Der zweite Tempel]

[S] Südreich Juda [N] Nordreich Israel

⁷Daniel, Ginneton, Baruch, ⁸Meschullam, Abija, Mijamin, ⁹Maasja, Bilga und Schemaja. Das sind die Priester.
¹⁰Die Leviten: Jeschua, der Sohn Asanjas, Binnui, einer der Söhne Henadads, Kadmiël ¹¹und außerdem: Schechanja, Hodija, Kelita, Pelaja, Hanan, ¹²Micha, Rehob, Haschabja, ¹³Sakkur, Scherebja, Schebanja, ¹⁴Hodija, Bani und Beninu.
¹⁵Die Oberhäupter des Volkes: Parosch, Pahat-Moab, Elam, Sattu, Bani, ¹⁶Bunni, Asgad, Bebai, ¹⁷Hadonia, Bigwai, Adin, ¹⁸Ater, Hiskia, Asur, ¹⁹Hodija, Haschum, Bezai, ²⁰Harif, Anatot, Nebai, ²¹Magpiasch, Meschullam, Hesir, ²²Meschesabel, Zadok, Jaddua, ²³Pelatja, Hanan, Anaja, ²⁴Hoschea, Hananja, Haschub, ²⁵Lohesch, Pilha, Schobek, ²⁶Rehum, Haschabna, Maaseja, ²⁷Ahija, Hanan, Anan, ²⁸Malluch, Harim und Baana.
²⁹Der Rest des Volkes – die Priester, Leviten, Torhüter, Sänger, Tempeldiener und alle anderen, die sich von den Völkern der Länder abgesondert hatten, um nach dem Gesetz Gottes zu leben, samt ihren Frauen und ihren Söhnen und Töchtern, die verstanden, worum es ging – ³⁰schloss sich den führenden Männern an. Sie schworen mit einem Eid, nach dem Gesetz Gottes, wie es durch seinen Diener Mose erlassen worden war, zu leben. Sie verpflichteten sich, alle Gebote, Gesetze und Vorschriften des HERRN, unseres Herrn, sorgfältig zu befolgen.

Der Schwur des Volkes

³¹»Wir werden unsere Töchter nicht den Völkern des Landes für ihre Söhne zur Frau geben und ihre Töchter nicht für unsere Söhne zur Frau nehmen. ³²Wir werden nichts kaufen, wenn die Einwohner des Landes ihre Ware oder Getreide am Sabbat oder einem anderen heiligen Tag zum Verkauf anbieten. Wir werden jedes siebte Jahr alle Feldarbeit ruhen lassen und unseren Landsleuten ihre Schulden erlassen.
³³Außerdem verpflichten wir uns dazu, jedes Jahr ein Drittel Schekel* für die Arbeit am Haus unseres Gottes zu geben. ³⁴Von diesem Geld sollen die Schaubrote*, die täglichen Speise- und Brandopfer sowie die regelmäßigen Opfer am Sabbat, Monatsanfang und bei den jährlichen Festen bezahlt werden; außerdem die heiligen Opfer und die Sündopfer, um für Israel Wiedergutmachung zu erwirken, sowie alle am Haus unseres Gottes anfallenden Arbeiten.
³⁵Wir wollen Lose werfen, um festzulegen, welche Familie der Priester und Leviten und aus

10,33 Das sind ca. 4 g Silber.   **10,34** In diesem Fall bedeutet das übersetzt *Schichtbrote*.

dem Volk jedes Jahr zur vorgeschriebenen Zeit Holz zum Haus unseres Gottes bringen soll, um damit das Feuer auf dem Altar des HERRN, unseres Gottes, zu unterhalten, wie es das Gesetz vorschreibt.

36 Wir werden Jahr für Jahr den ersten Teil des Ertrags unserer Äcker und die ersten Früchte unserer Obstbäume zum Haus des HERRN bringen. 37 Wir werden unsere ältesten Söhne und die Erstgeborenen aller unserer Tiere aus den Schaf-, Ziegen- und Rinderherden, wie es das Gesetz vorschreibt, zu den Priestern bringen, die im Haus unseres Gottes Dienst tun. 38 Wir werden das erste Mehl unseres frisch geernteten Getreides, unsere heiligen Abgaben, die besten Früchte der Obstbäume und den ersten Teil unseres neuen Weins und Öls zu den Priestern in die Vorratskammern des Hauses unseres Gottes bringen. Den Leviten werden wir ein Zehntel von allem, was unser Land hervorbringt, geben, und es sind die Leviten, die die Abgaben in allen unseren Dörfern einsammeln. 39 Ein Priester – ein Nachkomme Aarons – soll die Leviten begleiten, wenn sie diese Abgaben in Empfang nehmen. Und ein Zehntel aller Einnahmen sollen die Leviten in die Vorratskammern des Hauses unseres Gottes bringen. 40 Die Leviten und alle Israeliten sollen die Abgaben an Getreide, neuem Wein und Öl zur Vorratskammer des Tempels bringen. Denn dort sind die heiligen Geräte und dort tun die Priester, Torhüter und Sänger Dienst.

Wir werden das Haus unseres Gottes nicht vernachlässigen.«

Das Volk besetzt Jerusalem

11 Zu dieser Zeit lebten in Jerusalem die Oberhäupter des Volkes. Dazu wurde aus dem Rest des Volkes jeder Zehnte durch das Los dazu bestimmt, ebenfalls in Jerusalem, der heiligen Stadt, zu leben. Die übrigen blieben in ihren Heimatorten. 2 Und das Volk lobte alle, die sich freiwillig in Jerusalem niederließen.

3 Dies sind die Namen der Provinzobersten, die sich in Jerusalem niederließen. Die meisten Israeliten, darunter Priester, Leviten, Tempeldiener und Nachkommen der Diener Salomos, blieben in ihrem angestammten Besitz in den Städten Judas wohnen, 4 doch manche Angehörige des Volkes aus Juda und Benjamin ließen sich wieder in Jerusalem nieder.

Aus dem Stamm Juda: Ataja, der Sohn Usijas, des Sohnes Secharjas, des Sohnes Amarjas, des Sohnes Schefatjas, des Sohnes Mahalalels, aus der Sippe von Perez. 5 Mit ihm Maaseja, der Sohn Baruchs, des Sohnes Kolhoses, des Sohnes Hasajas, des Sohnes Adajas, des Sohnes Jojaribs, des Sohnes Secharjas aus der Sippe von Schela. 6 Insgesamt lebten 468 Nachkommen des Perez, alles angesehene Männer, in Jerusalem.

7 Aus dem Stamm Benjamin: Sallu, der Sohn Meschullams, des Sohnes Joëds, des Sohnes Pedajas, des Sohnes Kolajas, des Sohnes Maasejas, des Sohnes Itiëls, des Sohnes Jesajas, 8 und mit ihm Gabbai und Sallai. Insgesamt waren es 928 Männer aus dem Stamm Benjamin.

9 Ihr aller Anführer war Joel, der Sohn Sichris, und Juda, der Sohn Senuas, war der zweite Mann in der Stadt.

10 Von den Priestern: Jedaja, Jojarib, Jachin 11 und Seraja, der Sohn Hilkijas, des Sohnes Meschullams, des Sohnes Zadoks, des Sohnes Merajots, des Sohnes Ahitubs, der Vorsteher im Haus Gottes war, 12 und 822 ihrer Angehörigen, die ebenfalls im Haus Gottes Dienst taten. Des Weiteren Adaja, der Sohn Jerohams, des Sohnes Pelaljas, des Sohnes Amzis, des Sohnes Secharjas, des Sohnes Paschhurs, des Sohnes Malkijas, 13 und 242 Angehörige, die Oberhäupter ihrer Familien waren. Außerdem Amaschsai, der Sohn Asarels, des Sohnes Achsais, des Sohnes Meschillemots, des Sohnes Immers, 14 und 128 Verwandte, alles angesehene Männer. Ihr Vorsteher war Sabdiël, der Sohn Haggadolims.

15 Von den Leviten: Schemaja, der Sohn Haschubs, des Sohnes Asrikams, des Sohnes Haschabjas, des Sohnes Bunnis, 16 Schabbetai und Josabad, einige von den Oberhäuptern der Leviten, die die äußerlichen Arbeiten am Haus Gottes beaufsichtigten. 17 Des Weiteren Mattanja, der Sohn Michas, des Sohnes Sabdis, ein Nachkomme Asafs, der beim Gebet den Lobgesang anstimmte. Außerdem Bakbukja, der Gehilfe Mattanjas, und Abda, der Sohn Schammuas, des Sohnes Galals, des Sohnes Jedutuns. 18 Insgesamt wohnten 284 Leviten in der heiligen Stadt.

19 Von den Torhütern: Akkub, Talmon und ihre Brüder, die die Tore bewachten; insgesamt 172.

20 Die übrigen Israeliten, Priester und Leviten lebten in den Städten Judas, jeder in seinem Erbteil. 21 Die Tempeldiener jedoch wohnten auf dem Ofel. Ziha und Gischpa waren ihre Aufseher.

22 Der Vorsteher der Leviten in Jerusalem war Usi, der Sohn Banis, des Sohnes Haschabjas, des Sohnes Mattanjas, des Sohnes Michas, einer von den Nachkommen Asafs, die als Sänger im Haus Gottes Dienst taten. 23 Sie unterstanden dem Befehl des Königs und eine feste Vorschrift regelte ihren Tagesablauf.

24 Petachja, der Sohn Meschesabels, ein Nachkomme von Serach, dem Sohn Judas, war der

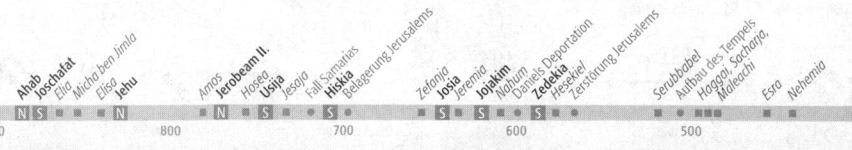

ESRA & NEHEMIA

1–6	Erste Rückkehr aus dem Exil und Wiederaufbau des Tempels
7–10	Zweite Rückkehr aus dem Exil und Sündenbekenntnis des Volkes
1–6	Heimkehr Nehemias und Wiederaufbau der Stadtmauer
7–13	Vollendung der Mauer und Neuverpflichtung auf das Gesetz

11–12
Jerusalem wird bevölkert. Die Stadtmauer wird eingeweiht. Einsetzung der Tempelverwaltung.

[Der zweite Tempel]

Berater des Königs in allen Angelegenheiten des jüdischen Volkes.

²⁵Einige Familien aus dem Stamm Juda siedelten sich in Kirjat-Arba und den umliegenden Siedlungen an, in Dimona und Kabzeel mit den umliegenden Dörfern ²⁶außerdem in Jeschua, Molada, Bet-Pelet, ²⁷Hazar-Schual, Beerscheba und den Dörfern darum, ²⁸in Ziklag und Mechona mit den umliegenden Orten ²⁹sowie in En-Rimmon, Zora, Jarmut, ³⁰Sanoach und Adullam und den Dörfern, in Lachisch und seinem umliegenden Gebiet und in Aseka mit seinen umliegenden Siedlungen. Sie hatten sich also von Beerscheba bis zum Tal Hinnom niedergelassen.

³¹Einige Familien aus dem Stamm Benjamin siedelten sich in Geba, Michmas, Ajja und Bethel mit den umliegenden Ortschaften an, ³²außerdem in Anatot, Nob, Ananja, ³³Hazor, Rama, Gittajim, ³⁴Hadid, Zeboïm, Neballat, ³⁵Lod, Ono und im Tal der Zimmerleute.

³⁶Auch von den Leviten aus Juda ließen sich einige im Gebiet von Benjamin nieder.

Geschichte der Priester und Leviten

12 Dies sind die Priester und Leviten, die zusammen mit Serubbabel, dem Sohn Schealtïels, und Jeschua hinaufgezogen waren: Seraja, Jirmeja, Esra, ²Amarja, Malluch, Hattusch, ³Schechanja, Rehum, Meremot, ⁴Iddo, Ginneton, Abija, ⁵Mijamin, Maadja, Bilga, ⁶Schemaja, Jojarib, Jedaja, ⁷Sallu, Amok, Hilkija und Jedaja. Sie waren die Obersten der Priester und ihrer Verwandten zur Zeit Jeschuas.

⁸Die Leviten waren: Jeschua, Binnui, Kadmiël, Scherebja, Juda und Mattanja, der mit seinen Brüdern für die Danklieder zuständig war. ⁹Bakbukja und Unni, ihre Brüder, nahmen dabei gegenüber von ihnen Aufstellung, wie es ihrem Dienst entsprach.

¹⁰Jeschua war der Vater von Jojakim, Jojakim war der Vater von Eljaschib, Eljaschib war der Vater von Jojada, ¹¹Jojada war der Vater von Johanan, Johanan war der Vater von Jaddua.

¹²In den Tagen Jojakims standen folgende Männer an der Spitze der Priesterfamilien:

Meraja war das Oberhaupt der Familie von Seraja. Hananja war das Oberhaupt der Familie von Jirmeja. ¹³Meschullam war das Oberhaupt der Familie von Esra. Johanan war das Oberhaupt der Familie von Amarja. ¹⁴Jonatan war das Oberhaupt der Familie von Malluch. Josef war das Oberhaupt der Familie von Schebanja. ¹⁵Adna war das Oberhaupt der Familie von Harim. Helkai war das Oberhaupt der Familie von Meremot. ¹⁶Secharja war das Oberhaupt der Familie

S Südreich Juda   N Nordreich Israel

von Iddo. Meschullam war das Oberhaupt der Familie von Ginneton. ¹⁷Sichri war das Oberhaupt der Familie von Abija. Außerdem gab es ein* Oberhaupt der Familie von Mijamin. Piltai war das Oberhaupt der Familie von Maadja. ¹⁸Schammua war das Oberhaupt der Familie von Bilga. Jonatan war das Oberhaupt der Familie von Schemaja. ¹⁹Mattenai war das Oberhaupt der Familie von Jojarib. Usi war das Oberhaupt der Familie von Jedaja. ²⁰Kallai war das Oberhaupt der Familie von Sallu. Eber war das Oberhaupt der Familie von Amok. ²¹Haschabja war das Oberhaupt der Familie von Hilkija. Netanel war das Oberhaupt der Familie von Jedaja.

²²In der Regierungszeit des Persers Darius* wurde eine Liste der Familienoberhäupter der Leviten und Priester zur Zeit von Eljaschib, Jojada, Johanan und Jaddua erstellt. ²³Die Familienoberhäupter der Leviten wurden im Buch der Geschichte bis in die Zeit Johanans, des Enkels von Eljaschib, aufgezeichnet.

²⁴Die Oberhäupter der Leviten waren Haschabja, Scherebja, Jeschua, Binnui und Kadmiël. Wie es David, der Mann Gottes, vorgeschrieben hatte, standen ihre Brüder einander gegenüber, um im Wechselgesang Gott zu loben und zu preisen: ²⁵Mattanja, Bakbukja und Obadja.

Meschullam, Talmon und Akkub waren die Torhüter der Vorratshäuser an den Toren. ²⁶Sie alle lebten zur Zeit Jojakims, des Sohnes Jeschuas und Enkels Jozadaks, und in der Zeit des Statthalters Nehemia und des Priesters und Schriftgelehrten Esra.

Die Einweihung der Jerusalemer Stadtmauer

²⁷Für die Einweihung der Mauer von Jerusalem wurden die Leviten aufgefordert, aus ihren Wohnorten nach Jerusalem zu kommen und mit ihren Dankliedern und der Musik von Zimbeln, Zithern und Harfen der Freude Ausdruck zu geben. ²⁸Aus der Gegend rings um Jerusalem und aus den Siedlungen der Netofatiter wurden die Sänger zusammengerufen, ²⁹aus Bet-Gilgal und aus dem Gebiet von Geba und Asmawet, denn die Sänger hatten ihre eigenen Siedlungen rund um Jerusalem errichtet. ³⁰Die Priester und Leviten reinigten zunächst sich selbst, dann das Volk, die Tore und die Mauer.

³¹Ich führte die Oberhäupter von Juda oben auf die Mauer und stellte zwei große Chöre für die Danklieder auf. Einer der Chöre schritt auf der Mauer entlang nach rechts, zum Misttor. ³²Hoschaja und die Hälfte der Anführer Judas folgten ihnen, ³³zusammen mit Asarja, Esra, Meschullam, ³⁴Juda, Benjamin, Schemaja und Jirmeja ³⁵und einigen Priestern mit Trompeten: Secharja, der Sohn Jonatans, des Sohnes Schemajas, des Sohnes Mattanjas, des Sohnes Michajas, des Sohnes Sakkurs, ein Nachkomme Asafs, ³⁶mit seinen Verwandten Schemaja, Asarel, Milalai, Gilalai, Maai, Netanel, Juda und Hanani. Sie spielten die Musikinstrumente, die David, der Mann Gottes, vorgeschrieben hatte. Der Schriftgelehrte Esra führte diese Prozession an. ³⁷Am Quelltor stiegen sie die Treppen der Stadtmauer hinauf zur Stadt Davids und zogen am Palast Davids vorbei zum Wassertor im Osten.

³⁸Der zweite Chor schritt in die entgegengesetzte Richtung. Ich folgte ihm mit der anderen Hälfte des Volkes, oben auf der Mauer entlang, am Ofenturm vorüber zur breiten Mauer, ³⁹dann vorbei am Ephraimtor zum Altstadttor, am Fischtor, dem Hananelturm und dem Turm Mea vorbei bis zum Schaftor. Am Wachttor machten wir Halt.

⁴⁰Dann nahmen die beiden Chöre für die Danklieder beim Haus Gottes Aufstellung. Ich tat es ihnen nach, und mit mir die Hälfte der Oberhäupter der Stadt ⁴¹und die Priester mit den Trompeten: Eljakim, Maaseja, Mijamin, Michaja, Eljoënai, Secharja und Hananja. ⁴²Die Sänger Maaseja, Schemaja, Eleasar, Usi, Johanan, Malkija, Elam und Eser sangen laut unter der Leitung von Jisrachja.

⁴³An diesem Tag wurden viele Opfer dargebracht und es wurde gefeiert, denn Gott hatte ihnen allen Anlass zu großer Freude gegeben. Auch die Frauen und Kinder nahmen an der Feier teil, und die Freude in Jerusalem war weithin zu hören.

Vorkehrungen für den Tempelgottesdienst

⁴⁴An diesem Tag wurden Verwalter ernannt über die Vorratshäuser für die Abgaben – die ersten Teile der Ernte und die Zehnten. Sie sollten die Gaben von den Feldern darin sammeln, wie es das Gesetz für die Priester und Leviten vorschrieb, denn das ganze Volk von Juda schätzte die Priester und Leviten, die ihren Dienst versahen, sehr. ⁴⁵Sie taten den Dienst für ihren Gott und führten die Reinigungsvorschriften aus, und auch die Sänger und Torhüter hielten sich an die Anordnungen Davids und seines Sohnes Salomo. ⁴⁶Denn seit langer Zeit, seit den Tagen Davids und Asafs, gab es Chorleiter und wurden Lob- und Danklieder für Gott angestimmt. ⁴⁷In der Zeit Serubbabels und Nehemias brachten alle Israeliten den Sängern und Torhütern Gaben für den täglichen Unterhalt und den Leviten

---

12,17 Im Hebr. fehlt der Name dieses Familienoberhaupts.   12,22 Das ist König Darius II. von Persien.

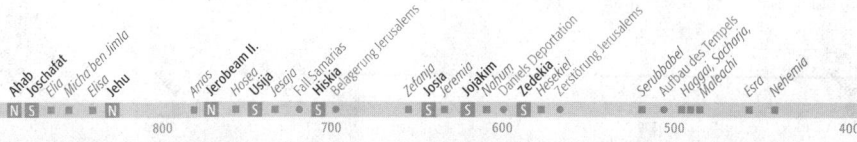

ESRA & NEHEMIA

1–6	Erste Rückkehr aus dem Exil und Wiederaufbau des Tempels
7–10	Zweite Rückkehr aus dem Exil und Sündenbekenntnis des Volkes
1–6	Heimkehr Nehemias und Wiederaufbau der Stadtmauer
7–13	Vollendung der Mauer und Neuverpflichtung auf das Gesetz

13
Nehemia setzt die Tempelabgaben, die Sabbatheiligung und das Verbot von Mischehen durch.

[Der zweite Tempel]

Weihegaben. Die Leviten wiederum gaben einen Teil dieser Weihegaben den Priestern, den Nachkommen Aarons.

Nehemias Reformen

13 Zu jener Zeit wurde das Buch Mose dem Volk vorgelesen, und man fand darin geschrieben, dass kein Ammoniter oder Moabiter jemals der Gemeinde Gottes beitreten dürfe. ²Denn sie hatten den Israeliten keine Gastfreundschaft erwiesen, sondern im Gegenteil Bileam dafür bezahlt, sie zu verfluchen. Unser Gott hatte jedoch den Fluch in einen Segen verwandelt. ³Als sie von diesem Gesetz hörten, schlossen sie alle, die aus Mischehen stammten, aus der Gemeinschaft der Israeliten aus.

⁴Noch bevor das geschah, war der Priester Eljaschib zum Oberaufseher über die Vorratsräume im Haus unseres Gottes ernannt worden. Er war ein Verwandter von Tobija ⁵und hatte einen großen Vorratsraum ausräumen lassen und ihn Tobija zur Verfügung gestellt. Dort wurden zuvor die Speiseopfer, der Weihrauch, die Tempelgeräte und die Zehnten von Korn, neuem Wein und Öl aufbewahrt, die den Leviten, Sängern und Torhütern zustanden, und auch die Abgaben für die Priester.

⁶Ich selbst hielt mich bei diesen Vorkommnissen nicht in Jerusalem auf, denn ich war im

Nehemia 13,29

Bundesschlüsse
Der Bund der Priesterschaft und der Leviten wird viele hundert Jahre später wieder bei Nehemia erwähnt: in der Zeit, als das Volk Israel wieder aus dem Exil ins Land zurückgekehrt ist.
Die Klage von Nehemia lässt erkennen, dass auch die Priester und Leviten Gott nicht immer die Treue gehalten haben. In der Geschichte dieses Bundes spiegelt sich im Kleinen wider, was im Großen die Bundesgeschichte des ganzen Volkes bestimmte: Untreue.
Doch auch die Reaktion Gottes auf diese Geschichte des Bruchs ist typisch: Von seiner Seite aus hält er an diesem Bund fest: »Der Bund, den ich mit den Priestern, den Leviten, geschlossen habe« ... »kann nicht gebrochen werden« (Jer 33,21).
(4. Mose 25,12 «« | »» Maleachi 2,4-9)

S Südreich Juda   N Nordreich Israel

32. Jahr der Regierung von König Artahsasta von Babylon* zum König zurückgekehrt. Später erbat ich mir dann die Erlaubnis, wieder nach Jerusalem zu reisen. ⁷Als ich nach Jerusalem zurückkehrte und von der Schandtat erfuhr, die Eljaschib für Tobija begangen hatte, dass er nämlich Tobija einen Raum in den Höfen des Hauses Gottes zur Verfügung gestellt hatte, ⁸wurde ich sehr wütend und warf alle Besitztümer Tobijas aus dem Raum hinaus. ⁹Dann befahl ich die Räume zu reinigen und ließ die Geräte für das Haus Gottes, die Speiseopfer und den Weihrauch wieder hineinschaffen.

¹⁰Außerdem musste ich feststellen, dass die Leviten nicht bekommen hatten, was ihnen zustand, sodass sie und die Sänger, die eigentlich am Tempel dienen sollten, auf ihre Felder zurückgekehrt waren. ¹¹Da stellte ich die Oberhäupter der Stadt zur Rede und fragte: »Warum wurde das Haus Gottes vernachlässigt?« Dann ließ ich die Leviten und Sänger zusammenrufen und setzte sie wieder in ihre Ämter ein. ¹²Und das ganze Volk von Juda brachte wieder seine Abgaben an Korn, Wein und Öl in die Vorratshäuser.

¹³Ich setzte den Priester Schelemja, den Schreiber Zadok und Pedaja, einen der Leviten, als Verwalter über die Vorratsräume ein und stellte ihnen Hanan, den Sohn Sakkurs und Enkel Mattanjas, als Gehilfen zur Seite. Diese Männer galten als zuverlässig; ihre Aufgabe war es nun, die Gaben an ihre Angehörigen zu verteilen.

¹⁴Gedenke deshalb meiner, mein Gott, und vergiss die Treue nicht, die ich dem Haus meines Gottes und dem Dienst in ihm erwiesen habe.

¹⁵In dieser Zeit sah ich einige Männer von Juda am Sabbat die Kelter treten. Außerdem holten sie Korn herbei, beluden ihre Esel damit und brachten Wein, Trauben, Feigen und alle möglichen Erzeugnisse nach Jerusalem. Da warnte ich sie, ihre Erzeugnisse am Sabbat zu verkaufen. ¹⁶Auch ließen sich einige Männer aus Tyrus nieder, die Fisch und alle möglichen anderen Waren mitgebracht hatten, und verkauften sie am Sabbat in Jerusalem an die Juden. ¹⁷Da stellte ich die vornehmen Bürger von Juda zur Rede: »Warum tut ihr so schändliche Dinge und entweiht dadurch den Sabbat? ¹⁸Haben nicht eure Vorfahren so gehandelt, sodass unser Gott dieses ganze Unglück über uns und unsere Stadt brachte? Und jetzt beschwört ihr noch größeren Zorn auf die Israeliten herab, indem ihr den Sabbat entheiligt!« ¹⁹Und ich befahl, dass von nun an die Tore der Stadt vor dem Sabbat, wenn es dunkel wurde, geschlossen werden mussten und nicht vor dem Ende des Sabbats wieder geöffnet werden durften. Gleichzeitig stellte ich einige meiner eigenen Diener bei den Toren auf, damit am Sabbat keine Ware hereinkommen konnte. ²⁰Die Händler und Verkäufer von allen möglichen Waren übernachteten ein oder zwei Mal außerhalb Jerusalems. ²¹Doch ich warnte sie und sagte: »Warum schlagt ihr rund um die Stadtmauer über Nacht euer Lager auf? Wenn ihr das noch einmal tut, lasse ich euch festnehmen!« Von diesem Zeitpunkt an kamen sie nicht mehr am Sabbat. ²²Dann befahl ich den Leviten sich zu reinigen, zu den Toren zu kommen und sie zu bewachen, um die Heiligkeit des Sabbat zu wahren.

Gedenke auch dieser guten Tat, mein Gott! Hab Erbarmen mit mir in deiner großen und beständigen Liebe.

²³Etwa um die gleiche Zeit sah ich, dass einige Männer aus Juda Frauen aus Aschdod, Ammon und Moab geheiratet hatten. ²⁴Die Hälfte ihrer Kinder sprach die Sprache Aschdods oder des jeweiligen anderen Volkes und beherrschte nicht einmal mehr die Sprache Judas. ²⁵Ich stellte sie zur Rede und verfluchte sie. Einige von ihnen schlug ich und riss ihnen einen Teil ihrer Haare aus. Sie mussten mir vor Gott einen Eid schwören: »Gebt nicht eure Töchter ihren Söhnen zur Frau und nehmt euch keine ihrer Töchter zur Frau für euch und eure Söhne!«

²⁶»Denn hat nicht wegen solcher Frauen König Salomo von Israel gesündigt?«, fragte ich. »Es gab unter den vielen Völkern keinen anderen König wie ihn, und Gott liebte ihn und machte ihn zum König über ganz Israel. Doch selbst ihn verleiteten seine ausländischen Frauen zur Sünde. ²⁷Und von euch hört man, dass ihr ein so großes Unrecht begeht und Gott untreu werdet, indem ihr ausländische Frauen heiratet?«

²⁸Einer von den Söhnen Jojadas, des Sohnes vom Hohen Priester Eljaschib, hatte eine Tochter des Horoniters Sanballat geheiratet; ihn verbannte ich aus meiner Umgebung.

²⁹Erinnere dich an sie, mein Gott, denn sie haben das Priestertum und den Bund der Priesterschaft und Leviten verunreinigt.

³⁰Auf diese Weise tilgte ich bei ihnen alles Ausländische aus, setzte die Priester und Leviten wieder in ihren Dienst ein und wies ihnen ihre Aufgaben zu. ³¹Außerdem regelte ich die Holzlieferungen zu den festgesetzten Zeiten und die Abgabe der ersten Ernteerträge.

Gedenke meiner zu meinem Besten, mein Gott.

13,6 433 v.Chr.; s. Anm. zu 1,1.

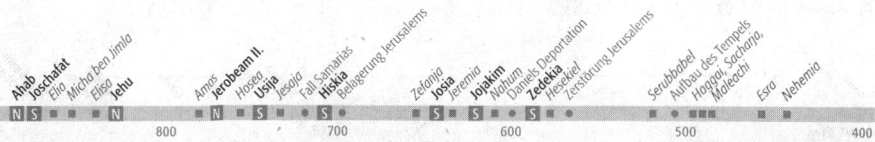

Die Bibel widerstrebt allen Trennungen. Für sie gibt es keine ausgeklammerten Bezirke des Lebens. Nichts Menschliches ist ihr fremd. Sie ist darin – erstaunlich oder befremdend mutet uns das an – eigentlich kein »religiöses« Buch. Sie ist erfrischend weltlich. Man kann seiten- und kapitelweise in ihr lesen, ohne überhaupt auf »religiöse« Themen zu stoßen. Da geht es um Raum für Menschen und Herden, um Brunnen und um Weinberge, um Teuerung und Krankheitslast, um Intrigen und Kriege, um Generationenspannung und um Kindersegen – das alles aber unter Gottes Augen und in seine Reichspläne einbegriffen. Sind die Gleichnisse Jesu nicht ebenso weltlich?

Otto Rodenberg

Ester

Inhalt

Esters Geschichte spielt in der Zeit nach der »Babylonischen Gefangenschaft« der Israeliten. Sie lebt in Susa, der Hauptstadt des Persischen Reiches, und wird auf wunderbare Weise Königin. Dass sie Israelitin ist, wird nicht öffentlich gesagt.

Als der oberste Beamte des Königs plant, die Israeliten im ganzen Persischen Reich auszurotten, schaltet sie sich ein. Dazu braucht sie viel Mut, aber ihr diplomatisches Vorgehen führt zum Erfolg.

Der für die Vernichtung angesetzte Tag wird zum Feiertag der Israeliten für alle Zeiten (Purimfest).

Wichtige Personen

Ahasveros/Xerxes (I.)	König von Persien (Großreich, Kernland im heutigen Iran)
Waschti	Königin von Persien
Mordechai	aus dem Stamm Benjamin, Palastbeamter, dann oberster Beamter von König Ahasveros
Ester/Hadassa	Cousine Mordechais, Königin von Persien nach Waschti
Hegai	Haremswächter
Bigtan und Teresch	Palastwächter von Ahasveros
Haman	Nachkomme des Amalekiters Agag, oberster Beamter von König Ahaveros vor Mordechai

Wichtiger Ort

Susa	Residenzstadt von König Ahasveros (heute West-Iran)

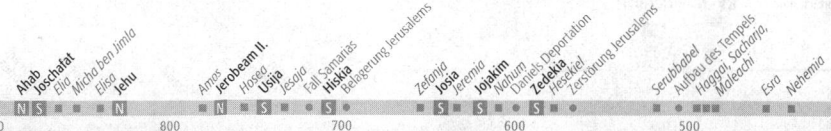

ESTER

1–2	Ester wird Königin
3–9	Bedrohung und Rettung der Juden
9–10	Das Purimfest

1–2
König Ahasveros verstößt seine Frau und erlässt ein Dekret, dass der Mann im eigenen Haus das Sagen hat. Ester wird mit anderen Jungfrauen zum Königshof gebracht.

[Die Zeit des Exils]

ESTER

Das Festmahl des Königs

1 Folgendes ereignete sich in den Tagen von König Ahasveros*. Ahasveros herrschte über 127 Provinzen, die von Indien bis nach Kusch* reichten. ²Damals regierte er von der Burg Susa aus. ³Im dritten Jahr seiner Herrschaft gab er ein Festmahl für alle seine Fürsten und Beamten, für die Befehlshaber der Heere Mediens und Persiens, für die Adligen und die Provinzverwalter. ⁴Das Fest dauerte sechs Monate* und war eine Zurschaustellung des unermesslichen Reichtums seines Königreiches und dessen unerhörter Pracht und Größe.

⁵Als diese Zeit vorüber war, gab der König ein Festmahl für alle Bewohner der Burg Susa – vom Höchsten bis zum Niedrigsten. Das Bankett dauerte sieben Tage und wurde im Garten des königlichen Palastes veranstaltet. ⁶Der Garten war mit kunstvoll gewobenen weißen und blauen Leinenvorhängen geschmückt, die mit Byssus- und Purpurbändern und mit silbernen Ringen an Marmorsäulen befestigt waren. Auf dem aus Porphyr, Marmor, Perlmutt und anderen kostbaren Steinen zusammengesetzten Mosaikboden standen goldene und silberne Sessel. ⁷Die Getränke wurden in goldenen Bechern gereicht, von denen keiner dem anderen glich, und der Wein aus dem königlichen Weinkeller floss in Strömen, wie der König es befohlen hatte. ⁸Der König hatte angeordnet, dass das Trinken zwanglos geschehen sollte: Er hatte seine Diener angewiesen jedem nach Wunsch aufzutragen.

⁹Königin Waschti gab zur gleichen Zeit ein Festmahl für die Frauen des Hofstaates von König Ahasveros.

Königin Waschti wird verstoßen

¹⁰Am siebten Tag des Festes, als König Ahasveros schon vom vielen Wein in heiterer Stimmung war, befahl er Mehuman, Biseta, Harbona, Bigta, Abagta, Setar und Karkas, den sieben Eunuchen, die ihn bedienten, ¹¹Königin Waschti zu ihm zu holen. Sie sollte ihre Königskrone tragen, um den Burgbewohnern und Fürsten ihre Schönheit vorzuführen, denn sie war eine sehr hübsche

---

1,1a So im Hebr.; Ahasveros ist ein anderer Name für *Xerxes*. So im ganzen Buch Ester. **1,1b** Griech. *bis Äthiopien*. **1,4** Hebr. *180 Tage*.

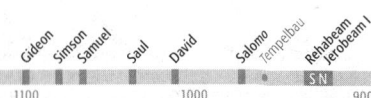

Frau. ¹²Doch als die Eunuchen Königin Waschti den Befehl des Königs überbrachten, weigerte sie sich zu kommen. Das erboste den König und sein Gesicht rötete sich vor Zorn.

¹³Er besprach sich mit seinen Beratern, die sich in Rechtsfragen auskannten, denn derartige Angelegenheiten des Königs wurden von der Gesamtheit der Gesetzes- und Rechtsgelehrten behandelt. ¹⁴Seine engsten Berater waren Karschena, Schetar, Admata, Tarsis, Meres, Marsena und Memuchan. Sie waren die sieben Fürsten Mediens und Persiens, die Zutritt zum König und die höchste Stellung im Königreich innehatten. ¹⁵»Was muss nach dem Gesetz mit Königin Waschti geschehen?«, fragte der König. »Sie widersetzte sich meinem Befehl, der ihr durch die Eunuchen überbracht worden war.«

¹⁶Memuchan antwortete dem König und den Fürsten: »Königin Waschti hat sich nicht nur gegen den König, sondern auch gegen alle Fürsten und Bürger in allen Provinzen des Königs Ahasveros verfehlt. ¹⁷Wenn das Verhalten der Königin bekannt wird, werden die Frauen überall anfangen, die Achtung vor ihren Männern zu verlieren. Sie werden sagen: ›König Ahasveros hat Königin Waschti befohlen zu ihm zu kommen, aber sie kam nicht.‹ ¹⁸Noch heute werden die Frauen der Fürsten im ganzen medisch-persischen Reich, die von der Weigerung der Königin hören, mit ihren Männern darüber sprechen. Die Folgen werden Geringschätzung und großer Ärger sein. ¹⁹Wenn es Ihrer Majestät gefällt, schlagen wir vor, dass Sie ein Dekret erlassen und ein schriftliches Gesetz der Perser und Meder anordnen, das nicht aufgehoben werden darf. Dieses Gesetz soll Königin Waschti für immer aus der königlichen Gegenwart verbannen und festlegen, dass ihre Königswürde einer anderen gegeben wird, die würdiger ist als sie. ²⁰Wenn dieser königliche Erlass im ganzen riesigen Reich veröffentlicht wird, werden die Ehemänner überall, ganz gleich welchen Ranges, von ihren Frauen mit dem gebührenden Respekt behandelt werden.«

²¹Der König und die Fürsten hielten diesen Rat für vernünftig, und der König tat, was Memuchan ihm vorgeschlagen hatte. ²²Er sandte Briefe in alle Provinzen seines Reiches, die in der jeweiligen Landessprache und -schrift verfasst waren, um bekannt zu geben, dass jeder Mann Herr in seinem Haus sein und dort nur in seiner Sprache gesprochen werden solle.

Ester wird Königin

2 Doch nachdem Ahasveros' Zorn verraucht war, fing der König an über Waschti und das, was sie getan hatte, und über seinen Erlass nachzugrübeln. ²Deshalb schlugen seine Diener Folgendes vor: »Man möge im ganzen Reich nach schönen Jungfrauen für den König Ausschau halten. ³Der König soll in jeder Provinz seines Reiches Männer beauftragen, die alle schönen Jungfrauen in den Harem der Burg Susa bringen sollen. Der königliche Eunuch Hegai, der die Aufsicht über diese Jungfrauen hat, soll dafür sorgen, dass sie Kosmetika erhalten und ihre Schönheit pflegen. ⁴Danach soll die junge Frau, die dem König am besten gefällt, an Waschtis Stelle Königin werden.« Dieser Rat gefiel dem König und er setzte ihn in die Tat um.

⁵Nun lebte in der Burg Susa ein Jude namens Mordechai, ein Sohn Jaïrs, vom Stamm Benjamin, der ein Nachkomme von Kisch und Schimi war. ⁶Seine Familie war zusammen mit König Jechonja* von Juda und vielen anderen Israeliten vom babylonischen König Nebukadnezar aus Jerusalem verschleppt worden. ⁷Mordechai hatte eine Cousine mit Namen Hadassa, auch Ester genannt. Er war ihr Vormund, denn sie hatte weder Vater noch Mutter. Die junge Frau hatte eine schöne Figur und ein hübsches Gesicht. Nach dem Tod ihrer Eltern nahm Mordechai sie in sein Haus und zog sie wie seine eigene Tochter auf. ⁸Als auf den Erlass des Königs hin viele junge Frauen in der Burg Susa unter der Aufsicht von Hegai versammelt wurden, wurde auch Ester an den Königshof gebracht und in die Obhut des Haremswächters Hegai gegeben. ⁹Sie gefiel ihm und erwarb sich seine Gunst. Er ließ ihr besonderes Essen servieren und tat alles, um ihre Schönheit durch sorgfältige Pflege zu vervollkommnen. Darüber hinaus stellte er ihr sieben ausgewählte Dienerinnen aus dem Palast des Königs zur Verfügung und wies ihr und ihren Dienerinnen die beste Wohnung im Harem zu.

¹⁰Ester hatte keinem Menschen von ihrem Volk und ihrer Herkunft erzählt, denn Mordechai hatte ihr befohlen darüber zu schweigen. ¹¹Mordechai selbst ging jeden Tag am Hof des Harems vorüber, um zu erfahren, wie es Ester ging und was mit ihr geschah.

¹²Wenn eine junge Frau an die Reihe kam zum König zu gehen, waren laut Vorschrift zwölf Monate vergangen, denn so lange dauerte die Schönheitspflege der Frauen: Sechs Monate wurden sie mit Myrrhenbalsam massiert und da-

---

2,6 So im Hebr.; Jechonja ist eine Variante des Namens *Jojachin*.

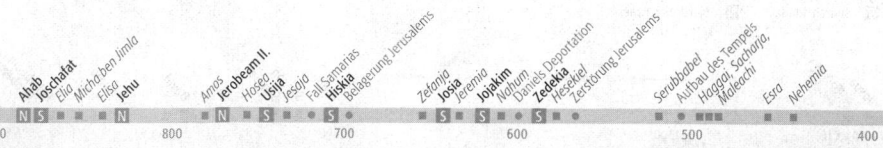

ESTER

1–2	Ester wird Königin

3–9	Bedrohung und Rettung der Juden

9–10	Das Purimfest

2–4
Ester wird Königin. Mordechai deckt einen Mordkomplott gegen den König auf. Haman möchte die Juden im Reich hinrichten lassen. Die Juden trauern über das Tötungsdekret.

[Die Zeit des Exils]

nach sechs Monate mit besonderen Balsamölen und Cremes für Frauen. [13]Wenn die Zeit gekommen war, dass das Mädchen zum König gehen sollte, durfte sie sich wünschen, was sie aus dem Harem in den Palast des Königs mitnehmen wollte; es wurde ihr alles gegeben. [14]Am Abend ging sie dann zum König hinein und am nächsten Morgen dann in den zweiten Harem*, wo die Nebenfrauen des Königs wohnten. Dort stand sie unter der Aufsicht von Schaaschgas, einem anderen Eunuchen des Königs. Niemals ging sie wieder zum König, es sei denn, sie hatte dem König besonders gefallen und er ließ sie bei ihrem Namen rufen.

[15]Als Ester an der Reihe war zum König zu gehen*, verlangte sie nichts mitzunehmen außer dem, was Hegai, der oberste Eunuch des Harems, ihr vorschlug. Sie erwarb sich Gunst bei allen, die sie sahen. [16]Ester wurde im zehnten Monat, dem Monat Tebet*, im siebten Jahr seiner Herrschaft, zu König Ahasveros in den königlichen Palast gebracht. [17]Der König liebte sie mehr als alle anderen Frauen. Sie erwarb sich mehr Gunst und Liebe als alle die anderen Jungfrauen, deshalb setzte Ahasveros ihr die Königskrone auf und machte sie an Waschtis Stelle zur Königin. [18]Dann gab er Ester zu Ehren ein Festmahl für alle seine Fürsten und Diener. Den Provinzen gewährte er einen Steuernachlass* und ließ seine Untertanen großzügig beschenken.

Mordechais Treue zum König

[19]In der Zeit, als die jungen Frauen versammelt wurden und Mordechai Palastbeamter wurde, [20]verschwieg Ester ihre Volkszugehörigkeit und Herkunft, wie Mordechai es ihr befohlen hatte. Sie befolgte Mordechais Befehl genauso, wie sie es getan hatte, als sie noch von ihm erzogen wurde.

[21]Eines Tages, als Mordechai im Palast Dienst tat, ärgerten sich zwei der Eunuchen des Königs, Bigtan und Teresch, die Wachen an der Tür zu den Privatgemächern des Königs waren, über König Ahasveros und schmiedeten ein Mordkomplott gegen ihn. [22]Doch die Sache kam Mordechai zu Ohren und er sagte es Königin Ester. Diese erzählte dem König davon und sagte ihm auch, dass Mordechai sie über die Verschwörung unterrichtet hatte. [23]Als man Nachforschungen

---

2,14 O. in einen anderen Teil des Harems. **2,15** Hebr. Als die Reihe ... an Ester, der Tochter Abihajils, des Onkels Mordechais, der sie als Tochter angenommen hatte, war ... **2,16** Manche Daten im Buch Ester können anhand von Daten in erhalten gebliebenen persischen Berichten überprüft und auf unseren heutigen Kalender übertragen werden. Dieser Monat des hebr. Mondkalenders fiel auf den Dezember 479 und den Januar 478 v. Chr. **2,18** O. einen Festtag.

anstellte und sich Mordechais Bericht als wahr erwies, wurden die beiden Männer an Galgen* gehängt. Der ganze Vorfall wurde im Buch der Geschichte von König Ahasveros' Herrschaft aufgezeichnet.

Hamans Verschwörung gegen die Juden

3 Einige Zeit später erhöhte König Ahasveros Haman, den Sohn von Hammedata, den Agagiter. Er beförderte ihn und unterstellte ihm alle seine Mitfürsten. ²Alle Mitarbeiter der königlichen Verwaltung mussten sich als Zeichen ihrer Ehrfurcht vor Haman verneigen und sich auf die Knie werfen; so hatte es der König befohlen. Mordechai aber wollte sich weder vor ihm verneigen noch sich vor ihm auf die Knie werfen.
³Die Mitarbeiter der königlichen Verwaltung fragten Mordechai: »Warum missachtest du das Gebot des Königs?« ⁴Tag für Tag redeten sie ihm zu, doch er hörte nicht auf sie. Schließlich wandten sie sich an Haman selbst, um zu sehen, ob Mordechais Verhalten akzeptiert würde, denn Mordechai hatte ihnen gesagt, dass er ein Jude war.
⁵Als Haman bemerkte, dass Mordechai sich weder vor ihm verneigte noch sich vor ihm auf die Knie warf, packte ihn Wut. ⁶Doch es genügte ihm nicht, nur Mordechai etwas anzutun. Da man ihn inzwischen auch über Mordechais Volkszugehörigkeit unterrichtet hatte, plante er, alle Juden im ganzen Königreich von Ahasveros als Volk Mordechais zu vernichten.
⁷So ließ er im ersten Monat, dem Monat Nisan*, im zwölften Jahr der Herrschaft von König Ahasveros, tage- und monatsweise Lose, die sogenannten Purim, werfen. Das Los fiel auf den 13. Tag des zwölften Monats, den Monat Adar*.
⁸Darauf sagte Haman zum König Ahasveros: »Es gibt ein Volk, das zerstreut und abgesondert unter den Völkern in allen Provinzen deines Reiches lebt. Das Gesetz dieses Volkes unterscheidet sich vom Gesetz aller anderen Völker, und seine Angehörigen halten sich nicht einmal an die Gesetze Ihrer Majestät. Deshalb liegt es nicht im Interesse Ihrer Majestät, sie unbehelligt zu lassen. ⁹Wenn es Ihrer Majestät genehm ist, so erlassen Sie ein Dekret, sie zu vernichten; im Gegenzug gebe ich den Schatzmeistern 10.000 Talente* Silber, die sie in die königliche Schatzkammer bringen sollen.«

¹⁰Der König zog seinen Siegelring vom Finger und reichte ihn Haman, dem Sohn Hammedatas, dem Agagiter – dem Feind der Juden. ¹¹»Behalte das Geld«, sagte der König zu Haman. »Und dieses Volk – mach mit ihm, was du willst.«
¹²Am 13. Tag des ersten Monats* wurden die Schreiber des Königs zusammengerufen. Haman diktierte ihnen ein Schreiben an die Satrapen* des Königs, die Statthalter der einzelnen Provinzen und die Fürsten der verschiedenen Völker. Es wurde in der jeweiligen Landessprache und -schrift geschrieben. Die Briefe wurden im Namen des Königs Ahasveros verfasst und mit seinem Ring besiegelt. ¹³Dann wurden die Schriftstücke von Boten in alle Provinzen des Reiches gebracht. Alle Juden – Junge und Alte, auch Frauen und Kinder – sollten an einem einzigen Tag, nämlich am 13. Tag des zwölften Monats, dem Monat Adar*, vernichtet, umgebracht und ausgerottet und ihr Besitz geplündert werden. ¹⁴In allen Provinzen sollte eine Abschrift dieses Erlasses als königliche Anordnung veröffentlicht und allen Völkern bekannt gemacht werden, damit sie an dem festgesetzten Tag bereit seien. ¹⁵Auf Befehl des Königs zogen die schnellsten Kuriere hinaus und auch in der Burg Susa wurde das Dekret verkündet. Dann setzten sich der König und Haman nieder, um ein Gelage abzuhalten. In der Stadt Susa aber herrschte Bestürzung.

Mordechai bittet Ester um Hilfe

4 Als Mordechai erfuhr, was geschehen war, zerriss er seine Kleider, legte ein Trauergewand an, streute Asche auf sein Haupt und ging unter lautem Weinen und Wehklagen mitten in die Stadt hinein. ²Er ging bis zum Tor des königlichen Palastes, doch niemand, der Trauerkleidung trug, durfte durch das Tor des Palastes eintreten. ³In jeder einzelnen Provinz, in der der Erlass des Königs eintraf, herrschte große Trauer unter den Juden. Sie fasteten, weinten und klagten, und viele betteten sich auf Sack und Asche.
⁴Als ihre Dienerinnen und Eunuchen zu Königin Ester kamen und ihr von Mordechai erzählten, war sie sehr beunruhigt. Sie schickte ihm Kleidung, die er anstelle seines Trauergewandes

---

2,23 O. *an einen Pfahl*. **3,7a** Dieser Monat des hebr. Mondkalenders fiel im Jahr 474 v. Chr. in den April/Mai. **3,7b** Im Hebr. steht nur *im zwölften Monat*, nach dem hebr. Kalender. Das Datum war der 7. März des Jahres 473 v. Chr.; s. auch die Anm. zu 2,16. **3,9** Das sind ca. 360 t. **3,12a** Dieses Ereignis fiel auf den 17. April 474 v. Chr.; s. auch die Anm. zu 2,16. **3,12b** Das persische Königreich war in Satrapien unterteilt, die von einem Satrapen regiert wurden. Die Satrapien bestanden dann ihrerseits wieder aus mehreren Provinzen. **3,13** Es handelte sich um den 7. März des Jahres 473 v. Chr., s. auch die Anm. zu 2,16.

ESTER

1–2	Ester wird Königin

3–9	Bedrohung und Rettung der Juden

9–10	Das Purimfest

4–6
Ester setzt sich beim König für die Juden ein. Haman plant Mordechais Tötung. Der König erweist Mordechai Ehre.

[Die Zeit des Exils]

anlegen sollte, doch er nahm sie nicht an. ⁵Daraufhin sandte Ester nach Hatach, einem der Eunuchen des Königs, der zu ihrem persönlichen Diener ernannt worden war. Sie trug ihm auf, Mordechai zu fragen, was ihm Kummer machte und warum er Trauer trug. ⁶Hatach ging hinaus zu Mordechai auf den Marktplatz vor dem Palasttor.

⁷Mordechai erzählte ihm die ganze Geschichte und sagte ihm auch, wie viel Geld Haman der königlichen Schatzkammer für die Vernichtung der Juden versprochen hatte. ⁸Auch gab er Hatach eine Abschrift des Erlasses, der in Susa verkündet worden war und der die Ermordung der Juden anordnete. Hatach sollte ihn Ester zeigen und ihr alles berichten. Er sollte sie auffordern zum König zu gehen und ihn um Gnade anzuflehen, um bei ihm etwas für ihr Volk zu erreichen. ⁹Mit dieser Botschaft kehrte Hatach zu Ester zurück und berichtete ihr alles.

¹⁰Ester befahl Hatach, noch einmal zu Mordechai zu gehen und ihm Folgendes auszurichten: ¹¹»Alle Höflinge des Königs und alle Bewohner des Königreiches wissen, dass jeder, der ohne Einladung im Innenhof vor dem König erscheint, nach dem Gesetz dem Tode geweiht ist, es sei denn, der König streckt ihm sein goldenes Zepter entgegen. Doch ich bin seit 30 Tagen nicht mehr gerufen worden, um zum König hineinzugehen.« ¹²Diese Nachricht Esters wurde Mordechai überbracht.

¹³Mordechai ließ Ester folgende Antwort überbringen: »Glaub nicht, dass du als Einzige von allen Juden mit dem Leben davonkommst, weil du im königlichen Palast wohnst. ¹⁴Wenn du in dieser Lage wirklich schweigst, wird den Juden von anderer Seite Befreiung und Rettung zuteilwerden; du und deine Verwandten aber werden umkommen. Und wer weiß, ob du nicht für eine Situation wie diese zur Königin wurdest?«

¹⁵Darauf ließ Ester Mordechai antworten: ¹⁶»Geh, sammle alle Juden, die sich in Susa befinden, und fastet für mich. Drei Tage und Nächte sollt ihr nichts essen und trinken. Meine Dienerinnen und ich werden dasselbe tun. Nach dieser Vorbereitung werde ich dann, obwohl es gegen das Gesetz verstößt, zum König gehen. Wenn ich umkomme – dann komme ich um.« ¹⁷Da ging Mordechai fort und handelte genauso, wie Ester es ihm aufgetragen hatte.

Esters Bitte an den König

5 Drei Tage später zog Ester königliche Gewänder an und betrat den Innenhof des Palastes, auf den hin sich die Gemächer des Königs

S Südreich Juda   N Nordreich Israel

öffneten. Der König saß auf seinem Thron inmitten seines Hofstaates, gegenüber vom Eingang. ²Als er Königin Ester im Innenhof stehen sah, war er ihr wohlgesinnt und streckte ihr sein goldenes Zepter, das er in der Hand hielt, entgegen. Da trat Ester zu ihm und berührte die Spitze des Zepters.

³Der König fragte sie: »Was willst du, Königin Ester? Was hast du für einen Wunsch? Ich erfülle ihn dir, und wenn es die Hälfte meines Reiches ist!«

⁴Ester antwortete: »Wenn es Ihrer Majestät genehm ist, dann kommen Sie zusammen mit Haman heute zu einem Festmahl, das ich für Sie vorbereitet habe.«

⁵Da sagte der König: »Holt schnell Haman herbei, damit wir der Einladung Esters nachkommen.« Und der König und Haman gingen zum Festmahl, das Ester vorbereitet hatte.

⁶Als sie Wein tranken, sagte der König zu Ester: »Was verlangst du? Es soll dir gegeben werden. Was hast du für einen Wunsch? Ich erfülle ihn dir, und wenn es die Hälfte meines Reiches ist!«

⁷Ester antwortete: »Das ist meine Bitte und mein Wunsch: ⁸Wenn Ihre Majestät mir wohlgesinnt ist und Sie meine Bitte und meinen Wunsch erfüllen wollen, so sollen Sie morgen zusammen mit Haman zu dem Festmahl kommen, das ich für Sie vorbereiten will. Morgen will ich dann dem Wunsch meines Königs nachkommen.«

Hamans Mordplan gegen Mordechai

⁹Haman verließ an diesem Tag das Festmahl fröhlich und gut gelaunt. Doch als er Mordechai in der königlichen Verwaltung traf und dieser weder aufstand noch Furcht zeigte, packte ihn Wut. ¹⁰Aber er nahm sich zusammen und ging nach Hause. Dort sandte er Diener und ließ seine Freunde und seine Frau Seresch zu sich kommen. ¹¹Vor ihnen prahlte er mit seinem großen Reichtum und seinen vielen Kindern und damit, dass ihn der König mächtig gemacht und über alle anderen königlichen Beamten und führenden Männer gesetzt hatte.

¹²Schließlich sagte er: »Und darüber hinaus hat Königin Ester mich allein zusammen mit dem König zu einem Festmahl geladen, das sie vorbereitet hatte. Und morgen bin ich wieder mit dem König bei ihr eingeladen! ¹³Aber das alles bedeutet mir nichts, solange ich mit ansehen muss, dass der Jude Mordechai hier in der königlichen Verwaltung Dienst tut.«

¹⁴Da schlugen ihm seine Frau Seresch und alle seine Freunde vor: »Man soll einen Galgen* aufrichten, 50 Ellen* hoch. Bitte den König morgen früh, Mordechai daran aufzuhängen. Dann kannst du fröhlich mit dem König zum Festmahl gehen.« Der Vorschlag gefiel Haman gut und er ließ den Galgen errichten.

Der König ehrt Mordechai

6 In dieser Nacht konnte der König nicht schlafen, deshalb ließ er sich die Geschichte seines Reiches bringen und sich daraus vorlesen. ²Es fand sich darin auch der Bericht darüber, wie Mordechai Bigtan und Teresch, zwei der Eunuchen, die die Tür zu den Privatgemächern des Königs bewachten, angezeigt hatte. Sie hatten König Ahasveros ermorden wollen. ³»Welche Belohnung oder Ehrung hat Mordechai dafür bekommen?«, fragte der König.

Seine Diener antworteten: »Er hat nichts bekommen.«

⁴»Wer ist das dort im äußeren Vorhof?«, fragte der König. Nun war aber gerade Haman im äußeren Vorhof des Palastes eingetroffen. Er wollte den König bitten, Mordechai an den Galgen*, den er hatte aufrichten lassen, zu hängen. ⁵Die Diener antworteten dem König: »Haman steht im Vorhof.«

»Er soll hereinkommen«, sagte der König. ⁶Haman trat ein, und der König sagte zu ihm: »Was kann ich für einen Mann tun, den ich belohnen möchte?«

Haman dachte sich: »Wen außer mir sollte der König wohl belohnen wollen?« ⁷Er antwortete: »Dem Mann, den Ihre Majestät belohnen möchte, ⁸sollte eines der königlichen Gewänder, das der König bereits getragen hat, und eines der Pferde, auf dem der König geritten ist und das den königlichen Kopfschmuck trägt, gebracht werden. ⁹Er soll das Gewand und das Pferd durch einen der edlen Fürsten des Königs erhalten. Dem Mann, den Ihre Majestät belohnen will, soll das Gewand angelegt werden und er soll auf dem Pferd über den Marktplatz der Stadt geführt werden. Dabei soll man vor ihm ausrufen: ›So ergeht es einem Mann, den der König belohnen will!‹«

¹⁰»Rasch!«, sagte der König zu Haman. »Geh und hole das Gewand und das Pferd und tue so, wie du es gesagt hast, für den Juden Mordechai, der in der königlichen Verwaltung Dienst tut. Lass nichts weg von allem, was du vorgeschlagen hast.«

¹¹Da nahm Haman das Gewand, legte es Mor-

5,14a O. *einen Pfahl.* **5,14b** Das sind ca. 25 m. **6,4** O. *an dem Pfahl.*

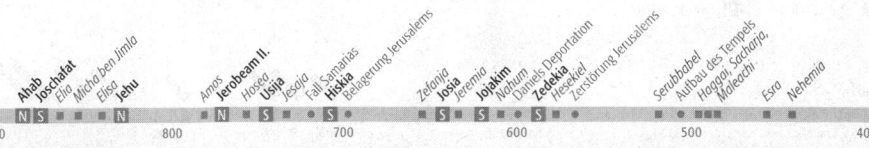

ESTER

1–2	Ester wird Königin
3–9	Bedrohung und Rettung der Juden
9–10	Das Purimfest

6–8
Haman wird erhängt. Die Juden dürfen sich mit königlicher Erlaubnis an ihren Feinden rächen.

[Die Zeit des Exils]

dechai an und führte ihn auf dem königlichen Pferd über den Marktplatz der Stadt. Dabei rief er vor ihm aus: »So ergeht es einem Mann, den der König belohnen will!« [12]Danach kehrte Mordechai zu den königlichen Verwaltungsräumen zurück; Haman aber eilte tief gedemütigt* nach Hause.

[13]Er erzählte seiner Frau Seresch und seinen Freunden alles, was ihm passiert war. Da sagten seine Berater und auch Seresch, seine Frau: »Wenn Mordechai – der Mann, der dich zu Fall gebracht hat – ein Jude ist, wirst du nichts gegen ihn ausrichten können. Ja, du wirst vollständig durch ihn zu Fall kommen.« [14]Und während sie noch mit ihm sprachen, trafen die Eunuchen des Königs ein, um Haman eilig zu dem Festmahl zu bringen, das Ester vorbereitet hatte.

Der König lässt Haman hinrichten

7 Der König und Haman gingen zu Königin Esters Festmahl. [2]Auch diesmal fragte der König sie beim Wein: »Was bittest du, Königin Ester? Es soll dir gegeben werden. Was hast du für einen Wunsch? Ich erfülle ihn dir, und wenn es die Hälfte meines Reiches ist.«

[3]Da antwortete Königin Ester: »Wenn mir Ihre Majestät wohlgesinnt ist und es Ihnen gefällt, so bitte ich, dass mir mein Leben geschenkt werde und auf meinen Wunsch hin mein Volk verschont wird. [4]Denn mein Volk und ich wurden verkauft, damit man uns umbringe und vernichte, ja gänzlich ausrotte. Wenn wir nur als Sklaven und Sklavinnen verkauft worden wären, hätte ich geschwiegen, denn das wäre zu unwichtig gewesen, um Ihre Majestät damit zu behelligen.«

[5]»Wer ist es?«, fragte König Ahasveros Königin Ester. »Wo ist der, der sich so etwas in den Kopf gesetzt hat*?«

[6]Ester antwortete: »Dieser niederträchtige Mensch dort, Haman, ist unser Feind und Widersacher.« Haman zuckte zusammen und wurde vor den Augen des Königs und der Königin kreidebleich. [7]Der König aber sprang zornig von der Festtafel auf und lief in den Palastgarten hinaus.

Haman blieb zurück, um Königin Ester um sein Leben anzuflehen, denn er hatte erkannt, dass der König seinen Untergang beschlossen hatte. [8]Gerade in dem Augenblick, in dem der König aus dem Palastgarten in den Festsaal zu-

---

6,12 Hebr. *traurig und mit verhülltem Haupt.* **7,5** Hebr. *der sein Herz gefüllt hat.* Im hebr. Denken liegt die Entscheidungszentrale des Menschen in seinem Herzen.

rückkam, warf er sich auf die Bank, auf der Königin Ester lag. »Will er jetzt auch noch die Königin in meinem eigenen Palast und vor meinen Augen vergewaltigen?«, brüllte der König. Kaum hatte der König die Frage ausgesprochen, verhüllte man Hamans Gesicht*.

⁹Da sagte Harbona, einer der Eunuchen des Königs: »Obendrein steht bei Hamans Haus ein 50 Ellen* hoher Galgen*, den er für Mordechai errichtet hat, obwohl dieser Gutes für den König getan hat.«

»Hängt Haman daran auf!«, befahl der König. ¹⁰Da hängten sie Haman an den Galgen, den er für Mordechai hatte aufrichten lassen, und der Zorn des Königs war beschwichtigt.

Das Dekret zugunsten der Juden

8 Am gleichen Tag noch übereignete König Ahasveros den Besitz Hamans, des Feindes der Juden, Königin Ester. Außerdem wurde Mordechai zum König gebracht, denn Ester hatte den König erzählt, in welcher Beziehung sie zu ihm stand. ²Der König zog seinen Siegelring ab – den er Haman wieder abgenommen hatte – und überreichte ihn Mordechai. Ester ernannte Mordechai zum Verwalter des Besitzes von Haman.

³Nun sprach Ester noch einmal beim König vor. Sie kniete zu seinen Füßen nieder und flehte ihn unter Tränen an, die von Haman, dem Agagiter, angezettelte Verschwörung gegen die Juden abzuwenden. ⁴Wieder streckte der König das goldene Zepter gegen Ester aus. Sie stand auf, stellte sich vor ihn ⁵und sagte: »Wenn mir Ihre Majestät wohlgesinnt ist und ich Ihnen angenehm bin, und wenn Ihnen die Sache gut und richtig erscheint, so erlassen Sie ein Dekret, um die Anordnungen Hamans, des Sohnes Hammedatas, des Agagiters, aufzuheben. Sein Vorhaben, die Juden in allen Provinzen des Königs zu töten, hat dieser ja schriftlich angeordnet. ⁶Denn wie könnte ich dem Unheil, das mein Volk trifft, und der Ausrottung meiner Verwandtschaft zusehen?«

⁷Da sagte König Ahasveros zu Königin Ester und zu dem Juden Mordechai: »Ich habe Ester Hamans Besitz gegeben, und er wurde an den Galgen* gehängt, weil er die Hand gegen die Juden erhoben hatte. ⁸Nun schreibt in meinem Namen bezüglich der Juden ein Dekret, so wie ihr es wollt, und siegelt es mit meinem Ring. Bedenkt aber, dass ein Dekret, das im Namen des Königs geschrieben und mit dem Ring des Königs besiegelt wurde, nicht widerrufen werden kann.« ⁹Also wurden am 23. Tag des dritten Monats, des Monats Siwan*, die Schreiber des Königs zusammengerufen. Nach dem Diktat Mordechais schrieben sie an die Juden und an die Satrapen*, Statthalter und Provinzverwalter der 127 Provinzen von Indien bis nach Kusch*. Der Erlass wurde in den jeweiligen Landessprachen und -schriften, einschließlich der der Juden, aufgeschrieben. ¹⁰Mordechai schrieb im Namen von König Ahasveros und versiegelte die Schreiben mit dem Ring des Königs. Er ließ die Briefe durch Eilboten überbringen, die Postpferde ritten, welche eigens für den König gezüchtet worden waren.

¹¹»Der König gibt den Juden in jeder einzelnen Stadt das Recht, sich zum Schutz ihres Lebens zusammenzutun. Sie dürfen jede bewaffnete Schar eines Volkes oder einer Provinz, die sie einschließlich ihrer Frauen und Kinder bedroht, töten, vernichten und ausrotten sowie ihren Besitz plündern. ¹²Der dafür festgelegte Tag in allen Provinzen des Königs Ahasveros ist der 13. Tag des zwölften Monats, des Monats Adar*.«
¹³In allen Provinzen sollte eine Abschrift dieses Dekrets als Gesetz erlassen und öffentlich verkündet werden. Auf diese Weise würden die Juden an dem entsprechenden Tag darauf vorbereitet sein, sich an ihren Feinden zu rächen. ¹⁴Auf Befehl des Königs machten sich die Boten schnellstens und in größter Eile auf den Weg; sie ritten auf Postpferden aus dem Stall des Königs. Auch in der Burg Susa wurde der Erlass verkündet.

¹⁵Dann verließ Mordechai den König. Er war mit dem königlichen blau-weißen Gewand und einem Mantel aus Byssus und Purpur bekleidet. Auf seinem Kopf saß eine große goldene Krone. Die Einwohner der Stadt Susa freuten sich und jubelten. ¹⁶Auch die Juden waren froh und glücklich und jubelten. Überall begegnete man ihnen mit Achtung. ¹⁷In allen Städten und Provinzen, wo immer der Erlass des Königs verkündet wurde, freuten sich die Juden, jubelten und feierten und hielten einen Festtag. Viele Einwohner des Landes schlossen sich ihnen an, weil sie Furcht vor den Juden überfallen hatte.

7,8 Dies war das Zeichen, dass sein Untergang unausweichlich war.   **7,9a** Das sind ca. 25 m.   **7,9b** O. *ein Pfahl*; so auch in 7,10.   **8,7** O. *an den Pfahl.*   **8,9a** Dieses Ereignis fiel auf den 25. Juni des Jahres 474 v. Chr.; s. auch die Anm. zu 2,16.   **8,9b** s. Anm. zu Kap. 3,12b.   **8,9c** Griech. *bis nach Äthiopien.*   **8,12** Bei dem Datum handelte es sich um den 7. März des Jahres 473 v. Chr.; s. auch die Anm. zu 2,16.

ESTER

1–2 Ester wird Königin

3–9 Bedrohung und Rettung der Juden

9–10 Das Purimfest

9–10
Die Juden töten ihre Feinde, ohne sich an ihnen zu bereichern. Einsetzen des Purimfestes.

[**Die Zeit des Exils**]

Der Sieg der Juden

9 Am 13. Tag des zwölften Monats, dem Monat Adar*, war der Tag gekommen, an dem die beiden Erlasse des Königs in Kraft treten sollten. An diesem Tag hatten die Feinde des jüdischen Volkes Herr über die Juden werden wollen, doch nun geschah genau das Gegenteil: Die Juden wurden ihrer Feinde Herr. ²In allen königlichen Provinzen versammelten sich die Juden in ihren Städten, um sich gegen alle, die sie bedrohten, zu wehren. Niemand konnte vor ihnen bestehen, denn alle hatte Furcht vor ihnen überfallen. ³Die Befehlshaber der Provinzen, die Satrapen*, die Statthalter und die königlichen Mitarbeiter – alle unterstützten, aus Angst vor Mordechai, die Juden. ⁴Denn Mordechai war am Königshof sehr einflussreich geworden, und die Nachricht von seiner ständig wachsenden Macht verbreitete sich in allen Provinzen.

⁵Die Juden gingen an dem dafür festgesetzten Tag mit dem Schwert gegen alle ihre Widersacher vor. Sie töteten und vernichteten ihre Feinde und verfuhren mit all jenen, die sie hassten, nach Gutdünken. ⁶In der Burg Susa töteten die Juden 500 Menschen. ⁷Auch Parschandata, Dalfon, Aspata, ⁸Porata, Adalja, Aridata, ⁹Parmaschta, Arisai, Aridai und Wajesata, ¹⁰die zehn Söhne Hamans, des Sohnes von Hammedata, dem Feind der Juden, töteten sie. Sie nahmen aber keine Beute.

¹¹Nachdem man an diesem Abend den König über die Zahl der in der Burg Susa getöteten Menschen unterrichtet hatte, ¹²sagte er zu Königin Ester: »Die Juden haben allein in der Burg Susa 500 Menschen, darunter Hamans zehn Söhne, getötet. Was mögen sie in den übrigen Provinzen des Königreiches getan haben? Hast du noch eine Bitte? Sie soll dir gewährt werden. Hast du noch einen Wunsch? Ich werde ihn erfüllen.«

¹³Da sagte Ester: »Wenn es Ihrer Majestät genehm ist, dann erteilen Sie den Juden in Susa die Erlaubnis, morgen noch einmal nach der heute geltenden Bestimmung zu verfahren; die Leichname der zehn Söhne Hamans aber soll man an Galgen* hängen.«

¹⁴Der König gab den Befehl so zu verfahren, und in Susa wurde ein entsprechendes Dekret erlassen. Die Leichname der zehn Söhne Hamans wurden aufgehängt. ¹⁵Daraufhin versammelten sich die Juden von Susa noch einmal am 14. Tag

9,1 Dieses Ereignis fiel auf den 7. März 473 v.Chr.; s. auch die Anm. zu 2,16.   **9,3** S. Fußnote zu Kap. 3,12b.
9,13 O. *an den Pfahl;* so auch in 9,25.

des Monats Adar* und töteten weitere 300 Menschen, doch auch diesmal nahmen sie keine Beute.

¹⁶Inzwischen hatten sich auch die übrigen Juden in den Provinzen des Königs zusammengetan, um ihr Leben zu verteidigen. Sie verschafften sich Ruhe vor ihren Feinden, indem sie 75.000 von denen töteten, die sie gehasst hatten. Aber sie nahmen keine Beute. ¹⁷Das spielte sich am 13. Tag des Monats Adar* in allen Provinzen ab. Am nächsten Tag* ruhten sie aus und feierten ihren Sieg mit einem Freudenfest. ¹⁸Nur die Juden in Susa versammelten sich noch einmal am zweiten Tag und ruhten erst am dritten Tag*, den sie dann ebenfalls mit einem Freudenfest begingen. ¹⁹So kommt es, dass die Juden in den unbefestigten Städten auf dem Land alljährlich gegen Ende des Winters* einen Feiertag begehen, an dem sie ein Freudenfest feiern und sich beschenken.

Das Purimfest

²⁰Mordechai schrieb diese Ereignisse auf und schickte allen Juden nah und fern, in allen Provinzen des Königs Ahasveros, Briefe, ²¹in denen er sie dazu verpflichtete, jedes Jahr an diesen beiden Tagen* ein Fest zu feiern. ²²Er ordnete an, die beiden Tage mit einem Freudenfest zu begehen und sich bei dieser Gelegenheit zu beschenken und auch den Armen Geschenke zu machen. Die Juden sollten die beiden Tage genauso feiern wie die Tage, an denen sie Ruhe vor ihren Feinden hatten und wie den Monat, in dem sich ihre Sorge in Freude und ihre Trauer in einen Festtag verwandelt hatten.

²³Die Juden übernahmen diesen Brauch so, wie Mordechai ihnen aufgetragen hatte und wie sie bereits zu tun begonnen hatten. ²⁴Haman, der Sohn von Hammedata, der Agagiter, der Feind der Juden, hatte nämlich geplant die Juden auszurotten. Der Tag und der Monat, um sie aufzureiben und auszurotten, wurden durch das Los bestimmt. Die Lose hießen Purim. ²⁵Doch als Ester sich an den König wandte, erließ er schriftlich ein entsprechendes Dekret, sodass Hamans böser Plan, den er gegen die Juden geschmiedet hatte, auf ihn selbst zurückfiel. Er und seine Söhne wurden an Galgen gehängt. ²⁶Nach der Bezeichnung für das Los heißt das Fest Purim. Aufgrund von Mordechais Brief und der Erfahrungen mit den Ereignissen, die sie getroffen hatten, ²⁷führten die Juden diesen Brauch für sich, ihre Nachkommen und alle, die sich ihnen anschlossen, ein. Sie verpflichteten sich, diese beiden Tage alljährlich vorschriftsgemäß und zum festgesetzten Datum zu begehen. ²⁸Diese Tage des Purimfestes sollen den Juden für immer im Gedächtnis bleiben und in jeder Generation, Familie, Provinz und Stadt gefeiert werden. Die Juden sollen die beiden Festtage immer beibehalten und die Erinnerung an das, was damals geschehen war, soll unter ihren Nachkommen niemals verlöschen.

²⁹Schließlich schrieb Königin Ester, die Tochter Abihails, zusammen mit dem Juden Mordechai einen weiteren Brief, in dem sie Mordechais Brief zur Einführung des Purimfestes mit ihrem ganzen Einfluss nachdrücklich unterstützte. ³⁰Dazu wurden Briefe mit Friedenswünschen und Worten der Treue an die Juden in den 127 Provinzen des Reiches von Ahasveros gesandt. ³¹In diesen Briefen wurde die Einführung des Purimfestes zum festgesetzten Datum bestätigt, wie es der Erlass des Juden Mordechai und der Königin Ester vorschrieb. Genauso hatten auch die Juden für sich selbst und ihre Nachkommen beschlossen, Fasten- und Trauerzeiten festzusetzen. ³²So bestätigte das Gebot von Königin Ester die Einführung des Purimfestes, und es wurde in der Geschichte des Landes verzeichnet.

Ahasveros' Größe und Mordechais Macht

10 König Ahasveros erlegte dem Land und den Inseln eine Steuer auf. ²Eine Beschreibung seiner großen und mächtigen Taten und ein genauer Bericht über die einflussreiche Stellung Mordechais, die der König ihm verliehen hatte, finden sich im Buch der Geschichte der Könige von Medien und Persien. ³Der Jude Mordechai wurde nach dem König der wichtigste Mann im Reich. Er war unter den Juden beliebt und hoch geachtet, denn er handelte stets zum Wohl seines Volkes und zum Wohl seiner Nachkommen.

9,15 Dieses Ereignis fiel auf den 8. März des Jahres 473 v. Chr.; s. auch die Anm. zu 2,16.   **9,17a** Dieses Ereignis fiel auf den 7. März des Jahres 473 v. Chr.; s. auch die Anm. zu 2,16.   **9,17b** Hebr. *am 14. Tag des hebr. Monats Adar*.   **9,18** Hebr. *versammelten sich noch einmal am 14. Tag und ruhten am 15. Tag des hebr. Monats Adar*.   **9,19** Hebr. *am 14. Tag des Monats Adar*. Dieser Tag des hebr. Mondkalenders fällt gewöhnlich in den März.   **9,21** Hebr. *am 14. und 15. Tag des Monats Adar*.

Denn es ist ja keineswegs so, als sei die Bibel das Kompendium der Antworten, die auf menschliche Fragen gegeben werden. Vielmehr ereignet es sich immer wieder, dass die Fragen und Erwartungen in der Begegnung mit der biblischen Botschaft vertieft, überboten, zurechtgerückt, umgestürzt oder gar abgeschlagen werden.

Hans-Joachim Kraus

Hiob

Inhalt

Hiob ist ein Mann, der aufrichtig und gottesfürchtig lebt. Der Satan behauptet, dass er das nur deshalb tue, weil Gott ihn reich beschenkt und beschützt hat. Sobald er Besitz und Gesundheit verliere, würde er sich gegen Gott wenden.

Tatsächlich verliert er obendrein seine Kinder, aber Hiob akzeptiert alles und bleibt Gott treu. Als sie von Hiobs Unglück erfahren, kommen drei Freunde ihn besuchen. Eine Woche lang trauern sie stumm mit ihm.

Dann bricht Hiob das Schweigen und hält eine verzweifelte Rede, in der er auch Gott anklagt. Daraus entwickelt sich eine Diskussion: Seine Freunde weisen ihn zurecht; Hiob verteidigt sich gegen ihre Unterstellungen, besteht darauf, unschuldig zu sein und will ein gerechtes Verfahren. Als der Schlagabtausch sich erschöpft hat, tritt ein vierter Mann auf, der die älteren Freunde, aber auch Hiob kritisiert und ebenfalls keine Lösung hat.

Gott selbst beendet die Diskussion, indem er sich an Hiob wendet. Ausführlich ruft er ihm seine unermessliche und unvergleichliche Macht und Weisheit ins Gedächtnis. Gott verwahrt sich gegen den Vorwurf, ungerecht zu sein. Hiob bekennt seine Begrenztheit.

Was die Diskussion betrifft, so rechtfertigt Gott Hiob und ist zornig über dessen Freunde. Zum Schluss macht Gott Hiob wieder reich: Er bekommt doppelt so viel Besitz wie vorher, weitere Kinder und noch ein langes erfülltes Leben.

Wichtige Personen

Hiob	Großlandwirt
Hiobs erste sieben Söhne und drei Töchter	
Hiobs Frau	
Elifas aus Teman	1. Freund Hiobs
Bildad aus Schuach	2. Freund Hiobs
Zofar aus Naama	3. Freund Hiobs
Elihu	jüngerer weiser Mann
Hiobs spätere sieben Söhne	
Jemima	
Kezia	Hiobs spätere drei Töchter
Keren-Happuch	

Wichtiger Ort

Hiobs Anwesen im Land Uz (heute vermutlich Norden oder Nordosten Saudi-Arabiens)

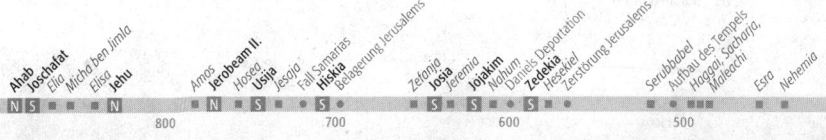

HIOB

1–2	Prolog: Hiobs Glück und seine Prüfung
3–31	Hiobs Diskussion mit seinen drei Freunden
32–37	Die Reden von Elihu
38–41	Die Reden Gottes
42	Der HERR segnet Hiob

1–2

Hiob verliert seinen Besitz, seine Kinder und seine Gesundheit. Seine Freunde trauern mit ihm. Hiob verflucht seine Geburt.

HIOB

Prolog

1 Im Land Uz lebte ein Mann namens Hiob. Er war rechtschaffen, aufrichtig und gottesfürchtig und sein Lebenswandel war untadelig. ²Hiob hatte sieben Söhne und drei Töchter. ³Er besaß 7.000 Schafe, 3.000 Kamele, 500 Ochsengespanne, 500 Esel und darüber hinaus viele Diener. Von allen Bewohnern des Ostens war Hiob der reichste.

⁴Jedes Jahr luden Hiobs Söhne ihre Brüder und Schwestern an ihrem jeweiligen Geburtstag zu einem großen Fest in ihr Haus ein*. Bei dieser Gelegenheit aßen und tranken sie zusammen. ⁵Wenn das Fest vorüber war, ließ Hiob seine Kinder kommen, um sie zu heiligen. Er stand frühmorgens auf und brachte für jedes Kind ein Brandopfer dar, denn er sagte sich: »Vielleicht haben meine Kinder gesündigt und Gott insgeheim gelästert*.« So machte Hiob es jedes Mal.

Hiobs erste Prüfung

⁶Eines Tages erschienen die Engel* vor dem HERRN und mit ihnen kam auch der Satan*. ⁷»Woher kommst du?«, fragte der HERR den Satan.

Der Satan antwortete dem HERRN: »Ich bin auf der ganzen Erde herumgezogen.«

⁸Da fragte der HERR den Satan: »Hast du meinen Knecht Hiob gesehen? Er ist der beste Mensch, der auf der Erde lebt* – er ist rechtschaffen, aufrichtig, gottesfürchtig und verabscheut das Böse.«

⁹Der Satan antwortete dem HERRN: »Ja, Hiob ist ein gottesfürchtiger Mann, aber er hat auch allen Grund dazu! ¹⁰Du hast ihn, seine Familie und seinen Besitz stets vor Unglück bewahrt. Du lässt ihm alles gelingen, was er unternimmt, und sein Reichtum wächst immer weiter. ¹¹Aber wende dich nur einmal gegen ihn und nimm ihm alles weg, was er besitzt – dann wird er sich auf jeden Fall von dir lossagen!*«

¹²»Gut«, sagte der HERR zum Satan, »mit seinem Besitz darfst du tun, was du willst. Ihn selbst

---

1,4 Hebr. *im Haus eines jeden an seinem Tag*. **1,5** Hebr. *Gott in ihrem Herzen den Abschiedssegen erteilt*. **1,6a** Hebr. *die Gottessöhne*. So auch in 2,1. **1,6b** Hebr. *der Widersacher* o. *der Ankläger*. **1,8** Hebr. *Ihm ist auf der Erde keiner gleich*. So auch in 2,3. **1,11** Hebr. *wird er dir ins Angesicht den Abschied einreichen*.

S Südreich Juda   N Nordreich Israel

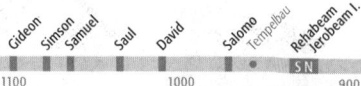

aber rühre nicht an.« Da entfernte sich der Satan aus der Gegenwart des HERRN.

¹³Eines Tages, als Hiobs Söhne und Töchter im Haus ihres ältesten Bruders miteinander aßen und Wein tranken, ¹⁴traf ein Bote bei Hiob ein und überbrachte ihm folgende Nachricht: »Deine Ochsen waren beim Pflügen, und die Esel weideten daneben, ¹⁵als die Sabäer uns plötzlich überfielen. Sie raubten uns die Tiere und töteten die Knechte. Ich bin als Einziger entkommen, um es dir zu sagen.«

¹⁶Während der Mann noch sprach, kam ein anderer Bote und sagte: »Ein Blitz hat eingeschlagen* und hat deine Schafe und ihre Hirten vernichtet. Ich bin als Einziger entkommen, um es dir zu sagen.«

¹⁷Der Mann hatte noch nicht ausgeredet, als ein dritter Bote eintraf und berichtete: »Drei Räuberbanden von den Chaldäern haben deine Kamele gestohlen und deine Knechte umgebracht. Ich bin als Einziger entkommen, um es dir zu sagen.«

¹⁸Während der Mann noch redete, folgte ein weiterer Bote mit einer Nachricht: »Deine Söhne und Töchter haben im Haus ihres ältesten Bruders ein Fest gefeiert. ¹⁹Plötzlich kam ein heftiger Wüstensturm auf und traf das Gebäude mit voller Wucht. Es stürzte ein und hat alle deine Kinder unter sich begraben. Ich bin als Einziger entkommen, um es dir zu sagen.«

²⁰Da stand Hiob auf und zerriss seine Kleider. Er schor sich den Kopf, warf sich vor Gott zu Boden ²¹und sagte: »Nackt bin ich aus dem Leib meiner Mutter gekommen, und nackt werde ich sein, wenn ich sterbe*. Der HERR hat mir alles gegeben und der HERR hat es mir wieder weggenommen. Gelobt sei der Name des HERRN!«

²²Trotz allem, was geschehen war, versündigte Hiob sich nicht gegen Gott und sagte nichts Ungehöriges.

Hiobs zweite Prüfung

2 Eines Tages erschienen die Engel erneut vor dem HERRN und auch der Satan war wieder dabei. ²»Woher kommst du?«, fragte der HERR den Satan.

Der Satan antwortete dem HERRN: »Ich bin auf der ganzen Erde herumgezogen.«

³Da fragte der HERR den Satan: »Hast du meinen Knecht Hiob gesehen? Er ist der beste Mensch, der auf der Erde lebt – er ist rechtschaffen, aufrichtig, gottesfürchtig und verabscheut das Böse. Und er hält an seinem Glauben fest, obwohl du mich überredet hast, ihm ohne Grund Leid zuzufügen.«

⁴Der Satan antwortete dem HERRN: »Bisher ist er auch noch mit heiler Haut davongekommen*. Wenn er damit sein Leben retten kann, gibt ein Mensch alles her, was er besitzt. ⁵Doch nimm ihm seine Gesundheit* und er wird sich bestimmt von dir lossagen!« ⁶»Gut«, sagte der HERR zum Satan, »mach mit ihm, was du willst. Nur das Leben darfst du ihm nicht nehmen.«

⁷Da entfernte sich der Satan aus der Gegenwart des HERRN und suchte Hiob von Kopf bis Fuß mit Ekel erregenden Geschwüren heim.

⁸Daraufhin setzte Hiob sich mitten in die Asche und kratzte sich mit einer Tonscherbe. ⁹Seine Frau sagte zu ihm: »Willst du etwa immer noch an deiner Frömmigkeit festhalten? Sag dich von Gott los und stirb!«

¹⁰Doch Hiob antwortete: »Du sprichst wie eine Frau, die dumm und gottlos ist. Sollen wir das Gute aus Gottes Hand nehmen, das Schlechte aber ablehnen?« Und noch immer sprach Hiob kein sündiges Wort gegen Gott.

Hiobs drei Freunde teilen sein Leid

¹¹Hiob hatte drei Freunde: Elifas aus Teman, Bildad aus Schuach und Zofar aus Naama. Als sie erfuhren, welches Unglück über ihn hereingebrochen war, beschlossen sie gemeinsam, ihn zu besuchen. Sie brachen aus ihren Heimatorten auf, um Hiob ihre Anteilnahme zu zeigen und ihn zu trösten. ¹²Doch als sie Hiob von Weitem sahen und ihn nicht wiedererkannten, brachen sie in Tränen aus. Laut klagend zerrissen sie ihre Kleider und warfen sich Staub über den Kopf. ¹³Dann saßen sie sieben Tage und Nächte lang bei Hiob auf dem Boden. Keiner sagte ein Wort zu ihm, denn sie sahen, dass sein Leid zu groß war für Worte*.

Hiobs erste Rede

3 Schließlich begann Hiob zu sprechen und er verfluchte den Tag seiner Geburt. ²Er sagte:

³»Ausgelöscht soll der Tag meiner Geburt sein und auch die Nacht, in der man sagte: ›Ein Junge wurde empfangen.‹ ⁴Dieser Tag werde finster sogar für Gott in der Höhe und kein Tageslicht soll auf ihn fallen. ⁵Ja, von Dunkelheit und tiefster Verzweiflung soll er beherrscht sein. Eine dunk-

---

1,16 Hebr. *Gottes Feuer ist vom Himmel gefallen.*   **1,21** Hebr. *nackt muss ich dorthin zurückkehren.*   **2,4** Hebr. *Haut um Haut.*
2,5 Hebr. *strecke deine Hand aus und schlage seine Knochen und sein Fleisch.*   **2,13** Hebr. *dass der Schmerz sehr groß war.*

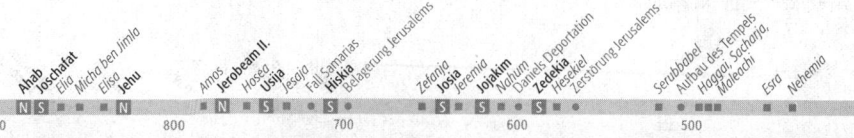

HIOB

1–2	Prolog: Hiobs Glück und seine Prüfung
3–31	Hiobs Diskussion mit seinen drei Freunden
32–37	Die Reden von Elihu
38–41	Die Reden Gottes
42	Der HERR segnet Hiob

3–5
Hiob: »Wäre ich doch nie geboren worden!« Elifas: »Hiob ist schuldig und wird von Gott zurechtgewiesen.«

le Wolke überschatte ihn, sein Licht werde verfinstert. So soll er zu einem Schrecken werden. ⁶Und diese besagte Nacht werde von Finsternis erfasst! Sie soll nicht mehr zu den Tagen des Jahres gerechnet werden und unter den Monaten soll sie nicht mehr erscheinen. ⁷Sie bringe kein Leben mehr hervor und bleibe ohne Freudenruf. ⁸Die Herren der Flüche, die wissen, wie man den Leviatan* weckt, sollen diese Nacht verfluchen. ⁹Ihr Morgenstern soll nicht aufgehen; ihre Hoffnung auf Licht bleibe vergeblich: Niemals soll sie die Strahlen der Morgenröte erblicken. ¹⁰Denn sie hat nicht verhindert, dass sich der Mutterschoß für mich öffnete und ich in dieses Leid hineingeboren wurde*.

¹¹Warum starb ich nicht bei meiner Geburt, gleich als ich aus dem Leib meiner Mutter kam? ¹²Warum hat meine Mutter mich auf den Knien gewiegt?* Warum hat sie mich an ihren Brüsten genährt? ¹³Wenn ich bei meiner Geburt gestorben wäre, hätte ich jetzt Frieden: Ich würde schlafen und ruhen. ¹⁴Ich würde ruhen mit den Königen der Welt und ihren Ministern, deren prächtig erbaute Grabkammern längst zerfallen sind. ¹⁵Ich würde ruhen mit Fürsten, deren Paläste von Gold und Silber erstrahlten. ¹⁶Warum wurde ich nicht begraben wie ein tot geborenes Kind, wie ein Säugling, der das Licht der Welt nicht erblickt? ¹⁷Denn im Tod haben die Machenschaften der Bösen ein Ende und die Ermatteten finden Ruhe. ¹⁸Selbst das Los der Gefangenen ist leicht, denn sie hören die Stimme des Wächters nicht mehr. ¹⁹Arme und Reiche sind dort alle gleich und der Sklave ist frei von seinem Herrn.

²⁰Warum schenkt Gott den Ermüdeten Licht und lässt die Verbitterten leben? ²¹Sie sehnen sich nach dem Tod, doch er kommt nicht. Sie suchen den Tod eifriger als einen verborgenen Schatz ²²und sind glücklich, wenn sie den Weg ins Grab finden. Dann fällt eine Last von ihnen ab. ²³Warum müssen die leben, die keine Zukunft haben und denen Gott jeden Weg versperrt? ²⁴Vor lauter Seufzen kann ich nichts mehr essen, meine Klagen strömen aus mir wie Wasser. ²⁵Was ich immer gefürchtet habe, ist eingetreten; wovor ich entsetzt zurückschrak, ist mir zugestoßen. ²⁶Ich hatte noch keinen Frieden, keine Rast, keine Ruhe, da brach schon der nächste Sturm los.«

3,8 Ein drachenartiges Ungeheuer. **3,10** Hebr. *und Unheil nicht vor meinen Augen verborgen.* **3,12** Hebr. *Warum empfingen mich zwei Knie?*

S Südreich Juda   N Nordreich Israel

Elifas' erste Antwort an Hiob

4 Da antwortete Elifas aus Teman: ²»Wirst du mir geduldig zuhören, wenn ich es wage, ein Wort an dich zu richten? Denn ich kann nicht länger schweigen.*

³Früher hast du vielen Menschen Mut gemacht; du hast die gestärkt, deren Hände kraftlos wurden. ⁴Wer ins Stolpern geriet, den richteten deine Worte auf, und wer beinahe in die Knie ging, fand bei dir Halt. ⁵Doch kaum bricht das Unglück über dich herein, verlierst du den Mut, trifft es dich selbst, bist du entsetzt. ⁶Macht es dich nicht zuversichtlich, dass du Gott stets gefürchtet hast? Erfüllt es dich nicht mit Hoffnung, dass dein Lebenswandel immer untadelig war?

⁷Denk einmal darüber nach: Kann denn der Schuldlose zugrunde gehen? Wann wurde der Aufrichtige je vernichtet? ⁸Aus Erfahrung weiß ich: Wer Unheil plant und Böses sät, der wird auch Unheil und Böses ernten. ⁹Gott vernichtet solche Menschen mit einem Hauch aus seinem Mund. Sie verschwinden im Auflodern seines Zorns. ¹⁰Wenn sie auch wie die Löwen brüllen und wie die Junglöwen knurren, müssen sie doch verstummen und können nichts mehr ausrichten. ¹¹Sie gehen zugrunde wie ein Löwe ohne Beute und ihre Kinder werden zerstreut wie die Jungen der Löwin.*

¹²Eine Botschaft hat mich im Geheimen erreicht, sie wurde mir ins Ohr geflüstert. ¹³Sie kam in einer nächtlichen Vision, die meine Gedanken bewegte, als die anderen in tiefem Schlaf lagen. ¹⁴Furcht packte mich, ich zitterte und bebte vor Schreck. ¹⁵Ein Geist* streifte an meinem Gesicht vorbei, sodass mir die Haare zu Berge standen. ¹⁶Er stand vor mir, doch ich konnte ihn nicht erkennen. Vor meinen Augen erschien eine Gestalt, und eine Stimme wisperte: ¹⁷›Kann denn ein Sterblicher gerechter sein als Gott? Kann denn ein Mensch reiner sein als sein Schöpfer?‹

¹⁸Wenn Gott nicht einmal seinen Engeln vertraut und ihnen ihre Fehler vorhält, ¹⁹wie viel weniger wird er denen vertrauen, die in Lehmhäusern wohnen! Ihr Stoff ist der Staub, und sie werden zerdrückt wie die Motten. ²⁰Am Morgen leben sie und am Abend sind sie tot*; sie gehen dahin, ohne eine Spur zu hinterlassen. ²¹Ist es nicht so? Wenn ihr Zelt abgebrochen wird, dann sterben sie und wissen nicht, wie ihnen geschieht.

Fortsetzung von Elifas' Antwort

5 Du kannst um Hilfe rufen, doch wer sollte dir antworten? An welchen Engel* willst du dich wenden? ²Denn der Ärger bringt den Narren um und den Unverständigen tötet sein Aufbegehren. ³Ich habe selbst beobachtet, wie ein solcher Narr Wurzeln schlug, aber plötzlich ging der Ort, an dem er wohnte, zugrunde.* ⁴Seine Kinder sind ohne Zuflucht. Ihre Rechte werden mit Füßen getreten und es ist keiner da, der sich um sie kümmert. ⁵Seine Ernte wird von den Hungrigen gestohlen, sie greifen sogar durch die Dornenhecken, und sein Reichtum stillt den Durst anderer! ⁶Doch das Böse sprießt nicht aus dem Boden und Unglück wächst nicht auf dem Acker, ⁷sondern der Mensch ist dazu bestimmt, sich abzumühen, so wie es den Funken bestimmt ist, aus dem Feuer emporzufliegen.

⁸An deiner Stelle würde ich mich an Gott wenden und meine Sache in seine Hände legen. ⁹Denn er tut große Dinge, die niemand begreifen kann. Er vollbringt unzählige Wunder. ¹⁰Er schenkt der Erde Regen und schickt den Feldern Wasser. ¹¹Er erhebt die Niedrigen und schenkt den Trauernden großes Glück. ¹²Er vereitelt die Pläne der Hinterlistigen, sodass sie sich umsonst anstrengen. ¹³Den Weisen lässt er ihre Klugheit zur Falle werden, und die Listigen lässt er über ihre eigenen Pläne stolpern. ¹⁴Am Tag begegnen sie der Nacht, am hellen Mittag tappen sie wie Blinde im Dunkeln. ¹⁵Er rettet den Armen vor der scharfen Zunge des Starken. Er befreit ihn aus der Gewalt des Mächtigen. ¹⁶Und so haben auch die Schwachen Hoffnung, und der Bosheit wird das Maul gestopft.

¹⁷Wie gut hat es ein Mensch, der von Gott auf den richtigen Weg zurückgebracht wird! Wehre dich also nicht dagegen, wenn der Allmächtige dich erzieht. ¹⁸Denn er fügt zwar Wunden zu, aber er verbindet sie auch. Er zerschlägt, aber seine Hände heilen auch. ¹⁹Er rettet dich wieder und wieder aus deiner Angst, wendet immer neu ein böses Ende von dir ab.* ²⁰In der Hungersnot bewahrt er dich vor dem Tod, im Krieg vor dem Schwert. ²¹Wenn Verleumdungen wie Peitschenhiebe kommen, bist du geborgen, und wenn Zerstörung um sich greift, brauchst du nicht zu befürchten, dass sie dich erreicht. ²²Über Unterdrückung und Hunger wirst du nur lachen, wilde Tiere werden dich nicht erschrecken. ²³Deine Felder werden von Steinen

---

4,2 Hebr. *Doch wer könnte seine Worte zurückhalten?* **4,10-11** Hebr. *Das Brüllen des Löwen und das Knurren des Junglöwen (sind verstummt), und die Zahnreihen des Junglöwen sind ausgeschlagen. Der Löwe verendet aus Mangel an Beute und die Söhne der Löwin zerstreuen sich.* **4,15** O. *ein Hauch.* **4,20** Hebr. *Vom Morgen bis zum Abend werden sie zerschlagen.* **5,1** Hebr. *an wen von den Heiligen.* **5,3** O. *und plötzlich musste ich seine Wohnstätte verfluchen.* **5,19** Hebr. *Aus sechs Nöten errettet er dich, und in sieben berührt dich kein Unheil.*

HIOB

1–2	Prolog: Hiobs Glück und seine Prüfung
3–31	Hiobs Diskussion mit seinen drei Freunden
32–37	Die Reden von Elihu
38–41	Die Reden Gottes
42	Der HERR segnet Hiob

6–8
Hiob: »Ich bin unschuldig, doch Gott und meine Freunde stehen gegen mich. Lieber will ich sterben als leben.«

verschont bleiben* und die wilden Tiere werden Frieden mit dir halten. ²⁴Du wirst merken, dass deinem Haus nichts Unerfreuliches geschieht. Wenn du deinen Besitz anschaust, wird nichts fehlen. ²⁵Und du wirst erleben, dass du viele Nachkommen haben wirst, sie werden so zahlreich sein wie das Gras auf der Erde! ²⁶Du wirst ein hohes Alter erreichen, und wenn du stirbst, wird die reiche Ernte deines Lebens eingebracht.*

²⁷Dies alles haben wir erforscht und so ist es. Hör auf meinen Rat und nimm ihn dir zu Herzen.«

Hiobs zweite Rede: Die Antwort an Elifas

6 Da antwortete Hiob:
²»Wenn man meinen Unmut wiegen und meinen Kummer auf die Waage legen könnte, ³wären sie schwerer als der Sand am Meer. Deshalb habe ich so unbedacht geredet. ⁴Denn der Allmächtige hat mich mit seinen Pfeilen getroffen, ihr Gift dringt tief in meine Seele ein. Gott hat sich zur Schlacht gegen mich aufgestellt und überfällt mich mit seinen Schrecken. ⁵Habe ich etwa keinen Grund zu klagen?* Die Wildesel schreien, wenn sie kein grünes Gras finden und die Ochsen brüllen, wenn sie nichts zu fressen haben. ⁶Eine fade Speise isst man nicht ohne Salz und rohes Eiweiß ist ganz ohne Geschmack. ⁷Ich sträube mich dagegen, es auch nur anzufassen; mich ekelt davor wie vor verdorbener Nahrung!

⁸Ach, wollte sich meine Bitte erfüllen, würde Gott meine Hoffnung wahr machen! ⁹Würde er sich doch entschließen mich zu vernichten! Ich wünschte, er würde seine Hand ausstrecken und mich töten. ¹⁰Dann hätte ich zumindest einen Trost und würde trotz meiner Schmerzen vor Freude springen: Denn die Gebote des Heiligen habe ich nie missachtet. ¹¹Ich habe keine Kraft mehr, um noch länger durchzuhalten. Ich habe kein Ziel vor Augen, das mir Mut machen könnte meinen Weg weiterzugehen. ¹²Ist denn meine Kraft so unerschütterlich wie ein Fels? Ist mein Körper etwa aus Eisen gemacht? ¹³Nein, ich bin völlig hilflos, mir ist alles entrissen worden, worauf ich mich stützen könnte.

¹⁴Zu einem Freund, dem es schlecht geht, sollte man freundlich sein, selbst dann, wenn er den

---

5,23 Hebr. *Mit den Steinen des Feldes besteht dein Bund.*
5,26 Hebr. *Du wirst in Rüstigkeit ins Grab kommen, wie die Garben eingebracht werden zu ihrer Zeit.* **6,5** *Habe ich etwa keinen Grund zu klagen?* wurde zur besseren Verständlichkeit eingefügt.

S Südreich Juda N Nordreich Israel

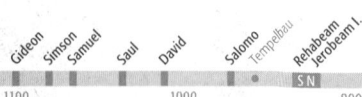

Allmächtigen nicht mehr fürchtet.* ¹⁵Doch meine Freunde* verhalten sich mir gegenüber wie ein trügerischer Bach. Erst ist er nur ein Rinnsal, aber im Frühjahr schwillt er zur reißenden Flut an, die alles überschwemmt. ¹⁶Eis und geschmolzener Schnee trüben sein Wasser. ¹⁷Doch wenn die heiße Jahreszeit kommt, versickert er, der ganze Bach verdampft in der Hitze. ¹⁸Die Karawanen verlassen ihren Weg, um sich zu erfrischen, doch sie finden nichts zu trinken und kommen in der Wüste um.* ¹⁹Voller Hoffnung halten die Karawanen aus Tema und Saba nach ihm Ausschau, ²⁰doch wenn sie kein Nass finden, werden ihre Hoffnungen zerschlagen. Sie kommen hin und finden nur trockenen Sand. ²¹Genauso geht es mir jetzt mit euch. Ihr seht, wie schlecht es um mich steht und euch graut davor. Habe ich euch etwa gebeten: ›Gebt mir etwas von eurem Vermögen! Helft mir mit einem Bestechungsgeld aus! ²³Rettet mich vor meinen Feinden! Kauft mich von erpresserischen Bösewichten frei!‹?

²⁴Alles, was ihr will, ist eine Antwort – dann werde ich schweigen. Sagt mir, was ich falsch gemacht habe. ²⁵Ein aufrichtiges Wort mag schmerzlich sein – aber was wollt ihr mir mit eurer Zurechtweisung sagen? ²⁶Wollt ihr meine Worte tadeln? Die Verzweiflung, die aus ihnen spricht, scheint ihr gar nicht zu hören!* ²⁷Ihr würdet sogar über ein Waisenkind würfeln oder einen Freund verschachern. ²⁸Bitte seht mich an! Würde ich euch ins Gesicht lügen? ²⁹Hört endlich auf, mir Unrecht zu tun, denn noch bin ich im Recht. ³⁰Glaubt ihr, dass ich lüge? Sollte ich den Unterschied zwischen Recht und Unrecht nicht kennen?

7 Hat der Mensch nicht ein schweres Los* zu tragen? Sein Leben lang geht es ihm nicht besser als einem Knecht. ²Wie ein Arbeiter in der Sonnenhitze sehnt er sich nach Schatten, wie ein Knecht wartet er auf seinen Lohn. ³Auch mir sind Monate der Enttäuschung beschieden worden und Nächte des Elends muss ich durchmachen. ⁴Wenn ich mich schlafen lege, denke ich: Wann endlich ist die Nacht vorbei? Wann kann ich wieder aufstehen? Doch dann wälze ich mich bis zum Morgen hin und her, weil die Nacht sich endlos hinzieht. ⁵Mein Körper ist mit Würmern und Wundkrusten bedeckt, die Haut bricht auf und Eiter fließt heraus.

Hiob schreit zu Gott

⁶Meine Tage eilen schneller dahin als ein Weberschiffchen. Sie entschwinden ohne Hoffnung. ⁷O Gott, bedenke doch, dass mein Leben im Nu vorbei ist und dass ich das Glück nicht wieder sehen werde! ⁸Wer nach mir schaut, wird mich nicht mehr sehen. Suchen deine Augen nach mir, bin ich nicht mehr da. Du siehst mich jetzt, aber nicht mehr lange. Deine Augen ruhen auf mir, doch eines Tages werde ich nicht mehr da sein. ⁹Wie sich eine Wolke auflöst und verschwindet, so kommt niemand, der ins Totenreich hinuntergefahren ist, wieder herauf. ¹⁰Er hat sein Haus für immer verlassen, an seinem Wohnort kennt man ihn nicht mehr.

¹¹Darum will ich nicht schweigen, sondern aussprechen, was mich quält. Meine Seele ist voll Bitterkeit, ich muss meine Klagen loswerden. ¹²Bin ich denn das Meer oder ein Seeungeheuer, dass du mich so streng bewachen lässt? ¹³Wenn ich denke: ›Mein Bett wird mich trösten, ich will versuchen, mein Elend im Schlaf zu vergessen‹, ¹⁴so erschreckst du mich mit Träumen und ängstigst mich mit Visionen. ¹⁵Lieber ließe ich mich erwürgen, lieber wäre ich tot, statt als ausgemergeltes Gerippe weiterzuleben. ¹⁶Ich gebe auf, ich will nicht noch länger so weiterleben müssen. Lass mich in Ruhe, denn von meinem Leben ist nicht mehr viel übrig.

¹⁷Was ist der Mensch, dass du so großes Aufheben um ihn machst? Warum achtest du auf ihn? ¹⁸Du siehst ihn jeden Morgen an und prüfst ihn jeden einzelnen Augenblick des Tages. ¹⁹Wie lange willst du mich noch so beobachten? Kannst du mich nicht in Ruhe lassen – nur einen Augenblick? ²⁰Habe ich gesündigt? Was habe ich dir getan, du Wächter der Menschheit? Warum machst du mich zur Zielscheibe deiner Angriffe? Bin ich dir eine Last? ²¹Warum vergibst du mir nicht meine Sünde und nimmst nicht meine Schuld von mir? Denn bald lege ich mich in den Staub und sterbe. Wenn du mich dann suchst, bin ich fort.«

Bildads erste Antwort an Hiob

8 Da antwortete Bildad aus Schuach:
²»Wie lange willst du noch so weiterreden? Deine Worte brausen daher wie ein tobender Orkan. ³Sollte Gott etwa seine Rechtsprechung verdrehen? Oder wird der Allmächtige das Recht

---

6,14 O. *Wer dem Verzagten das Mitleid versagt, der verlässt die Furcht des Allmächtigen.* 6,15 Hebr. *Brüder.* 6,18 Hebr. *Es werden Karawanen abgelenkt von ihrem Weg, ziehen hinauf in die Öde und kommen um.* 6,26 Hebr. *Für den Wind sind ja die Reden eines Verzweifelnden.* 7,1 Hebr. *einen Kriegsdienst.*

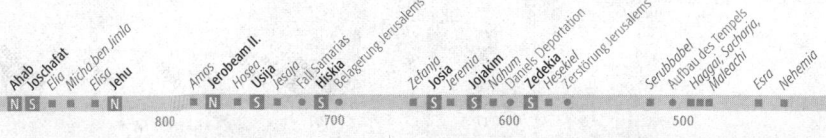

HIOB

1–2	Prolog: Hiobs Glück und seine Prüfung
3–31	Hiobs Diskussion mit seinen drei Freunden
32–37	Die Reden von Elihu
38–41	Die Reden Gottes
42	Der HERR segnet Hiob

8–10

Bildad: »Schon die Alten wussten, dass Gott nur Schuldige bestraft.« Hiob: »Vor Gott kann selbst ein Gerechter nicht bestehen. Gott, wie lautet deine Anklage gegen mich?«

beugen? ⁴Deine Kinder müssen gegen ihn gesündigt haben! Das hat Gott ihnen übel genommen, und darum haben sie ihre verdiente Strafe erhalten. ⁵Wenn du nun aber ernsthaft nach Gott suchst und den Allmächtigen um Gnade anflehst, ⁶und wenn du dabei rein und untadelig bist, wird er sich erheben und dein glückliches Heim wiederherstellen. ⁷Im Vergleich zu dem, was du dann hast, wird dir dein früherer Besitz ganz armselig vorkommen.

⁸Frag doch die Generation vor dir und sieh dir die Fülle der Erfahrungen deiner Vorfahren an. ⁹Denn wir wurden erst gestern geboren und können deshalb nur wenig von Gott wissen. Unsere Tage auf der Erde sind kurzlebig wie ein Schatten. ¹⁰Doch sie, die vor uns kamen, können dich etwas lehren. Bei ihnen wirst du verlässliches Wissen finden:

¹¹Kann Schilfrohr wachsen, wo kein Sumpf ist? Kann Riedgras ohne Wasser gedeihen? ¹²Schon in der Blüte vertrocknet es, noch bevor es reif zum Schneiden ist. ¹³Und genau so ergeht es dem Menschen, der Gott vergisst. Die Hoffnung des Gottlosen führt ins Nichts. ¹⁴Alles, worauf er zählt, vergeht. Er sucht Halt an Spinnweben. ¹⁵Er sieht sein Haus als seine Sicherheit an, doch es hat keinen Bestand. Er versucht es festzuhalten, doch es bleibt nicht stehen. ¹⁶Zuerst ist der Gottlose wie eine üppige Pflanze, die in der Sonne gedeiht und ihre Zweige über den Garten ausbreitet. ¹⁷Ihre Wurzeln reichen tief in den felsigen Grund, an den Steinen findet sie Halt. ¹⁸Doch wenn sie ausgerissen wird, kann sich niemand an sie erinnern! ¹⁹So sieht dann auch das glückliche Ende des Gottlosen aus, und aus der Erde gehen andere hervor und nehmen seinen Platz ein.

²⁰Doch bedenke: Einen schuldlosen Menschen wird Gott nicht ablehnen, ebenso wenig wie er den Übeltätern eine helfende Hand reicht. ²¹Er wird es schenken, dass du wieder lachen kannst und dass du vor Freude jubelst. ²²Deine Gegner aber werden bloßgestellt und die Häuser der Gottlosen werden dem Erdboden gleich gemacht werden.«

Hiobs dritte Rede: Seine Antwort an Bildad

9 Da ergriff Hiob wieder das Wort:
²»Ja, ich weiß, dass es so ist. Doch wie kann ein Mensch in Gottes Augen schuldlos sein? ³Wenn es jemand darauf anlegte, mit Gott zu streiten, so könnte er ihm von tausend Fragen nicht eine einzige beantworten. ⁴Denn Gott weiß alles und ist allmächtig. Wer war jemals so klug und so stark, dass er Gott die Stirn geboten

S Südreich Juda   N Nordreich Israel

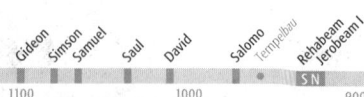

hätte und mit heiler Haut davongekommen wäre?

⁵In seinem Zorn lässt er Berge ohne ersichtlichen Grund einstürzen ⁶und erschüttert die Erde bis in ihr Fundament. ⁷Wenn er es anordnet, geht die Sonne nicht auf und die Sterne scheinen nicht. ⁸Er allein hat den Himmel gespannt, er schreitet über die Wellen des Meeres hinweg. ⁹Er hat die Sterne geschaffen – den Bären, den Orion, die Plejaden und das Kreuz des Südens. ¹⁰Seine Werke sind zu wunderbar, als dass ein Mensch sie begreifen könnte. Er vollbringt unzählige Wunder.

¹¹Und doch – wenn er sich mir nähert, kann ich ihn nicht sehen, wenn er an mir vorbeigeht, erkenne ich ihn nicht, und wenn er sich entfernt, merke ich es nicht. ¹²Wenn er etwas wegnimmt – wer könnte ihn aufhalten? Wer wagt es, ihn zu fragen: ›Was tust du da?‹ ¹³Und Gott hält seinen Zorn nicht zurück. Selbst die stärksten feindlichen Kräfte* müssen sich ihm unterwerfen.

¹⁴Wer also bin ich, dass ich Gott zur Rede stellen dürfte und ihm gegenüber die richtigen Worte finden könnte? ¹⁵Selbst wenn ich unschuldig wäre, könnte ich mich nicht verteidigen; mir bliebe nur, ihn als meinen Richter um Gnade anzuflehen. ¹⁶Und auch wenn ich ihn anklagte und er mir antwortete, könnte ich doch nicht glauben, dass er mich wirklich anhört. ¹⁷Wie ein Orkan würde er mich niederwerfen und mir ohne Grund noch mehr Wunden zufügen. ¹⁸Er würde mir keine Zeit lassen Atem zu holen, sondern würde mich mit Bitterkeit und Leid sättigen. ¹⁹Wollte ich sehen, wer der Stärkere ist, würde er sagen: ›Hier bin ich!‹ Und wollte ich ihn vor Gericht bringen, würde er mich fragen: ›Wer will mich vorladen?‹ ²⁰Auch wenn ich im Recht wäre, müsste ich mich selbst schuldig sprechen. Und auch wenn ich unschuldig wäre, würde ich vor ihm als Schuldiger dastehen.

²¹Ich bin schuldlos, aber das ändert nichts – das Leben bedeutet mir nichts mehr. ²²Es läuft doch alles aufs Gleiche hinaus, deshalb sage ich: Er vernichtet die Schuldlosen ebenso wie die Schlechten. ²³Er lacht über die Angst der Unschuldigen, die plötzlich von einer tödlichen Plage heimgesucht werden. ²⁴Fällt ein Land in die Hände eines Gottlosen, dann macht er die Augen der Richter blind für das Recht. Wer könnte das tun, wenn nicht er?

²⁵Schnell wie ein Läufer eilt mein Leben dem Ende zu. Es vergeht wie im Flug, und mir steht nichts Gutes mehr bevor. ²⁶Mein Leben schießt vorbei wie ein schnelles Boot, wie ein Adler, der auf seine Beute herabstößt. ²⁷Selbst wenn ich mir sagte: ›Ich will meine Trauermiene ablegen und ein fröhliches Gesicht zeigen‹, ²⁸hätte ich doch Angst vor weiteren Schmerzen. Denn ich weiß, dass du, Gott, mich nicht freisprechen wirst. ²⁹Ich werde auf jeden Fall für schuldig befunden. Wozu soll ich mich also noch anstrengen, wenn ohnehin alles ins Leere läuft? ³⁰Wenn ich mich mit Schnee wüsche und meine Hände mit Lauge reinigte, ³¹würdest du mich in ein Schlammloch werfen, und ich wäre so schmutzig, dass meine eigenen Kleider sich vor mir ekelten.

³²Gott ist kein Sterblicher wie ich, deshalb kann ich nicht mit ihm streiten und darf ihn nicht zur Rechenschaft ziehen. ³³O gäbe es doch einen Schiedsrichter, der zwischen uns vermitteln könnte! ³⁴Ich wollte, Gott würde mich nicht mehr mit Schicksalsschlägen verfolgen, denn ich möchte mich nicht ständig vor weiteren Katastrophen fürchten müssen. ³⁵Dann könnte ich ohne Angst zu ihm sprechen, doch das ist mir jetzt nicht möglich.

Hiobs Bitte an Gott

10 Mein Leben ekelt mich an. Ich will meiner Klage freien Lauf lassen und über meine tiefe Verbitterung reden. ²Ich will zu Gott sagen: ›Behandle mich nicht wie einen Übeltäter, sondern sag mir, was du mir vorwirfst. ³Was gewinnst du, wenn du mich quälst? Du hast mich selbst geschaffen. Warum verwirfst du mich, während du die bösen Menschen zu Ehren bringst? ⁴Sind deine Augen nur wie die Augen eines Menschen? Siehst du die Dinge, wie die Menschen sie sehen? ⁵Ist deine Lebensspanne nur wie die eines Menschen bemessen? Ist dein Leben so kurz, ⁶dass du dich beeilen musst, mir meine Schuld nachzuweisen und eine Sünde bei mir zu finden – ⁷obwohl du weißt, dass ich kein Bösewicht bin und dass es niemanden gibt, der mich vor dir retten kann?

⁸Du hast mich mit deinen Händen geschaffen, du hast mich gemacht – und trotzdem umstellst du mich von allen Seiten, um mich zu vernichten. ⁹Bedenke doch, dass du mich wie Ton geformt und gestaltet hast – willst du, dass ich nun zu Staub zerfalle? ¹⁰Hast du mich nicht geformt, im Leib meiner Mutter gestaltet?* ¹¹Du hast mich mit Haut und Fleisch umkleidet, hast

---

9,13 Hebr. *die Helfer Rahabs* – Rahab ist der Name eines mythologischen Seeungeheuers, in der Literatur der Antike ein Bild für das Chaos.   10,10 Hebr. *Hast du mich nicht wie Milch ausgegossen und mich wie Sauermilch gerinnen lassen?*

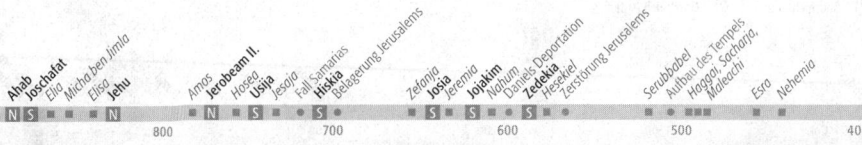

HIOB

1–2	Prolog: Hiobs Glück und seine Prüfung
3–31	Hiobs Diskussion mit seinen drei Freunden
32–37	Die Reden von Elihu
38–41	Die Reden Gottes
42	Der HERR segnet Hiob

10–13
Hiob: »Gott, wie lautet deine Anklage gegen mich?« Zofar: »Gott sieht alles Falsche, kehr um und es wird dir gut gehen.« Hiob: »Gott allein lenkt die Abläufe des Lebens. Das weiß ich selbst.«

---

meine Knochen und Sehnen zusammengefügt. ¹²Leben und Gnade hast du mir geschenkt und deine Fürsorge hat mich bisher bewahrt.

¹³Doch du hattest deine eigenen Beweggründe dafür, und nun erkenne ich deine wahre Absicht. ¹⁴Du wolltest mich beobachten, um mich bei einer Sünde zu erwischen und mich nicht mehr davon freizusprechen. ¹⁵Weh mir, wenn ich mich schuldig gemacht habe! Doch auch wenn ich schuldlos blieb, sollten mich Scham und Elend erfüllen, sodass ich nicht mehr wagte, den Kopf zu erheben. ¹⁶Und wenn ich es dennoch täte, würdest du mich wie ein Löwe jagen und deine schreckliche Macht an mir erweisen. ¹⁷Ständig würdest du neue Zeugen zur Anklage gegen mich aufstellen, dein Zorn würde unaufhörlich wachsen und du würdest mich so heftig angreifen wie eine Armee von frisch zum Kampf erschienenen Soldaten.

¹⁸Warum nur hast du mich aus dem Leib meiner Mutter kommen lassen? Ich hätte sterben und niemals zum Vorschein kommen sollen. ¹⁹Dann wäre es, als ob es mich nie gegeben hätte. Ich wäre vom Mutterleib aus ins Grab gefahren. ²⁰Mir bleibt nur noch wenig Zeit, deshalb lass mich in Ruhe. Schau weg von mir, damit ich mich wenigstens für einige Augenblicke freuen kann, ²¹bevor ich mich auf den Weg ins Land der Dunkelheit und Verzweiflung mache, um nie wieder zurückzukehren. ²²Es ist ein dunkles Land der undurchdringlichen Finsternis, wo das Chaos herrscht und selbst das Licht noch so dunkel ist wie die tiefste Mitternacht.«

Zofars erste Antwort an Hiob

11 Darauf antwortete Zofar aus Naama: ²»Muss diesem Redestrom nicht irgendjemand Einhalt gebieten? Wie könnte ein solcher Schwätzer recht behalten? ³Soll dein Gefasel uns etwa mundtot machen, damit du Gott verhöhnen kannst, ohne dass dich jemand zurechtweist? ⁴Du behauptest: ›Was ich sage, ist richtig‹ und ›Ich stehe schuldlos vor Gott da‹*. ⁵Ich wollte, Gott würde selbst das Wort ergreifen und dir widersprechen! ⁶Er würde dich die verborgenen Tiefen der Weisheit lehren, die für den menschlichen Verstand nicht leicht zu verstehen sind. Hör mir zu! Ich bin mir sicher, dass Gott dich weit weniger hart straft, als du es verdient hast!

⁷Kannst du Gott in seiner Tiefe begreifen? Kannst du die Vollkommenheit des Allmächtigen erfassen? ⁸Diese Erkenntnis ist höher als

---

11,4 Hebr. ›Meine Lehre ist rein‹ u. ›Ich bin rein in deinen Augen‹.

der Himmel – und was bist du dagegen? Sie ist tiefer als die Unterwelt* – und was weißt du im Vergleich dazu? ⁹Sie ist größer als die Erde und weiter als das Meer. ¹⁰Wenn Gott kommt und einen Menschen ins Gefängnis wirft oder ihn vor Gericht bringt – wer darf sich ihm in den Weg stellen? ¹¹Denn er durchschaut die Menschen in ihrer Falschheit und sieht auf einen Blick alle ihre Sünden. ¹²Weder wird ein Hohlkopf weise noch bringt ein Wildesel Menschen* zur Welt!

¹³Und nun bring dein Herz in Ordnung und breite deine Hände betend zu Gott aus! ¹⁴Wende dich von aller Sünde ab und lass keine Falschheit bei dir zu. ¹⁵Dann wirst du deinen Kopf voll Unschuld aufrichten. Du wirst stark und mutig sein. ¹⁶Dein Leiden wirst du vergessen, wie versickertes Wasser wird es dir vorkommen, wenn du daran denkst. ¹⁷Dein Leben wird heller werden als der Mittag, und selbst deine dunklen Tage werden wie der strahlende Morgen sein. ¹⁸Du wirst Mut fassen, weil du Hoffnung hast. Du wirst Geborgenheit finden und dich unbesorgt zum Schlafen hinlegen. ¹⁹Niemand wird deinen Schlaf stören, und viele Menschen werden sich bemühen dir zu gefallen. ²⁰Die bösen Menschen dagegen werden alle Hoffnung verlieren. Für sie gibt es keinen Zufluchtsort. Ihre Hoffnung wird sich in Verzweiflung verwandeln.«

Hiobs vierte Rede: Seine Antwort an Zofar

12 Da erwiderte Hiob:
²»Wahrhaftig, ihr vertretet die Menschheit und mit euch wird die Weisheit aussterben! ³Aber auch ich habe Verstand wie ihr und mein Wissen kann durchaus mit eurem mithalten. Wer wüsste nicht, was du eben gesagt hast? ⁴Trotzdem lachen meine eigenen Freunde mich aus, sie verspotten einen frommen und gerechten Mann, dessen Gebete bisher von Gott erhört wurden. ⁵Die Menschen, denen es gut geht, meinen, sie könnten diejenigen, die in Not sind, verhöhnen und ihnen noch einen Stoß versetzen, wenn sie ohnehin schon wanken. ⁶Dagegen leben die Gewalttätigen in Frieden, und die Menschen, die Gott herausfordern und nur auf ihre eigene Kraft vertrauen, bleiben unbehelligt!

⁷Frag die Tiere, sie werden dich lehren. Frag die Vögel am Himmel, sie verraten es dir. ⁸Richte deine Gedanken auf die Erde, sie wird dich unterweisen. Auch die Fische im Meer werden es dir erzählen. ⁹Sie alle wissen, dass der HERR sie geschaffen hat. ¹⁰Denn das Leben eines jeden Geschöpfes und der Atem jedes Menschen liegt in seiner Hand. ¹¹So wie mein Mund gute Speise erkennt, so prüft mein Ohr die Worte, die es hört.

¹²Weisheit gehört dem Alter und Erkenntnis denen, die schon viele Jahre leben. ¹³Doch bei Gott allein ist wahre Weisheit und Macht vorhanden, Rat und Einsicht sind nur bei ihm zu finden. ¹⁴Was er zerstört, kann nicht wieder in Ordnung gebracht werden; wen er einschließt, den kann niemand herausholen. ¹⁵Wenn er den Regen zurückhält, wird es trocken, wenn er das Wasser freilässt, überflutet es die Erde.

¹⁶Ja, Macht und Weisheit gehören ihm; Verführer wie Verführte stehen in seiner Hand. ¹⁷Er nimmt erfahrenen Ratgebern Amt und Ehre* und macht angesehene Richter zu Narren. ¹⁸Gefangene von Königen befreit er und legt stattdessen den Königen Fesseln an. ¹⁹Er enthebt Priester ihres Amtes; er entmachtet die Mächtigen. ²⁰Bewährten Rednern entzieht er das Wort und raubt den Ältesten ihre Urteilskraft. ²¹Er lässt Fürsten in Ungnade fallen und entwindet den Starken ihre Waffen*.

²²Verborgenes enthüllt er aus dem Dunkel, er bringt die tiefsten Geheimnisse ans Licht. ²³Er erhebt Völker und zerschmettert sie. Er macht Nationen groß und lässt sie wieder fallen. ²⁴Er raubt Männern, die Länder regieren, den Verstand und lässt sie orientierungslos durch die Wüste irren. ²⁵Sie tappen in der Finsternis ohne Licht und taumeln umher wie Betrunkene.

Hiob möchte seine Sache mit Gott ausfechten

13 Ja, ich habe all das mit meinen eigenen Augen gesehen und mit meinen eigenen Ohren gehört. Ich weiß, was ihr sagen wollt. ²Ich weiß genauso viel wie ihr, ich stehe euch in nichts nach. ³Wie gern spräche ich mit dem Allmächtigen selbst! Ich will meine Sache Gott selbst vortragen. ⁴Denn ihr lullt mich mit Lügen ein, und als Ärzte seid ihr billige Quacksalber. ⁵Ihr solltet besser schweigen, das könnte man euch noch als Weisheit anrechnen! ⁶Hört mir zu, wie ich mich verteidige und denkt über das nach, was ich vorbringe.

⁷Wollt ihr Gott mit Lügen verteidigen und mit

11,8 Hebr. *Scheol*. **11,12** O. *ein zahmes Füllen*. **12,17** Hebr. *Er führt Ratgeber barfuß weg*, d.h., er nimmt ihnen ihren Amtsschmuck. So auch in V. 19. **12,21** Hebr. *den Starken lockert er den Gurt*.

HIOB

1–2	Prolog: Hiobs Glück und seine Prüfung
3–31	Hiobs Diskussion mit seinen drei Freunden
32–37	Die Reden von Elihu
38–41	Die Reden Gottes
42	Der HERR segnet Hiob

13–15
Hiob: »Gott, welche Sünde soll ich begangen haben? Verbirg mich, bis dein Zorn vorüber ist.« Elifas: »Keiner kann sagen, dass er jemals unbehelligt bleibt. Warum forderst du es ein?«

---

falschen Aussagen für ihn eintreten? ⁸Wollt ihr Partei für ihn ergreifen oder seinen Rechtsbeistand spielen? ⁹Passt auf, dass er euch nicht einmal genau unter die Lupe nimmt! Das wäre nicht gut für euch! Oder glaubt ihr, ihr könntet ihn ebenso leicht täuschen wie einen Menschen? ¹⁰Nein! Ihr werdet ernsthafte Schwierigkeiten mit ihm bekommen, wenn ihr mit falschen Aussagen für ihn eintreten. ¹¹Erfüllt seine majestätische Hoheit euer Herz nicht mit Schrecken? Durchschauert euch nicht die Ehrfurcht vor Gott? ¹²Eure Lehrsätze sind so wertlos wie Asche, eure Verteidigung ist so brüchig wie Lehm.

¹³Schweigt jetzt, denn ich will reden – und dann die Folgen meiner Worte tragen. ¹⁴Wozu sollte ich versuchen, mich selbst zu schützen? Nein, ich will alle Zurückhaltung aufgeben, selbst wenn ich damit mein Leben riskiere. ¹⁵Gott mag mich töten, doch ich kann nicht mehr warten. Meine Wege will ich vor ihm verteidigen. ¹⁶Schon das wäre ein Gewinn, denn als Sünder dürfte ich ja nicht vor Gott hintreten.

¹⁷Hört gut zu, was ich nun sage. Macht eure Ohren weit auf für meine Worte. ¹⁸Ich habe meine Rechtfertigung gut vorbereitet, meine Unschuld wird klar zu Tage treten. ¹⁹Wer könnte mir beweisen, dass ich im Unrecht bin? Wenn das möglich wäre, würde ich lieber gleich schweigen oder tot umfallen.

Hiob fragt, inwiefern er gesündigt hat

²⁰O Gott, zwei Dinge erbitte ich von dir, damit ich dir gegenübertreten kann: ²¹Nimm deine Hand von mir und jage mir mit deiner Gegenwart nicht Angst und Schrecken ein. ²²Dann stell mich vor Gericht und ich will dir Rede und Antwort stehen! Oder lass mich reden und antworte du. ²³Sag mir, wie viel Unrecht und wie viele Verfehlungen ich begangen habe! Lass mich meine Vergehen und Sünden erkennen! ²⁴Warum wendest du dich von mir ab? Warum siehst du einen Feind in mir? ²⁵Willst du ein Blatt erschrecken, das der Wind verweht? Willst du einen dürren Halm verfolgen?

²⁶Du gibst mir bittere Medizin zu schlucken und lässt mich die Sünden meiner Jugend büßen. ²⁷Du machst mich zu einem Gefangenen.* Du überwachst mich auf Schritt und Tritt und lässt mir keinen Freiraum zum Gehen*. ²⁸Dabei bin ich einer, der wie faulendes Holz zerfällt, wie ein mottenzerfressener Mantel.

13,27a Hebr. *Meine Füße legst du in den Fußblock.*
13,27b Hebr. *um die Sohlen meiner Füße zeichnest du eine Linie.*

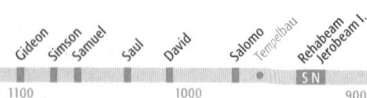

14 Wie vergänglich ist doch der Mensch! Wie kurz ist sein Leben und wie viel Leid muss er tragen!* ²Wie eine Blume blüht er für einen Augenblick auf und im nächsten ist er verwelkt. Er verschwindet wie ein Schatten und hat keinen Bestand. ³Dennoch behältst du ihn auf Schritt und Tritt im Auge, und mich stellst du vor dein Gericht. ⁴Kann denn aus einem schuldbeladenen Geschlecht ein schuldloser Mensch hervorgehen? Niemals!* ⁵Du bestimmst die Lebensdauer eines Menschen. Du legst fest, wie viele Tage und Monate er hat, und schenkst ihm nicht eine Minute mehr. ⁶Wende deinen Blick wenigstens kurz von ihm ab und gönne ihm etwas Ruhe, damit er wie ein Arbeiter zufrieden auf seinen Tag zurückblicken kann.

⁷Wenn ein Baum gefällt wird, dann besteht Hoffnung, dass er wieder ausschlägt und neue Zweige treibt. ⁸Seine Wurzeln mögen im Boden altern und der Stumpf absterben, ⁹trotzdem wird er schon allein vom Geruch des Wassers neues Grün treiben und ausschlagen wie ein junger Sämling.

¹⁰Doch wenn ein Mensch stirbt, ist seine Kraft verschwunden. Er tut seinen letzten Atemzug, und wo ist er dann? ¹¹Wie das Wasser eines Sees verdampft und ein Fluss versickert und austrocknet, ¹²legt sich der Mensch zum Sterben hin und steht nicht wieder auf. Bis der Himmel vergeht, wird er nicht mehr erwachen und nicht aus seinem Schlaf aufgeweckt werden.

¹³Ich wünschte, du würdest mich bei den Toten* verbergen und mich dort aufbewahren, bis dein Zorn verraucht ist, du würdest mir eine Frist setzen und dich dann wieder an mich erinnern. ¹⁴Wenn ein Mensch stirbt, kann er dann ins Leben zurückkehren? Wenn es so wäre, würde ich jeden Tag, an dem ich hier kämpfe, sehnsüchtig auf meine Ablösung warten. ¹⁵Du würdest rufen und ich würde antworten, und du hättest Sehnsucht nach mir, denn du hast mich geschaffen. ¹⁶Dann würdest du meine Schritte zählen, ohne dabei auf eine Sünde zu lauern. ¹⁷Mein Vergehen wäre in einem Sack versiegelt und du würdest meine Schuld zudecken.

¹⁸Doch wie Berge einstürzen und Felsen von der Klippe rollen, ¹⁹wie Wasser Steine aushöhlt und Flüsse den Boden fortschwemmen, so vernichtest du die Hoffnung des Menschen. ²⁰Du überwältigst ihn und er verschwindet für immer. Du entstellst sein Gesicht im Tod und schickst ihn fort. ²¹Er weiß nicht, ob seine Söhne einmal zu Ehren kommen oder in Bedeutungslosigkeit versinken. ²²Er ist ganz eingesponnen in seinen eigenen Schmerz und seinen eigenen Kummer.*«

Elifas zweite Antwort an Hiob

15 Da hielt ihm Elifas aus Teman entgegen: ²»Du bist angeblich ein weiser Mann, aber was du sagst, ist nichts als leeres Geschwätz und heiße Luft. ³Deine wortreiche Verteidigung ist völlig nutzlos und hilft niemandem weiter. ⁴Im Gegenteil, du zerstörst damit die Gottesfurcht und verdirbst dir selbst die Fähigkeit, vor Gottes Angesicht zur Stille zu kommen. ⁵Deine Worte verraten, was für ein Mensch du wirklich bist, sie sind nichts als listiges Blendwerk. ⁶Nicht ich, sondern dein eigener Mund verurteilt dich, du widerlegst dich selbst! ⁷Bist du der erste Mensch, der je geboren wurde? Kamst du zur Welt, bevor die Hügel erschaffen wurden? ⁸Hast du Gottes Ratsversammlung belauscht und dabei die Weisheit an dich gerissen? ⁹Was weißt du, das wir nicht wüssten? Welche Erkenntnis hast du, die wir nicht hätten? ¹⁰Auf unserer Seite stehen alte, weißhaarige Männer, die älter sind als dein Vater!

¹¹Ist dir der Trost, den Gott schenkt, nichts wert? Ist sein gütiges Wort dir zu wenig? ¹²Was reißt dich innerlich fort und was soll dieses nervöse Augenzucken? ¹³Was ist mit dir passiert, dass du dich gegen Gott auflehnst und solche rebellischen Reden schwingst? ¹⁴Wie könnte ein Mensch je schuldlos sein? Und wie könnte ein Sterblicher je gerecht sein? ¹⁵Gott vertraut ja nicht einmal den Engeln*, und selbst der Himmel ist in seinen Augen nicht rein. ¹⁶Wie viel weniger ist es dann ein verdorbener, sündiger Mensch, für den es normal ist, Böses zu tun*!

¹⁷Ich will dir etwas sagen, Hiob, hör mir gut zu. Ich will dir erzählen, was ich erlebt habe. ¹⁸Es stimmt auch mit den Erfahrungen weiser Männer überein, die dasselbe von ihren Vätern gelernt haben, ¹⁹von den Männern, denen das Land gegeben wurde, lange bevor Fremde hierher kamen:

²⁰Der Gottlose muss sich ein Leben lang fürchten. Seine Jahre sind gezählt, aber das weiß er nicht. ²¹In seinen Ohren gellen Schreckensrufe. Mitten im Frieden wird er überfallen und sein Besitz zerstört. ²²Er kann nie sicher sein, ob er es schafft, dem drohenden Dunkel zu entgehen oder einem heimtückischen Anschlag zu ent-

---

14,1 Hebr. *Der Mensch, von einer Frau geboren, ist kurz an Tagen und gesättigt mit Unruhe.* **14,4** Hebr. *Wie könnte ein Reiner von Unreinen kommen? Kein Einziger!* **14,13** Hebr. *im Scheol.* **14,22** Hebr. *Nur sein Fleisch an ihm fühlt Schmerz und seine Seele in ihm trauert.* **15,15** Hebr. *den Heiligen.* **15,16** Hebr. *der Unrecht trinkt wie Wasser.*

HIOB	
1–2	Prolog: Hiobs Glück und seine Prüfung
3–31	Hiobs Diskussion mit seinen drei Freunden
32–37	Die Reden von Elihu
38–41	Die Reden Gottes
42	Der HERR segnet Hiob

15–18

Elifas: »Wer sich auf Besitz verlässt, wird mit ihm untergehen.« Hiob: »Ihr gebt mir keinen Trost, kein Schiedsrichter urteilt zwischen uns. Meine Hoffnung stirbt, so will ich auch sterben.« Bildad: »Der Böse wird ohne Hoffnung untergehen.«

kommen. ²³Auf der Suche nach Brot irrt er umher und fragt sich ständig: ›Wo finde ich es?‹ Er weiß, dass sein Untergang besiegelt ist. ²⁴Angst und Schrecken überwältigen ihn wie einen Mann, gegen den sich ein starker König zum Kampf rüstet. ²⁵Denn er hat Gott die Faust gezeigt und sich vor dem Allmächtigen aufgespielt. ²⁶Geduckt hinter seinen starken Schild hat er sich ihm trotzig entgegengeworfen.

²⁷So ein Mensch ist reich und fett. ²⁸Doch er wird in verlassenen Trümmerstätten wohnen, die nur noch als Baumaterial zu gebrauchen sind. ²⁹Zu Reichtum wird er es nicht bringen. Sein Wohlstand ist von kurzer Dauer, und sein Besitz wird sich nicht über das Land ausbreiten.

³⁰Er wird der Finsternis nicht entgehen. Die Flamme wird seine Saat vernichten und der Atem Gottes wird alles zerstören, was ihm gehört. ³¹Er soll sich nicht auf seinen trügerischen Besitz verlassen, denn damit betrügt er sich selbst, und am Ende wird er der Betrogene sein. ³²Noch ehe seine Zeit um ist, erfüllt sich sein Schicksal, und alles, worauf er sich verlassen hat, wird verschwinden*. ³³Er wird wie ein Weinstock sein, der seine Beeren verliert, bevor sie reif sind, wie ein Olivenbaum, der seine Blüten abwirft, sodass sich keine Früchte bilden. ³⁴Denn die Gottlosen sind unfruchtbar. Ihre Häuser, die sie mit Bestechungsgeldern erworben haben, werden vom Feuer vernichtet werden. ³⁵Weil sie mit Unheil schwanger gehen und Bosheit zur Welt bringen, werden sie am Ende als Betrogene dastehen.*«

Hiobs fünfte Rede: Seine Antwort an Elifas

16 Da sagte Hiob:
²»Wie oft habe ich das schon gehört! Ihr seid alle wirklich schlechte Tröster! ³Haben die windigen Reden nun ein Ende? Was reizt dich so, dass du mir derart widersprechen musst? ⁴Wenn ihr an meiner Stelle wärt, könnte ich daherreden wie ihr. Ich könnte euch schöne Reden halten und selbstgerecht den Kopf über euch schütteln. ⁵Stattdessen würde ich aber versuchen, euch Mut zuzusprechen und würde mit Trost nicht sparen. ⁶Doch meine eigenen Worte können meinen Schmerz nicht lindern und wenn ich schweige, hilft mir das auch nicht weiter.

⁷O Gott, du hast mich zur Erschöpfung gebracht und meine Familie hast du vernichtet. ⁸Du hast mich hart angepackt, und das ist in den

15,32 Hebr. *und sein Palmzweig wird niemals grün.*
15,35 Hebr. *Einem Schwangersein mit Mühsal und einem Gebären von Unrecht folgt, dass ihr Inneres ihnen Verrat bereitet.*

Augen der Leute ein Beweis für meine Schuld. Der Zustand meines Körpers spricht gegen mich und stempelt mich zum Lügner.*

⁹Der Zorn Gottes bekämpft und zerfetzt mich. Er zeigt mir die Zähne und durchbohrt mich mit seinen Blicken. ¹⁰Die Leute sperren den Mund gegen mich auf. Sie verhöhnen mich mit Ohrfeigen. Ein Mob hat sich gegen mich zusammengerottet. ¹¹Gott hat mich den Gottlosen preisgegeben, er hat mich an die bösen Menschen ausgeliefert.

¹²Ich führte ein ruhiges Leben, bis er mich herausriss. Er packte mich am Genick und zerschmetterte mich. Er hat mich zur Zielscheibe für seine Angriffe gemacht. ¹³Seine Pfeile umschwirren mich, erbarmungslos durchbohrt er meine Nieren. Der Boden ist getränkt von meinem Blut*. ¹⁴Unablässig schlägt er auf mich ein, greift mich an wie ein wilder Krieger. ¹⁵Als Zeichen der Trauer habe ich meine verkrustete Haut mit einem Sack bedeckt. Mein Stolz und meine Ehre liegen im Dreck. ¹⁶Mein Gesicht ist vom Weinen gerötet, meine Augen sind dunkel umrandet. ¹⁷Und doch klebt kein Unrecht an meinen Händen, mein Gebet ist aufrichtig.

¹⁸O Erde, verbirg mein Blut nicht! Mein Hilfeschrei soll nicht verhallen. ¹⁹Auch jetzt noch habe ich einen Zeugen im Himmel, mein Zeuge thront dort in der Höhe. ²⁰Meine Freunde verspotten mich, aber ich sehe unter Tränen zu Gott auf. ²¹Ich wünschte, ein Vermittler würde mir bei Gott zu meinem Recht verhelfen und zwischen mir und meinen Freunden entscheiden. ²²Denn ich habe nur noch wenige Jahre, dann muss ich den Weg gehen, von dem es keine Wiederkehr gibt.

Hiob beteuert weiter seine Unschuld

17 Meine Lebenskraft* ist gebrochen, ich sehe dem Tod ins Auge. Auf mich wartet nur noch das Grab. ²Von allen Seiten werde ich verspottet und angegriffen, sodass meine Augen in der Nacht keine Ruhe finden*.

³Verbürge du dich für mich, Gott, denn es wird kein anderer für mich einstehen. ⁴Du hast ihnen Einsicht vorenthalten, überlasse ihnen nun nicht den Triumph! ⁵Sie verraten ihre Freunde, um sich zu bereichern, deshalb werden ihre eigenen Kinder Hunger leiden.

⁶Gott hat mich dem Gespött der Leute ausgesetzt, und man spuckt mir ins Gesicht. ⁷Der Kummer hat meine Augen trübe gemacht, ich bin nur noch ein Schatten meiner selbst. ⁸Aufrichtige Menschen wundern sich, wenn sie mich sehen. Der Unschuldige empört sich über den vermeintlich Gottlosen. ⁹Doch der Gerechte hält an seinem Kurs fest, und wer reine Hände hat, gewinnt neue Kraft.

¹⁰Kommt alle zurück, versucht es noch einmal! Ich werde ja doch keinen Weisen unter euch finden. ¹¹Meine Tage sind abgelaufen. Meine Pläne sind zerstört, alle meine Herzenswünsche haben sich in nichts aufgelöst. ¹²Meine Freunde erklären meine Nacht zum Tag, angeblich nähert sich das Licht, während ich nur Finsternis sehe.* ¹³Doch meine einzige Erwartung ist das Totenreich*. Finsternis wird meine Wohnung sein, darum bereite ich mir dort jetzt schon mein Bett vor.* ¹⁴Dann rufe ich dem Grab zu: ›Du bist mein Vater‹, und zu den Würmern sage ich: ›Ihr seid meine Mutter und meine Schwestern.‹ ¹⁵Worauf soll ich denn noch hoffen? Wer sieht noch eine Hoffnung für mich? ¹⁶Nein, meine Hoffnung steigt mit mir zusammen in das Totenreich. Sie wird gemeinsam mit mir im Staub beerdigt.«

Bildads zweite Antwort an Hiob

18 Darauf erwiderte Bildad aus Schuach: ²»Wie weit willst du es noch mit deinen Worten treiben? Nimm erst einmal Vernunft an und dann lass uns reden!* ³Warum schätzt du uns so ein, als wären wir Tiere? Warum gelten wir als dumm* in deinen Augen? ⁴Du zerfleischst dich ja nur selbst in deiner Wut. Soll die Menschheit deinetwegen diese Welt räumen oder ein Fels versetzt werden?

⁵Sicher ist: Das Licht des bösen Menschen verlöscht und aus seinem Feuer leuchten keine Flammen auf. ⁶In seinem Zelt wird es dunkel werden, die Lampe, die über ihm hängt, wird ausgehen. ⁷Sein kraftvoller Schritt wird ins Stocken kommen, seine eigenen Pläne werden ihn zu Fall bringen.

⁸Denn der Böse verfängt sich im Netz. Sein Weg ist voller versteckter Fallgruben. ⁹Seine Ferse verfängt sich im Klappnetz des Fallstellers und eine Schlinge zieht sich um ihn zusam-

---

16,8 Hebr. *Du hast mich gepackt, das wurde gegen mich zum Zeugen. Und meine Krankheit tritt als Zeuge gegen mich auf, in mein Gesicht zeugt sie.* **16,13** Hebr. *meiner Galle.* **17,1** Hebr. *mein Geist.* **17,2** Hebr. *mein Auge muss bei ihrer Widerspenstigkeit übernachten.* **17,12** Hebr. *Sie machen die Nacht zum Tag. Das Licht ist nahe angesichts der Finsternis.* **17,13a** Hebr. *Scheol.* So auch in 17,16. **17,13b** Hebr. *Ich breite in der Finsternis mein Laken aus.* **18,2-3** Im Hebr. steht hier die Anrede im Plural: *Wie weit wollt ihr es noch mit euren Worten treiben?* usw. **18,3** O. *unrein.*

HIOB

1–2	Prolog: Hiobs Glück und seine Prüfung
3–31	Hiobs Diskussion mit seinen drei Freunden
32–37	Die Reden von Elihu
38–41	Die Reden Gottes
42	Der HERR segnet Hiob

18–20
Bildad: »Der Böse wird ohne Hoffnung untergehen.« Hiob: »Ihr helft mir nicht, weil Gott mich ins Unglück stürzt. Er wird über euch richten.« Zofar: »Der Hochmut der Bösen vergeht immer.«

men. ¹⁰Auf seinem Weg liegt ein Fallstrick verborgen, eine Schlinge liegt auf seinem Pfad bereit. ¹¹Er ist umgeben von Schrecken, die ihn plötzlich überfallen, sie verfolgen ihn auf Schritt und Tritt. ¹²Das Unheil lauert ihm auf und das Verhängnis ist bereit, sich auf ihn zu stürzen. ¹³Der

Hiob 19,25

Gott befreit
Hiob 19,25 kann auf verschiedene Weisen verstanden und damit unterschiedlich übersetzt werden. Der Text sagt voraus, dass Gott selbst »erscheinen wird«, oder »das Sagen haben wird«, oder »vom Tod auferstehen wird«. Alle drei Auslegungen sind möglich und es gibt deutsche Übersetzungen für alle drei. Bei allen drei ist eines klar: Gottes Gerechtigkeit wird letztendlich zum Zuge kommen. Gott, der Erlöser dieser Erde, wird eines Tages alles in Ordnung bringen. Darauf hoffte Hiob hartnäckig, auch wenn es ihm lange Zeit schlecht ging.
Am Ende des Buches Hiob erschien Gott tatsächlich (38,1) und »Gott gab Hiobs Schicksal eine neue Wendung« (42,10). Aber dieser Text sagt mehr als nur *Hiobs* Erlösung voraus. Auch *wir* dürfen die Verheißung in Anspruch nehmen, denn in Jesus haben Glaubende Zugang dazu. In ihm erschien Gott wahrhaftig. In ihm sprach Gott das letzte Wort. In seinem Auferstehungsleben kommt Gottes Gerechtigkeit jetzt schon zum Zuge. Die letzte Erlösung ist auch uns zugesprochen.
(Richter 2,10-23 ‹‹‹ | ››› Markus 10,45)

Hiob 19,25

Hinweise auf den Messias (3)
Mitten in Hiobs Verzweiflung bricht plötzlich doch eine Gewissheit hervor: Sein Erlöser lebt und Hiob wird nicht abseits von Gott stehen. »Erlöser« ist jemand, der Besitz zurückkauft (3Mo 25) oder der freikaufen kann (siehe Rut 2,20; 3,12-13; 4,4-10; Jes 43,1-4), auch ein Beschützer der Rechtlosen (Ps 72,13-14.)
Weil im Neuen Testament Jesus der Erlöser ist (Lk 24,21; Eph 1,7; Tit 2,14 u.ö.), füllt es sehr passend das Bild aus, das Hiob vor sich sieht. Dazu fügt sich auch das Bekenntnis, dass Christus als Erster und Letzter alles in der Hand behält (Offb 1,17-18). Das »letzte Wort«, das dieser Erlöser haben wird (Hiob 19,25), ist ein lebenschaffendes Wort: »Der letzte Adam aber – also Christus – ist ein Geist, der lebendig macht« (1 Kor 15,45).
(2. Chronik 3,1 ‹‹‹ | ››› Hiob 33,23-24)

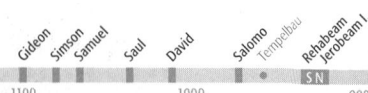

Aussatz zerfrisst seine Haut, als Vorbote des Todes verzehrt er seinen Körper.* ¹⁴Er wird aus der Geborgenheit seines Zeltes herausgerissen und der König der Schrecken macht ihm Beine*. ¹⁵In seinem Haus wohnen Fremde. Schwefel wird auf seine Wiese gestreut. ¹⁶Seine Wurzeln werden verdorren und seine Zweige vertrocknen. ¹⁷Die Erinnerung an ihn verschwindet von der Erde und sein Name wird ganz und gar bedeutungslos. ¹⁸Man wird ihn aus dem Licht in die Finsternis werfen und von der Erde verscheuchen. ¹⁹Er wird weder Kinder noch Enkel in seinem Volk haben; in seiner Heimat wird es keine Überlebenden geben. ²⁰Die Menschen im Westen sind entsetzt über den Tag, an dem es ihn trifft, und die im Osten erschaudern. ²¹Ja, so ergeht es dem Haus des Übeltäters und dem Ort, an dem man nicht nach Gott fragt.«

Hiobs sechste Rede: Seine Antwort an Bildad

19 Da antwortete Hiob:
²»Wie lange wollt ihr mich noch quälen und mit euren Worten auf mich einschlagen? ³Zehn Mal habt ihr mich nun beschimpft. Ihr misshandelt mich ohne euch zu schämen. ⁴Und selbst wenn ich gesündigt hätte, wäre das allein meine Sache. ⁵Wenn ihr wirklich über mich triumphieren wollt, dann legt mir dar, wofür ich mich schämen soll. ⁶Ihr müsst doch sehen, dass Gott mir Unrecht tut! Er hat sein Netz rings um mich ausgeworfen.

⁷Schreie ich: ›Gewalttat‹, antwortet mir niemand. Rufe ich um Hilfe, finde ich keine Gerechtigkeit. ⁸Gott hat meinen Weg vermauert, ich kann nicht weitergehen. Er hat meine Straße in Dunkelheit gehüllt. ⁹Er hat mir meine Ehre genommen und mir die Krone vom Kopf gezerrt. ¹⁰Er hat mich von allen Seiten niedergerissen, mit mir ist es aus. Ich bin wie ein entwurzelter Baum – ohne Hoffnung. ¹¹In seinem Zorn wütet er gegen mich, er hat mich zu seinem Feind erklärt. ¹²Seine Truppen rücken gemeinsam vor. Sie bauen Straßen, um mich anzugreifen. Sie haben mein Haus umstellt.

¹³Meine Brüder hat er mir genommen, meine Bekannten haben sich von mir entfremdet. ¹⁴Meine Nachbarn halten sich von mir fern und meine Freunde haben mich vergessen. ¹⁵Meine Hausdiener und meine Mägde behandeln mich wie einen Fremden, für sie bin ich zu einem Ausländer geworden. ¹⁶Ich rufe nach meinem Knecht, doch er antwortet nicht, ich muss ihn geradezu anflehen! ¹⁷Meiner Frau ist mein Atem zuwider und meinen Brüdern ekelt vor meinem Gestank. ¹⁸Selbst die kleinen Kinder verachten mich. Wenn ich versuche aufzustehen, machen sie spöttische Bemerkungen. ¹⁹Alle, denen ich vertraute, verabscheuen mich, und die Menschen, die ich geliebt habe, stellen sich gegen mich. ²⁰Ich bin nur noch Haut und Knochen und sogar meine Zähne hab ich verloren.

²¹Habt Mitleid mit mir, meine Freunde, habt Mitleid, denn die Hand Gottes hat mich schwer getroffen. ²²Warum verfolgt ihr mich, wie Gott es tut? Wann habt ihr endlich genug davon, mich so zu zerfleischen?

²³Ich wollte, meine Worte könnten aufgeschrieben und in einem Buch festgehalten werden, ²⁴oder sie könnten mit eisernem Griffel in einen Felsen gehauen und mit Blei ausgegossen werden, damit sie für immer zu lesen wären!

²⁵Und doch weiß ich, dass mein Erlöser lebt und auf dieser Erde das letzte Wort haben wird*. ²⁶Mag meine Haut noch so zerfetzt und von meinem Fleisch wenig übrig sein, werde ich Gott doch sehen*. ²⁷Ich werde ihn sehen, ja, mit meinen eigenen Augen werde ich ihn erblicken, ohne jede Fremdheit. Danach sehnt sich alles in mir.

²⁸Wenn ihr sagt: ›Wir wollen diesen Mann stellen, um ihm nachzuweisen, dass er an seiner Notlage selbst schuld ist‹, ²⁹dann nehmt euch in Acht vor dem richtenden Schwert. Ihr werdet für euer Verhalten bestraft werden. Und dann werdet ihr erkennen, dass es ein Gericht gibt.«

Zofars zweite Antwort an Hiob

20 Da sagte Zofar aus Naama zu Hiob:
²»Ich muss dir antworten, denn es regt mich auf, was du da gesagt hast, und ich bin sehr beunruhigt. ³Ich habe mir angehört, wie du mich mit deiner Zurechtweisung beleidigst. Nun treibt mich mein Verstand, dir zu antworten.

⁴Das solltest du eigentlich schon längst wissen: Seit es Menschen gibt, ⁵ist der Triumph der Bösen immer von kurzer Dauer gewesen und die Freude der Gottlosen hielt nur einen Augenblick an. ⁶Der Hochmut des Gottlosen reicht vielleicht bis zum Himmel, sodass sein Kopf an die Wolken stößt, ⁷aber er wird trotzdem für immer verschwinden, genau wie sein eigener Kot. Die

---

18,13 Hebr. *Er verzehrt Teile seiner Haut, er verzehrt seine Glieder, der Erstling des Todes.* 18,14 Hebr. *macht ihn schreiten.* Der König der Schrecken ist der Tod. 19,25 Hebr. *und sich als Letzter über den Staub erheben wird.* 19,26 O. *werde ich Gott doch ohne meinen Leib sehen.*

HIOB

1–2	Prolog: Hiobs Glück und seine Prüfung
3–31	Hiobs Diskussion mit seinen drei Freunden
32–37	Die Reden von Elihu
38–41	Die Reden Gottes
42	Der HERR segnet Hiob

20–22

Zofar: »Die Bösen werden von Gott gerichtet.« Hiob: »Die Gottlosen führen ein gutes Leben und sterben friedvoll. Wo ist Gottes Gericht?« Elifas: »Gott bestraft deine Bosheit, nicht deine Gottesfurcht.«

staunend zu ihm hochsahen, werden fragen: ›Wo ist er?‹ ⁸Er wird vergehen wie ein Traum und nicht mehr zu finden sein. Er wird sich auflösen wie eine nächtliche Traumgestalt. ⁹Wer ihn kannte, sieht ihn nicht wieder. Keiner aus seiner Heimat schaut sich nach ihm um.* ¹⁰Seine Kinder müssen die Menschen gnädig stimmen, die er in die Armut getrieben hat, und den unrechtmäßig erworbenen Besitz ihres Vaters müssen sie wieder hergeben.* ¹¹Wenn sein Körper vielleicht auch vor jugendlicher Kraft strotzte, muss er nun doch im Staub liegen.

¹²Weil ihm das Unrecht süß schmeckte, ließ er es sich auf der Zunge zergehen. ¹³Er behielt es lange im Mund und kostete es voll aus. ¹⁴Doch mit dieser Speise verdirbt er sich den Magen. Sie verwandelt sich in seinem Inneren zu Schlangengift. ¹⁵So muss er die Reichtümer, die er schluckte, wieder ausspucken. Gott sorgt dafür, dass er sie nicht behalten kann.* ¹⁶Er hat Otterngift eingesaugt und die Viper wird ihn töten. ¹⁷Er wird nicht mehr die Freude haben, Ströme und Bäche voller Honig und Sahne fließen zu sehen. ¹⁸Was er zusammengetragen hat, muss er wieder hergeben. Seinen Reichtum darf er nicht genießen und über seine erfolgreichen Geschäfte kann er sich nicht freuen. ¹⁹Denn er hat die Armen unterdrückt und die Hilflosen im Stich gelassen. Er brachte Häuser an sich, die er nicht gebaut hatte.* ²⁰Weil seine Gier so unersättlich war, wird er mit seinen Schätzen nicht entkommen. ²¹Er nimmt sich alles, was er bekommen kann, deshalb wird sein Reichtum nicht von Dauer sein.

²²Trotz aller Möglichkeiten, die ihm sein Überfluss bietet, wird es für ihn eng, wenn die Not ihn mit voller Wucht trifft. ²³Und so wird es sein: Um seinen Bauch zu füllen, wird Gott seinen feurigen Zorn über ihm ausgießen und ihn mit Verderben überschütten. ²⁴Wenn er dann versuchen wird, vor dem Schwert zu entkommen, trifft ihn ein Pfeil vom Bogen. ²⁵Man zieht den Pfeil aus seinem Rücken, und die Pfeilspitze trieft von Blut*. Die Schrecken des Todes werden über ihn hereinbrechen.

²⁶Seine Schätze werden in tiefster Finsternis verloren sein. Ein Feuer, das nicht von Menschenhand entfacht worden ist, wird ihn vernichten, mit allem, was in seinem Haus noch übrig geblieben ist. ²⁷Der Himmel wird seine ganze Schuld aufdecken und die Erde wird gegen ihn aufstehen. ²⁸Was er an Gütern in seinem Haus

20,9 Hebr. *Das Auge sieht ihn und schaut ihn nicht wieder und seine Stätte sieht ihn nicht mehr.* 20,10 O. *Seine Kinder müssen bei den Armen betteln und seine Hände sein Vermögen zurückgeben.* 20,15 Hebr. *Gott vertreibt sie aus seinem Bauch.* 20,19 O. *Er raubte Häuser, aber er wird sie nicht ausbauen.* 20,25 Hebr. *von Galle.*

S Südreich Juda   N Nordreich Israel

zusammengerafft hat, wird er verlieren, es wird weggespült werden an dem Tag, an dem Gott in seinem Zorn über ihn richtet*. 29Das ist das Schicksal des Bösen, das Erbe, das Gott ihm zuspricht.«

Hiobs siebte Rede: Seine Antwort an Zofar

21 Da erwiderte Hiob:
2»Hört mir doch einmal richtig zu, das würde mich schon trösten. 3Ertragt mich und lasst mich reden. Wenn ich dann gesprochen habe, könnt ihr mich weiter verhöhnen.

4Richtet sich meine Klage etwa gegen Menschen? Nein, gegen Gott, und deshalb bin ich so ungeduldig. 5Seht mich an! Ihr werdet erschrecken und euch entsetzt die Hand vor den Mund halten. 6Wenn ich daran denke, was ich jetzt aussprechen werde, schaudere ich selbst und zittere am ganzen Leib.

7Warum bleiben die Bösen am Leben und warum werden sie alt und mächtig? 8Sie haben ihre Kinder, denen es ebenfalls gut geht, in ihrer Nähe und freuen sich an ihren Enkelkindern. 9Sie leben in Frieden in ihren Häusern und haben nichts zu fürchten. Gott straft sie nicht. 10Ihr Stier deckt die Herden und ihre Kühe kalben ohne Fehlgeburt. 11Ihre Kinder schicken sie hinaus wie eine Herde Lämmer und ihre Kleinen hüpfen fröhlich umher. 12Sie singen zur Musik von Tamburin und Harfe und freuen sich am Klang der Flöte. 13Sie verbringen ihre Tage im Glück und sterben in Frieden*. 14So leben sie, obwohl sie zu Gott sagen: ›Bleib weg von uns. Wir wollen von deinen Wegen nichts wissen. 15Wer ist schon der Allmächtige, dass wir ihm dienen sollten? Was nützt es uns, wenn wir zu ihm beten?‹ 16Und trotzdem haben sie ihr Glück nicht in der Hand. So wie die Gottlosen will ich auf keinen Fall leben!*

17Aber wie oft geschieht es denn, dass den Gottlosen das Licht ausgeht? Wie oft werden sie von Unheil überfallen und wie oft vernichtet Gott sie tatsächlich in seinem Zorn? 18Wann werden sie denn wie Stroh vom Wind verweht oder vom Sturm fortgerissen?

19›Nun gut‹, sagt ihr, ›spätestens ihre Kinder wird Gott strafen.‹ Ich finde aber, dass Gott den strafen sollte, der die Sünde begeht, und nicht dessen Kinder! Der Gottlose soll die Strafe am eigenen Leib zu spüren bekommen.* 20Mit eigenen Augen soll er seinem Untergang zusehen. Er selbst soll den Zornesbecher des Allmächtigen bis auf den letzten Tropfen leeren. 21Denn was kümmert es ihn, was mit seiner Familie geschieht, wenn er tot und seine Zeit abgelaufen ist?

22Doch wer kann Gott, den obersten Richter, Weisheit lehren? 23Der eine stirbt bei guter körperlicher Verfassung, in Sicherheit und Frieden. 24Seine Kannen sind voll Milch*, sodass er immer gut versorgt war. 25Der andere tritt ab in bitterer Armut, ohne je erfahren zu haben, wie schön das Leben sein kann. 26Zum Schluss werden beide im gleichen Staub begraben und von den gleichen Würmern gefressen.

27Ich weiß genau, was ihr jetzt denkt. Ich kenne eure Hinterlist, mit der ihr mir zusetzen wollt. 28Ihr fragt: ›Wo ist das Haus des Tyrannen denn geblieben und wo steht das Zelt des Gottlosen jetzt?‹ 29Habt ihr euch noch nie bei den Reisenden erkundigt, die viel herumgekommen sind? Sie wissen es und können euch die Wahrheit unwiderlegbar bezeugen: 30In Zeiten des Unglücks wird der Böse stets verschont, es gelingt ihm immer, seinen Kopf aus der Schlinge zu ziehen.* 31Niemand wagt es, ihm die Wahrheit über seinen Lebenswandel ins Gesicht zu sagen. Niemand zieht ihn zur Rechenschaft für seine Taten. 32Nein, mit feierlichem Geleit wird er schließlich beerdigt und eine Ehrengarde bewacht sein Grab. 33Er ruht in Frieden. Es ergeht ihm so, wie es vielen vor ihm ergangen ist und wie es vielen nach ihm ergehen wird.*

34Wie könnt ihr mir nur solchen nutzlosen Trost anbieten? Eure Antworten taugen alle nichts!«

Elifas' dritte Antwort an Hiob

22 Da antwortete Elifas aus Teman:
2»Kann ein Mensch Gott von Nutzen sein? Nein, der Kluge nützt nur sich selbst! 3Hat der Allmächtige etwas davon, wenn du dich an seine Gesetze hältst, oder bringt es ihm Gewinn, wenn du ein rechtschaffenes Leben führst? 4Meinst du vielleicht, er bestraft und richtet dich für deine Gottesfurcht? 5Ist der Grund dafür nicht eher in deiner schlimmen Bosheit und dem großen Ausmaß deiner Sünde zu finden?

6Bestimmt hast du einem Bruder aus deinem

20,28 Hebr. *am Tag seines Zorns.* 21,13 Hebr. *und in Ruhe sinken sie in den Scheol hinab.* 21,16 Hebr. *Der Rat der Gottlosen bleibe mir fern! So auch in 22,18.* 21,19 Hebr. *Gott bewahrt sein Unheil auf für seine Kinder. Er möge es ihm vergelten, dass er es merkt!* 21,24 O. *Seine Schenkel sind voll Fett.* 21,30 Hebr. *und am Tag der Zornesfluten kommen sie heil davon.* 21,33 Hebr. *Die Schollen des Tals sind ihm angenehm. Und jeder Mensch zieht hinter ihm her, wie auch vor ihm unzählige.*

HIOB

1–2	Prolog: Hiobs Glück und seine Prüfung
3–31	Hiobs Diskussion mit seinen drei Freunden
32–37	Die Reden von Elihu
38–41	Die Reden Gottes
42	Der HERR segnet Hiob

22–24
Elifas: »Du musst gesündigt haben. Schließe Frieden mit Gott.« Hiob: »Ich kann Gott nicht finden. Die Gottlosen können ungestraft ihr Unwesen treiben.«

Volk ganz ohne Grund ein Pfand abgenommen und einen Halbnackten gezwungen, seine letzten Kleider auszuziehen und herzugeben. ⁷Oder du hast einem Durstigen einen Schluck Wasser oder einem Hungrigen ein Stück Brot verweigert. ⁸Vielleicht glaubst du ja, die Mächtigen könnten das Land für sich beanspruchen und nur die Angesehenen dürften dort wohnen!* ⁹Wahrscheinlich hast du Witwen mit leeren Händen fortgeschickt und Waisenkindern nichts zum Leben gelassen*. ¹⁰Das wird der Grund dafür sein, dass du ringsum von Fallstricken umgeben bist. Deshalb überfallen dich plötzlich Angst und Schrecken. ¹¹Deshalb ist es so dunkel um dich her geworden, dass du nichts mehr sehen kannst, und deshalb schlägt das Wasser über dir zusammen.

¹²Ist Gott nicht so groß wie der Himmel? Sieh doch nur, wie weit oben die höchsten Sterne stehen! ¹³Und da sagst du: ›Was weiß Gott schon? Sollte er durch die dunklen Wolken hindurch Gericht halten können? ¹⁴Er ist von dichten Wolken umgeben, also kann er nichts sehen – am weit entfernten Rand des Himmels hält er sich gern auf!‹

¹⁵Willst du den alten Wegen folgen, die schon viele schlechte Menschen vor dir gegangen sind? ¹⁶Sie wurden vorzeitig dahingerafft, ein Strom riss den festen Boden unter ihnen fort. ¹⁷Denn sie sagten zu Gott: ›Bleib weg von uns!‹ und ›Was kann der Allmächtige uns schon tun?‹ ¹⁸Dabei war er es, der ihnen so viel Gutes gegeben hatte. – Aber so wie die Gottlosen will ich auf keinen Fall leben.

¹⁹Am Ende werden die Gerechten es hocherfreut sehen, und die Schuldlosen werden spottend sagen: ²⁰›Tatsächlich! Unsere Feinde wurden vernichtet. Die Letzten von ihnen wurden vom Feuer verschlungen.‹

²¹Nun mach Gott zu deinem Freund und schließe Frieden mit ihm. Dadurch wird das Gute wieder in dein Leben kommen. ²²Nimm doch an, was er dir sagt und lass dir seine Worte zu Herzen gehen. ²³Wenn du zum Allmächtigen zurückkehrst und die Sünde aus deinem Haus entfernst, wird er dich wieder aufbauen. ²⁴Wirf dein Geld vor dir auf den Boden und das Gold aus Ophir zu den Steinen ins Flussbett, ²⁵dann wird der Allmächtige selbst dein Schatz sein*.

²⁶Dann wirst du dich über den Allmächtigen freuen und zu Gott aufsehen. ²⁷Du wirst zu ihm

---

22,8 Hebr. *Und dem Mann mit Macht gehört das Land und ein von den Leuten Geachteter darf darin wohnen.* **22,9** Hebr. *und die Arme der Waisen zerschlagen.* **22,25** Hebr. *und der Allmächtige wird dir dein Golderz und dein erlesenes Silber sein.*

beten und er wird dich erhören, und du wirst halten, was du ihm versprochen hast. ²⁸Wenn du dir etwas vornimmst, wird es gelingen und über deinen Wegen wird ein Licht aufleuchten.

²⁹Mag es für dich auch abwärts gehen, wirst du trotzdem zuversichtlich sein, denn wer seine Augen in Demut senkt, den rettet Gott. ³⁰Er rettet auch die, die nicht unschuldig sind, weil du mit reinen Händen für sie eintrittst.«

Hiobs achte Rede: Seine Antwort an Elifas

23 Da ergriff wieder Hiob das Wort: ²»Gerade jetzt ist meine Klage die beste Verteidigung gegen euch. Ich halte mit fester Hand an meinem Seufzen fest.* ³Ich wollte, ich wüsste, wie ich Gott finden und zu seiner Wohnung kommen könnte. ⁴Ich würde ihm mein Anliegen schildern und meine Argumente vortragen. ⁵Dann wollte ich wissen, was er mir entgegnet, und die Worte verstehen, die er zu mir sagt. ⁶Würde er wohl mit seiner unermesslichen Kraft mit mir streiten? Nein, er würde mich anhören. ⁷Da würde ich dann als Aufrichtiger einen Rechtsstreit mit ihm führen, und mein Richter würde mich für immer freisprechen.*

⁸Doch gehe ich nach Osten, so ist er nicht da. Gehe ich nach Westen, merke ich nichts von ihm. ⁹Tut er sein Werk im Norden, fällt es mir nicht auf. Wende ich mich nach Süden, sehe ich ihn nicht.

¹⁰Er aber kennt meinen Weg. Und wenn er mich wie Gold im Feuer prüfte, würde ich davonkommen. ¹¹Denn ich bin den Wegen Gottes treu geblieben, ich bin nicht einen Schritt von ihnen abgewichen. ¹²Ich habe seine Gebote nicht übertreten, sondern sein Wort in meinem Herzen bewahrt. Es war mir wichtiger als mein eigenes Ansehen. ¹³Und doch bleibt er sich immer treu. Wer könnte ihn von etwas abbringen? Er führt aus, was er sich vornimmt. ¹⁴Und er wird auch ausführen, was er für mich bestimmt hat. Es ist Gottes Art, so zu handeln.* ¹⁵Deshalb erschrecke ich vor seiner Gegenwart. Wenn ich daran denke, zittere ich vor ihm. ¹⁶Gott hat mir meinen Mut genommen, der Allmächtige hat mich erschreckt. ¹⁷Ist es nicht nur Finsternis, die mich umgibt, nichts als dichte, undurchdringliche Dunkelheit?

Hiob fragt, warum die Bösen nicht bestraft werden

24 Warum legt der Allmächtige keine Zeiten fest, in denen er sein Strafgericht vollzieht? Warum müssen die Gottesfürchtigen vergeblich darauf warten? ²Grenzsteine werden versetzt, ganze Schafherden werden gestohlen und von den Dieben öffentlich zur Weide geführt, ³den Waisen wird der Esel weggenommen und der Ochse der Witwe wird gepfändet. ⁴Die Armen werden beiseitegestoßen, die Besitzlosen des Landes müssen sich alle verkriechen. ⁵Es ist unfassbar!* Wie Wildesel in der Wüste ziehen sie los, um in der Steppe nach Nahrung für ihre Kinder zu suchen. ⁶Sie ernten auf einem Feld, das ihnen nicht gehört, und halten Nachlese in den Weingärten der Gottlosen. ⁷Nachts liegen sie nackt in der Kälte, ohne Mantel oder Decke. ⁸Sie werden vom Regen der Berge durchnässt und kauern sich unter die Felsen, weil sie keine Zuflucht haben.

⁹Der Witwe wird das Kind von der Brust gerissen und was der Arme auf dem Leib trägt, wird gepfändet. ¹⁰Die Armen gehen deshalb nackt, ohne Kleider; sie hungern, während sie für andere Garben binden. ¹¹In den Gemäuern der Gottlosen pressen sie Olivenöl, sie treten die Kelter und leiden dabei Durst. ¹²Das Stöhnen der Sterbenden liegt über der Stadt, und die tödlich Verwundeten schreien um Hilfe – doch Gott achtet nicht darauf.

¹³Andere verabscheuen das Licht. Sie kennen es nicht und wollen nichts damit zu tun haben. ¹⁴Bevor es hell wird, steht der Mörder auf und bringt die Armen und Schutzlosen um; nachts treiben Diebe ihr Unwesen. ¹⁵Der Ehebrecher wartet auf die Abenddämmerung, er sagt sich: ›Dann wird mich niemand sehen‹ und vermummt sein Gesicht. ¹⁶Nachts brechen sie in die Häuser ein, bei Tag schließen sie sich ein. Sie wollen das Licht nicht kennenlernen. ¹⁷Für sie alle ist die finstere Nacht ihr Morgen, die Dunkelheit ist der Verbündete ihrer Anschläge.

¹⁸Doch der Gottlose verschwindet von der Erde, so schnell wie die Schaumkrone einer Welle. Alles, was er besitzt, steht unter einem Fluch; den Weg zu seinem Weinberg schlägt er nicht mehr ein. ¹⁹Wie sich Dürre und Hitze den schmelzenden Schnee holen, so wird sich das Totenreich* den Sünder schnappen. ²⁰Seine eigene Mutter wird ihn vergessen. Er wird zum Leckerbissen für die Würmer, kein Mensch wird sich an ihn erinnern. Wie Holz wird das

---

23,2 O. Ich versuche mein Seufzen zu kontrollieren.   **23,7** Hebr. Ein Redlicher würde mit ihm rechten, und ich werde für immer meinem Richter entkommen.   **23,14** Hebr. Und solches hat er noch viel im Sinn.   **24,5** Hebr. Siehe!   **24,19** Hebr. Scheol.

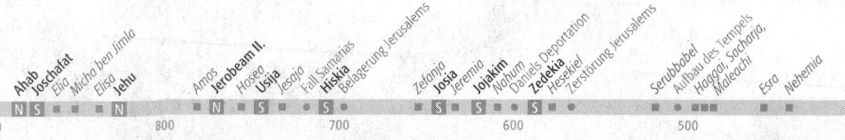

HIOB

1–2	Prolog: Hiobs Glück und seine Prüfung
3–31	Hiobs Diskussion mit seinen drei Freunden
32–37	Die Reden von Elihu
38–41	Die Reden Gottes
42	Der HERR segnet Hiob

24–28
Hiob: »Gott beobachtet den Gottlosen.«
Bildad: »Gott sieht jeden und niemand kann vor ihm bestehen.« Hiob: »Gott hat alles in der Hand. Ich bin unschuldig, die Gottlosen bringt er zu Fall. Der Mensch findet Bodenschätze, aber keine Weisheit.«

Unrecht zerbrochen. ²¹Denn der Gottlose übervorteilte die kinderlose Frau, der keine Söhne zur Seite stehen, und weigerte sich, die Witwen zu unterstützen.
²²In seiner Macht sieht Gott dem Gewaltmenschen lange zu.* Doch wenn er sich dann erhebt, kann der seines Lebens nicht mehr sicher sein. ²³Der Gottlose wiegt sich vor Gott in Sicherheit, weil er ihn ein friedliches Leben führen lässt. Und doch wacht Gott über seinen Weg. ²⁴Und wenn sie jetzt auch mächtig sind, sind sie doch im Nu verschwunden. Sie werden erniedrigt, ausgelöscht wie alle anderen und abgeschnitten wie die Spitzen der Ähren.
²⁵Ist es nicht so? Wer will mich der Unwahrheit bezichtigen? Wer will das widerlegen, was ich gesagt habe?«

Bildads dritte Antwort an Hiob

25 Darauf antwortete Bildad aus Schuach:
²»Herrschaft und Schrecken sind in Gottes Hand; er schafft Frieden in der Höhe. ³Wer könnte die Schar seiner Engel* zählen? Scheint sein Licht nicht auf jeden Menschen? ⁴Wie könnte ein Mensch gegenüber Gott im Recht sein? Wie könnte auch nur ein Einziger, der von einer Frau geboren wurde, wirklich rein sein? ⁵Bedenke doch: Gott ist so herrlich, dass der Mond neben ihm verblasst.* Auch die Sterne sind in seinen Augen nicht wirklich rein. ⁶Wie viel niedriger sind sie dagegen die Menschen? Sie sind nur arme Würmchen – kleine Maden!«

Hiobs neunte Rede: Seine Antwort an Bildad

26 Da sagte Hiob:
²»Wie hast du dem Hilflosen geholfen! Wie hast du den Arm des Kraftlosen gestützt! ³Wie gut hast du dich meiner Dummheit angenommen! Wie viele Ratschläge hast du mir doch erteilt! ⁴Wem sagst du eigentlich all diese Dinge? Wessen Geist spricht aus dir?
⁵Die Toten zittern an ihrem Wohnort unter den Wasserfluten. ⁶Die Unterwelt* liegt entblößt vor Gott da und keine Hülle bedeckt den Abgrund. ⁷Gott spannt den nördlichen Himmel* über den leeren Raum und hängt die Erde am Nichts auf. ⁸Er bindet den Regen in seine Wolken ein, ohne dass sie unter seinem Gewicht zerplatzen. ⁹Er umgibt seinen Thron mit Wolken,

---

24,22 O. *Gott rafft durch seine Kraft den Mächtigen dahin.*
25,3 Hebr. *seine Scharen.* 25,5 Hebr. *Siehe, sogar der Mond ist nicht hell.* 26,6 Hebr. *Scheol.* 26,7 Hebr. *den Norden.*

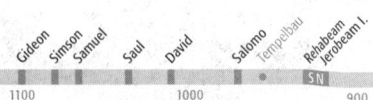

sodass man keinen Blick darauf werfen kann. ¹⁰Den Horizont hat er im Bogen über dem Meer ausgebreitet, er bildet die Grenze zwischen Licht und Finsternis.* ¹¹Das Fundament des Himmels bebt und erstarrt, wenn es ihn drohen hört. ¹²Durch seine Macht beruhigt er das Meer und durch seine Weisheit hat er das große Seeungeheuer* zerschmettert. ¹³Durch seinen Geist heitert sich der Himmel auf, und seine Hand hat die fliehende Schlange durchbohrt.

¹⁴Und dies sind nur einige seiner geringeren Werke, es ist nur ein Flüstern seines schöpferischen Wortes. Wer könnte den Donner seiner großen Machttaten verstehen?«

Hiobs letzte Rede

27 Und Hiob setzte seine Rede fort: ²»Ich schwöre beim lebendigen Gott, der mir mein Recht genommen hat, beim Allmächtigen, der mich mit Kummer erfüllt hat: ³Solange ich lebe, solange noch der Atem Gottes in mir ist, ⁴sollen keine unrechten Worte über meine Lippen kommen und will ich nichts Unwahres sagen. ⁵Ich werde euch ganz bestimmt nicht recht geben. Bis zu meinem Tod werde ich nicht davon abweichen, dass ich schuldlos bin. ⁶Ich halte an meiner Gerechtigkeit fest und lasse sie nicht los. Ich habe mir nichts vorzuwerfen.*

⁷Meinem Feind wünsche ich das gleiche Schicksal wie dem Gottlosen und wer sich gegen mich stellt, soll enden wie der Übeltäter. ⁸Denn welche Hoffnung hat der Gottlose, wenn Gott sein Leben beendet und seine Seele von ihm fordert? ⁹Wird Gott sein Flehen erhören, wenn das Unglück über ihn hereinbricht? ¹⁰Oder kann er sich über den Allmächtigen freuen und jederzeit zu Gott rufen?

¹¹Ich will euch von der Macht Gottes erzählen. Ich will nicht verschweigen, was der Allmächtige tut. ¹²Dabei habt ihr es doch alle selbst gesehen! Warum stellt ihr dann solche nutzlosen Überlegungen an?

¹³So wird Gott mit dem brutalen Menschen verfahren, das ist das Erbe, das der Allmächtige dem Tyrannen zuteilt: ¹⁴Wenn er viele Söhne hat, kommen sie durch das Schwert um. Nie haben seine Nachkommen genug Brot zu essen. ¹⁵Die Überlebenden bringt der Tod ins Grab, und nicht einmal ihre Witwen werden sie betrauern.

¹⁶Der Gottlose häuft vielleicht Silber an wie Staub und sammelt Stapel von Kleidern, ¹⁷doch mehr als zusammenraffen kann er nicht. Seine Kleider wird der Gerechte tragen und sein Silber wird der Unschuldige verbrauchen. ¹⁸Das Haus, das er baut, ist zerbrechlich wie Spinnengewebe*, wacklig wie eine Schutzhütte aus Zweigen. ¹⁹Reich geht er zu Bett und hat noch alles, was ihm gehört. Doch wenn er aufwacht, ist nichts mehr da. ²⁰Der Schrecken überfällt ihn wie eine Flutwelle und in der Nacht ergreift ihn ein Wirbelsturm. ²¹Der Ostwind hebt ihn hoch und trägt ihn davon, er fegt ihn weg von seinem Wohnort. ²²Erbarmungslos stürzt sich Gott auf ihn*, während er verzweifelt versucht zu entkommen. ²³Doch die Menschen klatschen seinetwegen spöttisch in die Hände und pfeifen ihn an seinem Wohnort aus.

Hiob spricht von Weisheit und Erkenntnis

28 Es gibt Orte, an denen man Silber findet und Stellen, wo das Gold gereinigt wird. ²Eisen wird aus dem Erdreich gefördert und aus Erzgestein schmilzt man Kupfer. ³Der Mensch kann die Dunkelheit hell machen und dringt auf der Suche nach Erz in die tiefsten Tiefen der Erde vor. ⁴Wo weit und breit niemand wohnt, treibt man einen Schacht in die Erde. Vergessen und weit weg von denen, die sich oben bewegen, lassen sich die Bergleute an Seilen hinunter und schweben über dem Abgrund.* ⁵Die Erde gibt Brot, doch unter der Oberfläche wird sie wie vom Feuer geschmolzen.

⁶Man findet Saphir im Gestein und im Boden Gold – ⁷kein Geier kennt den Weg, der dorthin führt, auch kein Falke kann ihn ausmachen, ⁸kein wildes Tier hat den Pfad je betreten, kein Löwe ist darauf geschritten. ⁹Doch der Mensch bearbeitet das harte Gestein und wühlt sich gründlich durch den Berg. ¹⁰Er treibt Stollen in den Fels und findet kostbare Edelsteine. ¹¹Die Wasseradern im Fels dämmt er ab, damit kein Wasser in den Stollen sickert. So bringt er verborgene Schätze ans Licht.

¹²Wo aber ist die Weisheit zu finden? Und wo lässt sich die Erkenntnis aufspüren? ¹³Kein Mensch weiß, wo sie ist*, und unter den Lebenden ist sie nicht zu finden. ¹⁴›Hier ist sie nicht‹, sagt die Urflut. ›Bei mir ist sie auch nicht‹, spricht das Meer.

26,10 Hebr. *Eine Grenze zieht er rund um die Wasserfläche, bis zum Äußersten des Lichtes mit der Finsternis.* **26,12** Hebr. *Rahab, ein mythologisches Seeungeheuer; in der Literatur der Antike ein Bild für das Chaos.* **27,6** Hebr. *Mein Herz verhöhnt nicht einen meiner Tage.* **27,18** O. *Er hat sein Haus erbaut wie die Motte.* **27,22** Hebr. *Er bewirft ihn ohne Schonung.* **28,4** Hebr. *Vergessen von einem Fuß baumeln sie, fern von Menschen schwanken sie.* **28,13** So mit der griech. Version; im Hebr. steht *Kein Mensch erkennt ihren Wert o. ihre Schicht.*

HIOB

1–2	Prolog: Hiobs Glück und seine Prüfung
3–31	Hiobs Diskussion mit seinen drei Freunden
32–37	Die Reden von Elihu
38–41	Die Reden Gottes
42	Der HERR segnet Hiob

28–30
Hiob: »Die Weisheit kennt nur Gott. Früher war ich angesehen, heute werde ich ausgelacht und habe keine Hoffnung mehr.«

---

¹⁵Man kann sie nicht mit Gold erwerben und ihren Gegenwert nicht mit Silber aufwiegen. ¹⁶Sie lässt sich nicht mit Gold aus Ofir bezahlen, sie ist wertvoller als kostbarer Onyx oder Saphir. ¹⁷Gold und edles Glas sind nicht mit ihr zu vergleichen. Auch gegen Goldschmuck kann man sie nicht eintauschen, ¹⁸von Korallen und Kristall ganz zu schweigen. Weisheit zu besitzen ist wertvoller als Perlen. ¹⁹Man kann sie nicht mit dem Topas aus Kusch* gleichsetzen; das reinste Gold wiegt sie nicht auf.

²⁰Doch woher kommt die Weisheit und wo ist die Erkenntnis zu finden? ²¹Sie ist den Augen der Menschen verborgen. Nicht einmal die Vögel des Himmels können sie ausmachen. ²²Nur der Abgrund und der Tod sagen: ›Wir haben ein vages Gerücht von ihr gehört.‹

²³Gott allein kennt den Weg zu ihr. Er weiß, wo sie zu finden ist, ²⁴denn er blickt über die ganze Erde und sieht alles, was unter dem Himmel ist. ²⁵Er bestimmte die Stärke des Windes und das Ausmaß der Gewässer. ²⁶Er gab dem Regen ein Gesetz und schrieb Sturm und Gewitter ihren Weg vor. ²⁷Damals sah er die Weisheit, maß sie aus, setzte sie ein und prüfte sie auch. ²⁸Und so spricht er zu den Menschen: ›Ehrfurcht vor dem HERRN zu haben ist Weisheit und dem Bösen aus dem Wege zu gehen ist Erkenntnis.‹«

Hiob spricht von seinem früheren Glück

29 Und Hiob fuhr mit seiner Rede fort: ²»Könnte mein Leben doch so sein wie früher, als Gott mich noch beschützte, ³als sein Licht über mir leuchtete und ich bei seinem Licht durch die Dunkelheit ging. ⁴Ach, wäre es wie in meinen besten Jahren, als Gott mir ein vertrauter Freund war*, ⁵als der Allmächtige auf meiner Seite stand und ich von meinen Kindern umgeben war, ⁶als ich Milch im Überfluss hatte und mein Olivenöl in Strömen floss.*

⁷Wenn ich damals zum Stadttor ging, nahm ich einen Ehrenplatz ein. ⁸Die jungen Leute machten mir Platz, wenn sie mich sahen, und selbst die Alten erhoben sich achtungsvoll, wenn ich kam, und blieben vor mir stehen. ⁹Die Vornehmen unterbrachen ihre Rede und legten respektvoll die Hand an den Mund. ¹⁰Die führenden Männer hielten im Gespräch inne und schwiegen.

¹¹Was ich sagte, stieß auf begeisterte Zustimmung. Alle, die mich sahen, sprachen gut von

---

28,19 Das ist Äthiopien.   **29,4** Hebr. *als Gott in vertrautem Umgang über meinem Zelt (weilte)*.   **29,6** Hebr. *als meine Schritte in Dickmilch badeten und der Fels neben mir Bäche von Öl ausgoss*.

mir. ¹²Denn ich rettete den Armen, der in seiner Not aufschrie, und stand dem Waisenkind bei, das niemanden mehr hatte. ¹³Ich half denen, die alle Hoffnung verloren hatten, und sie segneten mich dafür. Und ich machte die Witwen wieder froh. ¹⁴Gerechtigkeit machte ich zum Mantel, der mich bekleidete, und das Recht zu meiner Kopfbedeckung. ¹⁵Ich ersetzte den Blinden die Augen und den Lahmen die Füße. ¹⁶Ich kümmerte mich wie ein Vater um die Armen und sorgte dafür, dass auch Fremde einen gerechten Prozess bekamen. ¹⁷Ich brach dem gottlosen Unterdrücker den Kiefer, sodass er seine Beute freigeben musste.

¹⁸Ich dachte: ›Ich werde nach einem langen Leben im Kreise meiner Familie sterben.* ¹⁹Ich werde wie ein Baum sein, dessen Wurzeln bis zum Wasser reichen und dessen Zweige vom Tau erfrischt werden. ²⁰Meine Würde wird mir erhalten bleiben und meine Kraft wird sich immer wieder erneuern*.‹

²¹Ja, alle hörten auf mich und warteten auf meinen Rat. Sie hörten sich schweigend an, was ich zu sagen hatte. ²²Und wenn ich fertig war, hatten sie nichts hinzuzufügen, denn mein Rat stellte sie völlig zufrieden*. ²³Sie sehnen sich nach meinen Worten wie nach dem Regen; sie warteten so begierig darauf wie auf den Spätregen. ²⁴Wenn sie mutlos waren, lächelte ich ihnen zu, und mein froher Blick richtete sie auf. ²⁵Ich sagte ihnen, was sie tun sollten, und saß als Oberhaupt bei ihnen, wie ein König, auf den das Volk einstürmt* und der die Trauernden tröstet.

Hiob spricht von seinem Unglück

30 Doch nun verspotten mich Leute, die jünger sind als ich, junge Männer, deren Väter es kaum wert gewesen wären, meine Hütehunde zu begleiten. ²Wozu könnten sie mir auch nützen? Ihre Kraft ist verbraucht. ³Erschöpft durch Mangel und Hunger nagen sie das dürre Land ab. Sie vegetieren dahin in der einsamen und unfruchtbaren Steppe. ⁴Sie pflücken Salzkraut von den Büschen ab und ernähren sich von der Ginsterwurzel. ⁵Sie wurden aus der menschlichen Gemeinschaft vertrieben, und die Leute rufen hinter ihnen her, als wären sie Diebe. ⁶So leben sie nun in unwirtlichen Schluchten, in Höhlen und Felsen. ⁷Brüllend kriechen sie durch das Gebüsch und drängen sich unter dem Dornengestrüpp dicht zusammen. ⁸Sie sind eine dumme Bande, ein namenloses Gesindel, das man aus dem Land hinausgepeitscht hat.

⁹Und nun verhöhnen mich diese Leute mit Spottliedern! Sie machen sich über mich lustig! ¹⁰Sie verachten mich und meiden meine Nähe und scheuen sich nicht, mir ins Gesicht zu spucken. ¹¹Weil Gott mich wehrlos gemacht und erniedrigt hat, halten sie sich mir gegenüber nicht zurück.* ¹²Diese Brut wendet sich offen gegen mich. Sie treiben mich vor sich her und schütten auf meinem Weg einen Wall auf, um mich zu belagern.* ¹³Sie reißen meinen Weg auf, um meinen Untergang zu beschleunigen, und niemand hält sie auf. ¹⁴Wie durch eine breite Bresche kommen sie heran. Sie springen über Mauertrümmer und werfen sich auf mich. ¹⁵Ich lebe in Angst und Schrecken. Meine Ehre wurde vom Sturmwind weggeweht und mein Glück hat sich wie eine Wolke verzogen.

¹⁶Mein Herz ist gebrochen, ich bin meinem Elend völlig ausgeliefert. ¹⁷Nachts bohrt mir der Schmerz in den Knochen, unablässig nagt er an mir. ¹⁸Mit erbarmungsloser Hand greift Gott nach meinem Gewand. Er hat mich am Kragen gepackt und dreht mir die Luft ab. ¹⁹Er hat mich in den Schlamm geworfen. Ich bin zu Staub und Asche geworden.

²⁰Ich schreie zu dir, Gott, aber du antwortest mir nicht. Ich stehe vor dir, aber du schenkst mir keinen Blick. ²¹Du verwandelst dich vor mir in einen grausamen Gegner. Du verfolgst mich mit deiner großen Macht. ²²Du überlässt mich dem Wind, er wirbelt mich fort und im Toben des Sturms lässt du mich vergehen. ²³Ich weiß, dass du mich in den Tod schickst – dorthin, wo sich alle Lebenden versammeln.

²⁴Streckt man nicht Hilfe suchend die Hand aus, wenn man stürzt? Schreit man nicht um Hilfe, wenn man untergeht? ²⁵Habe ich nicht um die geweint, die in Not waren? War ich nicht stets in Sorge um die, die nichts hatten? ²⁶Ich habe auf Gutes gehofft, doch stattdessen kam Böses. Ich habe auf das Licht gewartet, doch es kam Dunkelheit. ²⁷In meinem Inneren brodelt es und ich komme nicht zur Ruhe. Böse Zeiten sind für mich angebrochen. ²⁸Traurig laufe ich umher. Die Sonne scheint mir nicht mehr. Ich stehe auf dem Marktplatz* und schreie um Hilfe. ²⁹Ich

---

29,18 Hebr. *Mit meinem Nest werde ich dahingehen und wie der Phönix (o. wie der Sand) werde ich meine Tage mehren.* Vom Vogel Phönix wurde erzählt, er lebe mehrere hundert Jahre, verbrenne dann mit seinem Nest und steige aus der Asche zu neuem Leben auf.   29,20 Hebr. *der Bogen in meiner Hand wird sich stets verjüngen.*   29,22 Hebr. *und über sie träufelte mein Ausspruch.*   29,25 O. *wie König in der Kriegerschar.*   30,11 Hebr. *Weil er meine Bogensehne abgespannt und mich gedemütigt hat, ließen sie die Zügel vor mir schießen.*   30,12 Hebr. *Zu meiner Rechten steht eine Brut auf. Meinen Füßen ließen sie freien Lauf und schütteten ihre Pfade des Verderbens gegen mich auf.*   30,28 Hebr. *Ich stehe auf in der Versammlung.*

HIOB

1–2	Prolog: Hiobs Glück und seine Prüfung
3–31	Hiobs Diskussion mit seinen drei Freunden
32–37	Die Reden von Elihu
38–41	Die Reden Gottes
42	Der HERR segnet Hiob

31–32
Hiob: »Ich habe stets nach Gottes Willen gelebt, er ist mein Zeuge.« Elihu: »Ich habe bisher aus Respekt geschwiegen, doch die Alten sind nicht weiser als ich.«

heule wie die Schakale und klage wie die Straußenhennen. ³⁰Meine Haut ist schwarz geworden und löst sich von mir ab, mein Leib brennt vor Fieber. ³¹Meine Harfe spielt traurige Lieder und meine Flöte begleitet die Weinenden.

Hiobs letzte Beteuerung seiner Unschuld

31 Ich habe einen Bund mit meinen Augen geschlossen, dass ich keine Jungfrau mit begehrlichem Blick anschauen will. ²Welchen Lohn würde mir Gott in der Höhe sonst geben? Welches Erbe würde mir der Allmächtige im Himmel dafür zuweisen? ³Trifft Unglück nicht den Bösen und Unheil nicht die, die Böses tun? ⁴Sieht er nicht meine Wege und zählt er nicht jeden meiner Schritte?

⁵Wenn ich mich auf Falschheiten einließ und darauf aus war zu betrügen, ⁶soll Gott mich mit gerechter Waage prüfen. Dann wird er meine Unschuld erkennen. ⁷Wenn ich vom richtigen Weg abgekommen bin oder etwas begehrt habe, auf das mein Blick gefallen ist*, oder wenn irgendein Unrecht an meinen Händen klebt, ⁸dann soll ein anderer ernten, was ich gesät habe, und was ich angebaut habe, soll samt der Wurzel ausgerissen werden.

⁹Wenn ich mich je von einer Frau betören ließ und an der Tür meines Nachbarn auf sie gewartet habe, ¹⁰dann soll meine Frau für einen anderen die Mühle drehen, und andere Männer sollen mit ihr schlafen. ¹¹Denn ein solches Begehren ist eine schändliche Sünde, ein Vergehen, das bestraft werden muss. ¹²Es ist ein verzehrendes Feuer, das einen bis zum Untergang auffrisst und alles ruiniert, was einem gehört.

¹³Wenn ich in einem Streit das Recht meines Knechtes oder meiner Magd missachtet habe, ¹⁴was könnte ich tun, wenn Gott gegen mich einschreiten würde? Was könnte ich antworten, wenn er die Sache untersuchen würde? ¹⁵Hat nicht mein Schöpfer auch ihn gemacht? Hat uns nicht ein und derselbe im Mutterleib geschaffen?

¹⁶Habe ich mich je den Bitten der Armen verschlossen? Habe ich je den erwartungsvollen Blick der Witwe enttäuscht? ¹⁷Habe ich für mich allein gegessen und der Waise nichts abgegeben? ¹⁸Nein, von klein auf habe ich für sie gesorgt wie ein Vater und habe mich von Geburt an um sie gekümmert. ¹⁹Wenn ich ruhig zuschaute, wie jemand ohne Kleidung umkam oder ein Bettler keine Decke besaß, ²⁰wenn ich diesen frierenden Menschen keinen Grund zur Dankbarkeit gab und ihnen wärmende Kleidung aus

---

31,7 Hebr. *wenn mein Herz meinen Augen gefolgt ist*.

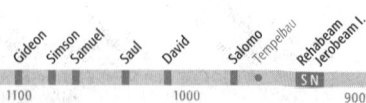

Wolle verweigerte,* ²¹wenn ich je ein Waisenkind geschlagen habe, weil ich vor Gericht mit Beistand rechnen konnte, ²²dann soll meine Schulter ausgekugelt, mein Arm aus dem Gelenk gerissen werden! ²³Denn Gottes Strafe dafür wäre schrecklich. Wenn er sich in seiner Majestät gegen mich wendet, kann ich nicht standhalten.

²⁴Wenn ich je mein Vertrauen auf das Gold gesetzt und zum Feingold gesagt habe: ›Meine Zuversicht!‹, ²⁵wenn mein großes Vermögen und das, was ich aus eigener Kraft erreicht habe, Grund meiner Freude war, ²⁶wenn ich die leuchtende Sonne am Himmel oder den Mond auf seiner silbernen Straße ansah ²⁷und mich heimlich dazu verführen ließ, sie zu verehren*, ²⁸dann wäre auch dies vor dem Schiedsgericht Gottes eine Schuld, denn es würde bedeuten, dass ich den Gott des Himmels verleugnet hätte.

²⁹Habe ich mich je über das Unglück meines Feindes gefreut und schadenfroh gejubelt, wenn ihm etwas Böses zustieß? ³⁰Nein, nie habe ich es meinem Mund erlaubt, sich so zu versündigen oder ihm mit einem Fluch den Untergang zu wünschen. ³¹War es meinen Knechten vielleicht nicht möglich zu sagen: ›Mit seinen Fleischvorräten hat er jeden satt gemacht.‹? ³²Nein, keinen Fremden habe ich draußen übernachten lassen, meine Türen waren immer weit offen für den Wanderer! ³³Habe ich etwa versucht, wie es die menschliche Art ist, meine Sünden zu verstecken oder meine Schuld zu verheimlichen, ³⁴weil ich die große Menge scheute und die Verachtung meiner Verwandtschaft nicht spüren wollte? Verhielt ich mich deshalb ruhig und wagte es nicht, vor die Tür zu treten?

³⁵Ach, hätte ich doch einen, der mich anhört! Hier ist meine Unterschrift: Der Allmächtige wird mir antworten. Er wird auch für die Anklageschrift meines Gegners eine Antwort haben. ³⁶Diese würde ich dann über meine Schultern gelegt zur Schau tragen und sie mir als Ehrenkranz um die Stirn binden. ³⁷Über jeden Schritt würde ich ihm Rechenschaft ablegen und ihm gegenübertreten wie ein Fürst.

³⁸Wenn mein Land mich anklagt und alle seine Ackerfurchen weinen, ³⁹wenn ich seinen Ertrag ohne Gegenleistung* verzehrt oder seinen Pächter gekränkt habe, ⁴⁰dann sollen Disteln statt Weizen auf diesem Land wachsen und Unkraut statt Gerste!«

Damit ist Hiobs Rede zu Ende.

Elihu antwortet Hiobs Freunden

32 Da wollten die drei Freunde Hiob nicht länger antworten, weil er sich für unschuldig hielt. ²Elihu aber, den Sohn des Busiters Barachel aus der Sippe Ram, packte der Zorn. Er war zornig auf Hiob, weil er sich für gerechter hielt als Gott. ³Und er war zornig über die drei Freunde von Hiob, weil sie Hiob nichts antworten konnten und ihn trotzdem schuldig sprachen. ⁴Elihu hatte mit dem, was er Hiob sagen wollte, bisher gewartet, weil die drei Männer älter waren als er. ⁵Doch als er nun sah, dass sie Hiob nichts mehr entgegenzusetzen hatten, hielt er seinen Zorn nicht länger im Zaum.

⁶Elihu, der Sohn des Busiters Barachel, sagte: »Ich bin jung und ihr seid alt, deshalb hielt ich mich zurück und traute mich nicht, euch mein Wissen mitzuteilen. ⁷Ich dachte: ›Die Älteren sollen sprechen, denn das Alter bringt Weisheit.‹ ⁸Es ist jedoch der Geist im Menschen, der Atem des Allmächtigen, der ihn verständig macht. ⁹Nicht nur die Alten sind weise, und ein betagter Mensch weiß nicht zwangsläufig immer, was richtig ist. ¹⁰Deshalb sage ich: Hört mir zu. Lasst auch mich mein Wissen darlegen.

¹¹Ich habe gewartet und mir eure Argumente in der Hoffnung angehört, dass ihr die richtigen Worte findet. ¹²Ich habe eure Reden aufmerksam verfolgt, doch keiner von euch konnte Hiob widerlegen und seine Argumente entkräften. ¹³Und sagt nun nicht: ›Wir haben durchaus Weisheit gefunden, aber nur Gott kann ihn aus dem Feld schlagen, nicht ein Mensch.‹ ¹⁴Hiob hat sich bisher nicht gegen mich verteidigt und mit euren Argumenten werde ich ihn sicher nicht umstimmen. ¹⁵Sie sind betroffen, antworten nicht mehr, ihnen fehlen die Worte. ¹⁶Soll ich warten, weil sie nicht reden, weil sie nur dastehen und nicht mehr antworten? ¹⁷Nein, jetzt will ich meinen Teil beitragen, auch ich will sagen, was ich weiß. ¹⁸Denn ich bin voll mit Worten und der Geist in meinem Inneren drängt mich. ¹⁹Ja, wirklich, es gärt in mir wie Wein in einem verschlossenen Behälter. Ich platze fast wie ein frisch gefüllter Schlauch. ²⁰Ich will reden, um mir Luft zu machen, ich will meinen Mund aufmachen und antworten. ²¹Ich will für niemanden Partei ergreifen und keinem schmeicheln. ²²Denn ich verstehe nichts von Schmeichelei und mein Schöpfer könnte mich sonst mit Leichtigkeit wegfegen.

31,20 Hebr. *wenn seine (des Armen) Lenden mich nicht segneten und er sich nicht von der Schur meiner Lämmer wärmen durfte.*
31,27 Hebr. *und meine Hand meinen Mund küsste.* Gemeint ist der Brauch, den Himmelskörpern Küsse der Anbetung zuzuwerfen.   31,39 Hebr. *ohne Silber.*

HIOB

1–2	Prolog: Hiobs Glück und seine Prüfung
3–31	Hiobs Diskussion mit seinen drei Freunden
32–37	Die Reden von Elihu
38–41	Die Reden Gottes
42	Der HERR segnet Hiob

33–34
Elihu: »Gott weist uns auf unsere Falschheit hin. Gott handelt stets gerecht.«

Elihu legt seine Meinung dar

33 Wie dem auch sei, Hiob, hör meinen Ausführungen zu und leihe allen meinen Worten dein Ohr. ²Nun, da ich angefangen

Hiob 33,14-16

Gott redet
Hiobs Freunde lagen manchmal sehr daneben, wenn sie Hiob belehren wollten, aber diesmal stimmt es, was Elihu feststellt. Elihu bekennt, dass Gott immer einen Weg finden wird, um Menschen zu warnen. Ein Beispiel dazu war, wie Gott Samuel gebrauchte, um zu Eli zu sprechen (1Sam 3,1-18). Im Alten Testament warnt Gott Menschen tatsächlich oft in Träumen, und er befähigt dann seine Diener (z.B. Josef und Daniel) diese Träume zu deuten.
Damals hatte das Volk Gottes keinen Zugang zu allem, was später in den Heiligen Schriften niedergeschrieben werden würde. Heute redet Gott in erster Linie zu uns durch das geschriebene Wort, der Bibel. Auch wenn Gott manchmal immer noch »das Ohr dem Menschen öffnet« und »im Traum spricht«, so wäre es dennoch ratsam, alles so Gehörte mit den Schriften und gemeinsam mit geisterfüllten Mitgläubigen zu überprüfen. Erst dann wäre zu erwarten, dass man Gottes Reden gehört und verstanden hat.
(1. Samuel 3,4-10 «‹ | »› Hiob 38–39)

Hiob 33,23-24

Hinweise auf den Messias (3)
In der Rede von Elihu wird ein ganz bemerkenswertes Bild davon gezeichnet, wie Gott zu den Menschen redet (V. 14-30). Gott benutzt verstörende Eindrücke und Ereignisse, die den Menschen an den Rand des Lebens bringen können. Der Umschwung zum Guten geschieht jedoch nicht einfach dadurch, dass der Mensch dann einsichtig wird und Gott verstanden hat. Sondern es tritt eine Hilfe von außen hinzu: ein »Mittler«, der auf ein »Lösegeld« hinweist (V. 23-24). Das bewahrt vor dem Ende im Tod. Von hier aus ist es möglich zu beten, sodass Gott den Menschen annimmt (V. 26).
Hier klingen Worte an, die im Neuen Testament benutzt werden, um das Wirken von Jesus Christus zu bezeichnen (Mk 10,45; 1Tim 2,5-6; Hebr 12,24). Elihu selbst spricht von einem Engel, nicht vom Messias. Doch seine Worte wirken vom Neuen Testament aus gesehen transparent, sodass Christus dahinter aufleuchten kann. Aufgegriffen wird diese Schriftstelle allerdings sonst nicht mehr in der Bibel.
(Hiob 19,25 «‹ | »› Psalm 27,12)

S Südreich Juda   N Nordreich Israel

habe zu sprechen, will ich auch fortfahren.* ³Ich rede mit aufrichtigem Herzen und von meinen Lippen kommt unverfälschtes Wissen. ⁴Denn der Geist Gottes hat mich erschaffen, der Atem des Allmächtigen gibt mir Leben. ⁵Halte mir etwas entgegen, wenn du kannst, rüste dich gegen mich, stell dich!

⁶Sieh doch, du und ich, wir sind vor Gott gleich, auch ich bin aus Ton geformt. ⁷Deshalb brauchst du dich nicht vor mir zu fürchten. Ich werde dir nicht zu heftig zusetzen.*

⁸Du hast vor meinen Ohren gesagt – und ich habe den Ton deiner Worte noch im Ohr –: ⁹›Ich bin unschuldig, ich habe mich nicht vergangen. Rein bin ich und ohne Schuld. ¹⁰Gott sucht nach Gründen, um mich zu hassen*, er sieht mich als seinen Feind an. ¹¹Er macht mich zu einem Gefangenen* und beobachtet jeden meiner Schritte.‹

¹²Damit hast du unrecht, und ich will dir auch sagen, warum: Gott ist größer als jeder Mensch. ¹³Warum beschwerst du dich über ihn? Weil er dir nicht Rechenschaft gibt über alles, was er tut?* ¹⁴Aber Gott redet doch auf die eine und andere Weise, wir merken es nur nicht. ¹⁵Im Traum, in einer nächtlichen Vision, wenn tiefer Schlaf auf den Menschen fällt, wenn er in seinem Bett schlummert, ¹⁶da öffnet er dem Menschen das Ohr und erschreckt ihn mit seiner Warnung, ¹⁷um ihn von falschem Handeln abzubringen und ihn vor Hochmut zu bewahren. ¹⁸Er will seine Seele vor dem Grab retten und sein Leben vor dem Wurfgeschoss des Todes. ¹⁹Gott erzieht den Menschen durch Schmerzen auf seinem Lager und durch ständige innere Kämpfe. ²⁰Sein Leben verdirbt ihm den Appetit auf das Brot, nicht einmal seine Lieblingsspeise mag er mehr. ²¹Er schwindet dahin, bis er nur noch Haut und Knochen ist. ²²Er steht am Rand des Grabes und in Reichweite der Todesmächte.

²³Doch wenn ihm dann ein Engel als Mittler zur Seite tritt, einer von den Tausenden, die dem Menschen sagen sollen, was richtig ist, ²⁴und wenn er Mitleid mit ihm hat und zu Gott sagt: ›Lass ihn frei, damit er nicht ins Grab hinabfährt, ich habe ein Lösegeld gefunden‹, ²⁵dann gewinnt sein Körper die jugendliche Frische zurück und er wird wieder wie ein junger Mensch sein. ²⁶Wenn er zu Gott betet, wird der ihn gnädig annehmen. Er wird Gott ins Gesicht sehen und vor Freude jubeln. Und Gott wird dem Menschen seine Gerechtigkeit wiedergeben. ²⁷Dann wird er vor den Menschen ein Lied anstimmen und erklären: ›Ich hatte gesündigt und gegen das Recht verstoßen*, aber er hat es mir nicht heimgezahlt. ²⁸Gott hat mich vor dem Grab gerettet, und nun ist mein Leben wieder hell.‹

²⁹Ja, Gott tut dies alles zwei, drei Mal für einen Menschen, ³⁰um sein Leben vor dem Grab zu bewahren und ihm das Licht des Lebens zu schenken. ³¹Höre aufmerksam zu, Hiob, sei still und lass mich fortfahren. ³²Doch wenn du etwas zu sagen hast, dann widersprich mir, denn ich würde mich freuen, wenn du dich rechtfertigen könntest. ³³Wenn aber nicht, dann hör mir weiter zu. Schweig, und ich will dich Weisheit lehren.«

Elihu klagt Hiob des Hochmuts an

34 Elihu fuhr fort: ²»Ihr Weisen, hört mir zu! Ihr Kundigen, schenkt mir Gehör. ³Denn: ›So wie der Mund gute Speisen erkennt, so prüft das Ohr die Worte, die es hört.‹ ⁴Lasst uns also herausfinden, was richtig ist, und gemeinsam erforschen, was gut ist. ⁵Denn Hiob hat gesagt: ›Ich bin unschuldig, aber Gott hat mir mein Recht genommen. ⁶Soll ich lügen, obwohl ich im Recht bin? Sein Pfeil* hat mich unheilbar verwundet, obwohl ich unschuldig bin.‹

⁷Wo ist ein Mann wie Hiob, für den es normal ist, gegen Gott zu lästern*? ⁸Er schlägt sich auf die Seite der Lumpen und hält es mit den Bösewichten. ⁹Ja, er hat sogar gesagt: ›Ein Mensch hat nichts davon, wenn er sich bemüht, Gott zu gefallen*.‹

¹⁰Hört auf mich, ihr seid doch Männer mit Verstand! Gott mit den Bösen gleichzusetzen und dem Allmächtigen Unrecht vorzuwerfen, das ist unhaltbar*! ¹¹Er gibt jedem Menschen das, was er für seine Taten verdient hat. So wie jeder sein Leben führt, lässt Gott es ihm ergehen. ¹²Die Wahrheit ist: Gott handelt nicht gottlos. Der Allmächtige verdreht das Recht nicht. ¹³Wer hat ihm die Erde anvertraut? Wer hat die Welt an ihren Platz gestellt? ¹⁴Wenn er nur an sich selbst denken und seinen Geist und seinen Lebenshauch wieder zu sich zurückziehen würde, ¹⁵würde alles Leben erlöschen und die Menschheit würde wieder zu Staub werden.

33,2 Hebr. *Siehe doch, ich habe meinen Mund aufgetan, es spricht meine Zunge in meinem Gaumen.* **33,7** Hebr. *Meine Last (o. meine Hand) wird nicht schwer auf dir lasten.* **33,10** Hebr. *Er erfindet Feindschaften gegen mich.* **33,11** Hebr. *Er legt meine Füße in den Block.* **33,13** Hebr. *Weil er auf all deine Worte nichts entgegnet?* **33,27** Hebr. *und was richtig ist, krumm gebogen.* **34,6** Hebr. *mein Pfeil,* d.h., der Pfeil, den ich von ihm erhalten habe. **34,7** Hebr. *der Lästerung wie Wasser trinkt.* **34,9** Hebr. *im Wohlgefallen an Gott zu sein* o. *in Gott zufrieden zu sein.* **34,10** Hebr. *es liegt fern.*

HIOB

1–2	Prolog: Hiobs Glück und seine Prüfung
3–31	Hiobs Diskussion mit seinen drei Freunden
32–37	Die Reden von Elihu
38–41	Die Reden Gottes
42	Der HERR segnet Hiob

34–36
Elihu: »Weil Gott immer gerecht handelt, kannst du keine Anklage erheben. Deine Taten nutzen Gott nicht. Fordere kein Gericht, sondern lerne durch dein Leiden.«

¹⁶Wenn du also Verstand hast, hör gut zu und achte genau auf das, was ich sage. ¹⁷Kann einer regieren, der das Recht verachtet? Willst du Gott, den Gerechten, den Gewaltigen, für schuldig erklären, ¹⁸ihn, der zum König sagt: ›Nichtsnutz‹ und zum Edelmann: ›Du bist im Unrecht.‹? ¹⁹Er ergreift nicht Partei für den Vornehmen, er bevorzugt den Reichen nicht gegenüber dem Armen. Sie alle sind durch ihn geschaffen ²⁰und sie sterben im Nu. Mitten in der Nacht werden sie niedergeworfen und gehen zugrunde. Machthaber werden beseitigt, jedoch nicht von Menschenhand.

²¹Denn seine Augen wachen über die Wege des Menschen, er sieht alle seine Schritte. ²²Es gibt keine Dunkelheit, und wäre sie auch noch so finster, in der sich der Übeltäter vor Gott verstecken könnte. ²³Gott muss den Menschen nicht erst lange beobachten, bevor er ihn vor sein Gericht zieht. ²⁴Er lässt die Mächtigen untergehen, ohne ihren Fall vorher zu untersuchen, und stellt andere an ihren Platz. ²⁵Somit kennt er ihre Taten und stürzt sie über Nacht, sodass sie vernichtet werden. ²⁶Wie die Übeltäter werden sie auf dem Marktplatz öffentlich gezüchtigt, ²⁷weil sie sich von ihm abgewandt und all seine Wege missachtet haben. ²⁸Darum dringt der Schrei des Armen bis zu ihm und er hört den Hilferuf des Geringen. ²⁹Und wenn er nichts tut, wer darf ihm das vorwerfen?* Und wenn er sein Gesicht nicht zeigt, wer kann ihn erkennen? – Und das gilt für ein ganzes Volk genauso wie für einen einzelnen Menschen. ³⁰Er verhindert, dass die Gottlosen und Volksverderber an die Macht kommen.

³¹Oder soll Gott sagen: ›Ich habe mir zu viel angemaßt, aber ich will nicht mehr verkehrt handeln. ³²Erkläre du mir, was ich nicht verstehe. Wenn ich etwas Unrechtes getan habe, will ich es nicht wieder tun.‹

³³Soll Gott etwa so mit den Menschen umgehen, wie es deiner Vorstellung entspricht*, weil du unzufrieden bist? Soll er dich an seiner Stelle entscheiden lassen? Dann sag, was du weißt! ³⁴Jeder, der Verstand hat und jeder Weise, der mir zuhört, wird mir bestätigen: ³⁵›Hiob redet ohne Erkenntnis und seinen Worten fehlt die Einsicht.‹ ³⁶Oh, wegen seiner boshaften Antworten sollte Hiob bis aufs Äußerste geprüft werden! ³⁷Denn nun hat er seiner Sünde noch ein Vergehen hinzugefügt: Er schlägt in unserer Mitte unwillig die Hände zusammen und macht viele Worte gegen Gott.«

34,29 Hebr. *Wenn er sich ruhig verhält, wer würde ihn verurteilen?* **34,33** Hebr. *soll er es etwa in deinem Sinn vergelten.*

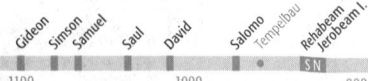

Elihu erinnert Hiob an Gottes Gerechtigkeit

35 Und Elihu fuhr weiter fort: ²»Hältst du es für richtig zu behaupten: ›Ich bin gerechter als Gott‹ ³und gleichzeitig zu fragen: ›Was nützt es mir? Was habe ich davon, dass ich nicht sündige?‹?

⁴Ich selbst will widerlegen, was du und deine Freunde gesagt haben. ⁵Schau nach oben zum Himmel und sieh, wie hoch die Wolken über dir sind. ⁶Was kannst du Gott anhaben, wenn du sündigst? Welchen Schaden kannst du ihm zufügen, wenn du viele Verfehlungen begehst? ⁷Und wenn du vor Gott gerecht bist, was schenkst du ihm damit? Hat er denn etwas davon? ⁸Nein, deine Sünden können nur deinen Mitmenschen schaden, und deine guten Taten kommen bestenfalls anderen Menschen zugute.

⁹Unter der Last der Unterdrückung schreien die Menschen auf. Sie rufen nach Rettung vor der Gewaltherrschaft* der Mächtigen. ¹⁰Aber niemand fragt: ›Wo ist Gott, mein Schöpfer, der uns in der Nacht Loblieder schenkt, ¹¹der uns von den Tieren der Erde lernen lässt und durch die Vögel des Himmels weise macht?*‹

¹²Da schreien sie nun. Doch er antwortet nicht, weil die bösen Menschen sich so überheben. ¹³Ganz gewiss wird Gott die nichtigen Klagen nicht erhören. Er lässt sie unbeachtet. ¹⁴Auch wenn du sagst, dass du ihn nicht siehst, liegt ihm deine Sache doch vor und du sollst auf ihn warten. ¹⁵Dass sein Strafgericht bisher nicht stattgefunden hat, heißt noch lange nicht, dass er die bösen Taten nicht sehr wohl bemerkt. ¹⁶Hiob reißt seinen Mund zu leerem Geschwätz auf und aus Unwissenheit macht er viele Worte.«

36 Elihu fuhr fort: ²»Gedulde dich noch ein wenig, ich will dich weiter belehren, denn es gibt noch mehr Dinge, die über Gott zu sagen sind. ³Ich will mit meinem Wissen weit ausholen und meinem Schöpfer Recht verschaffen. ⁴Meine Worte sind wirklich wahr, vor dir steht ein Mann mit umfangreichem Wissen.

⁵Gott ist mächtig, doch nicht nachtragend! Mitgefühl ist seine besondere Stärke. ⁶Die Gottlosen lässt er nicht am Leben, und den Bedrängten verhilft er zu ihrem Recht. ⁷Den Schuldlosen verliert er nicht aus den Augen, sondern weist ihm wie Königen auf dem Thron einen dauerhaften Ehrenplatz zu*. ⁸Wenn sie in Fesseln gefangen sind, gebunden in Stricken des Elends, ⁹dann hält er ihnen ihre Sünden und bösen Taten vor Augen, mit denen sie sich überhoben haben. ¹⁰Er öffnet ihnen das Ohr für seine Warnungen und sagt ihnen, dass sie sich vom Unrecht abwenden sollen.

¹¹Wenn sie bereit sind zu hören und Gott zu dienen, werden sie ihre Tage im Glück verbringen und ihr Leben im Wohlergehen vollenden. ¹²Doch wenn sie nicht auf ihn hören, wird ein tödlicher Schuss sie niederstrecken und sie werden ohne Erkenntnis* sterben. ¹³Denn die Gottlosen sind voll zorniger Auflehnung. Selbst wenn Gott sie fesselt, wollen sie ihn nicht um Hilfe bitten. ¹⁴Sie sterben jung, nachdem sie sich ihr Leben lang dem Laster hingegeben haben*. ¹⁵Die Leidenden dagegen wird er gerade durch ihr Leiden retten, denn es öffnet ihnen die Augen.

¹⁶Auch dich rettet Gott aus dem Rachen der Not. Anstelle der Enge schenkt er dir einen weiten Raum – Behaglichkeit an einem reich gedeckten Tisch. ¹⁷Doch du bist ganz erfüllt vom Gedanken, dass der Gottlose verurteilt werden soll. Darum werden das Urteil und das Strafgericht auch für dich sicher nicht ausbleiben. ¹⁸Lass dich von deinem Zorn lieber nicht zu Unmutsausbrüchen verleiten und von der Größe der Erlösung nicht zum Unrecht verführen. ¹⁹Werden dich dein Schreien und deine eigenen Anstrengungen aus der Not herausbringen? ²⁰Sehne dich nicht der Nacht, in der Gott die Völker richtet.* ²¹Sei auf der Hut! Wende dich nicht weiter diesem Unrecht zu, denn du hast es bereits vorgezogen, dich aufzulehnen, statt geduldig zu leiden.

Elihu erinnert Hiob an Gottes Macht

²²Denk daran, dass Gott in seiner Macht große Dinge tut. Welcher Lehrer kann sich mit ihm vergleichen? ²³Wer könnte ihm vorschreiben, was er zu tun hat, und wer dürfte es wagen zu sagen: ›Du hast Unrecht getan.‹? ²⁴Nimm dir lieber vor, sein Handeln zu loben, das Menschen schon immer besungen haben. ²⁵Alle Welt freut sich an dem, was er tut, auch wenn man es nur von Weitem sehen kann.

²⁶Denk daran, Gott steht unendlich hoch über unserem Begreifen. Die Zahl seiner Jahre können wir nicht erforschen. ²⁷Er sammelt die Wassertropfen in Wolken und lässt daraus den Regen

---

35,9 Hebr. *vor dem Arm.* **35,11** O. *der uns mehr beibringt als den Tieren der Erde und uns weiser macht als die Vögel des Himmels.* **36,7** O. *und Könige lässt er für immer auf dem Thron sitzen, damit sie erhöht sind.* **36,12** Hebr. *ohne Verstand.* **36,14** Hebr. *und ihr Leben gleicht (dem Ende) der Lustknaben.* **36,20** Hebr. *die Völker von ihrer Stelle auffahren lässt.* Die Bedeutung des Hebr. ist an dieser Stelle unklar.

HIOB

1–2	Prolog: Hiobs Glück und seine Prüfung
3–31	Hiobs Diskussion mit seinen drei Freunden
32–37	Die Reden von Elihu
38–41	Die Reden Gottes
42	Der HERR segnet Hiob

36–38
Elihu: »Gott ist so groß und mächtig, dass wir ihn nicht begreifen können.« Gott: »Wer ist so anmaßend, meinen Plan anzuklagen? Wer kann ihn verstehen?«

fallen. ²⁸Er rieselt aus den Wolken und kommt allen Menschen zugute. ²⁹Kann ein Mensch begreifen, wie sich die Wolken auftürmen und der Donner am Himmel rollt? ³⁰Schau doch, wie er sein Licht über den Himmel ausbreitet und das Meer mit Blitzen bedeckt! ³¹Damit richtet er die Völker und gibt ihnen gleichzeitig Nahrung im Überfluss. ³²Mit seinen Händen hält er das Licht umschlossen. Dann lässt er es herausfahren gegen seine Feinde. ³³Der Donner zeigt seine Gegenwart an, der Sturm verkündet seinen Zorn*.

37 Deshalb erbebt mein Herz, Furcht lässt es höher schlagen*. ²Hört doch aufmerksam auf die Donnerstimme Gottes und auf das Grollen aus seinem Mund. ³Er erfüllt den ganzen Himmel damit. Seine Blitze lässt er über die gesamte Erde los. ⁴Danach ertönt das Grollen des Donners – die donnernde Stimme seiner Majestät. Blitz und Donner hält er nicht zurück, wenn seine Stimme gehört werden soll. ⁵Wunderbar ist Gottes Donnerstimme. Er tut unbegreiflich große Dinge.
⁶Er befiehlt dem Schnee, auf die Erde zu fallen, ebenso dem Schneeregen und dem Wolken-

---

36,33 O. *selbst das Vieh weiß, wann ein Sturm aufzieht*. Die Bedeutung des Hebr. ist an dieser Stelle unklar.
37,1 Hebr. *und springt herauf von seinem Ort*.

Hiob 38–39

Gott redet
Zu diesem Zeitpunkt sind im Buch Hiob bereits viele Worte gesprochen. Hiob selbst sprach schon oft. Er ließ seine Fragen, seine Verzweiflung und seine Klagen zu Wort kommen. Auch seine Freunde redeten bereits viel, sogar zu viel. Gottes Beurteilung dieser Freunde wird sein: »Ihr habt nicht richtig von mir gesprochen, im Gegensatz zu meinem Diener Hiob« (42,7).
Hier aber kommt Gott selbst zu Wort. Er fordert Hiob heraus: »Tritt vor mich hin wie ein Mann!« Und dann folgen in den nächsten zwei Kapiteln fünfzig Fragen! Hiob soll darauf antworten. Und Hiob gibt auch die richtige Antwort, indem er alle fünfzig Fragen damit beantwortet, dass er nichts mehr sagen wird. »Ich lege mir die Hand auf den Mund« (Hiob 40,4). Dies ist das eigentliche Anliegen dieses Buches: Gott hat das Sagen! Hiobs Freunde bieten vereinfachte Antworten an, um die unerforschlichen Wege Gottes zu erklären. Es gibt vieles, was wir nicht völlig verstehen können. Hiob hat die richtige Antwort gegeben.
(Hiob 33,14-16 «« | »» Psalm 19,1-12)

bruch. ⁷So zwingt er die Menschen, ihre Arbeit ruhen zu lassen*, um ihnen sein Handeln vor Augen zu führen. ⁸Das Wild verkriecht sich in seinen Schlupfwinkel oder bleibt in seiner Höhle. ⁹Aus dem Süden* bricht der Sturm hervor und der Nordwind bringt Kälte. ¹⁰Gottes Atem schickt Eis und an den Ufern gefrieren die Wasserflächen. ¹¹Er füllt die Wolken mit Feuchtigkeit und Blitze zucken aus ihnen hervor. ¹²Er treibt die Wolken hin und her und im Kreis herum, sie folgen seiner Leitung und tun überall auf der Welt, was er von ihnen will. ¹³Ob zur Bestrafung oder zum Guten als Zeichen seiner Gnade, wenn ein Land es braucht – es geschieht alles so, wie er es will.

¹⁴Hör dir das an, Hiob! Steh still und betrachte, was Gott Wunderbares tut! ¹⁵Begreifst du, wie Gott all diese Dinge regelt und wie er den Blitz aus den Wolken hervorzucken lässt? ¹⁶Durchschaust du, wie die Wolken am Himmel dahinschweben? Kannst du die Wunder fassen, die Gott in seiner vollkommenen Weisheit tut? ¹⁷Du verschmachtest in deinen Kleidern, wenn sich die Schwüle des heißen Südwinds über das Land legt – ¹⁸kannst du wie er das Himmelsgewölbe ausbreiten und hart machen wie einen gegossenen Spiegel?

¹⁹Bring uns doch bei, was wir zu Gott sagen sollen. Wir können selbst nichts vorbringen, denn wir tappen im Dunkeln. ²⁰Soll man sich bei Gott anmelden, wenn man etwas sagen will? Da kann man sich ebenso gleich wünschen, von ihm vernichtet zu werden!* ²¹Wir können nicht in die Sonne sehen, denn sie strahlt hell am Himmel, wenn der Wind die Wolken verjagt. ²²Von Norden her kommt goldener Lichtglanz. Gott ist von Furcht erregender Hoheit umgeben. ²³Der Allmächtige ist unerreichbar. Seine Macht ist groß. Das Recht und die Gerechtigkeit in ihrem ganzen Umfang beugt er nicht. ²⁴Deshalb sollen die Menschen ihm Ehrfurcht erweisen. Ihrer Weisheit aber schenkt Gott keine Beachtung.«

Der HERR fordert Hiob heraus

38 Da antwortete der HERR Hiob aus dem Sturm:

²»Wer ist es, der Gottes weisen Plan mit Worten ohne Verstand verdunkelt? ³Tritt vor mich hin wie ein Mann!* Ich will dir Fragen stellen und du sollst mich belehren.

⁴Wo warst du, als ich die Grundfesten der Erde legte? Sag es mir, sofern du Bescheid weißt! ⁵Weißt du, wer ihre Maße festlegte oder wer das Maßband über ihr ausspannte? ⁶Worauf sind ihre Stützpfeiler eingesenkt und wer hat ihren Eckstein gelegt, ⁷als die Morgensterne miteinander sangen und alle Engel* vor Freude jubelten?

⁸Wer hat das Meer mit Toren verschlossen, als es hervorbrach und aus dem Schoß der Erde quoll? ⁹Ich bekleidete es mit Wolken und wickelte es in Windeln aus dichtem Nebel, ¹⁰ich steckte seine Küsten ab* und versah es mit Tor und Riegel. ¹¹Ich sagte: ›Bis hierher darfst du kommen und nicht weiter. Hier sollen sich deine stolzen Wellen brechen!‹

¹²Hast du jemals in deinem Leben den Morgen herbeigerufen oder der Morgenröte befohlen, sich im Osten* zu zeigen, ¹³damit ihr Glanz die Enden der Erde erfasst und die Gottlosen verscheucht? ¹⁴Dann tritt die Gestalt der Erde deutlich hervor und alles zeigt sich rot gefärbt.* ¹⁵Dieses Licht wird den Gottlosen entzogen, und sein Arm, den er zum Schlag erhoben hat, wird zerbrochen.

¹⁶Bist du bis zu den Quellen vorgedrungen, aus denen die Meere entspringen? Hast du beim Spazierengehen die Urflut durchquert? ¹⁷Haben sich die Tore des Totenreichs vor dir geöffnet und hast du das Tor des Todesschattens gesehen? ¹⁸Hast du den Überblick über die ganze Weite der Erde? Sag es mir, wenn du dich mit all diesen Dingen auskennst!

¹⁹Wo ist der Weg zur Wohnung des Lichts und an welchem Ort hält sich die Dunkelheit auf? ²⁰Kannst du sie dorthin bringen, wo sie gebraucht werden*, und sie dann wieder nach Hause begleiten? ²¹Natürlich, du weißt es! Denn damals warst du ja schon geboren und deine Lebenstage sind nicht zu zählen!

²²Bist du jemals bis zu den Vorratskammern des Schnees durchgedrungen? Hast du die Speicher des Hagels gesehen? ²³Ich habe ihn für die Zeit der Not aufgehoben, für die Tage von Kampf und Krieg. ²⁴Wo ist der Weg an den Ort, wo das Licht sich teilt und wo der Ostwind sich über die Erde verbreitet?

²⁵Wer hat dem Regenguss eine Rinne gegraben? Wer hat Blitz und Donnerknall einen Weg gebahnt, ²⁶um es auf das menschenleere Land

---

37,7 Hebr. *Er versiegelt den Menschen die Hände.*   37,9 Hebr. *aus der Kammer.*   37,20 Hebr. *Muss es ihm etwa berichtet werden, dass ich reden will? Oder hat je einer gesagt, dass er vernichtet werden wolle?*   38,3 Hebr. *Gürte dir wie ein Held deine Lenden.*   38,7 Hebr. *Gottessöhne.*   38,10 Hebr. *ich brach ihm eine Schranke.*   38,12 Hebr. *an ihrem Ort.*   38,14 Hebr. *Sie verwandelt sich wie Siegelton und sie stellt sich hin wie ein Gewand.*   38,20 Hebr. *in ihr Gebiet.*

HIOB

1–2	Prolog: Hiobs Glück und seine Prüfung
3–31	Hiobs Diskussion mit seinen drei Freunden
32–37	Die Reden von Elihu
38–41	Die Reden Gottes
42	Der HERR segnet Hiob

38–40
Gott: »Wer möchte mit dem Allmächtigen streiten, der alles in der Hand hat?« Hiob: »Ich muss vor dir schweigen, ich bin zu niedrig.« Gott: »Kannst du dich mit mir messen, wo ich so große Dinge vollbracht habe?«

---

regnen zu lassen, auf die Steppe, in der sich kein Mensch aufhält, ²⁷damit die Wüste und das trockene Land zu einem Boden werden, auf dem frisches Gras wächst?

²⁸Hat der Regen einen Vater? Wer machte die Tautropfen? ²⁹Aus wessen Schoß kommt das Eis hervor? Und den Raureif des Himmels, wer bringt ihn zur Welt? ³⁰Das Wasser wird hart wie Stein und die Oberfläche der Flut gefriert.

³¹Kannst du die Bänder des Siebengestirns knüpfen? Öffnest du die Fesseln des Orion? ³²Kannst du die Hyaden zum richtigen Zeitpunkt hervortreten lassen und den Großen Bären zu seinen Jungen führen? ³³Kennst du die Gesetze des Universums? Legst du fest, welche Auswirkungen sie auf die Erde haben?

³⁴Kannst du deine Stimme bis zu den Wolken dringen lassen und einen Regenschauer auf dich herabrufen? ³⁵Kannst du Blitze aussenden, sodass sie dahineilen und zu dir sagen: ›Hier sind wir!‹? ³⁶Wer legte Weisheit ins Verborgene und gab dem Hahn Einsicht?* ³⁷Wer ist so weise, dass er die Schichtwolken zählen kann? Wer kann die Schleusen des Himmels öffnen*, ³⁸wenn der Staub fest und hart wird* und die Erdschollen aneinander kleben?

³⁹Kannst du für eine Löwin auf Beutezug gehen und den Hunger der jungen Löwen stillen, ⁴⁰wenn sie in ihrem Unterschlupf kauern oder im Dickicht auf der Lauer liegen? ⁴¹Wer gibt dem Raben das Futter, wenn seine Jungen zu Gott schreien und ohne Nahrung umherirren?

Der HERR spricht weiter

39 Weißt du, wann die Bergziegen Junge werfen? Warst du je bei der Geburt von Rotwild dabei? ²Weißt du, wie viele Monate sie ihre Jungen tragen? Kennst du den Zeitpunkt, wann sie gebären? ³Sie kauern sich nieder, werfen ihre Jungen und befreien sich so von ihren Geburtsschmerzen. ⁴Ihre Jungen werden stark, wachsen im Freien auf, laufen davon und kehren nicht mehr zu den Elterntieren zurück.

⁵Wer hat dem Maultier die Freiheit geschenkt? Wer hat den Wildesel losgebunden? ⁶Ich habe ihm die Wüste als Lebensraum zugewiesen, seine Heimat ist die Salzgegend. ⁷Er lacht über den Lärm der Stadt und hört keinen Treiber rufen. ⁸Was er auf den Bergen erspäht, ist seine Weide, dort sucht er nach allem, was grünt.

38,36 Die Bedeutung des Hebr. an dieser Stelle ist unklar. Der Instinkt des Hahns, im Morgengrauen zu krähen, wurde einer weissagenden Gabe zugeschrieben. **38,37** Hebr. *Wer kann die Schläuche des Himmels ausgießen?* **38,38** Hebr. *wenn der Staub sich zu Metallguss ergießt.*

⁹Wird der Wildstier dir bereitwillig dienen und wird er über Nacht an deiner Krippe bleiben? ¹⁰Kannst du eine gerade Furche ziehen, wenn du einen Wildstier vor den Pflug spannst?* Oder wird er hinter dir hergehen und das Tal pflügen? ¹¹Kannst du ihm vertrauen, weil er so stark ist? Kannst du ihm deine Feldarbeit überlassen? ¹²Kannst du sicher sein, dass er wiederkommt und dein Korn zur Tenne bringt?

¹³Das Straußenweibchen schlägt freudig seine Flügel. Sind sie jedoch so liebevoll wie die Schwingen und Federn des Storches? ¹⁴Denn es vertraut seine Eier der Erde an und lässt sie auf dem Sand warm werden. ¹⁵Es beachtet nicht, dass ein Fuß sie dort zertreten oder ein wildes Tier sie zerstören könnte. ¹⁶Es ist hart gegen seine Jungen, als wären es nicht seine eigenen. Wenn seine Mühe umsonst war, macht es ihm nichts aus. ¹⁷Denn Gott hat ihm die Weisheit versagt und hat ihm von der Einsicht nichts abgegeben. ¹⁸Doch wenn es sich aufrichtet und losrennt, ist es schneller als jedes Pferd*.

¹⁹Hast du dem Pferd seine Stärke gegeben oder seinen Hals mit der wehenden Mähne geschmückt? ²⁰Hast du ihm die Fähigkeit geschenkt, Sprünge zu machen wie eine Heuschrecke? Sein majestätisches Schnauben kann einen Menschen erschrecken! ²¹Im Tal scharrt es den Boden und freut sich über seine Kraft. Es zieht aus, dem gerüsteten Feind entgegen. ²²Es lacht über die Angst und erschrickt nicht. Es flieht nicht vor dem Schwert. ²³Über ihm klirrt der Köcher, es blitzen der Speer und der Wurfspieß. ²⁴Wild und erregt stürmt es davon und lässt sich nicht zurückhalten, wenn das Schlachtsignal erklingt. ²⁵Bei jedem Trompetenstoß wiehert es, von Weitem wittert es den Kampf, das Rufen der Anführer und das Kriegsgeschrei. ²⁶Ist es deiner Einsicht zuzuschreiben, dass sich der Falke emporschwingt, um seine Flügel Richtung Süden auszubreiten? ²⁷Steigt der Adler auf deinen Befehl hin in die Höhe und baut dort sein Nest? ²⁸Er bewohnt den Felsen, baut sein Nest auf der Felsklippe und Bergspitze. ²⁹Von dort erspäht er seine Beute, seine Augen sehen in weite Ferne. ³⁰Seine Jungen gieren nach Blut, und wo immer Tote* liegen, ist auch er zu finden.«

40 Dann sprach der HERR zu Hiob: ²»Will der Tadler mit dem Allmächtigen streiten? Der Mann, der Gott zurechtweist, soll nun antworten!«

Hiob antwortet dem HERRN

³Da antwortete Hiob dem HERRN: ⁴»Ich bin ein Nichts – wie könnte ich dir etwas erwidern? Ich lege mir die Hand auf den Mund. ⁵Ich habe einmal geredet und werde nicht wieder damit anfangen, ein zweites Mal und ich will es nicht mehr tun.«

Der HERR fordert Hiob ein zweites Mal heraus

⁶Da antwortete der HERR Hiob aus dem Sturm: ⁷»Tritt vor mich hin wie ein Mann!* Ich will dir Fragen stellen und du sollst mich belehren! ⁸Willst du mir etwa meine Gerechtigkeit absprechen, mich für schuldig erklären, nur damit du recht behältst? ⁹Besitzt du die gleiche Macht wie Gott? Kannst du mit donnernder Stimme reden wie er? ¹⁰Nun, dann schmücke dich mit Hoheit und Pracht, bekleide dich mit Majestät und Herrlichkeit. ¹¹Lass deinen Zorn hervorbrechen, finde jeden, der stolz ist, und drücke ihn nieder. ¹²Siehst du einen Hochmütigen, dann zwing ihn zu Boden, und wirf die Gottlosen an den Ort, wo sie hingehören! ¹³Lass sie alle im Staub versinken, bedecke ihr Gesicht mit dem Leichentuch*. ¹⁴Dann würde selbst ich dich loben, weil du mit deiner rechten Hand den Sieg errungen hast.

¹⁵Sieh doch nur das mächtige Flusspferd* an! Ich habe es geschaffen, so wie ich dich geschaffen habe. Es frisst Gras wie das Rind. ¹⁶Schau, welche Kraft es in den Lenden hat und wie stark seine Bauchmuskeln sind. ¹⁷Sein Schwanz ist gerade wie eine Zeder. Die Sehnen an seinen Schenkeln sind ein dichtes Geflecht. ¹⁸Seine Knochen sind wie Metallröhren, seine Glieder wie Eisenstäbe. ¹⁹Es ist das Erhabenste* von Gottes Werken. Sein Schöpfer hat es mit gewaltigen Schneidezähnen* ausgestattet. ²⁰Die Berge geben ihm seine Nahrung, dort wo das Wild spielt. ²¹Es ruht unter Lotosbüschen, versteckt sich im Schilfrohr und im Sumpf. ²²Der Lotos deckt es mit Schatten zu, die Weiden am Fluss umgeben es. ²³Wenn der Fluss anschwillt, fürchtet es sich nicht, es bleibt ganz ruhig, auch wenn die Flut des Jordan ihm bis ans Maul reicht. ²⁴Wer kann es fangen, während es seine Augen auf ihn richtet? Wer kann ihm einen Ring durch die Nase ziehen?

39,10 Hebr. *Kannst du einen Wildstier in der Furche an seinem Seil halten?* 39,18 Hebr. *lacht es über Ross und Reiter.* 39,30 Hebr. *Durchbohrte.* 40,7 Hebr. *Gürte dir wie ein Held deine Lenden.* 40,13 Hebr. *Ihre Gesichter binde ein ins Verborgene.* 40,15 Hebr. *den Behemot.* 40,19a Hebr. *der Erstling.* 40,19b Hebr. *seinem Sichelschwert.*

HIOB

1–2	Prolog: Hiobs Glück und seine Prüfung
3–31	Hiobs Diskussion mit seinen drei Freunden
32–37	Die Reden von Elihu
38–41	Die Reden Gottes
42	Der HERR segnet Hiob

40–42
Gott: »Ich habe geschaffen, wovor sich jeder fürchtet.« Hiob: »Ich habe vermessen geredet und bereue.« Hiob soll für die Torheit seiner Freunde Opfer darbringen. Hiob erlangt erneut Wohlstand und Ansehen.

²⁵Kannst du ein Krokodil* mit einem Haken fangen oder seine Zunge mit einem Strick nach unten drücken? ²⁶Kannst du einen Binsenring an seiner Nase festmachen oder seine Kinnbacken mit einem Haken durchbohren? ²⁷Wird es dich dann um Gnade anflehen oder schmeichelnde Worte zu dir sagen? ²⁸Wird es einen Vertrag mit dir abschließen, dass du es für immer als Sklaven in deinen Dienst nehmen kannst? ²⁹Kannst du mit ihm spielen wie mit einem Vogel oder es als Spielzeug für deine Mädchen zähmen*? ³⁰Wird die Fischerzunft darum feilschen und es stückweise unter die Landesbewohner* verteilen? ³¹Kannst du seine Haut mit Spießen spicken und seinen Kopf mit der Fischharpune durchbohren? ³²Streck nur einmal deine Hand nach ihm aus und denke an den Kampf, auf den du dich einlässt: Du wirst es nie wieder tun!

41 Ja, da ist jede Aussicht verloren; beim bloßen Anblick brichst du zusammen. ²Niemand ist so tollkühn, ein Krokodil zu reizen – wer könnte dann vor mir bestehen? ³Wer hat mir je einen Dienst erwiesen, dass ich ihm eine Gegenleistung schulden würde? Was immer unter dem Himmel ist – es gehört alles mir!

⁴Ich will dir erzählen von seinen Körperteilen, von seiner Kraftfülle und von seinem kunstvollen Körperbau. ⁵Wer kann es häuten, wer kann seinen doppelten Panzer* durchdringen? ⁶Wer kann ihm das Maul öffnen und hineinsehen? Rings um seine Zähne lauert der Schrecken! ⁷Prächtig sind die Rillen seines Schuppenpanzers, eng verschlossen und versiegelt: ⁸Sie stehen dicht an dicht, nicht ein Lufthauch geht hindurch. ⁹Jede haftet eng an der anderen. So sind sie untrennbar miteinander verbunden und halten sich gegenseitig. ¹⁰Wenn es niest, bricht ein Blitz hervor! Seine Augen schimmern wie die Strahlen* der Morgenröte. ¹¹Aus seinem Mund blitzen Flammen, feurige Funken gehen von ihm aus. ¹²Aus seinen Nüstern dringt Rauch wie von einem Kessel, der über einem Binsenfeuer erhitzt wurde. ¹³Ja, sein Atem könnte Kohlen in Brand setzen, aus seinem Maul schlagen Flammen.

¹⁴Kraft steckt in seinem Nacken und wenn es erscheint, löst es große Angst aus. ¹⁵Seine fleischigen Hautfalten sitzen straff an seinem Körper, wie angegossen und unbeweglich. ¹⁶Sein Herz ist fest wie Stein, so fest wie der untere

---

40,25 Hebr. *Leviatan*; so im ganzen Abschnitt. **40,29** Hebr. *es für deine Mädchen anbinden.* **40,30** Hebr. *Kanaaniter.* **41,5** So mit der griech. Version; im Hebr. heißt es *seinen Zaum.* **41,10** O. *Wimpern.*

S Südreich Juda   N Nordreich Israel

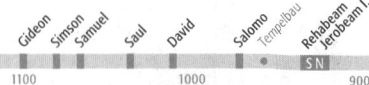

Mühlstein. ¹⁷Wenn es sich erhebt, geraten selbst die Starken in Angst. Vor Schreck verfehlen sie ihr Ziel. ¹⁸Wem es auch begegnet: Kein Schwert, kein Speer, kein Pfeil, kein Spieß kann es aufhalten. ¹⁹Für das Krokodil ist Eisen wie Stroh und Bronze wie morsches Holz. ²⁰Pfeile schlagen es nicht in die Flucht, Schleudersteine erscheinen ihm wie federleichte Spreu. ²¹Die Keule kommt ihm vor wie ein Strohhalm und für das Schwirren der Lanze hat es nur ein Lächeln. ²²Am Bauch trägt es scharfe Schildplatten. Wenn es damit durch den Schlamm gleitet, hinterlässt es Spuren wie ein Dreschschlitten.*

²³Es bringt die Meerestiefe zum Brodeln wie einen Kessel, es rührt das Meer um wie eine Gewürzbrühe. ²⁴Hinter sich her zieht es eine leuchtende Spur – die Flut erscheint wie silbernes Haar. ²⁵Es ist mit nichts anderem auf der Erde zu vergleichen; es wurde dazu erschaffen, niemals Angst zu haben. ²⁶Auf alles, was groß ist, sieht es herunter, es ist der König über alle stolzen Tiere.«

Hiob antwortet dem HERRN

42 Da antwortete Hiob dem HERRN: ²»Nun weiß ich, dass du alles kannst, kein Vorhaben ist für dich undurchführbar. ³›Wer ist es, der Gottes weisen Plan ohne Verstand verdunkelt?‹ Ja, ich habe in Unkenntnis über Dinge geurteilt, die zu wunderbar für mich sind, ohne mir darüber im Klaren zu sein.

⁴Du hast gesagt: ›Hör zu, ich will reden! Ich will dir Fragen stellen, und du sollst sie mir beantworten.‹

⁵Bisher kannte ich dich nur vom Hörensagen, doch jetzt habe ich dich mit eigenen Augen gesehen. ⁶Darum widerrufe ich, was ich gesagt habe, und bereue in Staub und Asche.«

Schluss: Der HERR segnet Hiob

⁷Nachdem der HERR seine Rede an Hiob beendet hatte, sagte er zu Elifas aus Teman: »Ich bin zornig auf dich und deine beiden Freunde, denn ihr habt nicht richtig von mir gesprochen, im Gegensatz zu meinem Diener Hiob. ⁸Nehmt sieben junge Stiere und sieben Widder und geht zu meinem Diener Hiob und bringt ein Brandopfer für euch dar. Mein Diener Hiob soll für euch beten. Nur seinetwegen will ich euch eure Unbesonnenheit nicht anrechnen, denn ihr habt nicht richtig von mir gesprochen, im Gegensatz zu meinem Diener Hiob.

⁹Elifas aus Teman, Bildad aus Schuach und Zofar aus Naama taten, was der HERR ihnen befohlen hatte, und der HERR erhörte Hiobs Gebet*.

¹⁰Und Gott gab Hiobs Schicksal eine neue Wendung, weil er Fürbitte für seine Freunde getan hatte, ja, er schenkte ihm doppelt so viel, wie er vorher besessen hatte! ¹¹Seine Brüder, Schwestern und früheren Freunde strömten herbei und aßen mit ihm in seinem Haus. Und sie bezeugten ihm ihr Beileid und trösteten ihn wegen des Unglücks, das der HERR über ihn gebracht hatte. Jeder von ihnen brachte ihm ein wertvolles Geldstück* und einen goldenen Ring mit.

¹²So segnete der HERR Hiobs weitere Lebenszeit noch viel mehr als sein vorheriges Leben. Denn jetzt besaß er 14.000 Schafe, 6.000 Kamele, 1.000 Ochsengespanne und 1.000 Eselinnen. ¹³Außerdem bekam er sieben Söhne und drei Töchter. ¹⁴Hiob nannte seine erste Tochter Jemima, die zweite Kezia und die dritte Keren-Happuch*. ¹⁵Im ganzen Land fand man keine so schönen Frauen wie die Töchter von Hiob. Und ihr Vater bedachte sie wie ihre Brüder mit Erbbesitz.

¹⁶Hiob lebte danach noch 140 Jahre. Er sah vier Generationen seiner Kinder und Enkel. ¹⁷Dann starb er als alter Mann nach einem langen erfüllten Leben.

41,22 Hebr. *Er breitet einen Dreschschlitten über den Schlamm.* **42,9** Hebr. *und der HERR erhob das Angesicht Hiobs.* **42,11** Hebr. *kesita*, d.h. *die Gebogene*, vermutlich ein gebogenes Geldstück. Wert o. Gewicht dieser Währung ist nicht mehr bekannt. Nach 1. Mose 33,19 erwarb Jakob ein Grundstück für 100 Kesita. **42,14** Die Namen bedeuten Täubchen, Zimtduft, Schminkhörnchen.

Es gibt Situationen, in denen uns ein hohes Konto oder ein hübsches Grundstück, in denen uns Titel, bestandene Examen, guter Ruf und gute Werke buchstäblich nichts nützen, in denen uns einfach die Urnot anbrüllt. Aber Gottes Wort geht mit bis an den äußersten Rand unseres Daseins und wird uns kostbarer als alles.

Adolf Pohl

Die Psalmen

Inhalt

»Psalmen« bedeutet Lieder; im Hebräischen heißt das Buch »Lobpreis« (Tehillim; verwandt mit »Halleluja«). Es umfasst 150 Gebetsgedichte aus ganz unterschiedlichen Gefühlslagen. Die Gebete stammen von etlichen bekannten und unbekannten Autoren aus verschiedenen Zeiten.

Hebräische Gedichte reimen sich nicht. Sie zeichnen sich insbesondere dadurch aus, dass ein oder mehrere Verse (in der Regel mit unserer Zählung identisch) jeweils einen Gedanken behandeln: Er wird variiert, verstärkt oder seinem Gegenteil gegenübergestellt.

Die Vielfalt der Psalmen lässt sich thematisch in Gattungen ordnen. So gibt es z.B. Klagepsalmen (die meisten) und Dankpsalmen, Trauer- und Lobpreislieder, Buß- und Gerichtspsalmen. Manche Gedichte entfalten die Geschichte Israels, andere lehren Weisheit (siehe Einleitung zu den Sprüchen). Immer wieder kommen Verse oder ganze Abschnitte vor, die mit dem Messias in Zusammenhang stehen.

Für jede Gattung ist ein bestimmter Aufbau typisch. Bemerkenswert ist z.B., dass auch Klage- und Trauerpsalmen meist mit Lob oder Dank enden. In fast allen Psalmen wenden sich die Dichter sehr persönlich an Gott oder wollen ihre Gefühle offen mit ihrer Umwelt teilen. In Anfechtung halten die Beter unbedingt an Gott und seiner Gerechtigkeit fest und erwarten seine Antwort in Rettung oder Trost. In guten Zeiten sind sie ebenso auf Gott ausgerichtet und sparen nicht mit dem ihm gebührendem Lob und Dank.

Wichtige Personen

Dichter:
Psalm ...
3 u.v.a.: David, Hirte und König von ganz Israel; 1. Samuel 16,18; 2. Chronik 29,30
42; 44-49; 84; 85; 87; 88: Nachkommen Korachs; 1. Chronik 6,18-23
50; 73-83: Asaf; 1. Chronik 25,1-2; 2. Chronik 29,30
72; 127: Salomo; 1. Könige 5,12
88: Heman; 1. Könige 5,11 (oder 1. Chronik 6,18.24; 25,1)
89: Etan; 1. Könige 5,11 (oder 1. Chronik 6,29; 15,17.19)
90: Mose

Hintergrundinformationen zu Personen und Situationen für Psalm ...

3: 2. Samuel 15,1-14
18; 57; 142: Saul, Davids Vorgänger als König und sein Konkurrent; 1. Samuel 22,1; 24,1-23
34: 1. Samuel 21,11-16
39; 62; 77: Jedutun, Chorleiter; 1. Chronik 25,1.3
51: 2. Samuel 11,1-12,14
52: 1. Samuel 21,1-11; 22,9-23
54: 1. Samuel 23,19-20; 26,1-4
56: 1. Samuel 21,11-16
59: 1. Samuel 19,11-12
60: 2. Samuel 8,3-14
Moab(iter), Edom(iter), Ammoniter, Amalekiter, Midianiter, Philister: feindliche Nachbarvölker Israels
Mose: Anführer des Volkes Israel auf dem Auszug aus Ägypten und Verkündiger von Gottes Gesetz
Aaron: erster Priester nach Gottes Gesetz
Nachkommen Lots: 1. Mose 19,30-38 (Moabiter und Ammoniter)
Sisera und Jabin am Bach Kischon: Richter 4,12-24
Oreb und Seeb: Richter 7,25
Sebach und Zalmunna: Richter 8,21
Samuel: 1. Samuel 7,9
Abraham, Isaak und Jakob: 1. Mose 15,18; 26,3; 28,13
Josef: 1. Mose 37,18-28; 41,39-40
Datan und Abiram: 4. Mose 16,1-35
Pinhas: 4. Mose 25,1-15
Melchisedek: 1. Mose 14,18-20; Hebräer 5,5-6
Sihon und Og: 4. Mose 21,21-35

Wichtige Orte

Hintergrundinformationen zu Orten in Psalm ...

54; 63	Sif, im Westen der Wüste Juda, westlich des Toten Meeres; 1. Samuel 26,1-4
Libanon	Gebirge im Süden des heutigen Staates Libanon
Hermon/Sirjon	Gebirge auf der heutigen libanesisch-syrischen Grenze
Rotes Meer	2. Mose 14,21-22
Zalmon, Baschan	vermutlich Basaltmassiv am Ostrand Israels
Sinai	Bergmassiv im Süden der Sinaihalbinsel
Meriba, Massa	2. Mose 17,7; 4. Mose 20,13
Jordan	Josua 3,14-17
Jaar, Efrata	wahrscheinlich Kirjat-Jearim; 1. Samuel 7,1-2; 2. Samuel 6,1-19
Flüsse Babylons	Hesekiel 1,1

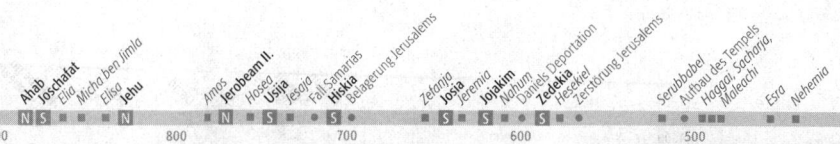

DIE PSALMEN

DIE PSALMEN	
1–41	Erstes Buch
3–41	Davidpsalmen
42–72	Zweites Buch
42–49	Psalmen der Nachkommen Korachs
51–72	Davidpsalmen
73–89	Drittes Buch
73–83	Asafpsalmen
90–106	Viertes Buch
93–99	Jahwe-König-Psalmen
107–150	Fünftes Buch
108–110	Davidpsalmen
111–118	Großes Hallel (Lobpsalmen)
120–134	Wallfahrtslieder
138–145	Davidpsalmen
146–150	Kleines Hallel (Lobpsalmen)

1–3
Der Einzelne und die Völker sollen sich an Gott halten. Gott beschützt vor Feinden.

S Südreich Juda **N** Nordreich Israel

Psalm 2,1-2

Hinweise auf den Messias (2)

Dieser Psalm spricht vom »Gesalbten« des HERRN. Gesalbt werden im Alten Testament Priester, Könige und Propheten. Von V. 2 und V. 8-12 her ist eindeutig der König Israels gemeint.
Weil der Gesalbte in diesem Psalm auch Gottes »Sohn« genannt wird (V. 7.12), haben Christen ihn seit frühester Zeit auf Jesus Christus hin gedeutet (siehe Erklärung zu Ps 2,7). Von da aus wiederum konnte man den Aufstand gegen Gottes Gesalbten (V. 2) auch beziehen auf die Ablehnung, die Jesus und der Botschaft von ihm entgegenschlug.
Diesen Zusammenhang hat die erste Gemeinde von Jerusalem hergestellt. Nachdem die Apostel Petrus und Johannes festgenommen worden waren und die Predigt von Jesus verboten werden sollte, knüpften die Glaubenden in ihrem Gebet an Psalm 2,1-2 an (Apg 4,24-27).
(5. Mose 21,23 ‹‹‹ | ››› Psalm 2,7)

Psalm 2,7

Hinweise auf den Messias (2)

Psalm 2 spricht von der Einsetzung des Königs durch Gott. Das besondere Verhältnis zwischen Gott und König wird – für David und Salomo – auch als Vater-Sohn-Verhältnis beschrieben (z.B. in 2Sam 7,14; Ps 89,21.27-28). Gedacht ist dabei an Adoption, nicht an biologische Zeugung: 1. Chronik 28,6 kann deutlich zwischen biologischem Sohn und von Gott angenommenen Sohn unterschieden.
Das Wort »gezeugt« in Ps 2,7 lässt sich gut auf das Bekenntnis zu Jesus als Gottes Sohn deuten, das im Neuen Testament meist mehr meint als eine Adoption. Ps 2,7 wird nicht im Zusammenhang mit der Jungfrauengeburt zitiert, aber allgemein in Verbindung mit Jesus als Gottes Sohn (Hebr 1,5). Weitere Zusammenhänge sind die Erwählung von Jesus und seine Auferweckung (Hebr 5,5; Apg 13,33): Auch hierdurch hat Gott Jesus zu seinem Sohn gemacht.
Die Königsherrschaft »mit eisernem Stab« (V. 9) erfüllt sich durch Christus bei der Vollendung der Welt (Offb 19,15), aber dann auch in den treuen Glaubenden (Offb 2,26-27).
(Psalm 2,1-2 ‹‹‹ | ››› Psalm 8,7)

Erstes Buch: Psalmen 1–41

Psalm 1

Glücklich ist der Mensch,
der nicht auf den Rat der Gottlosen hört,
der sich am Leben der Sünder kein Beispiel nimmt
und sich nicht mit Spöttern abgibt.
²Voller Freude tut er den Willen des HERRN*
und denkt über sein Gesetz Tag und Nacht nach.
³Er ist wie ein Baum, der am Flussufer wurzelt
und Jahr für Jahr reiche Frucht trägt.
Seine Blätter welken nicht,
und alles, was er tut, gelingt ihm.

⁴Ganz anders aber ergeht es den gottlosen Menschen!
Sie sind wie Spreu, die der Wind verweht.
⁵Vor dem Gericht Gottes bestehen sie nicht
und finden keinen Platz unter den Gottesfürchtigen.

⁶Über die Wege der Gottesfürchtigen wacht der HERR,
die Wege der Gottlosen aber führen ins Verderben.

Psalm 2

Warum toben die Völker vor Zorn?
Warum schmieden sie vergebliche Pläne?
²Die Könige der Erde lehnen sich auf,
die Herrscher der Welt verschwören sich
gegen den HERRN und seinen Gesalbten.
³»Wir werden ihre Ketten zerreißen«, schreien sie,
»und uns von ihrer Herrschaft befreien!«

⁴Doch der Herrscher im Himmel lacht und spottet über sie.
⁵In seinem Zorn straft er sie
und erschreckt sie mit seiner heftigen Wut.
⁶Denn der HERR spricht: »Ich habe meinen König
auf dem Zion, meinem heiligen Berg, eingesetzt.«
⁷Der König verkündet den Beschluss des HERRN:
»Der HERR hat zu mir gesprochen: ›Du bist mein Sohn*.
Heute habe ich dich gezeugt.
⁸Bitte nur darum, und ich will dir die Völker zum Erbe geben,
die Enden der Erde zu deinem Eigentum.
⁹Du wirst sie mit eisernem Stab zerschmettern
und sie zerschlagen wie Tontöpfe.‹«

¹⁰Deshalb, ihr Könige, handelt klug!
Lasst euch warnen, ihr Herrscher* der Erde!
¹¹Dient dem Herrn in Ehrfurcht
und jubelt ihm zu mit Zittern.
¹²Beugt euch vor dem Sohn Gottes,
damit er nicht zornig wird und ihr euer Leben verliert,
denn sein Zorn bricht leicht aus.
Glücklich sind alle, die bei ihm Schutz suchen!

Psalm 3

Ein Psalm Davids aus der Zeit, als er vor seinem Sohn Absalom floh.
²HERR, ich habe so viele Feinde
und meine Gegner sind so zahlreich!
³So viele sagen über mich:
»Gott wird ihn nicht retten.«
                                        *Zwischenspiel**

⁴Doch du, HERR, umgibst mich mit deinem Schutz,
du bist meine Ehre und richtest mich auf.
⁵Ich rufe zum HERRN,
und er antwortet mir von seinem heiligen Berg.
                                        Zwischenspiel

⁶Ich legte mich nieder, um zu schlafen,
und erwachte in Sicherheit,
denn der HERR behütete mich.
⁷Ich fürchte mich nicht vor zehntausend Feinden,
die mich von allen Seiten umzingeln.

⁸Erhebe dich, HERR! Rette mich, mein Gott,
denn du schlägst meinen Feinden ins Gesicht
und zerschmetterst die Zähne der Gottlosen.

⁹Ja, der HERR hilft uns.
Gib deinem Volk deinen Segen!
                                        Zwischenspiel

Psalm 4

Für den Chorleiter: Ein Psalm Davids, zu begleiten auf Saiteninstrumenten.
²Antworte mir, wenn ich rufe,
mein Gott, der du mich von Schuld freisprichst*.
Du hast mich aus bedrängter Lage befreit.
Sei mir gnädig und höre mein Gebet!

1,2 Hebr. *und seine Lust hat am Gesetz des HERRN*. **2,7** O. *der Sohn* (im Sinne *von Sohn Gottes*); so auch in 2,12; s. a. Apostelgeschichte 13,33 und Hebräer 1,5; 5,5. **2,10** O. *Richter*. **3,3** Hebr. *Sela*. Die Bedeutung des Wortes ist unklar; wahrscheinlich handelt es sich um einen Begriff aus der Musik. In den Psalmen wird er mit *Zwischenspiel* wiedergegeben. **4,2** Hebr. *Gott meiner Gerechtigkeit*.

DIE PSALMEN

1–41	**Erstes Buch**
3–41	Davidpsalmen
42–72	**Zweites Buch**
42–49	Psalmen der Nachkommen Korachs
51–72	Davidpsalmen
73–89	**Drittes Buch**
73–83	Asafpsalmen
90–106	**Viertes Buch**
93–99	Jahwe-König-Psalmen
107–150	**Fünftes Buch**
108–110	Davidpsalmen
111–118	Großes Hallel (Lobpsalmen)
120–134	Wallfahrtslieder
138–145	Davidpsalmen
146–150	Kleines Hallel (Lobpsalmen)

4–7
Gott segnet die, die sich auf ihn verlassen.
Gott, bewahre mich in schweren Zeiten.

³Ihr mächtigen Herren, wie lange wollt
ihr noch meinen Ruf in den Dreck ziehen?
Wie lange wollt ihr noch diese haltlosen
    Anklagen vorbringen?
Wie lange wollt ihr noch Lügen verbreiten?
Zwischenspiel

⁴Eines dürft ihr ganz sicher wissen:
Der HERR hat die Gottesfürchtigen erwählt.
Der HERR wird mir antworten, wenn ich zu ihm
    rufe.

⁵Sündigt nicht, wenn ihr zornig seid.
Nehmt euch eine Nacht Zeit, um darüber
    nachzudenken und verhaltet euch ruhig.
Zwischenspiel

⁶Bringt die vorgeschriebenen Opfer dar
und vertraut auf den HERRN.

⁷Viele Menschen fragen: »Wer wird uns bessere
    Zeiten bringen?«

Lass das Licht deines Angesichts über uns
    leuchten, HERR!
⁸Du hast mir größere Freude geschenkt
als denen, die viel Wein und Korn ernten.
⁹Ich will mich in Frieden hinlegen und schlafen,
denn du allein, HERR, gibst mir Geborgenheit.

Psalm 5
*Für den Chorleiter: Ein Psalm Davids, auf Flöten zu
    begleiten.*
²HERR, höre mich, wenn ich bete,
vernimm meine Klage!
³Höre meinen Hilferuf, mein König und mein
    Gott,
denn ich bete zu dir.
⁴Höre meine Stimme am Morgen, HERR.
Früh am Morgen trage ich dir meine Bitten vor
    und warte voll Ungeduld.

⁵Denn dir, Gott, gefällt keine Gottlosigkeit;
die Gottlosen dürfen nicht in deiner Nähe sein.
⁶Deshalb können die Hochmütigen nicht vor dir
    bestehen,
denn du hasst alle, die Böses tun.
⁷Du wirst die Lügner vernichten.
Du, HERR, verabscheust Mörder und Betrüger.

⁸Durch deine Liebe darf ich in dein Haus
    kommen,
voll Ehrfurcht bete ich dich in deinem heiligen
    Tempel an.

S Südreich Juda   N Nordreich Israel

⁹Führe mich den rechten Weg*, HERR,
damit mich meine Feinde nicht überwältigen.
Zeige mir, welchen Weg ich gehen soll.

¹⁰Denn meine Feinde sprechen kein wahres
  Wort.
Ihr größtes Bestreben ist es, anderen zu schaden.
Ihre Rede ist faul, wie der Gestank aus einem
  offenen Grab.
Sie ist durch und durch verlogen.
¹¹Sprich sie schuldig, Gott.
Lass sie durch ihre eigenen Pläne zu Fall
  kommen.
Verstoße sie wegen ihrer zahlreichen Sünden,
denn sie begehren gegen dich auf.

¹²Doch die bei dir Zuflucht suchen, sollen sich
  freuen,
sie sollen Loblieder singen in alle Ewigkeit.
Du beschützt sie,
darum dürfen sich alle freuen, die deinen Namen
  lieben.
¹³Denn du segnest den Gottesfürchtigen, HERR,
und umgibst ihn schützend mit deiner Güte.

Psalm 6
*Für den Chorleiter: Ein Psalm Davids, zu begleiten
auf einem achtsaitigen Saiteninstrument*.*
²Ach HERR, züchtige mich nicht in deinem Zorn,
strafe mich nicht in deiner Wut!
³Hab Erbarmen mit mir, HERR, denn ich bin
  schwach.

Heile mich, HERR, denn mein Körper leidet
  Qualen
⁴und mein Herz ist krank.
Wie lange noch, HERR?

⁵Komm wieder, HERR, und rette mich.
Hilf mir, weil du so gnädig bist.
⁶Denn wer wird im Tod noch an dich denken?
Wer soll dich aus dem Grab* heraus loben?
⁷Ich bin erschöpft vom Klagen.
Die ganze Nacht tränke ich mein Bett mit
  Tränen,
mein Kissen ist nass vom Weinen.
⁸Mein Blick ist getrübt vom Kummer,
meine Augen sind müde, weil ich so viele Feinde
  habe.

⁹Fort mit euch, die ihr Böses tut,
denn der HERR hat mein Weinen gehört.
¹⁰Der HERR hat mein Bitten vernommen,
er wird mein Gebet erhören.

¹¹Tief erschreckt und beschämt werden meine
  Feinde die Flucht ergreifen,
sie werden beschämt abziehen.

Psalm 7
*Ein Klagelied Davids, das er dem HERRN wegen des
Benjaminiters Kusch sang.*
²HERR, mein Gott, bei dir suche ich Zuflucht.
Hilf mir und rette mich vor meinen Verfolgern,
³damit sie mich nicht packen und in Stücke
  zerreißen wie Löwen,
weil niemand mich rettet!

⁴HERR, mein Gott, wenn ich Unrecht tat
oder ungerecht war,
⁵wenn ich mich einem Freund gegenüber
  schlecht verhielt
oder jemanden beraubte, der mich grundlos
  bedrängte,
⁶dann liefere mich meinen Feinden aus.
Sie sollen mich zu Boden werfen,
sodass meine Ehre im Staube liegt.
                                    Zwischenspiel

⁷Steh auf, HERR, in deinem Zorn!
Hilf mir und erhebe dich gegen die Wut meiner
  Feinde!
Wache auf, hilf mir und komme mit deiner
  Gerechtigkeit.
⁸Die Völker werden sich um dich versammeln,
setze dich auf deinen Thron hoch über ihnen.
⁹Der HERR richtet die Völker.
Sprich mich frei, HERR,
denn ich bin unschuldig, Höchster!
¹⁰Der Bosheit der Gottlosen mach ein Ende,
aber hilf dem, der dir gehorsam ist.
Denn du bist ein gerechter Gott
und prüfst die Menschen auf Herzen und
  Nieren.
¹¹Gott beschützt mich,
er rettet die Menschen, deren Herzen aufrichtig
  sind.
¹²Gott ist ein gerechter Richter,
der die Bösen täglich bestraft.
¹³Wenn jemand nicht bereut, schärft Gott* sein
  Schwert;
er spannt seinen Bogen und zielt.
¹⁴Er nimmt seine tödlichen Waffen zur Hand
und setzt seine Flammenpfeile in Brand.
¹⁵Der Böse denkt sich Böses aus;
er geht schwanger mit Unrecht und gebiert
  Lügen.
¹⁶Er gräbt anderen Gruben
und fällt selbst hinein.

5,9 Hebr. *in deiner Gerechtigkeit.*   6,1 Hebr. *auf der Scheminit.*   6,6 Hebr. *im Scheol;* damit ist das Totenreich gemeint.
7,13 Hebr. *er.*

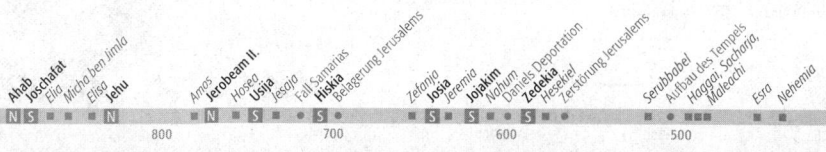

DIE PSALMEN

1–41	**Erstes Buch**
3–41	Davidpsalmen
42–72	**Zweites Buch**
42–49	Psalmen der Nachkommen Korachs
51–72	Davidpsalmen
73–89	**Drittes Buch**
73–83	Asafpsalmen
90–106	**Viertes Buch**
93–99	Jahwe-König-Psalmen
107–150	**Fünftes Buch**
108–110	Davidpsalmen
111–118	Großes Hallel (Lobpsalmen)
120–134	Wallfahrtslieder
138–145	Davidpsalmen
146–150	Kleines Hallel (Lobpsalmen)

8–10
Lob auf Gott für das Gute, das er getan hat.
Bitte, den Hilferuf zu erhören.
Der Gottlose glaubt zu triumphieren.

¹⁷Er stiftet Unheil, doch es fällt auf ihn selbst zurück.
Seine bösen Taten werden ihm selbst zum Verhängnis.

¹⁸Ich will dem HERRN danken, denn er ist gerecht;
ich will den Namen des HERRN, des Höchsten, loben.

Psalm 8
Für den Chorleiter: Ein Psalm Davids, zu begleiten auf einem Saiteninstrument*.
²HERR, unser Herrscher, herrlich ist dein Name auf der Erde!
Deine Herrlichkeit zeigt sich am Himmel.

³Kinder und Säuglinge hast du gelehrt,
dich zu loben*.
Sie bringen deine Feinde zum Schweigen,
die auf Rache aus waren.

⁴Wenn ich den Himmel betrachte und das Werk deiner Hände sehe –
den Mond und die Sterne, die du an ihren Platz gestellt hast –,
⁵wie klein und unbedeutend ist da der Mensch
und doch denkst du an ihn und sorgst für ihn!*

8,1 Hebr. *gemäß der Gittit.* 8,3 So in der griech. Version; s. a. Matthäus 21,16; im Hebr. steht *Stärke zu zeigen.*
8,5 Hebr. *Was ist der Mensch, dass du an ihn denkst, und der Sohn des Menschen, dass du für ihn sorgen solltest?*

Psalm 8,7

Hinweise auf den Messias (2)
Psalm 8 bestaunt die Hoheit des Menschen, den Gott geschaffen hat und der Gott sehr nahe steht (V. 6). Der Hebräerbrief folgt der griechischen Übersetzung dieses Psalms und liest: »Für eine kurze Zeit hast du ihn geringer als die Engel gemacht« (Hebr 2,6-9). Darin erkennt er die Menschwerdung von Jesus. Dass Gott ihm dann Vollmacht über alles gegeben hat (Ps 8,7), passt zu seiner Auferweckung und seinem Platz an der rechten Seite Gottes.
Auch Paulus greift den Psalmvers in diesem Sinne auf. Schon jetzt hat Gott alles Christus unterstellt (Eph 1,22). Christus hält diese Macht seit seiner Auferweckung in der Hand und wird mit ihr einmal auch den Tod selbst vernichten, um dann erst seine Macht an Gott zurückzugeben (1Kor 15,26-28).
Psalm 8 messianisch zu deuten, ist nicht ausschließlich eine christliche Auffassung. Die Beschreibung von Ps 8,6b hatte schon für das frühe Judentum messianischen Klang.
(Psalm 2,7 ««« | »» Psalm 16,10)

⁶Denn du hast ihn nur wenig geringer als Gott
  gemacht*
und ihn mit Ehre und Herrlichkeit gekrönt.
⁷Du hast ihn über alles gesetzt, was du erschaffen
  hast,
und ihm Vollmacht über alles gegeben –
⁸die Schafe und die Rinder
und alle wilden Tiere,
⁹die Vögel am Himmel, die Fische im Meer
und alles, was in den Meeren schwimmt.

¹⁰Herr, unser Herrscher, herrlich ist dein Name
  auf der Erde!

Psalm 9

*Für den Chorleiter: Ein Psalm Davids, zu singen
nach der Melodie »Sterben für den Sohn«.*
²Herr, ich will dir von ganzem Herzen danken
und von deinen Wundern erzählen.
³Ich will mich über dich freuen
und deinen Namen loben, du Höchster.

⁴Meine Feinde fliehen,
sie stürzen und kommen um vor dir.
⁵Denn dein Urteil fiel zu meinen Gunsten aus,
von deinem Thron aus richtest du gerecht.

⁶Du hast den Völkern gedroht und die Bösen
  vernichtet,
du hast ihre Namen für immer ausgelöscht.
⁷Meine Feinde sind am Ende, ihre Städte liegen
  für immer in Trümmern.
Keiner erinnert sich mehr an ihre zerstörten
  Städte.
⁸Der Herr aber herrscht in Ewigkeit,
von seinem Thron aus hält er Gericht.
⁹Er wird die Welt gerecht richten
und in Gerechtigkeit über die Völker herrschen.

¹⁰Die Unterdrückten finden beim Herrn
  Zuflucht.
In schweren Zeiten beschützt er sie.
¹¹Die deinen Namen kennen, vertrauen auf dich,
denn du, Herr, verlässt keinen, der dich sucht.
¹²Lobt den Herrn, der in Jerusalem* wohnt.
Erzählt der Welt von seinen Taten.
¹³Denn er, der jeden Mord rächt, steht den
  Hilflosen bei
und vergisst ihren Hilferuf nicht.
¹⁴Herr, hab Erbarmen mit mir.
Sieh, wie ich durch die leide, die mich hassen.
Entreiße mich aus der Gewalt des Todes,
¹⁵damit ich dich vor den Toren Jerusalems loben
und mich über meine Rettung freuen kann.

¹⁶Die Völker sind in die Gruben gefallen, die sie
  anderen gegraben haben.
Ihre eigenen Fallen wurden ihnen zum
  Verhängnis.
¹⁷Der Herr ist bekannt für seine Gerechtigkeit.
Die Bösen haben sich in ihren eigenen Fallen
  verfangen.
Zwischenspiel

¹⁸Die Gottlosen müssen hinab zu den Toten*.
Das ist das Schicksal aller Völker, die Gott nicht
  achten!
¹⁹Denn die Armen werden nicht für immer
  vergessen,
die Hoffnungen der Notleidenden werden nicht
  auf ewig verloren sein!
²⁰Erhebe dich, Herr! Lass nicht zu, dass die
  Menschen zu mächtig werden!
Die Völker sollen vor dir gerichtet werden!
²¹Lass sie zittern vor Furcht, Herr,
damit die Völker erkennen, dass sie Menschen
  sind.
Zwischenspiel

Psalm 10

Herr, warum bist du so fern?
Warum verbirgst du dich, wenn ich dich am
  nötigsten habe?
²Stolz unterdrückt der Gottlose die Armen.
Sie werden Opfer seiner Anschläge.
³Er prahlt damit, dass er so habgierig ist,
und lästert und verflucht den Herrn.
⁴Der gottlose Mensch meint in seinem Stolz,
  Gott würde nicht danach fragen.
Er denkt, Gott gibt es nicht.
⁵Alles, was er tut, gelingt ihm.
Er sieht die Strafe nicht, die ihn erwartet,
und verspottet seine Feinde.
⁶Er sagt sich: »Mir wird nichts geschehen
und kein Unglück wird mir jemals zustoßen!«
⁷Mit seinem Mund flucht, lügt und droht er
und was er redet, bringt Unrecht und Unheil.
⁸Er lauert im Hinterhalt
und mordet die Unschuldigen.
Unablässig sucht er sich hilflose Opfer.
⁹Er wartet im Hinterhalt wie ein Löwe im
  Dickicht
und lauert auf eine Gelegenheit, seine Opfer zu
  überwältigen.
Wie ein Jäger fängt er seine Opfer und schleppt
  sie in Netzen fort.
¹⁰Er stürzt sich auf die Schwachen und
  überwältigt sie.
Sie erliegen seiner gewaltigen Kraft.

8,6 O. *wenig geringer als die Engel;* im Hebr. steht hier *Elohim*.   **9,12** Hebr. *Zion*; so auch in 9,15.   **9,18** Hebr. *in die Scheol*.

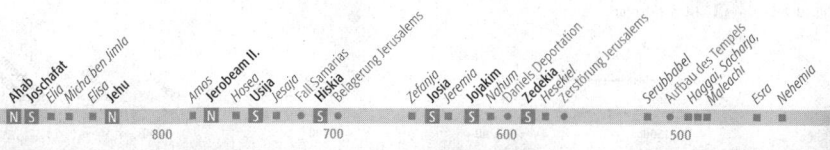

DIE PSALMEN

1–41	Erstes Buch
3–41	Davidpsalmen
42–72	Zweites Buch
42–49	Psalmen der Nachkommen Korachs
51–72	Davidpsalmen
73–89	Drittes Buch
73–83	Asafpsalmen
90–106	Viertes Buch
93–99	Jahwe-König-Psalmen
107–150	Fünftes Buch
108–110	Davidpsalmen
111–118	Großes Hallel (Lobpsalmen)
120–134	Wallfahrtslieder
138–145	Davidpsalmen
146–150	Kleines Hallel (Lobpsalmen)

10–15
Gott, zieh den Gottlosen zur Rechenschaft. Gott, rette mich vor meinen Feinden. Gott beschützt sein Volk. Gott ist der sichere Grund.

¹¹Er sagt sich: »Gott hat es vergessen, er sieht nicht hin und wird es nicht merken!«
¹²Erhebe dich, HERR! Bestrafe die Bösen, mein Gott!
Vergiss die Hilflosen nicht!
¹³Warum dürfen die Bösen Gott fluchen?
Wie können sie denken: »Gott wird uns schon nicht zur Rechenschaft ziehen«?

¹⁴Du siehst Kummer und Leid, das sie anrichten.
Du merkst es und du bestrafst sie.
Die Hilflosen vertrauen auf dich.
Du hilfst den Waisen.

¹⁵Zerbrich die Macht dieser gottlosen Menschen und bestrafe ihre Bosheit, damit sie aufhören!
¹⁶Der HERR ist König für immer und ewig!
Wer andere Götter anbetet, soll aus seinem Land verschwinden.
¹⁷HERR, du hörst das Verlangen der Hilflosen.
Du schenkst ihnen Gewissheit und leihst ihnen dein Ohr.
¹⁸Du verhilfst Waisen und Unterdrückten zu ihrem Recht
und machst aller Gewalt auf Erden ein Ende.

Psalm 11
Für den Chorleiter: Ein Psalm Davids.
Bei dem HERRN habe ich Zuflucht gefunden.
Wie könnt ihr da zu mir sagen:
»Wenn du in Sicherheit sein willst, flieg hinauf in die Berge wie ein Vogel!
²Die Gottlosen spannen ihre Bogen, legen Pfeile an
und zielen auf die, die aufrichtig sind.
³Wenn Recht und Ordnung erschüttert sind, was kann der Gerechte dann noch bewirken?«
⁴Doch der HERR ist in seinem heiligen Tempel und herrscht noch immer vom Himmel aus.
Er sieht alles
und prüft die Menschen auf Erden.
⁵Der HERR prüft Gerechte und Ungerechte und hasst alle, die Unrecht und Gewalt lieben.
⁶Er lässt Feuer und Schwefel auf die Bösen regnen
und straft sie mit Glutwind.
⁷Denn der HERR ist gerecht, und er liebt die Gerechtigkeit.
Die Aufrichtigen werden sein Angesicht sehen.

Psalm 12
Für den Chorleiter: Ein Psalm Davids, zu begleiten auf einem achtsaitigen Saiteninstrument*.
²HERR, hilf, es gibt immer weniger Menschen, die zu dir halten!

12,1 Hebr. *auf der Scheminit.*

S Südreich Juda   N Nordreich Israel

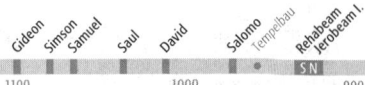

Die Treuen unter den Menschen sind
  verschwunden!
³Einer belügt den anderen.
Sie schmeicheln einander, doch ihre Herzen sind
  nicht aufrichtig.
⁴Der HERR soll ihrer Heuchelei ein Ende
  machen
und die stolzen Menschen vernichten,
⁵die sagen: »Mit unserem Reden erreichen wir
  alles;
wir haben das Recht dazu. Wer könnte uns
  aufhalten?«
⁶Der HERR antwortet: »Weil den Hilflosen
  Gewalt angetan wird
und die Armen leiden,
will ich eingreifen, um sie zu retten,
ich will denen helfen, die sich danach sehnen!«
⁷Die Zusagen des HERRN sind echt
wie Silber, das im Ofen sieben Mal gereinigt
  wurde.
⁸Du, HERR, wirst sie bewahren
und vor diesen lügnerischen Menschen behüten.
⁹Auch wenn überall um uns herum gottlose
  Menschen sind,
und das Böse im ganzen Land zunimmt.

Psalm 13
Für den Chorleiter: Ein Psalm Davids.
²HERR, wie lange willst du mich noch vergessen?
Wie lange willst du dich noch von mir
  abwenden?
³Wie lange soll meine Seele noch sorgen
und mein Herz täglich aufs Neue trauern?
Wie lange wird mein Feind noch die Oberhand
  behalten?
⁴Wende dich mir zu und erhöre mich, HERR,
  mein Gott!
Mach es wieder hell vor meinen Augen, damit
  ich nicht sterbe.
⁵Lass nicht zu, dass meine Feinde triumphieren
  und sagen:
»Wir haben ihn besiegt!«
Lass nicht zu, dass sie jubeln, weil ich unterliege.
⁶Ich vertraue auf deine Gnade.
Ich freue mich, dass du mich retten wirst.
Ich will dem HERRN ein Loblied singen,
weil er so gut zu mir war.

Psalm 14*
Für den Chorleiter: Ein Psalm Davids.
Nur Narren sagen sich: »Es gibt keinen Gott.«
Sie sind durch und durch schlecht und ihre Taten
  sind böse.
Es gibt keinen, der Gutes tut!

²Der HERR sieht vom Himmel herab
auf die Menschen,
um zu sehen, ob es wenigstens einen einzigen
  gibt,
der klug ist und nach Gott fragt.
³Aber sie haben sich alle von Gott abgewandt
und sind nun alle verdorben.
Es gibt keinen, der Gutes tut,
  nicht einmal einen!*

⁴Werden die Bösen denn niemals klug,
die mein Volk wie Brot auffressen
und nicht daran denken zum HERRN zu beten?
⁵Aber Angst und Schrecken wird sie packen,
denn Gott steht denen bei, die ihm gehorchen.
⁶Die Bösen wollen die Hoffnungen des Armen
  zerstören,
doch der HERR wird ihn beschützen.
⁷Ach käme doch Rettung vom Berg Zion,
um Israel aus der Gefangenschaft zu befreien!
Wenn der HERR die Not seines Volkes wendet,
dann wird Jakob jubeln und Israel sich freuen.

Psalm 15*
Ein Psalm Davids.
Herr, wer darf in dein Heiligtum kommen
und dich auf dem heiligen Berg anbeten?
²Ein Mensch, der ein vorbildliches Leben führt
und tut, was recht ist, und von Herzen die
  Wahrheit sagt.
³Ein Mensch, der niemanden verleumdet,
der einem anderen kein Unrecht zufügt
und nicht schlecht von ihm spricht.
⁴Ein Mensch, der jene verachtet, die Gott
  verworfen hat,
der aber die Gottesfürchtigen ehrt
und seine Versprechen hält, auch wenn es ihm
  schadet.
⁵Ein Mensch, der keine Zinsen für verliehenes
  Geld fordert
und sich nicht durch Bestechung dazu bewegen
  lässt, gegen Unschuldige
auszusagen.

Wer so handelt, steht für immer auf sicherem
  Grund.

Psalm 16
Ein Psalm Davids.
Beschütze mich, Gott, denn ich flüchte mich zu
  dir!
²Ich habe zum HERRN gesagt: »Du bist mein
  Herr,
mein Glück finde ich allein bei dir.«

14,1-7 Vgl. Psalm 53,1-7. **14,3** S. 1. Mose 6,12 und auch Römer 3,10-12. **15,1-5** Vgl. Psalm 24,3-6 und auch Jesaja 33,14-16.

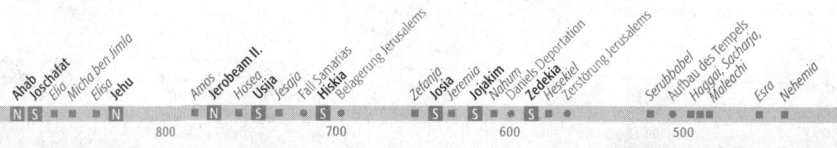

DIE PSALMEN

1–41	Erstes Buch
3–41	Davidpsalmen
42–72	Zweites Buch
42–49	Psalmen der Nachkommen Korachs
51–72	Davidpsalmen
73–89	Drittes Buch
73–83	Asafpsalmen
90–106	Viertes Buch
93–99	Jahwe-König-Psalmen
107–150	Fünftes Buch
108–110	Davidpsalmen
111–118	Großes Hallel (Lobpsalmen)
120–134	Wallfahrtslieder
138–145	Davidpsalmen
146–150	Kleines Hallel (Lobpsalmen)

16–18

Gott ist mein Besitz und ihm gebührt Lob. Gott, rette mich vor dem Gottlosen. Gott hat mich vor meinen Feinden bewahrt.

³An den Gottesfürchtigen
und an denen, die Gott vertrauen, habe ich große Freude.
⁴Die andere Götter verehren,
werden viele Sorgen haben.
An ihren Opfern will ich nicht teilnehmen
und die Namen ihrer Götter nicht einmal in den Mund nehmen.
⁵HERR, du allein bist mein Besitz,
mein Becher, angefüllt mit Segen.
Du bewahrst mein Erbe.
⁶Das Land, das du mir geschenkt hast, ist ein schönes Land
und ein wunderbarer Besitz!
⁷Ich will den HERRN loben, der mich beraten hat.
Sogar in der Nacht werde ich an seinen Rat erinnert*.
⁸Ich weiß, dass der HERR immer bei mir ist.
Ich will nicht mutlos werden, denn er ist an meiner Seite.

⁹Darum ist mein Herz erfüllt mit Freude,
und mein Mund lobt ihn mit lauter Stimme.
Auch mein Körper ruht sicher.
¹⁰Denn du wirst deinen Heiligen nicht im Grab* verwesen lassen
und wirst nicht dulden, dass dein Gottesfürchtiger im Grab verwest.
¹¹Du wirst mir den Weg zum Leben zeigen

16,7 Hebr. *mahnt mich mein Herz oder meine Nieren.*
16,10 Hebr. *in der Scheol.*

Psalm 16,10

Hinweise auf den Messias (2)

In einer bedrohlichen Lage findet David zum Vertrauen, das er mit diesem Psalm bekennt. Er hat in seinem Gebet eine neue Gewissheit von Gott bekommen (V. 7). Die Bewahrung, die er in V. 9-10 erwartet, ist wahrscheinlich zunächst eine Rettung vor der Todesgefahr und noch keine Auferstehungshoffnung.
Im Rückblick ist Davids Bekenntnis allerdings offen für solch eine Deutung. Petrus und Paulus folgen hier – in ganz verschiedenen Predigten – demselben Argumentationsweg: David als Beter dieses Psalms musste ja, nachdem Gott ihn vor der Gefahr bewahrt hatte, einmal doch sterben. Wenn er Rettung vor dem Grab erwartete, dann war das also prophetisch gesprochen und muss auf Jesus gedeutet werden (Apg 2,25-28; 13,35). Beide Predigten richten sich an Juden, die mit dem Alten Testament vertraut sind. Für dieses Verständnis war die Schriftauslegung des Neuen Testaments aussagekräftig und plausibel.

(Psalm 8,7 ««« | »» Psalm 22)

S Südreich Juda   N Nordreich Israel

und mir die Freude deiner Gegenwart schenken.
Aus deiner Hand kommt mir ewiges Glück.

Psalm 17
Ein Gebet Davids.
HERR, höre meine Bitte um Gerechtigkeit.
Achte auf meinen Hilfeschrei!
Vernimm mein Gebet,
denn es kommt aus aufrichtigem Herzen.
²Dein Urteil wird mich freisprechen,
denn du weißt, dass ich aufrichtig bin.
³In der Nacht hast du meine Gedanken geprüft
und mein Herz auf die Probe gestellt.
Du hast mich angesehen und nichts Falsches an mir gefunden,
denn ich habe mir vorgenommen, mit meinen Worten nicht zu sündigen.
⁴Ich habe mich an deine Gebote gehalten,
und das hat mich davor bewahrt,
auf bösen Wegen zu gehen.
⁵Ich habe mich an deinen Weg gehalten
und bin nicht davon abgewichen.
⁶Ich bete zu dir, denn ich weiß, dass du mich erhören wirst.
Neige dich zu mir herab und höre mein Gebet.
⁷Zeige mir auf wunderbare Weise deine Gnade.
Du rettest mit deiner Kraft die Menschen,
die bei dir Schutz vor den Feinden suchen.
⁸Behüte mich wie einen Augapfel
und gib mir Zuflucht unter dem Schatten deiner Flügel.

⁹Beschütze mich vor den gottlosen Menschen,
die mich vernichten wollen,
und vor meinen Feinden, die mir von überall her nachstellen.
¹⁰Sie kennen kein Erbarmen
und reden überheblich.
¹¹Sie verfolgen und umzingeln uns
und wollen uns zu Boden werfen.
¹²Sie sind wie ein hungriger Löwe,
der im Hinterhalt auf Beute lauert,
um sie zu zerreißen; wie ein junger Löwe,
der im Hinterhalt sitzt.
¹³Erhebe dich, HERR,
tritt ihm entgegen und unterwirf ihn!
Rette mich mit deinem Schwert vor dem Gottlosen!

¹⁴HERR, befreie mich mit deiner mächtigen Hand
vor denen, die nur auf ihren Vorteil aus sind.
Die gerechte Strafe soll sie mitsamt ihren Kindern und ihren Enkeln treffen.

¹⁵Ich aber habe getan, was recht ist,
deshalb werde ich dich sehen.
Wenn ich erwache, werde ich ganz zufrieden sein,
denn dann werde ich dich von Angesicht zu Angesicht sehen.

Psalm 18*
Für den Chorleiter: Ein Psalm Davids, des Dieners Gottes. Er sang dem HERRN dieses Lied an dem Tag, an dem der HERR ihn vor seinen Feinden und vor Saul rettete.
²Ich liebe dich, HERR, durch dich bin ich stark!
³Der HERR ist mein Fels, meine Burg und mein Retter;
mein Gott ist meine Zuflucht, bei dem ich Schutz suche.
Er ist mein Schild, die Stärke meines Heils und meine Festung!
⁴HERR, wenn ich dich lobe und anrufe,
dann werde ich vor meinen Feinden gerettet.
⁵Die Ketten des Todes umschlangen mich,
die Fluten der Zerstörung gingen über mich hinweg.
⁶Das Totenreich öffnete sich schon vor mir,
der Tod selbst starrte mir ins Gesicht.
⁷Doch in meiner Not betete ich zum HERRN
und schrie zu meinem Gott um Hilfe.
Da erhörte er mich in seinem Heiligtum,
mein Schreien drang durch bis an sein Ohr.
⁸Da erbebte die Erde und wankte vor seinem Zorn,
die Fundamente der Berge bewegten sich und wurden erschüttert.
⁹Rauch drang aus seiner Nase
und Flammen aus seinem Mund,
und glühende Kohlen wurden herausgeworfen.
¹⁰Er tat den Himmel auf und kam herab,
dabei war es dunkel unter seinen Füßen.
¹¹Auf einem mächtigen Engel* flog er herbei,
er schwebte herab auf den Flügeln des Windes.
¹²Er hüllte sich in Dunkelheit
und verbarg sein Kommen in schwarzen Wolken.
¹³Der Glanz seiner Gegenwart durchbrach die Wolken
und es regnete Hagel und glühende Kohlen.
¹⁴Der HERR donnerte im Himmel,
der Höchste ließ seine gewaltige Stimme* erschallen.
¹⁵Er schoss Pfeile ab und zerstreute seine Feinde,
er sandte viele Blitze, sodass sie den Mut verloren.
¹⁶Auf deinen Befehl, HERR,

18,1-51 Vgl. 2. Samuel 22. **18,11** Hebr. *einem Cherub.* **18,14** So in der griech. Version (vgl. auch 2. Samuel 22,14); im Hebr. ist noch hinzugefügt *mit Hagel und glühenden Kohlen.*

DIE PSALMEN

1–41	Erstes Buch
3–41	Davidpsalmen
42–72	Zweites Buch
42–49	Psalmen der Nachkommen Korachs
51–72	Davidpsalmen
73–89	Drittes Buch
73–83	Asafpsalmen
90–106	Viertes Buch
93–99	Jahwe-König-Psalmen
107–150	Fünftes Buch
108–110	Davidpsalmen
111–118	Großes Hallel (Lobpsalmen)
120–134	Wallfahrtslieder
138–145	Davidpsalmen
146–150	Kleines Hallel (Lobpsalmen)

18–19
Lob an Gott, weil er vor Feinden gerettet hat. Gottes Gebote sind gut und herrlich.

---

auf einen Hauch deines Mundes hin
wurde der Meeresgrund sichtbar
und die Fundamente der Erde freigelegt.
¹⁷Er streckte seine Hand aus vom Himmel und rettete mich;
er zog mich aus tiefem Wasser herauf.
¹⁸Er befreite mich von meinen mächtigen Feinden,
von denen, die mich hassten und zu stark für mich waren.
¹⁹Sie fielen über mich her, als ich am schwächsten war,
doch der HERR gab mir Halt.
²⁰Er brachte mich an einen sicheren Ort
und rettete mich, weil er Freude an mir hatte.
²¹Der HERR wird mich belohnen,
weil ich aufrichtig bin*, und mir den Lohn dafür geben,
dass ich unschuldig bin.
²²Denn ich bin die Wege des HERRN gegangen
und habe mich nicht von meinem Gott
abgewandt, um dem Bösen nachzulaufen.
²³Alle seine Rechte habe ich ständig vor Augen,
nie bin ich von seinen Geboten abgewichen.
²⁴Ich bin ohne Schuld vor Gott,
denn ich habe mich von der Sünde ferngehalten.
²⁵Der HERR hat mich belohnt, weil ich recht tue
und weil ich mich vorbildlich verhielt.
²⁶Den Treuen erweist du dich als treu,

18,21 Hebr. *nach meiner Gerechtigkeit*; so auch in Vers 25.

Psalm 19,1-12

Gott redet
Manchmal redet Gott ohne Worte und manchmal spricht er mit Worten. Ohne Sprache verkündet der große Chor der Natur die Herrlichkeit Gottes. Der Himmel, das Firmament, Tag und Nacht sind daran beteiligt. Gerade weil dies alles ohne Sprache geschieht, kann es auf der ganzen Erde, in allen Kulturen und in allen Zeiten geschehen. Dieser Chor lässt alle Menschen Gottes »ewige Macht und göttliches Wesen« erkennen (Röm 1,20).
Und doch redet Gott am deutlichsten mit Worten. Damals sprach er durch Propheten und andere berufene Leiter. Später sprach er das klarste Wort durch Jesus. Und er brachte die ganze Bibel hervor, das geschriebene Wort, welches das lebendige Wort Gottes offenbart. Der Psalmist besingt hier nicht nur die Offenbarung Gottes in der Natur, sondern auch die Gesetze, Ratschlüsse und Vorschriften Gottes. Diese erfrischen, erfreuen und schenken Weisheit und Einsicht. Eine Kostbarkeit, die man zu schätzen wissen muss!
(Hiob 38–39 «« | »» Römer 1,19-21)

den Aufrichtigen begegnest du mit
  Aufrichtigkeit.
²⁷Den Reinen erweist du dich als rein,
doch den Falschen überführst du.
²⁸Denn du rettest den Elenden,
aber die Stolzen erniedrigst du.
²⁹Herr, du hast Licht in mein Leben gebracht,
du, mein Gott, hast meine Finsternis erhellt.
³⁰Mit dir kann ich ganze Armeen zerschlagen,
mit dir überwinde ich jede Mauer.
³¹Gottes Wege sind vollkommen.
Alle Worte des Herrn sind wahr.
Allen, die sich zu ihm flüchten, bietet er Schutz.
³²Wer ist Gott außer dem Herrn?
Wer ist ein Fels außer Gott?

³³Gott gibt mir Kraft und macht den Weg sicher.
³⁴Er macht meine Schritte leichtfüßig wie die
  eines Hirsches
und stellt mich hin auf meine Höhen.
³⁵Er bereitet mich auf den Kampf vor
und macht mich stark, sodass ich einen
  bronzenen Bogen spannen kann.
³⁶Du gibst mir rettenden Schutz.
Deine Hand hält mich
und durch deine Gnade hast du mich stark
  gemacht.
³⁷Du ebnest den Weg für meine Füße, damit ich
  nicht stürze.
³⁸Ich habe meine Feinde verfolgt und eingeholt,
ich gab nicht auf, bis sie besiegt waren.
³⁹Ich schlug sie, sodass sie nicht mehr aufstehen
  konnten
und mir zu Füßen lagen.
⁴⁰Du hast mir Kraft für den Kampf gegeben
und mir meine Feinde unterworfen.
⁴¹Du schlugst sie in die Flucht,
sodass ich alle, die mich hassten, vernichten
  konnte.
⁴²Sie schrien um Hilfe, doch niemand kam, um
  sie zu retten.
Sie schrien zum Herrn, doch er antwortete
  ihnen nicht.
⁴³Ich zermalmte sie fein wie Staub, den der Wind
  verweht,
und kehrte sie weg, wie Schmutz von der Straße.
⁴⁴Du hast mir den Sieg über meine
  Herausforderer geschenkt
und mich zum Herrscher über Völker gesetzt,
ein Volk, das ich nicht einmal kenne, dient mir.
⁴⁵Sobald es nur von mir hört, gehorcht es mir.
Fremde Menschen unterwerfen sich mir.
⁴⁶Sie verlieren allen Mut
und kommen zitternd aus ihren Festungen.
⁴⁷Der Herr lebt! Ich preise ihn. Er ist mein Fels!
Ich will den Herrn meines Heils erheben!
⁴⁸Er ist der Gott, der denen vergilt, die mir Böses
  wollen.
Er unterwirft mir die Völker
⁴⁹und rettet mich vor meinen Feinden.
Du bringst mich an einen sicheren Ort und
  entziehst mich dem Zugriff meiner Feinde.*
Du befreist mich aus der Gewalt meiner Gegner.
⁵⁰Dafür, Herr, will ich dich preisen unter den
  Völkern
und deinem Namen Loblieder singen.
⁵¹Du hast deinem König große Siege geschenkt
und Gnade erwiesen David, deinem Gesalbten,
und seinen Nachkommen bis in alle Ewigkeit.

Psalm 19
Für den Chorleiter: Ein Psalm Davids.
²Der Himmel verkündet die Herrlichkeit Gottes
und das Firmament bezeugt seine wunderbaren
  Werke.
³Ein Tag erzählt es dem anderen,
und eine Nacht teilt es der anderen mit.
⁴Ohne Sprache und ohne Worte, lautlos ist ihre
  Stimme,*
⁵doch ihre Botschaft breitet sich aus über die
  ganze Erde
und ihre Worte über die ganze Welt.
Die Sonne wohnt am Himmel, wo Gott sie
  hingestellt hat.
⁶Sie tritt hervor wie ein strahlender Bräutigam
  nach der Hochzeit.
Sie freut sich wie ein Held, bereit für den Lauf.
⁷Sie geht an einem Ende des Himmels auf
und zieht ihre Bahn bis ans andere Ende.
Vor ihrer Glut kann sich nichts verbergen.
⁸Das Gesetz des Herrn ist vollkommen, es
  erfrischt die Seele.
Die Ratschlüsse des Herrn sind zuverlässig
und schenken den Unverständigen Weisheit.
⁹Die Gebote des Herrn sind richtig
und erfreuen das Herz.
Die Vorschriften des Herrn sind klar
und schenken Einsicht.
¹⁰Die Ehrfurcht vor dem Herrn ist echt und hat
  für immer Bestand.
Die Gesetze des Herrn sind Wahrheit,
jedes einzelne ist gerecht.
¹¹Sie sind wertvoller als das feinste Gold
und süßer als der beste Honig.
¹²Sie sind eine Mahnung an jeden, der sie hört,
und wer ihnen gehorcht, den erwartet eine
  reiche Belohnung.
¹³Wie kann ich alle meine Sünden erkennen,
die ich begehe?
Vergib mir diese verborgene Schuld!

18,49 O. *Du setzt mich über die, gegen mich aufstanden.* **19,4** O. *Ihre Stimme ist in jeder Sprache verständlich.*

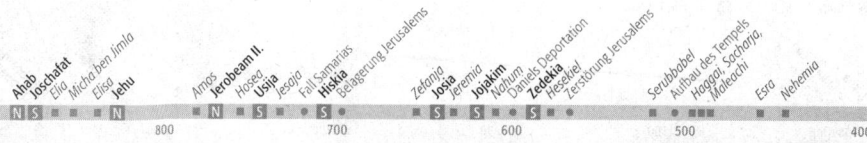

DIE PSALMEN

Verse	Beschreibung
1–41	Erstes Buch
3–41	Davidpsalmen
42–72	Zweites Buch
42–49	Psalmen der Nachkommen Korachs
51–72	Davidpsalmen
73–89	Drittes Buch
73–83	Asafpsalmen
90–106	Viertes Buch
93–99	Jahwe-König-Psalmen
107–150	Fünftes Buch
108–110	Davidpsalmen
111–118	Großes Hallel (Lobpsalmen)
120–134	Wallfahrtslieder
138–145	Davidpsalmen
146–150	Kleines Hallel (Lobpsalmen)

20–22
Segenswunsch: Gottes Beistand. Gott hilft dem König. Gott, warum hast du mich verlassen?

---

¹⁴Bewahre mich vor stolzen Menschen,
und lass nicht zu, dass sie über mich herrschen.
Dann werde ich ohne Schuld sein und frei von
    schwerer Sünde.
¹⁵HERR, lass dir die Worte meines Mundes
und die Gedanken meines Herzens gefallen!
HERR, mein Fels und mein Erlöser.

Psalm 20
Für den Chorleiter: Ein Psalm Davids.
²Der HERR erhöre deinen Hilferuf, wenn du in
    Not bist.
Der Name des Gottes Israels* beschütze dich.
³Er schicke dir Hilfe aus seinem Heiligtum
und stehe dir von Jerusalem* her bei.
⁴Er nehme deine Opfer an und beachte deine
    Brandopfer mit Freude.
                                                    Zwischenspiel

⁵Er erfülle dir, was dein Herz wünscht,
und lasse deine Pläne gelingen.
⁶Wenn er dir hilft, wollen wir vor Freude jubeln
und die Fahnen zu Gottes Ehre schwenken.
Der HERR erhöre alle deine Gebete!
⁷Jetzt weiß ich, dass der HERR seinem Gesalbten
    zu Hilfe kommt
und ihn aus seinem heiligen Himmel erhört.
Er wird ihn durch seine große Macht erretten.

20,2 Hebr. *Jakobs*.   20,3 Hebr. *Zion*.

Psalm 22

Hinweise auf den Messias (2)
Psalm 22 ist ein Klagepsalm, dessen Bitten plötzlich von Gott erhört werden (V. 22 am Ende) und der sich deshalb als Dankpsalm fortsetzt. Die anschaulich ausgemalte Qual geht über alles hinaus, was wir vom Leben Davids wissen, es ist extrem gesteigert.
Jesus erkannte am Kreuz seine Qual in den Worten dieses Psalms wieder – deshalb betete er den Beginn des Psalms laut (Mt 27,46), wobei er den Fortgang dieses Gebets zweifellos im Gedächtnis hatte. Viele Einzelheiten des Psalms bilden die Umstände der Passion von Jesus im Voraus ab: Matthäus 27,29.35.39.43; Markus 15,24.29.34; Lukas 23,34-35; Johannes 19,23-24.28. Dabei sind die Evangelienberichte wohl kaum nachträglich auf Psalm 22 hin gestaltet worden: Sonst hätte man sicher auch V. 17b zitiert, der in der griechischen Übersetzung des Alten Testaments von durchbohrten Händen und Füßen spricht.
Auch das Dankgebet dieses Psalms versteht der Hebräerbrief als von Jesus gesprochen: Hebräer 2,12.
(Psalm 16,10 «« | »» Psalm 34,21)

S Südreich Juda   N Nordreich Israel

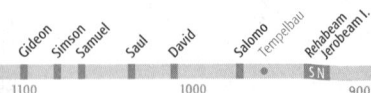

⁸Manche Völker verlassen sich auf ihre Heere
und Waffen*,
wir aber vertrauen dem HERRN*, unserem Gott.
⁹Diese Völker werden fallen und untergehen,
wir aber werden aufstehen und standhalten.
¹⁰HERR, hilf dem König
und erhöre uns, wenn wir zu dir rufen!*

Psalm 21
Für den Chorleiter: Ein Psalm Davids.
²HERR, der König freut sich über deine Stärke.
Er jubelt laut vor Freude über deine Hilfe.
³Denn du hast ihm erfüllt, was sein Herz
wünscht,
und hast ihm gegeben, um was er dich bat.

Zwischenspiel

⁴Du hast ihn mit reichem Segen überschüttet
und ihn mit einer goldenen Krone gekrönt.
⁵Er bat um Leben
und du hast sein Gebet erhört und ihm ewiges
Leben geschenkt.
⁶Durch deine Hilfe ist er zu großem Ruhm
gelangt,
du hast ihm Glanz und Herrlichkeit verliehen.
⁷Du machst ihn für alle Zeiten zum Segen für
andere
und erfüllst ihn durch deine Gegenwart mit
Freude.
⁸Denn der König vertraut auf den HERRN
und durch die Gnade des Höchsten steht er auf
sicherem Boden.
⁹Du wirst alle deine Feinde gefangen nehmen
und diejenigen ergreifen, die dich hassen.
¹⁰Wenn du kommst, wirst du sie vernichten
wie in einem glühenden Ofen.
Der HERR wird sie vernichten in seinem Zorn.
Feuer wird sie verbrennen.
¹¹Du wirst ihre Kinder von der Erde ausrotten,
sodass sie keine Nachkommen haben werden.
¹²Sie werden sich gegen dich verschwören,
doch ihre Pläne werden fehlschlagen.
¹³Sie werden umkehren und fliehen,
wenn sie sehen, dass deine Pfeile auf sie gerichtet
sind.
¹⁴Herr, zeige dich in deiner Macht,
wir wollen singen und deine mächtigen Taten
loben!

Psalm 22*
*Für den Chorleiter: Ein Psalm Davids, zu singen
nach der Melodie: »Eine Hirschkuh in der
Morgendämmerung.«*
²Mein Gott, mein Gott! Warum hast du mich
verlassen?*
Warum bist du so fern und hörst meine Hilferufe
nicht?
³Jeden Tag rufe ich zu dir, mein Gott, doch du
antwortest nicht.
Jede Nacht schreie ich zu dir, doch ich finde
keine Ruhe.
⁴Und doch bist du heilig.
Israel lobt dich mit seinen Liedern.
⁵Unsere Vorfahren haben dir vertraut,
und da hast du sie befreit.
⁶Du hast ihre Hilferufe gehört und sie gerettet.
Sie haben dir vertraut und wurden nicht
enttäuscht.
⁷Ich aber bin ein Wurm und kein Mensch,
ich werde von allen ausgelacht und verachtet!
⁸Wer mich sieht, macht sich über mich lustig,
lacht höhnisch und schüttelt den Kopf:
⁹»Ist das der Mensch, der sich auf den HERRN
verlässt?
Dann soll der HERR ihn doch retten!
Wenn der HERR ihn so sehr liebt, soll er ihn auch
befreien!«
¹⁰Du hast mich sicher aus dem Mutterleib geholt
und mich gelehrt, dir zu vertrauen, als ich noch
ein kleines Kind war.
¹¹Seit meiner Geburt bist du mein einziger Halt
und mein Gott seit Beginn meines Lebens.*
¹²Entferne dich jetzt nicht von mir, denn die Not
ist nah
und keiner ist da, der mir hilft.
¹³Meine Feinde umringen mich wie eine Herde
Stiere,
wie wilde Stiere umzingeln sie mich.
¹⁴Wie ein brüllender Löwe greifen sie ihre
Beute an
und kommen mit aufgerissenem Maul auf
mich zu.
¹⁵Mein Leben ist ausgeschüttet wie Wasser
und meine Knochen haben sich voneinander
gelöst.
Mein Herz ist in meinem Inneren wie
zerschmolzenes Wachs.
¹⁶Mein Körper ist ausgetrocknet wie eine
Scherbe aus Ton.
Meine Zunge klebt mir am Gaumen.
Du hast mich in den Staub gestoßen und wie tot
liegen lassen.

20,8a Hebr. *Streitwagen und Pferde.* 20,8b Hebr. *denken an den Namen des HERRN, unseres Gottes.* 20,10 O. *Herr, hilf, du König! Erhöre uns, wenn wir zu dir rufen!* 22,1-32 Vgl. Jesaja 53,1-12 und Matthäus 27,35-46. 22,2 S. Matthäus 27,46. 22,11 Hebr. *Auf dich bin ich geworfen vom Mutterschoß her, von dem Leib meiner Mutter an bist du mein Gott.*

DIE PSALMEN

1–41	Erstes Buch
3–41	Davidpsalmen
42–72	Zweites Buch
42–49	Psalmen der Nachkommen Korachs
51–72	Davidpsalmen
73–89	Drittes Buch
73–83	Asafpsalmen
90–106	Viertes Buch
93–99	Jahwe-König-Psalmen
107–150	Fünftes Buch
108–110	Davidpsalmen
111–118	Großes Hallel (Lobpsalmen)
120–134	Wallfahrtslieder
138–145	Davidpsalmen
146–150	Kleines Hallel (Lobpsalmen)

22–25
Lob an Gott für die Rettung vor Feinden.
Gott ist mein Hirte. Gott ist herrlich.
Gott, führe mich auf rechtem Weg.

---

17 Wie ein Rudel Hunde umkreisen mich meine Feinde
und eine Rotte von Bösen treibt mich in die Enge.
Sie haben mir Hände und Füße durchbohrt.
18 Alle meine Knochen kann ich zählen.
Meine Gegner sehen mich schadenfroh an.
19 Sie teilen meine Kleider unter sich auf
und würfeln* um mein Gewand.
20 Aber du, HERR, entferne dich nicht von mir!
Du bist meine Stärke, komm mir schnell zu Hilfe!
21 Rette mich vor einem gewaltsamen Tod
und beschütze mein kostbares Leben vor diesen Hunden.
22 Entreiße mich aus dem Rachen des Löwen
und rette mich vor den Hörnern dieser wilden Stiere.
Du hast mich erhört!
23 Meinen Brüdern will ich deinen Namen verkünden
und dich vor der ganzen Gemeinde ehren.
24 Lobt den HERRN, alle, die ihn fürchten!
Ehrt ihn, ihr Nachkommen Jakobs!
Erweist ihm Ehrfurcht, ihr Nachkommen Israels!
25 Denn er hat die Augen nicht vor dem Leid des Bedürftigen verschlossen.
Er hat sich nicht abgewandt,
sondern hat seine Hilferufe gehört.
26 Dich will ich loben vor der ganzen Gemeinde
und will meine Versprechen vor allen, die dich anbeten, erfüllen.
27 Die Armen sollen essen und satt werden
und alle, die den HERRN suchen, werden ihn loben.
Euer Herz soll für immer leben.
28 Die ganze Erde wird den HERRN anerkennen
und zu ihm zurückkehren.
Die Menschen aller Völker werden sich vor ihm verneigen.
29 Denn der HERR ist König
und er herrscht über die Völker!
30 Die Reichen der Erde werden ein Fest feiern und anbeten.
Vor ihm werden sich alle Menschen verneigen,
die geboren werden, um zu sterben.
31 Kommende Generationen werden ihm dienen;
ihnen wird man erzählen, was der HERR getan hat.
32 Sie werden ihren Nachkommen von den gerechten Taten Gottes berichten, die er getan hat.

22,19 Hebr. *werfen Lose.*

Psalm 23

Ein Psalm Davids.

Der HERR ist mein Hirte, ich habe alles, was ich brauche.
²Er lässt mich in grünen Tälern ausruhen,
er führt mich zum frischen Wasser.
³Er gibt mir Kraft.
Er zeigt mir den richtigen Weg
um seines Namens willen.

⁴Auch wenn ich durch das dunkle Tal des Todes* gehe,
fürchte ich mich nicht, denn du bist an meiner Seite.
Dein Stecken und Stab schützen und trösten mich.

⁵Du deckst mir einen Tisch vor den Augen meiner Feinde.
Du nimmst mich als Gast auf und salbst mein Haupt mit Öl.*
Du überschüttest mich mit Segen.
⁶Deine Güte und Gnade begleiten mich alle Tage meines Lebens,
und ich werde für immer im Hause des HERRN wohnen.

Psalm 24

Ein Psalm Davids.

Die Erde und alles, was darauf ist, gehört dem HERRN.
Die Welt und die Menschen sind sein.
²Denn er hat die Fundamente der Erde in den Meeren verankert
und sie auf den Tiefen der Ozeane erbaut.
³Wer darf den Berg des HERRN besteigen
und wer an seinem heiligen Ort stehen?
⁴Nur die Menschen, deren Hände und Herzen rein sind,
die keine Götzen anbeten*
und keinen falschen Eid schwören.
⁵Sie empfangen den Segen des HERRN
und Gerechtigkeit von Gott, ihrem Retter.
⁶Das gilt für die Menschen,
die nach dem Gott Israels* fragen und seine Gegenwart suchen.
Zwischenspiel

⁷Öffnet euch, ihr ehrwürdigen Tore
und ihr uralten Türen,
damit der König der Herrlichkeit einziehen kann.
⁸Wer ist der König der Herrlichkeit?
Es ist der HERR, stark und mächtig,
der HERR, mächtig im Kampf.
⁹Öffnet euch, ihr ehrwürdigen Tore und ihr uralten Türen,
damit der König der Herrlichkeit einziehen kann.
¹⁰Wer ist der König der Herrlichkeit?
Es ist der allmächtige HERR –
er ist der König der Herrlichkeit.
Zwischenspiel

Psalm 25

Ein Psalm Davids.

HERR, nach dir habe ich Verlangen.
²Ich vertraue auf dich, mein Gott!
Lass mich nicht zugrunde gehen
und lass nicht zu, dass meine Feinde sich an meiner Niederlage freuen.

³Alle, die dir vertrauen, werden nicht untergehen,
doch die, die andere betrügen wollen, werden zu Fall kommen.
⁴HERR, zeige mir die Wege, die ich gehen soll,
und weise mir die Pfade, denen ich folgen soll.
⁵Führe mich und lehre mich, nach deiner Wahrheit zu leben,
denn du bist der Gott, der mich rettet.
Auf dich hoffe ich zu jeder Zeit.
⁶HERR, denke an deine Gnade und an dein Erbarmen,
die du von jeher gezeigt hast.

⁷HERR, vergib mir die Sünden meiner Jugend
und sieh mich mit gnädigen Augen an,
denn du bist gütig.
⁸Der HERR ist gut und gerecht;
darum zeigt er den Sündern den richtigen Weg.
⁹Er zeigt den Demütigen, was richtig ist,
und lehrt sie seinen Weg.
¹⁰Mit Gnade und Treue leitet der HERR
alle, die seinen Bund halten und seinen Geboten gehorchen.
¹¹HERR, vergib mir meine große Schuld,
damit dein Name geehrt wird.
¹²Wie steht es mit dem Menschen,
der den HERRN ernst nimmt?
Der HERR wird ihm den Weg zeigen,
den er gehen soll.
¹³Es wird ihm gut gehen
und seine Kinder werden das ganze Land besitzen.
¹⁴Die Freundschaft mit dem HERRN
gebührt denen, die ihn ernst nehmen.

23,4 Hebr. *durch das Tal der Todesschatten.* 23,5 Auf diese Weise begrüßte man einen Gast. 24,4 Hebr. *Wer seine Seele nicht auf Falsches richtet.* 24,6 Hebr. *Jakobs.*

DIE PSALMEN

1–41	Erstes Buch
3–41	Davidpsalmen
42–72	Zweites Buch
42–49	Psalmen der Nachkommen Korachs
51–72	Davidpsalmen
73–89	Drittes Buch
73–83	Asafpsalmen
90–106	Viertes Buch
93–99	Jahwe-König-Psalmen
107–150	Fünftes Buch
108–110	Davidpsalmen
111–118	Großes Hallel (Lobpsalmen)
120–134	Wallfahrtslieder
138–145	Davidpsalmen
146–150	Kleines Hallel (Lobpsalmen)

25–28
Gott, beschütze mich vor meinen Feinden.
Gott, du bist mein Schutz, darum denke an mich.

Er lässt sie wissen, wozu sein Bund mit ihnen da ist.
¹⁵Ich richte meine Augen stets auf den HERRN,
denn er wird mich aus den Fallen befreien,
die meine Feinde mir stellen.
¹⁶Wende dich mir zu und hab Erbarmen mit mir,
denn ich bin allein und in großer Not.
¹⁷Die Angst in meinem Herzen wird immer größer.
Errette mich aus meinen Nöten!
¹⁸Sieh meinen Schmerz und meinen Kummer.
Vergib mir alle meine Sünden!
¹⁹Sieh doch, wie viele Feinde ich habe,
die mich zu Unrecht hassen!
²⁰Beschütze mich und rette mich vor ihnen!
Lass mich nicht zugrunde gehen, denn ich vertraue auf dich.
²¹Hilf mir, aufrichtig und ehrlich zu leben,
weil ich meine Hoffnung auf dich setze.
²²O Gott, erlöse Israel
aus aller seiner Not!

Psalm 26
Ein Psalm Davids.
HERR, verhilf mir zu meinem Recht,
denn mein Handeln war stets aufrichtig;
ich habe dem HERRN vertraut, darum werde ich nicht fallen.
²HERR, stell mich auf die Probe
und prüfe mich auf Herz und Nieren!

Psalm 27,12

Hinweise auf den Messias (3)
Ein Unschuldiger wird für etwas verdächtigt, das er nicht begangen hat. Im Grundtext ist von falschen Zeugen die Rede, die ihre Aussage machen. Das ist eine Erfahrung, die sehr viele Menschen erleiden mussten und müssen, auch in der Sicht der Bibel (Ps 35,11). Auch Jesus Christus ist davon nicht ausgenommen: Es »suchten die obersten Priester und der gesamte Hohe Rat nach Zeugen, die zu einer Falschaussage gegen Jesus bereit wären, sodass sie ihn zum Tode verurteilen konnten« – mit dem Erfolg, dass »sie viele fanden, die sich zu falschen Aussagen bereit erklärten« (Mt 26,59-60).
In Psalm 27,12 kommen also zwei Ebenen zur Geltung: die allgemeine menschliche Leidenserfahrung und darin auch eine Voraus-Abbildung des Geschicks von Jesus.
(Hiob 33,23-24 «« | »» Psalm 69,22)

³Denn ich war mir deiner Gnade stets bewusst,
und ich habe mich nach deiner Wahrheit
   gerichtet.
⁴Ich hatte nichts zu tun mit Lügnern
und habe mich nicht mit Betrügern eingelassen.
⁵Ich meide die Zusammenkünfte derer, die Böses
   tun,
und habe mit Gottlosen nichts zu schaffen.
⁶Ich wasche meine Hände, um meine Unschuld
   zu zeigen,
und trete vor deinen Altar, HERR,
⁷um laut ein Danklied zu singen,
das von allen deinen Wundern erzählt.
⁸HERR, ich liebe das Haus, in dem du wohnst,
und den Ort, der von deiner Herrlichkeit erfüllt
   ist.
⁹Bestrafe mich nicht wie Sünder
und verurteile mich nicht mit den Mördern.
¹⁰Ihre Hände sind schmutzig von ihren bösen
   Taten,
und ihre Taschen füllen sie mit Geschenken.

¹¹Ich aber bin aufrichtig und ehrlich,
deshalb rette mich und sei barmherzig.
¹²Jetzt stehe ich auf sicherem Grund,
deshalb lobe ich den HERRN vor allen Menschen.

Psalm 27
Ein Psalm Davids.
Der HERR ist mein Licht und mein Heil –
vor wem sollte ich mich fürchten?
Der HERR beschützt mich vor Gefahr –
vor wem sollte ich erschrecken?

²Wenn böse Menschen kommen, um mich zu
   vernichten,
wenn meine Feinde und Verfolger mich
   angreifen,
dann werden sie stolpern und stürzen.
³Ein mächtiges Heer umzingelt mich,
dennoch fürchte ich mich nicht.
Auch wenn sie mich angreifen,
bleibe ich voller Zuversicht.
⁴Eine einzige Bitte habe ich an den HERRN.
   Ich sehne mich danach,
solange ich lebe, im Haus des HERRN zu sein,
um seine Freundlichkeit zu sehen
und in seinem Tempel still zu werden.
⁵Denn er wird mich aufnehmen, wenn schlechte
   Zeiten kommen,
und mir in seinem Heiligtum Schutz geben.
Er wird mich auf einen hohen Berg stellen,
wo mich niemand erreichen kann.
⁶Dann werde ich über meine Feinde,
die mich umzingeln, triumphieren.
Jubelnd will ich ihm Opfer darbringen
und den HERRN loben und ihm singen.

⁷Hör meine Bitten, HERR.
Sei barmherzig und erhöre mich!
⁸Ich erinnere mich, dass du gesagt hast:
   »Suchet meine Nähe.«
Und ich habe geantwortet: »HERR, dich suche
   ich.«
⁹Verbirg dich nicht vor mir
und verstoße deinen Knecht nicht im Zorn!
Du hast mir immer geholfen,
darum verlass mich jetzt nicht.
Gott, mein Retter, lass mich nicht im Stich!
¹⁰Wenn selbst Vater und Mutter mich verlassen,
wird doch der HERR mich aufnehmen.
¹¹HERR, zeige mir, wie ich leben soll,
und führe mich den Weg, der richtig ist,
denn meine Feinde warten nur darauf,
   dass ich falle.
¹²Gib mich nicht in ihre Hände,
denn sie beschuldigen mich vieler Dinge,
   die ich nicht getan habe,
und werden mir Grausames antun.
¹³Doch ich vertraue fest darauf,
dass ich noch sehen werde, wie gut Gott ist,
   solange ich lebe.

¹⁴Vertraue auf den HERRN!
Sei mutig und tapfer und hoffe geduldig auf den
   HERRN!

Psalm 28
Ein Psalm Davids.
HERR, du bist mein schützender Fels.
Hilf mir und wende dich nicht schweigend von
   mir ab.
Denn wenn du schweigst,
ist es besser, ich gebe auf und sterbe.
²Höre mich, wenn ich rufe und zu dir um Hilfe
   schreie,
wenn ich meine Hände zum Gebet erhebe.
³Verurteile mich nicht zusammen mit den
   Gottlosen
und mit denen, die Böses tun,
die freundlich mit ihren Nachbarn reden,
aber nur Böses in ihrem Herzen haben.
⁴Gib ihnen die Strafe, die sie verdienen,
und bestrafe sie für ihre bösen Taten!
Bestrafe sie für das, was sie getan haben!
Lass sie das spüren, was sie anderen angetan
   haben.
⁵Sie achten nicht auf das, was der HERR getan
und was er erschaffen hat.
Deshalb wird er sie zerstören und nicht wieder
   aufrichten.

⁶Lobt den HERRN,
weil er meinen Hilferuf erhört hat.
⁷Der HERR ist meine Stärke und beschützt mich.

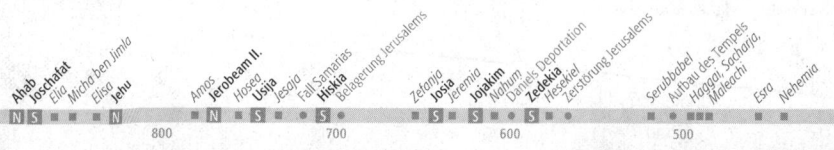

DIE PSALMEN

1–41	Erstes Buch
3–41	Davidpsalmen
42–72	Zweites Buch
42–49	Psalmen der Nachkommen Korachs
51–72	Davidpsalmen
73–89	Drittes Buch
73–83	Asafpsalmen
90–106	Viertes Buch
93–99	Jahwe-König-Psalmen
107–150	Fünftes Buch
108–110	Davidpsalmen
111–118	Großes Hallel (Lobpsalmen)
120–134	Wallfahrtslieder
138–145	Davidpsalmen
146–150	Kleines Hallel (Lobpsalmen)

29–31
Gott ist groß und herrlich. Gott hat das Bitten erhört. Gott ist mein Schutz vor Feinden.

Ich habe von ganzem Herzen auf ihn vertraut
und er hat mir geholfen.
Darum freue ich mich und danke ihm mit
meinem Lied.
⁸Der HERR beschützt sein Volk
und rettet seinen gesalbten König.
⁹Rette dein Volk und segne Israel, das dir allein
gehört!
Führe es wie ein Hirte und trage es allezeit auf
deinen Armen.

Psalm 29
Ein Psalm Davids.
Ehrt den HERRN, ihr Engel,
lobt die Herrlichkeit des HERRN und seine
Macht!
²Ehrt den herrlichen Namen des HERRN.
Betet den HERRN an in seinem heiligen Glanz.

³Die Stimme des HERRN erschallt über dem
Meer.
Der Gott der Herrlichkeit lässt den Donner
grollen.
Er ist der HERR über die Weiten des Meeres.
⁴Die Stimme des HERRN ist gewaltig,
die Stimme des HERRN ist voll Majestät.
⁵Die Stimme des HERRN spaltet die Zedern,
der HERR zersplittert die Zedern des Libanon.
⁶Er lässt die Berge des Libanon hüpfen wie ein
Kalb

Psalm 30,6

Gottes Liebe, Gottes Zorn
Dieser Psalm lässt sich am besten als Tanzlied beschreiben: »Du hast meine Trauer in einen Tanz voller Freude verwandelt« (V. 12). Aber ein solches Tanzlied ist er nur am Schluss. Anfangs versinken die Füße des Tänzers eher im Sumpf. Er musste aus dem Grab gerettet werden (V. 4). Der Psalmist kennt das Gefühl der Hilflosigkeit (V. 3), verfügt aber auch über ausreichendes Selbstvertrauen (V. 7). Er weiß, was es heißt, stark zu sein, aber auch, ganz unten zu sein (V. 8). Wenn die Trauerzeit vorbei ist, kann der Psalmist mit Zuversicht sagen: »Sein Zorn trifft uns einen Augenblick, doch seine Güte umgibt uns unser Leben lang! Die Nacht ist noch voll Weinen, doch mit dem Morgen kommt die Freude« (V. 6). Gottes Zorn ist wohl da, aber er ist begrenzt, wie jede Nacht einmal aufhört. Seine Güte dagegen ist grenzenlos. Das ist wahrhaftig ein Grund zum Singen und Loben (V. 5), zum Preisen und Danken (V. 13) und selbstverständlich auch zum Tanzen (V. 12).
(Jesaja 54,7-8 «« | »» Psalm 136)

und den Berg Hermon* springen wie einen
  jungen Stier.
⁷Die Stimme des HERRN sprüht grelle
  Feuerflammen.
⁸Die Stimme des HERRN erschüttert die Wüste,
der Herr erschüttert die Einöde von Kadesch.
⁹Die Stimme des HERRN lässt Eichen tanzen*
und entblättert die Wälder.
»Ehre dem Herrn!«, rufen alle in seinem
  Tempel.
¹⁰Der HERR herrscht über die Wasserfluten.
Der HERR regiert auf immer und ewig als König.
¹¹Der HERR gibt seinem Volk Kraft und schenkt
  ihm Frieden.

Psalm 30
Ein Psalm Davids, zu singen bei der Tempelweihe.
²Ich will dich loben, HERR, denn du hast mich
  gerettet
und hast meinen Feinden keinen Grund
  gegeben, sich über mich zu freuen.
³HERR, mein Gott, zu dir habe ich um Hilfe
  geschrien,
und du hast mich wieder gesund gemacht.
⁴Du hast mich aus dem Grab* geholt, HERR,
und hast mich nicht sterben lassen.

⁵Singet dem HERRN, ihr, die ihr zum HERRN
  gehört,
und lobt seinen heiligen Namen!
⁶Sein Zorn trifft uns einen Augenblick,
doch seine Güte umgibt uns unser Leben lang!
Die Nacht ist noch voll Weinen,
doch mit dem Morgen kommt die Freude.
⁷Als es mir gut ging, sagte ich:
»Nichts kann mir geschehen!«
⁸Denn deine Güte, HERR, hatte mich fest und
  stark gemacht wie ein Fels.
Aber dann hast du dich von mir abgewandt,
  und ich erschrak.
⁹Ich rief zu dir, HERR,
und bat um Barmherzigkeit und sagte:
¹⁰»Was hast du davon, wenn ich jetzt sterbe?
Kann dich denn mein Staub noch aus dem Grab
  heraus loben?
Kann er deine Treue verkünden?
¹¹HERR, höre mich!
Sei mir gnädig und hilf mir!«
¹²Du hast meine Trauer in einen Tanz voller
  Freude verwandelt.
Du hast mir die Trauergewänder ausgezogen
  und mir Freude geschenkt,
¹³damit ich dich preise und nicht schweige.
HERR, mein Gott, für immer will ich dir danken!

Psalm 31
Für den Chorleiter: Ein Psalm Davids.
²HERR, bei dir suche ich Schutz,
lass mich nicht zugrunde gehen.
Hilf mir durch deine Gerechtigkeit!
³Wende dich zu mir und höre mich. Rette mich
  schnell!
Sei für mich ein schützender Fels, eine Festung,
in der meine Feinde mich nicht erreichen
  können.

⁴Du bist mein schützender Fels und meine
  Festung.
Führe und leite mich um der Ehre deines
  Namens willen.
⁵Zieh mich aus der Falle heraus, die meine
  Feinde mir gestellt haben,
denn bei dir allein finde ich Schutz.
⁶Ich lege meinen Geist in deine Hände.
Du hast mich gerettet, HERR, du treuer Gott.

⁷Ich verachte die, die nutzlose Götzen anbeten.
Doch ich vertraue auf den HERRN.
⁸Ich freue mich über deine Gnade,
denn du hast mein Elend gesehen,
und meine Angst ist dir nicht gleichgültig.
⁹Du hast mich meinen Feinden nicht
  ausgeliefert,
sondern mich an einen sicheren Ort gebracht*.
¹⁰Sei mir gnädig, HERR, denn ich bin verzweifelt!
Mein Blick ist getrübt vor Tränen.
Mein Leib ist kraftlos, meine Seele ist leer.
¹¹Ich sterbe vor Kummer,
und Sorge verkürzt mein Leben.
Das Elend* raubt mir die Kraft
und meine Glieder sind wie leblos.
¹²Meine Feinde verspotten mich,
und meine Nachbarn lachen mich aus –
selbst meine Freunde meiden mich.
Wenn sie mich auf der Straße sehen,
gehen sie mir aus dem Weg.
¹³Vergessen hat man mich, als ob ich bereits tot
  wäre.
Ich komme mir vor wie ein zerbrochenes Gefäß.
¹⁴Ich habe viele Gerüchte über mich gehört
und bin von allen Seiten bedroht!
Meine Feinde verschwören sich gegen mich
und wollen mir mein Leben nehmen.
¹⁵Doch ich vertraue auf dich, HERR,
und sage: »Du bist mein Gott!«
¹⁶Meine Zukunft liegt in deinen Händen.
Rette mich vor meinen Feinden, die mich
  verfolgen.
¹⁷Sieh deinen Diener liebevoll an

29,6 Hebr. *Sirjon*, ein anderer Name für den Berg Hermon.   29,9 O. *lässt die Hirschkuh kalben.*   30,4 Hebr. *Scheol.*
31,9 Hebr. *du hast meine Füße auf weiten Raum gestellt.*   31,11 O. *Die Sünde.*

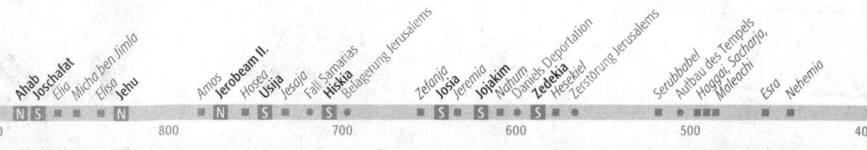

DIE PSALMEN

1–41	**Erstes Buch**
3–41	Davidpsalmen
42–72	**Zweites Buch**
42–49	Psalmen der Nachkommen Korachs
51–72	Davidpsalmen
73–89	**Drittes Buch**
73–83	Asafpsalmen
90–106	**Viertes Buch**
93–99	Jahwe-König-Psalmen
107–150	**Fünftes Buch**
108–110	Davidpsalmen
111–118	Großes Hallel (Lobpsalmen)
120–134	Wallfahrtslieder
138–145	Davidpsalmen
146–150	Kleines Hallel (Lobpsalmen)

31–33
Setzt eure Hoffnung auf Gott. Wer seine Sünden bekennt wird, von Gott auf den rechten Weg gebracht. Wer zu Gott gehört, soll ihm Ehre geben.

und hilf mir durch deine Gnade.
¹⁸HERR, lass mich nicht zugrunde gehen,
denn ich rufe zu dir um Hilfe.
Die Bösen sollen umkommen,
damit sie endlich begraben werden und
  schweigen.
¹⁹Die Lügner sollen verstummen,
die stolz und verächtlich den Gottesfürchtigen
  verklagen.

²⁰Wie groß ist deine Güte,
die du denen bereithältst, die dich ehren,
und vor den Menschen denen zeigst, die dich um
  Schutz bitten.
²¹Du birgst sie im Schatten deiner Gegenwart,
sicher vor denen, die sich gegen sie verschwören.
Du schenkst ihnen Zuflucht bei dir, vor denen,
  die sie anklagen.

²²Lobt den HERRN,
denn er hat mir seine Gnade bewiesen.
Als meine Stadt angegriffen wurde, hat er mich
  sicher bewahrt.
²³Von Furcht überwältigt, dachte ich:
»Ich bin vom HERRN verstoßen!«
Doch du hast mich gehört,
als ich um Hilfe schrie.

²⁴Liebt den HERRN, die ihr zu ihm gehört!
Der HERR beschützt die, die ihm treu sind,
aber die Stolzen bestraft er.

Psalm 33,12

Erwählung
Dieser Psalm ist ein beglücktes Bekenntnis zu Gottes Erwählung. Zugleich hält er fest, dass Gott nicht nur an seinem Volk, sondern an aller Welt handelt.
Gott hat als Schöpfer deutliche Hinweise hinterlassen (V. 6-7.9). Deshalb können und sollen alle Menschen ihn ehren (V. 8). In die Absichten der Einzelnen und auch der Politiker greift Gott korrigierend ein – auch außerhalb seines Volks (V. 10.13-17). Gott richtet seinen Blick auf alle – das ist kein Vorzug des Volkes Gottes.
Doch Israel ist sein Eigentum, das diesen Gott kennt, sich also auf ihn einstellen kann und ihm vertraut (V. 12.18-22). In ihm kommen seine Absichten zum Ziel. Anders als andere Völker und Menschen kann Israel Gottes Spuren erkennen, sein Handeln deuten und daraus die richtigen Schlussfolgerungen ziehen: Vertrauen und Lob Gottes.
(5. Mose 32,10 «« | » Jesaja 44,1)

 Südreich Juda    Nordreich Israel

²⁵Deshalb seid stark und mutig,
alle, die ihr eure Hoffnung auf den HERRN setzt!

Psalm 32

Ein Psalm Davids.
Glücklich ist der, dessen Sünde vergeben ist
und dessen Schuld zugedeckt ist.
²Glücklich ist der, dem der HERR die Sünden nicht anrechnet
und der ein vorbildliches Leben führt!
³Als ich mich weigerte, meine Schuld zu bekennen,
war ich schwach und elend,
dass ich den ganzen Tag nur noch stöhnte und jammerte.
⁴Tag und Nacht bedrückte mich dein Zorn,
meine Kraft vertrocknete wie Wasser in der Sommerhitze.
Zwischenspiel

⁵Doch endlich gestand ich dir meine Sünde
und gab es auf, sie zu verbergen.
Ich sagte: »Ich will dem HERRN meine Auflehnung bekennen.«
Und du hast mir vergeben und meine Schuld weggenommen!
Zwischenspiel

⁶Deshalb sollen die, die dich lieben, dir ihre Verfehlungen bekennen,
solange noch Zeit ist,
damit sie nicht in den Fluten des Gerichts ertrinken.
⁷Denn du bist mein Schutz und bewahrst mich vor Angst und Sorgen.
Du lässt mich über meine Rettung jubeln.
Zwischenspiel

⁸Der HERR spricht zu mir: »Ich will dir Verständnis geben und den Weg weisen, den du gehen sollst.
Ich will dich beraten – mein Auge ruht auf dir.
⁹Sei nicht wie ein unvernünftiges Pferd oder ein Maultier,
das Gebiss und Zaumzeug braucht, damit es folgt.«
¹⁰Die Gottlosen haben viele Sorgen,
aber die auf den HERRN vertrauen,
sind von Gottes Güte umgeben.
¹¹Deshalb freut euch im HERRN und seid froh,
die ihr ihm gehorsam seid!
Jubelt alle vor Freude, deren Herzen aufrichtig sind!

Psalm 33

Jubelt über den HERRN, alle, die ihr zu ihm gehört,
denn Ehre steht ihm zu.
²Lobt den HERRN mit dem Klang der Zither
und spielt für ihn auf der zehnsaitigen Harfe.
³Stimmt ihm zu Ehren neue Lieder an,
und spielt die Harfe so gut ihr könnt und mit ganzer Freude.

⁴Denn das Wort des HERRN ist wahr,
und auf das, was er tut, kann man sich verlassen.
⁵Er liebt, was gerecht und gut ist,
und seine Gnade erfüllt die Erde.
⁶Durch das Wort des HERRN entstand der Himmel
und die Sterne wurden durch seinen Befehl erschaffen.
⁷Er setzte dem Meer seine Grenzen
und sammelte die Ozeane in riesigen Becken.

⁸Alle Menschen sollen den HERRN achten
und in Ehrfurcht vor ihm stehen.
⁹Denn er sprach, und es geschah!
Er befahl, und die Erde wurde erschaffen.
¹⁰Der HERR macht die Vorhaben der Völker zunichte
und vereitelt ihre Pläne.
¹¹Doch was der HERR will, gilt für immer,
und was er beabsichtigt, steht für immer fest.

¹²Glücklich ist das Volk, dessen Gott der HERR ist
und das er sich zu seinem Eigentum erwählt hat.
¹³Der HERR schaut vom Himmel herab
und sieht alle Menschen,
¹⁴von seinem Thron aus
sieht er jeden einzelnen.
¹⁵Er hat ihre Herzen gemacht
und weiß um alles, was sie tun.
¹⁶Ein König siegt nicht durch die Größe seines Heeres,
ein starker Krieger befreit sich nicht durch seine große Kraft.
¹⁷Selbst dein Pferd kann dir nicht den Sieg verschaffen,
mit all seiner unbändigen Kraft kann es dir nicht helfen.
¹⁸Der HERR aber beschützt alle, die ihm gehorchen
und auf seine Gnade vertrauen.
¹⁹Er bewahrt sie vor dem Tod
und erhält sie in der Hungersnot am Leben.
²⁰Wir vertrauen auf den HERRN,
denn nur er allein kann uns helfen und uns wie ein Schild beschützen.
²¹Von Herzen freuen wir uns über ihn,
und wir vertrauen auf seinen heiligen Namen.
²²HERR, lass uns deine Gnade erfahren,
denn du allein bist unsere Hoffnung.

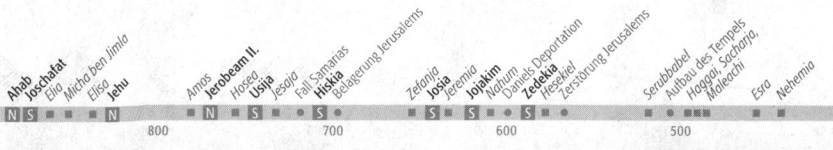

DIE PSALMEN

1–41	Erstes Buch
3–41	Davidpsalmen
42–72	Zweites Buch
42–49	Psalmen der Nachkommen Korachs
51–72	Davidpsalmen
73–89	Drittes Buch
73–83	Asafpsalmen
90–106	Viertes Buch
93–99	Jahwe-König-Psalmen
107–150	Fünftes Buch
108–110	Davidpsalmen
111–118	Großes Hallel (Lobpsalmen)
120–134	Wallfahrtslieder
138–145	Davidpsalmen
146–150	Kleines Hallel (Lobpsalmen)

34–35
Gott ist zu loben und ihm soll man vertrauen. Gott, hilf mir gegen meine Feinde.

Psalm 34
Ein Psalm Davids aus der Zeit, als er sich vor Abimelech wahnsinnig stellte und dieser ihn wegschickte.
²Ich will den HERRN allezeit loben
und nie aufhören, ihm zu danken.
³Allein den HERRN will ich loben;
die Mutlosen sollen es hören und sich freuen.
⁴Kommt, lobt mit mir die Größe des HERRN,
lasst uns gemeinsam seinen Namen ehren!

⁵Ich betete zum HERRN, und er antwortete mir
und befreite mich von allen meinen Ängsten.
⁶Die von ihm Hilfe erhoffen, werden vor Freude strahlen,
und sie werden nicht vor Scham erröten.
⁷Es schrie einer zum HERRN in seinem Leid,
und er hörte ihn
und rettete ihn aus allen seinen Ängsten.
⁸Denn der Engel des HERRN beschützt die,
die ihm gehorchen,
und rettet sie.

⁹Schmeckt und seht, dass der HERR gut ist.
Freuen darf sich, wer auf ihn vertraut!
¹⁰Das Volk des HERRN soll mit Ehrfurcht vor ihn treten,
denn die ihn ehren, haben alles, was sie brauchen.
¹¹Selbst starke und junge Löwen werden hungrig,

Psalm 34,21

Hinweise auf den Messias (2)
»Gerechte« sind im Alten Testament Menschen, die Gott in ihrem Leben breiten Raum geben. Diese Bibel übersetzt das mit »wer auf den HERRN vertraut« (V. 20). Solche Menschen bleiben nicht vor Leiden bewahrt, doch Gott beschützt sie davor, dass ihre Knochen zerbrochen werden (V. 21).
Wenn in Joh 19,32-36 von Jesus am Kreuz ausdrücklich vermerkt wird, dass man ihm die Knochen nicht brach, ist Jesus damit auf dem Hintergrund von Psalm 34,21 als »Gerechter« erwiesen.
Außerdem tut sich noch eine Tiefendimension auf, die mit den Vorschriften zum Passahfest in Zusammenhang steht: Siehe dazu die Erklärung zu 2. Mose 12,46.
(Psalm 22 ‹‹‹ | ››› Psalm 35,19)

aber denen, die auf den HERRN vertrauen,
wird es niemals an Gutem fehlen.

¹²Meine Kinder, kommt und hört mir zu!
Ich will euch lehren, den HERRN ernst zu
  nehmen.
¹³Wollt ihr ein glückliches Leben führen und
  gute Tage erleben?
¹⁴Dann hütet eure Zunge vor bösen Worten
und verbreitet keine Lügen!
¹⁵Wendet euch ab vom Bösen und tut Gutes.
Bemüht euch, mit anderen in Frieden zu leben.
¹⁶Der HERR beschützt die, die das Rechte tun,
und er wird ihre Hilferufe hören.
¹⁷Der HERR wendet sich gegen die, die Böses tun.
Er wird die Erinnerung an sie auslöschen.

¹⁸Der HERR hört sein Volk, wenn es ihn um Hilfe
  anfleht,
und rettet es aus aller Not.
¹⁹Der HERR ist allen nahe, die verzweifelt sind;
er rettet die, die den Mut verloren haben.
²⁰Wer auf den HERRN vertraut, erleidet zwar
  vieles,
doch der HERR errettet ihn aus aller Not.
²¹Denn der HERR beschützt ihn vor Unheil,
nicht einer von seinen Knochen wird zerbrochen
  werden!

²²Wer Böses tut, wird durch sein Unrecht
  sterben,
und wer die hasst, die dem HERRN vertrauen,
  wird bestraft.
²³Die aber, die ihm dienen, wird der HERR
  erretten.
Jedem, der auf ihn vertraut, wird vergeben.

Psalm 35
Ein Psalm Davids.
HERR, stelle dich meinen Feinden entgegen,
kämpfe mit denen, die mich angreifen!
²Greife zu Schild und Waffen und komm mir
  zu Hilfe!
³Nimm deinen Speer
und verstell meinen Verfolgern den Weg.
Versprich mir: »Ich werde dich retten!«

⁴Die mich töten wollen,
sollen zum Spott werden.
Fliehen müssen sie und sich schämen.
⁵Wie Spreu sollen sie vom Wind verweht
  werden,
wenn der Engel des HERRN sie verjagt.
⁶Mach ihren Weg dunkel und glatt,
und der Engel des HERRN verfolge sie.
⁷Ohne Grund haben sie mir einen Hinterhalt
  gelegt.
Ohne Grund haben sie mir eine Grube
  gegraben.
⁸Deshalb soll sie der Untergang ganz unerwartet
  ereilen!
Sie sollen sich in den Fallen verfangen,
  die sie mir stellten,
und darin umkommen!

⁹Dann will ich mich im HERRN freuen
und will froh sein, weil er mich rettet.
¹⁰Ich will ihn von ganzem Herzen loben:
»HERR, niemand ist wie du, der du den
  Schwachen vor dem Starken beschützt
und die Armen vor denen, die sie ausrauben
  wollen.«

¹¹Falsche Zeugen sagen gegen mich aus
und legen mir Dinge zur Last, die ich nie
  begangen habe.
¹²Sie vergelten mir das Gute, das ich tue,
  mit Bösem.
Ich bin krank vor Verzweiflung.
¹³Als einer von ihnen krank war,
sorgte ich mich um ihn.
Ja, ich fastete und betete für ihn.
¹⁴Ich verhielt mich so, als ob er mein Freund
  oder Bruder wäre.
Ich trauerte um ihn, als beweinte ich meine
  eigene Mutter.

¹⁵Doch jetzt freuen sie sich darüber, dass ich
  in Not bin,
und verbünden sich gegen mich.
Menschen ziehen über mich her, die ich nicht
  einmal kenne,
und hören nicht auf, mich zu verleumden.
¹⁶Spötter sind es, die mich verhöhnen und
  verfluchen
und mit den Zähnen gegen mich knirschen.
¹⁷Wie lange noch, HERR, willst du all dem untätig
  zusehen?
Rette mich vor ihren Anschlägen
und beschütze mein Leben vor diesen jungen
  Löwen!
¹⁸Dann will ich dir vor der ganzen Gemeinde
  danken
und dich vor dem ganzen Volk loben.

¹⁹Lass nicht zu, dass meine Feinde sich über
  mein Unglück freuen
und dass die, die mich ohne Grund hassen,
  schadenfroh über mich lachen.
²⁰Sie stiften nicht Frieden,
und Unschuldige verleumden sie,
²¹Sie schreien, als hätten sie mich Böses tun
  sehen.
»Haha, da haben wir es!«

DIE PSALMEN

1–41	Erstes Buch
3–41	Davidpsalmen
42–72	Zweites Buch
42–49	Psalmen der Nachkommen Korachs
51–72	Davidpsalmen
73–89	Drittes Buch
73–83	Asafpsalmen
90–106	Viertes Buch
93–99	Jahwe-König-Psalmen
107–150	Fünftes Buch
108–110	Davidpsalmen
111–118	Großes Hallel (Lobpsalmen)
120–134	Wallfahrtslieder
138–145	Davidpsalmen
146–150	Kleines Hallel (Lobpsalmen)

35–37
Gott, hilf mir gegen meine Feinde.
Gott soll den Gottesfürchtigen ansehen.
Der Gottesfürchtige bleibt bestehen,
der Gottlose wird vergehen.

²²HERR, du weißt es. Schweige nicht länger dazu!
HERR, verlass mich nicht!
²³Greif doch endlich ein und nimm dich meiner
  an, mein Gott und HERR.
²⁴HERR, sprich mich frei von jeder Schuld* nach
  deiner Gerechtigkeit.
Dann können meine Feinde nicht länger über
  mich und meine Not lachen.
²⁵Sie sollen niemals sagen dürfen:
»Wir haben erreicht, was wir wollten. Wir
haben ihn vernichtet!«

²⁶Mögen die, die sich über meine Not freuen,
bloßgestellt und verstoßen werden.
Mögen die, die jetzt über mich triumphieren,
in Scham und Schande versinken.

²⁷Denen aber, die zu mir hielten, schenke
  Freude,
damit sie immer wieder sagen:
»Groß ist der HERR,
der seinem Diener mit Freuden zu Hilfe
kommt.«
²⁸Dann will ich allen Menschen von deiner
  Gerechtigkeit und Güte erzählen
und dich den ganzen Tag loben.

35,24 Hebr. *Richte mich nach deiner Gerechtigkeit.*

Psalm 35,19

Hinweise auf den Messias (2)
Dieser Davidpsalm, ein Klage- und Bittgebet, spricht von den Gegnern, »die mich ohne Grund hassen« (V. 19). Solche Feinde hatte nicht nur David. Viele andere Glaubende des Alten Testaments und überhaupt in der Geschichte können sich die Worte dieses Psalms zu eigen machen.
Auch Jesus schlug Ablehnung und Hass entgegen. Mehr als bei allen anderen Menschen geschah das »ohne Grund« – hat er doch klar von Gott gesprochen und zahlreiche Wunder als Hinweiszeichen auf seinen Vater getan (Joh 15,22-24). Jesus zitiert Ps 35,19 als prophetischen Hinweis auf das, was ihm passiert: »Dadurch hat sich erfüllt, was im Gesetz vorausgesagt ist: ›Sie haben mich ohne Grund gehasst.‹« (Joh 15,25)
(Psalm 34,21 ‹‹ | ›› Psalm 40,7-9)

Psalm 36

Für den Chorleiter: Ein Psalm von David, dem Knecht des HERRN.

²Der Gottlose ist bis tief ins Herz hinein von der Sünde bestimmt.
Vor Gott hat er keine Ehrfurcht.
³In seiner Blindheit erkennt er nicht, wie schlecht er wirklich ist.
⁴Alles, was er sagt, ist verkehrt und trügerisch.
Er handelt nicht mehr klug und tut nicht mehr das Gute.
⁵Sogar in der Nacht liegt er wach und schmiedet schlimme Pläne.
Er handelt böse und versucht nicht einmal, sich vom Bösen abzuwenden.
⁶HERR, deine Gnade ist so weit wie der Himmel und deine Treue reicht so weit, wie die Wolken ziehen.
⁷Deine Gerechtigkeit ist unerschütterlich wie die Berge
und dein Urteil gründet tief wie das Meer.
HERR, du sorgst für Menschen und Tiere gleichermaßen.
⁸Wie kostbar ist deine Gnade, Gott!
Bei dir finden Menschen Schutz im Schatten deiner Flügel.
⁹Du beschenkst sie aus deinem Überfluss.
Du überschüttest sie mit Freude.
¹⁰Denn du bist die Quelle des Lebens
und das Licht, durch das wir leben.

¹¹Sei weiterhin denen gnädig, die dich lieben,
und schenke denen,
die ein ehrliches Herz haben, Gerechtigkeit.
¹²Lass nicht zu, dass die Stolzen mich erniedrigen
und Gottlose mich vertreiben.
¹³Da, die Bösen sind gefallen.
Sie liegen am Boden und können nicht mehr aufstehen.

Psalm 37

Ein Psalm Davids.

Ärgere dich nicht über die schlechten Menschen.
Beneide die nicht, die Unrecht tun.
²Denn sie werden wie Gras verdorren
und wie Blumen verwelken.
³Vertraue auf den HERRN und tue Gutes,
dann wirst du im Lande sicher leben, und es wird dir gut gehen.
⁴Freu dich am HERRN,
und er wird dir geben, was dein Herz wünscht.
⁵Überlass dem HERRN die Führung deines Lebens
und vertraue auf ihn, er wird es richtig machen.
⁶Deine Unschuld wird er sichtbar machen so hell wie das Licht des Tages,
und die Rechtmäßigkeit deiner Sache wird leuchten wie die Mittagssonne.
⁷Sei ruhig in der Gegenwart des HERRN und warte, bis er eingreift.
Ärgere dich nicht über die Bösen, denen es gut geht,
und fürchte dich nicht vor ihren bösen Plänen.
⁸Lass dich nicht zu Zorn und Wut hinreißen!
Ärgere dich nicht, damit du nichts Unrechtes tust!
⁹Denn die Bösen werden vernichtet werden,
aber die Menschen, die auf den HERRN vertrauen, werden das Land besitzen.
¹⁰Es dauert nicht mehr lange und der Gottlose wird verschwinden.
Du wirst ihn suchen, doch er wird nicht mehr da sein.
¹¹Den Armen* wird dann das Land gehören,
und es wird ihnen gut gehen und sie werden in Frieden leben.
¹²Der Gottlose plant Böses gegen den,
der Gott gehorcht. Er verspottet und verhöhnt ihn*.
¹³Doch der HERR lacht nur darüber,
denn er weiß, dass der Tag des Gerichtes kommt.

¹⁴Die Gottlosen ziehen ihre Schwerter und spannen die Bögen,
um die Armen und Unterdrückten zu töten,
um die, die aufrichtig sind, zu ermorden.
¹⁵Doch am Ende wird man ihnen ihre eigenen Schwerter ins Herz stoßen,
und ihre Bogen werden zerbrochen werden.
¹⁶Es ist besser, Gott zu lieben und wenig Besitz zu haben,
als Gott zu verachten und viel zu besitzen.
¹⁷Denn der HERR zerbricht die Macht der Gottlosen,
aber um die, die ihn lieben, kümmert er sich.
¹⁸Der HERR sorgt täglich für die, die recht tun,
und was er ihnen gibt, gehört ihnen für immer.
¹⁹Sie werden in schweren Zeiten nicht umkommen
und selbst in Hungersnöten werden sie mehr als genug haben.
²⁰Die Bösen dagegen werden zugrunde gehen.
Die Feinde des HERRN verwelken wie die Blumen auf dem Feld –
wie Rauch, der sich auflöst, vergehen sie.
²¹Die Bösen borgen und zahlen nicht zurück,
aber die auf Gott vertrauen, geben großzügig.
²²Die Menschen, die der HERR segnet, werden das Land besitzen,

---

37,11 Hebr. *den Sanftmütigen.* **37,12** Hebr. *mit seinen Zähnen knirscht er gegen ihn.*

DIE PSALMEN

1–41	Erstes Buch
3–41	Davidpsalmen
42–72	Zweites Buch
42–49	Psalmen der Nachkommen Korachs
51–72	Davidpsalmen
73–89	Drittes Buch
73–83	Asafpsalmen
90–106	Viertes Buch
93–99	Jahwe-König-Psalmen
107–150	Fünftes Buch
108–110	Davidpsalmen
111–118	Großes Hallel (Lobpsalmen)
120–134	Wallfahrtslieder
138–145	Davidpsalmen
146–150	Kleines Hallel (Lobpsalmen)

37–39
Der Gottesfürchtige bleibt bestehen, der Gottlose wird vergehen. Gott, lass ab von deinem Zorn. Gott ist die einzige Hoffnung.

---

aber die Menschen, die er verflucht, werden sterben.
²³Der HERR freut sich an einem aufrichtigen Menschen
und führt ihn sicher.
²⁴Auch wenn er stolpert, wird er nicht fallen,
denn der HERR hält ihn fest an der Hand.

²⁵Ich habe ein langes Leben hinter mir,
doch nie habe ich erlebt, dass die, die auf Gott vertrauen, vergessen wurden,
oder dass ihre Kinder um Brot betteln mussten.
²⁶Vielmehr geben sie großzügig,
und ihre Kinder sind für andere ein Segen.
²⁷Wende dich vom Bösen ab und tu Gutes,
dann wirst du für immer im Lande wohnen.
²⁸Denn der HERR liebt Gerechtigkeit
und wird die, die ihm treu sind, niemals verlassen.
Er wird sie für alle Zeiten bewahren,
aber die Kinder der Bösen werden vernichtet.
²⁹Die Gottesfürchtigen werden das Land besitzen
und für immer darin leben.
³⁰Ein Mensch, der zu Gott gehört,
redet weise und gerecht.
³¹Das Gesetz seines Gottes trägt er in seinem Herzen,
darum weicht er nicht vom richtigen Weg ab.

³²Die Gottlosen warten auf eine Gelegenheit,
die Gottesfürchtigen zu töten.
³³Doch der HERR wird ihre Pläne durchkreuzen
und nicht zulassen, dass die, die auf ihn vertrauen, verurteilt werden,
wenn sie vor dem Richter stehen.

³⁴Hoffe auf den HERRN und befolge seine Gebote,
dann wird er dich ehren und dir das Land schenken
und du wirst sehen, wie er seine Feinde vernichtet.

³⁵Ich habe einen gottlosen Menschen gesehen,
voller Gewalt, der war mächtig wie ein üppiger Baum.
³⁶Doch als ich wieder hinsah, war er fort
und ich konnte ihn nicht finden!
³⁷Schau auf die, die ehrlich und gut sind,
denn vor denen, die den Frieden lieben, liegt eine wunderbare Zukunft.
³⁸Die Gottlosen aber werden vernichtet werden,
sie haben keine Zukunft.

³⁹Der HERR hilft denen, die ihm vertrauen,
er ist ihre Zuflucht in Zeiten der Not.

S Südreich Juda   N Nordreich Israel

Josua · Einnahme von Jericho — 1400 v. Chr. — 1300 — 1200 — Gideon · Simson · Samuel · Saul · David — 1100 — 1000 — Salomo · Tempelbau · Rehabeam · Jerobeam I. — 900

⁴⁰Der HERR hilft ihnen
und rettet sie vor gottlosen Menschen.
Er rettet sie, weil sie bei ihm Schutz suchen.

Psalm 38
*Ein Psalm Davids, der den HERRN an uns
    erinnern soll.*
²HERR, sei nicht länger zornig
und strafe mich nicht in deiner Wut!
³Denn deine Pfeile haben mich getroffen
und deine Hand liegt schwer auf mir.

⁴Weil ich unter deinem Zorn leide,
bin ich krank am ganzen Körper
und meine Gesundheit ist dahin
wegen meiner Sünde.
⁵Meine Schuld überwältigt mich,
sie ist mir wie eine schwere Last.
⁶Meine Wunden eitern und stinken,
weil ich so dumm gehandelt habe.
⁷Vor Schmerzen gekrümmt und gebeugt,
schleppe ich mich traurig durch den Tag.
⁸Rasendes Fieber verzehrt mich
und meine Gesundheit ist dahin.
⁹Ich bin erschöpft und am Ende meiner Kraft.
Vor Qual kann ich nur noch stöhnen und
    schreien.
¹⁰HERR, du weißt, wonach ich mich sehne,
du hörst mein Seufzen.
¹¹Mein Herz schlägt heftig und meine Kraft
    schwindet,
und meine Augen erblinden.
¹²Meine Freunde und meine Familie bleiben
    fern von mir,
sie fürchten meine Krankheit.
Selbst meine Verwandten halten sich von mir
    fern.
¹³Meine Feinde stellen mir Fallen
und planen meinen Untergang.
¹⁴Doch ich bin taub für ihre Drohungen,
wie ein Stummer schweige ich in ihrer
    Gegenwart.
¹⁵Ich stelle mich taub
und gebe keine Antwort.

¹⁶HERR, ich hoffe auf dich.
Antworte du für mich, HERR, mein Gott.
¹⁷Ich habe gesagt: »Lass nicht zu, dass meine
    Feinde über mich triumphieren,
und sich über mein Unglück freuen.«
¹⁸Ich halte es nicht mehr lange aus,
die ständigen Schmerzen zermürben mich.
¹⁹Doch ich bekenne meine Sünden,
ich bereue, was ich getan habe.
²⁰Meine Feinde sind mächtig,
zahlreich sind die, die mich ohne Grund hassen.
²¹Sie vergelten mir Gutes mit Bösem
und verfolgen mich, weil ich das Gute tun will.

²²Verlass mich nicht, HERR,
und sei nicht fern, mein Gott.
²³Komm mir bald zu Hilfe!
HERR, du mein Retter.

Psalm 39
Für Jedutun, den Chorleiter: Ein Psalm Davids.
²Ich sagte zu mir: »Ich will darauf achten,
dass ich nicht sündige, wenn ich rede.
Ich will meine Zunge fest im Zaum halten,
wenn die Gottlosen in der Nähe sind.«
³Doch während ich noch schweigend dastand
fern von jeglichem Glück,
wurde mein Schmerz immer schlimmer.
⁴Innerlich aufgewühlt,
wurde ich immer verzweifelter und ich schrie:
⁵»HERR, erinnere mich daran, wie kurz mein
    Leben ist.
Und dass meine Tage gezählt sind,
damit ich erkenne, wie vergänglich mein Leben
    ist.
⁶Mein Leben währt nicht länger als die Breite
    meiner Hand
und ist vor dir nur wie ein Augenblick.
Nur wie ein Hauch ist jeder Mensch, wie sicher
    er auch steht.«
                                    Zwischenspiel

⁷Wir sind nicht mehr als Schatten,
und all unsre Geschäftigkeit führt zu nichts.
Wir häufen Reichtum an, den ein anderer
    ausgeben wird.

⁸Mein HERR, worauf kann ich hoffen?
Meine einzige Hoffnung bist du.
⁹Befreie mich von meiner Schuld,
und setze mich nicht dem Spott der Narren aus.
¹⁰Ich will jetzt schweigen und kein Wort mehr
    sagen,
denn du, HERR, hast mich bestraft.
¹¹Bitte straf mich nicht mehr,
denn ich bin erschöpft von deinen Schlägen.
¹²Wenn du einen Menschen für seine Schuld
    strafst,
dann zerstörst du sein Leben wie die Motte ein
    Kleid.
Nur wie ein Hauch ist jeder Mensch.
                                    Zwischenspiel

¹³HERR, höre mein Gebet und vernimm meinen
    Hilfeschrei!
Verschließ die Augen nicht vor meinen Tränen,
denn ich bin dein Gast –
ein Reisender auf dem Weg wie meine Väter vor
    mir.

DIE PSALMEN

1–41	Erstes Buch
3–41	Davidpsalmen
42–72	Zweites Buch
42–49	Psalmen der Nachkommen Korachs
51–72	Davidpsalmen
73–89	Drittes Buch
73–83	Asafpsalmen
90–106	Viertes Buch
93–99	Jahwe-König-Psalmen
107–150	Fünftes Buch
108–110	Davidpsalmen
111–118	Großes Hallel (Lobpsalmen)
120–134	Wallfahrtslieder
138–145	Davidpsalmen
146–150	Kleines Hallel (Lobpsalmen)

40–41
Gott ist meine Hilfe. Gott bewahrt die Unschuldigen.

¹⁴Verschone mich, damit ich wieder froh werde, bevor ich sterben muss und nicht mehr da bin.

Psalm 40
Für den Chorleiter: Ein Psalm Davids.
²Geduldig hoffte ich auf die Hilfe des HERRN,

Psalm 40,7-9

Hinweise auf den Messias (2)
Treue von ganzem Herzen ist Gott wichtiger als Opfer. Diese Einsicht findet sich nicht nur in Psalm 40, sondern noch öfter im Alten Testament (z.B. 1Sam 15,22; Hos 6,6). Jesus greift das Wort von Hosea ausdrücklich auf (Mt 9,13).
Auch die Verse 7-9 aus diesem Davidpsalm drücken also aus, was Jesus wichtig ist. Der Hebräerbrief (10,5-10) hat in Psalm 40 eine vorausblickende Bedeutung gesehen – ja mehr noch: Er betrachtet die Verse 7-9 als von Jesus selbst gesprochen! Der Davidpsalm wird so zum Christuspsalm. Jesus setzt an die Stelle der Opfer hier aber nicht die gerechte Lebensführung (wie in Mt 9,13), sondern ein anderes Opfer: das seines eigenen Körpers (Hebr 10,10). Damit ist der Opferdienst des Alten Testaments überboten und abgelöst.
(Psalm 35,19 ‹‹‹ | ››› Psalm 41,10)

Psalm 41,10

Hinweise auf den Messias (2)
Vom engsten Vertrauten verraten – diese menschliche Erfahrung gehört auf der Ebene dieses Davidpsalms zum Leben von König David. Der Aufstand seines eigenen Sohnes Absalom (2Sam 14–18) könnte z.B. diese Zeilen veranlasst haben.
Auf einer hintergründigen Ebene aber erfüllt sich das Psalmwort im Leben von Jesus. Er selbst kündigt den Verrat durch Judas an, indem er Psalm 41,10 zitiert (Joh 13,18). Die Entsprechung dabei ist deutlich, weil man die Beschreibung »mit dem ich mein Brot geteilt habe« gut auf das Abendmahl beziehen kann. Johannes berichtet davon zwar nicht, lässt aber durchblicken, dass er den Bericht davon kennt. Nach Johannes (13,2.30) und Lukas (22,21) war Judas beim letzten Essen von Jesus mit seinen Jüngern dabei.
(Psalm 40,7-9 ‹‹‹ | ››› Psalm 45,7-8)

S Südreich Juda   N Nordreich Israel

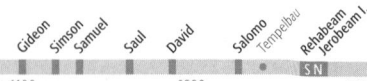

und er wandte sich mir zu und hörte mein Schreien.
³Er rettete mich aus dem Sumpf der Verzweiflung,
aus Matsch und Schlamm.
Er stellte mich auf festen Boden
und gab meinen Füßen festen Halt.
⁴Er legte mir ein neues Lied in meinen Mund,
mit dem ich unseren Gott loben kann.
Viele werden sehen, was er getan hat, und darüber staunen.
Sie werden dem Herrn vertrauen.

⁵Glücklich ist der, der auf den HERRN vertraut
und nicht den Stolzen und den Lügnern glaubt.
⁶HERR, mein Gott, du hast so viele wunderbare Taten getan
und deine Vorhaben sind so zahlreich.
Du bist mit niemandem zu vergleichen.
Wenn ich versuchen wollte, all deine wunderbaren Taten aufzuzählen,
würde ich kein Ende finden.

⁷Du hast keine Freude an Opfern und Gaben.
Aber du hast mir die Ohren geöffnet und ich erkenne,
dass du keine Brand- und Sündopfer willst.
⁸Da sprach ich: »Sieh her, ich bin gekommen.
Und das steht in deinem Buch über mich geschrieben:
⁹Ich will deinen Willen gerne tun, mein Gott,
denn dein Gesetz ist tief in mein Herz geschrieben.«
¹⁰Vor der ganzen Gemeinde habe ich deinem Volk von deiner Gerechtigkeit erzählt.
HERR, du weißt, dass ich dabei keine Angst hatte.
¹¹Was du getan hast, habe ich nicht für mich behalten.
Ich habe von deiner Treue und Hilfe erzählt.
Vor der ganzen Gemeinde habe ich von deiner Gnade und Treue berichtet.

¹²HERR, du wirst mir auch weiterhin gnädig sein,
denn deine Gnade und Treue sind meine einzige Hoffnung.
¹³Von allen Seiten bedroht mich Unglück.
Meine Sünden türmen sich vor mir auf,
sodass ich den Weg nicht mehr vor mir sehe.
Sie sind zahlreicher als die Haare auf meinem Haupt,
darum bin ich mutlos geworden.
¹⁴Bitte, HERR, rette mich!
Komm schnell, HERR, und hilf mir!
¹⁵Die mich vernichten wollen,
sollen erniedrigt und bloßgestellt werden.
Wer sich über mein Unglück freut,
soll selbst zugrunde gehen.

¹⁶Sie sollen sich über ihre eigene Schande entsetzen,
alle, die riefen: »Aha, jetzt haben wir ihn!«

¹⁷Die deine Nähe jedoch suchen,
sollen sich freuen und über dich jubeln.
Die dein Heil lieben,
sollen immer wieder rufen: »Der HERR ist groß!«

¹⁸Doch ich bin arm und elend,
aber jetzt wird der HERR für mich sorgen.

Denn du bist mein Helfer und mein Retter.
Mein Gott, zögere nicht länger!

Psalm 41
Für den Chorleiter: Ein Psalm Davids.
²Glücklich ist, wer für die Armen sorgt.
Wenn er in Not gerät, rettet ihn der HERR.
³Der HERR beschützt ihn und bewahrt sein Leben.
Er lässt es ihm gut gehen
und rettet ihn vor seinen Feinden.
⁴Der HERR stärkt ihn, wenn er krank ist,
und hilft ihm wieder auf.

⁵Deshalb betete ich: »HERR, hab Erbarmen mit mir.
Heile mich, denn ich habe gegen dich gesündigt.«
⁶Meine Feinde sprechen nur schlecht über mich:
»Wann wird er endlich sterben und vergessen sein?«
⁷Sie besuchen mich, so, als wären sie meine Freunde,
aber eigentlich suchen sie nur etwas,
das sie erzählen können,
und wenn sie gehen, verbreiten sie es überall.
⁸Alle, die mich hassen, tuscheln über mich
und hoffen das Schlimmste für mich:
⁹»Seine Krankheit ist auf jeden Fall tödlich«, sagen sie.
»Er wird nicht wieder aufstehen!«
¹⁰Selbst mein bester Freund, dem ich vollkommen vertraute,
mit dem ich mein Brot teilte,
hat sich gegen mich gewandt.

¹¹Du aber, HERR, hab Erbarmen mit mir
und mache mich wieder gesund, damit ich mich an meinen Feinden rächen kann!
¹²Daran erkenne ich, dass du Freude an mir hast,
denn du hast meine Feinde nicht über meinen Tod jubeln lassen.
¹³Du hast mein Leben bewahrt, weil ich unschuldig bin,

DIE PSALMEN

1–41	Erstes Buch
3–41	Davidpsalmen
42–72	Zweites Buch
42–49	Psalmen der Nachkommen Korachs
51–72	Davidpsalmen
73–89	Drittes Buch
73–83	Asafpsalmen
90–106	Viertes Buch
93–99	Jahwe-König-Psalmen
107–150	Fünftes Buch
108–110	Davidpsalmen
111–118	Großes Hallel (Lobpsalmen)
120–134	Wallfahrtslieder
138–145	Davidpsalmen
146–150	Kleines Hallel (Lobpsalmen)

42–44
Ich sehne mich nach Gott. Gott, rette mich vor meinen Feinden. Rette dein Volk.

deshalb darf ich für immer in deiner Nähe bleiben.
¹⁴Gelobt sei der HERR, der Gott Israels, von Ewigkeit zu Ewigkeit. Amen, ja, Amen!

ZWEITES BUCH: PSALMEN 42–72

Psalm 42
Für den Chorleiter: Ein Psalm der Nachkommen Korachs.
²Wie der Hirsch nach Wasser dürstet,
so sehne ich mich nach dir, mein Gott.
³Mich dürstet nach Gott, nach dem lebendigen Gott.
Wann darf ich kommen und ihn sehen?
⁴Tränen sind meine Speise bei Tag und Nacht,
denn ständig verspotten mich meine Feinde und höhnen:
»Wo ist nun dein Gott?«

⁵Wenn ich an früher denke, bricht mir das Herz:
Da ging ich der großen Menge voran und führte sie zum Hause Gottes,
da konnte ich jubeln und danken in der feiernden Menge.

⁶Warum bin ich so mutlos? Warum so traurig?
Auf Gott will ich hoffen,
denn eines Tages werde ich ihn wieder loben,
meinen Retter und meinen Gott.

⁷Jetzt bin ich mutlos,
darum denke ich an dich aus dem Land am Jordan
und dem Hermongebirge, auf dem Berg Misar.
⁸Rings um mich tobt das Wasser,
während Wellen und Wogen über mich hinweggehen.

⁹Am Tag schenkt der HERR mir seine Gnade,
und in der Nacht singe ich ihm Lieder
und bete zu Gott, der mir das Leben gibt.
¹⁰Zu Gott, meinem Felsen, rufe ich:
»Warum hast du mich verlassen
und warum muss alles so dunkel um mich sein
und ich unter der Gewalt meiner Feinde leiden?«
¹¹Ihr Spott ist mir wie eine tödliche Wunde,
wenn sie spotten und fragen:
»Wo ist nun dein Gott?«

¹²Warum bin ich so mutlos? Warum so traurig?
Auf Gott will ich hoffen,
denn eines Tages werde ich ihn wieder loben,
meinen Retter und meinen Gott!

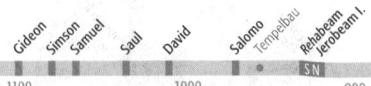

Psalm 43

Gott, tritt für mich ein!
Verteidige mich gegen die gottlosen Menschen,
rette mich vor den ungerechten Lügnern,
²denn du bist Gott, meine einzige Rettung.
Warum hast du mich verstoßen?
Warum muss alles so dunkel um mich sein
und ich unter der Gewalt meiner Feinde leiden?

³Sende mir dein Licht und deine Wahrheit, sie
  sollen mich leiten
und mich zu deinem heiligen Berg führen,
zu dem Ort, an dem du wohnst.
⁴Dort will ich vor Gottes Altar treten,
vor Gott, den Grund meiner Freude.
Ich will dich mit meiner Harfe loben, mein Gott.

⁵Warum bin ich so mutlos? Warum so traurig?
Auf Gott will ich hoffen,
denn eines Tages werde ich ihn wieder loben,
meinen Retter und meinen Gott!

Psalm 44

*Für den Chorleiter: Ein Psalm der Nachkommen
Korachs.*
²Gott, wir haben es mit eigenen Ohren gehört –
unsere Vorfahren haben uns erzählt,
was du vor langer Zeit getan hast:
³Du hast die anderen Völker vertrieben
und das Land unsren Vorfahren geschenkt.
Du hast ihre Feinde vernichtet und unsere Väter
  befreit,
damit unser Volk sich ausbreiten konnte.
⁴Sie haben das Land nicht mit ihren Schwertern
  erobert
und nicht aus eigener Kraft gesiegt.
Deine große Macht war es, die ihnen zum Sieg
  verhalf,
weil du auf ihrer Seite warst und deine Liebe bei
  ihnen war.*
⁵Du bist mein König und mein Gott.
Auf dein Wort hin erringt dein Volk* den Sieg.
⁶Nur mit dir können wir unsere Feinde schlagen,
und nur in deinem Namen können wir sie
  besiegen.
⁷Ich verlasse mich nicht auf meinen Bogen
und vertraue nicht auf mein Schwert, dass es mir
  hilft.
⁸Du bist es, der uns den Sieg über unsere Feinde
  schenkt
und die umkommen lässt, die uns hassen.
⁹Gott, alle Tage wollen wir dich loben
und deinem Namen unaufhörlich danken.
  Zwischenspiel

¹⁰Doch jetzt hast du uns verstoßen und
  beschämt.
Du führst unser Heer nicht mehr in die Schlacht.
¹¹Du lässt uns vor unseren Feinden fliehen
und gestattest ihnen, unser Land zu plündern.
¹²Du gabst uns hin wie Schafe zur Schlachtung
und hast uns unter die Völker zerstreut.
¹³Du hast uns, dein kostbares Volk, für einen
  Hungerlohn verkauft,
mit dem du nicht den kleinsten Gewinn gemacht
  hast.
¹⁴Du hast zugelassen, dass unsere Nachbarn uns
  verlachen.
Den Völkern um uns herum sind wir zum Spott
  geworden.
¹⁵Du hast uns zum Spott werden lassen,
sodass die ganze Welt über uns lacht.
¹⁶Jeden Tag habe ich meine Schande vor Augen
und Scham steht mir ins Gesicht,
¹⁷wenn ich den Hohn unserer Spötter höre
und die rachedurstigen Feinde sehe.

¹⁸Dies alles geschah,
obwohl wir dir treu waren
und deinen Bund nicht verletzt haben.
¹⁹Unsere Herzen haben dich nicht verlassen.
Wir sind nicht von deinem Weg abgewichen.
²⁰Dennoch hast du uns in der Wüste gestraft*
und uns mit Dunkelheit und Tod bedeckt.
²¹Hätten wir Gott vergessen
oder unsere Hände im Gebet zu fremden
  Göttern erhoben,
²²hättest du es gleich gewusst,
denn du kennst die Geheimnisse unserer
  Herzen.
²³Aber weil wir an dir festhalten, werden wir
  jeden Tag getötet
und wie Schafe geschlachtet.
²⁴HERR, wach auf! Warum schläfst du?
Erhebe dich! Verstoße uns nicht für immer!
²⁵Warum wendest du dich von uns ab?
Warum verschließt du deine Augen vor unserem
  Leid und unserer Unterdrückung?
²⁶Wir werden in den Staub gedrückt
und liegen am Boden.
²⁷Erhebe dich! Komm und hilf uns!
Rette uns um deiner Gnade willen!

Psalm 45

*Für den Chorleiter: Ein Psalm der Nachkommen
Korachs, nach der Melodie ›Lilien‹ zu singen.
Ein Liebeslied.*
²Mein Herz ist erfüllt von schönen Worten,
ein Liebeslied will ich dem König singen,

44,4 Hebr. *Denn nicht durch ihr Schwert eroberten sie das Land und ihr Arm verlieh ihnen keine Rettung, sondern deine Rechte und dein Arm und das Licht deines Angesichtes, weil du sie liebtest.* 44,5 Hebr. *Jakob.* 44,20 Hebr. *zermalmt.*

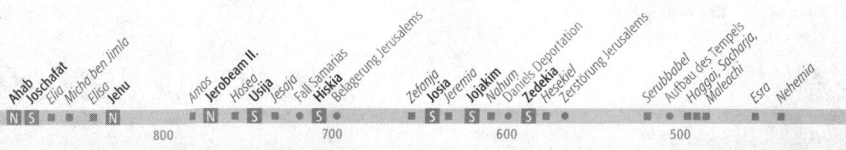

DIE PSALMEN

1–41	Erstes Buch
3–41	Davidpsalmen
42–72	Zweites Buch
42–49	Psalmen der Nachkommen Korachs
51–72	Davidpsalmen
73–89	Drittes Buch
73–83	Asafpsalmen
90–106	Viertes Buch
93–99	Jahwe-König-Psalmen
107–150	Fünftes Buch
108–110	Davidpsalmen
111–118	Großes Hallel (Lobpsalmen)
120–134	Wallfahrtslieder
138–145	Davidpsalmen
146–150	Kleines Hallel (Lobpsalmen)

45–47
Lob an Gott. Gott ist der Schutz Israels. Gott gebührt Lobpreis.

denn meine Zunge gleicht der Feder eines begabten Dichters:

³Du bist schöner als alle anderen Menschen.
Voller Güte sind deine Worte.
Gott selbst hat dich für alle Zeit gesegnet.
⁴Gürte dich mit deinem Schwert, mächtiger Held,
und zeige deine Herrlichkeit und Macht.
⁵In deinem Glanz sollst du dem Sieg entgegenreiten,
sollst für die Wahrheit, die Demut und die Gerechtigkeit kämpfen
und du wirst siegreiche Taten vollbringen.
⁶Deine Pfeile sind scharf
und durchbohren die Herzen der Feinde des Königs.
Dir unterwerfen sich die Völker und liegen dir zu Füßen.
⁷Dein Thron, o Gott*, steht für immer und ewig,
die Herrschaft deines Reiches ist eine gerechte Herrschaft.
⁸Du liebst das Recht und hasst das Unrecht,
deshalb hat der HERR, dein Gott, dich gesalbt
und das Öl der Freude über dich ausgegossen,
reichlicher als über alle anderen.
⁹Deine Gewänder duften nach Myrrhe, Aloe und Kassia.
Aus elfenbeinverzierten Palästen
erfreut man dich mit der Musik der Harfe.

45,7 O. *dein göttlicher Thron.*

Psalm 45,7-8

Hinweise auf den Messias (2)
Psalm 45 ist »ein Liebeslied« (V. 1) für den König (V. 2) – wohl zur Hochzeit. Es rühmt seine Würde und seine Vorzüge.
Sehr auffällig ist dabei die Beschreibung des Königsthrons in Vers 7: Sie klingt so, als würde der König als »Gott« angeredet. Im Alten Orient generell wäre das nicht ungewöhnlich. Das Alte Testament erkennt zwar eine besondere Nähe des irdischen Königs zu Gott an, hält beide aber strikt auseinander. Entweder ist gemeint, dass dem König der Thron von Gott gegeben wurde – das wäre dann aber ungenau ausgedrückt. Oder es liegt eine »prophetische Übersteigerung« vor. So hat es der Hebräerbrief verstanden. Er bezieht Psalm 45,7-8 auf Gottes Sohn, Jesus Christus (Hebr 1,8-9).
(Psalm 41,10 «« | »» Psalm 68,19)

¹⁰Königstöchter stehen prächtig geschmückt da;
an deiner rechten Seite steht die Königin,
geschmückt mit feinstem Goldschmuck aus Ofir.

¹¹Höre mich, Königstochter, und nimm dir zu
  Herzen, was ich sage:
Vergiss dein Volk und deine ferne Heimat,
¹²denn dein königlicher Gemahl freut sich an
  deiner Schönheit.
Verehre ihn, denn er ist dein Herr!
¹³Die Einwohner von Tyrus* werden dich mit
  Gaben überschütten,
reiche Männer werden deine Gunst suchen.

¹⁴Herrlich geschmückt wartet die Königstochter
  in ihren Gemächern,
gekleidet in ein goldenes Gewand.
¹⁵In ihrem kostbaren Gewand wird sie dem
  König zugeführt,
von ihren Brautjungfern begleitet,
werden ihre Freundinnen zu ihr gebracht.
¹⁶Unter Freudenrufen und Jubel
ziehen sie in den Palast des Königs ein.
¹⁷Deine Söhne werden Könige sein wie ihr
  Vater,
du wirst sie zu Herrschern über viele Länder
  machen.
¹⁸Ich will deinen Namen ehren von Generation
  zu Generation,
darum werden die Völker dich allezeit loben.

Psalm 46
*Für den Chorleiter: Ein Psalm der Nachkommen
Korachs, nach der Melodie ›Jungfrauen‹ zu
singen.* Ein Lied.*
²Gott ist unsre Zuflucht und unsre Stärke,
er hat sich als Hilfe in der Not bewährt.
³Deshalb fürchten wir uns nicht, auch wenn die
  Erde bebt
und die Berge ins Meer stürzen,
⁴wenn die Ozeane wüten und schäumen
und durch ihre Wucht die Berge erzittern!
  Zwischenspiel

⁵Ein Fluss erfrischt die Stadt unseres Gottes,
die heilige Wohnung des Höchsten.
⁶Gott selbst wohnt in dieser Stadt, deshalb ist sie
  uneinnehmbar.
Gott wird sie jeden einzelnen Tag aufs Neue
  beschützen.
⁷Die Völker sind in Aufruhr und Königreiche
  fallen,
denn Gott lässt seine Stimme erschallen,
und die Erde vergeht!
⁸Der allmächtige HERR ist bei uns;

der Gott Israels* ist unser Schutz.
  Zwischenspiel

⁹Kommt und seht die mächtigen Taten
  des HERRN,
der Zerstörung über die Welt bringt
¹⁰und den Kriegen überall ein Ende setzt.
Er zerbricht die Bögen und spaltet die Speere;
er verbrennt die Streitwagen im Feuer.

¹¹»Hört auf und erkennt, dass ich Gott bin!
Ich will von allen Völkern verehrt werden,
verehrt werden auf der ganzen Welt!«

¹²Der allmächtige HERR ist bei uns;
der Gott Israels ist unser Schutz.
  Zwischenspiel

Psalm 47
*Für den Chorleiter: Ein Psalm der Nachkommen
Korachs.*
²All ihr Völker, klatscht vor Freude in die Hände,
lobt Gott mit frohen Liedern!
³Denn der HERR, der Höchste, ist ein
  heiliger Gott,
ein großer König über die ganze Welt.
⁴Er hat uns die Völker unterworfen
und uns unsere Feinde zu Füßen gelegt.
⁵Er hat uns dieses Land zum Eigentum gegeben,
zum stolzen Besitz der Nachkommen Jakobs,
  den er lieb hat.
  Zwischenspiel

⁶Gott hat sich erhoben, von Jubel begleitet.
Der HERR hat sich erhoben beim Schall der
  Posaune.
⁷Singt zu Gottes Ehre, singt!
Singt zur Ehre unseres Königs, singt!
⁸Denn Gott ist König über die ganze Welt,
singt ihm einen Psalm!
⁹Gott herrscht über alle Völker.
Gott sitzt auf seinem heiligen Thron.
¹⁰Die Herrscher der Welt sind
  zusammengekommen
und preisen mit uns den Gott Abrahams.
Denn alle Könige auf der Erde gehören Gott.
Ihm gebührt die Ehre.

Psalm 48
Ein Psalm der Nachkommen Korachs.
²Groß ist der HERR
und sehr zu loben in der Stadt unseres Gottes,
hoch auf seinem heiligen Berg gelegen!
³Schön erhebt sich der Berg Zion, die ganze
  Erde freut sich an seinem Anblick!

45,13 Hebr. *die Tochter von Tyrus.*   46,1 Gemäß der Alamot.   46,8 Hebr. *Jakobs;* so auch in 46,12.

DIE PSALMEN

1–41	**Erstes Buch**
3–41	Davidpsalmen
42–72	**Zweites Buch**
42–49	Psalmen der Nachkommen Korachs
51–72	Davidpsalmen
73–89	**Drittes Buch**
73–83	Asafpsalmen
90–106	**Viertes Buch**
93–99	Jahwe-König-Psalmen
107–150	**Fünftes Buch**
108–110	Davidpsalmen
111–118	Großes Hallel (Lobpsalmen)
120–134	Wallfahrtslieder
138–145	Davidpsalmen
146–150	Kleines Hallel (Lobpsalmen)

48–50
Loblied auf Zion. Alle müssen sterben, Arme und Reiche. Gott richtet Israel und den Gottlosen.

Der Berg Zion ist der heilige Berg*,
dort steht die Stadt des großen Königs!
⁴Gott selbst wohnt in den Palästen Jerusalems
und beschützt seine Stadt.

⁵Die Könige der Erde haben sich verbündet
und sind gegen die Stadt marschiert.
⁶Doch als sie sie erblickten, waren sie wie
  gelähmt;
sie erschraken und flohen.
⁷Zittern ergriff sie,
wie eine Frau, die sich vor Schmerzen in den
  Wehen krümmt.
⁸Durch einen starken Ostwind
zerstörst du die großen Schiffe von Tarsis.
⁹Wir haben seit langem von der Herrlichkeit der
  Stadt gehört,
doch nun haben wir sie mit eigenen Augen
  gesehen,
die Stadt des HERRN, des Allmächtigen.
Es ist die Stadt unseres Gottes, durch ihn wird sie
  für immer bestehen.
                                            Zwischenspiel

¹⁰Gott, wir denken über deine Gnade nach,
wenn wir dich in deinem Tempel anbeten.
¹¹Wie es deinem Namen zukommt, Gott,
wirst du gepriesen auf der ganzen Welt.
Dein Handeln ist voller Gerechtigkeit.
¹²Die Menschen auf dem Berg Zion sollen sich
  freuen,
die Städte Judas sollen jubeln,
denn du richtest gerecht.

¹³Wandert um den Berg Zion und betrachtet
  die Stadt Jerusalem;
zählt ihre vielen Türme.
¹⁴Bewundert die befestigten Mauern und
  bestaunt die Paläste,
damit ihr sie künftigen Generationen
  beschreiben könnt.
¹⁵Denn so ist Gott.
Er ist unser Gott für immer und ewig.
Er wird uns allezeit führen
und uns begleiten bis zum Tod.

Psalm 49
*Für den Chorleiter: Ein Psalm der Nachkommen
  Korachs.*
²Hört zu, ihr Völker!
Horcht auf, ihr Menschen!
³Vornehme oder einfache Menschen,
Reiche oder Arme, hört alle zu!
⁴Denn meine Worte sind weise

48,3 O. *Der Berg Zion im äußersten Norden*; im Hebr. heißt es *Der Berg Zion, die Höhen von Zafon.*

und meine Gedanken sind verständlich.
⁵Aufmerksam lausche ich vielen Sprüchen
und löse Rätsel bei Harfenklang.

⁶Warum sollte ich mich fürchten, wenn
  schlimme Zeiten kommen
und Feinde mich umzingeln?
⁷Sie vertrauen auf ihren großen Besitz
und geben mit ihrem Reichtum an.
⁸Doch vom Tod können sie sich nicht
  freikaufen*,
sie können Gott kein Lösegeld zahlen.
⁹Der Kaufpreis für ein Leben ist zu hoch,
niemand kann so viel zahlen,
¹⁰um ewig leben zu können.
¹¹Weise Menschen müssen ebenso sterben
wie unvernünftige Narren;
alle müssen ihren Besitz für andere zurücklassen.
¹²Das Grab ist ihre ewige Heimat,
darin liegen sie für immer,
auch wenn auf Erden viel Land nach ihnen
  benannt wurde.
¹³Denn der Mensch bleibt trotz seines
  Reichtums nicht am Leben,
sondern muss sterben wie die Tiere.
¹⁴Das ist das Schicksal derer,
die auf sich selbst vertrauen
und sich in ihrem überheblichen Gerede
  gefallen.
                                        Zwischenspiel

¹⁵Wie Schafe werden sie in das Totenreich*
  geführt, wo der Tod sie hüten wird.
Aber schon bald werden gottesfürchtige
  Menschen über sie herrschen,
und ihre Körper werden im Grab verwesen,
  denn dort ist ihre Wohnung.
¹⁶Mein Leben aber wird Gott freikaufen.
Er wird mich der Macht des Todes entreißen.
                                        Zwischenspiel

¹⁷Deshalb fürchte dich nicht, wenn jemand
  reicher wird
und sein Haus immer prachtvoller.
¹⁸Denn wenn er stirbt, nimmt er nichts davon
  mit,
sein Reichtum folgt ihm nicht ins Grab.
¹⁹Wenn er sich auch in diesem Leben für
  glücklich hält
und die Welt ihn bewundert,
²⁰muss er doch wie alle andern sterben,
die das Licht des Tages nicht mehr sehen.
²¹Der Mensch, stolz auf seinen großen
  Reichtum, erkennt nicht,
dass er sterben muss wie die Tiere.

Psalm 50
Ein Psalm Asafs.
Der mächtige Gott, der HERR, spricht
und ruft der ganzen Erde vom Osten bis zum
  Westen zu.
²Vom Berg Zion, dem Inbegriff der Schönheit,
scheint Gott in strahlendem Glanz.
³Unser Gott kommt und er wird nicht
  schweigen.
Feuer verzehrt, was ihm im Weg steht,
und um ihn her tobt ein mächtiger Sturm.
⁴Himmel und Erde ruft er zu seinen Zeugen,
wenn er sein Volk richtet:
⁵»Versammelt alle, die mir treu sind,
die einen Bund mit mir geschlossen haben,
und mir Opfer darbrachten.«
⁶Die Himmel verkünden seine Gerechtigkeit,
denn Gott selbst wird der Richter sein.
                                        Zwischenspiel

⁷»Höre, mein Volk, wenn ich rede.
Israel, dies sind meine Vorwürfe gegen dich:
Ich bin Gott, dein Gott!
⁸Mir missfallen deine Gaben
und die Brandopfer, die du ständig zu meinem
  Altar bringst.
⁹Ich will keine Stiere mehr aus deinen Scheunen
und keine Ziegen mehr aus deinen Weiden.
¹⁰Denn alles Wild des Waldes gehört mir,
und auch die Tiere auf den Bergen.
¹¹Alle Vögel der Berge
und alle Tiere auf dem Feld gehören mir.
¹²Wenn ich hungrig wäre, würde ich es dir nicht
  sagen,
denn die ganze Welt und alles, was auf ihr lebt,
  gehört mir.
¹³Ich brauche die Stiere nicht, die du opferst,
und auch nicht das Blut der Ziegen.
¹⁴Ich will aber, dass ihr Gott dankt
und die Versprechen, die ihr vor dem Höchsten
  abgelegt habt, erfüllt.
¹⁵Vertraue auf mich, wenn du in Not bist,
dann will ich dich erretten, und du sollst mir die
  Ehre geben.«

¹⁶Zu dem Gottlosen aber spricht Gott:
»Was sprichst du ständig von meinen Geboten
und redest von meinem Bund?
¹⁷Du lässt dich nicht von mir zurechtweisen
und lehnst meine Ermahnungen ab.
¹⁸Wenn du einen Dieb siehst, hilfst du ihm
und verbringst deine Zeit mit Ehebrechern.
¹⁹Wenn du deinen Mund öffnest, redest du
  Böses
und mit Worten betrügst du.

49,8 O. *Keiner kann das Leben eines anderen erkaufen.*   **49,15** Hebr. *Scheol.*

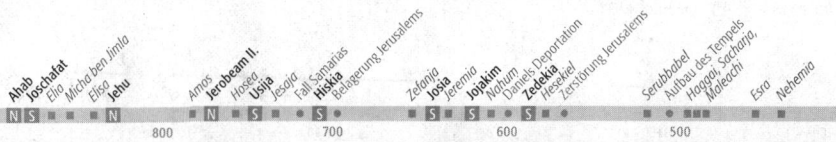

DIE PSALMEN

1–41	Erstes Buch
3–41	Davidpsalmen
42–72	Zweites Buch
42–49	Psalmen der Nachkommen Korachs
51–72	Davidpsalmen
73–89	Drittes Buch
73–83	Asafpsalmen
90–106	Viertes Buch
93–99	Jahwe-König-Psalmen
107–150	Fünftes Buch
108–110	Davidpsalmen
111–118	Großes Hallel (Lobpsalmen)
120–134	Wallfahrtslieder
138–145	Davidpsalmen
146–150	Kleines Hallel (Lobpsalmen)

50–53
Gott richtet den Gottlosen. Gott, vergib mir und reinige mich. Der Gottlose wird untergehen. Gott findet keinen guten Menschen.

---

²⁰Du sitzt da und redest gegen deinen eigenen Bruder,
den Sohn deiner Mutter verleumdest du.
²¹Bis jetzt habe ich geschwiegen,
und du dachtest, ich sei wie du.
Doch jetzt will ich dich bestrafen
und dir alle meine Anklagen vor Augen stellen.
²²Hört doch, ihr Menschen, die ihr mich vergessen habt,
oder ich werde euch vernichten, und keiner wird euch retten!
²³Wer mir Dank sagt, bringt mir ein Opfer,
das mich wirklich ehrt.
Wer auf dem Weg bleibt, der erfährt meine Rettung.«

Psalm 51
Für den Chorleiter: Ein Psalm Davids aus der Zeit,
²*als der Prophet Nathan zu ihm kam, nachdem David mit Batseba Ehebruch begangen hatte.*
³Gott, sei mir gnädig um deiner Gnade willen
und vergib mir meine Sünden nach deiner großen Barmherzigkeit.
⁴Wasche mich rein von meiner Schuld
und reinige mich von meiner Sünde.

⁵Denn ich bekenne meine Sünde,
die mich Tag und Nacht verfolgt.
⁶Gegen dich allein habe ich gesündigt
und getan, was in deinen Augen böse ist.

Psalm 51

Die Antwort des Menschen
Der König David beging mit Batseba Ehebruch und veranlasste dann den Tod ihres Mannes, Uria, um seine Tat zu verschleiern. Die Bibel beschreibt David dennoch als einen Mann »nach dem Herzen Gottes«, einer der »seiner Generation nach dem Willen Gottes diente« (Apg 13,22.36). Wie passen diese zwei Realitäten zusammen?
Psalm 51 bringt beide Realitäten zusammen. David wusste: Gott ist barmherzig, gnädig, gerecht und vergebungsbereit, er selbst aber sündhaft, schuldig, unrein und ungehorsam. Was Gott gefällt, sind nicht große persönliche Anstrengungen, ein fehlerloses Leben zu führen, erst recht nicht die Anmaßung, dies aus eigener Kraft tun zu können, sondern »ein zerbrochener Geist« und »ein zerknirschtes, reumütiges Herz« (V. 19).
David wusste: Durch ein klares Schuldbekenntnis und die Erfahrung von Gottes Vergebung kann Freude und das Bewusstsein der Nähe Gottes zurückkehren. So kann ein Mörder und Ehebrecher zu einem Menschen nach dem Herzen Gottes werden.
(Rut 1,16 «« | »» Daniel 3,16-18)

Darum wirst du recht behalten mit dem,
was du sagst,
und dein Urteil über mich ist gerecht.

⁷Denn ich war ein Sünder –
von dem Augenblick an, da meine Mutter
mich empfing.
⁸Dir gefällt ein Herz, das wahrhaftig ist;
und im Verborgenen lehrst du mich deine
Weisheit.

⁹Wasche von mir ab meine Sünden*,
und ich werde ganz rein werden;
wasche mich, und ich werde weißer sein
als Schnee.
¹⁰Gib mir meine Freude zurück
und lass mich wieder fröhlich werden,
denn du hast mich zerbrochen.
¹¹Sieh meine Sünde nicht mehr an
und vergib mir meine Schuld.
¹²Gott, erschaffe in mir ein reines Herz
und gib mir einen neuen, aufrichtigen Geist.
¹³Verstoße mich nicht aus deiner Gegenwart
und nimm deinen Heiligen Geist nicht von mir.
¹⁴Lass mich durch deine Hilfe wieder Freude
erfahren
und mach mich bereit, dir zu gehorchen.

¹⁵Dann will ich die Gottlosen* deine Wege
lehren,
damit die Sünder zu dir zurückkehren.
¹⁶Vergib mir, dass ich Blut vergossen habe, Gott,
mein Retter,
dann werde ich singen und jubeln über deine
Vergebung.
¹⁷HERR, öffne meine Lippen, damit ich
dich lobe.

¹⁸Mit Schlachtopfern bist du nicht zufrieden,
sonst hätte ich sie dir gebracht
und auch Brandopfer würdest du nicht
annehmen.
¹⁹Das Opfer, das dir gefällt, ist ein zerbrochener
Geist.
Ein zerknirschtes, reumütiges Herz
wirst du, Gott, nicht ablehnen.

²⁰Hilf und erbarme dich über Zion,
baue die Mauern Jerusalems wieder auf.
²¹Dann wirst du an unseren Opfern wieder
Gefallen finden
und mit unseren Brandopfern zufrieden sein.
Dann werden wir wieder Stiere auf deinem Altar
opfern.

Psalm 52

Für den Chorleiter: Ein Psalm Davids aus der Zeit,
²*als der Edomiter Doëg Saul berichtete, dass
Abimelech David Zuflucht gewährt hatte.*
³Warum bist du auf deine Bosheit noch stolz,
du Tyrann,
wo doch Gottes Gnade den ganzen Tag über
besteht?
⁴Fortwährend bist du nur auf Zerstörung aus.
Wenn du redest, verletzt du wie ein scharfes
Messer, du Lügner.
⁵Du liebst das Böse mehr als das Gute
und die Lüge mehr als die Wahrheit.
Zwischenspiel

⁶Dir gefällt es, andere mit deinen Worten zu
zerstören, du Lügner!
⁷Doch Gott wird dich ein für alle Mal bestrafen:
Er wird dich aus deiner Heimat vertreiben
und dich aus dem Land der Lebenden
wegnehmen.
Zwischenspiel

⁸Die Gottesfürchtigen werden es sehen und
erschrecken.
Sie werden lachen und sagen:
⁹»Schaut, was dem geschieht, der nicht auf Gott
vertraut,
sondern sich auf seinen Reichtum verließ
und in seiner Bosheit immer habgieriger
wurde.«

¹⁰Ich aber bin wie ein Olivenbaum,
der im Hause Gottes gepflanzt ist.
Ich verlasse mich für immer auf Gottes Gnade.
¹¹Gott, ewig will ich dir für alles, was du getan
hast, danken.
Vor deinem ganzen Volk werde ich auf deinen
Namen vertrauen,
denn du bist gut.

Psalm 53*

Für den Chorleiter: Eine Unterweisung Davids.
²Nur Narren denken in ihrem Herzen:
»Es gibt keinen Gott.«
Sie sind durch und durch schlecht, und ihre
Taten sind böse.
Es gibt keinen, der Gutes tut!
³Gott sieht vom Himmel herab auf die
Menschen,
um zu sehen, ob es wenigstens einen einzigen
gibt,
der klug ist und nach Gott fragt.
⁴Aber sie haben sich alle von Gott abgewandt
und sind nun alle verdorben.

51,9 Hebr. *Entsündige mich mit dem Ysopzweig.* **51,15** Hebr. *Abtrünnigen.* **53,1-7** Vgl. Psalm 14,1-7.

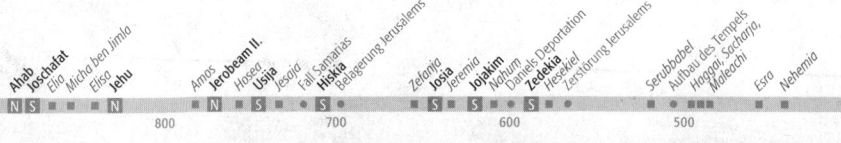

DIE PSALMEN

1–41	Erstes Buch
3–41	Davidpsalmen
42–72	Zweites Buch
42–49	Psalmen der Nachkommen Korachs
51–72	Davidpsalmen
73–89	Drittes Buch
73–83	Asafpsalmen
90–106	Viertes Buch
93–99	Jahwe-König-Psalmen
107–150	Fünftes Buch
108–110	Davidpsalmen
111–118	Großes Hallel (Lobpsalmen)
120–134	Wallfahrtslieder
138–145	Davidpsalmen
146–150	Kleines Hallel (Lobpsalmen)

53–56
Gott vernichtet die Feinde. Gott wird mich aus meiner Not retten.

Es gibt keinen, der Gutes tut,
 nicht einmal einen!*
⁵Werden die Bösen denn jemals weise,
 die mein Volk wie Brot auffressen
 und nicht daran denken, zu Gott zu beten?
⁶Doch Angst und Schrecken packt sie, wo es
 keinen Grund dafür gibt.
Gott wird deine Feinde vernichten und ihre
 Gebeine zerstreuen.
Sie werden zugrunde gehen,
 denn Gott hat sie verworfen.

⁷Wenn doch vom Berg Zion Rettung käme,
 um Israel zu befreien!
Und wenn Gott die Not seines Volkes wendet,
 dann wird Jakob jubeln und Israel sich freuen.

Psalm 54
*Für den Chorleiter: Eine Unterweisung Davids aus
 der Zeit, als ²die Sifiter kamen und zu Saul sagten:
 »Wir wissen, wo David sich versteckt.«
 Für Begleitung mit Saiteninstrumenten.*
³Gott, rette mich durch deinen Namen
 und verschaffe mir Recht durch deine Stärke!
⁴Gott, erhöre mein Gebet
 und vernimm meine Bitte.

⁵Fremde Menschen greifen mich an
 und gewalttätige Menschen wollen mich töten.
Sie kümmern sich nicht um Gott.
 Zwischenspiel

⁶Aber Gott ist mein Helfer.
Der HERR ist es, der mein Leben erhält!
⁷Gott wird sie durch ihre eigene Bosheit zu Fall
 bringen.
Mach ihnen ein Ende, so wie du es versprochen
 hast.
⁸Ich will dir gerne freiwillig ein Opfer
 darbringen
und deinen Namen loben, HERR, denn er ist gut.
⁹Denn du wirst mich aus meiner Not retten
und mir helfen, über meine Feinde zu siegen.

Psalm 55
*Für den Chorleiter: Ein Psalm Davids,
 für Begleitung mit Saiteninstrumenten.*
²Gott, höre mein Gebet
und weise meinen Hilferuf nicht ab!
³Erhöre mich und antworte mir,
 denn meine Sorgen bedrücken mich sehr.
⁴Meine Feinde bedrohen mich.
Sie bedrängen mich
 und voller Zorn wollen sie mich angreifen.

53,4 S. 1. Mose 6,12 und auch Römer 3,10-12.

S Südreich Juda   N Nordreich Israel

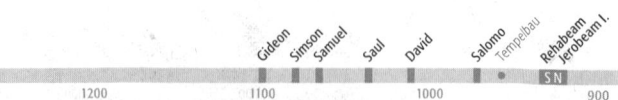

⁵Mein Herz fürchtet sich
und Todesangst überfällt mich.
⁶Angst und Schrecken überkommen mich
und ich zittere am ganzen Leib.
⁷Ich sprach: »Hätte ich doch Flügel wie eine
  Taube,
dann würde ich fortfliegen und zur Ruhe
  kommen!
⁸Weit fort würde ich fliegen bis in die Wüste.«
  Zwischenspiel

⁹Schnell würde ich eine Zuflucht finden,
vor dem heftigen Wind und dem Sturm.
¹⁰HERR, verwirre ihre Sprache, damit sie sich
  nicht mehr verstehen können.
Denn alles, was ich in der Stadt gesehen habe,
  war Gewalt und Streit.
¹¹Tag und Nacht sind ihre Mauern gegen
  Eindringlinge bewacht,
doch das Verderben ist schon mitten in der
  Stadt.
¹²Mord und Raub sind überall,
Erpressung und Betrug herrschen auf den
  Straßen.

¹³Wäre es ein Feind, der mich verhöhnt –
das könnte ich ertragen.
Würden mich meine Widersacher so
  verspotten –
könnte ich mich vor ihnen verbergen.
¹⁴Aber du bist es – mein Begleiter,
mein Freund und Vertrauter.
¹⁵Wir freuten uns aneinander,
als wir zusammen zum Hause Gottes gingen.
¹⁶Der Tod treffe meine Feinde unvorbereitet,
lebendig sollen sie hinunter in das Totenreich*,
denn das Böse wohnt in ihren Herzen.

¹⁷Ich aber will zu Gott rufen,
und der HERR wird mich retten.
¹⁸Morgens, mittags und abends bete ich laut
  in meiner Not,
und der HERR hört meine Stimme.
¹⁹Er rettet mich und beschützt mich,
dass sie mir nicht zu nahe kommen,
auch wenn noch so viele gegen mich sind.
²⁰Gott, der seit Ewigkeiten regiert,
wird mich erhören und sie erniedrigen.
  Zwischenspiel

Denn meine Feinde wollen sich nicht ändern
und nehmen Gott nicht ernst.
²¹Mein Freund, dieser Gottlose, hat mich
  verraten
und sein Versprechen gebrochen.

²²Seine Rede ist süß wie Honig,
doch sein Herz ist voller Hass.
Seine Worte sind glatt wie Öl,
doch sie verwunden wie Dolche!

²³Bring deine Sorgen vor den HERRN, er wird dir
  helfen.
Er wird nicht zulassen, dass der Gottesfürchtige
  stürzt und fällt.
²⁴Die Bösen aber wirst du, Gott, ins Grab stoßen
und die Mörder und Lügner jung sterben lassen.
Ich aber vertraue auf dich.

Psalm 56
*Für den Chorleiter: Ein Psalm Davids aus der Zeit,
als die Philister ihn in Gat ergriffen hatten. Nach
der Melodie »Taube auf fernen Eichen« zu singen.*
²Gott, sei mir gnädig, denn ich werde von
  Menschen verfolgt,
den ganzen Tag bedrohen mich meine Gegner.
³Meine Feinde verfolgen mich,
und viele greifen mich ganz offen an.
⁴Doch wenn ich Angst habe,
vertraue ich dir.
⁵Gott, ich preise dein Wort
und vertraue auf dich, warum sollte ich mich
  fürchten?
Was können mir Menschen anhaben?

⁶Dauernd verdrehen sie mir meine Worte
und überlegen den ganzen Tag, wie sie mir
  schaden können.
⁷Sie tun sich zusammen
und beobachten jeden meiner Schritte,
weil sie eine Gelegenheit suchen, mich zu töten.
⁸Lass sie nicht mit ihrer Bosheit davonkommen,
sondern wirf sie in deinem Zorn nieder,
  o Gott.

⁹Du zählst alle meine Klagen
und sammelst alle meine Tränen in einem Gefäß,
ja, du hast jede einzelne in deinem Buch
  festgehalten.
¹⁰An dem Tag, an dem ich dich zu Hilfe rufe,
werden meine Feinde sich zurückziehen.
Denn eines weiß ich: dass du, Gott, auf meiner
  Seite* stehst.
¹¹Gott, ich preise dein Wort.
Ja, HERR, ich preise dein Wort.
¹²Ich vertraue auf Gott, warum sollte ich mich
  fürchten?
Was können mir Menschen anhaben?

¹³Gott, ich will die Versprechen halten, die ich
  vor dir abgelegt habe,

55,16 Hebr. *die Scheol.* **56,10** O. *Dadurch werde ich wissen, dass Gott auf meiner Seite ist.*

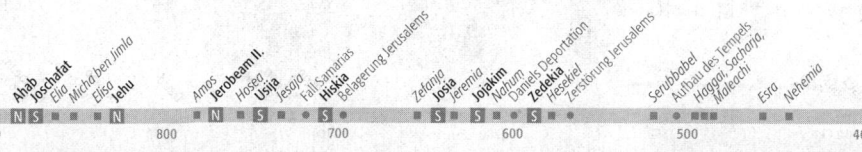

DIE PSALMEN

1–41	Erstes Buch
3–41	Davidpsalmen
42–72	Zweites Buch
42–49	Psalmen der Nachkommen Korachs
51–72	Davidpsalmen
73–89	Drittes Buch
73–83	Asafpsalmen
90–106	Viertes Buch
93–99	Jahwe-König-Psalmen
107–150	Fünftes Buch
108–110	Davidpsalmen
111–118	Großes Hallel (Lobpsalmen)
120–134	Wallfahrtslieder
138–145	Davidpsalmen
146–150	Kleines Hallel (Lobpsalmen)

57–59
Gott wird mich vor meinen Feinden retten.
Gott, vernichte die gottlosen Mächtigen.
Rette mich vor meinen Feinden.

---

und dir ein Dankopfer für deine Hilfe
  darbringen.
¹⁴Denn du hast mich vor dem Tode gerettet,
meine Füße vor dem Ausgleiten bewahrt.
Deshalb kann ich jetzt vor dich kommen,
im Licht des Lebens.

Psalm 57
*Für den Chorleiter: Ein Psalm Davids aus der Zeit,
als er vor Saul in eine Höhle floh. Zu singen nach
der Melodie »Du sollst nicht vernichten!«*
²Gott, sei mir gnädig und erbarme dich
  über mich,
denn bei dir suche ich Schutz.
Unter den Schatten deiner Flügel will ich mich
  flüchten,
bis das Unglück vorüber ist.

³Ich rufe zu Gott, dem Höchsten,
zu Gott, der meine Sache zu einem guten Ende
  führt.
⁴Er wird Hilfe vom Himmel schicken
und mich retten vor denen, die mich verfolgen
  und verhöhnen.
                                    Zwischenspiel
Mein Gott wird mir gnädig sein und treu zu mir
  stehen.

⁵Ich bin von wilden Löwen umgeben, die ihre
  Beute verschlingen –,
ihre Zähne sind spitz wie Pfeil und Speer,
und ihre Zungen sind scharf wie ein Schwert.

⁶Gott, erhebe dich über die Himmel
und erfülle mit deiner Herrlichkeit die ganze
  Erde.

⁷Meine Feinde hatten mir eine Falle gestellt.
  Ich bin müde von Kummer und Sorge.
Sie haben mir eine tiefe Grube gegraben,
doch jetzt sind sie selbst hineingefallen.
                                    Zwischenspiel

⁸Gott, mein Herz vertraut auf dich,
deshalb will ich dich preisen!
⁹Wach auf, meine Seele! Wacht auf, Harfe und
  Zither!
Ich will den Tag mit meinem Lied aufwecken.
¹⁰HERR, ich will dir danken vor den Völkern.
Ich will dein Loblied singen vor allen Menschen.
¹¹Denn deine Gnade ist so groß wie der Himmel
und deine Treue reicht bis zu den Wolken.

¹²Gott, erhebe dich über die Himmel.
Erfülle mit deiner Herrlichkeit
die ganze Erde.

S Südreich Juda   N Nordreich Israel

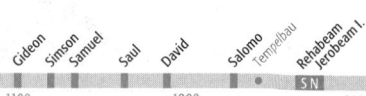

Psalm 58

Für den Chorleiter: Ein Psalm Davids, zu singen nach der Melodie »Du sollst nicht vernichten!«

²Ihr Mächtigen, sprecht ihr wirklich Recht?
Richtet ihr die Menschen gerecht?
³Nein, denn alles, was ihr im Lande tut,
 ist ungerecht,
es ist grausam statt gerecht.
⁴Diese Gottlosen sind als Sünder geboren,
von Geburt an haben sie gelogen und sind ihren
 eigenen Weg gegangen.
⁵Sie sind giftig wie Schlangen.
Sie sind wie eine taube Otter, die ihre Ohren
 verschließt,
⁶sodass sie die Flöten des Schlangenbeschwörers
 nicht hören,
wie kunstvoll der Zauberer auch spielt.
⁷Gott, zerschlage ihre Zähne
und zerschmettere die Kiefer der jungen Löwen,
 HERR!
⁸Sie sollen verschwinden wie Wasser,
das in der Erde versickert.
Wenn sie ihre Waffen verwenden, sollen sie
 nutzlos sein.*
⁹Wie Schnecken in der Hitze sollen sie
 austrocknen;
wie eine Fehlgeburt sollen sie die Sonne nicht
 sehen.
¹⁰Gott wird sie fortjagen und vertreiben,
schneller, als ein Topf über offenem Feuer
 heiß wird.

¹¹Die Gottesfürchtigen werden sich freuen,
 wenn sie sehen,
dass die Ungerechtigkeit gerächt wird.
Sie werden im Blut der Bösen waten.
¹²Dann werden alle Menschen sagen:
»Es gibt doch einen Lohn für diejenigen,
 die Gott gehorchen;
es gibt durchaus einen Gott, der hier auf Erden
 gerecht richtet.«

Psalm 59

Für den Chorleiter: Ein Psalm Davids aus der Zeit, als Saul Soldaten schickte, die Davids Haus umstellen sollten, um ihn zu töten. Zu singen nach der Melodie »Du sollst nicht vernichten!«

²Gott, rette mich vor meinen Feinden
und beschütze mich vor denen, die mir nach dem
 Leben trachten.
³Befreie mich von den Verbrechern
und rette mich vor den Mördern.
⁴Sie lauern auf eine Gelegenheit, um mich zu
 töten.
Meine Feinde versammeln sich gegen mich,
obwohl ich ihnen nichts getan habe, HERR.
⁵Ich bin unschuldig, und doch wollen sie mich
 töten.
Sieh meine Not! Steh auf und hilf mir!
⁶HERR, Gott, Allmächtiger, Gott Israels,
erhebe dich, um die feindlichen Völker zu
 bestrafen.
Erweise diesen hinterhältigen Verrätern keine
 Gnade.
 Zwischenspiel

⁷Sie kamen bei Nacht und heulten wie bissige
 Hunde,
die durch die Straßen streunen.
⁸Jedes Wort, das sie reden, ist böse,
es ist scharf wie ein Schwert.
Sie denken: »Wer kann uns schon etwas
 anhaben?«
⁹Doch du, HERR, lachst nur über sie.
Du verspottest alle feindlichen Völker.
¹⁰Du bist meine Stärke; ich vertraue darauf,
 dass du mich rettest,
denn du bist meine Zuflucht, Gott.
¹¹Mein Gott wird in seiner Gnade
kommen und mir beistehen.
Er wird mich über meine Feinde triumphieren
 lassen.

¹²Töte sie nicht, denn sonst vergisst es mein Volk
 schnell;
Zerstreue sie durch deine Macht und unterwirf
 sie, HERR, unser Schutz.
¹³Alles, was sie reden, ist böse und schlecht,
ihr Stolz, ihre Flüche und Lügen sollen sie zu
 Fall bringen.

¹⁴Vernichte sie in deinem Zorn!
Rotte sie aus!
Dann wird die ganze Welt wissen,
dass Gott in Israel* herrscht.
 Zwischenspiel

¹⁵Meine Feinde kommen bei Nacht
und heulen wie bissige Hunde, die durch die
 Straßen streunen.
¹⁶Sie sind auf der Suche nach Nahrung
und knurren, wenn sie nicht genug bekommen.
¹⁷Ich aber will von deiner Macht singen.
Jeden Morgen will ich vor Freude über deine
 Gnade jubeln.
Denn du beschützt mich wie eine Burg,
eine Zuflucht, wenn ich in Not bin.
¹⁸Du meine Stärke, dir singe ich Loblieder,
denn du, Gott, bist meine Zuflucht.
HERR, du zeigst mir deine Gnade.

58,8 O. *Lass sie niedergetreten werden und vertrocknen wie Gras.* Die Bedeutung des Hebr. ist unklar.   **59,14** Hebr. *in Jakob*.

DIE PSALMEN

1–41	Erstes Buch
3–41	Davidpsalmen
42–72	Zweites Buch
42–49	Psalmen der Nachkommen Korachs
51–72	Davidpsalmen
73–89	Drittes Buch
73–83	Asafpsalmen
90–106	Viertes Buch
93–99	Jahwe-König-Psalmen
107–150	Fünftes Buch
108–110	Davidpsalmen
111–118	Großes Hallel (Lobpsalmen)
120–134	Wallfahrtslieder
138–145	Davidpsalmen
146–150	Kleines Hallel (Lobpsalmen)

60–63
Gott, hilf deinem Volk. Gott, hör mein Flehen. Gott allein ist mein Schutz.

Psalm 60
Für den Chorleiter: Ein Psalm Davids, nützlich zur Lehre, aus der Zeit, ²*als David mit den Aramäern von Mesopotamien und von Zoba kämpfte und Joab zurückkehrte und zwölftausend Edomiter im Salztal erschlug. Nach der Melodie »Lilie des Zeugnisses« zu singen.*

³Gott, du hast uns verstoßen und uns zerstreut.
Du warst zornig, doch nun sei uns wieder gnädig.
⁴Du hast unser Land erschüttert und zerrissen.
Nun verschließe die Risse, bevor es völlig zerbricht.
⁵Du warst streng mit uns,
du hast uns Wein zu trinken gegeben, sodass wir taumelten.
⁶Doch für die, die dich ehren, hast du ein Zeichen gegeben,
zu dem sie sich vor den Feinden flüchten konnten.
Zwischenspiel

⁷Erhöre uns und rette uns.
Befreie dein geliebtes Volk.
⁸Dies hat Gott in seiner Heiligkeit* versprochen:
»Voll Freude will ich Sichem aufteilen
und das Tal von Sukkot ausmessen.
⁹Gilead gehört mir, und Manasse ist mein Eigentum.
Ephraim wird meine Krieger hervorbringen
und Juda meine Könige.
¹⁰Moab wird mein ergebener Diener werden
und Edom mein Sklave.
Auch ihr Philister, jubelt mir zu!«
¹¹Doch wer wird mir Zugang in die befestigte Stadt verschaffen?
Wer wird mir den Sieg über Edom schenken?
¹²Gott, hast du uns verstoßen?
Wirst du nicht mehr mit unserem Heer ausziehen?
¹³Hilf uns gegen unsere Feinde,
denn auf menschliche Hilfe kann man sich nicht verlassen.
¹⁴Mit Gottes Hilfe aber werden wir große Taten vollbringen.
Er wird unsere Feinde unterwerfen.

Psalm 61
*Für den Chorleiter: Ein Psalm Davids,
für Begleitung mit Saiteninstrumenten.*
²Gott, vernimm mein Schreien!
Höre mein Gebet!
³Vom Ende der Erde schreie ich zu dir um Hilfe,
denn ich habe Angst. Führe du mich in Sicherheit,
⁴denn bei dir finde ich Zuflucht.

60,8 O. *in seinem Heiligtum.*

S Südreich Juda   N Nordreich Israel

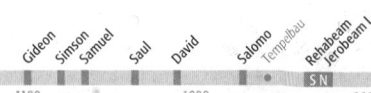

Du bist wie eine Burg, in der ich vor meinen
   Feinden geborgen bin.
⁵Lass mich für immer in deinem Heiligtum
   leben,
wo ich unter dem Schutz deiner Flügel sicher
   sein kann!
                                    Zwischenspiel

⁶Gott, denn du hast meine Versprechen gehört.
Du hast mir einen Anteil von dem Erbe gegeben,
   das für die bestimmt ist, die deinen Namen
   achten.

⁷Erhalte das Leben des Königs,
dass noch viele Generationen seine Herrschaft
   erleben!
⁸Unter Gottes Schutz soll er für immer und ewig
   regieren.
Lass deine Gnade und Treue ihn behüten.

⁹Dann will ich deinen Namen für immer loben,
um damit täglich meine Versprechen zu erfüllen.

Psalm 62
Für Jedutun, den Chorleiter: Ein Psalm Davids.
²Auf Gott allein vertraue ich fest,
denn von ihm kommt meine Rettung.
³Er allein ist mein Fels und meine Hilfe,
meine Burg, in der mir nichts geschehen kann.

⁴Wie lange noch wollt ihr alle über einen
   Einzigen herfallen und ihn töten,
als wäre er brüchig wie eine Wand, die
   einzustürzen droht,
oder wie eine schon rissige Mauer?
⁵Sie denken darüber nach, wie sie mich stürzen
   können.
Mit Absicht verbreiten sie Lügen über mich.
Nach außen reden sie freundlich mit mir,
doch in ihren Herzen verfluchen sie mich.
                                    Zwischenspiel

⁶Ich will fest auf Gott vertrauen,
denn er ist meine Hoffnung.
⁷Er ist mein Fels und meine Hilfe,
meine Burg, in der mir nichts geschehen kann.
⁸Meine Rettung und meine Ehre kommen allein
   von Gott.
Er ist meine Zuflucht, ein sicherer Fels, auf dem
   kein Feind mich erreicht.

⁹Vertraue allezeit auf ihn, mein Volk.
Schütte dein Herz vor ihm aus,
denn Gott ist unsere Zuflucht.
                                    Zwischenspiel

¹⁰Ob Edle oder Einfache – vor den Augen Gottes
   sind sie nichts.*
Wenn man sie wiegt,
sind sie leichter als Luft.
¹¹Versuche nicht, dich durch Ausbeutung
   oder Raub zu bereichern.
Und wenn du reich wirst,
mach den Reichtum nicht zum Wichtigsten
   in deinem Leben.

¹²Gott hat klar und deutlich gesprochen,
viele Male habe ich gehört:
Du allein, Gott, hast alle Macht,
¹³und du, HERR, bist gnädig.
Du wirst jeden Menschen nach seinen Taten
   richten.

Psalm 63
*Ein Psalm Davids aus der Zeit, als David sich
in der Wüste Juda aufhielt.*
²Gott, du bist mein Gott; dich suche ich von
   ganzem Herzen.
Meine Seele dürstet nach dir,
mein ganzer Leib sehnt sich nach dir
in diesem dürren, trockenen Land, in dem es
   kein Wasser gibt.
³Ich habe dich in deinem Heiligtum gesehen
und deine Macht und Herrlichkeit bestaunt.
⁴Deine Gnade bedeutet mir mehr als das Leben;
dich preise ich von ganzem Herzen!
⁵Ich will dich ehren, solange ich lebe,
und meine Hände im Gebet zu dir erheben.
⁶Wie mit köstlichen Speisen, so machst du mich
   glücklich,
dich will ich loben und preisen.

⁷Wenn ich in der Nacht wach liege, denke ich
   über dich nach,
die ganze Nacht denke ich nur an dich.
⁸Ich denke daran, wie sehr du mir geholfen hast;
ich juble vor Freude, beschützt im Schatten
   deiner Flügel.
⁹Ich halte mich nah zu dir,
denn deine rechte Hand hält mich sicher.

¹⁰Die aber, die mich vernichten wollen,
werden selbst in den Tiefen der Erde
   verschwinden.
¹¹Durch das Schwert werden sie sterben
und zur Beute der Schakale werden.

¹²Der König wird sich in Gott freuen.
Und alle, die auf ihn vertrauen, werden ihn
   loben,
denn die Lügner müssen schweigen.

62,10 Hebr. *Nur Hauch sind die Menschenkinder, Trug die Herrenkinder;* vgl. Ps 49,3a.

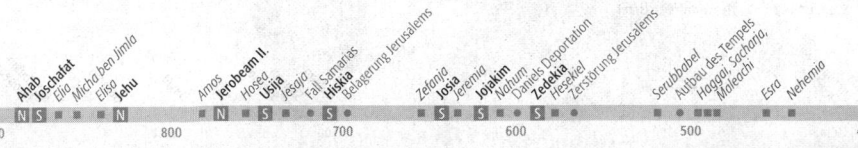

DIE PSALMEN

1–41	Erstes Buch
3–41	Davidpsalmen
42–72	Zweites Buch
42–49	Psalmen der Nachkommen Korachs
51–72	Davidpsalmen
73–89	Drittes Buch
73–83	Asafpsalmen
90–106	Viertes Buch
93–99	Jahwe-König-Psalmen
107–150	Fünftes Buch
108–110	Davidpsalmen
111–118	Großes Hallel (Lobpsalmen)
120–134	Wallfahrtslieder
138–145	Davidpsalmen
146–150	Kleines Hallel (Lobpsalmen)

64–66
Gott wird meine Feinde vernichten. Gott gebührt Lob für seine Taten und seine Größe.

Psalm 64
Für den Chorleiter: Ein Psalm Davids.
²Gott, vernimm meine Klage
und bewahre mein Leben vor meinen Feinden,
die mich bedrohen.
³Beschütze mich vor den Anschlägen dieser Verbrecher,
vor den Nachstellungen derer, die Böses tun.
⁴Ihre Zungen sind scharf wie Schwerter und
ihre harten Worte sind wie Pfeile, die sie abschießen.
⁵Aus ihrem Versteck zielen sie auf Unschuldige
und greifen sie plötzlich rücksichtslos an.
⁶Sie ermutigen einander darin, Böses zu tun,
und überlegen, wo sie ihre Fallen aufstellen können.
»Wer merkt es schon!«, sagen sie.
⁷Und wenn sie sich ihre schrecklichen Pläne ausdenken, sagen sie:
»Dieser Plan ist gut!«
Ja, das Herz und der Verstand der Menschen ist böse.

⁸Doch Gott selbst wird sie mit seinen Pfeilen treffen
und sie verwunden.
⁹Ihre eigenen Worte werden sie vernichten,
und alle, die es sehen, werden verächtlich den Kopf schütteln.
¹⁰Dann werden alle Menschen voller Ehrfurcht dastehen.
Sie werden die mächtigen Taten Gottes verkünden
und erkennen, was er getan hat.
¹¹Die Gottesfürchtigen werden sich im HERRN freuen und Schutz bei ihm finden.
Und jeder Mensch, der tut, was recht ist,
wird ihn preisen.

Psalm 65
Für den Chorleiter: Ein Psalm Davids.
²Gott, Lob und Preis gebühren dir in Zion*
und wir werden halten, was wir dir versprochen haben.
³Du erhörst unsere Gebete, deshalb kommen die Menschen zu dir.

⁴Unsere Herzen sind voll Sünde,
doch du vergibst alle Schuld.
⁵Wie werden sich die freuen, die zu dir kommen
und in deinen heiligen Vorhöfen wohnen dürfen!
Große Freude erwartet uns
in deinem heiligen Tempel.

65,2 Hebr. *Für dich ist Schweigen Lobpreis.*

⁶Gott, unser Retter, du erhörst treu unsere Gebete
und antwortest uns mit wunderbaren Taten.
Du bist die Hoffnung aller Menschen auf Erden und auf den Meeren.
⁷Du hast die Berge durch deine Macht gebildet
und dich mit großer Kraft umgeben.
⁸Du hast die Ozeane mit ihren tosenden Wellen besänftigt
und die Völker zum Verstummen gebracht.
⁹Die am Ende der Erde leben, stehen in Ehrfurcht vor deinen Wundern.
Vom Sonnenaufgang bis zum Sonnenuntergang gibst du den Menschen Grund zur Freude.

¹⁰Du sorgst für die Erde und bewässerst sie,
machst sie üppig und fruchtbar.
Gottes Fluss führt Wasser im Überfluss.
Du schenkst ihnen Getreide in Hülle und Fülle,
denn so hast du es angeordnet.
¹¹Du tränkst die Ackerfurchen mit Regen und weichst den Erdboden auf.
Du schenkst der Erde fruchtbringenden Regen und segnest, was auf ihr wächst.
¹²Du krönst das Jahr mit reicher Ernte,
die steinigen Wege fließen über vor Fülle.
¹³Die Wüste wird zur blühenden Wiese,
und von den Bergen hört man Jubel.
¹⁴Die Täler sind voller Schafherden,
und die Felder sind üppig mit Korn bedeckt.
Deshalb freuen sich alle und singen vor Glück!

Psalm 66

Für den Chorleiter: Ein Psalm. Ein Lied.
Lobt Gott mit lautem Jubel, all ihr Geschöpfe auf Erden!
²Singt zur Ehre seines Namens
und lobt ihn auf herrliche Weise!
³Sagt zu Gott: »Wie wunderbar sind deine Werke,
deine Feinde müssen sich beugen vor deiner Macht.
⁴Alles auf Erden wird dich anbeten,
alle Menschen werden dich ehren
und deinen Namen in herrlichen Liedern preisen.« ⁵Kommt und seht, was euer Gott getan hat,
wie wunderbar er an seinem Volk gehandelt hat.
⁶Er bahnte einen trockenen Weg durchs Rote Meer*,
und sein Volk schritt zu Fuß hindurch.
Darum wollen wir uns an ihm freuen.
⁷Denn durch seine große Macht herrscht er für immer und ewig.
Er beobachtet die Völker und sieht alles,
sodass sich kein Aufrührer gegen ihn erheben kann.
Zwischenspiel

⁸Die ganze Welt soll unseren Gott preisen
und ihn mit lauter Stimme loben.
⁹Denn unser Leben liegt in seiner Hand,
er bewahrt unsere Füße vor dem Stolpern.
¹⁰Gott, du hast uns auch geprüft
und uns gereinigt wie Silber im Schmelzofen.
¹¹Du hast uns in deinem Netz gefangen
und uns eine drückende Last auferlegt.
¹²Du hast unsern Feinden erlaubt, uns zu Boden zu trampeln.
Durch Feuer und Flut mussten wir gehen,
doch du hast uns herausgeholt und uns reich beschenkt.

¹³Jetzt komme ich mit Brandopfern in deinen Tempel,
um meine Versprechen einzulösen,
¹⁴die ich vor dir abgelegt habe
und du mich sprechen hörtest, als ich in größter Not war.
¹⁵Deshalb bringe ich dir meine besten Tiere als Brandopfer dar
und meine Widder als wohlriechenden Duft.
Stiere und Ziegen will ich opfern.
Zwischenspiel

¹⁶Kommt alle und hört zu, die ihr Gott fürchtet,
ich will euch erzählen, was er für mich getan hat.
¹⁷Denn ich rief zu ihm um Hilfe
und lobte ihn mit meinem Mund.
¹⁸Hätte ich in meinem Herzen böse Gedanken,
dann hätte mein HERR mich nicht erhört.
¹⁹Aber Gott hat mich erhört!
Er hat mein Gebet vernommen!

²⁰Lobt Gott,
der mein Gebet ernst nimmt
und mir seine Gnade nicht entzogen hat.

Psalm 67

Für den Chorleiter: Ein Psalm, für Begleitung mit Saiteninstrumenten.
²Gott, sei uns gnädig und segne uns.
Er lasse sein Angesicht gnädig über uns leuchten.
Zwischenspiel

³Auf der ganzen Welt soll dein Weg bekannt werden,
alle Menschen sollen sehen, wie du hilfst.
⁴Gott, die Völker sollen dir danken,
alle Völker sollen dich loben.

66,6 O. *das Meer.*

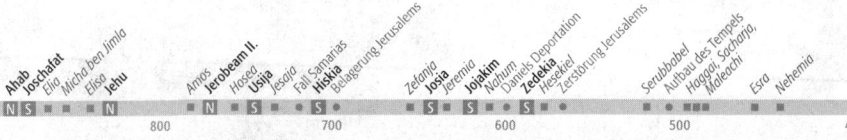

DIE PSALMEN

1–41	Erstes Buch
3–41	Davidpsalmen
42–72	Zweites Buch
42–49	Psalmen der Nachkommen Korachs
51–72	Davidpsalmen
73–89	Drittes Buch
73–83	Asafpsalmen
90–106	Viertes Buch
93–99	Jahwe-König-Psalmen
107–150	Fünftes Buch
108–110	Davidpsalmen
111–118	Großes Hallel (Lobpsalmen)
120–134	Wallfahrtslieder
138–145	Davidpsalmen
146–150	Kleines Hallel (Lobpsalmen)

67–68
Die Völker sollen Gott loben. Gott hat uns von Anfang an begleitet und bewahrt.

⁵Die Völker werden sich freuen und vor Freude jubeln,
weil du sie gerecht richtest
und alle Völker auf der Erde regierst.
Zwischenspiel

⁶Gott, die Völker sollen dir danken,
alle Völker sollen dich loben.
⁷Dann wird die Erde eine gute Ernte hervorbringen,
und Gott, unser Gott, wird uns überreich segnen.
⁸Ja, Gott wird uns segnen,
und die Völker der Welt werden ihn verehren.

Psalm 68
Für den Chorleiter: Ein Psalm Davids.
²Gott wird sich erheben und seine Feinde zerstreuen.
Die Gott hassen, werden vor ihm fliehen.
³Wie Rauch, der vom Wind verweht wird,
so werden sie vertrieben.
Wie Wachs im Feuer schmilzt,
so kommen alle Gottlosen in der Gegenwart Gottes um.
⁴Die Gottesfürchtigen aber werden sich freuen.
Sie werden froh sein in der Gegenwart Gottes.
Sie werden mit Freude erfüllt werden.

⁵Singt zu Gottes Ehre und lobt seinen Namen!
Lobt den, der durch die Wüste reitet.

Psalm 68,19

Hinweise auf den Messias (2)
Gottes Sieg und seine mächtige Ankunft werden in diesem Psalm besungen. Nach Vers 19 gehört dazu, dass Gott Geschenke von den Besiegten empfängt.
In Epheser 4,8 zitiert Paulus diesen Vers – aber nach anderem Wortlaut. Bei Paulus hat Gott die Gaben *geschenkt* und nicht *bekommen*. Diese Übersetzung beruht vermutlich auf frühen rabbinischen Kommentaren zum Psalm. Sie verstanden den Ausdruck »empfangen bei den Menschen« als »empfangen für die Menschen«. Ein »Bekommen, um zu geben« ist gemeint.
Paulus bezieht das auf Christus und sieht in Psalm 68,19 im Voraus abgebildet, dass Christus als Mensch »herab kam«, dann zu Gott »hinaufgestiegen« ist und als erhöhter Herr den Glaubenden Gaben gab und Dienste anvertraute. Zu einem messianischen Hinweis kann der Psalmvers aber nur werden, wenn man ihn so übersetzt, wie Paulus es tat.
(Psalm 45,7-8 «« | »» Psalm 69,10)

S Südreich Juda   **N** Nordreich Israel

HERR ist sein Name, freut euch in seiner
  Gegenwart!

⁶Vater der Waisen und Helfer der Witwen –
das ist Gott in seiner heiligen Wohnung.
⁷Gott gibt dem Einsamen ein Zuhause;
er befreit die Gefangenen und schenkt ihnen
  Freude.
Wer sich aber gegen ihn auflehnt, für den hält er
  Hunger und Not bereit.

⁸Gott, als du dein Volk aus Ägypten
  herausgeführt hast,
als du durch die Wüste gewandert bist,
Zwischenspiel

⁹da bebte die Erde, und vom Himmel strömte
  Regen,
vor dir, dem Gott des Sinai,
vor Gott, dem Gott Israels.
¹⁰Du hast reichlich Regen gesandt, Gott,
um das ausgedörrte Land wieder fruchtbar zu
  machen.
¹¹Dort hast du dein Volk dann angesiedelt,
und mit überreicher Ernte, Gott,
hast du für dein Not leidendes Volk gesorgt.

¹²Der HERR ruft den Sieg aus
und viele Frauen verkünden die gute Nachricht.
¹³Die feindlichen Könige und ihre Heere
  fliehen,
während die Frauen Israels die Beute teilen.
¹⁴Einst lebten sie zwischen Pferchen,
jetzt sind sie mit Silber und Gold bedeckt
wie eine Taube von ihren Flügeln.
¹⁵Als der Allmächtige die feindlichen Herrscher
  versprengt hatte,
da fiel Schnee auf dem Berg Zalmon.

¹⁶Herrlich erhebt sich der Berg Baschan,
seine Gipfel ragen bis zum Himmel.
¹⁷Du zerklüfteter Berg, warum blickst du mit
  Neid
auf den Zion, den Gott sich als seine Wohnung
  auserwählt hat,
wo der HERR für immer wohnen will?

¹⁸Inmitten von Tausenden von Streitwagen
kam der HERR vom Sinai in sein Heiligtum
  herab.
¹⁹Du bist in die Höhen hinaufgestiegen und hast
  Gefangene mit dir geführt.
Du hast von den Menschen Gaben
  angenommen,
sogar deine Feinde, die sich gegen dich
  auflehnten,
sind bereit, sich Gott, dem HERRN,
  zu unterwerfen.

²⁰Gelobt sei der HERR täglich! Lobt Gott,
  unseren Retter,
denn er trägt für uns unsere Sorgen.
Zwischenspiel

²¹Unser Gott ist ein Gott, der rettet!
Der allmächtige Gott befreit uns vom Tod.

²²Seinen Feinden aber wird Gott den Kopf
  zerschmettern,
denen, die an ihren sündigen Wegen
  festhalten.
²³Der HERR spricht: »Ich will meine
Feinde vom Gebirge Baschan herabbringen,
ich will sie aus den Tiefen des Meeres
  heraufholen.
²⁴Du, mein Volk, sollst deine Füße in ihrem Blut
  baden,
und deine Hunde werden es auflecken!«

²⁵Gott, dein Triumphzug ist bereits zu sehen –
der Zug meines Gottes und Königs, der in sein
  Heiligtum einzieht.
²⁶Sänger ziehen voraus und Spielleute hinterher,
mitten unter ihnen junge Frauen, die Tamburine
  schlagen.
²⁷Lobt Gott, ihr Völker Israels,
lobt den HERRN, ihr Nachkommen Israels.
²⁸Seht, der kleine Stamm Benjamin führt den
  Zug an.
Hinter ihm schreiten viele Fürsten aus Juda
und die Fürsten aus Sebulon und Naftali.

²⁹Zeige deine Macht und deine Stärke, Gott,
wie du es in der Vergangenheit getan hast.
³⁰Die Könige der Erde bringen dir Tribut
in deinen Tempel in Jerusalem.
³¹Bestrafe die feindlichen Nationen –
das wilde Tier, das im Schilf lauert,
und die Schar der Fürsten und die Anführer der
  Völker.
Erniedrige die, die Tribut von uns fordern.*
Zerstreue die Völker, die Freude am Krieg
  haben.
³²Ägypten soll dir kostbare Erze schenken,
Äthiopien* soll dich anbeten.
³³Singt Gott, ihr Königreiche der Erde, lobt den
  HERRN!
Zwischenspiel

68,31 O. *Erniedrige sie, bis sie sich unterwerfen und Silberstücke als Tribut bringen.* **68,32** Hebr. *Kusch.*

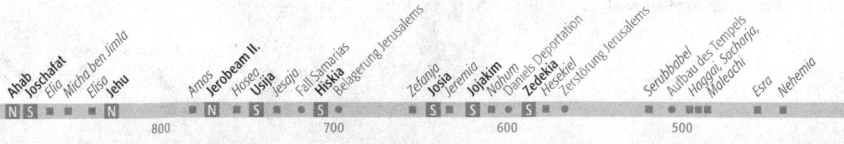

DIE PSALMEN

1–41	Erstes Buch
3–41	Davidpsalmen
42–72	Zweites Buch
42–49	Psalmen der Nachkommen Korachs
51–72	Davidpsalmen
73–89	Drittes Buch
73–83	Asafpsalmen
90–106	Viertes Buch
93–99	Jahwe-König-Psalmen
107–150	Fünftes Buch
108–110	Davidpsalmen
111–118	Großes Hallel (Lobpsalmen)
120–134	Wallfahrtslieder
138–145	Davidpsalmen
146–150	Kleines Hallel (Lobpsalmen)

68–69
Gott ist herrlich. Gott, denke an mich und richte meine Feinde.

---

³⁴Lobt den, der durch den Himmel reitet,
der seit Anbeginn der Zeit besteht,
dessen gewaltige Stimme erschallt.
³⁵Erzählt allen Menschen von Gottes Macht.
Seine Herrlichkeit ist über Israel,
und seine Macht ist größer als der Himmel.
³⁶Herrlich ist Gott in seinem Heiligtum,

Psalm 69,10

Hinweise auf den Messias (2)
Die Klage- und Hilferufe dieses Psalms gelten einer Notlage, in der zwar auch die Sünden des Beters eine Rolle spielen (V. 6), die den Beter aber zumeist schuldlos getroffen hat. Wegen seiner Treue zu Gott wird er gehasst (V. 5.8-13) und in Bedrängnis gebracht (V. 15-19). Er ist durchglüht von der »Leidenschaft für dein Haus«. Dahinter kann das Engagement für den äußeren Aufbau des Tempels oder den inneren Aufbau des Gottesdienstes stehen.
Als Jesus in einer buchstäblich »umstürzenden« Aktion im Jerusalemer Tempel ein Zeichen für die nötige Reform setzte, deuteten seine Jünger das mit Psalm 69,10 und erkannten brennende Leidenschaft für Gottes Haus bei Jesus (Joh 2,17).
Auch Paulus deutet den Psalmvers auf Christus hin und sieht im Erdulden von ungerechtfertigten Beleidigungen ein Beispiel, das Jesus den Glaubenden gibt (Röm 15,3).
(Psalm 68,19 ‹‹‹ | ››› Psalm 78,2)

Psalm 69,22

Hinweise auf den Messias (3)
Dieser Davidpsalm ist aus tiefster Bedrängnis heraus gerufen. Die Gegner überschütten den Beter so sehr mit Spott, dass er darin gleichsam zu ertrinken droht (V. 2-3 und 15-16). Dass er vernichtet wird, ist ihr Ziel (V. 5). Damals tröstete man Trauernde, indem man ihnen eine Mahlzeit anbot (1Sam 3,35; 12,17), doch David bekommt nur Gift zu essen und Essig zu trinken angeboten (V. 22) – eine weitere Demütigung.
Auch Jesus am Kreuz musste diese Erniedrigung erdulden (Mt 27,34.48 – falls nicht ein Betäubungstrank nach Spr 31,6-7 gemeint ist). Der Davidpsalm ist einerseits vollständig ein Bild menschlicher Qual, wie sie vielen Bedrängten passieren kann. Anderseits ist er ein Rahmen, in den das Bild der Passion von Jesus gut hineinpasst.
Jesus nimmt das Psalmwort allerdings nicht zur Vorlage für sein Beten und verwünscht seine Feinde nicht, wie der Davidpsalm es tut (V. 23-29).
(Psalm 27,12 ‹‹‹ | ››› Psalm 107,29)

S Südreich Juda **N** Nordreich Israel

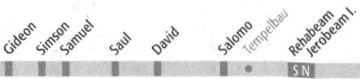

der Gott Israels, der seinem Volk Macht und Stärke schenkt.

Gepriesen sei Gott!

Psalm 69
Für den Chorleiter: Ein Psalm Davids, nach der Melodie »Lilien« zu singen.

²Rette mich, Gott,
denn das Wasser steht mir bis zum Hals.
³Immer tiefer versinke ich im Schlamm,
meine Füße finden keinen Halt.
Ich stehe im tiefen Wasser,
und die Flut überwältigt mich.
⁴Ich bin müde vom Schreien,
meine Kehle ist rau und wund.
Meine Augen sind müde und matt
vom Warten auf dich, mein Gott.

⁵Die mich ohne Grund hassen,
sind zahlreicher als die Haare auf meinem Kopf.
Die Feinde, die mich vernichten wollen,
haben keinen Grund für ihr Tun.
Sie verbreiten Lügen über mich
und fordern zurück, was ich nicht genommen habe.

⁶Gott, du weißt, wie viele Fehler ich mache,
denn meine Sünden sind dir nicht verborgen.
⁷Lass nicht zu, dass die, die auf dich vertrauen,
meinetwegen enttäuscht werden, HERR, Allmächtiger.
Lass nicht an mir zugrunde gehen, die dich suchen, Gott Israels.

⁸Denn um deinetwillen werde ich verhöhnt und verspottet,
gedemütigt und gekränkt.
⁹Selbst meine Brüder geben vor, mich nicht zu kennen,
und behandeln mich wie einen Fremden.
¹⁰Die Leidenschaft für dein Haus brennt in mir,
deshalb beleidigen die,
die dich beleidigen, auch mich.
¹¹Wenn ich vor dem HERRN weine und faste,
dann verspotten sie mich.
¹²Wenn ich mein Trauergewand anlege, um der Welt meinen Kummer zu zeigen,
dann verlachen sie mich.
¹³Ich bin zum Stadtgespräch geworden,
und die Betrunkenen lästern über mich.

¹⁴Doch ich höre nicht auf, zu dir zu beten,
denn ich hoffe darauf, dass du, HERR, mir diesmal gnädig bist.

HERR, erhöre mich in deiner Gnade
und antworte auf mein Gebet mit deiner Hilfe,
denn auf dich ist Verlass!
¹⁵Zieh mich aus dem Schlamm, damit ich nicht noch tiefer sinke!
Rette mich vor denen, die mich hassen,
und zieh mich herauf aus dem tiefen Wasser.
¹⁶Lass nicht zu, dass die Flut mich überwältigt
und die Fluten über mir zusammenschlagen
und der Tod mich verschlingt.

¹⁷HERR, erhöre meine Gebete, denn deine Gnade tröstet mich.
Wende dich in deiner großen Barmherzigkeit zu mir und sorge für mich.
¹⁸Verbirg dich nicht vor mir,
erhöre mich bald, denn meine Angst ist groß!
¹⁹Komm und rette mich,
befreie mich von meinen Feinden.
²⁰Du kennst die Beschimpfungen, die ich erdulde –
den Hohn und den Spott, der über mich ergeht.
Du kennst alle meine Feinde
und weißt, was sie gesagt haben.

²¹Ihre Beschimpfungen haben mir das Herz gebrochen, ich bin verzweifelt.
Wenn doch nur ein Einziger Mitleid gezeigt hätte,
wenn nur einer sich mir zugewandt und mich getröstet hätte.
²²Stattdessen geben sie mir Gift zu essen,
bieten mir Essig an, wenn ich durstig bin.

²³Ihr überreich gedeckter Tisch soll ihnen zur Falle werden
und die, die sich sicher fühlen, ins Verderben stürzen.
²⁴Ihre Augen sollen sich verfinstern, sodass sie nichts mehr sehen,
und ihre Körper sollen von Tag zu Tag schwächer werden.
²⁵Schütte deinen Zorn über sie aus
und vernichte sie in deiner Wut.
²⁶Mögen ihre Häuser leer werden
und ihre Zelte veröden.
²⁷Denn sie haben dem, den du gestraft hast,
zum Schaden noch den Spott hinzugefügt,
sie machen sich lustig über den Schmerz dessen,
den du geschlagen hast.
²⁸Vergiss keine von ihren Sünden*
und lass sie nicht ungestraft davonkommen.
²⁹Tilge ihre Namen aus dem Buch des Lebens,
damit sie nicht bei den Gottesfürchtigen aufgeschrieben sind.

69,28 Hebr. *Gib Schuld auf ihre Schuld.*

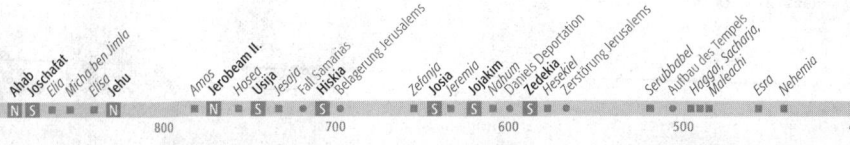

DIE PSALMEN

1–41	Erstes Buch
3–41	Davidpsalmen
42–72	Zweites Buch
42–49	Psalmen der Nachkommen Korachs
51–72	Davidpsalmen
73–89	Drittes Buch
73–83	Asafpsalmen
90–106	Viertes Buch
93–99	Jahwe-König-Psalmen
107–150	Fünftes Buch
108–110	Davidpsalmen
111–118	Großes Hallel (Lobpsalmen)
120–134	Wallfahrtslieder
138–145	Davidpsalmen
146–150	Kleines Hallel (Lobpsalmen)

69–72
Gott wird sein Volk erhören. Rette mich vor meinen Feinden. Ich hoffe auf dich. Gott, hilf dem König bei seiner Aufgabe.

³⁰Ich aber leide und habe Schmerzen.
Beschütze mich, Gott, durch deine Hilfe.
³¹Dann will ich Gottes Namen mit einem Lied loben
und ihm von ganzem Herzen danken.
³²Das wird dem HERRN besser gefallen als die Opferung eines Ochsen
oder eines Stieres mit seinen Hörnern und Hufen.
³³Die Demütigen werden ihren Gott am Werk sehen und froh sein.
Alle, die Gottes Hilfe suchen, sollen in Freude leben.
³⁴Denn der HERR hört die Schreie der Hilflosen
und lässt sein unterdrücktes Volk nicht zugrunde gehen.

³⁵Lobt ihn, Himmel und Erde,
ihr Meere und alles, was darin lebt.
³⁶Denn Gott wird Jerusalem* retten und die Städte Judas wieder aufbauen.
Dann wird sein Volk wieder dort wohnen und das Land besitzen.
³⁷Die Nachkommen derer, die ihm gehorchen, werden das Land erben,
und alle, die ihn lieben, werden darin sicher wohnen.

Psalm 70
Für den Chorleiter: Ein Psalm Davids, der uns den HERRN in Erinnerung bringen soll.
²Komm schnell, Gott, und rette mich!
HERR, hilf mir.
³Die meinen Tod wollen,
sollen gedemütigt und beschämt werden.
Die Freude an meiner Not haben, sollen fliehen und verhöhnt werden.
⁴Sie sollen über ihre Schande erschrecken,
alle, die über mich gelacht und gesagt haben:
»Haha!«
⁵Die Menschen aber, die dich suchen, sollen fröhlich sein und sich freuen.
Alle, die dich lieben und auf deine Rettung vertrauen,
sollen immer wieder bekennen: »Gott ist groß!«
⁶Ich bin arm und hilflos. Gott, komm du mir zu Hilfe,
denn du bist mein Helfer und Retter.
HERR, zögere nicht länger!

Psalm 71
HERR, bei dir suche ich Zuflucht;
lass mich nicht zugrunde gehen.
²Errette mich und befreie mich von meinen Feinden,

69,36 Hebr. *Zion.*

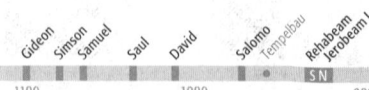

denn du bist gerecht.
Erhöre mein Gebet und hilf mir!
³Sei mir wie ein schützender Fels, zu dem ich
  immer fliehen kann,
denn du hast zugesagt, mir zu helfen.
Du bist mein Fels und meine Burg.

⁴Mein Gott, rette mich aus der Gewalt der
  Gottlosen,
aus der Hand derer, die mich grausam
  unterdrücken.
⁵HERR, du allein bist meine Hoffnung,
dir habe ich vertraut, HERR, von meiner
  Jugend an.
⁶Seit meiner Geburt hast du mich gehalten,
von Anfang an hast du für mich gesorgt.
Deshalb lobe ich dich allezeit!
⁷Mein Leben ist ein Vorbild für viele,
denn du warst meine Stärke und meine
  Zuflucht.
⁸Deshalb kann ich nicht aufhören, dich zu loben,
den ganzen Tag erzähle ich von deiner
  Herrlichkeit.
⁹Verwirf mich jetzt nicht, da ich alt bin.
Verlass mich nicht, wenn meine Kraft nun
  schwindet.
¹⁰Denn meine Feinde verbünden sich gegen
  mich,
und die mich töten wollen, haben sich gegen
  mich verschworen.
¹¹Sie sagen: »Gott hat ihn verlassen.
Jetzt haben wir ihn, denn er hat niemanden
  mehr, der ihm jetzt noch beisteht.«

¹²Gott, bleib nicht ferne von mir.
Mein Gott, komm mir schnell zu Hilfe.
¹³Die mich beschuldigen, sollen umkommen
  und untergehen.
Hohn und Spott soll die treffen, die mir Böses
  wollen.

¹⁴Ich werde nicht aufhören, auf deine Hilfe zu
  hoffen,
und dich immer mehr loben.
¹⁵Ich will allen Menschen erzählen,
  wie treu du bist,
und den ganzen Tag davon berichten,
  wie du mir geholfen hast,
denn staunend sehe ich, wie viel du für mich
  getan hast.
¹⁶Allmächtiger HERR, deine großen Taten will
  ich rühmen.
Ich will allen erzählen, dass du allein gerecht und
  gut bist.

¹⁷Gott, von frühester Kindheit an warst du mein
  Lehrer,
und ich habe den anderen Menschen
  stets von deinen herrlichen Taten erzählt.
¹⁸Nun, da ich alt und grau bin, verlass mich nicht,
  o Gott.
Lass mich von deiner Macht auch der
  kommenden Generation noch erzählen
und von deiner Kraft allen, die nach mir
  kommen.
¹⁹Deine Gerechtigkeit, Gott, reicht bis zum
  Himmel.
Herrliche Taten hast du vollbracht.
Gott, wer ist dir gleich?
²⁰Not und Leid hast du zwar zugelassen,
doch du wirst mir das Leben neu schenken
und mich auch aus der dunkelsten Tiefe wieder
  heraufholen.
²¹Du wirst mich zu großen Ehren bringen und
  mich trösten.
²²Dann will ich dich auf der Harfe loben,
denn du, mein Gott, bist deinen Verheißungen
  treu.
Heiliger Israels, mit der Zither will ich dir
  aufspielen.
²³Ich will jubeln und dir vor Freude singen,
denn du hast mich errettet.
²⁴Den ganzen Tag will ich deine Gerechtigkeit
  loben,
denn alle, die mir schaden wollten,
  wurden beschämt und gedemütigt.

Psalm 72
Ein Psalm Salomos.
Gott, lass den König dein Recht sprechen
und schenke dem Königssohn Gerechtigkeit.
²Hilf ihm, dein Volk gerecht zu richten,
sorge dafür, dass den Armen zu ihrem Recht
  verholfen wird.
³Das Volk wird in Frieden leben
und das Land wird fruchtbar sein,
weil der König tut, was gerecht ist.*
⁴Hilf ihm, für die Unterdrückten einzutreten,
den Kindern der Armen zu helfen
und ihre Ausbeuter zu vernichten.
⁵Der König soll leben*, solange die Sonne
  scheint und
solange der Mond am Himmel steht,
  für alle Zeiten.
⁶Seine Herrschaft sei so erfrischend wie der
  Regen –
wie die Schauer, die die Erde bewässern.
⁷Die Gottesfürchtigen sollen unter ihr aufblühen
und Frieden soll herrschen bis ans Ende der Zeit.

72,3 Hebr. *Es mögen dem Volk Frieden tragen die Berge und die Hügel durch Gerechtigkeit.* 72,5 So in der griech. Version;
im Hebr. heißt es *Sie sollen dich fürchten.*

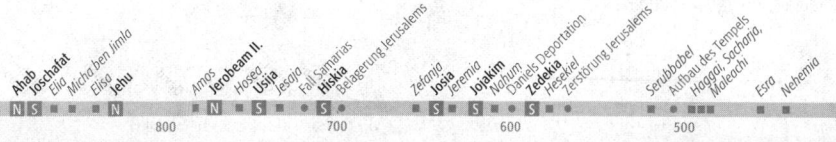

DIE PSALMEN

1–41	Erstes Buch
3–41	Davidpsalmen
42–72	Zweites Buch
42–49	Psalmen der Nachkommen Korachs
51–72	Davidpsalmen
73–89	Drittes Buch
73–83	Asafpsalmen
90–106	Viertes Buch
93–99	Jahwe-König-Psalmen
107–150	Fünftes Buch
108–110	Davidpsalmen
111–118	Großes Hallel (Lobpsalmen)
120–134	Wallfahrtslieder
138–145	Davidpsalmen
146–150	Kleines Hallel (Lobpsalmen)

72–74

Segne den König und hilf ihm bei seiner Aufgabe. Die Gottlosen werden fallen, der Gerechte bleibt bestehen. Gott, denke an dein Volk.

⁸Er herrsche von einem Meer bis zum anderen und vom Euphrat* bis zum Ende der Erde.
⁹Wüstenvölker werden sich vor ihm verneigen und seine Feinde werden sich ihm unterwerfen.
¹⁰Die Könige des Westens, aus Tarsis und von den Inseln, werden ihm Tribut zollen.
Die Könige des Ostens, aus Saba und Seba, werden ihm Gaben bringen.
¹¹Alle Könige werden vor ihm niederfallen und alle Völker ihm dienen.

¹²Er wird den Armen erretten, wenn er um Hilfe ruft,
er wird den Unterdrückten befreien, der keinen Helfer hat.
¹³Er hat Mitleid mit den Schwachen und Hilflosen
und wird sie retten.
¹⁴Er wird sie aus Unterdrückung und Gewalt befreien,
denn ihr Leben ist ihm kostbar.

¹⁵Lang lebe der König!
Man soll ihm Gold von Saba bringen.
Die Menschen sollen beständig für ihn beten,
den ganzen Tag sollen sie ihn segnen.
¹⁶Im Land soll es reiche Ernten geben
bis hoch hinauf in die Berge.
Die Obstbäume sollen blühen wie im Libanon,
sie sollen sprießen wie Gras auf der Wiese.
¹⁷Der Name des Königs soll für immer bestehen,
soll bleiben, solange die Sonne scheint.
Durch ihn sollen alle Völker gesegnet sein,
und alle sollen ihn loben.

¹⁸Gelobt sei Gott, der HERR, der Gott Israels,
der allein so herrliche Taten vollbringt.
¹⁹Gelobt sei sein herrlicher Name für immer!
Die ganze Erde sei erfüllt von seiner Herrlichkeit.
Amen, ja, Amen!
²⁰Hier enden die Gebete Davids, des Sohnes Isais.

DRITTES BUCH: PSALMEN 73–89

Psalm 73
Ein Psalm Asafs.
Gott ist gut zu Israel, zu denen, die ein reines Herz haben.

²Ich aber wäre fast zu Fall gekommen.
Beinahe hätte ich den Boden unter den Füßen verloren.

72,8 Hebr. *vom Fluss.*

S Südreich Juda   N Nordreich Israel

³Denn ich habe die stolzen Menschen beneidet,
als ich sah, wie gut es ihnen trotz ihrer Bosheit
ging.
⁴Sie scheinen ein sorgloses Leben zu führen
und sind stark und gesund.
⁵Sie müssen sich nicht wie die anderen
Menschen abmühen
und werden nicht wie alle übrigen von Sorgen
geplagt.
⁶Ihren Hochmut tragen sie zur Schau wie einen
kostbaren Halsschmuck,
und ihre Grausamkeit umgibt sie wie ein
kostbares Kleid.
⁷Sie triefen vor Fett
und tun, was immer ihr Herz begehrt.
⁸Sie verspotten andere und reden nur Böses,
verächtlich verhöhnen sie andere.
⁹Sie prahlen, als kämen ihre Worte vom
Himmel,
die ganze Welt hört ihre angeberischen Worte.
¹⁰Das verwirrt und verunsichert die Menschen,
sodass sie ihren Worten Glauben schenken.
¹¹Sie fragen: »Weiß Gott überhaupt, was da vor
sich geht?
Sieht der Höchste, was hier geschieht?«
¹²Schau dir diese gottlosen Menschen an –
während ihr Reichtum wächst, führen sie ein
angenehmes und sorgloses Leben.

¹³War es denn völlig umsonst, dass ich mein
Herz rein hielt
und kein Unrecht beging?
¹⁴Jetzt habe ich nichts als Sorgen von früh bis
spät,
jeder Morgen bringt mir neuen Kummer.

¹⁵Wenn ich wirklich so geredet hätte,
wäre ich zum Verräter an deinem Volk
geworden.
¹⁶Deshalb versuchte ich zu begreifen, warum es
den Gottlosen so gut geht.
Aber das war mir zu schwer!
¹⁷Bis ich eines Tages in Gottes Heiligtum kam
und darüber nachdachte, wie ihr Leben endet.
¹⁸Du stellst sie auf schlüpfrigen Boden
und stürzt sie ins Verderben.
¹⁹In einem Augenblick sind sie fort,
und ihr Ende wird schrecklich sein.
²⁰Wie ein Traum beim Erwachen verschwindet,
wirst du sie auslöschen, HERR, wenn du dich
erhebst.
²¹Da erkannte ich, wie verbittert ich war
und welcher Zorn in mir aufstieg, als ich
all dies sah.
²²Wie dumm und unwissend bin ich gewesen –
ich muss dir wie ein unvernünftiges Tier
erschienen sein.
²³Doch ich gehöre noch immer zu dir,
du hältst meine rechte Hand.
²⁴Du wirst mich nach deinem Rat leiten
und mich schließlich in Ehren aufnehmen.
²⁵Wen habe ich im Himmel außer dir?
Du bist mir wichtiger als alles andere auf der
Erde.
²⁶Bin ich auch krank und völlig geschwächt,
bleibt Gott der Trost meines Herzens, er gehört
mir für immer und ewig.

²⁷Die aber, die dich verlassen, werden
umkommen,
denn du vernichtest alle, die sich von dir
abwenden.
²⁸Doch mir geht es gut, weil ich mich nahe an
Gott halte!
Ich setze meine Zuversicht auf den allmächtigen
HERRN.
Von seinen wunderbaren Werken will ich allen
erzählen.

Psalm 74
Ein Psalm Asafs.
Gott, warum hast du uns für immer verstoßen?
Warum ist dein Zorn auf die Schafe deiner
Weide so groß?
²Denke daran, dass wir das Volk sind, das du
erwählt hast,
der Stamm, den du zu deinem Eigentum
gemacht hast!
Und denke an Jerusalem*, deine Wohnung hier
auf Erden.
³Geh durch die düsteren Ruinen der Stadt
und sieh, wie der Feind dein Heiligtum
verwüstet hat.
⁴Hier haben deine Feinde ihre Schlachtrufe
ausgestoßen
und ihre Fahnen als Siegeszeichen gehisst.
⁵Alles haben sie niedergerissen
wie Arbeiter, die sich einen Weg durch das
Dickicht bahnen.
⁶Mit Äxten und Beilen haben sie die
Schnitzereien zerstört.
⁷Sie haben dein Heiligtum in Brand gesteckt,
völlig entweiht haben sie den Ort, der deinen
heiligen Namen trägt.
⁸Sie dachten wohl bei sich:
»Wir wollen alles zerstören!«,
und brannten alle Stätten nieder, an denen Gott
angebetet wurde.
⁹Wir sehen nirgendwo Zeichen dafür, dass du
uns retten wirst.

74,2 Hebr. *den Berg Zion.*

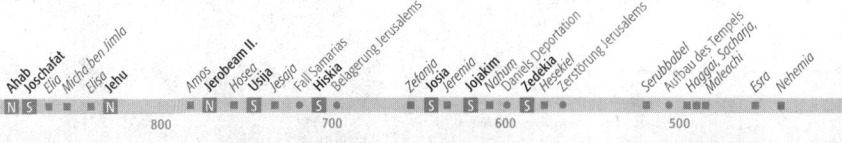

DIE PSALMEN

1–41	Erstes Buch
3–41	Davidpsalmen
42–72	Zweites Buch
42–49	Psalmen der Nachkommen Korachs
51–72	Davidpsalmen
73–89	Drittes Buch
73–83	Asafpsalmen
90–106	Viertes Buch
93–99	Jahwe-König-Psalmen
107–150	Fünftes Buch
108–110	Davidpsalmen
111–118	Großes Hallel (Lobpsalmen)
120–134	Wallfahrtslieder
138–145	Davidpsalmen
146–150	Kleines Hallel (Lobpsalmen)

74–77
Gott, denke an dein Volk. Ich erzähle von Gottes guten Taten. Gott ist groß und weit bekannt. Hat Gott mich vergessen?

Es gibt keine Propheten mehr, und niemand kann uns sagen, wie dies alles enden wird.
¹⁰Wie lange noch, Gott, wirst du zulassen, dass unsere Feinde uns verhöhnen?
Willst du für immer zusehen, wie sie deinen Namen verachten?
¹¹Warum hältst du dich zurück?
Zeige ihnen deine mächtige Hand und vernichte sie.
¹²Gott, du bist seit uralter Zeit mein König, du hast auf der Erde gewaltige Taten vollbracht.
¹³Durch deine Kraft hast du das Meer geteilt und den Seeungeheuern die Köpfe zerschmettert.
¹⁴Du hast die Köpfe des Leviatan zertrümmert und ihn den Wüstentieren zum Fraß überlassen.
¹⁵Du hast Quellen und Bäche hervorsprudeln und Flüsse, die nie austrockneten, versiegen lassen.
¹⁶Der Tag und auch die Nacht gehören dir; du hast das Sternenlicht* und die Sonne geschaffen.
¹⁷Du hast die Grenzen der Erde festgelegt und Sommer und Winter gemacht.
¹⁸HERR, höre doch, wie dein Feind dich verhöhnt und ein gottloses Volk deinen Namen verachtet.
¹⁹Lass nicht zu, dass diese Raubtiere deine Taube* umbringen,
vergiss dein bedrängtes Volk nicht für immer.
²⁰Denke an deinen Bund,
denn das Land ist voller Finsternis und Gewalt!
²¹Lass nicht zu, dass die Unterdrückten enttäuscht werden,
sondern gib den Armen Grund, deinen Namen zu preisen.
²²Gott, erhebe dich und verschaffe dir Recht.
Denke daran, wie diese Gottlosen dich den ganzen Tag lang beleidigen.
²³Verschließ nicht die Ohren vor dem Geschrei deiner Feinde.
Das Geschrei deiner Gegner wird lauter und lauter.

Psalm 75
Für den Chorleiter: Ein Psalm Asafs, nach der Melodie »Du sollst nicht vernichten!« zu singen.
²Wir danken dir, Gott! Wir danken dir, weil du uns nahe bist.
Überall erzählen sich die Menschen von deinen wunderbaren Taten.

³Gott spricht: »Zu der Zeit, die ich bestimmt habe,

74,16 O. *den Mond;* im Hebr. steht *Licht.* 74,19 Gemeint ist damit Israel.

S Südreich Juda   N Nordreich Israel

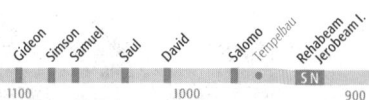

werde ich gerecht richten.
⁴Auch wenn die Erde bebt und die Menschen in
  Aufruhr geraten,
bin ich es, der ihrem Fundament Halt gibt.
                                    Zwischenspiel

⁵Ich habe die Stolzen gewarnt: ›Hört auf mit
  eurem Prahlen!‹
Zu den Gottlosen sprach ich: ›Ballt nicht die
  Fäuste!
⁶Ballt nicht die Fäuste trotzig gegen den
  Himmel!
Hört auf, so unverschämt zu reden!‹«

⁷Denn niemand auf Erden – weder aus Osten
  oder Westen
noch aus Süden – kann einen anderen Menschen
  erhöhen.
⁸Vielmehr richtet Gott allein;
er entscheidet, wen er erhöht und wen er
  erniedrigt.
⁹Der HERR hält einen Becher in seiner Hand,
voll mit schäumendem Wein, gemischt mit
  Gewürzen.
Diesen Wein wird er beim Gericht ausschenken,
und alle Gottlosen müssen ihn bis zum
  allerletzten Tropfen trinken.

¹⁰Ich aber will allezeit von Gottes Werken
  erzählen
und den Gott Israels* mit Liedern loben.
¹¹Denn Gott spricht: »Ich will die Macht der
  Gottlosen zerstören,
aber die Kraft der Gottesfürchtigen will ich
  stärken.«

Psalm 76
*Für den Chorleiter: Ein Psalm Asafs, für Begleitung
mit Streichinstrumenten.*
²Gott ist in Juda jedem bekannt,
in Israel ist sein Name berühmt.
³Er ist in Jerusalem* zu Hause,
der Berg Zion ist sein Wohnsitz.
⁴Dort zerbrach er die Pfeile,
die Schilde, Schwerter und Waffen.
                                    Zwischenspiel

⁵Du bist herrlicher und erhabener als die ewigen
  Berge*.
⁶Deine mächtigsten Feinde sind überwältigt und
  liegen vor uns im Todesschlaf.
Kein Krieger konnte auch nur die Hand gegen
  uns erheben.

⁷Als du ihnen drohtest, Gott Jakobs,
blieben ihre Pferde und Streitwagen stehen.

⁸Deshalb fürchten dich alle!
Wer kann vor dir bestehen, wenn du zornig bist?

⁹Du hast aus dem Himmel das Urteil über deine
  Feinde gesprochen,
da erschrak die Erde und stand still vor dir.
¹⁰Gott, du erhobst dich, um Gericht zu halten,
und um den Unterdrückten in der ganzen Welt
  zu helfen.
                                    Zwischenspiel

¹¹Der Trotz der Menschen vergrößert deinen
  Ruhm,
selbst ihn machst du dir noch zunutze.*

¹²Legt vor dem HERRN, eurem Gott,
  Versprechen ab und erfüllt sie.
Alle Menschen sollen ihm Geschenke bringen,
denn er ist groß und gewaltig.
¹³Er bricht den Stolz der Fürsten
und die Herrscher der Erde fürchten ihn.

Psalm 77
Für Jedutun, den Chorleiter: Ein Psalm Asafs.
²Ich rufe zu Gott und schreie zu ihm.
Ich rufe zu Gott, damit er mich doch endlich
  hört!
³Als ich in großer Not war, suchte ich den
  HERRN.
Die ganze Nacht habe ich gebetet und die Hände
  bittend zum Himmel erhoben.
Für mich gibt es keine Freude mehr, solange
  Gott nicht eingreift.
⁴Denke ich an Gott, dann stöhne ich.
Denke ich nach, dann werde ich mutlos.
                                    Zwischenspiel

⁵Du lässt mich nicht schlafen,
nicht einmal beten kann ich mehr vor Kummer!
⁶Ich denke an die früheren Zeiten,
an längst vergangene Jahre,
⁷als ich beim nächtlichen Harfenspiel fröhlich
  war.
Ich grüble und denke nach.
⁸Hat denn der HERR mich für immer verstoßen?
Wird er sich nie mehr über mich erbarmen?
⁹Habe ich seine Gnade für immer verloren?
Gelten seine Zusagen nicht mehr?
¹⁰Hat Gott vergessen, gütig zu sein?
Warum verweigert er uns im Zorn sein
  Erbarmen?
                                    Zwischenspiel

75,10 Hebr. *Jakobs*. 76,3 Hebr. *Salem*, ein anderer Name für Jerusalem. 76,5 So in der griech. Version; im Hebr. heißt es *als die von wilden Tieren bevölkerten Berge*. 76,11 Die Bedeutung des Hebr. an dieser Stelle ist unklar.

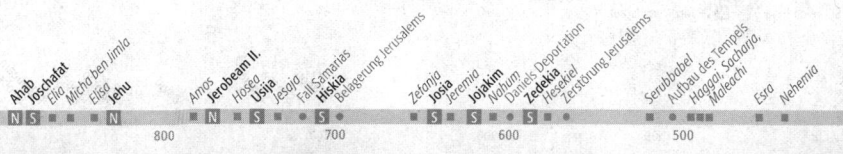

DIE PSALMEN

1–41	Erstes Buch
3–41	Davidpsalmen
42–72	Zweites Buch
42–49	Psalmen der Nachkommen Korachs
51–72	Davidpsalmen
73–89	Drittes Buch
73–83	Asafpsalmen
90–106	Viertes Buch
93–99	Jahwe-König-Psalmen
107–150	Fünftes Buch
108–110	Davidpsalmen
111–118	Großes Hallel (Lobpsalmen)
120–134	Wallfahrtslieder
138–145	Davidpsalmen
146–150	Kleines Hallel (Lobpsalmen)

77–78
Hat Gott mich vergessen? Gottes großes Handeln in Israels Geschichte.

¹¹Und ich sagte: »Es schmerzt mich, dass sich Gottes Zuwendung in Hass verwandelt hat.«
¹²HERR, ich erinnere mich an alles, was du getan hast,
an alle Wunder, die du einst vollbracht hast.
¹³Ständig stehen mir deine Taten vor Augen,
immer wieder muss ich an sie denken.

Psalm 78,2

Hinweise auf den Messias (2)
Dieser Psalm ist ein Geschichtsrückblick, der unter ein bestimmtes Thema gestellt ist. Er wird angekündigt als Rede »in Gleichnissen« (V. 2). Das zugrunde liegende Wort »maschal« kann für Sprichwörter, Spottverse, Gleichnisse und überhaupt tiefsinnige Gedankengänge stehen. Ein »maschal« will klären und einprägen.
Die programmatische Eröffnung von Psalm 78 wird im Matthäusevangelium als generelle Beschreibung der Verkündigung von Jesus gesehen: »Jesus benutzte stets Gleichnisse und Bilder, wenn er zu den Menschen sprach.« Darin erfüllt sich das Wort aus Psalm 78,2 (Mt 13,34-35).
Das Matthäusevangelium deutet den Psalmvers also nur als Prophetie, nicht nur als Eröffnung eines einzelnen Psalms, und kann so eine messianische Tiefenschicht erkennen.
(Psalm 69,10 ««« | »» Psalm 97,7)

Psalm 78,10

Bundesschlüsse
Zu jener Zeit, aus der dieser Psalm kommt, bestehen für Gottes Volk mittlerweile drei Bundesschlüsse nebeneinander: der mit Abraham, der vom Sinai und der mit dem Haus Davids.
Dieser Psalm blickt auf zwei davon zurück. Zunächst wird die Geschichte seit dem Bundesschluss vom Sinai nacherzählt, und zwar als eine Geschichte des Bundesbruchs (V. 10) und des Ungehorsams! Das Volk hielt weder die Bundesverpflichtungen im Einzelnen noch vertraute es grundsätzlich auf seinen Gott.
Der Lichtblick am Ende des Psalms ist König David (V. 65-72), ohne dass hier ausdrücklich der Bund mit ihm erwähnt würde. Darin liegt das Bekenntnis: Auch wenn Gottes Volk den Bund bricht, ist Gott nicht am Ende, sondern erneuert seine Gnade.
Dieser Wesenszug Gottes ist die Grundlage dafür, dass Führende aus Gottes Volk eine Bundeserneuerung wagen dürfen: z.B. Josia (2Kön 22,3) und Esra (Esr 10,3).
(Offenbarung 22,6 ««« | »» Psalm 106,45)

S Südreich Juda   N Nordreich Israel

¹⁴Gott, deine Wege sind heilig.
Gibt es einen Gott, dessen Macht der deinen gleichkommt?
¹⁵Du bist der Gott der Zeichen und Wunder!
Du hast den Völkern deine Macht gezeigt.
¹⁶Du hast dein Volk durch deine Stärke befreit,
die Nachkommen Jakobs und Josefs.

Zwischenspiel

¹⁷Gott, als dich das Rote Meer* sah, da erbebten die Wassermassen!
Die See wurde bis in ihre tiefsten Tiefen erschüttert.
¹⁸Der Himmel öffnete seine Schleusen,
in den Wolken grollte der Donner
und blitzende Pfeile zuckten hin und her.
¹⁹Donnerschläge ertönten aus dem Sturm,
Blitze erhellten die Welt.
Die Erde zitterte und bebte.
²⁰Dein Weg führte durch das Meer,
deine Straße durch die mächtigen Wasser,
doch deine Fußspuren erkannte niemand!
²¹Wie eine Schafherde hast du dein Volk diesen Weg geführt,
Mose und Aaron waren deine Hirten.

Psalm 78
Ein Psalm Asafs.
Höre, mein Volk, auf meine Lehre.
Achtet auf das, was ich euch sage,
²denn ich will zu euch in Gleichnissen sprechen.
Ich werde die Geheimnisse erklären, die seit der Erschaffung der Welt verborgen waren;
³Geschichten, die wir oft hörten und gut kennen,
Geschichten, die unsere Vorfahren an uns weitergegeben haben.
⁴Wir wollen diese Wahrheiten unseren Kindern nicht vorenthalten,
sondern der nächsten Generation
von den wunderbaren Taten des HERRN erzählen,
von seiner Macht und den großen Wundern,
die er vollbrachte.
⁵Denn er teilte Jakob seine Gebote mit, er gab Israel sein Gesetz
und gebot unseren Vorfahren,
ihre Kinder dieses Gesetz zu lehren,
⁶damit auch die nächste Generation es kenne –
die Kinder, die erst noch geboren werden –
und es auch an ihre Kinder weitergebe.
⁷Sie alle sollen ihre Hoffnung von Neuem auf Gott setzen,
seine herrlichen Wunder nicht vergessen und seine Gebote befolgen.
⁸Damit sie nicht wie ihre Vorfahren werden –
ungehorsam und untreu –
die sich gegen Gott auflehnten
und sich weigerten, Gott ihr Herz zu schenken.
⁹Die Krieger Ephraims waren gut ausgerüstete Bogenschützen,
dennoch flohen sie, als es zur Schlacht kam.
¹⁰Sie hielten Gottes Bund nicht
und weigerten sich, nach seinem Gesetz zu leben.
¹¹Sie vergaßen, was er getan
und welch große Wunder sie erlebt hatten.
¹²Wunder, die er in Ägypten, in der Ebene von Zoan,
für ihre Vorfahren vollbrachte.
¹³Denn er teilte das Meer vor ihnen und führte sie hindurch!
Die Wassermassen türmten sich wie Wände neben ihnen auf!
¹⁴Tagsüber führte er sie in Gestalt einer Wolke
und nachts mit einer Feuersäule.
¹⁵Er spaltete die Felsen in der Wüste
und gab ihnen Wasser im Überfluss zu trinken.
¹⁶Er ließ aus dem Fels Bäche hervorbrechen,
sodass sie herabstürzten wie Flüsse.
¹⁷Doch sie sündigten weiter gegen ihn
und lehnten sich in der Wüste gegen den Höchsten auf.
¹⁸Absichtlich stellten sie Gott auf die Probe
und verlangten Nahrung, auf die sie Lust hatten.
¹⁹Sie lehnten sich gegen Gott auf und sagten:
»Kann uns Gott etwa in der Wüste Essen geben?
²⁰Er kann zwar an einen Felsen schlagen,
sodass Wasser herausströmt,
aber kann er auch seinem Volk Fleisch und Brot geben?«
²¹Als der HERR das hörte, wurde er zornig;
wie Feuer entflammte sein Zorn gegen Jakob,
seine Wut kam über Israel.
²²Denn sie glaubten Gott nicht
und vertrauten nicht darauf, dass er für sie sorgen würde.
²³Trotzdem befahl er den Wolken
und öffnete die Tore des Himmels.
²⁴Er ließ das Manna regnen, sodass sie zu essen hatten,
und gab ihnen Brot aus dem Himmel.
²⁵Sie aßen die Speise der Engel.
Gott gab ihnen, bis sie satt waren.
²⁶Dann ließ er dem Ostwind am Himmel freien Lauf
und trieb den Südwind durch seine große Macht herbei.
²⁷Er ließ Fleisch regnen, dicht wie Staub –
Vögel, so zahlreich wie Sandkörner am Meeresstrand!

77,17 Hebr. *die Wasser*.

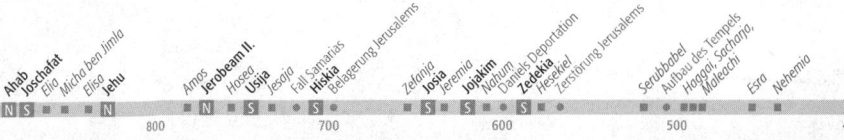

DIE PSALMEN

Psalmen	
1–41	Erstes Buch
3–41	Davidpsalmen
42–72	Zweites Buch
42–49	Psalmen der Nachkommen Korachs
51–72	Davidpsalmen
73–89	Drittes Buch
73–83	Asafpsalmen
90–106	Viertes Buch
93–99	Jahwe-König-Psalmen
107–150	Fünftes Buch
108–110	Davidpsalmen
111–118	Großes Hallel (Lobpsalmen)
120–134	Wallfahrtslieder
138–145	Davidpsalmen
146–150	Kleines Hallel (Lobpsalmen)

78–79
Gottes großes Handeln in Israels Geschichte. Gott, wende dich deinem Volk wieder zu.

S Südreich Juda   N Nordreich Israel

²⁸Er ließ die Vögel mitten in ihr Lager fallen
und rings um ihre Zelte.
²⁹Die Menschen aßen, bis sie satt waren.
Was sie verlangten, gab er ihnen.
³⁰Doch noch bevor ihr Verlangen gestillt war,
noch während sie das Fleisch kauten,
³¹kam Gottes Zorn über sie,
und er tötete ihre stärksten Männer,
er vernichtete die jungen Männer Israels.

³²Trotzdem hörten die Leute nicht auf zu sündigen
und glaubten nicht an seine Wunder.
³³Deshalb ließ er ihr Leben sinnlos dahingehen,
in Angst und Schrecken.
³⁴Als Gott einige tötete, begannen sie nach ihm zu fragen.
Sie bereuten ihr Tun und kehrten zu Gott zurück.
³⁵Sie erinnerten sich wieder daran, dass Gott ihr schützender Fels ist
und Gott, der Höchste, sie befreit hatte.
³⁶Doch sie waren Gott nur äußerlich gehorsam:
Sie betrogen ihn mit ihren Worten
und mit ihrer Zunge belogen sie ihn.
³⁷Im Herzen waren sie ihm nicht treu.
Sie hielten seinen Bund nicht.
³⁸Dennoch war er barmherzig und vergab ihnen ihre Sünden und vernichtete sie nicht alle.
Immer wieder zügelte er seinen Zorn
und ließ seiner Wut nicht freien Lauf!
³⁹Denn er dachte daran, dass sie vergänglich waren
wie ein Hauch im Wind, der verweht und nicht wiederkehrt.

⁴⁰Wie oft lehnten sie sich in der Wüste gegen ihn auf
und betrübten sein Herz in der Wildnis.
⁴¹Immer wieder stellten sie seine Geduld auf die Probe
und enttäuschten den heiligen Gott Israels.
⁴²Sie vergaßen, wie mächtig er war
und wie er sie vor ihren Feinden gerettet hatte.
⁴³Sie vergaßen seine Zeichen, die er in Ägypten getan hatte,
seine Wunder in der Ebene von Zoan.
⁴⁴Denn er hatte ihre Flüsse in Blut verwandelt,
sodass niemand mehr daraus trinken konnte.
⁴⁵Er hatte riesige Fliegenschwärme gesandt,
die die Menschen überfielen,
und Frösche, die ihnen Verderben brachten.
⁴⁶Er gab ihre Früchte den Raupen
und ihren Ertrag den Heuschrecken.
⁴⁷Er vernichtete ihre Weinstöcke mit Hagel
und ihre Feigenbäume mit Graupeln.
⁴⁸Er überließ ihre Rinder dem Hagelschlag

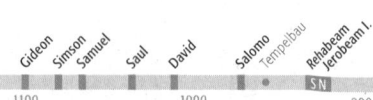

und ihre Herden den Blitzen.
⁴⁹Er ließ sie seinen gewaltigen Zorn spüren,
seinen Zorn, seine Wut und seine Feindschaft.
Engel, die Unheil brachten, sandte er gegen sie.
⁵⁰Er hielt seinen Zorn nicht länger zurück
und schonte das Leben der Ägypter nicht,
sondern lieferte sie der Pest aus.
⁵¹Er tötete den ältesten Sohn in jeder Familie,
die Blüte der Jugend im ganzen ägyptischen
  Land*.
⁵²Sein eigenes Volk aber führte er wie eine
  Herde Schafe
und leitete es sicher durch die Wüste.
⁵³Er beschützte sie, sodass sie sich nicht zu
  fürchten brauchten;
aber ihre Feinde begrub das Meer.
⁵⁴Er brachte sie bis an die Grenze seines heiligen
  Landes
zu dem Berg, den er für sie erobert hatte.
⁵⁵Er vertrieb die Völker vor ihnen
und teilte ihnen das Land durch das Los zu
und ließ die Stämme Israels dort wohnen.

⁵⁶Doch obwohl er all dies für sie tat,
hörten sie nicht auf, Gott, den Höchsten,
  herauszufordern,
und lehnten sich gegen ihn auf und weigerten
  sich, seinen Geboten zu gehorchen.
⁵⁷Sie fielen ab und waren so treulos, wie ihre
  Eltern es gewesen waren.
Sie waren nutzlos wie ein schlaffer Bogen.
⁵⁸Sie machten Gott zornig, weil sie andern
  Göttern Altäre errichteten,
sie reizten seine Eifersucht mit ihren Götzen.
⁵⁹Als Gott das sah, entflammte sein Zorn
und heftig verstieß er Israel.
⁶⁰Er verließ seine Wohnung in Silo,
das Zelt, in dem er unter dem Volk gewohnt
  hatte.
⁶¹Er ließ zu, dass die Bundeslade erbeutet
  wurde*,
er gab seine Herrlichkeit in die Hände seiner
  Feinde.
⁶²Er ließ sein eigenes Volk durch das Schwert
  umkommen,
Zorn packte ihn gegen sein eigenes Volk.
⁶³Ihre jungen Männer kamen im Feuer um,
und ihre jungen Mädchen starben, bevor sie
  Hochzeitslieder singen konnten.
⁶⁴Ihre Priester wurden ermordet,
und die Witwen durften ihren Tod nicht einmal
  betrauern.
⁶⁵Doch dann erhob sich der HERR, als erwachte
  er aus dem Schlaf, wie ein starker Held, der aus
  der Trunkenheit aufwacht.

⁶⁶Er vertrieb seine Feinde
und ließ ewige Schande über sie kommen.
⁶⁷Josefs Nachkommen aber verstieß er,
der Stamm Ephraim wurde nicht erwählt.
⁶⁸Stattdessen erwählte er den Stamm Juda,
den Berg Zion, den er liebte.
⁶⁹Dort erbaute er sein Heiligtum, hoch wie der
  Himmel
und fest und dauerhaft wie die Erde.
⁷⁰Er machte David zu seinem Diener
und holte ihn weg von den Schafherden.
⁷¹Er nahm David fort von den Mutterschafen
  und Lämmern
und machte ihn zum Hirten über sein Volk Jakob
und über sein Erbe Israel.
⁷²Er sorgte für sie mit einem aufrichtigen
  Herzen
und führte sie mit kluger Hand.

Psalm 79
Ein Psalm Asafs.
Gott, fremde Völker haben dein Land, dein
  Eigentum, erobert.
Sie haben deinen heiligen Tempel entweiht
und Jerusalem in Trümmer gelegt.
²Sie haben die Leichname deiner Diener
den Vögeln des Himmels zum Fraß vorgeworfen
und das Fleisch deiner treuen Diener den wilden
  Tieren überlassen.
³Ihr Blut wurde wie Wasser vergossen rings um
  Jerusalem,
und keiner ist mehr übrig, der die Toten
  begraben könnte.
⁴Unsere Nachbarvölker verhöhnen uns,
wir sind zum Hohn und Gespött geworden der
  Menschen, die uns umgeben.

⁵HERR, wie lange willst du noch zornig auf uns
  sein?
Wie lange noch wird deine Eifersucht wie Feuer
  wüten?
⁶Lass doch deinen Zorn an den Völkern aus,
die sich weigern, dich anzuerkennen,
und an den Königreichen, die deinen Namen
  nicht anrufen.
⁷Denn sie haben dein Volk Israel* vernichtet
und das Land verwüstet.
⁸Rechne uns die Schuld unserer Väter nicht an,
sondern erbarme dich bald wieder über uns,
denn wir sind sehr schwach.
⁹Hilf uns, Gott, unser Retter. Hilf uns um der
  Ehre deines Namens willen!
Rette uns und vergib uns unsre Sünden um
  deines Namens willen!

78,51 Hebr. *in den Zelten von Ham.*   78,61 Hebr. *Und er gab seine Macht in Gefangenschaft.*   79,7 Hebr. *Jakob.*

DIE PSALMEN

1–41	Erstes Buch
3–41	Davidpsalmen
42–72	Zweites Buch
42–49	Psalmen der Nachkommen Korachs
51–72	Davidpsalmen
73–89	Drittes Buch
73–83	Asafpsalmen
90–106	Viertes Buch
93–99	Jahwe-König-Psalmen
107–150	Fünftes Buch
108–110	Davidpsalmen
111–118	Großes Hallel (Lobpsalmen)
120–134	Wallfahrtslieder
138–145	Davidpsalmen
146–150	Kleines Hallel (Lobpsalmen)

79–82
Gott, wende dich deinem Volk wieder zu. Gott gebührt Lob für seine Hilfe. Gott richtet über die Götter.

¹⁰Warum sollen die anderen Völker uns verspotten und fragen dürfen:
»Wo ist denn nun ihr Gott?«
Zeige ihnen, vor unseren Augen, dass du das vergossene Blut deines Volkes rächst.
¹¹Höre das Stöhnen der Gefangenen.
Zeige deine große Macht und rette die, die man töten will.
¹²HERR, nimm siebenfach Rache an unseren Nachbarvölkern,
weil sie dich verachtet und verspottet haben.
¹³Wir aber, dein Volk und die Schafe deiner Weide,
werden dir für immer und ewig danken
und deine Größe loben von Generation zu Generation.

Psalm 80
Für den Chorleiter: Ein Psalm Asafs, nach der Melodie »Lilien des Bundes« zu singen.
²Höre, du Hirte Israels, der du Israel* wie eine Herde gehütet hast.
Gott, der du über den Cherubim thronst,
zeige deine strahlende Herrlichkeit
³Ephraim, Benjamin und Manasse.
Zeige uns deine große Macht.
Komm und rette uns!

⁴Gott, richte uns wieder auf!
Blicke uns wieder gnädig an, dann sind wir gerettet.
⁵HERR, allmächtiger Gott,
wie lange willst du uns noch zürnen und unsere Gebete zurückweisen?
⁶Du hast uns mit Tränen gespeist
und uns Krüge voll Tränen zu trinken gegeben.
⁷Du hast uns zum Gespött für unsere Nachbarvölker gemacht,
und unsere Feinde verachten uns.

⁸Gott, richte uns wieder auf!
Blicke uns wieder gnädig an, dann sind wir gerettet.
⁹Du hast uns aus Ägypten herausgeführt wie einen jungen Weinstock;
du hast die anderen Völker vor uns vertrieben und uns in deinem Land eingepflanzt.
¹⁰Du hast den Boden für uns gepflügt,
wir haben Wurzeln geschlagen und uns im Land ausgebreitet.
¹¹Unsre Schatten haben die Berge bedeckt
und unsre Ranken die mächtigen Zedern.
¹²Wir haben unsere Zweige nach Westen bis ans Mittelmeer,

80,2 Hebr. *Josef.*

unsere Sprösslinge nach Osten bis an den
Euphrat* ausgebreitet.
¹³Warum hast du jetzt unsere Mauer eingerissen,
sodass alle, die vorübergehen, unsere Früchte
stehlen können?
¹⁴Das Wildschwein aus dem Wald verschlingt
uns,
und die Tiere des Feldes ernähren sich von uns.

¹⁵HERR, allmächtiger Gott, wende dich uns
wieder zu
und sieh aus dem Himmel auf unsere Not herab.
Kümmere dich um den Weinstock,
¹⁶den du selbst gepflanzt hast,
den Sohn, den du dir aufgezogen hast.
¹⁷Denn unsere Feinde haben ihn umgehauen
und mit Feuer verbrannt.
Aber wenn sie dich sehen, dann kommen sie um.
¹⁸Beschütze den Mann, den du liebst,
den Sohn, den du erwählt hast.
¹⁹Dann werden wir dich niemals mehr vergessen.
Erhalte uns am Leben, damit wir deinen Namen
wieder anrufen können.

²⁰HERR, allmächtiger Gott, richte uns wieder auf!
Blicke uns wieder gnädig an, dann sind wir
gerettet.

Psalm 81

*Für den Chorleiter: Ein Psalm Asafs, mit einem
Saiteninstrument* zu begleiten.*
²Lobt Gott, unsere Stärke.
Jubelt über den Gott Israels*.
³Singt ihm Lieder und schlagt das Tamburin.
Spielt die liebliche Zither und die Harfe.
⁴Lasst die Trompete am Neumond erklingen,
am Vollmond, zum Tag unseres Festes.
⁵Denn das ist eine Verordnung in Israel,
ein Gesetz des Gottes Jakobs.
⁶Er hat es für Israel* eingesetzt,
als er gegen Ägypten kämpfte, um uns zu
befreien.
Ich hörte eine unbekannte Stimme sprechen:
⁷»Jetzt will ich eure Schultern von ihrer Last
befreien
und eure Hände frei machen von ihrer schweren
Arbeit.
⁸Ihr habt mich in der Not angerufen, und ich
habe euch gerettet
und euch aus der Gewitterwolke geantwortet.
Ich habe euren Glauben bei Meriba geprüft,
als ihr euch beklagtet, weil ihr kein Wasser
hattet.
Zwischenspiel

⁹Hör auf mich, mein Volk, wenn ich dich warne!
Wenn du doch auf mich hören würdest, Israel!
¹⁰Du sollst keine fremden Götter haben,
und du sollst keine Götzen anbeten.
¹¹Denn ich bin der HERR, dein Gott,
der dich aus Ägypten befreit hat.
Öffne deinen Mund weit, ich will ihn mit guten
Dingen füllen.

¹²Aber mein Volk wollte nicht hören
und Israel wollte mir nicht gehorsam sein.
¹³Deshalb überließ ich es seiner Blindheit und
Verstocktheit
und ließ es nach seinen eigenen Wünschen
leben.
¹⁴Wenn mein Volk doch auf mich hören würde!
Wenn Israel mir doch gehorchen
und sich doch an meine Wege halten würde!
¹⁵Wie schnell würde ich dann ihre Feinde
unterwerfen
und meine Hand gegen ihre Gegner wenden!
¹⁶Alle, die den HERRN hassen, würden vor ihm
auf die Knie gehen;
ihr Untergang wäre besiegelt.
¹⁷Euch aber würde ich mit den köstlichsten
Speisen versorgen
und mit wildem Honig aus dem Felsen sättigen.«

Psalm 82

Ein Psalm Asafs.
Gott steht auf im himmlischen Gericht
und spricht das Urteil über die Götter:
²»Wie lange wollt ihr noch ungerecht richten?
Wie lange wollt ihr die Gottlosen noch
bevorzugen?
Zwischenspiel

³Verhelft den Armen und Waisen zu ihrem
Recht
und verteidigt die Sache der Notleidenden und
Unterdrückten.
⁴Rettet die Armen und Hilflosen
und befreit sie aus den Klauen schlechter
Menschen.
⁵Aber sie lassen sich nichts sagen und wollen
nicht verstehen.
Weil sie in Finsternis leben,
wird die Welt bis ins Innerste erschüttert.
⁶Ich habe gesagt: ›Ihr seid Götter
und Kinder des Höchsten.
⁷Doch ihr werdet wie alle Menschen sterben,
wie alle Fürsten werdet ihr umkommen.‹«

⁸Erhebe dich, Gott, und richte die Erde,

80,12 Hebr. *nach Westen bis zum Meer... nach Osten bis zum Fluss.*   81,1 Hebr. *gemäß der Gittit.*   81,2 Hebr. *Jakobs.*
81,6 Hebr. *für Josef.*

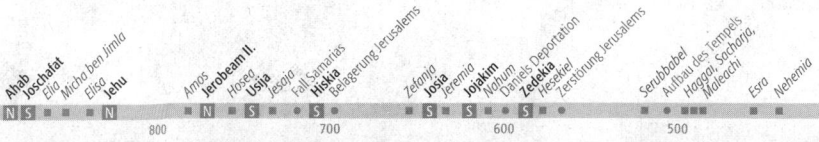

DIE PSALMEN

1–41	Erstes Buch
3–41	Davidpsalmen
42–72	Zweites Buch
42–49	Psalmen der Nachkommen Korachs
51–72	Davidpsalmen
73–89	Drittes Buch
73–83	Asafpsalmen
90–106	Viertes Buch
93–99	Jahwe-König-Psalmen
107–150	Fünftes Buch
108–110	Davidpsalmen
111–118	Großes Hallel (Lobpsalmen)
120–134	Wallfahrtslieder
138–145	Davidpsalmen
146–150	Kleines Hallel (Lobpsalmen)

83–85
Gott, vernichte deine Feinde. Die Nähe zu Gott erfüllt mich mit Freude. Gott, verwandle deinen Zorn in Liebe.

denn alle Völker gehören dir!

Psalm 83
Ein Psalm Asafs. Ein Lied.
²Mein Gott, schweige nicht länger,
bleibe nicht so still und untätig!
³Sieh doch, deine Feinde rebellieren gegen dich
und lehnen sich gegen dich auf.
⁴Sie verschwören sich gegen dein Volk
und schmieden hinterhältige Pläne gegen die,
die du beschützt.
⁵Sie sagen: »Kommt, wir wollen das Volk Israel vernichten
und die Erinnerung an diese Nation aus dem Gedächtnis der Menschen auslöschen.«
⁶Denn sie waren sich einig
und haben ein Bündnis gegen dich geschlossen –
⁷die Edomiter und Ismaeliter, Moabiter und Hagariter,
⁸Gebaliter, Ammoniter und Amalekiter
und die Völker aus dem Philisterland und aus Tyrus.
⁹Auch Assyrien hat sich ihnen angeschlossen
und hat sich mit den Nachkommen Lots verbündet.

Zwischenspiel

¹⁰Besiege sie wie die Midianiter
oder wie Sisera und Jabin am Bach Kischon.
¹¹In En-Dor wurden sie getötet,
und ihre Leichen verrotteten auf der Erde.
¹²Lass ihre Fürsten sterben wie Oreb und Seeb

Psalm 85

Gottes Liebe, Gottes Zorn
Das Volk Israel wusste, dass es aufgrund seiner Sünden in Gefangenschaft geraten war. Seine Rückkehr ins Verheißene Land verdankte es allein der Gnade Gottes. Die Propheten hatten wunderbare, paradiesische Bedingungen vorausgesagt, wenn Israel wieder ins Verheißene Land einziehen würde (Jes 51,3). Doch die meisten dieser Vorhersagen hatten sich nicht erfüllt – noch nicht.
So blieb es für viele Jahrhunderte. Israel war zwar frei, jedoch erging es ihm auf unterschiedliche Art und Weise, mal besser, dann aber auch wieder schlechter. Wie lange sollte Israel noch warten, bis sich alle Verheißungen Gottes endlich erfüllen würden? Der Psalmist sagt hier: Es ist alles wieder gut (V. 2-4) – aber doch nicht wirklich (V. 5-7). Hilf uns dir treu zu bleiben (V. 8-9). In Gottes Gegenwart gibt es Heil und Herrlichkeit, Liebe und Wahrheit, Gerechtigkeit und Frieden. Eines Tages wird sich dies erfüllen (V. 10-14). Darauf können wir uns verlassen.
(Nehemia 1,5 «« | »» Habakuk 3,2)

und ihre Anführer umkommen wie Sebach und
  Zalmunna,
¹³denn sie sagten: »Wir wollen das Land Gottes
  erobern!«

¹⁴Mein Gott, blase sie fort wie Staub,
verwehe sie wie Spreu im Wind!
¹⁵Wie ein Feuer im Wald wütet
und eine Flamme Berge in Brand setzt,
¹⁶so verfolge sie mit deinem Sturm
und erschrecke sie mit deinen Unwettern.
¹⁷Lass sie zum Spott werden,
dass sie anfangen, HERR, nach deinem Namen zu
  fragen.
¹⁸Beschämt sollen sie sein und sich erschrecken.
Was sie auch tun, es soll ihnen misslingen,
¹⁹bis sie erkennen, dass du allein HERR genannt
  wirst,
der Herrscher über die ganze Erde.

Psalm 84
*Für den Chorleiter: Ein Psalm der Nachkommen
Korachs, mit Streichinstrumenten* zu begleiten.*
²Wie herrlich sind deine Wohnungen,
  allmächtiger HERR.
³Ich sehne mich, ja ich vergehe vor Sehnsucht,
die Vorhöfe des HERRN zu betreten,
wo ich den lebendigen Gott mit frohem Herzen
  anbeten will.
⁴Selbst ein Vogel findet dort ein Heim,
und die Schwalben bauen ihr Nest
und ziehen ihre Jungen auf, nahe bei deinen
  Altären,
allmächtiger HERR, mein Gott und König!
⁵Wie glücklich sind die, die in deinem Hause
  wohnen dürfen,
sie werden dich jederzeit loben.
                                    Zwischenspiel

⁶Glücklich sind die Menschen, die in dir ihre
  Stärke finden
und von Herzen dir nachfolgen.
⁷Wenn sie das Tal der Tränen* durchqueren,
wird es ihnen zu einem Ort erfrischender
  Quellen
und der Frühregen bedeckt es mit Segen.
⁸So bekommen sie immer wieder neue Kraft
und erscheinen in Jerusalem* vor Gott.

⁹HERR, allmächtiger Gott, vernimm mein Gebet
und erhöre mich, Gott Israels*.
                                    Zwischenspiel

¹⁰Gott, schau den König, unseren Beschützer,
  gnädig an.
Hab Erbarmen mit ihm, den du auserwählt hast!
¹¹HERR, ein einziger Tag in deinen Vorhöfen ist
besser als sonst tausend!
Lieber möchte ich Torhüter im Haus meines
  Gottes sein, als in den Häusern der Bösen zu
  wohnen.
¹²Denn Gott, der HERR, ist für uns Sonne und
  Schutz.
Er schenkt uns Gnade und Ehre.
Der HERR wird denen nichts Gutes vorenthalten,
die tun, was recht ist.
¹³Allmächtiger HERR,
glücklich ist der Mensch, der auf dich vertraut.

Psalm 85
*Für den Chorleiter: Ein Psalm der Nachkommen
Korachs.*
²HERR, du hattest Freude an deinem Land
und hast Israel* aus der Gefangenschaft befreit.
³Du hast deinem Volk seine Schuld vergeben
und alle seine Sünden zugedeckt.
                                    Zwischenspiel

⁴Du hast von deinem Zorn abgelassen
und die Glut deines Zornes gelöscht.
⁵Nun wende dich uns wieder zu, Gott unsres
  Heils,
und vergiss deinen Zorn auf uns.
⁶Willst du uns denn für immer zürnen?
Willst du deinen Zorn auch auf die künftigen
  Generationen ausdehnen?
⁷Willst du uns nicht lieber neues Leben
  schenken,
damit dein Volk sich wieder an dir freuen kann?
⁸Zeige uns deine Liebe, HERR,
und schenke uns dein Heil.

⁹Ich höre aufmerksam auf das, was Gott, der
  HERR, spricht,
denn er verheißt seinem Volk, denen, die ihm
  treu sind, Frieden.
Lass nicht zu, dass sie auf ihre verkehrten Wege
  zurückkehren.
¹⁰Ganz sicher ist sein Heil bei denen, die ihm die
  Ehre geben;
und unser Land wird von seiner Herrlichkeit
  erfüllt sein.

¹¹Liebe und Wahrheit haben sich verbündet.
Gerechtigkeit und Frieden küssen sich!
¹²Wahrheit wird auf der Erde wachsen
und Gerechtigkeit vom Himmel herabschauen.
¹³Ja, der HERR wird es uns gut gehen lassen
und unser Land wird reiche Ernte tragen.

84,1 Hebr. *gemäß der Gittit.* **84,7** Hebr. *Tal von Baka.* **84,8** Hebr. *Zion.* **84,9** Hebr. *Jakobs.* **85,2** Hebr. *Jakob.*

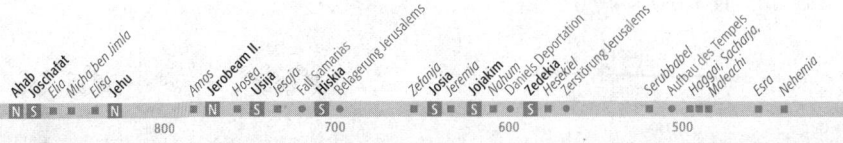

DIE PSALMEN

1–41	Erstes Buch
3–41	Davidpsalmen
42–72	Zweites Buch
42–49	Psalmen der Nachkommen Korachs
51–72	Davidpsalmen
73–89	Drittes Buch
73–83	Asafpsalmen
90–106	Viertes Buch
93–99	Jahwe-König-Psalmen
107–150	Fünftes Buch
108–110	Davidpsalmen
111–118	Großes Hallel (Lobpsalmen)
120–134	Wallfahrtslieder
138–145	Davidpsalmen
146–150	Kleines Hallel (Lobpsalmen)

86–89
Gott, erhöre mich, ich brauche deine Hilfe. Lob auf Jerusalem. Herr, wende dich mir zu. Gott ist treu.

¹⁴Gerechtigkeit wird ihm vorangehen
und für ihn den Weg bereiten.

Psalm 86
Ein Gebet Davids.
HERR, vernimm mein Gebet
und erhöre mich, denn ich brauche deine Hilfe.
²Beschütze mich, denn ich bin dir treu.
Rette deinen Diener, der auf dich allein vertraut.
Du bist mein Gott.

³Hab Erbarmen, HERR,
denn ich rufe unablässig zu dir.
⁴Schenke mir wieder Freude, HERR,
denn mein Leben liegt in deiner Hand.
⁵HERR, du bist so gut und immer bereit zu vergeben,
voller Gnade für alle, die dich um Hilfe bitten.
⁶Höre mein Gebet,
HERR, vernimm mein Flehen.
⁷Zu dir will ich kommen, wann immer mich
die Sorgen überwältigen,
und du wirst mich erhören.

⁸HERR, kein anderer Gott ist dir gleich
und niemand kann tun, was du tust.
⁹HERR, alle Völker, die du gemacht hast,
werden kommen und dich anbeten
und deinen Namen preisen.
¹⁰Denn du bist groß und tust Wunder.
Du allein bist Gott.

¹¹HERR, zeige mir den richtigen Weg,
damit ich nach deiner Wahrheit lebe!
Gib mir das Verlangen ins Herz, dich zu ehren.
¹²Von ganzem Herzen will ich dich preisen,
HERR, mein Gott.
Ich will deinen Namen stets verherrlichen,
¹³denn deine Liebe zu mir ist groß.
Du hast mich vom sicheren Tod* gerettet!

¹⁴Gott, unverschämte Menschen greifen mich an,
grausame Menschen wollen mich töten.
Vor dir haben sie keine Ehrfurcht.
¹⁵Doch du, HERR, bist ein gnädiger und barmherziger Gott
mit viel Geduld und voll Gnade und Wahrheit.
¹⁶Wende dich zu mir und erbarme dich.
Gib deinem Diener Kraft, ja, rette mich, denn dir diene ich.
¹⁷HERR, gib mir ein Zeichen deiner Güte.
Dann werden sich alle, die mich hassen, schämen,
weil du mir hilfst und mich tröstest.

86,13 Hebr. *der Scheol*.

Psalm 87
Ein Psalm der Nachkommen Korachs.
Hoch auf dem heiligen Berg liegt die vom
  Herrn erbaute Stadt.
²Er liebt die Stadt Jerusalem
mehr als alle anderen Städte in Israel.*
³Herrliches erzählt man sich von dir,
du Stadt Gottes!
Zwischenspiel

⁴»Ich rechne Ägypten* und Babylon zu denen,
  die mich kennen –
ebenso das Philisterland und Tyrus, ja selbst
  das ferne Äthiopien*.
Sie alle sind dort geboren!«
⁵Doch von Jerusalem* wird es heißen:
»Alle seine Bewohner sind darin geboren!«
Und der Höchste selbst wird die Stadt
  beschützen.
⁶Wenn der Herr die Völker aufzählt,
wird er sagen: »Dieses Volk ist in Jerusalem
  geboren.«
Zwischenspiel

⁷Und die Menschen werden tanzen und singen:
»Alle meine Quellen sind in dir, Jerusalem!«

Psalm 88
*Für den Chorleiter: Ein Psalm der Nachkommen
Korachs. Eine Unterweisung des Esrachiters
Heman.*
²Herr, Gott, mein Retter,
Tag und Nacht rufe ich zu dir.
³Höre mein Gebet, vernimm mein Schreien.
⁴Denn mein Leben besteht aus Schmerzen und
  Leid,
ich bin dem Tode nah.
⁵Ich werde zu denen gerechnet, die dem Tode
  nahe sind,
wie ein starker Mann, den die Kraft verlassen
  hat.
⁶Sie haben mich dem Tod überlassen,
wie ein Erschlagener, der im Grab liegt,
selbst du hast mich vergessen
und ich bin von deiner Hilfe verlassen.
⁷Du hast mich in die tiefste Grube geworfen,
in die finsterste Tiefe.
⁸Schwer lastet dein Zorn auf mir,
Welle um Welle bricht über mich herein.
Zwischenspiel

⁹Du hast mich meinen Freunden fremd werden
  lassen,
voller Abscheu haben sie sich von mir
  abgewandt.
Ich bin gefangen und sehe keinen Ausweg.
¹⁰Meine Augen sind schon ganz blind vor
  Tränen.
Jeden Tag rufe ich dich um Hilfe, Herr,
ich erhebe meine Hände im Gebet zu dir.
¹¹Was nützen deine Wunder den Toten?
Stehen sie etwa auf und loben dich?
Zwischenspiel

¹²Verkündet man im Grab deine Gnade,
wird bei den Toten deine Treue gerühmt?
¹³Kann die Finsternis deine Wunder erzählen
oder wird etwa im Land des Vergessens deine
  Gerechtigkeit gelobt?
¹⁴Herr, ich aber rufe zu dir.
Schon am Morgen flehe ich dich an.
¹⁵Herr, warum hast du mich verworfen?
Warum wendest du dich von mir ab?
¹⁶Von Jugend an war ich krank und dem Tode
  nah.
Ratlos stehe ich vor deinem schrecklichen
  Handeln.
¹⁷Dein erbitterter Zorn hat mich
  niedergeworfen
und deine Schrecken haben mich vernichtet.
¹⁸Jeden neuen Tag umgeben sie mich wie
  Wasserfluten
und schließen mich ein.
¹⁹Du hast mir meine Freunde und Verwandten
  genommen;
alles, was mir jetzt noch bleibt, ist Finsternis.

Psalm 89
Ein Psalm des Esrachiters Etan.
²Ich will die Gnade des Herrn allezeit loben
und den kommenden Generationen von seiner
  Treue erzählen.
³Denn ich weiß: Deine Gnade gilt für alle Zeit
und deine Treue steht fest wie der Himmel.
⁴Der Herr sprach: »Ich habe mit David, meinem
  auserwählten Diener, einen feierlichen Bund
  geschlossen.
Ich habe ihm geschworen:
⁵›Für alle Zeiten werden deine Nachkommen als
  Könige regieren
und bis in alle Ewigkeit werden sie auf deinem
  Thron sitzen.‹«
Zwischenspiel

⁶Herr, der ganze Himmel preist
  deine Wunder,

87,2 Hebr. *Er liebt die Tore Zions mehr als alle Wohnungen Jakobs.* 87,4a Hebr. *Rahab*, der Name eines mythologischen Seeungeheuers, das in der Literatur der Antike ein Symbol für das Chaos ist. Der Name wird hier als Metapher für Ägypten gebraucht. 87,4b Hebr. *Kusch.* 87,5 Hebr. *Zion.*

DIE PSALMEN

1–41	Erstes Buch
3–41	Davidpsalmen
42–72	Zweites Buch
42–49	Psalmen der Nachkommen Korachs
51–72	Davidpsalmen
73–89	Drittes Buch
73–83	Asafpsalmen
90–106	Viertes Buch
93–99	Jahwe-König-Psalmen
107–150	Fünftes Buch
108–110	Davidpsalmen
111–118	Großes Hallel (Lobpsalmen)
120–134	Wallfahrtslieder
138–145	Davidpsalmen
146–150	Kleines Hallel (Lobpsalmen)

89
Gott ist treu, doch der König ist in Bedrängnis.

die Schar deiner heiligen Engel lobt dich für deine Treue.
⁷Denn wer im ganzen Himmel kommt dem HERRN gleich?
Welcher noch so mächtige Engel ist wie er?
⁸In der himmlischen Versammlung der Engel ist Gott gefürchtet.
Ehrfurcht erfüllt alle, die dich umgeben.

Psalm 89,35

Bundesschlüsse

Dieser Psalm ist ein Rückblick auf Gottes Bund mit David (V. 4). Das besondere Vater-Sohn-Verhältnis wird wieder erwähnt (V. 27-28; wie in 2Sam 7,14). Nachdrücklich hält der Psalm fest, wie unerschütterlich fest Gottes Bundeszusage stehen wird (V. 29.35), selbst wenn das Volk untreu werden sollte (V. 31-34).
Doch dann kommt die zutiefst verstörende Feststellung: Gott hat diesen Bund doch aufgelöst (V. 39-40)! So hatte man die Zerstörung Jerusalems und die Verschleppung nach Babel gedeutet. Dieses Ereignis bedeutet also eine unerhört tiefen Einschnitt in Gottes Geschichte und in den Glauben des Volkes an seinen Gott. Er ist umso schärfer, als es ja ein einseitiger Bund war: Dem Volk war gar keine Bundesverpflichtung auferlegt, die es hätte brechen können. Alles sieht jetzt danach aus, als wäre Gott es gewesen, der den Bund mit der Dynastie Davids fallen gelassen hätte!
(2. Samuel 23,5 ‹‹‹ | ››› Matthäus 1,1)

Psalm 89,39-53

Hinweise auf den Messias (1)

Der 89. Psalm greift Gottes Versprechen an David auf (2Sam 7) und unterstreicht, wie unerschütterlich Gott das ausgesprochen hatte. Er geht sogar so weit, die Bezeichnung »Sohn« auf David (und nicht auf Salomo wie 2Sam 7,14) zu beziehen (V. 27-28).
Doch die Geschichte ging weiter. Das Königtum ist durch den Sieg der Feinde zunächst am Ende – so sehr, dass der Bund mit David doch hinfällig zu sein scheint (V. 39-46). Die Zusage, Davids Thron sei für immer beständig (2Sam 7,16), ist damit widerlegt – zumindest im Rahmen der bisherigen Geschichte. Es bleiben nur Fragezeichen, Hilferuf und Klage (V. 47-52; der Lobpreis in V. 53 ist der gewohnte Abschluss des dritten Buchs der Psalmen).
Glaubende sind vor die Frage gestellt, wie Gott denn jetzt noch sein Versprechen erfüllen will, wenn nicht – wie zuerst gedacht – in einem irdischen König. Damit ist das Versprechen an David aufgerissen und offen für eine messianische Erwartung.
(2. Samuel 7,14 ‹‹‹ | ››› Psalm 110)

⁹HERR, allmächtiger Gott! Wer ist mächtig
   wie du, HERR,
und wer ist so treu?

¹⁰Du gebietest über die Meere.
Wenn ihre Wellen sich im Sturm turmhoch
   erheben, so besänftigst du sie.
¹¹Du hast das Seeungeheuer* besiegt und
   zerschmettert.
Du hast deine Feinde mit deinem starken Arm
   zerstreut.
¹²Der Himmel ist dein und die Erde ist dein;
alles auf Erden gehört dir – du hast es erschaffen.
¹³Du hast Norden und Süden gemacht.
Der Berg Tabor und der Berg Hermon loben
   deinen Namen.
¹⁴Mächtig ist dein Arm und stark ist deine Hand!
Deine rechte Hand ist hoch erhoben.
¹⁵Recht und Gerechtigkeit sind die starken
   Säulen deines Thrones.
Liebe und Wahrheit gehen vor dir her.
¹⁶Glücklich ist das Volk, das dir zujubelt,
denn sie werden im Licht deiner Gegenwart
   leben.
¹⁷Den ganzen Tag freuen sie sich über deinen
   herrlichen Namen
und jubeln über deine Gerechtigkeit.
¹⁸Du bist ihre besondere Stärke,
all unsere Macht beruht auf deiner Güte.
¹⁹Unser Schutz kommt vom HERRN,
und er, der Heilige Israels, hat uns unseren
   König gegeben.

²⁰Einst sprachst du in einer Vision zu denen,
   die dir vertrauten, und sagtest:
»Ich habe einen Krieger berufen, der helfen soll.
Ich habe ihn aus dem Volk zum König erwählt.
²¹Ich habe meinen Knecht David gefunden
und ihn mit meinem heiligen Öl gesalbt.
²²Ich will immer bei ihm sein
und dafür sorgen, dass er stark wird.
²³Seine Feinde sollen ihn nicht besiegen,
und die Bösen werden ihn nicht überwältigen.
²⁴Ich will seine Gegner bezwingen
und die vernichten, die ihn hassen.
²⁵Meine Treue und Gnade werden mit ihm sein,
und ich werde ihm große Macht verleihen.
²⁶Seine Herrschaft soll vom Mittelmeer im
   Westen
bis zu Euphrat und Tigris im Osten reichen.*
²⁷Und er wird zu mir sagen: ›Du bist mein Vater,
mein Gott, mein rettender Fels.‹
²⁸Ich will ihn zu meinem erstgeborenen Sohn
   machen,

zum mächtigsten König auf Erden.
²⁹Ich will ihn lieben und ihm für immer gnädig
   sein;
mein Bund mit ihm wird niemals enden.
³⁰Ich will ihm Nachkommen schenken;
sein Thron wird bleiben, solange der Himmel
   besteht.
³¹Doch wenn seine Söhne mein Gesetz
   vergessen
und nicht nach meinen Geboten handeln,
³²wenn sie meinen Ordnungen nicht gehorchen
und meine Bestimmungen nicht halten,
³³dann will ich ihr Unrecht mit der Rute
   bestrafen
und ihren Ungehorsam mit Schlägen.
³⁴Aber ich will nicht aufhören, ihn zu lieben,
und die Versprechen, die ich ihm gab, nicht
   aufheben.
³⁵Nein, ich will meinen Bund nicht brechen,
und nicht ein einziges Wort, das ich gesprochen
   habe, zurücknehmen.
³⁶Ich habe David einmal einen Eid geschworen,
und in meiner Heiligkeit kann ich nicht lügen:
³⁷Seine Nachkommen sollen ewig bestehen,
sein Thron soll so beständig sein wie die Sonne
³⁸und so ewig wie der Mond,
mein treuer Zeuge am Himmel!«

Zwischenspiel

³⁹Doch nun hast du ihn verstoßen und
   verworfen.
Warum bist du so zornig auf den, den du doch
   zum König gesalbt hast?
⁴⁰Du hast deinen Bund mit ihm aufgelöst
und hast seine Krone in den Staub geworfen.
⁴¹Die Mauern, die ihn schützten, hast du
   eingerissen
und alle Festungen, die ihn verteidigten,
   zerstört.
⁴²Jeder, der vorübergeht, hat ihn ausgeplündert,
und bei seinen Nachbarn ist er zum Gespött
   geworden.
⁴³Du hast seine Feinde stark gemacht
und sie über ihn triumphieren lassen.
⁴⁴Du hast sein Schwert stumpf werden lassen
und dich geweigert, ihm im Kampf beizustehen.
⁴⁵Du hast seiner Herrlichkeit ein Ende gesetzt
und seinen Thron umgestürzt.
⁴⁶Du hast ihn vor der Zeit altern lassen
und ihn in aller Öffentlichkeit beschämt.

Zwischenspiel

⁴⁷HERR, wie lange soll das noch so gehen?
Willst du dich für immer verbergen?

89,11 Hebr. *Rahab*, der Name eines mythologischen Ungeheuers, das in der Literatur der Antike ein Symbol für das Chaos darstellt.   **89,26** Hebr. *Ich will seine Hand aufs Meer legen, seine Rechte auf die Flüsse.*

DIE PSALMEN

1–41	Erstes Buch
3–41	Davidpsalmen
42–72	Zweites Buch
42–49	Psalmen der Nachkommen Korachs
51–72	Davidpsalmen
73–89	Drittes Buch
73–83	Asafpsalmen
90–106	Viertes Buch
93–99	Jahwe-König-Psalmen
107–150	Fünftes Buch
108–110	Davidpsalmen
111–118	Großes Hallel (Lobpsalmen)
120–134	Wallfahrtslieder
138–145	Davidpsalmen
146–150	Kleines Hallel (Lobpsalmen)

89–92
Der König ist in Bedrängnis. Der Mensch ist gering, verglichen mit Gott. Wenn Gott dein Schutz ist, kann dir nichts und niemand schaden. Gott ist groß und gerecht.

Wie lange wird dein Zorn noch wie Feuer brennen?
⁴⁸Bedenke, wie kurz mein Leben ist;
wie sinnlos und vergeblich ist doch das menschliche Leben, das du erschaffen hast!
⁴⁹Niemand lebt ewig, sondern alle müssen sterben.
Keiner entkommt der Macht des Todes.
Zwischenspiel

⁵⁰Wo ist deine Gnade geblieben,
die du David in einem feierlichen Eid geschworen hast?
⁵¹HERR, sieh doch, wie deine Diener beschämt werden,
wie ich den Spott vieler Völker ertragen muss.
⁵²HERR, deine Feinde haben mich verspottet,
sie beleidigen den König, den du gesalbt hast!

⁵³Gelobt sei der HERR für immer!
Amen, ja Amen!

VIERTES BUCH: PSALMEN 90–106

Psalm 90
Ein Gebet von Mose, dem Mann Gottes.
HERR, seit Generationen bist du unser Schutz!
²Noch bevor die Berge erschaffen wurden,
bevor du die Erde und das Weltall schufst,
warst du Gott, du bist ohne Anfang und ohne Ende.
³Du machst die Menschen wieder zu Staub,
indem du sprichst:
»Werdet zu Staub!«
⁴Denn für dich sind tausend Jahre wie der gestern vergangene Tag,
wie wenige Stunden nur!
⁵Du wischst die Menschen fort wie ein Traum,
der am Morgen verschwindet,
wie Gras, das in der Frühe wächst.
⁶Am Morgen grünt und blüht es,
aber am Abend ist es welk und trocken.
⁷So vergehen wir durch deinen Zorn,
und durch deine Wut werden wir überwältigt.
⁸Denn du siehst unsere Sünden,
auch unsere geheimsten Vergehen deckst du auf.
⁹Unter deinem Zorn verrinnt unser Leben,
schnell wie ein Seufzer vergeht es.

¹⁰Unser Leben dauert siebzig Jahre,
vielleicht sogar achtzig Jahre.
Doch selbst noch die besten Jahre sind voller Kummer und Schmerz,
wie schnell ziehen die Jahre vorüber und alles ist vorbei.
¹¹Wer kann deinen gewaltigen Zorn begreifen?

S Südreich Juda   N Nordreich Israel

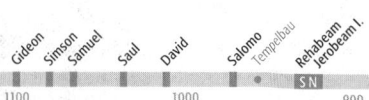

Wer fürchtet sich schon vor deiner Wut?
¹²Lehre uns, unsere Zeit zu nutzen,
damit wir weise werden.

¹³HERR, wende dich doch wieder uns zu!
  Warum zögerst du noch?
Erbarme dich über die, die dir dienen!
¹⁴Überschütte uns schon am Morgen mit deiner
  Gnade,
dann werden wir singen und fröhlich sein bis ans
  Ende unserer Tage.
¹⁵Schenke uns so viel Glück, wie du uns zuvor
  Elend geschickt hast!
Gib uns jetzt genauso viele Jahre der Freude.
¹⁶Zeige uns, wie wunderbar du handelst,
und lass unsere Kinder deine Herrlichkeit sehen.
¹⁷Der HERR, unser Gott, schaue freundlich
  auf uns
und lasse unsere Arbeit gelingen.
Ja, lass unsere Arbeit gelingen!

Psalm 91
Wer im Schutz des Höchsten lebt,
der findet Ruhe im Schatten des Allmächtigen.
²Der spricht zu dem HERRN: Du bist meine
  Zuflucht und meine Burg,
mein Gott, dem ich vertraue.
³Denn er wird dich vor allen Gefahren bewahren
und dich in Todesnot beschützen.
⁴Er wird dich mit seinen Flügeln bedecken,
und du findest bei ihm Zuflucht.
Seine Treue schützt dich wie ein großer Schild.
⁵Fürchte dich nicht vor den Angriffen in der
  Nacht
und habe keine Angst vor den Gefahren
  des Tages,
⁶vor der Pest, die im Dunkeln lauert,
vor der Seuche, die dich am hellen Tag trifft.
⁷Wenn neben dir auch Tausende sterben,
  wenn um dich herum Zehntausende fallen,
kann dir doch nichts geschehen.
⁸Du wirst es mit eigenen Augen sehen,
du wirst sehen, wie Gott die Gottlosen bestraft.

⁹Wenn der HERR deine Zuflucht ist,
wenn du beim Höchsten Schutz suchst,
¹⁰dann wird das Böse dir nichts anhaben können,
und kein Unglück wird dein Haus erreichen.
¹¹Denn er befiehlt seinen Engeln,
dich zu beschützen, wo immer du gehst.
¹²Auf Händen tragen sie dich,
damit du deinen Fuß nicht an einen Stein stößt.
¹³Löwen und giftige Schlangen wirst du
  zertreten,
wilde Löwen und Schlangen wirst du mit deinen
  Füßen niedertreten!

¹⁴Der HERR spricht: »Ich will den erretten,
  der mich liebt.
Ich will den beschützen, der auf meinen Namen
  vertraut.
¹⁵Wenn er zu mir ruft, will ich antworten.
Ich will ihm in der Not beistehen und ihn retten
und zu Ehren bringen.
¹⁶Ich will ihm ein langes Leben schenken
und ihn meine Hilfe erfahren lassen.«

Psalm 92
Ein Psalm, am Sabbat zu singen.
²Es ist gut, dem HERRN zu danken
und den Höchsten zu loben.
³Es ist gut, am Morgen von deiner Gnade zu
  erzählen
und in der Nacht von deiner Treue,
⁴begleitet von Harfe und Flöte
und zum Klang der Zither.
⁵HERR, ich freue mich über alles, was du für mich
  getan hast,
und juble vor Glück über deine Taten.
⁶HERR, wie groß sind deine Werke
und wie tief deine Gedanken.
⁷Nur ein unvernünftiger Mensch erkennt das
  nicht;
nur ein Narr begreift es nicht.
⁸Gottlose Menschen können zwar aufblühen
  wie Gras
und schlechte Menschen können Erfolg haben,
doch am Ende werden sie alle umkommen.
⁹HERR, du aber bist erhaben für alle Zeit.
¹⁰Deine Feinde werden sterben
und alle, die Böses tun, werden zerstreut werden.

¹¹Doch mich hast du stark gemacht wie einen
  jungen Stier
und mit frischem Öl hast du mich gesalbt!
¹²Mit meinen eigenen Augen werde ich den
  Sturz meiner Feinde sehen,
mit meinen eigenen Ohren werde ich von der
  Niederlage meiner Gegner hören,
die sich gegen mich auflehnen.
¹³Die Gottesfürchtigen werden gedeihen
  wie Palmen
und wachsen und stark werden wie die Zedern
  auf dem Libanon.
¹⁴Denn sie sind im Hause des HERRN gepflanzt
und blühen in den Vorhöfen unseres Gottes.
¹⁵Noch im hohen Alter werden sie Frucht
  bringen
und werden grün und lebendig bleiben,
¹⁶um zu bezeugen, dass der HERR gerecht ist.
Er ist mein Fels! Kein Unrecht findet sich bei
  ihm!

DIE PSALMEN

1–41	Erstes Buch
3–41	Davidpsalmen
42–72	Zweites Buch
42–49	Psalmen der Nachkommen Korachs
51–72	Davidpsalmen
73–89	Drittes Buch
73–83	Asafpsalmen
90–106	Viertes Buch
93–99	Jahwe-König-Psalmen
107–150	Fünftes Buch
108–110	Davidpsalmen
111–118	Großes Hallel (Lobpsalmen)
120–134	Wallfahrtslieder
138–145	Davidpsalmen
146–150	Kleines Hallel (Lobpsalmen)

93–96
Gott ist König. Gott wird die Feinde vernichten. Lasst uns Gott anbeten. Erzählt von Gottes Herrlichkeit.

Psalm 93

Der HERR ist König! Er ist in Herrlichkeit gekleidet.
Ja, der HERR ist in Herrlichkeit gekleidet und mit Stärke umgürtet.
Die Erde ist fest gegründet, nichts kann sie erschüttern.
²Dein Thron steht seit ewigen Zeiten
und du selbst bist von Anbeginn an.
³HERR, die mächtigen Meere toben. Die mächtigen Ozeane donnern und brausen,
die mächtigen Wogen schlagen ans Ufer.
⁴Doch mächtiger noch als das Wüten des Meeres,
mächtiger als die Wellen am Ufer
ist der HERR in der Höhe!
⁵Dein Wort ist sehr zuverlässig.
HERR, dein Haus ist ein heiliges Haus
für alle Zeit.

Psalm 94

HERR, du Gott der Rache, Gott der Rache,
zeig deine herrliche Gerechtigkeit!
²Erhebe dich, Richter der Erde.
Gib den Hochmütigen die Strafen, die sie verdienen.
³Wie lange noch, HERR?
Wie lange noch dürfen die Gottlosen höhnisch lachen?
⁴Höre doch, wie frech sie reden,
wie sich die Übeltäter rühmen und angeben!
⁵HERR, sie unterdrücken dein Volk
und beleidigen die Menschen, die zu dir gehören.
⁶Sie töten Witwen und Fremde
und ermorden die Waisen.
⁷Sie sagen: »Der HERR schaut nicht hin.
Der Gott Israels* wird es nicht merken.«

⁸Denkt doch nach, ihr Narren!
Wann werdet ihr endlich klug?
⁹Kann denn der, der eure Ohren gemacht hat, taub sein?
Kann der, der euch die Augen gab, blind sein?
¹⁰Er bestraft die Völker – wird er nicht auch euch bestrafen,
er, der den Menschen die Erkenntnis gibt?
¹¹Der HERR kennt die Gedanken der Menschen,
er weiß, dass sie nichts wert sind!

¹²HERR, glücklich ist der Mensch, den du zurechtweist
und den du dein Gesetz lehrst.
¹³Du schenkst ihm Trost in schweren Zeiten,
bis der Gottlose begraben wird.

94,7 Hebr. *Jakobs.*

S Südreich Juda   N Nordreich Israel

¹⁴Der HERR wird sein Volk nicht verstoßen,
er wird sein Eigentum nicht verlassen.
¹⁵Das Recht wird wieder gerecht sein,
und die aufrichtigen Menschen werden belohnt
  werden.
¹⁶Wer wird mich vor den Bösen beschützen,
wer rettet mich vor den Übeltätern?
¹⁷Hätte der HERR mir nicht geholfen,
wäre ich schon längst tot.
¹⁸Als ich schrie: »Ich falle«,
hielt mich doch deine Gnade, HERR, aufrecht.
¹⁹Als mich viele Sorgen quälten,
gab dein Trost mir neue Hoffnung und Freude.
²⁰Können ungerechte Richter mit dir verbündet
  sein,
die das Gesetz missbrauchen und Unheil
  anrichten?
²¹Sie vergreifen sich an den Gerechten
und verurteilen Unschuldige zum Tod.
²²Doch meine Burg ist der HERR,
mein Gott ist ein mächtiger Fels, bei dem ich
  Zuflucht finde.
²³Gott wird sie wegen ihrer Vergehen bestrafen
und sie um ihrer Sünden willen vernichten.
Der HERR, unser Gott, wird sie ausrotten.

Psalm 95

Kommt, lasst uns dem HERRN zujubeln!
Lasst uns den Fels unseres Heils preisen!
²Lasst uns mit Dank vor ihn hintreten!
Lasst uns Loblieder auf ihn anstimmen.
³Denn der HERR ist ein großer Gott,
der große König über alle Götter.
⁴Ihm gehören die Tiefen der Erde,
und die höchsten Berge sind sein.
⁵Das Meer gehört ihm, denn er hat es erschaffen.
Seine Hände haben das trockene Land geformt.

⁶Kommt, lasst uns anbeten und uns vor ihm
  verbeugen.
Lasst uns niederknien vor dem HERRN, unserem
  Schöpfer.
⁷Denn er ist unser Gott und wir sind das Volk,
  das er beschützt,
die Schafe, die er behütet.
Wenn ihr doch heute auf seine Stimme hören
  würdet!*
⁸Der HERR spricht: »Verschließt eure Herzen
  nicht, wie Israel es bei Meriba tat,
wie sie es bei Massa in der Wüste machten.
⁹Dort haben eure Vorfahren meine Geduld auf
  die Probe gestellt,
sie haben meinen Zorn herausgefordert,
  obwohl sie meine Taten gesehen haben.

¹⁰Vierzig Jahre lang war ich zornig auf sie und
  sprach:
›Sie sind ein Volk, dessen Herz sich von mir
  abkehrt,
und sie weigern sich zu tun, was ich ihnen sage.‹
¹¹Deshalb schwor ich in meinem Zorn:
›Niemals werden sie meine Ruhe finden!‹«

Psalm 96

Singt dem HERRN ein neues Lied!
Die ganze Erde singe dem HERRN!
²Singt dem HERRN und lobt seinen Namen.
Verkündet täglich, dass er uns rettet.
³Erzählt den Völkern von seinen Taten
und sagt allen, welche Wunder er tut!
⁴Denn der HERR ist groß und sehr zu loben!
Mehr als allen anderen Göttern stehen ihm Lob
  und Ehre zu.
⁵Die Götter anderer Völker sind nur Götzen,
der HERR aber hat den Himmel gemacht!
⁶Ehre und Herrlichkeit umgeben ihn,
Stärke und Schönheit erfüllen sein Heiligtum.
⁷Ihr Völker der Welt, verneigt euch vor dem
  HERRN,
erkennt, dass der HERR herrlich und stark ist.
⁸Gebt dem HERRN die Ehre, die ihm zusteht!
Bringt eure Opfer dar und kommt und betet ihn
  an.
⁹Betet den HERRN in seiner heiligen Herrlichkeit
  an.
Die ganze Erde soll vor ihm erbeben.
¹⁰Erzählt allen Völkern, dass der HERR allein
  König ist.
Die Erde ist fest gegründet und kann nicht
  einstürzen.
Er wird alle Völker gerecht richten.
¹¹Der Himmel freue sich und die Erde juble!
Das Meer und alles, was darin ist, soll seinen
  Ruhm verkünden!
¹²Die Felder und alles, was darauf wächst,
und auch die Bäume des Waldes sollen sich
  freuen
¹³vor dem HERRN! Denn der HERR kommt!
Er kommt, um die Erde zu richten.
Er wird die Welt richten mit Gerechtigkeit
und alle Völker nach seiner Wahrheit.

Psalm 97

Der HERR ist König! Darüber freue sich die
  ganze Erde!
Auch die vielen Inseln sollen darüber fröhlich
  sein.
²Wolken und Dunkelheit hüllen ihn ein.

95,7-11 Vgl. Hebräer 3,7-11.

DIE PSALMEN

1–41	Erstes Buch
3–41	Davidpsalmen
42–72	Zweites Buch
42–49	Psalmen der Nachkommen Korachs
51–72	Davidpsalmen
73–89	Drittes Buch
73–83	Asafpsalmen
90–106	Viertes Buch
93–99	Jahwe-König-Psalmen
107–150	Fünftes Buch
108–110	Davidpsalmen
111–118	Großes Hallel (Lobpsalmen)
120–134	Wallfahrtslieder
138–145	Davidpsalmen
146–150	Kleines Hallel (Lobpsalmen)

97–101
Gott ist König und steht über den Göttern. Die ganze Welt soll Gott loben. Sagt Gott Dank. Ich will ein gottesfürchtiges Leben führen.

Gerechtigkeit und Recht sind die Säulen seines Throns.
³Feuer geht vor ihm her
und verzehrt seine Gegner.
⁴Seine Blitze erhellen die Welt,
die ganze Welt sieht es und erbebt.
⁵Die Berge schmelzen wie Wachs vor dem HERRN,
dem Herrn der Welt.
⁶Der Himmel verkündet seine Gerechtigkeit,
und alle Völker sehen seine Herrlichkeit.
⁷Schämen müssen sich die Götzenanbeter,
die mit ihren nutzlosen Göttern angeben,
denn alle Götter müssen sich ihm unterwerfen!
⁸Jerusalem* hat es gehört und freut sich,
und alle Städte Judas sind fröhlich
über deine Gerechtigkeit, HERR!
⁹HERR, denn du stehst über der ganzen Welt
und bist über alle Götter erhaben.

¹⁰Ihr, die ihr den HERRN liebt, hasst das Böse!
Er bewahrt das Leben der Gottesfürchtigen
und befreit sie aus der Gewalt der Gottlosen.
¹¹Wer zu Gott gehört, den umgibt Licht,
und Freude erwartet den, der aufrichtig ist.
¹²Alle Gottesfürchtigen sollen sich im HERRN freuen
und seinen heiligen Namen loben!

97,8 Hebr. *Zion.*

Psalm 97,7

Hinweise auf den Messias (2)
Die Königsherrschaft Gottes wird in diesem Psalm bestaunt und geehrt. Dabei wird betont, dass Jahwe über allen Göttern steht – und über den nichtigen Götzen sowieso.
Die griechische Übersetzung des Alten Testaments hat in Vers 7 am Ende statt »Götter« »Engel«: »Unterstellt euch ihm in Anbetung, all ihr Engel!« Wenn man diesen Aufruf messianisch deutet, ist damit die Hoheit des Messias beschrieben, dem auch die Engel unterstellt sind.
So versteht es der Hebräerbrief: »Als Gott der Welt seinen erstgeborenen Sohn zeigte, sprach er: ›Alle Engel Gottes sollen ihn anbeten!‹« (Hebr 1,6). In dieses Zitat ist außer Psalm 97,7 auch 5. Mose 32,43 eingeflossen.
(Psalm 78,2 ‹‹‹ | ››› Psalm 102,26-28)

Psalm 98
Ein Psalm.

Singt dem HERRN ein neues Lied, denn er hat Wunder getan.
Durch seine Macht und Heiligkeit hat er einen großen Sieg errungen.
²Der HERR hat seinen Sieg verkündet
und seine Gerechtigkeit hat er allen Völkern gezeigt!

³Er hat seine Versprechen nicht vergessen,
Israel zu lieben und ihm treu zu sein.
Die ganze Welt war Zeuge der Rettung, die unser Gott vollbracht hat.
⁴Jubelt dem HERRN zu, ihr Bewohner der Erde,
seid fröhlich und lobt ihn laut!
⁵Lobt den HERRN mit der Harfe,
mit der Harfe und mit schönen Liedern,
⁶mit Trompeten und Hörnern.
Spielt dem HERRN, eurem König, eine fröhliche Melodie.

⁷Das Meer und alles, was darin ist, soll ihn preisen!
Die Erde und alles, was auf ihr lebt, juble ihm zu.
⁸Die Flüsse sollen vor Freude in die Hände klatschen!
Die Berge sollen fröhliche Lieder singen
⁹vor dem HERRN. Denn der HERR kommt, die Erde zu richten.
Er wird die Welt richten mit Gerechtigkeit
und alle Völker nach seiner Wahrheit.

Psalm 99
Der HERR ist König, darum zittern die Völker!
Er sitzt auf seinem Thron, der von den Cherubim umgeben ist, deshalb erbebt die Erde!
²Der HERR ist mächtig in Jerusalem*, er ist hoch erhaben über alle Völker.
³Sie sollen deinen großen und gewaltigen Namen preisen,
denn er ist heilig!

⁴Mächtiger König, weil du Gerechtigkeit liebst,
hast du das Recht eingesetzt und hast in ganz Israel* Recht und Gerechtigkeit geschaffen.
⁵Preist den HERRN, unseren Gott!
Fallt vor ihm nieder,
denn er ist heilig!
⁶Mose und Aaron waren seine Priester,
und auch Samuel rief seinen Namen an.
Sie riefen zum HERRN um Hilfe, und er antwortete ihnen.
⁷Er sprach zu ihnen aus der Wolkensäule,
und sie befolgten die Vorschriften und Gebote,
die er ihnen gab.
⁸HERR, unser Gott, du hast sie erhört.
Gott, du hast deinem Volk vergeben,
aber sie auch bestraft, wenn sie Unrecht taten.

⁹Preist den HERRN, unseren Gott,
und betet an auf seinem heiligen Berg*,
denn der HERR, unser Gott, ist heilig!

Psalm 100
Ein Dankpsalm.

Jubelt dem HERRN zu, ihr Bewohner der Erde!
²Betet ihn voll Freude an.
Kommt zu ihm und lobt ihn mit Liedern.
³Erkennt, dass der HERR Gott ist!
Er hat uns erschaffen und wir gehören ihm.
Wir sind sein Volk, die Schafe seiner Weide.

⁴Geht durch die Tempeltore mit Dank, tretet ein in seine Vorhöfe mit Lobgesang.
Dankt ihm und lobt seinen Namen.
⁵Denn der HERR ist gut. Seine Gnade hört niemals auf,
und seine Treue gilt für immer.

Psalm 101
Ein Psalm Davids.

Ich will von deiner Gnade und Gerechtigkeit singen.
HERR, mit Liedern will ich dich loben.
²Ich will darauf achten, ein vorbildliches Leben zu führen.
Wann wirst du mir beistehen?
In meinem Haus will ich ein tadelloses Leben führen.
³Böses und Gemeines will ich nicht einmal ansehen.
Gottes Gebote zu übertreten ist mir verhasst,
damit will ich nichts zu tun haben.
⁴Ich will schlechten Gedanken keinen Raum in mir geben
und mich von allem Bösen fernhalten.
⁵Ich will nicht dulden,
dass einer schlecht über einen anderen redet.
Stolz und Hochmut will ich nicht zulassen.

⁶Stattdessen will ich auf die Gottesfürchtigen achten,
damit sie sicher bei mir wohnen. Nur vorbildliche Menschen dürfen mir dienen.
⁷In meinem Haus sollen keine Betrüger wohnen
und Lügner will ich in meiner Gegenwart nicht dulden.

99,2 Hebr. *Zion.*   99,4 Hebr. *Jakob.*   99,9 Damit ist der Zion gemeint.

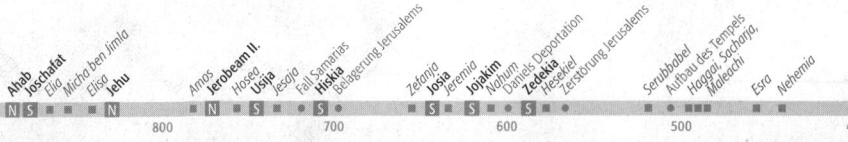

DIE PSALMEN

1–41	Erstes Buch
3–41	Davidpsalmen
42–72	Zweites Buch
42–49	Psalmen der Nachkommen Korachs
51–72	Davidpsalmen
73–89	Drittes Buch
73–83	Asafpsalmen
90–106	Viertes Buch
93–99	Jahwe-König-Psalmen
107–150	Fünftes Buch
108–110	Davidpsalmen
111–118	Großes Hallel (Lobpsalmen)
120–134	Wallfahrtslieder
138–145	Davidpsalmen
146–150	Kleines Hallel (Lobpsalmen)

102–103
Herr, höre mein Flehen. Gott ist gnädig und gut.

⁸Jeden Morgen mache ich mich auf, die
  Gottlosen im Land zu vernichten,
um die Stadt des HERRN von ihnen zu befreien.

Psalm 102
*Gebet eines verzweifelten Menschen, der sein Leid
  dem HERRN klagt.*
²HERR, höre mein Gebet
und vernimm mein Schreien!
³Wende dich nicht von mir ab,
wenn ich in Not bin. Höre mich und antworte
  mir schnell, wenn ich zu dir rufe,
⁴denn meine Tage vergehen wie Rauch
und mein Körper brennt wie Feuer.
⁵Mein Herz verdorrt wie Gras,
auf nichts habe ich mehr Appetit.
⁶Mein unablässiges Klagen
hat mich bis auf Haut und Knochen abmagern
  lassen.
⁷Ich bin wie eine Eule in der Wüste,
wie ein Käuzchen in Ruinen.
⁸Ich liege schlaflos,
ich bin wie ein einsamer Vogel auf dem Dach.
⁹Tag für Tag verhöhnen mich meine Feinde.
Sie verspotten und beschimpfen mich.
¹⁰Ich esse Asche statt Nahrung
und fülle meinen Becher mit Tränen
¹¹über deinen Zorn und deine Wut,
denn du hast mich aufgehoben und zu Boden
  geworfen.
¹²Mein Leben schwindet dahin wie ein Schatten
  am Abend.

Psalm 102,26-28

Hinweise auf den Messias (2)
Der Hebräerbrief hält in seinem Christusbekenntnis unter anderem zwei Dinge fest: Jesus Christus war bereits an der Schöpfung der Welt beteiligt (Hebr 1,2) und er ist unveränderlich derselbe – gestern, heute und in Ewigkeit (Hebr 13,8).
Diese Aussagen liest man auch in Psalm 102,26-28. Sie sind dort von Gott gesagt. In der griechischen Textform ist die Anrede »Herr« eingefügt. Weil ein Grundbekenntnis der Christenheit von Anfang an lautete: »Herr ist Jesus«, konnte der Hebräerbrief diese Psalmverse gut messianisch deuten und auf Jesus Christus beziehen (Hebr 1,10-12).
(Psalm 97,7 ‹‹ | ›› Psalm 118,22-23)

S Südreich Juda   N Nordreich Israel

Ich bin wie Gras, das vertrocknet.

¹³Doch du herrschst für alle Zeiten, HERR.
Dein Ruhm reicht von einer Generation zur anderen.
¹⁴Du wirst dich erheben und Jerusalem* Barmherzigkeit erweisen –
denn jetzt ist es Zeit, sich über die Stadt zu erbarmen,
jetzt ist es Zeit für die Hilfe, die du versprochen hast.
¹⁵Denn dein Volk liebt ihre Mauern,
es trauert darüber, dass sie in Trümmern liegen.
¹⁶Die Völker werden den HERRN fürchten
und alle Könige der Erde werden vor seiner Herrlichkeit erbeben.
¹⁷Denn der HERR wird Jerusalem wieder aufbauen.
Er wird erscheinen in seiner Herrlichkeit.
¹⁸Er wird die Gebete der Hilflosen erhören
und sich ihren Bitten nicht verschließen.

¹⁹Und dies soll für unsere Nachkommen aufgeschrieben werden,
damit das Volk, das es dann geben wird, den HERRN lobt:
²⁰Sagt ihnen, der HERR hat aus seinem himmlischen Heiligtum herabgeschaut.
Er sah aus dem Himmel auf die Erde hinunter
²¹und hörte das Stöhnen der Gefangenen
und ließ die zum Tode Verurteilten frei.
²²Deshalb wird der Ruhm des HERRN in Zion verkündet,
darum wird er in Jerusalem gelobt,
²³wenn alle Völker sich versammeln
und die Königreiche, um den HERRN anzubeten.

²⁴Er hat mich mitten aus dem Leben gerissen
und meine Tage verkürzt.
²⁵Doch ich schrie zu ihm: »Mein Gott, der du für immer lebst,
nimm mir nicht das Leben, denn ich bin noch so jung!
²⁶Einst hast du das Fundament der Erde gelegt
und der Himmel ist das Werk deiner Hände.
²⁷Sie werden vergehen, du aber bleibst ewig;
sie werden veralten wie ein Gewand.
Du wirst sie wechseln wie ein Kleidungsstück,
und sie werden fort sein.
²⁸Doch du bleibst für immer und ewig derselbe,
deine Jahre haben kein Ende.
²⁹Die Kinder deines Volkes werden in Sicherheit leben
und ihre Nachkommen werden vor dir aufblühen.«

102,14 Hebr. *Zion*; so auch in 102,17.

Psalm 103
Ein Psalm Davids.
Mit meiner Seele will ich den HERRN loben
und von ganzem Herzen will ich seinen heiligen Namen preisen.
²Mit meiner Seele will ich den HERRN loben
und das Gute nicht vergessen,
das er für mich tut.
³Er vergibt mir alle meine Sünden
und heilt alle meine Krankheiten.
⁴Er kauft mich vom Tode frei
und umgibt mich mit Liebe und Güte.
⁵Er macht mein Leben reich
und erneuert täglich meine Kraft, dass ich wieder jung wie ein Adler werde.
⁶Der HERR schafft Gerechtigkeit und Recht
allen, die Unrecht erfahren.
⁷Er hat Mose seine Wege wissen lassen
und Israel seine Taten gezeigt.
⁸Barmherzig und gnädig ist der HERR,
geduldig und voll großer Gnade.
⁹Er wird uns nicht für immer Vorwürfe machen
und nicht ewig zornig sein.
¹⁰Er bestraft uns nicht für unsere Sünden
und behandelt uns nicht, wie wir es verdienen.
¹¹Denn so hoch der Himmel über der Erde ist,
so groß ist seine Gnade gegenüber denen,
die ihn fürchten.
¹²So fern der Osten vom Westen ist,
hat er unsere Verfehlungen von uns entfernt.
¹³Wie sich ein Vater über seine Kinder zärtlich erbarmt,
so erbarmt sich der HERR über alle, die ihn fürchten.
¹⁴Denn er weiß, dass wir vergänglich sind,
er denkt daran, dass wir nur Staub sind.
¹⁵Die Tage des Menschen sind wie Gras,
wie eine Blume auf dem Feld,
so blüht der Mensch.
¹⁶Wenn der Wind weht, ist sie spurlos verschwunden,
als sei sie niemals da gewesen.

¹⁷Die Gnade des HERRN aber gilt bis in alle Ewigkeit
allen, die ihm gehorsam sind.
Seine Gerechtigkeit reicht bis zu den Enkeln derer,
¹⁸die seinem Bund treu sind
und seinen Geboten gehorchen!

¹⁹Der HERR hat den Himmel zu seinem Thron gemacht,
von dort herrscht er über alles.
²⁰Lobt den HERRN, ihr seine Engel,

DIE PSALMEN

1–41	Erstes Buch
3–41	Davidpsalmen
42–72	Zweites Buch
42–49	Psalmen der Nachkommen Korachs
51–72	Davidpsalmen
73–89	Drittes Buch
73–83	Asafpsalmen
90–106	Viertes Buch
93–99	Jahwe-König-Psalmen
107–150	Fünftes Buch
108–110	Davidpsalmen
111–118	Großes Hallel (Lobpsalmen)
120–134	Wallfahrtslieder
138–145	Davidpsalmen
146–150	Kleines Hallel (Lobpsalmen)

104–105
Gott ist zu loben für seine Schöpfung.
Gott ist groß und treu.

ihr mächtigen Wesen, die ihr seine Befehle
   ausführt
und auf seine Worte hört.
²¹Lobt den HERRN, ihr Engelscharen,
die ihr ihm dient und seinen Willen tut!
²²Lobt den HERRN, ihr Geschöpfe,
an jedem Ort seines Reichs.
Mit meiner Seele will ich den HERRN loben!

Psalm 104
Mit meiner Seele will ich den HERRN loben.
HERR, mein Gott, du bist sehr groß!
In Ehre und Herrlichkeit bist du gekleidet
²und Licht umgibt dich wie ein Gewand.
Du spannst den Himmel aus wie eine Zeltdecke
³und errichtest über den Wolken deine
   Wohnung*.
Du machst die Wolken zu deinen Wagen
und reitest auf den Flügeln des Windes.
⁴Die Winde hast du zu deinen Boten gemacht
und Feuerflammen zu deinen Dienern.
⁵Du hast die Erde auf ein festes Fundament
   gestellt,
sodass sie durch nichts mehr zu erschüttern ist.
⁶Wasserfluten bedeckten die Erde wie ein Kleid,
hoch über den Bergen standen die
   Wassermassen.

104,3 Hebr. *der über den Wassern seine Obergemächer errichtet.*

Psalm 105,8-10

Bundesschlüsse
Dieser Psalm blickt zurück auf die Befreiung aus Ägypten und auf die Besiedelung des Verheißenen Landes (V. 44).
Auch in dieser Zeit ist es völlig klar, dass der Bund mit Abraham noch in Kraft ist und segensreiche Auswirkungen hat (so auch V. 42).
(2. Mose 33,1 ‹‹ | ›› Micha 7,20)

S Südreich Juda   N Nordreich Israel

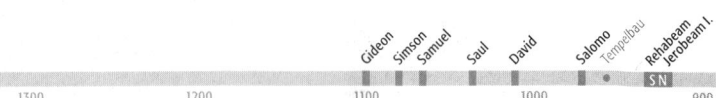

⁷Doch auf deinen Befehl hin floh das Wasser,
vor dem Grollen deines Donners zog es sich
  zurück.
⁸Berge schoben sich auf und Täler entstanden
so hoch oder tief, wie du es bestimmt hast.
⁹Dann hast du dem Meer eine Grenze gesetzt,
damit es die Erde nicht mehr bedecke.

¹⁰Aus Quellen lässt du Bäche in die Täler
  hinabströmen,
zwischen den Bergen fließen sie dahin.
¹¹Sie bringen den Tieren Wasser
und stillen den Durst der wilden Esel.
¹²An den Wasserläufen nisten Vögel
und singen im Geäst der Bäume.
¹³Vom Himmel schickst du Regen in die Berge,
du schenkst der Erde reiche Frucht, die du
  geschaffen hast.
¹⁴Du lässt Gras für das Vieh wachsen
und Pflanzen sprießen, zum Nutzen für die
  Menschen,
damit die Erde ihnen Nahrung gibt.
¹⁵Du gibst Wein, der sie fröhlich macht,
Öl, das den Körper pflegt,
und Brot, das ihnen Kraft schenkt.
¹⁶Auch die Bäume des HERRN sind gut versorgt,
die Zedern des Libanon, die er gepflanzt hat.
¹⁷Die Vögel bauen in ihnen ihre Nester,
und die Störche wohnen in den Zypressen.
¹⁸Hoch auf den Bergen liegen Weiden für
  die Steinböcke,
und die Felsen bieten den Klippdachsen
  Zuflucht.
¹⁹Du hast den Mond geschaffen, um die
  Jahreszeiten zu bestimmen,
und die Sonne, die weiß, wann sie untergehen
  muss.
²⁰Du hast die Dunkelheit geschickt,
  und es wird Nacht,
in der sich alle Tiere des Waldes regen.
²¹Dann brüllen die jungen Löwen nach
  Nahrung,
die auch sie von Gott erwarten.
²²Bei Morgengrauen verstecken sie sich an ihren
  Lagerplätzen,
um zu ruhen.
²³Dann machen die Menschen sich an ihre
  Arbeit
und haben zu tun, bis es wieder Abend wird.

²⁴HERR, welche Vielfalt hast du geschaffen!
In deiner Weisheit hast du sie alle gemacht.
Die Erde ist voll von deinen Geschöpfen.
²⁵Da ist der Ozean, groß und weit,
in dem es von Leben aller Art wimmelt,
von großen und kleinen Tieren.
²⁶Sieh die Schiffe, wie sie dahingleiten,

und den Leviatan, den du geschaffen hast,
  damit er im Meer spielt.
²⁷Sie alle warten darauf,
dass du ihnen Nahrung gibst, wenn es nötig ist.
²⁸Mit deiner Hilfe sammeln sie Vorräte.
Du öffnest deine Hand, um sie zu ernähren,
  und sie werden satt.
²⁹Doch wenn du dich von ihnen abkehrst,
  packt sie die Furcht.
Wenn du ihnen den Atem nimmst, sterben sie
und werden wieder zu Staub.
³⁰Wenn du deinen Geist schickst, wird neues
  Leben geboren,
und du erneuerst die Erde.

³¹Die Herrlichkeit des HERRN bleibe für immer
  bestehen!
Der HERR hat Freude an dem, was er geschaffen
  hat!
³²Wenn der HERR die Erde ansieht, dann erbebt
  sie,
wenn er die Berge berührt, dann rauchen sie.
³³Ich will dem HERRN singen, solange ich lebe.
Ich will meinen Gott loben, solange ich auf
  Erden bin!
³⁴Meine Gedanken sollen ihn erfreuen,
denn auch ich freue mich am HERRN.
³⁵Doch alle Sünder sollen von der Erde
  verschwinden,
sodass es keine Gottlosen mehr gibt.
Mit meiner Seele will ich den HERRN loben!
Halleluja!

Psalm 105

Dankt dem HERRN und verkündet seinen
  Namen.
Erzählt allen Völkern von seinen Taten.
²Singt ihm und spielt ihm ein Lied zur Ehre.
Erzählt von allen seinen Wundern.
³Freut euch über seinen heiligen Namen.
Alle, die zum HERRN beten, sollen fröhlich sein!
⁴Sucht den HERRN und seine Macht,
sucht seine Gegenwart alle Zeit.
⁵Denkt an seine mächtigen Taten,
an seine Wunder und Urteile, die er fällte,
⁶ihr Kinder Abrahams, seines Dieners,
ihr Nachkommen Jakobs, seines Auserwählten.
⁷Er ist der HERR, unser Gott,
dessen Urteile sich über das ganze Land
  erstrecken.
⁸Er steht zu seinem Bund,
zu dem Versprechen, das für tausend
  Generationen gilt.
⁹Diesen Bund schloss er mit Abraham
und schwor Isaak den Eid.
¹⁰Jakob bestätigte er ihn als feste Ordnung,
ja ganz Israel als ewig gültiges Bündnis

DIE PSALMEN

1–41	Erstes Buch
3–41	Davidpsalmen
42–72	Zweites Buch
42–49	Psalmen der Nachkommen Korachs
51–72	Davidpsalmen
73–89	Drittes Buch
73–83	Asafpsalmen
90–106	Viertes Buch
93–99	Jahwe-König-Psalmen
107–150	Fünftes Buch
108–110	Davidpsalmen
111–118	Großes Hallel (Lobpsalmen)
120–134	Wallfahrtslieder
138–145	Davidpsalmen
146–150	Kleines Hallel (Lobpsalmen)

105–106
Gott hat sich in Israels Geschichte als groß und treu erwiesen.

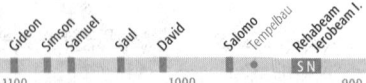

¹¹und sprach: »Ich will dir das Land Kanaan zum Erbe geben.«
¹²Das sagte er, als sie noch wenige waren, eine kleine Schar in einem fremden Land.
¹³Sie wanderten von Volk zu Volk und von einem Königreich zum anderen.
¹⁴Doch er ließ nicht zu, dass sie unterdrückt wurden
und zu ihrer Hilfe warnte er die Könige:
¹⁵»Rührt dieses Volk nicht an, das ich erwählt habe,
und fügt meinen Propheten kein Leid zu.«
¹⁶Er ließ eine Hungersnot über Kanaan kommen,
sodass es keine Nahrung mehr im Land gab.
¹⁷Doch er schickte ihnen einen Mann nach Ägypten voraus –
Josef, der als Sklave verkauft wurde.
¹⁸Im Gefängnis legten sie seine Füße in Fesseln und seinen Hals in eine eiserne Klammer.
¹⁹Bis sich erfüllte, was er vorausgesagt hatte und das Wort des HERRN ihn freisprach.
²⁰Da schickte der König nach ihm und schenkte ihm die Freiheit,
der Herrscher über viele Völker öffnete die Gefängnistür.
²¹Josef wurde Verwalter des Königshauses, Herr über den gesamten Besitz des Königs.
²²Er erteilte den Beamten des Königs Befehle und lehrte die königlichen Ratgeber Weisheit.

²³Dann kam Israel nach Ägypten, und Jakob lebte dort als Fremder.
²⁴Und der HERR ließ Israel zu einem großen Volk werden,
bis es für seine Feinde zu mächtig wurde.
²⁵Er verwandelte das Herz der Ägypter, und sie begannen, die Israeliten zu hassen,
und verschworen sich gegen seine Diener.

²⁶Doch der HERR sandte seinen Diener Mose und Aaron, den er erwählt hatte.
²⁷Sie vollbrachten Wunder unter den Ägyptern und wirkten Zeichen im Lande Ham.
²⁸Der HERR überzog Ägypten mit Finsternis, aber sie gehorchten nicht seinen Worten und ließen sein Volk nicht ziehen.
²⁹Er verwandelte das Wasser in Ägypten in Blut und vergiftete die Fische.
³⁰Dann überschwemmten Frösche das Land, bis hinein in die privaten Gemächer des Königs.
³¹Er befahl, und Fliegenschwärme brachen über Ägypten herein,
Mücken bedeckten das ganze Land.
³²Statt Regen schickte er ihnen Hagel, und Blitze entflammten das Land.

³³Er ließ ihre Trauben und Feigen verderben
und zerschlug alle ihre Bäume.
³⁴Er befahl, und Heuschreckenschwärme
fielen ein,
unzählige Larven.
³⁵Alle Pflanzen fraßen sie kahl
und vernichteten die gesamte Ernte.
³⁶Dann tötete er den ältesten Sohn in jedem
ägyptischen Haus,
den Stolz und die Freude jeder Familie.
³⁷Sein Volk aber führte er sicher aus Ägypten
heraus, mit Silber und Gold beladen;
nicht einmal Schwache oder Kranke gab es unter
ihnen.

³⁸Ägypten war froh, als sie fort waren,
denn die Angst vor ihnen war groß.
³⁹Der HERR breitete eine Wolke als Decke
über sie
und gab ihnen ein großes Feuer, das die
Finsternis erhellte.
⁴⁰Sie baten um Fleisch, und er schickte ihnen
Wachteln;
mit Brot vom Himmel stillte er ihren Hunger.
⁴¹Er öffnete einen Felsen, und Wasser floss
heraus,
Bäche strömten in die trockene, unfruchtbare
Wüste.
⁴²Das tat er wegen des heiligen Versprechens,
das er seinem Diener Abraham gegeben hatte.
⁴³Deshalb führte er sein Volk aus Ägypten
heraus
und sie freuten sich, ja seine Auserwählten
jubelten.
⁴⁴Er gab seinem Volk die Länder der anderen
Völker,
und sie ernteten, was andere vor ihnen gepflanzt
hatten.
⁴⁵All das tat er, damit sie seine Gebote hielten
und seinen Gesetzen gehorchten.

Halleluja!

Psalm 106
Halleluja!

Dankt dem HERRN, denn er ist gut
und seine Gnade bleibt ewig bestehen.
²Wer kann alle herrlichen Wunder des HERRN
aufzählen?
Wer lobt ihn so, wie es ihm gebührt?
³Glücklich sind die, die seine Gebote halten
und immer tun, was recht ist.

⁴HERR, denke auch an mich, wenn du deinem
Volk gnädig bist,
und hilf auch mir.
⁵Lass mich teilhaben am Glück deiner
Auserwählten.
Lass mich mit einstimmen in den Jubel deines
Volkes
und dich zusammen mit denen loben, die zu dir
gehören.
⁶Wie unsere Vorfahren, so haben auch wir
gesündigt.
Wir haben Unrecht begangen und gegen dich
gehandelt.
⁷Unsere Vorfahren in Ägypten verstanden deine
Wunder nicht.
Schon bald vergaßen sie die vielen Beweise
deiner Güte
und lehnten sich am Roten Meer* gegen dich
auf.
⁸Dennoch rettete er sie –
um der Ehre seines Namens willen
und um seine große Macht zu zeigen.
⁹Er befahl dem Meer*, sich zu teilen, und es
wurde trocken.
Er führte Israel über den Meeresgrund, der
trocken war wie eine Wüste.
¹⁰Auf diese Weise rettete er sein Volk vor seinen
Feinden
und befreite es von seinen Gegnern.
¹¹Danach strömte das Wasser wieder zurück und
bedeckte ihre Feinde,
nicht ein Einziger von ihnen blieb am Leben.
¹²Da glaubten sie an sein Wort und
lobten ihn mit Liedern.

¹³Doch wie rasch vergaßen sie wieder, was er
getan hatte,
und warteten nicht auf seinen Rat.
¹⁴In der Wüste entflammten ihre Begierden
und sie stellten Gottes Geduld in der Einöde auf
die Probe.
¹⁵Schließlich gab er ihnen, worum sie gebeten
hatten,
doch er schickte ihnen auch eine Seuche.
¹⁶Die Menschen im Lager wurden eifersüchtig
auf Mose
und beneideten Aaron, den heiligen Priester
des HERRN.
¹⁷Deshalb tat sich die Erde auf
und verschlang Datan
und begrub Abiram und die anderen Aufrührer.
¹⁸Feuer fiel auf ihre Anhänger
und eine Flamme verzehrte die Gottlosen.

106,7 Hebr. *am Meer, dem Schilfmeer.* 106,9 Hebr. *Schilfmeer;* so auch in 106,22.

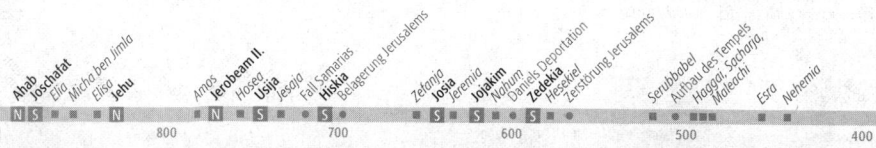

DIE PSALMEN

1–41	Erstes Buch
3–41	Davidpsalmen
42–72	Zweites Buch
42–49	Psalmen der Nachkommen Korachs
51–72	Davidpsalmen
73–89	Drittes Buch
73–83	Asafpsalmen
90–106	Viertes Buch
93–99	Jahwe-König-Psalmen
107–150	Fünftes Buch
108–110	Davidpsalmen
111–118	Großes Hallel (Lobpsalmen)
120–134	Wallfahrtslieder
138–145	Davidpsalmen
146–150	Kleines Hallel (Lobpsalmen)

106–107
Gott hat sich in Israels Geschichte als groß und treu erwiesen. Gott rettet aus der Not.

---

¹⁹Am Berg Sinai* machten sich die Menschen ein Kalb
und verneigten sich vor einem goldenen Götzen.
²⁰Sie tauschten ihren herrlichen Gott ein
gegen das Bild eines Gras fressenden Ochsen!
²¹Sie vergaßen Gott, ihren Retter,
der in Ägypten so große Taten vollbracht hatte,
²²so wundervolle Taten in jenem Land,
und so Schreckliches am Roten Meer.
²³Deshalb schwor er, dass er sie vernichten wolle.
Doch Mose, sein Erwählter,
trat zwischen den HERRN und das Volk
und flehte ihn an, von seinem Zorn abzulassen
und sie nicht zu vernichten.
²⁴Dann wollten sie das schöne Land nicht betreten,
denn sie glaubten Gottes Worten nicht.
²⁵Sie murrten in ihren Zelten
und verweigerten dem HERRN den Gehorsam.
²⁶Deshalb schwor er,
dass er sie in der Wüste töten wolle,
²⁷dass er ihre Nachkommen unter den Völkern verstreuen
und sie in ferne Länder führen würde.
²⁸Da beteten unsere Väter den Götzen Baal in Peor an
und aßen von Opfern, die Toten dargebracht wurden!
²⁹Damit weckten sie den Zorn des HERRN,
und es brach eine Seuche unter ihnen aus.

106,19 Hebr. *am Horeb*, ein anderer Name für Sinai.

Psalm 106,45

Bundesschlüsse
Auch dieser Geschichtspsalm beschreibt, wie Gott auf die Untreue seines Volks reagiert. Der Bundesbruch wird in den Versen 19-22 klar beschrieben. Das löst Gottes Zorn aus, genauso wie die folgende Geschichte des Ungehorsams (V. 23; 40-41).
Doch Gottes Zorn fegt sein Erbarmen nicht weg (V. 44). Den Bundesschluss hat er nicht vergessen (V. 45). Paulus wird später schreiben: »Wenn wir untreu sind, bleibt er treu, denn er kann sich selbst nicht verleugnen« (2Tim 2,13). Der Ankerpunkt für diese Treue ist der Bund.
Dass Gott voll Erbarmen an seinen Bund denkt ist sowohl für den Bund mit Abraham als auch für den Bund vom Sinai versprochen (3Mo 26,42.45). Psalm 106,45 kann also beide Bundesschlüsse meinen.
(Psalm 78,10 ««| » Jeremia 14,21)

³⁰Doch Pinhas hatte den Mut zu handeln und hielt Gericht,
und die Plage hörte auf.
³¹Sein Handeln machte ihn vor Gott gerecht,
ihn und alle seine Kinder von nun an bis in Ewigkeit.

³²Auch bei Meriba forderten sie den Zorn des HERRN heraus
und brachten Mose in große Bedrängnis.
³³Sie machten Mose zornig*,
und er fing an, unbedacht zu reden.

³⁴Sie vernichteten die anderen Völker nicht,
wie der HERR es ihnen befohlen hatte.
³⁵Stattdessen vermischten sie sich mit ihnen
und übernahmen ihre Bräuche.
³⁶Sie beteten ihre Götzen an,
und das führte sie ins Verderben.
³⁷Sie opferten sogar ihre Söhne und Töchter den Dämonen.
³⁸So vergossen sie unschuldiges Blut,
das Blut ihrer Söhne und Töchter,
die sie den Götzen Kanaans opferten
und das Land mit Blut beschmutzten.
³⁹Sie verunreinigten sich durch ihre bösen Taten
und brachen Gott die Treue.

⁴⁰Deshalb entbrannte der Zorn des HERRN gegen sein Volk,
und er verabscheute sein eigenes Volk.
⁴¹Er lieferte sie den anderen Völkern aus,
und die sie hassten, herrschten nun über sie.
⁴²Ihre Feinde zertraten sie
und unterdrückten sie grausam.
⁴³Immer wieder befreite er sie,
aber sie lehnten sich weiter gegen ihn auf
und kamen durch ihre Sünde um.
⁴⁴Doch noch immer hatte er Mitleid mit ihnen
und erhörte ihre Schreie.
⁴⁵Er dachte an seinen Bund mit ihnen
und bereute in seiner Gnade seinen Zorn.
⁴⁶Er ließ sie Erbarmen finden
bei allen, die sie gefangen hielten.

⁴⁷HERR, unser Gott, rette uns! Sammle uns wieder aus den Völkern,
damit wir deinen heiligen Namen preisen
und uns freuen, dass wir dich loben können.

⁴⁸Gelobt sei der HERR, der Gott Israels,
bis in alle Ewigkeit!
Und das ganze Volk soll sprechen: »Amen!«

Halleluja!

106,33 Hebr. *sie verbitterten seinen Geist.*

FÜNFTES BUCH: PSALMEN 107–150

Psalm 107

Dankt dem HERRN, denn er ist gut
und seine Gnade bleibt ewig bestehen.
²Alle sollen es bezeugen, die der HERR gerettet hat,
die er aus der Hand ihrer Feinde befreit hat.
³Er hat sie aus vielen Ländern gesammelt,
aus Ost und West,
aus Nord und Süd.
⁴Manche irrten auf einsamem Weg durch die Wüste
und sie fanden keine Stadt, in der sie wohnen konnten.
⁵Sie waren hungrig und durstig
und wären beinahe gestorben.
⁶Da schrien sie zum HERRN in ihrer Not
und er rettete sie aus ihrer Verzweiflung.
⁷Er führte sie den richtigen Weg,
sodass sie in eine Stadt kamen, in der sie wohnen konnten.
⁸Sie sollen dem HERRN für seine Gnade danken
und für die Wunder, die er an ihnen getan hat.
⁹Denn er versorgt die Durstigen
und gibt den Hungrigen reichlich zu essen.

¹⁰Manche saßen in Finsternis und tiefster Verzweiflung,
gefangen in Elend und Ketten.
¹¹Denn sie hatten sich gegen Gottes Gebote aufgelehnt
und den Ratschlag des Höchsten verachtet.
¹²Deshalb zerbrach er ihr Herz durch großes Leid;
sie fielen zu Boden, und niemand half ihnen auf.
¹³Da schrien sie zum HERRN in ihrer Not,
und er rettete sie aus ihrer Verzweiflung.
¹⁴Er führte sie aus Finsternis und tiefster Dunkelheit;
er zerriss ihre Ketten.
¹⁵Sie sollen dem HERRN für seine Gnade danken
und für die Wunder, die er an ihnen getan hat.
¹⁶Denn er zerbrach bronzene Gefängnistore
und zerschlug eiserne Riegel.

¹⁷Manche mussten leiden wegen ihrer Auflehnung
und wegen ihrer Sünden.
¹⁸Sie ekelten sich vor jeder Speise
und waren dem Tode nahe.
¹⁹Da schrien sie zum HERRN in ihrer Not,
und er rettete sie aus ihrer Verzweiflung.
²⁰Er sprach ein Wort, und sie wurden gesund –
so rettete er sie an der Schwelle des Todes.

DIE PSALMEN

1–41	Erstes Buch
3–41	Davidpsalmen
42–72	Zweites Buch
42–49	Psalmen der Nachkommen Korachs
51–72	Davidpsalmen
73–89	Drittes Buch
73–83	Asafpsalmen
90–106	Viertes Buch
93–99	Jahwe-König-Psalmen
107–150	Fünftes Buch
108–110	Davidpsalmen
111–118	Großes Hallel (Lobpsalmen)
120–134	Wallfahrtslieder
138–145	Davidpsalmen
146–150	Kleines Hallel (Lobpsalmen)

107–108
Gott rettet aus der Not. Gott, hilf im Kampf gegen die Feinde.

²¹Sie sollen dem HERRN für seine Gnade danken und für die Wunder, die er an ihnen getan hat.
²²Sie sollen Dankopfer darbringen und voll Freude von seinen herrlichen Taten erzählen.

Psalm 107,29

Hinweise auf den Messias (3)
Dass Gott die Macht hat, aus Seenot zu retten und den Seesturm rasch zu beenden, ist ein Bekenntnis, das die Heilige Schrift öfter ausspricht (auch Ps 65,8; Jona 1,14-16). Der Psalm hat keinen ›Überschuss‹, den man erst von Jesus her richtig deuten könnte.
Jedoch beschreiben die Evangelien, dass Jesus dieselbe Macht hat, die in den Psalmen von Gott erwartet wird (Mk 4,39). Das weckt die Ahnung, dass er mehr als andere Menschen auf Gottes Seite gehört (Mk 4,41). Psalm 107,29 ist kein zwingender Messiashinweis, aber ein Schriftwort, das zum Verstehen des Berichts von Jesus wichtig ist.
(Psalm 69,22 ‹‹ | ›› Psalm 109,4)

Psalm 109,4

Hinweise auf den Messias (3)
Ein unschuldig Angeklagter reagiert, indem er betet. Möglicherweise ist (wie in dieser Übersetzung) die Fürbitte für die Gegner gemeint (wörtlich heißt es: »Ich aber bin [im] Gebet«). Fürbitte für die Verbrecher leistet – nach wichtigen Handschriften von Jes 53,12 – der Knecht Gottes (siehe die Erklärung zu 52,13–53,12): »Tatsächlich aber hat er die Sünden vieler getragen und ist für die Sünder eingetreten.« Dieser Knecht ist ein unübersehbarer Hinweis auf Christus. Wenn Jesus seine Jünger angewiesen hat, für ihre Verfolger zu beten (Lk 6,28), dann wird diese Haltung auch in seinem eigenen Leben verankert sein. Dem entspricht sein Ausruf am Kreuz: »Vater, vergib diesen Menschen, denn sie wissen nicht, was sie tun« (Lk 23,34) – wenngleich dieser Vers nicht in den ältesten Handschriften enthalten ist. Der erste Märtyrer für Jesus hat ebenso gebetet (Apg 7,60).
(Psalm 107,29 ‹‹ | ››› Sprüche 8,22-31)

S Südreich Juda   N Nordreich Israel

²³Manche befuhren mit Schiffen das Meer,
um Handel zu treiben auf den Ozeanen der Welt.
²⁴Auch sie sahen die Taten des HERRN,
seine Wunder in den Tiefen des Meeres.
²⁵Er sprach ein Wort, und Stürme tobten
und die Wellen türmten sich auf.
²⁶Die Schiffe wurden zum Himmel emporgehoben
und wieder hinab in die Tiefe geschleudert,
dass die Seeleute vor Angst zitterten.
²⁷Sie torkelten und taumelten wie Betrunkene
und wussten nicht mehr aus noch ein.
²⁸Da schrien sie zum HERRN in ihrer Not,
und er rettete sie aus ihrer Verzweiflung.
²⁹Er verwandelte den Sturm in Stille
und beruhigte die Wellen.
³⁰Da freuten sie sich, dass es still geworden war
und er führte sie sicher zum ersehnten Hafen.
³¹Sie sollen dem HERRN für seine Gnade danken
und für die Wunder, die er an ihnen getan hat.
³²Sie sollen ihn öffentlich vor der Gemeinde rühmen
und vor dem Rat der Ältesten loben.

³³Er verwandelt Flüsse in Wüsten
und Quellen in trockenes Land.
³⁴Aus fruchtbarem Land macht er eine Salzwüste
wegen der Bosheit der Menschen, die dort leben.
³⁵Doch er verwandelt die Wüsten wieder zu einem wasserreichen See
und dürres Land zu Wasserquellen.
³⁶Er holt die Hungrigen herbei, damit sie sich dort niederlassen
und ihre Städte bauen.
³⁷Sie besäen ihre Felder, pflanzen Weinberge
und fahren reiche Ernten ein.
³⁸Und er segnet sie mit vielen Kindern
und versorgt sie mit großen Viehherden.

³⁹Wenn sie, gebeugt von Sorge und Not, weniger wurden,
⁴⁰bestraft der HERR ihre Fürsten mit seiner Verachtung
und lässt sie in Wüsten ohne Weg umherirren.
⁴¹Die Armen aber rettet er aus der Not
und lässt ihre Familien wachsen wie riesige Schafherden.

⁴²Die Gottesfürchtigen werden es sehen
und sich freuen,
die Bösen aber müssen verstummen.
⁴³Wer weise ist, der achte auf diese Dinge,
und er wird erkennen,
wie die Gnade des HERRN in der Geschichte am Werk ist.

Psalm 108
Ein Psalm Davids. Ein Lied.
²Gott, mein Herz vertraut auf dich,
deshalb will ich dir singen und dir danken!
Wach auf, meine Seele!
³Wach auf, Harfe und Zither!
Ich will den Morgen mit meinem Lied aufwecken.
⁴HERR, ich will dir vor allen Menschen danken.
Ich will dich loben unter den Völkern.
⁵Denn deine Gnade ist höher als der Himmel
und deine Treue reicht, so weit die Wolken ziehen.
⁶HERR, erhebe dich über den höchsten Himmel
und deine Herrlichkeit erfülle die ganze Erde.
⁷Befreie dein geliebtes Volk,
rette uns mit deiner rechten Hand und erhöre uns.
⁸Dies hat Gott in seiner Heiligkeit* versprochen:
»Ich will Sichem voll Freude aufteilen
und das Tal Sukkot ausmessen.
⁹Gilead gehört mir, und Manasse ist mein Eigentum.
Ephraim wird meine Krieger hervorbringen
und Juda meine Könige.
¹⁰Moab wird mein ergebener Diener werden,
und Edom wird mein Sklave sein.
Über die Philister will ich siegreich triumphieren.«

¹¹Doch wer wird mich in die Festung einlassen?
Wer wird mir den Sieg über Edom schenken?
¹²Gott, hast du uns verstoßen?
Wirst du nicht mehr mit unserem Heer in den Krieg ziehen?
¹³Hilf uns im Kampf gegen unsere Feinde,
denn auf menschliche Hilfe kann man sich nicht verlassen.
¹⁴Mit Gottes Hilfe aber werden wir große Taten vollbringen,
denn er wird unsere Gegner zertreten.

Psalm 109
Für den Chorleiter: Ein Psalm Davids.
Mein Gott, den ich lobe, bleib nicht fern und schweige nicht,
²wenn die Gottlosen mich verleumden
und Lügen über mich verbreiten.
³Von allen Seiten bedrängen sie mich mit ihren hasserfüllten Worten
und greifen mich grundlos an.
⁴Meiner Liebe begegnen sie mit Feindschaft,

108,8 O. *in seinem Heiligtum.*

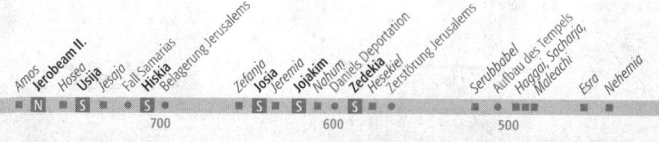

DIE PSALMEN

1–41	Erstes Buch
3–41	Davidpsalmen
42–72	Zweites Buch
42–49	Psalmen der Nachkommen Korachs
51–72	Davidpsalmen
73–89	Drittes Buch
73–83	Asafpsalmen
90–106	Viertes Buch
93–99	Jahwe-König-Psalmen
107–150	Fünftes Buch
108–110	Davidpsalmen
111–118	Großes Hallel (Lobpsalmen)
120–134	Wallfahrtslieder
138–145	Davidpsalmen
146–150	Kleines Hallel (Lobpsalmen)

109–111

Gott, richte meine Feinde. Gott legt deine Feinde unter deine Füße. Gott ist groß und treu.

---

ich aber bete beständig für sie.
⁵Sie vergelten Gutes mit Bösem
und erwidern meine Liebe mit Hass:

⁶Gib ihm einen Gottlosen zum Gegner
und schick einen Ankläger, der ihn vor Gericht bringt.
⁷Und wenn sein Fall verhandelt wird, dann sorge dafür, dass man ihn schuldig spricht.
Rechne ihm seine Gebete als Sünden an.
⁸Er soll ein kurzes Leben haben
und sein Amt gib einem anderen.
⁹Seine Kinder sollen zu Waisen werden und seine Frau zur Witwe.
¹⁰Seine Kinder sollen herumirren, ja herumirren und betteln
und vertrieben werden aus ihren verfallenen Häusern.
¹¹Die Gläubiger sollen seinen Besitz an sich nehmen
und Fremde das rauben, was er erworben hat.
¹²Niemand soll ihm mehr Gutes tun
und keiner soll Mitleid mit seinen verwaisten Kindern haben.
¹³Seine Nachkommen sollen ausgerottet werden.
Schon in der nächsten Generation soll ihr Name erlöschen.
¹⁴Nie soll der HERR die Sünden seiner Vorfahren vergessen,

Psalm 110

Hinweise auf den Messias (1)

Dieser Davidpsalm scheint die Hoheit des Königs von Israel zu beschreiben, den Gott ermächtigt hat. Aus dem Munde Davids gesprochen enthält er aber einen logischen Riss: Wer sollte der »Herr« von David sein, der von dem HERRN (= Jahwe) angesprochen wird? Diesem Herrn Davids gelten ja alle Zusagen des Psalms.
Ein weiteres Rätsel ist, dass diesem »Herrn« auch Priesterwürde zugeschrieben wird. Dieses Amt wird sonst im Alten Testament streng vom Königsamt unterschieden. Auch ist völlig unklar, was die »Ordnung Melchisedeks« (V. 4) sein sollte. Dieser Priester taucht in 1. Mose 14 wie aus dem Nichts auf und verschwindet auch dort wieder; seine Gestalt wird nirgends anderswo im Alten Testament gedeutet. Dieser Psalm kann kaum aus sich selbst heraus verstanden werden. Es braucht einen Auslegungsschlüssel von außen. Schon im Judentum wurde der Psalm intensiv diskutiert. Jesus deutet ihn messianisch, und nach ihm andere Autoren des Neuen Testaments (Mt 22,44; Apg 2,34-35; 1Kor 15,25; Hebr 1,13; 5,6–8,1; 10,12-13).
(Psalm 89,39-53 «« | »» Jesaja 42,1-4)

nie sollen die Sünden seiner Mutter aus dem Buch des Lebens getilgt werden.
¹⁵Alle diese Sünden sollen dem HERRN stets vor Augen stehen,
die Erinnerung an sie soll auf Erden ausgelöscht werden.
¹⁶Denn dieser Mann war zu anderen niemals freundlich,
sondern er hat die Armen und Hilflosen verfolgt
und verzweifelte Menschen in den Tod getrieben.
¹⁷Mit Vorliebe hat er andere Menschen verflucht, nun verfluche du ihn.
Niemals hat er andere Menschen gesegnet, nun segne auch du ihn nicht.
¹⁸Flüche gehören zu ihm wie sein Gewand,
wie Wasser, das er trinkt,
oder wie Öl für seine Beine.
¹⁹Darum soll der Fluch nun an ihm bleiben wie ein Gewand,
und ihn umschließen wie ein Gürtel.

²⁰Damit soll der HERR alle meine Gegner strafen
und die, die mich verleumden.
²¹HERR, hilf mir um der Ehre deines Namens willen,
errette mich, weil du treu und gütig bist!
²²Denn ich bin arm und hilflos,
und mein Herz ist voller Schmerzen.
²³Ich vergehe wie ein Schatten am Abend,
ich bin wie Heuschrecken, die man abschüttelt.
²⁴Meine Knie sind schwach vom Fasten,
ich bin nur noch Haut und Knochen.
²⁵Überall verspotten mich die Menschen;
wenn sie mich sehen, schütteln sie den Kopf.

²⁶HERR, mein Gott, hilf mir!
Rette mich in deiner Gnade.
²⁷Lass sie erkennen, dass dies dein Werk ist,
dass du selbst es getan hast, HERR.
²⁸Dann sollen sie mich verfluchen, wenn sie wollen, denn du wirst mich segnen!
Wenn sie mich angreifen, werden sie unterliegen!
Doch ich, dein Knecht, werde mich wieder freuen!
²⁹Meine Gegner sollen erniedrigt werden
und ihre Schande soll sie wie ein Mantel umhüllen.
³⁰Ich aber will dem HERRN stets aufs Neue danken
und ihn vor allen Menschen preisen.
³¹Denn er steht dem Armen zur Seite,
um ihn vor denen zu retten, die ihn verurteilen.

Psalm 110
Ein Psalm Davids.
Der HERR sprach zu meinem Herrn:
»Setz dich auf den Ehrenplatz zu meiner Rechten,
bis ich deine Feinde demütige und sie zum Schemel unter deinen Füßen mache.«

²Der HERR wird deine Macht ausweiten über Jerusalem* hinaus,
du wirst über deine Feinde herrschen.
³Am Tage der Schlacht
wird dein Volk dir freudig dienen,
festlich gekleidet in heilige Gewänder.
Wie der Morgentau wird deine Lebenskraft erneuert, Tag für Tag.*
⁴Der HERR hat einen Eid geschworen und wird ihn nicht brechen:
»Du bist für immer Priester nach der Ordnung Melchisedeks.«
⁵Der Herr steht an deiner rechten Seite und beschützt dich.
Am Tag seines Zorns wirft er viele Könige vor dir nieder.
⁶Er wird die Völker richten
und Berge von Leichen zurücklassen,
er wird Fürsten überall auf der ganzen Erde vernichten.
⁷Er selbst aber wird sich unterwegs am Bach erfrischen,
darum wird er siegen.

Psalm 111
Halleluja!

Ich will dem HERRN von ganzem Herzen danken
vor allen, die zu ihm gehören und vor seiner Gemeinde.
²Die Taten des HERRN sind wunderbar!
Wer über sie nachdenkt, wird Freude an ihnen haben.
³Alles, was der HERR tut, ist herrlich und großartig,
und seine Gerechtigkeit besteht ewig.
⁴Wer kann die Wunder vergessen,
die er vollbringt?
Gnädig und barmherzig ist unser HERR!

⁵Denen, die auf ihn vertrauen, gibt er,
was sie brauchen,
und vergisst niemals seinen Bund mit ihnen.
⁶Er hat seinem Volk seine große Macht gezeigt,
indem er ihm die Länder anderer Völker gab.
⁷Alles, was er tut, ist gerecht und gut,
und alle seine Gebote sind vertrauenswürdig.

110,2 Hebr. *Zion.* 110,3 Hebr. *Aus dem Schoß der Morgenröte kommt zu dir der Tau deiner Jugend.*

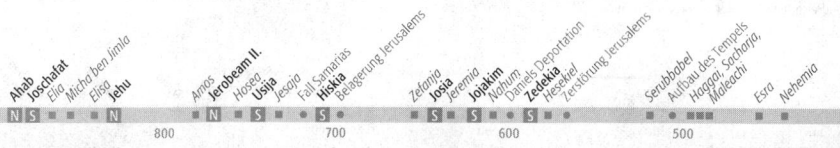

DIE PSALMEN

1–41	Erstes Buch
3–41	Davidpsalmen
42–72	Zweites Buch
42–49	Psalmen der Nachkommen Korachs
51–72	Davidpsalmen
73–89	Drittes Buch
73–83	Asafpsalmen
90–106	Viertes Buch
93–99	Jahwe-König-Psalmen
107–150	Fünftes Buch
108–110	Davidpsalmen
111–118	Großes Hallel (Lobpsalmen)
120–134	Wallfahrtslieder
138–145	Davidpsalmen
146–150	Kleines Hallel (Lobpsalmen)

111–116

Gott soll gepriesen werden für seine Treue und Größe. Gott segnet den Gottesfürchtigen. Die Erde muss sich vor Gott verneigen. Gott allein kann helfen. Gott hat mich aus der Not gerettet.

⁸Sie sind ewig gültig
und sollen treu und aufrichtig befolgt werden.
⁹Er hat sein Volk befreit
und seinen Bund mit ihm für immer bestätigt.
Heilig und gewaltig ist unser Gott!
¹⁰Ehrfurcht vor dem HERRN ist der Anfang
wahrer Weisheit.
Klug sind alle, die sich danach richten.
Lobt seinen Namen für alle Zeit!

Psalm 112
Halleluja!

Glücklich ist der Mensch, der Ehrfurcht hat vor
dem HERRN.
Ja, glücklich ist, der sich über seine Gebote freut.
²Ihre Nachkommen werden zu Macht und
Ansehen gelangen,
die Kinder der Gottesfürchtigen werden
gesegnet werden.
³Sie werden reich werden,
und ihre gerechten Taten werden unvergessen
bleiben.
⁴Selbst in der Finsternis wird es für den
Gottesfürchtigen hell.
Er ist* gnädig, barmherzig und gerecht.
⁵Alles gelingt dem, der großzügig ist und gerne
leiht
und in allen seinen Geschäften ehrlich ist.
⁶Das Unglück kann ihm nichts anhaben,
an einen so gerechten Menschen wird man sich
immer erinnern.
⁷Er fürchtet sich nicht vor schlechter Nachricht,
sondern vertraut fest darauf, dass der HERR für
ihn sorgt.
⁸Zuversichtlich ist er und furchtlos,
denn er wird über seine Gegner triumphieren.
⁹Großzügig gibt er dem, der in Not ist.
Seine gerechten Taten bleiben unvergessen.*
Er wird zu großem Ansehen kommen.*
¹⁰Der Gottlose wird es sehen und sich ärgern,
knirschen wird er mit seinen Zähnen vor Zorn.
Denn was die Gottlosen hoffen, das vergeht.

Psalm 113
Halleluja!

Lobt ihn, ihr Diener des HERRN.
Lobt den Namen des HERRN!
²Gelobt sei der Name des HERRN in alle
Ewigkeit.
³Vom Aufgang der Sonne bis zu ihrem
Niedergang

112,4 In den griech. Versionen heißt es *Der HERR ist*.
112,9a Hebr. *Seine Gerechtigkeit bleibt in Ewigkeit*.
112,9b Hebr. *Sein Horn ragt auf in Ehre*.

sei der Name des HERRN gelobt.
⁴Denn der HERR steht hoch über den Völkern,
sein Ruhm reicht höher als der Himmel.
⁵Wer ist wie der HERR, unser Gott,
der hoch oben thront in der Höhe,
⁶der in die Tiefe hinabschaut
auf den Himmel und auf die Erde?
⁷Er holt die Armen aus dem Staub heraus
und die Hilflosen aus dem Schmutz.
⁸Er gibt ihnen einen Platz neben Fürsten,
ja, neben den Fürsten seines Volkes!
⁹Der unfruchtbaren Frau schenkt er Kinder,*
damit sie eine glückliche Mutter wird.

Halleluja!

Psalm 114
Als Israel aus Ägypten auszog,
als die Nachkommen Jakobs das Volk verließen,
dessen Sprache sie nicht verstanden,
²da wurde Juda zu Gottes Heiligtum
und Israel zu seinem Herrschaftsbereich.
³Das Rote Meer* sah sie kommen und floh
und der Jordan zog sich zurück.
⁴Die Berge sprangen wie Widder,
die Hügel wie Lämmer!
⁵Warum hast du, Rotes Meer, ihnen den Weg
  frei gemacht?
Was ist mit dir, Jordan, dass du dich
  zurückzogst?
⁶Warum seid ihr Berge wie Widder gesprungen
und ihr Hügel wie Lämmer?
⁷Erbebe, Erde, vor dem Herrn,
vor dem Gott Israels*.
⁸Er verwandelte den Felsen in einen
  Wasserteich,
den harten Stein in eine Wasserquelle.

Psalm 115
Nicht uns, HERR, nicht uns, sondern dir steht
  Ehre zu
für deine Gnade und Treue!
²Warum dürfen die andern Völker sagen:
»Wo ist denn ihr Gott?«
³Unser Gott ist im Himmel,
und er tut alles, was er will.
⁴Ihre Götzen sind aus Silber oder Gold,
von Menschenhand gemacht.
⁵Obwohl sie einen Mund haben, können sie
  nicht reden,
obwohl sie Augen haben, sehen sie doch nicht!
⁶Mit ihren Ohren können sie nicht hören,
mit ihren Nasen nicht riechen,
⁷mit ihren Händen nicht fühlen,

mit ihren Füßen nicht gehen
und aus ihren Kehlen kommt kein Laut hervor!
⁸Und die, die sie gemacht haben, sollen ihnen
  gleichen,
alle, die auf sie vertrauen.
⁹Israel, vertraue du auf den HERRN!
Er ist dein Helfer und dein Schutz.
¹⁰Ihr Priester Aarons, vertraut auf den HERRN!
Er ist euer Helfer und euer Schutz.
¹¹Ihr alle, die ihr den HERRN verehrt, vertraut auf
  den HERRN!
Er ist euer Helfer und euer Schutz.
¹²Der HERR denkt an uns und wird uns segnen.
Er wird das Volk Israel
und die Priester Aarons segnen.
¹³Er wird segnen, die den HERRN verehren,
die Kleinen und die Großen.
¹⁴Der HERR gebe dir und deinen Kindern viele
  Nachkommen.
¹⁵Ihr seid vom HERRN gesegnet,
der Himmel und Erde gemacht hat.
¹⁶Der Himmel gehört dem HERRN,
die Erde aber hat er den Menschen gegeben.
¹⁷Die Toten können den HERRN nicht loben,
denn sie sind dort, wo man für immer schweigt.
¹⁸Wir aber können den HERRN loben,
jetzt und für alle Zeit!

Halleluja!

Psalm 116
Ich liebe den HERRN,
denn er hört, wenn ich rufe.
²Weil er ein offenes Ohr für mich hat,
will ich zu ihm beten, solange ich lebe!
³Der Tod hatte bereits seine Hand nach mir
  ausgestreckt,
die Schrecken des Grabes* griffen nach mir.
Ich sah keinen Ausweg mehr.
⁴Da rief ich den Namen des HERRN an:
»HERR, rette mich!«
⁵Der HERR ist freundlich und gerecht!
Barmherzig ist unser Gott!
⁶Der HERR beschützt die Menschen, die hilflos
  sind.
Ich war schwach, doch er hat mich gerettet.
⁷Jetzt kann ich wieder ausruhen,
denn der HERR war gut zu mir.
⁸Er hat meine Seele vor dem Tode bewahrt,
meine Augen vor den Tränen
und meine Füße vor dem Stolpern.

113,9 Hebr. *die Unfruchtbare des Hauses*.   **114,3** Hebr. *das Meer*; so auch in 114,5.   **114,7** Hebr. *Jakobs*.   **116,3** Hebr. *der Scheol*.

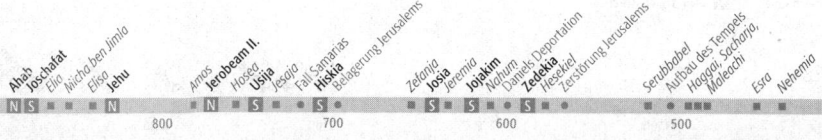

DIE PSALMEN

1–41	Erstes Buch
3–41	Davidpsalmen
42–72	Zweites Buch
42–49	Psalmen der Nachkommen Korachs
51–72	Davidpsalmen
73–89	Drittes Buch
73–83	Asafpsalmen
90–106	Viertes Buch
93–99	Jahwe-König-Psalmen
107–150	Fünftes Buch
108–110	Davidpsalmen
111–118	Großes Hallel (Lobpsalmen)
120–134	Wallfahrtslieder
138–145	Davidpsalmen
146–150	Kleines Hallel (Lobpsalmen)

116–118
Ich diene Gott, denn er hat mich gerettet. Lobt Gott für seine Größe. Gott ist groß und er errettet.

⁹Ich darf in der Nähe des HERRN sein, solange ich lebe!
¹⁰Ich habe dir geglaubt, deshalb habe ich gebetet: »Ich bin verzweifelt, HERR.«
¹¹In meiner Angst schrie ich zu dir: »Diese Menschen sind alle Lügner!«

Psalm 118,22-23

Hinweise auf den Messias (2)
Mit diesem Psalm dankt ein Beter Gott für Rettung aus Todesgefahr (V. 5.17-18). Er war schon beinahe am Ende, aber kam – fast wider Erwarten – nicht um. Diese Erfahrung fasst er in das Bild vom Stein, der für untauglich befunden wurde, aber jetzt als zentraler Eckstein dient. Trotz dieses Erfahrungshintergrundes ist das Bild überraschend, denn der Psalm lässt sonst nicht erkennen, dass der Gerettete in eine besondere Ehrenstellung erhoben wurde.
Jesus griff die Verse 22-23 auf, um seinen eigenen Weg zu deuten: Er wurde verworfen, aber dann von Gott in die Schlüsselstellung eingesetzt (Mt 21,42; Mk 12,10-11; Lk 20,17).
Auch Petrus verwendete in seiner Christuspredigt diese Belegstelle aus der Heiligen Schrift: Apostelgeschichte 4,11; siehe auch 1. Petrus 2,4.7.
(Psalm 106,26-28 ‹‹‹ | ››› Psalm 118,26)

Psalm 118,26

Hinweise auf den Messias (2)
Der Dankpsalm 118 enthält auch Elemente einer Festprozession: Verse 19-29. Beim Einzug in den Tempel wurden die Festbesucher vermutlich von Priestern oder Leviten gesegnet, und zwar mit Worten, wie sie V. 26 enthält.
»Der im Namen des HERRN kommt« – das ist in der Sicht des Neuen Testaments in unüberbietbarer Weise Jesus Christus. Allen vier Evangelien zufolge begleitete die Volksmenge Jesus bei seinem Einzug in Jerusalem, indem sie dieses Segenswort ausrief (Mt 21,9; Mk 11,9; Lk 19,38; Joh 12,13). Auch Jesus selbst hat erwartet, dass man dieses Psalmwort auf ihn bezieht. Nach dem Lukasevangelium sagte Jesus das *vor* dem Einzug in Jerusalem (13,35); nach dem Matthäusevangelium aber *danach* (23,39). Demnach würde es sich bei der Wiederkunft von Jesus erneut erfüllen.
(Psalm 118,22-23 ‹‹‹ | ››› Psalm 132,11)

S Südreich Juda   **N** Nordreich Israel

¹²Was kann ich dem HERRN geben
für alles, was er für mich getan hat?
¹³Ich will als Zeichen für meine Rettung den
  Becher erheben
und den Namen des HERRN anrufen.
¹⁴Ich will die Versprechen, die ich vor dem
  HERRN ablegte,
vor den Augen des ganzen Volkes erfüllen.

¹⁵Dem HERRN sind die Menschen kostbar,
  die er liebt;
es betrübt ihn, wenn sie sterben.
¹⁶HERR, ich bin dein Diener;
ich bin dein Diener, der Sohn deiner Magd,
und du hast meine Fesseln zerrissen!
¹⁷Ich will dir ein Dankopfer darbringen
und den Namen des HERRN anrufen.
¹⁸Ich will die Versprechen, die ich vor dem
  HERRN ablegte,
vor den Augen des ganzen Volkes erfüllen,
¹⁹im Hause des HERRN,
inmitten von Jerusalem.
Halleluja!

Psalm 117
Lobt den HERRN, all ihr Völker.
Lobt ihn, alle Menschen auf Erden.
²Denn seine Gnade ist groß
und seine Treue besteht für alle Zeit.

Halleluja!

Psalm 118
Dankt dem HERRN, denn er ist gut und seine
  Gnade bleibt ewig bestehen.
²Das Volk Israel soll sagen:
»Seine Gnade bleibt ewig bestehen.«
³Aarons Nachkommen, die Priester, sollen
  sagen: »Seine Gnade bleibt ewig bestehen.«
⁴Alle, die den HERRN fürchten, sollen sagen:
»Seine Gnade bleibt ewig bestehen.«

⁵In meiner Not betete ich zum HERRN,
und er hat mich erhört und gerettet.
⁶Der HERR steht zu mir, deshalb fürchte ich mich
  nicht.
Was können mir Menschen anhaben?
⁷Der HERR steht zu mir und hilft mir
und ich werde über meine Feinde triumphieren.
⁸Es ist besser, auf den HERRN zu vertrauen,
als sein Vertrauen auf Menschen zu setzen.
⁹Ja, es ist besser, auf den HERRN zu vertrauen,
als sein Vertrauen auf Fürsten zu setzen.

¹⁰Feindliche Völker hatten mich umzingelt,
doch ich wehre sie alle ab im Namen des HERRN.
¹¹Sie bedrängten mich und griffen mich an,
doch ich wehre sie alle ab im Namen des HERRN.
¹²Sie umschwärmten mich wie die Bienen,
sie wüteten gegen mich wie lodernde Flammen,
doch ich vernichtete sie alle im Namen des
  HERRN.
¹³Man stieß mich, um mich zu Fall zu bringen,
doch der HERR hat mir geholfen.
¹⁴Der HERR ist meine Stärke und mein Lobpreis,
er hat mich gerettet.
¹⁵Lieder der Freude und des Sieges erklingen im
  Lager der Gottesfürchtigen.
Der rechte Arm des HERRN hat mächtige Taten
  vollbracht!
¹⁶Der rechte Arm des HERRN ist im Sieg
  erhoben.
Der rechte Arm des HERRN hat mächtige Taten
  vollbracht!
¹⁷Ich werde nicht sterben, sondern leben,
um zu erzählen, was der HERR getan hat.
¹⁸Der HERR hat mich schwer gestraft,
doch er hat mich nicht dem Tod ausgeliefert.

¹⁹Öffnet mir die Tore, durch die die Gerechten
  einziehen,
ich will hineingehen und dem HERRN danken.
²⁰Diese Tore führen in die Gegenwart des
  HERRN,
dort gehen die Gottesfürchtigen hinein.
²¹Ich danke dir, dass du mein Gebet erhört
und mich gerettet hast!

²²Der Stein, den die Bauleute verworfen haben,
ist zum Eckstein geworden.*
²³Das ist das Werk des HERRN,
und es ist wunderbar anzusehen.
²⁴Dies ist der Tag, den der HERR gemacht hat.
Lasst uns jubeln und fröhlich sein.
²⁵HERR, errette uns doch.
HERR, gib doch Gelingen!
²⁶Gepriesen sei, der im Namen des HERRN
  kommt.
Wir segnen euch, die ihr zum Haus des HERRN
  gehört.
²⁷Der HERR ist Gott, er leuchtet über uns.
Holt die Opfer herbei
und legt sie vor dem Altar nieder.
²⁸Du bist mein Gott, ich will dir danken!
Du bist mein Gott, ich will dich loben!
²⁹Danket dem HERRN, denn er ist gut
und seine Gnade bleibt ewig bestehen.

118,22 Vgl. Matthäus 21,42.

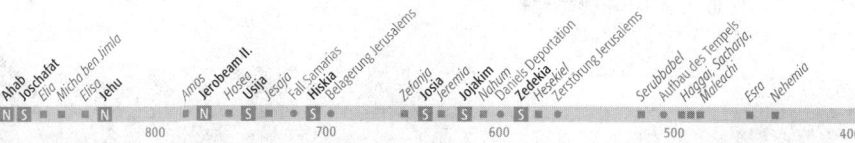

DIE PSALMEN

1–41	Erstes Buch
3–41	Davidpsalmen
42–72	Zweites Buch
42–49	Psalmen der Nachkommen Korachs
51–72	Davidpsalmen
73–89	Drittes Buch
73–83	Asafpsalmen
90–106	Viertes Buch
93–99	Jahwe-König-Psalmen
107–150	Fünftes Buch
108–110	Davidpsalmen
111–118	Großes Hallel (Lobpsalmen)
120–134	Wallfahrtslieder
138–145	Davidpsalmen
146–150	Kleines Hallel (Lobpsalmen)

119
Ich möchte unter allen Umständen nach dem Gesetz Gottes leben.

Psalm 119*

Glücklich sind die Menschen, die ihr Leben aufrichtig leben,
die das Gesetz des HERRN befolgen.
²Glücklich sind die, die sich an seine Weisungen halten
und ihn von ganzem Herzen suchen.
³Sie tun nichts Böses,
sondern gehen auf den Wegen Gottes.
⁴Du hast uns befohlen,
deine Gebote mit Freude zu halten.
⁵Ich möchte mein Leben stets nach deinen Ordnungen ausrichten.
⁶Ich brauche mich nicht zu schämen,
wenn ich alle deine Gebote beachte.
⁷Wenn ich mir deine gerechten Gesetze tief einpräge,
will ich dir von ganzem Herzen danken!
⁸Ich will mich an deine Ordnungen halten.
Verlass mich bitte nicht!

⁹Wie kann ein junger Mensch in seinem Leben rein von Schuld bleiben?
Indem er sich an dein Wort hält und es befolgt.
¹⁰Ich habe dich von ganzem Herzen gesucht,
nun lass mich nicht von deinen Geboten abirren.
¹¹Ich habe dein Wort in meinem Herzen bewahrt,

119 Dieser Psalm ist ein hebr. Akrostichon; er hat 22 Strophen, eine für jeden Buchstaben des hebr. Alphabets. Die acht Verse jeder Strophe beginnen jeweils mit dem hebr. Buchstaben der entsprechenden Strophe.

Psalm 119

Gott redet

Dieser Psalm benutzt die poetische Form eines »Akrostichons«. Jeweils acht aufeinanderfolgende Verse beginnen mit demselben Buchstaben. Die Achtergruppen sind nach der Reihenfolge des hebräischen Alphabets geordnet. Der Psalmist findet 176 Wege, um zu zeigen, wie lebenswichtig das Gesetz Gottes ist. Unter »Gesetz« versteht er Gesetze, Weisungen, Wege, Gebote, Ordnungen, Worte und Wahrheit. So wurden damals die unterschiedlichen Aspekte der Thora – Gottes Anweisungen für ein erfülltes Leben – verstanden. Menschen, die ihr Leben nach dem Wort Gottes richten, erleben Glück, Freude, Ehre, Sündenvergebung, Stärke, Begleitung, Führung, Erleuchtung, Ermutigung, Bewahrung und noch viel mehr. Das hat der Psalmist erfahren. Deswegen verpflichtet er sich, Gottes Wort zu suchen, zu erkennen, ihm zu vertrauen, es zu begreifen und zu befolgen und es weiterzuerzählen. Wenn der Psalmist dies auf 176 Arten sagen konnte, wie viel mehr diejenigen, die nicht nur Gottes geschriebenes Wort besitzen, sondern auch in Jesus das lebendige Wort Gottes erlebt haben.
(Römer 1,19-21 «« | »» Johannes 1,1-18)

S Südreich Juda   N Nordreich Israel

damit ich nicht gegen dich sündige.
¹²Ich will dich loben, HERR,
lehre mich deine Ordnungen.
¹³Alle deine Gesetze, die du uns gegeben hast,
sage ich laut auf.
¹⁴Ich habe mich über deine Weisungen mehr
als über großen Reichtum gefreut.
¹⁵Ich will über deine Gebote nachdenken
und mich an deine Wege halten.
¹⁶Ich will mich an deinen Ordnungen freuen
und dein Wort nicht vergessen.

¹⁷Sei gut zu deinem Diener,
damit ich lebe und deinem Wort gehorche.
¹⁸Öffne mir die Augen,
damit ich die herrlichen Wahrheiten in deinem
Gesetz erkenne.
¹⁹Ich bin nur ein Fremder hier auf der Erde.
Verbirg deine Gebote nicht vor mir!
²⁰Die ganze Zeit sehne ich mich von ganzem
Herzen
nach deinen Gesetzen.
²¹Du bestrafst die Selbstgerechten,
die von deinen Geboten abirren.
²²Lass nicht zu, dass sie mich verhöhnen und
beleidigen,
denn ich halte mich an deine Weisungen.
²³Selbst Fürsten sitzen da und sprechen gegen
mich,
doch dein Diener denkt nach über deine
Ordnungen.
²⁴Ich habe Freude an deinen Weisungen,
denn sie sind mir gute Ratgeber.

²⁵Ich bin entmutigt und verzweifelt,
erneuere mich durch dein Wort.
²⁶Ich habe dir meine Pläne erzählt, und du hast
geantwortet.
Nun lehre mich deine Ordnungen.
²⁷Hilf mir, die Bedeutung deiner Gebote zu
begreifen,
und ich will über deine wunderbaren Werke
nachdenken.
²⁸Vor Kummer weine ich;
ermutige mich durch dein Wort.
²⁹Bewahre mich davor, zu lügen und zu
betrügen,
und lehre mich in deiner Güte dein Gesetz.
³⁰Ich habe mich entschlossen, treu zu sein,
ich habe mich entschieden, nach deinen
Gesetzen zu leben.
³¹Ich halte fest an deinen Weisungen.
HERR, lass mich nicht zum Spott werden!
³²Wenn du mir hilfst,
werde ich deine Gebote befolgen.

³³Lehre mich, HERR,
nach deinen Ordnungen zu leben.
³⁴Schenk mir Einsicht, und ich will deinem
Gesetz gehorchen,
ich will es von ganzem Herzen halten.
³⁵Hilf mir nach deinen Geboten zu leben,
denn das erfüllt mich mit Freude.
³⁶Lass mich deine Weisungen lieben
und mach mich frei von Habgier!
³⁷Wende meine Augen von nutzlosen
Dingen ab,
lass mich durch dein Wort* leben.
³⁸Erfülle deinem Diener deine Zusage,
die denen gilt, die dir gehorchen.
³⁹Lass nicht zu, dass man mich verlacht,
denn deine Gesetze sind gut.
⁴⁰Ich sehne mich danach, deinen Geboten
zu gehorchen!
Erneuere mein Leben durch deine Güte.

⁴¹HERR, sei mir gnädig und rette mich,
wie du es mir versprochen hast.
⁴²Dann kann ich dem antworten,
der mich verspottet,
denn ich vertraue auf dein Wort.
⁴³Entziehe mir nicht das Wort deiner Wahrheit,
denn deine Gesetze sind meine einzige
Hoffnung.
⁴⁴Ich will niemals aufhören,
deinem Gesetz zu gehorchen.
⁴⁵Ich habe viel freien Raum zu leben,
wenn ich mein Leben nach deinen Geboten
ausrichte.
⁴⁶Vor Königen will ich deine Weisungen
bezeugen
und mich nicht schämen.
⁴⁷Wie freue ich mich an deinen Geboten,
die ich so sehr liebe!
⁴⁸Ich verehre und liebe deine Gebote,
ich denke über deine Ordnungen nach.
⁴⁹Denke an dein Versprechen, das du mir
gegeben hast,
denn es ist meine einzige Hoffnung.
⁵⁰Dein Versprechen schenkt mir neuen
Lebensmut,
es tröstet mich in allem Kummer.
⁵¹Die hochmütigen Menschen verachten mich,
doch ich weiche nicht ab von deinem Gesetz.
⁵²HERR, wenn ich über deine Gesetze
nachdenke, die seit ewigen Zeiten gelten,
werde ich getröstet. ⁵³Ich bin zornig über die
Gottlosen,
die dein Gesetz ablehnen.
⁵⁴Deine Ordnungen waren die Lieder meines
Lebens

119,37 In manchen Handschriften heißt es *auf deinen Wegen*.

DIE PSALMEN

1–41	Erstes Buch
3–41	Davidpsalmen
42–72	Zweites Buch
42–49	Psalmen der Nachkommen Korachs
51–72	Davidpsalmen
73–89	Drittes Buch
73–83	Asafpsalmen
90–106	Viertes Buch
93–99	Jahwe-König-Psalmen
107–150	Fünftes Buch
108–110	Davidpsalmen
111–118	Großes Hallel (Lobpsalmen)
120–134	Wallfahrtslieder
138–145	Davidpsalmen
146–150	Kleines Hallel (Lobpsalmen)

119

Ich möchte unter allen Umständen nach dem Gesetz Gottes leben.

in den vielen Jahren meiner Pilgerschaft.
⁵⁵Nachts denke ich über dich nach, HERR,
damit ich dein Gesetz halte.
⁵⁶Das ist das Glück meines Lebens:
deine Gebote zu halten.

⁵⁷HERR, du bist mein!
Ich verspreche, deinem Wort zu gehorchen!
⁵⁸Von ganzem Herzen suche ich deine Güte.
Sei mir gnädig, wie du es versprochen hast.
⁵⁹Ich habe über mein Leben nachgedacht
und kehrte wieder um zu deinen Weisungen.
⁶⁰Ich will sogleich und ohne zu zögern
deinen Geboten folgen.
⁶¹Gottlose Menschen wollen mich zur Sünde
   verführen,
doch ich bin fest in deinem Gesetz verwurzelt.
⁶²Um Mitternacht stehe ich auf,
um dir für deine gerechten Gesetze zu danken.
⁶³Jeder, der dich achtet und ehrt, ist mein
   Freund –
jeder, der deinen Geboten gehorcht.
⁶⁴HERR, die Erde ist erfüllt von deiner Gnade;
lehre mich deine Ordnungen.

⁶⁵Du hast viel Gutes für mich getan, HERR,
wie du es mir versprochen hast.
⁶⁶Klugheit und Erkenntnis schenke mir,
denn ich vertraue deinen Geboten.
⁶⁷Immer wieder bin ich falsche Wege gegangen,
bis du mich bestraft hast;
doch jetzt halte ich mich an dein Wort.
⁶⁸Du bist gut und handelst gut;
lehre mich deine Ordnungen.
⁶⁹Hochmütige Menschen haben Lügen über
   mich verbreitet,
doch ich gehorche deinen Geboten von ganzem
   Herzen.
⁷⁰Ihre Herzen sind hart geworden,
ich dagegen freue mich an deinem Gesetz.
⁷¹Es war gut für mich, dass ich leiden musste,
damit ich lernte, deine Ordnungen zu beachten.
⁷²Dein Gesetz ist mir wertvoller
als Tausende Gold- und Silberstücke!

⁷³Du hast mich gemacht und mich geschaffen.
Nun schenke mir auch Einsicht, deine Gebote zu
   befolgen.
⁷⁴Alle, die dich fürchten, werden mich sehen und
   sich freuen,
denn ich habe meine Hoffnung auf dein Wort
   gesetzt.
⁷⁵Ich weiß, HERR, dass deine Entscheidungen
   gerecht sind;
aus Güte hast du mich bestraft.
⁷⁶Tröste mich durch deine Gnade,
wie du es deinem Diener versprochen hast.

S Südreich Juda   N Nordreich Israel

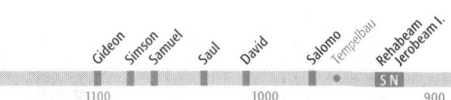

⁷⁷Umgib mich mit deinem Erbarmen, damit ich wieder leben kann,
denn dein Gesetz ist meine Freude.
⁷⁸Lass die stolzen Menschen zugrunde gehen,
die Lügen über mich verbreitet haben,
ich aber will über deine Gebote nachdenken.
⁷⁹Versöhne mich mit allen, die dich fürchten
und deine Weisungen kennen.
⁸⁰Ich möchte mich an deine Ordnungen halten,
damit ich nicht zugrunde gehe.

⁸¹Ich warte sehnsuchtsvoll auf deine Rettung,
auf dein Wort hoffe ich.
⁸²Meine Augen sehnen sich danach, dass deine Zusagen wahr werden.
Wann wirst du mich trösten?
⁸³Ich bin ausgetrocknet wie ein Weinschlauch im Rauch,
doch ich halte an deinen Ordnungen fest und gehorche ihnen.
⁸⁴Wie lange soll ich noch warten?
Wann wirst du meine Verfolger bestrafen?
⁸⁵Diese selbstgerechten Menschen haben mir eine Grube gegraben,
sie, die nicht nach deinem Gesetz leben.
⁸⁶Alle deine Gebote sind zuverlässig.
Beschütze mich vor denen, die mich grundlos verfolgen.
⁸⁷Fast hätten sie mich auf Erden getötet,
doch ich habe deine Gebote nicht aufgegeben.
⁸⁸Erhalte mein Leben und sei mir gnädig,
dann kann ich deinen Weisungen weiterhin gehorchen.

⁸⁹Für alle Zeit, HERR,
hat dein Wort im Himmel Bestand.
⁹⁰Deine Treue gilt allen Menschen,
sie bleibt so lange bestehen
wie die Erde, die du geschaffen hast.
⁹¹Deine Ordnungen gelten auch heute noch,
denn am Ende muss alles dir dienen.
⁹²Ohne die Freude an deinem Gesetz
wäre ich verzweifelt in meinem Elend.
⁹³Ich will deine Gebote niemals vergessen,
denn durch sie hast du mir neu Glück und Gesundheit geschenkt.
⁹⁴Ich bin dein, rette mich!
Denn ich richte mein Leben nach deinen Geboten aus.
⁹⁵Obwohl die Bösen mir auflauerten, um mich zu töten,
halte ich mich an deine Weisungen.
⁹⁶Ich habe gesehen, dass selbst das Vollkommene vergeht,
doch deine Gebote gelten für immer.

⁹⁷Wie sehr liebe ich dein Gesetz!
Den ganzen Tag denke ich darüber nach.
⁹⁸Durch deine Gebote bin ich meinen Feinden überlegen,
denn sie sind mein ständiger Begleiter.
⁹⁹Ich habe größere Erkenntnis als meine Lehrer,
denn ich denke unablässig über deine Ratschlüsse nach.
¹⁰⁰Ich bin klüger als die Alten,
denn ich habe deine Gebote befolgt.
¹⁰¹Ich habe mich geweigert, böse Wege zu gehen,
damit ich deinem Wort gehorsam bleibe.
¹⁰²Ich habe deine Gesetze nicht aufgegeben,
denn du warst mir ein guter Lehrer.
¹⁰³Wie süß schmecken mir deine Worte,
sie sind süßer als Honig.
¹⁰⁴Deine Gebote machen mich einsichtig,
deshalb hasse ich alle falschen Wege.

¹⁰⁵Dein Wort ist eine Leuchte für meinen Fuß
und ein Licht auf meinem Weg.
¹⁰⁶Ich habe es schon einmal geschworen und will es auch halten:
Deinen wunderbaren Gesetzen will ich gehorchen.
¹⁰⁷Ich bin sehr verzweifelt, HERR,
mach mein Leben wieder heil, wie du es versprochen hast!
¹⁰⁸HERR, nimm meinen Dank an
und lehre mich deine Gesetze.
¹⁰⁹Mein Leben ist ständig in Gefahr,
doch dein Gesetz vergesse ich nicht.
¹¹⁰Die Bösen haben mir eine Falle gestellt,
doch ich lasse mich nicht von deinen Geboten abbringen.
¹¹¹Deine Weisungen sind mein Schatz,
sie erfüllen mein Herz mit Freude.
¹¹²Ich bin entschlossen, mich an deine Ordnungen zu halten
bis ans Ende meines Lebens.

¹¹³Ich hasse die, die an dir zweifeln,
denn ich liebe dein Gesetz.
¹¹⁴Du bist meine Zuflucht und mein Schutz,
dein Wort ist meine einzige Hoffnung.
¹¹⁵Verschwindet aus meinem Leben,
ihr gottlosen Menschen,
denn ich will den Geboten meines Gottes gehorchen.
¹¹⁶Gib mir Halt, wie du es versprochen hast,
damit ich lebe! Lass nicht zu, dass meine Hoffnung vergeblich ist.
¹¹⁷Erhalte mich, dann werde ich gerettet,
und ich will deine Ordnungen immer in meinem Herzen bewegen.
¹¹⁸Du lehnst alle ab, die sich von deinen Ordnungen abwenden,

DIE PSALMEN	
1–41	Erstes Buch
3–41	Davidpsalmen
42–72	Zweites Buch
42–49	Psalmen der Nachkommen Korachs
51–72	Davidpsalmen
73–89	Drittes Buch
73–83	Asafpsalmen
90–106	Viertes Buch
93–99	Jahwe-König-Psalmen
107–150	Fünftes Buch
108–110	Davidpsalmen
111–118	Großes Hallel (Lobpsalmen)
120–134	Wallfahrtslieder
138–145	Davidpsalmen
146–150	Kleines Hallel (Lobpsalmen)

119–120

Ich möchte unter allen Umständen nach dem Gesetz Gottes leben. Rette mich vor Lügnern und Betrügern.

denn sie halten sich nur selbst zum Narren*.
[119]Die Bösen auf Erden sind wie Abfall,
den du wegwirfst,
deshalb liebe ich deine Weisungen!
[120]Ich zittere vor Furcht vor dir
und vor deinem Urteil fürchte ich mich.

[121]Liefere mich nicht meinen Gegnern aus,
denn ich tat nur, was recht und gerecht ist.
[122]Tritt für deinen Diener ein und schenk ihm
deinen Segen,
damit die selbstgerechten Menschen mich nicht
unterdrücken.
[123]Meine Augen sehnen sich danach, dein Heil
zu sehen
und das Wort deiner Gerechtigkeit.
[124]Dir diene ich, deshalb sei mir gnädig
und lehre mich, deine Ordnungen zu verstehen.
[125]Gib mir Weisheit,
damit ich deine Weisungen begreife.
[126]HERR, es wird Zeit, dass du eingreifst,
denn sie haben dein Gesetz gebrochen.
[127]Ich liebe deine Gebote von ganzem Herzen,
sie sind mir wertvoller als das kostbarste Gold.
[128]Jedes deiner Gebote ist wirklich gerecht,
deshalb hasse ich alle Falschheit.

[129]Deine Weisungen sind wunderbar,
deshalb halte ich sie!
[130]Wenn deine Worte gelehrt werden,
schenken sie Erleuchtung.
[131]Ich öffne erwartungsvoll meinen Mund,
denn ich sehne mich nach deinen Geboten.
[132]Wende dich zu mir und sei mir gnädig,
wie du zu denen bist, die deinen Namen lieben.
[133]Leite meine Schritte sicher durch dein Wort.
Lass nicht zu, dass ich vom Bösen überwältigt
werde.
[134]Rette mich vor den bösen Menschen,
die mich unterdrücken,
dann will ich deinen Geboten gehorchen.
[135]Blicke mich voll Liebe an
und lehre mich alle deine Gebote.
[136]Tränen strömen aus meinen Augen,
weil die Menschen deinem Gesetz nicht
gehorchen.

[137]HERR, du bist gerecht,
und deine Urteile sind richtig.
[138]Deine Weisungen sind vollkommen;
sie bezeugen deine große Treue.
[139]Ich bin außer mir vor Zorn,
denn meine Feinde haben deine Worte
missachtet.
[140]Deine Zusagen sind wahr,

119,118 Hebr. *denn Lüge ist ihr Trug.*

deshalb liebe ich sie so sehr.
¹⁴¹Ich bin gering und verachtet,
doch ich vergesse deine Gebote nicht.
¹⁴²Deine Gerechtigkeit bleibt für alle Zeit
   bestehen,
und dein Gesetz ist vollkommen wahr.
¹⁴³Wenn Angst und Sorgen mich treffen, dann
   habe ich doch Freude an deinen Geboten.
¹⁴⁴Deine Weisungen sind immer gerecht;
hilf mir, sie zu verstehen, damit ich leben kann.

¹⁴⁵Ich bete von ganzem Herzen: Erhöre mich,
   HERR!
Ich will mich an deine Ordnungen halten.
¹⁴⁶Ich rufe zu dir: Rette mich,
ich will deinen Weisungen gehorchen.
¹⁴⁷Früh am Morgen stehe ich auf und rufe zu dir
   um Hilfe,
denn ich setze meine Hoffnung auf dein Wort.
¹⁴⁸Nachts liege ich wach
und denke über dein Wort nach.
¹⁴⁹Höre mein Flehen, HERR, und sei mir gnädig,
rette mein Leben durch deine gerechten Gebote.
¹⁵⁰Gesetzlose Menschen verfolgen mich;
sie führen ein Leben fern von deinem Gesetz.
¹⁵¹Doch du, HERR, bist nahe,
und alle deine Gebote sind wahr.
¹⁵²Ich habe von Anfang an gewusst,
dass deine Weisungen für alle Zeiten gelten.

¹⁵³Sieh meine Not an und rette mich,
denn ich habe dein Gesetz nicht vergessen.
¹⁵⁴Tritt für mich ein und stell dich auf meine
   Seite!
Beschütze mein Leben, wie du es versprochen
   hast.
¹⁵⁵Die Gottlosen dürfen nicht auf Rettung
   hoffen,
denn sie halten sich nicht an deine Ordnungen.
¹⁵⁶HERR, wie groß ist deine Barmherzigkeit;
erneuere mein Leben durch deine gerechten
   Gebote.
¹⁵⁷Viele verfolgen und bedrängen mich,
doch ich bin nicht von deinen Weisungen
   abgewichen.
¹⁵⁸Ich hasse diese Verräter,
weil sie dein Wort nicht halten.
¹⁵⁹Ich liebe deine Gebote, HERR.
Erbarme dich und erneuere mein Leben.
¹⁶⁰Alle deine Worte sind wahr,
alle deine gerechten Gesetze haben ewig
   Bestand.

¹⁶¹Mächtige Fürsten verfolgen mich ohne
   Grund,
doch mein Herz zittert nur vor deinem Wort.
¹⁶²Ich freue mich über dein Wort
wie jemand, der einen großen Schatz findet.
¹⁶³Lüge hasse und verabscheue ich,
aber dein Gesetz liebe ich.
¹⁶⁴Ich will dich sieben Mal am Tag preisen,
weil alle deine Gesetze gerecht sind.
¹⁶⁵Die dein Gesetz lieben, haben großen
   Frieden,
sie werden nicht zu Fall kommen.
¹⁶⁶Ich hoffe auf deine Rettung, HERR,
denn deine Gebote habe ich erfüllt.
¹⁶⁷Ich habe nach deinen Weisungen gehandelt,
und ich liebe sie sehr.
¹⁶⁸Ja, ich gehorche deinen Geboten und
   Weisungen,
weil du alles weißt, was ich tue.

¹⁶⁹Höre mein Flehen, HERR;
lass es mich begreifen, wie du es mir versprochen
   hast.
¹⁷⁰Erhöre mein Gebet
und rette mich, wie du es mir versprochen hast.
¹⁷¹Meine Lippen sollen dich loben,
denn du lehrst mich deine Ordnungen.
¹⁷²Von deinem Wort will ich singen,
denn alle deine Gebote sind gerecht.
¹⁷³Steh mir hilfreich zur Seite,
denn ich habe mich entschieden, deine Gebote
   zu halten.
¹⁷⁴HERR, nach deiner Rettung sehne ich mich,
dein Gesetz ist meine Freude.
¹⁷⁵Erhalte mich am Leben, damit ich dich
   preisen kann;
und deine Gesetze sollen mir dabei helfen.
¹⁷⁶Ich habe mich verirrt wie ein verlorenes Schaf;
suche und finde mich,
denn ich habe deine Gebote nicht vergessen.

Psalm 120
Ein Lied für die Pilgerfahrt nach Jerusalem.
Ich schrie zum HERRN, als ich in Not war,
und er erhörte mein Gebet.
²HERR, rette mich vor den Lügnern
und Betrügern, die mich umgeben.
³Du Lügner, was wird Gott mit dir machen?
Wie wird er dich bestrafen?
⁴Du wirst von scharfen Pfeilen durchbohrt
und von glühenden Kohlen verbrannt werden!
⁵Wie schrecklich war es für mich, beim Volk von
   Meschech zu sein
und unter den Leuten von Kedar zu leben!
⁶Schon zu lange wohne ich bei denen,
die den Frieden hassen.
⁷Ich will den Frieden, aber wenn ich anfange zu
   reden,
suchen sie nur den Streit.

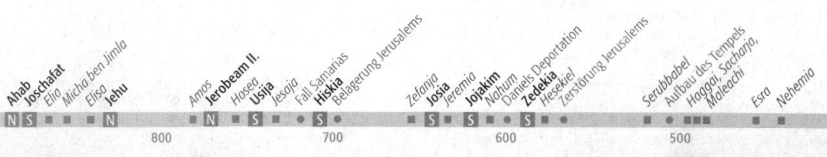

DIE PSALMEN

Verse	Titel
1–41	Erstes Buch
3–41	Davidpsalmen
42–72	Zweites Buch
42–49	Psalmen der Nachkommen Korachs
51–72	Davidpsalmen
73–89	Drittes Buch
73–83	Asafpsalmen
90–106	Viertes Buch
93–99	Jahwe-König-Psalmen
107–150	Fünftes Buch
108–110	Davidpsalmen
111–118	Großes Hallel (Lobpsalmen)
120–134	Wallfahrtslieder
138–145	Davidpsalmen
146–150	Kleines Hallel (Lobpsalmen)

121–128
Die Hilfe kommt von Gott. Friede für Jerusalem. Bitte um Gnade. Gott hat das Volk vor seinen Feinden beschützt. Gott, wende dich deinem Volk zu. Ohne Gottes Zutun ist alles vergeblich. Aufruf zur Treue gegenüber Gott.

Psalm 121
Ein Lied für die Pilgerfahrt nach Jerusalem.
Ich schaue hinauf zu den Bergen –
woher wird meine Hilfe kommen?
²Meine Hilfe kommt vom HERRN,
der Himmel und Erde gemacht hat.

³Er wird nicht zulassen, dass du stolperst
  und fällst;
der dich behütet, schläft nicht.
⁴Siehe, der Israel behütet,
wird nicht müde und schläft nicht.
⁵Der HERR selbst behütet dich!
Der HERR ist dein schützender Schatten über
  deiner rechten Hand.
⁶Die Sonne wird dir am Tag nichts anhaben
noch der Mond bei Nacht.
⁷Der HERR behütet dich vor allem Unheil
und bewahrt dein Leben.
⁸Der HERR behütet dich, wenn du kommst
und wenn du wieder gehst,
von nun an bis in Ewigkeit.

Psalm 122
*Ein Lied für die Pilgerfahrt nach Jerusalem.
  Ein Psalm Davids.*
Ich freute mich, als sie zu mir sagten:
»Wir wollen zum Haus des HERRN gehen!«
²Nun stehen wir hier
in deinen Toren, Jerusalem.
³Jerusalem ist eine herrliche Stadt,
in wunderbarer Schönheit angelegt*.
⁴Alle Stämme Israels – die Stämme des HERRN –
kommen als Pilger hierher.
Sie kommen, um den Namen des HERRN zu
  loben,
wie das Gesetz es vorschreibt.
⁵Hier stehen die Throne, von denen Recht
  gesprochen wird,
die Throne des Königshauses David.
⁶Betet um Frieden für Jerusalem!
Gut gehen soll es allen, die dich lieben.
⁷Friede herrsche in deinen Mauern, Jerusalem,
und Wohlstand in deinen Palästen.
⁸Um meiner Familie und meiner Freunde willen
  sage ich:
»Friede sei mit dir.«
⁹Um des Hauses des HERRN willen, unseres
  Gottes,
will ich dein Bestes suchen, Jerusalem.

Psalm 123
Ein Lied für die Pilgerfahrt nach Jerusalem.
Ich erhebe meine Augen zu dir,
Gott, der du im Himmel thronst.

122,3 Hebr. *in sich ganz und gar fest gefügt.*

S Südreich Juda   N Nordreich Israel

²Wie Knechte die Augen auf ihren Herrn richten
und Mägde auf ein Zeichen ihrer Herrin achten,
so blicken wir auf den HERRN, unseren Gott,
und warten auf seine Barmherzigkeit.

³Sei uns gnädig, HERR, sei uns gnädig,
denn wir sind lange genug verachtet worden.
⁴Lange genug haben uns die Stolzen verhöhnt
und die Hochmütigen uns verachtet.

Psalm 124
Ein Lied für die Pilgerfahrt nach Jerusalem.
Ein Psalm Davids.
Wenn der HERR nicht für uns gewesen wäre –
so soll Israel sprechen –,
²wenn der HERR nicht für uns gewesen wäre,
als die Völker sich gegen uns erhoben,
³dann hätten sie uns lebendig verschlungen,
so groß war ihr Hass auf uns.
⁴Wasser hätte uns überflutet,
ein reißender Strom hätte uns fortgespült.
⁵Die tobenden Fluten hätten uns überwältigt.

⁶Gelobt sei der HERR,
der nicht zuließ, dass sie uns mit ihren Zähnen
 zerrissen!
⁷Wir sind entkommen wie ein Vogel aus dem
 Netz des Jägers.
Das Netz ist zerrissen und wir sind frei!
⁸Unsere Hilfe kommt vom HERRN*,
der Himmel und Erde gemacht hat.

Psalm 125
Ein Lied für die Pilgerfahrt nach Jerusalem.
Die auf den HERRN vertrauen,
sind wie der Berg Zion;
er steht fest und sicher und hat für immer
 Bestand.
²So wie die Berge Jerusalem umgeben und
 schützen,
so umgibt und schützt der HERR sein Volk,
jetzt und für alle Zeit.
³Die Gottlosen werden nicht mehr über die
 Gottesfürchtigen herrschen,
damit nicht etwa auch die Gottesfürchtigen
 unrecht handeln.
⁴HERR, tu denen Gutes, die gut sind,
denen, die in ihren Herzen aufrichtig sind.
⁵Aber alle, die auf krummen Wegen gehen,
wird der HERR verstoßen, zusammen mit den
 Übeltätern.
Frieden komme über Israel!

Psalm 126
Ein Lied für die Pilgerfahrt nach Jerusalem.
Als der HERR die Gefangenen nach Jerusalem*
 zurückführte,
da war es für uns wie ein Traum!
²Wir waren voller Lachen
und jubelten vor Freude.
Und die anderen Völker sagten:
»Herrliches hat der HERR für sie getan!«
³Ja, der HERR hat Herrliches für uns getan
und wir waren fröhlich!

⁴HERR, wende unser Schicksal auch jetzt wieder
 zum Guten;
so wie Bäche die Wüste neu beleben.
⁵Die mit Tränen säen,
werden mit Jubel ernten.
⁶Weinend gehen sie hinaus
und streuen ihre Samen,
jubelnd kehren sie zurück,
wenn sie die Ernte einholen.*

Psalm 127
Ein Lied für die Pilgerfahrt nach Jerusalem.
Ein Psalm Salomos.
Wenn der HERR nicht das Haus baut,
ist die Arbeit der Bauleute vergeblich.
Wenn der HERR die Stadt nicht beschützt,
ist es vergeblich, sie mit Wachen zu umgeben.
²Es ist vergeblich,
vom frühen Morgen bis in die späte Nacht hart
 zu arbeiten,
immer in Sorge, ob ihr genug zu essen habt,
denn denen, die Gott lieben, gibt er es im Schlaf.
³Kinder sind ein Geschenk des HERRN,
sie sind ein Lohn aus seiner Hand.
⁴Kinder, die einem jungen Mann geboren
 werden,
sind wie scharfe Pfeile in der Hand eines
 Kriegers.
⁵Glücklich ist der Mann, dessen Köcher voll ist!
Sie werden nicht zugrunde gehen,
wenn sie sich an den Toren der Stadt ihren
 Feinden stellen.

Psalm 128
Ein Lied für die Pilgerfahrt nach Jerusalem.
Glücklich ist der, der den HERRN fürchtet
und auf seinen Wegen geht!
²Du wirst die Frucht deiner Arbeit genießen.
Du wirst glücklich sein und es wird dir gut
 gehen!

124,8 Hebr. *steht im Namen des HERRN.* **126,1** Hebr. *Zion.* **126,6** Hebr. *Er geht weinend hinaus und streut seine Samen, jubelnd kehrt er zurück, wenn er die Ernte einholt.*

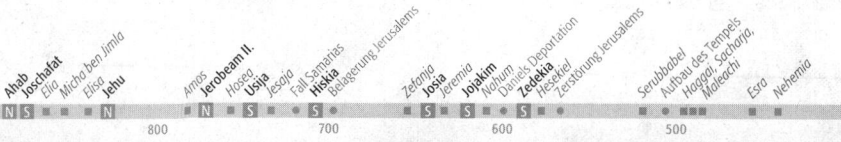

DIE PSALMEN

1–41	Erstes Buch
3–41	Davidpsalmen
42–72	Zweites Buch
42–49	Psalmen der Nachkommen Korachs
51–72	Davidpsalmen
73–89	Drittes Buch
73–83	Asafpsalmen
90–106	Viertes Buch
93–99	Jahwe-König-Psalmen
107–150	Fünftes Buch
108–110	Davidpsalmen
111–118	Großes Hallel (Lobpsalmen)
120–134	Wallfahrtslieder
138–145	Davidpsalmen
146–150	Kleines Hallel (Lobpsalmen)

128–132

Aufruf zur Treue gegenüber Gott. Gott hat mich vor Feinden bewahrt. Israel soll auf Gott vertrauen. Ein Zuhause für Gott.

³Deine Frau wird sein wie ein fruchtbarer Weinstock,
der in deinem Hause aufblüht.
Und sieh nur die vielen Kinder.
Sie sitzen um deinen Tisch, stark und gesund wie junge Olivenbäume.
⁴So segnet der HERR den, der ihn fürchtet.

Psalm 130,7-8

Gott befreit

Dieser Psalm gehört zu den Wallfahrtsliedern für die jährliche Pilgerfahrt der Israeliten nach Jerusalem. Darin bekennt der Psalmist stellvertretend für sein Volk, dass er (d.h. sein Volk) gesündigt und Schuld auf sich geladen hat. Aber er erinnert auch an die gute Nachricht: »Du schenkst uns Vergebung« (V. 4). Ein oft zitierter Spruch vom Martin Luther lautet: »Sündige kräftig – aber glaube noch kräftiger.« Natürlich wollte Luther nur provozierend zum Ausdruck bringen, dass Gott voller Gnade und seine Vergebungsbereitschaft unerschöpflich ist. Denn Gottes Vergebung führt nicht zu weiterem Sündigen, sondern zur Gottesfurcht (V. 4).

Der letzte Vers dieses Psalms erklärt: Es ist Gott, der Sünden vergibt. Kein Wunder, dass die Gegner von Jesus sich später beklagten, als Jesus Sünden als vergeben erklärte (Mk 2,7). Damit hatte er sich Gott gleichgestellt. Jesus stellte sich tatsächlich Gott gleich, denn er verkörpert den vergebenden Gott, der jetzt unter den Menschen lebt.

(4. Mose 21,6-9 ««« | »»» 3. Mose 25,10)

Psalm 132,11

Hinweise auf den Messias (2)

Dass Gott stets einen Nachkommen Davids auf dem Königsthron haben will, ist ein oft wiederholtes Versprechen in der Bibel (siehe die Erklärung zu 2Sam 7,14). Dieser Psalmvers aber gebraucht dafür im hebräischen Grundtext nicht die typische Ausdrucksweise (»Samen« = Nachkommen), sondern eine besondere (»Frucht deines Körpers« = Nachkommen).

Diese spezielle Ausdrucksweise hat Petrus in seiner Pfingstpredigt ebenfalls verwendet (Apg 2,30). Er bezieht sich dabei also wahrscheinlich nicht auf das Versprechen Gottes in 2. Samuel 7,14 oder Psalm 89,5.37, sondern auf dieses Wort in Psalm 132,11.

(Psalm 118,26 ««« | »»» Jesaja 7,14)

S Südreich Juda   N Nordreich Israel

⁵Der HERR segne dich von Zion her.
Dein Leben lang sollst du das Glück Jerusalems
  sehen
⁶und dich an deinen Nachkommen erfreuen.
Frieden komme über Israel!

Psalm 129
Ein Lied für die Pilgerfahrt nach Jerusalem.
Seit frühester Jugend haben meine Feinde mich
  oft bedrängt –
so soll Israel sprechen –,
²seit frühester Jugend haben meine Feinde mich
  oft bedrängt,
doch nie konnten sie mir ernstlich schaden.
³Mein Rücken ist mit Narben überzogen,
als hätte ein Bauer lange Furchen
  hineingepflügt.
⁴Doch der HERR ist gerecht;
er hat die Fesseln durchtrennt, mit denen die
  Gottlosen mich gebunden hatten.
⁵Alle, die Jerusalem* hassen,
sollen beschämt zurückweichen!
⁶Sie sollen sein wie das Gras auf den Dächern,
das verdorrt, noch bevor es halb gewachsen ist,
⁷das der Schnitter übersieht
und der Garbenbinder verachtet.

⁸Und die Vorübergehenden sollen nicht
  sprechen:
»Der Segen des HERRN ruhe auf euch!
Wir segnen euch im Namen des HERRN.«

Psalm 130
Ein Psalm für die Pilgerfahrt nach Jerusalem.
HERR, aus tiefster Verzweiflung schreie ich
  zu dir.
²HERR, höre mein Rufen
und vernimm mein Gebet!
³HERR, wenn du unsere Sünde anrechnen
  würdest,
wer könnte da bestehen?
⁴Doch du schenkst uns Vergebung,
damit wir lernen, dich zu fürchten.

⁵Ich hoffe auf den HERRN von ganzem Herzen,
und ich vertraue auf sein Wort.
⁶Ich warte auf den HERRN,
mehr als die Wachen auf den Morgen,
ja, mehr als die Wachen auf den Morgen.
⁷Israel, hoffe auf den HERRN!
Denn der HERR ist gnädig
und sein Erbarmen* ist groß.
⁸Er selbst wird Israel befreien
von allen seinen Sünden.

Psalm 131
*Ein Lied für die Pilgerfahrt nach Jerusalem.
Ein Psalm Davids.*
HERR, mein Herz ist nicht stolz
und meine Augen schauen nicht auf andere
  herab.
Ich beschäftige mich nicht mit Dingen,
  die zu groß
oder zu wunderbar für mich sind.
²Ich bin ganz still und geborgen,
so wie ein Kind bei seiner Mutter.
Ja, wie ein Kind, so ist meine Seele in mir.

³Israel, hoffe auf den HERRN –
von nun an bis in Ewigkeit!

Psalm 132
Ein Lied für die Pilgerfahrt nach Jerusalem.
HERR, denke an David
und an alles, was er erleiden musste.
²Er hat dem HERRN einen Eid geschworen.
Er hat dem Mächtigen Israels* versprochen:
³»Ich will nicht nach Hause kommen
und will mich nicht ausruhen.
⁴Ich will nicht schlafen
und meine Augen nicht schließen,
⁵bis ich einen Ort finde, an dem ich dem HERRN
  ein Haus errichten kann,
einen Tempel für den Mächtigen Israels.«

⁶Wir hörten, dass die Lade in Efrata sei;
dann fanden wir sie im Lande Jaar.
⁷Wir wollen in die Wohnung Gottes gehen
und vor ihm niederfallen und anbeten.
⁸HERR, erhebe dich, und komm in dein
  Heiligtum,
mit der Lade, dem Zeichen deiner Macht!
⁹Deine Priester sollen zu gerechten Dienern
  werden,
und alle, die dir treu sind, sollen jubeln
  vor Freude.
¹⁰Herr, um deines Dieners David willen
verwirf den König nicht, den du auserwählt hast.

¹¹Der HERR hat David ein Versprechen gegeben,
das er niemals brechen wird:
»Auf deinen Thron will ich deinen
  Nachkommen setzen.
¹²Wenn deine Nachkommen meinen Bund
  halten
und die Vorschriften befolgen, die ich sie lehre,
dann werden auch ihre Nachkommen für alle
  Zeiten
auf deinem Thron sitzen.«

129,5 Hebr. *Zion*.   130,7 Hebr. *Erlösung*.   132,2 Hebr. *Jakobs*; so auch in 132,5.

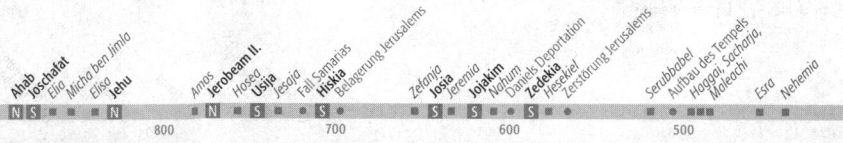

DIE PSALMEN

Bereich	Bezeichnung
1–41	Erstes Buch
3–41	Davidpsalmen
42–72	Zweites Buch
42–49	Psalmen der Nachkommen Korachs
51–72	Davidpsalmen
73–89	Drittes Buch
73–83	Asafpsalmen
90–106	Viertes Buch
93–99	Jahwe-König-Psalmen
107–150	Fünftes Buch
108–110	Davidpsalmen
111–118	Großes Hallel (Lobpsalmen)
120–134	Wallfahrtslieder
138–145	Davidpsalmen
146–150	Kleines Hallel (Lobpsalmen)

132–136
Ein Zuhause für Gott. Brüderliche Einheit. Gottes Diener sollen ihn loben. Lobt und dankt Gott für seine Taten.

S Südreich Juda   N Nordreich Israel

¹³Denn der HERR hat Jerusalem* erwählt,
er hat es sich ausgesucht, um dort zu wohnen.
¹⁴Er sprach: »Dies ist mein Haus, in dem ich für immer wohnen will.
Hier will ich mich niederlassen, denn dies ist der Ort, den ich mir ausgesucht habe.
¹⁵Ich will diese Stadt blühen und gedeihen lassen und ihre Armen satt machen.
¹⁶Ich will ihre Priester zu meinen gerechten Dienern machen*
und die Gottesfürchtigen werden vor Freude jubeln.
¹⁷Hier will ich Davids Macht wachsen lassen;
ein Licht für mein Volk wird mein Gesalbter sein.*
¹⁸Ich will seine Feinde mit Schande bedecken,
er aber wird ein ruhmreicher König sein.«

Psalm 133
*Ein Lied für die Pilgerfahrt nach Jerusalem.
Ein Psalm Davids.*
Wie schön und wie wunderbar ist es,
wenn Brüder einträchtig zusammenleben!
²Das ist so kostbar wie das duftende Salböl,
das Aaron über das Haupt gegossen wurde,
das hinabrann in seinen Bart,
an seinem Körper hinunter bis zum Saum seines Gewandes.
³Es ist so erfrischend wie der Tau vom Berg Hermon, der auf die Berge Zions fällt.
Denn dort verheißt der HERR seinen Segen
und Leben, das niemals enden wird.

Psalm 134
Ein Lied für die Pilgerfahrt nach Jerusalem.
Lobt den HERRN, all ihr Diener des HERRN,
die ihr nachts im Hause des HERRN steht.
²Erhebt eure Hände im Heiligtum
und lobt den HERRN!

³Der HERR, der Himmel und Erde gemacht hat,
segne euch von Jerusalem* aus.

Psalm 135
Halleluja!

Lobt den Namen des HERRN!
Lobt ihn, alle, die ihr dem HERRN dient,
²die ihr im Hause des HERRN steht,
in den Vorhöfen des Hauses unseres Gottes.
³Lobt den HERRN, denn er ist gut;
singt seinem herrlichen Namen.

132,13 Hebr. *Zion.*   132,16 Hebr. *und ihre Priester kleide ich mit Heil.*   132,17 Hebr. *Dort will ich ein Horn sprießen lassen für David, dort habe ich ein Licht zugerichtet meinem Gesalbten.*   134,3 Hebr. *Zion.*

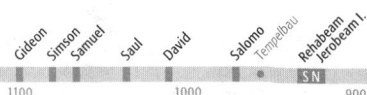

⁴Denn der HERR hat Jakob erwählt,
er hat Israel zu seinem Eigentum gemacht.
⁵Ich weiß, dass der HERR groß ist –
größer als alle anderen Götter.
⁶Der HERR tut, was ihm gefällt,
im Himmel oder auf Erden,
in den Meeren und in allen Tiefen.
⁷Er lässt Wolken aufsteigen vom Ende der Erde.
Er schickt mit dem Regen den Blitz
und gibt den Wind aus seinen Vorratskammern
  frei.
⁸Er tötete in Ägypten
die Erstgeborenen von Mensch und Tier.
⁹Er vollbrachte in Ägypten Zeichen und
  Wunder
gegen den Pharao und sein ganzes Volk.
¹⁰Er besiegte große Völker
und tötete mächtige Könige –
¹¹Sihon, den König der Amoriter,
König Og von Baschan
und alle Könige Kanaans.
¹²Er gab ihr Land zum Erbe,
als Erbe seinem Volk Israel.
¹³HERR, dein Name hat ewig Bestand
und dein Ruhm hört niemals auf.
¹⁴Denn der HERR wird seinem Volk zum Recht
  verhelfen
und sich über die erbarmen, die ihm dienen.

¹⁵Ihre Götzen sind aus Silber oder Gold,
von Menschenhand gemacht.
¹⁶Obwohl sie einen Mund haben, können sie
  nicht reden,
obwohl sie Augen haben, sehen sie doch nicht!
¹⁷Mit ihren Ohren können sie nicht hören
und mit ihren Nasen nicht riechen.
¹⁸Und die, die sie gemacht haben, sind ihnen
  gleich,
und auch alle, die auf sie vertrauen.
¹⁹Israel, lobe den HERRN!
Ihr Priester Aarons, lobt den HERRN!
²⁰Ihr Leviten, lobt den HERRN!
Ihr alle, die ihr den HERRN fürchtet,
  lobt den HERRN!
²¹Gepriesen sei der HERR von Zion aus,
denn er wohnt in Jerusalem.

Halleluja!

Psalm 136

Dankt dem HERRN, denn er ist gut!
Denn seine Gnade bleibt ewig bestehen.
²Dankt dem Gott der Götter.
Denn seine Gnade bleibt ewig bestehen.
³Dankt dem Herrn der Herren.
Denn seine Gnade bleibt ewig bestehen.
⁴Dankt ihm, der allein große Wunder tut.
Denn seine Gnade bleibt ewig bestehen.
⁵Dankt ihm, der den Himmel so wunderbar
  gemacht hat.
Denn seine Gnade bleibt ewig bestehen.
⁶Dankt ihm, der die Erde über dem Wasser
  ausgebreitet hat.
Denn seine Gnade bleibt ewig bestehen.
⁷Dankt ihm, der die Lichter am Himmel schuf –
denn seine Gnade bleibt ewig bestehen –
⁸die Sonne, die den Tag beherrscht,
denn seine Gnade bleibt ewig bestehen;
⁹und den Mond und die Sterne, die die Nacht
  regieren.
Denn seine Gnade bleibt ewig bestehen.
¹⁰Dankt ihm, der die Erstgeborenen Ägyptens
  tötete.
Denn seine Gnade bleibt ewig bestehen.
¹¹Er hat Israel aus Ägypten herausgeführt.
Denn seine Gnade bleibt ewig bestehen.
¹²Mit starker Hand und mächtigem Arm hat er
  gehandelt.
Denn seine Gnade bleibt ewig bestehen.
¹³Dankt ihm, der das Rote Meer* teilte.
Denn seine Gnade bleibt ewig bestehen.
¹⁴Er hat Israel sicher hindurchgeführt.
Denn seine Gnade bleibt ewig bestehen.
¹⁵Den Pharao und sein Heer aber warf er
  ins Meer.
Denn seine Gnade bleibt ewig bestehen.
¹⁶Dankt ihm, der sein Volk durch die Wüste
  führte.
Denn seine Gnade bleibt ewig bestehen.
¹⁷Dankt ihm, der große Könige schlug.
Denn seine Gnade bleibt ewig bestehen.
¹⁸Mächtige Könige hat er getötet –
denn seine Gnade bleibt ewig bestehen –
¹⁹Sihon, den König der Amoriter,
denn seine Gnade bleibt ewig bestehen;
²⁰und König Og von Baschan.
Denn seine Gnade bleibt ewig bestehen.
²¹Das Land dieser Könige gab Gott zum Erbe,
denn seine Gnade bleibt ewig bestehen;
²²als Erbe für Israel, seinen Diener.
Denn seine Gnade bleibt ewig bestehen.
²³Er wusste um unsere Schwachheit.
Denn seine Gnade bleibt ewig bestehen.
²⁴Er befreite uns von unseren Feinden.
Denn seine Gnade bleibt ewig bestehen.
²⁵Er gibt zu essen, allem, was lebt.
Denn seine Gnade bleibt ewig bestehen.
²⁶Dankt dem Gott des Himmels.

136,13 Hebr. *Schilfmeer*; so auch in 136,15.

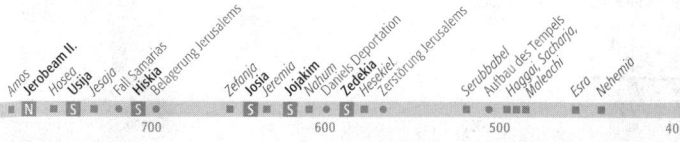

DIE PSALMEN

1–41	Erstes Buch
3–41	Davidpsalmen
42–72	Zweites Buch
42–49	Psalmen der Nachkommen Korachs
51–72	Davidpsalmen
73–89	Drittes Buch
73–83	Asafpsalmen
90–106	Viertes Buch
93–99	Jahwe-König-Psalmen
107–150	Fünftes Buch
108–110	Davidpsalmen
111–118	Großes Hallel (Lobpsalmen)
120–134	Wallfahrtslieder
138–145	Davidpsalmen
146–150	Kleines Hallel (Lobpsalmen)

137–140
Gedenken an Jerusalem. Dank an Gottes Größe und Treue. Gott, du kennst mich durch und durch. Bewahre mich vor den Gottlosen.

Denn seine Gnade bleibt ewig bestehen.

Psalm 137
An den Flüssen Babylons saßen wir und weinten,
wenn wir an Jerusalem* dachten.
²An die Äste der Weiden hängten wir unsere Harfen.
³Denn die uns gefangen hielten,
wollten, dass wir singen,
und die uns peinigten,
wollten Freudenlieder hören:
»Singt doch eins der Lieder von Jerusalem!«
⁴Doch wie können wir in einem fremden Land
die Lieder des HERRN anstimmen?
⁵Wenn ich dich jemals vergesse, Jerusalem,
soll meine rechte Hand gelähmt werden.
⁶Meine Zunge soll mir am Gaumen kleben,
wenn ich nicht mehr an dich denke,
wenn Jerusalem nicht mehr meine höchste Freude ist.

⁷HERR, denk doch daran, was die Edomiter
an dem Tag taten,
als die babylonischen Heere Jerusalem eroberten.
Sie schrien: »Zerstört es!
Macht es dem Erdboden gleich!«
⁸Babylon, du selbst wirst zerstört werden.
Glücklich ist der, der Vergeltung an dir übt
für das, was du uns angetan hast.
⁹Glücklich ist der, der deine kleinen Kinder
an den Felsen zerschmettert!

Psalm 138
Ein Psalm Davids.
HERR, ich danke dir von ganzem Herzen,
ich will dir singen vor den Göttern.
²Vor deinem heiligen Tempel werfe ich mich nieder und bete dich an.
Ich preise deinen Namen für deine Gnade und Treue,
denn du hast versprochen, deine Zusagen einzuhalten
um der Ehre deines Namens willen*.
³Wenn ich zu dir bete, erhörst du mich;
du machst mir Mut und gibst mir Kraft.
⁴HERR, alle Könige der Erde werden dir danken,
wenn sie deine Worte gehört haben.
⁵Sie werden von den Wegen des HERRN singen,
denn der Ruhm des HERRN ist groß.
⁶Der HERR ist groß, und doch sorgt er für die Demütigen,
von den Stolzen aber hält er sich fern.

137,1 Hebr. *Zion;* so auch in 137,3. 138,2 Hebr. *denn du machtest dein Wort groß über deinen ganzen Namen.*

⁷Wenn ich auch von allen Seiten bedrängt werde,
wirst du mich doch vor dem Hass meiner Feinde bewahren.
Du wirst die Hand gegen meine wütenden Feinde erheben und mich durch deine Macht retten.
⁸Der HERR wird alles zu einem guten Ende bringen.
HERR, deine Gnade gilt für alle Zeit.
Verlass mich nicht, denn du hast mich erschaffen.*

Psalm 139
Für den Chorleiter: Ein Psalm Davids.
HERR, du hast mein Herz geprüft
und weißt alles über mich.
²Wenn ich sitze oder wenn ich aufstehe,
du weißt es.
Du kennst alle meine Gedanken.
³Wenn ich gehe oder wenn ich ausruhe,
du siehst es
und bist mit allem, was ich tue, vertraut.
⁴Und du, HERR, weißt, was ich sagen möchte,
noch bevor ich es ausspreche.
⁵Du bist vor mir und hinter mir
und legst deine schützende Hand auf mich.
⁶Dieses Wissen ist zu wunderbar für mich,
zu groß, als dass ich es begreifen könnte!

⁷Wohin sollte ich fliehen vor deinem Geist,
und wo könnte ich deiner Gegenwart entrinnen?
⁸Flöge ich hinauf in den Himmel, so bist du da;
stiege ich hinab ins Totenreich*,
so bist du auch da.
⁹Nähme ich die Flügel der Morgenröte
oder wohnte am äußersten Meer,
¹⁰würde deine Hand mich auch dort führen
und dein starker Arm mich halten.
¹¹Bäte ich die Finsternis, mich zu verbergen,
und das Licht um mich her, Nacht zu werden –
¹²könnte ich mich dennoch nicht vor dir verstecken;
denn die Nacht leuchtet so hell wie der Tag
und die Finsternis wie das Licht.
¹³Du hast alles in mir geschaffen
und hast mich im Leib meiner Mutter geformt.
¹⁴Ich danke dir,
dass du mich so herrlich und ausgezeichnet gemacht hast!
Wunderbar sind deine Werke,
das weiß ich wohl.
¹⁵Du hast zugesehen, wie ich im Verborgenen gestaltet wurde,
wie ich gebildet wurde
im Dunkel des Mutterleibes*.
¹⁶Du hast mich gesehen, bevor ich geboren war.
Jeder Tag meines Lebens war in deinem Buch geschrieben.
Jeder Augenblick stand fest,
noch bevor der erste Tag begann.
¹⁷Wie kostbar sind deine Gedanken über mich*, Gott!
Es sind unendlich viele.
¹⁸Wollte ich sie zählen, so sind sie zahlreicher als der Sand!
Und wenn ich am Morgen erwache, bin ich immer noch bei dir!

¹⁹Gott, wenn du doch nur die Gottlosen vernichten wolltest!
Fort mit euch aus meinem Leben, ihr Mörder!
²⁰Sie verhöhnen dich
und lehnen sich gegen dich auf.
²¹Sollte ich die nicht hassen, HERR, die dich hassen,
und sollte ich die nicht verachten, die sich dir widersetzen?
²²Ja, ich hasse sie von ganzem Herzen,
denn deine Feinde sind auch meine Feinde.
²³Erforsche mich, Gott, und erkenne mein Herz,
prüfe mich und erkenne meine Gedanken.
²⁴Zeige mir, wenn ich auf falschen Wegen gehe,
und führe mich den Weg zum ewigen Leben.

Psalm 140
Für den Chorleiter: Ein Psalm Davids.
²HERR, rette mich vor bösen Menschen.
Beschütze mich vor denen, die Gewalt anwenden,
³vor denen, die Böses vorhaben
und den ganzen Tag lang Unruhe stiften.
⁴Ihre Worte sind verletzend wie der Biss einer Schlange
und ihr Reden ist tödlich wie Otterngift.
Zwischenspiel

⁵HERR, lass mich nicht den Gottlosen in die Hände fallen.
Bewahre mich vor denen, die Gewalt anwenden,
denn sie haben sich gegen mich verschworen.

⁶Die selbstgerechten Menschen haben mir Fallstricke gelegt
und ein Netz gespannt,
den ganzen Weg entlang haben sie Fallen gestellt.
Zwischenspiel

138,8 Hebr. *von dem Werk deiner Hände wollest du nicht ablassen.* 139,8 Hebr. *in die Scheol.* 139,15 Hebr. *ich wurde gewirkt in den Tiefen der Erde.* 139,17 O. *Wie kostbar sind mir deine Gedanken.*

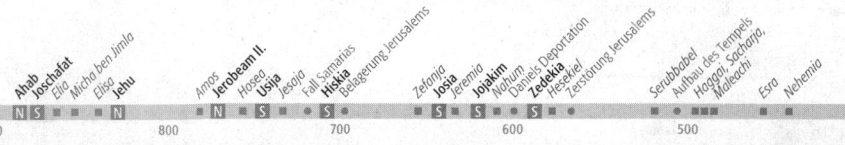

DIE PSALMEN

1–41	Erstes Buch
3–41	Davidpsalmen
42–72	Zweites Buch
42–49	Psalmen der Nachkommen Korachs
51–72	Davidpsalmen
73–89	Drittes Buch
73–83	Asafpsalmen
90–106	Viertes Buch
93–99	Jahwe-König-Psalmen
107–150	Fünftes Buch
108–110	Davidpsalmen
111–118	Großes Hallel (Lobpsalmen)
120–134	Wallfahrtslieder
138–145	Davidpsalmen
146–150	Kleines Hallel (Lobpsalmen)

140–144
Bewahre mich vor den Gottlosen und ihrem Tun. Gott ist mein Fels.

---

⁷Ich sagte zum HERRN: »Du bist mein Gott!«
HERR, höre meine Hilfeschreie!
⁸Allmächtiger HERR, mein starker Retter,
du hast mich in der Schlacht beschützt.
⁹HERR, erfülle nicht die Wünsche der Gottlosen!
Lass ihre schlimmen Vorhaben nicht gelingen,
sie würden sonst zu hochmütig werden.
Zwischenspiel

¹⁰Meine Feinde sollen vernichtet werden
durch das Unheil, das sie gegen mich planten.
¹¹Lass glühende Kohlen auf sie fallen
oder wirf sie ins Feuer,
in tiefe Gruben, aus denen sie nicht mehr entkommen.
¹²Lass nicht zu, dass Lügner in diesem Land zu Wohlstand kommen.
Lass die grausamen Menschen vom Unheil verfolgt werden.

¹³Ich weiß aber, dass der HERR denen hilft,
die bedrängt werden,
und dass er die Rechte der Armen schützt.
¹⁴Die Gottesfürchtigen loben deinen Namen,
denn sie werden in deiner Gegenwart leben.

Psalm 141
Ein Psalm Davids.
HERR, ich rufe zu dir. Komm schnell!
Höre mich, wenn ich dich um Hilfe anflehe!
²Nimm mein Gebet als ein Räucheropfer an
und meine erhobenen Hände als Abendopfer.

³HERR, gib Acht auf das, was ich rede,
und wache über meine Lippen!
⁴Lass nicht zu, dass mich das Böse reizt
und ich an den Taten derer teilhabe, die Böses tun.
Lass mich keinen Genuss an ihren Delikatessen finden.

⁵Wenn ein Gottesfürchtiger mich züchtigt,
wird es mir nur gut tun!
Sein Tadel ist wie lindernder Balsam,
den ich freudig annehme.
Doch ich bete unablässig,
dass die Gottlosen zugrunde gehen und ihre Taten vereitelt werden.
⁶Wenn ihre Anführer von den Klippen gestürzt werden,
dann endlich werden sie einsehen, dass meine Worte wahr sind.
⁷So wie ein Bauer die Erde pflügt, dass die Steine bloßliegen,
werden die Gebeine der Bösen achtlos unter den Toten verstreut werden.
⁸Ich suche Hilfe bei dir, allmächtiger HERR.

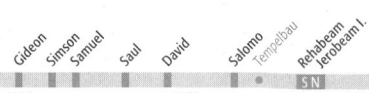

Du bist meine Zuflucht, lass nicht zu, dass sie
    mich töten.
⁹Bewahre mich vor den Fallen, die sie mir
    gestellt haben,
rette mich vor den Fallstricken derer,
    die Böses tun.
¹⁰Lass die Gottlosen in ihre eigenen Fallen
    geraten,
mich aber lass entkommen.

Psalm 142
*Ein Psalm Davids, als er in der Höhle war.
Ein Gebet.*
²Ich schreie zum HERRN,
ich flehe zum HERRN um Gnade.
³Ich bringe meine Klagen vor ihn
und breite all meine Sorgen vor ihm aus.
⁴Denn ich bin verzweifelt, und du allein weißt
    den Ausweg.*
Wohin ich mich auch wende,
überall haben meine Feinde mir Fallen gestellt.
⁵Ich warte, dass jemand kommt und mir hilft,
doch niemand verschwendet auch nur einen
    Gedanken an mich!
Niemand hilft mir, niemanden kümmert es,
    was aus mir wird.
⁶HERR, deshalb bete ich zu dir.
Ich sage: »Du bist meine Zuflucht.
Du bist alles, was ich im Leben will.
⁷Höre mein Rufen, denn ich bin mit meiner
    Kraft am Ende.
Rette mich vor meinen Verfolgern,
sie sind zu stark für mich.
⁸Hol mich heraus aus dem Gefängnis,
damit ich dir danken kann.
Die Gottesfürchtigen werden sich um mich
    versammeln,
wenn du freundlich zu mir bist.«

Psalm 143
Ein Psalm Davids.
HERR, höre mein Gebet
und vernimm meine Bitte!
Antworte mir, weil du treu und gerecht bist.
²Gehe nicht ins Gericht mit deinem Knecht,
denn vor dir ist kein Mensch gerecht.
³Mein Feind hat mich verfolgt. Er hat mich
    zu Boden geschlagen
und zwingt mich, im Dunkeln zu leben
    wie die Toten im Grab.
⁴Ich verliere alle Hoffnung,
ich bin gelähmt vor Angst.
⁵Ich denke an die alten Zeiten. Ich erinnere mich
    an deine großen Taten.
Ich mache mir über deine Werke Gedanken.
⁶Ich strecke meine Hände nach dir aus.
Ich sehne mich nach dir, wie dürres Land nach
    Regen dürstet.
                                      Zwischenspiel
⁷HERR, komm schnell und erhöre mich,
denn meine Verzweiflung wird immer größer.
Wende dich nicht von mir ab,
    sonst sterbe ich.
⁸Lass mich schon am Morgen deine Gnade
    erfahren,
denn ich vertraue auf dich.
Zeige mir einen Weg, den ich gehen soll,
denn ich habe dich darum gebeten.
⁹Rette mich vor meinen Feinden, HERR,
ich flüchte zu dir, um Schutz zu suchen.
¹⁰Lehre mich, deinen Willen zu tun, denn du bist
    mein Gott.
Dein guter Geist führe mich auf einem sicheren
    Weg.
¹¹Um der Herrlichkeit deines Namens willen,
    HERR, rette mich.
Weil du ein gerechter Gott bist, befreie mich aus
    dieser Not.
¹²Hab Erbarmen mit mir und vernichte meine
    Feinde
und töte alle meine Gegner, denn dir diene ich.

Psalm 144
Ein Psalm Davids.
Gelobt sei der HERR, mein Fels.
Er gibt mir Kraft zum Kampf
und Gewandtheit in der Schlacht.
²Er ist mein treuer Helfer und meine Burg,
    mein Schutz und mein Retter.
Er steht vor mir wie ein Schild, ich flüchte mich
    zu ihm.
Er unterwirft mir die Völker.*
³HERR, was ist der Mensch, dass du ihn beachtest,
und das Kind eines Menschen, dass du für es
    sorgst?
⁴Denn er ist wie ein Hauch,
sein Leben ist wie ein vorüberhuschender
    Schatten.
⁵Neige den Himmel, HERR, und komm herab,
berühre die Berge, sodass sie rauchen.
⁶Lass deine Blitze los und zerstreue deine
    Feinde!
Schieße deine Pfeile ab und verwirre sie!
⁷Greif aus dem Himmel herab
und rette mich aus tiefem Wasser,
aus der Gewalt meiner Feinde.
⁸Wenn sie reden, lügen sie,
sie schwören, und sagen doch nicht die
    Wahrheit!

142,4 Hebr. *Wenn mein Geist in mir verzagt ist, so kennst du meinen Pfad.*   144,2 In manchen Handschriften heißt es *mein Volk.*

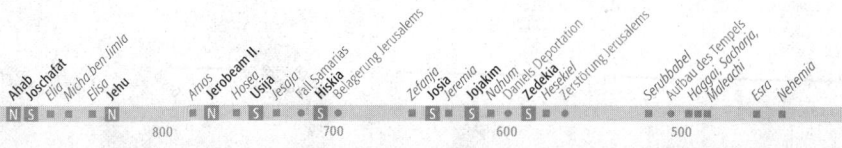

DIE PSALMEN

1–41	Erstes Buch
3–41	Davidpsalmen
42–72	Zweites Buch
42–49	Psalmen der Nachkommen Korachs
51–72	Davidpsalmen
73–89	Drittes Buch
73–83	Asafpsalmen
90–106	Viertes Buch
93–99	Jahwe-König-Psalmen
107–150	Fünftes Buch
108–110	Davidpsalmen
111–118	Großes Hallel (Lobpsalmen)
120–134	Wallfahrtslieder
138–145	Davidpsalmen
146–150	Kleines Hallel (Lobpsalmen)

144–147
Glücklich ist das Volk, das Gott gehört. Gott ist groß und ihm gebührt Lob. Setzt das Vertrauen allein auf Gott. Lobt Gott, denn er ist groß.

⁹Gott, ich will dir ein neues Lied singen!
Ich will für dich auf der zehnsaitigen Harfe spielen.
¹⁰Denn du schenkst Königen den Sieg!
Du allein hast deinen Knecht David vor dem tödlichen Schwert seiner Feinde bewahrt.
¹¹Befreie und rette mich aus der Gewalt meiner Feinde.
Wenn sie reden, lügen sie
und richten sich nicht nach der Wahrheit!

¹²Unsere Söhne sollen in ihrer Jugend
wie wohlgenährte Pflanzen gedeihen.
Unsere Töchter sollen schön sein wie die Säulen,
die zur Verschönerung von Palästen geschaffen wurden.
¹³Unsere Scheunen sollen gefüllt sein mit Feldfrüchten aller Art.
Die Herden auf unseren Weiden sollen sich vermehren
um Tausende, ja um Zehntausende,
¹⁴und unsere Rinder sollen trächtig sein,
ohne Schaden und Verlust.
Dann wird es kein Klagen mehr auf unseren Straßen und Plätzen geben.
¹⁵Glücklich ist das Volk, dem es so ergeht.
Glücklich ist das Volk, dessen Gott der HERR ist!

Psalm 145
Ein Loblied Davids.
Ich will dich loben, mein Gott und König,
und deinen Namen preisen für immer und ewig.

Psalm 146,7

Gott befreit

Hier verspricht Gott, dass er für Gerechtigkeit sorgen wird. Und trotzdem grassiert Ungerechtigkeit auf dieser Erde. Was ist schiefgegangen? Man könnte fragen, ob Gott etwa unzuverlässig oder unfähig ist. Doch das Problem liegt woanders. Zum einen respektiert Gott die menschliche Freiheit und greift nicht immer ein, wenn wir diese missbrauchen. Zum anderen beauftragte Gott sein Volk, seine Gerechtigkeit zu praktizieren. Wenn wir Menschen dies nicht tun, dann ist Gott nicht daran schuld.
Gott verspricht, die Hungrigen zu speisen, und dann beauftragt er uns, dies zu tun. Damals gab es mehrere Gebote und Einrichtungen, die für Gerechtigkeit sorgen sollten. Als Jesus kam, lebte er vor, was es heißt, sich um die Armen zu kümmern und er beauftragte seine Nachfolger, das gleiche zu tun. Er warnte sogar, wir würden einmal danach beurteilt, wie ernst wir diesen Auftrag nehmen (Mt 25,31-46). Gott hat Gerechtigkeit versprochen. Jetzt ist es an uns, die Verheißungen Gottes wahr zu machen.
(Jesaja 61,1-4 ‹‹ | ›› Josua 2,22-25)

S Südreich Juda   N Nordreich Israel

²Ich will dir täglich aufs Neue danken, will dich loben zu aller Zeit.
³Groß ist der HERR und sehr zu loben! Seine Größe ist unerforschlich!
⁴Jede Generation soll ihren Kindern von deinen Werken erzählen,
⁵von den mächtigen Taten werden sie verkünden und von den wunderbaren Zeichen, die du vollbracht hast.
⁶Deine gewaltigen Taten werden in aller Munde sein,
und ich will deine Größe verkünden.
⁷Alle werden die Nachricht von deiner wunderbaren Güte hören
und werden jubeln vor Freude über deine Gerechtigkeit.
⁸Der HERR ist gnädig und barmherzig, geduldig und voller Gnade.
⁹Der HERR ist gut zu allen Menschen und barmherzig zu seiner ganzen Schöpfung.
¹⁰Alle deine Geschöpfe werden dir danken, HERR,
und alle, die dir treu sind, werden dich loben.
¹¹Sie werden von der Herrlichkeit deines Königreiches sprechen,
sie werden von deiner Macht erzählen.
¹²Sie werden deine mächtigen Taten und die Größe und Herrlichkeit deines Reiches verkünden.
¹³Denn dein Reich bleibt ewig und deine Herrschaft besteht von Generation zu Generation.
Der HERR ist treu in allem, was er sagt, er ist gnädig in allem, was er tut.*
¹⁴Der HERR hält die fest, die hinfallen, und hilft denen auf, die zusammengebrochen sind.
¹⁵Aller Augen sehen auf dich und warten auf Hilfe;
du gibst ihnen Nahrung, wenn es nötig ist.
¹⁶Wenn du deine Hand öffnest, stillst du den Hunger und Durst aller Geschöpfe.
¹⁷Der HERR ist gerecht in allem, was er tut, ein Gott, auf den man sich verlassen kann.
¹⁸Der HERR ist allen nahe, die ihn anrufen, allen, die ihn aufrichtig anrufen.
¹⁹Er erfüllt die Wünsche derer, die ihn achten, er hört ihre Hilfeschreie und rettet sie.
²⁰Der HERR beschützt alle, die ihn lieben, die Gottlosen aber vernichtet er.
²¹Ich will den HERRN loben,
und alle Menschen werden seinen heiligen Namen preisen,
jetzt und für alle Zeit.

Psalm 146
Halleluja!

Meine Seele lobe den HERRN!
²Ich will den HERRN loben, solange ich lebe.
Ich will meinen Gott loben, solange ich bin.

³Setzt euer Vertrauen nicht auf die Mächtigen dieser Welt;
sie können euch nicht helfen.
⁴Sie hören auf zu atmen und kehren wieder zur Erde zurück
und mit ihnen sind all ihre Pläne gestorben.
⁵Doch glücklich ist der, dem der Gott Israels* hilft,
der seine Hoffnung auf den HERRN, seinen Gott, setzt.

⁶Er hat Himmel und Erde gemacht,
das Meer und alles, was darin ist.
Seine Zusagen gelten für immer!
⁷Er schafft den Unterdrückten Gerechtigkeit und gibt den Hungrigen zu essen.
Der HERR befreit die Gefangenen.
⁸Der HERR öffnet die Augen der Blinden.
Der HERR richtet die auf, die verzweifelt sind.
Der HERR liebt die Gottesfürchtigen.
⁹Der HERR beschützt die Fremden unter uns.
Er sorgt für die Waisen und Witwen,
aber er vereitelt die Pläne der Gottlosen.
¹⁰Der HERR wird regieren für immer und ewig.
Jerusalem*, dein Gott ist König für alle Zeit!

Halleluja!

Psalm 147
Halleluja!

Ja, es ist gut, unserem Gott Loblieder zu singen!
Ihn zu loben, macht froh und ist wunderschön!
²Der HERR baut Jerusalem wieder auf
und führt die Verschleppten Israels zurück.
³Er heilt gebrochene Herzen
und verbindet Wunden.
⁴Er zählt die Sterne
und nennt jeden einzelnen beim Namen.
⁵Unser Herr ist groß und seine Macht ist gewaltig!
Seine Erkenntnis übersteigt alles, was wir begreifen können!
⁶Der HERR hilft den Demütigen,
die Gottlosen aber wirft er zu Boden.

⁷Singt dem HERRN Danklieder,
lobt unsren Gott mit Harfenklang.

145,13 Die beiden letzten Zeilen von 145,13 fehlen in vielen alten Handschriften. 146,5 Hebr. *Jakobs*. 146,10 Hebr. *Zion*.

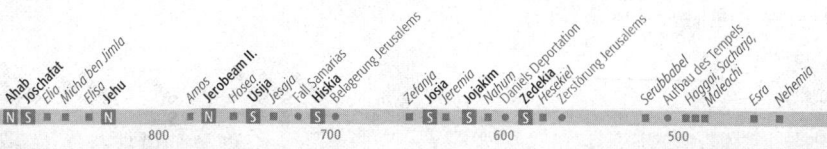

DIE PSALMEN

1–41	Erstes Buch
3–41	Davidpsalmen
42–72	Zweites Buch
42–49	Psalmen der Nachkommen Korachs
51–72	Davidpsalmen
73–89	Drittes Buch
73–83	Asafpsalmen
90–106	Viertes Buch
93–99	Jahwe-König-Psalmen
107–150	Fünftes Buch
108–110	Davidpsalmen
111–118	Großes Hallel (Lobpsalmen)
120–134	Wallfahrtslieder
138–145	Davidpsalmen
146–150	Kleines Hallel (Lobpsalmen)

147–150
Lobt Gott, denn er ist groß. Die Schöpfung soll Gott loben. Die Gemeinde soll Gott loben. Alles Leben soll Gott loben.

⁸Er bedeckt den Himmel mit Wolken
und spendet der Erde Regen.
Er lässt auf Bergen grünes Gras sprießen.
⁹Er ernährt die wilden Tiere
und die jungen Raben, die nach Nahrung schreien.
¹⁰Die Kraft eines Pferdes beeindruckt ihn nicht;
wie armselig ist für ihn erst die Kraft eines Menschen.
¹¹Doch der HERR hat Freude an denen,
die ihn ehren
und ihre Hoffnung auf seine Gnade setzen.

¹²Lobe den HERRN, Jerusalem!
Lobe deinen Gott, Zion!
¹³Denn er hat die Riegel deiner Tore fest gemacht
und die Kinder in deiner Mitte gesegnet.
¹⁴Er hat deinem Volk Frieden geschenkt
und dich mit bestem Weizen gesättigt.
¹⁵Er erlässt seine Befehle über die ganze Erde –
schnell verbreitet sich sein Wort!
¹⁶Er schickt Schnee wie weiße Wolle
und streut auf den Boden Reif wie Asche aus.
¹⁷Er schleudert Hagel wie Steine.
Wer kann in dieser Kälte überleben?
¹⁸Doch auf sein Wort hin schmilzt alles wieder.
Er schickt seine Winde, und das Eis taut.
¹⁹Er hat Jakob sein Wort offenbart
und Israel seine Gebote und Gesetze verkündet.
²⁰Keinem anderen Volk hat er sie gegeben;
und sie kennen seine Gesetze nicht.

Halleluja!

Psalm 148
Halleluja!

Lobt den HERRN im Himmel!
Lobt ihn in der Höhe!
²Lobt ihn, all seine Engel!
Lobt ihn, ihr himmlischen Heerscharen!
³Lobt ihn, Sonne und Mond!
Lobt ihn, ihr funkelnden Sterne!
⁴Lobt ihn, alle Himmel!
Lobt ihn, ihr Wasser, die ihr über dem Himmel seid!
⁵Sie sollen den Namen des HERRN loben,
denn er hat es befohlen, und alles wurde geschaffen.
⁶Er lässt sie für immer und ewig bestehen.
Er gab Gebote, die man nicht überschreiten darf.
⁷Lobt den HERRN auf der Erde,
ihr Fische des Meeres und ihr tiefen Ozeane,
⁸Feuer und Hagel, Schnee und Sturm,
Wind und Wetter, die ihm gehorchen,
⁹Berge und alle Hügel,

S Südreich Juda   N Nordreich Israel

Obstbäume und Zedern,
¹⁰wilde Tiere und Vieh,
Reptilien und Vögel,
¹¹Könige der Erde und alle Völker,
Herrscher und Richter der Erde,
¹²junge Männer und junge Frauen,
alte wie junge Menschen.
¹³Alle sollen den Namen des HERRN loben.
Denn allein sein Name ist groß
und sein Ruhm überragt Erde und Himmel!
¹⁴Er hat sein Volk stark gemacht*
und seine Gottesfürchtigen zu Ehren gebracht
und das Volk Israel, das ihm nahe ist.

Halleluja!

Psalm 149
Halleluja!

Singt dem HERRN ein neues Lied.
Singt sein Lob in der Versammlung der
   Gläubigen.
²Israel, freue dich an deinem Schöpfer.
Ihr Einwohner Jerusalems*, jubelt über euren
   König.
³Lobt seinen Namen beim Tanz
und spielt für ihn mit Tamburin und Harfe.
⁴Denn der HERR freut sich über sein Volk;
er krönt die Demütigen mit seiner Hilfe.
⁵Die ihm vertrauen, sollen sich an seiner
   Herrlichkeit freuen.

Sie sollen vor Freude singen, wenn sie sich
   schlafen legen.
⁶Sie sollen Gott mit ihrem Mund loben
und ein scharfes Schwert in den Händen halten,
⁷um an den Völkern Rache zu nehmen
und die Menschen zu strafen,
⁸um ihre Könige in Ketten zu legen
und ihre Anführer in Eisen,
⁹um das Gericht zu vollziehen, das für sie
   bestimmt ist.
Das ist eine Ehre für alle, die Gott vertrauen.

Halleluja!

Psalm 150
Halleluja!

Lobt Gott in seinem Heiligtum,
lobt ihn in seiner himmlischen Wohnung*!
²Lobt ihn für seine mächtigen Taten,
lobt ihn in seiner unvergleichlichen Größe!
³Lobt ihn mit dem Klang der Posaune,
lobt ihn mit Harfe und mit Zither!
⁴Lobt ihn mit Tanz und Tamburin,
lobt ihn mit Saiteninstrumenten und Flöten!
⁵Lobt ihn mit klingenden Zimbeln,
lobt ihn mit dem Klang lauter Zimbeln.
⁶Alles, was atmet, lobe den HERRN!

Halleluja!

148,14 Hebr. *Er hat erhöht ein Horn seinem Volk.*   149,2 Hebr. *Zions.*   150,1 Hebr. *in der Feste seiner Macht.*

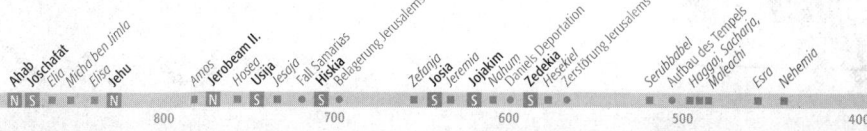

Die Bibel gleicht einem Acker, der nie abgeerntet werden kann und deshalb nie öde und leer daliegt. Sie gleicht einer Quelle, die beständig fließt und um so reichlicher strömt, je mehr man daraus schöpft.

Ephraem der Syrer

S Südreich Juda   N Nordreich Israel

Die Sprüche

Inhalt

Sprüche wie die in diesem Buch zusammengestellten sind eine typische Ausdrucksform antiker Weisheit vieler Jahrhunderte. Sie behandeln Lebensthemen wie z.B. Leben in Beziehungen, ethisches und kluges Verhalten oder Charakterbildung. Die Lehren beruhen zunächst einmal auf Lebenserfahrung; biblische Weisheit steht dabei im Einklang mit Gottes Werten. Ziel des Lehrenden ist es, zu einem erfüllten Leben zu verhelfen, das Gott gefällt und ihn ehrt. In diesem Sinne ist »die Ehrfurcht vor dem Herrn« das zentrale Motiv biblischer Weisheitslehre.

Sowohl das Wesen der Weisheit als auch die poetische Sprache bringt es mit sich, dass man die Aussagen nicht unbedingt wörtlich verstehen darf. Besonders der oft beschworene Zusammenhang zwischen eigenem Handeln und den Folgen ist nicht als persönliches unbedingtes Versprechen gemeint, sondern spiegelt Erfahrung auf lange Sicht sowie Gottes Einstellung wider. Und Gott ist oft geduldig mit denen, die Unrecht tun, statt schnell zu strafen.

Die Weisheitssprüche sind meist nicht thematisch geordnet; jeder steht für sich und ist in sich verständlich. Zuweilen sind sie mit einem gehörigen Schuss Humor gewürzt. Eine Besonderheit dieser Sprüchesammlung ist, dass Gottes Weisheit als schöpferische Quelle des Lebens und des Guten persönlich das Wort ergreift.

Wichtige Personen

Salomo	König von Israel, herausragender Sprüchedichter (vgl. 1Kön 5,9-14)
Agur und Lemuel	möglicherweise aus dem Stammesgebiet von Massa, einem Sohn von Ismael (1Mo 25,14; heute vermutlich Norden oder Nordosten Saudi-Arabiens); weitere Sprüchedichter

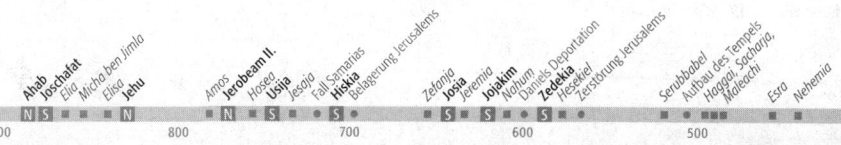

DIE SPRÜCHE

1–9	Der Zweck der Sprüche
10,1–22,16	Die Sprüche Salomos
22,17-24	Sprüche der Weisen
25–29	Weitere Sprüche Salomos
30	Die Sprüche Agurs
31	Die Sprüche König Lemuels

1–3
Die Sprüche sollen Weisheit fördern. Eltern geben ihre Weisheit weiter. Die Weisheit führt zu Erkenntnis und Vertrauen auf Gott.

[Zeit der Könige und Propheten]

S Südreich Juda   N Nordreich Israel

DIE SPRÜCHE

Der Zweck der Sprüche

1 Dies sind die Sprüche Salomos, des Sohnes Davids, des Königs von Israel. ²Durch die Sprüche soll der Mensch Weisheit und Selbstbeherrschung lernen, um gute Ratschläge verstehen zu können. ³Sie helfen dabei, Zurechtweisung anzunehmen und sie einsichtig im Leben umzusetzen und zu tun, was gerecht, recht und aufrichtig ist. ⁴Die Sprüche machen die Unerfahrenen klüger und schenken dem, der noch jung ist, Erkenntnis und Besonnenheit.

⁵Wer weise ist, höre auf diese Sprüche und gewinne noch an Weisheit hinzu; wer klug ist, suche sich weisen Rat, ⁶damit er diese Sprüche, Gleichnisse, weisen Worte und Rätsel verstehen kann.

⁷Die Ehrfurcht vor dem HERRN ist der Anfang der Erkenntnis. Nur Narren verachten Weisheit und Selbstbeherrschung.

Ermahnung eines Vaters: Erwirb Weisheit

⁸Mein Sohn*, höre auf die Zurechtweisung deines Vaters und lehne nicht ab, was deine Mutter dich lehrt. ⁹Was du von ihnen lernst, ist wie eine schöne Krone für deinen Kopf und wie eine Kette für deinen Hals.

¹⁰Mein Sohn, wenn Sünder dich verführen wollen, dann gib der Versuchung nicht nach! ¹¹Vielleicht sagen sie: »Komm doch mit uns. Wir wollen uns verstecken und auf jemanden warten, den wir umbringen können. Einfach so wollen wir einem unschuldigen Menschen auflauern. ¹²Wir verschlingen sie, wie das Totenreich seine Opfer verschlingt. Sie stehen in der Blüte ihres Lebens und sollen doch umkommen. ¹³Denke nur, was für kostbare Reichtümer wir finden und mit welch großer Beute wir unsere Häuser füllen werden! ¹⁴Komm, schließ dich uns an; wir wollen unsere Beute mit dir teilen.«

¹⁵Geh nicht mit ihnen, mein Sohn! Halte dich von ihnen fern! ¹⁶Sie sind schnell dabei, etwas Böses zu begehen und Blut zu vergießen. ¹⁷Es ist sinnlos, ein Netz, mit Körnern bestreut, vor den Augen der Vögel auszuspannen – sie sehen es und fliegen davon. ¹⁸Doch diese Menschen legen sich selbst einen Hinterhalt, sie setzen ihr

---

1,8 Die Bezeichnung *mein Sohn* steht in der Tradition der Weisheitsliteratur; es ist die Anrede eines Weisheitslehrers an seinen Schüler.

eigenes Leben aufs Spiel. ¹⁹Genau das ist das Schicksal derjenigen, die auf fremden Gewinn aus sind: Am Ende verlieren sie dadurch nur ihr Leben.

Die Weisheit erhebt ihre Stimme

²⁰Die Weisheit ruft laut auf den Straßen, und auf den Plätzen erhebt sie ihre Stimme. ²¹Mitten im größten Lärm ruft sie und redet an den Eingängen der Stadttore: ²²»Ihr Unerfahrenen! Wie lange wollt ihr noch so unerfahren bleiben? Wie lange wollt ihr Spötter noch spotten und ihr Narren euch der Erkenntnis verschließen? ²³Hört auf das, was ich euch sage, dann will ich den Geist der Weisheit über euch ausgießen und meine Gedanken mit euch teilen.

²⁴Ich habe euch gerufen, aber ihr seid nicht gekommen. Ich kam euch entgegen, aber ihr habt mich nicht beachtet. ²⁵Ihr habt meinen Rat verachtet und meine Ermahnungen zurückgewiesen. ²⁶Deshalb will ich lachen, wenn es euch schlecht geht! Ich will euch verhöhnen, wenn das Unglück euch trifft, ²⁷wenn es euch überrascht wie ein Unwetter und es wie ein Sturm über euch hereinbricht, wenn Angst und Sorgen euch überwältigen.

²⁸Dann werden sie rufen und ich werde nicht antworten. Sie werden mich suchen und mich nicht finden. ²⁹Denn sie hassen die Erkenntnis und haben keine Ehrfurcht vor dem HERRN. ³⁰Sie wollen meinen Rat nicht und hören nicht auf meine Ermahnungen. ³¹So sollen sie die Früchte ihres Handelns ernten und müssen mit ihren eigenen Ratschlägen leben.* ³²Weil sie sich von mir abwenden, kommen die Unerfahrenen um und weil sie sich so sicher fühlen, stürzen sie ins Verderben. ³³Doch wer auf mich hört, wird ohne Angst in Frieden und Sicherheit leben.

Die Vorzüge der Weisheit

2 Mein Sohn, achte auf meine Worte und behalte meine Gebote im Gedächtnis. ²Höre auf die Weisheit und versuche, sie mit dem Herzen zu verstehen. ³Bitte um Verstand und Einsicht, ⁴und suche sie, wie du nach Silber suchen oder nach verborgenen Schätzen forschen würdest. ⁵Dann wirst du verstehen, was es heißt, den HERRN zu achten, und wirst die Erkenntnis Gottes gewinnen. ⁶Denn der HERR schenkt Weisheit! Aus seinem Mund kommen Erkenntnis und Einsicht. ⁷Er schenkt den Aufrichtigen Gelingen und beschützt die Gottesfürchtigen. ⁸Er bewahrt die, die gerecht handeln, und behütet die, die ihm treu sind.

⁹Dann wirst du verstehen, was gerecht, recht und richtig ist, und stets wissen, wie du handeln sollst. ¹⁰Denn Weisheit wird in dein Herz kommen, und die Erkenntnis wird dich mit Freude erfüllen. ¹¹Besonnenes Handeln wird dir Schutz geben und Einsicht wird dich behüten.

¹²So wirst du vor bösen Wegen bewahrt und vor Menschen beschützt, die dich täuschen. ¹³Diese Leute verlassen den richtigen Weg und betreten finstere Pfade. ¹⁴Sie haben Freude am Bösen und jubeln über ihre Worte, mit denen sie die Wahrheit verdrehen. ¹⁵Alles, was sie tun, ist schlecht und alle ihre Wege führen in die Irre.

¹⁶Die Weisheit wird dich vor der Frau eines anderen Mannes bewahren, vor der fremden Frau, die dich mit ihren Worten verführen will. ¹⁷Sie hat ihren Mann verlassen und den Bund ihres Gottes vergessen. ¹⁸Ihr Haus ist der Vorhof des Todes und ihre Wege führen ins Totenreich.* ¹⁹Wer sie aufsucht, kommt nicht wieder zurück und findet den Weg des Lebens nicht mehr.

²⁰Darum halte dich an die guten Menschen und bleibe auf dem Weg der Gerechten. ²¹Denn nur die gerechten Menschen werden dieses Land bewohnen, nur die Rechtschaffenen werden darin bleiben. ²²Die Gottlosen aber werden aus dem Land verbannt und die Treulosen werden vertrieben.

Vertrauen in den HERRN

3 Mein Sohn, vergiss nicht, was ich dich gelehrt habe. Bewahre meine Gebote in deinem Herzen, ²denn sie schenken dir ein langes und zufriedenes Leben. ³Gnade und Treue sollen dir nicht verloren gehen. Trage sie wie eine Kette um deinen Hals und schreibe sie dir tief in dein Herz. ⁴Dann wirst du freundlich und klug werden und Anerkennung bei Gott und den Menschen finden.

⁵Vertraue von ganzem Herzen auf den HERRN und verlass dich nicht auf deinen Verstand. ⁶Denke an ihn, was immer du tust, dann wird er dir den richtigen Weg zeigen.

⁷Bilde dir nichts auf deine Weisheit ein, sondern fürchte den HERRN und meide das Böse. ⁸Das macht dein Leben gesund und du bekommst neue Kraft.

⁹Ehre den HERRN mit deinem Besitz und schenke ihm das Beste, was dein Land hervorbringt. ¹⁰Dann werden sich deine Scheunen mit

---

1,31 Hebr. *Sie sollen essen von der Frucht ihres Weges, von ihren Ratschlägen satt werden.* **2,18** Hebr. *Ihr Haus neigt sich zum Tod und zu den Schatten ihre Bahnen.*

DIE SPRÜCHE

1–9	Der Zweck der Sprüche
10,1–22,16	Die Sprüche Salomos
22,17-24	Sprüche der Weisen
25–29	Weitere Sprüche Salomos
30	Die Sprüche Agurs
31	Die Sprüche König Lemuels

3–5
Gott weist den Menschen mit Weisheit zurecht. Die Suche nach Gottesfurcht und Weisheit bringt den Menschen auf den rechten Weg. Bleibe bei deiner Ehefrau.

[Zeit der Könige und Propheten]

Korn füllen, und deine Fässer von Wein überfließen.

[11] Mein Sohn, lehne dich nicht dagegen auf, wenn der HERR dich zurechtweist, und lass dich dadurch nicht entmutigen. [12] Denn der HERR weist die zurecht, die er liebt, so wie ein Vater seinen Sohn zurechtweist, an dem er Freude hat.

[13] Glücklich ist der Mensch, der Weisheit findet und Einsicht gewinnt! [14] Denn der Nutzen der Weisheit ist größer als der Erwerb von Silber und ihr Gewinn ist wertvoller als Gold. [15] Sie ist kostbarer als Edelsteine; und alles, was du dir jemals wünschen könntest, ist mit ihr nicht zu vergleichen. [16] In ihrer rechten Hand hält sie für dich langes Leben bereit und in ihrer linken Reichtum und Ehre. [17] Die Wege, die sie führt, sind gut und begleitet von Frieden. [18] Die Weisheit ist ein Baum des Lebens für alle, die sie ergreifen; wer an ihr festhält, ist ein glücklicher Mensch.

[19] Durch Weisheit hat der HERR die Erde gegründet; durch Einsicht hat er den Himmel geschaffen. [20] Seine Erkenntnis ließ aus den Quellen unter der Erde Wasser hervorsprudeln und aus den Wolken Regen fallen.

[21] Mein Sohn, verliere die Weisheit nie aus den Augen und handle stets umsichtig und besonnen. [22] Dies wird dein Leben erfüllen und dir Ehre und Ansehen schenken. [23] Dann wirst du deinen Weg sicher gehen und deinen Fuß nicht anstoßen. [24] Du kannst dich ohne Angst schlafen legen und dein Schlaf wird erholsam sein. [25] Du brauchst dich nicht vor einem plötzlichen Unglück zu fürchten, auch nicht vor dem Untergang der Gottlosen, der über sie hereinbrechen wird. [26] Denn der HERR ist deine Zuversicht. Er wird nicht zulassen, dass du in eine Falle gerätst.

[27] Verweigere keinem die nötige Hilfe, wenn es in deiner Macht steht. [28] Wenn du deinem Nächsten sofort helfen kannst, dann sag nicht: »Komm morgen wieder, dann werde ich dir helfen.«

[29] Plane nichts Böses gegen deinen Nächsten, denn er vertraut dir. [30] Klage niemanden an, der dir nichts getan hat.

[31] Beneide den nicht, der sein Ziel mit Gewalt erreicht, und nimm ihn dir nicht zum Vorbild. [32] Denn der HERR verabscheut die, die sich von ihm abwenden, den Gottesfürchtigen aber schenkt er seine Freundschaft.

[33] Der Fluch des HERRN liegt auf dem Haus des Gottlosen, aber die Wohnung der gerechten Menschen segnet er.

[34] Der HERR verspottet die Spötter, den Demütigen aber schenkt er Gnade.

[35] Die Weisen erlangen Ehre, die Narren aber nur Schande!

S Südreich Juda   N Nordreich Israel

Der weise Rat eines Vaters

4 Meine Söhne, hört mir zu und folgt den Ratschlägen eures Vaters. Beachtet meine Worte, damit ihr klug werdet! ²Denn was ich euch lehre, ist gut; darum haltet daran fest. ³Denn als ich noch als Sohn bei meinem Vater war, zärtlich geliebt von meiner Mutter, und ihr einziges Kind, ⁴da sagte mein Vater zu mir: »Nimm dir meine Worte zu Herzen. Befolge meine Gebote, und du wirst leben. ⁵Lerne, weise zu sein, und schule deinen Verstand. Vergiss meine Worte nicht und lass sie nicht außer Acht. ⁶Bemühe dich immer um Weisheit, dann wird sie dich beschützen. Liebe sie, und sie wird dich bewahren. ⁷Weisheit zu erwerben ist das Wichtigste im Leben! Und alles, was du hast, setze dafür ein, Verstand zu erwerben. ⁸Wenn du die Weisheit ehrst, wirst du Anerkennung erlangen. Liebe sie und sie bringt dich zu Ehren. ⁹Sie wird dir einen schönen Kranz auf den Kopf setzen und dir eine prächtige Krone schenken.«

¹⁰Mein Sohn, höre auf mich und befolge meine Worte, dann wirst du ein langes Leben haben. ¹¹Ich will dich den Weg der Weisheit lehren und dir den richtigen Weg zeigen. ¹²Wenn du auf diesem Weg gehst, wird dich nichts aufhalten, du wirst nicht stolpern noch stürzen. ¹³Richte dich nach meinen Weisungen und vergiss sie nicht. Achte sie, denn sie bewahren dein Leben.

¹⁴Handle nicht wie die Gottlosen und entscheide dich nicht für den Weg der Bösen. ¹⁵Meide ihn und betritt ihn nicht! Kehre um und schlage einen anderen Weg ein, ¹⁶denn sie können nicht schlafen, ehe sie nichts Böses getan haben. Sie kommen nicht zur Ruhe, ehe sie nicht jemanden zu Fall gebracht haben. ¹⁷Sie ernähren sich durch Gottlosigkeit und Gewalt!

¹⁸Der Weg der Gottesfürchtigen ist wie der erste Sonnenstrahl am Morgen, der immer heller leuchtet, bis das volle Licht des Tages erstrahlt. ¹⁹Der Weg der Gottlosen aber ist vollkommene Finsternis. Die ihn gehen, erkennen nicht, worüber sie stolpern.

²⁰Mein Sohn, achte auf das, was ich dir sage. Höre meinen Worten gut zu. ²¹Vergiss sie nicht, sondern bewahre sie tief in deinem Herzen, ²²denn sie schenken jedem, der ihren Sinn versteht, Leben und Gesundheit.

²³Vor allem aber behüte dein Herz, denn dein Herz beeinflusst dein ganzes Leben*. ²⁴Lüge nicht und vermeide jede Form von Betrug. ²⁵Blicke stets nach vorn, richte deine Augen auf das, was vor dir liegt. ²⁶Wähle den geraden Weg und halte unbeirrbar daran fest. ²⁷Weiche nicht von diesem Weg ab und folge nicht dem Bösen.

Meide die Gesellschaft leichtfertiger Frauen

5 Mein Sohn, richte dich nach meiner Weisheit und höre auf meinen weisen Rat, ²dann wirst du Besonnenheit lernen und Erkenntnis gewinnen! ³Die Lippen einer fremden Frau sind süß wie Honig, ihr Mund ist sanfter als Öl. ⁴Doch am Ende ist sie bitter wie Gift* und scharf wie ein zweischneidiges Schwert. ⁵Ihre Füße führen in den Tod, ihre Schritte geradewegs ins Grab*. ⁶Damit du den Weg des Lebens nicht erkennst, sind ihre Wege verschlungen und haltlos und du merkst es nicht.

⁷Deshalb, meine Söhne, hört auf mich und nehmt euch zu Herzen, was ich euch sage: ⁸Halte dich fern von ihr und geh nicht einmal in die Nähe ihrer Haustür! ⁹Wenn du es doch tust, wirst du deine Ehre verlieren und grausame Menschen werden dein Leben zugrunde richten. ¹⁰Fremde Menschen werden deinen Besitz an sich reißen und ein anderer wird sich an den Früchten deiner Arbeit freuen. ¹¹Später, wenn es mit deinem Leben zu Ende geht und dein Körper geschwächt ist, wirst du stöhnen* ¹²und sagen: »Wie konnte ich nur die Selbstbeherrschung verlieren? Warum habe ich mich nicht ermahnen lassen? ¹³Warum habe ich nicht auf meine Lehrer gehört? Warum bin ich nicht dem Rat derer gefolgt, die mich unterwiesen haben? ¹⁴Fast wäre ich vollständig ins Unglück geraten und das vor der Gemeinde und dem ganzen Volk.«

¹⁵Trink Wasser aus deinem eigenen Brunnen – liebe nur deine eigene Ehefrau.* ¹⁶Warum solltest du das Wasser deiner Quelle nach draußen vergießen und dich mit anderen Frauen einlassen?* ¹⁷Du solltest es für dich behalten und es nicht mit Fremden teilen.

¹⁸Deine Frau soll gesegnet sein.* Freue dich an ihr, die du geheiratet hast, als du jung warst. ¹⁹Sie ist wie eine liebliche Gazelle, wie ein anmutiges Reh. Ihre Brüste sollen dich allezeit berauschen, ihre Liebe soll dich stets in Bann ziehen. ²⁰Mein

---

4,23 Hebr. *denn aus ihm sprudelt die Quelle des Lebens.* **5,4** Hebr. *Wermut.* **5,5** Hebr. *in die Scheol.* **5,11** Hebr. *und du seufzt an deinem Ende, wenn dein Fleisch und dein Leib dahinschwinden.* **5,15** Hebr. *Trink Wasser aus deiner eigenen Zisterne, fließendes Wasser aus deinem eigenen Brunnen.* **5,16** Hebr. *Warum solltest du deine Quelle in der Öffentlichkeit ergießen, deine Ströme in den Straßen?* **5,18** Hebr. *Deine Quelle sei gesegnet.*

DIE SPRÜCHE

1–9	Der Zweck der Sprüche
10,1–22,16	Die Sprüche Salomos
22,17-24	Sprüche der Weisen
25–29	Weitere Sprüche Salomos
30	Die Sprüche Agurs
31	Die Sprüche König Lemuels

5–8
Gegen Faulheit, Missachtung des elterlichen Rates und Ehebruch. Die Weisheit möchte gehört werden.

[Zeit der Könige und Propheten]

Sohn, warum solltest du dich von einer fremden Frau verzaubern lassen oder die Brüste einer anderen liebkosen? ²¹Denn der HERR sieht ganz genau, was ein Mensch tut, er achtet auf jeden Weg, den er geht. ²²Ein gottloser Mensch ist in seinen Sünden gefangen; sie sind wie Stricke, die ihn festhalten. ²³Er wird sterben, weil er sich nicht beherrschen konnte; und wegen dieser unbegreiflichen Dummheit ist er verloren.

Ratschläge für das tägliche Leben

6 Mein Sohn, wenn du für einen anderen bürgst oder für jemanden, den du kaum kennst, ²und du durch dein Einverständnis verpflichtet bist und dein Wort dich bindet, ³dann befreie dich wieder so schnell wie möglich von dieser Verpflichtung! Du hast dich von einem anderen abhängig gemacht. Geh darum gleich hin, bitte und bedränge ihn, dich freizugeben. ⁴Schiebe es nicht auf. Tu es gleich! Ruhe nicht, bevor die Sache erledigt ist. ⁵Reiße dich los wie ein Reh aus der Falle des Jägers, wie ein Vogel aus dem Netz.

⁶Nimm dir ein Beispiel an der Ameise, du Faulpelz. Lerne von ihr und werde weise! ⁷Obwohl sie keinen Anführer, Aufseher oder Herrscher hat, ⁸arbeitet sie trotzdem den ganzen Sommer über und sammelt Nahrung für den Winter. ⁹Aber du Faulpelz, wie lange willst du noch schlafen? Wann wachst du endlich auf? ¹⁰Wenn du noch ein wenig länger schläfst – da ein kleines Nickerchen und dort eine kurze Ruhepause –, ¹¹dann wird die Armut dich überfallen wie ein Wegelagerer und die Not über dich hereinbrechen wie ein bewaffneter Räuber.

¹²Daran erkennt man einen skrupellosen und schlechten Menschen: Er ist ein Lügner, ¹³der seinen Freunden seine wahren Absichten durch heimliche Winke mit Augen, Händen und Füßen zu verstehen gibt. ¹⁴Sein schlechtes Herz hat stets Böses im Sinn. Wo er kann, stiftet er Streit und Unruhe. ¹⁵Darum wird er plötzlich vernichtet werden, ohne alle Hoffnung auf Hilfe.

¹⁶Sechs Dinge sind es, die der HERR hasst, und sieben, die er verabscheut:

¹⁷einen stolzen Blick; eine lügnerische Zunge; Hände, die unschuldiges Blut vergießen; ¹⁸ein Herz, das böse Pläne schmiedet; Füße, die darauf aus sind, Unrecht zu tun; ¹⁹einen falschen Zeugen, der Lügen verbreitet; und einen Menschen, der Uneinigkeit unter Brüdern sät.

²⁰Mein Sohn, gehorche den Geboten deines Vaters und lehne nicht ab, was deine Mutter dich lehrt. ²¹Behalte die Worte deiner Eltern

stets in deinem Herzen und binde sie dir um deinen Hals. ²²Wo du auch bist, soll dich ihr Rat begleiten, wenn du schläfst, soll er dich behüten, und wenn du am Morgen erwachst, sollst du dich an ihn erinnern. ²³Denn das Gebot und die Lehre sind ein Licht, das deinen Weg erhellt. Die Korrektur durch die Zurechtweisung ist der Weg zum Leben.

²⁴Diese Gebote und Lehren werden dich vor der Frau eines anderen Mannes, vor der verführerischen Zunge der Ehebrecherin bewahren. ²⁵Lass dich nicht von ihrer Schönheit verführen oder von ihren Wimpern bezaubern. ²⁶Eine Hure kostet dich nur einen Laib Brot, doch die Frau eines anderen Mannes kostet dich das Leben. ²⁷Kann ein Mann Feuer unter seinem Mantel tragen, ohne dabei in Brand zu geraten? ²⁸Kann er über glühende Kohlen gehen, ohne sich die Füße zu verbrennen? ²⁹Genauso ergeht es einem Mann, der mit der Frau eines anderen schläft. Wenn er sie berührt, wird er nicht ungestraft davonkommen.

³⁰Verachtet man nicht schon einen Dieb, der aus Hunger stiehlt? ³¹Wenn er jedoch ertappt wird, muss er siebenfach zurückerstatten, was er gestohlen hat, auch wenn er dafür seinen ganzen Besitz verkaufen muss.

³²Wer aber Ehebruch begeht, hat seinen Verstand verloren. Nur wer sich selbst vernichten will, handelt so. ³³Er wird geschlagen und gedemütigt und seine Schande ist nicht wieder gutzumachen. ³⁴Denn der Ehemann der Frau wird vor Eifersucht rasen und am Tag seiner Rache keine Gnade walten lassen. ³⁵Er kann durch keine Entschädigung, durch keinen noch so hohen Geldbetrag besänftigt werden.

Weitere Warnung vor Ehebruch

7 Befolge meinen Rat, mein Sohn, und beachte meine Gebote. ²Gehorche ihnen und lebe! Behüte meine Lehre wie deinen kostbarsten Besitz*. ³Binde sie dir zur ständigen Erinnerung um deine Finger. Schreibe sie tief in dein Herz. ⁴Liebe die Weisheit wie eine Schwester und mach die Einsicht zu einem Mitglied deiner Familie. ⁵Das wird dich vor der fremden Frau bewahren, vor der Frau eines anderen, die dich mit ihren schmeichelnden Worten verführen will.

⁶Eines Tages blickte ich aus dem Fenster meines Hauses ⁷und sah mitten in einer Gruppe junger Leute einen unerfahrenen jungen Mann, dem jeglicher Verstand zu fehlen schien. ⁸Er überquerte die Straße vor dem Haus einer Frau und ging den Weg zu ihrem Haus entlang ⁹zur Zeit der Dämmerung, als der Tag sich zum Abend neigte, als die Dunkelheit der Nacht anbrach. ¹⁰Die Frau kommt ihm entgegen, verführerisch gekleidet und mit hinterlistigen Gedanken. ¹¹Sie war frech und hemmungslos, eine, die zu Hause keine Ruhe findet. ¹²Man sieht sie oft in den Straßen und auf den Plätzen, wie sie an jeder Ecke steht und lauert.

¹³Sie fällt ihm um den Hals, küsst ihn und sagt mit unverschämtem Blick: ¹⁴»Gerade habe ich meine Opfer dargebracht und meine Versprechen abgelegt. ¹⁵Ich habe dich gesucht! Ich bin ausgegangen, um dich zu finden, und nun habe ich dich gefunden! ¹⁶Auf meinem Bett liegen feinste bunte Leinendecken aus Ägypten. ¹⁷Es duftet nach Myrrhe, Aloe und Zimt. ¹⁸Komm, wir wollen uns lieben bis zum Morgen und zärtlich zueinander sein, ¹⁹denn mein Mann ist nicht zu Hause. Er ist auf einer langen Reise ²⁰Er hat viel Geld mitgenommen, sodass er erst am Ende des Monats zurückkommen wird.«

²¹So verführt sie ihn mit ihrer Rede und lockt ihn mit ihren schmeichelnden Worten. ²²Er folgt ihr ahnungslos wie ein Ochse zum Schlachtplatz oder wie ein Hirsch, der in die Falle läuft, ²³bis ihm ein Pfeil sein Herz durchbohrt. Er ist wie ein Vogel, der in ein Netz fliegt und nicht erkennt, dass es ihn das Leben kosten wird.

²⁴Meine Söhne, hört auf mich und achtet auf meine Worte. ²⁵Lasst euch nicht von ihr verführen und haltet euch von ihr fern, ²⁶denn sie hat bereits viele ins Verderben gestürzt; unzählige Männer fielen ihr zum Opfer. ²⁷Ihr Haus führt direkt ins Totenreich, wer es betritt, betritt den Weg ins Grab.

Die Weisheit bittet um Gehör

8 Hör zu, wenn die Weisheit ruft. Sei aufmerksam, wenn die Einsicht die Stimme erhebt! ²Sie steht auf den Hügeln und an den Kreuzwegen. ³Bei den Stadttoren am Eingang der Stadt ruft sie laut: ⁴»Ich rufe euch, ihr Männer, und wende mich an alle Menschen. ⁵Werdet weise, ihr Unerfahrenen! Gewinnt an Einsicht, ihr Narren! ⁶Hört auf mich, denn ich habe euch Gutes zu sagen! Alles, was ich sage, ist richtig, ⁷denn ich spreche die Wahrheit und verabscheue die Lüge. ⁸Alle meine Worte sind gerecht, nichts an ihnen ist hinterhältig oder falsch. ⁹Meine Worte sind für den Klugen klar und deutlich, sie sind richtig für alle, die Einsicht haben.

7,2 Hebr. *wie deinen Augapfel*.

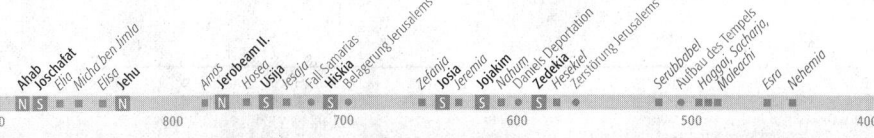

DIE SPRÜCHE

1–9	Der Zweck der Sprüche
10,1–22,16	Die Sprüche Salomos
22,17–24	Sprüche der Weisen
25–29	Weitere Sprüche Salomos
30	Die Sprüche Agurs
31	Die Sprüche König Lemuels

8–10
Die Weisheit ist kostbarer als Edelmetall und führt zum Leben. Sprüche über Gottesfurcht und Weisheit.

[Zeit der Könige und Propheten]

¹⁰Nehmt meine Unterweisung lieber an als Silber und Erkenntnis lieber als Gold. ¹¹Denn Weisheit ist wertvoller als Edelsteine, und alles, was du dir jemals wünschen könntest, ist mit ihr nicht zu vergleichen.

¹²Ich, die Weisheit, bin verwandt mit der Klugheit. Ich weiß, wo ich guten Rat finde. ¹³Alle, die den HERRN achten, hassen das Böse. Deshalb hasse ich Hochmut, Stolz, ein Leben voller Unrecht und Lüge. ¹⁴Ich gebe guten Rat und kann helfen. Ich habe Einsicht und Stärke. ¹⁵Durch mich regieren Könige und erlassen Fürsten gerechte Gesetze. ¹⁶Mit meiner Hilfe regieren die Herrscher ihr Volk und fällen die Richter gerechte Urteile.

¹⁷Ich liebe alle, die mich lieben, und wer mich sucht, findet mich. ¹⁸Ich biete euch Reichtum, Ehre, bleibenden Besitz und Gerechtigkeit. ¹⁹Meine Gaben sind kostbarer als feinstes Gold, mein Gewinn besser als reinstes Silber! ²⁰Ich richte mich nach der Gerechtigkeit und gehe auf den Wegen des Rechts. ²¹Alle, die mich lieben, erben Reichtum, denn ich fülle ihre Schatzkammern.

²²Der HERR hat mich ganz am Anfang geschaffen, als erste Schöpfung noch vor allen anderen. ²³Ich wurde vor ewigen Zeiten eingesetzt, von Anfang an, noch bevor es die Erde gab. ²⁴Ich wurde geboren, noch bevor die Meere erschaffen wurden, noch bevor aus den Quellen Wasser hervorsprudelte. ²⁵Bevor die Berge und Hügel geformt wurden, wurde ich geboren – ²⁶bevor

Sprüche 8,22-31

Hinweise auf den Messias (3)
Wenn man den Schöpfungsbericht aus 1. Mose 1 liest, käme man nicht auf den Gedanken, außer Gott und seinem Geist sei da noch etwas gewesen, bevor er die Erde und das Licht schuf. Doch in diesem Abschnitt aus Sprüche 8 hat Gottes Wort einen zusätzlichen Tiefenblick. Die Weisheit war Gottes erstes Schöpfungswerk und danach bei allen weiteren Schöpfungswerken anwesend.
Jüdische Auslegung hat versucht, diese Weisheit genauer zu bestimmen, und erkannt: Es war die Thora – die Weisung Gottes, wie sie dann in den fünf Mosebüchern steht. »Noch vor aller Zeit, gleich zu Beginn, hat er mich [die Weisheit] erschaffen. ... Dies alles ist das Buch des Bundes, den Gott, der Höchste, schloss; das Gesetz, auf das Mose uns verpflichtete.« (Sirach 24,9a.23)
Joh 1 blickt hier noch tiefer durch und bekennt: Das Gesetz kam erst durch Mose, doch am Anfang war das Wort: der Sohn (Joh 1,1.14.17). Von hier aus gesehen ist die Weisheit in Sprüche 8 ein Abbild von Christus.
(Psalm 109,4 «« | »» Jesaja 9,5-6)

er die Erde schuf und die Felder und den Ackerboden. ²⁷Ich war da, als er den Himmel errichtete und die Linie des Horizonts über dem Meer zog. ²⁸Ich war da, als er die Wolken an den Himmel setzte, als er die tiefen Quellen der Erde gründete. ²⁹Ich war da, als er dem Meer seine Grenzen setzte, über die das Wasser nicht hinaus konnte. Als er das Fundament der Erde legte, ³⁰war ich als Baumeisterin an seiner Seite. Ich war seine Freude Tag für Tag und genoss zu jeder Zeit seine Gegenwart. ³¹Ich spielte auf der Erde und freute mich über die Menschen!

³²Deshalb, meine Söhne, hört auf mich, denn wer meinen Weg wählt, ist glücklich. ³³Hört auf meinen Rat und werdet klug. Verachtet ihn nicht.

³⁴Glücklich ist, wer auf mich hört und täglich an meinen Toren nach mir Ausschau hält und vor meinem Haus auf mich wartet! ³⁵Denn wer mich findet, der findet das Leben und gewinnt die Anerkennung des HERRN. ³⁶Wer mich jedoch verfehlt, der vernichtet sich selbst. Wer mich hasst, der liebt den Tod.«

9 Die Weisheit hat ihr Haus gebaut und ihre sieben Säulen errichtet. ²Sie hat ein herrliches Festmahl bereitet*, den Wein gemischt und den Tisch gedeckt. ³Sie hat ihre Dienstmädchen beauftragt, alle einzuladen. Ihre Stimme erklingt von den Hügeln über der Stadt: ⁴»Ihr Unerfahrenen, kommt in mein Haus.« Und zu denen, denen es an Weisheit fehlt, spricht sie: ⁵»Kommt, esst mein Brot und trinkt den Wein, den ich gemischt habe. ⁶Bleibt nicht länger dumm, denn ihr sollt leben. Geht den Weg der Weisheit.«

⁷Wer einen Spötter zurechtweist, bekommt eine scharfe Anwort. Wer einen Gottlosen tadelt, wird beleidigt werden. ⁸Deshalb gib dich nicht damit ab, einen Spötter zurechtzuweisen; er wird dich nur dafür hassen. Belehre aber den Weisen, und er wird dich lieben. ⁹Lehre den Weisen, und er wird noch weiser. Unterweise den Gerechten, und er lernt noch dazu.

¹⁰Die Ehrfurcht vor dem HERRN ist der Anfang der Weisheit. Gott, den Heiligen, zu erkennen führt zur Einsicht.

¹¹Die Weisheit wird deine Tage vermehren und deinem Leben Jahre hinzufügen. ¹²Wenn du weise wirst, dann ist das zu deinem eigenen Vorteil. Wenn du die Weisheit verachtest, wirst du allein die Folgen tragen müssen.

Die Torheit bittet um Gehör

¹³Frau Torheit ist leidenschaftlich und verführerisch. Sie ist dumm und erkennt es nicht. ¹⁴Sie sitzt im Eingang ihres Hauses auf dem Hügel über der Stadt ¹⁵und ruft den Vorübergehenden zu: ¹⁶»Ihr Unerfahrenen, kehrt bei mir ein.« Und zu denen, denen es an Weisheit fehlt, spricht sie: ¹⁷»Gestohlenes Wasser erfrischt und Brot, das heimlich gegessen wird, schmeckt gut!« ¹⁸Doch die Menschen erkennen nicht, dass ihre früheren Gäste jetzt alle im Reich des Todes sind.

Die Sprüche Salomos

10 Die Sprüche Salomos:
Ein weiser Sohn macht dem Vater Freude, aber ein unvernünftiger Sohn bereitet der Mutter Kummer.

²Unrechtmäßig erworbener Besitz ist nicht von Dauer, aber ein Leben in Gerechtigkeit rettet vor dem Tod.

³Der HERR lässt die Gottesfürchtigen nicht hungern, aber das Verlangen der Gottlosen befriedigt er nicht.

⁴Faule Menschen werden schnell arm, fleißige Menschen jedoch werden reich.

⁵Wer den Sommer über hart arbeitet, ist ein kluger Sohn, wer aber die Ernte verschläft, beschämt seine Eltern.

⁶Der Gottesfürchtige wird mit Segen überhäuft; der gottlose Mensch aber vertuscht seine bösen Absichten.

⁷An den Gottesfürchtigen erinnert man sich gerne, der Name eines gottlosen Menschen dagegen gerät in Vergessenheit.

⁸Wer weise ist, freut sich über die Belehrung, aber wer Unvernünftiges redet, geht daran selbst zugrunde.

⁹Wer ein vorbildliches Leben führt, lebt sicher, wer aber krumme Wege geht, wird bestraft.

¹⁰Menschen, die betrügen, verursachen nur Leid, eine unerschrockene Zurechtweisung dagegen stellt den Frieden wieder her*. ¹¹Die Worte des Gottesfürchtigen führen zum Leben, der gottlose Mensch aber vertuscht seine bösen Absichten.

¹²Hass bewirkt Streit, doch Liebe deckt alle Vergehen zu.

¹³Ein verständiger Mensch spricht weise Worte, ein unverständiger aber sollte mit der Rute bestraft werden.

9,2 Hebr. *Sie hat ihr Vieh geschlachtet.* **10,10** So in der griech. Version; im Hebr. lautet es *Wer mit den Augen zwinkert, verursacht Schmerz, und geschwätzige Toren kommen zu Fall.*

DIE SPRÜCHE

1–9	Der Zweck der Sprüche
10,1–22,16	Die Sprüche Salomos
22,17-24	Sprüche der Weisen
25–29	Weitere Sprüche Salomos
30	Die Sprüche Agurs
31	Die Sprüche König Lemuels

10–12
Sprüche über Gottesfurcht und Weisheit.

[Zeit der Könige und Propheten]

¹⁴Weise Menschen behalten ihr Wissen für sich, aber der geschwätzige Mund eines Narren führt ins Verderben.
¹⁵Der Wohlstand der Reichen ist ihre Burg; das Unglück der Armen aber ist ihre Armut.
¹⁶Der Verdienst des Gottesfürchtigen bereichert sein Leben, den Gottlosen aber verführt sein Geld zur Sünde.
¹⁷Wer eine Zurechtweisung annimmt, geht den Weg des Lebens, doch wer sie missachtet, führt andere in die Irre.
¹⁸Wer seinen Hass verbirgt, ist ein Lügner, wer andere verleumdet, ist ein Narr.
¹⁹Rede nicht zu viel, denn das führt zur Sünde. Sei klug und halte dich mit deinen Worten zurück!
²⁰Die Worte des Gottesfürchtigen sind wie kostbares Silber; das Herz der Gottlosen dagegen ist wertlos.
²¹Ein Gottesfürchtiger gibt anderen gute Ratschläge, aber die Narren kommen durch ihren eigenen Unverstand um.
²²Der Segen des HERRN allein macht den Menschen reich, durch eigene Sorge kann er nichts hinzufügen.
²³Unrecht zu tun ist dem Narren ein Vergnügen, der kluge Mensch aber hat an der Weisheit Freude.
²⁴Was der Gottlose fürchtet, das wird eintreffen, aber die Hoffnungen der Gottesfürchtigen werden sich erfüllen.
²⁵Wenn das Unglück wie ein Sturm kommt, fegt es den Gottlosen hinweg, der Gottesfürchtige aber steht für immer auf einem festen Grund.
²⁶Eine Qual ist ein fauler Mensch für den, der ihn beschäftigt. Er ist wie Rauch für die Augen oder wie Essig für den Mund.
²⁷Die Ehrfurcht vor dem HERRN verlängert das Leben, die Jahre der Gottlosen aber werden verkürzt.
²⁸Das Warten der Gottesfürchtigen führt zur Freude, aber die Hoffnungen der Gottlosen werden zerschlagen.
²⁹Der HERR beschützt die Aufrichtigen, aber er vernichtet die, die Unrecht tun.
³⁰Der Gottesfürchtige führt ein sicheres Leben*, aber die Gottlosen werden aus dem Land vertrieben werden.
³¹Der Gottesfürchtige erteilt weisen Rat, die Zunge aber, die betrügt, wird abgeschnitten.
³²Die Worte der Gottesfürchtigen sind hilfreich, das Reden der Gottlosen aber verdreht die Wahrheit.

10,30 Hebr. *Der Gerechte wird in Ewigkeit nicht ins Wanken gebracht.*

S Südreich Juda   N Nordreich Israel

11 Der HERR verabscheut Betrug, doch er freut sich an Ehrlichkeit.*
²Stolz wird in Schande enden, aus Demut aber folgt Weisheit.
³Aufrichtige Menschen lassen sich von ihrer Ehrlichkeit sicher leiten, das Leben der Betrüger aber wird durch Unehrlichkeit zerstört.
⁴Reichtum ist nutzlos am Tag des Gerichts, Gerechtigkeit aber rettet vor dem Tod.
⁵Die Gerechtigkeit des Gottesfürchtigen ebnet ihm den Weg; die Gottlosen aber brechen unter der Last ihrer Schuld zusammen.
⁶Die Gerechtigkeit rettet die Rechtschaffenen, die Betrüger aber bringt ihr eigener Ehrgeiz zu Fall.
⁷Wenn der Gottlose stirbt, stirbt auch seine Hoffnung, und seine Erwartung erfüllt sich nicht.
⁸Gott rettet den Gottesfürchtigen aus der Gefahr, aber den Gottlosen lässt er ins Verderben rennen.*
⁹Böse Worte schaden anderen Menschen, Erkenntnis aber rettet die Gottesfürchtigen.
¹⁰Wenn es den Gottesfürchtigen gut geht, feiert die ganze Stadt; wenn die Gottlosen sterben, jubelt man laut.
¹¹Durch den Segen der aufrichtigen Menschen gelangt eine Stadt zu Wohlstand, das Gerede der Gottlosen aber bringt sie zum Einsturz.
¹²Es ist dumm, einen anderen zu verspotten; wer klug ist, schweigt.
¹³Wer über andere klatscht, plaudert Geheimnisse aus; wer jedoch zuverlässig ist, behält ein Geheimnis für sich.
¹⁴Ohne weise Führung geht ein Volk zugrunde; mit vielen Ratgebern aber lebt es sicher.
¹⁵Gefährlich ist es, für einen Fremden zu bürgen; besser ist es, die Bürgschaft abzulehnen.
¹⁶Schöne Frauen erlangen Ansehen und skrupellose Männer bringen es zu Reichtum.
¹⁷Freundlichkeit nährt deine Seele, doch wenn du unbarmherzig bist, zerstörst du dich selbst.
¹⁸Gottlose Menschen werden für den Augenblick reich, wer aber gerecht handelt*, dessen Lohn ist von Dauer.
¹⁹Gerechte Menschen finden das Leben; ungerechte Menschen finden den Tod.
²⁰Der HERR verabscheut Menschen mit falschem Herzen, doch er hat Freude an Menschen, die ein rechtschaffenes Leben führen.
²¹Sicher ist, dass böse Menschen bestraft werden, die Nachkommen der Gottesfürchtigen aber werden gerettet.
²²Eine schöne Frau ohne Schamgefühl ist wie ein goldener Ring in der Nase eines Schweins.
²³Die Wünsche der Gottesfürchtigen führen zum Guten, die Erwartung der Gottlosen endet im Zorn*.
²⁴Wer großzügig gibt, wird dabei immer reicher; wer aber sparsamer ist, als er sein sollte, wird immer ärmer dabei.
²⁵Dem Großzügigen geht es gut und er ist zufrieden; wer anderen hilft, dem wird selbst geholfen werden.
²⁶Wer Korn zurückhält, den verfluchen die Menschen, sie segnen aber den, der es ihnen in Zeiten der Not verkauft.
²⁷Wer nach dem Guten sucht, bemüht sich um Anerkennung; wer jedoch nach dem Bösen sucht, dem wird es begegnen!
²⁸Vertraue auf deinen Reichtum, und du wirst untergehen! Die Gottesfürchtigen aber blühen auf wie die Bäume im Frühling.
²⁹Wer seine Familie vernachlässigt, erbt nur Wind. Und der Narr wird zum Diener des weisen Menschen.
³⁰Der Gottesfürchtige führt andere Menschen zum Leben* und wer Leben rettet, ist weise.
³¹Wenn schon die Gerechten hier auf Erden ihren Lohn erhalten, wie viel mehr werden dann die Bösen und Sünder bekommen, was sie verdienen!

12 Wenn du lernen willst, musst du die Zurechtweisung lieben; es ist dumm, sie zu hassen.
²Der HERR hat Freude an einem guten Menschen, aber er verurteilt den, der Böses vorhat.
³Ein gottloser Mensch steht auf keinem festen Boden, aber die Gottesfürchtigen sind tief verwurzelt.
⁴Eine tüchtige Frau ist die Freude ihres Mannes und seine Krone; eine schamlose Frau untergräbt seine Kraft*.
⁵Die Gedanken der Gottesfürchtigen sind gerecht; der Plan der Bösen führt hinters Licht.
⁶Die Worte der Gottlosen sind wie ein tödlicher Hinterhalt, aber die Worte der aufrichtigen Menschen retten ihnen das Leben.
⁷Die Gottlosen stürzen und kommen um, doch die Nachkommen der Gottesfürchtigen stehen auf festem Grund.
⁸Jeder bewundert einen Menschen mit Verstand, wer aber ein verkehrtes Herz hat, wird verachtet.

11,1 Hebr. *Trügerische Waagschalen sind dem Herrn ein Gräuel, aber volles Gewicht hat sein Wohlgefallen.* **11,8** Hebr. *Der Gerechte wird aus der Gefahr befreit und es kommt der Gottlose an seine Stelle.* **11,18** Hebr. *Gerechtigkeit sät.* **11,23** Hebr. *führt zum Tag des Zorns.* **11,30** Hebr. *Die Frucht des Gerechten ist ein Baum des Lebens.* **12,4** Hebr. *ist wie Fäulnis in seinen Knochen.*

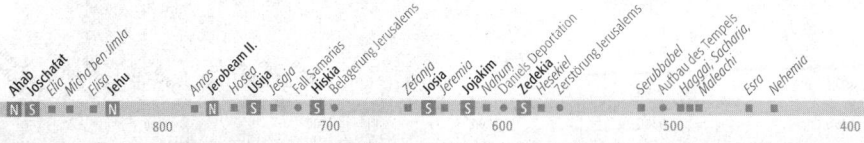

DIE SPRÜCHE

1–9	Der Zweck der Sprüche
10,1–22,16	Die Sprüche Salomos
22,17-24	Sprüche der Weisen
25–29	Weitere Sprüche Salomos
30	Die Sprüche Agurs
31	Die Sprüche König Lemuels

12–14
Sprüche über Gottesfurcht und Weisheit.

[Zeit der Könige und Propheten]

S Südreich Juda **N** Nordreich Israel

⁹Es ist besser, nicht angesehen zu sein, aber einen Diener zu haben, als eingebildet zu sein und nichts zu essen zu haben.

¹⁰Der Gottesfürchtige sorgt für das Wohl seiner Tiere, die Gottlosen aber sind herzlos.

¹¹Wer hart arbeitet, hat genug zu essen; nur dumme Menschen vertun ihre Zeit.

¹²Die Gottlosen sind neidisch auf die Beute der anderen, die Gottesfürchtigen aber bringen ihre eigene Frucht hervor*.

¹³Die Gottlosen verfangen sich in ihren eigenen Worten, aber der Gottesfürchtige entgeht diesem Ärger.

¹⁴Ein Mensch erreicht mit seinen Worten viel Gutes, aber auch seine Taten bringen ihm großen Gewinn.

¹⁵Nur Narren glauben, sie bräuchten keinen Rat, weise Menschen aber hören auf andere.

¹⁶Ein Narr ist jähzornig, der Kluge aber bleibt ruhig, wenn er beschimpft wird.

¹⁷Ein ehrlicher Zeuge spricht die Wahrheit; ein falscher Zeuge verbreitet Lügen.

¹⁸Wer unüberlegt redet, der verletzt andere, die Worte der Weisen aber sind wie Balsam.

¹⁹Die Wahrheit bleibt für immer bestehen; Lügen aber werden bald entlarvt.

²⁰Betrug erfüllt die Herzen, die Böses vorhaben; Freude erfüllt die Herzen, die Frieden im Sinn haben!

²¹Dem Gottesfürchtigen wird nichts Schlimmes geschehen, doch die Gottlosen versinken im Unglück.

²²Der HERR verabscheut die, die ihr Wort nicht halten, aber er hat Freude an denen, die es erfüllen.

²³Ein weiser Mensch preist sein Wissen nicht an, die Narren aber posaunen ihren Unsinn aus.

²⁴Arbeite hart und werde ein Herrscher; sei faul und werde ein Sklave.

²⁵Sorgen drücken einen Menschen nieder; ein gutes Wort aber muntert einen Menschen auf.

²⁶Die Gottesfürchtigen geben ihren Freunden guten Rat*; aber die Gottlosen verlaufen sich*.

²⁷Faule Menschen fangen nicht einmal das Wild, das sie jagen, ein fleißiger Mensch aber gelangt zu Reichtum.

²⁸Der Weg der Gottesfürchtigen führt zum Leben, der Weg der Gottlosen aber in den Tod.

12,12 Hebr. *die Wurzel des Gerechten bleibt beständig.*
12,26a O. *Die Gottesfürchtigen sind vorsichtig in der Freundschaft* oder *Die Gottesfürchtigen sind frei von Bösem.* Die Bedeutung des Hebr. an dieser Stelle ist unklar.
12,26b Hebr. *aber der Weg der Gottlosen führt sie in die Irre.*

13 Ein weiser Sohn hört auf die Zurechtweisung seines Vaters; ein Spötter aber weigert sich zuzuhören.

²Gute Menschen freuen sich an dem Guten, das ihre Worte bewirken, gemeine Menschen aber lieben die Gewalt.

³Wer seine Zunge im Zaum hält, wird lange leben; wer aber unbedacht redet, der rennt in sein eigenes Verderben.

⁴Faule Menschen wollen viel und bekommen wenig, doch wer fleißig ist, dem wird es gut gehen und er wird zufrieden sein.

⁵Der Gottesfürchtige hasst die Lüge; der Gottlose aber lügt und betrügt*.

⁶Die Gerechtigkeit behütet das Leben der Gottesfürchtigen, die Gottlosen aber gehen an ihrer Sünde zugrunde.

⁷Manche, die arm sind, geben vor, reich zu sein; andere, die reich sind, tun so, als seien sie arm.

⁸Ein Reicher ist in der Lage, Lösegeld zu zahlen, die Armen aber werden gar nicht erst erpresst.

⁹Das Leben der Gottesfürchtigen ist voller Licht und Freude, das Licht der Gottlosen aber wird erlöschen.

¹⁰Stolz führt zu Streit; weise ist, wer guten Rat annimmt.

¹¹Schnell erworbener Reichtum ist auch schnell wieder dahin; Reichtum, der hart erarbeitet wurde, wird noch größer.

¹²Langes Warten macht das Herz krank, aber wenn Träume wahr werden, herrscht Leben und Freude.

¹³Wer guten Rat ablehnt, dem geht es schlecht; wer ihn aber befolgt, der wird belohnt.

¹⁴Der Rat eines weisen Menschen schenkt Leben; wer ihn annimmt, entkommt den Fallen des Todes.

¹⁵Ein Mensch mit klarem Verstand wird von allen geachtet; der Weg eines hinterhältigen Menschen aber ist steinig.

¹⁶Kluge Menschen denken, bevor sie handeln; Narren aber tun das nicht und geben mit ihrer Dummheit auch noch an!

¹⁷Ein unzuverlässiger Bote gerät in Schwierigkeiten, aber ein zuverlässiger bringt Heilung.

¹⁸Wer Zurechtweisung missachtet, endet in Armut und Schande; wer Zurechtweisung annimmt, gewinnt Anerkennung.

¹⁹Es ist schön, wenn Träume wahr werden, aber nicht einmal dafür werden die Narren vom Bösen lassen.

²⁰Wer sich mit den Weisen trifft, wird weise; wer sich mit den Narren einlässt, wird sich selbst schaden.

²¹Die Sünder werden vom Unglück verfolgt, die Gerechten vom Glück!

²²Gute Menschen hinterlassen ihren Nachkommen ein Erbe, der Reichtum der Sünder aber fällt an die Gottesfürchtigen.

²³Die Felder eines Armen können reiche Ernte hervorbringen, durch Unrecht aber verlieren sie alles, was sie haben.

²⁴Wer seinen Sohn nicht straft, der liebt ihn nicht; wer seinen Sohn liebt, weist ihn schon früh zurecht.

²⁵Der Gottesfürchtige hat zu essen, bis er satt ist; der Bauch der Gottlosen aber bleibt leer.

14 Eine weise Frau baut ihr Haus; eine unvernünftige reißt es mit eigenen Händen nieder.

²Wer den richtigen Weg geht, hat Ehrfurcht vor dem HERRN; wer aber verkehrte Wege geht, verachtet ihn.

³Die Rede des Narren ist eine Rute für seinen Rücken*, die Worte des weisen Menschen aber bewahren ihn vor Schwierigkeiten.

⁴Ein leerer Stall bleibt zwar sauber, aber er bringt auch keinen Gewinn ein.

⁵Ein aufrichtiger Zeuge lügt nicht; ein falscher Zeuge aber sagt die Unwahrheit.

⁶Ein Spötter sucht Weisheit und findet sie nicht, dem Klugen aber fällt die Erkenntnis von allein zu.

⁷Halte dich von den Narren fern, denn bei ihnen wirst du nichts Kluges finden.

⁸Der weise Mensch ist vorausschauend und rechnet mit dem, was kommt, die Narren aber betrügen sich selbst.

⁹Die Narren nehmen ihre Schuld nicht ernst und spotten darüber, die Gottesfürchtigen aber gestehen sie ein und suchen Versöhnung*.

¹⁰Jedes Herz hat seine eigene Bitterkeit und auch seine Freude kann kein anderer vollkommen mit ihm teilen.

¹¹Das Haus der Gottlosen wird untergehen, das Zelt der Gottesfürchtigen aber wird aufblühen.

¹²Vor jedem Menschen liegt ein Weg, der richtig zu sein scheint, aber dennoch in den Tod führt.

¹³Auch hinter einem Lachen kann sich ein trauriges Herz verbergen und das Lachen vergeht und der Kummer bleibt.

13,5 Hebr. *der Gottlose handelt schändlich und schmählich.* **14,3** Hebr. *eine Rute des Stolzes.* **14,9** Hebr. *aber unter den aufrichtigen Menschen ist Wohlgefallen.*

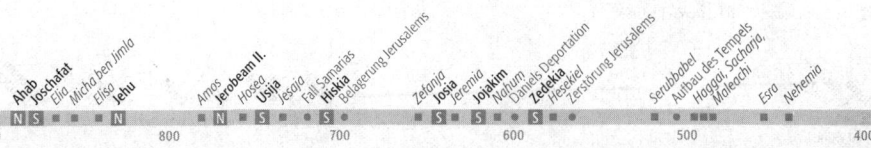

DIE SPRÜCHE

1–9	Der Zweck der Sprüche
10,1–22,16	Die Sprüche Salomos
22,17-24	Sprüche der Weisen
25–29	Weitere Sprüche Salomos
30	Die Sprüche Agurs
31	Die Sprüche König Lemuels

14–16
Sprüche über Gottesfurcht und Weisheit.

[Zeit der Könige und Propheten]

¹⁴Wer vom rechten Weg abweicht, bekommt, was er verdient; gute Menschen aber erhalten ihren Lohn.
¹⁵Nur unerfahrene Menschen glauben alles, was man ihnen erzählt! Die Klugen aber bedenken jeden ihrer Schritte.
¹⁶Ein Weiser ist vorsichtig und meidet das Böse; nur der Narr handelt unbeherrscht und sorglos.
¹⁷Der Jähzornige handelt unbedacht; wer böse Pläne schmiedet, wird gehasst.
¹⁸Der Unerfahrene glänzt nur durch Dummheit, die Krone der Klugen aber ist die Erkenntnis.
¹⁹Die Bösen müssen sich vor den Guten beugen und Gottlose vor den Türen von Gottesfürchtigen.
²⁰Die Armen werden selbst von ihren Nachbarn verachtet; doch die Reichen haben viele Freunde.
²¹Es ist Sünde, einen anderen Menschen zu verachten; gesegnet ist, wer den Armen hilft!
²²Wer Böses im Schilde führt, ist verloren; doch wer Gutes im Sinn hat, wird Gnade und Treue ernten.
²³Arbeit bringt Gewinn, bloßes Gerede aber führt in die Armut!
²⁴Reichtum ist die Krone der weisen Menschen; die Narren aber haben nichts anderes als ihre Dummheit.
²⁵Ein ehrlicher Zeuge rettet Leben, ein falscher Zeuge aber ist ein Betrüger.
²⁶Wer den HERRN achtet, lebt in Sicherheit; er wird auch seinen Kindern eine sichere Zuflucht sein.
²⁷Die Ehrfurcht vor dem HERRN ist eine lebensspendende Quelle; sie rettet vor den Stricken des Todes.
²⁸Der Ruhm eines Königs ist ein Volk, das sich vermehrt; ein Volk, das sich verringert, ist des Königs Untergang.
²⁹Wer seinen Zorn zügelt, besitzt viel Verstand; wer aber jähzornig ist, begeht große Dummheiten.
³⁰Gelassenheit verlängert das Leben; Eifersucht aber zerstört es*.
³¹Wer den Armen unterdrückt, beleidigt seinen Schöpfer, wer aber dem Armen hilft, ehrt Gott.
³²Der Gottlose geht an seinen Sünden zugrunde, die Gottesfürchtigen aber haben selbst im Tod noch eine Zuflucht.

14,30 Hebr. *aber Wurmfraß in den Knochen ist Eifersucht.*

³³Die Weisheit wohnt im Herzen eines klugen Menschen; bei einem Narren findet man sie nicht*.
³⁴Gerechtigkeit erhöht ein Volk, die Sünde aber ist für jedes Volk eine Schande.
³⁵Ein König hat Freude an einem klugen Diener, er wird aber zornig über den, der Schaden anrichtet.

15 Eine freundliche Antwort besänftigt den Zorn, kränkende Worte erregen ihn.
²Die Worte eines weisen Menschen helfen zur Erkenntnis; ein Narr aber redet nur dummes Geschwätz.
³Die Augen des HERRN sind überall, er blickt auf den Bösen und auf den Guten.
⁴Freundliche Worte schenken Leben; eine betrügerische Zunge aber zerstört den Geist.
⁵Nur ein Narr verabscheut die Zurechtweisung seiner Eltern; wer aber aus der Zurechtweisung lernt, ist klug.
⁶Im Hause der Gottesfürchtigen ist ein reicher Vorrat; der Gewinn der Gottlosen aber bringt nur Kummer.
⁷Nur der Weise kann guten Rat erteilen; die Narren aber können es nicht.
⁸Der HERR verabscheut die Opfer der Gottlosen, aber er freut sich über die Gebete der aufrichtigen Menschen.
⁹Der HERR verachtet den Weg der Gottlosen, aber er liebt die, die sich bemühen, gerecht zu leben.
¹⁰Wer vom richtigen Weg abweicht, wird schwer bestraft; wer Zurechtweisung hasst, wird sterben.
¹¹Der HERR kennt selbst das Totenreich und den Abgrund*, wie viel mehr kennt er dann die Herzen der Menschen!
¹²Der Spötter hat es nicht gern, wenn er zurechtgewiesen wird, deshalb meidet er die Gesellschaft weiser Menschen.
¹³Ein frohes Herz macht ein glückliches Gesicht; ein gebrochenes Herz betrübt den Geist.
¹⁴Ein kluger Mensch sucht Erkenntnis, ein Narr aber erfreut sich an Sinnlosem.
¹⁵Für die Elenden bringt jeder Tag Sorgen; aber für ein fröhliches Herz ist jeder neue Tag ein Fest.
¹⁶Es ist besser, wenig zu haben und den HERRN zu achten, als einen Schatz zu besitzen und voller Sorge zu sein.
¹⁷Lieber einen Teller Suppe mit einem geliebten Menschen als ein schönes Stück Fleisch mit einem Menschen, den du hasst.

¹⁸Ein Hitzkopf fängt Streit an; ein besonnener Mensch aber versucht zu schlichten.
¹⁹Ein fauler Mensch hat sein Leben lang nichts als Sorgen; der Weg der aufrichtigen Menschen aber ist ohne Hindernisse!
²⁰Ein weiser Sohn macht seinem Vater Freude; ein Narr verachtet seine Mutter.
²¹Dummheit erfreut die Unvernünftigen, aber ein kluger Mensch bleibt auf dem rechten Weg.
²²Ohne guten Rat scheitern die meisten Pläne; viele Ratgeber aber garantieren den Erfolg.
²³An einer richtigen Antwort hat jeder Freude; wie gut ist es, zum richtigen Zeitpunkt das Rechte zu sagen!
²⁴Der Weg des Klugen führt aufwärts ins Leben und er entgeht dem Grab* unter sich.
²⁵Der HERR zerstört das Haus der Stolzen, aber das Eigentum der Witwe schützt er.
²⁶Der HERR verachtet die Gedanken der Bösen, aber an aufrichtigen Worten hat er Freude.
²⁷Unehrlich erworbener Besitz stürzt ganze Familien ins Unglück, aber wer sich nicht bestechen lässt, wird leben.
²⁸Der Gottesfürchtige denkt, bevor er redet; der Gottlose aber platzt mit kränkenden Worten heraus.
²⁹Der HERR ist den Gottlosen fern, aber er erhört die Gebete der Gerechten.
³⁰Ein freundlicher Blick erfreut das Herz; eine gute Nachricht stärkt die Gesundheit.
³¹Wer auf hilfreiche Ermahnung hört, gehört zu den weisen Menschen.
³²Wer die Zurechtweisung missachtet, schadet sich nur selbst; wer sie aber annimmt, gewinnt Einsicht.
³³Die Ehrfurcht vor dem HERRN lehrt die Menschen Weisheit; der Ehre geht Demut voraus.

16 Wir können unsere Gedanken sammeln, die rechte Antwort aber schenkt der HERR.
²Der Mensch hält sich selbst für rein, aber der HERR prüft seine Absichten.
³Vertraue dein Vorhaben dem HERRN an, dann werden deine Pläne gelingen.
⁴Alles hat der HERR zu einem bestimmten Zweck geschaffen, sogar den Gottlosen für den Tag des Gerichts.
⁵Der HERR verachtet den Stolzen; sicher ist, dass er seine Strafe bekommt.
⁶Gnade und Treue decken die Sünde zu; Ehrfurcht vor dem HERRN bewahrt vor dem Bösen.

14,33 So in der griech. Version; im Hebr. fehlt das *nicht*. **15,11** Hebr. *Scheol und Abaddon*. **15,24** Hebr. *die Scheol*.

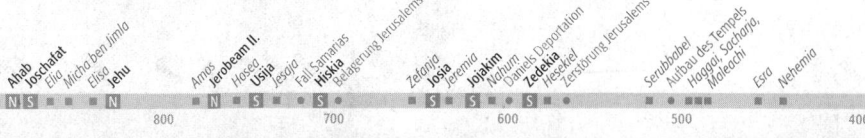

DIE SPRÜCHE

1–9	Der Zweck der Sprüche
10,1–22,16	Die Sprüche Salomos
22,17-24	Sprüche der Weisen
25–29	Weitere Sprüche Salomos
30	Die Sprüche Agurs
31	Die Sprüche König Lemuels

16–18
Sprüche über Gottesfurcht und Weisheit.

[Zeit der Könige und Propheten]

⁷Wenn die Wege eines Menschen dem HERRN gefallen, lässt er sogar seine Feinde in Frieden mit ihm leben.
⁸Es ist besser, arm und gerecht zu sein als reich und ungerecht.
⁹Ein Mensch kann seinen Weg planen, seine Schritte aber lenkt der HERR.
¹⁰Der König spricht mit göttlicher Weisheit; er wird niemals ungerecht richten.
¹¹Der HERR fordert Gerechtigkeit im geschäftlichen Umgang; er setzt den Maßstab.*
¹²Die Könige verabscheuen das Unrecht, denn ihre Gerechtigkeit festigt ihre Herrschaft.
¹³Der König hat Freude an gerechten Worten; wer die Wahrheit sagt, den liebt er.
¹⁴Der Zorn des Königs ist eine tödliche Gefahr; aber ein weiser Mann besänftigt ihn.
¹⁵Ein Lächeln des Königs spendet Leben; seine Gunst ist erfrischend wie ein sanfter Regenschauer.
¹⁶Wie viel besser ist es, Weisheit zu erwerben als Gold, und wie viel besser, Einsicht zu haben als Silber!
¹⁷Der Weg der aufrichtigen Menschen meidet das Böse; wer diesen Weg geht, rettet sein Leben.
¹⁸Stolz kommt vor dem Verderben und Hochmut vor dem Fall.
¹⁹Es ist besser, bescheiden zu sein und mit den Armen zu leben, als Beute zu teilen mit den Stolzen.
²⁰Wer auf Unterweisung hört, dem wird es gut gehen; wer auf den HERRN vertraut, wird glücklich sein.
²¹Ein weiser Mensch ist bekannt für seine Einsicht, und wer mitreißend reden kann, fördert die Erkenntnis.
²²Die Klugheit ist eine Quelle des Lebens für alle, die sie besitzen, aber die Narren strafen sich selbst mit ihrer eigenen Dummheit.
²³Aus einem weisen Verstand kommen kluge Worte und die sind überzeugend.
²⁴Freundliche Worte sind wie Honig – süß für die Seele und gesund für den Körper.
²⁵Der Mensch hält einen Weg für richtig, und dennoch führt er in den Tod.
²⁶Es ist gut, wenn ein Arbeiter Hunger hat; denn sein leerer Magen treibt ihn an.
²⁷Schlechte Menschen sind ständig auf Unheil aus; ihre Worte sind wie ein verzehrendes Feuer.
²⁸Ein Unruhestifter sät Streit, und Klatsch kann die besten Freunde entzweien.

16,11 Hebr. *Waage und rechte Waagschalen kommen vom HERRN; von ihm kommen alle Gewichte im Beutel.*

²⁹Ein gewalttätiger Mensch betrügt andere Menschen und führt sie auf einen schlechten Weg.
³⁰Wer die Augen zusammenkneift, hat Böses im Schilde; wer die Lippen zusammenpresst, hat es schon vollbracht.
³¹Graues Haar ist eine Krone der Ehre; es ist die Frucht eines gottesfürchtigen Lebens.
³²Es ist besser, geduldig zu sein als mächtig; es ist besser, Selbstbeherrschung zu besitzen, als eine Stadt zu erobern.
³³Die Würfel können wir werfen, aber wie sie fallen, bestimmt der HERR.

17 Ein trockenes Brot, in Frieden verzehrt, ist besser als ein Festessen im Streit.
²Ein kluger Diener wird herrschen über den ungeratenen Sohn seines Herrn und zusammen mit den anderen Söhnen wird er das Erbe antreten.
³Mit Feuer prüft man die Reinheit von Silber und Gold, der HERR aber prüft die Herzen.
⁴Ein boshafter Mensch hört auf böses Geschwätz; ein Lügner achtet auf böse Zungen.
⁵Wer den Armen verspottet, beleidigt seinen Schöpfer; wer sich über das Unglück anderer freut, erhält seine Strafe.
⁶Enkelkinder sind der Ruhm der Alten; Eltern sind der Stolz ihrer Kinder.
⁷Gewählt zu reden passt nicht zu einem Narren; noch weniger Lügen zu einem geachteten Menschen.
⁸Bestechungsgeschenke wirken für die, die sie zahlen, wie ein Zauber; sie haben mit allem, was sie anpacken, Erfolg.
⁹Großzügig zu sein gegenüber den Fehlern eines anderen hält die Liebe lebendig; das ständige Reden darüber trennt die besten Freunde.
¹⁰Einem klugen Menschen nützt eine einzige Zurechtweisung mehr als einem Narren hundert Peitschenschläge auf den Rücken.
¹¹Ein böser Mensch sucht nur den Aufstand, doch er wird hart bestraft*.
¹²Es ist besser, mit einer Bärin zusammenzutreffen, die ihrer Jungen beraubt wurde, als mit einem Narren in seiner Dummheit.
¹³Wer Gutes mit Bösem zurückzahlt, in dessen Haus wird das Böse für immer bleiben.
¹⁴Einen Streit anzufangen gleicht dem Öffnen eines Dammes; deshalb lass eine Sache lieber auf sich beruhen, bevor es zum Streit darüber kommt.
¹⁵Wer den Schuldigen freispricht und den Unschuldigen verurteilt, den verabscheut der HERR.
¹⁶Es ist nutzlos, Geld auszugeben, damit ein Narr sich unterrichten lässt, der keinen Sinn für die Weisheit hat.*
¹⁷Auf einen Freund kann man sich immer verlassen, und ein Bruder ist dazu da, dass man einen Helfer in der Not hat.
¹⁸Nur ein unvernünftiger Mensch bürgt für einen anderen und kommt für seine Schulden auf.
¹⁹Wer den Streit liebt, liebt die Sünde; wer stolz ist*, fordert das Unglück heraus.
²⁰Ein böses Herz findet kein Glück und eine lügnerische Zunge gerät ins Unglück.
²¹Ein unvernünftiges Kind bereitet Kummer; der Vater eines Narren kennt keine Freude.
²²Ein fröhliches Herz ist die beste Medizin, ein verzweifelter Geist aber schwächt die Kraft eines Menschen*.
²³Der Gottlose nimmt heimlich Geschenke an und beugt damit das Recht.
²⁴Der kluge Mensch hat die Weisheit stets vor Augen, doch die Augen eines Narren wandern bis an das Ende der Erde.
²⁵Ein unvernünftiger Sohn macht dem Vater Kummer und verbittert der Mutter das Leben.
²⁶Es ist unrecht, einen Gerechten dafür bezahlen zu lassen, dass er gut ist, oder einen anständigen Menschen dafür zu bestrafen, dass er ehrlich ist*.
²⁷Ein weiser Mensch macht nicht viel Worte; ein kluger Mensch verhält sich besonnen.
²⁸Selbst einen Narren hält man für weise, wenn er schweigt; solange er den Mund nicht aufmacht, scheint er klug zu sein.

18 Wer sich absondert, geht nur seinen eigenen Wünschen nach; er verweigert alles, was heilsam ist.
²Ein Narr hat kein Interesse daran, etwas zu verstehen, er will nur seine eigene Meinung zum Besten geben.
³Mit einem gottlosen Menschen kommt auch Verachtung und Schande.
⁴Die Worte eines Menschen sind wie tiefe Wasser, lebendig wie ein sprudelnder Bach und wie eine Quelle der Weisheit.
⁵Es ist unrecht, wenn ein Richter den Schuldigen begünstigt oder den Unschuldigen verurteilt.
⁶Ein Narr gerät ständig in Streit; er fordert es geradezu heraus, dass er geschlagen wird.

17,11 Hebr. *aber ein grausamer Bote wird gegen ihn gesandt.* **17,16** Hebr. *Wozu denn Geld in der Hand des Toren? Um Weisheit zu kaufen, da ihm doch der Verstand fehlt?* **17,19** Hebr. *wer seine Türe hoch macht.* **17,22** Hebr. *ein niedergeschlagener Geist dörrt das Gebein aus.* **17,26** Hebr. *aber Edle zu schlagen, ist nicht recht.*

DIE SPRÜCHE

1–9	Der Zweck der Sprüche
10,1–22,16	Die Sprüche Salomos
22,17-24	Sprüche der Weisen
25–29	Weitere Sprüche Salomos
30	Die Sprüche Agurs
31	Die Sprüche König Lemuels

18–20
Sprüche über Gottesfurcht und Weisheit.

[**Zeit der Könige und Propheten**]

S Südreich Juda N Nordreich Israel

⁷Der Mund des Narren ist sein Untergang; seine Lippen bringen ihn ins Verderben. ⁸Gerüchte sind verführerische Leckerbissen, die sich aber tief ins Herz eingraben. ⁹Ein fauler Mensch ist genauso schlecht wie ein zerstörerischer. ¹⁰Der Name des HERRN ist eine feste Burg; der Gottesfürchtige flüchtet sich zu ihm und findet Schutz. ¹¹Der Reiche hält seinen Reichtum für eine uneinnehmbare Festung; sie erscheint ihm als hohe sichere Mauer. ¹²Hochmut kommt vor dem Fall; aber der Ehre geht immer Demut voraus. ¹³Welche Schande, welche Dummheit, einen Rat zu erteilen, bevor man die Hintergründe kennt! ¹⁴Der menschliche Geist kann mit einem kranken Körper leben, aber wer kann weiterleben, wenn der Geist entmutigt ist? ¹⁵Kluge Menschen sind stets offen für neue Erkenntnisse, ja sie suchen sogar danach.* ¹⁶Ein Geschenk kann Türen öffnen; es kann dich mit wichtigen Menschen zusammenbringen! ¹⁷In einer Streitsache scheint jede Geschichte wahr zu sein, bis sie von jemandem zurechtgerückt wird. ¹⁸Das Werfen des Loses kann einen Streit beenden und Meinungsverschiedenheiten zwischen mächtigen Gegnern beilegen. ¹⁹Sich mit einem gekränkten Bruder zu versöhnen ist schwieriger, als eine stark befestigte Stadt einzunehmen. Ein Streit trennt zwei Freunde wie ein Tor mit eisernen Riegeln.* ²⁰Worte sättigen die Seele wie Speise den Magen; das rechte Wort aus dem Mund eines Menschen stillt alle Wünsche. ²¹Wer gern redet, muss die Folgen tragen, denn die Zunge kann töten oder Leben spenden. ²²Der Mann, der eine Frau findet, hat einen Schatz gefunden und der HERR freut sich über ihn. ²³Der Arme bittet um Gnade; der Reiche antwortet mit Härte. ²⁴Manche sogenannten Freunde richten sich gegenseitig zugrunde, doch ein wahrer Freund ist treuer als ein Bruder.

18,15 Hebr. *Das Herz der Verständigen erwirbt Einsicht, und das Ohr der Weisen sucht Erkenntnis.* **18,19** Hebr. *Streitigkeiten sind wie der Riegel einer Burg.*

19 ¹Es ist besser, arm und ehrlich zu sein als unvernünftig und unehrlich.
²Eifer ohne Wissen ist nicht gut; ein Mensch, der es allzu eilig hat, verfehlt leicht den richtigen Weg.
³Der Mensch geht an seiner eigenen Dummheit zugrunde, aber ist dann zornig auf den HERRN.
⁴Reichtum schafft viele Freunde; Armut vertreibt sie.
⁵Ein falscher Zeuge wird nicht straflos ausgehen, und ein Lügner wird nicht ungestraft davonkommen.
⁶Ein Fürst wird von vielen umschmeichelt; wer Geschenke verteilt, hat alle zum Freund!
⁷Wenn die Armen schon von ihren Verwandten verachtet werden, wie viel mehr werden ihre Freunde sie meiden.
Die Armen rufen nach ihnen, doch sie sind fort.
⁸Wer Klugheit erwirbt, liebt sein Leben; wer die Einsicht schätzt, dem wird es gut gehen.
⁹Ein falscher Zeuge wird nicht straflos ausgehen, und ein Lügner wird umkommen.
¹⁰Es gehört sich nicht, dass ein Narr im Überfluss lebt oder ein Diener über Fürsten herrscht!
¹¹Menschen mit Verstand zügeln ihren Zorn; sie erwerben Achtung, wenn sie über Unrecht hinwegsehen.
¹²Der Zorn des Königs ist wie das Brüllen eines Löwen, aber seine Gnade ist wie der Tau auf dem Gras.
¹³Ein unvernünftiger Sohn ist ein Unglück für seinen Vater; eine nörgelnde Frau ist so lästig wie ein ständig tropfendes Dach.
¹⁴Eltern können ihren Söhnen Häuser und Besitz vererben, doch nur der HERR kann einem Mann eine kluge Frau geben.
¹⁵Faule Menschen haben einen tiefen Schlaf – und müssen hungern.
¹⁶Wer das Gebot hält, rettet sein Leben; wer es missachtet, kommt um.
¹⁷Wer dem Armen hilft, leiht dem HERRN – und er wird ihm zurückgeben, was er Gutes getan hat!
¹⁸Strafe dein Kind, solange es noch Hoffnung gibt. Aber lass dich nicht dazu hinreißen, es zu töten.
¹⁹Wer jähzornig ist, muss selbst seine Strafe dafür zahlen. Wenn du ihn einmal davor rettest, wirst du es immer wieder tun müssen.
²⁰Höre auf guten Rat und nimm Zurechtweisung an, damit du für den Rest deines Lebens weise wirst.
²¹Ein Mensch kann viele Pläne schmieden, doch der Wille des HERRN wird sich erfüllen.
²²Für andere da zu sein, zeichnet einen Menschen aus. Es ist besser, arm zu sein als unehrlich.
²³Die Ehrfurcht vor dem HERRN schenkt Leben und Sicherheit und bewahrt vor Unglück.
²⁴Manche Menschen sind so faul, dass sie nicht einmal einen Finger rühren, um zu essen.
²⁵Wenn man einen Spötter bestraft, wird der Unerfahrene klug werden; wenn man einen weisen Menschen zurechtweist, wird er umso weiser.
²⁶Ein Mensch, der seinen Vater misshandelt oder seine Mutter verjagt, ist eine Schande, für die man sich schämt.
²⁷Wenn du nicht mehr auf guten Rat hörst, mein Sohn, dann verschließt du dich der Erkenntnis.
²⁸Ein bestechlicher Zeuge verspottet das Recht; den Gottlosen schmeckt das Unheil.
²⁹Die Spötter werden ihre Strafe erhalten, und die Rücken der Narren werden die Peitsche zu spüren bekommen.

20 ¹Wein ruft Spott hervor; starkes Getränk beschwört Streit herauf. Wer sich betrinkt, der kann nicht weise sein.
²Der Zorn des Königs ist wie das Brüllen eines Löwen; wer seinen Zorn erregt, setzt sein Leben aufs Spiel.
³Einen Kampf zu vermeiden ist ehrenvoll; nur Narren suchen den Streit.
⁴Wenn du zu faul bist, zur rechten Zeit zu pflügen, wirst du bei der Ernte nichts zu essen haben.
⁵Guter Rat liegt tief im Herzen eines Menschen verborgen, doch ein kluger Mensch weiß ihn hervorzuholen.
⁶Viele Menschen behaupten, sie seien zuverlässig, aber wo findet man einen Menschen, der wirklich treu ist?
⁷Ein gottesfürchtiger Mensch führt ein vorbildliches Leben; durch ihn werden seine Kinder gesegnet sein.
⁸Wenn ein König zu Gericht sitzt, dann unterscheidet er das Böse vom Guten.
⁹Wer kann sagen: »Ich habe mein Herz gereinigt; ich bin rein geworden von meiner Schuld?«
¹⁰Ob zweierlei Maß oder zweierlei Gewicht, beides verabscheut der HERR.
¹¹Schon ein Kind erkennt man an seinen Taten, daran, ob sein Verhalten ehrlich und richtig ist.
¹²Ohren zu hören und Augen zu sehen – beides sind Geschenke des HERRN.
¹³Liebe nicht den Schlaf, sonst wirst du verarmen. Halte deine Augen offen, und du wirst genügend zu essen haben!

DIE SPRÜCHE

1–9	Der Zweck der Sprüche
10,1–22,16	Die Sprüche Salomos
22,17-24	Sprüche der Weisen
25–29	Weitere Sprüche Salomos
30	Die Sprüche Agurs
31	Die Sprüche König Lemuels

20–22
Sprüche über Gottesfurcht und Weisheit.

[Zeit der Könige und Propheten]

¹⁴Der Käufer feilscht um den Preis und sagt: »Es ist wertlos«, um dann damit anzugeben, dass er einen guten Handel abgeschlossen hat!
¹⁵Weise Rede ist wertvoller als Gold und Edelsteine.
¹⁶Wer für einen Fremden bürgt, von dem verlange Sicherheiten; behalte ein Pfand von ihm, wenn er für einen, der fremd ist, bürgt.
¹⁷Gestohlenes Brot schmeckt süß, doch im Mund verwandelt es sich in Steine.
¹⁸Pläne gelingen durch guten Rat; zieh nicht in den Kampf, ohne es vorher gut überlegt zu haben.
¹⁹Wer klatscht, plaudert auch Geheimnisse aus, deshalb triff dich nicht mit Leuten, die zu viel reden.
²⁰Wenn du deinen Vater oder deine Mutter verfluchst, wird das Licht deines Lebens in der Finsternis verlöschen.
²¹Ein Erbe, das man zu früh im Leben erhält, ist am Ende kein Segen.
²²Sag nicht: »Dieses Unrecht werde ich heimzahlen.« Warte, bis der HERR die Sache in die Hand nimmt.
²³Der HERR verabscheut zweierlei Maß; er hat kein Gefallen an falschen Waagen.
²⁴Wie könnten wir den Weg, den wir gehen, begreifen? Es ist der HERR, der unsere Schritte lenkt.
²⁵Es ist gefährlich, Gott ein vorschnelles Versprechen zu geben, ohne vorher die Kosten zu überschlagen.
²⁶Ein weiser König sondert die Gottlosen aus und bestraft sie ohne Mitleid*.
²⁷Das Licht des HERRN durchdringt den menschlichen Geist* und bringt selbst die geheimsten Gedanken an den Tag.
²⁸Gnade und Treue schützen den König; sein Thron steht auf dem festen Grund der Gnade.
²⁹Der Stolz der jungen Männer ist ihre Kraft; das graue Haar aber schmückt die alten Menschen.
³⁰Körperliche Strafe reinigt vom Bösen;* solche Züchtigung reinigt das Herz.

21 Das Herz des Königs ist wie ein Bach, vom HERRN gelenkt; er lässt ihn fließen, wohin er will.
²Der Mensch meint vielleicht, er tut das Richtige, aber der HERR prüft die Herzen.

20,26 Hebr. *lässt das Rad über sie gehen.* **20,27** O. *Der menschliche Geist ist das Licht des HERRN.* **20,30** Die Bedeutung des Hebr. an dieser Stelle ist unklar.

³Wenn wir tun, was richtig und gerecht ist, gefällt das dem HERRN besser als unsere Opfergaben.
⁴Ein stolzer Blick, ein selbstgerechtes Herz – alles, was die Gottlosen tun, ist Sünde.
⁵Gute Planung und harte Arbeit führen zu Wohlstand, wer aber überstürzt handelt, steht am Ende mit leeren Händen da.
⁶Durch Lügen erworbener Reichtum löst sich in Dunst auf und ist eine tödliche Falle*.
⁷Weil die Gottlosen sich nicht an das Recht halten, fällt ihre Gewalt auf sie selbst zurück und bringt sie um.
⁸Die Schuldigen gehen auf krummen Wegen; das Leben der Unschuldigen aber ist gerade und aufrichtig.
⁹Es ist besser, allein in einem Winkel auf dem Dach zu wohnen als gemeinsam mit einer nörgelnden Frau in einem schönen Haus.
¹⁰Ein gottloser Mensch liebt es, anderen zu schaden; andere Menschen dürfen keine Nachsicht von ihm erwarten.
¹¹Ein Unerfahrener lernt nur, wenn er sieht, wie die Spötter bestraft werden; ein Weiser lernt aus Belehrung.
¹²Der gerechte Gott* weiß, was in den Häusern der Gottlosen vor sich geht; er wird die Gottlosen ins Verderben stürzen.
¹³Wer seine Ohren vor den Bitten der Armen verschließt, dem wird auch nicht geholfen werden, wenn er selbst in Not ist.
¹⁴Ein heimliches Geschenk besänftigt den Zorn; eine heimliche Bestechung stillt die Wut.
¹⁵Gerechtigkeit ist eine Freude für die Gottesfürchtigen, doch bei den bösen Menschen verursacht sie Entsetzen.
¹⁶Wer sich weigert, seinen Verstand zu gebrauchen, wird bei den Toten enden.
¹⁷Wer das Vergnügen liebt, wird arm; durch Wein und Verschwendung* wird keiner reich.
¹⁸Die Gottlosen werden bestraft, damit die Gottesfürchtigen gerettet werden, und die schlechten Menschen leiden für die aufrichtigen.
¹⁹Es ist besser, allein in der Wüste zu leben, als sein Leben mit einer verärgerten und nörgelnden Frau zu verbringen.
²⁰Ein weiser Mensch bewahrt seinen Reichtum und Wohlstand, ein Narr aber verschwendet gleich wieder alles.
²¹Wer gerecht und gnädig handelt, wird Leben, Gerechtigkeit und Anerkennung finden.
²²Ein Weiser erobert die Stadt der Mächtigen und reißt die Festung ein, auf die sie vertrauen.

²³Wer seinen Mund und seine Zunge im Zaum hält, gerät nicht in Schwierigkeiten.
²⁴Ein Spötter ist stolz und hochmütig; er handelt in grenzenloser Selbstüberschätzung.
²⁵Die Wünsche des Faulen bedeuten seinen Untergang, denn er weigert sich, etwas dafür zu tun. ²⁶Er verlangt nach immer mehr; der Gottesfürchtige aber ist großzügig und gibt gerne.
²⁷Gott verabscheut die Opfergabe eines gottlosen Menschen, vor allem, wenn sie aus falschen Motiven dargebracht wird.
²⁸Ein falscher Zeuge wird unterbrochen werden, einem ehrlichen Zeugen aber wird man erlauben zu sprechen.
²⁹Die Gottlosen täuschen vor, mutig zu sein, aber die aufrichtigen Menschen gehen besonnen voran.
³⁰Weisheit, Einsicht und menschlicher Rat vermögen nichts gegen den HERRN.
³¹Die Pferde sind bereit zur Schlacht, doch der Sieg gehört dem HERRN.

22 Gib dem guten Ruf den Vorzug vor Reichtum, denn die Anerkennung der Menschen ist besser als Silber oder Gold.
²Reiche und Arme haben eines gemeinsam: Der HERR hat beide geschaffen.
³Ein kluger Mensch sieht die Gefahr voraus und bringt sich in Sicherheit; die Unerfahrenen stolpern blindlings dahin und müssen die Folgen tragen.
⁴Demut und Ehrfurcht vor dem HERRN führen zu Reichtum, Ehre und Leben.
⁵Der Betrüger geht einen dornigen, gefährlichen Weg; wer das Leben liebt, hält sich von ihm fern.
⁶Lehre dein Kind, den richtigen Weg zu wählen, und wenn es älter ist, wird es auf diesem Weg bleiben.
⁷So wie der Reiche über den Armen herrscht, so wird derjenige, der Geld leiht, zum Diener seines Gläubigers.
⁸Wer Unrecht sät, wird Unglück ernten, und seine Schreckensherrschaft wird ein Ende haben.
⁹Gesegnet sind die Großzügigen, denn sie geben den Armen zu essen.
¹⁰Wirf den Spötter hinaus und Zank, Streit und Beschimpfung haben ein Ende.
¹¹Wer ein reines Herz hat und gut reden kann, ist der Freund des Königs.
¹²Der HERR bewahrt die Erkenntnis, die Pläne der Betrüger aber deckt er auf.

21,6 So in der griech. Version; im Hebr. heißt es *Nebel für die, die den Tod suchen*.   21,12 O. *Der gerechte Mensch*.   21,17 Hebr. *Salböl*.

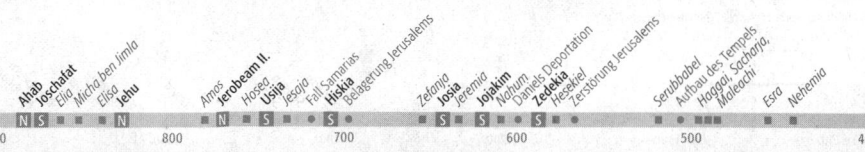

DIE SPRÜCHE

1–9	Der Zweck der Sprüche
10,1–22,16	Die Sprüche Salomos
22,17-24	Sprüche der Weisen
25–29	Weitere Sprüche Salomos
30	Die Sprüche Agurs
31	Die Sprüche König Lemuels

22–24
Sprüche über Gottesfurcht und Weisheit.

[Zeit der Könige und Propheten]

---

¹³Ein fauler Mensch findet immer eine Entschuldigung; er sagt: »Wenn ich hinausgehe, könnte ich auf der Straße einem Löwen begegnen und getötet werden!«

¹⁴Der Mund einer leichtfertigen Frau ist ein tiefes Loch; auf wen der HERR zornig ist, der fällt hinein.

¹⁵Das Herz eines jungen Menschen ist voller Dummheiten, aber durch Bestrafung werden sie ausgetrieben.

¹⁶Wer einen Armen unterdrückt, macht ihn reich; wer einen Reichen beschenkt, schadet ihm.

Dreißig Sprüche der Weisen

¹⁷Höre aufmerksam und achte auf die Worte der Weisen; öffne dein Herz für meine Lehre. ¹⁸Denn es ist gut, sich diese Sprüche zu merken, damit du sie jederzeit aufsagen kannst. ¹⁹Ich lehre dich heute, ja dich, damit du auf den HERRN vertraust. ²⁰Ich habe dreißig Sprüche voller Weisheit und Erkenntnis für dich aufgeschrieben. ²¹Auf diese Weise wirst du die Wahrheit hören und denen, die dich sandten, darüber zuverlässig berichten können.

²²Beraube den Armen nicht, weil er arm ist, und unterdrücke den Bedürftigen vor Gericht nicht. ²³Denn der HERR tritt für sie ein. Er wird denen, die ihnen schaden, ebenfalls Schaden zufügen.

²⁴Halte dich von einem zornigen Menschen fern und meide den Jähzornigen, ²⁵damit du

---

Sprüche 24,11

Gott befreit

Sprichwörter scheinen sich manchmal zu widersprechen. Wir sagen: »Erst wägen, dann wagen«, aber auch: »Wer zu spät kommt, den bestraft das Leben.« Welches dieser Sprichwörter stimmt nun? Sollen wir Wagnisse eingehen oder eher zögern, wenn eine Gelegenheit auftaucht? Beides. Nicht immer das eine und nicht immer das andere. In Sprüche 24,11 finden wir einen Spruch, der immer gilt. Gott steht auf der Seite der Gerechtigkeit. Wer zu ihm gehört, sollte dies auch tun. Wenn Menschen ungerecht behandelt werden, ist es unsere Aufgabe, die Initiative zu ergreifen. Unsere Kultur rät uns, uns nicht einzumischen: »Es geht dich nichts an!« Doch, es geht uns immer etwas an, wenn es Gott wichtig ist. Jesus' Vorbild hilft uns, zu entscheiden wann ein Sprichwort ein grundsätzliches Prinzip anspricht und wann es auf die Umstände ankommt. Jesus mischte sich ständig ein, um Gottes Gerechtigkeit zu predigen und zu leben. Er lädt uns ein, ihm nachzufolgen.
(2. Könige 5,1-19 ««‹ | »» Jesaja 58,6)

nicht wirst wie sie und dein Leben aufs Spiel setzt.

²⁶Unterschreibe nicht mit auf dem Schuldschein eines anderen und bürge nicht für das Darlehen, das ein anderer aufnimmt. ²⁷Denn wenn du nicht bezahlen kannst, nimmt man dir sogar noch dein eigenes Bett weg.

²⁸Versetze nicht die Grenzsteine zu deinen Gunsten, die deine Vorfahren aufgestellt haben.

²⁹Kennst du wirklich fähige Arbeiter? Sicherlich dienen sie eher Königen als geringen Menschen.

23

Wenn du mit einem Herrscher zusammen speist, dann achte darauf, was dir vorgelegt wird. ²Wenn du hungrig bist, setz dir ein Messer an die Kehle ³und nimm dir nicht gierig von allen Köstlichkeiten, denn es könnte ein Anschlag dahinter stecken*.

⁴Versuche nicht, mit aller Kraft reich zu werden; sei klug und vergeude deine Zeit nicht damit. ⁵Denn der Reichtum kann plötzlich verschwinden – er bekommt Flügel wie ein Adler und fliegt davon.

⁶Iss nicht bei einem Menschen, der geizig ist; und habe kein Verlangen nach seinen Leckerbissen. ⁷»Iss und trink«, sagt er, aber er meint es nicht ehrlich, sondern die ganze Zeit denkt er nur daran, wie viel ihn das Essen kostet. ⁸Du wirst das Essen am Ende wieder erbrechen und deine freundlichen Worte hast du vergeblich gesprochen.

⁹Rede nicht mit einem Narren, denn er verachtet deinen Rat.

¹⁰Versetze nicht uralte Grenzsteine und stiehl nicht schutzlosen Waisen ihr Land, ¹¹denn ihr Helfer ist stark. Er wird dich vor Gericht bringen.

¹²Nimm die Zurechtweisung an und öffne deine Ohren für Worte der Einsicht.

¹³Vergiss nicht, dein Kind zu bestrafen. An einer Tracht Prügel wird es nicht sterben. ¹⁴Im Gegenteil, du rettest es damit vor dem Tod*.

¹⁵Mein Sohn, wie werde ich mich freuen, wenn du weise wirst. ¹⁶Ja, mein Herz wird hüpfen vor Freude, wenn du sprichst, was richtig ist.

¹⁷Beneide die Sünder nicht, sondern bewahre dir täglich die Ehrfurcht vor dem HERRN. ¹⁸Denn du hast eine Zukunft, und deine Hoffnung wird nicht enttäuscht werden.

¹⁹Mein Sohn, hör auf mich und werde weise. Sieh zu, dass dein Herz auf dem richtigen Weg bleibt. ²⁰Lass dich nicht mit Menschen ein, die sich mit Wein betrinken oder sich voll fressen, ²¹denn sie sind auf dem sicheren Weg in die Armut. Zu viel Schlaf kleidet einen Menschen in Lumpen.

²²Höre auf deinen Vater, der dir das Leben gab, und verachte deine Mutter nicht, wenn sie alt geworden ist. ²³Suche die Wahrheit und gib sie niemals preis; und bemühe dich um Weisheit, Selbstbeherrschung und Einsicht. ²⁴Der Vater, dessen Kind in Gottes Augen gerecht ist, hat Grund zur Freude. Welch eine Freude ist es, ein Kind* zu haben, das weise ist. ²⁵Mache deinen Eltern Freude! Fröhlich soll die Frau sein, die dich geboren hat.

²⁶Mein Sohn, schenk mir dein Herz und lass deine Augen sich an meinen Wegen der Weisheit freuen. ²⁷Eine Hure ist eine tiefe Grube; eine fremde Frau steckt voller List und Tücke*. ²⁸Sie versteckt sich und lauert wie ein Räuber, immer auf der Suche nach einem weiteren Opfer, das seiner Frau untreu ist.

²⁹Wer hat Sorgen? Wer hat Kummer? Wer hat ständig Streit? Wer jammert in einem fort? Wer hat unnötige Verletzungen? Wer kommt mit blutunterlaufenen Augen daher? ³⁰Das sind die, die bis spät Wein trinken und einen Becher nach dem anderen leeren. ³¹Lass dich nicht vom perlenden, weichen Geschmack des Weins täuschen. ³²Am Ende beißt er wie eine giftige Schlange und sticht wie eine Otter. ³³Deine Augen werden seltsame Dinge sehen und du wirst dummes Zeug lallen. ³⁴Du wirst torkeln wie ein Seemann bei stürmischer See, der sich an einen schwankenden Mast klammert.* ³⁵Und du wirst sagen: »Sie haben mich geschlagen, aber ich habe es nicht gespürt. Ich habe nicht einmal gemerkt, dass sie mich halb tot geprügelt haben. Wann werde ich aufwachen, damit ich weitertrinken kann?«

24

Beneide die bösen Menschen nicht; sehne dich nicht nach ihrer Gesellschaft. ²Denn sie schmieden böse Pläne, und ihr Wort stiftet nur Unheil.

³Ein Haus wird durch Weisheit erbaut und durch Verstand befestigt. ⁴Durch Einsicht werden seine Zimmer mit den unterschiedlichsten Reichtümern und Kostbarkeiten gefüllt.

⁵Ein weiser Mann ist mächtiger als ein starker*, und ein Mann, der Erkenntnis hat, ist stärker als einer, der große Kraft hat. ⁶Deshalb zieh nicht in

---

23,3 Hebr. *denn es ist eine trügerische Speise.* **23,14** Hebr. *aus der Scheol.* **23,24** Hebr. *einen weisen Sohn.* **23,27** Hebr. *ist ein enger Brunnen.* **23,34** Hebr. *Du bist wie einer, der im Herzen des Meeres liegt, und wie einer, der da liegt im Ausguck am Mast.* **24,5** So in der griech. Version; im Hebr. heißt es *ein weiser Mann ist stark.*

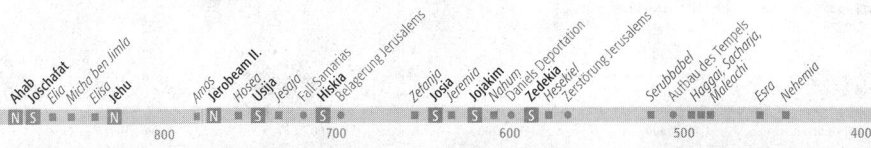

DIE SPRÜCHE

1–9	Der Zweck der Sprüche
10,1–22,16	Die Sprüche Salomos
22,17-24	Sprüche der Weisen
25–29	Weitere Sprüche Salomos
30	Die Sprüche Agurs
31	Die Sprüche König Lemuels

24–26
Sprüche über Gottesfurcht und Weisheit.

[Zeit der Könige und Propheten]

den Krieg, ohne zuvor weisen Rat einzuholen; der Sieg hängt von der Zahl der Ratgeber ab. [7]Weisheit ist zu hoch für einen Narren. Wenn die führenden Männer des Volkes sich beraten, hat der Narr nichts zu sagen.

[8]Ein Mensch, der Böses plant, wird sich den Ruf eines Unruhestifters einhandeln. [9]Die Pläne eines Narren sind Sünde, ein Spötter wird von allen Menschen verachtet.

[10]Ob du stark bist, zeigt sich erst in der Not.

[11]Rette die, die unschuldig zum Tode verurteilt wurden; sieh nicht untätig zu, wie sie sterben. [12]Versuch nicht, die Verantwortung abzuwälzen, indem du sagst, du wusstest nichts davon. Denn Gott kennt die Herzen, und er sieht dich. Er wacht über deine Seele, und er weiß, dass du es gewusst hast! Und er wird die Menschen danach richten, was sie getan haben.

[13]Mein Sohn, iss Honig, denn er ist gut und schmeckt so süß [14]wie deiner Seele die Weisheit. Wenn du sie gefunden hast, liegt vor dir eine glänzende Zukunft, und deine Hoffnungen werden sich erfüllen.

[15]Du Gottloser, leg dich nicht vor den Häusern der Gottesfürchtigen auf die Lauer. Und überfalle ihre Häuser nicht. [16]Der Gottesfürchtige kann sieben Mal fallen und wird doch jedes Mal wieder aufstehen. Den Gottlosen dagegen genügt ein Unglück, um sie zu Fall zu bringen.

[17]Freu dich nicht, wenn dein Feind ins Unglück gerät. Sei nicht fröhlich darüber, dass er stürzt. [18]Denn das wird dem HERRN missfallen, und er wird seinen Zorn von ihm abwenden.

[19]Ärgere dich nicht über Übeltäter; beneide die gottlosen Menschen nicht. [20]Denn die Gottlosen haben keine Zukunft; ihr Licht wird ausgelöscht werden.

[21]Mein Sohn, fürchte den HERRN und achte den König und lass dich nicht mit Aufrührern ein, [22]denn sonst wirst du mit ihnen zusammen untergehen. Wer weiß, wo die Strafe des HERRN und des Königs endet?

Mehr Sprüche der Weisen

[23]Es folgen noch weitere Sprüche der Weisen:

Es ist unrecht, im Gericht jemanden zu begünstigen. [24]Ein Richter, der zu einem Gottlosen sagt: »Du bist unschuldig«, wird von den Menschen verflucht und von den Völkern verurteilt werden. [25]Der aber, der den Schuldigen überführt, wird mit Segnungen überschüttet.

[26]Eine richtige Antwort ist ein Zeichen von Anerkennung*.

[27]Bau dir erst ein Geschäft auf, bevor du dir ein Haus baust.

24,26 Hebr. *wie ein Kuss auf die Lippen.*

²⁸Tritt nicht als falscher Zeuge gegen einen anderen auf und verbreite keine Lügen. ²⁹Und sage nie: »Wie er zu mir war, so bin ich nun zu ihm; jetzt kann ich ihm alles heimzahlen!«

³⁰Ich ging am Feld eines faulen Menschen vorüber, am Weinberg eines Narren. ³¹Ich sah, dass er mit Dornen überwuchert war. Er war mit Unkraut bedeckt, und seine Mauern waren eingestürzt. ³²Und als ich so hinschaute und darüber nachdachte, erkannte ich: ³³Wenn du noch ein wenig länger schläfst – da ein kleines Nickerchen, dort eine kurze Ruhepause –, ³⁴dann wird dich die Armut überfallen wie ein Wegelagerer und Not über dich hereinbrechen wie ein bewaffneter Räuber.

Weitere Sprüche Salomos

25 Es folgen noch mehr Sprüche Salomos, gesammelt von den Ratgebern Hiskias, des Königs von Juda.

²Es ist das Vorrecht Gottes, eine Sache zu verbergen, und das Vorrecht des Königs, sie aufzudecken.

³Niemand kann die Höhe des Himmels und die Tiefe der Erde erforschen oder wissen, was im Kopf des Königs vorgeht.

⁴Entferne die Schlacken vom Silber, und der Silberschmied wird ein Gefäß daraus formen.

⁵Verjage die Gottlosen vom Hof des Königs, und seine Herrschaft wird durch Gerechtigkeit gefestigt werden.

⁶Spiel dich nicht auf vor dem König und verlange keinen Platz unter den Fürsten. ⁷Es ist besser, wenn man dir einen guten Platz anbietet, als auf einen schlechteren Platz verwiesen und so öffentlich beschämt zu werden!

Wenn du etwas gesehen hast, ⁸geh deswegen nicht gleich vor Gericht. Du könntest eine schmerzliche Niederlage vor deinem Nachbarn erleiden. ⁹Besprich die Sache zunächst unter vier Augen mit ihm. Erzähle niemandem etwas davon, ¹⁰damit dich keiner beschuldigt, du würdest alles ausplaudern, und dein guter Ruf für immer dahin ist.

¹¹Ein gutes Wort zur rechten Zeit ist so lieblich wie goldene Äpfel in einem silbernen Korb.

¹²Eine weise Ermahnung ist dem, der sie beachtet, ebenso kostbar wie Schmuck aus reinem Gold.

¹³Vertrauenswürdige Boten sind so erfrischend wie Schnee in der Sommerhitze. Sie beleben den Geist ihres Herrn.

¹⁴Ein Mensch, der ein versprochenes Geschenk zurückhält, ist wie Wind und Wolken, die keinen Regen bringen.

¹⁵Geduld kann einen Fürsten überzeugen, und sanfte Worte können den heftigsten Widerstand brechen.

¹⁶Schmeckt dir Honig?* Iss nicht zu viel davon, oder dir wird übel!

¹⁷Besuche deinen Nachbarn nicht zu oft, damit er nicht zu viel von dir bekommt und sich über dich ärgert.

¹⁸Lügen über einen anderen zu verbreiten ist ebenso verletzend, wie ihn mit der Axt zu schlagen, mit einem Schwert zu verwunden oder mit einem scharfen Pfeil auf ihn zu schießen.

¹⁹Einem unzuverlässigen Menschen zu vertrauen ist, als versuchte man, mit Zahnschmerzen zu kauen oder mit einem gebrochenen Fuß zu gehen*.

²⁰Einem Menschen, dem das Herz schwer ist, fröhliche Lieder vorzusingen ist gerade so, als würde einer bei großer Kälte die Jacke ablegen oder Salz in eine Wunde streuen*.

²¹Wenn dein Feind hungrig ist, gib ihm zu essen. Wenn er durstig ist, gib ihm zu trinken. ²²So wirst du glühende Kohlen auf sein Haupt sammeln, und der HERR wird dich belohnen.

²³So sicher wie der Nordwind Regen bringt, bringt eine geschwätzige Zunge Ärger!

²⁴Es ist besser, allein in einem Winkel auf dem Dach zu wohnen als gemeinsam mit einer nörgelnden Frau in einem schönen Haus.

²⁵Gute Nachrichten aus der Ferne sind wie kaltes Wasser für den Durstigen.

²⁶Wenn ein gerechter Mensch mit dem Gottlosen gemeinsame Sache macht, so ist er wie eine trübe Quelle oder ein verunreinigter Brunnen.

²⁷So wie es nicht gut ist, zu viel Honig zu essen, ist es auch nicht gut, zu viel über die Ehre nachzudenken, die man verdient.

²⁸Ein Mensch ohne Selbstbeherrschung ist so schutzlos wie eine Stadt mit eingerissenen Mauern.

26 Ehre passt so wenig zu einem Narren wie Schnee zum Sommer oder Regen zur Ernte.

²Wie ein davonflatternder Sperling oder eine wegfliegende Schwalbe wird ein ungerechtfertigter Fluch sein Opfer nicht treffen.

³Lenke ein Pferd mit der Peitsche, einen Esel mit dem Zügel und einen Narren mit der Rute auf dem Rücken!

25,16 Hebr. *Hast du Honig gefunden.* **25,19** Hebr. *Ein zerbrochener Zahn und ein wankender Fuß, so ist das Hoffen auf den Treulosen am Tag der Not.* **25,20** Hebr. *Essig auf Natron.*

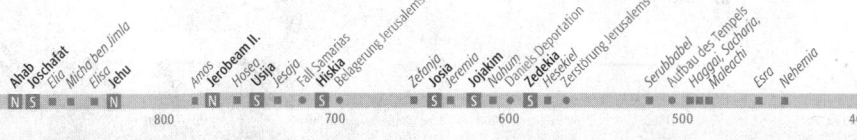

DIE SPRÜCHE

1–9	Der Zweck der Sprüche
10,1–22,16	Die Sprüche Salomos
22,17-24	Sprüche der Weisen
25–29	Weitere Sprüche Salomos
30	Die Sprüche Agurs
31	Die Sprüche König Lemuels

26–28
Sprüche über Gottesfurcht und Weisheit.

[Zeit der Könige und Propheten]

⁴Lass dich nicht auf die dummen Argumente eines Narren ein, denn sonst stellst du dich ihm gleich. ⁵Widerlege die dummen Argumente des Narren, damit er sich nicht für weise hält.

⁶Einem Narren eine Botschaft anzuvertrauen ist genauso dumm, wie sich die Füße abzuhacken oder Gift* zu trinken!

⁷Im Mund eines Narren wird ein weises Sprichwort nutzlos wie ein gelähmtes Bein.

⁸Einen Narren zu ehren ist ebenso dumm, wie einen Stein an eine Steinschleuder zu binden.

⁹Ein weiser Spruch aus dem Mund eines Narren ist so gefährlich wie ein Dornenzweig in der Hand eines Betrunkenen.

¹⁰Wie ein Bogenschütze, der wahllos um sich schießt, so ist einer, der einen Narren einstellt oder irgendeinen gerade Vorübergehenden.

¹¹So wie ein Hund zu dem wieder zurückkehrt, was er erbrochen hat, so wiederholt ein Narr seine Dummheit.

¹²Es besteht mehr Hoffnung für einen Narren als für einen Menschen, der sich für weise hält.

¹³Ein fauler Mensch findet immer eine Entschuldigung; er sagt: »Ich kann nicht hinausgehen, es könnte ein Löwe auf der Straße sein! Ja, ich bin sicher, dort draußen ist ein Löwe!«

¹⁴So wie sich eine Tür in ihren Angeln dreht, so wälzt sich auch ein fauler Mensch in seinem Bett.

¹⁵Manche Menschen sind so faul, dass sie nicht einmal einen Finger rühren, um zu essen.

¹⁶Faule Menschen halten sich für klüger als sieben weise Ratgeber.

¹⁷Einen Hund an den Ohren zu ziehen ist ebenso dumm, wie sich in einen Streit einzumischen.

¹⁸Ein Verrückter mit einer tödlichen Waffe richtet ebenso großen Schaden an wie ¹⁹jemand, der einen Freund betrügt und dann sagt: »Ich habe nur Spaß gemacht.«

²⁰Feuer erlischt, wenn es kein Holz mehr gibt, und Streit legt sich von selbst, wenn der Klatsch aufhört.

²¹Ein streitsüchtiger Mensch fängt ebenso leicht Streit an, wie Kohle die Glut entfacht oder Holz das Feuer.

²²Gerüchte sind verführerische Leckerbissen, die sich aber tief ins Herz eingraben.

²³Sanfte* Worte können ein böses Herz verbergen, so wie eine Silberglasur einen gewöhnlichen Tontopf überzieht.

²⁴Ein Mensch mit Hass im Herzen kann sich liebenswert geben, aber das täuscht er nur vor.

26,6 Hebr. *Gewalttat.* **26,23** So in der griech. Version; im Hebr. lautete es *brennende.*

²⁵Glaube nicht seinen schmeichelnden Worten, denn sein Herz ist voller Bosheit. ²⁶Sein Hass mag verborgen sein, doch am Ende wird seine Bosheit für alle sichtbar werden.

²⁷Wer anderen eine Grube gräbt, fällt selbst hinein. Wer einen Stein auf andere wälzt, auf den wird er zurückrollen.

²⁸Eine lügnerische Zunge hasst ihre Opfer, und Schmeichelei bringt den Untergang.

27 Lobe nicht den morgigen Tag, denn du weißt nicht, was er bringen wird.

²Lobe dich nicht selbst, lass das andere tun!

³Ein Stein ist schwer und Sand wiegt viel, aber noch schwerer wiegt der Ärger über einen Narren.

⁴Zorn ist grausam und Wut ist wie eine Flut, aber wer kann sich vor der vernichtenden Gewalt der Eifersucht retten?

⁵Ein offener Tadel ist besser als verborgene Liebe!

⁶Wunden, die ein Freund geschlagen hat, sind besser als Küsse von einem Feind.

⁷Wer satt ist, dem schmeckt auch der Honig nach nichts, dem Hungrigen aber schmeckt sogar bittere Speise süß.

⁸Ein Mensch, der von daheim wegläuft, ist wie ein Vogel, der aus dem Nest flieht.

⁹Der ehrliche Rat eines Freundes ist so angenehm wie Öl oder Weihrauch.

¹⁰Lass niemals einen Freund im Stich – weder deinen eigenen noch den deines Vaters. Dann wirst du, wenn du selbst in Not bist, nicht deine Verwandten um Hilfe bitten müssen. Es ist besser, zu einem Nachbarn zu gehen als zu einem Verwandten, der weit entfernt lebt.

¹¹Mein Sohn, wie werde ich mich freuen, wenn du klug und weise wirst! Dann werde ich dem, der mich verspottet, mutig entgegentreten können.

¹²Ein kluger Mensch sieht die Gefahr voraus und bringt sich in Sicherheit; die Unerfahrenen stolpern blindlings dahin und müssen die Folgen tragen.

¹³Wer für einen Fremden bürgt, von dem verlange Sicherheiten; behalte ein Pfand von ihm, wenn er für einen, der fremd ist, bürgt.

¹⁴Wenn du deinen Nachbarn allzu früh am Morgen schon freundlich grüßt, wird er das als einen Fluch empfinden!

¹⁵Eine nörgelnde Frau lässt sich mit einem undichten Dach vergleichen, durch das es ununterbrochen tropft. ¹⁶Wer ihre Vorwürfe beschwichtigen will, gleicht einem, der dem Wind Einhalt gebieten oder mit fettigen Händen einen Gegenstand festhalten will.

¹⁷Eisen schärft Eisen, ebenso schärft ein Mensch einen anderen.

¹⁸Wer einen Feigenbaum pflegt, darf seine Früchte essen. So werden auch die Arbeiter, die ihren Herrn schützen, belohnt.

¹⁹So wie sich ein Gesicht im Wasser spiegelt, spiegelt das Herz den Menschen.

²⁰So wie Tod und Zerstörung* niemals genug haben, so sind die Augen des Menschen unersättlich.

²¹Die Reinheit von Gold und Silber wird im Feuer geprüft, doch ein Mensch wird auf die Probe gestellt, wenn er gelobt wird.

²²Du kannst einem Narren die Dummheit nicht austreiben, selbst wenn du ihn mit Mörser und Stößel mahlst wie Korn.

²³Du sollst den Zustand deiner Herden kennen und dich mit Leib und Seele ihrer Pflege widmen, ²⁴denn Reichtum ist nicht von ewiger Dauer, so wie eine Krone vielleicht schon der nächsten Generation nicht mehr sicher ist. ²⁵Wenn das Heu eingebracht ist, das neue Korn gereift ist und die Kräuter der Berge eingesammelt sind, ²⁶geben deine Schafe Wolle für neue Kleider und deine Ziegen werden für den Preis eines Ackers verkauft. ²⁷Und du wirst genügend Ziegenmilch für dich, deine Familie und deine Mägde haben.

28 Der gottlose Mensch läuft fort, ohne dass er gejagt wird, der gottesfürchtige aber ist furchtlos wie ein Löwe.

²Die Schuld eines Volkes kann seine Regierung leicht stürzen. Doch unter einem weisen und erfahrenen Mann herrscht lange Ruhe und Ordnung.

³Ein Armer, der die Armen unterdrückt, ist wie ein Unwetter, das die Ernte zerstört.

⁴Wer das Gesetz nicht achtet, begünstigt die Gottlosen; wer dem Gesetz gehorsam ist, bekämpft sie.

⁵Böse Menschen begreifen das Recht nicht, aber die dem HERRN folgen, haben vollkommene Einsicht.

⁶Es ist besser, arm und ehrlich zu sein als reich und unehrlich.

⁷Junge Menschen, die dem Gesetz gehorchen, sind weise; wer mit Leuten Umgang hat, die nur das Vergnügen suchen, bereitet seinen Eltern Schande.

⁸Wer Geld hortet, indem er Zinsen erhebt, wird sein Geld verlieren. Es wird jemandem

---

27,20 Hebr. *Scheol und Abaddon*.

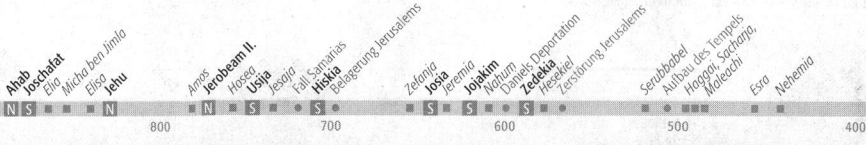

DIE SPRÜCHE

1–9	Der Zweck der Sprüche
10,1–22,16	Die Sprüche Salomos
22,17-24	Sprüche der Weisen
25–29	Weitere Sprüche Salomos
30	Die Sprüche Agurs
31	Die Sprüche König Lemuels

28–30
Sprüche über Gottesfurcht und Weisheit. Agur bittet um Bewahrung vor eigener Betrügerei und vor zu viel Wohlstand.

[Zeit der Könige und Propheten]

in die Hände fallen, der freundlich zu den Armen ist.
⁹Die Gebete eines Menschen, der die Gesetze verachtet, werden ebenfalls verachtet.
¹⁰Wer aufrichtige Menschen zur Sünde verleitet, wird in seine eigene Grube fallen, die Ehrlichen aber werden Gutes erben.
¹¹Der Reiche hält sich selbst für weise, aber der Arme durchschaut ihn und erkennt seine Armut.
¹²Wenn die Gottesfürchtigen Erfolg haben, freut sich alles. Doch wenn die Gottlosen an der Macht sind, verstecken sich die Menschen.
¹³Wer seine Sünden verheimlicht, dem wird es nicht gut gehen. Aber wenn er sie bekennt und davon lässt, wird er Barmherzigkeit finden.
¹⁴Glücklich ist der Mensch, der vor Gott ein reines Gewissen hat, wer sich aber trotzig gegen Gott verschließt, fällt ins Unglück.
¹⁵Ein gottloser Herrscher ist für die Armen so gefährlich wie ein angreifender Löwe oder Bär.
¹⁶Nur ein dummer Fürst wird sein Volk unterdrücken, doch ein König, der Unehrlichkeit und Bestechung verabscheut*, wird lange herrschen.
¹⁷Sein quälendes Gewissen wird den Mörder ins Grab treiben. Hilf ihm nicht!
¹⁸Wer ein vorbildliches Leben führt, dem wird geholfen; wer aber auf krummen Wegen geht, wird zugrunde gehen.
¹⁹Wer hart arbeitet, hat genug zu essen; aber ein leichtfertiges Leben stürzt den Menschen in die Armut.
²⁰Ein zuverlässiger Mensch wird reichen Lohn erhalten. Wer aber um jeden Preis reich werden will, der wird sich in Schuld verstricken.
²¹Parteiisch zu sein ist niemals gut, aber manche Menschen geben sich dazu her, für einen Bissen Brot ein Unrecht zu begehen.
²²Ein habgieriger Mensch will schnell reich werden, aber das treibt ihn nur in die Armut.
²³Am Ende schätzen die Menschen Ehrlichkeit mehr als Schmeichelei.
²⁴Wer seine Eltern bestiehlt und dann sagt: »Was ist falsch daran?« – der ist genauso schlecht wie ein Verbrecher.
²⁵Habgier führt zu Streit; Gottvertrauen führt zu Wohlstand.
²⁶Sich auf sich selbst zu verlassen ist dumm, wer sich aber an die Weisheit hält, lebt in Sicherheit.
²⁷Wer dem Armen gibt, dem wird es an nichts fehlen. Wer aber die Augen vor der Armut verschließt, wird verflucht sein.
²⁸Wenn die Gottlosen die Macht ergreifen, verstecken sich die Menschen. Wenn die Gottlosen umkommen, werden die Gottesfürchtigen zahlreich.

28,16 Hebr. *der unrechten Gewinn hasst.*

29 Wer sich hartnäckig weigert, Zurechtweisung anzunehmen, wird plötzlich zusammenbrechen und nie mehr heil werden. ²Wenn die Gottesfürchtigen herrschen, freuen sich die Menschen. Wenn aber ein Gottloser an der Macht ist, stöhnen sie. ³Wer die Weisheit liebt, macht seinem Vater Freude, wer sich aber mit Huren einlässt, verschleudert seinen Besitz. ⁴Ein gerechter König schenkt seinem Volk Recht und Ordnung, aber einer, der nur immer wieder neue Abgaben erpresst, zerstört es. ⁵Wer einem Menschen schmeichelt, stellt ihm eine Falle. ⁶Der böse Mensch verstrickt sich in seiner Schuld, der Gottesfürchtige aber entkommt und jubelt vor Freude. ⁷Der gottesfürchtige Mensch kennt die Rechte der Armen; der gottlose aber nimmt auf nichts Rücksicht. ⁸Spötter können eine ganze Stadt aufhetzen, die Weisen dagegen besänftigen den Zorn. ⁹Wenn ein Weiser einen Narren vor Gericht anklagt, dann tobt dieser und lacht, aber er gibt keine Ruhe. ¹⁰Die Mörder hassen den, der ehrlich ist, aber die Aufrichtigen nehmen sich seiner an. ¹¹Ein Narr lässt seinem Zorn freien Lauf, aber ein Weiser hält ihn zurück. ¹²Wenn ein Herrscher auf Lügen hört, ist er von gottlosen Ratgebern umgeben. ¹³Der Arme und der Unterdrücker haben eins gemein: Der HERR schenkte beiden das Augenlicht. ¹⁴Ein König, der die Armen gerecht behandelt, wird lange herrschen. ¹⁵Ein Kind zu bestrafen und zurechtzuweisen bewirkt Weisheit, aber ein unerzogenes Kind macht seiner Mutter Schande. ¹⁶Solange die Gottlosen an der Macht sind, nimmt das Unrecht zu. Die Gottesfürchtigen aber werden miterleben, wie die Gottlosen zu Fall kommen. ¹⁷Weise dein Kind zurecht und es wird dir Freude und Zufriedenheit bereiten. ¹⁸Wenn ein Volk das prophetische Wort nicht annimmt, verliert es jeden Halt. Aber glücklich ist es, wenn es sich an Gottes Gesetz hält! ¹⁹Durch Worte allein lässt sich ein Diener nicht belehren – er braucht Bestrafung. Denn es kann sein, dass er die Worte zwar versteht, aber nicht befolgt.

²⁰Für einen unerfahrenen Menschen besteht mehr Hoffnung als für jemanden, der redet, ohne nachzudenken. ²¹Ein Diener, der von Kindheit an verwöhnt wird, wird später ein Rebell. ²²Ein zorniger Mensch fängt überall Streit an und ein wütender Mensch verstrickt sich in alle möglichen Sünden. ²³Hochmut endet in Erniedrigung, aber Demut bringt Ehre. ²⁴Wer mit einem Dieb die Beute teilt, schadet sich nur selbst. Er wird bestraft, wenn er das Verbrechen gesteht, und verflucht, wenn er es nicht tut*. ²⁵Die Menschen zu fürchten ist eine gefährliche Falle, wer aber auf den HERRN vertraut, lebt unter seinem Schutz. ²⁶Viele suchen die Gunst eines Herrschers, aber Gerechtigkeit kommt allein vom HERRN. ²⁷Die Gottesfürchtigen verachten die Bösen; und die Gottlosen verachten die Gottesfürchtigen.

Die Sprüche Agurs

30 Das ist die Botschaft Agurs, des Sohnes von Jake. Ein Orakel.*
Ich bin müde, Gott; ich bin müde und erschöpft.* ²Ich bin gar zu dumm für einen Menschen, ja ich besitze keinen Verstand. ³Weisheit habe ich keine, und Gott, den Heiligen, kenne ich nicht. ⁴Wer außer Gott geht hinauf in den Himmel und kommt wieder herab? Wer hält den Wind in seiner Hand? Wer hüllt die Meere in seinen Mantel? Wer hat die ganze große Welt erschaffen? Wie lautet sein Name – und der Name seines Sohnes? Sag es mir, wenn du es weißt! ⁵Jedes Wort, das Gott spricht, ist wahr. Er beschützt alle, die bei ihm Schutz suchen. ⁶Füge seinen Worten nichts hinzu, damit er dich nicht zurechtweist und du als Lügner dastehst. ⁷Gott, zwei Dinge erbitte ich von dir, verweigere sie mir nicht, bevor ich sterbe. ⁸Bewahre mich davor, andere zu belügen oder zu betrügen. Und lass mich weder arm noch reich werden, sondern gib mir gerade so viel, wie ich brauche. ⁹Denn wenn ich reich werde, könnte ich dich verleugnen und sagen: »Wer ist der HERR?« Und wenn ich zu arm bin, könnte ich stehlen und so den heiligen Namen Gottes in den Schmutz ziehen.

29,24 Hebr. *er hört den Fluch, aber zeigt es nicht an.* **30,1a** O. *des Sohnes von Jake aus Massa.* **30,1b** Das Hebr. könnte auch übersetzt werden: *Der Mensch erklärt dieses Ithiel, Ithiel und Ucal.*

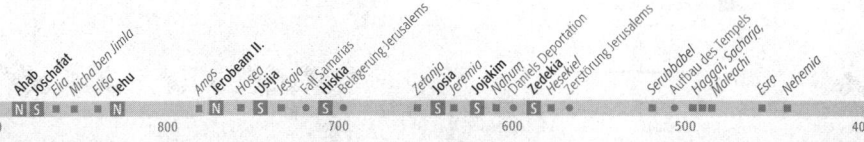

DIE SPRÜCHE

1–9	Der Zweck der Sprüche
10,1–22,16	Die Sprüche Salomos
22,17-24	Sprüche der Weisen
25–29	Weitere Sprüche Salomos
30	Die Sprüche Agurs
31	Die Sprüche König Lemuels

30–31
Agurs Sprüche. Lemuel gibt seinem Sohn Ratschläge. Merkmale einer guten Ehefrau.

[Zeit der Könige und Propheten]

¹⁰Verleumde keinen Diener bei seinem Herrn, sonst wird er dich verfluchen und du wirst dafür büßen müssen.

¹¹Es gibt Menschen, die ihren Vater verfluchen und ihrer Mutter nicht danken. ¹²Sie fühlen sich rein, sind aber schmutzig und ungewaschen. ¹³Sie sind grenzenlos hochmütig und sehen auf andere herab. ¹⁴Mit Zähnen, so scharf wie Schwerter oder Messer, zerreißen sie die Armen und vertilgen die Elenden vom Erdboden.

¹⁵Der Blutegel hat zwei Junge, die schreien: »Wir wollen mehr, mehr!«* Drei Dinge gibt es, die nie genug bekommen; vier Dinge gibt es, die unersättlich sind:

¹⁶das Grab, die unfruchtbare Frau, die durstige Wüste, das wütende Feuer.

¹⁷Wer den Vater verspottet und die Mutter verachtet, dessen Augen werden die Raben am Bach aushacken und die jungen Adler fressen.

¹⁸Drei Dinge gibt es, die mich erstaunen – ja vier, die ich nicht verstehe:

¹⁹wie ein Adler am Himmel entlanggleitet; wie eine Schlange über einen Felsen kriecht; wie ein Schiff über das Meer segelt; wie ein Mann eine Frau liebt.

²⁰Unbegreiflich ist auch, wie eine Ehebrecherin mit einem Mann schläft, die Schultern zuckt und sagt: »Was ist falsch daran?«

²¹Drei Dinge gibt es, die die Erde erschüttern – und vier, die sie nicht erträgt:

²²einen Sklaven, der König wird; einen Narren, dem es zu gut geht; ²³eine unausstehliche Frau, die doch noch einen Mann findet; eine Magd, die an die Stelle ihrer Herrin tritt.

²⁴Vier Dinge gibt es auf Erden, die klein, aber außerordentlich weise sind:

²⁵Ameisen – sie sind nicht stark, aber sie sammeln Nahrung für den Winter; ²⁶Klippdachse* – sie sind nicht mächtig, aber sie bauen ihre Häuser inmitten der Felsen; ²⁷Heuschrecken – sie haben keinen König, aber sie ziehen doch in geordneten Scharen aus; ²⁸Eidechsen – sie sind leicht zu fangen, aber sie finden sich sogar in den Palästen der Könige.

²⁹Drei haben einen majestätischen Gang – und vier schreiten voll Stolz daher:

³⁰der Löwe, der König der Tiere, der nichts fürchtet; ³¹der stolzierende Hahn; der Ziegenbock; der König an der Spitze seines Heers.

³²Ob du nun dumm oder klug gehandelt hast, als du dich für besser hieltst – halte dir den Mund zu! ³³Wie das Schlagen von Sahne Butter hervorbringt und ein Schlag auf die Nase zu Nasenbluten führt, so endet Zorn in Streit.

30,15 Hebr. *zwei Töchter, die rufen:* »*Gib, gib!*«
30,26 O. *Wildkaninchen.*

Die Sprüche König Lemuels

31 ¹Dies sind die Sprüche Lemuels*, ein Orakel, das seine Mutter ihn lehrte.

²Mein Sohn, Sohn meines Leibes, Sohn meiner Versprechen, ³verschwende deine Kraft nicht an Frauen, noch gehe auf Wegen, die für Könige den Untergang bedeuten.

⁴Lemuel, für Könige ist es nicht angemessen, Wein zu saufen. Herrscher sollen nicht nach starken Getränken verlangen. ⁵Denn wenn sie trinken, könnten sie darüber ihre Pflichten vergessen und den Armen nicht mehr Recht verschaffen. ⁶Starke Getränke sind für die Sterbenden und Wein für die Verzweifelten. ⁷Sie sollen ihn trinken, damit sie ihr Elend vergessen und nicht mehr an ihren Kummer denken.

⁸Hilf dem, der sich selbst nicht helfen kann; schaffe denen Recht, die für sich alleine dastehen. ⁹Ja, hilf den Armen und Elenden und sorge dafür, dass sie zu ihrem Recht kommen.

Eine edle Frau

¹⁰Wer kann schon eine tüchtige Frau finden? Sie ist wertvoller als die kostbarsten Edelsteine. ¹¹Ihr Mann kann ihr vertrauen, und sie wird sein Leben bereichern. ¹²Ihr ganzes Leben lang unterstützt sie ihn und fügt ihm nichts Böses zu.

¹³Sie sammelt Wolle und Flachs, die sie flink verarbeitet. ¹⁴Wie ein Handelsschiff bringt sie ihre Speise von weit her. ¹⁵Vor Morgengrauen steht sie auf, um das Frühstück für das ganze Haus zuzubereiten und den Mägden ihre Arbeit anzuweisen. ¹⁶Sie hält nach einem Feld Ausschau und kauft es, um von dem Gewinn einen Weinberg anzupflanzen.

¹⁷Sie ist energisch und stark und arbeitet hart. ¹⁸Sie achtet darauf, guten Gewinn zu erzielen; ihre Lampe brennt bis tief in die Nacht hinein. ¹⁹Ihre Hände spinnen fleißig Garn, ihre Finger zwirbeln geschickt den Faden.

²⁰Sie hat stets eine offene Hand für die Armen und gibt den Bedürftigen großzügig.

²¹Sie fürchtet den Winter nicht für ihre Familie, denn alle haben warme* Kleidung. ²²Sie näht ihre Decken selbst. Sie kleidet sich in Gewänder aus feinstem Tuch.*

²³Ihr Mann ist angesehen, denn er sitzt in der Ratsversammlung zusammen mit anderen hohen Bürgern des Landes.

²⁴Kostbare Hemden und Gürtel stellt sie her, die sie dem Händler verkauft.

²⁵Sie strahlt Kraft und Würde aus, und sie lacht und hat keine Angst vor dem kommenden Tag. ²⁶Wenn sie spricht, sind ihre Worte weise, und sie erteilt ihre Anweisungen in freundlichem Ton. ²⁷Sie weiß genau, was in ihrem Haus vor sich geht, und Faulheit kennt sie nicht.

²⁸Ihre Kinder begegnen ihr mit Achtung und segnen sie. Ihr Mann lobt sie: ²⁹»Es gibt viele tüchtige Frauen, doch du übertriffst sie alle!«

³⁰Anmut betrügt und Schönheit vergeht, aber eine Frau, die Ehrfurcht hat vor dem HERRN, soll gelobt werden. ³¹Sie soll für ihre Arbeit belohnt werden und ihre Taten sollen in der ganzen Stadt ihren Ruhm verkünden!

31,1 O. *Lemuels, des Königs von Massa.*   **31,21** So in der griech. Version; im Hebr. heißt es *scharlachrote.*   **31,22** Hebr. *Byssus und roter Purpur sind ihr Gewand.*

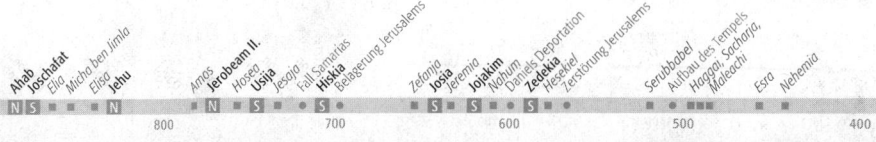

Arbeitest du mit der Bibel, arbeitet die Bibel mit dir.

Meinolf Steinhofer

Der Prediger Salomo

Inhalt
Im Hebräischen heißt das Buch »Kohelet«, was Leiter oder Sprecher vor einer Gemeindeversammlung bedeutet. Der Weisheitslehrer zeigt die Grenzen der Weisheit (siehe Einleitung zu den Sprüchen) drastisch auf und übt Kritik an gewissen religiös-moralischen Schlussfolgerungen.

Der Prediger ruft die Vergänglichkeit und die Gleichförmigkeit des Lebens in Erinnerung. Mit dem Tod trifft den Weisen wie den Dummen dasselbe Schicksal. Menschen setzen viel ein für Macht und Reichtum, und wie schnell vergeht beides. Ungerechtigkeit zeugt davon, dass die Weisheit sich nicht durchsetzt. Alles dies zeigt, dass Moral und Streben weder etwas Dauerhaftes bringen noch die Welt verbessern – also letztlich sinnlos sind.

Die Schlussfolgerung des Predigers ist überraschend: Genieße das Leben im Augenblick angesichts seiner Vergänglichkeit. Verausgabe dich nicht sinnlos. Allzu extrem ist ungesund.

Die Gefährlichkeit seiner Botschaft ist dem Prediger voll bewusst. Er hat das unbeständige Leben »unter der Sonne« beobachtet und beschrieben, doch zugleich weiß er um eine ernst zu nehmende Wirklichkeit: Gott wird richten. Er überlässt es allerdings den Lesern, wie sie beides miteinander in Beziehung setzen.

Wichtige Person
»Der Lehrer«

DER PREDIGER SALOMO (KOHELET)

DER PREDIGER SALOMO

1,1–3,9	Die Grenzen des Lebens
3,10–8,17	Die Grenzen des Erkennens
9,1–12,8	Leben unter dem Vorzeichen der Sterblichkeit
12,9-14	Nachwort

1–2
Alles Tun ist schlussendlich sinnlos – die Suche nach Weisheit, Vergnügen und Arbeit. Ein Mensch sollte sich an dem freuen, was Gott ihm schenkt.

[Zeit der Könige und Propheten]

1 Dies sind die Worte des Lehrers*, des Sohnes des Königs David, der in Jerusalem herrschte.

Alles ist sinnlos

²»Es ist alles sinnlos und bedeutungslos«, sagt der Lehrer, »unnütz und bedeutungslos – ja, es ist alles völlig sinnlos.«

³Was hat ein Mensch davon, wenn er sich sein Leben lang müht und plagt? ⁴Generationen kommen und gehen, doch die Erde ändert sich durch die Zeiten nicht. ⁵Die Sonne geht auf und geht unter und zieht ihre Bahn am Himmel, nur um an der gleichen Stelle wieder aufzugehen. ⁶Der Wind weht nach Süden, dann dreht er ab nach Norden, er weht hierhin und dorthin, er dreht sich und schlägt um und gelangt doch nirgendwo hin. ⁷Die Flüsse fließen ins Meer, trotzdem wird das Meer nicht voller. Das Wasser kehrt immer wieder zu den Quellen der Flüsse zurück, um dort neu zu entspringen. ⁸Alles Reden ist mühselig. Nichts kann der Mensch vollständig in Worte fassen. Das Auge kann sich niemals satt sehen und das Ohr kann nie genug hören.

⁹Was einmal gewesen ist, kommt immer wieder, und was einmal getan wurde, wird immer wieder getan. Es gibt nichts Neues unter der Sonne. ¹⁰Gibt es eigentlich irgendetwas, von dem man sagen könnte: »So etwas gab es noch nie!«? Nein, alles gab es schon irgendwann einmal – in längst vergangenen Zeiten. ¹¹Wir haben nur vergessen, was damals geschehen ist. Und in einigen Jahren wird man sich nicht mehr an das erinnern, was wir jetzt tun.

Die Vergeblichkeit der Weisheit

¹²Ich, der Lehrer, war einst König in Israel und regierte in Jerusalem. ¹³Ich bemühte mich, mithilfe meines Verstandes die Dinge zu erforschen und zu erkunden. All mein Streben galt der Weisheit, denn mit ihrer Hilfe wollte ich ergründen, was in der Welt geschieht: Es ist eine mühsame Arbeit, und Gott hat sie den Menschen auferlegt, damit sie sich damit quälen. ¹⁴Ich habe die Menschen bei ihrem täglichen Tun beobachtet.

1,1 Hebr. *Kohelet*; der Begriff ist im ganzen Buch mit »Lehrer« übersetzt.

S Südreich Juda   N Nordreich Israel

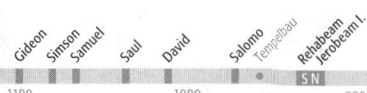

Es ist alles sinnlos und gleicht dem Versuch, den Wind einzufangen. ¹⁵Was krumm ist, kann nicht gerade werden, und was nicht vorhanden ist, kann auch nicht gezählt werden.

¹⁶Ich sagte mir: »Es ist so: Ich bin weiser als alle Könige, die vor mir in Jerusalem regiert haben; ich habe viele Erfahrungen gesammelt und eine Fülle an Weisheit und Erkenntnis erworben.« ¹⁷Ich versuchte auch zu verstehen, wo der Unterschied zwischen Weisheit und Dummheit liegt. Aber ich begriff: Auch diese Mühe ist so sinnlos wie der Versuch, den Wind einzufangen. ¹⁸Denn je größer die Weisheit ist, desto größer ist auch die Mutlosigkeit, und je größer die Erkenntnis wird, umso mehr steigert sich auch die Enttäuschung.

Die Vergeblichkeit des Vergnügens

2 Ich sagte mir: »Dann schaffe ich mir ein angenehmes Leben und genieße das Gute.« Doch ich erkannte, dass auch darin kein Sinn liegt. ²»Es ist unsinnig zu lachen«, sagte ich mir. »Was für einen Nutzen hat es sich zu freuen?« ³In meinem Herzen nahm ich mir vor, mich mit Wein zu berauschen, aber so, dass ich noch besonnen über die Weisheit nachdenken könnte. Ich wollte so leben wie die Dummen, um herauszufinden, welche Lebensart für die Menschen während ihrer Zeit hier auf der Erde am besten sei.

⁴Ich vollbrachte Großartiges: Ich baute mir Häuser und pflanzte Weinberge. ⁵Ich legte Gärten und Parks an und ließ alle Sorten Obstbäume setzen. ⁶Ich sammelte das Wasser in Teichen, um damit meine vielen Bäume zu bewässern. ⁷Ich kaufte Sklaven und Sklavinnen, und weitere Sklaven wurden in meinem Haus geboren. Ich besaß größere Schaf- und Viehherden als irgendjemand vor mir in Jerusalem. ⁸Ich häufte Gold und Silber in meiner Schatzkammer an, die Schätze vieler Könige und Provinzen. Ich holte Sänger und Sängerinnen an meinen Hof und nahm mir viele Frauen – das Höchste, was sich ein Mann nur wünschen kann!

⁹Auf diese Weise wurde ich berühmter und reicher als alle Könige, die vor mir in Jerusalem geherrscht hatten. Neben all dem besaß ich meine Weisheit. ¹⁰Wenn mir etwas ins Auge stach, was ich haben wollte, nahm ich es mir. Ich versagte mir keine einzige Freude. Und ich freute mich bei all den Mühen, die ich hatte – das war gleichsam ein Nebenlohn meiner Anstrengungen. ¹¹Doch als ich alles prüfend betrachtete, was ich mir mit meinen Händen erworben hatte, und die Mühe dagegen hielt, die ich darauf verwendet hatte, merkte ich, dass alles sinnlos war. Es war so unnütz wie der Versuch, den Wind einzufangen. Es gibt keinen bleibenden Gewinn auf dieser Welt.

Die Weisen und die Unverständigen

¹²So beschloss ich herauszufinden, was die Weisheit von der Verrücktheit und der Dummheit unterscheidet. Denn was wird der Mensch tun, der nach dem König kommen wird? Natürlich das, was man schon immer gemacht hat. ¹³Ich stellte fest, dass Weisheit wertvoller ist als Dummheit, genauso wie Licht besser ist als Dunkelheit. ¹⁴Denn der Weise hat Augen im Kopf und kann sehen, der Dummkopf dagegen ist blind und tappt im Dunkeln umher. Gleichzeitig erkannte ich aber, dass Weise und Dummköpfe am Ende das gleiche Schicksal ereilt. ¹⁵Da dachte ich mir: »Wenn es mir genauso ergehen wird wie dem Dummkopf – was hatte es dann für einen Sinn, dass ich mich so um Weisheit bemüht habe?« Und ich sagte mir: »Das ist doch auch unnütz!« ¹⁶Man erinnert sich an den Weisen ebenso wenig wie an den Dummen: Später, in der Zukunft, wird sowieso alles vergessen sein. Der Weise muss genauso sterben wie der Dummkopf!

Die Vergeblichkeit der Arbeit

¹⁷Da wurde mir das Leben vollständig verleidet, denn es ist alles so sinnlos, als wolle man den Wind fangen. ¹⁸Ich hasste meine Anstrengungen, die ich unternommen hatte, um etwas zu erreichen – ich muss ja doch alles meinem Nachfolger hinterlassen! ¹⁹Und wer weiß, ob dieser weise oder töricht sein wird? Und dennoch wird ihm alles gehören, was ich durch Klugheit und harte Arbeit erworben habe. Das ist so sinnlos!

²⁰Ich verzweifelte fast, als ich mir alle Mühe und Arbeit vor Augen hielt, die ich mir hier auf der Erde gemacht hatte. ²¹Denn es ist so: Ein Mensch müht sich ab, gibt Weisheit, Einsicht und sein ganzes Geschick daran, etwas zu erreichen. Dann aber muss er alles, was er erreicht hat, einem Menschen hinterlassen, der nichts dafür getan hat. Das ist völlig sinnlos und ungerecht. ²²Was hat der Mensch letztendlich von seiner schweren Arbeit und von all seinen Sorgen? Er müht sich ab, ²³jeden Tag leidet er, seine Arbeit bringt ihm nur Ärger ein, und selbst nachts findet er keine Ruhe mehr. Es ergibt keinen Sinn.

²⁴Es gibt nichts Besseres für den Menschen, als sich an dem zu freuen, was er isst und trinkt, und das Leben trotz aller Mühe zu genießen. Doch ich erkannte, dass auch das ein Geschenk Gottes ist. ²⁵Denn wie kann man sich am Essen oder

DER PREDIGER SALOMO

1,1–3,9	Die Grenzen des Lebens
3,10–8,17	Die Grenzen des Erkennens
9,1–12,8	Leben unter dem Vorzeichen der Sterblichkeit
12,9-14	Nachwort

2–5
Gott schenkt dem Freude, der ihn achtet. Alles hat seine von Gott gesetzte Zeit. Alle Menschen müssen unterschiedslos sterben. Gemeinschaft ist besser als Einsamkeit.

[Zeit der Könige und Propheten]

Trinken freuen ohne sein Zutun? ²⁶Gott schenkt demjenigen, der ihm gefällt, Weisheit, Erkenntnis und Freude. Doch wer sich nicht um Gott kümmert, den lässt er sich mühen, um Güter zu sammeln und Besitz anzuhäufen – um ihm dann seinen Reichtum fortzunehmen und denen zu geben, an denen er Freude hat. Dann war seine ganze Mühe sinnlos und gleicht dem Versuch, den Wind einzufangen.

Alles hat seine Zeit

3 Alles hat seine Zeit,
alles auf dieser Welt hat seine ihm gesetzte Frist:
²Geboren werden hat seine Zeit wie auch das Sterben.
Pflanzen hat seine Zeit wie auch das Ausreißen des Gepflanzten.
³Töten hat seine Zeit wie auch das Heilen.
Niederreißen hat seine Zeit wie auch das Aufbauen.
⁴Weinen hat seine Zeit wie auch das Lachen.
Klagen hat seine Zeit wie auch das Tanzen.
⁵Steine zerstreuen hat seine Zeit wie auch das Sammeln von Steinen.
Umarmen hat seine Zeit wie auch das Loslassen.
⁶Suchen hat seine Zeit wie auch das Verlieren.
Behalten hat seine Zeit wie auch das Wegwerfen.
⁷Zerreißen hat seine Zeit wie auch das Flicken.
Schweigen hat seine Zeit wie auch das Reden.
⁸Lieben hat seine Zeit wie auch das Hassen.
Krieg hat seine Zeit wie auch der Frieden.
⁹Was also hat der Mensch davon, dass er sich abmüht? ¹⁰Ich habe mir die Arbeit angesehen, die Gott den Menschen gegeben hat, damit sie sich damit plagen. ¹¹Gott hat allem auf dieser Welt schon im Voraus seine Zeit bestimmt, er hat sogar die Ewigkeit in die Herzen der Menschen gelegt. Aber sie sind nicht in der Lage, das Ausmaß des Wirkens Gottes zu erkennen; sie durchschauen weder, wo es beginnt, noch, wo es endet. ¹²Dadurch wurde mir klar, dass es das Beste für den Menschen ist, sich zu freuen und das zu genießen, was er hat. ¹³Denn es ist ein Geschenk Gottes, wenn jemand isst und trinkt und sich über die Früchte seiner Arbeit freuen kann.

¹⁴Mir ist auch klar geworden, dass alles, was Gott tut, endgültig ist: Nichts kann hinzugefügt und nichts kann weggenommen werden. Gott handelt so, damit die Menschen Ehrfurcht vor ihm haben. ¹⁵Alles, was heute ist, besteht schon seit langer Zeit, und alles, was in Zukunft sein wird, hat bereits in der Vergangenheit existiert.

Denn Gott holt wieder hervor, was in der Vergangenheit gewesen ist.

Die Ungerechtigkeit des Lebens

16Auch bemerkte ich, wie es hier in der Welt zugeht: Dort, wo Gericht gehalten wird, herrscht Ungerechtigkeit, und wo eigentlich Gerechtigkeit regieren sollte, kommt nur Bosheit zum Zug. 17Da sagte ich mir: »Wenn die Zeit gekommen ist, wird Gott jeden richten – den Gerechten wie den, der ohne Gott sein Leben gestaltet. Denn für alles, was auf der Erde geschieht, hat er eine Zeit festgesetzt.«
18Dann erkannte ich, dass dieses um der Menschen willen geschieht. Gott prüft sie, damit sie erkennen, dass sie sich nicht von den Tieren unterscheiden. 19Denn die Menschen und Tiere erwartet das gleiche Schicksal – sie müssen alle sterben. Beide atmen dieselbe Luft. Die Menschen haben den Tieren nichts voraus; denn alles ist vergänglich. 20Beide enden an demselben Ort – beide werden zu Staub, aus dem sie auch hervorgegangen sind und zu dem sie wieder zurückkehren. 21Wer weiß schon, ob der Geist des Menschen wirklich hinauf in den Himmel steigt? Und ob der Geist der Tiere hinunter in die Tiefen der Erde fährt? 22So erkannte ich, dass es nichts Besseres für den Menschen gibt, als sich an den Früchten seiner Arbeit zu freuen. Dazu sind sie auf der Welt! Denn wer könnte ihm sagen, was nach seiner Zeit geschehen wird?

4 Wieder betrachtete ich das Unrecht, das auf der Welt herrscht. Ich sah die Tränen der Unterdrückten, denen niemand beistand. Sie waren der Gewalt der Unterdrücker ausgeliefert, und niemand war da, der ihnen Mut machte. 2Da haben es die Toten, die vor langer Zeit gestorben sind, viel besser als die Menschen, die noch am Leben sind. 3Und am besten sind die dran, die gar nicht erst geboren wurden. Sie mussten das Böse, das auf der Welt geschieht, auch nicht mit ansehen.
4Dann habe ich festgestellt, dass alle Mühe und jeder Erfolg nur eine Folge des Neides des einen auf den anderen ist. Auch das ist sinnlos und gleicht dem Versuch, den Wind einzufangen.
5Zwar sagt man: »Der dumme Mensch legt seine Hände in den Schoß und verhungert.« 6Ich meine allerdings, dass man besser dran ist, wenn man wenig hat, dieses aber in Ruhe genießen kann, als wenn man viel besitzt und sich sein Leben lang abmüht. Das ist wie der Versuch, den Wind einzufangen.

Die Vorzüge menschlicher Gemeinschaft

7Ich sah noch ein weiteres Beispiel der Sinnlosigkeit auf der Welt: 8Ein Mann, der alleine lebt und weder Kind noch Bruder hat und auch keine Freunde oder Bekannte. Er arbeitet, soviel er kann, und will immer noch mehr haben. Müsste er sich denn nicht fragen: »Für wen arbeite ich eigentlich? Warum gönne ich mir kein Vergnügen?« Auch das ist sinnlos und eine Vergeudung von Zeit.
9Zwei haben es besser als einer allein: Zusammen erhalten sie mehr Lohn für ihre Mühe. 10Wenn sie hinfallen, kann einer dem anderen aufhelfen. Doch wie schlecht ist der dran, der allein ist und fällt, und keiner ist da, der ihm beim Aufstehen hilft! 11Es können sich zwei, die in einer kalten Nacht unter einer Decke liegen, aneinander wärmen. Doch wie kann einer, der alleine liegt, warm werden? 12Ein Einzelner kann leicht von hinten angegriffen und niedergeschlagen werden; zwei, die zusammenhalten, wehren den Überfall ab. Und: Ein dreifaches Seil kann man kaum zerreißen.

Die Vergänglichkeit politischer Macht

13Ein armer, aber weiser junger Mann ist mehr wert als ein alter, dummer König, der keine Ratschläge annimmt. 14Ein solcher junger Mann wurde aus dem Gefängnis befreit und bestieg den Thron, obwohl er unter der Regierung des alten Königs in Armut geboren wurde. 15Ich sah, wie alle Menschen bereitwillig an die Seite des jungen Mannes stellten, damit dieser die Herrschaft des alten Königs übernehme. 16Er wurde der Anführer eines riesigen Volkes. Doch die nächste Generation wuchs heran und stürzte ihn vom Thron! So ist auch das alles bedeutungslos und so unsinnig wie der Versuch, den Wind einzufangen.

Die Bedeutung der Ehrfurcht vor Gott

17Geh nicht gedankenlos zum Haus Gottes. Es ist besser, wenn du nur hineingehst, um auf Gott zu hören, als wenn die Unverständigen Schlachtopfer bringen. Denn sie bleiben weiter unwissend und merken nicht, wenn sie Böses tun.

5 Lass dir keine unüberlegten Worte entschlüpfen, rede nicht unbedacht im Überschwang deiner Gefühle, wenn du zu Gott betest; denn Gott ist im Himmel und du bist hier auf der Erde. Deshalb geh sparsam mit deinen Worten um!

DER PREDIGER SALOMO

1,1–3,9 Die Grenzen des Lebens

3,10–8,17 Die Grenzen des Erkennens

9,1–12,8 Leben unter dem Vorzeichen der Sterblichkeit

12,9-14 Nachwort

5–7
Tritt nicht leichtfertig vor Gott. Sei zufrieden mit dem, was du hast, statt immer mehr zu wollen. Ratschläge fürs Leben.

[Zeit der Könige und Propheten]

²Man sagt doch: »Wer zu viel arbeitet, kann nicht mehr ruhig schlafen, und wer zu viel plappert, gibt oft unsinniges Gerede von sich.«
³Wenn du Gott etwas versprochen hast, zögere nicht, dein Versprechen einzulösen; denn Gott hat keine Freude an Dummköpfen, die leichtfertig etwas versprechen. Was du versprichst, sollst du auch halten! ⁴Es ist besser, gar nichts zu sagen, als etwas zu versprechen und es nicht zu halten. ⁵Werde nicht durch ein voreilig gegebenes Versprechen schuldig. Versuche dich auch nicht herauszureden, indem du vor dem Priester erklärst, bei deinem Versprechen handle es sich um ein Missverständnis. Oder willst du den Zorn Gottes über dich bringen, sodass er alles, was du erreicht hast, zunichtemacht?
⁶Denn wer sinnlosen Fantasien nachhängt, neigt zu unnützem Gerede. Du aber sollst Gott fürchten!

Die Sinnlosigkeit des Reichtums
⁷Wenn du siehst, dass ein Armer unterdrückt wird und dass Recht und Gerechtigkeit im ganzen Land mit Füßen getreten werden, dann reg dich nicht darüber auf. Denn über dem Mächtigen steht ein weiterer; und ein noch Mächtigerer gibt diesen beiden wiederum Rückendeckung. ⁸Ein großer Gewinn für ein Land ist es, wenn der König für Recht und Ordnung sorgt.*
⁹Wer am Geld hängt, wird davon nie genug kriegen, und wer den Wohlstand liebt, wird immer von der Gier nach mehr getrieben werden. Auch dies alles ist so sinnlos! ¹⁰Je mehr Geld du ansammelst, desto mehr Menschen kommen, um auf deine Kosten zu leben. Welchen Nutzen hast du also von deinem Geld, außer, dass du dich an seinem Anblick erfreuen kannst?
¹¹Wer arbeitet, schläft gut, ob er viel oder wenig zu essen hat. Der Reiche dagegen kann keinen Schlaf finden, weil sein voller Bauch ihn drückt.
¹²Und ich beobachtete auf dieser Erde etwas richtig Schlimmes: dass jemand seinen Reichtum sorgsam hegt und pflegt – und ihm das zum Verhängnis wird. ¹³Verliert ein solcher Mann seinen Reichtum durch ein unerwartetes Ereignis, bleibt ihm nichts mehr und auch seinem Sohn kann er nichts hinterlassen. ¹⁴Genauso nackt, wie er bei der Geburt auf die Welt gekommen ist, muss dieser Mensch auch wieder diese Welt verlassen. Und obwohl er viel gearbeitet und große Mühen auf sich genommen hat, wird er nicht einmal eine Handvoll von seinem Besitz mit sich nehmen können.

5,8 Die Bedeutung des Hebr. an dieser Stelle ist unklar.

¹⁵Ja, das ist schlimm: Wie der Mensch in die Welt gekommen ist, so verlässt er sie auch wieder. Was bringt es ihm am Ende, dass er sich um Wind gemüht hat? ¹⁶Sein ganzes Leben verbrachte er wie unter einer dunklen Wolke: Er hatte eine Menge Ärger, viel Kummer und wurde über dem allen sogar krank.

¹⁷Ich habe aber auch etwas Schönes und Gutes entdeckt: dass jemand isst, trinkt und Freude an seiner Arbeit hat, obwohl sie ihm, solange er lebt, viel Mühe schafft – denn das ist seine Bestimmung. ¹⁸Auch wenn Gott einem Menschen Reichtum und viele Güter gegeben hat, und der Mensch diese aus der Hand Gottes annehmen und sich trotz seiner Mühe daran freuen kann, ist es ein Geschenk Gottes. ¹⁹Wer dazu in der Lage ist, denkt nicht mehr oft über die Kürze seines Lebens nach. Denn Gott hat ihm Freude ins Herz gegeben.

6 Es gibt noch ein Unglück in der Welt, das die Menschen schwer belastet: ²Manchen Menschen schenkt Gott Reichtum und Ehre. Sie haben alles, was ihr Herz begehrt, alles, was sie brauchen; aber Gott lässt es nicht zu, dass sie ihren Besitz genießen können, weil er irgendeinem Fremden in die Hände fällt! Das ergibt überhaupt keinen Sinn, ja, es ist ein schlimmes Unglück.

³Ein Mann mag 100 Kinder haben und sehr alt werden, sodass er auf viele Lebensjahre zurückblicken kann. Wenn er aber keine Zeit findet, sich an seinem Glück zu freuen, und wenn er nach seinem Tod nicht ordentlich begraben wird, muss ich sagen: Einer Fehlgeburt geht es besser als ihm! ⁴Eine Fehlgeburt kommt als ein Nichts auf die Welt, verschwindet wieder in der Finsternis und bekommt nicht einmal einen Namen. ⁵Das Licht der Sonne hat sie nie gesehen – sie weiß nicht einmal, dass es so etwas wie eine Sonne gibt. Aber sie hat am Ende mehr Frieden als dieser Mann, der nie sein Glück genießen konnte, ⁶selbst wenn er 2000 Jahre leben würde. Nach dem Tod kommen sie doch beide an denselben Ort.

⁷Der Mensch müht sich mit seiner Arbeit ab, damit er genug zu essen hat. Doch nie wird er richtig satt. ⁸Aber was hat der Weise dem Dummkopf voraus? Was nützt es dem Armen zu wissen, wie man sich ordentlich zu verhalten hat?

⁹Es ist besser, du bist mit dem zufrieden, was du hast, als wenn du immer nach noch mehr Dingen verlangst. Denn auch das ist sinnlos und wie der Versuch, den Wind einzufangen.

Die Zukunft – vorherbestimmt und unbekannt

¹⁰Alles, was hier auf der Welt geschieht, ist schon vor langer Zeit bestimmt worden. Auch das Schicksal eines jeden Menschen wird schon vor der Geburt festgelegt. Es hat keinen Sinn, mit dem zu streiten, der viel mächtiger ist als wir Menschen. ¹¹Je mehr der Mensch versucht ihn zu verklagen, desto größer wird nur die Sinnlosigkeit. Was bringt es dem Menschen?

¹²Wer weiß schon, was für den Menschen das Beste ist in den kurzen Tagen seines Lebens, das doch flüchtig ist wie ein Schatten? Denn wer kann dem Menschen sagen, was nach ihm kommen wird?

Weisheit fürs Leben

7 Ein guter Ruf ist mehr wert als ein gutes Parfum, und der Tag deines Todes ist besser als der Tag deiner Geburt.

²Geh lieber in ein Haus, in dem getrauert wird, als in ein Haus, in dem ein fröhliches Fest gefeiert wird. Denn dort wird dir bewusst, dass jeder Mensch einmal sterben muss – daran sollte sich jeder Mensch während seines Lebens erinnern.

³Kummer ist besser als Lachen, denn Traurigkeit reinigt den Menschen.

⁴Der Weise ist mit seinen Gedanken und seinem Herzen bei denen, die trauern; ein Dummkopf überlegt nur, wie er es sich gut gehen lassen kann.

⁵Es ist besser, sich von einem Weisen zurechtweisen zu lassen, als sich von den Lobliedern eines Dummkopfs beruhigen zu lassen. ⁶Denn die Schmeicheleien eines Dummkopfs sind so kurz und unbeständig wie das Aufglühen von Dornen im Feuer. Auch das ist sinnlos.

⁷Gewinn, der ihm nicht zusteht, macht aus dem Weisen einen Dummkopf, und Bestechungsgelder verderben das Herz.

⁸Das Ende einer Sache ist besser als ihr Anfang. Geduld ist besser als Selbstherrlichkeit.

⁹Sei nicht aufbrausend in deinem Zorn, denn der Ärger ist ein Freund der Dummköpfe.

¹⁰Frag nicht, warum früher alles besser war, denn damit verrätst du nur, dass du keine Weisheit besitzt.

¹¹Weisheit zu besitzen ist genauso wertvoll wie ein großes Vermögen; Einsicht ist ein Vorteil für die, die im Sonnenlicht leben. ¹²Denn Weisheit kann dich genauso schützen wie Reichtum; aber die Weisheit ist in der Lage, dir das Leben zu retten.

¹³Schau dir die Taten Gottes an: Kann jemand gerade biegen, was er krumm gemacht hat?

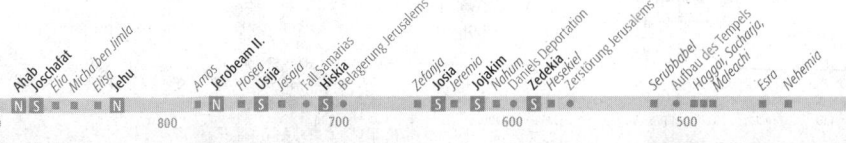

DER PREDIGER SALOMO

1,1–3,9	Die Grenzen des Lebens
3,10–8,17	Die Grenzen des Erkennens
9,1–12,8	Leben unter dem Vorzeichen der Sterblichkeit
12,9-14	Nachwort

7–9
Menschliche Weisheit ist nicht greifbar und sie ist begrenzt. Dem König treu sein ist sinnvoll. Niemand kann Gottes Plan ergründen, daher soll man sich an dem freuen, was man hat. Alle müssen sterben.

[Zeit der Könige und Propheten]

[14] Wenn es dir gut geht: Freu dich daran! Und wenn du von Unglück betroffen bist: Denk daran, dass dieser Tag wie auch jener von Gott gekommen ist, damit der Mensch nicht herausfinden kann, was die Zukunft bringt.

Die Grenzen menschlicher Weisheit

[15] In meinem kurzen, unbedeutenden Leben habe ich beides gesehen: Mancher, der gerecht lebt, muss schon in jungen Jahren sterben, obwohl er nichts Unrechtes getan hat, und ein anderer, der nichts von Gott wissen will, darf dennoch ein langes Leben führen. [16] Deshalb: Leb nicht übertrieben rechtschaffen und versuch nicht allzu weise zu sein. Oder willst du dich selbst zugrunde richten? [17] Aber sei auch nicht zu schlecht und unvernünftig: Oder willst du sterben, bevor deine Zeit gekommen ist? [18] Es ist am besten, wenn du das eine nicht loslässt und dennoch das andere behältst. Denn derjenige, der Gott ernst nimmt, findet den richtigen Mittelweg.

[19] Die Weisheit hilft einem Weisen mehr, als es die zehn einflussreichsten Einwohner einer Stadt könnten! [20] Denn es gibt keinen Menschen auf der Welt, der sich in allen Lebenslagen richtig verhält und niemals irgendetwas Schlechtes tut.

[21] Kümmre dich nicht um die Gerüchte, die hinter deinem Rücken erzählt werden. Sonst musst du vielleicht irgendwann mitanhören, wie dein eigener Diener Schlechtes über dich redet. [22] Denn du weißt genau, dass du selbst oft genug Schlechtes über andere verbreitet hast.

[23] Dies alles habe ich selbst ausprobiert, als ich mich um Weisheit bemüht habe. Ich sagte mir: »Ich will immer weiser werden.« Doch es gelang mir nicht. [24] Der Sinn aller Dinge ist so fern und in unergründlicher Tiefe verborgen. Niemand kann ihn ergründen. [25] Trotzdem habe ich nicht aufgehört nach Erkenntnis zu streben, und war immer bemüht, zu einem gerechten Urteil zu finden. Ich hoffte, bei meiner Suche zu dem Schluss zu kommen, dass es unvernünftig ist, ohne Gott zu leben, und dass Unvernunft dumm ist.

[26] Dabei fand ich etwas, das noch schlimmer ist als der Tod: Eine Frau, die versucht Männer zu verführen. Denn sie ist wie ein Netz, in dem sich das Opfer heillos verfängt, ihr Herz gleicht Schlingen, mit denen man Tiere fängt, und ihre Arme sind wie Fesseln. Wer sich zu Gott hält, kann ihr entkommen, aber wer ohne Gott lebt, geht ihr unweigerlich in die Falle.

[27] »Ich bin zu einem Schluss gekommen«, sagt der Lehrer. »Ich habe alle meine Erfahrungen zusammengetragen und konnte so zu einem si-

cheren Urteil finden. ²⁸Unter tausend Männern fand ich einen einzigen, dem man vertrauen konnte. Unter den Frauen dagegen fand ich keine einzige, der ich mein Vertrauen schenken konnte. ²⁹Du sollst trotzdem wissen: Gott hat die Menschen aufrichtig und gerecht geschaffen. Die Menschen sind es, die sich mit schlechten Dingen beschäftigen.«

8 Wer also ist nun weise? Wer versteht den tiefen Sinn der Dinge? Die Weisheit macht das Gesicht des Menschen schöner, weil es seinen Zügen die Härte nimmt.

Gehorsamkeit dem König gegenüber
²Ich empfehle dir: Gehorch dem König, denn du hast ihm vor Gott Treue geschworen. ³Versuch nicht, dich deiner Pflicht zu entziehen, und lass dich nicht in irgendeine üble Sache verwickeln. Denn der König kann das machen, was er will. ⁴Wenn er etwas sagt, hat er auch die Macht es durchzusetzen. Es darf ihn auch niemand zur Rechenschaft ziehen für das, was er tut. ⁵Wer ihm gehorcht, dem geht es gut. Wer weise ist, weiß, welches Verhalten zu welcher Zeit richtig ist. ⁶Denn in jeder Situation gibt es die richtige Zeit für die richtige Entscheidung. Allerdings leidet der Mensch darunter, ⁷dass er im Ungewissen ist, wie sich die Dinge entwickeln werden. Es gibt auch niemanden, der ihm vorhersagen könnte, was die Zukunft bringt. ⁸Kein Mensch hat die Macht, dem Wind die Richtung vorzuschreiben oder den Wind festzuhalten. Es ist auch kein Mensch in der Lage, seinen Todestag hinauszuzögern. Während des Krieges kann kein Soldat vom Dienst befreit werden. Und wer das Gesetz übertritt, kann den Folgen nicht entgehen.

Die Ungerechten und die Gerechten
⁹Das alles wurde mir bewusst, als ich beobachtete, wie es auf der Erde zugeht: Ein Mensch darf über andere herrschen, sodass diese darunter leiden. ¹⁰Und ich sah, dass Menschen, die nie nach Gott gefragt hatten, mit großen Ehren begraben wurden und ihre Ruhe hatten, während andere, die so lebten, wie es dem Willen Gottes entspricht, aus der Nähe des heiligen Tempels vertrieben wurden und in einer fremden Stadt in Vergessenheit gerieten. Auch das ist sinnlos! ¹¹Weil die Verbrechen nicht sofort bestraft werden, fühlen sich die Menschen zu bösen Taten ermutigt. ¹²Auch wenn ein Mensch, der 100 mal sündigt, trotzdem ein hohes Alter erreicht, so weiß ich dennoch, dass es denen, die Gott lieben, gut gehen wird, weil sie ihn ernst nehmen und ehren. ¹³Dem Menschen dagegen, der von Gott nichts wissen will, wird es nicht gut gehen, er kann sein Leben auch nicht verlängern; er ist vergänglich wie ein Schatten, weil er keine Ehrfurcht vor Gott hat.

¹⁴Das ergibt auch keinen Sinn auf dieser Welt: Es gibt Menschen, die leben gerecht und werden trotzdem mit einem Schicksal bestraft, das eigentlich derjenige verdient hätte, der falsch und böse lebt. Ich kann nur sagen, dass das einfach sinnlos ist! ¹⁵Deshalb singe ich ein Loblied auf die Freude! Es gibt für einen Menschen nichts Besseres auf der Welt, als dass er isst und trinkt und sich an seinem Leben freut. Das wird ihn während seines ganzen Lebens, das Gott ihm gibt, und trotz aller Mühe, die mit seiner Arbeit verbunden ist, begleiten.

¹⁶Ich habe versucht, zur Erkenntnis der Weisheit zu gelangen und alles, was auf der Erde geschieht, zu beobachten. Aber selbst wenn sich der Mensch Tag und Nacht keinen Schlaf gönnt, ¹⁷wird er nie alles nachvollziehen können, was Gott auf dieser Erde tut. Wie sehr er sich bemüht, wie sehr er forscht, er wird es nicht ergründen können. Nicht einmal der weiseste Mensch kann es verstehen, selbst, wenn er es behauptet.

Alle Menschen sind sterblich

9 Ich habe über das alles nachgedacht und habe erkannt, dass die Gerechten und die Weisen in Gottes Hand sind, sie selbst und das, was sie tun. Der Mensch weiß nicht, was ihn in der Zukunft erwartet – Liebe oder Hass. ²Letztlich trifft jeden das gleiche Schicksal: den Gerechten wie den Gottlosen, den Reinen wie den Unreinen, den, der seine Opfer bringt, genauso wie den, der nicht opfert. Dem Guten wird es nicht anders ergehen als dem, der Böses tut, dem, der sich durch einen Schwur bindet nicht anders als dem, der das nicht tut.

³Es ist schlimm, dass jeden hier auf dieser Erde das gleiche Schicksal trifft; auch dass das Herz des Menschen durch und durch böse ist und dass sein Herz erfüllt ist von Unverständnis, solange er lebt. Und am Ende müssen alle sterben. ⁴Für den, der noch nicht gestorben ist, gibt es noch Hoffnung. Denn selbst ein lebendiger Hund ist besser dran als ein toter Löwe.

⁵Die Lebenden wissen noch, dass sie sterben werden, die Toten wissen gar nichts mehr. Sie bekommen keine Belohnung mehr, sie sind von allen vergessen. ⁶Sie können nicht mehr lieben, nicht mehr hassen und nicht mehr nach etwas streben – das alles ist vorbei. Sie werden nie

DER PREDIGER SALOMO

1,1–3,9	Die Grenzen des Lebens
3,10–8,17	Die Grenzen des Erkennens
9,1–12,8	Leben unter dem Vorzeichen der Sterblichkeit
12,9-14	Nachwort

9–12
Alle müssen sterben. Dummheit wiegt schwerer als Weisheit. Sei großzügig und tue, was dir Freude macht, aber achte Gott von Jugend an.

[Zeit der Könige und Propheten]

mehr beteiligt sein an dem, was auf der Erde geschieht. ⁷Deshalb: Iss, trink und sei fröhlich dabei. Denn Gott gefällt dein Tun seit Langem! ⁸Trag saubere Kleidung und pfleg dein Gesicht mit Salbe. ⁹Sei glücklich mit der Frau, die du liebst; genieß jeden flüchtigen Tag deines kurzen Lebens, das Gott dir auf dieser Erde gegeben hat. Denn das ist der Lohn, den du für deine irdischen Mühen bekommst. ¹⁰Tu alles, was du mit deiner Kraft bewirken kannst. Denn wenn du erst einmal im Totenreich bist, gibt es weder Tun noch Gedanken, weder Erkenntnis noch Weisheit.

¹¹Noch etwas habe ich in dieser Welt beobachtet: Nicht immer gewinnt der schnellste Läufer das Rennen, nicht immer siegt der mutigste Krieger im Kampf. Die Weisen haben oft nichts zu essen, die Klugen sind nicht immer reich, und die Gebildeten sind nicht unbedingt beliebt. Sie sind alle abhängig von Zeiten und Umständen. ¹²Kein Mensch weiß, wann seine Zeit gekommen ist. Die Menschen werden vom Unglück überrascht, wenn es plötzlich über sie kommt, genauso wie sich Fische im Netz verfangen oder Vögel von einer Schlinge erfasst werden.

Gedanken zu Weisheit und Torheit
¹³Ich habe noch etwas beobachtet. Es erschien mir beispielhaft für die Weisheit dieser Welt und es hat mich beeindruckt: ¹⁴Es handelte sich um eine kleine Stadt mit wenigen Männern. Ein mächtiger König zog heran, um sie zu umzingeln und zu belagern. ¹⁵In dieser Stadt lebte ein armer, weiser Mann. Dieser hätte die Möglichkeit gehabt, die Stadt mithilfe seiner Weisheit zu retten. Aber keiner beachtete den armen Mann. ¹⁶Da sagte ich mir: Weisheit ist besser als Stärke. Trotzdem achtet niemand auf die Weisheit eines Armen; niemand hört auf das, was er sagt. ¹⁷Die Worte eines Weisen, die man sich in Ruhe anhört, sind immer mehr wert als das Geschrei eines Herrschers unter Dummköpfen. ¹⁸Weisheit ist besser als Waffen, aber ein einziger Sünder kann viel Gutes zerstören.

10¹Tote Fliegen lassen das Salböl stinkig und ranzig werden. Genauso wiegt ein Gramm Dummheit schwerer als ein Pfund Weisheit und Ehre.

²Den Weisen führt sein Herz den rechten Weg, der Dummkopf wird von seinem Herzen zum Bösen verleitet. ³Egal, welchen Weg er nimmt, immer fehlt es ihm an Verstand und seine Dummheit wird jedem bewusst.

⁴Wenn dein Vorgesetzter zornig auf dich ist,

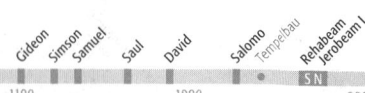

verlass deinen Platz nicht übereilt! Bleib gelassen, so kannst du schwere Fehler verhindern.

⁵Einen weiteren Missstand habe ich auf der Erde gesehen, ein Umstand, der meistens von Herrschern oder Machthabern verursacht wird: ⁶Einem Dummkopf wird ein würdiger Posten zugewiesen, der Vornehme dagegen wird übergangen. ⁷Ich habe Knechte gesehen, die wie Fürsten auf Pferden ritten, während Fürsten zu Fuß gehen mussten.

⁸Wer eine Grube gräbt, kann selbst hineinfallen. Wer eine Mauer niederreißt, kann von einer Schlange gebissen werden. ⁹Wer aus einem Felsen Steine herausbricht, kann sich an ihnen verletzen. Wer Holz spaltet, kann sich in Gefahr bringen.

¹⁰Wenn man einer stumpfen Axt nicht rechtzeitig die Klinge schärft, kostet die Arbeit mehr Kraft. Weisheit sorgt vor und bringt Vorteile.

¹¹Der Schlangenbeschwörer hat nichts von seiner Kunst, wenn die Schlange zubeißt, bevor er mit seiner Beschwörung beginnt.

¹²Die Worte eines weisen Menschen machen ihn beliebt. Ein Dummkopf dagegen kommt durch seine eigenen Worte zu Fall. ¹³Seine Rede beginnt mit dummem Geschwätz und endet mit schlimmstem Unsinn.

¹⁴Er redet viel – dabei kann kein Mensch wissen, was die Zukunft bringt, und niemand kann ihm vorhersagen, was geschehen wird.

¹⁵Die Arbeit erschöpft den Dummkopf – er ist nicht einmal in der Lage, den Weg in die Stadt zu finden.

¹⁶Schlimm wird es dem Land gehen, dessen König ein Kind ist und dessen Würdenträger schon am Morgen Feste feiern. ¹⁷Dem Land dagegen wird es gut gehen, dessen König von edler Familie abstammt und dessen Würdenträger dann feiern, wenn die Zeit dafür gekommen ist; sie bewahren die richtigen Umgangsformen und führen sich nicht wie Säufer auf.

¹⁸Faulheit lässt das Gebälk schief werden, und das Dach wird undicht, wenn die Hände lässig im Schoß liegen.

¹⁹Wenn man fröhlich sein will, bereite man ein gutes Essen, und Wein bringt Heiterkeit ins Leben. Geld macht beides möglich.

²⁰Schimpf nicht auf den König, nicht einmal in Gedanken. Und verfluche keinen Reichen, nicht einmal dann, wenn du dich allein in deinem Schlafzimmer aufhältst. Die Vögel am Himmel könnten deine Worte weitertragen, fliegende Boten könnten verraten, was du gesagt hast.

Großzügigkeit und Fleiß

11 Wirf dein Brot hin aufs Wasser! Denn nach einiger Zeit wird es wieder zu dir zurückkommen. ²Verteil dein Vermögen auf sieben oder sogar acht, denn du weißt nicht, welches Unglück über die Erde hereinbrechen wird.

³Wenn die Wolken voller Wasser sind, wird es regnen.

Wohin ein Baum auch fällt – nach Norden oder Süden –, er bleibt da liegen, wo er hingefallen ist.

⁴Wer immer nach dem Wind sieht, wird nie säen und wer immer auf die Wolken achtet, wird nichts ernten.

⁵Du weißt nicht, welche Richtung der Wind einschlagen wird, auch kannst du dir nicht erklären, wie der Körper eines Kindes im Leib der Mutter entsteht. Ebenso verstehst du das Tun Gottes nicht, der alles bewirkt.

⁶Säe morgens deine Saat aus, und leg auch abends deine Hände nicht in den Schoß! Denn du kannst nicht wissen, welches von beiden gedeiht, oder ob sogar beides gelingt.

Rat für Alt und Jung

⁷Wie herrlich ist das Licht und wie wohltuend ist es für die Augen, die Sonne zu sehen! ⁸Wenn ein Mensch viele Jahre lebt, so soll er sich über jeden einzelnen Tag seines Lebens freuen, aber dennoch nicht vergessen, dass noch viele dunkle Tage kommen werden: Alles, was kommen wird, ist sinnlos.

⁹Freu dich an deiner Jugend, junger Mann, und leb unbeschwert in deinen jungen Jahren! Schlag den Weg ein, zu dem dein Herz sich hingezogen fühlt, und tu, was deinen Augen gefällt. Aber vergiss nicht, dass du dich vor Gott für alle deine Taten verantworten musst. ¹⁰Gib dich nicht schlechten Launen hin und halte dir die Sorge vom Leib. Denn deine Jugend und dein dunkles Haar sind vergänglich.

12 Denk an deinen Schöpfer, solange du jung bist. Warte damit nicht, bis du alt bist, die Tage für dich beschwerlich werden und die Jahre kommen, von denen du sagen musst: »Sie gefallen mir nicht!« ²Warte damit nicht, bis der Glanz von Sonne, Mond und Sternen für dich immer schwächer wahrnehmbar wird und die Wolken nach einem Regenschauer sofort wieder am Himmel erscheinen*. ³Dann werden die Wäch-

---

12,2-6 In diesen Versen wird in Bildern das Alter beschrieben. Die meisten Bilder sind eindeutig zu bestimmen. *Wächter* = Hände und Füße; *Starker* = Rücken; *Müllerinnen* = Zähne; *die durch die Fenster sehen* = Augen; *Türen* = Ohren; *Stimme der Mühle* = Rede.

DER PREDIGER SALOMO

1,1–3,9 Die Grenzen des Lebens

3,10–8,17 Die Grenzen des Erkennens

9,1–12,8 Leben unter dem Vorzeichen der Sterblichkeit

12,9-14 Nachwort

12
Achte Gott von Jugend an.

ter des Hauses zittern und die Starken sich krümmen. Die Müllerinnen werden aufhören zu arbeiten, weil nur noch wenige übrig geblieben sind, und die, die durch die Fenster blicken, werden sich verdunkeln. ⁴Die Türen zur Straße werden geschlossen bleiben und die Stimme der Mühle wird leiser. Man wird beim ersten Hahnenschrei aufstehen und alle Lieder werden verstummen. ⁵Du wirst dich vor jeder Steigung fürchten und auf jedem Weg nur noch Hindernisse sehen. Der Mandelbaum wird blühen, die Heuschrecke sich träge dahinschleppen und die Kaper aufbrechen. Denn jeder Mensch muss sterben, und die Straßen sind bevölkert von Trauernden.
⁶Denk an deinen Schöpfer*, bevor der silberne Faden des Lebens reißt und die goldene Schale zerbricht, bevor der Krug an der Quelle zerschellt und das Schöpfrad am Brunnen zertrümmert ist. ⁷Denn dann wird der Staub wieder zur Erde, aus der er kommt, und der Geist kehrt zu Gott zurück, der ihn gegeben hat.
⁸»Es ist alles so sinnlos und bedeutungslos«, sagt der Lehrer, »ja, es ist alles vollkommen sinnlos.«

Schlussgedanken

⁹Der Lehrer war ein weiser Mann und er gab seine Erkenntnisse an die Menschen weiter. Er vertiefte sich in die Lehre und forschte darin. Auch verfasste er viele Sprüche. ¹⁰Er versuchte, einprägsame Worte zu finden und nur das zu schreiben, was der Wahrheit entspricht.
¹¹Die Worte eines weisen Lehrers sind wie ein spitzer Stock, mit dem ein Hirte sein Vieh antreibt. Die gesammelten Worte gleichen fest eingeschlagenen Nägeln: Sie sind uns von dem einen Hirten gegeben.
¹²Im Übrigen lass dich warnen, mein Sohn: Es werden stets neue Bücher geschrieben – dein Körper wird müde, wenn du zu viel in ihnen forschst.
¹³Als Ergebnis dieser ganzen Gedanken will ich dir Folgendes mitgeben: Bring Gott Achtung entgegen und tu das, was er in seinen Geboten fordert! Das gilt für jeden Menschen. ¹⁴Gott wird über alle unsere Taten Gericht halten – seien sie gut oder böse – selbst über die Taten, die im Verborgenen liegen.

[Zeit der Könige und Propheten]

12,6 Zum besseren Verständnis ist der erste Versteil sinngemäß aus V. 1 wiederholt.

Das Hohelied

Inhalt

Das »Lied der Lieder«, so der Titel des Buches wörtlich, besteht aus vielen Liebesgedichten, die im Wesentlichen von Frau und Mann abwechselnd gesprochen werden. Sie malen die vielfältige Anmut der Geliebten wie auch des Geliebten vor Augen und drücken die Sehnsucht aus, die sie füreinander verspüren. Liebe und Leidenschaft sind unwiderstehlich »stark wie der Tod«.

Das Hohelied feiert die menschliche Sexualität als Schöpfungsgabe Gottes für eine exklusive Beziehung von Mann und Frau. So war bereits Adam begeistert, als er Eva entdeckte. – Bibelleser aller Zeiten haben es jedoch zumindest als unbefriedigend empfunden, dass dies die (einzige) Botschaft des Hoheliedes sei. Es ist vielleicht nicht zu weit hergeholt, hinter den menschlichen Liebeserklärungen, die in den Ehebund gehören, auch Gottes Bund aufleuchten zu sehen. Gott liebt sein Volk leidenschaftlich, und er fiebert der völligen Vereinigung mit seiner »Braut«, nämlich seinem Volk und der christlichen Gemeinde, entgegen – sogar durch den Tod.

Wichtige Personen

Salomo	König von Israel; seine Rolle in den Gedichten ist unklar (Autor? Liebender?)
Junge Frau	Sulamith
Junger Mann	Salomo (?)
Junge Frauen von Jerusalem	
Die Brüder der jungen Frau	

Wichtige Orte

Städte, Berge und Gegenden im Land Israel zur Zeit König Salomos und im Norden des heutigen Saudi-Arabiens

Jerusalem
Kedar
Weinberge von En-Gedi
Scharon
Gebirge Gilead
Libanon
Amana, Senir, Hermon
Tirza
Teiche von Heschbon am Tor von Bat-Rabbim
Karmel
Baal-Hamon

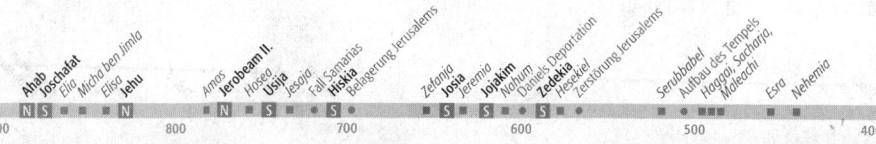

DAS HOHELIED

DAS HOHELIED

1	Das Kennenlernen
2	Die Einladung
3–7	Das Zusammensein der Liebenden
8	Stark wie der Tod ist die Liebe

1–3
Eine junge Frau und ein junger Mann besingen ihre Liebe.

[Zeit der Könige und Propheten]

1 Dies ist das Lied der Lieder von Salomo.

*Junge Frau:** ²»Ach, dass er mich küsse mit den Küssen seines Mundes, denn deine Liebe ist köstlicher als Wein. ³Der Duft deiner Salben ist betörend, dein Name ist wie feinstes Öl. Darum lieben dich die Mädchen! ⁴Nimm mich mit zu dir; komm, lass uns eilen! Der König hat mich in sein Zimmer geführt.*«

Junge Frauen von Jerusalem: »Wir wollen jubeln und uns über dich freuen, wollen uns an deiner Liebe mehr als an Wein berauschen!«

Junge Frau: »Ja, zu Recht lieben sie dich! ⁵Ich bin dunkelbraun und schön, ihr Mädchen von Jerusalem, braun wie die Zelte von Kedar, wie die Zeltdecken Salomos bin ich.

⁶Starrt mich nicht an, weil meine Haut so dunkel ist. Die Sonne hat mich dunkel gebräunt. Die Söhne meiner Mutter ärgerten sich über mich und ließen mich die Weinberge hüten. Doch meinen eigenen Weinberg konnte ich nicht hüten.

⁷Sag mir, du, den meine Seele liebt, wo lässt du deine Schafe weiden? Wo lässt du sie am Mittag rasten? Warum soll ich wie eine Umherirrende* bei den Herden deiner Freunde suchen?«

Junger Mann: ⁸»Wenn du es nicht weißt, du Schönste aller Frauen, dann folg den Spuren meiner Herde und weide deine Zicklein bei den Zelten der Hirten! ⁹Einer prachtvollen Stute vor dem Prunkwagen des Pharaos gleichst du, meine Freundin. ¹⁰Anmutig sind deine Wangen umrahmt von schmückenden Kettchen, anmutig ist dein Hals mit der Perlenkette. ¹¹Wir wollen dir goldene Kettchen mit silbernen Perlen machen!«

1,1 Die Angaben über die jeweils sprechenden Personen finden sich im ursprünglichen Text nicht, sondern wurden zum besseren Verständnis hinzugefügt. Doch das Hohelied besteht formal aus Dialogen zwischen verschiedenen Personen bzw. aus Monologen Einzelner, und das Hebr. enthält in der Regel durch die Verbform und die Pronomen Hinweise auf das Geschlecht des Sprechenden, sodass man die Sprecher einzelner Zeilen und Abschnitte identifizieren kann. Hier spricht demnach die junge Frau.   **1,4** O. *Führe mich, König, in dein Zimmer.*   **1,7** O. *wie eine verschleierte Frau.*

S Südreich Juda   N Nordreich Israel

Junge Frau: ¹²»Solange der König auf seinem Lager liegt, verströmt mein Nardenöl seinen Duft. ¹³Mein Geliebter ist für mich wie ein mit Myrrhe gefüllter Beutel, der zwischen meinen Brüsten ruht. ¹⁴Wie die Blüten des Hennastrauchs in den Weinbergen von En-Gedi ist mein Geliebter für mich.«

Junger Mann: ¹⁵»Wie schön du bist, meine Freundin, wie schön! Deine Augen sind wie Tauben.«

Junge Frau: ¹⁶»Wie schön bist auch du, mein Geliebter, wie bezaubernd. Unser Lager ist mitten im Grünen, ¹⁷die Balken unseres Hauses sind Zedern und unsere Täfelung Zypressen.«

2 *Junge Frau:* »Ich bin eine Rose von Scharon, eine Lilie der Täler.«

Junger Mann: ²»Ja, wie eine Lilie unter Dornen, so ist meine Freundin unter den anderen Mädchen.«

Junge Frau: ³»Und wie ein Apfelbaum unter den Bäumen des Waldes, so ist mein Geliebter unter den anderen Männern. Ich begehre in seinem Schatten zu sitzen, seine Frucht schmeckt meinem Gaumen köstlich. ⁴Er hat mich ins Weinhaus geführt, das mit einem Banner der Liebe geschmückt ist. ⁵Stärkt mich mit Traubenkuchen und labt mich mit Äpfeln – denn ich bin krank vor Liebe! ⁶Sein linker Arm liegt unter meinem Kopf und sein rechter umfängt mich.

⁷Ihr Mädchen von Jerusalem, ich beschwöre euch bei den Gazellen und den Rehen des Feldes, dass ihr die Liebe nicht aufweckt und stört, bis es ihr selbst gefällt.

⁸Da, ich höre ihn – meinen Geliebten! Da kommt er, er springt über die Berge und hüpft über die Hügel. ⁹Mein Geliebter ist wie eine Gazelle, wie ein junger Hirsch. Sieh, da steht er schon hinter unserer Mauer! Jetzt schaut er durchs Fenster herein, blickt durch die Gitter.

¹⁰Mein Geliebter sagt zu mir: ›Steh auf, meine Freundin, meine Schöne, und komm! ¹¹Denn der Winter ist vorüber, die Regenzeit ist vorbei und vergangen. ¹²Die Blumen beginnen zu blühen, die Zeit des Singens ist gekommen: Überall in unserem Land hört man die Turteltaube gurren. ¹³Die Feigenbäume tragen Knospen, die Reben stehen in Blüte und verströmen ihren Duft. Steh auf, meine Freundin, meine Schöne, und komm!‹«

Junger Mann: ¹⁴»Meine Taube verbirgt sich hinter den Felsen, verharrt in einem Versteck in der Felswand. Lass mich dich sehen; lass mich deine Stimme hören! Denn deine Stimme ist wundervoll und du siehst so schön aus.«

Junge Frauen von Jerusalem: ¹⁵»Fangt uns die Füchse, die kleinen Füchse, die den Weinberg verwüsten, denn unsere Reben stehen in voller Blüte.«

Junge Frau: ¹⁶»Mein Geliebter gehört mir und ich gehöre ihm, ihm, der unter den Lilien weidet. ¹⁷Wenn der Tag anbricht und die Schatten fliehen, dann komm zu mir, mein Geliebter, so flink wie eine Gazelle oder ein junger Hirsch auf den zerklüfteten Bergen*.«

3 *Junge Frau:* »Nachts in meinem Bett sehnte ich mich nach ihm, den meine Seele liebt, ich sehnte mich nach ihm, doch ich fand ihn nicht*. ²›Ich will aufstehen und die Stadt durchstreifen, will ihn auf den Straßen und Plätzen suchen, ihn, den meine Seele liebt.‹ Ich suchte ihn, aber ich fand ihn nicht. ³Die Wächter, die in der Stadt ihre Runden drehten, fanden mich: ›Habt ihr ihn gesehen, ihn, den meine Seele liebt?‹ ⁴Kaum war ich an ihnen vorübergegangen, fand ich ihn, den meine Seele liebt. Ich hielt ihn fest und ließ ihn nicht mehr los, bis ich ihn ins Haus meiner Mutter brachte, in die Kammer derjenigen, die mich geboren hatte.

⁵Ihr Mädchen von Jerusalem, ich beschwöre euch bei den Gazellen und den Rehen des Feldes, dass ihr die Liebe nicht aufweckt und stört, bis es ihr selbst gefällt.«

Junge Frauen von Jerusalem: ⁶»Wer zieht da heran aus der Wüste wie eine Rauchsäule und duftet nach Myrrhe und Weihrauch und allen Gewürzen des Händlers? ⁷Sieh, es ist die Sänfte Salomos, umgeben von sechzig kühnen Männern, den Helden Israels. ⁸Alle von ihnen sind erfahren im Umgang mit dem Schwert und sind kampferprobte Krieger. Jeder trägt ein Schwert an der Seite zum Schutz gegen den Schrecken der Nacht.

⁹Eine Sänfte ließ König Salomo sich bauen aus dem Holz des Libanon. ¹⁰Ihre Pfosten sind aus Silber, ihre Lehne ist aus Gold, ihr Sitz ist mit Purpur bezogen, ihr Inneres ist liebevoll ausgeschmückt von den Mädchen Jerusalems.«

2,17 O. *den Bergen von Beter.* **3,1** So in der hebr. Version. Im Griech. steht *ich rief ihn, doch er erhörte mich nicht.*

DAS HOHELIED

1	Das Kennenlernen
2	Die Einladung
3–7	Das Zusammensein der Liebenden
8	Stark wie der Tod ist die Liebe

3–6
Eine junge Frau und ein junger Mann suchen sich voller Sehnsucht.

[Zeit der Könige und Propheten]

Junge Frau: ¹¹»Ihr Mädchen von Zion, eilt hinaus, um König Salomo zu sehen. Er trägt die Krone, mit der seine Mutter ihn an seinem Hochzeitstag, dem Tag der Freude seines Herzens, krönte.«

4 *Junger Mann:* »Wie schön du bist, meine Freundin, wie schön! Deine Augen hinter dem Schleier sind wie Tauben. Dein Haar gleicht einer Ziegenherde, die vom Gebirge Gilead talwärts zieht. ²Deine Zähne sind wie eine Herde frisch geschorener Schafe, die gerade aus der Schwemme kommen. Jeder von ihnen hat seinen Zwilling, keiner von ihnen fehlt. ³Deine Lippen sind wie ein scharlachrotes Band und dein Mund ist wunderschön. Deine Schläfen hinter deinem Schleier schimmern wie eine Scheibe vom Granatapfel. ⁴Dein Hals ragt hervor wie der Turm Davids, aufgebaut in Schichten. Tausend Schilde hängen an ihm, alles Schilde der Helden. ⁵Deine beiden Brüste sind wie zwei junge Rehe, wie Zwillinge der Gazelle, die unter Lilien weiden. ⁶Wenn der Tag anbricht und die Schatten fliehen, will ich zum Myrrhenberg, dem Weihrauchhügel gehen. ⁷Du bist so schön, meine Freundin, so makellos.

⁸Komm mit mir vom Libanon, meine Braut, komm mit mir vom Libanon herab. Steig herab* vom Gipfel des Amana, von den Gipfeln des Senir und des Hermon, geh fort von den Lagerplätzen der Löwen, von den Bergen der Leoparden. ⁹Du hast mein Herz verzaubert, meine Schwester, meine Braut. Du hast mein Herz verzaubert mit einem einzigen Blick deiner Augen, mit dem Geschmeide deiner Halskette. ¹⁰Wie wundervoll ist deine Liebe, meine Schwester, meine Braut! Wie viel süßer ist sie als Wein; und der Duft deiner Salben ist köstlicher als alle Gewürze. ¹¹Deine Lippen, meine Braut, sind wie träufelnder Honig. Ja, Honig und Milch sind unter deiner Zunge. Der Duft deiner Kleider ist wie der Duft des Libanon.

¹²Du bist wie ein verschlossener Garten, meine Schwester, meine Braut, wie eine verschlossene Quelle, ein versiegelter Brunnen. ¹³Du bist wie ein reizvoller Garten mit Granatapfelbäumen voller köstlicher Früchte, mit Hennasträuchern und Lavendel, ¹⁴Narde und Safran, Kalmus und Zimt, Myrrhe und Aloe, Weihrauchsträuchern und anderen kostbaren Gewürzen. ¹⁵Du bist wie ein Brunnen im Garten, ein Brunnen lebendigen Wassers, das herabströmt vom Libanon.«

4,8 O. *Sieh herab.*

Junge Frau: ¹⁶»Wach auf, Nordwind! Erhebe dich, Südwind! Durchweht meinen Garten und verströmt den Duft seiner Gewürze. Lasst meinen Geliebten in seinen Garten kommen und seine köstlichen Früchte essen!«

5 *Junger Mann:* »Ich komme in meinen Garten, meine Schwester, meine Braut. Ich sammle meine Myrrhe und meine Gewürze und esse meinen Honig aus der Wabe. Ich trinke meinen Wein und meine Milch.«

Junge Frauen von Jerusalem: »Esst, Freunde, und trinkt! Berauscht euch an der Liebe!«

Junge Frau: ²»Ich schlief, aber mein Herz war wach. Da, hört, mein Geliebter klopft an die Tür. ›Öffne mir, meine Schwester, meine Freundin, meine Taube, meine Vollkommene, denn mein Haar ist durchnässt von Tau, meine Locken sind feucht von den Tropfen der Nacht.‹ ³›Ich habe mein Kleid schon ausgezogen, soll ich mich wieder anziehen? Ich habe meine Füße gewaschen, soll ich sie wieder schmutzig machen?‹ ⁴Mein Geliebter streckte seine Hand durch die Öffnung in der Tür, und mein Herz fing an wie wild zu schlagen vor Sehnsucht nach ihm. ⁵Ich sprang auf, um meinem Geliebten zu öffnen. Meine Hände troffen von Myrrhe und meine Finger von bestem Öl, als ich nach dem Riegel griff. ⁶Ich öffnete meinem Geliebten, doch mein Geliebter war fort, er war verschwunden. Ich war außer mir, dass er fort war! Ich suchte ihn, doch ich fand ihn nicht. Ich rief ihn, doch er antwortete mir nicht. ⁷Die Wächter fanden mich, als sie in der Stadt ihre Runden drehten; sie schlugen und verletzten mich. Die Wächter auf der Mauer entrissen mir meinen Umhang. ⁸Ihr Mädchen von Jerusalem, ich beschwöre euch! Wenn ihr meinen Geliebten findet, dann sagt ihm, dass ich krank vor Liebe bin.«

Junge Frauen von Jerusalem: ⁹»Was hat dein Geliebter anderen Männern voraus, du Schönste aller Frauen? Was hat dein Geliebter anderen Männern voraus, dass du uns so beschwörst?«

Junge Frau: ¹⁰»Mein Geliebter ist voller Kraft und strahlend schön*, unter Zehntausenden ist ihm keiner gleich. ¹¹Sein Gesicht ist wie feinstes Gold, sein Haar ist rabenschwarz und seine Locken sind wie wallende Ranken. ¹²Seine Augen gleichen Tauben an Wasserbächen, die wie in Milch gebadet am Teichrand sitzen. ¹³Seine Wangen sind wie Balsambeete voll duftender Kräuter, seine Lippen wie Lilien, triefend von flüssiger Myrrhe. ¹⁴Seine Arme sind wie Barren aus Gold, mit Edelsteinen geschmückt. Sein Körper ist ein Kunstwerk aus Elfenbein, mit Saphiren besetzt. ¹⁵Seine Beine sind wie Marmorsäulen, die auf Sockeln aus feinstem Gold gründen. Seine Gestalt ist wie der Libanon, sie ist so herausragend wie die Zedern. ¹⁶Sein Mund ist voll Süße – alles an ihm ist begehrenswert. So ist mein Geliebter, mein Freund, ihr Mädchen von Jerusalem.«

6 *Junge Frauen von Jerusalem:* »Wohin ist dein Geliebter gegangen, du Schönste aller Frauen? Wo könnte er denn sein? Wir wollen ihn mit dir suchen.«

Junge Frau: ²»Mein Geliebter ist in seinen Garten hinabgegangen, zu den Balsambeeten, um dort zu weiden und Lilien zu pflücken. ³Ich gehöre meinem Geliebten und mein Geliebter gehört mir. Er weidet unter den Lilien.«

Junger Mann: ⁴»Schön bist du, meine Freundin, so wie Tirza, wunderbar wie Jerusalem, herrlich wie ein mächtiges Kriegsheer! ⁵Schau mich nicht an, deine Augen verwirren mich! Dein Haar gleicht einer Ziegenherde, die vom Gebirge Gilead talwärts zieht. ⁶Deine Zähne sind wie eine Herde Mutterschafe, die gerade aus der Schwemme kommen. Jeder von ihnen hat seinen Zwilling, keiner von ihnen fehlt. ⁷Deine Schläfen hinter deinem Schleier schimmern wie eine Scheibe vom Granatapfel. ⁸Lass es sechzig Königinnen sein, achtzig Nebenfrauen und zahllose Jungfrauen – ⁹doch sie ist einzigartig, meine Taube, meine Vollkommene. Einmalig ist sie für ihre Mutter, ohne Fehler für die, die sie geboren hat. Die jungen Mädchen sehen sie und preisen sie glücklich und die Königinnen und Nebenfrauen rühmen sie: ¹⁰›Wer ist sie, die aufgeht wie die Morgenröte, hell wie der Mond, strahlend wie die Sonne, herrlich wie ein mächtiges Kriegsheer?‹

¹¹Ich ging hinunter in den Nussbaumhain, um das frische Grün des Tales zu sehen. Ich wollte nachsehen, ob die Weinstöcke schon treiben und die Granatapfelbäume blühen. ¹²Doch ohne dass ich's merkte, trieb mich mein Verlangen zu den Wagen Amminadabs*.«

5,10 Hebr. *weiß und rot.*   **6,12** Die Bedeutung des Hebr. an dieser Stelle ist unklar.

DAS HOHELIED

1	Das Kennenlernen
2	Die Einladung
3–7	Das Zusammensein der Liebenden
8	Stark wie der Tod ist die Liebe

7–8
Eine junge Frau und ein junger Mann geben sich ihrer Liebe hin.

[Zeit der Könige und Propheten]

S Südreich Juda   **N** Nordreich Israel

---

7 *Junge Frauen von Jerusalem:* »Komm zurück, komm zurück, Sulamith! Komm zurück, komm zurück, damit wir dich anschauen können!«

Junger Mann: »Was schaut ihr denn an Sulamith an, wenn sie den Reigen von Mahanajim tanzt*? ²Wie bezaubernd sind deine Schritte in den Sandalen, du königliches Mädchen. Die Rundungen deiner Hüften sind wie Geschmeide: das Werk eines Künstlers. ³Dein Nabel gleicht einer runden Schale, der es nie an edlem Wein fehlen wird. Dein Bauch ist wie ein Weizenhügel, gesäumt mit Lilien. ⁴Deine beiden Brüste sind wie zwei junge Rehe, wie Zwillinge der Gazelle. ⁵Dein Hals gleicht einem Turm aus Elfenbein und deine Augen sind wie die Teiche in Heschbon am Tor von Bat-Rabbim. Deine Nase ist wie der Libanonturm, der nach Damaskus blickt. ⁶Dein Kopf ist wie der Berg Karmel, dein gelöstes Haar wie Purpur. Ein König liegt in deinen Locken gefangen.

⁷Wie schön und wie bezaubernd du bist, deine Liebe ist so beglückend! ⁸Dein Wuchs gleicht einer hohen Palme und deine Brüste sind wie Trauben. ⁹Ich sagte mir: ›Ich will auf die Palme steigen und nach den Rispen greifen. Deine Brüste werden für mich wie Weintrauben sein. Der Duft deines Atems wird wie der Duft von Äpfeln, ¹⁰dein Mund wie der köstlichste Wein sein, der mir süß die Kehle hinabfließt und Lippen und Zähne sanft benetzt*.‹«

Junge Frau: ¹¹»Ich gehöre meinem Geliebten; und ich bin es, nach der er sich sehnt. ¹²Komm, mein Geliebter, wir wollen aufs Feld hinausgehen und die Nacht zwischen wilden Blumen* verbringen. ¹³Lass uns früh am Morgen hinaus in die Weinberge gehen. Lass uns nachsehen, ob die Weinstöcke bereits treiben, die Knospen sich öffnen und die Granatapfelbäume blühen. Dort will ich dir meine Liebe schenken! ¹⁴Die Liebesäpfel verströmen ihren Duft und köstliche Früchte liegen vor unserer Tür, neue wie alte: Ich habe sie für dich aufbewahrt, mein Geliebter.«

8 *Junge Frau:* »Ach wärst du doch mein Bruder, der an der Brust meiner Mutter gestillt

---

7,1 O. *wie ihr das Vorrücken zweier Heere anschauen würdet?* O. *wie ihr den Tanz von Mahanajim anschauen würdet?* Die Bedeutung des Hebr. an dieser Stelle ist unklar. 7,10 So in der griech. und in der syr. Version und in der latein. Vulgata; im Hebr. steht *und die Lippen der Schlafenden benetzt.*
7,12 O. *in den Dörfern.*

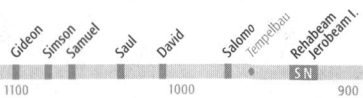

wurde! Dann dürfte ich dich draußen auf der Straße küssen und niemand würde mich verachten. ²Ich würde dich ins Haus meiner Mutter führen und dort würdest du mich unterweisen. Ich gäbe dir gewürzten Wein zu trinken und Most von den Granatäpfeln. ³Sein linker Arm läge unter meinem Kopf und sein rechter umfinge mich.

⁴Ihr Mädchen von Jerusalem, ich beschwöre euch, dass ihr die Liebe nicht aufweckt und stört, bis es ihr selbst gefällt.«

Junge Frauen von Jerusalem: ⁵»Wer ist sie, wer kommt da aus der Wüste herauf und stützt sich auf den Geliebten?«

Junge Frau: »Unter dem Apfelbaum habe ich dich erweckt, dort, wo deine Mutter dich geboren hat, wo sie dich unter Schmerzen zur Welt brachte. ⁶Leg mich wie einen Siegelring an dein Herz, wie einen Siegelring um deinen Arm. Denn stark wie der Tod ist die Liebe und ihre Leidenschaft so unentrinnbar wie das Totenreich. Ihre Glut lodert wie Feuer; sie ist eine Flamme des HERRN. ⁷Große Wassermassen können die Liebe nicht auslöschen, Ströme sie nicht überfluten. Und wenn einer seinen ganzen Besitz hergäbe, um sich die Liebe zu erkaufen, so würde man nur über ihn spotten.«

Die Brüder der jungen Frau: ⁸»Wir haben eine Schwester; sie ist noch sehr jung und hat noch keine Brüste. Was sollen wir tun, wenn die Zeit kommt, dass jemand um sie werben wird? ⁹Wenn sie wie eine Mauer ist, dann schmücken wir sie mit einer silbernen Krone. Doch wenn sie wie ein Tor ist, müssen wir sie mit Zedernbalken verriegeln.«

Junge Frau: ¹⁰»Ich bin wie eine Mauer und meine Brüste sind wie Türme. Doch ihm habe ich mich gezeigt und Frieden gefunden.
¹¹Salomo besaß einen Weinberg in Baal-Hamon, den er an Pächter übergab. Jeder von ihnen sollte für seinen Ertrag 1.000 Silberschekel* zahlen. ¹²Mein Weinberg gehört mir allein. Die 1.000 Silberschekel, Salomo, gönne ich dir und auch die 200* den Pächtern.«

Junger Mann: ¹³»Du, die du in den Gärten umhergehst und von Freunden umgeben bist, die deiner Stimme lauschen: Lass mich deine Stimme hören!«

Junge Frau: ¹⁴»Mach dich auf, mein Geliebter! Eile so flink wie eine Gazelle, wie ein junger Hirsch in den Balsambergen.«

8,11 Das entspricht ca. 12 kg; so auch in 8,12. **8,12** Das entspricht ca. 2,4 kg.

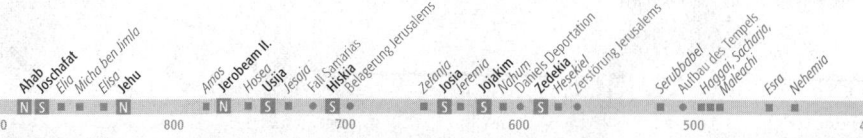

... Ester | Hiob | Die Psalmen | Die Sprüche | Der Prediger Salomo | **Das Hohelied**

Nimm die Schrift Gottes einstweilen für dich als Gottes Antlitz! Schmilz vor ihm dahin!

Augustinus von Hippo

Jesaja

Inhalt

Jesaja führt die Reihe derjenigen Propheten an, deren Botschaften in einem Buch der Bibel zusammengestellt worden sind (»Schriftpropheten«). Weder die Prophetenbücher innerhalb des Alten Testaments noch die jeweils enthaltenen Botschaften sind zeitlich geordnet.

Der Schwerpunkt biblischer Prophetie liegt nicht auf der Vorhersage zukünftiger Ereignisse, sondern darauf, Gottes Willen für bestimmte Menschen oder Völker in einer bestimmten Situation zu Gehör zu bringen. Gottes Bundesbestimmungen sind also die Grundlage für prophetisches Reden.

Jesaja wirkt hauptsächlich in Juda. Wie andere vor und nach ihm prangert er an, womit Volk und Könige vor Gott schuldig werden: Verehrung anderer Götter, Zauberei, Ungerechtigkeit, Mord, politische Bündnisse, die das Land arm und Misstrauen gegenüber Gott deutlich machen. Er ruft zur Umkehr auf, um das Unheil abzuwehren. Und er kündigt Gottes Gerichtshandeln an. Außerdem ermutigt der Prophet zum Vertrauen, wo unbegründete Angst vor Feinden herrscht, die doch nicht siegen werden, weil Gott es so will. Darüber hinaus verkündet Jesaja Gerichtsbotschaften über Israel (Nordstämme) und seine Nachbarvölker. Der Schwerpunkt liegt dabei auf Assyrien, das 612 v.Chr. von Babel erobert wird.

Mehr als andere alttestamentliche Propheten weist Jesaja über seine Zeit hinaus. Er spricht von einem Kind, das »starker Gott« heißt und in endlosem Frieden regiert, von einem Herrscher aus der Familie Davids, der mit Gottes Geist und Weisheit Gerechtigkeit verwirklichen wird. Mehrfach flicht Jesaja Visionen ein, die nur in einer anderen Weltordnung Wirklichkeit werden können. Sie skizzieren eine neue Welt, die Gott selbst schaffen wird. Hier sei vor einem allzu vorschnellen buchstäblichen Ausmalen der Zukunft gewarnt, da die einzelnen Botschaften sich für uns nicht zu einem klaren Gesamtbild zusammensetzen lassen.

Die Texte ab Kapitel 40 sprechen anscheinend in eine spätere Zeit als der erste Teil. Jerusalem ist zerstört, die Israeliten zerstreut, Kyrus wohl schon auf der politischen Bühne. Ohne ihn einzuführen wird davon gesprochen, dass er die unmittelbar bevorstehende Befreiung des Gottesvolkes einleiten wird.

Hier wird immer wieder angedeutet, dass Gott seinen Bund erweitert; z.B.: König des Volkes ist Gott, nicht eigentlich ein menschlicher Nachkomme Davids. Vater des Volkes ist Gott, nicht eigentlich Abraham. Gott spricht von umfassender Gnade und bezeichnet sich als Retter, der um seiner selbst willen gnädig ist, nicht nach den Bestimmungen des Gesetzes. Gott wohnt in menschlichen Herzen und nicht in einem Tempel. Gott ist Gott aller Völker und nicht nur der Israeliten. Gottes heiliger Geist wird erwähnt. Und schließlich kommt eine Stimme zu Wort, die geheimnisvollerweise weder dem Volk noch einem Propheten allein gehören kann. Diesen »Diener« sendet Gott, damit er nicht nur Israel, sondern alle Völker rettet, indem er sie zur Umkehr bewegt. Er erscheint nicht mit Gottes Herrlichkeit, weil er unsere Schuld und Schmerzen auf sich nimmt.

Wichtige Personen

Jesaja	Prophet, berufen ca. 740 v.Chr.
Asarja/Usija, Jotam, Ahas, Hiskia,	zur Zeit Jesajas Könige von Juda
Pekach	König von Israel
Rezin	König von Aram (heute Syrien)
Sanherib	König von Assyrien (Großreich, Kernland im heutigen Irak)
Kyrus (II.)	König von Persien (Großreich, Kernland im heutigen Iran), ca. 558–530 v.Chr.

Wichtige Orte

Jerusalem	Hauptstadt von Juda
Samaria	Hauptstadt von Israel

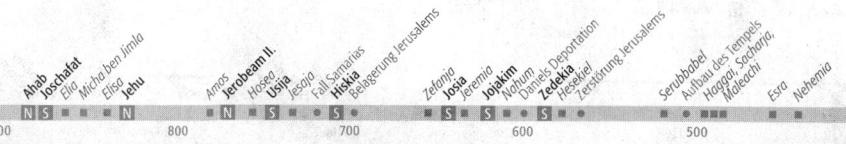

JESAJA

1–12	Eine Botschaft für das abtrünnige Juda
13–23	Botschaften für fremde Völker
24–27	Der Weltuntergang
28–35	Warnung vor menschlichen Rettungsversuchen
36–39	Ankündigung des Exils
40–53	Trost und Befreiung – Gottes Diener
54–66	Die zukünftige Herrlichkeit

1–2
Der Herr klagt über Juda und Jerusalem und kündigt Unheil an. Vision Jesajas über Jerusalem.

[Zeit der Könige und Propheten]

JESAJA

1 Dies sind die Visionen, die Jesaja, der Sohn von Amoz, in der Zeit der Könige von Juda Usija, Jotam, Ahas und Hiskia, über Juda und Jerusalem gesehen hat.

Eine Botschaft für das abtrünnige Juda
²Höre, Himmel! Erde, pass auf! Dies sagt der HERR: »Ich habe Kinder großgezogen und versorgt und durch mich haben sie es zu etwas gebracht, aber sie haben sich von mir abgewandt. ³Ochsen und Esel kennen ihren Besitzer und den Futtertrog ihres Herrn, nicht aber mein Volk Israel – mein Volk begreift nichts.
⁴Schlimmes erwartet das sündige Volk, das große Schuld auf sich geladen hat. Sie sind die bösen Kinder von Übeltätern und der Verdorbenheit. Sie haben sich vom HERRN abgewandt, haben den Heiligen Israels verworfen und sich von ihm losgesagt.
⁵Wozu sollte ich euch noch schlagen? Ihr werdet doch weiter ungehorsam sein! Euer Kopf ist krank und euer Herz ist schwach. ⁶Vom Scheitel bis zur Sohle gibt es nichts Gesundes an euch. Ihr habt Wunden und frische Striemen, die weder versorgt noch verbunden noch mit Öl behandelt

Jesaja 2,2-3

Erwählung
Der prophetische Ausblick von Jesaja auf den Berg Zion hat sich erstmals in Jesus erfüllt, zielt aber auf die »letzten Tage«. Es ist der Gott Israels, der im Mittelpunkt aller Erwartungen steht. Von ihm wird sich alle Welt Weisung und Leben erhoffen.
Die Gemeinde von Jesus entstand in Jerusalem um den Berg Zion, unter Juden. Die Glaubenden aus den anderen Völkern kamen später hinzu. Das Zentrum in der vollendeten Welt Gottes wird also Gottes erwähltes Eigentumsvolk sein. Auch die Christenheit wird hier ihre Mitte haben. Es ist nicht so, dass Israel zu den Christen kommen wird, sondern umgekehrt: weil Jesus aus der Mitte Israels kommt. Um ihn herum soll Israel sich sammeln – und dann auch die Völker. Wenn Gott dafür gelobt wird, dass alle Völker in Anbetung zu ihm strömen, dann wird das Lied des Lammes (Christus) nicht das Lied von Mose (aus Israel) übertönen (Offb 15,2-4)!
(Offenbarung 21,1-27 ««| »» Jesaja 60,1-22)

S Südreich Juda   N Nordreich Israel

1400 v. Chr.	1300	1200	1100	1000	900
Josua / Einnahme von Jericho			Gideon, Simson, Samuel, Saul	David, Salomo / Tempelbau	Rehabeam, Jerobeam I.

wurden. ⁷Euer Land ist verwüstet, eure Städte sind niedergebrannt. Ihr müsst zusehen, wie Fremde vor euren Augen die Ernte eures Landes einfahren und eure Äcker verwüsten.« ⁸Die Tochter Zion bleibt zurück wie eine Hütte im Weinberg, ein Wächterhäuschen im Gurkenfeld oder eine belagerte Stadt. ⁹Hätte der allmächtige Herr nicht einige von uns verschont, wären wir so vollständig ausgelöscht worden wie Sodom und Gomorra.

¹⁰Hört auf das Wort des HERRN, ihr Anführer Sodoms! Achte das Gesetz unseres Gottes, du Volk von Gomorra! ¹¹»Warum bringt ihr mir so viele Opfer?«, spricht der HERR. »Ich bin eure Widder als Brandopfer und das Fett des Mastviehs leid. Mir gefällt das Blut eurer Opferstiere, Lämmer und Ziegenböcke nicht. ¹²Wer hat von euch verlangt, meinen Vorhof zu zertrampeln, um vor mein Angesicht zu kommen? ¹³Hört auf, mir solche verlogenen Opfer zu bringen. Das Räucherwerk, das ihr mir bringt, finde ich abscheulich. Eure Neumondfeste und Sabbatfeiern, eure sündigen Zusammenkünfte und Versammlungen kann ich nicht mehr aushalten. ¹⁴Ich verabscheue eure Feste und Neumondfeiern, sie sind mir zuwider. Sie belasten mich. Ich bin es leid, sie länger zu ertragen! ¹⁵Wenn ihr nun eure Hände erhebt, werde ich meine Augen von euch abwenden. Betet, so viel ihr wollt, ich werde nicht hinhören. Eure Hände sind blutbefleckt. ¹⁶Wascht euch, reinigt euch! Schafft mir eure bösen Taten aus den Augen. Hört auf, Schlechtes zu tun und ¹⁷lernt, Gutes zu tun. Schafft Recht, weist Übeltäter zur Ordnung. Verhelft den Waisen zu ihrem Recht. Tretet für die Witwen ein.«

¹⁸»Dann lasst uns doch miteinander rechten«, sagt der HERR. »Selbst wenn eure Sünden scharlachrot sind, sollen sie schneeweiß werden. Eure Sünden mögen blutrot sein, doch sie sollen werden wie Wolle. ¹⁹Wenn ihr mir bereitwillig gehorcht, werdet ihr die Früchte des Landes essen. ²⁰Wenn ihr euch aber weigert und widerspenstig seid, werdet ihr durch das Schwert umkommen. Ich, der HERR, habe gesprochen.«

Das treulose Jerusalem

²¹Sieh doch: Das früher so treue und gerechtigkeitsliebende Jerusalem ist zur Hure geworden. Früher war es die Heimat von Recht und Gerechtigkeit, heute beherbergt es Mörder. ²²Dein Silber ist zu wertloser Schlacke geworden. Dein erlesener Wein ist mit Wasser gepanscht. ²³Eure Anführer sind Aufrührer und Diebespack: Sie lieben Geschenke und sind bestechlich. Sie kümmern sich nicht um das Recht der Waisen und die Belange der Witwen.

²⁴Deshalb lässt der HERR, der Allmächtige, der starke Hirte Israels, folgende Mitteilung ergehen: »Schlimmes wird geschehen! Ich will Vergeltung an meinen Gegnern üben und mich an meinen Feinden rächen. ²⁵Ich werde meine Hand gegen dich erheben. Ich werde alle Schlacke wie mit Lauge aus dir ausschmelzen und alles Blei aus dir entfernen. ²⁶Dann werde ich dir wieder wie zu Beginn Richter und Ratgeber schenken und du wirst wieder ›Gerechte Stadt‹ und ›Treue Burg‹ genannt werden.«

²⁷Jerusalem* wird vor das Gericht gestellt werden und diejenigen, die umkehren, werden darin durch Gerechtigkeit erlöst werden. ²⁸Die Untreuen und Sünder aber werden alle gemeinsam ausgerottet; die sich vom HERRN abwenden, werden vernichtet.

²⁹Ihr werdet euch wegen der Bäume und Gärten*, die ihr so liebt, schämen. ³⁰Aber ihr werdet vertrocknen wie eine Eiche, deren Laub verwelkt, oder wie ein Garten ohne Wasser. ³¹Selbst der Stärkste von euch wird zu trockenen Spänen werden und seine Taten werden zu Zündfunken. Zusammen werden sie brennen und niemand wird sie löschen können.

Die zukünftige Herrschaft des HERRN
Micha 4,1-5

2 Dies ist, was Jesaja, der Sohn von Amoz, über Juda und Jerusalem gesehen hat:

²In den letzten Tagen wird der Berg, auf dem das Haus des HERRN steht, zum wichtigsten Gipfel werden und sich über alle anderen Berge erheben. Alle Völker werden zu ihm strömen. ³Scharenweise werden sie herbeikommen und sagen: »Kommt, wir wollen auf den Berg des HERRN, zum Haus des Gottes Israels*, gehen. Dort wird er uns seine Wege lehren, damit wir auf seinen Pfaden gehen.« Denn dann wird die Lehre des HERRN von Zion ausgehen und sein Wort von Jerusalem.

⁴Der HERR wird zwischen den Nationen richten und unter vielen Völkern Recht sprechen. Schwerter werden zu Pflugscharen und Speerspitzen zu Winzermessern umgeschmiedet werden. Keine Nation wird mehr gegen eine andere ziehen und sie werden nicht mehr lernen Krieg zu führen. ⁵Komm, Volk von Israel, lass uns ein Leben im Licht des HERRN führen!

1,27 Hebr. *Zion*. **1,29** Hebr. *Terebinthen*. Mit den Bäumen und Gärten sind heidnische Kultstätten gemeint.
2,3 Hebr. *Jakobs*; so auch in 2,5.6.

JESAJA

1–12	Eine Botschaft für das abtrünnige Juda
13–23	Botschaften für fremde Völker
24–27	Der Weltuntergang
28–35	Warnung vor menschlichen Rettungsversuchen
36–39	Ankündigung des Exils
40–53	Trost und Befreiung – Gottes Diener
54–66	Die zukünftige Herrlichkeit

2–4
Warnung vor den kommenden Schrecken. Besondere Warnung für die Frauen.

[Zeit der Könige und Propheten]

Eine Warnung vor dem kommenden Gericht

⁶Du hast dein Volk, das Haus Israel, aufgegeben. Denn unter ihm sind Wahrsager aus dem Osten, die wie die Philister Zauberei betreiben und sich mit den Kindern der Fremden verbünden. ⁷Israel ist voll von Silber- und Goldvorräten und besitzt unendlich viele Schätze, dazu unzählige Pferde und Streitwagen. ⁸Das Land ist voller Götzen. Die Menschen verneigen sich vor Dingen, die sie mit ihren eigenen Händen hergestellt haben, vor dem, was ihre Finger gefertigt haben. ⁹Der Mensch ist tief gesunken und hat seine Ehre verloren. Du wirst ihn darin nicht entlasten.

¹⁰Verbergt euch in Felsspalten! Versteckt euch vor dem Schrecken des HERRN und der Herrlichkeit seiner Majestät im Staub. ¹¹Er wird die hochmütigen Augen der Menschen senken und die Stolzen demütigen. An diesem Tag wird nur der HERR allein erhaben sein. ¹²Denn zu einer von ihm festgelegten Zeit wird der HERR, der Allmächtige, alles Hochmütige, Stolze und Erhabene erniedrigen. ¹³Er kommt über die hohen und erhabenen Zedern des Libanon und die mächtigen Eichen von Baschan, ¹⁴über alle hohen Berge und sich erhebenden Hügel, ¹⁵über alle hohen Türme und Festungsmauern, ¹⁶über alle großen Schiffe von Tarsis und alle Luxusgüter. ¹⁷Die Überheblichkeit des Menschen wird erniedrigt und der Hochmut der Männer gedemütigt werden. Dann wird der HERR allein

Jesaja 4,2-3

Erwählung

Vor Gottes Erwählung kann man nicht weglaufen. Wohl aber kann man sie verspielen: wenn man fortgesetzt so lebt, wie es einem Eigentum Gottes nicht entspricht.
Die Propheten kündigen vielfach Gottes Konsequenzen für sein untreues Volk an. Lange Jahre oder Jahrzehnte der Strafe müssen bitter durchlebt werden. Doch plant Gott von Anfang an, sein Volk nicht völlig zu vernichten. Immer schon hat er die im Blick, die am Ende übrig bleiben werden.
Von solchen Übriggebliebenen spricht Jesaja 4,2-3. An vielen Stellen des Alten Testaments ist von einem solchen »Heiligen Rest« die Rede.
Die Botschaft vom »Heiligen Rest« zeigt auf, wie Gottes Treue auf menschliche Untreue reagiert. Gott nimmt ernst, wenn jemand seine Erwählung missachtet. Der erwählende Blickwinkel engt sich dann ein. Er meint nicht mehr das gesamte Volk, sondern einen Ausschnitt aus ihm, eben den Rest. An diesem zeigt Gott beispielhaft seine Treue.
(Amos 3,2 ‹‹ | ›› Jesaja 6,13)

erhöht sein! ¹⁸Die Götzen dagegen werden alle verschwinden.

¹⁹Wenn der HERR sich erhebt, um die Erde zu erschüttern, wird man sich vor dem Schrecken des HERRN und der Herrlichkeit seiner Majestät in Felsenhöhlen und Erdlöchern verkriechen. ²⁰An diesem Tag werden die Menschen ihre goldenen und silbernen Götzen, die zur Anbetung gemacht wurden, den Maulwürfen und Fledermäusen überlassen. ²¹Sie werden sich vor dem Schrecken des HERRN und der Herrlichkeit seiner Majestät in Felsspalten und Steinklüften verkriechen, wenn er sich erhebt, um die Erde zu erschüttern.

²²Verlasst euch nicht auf den Menschen, der doch von der Atemluft abhängig ist. Was kann man von ihm schon erwarten?

Das Gericht über Juda

3 Beachtet, der HERR, der Allmächtige, wird Jerusalem und Juda jegliche Unterstützung nehmen, sämtliche Brot- und Wasservorräte, ²die Helden, Krieger, Richter, Propheten, Wahrsager, Ältesten, ³Hauptmänner, ehrbaren Bürger, Ratgeber, Weisen, Handwerksmeister und Beschwörer. ⁴Ich werde Kinder zu ihren Herrschern machen, und Spitzbuben sollen mit Willkür regieren. ⁵Jeder wird jeden bekämpfen, Nachbarn werden sich gegenseitig ausnutzen, die Jungen werden über die Alten und Nichtsnutze über ehrbare Leute herfallen.

⁶Wenn dann ein Mann seinen Bruder im Haus seines Vaters antrifft, wird er sagen: »Du besitzt doch einen feinen Mantel; sei unser Anführer! Kümmere du dich um diesen Trümmerhaufen.«

⁷Und der wird dann antworten: »Ich kann euch nicht helfen. Ich habe weder Essen noch einen Mantel in meinem Haus. Ihr könnt mich nicht zum Anführer des Volkes machen.«

⁸Jerusalem stolperte und Juda fiel, weil sie sich mit Worten und Taten gegen den HERRN wendeten und widerspenstig gegen seine Herrlichkeit waren. ⁹Schon ihr Gesichtsausdruck spricht Bände. Sie geben mit ihren Sünden an wie Sodom und zeigen alles. Ihnen wird es schlimm ergehen! Sie stürzen sich selbst ins Unglück.

¹⁰Für die Gottesfürchtigen aber wird alles gut werden, denn sie werden die Früchte ihres Handelns genießen. ¹¹Die Bösen aber erwartet Schlimmes, denn sie werden bekommen, was sie verdienen.

¹²Kinder unterdrücken mein Volk, Frauen beherrschen es. O mein Volk, deine Herrscher verführen dich! Sie vernebeln den Weg, den du gehen sollst.

¹³Der HERR erhebt sich zum Gericht. Er ist bereit, die Völker zu richten. ¹⁴Der HERR wird mit den Anführern und Fürsten seines Volkes ins Gericht gehen: »Ihr habt meinen Weinberg ausgeplündert. Eure Häuser sind voller Diebesgut, das ihr den Armen weggenommen habt. ¹⁵Was fällt euch ein, mein Volk so zu zertreten! Eure Unterdrückung steht ihm im Gesicht geschrieben!« Das sagt der HERR, der Allmächtige.

Eine Warnung an die Frauen von Jerusalem

¹⁶Dieses sagt der HERR: »Die Frauen Jerusalems sind stolz, sie tragen den Kopf hoch, schminken ihre Augen und tippeln mit klimpernden Fußkettchen dahin.« ¹⁷Deshalb lässt der HERR ihre Haare ausfallen und wird ihnen die Kleider vom Körper reißen.

¹⁸An diesem Tag wird der HERR ihnen all ihre prachtvollen Fußspangen, Stirnbänder und kleinen Monde wegnehmen. ¹⁹Ebenso ihre Ohrringe, Armreifen, Schleier ²⁰und ihre Kopftücher, ihre Schrittkettchen, ihre Gürtel, Parfums und Amulette, ²¹ihre Ringe, Nasenringe, ²²Festkleider, Überkleider, Umschlagtücher und Taschen, ²³ihre Spiegel und leinenen Unterkleider, ihre Kopfbinden und ihre Oberkleider. ²⁴Anstelle ihres Duftes wird man Moder riechen. Sie werden Stricke statt Gürtel tragen und statt dem gut frisierten Haar eine Glatze haben. Sie werden Säcke anstelle verführerischer Kleider tragen. Statt ihrer Schönheit werden sie von Brandmalen gezeichnet sein.

²⁵Deine Männer werden durch das Schwert sterben, deine Krieger in der Schlacht. ²⁶Jerusalems Tore werden weinen und trauern. Die Stadt wird einer sitzen gelassenen, am Boden zerstörten Frau gleichen.

4 Sieben Frauen werden einen Mann festhalten und sagen: »Wir sorgen selbst für unser Essen und unsere Kleidung, aber gib du uns deinen Namen und nimm uns unsere Schande.«

Das Versprechen eines neuen Anfangs

²In der Zeit wird alles, was der HERR im Land entstehen lässt, ihm zur Zierde und zur Ehre dienen und die Früchte des Landes werden zum Stolz und Ruhm der Entkommenen Israels. ³Wer dann in Zion übriggeblieben ist und in Jerusalem überlebt hat, wird heilig genannt werden. Das sind alle, die in Jerusalem zum Leben eingetragen sind. ⁴Wenn der HERR den Schmutz

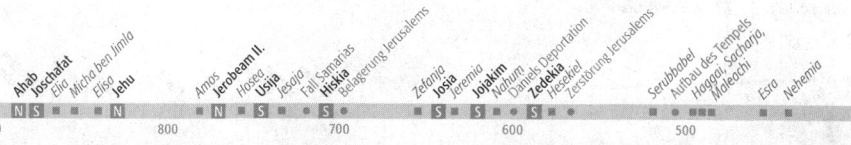

JESAJA

1–12	Eine Botschaft für das abtrünnige Juda
13–23	Botschaften für fremde Völker
24–27	Der Weltuntergang
28–35	Warnung vor menschlichen Rettungsversuchen
36–39	Ankündigung des Exils
40–53	Trost und Befreiung – Gottes Diener
54–66	Die zukünftige Herrlichkeit

4–5
Der Weinberg des Herrn. Das drohende Gericht für Juda.

[Zeit der Könige und Propheten]

der Schande von den Frauen Zions* abgewaschen hat und die Bluttaten Jerusalems mit dem Geist des Gerichts und einem versengenden Wind abgewaschen sind, ⁵wird er über den ganzen Berg Zion und über der Festversammlung seines Volkes am Tag eine Wolke und in der Nacht einen hellen Feuerschein kommen lassen. Er schenkt ein Dach über allem, was herrlich ist, ⁶und stellt eine Hütte als Schattenspender in der Hitze des Tages und als Zuflucht vor Unwetter und Regen bereit.

Lied über den Weinberg des HERRN

5 Ich will ein Lied für den singen, den ich liebe, von meinem Freund und dessen Weinberg:
Mein Geliebter hatte einen Weinberg
auf einer fruchtbaren Anhöhe.
²Er grub ihn um, säuberte ihn von Steinen
und pflanzte edle Weinstöcke.
In der Mitte errichtete er einen Turm,
er schlug eine Kelter in ihm aus.
Dann wartete er auf Trauben,
aber es wuchsen nur Herblinge*.
³»Nun, ihr Einwohner Jerusalems und Männer Judas,
richtet doch zwischen mir und meinem Weinberg.

4,4 Hebr. *Jerusalems.*   5,2 Unreife, harte Weintrauben.

Jesaja 6,1-13

Gott redet
Jesaja erlebt eine besondere Berufung zu seinem Dienst. Gott ruft Jesaja nicht nur, um seinem damaligen Volk Wichtiges zu vermitteln. Wie später deutlich wird, war Jesaja zugleich dabei, ein Buch zu verfassen, auf das sich das Neue Testament öfter als auf alle anderen alttestamentlichen Bücher bezieht, wenn es das Leben, den Dienst und den Opfertod von Jesus erklärt.
Gott beruft Jesaja in einer im Tempel gegebenen Vision der Souveränität und Heiligkeit Gottes. Zu dieser Berufung gehört auch eine besondere Erfahrung von Sündenvergebung nach Jesajas Sündenbekenntnis. Daraus folgt die Dienstzuweisung. Wenn Gott sich so offenbart, dann muss ein Mensch auch angemessen darauf antworten. Jesajas Antwort auf die Vision der Hoheit Gottes war, seine eigene Sündhaftigkeit zu bekennen und Gottes Vergebung zu empfangen. Und seine Antwort auf die Berufung Gottes zum Dienst war: »Hier bin ich, sende mich« (V. 8).
(1. Korinther 14,29 « | » 1. Könige 19,11-13)

S Südreich Juda   N Nordreich Israel

⁴Was hätte ich für meinen Weinberg noch mehr tun können,
das ich nicht getan habe?
Warum brachte mein Weinberg nur Herblinge hervor,
obwohl ich mit Trauben rechnete?
⁵Ich sage euch, was ich mit meinem Weinberg mache:
Ich werde seine Umzäunung entfernen
und ihn der Verwüstung preisgeben.
Ich reiße seine Mauer ein
und lasse ihn zertrampeln.
⁶Ich will ihn vernichten!
Er soll nicht mehr beschnitten und nicht mehr gejätet werden.
Disteln und Dornen sollen ihn überwuchern.
Und ich will den Wolken befehlen,
keinen Regen mehr auf ihn fallen zu lassen.«
⁷Das Haus Israel ist der Weinberg des HERRN, des Allmächtigen.
Die Männer Judas sind sein schöner Garten.
Er erwartete Rechtsspruch,
doch stattdessen bekam er Rechtsbruch.
Er erwartete Gerechtigkeit,
doch stattdessen bekam er Hilfeschreie.

Judas Schuld und Verurteilung

⁸Schlimm wird es denen ergehen, die Haus an Haus bauen und Feld an Feld rücken, bis im Land kein Platz mehr für andere ist. Dadurch werden sie zu den alleinigen Besitzern des Landes. ⁹Mit eigenen Ohren hörte ich den HERRN, den Allmächtigen, sagen: »Es werden mit Sicherheit viele Häuser verfallen, schöne und große Häuser werden vollkommen unbewohnt dastehen. ¹⁰Zehn Juchart* eines Weinbergs werden gerade einmal ein Bat* Wein hervorbringen und ein Homer Saatgut nur ein einziges Efa* Korn.«
¹¹Schlimm wird es denen ergehen, die sich schon früh am Morgen nach berauschenden Getränken sehnen und sich bis zum Abend hin betrinken. ¹²Auf ihren Gelagen gibt es Wein und Musik von Zithern, Leiern, Tamburinen und Flöten. Doch an das Werk und die Taten des HERRN verschwenden sie keinen Gedanken.
¹³Deshalb muss mein Volk wegziehen, weil es ohne Verstand ist. Die Vornehmen hungern, das lärmende Volk leidet Durst.
¹⁴Deshalb hat der Scheol* voller Gier seinen Rachen übermäßig weit geöffnet, damit aller Prunk und Lärm, Übermut und Frohsinn von ihm verschlungen werden. ¹⁵Dann wird der Mensch gebeugt, der Mann gedemütigt und der Blick der Hochmütigen gesenkt. ¹⁶Der HERR, der Allmächtige, aber wird durch Gericht erhöht sein und der heilige Gott wird sich in seiner Gerechtigkeit als heilig erweisen. ¹⁷Dann werden dort Lämmer grasen, als wäre es ihre Weide und die Ziegen der Nomaden werden sich von den verlassenen Ländereien der Reichen ernähren.

¹⁸Schlimm wird es denen ergehen, die sich mit Stricken der Lüge vor den Karren der Sünde spannen lassen und wie mit Wagenseilen Schuld heranziehen ¹⁹und sagen: »Soll sich Gott doch beeilen und das, was er vorhat, bald tun. Lass doch ruhig den Ratschluss des Heiligen Israels kommen und eintreffen, damit wir ihn noch erleben können.«

²⁰Schlimm wird es denen ergehen, die das Böse gut und das Gute böse, die das Dunkle hell und das Helle dunkel, das Bittere süß und das Süße bitter nennen.

²¹Schlimm wird es denen ergehen, die sich in ihren Augen für weise und selbst für klug halten.

²²Schlimm wird es denen ergehen, die Helden im Weintrinken sind und stark, wenn es um das Mischen berauschender Getränke geht ²³und denen, die den Bösen gegen Bestechungsgeld gerecht sprechen und den Unschuldigen ihr Recht vorenthalten.

²⁴Deshalb werden sie wie Stroh sein, das vom Feuer verzehrt wird, und wie Gras, das in einer Flamme zusammensinkt. Ihre Wurzeln werden verfaulen und ihre Blüten werden wie Staub aufgewirbelt, denn sie haben das Gesetz des HERRN, des Allmächtigen, missachtet. Sie haben das Wort des Heiligen Israels verachtet. ²⁵Deshalb ist der Zorn des HERRN gegen sein Volk entbrannt. Er wird seine Hand erheben, um sie zu schlagen. Die Berge werden erzittern und ihre Leichen werden wie Abfall mitten auf der Straße liegen. Doch auch das beruhigt den Zorn des HERRN nicht. Noch immer ist seine Hand ausgestreckt!

²⁶Er gibt den fernen Völkern ein Zeichen. Er pfeift sie von den Enden der Erde zusammen und sie werden schleunigst herbeieilen. ²⁷Keiner von ihnen wird müde werden und niemand wird stolpern. Sie werden sich weder Schlaf noch Ruhe gönnen. Kein Gürtel wird sich lockern, kein Schuhriemen zerreißen. ²⁸Ihre Pfeile werden spitz, die Bögen gespannt sein. Die Hufe ihrer Pferde werden hart sein wie Kieselsteine, die Räder ihrer Streitwagen schnell wie ein Wirbelwind. ²⁹Ihr Gebrüll gleicht dem der Löwen, sie werden brüllen wie Junglöwen. Sie werden knur-

---

5,10a Flächenmaß: so viel Land, wie ein Gespann von zehn Ochsen an einem Tag pflügen kann. **5,10b** Ca. 20 l.
5,10c Das sind ca. 220 l Saatgut u. 22 l Korn. **5,14** Hebr. *das Totenreich*.

JESAJA

1–12	Eine Botschaft für das abtrünnige Juda
13–23	Botschaften für fremde Völker
24–27	Der Weltuntergang
28–35	Warnung vor menschlichen Rettungsversuchen
36–39	Ankündigung des Exils
40–53	Trost und Befreiung – Gottes Diener
54–66	Die zukünftige Herrlichkeit

5–7
Jesaja wird von Gott berufen und gereinigt. Gott spricht zu König Ahas.

[Zeit der Könige und Propheten]

ren und sich auf ihre Beute stürzen. Sie werden sie festhalten und es wird niemand da sein, der sie ihnen entreißt. ³⁰Dann wird ein Tosen über sie hinwegfegen wie von einer Sturmflut. Wenn man zur Erde blickt, wird man Finsternis und Bedrängnis sehen. Die Sonne wird durch Wolken verfinstert sein.

Jesaja 6,13

Erwählung
In einem Bildwort malt Jesaja die Botschaft vom erwählten »Heiligen Rest«: Er ist wie ein Baumstumpf, aus dem später ein neuer Trieb hervorgehen wird. Weil dieser Trieb Gottes Geschichte fortsetzen wird, ist er heilig: ein »heiliger Same«. Die Erwählungslinie Gottes verläuft also durch diesen neuen Trieb, den »Heiligen Rest«, hindurch.
Diese Botschaft ist so zentral für den Propheten Jesaja, dass sogar sein eigener Sohn diesen Namen trägt: »Ein Rest wird umkehren« (Jes 7,3). Darin bündelt sich die Hoffnungsbotschaft des Propheten, wie sie z.B. auch in Jes 10,20-22 ausgesprochen wird.
Wenn Gott seine Erwählung einengt auf einen Rest, liegt darin zugleich Gericht und Hoffnung: Das Gericht besteht darin, dass das gesamte Volk sich nicht mehr auf seine Erwählung berufen kann. Hoffnungsvoll aber ist, dass Gott seine Zukunft nicht irgendwo anders neu ansetzt, sondern aus dem Rest seiner Erwählten heraus.
(Jesaja 4,2-3 « | » Micha 4,6-8)

Jesaja 7,14

Hinweise auf den Messias (2)
Jesaja kündigt König Ahas ein Zeichen für Gottes Eingreifen an: Eine junge Frau wird ihr erstes Kind bekommen. Daran kann man erkennen, das »Gott mit uns ist«. Schon sehr bald wird die Bedrohung, vor der Ahas Angst hat, verschwunden sein.
Das hebräische Wort für die genannte Frau meint eine junge Frau, zumeist eine noch unverheiratete Frau (siehe 1Mo 24,43; 2Mo 2,8; Hld 1,3). An eine Zeugung ohne Beteiligung eines Mannes ist hier nicht gedacht. Schon die griechische Übersetzung des Alten Testaments betont jedoch die Jungfräulichkeit stärker.
Das Matthäusevangelium lässt keinen Zweifel daran, dass Jesus nicht von einem Mann gezeugt wurde, sondern seine Mutter durch Wirkung des Heiligen Geistes schwanger wurde (Mt 1,18). In der für Matthäus typischen Weise wird das mit einem Schrifterfüllungszitat gedeutet (Mt 1,23): Es erfüllt sich hier das Wort aus Jes 7,14.
(Psalm 132,11 « | » Jesaja 8,17-18)

S Südreich Juda   N Nordreich Israel

| 1400 v. Chr. | 1300 | 1200 | 1100 | 1000 | 900 |

Jesajas Reinigung und Berufung

6 In dem Jahr, als König Usija starb, sah ich den Herrn. Er saß auf einem hohen Thron und war erhöht und der Saum seines Gewandes füllte den Tempel. ²Über ihm schwebten Seraphim mit sechs Flügeln. Jeder hatte sechs Flügel! Mit zwei Flügeln bedeckten sie ihre Gesichter, mit zweien ihre Füße und mit dem dritten Paar flogen sie. ³Sie riefen einander zu: »Heilig, heilig, heilig ist der HERR, der Allmächtige! Die Erde ist von seiner Herrlichkeit erfüllt!« ⁴Dieses Rufen ließ die Fundamente der Vorhalle erzittern und der Tempel wurde mit Rauch erfüllt.

⁵Da sagte ich: »Mir wird es furchtbar ergehen, denn ich bin ein Mann mit unreinen Lippen, inmitten eines Volkes mit unreinen Lippen. Ich werde umkommen, denn ich habe den König, den HERRN, den Allmächtigen, gesehen!«

⁶Doch einer der Seraphe flog zu mir, er hielt ein Stück glühende Kohle in seiner Hand, das er mit einer Zange vom Altar genommen hatte. ⁷Damit berührte er meinen Mund und sagte: »Sieh, dies hat deine Lippen berührt. Jetzt ist deine Schuld getilgt; deine Sünden sind dir vergeben.«

⁸Dann hörte ich den Herrn fragen: »Wen soll ich senden? Wer wird für uns gehen?«

Und ich sagte: »Hier bin ich, sende mich.«

⁹Er sprach: »Geh und sag dem Volk: ›Ihr hört meine Worte, aber ihr versteht sie nicht. Ihr seht, was ich tue, aber ihr begreift es nicht.‹ ¹⁰Verschließe das Herz dieses Volkes, mache seine Ohren schwerhörig, und verklebe ihm die Augen. So wird es mit seinen Augen nicht sehen, mit seinen Ohren nicht hören und mit seinem Herzen nicht verstehen und weder umkehren noch geheilt werden.«

¹¹Ich fragte: »Herr, wie lange muss ich das tun?«

Er antwortete: »Bis ihre Städte zerstört sind und niemand mehr darin wohnt. Bis ihre Häuser verlassen sind und der Erdboden verwüstet ist und einer Wildnis gleicht. ¹²Der HERR wird die Menschen weit fortschicken und viele Orte im Land werden verlassen sein. ¹³Selbst wenn nur ein Zehntel überlebt, ist es doch zur Vernichtung bestimmt, wie bei einer gefällten Terebinthe oder Eiche, von der nur ein Stumpf übrig bleibt. Ein heiliger Same ist dieser Stumpf.«

Eine Botschaft für Ahas

7 Während der Herrschaft von Ahas, dem Sohn von Jotam und dem Enkel von Usija, dem König von Juda, zogen König Rezin von Aram und König Pekach von Israel, der Sohn Remaljas, gegen Jerusalem in den Krieg, doch die Stadt konnte nicht erobert werden.

²Dem Haus David wurde gemeldet: »Aram hat sein Lager in Ephraim aufgeschlagen!« Die Nachricht ließ die Herzen des Königs und seines Volkes zittern wie Bäume vor dem Sturm.

³Da sagte der HERR zu Jesaja: »Geh mit deinem Sohn Schear-Jaschub* zur Walkerfeldstraße und triff dich dort mit König Ahas am Ende der Wasserleitung des oberen Teiches. ⁴Sag dem König: ›Sei wachsam und bleibe ruhig. Hab keine Angst. Mach dir wegen des Zornes dieser ausgebrannten rauchenden Brandscheite Rezin von Aram und dem Sohn Remaljas keine Sorgen.‹

⁵Aram führt mit Ephraim, dem Sohn Remaljas, Böses gegen dich im Schilde und sie sagen: ⁶›Wir wollen gegen Juda ziehen und es in Angst und Schrecken versetzen. Wir werden das Land für uns erobern und den Sohn von Tabeal zum König über sie machen.‹

⁷Deshalb sagt der allmächtige HERR: »Das wird ihnen nicht gelingen und es wird nicht geschehen, ⁸denn der Kopf von Aram ist Damaskus und der Kopf von Damaskus ist Rezin. Und Ephraim wird als Volk nur noch 65 Jahre bestehen. ⁹Und der Kopf von Ephraim ist Samaria und der Kopf von Samaria der Sohn Remaljas. Wenn ihr nicht glaubt, dann werdet ihr nicht bestehen.«

Das Zeichen des Immanuel

¹⁰Und der HERR sagte außerdem zu Ahas: ¹¹»Bitte um ein Zeichen des HERRN, deines Gottes, sei es ein überirdisches oder eines aus der Totenwelt.«

¹²Doch Ahas sagte: »Ich werde nichts fordern, denn ich will den HERRN nicht auf die Probe stellen.«

¹³Da sagte Jesaja: »Höre doch, Haus Davids! Genügt es euch nicht, Menschen auf die Nerven zu gehen, wollt ihr nun auch meinen Gott verärgern? ¹⁴Deshalb wird der Herr selbst das Zeichen geben. Seht! Die Jungfrau wird ein Kind erwarten! Sie wird einem Sohn das Leben schenken und er wird Immanuel genannt werden. Das heißt: Gott ist mit uns. ¹⁵Wenn er gelernt hat, das Gute vom Bösen zu unterscheiden, wird es im Land nur noch Honig und Dickmilch zu es-

---

7,3 Hebr. *Ein Rest wird umkehren.*

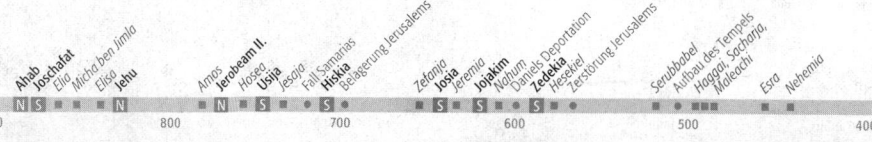

JESAJA

1–12	Eine Botschaft für das abtrünnige Juda
13–23	Botschaften für fremde Völker
24–27	Der Weltuntergang
28–35	Warnung vor menschlichen Rettungsversuchen
36–39	Ankündigung des Exils
40–53	Trost und Befreiung – Gottes Diener
54–66	Die zukünftige Herrlichkeit

7–8
Der bevorstehende Krieg mit den Assyrern wird angekündigt. Aufruf, an Gott festzuhalten.

[Zeit der Könige und Propheten]

sen geben. ¹⁶Denn noch bevor der Junge in der Lage sein wird, das Richtige zu tun und das Böse zu lassen, wird das Land, vor dessen beiden Königen du so zitterst, verödet sein.

¹⁷Der HERR wird Zustände über dich, dein Volk und das Haus deines Vaters bringen, wie es sie seit der Abspaltung Judas von Israel nicht

Jesaja 8,17-18

Hinweise auf den Messias (2)

Jesaja hatte den Auftrag, seine Familie in seine Verkündigung einzubeziehen. Seine Söhne tragen Namen mit prophetischer Bedeutung (Jes 7,3; 8,1-4). Darüber hinaus sammelte er Schüler oder Jünger um sich – sie sind in Jes 8,16 mit denen gemeint, die für Jesajas Weisungen zugänglich sind. Jesaja und der Kreis seiner Kinder und Schüler sind ein Zeichen, eine Botschaft an Israel (V. 18).

Auch Jesus bezog seine Jünger in seinen eigenen Auftrag mit ein (z.B. Lk 10,1-16; Joh 20,21). So hat er sich den Menschen Seite an Seite gestellt und darin gezeigt, dass auch er Mensch war: Diese Sicht arbeitet der Hebräerbrief heraus (2,11-15). Das Wort aus Jes 8,17-18 ist in diesem Zusammenhang Hinweis auf Jesus, der auf Gott vertraute und »Kinder« um sich sammelte (Hebr 2,13).

Das Leben und der Dienst von Jesaja wird an dieser Stelle zu einer Voraus-Abbildung von Jesus Christus. Wenn Jesaja wenige Verse zuvor (8,14) von einem Stolperstein sprach, kann auch dies als messianischer Hinweis gedeutet werden: Siehe die Erklärung zu Jes 28,16.

(Jesaja 7,14 «« | »» Jesaja 8,23–9,6)

›Jesaja 8,23–9,1

Hinweise auf den Messias (2)

Die Überschrift zu diesem Abschnitt spricht vom Messias. Dieses Wort kommt im Bibeltext zwar nicht vor, aber das »Kind« (V. 5), das mit dem hellen Licht und mit Gottes Befreiung zu tun hat, trägt doch messianische Züge. Darauf deuten die Namen, von denen zumindest einige von göttlicher Hoheit sprechen (»starker Gott«, »ewiger Vater« – siehe Jes 63,16). Auch die grenzenlose Dauer des Königreichs (»für alle Ewigkeiten«) geht über menschliche Möglichkeiten hinaus.

Der Evangelist Matthäus greift nicht alle denkbaren messianischen Ansatzpunkte dieses Abschnittes auf. Vielmehr knüpft er an die Ortsangabe von Jes 8,23 an und sieht die Verse 8,23–9,1 in Jesus Christus erfüllt (Mt 4,15-16). Die Siedlungsgebiete der Stämme Sebulon und Naftali sind in der späteren Provinz Galiläa gelegen.

(Jesaja 8,17-18 «« | »» Jesaja 11,1-10)

S Südreich Juda   N Nordreich Israel

Josua Einnahme von Jericho			Gideon Simson Samuel Saul David	Salomo Tempelbau Rehabeam Jerobeam I.
1400 v. Chr.	1300	1200	1100 1000	900

gegeben hat. Das wird durch den König von Assyrien geschehen.

¹⁸Der HERR wird dann Fliegen von den entferntesten Flüssen Ägyptens und Bienen aus Assyrien herbeirufen. ¹⁹Sie werden sich in Tälern, Schluchten, Felsspalten, Dornenhecken und an jeder Tränke niederlassen. ²⁰Dann wird der Herr den König von Assyrien als Schermesser benutzen, das euch die Haare auf dem Kopf und am Körper rasiert und auch den Bart abschneidet.

²¹In dieser Zeit wird einer eine junge Kuh und zwei Schafe halten ²²und so viel Milch haben, dass er Dickmilch essen wird, und alle, die im Land übrig geblieben sein werden, dürfen sich von Dickmilch und Honig ernähren. ²³Dann werden alle Orte, an denen 1.000 Weinstöcke im Wert von 1.000 Silberstücken stehen, von Dornen und Disteln überwuchert sein. ²⁴Man wird nur mit Pfeil und Bogen ausgerüstet dorthin gehen, denn das ganze Land wird eine einzige Dornenwüste sein. ²⁵Sie werden nicht mehr auf die Berge kommen, die sie früher mit der Hacke bearbeitet haben, weil sie sich vor dem Dornengestrüpp und den Disteln fürchten. Rinder werden darüber getrieben werden und Schafe und Ziegen werden sie zertrampeln.

Die drohende Invasion der Assyrer

8 Und der HERR sagte zu mir: »Nimm dir eine große Tafel und schreibe darauf in deutlicher Schrift: Maher-Schalal-Hasch-Baz.*« ²Ich nahm dazu zuverlässige Zeugen mit: den Priester Uria und Secharja, den Sohn Jeberechjas.

³Danach näherte ich mich der Prophetin und sie wurde schwanger und gebar einen Sohn. Der HERR sagte zu mir: »Er soll Maher-Schalal-Hasch-Baz heißen. ⁴Denn noch bevor das Kind lernt ›Vater‹ oder ›Mutter‹ zu sagen, werden die Reichtümer von Damaskus und die Beute aus Samaria vor den König von Assyrien gebracht werden.«

⁵Daraufhin redete der HERR weiter zu mir. Er sagte: ⁶»Dieses Volk hat meine zärtliche Fürsorge* zurückgewiesen und vergeht vor Angst vor Rezin und dem Sohn Remaljas. ⁷Deshalb gebt Acht: der HERR bringt die starken Wassermassen des Euphrat über sie – den König von Assyrien mit seiner ganzen militärischen Macht. Dadurch werden alle seine Flussläufe überflutet und er tritt über alle Ufer. ⁸Diese Flut ergießt sich über Juda und wird so hoch anschwellen, bis dir, Immanuel, das Wasser bis zum Hals steht. Es wird dein Land vollständig bedecken.

⁹Tobt nur, ihr Völker und zerbrecht in Stücke! Hört genau hin, ihr fernen Länder: Rüstet euch – und zerbrecht! Ja, rüstet euch und zerbrecht! ¹⁰Schmiedet Pläne – sie werden vereitelt werden! Fasst Beschlüsse – sie werden nicht zustande kommen. Denn Gott ist mit uns!«

Aufforderung zum Gottvertrauen

¹¹Dies hat mir der HERR tatsächlich gesagt, als mich seine Hand ergriff. So hat er mich davor gewarnt, den Weg des Volkes zu gehen: ¹²»Nennt nicht alles Verschwörung, was das Volk dafür hält und habt keine Angst vor dem, was ihm Angst macht. Lasst euch von dem, was es fürchtet, nicht beeindrucken. ¹³Erachtet nichts außer dem HERRN, dem Allmächtigen, als heilig. Ihn sollt ihr fürchten und vor ihm sollt ihr Ehrfurcht haben. ¹⁴So wird er ein Heiligtum sein. Aber für beide Häuser Israels wird er zum Stein des Anstoßes und ein Stolperstein, über den man fällt. Er wird den Bewohnern Jerusalems zum Fangnetz und zur Falle werden. ¹⁵Viele von ihnen werden stolpern und fallen und zerschmettert werden; sie werden verstrickt und gefangen.«

¹⁶Bewahre deine Weisungen und schließe sie in die Herzen derer ein, die dafür zugänglich sind. ¹⁷Ich will auf den HERRN warten, der jetzt sein Gesicht vor Israel verbirgt. Ich will auf ihn hoffen. ¹⁸Schaut her: Ich und die Kinder, die der HERR mir geschenkt hat, sind für Israel Zeichen und Zeugnisse vom HERRN, dem Allmächtigen, der auf dem Berg Zion wohnt. ¹⁹Und wenn sie euch raten, die Totenbeschwörer und Zauberer, die geheimnisvoll flüstern und murmeln, zu befragen, so antwortet: »Soll ein Volk nicht lieber seinen Gott befragen? Soll man die Toten über die Lebenden befragen?«

²⁰Richtet euch nach Gottes Weisung aus und wendet euch seiner Offenbarung zu. Wer damit nicht übereinstimmt, dem wird kein Morgenrot mehr leuchten. ²¹Diejenigen werden müde und hungrig im Land umherirren. Hungrige Menschen werden zornig und verfluchen ihren König und ihren Gott. Sie schauen nach oben ²²und wieder zur Erde; dort sehen sie Kummer, Verzweiflung und bedrängendes Dunkel. Sie werden in die Finsternis hinausgestoßen werden.

Die Hoffnung ruht auf dem Messias

²³Doch diese Zeit der Dunkelheit und Verzweiflung wird nicht für immer andauern. Wurden

---

8,1 Hebr. *Raube-bald, Eile-Beute.* **8,6** Hebr. *die sanft fließenden Wasser von Siloah.*

JESAJA

1–12	Eine Botschaft für das abtrünnige Juda
13–23	Botschaften für fremde Völker
24–27	Der Weltuntergang
28–35	Warnung vor menschlichen Rettungsversuchen
36–39	Ankündigung des Exils
40–53	Trost und Befreiung – Gottes Diener
54–66	Die zukünftige Herrlichkeit

8–10
Hoffen auf einen Gesandten von Gott. Ankündigung schlimmer Zeiten für Israel. Gott wird die Assyrer richten.

[Zeit der Könige und Propheten]

früher auch das Land Sebulon und das Land Naftali gedemütigt, so wird später das Gebiet der Völker, die Gott nicht kennen, die Straße am Meer jenseits des Jordan, zu Ehren kommen.

9 Denn das Volk, das in der Dunkelheit lebt, sieht ein helles Licht. Und über den Menschen in einem vom Tode überschatteten Land strahlt ein heller Schein. ²Du vermehrst das Volk und schenkst ihm große Freude. Es freut sich über dich wie ein Volk zur Erntezeit, wie jubelnde Menschen, die Beute unter sich aufteilen. ³Denn wie am Tage Midians zerbricht Gott das Joch, das sein Volk drückte und den Stock auf seinem Nacken, die Peitsche seines Treibers. ⁴Alle dröhnend marschierenden Stiefel und blutgetränkten Mäntel werden verbrannt werden und den Flammen zum Opfer fallen.

⁵Denn uns wurde ein Kind geboren, uns wurde ein Sohn geschenkt. Auf seinen Schultern ruht die Herrschaft. Er heißt: wunderbarer Ratgeber, starker Gott, ewiger Vater, Friedensfürst. ⁶Seine Herrschaft ist groß und der Frieden auf dem Thron Davids und in seinem Reich wird endlos sein. Er festigt und stützt es für alle Zeiten durch Recht und Gerechtigkeit. Dafür wird sich der HERR, der Allmächtige, nachhaltig einsetzen.

Jesaja 9,5-6

Hinweise auf den Messias (3)
Das Neue Testament hat aus dem vielsagenden Abschnitt 8,23–9,6 ausdrücklich nur die Ortsangabe »Land Sebulon und Naftali« aufgegriffen, nicht aber die hoheitlichen Titel des Kindes von V. 5-6.
Und doch sind sie geeignet, Jesus Christus zu charakterisieren, von dem es im Neuen Testament heißt: Ihm ist alle *Macht* gegeben, ihn hat Gott zu unserer *Weisheit* gemacht und er brachte *Frieden* (Mt 28,18; Lk 2,14; 1Kor 1,30; Eph 2,14). Er ist der einzigartige *Sohn* Gottes, ja sogar: »Er ist der wahre *Gott* und das ewige Leben« (1Joh 5,20).
»Er wird groß sein und Sohn des Höchsten genannt werden. Gott, der Herr, wird ihm den Thron seines Vaters David geben. Er wird über das Haus Jakob in Ewigkeit herrschen und seine Herrschaft wird kein Ende haben« (Lk 1,32-33). All das sind keine direkten Zitate von Jes 9, aber die Redeweise des Neuen Testaments zeigt doch, wie sich Jes 9,5-6 in Jesus erfüllt.
(Sprüche 8,22-31 «« | »» Jesaja 50,6)

S Südreich Juda   N Nordreich Israel

Das Gericht Gottes über Israel

⁷Dieses Urteil hat der Herr über Jakob verhängt und es hat Israel getroffen; ⁸das werden das Volk Israel* und die Einwohner Samarias erkennen. Voller Stolz und Hochmut verkünden sie: ⁹»Wir werden die zerbrochenen Ziegel durch behauene Steine ersetzen und die gefällten Maulbeerbäume durch Zedern.« ¹⁰Doch der HERR wird Rezins Feinde stärken und seine Gegner aufstacheln. ¹¹Die Aramäer werden von Osten und die Philister von Westen einfallen. Sie werden Israel gierig verschlingen. Aber damit ist sein Zorn nicht gestillt. Seine Hand bleibt erhoben. ¹²Doch das Volk bekehrt sich nicht zu dem, der es erzieht und es sucht den HERRN, den Allmächtigen, nicht.

¹³Deshalb wird der HERR an einem einzigen Tag Israels Kopf und Schwanz abschlagen, den Palmzweig und das Schilfrohr. ¹⁴Die geehrten Ältesten sind der Kopf und die Lügenpropheten der Schwanz. ¹⁵Denn die Anführer haben das Volk in die Irre geführt. Wer ihnen folgt, verläuft sich. ¹⁶Deshalb wird der HERR an den jungen Männern keine Freude haben und auch mit den Witwen und Waisen wird er nicht gnädig sein. Denn sie sind allesamt gewissenlose Schandmäuler, die Böses tun. Aber auch damit ist der Zorn des HERRN nicht gestillt. Seine Hand bleibt weiter erhoben. ¹⁷Denn die Bosheit brennt wie ein Feuer: Es verzehrt Dornen und Disteln und lodert im Unterholz des Waldes auf, sodass hohe Rauchwolken aufsteigen. ¹⁸Durch den mächtigen Zorn des HERRN, des Allmächtigen, liegt das Land verbrannt da. Das Volk wird zum Opfer des Feuers; keiner verschont den anderen. ¹⁹Man frisst rechts und wird nicht satt, man frisst links und bleibt hungrig. Man frisst sich gegenseitig. ²⁰Manasse frisst Ephraim und Ephraim frisst Manasse und beide gemeinsam fallen über Juda her. Doch auch damit ist der Zorn des HERRN nicht gestillt. Seine Hand bleibt weiterhin erhoben.

10 Schlimm wird es denen ergehen, die ungerechte Gesetze erlassen und den Schreibern, die bedrückende Vorschriften machen. ²Sie beugen das Recht der Armen und rauben den Elenden meines Volkes ihre Rechte. Sie bringen die Witwen um ihren Besitz und plündern die Waisen aus! ³Was wollt ihr tun, wenn ich euch bestrafe und plötzlich aus der Ferne Zerstörung über euch hereinbricht? Zu wem wollt ihr fliehen, um Hilfe zu bekommen und wo wollt ihr euern Reichtum in Sicherheit bringen? ⁴Es wird euch nichts anderes bleiben, als euch in eure Gefangenschaft zu fügen oder tot bei den Gefallenen zu liegen. Doch auch damit ist der Zorn des HERRN noch nicht gestillt. Seine Hand bleibt erhoben.

Das Gericht über Assyrien

⁵Schlimm wird es Assyrien ergehen, dieser Rute meines Zorns und diesem Knüppel in meiner Hand mit dem ich meine Wut fühlbar mache. ⁶Ich werde die Assyrer zu einem gottlosen Volk senden, ich werde sie auf das Volk hetzen, auf das ich zornig bin. Sie werden es plündern und ausrauben und wie Schmutz in den Straßen zertreten. ⁷Doch so sehen es die Assyrer nicht und ihr Herz denkt nicht so. Sie haben sich vorgenommen, zu vernichten und viele Völker auszulöschen. ⁸Der assyrische König sagt: »Ist nicht jeder meiner Befehlshaber ein König? ⁹Ist es Kalne nicht ebenso ergangen wie Karkemisch und Hamat wie Arpad? Ist Samaria nicht schon genauso besiegt wie Damaskus? ¹⁰Ich habe die Königreiche dieser Götter besiegt, obwohl sie bedeutsamer sind als die von Jerusalem und Samaria. ¹¹Sollte es mir da nicht gelingen, Jerusalem und seine Götter zu besiegen, so wie es schon mit Samaria und seinen Göttern geschehen ist?«

¹²Doch gegen den Größenwahn des Königs von Assyrien und gegen seine hochmütigen Augen wird sich der HERR selbst wenden, sobald er sein Ziel am Berg Zion und in Jerusalem erreicht hat. ¹³Denn der König prahlt: »Das alles verdanke ich meiner eigenen Kraft und Weisheit, denn ich verstehe mich auf diese Dinge. Ich habe die Landesgrenzen der Völker beseitigt, ihre Schätze geraubt und wie ein übermenschlicher Herrscher ihre Machthaber vom Thron gestoßen. ¹⁴Meine Hand griff nach den Reichtümern der Völker, wie man ein Nest ausnimmt, und wie man verlassene Eier einsammelt, nahm ich mir Länder. Niemand wagte nur einen Flügel gegen mich zu regen oder den Schnabel aufzusperren und zu piepsen.«

¹⁵Darf sich die Axt gegenüber dem rühmen, der sie schwingt? Kann sich die Säge dem gegenüber überlegen fühlen, der sie führt? Sucht sich der Stock den Wanderer aus? ¹⁶Deshalb wird der HERR, der Allmächtige, seinen besten Soldaten die Schwindsucht schicken und unter seiner Herrlichkeit wird er ein Feuer anzünden. ¹⁷Dieses Feuer ist das Licht Israels und sein Heiliger ist eine Flamme. An einem einzigen Tag verbrennt und verzehrt es alle seine Dornen und Disteln. ¹⁸Assyriens stolzer Wald und seine Gärten wird er mit Stumpf und Stiel vernichten und

---

9,8 Hebr. *von Ephraim*; die Stelle bezieht sich auf das Nordreich Israel.

JESAJA

1–12	Eine Botschaft für das abtrünnige Juda
13–23	Botschaften für fremde Völker
24–27	Der Weltuntergang
28–35	Warnung vor menschlichen Rettungsversuchen
36–39	Ankündigung des Exils
40–53	Trost und Befreiung – Gottes Diener
54–66	Die zukünftige Herrlichkeit

10–12
Ein kleiner Teil Israels wird umkehren. Ankündigung des Friedensreichs.

[Zeit der Könige und Propheten]

es wird wie ein Kranker dahinschwinden. ¹⁹Nur wenige Bäume werden vom Wald übrig bleiben – so wenige, dass ein Kind sie zählen kann!

Hoffnung für das Volk des HERRN
²⁰Dann werden sich die vom Haus Jakobs, die in Israel übrig geblieben und entkommen sind, ver-

Jesaja 11,1-11

Erwählung
Innerhalb der Erwählung seines Volkes konzentriert sich Gott nicht nur auf einen »Heiligen Rest« (Jes 10,20-22; 11,11), sondern auch auf eine einzelne Person, die besonders auserwählt ist. Sie wird hier »Spross« genannt (V. 1). Die Vorstellung von einem neu ausschlagenden Baumstumpf hat Jesaja auch schon mit dem »Heiligen Rest« des Volks in Verbindung gebracht (6,13), aber hier hat sich der erwählende Blickwinkel nun noch weiter eingeengt: auf einen Einzelnen.
In dieser Person konzentriert sich die Fülle von Gottes Geist (V. 2). Er wirkt zum Segen von Gottes Volk (V. 3-5) und ist zugleich ein Erkennungszeichen Gottes für alle Welt (V. 10). Dieser »Spross« steht in Verbindung mit dem Versprechen Gottes an David (siehe 2Sam 7,12-16), aber er ist nicht einfach eine Erfüllung dieses Versprechens. Vielmehr setzt Gott noch einmal *vor* David neu an – das deutet der Name von »Isai« an, dem Vater Davids. Es scheint, als solle dieser »Spross« ein neuer, zweiter David sein (vgl. Offb 22,16).
(Zefanja 3,12-13 ‹‹‹ | ››› Sacharja 3,8)

Jesaja 11,1-10

Hinweise auf den Messias (2)
Der »Spross« ist eine Bezeichnung für den besonderen Erwählten Gottes – siehe die Erklärung zu Jes 11,1-11 unter dem Leitwort »Erwählung«. Innerhalb des Alten Testaments bleibt offen, wer genau dieser »Spross« ist.
Nachdem Gott seinen Sohn Jesus gesandt hat, wird klar, dass Jesajas Prophetie genau auf ihn zutrifft. An vielen Stellen werden Passagen aus Jes 11,1-10 zitiert oder andeutungsweise aufgegriffen: Römer 15,12; 2. Thessalonicher 2,8; Offenbarung 5,5; 19,11.15.21.
Auch das Wort aus Matthäus 2,23 – »... damit erfüllt würde, was gesagt ist durch die Propheten: Er soll Nazoräer heißen« – leitet sich vermutlich aus einem Wortspiel mit Jesaja 11,1 ab: Spross heißt auf Hebräisch »nezer«, was ähnlich wie »Nazareth« und »Nazoräer« klingt.
Die Begabung des Sprosses mit Gottes Geist erfüllt sich nicht nur bei der Taufe von Jesus (Mt 3,16), sondern auch in der Beschreibung der Offenbarung: Die »sieben Geister Gottes« (Offb 1,4; 3,1; 4,5; 5,6) können sich auf die Benennungen in Jesaja 11,2 beziehen.
(Jesaja 8,23–9,6 ‹‹‹ | ››› Jesaja 26,19)

S Südreich Juda   N Nordreich Israel

trauensvoll auf den HERRN, den Heiligen Israels stützen. Sie werden sich nicht weiter auf den verlassen, der sie schlägt. ²¹Ein Rest wird umkehren, ein Rest von Jakob, zu dem starken Gott. ²²Auch wenn das Volk Israel so zahlreich wäre wie der Sand am Meer, wird doch nur eine kleine Zahl* von ihm umkehren. Die Vernichtung ist endgültig beschlossen und dadurch kommt die Gerechtigkeit voran. ²³Ja, der HERR, der Allmächtige, wird die beschlossene Zerstörung über das ganze Land bringen.

²⁴So spricht der HERR, der Allmächtige: »Einwohner von Jerusalem, fürchtet euch nicht vor den Assyrern. Sie schlagen euch mit dem Stock und erheben die Rute, wie damals die Ägypter. ²⁵Doch sehr bald wird mein Zorn gegen dich ein Ende haben; dann wird er sich erheben, um sie zu vernichten.«

²⁶Der HERR, der Allmächtige, wird die Peitsche über ihnen schwingen, wie er es mit den Midianitern beim Felsen von Oreb tat. Er wird seinen Stab über das Meer erheben wie in Ägypten. ²⁷Dann wird seine Last von deiner Schulter fallen und sein Joch von deinem Nacken. ²⁸Assur kommt über Aja und zieht durch Migron. Seine Ausrüstung bleibt bei Michmas zurück. ²⁹Es überquert den Pass und kampiert in Geba. Rama erschrickt. Das Gibea Sauls flieht. ³⁰Schreie, Volk von Gallim! Höre, Lajescha! Armes Anatot! ³¹Madmena flieht, die Bürger von Gebim bringen sich in Sicherheit. ³²Noch heute wird er sein Heer in Nob aufstellen. Er wird seine Faust gegen den Berg Zion, die Anhöhe von Jerusalem, ballen.

³³Doch sieh! Der HERR, der Allmächtige, wird die Äste mit Schrecken erregender Kraft abschlagen! Die hochragenden Bäume werden gefällt und sinken zu Boden. ³⁴Er rodet das Unterholz mit der Axt und der Libanon wird durch den Mächtigen fallen.

Das kommende Friedensreich mit Christus

11 Aus dem Stumpf Isais wird ein Spross hervorgehen – ein neuer Trieb aus seinen Wurzeln wird Frucht tragen. ²Auf ihm wird der Geist des HERRN ruhen – der Geist der Weisheit und des Verstandes, der Geist des Rates und der Macht, der Geist der Erkenntnis und der Furcht des HERRN. ³Er wird an der Furcht des HERRN Wohlgefallen haben. Sein Urteil wird sich nicht auf Äußerlichkeiten gründen, er wird nicht aufgrund dessen, was er hört, entscheiden. ⁴Er sorgt für Gerechtigkeit unter den Armen und verschafft den Unterdrückten Recht. Er schlägt das Land mit der Rute seiner Lippen und tötet die Gottlosen mit dem Hauch seines Mundes. ⁵Gerechtigkeit ist sein Gürtel und Wahrheit sein Gurt.

⁶Dann werden der Wolf und das Lamm einträchtig zusammenleben; der Leopard und die Ziege werden beieinander lagern. Kalb, Löwe und Mastvieh werden Freunde und ein kleiner Junge wird sie hüten. ⁷Kuh und Bär werden miteinander weiden. Ihre Jungen werden nebeneinander ruhen. Der Löwe wird Stroh fressen wie das Vieh. ⁸Der Säugling spielt am Schlupfloch der Otter. Ja, ein Kleinkind steckt seine Hand in eine Giftschlangenhöhle. ⁹Auf meinem ganzen heiligen Berg wird niemand mehr etwas Böses tun oder Unheil stiften, denn wie das Wasser das Meer füllt, so wird die Erde mit der Erkenntnis des HERRN erfüllt sein.

¹⁰Dann wird die Wurzel Isais, aus der neue Triebe wachsen, den Völkern ein Zeichen sein. Sie werden unermüdlich nach ihr fragen und sie werden in Herrlichkeit leben. ¹¹Dann wird der HERR zum zweiten Mal die Hand erheben und den Rest seines Volkes freikaufen, der in Assyrien, Unterägypten, Oberägypten, Äthiopien*, Elam in Persien, Babylonien* und Hamat und in den fernsten Küstenstrichen übrig geblieben ist.

¹²Er richtet ein Zeichen unter den Völkern auf und versammelt die Verbannten Israels. Er wird das zerstreute Volk von Juda aus allen Ecken der Erde holen. ¹³Dann hört die Eifersucht Ephraims auf und die Feindseligkeiten gegen Juda sind beendet. Ephraim wird Juda nicht mehr beneiden und Juda wird Israel nicht mehr feindlich gesinnt sein, ¹⁴sondern sie werden wie im Flug nach Westen in das Gebiet der Philister vorstoßen. Gemeinsam werden sie die Völker des Ostens ausplündern: Sie werden sich Edom und Moab zuwenden, um sie in Besitz zu nehmen und die Nachkommen Ammons werden ihnen untertan sein.

¹⁵Der HERR legt das Rote Meer trocken. Er streckt im glühenden Zorn seine Hand über dem Euphrat aus und macht daraus sieben Rinnsale, die man in Sandalen durchschreiten kann. ¹⁶Er bahnt dem Rest seines Volkes, der in Assyrien übrig blieb, einen Weg, wie er es für die Israeliten tat, als sie aus Ägypten heraufzogen.

Danklied für die Rettung

12 Dann wirst du sagen: »Ich danke dir, HERR! Du warst über mich zornig, doch

---

10,22 Griech. *ein Rest.*   **11,11a** Hebr. *Ägypten, Patros, Kusch.*   **11,11b** Hebr. *Schinar.*

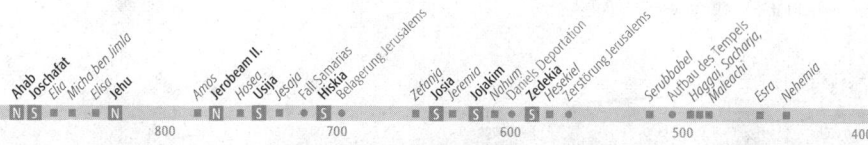

JESAJA

1–12	Eine Botschaft für das abtrünnige Juda
13–23	Botschaften für fremde Völker
24–27	Der Weltuntergang
28–35	Warnung vor menschlichen Rettungsversuchen
36–39	Ankündigung des Exils
40–53	Trost und Befreiung – Gottes Diener
54–66	Die zukünftige Herrlichkeit

12–14
Danklied. Der Untergang Babylons und seines Königs.

[Zeit der Könige und Propheten]

dein Zorn hat sich gelegt und nun tröstest du mich.
²Siehe, Gott ist meine Rettung. Ich vertraue ihm und habe keine Angst. Er, der HERR, ist meine Stärke und ich lobe ihn; er wurde mein Retter.«
³Ihr werdet mit Freuden aus den Quellen seines Heils Wasser schöpfen! ⁴Ihr werdet dann sagen:
»Dankt dem HERRN! Ruft seinen Namen an! Sagt der ganzen Welt, was er getan hat.
Erzählt allen, wie groß sein Name ist!
⁵Singt für den HERRN, denn er hat Großes getan. Verkündet es auf der ganzen Welt.
⁶Jubelt und freut euch, Einwohner Jerusalems! Denn der Heilige Israels, der unter euch lebt, ist groß.«

Eine Weissagung über Babylon

13 Jesaja, der Sohn von Amoz, empfing folgende Botschaft für Babylon:
²»Stellt auf einem kahlen Berggipfel ein Feldzeichen auf und ruft meine Krieger mit lauter Stimme herbei! Winkt ihnen zu, damit sie durch die Tore der Tyrannen vorrücken. ³Ich, der HERR selbst, habe meine Geheiligten beauftragt und meine stolzen, siegreichen Helden herbefohlen, um mein Zorngericht zu vollstrecken.«
⁴Hör den Lärm der Menschenmengen in den Bergen! Es ist der Lärm von Königreichen,

Jesaja 12,2

Gott befreit
»Siehe, Gott ist meine Rettung« (V. 2). Das kann später auch jeder einzelne Christ sagen. Jesaja spricht hier jedoch über etwas anderes. Er bekennt nicht sein eigenes Heil, sondern das Israels. Er spricht darüber, was Israel eines Tages sagen würde.
Wann jedoch sollte dies geschehen? Dies wird in Jesaja 11 erklärt. Gott wird den versprochenen Retter schicken (V. 1-5). Er wird eines Tages wieder paradiesische Bedingungen schaffen (V. 6-9) und das Gottesvolk aus allen Ecken der Welt wieder ins Verheißene Land zurückführen (V. 11-16). Vers 10 beschreibt dann, dass diese Rettung über Israel hinausgehen wird. Andere Völker werden ebenfalls hinzugezogen werden.
Wenn dies geschieht, wird das Volk Gottes seine Befreiung feiern (Jes 12). Das Neue Testament erzählt die Geschichte dieser Erweiterung des Volkes Gottes, das eines Tages die ganze Welt umfassen wird. Also dürfen wir jetzt als Einzelne und als Gemeinde von Jesus tatsächlich mitreden und sagen: »Gott ist meine Rettung.«
(2. Mose 14,22 ««« | »»» 4. Mose 21,6-9)

S Südreich Juda   N Nordreich Israel

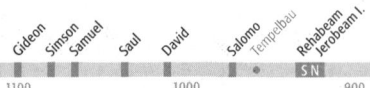

deren Völker sich versammeln. Der allmächtige HERR mobilisiert eine Armee für die Schlacht. ⁵Sie stammen aus fernen Ländern, von allen Enden der Erde – der HERR und die Werkzeuge seines Zorns – um das ganze Land zu vernichten. ⁶Schreit, denn der Tag des HERRN ist nahe; die Vernichtung durch den Allmächtigen wird kommen. ⁷Jeder Arm wird erschlaffen und alle Herzen werden mutlos sein. ⁸Das Grauen wird sie packen. Sie werden sich vor Schmerzen winden wie eine Frau in den Wehen. Hilflos werden sie einander mit geröteten Gesichtern anstarren. ⁹Gib Acht, der Tag des HERRN wird kommen – der schreckliche Tag seines brodelnden Zorns. Er wird das Land zur Wildnis machen und die Sünder vernichten. ¹⁰Die Sterne am Himmel und ihre Sternbilder werden erlöschen; die Sonne wird sich verfinstern, wenn sie aufgeht und der Mond wird nicht mehr leuchten.*

¹¹Ich werde die Welt für ihre Schlechtigkeit und die bösen Menschen für ihre Sünden bestrafen. Ich werde dem Prunk der Stolzen ein Ende machen und die Gewalttäter in ihrer Selbstüberschätzung demütigen. ¹²Es wird weniger Menschen geben als feines Gold – sie werden seltener sein als Goldstücke aus Ofir. ¹³Denn ich werde den Himmel erschüttern und die Erde aus ihrer Bahn werfen. Dies wird durch den Zorn des allmächtigen HERRN am Tag seines Zorns geschehen.

¹⁴Die Menschen werden zu ihrem Volk und in ihre Heimatländer fliehen wie aufgescheuchte Gazellen oder eine Schafherde, die niemand mehr beieinander halten kann. ¹⁵Wer auf der Flucht erwischt wird, wird durchbohrt werden, wer gefangen genommen wird, durch das Schwert sterben. ¹⁶Ihre Kinder werden vor ihren Augen zerschmettert werden. Ihre Häuser werden geplündert und ihre Frauen vergewaltigt. ¹⁷Denn ich werde die Meder auf sie hetzen, die sich weder mit Gold noch mit Silber bestechen lassen. ¹⁸Sie werden die jungen Männer mit Pfeilen erschießen. Selbst mit Säuglingen werden sie kein Erbarmen, mit Kindern kein Mitleid haben.

¹⁹Babylon, der Perle der Königreiche, dem Schmuckstück, auf dem das Ansehen der Chaldäer beruht, wird es ergehen wie Sodom und Gomorra, nachdem Gott sie zerstörte. ²⁰Es wird nie wieder besiedelt werden. Generationen werden kommen und gehen, doch das Land wird unbewohnt bleiben. Araber werden ihre Zelte hier nicht mehr aufschlagen, Hirten werden ihre Herden hier nicht mehr lagern lassen. ²¹Wilde Wüstentiere werden dort hausen. In den Häusern werden Eulen brüten. Straußenjunge werden dort wohnen und wilde Ziegen herumspringen. ²²In den Festungen werden Hyänen heulen und Schakale in ihren Lustschlössern. Diese Zeit wird bald kommen; die Frist wird nicht verlängert werden.

Ein Spottlied auf Babylons König

14 Mit den Nachfahren Jakobs aber wird der HERR Erbarmen haben. Er wird das Volk Israel noch einmal erwählen und es in seiner alten Heimat ansiedeln. Einwanderer anderer Länder werden sich ihm anschließen und sich zum Volk der Israeliten halten. ²Die Völker der Welt werden dem Volk des HERRN auf seiner Rückkehr in ihr Land Begleitschutz geben. Sie werden dem Volk der Israeliten Diener und Dienerinnen sein. Das Volk der Israeliten wird diejenigen gefangen halten, von denen es zuvor gefangen gehalten wurde und es wird über ihre Unterdrücker herrschen.

³An dem Tag, an dem der HERR dir auf diese Weise Ruhe von deinen Kränkungen, deinem Ärger und deiner harten Knechtschaft, mit der du unterdrückt wurdest, verschafft hat, ⁴wirst du dieses Spottlied auf den König von Babylon singen und sagen:

»Wie vollkommen hat doch die Tyrannei des Unterdrückers ein Ende gefunden! Mit seiner Schreckensherrschaft ist es vorbei.

⁵Der HERR hat den Prügel der Gottlosen zerbrochen und ihre Herrschaft beendet.

⁶Sie haben in ihrer Verbissenheit ununterbrochen Völker geschlagen, sie ihrer Wut ausgesetzt und schonungslos gejagt.

⁷Doch nun hat das ganze Land Ruhe und Frieden. Alle freuen sich und jubeln!

⁸Selbst die Zypressen und die Zedern des Libanon singen vor Freude über dich: ›Seitdem du gestürzt wurdest, kommt kein Holzfäller mehr zu uns herauf.‹

⁹Im Totenreich herrscht schon Aufregung über deine Ankunft. Alle verstorbenen Fürsten der Welt sind deinetwegen in Aufruhr und die Könige der Völker erheben sich von ihren Thronen.

¹⁰Gemeinsam rufen sie: ›Jetzt bist du so ohnmächtig wie wir! Du bist uns gleichgemacht worden.

¹¹Deine Pracht und der Klang deiner Musik wurden in die Unterwelt heruntergebracht. Jetzt werden Maden dein Laken und Würmer deine Decke sein.‹

¹²Wie bist du doch vom Himmel herabgestürzt, du strahlender Stern, Sohn des Morgens!

13,10 S. Markus 13,24-25.

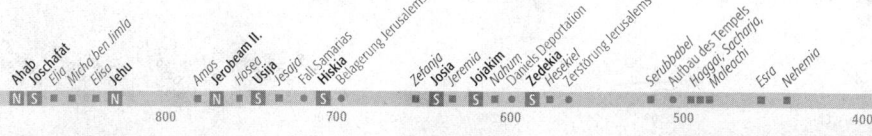

JESAJA

1–12	Eine Botschaft für das abtrünnige Juda
13–23	Botschaften für fremde Völker
24–27	Der Weltuntergang
28–35	Warnung vor menschlichen Rettungsversuchen
36–39	Ankündigung des Exils
40–53	Trost und Befreiung – Gottes Diener
54–66	Die zukünftige Herrlichkeit

14–16
Unheilsankündigung für die Nachbarvölker: Assyrien, Philisterland, Moab.

[Zeit der Könige und Propheten]

Du wurdest jäh auf die Erde geschleudert, du Völkerbezwinger!
¹³Denn du dachtest dir: ›Ich werde zum Himmel aufsteigen und mir einen Thron über den Sternen Gottes machen. Ich werde weit im Norden auf dem Berg der Versammlung sitzen.
¹⁴Ich werde in die Wolken aufsteigen und mich dem Höchsten gleichmachen.‹
¹⁵Aber du wirst ins Totenreich hinabgestoßen werden, in das entfernteste Schlammloch.
¹⁶Wer dich früher kannte und dich dann sieht, wird nachdenklich sagen: ›Das soll der sein, der die Erde erzittern ließ und die Königreiche der Welt erschüttert hat?
¹⁷Der die Welt in eine Wüste verwandelte? Der Städte in Trümmer legte und seine Gefangenen nicht begnadigte?‹
¹⁸Die Könige der Völker liegen jeder in seiner heimatlichen Gruft in Ehren;
¹⁹doch du wurdest fernab von deinem Grab wie unnützes Unkraut weggeworfen und mit Erschlagenen bedeckt, die auf dem Schlachtfeld fielen und wie zertretenes Aas in die Grube geworfen werden.
²⁰Du wirst nicht wie die anderen Könige deiner Vorfahren begraben werden, denn du hast dein Land zugrunde gerichtet und dein Volk umgebracht. Deine Sippschaft von Verbrechern soll nie mehr erwähnt werden.
²¹Bereitet die Hinrichtung der Kinder vor, denn auf ihren Vätern lastet Schuld! Sie sollen nicht mehr emporkommen und das Land erobern oder in dieser Welt viele Städte bauen.«
²²So spricht der HERR, der Allmächtige: »Ich werde mich gegen sie erheben! Ich werde das Andenken Babylons mit Stumpf und Stiel, mit Mann und Maus auslöschen«, spricht der HERR.
²³»Ich mache Babylon zu einem Ort, der den Igeln gehört, zu Sumpf und Marschland. Ich werde das Land mit dem Besen der Vernichtung ausfegen. Das ist der Beschluss des HERRN, des Allmächtigen!«

Eine Botschaft für Assyrien
²⁴Der HERR, der Allmächtige hat geschworen: »Es geschieht alles so, wie ich es denke, es wird nach meinem Beschluss zustande kommen. ²⁵Ich werde die Assyrer in Israel vernichten, ich werde sie auf meinen Bergen zertreten. Ihr Joch soll von ihnen weichen und die Last von ihrem Rücken verschwinden. ²⁶Dies ist der Plan für die ganze Erde, dies ist die Hand, die ich drohend über alle Völker halte. ²⁷Der HERR, der Allmächtige, hat es beschlossen – wer kann es verhindern? Wer kann ihn zurückhalten, wenn er seine Hand erhebt?«

Eine Botschaft für das Philisterland

²⁸Die folgende Botschaft empfing ich in dem Jahr, in dem König Ahas starb:

²⁹»Ihr Philister, freut euch nicht, dass der Stock, der euch schlug, zerbrochen ist. Aus der Wurzel dieser Schlange wird eine Giftschlange hervorgehen und ihre Frucht wird zu einem fliegenden Drachen werden! ³⁰Ich werde mich um die Ärmsten der Armen kümmern; die Notleidenden werden sich in Ruhe schlafen legen können. Euch aber lasse ich verhungern und die wenigen, die überleben, werden getötet werden. ³¹Weine, Stadttor! Schrei, Stadt! Verzage, ganzes Philisterland! Von Norden zieht Rauch* heran; kein Soldat weicht aus seiner Reihe zurück. ³²Was sollen wir den Boten des heidnischen Volkes ausrichten? Sagt ihnen, dass der HERR Jerusalem* gegründet hat und dass sein bedrängtes Volk dort Zuflucht findet.«

Eine Botschaft für Moab

15 Dies ist die Last, die der HERR Moab auferlegt: Über Nacht wird Ar in Moab zerstört und völlig verwüstet und in einer einzigen Nacht wird auch Kir in Moab zerstört und völlig verwüstet werden. ²Die Menschen gehen in ihren Tempel hinauf, die Einwohner von Dibon steigen die Hügel zu ihren Opferstätten hinauf, um zu trauern und Moab weint um Nebo und Medeba. Alle Köpfe sind kahl, alle Bärte geschoren. ³In Säcke gehüllt ziehen sie durch die Straßen, auf den Dächern und Plätzen jammern und weinen sie. ⁴Die Städte Heschbon und Elale schreien, bis nach Jahaz ist ihr Klagen zu hören! Die tapferen Krieger von Moab schreien angsterfüllt und es graut ihnen.

⁵Mein Herz heult um Moab. Seine Einwohner fliehen bis nach Zoar und Eglat-Schelischija. Jammernd steigen sie den steilen Pfad nach Luhit hinauf. Auf dem Weg nach Horonajim brechen die Leute über die Zerstörung in lautes Klagen aus, ⁶denn die Wasser von Nimrim werden versiegen! Das Gras vertrocknet, alles Grün verwelkt, nichts wächst mehr. ⁷Deshalb raffen sie den Besitz, der ihnen noch übrig geblieben ist, und ihre Ersparnisse zusammen und schleppen alles durch den Weidenbach. ⁸Überall im Land Moab hört man Schreie – bis nach Eglajim ist ihr Weinen zu hören und bis nach Beer-Elim ihre Klage. ⁹Das Wasser bei Dibon ist von Blut gefärbt, aber ich werde Dibon noch mehr antun! Über die Überlebenden von Moab, die den Überrest bilden, wird ein Löwe herfallen.

16 Schickt Lämmer zum Herrscher im Land, schickt sie von Sela aus der Wüste zum Berg von Jerusalem. ²Moabs Frauen sind wie fliehende Vögel, die aus ihren Nestern vertrieben wurden, an den Furten des Arnon. ³»Gib uns Rat«, rufen sie. »Fäll eine Entscheidung über uns. Lass deinen Schatten mittags stockdunkel werden, damit sich unsere Flüchtlinge darin verstecken können und nicht entdeckt werden! ⁴Nimm die Vertriebenen Moabs als Gäste auf und verbirg sie vor ihrem Verfolger.«

Wenn Unterdrückung und Gewalt vorüber sind und die feindlichen Horden aus dem Land verschwunden sind, ⁵dann wird durch Gnade ein Thron auf festem Grund errichtet werden. Von diesem Thron aus wird ein König im Haus Davids herrschen, der gerecht entscheidet, das Recht sucht und die Gerechtigkeit fördert.

⁶Wir haben von Moabs großem Hochmut gehört, dass es stolz, eingebildet, überheblich und angeberisch ist. ⁷Moab wird sich selbst beweinen, alle werden jammern. Sie werden den Verlust der Traubenkuchen von Kir-Heres beklagen und werden völlig verzagt sein. ⁸Denn die Obstplantagen von Heschbon sind verwelkt; zerstört ist der edle Weinstock von Sibma, an dessen Wein sich die Herrscher der Völker berauschten. Seine Ranken breiteten sich bis nach Jaser und bis in die Wüste hinein aus, seine Triebe reichten bis ans Meer. ⁹Und so werde ich wie Jaser um die Weinberge von Sibma klagen. Ich werde Tränen um Heschbon und Elale vergießen, denn für deine Sommerfrüchte und deine Weinlese bedanken sich jetzt deine Feinde.

¹⁰Alle Fröhlichkeit und aller Jubel sind aus den Fruchtgärten verschwunden. In den Weinbergen ist kein Singen mehr zu hören, niemand jubelt mehr. Es werden auch keine Trauben mehr gekeltert. Ich mache ihren Erntefreuden ein Ende!

¹¹Darum zittere ich in meinem Innern bei dem Gedanken an Moab und Kir-Heres wie die Saiten einer Harfe. ¹²Wenn dann die Moabiter auf ihre Opferhöhen und in ihre Tempel gehen und sich mit den Opfern vor ihren Göttern mühen, wird es ihnen nichts nützen.

¹³All dies hat der HERR bereits über Moab geweissagt. ¹⁴Doch jetzt spricht er: »In drei Jahren – entsprechend den Jahren eines Tagelöhners – wird die Herrlichkeit Moabs zusammen mit seiner großen Bevölkerung der Verachtung preisgegeben worden sein. Nur ein kleiner Rest des Volkes wird übrig bleiben.«

14,31 Gemeint ist wahrscheinlich ein riesiges Heer. **14,32** Hebr. *Zion*.

JESAJA

1–12	Eine Botschaft für das abtrünnige Juda
13–23	Botschaften für fremde Völker
24–27	Der Weltuntergang
28–35	Warnung vor menschlichen Rettungsversuchen
36–39	Ankündigung des Exils
40–53	Trost und Befreiung – Gottes Diener
54–66	Die zukünftige Herrlichkeit

17–19
Unheilsankündigung für Israel und Nachbarvölker: Damaskus, Kusch, Ägypten.

[Zeit der Könige und Propheten]

Eine Botschaft für Damaskus und Israel

17 Für Damaskus erhielt ich folgende Botschaft:
»Siehe da! Damaskus wird beseitigt und nicht mehr als Stadt gelten. Es wird zum Trümmerhaufen! ²Die Städte von Aroer sind verlassen. Sie sind den Viehherden überlassen: Sie können dort unbekümmert lagern, denn es ist niemand da, der sie fortjagt. ³Auch mit den befestigten Städten Ephraims ist es zu Ende, und mit dem Königreich von Damaskus ist es aus und vorbei. Die wenigen Menschen, die in Aram überleben, werden das gleiche Schicksal erleiden wie Israels Herrlichkeit«, spricht der HERR, der Allmächtige.

⁴»An jenem Tag wird es mit der Herrlichkeit Israels nicht mehr weit her sein und es wird bis auf die Knochen abmagern. ⁵Es wird sein, wie wenn man Getreide bündelt und mäht – als ob im Tal Refaïm die Ähren nachgelesen werden: ⁶Es bleiben nur wenige übrig. Ähnlich dem kleinen Rest Oliven, der nach der Ernte am Baum verbleibt. Nur zwei oder drei Früchte bleiben in den oberen Ästen hängen, vier oder fünf an den tragenden Zweigen«, spricht der HERR, der Gott Israels.

⁷Dann endlich werden sich die Menschen auf ihren Schöpfer besinnen und auf den Heiligen Israels blicken. ⁸Sie werden nicht mehr die Altäre, die sie mit eigenen Händen hergestellt haben und das, was ihre Finger geformt haben, achten – weder die Ascheren noch die Sonnensäulen.

⁹Ephraims befestigte Städte werden wie Ruinen von Ortschaften sein, die man mitten im Wald oder auf den Bergen findet. Vergleichbar mit denen, die verlassen wurden, als die Israeliten ins Land eindrangen. Alles wird verwüstet sein, ¹⁰weil du deinen Gott und Retter vergessen und an den Fels deiner Zuflucht nicht gedacht hast. Stattdessen hast du dir liebliche Gärten mit fremden Weingewächsen angepflanzt*. ¹¹Du bewahrtest sie vom Tag ihrer Pflanzung an sorgsam und ihre Saat brachte schon am nächsten Morgen herrliche Früchte. Doch die Ernte wird dahin sein, wenn der Schicksalstag, der Tag des furchtbaren Schmerzes, kommt.

¹²Schrecklich! Da ist ein Tumult vieler Völker. Sie wüten wie tosende Wellen, sie brausen wie donnerndes Wasser. ¹³Sie brausen wie gewaltige Wogen – doch Gott droht ihnen und sie fliehen in die Ferne. Sie werden getrieben wie Spreu auf den Bergen, die der Wind verweht, wie rollende Bündel Gestrüpp, die der Sturm vor sich her

---

17,10 Wahrscheinlich sind hier Gärten zur Verehrung der heidnischen Gottheit Adonis gemeint.

treibt. ¹⁴Am Abend verbreiten sie Schrecken, doch ehe der Morgen dämmert, gibt es sie nicht mehr. Das ist das Schicksal derer, die uns plündern und das Los derer, die uns berauben.

Eine Botschaft für Kusch

18 Furchtbar wird es dem Land voller Insekten ergehen, das jenseits der Flüsse Äthiopiens liegt. ²Es schickt seine Botschafter in Schilfbooten über den Nil und die Gewässer. Ihr schnellen Boten, geht in das Land, das von Flüssen geteilt wird! Eilt zu dem hoch gewachsenen, glatthäutigen Volk, das weit und breit gefürchtet ist und die Macht hat, andere Länder zu erobern.

³Wenn man ein Banner auf dem Berg errichtet, soll alle Welt es beachten. Wenn die Trompete geblasen wird, dann hört zu! ⁴Denn der HERR hat mir Folgendes gesagt: »Ruhig will ich von meinem Ort aus zusehen, unbewegt wie die flimmernde Hitze an einem sonnigen Tag, wie eine Schönwetterwolke in der Sommerzeit.«

⁵Denn noch vor der Ernte, nach Ende der Blüte, während die Frucht heranreift, wird er die Reben mit Winzermessern abschneiden, die Ranken entfernen und sie abreißen. ⁶Sie werden alle den Raubvögeln der Berge und den wilden Tieren überlassen. Die Vögel nisten den Sommer über darin und die wilden Tiere werden darauf überwintern.

⁷Doch in jener Zeit wird der HERR, der Allmächtige, von diesem Land, das von Flüssen geteilt wird, von diesem hoch gewachsenen, glatthäutigen Volk, das weit und breit gefürchtet ist und die Macht hat, andere Länder zu erobern, Geschenke erhalten. Sie werden sie zum Berg Zion* bringen, wo der Name des HERRN, des Allmächtigen geehrt wird.

Eine Botschaft für Ägypten

19 Für Ägypten erhielt ich folgende Botschaft:
Der HERR kommt, auf einer schnellen Wolke reitend, nach Ägypten. Die Götzen Ägyptens zittern vor ihm und die Ägypter verzagen.

²»Ich hetze die Ägypter gegeneinander auf, dass sie sich bekämpfen – Bruder gegen Bruder, Nachbar gegen Nachbar, Stadt gegen Stadt, Provinz gegen Provinz. ³Ihr Mut wird sinken und ich werde ihre Berater verwirren, sodass sie ihre Götzen aufsuchen und die Zauberer, Totenbeschwörer und Wahrsager befragen werden. ⁴Ich liefere Ägypten einem harten Herrscher aus, ein strenger König wird über sie herrschen«, spricht der Herr, der HERR, der Allmächtige.

⁵Der Nil wird austrocknen und sein Wasser wird bis auf den Grund versiegen. ⁶Die Flussläufe werden stinken. Die Kanäle Ägyptens werden kaum Wasser führen oder ganz ausgetrocknet sein. Schilf und Binsen werden verrotten. ⁷Die Nilufer und sein Delta werden völlig kahl sein. Das Getreide am Nil wird vertrocknen, es wird fortgeweht und ist nicht mehr da. ⁸Die Fischer jammern, alle, die Angeln in den Nil werfen, trauern. Alle, die ihre Netze in den Gewässern auswerfen, verzweifeln. ⁹Diejenigen, die Flachs verarbeiten und feines Leinen verweben, sind ratlos. ¹⁰So werden sowohl die Oberschicht als auch alle Lohnarbeiter traurig dastehen.

¹¹Die Beamten von Zoan sind Dummköpfe! Ihre Weisen geben dem Pharao falsche und törichte Ratschläge. Wie könnt ihr zu ihm sagen: »Ich stamme von Weisen ab, von einem alten Königsgeschlecht«? ¹²Wo sind nur deine weisen Ratgeber? Sollen sie dir doch erzählen und erklären, was der HERR, der Allmächtige, mit Ägypten vorhat. ¹³Die Oberen Zoans sind Toren und jene aus Memphis sind fehlgeleitet. Die führenden Männer Ägyptens haben das Land in die Irre geführt. ¹⁴Denn der HERR hat den Geist des Schwindels geschickt, sodass sie Ägypten in allem, was es tat, fehlgeleitet haben – ebenso wie ein Betrunkener in seinem Erbrochenen herumtappt. ¹⁵Niemandem im Land, ob Kopf oder Schwanz, Palme oder Stumpf, wird noch etwas gelingen.

¹⁶Dann werden die Ägypter wie Frauen sein. Sie zittern und fürchten sich vor der schlagbereiten Hand, die der HERR, der Allmächtige, gegen sie erhoben hat. ¹⁷Juda wird dann für Ägypten zum Schrecken. Wenn es nur hört, wenn jemand diesen Namen ausspricht, wird ihm die Angst vor der Entscheidung, die der HERR, der Allmächtige, über es gefällt hat, in die Glieder fahren.

¹⁸Dann werden fünf ägyptische Städte beim HERRN, dem Allmächtigen, schwören. Ihre Einwohner werden sogar anfangen Hebräisch zu sprechen. Eine dieser Städte wird Ir-Heres* sein. ¹⁹Dann wird dort, im Herzen Ägyptens, ein Altar des HERRN stehen und an der Grenze des Landes wird ein Steinmal für den HERRN errichtet werden. ²⁰Diese sind ein Zeichen und ein Zeugnis für den HERRN, den Allmächtigen, in Ägypten. Wenn das Volk den HERRN um Hilfe

---

18,7 Hebr. *Jerusalem.* **19,18** Griech. *Heliopolis, die Stadt der Sonne.*

JESAJA

1–12	Eine Botschaft für das abtrünnige Juda
13–23	Botschaften für fremde Völker
24–27	Der Weltuntergang
28–35	Warnung vor menschlichen Rettungsversuchen
36–39	Ankündigung des Exils
40–53	Trost und Befreiung – Gottes Diener
54–66	Die zukünftige Herrlichkeit

19–22
Unheilsankündigung für Ägypten, Äthiopien, Babylon, Edom, Arabien.

[Zeit der Könige und Propheten]

gegen seine Unterdrücker bitten wird, wird er einen Retter schicken, einen Kämpfer, der es erlöst. ²¹An jenem Tag wird sich der HERR den Ägyptern offenbaren. Sie werden zu dieser Zeit den HERRN erkennen und ihm Schlacht- und Speiseopfer bringen, sie werden ihm Gelübde ablegen und sie auch halten. ²²Der HERR wird Ägypten auf eine Weise züchtigen, die dem Land Heilung bringt. Die Ägypter werden sich zum HERRN bekehren und er wird sich von ihnen bitten lassen und sie heilen.

²³Dann wird eine Straße von Ägypten nach Assyrien führen, sodass sich beide Völker gegenseitig besuchen können und beide werden dem HERRN dienen. ²⁴Israel wird an diesem Tag als dritter im Bund mit Assyrien und Ägypten dastehen und ein Segen für die Welt sein. Die drei Länder werden zusammengehören und sie werden ein Segen für die Erde sein. ²⁵Denn der HERR, der Allmächtige, spricht ihnen seinen Segen zu: »Gesegnet sei Ägypten, mein Volk, und Assyrien, das Land, das ich geschaffen habe und Israel, mein besonderes Eigentum!«

Eine Botschaft für Ägypten und Äthiopien

20 In dem Jahr, in dem König Sargon von Assyrien Tartan* nach Aschdod schickte und die Stadt belagerte und eroberte, ²hatte der HERR Jesaja, dem Sohn von Amoz, Folgendes befohlen: »Zieh dein Obergewand aus und auch deine Schuhe.« Jesaja gehorchte und ging nur noch mit dem Hemd bekleidet und barfuß.

³Dann sagte der HERR: »Mein Knecht Jesaja war drei Jahre lang nackt und barfuß unterwegs. Das tat er als Zeichen und Beweis für Ägypten und Äthiopien. ⁴Ebenso wird der König von Assyrien die gefangenen Ägypter und die besiegten Äthiopier fortführen. Junge und Alte werden zu Ägyptens Schande mit entblößtem Gesäß nackt und barfuß gehen müssen.« ⁵Dann wird Juda entsetzt sein und sich schämen, weil es seine Hoffnung auf Äthiopien setzte und auf Ägypten stolz war. ⁶Die Küstenbewohner werden an diesem Tag sagen: »Das also wurde aus unserer Hoffnung, bei der wir Hilfe suchten, um vor dem König von Assyrien beschützt zu werden. Wie sollten wir da ungeschoren davonkommen?«

20,1 Assyrischer Oberbefehlshaber.

Eine Botschaft für Babylon

21 Für das Land der Babylonier* erhielt ich folgende Botschaft:

Wie ein Sturm aus dem Süden heranfegt, so kommt das Unheil aus der Wüste von einem furchtbaren Land. ²Ich habe eine schreckliche Vision: Plünderer rauben, Zerstörer vernichten! Kommt, ihr Elamiter, zieht gegen Babylon herauf, ihr Meder, übernehmt die Belagerung! Ich beende alles Klagen über diese Stadt. ³Meine Eingeweide krampfen sich schmerzhaft zusammen. Wehen erfassen mich, wie eine Frau bei der Geburt. Mir ist so schwindelig, dass ich nichts mehr hören kann. Ich bin blind vor Entsetzen. ⁴Das Herz schlägt mir bis zum Hals, Grauen erfasst mich. Die Abenddämmerung, die ich so liebte, wurde mir zum Schrecken.

⁵Tische werden gedeckt, Sitzgelegenheiten gerichtet, man isst und trinkt. Steht lieber schnell auf, ihr Obersten! Ölt eure Schilde!

⁶Denn der Herr sagte zu mir: »Stell einen Späher auf, der ausrufen soll, was er sieht. ⁷Er soll ganz genau aufpassen, wenn er von Pferden gezogene Wagen und einen Zug mit Eseln und Kamelen sieht.«

⁸Da rief der Wächter* mit brummiger Stimme: »Tag für Tag stehe ich auf dem Wachtturm, mein Herr. Nacht für Nacht verbringe ich auf meinem Posten – ⁹aber nun, sieh doch! Da kommt ein Zug berittener Männer!« Und er rief weiter: »Babylon ist gefallen, es ist gefallen! Die Götzen Babylons liegen zerbrochen am Boden!« .

¹⁰O, mein gedroschenes Volk, meine getretene Tenne, ich habe dir alles mitgeteilt, was der HERR, der Allmächtige, der Gott Israels, zu mir sagte.

Eine Botschaft für Edom

¹¹Für Edom erhielt ich folgende Botschaft:

Aus Seïr ruft man mir zu: »Wächter, wie lange dauert die Nacht noch? Wächter, wie lange dauert die Nacht noch?«

¹²Der Wächter antwortet: »Der Morgen kommt, aber auch die Nacht. Wenn ihr mehr wissen wollt, kommt ein andermal wieder und fragt.«

Eine Botschaft für Arabien

¹³Für Arabien erhielt ich folgende Botschaft:

Ihr Karawanen aus Dedan müsst die Nacht in der Wildnis Arabiens verbringen. ¹⁴Ihr Einwohner von Tema, bringt den Durstigen Wasser, versorgt die Flüchtlinge mit Essen. ¹⁵Sie fliehen vor bewaffneten Angreifern, gezückten Schwertern, gespannten Bogen und vor dem Schrecken des Krieges. ¹⁶»Doch innerhalb eines Jahres, entsprechend der Jahresarbeitszeit eines Tagelöhners, wird es mit der Herrlichkeit Kedars vorbei sein«, so spricht der HERR zu mir. ¹⁷»Nur sehr wenige der mutigsten Bogenschützen werden überleben. So hat es der HERR, der Gott Israels, vorausgesagt!«

Eine Botschaft für Jerusalem

22 Für das Tal der Offenbarung erhielt ich folgende Botschaft:

Was geht hier vor? Warum seid ihr alle auf die Dächer gestiegen? ²Du lärmende, belebte und fröhliche Stadt! Deine Toten sind keine Kriegsopfer, die durch das Schwert getötet worden sind. ³Alle eure Anführer sind gemeinsam geflohen. Sie ergaben sich widerstandslos. Auch diejenigen, die schon weit geflohen waren, werden gefunden und gefangen genommen. ⁴Deshalb bitte ich euch: Lasst mich allein, ich muss weinen, weil mein Volk vernichtet wird. Bemüht euch nicht, mich wegen des Zusammenbruchs meines Volkes zu trösten.

⁵Einen Schreckenstag des Tumultes, des Zertrampelns und der Ratlosigkeit lässt der Herr, der HERR, der Allmächtige, über das Tal der Visionen hereinbrechen! Mauern werden eingerissen und von den umliegenden Bergen hallt das Echo der Hilferufe. ⁶Die Elamiter haben sich Köcher voller Pfeile umgehängt und nähern sich mit Reitern und bemannten Wagen. Die Männer von Kir greifen zu ihren Schilden. ⁷Deine schönen Täler sind voller Streitwagen und die Reiter haben vor dem Tor Stellung bezogen. ⁸Doch jetzt wird dir, Juda, klar, welche Stunde dir geschlagen hat. Jetzt schaust du dich nach dem Waffenlager im Waldhaus um. ⁹Dir fallen auch die vielen Schäden in den Mauern der Stadt Davids auf. Du sorgst für ausreichende Wasservorräte im unteren Teich. ¹⁰Du zählst die Häuser an der Stadtmauer, die abgerissen werden können, um die Mauer zu verstärken. ¹¹Du legst auch einen Wasserspeicher zwischen zwei Mauern an, der mit Wasser vom alten Teich versorgt wird. Doch dabei achtet ihr nicht auf den, der es wirkt und schaut nicht auf dessen Beschluss alles schon vor langer Zeit in die Wege geleitet hat. ¹²Zwar ruft der HERR, der Allmächtige, euch dann auf zu weinen und zu klagen. Er ruft euch auf, euch kahl zu scheren und euch in Säcke zu kleiden. ¹³Doch stattdessen herrschen

---

21,1 Hebr. *die Wüste am Meer*.   21,8 Andere Übersetzungsmöglichkeit: *der Löwe*.

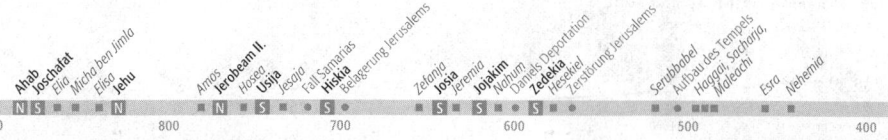

JESAJA

1–12	Eine Botschaft für das abtrünnige Juda
13–23	Botschaften für fremde Völker
24–27	Der Weltuntergang
28–35	Warnung vor menschlichen Rettungsversuchen
36–39	Ankündigung des Exils
40–53	Trost und Befreiung – Gottes Diener
54–66	Die zukünftige Herrlichkeit

22–24
Unheilsankündigung für Schebna, Tyrus. Gott hält Gericht über die Welt.

[Zeit der Könige und Propheten]

Ausgelassenheit und Vergnügen; ihr schlachtet Schafe und Rinder, esst Fleisch und trinkt Wein. »Lasst uns essen und trinken, denn morgen sterben wir.*« ¹⁴Der HERR der Heerscharen hat mir offenbart: »Diese Sünde wird euch bis zu eurem Todestag nicht vergeben werden.« So lautet das Urteil des HERRN, des Allmächtigen.

Eine Botschaft für Schebna

¹⁵Der Herr, der HERR, der Allmächtige, sagte zu mir: »Geh zu Schebna, dem Palastverwalter und sag ihm: ¹⁶›Was machst du hier und für wen tust du das hier, dass du dir hier ein Grab herrichten lässt? Du haust dir hier oben ein Grab aus, du meißelst eine letzte Ruhestätte in den Felsen. ¹⁷Bedenke: Der HERR wird dich mit der Wurfkraft eines Athleten weit wegschleudern! Er wird dich hart anpacken. ¹⁸Er wird dich zu einem Ball zusammenknüllen und in weite Ferne fortschleudern. Dort wirst du sterben und dort werden auch deine Staatskarossen zurückbleiben. Du bist eine Schande für das Haus deines Herrn. ¹⁹Ich enthebe dich deines Amtes‹, spricht der HERR. ›Ich werde dich von deiner hohen Position stürzen. ²⁰Danach werde ich meinen Knecht Eljakim, den Sohn Hilkijas, berufen. ²¹Ich werde ihm dein Amtgewand umhängen und er wird deine Schärpe tragen und ich gebe deine Vollmachten in seine Hand. Er soll dann dem Volk von Jerusalem und Juda ein Vater sein. ²²Ich vertraue ihm den Schlüssel zum Haus Davids an. Türen, die er öffnet, kann niemand schließen; Türen, die er schließt, kann niemand öffnen. ²³Ich werde ihn als Pfahl an sicherer Stelle fest verankern. Er wird dem Haus seines Vaters zu einem mächtigen und ehrenvollen Thronfolger werden. ²⁴Die ganze Last seines Vaterhauses hängt dann an ihm: Kinder und Enkel, alle kleinen Gefäße, Becken und Krüge.‹«

²⁵Der HERR, der Allmächtige, spricht: »Wenn diese Zeit kommt, wird der Pfahl, der am sicheren Ort eingeschlagen war, nachgeben und abbrechen. Die Last, die er trug, wird zu Boden fallen und zerbrechen. Ich, der HERR, habe gesprochen!«

Eine Botschaft für Tyrus

23 Für Tyrus erhielt ich folgende Botschaft: Weint, ihr Männer auf den Tarsisschiffen, denn eure Heimat wurde verwüstet. Es steht kein Haus mehr. Es ist keine Hafeneinfahrt mehr vorhanden. Ihr erfuhrt es durch die Hafenbewohner Zyperns. ²Verstummt, ihr Küstenbewohner!

22,13 S. 1. Korinther 15,32.

Seefahrende Händler von Sidon machten euch einst reich. ³Sie fuhren über das weite Meer und brachten Getreide aus fruchtbaren Tälern des Nil, mit dem ihr eure Vorratslager fülltet und das vielen Nationen zum Gewinn bringenden Geschäft wurde. ⁴Doch nun schäme dich – denn aus Tyrus schallt es von der Felseninsel klagend über das Meer: »Mir ist, als hätte ich nie in Wehen gelegen, Kinder geboren und Söhne und Töchter großgezogen!« ⁵Wenn die Ägypter diese Nachricht über Tyrus hören, werden sie von Angst und Schrecken gepackt werden. ⁶Fahrt nur hinüber nach Tarsis! Klagt, ihr Küstenbewohner! ⁷Ist das noch die uralte, fröhliche Stadt? Sie brachen in ferne Länder auf, um dort einzuwandern und Kolonien zu gründen.

⁸Wer hat dies über Tyrus angeordnet, das Herrscher ernannt hat, dessen Kaufleute Fürsten und dessen Händler in der Welt angesehen waren? ⁹Der HERR, der Allmächtige, hat es getan, um die Herrlichkeit des Reiches zu schänden und allen Prunk und alles hoch Angesehene als null und nichtig zu kennzeichnen. ¹⁰Ihr Leute von Tarsis, breitet euch über euer Land aus wie der Nil. Mit der Herrschaft von Tyrus, eures Kolonialherrn, ist es aus. ¹¹Der HERR hat seine Hand über dem Meer ausgestreckt und die Machtzentren der Erde erschüttert. Er hat den Befehl erteilt, alle militärischen Stützpunkte Kanaans zu zerstören. ¹²Er spricht: »Du sollst nie wieder froh werden, du geschändete jungfräuliche* Tochter Sidon. Mach dich auf! Flieh doch nach Zypern – auch dort wirst du keine Ruhe finden.«

¹³Sieh das Land von Babylon – als Eroberungsmacht war es noch nicht in Sicht. Die Assyrer betrachteten es als Lebensraum für Wüstentiere. Dieses Land errichtet jetzt überall seine Wachttürme, zerstört die Paläste von Tyrus und macht das Land von Sidon zu einem Trümmerhaufen. ¹⁴Klagt, ihr Männer auf den Tarsisschiffen, denn eure Festung ist zerstört! ¹⁵70 Jahre lang, die Länge eines Königslebens, wird Tyrus dann in Vergessenheit geraten. Nach diesen 70 Jahren wird es Tyrus ergehen, wie es im Lied der Hure heißt: ¹⁶»Nimm die Harfe zur Hand, zieh durch die Straßen, vergessene Hure. Spiel so gut du kannst und sing ein Lied nach dem anderen, damit die Menschen sich an dich erinnern.« ¹⁷Ja, nach 70 Jahren wird der HERR sich an Tyrus erinnern. Es wird wieder Gewinn bringenden Handel treiben und mit allen Ländern der Erde geschäftlich verkehren. ¹⁸Aber es wird seine Handelsgewinne und seinen Erwerb an den HERRN abtreten. Es wird ihn nicht horten und aufbewahren, sondern denen zugutekommen lassen, die mit dem HERRN leben, damit sie genug zu essen haben und prachtvolle Kleider kaufen können.

Der Weltuntergang

24 Sieh! Der HERR ist im Begriff, die ganze Erde zu entvölkern und zur Einöde werden zu lassen. Er lässt die Welt Kopf stehen und zerstreut ihre Bewohner. ²Priestern und dem Mann aus dem Volk, Herren und Knechten, Herrinnen und Mägden, Käufern und Verkäufern, Besitzern und Borgenden, Gläubigern und Schuldnern – allen wird es gleich ergehen. ³Die Erde wird der Vernichtung und Ausplünderung preisgegeben, denn der HERR hat es beschlossen.

⁴Die Erde ist niedergeschlagen und verblüht, die ganze Welt liegt verwelkt und verbraucht da, auch die Angesehenen der Völker der Erde sind erschöpft. ⁵Die Erde ist durch das gottlose Handeln der Menschen entstellt, denn sie haben das Gesetz übertreten, die Gebote und den alten Bund gebrochen. ⁶Deshalb wird die Erde von einem Fluch aufgefressen und ihre Bewohner müssen es büßen: Sie reiben sich gegenseitig auf, sodass es nur wenige überstehen.

⁷Es trauert der Most, die Rebe verwelkt. Die früher fröhlich waren, seufzen jetzt. ⁸Die freudigen Tamburinklänge sind verstummt; kein fröhlicher Festlärm ist mehr zu hören. Die klangvollen Töne der Harfe sind verklungen. ⁹Beim Weintrinken wird nicht mehr gesungen; das Bier schmeckt den Trinkern bitter.

¹⁰Die Stadt des Chaos liegt in Trümmern; die Hauseingänge sind verrammelt, damit niemand hineinkommt. ¹¹In den Straßen hört man Gejammer über den Verlust des Weins. Es herrscht keine Freude mehr, Frohsinn ist ein Fremdwort geworden. ¹²Was von der Stadt noch übrig geblieben ist, gleicht einer Wildnis, die Tore sind zerfallen. ¹³Auf der Erde unter den Völkern wird es sein, als ob ein Olivenbaum abgeerntet wurde, als ob nach der Weinernte nur noch die Nachlese übrig ist.

¹⁴Die wenigen Überlebenden werden ihre Stimme erheben und jubeln. Im Westen preisen sie die Herrlichkeit des HERRN, ¹⁵im Osten geben sie dem HERRN die Ehre, an den Meeresküsten loben sie den Namen des HERRN, des Gottes Israels. ¹⁶Vom Ende der Welt her hören wir Lobgesänge: »Gepriesen sei der Gerechte!«

Doch ich sage: »Ich vergehe! Mir wird schlecht. Es herrschen Verrat, Diebstahl, Betrug

---

23,12 Jungfräulich bedeutet hier *bislang unbesiegt*.

JESAJA

1–12	Eine Botschaft für das abtrünnige Juda
13–23	Botschaften für fremde Völker
24–27	Der Weltuntergang
28–35	Warnung vor menschlichen Rettungsversuchen
36–39	Ankündigung des Exils
40–53	Trost und Befreiung – Gottes Diener
54–66	Die zukünftige Herrlichkeit

24–26
Die Geretteten jubeln und essen ein Festmahl. Das Loblied der Menschen in Juda.

[Zeit der Könige und Propheten]

und Bestechlichkeit.« ¹⁷Grauen, Grube und unverhoffte Fallstricke sind euer Los, ihr Menschen auf der Erde. ¹⁸Wer vor dem Grauen flieht, wird in die Grube fallen. Wer der Grube entkommt, wird sich in den Fallstricken verfangen, denn die Schleusen des Himmels werden geöffnet und die Grundfesten der Erde werden erschüttert. ¹⁹Der Erdball zerplatzt und bricht auseinander. Er schwankt immer mehr und er wankt hin und her. ²⁰Die Erde torkelt wie ein Betrunkener. Sie schaukelt wie eine Hängematte hin und her, weil ihre Sünde schwer auf ihr lastet. Sie wird fallen und nicht wieder aufstehen. ²¹An diesem Tag wird der HERR die Engel des Himmels und die Könige der Erde zur Rechenschaft ziehen. ²²Gemeinsam werden sie wie Gefangene in einer Grube eingesperrt werden. Sie werden eingekerkert und erst nach langer Zeit wird ihnen der Prozess gemacht werden. ²³Dann wird der Mond erröten und die Sonne beschämt sein. Denn der HERR, der Allmächtige, tritt seine Königsherrschaft auf dem Berg Zion und in Jerusalem an und offenbart vor seinen Ältesten den Glanz seines Lichtes.

Lobpreis des Gerichts und der Rettung

25 HERR, du bist mein Gott, ich will dich erheben und deinen Namen preisen. Denn du hast unfassbare Dinge, die du dir vor langer

Jesaja 26,19

Hinweise auf den Messias (2)
An dieser Stelle findet sich im Jesajabuch ein längeres Gebet, das Gott für seine Hilfe ehrt: Sie ist auch dann da, wenn Gott Gericht hält (V. 8-9.16). Das Gebet mündet in die erstaunliche Aussicht, dass selbst die Verstorbenen nicht fern von Gott sind, sondern Gott ihnen das Leben neu schenken wird (V. 19).
Erfahren konnte man das, als Jesus Menschen von den Toten auferweckte. Der zusammenfassende Bericht davon, den Jesus selbst gibt, ist in den Evangelien so formuliert, dass er Jesaja 26,19 zitiert (Mt 11,5; Lk 7,22). Jesus beansprucht damit, Erfüller der Jesaja-Prophetie zu sein.
Darüber hinaus lassen auch der Bericht über die aufspringenden Gräber nach dem Tod von Jesus (Mt 27,52) und der Ausblick von Jesus auf die Totenauferstehung am Ende der Zeiten (Joh 5,28-29) dieses Prophetenwort anklingen.
(Jesaja 11,1-10 «« | »» Jesaja 27,9)

S Südreich Juda   N Nordreich Israel

Zeit vorgenommen hast, vollbracht. Darin hast du bewiesen, dass auf deine Treue wirklich Verlass ist!
²Du hast die Stadt in Trümmer gelegt: Von der Festung bleibt nur Schutt. Der Palast unserer Besatzungsmacht ist verschwunden. Es gibt da nichts mehr, was an eine Weltstadt erinnern könnte. Was dort einmal stand, wird niemals wieder erbaut werden.
³Deshalb ehrt dich ein mächtiges Volk, Städte gewalttätiger Nationen fürchten dich.
⁴Für die Armen bist du eine Zuflucht, den Elenden in Bedrängnis eine Festung, Schutz im starken Regen und Schattenspender in der sengenden Hitze. Denn die Vorgehensweise der Tyrannen war wie ein gewaltiger eisiger Hagelsturm. ⁵So, wie die Steppe unter der sengenden Hitze verstummt, bringst du das laute Getöse ausländischer Völker zum Schweigen. Du dämpfst das Triumphgeschrei der Tyrannen wie der Schatten einer Wolke die Hitze.
⁶In Jerusalem* wird der HERR, der Allmächtige, ein großes Fest für alle Völker ausrichten. Es wird köstliches Essen geben, fette Speisen und leckeren Wein, Markspeisen und erlesene Weine. ⁷Er wird dann auf diesem Berg die Binde, die das Gesicht aller Völker verhüllte, abnehmen und die Decke, die über den Völkern ausgebreitet war, wegziehen. ⁸Den Tod wird er für immer beseitigen.* Gott, der HERR, wird die Tränen von allen Gesichtern abwischen und die Schande, die seinem Volk angetan wurde, überall auf der Erde wegnehmen. Dies hat der HERR ja versprochen! ⁹Dann wird das Volk sagen: »Dies ist unser Gott! Auf ihn haben wir gewartet und er hat uns gerettet. Dies ist der HERR, auf den wir unsere Hoffnung gesetzt haben. Wir wollen uns freuen und jubeln, weil er uns rettet!« ¹⁰Denn die Hand des HERRN wird auf diesem Berg ruhen.
Moab wird im eigenen Land niedergetreten werden, wie man Stroh in der Lehmgrube niedertritt. ¹¹Obwohl Moab seine Hände geschickt wie ein Schwimmer zum Schwimmen ausbreitet, macht der HERR seinem Hochmut trotz seiner listigen Anschläge ein Ende. ¹²Er wird seine festen und steilen Mauern einreißen, ja, er wird sie umstürzen und dem Erdboden vollkommen gleich machen.

Ein Loblied für den HERRN

26 Dann werden die Menschen in Juda dieses Lied singen:
Wir haben eine sichere Stadt!
Zu ihrem Schutz hat der HERR Mauern und Vormauern errichtet.
²Öffnet einem gerechten Volk die Tore – denen, die treu waren.
³Die mit einem festen Sinn umgibst du mit Frieden,
weil sie ihr Vertrauen auf dich setzen!
⁴Vertraut auf den HERRN für immer,
denn der HERR ist der ewige Fels.
⁵Er demütigt die Hochmütigen
und hat die hoch aufragende Stadt hinabgestürzt.
Er machte sie dem Erdboden gleich
und trat sie in den Staub!
⁶Die Füße der Armen und die Tritte der Niedrigen haben sie zertreten.
⁷Der Weg des Gerechten aber ist gerade.
Du ebnest seinen Weg.
⁸HERR, insbesondere erwarten wir, dass du auf dem Weg deiner Gerichte zu uns kommst.
Wir sehnen uns danach, dass du unsere Erinnerungen neu mit dem füllst,
was dein Name bedeutet.
⁹Nachts verlange ich mit allem, was ich bin, nach dir;
auch mit meinem Geist, in meinem Inneren suche ich dich.
Denn wenn du kommst, um die Erde zu richten,
lernen die Menschen auf der Erde, was Gerechtigkeit ist.
¹⁰Erfährt dagegen ein Böser Gnade, lernt er daraus nicht, was Gerechtigkeit ist.
Er wird selbst in einem Land,
in dem Gerechtigkeit zählt,
weiterhin Unrecht tun und die Herrlichkeit des HERRN verachten.
¹¹O HERR, sie wollen deine erhobene Hand nicht sehen.
Doch sie bemerken den Eifer deines Volkes und schämen sich.
Dein feuriger Zorn soll deine Feinde verzehren.
¹²HERR, du wirst uns Frieden schenken,
denn unsere Errungenschaften verdanken wir dir.
¹³O HERR, unser Gott, andere haben über uns geherrscht,
doch wir ehren nur deinen Namen.
¹⁴Die, denen wir dienten, sind tot.
Sie werden nicht leben.
Die Verstorbenen werden nicht mehr zurückkehren!
Darum hast du sie gerichtet und vernichtet,
alle Erinnerung an sie hast du ausgerottet.
¹⁵Du hast dich verherrlicht, HERR!

25,6 Hebr. *auf diesem Berg*; so auch in 25,10.   25,8 S. 1. Korinther 15,54.

JESAJA

1–12	Eine Botschaft für das abtrünnige Juda
13–23	Botschaften für fremde Völker
24–27	Der Weltuntergang
28–35	Warnung vor menschlichen Rettungsversuchen
36–39	Ankündigung des Exils
40–53	Trost und Befreiung – Gottes Diener
54–66	Die zukünftige Herrlichkeit

26–28
Israel wird wieder aufgerichtet. Unheilsankündigung für Samaria. Gleichnis des weisen Bauern.

[Zeit der Könige und Propheten]

Du hast unser Volk groß gemacht,
ihm Menschen hinzugefügt
und die Grenzen des Landes erweitert!
[16]HERR, wir suchten dich in der Not.
Wenn wir deine Strafe ertragen mussten,
sprachen wir flehentliche Gebete.
[17]Wie eine Frau in den Wehen,
die sich vor Schmerzen windet und schreit,
so waren wir in deiner Gegenwart, HERR.
[18]Wir waren schwanger und krümmten uns,
doch wir gebaren Wind.
Wir haben die Welt nicht gerettet;
kein Mensch wurde geboren.
[19]Doch die Toten, die Gott gehören, werden leben;
sie werden von den Toten auferstehen!
Die Begrabenen sollen sich erheben und vor Freude singen!
Denn dein Tau ist strahlender Tau,
und die Erde wird ihre Toten herausgeben!

Wiederherstellung Israels
[20]»Geh nach Hause, mein Volk. Verschließ deine Türen. Verbirg dich eine kurze Zeit, bis der Zorn vorbei ist. [21]Sieh! Der HERR kommt von seinem Ort, um die Menschen auf der Erde für ihre Sünden zu bestrafen. Die Erde wird die Ermordeten nicht mehr verbergen. Das vergossene Blut kommt ans Tageslicht.«

Jesaja 27,9

Hinweise auf den Messias (2)
Dieser Abschnitt aus dem Jesajabuch blickt auf die Wiederherstellung Israels. Gottes Zorn und seine Strafe hat das Volk wohl zu spüren bekommen, doch dadurch wurde die Schuld des Volkes dann auch gesühnt.
Dass die Sünden von Gottes Volk einmal endgültig beseitigt werden, erwartet Paulus fest: »Ganz Israel wird gerettet werden« (Röm 11,27). Paulus kombiniert dann zwei Zitate: Jes 59,20-21 und Jes 27,9 (Röm 11,26-27). Dadurch entsteht das Bild: Durch den »Retter aus Zion«, der einen neuen Bund mit sich bringt (siehe die Erklärung zu Mt 26,28), wird Gott die Sünden wegnehmen. In der rückblickenden geistlichen Zusammenschau bekommt Jes 27,9 so eine messianische Bedeutung.
(Jesaja 26,19 «« | »» Jesaja 28,16)

27 ¹Dann wird der HERR mit seinem harten, großen und starken Schwert den Leviatan, die flüchtige und gewundene Schlange, aufsuchen und diesen Meeresdrachen töten. ²Dann wird man singen:
»Ich habe einen wunderbaren Weinberg.
Jubelt ihm laut zu.
³Ich, der HERR, wache selbst über ihn.
Jeden Tag begieße ich ihn;
Tag und Nacht behüte ich ihn, damit ihm nichts zustößt.
⁴Mein Zorn ist vorbei.
Wo ich Disteln und Dornen finde,
werde ich sie bekämpfen und allesamt verbrennen,
⁵es sei denn, dass sich jemand ergibt und um Frieden und Schutz bittet.«
⁶Dann wird Jakob Wurzeln schlagen. Israel wird Knospen und Blüten tragen und die ganze Erde mit seiner Frucht erfüllen!
⁷Hat der HERR Israel so hart geschlagen, wie er dessen Feinde schlug? Oder wurde es von seinen Unterdrückern erschlagen, wie Gott sie erschlug? ⁸Du hast es maßvoll bestraft, als du es in die Verbannung schicktest und am Tage des Ostwinds in einem schweren Sturm die Spreu vom Weizen trenntest. ⁹Hierdurch wird die Sünde Jakobs zugedeckt werden. Durch diese Beseitigung wird Folgendes geschehen: Er wird alle Altarsteine wie Kalkbrocken zerbröseln und die Ascheren wie auch die Sonnensäulen werden nicht wieder aufgebaut werden. ¹⁰Denn die befestigte Stadt liegt einsam da. Sie wurde von ihren Bewohnern aufgegeben und gleicht einer verlassenen Einöde. Vieh weidet darin und frisst die Zweige von Büschen und Bäumen.
¹¹Wenn deren Zweige vertrocknet sind, werden sie abgebrochen und von den Frauen verbrannt. Es ist kein einsichtiges Volk. Deshalb wird der, der es geschaffen hat, kein Erbarmen mit ihm haben, sein Schöpfer wird es nicht bemitleiden. ¹²Doch in dieser Zeit wird der HERR die Ähren vom Euphrat bis zum Bach von Ägypten ausklopfen und die Israeliten werden, einer nach dem anderen, aufgelesen werden. ¹³Dann wird auch eine große Trompete erklingen. Es werden die, die in Assyrien verloren gegangen sind, und die, die nach Ägypten verstoßen wurden, kommen und sich vor dem HERRN auf seinem heiligen Berg in Jerusalem anbetend niederwerfen.

Eine Botschaft für Samaria

28 ¹Der Krone, die über seinen fruchtbaren Tälern thront und auf die Ephraim trunken vor Stolz ist, wird es schlecht ergehen. Dem maßlosen Luxus, der dahinwelken wird wie eine Blume, und denen, die im Weinrausch leben, steht Schlimmes bevor. ²Gib Acht! Der Herr hält einen Starken und Mächtigen bereit. Wie ein Hagelsturm, ein vernichtendes Unwetter, wie die reißenden Flutwellen nach einem Wolkenbruch wirft er sie mit seiner Hand zu Boden. ³Die stolze Krone der berauschten Einwohner Israels wird mit Füßen zertreten werden. ⁴Der welkenden Blume, dem stattlichen Luxus auf dem Gipfel über dem fruchtbaren Tal, wird es wie der frühen Feige in der Vorsommerzeit ergehen, die jemand entdeckt hat. Kaum, dass er sie in der Hand hält, ist sie verschlungen. ⁵Zu der Zeit wird der HERR, der Allmächtige, dem Rest seines Volkes zur prächtigen Krone und zum Leben im Überfluss* werden. ⁶Er wird Israels Richtern den Geist der Gerechtigkeit geben und seinen Kriegern, die das Tor verteidigen, besonderen Mut verleihen.
⁷Währenddessen aber taumeln auch diese vom Wein und sind vom Alkohol schwindlig. Priester und Propheten schwanken vom Wein und sind vom Most beherrscht. Der Wein hat sie vernebelt, sodass sie unsicher in ihren Weissagungen sind und hin und her schwanken, wenn sie Urteile sprechen. ⁸Ihre Tische sind verdreckt und von Erbrochenem besudelt. Es gibt nichts, was sauber wäre. ⁹»Wen will er* denn Erkenntnis lehren? Wem will er seine Botschaft erklären? Entwöhnten Kindern, Kleinkindern, die gerade nicht mehr gestillt werden? ¹⁰Was soll sein Blabla und Papperlapapp und sein bedeutungsloses Geschwätz mal hier mal dort?«
¹¹Ja, Gott wird tatsächlich durch rätselhafte Rede und in fremder Sprache zu diesem Volk sprechen! ¹²Er hatte ihnen gesagt: »Hier werdet ihr Ruhe finden, die Erschöpften können sich ausruhen«, doch sie wollten nicht hören. ¹³Deshalb wird es tatsächlich so kommen, dass ihnen das Wort des HERRN wie ein Blabla und ein Papperlapapp – wie bedeutungsloses Geschwätz mal hier mal dort vorkommt. Darüber sollen sie rücklings stolpern und zerschmettert werden, in die Falle gehen und gefangen werden.
¹⁴Deshalb hört die Botschaft des HERRN, ihr frechen Spötter und Herrscher dieses Volkes in Jerusalem. ¹⁵Denn ihr habt gesagt: »Wir haben ein Abkommen mit dem Tod geschlossen, einen Vertrag mit dem Totenreich*.« Ihr sagt: »Diese

---

28,5 Hebr. *zum teuren Stirnreif*.   28,9 der Prophet Jesaja.   28,15 Hebr. *Scheol*; so auch in 28,18.

JESAJA

1–12	Eine Botschaft für das abtrünnige Juda
13–23	Botschaften für fremde Völker
24–27	Der Weltuntergang
28–35	Warnung vor menschlichen Rettungsversuchen
36–39	Ankündigung des Exils
40–53	Trost und Befreiung – Gottes Diener
54–66	Die zukünftige Herrlichkeit

28–29
Prophezeiung von Kriegen in Jerusalem.

[Zeit der Könige und Propheten]

vernichtende Flut wird uns, wenn sie kommt, nichts anhaben, denn wir haben uns durch Lügen geschützt und uns in Betrug verborgen.« ¹⁶Deshalb spricht Gott, der HERR: »Seht her! Ich lege einen Stein in Jerusalem. Er ist ein kostbarer Eckstein, der fest verankert ist. Wer glaubt, bleibt bestehen.

Jesaja 28,16

Hinweise auf den Messias (2)
Das Bild vom zentralen Eckstein, auf den alles ankommt, war schon in Psalm 118,22-23 enthalten (siehe die Erklärung dort). Jesus selbst hat das auf sich bezogen.
Bei Jesaja wird dasselbe Bild verwendet. Auch in diesem Wort ist Jesus Christus im Voraus abgebildet, wie Paulus zeigt. Er zitiert diese Prophetie gleich an zwei Stellen (Röm 9,33; 10,11). Auch der erste Petrusbrief hat dieses Verständnis: 1. Petrus 2,4.6.
Beide Stellen im Neuen Testament nehmen zum Jesajazitat 28,26 auch noch Jesaja 8,14 hinzu. Hier ist von einem Stolperstein die Rede. Das lässt sich gut auf Jesus deuten, weil auch an ihm viele Anstoß nehmen. »Sie stolpern, weil sie nicht auf Gottes Wort hören und es nicht befolgen, und dazu sind sie auch bestimmt«, erklärt 1. Petrus 2,8. Jedoch: »Für euch, die ihr glaubt, ist er« – der Eckstein – »kostbar« (1Petr 2,7). Die Verbindung der beiden Jesajastellen wird zum Hinweis auf den Messias, der Vertrauen weckt und auf Ablehnung stößt.
(Jesaja 27,9 ‹‹‹ | ››› Jesaja 29,18)

Jesaja 29,18

Hinweise auf den Messias (2)
Taube hörend und Blinde sehend machen: Das sind Wunder, die kein Prophet im Alten Testament tat, auch nicht solche Wundertäter wie Elia oder Elisa (siehe Seite 1660). Die hier bei Jesaja genannten Wunder sind von ganz besonderer Art (siehe Joh 9,32) und werden erst für eine künftige Erlösungszeit erwartet.
Als Jesus – in seiner Antwort an den zweifelnden Täufer Johannes – die Erkennungszeichen des erwarteten Retters aufzählt, nennt er auch Heilungen von Tauben und Blinden und lässt damit deutlich Jesaja 29,18 anklingen (Mt 11,5; Lk 7,22). Mit dem Kapitel Jesaja 29 hat Jesus sich offenbar intensiv befasst (siehe 29,13 und Mt 15,8-9; Mk 7,6-7).
Wenn Jesus sich auf Jesaja 29,18 bezieht, sagt er damit: Er selbst ist es, mit dem die Wende vom Strafgericht Gottes über Jerusalem (Jes 29,1-16) hin zur Erlösung (29,17-24) kommt.
(Jesaja 28,16 ‹‹‹ | ››› Jesaja 35,5-6)

S Südreich Juda N Nordreich Israel

¹⁷Ich mache die Gerechtigkeit zur Richtschnur und das Recht zum Lot. Hagel wird eure Lügenzuflucht vernichten; euer Versteck wird durch eine Flut weggeschwemmt werden. ¹⁸Euer Abkommen mit dem Tod wird aufgehoben, der Vertrag, den ihr mit dem Totenreich geschlossen habt, wird ungültig. Wenn die Geißel über euch hereinbricht, wird sie euch zermalmen. ¹⁹Sie wird euch erfassen, wann immer sie kommt; und sie wird kommen: Morgen für Morgen, bei Tag und bei Nacht.«

Dann werden Weissagungen die Menschen in Schrecken versetzen. ²⁰Das Bett ist zu kurz, um sich darin auszustrecken, die Decke zu knapp, um sich damit zuzudecken. ²¹Der HERR wird aufstehen wie am Berg Perazim und toben wie im Tal Gibeon, um sein Werk, ein befremdliches Werk und seine Arbeit, eine ungewöhnliche Arbeit, zu tun. ²²Deshalb hört auf zu spotten, denn das zieht eure Fesseln nur noch enger. Das Strafgericht steht vollkommen fest, der Herr, der HERR der Heerscharen hat mir gesagt, was er über die ganze Erde beschlossen hat.

²³Hört mir zu; hört doch und gebt Acht auf das, was ich sage! ²⁴Pflügt denn ein Bauer täglich, wenn er säen will? Macht er den Boden ständig urbar? ²⁵Wird er nicht, wenn der Boden bearbeitet ist, Dill ausstreuen und Kümmel säen, Weizen in Reihen und Gerste an anderer besonderer Stelle auswerfen und Dinkel an den Rand pflanzen? ²⁶Sein Gott hat ihn unterwiesen, wie er es richtig machen soll. ²⁷Dill wird nicht mit einem schweren Dreschschlitten gedroschen, sondern mit einem Schlägel. Auch wird Kümmel nicht mit der Walze überrollt, sondern mit einem Stock ausgeschlagen. ²⁸Wird Brotgetreide etwa zermalmt? Nein, er drischt es nicht ununterbrochen und fährt nicht mit dem Rad seines Wagens und dem Pferdegespann immerfort darüber hinweg; er zermalmt es nicht. ²⁹Auch das kommt vom HERRN, dem Allmächtigen. Er gibt erstaunliche Intelligenz und großen Scharfsinn.

Eine Botschaft für Jerusalem

29 »Ariel, Ariel*, der Stadt, in der David lagerte, wird es schlecht ergehen. Fügt nur Jahr an Jahr und feiert die Feste. ²Dennoch werde ich Ariel bedrängen und man wird weinen und klagen. Dann wird es ein rechter Ariel für mich sein. ³Ich werde dich ringsherum belagern und Türme und Bollwerke gegen dich errichten. ⁴Dann bist du gedemütigt. Du wirst aus der Erde sprechen und der Staub wird deine Stimme dämpfen. Sie wird wie eine Geisterstimme aus der Erde dringen; aus dem Staub wird sie flüstern.

⁵Doch deine vielen Feinde werden wie feiner Staub sein und die vielen Gewalttätigen wie Spreu umherwehen. Dann wird sich urplötzlich Folgendes zutragen: ⁶Ich, der HERR, der Allmächtige, werde mit Donner und Erdbeben und großem Lärm, mit Sturm, Unwetter und verzehrendem Feuer gegen sie vorrücken. ⁷Die Völkerscharen derer, die zum Krieg gegen Ariel auszogen, werden zusammen mit allen Festungen und Mitteln, die gegen die Stadt aufgefahren wurden, wie ein nächtliches Traumgesicht verschwinden. ⁸Wie ein Hungriger vom Essen träumt und doch hungrig aufwacht und wie ein Durstiger träumt, zu trinken und schwach vor Durst erwacht – so wird es all den Völkern ergehen, die gegen den Berg Zion zum Krieg ausziehen.«

⁹Haltet inne und staunt. Blendet euch selbst und erblindet. Sie sind betrunken, aber nicht vom Wein! Sie wanken, aber nicht vom Alkohol! ¹⁰Denn der HERR hat über sie einen Geist ausgegossen, der sie in einen tiefen Schlaf versetzt und ihre Augen verschließt. Er hat die Wahrnehmung der Propheten und ihrer Häupter, der Seher, verhüllt. ¹¹Deshalb ist jede Weissagung für sie wie ein Buch in einer verschlüsselten Sprache geworden. Wenn sie dieses Buch jemandem geben und ihn bitten zu lesen, muss er eingestehen: »Ich kann es nicht lesen, denn es ist verschlüsselt.« ¹²Wenn sie Menschen bitten, es zu lesen, die nicht lesen können, dann sagen sie: »Wir können nicht lesen.«

¹³Der HERR hat gesagt: »Dieses Volk sucht meine Nähe nur mit dem Mund und ehrt mich nur mit Lippenbekenntnissen. In seinem Herzen aber hält es einen weiten Abstand von mir. Seine Furcht vor mir erschöpft sich in auswendig gelernten Sprüchen. ¹⁴Deshalb will ich weiterhin auf wundersame Weise, rätselhaft und erstaunlich seltsam, mit diesem Volk verfahren. Ich will die Weisheit seiner Weisen zunichtemachen und seine Klugen ihrer Klugheit berauben.«

¹⁵Schlimmes steht denen bevor, die versuchen, ihre Pläne tief im Verborgenen vor dem Herrn zu verstecken, deren Treiben im Dunkeln geschieht und die sagen: »Wer sieht und erkennt uns schon?« ¹⁶Oh, ihr Tatsachenverdreher. Soll denn der Töpfer dem Ton gleichgestellt werden, dass ein Werk zu seinem Schöpfer sagen kann: »Er hat mich nicht gemacht« und das Gefäß zu dem, der es gemacht hat: »Er versteht nichts«?

¹⁷Wird es nicht schon sehr bald geschehen, dass der Libanonwald in einen Garten voller

---

29,1 Hebr. wahrscheinlich *Altarherd*.

JESAJA

1–12	Eine Botschaft für das abtrünnige Juda
13–23	Botschaften für fremde Völker
24–27	Der Weltuntergang
28–35	Warnung vor menschlichen Rettungsversuchen
36–39	Ankündigung des Exils
40–53	Trost und Befreiung – Gottes Diener
54–66	Die zukünftige Herrlichkeit

29–30
Ägypten ist kein Schutz für Israel. Gott zeigt Juda die Wahrheit. Gott wendet sich Israel zu und vernichtet seine Feinde.

[Zeit der Könige und Propheten]

Früchte umgewandelt, anderseits der Frucht bringende Garten zum Waldgestrüpp wird? ¹⁸Dann hören Taube Wörter, die aus einem Buch vorgelesen werden und Blinde können sogar bei Dunkelheit und Finsternis sehen. ¹⁹Die Erniedrigten werden wieder Freude am HERRN erleben. Die Armen unter den Menschen werden über den Heiligen Israels jubeln. ²⁰Denn es gibt keine Gewalttäter mehr, und die Spötter sind verschwunden; und alle bösen Ränkeschmiede sind ausgerottet. ²¹Mit den Wort- und Rechtsverdrehern und den falschen Zeugen ist es vorbei. ²²Deshalb spricht der HERR, der Abraham erlöst hat, zum Volk Israel*: »Mein Volk soll nicht mehr beschämt werden und nicht mehr erblassen. ²³Vielmehr wird es, wenn es seine Kinder – und das, was ich unter ihnen getan habe – ansieht, meinen Namen als heilig verehren. Sie werden den Heiligen Israels ehren und Ehrfurcht vor dem Gott Israels bekommen. ²⁴Die im Irrtum gefangen waren, lernen Erkenntnis und die Unzufriedenen werden sich belehren lassen.«

Judas nutzloser Vertrag mit Ägypten

30 »Meinen widerspenstigen Kindern wird es sehr schlecht gehen«, sagt der HERR. »Sie schmieden einen Plan, der nicht von mir ausgeht, sie schließen ein Bündnis, das nicht nach meinem Sinn ist. Dadurch schaufeln sie Sünde auf Sünde. ²Sie machen sich auf den Weg nach Ägypten hinab, ohne mich zu fragen. Sie suchen dort beim Pharao Zuflucht und wollen sich dort unter dem Schutz Ägyptens bergen. ³Doch die Zuflucht zum Pharao wird sie beschämen und die Flucht unter den Schutz Ägyptens wird ihnen zur Schande werden. ⁴Ihre königlichen Gesandten sind zwar schon in Zoan und ihre Boten in Hanes eingetroffen, ⁵aber sie werden alle von diesem Volk enttäuscht werden müssen, das ihnen weder etwas nützt noch weiterhilft und ihnen nichts anderes einbringt als Enttäuschung und zusätzliche Schmähung.«

⁶Dies ist die Botschaft für das Nilpferd des Südens: Durch ein Land der Not und der Angst, in dem es Löwinnen und Löwen, Nattern und geflügelte Reptilien gibt, tragen sie ihre Reichtümer auf Eselsrücken und ihre Schätze auf den Höckern von Kamelen. Sie tragen es zu einem Volk, das ihnen gar nichts nützt. ⁷Ägyptens Hilfe wird hohl und nichtig sein. Deshalb nenne ich dieses Volk Angeber und Nichtstuer.«

29,22 Hebr. *Haus Jakobs*; so auch in 29,23.

Eine Warnung an das aufständische Juda

⁸Nun geh und schreib ihnen diese Worte auf eine Tafel; verzeichne sie in einem Buch. Sie sollen dort für die Zukunft und für alle Ewigkeit aufgeschrieben sein. ⁹Denn dieses Volk ist störrisch. Seine Söhne sind Lügner, die die Weisungen des HERRN nicht gerne anhören.

¹⁰Zu den Sehern sagen sie: »Seht nicht!« Zu den Propheten: »Weissagt uns nicht die Wahrheit. Streichelt uns mit Schmeicheleien und verhätschelt uns mit Täuschungen. ¹¹Geht uns aus dem Weg, tretet zur Seite, verschwindet. Lasst uns mit dem ›Heiligen Israels‹ in Ruhe.«

¹²Deshalb entgegnet der Heilige Israels: »Weil ihr missachtet, was ich euch sage, und euch lieber auf Erpressung und üble Tricks verlassen und stützen wollt, ¹³wird diese Sünde für euch wie ein Riss in einer einsturzgefährdeten hohen Mauer sein, der sich plötzlich ausdehnt. Von einem Augenblick auf den anderen stürzt sie ein. ¹⁴Ihr werdet wie Tongeschirr zerschmettert werden – schonungslos werdet ihr vollständig zertrümmert. Es wird sich keine Scherbe mehr finden, um darin ein paar glühende Kohlen von einer Feuerstelle zu holen oder Wasser aus einem Brunnen zu schöpfen.«

¹⁵Denn so spricht der allmächtige HERR, der Heilige Israels: »Durch Umkehr und Ruhe könntet ihr gerettet werden. Durch Stillsein und Vertrauen könntet ihr stark sein. Aber das wollt ihr nicht. ¹⁶Ihr sagt: ›Wir wollen auf Pferden dahinfliegen.‹ Deshalb werdet ihr fliehen. Und: ›Wir wollen auf schnellen Tieren reiten.‹ Deshalb werden auch eure Feinde sehr schnell sein! ¹⁷Vor dem Schlachtruf eines Einzigen werden 1.000 von euch fliehen. Fünf von ihnen werden euch alle in die Flucht schlagen, bis von euch nur noch ein kleiner Rest übrig ist. Dann seid ihr wie eine einsame Kiefer auf einer Bergspitze oder wie ein Flaggenmast auf einem Hügel.«

Die Segnungen für das Gottesvolk

¹⁸Deshalb wartet der HERR sehnlich darauf, euch zu begnadigen. Er wird sich erheben, um euch sein Erbarmen zu zeigen. Denn der HERR ist ein gerechter Gott. Glücklich ist, wer auf ihn vertraut.

¹⁹Ja, Volk von Zion, das in Jerusalem wohnt, du wirst nicht mehr immerzu weinen müssen. Er wird dir sicherlich gnädig sein, wenn du ihn um Hilfe bittest. Dein Rufen erhört er sofort. ²⁰In der Not wird euch der HERR Brot und in der Bedrängnis Wasser geben. Deine Lehrer werden sich nicht mehr verkriechen müssen. Du wirst die, die dich lehren, mit eigenen Augen sehen können. ²¹Ob dein Weg nach rechts oder links führt, wird eine Stimme hinter dir herrufen und dir ansagen: »Das ist der richtige Weg, den geh!« ²²Dann wirst du deine versilberten Götzen und deine mit Gold überzogenen Bilder verunreinigen und sie auf den Müll hinauswerfen und dabei rufen: »Weg mit dem Dreck!«

²³Der HERR wird euch daraufhin mit Regen für eure Saat, die ihr in den Boden legt, segnen. Als Ertrag werdet ihr saftiges, nahrhaftes Brot haben und euer Vieh wird an jenem Tag auf fruchtbarem, weitläufigem Weideland grasen. ²⁴Die Rinder und Esel, mit denen ihr den Boden bestellt, werden gutes Mischfutter fressen, das mit Salz haltbar gemacht und mit der Schaufel und der Wurfgabel von den Spelzen gereinigt wurde. ²⁵Auf jedem hohen Berg und jedem aufragenden Hügel werden Wasserbäche hervorquellen. Das wird am Tag des großen Massakers sein, wenn die Türme fallen. ²⁶Der Mond wird genauso hell scheinen wie die Sonne, und die Sonne wird sieben Mal heller strahlen – wie das Licht von sieben Tagen! So wird es sein, wenn der HERR anfängt, die Verletzungen seines Volkes zu verbinden und die Wunden, die er ihnen schlug, zu heilen. ²⁷Sieh! Der HERR selbst kommt aus der Ferne, glühend vor Zorn. Er erhebt sich mit Macht. Seine Lippen beben vor Wut und seine Zunge ist wie ein verzehrendes Feuer. ²⁸Sein Atem ist wie eine überschwemmende Flut, die einem das Wasser bis zum Hals stehen lässt. Er wird die Völker im Sieb der Nichtigkeit schütteln und ihnen Zaumzeug anlegen, das sie in die Irre leiten wird.

²⁹Euer Gesang wird dann erklingen wie am Abend vor dem Passahfest. Du wirst dich von Herzen freuen, wie jemand, der im Festzug unter Flötenspiel mitzieht, um zum Berg des HERRN, dem Felsen Israels, zu gehen. ³⁰Dann wird der HERR seiner gewaltigen Stimme Gehör verschaffen. Er wird dafür sorgen, dass seinem Arm Beachtung geschenkt wird, wenn er wutschnaubend zuschlägt und seinen brennenden Zorn mit Wolkenbrüchen, Gewitter und Hagelschlag herunterprasseln lässt. ³¹Die Stimme des HERRN wird den Assyrern Furcht einjagen, wenn er mit seinem Stock zuschlägt. ³²Mit jedem Schlag des HERRN wird der Stock, den er für dieses Land bestimmt hat zur Rute, die er auf sie niederfahren lässt. Dabei schlägt er seine Schlacht und kämpft mit seinem Arm gegen sie. Jeder Schlag wird von Tamburin- und Harfenspiel begleitet. ³³Denn schon längst ist eine Feuerstätte für alle Abscheulichkeiten hergerichtet. Sie ist auch für den König errichtet worden – tief und weit – das Brennholz ist hoch aufgeschichtet und für das Feuer vorbereitet. Der Atem des HERRN wird es in Brand setzen wie ein Schwefelstrom.

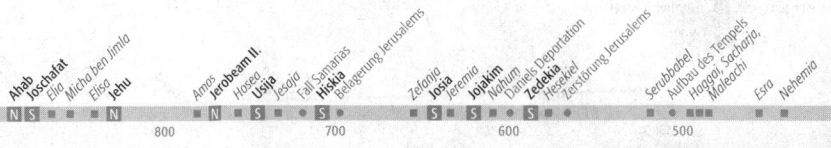

JESAJA

1–12	Eine Botschaft für das abtrünnige Juda
13–23	Botschaften für fremde Völker
24–27	Der Weltuntergang
28–35	Warnung vor menschlichen Rettungsversuchen
36–39	Ankündigung des Exils
40–53	Trost und Befreiung – Gottes Diener
54–66	Die zukünftige Herrlichkeit

31–33
Ägypten bietet keine Hilfe. Gott kämpft wie ein Löwe für sein Volk. Hoffnung auf das Reich des Friedens. Unheilsankündigung für Assyrien.

[Zeit der Könige und Propheten]

Die vergebliche Hoffnung auf Rettung durch Ägypten

31 Denen, die nach Ägypten ziehen, um Hilfe zu bekommen, wird es schlecht ergehen. Sie verlassen sich auf die große Anzahl der Pferde und Streitwagen und auf starke Reiter, aber sie schauen nicht auf den Heiligen Israels. Sie fragen nicht nach dem HERRN. ²Aber auch der HERR ist weise und wird Unheil schicken, er wird seine Drohungen nicht beiseiteschieben. Er wird gegen die Seilschaft der Bösen und gegen die Handlanger der Sünde einschreiten. ³Denn die Ägypter sind nur Menschen, sie sind nicht Gott! Ihre Pferde sind Fleisch, nicht Geist! Wenn der HERR seine Hand ausstrecken wird, strauchelt der Helfer und der, dem geholfen wird, stürzt. Zusammen werden alle zugrunde gehen.

⁴Denn der HERR hat mir gesagt: »Wie ein junger Löwe seine Beute knurrend bewacht, wenn ihn die versammelten Hirten bedrohen – er achtet nicht auf ihr Geschrei und lässt sich durch den Lärm nicht einschüchtern – so wird der HERR, der Allmächtige, kommen und gegen den Berg Zion* und dessen Hügel* kämpfen. ⁵Der HERR, der Allmächtige, wird Jerusalem wie ein Vogel mit seinen Flügeln verteidigen. Er wird sie beschirmen und erretten, verschonen und befreien.«

⁶Deshalb, ihr Israeliten, bekehrt euch wieder zu dem, von dem ihr euch so weit entfernt habt. ⁷Dann wird jeder Einzelne von euch seine silbernen und goldenen Götzen, die euch Anlass zur Sünde gaben und die ihr selbst gefertigt habt, wegwerfen.

⁸»Die Assyrer werden durch das Schwert fallen, aber nicht durch das eines Menschen. Ein Schwert, das nicht von Menschen stammt, wird sie verschlingen. Vor diesem Schwert fliehen sie. Die jungen Krieger Assyriens werden Zwangsarbeit leisten müssen ⁹und sein Fels* wird vor Angst vergehen. Seine Oberbefehlshaber laufen beim Anblick der Schlachtfahne davon«, spricht der HERR, der sein Feuer in Zion und seinen Ofen* in Jerusalem hat.

Israels endgültige Erlösung

32 Sieh, es wird ein König kommen, der gerecht regiert, und Fürsten, die ihr Amt nach Recht und Gesetz ausführen. ²Jeder von ih-

31,4a Tempelberg. **31,4b** Stadt Jerusalem. **31,9a** der Regent Assurs. **31,9b** sein Zuhause.

S Südreich Juda   N Nordreich Israel

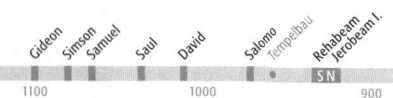

nen wird wie ein Schild vor dem Wind und wie ein schützender Raum vor dem Sturm sein; wie Wasserbäche, die durch eine dürre Gegend fließen oder wie der Schatten eines gigantischen Felsens in einem vom Durst erschlafften Land. ³Dann werden die Augen der Sehenden nicht länger mit Blindheit geschlagen sein und die Hörenden werden verstehen. ⁴Die Unbesonnenen werden Verstand und Einsicht zeigen. Die Stammelnden werden fließend und deutlich sprechen.

⁵Der Dummkopf wird nicht mehr mit »Euer Ehren« und der Schurke nicht mit »Gnädiger Herr« angeredet werden. ⁶Denn ein Narr redet Unsinn und sein Herz denkt sich Böses aus. Sie tun gottlose Dinge und verbreiten Lügen über den HERRN; sie überlassen leere Herzen ihrem Hunger und durstige Seelen ihrem Durst. ⁷Die Tricks der Betrüger bewirken unheilvolle Dinge. Sie hecken listige Pläne aus, um durch ihre Lügen die Armen auszunutzen, selbst dann, wenn diese nachweislich im Recht sind. ⁸Gute Menschen aber haben gute Absichten und bestehen auf dem Guten.

⁹Ihr sorglosen Frauen, steht auf und hört mir zu! Ihr selbstgefälligen Töchter, achtet auf das, was ich euch sage. ¹⁰Über Jahr und Tag werdet ihr, die ihr euch jetzt so sicher fühlt, erzittern. Denn dann wird es mit der Weinlese aus und mit der Obsternte vorbei sein. ¹¹Erzittert, ihr Selbstsicheren, schreckt auf, ihr Unbekümmerten! Legt eure Kleider ab und umgürtet eure Hüften mit Trauergewändern. ¹²Klagt und schlagt euch wegen eurer herrlichen Äcker und fruchtbaren Weinstöcke auf die Brust. ¹³Jammert wegen der Felder meines Volkes, die von Dornen und Disteln überwuchert werden, und um all eure schönen Häuser und die glückliche Stadt. ¹⁴Der Palast ist verlassen, der Lärm der Stadt verstummt. Der befestigte Hügel samt Wachtturm wird für lange Zeit zu Höhlen, an denen sich die Esel freuen und zur Weide für die Viehherden, ¹⁵bis schließlich der Geist vom Himmel über uns ausgegossen wird. Dann wird sich die Wüste in einen fruchtbaren Garten verwandeln und der fruchtbare Garten zum Wald. ¹⁶In der Wüste herrscht dann Gerechtigkeit und in dem Garten das Recht, ¹⁷und die Gerechtigkeit bringt Frieden. Sie lässt für alle Zeit Ruhe und Sicherheit einkehren.

¹⁸Mein Volk lebt dann an einem Ort des Friedens und in sicheren Wohnungen, sorglos und ruhig. ¹⁹Und doch wird der Wald durch Hagel niedergestürzt und die Stadt tief erniedrigt werden müssen. ²⁰Ihr seid zu beglückwünschen, denn ihr könnt an allen Wassern säen und euren Rindern und Eseln freien Lauf lassen.

Eine Botschaft für Assyrien

33 Schlimm wird es dem Verwüster* ergehen, der selbst noch von Verwüstung verschont geblieben ist. Du raubst, bist aber selbst noch nie beraubt worden. Sobald du mit dem Zerstören fertig bist, wirst du zerstört werden und wenn du das Rauben beendet hast, wirst du beraubt werden!

²HERR, sei uns gnädig, denn wir hoffen auf dich. Sei jeden Morgen unser schützender Arm und unsere Rettung in Zeiten der Not. ³Die Völker flüchten vor dem Donnern deines Kommens. Wenn du dich erhebst, werden Nationen auseinander getrieben. ⁴Dann wird deine Beute eingezogen wie von einem Heuschreckenschwarm, der alles kahl frisst. Man wird darüber herfallen wie Heuschrecken, die überall herumkrabbeln. ⁵Der HERR ist erhaben, er wohnt in der Höhe und wird Zion mit Recht und Gerechtigkeit erfüllen. ⁶Er wird zu jeder Zeit seine Zuverlässigkeit beweisen. Er wird dir ein reicher Vorrat an Rettung, Weisheit und Erkenntnis sein. Gottesfurcht wird dein Schatz sein. ⁷Seht, die heldenmütigen Abgesandten Jerusalems schreien auf den Straßen. Die Botschafter des Friedens weinen bitterlich. ⁸Die Straßen sind menschenleer, sie werden nicht mehr benutzt. Er* hat den Vertrag gebrochen, Städte beschimpft und Menschen verachtet. ⁹Das Land trauert und welkt dahin. Der Libanon ist geschändet, denn seine Bäume verdorren. Die Ebene von Scharon ist zur Wüste geworden. Baschan und Karmel sind kahl.

¹⁰Der HERR aber spricht: »Jetzt will ich aufstehen, ich will mich aufrichten und mich jetzt erheben. ¹¹Ihr seid schwanger mit Heu und werdet Stroh gebären. Euer wütendes Schnauben wird zu einem Feuer, das euch verzehrt. ¹²Die Völker verbrennen zu Kalk. Sie werden zu Dornengestrüpp, das man abschlägt und im Feuer verbrennt. ¹³Ihr in der Ferne, hört, was ich getan habe! Und ihr in der Nähe, erkennt meine Macht!«

¹⁴Da bekommen es die Sünder meines Volkes mit der Angst zu tun und die Gottlosen erfasst ein Zittern. »Wer von uns«, so schreien sie, »kann in der Gegenwart dieses verzehrenden Feuers überleben? Wer von uns kann ewige Glut ertragen?« ¹⁵Die Ehrlichen und Gerechten, diejenigen, die sich nicht durch Erpressung

---

33,1 Assyrien. 33,8 der König von Assyrien.

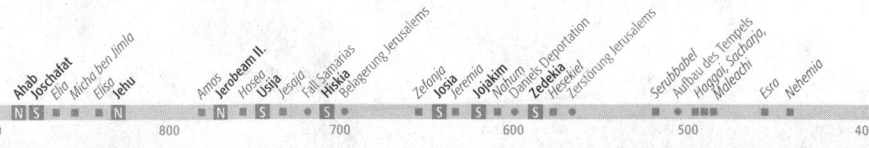

JESAJA

1–12	Eine Botschaft für das abtrünnige Juda
13–23	Botschaften für fremde Völker
24–27	Der Weltuntergang
28–35	Warnung vor menschlichen Rettungsversuchen
36–39	Ankündigung des Exils
40–53	Trost und Befreiung – Gottes Diener
54–66	Die zukünftige Herrlichkeit

bereichern, die keine Bestechungsgelder annehmen, die mit Bluttaten nichts zu tun haben wollen, die nicht zusehen, wenn Unrecht geschieht. ¹⁶Das sind diejenigen, die in der Höhe wohnen werden. Die Felsen der Berge werden ihre Festungen sein. Sie werden genug zu essen und immer reichlich Wasser haben.

¹⁷Deine Augen werden den König in seiner Schönheit sehen; du wirst ein weites Land erblicken. ¹⁸Dann wirst du an die Schreckenszeit zurückdenken und sagen: »Wo ist der Steuereintreiber? Wo ist der, der das Geld abwog? Wo ist der Stratege, der die Wehrtürme aufzeichnete?« ¹⁹Du wirst das unverschämte Volk nicht mehr sehen. Das Volk mit der dunklen, unverständlichen Sprache, das sinnlose Laute stammelt, wirst du nicht mehr hören.

²⁰Schau auf Zion, die Stadt unserer Festversammlungen. Du wirst Jerusalem als eine sichere Stätte sehen, als ein Zelt, das nicht mehr abgebaut wird. Seine Pflöcke werden nie mehr herausgezogen und seine Stricke nicht mehr gelöst werden. ²¹Denn dort wohnt einer mit uns, der mächtig und herrlich ist: der HERR persönlich. Es ist ein Ort mit breiten Flüssen und Strömen, auf denen keine Kriegsschiffe fahren und die nicht von Schiffen großer Kriegsherren benutzt werden. ²²Denn der HERR ist unser Richter, unser Gesetzgeber und unser König. Er wird uns retten. ²³Deine* Leinen hängen zwar jetzt schlaff

33,23 Wahrscheinlich ist Jerusalem angesprochen.

Jesaja 35,5-6

Hinweise auf den Messias (2)
Dieses Kapitel ist ein weiterer Ausblick auf die Wiederherstellung Israels, wie schon Jesaja 29,17-24. Wie dort ist auch hier davon die Rede, dass Blinde sehen und Taube hören können werden. Zusätzlich wird die Heilung von Gelähmten und Stummen erwartet. Auch das sind Wunder, die alles bisher Bekannte übersteigen.
Jesus heilte auch von diesen genannten Krankheiten und Behinderungen. Wenn er Kennzeichen des erwarteten Retters nennt (Mt 11,5; Lk 7,22), dann stehen hinter seinen Worten auch die Prophetien von Jesaja 35,5-6. Die Berichte der Evangelien enthalten hier Schriftzitate. Außer Jesaja 29,18 und 35,5-6 klingt auch noch Jesaja 61,1 an. Jesus sieht in den entsprechenden Stellen offenbar Vorabhinweise auf den Messias.
(Jesaja 29,18 «« | »» Jesaja 52,7)

33–34
Gott wendet sich Jerusalem zu. Gottes Zorn über die Völker. Hoffnung für die Niedergeschlagenen.

[Zeit der Könige und Propheten]

und können den Mastbaum nicht halten, die Segel spannen sich nicht. Aber dann wird es viel Beute zu verteilen geben. So viel, dass sogar die Lahmen reichlich davon mitnehmen werden. ²⁴Kein Einwohner wird sagen: »Ich bin schwach.« Dem Volk, das hier wohnt, sind die Sünden vergeben.

Eine Botschaft für die Völker

34 Kommt und hört, ihr Völker! Passt genau auf, ihr Nationen! Die Welt und alles, was in ihr lebt, die Erde und alles, was sie hervorbringt, soll zuhören. ²Denn der HERR ist auf alle Völker zornig. Sein Zorn gilt ihren gesamten Heeren. Er hat sie der Vernichtung geweiht und zur Schlachtung bestimmt. ³Ihre Gefallenen werden unbestattet hingeworfen: Ihr Leichengestank steigt auf und die Berge triefen von ihrem Blut. ⁴Die Sterne des Himmels werden sich auflösen. Der Himmel wird wie eine Schriftrolle zusammengerollt werden. Ihr Heer wird abfallen wie vertrocknete Blätter vom Rebstock und welke Feigen.

⁵Denn mein Schwert im Himmel trieft vom Blut. Es wird Edom treffen und das Volk, auf das ich den Bann gelegt habe, um das Gericht an ihm zu vollstrecken. ⁶Das Schwert des HERRN ist voller Blut. Es ist mit Fett überzogen, voller Blut von Lämmern und Böcken und dem Nierenfett von Widdern. Denn der HERR bringt in Bozra ein Schlachtopfer dar. Er veranstaltet ein großes Schlachten in Edom. ⁷Und mit ihnen fallen Wildochsen, Kühe und Stiere*. Das Land wird mit Blut getränkt und der Boden mit Fett gesättigt. ⁸Denn es ist ein Tag der Rache des HERRN, ein Jahr der Vergeltung in seinem Kampf für Zion. ⁹Die Flüsse von Edom werden sich in Pech verwandeln, der Erdboden wird zu Schwefel und das Land zu einer brennenden Pechfackel werden, die ¹⁰weder bei Tag noch bei Nacht erlischt. Der Rauch wird sich nie verziehen. Generation um Generation wird das Land brachliegen, bis in alle Ewigkeit wird niemand mehr hindurchziehen. ¹¹Nur Rohrdommeln und Igel werden es in Besitz nehmen, Eulen und Raben werden dort nisten. Gott spannt eine Messschnur aus Chaos und ein Lot der Zerstörung über das Land. ¹²Seine Edlen werden dort kein Königreich mehr ausrufen und seine Fürsten werden schon bald verschwunden sein. ¹³Dornengestrüpp wird seine Paläste überwuchern, in seinen Festungen werden sich Nesseln und Disteln breit machen. Schakale finden dort Zuflucht und Strauße bauen sich dort Nester, ¹⁴hier treffen sich die wilden Tiere der Wüste mit den Hyänen. Da stoßen Dämonen Laute aus, um zueinander zu finden. Hier ruht Liliat* und findet einen Rastplatz. ¹⁵Die Pfeilschlange nistet dort und legt ihre Eier. Sie brütet sie unter ihrem Schutz. Dort versammeln sich auch die Geier.

¹⁶Studiert das Buch des HERRN und lest aufmerksam darin, denn wenn das geschieht, wird nicht eines dieser Lebewesen fehlen und keines wird dort seinen Artgenossen vermissen. Denn er hat es gesagt und sein Geist selbst hat sie zusammengeführt. ¹⁷Er selbst hat das Los geworfen über sie und ihnen mit eigener Hand das Land vermessen. Nun sollen sie es für immer besitzen und über Generationen hinweg darin wohnen.

Hoffnung auf Wiederherstellung

35 Die Wüste und das dürre Land sollen sich freuen und die Steppe soll frohlocken und wie ein Krokusfeld erblühen. ²Dort werden Blumen im Überfluss wachsen und sie wird singen, jubeln und sich freuen! Sie wird so herrlich werden wie der Libanon, prächtig wie der Karmel und die Ebene von Scharon. Denn sie werden die Herrlichkeit des HERRN, die Pracht unseres Gottes, sehen.

³Stärkt die schlaffen Hände und festigt die wankenden Knie. ⁴Sprecht zu denen, die tief beunruhigt sind: »Seid stark und fürchtet euch nicht. Seht doch: die Rache und Vergeltung unseres Gottes kommt. Er wird kommen und euch retten. ⁵Dann werden die Augen der Blinden und die Ohren der Tauben geöffnet. ⁶Der Lahme wird springen wie ein Hirsch, und der Stumme wird jubeln. Denn aus der Wüste entspringen Quellen, Ströme bewässern die Steppe. ⁷Luftspiegelungen werden zu echten Seen und das durstige Land zu sprudelnden Wasserquellen. Gras, Binse und Schilf blühen, wo einst Schakale hausten.

⁸Durch die Wüste führt dann eine Straße, die die heilige Straße genannt werden wird. Kein unreiner Mensch wird darauf wandern, denn sie ist nur für sein Volk bestimmt. Wer auch immer auf diesem Weg geht, wird sich nicht verirren. Selbst der Einfältige wird darauf nicht fehlgehen. ⁹Löwen wird es dort nicht geben. Kein wildes Raubtier wird diesen Weg betreten. Nur die Erlösten werden darauf gehen. ¹⁰Diejenigen, die vom HERRN erlöst wurden, werden zurückkehren und jubelnd nach Jerusalem* kommen. Ihr

---

34,7 die Fürsten von Edom.   34,14 Hebr. *die Nächtliche*, ein weiblicher Nachtdämon.   35,10 Hebr. *Zion*.

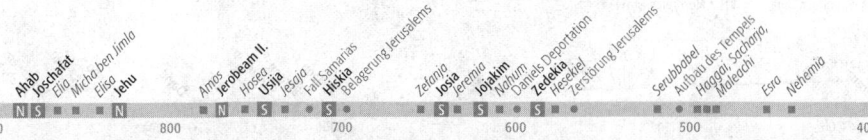

JESAJA

1–12	Eine Botschaft für das abtrünnige Juda
13–23	Botschaften für fremde Völker
24–27	Der Weltuntergang
28–35	Warnung vor menschlichen Rettungsversuchen
36–39	Ankündigung des Exils
40–53	Trost und Befreiung – Gottes Diener
54–66	Die zukünftige Herrlichkeit

35–37
Assyrien und Juda im Krieg. Der König von Assyrien fordert zur Kapitulation auf. König Hiskia bittet Gott um Hilfe.

[Zeit der Könige und Propheten]

Gesicht spiegelt unendliche Freude wider. Freude und Glück werden bei ihnen einkehren, Kummer und Seufzen aber werden vor ihnen fliehen.

Assyrien fällt in Juda ein
2. Könige 18,13-37; 2. Chronik 32,1-19

36 Im 14. Regierungsjahr von König Hiskia griff König Sanherib von Assyrien alle befestigten Städte in Juda an und eroberte sie. ²Danach schickte der König von Assyrien seinen Obermundschenk* mit einem riesigen Heer von Lachisch nach Jerusalem zu König Hiskia. Die Assyrer lagerten neben der Wasserleitung des oberen Teichs, an der Walkerfeldstraße.
³Der Palastverwalter Eljakim, der Sohn Hilkijas, der Schreiber Schebna und der Kanzler Joach, der Sohn Asafs, gingen zu ihnen hinaus.
⁴Da sagte der Obermundschenk zu ihnen: »Übermittelt Hiskia Folgendes vom großen König von Assyrien: Worauf vertraust du eigentlich, dass du dich so zuversichtlich gibst? ⁵Glaubst du, bloße Worte seien schon militärisches Können und zahlenmäßige Stärke? Auf wen verlässt du dich, dass du dich gegen mich empört hast? ⁶Du verlässt dich offenbar auf dieses geknickte Rohr, auf Ägypten, das jedoch jedem die Hand durchbohrt, der sich darauf stützt. So geht es allen, die sich auf den Pharao, den König von Ägypten, verlassen!
⁷Wenn du mir aber entgegnest: ›Wir vertrauen auf den HERRN, unseren Gott!‹ Ist das nicht der Gott, dessen Kulthöhen und Altäre du, Hiskia, eingerissen hast? Und hast du nicht zu Juda und Jerusalem gesagt: Nur vor diesem Altar hier in Jerusalem sollt ihr anbeten?
⁸Mein Herr, der König von Assyrien, bietet dir eine Wette an. Er stellt dir 2.000 Pferde zur Verfügung, wenn du die nötigen Reiter dafür auftreibst. ⁹Wie willst du es auch nur gegen einen Befehlshaber aufnehmen, der zu den geringeren Dienern meines Herrn zählt? Aber du setzt deine Hoffnung auf die Streitwagen und Reiter Ägyptens. ¹⁰Und außerdem: Glaubst du vielleicht, wir seien gegen den Willen des HERRN in dieses Land eingefallen, um es zu verwüsten? Der HERR selbst befahl mir: ›Ziehe gegen dieses Land und vernichte es!‹«
¹¹Da sagten Eljakim, Schebna und Joach dem Obermundschenk: »Bitte sprich Aramäisch mit uns, deinen Knechten; wir verstehen es gut. Sprich doch vor den Ohren des Volkes auf der Stadtmauer nicht Judäisch mit uns.«

36,2 Hebr. *Rabschake*.

¹²Doch der Obermundschenk entgegnete: »Hat mich mein Herr etwa nur zu deinem Herrn und zu dir gesandt, um diese Dinge zu sagen? Hat er mich nicht auch zu den Männern auf der Mauer geschickt, die mit euch zusammen ihren eigenen Kot essen und ihren eigenen Urin trinken werden?«

¹³Damit stand er auf und rief mit lauter Stimme auf Judäisch: »Hört die Worte des großen Königs von Assyrien! ¹⁴So spricht der König: ›Lasst euch nicht von König Hiskia täuschen, denn er wird euch nicht retten können. ¹⁵Lasst euch nicht von Hiskia mit dem HERRN vertrösten, wenn er behauptet: Der HERR wird uns bestimmt retten! Diese Stadt wird dem assyrischen König nicht in die Hände fallen!‹

¹⁶Hört nicht auf Hiskia! Der König von Assyrien bietet euch folgenden Handel an: Schließt mit mir Frieden und kommt heraus. Dann wird jeder Einzelne von euch weiterhin von seinem Weinstock und von seinem Feigenbaum essen und aus seinem eigenen Brunnen trinken, ¹⁷bis ich komme und euch in ein Land bringe, das eurem gleicht – ein Land voller Getreide und Most, Brot und Weinbergen.

¹⁸Lasst euch nicht von Hiskia verführen, wenn er sagt: ›Der HERR wird uns retten!‹ Haben die Götter irgendeines anderen Volkes ihr Land jemals vor dem König von Assyrien gerettet? ¹⁹Was wurde aus den Göttern von Hamat und Arpad? Was aus den Göttern von Sefarwajim? Haben sie Samaria vor mir retten können? ²⁰Welcher von all den Göttern dieser Länder hat jemals sein Land vor meiner Macht schützen können? Und da glaubt ihr, der HERR könnte Jerusalem vor mir retten?«

²¹Doch die Menschen schwiegen und antworteten nicht, denn Hiskia hatte ihnen befohlen: »Ihr dürft ihm nichts antworten.« ²²Der Palastverwalter Eljakim, der Sohn Hilkijas, der Schreiber Schebna und der Kanzler Joach, der Sohn Asafs, kehrten mit zerrissenen Kleidern zu Hiskia zurück und berichteten ihm, was der Obermundschenk gesagt hatte.

Hiskia bittet den HERRN um Hilfe
2. Könige 19,1-19

37 Als König Hiskia ihren Bericht hörte, zerriss er seine Gewänder, legte ein Kleid aus Sackleinen an und ging in den Tempel des HERRN. ²Er schickte den Palastverwalter Eljakim, den Schreiber Schebna und die Würdenträger unter den Priestern, alle in Sackleinen gekleidet, zum Propheten Jesaja, dem Sohn von Amoz. ³Sie richteten ihm aus: »So spricht Hiskia: ›Dies ist ein Tag der Not, der Strafe und der Schmach. Die Kinder sind bis an den Muttermund gekommen, aber es fehlt die Kraft, sie zu gebären. ⁴Doch vielleicht hat der HERR, dein Gott, ja gehört, wie der Obermundschenk, den sein Herr, der König von Assyrien, gesandt hat, den lebendigen Gott verhöhnt hat und straft ihn für seine Worte, die der HERR, dein Gott, gehört hat. Bete für diejenigen von uns, die noch übrig sind!‹«

⁵Als König Hiskias Diener zu Jesaja kamen, ⁶sagte der Prophet zu ihnen: »Sagt eurem Herrn: ›So spricht der HERR: Fürchte dich nicht wegen der Worte, die du gehört hast und mit denen mich die Diener des Königs von Assyrien gelästert haben. ⁷Richtet eure Aufmerksamkeit auf Folgendes: Ich selbst werde ihm eingeben, aufgrund eines Gerüchtes in sein Land zurückzukehren und dort werde ich ihn mit dem Schwert töten lassen.‹«

⁸In der Zwischenzeit war der Obermundschenk, der gehört hatte, dass der König von Lachisch aufgebrochen war, umgekehrt. Er fand den König von Assyrien im Kampf mit Libna. ⁹Doch König Sanherib erreichte die Nachricht von König Tirhaka von Äthiopien*: »Er ist ausgezogen, um mit dir zu kämpfen.« Als er dies hörte, ließ er Hiskia folgende Botschaft zukommen:

¹⁰»Das sollt ihr zu König Hiskia von Juda sagen: ›Lass dich von deinem Gott, auf den du vertraust, nicht täuschen, wenn er sagt: Jerusalem wird nicht in die Hand des Königs von Assyrien gegeben werden. ¹¹Du hast sicherlich davon gehört, was die Könige von Assyrien allen Ländern angetan haben, an denen sie den Bann vollstreckt haben. Und du glaubst, gerettet zu werden? ¹²Haben etwa die Götter der Völker, die meine Vorgänger vernichtet haben, sie retten können – Gosan, Haran und Rezef oder das Volk von Eden, das in Telassar lebte? ¹³Was wurde aus dem König von Hamat und dem König von Arpad? Was aus dem König der Stadt Sefarwajim, von Hena und Awa?‹« ¹⁴Hiskia nahm den Brief aus der Hand der Boten und las ihn. Daraufhin ging er zum Tempel des HERRN hinauf und breitete das Schreiben vor dem HERRN aus. ¹⁵Dann betete er zum HERRN: ¹⁶»O HERR der Heerscharen, Gott Israels, der du über den Cherubim thronst! Du allein bist Gott über alle Königreiche der Erde. Du bist es, der Himmel und Erde geschaffen hat. ¹⁷Neige dein Ohr, o HERR, und höre! Öffne deine Augen, o HERR, und sieh!

37,9 Hebr. *Kusch.*

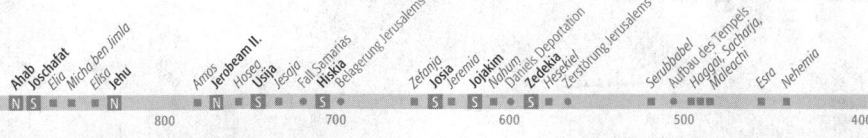

JESAJA

1–12	Eine Botschaft für das abtrünnige Juda
13–23	Botschaften für fremde Völker
24–27	Der Weltuntergang
28–35	Warnung vor menschlichen Rettungsversuchen
36–39	Ankündigung des Exils
40–53	Trost und Befreiung – Gottes Diener
54–66	Die zukünftige Herrlichkeit

37–38
Jesaja kündigt die Rettung Judas an. Der Engel des Herrn tötet und vertreibt die Assyrer. König Hiskia erkrankt, wird geheilt und dankt.

[Zeit der Könige und Propheten]

Höre alle Worte Sanheribs, die er schickte, um gegen den lebendigen Gott zu lästern. [18]Es stimmt ja, HERR, dass die Könige Assyriens all jene Völker und deren Länder vernichtet haben. [19]Sie haben ihre Götter ins Feuer geworfen, denn es waren ja gar keine Götter, sondern nur Werke von Menschenhand aus Holz und Stein. Die konnten sie vernichten. [20]Und nun, o HERR, unser Gott, rette uns aus seiner Hand! Dann werden alle Königreiche der Erde erkennen, dass du allein, o HERR, Gott bist.«

Jesaja sagt Judas Befreiung voraus
2. Könige 19,20-37; 2. Chronik 32,20-23

[21]Da sandte Jesaja, der Sohn des Amoz, Hiskia folgende Botschaft: »So spricht der HERR, der Gott Israels zu dem, was du von mir wegen Sanherib, dem König von Assyrien, erbeten hast: [22]Das sagt der HERR über ihn: ›Die jungfräuliche Tochter Zion verachtet dich und verspottet dich. Die Tochter Jerusalem schüttelt den Kopf über dich. [23]Was glaubst du denn, wen du beschimpft und gelästert hast? Gegen wen hast du deine Stimme erhoben? Du hast deine Augen gegen den Heiligen Israels gerichtet! [24]Durch deine Boten hast du den Herrn verspottet. Du hast gesagt: »Mit meinen vielen Streitwagen habe ich die Gipfel der Berge erklommen – die fernsten Gipfel des Libanon. Ich habe seine mächtigsten Zedern gefällt und seine erlesensten Zypressen. Ich werde auch weiter vordringen, bis sogar der entlegenste Gipfel erreicht ist. Auch mitten in seine Plantagen hinein. [25]Ich habe gegraben und Wasser getrunken. Mit meiner Fußsohle trockne ich alle Flüsse Ägyptens aus.« [26]Aber hast du nicht gehört, dass ich dies vor langer Zeit so gefügt habe? Damals schon habe ich erdacht, was ich jetzt wahr werden lasse: dass du befestigte Städte in Trümmerhaufen verwandeln sollst. [27]Deshalb waren ihre Einwohner so wehrlos, erschraken und wurden entehrt. Sie waren wie Unkraut, wie frische grüne Pflänzchen, wie Gras, das auf dem Hausdach wächst und im Wind verdorrt. [28]Doch ich kenne dich – ich weiß über dein Kommen, Gehen und Sitzen Bescheid. Auch deine Wut über mich kenne ich. [29]Weil mir dein Toben gegen mich und deine Überheblichkeit zu Ohren gekommen sind, werde ich dir einen Ring durch die Nase ziehen und dir meine Kandare anlegen. Ich werde dich dazu zwingen, auf demselben Weg umzukehren, auf dem du gekommen bist.‹«

[30]Dann sagte Jesaja zu Hiskia: »Ich gebe dir dieses Zeichen: Dieses Jahr wirst du nur das essen, was sich von selbst ausgesät hat und nächstes Jahr nur noch das, was von selbst wächst. Doch im dritten Jahr sät und erntet ihr wieder; ihr

pflanzt Weinstöcke und genießt ihre Früchte. ³¹Und was dann vom Hause Juda entkommen und übrig geblieben ist, wird nach unten wieder Wurzeln bilden und nach oben Früchte. ³²Denn ein Rest meines Volkes wird aus Jerusalem kommen, eine Schar Überlebender vom Berg Zion wird neue Triebe hervorbringen. Das wird durch den leidenschaftlichen Einsatz des HERRN, des Allmächtigen, geschehen.

³³›Dies sagt der HERR über den König von Assyrien: Er wird nicht in diese Stadt kommen und dort auch keinen Pfeil hineinschießen. Er wird nicht mit einem Schild gegen sie vorrücken und keine Erdwälle gegen sie aufschütten. ³⁴Der König soll auf demselben Weg zurückkehren, auf dem er gekommen ist. Er wird nicht in diese Stadt eindringen. Darauf gibt der HERR sein Wort. ³⁵Denn um meinetwillen und um meines Dieners David willen, beschütze ich sie, um sie zu retten.‹«

³⁶In dieser Nacht ging der Engel des HERRN ins assyrische Lager und tötete 185.000 Assyrer. Als man früh am Morgen aufstand, fand man alle tot als Leichen vor. ³⁷Da brach Sanherib, der König von Assyrien, auf, kehrte in sein Land zurück und blieb in Ninive. ³⁸Als er dort eines Tages im Tempel seines Gottes Nisroch betete, erschlugen ihn seine Söhne Adrammelech und Sarezer mit dem Schwert. Die beiden flohen ins Land Armenien und sein Sohn Asarhaddon wurde nach ihm König.

Hiskias Krankheit und Genesung
2. Könige 20,1-11; 2. Chronik 32,24

38 Damals war Hiskia todkrank geworden. Der Prophet Jesaja, der Sohn von Amoz, besuchte ihn und sagte: »Dies hat mir der HERR gesagt: Bring deine Angelegenheiten in Ordnung, denn du wirst sterben. Du wirst nicht mehr genesen.«

²Da drehte Hiskia sein Gesicht zur Wand und betete zum HERRN: ³»Denk doch daran, HERR, dass ich dir immer mit ungeteiltem Herzen treu war und getan habe, was in deinen Augen gut war.« Dann weinte Hiskia bitterlich.

⁴Daraufhin bekam Jesaja folgende Botschaft vom HERRN: ⁵»Geh noch einmal zu Hiskia. Sag ihm: ›Dies sagt der HERR, der Gott deines Vorfahren David: Ich habe dein Gebet gehört und deine Tränen gesehen. Ich will dein Leben noch um 15 Jahre verlängern ⁶und dich und diese Stadt aus der Gewalt des Königs von Assyrien retten. Ja, ich beschütze diese Stadt.‹

⁷Und dies ist das Zeichen, das der HERR dir als Beweis dafür gibt, dass er sein Versprechen, das er gegeben hat, halten wird: ⁸Ich werde den Schatten an der Sonnenuhr von Ahas zehn Striche, die er bereits gezogen ist, rückwärts wandern lassen!« Und die Sonne wanderte zehn Striche an der Sonnenuhr zurück, die sie bereits gelaufen war!

Hiskias Danklied

⁹Dies ist König Hiskias Niederschrift, die er verfasste, als er krank war und wieder genas:
¹⁰Ich sprach:
»Auf dem Höhepunkt meines Lebens
muss ich durch das Tor des Totenreiches
  hindurchgehen.
Ich bin um den Rest meiner Jahre beraubt.«
¹¹Ich sagte:»Ich werde Gott, den HERRN,
hier unter den Lebenden nicht mehr sehen
und keinen Menschen mehr
bei den Bewohnern des Totenreiches.
¹²Meine Hütte wurde abgebrochen,
über mir weggenommen wie ein Hirtenzelt.
Wie ein Weber habe ich mein Leben zu Ende
  gewebt,
vom Webstuhl wird mein Faden abgeschnitten.
Vom Tag zur Nacht machst du mit mir ein Ende.
¹³Redete ich mir auch bis zum Morgen gut zu,
so zermalmt er doch wie ein Löwe alle meine
  Knochen.
Ja, noch bevor der Tag zum Abend wird, machst
  du ein Ende mit mir!
¹⁴Ich zwitscherte wie eine Schwalbe oder ein
  Kranich,
ich gurrte wie eine Taube.
Meine Augen sahen flehend zum Himmel.
Oh, Herr, man bedrängt mich! Hilf mir!«
¹⁵Und nun – was soll ich jetzt sagen,
da er sein Versprechen, das er mir gab,
eingelöst hat?
Ich will trotz Sorgen meinen Lebensweg
alle weiteren Jahre gelassen gehen.
¹⁶O HERR, deswegen lebt der Mensch auf
und allein durch diese Dinge wird mein Geist
  belebt.
Du wirst mich gesund werden lassen und mir
  Erholung schenken.
¹⁷Ja, mein Leid hat sich in vollkommenes Glück
  verwandelt.
Aus Liebe hat es dir gefallen, mein Leben vor
  dem Abgrund zu bewahren.
Denn du hast alle meine Sünden hinter deinen
  Rücken geworfen.
¹⁸Das Totenreich kann dich nicht preisen;
der Tod wird dich nicht loben.
Die tot und begraben sind,
können nicht mehr auf deine Treue hoffen.

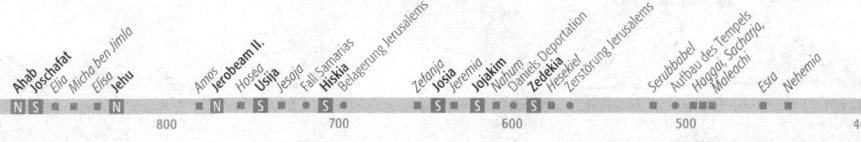

JESAJA

1–12	Eine Botschaft für das abtrünnige Juda
13–23	Botschaften für fremde Völker
24–27	Der Weltuntergang
28–35	Warnung vor menschlichen Rettungsversuchen
36–39	Ankündigung des Exils
40–53	Trost und Befreiung – Gottes Diener
54–66	Die zukünftige Herrlichkeit

38–41
Hiskia zeigt babylonischen Gesandten seine Schatzkammern. Gott kündigt den Raub der Schätze an. Jerusalem soll sich freuen, denn Gott wird es trösten.

[Zeit der Könige und Propheten]

[S] Südreich Juda [N] Nordreich Israel

¹⁹Nur die Lebenden können dir danken, wie ich es heute tue.
Ein Vater erzählt seinen Söhnen von deiner Treue.
²⁰Der HERR ist gewillt, mir zu helfen!
Darum werden wir, solange ich lebe, meine Saiteninstrumente im Hause des HERRN spielen.
²¹Hierauf verfügte Jesaja: »Bereitet einen Feigenbrei und streicht ihn über das Geschwür, dann wird er gesund werden.«
²²Und Hiskia fragte: »Welches Zeichen wird mir beweisen, dass ich wieder in den Tempel des HERRN hinaufgehen werde?«

Gesandte aus Babylon
2. Könige 20,12-19; 2. Chronik 32,25-31

39 In dieser Zeit schickte Merodach-Baladan, der Sohn Baladans und König von Babylon, Hiskia einen Brief und Geschenke. Er hatte gehört, dass Hiskia sehr krank gewesen und wieder gesund geworden war. ²Hiskia freute sich darüber und zeigte den Gesandten sein Schatzhaus: das Silber, das Gold, die Gewürze und die kostbaren Salben. Auch sein Waffenarsenal im Waldhaus und seine gesamten anderen Schätze führte er ihnen vor. Hiskia zeigte ihnen einfach alles in seinem Palast und in seinem ganzen Königreich.
³Kurz darauf kam der Prophet Jesaja zu König Hiskia und fragte: »Was wollten diese Männer? Woher kamen sie?«
Hiskia antwortete: »Sie kamen aus einem fernen Land, aus Babel.«
⁴»Was haben sie in deinem Palast gesehen?«, fragte Jesaja.
»Sie sahen alles, was in meinem Palast ist«, antwortete Hiskia. »Es gibt nichts in meinen Schatzkammern, was ich ihnen nicht gezeigt hätte.«
⁵Da sagte Jesaja zu Hiskia: »Höre das Wort vom HERRN, dem Allmächtigen: ⁶Es kommt eine Zeit, in der alles, was in deinem Palast ist – sämtliche Dinge, die deine Vorfahren bis heute zusammengetragen haben – nach Babylon gebracht wird. Es wird gar nichts hier bleiben, spricht der HERR. ⁷Sie werden sogar einige deiner eigenen Nachkommen, die du zeugen wirst, mitnehmen und zu Höflingen machen, die im Palast des babylonischen Königs dienen.«
⁸Da sagte Hiskia zu Jesaja: »Diese Botschaft des HERRN, die du mir überbracht hast, ist gut.« Denn er dachte sich: »Zu meinen Lebzeiten werden also Frieden und Sicherheit herrschen.«

Trost für das Gottesvolk

40 »Tröstet, ja, tröstet mein Volk«, spricht euer Gott. ²»Redet zum Herzen Jerusalems. Sagt ihm, dass seine Leidenszeit vorüber ist und dass seine Sünden bezahlt wurden. Denn der HERR hat es für alle seine Sünden doppelt gestraft.«

³Eine Stimme ruft: »Baut dem HERRN eine Straße durch die Wüste. Ebnet unserem Gott einen Weg durch die Steppe. ⁴Jedes Tal soll aufgeschüttet und jeder Berg und Hügel eingeebnet werden. Das Unebene soll gerade und das Hügelige eben werden. ⁵Dann wird die Herrlichkeit des HERRN offenbar und alle Menschen werden sie sehen. Dies hat der HERR beschlossen!«

⁶Eine Stimme sagte: »Rufe!«
Ich fragte: »Was soll ich verkünden?«
»Menschen sind wie Gras. Ihre Schönheit ist wie eine Feldblume. ⁷Das Gras verdorrt und die Blumen welken, wenn der Atem des HERRN über sie weht. Ja, wirklich: Das Volk ist Gras. ⁸Das Gras verdorrt und die Blumen welken; aber das Wort des HERRN hat für immer Bestand.«

⁹Zion, du Überbringerin der guten Botschaft, steig auf einen hohen Berg! Sprich mit lauter Stimme, Jerusalem, du Freudenbotin, sprich laut und fürchte dich nicht. Sag den Städten Judas: »Seht, da ist euer Gott!« ¹⁰Seht, der HERR, euer Herrscher, kommt mit Macht. Der HERR regiert zu seinem Nutzen. Seht hin: Er bringt eine Belohnung mit und führt sein wiedererworbenes Volk vor sich her. ¹¹Er wird seine Herde weiden wie ein Hirte: Die Lämmer wird er im Arm tragen und sie auf seinem Schoß halten, die Mutterschafe wird er freundlich leiten.

¹²Wer hat das Meer mit seiner Hand gemessen und das Maß des Himmels mit seiner Handspanne festgesetzt? Wer hat den Staub der Erde mit einem Scheffel gemessen, wer hat die Berge gewogen und die Hügel auf die Waagschale gelegt? ¹³Wer kann wissen, was der HERR denkt? Wer kann sein Ratgeber sein? ¹⁴Mit wem hat er sich beraten, um Einsicht zu gewinnen, und sich in Rechtsfragen belehren zu lassen; und wer hat ihm beigebracht, wie man zu Erkenntnis kommt? ¹⁵Die Völker sind in seinen Augen wie ein Tropfen am Eimer, wie ein Staubkorn auf einer Waage. Ferne Länder fallen bei ihm nicht mehr als ein Staubkörnchen ins Gewicht. ¹⁶Die Wälder des Libanon enthalten nicht genügend Brennholz und alle seine Tiere wären nicht genug für ein Brandopfer. ¹⁷Die gesamte Weltbevölkerung ist in seinen Augen nichts.

¹⁸Wer also könnte Gott gleichen oder was könnte man ihm als Vergleich an die Seite stellen? ¹⁹Götzenbilder werden von Handwerkern gegossen, von Goldschmieden vergoldet und mit silbernen Ketten verziert. ²⁰Wer zu arm für eine solche Gabe ist, muss Holz nehmen, das nicht fault und einen geschickten Handwerker aufsuchen, damit er ihm ein Götzenbild anfertigt, das nicht wackelt.

²¹Wisst ihr es nicht? Habt ihr es nicht gehört? Wurde euch das nicht von Anfang an verkündigt? Habt ihr keine Einsicht darüber gewonnen, worauf die Erde gegründet ist? ²²Gott thront hoch über der Erde. Die Menschen erscheinen ihm wie Heuschrecken. Er spannt den Himmel wie einen Schleier und breitet ihn wie ein Wohnzelt aus. ²³Er macht die Großen dieser Welt wirkungslos und die obersten Richter zunichte. ²⁴Kaum sind sie gepflanzt und gesät, kaum haben sie Wurzeln geschlagen, da bläst er über sie hinweg und sie müssen verdorren. Der Sturm trägt sie davon wie Spreu.

²⁵»Mit wem also wollt ihr mich vergleichen? Wer ist mir gleich?«, fragt der Heilige. ²⁶Blickt zum Himmel hinauf und schaut. Wer hat erschaffen, was ihr da seht? Er bestimmt die Zahl der Sterne, die aufgehen und nennt jeden bei seinem Namen. Durch seine große Kraft und die Fülle seiner Macht fehlt keiner von ihnen.

²⁷Warum also sagst du, Jakob, und du, Israel: »Der HERR weiß nicht, wie es mir geht und mein Recht ist ihm egal.« ²⁸Weißt du es denn nicht? Hast du denn nicht gehört? Der HERR ist ein ewiger Gott, der Schöpfer der ganzen Erde. Er wird nicht matt oder müde. Sein Verstand ist unergründlich. ²⁹Er gibt den Erschöpften neue Kraft; er gibt den Kraftlosen reichlich Stärke. ³⁰Es mag sein, dass selbst junge Leute matt und müde werden und junge Männer völlig zusammenbrechen, ³¹doch die, die auf den HERRN warten, gewinnen neue Kraft. Sie schwingen sich nach oben wie die Adler. Sie laufen schnell, ohne zu ermüden. Sie werden gehen und werden nicht matt.

Gottes Hilfe für Israel

41 »Wendet euch mir schweigend zu, ihr Meeresländer. Die Völker sollen sich rüsten. Dann sollen sie kommen und reden. Lasst uns miteinander den Rechtsstreit beginnen.

²Wer hat den Mann aus dem Osten geschickt, dem die Gerechtigkeit unmittelbar folgt? Wer übergibt ihm die Völker und lässt ihn Könige bezwingen? Sein Schwert verwandelt sie in Staub, sein Bogen macht sie zu verwehtem Stroh. ³Er jagt sie und geht ungehindert einen Weg, den seine Füße nie zuvor betreten haben. ⁴Wer hat

JESAJA

1–12	Eine Botschaft für das abtrünnige Juda
13–23	Botschaften für fremde Völker
24–27	Der Weltuntergang
28–35	Warnung vor menschlichen Rettungsversuchen
36–39	Ankündigung des Exils
40–53	Trost und Befreiung – Gottes Diener
54–66	Die zukünftige Herrlichkeit

41–42
Gott erbarmt sich über Israel. Der Knecht Gottes bringt Gerechtigkeit.

[Die Zeit des Exils]

dies bewirkt und vollbracht? Er, der die Menschen von Anfang an ruft: Ich, der HERR! Ich war bei den Ersten und werde auch bei den Letzten noch derselbe sein.«

⁵Die Meeresländer sahen es und erschraken. Ferne Länder erzitterten, verbündeten sich und kamen näher. ⁶Einer half dem anderen und sagte: »Nur zu!« ⁷Der Gießer ermutigte den Goldschmied und der, der mit dem Hammer glättet, den, der auf den Amboss schlägt. Dieser sagte über die Lötung: »Sie ist gut.« Dann schlug er Nägel hinein, damit ihr Götzenbild nicht wackelt*.

⁸»Doch was dich betrifft, Israel, mein Diener, Jakob, mein Erwählter, du Nachkomme meines Freundes Abraham: ⁹Dich habe ich von den Enden der Erde gepackt und aus der Ferne berufen und zu dir gesagt: ›Du bist mein Diener.‹ Denn ich habe dich erwählt und nicht verworfen. ¹⁰Fürchte dich nicht, denn ich bin bei dir. Sieh dich nicht ängstlich nach Hilfe um, denn ich bin dein Gott: Meine Entscheidung für dich steht fest, ich helfe dir. Ich unterstütze dich, indem ich mit meiner siegreichen Hand Gerechtigkeit übe.

¹¹Alle, die wütend mit dir verfeindet sind, sollen beschämt werden und blamiert dastehen. Wer sich mit dir streitet, soll vergehen und um-

41,7 Die Verse 5-7 haben vermutlich ursprünglich hinter 40,19 gestanden.

Jesaja 42,1-4

Hinweise auf den Messias (1)
Dieser Abschnitt (V. 1-4) ist das erste der sogenannten »Lieder vom Knecht Gottes« (siehe Erklärung zu Jes 49,1-6). Beschrieben wird ein Auserwählter, der Gott außerordentlich nahesteht. Er zeichnet sich nicht durch Macht, sondern durch Gottes Geist, Gerechtigkeit, Milde und Rücksicht aus. Könnte man dies vielleicht noch von einem besonderen König oder Propheten erwarten, so gehen doch andere Merkmale zu weit über diesen Rahmen hinaus: Er richtet das Recht auf der ganzen Erde auf, und das lassen sich fernste Länder nicht nur gefallen, sondern erwarten es sogar.
Diese Erwartung hat einen messianischen Charakter. Das Matthäusevangelium sieht die Erfüllung in Jesus (Mt 12,18-21). Die Berichte von Jesus' Taufe – bei ihr kam Gottes Geist auf ihn (Mt 3,17) – unterstreichen diese Deutung. Wenn Gottes Stimme Jesus seinen »Auserwählten« nennt (Lk 9,35), kann das ebenfalls von Jesaja 42,1 herkommen.
(Psalm 110 ««| » Jesaja 49,1-7)

kommen. ¹²Du wirst alle, die dich bekämpft haben, suchen, aber nicht finden. Diejenigen, die gegen dich Krieg führten, werden alle vollkommen verschwinden, ¹³weil ich deine rechte Hand halte – ich, der HERR, dein Gott. Und ich sage dir: ›Hab keine Angst. Ich bin da und helfe dir. ¹⁴Du armer Wurm Jakob, du trauriger Haufen Israel, fürchte dich nicht, ich helfe dir, darauf hast du mein Wort. Dein Erlöser ist der Heilige Israels.‹ ¹⁵Ich habe dich zu einem neuen Dreschwagen mit scharfen Messern gemacht. Du wirst sowohl Hügel dreschen und zermalmen als auch Berge in Spreu verwandeln. ¹⁶Du wirst sie in die Luft werfen und der Wind wird sie verwehen; ein Sturm wird sie zerstreuen. Dann wird dich die Freude des HERRN ganz erfüllen und du wirst dich des Heiligen Israels rühmen.

¹⁷Die Armen und Notleidenden suchen Wasser, doch sie finden keins und ihre Zunge vertrocknet vor Durst. Ich, der HERR, werde sie erhören. Ich, der Gott Israels, werde sie nicht im Stich lassen. ¹⁸Ich werde auf kahlen Höhen Flüsse entspringen lassen und in den Tälern Quellen öffnen. In den Wüsten werden Teiche entstehen. Das trockene, verdorrte Land wird Wasserquellen bekommen. ¹⁹Ich werde in der Wüste Zedern, Akazien, Myrten und wilde Olivenbäume wachsen lassen und Zypressen, Ulmen und Pinien in der Steppe pflanzen. ²⁰Dadurch sollen alle sehen und erkennen, merken und verstehen, dass der HERR, der Heilige Israels, dies bewirkt und geschaffen hat.

²¹»Kommt, bringt eure Sache vor und legt Beweise auf den Tisch!«, spricht der HERR, der König von Israel*. ²²»Sollen sie ihre Beweise vorlegen und uns sagen, was die Zukunft bringt. Lasst uns wissen, was unmittelbar bevorsteht, damit wir darüber Bescheid wissen und dann prüfen können, was daraus geworden ist. Oder sagt an, was in ferner Zukunft liegt. ²³Ja, lasst uns wissen, was uns später noch erwartet, damit wir erkennen, dass ihr tatsächlich Götter seid. Legt euch fest, gleich worin, sei es etwas Gutes oder etwas Schlimmes. Dann wollen wir in einen Wettstreit miteinander treten und zusammen entscheiden, was daraus geworden ist. ²⁴Aber nein! Ihr seid nichts; euer Tun ist nichtig. Wer euch erwählt, wird zu einem Gräuel.

²⁵Doch ich habe jemanden aus dem Norden losgeschickt und er ist gekommen. Der meinen Namen anrufen wird, kommt aus östlicher Richtung. Er zertritt Landesherren wie Lehm. Er stampft sie wie ein Töpfer den Ton. ²⁶Wer hat es von Anfang an geweissagt, damit wir es erkennen können? Wer hat es vorhergesagt, sodass wir bestätigen könnten, dass er recht hatte? Niemand! Niemand hat etwas verkündet, keiner hat etwas angesagt. Nicht einer hat eine Weissagung von euch zu hören bekommen. ²⁷Ich war der Erste, der zu Zion sagte: ›Sieh! Da sind sie! Ich werde einen Freudenboten nach Jerusalem senden.‹ ²⁸Wenn ich mich umschaue, ist da niemand, auch keiner von ihnen, der Auskunft geben könnte oder der imstande wäre zu antworten, wenn ich ihn befragen würde. ²⁹Seht doch: Sie sind alle nichts. Ihr Tun führt zu nichts. Es sind nichtige, nutzlose Gegenstände. Eure Götzen sind hohl wie der Wind.«

Gottes Diener

42 »Schaut her, das ist mein Knecht, den ich festhalte. Er ist mein Auserwählter und macht mir Freude. Ich habe ihm meinen Geist gegeben, damit er den Völkern das Recht bringt. ²Er wird weder schreien und lärmen noch seine Stimme auf der Straße hören lassen. ³Er wird das geknickte Rohr nicht brechen und den glimmenden Docht nicht auslöschen. Er wird das Recht wahrheitsgetreu ans Licht bringen. ⁴Er wird nicht müde werden oder zerbrechen, bis auf der ganzen Erde das Recht fest gegründet dasteht. Selbst ferne Meeresländer erwarten seine Weisungen.«

⁵Gott, der HERR, hat den Himmel erschaffen und ausgespannt. Er hat die Erde und alles, was darauf wächst, gemacht. Er gibt allem, was auf der Welt ist, Leben und allem, was auf ihr geht, Atem. Er sagt: ⁶»Ich, der HERR, habe dich in Gerechtigkeit berufen und dich bei deiner Hand erfasst. Ich beschütze dich und mache dich zu einem Bund für das Volk und zum Licht für die Völker. ⁷Dadurch sollst du den Blinden die Augen öffnen, die Häftlinge aus dem Gefängnis befreien und die in der Dunkelheit Gefangenen ans Licht führen.

⁸Ich bin der HERR; das ist mein Name! Ich werde meine Herrlichkeit keinem anderen überlassen. Ich werde das Lob, das mir zukommt, nicht mit Götzen teilen. ⁹Vorhersagen haben sich erfüllt, jetzt weissage ich neue Dinge. Ich werde euch die Zukunft sagen, bevor sie eintritt.«

Ein Loblied für den HERRN

¹⁰Singt dem HERRN ein neues Lied!
Lobt ihn von den Enden der Erde!
All ihr Seefahrer, ihr Meerestiere,
all ihr Küstenbewohner, singt!
¹¹Die Steppe und ihre Städte;

41,21 Hebr. *der König von Jakob.*

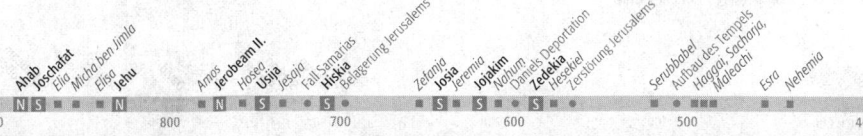

JESAJA

1–12	Eine Botschaft für das abtrünnige Juda
13–23	Botschaften für fremde Völker
24–27	Der Weltuntergang
28–35	Warnung vor menschlichen Rettungsversuchen
36–39	Ankündigung des Exils
40–53	Trost und Befreiung – Gottes Diener
54–66	Die zukünftige Herrlichkeit

42–43
Ein Loblied für Gott. Israel hört nicht auf Gott. Gott erwählt sein Volk.

[Die Zeit des Exils]

auch die Dörfer von Kedar sollen ihre Stimmen erklingen lassen.
Die Leute der Felsenstadt sollen jubeln und laut von den Gipfeln der Berge herab singen! ¹²Sie sollen den HERRN ehren;
den Inselbewohnern seinen Ruhm verkünden.
¹³Der HERR wird ausziehen wie ein Held;
zum Kampf mitreißen wie ein Krieger
und den Schlachtruf erschallen lassen.
Er wird in gellendes Kriegsgeschrei ausbrechen
und sich an seinen Feinden als überlegener Sieger erweisen.
¹⁴»Ich habe sehr lange geschwiegen,
ich war still und habe mich zurückgehalten.
Doch jetzt werde ich schreien wie eine Gebärende,
werde zugleich stöhnen und schnauben.
¹⁵Ich werde Berge und Hügel austrocknen
und ihr Grün verwelken lassen.
Ich verwandle Flüsse in Sandbänke
und werde die Seen trockenlegen.
¹⁶Ich führe Blinde einen neuen Weg,
einen Weg, den sie nicht kannten, lasse ich sie gehen.
Ich werde die Dunkelheit vor ihnen hell machen
und den holprigen Weg vor ihnen ebnen.
Diese Dinge werde ich ausführen und nicht davon ablassen.
¹⁷Die aber, die an Götzen glauben,

Jesaja 43,10

Erwählung
Durch die ganze Geschichte des Volkes Israel hindurch, auch jetzt zur Zeit Jesajas, gilt Gottes Erwählung. Sie hat einerseits das Ziel, Gott als den Einzigartigen zu erkennen, und andererseits, diesen Gott vor anderen zu bezeugen. V. 21 unterstreicht, dass Gott durch sein Volk seinen Ruhm bekannt machen will.
Diese Berufung wird an mehreren Stellen in der Bibel als Bekenntnis oder als Auftrag wiederholt: »Wir aber, dein Volk ... werden dir für immer und ewig danken und deine Größe loben von Generation zu Generation« (Ps 79,13). – »Diese Stadt ... wird mir Ruhm und Ehre bei allen Völkern dieser Erde einbringen, wenn sie von all dem Guten hören werden, das ich an Jerusalem tue« (Jer 33,9).
(5. Mose 4,5-8 «« | » 5. Mose 32,10)

S Südreich Juda   N Nordreich Israel

Josua – Einnahme von Jericho | Gideon | Simson | Samuel | Saul | David | Salomo – Tempelbau | Rehabeam | Jerobeam I.

1400 v. Chr. | 1300 | 1200 | 1100 | 1000 | 900

die zu Gussbildern sagen: ›Ihr seid unsere Götter‹ – werden leer ausgehen und im Erdboden versinken müssen.«

Israels Unvermögen zuzuhören und zu verstehen

18»Ihr Tauben, hört, und ihr Blinden, blickt auf, damit ihr seht! 19Wer ist so blind wie mein Diener? Wer ist so taub wie mein eigener Bote? Wer ist so blind wie mein Vertrauter, blind wie der Knecht des HERRN? 20Du hast viel gesehen, aber es nicht beachtet. Du spitzt die Ohren, und hörst doch nichts.«

21Es hat dem HERRN gefallen, um seiner Gerechtigkeit willen sein Gesetz zu verherrlichen; er wollte ihm Respekt und Achtung verschaffen. 22Dennoch, es ist ein beraubtes, geplündertes Volk! Sie sind alle in Gefängnissen gefangen und in Kerkern eingeschlossen. Sie wurden geraubt und zu Diebesgut und es war kein Retter da, niemand sagte: »Gib es zurück!« 23Aber wer von euch hört sich diese Dinge an und lässt sich wachrütteln und lernt für die Zukunft daraus? 24Wer hat denn zugelassen, dass Jakob geplündert und Israel ausgeraubt wurde? War es nicht der HERR, gegen den wir gesündigt hatten? Das Volk wollte seinem Weg nicht folgen und gehorchte seinem Gesetz nicht. 25Deshalb hat er es seinen Zorn spüren lassen und in schreckliche Kriegsnot kommen lassen. Es brannte ringsherum, aber niemand begriff. Er setzte es in Brand, doch niemand nahm es sich zu Herzen.

Der Retter Israels

43 Doch nun spricht der HERR, der dich, Jakob, geschaffen hat und der dich, Israel, gebildet hat: »Hab keine Angst, ich habe dich erlöst. Ich habe dich bei deinem Namen gerufen; du gehörst mir. 2Wenn du durch Wasser gehst, werde ich bei dir sein. Ströme sollen dich nicht überfluten! Wenn du durch Feuer gehst, wirst du nicht verbrennen; die Flammen werden dich nicht verzehren! 3Denn ich bin der HERR, dein Gott, der Heilige Israels, dein Heiland. Ich gebe Ägypten als Lösegeld für dich hin, ich liefere Äthiopien* und Seba an deiner Stelle aus. 4Weil du in meinen Augen kostbar bist und wertvoll und weil ich dich liebe, opfere ich Länder an deiner Stelle und Völker für dein Leben.

5Fürchte dich nicht, denn ich bin bei dir. Ich werde deine Kinder aus dem Osten holen und dich aus dem Westen sammeln. 6Zum Norden sage ich: ›Gib her!‹ Und zum Süden: ›Halte niemanden zurück!‹ Bring meine Söhne aus der Ferne, meine Töchter aus allen Winkeln der Erde – 7alle, die nach meinem Namen benannt sind, die ich zu meiner Ehre gemacht habe, die ich gebildet und erschaffen habe.«

8Bringt das Volk her, das blind ist, obwohl es Augen hat. Holt diejenigen herbei, die taub sind, obwohl sie Ohren haben. 9Alle Völker sollen sich versammeln und die Nationen zusammenkommen. Wer von ihnen konnte dies ankündigen? Sie sollen uns die Weissagungen ihrer Götter hören lassen. Sie sollen ihre Zeugen bringen und Beweise vorlegen, damit man es hört und sagt: »Es ist wahr.«

10»Ihr seid meine Zeugen!«, spricht der HERR. »Und ihr seid mein Diener, den ich erwählt habe. Ihr seid dazu auserwählt, mich zu kennen, an mich zu glauben und zu erkennen, dass ich allein Gott bin. Es gibt keinen Gott, der vor mir erschaffen worden wäre und auch nach mir wird es keinen geben. 11Ich allein bin der HERR, es gibt keinen anderen Retter. 12Ich habe es selbst verkündigt und es euch wissen lassen. Dies kann man von dem fremden Gott, den ihr bei euch habt, nicht behaupten. Ihr seid meine Zeugen, dass ich der einzige Gott bin«, spricht der HERR. 13»Das bin ich auch weiterhin. Keiner kann aus meiner Hand entkommen. Ich wirke und niemand kann mich hindern.«

Die Siegesverheißung des HERRN

14Der HERR, euer Erlöser, der Heilige Israels, sagt: »Um euretwillen habe ich nach Babylon gesandt und werde dort alle in die Flucht schlagen. Auch die Babylonier, die stolz auf ihre Schiffe sind. 15Ich bin der HERR, euer Heiliger, Israels Schöpfer und König. 16So spricht der HERR, der einen Weg durch das Meer bahnte, einen trockenen Pfad durch mächtige Fluten. 17Er rief Streitwagen und Pferde, Heer und Befehlshaber herbei und ließ sie umkommen, damit sie nie mehr aufstehen. Sie wurden ausgelöscht und sind wie ein Docht verglommen.

18Denkt nicht mehr daran, was war und grübelt nicht mehr über das Vergangene. 19Seht hin; ich mache etwas Neues; schon keimt es auf. Seht ihr es nicht? Ich bahne einen Weg durch die Wüste und lasse Flüsse in der Einöde entstehen. 20Die wilden Tiere auf den Feldern werden mir danken, ebenso die Schakale und Strauße, weil ich meinem erwählten Volk Wasser in der Wüste und Ströme in der Einöde schaffe, damit es zu trinken hat. Ja, ich will in der Wüste Quellen entspringen lassen, damit mein auserwähltes

---

43,3 Hebr. *Kusch*.

JESAJA

1–12	Eine Botschaft für das abtrünnige Juda
13–23	Botschaften für fremde Völker
24–27	Der Weltuntergang
28–35	Warnung vor menschlichen Rettungsversuchen
36–39	Ankündigung des Exils
40–53	Trost und Befreiung – Gottes Diener
54–66	Die zukünftige Herrlichkeit

43–44
Gottes große Gnade für Israel. Gott ist der einzige Gott. Er richtet Israel wieder auf.

[Die Zeit des Exils]

Volk sich erfrischen kann. ²¹Es ist das Volk, das ich mir dazu erschaffen habe, von meinem Ruhm zu erzählen.

²²Doch du hast mich nicht gerufen, Jakob. Um mich hast du dich nicht bemüht, Israel! ²³Du hast mir keine Lämmer als Brandopfer gebracht und hast mich nicht mit Schlachtopfern geehrt. Ich habe dich nicht zu Speiseopfern gezwungen oder dir auferlegt, mir Weihrauch zu bringen. ²⁴Du hast keine Gewürze für mich gekauft, hast mich nicht mit dem Fett von Opfertieren erfreut, nein, du hast mich mit deinen Sünden bedrängt und mich mit deinen bösen Taten ermüdet. ²⁵Ich – ich allein – bin es, der deine Übertretungen um meiner selbst willen tilgt und nicht mehr an deine Sünden denkt. ²⁶Ermahne mich, damit es mir wieder einfällt, lass uns miteinander rechten, zähl alles auf, damit du recht behältst! ²⁷Schon dein erster Vorfahr hat gegen mich gesündigt – deine Priester und Propheten* sind mir untreu geworden. ²⁸Deshalb habe ich eure geistlichen Führer ihres priesterlichen Amtes enthoben, Jakob der Vernichtung ausgeliefert und Israel dem Spott.

44 Doch nun hör mir zu, Jakob, mein Diener, und Israel, mein Erwählter. ²So spricht der HERR, der dich geschaffen und gebildet hat und dir vom Mutterleib an beisteht: »Hab keine

43,27 Hebr. *deine Mittler.*

Jesaja 44,1

Erwählung
Bei Jesaja bekommt Gottes Volk eine Bezeichnung, die auf uns wenig ansehnlich wirkt, aber eigentlich ein Ehrentitel ist: »Knecht« oder »Diener« (so auch V. 21). Damit verbunden ist die Zusage, dass Gott sich diesem Diener in besonderem Erbarmen zuwendet (V. 3-4.22). Welche Hoheit die Erwählung Gottes verleiht, macht V. 5 eindrücklich klar.
Diese Bezeichnung für das erwählte Volk ist typisch bei Jesaja und kommt mehrfach vor: Jes 41,8; 42,19; 45,4; 49,3. Allerdings ist der Titel »Knecht« dabei auf geheimnisvolle Weise mehrdeutig: Während er in 49,3 Israel meint, steht dieser Knecht in 49,5-6 dem Volk Israel gegenüber – ist mit ihm also nicht identisch.
Was gemeint ist, wird durch weitere Schriftstellen deutlich, die in der Erklärung zu Jesaja 49,1 genannt sind.
(Psalm 33,12 «« | »» Amos 3,2)

Angst, Jakob, mein Diener. Jeschurun*, den ich erwählt habe. ³Denn ich werde Wasser auf Durstige ausschütten und das trockene Land mit Bächen bewässern. Ich werde meinen Geist auf deine Nachkommen und meinen Segen über deinen Kindern ausgießen. ⁴Sie werden wachsen wie Gras am Ufer, wie Weiden am Fluss. ⁵Manche werden von sich sagen: ›Ich gehöre dem HERRN.‹ Andere werden sich nach Jakob nennen. Wieder andere werden sich ›Eigentum des HERRN‹ auf die Hände schreiben und den Ehrennamen Israel annehmen.

Die Torheit der Götzenanbetung

⁶So spricht der HERR, Israels König und sein Erlöser, der HERR der Heerscharen: »Ich bin der Erste und der Letzte; es gibt keinen anderen Gott. ⁷Wer prophezeit so wie ich? Der soll es sagen, es verkünden und mir den Beweis dafür von Anbeginn der Menschheit bringen. Wer kann vorhersagen, was in ferner Zukunft kommt oder was kurz bevorsteht? Sie mögen es mir sagen. ⁸Erschreckt nicht; fürchtet euch nicht. Habe ich es euch nicht vor langer Zeit gesagt und euch verkündigt? Und seid nicht ihr meine Zeugen dafür? Es gibt außer mir keinen Gott, von einem anderen Felsen weiß ich nichts.

⁹Wie töricht sind die, die sich selbst Götter machen. Zwar sehnen sie sich nach ihnen, doch sie nützen ihnen nichts. Diejenigen, die sich zu ihnen bekennen, sehen und verstehen nichts und werden deshalb beschämt werden. ¹⁰Wie nutzlos ist es doch, sich selbst einen Gott zu bauen und ein Götzenbild zu gießen! ¹¹Alle, die ihnen folgen, werden beschämt dastehen, zusammen mit den Kunsthandwerkern, die doch bloß Menschen sind. Sollen sie doch zusammenkommen und sich erwartungsvoll vor ihre Götter stellen. Gemeinsam werden sie erschrecken und sich blamieren.«

¹²Der Schmied arbeitet mit dem Meißel, heißen Kohlen und einem Hammer, um sein Werk mit der Kraft seines Armes zu formen und zu bearbeiten. Dabei wird er hungrig und seine Kräfte lassen nach. Wenn er kein Wasser trinkt, ist er bald erschöpft. ¹³Der Zimmermann misst das Holz mit der Messschnur aus und markiert die Maße mit dem Stift. Er bearbeitet das Holz mit dem Hobel und steckt die Umrisse des Bildes mit dem Zirkel ab. Dann formt er aus dem Holz die Figur eines Mannes. Er vervollständigt sie zur Gestalt eines schönen Menschen, die in einer Wohnung Platz finden kann. ¹⁴Vorher muss man Zedern fällen oder man nimmt sich eine Tanne oder Eiche oder wählt sich einen anderen großen Baum im Wald aus. Die Zedern wurden im Wald gepflanzt und der Regen hat sie hoch emporwachsen lassen. ¹⁵Das Holz dient dem Menschen zur Feuerung. Er erwärmt sich daran und beheizt damit den Backofen, um Brot zu backen. Er nimmt es aber auch, um daraus einen Gott anzufertigen, den er anbetet. Er verarbeitet es zu einem Götzen, vor dem er sich ehrfurchtsvoll verneigt. ¹⁶Man verheizt einen Teil des Baumes, um sich ein Stück Fleisch zu braten, zu essen und satt zu werden. Man wärmt sich daran und sagt: »Mir wird schön warm, ich spüre das Feuer.« ¹⁷Dann nimmt man die Reste und macht sich daraus einen Gott: ein geschnitztes Götzenbild! Man verbeugt sich, fällt davor nieder, betet es an und sagt: »Rette mich! Du bist mein Gott!«

¹⁸Sie erkennen und verstehen nichts! Ihre Augen sind verklebt, sodass sie nichts sehen und ihre Herzen nichts erkennen können. ¹⁹Deshalb ändert sich nichts in ihrem Denken; sie haben weder Einsicht noch Verstand, um wahrzunehmen: »Mit der einen Hälfte habe ich Feuer gemacht. Ich habe mir Fladenbrot darauf gebacken und Fleisch gegrillt und gegessen. Sollte ich den Rest zu etwas Schrecklichem verarbeiten und einen Holzklotz anbeten?« ²⁰Wer sich mit Asche abgibt, dessen Herz wurde irregeleitet. Er wurde verführt. Er wird sich nicht retten und wird sich nicht sagen: »Ist dieses Ding in meiner rechten Hand vielleicht eine Täuschung?«

Jerusalems Wiederherstellung

²¹»Denke daran, Israel, und du, Jakob, denn du bist mein Knecht. Ich, der HERR, habe dich zu meinem Diener erschaffen; ich werde dich nicht vergessen. ²²Ich habe deine Sünden aufgelöst wie Nebel, deine Vergehen wie Wolken zerstreut. Komm doch zu mir zurück, denn ich will dich erlösen.«

²³Sing, Himmel, denn der HERR hat es vollbracht. Freue dich, du Tiefe der Erde! Berge und Wälder und alle Bäume, jubelt! Denn der HERR hat Jakob erlöst und wird sich in Israel verherrlichen.

²⁴So spricht der HERR, dein Erlöser, der dich von Mutterleib an gebildet hat: »Ich bin der HERR, der alles bewirkt. Ich allein habe den Himmel ausgespannt, ich allein habe die Erde befestigt. ²⁵Ich bin es, der die Zeichen der falschen Propheten zunichtemacht und die Wahrsager als Scharlatane enttarnt. Ich zwinge die Weisen zum Rückzug und enttarne ihre Weisheit als Dummheit. ²⁶Ich bin es, der das prophetische Wort seines Dieners verwirklicht. Ich führe die Weissagungen seiner Boten aus und sage

44,2 Jakob.

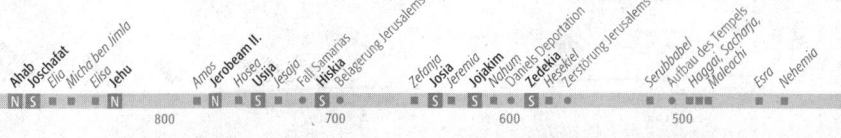

JESAJA	
1–12	Eine Botschaft für das abtrünnige Juda
13–23	Botschaften für fremde Völker
24–27	Der Weltuntergang
28–35	Warnung vor menschlichen Rettungsversuchen
36–39	Ankündigung des Exils
40–53	Trost und Befreiung – Gottes Diener
54–66	Die zukünftige Herrlichkeit

44–46
Gott erwählt Kyrus, um die Völker zu unterwerfen. Alle werden Gott bekennen. Gott ermahnt Israel, sich auf ihn zu verlassen.

[Die Zeit des Exils]

zu Jerusalem: ›Sei wieder bewohnt.‹ Und zu den Stätten Judas: ›Ihr sollt wieder aufgebaut werden.‹ Ihre Ruinen werde ich aufrichten. ²⁷Ich bin es, der zur Meerestiefe sagt: ›Trockne aus!‹, und ich lege deine Ströme trocknen. ²⁸Ich bin der HERR, der zu Kyrus ›mein Hirte‹ sagt. Alles, was ich will, wird er ausführen. Ich bin der HERR, der zu Jerusalem spricht: ›Werde wieder aufgebaut!‹ und zum Tempel: ›Werde wieder neu gegründet!‹«

Kyrus, der Erwählte des HERRN

45 Dies sagt der HERR zu Kyrus, seinem Gesalbten, dessen rechte Hand er ergriffen hat, um durch ihn Völker zu unterwerfen und Könige zu entwaffnen und ihm Tür und Tor zu öffnen. Keine Pforte soll ihm verschlossen bleiben. ²»Ich will vor dir hergehen und einebnen, was sich dir in den Weg stellt. Ich werde Bronzetore zerschmettern und Eisenriegel zerbrechen. ³Und ich gebe dir Schätze, die im Dunkeln verborgen sind – geheime Reichtümer. Das alles tue ich, damit du weißt, dass ich der HERR bin, der Gott Israels, der dich bei deinem Namen ruft.

⁴Wegen meinem Diener Jakob, wegen Israel, meinem Erwählten, habe ich dich beim Namen gerufen, und dir einen Ehrennamen gegeben, bevor du mich kanntest. ⁵Ich allein bin der HERR; es gibt außer mir keinen anderen Gott. Ich habe dich stark gemacht, bevor du mich erkanntest, ⁶damit die ganze Welt vom Osten bis zum Westen erkennt, dass es keinen anderen Gott gibt. Ich bin der HERR, es gibt keinen anderen. ⁷Ich habe das Licht erschaffen und die Dunkelheit gemacht. Ich schicke Frieden und Unheil. Ich, der HERR, tue diese Dinge. ⁸Regne, Himmel, die Wolken sollen vor Gerechtigkeit überlaufen! Die Erde soll sich weit öffnen, damit sie Heil hervorbringe und gleichzeitig soll Gerechtigkeit wachsen. Ich, der HERR, werde es tun.

⁹Denen, die im Streit mit ihrem Schöpfer leben, wird es schlimm ergehen. Sind sie doch nur eine unter vielen Tonscherben. Streitet der Lehm mit dem, der ihn formt und sagt: ›Was machst du?‹ Schreit der Topf: ›Du hast zwei linke Hände!‹ Oder: ›Du bist zu ungeschickt?‹ ¹⁰Schreckliches erwartet diejenigen, die zu ihrem Vater sagen: ›Warum zeugst du?‹ und zur Mutter: ›Warum gebierst du?‹«

¹¹Der HERR, der Schöpfer und Heilige Israels, sagt Folgendes: »Über das, was auf euch zukommt, fragt mich! Lasst meine Kinder und das, was ich mache, meine Sache sein. ¹²Ich habe die Erde gemacht und den Menschen, der auf ihr lebt, geschaffen. Mit meinen Händen

habe ich den Himmel ausgespannt und die unzähligen Sterne ins Dasein gerufen. ¹³Ich selbst habe ihn* in Gerechtigkeit erweckt und ich werde alle seine Wege ebnen. Er wird meine Stadt wieder herstellen und meine Verbannten befreien – und er wird dafür keinen Preis und kein Geschenk verlangen! Ich, der HERR der Heerscharen, habe gesprochen!«

Die künftige Bekehrung der fremden Völker

¹⁴Dies sagt der HERR: »Der Erwerb der Ägypter, der Gewinn der Äthiopier* und die hoch gewachsenen Leute aus Seba werden zu dir kommen und werden dir gehören. Sie werden dir nachfolgen, in Ketten zu dir kommen. Sie werden sich vor dir verbeugen und bekennen: ›Gott ist auf deiner Seite und er ist der einzige Gott.‹«

¹⁵Es ist wahr, du bist ein geheimnisvoller Gott. Der Gott Israels ist der Retter. ¹⁶Alle, die Götzen herstellen, sollen in Schmach und Schande geraten und unehrenhaft abziehen. ¹⁷Dem Volk Israel aber wird der HERR Rettung schenken; es wird eine ewige Rettung sein. Es wird bis in alle Ewigkeit nicht mehr beschämt und zuschanden werden. ¹⁸Dies spricht der HERR, der den Himmel geschaffen hat, der Gott ist, der die Erde geformt und gemacht hat. Er hat sie gegründet. Nicht als Wüste geschaffen hat er sie, sondern zum Bewohnen.

»Ich bin der HERR«, spricht er, »einen anderen gibt es nicht. ¹⁹Ich habe nicht im Verborgenen oder an dunklen Orten geredet. Ich habe vom Volk Israel nicht verlangt, mich vergeblich zu suchen. Ich, der HERR, spreche die Wahrheit und verkünde das Rechte.

²⁰Sammelt euch und kommt her! Tretet alle heran, die ihr aus den Heidenvölkern mit dem Leben davongekommen seid. Diejenigen, die ihre hölzernen Götzen herumschleppen und zu Göttern beten, die ihnen nicht helfen können, begreifen nichts! ²¹Tragt eure Angelegenheit vor, bringt Beweise bei – ja, sollen sie sich doch untereinander beraten. Wer hat denn diese Dinge vor langer Zeit vorausgesagt und sie seither verkündet? War nicht ich es, der HERR? Denn es gibt keinen Gott außer mir – einen gerechten Gott und Heiland – nicht einen! ²²Wendet euch auf der ganzen Welt von überall her mir zu und lasst euch retten. Denn ich bin Gott; es gibt keinen anderen. ²³Ich habe bei mir selbst geschworen, aus meinem Mund ging Gerechtigkeit hervor und ich werde mein Wort nicht zurücknehmen: Jedes Knie wird sich vor mir beugen und jeder Mund wird mich bekennen.«

²⁴Die Menschen werden sagen: »Nur im HERRN finden sich Gerechtigkeit und Stärke.« Und alle, die gegen ihn aufgebracht waren, werden beschämt zu ihm kommen. ²⁵Durch den HERRN werden alle Generationen Israels zu ihrem Recht kommen und sie werden sich seiner rühmen.

Babylons falsche Götter

46 Bel* bricht zusammen, Nebo krümmt sich. Ihre Götzenbilder werden Last- und Zugtieren aufgeladen, die unter der Bürde ihrer Last ermüden. ²Die Tiere krümmen sich und gehen in die Knie. Sie sind weder imstande, die ihnen aufgeladenen Götzen in Sicherheit zu bringen noch die, die sie verehren, denn sie müssen allesamt in die Gefangenschaft ziehen.

³»Hör mir zu, Haus Jakob, und ihr Israeliten, die ihr übrig geblieben seid. Seit eurer Geburt seid ihr mir aufgeladen, vom Mutterleib an trage ich euch. ⁴Ich will euer ganzes Leben lang euer Gott sein – ich werde euch tragen, bis euer Haar vom Alter ergraut. Ich habe es getan und ich werde euch weiterhin tragen. Ich werde euch auf meine Schulter laden und euch retten.

⁵Mit wem wollt ihr mich vergleichen? Mit wem wollt ihr mich gleichsetzen? An wem wollt ihr mich messen, dass wir gleich sein sollen? ⁶Sie schütten Gold aus dem Beutel und wiegen Silber ab, um einen Goldschmied zu beauftragen, der einen Gott daraus machen soll. Vor dem verneigen sie sich dann und beten ihn an! ⁷Sie heben ihn auf ihre Schultern, tragen ihn und stellen ihn an seinen Platz in der Wohnung. Dort bleibt er stehen und rührt sich nicht von der Stelle. Wenn ihn jemand anfleht, antwortet er nicht. Wenn jemand in Not ist, hat er keine Macht zu helfen.

⁸Bedenkt dies und werdet standhaft! Nehmt es zu Herzen, ihr, die ihr euch Gott widersetzt. ⁹Denkt zurück an das, was von Anfang an, von der Urzeit her, galt: Ich bin Gott – sonst gibt es keinen! Es gibt keinen wie mich. ¹⁰Ich habe von Anfang an das, was kommen wird, vorausgesagt, schon lange, bevor es Wirklichkeit wurde. Ich sage: ›Was ich plane, steht fest. Alles, was mir gefällt, führe ich auch aus.‹ ¹¹Ich rufe einen Raubvogel aus dem Osten herbei – einen Mann aus einem fernen Land, der meinen Beschluss in die Tat umsetzen wird. Es wird so kommen, wie ich es gesagt habe. Ich habe es geplant, ich werde es auch ausführen. ¹²Ihr trotzigen Herzen, hört mir zu, ihr habt euch weit von der Gerechtigkeit

---

45,13 Kyrus. **45,14** Hebr. *Kuschiter.* **46,1** *Bel* u. *Nebo* sind die Hauptgötter Babels.

JESAJA

1–12	Eine Botschaft für das abtrünnige Juda
13–23	Botschaften für fremde Völker
24–27	Der Weltuntergang
28–35	Warnung vor menschlichen Rettungsversuchen
36–39	Ankündigung des Exils
40–53	Trost und Befreiung – Gottes Diener
54–66	Die zukünftige Herrlichkeit

46–48
Die Zerstörung Babylons wird vorausgesagt. Das Volk Israel will nicht auf Gott hören.

[Die Zeit des Exils]

entfernt! ¹³Ich habe euch meine Gerechtigkeit nahe gebracht, sie ist nicht fern. Meine Rettung wird sich nicht verzögern. Ich bringe Jerusalem Rettung und schenke Israel meine Herrlichkeit.«

Weissagung über den Fall Babylons

47 »Steig herab, jungfräuliche Tochter Babylon, setz dich in den Staub. Setz dich, weil kein Thron mehr da ist, auf die Erde, Tochter Chaldäas, denn man wird dich nicht mehr ›Zarte und Verwöhnte‹ nennen. ²Nimm Mühlsteine und mahle das Korn. Schlag deinen Schleier zurück und heb die Schleppe. Entblöße die Schenkel, wate durch Flüsse. ³Nackt sollst du sein und deine Scham sichtbar werden. Ich will Rache an dir nehmen und ich werde niemanden verschonen.«
⁴Unser Erlöser, dessen Name der HERR, der Allmächtige ist, ist der Heilige Israels. ⁵»Tochter Babyloniens, setz dich still hin, verkrieche dich in die Dunkelheit. Niemals mehr wird man dich ›Herrin der Königreiche‹ nennen. ⁶Ich war zornig über mein Volk und habe meinem Eigentum die Würde genommen, indem ich es in deine Hände fallen ließ. Du aber hast keinerlei Mitleid gezeigt. Sogar den Alten hast du deine schwere Bürde auferlegt. ⁷Du glaubtest, du würdest für immer als Königin herrschen. Deshalb hast du

Jesaja 49,1-6

Hinweise auf den Messias (1)
Während das erste Lied vom Knecht Gottes *über* diese Gestalt sprach, ist dieses zweite Lied ein Berufungsbericht aus der Ich-Perspektive. Den Sprechenden zu identifizieren ist nicht einfach. Einerseits wird er »Israel« genannt (V. 3). Andererseits ist es seine Aufgabe, *an* Israel (und anderen Völkern) zu handeln.
Sein Dienst besteht darin, Israel aus der Zerstreuung heraus wieder zu sammeln. Damit stellt er aber nicht einfach nationale Einheit her, sondern führt das Volk in die Umkehr zu Gott. Schließlich erleuchtet er auch alle anderen Völker und bringt Rettung für die ganze Welt!
Zur Umkehr könnte ein Prophet rufen. Die übrigen Aufgaben aber wären weder von einem jüdischen König noch von einem Propheten erfüllbar. Die ganze Welt retten kann erst recht kein Mensch. Die Größe der Aufgabe deutet auf eine messianische Gestalt.
Im Neuen Testament wird dieser Text nicht direkt auf Jesus gedeutet, wohl aber auf die Boten, die von Jesus Christus reden (Apg 13,47).
(Jesaja 42,1-4 «« | »» Jesaja 52,13–53,12)

Folgendes nicht bedacht: Du hast dir keine Gedanken darüber gemacht, was wohl nach dir sein wird.

⁸Hör dies, du Wollüstige, die sich in Sicherheit wiegt und sich im Stillen denkt: ›Ich und sonst niemand! Ich werde niemals Witwe werden und auch nicht kinderlos sein.‹ ⁹Doch genau dies wird dich beides am selben Tag ereilen: Kinderlosigkeit und Witwenschaft. Dieses Unglück wird trotz all deiner Zauberkünste und trotz der Kraft deiner magischen Praktiken über dich kommen.

¹⁰Du vertrautest auf deine Bosheit. ›Mich sieht doch keiner‹, sagtest du. Deine Weisheit und dein Wissen haben dich zur Angeberei verleitet: ›Niemand außer mir!‹ ¹¹So bricht das Unglück über dich herein und du wirst es nicht wegzaubern können. Es wird Verderben über dich kommen, von dem du dich nicht freikaufen können wirst. Zerstörung wird dich so unvermittelt treffen, dass du nicht wissen wirst, wie dir geschieht.

¹²Flüchte dich doch zu deinen Beschwörungsformeln und deinen zahlreichen Zauberkünsten, die du von Jugend an betrieben hast. Vielleicht nützen sie dir und vielleicht haben sie eine abschreckende Wirkung. ¹³Du hast dich mit deinen Beratern abgemüht. Sollen sie doch kommen und dich retten, die Astrologen und Sterndeuter, die dir an den Neumonden die Zukunft verkünden. ¹⁴Doch sie werden wie Stroh sein, das im Feuer verbrennt. Sie können sich nicht vor den Flammen retten! Es wird keine Glut sein, an der man sich wärmt, oder ein Feuer, vor dem man sitzen kann. ¹⁵So wird es dir mit all denen ergehen, um die du dich bemüht hast, mit deinen Geschäftsfreunden, mit denen du von Jugend an Handel treibst: Sie werden sich in alle Himmelsrichtungen auf und davon machen. Keiner wird dir noch helfen wollen.«

Gottes störrisches Volk

48 Hört her, die ihr aus der Nachkommenschaft Jakobs seid, den Namen Israel tragt und zum Stamm Juda gehört. Ihr schwört beim Namen des HERRN und beruft euch auf den Gott Israels, seid dabei aber nicht offen und ehrlich. ²Sie nennen sich nach der heiligen Stadt und stützen sich auf den Gott Israels, dessen Name HERR, der Allmächtige ist. ³»Ich kündige schon Dinge an, die früher passierten. Sie kamen aus meinem Mund und ich ließ sie hören. Durch mein plötzliches Handeln traten sie ein.

⁴Ich weiß, wie unbeugsam du bist. Dein Nacken ist wie Eisen, deine Stirn hart wie Erz. ⁵Deshalb habe ich es dich lange im Voraus wissen lassen und ließ es dich hören, bevor es eintraf, damit du nicht sagen konntest: ›Das ist ein Werk meiner Götzen. Mein hölzernes Bild und mein Gott aus Metall haben es befohlen!‹ ⁶Du hast es gehört und nun sieh es dir an. Willst du es nicht zugeben? Ab jetzt sage ich dir etwas Neues, etwas, das dir bisher verborgen war und das du nicht kennst. ⁷Es wurde gerade erst geschaffen, nicht schon vor langer Zeit. Du hast bis heute nichts davon gehört, damit du nicht sagen kannst: ›Das wusste ich schon!‹

⁸Du hast davon nichts gehört und gewusst, dein Ohr war auch nicht offen dafür, denn mir war bewusst, dass du treulos bist. Von Mutterleib an sagt man dir nach, dass du abtrünnig bist. ⁹Doch um meines Namens willen werde ich meinen Zorn zügeln und mich um meiner Ehre willen zurückhalten und dich nicht ganz vernichten. ¹⁰Ich habe dich geläutert, nicht so, wie Silber geläutert wird, sondern im Glutofen des Leidens. ¹¹Um meinetwillen werde ich es tun – allein um meinetwillen, damit mein Name nicht entweiht wird. Ich überlasse meine Ehre keinem anderen!«

Freiheit von Babylon

¹²»Hör mir zu, Sippe Jakobs, und Israel, das ich berufen habe. Ich bin es – ich bin der Erste und der Letzte. ¹³Meine Hand hat die Erde gegründet. Meine Rechte hat den Himmel ausgespannt. Sie entstanden auf meinen Zuruf hin.

¹⁴Kommt alle her und hört: Wer von den Göttern hat euch das jemals angekündigt? Der, den der HERR lieb hat*, wird seinen Willen an Babylon ausführen, seine Macht wird ihn an den Chaldäern ausrichten. ¹⁵Das ist mein Entschluss. Ich habe ihn berufen! Ich habe ihn kommen lassen und sein Plan wird gelingen. ¹⁶Kommt näher und hört zu. Ich habe von Anfang an nie im Verborgenen geredet, von Beginn der Geschehnisse an war ich dabei.« Und jetzt hat mich der allmächtige HERR gesandt und mir seinen Geist gegeben. ¹⁷Der HERR, dein Erlöser, der Heilige Israels, spricht: »Ich bin der HERR, dein Gott, der dich lehrt, was dir nützt, und dir den Weg zeigt, den du gehen sollst. ¹⁸Hättest du doch auf meine Gebote geachtet! Dann hättest du im Glück schwimmen können und Gerechtigkeit hätte dich überflutet wie die Wellen des Meeres. ¹⁹Du wärst zahlreich geworden wie der Sand und hättest so viele Nachkommen, wie es Sandkörner gibt. Dein Name wäre von mir nicht vernichtet oder getilgt worden.

48,14 Gemeint ist Kyrus.

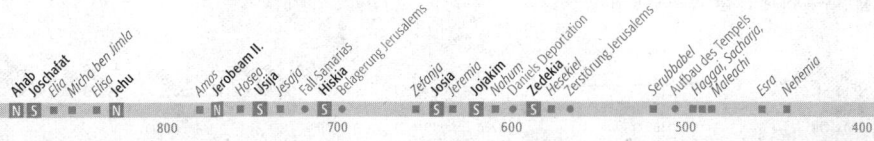

JESAJA

1–12	Eine Botschaft für das abtrünnige Juda
13–23	Botschaften für fremde Völker
24–27	Der Weltuntergang
28–35	Warnung vor menschlichen Rettungsversuchen
36–39	Ankündigung des Exils
40–53	Trost und Befreiung – Gottes Diener
54–66	Die zukünftige Herrlichkeit

48–50
Gott steht hinter seinem Knecht und vergisst sein Volk nicht.

[Die Zeit des Exils]

S Südreich Juda   N Nordreich Israel

---

²⁰Verlasst Babel, eilt fort von den Chaldäern! Erzählt davon mit Jubelrufen, tragt es in alle Welt hinaus und sprecht: ›Der HERR hat seinen Diener, das Volk Israel*, befreit. ²¹Sie litten keinen Durst, als er sie durch die Wüste führte. Er ließ Wasser aus dem Felsen fließen: Er teilte den Fels und Wasser sprudelte hervor.‹

²²Für die Bösen aber gibt es keinen Frieden«, spricht der HERR.

Der Auftrag des Dieners Gottes

49 Hört mir zu, ihr Küstenbewohner! Merkt auf, ihr fernen Völker! Der HERR hat mich von meiner Geburt an berufen; im Mutterleib hat er mich beim Namen gerufen. ²Er hat meinen Mund zu einem scharfen Schwert gemacht. Im Schatten seiner Hand hat er mich verborgen. Er hat mich zu einem scharfen Pfeil gemacht, den er in seinem Köcher aufbewahrt.

³Er sagte zu mir: »Du bist mein Diener, Israel, durch dich will ich mich verherrlichen.«

⁴Ich antwortete: »Aber alles, was ich tue, scheint mir nutzlos! All meine Anstrengung war umsonst und vergeblich. Doch ist es die Sache meines HERRN, meine Mühe zu verantworten. Er wird mir Gelingen schenken.«

⁵Und jetzt spricht der HERR – er, der mich im Mutterleib zu seinem Diener geformt hat, dass

---

48,20b Für »Volk Israel« steht im Hebräischen »Jakob«.

Jesaja 49,1-6

Erwählung
In diesem Abschnitt kommt ein Einzelner zu Wort und berichtet seine Berufung. Er nennt sich Gottes »Diener« bzw. »Knecht«. So wurde auch schon das Volk Israel genannt (Jes 44,1.21). Hier jedoch steht der Knecht dem Volk gegenüber – muss also eine Einzelperson sein.
Außerordentlich große Erwartungen Gottes sind mit diesem Diener verbunden: Gerade durch ihn will Gott sich verherrlichen (V. 3); er sammelt das versprengte Volk Gottes (V. 5-6a); er erreicht alle Völker und ist die Rettung der ganzen Welt (V. 6b)! Diese Erwartungen sind so überragend groß, dass man sich fragt, welcher Mensch sie überhaupt erfüllen könnte.
Das Jesajabuch enthält weitere, ganz ähnlich klingende Bekenntnisse über diesen Knecht: 42,1-9; 50,4-11; 52,13–53,12. In ihnen wird deutlich, dass Gott durch seinen Diener Außergewöhnliches an seinem Volk und der ganzen Welt bewirken will. Er ist ein ganz besonders Erwählter, der mit keiner anderen Gestalt des Alten Testaments vergleichbar ist.
(Sacharja 3,8 «« | »» Matthäus 3,17)

ich Jakob zu ihm zurückführe und Israel bei ihm versammle. Für ihn bin ich wertvoll. Mein Gott ist meine Kraft. ⁶Er sagte: »Es genügt nicht, dass du mein Diener bist, nur um die Stämme Israels wieder aufzurichten und Israel zur Umkehr zu führen. Ich mache dich auch zum Licht für die Völker und zur Rettung für die ganze Welt.«

⁷Dies sagt der HERR, der Erlöser und Heilige Israels, zu demjenigen, der von den Menschen verachtet und von den Heiden verabscheut wird, zu dem Mann, der ein Diener von Tyrannen ist: »Könige werden es sehen und anerkennen. Fürsten werden es beobachten und sich niederwerfen, weil der HERR seine Treue erwies, indem er dich erwählte.«

Verheißung der Wiederherstellung Israels

⁸Dies sagt der HERR: »Zur Zeit der Gnade habe ich dich erhört. Am Tag der Rettung habe ich dir geholfen. Ich habe dich dazu geschaffen und bestimmt, ein Bund für das Volk zu sein, das Land aufzurichten und das verödete Erbe neu zu verteilen. ⁹Durch dich lasse ich allen Gefangenen sagen: ›Kommt heraus!‹ Und denen im Dunkeln: ›Kommt hervor!‹ Sie werden am Weg und auf ehemals unfruchtbaren Hügeln weiden. ¹⁰Sie werden nicht mehr hungern und keinen Durst mehr haben. Die sengende Sonne und die heißen Wüstenwinde werden ihnen nichts anhaben. Ihr Erbarmer wird sie leiten und an frisches Wasser führen. ¹¹Ich werde alle meine Berge mit Straßen versehen und meine Wege ebnen. ¹²Siehe, sie kommen aus weiter Ferne herbei, einige aus dem Norden und Westen und einige aus dem Land der Siniter.«

¹³Jauchze, Himmel! Freue dich, Erde! Jubelt, ihr Berge! Denn der HERR hat sein Volk getröstet und sich seiner Elenden erbarmt.

¹⁴Doch Zion sagt: »Der HERR hat mich verlassen; der Herr hat mich vergessen.«

¹⁵»Kann eine Mutter etwa ihren Säugling vergessen? Fühlt sie etwa nicht mit dem Kind, das sie geboren hat? Selbst wenn sie es vergessen würde, vergesse ich dich nicht! ¹⁶Sieh, ich habe dich in meine Handflächen gezeichnet. Das Bild deiner Mauern habe ich immer vor Augen. ¹⁷Deine Erbauer eilen herbei und alle, die auf deine Zerstörung und Vernichtung aus sind, ziehen fort. ¹⁸Sieh dich um, sie sammeln sich alle, um zu dir zurückzukommen. So wahr ich lebe«, verspricht der HERR, »wirst du sie alle wie ein Schmuckstück tragen und dir wie Brautschmuck anlegen.

¹⁹Dein verwüstetes, verödetes und zerstörtes Land wird dir wegen der riesigen Einwohnerzahl zu eng werden und die, die dich vernichtet haben, werden weit weg sein. ²⁰Deine Kinder, die dir genommen worden waren, werden zu dir sagen: ›Mir wird es hier zu eng, mach mir Platz, damit ich hier wohnen kann!‹ ²¹Dann fragst du dich: ›Wer hat sie mir geschenkt? Ich war doch kinderlos und unfruchtbar, verschleppt und verstoßen. Ich bin ganz allein hier zurückgeblieben. Wer hat sie aufgezogen? Woher kommen sie?‹«

²²Dies sagt Gott, der HERR: »Gib Acht, ich gebe den Völkern mit meiner Hand ein Zeichen. Ich gebe den Nationen einen Fingerzeig, dass sie dir deine Söhne auf ihren Armen und deine Töchter auf ihren Schultern herbeitragen. ²³Könige werden deine Betreuer und Königinnen deine Ammen sein. Sie werden sich tief vor dir verneigen und dir den Staub von den Füßen lecken. Dann erkennst du, dass ich der HERR bin, auf den man hoffen darf ohne enttäuscht zu werden.«

²⁴Lässt sich einem Starken die Beute entreißen? Können ihm die Gerechten, die er im Gewahrsam hält*, entfliehen? ²⁵Der HERR antwortet: »Auch die Gefangenen eines Starken können ihm weggenommen werden und die Beute eines Mächtigen kann entkommen. Ich selbst werde die bekämpfen, die gegen dich streiten und ich werde deine Kinder retten. ²⁶Ich füttere deine Peiniger mit ihrem eigenen Fleisch. Sie sollen sich mit ihrem eigenen Blut betrinken wie mit jungem Wein. Die ganze Welt wird dann erkennen, dass ich, der HERR, dein Heiland bin und dass der Mächtige Jakobs dein Erlöser ist.«

50 Der HERR spricht: »Wo ist die Scheidungsurkunde, mit der ich eure Mutter fortgeschickt haben soll? An welchen von meinen Gläubigern soll ich euch verkauft haben? Nein, ihr wurdet vielmehr wegen eurer Sünden verkauft und auch eure Mutter wurde wegen eurer Missetaten fortgeschickt. ²Warum war niemand da, als ich kam und weshalb antwortete mir niemand, als ich rief? Ist mein Arm etwa zu kurz, um zu erlösen oder fehlt es mir an Kraft, um zu befreien? Bedenke, dass ich dem Meer befehlen kann, auszutrocknen. Ich kann Flüsse in Wüsten verwandeln, sodass die Fische aus Wassermangel verfaulen und vor Durst sterben. ³Ich kleide den Himmel in Dunkelheit und ziehe ihm ein Trauergewand an.«

Der gehorsame Gottesknecht

⁴Der HERR hat mir die Zunge eines Jüngers gegeben, damit ich weiß, wie ich den Müden ermutigen kann. Morgen für Morgen öffnet er mir das

---

49,24 Gemeint sind die im Exil Lebenden des Volkes Israel.

JESAJA

1–12	Eine Botschaft für das abtrünnige Juda
13–23	Botschaften für fremde Völker
24–27	Der Weltuntergang
28–35	Warnung vor menschlichen Rettungsversuchen
36–39	Ankündigung des Exils
40–53	Trost und Befreiung – Gottes Diener
54–66	Die zukünftige Herrlichkeit

50–51
Gottes Knecht muss vieles erdulden. Gott verspricht sein Heil denen, die danach suchen.

[Die Zeit des Exils]

Ohr, damit ich höre, wie ein Jünger hört. ⁵Gott, der HERR, hat mir das Ohr geöffnet und ich lehnte mich nicht auf und habe mich gestellt: ⁶Ich habe meinen Rücken denen entgegengehalten, die mich schlugen und meine Wangen denen, die mir den Bart ausrissen. Ich habe mein Gesicht nicht vor Hohn und Speichel verborgen.

Jesaja 50,6

Hinweise auf den Messias (3)
Die Verse 4-9 oder 4-11 sind ein weiteres Lied von Gottes Knecht (siehe die Erklärung zu Jes 49,1-6). Ähnlich wie in 52,13–53,12 ist dieser Diener auch hier ein Verworfener. Wie er lebt und was ihm zustößt, findet sich in bemerkenswerter Weise auch bei Jesus wieder: Schon früh morgens sucht er die Nähe Gottes im Gebet (Mk 1,35). Und er nimmt bewusst hin, dass man auf ihn einschlägt und ihm ins Gesicht spuckt, um ihn zu erniedrigen (Mk 10,34; Mt 26,67; 27,30).
Als Gott Jesus auferweckte, hat er ihn damit zugleich auch gerechtfertigt: Es war nicht seine eigene Sünde, für die er starb (Röm 1,4; 1Tim 3,16). Auferweckung von den Toten liegt noch außerhalb der Vorstellung dieses Dieners Gottes (siehe allenfalls Jes 26,9), aber auch er erfährt, dass Gott ihm nach der Demütigung Recht verschafft (V. 7-9).
(Jesaja 9,5-6 ‹‹‹ | ›› Jesaja 63,1)

Jesaja 52,7

Hinweise auf den Messias (2)
Die »gute Botschaft«, die zur Zeit von Jesaja ausgerichtet wird, ist in den Versen 1-12 beschrieben: Die Gefangenschaft des Volkes Gottes wird beendet werden. Gott übt seine Königsherrschaft aus – das ist Grund zum Jubeln und sich festlich herauszuputzen.
In der griechischen Übersetzung des Alten Testaments steht in V. 7: »ein Evangelium ausrufen«. Evangelium war damals generell eine überraschend gute Neuigkeit, z.B. für politische Erlasse oder Siegesmeldungen. Als Jesus kam, war das für die Glaubenden mehr als alles andere *das* Evangelium (siehe Mk 1,1).
Paulus entfaltet im Römerbrief, wie sehr Christus in der Mitte des Glaubens steht (Röm 10,4-17). In diesem Zusammenhang zitiert er Jesaja 52,7 (Röm 10,15). Für ihn ist diese Jesaja-Prophetie also nicht nur gute Nachricht für die Israeliten damals, sondern zugleich ein Hinweis auf Christus. Das Evangelium von ihm muss weitergetragen werden, so wie bei Jesaja der Bote mit festen »Schritten« kam und »Freude und Frieden und Rettung« ausrief.
(Jesaja 35,5-6 ‹‹‹ | ›› Jesaja 55,3)

 Südreich Juda  Nordreich Israel

⁷Doch Gott, der HERR, wird mir helfen. Darum werde ich nicht beschämt dastehen. Deshalb habe ich mein Gesicht gehärtet wie einen Kieselstein. Ich weiß, dass ich nicht blamiert dastehen werde. ⁸Er, durch den mir Gerechtigkeit widerfährt, ist mir nah. Wer will sich mit mir anlegen? Lasst uns zusammen vortreten. Wer will mein Ankläger sein? Er soll sich zeigen! ⁹Seht, Gott, der HERR, hilft mir. Wer will mich für schuldig erklären? Sie werden alle vernichtet werden wie alte Kleider, die von Motten zerfressen wurden!

¹⁰Wer von euch hat Ehrfurcht vor dem HERRN und hört auf die Stimme seines Dieners? Wer ohne Licht in der Dunkelheit lebt, der vertraue auf den Namen des HERRN und verlasse sich auf seinen Gott. ¹¹Alle, die sich ein Feuer anzünden und mit Brandpfeilen ausstatten, sollen in ihr eigenes Feuer laufen und ihre eigenen Brandpfeile zu spüren bekommen. Dafür werde ich sorgen. Ihr werdet Qualen erleiden!

Aufruf, Gott zu vertrauen

51 Alle, die ihr auf Gerechtigkeit aus seid, hört mir zu – alle, die den HERRN suchen! Schaut auf den Fels, aus dem ihr gehauen seid, den Brunnenschacht, aus dem ihr gegraben wurdet! ²Denkt an Abraham, euren Vater, und an Sara, die euch gebar. Ich berief ihn als Einzelnen, segnete ihn und ließ ihn sich vermehren.

³Der HERR tröstet Zion und alle seine Trümmerfelder. Er macht sie Eden gleich und verwandelt seine Steppe in den Garten des HERRN. Dort werden Jubel und Freude herrschen. Lobpreis und Gesang erklingen darin.

⁴Hör mir zu, mein Volk. Höre mich, meine Gemeinde, denn von mir wird die Weisung ausgehen und ich werde mein Recht als ein Licht für die Heiden aufrichten: ⁵Mein Heil ist nahe und meine Rettung schon unterwegs. Meine Kraft wird die Völker richten. Die Küstenländer werden auf mich hoffen und sich nach meiner Herrschaft sehnen. ⁶Seht zum Himmel empor und blickt zur Erde hinab. Denn der Himmel wird sich wie Rauch auflösen und die Erde wird wie ein Kleid zerfallen. Die Völker der Erde werden sterben wie die Fliegen – doch mein Heil währt ewig. Meine Gerechtigkeit wird kein Ende haben!

⁷Hört mir zu, ihr, die ihr das Gesetz kennt und du, mein Volk, dem mein Gesetz am Herzen liegt. Fürchtet euch nicht vor dem Hohn der Menschen und entsetzt euch nicht vor ihrem Spott. ⁸Die Motten werden sie zerfressen, wie sie Stoff zerfressen. Die Maden werden sie fressen, wie sie Wolle fressen. Meine Gerechtigkeit aber wird ewig bestehen. Mein Heil wird von einer Generation zur nächsten Bestand haben.

⁹Wach auf, wach auf! Du Arm des HERRN zeige deine Kraft! Erhebe dich, wie in grauer Vorzeit zu Beginn der Welt. Hast du nicht Rahab* geschlagen, den Drachen durchbohrt? ¹⁰Warst du es nicht, der das Meer und die Wassermassen der Urflut trockenlegte und auf dem tiefen Meeresboden einen Weg bahnte, sodass die Erlösten hindurchziehen konnten? ¹¹Ja, die vom HERRN losgekauft worden sind, werden jubelnd nach Jerusalem* zurückkehren und ihr Gesicht wird ewige Freude ausstrahlen. Glück und Freude werden bei ihnen einkehren. Kummer und Seufzen werden abziehen. ¹²»Ich selbst tröste euch. Warum fürchtet ihr euch vor Menschen, die sterben, vor Menschenkindern, die wie Gras verwelken? ¹³Warum hast du den HERRN vergessen, deinen Schöpfer, der den Himmel ausgespannt hat und die Erde schuf? Was ist mit dir, dass du dich den ganzen Tag immerzu vor dem wütenden Anblick deines Widersachers fürchtest? Wo ist denn jetzt der Zorn dessen, der dich bedrängt hat? ¹⁴Der Gefesselte wird bald freikommen! Er soll weder hungern noch sterben und im Grab enden! ¹⁵Denn ich bin der HERR, dein Gott, der das Meer aufwühlt und seine Wellen tosen lässt. Mein Name ist HERR der Heerscharen. ¹⁶Ich habe dir meine Worte in den Mund gelegt und dich sicher in meiner Hand geborgen, um den Himmel zu erschaffen und die Erde zu gründen und zu Israel zu sagen: ›Du bist mein Volk!‹«

¹⁷»Wach auf, erhebe dich! Jerusalem, steh auf! Du hast den Kelch des Zorns aus der Hand des HERRN bekommen und daraus getrunken. Du hast den Taumelkelch bis auf den Grund geleert. ¹⁸Unter denen, die du geboren hast, gab es keinen, der dich führte. Unter deinen Kindern, die du großgezogen hast war niemand, der dich bei der Hand nahm. ¹⁹Zwei Schicksalsschläge haben dich getroffen. Wer wird dich darüber hinwegtrösten können? Verwüstung und Zerstörung, Hunger und Krieg waren dein Los. Wie soll ich* dich trösten? ²⁰Deine Kinder lagen ohnmächtig an allen Straßenecken, wie eine Antilope, die ins Netz gegangen ist. Sie wurden vom Zorn des HERRN und von der Zurechtweisung deines Gottes überwältigt. ²¹Darum hör doch auf dieses, du Elende, du wie vom Wein Benommene! ²²So spricht dein Herrscher, der HERR und dein Gott, der für sein Volk streitet: »Ich nehme den betäubenden Becher, den Kelch meines Zorns, aus deiner Hand. Du sollst daraus

---

51,9 *Rahab* ist der Name eines mythischen Seeungeheuers. **51,11** Hebr. *Zion*. **51,19** der Prophet.

JESAJA

1–12	Eine Botschaft für das abtrünnige Juda
13–23	Botschaften für fremde Völker
24–27	Der Weltuntergang
28–35	Warnung vor menschlichen Rettungsversuchen
36–39	Ankündigung des Exils
40–53	Trost und Befreiung – Gottes Diener
54–66	Die zukünftige Herrlichkeit

51–53
Gott befreit sein Volk. Gottes leidender Knecht wird erhöht.

[Die Zeit des Exils]

nicht länger trinken müssen. ²³Nun setze ich diesen Kelch denjenigen an die Lippen, die euch gequält haben. Sie sagten zu dir: ›Leg dich hin, damit wir über dich hinübergehen.‹ Und du machtest deinen Rücken flach wie den Boden, sodass sie auf dir laufen konnten wie auf einer Straße.«

Jesaja 52,13–53,12

Hinweise auf den Messias (1)
Schon das dritte Lied vom Knecht Gottes (Jes 50,4-11) zeichnete ein Bild der Auslieferung und des Leidens. In diesem vierten Lied (Jes 52,13–53,12) wird das bis ins Äußerste verstärkt. Darüber hinaus wird eine Deutung dieses Leidens gegeben: Es geschah wegen der Schuld des ganzes Volks (V. 4-8), als Sühnopfer, wie man es sonst nur von Opferlämmern kennt (V. 10). Leiden für Gott – das kann auch Propheten passieren, z.B. Jeremia, Uria (Jer 26,20-23) oder Secharja (2Chron 24,21). Doch niemand von ihnen starb zur Sühne der Schuld des Volks.
Weil eine Deutung auf eine menschliche Gestalt keinen Sinn ergibt, drängt dieses Wort auf eine messianische Auslegung. Sie wird im Neuen Testament sehr reichhaltig entfaltet: Matthäus 8,17; 27,57-60; Lukas 22,37; Johannes 1,29; 12,38; Apostelgeschichte 8,32-35; Römer 10,16; 1. Petrus 2,22-25.
Dass Gott seinen Diener wieder zu Ehren bringt (Jes 53,11-12), passt dann in das Bild des auferweckten Christus.
(Jesaja 49,1-6 ‹‹ | ›› Micha 5,1-4a)

Jesaja 54,7-8

Gottes Liebe, Gottes Zorn
In diesem Kapitel wird die Erneuerung des Volkes Gottes angekündigt. Dieser Text befasst sich mit der Stadt Jerusalem, genauer: mit dem Berg Zion, auf dem der Tempel stand. Doch auch das Wohlergehen des Volkes Israel steht im Mittelpunkt des Interesses, und zwar nicht nur zur Zeit des Verfassers, sondern auch in Zukunft (so wird einmal mehr deutlich, dass der biblische Text auch die heutigen Leser mit einschließt). Die Verheißungen in diesem Kapitel sind überragend. Es ist daher nicht verwunderlich, dass Johannes in der Offenbarung die Bildersprache verwendet, um die himmlische Stadt der Zukunft zu beschreiben (vgl. Jes 54,12 und Offb 21,18-21).
Eines Tages werden die Erfahrungen einer Abwesenheit Gottes endgültig der Vergangenheit angehören. Schon jetzt ist Gottes Barmherzigkeit größer als sein Zorn. »Einen Augenblick habe ich dich verstoßen, doch voll Barmherzigkeit werde ich dich zurückholen« (V. 7). So spricht der Herr, »dein Erlöser« (V. 8b).
(Klagelieder 3,31-33 ‹‹ | ›› Psalm 30,6)

S Südreich Juda   N Nordreich Israel

Freiheit für Jerusalem

52 Wach auf, wach auf, Zion, zeige dich stark und kleide dich in deine offizielle Amtsrobe. Ziehe deine schönsten Kleider an, du heilige Stadt Jerusalem, denn es wird innerhalb deiner Mauern keinen unbeschnittenen und unreinen Menschen mehr geben. ²Schüttele den Staub von dir ab. Steh auf, gefangenes Jerusalem. Befreie dich von den Halsfesseln, gefangene Tochter Zion. ³Denn dies sagt der HERR: »Du wurdest umsonst verkauft; jetzt werde ich dich auch ohne Bezahlung auslösen.«

⁴Gott, der HERR, sagt: »Vor langer Zeit zog mein Volk nach Ägypten, um dort in der Fremde zu leben. Auch Assyrien hat es grundlos unterdrückt. ⁵Und nun«, fragt der HERR, »was bleibt mir zu tun, nachdem mein Volk unrechtmäßig gefangen weggeführt worden ist?« Es wird ja von seinen Herrschern fortwährend beschimpft und mein Name wird den ganzen Tag verunglimpft. ⁶Darum soll mein Volk kennenlernen, was mein Name bedeutet. Wenn ich dann rufe: ›Hier bin ich!‹ wird es wissen, dass ich für es da bin.«

⁷Wie schön klingen die Schritte dessen auf den Bergen, der eine gute Botschaft von Freude und Frieden und Rettung bringt, der zu Zion sagt: »Dein Gott ist König!« ⁸Horch! Die Wächter rufen mit lauter Stimme und jubeln, denn sie sehen deutlich, wie der HERR sein Volk wieder nach Jerusalem* zurückbringt. ⁹Die Ruinen der Stadt sollen Freudenlieder anstimmen, denn der HERR hat sein Volk getröstet. Er hat Jerusalem befreit. ¹⁰Der HERR hat vor den Augen aller Völker seinen heiligen Arm zum machtvollen Handeln freigemacht. Die ganze Erde wird das Heil unseres Gottes sehen.

¹¹Geht weg! Geht weg! Zieht aus von dort und rührt nichts Unreines an. Zieht aus ihrer Mitte weg. Ihr, die ihr die Geräte des HERRN tragt, reinigt euch. ¹²Ihr müsst nicht in Panik aufbrechen und braucht nicht um euer Leben zu laufen. Denn der HERR wird vor euch hergehen. Der Gott Israels wird euren Rücken decken.

Der leidende Diener Gottes

¹³Sieh, mein Diener wird sein Ziel erreichen. Er wird sich erheben und emporgehoben werden. Er wird erhaben sein. ¹⁴Er war so entstellt, dass sein Aussehen kaum mehr dem eines Menschen glich und viele waren entsetzt, als sie ihn* sahen. ¹⁵Ebenso wird er viele Völker in Staunen versetzen. Seinetwegen werden Könige verstummen.

Denn sie sehen etwas, was ihnen nie zuvor verkündigt wurde; sie nehmen etwas wahr, wovon sie noch nie gehört hatten.

53 Wer hat unserer Botschaft geglaubt? Wem wurde der mächtige Arm des HERRN offenbart?

²Er wuchs vor ihm auf wie ein Spross; er entsprang wie eine Wurzel aus trockenem, unfruchtbarem Land. Sein Äußeres war weder schön noch majestätisch, er hatte nichts Gewinnendes, das uns gefallen hätte. ³Er wurde verachtet und von den Menschen abgelehnt – ein Mann der Schmerzen, mit Krankheit vertraut, jemand, vor dem man sein Gesicht verbirgt. Er war verachtet und bedeutete uns nichts. ⁴Dennoch: Er nahm unsere Krankheiten auf sich und trug unsere Schmerzen. Und wir dachten, er wäre von Gott geächtet, geschlagen und erniedrigt! ⁵Doch wegen unserer Vergehen wurde er durchbohrt, wegen unserer Übertretungen zerschlagen. Er wurde gestraft, damit wir Frieden haben. Durch seine Wunden wurden wir geheilt! ⁶Wir alle gingen in die Irre wie Schafe. Jeder ging seinen eigenen Weg. Doch ihn ließ der HERR die Schuld von uns allen treffen. ⁷Er wurde misshandelt und niedergedrückt und gab keinen Laut von sich. Wie ein Lamm, das zum Schlachten geführt wird, und wie ein Schaf vor seinem Scherer verstummt, so machte auch er den Mund nicht auf. ⁸Er wurde aus der Haft und dem Gericht genommen, aber wen aus seinem Volk stimmte es nachdenklich, dass er aus den Lebenden gerissen und wegen der Vergehen meines Volkes geschlagen wurde?*

⁹Zwar wies man ihm ein Grab unter Sündern zu, doch wurde er in das Grab eines reichen Mannes gelegt, weil er kein Unrecht getan hatte und kein Betrüger war.

¹⁰Doch es war der Wille des HERRN, ihn leiden zu lassen und zu vernichten. Wenn sein Leben jedoch als Opfer für die Sünde dargebracht wird, wird er viele Nachfolger haben. Er wird lange leben und die Absichten des HERRN werden durch seine Hand gedeihen.

¹¹Weil seine Seele sich abgemüht hat, wird er sich dann an dem, was er zu sehen bekommt, erfreuen. Durch seine Erkenntnis wird mein gerechter Diener Gerechtigkeit für viele erwirken, denn er wird ihre Sünden auf sich nehmen.

¹²Deshalb werde ich ihm seinen Anteil unter den Großen geben; mit Mächtigen wird er Beute teilen, denn er hat sein Leben geopfert und sich

---

52,8 Hebr. *nach Zion*. 52,14 So in der syr. Version; im Hebr. steht *dich*. 53,8 O. *Durch Hass und Gericht wurde er dahingerafft. Doch seine Zeitgenossen dachten darüber nicht nach. Er wurde den Lebenden entrissen und starb für die Sünden meines Volkes.*

JESAJA

1–12	Eine Botschaft für das abtrünnige Juda
13–23	Botschaften für fremde Völker
24–27	Der Weltuntergang
28–35	Warnung vor menschlichen Rettungsversuchen
36–39	Ankündigung des Exils
40–53	Trost und Befreiung – Gottes Diener
54–66	Die zukünftige Herrlichkeit

53–55

Gott wird Israel wiederaufbauen und erhöhen. Gott wird alles zum Guten kehren.

[Die Zeit des Exils]

zu den Sündern zählen lassen. Tatsächlich aber hat er die Sünden vieler getragen und ist für die Sünder eingetreten.

Jesaja 55,3

Bundesschlüsse

Der ewige Bund, den Jesaja hier ankündigt, knüpft an den Bundesschluss mit David an. Hier kann man das Wesen des neuen Bundes erkennen: Er löst die vorhergehenden Bundesschlüsse nicht ab, sodass sie erledigt wären. Die Zusagen an David sind nach wie vor »verlässlich« bzw. beständig. Aber das, was Gott mit den bisherigen Bundesschlüssen vorhatte, wird im neuen Bund aufgenommen und noch überboten.
In ähnlicher Weise ist der neue, ewige Bund mit dem kurz zuvor erwähnten Friedensbund (54,10) verknüpft: Dieser Friedensbund »soll niemals wanken« – und diese Unerschütterlichkeit wird bekräftigt durch den neuen, ewigen Bund von 55,3.
Dieser neue Bund ist zugleich ein Signal an alle anderen Völker, die auf Gott aufmerksam werden sollen (V. 4-5). Genauso bestätigt Jesaja es in 61,8-9.
(Hesekiel 37,26 ‹‹‹ | ››› Jesaja 59,21)

Jesaja 55,3

Hinweise auf den Messias (2)

»Die Gnade, die ich an David bewiesen habe«, ist zunächst Gottes Bundestreue gegenüber David. Gottes Zuwendung zu diesem »Mann nach seinem Herzen« (1Sam 13,14) war aber noch reichhaltiger: David hat nicht nur einen Bund empfangen, sondern darüber hinaus vielfach Gottes Hilfe erfahren und seinen Zuspruch gehört.
Wenn Paulus in seiner Predigt Jesaja 55,3 zitiert (Apg 13,34), denkt er vor allem an die Versprechen, die David von Gott bekam. Paulus führt zwei Psalmworte daraus an (aus Ps 2 und 16; Apg 13,33.35). Er zeigt dann, dass diese Zusagen sich noch nicht an David selbst erfüllt haben, sondern über dessen Erfahrungshorizont hinausgingen. Erst in Christus hat Gott sie verwirklicht (Apg 13,36-37).
Die Gnade für David von Jesaja 55,3 ist also in der Sicht von Paulus – auch – die Auferweckung von den Toten, die an Jesus geschah. Im Lichte von Psalm 2 und 16 und der Botschaft von Ostern wird das Jesajawort zu einer Messiasverheißung.
(Jesaja 52,7 ‹‹‹ | ››› Jesaja 57,19)

S Südreich Juda   **N** Nordreich Israel

Jerusalems künftige Herrlichkeit

54 »Freue dich, du Unfruchtbare, die nie gebar! Freue dich, jauchze und jubele, auch wenn du nie in Wehen lagst. Denn die alleinstehende Frau, die keine Kinder bekommen konnte, hat jetzt mehr Kinder als die, die verheiratet ist«, spricht der HERR. ²Mach in deinem Zelt Platz, breite Decken aus. Spare nicht! Mach die Stricke lang und die Pflöcke fest, ³denn bald wirst du aus allen Nähten platzen. Deine Nachkommen werden Völker beerben und verwüstete Städte wieder aufbauen.

⁴Hab keine Angst: Du wirst nicht enttäuscht werden. Schäme dich nicht, denn du wirst dich nicht lächerlich machen. Die Schande deiner Jugend wirst du vergessen und nicht mehr an die Schmach deiner Witwenschaft denken, ⁵denn dein Schöpfer ist dein Ehemann. Sein Name ist HERR, der Allmächtige! Er, der Heilige Israels, ist dein Erlöser, er wird der Gott der ganzen Erde genannt. ⁶Denn der HERR hat dich gerufen, als du dasaßt wie eine sitzen gelassene, tief betrübte Frau. »Wie könnte ich auch die Frau meiner Jugendzeit verschmähen?«, spricht mein Gott. ⁷»Einen Augenblick habe ich dich verstoßen, doch voll Barmherzigkeit werde ich dich zurückholen. ⁸In einem Moment des Zorns habe ich kurz mein Antlitz vor dir verborgen, doch mit ewiger Gnade habe ich Erbarmen mit dir«, spricht der HERR, dein Erlöser.

⁹»Wie ich zur Zeit Noahs geschworen habe, dass ich die Erde nie mehr überfluten will, so schwöre ich jetzt, dass ich dir nie mehr zürnen und nie mehr drohen werde. ¹⁰Auch wenn Berge weichen und Hügel beben, soll meine Gnade nicht von dir gehen; und der Bund meines Friedens soll niemals wanken«, spricht der HERR, der Erbarmen mit dir hat.

¹¹»Du Elende, von Stürmen Gebeutelte, du Ungetröstete! Ich werde deine Mauern auf Edelsteine stellen und dich auf einem Fundament aus Saphiren wieder aufbauen. ¹²Die Türme deiner Mauern baue ich aus funkelnden Rubinen, deine Tore aus leuchtend rot schimmernden Steinen und dein ganzes Stadtgebiet aus kostbaren Steinen. ¹³Alle deine Bewohner werden Schüler des HERRN sein und in großer Zufriedenheit leben. ¹⁴Du wirst dich auf Gerechtigkeit gründen; Bedrückung und Schrecken werden fern von dir sein, sodass du nichts zu fürchten hast. ¹⁵Sollten sich dennoch Feinde gegen dich zusammentun, dann geschieht dies ohne meinen Willen. Wer dich angreift, wird scheitern. ¹⁶Ich habe den Waffenschmied geschaffen, der das Feuer unter der Esse schürt. Auch den Verderber habe ich geschaffen, dessen Aufgabe die Vernichtung ist.

¹⁷Doch keine Waffe, die gegen dich geschmiedet wird, wird erfolgreich sein. Und wer dich vor Gericht verklagt, den wirst du widerlegen. Alle diese Dinge werden den Dienern des HERRN zugutekommen; von mir wird ihre Rechtfertigung ausgehen. Ich, der HERR, gebe darauf mein Wort!«

Einladung zum Heil des HERRN

55 »Auf, ihr Durstigen, kommt zum Wasser! Geht los, auch wenn ihr kein Geld habt. Geht, kauft Getreide und esst. Wer kein Geld hat, versorge sich kostenlos mit Korn. Geht hin und besorgt euch Wein und Milch, ihr braucht nicht zu bezahlen. ²Warum solltet ihr euer Geld für etwas ausgeben, das kein Brot ist, euren Lohn für etwas, von dem ihr nicht satt werdet? Hört zu und esst Gutes und eure Seele wird satt werden.

³Kommt zu mir und sperrt die Ohren auf! Hört mir zu und eure Seele wird leben. Ich will einen ewigen Bund mit euch schließen. Er soll so verlässlich sein wie die Gnade, die ich an David bewiesen habe. ⁴Seht her: Ich habe einen Zeugen für die Völker bestimmt, er wird ihr Fürst und Anführer sein. ⁵Ihr werdet unbekannte Völker rufen: Völker, die dich nicht kannten, werden um des HERRN, eures Gottes, willen eilends zu dir kommen, weil der Heilige Israels dich herrlich gemacht hat.«

⁶Sucht den HERRN, solange er sich finden lässt. Ruft zu ihm, solange er nahe ist. ⁷Der Gottlose soll seinen Weg verlassen und der Übeltäter von seinen Plänen absehen! Stattdessen soll er zum HERRN umkehren, damit er sich seiner erbarmt. Ja, bekehrt euch zu unserem Gott, denn bei ihm ist viel Vergebung.

⁸»Meine Gedanken sind nicht eure Gedanken«, sagt der HERR, »und meine Wege sind nicht eure Wege. ⁹Denn so viel der Himmel höher ist als die Erde, so viel höher stehen meine Wege über euren Wegen und meine Gedanken über euren Gedanken.

¹⁰Regen und Schnee fallen vom Himmel und bewässern die Erde. Sie kehren nicht dorthin zurück, ohne Saat für den Bauern und Brot für die Hungrigen hervorzubringen. ¹¹So ist es auch mit meinem Wort, das aus meinem Mund kommt. Es wird nicht ohne Frucht zurückkommen, sondern es tut, was ich will und richtet aus, wofür ich es gesandt habe. ¹²Ihr werdet in Freude ausziehen und in Frieden geleitet werden. Die Berge und Hügel werden jubelnd vor euch singen und alle Bäume auf dem Feld werden in die Hände klatschen! ¹³Wo einst Dornen waren, werden Zypressen wachsen, wo Nesseln wucherten,

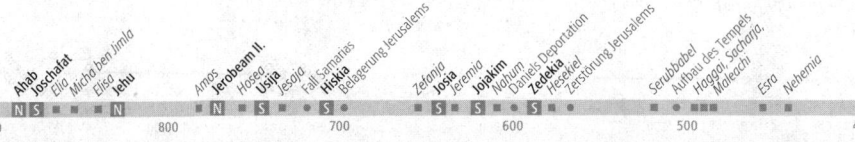

JESAJA

1–12	Eine Botschaft für das abtrünnige Juda
13–23	Botschaften für fremde Völker
24–27	Der Weltuntergang
28–35	Warnung vor menschlichen Rettungsversuchen
36–39	Ankündigung des Exils
40–53	Trost und Befreiung – Gottes Diener
54–66	Die zukünftige Herrlichkeit

55–57
Mahnung, sich an den Sabbat zu halten. Warnung vor schlechten Anführern und vor Götzendienst.

[Die Zeit des Exils]

werden Myrten sprießen. Das geschieht zur Ehre des HERRN und zu einem ewigen Zeichen, das nie mehr vernichtet wird.«

Jesaja 57,19

Hinweise auf den Messias (2)
Als die Israeliten aus der Gefangenschaft in Babylon freigelassen wurden und ins eigene Land heimkehrten, ging ein doppelter Riss durch das Volk: Viele Volksgenossen lebten noch weiterhin in der Ferne – und im eigenen Land gab es eine Spaltung zwischen Reich und Arm (siehe z.B. Jes 58,6-10). Gott kündigt an, dass er Frieden schenken und Verletztes heilen will. Das gilt auch den »Fernen« – denen in Babylon und vielleicht auch denen, die zwar im Lande, aber fern von Gottes Wegen sind.
Die Versöhnung mit Gott durch Jesus Christus kam zuerst zu den »Nahen«, den Juden, ging dann aber weiter zu den »Fernen«, den Glaubenden aus den übrigen Völkern. In den Gemeinden mussten beide Gruppen erst zusammenwachsen. Das ist möglich durch Christus, der den Frieden brachte (Eph 2,14). Paulus zitiert in diesem Zusammenhang Jes 57,19, weil er in Christus denjenigen sieht, durch den Gott Frieden stiftet und heilt – die »Fernen« und die »Nahen« (Eph 2,17).
(Jesaja 55,3 ««| »» Jesaja 59,20-21)

Jesaja 58,6

Gott befreit
Dieses Kapitel spricht ein immer aktuelles Problem an. Obwohl Menschen sich zwar an religiösen Aktivitäten beteiligen, erleben sie manchmal Gott als entfernt. Der Prophet erklärt, warum: Sie haben falsche Prioritäten. Sie denken, religiöse Handlungen würden bei Gott mehr zählen als gerechte Beziehungen. Der Prophet weiß: Erneuerung kann erst dann geschehen, wenn Menschen sich aktiv daran beteiligen, Ungerechtigkeit zu überwinden und menschliche Nöte zu lindern. Darauf kommt es bei Gott an. Jesus sagt das Gleiche in Matthäus 5,23-24.
Die Bibel interpretiert die Babylonische Gefangenschaft Israels als die Konsequenz für Israels Verhalten. Israel erlebte die Gefangenschaft nicht nur wegen ihres falschen Glaubens, erst recht nicht wegen eines Mangels an religiösen Handlungen, sondern auch, weil sie Ungerechtigkeit, Ausbeutung, Hunger und Armut tolerierten und selbst dazu beitrugen. Hier ruft der Prophet Gottes sie zu einem Sinneswandel. Gott befreit notleidende Menschen und beauftragt uns, das Gleiche zu tun.
(Sprüche 24,11 ««| »» Richter 2,10-23)

S Südreich Juda   N Nordreich Israel

Gottes Segnungen für die Völker

56 »Bewahrt das Recht und übt Gerechtigkeit«, spricht der HERR. »Tut, was gut und richtig ist, denn bald kommt mein Heil und meine Gerechtigkeit wird sich offenbaren. ²Gesegnet ist, wer danach handelt und daran festhält – wer meinen Sabbat hält, ihn nicht entweiht und seine Finger von allem Unrecht lässt.

³Ein Fremder, der sich zum HERRN bekehrt hat, soll nicht sagen: ›Der HERR wird mich bestimmt aus seinem Volk ausschließen.‹ Und auch die Eunuchen sollen nicht sagen: ›Ich bin ein vertrockneter Baum.‹« ⁴Denn so spricht der HERR: »Den Eunuchen, die meinen Sabbat heiligen, die tun, was mir Freude macht und den Bund mit mir halten, werde ⁵ich in meinem Haus und in meinen Mauern ein Denkmal setzen. Ich werde ihnen einen Namen verleihen, der sehr viel mehr wert ist als Söhne oder Töchter. Denn der Name, den ich ihnen geben will, ist ein ewiger Name. Er wird niemals ausgelöscht!

⁶Auch die Fremden, die sich dem HERRN angeschlossen haben, ihm dienen und seinen Namen lieben, die seine Knechte sind, den Sabbat nicht entweihen und meinen Bund annehmen, ⁷bringe ich zu meinem heiligen Berg und schenke ihnen in meinem Gebetshaus große Freude. Ihre Brand- und Schlachtopfer, die sie auf meinem Altar darbringen, sollen mir willkommen sein, denn mein Haus soll von allen Völkern ein Gebetshaus genannt werden. ⁸Gott, der HERR, der die vertriebenen Israeliten zurückbringt, sagt: ›Ich werde, zusätzlich zu denen, die ich schon versammelt habe, noch mehr herbringen.‹«

Verurteilung der schlechten Anführer

⁹Kommt alle, ihr Tiere des Feldes und fresst! Kommt, ihr Tiere des Waldes! ¹⁰Denn die Wächter meines Volkes sind allesamt blind. Sie erkennen nichts. Sie sind stumme Wachhunde, die nicht bellen können. Sie legen sich lieber schlafen und träumen. ¹¹Dabei sind sie gierige Hunde, die nie zufrieden sind. Das sollen Hirten sein? Sie sind uneinsichtig, sehen nur ihren eigenen Weg vor sich und sind ausnahmslos auf ihren persönlichen Vorteil bedacht.

¹²»Kommt«, sagen sie, »ich will Wein holen. Lasst uns Bier trinken. Und morgen soll es genauso sein wie heute und noch viel schöner.«

57 Der Gerechte dagegen kommt um, ohne dass sich jemand darüber Gedanken macht. Die, die Gott treu sind, werden abberufen, aber niemandem fällt auf, dass sie dadurch dem Bösen entkommen sollen. ²Sie treten in den Frieden Gottes ein und ruhen auf ihren Lagern, weil sie ihren Weg geradeaus gingen.

Verurteilung des Götzendienstes

³»Ihr aber – kommt her, ihr Kinder der Zauberin, Nachkommen von Ehebrechern und Huren! ⁴Über wen macht ihr euch lustig, wem gegenüber reißt ihr das Maul so weit auf und wem streckt ihr die Zunge heraus? Seid ihr nicht Kinder der Sünde und eine verlogene Brut? ⁵Unter den Eichen hurt ihr beim Götzendienst unter jedem grünen Baum herum. In Tälern und unter Felshängen schlachtet ihr eure Kinder. ⁶Abgerundete Steine in den Tälern sind dein Zugang zu den Götzen. Sie bestimmen deiner Meinung nach dein Schicksal. Du hast über ihnen Trankopfer ausgegossen und Speiseopfer daraufgelegt. Soll ich das ruhig mit ansehen? ⁷Auf hohen und erhabenen Bergen hast du dein Lager aufgeschlagen; auch dort gingst du hinauf, um zu opfern. ⁸Das Abzeichen zur Erinnerung an deinen HERRN hast du hinter dem Eingang versteckt und hinter dem Türpfosten angebracht. So hast du versucht mich loszuwerden, um hinaufsteigen zu können und dir ein geräumiges Hurenlager herzurichten. Dann hast du ausgehandelt, was man dir zu geben hat, bist mit deinen Freiern liebestrunken ins Bett gegangen und hast dich an ihrer Männlichkeit ergötzt. ⁹Du bist auch zum König gegangen und hast Öl und reichlich Salben mitgenommen. Du hast deine Boten zu ihm weit ausgesandt, dich bis in die Unterwelt* verbeugt. ¹⁰Der weite Weg hat dich erschöpft, doch du gabst nicht auf. Du fandest immer wieder neue Kraft und wurdest deshalb nicht schwach. ¹¹Vor wem hast du dich gescheut und gefürchtet, dass du gelogen hast? An mich dachtest du überhaupt nicht! Du hast mich leichtfertig übergangen. ¹²Ich werde selbst verraten, was es mit deiner Gerechtigkeit und deinem Tun auf sich hat, sodass sie dir nichts nützen werden. ¹³Wenn du um Hilfe schreist, sollen dich doch deine vielen Götzen retten. Doch sie werden alle vom Wind davongetragen, ein Luftzug wird sie wegpusten. Wer sich aber in mir birgt, wird das Land besitzen und meinen heiligen Berg erben. ¹⁴Der HERR sagt: »Schaufelt fleißig und baut eine glatte Straße! Bahnt meinem Volk einen Weg ohne Hindernisse.«

Gott vergibt den Reumütigen

¹⁵Denn so spricht der Hohe und Erhabene, der in der Ewigkeit wohnt, der, dessen Name der

---

57,9 Hebr. *in den Scheol.*

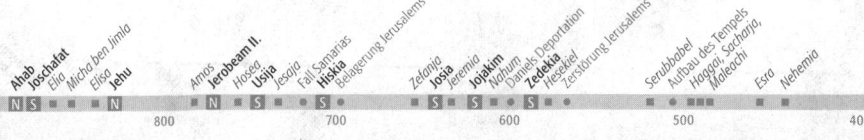

JESAJA	
1–12	Eine Botschaft für das abtrünnige Juda
13–23	Botschaften für fremde Völker
24–27	Der Weltuntergang
28–35	Warnung vor menschlichen Rettungsversuchen
36–39	Ankündigung des Exils
40–53	Trost und Befreiung – Gottes Diener
54–66	Die zukünftige Herrlichkeit

57–59
Möglichkeit zur Umkehr. Leben und Fasten in Gottes Sinn. Das böse Handeln der Menschen.

[Die Zeit des Exils]

Heilige ist: »Ich wohne an der hohen, heiligen Stätte und bei denen, die einen zerschlagenen und gedemütigten Sinn haben, um die Gedemütigten neu zu beleben, und die zerschlagenen Herzen wieder aufleben zu lassen. [16]Denn ich werde nicht für immer hadern; und nicht ewig zornig sein. Wenn es so wäre, müsste der Geist des Lebens vor mir verschmachten – die Seele des Menschen, die ich selbst geschaffen habe. [17]Ich war wegen seiner Sünde, der Selbstsucht, zornig, schlug mein Volk und verbarg mich vor ihm. Ich war deshalb voller Zorn, weil es Wege wählte, durch die es sich von mir abwandte. [18]Ich habe seine Wege sehr wohl gesehen, aber ich werde es trotzdem heilen und leiten! Ich werde meinem Volk einen Trost bringen, der alle Trauernden erreicht. [19]Ich will es zu einem dankbaren Volk erschaffen. Frieden, Frieden, den Fernen und den Nahen, denn ich werde mein Volk heilen«, spricht der HERR. [20]»Die Gottlosen aber sind wie das aufgewühlte Meer, das niemals still sein kann, sondern ständig Schmutz und Schlamm aufwühlt. [21]Für die Gottlosen gibt es keinen Frieden«, spricht mein Gott.

Wahrer und falscher Gottesdienst

58 »Verkünde es aus voller Kehle, laut wie Trompetenklang, halt dich nicht zurück! Verkünde meinem Volk seine bösen Taten und halte Jakob seine Sünden vor. [2]Sie befragen mich

---

Jesaja 59,20-21

Hinweise auf den Messias (2)
Gott will sein Volk retten und als Erlöser kommen. Bei Jesaja gilt diese Aussicht an dieser Stelle nicht pauschal, sondern für jeden, der zu Gott umkehrt. Der erfährt dann innere Erneuerung durch Gottes Geist und Gottes Worte (siehe Jes 10,20,21 und die Erklärung zu Jes 6,13).
Paulus zitiert dieses Versprechen (Röm 11,26-27) und hat dabei die Zuversicht, dass es für ganz Israel wirksam werden wird: »Ein Retter wird aus Zion kommen, und *er wird Jakob von aller Gottlosigkeit befreien.*« Paulus stützt die Gewissheit, dass ganz Israel gerettet werden wird (Röm 11,26), auf eine andere Jesajastelle: 27,9 (siehe die Erklärung dort). In ihr ist es Gott, der an Israel handelt und »die Sünde Jakobs zudeckt«. Diese Stelle hat er in Römer 11,27 an das Zitat von Jesaja 59,20-21 angefügt.
Der Erlöser aus Zion ist bei Paulus selbstverständlich Jesus Christus (Röm 9,5; 10,4-17). In der Prophetie von Jesaja 59,20-21 ist er im Voraus abgebildet.
(Jesaja 57,19 «« | »» Jesaja 61,1-2)

S Südreich Juda   N Nordreich Israel

täglich und wollen meine Wege kennenlernen. Man könnte es beinahe für ein gerechtes Volk halten, das die Wege seines Gottes nicht verlässt. Sie bitten mich um Entscheidungen im Rechtsstreit und wünschen sich, dass Gott sich naht. ³Sie fragen: ›Wozu fasten wir, wenn du es nicht siehst? Weshalb quälen wir uns, wenn du uns keine Beachtung schenkst?‹ Begreift doch: Während ihr fastet, geht ihr euren Geschäften nach und übt Druck auf alle eure Arbeiter aus. ⁴Während ihr fastet, zankt und streitet ihr und schlagt mit gottloser Faust zu. Ihr fastet zurzeit nicht so, dass ihr eurer Stimme damit im Himmel Gehör verschaffen könntet. ⁵Soll das ein Fasten sein, wie ich es liebe? Und soll das bei mir als der Tag gelten, an dem sich ein Mensch selbst erniedrigt? Ihr senkt den Kopf wie ein Grashalm. Dazu kleidet ihr euch in Sack und Asche. Nennt ihr das Fasten? Glaubt ihr, dass so ein Tag dem HERRN angenehm sein könnte?

⁶Fasten, wie ich es liebe, sieht doch vielmehr so aus: Lasst die zu Unrecht Gefangenen frei und gebt die los, die ihr unterjocht habt. Lasst die Unterdrückten frei. Zerbrecht jedes Joch. ⁷Ich möchte, dass ihr euer Essen mit den Hungrigen teilt und heimatlose Menschen gastfreundlich aufnehmt. Wenn ihr einen Nackten seht, dann kleidet ihn ein. Verleugnet euer eigenes Fleisch und Blut nicht.

⁸Wenn du so handelst, wird dein Licht aufleuchten wie die Morgenröte. Deine Heilung wird schnelle Fortschritte machen. Deine Gerechtigkeit geht dir dann voraus und die Herrlichkeit des HERRN folgt dir nach. ⁹Dann wirst du rufen und der HERR wird antworten. Du wirst um Hilfe schreien und er wird antworten: ›Hier bin ich.‹

Entferne die Unterdrückung aus deiner Mitte. Lass die höhnischen Fingerzeichen und das trügerische Reden! ¹⁰Öffne dem Hungrigen dein Herz und hilf dem, der in Not ist. Dann wird dein Licht in der Dunkelheit aufleuchten und das, was dein Leben dunkel macht, wird hell wie der Mittag sein. ¹¹Dann wird dich der HERR beständig leiten und dir selbst in Dürrezeiten innere Zufriedenheit bewahren. Er wird deinen Körper erfrischen, sodass du einem soeben bewässerten Garten gleichst und bist wie eine nie versiegende Quelle. ¹²Deine Leute werden die Ruinen aus alter Zeit wieder aufbauen. Die Grundmauern vieler vergangener Generationen werdet ihr wieder errichten. Dann wird man euch folgendermaßen nennen: ›Die die Risse ausbessern und die Straßen erneuern, um sie bewohnbar zu machen.‹

¹³Tut an meinem heiligen Tag, dem Sabbat, nicht, was ihr wollt, sondern erlebt ihn als Wonne und ehrt den heiligen Tag des HERRN. Ehrt ihn, verfolgt nicht eure eigenen Interessen, geht nicht euren Geschäften nach und spart euch leeres Geschwätz. ¹⁴Dann wird der HERR eure Freude sein. Ich lasse euch über die Höhen der Erde gehen und euch das Erbe Jakobs, eures Vorfahren, genießen. Ich, der HERR, habe gesprochen!«

Warnung vor der Sünde

59 Hört zu! Die Hand des HERRN ist nicht zu kurz, um euch zu helfen, und er ist nicht taub, dass er euch nicht hören würde. ²Nein, eure Sünden sind eine Schranke, die euch von Gott trennt. Wegen eurer Sünden verbirgt er sein Antlitz vor euch und will euch nicht mehr hören. ³An euren Händen klebt Blut, an euren Fingern Sünde. Eure Lippen lügen, mit eurer Zunge zischt ihr boshafte Dinge.

⁴Niemand bringt gerechte Klagen vor, keiner führt seinen Rechtsstreit wahrheitsgemäß. Man stützt sich auf Nichtigkeiten und trügerische Dinge. Man geht mit Unheil schwanger und gebiert Verderben. ⁵Sie brüten Natterneier aus und weben Spinnennetze. Wer von ihren Eiern isst, wird sterben. Wenn jemand so ein Ei zerdrückt, kommt eine Natter heraus. ⁶Die Fäden, die sie weben, taugen nicht zum Kleid, was sie spinnen, nicht zur Decke. Ihre Erzeugnisse sind Werke des Unheils. Ihre Werke wurden von gewalttätigen Händen hervorgebracht. ⁷Ihre Füße laufen zum Bösen, sie sind schnell dabei, unschuldiges Blut zu vergießen. Sie haben die Sünde im Sinn. Wohin sie auch gehen, folgen ihnen Verwüstung und Zerbruch. ⁸Sie wissen nicht, wie man Frieden schafft. Auf ihrem Weg gibt es kein Recht. Sie gehen krumme Wege; wer darauf geht, lernt den Frieden nicht kennen.

⁹Darum gibt es bei uns kein Recht und für die Gerechtigkeit sind wir unerreichbar geworden. Deshalb stehen wir im Dunkeln, wo wir auf Licht hoffen. Wo wir einen Sonnenstrahl erwarteten, gehen wir in dunklen Wolken. ¹⁰Deshalb tasten wir an einer Wand entlang wie Blinde und tappen umher, als hätten wir keine Augen im Kopf. Im hellsten Tageslicht stürzen wir, als sei es Dämmerung. Deshalb sind wir in unseren besten Jahren wie Tote! ¹¹Wir brummen alle wie Bären; wir gurren wie Tauben. Wir hoffen auf Gerechtigkeit, und doch bleibt sie aus. Wir warten auf Rettung, doch sie hält sich fern. ¹²Denn unsere Sünden häufen sich vor dir und unsere Verfehlungen sprechen gegen uns. Unsere Abtrünnigkeit steht uns vor Augen und unsere Sünden sind uns bewusst: ¹³Wir haben uns gegen den

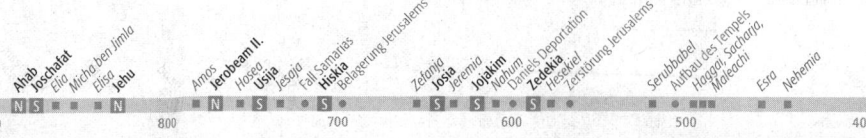

JESAJA

1–12	Eine Botschaft für das abtrünnige Juda
13–23	Botschaften für fremde Völker
24–27	Der Weltuntergang
28–35	Warnung vor menschlichen Rettungsversuchen
36–39	Ankündigung des Exils
40–53	Trost und Befreiung – Gottes Diener
54–66	Die zukünftige Herrlichkeit

59–60
Gottes Zorn und Gottes Gnade über die sündigen Menschen. Das künftige Jerusalem wird zum Heil für die Völker.

[Die Zeit des Exils]

HERRN gewandt und ihn verleugnet. Wir haben unserem Gott die Nachfolge versagt. Wir reden von Gewalt und Ungehorsam. Wir gehen mit Lügen schwanger und lassen sie aus unseren Herzen hervorbrechen. ¹⁴Deshalb wird das Recht verdrängt, Gerechtigkeit ist weit entfernt. Die Wahrheit strauchelt auf dem Markt und

Jesaja 59,21

Bundesschlüsse

Die Ankündigungen des neuen Bundes bei Jeremia, Hesekiel und Jesaja stimmen darin überein, dass Gott mit diesem Bund eine innere Erneuerung bewirkt. Jeremia 31,33 drückt das mit dem Bild vom Herz aus, in das Gott selbst geschrieben hat. Hesekiel spricht vom erneuerten, lebendig pulsierenden Herzen und von Gottes Geist, der seine Leute erfüllt (36,26-27). Auch Jesaja sieht hier Gottes Geist kommen, wenn der neue Bund kommt.
Wenn Gottes Worte auf den »Lippen« der erneuerten Menschen sind, dann ist das gerade kein »Lippenbekenntnis«, das unaufrichtig gemeint wäre. Sondern die Lippen sind das Organ, das ganz nah am Inneren des Menschen ist: »Seine Botschaft ist euch ganz nah; sie liegt auf euren Lippen und in eurem Herzen, sodass ihr sie befolgen könnt« (5Mo 30,14).
(Jesaja 55,3 ‹‹ | ›› Matthäus 26,28)

Jesaja 60,1-22

Erwählung

Der Zug der Völker zum Berg Zion wird in diesem Kapitel ausführlich beschrieben. Als Gottes Sohn zur Welt kam, erfüllte es sich zum ersten Mal, dass Schätze aus aller Welt zum Heiligen Israels gebracht wurden (Mt 2,1-11). Das geschah noch nicht in Jerusalem, sondern in Bethlehem. Endgültig wird sich diese Erwartung am Ende der Zeiten im neuen Jerusalem erfüllen. Die Beschreibung aus Offenbarung 21–22 greift zahlreiche Details aus Jesaja 60 auf: wie die Völker herzuströmen, wie sie ihre Reichtümer bringen, wie die Stadttore Tag und Nacht offen stehen, wie Gott selbst leuchtet anstelle von Sonne und Mond, wie die Gegner Gottes im Abseits stehen und dort zugrunde gehen.
Die Anrede in Jesaja 60 zeigt, dass die Völker nicht nur Jahwe, den Gott Israels, aufsuchen, sondern zugleich auch das Volk Israel. Denn auf dieses Volk hat Gott all seine Herrlichkeit gelegt. Die Gemeinde der Glaubenden, die in Offenbarung 21–22 natürlich mit im Blick ist, kam nachträglich zum Volk Gottes hinzu, verdrängt aber Israel nicht aus der Mitte. Es wird *ein* Volk Gottes sein. Israel gehörte zuerst dazu.
(Jesaja 2,2-3 ‹‹ | ›› Römer 11,26)

S Südreich Juda N Nordreich Israel

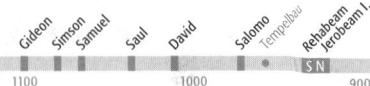

Ehrlichkeit findet keinen Raum. ¹⁵Ja, die Wahrheit hat uns verlassen. Wer das Böse unterlässt, wird ausgeplündert.

Als der HERR sah, dass es kein Recht gab, missfiel ihm dies sehr. ¹⁶Er sah, dass niemand da war und war erstaunt, dass keiner im Gebet vor Gott einschritt. Deshalb half ihm sein Arm und seine Gerechtigkeit stützte ihn. ¹⁷Er zog die Gerechtigkeit als Panzer an und setzte den Helm des Heils auf. Er hüllte sich in das Kleid der Rache und bedeckte sich mit dem Mantel seines Eifers. ¹⁸Er wird den Taten entsprechend vergelten. Sein Zorn wird die Widersacher treffen. Er wird seinen Feinden vergelten. Bis zu den entferntesten Ländern wird er Vergeltung üben. ¹⁹Dann wird der Name des HERRN von Westen gefürchtet und seine Herrlichkeit von Osten geachtet werden. Denn der HERR kommt wie eine Flut, die von einem starken Wind getrieben wird und anschwillt, sodass die Dämme zu bersten drohen. ²⁰Doch für Zion und diejenigen aus Jakob, die sich von ihrer Sünde abkehren, kommt er als Erlöser. Darauf gibt der HERR sein Wort. ²¹»Und dies ist mein Bund mit ihnen«, verkündet der HERR: »Mein Geist und die Worte, die ich euch gegeben habe, werden bei euch bleiben. Sie werden immer auf euren Lippen und den Lippen eurer Kinder und Enkel sein, von nun an bis in Ewigkeit«, spricht der HERR.

Die zukünftige Herrlichkeit Jerusalems

60 »Steh auf und leuchte! Denn dein Licht ist gekommen und die Herrlichkeit des HERRN erstrahlt über dir. ²Denn die Erde ist von Finsternis zugedeckt und die Völker liegen in tiefer Dunkelheit, aber über dir strahlt der HERR auf. Man kann seine Herrlichkeit über dir schon erkennen. ³Völker strömen zu deinem Licht. Mächtige Könige kommen zum Glanz, der über dir aufgeht.

⁴Sieh dich um, alle versammeln sich und kommen zu dir. Deine Söhne kommen aus fernen Ländern; deine Töchter werden auf den Armen getragen. ⁵Du wirst es sehen und deine Augen werden leuchten, dein Herz wird vor Freude hüpfen und weit werden, wenn dir die Reichtümer der Meeresländer zufallen und die Schätze der Völker in dein Land strömen. ⁶Es kommen so viele Karawanen von Midian und Efa zu dir, dass dein Land von unzähligen Kamelen und Dromedaren übersät ist. Sie alle bringen dir Gold und Weihrauch aus Saba und dazu eine froh machende Botschaft von den großen Taten des HERRN. ⁷Die Herden von Kedar sammeln sich bei dir, die Widder von Nebajot stehen dir als Opfertiere zur Verfügung, die auf meinem Altar willkommen sind. So verleihe ich meinem prächtigen Haus noch mehr Glanz. ⁸Was kommt da wie eine Wolke geflogen, wie Tauben in ihren Schlag? ⁹Es sind Schiffe, die aus Tarsis kommen. Sie sind die ersten Schiffe, die deine Kinder aus der Ferne herbringen. Sie bringen außerdem Gold und Silber für den mit, der Jahwe, dein Gott, heißt. Sie bringen es dem Heiligen Israels, dadurch zeichnet dich Gott mit besonderer Ehre aus. Ja, die Küstenländer hoffen auf mich! ¹⁰Fremde bauen deine Städte wieder auf und ihre Könige werden dir dienen. Denn auch wenn ich dich in meinem Zorn geschlagen habe, habe ich doch durch meine Gnade Erbarmen mit dir. ¹¹Deine Tore sollen immer offen stehen und weder bei Tag noch bei Nacht geschlossen werden, denn durch sie werden die Reichtümer der Völker einziehen und ihre Könige zu dir gebracht werden. ¹²Denn die Völker und Königreiche, die dir nicht dienen wollen, werden zugrunde gehen und völlig vernichtet werden. ¹³Der Reichtum des Libanon wird dir gebracht werden: Zypresse, Ulme und Edelpinie. Sie werden mein Heiligtum verschönern, denn ich werde die Stätte meiner Füße verherrlichen! ¹⁴Die Kinder deiner Unterdrücker werden gebückt kommen und sich dir vor die Füße werfen. Sie werden dich ›Stadt des HERRN‹ und ›Zion des Heiligen Israels‹ nennen.

¹⁵Dafür, dass du früher verlassen und verachtet warst, gebe ich dir jetzt für immer besondere Größe, sodass man von dir über alle Generationen hinweg begeistert sein kann. ¹⁶Du wirst die Milch der Völker trinken und an der Brust von Königen gestillt werden. Du wirst erkennen, dass ich, der HERR, dein Retter bin und dein Erlöser, der Mächtige Jakobs. ¹⁷Ich werde deine Bronze gegen Gold eintauschen, dein Eisen gegen Silber, dein Holz gegen Bronze und deine Steine gegen Eisen. Frieden setze ich als Wächter über dir ein und Gerechtigkeit soll über dir wachen. ¹⁸Gewalt wird es in deinem Land nicht mehr geben; Zerstörung und Verderben werden in deinem Land ein Ende haben. Dann nennst du deine Mauern ›Rettung‹ und deine Tore ›Ruhm‹.

¹⁹Am Tag wirst du weder das Licht der Sonne brauchen noch wird dir der Glanz des Mondes leuchten, denn der HERR, dein Gott, ist dann dein ewiges Licht und dein strahlender Glanz. ²⁰Deine Sonne wird nicht mehr untergehen und dein Mond nicht mehr verschwinden, denn der HERR wird dein ewiges Licht sein. Die Tage deiner Trauer sind dann vorbei. ²¹Dein Volk wird nur aus Gerechten bestehen. Sie werden das Land für immer besitzen, denn sie sind ein

JESAJA

1–12	Eine Botschaft für das abtrünnige Juda
13–23	Botschaften für fremde Völker
24–27	Der Weltuntergang
28–35	Warnung vor menschlichen Rettungsversuchen
36–39	Ankündigung des Exils
40–53	Trost und Befreiung – Gottes Diener
54–66	Die zukünftige Herrlichkeit

60–62
Gott erbarmt sich und freut sich über Zion. Zion bekommt einen neuen Namen. Die kommende Herrlichkeit Jerusalems.

[Die Zeit des Exils]

Spross meiner Pflanzung, das Werk meiner Hände, um mich zu verherrlichen. ²²Der Kleinste soll zu 1.000 werden und der Geringste zu einem mächtigen Volk. Ich, der HERR, werde all dies zu seiner Zeit schnell tun.«

Jesaja 61,1-2

Hinweise auf den Messias (2)

Jemand, der besonders mit Gottes Geist gesalbt ist, spricht hier von seinem Auftrag. Im Zusammenhang des Jesajabuchs wird man an den »Spross« (11,1-5) und auch an den »Knecht« (42,1-4) denken.
Bei seiner Predigt in Nazareth hat Jesus in kühner Weise beansprucht, gerade er sei dieser Gesalbte von Jesaja 61,1-2: Lukas 4,17-21. Während die Jesajastelle für Juden sicherlich einen erwartungsvollen Messias-Klang hat, gibt Jesus ihr einen festen »Jesus-Christus-Klang« und zeigt so, wer der Messias ist. Bezeichnenderweise hat Jesus das Gerichtswort von Jesaja 61,2b nicht mit vorgelesen. Zutreffend erkannten die Hörer darin eine zugespitzte »Botschaft von der Gnade« (Lk 4,22).
Gute Botschaft (»Evangelium«) für die Armen (V. 1) – das war der Auftrag von Jesus. So lässt er es auch dem zweifelnden Täufer Johannes sagen (Mt 11,5). Neben anderen Jesajaworten fügt er auch ein Kurzzitat von 61,1 in seine Antwort ein: »Den Armen wird die gute Botschaft verkündet« (siehe die Erklärungen zu Jes 29,18 und 35,5-6).
(Jesaja 59,20-21«« | »» Jeremia 31,15)

Jesaja 61,1-4

Gott befreit

Das in 3. Mose 25 beschriebene Erlassjahr bildet den Hintergrund dieses Textes. Israel führte dieses Erlassjahr selten, wahrscheinlich sogar niemals, wortwörtlich durch. So war »Befreiung im ganzen Land« eher ein Traum.
Das Jubeljahr wurde zu einer Erwartung für die Endzeit, d.h. Israel hofft darauf, dass Gott selbst eines Tages diese Befreiung wirklich durchführen wird. Hier spricht der »Knecht des Herrn« (der Gesalbte, der Messias) und verkündet, dass er gesandt wurde, um genau dies zu tun. Aber diese Erfüllung blieb aus.
In Jesaja 61 geht es jedoch um mehr als nur eine alle fünfzig Jahre wiederkehrende Neuverteilung des Landes und eine Befreiung aller Sklaven (siehe 3Mo 25). Hier geht es um die Wiederherstellung eines ganzen Volkes, sogar der ganzen Erde. Ein solches Erlassjahr wäre tatsächlich eine gute Botschaft. In seiner Antrittsrede hätte Jesus keinen besseren Text aussuchen können, um seinen Auftrag und seine Mission zu erklären (siehe Lk 4,21).
(3. Mose 25,10 «« | »» Psalm 146,7)

S Südreich Juda   N Nordreich Israel

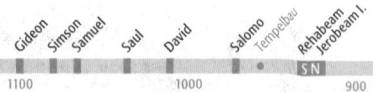

Die gute Botschaft für die Unterdrückten

61 Der Geist Gottes, des HERRN, ruht auf mir, denn der HERR hat mich gesalbt, um den Armen eine gute Botschaft zu verkünden. Er hat mich gesandt, um die zu heilen, die ein gebrochenes Herz haben und zu verkündigen, dass die Gefangenen freigelassen und die Gefesselten befreit werden.* ²Er hat mich gesandt, um ein Gnadenjahr des HERRN und einen Tag der Rache unseres Gottes auszurufen und alle Trauernden zu trösten. ³Er hat mich gesandt, um es den Trauernden zu ermöglichen, dass ihnen ein Kopfschmuck anstelle von Asche, Freudenöl anstelle von Trauerkleidern, und Lobgesang anstelle eines betrübten Geistes gegeben werde; und dass man sie »Eichen der Gerechtigkeit« und »Pflanzung zur Verherrlichung des HERRN« nennen kann.

⁴Dann werden sie die uralten Ruinen wieder herstellen, und was seit langem verwüstet war, wieder aufrichten. Sie werden sowohl die vom Krieg zerstörten Städte wieder aufbauen als auch die Trümmer vergangener Generationen. ⁵Fremde werden euch dienen: Sie werden eure Herden versorgen, eure Felder pflügen und eure Weingärten bestellen. ⁶Ihr werdet Priester des HERRN heißen, »Diener unseres Gottes« wird man zu euch sagen. Ihr werdet euch von den Reichtümern der Völker ernähren und euch mit ihrer Herrlichkeit schmücken. ⁷Statt doppelte Scham und Schande tragen zu müssen, werdet ihr über euer Teil jubeln, denn den doppelten Anteil eures Landes werdet ihr erben und euch wird ewige Freude zuteil.

⁸Denn ich, der HERR, liebe die Gerechtigkeit. Ich hasse den auf krummen Wegen erschlichenen Raub. Ich belohne mein Volk in Treue und werde einen ewigen Bund mit ihm schließen. ⁹Ihre Nachkommen sollen unter den Nationen berühmt sein und ihre Kinder unter den Völkern. Jeder, der sie sieht, soll anerkennen müssen, dass sie ein vom HERRN gesegnetes Volk sind.

¹⁰Ich will mich sehr im HERRN freuen, meine Seele soll über meinen Gott jubeln! Denn er hat mir die Gewänder des Heils angezogen und mich in die Robe der Gerechtigkeit gekleidet. Ich bin wie ein Bräutigam, der mit priesterlichem Kopfschmuck geschmückt wurde, wie eine Braut, die sich ihren Schmuck angelegt hat. ¹¹Der HERR wird den Völkern der Welt seine Gerechtigkeit und seinen Ruhm offenbaren, wie die Erde Gewächse hervorbringt und ein Garten seine Pflanzen wachsen lässt.

Jesajas Gebet für Jerusalem

62 Wegen Zion kann ich nicht schweigen. Wegen Jerusalem werde ich nicht ruhen. Ich werde nicht aufhören, bis ihre Gerechtigkeit wie die Morgenröte anbricht und ihr Heil wie eine brennende Fackel leuchtet.

²Die Völker werden dann deine Gerechtigkeit sehen und alle Könige deine Herrlichkeit. Man wird dich bei einem neuen Namen nennen, den der HERR aussuchen wird. ³Du wirst eine prachtvolle Krone in der Hand des HERRN sein, ein kostbares Diadem in der Hand deines Gottes. ⁴Man wird nicht mehr »die Verlassene« zu dir sagen und dein Land nicht mehr »Einöde« nennen. Vielmehr wird man dich als »meine Vorliebe« bezeichnen und zu deinem Land »meine Braut« sagen, denn der HERR hat Freude an dir und dein Land wird mit ihm vermählt sein. ⁵Deine Söhne werden dich heiraten, so wie ein junger Mann seine Braut heiratet. Dann wird dein Gott sich an dir freuen wie ein Bräutigam an seiner Braut.

⁶O Jerusalem, ich habe Wächter über deine Mauern gestellt, die fortdauernd bei Tag und Nacht nicht schweigen werden. Ihr, die ihr den HERRN an seine Zusagen erinnert, gönnt euch keine Ruhepause. ⁷Lasst dem HERRN keine Ruhe, bis er Jerusalem wieder gegründet und auf der ganzen Welt zum Lobpreis gemacht hat. ⁸Der HERR hat bei seiner Rechten und bei seinem mächtigen Arm geschworen: »Nie mehr werde ich deinen Feinden dein Korn als Speise überlassen, nie mehr werden Fremde deinen Wein trinken, für den du gearbeitet hast. ⁹Diejenigen, die das Korn ernten, sollen es auch essen und den HERRN preisen. Und diejenigen, die den Wein gelesen haben, sollen ihn in den Vorhöfen des Tempels auch genießen.«

¹⁰Zieht ein! Kommt durch die Tore herein! Bahnt meinem Volk den Weg! Macht die Straße eben, macht sie eben! Schafft die Felsbrocken fort und hisst eine Fahne, die alle Völker sehen können. ¹¹Der HERR hat es bis zum Ende der Erde wissen lassen: »Sagt doch zur Tochter Zion: ›Seht, dein Retter kommt. Er bringt seinen Lohn mit und führt sein wieder erworbenes Volk* vor sich her.‹« ¹²Man nennt es »heiliges Volk« und »vom HERRN erlöstes Volk« und dich werden sie als »Stätte der Sehnsucht« und »nicht mehr verlassene Stadt« nennen.

61,1 Griech. *und die Blinden sehend werden.* **62,11** Hebr. *seinen Erwerb.*

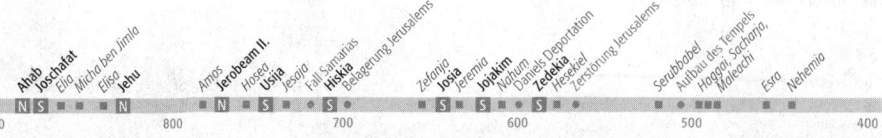

JESAJA

1–12	Eine Botschaft für das abtrünnige Juda
13–23	Botschaften für fremde Völker
24–27	Der Weltuntergang
28–35	Warnung vor menschlichen Rettungsversuchen
36–39	Ankündigung des Exils
40–53	Trost und Befreiung – Gottes Diener
54–66	Die zukünftige Herrlichkeit

63–64
Gott zertritt Völker in einer Weinpresse. Gottes Gnade und Gerechtigkeit über Generationen hinweg. Erbitten von Gottes Gnade.

[Die Zeit des Exils]

Das Gericht über die Feinde des HERRN

63 Wer zieht da aus Edom heran, aus Bozra, in leuchtend roter Kleidung? Wer schreitet in prächtigen Kleidern stolz und kraftvoll daher? »Ich bin es und ich verkündige Gerechtigkeit! Ich bin es, der mächtig genug ist, Rettung zu schaffen!«

Jesaja 63,1

Hinweise auf den Messias (3)
In dieser Szene wird Gottes Gericht über die Völker beschrieben. Manche Ausleger sehen auch in dieser Stelle einen Vorausblick auf Christus. Das ist nicht durch die Ortsangabe »Bozra« veranlasst, sondern wohl durch die rote Farbe der Kleidung. Rot ist auch das Gewand von Christus, dem Richter, in Offenbarung 19,13. Christus wird »gerecht richten« – d.h., Recht für Unterdrückte schaffen, ebenso wie der Richter von Jesaja 63,1 Rettung schafft.
Beachtenswert ist aber ein Unterschied: Die Kleidung des Richters in Jesaja 63 ist rot, *weil* er Gericht ausübte (V. 4: das Blut der Gegner). Das Gewand des Christus-Reiters in Offenbarung 19,13 ist rot von Blut, *bevor* er Gericht übt. Es ist nicht besprizt, sondern in Blut getaucht. Gemeint ist womöglich das eigene Blut von Jesus, das er vergoss. Der Richter wäre demnach der, der zuvor das Gericht auf sich nahm. Er *hat* nicht mit dem Schwert zugeschlagen, sondern *wurde* geschlagen. Jetzt hat er nur noch das Schwert des Wortes. Beiden Stellen gemeinsam ist, dass Gottes Zorn sich auswirkt: Jesaja 63,5-6; Offenbarung 19,15.
(Jesaja 50,6 ‹‹‹ | ››› Jeremia 23,5-6)

Jeremia 14,21

Bundesschlüsse
Auf welcher Grundlage kann man noch beten, wenn man aus einer Geschichte der Untreue und Sünde kommt? Jeremia ist sich des Zerbruchs sehr bewusst, aber er appelliert in seinem Gebet an Gottes Bundestreue. So hatte es schon der Beter von Psalm 106 gemacht (V. 47), ebenso der Asafpsalm 74 (V. 20-23).
Dabei ist der Wortlaut von Jeremias Gebet eigentlich widersinnig: als ob Gott es wäre, der seinen Bund brechen wollte! Doch auch darin liegt noch ein Bekenntnis: Wenn Menschen aus Gottes Volk sich zu Gott wenden, können sie an seinen Bund anknüpfen, denn der ist eine unerschütterliche Grundlage. Dass Gott das so sieht, hat er als Botschaft dem Propheten Jesaja anvertraut: »Auch wenn Berge weichen und Hügel beben, soll meine Gnade nicht von dir gehen; und der Bund meines Friedens soll niemals wanken, spricht der Herr, der Erbarmen mit dir hat« (Jes 54,10).
(Psalm 106,45 ‹‹‹ | ››› Hesekiel 16,8)

S Südreich Juda   N Nordreich Israel

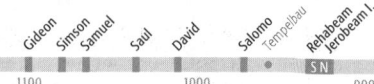

²Warum sind deine Gewänder so rot, deine Kleider, als hättest du Trauben getreten? ³»Ich habe ganz allein die Weinpresse getreten; niemand aus den Völkern war bei mir. In meinem Zorn habe ich sie zertreten, sie in meinem Grimm zerstampft. Ihr Blut spritzte an meine Kleider und befleckte meine Gewänder. ⁴Denn ich hatte mir einen Tag der Rache vorgenommen, das Jahr der Erlösung, die ich vollbringe, war gekommen. ⁵Ich sah mich um, aber niemand kam zur Hilfe. Ich war erstaunt, aber da war niemand, der mich unterstützte. Da half mir mein Arm und mein Zorn stand mir bei. ⁶Ich zertrat die Völker in meinem Zorn, ließ sie taumeln und stürzen in meinem Grimm, ihr Blut ließ ich auf die Erde fließen.«

Lobpreis für die Befreiung

⁷Ich will von der Gnade, die der HERR uns erwiesen hat, erzählen und der lobenswerten Taten des HERRN gedenken. Denn in allem hat er uns nach dem Maßstab seiner Gnade behandelt. Er hat dem Haus Israel viel Gutes erwiesen, genauso, wie es seiner vollkommenen Barmherzigkeit und seinem großen Erbarmen entspricht. ⁸Er sagte: »Sie sind ja mein Volk, meine echten Kinder.« Und er wurde ihr Retter: ⁹In all ihren Bedrängnissen fühlte er sich selbst bedrängt. Und der Engel, in dem sich Gottes Angesicht zeigt, rettete sie. Er selbst erlöste sie, weil er sie liebte und Mitleid mit ihnen hatte. Er hob sie auf und trug sie seit Urzeiten unablässig.

¹⁰Doch sie lehnten sich gegen ihn auf und betrübten seinen Heiligen Geist. Deshalb wurde er ihnen zum Feind und kämpfte gegen sie. ¹¹Da dachte sein Volk an die vergangenen Zeiten mit Mose und rief: »Wo ist der, der den Hirten seines Volkes aus dem Nil* zog? Wo ist der, der ihm seinen Heiligen Geist ins Herz gab? ¹²Der Mose mit seinem mächtigen Arm zur Seite stand, der das Meer vor ihnen teilte, um sich damit ewigen Ruhm zu erwerben? ¹³Der sie über den Meeresboden geleitete wie Pferde durch die Steppe, sodass sie nicht strauchelten? ¹⁴Wie das Vieh, das ins Tal zieht, schenkte der Geist des HERRN ihnen Ruhe. So hast du, HERR, dein Volk geleitet, um deinen Namen groß zu machen.«

Gebet um Barmherzigkeit und Vergebung

¹⁵HERR, blick vom Himmel, deiner heiligen, herrlichen Wohnung, herab. Wo sind dein leidenschaftlicher Eifer und deine Macht? Warum hältst du dein Mitgefühl uns gegenüber zurück, deine Gnade und Barmherzigkeit, mit der du für uns eingetreten bist? ¹⁶Du bist unser Vater! Abraham weiß nichts von uns, und Israel will uns nicht kennen. Du bist unser Vater! Dein Name heißt von Urzeiten her »unser Erlöser«. ¹⁷HERR, warum lässt du uns von deinem Weg abweichen? Warum hast du unsere Herzen verstockt, sodass wir dich nicht mehr fürchten? Kehre doch zurück, denn wir sind deine Diener und die Stämme deines Eigentums. ¹⁸Für kurze Zeit war dein heiliges Volk im Besitz seines Erbes. Doch dann haben unsere Bedränger dein Heiligtum zertreten. ¹⁹Es geht uns so, als hättest du nie über uns geherrscht, als sei dein Name niemals über uns genannt worden. Tritt doch aus dem Himmel hervor, komm herab und lass die Berge in deiner Gegenwart zittern.

64 Komm doch wie ein Feuer, das Reisig in Brand setzt und Wasser zum Kochen bringt, damit dein Name bei deinen Feinden bekannt wird und die Nationen vor dir in Angst und Schrecken versetzt werden. ²Vollbringe doch Furcht erregende Taten, auf die wir nicht zu hoffen wagten, fahre herab und lass die Berge vor dir erzittern. ³Denn seit dem Anfang der Welt hat niemand gehört, vernommen oder mit eigenen Augen gesehen, dass es außer dir noch einen Gott gibt – keinen, der sich für die einsetzt, die auf ihn hoffen. ⁴Du kommst denen entgegen, die Freude daran haben, gerecht zu handeln und um deinetwillen auf deinen Wegen gehen. Und doch warst du zornig auf uns. Du stelltest uns als Menschen bloß, die von jeher in Sünde leben. Aber wir wurden gerettet. ⁵Wir sind alle wie Unreine geworden. Unsere gerechten Taten sind nicht besser als ein blutverschmiertes Kleid. Wie Blätter welken wir alle und durch unsere Sünden verwehen wir wie der Wind. ⁶Doch niemand rief deinen Namen an und keiner raffte sich auf, an dir festzuhalten. Denn du hast dich vor uns verborgen; deshalb wurden wir im Griff unserer Sünde weich wie Wachs. ⁷Und doch, HERR, bist du unser Vater. Wir sind der Ton, du bist der Töpfer und wir sind das Werk deiner Hand. ⁸Zürne nicht so sehr, HERR. Trag uns unsere Sünden nicht ewig nach. Sieh doch her zu uns, wir alle sind dein Volk.

⁹Deine heiligen Städte sind zur Wüste geworden; sogar Zion ist verwüstet, Jerusalem ist verödet. ¹⁰Der heilige, prächtige Tempel, in dem dich unsere Vorfahren priesen, ist niedergebrannt, alles, was uns lieb und teuer war, ist vernichtet. ¹¹Willst du dich in Anbetracht dessen immer noch zurückhalten, HERR? Willst du weiterhin schweigen und uns zutiefst erniedrigen?

63,11 Hebr. *aus dem Wasser herausbrachte.*

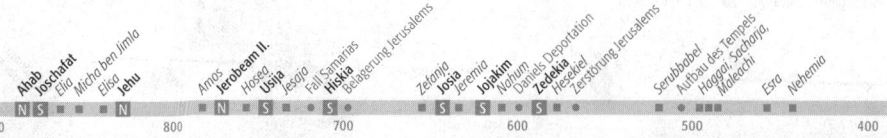

JESAJA

1–12	Eine Botschaft für das abtrünnige Juda
13–23	Botschaften für fremde Völker
24–27	Der Weltuntergang
28–35	Warnung vor menschlichen Rettungsversuchen
36–39	Ankündigung des Exils
40–53	Trost und Befreiung – Gottes Diener
54–66	Die zukünftige Herrlichkeit

65–66

Die Schrecken des Gerichts über die, die nicht hören wollten, und Rettung für die, die Gott folgten. Die neue Erde. Gott wird Frieden schaffen.

[Die Zeit des Exils]

Gericht und Rettung

65 »Ich war für die erreichbar, die nicht nach mir fragten. Ich war für die zu finden, die nicht nach mir suchten. ›Hier bin ich! Hier bin ich!‹, rief ich zu einem Volk, das sich nicht an meinen Namen wandte.* ²Den ganzen Tag stand ich mit offenen Armen vor einem Volk, das sich mir widersetzt.* ³Es ist ein Volk, das einen Weg geht, der nicht gut ist. Außerdem folgt es seinen eigenen Gedanken. Es ist ein Volk, das mich ständig verhöhnt und ungeniert reizt, indem es in seinen Gärten Schlachtopfer darbringt und Räucherwerk auf Ziegeln verbrennt. ⁴Man sitzt in Gräbern und schläft an geheimen Orten. Es wird Schweinefleisch gegessen und auf ihren Tellern ist Brühe von unreinen Tieren. ⁵Gleichzeitig warnt man einander: ›Bleib, wo du bist, komm mir nicht zu nahe! Ich bin heilig für dich!‹ Diese Menschen sind Rauch in meiner Nase, ein Feuer, das den ganzen Tag brennt.

⁶Ihr sollt wissen, es liegt mir alles schriftlich vor: Ich werde nicht schweigen, bis es ihnen heimgezahlt wurde. Ja, ich werde es auf sie zurückfallen lassen – ⁷ihre eigenen Sünden und die Sünden ihrer Vorfahren«, spricht der HERR, »denn sie haben auf den Bergen Räucherwerk verbrannt und mich auf den Hügeln verlästert. Sie werden ihren Lohn bekommen!«

⁸Dies sagt der HERR: »Wie wenn sich noch Saft in einer Traube findet und man sagt: ›Wirf nicht alles fort – es ist noch etwas Gutes daran!‹, so werde ich wegen meiner Diener nicht ganz Israel auslöschen. ⁹Ich lasse aus dem Volk Israel* Nachkommen erwachsen und aus Juda jemanden, dem meine Berge gehören sollen. Meine Erwählten sollen es in Besitz nehmen und meine Diener werden dort wohnen. ¹⁰Dann werden für mein Volk, das nach mir fragt, auf der Ebene von Scharon wieder Schafherden weiden und im Tal von Achor werden Rinderherden grasen.

¹¹Für euch aber, die ihr den HERRN verlassen und meinen heiligen Berg vergessen habt und dem Glücksgott* einen Tisch deckt und dem Schicksalsgott* Trankopfer mischt, ¹²ist das Schwert das Schicksal. Ihr alle werdet euch zur Schlachtung hinknien, denn als ich rief, antwortetet ihr nicht, und als ich sprach, hörtet ihr nicht zu. Ihr habt getan, was in meinen Augen schlecht ist und erwählt, was mir nicht gefällt.«

¹³Deshalb spricht Gott, der HERR: »Ihr sollt hungern, aber meine Diener werden essen. Ihr sollt Durst haben – sie werden trinken. Ihr wer-

---

65,1 S. Römer 10,20 65,2 S. Römer 10,21 65,9 Hebr. einen Rest von Jakob. 65,11a Hebr. Gad. 65,11b Hebr. Meni.

det beschämt sein, sie aber werden sich freuen. ¹⁴Ihr werdet vor Herzenskummer schreien und vor Verzweiflung heulen, während meine Diener vor Freude aus vollem Herzen jubeln werden. ¹⁵Euer Name wird meinen Erwählten als Schimpfwort dienen, bei dem man sagt: ›Ebenso möge Gott der HERR dich töten!‹ Seine wahren Diener wird er bei einem anderen Namen rufen. ¹⁶Alle die im Land, die einen Segen sprechen, werden dies beim Gott der Wahrheit tun und alle, die einen Schwur ablegen, werden dies beim Gott der Wahrheit tun. Denn die frühere Not ist vergessen und vor meinen Augen verschwunden.

¹⁷Sieh! Ich schaffe einen neuen Himmel und eine neue Erde – kein Mensch wird noch an das Vergangene denken, niemand wird es sich zu Herzen nehmen. ¹⁸Freut euch vielmehr; freut euch für immer und ewig an dem, was ich zustande bringen werde: Denn ich will Jerusalem zu einer Stätte des Glücks und seine Bewohner zu einer Quelle der Freude verwandeln. ¹⁹Ich selbst werde mich an Jerusalem freuen und über mein Volk fröhlich sein und der Klang von Weinen und Klagen soll dort nicht mehr zu hören sein.

²⁰Es wird keine Kinder mehr geben, die nur wenige Tage alt werden und keine Alten, die nicht ein erfülltes Leben gelebt haben. Die jüngsten werden mit 100 sterben! Und wer die 100 nicht erreicht, wird als verflucht gelten. ²¹Dann leben die Menschen in den Häusern, die sie erbaut haben und essen die Früchte der Weinberge, die sie gepflanzt haben. ²²Sie werden nicht mehr bauen und ein anderer wohnt darin. Sie werden nicht mehr pflanzen und ein anderer isst. Denn mein Volk wird so lange leben wie die Bäume, und meine Erwählten werden das genießen, was sie erarbeitet haben. ²³Sie werden sich nicht vergeblich abmühen und keine Kinder gebären, die gleich danach sterben, denn es sind Kinder von Menschen, die der HERR gesegnet hat und deren Babys Anteil am Segen Gottes haben. ²⁴Noch bevor sie rufen, werde ich ihnen antworten. Während sie mir noch ihre Bitten vortragen, will ich sie schon erhören! ²⁵Der Wolf und das Lamm werden zusammen weiden. Der Löwe wird Stroh fressen wie das Rind. Schlangen werden sich von Staub ernähren. Auf meinem ganzen heiligen Berg wird nichts Böses und nichts Unheilvolles mehr getan«, spricht der HERR.

66

Dies sagt der HERR: »Der Himmel ist mein Thron und die Erde der Schemel für meine Füße. Was für ein Haus müsstet ihr bauen, damit es diesem gleichkäme? Was wäre das für ein Ort, an dem ich ruhen könnte? ²Dies alles haben meine Hände gemacht, durch sie ist alles entstanden«, spricht der HERR.

»Ich achte auf die, die gedemütigt worden sind und einen gebrochenen Geist haben und vor meinem Wort zittern. ³Wer ein Rind opfert, aber einen Menschen erschlagen hat, wer ein Lamm opfert, aber einem Hund das Genick bricht, wer ein Speiseopfer bringt, es aber mit Schweineblut tränkt, wer Räucherwerk verbrennt, aber zugleich einen Götzen verehrt, zieht es vor, seine eigenen Wege zu gehen und sich an seine abscheulichen Götzen zu hängen. ⁴Ich werde für sie ein übles Geschick wählen – und das über sie kommen lassen, wovor ihnen graut. Denn als ich rief, antworteten sie nicht. Als ich sprach, hörten sie nicht zu. Sie taten, was in meinen Augen böse ist und erwählten, woran ich keinen Gefallen habe.«

⁵Wer vor seinem Wort zittert, soll die Botschaft des HERRN hören: »Eure Brüder, die euch hassen und euch verstoßen, weil ihr meinem Namen treu seid, und euch verspotten, indem sie sagen: ›Lasst doch den HERRN sich verherrlichen, damit wir eure Freude sehen‹, werden zugrunde gehen!« ⁶Horch! Lärm dringt aus der Stadt. Horch, es kommt vom Tempel her. Horch, der HERR vergilt seinen Feinden ihr Tun.

⁷Noch bevor die Wehen einsetzten, hat sie geboren, noch ehe die Wehen begannen, bekam sie einen Sohn. ⁸Wer hat so etwas jemals gehört? Wer hat so etwas schon gesehen? Hat ein Land sich je an einem Tag gebildet? Wurde je ein Volk an einem einzigen Tag geboren? Doch Zions Wehen hatten kaum eingesetzt, da waren ihre Söhne schon geboren. ⁹»Sollte ich erst den Mutterschoß aufbrechen, es dann aber nicht zur Geburt kommen lassen?«, fragt der HERR. »Sollte ich, der ich gebären lasse, die Geburt verhindern?«, fragt dein Gott.

¹⁰Freut euch mit Jerusalem! Jubelt alle in der Stadt, die ihr liebt. Singt alle voller Freude mit ihr, die ihr um sie getrauert habt. ¹¹Dann werdet auch ihr euch an ihrer tröstenden Brust satt trinken können und euch an ihrer herrlichen Mutterbrust erfreuen. ¹²Denn so spricht der HERR: »Schaut, ich werde den Frieden wie einen Strom und den Reichtum der Völker wie einen Fluss nach Jerusalem fließen lassen. Ihre Kinder werden saugen, sie werden auf den Armen getragen und auf den Knien liebkost werden. ¹³Ich selbst werde euch trösten, wie eine Mutter ihr Kind tröstet. In Jerusalem sollt ihr getröstet werden.«

¹⁴Ihr werdet es zu sehen bekommen und euer Herz wird sich freuen. Eure Körper werden frisch sein wie grünes Gras! So macht sich die

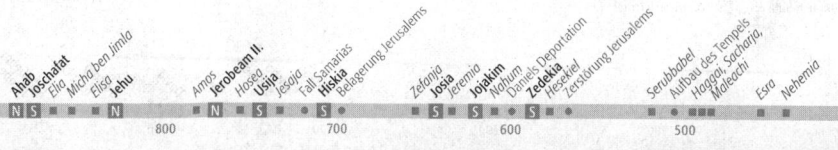

JESAJA

1–12	Eine Botschaft für das abtrünnige Juda
13–23	Botschaften für fremde Völker
24–27	Der Weltuntergang
28–35	Warnung vor menschlichen Rettungsversuchen
36–39	Ankündigung des Exils
40–53	Trost und Befreiung – Gottes Diener
54–66	Die zukünftige Herrlichkeit

66
Die Völker werden Gottes Herrlichkeit sehen und ihn anbeten.

[Die Zeit des Exils]

Hand des HERRN an seinen Dienern bemerkbar – aber seine Feinde lässt er seinen Zorn spüren. ¹⁵Sieh, der HERR wird im Feuer kommen. Seine Wagen sind wie ein vernichtender Orkan. Er wird in glühendem Zorn Vergeltung üben und sein Drohen im flammenden Feuer auslassen. ¹⁶Der HERR wird die ganze Menschheit durch Feuer und durch sein Schwert strafen, und viele werden dem HERRN zum Opfer fallen.

¹⁷»Diejenigen, die sich für die Gärten ›heiligen‹ und ›reinigen‹, sich um ihren Meister versammeln und Schweinefleisch, Mäuse und andere verbotene Speisen essen, werden alle miteinander ein schreckliches Ende nehmen«, sagt der HERR. ¹⁸»Ich kenne ihre Taten und Gedanken. Deshalb werde ich alle Völker und Nationen versammeln, und sie werden kommen und meine Herrlichkeit sehen. ¹⁹Ich werde dann unter ihnen ein Zeichen setzen. Einige der Überlebenden schicke ich als Botschafter zu den Völkern – nach Tarsis, zu den Libyern* und Lydiern*, die den Bogen spannen, nach Tubal und Griechenland* und in alle Länder jenseits des Meeres, die von meinem Ruhm noch nicht gehört und meine Herrlichkeit noch nicht gesehen haben. Dort werden sie den Völkern meine Herrlichkeit verkünden. ²⁰Und sie werden alle eure Brüder als Opfergabe aus den fremden Nationen zurückholen. Sie werden mit Pferden und Wagen, mit Kutschen, Maultieren und Kamelen zu meinem heiligen Berg in Jerusalem kommen; ebenso wie das Speiseopfer von den Söhnen Israels in reinen Gefäßen zum Tempel gebracht wird«, spricht der Herr. ²¹»Und ich werde auch einige von ihnen zu meinen Priestern und Leviten ernennen«, sagt der HERR.

²²»So sicher der neue Himmel und die neue Erde, die ich erschaffe, vor mir Bestand haben werden, so sicher sollen auch eure Nachkommen und euer Name Bestand haben«, spricht der HERR. ²³»An jedem Neumond und an jedem Sabbat wird die ganze Menschheit kommen und mich anbeten«, sagt der HERR. ²⁴»Und wenn sie hinausgehen, sehen sie die Leichen der Männer, die sich gegen mich aufgelehnt haben. Denn ihre Würmer werden nicht sterben und ihr Feuer wird nicht ausgehen. Sie werden zur Abschreckung für die gesamte Menschheit.«

66,19a So in der griech. Version, wo es *Put* (Libyen) heißt; im Hebr. steht *Pul.* 66,19b Hebr. *Lud.* 66,19c Hebr. *Jawan.*

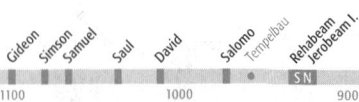

Jeremia

Inhalt

Jeremia wirkt in der Zeit vor und nach den Eroberungen Jerusalems durch Nebukadnezar. Er verkündigt seine Botschaft oft in drastischen Bildern. Nicht nur König und Volk, auch Priester und Propheten machen sich schuldig. Menschenopfer stellen gegenüber früheren Zeiten eine Steigerung des Bösen dar. Die als Ehebruch verstandene Verehrung vieler Götter ist und bleibt die eigentliche Sünde gegenüber Gott. Falsche Propheten lügen und verharmlosen die Situation, um zu gefallen. Jeremia dagegen muss immer wieder sagen, dass Gott sein Gericht, namentlich Hunger, Seuchen, Kriegsgrauen und Gefangenschaft, fest beschlossen hat. Damit macht der treue Prophet sich Feinde.

Jeremia leidet persönlich in doppelter Hinsicht: Erstens hat er Mitleid mit seinem Volk, dem er die schreckliche Zukunft immer wieder vor Augen malen muss. Zweitens wird er mehrfach bedroht und schließlich verhaftet. Er entgeht dem Tod nur knapp – weil Gott ihm seinen Schutz von Anfang an zugesagt hat. Ergreifend klagt und hadert Jeremia mit Gott.

Gott hat auch Mitleid mit seinem Volk. So spiegelt Jeremias Botschaft ein vielschichtiges Ringen wider. Einerseits ist Gott entschlossen, dem Bund gemäß zu strafen und kein Erbarmen zu zeigen. Andererseits wird ein »Rest« gerettet. Einerseits wird dieser Rest wiederum heimgesucht werden, andererseits eröffnet Gott dem Volk eine herrliche Zukunft. Die Babylonische Gefangenschaft gleicht in gewisser Hinsicht der 40-jährigen Wüstenwanderung: Nach dem Zusammenbruch soll eine neue Generation heranwachsen, mit der Gott weitergeht.

Nebukadnezar vollzieht Gottes Gericht an Juda, aber schon vor der Höhe seiner Machtentfaltung kündigt Jeremia ihm an, dass die Meder und Perser sein Reich erobern werden, zur Strafe für seine Grausamkeit (was 539 v.Chr. unter Kyrus geschieht). Nur wenige der ärmsten Israeliten dürfen im Land zurückbleiben; ein paar kommen aus Nachbargebieten wieder heim. Einige von ihnen ziehen trotz Jeremias scharfer Warnung nach Ägypten.

Gott ist sich bewusst, dass ein neuer Anfang wie damals nur wieder zu einem Ende wie jetzt führen würde. Das »Herz«, der Kern der Menschen ist verdorben. Einen Bund wie den bisherigen würden sie immer wieder brechen. Deshalb kündigt er durch Jeremia einen neuen Bund an: Ihr Herz soll Gott wirklich verstehen und ein besonderer Nachkomme Davids soll für Gerechtigkeit sorgen.

Wichtige Personen

Jeremia	Prophet, berufen ca. 628 v.Chr.
Josia	
Joahas/Schallum	zur Zeit Jeremias Könige von
Jojakim	Juda, 641/640–587/586 v.Chr.
Jojachin/Jechonja/Konja	
Zedekia	
Paschhur	Oberaufseher im Tempel
Micha	Prophet
Ahikam	Fürsprecher Jeremias
Baruch	Jeremias Schreiber
Ebed-Melech, aus Kusch (heute Äthiopien)	Fürsprecher Jeremias
Nebukadnezar	König von Babel (Großreich, Kernland im heutigen Irak) ca. 604–562 v.Chr.
Gedalja	Sohn Ahikams, Statthalter von Juda

Wichtige Orte

Jerusalem	Hauptstadt von Juda
Samaria	ehemalige Hauptstadt von Israel (Nordstämme)
Babel	Residenzstadt Nebukadnezars, am Euphrat (heute Irak)
Mizpa	Residenzort Gedaljas
Tachpanhes	
Migdol	Städte in Ägypten
Memfis	

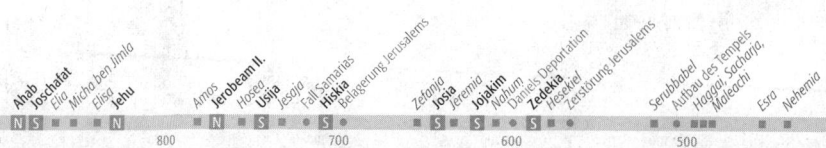

JEREMIA

JEREMIA	
1	Jeremias Berufung
2–25	Die Klage des HERRN gegen sein Volk
26–35	Erzählungen über Jeremia; Verheißungen für Gottes Volk
36–45	Weitere Erzählungen: die Leidensgeschichte von Jeremia
46–51	Botschaften für fremde Völker
52	Der Fall Jerusalems

1–2
Berufung Jeremias, erste Visionen. Gott beklagt die Sünden seines Volkes und dessen Abkehr von ihm.

[Zeit der Könige und Propheten]

1 Das sind die Worte Jeremias. Er war der Sohn Hilkijas und gehörte zur Priesterschaft von Anatot, das im Gebiet des Stammes Benjamin liegt. ²Zum ersten Mal sprach der HERR zu Jeremia im 13. Jahr der Herrschaft des Königs Josia von Juda.* ³Auch später, während der Regierungszeit Jojakims und bis zum elften Jahr der Regierung des judäischen Königs Zedekia, des Sohnes Josias, empfing Jeremia Botschaften vom HERRN. Im fünften Monat des elften Regierungsjahres Zedekias* wurden die Bewohner Jerusalems in die Gefangenschaft verschleppt.

Jeremias Berufung und erste Visionen
⁴Der HERR sprach zu mir: ⁵»Ich kannte dich schon, bevor ich dich im Leib deiner Mutter geformt habe. Schon vor deiner Geburt habe ich dich dazu bestimmt, dass du den Völkern meine Botschaften überbringst.« ⁶»Aber, allmächtiger HERR«, wehrte ich ab, »ich kann nicht gut reden, ich bin noch viel zu jung!« ⁷»Sag doch nicht, dass du zu jung bist«, antwortete der HERR. »Du sollst hingehen, wohin ich dich sende, und sagen, was auch immer ich dir auftragen werde. ⁸Vor den Menschen brauchst du keine Angst zu haben, denn ich werde immer bei dir sein und dich retten. Das verspreche ich, der HERR.« ⁹Dann berührte der HERR meinen Mund und sagte: »Hiermit habe ich meine Worte in deinen Mund gelegt! ¹⁰Ich gebe dir die Vollmacht, vor Völkern und Königreichen zu reden. Manche von ihnen sollst du entwurzeln und einreißen, zerstören und vernichten; andere sollst du pflanzen und aufbauen.«

¹¹Dann fragte mich der HERR: »Jeremia, was siehst du?« Ich antwortete: »Ich sehe einen Mandelbaumzweig*.« ¹²»Ja, das ist richtig«, sprach der HERR. »Er steht als Zeichen dafür, dass ich wache. Alles wird so geschehen, wie ich es ankündigen werde.« ¹³Wiederum fragte mich der HERR: »Was siehst du?« Ich antwortete: »Ich sehe einen Topf mit kochendem Wasser, der von Norden her umkippt.« ¹⁴Der HERR sprach: »Von Norden her wird Unheil kommen und über die Bewohner dieses Landes hereinbrechen. ¹⁵Hör, was ich sage! Ich rufe die Heere

---

1,2 Das 13. Jahr von Josias Herrschaft war das Jahr 627 v.Chr. **1,3** Der fünfte Monat nach hebr. Zeitrechnung entspricht dem Aug. bzw. Sept.; das elfte Jahr von Zedekias Regierung war das Jahr 586 v.Chr. **1,11** Mandelbaum bedeutet im Hebr. »der Wachsame« oder »der Erwachende«.

der Reiche des Nordens nach Jerusalem. Sie werden ihre Throne ganz nahe an den Stadttoren aufstellen und die Stadtmauern stürmen. Auch gegen alle anderen Städte Judas werden sie vorrücken. ¹⁶Dann werde ich endlich all das Böse richten, das mein Volk getan hat: Sie haben sich von mir abgewandt und anderen Göttern Opfergaben gebracht. Ja, sie beten Götter an, die sie selbst hergestellt haben. ¹⁷Steh auf und zieh dich an. Dann geh hinaus und sag ihnen, was immer ich dir zu sagen befehle. Fürchte dich nicht vor ihnen – sonst sorge ich dafür, dass du tatsächlich Grund hast, vor ihnen Angst zu haben! ¹⁸Du sollst wissen: Ich selbst mache dich stark wie eine uneinnehmbare Festung, wie eine eiserne Säule oder eine Mauer aus Bronzeplatten. Kein einziger von den Königen, Ministern, Priestern oder übrigen Einwohnern Judas wird sich gegen dich behaupten können. ¹⁹Sie werden wohl gegen dich kämpfen, trotzdem werden sie dich nicht bezwingen. Denn ich bin mit dir, und ich werde dich beschützen.« So hat der HERR gesprochen.

Die Klage des HERRN gegen sein Volk

2 Der HERR schickte mir eine Botschaft. Er sprach: ²»Geh und ruf allen Menschen in Jerusalem laut zu: ›So spricht der HERR: Ich denke daran, wie viel Zuneigung du mir in deiner Jugend gezeigt hast. Du hast mich geliebt, wie eine Braut ihren Bräutigam liebt. Du bist mir durch die Wüste gefolgt, durch das dürre Land. ³Damals gehörte Israel nur mir allein, so wie die erste Frucht der Ernte mir gehört. Wer meinem Volk damals etwas zu Leide tat, wurde schuldig gesprochen und Unglück kam über ihn. Ich, der HERR, habe gesprochen.

⁴Hört mein Wort, ihr Nachkommen Jakobs, ihr Sippen Israels: ⁵So spricht der HERR: Was hatten eure Vorfahren an mir auszusetzen, dass sie sich von mir entfernten? Sie sind bedeutungslosen Göttern nachgelaufen und sind dadurch selbst bedeutungslos geworden. ⁶Sie fragten nicht mehr nach mir, der ich sie doch aus Ägypten geführt habe! Dabei habe ich sie sicher durch die Wüste geleitet – durch eine Wüste voller Abgründe, durch ein Land der Dürre und der Dunkelheit, durch das niemand zu wandern wagt und wo kein Mensch wohnt. ⁷Ich brachte euch in ein fruchtbares Land, damit ihr genießen solltet, was das Land Gutes hervorbringt. Aber kaum wart ihr dort angekommen, habt ihr mein Land geschändet und es zu einem Land gemacht, vor dem es mich ekelt. ⁸Eure Priester haben sich nicht für mich interessiert, die Richter kannten mich überhaupt nicht! Die Führer des Volkes wollten nichts mehr mit mir zu tun haben, und die Propheten haben im Namen Baals geweissagt und sind Göttern nachgelaufen, die nicht in der Lage sind zu helfen. ⁹Deshalb klage ich euch an. Ich werde nicht aufhören, euch eure Schuld vorzuhalten. Selbst mit euren Enkelkindern werde ich noch ins Gericht gehen! Ich, der HERR, habe gesprochen.

¹⁰Fahrt doch über das Meer nach Zypern* und erkundigt euch dort; sendet Boten nach Kedar, dem Wüstenland, und forscht genau nach: Hat es so etwas jemals gegeben? ¹¹Hat ein Volk je seine Götter ausgetauscht? Und diese Götter sind nicht einmal Götter! Aber mein Volk hat seinen herrlichen Gott* gegen Götzen eingetauscht, die gar nicht in der Lage sind zu helfen.‹« ¹²Der HERR spricht: »Ihr Himmel, entsetzt euch über solch ein Verhalten! Zittert und steht starr vor Staunen! ¹³In zweifacher Hinsicht hat mein Volk gegen mich unrecht gehandelt: Mich, die Quelle des lebendigen Wassers, verlassen sie und graben sich stattdessen undichte Brunnen, die das Wasser nicht halten können.

Die Folgen der Sünde Israels

¹⁴Ist Israel denn ein Knecht oder ist es gar als Sklave geboren? Wie konnte es geschehen, dass es als Beute genommen wurde? ¹⁵Löwen haben das Maul aufgesperrt und haben dich bedroht. Das Land wurde zerstört; jetzt liegen die Städte in Trümmern; keiner wohnt mehr darin. ¹⁶Sogar die Ägypter sind aus Memfis* und Tachpanhes* gekommen und haben dich jeglicher Macht beraubt. ¹⁷Aber das hast du selbst herausgefordert! Du hast dich von mir, dem HERRN, abgewendet, schon damals, als ich dich auf deiner Wanderung führte.

¹⁸Welche Vorteile haben dir deine Bündnisse mit Ägypten und Assyrien gebracht? Willst du etwa das Wasser des Nil* oder des Euphrat* trinken? ¹⁹Du wirst durch deine eigene Schuld zugrunde gehen. Durch deine Untreue mir gegenüber forderst du die Strafe heraus. Erkenne es doch und sei dir bewusst, was für bittere Folgen es für dich hat, dass du deinen Gott verlassen hast und ihn nicht mehr achtest. Das habe ich, der HERR, der Allmächtige, gesprochen!

²⁰Schon seit jeher hast du versucht dich von mir zu befreien. Du hast dich von mir losgerissen, wie man sich von einem lästigen Joch oder von Ketten der Sklaverei befreit. ›Ich will dir nicht

---

2,10 Hebr. *Kittim*. **2,11** Hebr. *Seine Herrlichkeit*. **2,16a** Hebr. *Noph*. **2,16b** Daphne. **2,18a** Hebr. *Schihor*, das ist ein Nebenarm des Nil. **2,18b** Hebr. *des Flusses*.

JEREMIA

1	Jeremias Berufung
2–25	Die Klage des HERRN gegen sein Volk
26–35	Erzählungen über Jeremia; Verheißungen für Gottes Volk
36–45	Weitere Erzählungen: die Leidensgeschichte von Jeremia
46–51	Botschaften für fremde Völker
52	Der Fall Jerusalems

2–3
Den Götzendienst vergleicht Gott mit einer Frau, die vielen Männern nachläuft. Für Israel gibt es Hoffnung.

[Zeit der Könige und Propheten]

länger dienen‹, sagtest du. Und dann liefst du anderen Göttern nach. Wie eine Hure hast du dich ihnen hingegeben, auf jedem hohen Hügel und unter jedem dicht belaubten Baum hast du sie verehrt.
²¹Als ich dich pflanzte, wählte ich einen Weinstock edelster Herkunft. Wie konntest du zu dem wilden Wein verkommen, der du jetzt bist? ²²Und wenn du noch so viel Seife oder Lauge nehmen würdest, du kannst dich nicht rein waschen. Den Dreck deiner Schuld kannst du nicht loswerden«, spricht der HERR, der Allmächtige.

Israel, eine untreue Frau
²³»Wie könnt ihr behaupten: ›Das stimmt nicht! Wir haben nichts Böses getan! Wir sind nie anderen Göttern nachgelaufen!‹? Mach dir doch klar, was du in den Tälern getrieben hast! Führe dir dein Unrecht vor Augen! Wie eine junge Kamelstute benehmt ihr euch, die wie toll hierhin und dorthin rennt; ²⁴wie eine wilde Eselin in der Brunstzeit, die an die Freiheit der Steppe gewöhnt ist. Sie schnappt vor lauter Gier nach Luft und ist nicht zu halten. Die Hengste brauchen nicht lange nach ihr zu suchen, denn sie ist brünstig und lässt sich gerne finden. ²⁵Pass doch auf, dass du deine Füße nicht wund läufst, und achte darauf, dass du nicht verdurstest! Aber du winkst ab und sagst: ›Deine Ermahnungen sind zwecklos. Ich liebe nun einmal diese fremden Götter, es gefällt mir, ihnen nachzulaufen!‹
²⁶Wie ein Dieb kleinlaut dasteht, wenn er ertappt wird, so werden sich alle Israeliten schämen samt ihren Königen, Ministern, Priestern und Propheten. ²⁷Zu einem geschnitzten Götzenbild sagen sie: ›Du bist mein Vater‹, zu einer Säule aus Stein: ›Du bist meine Mutter, du hast mich geboren‹. Von mir aber wenden sie sich ab und drehen mir den Rücken zu. Doch wenn die Not über euch hereinbricht, dann schreit ihr nach mir, damit ich euch rette! ²⁸Wo sind denn die Götter, die ihr euch selbst gemacht habt? Lasst euch doch von ihnen in den Notzeiten helfen! Inzwischen habt ihr so viele verschiedene Götter, wie es Städte in Juda gibt. ²⁹Warum klagt ihr mich an? Ihr wolltet doch nichts mehr mit mir zu tun haben«, spricht der HERR. ³⁰»Ich habe eure Kinder bestraft, aber es ist zwecklos – ihr habt keine Lehre daraus gezogen. Ihr habt eure Propheten mit dem Schwert niedergemacht, wie ein Löwe seine Beute reißt. ³¹O mein Volk, hör die Worte des HERRN! War ich etwa eine Wüste für Israel? War ich ihm ein Land der Finsternis? Nein! Und dennoch sagt mein Volk: ›Endlich sind wir frei! Wir werden nie wieder zu dir zurückkommen.‹ ³²Vergisst eine Jungfrau ihren Schmuck oder eine Braut

S Südreich Juda   N Nordreich Israel

ihr Hochzeitskleid? Nein, niemals! Mein Volk aber vergisst mich nun schon seit ewigen Zeiten.

33Wie geschickt seid ihr darin, Liebhaber zu gewinnen. Dabei schreckt ihr sogar vor Verbrechen nicht zurück: 34Eure Kleidung ist getränkt vom Blut der Unschuldigen und Armen. Ihr habt sie umgebracht, obwohl sie nicht in eure Häuser eingebrochen sind – ihr könnt euch nicht damit herausreden, dass ihr sie in Notwehr erschlagen hättet. 35Und bei all dem behauptet ihr: ›Wir haben nichts Böses getan. Gott kann gar nicht zornig auf uns sein!‹ Ich werde euch schon allein deshalb bestrafen, weil ihr leugnet, gesündigt zu haben.

36Hierhin und dorthin – ihr flattert von einem Bundesgenossen zum anderen und bittet um Hilfe. Doch eure neuen Freunde in Ägypten werden euch genauso fallen lassen, wie Assyrien es bereits getan hat. 37Auch von ihnen werdet ihr am Ende bitter enttäuscht zurückkommen! Ihr werdet kein Glück mit diesem Bündnis haben. Denn der HERR hat diese Völker, auf die ihr euer ganzes Vertrauen gesetzt habt, verworfen.«

3 Der HERR spricht: »Wenn ein Mann sich von seiner Frau scheiden lässt und sie daraufhin einen anderen heiratet, soll er sie später nicht wieder als seine Frau annehmen. Das würde das Land unrein machen. Du aber hast schon mit so vielen Liebhabern Ehebruch begangen und meinst, du dürftest wieder zu mir zurückkommen?

2Sieh dich doch um auf den Hügeln: Gibt es einen Ort, an dem du nicht Ehebruch begangen hättest? Du hast wie ein Araber an der Straße ausgeharrt, du hast den Liebhabern bewusst aufgelauert. Du hast das Land mit deiner Hurerei und Schlechtigkeit geschändet. 3Deshalb sind die Frühjahrsregen ausgeblieben. Aber du bist eine Hure und schämst dich nicht, 4sondern wagst es, mir ins Gesicht zu sagen: ›Mein Vater, du liebst mich doch schon seit meiner Geburt. 5Du wirst mir doch nicht ewig böse sein!‹ Ja, so redest du, aber du lässt dich nicht aufhalten, immer weiter Böses zu tun.«

Juda folgt Israels Beispiel

6Während der Regierungszeit des Königs Josia sprach der HERR zu mir: »Hast du gesehen, was das treulose Israel tat? Wie eine Frau, die Ehebruch begeht, hat Israel auf jedem Hügel und unter jedem grünen Baum andere Götter angebetet. 7Ich hoffte, dass es danach zu mir zurückkehren würde; aber es kam nicht. Und seine treulose Schwester Juda hat alles mit angesehen, 8ohne daraus zu lernen. Sie wurde Zeugin, wie ich Israel wegen seines Ehebruchs die Scheidungsurkunde gab und fortjagte. Doch davon ließ sie sich nicht abschrecken: Sie hat mich genauso verlassen und ist ebenfalls zur Hure geworden. 9Mit ihrer lockeren Lebensweise – indem sie Götzen aus Holz und Stein anbetete – hat sie das ganze Land unrein gemacht. 10Juda kehrte zwar zu mir zurück, aber das war nur geheuchelt.«

Hoffnung für das störrische Israel

11Dann sprach der HERR zu mir: »Ja, Israel ist von mir weggelaufen. Trotzdem ist sein Unrecht nicht so groß wie das des treulosen Juda. 12Deshalb sollst du zum Nordreich Israel gehen und laut rufen: ›So spricht der HERR: O Israel, mein treuloses Volk, komm zu mir zurück! Ich will nicht mehr zornig auf dich sein, und weil ich gütig bin, will ich dir deine Treulosigkeit nicht ewig nachtragen. 13Aber du musst eingestehen, dass du falsch gehandelt hast. Gib zu, dass du dich von mir abgewandt und unter jedem dicht belaubten Baum fremde Götter verehrt hast. Du wolltest nicht mehr auf mich hören. So spreche ich, der HERR.‹

14Kommt zurück nach Hause, ihr ungehorsamen Kinder«, spricht der HERR, »denn ich bin euer Herr. Ich werde euch nach Zion zurückbringen – einen von hier, die anderen von dort, wo immer es euch hin verschlagen hat. 15Und ich werde euch Führer geben, die so leben, wie es mir gefällt. Sie werden euch mit Einsicht und Verständnis leiten.«

16Und weiter sprach der HERR: »Und wenn euer Land dann wieder dicht bewohnt ist, werdet ihr euch nicht mehr nach der früheren Zeit zurücksehnen, als ihr noch die Bundeslade des HERRN besessen habt. Ihr werdet sie nicht vermissen, ja, ihr werdet nicht einmal mehr an sie denken; es wird auch nie wieder eine neue Bundeslade gebaut werden. 17Zu der Zeit wird man ganz Jerusalem als Thron des HERRN bezeichnen. Dann werden alle Völker in dieser Stadt zusammenkommen und mich anbeten. Sie werden nicht weiterhin das tun, was ihr böser Wille ihnen eingibt zu tun. 18Dann werden auch die Stämme Juda und Israel gemeinsam aus dem Land im Norden zurückkehren in das Land, das ich schon euren Vorfahren gegeben habe, damit es für immer euer Erbe sei. 19Ich hatte es mir so gut gedacht, wie meine eigenen Kinder wollte ich euch behandeln. Dieses herrliche Land, das wertvollste der ganzen Welt, wollte ich euch schenken. Ich freute mich darauf, dass ihr ›mein Vater‹ rufen würdet, und glaubte, dass ihr mich nie verlassen würdet. 20Aber nein! Genauso, wie eine ehebrecherische Frau ihren Mann betrügt,

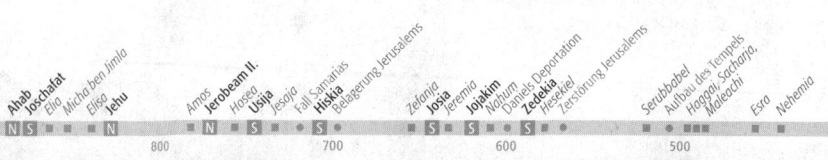

JEREMIA

1	Jeremias Berufung
2–25	Die Klage des HERRN gegen sein Volk
26–35	Erzählungen über Jeremia; Verheißungen für Gottes Volk
36–45	Weitere Erzählungen: die Leidensgeschichte von Jeremia
46–51	Botschaften für fremde Völker
52	Der Fall Jerusalems

3–5
Aufruf zur Abkehr vom Götzendienst. Jeremia trauert um Juda und hat Visionen von dessen Untergang.

[Zeit der Könige und Propheten]

S Südreich Juda   N Nordreich Israel

wart ihr mir gegenüber untreu, spricht der HERR.«
²¹Hör doch! Auf den kahlen Hügeln hört man Stimmen – es ist das Weinen und Klagen der Israeliten. Sie flehen inständig um Gnade, weil sie den HERRN, ihren Gott, vergessen hatten und von seinen Wegen abgekommen sind. ²²»Kommt doch zu mir zurück, meine Kinder, die ihr von mir weggelaufen seid!«
»Ja, hier sind wir, wir kommen wieder zu dir zurück«, antwortet das Volk, »denn du bist der HERR, unser Gott. ²³Mit unserem Götzendienst und unseren religiösen Riten auf den Hügeln und Bergen haben wir uns selbst betrogen. Nur bei dir, dem HERRN, unserem Gott, gibt es für Israel Heil und Rettung. ²⁴Von Kindheit an haben wir zugesehen, wie alles, wofür unsere Vorfahren gearbeitet haben – ihre Schafe, ihr Vieh, ihre Söhne und Töchter – für den Baalskult verschwendet wurde. ²⁵Wir schämen uns von Herzen, denn schon immer haben wir gegen dich gesündigt, wir selbst und auch unsere Vorfahren. Wir haben nie auf dich gehört.«

4 »Israel, wenn du umkehrst, wenn du wirklich zu mir umkehren willst«, spricht der HERR, »dann wirf diese widerlichen Götzen endlich weg, dann will ich dich gerne wieder annehmen. ²Und wenn du in meinem Namen schwörst, sollst du es ehrlich und aufrichtig meinen und zu deinem Wort stehen. Dann werden sich alle Völker in meinem Namen Segen wünschen und sie werden stolz darauf sein mich zu kennen.«

Das kommende Gericht über Juda
³Das sagt der HERR zum Volk von Juda und Jerusalem: »Pflügt neuen Boden! Werft eure gute Saat nicht unter die Dornen! ⁴Reinigt euren Geist und euer Herz vor dem HERRN, sonst wird mein Zorn über eure Sünden entbrennen wie ein Feuer, das niemand löschen kann. ⁵Macht es in ganz Juda bekannt, in Jerusalem sollen es alle hören. Schlagt Alarm! Überall soll das Signalhorn geblasen werden und die Menschen warnen: ›Lauft um euer Leben! Flieht in die befestigten Städte!‹ ⁶Errichtet einen Wegweiser nach Zion hin: ›Flieht sofort! Zögert nicht!‹ Denn ich bringe von Norden her schreckliches Unheil über euch.«
⁷Der Löwe ist aus seiner Höhle gekommen. Er, der ganze Völker verschlingt, hat sich aufgemacht. Er wird euer Land zu einer Wüste und eure Städte zu Trümmerhaufen machen, sodass niemand darin wohnen wird. ⁸Deshalb legt Trauerkleidung an, vergießt bittere Tränen und

klagt: »Gottes Zorn lastet immer noch schwer auf uns!«

⁹»An diesem Tag«, spricht der HERR, »werden der König und seine Minister ihren ganzen Mut verlieren. Die Priester werden vor Furcht zittern; die Propheten werden vor Entsetzen wie gelähmt sein.«

¹⁰Da erwiderte ich: »O allmächtiger HERR! Du hast dieses Volk und die Bewohner Jerusalems betrogen, denn du hast Jerusalem Frieden versprochen, aber jetzt bedroht das Schwert ihr Leben!«

¹¹Die Zeit kommt, in der der HERR zum Volk und zu ganz Jerusalem sprechen wird: »Ein Glutwind tost herab von den kahlen Höhen, direkt auf mein Volk zu. Das ist kein Wind, der dazu geeignet ist, die Spreu vom Weizen zu trennen, ¹²sondern ein tosender Sturm, den ich gesandt habe: Jetzt werde ich selbst Gericht über euch halten!«

¹³Unser Feind kommt über uns wie die Wolken! Seine Streitwagen sind wie Wirbelwinde, seine Pferde stürmen schneller heran als Adler. Wir sind nicht mehr zu retten, unser Untergang ist gewiss! ¹⁴Jerusalem, reinige dein Herz von allem Bösen, damit du gerettet werden kannst! Wie lange willst du noch böse Pläne schmieden?

¹⁵»Aus Dan erklingt eine Stimme und aus dem Gebirge Ephraim ereilt euch die Schreckensnachricht:

¹⁶»Warnt die umliegenden Völker und kündigt es Jerusalem an: Feinde kommen aus weiter Ferne und lassen ihr Kriegsgeschrei gegen Juda ertönen. ¹⁷Sie umzingeln Jerusalem wie Wächter, die ein Feld bewachen. Denn es hat sich gegen mich aufgelehnt««, spricht der HERR. ¹⁸»Mit deinem bösen Lebenswandel und deinen schlechten Taten hast du dir diese Strafe selbst eingebrockt. Ja, es ist bitter und geht dir bis ins Herz.«

Jeremia weint um sein Volk

¹⁹Ich winde mich vor Schmerzen, ich leide Qualen. Mein Herz rast. Ich kann nicht schweigen, denn ich habe die Kriegsposaunen und das Lärmen der Schlacht gehört. ²⁰Wie Wellen überrollen Niederlagen das Land – es bleibt vollständig verwüstet zurück. Von einem Augenblick auf den anderen sind sämtliche Zelte zerstört, ist jede Zuflucht vernichtet. ²¹Wie lange muss ich noch feindliche Banner sehen und Kriegsposaunen hören?

²²»Mein Volk ist töricht und kennt mich nicht«, spricht der HERR. »Sie sind unvernünftige Kinder, denen jede Einsicht fehlt. Sie wissen genau, wie man Böses tut, aber wenn es darum geht, das Richtige zu tun, fehlt ihnen jeglicher Verstand.«

Jeremias Vision des nahenden Unheils

²³Ich sah die Erde an: Sie war wüst und vollständig verlassen. Ich sah zum Himmel hinauf: Dort leuchtete kein Licht. ²⁴Ich sah zu den Hügeln und Bergen hinüber: Sie zitterten und bebten. ²⁵Ich schaute mich um – aber ich konnte keinen einzigen Menschen mehr entdecken, und es waren auch alle Vögel des Himmels fortgeflogen. ²⁶Ich schaute noch einmal um mich: Die einst so fruchtbaren Felder waren zur Wüste geworden. Die Städte lagen in Trümmern, zerschmettert vom gewaltigen Zorn des HERRN.

²⁷Er sprach: »Das ganze Land soll zu einer Wüste werden, aber ich werde es nicht bis ins Letzte vernichten. ²⁸Darüber wird die Erde trauern und der Himmel wird in Schwarz gekleidet sein. Ich habe meinen Entschluss gefasst und werde meinen Sinn nicht ändern.«

²⁹Beim Lärm der herannahenden Reiter und Bogenschützen fliehen die Menschen entsetzt aus den Städten. Sie verbergen sich im Dickicht und ziehen sich in die Berge zurück. Alle Städte sind verlassen – nicht ein Einziger bleibt zurück. ³⁰Jerusalem, was willst du tun – jetzt, wo man dich geplündert hat? Selbst wenn du dich in leuchtendes Purpur kleidest, dich mit goldenem Schmuck behängst, wenn du deine Augen sorgfältig schminkst: Es wird dir nichts nützen. Deine Liebhaber haben dich satt, sie haben sogar den Wunsch, dich zu töten.

³¹Ich höre einen lauten Schrei, wie von einer Frau, die in den Wehen liegt, einen Klagelaut wie von einer Erstgebärenden. Es ist Jerusalem*. Sie keucht, sie streckt flehend die Hände aus und bettelt um Hilfe: »Ich bin verloren! Ich bin Mördern in die Hände gefallen!«

Die Sünden Judas

5 »Lauft durch die Straßen Jerusalems«, spricht der HERR. »Schaut auf den Plätzen nach; durchsucht die ganze Stadt! Wenn ihr auch nur einen Menschen findet, der gerecht und ehrlich ist, werde ich Jerusalem von seiner Schuld freisprechen. ²Aber die Menschen erzählen nichts als Lügen, selbst dann noch, wenn sie bei meinem Namen schwören und sagen: ›So wahr der HERR lebt‹«.

³HERR, du willst, dass wir wahrhaftig sind. Du hast dein Volk geschlagen, doch sie machten sich nichts daraus. Du hast sie der Vernichtung preis-

4,31 Hebr. Zion.

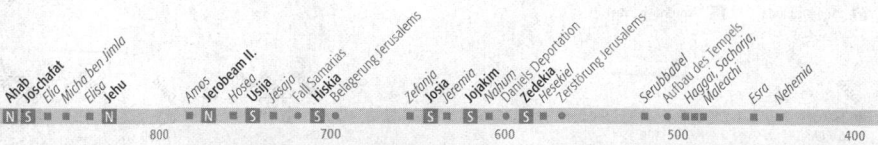

JEREMIA

1	Jeremias Berufung
2–25	Die Klage des HERRN gegen sein Volk
26–35	Erzählungen über Jeremia; Verheißungen für Gottes Volk
36–45	Weitere Erzählungen: die Leidensgeschichte von Jeremia
46–51	Botschaften für fremde Völker
52	Der Fall Jerusalems

5–6
Juda und Israel wird Gericht angekündigt. Schwere Zeiten kommen für die Bewohner Jerusalems.

[Zeit der Könige und Propheten]

gegeben, doch sie wollten sich nicht zurechtweisen lassen. Sie haben sich verhärtet und weigern sich beharrlich, ihre Taten zu bereuen.

⁴Ich dachte: ›Das sind Arme und Unwissende – was kann man denn von ihnen erwarten? Sie kennen weder die Wege des HERRN noch seine Gesetze. ⁵Ich will zu den Führern des Volkes gehen und mit ihnen reden. Diese müssen ja den Willen des HERRN und seine Gesetze kennen.‹ Doch auch sie wollen nichts mehr von ihrem Gott wissen. Sie schütteln ihn ab, wie man ein Joch abwirft oder Fesseln sprengt. ⁶Deshalb werden sie jetzt vom Löwen, der aus dem Wald hervorbricht, niedergeschlagen, vom Steppenwolf werden sie überwältigt. Der Leopard lauert vor ihren Städten und wird jeden zerfleischen, der sich vor das Tor wagt. Denn die Sünden des Volkes sind so vielfältig, und sie begehen Unrecht ohne Unterlass.

⁷»Wie könnte ich euch vergeben? Auch deine Kinder haben sich von mir abgewandt und schwören bei Göttern, die keine sind. Ich habe euch überreich mit Nahrung versorgt – und zum Dank begeht ihr Ehebruch und macht es euch im Hurenhaus gemütlich. ⁸Fette Hengste in der Brunst seid ihr: Jeder wiehert voller Gier nach der Frau des anderen. ⁹Sollte ich so etwas nicht bestrafen? Muss ich an einem solchen Volk nicht Vergeltung üben?«, spricht der HERR.

¹⁰Geht durch die Weinberge und verwüstet sie, aber zerstört sie nicht vollständig. Brecht die Äste ab, denn sie gehören nicht mehr dem HERRN. ¹¹Der HERR spricht: »Ach, die Bewohner von Israel und die Männer von Juda brachen mir die Treue! ¹²Sie haben sich von mir, dem HERRN, losgesagt, indem sie sprachen: ›Nein, er wird uns nichts tun! Bestimmt wird uns kein Unglück treffen: Wir werden weder Krieg noch Hungersnot erdulden müssen! ¹³Das, was die Propheten uns vorhergesagt haben, ist Schall und Rauch. Gott redet nicht durch diese Männer. Soll sie doch selbst das angekündigte Unheil treffen!‹« ¹⁴Deshalb spricht der HERR, der allmächtige Gott: »Weil sie solche Reden führen, sollen meine Worte in deinem Mund wie ein Feuersturm brennen. Das Volk soll wie Brennholz sein, das davon verzehrt wird.

¹⁵Ich werde ein fremdes Volk gegen euch aufhetzen«, spricht der HERR, »ein unbezwingbares Volk, ein uraltes Volk, ein Volk, dessen Sprache du nicht kennst und dessen Worte du nicht verstehst. ¹⁶Seine Waffen sind tödlich, seine Krieger lauter Helden. ¹⁷Sie werden deine Ernten und dein Getreide vernichten. Sie werden deine Kinder und alle deine Schafe und Rinder töten; deine Weinberge und deine Feigenhaine werden sie zerstören. Die befestigten Städte, in denen

S Südreich Juda   N Nordreich Israel

ihr euch so sicher fühlt, werden sie dem Erdboden gleichmachen.

¹⁸Doch auch in diesen Tagen will ich euch nicht ganz vernichten«, spricht der HERR. ¹⁹»Und wenn dein Volk fragt: ›Warum tut der HERR, unser Gott, uns das an?‹, dann sollst du ihnen antworten: ›Ihr habt ihn abgelehnt und euch fremde Götter ins Land geholt. Jetzt werdet ihr Fremden in einem Land dienen, das nicht das eure ist.‹

Warnung an das Gottesvolk

²⁰Sag den Bewohnern Israels* und mach es in Juda bekannt: ²¹›Hör mir zu, du törichtes, unvernünftiges Volk! Ihr habt doch Augen – könnt ihr nicht sehen? Ihr habt doch Ohren – könnt ihr nicht hören?* ²²Habt ihr keine Achtung vor mir?‹«, spricht der HERR. »Warum zittert ihr nicht vor Furcht in meiner Gegenwart? Ich, der HERR, habe dem Meer die Sandküste als Grenze gesetzt, eine ewige Grenze, die das Wasser nicht überschreiten kann. Die Wellen mögen brausen und brüllen, aber sie können die Grenze, die ich gesetzt habe, nicht überwinden. ²³Doch dieses Volk hat ein verstocktes, ungehorsames Herz. Sie haben sich von mir abgewandt und gehen ihre eigenen Wege. ²⁴Sie kommen gar nicht auf den Gedanken zu sagen: ›Wir wollen dem HERRN, unserem Gott, mit Ehrfurcht begegnen, denn er schickt uns im Frühjahr und Herbst rechtzeitig den Regen und schenkt uns reiche Ernten.‹ ²⁵Wegen eurer Bosheit bleiben nun Regen und Ernte aus, eure Untaten bringen euch um all das Gute. ²⁶In meinem Volk gibt es heimtückische Menschen, die ihren Opfern auflauern wie ein Jäger, der sich im Unterholz verbirgt. Sie stellen Fallen auf, um Menschen zu fangen. ²⁷Wie sich der Käfig eines Vogelfängers mit Vögeln füllt, so reichern sich ihre Häuser mit Diebesgut an. Ja, sie haben erreicht, was sie erreichen wollten: Sie sind reich geworden und haben Einfluss gewonnen. ²⁸Aber sie sind auch fett und feist geworden, und ihre Bosheit kennt keine Grenzen. Sie treten das Recht mit Füßen: Sie unterstützen die Waisen nicht und verhelfen dem Armen nicht zu seinem Recht. ²⁹Und dafür sollte ich sie nicht strafen?«, spricht der HERR. »An einem solchen Volk soll ich keine Rache nehmen?

³⁰In diesem Land geschehen widerliche und abscheuliche Dinge: ³¹Die Propheten reden Lug und Trug, die Priester herrschen nach ihrem Gutdünken. Und das Schlimmste ist: Mein Volk will es so! Doch was macht ihr, wenn ich all diesem ein Ende bereite?

Letzte Warnung an Jerusalem

6 Lauft um euer Leben, ihr Einwohner Benjamins! Flieht aus Jerusalem! Schlagt Alarm in Tekoa! Richtet in Bet-Kerem ein Zeichen auf! Von Norden zieht Unheil herauf, das dieses Volk zu vernichten droht. ²O Jerusalem*, du Schöne und Verweichlichte – ich werde dich vernichten! ³Feindliche Hirten ziehen gegen dich heran. Sie werden ihre Zelte rings um die Stadt aufschlagen und Jerusalem abweiden, sodass jeder seinen Anteil bekommt. ⁴Sie rufen: ›Rüstet euch zur Schlacht! Wir wollen noch am Mittag angreifen!‹ – ›Dazu ist es schon zu spät: Der Tag geht zu Ende, die Schatten werden länger.‹ – ⁵›Dann lass uns bei Nacht angreifen und ihre Paläste in Trümmer legen.‹«

⁶So spricht der HERR, der Allmächtige: »Fällt Bäume und macht Sturmböcke daraus. Errichtet Rampen vor den Mauern Jerusalems. Das ist die Stadt, die bestraft werden soll, denn in ihr herrscht nur Unrecht. ⁷Sie speit Böses wie ein Springbrunnen. Ihre Rücksichtslosigkeit und ihre Straftaten sind sprichwörtlich. Ständig habe ich ihre Krankheit und ihre Wunden vor Augen. ⁸Lass dich warnen, Jerusalem! Wenn du nicht hörst, werde ich mich von dir losreißen und dich zur Wüste machen, zu einem unbewohnten Land.«

⁹So spricht der HERR, der Allmächtige: »Wie ein Winzer in seinem Weinberg gründliche Nachlese hält, so sollst auch du an dem Rest, der in Israel übrig geblieben ist, gründliche Nachlese halten.«

Israels ständige Auflehnung

¹⁰»Zu wem soll ich denn noch reden? Wen soll ich warnen? Wer hört mir denn noch zu, wenn ich rede? Sie haben taube Ohren und können nicht hören. Sie machen das Wort des HERRN lächerlich und gewinnen ihm nichts ab. ¹¹Aber ich bin vom glühenden Zorn des HERRN erfüllt, und ich kann ihn kaum mehr zurückhalten!«

»Ja, dein Zorn soll sich über Jerusalem ergießen! Über die Kinder beim Spielen und über die jungen Leute. Die Männer soll er genauso treffen wie die Frauen, ebenso die Alten und Hochbetagten. ¹²Ihre Häuser, Äcker und Frauen sollen von Fremden in Besitz genommen werden. Denn ich werde mit meiner Hand die Strafe an den Bewohnern dieses Landes vollstrecken«, so ist der Ausspruch des HERRN.

¹³»Vom Niedrigsten bis zum Höchsten übervorteilen sie einander, um an sich zu reißen, was ihnen nicht gehört. Auch meine Priester und

---

5,20 Hebr. *dem Haus Jakobs*.   5,21 S. Markus 8,18.   6,2 Hebr. *Tochter Zion*.

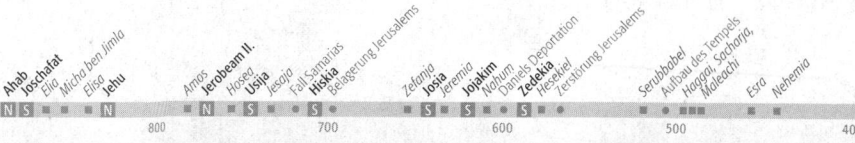

JEREMIA

1	Jeremias Berufung
2–25	Die Klage des HERRN gegen sein Volk
26–35	Erzählungen über Jeremia; Verheißungen für Gottes Volk
36–45	Weitere Erzählungen: die Leidensgeschichte von Jeremia
46–51	Botschaften für fremde Völker
52	Der Fall Jerusalems

6–7
Israel hat sich gegen Gott gewandt. Ein Feind wird kommen. Jeremia klagt das Volk im Tempel an. Gott ist zornig, weil Juda Götzen dient.

[Zeit der Könige und Propheten]

Propheten sind keine Ausnahme! ¹⁴Sie behandeln die tödlichen Wunden meines Volkes leichtfertig, als wären sie nur oberflächlich: Sie rufen: ›Heil, Heil!‹, wo doch kein Heil ist. ¹⁵Wegen dieser Taten sollten sie sich von Herzen schämen! Aber sie schämen sich nicht im Geringsten – sie werden nicht einmal rot! Doch auch sie werden fallen, wenn alles fällt: Wenn ich über sie zu Gericht sitze, werden sie stürzen«, spricht der HERR.

Israel verwirft den Weg des HERRN
¹⁶Und deshalb spricht der HERR auch: »Bleibt stehen! Schaut euch um! Erkundigt euch nach den Wegen, auf denen eure Vorfahren gegangen sind, und prüft, was der Weg ist, der mir gefällt! Auf dem sollt ihr gehen. Dann werdet ihr innerlich ruhig werden. Doch ihr entgegnet: ›Nein, auf diesem Weg wollen wir nicht gehen!‹ ¹⁷Immer wieder habe ich Wächter eingesetzt, die euch ermahnten: ›Hört auf den Klang der Trompete!‹ Doch ihr habt geantwortet: ›Nein, wir wollen uns doch gar nicht warnen lassen!‹ ¹⁸Deshalb, hört her, ihr Völker: Ihr sollt meine Zeugen sein. Achtet sorgfältig darauf, was mit meinem Volk geschehen wird. ¹⁹Die ganze Welt soll es hören: Ich werde mein Volk ins Unglück stürzen. Dieses Unglück ist der Lohn für ihre bösen Taten! Sie haben vor meinen Worten die Ohren verstopft und meine Weisungen in den Wind geschlagen. ²⁰Welchen Sinn sollte es haben, mir Weihrauch aus Saba zu opfern? Warum mir kostbare Gewürze darbringen? Eure Brandopfer will ich nicht und eure Schlachtopfer widern mich an.«

²¹Deshalb spricht der HERR: »Ich will meinem Volk Steine des Anstoßes in den Weg legen. Väter und Söhne sollen gleichermaßen über sie stolpern, Nachbarn und Freunde gemeinsam umkommen.«

Ein Überfall aus dem Norden
²²So spricht der HERR: »Seht, ein großes Volk zieht aus dem Norden heran, und vom äußersten Ende der Erde macht sich ein gewaltiges Heer gegen euch auf. ²³Seine Krieger sind bis an die Zähne bewaffnet. Sie sind grausam und kennen kein Erbarmen. Sie sprengen auf ihren Pferden heran, dass es tost wie das Brausen des Meeres. Sie haben sich zum Kampf formiert, um dich zu zerstören, Jerusalem*.«

²⁴»Ja, wir haben von dem Herannahen des Feindes gehört – und aller Mut ist uns entwichen. Wir sind gepackt von Furcht und winden uns wie eine Frau in den Wehen. ²⁵›Wagt euch

6,23 Hebr. Zion.

S Südreich Juda   N Nordreich Israel

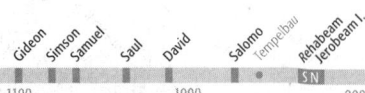

nicht mehr aus der Stadt hinaus! Nur weg von der Straße! Überall lauert der Feind, bereit zuzuschlagen!‹ Wo wir uns auch hinwenden, erwarten uns Angst und Schrecken.« ²⁶»Nun, mein Volk, kleide dich in Sack und Asche. Trauere und weine bitterlich, genauso, als wäre dein einziger Sohn gestorben. Denn ein feindliches Heer wird plötzlich über dich kommen und alles verwüsten. ²⁷Jeremia, ich habe dich zum Prüfer für mein Volk berufen. Prüfe mein Volk, wie man Metalle prüft, damit du ihren Lebenswandel erkennen und beurteilen kannst. ²⁸Sie sind allesamt widerspenstige Rebellen, voller Lüge und Verleumdung. Sie sind wie Erz und Bronze – unedle Metalle. ²⁹Obwohl der Blasebalg schnaubte, ist aus dem Feuer nur Blei geflossen. Alles Schmelzen war vergeblich, die Schlacken ließen sich nicht vom Silber trennen. ³⁰Sie sind wertloses Erz, weil ich, der HERR, sie verworfen habe.«

Jeremia spricht im Tempel

7 Der HERR gab Jeremia eine weitere Botschaft. Er sprach: ²»Stell dich am Eingang des Tempels des HERRN auf und überbring dem Volk folgende Botschaft: ›Hört die Botschaft des HERRN, ihr Bewohner Judas, die ihr durch diese Tore eintretet, um den HERRN anzubeten! ³Der HERR, der Allmächtige, der Gott Israels, spricht: Wenn ihr eure Taten und euer ganzes Leben vollständig ändert, will ich euch in diesem Land wohnen lassen. ⁴Aber fallt nicht auf Lügenworte herein, die euch versprechen, dass ihr hier sicher seid, nur weil hier der Tempel des HERRN steht. ⁵Ich sage euch: Nur wenn ihr euer Leben und euer Tun von Grund auf ändert, wenn ihr bei Meinungsverschiedenheiten gerecht miteinander umgeht, ⁶die Ausländer, Waisen und Witwen nicht übervorteilt und mit dem Morden und dem Götzendienst ein Ende macht, ⁷nur dann will ich euch hier wohnen lassen, in diesem Land, das ich euren Vorfahren gab, damit es für immer euch gehöre.

⁸Aber in Wirklichkeit vertraut ihr auf Lügenworte, die gar keinen Nutzen haben! ⁹Ihr stehlt und mordet, brecht die Ehe, haltet eure Schwüre nicht und betet den Baal und einen Haufen anderer neuer Götter an. ¹⁰Dann kommt ihr hierher in den Tempel, das Haus, das mir als Eigentum zugesprochen wurde, und sagt: »Hier sind wir sicher!« – nur um danach genauso weiterzumachen wie bisher. ¹¹Glaubt ihr denn, dass dieser Tempel, der meinen Namen trägt, eine Räuberhöhle sei?* Ja, ich sehe doch genau, wie es ist!‹«, spricht der HERR. ¹²»Geht doch einmal hinunter nach Silo, dorthin, wo früher mein Heiligtum stand. Seht doch, was wegen der bösen Taten meines Volkes Israel mit ihm geschehen ist! ¹³Ihr aber habt genau die gleichen bösen Taten getan – und obwohl ich unaufhörlich gemahnt habe, habt ihr nicht gehört. Immer wieder habe ich euch gerufen, aber ihr habt nicht geantwortet. ¹⁴Deshalb werde ich diesen Tempel, in dem ihr euch in Sicherheit wähnt, diesen Ort, den ich euch und euren Vorfahren gab, genauso zerstören, wie ich es mit meinem Heiligtum in Silo getan habe. ¹⁵Ich will euch von mir stoßen, so wie ich eure Brüder aus dem Stamm Ephraim* vertrieben habe.

Juda bleibt beim Götzendienst

¹⁶Bete nicht mehr für diese Menschen, Jeremia. Weine nicht um sie, fleh nicht für sie um Hilfe, bedräng mich nicht mit Bitten – ich würde dir sowieso nicht zuhören. ¹⁷Siehst du denn nicht, wie es in den Städten Judas und in den Straßen Jerusalems zugeht? ¹⁸Die Kinder sammeln Holz, die Väter bauen damit die Scheiterhaufen für das Opferfeuer, und die Frauen kneten den Teig, um Kuchen für die Himmelskönigin zu backen. Und vielen anderen Göttern bringen sie Trankopfer, um mich damit zu kränken. ¹⁹Verletzen sie etwa mich damit?«, fragt der HERR. »Nein, zuallererst schaden sie sich und bringen Schande über sich selbst.«

²⁰So spricht der HERR, der Allmächtige: »Mein schrecklicher Zorn soll sich über diesen Ort ergießen. Alle Menschen, die hier wohnen, die Tiere, Bäume und die ganze Ernte sollen durch das unauslöschliche Feuer meines Zorns ausgelöscht werden.«

²¹So spricht der HERR, der Allmächtige, der Gott Israels: »Macht ruhig weiter so und opfert eure Brandopfer wie ein Schlachtopfer! Esst doch auch noch das Fleisch selbst auf! ²²Als ich eure Vorfahren aus Ägypten führte, wollte ich keine Brandopfer und anderen Opfer von ihnen, ²³sondern ich forderte: ›Gehorcht mir, dann werde ich euer Gott sein und ihr werdet mein Volk sein. Tut, was ich euch sage, damit es euch gut geht!‹

²⁴Aber sie haben nicht gehorcht, sie haben nicht einmal richtig zugehört. Sie haben stattdessen getan, was ihnen in den Sinn kam und was ihr böses Herz ihnen eingab zu tun. Sie drehten mir den Rücken zu – und damit das Gesicht von mir weg. ²⁵Seit dem Tag, an dem eure Vorfahren Ägypten verließen, habe ich unaufhörlich, immer wieder, meine Propheten zu ih-

---

7,11 S. Matthäus 21,13; Markus 11,17 und Lukas 19,46.   7,15 D.i. das Nordreich von Israel.

JEREMIA

1	Jeremias Berufung
2–25	Die Klage des HERRN gegen sein Volk
26–35	Erzählungen über Jeremia; Verheißungen für Gottes Volk
36–45	Weitere Erzählungen: die Leidensgeschichte von Jeremia
46–51	Botschaften für fremde Völker
52	Der Fall Jerusalems

7–9
Der Götzendienst von Juda wird schwere Folgen haben. Jeremia beklagt die Verlorenheit und fehlende Reue und weint über Juda.

[Zeit der Könige und Propheten]

nen geschickt. ²⁶Aber sie wollten weder gehorchen noch überhaupt zuhören. Voller Starrköpfigkeit haben sie sogar noch schlimmere Untaten begangen als ihre Vorfahren. ²⁷Sag ihnen dies alles, aber erwarte nicht, dass sie dir zuhören. Selbst wenn du ihnen direkt in ihr Ohr schreist, werden sie dir nicht antworten. ²⁸Deshalb sag ihnen: ›Dies ist das Volk, das nicht auf die Stimme seines Gottes hört und das sich nicht warnen lassen will. Treue kennen sie nicht, sie reden nicht einmal mehr davon.‹«

²⁹O Jerusalem, schere dein Haupt zum Zeichen deiner Trauer, geh hinauf auf die kahlen Hügel und halte dort die Totenklage! Denn der HERR hat diese Generation, die seinen Zorn erregt hat, verworfen und vergessen.

Das Tal des Todes
³⁰»Die Bewohner Judas haben mich durch ihr Tun beleidigt«, spricht der HERR. »Sie haben ihre abscheulichen Götzen im Tempel, der meinen Namen trägt, aufgestellt und ihn damit entweiht. ³¹Im Hinnomtal haben sie die heidnischen Schreine von Tofet errichtet und verbrennen dort ihre eigenen Söhne und Töchter als Menschenopfer. Niemals habe ich dieses von ihnen gefordert; niemals wäre mir so etwas auch nur in den Sinn gekommen! ³²Deshalb seid aufmerksam, denn es wird die Zeit kommen«, spricht der HERR, »da wird man diesen Ort nicht mehr Tofet oder Hinnomtal nennen, sondern Mordtal. Man wird dort seine Toten begraben, weil man für sie sonst keinen Platz mehr findet. ³³Die Leichen meines Volkes werden von Geiern und wilden Tieren gefressen werden, und es wird keiner übrig sein, der sie verscheuchen kann. ³⁴Ich werde dem fröhlichen Singen und Lachen in den Städten Judas und in den Straßen Jerusalems ein Ende machen. Die freudigen Stimmen von Braut und Bräutigam werden nicht mehr zu hören sein. Denn das Land wird zur Wüste werden!

8 An diesem Tag«, spricht der HERR, »werden die Gebeine der Könige von Juda, die Gebeine der Oberen, die Gebeine der Priester und Propheten und auch die Gebeine der gewöhnlichen Leute Jerusalems ausgegraben werden. ²Sie werden verstreut werden, sodass sie ausgebreitet vor der Sonne, dem Mond und den Sternen liegen. Diese Gestirne haben sie ja als Götter verehrt, geliebt und angebetet! Keiner wird die Gebeine wieder einsammeln und begraben, nein, sie sollen auf dem Acker verrotten! ³Und die wenigen Überlebenden dieses treulosen Volkes werden lieber sterben wollen als dort leben,

S Südreich Juda   N Nordreich Israel

wohin ich sie verbannen werde. Ich, der HERR, der Allmächtige, habe gesprochen!

Der Betrug der falschen Propheten

4Jeremia, sag dem Volk: ›So spricht der HERR: Wenn Menschen hinfallen, stehen sie dann nicht wieder auf? Wenn sie einen falschen Weg eingeschlagen haben und ihren Irrtum erkennen, kehren sie dann nicht wieder um? 5Warum also bleiben die Menschen in Jerusalem stur weiter auf dem falschen Weg und halten sich von mir fern? Sie wollen nicht umkehren! 6Ich lausche ihren Gesprächen, und was höre ich? Keiner spricht die Wahrheit. Es gibt auch keinen, der seine bösen Taten bereut, sodass er sagt: »O nein, was habe ich nur Schreckliches getan?« Nein, jeder jagt auf dem Weg der Sünde entlang, eilends, wie ein Pferd, das in die Schlacht stürmt! 7Der Storch weiß, wann er aufbrechen muss, ebenso Taube, Kranich und Schwalbe*. Sie alle kehren jedes Jahr zur rechten Zeit zurück. Aber mein Volk weiß nicht einmal, was ich ihnen geboten habe!

8Wie könnt ihr nur sagen: »Wir sind so klug, wir besitzen doch die Gesetze des HERRN«? Das, worauf ihr euch beruft, ist doch von euren Lehrern vollständig verfälscht worden! 9Eure Weisen werden beschämt und verwirrt dastehen, sie werden sich in ihrer Weisheit widerlegt sehen. Wie können sie auf den Gedanken kommen, dass sie weise sind, wenn sie doch das Wort des HERRN verworfen haben? 10Deshalb werde ich eure Frauen anderen Männern überlassen, und Fremde sollen euer Land besitzen. Ihr alle, vom Kleinsten bis zum Größten, giert doch danach, euch zu bereichern. Selbst die Priester und Propheten lügen und betrügen, 11indem sie die tödliche Wunde meines Volkes verharmlosen. Sie trösten euch, indem sie behaupten, dass euch Heil und Frieden erwarten, wo es doch kein Heil gibt. 12Schämen müssen sie sich, denn ihre Taten sind widerlich. Aber sie können sich noch nicht einmal richtig schämen, sie erröten nicht einmal! Wenn aber der Tag kommt, an dem ich alle zur Rechenschaft ziehe, werden sie fallen‹‹, spricht der HERR. 13»Sie sind wie ein schlechter Weinstock oder ein fauler Feigenbaum: Ich finde keine Früchte an ihnen und ihre Blätter sind verwelkt. Deshalb werde ich Leute bestellen, die die wertlosen Gehölze fortschaffen. Ich, der HERR, habe gesprochen!

14Dann wird das Volk sagen: ›Warum sollen wir hier herumsitzen, bis wir sterben? Lasst uns in die befestigten Städte gehen, um dort zu sterben. Umkommen werden wir auf jeden Fall, weil der HERR, unser Gott, unsere Vernichtung bereits beschlossen hat. Weil wir uns falsch gegen ihn verhalten haben, hat er uns Gift zu trinken gegeben. 15Warum haben wir auf Frieden gehofft? Es kam doch nichts Gutes auf uns zu! Warum haben wir auf eine Zeit der Heilung gehofft? Wir haben doch nur Entsetzen gefunden. 16Unsere Feinde haben bereits die Stadt Dan erreicht. Von dort ist das Schnauben der Schlachtrösser unserer Feinde zu hören. Das ganze Land bebt schon von dem Wiehern der Pferde. Das feindliche Heer kommt heran, und es wird das Land und alles, was darin wohnt, verschlingen – Städte und Menschen.‹ 17Ich lasse Giftschlangen gegen euch los, die ihr nicht beschwören könnt«, spricht der HERR, »die sollen euch beißen.«

Jeremia weint um das sündige Juda

18Ich bin untröstlich; mir bricht das Herz. 19Hör doch: Laut ist das Weinen meines Volkes aus einem weit entfernten Land zu hören. »Hat der HERR Jerusalem verlassen?«, fragen die Menschen. »Regiert der König nicht mehr in der Stadt?« – »Warum nur haben sie mit ihren geschnitzten Götzenbildern und ihren wertlosen Göttern meinen Zorn herausgefordert?«, spricht der HERR.

20»Die Ernte ist eingebracht, der Sommer ist vorüber«, klagen die Menschen, »aber wir wurden nicht gerettet!«

21Ich bin am Boden zerstört, weil ich den Zusammenbruch meines Volkes mit ansehen muss. Trauer erfüllt mich, ich bin starr vor Entsetzen. 22Kann man denn in Gilead keine Salben mehr finden? Gibt es keinen Arzt mehr im Land? Warum konnten die Wunden meines Volkes nicht geheilt werden? 23Wären meine Augen doch Tränenquellen! Ich würde Tag und Nacht die Toten meines Volkes beweinen.

9 Hätte ich doch eine Herberge, irgendwo weitab in der Wüste! Ich würde so gern von meinem Volk weggehen, denn sie sind allesamt Ehebrecher und Betrüger. 2»Sie spannen ihre Zunge wie die Sehne eines Bogens und feuern Lügen ab wie Pfeile. Sie herrschen über das Land, indem sie betrügen. Die Wahrheit bedeutet ihnen nichts. Und an mich verschwenden sie keinen einzigen Gedanken«, spricht der HERR.

3»Nehmt euch in Acht vor euren Freunden, vertraut niemandem, nicht einmal euren Brüdern! Jeder belügt und betrügt seinen Bruder, wo er kann. Selbst der beste Freund wird ohne

---

8,7 Die Identifizierung einiger dieser Tiere ist unsicher.

JEREMIA

1	Jeremias Berufung
2–25	Die Klage des HERRN gegen sein Volk
26–35	Erzählungen über Jeremia; Verheißungen für Gottes Volk
36–45	Weitere Erzählungen: die Leidensgeschichte von Jeremia
46–51	Botschaften für fremde Völker
52	Der Fall Jerusalems

9–10
Jerusalem soll beweint werden. Gott ist der einzige Gott, im Gegensatz zu den toten Götzen.

[Zeit der Könige und Propheten]

Skrupel verleumdet. ⁴Sie überlisten sich gegenseitig, und nicht einer spricht die Wahrheit. Mit geübter Zunge verbreiten sie Lügen. Sie können schon gar nicht mehr anders handeln als böse. ⁵Einer Gewalttat folgt die nächste, und eine Lüge bringt neue Lügen hervor. Aber von mir wollt ihr nichts wissen«, spricht der HERR.

⁶Deshalb spricht der HERR, der Allmächtige: »Ich will sie in einem Tiegel schmelzen und wie Metall prüfen – was sollte ich sonst mit ihnen tun? ⁷Ihre Worte töten wie Giftpfeile, es kommen nur Lügen aus ihrem Mund. Sie geben sich nach außen hin freundlich, planen aber insgeheim schon einen Hinterhalt. ⁸Sollte ich so ein Verhalten nicht bestrafen?«, spricht der HERR. »Sollte ich mich an einem solchen Volk nicht rächen?«

⁹Ich weine und klage über die Berge, ich stimme ein Trauerlied an über die Weiden in der Steppe. Sie liegen verlassen und öde da, niemand wandert mehr durch sie hindurch. Keine Herde ist mehr zu hören. Alle Vögel sind weggezogen, die wilden Tiere sind geflohen.

¹⁰»Auch Jerusalem will ich zu einem Trümmerhaufen machen«, spricht der HERR. »Einzig Schakale sollen dort hausen. Alle Städte Judas will ich in Geisterstädte verwandeln, in denen niemand mehr wohnt.«

¹¹Wer ist so weise, dass er das versteht? Wem hat der HERR gezeigt, warum das Land völlig zerstört wurde, warum es leer und verlassen daliegt wie eine Wüste, sodass keiner mehr hindurchwandert? Wer kann es erklären? ¹²Der HERR spricht: »Weil mein Volk sich nicht um die Gebote, die ich ihnen gegeben habe, gekümmert hat, deshalb ist es so weit gekommen! Sie wollten mein Gesetz nicht kennen und schon gar nicht danach leben. ¹³Lieber taten sie, was ihnen in den Sinn kam, und rannten den Baalsgötzen hinterher, genauso, wie ihre Vorfahren es schon getan hatten. ¹⁴Deshalb hört zu, was der HERR, der Allmächtige, der Gott Israels, spricht: Sie sollen bittere Speise essen und giftiges Wasser trinken. ¹⁵Ich will sie über die ganze Welt zerstreuen. Sie sollen unter Völkern leben, die ihnen und ihren Vorfahren bislang unbekannt waren. Mit dem Schwert will ich sie verfolgen, bis sie vollständig vernichtet sind.«

Jerusalem weint

¹⁶So spricht der HERR, der Allmächtige: »»Begreift doch, was geschehen ist! Ruft die Klageweiber! Holt die weisen Frauen, sie sollen sofort mit der Totenklage über uns beginnen! ¹⁷Unsere Tränen sollen wie Bäche fließen und nicht mehr versiegen!‹ ¹⁸Von Zion hört man lautes Wehklagen: ›Wir sind verloren! Geschändet und enthert

S Südreich Juda   N Nordreich Israel

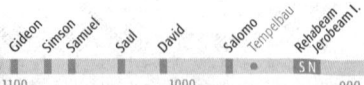

sind wir! Wir müssen unser Land verlassen, denn unsere Häuser stehen nicht mehr.«

¹⁹Ihr Frauen, hört auf die Worte des HERRN; begreift doch, was er euch sagt! Bringt euren Töchtern das Klagelied bei und lehrt einander Totengesänge: ²⁰»Der Tod ist durch unsere Fenster gekrochen und in unsere Paläste eingedrungen. Er hat alle vernichtet: die spielenden Kinder auf der Straße und die jungen Männer auf den Plätzen.« ²¹Und der HERR spricht: »Die Leichen sollen auf dem Acker verstreut liegen wie Dünger oder wie Getreidehalme, die hinter dem Schnitter zu Boden gefallen sind. Es wird keiner übrig bleiben, der sie begraben könnte.«

²²So spricht der HERR: »Der Weise soll nicht auf seine Weisheit stolz sein, der Mächtige nicht auf seine Macht und der Reiche nicht auf das, was er besitzt. ²³Wer sich rühmen will, soll sich nur wegen dieser einzigen Sache rühmen: dass er mich kennt und begreift, dass ich der HERR bin*! Ich handle liebevoll und sorge für Recht und Gerechtigkeit auf der Erde, denn das gefällt mir. Ich, der HERR, habe gesprochen!

²⁴Es kommt die Zeit«, spricht der HERR, »da werde ich alle bestrafen, die sich nur des Rituals wegen beschneiden ließen: ²⁵die Ägypter und Judäer, die Edomiter und Ammoniter, die Moabiter und die Beduinenstämme, die sich ihre Haare an den Schläfen stutzen. Das ganze Volk Israel ist für mich genauso unbeschnitten wie alle Heidenvölker. Die Heidenvölker sind zwar unbeschnitten, Israel ist jedoch am Herzen unbeschnitten.«

Götzendienst führt zum Untergang

10 Ihr Israeliten, hört, was der HERR zu euch sagt: ²»So spricht der HERR: Lasst euch nicht darauf ein, so zu leben wie die anderen Völker. Versucht nicht, wie sie eure Zukunft aus den Sternen zu lesen. Wenn sie vor irgendwelchen Himmelszeichen erschrecken, dann erschrick du nicht! ³Denn der Gottesdienst der Völker ist dumm: Ein geschnitztes Götzenbild bleibt doch ein Stück Holz, das man im Wald geschlagen hat. Es ist nicht mehr als ein kunstvolles Werk: ⁴Mit Gold und Silber hat es der Künstler schön verziert, mit Nägeln befestigt man es, damit es nicht umfällt. ⁵Und dann stehen diese Götter da wie Vogelscheuchen in einem Gurkenfeld. Sie können nicht reden und sind auch nicht in der Lage sich zu bewegen – sie müssen getragen werden! Vor solchen Götzen braucht ihr keine Ehrfurcht zu haben. Sie können euch weder schaden noch nützen.«

⁶HERR, es gibt keinen, der so ist wie du! Denn du bist groß, und Macht ist in deinem Namen. ⁷Wer sollte dich nicht fürchten, König über alle Völker? Ja, das kannst nur du allein rechtmäßig für dich beanspruchen. In allen Völkern und unter allen Weisen dieser Erde findet man keinen, der so ist wie du. ⁸Die Menschen sind alle albern und dumm: Sie beten ein Stück Holz an! ⁹Sie kaufen Silberblech aus Tarsis und Gold aus Ufas; geschickte Bildhauer und Kunstschmiede fertigen daraus eine meisterhafte Figur. Die fertigen Götzen werden von kunstfertigen Schneidern in blauen und roten Purpur gehüllt. Diese Götter sind von Handwerkern hergestellt!

¹⁰Der einzige wahre Gott ist der HERR; der lebendige Gott ist König bis in alle Ewigkeit! Wenn er zürnt, bebt die Erde, und die Völker können es nicht ertragen, wenn er grimmig ist. ¹¹Das sollt ihr denen sagen, die andere Götter anbeten: »Eure Götter, die weder Himmel noch Erde geschaffen haben, haben unter diesem Himmel nichts zu suchen und werden von der Erde verschwinden.«

¹²Gott schuf die Erde durch seine Macht, und er hat sie durch seine Weisheit fest gegründet. Er hat den Himmel ausgebreitet durch seine Einsicht. ¹³Beim Lärm des Donners lässt er Wassermassen vom Himmel herabstürzen. Er treibt die Wolken vom Ende der Erde heran und lässt im Regen Blitze vom Himmel fahren. Den Sturmwind befreit er aus seinen Kammern.

¹⁴Jeder, der Zeuge dieser Naturgewalten wird, bleibt erstarrt stehen. Er kann nicht verstehen, woher sie kommen oder wer sie erschaffen hat. Dann schämt sich jeder Goldschmied seines Kunstwerks: Sein Götze, den er gemacht hat, ist eine reine Lüge, es ist kein Hauch von Leben in ihm. ¹⁵Er ist nichts als wertloser Plunder, ein lächerliches Ding! Wenn Gott das Urteil spricht, ist es aus mit allen Götzen. ¹⁶Aber der Gott Israels* ist kein Götze wie sie. Er ist es doch, der den ganzen Weltraum geschaffen hat. Und Israel ist sein besonderes Eigentum. HERR, der Allmächtige, ist sein Name!

Der Untergang steht bevor

¹⁷Ihr, die ihr belagert werdet, schnürt euer Bündel und macht euch bereit! ¹⁸Denn so spricht der HERR: »Dieses Mal will ich die Einwohner des Landes von mir stoßen! Ich will euch in großes Unglück treiben, damit euch eure Feinde finden.«

9,23 S. 1. Korinther 1,31 u. 2. Korinther 10,17. 10,16 Hebr. *der Teil Jakobs*.

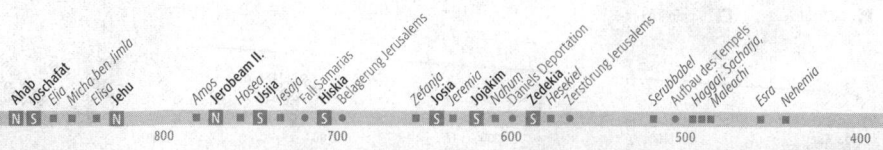

JEREMIA

1	Jeremias Berufung
2–25	Die Klage des HERRN gegen sein Volk
26–35	Erzählungen über Jeremia; Verheißungen für Gottes Volk
36–45	Weitere Erzählungen: die Leidensgeschichte von Jeremia
46–51	Botschaften für fremde Völker
52	Der Fall Jerusalems

10–12
Gott fordert Juda auf, den Bund einzuhalten. Eine Verschwörung gegen Jeremia scheitert. Jeremia zweifelt an Gott. Gott antwortet.

[Zeit der Könige und Propheten]

¹⁹Meine Wunde ist tief, mein Kummer groß. Und ich dachte zuerst, es sei nur eine Krankheit, die ich leicht überstehen würde! ²⁰Aber nun ist mein Zelt verwüstet, alle Stricke sind zerrissen. Meine Kinder wurden mir genommen, es ist mir kein einziges mehr geblieben. Ich habe keinen mehr, der mir hilft, mein Zelt wieder aufzubauen und die Decken darüber zu breiten. ²¹Die Hirten meines Volkes haben den Verstand verloren. Sie haben überhaupt nicht danach gefragt, was der HERR von ihnen will. Deshalb ist ihnen auch nichts mehr gelungen. Die ganze Herde ist ihnen davongelaufen. ²²Hört her! Ein gewaltiger Lärm brandet von Norden heran. Die Städte Judas werden zerstört werden; sie werden zur Behausung von Schakalen verkommen.

Jeremias Gebet
²³Ich weiß, HERR, dass das Leben eines Menschen nicht in seinen eigenen Händen liegt. Es kann auch niemand seinem Leben von sich aus eine bestimmte Richtung geben. ²⁴Bestrafe mich, aber tue es in Maßen. Schütte deinen Zorn nicht über mich aus, du würdest mich damit vernichten. ²⁵Gieß deinen Zorn über die Völker, die dich nicht erkennen wollen, und über die Stämme, die dich nicht anbeten. Denn sie haben dein Volk Israel* verschlungen und das Land verwüstet.

Judas Bundesbruch

11 Der HERR übermittelte Jeremia eine weitere Botschaft. Er sprach: ²»Erinnere das Volk von Juda an die Bestimmungen dieses Bundes und verkündige es den Bewohnern Jerusalems. ³Sag ihnen: ›So spricht der HERR, der Gott Israels: Verflucht sei, wer meinen Bund nicht hält! ⁴Diesen Bund gab ich euren Vorfahren, als ich sie aus der ägyptischen Knechtschaft, diesem glühenden Schmelzofen, befreite. Damals versprach ich ihnen: Wenn ihr mir gehorcht und tut, was ich euch sage, werdet ihr mein Volk sein und ich werde euer Gott sein. ⁵Dann will ich auch mein Versprechen halten, das ich euren Vorfahren gegeben habe, und will euch ein Land geben, in dem Milch und Honig überfließen – das ist das Land, in dem ihr heute lebt.‹«

Darauf antwortete ich: »So sei es*, HERR!«

⁶Dann sprach der HERR: »Ruf diese Worte in alle Städte Judas und alle Straßen Jerusalems hinein! Das sag ihnen: ›Denkt an den Bund, den eure Vorfahren mit mir geschlossen haben, und

10,25 Hebr. *Jakob*. **11,5** Hebr. *Amen*.

S Südreich Juda N Nordreich Israel

1400 v. Chr. 1300 1200 1100 1000 900

handelt dementsprechend. ⁷Denn ich habe sie eindringlich gewarnt, damals schon, als ich sie aus Ägypten führte. Bis heute wiederholte ich meine Warnung unablässig und forderte sie auf, nach meinen Weisungen zu leben. ⁸Doch eure Vorfahren achteten nicht darauf. Ja, sie hörten mir nicht einmal zu, sondern taten nur, was ihnen gerade in den Sinn kam. Deshalb habe ich auch alle Flüche über sie gebracht, die in unserem Bund genannt wurden.‹«

⁹Dann sprach der HERR erneut zu mir. Er sagte: »Die Männer von Juda und die Einwohner Jerusalems haben sich gegen mich verschworen. ¹⁰Sie handeln genauso falsch wie ihre Vorfahren. Auch sie weigern sich auf mich zu hören. Lieber laufen sie anderen Göttern nach und beten sie an. Ja, die Männer von Juda und die Bewohner Jerusalems haben den Bund gebrochen, den ich mit ihren Vorfahren geschlossen habe. ¹¹Deshalb«, spricht der HERR, »stürze ich sie in ein Unglück, dem sie nicht entkommen können. Und selbst, wenn sie mich dann bestürmen, ihnen zu helfen – ich werde sie nicht erhören. ¹²Das Volk von Juda und die Männer Jerusalems werden dann zu ihren Götzen beten und ihnen Räucheropfer darbringen. Aber das wird sie auch nicht retten können, wenn das Unglück hereinbricht! ¹³Sieh doch, Volk von Juda, inzwischen verehrst du so viele Götter, wie du Städte hast. Und wo man auch hinsieht, stehen Rauchopferaltäre für diesen widerlichen Baal – du hast davon so viele, wie es Straßen in Jerusalem gibt.

¹⁴Jeremia, du sollst nicht für diese Menschen beten! Fleh nicht für sie um Gnade und bitte mich auch nicht, ihnen zu helfen. Ich will sie nicht hören, wenn sie in ihrer Not um Hilfe schreien. ¹⁵Was will mein geliebtes Volk denn eigentlich noch in meinem Tempel? Meinen sie tatsächlich, sie könnten mit ihren Opfern und Gelübden die drohende Vernichtung abwenden? Und dann wäre alles wieder wie zuvor?

¹⁶Ich, der HERR, habe sie einst einen grünenden Ölbaum genannt, schön anzusehen und voller Früchte. Aber jetzt hört man ein lautes Prasseln: Ich habe Feuer rund um ihn herum angezündet, und seine schönen grünen Zweige verkohlen. ¹⁷Ich, der HERR, der Allmächtige, der diesen Ölbaum gepflanzt hat, habe nun seine Vernichtung beschlossen wegen all des Unrechts, das sie getan haben. Die Männer von Juda und Israel haben dem Baal Räucheropfer dargebracht – damit haben sie meinen Zorn heraufbeschworen.«

Eine Verschwörung gegen Jeremia

¹⁸Dann erzählte mir der HERR, welche Pläne meine Feinde gegen mich geschmiedet hatten. ¹⁹Ich selbst war so arglos gewesen wie ein Lamm auf dem Weg zur Schlachtbank. Ich hatte nicht den leisesten Verdacht, dass diese etwas gegen mich im Schilde führen könnten! »Wir hauen diesen Baum um, jetzt, mitten in der Blüte«, sagten sie. »Lasst uns diesen Mann töten, dann wird keiner mehr an ihn denken.«

²⁰O HERR, du Allmächtiger, du bist ein gerechter Richter und kennst jeden Menschen bis in sein Innerstes. Lass mich erleben, wie du sie wegen dieser gemeinen Pläne bestrafst. Ich habe doch meine Sache in deine Hände gelegt!

²¹Die Männer von Anatot trachteten mir nach dem Leben. Sie drohten mir und sagten: »Wir bringen dich um, wenn du nicht aufhörst, im Namen des HERRN zu sprechen!« ²²Deshalb spricht der HERR, der Allmächtige: »Ich werde sie dafür bestrafen! Ihre jungen Männer sollen in der Schlacht sterben, ihre Kinder verhungern. ²³Kein einziger von den Verschwörern aus Anatot soll überleben. Ich werde ein großes Verderben über sie bringen in dem Jahr, in dem ich sie bestrafe.«

Jeremia zweifelt an der Gerechtigkeit des HERRN

12 »HERR, du würdest immer recht behalten, wenn ich mit dir streiten wollte. Trotzdem will ich einige Rechtsfragen mit dir bereden: Warum geht es den Menschen, die gar nicht nach dir fragen, so gut? Wie kann es sein, dass ungerechte Menschen in Ruhe und Frieden leben können? ²Du hast sie selbst eingepflanzt; sie haben auch Wurzeln geschlagen. Sie gedeihen und bringen Frucht. Sie reden ständig über dich, aber in ihrem Innersten wollen sie nichts von dir wissen. ³HERR, du kennst mich durch und durch. Du kennst meine Gedanken und weißt genau, dass ich dich liebe. Schleppe diese Menschen vor den Schlächter, wie man es mit hilflosen Schafen macht! Sondere sie aus und stelle sie zu denen, die getötet werden sollen!

⁴Wie lange soll dieses Land noch weinen, wie lange das Gras auf dem Feld noch verdorren? Die wilden Tiere und Vögel sind verschwunden – und das alles nur wegen der Bosheit der Menschen. Denn die Leute sagen: ›Der HERR kann gar nicht wissen, wie es mit uns weitergehen wird!‹«

Die Antwort des HERRN

⁵Der HERR antwortete mir: »Wenn du schon müde wirst, wenn du mit Fußgängern um die Wette läufst, wie willst du dann mit Pferden mithalten? Wenn du dich nur in einem sicheren Land beschützt fühlst, was willst du dann erst

JEREMIA

1	Jeremias Berufung
2–25	Die Klage des HERRN gegen sein Volk
26–35	Erzählungen über Jeremia; Verheißungen für Gottes Volk
36–45	Weitere Erzählungen: die Leidensgeschichte von Jeremia
46–51	Botschaften für fremde Völker
52	Der Fall Jerusalems

12–14
Gott spricht zu den Nachbarvölkern. Jeremia macht ein Zeichen mit einem Leinengürtel und warnt vor Überheblichkeit.

[Zeit der Könige und Propheten]

machen, wenn du dich im Dickicht am Jordan aufhältst? ⁶Denn sogar deine eigenen Brüder und andere Verwandte haben sich gegen dich verschworen. Sie reden hinter deinem Rücken schlecht über dich. Deshalb trau ihnen nicht, selbst wenn sie freundlich mit dir reden.

⁷Ich habe mein Volk, mein besonderes Eigentum, aufgegeben. Ich habe die Menschen, die ich liebe, ihren Feinden ausgeliefert. ⁸Mein erwähltes Volk hat sich grollend gegen mich erhoben und brüllt wie ein Löwe. Deshalb hasse ich es! ⁹Das Volk, das ich mir als Eigentum erwählt habe, ist wie ein bunter Vogel geworden. Jetzt sammeln sich viele Raubvögel, um ihn herabzustoßen. Ja, alle wilden Tiere sollen herkommen! Sie sollen sich an ihm satt fressen!

¹⁰Viele Hirten sind durch meinen Weinberg gezogen, sie haben alles niedergetrampelt. Meine Felder, an denen ich so viel Freude hatte, haben sie in eine schreckliche Wüste verwandelt. ¹¹Sie haben sie zum Ödland gemacht. Traurig und verlassen liegt das Land vor mir, weil niemand es sich zu Herzen gehen lassen hat. ¹²Über alle kahlen Höhen in der Wüste fallen plündernde Heere in das Land ein. Der HERR hat einen Krieg entfacht, der die Bewohner des ganzen Landes ausrotten wird. Niemand soll davon verschont bleiben! ¹³Mein Volk hat Weizen gesät, doch es erntet Dornen. Sie haben hart gearbeitet, doch ohne Erfolg. Ihre Ernte ist ausgeblieben, weil mein Zorn sie vernichtet hat.«

Eine Botschaft für Israels Nachbarn

¹⁴So spricht der HERR: »Die Nachbarvölker, die sich an dem Land vergriffen haben, das ich doch meinem Volk Israel versprochen hatte, sollen wissen: Ich werde euch ausreißen, genauso wie ich auch den Stamm Juda ausreißen werde. ¹⁵Doch danach will ich zurückkehren und mit ihnen allen Erbarmen haben. Ich werde sie in ihre Länder zurückbringen, jedes Volk in sein eigenes Erbteil. ¹⁶Und wenn diese Nachbarvölker dann die Lebensweise und den Glauben meines Volkes annehmen, wenn sie lernen, bei meinem Namen zu schwören und zu sprechen: ›So wahr der HERR lebt‹ – so wie sie mein Volk lehrten, beim Namen des Baal zu schwören –, dann sollen sie in mein Volk eingegliedert werden. ¹⁷Jedes Volk aber, das mir nicht gehorchen will, reiße ich mitsamt der Wurzel aus und vernichte es. Ich, der HERR, habe gesprochen!«

Jeremias Leinengürtel

13 Der HERR sprach zu mir: »Kauf dir einen leinenen Gürtel und binde ihn um deinen

Bauch. Achte aber darauf, dass er nicht nass wird.« ²Ich kaufte den Gürtel, wie der HERR es mir befohlen hatte, und legte ihn an. ³Darauf sprach der HERR ein weiteres Mal zu mir: ⁴»Nimm den leinenen Gürtel, den du gekauft hast, geh zum Euphrat* und versteck den Gürtel in einer Felsspalte.« ⁵Ich ging zum Euphrat und versteckte meinen Gürtel in einer Felsspalte, so wie der HERR mich angewiesen hatte. ⁶Lange Zeit danach forderte mich der HERR auf: »Geh wieder zum Euphrat und hol den leinenen Gürtel, den du auf meinen Befehl hin dort versteckt hast.« ⁷Ich ging zum Euphrat und holte den Gürtel aus der Spalte, in der ich ihn versteckt hatte. Er war vermodert, verfault und zu nichts mehr nütze. ⁸Daraufhin erhielt ich die folgende Botschaft vom HERRN: ⁹»Der HERR spricht: Das ist ein Bild dafür, wie ich den Hochmut der Männer von Juda und Jerusalem bestrafen werde. ¹⁰Dieses boshafte Volk weigert sich auf mich zu hören. Sie folgen stur ihrem eigenen Willen und beten fremde Götzen an. Deshalb soll es ihnen ergehen wie diesem leinenen Gürtel: Verrotten sollen sie und zu nichts mehr nütze sein! ¹¹Denn so wie man sich einen Gürtel eng um den Bauch bindet, so habe ich das ganze Volk Israel und die Männer von Juda eng an mich gebunden«, spricht der HERR. »Sie sollten mein Volk sein, sollten mir Lob und Ehre bringen und meinen Ruhm verbreiten. Aber sie wollten mir nicht gehorchen.

¹²Deshalb sag ihnen: ›Der HERR, der Gott Israels, spricht: Jeder Krug wird mit Wein gefüllt.‹ Wenn sie dir antworten werden: ›Natürlich, das brauchst du uns doch nicht eigens zu sagen, dass jeder Krug mit Wein gefüllt wird!‹, ¹³dann erwidere ihnen: ›Nein, der HERR meint etwas anderes: Ich werde alle Bewohner dieses Landes mit Wein füllen, bis sie betrunken sind. Auch die Könige, die auf dem Thron Davids sitzen, die Priester und Propheten und alle sonstigen Einwohner Jerusalems sollen betrunken werden. ¹⁴Ich werde sie wie Weinkrüge einen am anderen zerschmettern, und zwar die Väter an ihren Söhnen, spricht der HERR. Und ich werde kein Mitleid mit ihnen haben. Ich werde sie schonungslos und ohne Erbarmen vernichten.‹«

Eine Warnung vor Hochmut

¹⁵Legt eure Selbstgefälligkeit ab und hört genau zu, denn der HERR hat gesprochen. ¹⁶Ehrt den HERRN, euren Gott, bevor die Nacht über euch hereinbricht. Denn ihr werdet in der Dunkelheit im Bergland stolpern und stürzen; ihr werdet verzweifelt nach Licht suchen, aber nur undurchdringliche Finsternis finden. ¹⁷Und wenn ihr dann immer noch nicht hören wollt, werde ich im Verborgenen Tränen vergießen wegen eurer Überheblichkeit. Ja, ich werde nicht aufhören zu weinen, weil die Herde des HERRN, mein Volk, in die Verbannung geführt werden wird.

¹⁸Sagt dem König und seiner Mutter: »Steigt herab von eurem Thron und kauert euch in den Staub, denn die prächtigen Kronen sind schon von euren Köpfen gefallen. ¹⁹Die Städte im Süden des Landes haben ihre Tore verschlossen, und keiner ist da, um sie zu öffnen. Das Volk von Juda wird vollständig, bis zum letzten Mann, in die Gefangenschaft verschleppt werden.

²⁰Seht die Heere, die aus dem Norden heranziehen! Wo ist die Herde, diese herrliche Herde, die dir anvertraut war? ²¹Wie wird es dir gehen, wenn der HERR deine fremden Verbündeten zu Herrschern über dich einsetzt? Du wirst dich vor Schmerzen winden wie eine Frau, die in den Wehen liegt! ²²Vielleicht fragst du dich dann: ›Warum trifft mich ein solches Unglück?‹ Du sollst wissen: Es trifft dich wegen deiner vielen Sünden! Deshalb wirst du von den einfallenden Heeren entblößt und vergewaltigt werden.

²³Kann ein Farbiger* seine Hautfarbe wechseln oder ein Leopard sein geflecktes Fell? Genauso wenig könnt ihr auf einmal Gutes tun, nachdem ihr doch immer nur Böses getan habt. ²⁴Ich werde euch zerstreuen wie Spreu, die im Wüstenwind davonfliegt. ²⁵Das soll euer Schicksal sein«, spricht der HERR, »und ich selbst habe es euch zugedacht, weil ihr mich vergessen und trügerischen Götzen vertraut habt. ²⁶Ich selbst werde dich entblößen, ja, es sollen dich alle nackt sehen. ²⁷Ich sehe doch deinen andauernden Ehebruch und höre euer geiles Wiehern! Ja, ich kenne euren widerlichen Götzendienst draußen auf den Feldern und auf den Bergen. Ich warne dich, Jerusalem: Wann wirst du endlich rein werden? Wie lange soll es noch so weitergehen?«

Dürre in Juda

14 Diese Botschaft erhielt Jeremia vom HERRN während der langen Dürrezeit: ²»Das Land Juda trauert. Im ganzen Land ist der Handel zum Stillstand gekommen. Die Menschen kauern auf dem Boden, verzweifelt und im Trauergewand, und lautes Klagen steigt aus Jerusalem auf. ³Die Reichen schicken ihre Knechte zum Wasserholen, doch die Brunnen

---

13,4 Hebr. *Perat*; so auch in 13,5.6.7. **13,23** Hebr. *Kuschiter* = Äthiopier.

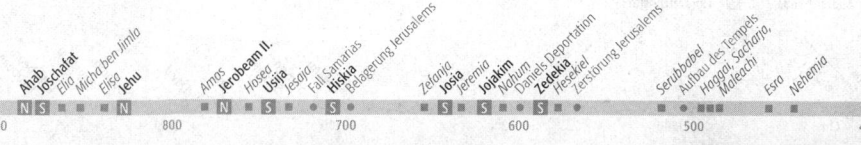

JEREMIA

1	Jeremias Berufung
2–25	Die Klage des HERRN gegen sein Volk
26–35	Erzählungen über Jeremia; Verheißungen für Gottes Volk
36–45	Weitere Erzählungen: die Leidensgeschichte von Jeremia
46–51	Botschaften für fremde Völker
52	Der Fall Jerusalems

14–15
Gott spricht während einer Dürre zu Juda. Jeremia soll nicht für sie beten. Jeremia bittet um Heilung. Gott verkündet Gericht.

[Zeit der Könige und Propheten]

sind ausgetrocknet. Die Knechte kehren mit leeren Gefäßen zurück, ohnmächtig und verzweifelt, und verhüllen vor Kummer ihr Gesicht. ⁴Wegen der langen Trockenheit ist der Boden hart und rissig geworden. Deshalb sind die Bauern voller Sorge und auch sie verhüllen ihr Gesicht. ⁵Selbst die Hirschkuh lässt ihr Neugeborenes im Stich, weil sie kein Futter mehr findet. ⁶Die wilden Esel auf den kahlen Hügeln keuchen wie durstige Schakale. Sie gehen ein, weil es nirgends mehr Gras zum Fressen gibt.«

⁷Die Leute klagen: »HERR, unsere Bosheit klagt uns an. Ja, wir haben oft gegen dich gesündigt. Hilf uns trotzdem, um der Ehre deines Namens willen! ⁸Du bist die Hoffnung für Israel, du bist unser Retter in Zeiten der Not! Warum verhältst du dich uns gegenüber wie ein Fremder, wie ein Reisender, der nur über Nacht bleibt? ⁹Warum erweckst du den Anschein, als ob du selbst den Mut verloren hättest; als wärst du ein Kriegsheld, der aber niemandem mehr zur Hilfe eilen könnte? Du bist doch mitten unter uns, HERR! Und man kennt uns als dein Volk, dein besonderes Eigentum. Lass uns jetzt nicht im Stich!«

¹⁰Doch der HERR antwortet seinem Volk: »Ihr schweift so gern umher, mal hierhin und mal dorthin, so weit euch eure Füße nur tragen. Deshalb kann ich euch nicht mehr ausstehen. Ich will nicht mehr über eure Schuld hinwegsehen, sondern euch für alle eure schlechten Taten bestrafen.«

Jeremia 23,3-6

Erwählung
Jeremia gehört zu den Propheten, die die Eroberung Israels durch die Babylonier und die Verschleppung nach Babel am deutlichsten bevorstehen sehen. In V. 8 spricht er vom »Land im Norden«.
Auch Jeremia hat aber einen klaren prophetischen Blick für den Neuanfang der Übriggebliebenen (V. 3). Er verbindet diese Erwählung eines Restes mit der Erwählung eines Königs in der Nachkommenschaft von David (V. 5-6). Wörtlich ist in V. 5 von einem »gerechten Zweig« oder »Spross« die Rede. Damit wird der *eine* gerechte Herrscher mit einer ganz ähnlichen Vorstellung verbunden, mit der Jesaja (6,13) den Rest des *Volkes* bezeichnet (ein Baumstumpf, der wieder ausschlagen kann). Die Hoffnungsbotschaft vom »Heiligen Rest« scheint auf einen einzelnen Erwählten hinauszulaufen.
(Micha 4,6-8 ««| »» Zefanja 3,12)

S Südreich Juda   N Nordreich Israel

Der HERR verbietet Jeremia, für sein Volk zu bitten

¹¹Und der HERR sprach weiter: »Du sollst mich nicht mehr für dieses Volk um Gnade bitten. ¹²Selbst wenn sie fasten, werde ich ihr Flehen überhören. Auch ihre Brandopfer und Speiseopfer werde ich verschmähen. Von mir haben sie nur noch Kriege, Hungersnöte und Pestepidemien zu erwarten.«

¹³Ich wandte ein: »HERR, du Allmächtiger, ihre Propheten versprechen ihnen doch immer wieder: ›Alles ist gut – es droht weder Krieg noch Hungersnot. Der HERR will euch an diesem Ort immerwährenden Frieden schenken.‹«

¹⁴Da antwortete mir der HERR: »Diese Propheten reden Lug und Trug in meinem Namen. Ich habe sie nicht gesandt, ich habe ihnen keine Botschaften aufgetragen und ihnen auch nicht befohlen zu reden. Sie gründen ihre Weissagungen auf Visionen und Offenbarungen, die sie gar nicht gesehen haben. Sie reden Unsinn, den sie sich selbst ausgedacht haben. ¹⁵Deshalb«, spricht der HERR, »werde ich diese Lügenpropheten bestrafen, denn sie haben in meinem Namen geweissagt, obwohl ich sie nicht geschickt habe. Sie behaupten, dass weder Krieg noch Hungersnot drohen; deshalb sollen sie selbst im Krieg umkommen oder in einer Hungersnot zugrunde gehen! ¹⁶Die Menschen aber, denen sie geweissagt haben, werden verstreut auf den Straßen Jerusalems liegen. Sie werden umgekommen sein vor Hunger oder im Krieg. Es wird keiner übrig sein, der sie begraben könnte. Männer, Frauen, Söhne, Töchter – alle werden tot sein. So will ich sie für ihre Bosheit bestrafen. ¹⁷Du aber, Jeremia, sag ihnen Folgendes: ›Tag und Nacht weine ich bittere Tränen. Ich kann nicht mehr aufhören zu weinen, denn meine jungfräuliche Tochter – mein kostbares Volk – liegt tödlich verwundet am Boden. ¹⁸Wenn ich auf die Felder hinausgehe, sehe ich die Leichen der Menschen, die im Krieg erschlagen wurden. Wenn ich durch die Straßen der Stadt laufe, sehe ich verhungernde Menschen. Und auch eure Propheten und Priester laufen umher und kennen sich nicht aus.‹«

Ein Gebet um Heilung

¹⁹HERR, hast du denn Juda ganz und gar aufgegeben? Ist dir Jerusalem* wirklich so unerträglich geworden? Warum hast du uns so geschlagen, dass es für uns keine Hoffnung auf Heilung mehr gibt? Wir warteten sehnsüchtig auf Rettung – aber es gibt keine für uns. Wir hofften darauf, wieder gesund zu werden – aber es wurde immer schrecklicher.

²⁰HERR, wir bekennen, dass wir dir gegenüber schuldig geworden sind, wir und unsere Vorfahren. ²¹Um deines Namens willen, HERR, gib uns nicht auf! Lass nicht zu, dass du und der Tempel, dein herrlicher Thron, zum Gespött werden. Brich nicht deinen Bund mit uns, vergiss uns nicht!

²²Ist denn einer der fremden Götter in der Lage, es regnen zu lassen? Oder lässt der Himmel es vielleicht von sich aus regnen? Nein, der Regen kommt allein von dir, HERR, unser Gott! Du allein bist unsere Hoffnung, denn nur du kannst uns helfen.

Judas unausweichlicher Untergang

15 Dann sprach der HERR zu mir: »Selbst wenn Mose und Samuel jetzt hier vor mir stünden und für dieses Volk um Hilfe flehten: Ich würde nicht auf sie hören. Schaff mir dieses Volk aus den Augen! Ich will nichts mehr mit ihm zu tun haben! ²Und wenn sie dich fragen: ›Wohin sollen wir gehen?‹, dann antworte: ›So spricht der HERR: Diejenigen unter euch, die für den Tod bestimmt sind, sollen in den Tod gehen; diejenigen, die für den Krieg bestimmt sind, in den Krieg; diejenigen, die für die Hungersnot bestimmt sind, in die Hungersnot; und diejenigen, die für die Gefangenschaft bestimmt sind, in die Gefangenschaft.‹ ³Ich werde auf vier verschiedene Arten Vernichtung über sie bringen«, spricht der HERR. »Zum einen das Schwert, das sie erschlägt, des Weiteren Hunde, die sie fortzerren, außerdem Geier, die sie verschlingen, und schließlich wilde Tiere, die fressen, was von ihnen noch übrig ist. ⁴So sollen sie zum Inbegriff des Entsetzens werden für alle Königreiche der Erde. Und das deswegen, weil Manasse, der Sohn Hiskias, so viel Unrecht getan hat, während er in Jerusalem als König regierte.

⁵Wer wird Mitleid mit dir haben, Jerusalem? Wer wird um dich weinen? Wer wird sich auch nur nach deinem Befinden erkundigen? ⁶Du hast mich zurückgewiesen und mir den Rücken zugekehrt«, spricht der HERR. »Deshalb werde ich meine geballte Faust erheben und dich erschlagen. Ich bin es leid, immer wieder Erbarmen mit dir zu haben. ⁷Ich werde euch gewaltsam aus euren Städten werfen, so wie man das Korn in die Luft wirft, um die Spreu vom Weizen zu trennen. Ich werde euch kinderlos machen und euch vernichten, weil ihr nicht bereit seid, von euren

---

14,19 Hebr. *Zion*.

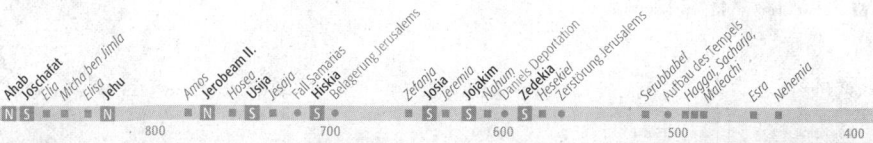

JEREMIA

1	Jeremias Berufung
2–25	Die Klage des HERRN gegen sein Volk
26–35	Erzählungen über Jeremia; Verheißungen für Gottes Volk
36–45	Weitere Erzählungen: die Leidensgeschichte von Jeremia
46–51	Botschaften für fremde Völker
52	Der Fall Jerusalems

15–17
Jeremia klagt vor Gott, welcher antwortet. Jeremia soll nicht heiraten. Juda soll bestraft werden.

[Zeit der Könige und Propheten]

falschen Wegen umzukehren und euch wieder mir zuzuwenden.

⁸Es wird bei euch mehr Witwen geben, als es Sandkörner am Strand des Meeres gibt. Tod und Verderben sollen über die Mütter der jungen Männer kommen und sie urplötzlich mit Angst und Schrecken erfüllen. ⁹Die Mutter, die sieben Söhnen das Leben geschenkt hat, sinkt gebrochen vor Trauer nieder, sie keucht und ringt nach Luft: Keiner der Söhne ist am Leben geblieben. Die Sonne hat am helllichten Tag ihren Schein verloren. Nun steht sie fassungslos da und ist am Boden zerstört. Sie gehört nun zu den Kinderlosen, ist erniedrigt und in Schande gestürzt. Und den, der von meinem Volk noch am Leben geblieben ist, will ich dem Feind ausliefern, damit er getötet wird«, spricht der HERR.

Jeremias Klage

¹⁰Da sagte ich: »Wie geht es mir schlecht, meine Mutter! Oh, warum hast du mich nur geboren! Wo ich auch hinkomme, hasst man mich. Ich bin weder ein Gläubiger, der sein Geld fordert, noch ein Schuldner, der sich weigert zu zahlen – und doch verfluchen mich alle.«

¹¹Der HERR antwortete: »Es wird alles wieder gut werden für dich, Jeremia. Ich werde es so fügen, dass deine Feinde dich um Hilfe bitten werden, wenn Notzeiten oder Zeiten des Unglücks über sie hereinbrechen. ¹²Kann man Eisen aus dem Norden und Kupfer zerbrechen? ¹³Weil mein Volk gegen mich gesündigt hat, werde ich allen seinen Reichtum und seine Schätze zur Plünderung freigeben. ¹⁴Ich werde euch zu Gefangenen machen, die ihren Feinden im fremden Land dienen müssen. Denn mein Zorn hat sich wie Feuer entzündet – er lodert gegen euch und wird euch verbrennen.«

¹⁵Da sagte ich: »HERR, du siehst doch alles! Denk an mich und setz dich für mich ein. Bestrafe meine Verfolger. Lass nicht zu, dass sie mich töten! Denk doch daran, dass ich um deinetwillen leide! ¹⁶Deine Worte sind mein Leben. Ich freue mich von Herzen, wenn du mit mir redest, denn ich gehöre dir, HERR, du Allmächtiger. ¹⁷Nie nahm ich an den Festen teil, bei denen die Menschen ihre Scherze machen, ich saß stets allein für mich, niedergedrückt von der Last des Zorns, den du mir auferlegt hast. ¹⁸Warum muss ich endlos leiden? Warum sind meine Wunden unheilbar? Du hast mich im Stich gelassen wie ein Bach, der im Sommer austrocknet und kein Wasser mehr gibt.«

¹⁹Der HERR antwortete mir: »Wenn du anderen Sinnes wirst und zu mir zurückkommst, will ich dich wieder in meinen Dienst aufnehmen. Wenn du keine unwürdigen Worte mehr von

S Südreich Juda   N Nordreich Israel

dir gibst, sondern nur noch Worte, die es wert sind, ausgesprochen zu werden, darfst du weiterhin mein Bote sein. Dann werden alle, unter denen du jetzt leidest, auf dich hören. Du selbst sollst dich aber nicht von ihnen beeinflussen lassen! ²⁰Ich werde dich diesem Volk gegenüber zu einer Mauer aus Erz machen; sie werden dir nichts anhaben können, selbst wenn sie noch so sehr gegen dich anstürmen sollten. Denn ich bin bei dir, um dir zu helfen und dir den Sieg zu schenken. Ich, der Herr, habe gesprochen! ²¹Ja, ich will dich aus der Hand der Bösen reißen und aus der Faust der Gewalttätigen befreien.«

Jeremia darf nicht heiraten

16 Der Herr gab mir eine weitere Botschaft: ²»Du sollst an diesem Ort weder heiraten noch Kinder zeugen. ³Denn der Herr kündigt Folgendes an über die Kinder, die in diesem Land geboren werden, über ihre Mütter, die sie zur Welt bringen, und über ihre Väter, die sie an diesem Ort zeugen: ⁴Sie sollen auf schreckliche Art und Weise sterben und keiner wird da sein, der sie betrauert oder bestattet; auf freiem Feld werden sie verrotten. Sie sollen im Krieg oder vor Hunger sterben, ihre Leichen von Aasgeiern und wilden Tieren gefressen werden.«

Judas Strafe

⁵Der Herr spricht: »Geh nicht zu ihren Begräbnissen oder in ihre Trauerhäuser. Sprich ihnen kein Beileid aus, denn ich habe ihnen meinen Frieden entzogen. Ich will ihnen keine Liebe mehr entgegenbringen und kein Mitleid. ⁶Alle sollen sie sterben, ob Groß oder Klein, ohne bestattet zu werden. Und niemand wird um sie trauern. Ihre Freunde werden sich nicht zum Zeichen der Trauer die Haut blutig ritzen noch den Kopf kahl rasieren. ⁷Keiner wird da sein, der versucht die Trauernden zu trösten, indem er sie zum Essen einlädt; keiner wird einen Becher Wein bringen, um Trost zu spenden, die Vater oder Mutter verloren haben.

⁸Betritt kein Haus, in dem gefeiert wird, du sollst dort weder essen noch trinken. ⁹Der Herr, der Allmächtige, der Gott Israels, spricht: Noch zu euren Lebzeiten werde ich dem Singen und Lachen in diesem Land ein Ende machen – ihr werdet es mit euren eigenen Augen sehen. Selbst die fröhlichen Stimmen der Braut und des Bräutigams werden verstummen.

¹⁰Wenn du den Menschen das alles ankündigst, werden sie dich fragen: ›Warum hat der Herr beschlossen, uns so etwas Furchtbares anzutun? Womit haben wir das verdient? Was haben wir getan, das in den Augen Gottes nicht richtig war?‹ ¹¹Dann antworte ihnen: ›So lautet die Antwort des Herrn: Schon eure Vorfahren waren mir untreu. Sie haben andere Götter angebetet und ihnen gedient. Sie wollten mit mir nichts mehr zu tun haben; sie wollten auch meine Gesetze nicht halten. ¹²Und ihr seid sogar noch schlimmer als sie! Jeder tut nur das, was sein böses Herz ihm eingibt, keiner hört auf mich. ¹³Deshalb will ich euch aus diesem Land hinauswerfen und euch wegführen lassen in ein fremdes Land, das ihr nicht kennt und das auch eure Vorfahren nicht kannten. Dort könnt ihr gern fremde Götter anbeten – ich will dann ohnehin kein Erbarmen mehr mit euch haben.‹«

Hoffnung im Unglück

¹⁴»Aber eines könnt ihr mit Sicherheit wissen: Es kommt die Zeit«, spricht der Herr, »da wird keiner mehr beim Schwören sagen: ›So wahr der Herr lebt, der das Volk Israel aus Ägypten geführt hat.‹ ¹⁵Stattdessen werden sie sagen: ›So wahr der Herr lebt, der das Volk Israel aus dem Land im Norden zurückgebracht hat und aus all den anderen Ländern, in die er es vertrieben hatte‹. Denn ich werde sie in das Land zurückbringen, das ich ihren Vorfahren gab.

¹⁶Erst einmal aber schicke ich viele Fischer, die sie fangen sollen«, spricht der Herr. »Ich sende zahlreiche Jäger aus, die sollen sie über alle Berge und Hügel hinweg jagen und in den Höhlen aufstöbern. ¹⁷Denn ich beobachte sie genau, und alles Böse, das sie tun, liegt offen vor mir. ¹⁸Ich werde sie doppelt für ihre Sünden bestrafen, denn sie haben mein Land mit ihren abscheulichen Götzen beschmutzt und haben überall in meinem Land diese widerlichen Götterfiguren aufgestellt.«

Jeremias Gebet um Zuversicht

¹⁹Herr, du beschützt mich, du bist meine Stärke, zu dir kann ich in Zeiten der Not fliehen! Völker aus aller Welt werden zu dir kommen und sagen: »Unsere Vorfahren haben auf Lug und Trug gebaut, denn sie vertrauten auf Götter, die keine Macht hatten zu helfen. ²⁰Wie können Menschen sich selbst Götter herstellen? Das sind doch keine Götter!«

²¹»Dieses Mal werde ich ihnen meine Macht und Stärke zeigen«, spricht der Herr. »Denn sie sollen erkennen, dass ich der Herr bin.«

Judas Sünde und Strafe

17 Der Herr spricht: »Die Sünde meines Volkes ist mit diamantenem Griffel in

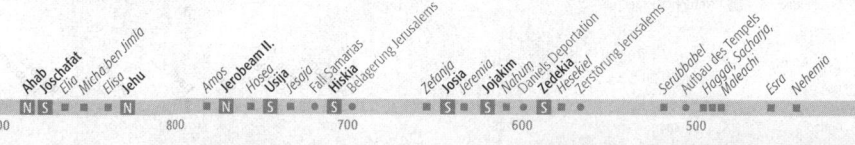

JEREMIA

1	Jeremias Berufung
2–25	Die Klage des HERRN gegen sein Volk
26–35	Erzählungen über Jeremia; Verheißungen für Gottes Volk
36–45	Weitere Erzählungen: die Leidensgeschichte von Jeremia
46–51	Botschaften für fremde Völker
52	Der Fall Jerusalems

17–18
Gott kennt das Herz des Menschen. Jeremia betet und soll in den Stadttoren stehen und an das Sabbatgebot erinnern. Gott sendet Jeremia zum Töpfer.

[Zeit der Könige und Propheten]

ihre Herzen und mit eisernem Meißel in die Hörner ihrer Altäre eingeritzt. ²Sie kümmern sich um die Götzenaltäre und die Standbilder der Aschera wie um ihre eigenen Kinder; unter jedem grünen Baum und auf jedem Hügel beten sie die Götzen an. ³Ich gebe eure Reichtümer und Schätze – zusammen mit den heidnischen Opferstätten – euren Feinden zur Plünderung frei, weil ihr überall im Land gegen mich gesündigt habt. ⁴Ihr werdet das Land, das ich euch als Erbe zugedacht habe, verlassen müssen – das habt ihr euch selbst zuzuschreiben wegen eures falschen Verhaltens. Ihr werdet euren Feinden als Knechte dienen müssen, in einem fremden Land, das ihr noch nie gesehen habt. Denn ihr habt meinen Zorn wie ein Feuer entfacht, das nie wieder gelöscht werden kann.«

Weisheit vom HERRN
⁵So spricht der HERR: »Verflucht sei, wer sich von mir abwendet und sich nur noch auf Menschen oder seine eigene Kraft verlässt. ⁶Der ist wie ein kümmerlicher Wacholderstrauch in der Wüste, der versucht, auf salzigem, unfruchtbarem Boden zu wachsen – er wird nicht viel Glück haben. ⁷Aber Segen soll über den kommen, der seine ganze Hoffnung auf den HERRN setzt und ihm vollkommen vertraut. ⁸Dieser Mann ist wie ein Baum, der am Ufer gepflanzt ist. Seine Wurzeln sind tief im Bachbett verankert: Selbst in glühender Hitze und monatelanger Trockenheit bleiben seine Blätter grün. Jahr für Jahr trägt er reichlich Frucht.
⁹Nichts auf dieser Welt ist so hinterhältig und verschlagen wie das Herz des Menschen. Wer kann es durchschauen? ¹⁰Nur ich, der HERR, kann es! Ich prüfe jeden Menschen bis in sein tiefstes Innerstes hinein. Ich werde jedem das geben, was er für seine Taten verdient.«

Jeremias Vertrauen zum HERRN
¹¹Wer Reichtum erwirbt, indem er lügt und betrügt, ist wie ein Rebhuhn, das Eier ausbrütet, die es nicht gelegt hat: Mitten im Leben wird er seine Schätze wieder verlieren, und am Ende steht er da wie ein Narr.
¹²Der Ort unseres Tempels ist ein herrlicher Thron. Er ist über alle Welt erhöht, von Anfang an. ¹³HERR, du bist die Hoffnung Israels! Wer sich von dir löst, wird scheitern, und wer von dir abfällt, dessen Name wird wie in den Staub geschrieben sein und schnell vergehen. Denn er hat den HERRN verlassen, die Quelle des lebendigen Wassers.
¹⁴Heile du mich, HERR, dann werde ich gesund, hilf du mir, dann ist mir geholfen. Ich preise nur dich allein! ¹⁵Die Menschen lachen mich aus und

S Südreich Juda   N Nordreich Israel

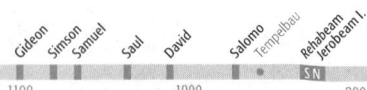

sagen: »Was ist nun mit dieser ›Botschaft des HERRN‹, von der du immer redest? Das angekündigte Unheil trifft doch gar nicht ein!«
¹⁶HERR, ich habe die Aufgabe, die du mir aufgetragen hast, treu erfüllt. Ich war der Hirte deines Volkes, wie du es gefordert hast. Du weißt, dass ich nie wollte, dass Unheil über sie hereinbricht. Du kennst jedes Wort, das über meine Lippen gekommen ist. ¹⁷Nimm mir nicht jegliche Hoffnung! Zu dir will ich doch fliehen, wenn Unglück über mich kommt! ¹⁸Bring Schande und Schrecken über alle, die mich verfolgen, aber nicht über mich! Lass über sie den Tag des Unheils hereinbrechen und zerschlage sie mit doppelter Vernichtung.

Das Sabbatgebot

¹⁹Da befahl mir der HERR: »Stell dich in die Stadttore von Jerusalem, zuerst in das Tor, durch das die Könige ein- und ausziehen, danach auch in alle anderen Tore. ²⁰Sag dem Volk: ›Hört, was der HERR euch zu sagen hat, ihr Könige Judas, du Volk von Juda und alle Einwohner Jerusalems, die ihr durch diese Tore geht! ²¹Der HERR spricht: Wenn ihr am Leben bleiben wollt, müsst ihr damit aufhören, am Sabbat Lasten zu tragen und Waren durch die Tore nach Jerusalem hineinzubringen. ²²Tragt am Sabbat auch nichts aus euren Häusern hinaus. Der Sabbat soll ein heiliger Tag für euch sein. Lasst deshalb an diesem Tag alle Arbeit ruhen. Das habe ich schon euren Vorfahren befohlen, ²³aber sie haben nicht gehorcht und wollten nicht auf mich hören. Sie weigerten sich eigensinnig, meine Warnung anzunehmen.

²⁴Hört aber ihr doch jetzt auf mich! Ich, der HERR, verspreche euch: Wenn ihr am Sabbat die Arbeit ruhen lasst und keine Lasten durch diese Tore nach Jerusalem hineintragt, sondern den Sabbat heilig haltet, ²⁵werden weiterhin Könige aus dem Hause Davids mit ihren Pferden und Wagen durch diese Tore in die Stadt einziehen. Sie werden mit ihren Fürsten kommen, begleitet von den Männern des Stammes Juda und von allen Einwohnern Jerusalems. Dann soll die Stadt für immer bewohnt bleiben. ²⁶Und aus dem ganzen Hinterland von Jerusalem, aus den Städten Judas und dem Land Benjamin, aus den westlichen Ausläufern der Berge, aus dem Hügelland und aus dem Negev werden die Menschen hierher zum Tempel kommen. Sie werden ihre Opfer vor den HERRN bringen: Brandopfer und Schlachtopfer, Speiseopfer, Dankopfer und Weihrauch.

²⁷Wenn ihr aber nicht auf mich hört und euch am Sabbat genauso verhaltet wie an jedem anderen Tag, wenn ihr am Sabbat Lasten tragt und Waren durch die Tore nach Jerusalem bringt, dann werde ich Feuer an diese Tore legen. Dieses Feuer wird die Paläste Jerusalems vollständig niederbrennen, und keiner wird die rasenden Flammen löschen können.‹«

Der Ton und der Töpfer

18 Der HERR gab Jeremia eine weitere Botschaft. Er sprach: ²»Geh zu der Werkstatt des Töpfers hinunter. Ich will dir dort etwas sagen.« ³Ich ging zur Töpferwerkstatt und traf den Töpfer an seiner Töpferscheibe an. ⁴Wenn ein Gefäß, an dem er arbeitete, seinen Erwartungen nicht entsprach, nahm er den Ton und formte ein neues Gefäß daraus, bis es genau so aussah, wie er es haben wollte.

⁵Da sagte mir der HERR Folgendes: ⁶»Israel, warum sollte ich es mit dir nicht genauso machen können wie dieser Töpfer? Wie der Ton in der Hand des Töpfers, so bist du in meiner Hand. ⁷Manchmal drohe ich an, dass ich ein Volk oder ein Königreich ausrotten, vernichten und vom Erdboden vertilgen will. ⁸Wenn die Menschen dann aber einsehen, dass ihre Taten schlecht waren, und daraufhin alles Böse lassen, werde ich meinen Entschluss ändern. Dann soll das Unheil, welches ich vorgesehen hatte, nicht über sie hereinbrechen. ⁹Andererseits gilt aber auch: Wenn ich ankündige, dass ich ein Volk oder Königreich einpflanzen und gedeihen lassen will, ¹⁰dieses Volk dann aber nur Böses tut und mir nicht gehorcht, dann soll all das Gute, das ich für dieses Volk geplant hatte, nicht eintreffen.

¹¹Deshalb, Jeremia, sollst du alle Männer von Juda warnen, ganz besonders aber die Bewohner Jerusalems. Sag ihnen: ›So spricht der HERR: Ich plane Schreckliches und will Unheil über euch bringen. Aber kehrt doch um, und zwar jeder Einzelne von euch! Tut, was recht ist, und wendet euch von euren falschen Wegen ab!‹ ¹²Doch sie werden dir antworten: ›Spar dir deine Worte! Wir wollen weiter so leben wie bisher – eigensinnig und böse, gerade, wie es uns unser Herz sagt.‹«

¹³Deshalb spricht der HERR: »Hört euch doch bei den anderen Völkern um, ob man so etwas schon erlebt hat! Israel hat Abscheuliches getan! ¹⁴Schmilzt der Schnee jemals hoch oben im felsigen Gebirge des Libanon? Oder trocknen die eisigen Ströme je aus, die doch von fernen Quellen gespeist werden? ¹⁵Aber mein Volk hat mich vergessen: Sie opfern nutzlosen Götzen. Diese verführten sie und brachten sie von den alten, guten Wegen ab, sodass mein Volk jetzt auf Trampelpfaden vor sich hin stolpert. ¹⁶Deshalb ist ihr

JEREMIA

1	Jeremias Berufung
2–25	Die Klage des HERRN gegen sein Volk
26–35	Erzählungen über Jeremia; Verheißungen für Gottes Volk
36–45	Weitere Erzählungen: die Leidensgeschichte von Jeremia
46–51	Botschaften für fremde Völker
52	Der Fall Jerusalems

18–20
Jeremia wird zum Ziel einer Verschwörung. Zeichenhandlung mit Tonkrug. Paschhur lässt Jeremia gefangen nehmen.

[Zeit der Könige und Propheten]

Land zu einem abschreckenden Beispiel geworden, zur Zielscheibe des Spottes. Wer daran vorbeikommt, graut sich und schüttelt entsetzt den Kopf. ¹⁷Ich lasse Feinde über mein Volk kommen, die sie in alle Richtungen vertreiben werden, so, wie der Ostwind den Staub verweht. Wenn sie dann, an jenem Tag, in tiefster Not zu mir schreien werden, will ich ihnen meinen Rücken zuwenden und ihnen keine Hilfe zukommen lassen.«

Eine Verschwörung gegen Jeremia
¹⁸Da sagten sich die Leute: »Wir müssen etwas gegen Jeremia unternehmen, um ihn loszuwerden. Es stimmt doch nicht, dass unsere Priester nicht mehr richtig die Gesetze auslegen können. Beraten uns unsere Weisen etwa nicht mehr recht oder sind unsere Propheten nicht mehr in der Lage uns zu weissagen? Kommt, wir schlagen ihn mit seinen eigenen Worten! Und ansonsten kümmern wir uns nicht um das, was er sagt.«
¹⁹HERR, achte doch auf mich! Hörst du nicht, was sie gegen mich reden? ²⁰Dürfen sie wirklich Gutes mit Bösem vergelten? Sie haben mir eine tödliche Falle gestellt – dabei bin ich doch zu dir gekommen, um für sie zu bitten, und habe versucht, deinen Zorn von ihnen abzuwenden! ²¹Lass ihre Kinder verhungern! Sie sollen von den Schwertern der Feinde durchbohrt werden! Ihre Frauen sollen kinderlos und zu Witwen werden, wenn die Pest wütet und ihre Männer dahinrafft! Ihre jungen Männer sollen in der Schlacht fallen! ²²Lautes Klagen soll aus ihren Häusern schallen, wenn die Feinde hinterrücks über sie herfallen! Denn sie haben eine Grube gegraben, haben heimlich Fallen aufgestellt für meine Füße, um mich zu fangen.
²³HERR, du kennst ihre Mordpläne, die sie gegen mich geschmiedet haben: Vergib ihnen niemals dieses Verbrechen und vergiss ihnen diese Sünde nicht. Sie sollen verurteilt vor dir zu Boden fallen. Rechne mit ihnen ab, wenn du Gericht halten wirst!

Jeremias zerschmetterter Krug
19 Da sagte der HERR zu mir: »Geh und kauf dir einen Tonkrug. Dann nimm einige der Oberen des Volkes mit dir und etliche der vornehmsten Priester und geh ²hinunter für das Scherbentor im Hinnomtal. Ruf dort laut die Worte, die ich dir sagen werde. ³Das sollst du sagen: ›Hört die Botschaft des HERRN, ihr Könige Judas und ihr Einwohner Jerusalems! So spricht der HERR, der Allmächtige, der Gott

Israels: Lasst es euch gesagt sein: Ich werde so schreckliches Unheil über diesen Ort bringen, dass denen, die davon hören, die Ohren gellen werden! ⁴Denn sie haben mich verlassen und haben dieses Tal entweiht, indem sie fremden Göttern geopfert haben – Göttern, die keiner kannte, weder sie noch ihre Vorfahren noch die Könige von Juda. Weiterhin haben sie diesen Ort mit dem Blut Unschuldiger besudelt. ⁵Sie haben Kultstätten errichtet für den Baal, um dort ihre Kinder als Opfer zu verbrennen. So etwas habe ich nie geboten und auch nie angeordnet, es wäre mir auch nicht in den Sinn gekommen, so etwas je zu fordern! ⁶Das sage ich euch aber: Die Zeit wird kommen, spricht der HERR, da wird dieser Ort nicht mehr Tofet* oder Hinnomtal, sondern Mordtal genannt werden. ⁷An diesem Ort will ich die Pläne, die die Männer Judas und Jerusalems schmieden, zerschlagen. Auf der Flucht vor ihren Feinden sollen sie fallen, ihre Todfeinde sollen sie mit dem Schwert töten. Ihre Leichen gebe ich den Geiern und wilden Tieren zum Fraß. ⁸Diese Stadt werde ich zum abschreckenden Beispiel und zur Zielscheibe des Spottes machen. Jeder, der vorüberkommt, wendet sich entsetzt ab und spottet über ihre Plagen. ⁹Eure Feinde und die, die euch nach dem Leben trachten, werden eure Stadt belagern. Und zwar so lange, bis ihr vor lauter Hunger das Fleisch eurer eigenen Söhne und Töchter esst und euch gegenseitig abschlachten werdet.‹

¹⁰Dann, Jeremia, sollst du vor den Augen der Männer, die mit dir hinunter zum Tor gegangen sind, den Krug zerschmettern, den du gekauft hast. ¹¹Sag ihnen: ›Der HERR, der Allmächtige, spricht: Ich werde dieses Volk und die Stadt Jerusalem zerschmettern, so wie man Tonkrüge zerschmeißt – sind sie einmal zerbrochen, kann man sie nicht mehr reparieren. Und man wird sie im Tofet begraben, weil nirgendwo sonst Platz für ein Begräbnis vorhanden ist. ¹²Das alles will ich diesem Ort und seinen Bewohnern antun, spricht der HERR. Diese Stadt soll dem Tofet gleich werden. ¹³Die Häuser in Jerusalem und die Paläste der Könige von Juda sollen genauso unrein werden wie der Tofet: nämlich alle Häuser, auf deren Dächern ihr den Sternen Rauchopfer gebracht und fremden Götzen Trankopfer ausgegossen habt.‹«

¹⁴Als Jeremia vom Tofet zurückkam, wo er die Botschaft des HERRN überbracht hatte, stellte er sich in den Vorhof des Tempels des HERRN und sagte zu allen, die dort versammelt waren: ¹⁵»So spricht der HERR, der Allmächtige, der Gott Israels: ›Ich werde das Unheil, das ich angekündigt habe, über diese Stadt und die umliegenden Städte bringen. Denn ihr habt euch hartnäckig geweigert auf meine Worte zu hören.‹«

Jeremia und Paschhur

20 Paschhur, der Sohn Immers, war zu dieser Zeit Oberaufseher im Tempel des HERRN. Als er die Worte hörte, die Jeremia weissagte, ²ließ er ihn auspeitschen und brachte ihn ans Benjamintor, das am oberen Tor des Tempels liegt. Dort schloss er Jeremias Hände und Füße in den Block.

³Am nächsten Tag ließ Paschhur ihn wieder frei. Da sagte Jeremia zu ihm: »Der HERR hat dir einen neuen Namen gegeben. Von jetzt ab nennt er dich nicht mehr Paschhur, sondern ›Überall herrscht Grauen!‹* ⁴Denn so spricht der HERR: ›Ich mache dich zum großen Schrecken – für dich selbst und alle deine Freunde. Sie werden durch das Schwert ihrer Feinde sterben. Und du wirst es mit deinen eigenen Augen mit ansehen müssen. Das ganze Volk von Juda will ich in die Gewalt des babylonischen Königs geben. Er wird sie als Gefangene nach Babel bringen oder mit dem Schwert töten. ⁵Und alles, was Jerusalem besitzt, soll den Feinden als Beute zufallen: Der ganze Reichtum, die vielen Kostbarkeiten, selbst die Schätze der Könige von Juda sollen nach Babel geschafft werden. ⁶Du aber, Paschhur, sollst mit deiner ganzen Familie gefangen nach Babel verschleppt werden. Dort wirst du sterben und begraben werden: du und alle deine Freunde, denen du falsch geweissagt hast.‹«

Jeremias Klage

⁷O HERR, du hast mich überredet, und ich habe mich überreden lassen. Du hast mich überwältigt und den Kampf gewonnen. Für alle Welt bin ich zur Zielscheibe des Spottes geworden – tagaus, tagein. ⁸Wann immer ich auch rede, immer muss ich rufen: »Gewalt und Zerstörung kommt über euch!« Die Worte des HERRN haben mir nur Schmach und Schande eingebracht. ⁹Manchmal will ich aufgeben und sage mir: »Ich will meinen Auftrag vergessen, ich will nicht mehr im Namen des HERRN reden!« Dann aber brennt es in mir wie ein rasendes Feuer. Und so sehr ich mich mühe, es zu ertragen: Ich kann es einfach nicht!

19,6 Wörtl. *Feuerstätte* oder *Stätte der Unreinheit.* **20,3** Hebr. *Magor-missabib,* d.h. »von Schrecken umgeben«; so auch in 20,10.

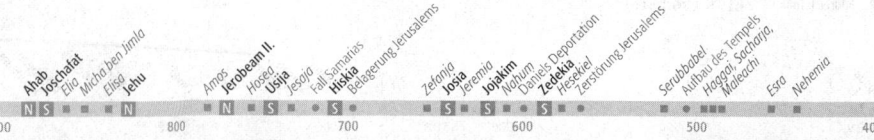

JEREMIA

1	Jeremias Berufung
2–25	Die Klage des HERRN gegen sein Volk
26–35	Erzählungen über Jeremia; Verheißungen für Gottes Volk
36–45	Weitere Erzählungen: die Leidensgeschichte von Jeremia
46–51	Botschaften für fremde Völker
52	Der Fall Jerusalems

20–22
Jeremia klagt Gott sein Leid. Jeremia prophezeit die Eroberung durch die Babylonier und hat Botschaften für die Könige.

[Zeit der Könige und Propheten]

S Südreich Juda   N Nordreich Israel

¹⁰Ich habe die Gerüchte, die hinter meinem Rücken verbreitet werden, gehört. Sie nennen mich »Überall herrscht Grauen«. Und sie sagen: »Zeigt ihn an! Kommt, lasst uns ihn anzeigen!« Sogar meine besten Freunde lauern darauf, dass ich irgendetwas falsch mache. Sie sagen: »Vielleicht lässt er sich hereinlegen, dann bekommen wir ihn in unsere Gewalt und können uns an ihm rächen!«
¹¹Aber der HERR steht mir zur Seite. Er ist ein starker Held. Darum müssen meine Feinde stolpern und können mich nicht besiegen. Voller Enttäuschung müssen sie einsehen, dass ihre Pläne misslungen sind. Sie erleiden eine Schmach, die ewig unvergessen bleiben wird. ¹²HERR, Allmächtiger, der du den, der sich zu dir hält, bis ins tiefste Innere prüfst: Lass mich erleben, wie du Rache an ihnen nimmst, denn ich habe meine Sache in deine Hände gelegt.
¹³Singt Lieder für den HERRN und lobt ihn! Denn er rettet den Armen aus der Gewalt seiner Feinde.
¹⁴Der Tag soll verflucht sein, an dem ich geboren wurde! Kein Segen soll auf dem Tag liegen, an dem mich meine Mutter zur Welt brachte! ¹⁵Verflucht sei auch der Bote, der meinem Vater die Nachricht brachte: »Freu dich: Dir ist ein Sohn geboren!« ¹⁶Diesem Mann soll es genauso ergehen wie den Städten, die der HERR erbarmungslos dem Erdboden gleichmachte: Morgens soll er lautes Klagen hören, mittags von Kriegslärm bedroht sein. ¹⁷Warum hat mich der HERR nicht schon vor meiner Geburt sterben lassen? Dann wäre der Körper meiner Mutter mein Grab geworden, sie wäre für immer schwanger geblieben. ¹⁸Warum nur musste ich bei meiner Geburt den Mutterleib verlassen? Mein ganzes Leben besteht nur aus Kummer und Sorgen, und jeder Tag bringt mir Schimpf und Schande.

Keine Rettung vor Babel

21 Der HERR sprach ein weiteres Mal zu Jeremia, als Paschhur, der Sohn Malkijas, und der Priester Zefanja, der Sohn Maasejas, zu ihm kamen. Sie sollten Jeremia im Auftrag des Königs Zedekia sagen: ²»Der babylonische König Nebukadnezar hat uns überfallen. Befrage doch den HERRN für uns! Vielleicht vollbringt der HERR ein Wunder, wie er es schon so oft getan hat, und Nebukadnezar wird zum Abzug gezwungen.«
³Jeremia antwortete ihnen: »Geht zurück zu König Zedekia und antwortet ihm: ⁴›So spricht der HERR, der Gott Israels: Eure Soldaten kämpften bisher außerhalb der Stadtmauern

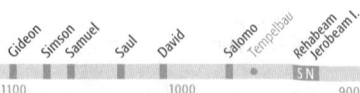

gegen den babylonischen König und gegen die Chaldäer, die euch belagern. Aber ich will selbst dafür sorgen, dass sie sich wieder in die Stadt zurückziehen müssen. ⁵Ich selbst werde gegen euch in den Kampf ziehen, mit hocherhobener Hand und starkem Arm, zornig und voller Wut! ⁶Ich will eine verheerende Seuche in die Stadt kommen lassen, an der alle Bewohner dieser Stadt, sowohl Menschen als auch Tiere, sterben sollen. ⁷Der HERR spricht: Dann aber will ich König Zedekia mitsamt seinem Gefolge und allem Volk in die Hand Nebukadnezars geben, soweit sie nicht an der Pest, im Krieg oder vor Hunger gestorben sind. In die Hände ihrer Feinde sollen sie fallen; die werden sie ohne Erbarmen erschlagen.‹«

⁸Zum Volk sag Folgendes: ›So spricht der HERR: Ihr müsst euch entscheiden, was ihr haben wollt: das Leben oder den Tod. ⁹Wer in Jerusalem bleibt, wird durch Krieg, Hunger oder die Pest sterben. Wer sich aber aus der Stadt hinauswagt und sich den Chaldäern ergibt, die euch belagern, der wird leben. ¹⁰Denn ich habe beschlossen, Unheil über die Stadt zu bringen und nichts Gutes, spricht der HERR. Der babylonische König wird sie erobern und niederbrennen.‹«

Gericht über die Könige von Juda
¹¹»Sag dem König und seiner Familie: ›Hört die Botschaft des HERRN, ihr, die ihr von König David abstammt! ¹²So spricht der HERR: Achtet darauf, gerechte Gerichtsurteile zu fällen, wenn ihr jeden Morgen Gericht haltet! Rettet den aus der Gewalt seines brutalen Unterdrückers! Sonst wird sich mein Zorn wie ein unauslöschliches Feuer über euch ergießen. Denn ihr habt zu viel Böses getan. ¹³Ich will gegen dich, Jerusalem, deinen König und deine Bewohner kämpfen! Ihr brüstet euch und sagt: »Wir sind sicher! Keiner wird es wagen, uns anzugreifen oder gar in unsere Stadt einzudringen!« ¹⁴Aber ich will euch für alles, was ihr getan habt, zur Rechenschaft ziehen, spricht der HERR. Ich werde ein Feuer entfachen, das alles ringsum in Schutt und Asche legen wird.‹«

Eine Botschaft für die Könige von Juda
22 Dann sprach der HERR zu mir: »Geh zum König von Juda und sag ihm: ²›Höre, was der HERR dir zu sagen hat, König von Juda, der du auf dem Davidsthron sitzt. Hört alle, ihr Minister und ihr vom Volk, die ihr durch diese Tore in den Palast hineingeht! ³So spricht der HERR: Sorgt für Recht und Gerechtigkeit! Rettet den, der beraubt wurde, aus der Hand des Mächtigen. Achtet darauf, dass den Waisen, Witwen und Fremden, die sich in eurer Stadt aufhalten, keine Gewalt angetan wird. Tötet keine unschuldigen Menschen an diesem Ort. ⁴Nur wenn ihr euch daran haltet, werden durch die Tore dieses Palastes Nachkommen Davids als Könige einziehen, die Jerusalem weiterhin regieren. Sie werden auf Wagen fahren und auf edlen Pferden reiten – der König selbst, seine Diener und seine Untertanen. ⁵Wenn ihr diese Warnung jedoch in den Wind schlagt, dann soll dieser Palast ein Trümmerhaufen werden. Das habe ich mir geschworen, spricht der HERR.‹«

Eine Botschaft über den Palast
⁶So lautet die Botschaft des HERRN über den Palast des Königs von Juda: »Du bist mir so lieb wie das fruchtbare Gilead und der Gipfel des Libanon – trotzdem will ich dich zur Wüste machen. Unbewohnt sollen deine Städte sein. ⁷Ich will gewalttätige Männer zu dir schicken. Sie werden mit ihren Beilen deine prachtvollen Zedern umhauen, um sie danach ins Feuer zu werfen. ⁸Menschen aus vielen Völkern werden an den Ruinen der Stadt vorbeikommen und einander fragen: ›Warum nur hat der HERR dieser Stadt so etwas angetan?‹ ⁹Man wird ihnen antworten: ›Das ist die Strafe dafür, dass sie sich nicht an den Bund gehalten haben, den sie mit dem HERRN geschlossen haben. Sie haben stattdessen andere Götter angebetet und ihnen gedient.‹«

Eine Botschaft für Joahas
¹⁰Weint nicht um den toten König*; trauert nicht um ihn. Weint vielmehr um den König, der gefangen fortgebracht wird. Denn er wird nicht mehr zurückkehren, seine Heimat wird er nie wieder sehen. ¹¹Der HERR spricht über Schallum, den Sohn Josias, des Königs von Juda, der nach dem Tod seines Vaters als König in Juda regierte: »Er wird nie wieder zurückkehren, ¹²sondern an dem Ort sterben, wohin man ihn als Gefangenen verschleppt hat. Seine Heimat wird er nie wieder sehen.

Eine Botschaft für Jojakim*
¹³Es soll dem schlimm ergehen, der einen Palast baut mit schönen Obergemächern. Aber das Haus ist auf Ungerechtigkeit gebaut und auf Unrecht gegründet. Die Arbeiter werden ausgebeutet, indem sie gezwungen werden, unentgeltlich

---

22,10 Der bei Megiddo 609 v.Chr. gefallene und tief betrauerte König Josia.   22,13 Der Bruder und Nachfolger des ins Exil geführten Schallum.

JEREMIA

1	Jeremias Berufung
2–25	Die Klage des HERRN gegen sein Volk
26–35	Erzählungen über Jeremia; Verheißungen für Gottes Volk
36–45	Weitere Erzählungen: die Leidensgeschichte von Jeremia
46–51	Botschaften für fremde Völker
52	Der Fall Jerusalems

22–23
Jeremias Botschaft für Jojakim. Gott will gute Hirten einsetzen. Prophezeiung für Davids Nachkommen.

[Zeit der Könige und Propheten]

zu arbeiten, oder weil man ihnen nicht den vereinbarten Lohn zahlt. ¹⁴Du prahlst: ›Ich will mir einen herrlichen Palast bauen, mit großen, luftigen Zimmern und vielen Fenstern. Mit Zedernholz soll er getäfelt sein und leuchtend rot gestrichen.‹

¹⁵Meinst du, ein prächtiger Palast macht aus dir

Jeremia 23,5-6

Hinweise auf den Messias (3)
Eigentlich sollte auf Israels Thron immer ein Nachkomme Davids sitzen. Das erfüllte sich aber nicht wie erwartet (siehe die Erklärung zu Ps 89,39-53). Hier kündet Jeremia an, dass Gott einen Nachkommen Davids (neu) zum König *ernennen* wird.
Diese Schriftstelle wird im Neuen Testament nicht wörtlich zitiert, aber Jesus Christus füllt die Beschreibung dieser Prophetie sehr deutlich aus: Er ist der »*Sohn Davids*«, er ist der *König* der Juden, er ist von Gott gemacht zur *Weisheit* und zur *Gerechtigkeit* (Mt 20,30-31; 21,9; 27,37; Joh 18,37; 1Kor 1,30).
Für »Nachkommen Davids« steht im Grundtext »Spross« – ein Wort, das mit messianischer Hoffung aufgeladen ist (siehe die Erklärung zu Sach 3,8).
(Jesaja 63,1 ‹‹‹ | ››› Hesekiel 34)

Jeremia 30,23–31,6

Gottes Liebe, Gottes Zorn
Diese Bibelstelle spricht zunächst von Israels tragischem Zustand, nachdem das Volk ungehorsam war und deswegen Gottes Strafe erleiden musste. Dann ist die Rede von dem Wunder, dass Gott wieder gnädig sein wird. »Der vernichtende Zorn des Herrn wird nicht aufhören zu wüten, bis er alles zu Ende gebracht und alle seine Pläne ausgeführt hat« (30,24). Aber: »Ich werde kommen, um mein Volk Israel zur Ruhe zu führen« (31,2). Dann wird Jubel losbrechen (V. 4).
An anderer Stelle ist das Volk Israel für Gott ein Grund zum Jubeln (siehe Zef 3,17). In der hier betrachteten Bibelstelle jubelt Israel. Tamburine werden gespielt. Junge Mädchen werden jubelnd tanzen, zusammen mit Greisen (V. 13). Und Zeiten der Trauer werden einmal endgültig durch Jubelzeiten ersetzt, wenn Gott nicht mehr seinen Zorn walten lassen muss, um Israel zu züchtigen. Dann kann sein Volk für immer seine Gegenwart genießen. Dieser prophetische Ausblick hofft auf das Hereinbrechen dieses Tages – ebenso hoffen auch wir heute noch.
(Zefanja 3,17 ‹‹‹ | ››› Josua 7,25)

S Südreich Juda   N Nordreich Israel

| 1400 v. Chr. | 1300 | 1200 | 1100 | 1000 | 900 |

einen großen König? Hat dein Vater nicht auch gegessen und getrunken und sein Leben genossen? Das hat ihn aber nicht davon abgehalten, für Recht und Gerechtigkeit zu sorgen. Darum ging es ihn auch so gut. ¹⁶Er sorgte dafür, dass die Armen und Notleidenden zu ihrem Recht kamen – deshalb hatte er Erfolg mit dem, was er tat. Wer so lebt, zeigt, dass er mich richtig kennt, spricht der HERR. ¹⁷Dein ganzes Sinnen und Trachten dagegen ist auf Gewinn ausgerichtet. Du bringst Unschuldige um, unterdrückst Menschen und erpresst sie ohne Bedenken, wenn es darum geht, einen Vorteil für dich herauszuschlagen.«

¹⁸Deshalb spricht der HERR über Jojakim, den Sohn Josias, den König von Juda: »Keiner wird um ihn trauern, wenn er stirbt. Niemand wird traurig sein und klagen: ›Ach, mein Bruder!‹ Kein Untertan wird weinen und sagen: ›Ach, unser Gebieter! Ach, seine Majestät!‹ ¹⁹Nein, wie einen toten Esel wird man ihn vor die Tore Jerusalems schleifen und wegwerfen. ²⁰Steig auf den Libanon, du Volk von Jerusalem, und schrei laut! Lass in Baschan dein Klagegeschrei hören, brüll deinen Schmerz vom Berg Abarim herunter, denn alle deine Bundesgenossen sind vernichtend geschlagen.

²¹Ich habe dich gewarnt, als du noch in Sicherheit lebtest, aber du wolltest dich nicht warnen lassen. ›Ich will nichts hören!‹, sagtest du. Von Anfang an wolltest du nicht auf mich hören – das war deine Art von Jugend auf. ²²Alle deine Führer und Oberen sollen weggeführt werden, weggetrieben wie Blätter im Sturmwind, und deine Verbündeten werden in die Gefangenschaft verschleppt werden. Ja, dann wirst du dich schämen, wirst kleinlaut dastehen wegen all des Bösen, das du getan hast. ²³Noch thronst du erhaben auf dem Libanon, umgeben von kostbarem Zedernholz. Aber wenn das Unglück über dich hereinbricht, wirst du vor Schmerzen stöhnen wie eine Frau, die in den Wehen liegt.«

Eine Botschaft für Jojachin

²⁴Der HERR spricht: »So wahr ich lebe: Selbst wenn du, Jojachin*, Sohn des Jojakim und König von Juda, der Siegelring an meiner rechten Hand wärst – ich würde dich dennoch von dort wegreißen ²⁵und dich deinen Todfeinden ausliefern, vor denen du schreckliche Angst hast. Ich werde dich dem babylonischen König Nebukadnezar und seinem Heer preisgeben. ²⁶Dich und deine Mutter, die dich geboren hat, werde ich in ein fremdes Land jagen, das nicht eure Heimat ist. Dort sollt ihr auch sterben. ²⁷In eure Heimat aber, nach der ihr euch sehnen werdet, sollt ihr nie mehr zurückkehren!«

²⁸Ja, ist denn dieser Jojachin so wertlos wie ein zerbrochenes, unnützes Gefäß geworden? Warum werden er und seine Kinder fortgejagt in ein Land, das sie nicht kennen? ²⁹O Land, Land, Land, höre doch die Botschaft des HERRN! ³⁰So spricht der HERR: »Jojachin soll in die Geschichte eingehen als ein kinderloser Mann, als ein Mann, dem nichts glückt. Denn keinem von seinen Kindern wird es jemals gelingen, auf dem Thron Davids zu sitzen und über Juda zu herrschen.«

Der gerechte Zweig

23 Der HERR spricht: »Den Hirten soll es schlecht ergehen, wenn sie die Schafe meiner Herde nicht sorgfältig weiden, sodass diese auseinander laufen und zugrunde gehen.« ²Deshalb spricht der HERR, der Gott Israels, über die Führer des Volkes, die mein Volk weiden: »Ihr seid es, ihr habt meine Schafe zerstreut und auseinander gejagt, anstatt sorgfältig auf sie zu achten. Aus diesem Grund werde ich euch für all eure bösen Taten zur Rechenschaft ziehen. ³Die aber, die von meiner Herde übrig geblieben sind, will ich wieder zusammenbringen. Aus allen Ländern der Erde, in die ich sie vertrieben habe, will ich sie wieder in ihre vertraute Heimat zurückführen. Dort werden sie fruchtbar sein und es wird ihnen gut gehen. ⁴Dann werde ich zuverlässige Hirten einsetzen, die für sie sorgen werden, sodass sie keine Angst mehr haben müssen. Sie sollen auch nicht mehr erschreckt werden und kein einziges von ihnen soll je verloren gehen«, spricht der HERR.

⁵»Denn es kommt der Tag«, spricht der HERR, »da will ich einen Nachkommen Davids zum König ernennen*. Er wird mit großer Weisheit regieren und für Recht und Gerechtigkeit im Land sorgen. ⁶In den Tagen seiner Herrschaft wird Juda gerettet werden und Israel sicher wohnen. Diesem König wird man den Namen geben: ›Der HERR ist unsere Gerechtigkeit*‹.

⁷Und es wird auch der Tag kommen«, spricht der HERR, »da wird man beim Schwören nicht mehr sagen: ›So wahr der HERR lebt, der das Volk Israel aus dem Land Ägypten herausgeführt hat‹. ⁸Stattdessen wird man sagen: ›So wahr der HERR lebt, der alle, die zum Volk Israel gehören, aus dem Land im Norden zurück-

---

22,24 Hebr. *Konja*, eine Variante des Namens Jojachins; so auch in 22,28.30 **23,5** Hebr. *da will ich von David einen gerechten Spross (oder sprießenden Zweig) hervorkommen lassen.* **23,6** Hebr. *Jahwe Zidkenu.*

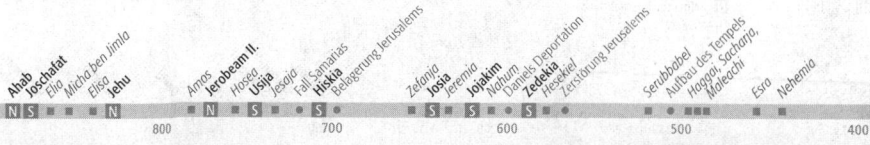

JEREMIA

1	Jeremias Berufung
2–25	Die Klage des HERRN gegen sein Volk
26–35	Erzählungen über Jeremia; Verheißungen für Gottes Volk
36–45	Weitere Erzählungen: die Leidensgeschichte von Jeremia
46–51	Botschaften für fremde Völker
52	Der Fall Jerusalems

23–24
Gott droht falschen Propheten Gericht und Strafe an. Jeremias Vision von guten und schlechten Feigen.

[Zeit der Könige und Propheten]

brachte und aus allen Ländern, in die er sie vertrieben hatte, damit sie wieder in ihrer Heimat leben.«<

Das Gericht über die falschen Propheten
⁹Wegen der falschen Propheten ist mir das Herz im Leib zerbrochen und ich zittere an allen Gliedern. Ich torkle umher wie ein Betrunkener, wie einer, dessen Sinne vom Wein benebelt sind, denn der HERR hat gesprochen. Seine heiligen Worte haben mich getroffen. ¹⁰Das ganze Land ist voll von Ehebrechern. Ja, das ganze Land ist verflucht und liegt trauernd am Boden, die fruchtbaren Wiesen der Weide sind ausgetrocknet, weil die Propheten ausschließlich nach Bösem trachten und ihre Macht missbrauchen. ¹¹Der HERR spricht: »Sie sind alle niederträchtig – die Propheten wie auch die Priester; sogar in meinem Tempel muss ich ihre bösen Taten ertragen«, spricht der HERR. ¹²»Deshalb sollen ihre Wege wie glitschiger Grund werden: Im Dunkeln sollen sie sich überall anstoßen und der Länge nach hinfallen. Denn ich will Unheil über sie bringen, eine Zeit des Gerichts will ich über sie verhängen. Ich, der HERR, habe gesprochen!
¹³Bei den Propheten Samarias musste ich schon schreckliche Dinge erdulden, denn sie weissagten im Namen des Baal und führten mein Volk Israel in die Irre. ¹⁴Aber bei den Propheten Jerusalems muss ich noch viel schrecklichere Dinge erleben! Sie brechen die Ehe, sie leben heuchlerisch und verlogen. Sie bestärken sogar die Menschen in ihrem bösen Lebenswandel! Sie wollen gar nicht, dass jemand merkt, dass er falsch lebt; sie wollen nicht, dass jemand von seinen bösen Taten abläs st. Für mich sind diese Propheten so schlecht wie die Leute von Sodom, und die Bewohner ihrer Stadt sind genauso verkommen wie die Leute von Gomorra.« ¹⁵Deshalb spricht der HERR, der Allmächtige, über die Propheten: »Ich werde ihnen bittere Speise zu essen geben und giftiges Wasser zu trinken. Denn von den Propheten Jerusalems ging die Bosheit aus, die jetzt im ganzen Land verbreitet ist.«
¹⁶Der HERR, der Allmächtige, spricht zu seinem Volk: »Hört nicht auf das, was diese Propheten euch versprechen! Was sie sagen, ist flüchtig wie der Wind: Sie verkündigen euch Visionen, die sie sich selbst ausgedacht haben. Ich habe ihnen keinen Auftrag gegeben. ¹⁷Zu denen, die mich mit Füßen treten, sagen sie: ›Ihr müsst keine Angst haben, der HERR verspricht euch Frieden und Wohlstand.‹ Und zu denen, die hartnäckig Böses tun, sagen sie: ›Euch wird nichts Schlimmes geschehen.‹ ¹⁸Kein einziger dieser Propheten kennt doch mich, den HERRN,

S Südreich Juda   N Nordreich Israel

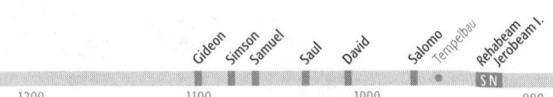

gut genug, um zu wissen, was ich sage. Es hört auch keiner zu, wenn ich rede.«

[19]Ihr werdet es sehen: Der Zorn des HERRN bricht herein wie ein heulender Orkan, wie ein Wirbelsturm fegt er über die hinweg, die ohne ihn leben wollen. [20]Der Zorn des HERRN wird nicht nachlassen in seiner Stärke, bis alles ausgeführt ist, was er sich vorgenommen hat. Am Ende der Tage werdet ihr das alles richtig verstehen.

[21]»Ich habe diese Propheten nicht geschickt, trotzdem sind sie losgelaufen. Ich habe ihnen keine Botschaft gegeben, dennoch weissagen sie. [22]Wenn sie mich wirklich kennen würden, hätten sie dem Volk die Botschaft weitergegeben, die von mir kommt, und würden mein Volk von seinem falschen Weg und seinen bösen Taten abbringen. [23]Bin ich etwa nur ein Gott, der in der Nähe ist?«, spricht der HERR. »Bin ich nicht auch ein Gott in der Ferne? [24]Gibt es Schlupfwinkel, in denen sich ein Mensch verbergen könnte, sodass es mir nicht mehr möglich wäre, ihn zu sehen? Bin ich denn nicht überall, fülle ich nicht den Himmel und die Erde aus?

[25]Ich habe gehört, was diese Propheten sagen, die sich auf mich berufen, aber nur Lügen verbreiten: ›Ich hatte einen Traum, ich hatte einen Traum!‹ [26]Wie lange soll das mit ihnen noch so weitergehen? Was wollen diese Lügenpropheten eigentlich damit erreichen, wenn sie das, was sie sich selbst ausgedacht haben, als Weissagung ausgeben? [27]Sie hoffen wohl, dass mein Volk mich ganz und gar vergisst über all den vielen Träumen, die sie erzählen – so wie ihre Vorfahren mich wegen des Baal vergessen haben. [28]Ein Prophet, der einen Traum hatte, soll auch deutlich machen, dass es sich um einen Traum handelt, wenn er ihn erzählt. Wer aber mein Wort gehört hat, verkündige es zuverlässig und wahrhaftig. Gibt es eine Gemeinsamkeit zwischen Spreu und Weizen? [29]Brennt mein Wort nicht wie Feuer?«, fragt der HERR. »Ist es nicht wie ein großer Schmiedehammer, der Felsen zertrümmert? [30]Deshalb«, spricht der HERR, »will ich gegen die falschen Propheten vorgehen. Sie stehlen sich gegenseitig meine Botschaften. [31]Ja, ich werde gegen die Propheten vorgehen, die ihre Zunge dazu benützen, irgendwelche Orakelworte von sich zu geben. Darauf könnt ihr euch verlassen! [32]Ich will gegen die vorgehen, die ihre Lügenträume als Weissagung ausgeben«, spricht der HERR. »Sie erzählen diese Träume überall herum und führen durch ihre Lügen und ihre zusammengereimten Botschaften mein Volk vollständig in die Irre! Dabei habe ich sie weder geschickt noch beauftragt. Deshalb können sie meinem Volk gar nicht von Nutzen sein«, spricht der HERR.

Falsche Weissagungen und Lügenpropheten

[33]»Wenn dich jemand aus dem Volk, einer der Propheten oder ein Priester fragen sollte: ›Was ist die Last, die der HERR ankündigt?‹, dann antworte: ›Die Last seid ihr* – und der HERR wird euch abwerfen!‹ [34]Wenn ein Prophet, Priester oder einer aus dem Volk weiterhin sagen sollte: ›Der HERR hat mir eine Weissagung als Last für euch gegeben‹, so werde ich ihn und seine ganze Familie bestrafen. [35]Stattdessen sollt ihr einander fragen: ›Was hat der HERR geantwortet?‹ oder: ›Was hat der HERR gesagt?‹ [36]Auf keinen Fall aber sollt ihr von der ›Last des HERRN‹ sprechen. Sonst soll jedem Einzelnen diese seine Redeweise tatsächlich zur Last werden. Ihr verfälscht mit diesem Ausdruck vollständig die Worte des lebendigen Gottes, des HERRN, des Allmächtigen.

[37]Stattdessen sollt ihr die Propheten fragen: ›Was hat dir der HERR geantwortet?‹ oder: ›Was hat der HERR gesagt?‹ [38]Wenn ihr aber weiterhin den Ausdruck ›Last des HERRN‹ verwendet, sagt euch der HERR Folgendes: Ihr redet weiterhin von der ›Last des HERRN‹, obwohl ich euch gesagt habe, dass ihr nicht mehr von der ›Last des HERRN‹ sprechen sollt. [39]Aus diesem Grund werde ich euch wie eine Last aufheben und wegwerfen, sodass ich euch nicht mehr sehen muss. Genauso werde ich auch Jerusalem aus meinem Gedächtnis auslöschen, die Stadt, die ich doch euch und euren Vorfahren gegeben habe. [40]Ich werde Schande über euch bringen, die für immer an euch hängen bleiben soll, und ich will euch so demütigen, dass es keiner je vergessen wird.«

Gute und schlechte Feigen

24 Nachdem König Nebukadnezar von Babel Jechonja*, den Sohn Jojakims und König von Juda, zusammen mit den Fürsten von Juda und allen fähigen Handwerkern nach Babel in die Gefangenschaft gebracht hatte, schickte der HERR mir folgende Vision: Ich sah zwei Körbe mit Feigen vor dem Tempel des HERRN in Jerusalem stehen. [2]Einer der Körbe war mit frischen, sehr guten Feigen gefüllt, der andere war voll von sehr schlechten Feigen, so faulig, dass sie nicht mehr genießbar waren.

23,33 So in der griech. und lat. Version; im Hebr. heißt es *Welche Bürde?* 24,1 *Jechonja* ist ein anderer Name für Jojachin.

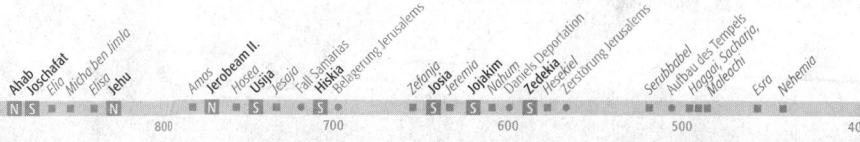

JEREMIA

1	Jeremias Berufung
2–25	Die Klage des HERRN gegen sein Volk
26–35	Erzählungen über Jeremia; Verheißungen für Gottes Volk
36–45	Weitere Erzählungen: die Leidensgeschichte von Jeremia
46–51	Botschaften für fremde Völker
52	Der Fall Jerusalems

24–25
Jeremia erklärt die Gefangennahme durch die Babylonier und prophezeit die Rückkehr nach siebzig Jahren. Jeremia sieht einen Becher, voll mit Gottes Zorn.

[Zeit der Könige und Propheten]

³Der HERR fragte mich: »Was siehst du, Jeremia?« Ich antwortete: »Feigen. Die guten Feigen sind einwandfrei, die schlechten dagegen sind so faul, dass sie völlig ungenießbar sind.« ⁴Daraufhin sprach der HERR zu mir: ⁵»So spricht der HERR, der Gott Israels: Wie man sich über die guten Feigen freut, so will ich auch an den Männern, die ich in die babylonische Gefangenschaft geschickt habe, Gefallen haben. ⁶Ich will um ihr Wohlergehen besorgt sein und sie wieder in ihre Heimat zurückbringen. Dann will ich sie wieder aufbauen und nicht mehr niederreißen; ich will sie einpflanzen und nicht wieder ausreißen. ⁷Und ich will ihnen ein Herz geben, das verständig ist, damit sie erkennen, dass ich der HERR bin. Sie sollen mein Volk sein, und ich werde ihr Gott sein, denn sie werden sich aus ganzem Herzen wieder zu mir hinwenden.

⁸Die verdorbenen Feigen aber, die so verfault sind, dass sie nicht mehr gegessen werden können«, sprach der HERR, »stehen für König Zedekia von Juda und seine Minister, für alle, die in Jerusalem geblieben sind, und für alle, die nach Ägypten gezogen sind. ⁹Ich will sie zum Inbegriff des Entsetzens und des Grauens machen für alle Königreiche dieser Erde, zu Spott und Hohn in allen Orten, in die ich sie verstoßen werde. Ja, ihr Elend soll sprichwörtlich sein, und wenn man jemanden verfluchen will, wird man sagen: ›Dir ergehe es so wie den Männern von Jerusalem!‹ ¹⁰Ich will Krieg, Hungersnot und Pest über sie kommen lassen, bis sie vollständig ausgerottet sind aus dem Land Israel, das ich ihnen und ihren Vorfahren gegeben habe.«

Siebzig Jahre der Gefangenschaft

25 Die folgende Botschaft des HERRN erhielt Jeremia für das Volk von Juda im vierten Jahr der Herrschaft König Jojakims von Juda*. Es war das Jahr, in dem König Nebukadnezar von Babel seine Herrschaft antrat. ²Der Prophet Jeremia sagte zum ganzen Volk von Juda und zu allen Einwohnern Jerusalems: ³»In den letzten 23 Jahren, seit dem 13. Regierungsjahr des Königs Josia*, des Sohnes des Amon, des Königs von Juda, hat mir Gott Botschaften für euch aufgetragen. Und ich habe sie, ohne nachzulassen, immer wieder treu an euch weitergegeben. Aber ihr habt nicht darauf gehört. ⁴Überdies hat der HERR immer wieder, ohne nachzulassen, seine Boten, die Propheten, zu euch gesandt, aber auch ihnen habt ihr nicht

25,1 D.i. das Jahr 605/4 v.Chr.   25,3 D.i. das Jahr 627 v.Chr.

gehorcht. Ihr habt ihnen nicht zugehört, ihr wolltet euch nicht warnen lassen. ⁵Die Botschaft war jedes Mal dieselbe: ›Kehrt doch um, jeder Einzelne von euch, lasst ab von dem falschen Weg, den ihr eingeschlagen habt und hört auf, Böses zu tun. Dann dürft ihr für immer in dem Land wohnen bleiben, das der HERR euch und euren Vorfahren geschenkt hat. ⁶Betet nicht fremde Götzen an und dient ihnen nicht. Fordert nicht meinen Zorn heraus, indem ihr euch Götzenfiguren anfertigt, denn sonst werde ich schreckliches Unheil über euch bringen.‹«

⁷»Aber ihr habt nicht auf mich gehört«, spricht der HERR. »Mit euren selbst gemachten Götzen habt ihr zielstrebig meinen Zorn herausgefordert. Das Unglück, das jetzt über euch hereinbricht, habt ihr euch selbst zuzuschreiben. ⁸Und nun spricht der HERR, der Allmächtige: Weil ihr nicht auf mich gehört habt, ⁹will ich die Heere aus dem Norden mit meinem Diener, dem babylonischen König Nebukadnezar, an der Spitze herbeiholen. Sie sollen über dieses Land und alle seine Bewohner, aber auch über die umliegenden Völker hereinbrechen. Ich will an euch den Bann vollstrecken*, will euch zum Inbegriff des Entsetzens und des Spottes und euer Land für immer zu einer Trümmerstätte machen. ¹⁰Ich will jeglicher lärmenden Freude und aller jubelnden Fröhlichkeit in eurem Land ein Ende bereiten. Die fröhliche Stimme des Bräutigams wird nicht mehr zu hören sein, auch nicht der Freudengesang der Braut. In euren Häusern wird man nicht mehr das Mahlen der Getreidemühlen hören, das Licht der Lampen will ich auslöschen. ¹¹Das ganze Land soll zur Einöde, ja zur Wüste werden. Israel und die umliegenden Länder werden dem König von Babel 70 Jahre lang als Knechte dienen müssen.

¹²Wenn aber diese 70 Jahre um sind«, spricht der HERR, »will ich den König von Babel und sein Volk zur Rechenschaft ziehen wegen all der Schuld, die sie auf sich geladen haben. Ich werde das Land der Babylonier für alle Zeiten zur Wüste machen. ¹³Alle Drohungen, die ich gegen sie ausgesprochen habe, will ich an diesem Land in Erfüllung gehen lassen; alle Weissagungen Jeremias, die er über die Völker gesprochen hat und die in diesem Buch aufgeschrieben sind. ¹⁴Denn so wie dieses Volk mein Volk versklavt hat, so soll es ebenfalls von sehr mächtigen Völkern und gewaltigen Königen zu Dienern gemacht werden. Ich werde sie so bestrafen, wie sie es verdient haben und wie es ihren Taten angemessen ist.«

Der Becher des Zorns des HERRN

¹⁵Dann sagte der HERR, der Gott Israels, zu mir: »Nimm diesen Becher, der bis zum Rand mit meinem Zorn gefüllt ist, aus meiner Hand, und lass alle Völker, zu denen ich dich senden werde, daraus trinken. ¹⁶Sie sollen trinken, damit sie taumeln und vollständig den Verstand verlieren, wenn ich den Krieg über sie hereinbrechen lasse.«

¹⁷Ich nahm den Becher des Zorns aus der Hand des HERRN entgegen und ließ alle Völker daraus trinken, zu denen der HERR mich sandte: ¹⁸Zuerst ging ich nach Jerusalem und in die anderen Städte Judas, zu den Königen und Fürsten, um sie zur Einöde, zum abschreckenden Beispiel, zur Zielscheibe des Spottes und zum Wort des Fluchs zu machen – so wie es inzwischen auch eingetroffen ist. ¹⁹Dann ging ich zum Pharao, dem König von Ägypten, zu seinem Hofstaat, den obersten Ministern, zum ganzen Volk ²⁰und zu allen Ausländern, die in Ägypten wohnen. Danach kam ich zu allen Königen des Landes Uz und zu allen Philisterkönigen, die über die Städte Askalon, Gaza, Ekron und den Rest von Aschdod herrschten. ²¹Dann führte mich mein Weg zu den Edomitern, Moabitern und Ammonitern, ²²den Königen von Tyrus und Sidon und den Königen der Gebiete jenseits des Meeres. ²³Ich ging zu den Städten Dedan, Tema und Bus und zu dem Volk, das sich das Haar an den Schläfen stutzt. ²⁴Alle mussten sie aus dem Becher trinken, auch die Könige von Arabien, die Könige der Nomadenstämme in der Wüste, ²⁵alle Könige von Simri*, Elam und Medien ²⁶und auch alle Könige der nördlichen Länder, die nah und die weiter entfernt sind – ja, alle Könige der Welt, so viele es auf der Erde überhaupt gibt. Zuletzt musste der König von Babel selbst aus dem Becher des Zorns des HERRN trinken.

²⁷Dann gab mir der HERR den Auftrag, ihnen Folgendes zu sagen: »›So spricht der HERR, der Allmächtige, der Gott Israels: Trinkt aus diesem Becher meines Zorns, bis ihr betrunken seid und euch erbrecht; bis ihr stürzt, sodass ihr nicht mehr aufstehen könnt. Denn ich werde unter euch den Krieg wüten lassen.‹ ²⁸Wenn sie sich aber weigern, den Becher aus deiner Hand zu nehmen und aus ihm zu trinken, dann sag ihnen: ›So spricht der HERR, der Allmächtige: Ihr müsst

---

25,9 Hebr. *und vollstreckte den Bann*. Mit dem hier gebrauchten hebr. Begriff ist die vollst. Übergabe von Dingen, Tieren oder Menschen an den HERRN gemeint, indem diese entweder vernichtet oder als Opfer dargebracht werden. **25,25** Ein unbekanntes Volk, westlich von Medien.

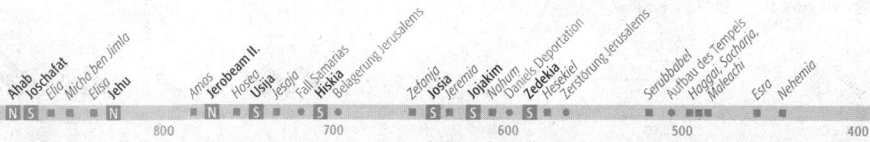

JEREMIA

1	Jeremias Berufung
2–25	Die Klage des HERRN gegen sein Volk
26–35	Erzählungen über Jeremia; Verheißungen für Gottes Volk
36–45	Weitere Erzählungen: die Leidensgeschichte von Jeremia
46–51	Botschaften für fremde Völker
52	Der Fall Jerusalems

25–26
Das Gericht wird kommen. Jeremia verkündigt eine Botschaft von Gott. Das Volk ist wütend und möchte ihn töten.

[Zeit der Könige und Propheten]

trotzdem aus dem Kelch trinken, ihr habt keine andere Wahl! ²⁹Bei der Stadt Jerusalem, die doch nach meinem Namen genannt ist, habe ich schon mit der Bestrafung begonnen. Und da sollt ihr verschont bleiben? Nein, auch ihr werdet der Strafe nicht entgehen! Ich rufe den Krieg aus für alle Völker der Erde. Ich, der HERR, der Allmächtige, habe gesprochen!‹

³⁰Alle diese Worte sollst du als Weissagung über sie aussprechen. Dann sag ihnen: ›Die Stimme des HERRN ertönt als lautes Gebrüll aus der Höhe; der HERR lässt seine Stimme wie einen gewaltigen Donner aus seiner heiligen Wohnung erschallen. Laut brüllt er über das Land, er erhebt seine Stimme wie ein Erntehelfer, der die Kelter tritt, gegen alle Bewohner der Erde. ³¹Von einem Ende der Erde bis zum andern tost der Schall, denn der HERR fordert Rechenschaft von allen Völkern dieser Erde. Die ganze Menschheit wird von ihm gerichtet, und die schuldig geworden sind, überantwortet er dem Schwert. Das sage ich, der HERR.‹«

³²So spricht der HERR, der Allmächtige: »Ein Volk nach dem anderen wird vom Unheil ereilt werden. Ein tosender Sturm zieht von allen Seiten der Erde herauf. ³³An diesem Tag wird die Erde übersät sein von Leichen, die der HERR erschlagen hat. Und es wird keiner übrig bleiben, der um sie trauert, keiner, der sie aufheben und bestatten könnte. Sie werden auf offenem Feld verrotten müssen.

³⁴Heult, ihr Völkerhirten, und schreit! Wälzt euch in der Asche, ihr Anführer der Herde! Für euch ist jetzt die Zeit gekommen, dass ihr geschlachtet werden sollt. Ich jage euch auseinander und lasse euch am Boden zerspringen wie ein Gefäß. ³⁵Für eure Hirten gibt es keinen Zufluchtsort mehr und die Anführer der Herde können nicht entkommen. ³⁶Hört doch die Angstschreie der Hirten und das Geheul der Anführer der Herde, weil der HERR ihre Weide vollständig zerstört! ³⁷Friedliche Weiden werden durch den lodernden Zorn des HERRN verwüstet. ³⁸Wie ein hungriger Löwe sein Versteck verlässt und auf Beutesuche geht, so hat sich der HERR aufgemacht: Das Land ist zur Wüste geworden durch das vernichtende Schwert und den glühenden Zorn des HERRN.«

Jeremia entkommt dem Tod

26 Zu Beginn der Herrschaft Jojakims*, des Sohnes Josias, über Juda sprach der HERR zu Jeremia: ²»So spricht der HERR: Stell dich in

---

26,1 Jojakim regierte 608–597 v.Chr.

S Südreich Juda   N Nordreich Israel

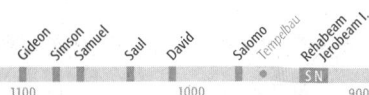

den Vorhof des Tempels des HERRN. Dort sollst du denen, die aus allen Teilen Judas herkommen, um im Tempel des HERRN anzubeten, alles das mitteilen, was ich dir als Botschaft aufgetragen habe. Lass kein einziges Wort davon weg. ³Vielleicht hören sie ja auf dich und lassen von ihren falschen Wegen ab. Dann würde es mir leidtun, dass ich geplant habe, sie wegen ihrer bösen Taten zu bestrafen, und ich würde meine Absicht ändern.

⁴Sag ihnen: ›Der Herr warnt euch: Wenn ihr euch nicht nach dem richtet, was ich euch sage, wenn ihr nicht nach meinen Geboten lebt, die ich euch gegeben habe, ⁵und wenn ihr meinen Knechten, den Propheten, keine Beachtung schenkt, die ich doch unablässig, immer wieder, zu euch sende, obwohl ihr doch nicht auf sie hört, ⁶dann will ich diesen Tempel genauso zerstören, wie ich das Heiligtum in Silo zerstört habe. Und der Name eurer Stadt soll von allen Völkern dieser Erde als Fluchwort gebraucht werden.‹«

⁷Die Priester, die Propheten und das ganze Volk hörten die Worte, die Jeremia im Vorhof des Tempels des HERRN verkündete. ⁸Als Jeremia dem Volk aber all das mitgeteilt hatte, was er ihnen im Auftrag des HERRN sagen sollte, packten ihn die Priester, die Propheten und alle Männer des Volkes und schrien: »Dafür sollst du sterben! ⁹Wie kannst du behaupten, im Namen des HERRN zu sprechen, wenn du ankündigst, dass der Tempel genauso zerstört werden soll wie das Heiligtum in Silo? Wie kannst du es wagen, uns anzudrohen, dass Jerusalem vollständig verwüstet werden soll, sodass keiner mehr darin wohnen wird?« Und das ganze Volk rottete sich im Tempel des HERRN gegen Jeremia zusammen.

¹⁰Aber die führenden Männer des Volkes Juda erfuhren, was sich im Tempel zugetragen hatte. Sofort machten sie sich auf den Weg und eilten vom Königspalast zum Tempel und setzten sich vor dem neuen Tor am Tempel des HERRN nieder, um Gericht über Jeremia zu halten. ¹¹Die Priester und Propheten trugen den führenden Männern und dem versammelten Volk ihre Anklage vor: »Dieser Mann hat die Todesstrafe verdient«, sagten sie. »Er hat gegen diese Stadt schlimme Prophezeiungen ausgesprochen – das habt ihr ja mit euren eigenen Ohren gehört.«

¹²Da ergriff Jeremia das Wort und sagte zu den führenden Männern und zu dem versammelten Volk: »Der HERR hat mir den Auftrag gegeben, gegen diesen Tempel und gegen diese Stadt all jene Drohungen auszusprechen, die ihr gehört habt. ¹³Ändert euren Lebensstil, lasst ab von eu-

ren bösen Taten und gehorcht den Geboten des HERRN, damit es ihm leidtut und er das Unheil, das er euch angedroht hat, nicht über euch hereinbrechen lässt. ¹⁴Was allerdings mich betrifft – ich bin in eurer Gewalt: Ihr könnt mit mir machen, was ihr wollt. ¹⁵Eins jedoch kann ich euch mit Sicherheit sagen: Wenn ihr mich tötet, bringt ihr das Blut eines Unschuldigen über diese Stadt und ihre Bewohner. Ich spreche tatsächlich im Auftrag des HERRN: Er hat mich gesandt, euch all diese Worte zu verkündigen.«

¹⁶Da sagten die führenden Männer und das ganze Volk zu den Priestern und Propheten: »Wir dürfen diesen Mann nicht zum Tode verurteilen, denn er hat wirklich im Namen des HERRN, unseres Gottes, zu uns gesprochen.«

¹⁷Daraufhin erhoben sich auch einige der Ältesten und sagten zu der ganzen Menschenmenge, die sich versammelt hatte: ¹⁸»Micha aus Moreschet war Prophet zur Zeit der Regierung Hiskias, des Königs von Juda*. Er hat damals zum ganzen Volk von Juda Folgendes gesagt: ›So spricht der HERR, der Allmächtige: Zion soll zu Ackerland umgepflügt und Jerusalem zu einem Trümmerhaufen gemacht werden, und auf dem Tempelberg wird Gestrüpp wuchern*.‹ ¹⁹Haben nun etwa Hiskia, der König von Juda, und die Männer von Juda Micha deswegen getötet? Nein, Hiskia ist vielmehr vor dem HERRN erschrocken und hat ihn um Gnade angefleht. Daraufhin tat es dem HERRN leid, dass er ein solches Unheil über Juda angedroht hatte, und er ließ es nicht geschehen. Und wir sollen jetzt eine so große Schuld auf uns laden, indem wir Jeremia töten?«

²⁰Zur Zeit Jeremias weissagte aber noch ein anderer Mann als Prophet im Namen des HERRN. Er hieß Uria, kam aus Kirjat-Jearim und war der Sohn Schemajas. Er drohte mit denselben Worten wie Jeremia Unheil für Jerusalem und das ganze Land an. ²¹Als König Jojakim, seine Offiziere und Minister davon hörten, beabsichtigten sie ihn zu töten. Uria erfuhr von der Verschwörung, bekam Angst und floh nach Ägypten. ²²König Jojakim sandte Elnatan, den Sohn Achbors, und noch einige andere Männer nach Ägypten, um ihn zu verhaften. ²³Diese Männer brachten Uria gefangen zurück zu König Jojakim. Der ließ Uria mit dem Schwert hinrichten und warf seine Leiche auf den Begräbnisplatz, auf dem sonst nur die Ärmsten des Volkes verscharrt werden.

²⁴Jeremia jedoch wurde nicht hingerichtet. Denn Ahikam, der Sohn Schafans, setzte sich für ihn ein und ließ es nicht zu, dass Jeremia der

26,18a Hiskia regierte ca. 725–697 v.Chr. **26,18b** S. Micha 3,12.

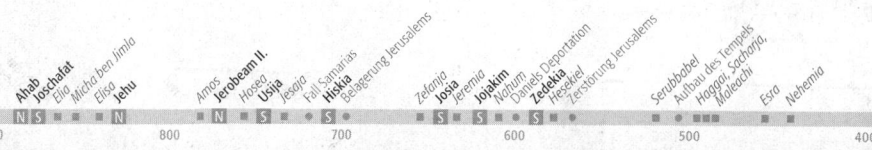

JEREMIA

1	Jeremias Berufung
2–25	Die Klage des HERRN gegen sein Volk
26–35	Erzählungen über Jeremia; Verheißungen für Gottes Volk
36–45	Weitere Erzählungen: die Leidensgeschichte von Jeremia
46–51	Botschaften für fremde Völker
52	Der Fall Jerusalems

26–28
Jeremia trägt ein Joch. Jeremia hat eine Auseinandersetzung mit Hananja.

[Zeit der Könige und Propheten]

wütenden Menge ausgeliefert wurde, die ihn töten wollte.

Jeremia trägt ein Ochsenjoch

27 Die folgende Botschaft des HERRN erhielt Jeremia zu Beginn der Herrschaft von Zedekia*, dem Sohn Josias und König von Juda.
²So sprach der HERR: »Mach dir aus Stricken und Stäben ein Joch und befestige es auf deinem Nacken. ³Sende dann eine Botschaft an die Könige von Edom, Moab, Ammon, Tyrus und Sidon über ihre Abgesandten, die sich zurzeit bei König Zedekia in Jerusalem aufhalten. ⁴Sie sollen ihren Herren Folgendes ausrichten: ›So spricht der HERR, der Allmächtige, der Gott Israels: ⁵Durch meine große Kraft und meinen ausgestreckten Arm habe ich alles geschaffen, die Erde samt den Menschen und Tieren, die auf ihr leben. Und ich gebe diese Erde, wem ich will. ⁶Jetzt habe ich alle diese Länder in die Gewalt meines Knechtes Nebukadnezar, des Königs von Babel, gegeben. Ich überließ ihm sogar die Tiere des Feldes, damit sie seine Diener seien. ⁷Alle Völker sollen ihm, seinem Sohn und auch seinem Enkel dienen müssen, bis auch für sein Reich das Ende gekommen ist. Dann werden mächtige Völker und gewaltige Könige heranziehen und sich das babylonische Reich unterwerfen. ⁸Das Volk aber und das Reich, das sich nicht dem babylonischen König Nebukadnezar unterwirft und sich nicht unter sein Joch beugen will, spricht der HERR, ein solches Volk werde ich mit Krieg, Hungersnot und der Pest bestrafen, bis ich es durch die Hand Nebukadnezars vollständig vernichtet habe.

⁹Hört deshalb nicht auf eure Propheten, eure Wahrsager, Zeichendeuter und Zauberer, auch nicht auf eure Träume, die sagen: »Ihr werdet dem babylonischen König nicht dienen müssen.« ¹⁰Das, was sie euch weissagen, ist nichts als Lüge. Wegen dieser Lügenworte tragen sie die Schuld daran, dass ihr in die Verbannung geführt und dann von mir verstoßen werdet und umkommt. ¹¹Dem Volk aber, das sich unter das Joch des babylonischen Königs beugt und ihm dient, werde ich ein ruhiges Leben in der Heimat gewähren, damit es sein Land bebauen und darin leben kann. Ich, der HERR, habe gesprochen.‹«

¹²Zu Zedekia, dem König von Juda, sagte ich, Jeremia, gleichermaßen: »Beugt euren Nacken unter das Joch des babylonischen Königs und dient ihm, wenn ihr überleben wollt. ¹³Oder wollt ihr, du und dein Volk, unbedingt in Krieg

27,1 Zedekia regierte ca. 597–587 v.Chr.

S Südreich Juda   N Nordreich Israel

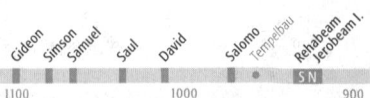

oder Hungersnot sterben oder durch Seuchen umkommen? Genau das hat doch der HERR denen angedroht, die sich dem König von Babel nicht unterwerfen wollen! ¹⁴Hört nicht auf das, was euch die Propheten versprechen. Sie sagen: ›Ihr werdet euch dem babylonischen König nicht unterwerfen müssen.‹ Was sie euch versprechen, ist nichts als Lüge. ¹⁵Denn so spricht der HERR: ›Ich habe diese Propheten nicht gesandt. Nein, sie verbreiten in meinem Namen Lügen, damit ich euch vertreibe und ihr umkommt, ihr mitsamt euren Propheten, die euch falsche Versprechungen machen.‹«

¹⁶Dann wandte ich mich an die Priester und an das ganze versammelte Volk und sagte: »So spricht der HERR: ›Hört nicht auf eure Propheten, die behaupten, die heiligen Geräte aus meinem Tempel würden schon bald aus Babel zurückgebracht werden. Das ist eine Lüge! ¹⁷Hört nicht auf sie! Unterwerft euch dem König von Babel, dann werdet ihr am Leben bleiben. Oder wollt ihr, dass diese Stadt vollkommen zerstört wird? ¹⁸Wären sie wirklich Propheten und hätten sie wirklich von mir eine Botschaft empfangen, würden sie mich, den HERRN, den Allmächtigen, mit ihren Bitten bestürmen. Sie würden mich anflehen, dass die heiligen Geräte, die bisher noch im Tempel des HERRN, im Königspalast oder anderswo in Jerusalem geblieben sind, nicht auch noch nach Babel geschafft werden! ¹⁹Noch sind sie hier in der Stadt, die Bronzesäulen vor dem Tempel, das Wasserbecken aus Bronze im Tempelvorhof, die bronzenen Wasserwagen und einige andere Gegenstände aus dem Tempel. ²⁰König Nebukadnezar von Babel ließ sie zurück, als er Jechonja, den Sohn Jojakims und König von Juda, und mit ihm alle einflussreichen Männer von Jerusalem und Juda in die Gefangenschaft geführt hat. ²¹Ich, der HERR, der Allmächtige, der Gott Israels, sage euch: Alle heiligen Gegenstände, die im Tempel des HERRN, im Palast des Königs und anderswo in Jerusalem zurückgeblieben sind, ²²werden auch noch nach Babel gebracht werden und so lange dort bleiben, bis ich wieder nach ihnen sehen werde‹«, spricht der HERR. »An diesem Tag werde ich sie wieder zurückholen und an diesen Ort bringen.«

Jeremia verflucht Hananja

28 Im gleichen Jahr, im fünften Monat des vierten Jahres der Regierung Zedekias, des Königs von Juda*, kam Hananja, der Sohn Asurs, ein Prophet aus Gibeon, und sagte im Tempel des HERRN vor den Ohren der Priester und des ganzen Volkes zu mir: ²»Der HERR, der Allmächtige, der Gott Israels, spricht: ›Ich werde das Joch des Königs von Babel zerbrechen. ³Bevor zwei Jahre vergangen sein werden, werde ich alle Geräte, die König Nebukadnezar aus dem Tempel des HERRN genommen hat und nach Babel bringen ließ, wieder hierher zurückbringen. ⁴Ich will auch Jechonja, den Sohn Jojakims und König von Juda, und alle anderen Judäer, die in die Gefangenschaft nach Babel verschleppt worden sind, wieder zurückbringen. Denn ich will das Joch, das euch der babylonische König auferlegt hat, zerbrechen. Ich, der HERR, habe gesprochen!‹«

⁵Jeremia antwortete dem Propheten Hananja im Beisein der Priester und des ganzen Volkes, das im Tempel des HERRN versammelt war: ⁶»Ja, so soll es sein! Der HERR lasse das, was du gesagt hast, geschehen. Der HERR möge deine Vorhersagen in Erfüllung gehen lassen, dass er die heiligen Geräte aus dem Tempel des HERRN und alle Männer, die er in die babylonische Gefangenschaft verschleppen ließ, wieder zurückbringe. ⁷Aber, Hananja, höre auch auf das, was ich dir jetzt vor den Ohren des ganzen Volkes laut und deutlich sage: ⁸Es gab schon seit den frühesten Zeiten Propheten wie dich und mich. Sie haben mächtigen Völkern und großen Königreichen Krieg, Hungersnot und Pest vorhergesagt. ⁹Wenn ein Prophet aber Glück und Frieden verheißt, muss man abwarten, ob seine Weissagungen in Erfüllung gehen. Erst dann kann man sicher sein, dass er wirklich vom HERRN beauftragt ist.«

¹⁰Da nahm der Prophet Hananja die Jochstangen von Jeremias Nacken und zerbrach sie. ¹¹Daraufhin wandte er sich wieder an die im Tempel versammelte Menge und sagte: »So spricht der HERR: ›Genauso, noch bevor zwei Jahre vergangen sein werden, will ich das Joch des babylonischen Königs zerbrechen und von dem Nacken aller Völker wegnehmen.‹« Daraufhin verließ der Prophet Jeremia den Tempel.

¹²Nachdem der Prophet Hananja die Jochstangen von Jeremias Nacken genommen und zerbrochen hatte, sprach der HERR zu Jeremia: ¹³»Geh und sag zu Hananja: ›So spricht der HERR: Du hast ein hölzernes Joch zerbrochen, aber an seine Stelle will ich ein Joch aus Eisen legen. ¹⁴Denn der HERR, der Allmächtige, der Gott Israels, spricht: Ich lege all diesen Völkern ein eisernes Joch auf ihren Nacken, damit sie Nebukadnezar, dem König von Babel, dienen sollen. Sie werden ihm dienen müssen; ja sogar

---

28,1 Dieser Monat fiel im vierten Jahr der Herrschaft Zedekias auf den Aug. und Sept. 593 v.Chr.

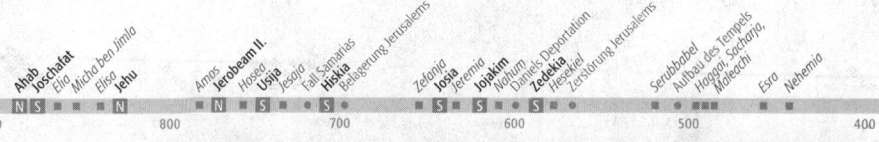

JEREMIA

1	Jeremias Berufung
2–25	Die Klage des HERRN gegen sein Volk
26–35	Erzählungen über Jeremia; Verheißungen für Gottes Volk
36–45	Weitere Erzählungen: die Leidensgeschichte von Jeremia
46–51	Botschaften für fremde Völker
52	Der Fall Jerusalems

28–30
Hananja stirbt. Jeremia schreibt den Gefangenen in Babel einen Brief. Der falsche Prophet Schemaja erhält eine Strafe. Gott kündigt Rettung an.

[Zeit der Könige und Propheten]

S Südreich Juda   N Nordreich Israel

die wilden Tiere des Feldes werde ich seiner Macht unterwerfen.‹«
¹⁵Dann sagte der Prophet Jeremia zu Hananja: »Höre, Hananja! Der HERR hat dich nicht gesandt, aber du hast dafür gesorgt, dass das Volk einer Lüge vertraut. ¹⁶Deshalb sagt dir der HERR: ›Weil du das getan hast, will ich dich vom Erdboden beseitigen. Dieses Jahr noch wirst du sterben, weil du die Menschen zum Ungehorsam gegen den HERRN herausgefordert hast.‹«
¹⁷Zwei Monate später, im selben Jahr im siebten Monat, starb Hananja.

Ein Brief an die Gefangenen in Babel

29 Jeremia schickte einen Brief aus Jerusalem an die Gefangenen in Babel. Er schrieb an die Überlebenden der Ältesten, an die Priester, Propheten und an alle vom Volk, die Nebukadnezar von Jerusalem in die Gefangenschaft nach Babel geführt hatte. ²Sie waren alle aus Jerusalem fortgebracht worden: König Jechonja, die Königinmutter, der gesamte Hofstaat, die führenden Minister Judas und Jerusalems und die fähigsten Handwerker. ³Der Brief wurde durch Elasa überbracht, den Sohn Schafans, und durch Gemarja, den Sohn Hilkijas, die von Zedekia, dem König von Juda, als Gesandte zum babylonischen König Nebukadnezar nach Babel reisten. Jeremia schrieb in seinem Brief:
⁴»Der HERR, der Allmächtige, der Gott Israels, schickt allen Verbannten, die er von Jerusalem weg nach Babel in die Gefangenschaft führen lassen hat, folgende Botschaft: ⁵›Baut Häuser und richtet euch dort zum Wohnen ein. Legt Äcker und Gärten an und freut euch an den Früchten, die ihr erntet. ⁶Heiratet und zeugt Söhne und Töchter. Sucht für eure Söhne Frauen und verheiratet eure Töchter, damit sie Söhne und Töchter zur Welt bringen. Euer Volk soll wachsen und nicht kleiner werden. ⁷Setzt euch ein für den Frieden und das Wohlergehen Babels, wohin ich euch als Verbannte geschickt habe. Betet für das Wohlergehen der Stadt – denn wenn die Stadt, in der ihr gefangen gehalten werdet, Frieden hat, habt ihr auch Frieden.‹
⁸Der HERR, der Allmächtige, der Gott Israels, spricht: ›Lasst euch von den Propheten, die mit euch nach Babel geführt worden sind, und von den Wahrsagern nicht täuschen. Schenkt auch euren Träumen, die ihr euch erträumt, keinen Glauben. ⁹Sie geben vor, in meinem Auftrag zu sprechen, aber ihre Weissagungen sind nur Lügen: Ich habe sie nicht gesandt‹, spricht der HERR. ¹⁰›Denn so spricht der HERR: Erst wenn

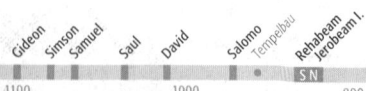

70 Jahre vergangen sind, werde ich mich wieder liebevoll um euch bemühen. Dann will ich das Gute, das ich euch versprochen habe, in Erfüllung gehen lassen und werde euch wieder in euer Land zurückbringen. ¹¹Denn ich weiß genau, welche Pläne ich für euch gefasst habe‹, spricht der HERR. ›Mein Plan ist, euch Heil zu geben und kein Leid. Ich gebe euch Zukunft und Hoffnung. ¹²Wenn ihr dann zu mir rufen werdet, will ich euch antworten; wenn ihr zu mir betet, will ich euch erhören. ¹³Wenn ihr mich sucht, werdet ihr mich finden; ja, wenn ihr ernsthaft, mit ganzem Herzen nach mir verlangt, ¹⁴werde ich mich von euch finden lassen‹, spricht der HERR. ›Ich will euer Geschick wenden und euch aus allen Völkern und von allen Orten, wohin ich euch vertrieben habe, zusammenbringen‹, spricht der HERR. ›Ich will euch wieder dorthin zurückbringen, von wo ich euch fortgejagt habe.‹

¹⁵Ihr sagt zwar: ›Wir haben hier in Babel auch Propheten, die im Auftrag des HERRN weissagen.‹ ¹⁶*Aber über den König, der ein Nachkomme Davids ist, und den Rest des Volkes, der noch in Jerusalem lebt – eure Verwandten, die nicht wie ihr nach Babel verschleppt wurden – ¹⁷spricht der HERR, der Allmächtige: ›Ich will Krieg, Hungersnot und Pest über sie bringen, dass sie genauso werden wie verfaulte Feigen: ungenießbar. ¹⁸Ja, ich will sie verfolgen mit Krieg, Hungersnot und Pest. Sie sollen zum abschreckenden Beispiel für alle Königreiche der Erde werden. Überall, wohin ich diese Menschen vertreiben werde, wird man sich über sie entsetzen, sie verspotten und verhöhnen und ihren Namen als Fluchwort gebrauchen. ¹⁹Denn sie wollten nicht auf mich hören, obwohl ich immer wieder, unermüdlich, meine Propheten zu ihnen gesandt habe. Aber sie haben nicht gehört‹, spricht der HERR.

²⁰Deshalb hört doch ihr jetzt auf die Worte des HERRN, ihr Weggeführten, die ich von Jerusalem nach Babel vertrieben habe. ²¹Über eure Propheten – Ahab, den Sohn Kolajas, und Zedekia, den Sohn Maasejas –, die euch in meinem Namen belügen, hat der HERR, der Allmächtige, der Gott Israels, Folgendes beschlossen: ›Ich will sie Nebukadnezar ausliefern, damit er sie vor euren Augen hinrichte. ²²Unter den in die babylonische Verbannung geführten Gefangenen wird das Schicksal der beiden Propheten zu einem Fluchwort werden, sodass man sagt: »Der HERR lasse mit dir geschehen, was mit Zedekia und Ahab geschah, die der König von Babel im Feuer rösten ließ!« ²³Denn diese Männer haben in Israel schändliche Taten verübt und Ehebruch begangen mit den Frauen ihrer Gefährten. Sie haben sich als meine Propheten ausgegeben, obwohl ich sie nie beauftragt habe, und verbreiteten Lügen. Das kann ich bezeugen‹, spricht der HERR.«

Eine Botschaft für Schemaja

²⁴Zu Schemaja, dem Nehelamiten, sollst du sagen: ²⁵»So spricht der HERR, der Allmächtige, der Gott Israels: Du hast eigenmächtig einen Brief an alle Einwohner Jerusalems, an den Priester Zefanja, den Sohn Maasejas, und alle anderen geschickt. Du schriebst: ²⁶›Der HERR hat dich dazu bestimmt, den Platz des Priesters Jojada als Priester einzunehmen. Du bist der Aufseher im Tempel des HERRN und hast damit den Auftrag, darauf zu achten, dass jeder Verrückte, der sich als Prophet aufspielt, sofort gefesselt und in den Block gelegt wird. ²⁷Warum hast du dann nichts gegen Jeremia aus Anatot unternommen, der sich bei euch als Prophet ausgibt? ²⁸Jeremia hat sogar einen Brief hierher nach Babel geschickt, in dem er uns eine lange Gefangenschaft vorhersagt. In seinem Brief fordert er uns auf, Häuser zu bauen und darin zu wohnen, Gärten anzulegen und von ihren Früchten zu essen.‹«

²⁹Priester Zefanja nahm diesen Brief und las ihn Jeremia vor. ³⁰Da forderte der HERR Jeremia auf: ³¹»Schick einen offenen Brief an alle, die in die babylonische Gefangenschaft geführt worden sind. Schreib: ›Das hat der HERR über Schemaja, den Nehelamiter, beschlossen: Er ist bei euch als Prophet aufgetreten, obwohl ich ihn nicht gesandt habe, und er hat euch dazu verleitet an Lügen zu glauben. ³²Deshalb spricht der HERR folgendes Urteil: Ich will Schemaja, den Nehelamiter, und alle seine Nachkommen für sein Tun büßen lassen. Keiner seiner Nachkommen soll inmitten dieses Volkes wohnen bleiben, und er selbst soll nicht an dem Guten teilhaben, das ich meinem Volk versprochen habe zu tun. Denn er hat euch zum Ungehorsam gegen mich angestiftet. Ich, der HERR, habe gesprochen!‹«

Verheißungen der Rettung

30 Der HERR gab Jeremia eine weitere Botschaft. Sie lautete: ²»So spricht der HERR, der Gott Israels: Schreib alle Worte, die ich dir gesagt habe, in ein Buch. ³Denn die Zeit kommt, in der ich das Geschick der Israeliten und Judäer, die mein Volk sind, wieder zum Guten wende.

29,16 Die V. 16-20 fehlen in der griech. Übersetzung.

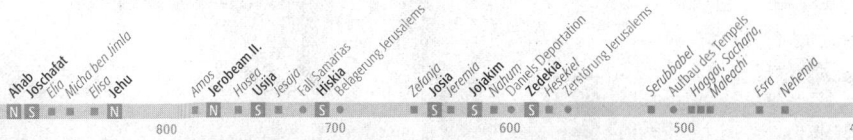

JEREMIA

1	Jeremias Berufung
2–25	Die Klage des HERRN gegen sein Volk
26–35	Erzählungen über Jeremia; Verheißungen für Gottes Volk
36–45	Weitere Erzählungen: die Leidensgeschichte von Jeremia
46–51	Botschaften für fremde Völker
52	Der Fall Jerusalems

30–31
Gott vergisst sein Volk nicht und sieht sein Leid. Gott wird die Gefangenen aus der Verbannung zurückführen.

[Zeit der Könige und Propheten]

Ich will sie nach Hause bringen in das Land, das ich ihren Vorfahren gab. Ja, sie sollen es wieder in Besitz nehmen. Ich, der HERR, habe gesprochen!«

⁴Dies ist die Botschaft des HERRN für Israel und Juda: ⁵»So spricht der HERR: Ich habe die Schreckensschreie meines Volkes gehört. Entsetzen macht sich bei euch breit; Friede ist nicht in

Jeremia 31,15

Hinweise auf den Messias (2)
Rahel weint um ihre toten Kinder – warum? Im Hintergrund steht die Erzählung von Rahels Tod während der Geburt von Benjamin (1Mo 35,16-20). Ihre Trauer drückte Rahel in der Namensgebung »Sohn meines Kummers« aus. Ihr Grab lag nach 1. Samuel 10,2 im Stammesgebiet Benjamin (dessen Grenzstadt Rama war; Jer 31,15). Seit alters bis heute wird es in der Nähe von Bethlehem lokalisiert (1Mo 35,19). Rahel gilt als Stammmutter des Volkes Israel.
Im Zusammenhang mit dem Kindermord von Bethlehem zitiert Matthäus 2,17-18 die Jeremiastelle über sie. Wenn in Herodes' Massenmord sich eine biblische Prophetie erfüllt, ist damit nicht kühl notiert: Alles musste so kommen, Gott hat es so veranlasst. Sondern der Verweis auf Jeremia 31,15 kann zeigen: Die »Mutter der Nation« weint über die Tragödien, die ihrem Volk zustoßen, sei es zu Jeremias oder Jesus' Zeiten.
In der Botschaft von Jer 31 ist es auch Gott selbst, dem es angesichts drohenden Unheils vor Erbarmen das Herz zerreißt (31,20).
(Jesaja 60,1-2 ‹« | »› Jeremia 31,31-34)

Jeremia 31,20

Gottes Liebe, Gottes Zorn
Manchmal, wenn Gott sein Volk ermahnt, reagiert es trotzig: »Du hast mich schwer bestraft! Und ich habe mich schlagen lassen wie ein Kalb, das lernen muss, ein Joch zu tragen und den Pflug zu ziehen« (V. 18). Doch Gott sieht sein Volk anders – nicht wie Ochsen! Er liebt sein Volk so, wie ein Vater sein Kind liebt. Hier wird Israel sowohl mit einem »geliebten Sohn« (V. 20) als auch mit einer »Tochter« verglichen, die eingeladen ist, wieder nach Hause zurückzukommen (V. 21-22).
Wegen seiner Untreue strafte Gott das Volk Israel: Es wurde von den Babyloniern verschleppt. Israel lebt jetzt im Exil. Aber Gottes Liebe seinem Volk gegenüber hört niemals auf. »Ich habe ihm so oft gedroht – muss aber doch immer voller Liebe an ihn denken« (V. 20). Die Texte vermitteln den Eindruck, dass Gott selbst manchmal zwischen Zorn und Liebe hadert. Aber wenn dem so ist, so überwiegt doch immer seine Liebe. Auch wenn Gott zornig ist, bleibt seine Liebe bestehen, »denn Gott ist Liebe« (1Joh 4,8).
(2. Mose 34,6-7 ‹« | »› Klagelieder 3,31-33)

S Südreich Juda   N Nordreich Israel

Sicht. ⁶Erkundigt euch doch und schaut es euch an: Können Männer Geburtsschmerzen erleiden wie eine Frau? Warum sehe ich dann überall Männer mit totenbleichen Gesichtern, die ihre Arme auf den Bauch pressen wie eine Frau bei der Geburt? ⁷Ja, das wird ein furchtbarer Tag werden, wie keiner war oder noch kommen wird, eine Zeit der Not für mein Volk Israel*. Doch ich will sie aus dieser Not retten! ⁸Denn in jener Zeit wird es geschehen«, spricht der HERR, der Allmächtige, »da werde ich das Joch, das auf ihrem* Nacken liegt, zerbrechen und ihre* Fesseln sprengen. Fremde sollen dann nicht länger über sie herrschen. ⁹Nein, zu dieser Zeit werden sie dem HERRN, ihrem Gott, und David, ihrem König, den ich als König einsetzen werde, dienen.

¹⁰Du aber, Jakob, mein Knecht, hab keine Angst«, spricht der HERR, »und du, Israel, sei ohne Sorge. Denn ich will dich herausholen aus der Ferne und deine Kinder aus dem Land, in dem sie Gefangene waren. Und Jakob soll nach Hause zurückkehren und in Ruhe und Frieden leben – niemand wird sie erschrecken. ¹¹Denn ich bin bei dir und werde dir helfen«, spricht der HERR. »Alle Völker, in deren Länder ich euch vertrieben habe, will ich vollständig vernichten; dich allein aber will ich nicht ganz und gar vernichten. Ich züchtige dich nur in dem Maß, wie du es verdient hast, denn ungestraft lassen kann ich dich nicht.«

¹²So spricht der HERR: »Deine Wunde ist tödlich, der Schlag, den du erlitten hast, ist nicht zu heilen. ¹³Niemand übernimmt deine Rechtssache vor Gericht; für deine eitrige Wunde gibt es keine Arznei und keinen Verband. ¹⁴Alle deine Bundesgenossen haben dich vergessen, sie verschwenden keinen Gedanken mehr an dich. Ich habe dir eine furchtbare Wunde zugefügt, erbarmungslos habe ich dich geschlagen, als wäre ich dein Feind. Denn so zahlreich sind deine Sünden und so groß ist deine Schuld. ¹⁵Warum zeterst du nun über deine Wunde und jammerst, dass der Schmerz nicht mehr zu lindern sei? Ich musste dir dieses Leid antun, denn deine bösen Taten sind zu zahlreich und deine Schuld ist zu groß.

¹⁶Alle jedoch, die dich verschlungen haben, sollen selbst gefressen werden, und die dich unterdrückt haben, sollen in die Gefangenschaft verschleppt werden. Die dir dein Eigentum entwendet haben, sollen ausgeplündert werden, und die dich beraubt haben, will ich den Räubern preisgeben. ¹⁷Denn ich will deine Wunden verbinden und dich heilen«, spricht der HERR, »weil man dich, die du doch Zion bist, ›die Ausgestoßene‹ nennt und ›die, um die sich niemand kümmert‹.« ¹⁸Doch der HERR spricht: »Ich will das Geschick der Zelte Jakobs wenden und mit seinen Wohnungen erbarmen. Die Stadt Jerusalem soll auf ihrem Hügel wiederaufgebaut und der Königspalast auf dem ursprünglichen Platz errichtet werden; ¹⁹Gesänge und der Jubel vergnügter Menschen sollen wieder zu hören sein. Und ich will mein Volk mehren, damit ihre Zahl nicht abnimmt, und will sie zu Ruhm und Ehre kommen lassen, sodass keiner ihnen mehr Verachtung entgegenbringt. ²⁰Ihre Kinder sollen wieder ihre rechtmäßige Stellung erhalten, und die Gemeinde soll vor mir fest gegründet sein. Aber alle, die dich unterdrückt haben, will ich zur Rechenschaft ziehen.

²¹Sein König wird ein Nachkomme Jakobs sein, und der über sie herrschen wird, kommt aus ihrer Mitte. Er wird meine Nähe suchen, weil ich ihm erlauben werde zu mir zu kommen«, spricht der HERR. »Denn wer könnte es ohne meine Erlaubnis wagen in meine Nähe zu kommen? ²²Und ihr werdet mein Volk sein, und ich will euer Gott sein.«

²³Sieh! Ein Sturm des HERRN bricht los: Das ist seine Erbitterung. Sie ist wie ein wirbelnder Orkan, der über die Köpfe der Gottlosen hereinbricht. ²⁴Der vernichtende Zorn des HERRN wird nicht aufhören zu wüten, bis er alles zu Ende gebracht und alle seine Pläne ausgeführt hat. Ihr werdet es verstehen, wenn die Zeit gekommen ist.

Hoffnung auf Wiederherstellung

31 »Es kommt die Zeit«, spricht der HERR, »da werde ich der Gott aller Stämme Israels sein und sie sollen mein Volk sein.« ²So spricht der HERR: »Diejenigen, die den Krieg überlebt haben, haben in der Verbannung meine Barmherzigkeit erlebt. Ich werde kommen, um mein Volk Israel zur Ruhe zu führen.«

³Der HERR ist von Ferne gekommen und sprach zu ihm*: »Ich habe dich schon immer geliebt. Deshalb habe ich dir meine Zuneigung so lange bewahrt. ⁴Ich will dich noch einmal errichten, sodass du wieder neu aufgebaut dastehst, du Jungfrau Israel. Du sollst wieder deine Tamburine nehmen und im Reigen lachend tanzen. ⁵Du wirst wieder Weinberge in den Bergen Samarias pflanzen, und diejenigen, die den Weinberg anlegen, werden auch selbst dessen Früchte genie-

---

30,7 Hebr. *Jakob*. 30,8 O. *das auf deinem Nacken liegt, zerbrechen und deine Fesseln sprengen*. 31,3 So in der griech. Version. Im Hebr. steht *mir*.

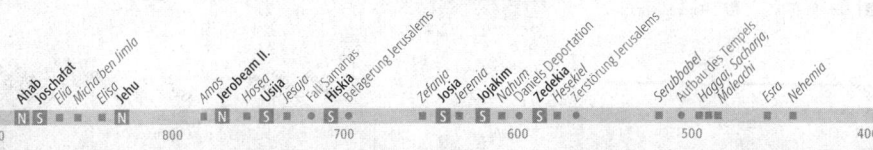

JEREMIA

1	Jeremias Berufung
2–25	Die Klage des HERRN gegen sein Volk
26–35	Erzählungen über Jeremia; Verheißungen für Gottes Volk
36–45	Weitere Erzählungen: die Leidensgeschichte von Jeremia
46–51	Botschaften für fremde Völker
52	Der Fall Jerusalems

31
Gott wird sein verstreutes Volk sammeln. Gott hat das Weinen Israels gehört und hat Mitleid.

[Zeit der Könige und Propheten]

ßen. ⁶Der Tag wird kommen, an dem die Wächter auf dem Hügelland Ephraim rufen: ›Kommt, lasst uns hinaufgehen nach Jerusalem*, zum HERRN, unserem Gott.‹«

31,6 Hebr. *Zion*; so auch in 31,12.

Jeremia 31,31

Bundesschlüsse
Wie wenn Wolken aufreißen und das Licht mächtig aufstrahlt, so kündigt Jeremia für die Zukunft einen neuen Bund Gottes mit seinem Volk an. Er hat eine andere Qualität als der Sinaibund. Unzureichend war dieser Bund zwar nicht gewesen, unzureichend war vielmehr der Bundespartner. Doch das veranlasst Gott, den neuen Bund zu setzen. Die typische Bundesformel fehlt nicht (V. 33b). Der Zeitpunkt, wann sich dieses Versprechen erfüllt, wird nicht näher bestimmt.
Die neue Qualität dieses Bundes besteht in der inneren Veränderung. Das Gesetz ist keine Botschaft mehr, die von außen auf Gottes Volk zukommt, sondern die im Inneren eines jeden Einzelnen verankert ist.
Die vorhergehende Untreue und die Geschichte des Bundesbruchs werden nicht ignoriert. Die »bösen Taten« werden auch hier noch klar benannt. Doch die Gabe der Vergebung wiegt letztendlich schwerer als die begangenen Sünden.
(Hosea 1,9 ‹‹ | ›› Hesekiel 37,26)

Jeremia 31,31-34

Hinweise auf den Messias (2)
Bei der Ankündigung des neuen Bundes ist klar, dass sie sich erst in ferner Zukunft, »an jenem Tage«, erfüllen wird. Jeremia hat sie nicht für seine eigene Zeit ausgesprochen. Als Jesus das Abendmahl für seine Nachfolger einsetzte, hat er an diese Prophetie angeknüpft. Der neue Bund (V. 31.33) wirkt auf Vergebung der Sünden (V. 34) hin, weil Jesus sein Blut dafür vergossen hat (Mt 26,28).
Der Hebräerbrief zitiert das Wort aus Jeremia zweimal ausführlich (Hebr 8,7-12; 10,16-17). Wie die Abendmahlsberichte sieht auch der Hebräerbrief diesen neuen Bund als gegeben an, weil Christus sich selbst als Opfer hingab (Hebr 10,1-18).
(Jeremia 31,15 ‹‹ | ›› Jeremia 32,7-9)

S Südreich Juda   N Nordreich Israel

⁷So spricht der HERR: »Singt vor Freude über Israel*! Jubelt über das herrlichste aller Völker! Verkündet es, preist den HERRN und sprecht: ›Der HERR hat sein Volk gerettet*, alle, die übrig geblieben sind von Israel!‹ ⁸Denn ich werde sie aus dem Norden holen und von den Enden der Erde sammeln. Auch die Blinden und Lahmen, die Schwangeren und die, die gerade ein Kind bekommen haben, werden unter ihnen sein. Sie werden als großes Volk zurückkehren. ⁹Tränen werden ihnen über die Gesichter laufen, unter Flehen* bringe ich sie nach Hause. Ich führe sie auf ebenen Wegen zu den Wasserbächen, sodass sie nicht stolpern müssen. Denn ich bin wieder ein Vater für Israel geworden, und Ephraim ist mein erstgeborener Sohn.

¹⁰Hört die Worte des HERRN, ihr Völker, macht sie auf den fernsten Inseln bekannt und sprecht: ›Der Herr hat sein Volk in alle Winde zerstreut. Aber nun sammelt er es wieder und umsorgt sein Volk, so wie ein Hirte sich um seine Herde kümmert.‹ ¹¹Denn der HERR hat Israel losgekauft und aus der Gewalt dessen befreit, der stärker war als sein Volk. ¹²Sie werden heimkommen und auf den Höhen Jerusalems Freudenlieder singen; sie werden strahlen vor Freude über die vielen Gaben, die der HERR ihnen gegeben hat: Korn, Most, Öl, dazu junge Schafe und Rinder. Mein Volk wird wie ein gut bewässerter Garten sein, nie mehr werden sie Mangel leiden müssen. ¹³Die jungen Frauen werden wieder Reigen tanzen und die Männer – alte wie junge – werden mitfeiern. Ich will ihre Trauer in Freude verwandeln und will sie trösten. Ihren Kummer ich will wegnehmen und ihnen stattdessen Freude schenken. ¹⁴Ich will den Priestern die besten Stücke des Opferfleisches geben und mein Volk mit Gaben überschütten, sodass sie satt werden. Ich, der HERR, habe gesprochen!«

Rahels Trauer wandelt sich in Freude

¹⁵So spricht der HERR: »Schreie der Angst ertönen in der Stadt Rama – das Klagen und Trauern nimmt kein Ende. Rahel weint um ihre Kinder und lässt sich nicht trösten – denn sie sind alle tot.*«

¹⁶Doch der HERR tröstet sie und spricht: »Hör auf zu weinen und zu klagen, denn das, was du für deine Kinder getan hast, soll nicht vergeblich gewesen sein. Deine Kinder werden aus dem Land des Feindes zu dir zurückkehren«, spricht der HERR. ¹⁷»Es gibt noch Hoffnung für die Zukunft, denn deine Kinder kehren in ihre Heimat zurück. ¹⁸Ich habe gehört, wie Israel* klagte: ›Du hast mich schwer bestraft! Und ich habe mich schlagen lassen wie ein Kalb, das lernen muss, ein Joch zu tragen und den Pflug zu ziehen. Aber lass mich doch jetzt wieder in meine Heimat kehren, damit ich zu dir umkehre. Denn du, HERR, bist mein Gott! ¹⁹Nachdem ich von dir weggelaufen war, bereute ich es bitter. Seit ich meine Dummheit erkannt habe, raufe ich mir die Haare*. Ich schäme mich zutiefst und stehe zerknirscht da, denn ich muss für meine Jugendsünden geradestehen.‹

²⁰Ist Israel nicht schon immer mein geliebter Sohn gewesen und ein Kind, an dem ich Freude habe?«, fragt der HERR. »Ich habe ihm so oft gedroht – muss aber doch immer voller Liebe an ihn denken. Ich sehne mich nach ihm und kann gar nicht anders: Ich muss Erbarmen mit ihm haben!

²¹Errichte dir Wegweiser, kennzeichne die Straßen! Gib Acht auf die Straße, merk dir den Weg, auf dem du unterwegs warst! Komm nach Hause zurück, du Jungfrau Israel; komm hierher in deine Heimat zurück. ²²Wie lange willst du noch umherirren, meine treulose Tochter? Der HERR schafft etwas Neues, nie da Gewesenes: Die Frau umwirbt ihren Mann.«

²³So spricht der HERR, der Allmächtige, der Gott Israels: »Wenn ich das Schicksal meines Volkes zum Guten gewendet habe, wird man sich im ganzen Land Juda und in seinen Städten mit den Worten grüßen: ›Der HERR segne dich! Du bist ein Ort der Gerechtigkeit, du bist sein heiliger Berg!‹ ²⁴Das ganze Land Juda und alle seine Städte werden wieder bevölkert sein. Es wird wieder Bauern geben und auch Hirten, die mit ihren Herden durchs Land ziehen. ²⁵Denn ich will den von Durst Gequälten reichlich zu trinken geben und die von Hunger Geschwächten satt machen.«

²⁶Darüber wachte ich auf, frisch und gestärkt, und schaute mich um.

²⁷Der HERR spricht: »Es kommt die Zeit, da werde ich das Volk Israel und das Volk Juda wie Saatgut aussäen, Menschen und Tiere, die sich wachsen. ²⁸Einst achtete ich unerbittlich darauf, sie zu entwurzeln und auszureißen. Ich brachte Verderben und Unheil über sie. Aber genauso beharrlich will ich dafür Sorge tragen, dass sie wieder wachsen und gedeihen«, spricht der HERR. ²⁹»Man wird dann auch nicht mehr sagen: ›Die Eltern essen unreife Trauben und die Kinder bekommen davon stumpfe Zähne.‹ ³⁰Nein,

---

31,7a Hebr. *Jakob*; so auch in 31,11.   **31,7b** O. *Rette, HERR, dein Volk*.   **31,9** Griech. und alte lat. Übers. *unter Tröstungen*.   **31,15** S. Matthäus 2,18.   **31,18** Hebr. *Ephraim*; das bezieht sich auf das Nordreich Israel; so auch in 21, 20.   **31,19** Wörtl. *schlage ich mir auf die Lenden*.

JEREMIA

1	Jeremias Berufung
2–25	Die Klage des HERRN gegen sein Volk
26–35	Erzählungen über Jeremia; Verheißungen für Gottes Volk
36–45	Weitere Erzählungen: die Leidensgeschichte von Jeremia
46–51	Botschaften für fremde Völker
52	Der Fall Jerusalems

31–32
Gott kündigt Israel einen neuen Bund an. Jeremia kauft Land als Zeichen der Hoffnung. Jeremia betet.

[Zeit der Könige und Propheten]

jeder wird nur für die bösen Taten bestraft werden, die er selbst begangen hat – es sollen ausschließlich diejenigen stumpfe Zähne bekommen, die selbst die unreifen Trauben gegessen haben.
³¹Es wird der Tag kommen«, spricht der HERR, »an dem ich einen neuen Bund mit dem Volk Israel und mit dem Volk Juda schließen werde. ³²Dieser Bund wird nicht so sein wie der, den ich mit ihren Vorfahren schloss, als ich sie an der Hand nahm und aus Ägypten herausführte. Sie sind meinem Bund nicht treu geblieben, deshalb habe ich mich von ihnen abgewandt«, spricht der HERR*.
³³»Doch dies ist der neue Bund, den ich an jenem Tage mit dem Volk Israel schließen werde«, spricht der HERR. »Ich werde ihr Denken mit meinem Gesetz füllen, und ich werde es in ihr Herz schreiben. Und ich werde ihr Gott sein und sie werden mein Volk sein*. ³⁴Niemand muss dann noch seine Freunde belehren und keiner seinen Bruder ermahnen: ›Lerne den HERRN kennen!‹ Denn alle werden mich kennen, alle, vom Kleinsten bis hin zum Größten«, spricht der HERR. »Und ich will ihnen ihre Sünden vergeben und nicht mehr an ihre bösen Taten denken.«
³⁵Der HERR hat die Sonne an den Himmel gesetzt als Licht für den Tag. Er hat den Mond und

31,31-34 S. Hebräer 8,8-12.   31,33-34 S. Hebräer 10,16-17.

Jeremia 32,7-9

Hinweise auf den Messias (2)
In einem Land, das bald besetzt und verwüstet werden wird, in dem also die Grundstückspreise bald in den Keller gehen werden, soll Jeremia jetzt noch einen Acker kaufen. Das ist ein starkes prophetisches Hoffnungszeichen dafür, dass das Land noch eine Zukunft hat.
Das Matthäusevangelium löst diesen Bericht aus seinem ursprünglichen Zusammenhang und sieht darin auch eine Voraus-Abbildung für die Begleitumstände des Leidenswegs von Jesus. Der Verräter Judas wird auf einem Acker begraben, den man für den Lohn des Verrats gekauft hat (Mt 27,10). Die Bezeichnung »Acker des *Töpfers*« kommt dabei nicht aus Jeremia 32, sondern ist aus Jeremia 18,2 entlehnt. Sprechend wird Jeremia 32,9 vor allem in Zitatkombination mit Sacharja 11,12-13.
(Jeremia 31,31-34 »« | »» Daniel 7,13-14)

die Sterne am Himmel in einer festen Ordnung festgesetzt als Lichter für die Nacht. Er wühlt das Meer auf, sodass die Wellen tosen. Sein Name lautet ›HERR, der Allmächtige‹, und er spricht: 36»So gewiss diese festen Ordnungen in der Natur bestehen, genauso gewiss sorge ich dafür, dass die Nachkommen Israels für alle Zeit mein Volk sein werden. 37Genauso wenig, wie die Spannweite des Himmels ausgemessen werden kann oder die Fundamente der Erde ermessen werden können, genauso wenig will ich die Nachkommen Israels verstoßen, trotz allem, was Israel getan hat. Ich, der HERR, habe gesprochen.

38Es kommt die Zeit«, spricht der HERR, »da wird ganz Jerusalem wieder für den HERRN aufgebaut werden, vom Turm Hananel bis ans Ecktor. 39Eine Messschnur soll gespannt werden, zuerst geradewegs bis zum Hügel Gareb, dann wird sie in Richtung von Goa abbiegen. 40Und das ganze Gebiet – selbst das Tal, wo man die Leichen begraben und die Opferasche hingeschüttet hat, bis zum Kidrontal und der Ecke des Rosstors nach Osten – wird dem HERRN heilig sein. Die Stadt soll nie mehr niedergerissen oder zerstört werden.«

Jeremias Landerwerb

32 Die folgende Botschaft des HERRN erhielt Jeremia im zehnten Jahr der Herrschaft König Zedekias von Juda. Es war zugleich das 18. Jahr der Herrschaft des Königs Nebukadnezar*. 2Damals belagerte das Heer des babylonischen Königs Nebukadnezar die Stadt Jerusalem. Jeremia wurde auf Befehl König Zedekias im Wachhof des Königspalasts gefangen gehalten. 3Man beschuldigte ihn: »Du gibst vor, ein Prophet des HERRN zu sein, und behauptest immer: ›So spricht der HERR: Ich gebe diese Stadt in die Gewalt des Königs von Babel; er soll sie erobern. 4Auch König Zedekia wird den Babyloniern nicht entkommen, sondern er wird unweigerlich gefangen genommen und zum König von Babel gebracht werden. Dort wird er sich in eigener Person vor ihm rechtfertigen müssen und muss ihm Auge in Auge gegenüberstehen. 5Nebukadnezar wird Zedekia nach Babel bringen lassen; dort muss er bleiben, bis ich mich wieder seiner annehme. Ihr könnt gegen die Babylonier nicht siegen, egal, wie sehr ihr kämpft.‹ Das alles soll der HERR gesprochen haben.«

6Da sagte Jeremia: »Der HERR schickte mir eine Botschaft. Er sprach: 7Dein Vetter Hanamel, der Sohn Schallums, wird demnächst zu dir kommen und dich auffordern: ›Kauf von mir den Acker, der bei Anatot liegt. Nach dem Gesetz hast du das Vorkaufsrecht; du bist deshalb zum Kauf verpflichtet.‹«

8Und tatsächlich kam mein Vetter Hanamel zu mir in den Wachhof – es war genauso, wie der HERR es angekündigt hatte. Er sagte: »Kauf doch meinen Acker, der bei Anatot im Gebiet des Stammes Benjamins liegt. Nach dem Gesetz hast du sowohl das Besitzrecht als auch das Vorkaufsrecht. Bitte, kauf ihn doch.« Da verstand ich, dass dies ein Befehl des HERRN war; 9deshalb kaufte ich meinem Vetter Hanamel den Acker in Anatot ab*. Als Kaufpreis gab ich ihm 17 Silberschekel*. 10Ich unterzeichnete den Kaufvertrag, versiegelte ihn vor Zeugen und wog das Silber ab. 11Daraufhin nahm ich das versiegelte Dokument, das die Abmachungen und Bedingungen des Kaufes enthielt, wie auch eine unversiegelte Abschrift des Vertrags 12und übergab sie Baruch, dem Sohn Nerijas und Enkel Machsejas. Alles das tat ich in Gegenwart meines Vetters Hanamel und der Zeugen, die den Kaufvertrag unterzeichnet hatten, und vor den Augen aller Männer aus Juda, die sich im Wachhof befanden. 13Danach erteilte ich Baruch vor den Ohren aller den Auftrag: 14»Der HERR, der Allmächtige, der Gott Israels, spricht: ›Nimm diese beiden Urkunden, den versiegelten Kaufvertrag und die unversiegelte Abschrift, und lege sie in einen Tonkrug, damit sie lange Zeit erhalten bleiben. 15Denn der HERR, der Allmächtige, der Gott Israels, spricht: In diesem Land sollen künftig wieder Häuser, Weinberge und Äcker gekauft werden.‹«

Jeremias Gebet

16Nachdem ich Baruch die Papiere ausgehändigt hatte, betete ich zum HERRN: 17O HERR, mein Gott! Durch deine große Macht und auf deinen Befehl hin wurden Himmel und Erde geschaffen. Dir ist nichts unmöglich! 18Tausenden kommst du voller Güte entgegen – dennoch lässt du auch Kinder und Enkel für die Schuld ihrer Eltern büßen. Du bist ein großer und mächtiger Gott; dein Name ist »HERR, der Allmächtige«. 19Du besitzt alle Weisheit und vollbringst große und mächtige Wunder. Deinen Augen entgeht nichts von dem, was jeder einzelne Mensch tut, und du gibst jedem, was er wegen seines Tuns und wegen seiner Taten verdient hat. 20Du hast in Ägypten erstaunliche Zeichen und Wunder gewirkt – ja, du tust es immer noch, bis auf diesen

---

32,1 Das zehnte Jahr der Herrschaft Zedekias und das 18. Jahr der Herrschaft Nebukadnezars war das Jahr 587 v.Chr. **32,9a** Vgl. Matthäus 27,10. **32,9b** Das entspricht ca. 194 g Silber.

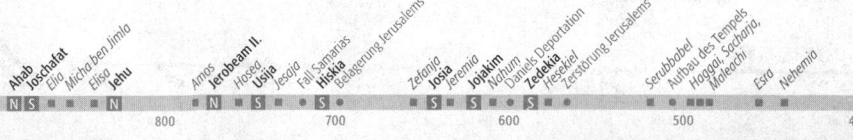

JEREMIA

1	Jeremias Berufung
2–25	Die Klage des HERRN gegen sein Volk
26–35	Erzählungen über Jeremia; Verheißungen für Gottes Volk
36–45	Weitere Erzählungen: die Leidensgeschichte von Jeremia
46–51	Botschaften für fremde Völker
52	Der Fall Jerusalems

32–33
Gott antwortet Jeremia und kündigt die Zerstörung Jerusalems an, sowie seine Wiederherstellung. Gott wird sein Erbarmen und Frieden schenken.

[Zeit der Könige und Propheten]

Tag, sowohl an Israel als auch an anderen Völkern. Dadurch hast du dir einen großen Namen gemacht, der überall bekannt geworden ist. ²¹Unter Zeichen und Wundern hast du Israel aus Ägypten geführt, mit starker Hand und großer Überlegenheit, sodass seine Feinde furchtbar erschraken. ²²Du hast deinem Volk Israel dieses Land geschenkt, das du schon vor langer Zeit seinen Vorfahren zugesprochen hast – dieses Land, in dem Milch und Honig überfließen. ²³Unsere Vorfahren kamen in das Land und nahmen es in Besitz, aber sie hörten nicht mehr auf das, was du ihnen sagtest. Sie lebten in keinerlei Weise so, wie es dein Gesetz fordert; sie kümmerten sich nicht um deine Gebote. Deshalb hast du all das schreckliche Unheil über sie hereinbrechen lassen.

²⁴Du siehst ja, wie die Belagerungsrampen der Feinde schon bis an die Stadtmauern reichen. Nicht mehr lange, und sie werden die Stadt eingenommen haben. Sie ist dem Schwert der Babylonier, die gegen sie kämpfen, rettungslos ausgeliefert; Hunger und Pest tun ein Übriges. Ja, alles, was du uns angedroht hast, ist eingetroffen, du siehst es ja selbst. ²⁵Und trotzdem, allmächtiger HERR, obwohl die Stadt doch schon bald in den Händen der Babylonier ist, hast du mir befohlen, diesen Acker vor Zeugen zu kaufen.

Weissagung über den Fall Jerusalems

²⁶Daraufhin erhielt Jeremia folgende Botschaft des HERRN: ²⁷»Ich bin der HERR, der Gott aller Völker der Welt. Sollte mir irgendetwas unmöglich sein? ²⁸Deshalb spricht der HERR Folgendes: Ja, ich liefere diese Stadt dem babylonischen Heer und ihrem König Nebukadnezar aus: Er soll sie erobern. ²⁹Die Babylonier, die bisher noch die Stadt belagern, werden in die Stadt einfallen und sie in Brand setzen. Sie soll bis auf die Grundmauern niedergebrannt werden, mitsamt den Häusern, auf deren Dächern dem Baal Rauchopfer dargebracht wurden. Auch anderen Göttern wurde geopfert; es wurden Trankopfer ausgegossen, um mich zum Zorn zu reizen. ³⁰Von frühester Kindheit an tun die Israeliten und Judäer nur das, was in meinen Augen nicht richtig ist. Mit allem, was sie unternehmen, reizen sie mich zum Zorn«, spricht der HERR. ³¹»Seit der Zeit, da diese Stadt erbaut wurde, bis heute ist sie der Grund für meinen Zorn und für meine Erbitterung. Deshalb schaffe ich sie mir aus meinen Augen.

³²Die Israeliten und Judäer haben mich herausgefordert mit ihrer Bosheit: Sie taten es, um mich zu reizen – sie, die Könige, Fürsten, Priester, Propheten und alle Einwohner von Jerusalem. ³³Statt dass sie mir ihr Gesicht zuwenden,

S Südreich Juda   N Nordreich Israel

drehen sie mir ihren Rücken zu. Tag für Tag, Jahr für Jahr habe ich mich aufgemacht, habe sie unermüdlich gelehrt, aber sie hörten mir nicht zu und wollten sich von mir nicht zurechtweisen lassen. ³⁴Sogar im Tempel, der doch meinem Namen geweiht ist, haben sie ihre widerlichen Götzen aufgestellt und ihn damit geschändet. ³⁵Sie haben dem Baal im Hinnomtal Kultstätten errichtet, und nun verbrennen sie dort dem Moloch Söhne und Töchter. Etwas so Schreckliches hätte ich nie von ihnen verlangt. Es wäre mir auch nie in den Sinn gekommen, dass sie solche entsetzlichen Taten begehen könnten. Sie haben ganz Juda zur Sünde verführt.

Verheißung der Wiederherstellung
³⁶Der HERR, der Gott Israels, hat aber dennoch auch anderes über diese Stadt zu sagen. Ihr jammert ja unablässig: ›Unsere Stadt wird in die Hand des babylonischen Königs fallen. Der Krieg, der Hunger und die Seuchen haben unsere Kraft gebrochen.‹« Aber der HERR spricht: ³⁷»Ich sammle mein Volk aus allen Ländern, in die ich sie in meinem Zorn, meiner Erbitterung und meiner gewaltigen Wut gejagt habe. Ich will sie hier an diesen Ort zurückbringen, und sie sollen sicher und in Frieden leben. ³⁸Sie werden mein Volk sein und ich werde ihr Gott sein. ³⁹Sie werden ihr ganzes Denken und Handeln auf ein Ziel ausrichten: mich zu fürchten und mir zur Ehre zu leben. Dann wird es ihnen und ihren Nachkommen gut gehen. ⁴⁰Ich will einen Bund mit ihnen schließen, der für alle Zeiten gilt. Mein Wort will ich ihnen geben, dass ich mich nie wieder von ihnen abwenden werde, sondern ihnen immer Gutes tun will. Ich will in ihnen den Wunsch wecken, mich anzubeten und zu fürchten, sodass sie nie wieder von mir weglaufen. ⁴¹Ich werde Freude daran haben, ihnen Gutes zu tun und werde sie voller Treue wieder in dieses Land einpflanzen – mit meinem ganzen Herzen und mit meiner ganzen Seele. ⁴²Denn ich, der HERR, verspreche es: Wie ich über sie all dieses Unheil gebracht habe, so will ich ihnen auch all das Gute schenken, das ich ihnen vorhergesagt habe.

⁴³Dann sollen wieder Äcker gekauft werden in diesem Land, von dem es jetzt heißt: ›Es ist ein trostloses Land geworden, es wohnen weder Menschen noch Tiere darin. Es wurde in die Hand der Babylonier gegeben.‹ ⁴⁴Ja, man wird wieder Ackerland verkaufen – rechtmäßig, vor Zeugen, für eine festgesetzte Geldsumme und bekräftigt durch Kaufverträge, die man ordnungsgemäß versiegelt – im Gebiet von Benjamin, im Umland von Jerusalem und in den Städten Judas, in den Gebirgsstädten wie auch in den Küstenstädten und in den Städten im Süden. Denn ich will ihr Geschick wieder zum Guten wenden. Ich, der HERR, habe gesprochen!«

Verheißungen von Frieden und Wohlstand

33 Während Jeremia noch im Wachhof gefangen gehalten wurde, hatte der HERR eine zweite Botschaft für ihn: ²»So spricht der HERR, der die Erde geschaffen und fest gegründet hat* – und sein Name ist HERR: ³›Ruf mich, dann will ich dir antworten und will dir gewaltige und unglaubliche Dinge zeigen, von denen du noch nie gehört hast. ⁴Denn so spricht der HERR, der Gott Israels: Ihr habt die Häuser dieser Stadt und sogar den Palast des Königs von Juda eingerissen. Das Baumaterial wolltet ihr dazu verwenden, die Feinde und ihre Belagerungswälle abzuwehren, ⁵aber die Babylonier fallen trotzdem ein. Die Stadt füllt sich mit Leichen, die ich in meinem furchtbaren Zorn und meiner Erbitterung erschlagen habe. Ich habe mich von dieser Stadt zurückgezogen, weil ihre Einwohner so viel Böses getan haben.

⁶Dennoch soll es geschehen, dass ich sie verbinden und ihre Wunden heilen werde. Ja, Jerusalem soll wieder heil werden, und ich will ihnen die Fülle von Frieden und Wohlstand zurückgeben. ⁷Ich will das Schicksal Judas und Israels wieder zum Guten wenden und sie so aufbauen, wie sie früher waren. ⁸Ich will sie von all ihrer Schuld reinwaschen, mit der sie gegen mich gesündigt haben. Alle bösen Taten, mit denen sie sich gegen mich gewandt haben und durch die sie mir untreu geworden sind, will ich ihnen vergeben. ⁹Dann wird mir diese Stadt Freude machen. Sie wird mir Ruhm und Ehre bei allen Völkern dieser Erde einbringen, wenn sie von all dem Guten hören werden, das ich an Jerusalem tue. Sie werden erschrecken und vor Furcht beben, weil ich Jerusalem Frieden und Wohltaten im Übermaß geben werde.‹«

¹⁰So spricht der HERR: »Noch bezeichnet ihr dieses Land als geplündert und verwüstet. Es wohnen keine Menschen und keine Tiere darin, sagt ihr. Doch in den Städten Judas und auf den Straßen Jerusalems – die leer und öde sind, weil niemand mehr darin wohnt, weder Menschen noch Tiere – ¹¹wird wieder fröhliches Lachen und lauter Jubel zu hören sein. Auch die Stimme des Bräutigams und der Braut werden wieder erklingen. Weitere Stimmen werden erschallen –

33,2 So die griech. Version. Hebr. *so spricht der HERR, der es bildet, um es festzusetzen.*

JEREMIA

1	Jeremias Berufung
2–25	Die Klage des HERRN gegen sein Volk
26–35	Erzählungen über Jeremia; Verheißungen für Gottes Volk
36–45	Weitere Erzählungen: die Leidensgeschichte von Jeremia
46–51	Botschaften für fremde Völker
52	Der Fall Jerusalems

33–34
Ankündigung eines gerechten Nachkommen Davids. Eine Botschaft für Zedekia. Hebräische Sklaven werden vorübergehend freigelassen.

[Zeit der Könige und Propheten]

es ist das Lob derer, die in den Tempel gehen, um Dankopfer darzubringen. Sie rufen:
›Lobt den HERRN, den Allmächtigen! Denn der HERR ist gut und seine unwandelbare Liebe währt bis in alle Ewigkeit!‹

Denn ich werde das Geschick dieses Landes zum Guten wenden, so wie es früher war«, spricht der HERR.

¹²»So spricht der HERR, der Allmächtige: In diesem Land – das jetzt verlassen ist, aus dem Menschen und Tiere verschwunden sind – soll es wieder saftige Wiesen geben, auf denen Hirten ihre Herden weiden lassen. ¹³Ja, überall, in den Gebirgsstädten, den Städten im Küstengebiet, den Städten im Süden, auch im Land Benjamin, im Umland Jerusalems und in den Städten Judas werden wieder Herden vorüberziehen, beschützt von ihrem Hirten, der für sie sorgt*«, spricht der HERR.

¹⁴»Es kommt die Zeit«, spricht der HERR, »da werde ich das Gute, das ich Israel und Juda versprochen habe zu tun, wahr machen. ¹⁵In jener Zeit will ich David einen Nachkommen geben, der als gerecht bezeichnet werden wird*. Er wird im ganzen Land Recht und Gerechtigkeit durchsetzen. ¹⁶In diesen Tagen soll Juda gerettet werden und Jerusalem in Sicherheit leben. Und die Stadt wird mit dem Namen genannt werden ›Der HERR ist unsere Gerechtigkeit!‹ ¹⁷Denn so

33,13 Hebr. *der sie zählt.* 33,15 Hebr. *einen gerechten Zweig.*

Jeremia 34,12-20

Bundesschlüsse
Hunderte von Jahren nach dem Bundesschluss am Sinai erinnert der Prophet Jeremia daran, was seit damals auch zur Bundesverpflichtung gehört: Alle sieben Jahre sollen die Sklaven, die aus dem eigenen Volk stammen, freigelassen werden. Das war damals im Zusammenhang mit den Zehn Geboten angeordnet worden (2Mo 21,2).
Jeremias Worte machen auch das Ritual anschaulich, mit dem ein Bundesschluss begangen wurde (V. 18). Indem die Bundespartner zwischen den beiden Hälften des zerlegten Opfertiers hindurchschritten, bekundeten sie offenbar, dass sie dasselbe Schicksal wie dieses Tier erwartet, falls sie den Bund brechen sollten. Dieses Ritual führte schon Abram durch, als Gott seinen Bund mit ihm schloss (1Mo 15,9-21).
(2. Mose 34 ‹‹ | ›› 2. Mose 40)

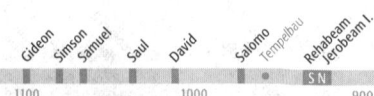

spricht der HERR: Stets wird es einen Nachkommen Davids geben, der auf dem Thron Israels sitzt. ¹⁸Und stets soll es Priester aus dem Stamm Levi geben, die mir regelmäßig Brandopfer opfern, Speiseopfer in Rauch aufgehen lassen und Tiere für die Opfer schlachten.«

¹⁹Danach erhielt Jeremia die folgende Botschaft vom HERRN: ²⁰»Ich habe mit dem Tag und mit der Nacht einen Bund geschlossen, sodass sie immer zur rechten Zeit erscheinen. Diese Ordnung kann niemand aufheben. ²¹In der gleichen Weise kann auch der Bund, den ich mit David geschlossen habe und in dem ich ihm versichert habe, dass immer ein Nachkomme von ihm als König regieren soll, nicht gebrochen werden; ebenso wenig der Bund, den ich mit den Priestern, den Leviten, geschlossen habe. ²²Wie die Zahl der Sterne am Himmel nicht zu bestimmen ist oder der Sand des Meeres nicht gewogen werden kann, so zahlreich will ich die Nachkommen Davids, meines Knechts, machen. Und genauso will ich die Leviten, die mir dienen, zahlreich machen.«

²³Der HERR sprach ein weiteres Mal zu Jeremia: ²⁴»Hast du nicht gehört, was dieses Volk sagt? ›Der HERR hat Juda und Israel zwar zuerst erwählt, jetzt aber verstoßen!‹ Voller Verachtung sehen sie auf mein Volk herab und behaupten, es sei in ihren Augen gar nicht mehr würdig, ein Volk genannt zu werden. ²⁵Darauf antwortet der HERR: ›Erst wenn der Bund, den ich mit dem Tag und der Nacht geschlossen habe, nicht mehr bestünde, erst wenn die Ordnung des Himmels und der Erde aufgehoben wäre, ²⁶erst dann könnte ich die Nachkommen Jakobs und meines Knechts Davids verstoßen, sodass ich nicht mehr von seinen Kindern Herrscher erwählte über die Nachkommen Abrahams, Isaaks und Jakobs. Denn ich will das Schicksal meines Volkes zum Guten wenden und Erbarmen mit ihm haben.‹«

Eine Warnung an Zedekia

34 Der babylonische König Nebukadnezar führte sein Heer und alle Königreiche, die er sich unterworfen hatte, und viele andere Völker gegen Jerusalem in die Schlacht und griff Jerusalem und alle anderen Städte Judas an. Zu der Zeit erhielt Jeremia folgende Botschaft des HERRN: ²»So spricht der HERR, der Gott Israels: Geh zu Zedekia, dem König von Juda, und sag ihm: ›So spricht der HERR: Ich liefere diese Stadt dem König von Babel aus, damit er sie niederbrenne. ³Und du, Zedekia, wirst ihm nicht entkommen, sondern er wird dich ganz gewiss gefangen nehmen – ja, er wird dich in seine Gewalt bekommen. Du wirst dem babylonischen König Auge in Auge gegenüberstehen und ihm Rede und Antwort stehen müssen, bevor er dich nach Babel führt.‹ ⁴Doch höre auch die Verheißung des HERRN, Zedekia, König von Juda. Das verspricht dir der HERR: ›Du sollst nicht im Krieg umkommen, ⁵sondern du wirst friedlich sterben. Man wird Räucherwerk zu deinem Gedächtnis verbrennen, genauso, wie man es bei dem Tod deiner Vorfahren, den früheren Königen, die vor dir regiert haben, getan hat. Sie werden um dich klagen: »Ach, Herr und Gebieter!«, denn so habe ich es beschlossen‹, spricht der HERR.«

⁶Diese Botschaft überbrachte Jeremia in Jerusalem Wort für Wort Zedekia, dem König von Juda, ⁷als das babylonische Heer noch gegen Jerusalem, Lachisch und Aseka kämpfte. Lachisch und Aseka waren die einzigen befestigten Städte Judas, die noch nicht gefallen waren.

Freiheit für die hebräischen Sklaven

⁸Eine weitere Botschaft erhielt Jeremia vom HERRN, nachdem König Zedekia mit dem ganzen Volk, das in Jerusalem lebte, einen Bund geschlossen hatte. Dieser Bundesschluss hatte das Ziel eine Freilassung auszurufen: ⁹Alle hebräischen Sklaven und Sklavinnen sollten freigelassen werden. Kein Judäer sollte künftig einen Volksgenossen als Sklaven halten. ¹⁰Alle, die dem Bund beigetreten waren, die Minister und das ganze Volk, hörten den Beschluss, dass jeder seinen Sklaven und seinen Sklavinnen die Freiheit wiedergeben solle. Da gehorchten sie pflichtbewusst und gaben sie frei. ¹¹Allerdings bereuten sie es eine kurze Zeit später wieder und versklavten erneut die soeben freigelassenen Sklaven.

¹²Da sprach der HERR folgende Worte zu Jeremia: ¹³»So spricht der HERR, der Gott Israels: Vor langer Zeit, als ich eure Vorfahren aus der Sklaverei in Ägypten befreit habe, habe ich einen Bund mit ihnen geschlossen. ¹⁴Ich gebot ihnen: Alle sieben Jahre sollt ihr euren hebräischen Bruder freilassen, der sich euch als Sklave verkauft hat. Sechs Jahre soll er dein Sklave sein, aber dann sollst du ihn als freien Mann gehen lassen. Aber eure Vorfahren hörten nicht auf mich und waren mir nicht gehorsam. ¹⁵Heute habt ihr es gerade andersherum gemacht: Ihr habt einen richtigen Beschluss gefasst, als ihr für eure Volksgenossen die Freilassung ausgerufen habt. Diesen Beschluss habt ihr vor mir durch einen Bund bekräftigt, im Tempel, der meinem Namen geweiht ist. ¹⁶Allerdings habt ihr euch danach wieder anders besonnen und habt damit meinen Namen geschändet. Jeder von euch hat seinen Sklaven oder seine Sklavin zurückgeholt, obwohl

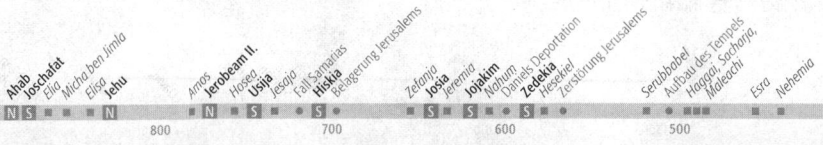

JEREMIA

1	Jeremias Berufung
2–25	Die Klage des HERRN gegen sein Volk
26–35	Erzählungen über Jeremia; Verheißungen für Gottes Volk
36–45	Weitere Erzählungen: die Leidensgeschichte von Jeremia
46–51	Botschaften für fremde Völker
52	Der Fall Jerusalems

34–36
Gott wird zornig darüber, dass die freigelassenen Sklaven wieder versklavt wurden. Jeremia trifft die Rechabiter. Baruch liest Botschaften Gottes vor.

[Zeit der Könige und Propheten]

ihr sie doch freigelassen hattet und sie damit freie Verfügungsgewalt über sich bekommen hatten.
[17]Deshalb spricht der HERR: Letztendlich habt ihr mir nicht gehorcht, denn ihr habt die Freilassung für eure Brüder und eure Nächsten zwar ausgerufen, letztendlich aber nicht ausgeführt. Deshalb rufe ich eine Freilassung über euch aus«, spricht der HERR. »Ich entfessele das Schwert, den Hunger und die Pest. Alle Königreiche der Erde werden entsetzt sein, wenn ich euch das antue. [18]Als ihr vor mir feierlich den Bund geschlossen habt, habt ihr ein Kalb in der Mitte durchtrennt. Danach seid ihr zwischen diesen Hälften hindurchgeschritten. Den Männern, die meinen Bund gebrochen haben, soll es nun genauso gehen wie diesem Kalb: [19]Die höchsten Minister von Juda und die von Jerusalem, die Hofbeamten*, die Priester und das ganze Volk, die zwischen den Hälften des Kalbes hindurchgeschritten sind, [20]sollen ihren Feinden in die Hände fallen. Sie sollen in die Gewalt derer gelangen, die danach trachten sie zu töten. Ihre Leichen sollen Aasgeiern und wilden Tieren als Fraß dienen. [21]Zedekia, den König von Juda, werde ich samt seinen höchsten Ministern ihren Feinden ausliefern und in die Gewalt derer geben, die sie töten wollen. Im Augenblick ist der babylonische König zwar von dieser Stadt abgezogen. [22]Ich will jedoch sein Heer zurückrufen, damit sie weiterhin gegen diese Stadt kämpfen. Sie werden sie erobern und mit Feuer verbrennen. Auch alle übrigen Städte Judas will ich zu einer unbewohnten Wüste machen.«

Die Treue der Rechabiter

35 Die folgende Botschaft des HERRN erhielt Jeremia, als Jojakim, der Sohn Josias, König von Juda war: [2]»Geh zur Familie der Rechabiter, rede mit ihnen und lade sie in den Tempel des HERRN ein. Bitte sie dort in eins der Zimmer und biete ihnen Wein an.«
[3]Ich ging zu Jaasanja, dem Sohn Jirmejas und Enkel Habazzinjas, zu allen seinen Brüdern und Söhnen und der ganzen Sippe der Rechabiter [4]und brachte sie mit mir zum Tempel. Dort gingen wir in das Zimmer, das den Söhnen Hanans, des Sohnes Jigdaljas, des Gottesmannes, zugewiesen war. Dieser Raum lag neben dem der Fürsten, direkt über dem Zimmer des Torhüters Maasejas, des Sohnes Schallums.
[5]Ich stellte Becher und Weinkrüge vor die versammelte Familie der Rechabiter und forderte

34,19 Wörtl. *die Eunuchen.*

sie auf zu trinken. ⁶Doch sie lehnten ab. »Nein«, sagten sie, »wir trinken keinen Wein, denn Jonadab, der Sohn Rechabs, der Vater unserer Sippe, hat uns geboten und gesagt: ›Ihr und eure Nachkommen sollt niemals Wein trinken! ⁷Baut auch keine Häuser, sät kein Getreide auf dem Acker aus, kauft keine Weinberge und legt auch keine an. Stattdessen sollt ihr euer Leben lang in Zelten wohnen. Wenn ihr das alles befolgt, werdet ihr in dem Land, in dem ihr euch als Ausländer aufhaltet, lange leben können.‹ ⁸Wir haben diese Anordnungen unseres Stammvaters Jonadab, des Sohnes Rechabs, immer genau befolgt. Deshalb trinken wir und unsere Frauen, Söhne und Töchter solange wir leben keinen Wein. ⁹Wir bauen auch keine Häuser, um darin zu wohnen, und wir besitzen weder Weinberge noch Äcker noch anderes Land, um die Saat auszusäen. ¹⁰Stattdessen wohnen wir in Zelten und befolgen das Gebot Jonadabs, des Vaters unserer Sippe, treu in allen Dingen. ¹¹Doch als der babylonische König Nebukadnezar unser Land angriff, flüchteten wir vor dem babylonischen und dem aramäischen Heer und brachten uns in Jerusalem in Sicherheit. Deshalb wohnen wir jetzt hier in Jerusalem.«

¹²Da sprach der HERR zu Jeremia: ¹³»Der HERR, der Allmächtige, der Gott Israels, spricht: Geh und sag dem Volk von Juda und den Einwohnern von Jerusalem: ›Wollt ihr euch nicht endlich dazu bewegen lassen mir zu gehorchen?‹, spricht der HERR. ¹⁴›Jonadab, der Sohn Rechabs, hat seiner Sippe verboten Wein zu trinken. Die Rechabiter halten sich bis heute an dieses Gebot und trinken keinen Wein, weil sie ihm gehorsam sein wollen. Zu euch aber rede ich immer wieder, von früh bis spät, aber ihr hört mir nicht zu. ¹⁵Immer wieder, unaufhörlich, schickte ich euch meine Knechte, die Propheten. Sie ermahnten euch: Kehrt um von euren bösen Wegen, ändert euer Leben! Lauft doch nicht diesen anderen Göttern nach, um ihnen zu dienen. Ihr könnt sonst nicht in diesem Land wohnen bleiben, das ich euch und euren Vorfahren gegeben habe! Aber ihr habt mir keine Beachtung geschenkt und wolltet nicht auf mich hören. ¹⁶Die Nachkommen Jonadabs, des Sohnes Rechabs, gehorchen dem Gebot ihres Vorfahren, dieses Volk aber weigert sich auf mich zu hören.

¹⁷Deshalb spricht der HERR, der Gott, der Allmächtige, und der Gott Israels: Weil ihr nicht hören wolltet, als ich mit euch geredet habe, und ihr nicht geantwortet habt, als ich euch rief, will ich all das Unheil über Juda und die Bewohner Jerusalems bringen, das ich ihnen angedroht habe.‹«

¹⁸Dann wandte Jeremia sich an die Rechabiter und sagte: »So spricht der HERR, der Allmächtige, der Gott Israels: Ihr habt eurem Vorfahren Jonadab in jeder Hinsicht gehorcht, habt seine Gebote bewahrt und gehalten. ¹⁹Deshalb wird Jonadab, der Sohn Rechabs, für immer Nachkommen haben, die mir dienen. Ich, der HERR, der Allmächtige, der Gott Israels, verspreche es euch!«

Baruch liest die Botschaften des HERRN

36 ¹Im vierten Jahr der Herrschaft Jojakims, des Sohnes Josias, des Königs von Juda*, gab der HERR Jeremia folgende Botschaft: ²»Nimm eine Schriftrolle und schreib alle Worte auf, die ich zu dir über Israel, Juda und die anderen Völker geredet habe. Beginn mit der ersten Botschaft aus der Zeit Josias und schreib alles auf, was ich dir bis zum heutigen Tag gesagt habe. ³Vielleicht nehmen die Männer Judas dann das Unheil ernst, das ich ihnen angedroht habe, und kehren von ihren bösen Wegen um, damit ich ihnen ihre Schuld und ihre bösen Taten vergeben kann.«

⁴Daraufhin ließ Jeremia Baruch, den Sohn Nerijas, holen, und dieser schrieb nach Jeremias Diktat alle Weissagungen, die der HERR ihm gegeben hatte, in einer Schriftrolle auf. ⁵Dann beauftragte Jeremia Baruch und sagte zu ihm: »Ich lebe hier als Gefangener und kann deshalb nicht in den Tempel des HERRN gehen. ⁶So geh nun du an einem Fastentag in den Tempel des HERRN und lies dem Volk die Botschaften des HERRN, die du nach meinem Diktat auf diese Rolle geschrieben hast, laut und deutlich vor. Lies sie auch allen Judäern vor, die aus ihren Städten in den Tempel kommen. ⁷Vielleicht flehen sie dann zum HERRN um Gnade und kehren von ihren falschen Wegen um. Denn der Zorn und die Erbitterung des HERRN sind groß, mit denen er diesem Volk gedroht hat.«

⁸Baruch, der Sohn Nerijas, tat genau das, was der Prophet Jeremia ihm befohlen hatte, und las dem Volk im Tempel alle Worte des HERRN vor. ⁹Das geschah am Tag des ausgerufenen heiligen Fastens im neunten Monat des fünften Jahres der Herrschaft König Jojakims*, des Sohnes Josias. An diesem Tag hatte man die ganze Bevölkerung Jerusalems und die aller anderen Städte Judas, die nach Jerusalem gekommen waren, zum Fas-

---

36,1 Das vierte Jahr der Herrschaft Jojakims war das Jahr 605 v.Chr. 36,9 Dieser Monat im fünften Jahr der Herrschaft Jojakims fiel auf den Nov. und Dez. 604 v.Chr.

JEREMIA

1	Jeremias Berufung
2–25	Die Klage des HERRN gegen sein Volk
26–35	Erzählungen über Jeremia; Verheißungen für Gottes Volk
36–45	Weitere Erzählungen: die Leidensgeschichte von Jeremia
46–51	Botschaften für fremde Völker
52	Der Fall Jerusalems

36–37
Baruch wird vor dem König gewarnt. König Jojakim verbrennt die Schriftrolle. Jeremia muss die Rolle erneut schreiben. Jeremia wird verhaftet.

[Zeit der Könige und Propheten]

ten aufgerufen, um den HERRN gnädig zu stimmen. ¹⁰Baruch las Jeremias Worte im Tempel, im Zimmer von Gemarja, dem Sohn Schafans, des Schreibers, allen versammelten Männern laut vor. Dieser Raum lag im oberen Vorhof des Tempels, direkt beim neuen Tor.

¹¹Als Michaja, der Sohn Gemarjas und Enkel Schafans, alle Botschaften des HERRN gehört hatte, die Baruch aus der Schriftrolle vorgelesen hatte, ¹²ging er zum königlichen Palast hinunter, in das Zimmer des Staatsschreibers. Dort saßen alle führenden Minister beieinander: Elischama, der Staatsschreiber, Delaja, der Sohn Schemajas, Elnatan, der Sohn Achbors, Gemarja, der Sohn Schafans, und Zedekia, der Sohn Hananjas, und alle anderen wichtigen Männer. ¹³Michaja berichtete ihnen alles, was Baruch dem Volk vorgelesen hatte. ¹⁴Da schickten die Beamten Jehudi, den Sohn Netanjas, Enkel des Schelemja und Urenkel des Kuschi, er sollte Baruch bitten, zu ihnen zu kommen und alle Botschaften, die er im Tempel öffentlich verlesen habe, auch ihnen vorzulesen. Baruch nahm seine Schriftrolle und ging zu ihnen. ¹⁵Die Minister baten ihn: »Setz dich zu uns und lies auch uns die Rolle vor.« Und Baruch las ihnen alles vor.

¹⁶Als sie alle Botschaften gehört hatten, sahen sie sich entsetzt an und sagten zu Baruch: »Das müssen wir unbedingt dem König melden!« ¹⁷Dann fragten sie ihn: »Sag uns doch: Wie kamst du dazu, diese Worte Jeremias aufzuschreiben?« ¹⁸Baruch erklärte ihnen: »Jeremia selbst hat sie mir Wort für Wort diktiert, und ich habe alles mit Tinte auf dieses Papier geschrieben.«

¹⁹Daraufhin warnten die Minister Baruch: »Versteckt euch, du und Jeremia. Es ist am sichersten, wenn niemand weiß, wo ihr euch aufhaltet.«

König Jojakim verbrennt die Rolle

²⁰Dann ließen sie die Rolle im Zimmer des Schreibers Elischama zurück und gingen in den königlichen Palast, um dem König Bericht zu erstatten. ²¹Der König schickte Jehudi, dass er die Rolle hole. Jehudi brachte sie aus dem Raum des Schreibers Elischama und las sie dem König in Anwesenheit aller seiner Minister vor. ²²Der König hielt sich zu der Zeit in seinem Winterpalast auf – es war der neunte Monat* – und wärmte sich vor einem Kohlebecken, in dem ein Feuer brannte. ²³Jedes Mal, wenn Jehudi drei oder vier Spalten gelesen hatte, schnitt der König diese mit einem Schreibermesser von der Schriftrolle

---

36,22 Bei diesem Monat handelt es sich um den Dez. 604 v.Chr.

S Südreich Juda N Nordreich Israel

ab und warf den Abschnitt in die Flammen, bis schließlich die gesamte Rolle vernichtet war. ²⁴Weder der König noch seine Minister erschraken, als Jehudi diese Worte verlas. Sie zerrissen auch nicht ihre Kleider vor Trauer oder Scham. ²⁵Elnatan, Delaja und Gemarja baten zwar den König eindringlich, die Rolle unter keinen Umständen zu vernichten; der König tat ihre Einwände jedoch einfach ab. ²⁶Stattdessen schickte der König seinen Sohn Jerachmeel mit Seraja, dem Sohn Asriëls, und Schelemja, dem Sohn Abdeels, um den Schreiber Baruch und Jeremia zu verhaften. Doch der HERR hielt sie versteckt.

Jeremia schreibt die Rolle neu

²⁷Nachdem der König die Rolle verbrannt hatte, die Baruch gemäß den Worten Jeremias geschrieben hatte, gab der HERR Jeremia eine weitere Botschaft. Er sprach: ²⁸»Nimm noch einmal eine Rolle. Schreib auf sie genau die gleichen Worte wie die, die auf der Schriftrolle geschrieben waren, die Jojakim, der König von Juda, verbrannt hat. ²⁹Über Jojakim, den König von Juda, sollst du aber folgende Drohung aussprechen: ›Das spricht der HERR: Du hast die Rolle verbrannt und Jeremia vorgeworfen: »Wie kannst du es wagen, solche Worte schreiben zu lassen, dass der König von Babel ganz gewiss kommen wird, um dieses Land zu zerstören und alle Menschen und das ganze Vieh fortzujagen?« ³⁰Deshalb spricht der HERR über König Jojakim von Juda: Keiner seiner Nachkommen wird ihm auf dem Thron Davids nachfolgen. Sein Leichnam soll unbegraben hingeworfen werden und der Hitze des Tages genauso schutzlos ausgesetzt sein wie dem Frost in der Nacht. ³¹Ich will ihn, seine Nachkommen und alle seine Handlanger für ihre bösen Taten bestrafen. Über sie, die Bewohner Jerusalems und alle Männer von Juda soll das Unheil hereinbrechen, das ich ihnen angekündigt habe – ihr wolltet ja nicht hören!‹«

³²Da nahm Jeremia eine neue Rolle und diktierte seinem Schreiber Baruch alle Botschaften noch einmal. Jener schrieb alles genau so auf, wie es in der Rolle gestanden hatte, die König Jojakim im Feuer verbrannt hatte, und wie Jeremia es ihm diktierte. Doch diesmal fügte Jeremia noch weitere, ähnliche Worte hinzu.

Zedekia bittet Jeremia um Gebet

37 Zedekia, der Sohn Josias, folgte Konja, dem Sohn Jojakims, auf den Thron von Juda. Er wurde vom babylonischen König Nebukadnezar als König eingesetzt. ²Doch auch König Zedekia, seine Minister und die Menschen, die im Land geblieben waren, hörten nicht auf das, was der HERR ihnen durch den Propheten Jeremia sagte. ³Dennoch schickte König Zedekia eines Tages Juchal, den Sohn Schelemjas, und den Priester Zefanja, den Sohn Maasejas, zu Jeremia und ließ ihn bitten: »Bete für uns zum HERRN, unserem Gott.« ⁴Zu der Zeit konnte sich Jeremia noch frei bewegen, er war noch nicht verhaftet worden. ⁵Damals war gerade Pharao Hofra* mit seinem Heer aus Ägypten aufgebrochen, und als die Babylonier, die Jerusalem belagerten, davon hörten, zogen sie sich schnell zurück. ⁶Da gab der HERR Jeremia folgende Botschaft: ⁷»So spricht der HERR, der Gott Israels: ›Sagt dem König von Juda, der euch geschickt hat, mich zu befragen: Das Heer Pharaos, das euch zur Hilfe eilen wollte, kehrt schon wieder nach Ägypten zurück. ⁸Dann aber werden die Babylonier zurückkommen, um die Stadt zu erobern und niederzubrennen. ⁹Ich, der HERR, warne euch: Täuscht euch doch nicht selbst, indem ihr euch einredet, dass die Babylonier endgültig von euch ablassen werden. Nein, sie werden es nicht tun! ¹⁰Und selbst wenn ihr fast das ganze babylonische Heer vernichten würdet, sodass nur einige schwer verwundete Krieger überlebten – diese würden noch aus ihren Zelten taumeln und die gesamte Stadt in Flammen aufgehen lassen!‹«

Jeremia wird verhaftet

¹¹Nachdem das babylonische Heer von Jerusalem abgezogen war, weil das Heer Pharaos vorrückte, ¹²verließ Jeremia die Stadt, um im Gebiet des Stammes Benjamin eine Erbschaftssache mit seinen Verwandten zu regeln. ¹³Doch als er gerade am Benjamintor ankam, hielt ihn der Wachhabende, ein Hauptmann namens Jirija, der Sohn Selemjas und ein Enkel des Hananja, auf und beschuldigte ihn: »Du willst zu den Babyloniern überlaufen!« – ¹⁴»Nein, das ist nicht wahr!«, entgegnete Jeremia. »Ich hatte nicht die Absicht, so etwas zu tun.« Aber Jirija beachtete seinen Protest nicht, sondern verhaftete Jeremia und führte ihn vor die Minister. ¹⁵Diese waren ohnehin schon zornig auf Jeremia. Deshalb ließen sie ihn auspeitschen und setzten ihn im Haus des Schreibers Jonatan, das zu einem Gefängnis umgebaut worden war, gefangen. ¹⁶So wurde Jeremia für lange Zeit in ein unterirdisches Verlies, eine ehemalige Zisterne, gesperrt.

¹⁷Eines Tages ließ König Zedekia Jeremia heimlich in den Palast bringen und fragte ihn:

37,5 Hebr. *das Heer Pharaos*; s. auch 44,30.

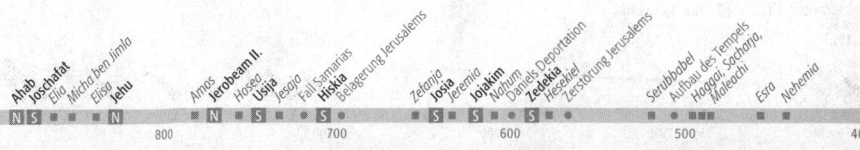

JEREMIA

1	Jeremias Berufung
2–25	Die Klage des HERRN gegen sein Volk
26–35	Erzählungen über Jeremia; Verheißungen für Gottes Volk
36–45	Weitere Erzählungen: die Leidensgeschichte von Jeremia
46–51	Botschaften für fremde Völker
52	Der Fall Jerusalems

37–39
Jeremia wird in einer Zisterne gefangen gehalten und befreit. Zedekia hat Fragen. Jeremia verkündigt den Untergang. Jerusalem wird eingenommen.

[Zeit der Könige und Propheten]

»Hast du eine neue Botschaft vom HERRN?« – »Ja«, antwortete Jeremia. »Du wirst der Gewalt des babylonischen Königs ausgeliefert werden.« [18]Dann fragte Jeremia den König: »Welches Verbrechen habe ich begangen? Habe ich mich gegen dich, gegen deine Minister oder gegen das Volk in irgendeiner Weise falsch verhalten? Oder warum hast du mich ins Gefängnis werfen lassen? [19]Wo sind jetzt deine Propheten, die dir fest zugesagt haben, dass der babylonische König weder dich noch dein Land angreifen wird? [20]Nun bitte ich dich um eines, mein Herr und König: Lass mich nicht in das Verlies im Haus des Schreibers Jonatan zurückbringen, denn dort müsste ich mit Sicherheit sterben.«

[21]Da befahl König Zedekia, Jeremia statt im Verlies im Wachhof gefangen zu halten. Der König ordnete auch an, dass Jeremia jeden Tag einen Laib Brot aus der Bäckergasse erhalten sollte, solange es noch Nahrung in der Stadt gab. So blieb Jeremia im Wachhof.

Jeremia in der Zisterne

38 Schefatja, der Sohn Mattans, Gedalja, der Sohn Paschhurs, Juchal, der Sohn Schelemjas, und Paschhur, der Sohn Malkijas, hörten, wie Jeremia Folgendes zum gesamten Volk sprach: [2]»So spricht der HERR: ›Wer in Jerusalem bleibt, kommt durch Krieg, Hungersnot oder Pest um. Wer sich aber den Babyloniern ergibt, soll am Leben bleiben und in Sicherheit sein. [3]Der HERR spricht auch: Die Stadt Jerusalem wird mit Sicherheit der Gewalt des Heeres des babylonischen Königs ausgeliefert werden. Ja, jener wird Jerusalem erobern.‹«

[4]Daraufhin gingen die Minister Schefatja, Gedalja, Juchal und Paschhur zum König und forderten: »Herr, diesen Mann muss man töten! Sein Gerede untergräbt die Moral der wenigen waffenfähigen Männer, die in der Stadt übrig geblieben sind, und nimmt der gesamten Bevölkerung den letzten Mut. Dieser Mann will diesem Volk nichts Gutes, sondern will ihren Untergang herbeiführen.«

[5]Daraufhin antwortete König Zedekia: »Gut, macht mit ihm, was ihr wollt. Ich kann euch nicht daran hindern.« [6]Da holten die Minister Jeremia aus seiner Zelle und ließen ihn an Seilen in die Zisterne des Prinzen Malkija hinab, die sich im Wachhof befand. Es war kein Wasser in der Zisterne, sondern Schlamm, in den Jeremia einsank.

[7]Doch der Kuschiter Ebed-Melech, ein Eunuch des Palastes, erfuhr, dass Jeremia in die Zisterne geworfen worden war. [8]Schnell verließ er den Palast und eilte zum König, der gerade am

Benjaminstor Gericht hielt, und sagte zu ihm: ⁹»Mein Herr und König, was diese Männer mit Jeremia gemacht haben, indem sie ihn in die Zisterne warfen, war ein großes Unrecht. Er wird dort unweigerlich verhungern, weil es in der Stadt nichts mehr zu essen gibt.«

¹⁰Da gab der König Ebed-Melech den Auftrag: »Nimm 30 von meinen Männern mit dir und zieh Jeremia wieder aus der Zisterne heraus, bevor er stirbt!« ¹¹Ebed-Melech ging mit den Männern in den königlichen Palast, in den Raum unter dem Vorratshaus, um von dort einige Stofflumpen aus alten, zerrissenen Kleidern zu holen. Diese ließ er an Seilen zu Jeremia in die Zisterne hinab. ¹²»Leg dir die Kleiderfetzen um die Stricke und unter die Achseln«, sagte er. Als Jeremia bereit war, ¹³zogen sie ihn an den Stricken aus der Zisterne herauf. Daraufhin wurde Jeremia wieder im Wachhof gefangen gehalten.

Zedekia befragt Jeremia

¹⁴Eines Tages ließ König Zedekia Jeremia zu sich in den dritten Eingang am Tempel des HERRN bringen. »Ich will dich etwas fragen«, sagte der König, »und du sollst mir nichts verschweigen.« ¹⁵Jeremia antwortete ihm: »Wenn ich dir die Wahrheit sage, lässt du mich bestimmt töten. Und auf meinen Rat hörst du ohnehin nicht.« ¹⁶Da schwor König Zedekia ihm heimlich mit einem Eid: »So wahr der HERR, der uns geschaffen hat, lebt: Ich lasse dich nicht töten und liefere dich auch nicht den Männern aus, die dich umbringen wollen.«

¹⁷Daraufhin sagte Jeremia zu Zedekia: »Der HERR, Gott, der Allmächtige, der Gott Israels, spricht: ›Wenn du dich den babylonischen Heeresführern ergibst, wirst du nicht getötet werden und die Stadt soll nicht niedergebrannt werden. Ja, du und deine Familie sollen in diesem Fall am Leben bleiben. ¹⁸Solltest du dich aber den babylonischen Heeresführern nicht ergeben, fällt diese Stadt den Babyloniern in die Hände – sie werden sie vollständig niederbrennen. Und du wirst ihnen nicht entkommen können.‹«

¹⁹»Aber ich habe Angst mich zu ergeben«, sagte der König, »man könnte mich den Judäern ausliefern, die schon vor einiger Zeit zu den Babyloniern übergelaufen sind. Wer weiß, was diese mir antun würden?« ²⁰Jeremia antwortete: »Nein, du wirst ihnen nicht ausgeliefert werden. Höre bei meinen Worten doch auf das, was der HERR dir sagt, dann wirst du am Leben bleiben – ja, es soll dir gut gehen. ²¹Ergibst du dich aber nicht, soll das geschehen, was der HERR mir auch noch gezeigt hat: ²²Alle Frauen, die in deinem Palast übrig geblieben sind, sollen vor die Stadt hinausgebracht und den Offizieren des babylonischen Heeres ausgeliefert werden. Und sie werden wehklagen: ›Deine besten Freunde haben dich verraten und verkauft! Jetzt, wo du bis zum Hals im Dreck steckst, überlassen sie dich deinem Schicksal!‹ ²³Alle deine Frauen und Kinder werden den Babyloniern in die Hände fallen, du selbst sollst ihnen auch nicht entkommen. Der babylonische König wird dich gefangen nehmen und dann diese Stadt niederbrennen.«

²⁴Da sagte Zedekia zu Jeremia: »Niemand darf von unserer Unterhaltung erfahren, sonst bist du des Todes! ²⁵Sollten meine Minister erfahren, dass ich mit dir geredet habe, und sie dich bedrohen und sagen: ›Was hast du mit dem König gesprochen? Wehe dir, wenn du uns auch nur ein Wort davon verschweigst, dann lassen wir dich töten! Was genau hat der König zu dir gesagt?‹ ²⁶In diesem Fall sollst du ihnen antworten: ›Ich habe den König angefleht, dass er mich nicht wieder zurück in den Keller unter dem Haus des Jonatan bringen lasse. Ich würde dort umkommen.‹«

²⁷Die Minister kamen tatsächlich zu Jeremia und wollten ihn ausfragen. Aber Jeremia antwortete ihnen genau so, wie es ihm der König aufgetragen hatte. Da gingen die Minister schweigend davon, denn man hatte in der Öffentlichkeit nichts Gegenteiliges über das Gespräch erfahren. ²⁸Und Jeremia blieb als Gefangener im Wachhof bis zu dem Tag, an dem Jerusalem erobert wurde.

Der Fall Jerusalems*

39 Im neunten Jahr, im zehnten Monat der Herrschaft König Zedekias über Juda*, kehrte der babylonische König Nebukadnezar mit seinem Heer zurück und nahm die Belagerung Jerusalems wieder auf. ²Im elften Jahr von Zedekias Herrschaft, am neunten Tag des vierten Monats*, gelang es Nebukadnezar, eine Bresche in die Mauer zu schlagen. ³Durch diese brachen die Offiziere des babylonischen Heeres in die Stadt ein und setzten sich ans Mitteltor, um die Befehlsgewalt über Jerusalem zu übernehmen: Nergal-Sarezer von Sin-Magir, Nabu-Samgar, Sarsekim, ein hoher Offizier, Nebuschasban, der Ratgeber des Königs, und viele andere hohe Würdenträger des Königs.

39,1–40,16 S. auch 2. Könige 25.   39,1 Das hier geschilderte Datum fiel auf den 15. Jan. 588 v.Chr. (s. 52,4 und die Anm. dort).   39,2 Das war der 18. Juli 586 v.Chr.

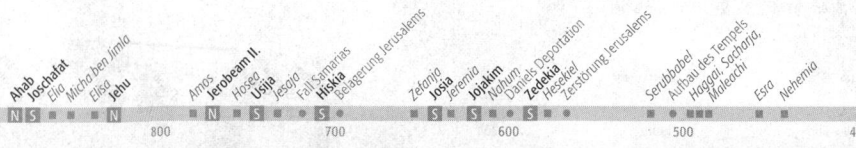

JEREMIA

1	Jeremias Berufung
2–25	Die Klage des HERRN gegen sein Volk
26–35	Erzählungen über Jeremia; Verheißungen für Gottes Volk
36–45	Weitere Erzählungen: die Leidensgeschichte von Jeremia
46–51	Botschaften für fremde Völker
52	Der Fall Jerusalems

39–41
Jerusalem wird zerstört. Ebed-Melech wird verschont. Jeremia kann wählen, wohin er gehen möchte. Gedalja, neuer Statthalter von Juda, wird vor einer Verschwörung gewarnt.

[Zeit der Könige und Propheten]

⁴Als König Zedekia und seine Kriegsleute das sahen, flohen sie. Sie verließen in der folgenden Nacht die Stadt durch das Tor, das zwischen den beiden Mauern hinter dem Garten des Königs lag, und flohen in Richtung Jordantal*. ⁵Aber die Babylonier nahmen sofort die Verfolgung auf und holten Zedekia in der Ebene von Jericho ein. Sie brachten ihn als ihren Gefangenen zum babylonischen König Nebukadnezar nach Ribla im Gebiet von Hamat. Dort sprach er das Urteil über Zedekia. ⁶Zedekia musste miterleben, wie seine Söhne vor seinen Augen auf grausame Art hingerichtet wurden. In gleicher Weise wurden auch alle adligen Männer Judas getötet. ⁷Daraufhin wurde Zedekia geblendet und in Ketten nach Babel in die Gefangenschaft geführt.

⁸In der Zwischenzeit ließen die Babylonier ganz Jerusalem in Flammen aufgehen, den Königspalast wie auch die Wohnhäuser der Bevölkerung, und rissen die Stadtmauer vollständig nieder. ⁹Dann ließ Nebusaradan, der Oberbefehlshaber der Leibwache, den Rest der Bevölkerung und diejenigen, die zu ihm übergelaufen waren, nach Babel in die Gefangenschaft bringen. ¹⁰Nur ein kleiner Teil der ärmsten Bevölkerungsschicht, der nichts besaß, durfte in Juda bleiben, und Nebusaradan teilte ihnen Äcker und Weinberge zu.

Jeremia bleibt in Juda
¹¹König Nebukadnezar hatte Nebusaradan in Bezug auf Jeremia eine besondere Anweisung erteilt: ¹²»Achte darauf, dass Jeremia nichts zustößt. Tu ihm ja nichts an; stattdessen erfülle ihm jeden Wunsch, den er äußern wird.« ¹³Nebusaradan, der Oberbefehlshaber der Leibwache, Nergal-Sarezer, der Obermagier des Königs, und die anderen Offiziere des babylonischen Königs ¹⁴schickten Boten aus, damit sie Jeremia aus seinem Gefängnis im Wachhof holten. Sie gaben ihn in die Obhut Gedaljas, des Sohnes Ahikams und Enkel Schafans, der ihn sicher nach Hause geleitete. So kam es, dass Jeremia bei seinem Volk in Juda blieb.

¹⁵Der HERR hatte Jeremia, als dieser noch im Gefängnis war, folgende Botschaft gegeben: ¹⁶»Geh zu dem Kuschiter Ebed-Melech und sag ihm: ›Der HERR, der Allmächtige, der Gott Israels, spricht: Alle Drohungen, die ich jemals gegen diese Stadt ausgesprochen habe, sollen wahr werden. An diesem Tag wirst du mit eigenen Augen das Unheil sehen, das ich über sie bringen werde. Es soll ihr schlecht gehen! ¹⁷Dich aber will ich retten, spricht der HERR. Du wirst nicht den Männern ausgeliefert werden, vor denen du

39,4 Hebr. *Araba*.

dich so sehr fürchtest, sondern ich will dich entkommen lassen. ¹⁸Du hast mir vertraut, deshalb wirst du nicht im Kampf fallen, sondern wirst mit dem Leben davonkommen und in Sicherheit sein. Das verspreche ich, der HERR.«‹

40 Nachdem Nebusaradan, der Oberbefehlshaber der Leibwache, Jeremia in Rama freigelassen hatte, gab der HERR Jeremia eine weitere Botschaft. Nebusaradan hatte Jeremia gefunden, als sich dieser, an den Händen mit einer Kette gefesselt, mitten unter den anderen Bewohnern Judas und Jerusalems befand, die nach Babel in die Gefangenschaft gebracht werden sollten.

²Der Oberbefehlshaber der Leibwache ließ Jeremia zu sich rufen und sagte: »Der HERR, dein Gott, hat diesem Land Unheil angedroht. ³Diese Drohungen hat er in Erfüllung gehen lassen, genau in der Weise, wie er es angekündigt hat. Weil ihr gegen den HERRN gesündigt und nicht auf das gehört habt, was er euch gesagt hat, musste alles genau so kommen. ⁴Ich befreie dich jetzt von den Ketten, mit denen deine Hände gefesselt sind. Es steht dir frei zu gehen, wohin du willst. Willst du mit nach Babel kommen, stehst du unter meinem persönlichen Schutz. Möchtest du nicht nach Babel gehen, bleib hier. Das ganze Land soll dir offen stehen. Du darfst gehen, wohin du willst, und bleiben, wo es dir gefällt.« ⁵Als Jeremia sich nicht sofort entscheiden konnte, ermutigte ihn Nebusaradan: »Geh doch wieder zurück zu Gedalja, dem Sohn Ahikams und Enkel Schafans, der von dem babylonischen König als Statthalter über Juda ernannt worden ist. Du kannst bei ihm wohnen und bleibst mitten unter deinem Volk. Oder du ziehst an einen anderen Ort, wenn du möchtest.« Dann gab Nebusaradan Jeremia etwas zu essen und ein Geschenk mit auf den Weg und ließ ihn ziehen. ⁶Jeremia kehrte zu Gedalja, dem Sohn Ahikams, nach Mizpa zurück und blieb in Juda bei dem Teil des Volkes wohnen, der im Land geblieben war.

Gedalja regiert über Juda

⁷Im Hinterland von Juda hielten sich noch einige Soldaten auf, die sich dort vor den babylonischen Truppen versteckt hatten. Ihre Anführer erfuhren, dass Gedalja, der Sohn Ahikams, von dem babylonischen König zum Statthalter ernannt worden war und dass ihm die Sorge für die Männer, Frauen und Kinder übertragen worden war, die nicht in die Gefangenschaft nach Babel geführt worden waren. ⁸Da kamen sie zu Gedalja nach Mizpa: Jischmael, der Sohn Netanjas, Johanan und Jonatan, die Söhne Kareachs, Seraja, der Sohn Tanhumets, und die Söhne Efais von Netofa und Jaasanja*, der Sohn eines Maachatiters, und alle ihre Soldaten. ⁹Gedalja schwor ihnen und ihren Männern, dass es für sie das Beste wäre, sich den Babyloniern zu ergeben: »Habt keine Angst, euch dem König von Babel zu unterwerfen. Ihr habt nichts zu befürchten. ¹⁰Ich bleibe hier in Mizpa und vertrete gegenüber den Babyloniern, die bei uns wohnen werden, unsere Anliegen. Geht zurück in die Städte, die ihr in Besitz genommen habt, und lebt von den Erträgen des Landes. Sammelt Trauben, Sommerfrüchte und Oliven und lagert sie in Vorratskrüge ein.«

¹¹Auch die Judäer, die in Moab, Ammon, Edom und den anderen Ländern ringsum sesshaft geworden waren, erfuhren, dass der babylonische König einem Teil des Volkes erlaubt hatte, weiterhin in Juda zu bleiben, und dass Gedalja als Statthalter eingesetzt worden war. ¹²Da kehrten sie aus all den Orten, in die sie vertrieben worden waren, nach Juda zurück und meldeten sich bei Gedalja in Mizpa. In diesem Jahr erntete man Wein und Obst in großer Fülle.

Eine Verschwörung gegen Gedalja

¹³Bald danach kamen Johanan, der Sohn Kareachs, und die anderen Truppenführer, die sich im Hinterland versteckt gehalten hatten, abermals zu Gedalja nach Mizpa ¹⁴und berichteten ihm: »Weißt du schon, dass Baalis, der König von Ammon, Jischmael, dem Sohn Netanjas, den Auftrag gegeben hat, dich zu ermorden?« Aber Gedalja glaubte ihnen nicht. ¹⁵Später traf sich Johanan noch einmal heimlich mit Gedalja in Mizpa und schlug ihm vor: »Sollte ich nicht einfach Jischmael aus dem Weg räumen? Es muss keiner etwas davon erfahren. Sollten wir denn zulassen, dass er kommt und dich ermordet? Dann würde auch der letzte Rest der Judäer, die sich hier um dich gesammelt haben, wieder in alle Winde zerstreut werden und zugrunde gehen.« ¹⁶Aber Gedalja antwortete ihm: »Nein, ich verbiete dir, dass du so etwas tust. Was du über Jischmael erzählst, ist gelogen.«

Der Mord an Gedalja

41 Im siebten Monat* kam Jischmael in Begleitung von zehn Männern nach Mizpa.

40,8 So im Paralleltext 2. Könige 25,23; im Hebr. steht *Jesanja*, eine Variante des Namens Jaasanja. 41,1 Dieser Monat fiel im Jahr 586 v.Chr. auf den Okt. oder Nov.

JEREMIA

1	Jeremias Berufung
2–25	Die Klage des HERRN gegen sein Volk
26–35	Erzählungen über Jeremia; Verheißungen für Gottes Volk
36–45	Weitere Erzählungen: die Leidensgeschichte von Jeremia
46–51	Botschaften für fremde Völker
52	Der Fall Jerusalems

41–42

Gedalja wird von Jischmael getötet. Dieser tötet weitere Menschen und muss fliehen. Jeremia mahnt die Leute, nicht nach Ägypten zu gehen und stattdessen auf Gott zu vertrauen.

[Zeit der Könige und Propheten]

Jischmael war adliger Herkunft, ein Sohn Netanjas und ein Enkel Elischamas, und diente unter dem früheren König als hoher Würdenträger. Als sie mit Gedalja beim Essen zusammensaßen, ²zogen Jischmael und seine Männer plötzlich ihre Schwerter und schlugen Gedalja tot. So ermordete Jischmael den Mann, den der babylonische König zum Statthalter über das Land eingesetzt hatte. ³Er tötete auch alle Judäer, die sich bei Gedalja in Mizpa aufhielten, und alle babylonischen Soldaten, die dort ihren Dienst versahen.

⁴Am nächsten Tag, noch bevor jemand von dem Mord an Gedalja erfahren hatte, ⁵trafen 80 Pilger aus Sichem, Silo und Samaria ein. Sie hatten sich als Zeichen der Trauer ihre Bärte abrasiert, die Kleider zerrissen und ihre Haut am ganzen Körper blutig geritzt. Die Männer brachten Opfergaben und Weihrauch mit sich. Diese wollten sie dem HERRN in seinem Tempel opfern. ⁶Jischmael ging ihnen aus Mizpa entgegen und weinte dabei unaufhörlich. Als er sie erreicht hatte, lud er sie ein zu Gedalja zu kommen. ⁷Kaum waren sie allerdings im Innern der Stadt angekommen, gingen er und seine Männer mit dem Schwert auf sie los, stachen sie nieder und warfen ihre Leichen in die Zisterne. ⁸Er verschonte allein zehn der Männer, weil sie zu Jischmael gesagt hatten: »Töte uns nicht! Wir haben einen Vorrat an Weizen, Gerste, Öl und Honig auf unserem Feld vergraben. Lässt du uns am Leben, überlassen wir dir das alles.« Diese Männer ließ Jischmael nicht töten. ⁹Die Zisterne, in die Jischmael die Leichen der ermordeten Männer werfen ließ, war dieselbe, die König Asa anlegen ließ, als er gegen König Bascha von Israel Krieg führte*. Nachdem Jischmael die Zisterne mit Leichen angefüllt hatte, ¹⁰führte er alle Menschen, die noch in Mizpa verblieben waren, gefangen weg: die Töchter des Königs und den Rest der Bevölkerung, die sich noch in Mizpa befanden und die Nebusaradan Gedaljas Obhut unterstellt hatte. Mit ihnen begab er sich auf den Weg zurück nach Ammon.

¹¹Als Johanan, der Sohn Kareachs, und die übrigen Offiziere von dem Meuchelmord erfuhren, den Jischmael verübt hatte, ¹²riefen sie ihre Männer zusammen und nahmen die Verfolgung Jischmaels und seiner Truppen auf. Sie holten sie bei dem großen Wasser von Gibeon ein*. ¹³Die Leute, die Jischmael aus Mizpa entführt hatte, freuten sich, als sie Johanan und seine Soldaten erblickten. ¹⁴Es gelang ihnen, den Männern Jischmaels zu entkommen und zu Johanan überzulaufen. ¹⁵Daraufhin ergriff Jischmael die

41,9 Vgl. 1. Könige 15,22.   41,12 Vgl. 2. Samuel 2,13.

S Südreich Juda   N Nordreich Israel

Flucht und entkam mit acht seiner Männer; sie kehrten nach Ammon zurück.

¹⁶Johanan, der Sohn Kareachs, und seine Offiziere brachten die Befreiten – die Krieger und alle Männer, die Frauen, Kinder und Palastdiener*, ja, den ganzen Überrest der Bevölkerung, den Jischmael gefangen aus Mizpa geführt hatte – ¹⁷in das Dorf Gerut-Kimham bei Bethlehem, wo sie eine Rast einlegten. Von dort wollten sie weiter nach Ägypten fliehen. ¹⁸Sie hatten Angst vor der Rache der Babylonier, wenn diese erfahren sollten, dass Jischmael Gedalja umgebracht hatte, den doch der babylonische König zum Statthalter ernannt hatte.

Warnung vor der Auswanderung nach Ägypten

42 Johanan, der Sohn Kareachs, und Asarja, der Sohn Hoschajas, kamen mit allen Truppenführern und dem ganzen Volk, von den Einfachsten bis hin zu den Vornehmsten, ²zum Propheten Jeremia und baten ihn: »Wir flehen dich an: Bete zum HERRN, deinem Gott, für uns, die wir übrig geblieben sind. Wie du selbst siehst, sind wir, die wir früher ein so zahlreiches Volk waren, nur noch ein klägliches Häuflein von Menschen. ³Bitte den HERRN, deinen Gott, dass er uns zeigt, was wir tun und welchen Weg wir einschlagen sollen.« – ⁴»Gut«, antwortete Jeremia. »Ich werde zum HERRN, eurem Gott, beten, so wie ihr es wünscht. Ich will auch jedes Wort, das der HERR mir zur Antwort geben wird, an euch weitergeben. Ich werde euch nichts verheimlichen.« ⁵Da versprachen sie Jeremia: »Der HERR, dein Gott, soll als ein wahrhaftiger Zeuge gegen uns auftreten, wenn wir irgendetwas von dem nicht tun sollten, was der HERR, dein Gott, uns durch dich als Weisung gibt! ⁶Egal, ob es uns gefällt oder nicht: Wir werden dem HERRN, unserem Gott, zu dem du in unserem Auftrag beten wirst, gehorchen. Denn wir wissen, dass es uns gut gehen wird, wenn wir seine Weisungen treu befolgen.«

⁷Zehn Tage später gab der HERR Jeremia seine Antwort. ⁸Jeremia bestellte Johanan, den Sohn Kareachs, die Offiziere und das ganze Volk, vom Einfachsten bis hin zum Vornehmsten, zu sich ⁹und sagte zu ihnen: »Ihr habt mich gebeten, dass ich für euch zum HERRN, dem Gott Israels, flehen sollte. So hat er euch geantwortet: ¹⁰›Bleibt hier in diesem Land. Dann will ich euch aufbauen und nie wieder einreißen; ich will euch pflanzen und nie wieder entwurzeln. Denn es tut mir leid, dass ich euch so viel Unheil zugefügt habe. ¹¹Vor dem babylonischen König sollst du nicht länger Angst haben, spricht der HERR. Ja, du sollst dich vor ihm nicht fürchten! Denn ich bin bei euch, damit ich euch helfen und aus seiner Gewalt befreien kann. ¹²Ich will ihn dazu bringen, dass er Erbarmen mit euch hat und euch hier, in eurem Land, wohnen lassen wird. Denn ich meine es gut mit euch.‹

¹³Wenn ihr euch aber weigert, dem HERRN, eurem Gott, zu gehorchen, und sagt: ›Wir wollen aber nicht in diesem Land bleiben! ¹⁴Nein, wir fliehen nach Ägypten, denn dort werden wir sicher sein vor Krieg oder anderen Schreckensmeldungen. Dort werden wir auch nicht hungern müssen – deshalb werden wir uns in Ägypten niederlassen!‹, ¹⁵dann hört, was der HERR euch, die ihr als kleiner Rest von Juda übrig geblieben seid, zu sagen hat: ›Der HERR, der Allmächtige, der Gott Israels, spricht: Wenn ihr darauf beharrt, nach Ägypten zu gehen, wenn ihr wirklich nach Ägypten zieht, auf fremden Boden, um euch dort anzusiedeln, ¹⁶werden euch die Kampfhandlungen, denen ihr doch entkommen wollt, dort erreichen. Und der Hunger, vor dem ihr euch so fürchtet, wird sich dort, in Ägypten, an eure Fersen heften, und ihr werdet in diesem Land sterben. ¹⁷Dieses Schicksal erwartet alle, die den Plan nach Ägypten zu ziehen, um dort auf fremdem Boden zu leben, in die Tat umsetzen werden. Ihr werdet durch Krieg, Hunger oder die Pest umkommen. Keiner von euch wird dem Unheil entrinnen können, das ich über euch bringen werde.‹

¹⁸Denn der HERR, der Allmächtige, der Gott Israels, spricht: ›So wie mein gewaltiger Zorn sich über die Einwohner Jerusalems ergoss, genauso heftig wird er auch euch treffen, wenn ihr nach Ägypten zieht. Dann sollt ihr zum abschreckenden Beispiel werden, und jedermann wird euch verwünschen und beschimpfen! Euer Name wird gebraucht werden, um jemandem zu fluchen, und ihr sollt eure Heimat nie wiedersehen.‹

¹⁹Der HERR sagt zu euch, die ihr aus Juda übrig geblieben seid: ›Flieht nicht nach Ägypten!‹ Ich habe euch heute ernsthaft gewarnt, vergesst das nicht! ²⁰Ihr habt mit eurer Aufforderung, dass ich für euch den HERRN befragen soll, euer Leben aufs Spiel gesetzt. Denn ihr habt mir doch bei dem HERRN geschworen und gesagt: ›Bete für uns zum HERRN, unserem Gott. Sag uns alles, Wort für Wort, was dir der HERR für uns auftragen wird. Wir wollen alles genau so tun, wie es der HERR fordert.‹ ²¹Heute habe ich euch seine

---

41,16 O. *Eunuchen.*

JEREMIA

1	Jeremias Berufung
2–25	Die Klage des HERRN gegen sein Volk
26–35	Erzählungen über Jeremia; Verheißungen für Gottes Volk
36–45	Weitere Erzählungen: die Leidensgeschichte von Jeremia
46–51	Botschaften für fremde Völker
52	Der Fall Jerusalems

42–44
Das Volk glaubt Jeremia nicht und nimmt ihn mit nach Ägypten. Wegen des Götzendienstes kündigt Gott Unheil an.

[Zeit der Könige und Propheten]

Antwort ganz genau wiedergegeben, aber ihr wollt dem HERRN, eurem Gott, nicht gehorchen. Ihr wehrt alles ab, was er mir für euch aufgetragen hat! ²²Deshalb könnt ihr sicher sein, dass ihr in dem Land, in das ihr unter allen Umständen ziehen wollt – um dort als Fremde zu leben – sterben werdet, und zwar entweder im Krieg, durch Hunger oder an der Pest.«

Jeremia wird nach Ägypten verschleppt

43 Nachdem Jeremia dem versammelten Volk diese Botschaft des HERRN, ihres Gottes, verkündigt hatte, so wie der HERR es ihm aufgetragen hatte, ²beschuldigten ihn Asarja, der Sohn Hoschajas, und Johanan, der Sohn Kareachs, und alle anderen niederträchtigen Männer: »Du lügst uns doch an! Was du uns da erzählt hast, ist dir nicht vom HERRN aufgetragen worden! Der HERR, unser Gott, hat uns gar nicht verboten, nach Ägypten zu fliehen. ³Sondern Baruch, der Sohn Nerijas, hetzt dich gegen uns auf. Er hat den festen Vorsatz gefasst, uns den Babyloniern auszuliefern, damit sie uns töten oder in die Gefangenschaft nach Babel führen.«

⁴Johanan mit allen seinen Offizieren, aber auch das ganze Volk, weigerten sich, dem Befehl des HERRN nachzukommen; sie wollten nicht im Land Juda bleiben. ⁵Stattdessen versammelten Johanan und seine Offiziere alle übrig gebliebenen Judäer. Diese waren aus den Nachbarländern zurückgekehrt, in die sie zuvor alle zerstreut worden waren, um nun im Land Juda zu wohnen. ⁶Unter diesen befanden sich Männer, Frauen und Kinder, auch die Töchter des Königs – alle die Menschen, die Nebusaradan, der Oberbefehlshaber der Leibwache, bei Gedalja, dem Sohn Ahikams und Enkel Schafans, zurückgelassen hatte. Sie nahmen auch Jeremia, den Propheten, und Baruch, den Schreiber, mit sich, ⁷als sie, den Befehl des HERRN missachtend, nach Ägypten zogen, in die Stadt Tachpanhes*.

⁸In Tachpanhes gab der HERR Jeremia eine weitere Botschaft. Er sprach: ⁹»Vergrab im Beisein der Männer aus Juda große Steine im Lehmboden beim Ziegelofen, hier, am Eingang zum Palast des Pharaos in Tachpanhes. ¹⁰Dann sag zum Volk von Juda: ›Der HERR, der Allmächtige, der Gott Israels, spricht: Ich will meinen Knecht Nebukadnezar, den König von Babel, hierher kommen lassen. Auf den Steinen, die hier vergraben sind, will ich seinen Thron errichten; darüber wird Nebukadnezar seinen königlichen Baldachin spannen. ¹¹Er wird herkommen und

43,7 *Tachpanhes* = Daphne. So auch in 43,8-9.

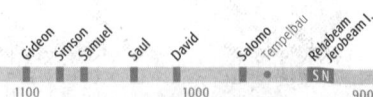

Ägypten erobern. Dann soll derjenige, der für den Tod bestimmt ist, sterben; der für die Gefangenschaft bestimmt ist, soll in die Gefangenschaft geführt werden; derjenige, der im Krieg fallen wird, wird dort getötet werden. ¹²Er wird Feuer an die Tempel der ägyptischen Götter legen und sie verbrennen; gefangen wird er sie wegführen. Wie ein Hirte seinen Mantel nach Flöhen absucht, so wird er Ägypten säubern und vernichten. Danach aber wird er abziehen, ohne dass ihm jemand etwas antun könnte. ¹³Er wird die heiligen Säulen* von Bet-Schemesch in Ägypten zertrümmern und die Tempel der ägyptischen Götter niederbrennen.«

Die Strafe für Götzendienst

44 Das Folgende ist die Botschaft, die Jeremia erhielt und die alle Judäer betraf, die in Ägypten wohnten, in den Städten Migdol, Tachpanhes, Memfis und im Land Patros*: ²»So spricht der HERR, der Allmächtige, der Gott Israels: Ihr habt gesehen, welches Unheil ich über Jerusalem und alle Städte Judas gebracht habe: Heute sind sie nur noch Trümmerstätten – niemand wohnt mehr darin. ³Die Bewohner haben mit ihren bösen Taten bewusst meinen Zorn herausgefordert. Sie verbrannten für andere Götter Rauchopfer und dienten ihnen – Götzen, die weder sie noch ihre Vorfahren gekannt haben. ⁴Immer wieder, von früh bis spät, ohne Unterlass, habe ich meine Knechte, die Propheten, zu ihnen geschickt. Sie hörten nicht auf zu mahnen: Hört doch auf mit diesen Abscheulichkeiten, ich hasse sie so sehr! ⁵Doch mein Volk wollte mir nicht gehorchen, nicht einmal zuhören wollten sie; deshalb sind sie auch nicht von ihren falschen Wegen umgekehrt und haben weiterhin den fremden Göttern Rauchopfer verbrannt. ⁶Aus diesem Grund kam mein Zorn über sie wie ein tosendes Feuer und zerstörte die Städte Judas und die Straßen Jerusalems. Deshalb liegt jetzt auch alles in Schutt und Asche, deshalb ist alles jetzt eine einzige Einöde.

⁷Und nun fragt euch der HERR, Gott, der Allmächtige, der Gott Israels: Warum beschwört ihr ein so großes Unheil herauf? Wollt ihr euer eigenes Grab schaufeln, bis alle aus Juda – Männer, Frauen, Kinder und sogar Säuglinge – ausgerottet sind und nicht einmal ein kleiner Rest von euch übrig geblieben sein wird? ⁸Warum fordert ihr meinen Zorn heraus, indem ihr euch mit euren eigenen Händen Götzen macht? Ihnen verbrennt ihr auch noch Rauchopfer, hier in Ägypten, wohin ihr unbedingt ziehen wolltet, um als Ausländer zu leben. Alles, was ihr damit erreicht, ist doch, dass ihr vollends vernichtet und bei allen Völkern der Erde zu Schimpf und Schande werdet und zu einem Fluchwort. ⁹Habt ihr schon die bösen Taten vergessen, die eure Vorfahren begangen haben? Oder die Sünden der Könige von Juda oder das viele Böse, das ihr und eure Frauen in Juda und Jerusalem angerichtet habt? ¹⁰Bis heute hat keiner auch nur irgendeine Art von Reue darüber gezeigt*. Niemand hat Achtung vor mir, niemand lebt so, wie es meine Gesetze vorschreiben. Keiner kümmert sich um meine Gebote, die ich doch euch und euren Vorfahren als Richtschnur gab.«

¹¹Deshalb spricht der HERR, der Allmächtige, der Gott Israels: »Ich habe beschlossen, mich euch zuzuwenden, aber nicht zum Guten – nein, Unheil werde ich über euch bringen! Jeden Einzelnen von euch, ja, ganz Juda, will ich vernichten! ¹²Diesen Rest von Juda, der so darauf versessen war nach Ägypten zu ziehen, um dort als Ausländer zu wohnen – ich will sie wegraffen: Ausgelöscht sollen sie sein! Hier in Ägypten sollen sie umkommen, vernichtet durch Krieg oder Hunger. Alle, vom Geringsten bis hin zum Höchsten, sollen im Krieg sterben oder von Hunger überwältigt werden. Dann werden sie nur noch als abschreckendes Beispiel dienen und zum Inbegriff werden von Schimpf und Schande. Ihren Namen wird man sogar als Fluch verwenden! ¹³Ich will diejenigen, die sich in Ägypten niedergelassen haben, ebenso gnadenlos bestrafen wie die in Jerusalem: mit Krieg, Hungersnot und Pest. ¹⁴Von diesem kleinen Rest der Menschen aus Juda, der nach Ägypten floh, um dort als Ausländer zu leben, wird keiner dem angedrohten Schicksal entgehen und am Leben bleiben. Keiner wird in die Heimat zurückkehren, nach der sie sich alle so sehr sehnen und wo sie doch so gerne wieder leben wollen. Keiner soll zurückkehren – außer einer winzigen Schar von Flüchtlingen!«

¹⁵Da antworteten alle Männer, die ganz genau wussten, dass ihre Frauen für fremde Götter Rauchopfer verbrannt hatten, und alle Frauen, die in einer großen Menschenmenge dabeistanden, sowie das ganze versammelte Volk, das über Ägypten verteilt lebte: ¹⁶»Lass es dir gesagt sein: Wir wollen auf deine Botschaft, die du im Namen des HERRN zu uns geredet hast, nicht hören!

43,13 Die Obelisken. **44,1** Migdol, d.i. an der nördl. Grenze Ägyptens; Tachpanhes = Daphne; Memfis = hebr. *Nof*; Patros, d.i. Oberägypten. **44,10** O. *Bis heute haben sie nicht davon abgelassen.*

JEREMIA

1	Jeremias Berufung
2–25	Die Klage des HERRN gegen sein Volk
26–35	Erzählungen über Jeremia; Verheißungen für Gottes Volk
36–45	Weitere Erzählungen: die Leidensgeschichte von Jeremia
46–51	Botschaften für fremde Völker
52	Der Fall Jerusalems

44–46
Die Menschen hören nicht auf Jeremia. Nur ein kleiner Teil soll gerettet werden. Botschaft für Baruch. Drohung gegen Ägypten.

[Zeit der Könige und Propheten]

¹⁷Wir halten uns lieber daran, was wir der Himmelskönigin geschworen haben: ihr Rauchopfer zu bringen und ihr Trankopfer auszugießen. So haben wir es immer gemacht; auch unsere Vorfahren, unsere Könige und Fürsten opferten ihr in allen Städten Judas und in den Straßen Jerusalems. Deshalb ging es uns ja damals auch so gut, wir hatten genug zu essen und mussten uns um nichts sorgen. ¹⁸Erst seit wir aufgehört haben, der Himmelskönigin Rauchopfer zu verbrennen und ihr Trankopfer auszugießen, geht es uns so schlecht. Es mangelt uns an allem und wir kommen um im Krieg oder durch Hunger.«

¹⁹Und die Frauen fügten hinzu: »Wenn wir der Himmelskönigin unsere Rauchopfer verbrannten und unsere Trankopfer ausgossen oder ihr zu Ehren Kuchen backten, die wir mit ihrem Bild verziert hatten: Glaubt ihr etwa, wir hätten das alleine und ohne das Wissen unserer Männer gemacht?«

²⁰Da antwortete Jeremia dem ganzen versammelten Volk, den Männern und Frauen und allen, die ihm widersprochen hatten: ²¹»Glaubt ihr denn, der HERR hätte nicht das Opfer gesehen, das ihr in den Städten Judas und in den Straßen Jerusalems in Rauch aufgehen lassen habt – ihr, eure Vorfahren, eure Könige und Adligen, ja, das ganze Volk? Meint ihr etwa, er hätte das nicht bemerkt? ²²Euer Land ist doch nur deshalb zum Trümmerhaufen, menschenleer und öde geworden, zum Fluch und zum Bild des Schreckens, weil der HERR weder eure Sünden noch die Abscheulichkeiten, die ihr getan habt, mit ansehen konnte! ²³Ihr habt der Himmelskönigin Rauchopfer verbrannt – und damit gegen den HERRN gesündigt. Ihr habt nicht mehr darauf gehört, was der HERR euch gesagt hat, habt euer Leben nicht mehr an seinen Weisungen, Geboten und Gesetzen ausgerichtet: Deshalb kam dieses Unheil über euch, deshalb geht es euch heute so schlecht!«

²⁴Und er fuhr fort und sagte zu dem ganzen versammelten Volk, auch zu den Frauen: »Hört die Botschaft des HERRN, ihr Bewohner von Juda, die ihr in Ägypten lebt! ²⁵Der HERR, der Allmächtige, der Gott Israels, spricht: ›Ihr und eure Frauen habt mir soeben gesagt, dass ihr nicht aufhören wollt, die Himmelskönigin anzubeten und ihr zu opfern, weil ihr es ihr gelobt habt. Ja, haltet doch eure Versprechen, tut doch, was ihr geschworen habt!

²⁶Aber ihr Judäer, die ihr jetzt in Ägypten lebt, hört, was ich, der HERR, euch zu sagen habe: Ich schwöre bei meinem heiligen Namen: Kein Judäer in Ägypten soll mehr meinen Namen in den Mund nehmen, dass er damit einen Eid schwört und sagt: So wahr mein Gott, der HERR, lebt!

²⁷Ich achte genau auf euch, aber nicht, damit es euch gut geht, sondern um euch zu schaden. Alle Judäer, die nach Ägypten geflohen sind, sollen im Krieg oder an den Folgen des Hungers sterben, bis sie vollständig vernichtet sind. ²⁸Einzig und allein eine geringe Anzahl Judäer soll dem Schwert und dem Hungertod in Ägypten entkommen und nach Hause zurückkehren. Dann wird es für den Überrest der Judäer, die nach Ägypten geflohen sind, klar auf der Hand liegen, wessen Worte wahr sind, meine oder ihre! ²⁹Ich will euch jetzt sogar noch einen Beweis dafür geben, dass ich euch hier in Ägypten strafen werde – dass ihr erkennt, dass meine Unheilsandrohungen keine leeren Worte sind, sondern tatsächlich eintreffen werden. ³⁰So spricht der HERR: Ich will Pharao Hofra, den König von Ägypten, in die Gewalt seiner Feinde ausliefern und in die Hand derer geben, die ihn töten wollen. So wie ich es mit Zedekia gemacht habe, als ich ihn an Nebukadnezar, den babylonischen König, der sein Feind war und ihm nach dem Leben getrachtet hat, ausgeliefert habe.«

Eine Botschaft für Baruch

45 Im vierten Jahr der Herrschaft Jojakims, des Sohnes Josias*, hatte der Prophet Jeremia eine Botschaft für Baruch, den Sohn Nerijas. Dieser war gerade damit beschäftigt alles aufzuschreiben, was Jeremia ihm diktierte. Da sagte Jeremia: ²»So spricht der HERR, der Gott Israels, dich betreffend, Baruch: ³Du hast geklagt: ›Ich leide schon so viele Schmerzen; dennoch lädt der HERR mir immer noch mehr Kummer auf. Ich kann nicht mehr! Ich bin von meinem eigenen Seufzen so erschöpft und komme nicht mehr zur Ruhe.‹ ⁴Baruch, der HERR hat mir aufgetragen, dir zu sagen: ›So spricht der HERR: Ich vernichte dieses Land vollständig, das ich doch selbst aufgebaut habe! Ich reiße im ganzen Land aus, was ich einst gepflanzt habe! ⁵Und da kommst du und denkst nur an dein eigenes Wohlbefinden? Stell keine Forderungen an mich! Aber ich kann dir versichern: Zwar bringe ich großes Unglück über alle diese Menschen; dich aber will ich beschützen. Egal, wohin du gehen wirst, du sollst nicht sterben. Ich, der HERR, habe gesprochen!‹«

Botschaften für die Völker

46 Über die fremden Völker erhielt der Prophet Jeremia ebenfalls Botschaften des HERRN.

Botschaften für Ägypten

²Im vierten Jahr der Herrschaft Jojakims*, des Sohnes Josias und Königs von Juda, wurde das Heer des Pharaos Necho, des Königs von Ägypten, bei Karchemis am Euphrat von Nebukadnezar vernichtend geschlagen. Da bekam Jeremia vom HERRN folgende Botschaft über Ägypten:

³»Nehmt eure Schilde, die großen und die kleinen, und macht euch bereit für den Kampf! ⁴Spannt die Streitwagen an! Besteigt unverzüglich eure Pferde! Legt eure Rüstung an, setzt den Helm auf, schärft die Speere! ⁵Was muss ich da sehen? Sie fliehen in heller Panik! Selbst die mutigsten Krieger halten nicht stand; selbst diese ergreifen die Flucht, ohne noch einen einzigen Blick zurückzuwerfen! Überall herrscht nur noch Grauen!«, spricht der HERR. ⁶»Doch nicht einmal den Schnellsten gelingt die Flucht; auch die Stärksten werden nicht entkommen. Im Norden, am Ufer des Euphrat, stolpern sie und fallen.

⁷Wer steigt denn da auf wie der Nil und wälzt sich wie ein breiter Strom über das Land? ⁸Es ist Ägypten, es steigt herauf wie der Nil und wälzt sich wie wilde Wassermassen über das Land hinweg. Währenddessen prahlt es: ›Ich will aufsteigen, will die Erde vollständig bedecken und alle Städte samt ihren Einwohnern vernichten.‹ ⁹Bäumt euch auf, ihr Pferde! Ihr Streitwagen, prescht los! Ihr tapferen Krieger, stürzt euch doch in den Krieg! Ihr Soldaten aus Kusch und Libyen, ergreift die Schilde, ihr aus Lydien*, spannt den Bogen!

¹⁰Aber dieser Tag gehört dem HERRN, dem Allmächtigen. Es ist ein Tag, an dem er an seinen Feinden Rache nimmt. An diesem Tag soll das Schwert fressen, bis es satt ist, ja, bis es völlig betrunken ist von eurem Blut! Der HERR, der Allmächtige, hält einen Schlachttag im Norden, am Euphrat. ¹¹Geh hinauf nach Gilead und hol Wundsalbe, du jungfräuliche Tochter Ägyptens! Allerdings wird deine Mühe vergeblich sein: Egal, wie viel Salbe du auf die Wunde streichst, sie wird sich nicht mehr schließen. ¹²Die Völker haben von deiner Schande gehört* und die Erde hallt wider von deinen Verzweiflungsschreien.

45,1 und 46,2 Das vierte Regierungsjahr Jojakims war das Jahr 605 v.Chr.   46,9 Hebr. *Kusch*, *Put* und *Lud*.
46,12 Lat. *vernehmen deinen Klageruf*.

JEREMIA

1	Jeremias Berufung
2–25	Die Klage des HERRN gegen sein Volk
26–35	Erzählungen über Jeremia; Verheißungen für Gottes Volk
36–45	Weitere Erzählungen: die Leidensgeschichte von Jeremia
46–51	Botschaften für fremde Völker
52	Der Fall Jerusalems

46–48
Ankündigung der Vernichtung Ägyptens. Zuspruch für Israel. Die Vernichtung von Philisterland und Moab wird vorausgesagt.

[Zeit der Könige und Propheten]

Denn deine Helden stürzen, einer über den anderen, und liegen miteinander am Boden.«

¹³Der HERR gab dem Propheten Jeremia folgende Botschaft, als der babylonische König Nebukadnezar nach Ägypten zog, um das Land anzugreifen:

¹⁴»Verkündet es in Ägypten! Ruft es in den Städten Migdol, Memfis und Tachpanhes*: Mach dich bereit zur Abwehr des Angriffs, denn der Kampf tobt schon rings um dich her. ¹⁵Warum sind deine heldenhaften Krieger gestürzt? Sie konnten nicht standhalten, weil der HERR selbst sie zu Boden gestoßen hat. ¹⁶Er lässt sie auch stolpern, sodass sie heillos übereinander stürzen und einander zurufen: ›Schnell, lasst uns fliehen! Wir kehren zurück in unser Heimatland und zu unserem Volk, bevor auch uns noch das mörderische Schwert frisst!‹ ¹⁷Der Name des Pharaos, des Königs von Ägypten, soll ab jetzt der sein: ›Großmaul, das die passende Gelegenheit verschlafen hat.‹

¹⁸So wahr ich lebe«, spricht der König, dessen Name ›HERR, der Allmächtige‹ ist: »So wie der Tabor größer ist als alle Berge und so wie der Karmel das Meer mächtig überragt, so wird einer gegen euch heranziehen. ¹⁹Richtet eure Sachen, die ihr in die Verbannung mitnehmen wollt, ihr Einwohner Ägyptens! Memfis wird vollständig zerstört werden. Dann bleibt nur noch eine Ruine, öde, abgebrannt und menschenleer. ²⁰Ägypten ist wie eine prächtige junge Kuh – aber sie wird von Norden her von einer großen Viehbremse angegriffen. ²¹Ägyptens Söldner sind wie gemästete Kälber. Auch sie wenden sich um und fliehen – sie können dem Angriff nicht standhalten. Denn dieser Tag ist ein Tag des Unheils für Ägypten. Die Zeit der Strafe ist gekommen. ²²Ägypten zischt wie eine Schlange, die flieht. Währenddessen rücken die Feinde mit großer Heeresmacht heran und überfallen Ägypten mit Äxten wie die Holzfäller. ²³Sie zerschlagen Ägypten wie ein Walddickicht, das man abholzt«, spricht der HERR, »denn sie fallen in Ägypten ein, zahlreich wie Heuschrecken, die niemand zählen kann. ²⁴Die Tochter Ägyptens fällt in Schande; sie fällt den Männern aus dem Norden in die Hände.«

²⁵Der HERR, der Allmächtige, der Gott Israels, spricht: »Ich rechne jetzt mit Amon, dem Gott Thebens*, ab. Genauso strafe ich den Pharao und das ganze Ägypten mitsamt allen seinen Göttern und Herrschern. Ja, ich halte Abrechnung mit dem Pharao und allen, die sich auf ihn verlassen. ²⁶Ich liefere sie der Gewalt ihrer Tod-

46,14 S. Fußnote zu 44,1.   46,25 Hebr. *No.*

S   Südreich Juda   N   Nordreich Israel

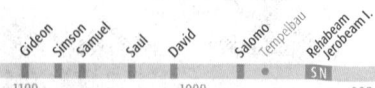

feinde aus: Das sind König Nebukadnezar von Babel und sein Heer. Aber danach soll das Land wieder besiedelt werden, so wie es früher war. Ich, der HERR, habe gesprochen!
²⁷Aber fürchte dich nicht, Jakob, mein Knecht! Hab keine Angst, Israel! Du sollst die Gewissheit haben, dass ich dich aus den fernen Ländern zurückholen werde. Und deine Kinder will ich aus der Gefangenschaft befreien. Israel* soll heimkehren und ruhig und sicher wohnen. Keiner soll kommen, um sie zu erschrecken. ²⁸Deshalb sollst du dich jetzt nicht fürchten, Jakob, mein Knecht«, spricht der HERR, »denn ich bin ja bei dir. Und alle Völker, unter die ich dich vertrieben habe, will ich vollständig vernichten. Dich aber will ich nicht gänzlich zerstören, sondern nur so bestrafen, wie es gerechtfertigt ist. Denn ich kann dich nicht ungestraft lassen.«

Eine Botschaft für das Philisterland

47 Dies ist die Botschaft des HERRN für die Philister, die Jeremia erhielt, bevor Gaza vom Pharao erobert wurde:
²»So spricht der HERR: ›Seht, aus dem Norden kommt eine Flut, die zu einem reißenden Wildwasser wird. Durch sie wird das Land überschwemmt und alles, was darin ist. Städte und Menschen reißt sie fort. Die Bewohner des Landes werden verzweifelt um Hilfe rufen und alle werden bitterlich weinen. ³Denn die Hufe der starken Pferde donnern, die Streitwagen und die Räder preschen laut rasselnd heran. Die Väter fliehen in Panik, sie sind gelähmt vor Angst und schauen sich nicht einmal mehr fürsorglich nach ihren Kindern um. ⁴Der Tag ist gekommen, dass der Untergang für die Philister besiegelt ist und Tyrus und Sidon seine letzten Helfer verliert, die ihnen noch geblieben waren. Denn der HERR will die Philister vernichten, den Rest derer, die einst von der Insel Kreta* gekommen sind. ⁵Gaza hat sich als Zeichen der Trauer den Kopf kahl rasiert. Aschkelon ist vollständig zerstört. Wie lange ritzt ihr euch die Haut blutig vor Trauer, ihr Übriggebliebenen der Enakiter*?‹«
⁶O Schwert des HERRN, wann wirst du endlich aufhören zu wüten? Geh zurück in deine Scheide! Beende das Gemetzel, halte still! ⁷Aber wie könnte es innehalten, wenn ihm doch der HERR selbst den Befehl gegeben hat, gegen Aschkelon und die Ufer des Meeres zu wüten?

Eine Botschaft für Moab

48 Die folgende Botschaft galt Moab. So spricht der HERR, der Allmächtige, der Gott Israels: »Die Stadt Nebo ist untergegangen, sie liegt in Schutt und Asche. Schande kam über die Stadt Kirjatajim. Sie wurde erobert und ihre Bergfeste ist niedergerissen worden. ²Der Ruhm Moabs ist endgültig vergangen. Die Feinde in Heschbon haben beschlossen, es zu zerstören. ›Kommt‹, sagen sie, ›wir wollen es vollständig ausrotten, sodass Moab als Volk nicht mehr existiert.‹ Auch die Stadt Madmen* wird zum Schweigen gebracht werden, denn das Schwert verfolgt sie. ³Hört doch das Klagegeheul aus Horonajim: ›Alles ist verwüstet, alles bricht in sich zusammen!‹ ⁴Ganz Moab wird zerstört. Hört ihr, wie seine kleinen Kinder laut schreien? ⁵Bitterlich weinend klettern die Flüchtenden die Steigung von Luhit hinauf. Währenddessen hört man am Abhang von Horonajim wegen der Vernichtung Angstschreie: ⁶›Flieht! Lauft um euer Leben! Versucht euer Leben zu retten, indem ihr euch in der Wüste versteckt!‹
⁷Ihr habt euch auf eure Schätze und eigenen Werke verlassen, deshalb sollst du erobert werden. Euer Gott Kemosch wird mit all seinen Priestern und Fürsten in die Gefangenschaft geführt werden. ⁸Es kommt über deine Städte einer, der alles verwüstet. Keine einzige Stadt wird ihrem Schicksal entgehen. Die Hochebenen werden zerstört, ebenso die Täler. Denn so hat es der HERR angedroht. ⁹Gebt Moab Schwingen, damit es schneller fliehen kann! Seine Städte sollen zur Wüste werden, sodass keiner mehr darin wohnt. ¹⁰Ein Fluch soll auf dem liegen, der nachlässig den Auftrag des HERRN ausführt, und verflucht soll sein, wer nicht mit seinem Schwert zuschlägt, um Blut zu vergießen!
¹¹Seit Moab gegründet worden ist, lebte es in Sicherheit und ohne Sorgen. Es gleicht einem Wein, der lange ungestört lagern durfte. Nie wurde es von einem Fass in ein anderes gegossen – nie musste es in die Gefangenschaft ziehen. Deshalb wurden sowohl sein Geruch als auch sein Geschmack nicht verfälscht. ¹²Trotzdem wird bald die Zeit kommen«, spricht der HERR, »da schicke ich die Durcheinanderwerfer, die werden Moab ausschütten, die Fässer leeren und die Krüge zerbrechen. ¹³Dann wird sich Moab fürchterlich schämen über seinen Götzen Kemosch, genauso wie Israel sich damals über seine Götzen bei Bethel schämte*.

46,27 Hebr. *Jakob.* **47,4** Hebr. *Kaftor.* **47,5** Hebr. *aus der Ebene.* **48,2b** *Madmen* klingt ähnlich wie das hebr. Wort für Stille. **48,13** Hebr. *sich schämte, als es auf Bethel vertraute.*

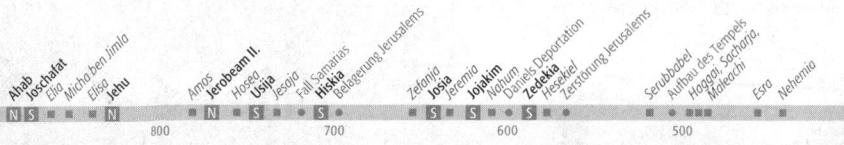

JEREMIA

1	Jeremias Berufung
2–25	Die Klage des HERRN gegen sein Volk
26–35	Erzählungen über Jeremia; Verheißungen für Gottes Volk
36–45	Weitere Erzählungen: die Leidensgeschichte von Jeremia
46–51	Botschaften für fremde Völker
52	Der Fall Jerusalems

48–49
Der kommende Untergang Moabs wird vorhergesagt. Ammon soll vertrieben werden.

[Zeit der Könige und Propheten]

---

[14] Ihr Moabiter prahlt: Wir sind Helden und tapfere Krieger! [15] Doch Moab und seine Städte werden jetzt zerstört. Die viel versprechenden jungen Männer werden zur Schlachtbank geführt«, spricht der König, dessen Name der HERR, der Allmächtige, ist. [16] »Das Unheil, das Moab ereilen wird, steht unmittelbar bevor. Schnell wird es mit Moab zu Ende gehen.«

[17] Ihr Nachbarvölker und alle, die ihr Moab kennt, sprecht den Moabitern euer Beileid aus. Stimmt die Totenklage an: »Wie konnte nur dieses Zepter der Macht zerbrechen, der Stab, mit dem Moab geherrscht hat?« [18] Ihr Einwohner von Dibon, steigt herunter von eurem hocherhobenen Ehrenplatz, setzt euch stattdessen hinunter auf die nackte Erde. Der, der Moab verwüstet, zieht schon gegen euch heran, um auch eure Festungen zu zerstören. [19] Stellt euch an die Straße und haltet Ausschau, ihr Bewohner von Aroër. Erkundigt euch bei den Flüchtlingen und denen, die entkommen sind, was eigentlich passiert ist.

[20] Moab ist vollständig verwüstet; jetzt ist es am Boden zerstört. Stimmt eine Wehklage an, ruft laut um Hilfe, erzählt es an den Ufern des Arnon, dass Moab zerstört worden ist! [21] Das Strafgericht brach über die weite Hochebene herein, über das Land von Holon, über Jahaz und Mefaat, [22] Dibon, Nebo und Bet-Diblatajim, [23] Kirjatajim, Bet-Gamul und Bet-Meon, [24] Kerijot und Bozra und über alle übrigen Städte Moabs, ob sie fern sind oder nah.

[25] »Die Macht Moabs ist zerbrochen, sein Arm ist kraftlos geworden*«, spricht der HERR. [26] »Gebt Moab zu trinken, dass es taumelt und stürzt wie ein Betrunkener, denn es hat sich gegen den HERRN aufgelehnt. Moab soll kopfüber in sein eigenes Erbrochenes stürzen und von allen verlacht und verspottet werden. [27] Oder hast du dich etwa nicht über Israel lustig gemacht? Du hast höhnisch über Israel den Kopf geschüttelt, als ob es ein Dieb sei, den man auf frischer Tat ertappt hätte. [28] Ihr Einwohner Moabs, flieht aus euren Städten und Dörfern! Versteckt euch in Höhlen und haust wie die Wildtaube, die sich Nester in schwindelnden Höhen, am Felshang baut.

[29] Wir haben vom Hochmut und vom Stolz Moabs gehört. Wir erfuhren auch von seiner Überheblichkeit und Eitelkeit. [30] »Ich durchschaue Moab«, spricht der HERR. ›Seine ganze Überheblichkeit und seine Prahlereien sind nichts als erbärmliches Getue.‹ [31] Deshalb bin ich so verzweifelt über Moab, deshalb klage ich

---

48,25 Wörtl. *abgehauen ist Moabs Horn und sein Arm ist zerschmettert.*

auch so laut über ganz Moab – und über die Einwohner von Kir-Heres seufzt man nur noch. ³²Sibma, du warst berühmt für deinen Wein. Aber um dich werde ich noch mehr weinen als um Jaser. Die Ranken deines Weinstocks wuchsen einst weit über den See hinweg, ja, bis hin zum toten Meer*. Aber jetzt ist der Zerstörer in deine Obsternte und Weinlese hereingeplatzt. ³³Deswegen ist auch jegliche Freude und aller Jubel aus dem fruchtbaren Moab verschwunden. Ich habe dafür gesorgt, dass ihr keine Trauben mehr erntet, die ihr jauchzend in der Kelter treten könntet. Die fröhlichen Rufe beim Keltern sind verwandelt worden in lautes Klagegeschrei. ³⁴Entsetzensschreie sind es nun, die von Heschbon bis nach Elale und Jahaz, von Zoar bis nach Horonajim und Eglat-Schelischija herüber dringen. Selbst die Wasser Nimrims werden versiegen.«

³⁵Der HERR spricht: »Ich schreite ein und werde dem ein Ende machen, dass man in Moab zu den heidnischen Schreinen hinaufsteigt, um dort Rauchopfer für irgendwelche Götzen zu verbrennen.« ³⁶Das ist der Grund, warum mein Herz laut über Moab klagt – so wie eine Flöte durchdringend ertönt. Genauso bin ich auch tief erschüttert über das Schicksal der Einwohner von Kir-Heres, denn alles, was sie an Besitz erworben hatten, ist dahin. ³⁷Ja, jeder Kopf ist jetzt dort zum Zeichen der Trauer kahl geschoren, alle Bärte wurden abrasiert. Sie ritzen sich die Arme blutig und ziehen sich Trauerkleider aus Sacktuch an. ³⁸Von allen Dächern Moabs und auf allen seinen Straßen erschallt die Trauerklage. »Denn ich habe Moab zerschmettert wie ein altes, nutzloses Gefäß, das keiner mehr haben will«, spricht der HERR. ³⁹Wie ist es jetzt verzweifelt! O, klagt doch! Diese Schande! Moab wendet sich vor Scham ab. Es wurde zum Sinnbild des Hohns und des Spotts, alle seine Nachbarn sind über Moab entsetzt.

⁴⁰Nun spricht der HERR: »Wie ein Adler seine Schwingen ausbreitet und über seiner Beute kreist, so kommt der Feind heran. ⁴¹Moabs Städte fallen; seine Festungen sind so gut wie erobert. An diesem Tag werden selbst die Helden Moabs vor Angst zittern wie eine Frau, die in den Wehen liegt. ⁴²Moab wird vollständig ausgerottet werden, es wird kein Volk mehr sein, denn es hat sich über den HERRN erhoben.«

⁴³Der HERR spricht: »Angst und Schrecken werden dich nicht mehr loslassen, Gruben und Schlingen werden dir zum Schicksal, Moab. ⁴⁴Wer versucht, dem Schrecken zu entkommen, wird in eine Grube fallen, und derjenige, der es geschafft hat, der Grube zu entkommen, wird sich in einer Schlinge verfangen. Ich selbst werde diese Schrecken über die Moabiter hereinbrechen lassen, und zwar an dem Tag, an dem ich das Strafgericht über sie halte«, spricht der HERR. ⁴⁵Die Menschen fliehen und suchen erschöpft Schutz in Heschbon. Doch dort werden sie vom Feuer überrascht: Es bricht aus Heschbon hervor, die Flammen lodern mitten aus dem Palast des früheren Königs Sihon. Die Hitze versengt die Schläfen der Moabiter und die Haare seiner kriegerischen Soldaten.

⁴⁶O Moab, du bist unweigerlich verloren! Dem Volk des Gottes Kemosch ist der Untergang gewiss! Deine Söhne werden in die Gefangenschaft geführt und deine Töchter in die Verbannung. ⁴⁷»Aber es kommt der Tag, an dem ich das Geschick Moabs wieder zum Guten wenden werde«, verspricht der HERR.

Hier endet das Gerichtswort über Moab.

Eine Botschaft für Ammon

49 Die folgende Botschaft gilt Ammon. So spricht der HERR: »Hat Israel denn eigentlich keine Nachkommen, hat es keine Erben mehr, die rechtmäßig das Land in Besitz nehmen könnten? Warum hat denn der König* der Ammoniter die Erbschaft über Gad angetreten, warum wohnt sein Volk in den Städten Israels? ²Es wird der Tag kommen, an dem in der Ammoniterstadt Rabba das Kriegsgeschrei erschallen wird«, spricht der HERR. »Rabba soll zu einem Trümmerhaufen werden und alle umliegenden Städte sollen den Flammen zum Opfer fallen. Dann kommt Israel und holt sich sein rechtmäßiges Erbe, das Land, das du ihm genommen hast«, spricht der HERR.

³Schrei deinen Kummer hinaus, Heschbon! Denn die Stadt Ai ist zerstört. Klagt, ihr Einwohner von Rabba! Zieht eure Trauerkleider an, klagt und jammert, rennt weinend auf den Wiesen umher: Denn euer König* wird mitsamt seinen Priestern und Fürsten in die Gefangenschaft geführt werden. ⁴Du prahlst mit deinen fruchtbaren Tälern! Du ungehorsame Tochter, du vertraust nur auf deinen Reichtum und meinst, er sichert dich ab und schützt dich. ⁵»Doch ich will Angst und Schrecken über dich hereinbrechen lassen«, spricht der Herr, der HERR, der All-

---

48,32 Hebr. *zum Meer von Jaser.* 49,1 Hebr. *Malkam.* Wohl zugleich eine Anspielung auf den Götzen Milhan (Molech); so auch in V. 3. 49,3 S. die Anm. zu 49,1.

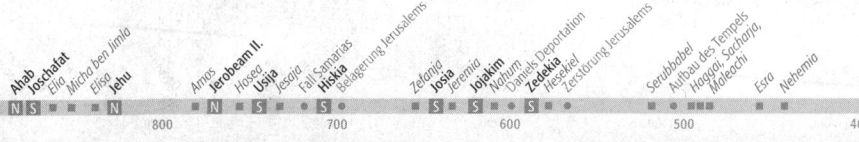

JEREMIA

1	Jeremias Berufung
2–25	Die Klage des HERRN gegen sein Volk
26–35	Erzählungen über Jeremia; Verheißungen für Gottes Volk
36–45	Weitere Erzählungen: die Leidensgeschichte von Jeremia
46–51	Botschaften für fremde Völker
52	Der Fall Jerusalems

49

Unheilsankündigung für Edom, Damaskus, Kedar und Hazar sowie Elam.

[Zeit der Könige und Propheten]

mächtige. »Alle deine Nachbarn sollen dich aus deinem Land verjagen, in alle Richtungen sollt ihr zerstreut werden und niemand wird den Flüchtlingen zur Hilfe eilen. ⁶Ich, der HERR, verspreche euch aber: Wenn das alles vorüber ist, will ich das Geschick der Ammoniter wieder zum Guten wenden.«

Eine Botschaft für Edom

⁷Die folgende Botschaft war für Edom.
So spricht der HERR, der Allmächtige: »Wo sind all die weisen Männer von Teman geblieben? Ist jetzt keiner mehr da, der kluge Ratschläge erteilen könnte? ⁸Wendet euch um und flieht! Verkriecht euch tief in den Höhlen, ihr Bewohner von Dedan! Denn Unheil brachte ich über Edom*, es ist die Zeit der Strafe. ⁹Winzer lassen bei der Ernte gewöhnlich einen Rest Trauben für die Nachlese stehen. Selbst Diebe, die nachts kommen um zu plündern, nehmen nur so viel mit, bis sie genug haben. ¹⁰Ich aber komme selbst über Edom, ich beraube ihn all seines Schutzes und nehme ihm all seine Verstecke. Er sucht verzweifelt einen Ort, an dem er sich verstecken könnte – aber er findet keinen mehr. Alle kommen sie um: seine Kinder, Brüder und Nachbarn. ¹¹Überlass mir aber getrost deine Waisen: Ich will sie unter meine Fürsorge stellen, sodass sie überleben. Auch deine Witwen dürfen auf meine Hilfe vertrauen.«

¹²Denn so spricht der HERR: »Wenn schon Unschuldige, die es eigentlich nicht verdient haben, diesen Kelch trinken müssen, wie solltest du dann verschont werden? Nein, du sollst deiner Strafe nicht entkommen! Du sollst diesen Kelch bis zur Neige austrinken.« ¹³Denn der HERR spricht: »Ich habe bei meinem eigenen Namen geschworen: ›Bozra soll zu einem Trümmerhaufen und zu einem Sinnbild des Spotts werden, zum Inbegriff von Entsetzen, Hohn und Fluch. Auch alle Städte und Dörfer ringsum sollen zu einer ewigen Wüste werden.‹«

¹⁴Ich habe eine Botschaft vom HERRN erhalten, und ein Bote ist zu den Völkern geschickt worden: »Schließt euch zusammen, rüstet euch gegen Edom zur Schlacht!«

¹⁵So spricht der HERR: »Ich lasse dich zu einem kleinen Volk werden, Edom. Von allen sollst du verachtet werden. ¹⁶Du bist überheblich geworden, du bist betört von deiner Furcht erregenden Macht: Ja, du wohnst hoch oben in den Felsen und herrschst von den Gipfeln der Berge. Aber der HERR spricht zu dir: ›Selbst wenn du dir ein Nest baust, so hoch oben wie das eines Adlers:

49,8 Hebr. *Esau*; so auch in 49,10.

Auch von dort oben werde ich dich hinunterstürzen.

¹⁷Edom soll zum Inbegriff des Entsetzens werden. Alle, die vorüberkommen, werden über das Ausmaß des Unheils, das Edom getroffen hat, vor Schreck erstarrt innehalten und voller Verachtung den Kopf schütteln. ¹⁸Die Zerstörung Edoms wird genauso sein wie die damals von Sodom und Gomorra und ihrer Nachbarstädte«, spricht der HERR. »Genau wie in diesen Städten heute wird auch in Edom niemand mehr wohnen. Keiner wird auf den Gedanken kommen, sich dort auch nur kurz aufzuhalten. ¹⁹Wie ein Löwe, der aus dem Dickicht am Ufer des Jordan hervorbricht und zum Weideplatz der Herde hinaufeilt, so will ich über Edom herfallen, ihn von seinem Platz aufschrecken und verjagen. An seiner Stelle soll einer über Edom regieren, den ich erwählt habe. Denn wer ist mir gleich, wer darf es wagen, mich zur Rechenschaft zu ziehen? Und welcher Herrscher wäre in der Lage, es mit mir aufzunehmen?

²⁰Hört, was der HERR über Edom beschlossen hat und welche Absichten er gegen die Bewohner von Teman gefasst hat: Sogar die Allerkleinsten der Herde werden fortgeschleift werden; jeder wird darüber entsetzt sein. ²¹Vom gewaltigen Dröhnen ihres Sturzes bebt die Erde. Die Verzweiflungsschreie, die deswegen ertönen, sind noch am Roten Meer* zu hören. ²²Der Feind steigt auf wie ein Adler, der seine Schwingen ausbreitet und über seiner Beute kreist: So greift der Feind Bozra an. Dann sind die mutigen edomitischen Krieger genauso vor Angst ergriffen wie eine Frau, die in den Wehen liegt.«

Eine Botschaft für Damaskus

²³Die folgende Botschaft galt Damaskus:
»Die Städte Hamat und Arpad sind niedergeschmettert, denn sie haben schlechte Nachrichten gehört. Ihre Herzen sind unruhig wie das Meer im Sturm, sie haben ihren ganzen Mut verloren. ²⁴Damaskus ist verzagt, seine Einwohner fliehen, zitternd vor Furcht. Angst, Schmerz und Entsetzen haben sie ergriffen, so wie Wehen eine Frau bei der Geburt ihres Kindes überfallen. ²⁵Die ruhmreiche Stadt, die mir eine Stadt der Freude war – ist sie jetzt nicht ganz verlassen? ²⁶Deshalb werden alle ihre jungen Männer mitten in der Stadt auf den Plätzen getötet werden. Alle ihre Krieger fallen im Kampf«, spricht der HERR, der Allmächtige. ²⁷»Ich werde ein Feuer an die Stadtmauer von Damaskus legen, und es soll die Paläste des Königs Ben-Hadad niederbrennen.«

Eine Botschaft für Kedar und Hazor

²⁸Die folgende Botschaft erging an Kedar und die Königreiche von Hazor, die König Nebukadnezar von Babel im Kampf besiegte.
So spricht der HERR: »Zieht gegen Kedar in den Kampf! Überwältigt die Stämme aus dem Steppenland im Osten! ²⁹Raubt ihre Herden, Zelte und Kamele, nehmt ihren gesamten Besitz zur Beute! Ruft laut: ›Schrecken umgibt euch von allen Seiten!‹« ³⁰Der HERR spricht: »Flieht! Lauft um euer Leben! Sucht euch tiefe Höhlen, in denen ihr euch verstecken könnt, ihr Bewohner von Hazor, denn der babylonische König Nebukadnezar hat es auf euch abgesehen und will euch überfallen.

³¹Auf, greif dieses sorglos und ruhig lebende Volk an«, spricht der HERR. »Sie leben unbekümmert und wähnen sich in Sicherheit. Ihre Stadt hat keine Mauern und keine Stadttore, die sie schützen könnten. Sie haben auch niemanden, der ihnen zu Hilfe eilen würde, denn sie wohnen einsam für sich. ³²Ihre Kamele und ihr Vieh sollen erbeutet und geraubt werden. Ich will dieses Volk, das sich die Haare an den Schläfen stutzt, in alle Winde zerstreuen. Von allen Seiten soll das Verderben über sie hereinbrechen«, spricht der HERR. ³³»Hazor wird dann nur noch den Schakalen als Behausung dienen. Für alle Zeiten soll es eine öde Wildnis sein. Niemand wird mehr auf den Gedanken kommen, sich dort niederzulassen oder sich auch nur für kurze Zeit dort aufzuhalten.«

Eine Botschaft für Elam

³⁴Die folgende Botschaft des HERRN galt Elam*. Jeremia erhielt sie zu Beginn der Herrschaft des Königs Zedekia von Juda.

³⁵So spricht der HERR, der Allmächtige: »Ich werde die Bogenschützen von Elam – sie sind es, auf die sich die Macht Elams stützt – vernichten. ³⁶Ich lasse die vier Winde von den vier Enden der Erde über sie hereinbrechen und zerstreue Elam in alle Richtungen. Dann wird es kein Volk mehr geben, zu dem sich die vertriebenen Elamiter flüchten könnten. ³⁷Ich selbst will den Elamitern allen Mut nehmen, sodass sie vor Angst nicht mehr gegen ihre Feinde und alle die kämpfen können, die beabsichtigen, sie zu töten. Ich bringe großes Unheil über die Bewohner Elams, mein glühender Zorn kommt über sie«, spricht der HERR. »Ich will sie so lange mit dem Schwert verfolgen, bis sie vom Erdboden ausgerottet sind. ³⁸Dann werde ich meinen Richterstuhl in Elam aufstellen und den König und seine Fürsten zum Tode verurteilen«, spricht der

---

49,21 Hebr. *Schilfmeer*. 49,34 Reich südlich von Medien mit der Hauptstadt Susa.

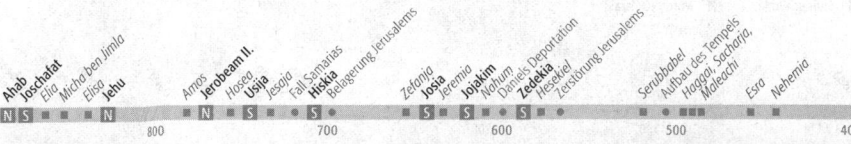

JEREMIA

1	Jeremias Berufung
2–25	Die Klage des HERRN gegen sein Volk
26–35	Erzählungen über Jeremia; Verheißungen für Gottes Volk
36–45	Weitere Erzählungen: die Leidensgeschichte von Jeremia
46–51	Botschaften für fremde Völker
52	Der Fall Jerusalems

49–50
Ankündigung des Untergangs von Babel. Für Israel und Juda gibt es Hoffnung. Gott kündigt Gericht über Babel an.

[Zeit der Könige und Propheten]

HERR. ³⁹»Aber wenn die Zeit dazu gekommen sein wird, will ich das Geschick Elams wieder wenden. Das verspreche ich, der HERR.«

Eine Botschaft für Babel

50 Für Babel, das Land der Babylonier, gab der HERR Jeremia folgende Botschaft: ²»Verkündet es allen Nationen, jeder soll es erfahren. Richtet überall Kriegszeichen auf. Denn alle sollen es wissen, niemandem soll es verheimlicht werden. Ruft laut: ›Babel ist erobert worden! Auch seine Götter sind am Ende: Bel ist zuschanden, Merodach* steht hilflos da! Die Standbilder sind zerschmettert, die Götter sind vernichtet!‹ ³Denn ein Volk aus dem Norden zieht gegen Babel heran, um es anzugreifen. Es wird das Land zu einer einzigen Wüste machen. Dann wird kein Lebewesen mehr darin zu finden sein: Alle Menschen und Tiere haben die Flucht ergriffen und haben sich an einem anderen Ort niedergelassen.«

Hoffnung für Israel und Juda

⁴Der HERR verspricht: »Wenn sich das alles erfüllt hat, werden Israel und Juda zusammen heimkehren. Weinend werden sie zurückkommen, sie werden nach mir, dem HERRN, ihrem Gott, rufen. ⁵Sie erfragen den Weg nach Jerusalem*, ihre Blicke sind nur noch auf ihre Heimat gerichtet. Sie fordern einander auf und sagen: ›Komm, schließ auch du wie wir einen Bund mit dem HERRN, der für alle Zeiten gilt und der nicht mehr vergessen werden soll!‹

⁶Mein Volk war wie eine Schafherde, die sich verlaufen hatte. Ihre Hirten haben sie in die Irre, auf die verführerischen Berge, geführt. Mein Volk zog über Berge und Hügel, bis sie gar nicht mehr wussten, wo sie eigentlich hingehörten. ⁷Wer auch immer unterwegs auf diese Herde stieß, hat sie rücksichtslos verschlungen. Ihre Feinde sagten: ›Wir begehen doch gar kein Unrecht! Das ist nur die Strafe dafür, dass sie gegen den HERRN gesündigt haben, der doch der richtige Weideplatz für sie war, auf den auch ihre Vorfahren schon immer vertrauten.‹

⁸Jetzt heißt es aber: Flieht aus dem Machtbereich Babels, verlasst das Land der Babylonier. Leitet mein Volk sicher nach Hause, so wie ein Leithammel eine Schafherde anführt. ⁹Denn seht: Ich lasse viele mächtige Völker aus dem Norden gegen Babel heranziehen. Diese sollen die Stadt angreifen und sie erobern. Die Pfeile

50,2 *Bel-Merodach* war die Schutzgottheit Babels.
50,5 Hebr. *Zion*; so auch in 50,28.

S Südreich Juda   N Nordreich Israel

der Feinde sind kraftvoll wie ein todesmutiger Soldat: Nie verfehlen sie ihr Ziel. ¹⁰Babel soll vollständig ausgeraubt werden; alle Plünderer werden mit vollen Händen abziehen«, spricht der HERR.

Babels Fall
¹¹»Ihr Plünderer meines Erbteils, freut euch nur und frohlockt! Ihr gebärdet euch in eurem Übermut so ausgelassen wie Kälber auf der Wiese, ihr wiehert wie die Hengste. ¹²Doch auch eure Heimat* wird geschändet und geht unter. Ihr seid das letzte aller Völker*; ihr sollt zu einer Wüste werden, zu einem trockenen, öden Land. ¹³Ja, Babel soll gänzlich zu einer Wüste werden und nicht mehr bewohnt sein, weil der HERR zornig auf euch ist. Alle, die an Babel vorübergehen, werden entsetzt sein und voller Verachtung den Kopf schütteln.

¹⁴Ja, ihr Bogenschützen, stellt euch rings um Babel auf und seid bereit zum Angriff! Bedeckt die Stadt mit einem Hagel aus Pfeilen – denn Babel hat sich gegen mich, den HERRN, vergangen. ¹⁵Jubelt laut, ihr alle, die ihr rings um die Stadt steht: ›Seht! Die Stadt ergibt sich! Die Mauern sind gefallen!‹ Der HERR hat Rache genommen, deshalb verschont sie nicht. Zahlt ihm alles heim: Verfahrt mit ihm genauso, wie es selbst mit den anderen verfahren ist. ¹⁶Es soll in Babel keiner mehr übrig bleiben, der das Land bearbeitet oder die Ernte einbringt. Und ihre Gefangenen sollen vor dem Schwert des Feindes wieder zurück in ihre Heimat fliehen.

Hoffnung für Gottes Volk
¹⁷Die Israeliten sind wie Schafe, die von Löwen in alle Richtungen auseinander getrieben wurden. Zuerst hat der König von Assyrien ihnen Bisswunden zugefügt. Dann kam der babylonische König Nebukadnezar und hat sie bis auf ihre Knochen abgenagt.« ¹⁸Deshalb spricht der HERR, der Allmächtige, der Gott Israels: »Jetzt will ich den babylonischen König und sein Land bestrafen, genauso wie ich den König von Assyrien bestraft habe. ¹⁹Dann bringe ich Israel wieder zurück auf seine gute Weide. Auf dem Berg Karmel und in Baschan soll es wieder weiden, und im Gebirge Ephraim und in Gilead soll es sich satt fressen. ²⁰In jenen Tagen und zu jener Zeit«, spricht der HERR, »wird man zwar genau schauen, ob Israel sich etwas zuschulden kommen lassen hat, man wird aber nichts finden können. Man wird auch in Juda danach suchen. Aber auch dort wird keine Schuld mehr zu finden sein. Denn ich habe dem Rest des Volkes, den ich gerettet habe, vergeben.

Das Gericht des HERRN über Babel
²¹Auf, zieht gegen das Land Meratajim und gegen die Bewohner von Pekod*. Verfolgt sie, tötet sie, rottet sie aus*! Tut alles genau so, wie ich es euch befohlen habe«, spricht der HERR. ²²»Hört doch genau hin: An allen Ecken und Enden des Landes herrscht Krieg und alles stürzt in sich zusammen. ²³Das Reich von Babel, das die ganze Welt wie ein Hammer zertrümmert hat, liegt jetzt selbst zerschlagen und zerbrochen am Boden. Es ist zu einem Sinnbild des Schreckens für die Völker geworden. ²⁴Babel, ich habe dir Fallen gestellt, und du bist in diese Fallen getreten, bevor du sie bemerkt hast. Jetzt bist du ertappt, du bist in Gewahrsam genommen, denn du hast gegen mich, den HERRN, einen Kampf angezettelt.

²⁵Der HERR hat seine Waffenkammer aufgeschlossen und seine Waffen hervorgeholt, mit denen er dich voller Zorn angreifen wird. Denn der HERR, der Allmächtige, hat im Land der Babylonier viel zu tun. ²⁶Ja, zieht von allen Seiten heran, brecht ihre Kornspeicher auf und schüttet alles, was sich darin befindet, auf einen großen Garbenhaufen. Dann macht alles dem Erdboden gleich: Nichts darf erhalten bleiben! ²⁷Tötet auch ihr gesamtes Vieh – ja, schlachtet es! Auch ihm soll es schlecht ergehen.‹ Denn die Zeit der Bestrafung ist für Babel gekommen. ²⁸Hört doch, wie die Flüchtenden, die aus Babel entkommen sind, rufen! Sie berichten allen Menschen in Jerusalem, wie der HERR, unser Gott, Rache an denen genommen hat, die seinen Tempel zerstört haben.

²⁹Holt Bogenschützen heran: Alle, die die Kraft haben, die Sehne zu spannen, sollen sich um Babel lagern. Umzingelt die Stadt, niemand darf aus ihr entkommen. Tut ihr alles an, was sie anderen angetan hat. Denn wie sie sich gegenüber dem HERRN, dem Heiligen Israels, aufgespielt hat, war völlig unangemessen. ³⁰Deshalb sollen auch alle ihre jungen Männer an dem besagten Tag in den Straßen getötet werden und alle kampferprobten Soldaten umkommen«, spricht der HERR.

³¹»Sieh, ich selbst will dich bestrafen, du freches Volk«, spricht der HERR, der Allmächtige.

50,12a Hebr. *eure Mutter*.   50,12b Dem Wert nach ist Israel das erste und Babel das letzte Volk. Vgl. Amos 6,1 und 1. Mose 28,13.   50,21a *Meratajim* ist das hebr. Wort für »doppelte Empörung« und *Pekod* das Wort für »Bestrafung«.   50,21b Hebr. *und vollstreckt den Bann*. Mit dem hier gebrauchten hebr. Begriff ist die vollständige Übergabe von Dingen, Tieren oder Menschen an den HERRN gemeint, indem diese entweder vernichtet oder als Opfer dargebracht werden.

JEREMIA

1	Jeremias Berufung
2–25	Die Klage des HERRN gegen sein Volk
26–35	Erzählungen über Jeremia; Verheißungen für Gottes Volk
36–45	Weitere Erzählungen: die Leidensgeschichte von Jeremia
46–51	Botschaften für fremde Völker
52	Der Fall Jerusalems

50–51
Gott wird sich über Israel und Juda erbarmen und Babel vernichten. Loblied zur Ehre Gottes.

[Zeit der Könige und Propheten]

»Deine Stunde hat geschlagen, jetzt sollst du bestraft werden. ³²Da soll diejenige, die sich immer so stolz gebärdet hat, stolpern und fallen – und keiner wird ihr zu Hilfe eilen, um ihr wieder auf die Beine zu helfen! Und dann werde ich Feuer an ihre Städte legen, und alles soll niedergebrannt werden.«

³³Jetzt spricht der HERR, der Allmächtige: »Die Völker von Israel und von Juda mussten viel erleiden. Und diejenigen, die sie in die Gefangenschaft verschleppt haben, halten sie fest und wollen sie unter keinen Umständen mehr freilassen. ³⁴Aber Israel und Juda haben einen starken Erlöser. Er heißt ›HERR, der Allmächtige‹. Mit allem Nachdruck wird er sich für sie einsetzen, sodass sie in Israel wieder in Ruhe leben können. Aber den Einwohnern von Babel wird er keinen Frieden geben. ³⁵Das Schwert wird die Babylonier bestrafen«, spricht der HERR. »Es soll die einfachen Bewohner Babels genau so schlagen wie seine Fürsten und weisen Männer. ³⁶Das Schwert komme auch über seine sogenannten Wahrsager: Sie sollen alle wie Narren dastehen! Das Schwert komme über seine kampferprobten, tapferen Soldaten: Sie sollen von Panik ergriffen werden. Das Schwert komme auch über seine Schlachtrösser und Streitwagen und über alle Söldner, die Nebukadnezar unterstützt haben: Sie sollen schwach werden wie Frauen. ³⁷Das Schwert komme über die Schätze, die sie gesammelt haben: Sie sollen alle geraubt werden. ³⁸Das Schwert komme sogar über seine Wasservorkommen: Sie sollen austrocknen. Und warum geschieht das alles? Weil das Land voller Götzenbilder ist. Über der ganzen Götzenverehrung haben die Bewohner vollkommen den Verstand verloren.

³⁹Schon bald werden in der Stadt Babel nur noch Strauße, Schakale und Wildkatzen hausen. Niemals mehr sollen Menschen den Entschluss fassen dort zu siedeln – für alle Zeiten soll Babel unbewohnt bleiben. ⁴⁰Ich will sie genauso zerstören, wie ich* damals Sodom und Gomorra und deren Nachbarstädte zerstört habe«, spricht der HERR. »Genau wie diese Städte wird auch in Babel für alle Zeiten niemand mehr siedeln. Kein Mensch wird auf den Gedanken kommen, sich dort auch nur kurz aufzuhalten.

⁴¹Seht her! Von Norden zieht ein großes Heer heran! Es erheben sich auch ein großes Volk und viele Könige aus fernen Ländern gegen euch. ⁴²Sie sind bis an die Zähne bewaffnet, mit Bogen und Krummschwert, sie sind grausam und kennen kein Erbarmen. Wenn sie auf ihren Rössern herandonnern, tost es wie das Meer. Sie haben

50,40 Hebr. *so wie Gott.*

S Südreich Juda   N Nordreich Israel

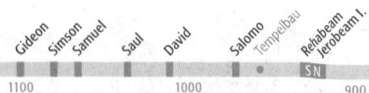

sich gegen dich gerüstet, du Tochter Babels, so wie ein Soldat vor dem Kampf seine Rüstung anlegt. ⁴³Der babylonische König hat davon gehört: Jetzt verlässt ihn aller Mut zum Handeln. Er zittert sogar vor Angst. Krämpfe schütteln ihn wie eine Frau bei der Geburt ihres Kindes.

⁴⁴So wie ein Löwe aus dem Dickicht des Jordan hervorbricht und zum Weideplatz der Schafherde hinaufsteigt, so will ich plötzlich über sie kommen, um sie zu vertreiben. Über Babel wird dann einer herrschen, den ich selbst ausgewählt habe. Denn wer ist mir gleich, wer darf es wagen, mich zur Rechenschaft zu ziehen? Gibt es irgendeinen Herrscher, der es mit mir aufnehmen könnte?

⁴⁵Hört, welchen Beschluss der HERR über Babel gefasst hat und welche Absichten er gegen das Land der Babylonier hegt: Alle, selbst die kleinsten Kinder, sollen verschleppt werden. Darüber wird sich ihre Heimat entsetzen. ⁴⁶Die Erde erbebt beim lauten Gebrüll: ›Babel ist erobert!‹ Und an allen Enden der Erde kann man die Verzweiflungsschreie Babels hören.«

51 So spricht der HERR: »Ich werde einen zerstörerischen Orkan über Babel und die Einwohner Babels* hinweg toben lassen. ²Danach sende ich Fremde zu ihnen: Diese werden das Land leeren, indem sie die Menschen verjagen, so wie der Wind die Spreu verweht. An dem Tag, an dem ich das Unheil über Babel bringen werde, werde ich es von allen Seiten angreifen: ³Seine Bogenschützen werden keine Zeit mehr haben, ihre Sehnen zu spannen; keiner wird mehr seine Rüstung anlegen können. Niemand soll verschont werden! Nehmt keine Rücksicht auf die jungen Männer: Vernichtet vollständig ihr gesamtes Heer*! ⁴Überall im Land der Babylonier sollen die vom Schwert Erschlagenen liegen, und auf allen ihren Straßen findet man schwer Verwundete. ⁵Denn der HERR, der Allmächtige, hat sich nicht von Israel und Juda losgesagt, obwohl ihr Land durch eine schwere Schuld belastet ist. Denn sie haben sich gegen den heiligen Gott Israels versündigt.«

⁶Flieht aus dem Herrschaftsbereich Babels! Seht zu, dass jeder sein eigenes Leben rettet, damit ihr nicht wegen Babels Sünden in das Verderben mit hineingezogen werdet! Es ist die Zeit der Rache des HERRN: Er wird sie für ihre Taten bestrafen. ⁷Babel war wie ein goldener Kelch in der Hand des HERRN, ein Kelch, der die ganze Erde betrunken machte. Alle Völker mussten aus ihm trinken; darüber haben sie den Verstand verloren und haben sich völlig verrückt verhalten. ⁸Doch plötzlich ist Babel zu Boden gestürzt und liegt zerschmettert da: »Weint um Babel, holt Salbe für seine offenen Wunden. Vielleicht ist es ja noch zu retten!« – ⁹»Wir versuchten alles, was in unserer Macht stand, um Babel zu heilen. Aber es war nichts mehr zu machen. Gebt auf, überlasst es seinem Schicksal. Kommt, wir ziehen wieder zurück in unsere Heimat. Die Strafe, die Babel trifft, ist unermesslich und grausam.« – ¹⁰»Der HERR selbst hat sich unserer Sache angenommen und uns zum Recht verholfen. Kommt mit uns nach Jerusalem*, damit wir dort erzählen, was der HERR, unser Gott, getan hat.«

¹¹Spitzt die Pfeile an! Ergreift die Schilde! Denn der HERR hat die Könige von Medien veranlasst, Babel anzugreifen. Er hat die feste Absicht, es zu vernichten. Das ist seine Rache dafür, dass sie seinen Tempel entweiht haben. ¹²Ergreift die Fahnen und eröffnet den Feldzug gegen Babel! Verschärft die Belagerung, stellt überall Posten auf und bereitet Hinterhalte! Denn der HERR führt alles genau so durch, wie er es sich vorgenommen und den Babyloniern angedroht hat.

¹³Du bist eine reiche Stadt, gegründet an den Ufern großer Flüsse, und besitzt großen Reichtum. Dennoch ist dein Ende nah, deine Zeit ist abgelaufen. ¹⁴Der HERR, der Allmächtige, hat bei seinem eigenen Namen geschworen: »Ich hatte deine Städte reich gefüllt mit Menschen, sodass sie einem Heuschreckenschwarm glichen. Dennoch wird man dich erobern und das Siegeslied über dich anstimmen.«

Ein Loblied für den HERRN

¹⁵Er schuf die Welt durch seine Kraft. Er hat das Fundament der Erde in seiner Weisheit fest gegründet und hat mit überlegenem Verständnis den Himmel über ihr aufgespannt. ¹⁶Beim Lärm des Donners lässt er Wassermassen vom Himmel herabstürzen. Er treibt die Wolken vom Ende der Erde heran und lässt im Regen Blitze herabfahren. Den Sturmwind befreit er aus seinen Kammern. ¹⁷Jeder Mensch, der Zeuge dieser Naturgewalten wird, bleibt erschrocken stehen. Er wird Gottes große Weisheit nie begreifen können. Dann schämt sich jeder Goldschmied seines Kunstwerks: Sein Götze, den er gemacht hat, ist eine Lüge, es ist kein Hauch von

---

51,1 Hebr. *Leb-kamai*, ein Codename für Babel. **51,3** Hebr. *und vollstreckt den Bann*. Mit dem hier gebrauchten hebr. Begriff ist die vollständige Übergabe von Dingen, Tieren oder Menschen an den HERRN gemeint, indem diese entweder vernichtet oder als Opfer dargebracht werden. **51,10** Hebr. *Zion*; so auch in 51,24.35.

JEREMIA

1	Jeremias Berufung
2–25	Die Klage des HERRN gegen sein Volk
26–35	Erzählungen über Jeremia; Verheißungen für Gottes Volk
36–45	Weitere Erzählungen: die Leidensgeschichte von Jeremia
46–51	Botschaften für fremde Völker
52	Der Fall Jerusalems

51
Gott nimmt Rache an Babel.
Die Gefangenen in Babel sollen fliehen.

[Zeit der Könige und Propheten]

Leben in ihm. ¹⁸Diese Götzenbilder sind wertloser Plunder, lächerliche Dinge! Wenn Gott das Urteil spricht, ist es aus mit diesen Göttern. ¹⁹Aber der Gott Israels* ist kein Götze wie sie! Er ist es, der den ganzen Weltraum geschaffen hat. Und Israel ist sein besonderes Eigentum. »HERR, der Allmächtige« ist sein Name.

Babels große Strafe
²⁰»Du bist mein Hammer und meine Streitaxt gewesen«, spricht der HERR. »Mit dir habe ich Völker zerschlagen und Königreiche zertrümmert. ²¹Mit dir habe ich Pferde, Reiter und Streitwagen mitsamt ihren Wagenlenkern zermalmt. ²²Mit dir zerschmetterte ich Männer und Frauen, vernichtete ich Alte und Kinder, zerschlug ich Jünglinge und Jungfrauen. ²³Mit dir zerschmetterte ich Hirten und ihre Herden, zermalmte ich Bauern mitsamt ihren Ochsengespannen und zerquetschte Statthalter und Vögte.

²⁴Aber jetzt will ich Babel und die Einwohner Babels bestrafen für all das Unrecht, das sie Jerusalem angetan haben«, spricht der HERR. »Und ihr Israeliten sollt es mit eigenen Augen sehen können.

²⁵Babel, du bist ein mächtiger Berg, der Zerstörung bringt, du hast Vernichtung über die ganze Erde gebracht. Aber ich greife dich jetzt an«, spricht der HERR. »Ich erhebe meine Faust gegen dich und stoße dich von dem Felsgipfel herab. Ich mache dich zu einem ausgebrannten Vulkan, ²⁶sodass du zu nichts mehr zu gebrauchen sein wirst: Aus dir wird man keine Ecksteine noch Steine fürs Fundament mehr hauen können«, spricht der HERR.

²⁷Verankert euer Kriegsbanner in der Erde, blast die Posaunen mitten unter den Völkern als Zeichen zum Angriff! Rüstet die Völker zum Kampf gegen Babel! Sammelt die Heere von Ararat, Minni und Aschkenas, damit sie gegen Babel ausziehen! Ernennt einen Anführer, der die Heere gegen Babel führt. Eure Reiterei soll es wie ein Schwarm von borstigen Heuschrecken bedecken! ²⁸Armeen aller Länder sollen sich für den Kampf bereit machen, die Heere der Könige von Medien, ihre Generäle und Landpfleger sollen Babel angreifen.

²⁹Dann wird die Erde zittern und beben, denn der HERR führt die Pläne, die er gegen Babel gefasst hat, aus. Er wird Babel zu einer Wüste machen, in der keiner mehr wohnt. ³⁰Die größten Helden unter den babylonischen Soldaten fürchten sich in den Krieg zu ziehen, ängstlich verstecken sie sich in ihren Bergfestungen. Sie

51,19 Hebr. *der Teil Jakobs.*

haben gar keinen Mut mehr, sie sind schwach geworden wie Frauen. Ihre Häuser in der Stadt wurden schon von den Feinden niedergebrannt. ³¹Von überallher laufen Boten zum König und bringen ihm die Nachricht, dass Babel von allen Seiten eingenommen wurde. ³²Die Furten des Euphrat, die einzigen Fluchtwege, sind vom Feind besetzt. Die Verteidigungsanlagen brennen, das Heer löst sich unweigerlich auf. ³³Denn der HERR, der Allmächtige, der Gott Israels, spricht: »Babel ist wie eine Tenne, die gerade festgestampft wird: Es dauert nicht mehr lange, dann kommt für Babel die Erntezeit.«

³⁴»König Nebukadnezar von Babel hat uns gefressen und vernichtet. Er hat unser Land von Menschen geleert, so wie man ein Gefäß auskippt. Er hat uns verschlungen wie ein großes Ungeheuer, hat sich mit uns den Bauch voll geschlagen und uns brutal aus unserer geliebten Heimat vertrieben. ³⁵Babel soll für seine Gewalttätigkeit uns gegenüber bestraft werden. Es soll genauso bluten wie wir«, klagen die Einwohner Jerusalems. Und Jerusalem fordert: »Die Bewohner Babels sollen für alles zur Rechenschaft gezogen werden, was sie uns angetan haben.«

Die Rache des HERRN an Babel

³⁶Der HERR spricht: »Du darfst es sicher wissen, dass ich selbst dafür sorgen werde, dass das Unrecht, das an dir begangen wurde, gerächt wird. Den Euphrat, von dem Babels Wohlergehen abhängt, will ich trocken legen, seine Brunnen will ich versiegen lassen. ³⁷Babel soll ein einziger Trümmerhaufen werden – kein Mensch wird mehr darin wohnen, einzig Schakale sollen noch dort hausen. Es soll zum Sinnbild des Entsetzens werden und ein Anlass sein zu Hohn und Spott.

³⁸Jetzt gebärden sich die Einwohner Babels noch wie wild: Gleich jungen Löwen brüllen sie, sie knurren drohend wie kleine Löwenkätzchen. ³⁹Ja, wenn ihnen vor Gier das Wasser im Mund zusammenläuft, werde ich selbst für sie ein Gelage ausrichten. Ich will sie so betrunken machen, dass sie sich nicht mehr auf den Beinen halten können, dass sie torkeln, hinfallen und vom Schlaf übermannt werden. Aber aus diesem Schlaf sollen sie nicht mehr erwachen«, spricht der HERR. ⁴⁰»Ich will sie zur Schlachtbank führen wie die Lämmer oder wie die Widder und Ziegen.

⁴¹Die Stadt Babel* ist erobert und gefallen – dabei war sie doch überall auf der Erde hoch gerühmt! Babels Schicksal hat alle Völker erschüttert: Sie sind entsetzt. ⁴²Das Meer ist gestiegen und hat Babel überflutet; seine Wassermassen sind über Babel hereingebrochen. ⁴³Die Städte liegen in Trümmern: Nichts ist geblieben als eine trostlose Wüste, eine Steppe, ein menschenleeres Stück Land. Selbst die Reisenden vermeiden es, durch dieses Land zu ziehen. ⁴⁴Auch an Bel, dem Gott Babels, will ich das Urteil vollstrecken. Ich will ihm aus seinem Rachen entreißen, was er verschlungen hatte. Die Völker werden nicht mehr kommen um ihn anzubeten. Die Mauern von Babel sind gefallen.

Eine Botschaft für die Gefangenen

⁴⁵Flieh aus Babel, mein Volk! Bringt euch in Sicherheit, damit ihr nicht vom glühenden Zorn des HERRN vernichtet werdet! ⁴⁶Aber lasst euch nicht Angst einjagen und erschreckt nicht, wenn euch Gerüchte zu Ohren kommen. Ja, sie gehen überall im Land um. Ihr werdet mal dies hören und dann wieder etwas anderes. Es wird eine Zeit sein, in der Gewalttätigkeit herrscht, in der immer ein Herrscher versuchen wird, dem anderen seine Macht streitig zu machen. ⁴⁷Aber ihr sollt mit Sicherheit wissen: Die Zeit kommt, in der ich das Strafgericht über diese Stadt und ihre Götzen hereinbrechen lasse. Dann vergeht der Ruhm Babels – es soll vollständig übersät sein mit den Leichen seiner Einwohner. ⁴⁸Himmel und Erde und alles, was in ihnen wohnt, jubeln laut, denn von Norden her fallen Völker ins Land ein, um es zu zerstören«, spricht der HERR. ⁴⁹»Babel muss zerstört werden, weil wegen ihm das Volk Israel und viele andere Völker auf der ganzen Welt vernichtet worden sind. ⁵⁰Auf, ihr Israeliten, die ihr dem Schwert Babels entkommen seid: Flieht, bleibt ja nicht hier! Vergesst den HERRN nicht, auch wenn ihr in einem Land fern der Heimat lebt. Erinnert euch immer daran, dass eure Heimat in Jerusalem ist.« – ⁵¹»Wir wurden fürchterlich beschämt«, sagen die Menschen. »Alle Menschen haben uns verhöhnt. Wir sind vor Scham fast im Boden versunken: Fremde kamen und sind über die Heiligtümer im Tempel unseres HERRN hergefallen.«

⁵²Aber der HERR spricht: »Die Zeit wird mit Sicherheit kommen, in der an Babels Götzen das Strafgericht vollzogen wird. Dann wird man das Stöhnen der Verwundeten im ganzen Land hören. ⁵³Selbst wenn Babel bis zum Himmel reichte und seine Stärke unermesslich wäre – dennoch würde es zerstört werden. Ich selbst würde die Feinde über es kommen lassen!«, spricht der HERR.

51,41 Hebr. *Scheschach*, ein anderer Name für Babel.

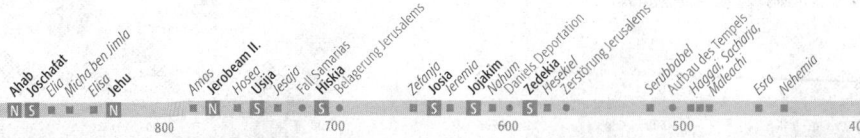

JEREMIA

1	Jeremias Berufung
2–25	Die Klage des HERRN gegen sein Volk
26–35	Erzählungen über Jeremia; Verheißungen für Gottes Volk
36–45	Weitere Erzählungen: die Leidensgeschichte von Jeremia
46–51	Botschaften für fremde Völker
52	Der Fall Jerusalems

51–52
Der endgültige Fall Babels. Jeremia sendet den Gefangenen die Botschaft der Zerstörung Babels. Das Ende Zedekias. Die Zerstörung des Tempels.

[Zeit der Könige und Propheten]

Babels Untergang

⁵⁴Hört doch! Aus Babel ertönt ein großes Geschrei, der Lärm der Zerstörung steigt aus dem Land der Babylonier auf. ⁵⁵Der HERR selbst zerstört Babel und bringt seinem herrscherisches Geschrei zum Verstummen. Die Feinde tosen heran wie gewaltige Meereswellen: Überall erschallt lautes Kriegsgeschrei. ⁵⁶Plündernde Heere brechen über Babel herein: Seine Soldaten werden gefangen genommen, die Waffen in ihren Händen sind zerbrochen. Denn der HERR ist ein Gott, der Rache übt, und Babel erhält mit Sicherheit das, was es verdient.

⁵⁷Der König, dessen Name der HERR, der Allmächtige, ist, spricht: »Ich mache seine Fürsten, Weisen, Herrscher, Hauptleute und Soldaten furchtbar betrunken. Sie sollen in einen tiefen Schlaf fallen, aus dem sie nie wieder erwachen werden.«

⁵⁸Folgendes kündigt euch der HERR, der Allmächtige, an: »Die Mauern Babels, so gewaltig sie auch sind, sollen bis auf den Grund niedergerissen werden. Seine Tore, so mächtig sie auch in den Himmel ragen, sollen niedergebrannt werden. Das Wort trifft auch hier zu*: Die Völker mühen sich für Feuer und müssen sich wegen unnützer Dinge plagen – es hat alles keinen Bestand.«

Jeremias Botschaft erreicht Babel

⁵⁹Im vierten Jahr seiner Herrschaft* reiste König Zedekia nach Babel. Jeremia gab Seraja, der ein Sohn Nerijas und Enkel Machsejas war und Zedekia als Adjutant begleitete, eine Botschaft mit auf den Weg. ⁶⁰Jeremia hatte alles Unheil, was über Babel hereinbrechen sollte – nämlich alle die Worte, die auch in diesem Buch festgehalten sind – auf eine einzige Schriftrolle geschrieben. ⁶¹Dann ermahnte er Seraja: »Lies das, was ich dir hier aufgeschrieben habe, laut vor, wenn du in Babel angekommen bist. ⁶²Und dann bete öffentlich und sag: ›HERR, du selbst hast Babel die vollständige Vernichtung angedroht. Du sagtest, dass diese Stadt für alle Zeiten zu einer Wüste werden wird und dass weder Mensch noch Tier in ihren Mauern wohnen werden.‹ ⁶³Wenn du dann die Schriftrolle bis zum Ende vorgelesen hast, binde einen Stein daran und wirf sie mitten in den Euphrat. ⁶⁴Dabei rufe laut aus: ›So soll auch Babel versinken! Und es wird nie wieder auftauchen. Denn ich bringe großes Unheil über das Land.‹«

Damit enden Jeremias Botschaften.

51,58 Vgl. Habakuk 2,13.   51,59 Das vierte Jahr von Zedekias Herrschaft war das Jahr 593 v.Chr.

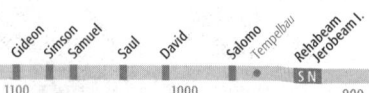

Der Fall Jerusalems

52 Zedekia war 21 Jahre alt, als er König wurde, und er regierte elf Jahre in Jerusalem. Der Name seiner Mutter war Hamutal, sie war eine Tochter Jeremias aus Libna. ²Aber Zedekia tat, wie Jojakim zu seiner Zeit, lauter Dinge, die der HERR verabscheute. ³Der HERR war darüber so zornig, dass er Jerusalem und Juda aus seinem Blick verbannte.

Zedekia lehnte sich gegen die Vorherrschaft Babels auf. ⁴Deshalb kam der babylonische König Nebukadnezar im neunten Jahr von Zedekias Herrschaft, am zehnten Tag des zehnten Monats*, und führte sein ganzes Heer mit ihm selbst an der Spitze gegen Jerusalem. Die Stadt wurde umzingelt und Belagerungsrampen wurden rings um die Stadt errichtet. ⁵Bis ins elfte Jahr von Zedekias Herrschaft blieb Jerusalem belagert.

⁶Am neunten Tag des vierten Monats* war die Hungersnot in der Stadt unerträglich geworden. Selbst die Landbevölkerung hatte nichts mehr zu essen. ⁷Zu diesem Zeitpunkt gelang es den Belagerern, eine Bresche in die Stadtmauer zu schlagen. In der Nacht darauf konnten Zedekia und seine Soldaten durch das Tor zwischen den beiden Mauern, direkt beim Garten des Königs, fliehen, obwohl die Babylonier immer noch einen geschlossenen Belagerungsring um die Stadt bildeten. Sie schlugen die Richtung zum Jordantal* ein.

⁸Doch die Babylonier nahmen die Verfolgung auf und holten König Zedekia in der Ebene von Jericho ein. Seine Soldaten ließen ihn im Stich und liefen in alle Richtungen davon. ⁹So wurde Zedekia als Einziger gefangen genommen und dem babylonischen König vorgeführt, der sich gerade in Ribla in der Gegend von Hamath aufhielt. Dort hielt Nebukadnezar Gericht über Zedekia und verurteilte ihn. ¹⁰Zedekia musste zusehen, wie Nebukadnezar seine Söhne grausam hinrichten ließ. Auch alle Fürsten wurden vor seinen Augen ermordet. ¹¹Dann wurden ihm die Augen ausgestochen, er wurde in Ketten gelegt und gefangen nach Babel geführt. Dort verbrachte Zedekia den Rest seines Lebens im Gefängnis.

Der Tempel wird zerstört

¹²Am zehnten Tag des fünften Monats desselben Jahres – es war das 19. Jahr von Nebukadnezars Herrschaft* – traf Nebusaradan, der Oberbefehlshaber der Leibwache und ein wichtiger Minister des babylonischen Königs, in Jerusalem ein. ¹³Er brannte den Tempel des HERRN, den Königspalast und alle Häuser Jerusalems nieder und zerstörte alle wichtigen Gebäude der Stadt. ¹⁴Das babylonische Heer, das unter seiner Befehlsgewalt stand, riss Jerusalems Stadtmauer vollständig ein. ¹⁵Danach ließ Nebusaradan, der Oberbefehlshaber der Leibwache, alle Judäer zusammentreiben: Einen Teil der Ärmsten aus dem Volk, alle Einwohner Jerusalems, die noch in der Stadt verblieben waren, die restlichen Handwerker und auch die Überläufer, die zum König von Babel übergelaufen waren – sie alle ließ er in die Gefangenschaft nach Babel bringen. ¹⁶Nur einige der Ärmsten durften in Juda bleiben, um die Felder und Weinberge zu bestellen.

¹⁷Die Babylonier zerschmetterten die Bronzesäulen, die bronzenen Wasserwagen und das Bronzemeer am Tempel des HERRN und brachten das Metall nach Babel. ¹⁸Sie nahmen auch die Gefäße und Schaufeln mit sich nach Babel, die Messer, die zum Putzen der Leuchter verwendet wurden, und die Schüsseln, Schalen und anderen Gegenstände aus Bronze, die zum Tempeldienst verwendet wurden. ¹⁹Ebenso wurden die Becher, die Eimer zum Tragen der glühenden Kohlen, die Schüsseln, die Töpfe, die Leuchter und Opferschalen, die aus reinem Gold oder Silber hergestellt worden waren, von Nebusaradan, dem Oberbefehlshaber der Leibwache, nach Babel gebracht. ²⁰Auch die Bronze der beiden Säulen, der Kesselwagen und das Meer mit den zwölf Rindern darunter wurden mitgenommen. Zusammen ergab sich eine gewaltige Menge an Bronze, die zu groß war, als dass man sie hätte wiegen können. Diese Gegenstände waren zur Zeit des Königs Salomo für den Tempel des HERRN angefertigt worden. ²¹Jede der Säulen war 18 Ellen hoch; ihr Umfang betrug zwölf Ellen*. Sie waren innen hohl und ihre Wände waren vier Finger dick*. ²²Das bronzene Kapitell oben auf jeder Säule war fünf Ellen hoch*; es war rundherum verziert mit einem Gitternetz aus Bronze und bronzenen Granatäpfeln. Die andere Säule sah genau gleich aus. ²³Insgesamt waren 96 Granatäpfel außen an den Säulen angebracht, und alles in allem waren 100 Granatäpfel am Gitternetz befestigt.

²⁴Und der Oberbefehlshaber der Leibwache ergriff Seraja, den Oberpriester, und Zefanja, seinen Stellvertreter, und die drei Torhüter und

---

52,4 Das entspricht dem 15. Jan. 588 v.Chr. **52,6** Dieses Ereignis des hebr. Mondkalenders fiel auf den 18. Juli 586 v.Chr. **52,7c** Hebr. *Araba*. **52,12** Das entspricht dem 17. Aug. des Jahres 586 v.Chr. **52,21a** Das entspricht ca. 8 m Höhe und 5,5 m Umfang. **52,21b** Das entspricht ca. 8 cm. **52,22** Das entspricht ca. 2,5 m.

JEREMIA

1	Jeremias Berufung
2–25	Die Klage des HERRN gegen sein Volk
26–35	Erzählungen über Jeremia; Verheißungen für Gottes Volk
36–45	Weitere Erzählungen: die Leidensgeschichte von Jeremia
46–51	Botschaften für fremde Völker
52	Der Fall Jerusalems

52
Die Abführung der Gefangenen.

setzte sie gefangen. ²⁵In der Stadt nahm er einen Offizier* des Heeres und sieben persönliche Ratgeber des Königs gefangen, die sich in der Stadt befanden, dazu den Schreiber des Oberbefehlshabers des Heeres, der über die Rekruten Buch führte, und 60 Einwohner Judas, die sich gerade in der Stadt aufhielten. ²⁶Nebusaradan brachte diese zum babylonischen König nach Ribla. ²⁷Dort in Ribla im Land Hamat ließ der König von Babel sie alle hinrichten.

So wurde das Volk von Juda aus seiner Heimat in die Gefangenschaft geführt.

²⁸Die Zahl der Gefangenen, die im siebten Jahr von König Nebukadnezars Herrschaft* nach Babel verschleppt wurden, betrug 3.023. ²⁹Im 18. Jahr seiner Herrschaft wurden weitere 832 Menschen aus dem Land weggeführt*. ³⁰Und im 23. Jahr seiner Herrschaft* führte Nebusaradan, der Oberbefehlshaber der Leibwache, weitere 745 Menschen in die Gefangenschaft – insgesamt waren es 4.600 Gefangene.

Hoffnung für Israels Königsgeschlecht

³¹Im 37. Jahr des Exils von König Jojachin in Babel bestieg Evil-Merodach den babylonischen Thron. In seinem ersten Regierungsjahr, am 25. Tag des zwölften Monats*, begnadigte er König Jojachin und ließ ihn aus dem Gefängnis frei. ³²Er behandelte Jojachin freundlich und gab ihm einen Ehrenplatz unter den anderen Königen, die sich wie er im babylonischen Exil befanden. ³³Jojachin durfte seine Gefängniskleidung ablegen und war ein ständiger Gast am Tisch des Königs, solange er lebte. ³⁴Außerdem zahlte der babylonische König ihm eine Leibrente, sodass Jojachin bis an sein Lebensende genug zum Leben hatte.

[Die Zeit des Exils]

52,25 Wörtl. *einen Eunuchen*. **52,28** Das siebte Jahr der Herrschaft Nebukadnezars ist das Jahr 597 v.Chr. **52,29** Das 18. Jahr der Herrschaft Nebukadnezars ist das Jahr 586 v.Chr. **52,30** Das 23. Jahr der Herrschaft Nebukadnezars ist das Jahr 581 v.Chr. **52,31** Dieser Tag entspricht dem 31. März 561 v.Chr.

Klagelieder

Inhalt

Die fünf Klagelieder betrauern die Zerstörung der Stadt Jerusalem und das Schicksal der Israeliten. Trauer und Verzweiflung angesichts der Not und der Erinnerung an frühere Zeiten sind das beherrschende Thema. Die gegenwärtige Lage sieht der Dichter ganz klar als Folge davon, dass die Bewohner mit ihrer Schuld Gott zum Zorn gereizt haben.

Das Volk ist am Tiefpunkt angekommen. Es ist Zeit für eine Umkehr zu Gott und zu seiner immer wieder neuen Gnade. Einerseits ist der Dichter von der Güte und Barmherzigkeit Gottes überzeugt, auf die es zu warten gilt; andererseits endet das letzte Klagelied mit zwei bangen Fragen.

Die Klagelieder haben eine besondere poetische Form: Bei vier Liedern folgen die Vers-Anfänge dem hebräischen Alphabet. Entsprechend umfasst jedes Kapitel 22 bzw. 66 Verse. Genau in der Mitte des dritten Liedes – und damit im Mittelpunkt des ganzen Buches – steht ein unvergleichlich tröstliches Bekenntnis, das sich der allgemeinen Stimmung der Gedichte entgegenstellt: Gottes Erbarmen ist größer als sein Strafen. Wenn Gott straft, dann tut er das nicht von Herzen (3,32-33).

Wichtiger Ort

Jerusalem: ehemalige Hauptstadt von Juda

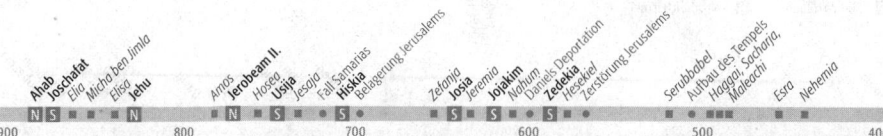

DIE KLAGELIEDER JEREMIAS

DIE KLAGELIEDER JEREMIAS

1	Klage in Jerusalem
2	Gottes Zorn über die Sünde
3	Hoffnung auf die Treue des HERRN
4	Gottes Zorn wird gestillt
5	Gebet um Wiederherstellung

1–2
Trauer über den Fall Jerusalems und den Abfall des Volkes von Gott. Gott selbst hat Jerusalem aus Zorn zerstört.

[Die Zeit des Exils]

Klage in Jerusalem

1 Ach*, wie einsam ist die früher so lebendige Stadt Jerusalem geworden! Nun ist die Weltstadt wie eine trauernde Witwe. Die frühere Königin der Völker ist zur Sklavin geworden.
²Sie weint und weint die ganze Nacht, die Tränen laufen ihr übers Gesicht. Keiner von denen, die sie liebten, ist mehr da, um sie zu trösten. Ihre Freunde haben sie verraten; sie sind zu ihren Feinden geworden.
³Juda wurde belagert, versklavt und verschleppt. Jetzt wohnt es in der Fremde und hat keinen Ort mehr, an dem es sich ausruhen kann. Seine Feinde haben es verfolgt; ein Entkommen war unmöglich.
⁴Die Straßen nach Jerusalem* tragen Trauer; die frohe Menge, die einst zu den Tempelfesten pilgerte, ist verschwunden. Die Stadttore stehen still und schweigend, die Priester seufzen, die jungen Mädchen weinen – ganz Jerusalem trauert!
⁵Die früheren Feinde der Stadt sind heute ihre Herren, und es geht ihnen gut dabei, denn der HERR hat Jerusalem für seine Sünden bestraft. Jerusalems Kinder wurden gefangen genommen und in ferne Länder verschleppt.
⁶Die Schönheit der Tochter Zions ist dahin. Die Fürsten der Stadt sind wie Hirsche, die keine Weide finden: zu schwach, um vor dem Feind zu fliehen.
⁷In ihrer Verzweiflung und Verlassenheit träumt die Stadt von ihrer einstigen Größe. Sie denkt daran, wie sie von ihren Feinden bedrängt wurde und ihr niemand zu Hilfe kam. Die Feinde brachten sie zu Fall und lachten schadenfroh, als sie schließlich stürzte.
⁸Jerusalem hat schwer gesündigt, darum schüttelt man vor Abscheu den Kopf über sie. Alle früheren Verehrer der Stadt verachten sie nur noch,

1,1 Jedes der ersten vier Kapitel dieses Buches bildet im hebr. Alphabet ein Akrostichon: Das erste Wort jedes Verses beginnt jeweils mit dem folgenden hebr. Buchstaben. Kapitel 1, 2 und 4 bestehen aus je einem Vers für jeden der 22 Buchstaben des hebr. Alphabets. Kapitel 3 besteht aus 22 Strophen zu je 3 Versen. Kapitel 5 ist zwar kein Akrostichon mehr, hat aber ebenfalls 22 Verse.   **1,4** Hebr. *Zions;* so auch in 1,17.

denn sie haben sie nackt gesehen. Nun seufzt sie und wendet sich ab.

⁹Ihre Unreinheit klebt an ihrem Kleid. An ihr Ende dachte sie nicht. Unversehens stürzt sie und niemand tröstet sie. »Herr, sieh mein Elend«, weint sie. »Der Feind hat triumphiert!«

¹⁰Nach allen ihren Schätzen hat der Feind seine Hand ausgestreckt. Sie musste mit ansehen, wie Ausländer in ihren heiligen Tempel eindrangen – Menschen, denen du verboten hast, in die Versammlung zu kommen.

¹¹Jerusalems Bewohner seufzen und suchen nach Brot. Sie verkaufen ihre Schätze, damit sie essen und am Leben bleiben können. »O Herr, sieh mich an«, klagt die Stadt, »sieh doch, wie ich verachtet werde!«

¹²»Habt ihr, die ihr vorübergeht, es denn noch nicht gemerkt? Schaut her: Gibt es einen Schmerz wie meinen? Diesen Schmerz, den der Herr am Tag seines Zorns über mich brachte?

¹³Er hat Feuer vom Himmel geschickt, das meine Knochen frisst. Er legte ein Netz um meine Füße, damit ich stürzte, und ließ mich einsam und krank werden.

¹⁴Wie ein schweres Joch hat er meine Verbrechen an meinen Hals gebunden: Das nahm mir meine Kraft. Er hat mich in die Hände meiner Feinde gegeben, dagegen kann ich nichts ausrichten.

¹⁵Der Herr hat alle meine starken Männer zertreten. Er rief ein Heer gegen mich zusammen, das meine jungen Männer getötet hat. Der Herr hat die jungfräuliche Tochter Juda zertreten, wie man Trauben in der Kelter zerstampft.

¹⁶Darüber muss ich so weinen, dass mein Auge vor Tränen zerfließt. Doch niemand ist da, der mich tröstet; alle, die mir Mut zusprechen könnten, sind weit fort. Meine Kinder sind vom Leben abgeschnitten, denn der Feind war stärker.«

¹⁷Jerusalem* streckt flehend die Hände aus, doch es gibt niemanden, der Trost spenden könnte. Der Herr hat Israels* Nachbarn zu seinen Feinden gemacht. Voll Abscheu schütteln sie den Kopf über Jerusalem.

¹⁸»Der Herr ist gerecht, denn ich habe mich gegen ihn aufgelehnt. Hört mir doch zu, ihr Völker! Seht meinen Schmerz, denn meine Söhne und Töchter wurden gefangen genommen und verschleppt.

¹⁹Ich rief diejenigen, die mich liebten, aber sie haben mich verlassen. Meine Priester und Ältesten sind verhungert, als sie vergeblich in der ganzen Stadt nach Essen suchten.

²⁰Herr, sieh meine Angst! Meine Eingeweide glühen und mein Herz krampft sich zusammen, denn ich habe mich gegen dich aufgelehnt. Draußen wütet das Schwert und zu Hause wartet der Tod.

²¹Sie hörten mein Seufzen, aber niemand tröstete mich. Alle meine Feinde hörten von meinem Unglück, doch freuten sie sich über das, was du mir angetan hast. O lass doch den Tag kommen, den du angekündigt hast, damit es ihnen ergeht wie mir!

²²Ihre Bosheiten sollen alle vor dich kommen. Tu ihnen das an, was du mir für meine ganzen Sünden angetan hast. Mein Seufzen ist groß und mein Herz ist krank.«

Gottes Zorn über die Sünde

2 Der Herr hat seinen Zorn wie dunkle Wolken über Jerusalem* geworfen. Die Herrlichkeit Israels warf er vom Himmel zur Erde. Selbst seinen eigenen Tempel* hat der Herr am Tag seines Zorns nicht verschont.

²Erbarmungslos hat der Herr jedes Haus in Israel* zerstört. Die befestigten Städte der Tochter Juda hat er in seinem Zorn eingerissen, das Reich und seine Fürsten hat er zur Erde gestürzt und entehrt.

³In der Glut seines Zorns hat er die ganze Macht Israels gebrochen. Mit dem Angriff des Feindes hat der Herr seine schützende Hand vom Land abgezogen, und nun verzehrt er Israel wie ein tosendes Feuer.

⁴Er spannte seinen Bogen und legte ihn auf sein eigenes Volk an, als wäre es sein Feind. Er tötete, was als begehrenswert galt. Seine Zornesglut hat er über der Stadt Jerusalem* ausgeschüttet.

⁵Wie ein Feind ist der Herr geworden. Er hat Israel und jede seiner Festungen zerstört. So hat er unendliches Leid und Tränen über die Tochter Juda gebracht.

⁶Er hat seinen eigenen Tempel eingerissen wie ein Gartenhaus. Der Herr hat jede Erinnerung an die heiligen Feste und Sabbattage ausgelöscht. In seinem tobenden Zorn hat er Könige und Priester verworfen.

⁷Auch seinen Altar hat der Herr verworfen und sein Heiligtum entweiht. Jerusalems Paläste hat er in die Hände seiner Feinde gegeben. Im Tempel des Herrn herrschte ein Geschrei wie an Festtagen.

⁸Der Herr hat beschlossen, die Mauern Jerusalems zu zerstören. Sorgfältig hat er den Unter-

---

1,17a Hebr. *Zion*. **1,17b** Hebr. *Jakob*. **2,1a** Hebr. *die Tochter Zion*; so auch in 2,8.10.18. **2,1b** Hebr. *den Schemel seiner Füße*. **2,2** Hebr. *Jakob*; so auch in 2,3. **2,4** Hebr. *das Zelt der Tochter Zion*.

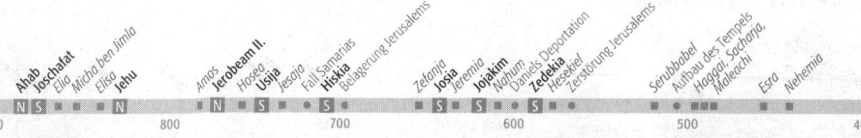

DIE KLAGELIEDER JEREMIAS

1	Klage in Jerusalem
2	Gottes Zorn über die Sünde
3	Hoffnung auf die Treue des HERRN
4	Gottes Zorn wird gestillt
5	Gebet um Wiederherstellung

2–3
Jerusalem trauert, weil Gott die ganze Stadt vernichtet und entblößt hat. Vertrauen auf Gottes Gnade.

[Die Zeit des Exils]

gang der Stadt geplant und nicht eher abgelassen, bis sie zerstört war. Wälle und Mauern ließ er trauern, sie sanken dahin.

⁹Jerusalems Tore gleichen dem Erdboden, ihre Riegel sind zerschmettert und zerstört. Die Könige und Fürsten der Stadt wurden in fremde Länder verschleppt. Das Gesetz gilt nicht mehr und die Propheten erhalten vom HERRN keine Visionen.

¹⁰Jerusalems Älteste sitzen, in Säcke gekleidet, schweigend am Boden. Voller Sorge und Verzweiflung streuen sie sich Asche aufs Haupt. Die Jungfrauen Jerusalems senken ihre Köpfe zu Boden.

¹¹Ich weinte, bis ich keine Tränen mehr hatte. Mein Herz brach und mir schwanden die Sinne als ich sah, dass mein Volk untergeht und Säuglinge und Kleinkinder auf den Straßen sterben.

¹²Sie sagen zu ihren Müttern: »Wir wollen essen und trinken!« Und dann sterben sie in den Straßen der Stadt wie tödlich Getroffene. Sie hauchen ihr Leben in den Armen ihrer Mütter aus.

¹³O Tochter Jerusalem, womit soll ich deine Qual vergleichen? O jungfräuliche Tochter Zion, wie kann ich dich trösten? Deine Wunde ist tief wie das Meer, wer kann dich heilen?

¹⁴Deine Propheten haben dich betrogen und dir falsche Bilder ausgemalt. Sie haben nicht einmal versucht, dich vor dem Exil zu bewahren, indem sie dir deine Sünden vorhielten. Stattdessen weissagten sie Lügen und verführten dich.

Klagelieder 3,31-33

Gottes Liebe, Gottes Zorn

Wenn Menschen ein Unglück zustößt, beklagen sie sich schnell: Habe ich das verdient? Warum lässt Gott das zu? Dieses ganze Buch besteht aus lauter Klageliedern. Jerusalem und sein Tempel liegen in Trümmern. Eine Strafe Gottes? Der Verfasser rät Israel, seine Sünden zu bekennen (3,39-42), aber er beklagt sich auch selbst.

Mitten in diesem Klagelied finden sich die bekannten Zeilen: »Die Gnade des Herrn nimmt kein Ende! Sein Erbarmen hört nie auf, jeden Morgen ist es neu. Groß ist seine Treue« (3,22-23). Gleich danach beklagt sich der Verfasser erneut, als hätte Gott Israel verstoßen.

Dennoch ist sich der Verfasser sicher: Der Herr verstößt niemanden für alle Zeit: »Wenn er Leid bringt, hat er auch wieder großes Erbarmen. Denn er hat keine Freude daran, die Menschen zu quälen und ins Elend zu stürzen« (V. 32-33). Oder, wie Martin Luther es formulierte: »Denn nicht von Herzen er plagt und betrübt die Menschen, als wollte er die Gefangenen auf Erden unter seine Füße zertreten.« So steht es genau in der Mitte dieses biblischen Buches!
(Jeremia 31,20 «« | »» Jesaja 54,7-8)

S Südreich Juda   N Nordreich Israel

¹⁵Alle Vorübergehenden klatschen vor Hohn in die Hände. Sie pfeifen und schütteln ihren Kopf über die Tochter Jerusalem: »Ist das etwa die Stadt, die ›Schönste der Welt‹ und ›Freude der Erde‹ genannt wird?«

¹⁶Alle deine Feinde zerreißen sich den Mund über dich, sie zischen und knirschen mit den Zähnen. »Wir haben sie vernichtet!«, spotten sie. »Wir haben lange auf diesen Tag gewartet, jetzt ist er endlich da!«

¹⁷Der HERR hat getan, was er sich vorgenommen hatte. Er hat sein Wort erfüllt, das er lange angekündigt hatte. Erbarmungslos hat er alles niedergerissen. Deine Feinde ließ er fröhlich sein und erhöhte ihre Macht.

¹⁸Weine laut vor dem Herrn, Mauer der Tochter Zion! Deine Tränen sollen Tag und Nacht fließen wie ein Bach. Gönn dir keine Ruhe, deine Augen sollen nicht trocken werden.

¹⁹Steh auf, schrei in der Nacht zu Beginn jeder Nachtwache. Schütte dem Herrn dein Herz aus wie Wasser. Heb deine Hände wegen deiner Kinder zu ihm auf, die an allen Straßenecken verhungern.

²⁰»Sieh, HERR, wem du so etwas angetan hast! Soll denn eine Mutter die Frucht ihres Leibes essen, ihre Kinder, die auf ihren Knien saßen? Sollen denn Priester und Propheten im Tempel des Herrn erschlagen werden?

²¹Sie liegen in den Straßen – Junge und Alte, Mädchen und Jungen, vom Schwert erschlagen. Du hast sie in deinem Zorn erschlagen, du hast sie ohne Erbarmen umgebracht.

²²Du hast meine Feinde von allen Seiten aufgeboten, hast sie gerufen wie zu einem Fest, sodass niemand am Tag des Zorns des HERRN entkommen konnte. Keiner hat überlebt: mein Feind hat alle Kinder, die ich glücklich geboren und großgezogen habe, getötet.«

Hoffnung auf die Treue des HERRN

3 Ich bin ein Mensch, der das ganze Elend, das der Zorn des HERRN bringt, ansehen musste. ²Er trieb mich in die Finsternis und ließ mich ohne Licht gehen. ³Ja, er hat sich gegen mich gewandt. Alle Tage erhebt er seine Hand.

⁴Er hat meinen Körper und meine Haut altern lassen und mir die Knochen zerschlagen. ⁵Er schloss mich ein und umgab mich mit Gift und Leid. ⁶Er hat mich in die Finsternis geschickt wie einen, der schon tot ist.

⁷Er hat mich eingemauert, sodass ich nicht entkommen kann. In Ketten hat er mich gelegt. ⁸Auch wenn ich schreie und um Hilfe rufe, verschließt er seine Ohren vor meinem Gebet. ⁹Er hat mir den Weg mit Steinquadern vermauert, hat meine Pfade unpassierbar gemacht.

¹⁰Aus dem Versteck hat er mir aufgelauert wie ein Bär oder ein Löwe. ¹¹Er ließ mich vom Weg abkommen, hat mich zerrissen und einsam liegen lassen. ¹²Er hat seinen Bogen gespannt und mich für den Pfeil zur Zielscheibe gemacht.

¹³Die Pfeile aus seinem Köcher schoss er tief in mein Herz. ¹⁴Mein eigenes Volk macht sich über mich lustig. Den ganzen Tag lang singen sie ihre Spottlieder. ¹⁵Er hat mich mit Bitterkeit erfüllt. Er ließ mich seinen bitteren Wermutkelch leeren.

¹⁶Auf Stein hat er mich mit den Zähnen beißen lassen. In den Staub hat er mich gedrückt. ¹⁷Meine Seele hat er vom Frieden verstoßen; was Glück ist, habe ich vergessen. ¹⁸Stattdessen muss ich sagen: »Mein Ruhm und meine Hoffnung auf den HERRN sind dahin!«

¹⁹Denk doch an mein Leid und an meine Verlassenheit, an die Bitterkeit und an das Gift!* ²⁰Immer wieder erinnert sich meine Seele daran und ist niedergeschlagen. ²¹Dennoch will ich mir dies zu Herzen nehmen, das will ich hoffen:

²²Die Gnade des HERRN nimmt kein Ende! Sein Erbarmen hört nie auf, ²³jeden Morgen ist es neu. Groß ist seine Treue. ²⁴Meine Seele spricht: »Der HERR ist mein Anteil*, auf ihn will ich hoffen.«

²⁵Der HERR ist gut zu denen, die auf ihn warten und ihn suchen. ²⁶Deshalb ist es gut, still zu werden und auf die Befreiung durch den HERRN zu warten. ²⁷Und es ist gut, sich schon als junger Mensch dem Joch seiner Disziplin unterzuordnen:

²⁸Wenn er es ihm auferlegt, so soll er es schweigend und still auf sich nehmen. ²⁹Er möge sein Gesicht in den Staub legen – vielleicht besteht dann noch Hoffnung für ihn. ³⁰Wenn ihn andere auf die Wange schlagen, soll er still halten und die Beleidigung schweigend ertragen.

³¹Denn der Herr verstößt niemanden endgültig: ³²Wenn er Leid bringt, hat er auch wieder großes Erbarmen. ³³Denn er hat keine Freude daran, die Menschen zu quälen und ins Elend zu stürzen.

³⁴Alle Gefangenen auf Erden wurden gedemütigt. ³⁵Vor den Augen des Allerhöchsten wurde ihr Recht gebeugt. ³⁶Vor Gericht wurde das

---

3,19 Hebr. *sie sind Galle und Wermut.* **3,24** Das hebr. Wort steht ursprünglich für den Anteil bei der Verlosung des Landes durch Josua.

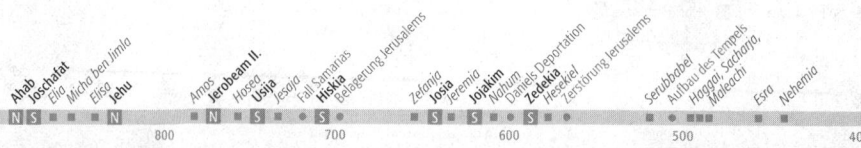

DIE KLAGELIEDER JEREMIAS

1	Klage in Jerusalem
2	Gottes Zorn über die Sünde
3	Hoffnung auf die Treue des HERRN
4	Gottes Zorn wird gestillt
5	Gebet um Wiederherstellung

3–5
Jerusalems Feinde verspotten die Stadt. Mit der Ausmerzung der Schuld ist Gottes Zorn besänftigt. Gott soll die Not des Volkes ansehen.

[Die Zeit des Exils]

Recht der Menschen verdreht – sollte der Herr das etwa nicht sehen? ³⁷Kann überhaupt irgendetwas geschehen, ohne dass der Herr es will? ³⁸Kommt nicht Böses und Gutes aus dem Mund des Allerhöchsten? ³⁹Wie kann sich ein Mensch über sein Leben beklagen? Sollte er nicht seine eigene Sünde beklagen?

⁴⁰Lasst uns unser Verhalten überprüfen und wieder zum HERRN umkehren. ⁴¹Lasst uns unsere Herzen und Hände zu Gott im Himmel erheben. ⁴²Wir, wir haben gesündigt und uns gegen dich aufgelehnt, darum hast du uns nicht vergeben.

⁴³Du hast dich in Zorn gehüllt, hast uns verfolgt, getötet und nicht verschont. ⁴⁴Du hast dich in einer Wolke verborgen, sodass dich kein Gebet erreichte. ⁴⁵Du hast uns vor den Völkern zu Dreck und Abscheu gemacht.

⁴⁶Unsere Feinde zerreißen sich den Mund über uns. ⁴⁷Schrecken und Fallgruben hast du uns gegeben, außerdem Verderben und Untergang. ⁴⁸Das Schicksal meines Volkes lässt mich Bäche von Tränen vergießen!

⁴⁹Meine Tränen nehmen kein Ende. Sie versiegen nicht, ⁵⁰ehe der Herr nicht vom Himmel auf uns herabschaut und uns ansieht. ⁵¹Das Schicksal der Frauen von Jerusalem bereitet mir große Schmerzen.

⁵²Meine Feinde haben mir ohne Grund nachgestellt wie einem Vogel. ⁵³Sie haben mich lebend in eine Grube geworfen und sie mit Steinen verschlossen. ⁵⁴Das Wasser reichte mir bis zum Hals und ich schrie: »Ich bin verloren!«

⁵⁵Doch dann rief ich aus der Tiefe der Grube deinen Namen, HERR, ⁵⁶und du hast mich erhört: »Verschließe dein Ohr nicht vor meinem Hilferuf und vor meinem Schreien!« ⁵⁷Du warst mir an dem Tag nahe, als ich zu dir schrie, und sagtest zu mir: »Fürchte dich nicht!«

⁵⁸Herr, du hast für mich gestritten und mir das Leben gerettet. ⁵⁹Du, HERR, hast meine Unterdrückung gesehen. Verhilf mir zu meinem Recht! ⁶⁰Du hast ihre große Rachsucht und all ihre Pläne gegen mich gesehen.

⁶¹HERR, du hast gehört, wie sie mich beschimpften. Du kennst ihre Pläne – ⁶²die Anschläge, die meine Feinde den ganzen Tag lang gegen mich aushecken. ⁶³Sieh doch: Ob sie sitzen oder stehen, singen sie Spottlieder über mich!

⁶⁴Vergelte ihnen ihr Tun, HERR! ⁶⁵Gib ihnen verstockte Herzen und dann schlag sie mit deinem Fluch! ⁶⁶Verfolge sie in deinem Zorn und rotte sie unter deinem Himmel aus, HERR.

S Südreich Juda   N Nordreich Israel

Befriedigung des göttlichen Zorns

4 Wie hat das Gold seinen Glanz verloren, selbst die kostbarste Legierung ist stumpf geworden. Die heiligen Juwelen liegen verstreut an allen Straßenecken!
²Die edlen Kinder Jerusalems*, die einmal wertvoll wie Gold waren, sind nun wie getöpferte Gefäße.
³Selbst die Schakale geben ihren Jungen die Brust und säugen sie. Mein Volk Israel jedoch wurde grausam wie die Strauße in der Wüste.
⁴Ihren Säuglingen klebt vor Durst die Zunge am Gaumen. Die kleinen Kinder schreien nach Brot, aber niemand kann ihnen etwas geben.
⁵Wer früher die köstlichsten Speisen aß, verhungert jetzt auf der Straße. Diejenigen, die früher in Purpur gehüllt waren, liegen nun auf dem Misthaufen.
⁶Die Schuld* meines Volkes ist größer als die von Sodom, das von einem Augenblick zum anderen vernichtet wurde, und niemand kam ihm zu Hilfe.
⁷Einst waren unsere Fürsten kerngesund, reiner als Schnee, weißer als Milch, rosiger als Korallen und hatten die Erscheinung eines Saphirs.
⁸Jetzt sind sie schwärzer als Ruß; sie sind nicht mehr wiederzuerkennen. Ihre Haut ist verschrumpelt, sie sind wie dürre Äste.
⁹Die durch das Schwert Gefallenen sind besser dran als diejenigen, die elend verhungern mussten, die aus Mangel an Nahrung dahinsiechten.
¹⁰Die liebevollsten Mütter haben ihre eigenen Kinder gekocht und gegessen, um das große Elend Israels zu überleben.
¹¹Doch nun ist der Zorn des Herrn befriedigt. Sein furchtbarer Zorn hat sich ergossen: Er legte ein Feuer in Jerusalem*, das die Stadt bis auf die Grundmauern niederbrannte.
¹²Kein König auf Erden – ja, kein Mensch auf der ganzen Welt – hätte geglaubt, dass Jerusalems Feinde jemals durch die Stadttore eindringen würden.
¹³Und doch geschah genau das – wegen den Sünden der Propheten und den Vergehen der Priester, die das Blut der Gerechten unter ihnen vergossen haben.
¹⁴Wie Blinde zogen sie durch die Straßen, sie besudelten sich mit Blut, sodass sie niemand berühren durfte.
¹⁵»Fort mit euch!«, schrien die Leute sie an. »Ihr seid unrein! Fasst uns nicht an!« Da irrten und eilten sie umher, und die fremden Völker sagten: »Sie dürfen nicht mehr unter uns wohnen!«

¹⁶Der HERR selbst hat sie zerstreut, er hilft ihnen nicht mehr. Die Priester und Anführer des Volkes werden nicht länger geachtet und verehrt.
¹⁷Unsere Augen suchen immer noch nach Hilfe – vergeblich! Denn wir setzten unsere Hoffnung auf Völker, die uns nicht helfen konnten.
¹⁸Wir konnten nicht auf die Straße gehen, denn man lauerte uns auf. Unser Ende war nahe, unsere Tage gezählt. Wir waren dem Untergang geweiht!
¹⁹Unsere Feinde waren schneller als Adler. Sie verfolgten uns in die Berge, in der Wüste spürten sie uns auf.
²⁰Sie nahmen den Gesalbten des HERRN, der wie der Atem unseres Lebens ist, gefangen. Von ihm sagen wir: »Wir wollen inmitten der Völker unter seinem Schatten leben.«
²¹Freue dich und sei fröhlich im Land Uz, Volk von Edom! Aber auch zu dir wird der Becher des Zorns des HERRN kommen, und auch du wirst betrunken sein und dich entblößen.
²²O Jerusalem*, deine Strafe ist zu Ende; er wird dich nicht weiter verbannen. Aber nun beginnt deine Strafe, Tochter Edom, und schon bald wird er deine Sünden aufdecken.

Gebet um Wiederherstellung

5 HERR, denk doch daran, was mit uns geschehen ist! Sieh her, schau unser Leid an!
²Unser Erbe wurde Fremden gegeben, Ausländer erhielten unsere Häuser.
³Wir sind verwaist und vaterlos, unsere Mütter sind Witwen.
⁴Unser eigenes Trinkwasser bekommen wir nur gegen Bezahlung, und wir müssen unser eigenes Feuerholz kaufen.
⁵Unsere Verfolger sitzen uns im Nacken; wir sind erschöpft und können doch nicht ausruhen.
⁶Wir haben Ägypten und Assyrien die Hand gereicht, um Brot zum Essen zu haben.
⁷Unsere Vorfahren haben gesündigt, doch sie starben. Nun erleiden wir ihre Strafe!
⁸Sklaven herrschen nun über uns; es ist keiner da, der uns aus ihrer Hand reißen kann.
⁹Wir müssen in der Wüste auf Nahrungssuche gehen und dabei unser Leben aufs Spiel setzen.
¹⁰Unsere Haut ist vor Hunger schwarz geworden, sie wirkt wie verbrannt.
¹¹In Jerusalem* vergewaltigen sie unsere Frauen und in den Städten ganz Judas die jungen Mädchen.

4,2 Hebr. *Söhne Zions.* 4,6 O. *Strafe.* 4,11 Hebr. *in Zion.* 4,22 Hebr. *Tochter Zion.* 5,11 Hebr. *Zion.*

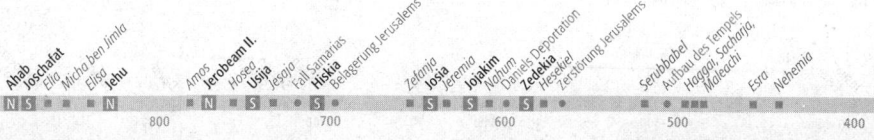

DIE KLAGELIEDER JEREMIAS

1	Klage in Jerusalem
2	Gottes Zorn über die Sünde
3	Hoffnung auf die Treue des HERRN
4	Gottes Zorn wird gestillt
5	Gebet um Wiederherstellung

¹²Unsere Fürsten werden durch ihre Hand gehängt, die alten Männer wurden entehrt.
¹³Junge Männer müssen Mühlsteine tragen, die Kinder taumeln vom Gewicht des Holzes auf ihren Schultern.
¹⁴Die alten Männer sitzen nicht mehr an den Stadttoren und die jungen Männer spielen ihre Saiteninstrumente nicht mehr.
¹⁵Unsere Herzen kennen keine Freude mehr, unser Reigentanz ist zur Trauer geworden.
¹⁶Die Kränze* sind uns vom Kopf gefallen. Doch Schlimmes wird geschehen, weil wir gesündigt haben!
¹⁷Darum wurden unsere Herzen müde und krank und unsere Augen verfinsterten sich.
¹⁸Denn der Berg Zion ist verlassen und öde, sodass die Füchse auf ihm umherstreunen.
¹⁹Du aber, HERR, herrschst ewig! Dein Thron besteht über alle Generationen.
²⁰Willst du uns wirklich für immer vergessen, uns lebenslang verlassen?
²¹HERR, bring uns wieder zu dir zurück, damit wir uns zu dir wenden! Mach unsere Tage neu, damit sie wie früher werden!
²²Oder hast du uns völlig verworfen? Zürnst du so sehr mit uns?

5
Gott soll sich seinem Volk wieder zuwenden.

[Die Zeit des Exils]

5,16 O. *Die Kronen.*

S Südreich Juda   N Nordreich Israel

Hesekiel

Inhalt

Hesekiel wirkt vor und nach der Zerstörung Jerusalems durch Nebukadnezar. Nach der ersten Eroberung Jerusalems ist er mit vielen anderen Israeliten nach Babel verschleppt worden und lebt dort unter ihnen. Er muss Gottes Botschaften manchmal nicht nur weitersagen, sondern auch in zeichenhaften Handlungen bildlich darstellen. Darüber hinaus hat er Visionen; z.B. bekommt Hesekiel gezeigt, wie die Herrlichkeit Gottes den Jerusalemer Tempel verlässt, den sie bei seiner Einweihung bezogen hatte (siehe Einleitung zu 1. Könige).

Hesekiels Auftrag ist strikt: Er muss Gottes Botschaften wie ein Wächter weitergeben, egal ob er auf Widerstand oder taube Ohren stößt. Gott macht ihn persönlich verantwortlich für die Menschen, zu denen er ihn sendet.

Angesichts der weitreichenden Verwüstung Jerusalems und des Landes stellt sich die Frage nach Gottes Gerechtigkeit. Hesekiel macht klar wie bisher sonst keiner, dass jeder Mensch individuell vor Gott verantwortlich ist. Erstens zieht Gott niemanden für die Ungerechtigkeiten seiner Vorfahren oder Nachkommen zur Rechenschaft, auch wenn das angesichts der gegenwärtigen Katastrophe als Folge jahrhundertelangen Fehlverhaltens behauptet wird. Zweitens ist jeder Einzelne für seinen Lebensstil verantwortlich. Gott fordert dringend dazu auf, dass Menschen ihr ungerechtes Tun aufgeben und nach seinem Gesetz gerecht leben. Jeder, der zu ihm umkehrt, sich ändert und lebenslang dabei bleibt, ist vor Gott gerecht und soll »leben«. Nur wer bei seinem Tod ungerecht gelebt hat, soll »sterben«.

Ähnlich wie Jeremia hat Hesekiel zu betonen, dass Gott dem Volk nicht deshalb vergibt und ihm eine herrliche Zukunft eröffnet, weil es sich bessern wird, sondern um seiner eigenen Ehre willen. In diesem Zusammenhang lässt Gott sagen, dass er den Israeliten ein neues Herz und seinen Geist geben wird. Damit werden sie sein Gesetz halten; dann werden sie wirklich sein Volk sein und zutiefst erkennen, dass Gott Gott ist.

Die Nachbarvölker bekommen mit, wie Gott die Israeliten straft. Dann werden sie Gottes Gericht über ihre eigenen Verfehlungen erleben. Zuletzt werden sie staunen, wenn Gott sein Volk wieder retten wird. Alles das trägt dazu bei, dass auch sie Gott erkennen und anerkennen werden.

Hesekiel schließt mit zwei großen Visionen: Viele Völker marschieren gemeinsam im erneuerten Israel ein und werden vernichtend geschlagen. Dann schildert er einen neuen Tempel und neue Verhältnisse im Land Israel.

Wichtige Personen

Hesekiel	Priester und Prophet, gelegentlich »Menschenkind« genannt, Wirkungszeit ca. 593–571 v.Chr.
Die Verbannten in Babel	
Falsche Propheten und Prophetinnen in Israel	
Älteste (Verantwortungsträger) Israels	
Hesekiels Ehefrau	
Der Fürst von Tyrus	
Nebukadnezar	König von Babel (Großreich, Kernland im heutigen Irak) ca. 604–562 v.Chr.
Der ägyptische Pharao	

Wichtige Orte

Kebar	Fluss in Babylonien (heute Irak)
Jerusalem	ehemalige Hauptstadt von Juda
Samaria	ehemalige Hauptstadt von Israel (Nordstämme)

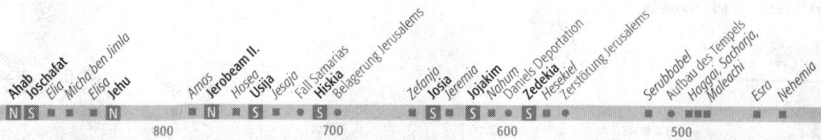

HESEKIEL

1–3	Hesekiels Vision und Berufung
4–24	Das kommende Unheil Israels
25–32	Botschaften für sieben fremde Völker
33–39	Die Wiederherstellung von Israel
40–48	Die Vision des Neuen Tempels

1–3
Hesekiel hat eine Vision von lebendigen Wesen. Hesekiel wird von Gott als Prophet berufen.

[Die Zeit des Exils]

HESEKIEL

Die Vision von den lebendigen Wesen

1 Am fünften Tag des vierten Monats* im dreißigsten Jahr, als ich mich unter den Verbannten am Fluss Kebar in Babel befand, öffnete sich der Himmel und Gott zeigte mir mehrere Visionen. ²Dies geschah am fünften Tag des Monats, fünf Jahre nachdem König Jojachin verschleppt worden war. ³Da hatte der HERR eine Botschaft für den Priester Hesekiel, den Sohn von Busi, und dort im Land der Babylonier*, am Fluss Kebar, erfasste ihn die Hand des HERRN.

⁴Ich sah einen Sturm aus dem Norden heraufziehen, eine riesige Wolke, in der ein Feuer flackerte und die von gleißendem Licht umgeben war. In ihrem Inneren glühte es bernsteinfarben aus dem Feuer heraus. ⁵In der Mitte der Wolke erschienen vier lebendige Wesen. Sie sahen aus wie Menschen, ⁶doch jedes von ihnen hatte vier Gesichter und zwei Paar Flügel. ⁷Ihre Beine waren gerade, doch ihre Füße glichen Kälberfüßen und schimmerten wie glänzendes Kupfer. ⁸Unter den Flügeln an ihren vier Seiten besaßen sie Menschenhände. Alle vier hatten Gesichter und Flügel ⁹und ihre Flügel berührten sich gegenseitig. Sie drehten sich nicht um, wenn sie gingen, sondern folgten immer der Richtung, in die eines ihrer Gesichter zeigte. ¹⁰Jedes Wesen hatte vorn ein Menschengesicht, auf der rechten Seite ein Löwengesicht, auf der linken Seite ein Stiergesicht und hinten ein Adlergesicht. ¹¹Ihre Flügel* waren nach oben hin ausgebreitet – mit einem Flügelpaar berührten sie einander und mit dem anderen bedeckten sie ihre Körper. ¹²Die Wesen gingen immer in die Richtung, in die eines ihrer Gesichter zeigte, sie ließen sich vom Geist leiten und mussten sich beim Gehen nicht umdrehen.

¹³Zwischen den lebendigen Wesen war etwas, das aussah wie glühende Kohlen oder wie leuchtende Fackeln, die zwischen den Wesen hin und her fuhren. Dieses Feuer glänzte und Blitze zuckten daraus hervor. ¹⁴Die lebendigen Wesen bewegten sich hin und her wie Blitze.

1,1 Eine ganze Reihe von Ereignissen in Hesekiel kann anhand der Daten in erhaltenen babylonischen Dokumenten überprüft und zu unserem heutigen Kalender in Bezug gesetzt werden. Das Ereignis, um das es hier geht, fand demnach am 31. Juli 593 v.Chr. statt. **1,3** O. *Chaldäer*. **1,11** So mit der griech. Version; im Hebr. steht *ihre Gesichter und ihre Flügel*.

¹⁵Während ich die Wesen noch betrachtete, fielen mir am Boden vier Räder auf, die sich jeweils an der Vorderseite der Gestalten befanden. ¹⁶Die Räder funkelten, als bestünden sie aus Chrysolith. Alle vier Räder sahen gleich aus; sie waren so gebaut, dass es wirkte, als würde eines in das andere hineingreifen*. ¹⁷So konnten sie sich in alle vier Himmelsrichtungen bewegen, ohne sich dabei umzudrehen. ¹⁸Die Felgen der vier Räder waren Furcht erregend in ihrer Größe und über und über mit Augen bedeckt. ¹⁹Wenn die vier lebendigen Wesen sich bewegten, bewegten sich auch die Räder. Und wenn sie sich von der Erde erhoben, dann erhoben sich auch die Räder. ²⁰Sie gingen, wohin der Geist sie trieb, und die Räder gingen mit ihnen, denn der Geist der vier lebendigen Wesen war in den Rädern. ²¹Wenn sie sich bewegten, bewegten sich auch die Räder. Wenn sie stehen blieben, standen die Räder ebenfalls still. Wenn sie sich in die Luft erhoben, erhoben sich die Räder mit ihnen. Denn der Geist der lebendigen Wesen war in den Rädern.

²²Oberhalb der Gestalten befand sich etwas, das wie ein festes Gewölbe aussah. Es schimmerte wie ein gewaltiger Kristall und erstreckte sich über ihre Köpfe hinweg. ²³Unter diesem Gewölbe war jeweils eins ihrer Flügelpaare waagrecht ausgespannt, sodass sie einander berührten*, und mit dem anderen Flügelpaar bedeckten sie ihren Körper. ²⁴Wenn sie sich bewegten, hörte ich ihre Flügel rauschen. Es klang wie das Tosen der Wellen oder wie die Stimme des Allmächtigen*, wie das Dröhnen einer Menschenmenge oder der Lärm eines großen Heeres. Wenn sie stehen blieben, ließen sie die Flügel sinken. ²⁵Und oberhalb des Gewölbes über ihren Köpfen war eine Stimme zu hören. Sie blieben stehen und ließen die Flügel sinken.

²⁶Oberhalb des Gewölbes über ihren Köpfen befand sich etwas, das wie ein Thron aus Saphir aussah. Auf diesem Thron saß eine Gestalt, die einem Menschen glich. ²⁷Von der Taille aufwärts schimmerte sie wie Bernstein, wie loderndes Feuer, das in einer festen Form eingeschlossen ist. Von der Taille abwärts erschien sie mir wie ein Feuer, sie war von gleißenden Flammen umgeben. ²⁸Dieser helle Glanz ringsumher war wie der Regenbogen, der an einem Regentag in den Wolken zu sehen ist. In dieser Gestalt erschien mir die Herrlichkeit des HERRN. Als ich sie sah, warf ich mich zu Boden, und ich hörte, wie jemand mit mir redete*.

Hesekiels Berufung und Auftrag

2 »Steh auf, Menschenkind«, sagte er, »ich will mit dir reden.« ²Während er sprach, erfüllte mich Gottes Kraft und stellte mich auf die Füße. Und ich hörte, was er zu mir sagte. ³»Menschenkind«, sagte er, »ich schicke dich zum Volk der Israeliten, einem widerspenstigen Volk, das sich gegen mich auflehnt. Sie und ihre Vorfahren haben sich bis heute immer wieder von mir abgewandt. ⁴Diese Söhne sind trotzig und haben ein hartes Herz. Doch ich schicke dich zu ihnen, damit du ihnen sagst: ›So spricht Gott, der HERR!‹ ⁵Sie mögen dir zuhören oder nicht – denn sie sind ein widerspenstiges Volk –, aber sie sollen wissen, dass ein Prophet unter ihnen war.

⁶Menschenkind, hab keine Angst vor ihnen und auch nicht vor ihren Worten, selbst wenn sie dich wie Nesseln und Dornen verletzen und wie Skorpione angreifen*. Fürchte dich nicht vor ihren Worten und lass dich nicht von ihnen erschrecken. Denk daran: Sie sind ein widerspenstiges Volk! ⁷Du sollst ihnen meine Botschaft verkünden, ganz gleich, ob sie zuhören oder nicht. Denn sie sind ein widerspenstiges Volk. ⁸Menschenkind, höre, was ich dir sage. Sei nicht widerspenstig wie dieses widerspenstige Volk. Öffne den Mund und iss, was ich dir gebe.«

⁹Ich schaute auf und sah eine Hand, die sich mir entgegenstreckte, sie hielt eine Schriftrolle. ¹⁰Er breitete sie vor mir aus und ich sah, dass sie auf beiden Seiten beschrieben war. Es standen Trauerlieder, Totenklagen und Drohworte darauf.

3 Er sagte: »Menschenkind, iss, was ich dir gebe – iss diese Rolle! Und dann geh und sprich zum Volk der Israeliten.« ²Ich öffnete den Mund und er gab mir die Rolle zu essen. ³»Iss sie auf und fülle deinen Bauch mit dieser Rolle, die ich dir gebe«, sagte er. Ich aß sie und sie schmeckte so süß wie Honig.

⁴Dann sagte er: »Menschenkind, geh zum Volk der Israeliten und überbringe ihm meine Botschaft. ⁵Ich schicke dich nicht zu einem Volk, dessen Sprache schwierig ist und dessen Worte du nicht verstehst, sondern zum Volk der Israeliten. ⁶Nein, nicht zu den vielen Völkern mit schwierigen Sprachen, deren Worte du nicht verstehst, sollst du gehen* – wenn ich dich zu ihnen schicken würde, würden sie dir zuhören.

1,16 Hebr. *wie wenn ein Rad mitten im Rad wäre.* **1,23** Hebr. *einer gegen den anderen.* **1,24** Hebr. *Schaddai.* **1,28** Hebr. *ich hörte die Stimme eines Redenden.* **2,6** Hebr. *auch wenn Nesseln und Stacheln dich umgeben und du bei Skorpionen wohnst.* **3,6** Hebr. *Nicht zu vielen Völkern mit unverständlicher Sprache und schwerfälliger Zunge.*

HESEKIEL

1–3	Hesekiels Vision und Berufung
4–24	Das kommende Unheil Israels
25–32	Botschaften für sieben fremde Völker
33–39	Die Wiederherstellung von Israel
40–48	Die Vision des Neuen Tempels

3–5
Hesekiel wird Ablehnung und Unverständnis angekündigt. Er wird zum Wächter über Israel ernannt. Hesekiel führt symbolische Handlungen aus.

[Die Zeit des Exils]

⁷Aber das Volk der Israeliten wird dir nicht zuhören wollen, denn es will mir nicht zuhören. Das ganze Volk ist störrisch und hat ein hartes Herz. ⁸Doch ich gebe dir die gleiche Hartnäckigkeit, die sie besitzen, und mache dich so stark, dass du dich ihnen entgegenstellen kannst.* ⁹Ich mache dich hart wie Diamant, härter als einen Kieselstein. Deshalb fürchte dich nicht vor ihnen und hab keine Angst, denn sie sind ein widerspenstiges Volk.«

¹⁰Und er fügte hinzu: »Menschenkind, nimm dir alles, was ich dir sage, zu Herzen und hör mir aufmerksam zu. ¹¹Dann geh zu den Verbannten, den Angehörigen deines Volkes, und sag zu ihnen: ›So spricht Gott, der HERR!‹, ganz gleich, ob sie dir zuhören wollen oder nicht.«

¹²Dann hob der Geist mich hoch, und während die Herrlichkeit des HERRN sich von ihrem Platz erhob, hörte ich ein lautes Dröhnen hinter mir.* ¹³Die Flügel der lebendigen Wesen, die einander berührten, rauschten, die Räder unter ihnen dröhnten und ein gewaltiges Donnern war zu hören.

¹⁴Der Geist hob mich hoch und trug mich weg. Ich war aufgewühlt und verbittert und litt unter der Last, die der HERR mir auferlegt hatte. ¹⁵Ich gelangte zu den Verbannten in Tel-Abib am Fluss Kebar. Ich setzte mich zu ihnen und saß sieben Tage lang bei ihnen, starr vor Entsetzen.

Ein Wächter für Israel

¹⁶Am Ende der sieben Tage erhielt ich eine Botschaft vom HERRN. Er sagte: ¹⁷»Menschenkind, ich habe dich zum Wächter für das Volk der Israeliten ernannt. Wann immer ich dir eine Botschaft gebe, sollst du die Menschen in meinem Namen warnen. ¹⁸Wenn ich zum Gottlosen sage: ›Du musst sterben‹, und du gibst diese Warnung nicht an ihn weiter und redest nicht mit ihm, um ihn von seinen bösen Taten abzubringen, damit er am Leben bleibt, dann wird er wegen seiner Sünde sterben, doch ich werde dich für seinen Tod zur Verantwortung ziehen*. ¹⁹Wenn du ihn aber warnst und er sich trotzdem nicht von seiner Gottlosigkeit und seinem schlimmen Lebenswandel abbringen lässt, dann wird er wegen seinen Sünden sterben, während du dein Leben gerettet hast. ²⁰Wenn ein Gerechter sein rechtschaffenes Leben aufgibt und etwas Böses tut, dann bringe ich ihn zu Fall, und er wird sterben, wenn du ihn nicht warnst. We-

3,8 Hebr. *Siehe, ich mache dein Gesicht so hart wie ihr Gesicht und deine Stirn so hart wie ihre Stirn.* 3,12 Hebr. *Dann hob der Geist mich hoch, und ich hörte ein lautes Donnern hinter mir. Die Herrlichkeit des HERRN sei gepriesen von ihrem Ort her.* 3,18 Hebr. *doch sein Blut werde ich von deiner Hand einfordern;* so auch in V. 20.

S Südreich Juda N Nordreich Israel

gen seiner Sünden wird er sterben und seine guten Taten von früher werden ihm nicht helfen. Doch ich werde dich für seinen Tod zur Verantwortung ziehen. ²¹Wenn du ihn aber davor warnst, weiter zu sündigen und er hört auf, Böses zu tun, wird er am Leben bleiben, weil er die Warnung beherzigt hat, und auch du hast dein Leben gerettet.«

²²Dann legte der HERR seine Hand auf mich und sagte zu mir: »Steh auf, geh hinaus ins Tal, dort werde ich mit dir reden.« ²³Ich stand auf und ging hinaus, und dort im Tal sah ich die Herrlichkeit des HERRN, genau so, wie ich sie am Fluss Kebar gesehen hatte. Und ich warf mich zu Boden.

²⁴Da erfüllte mich Gottes Kraft und stellte mich auf die Füße. Er sagte zu mir: »Geh und schließe dich in deinem Haus ein. ²⁵Ja, Menschenkind, man wird dir Stricke anlegen und dich fesseln, damit du nicht mehr hinaus unters Volk gehen kannst. ²⁶Ich werde dir die Zunge am Gaumen kleben lassen, sodass du verstummst und sie nicht mehr ermahnen kannst, denn sie sind ein widerspenstiges Volk. ²⁷Wenn ich jedoch eine Botschaft für dich habe, werde ich dir den Mund öffnen, und du sollst zu ihnen sagen: ›So spricht Gott, der HERR!‹ Wer es hören will, soll zuhören, wer es nicht hören will, soll es bleiben lassen, denn sie sind ein widerspenstiges Volk.

Ein Bild für die kommende Belagerung

4 Und nun, Menschenkind, nimm eine Tonplatte und leg sie vor dich hin. Zeichne eine Karte von Jerusalem* darauf. ²Belagere die Stadt: Bau Belagerungsrampen und wirf einen Wall auf. Umgib sie mit Heerlagern und fahre Sturmböcke auf. ³Nimm eine Eisenpfanne und stell sie als eiserne Wand zwischen dich und die Stadt. Dann richte deinen Blick auf die Stadt und belagere und bedränge sie auf diese Weise. Das soll ein Zeichen für das Volk der Israeliten sein.

⁴Leg dich danach auf deine linke Seite und nimm die Schuld von Israel auf dich. Du sollst ihre Sünden so lang tragen, wie du dort auf der Seite liegst. ⁵Aus den Jahren ihrer Sünde mache ich für dich Tage: 390 Tage sollst du die Schuld des israelitischen Volkes tragen. ⁶Wenn du diese Zeit hinter dich gebracht hast, dann dreh dich um und leg dich auf deine rechte Seite und trag die Schuld des Hauses Juda. 40 Tage – einen Tag für jedes Jahr, so lege ich es dir auf.

⁷Richte dabei deinen Blick immer auf das belagerte Jerusalem. Entblöße deinen Arm und weissage gegen die Stadt. ⁸Ich binde dich mit Stricken fest, damit du dich nicht von einer Seite auf die andere umdrehen kannst, bis die Zeit deiner Belagerung zu Ende ist.

⁹Nun geh, hol dir Weizen, Gerste, Bohnen, Linsen, Hirse und Dinkel und füll alles in ein Gefäß. Dann back dir Brot daraus. Solange du die 390 Tage auf der Seite liegst, sollst du davon essen. ¹⁰Die Nahrung, die du isst, soll genau abgewogen sein – 20 Schekel* für jeden Tag, und du sollst von Zeit zu Zeit davon essen. ¹¹Auch das Wasser, das du trinkst, soll abgemessen sein: ein Sechstel Hin*; trink es von Zeit zu Zeit. ¹²Wie Gerstenfladen sollst du das Brot zubereiten und essen. Vor aller Augen sollst du es auf Menschenkot backen. ¹³Denn so spricht der HERR: ›Genau so wird Israel in den Ländern, in die ich es verbannen werde, unreines Brot essen!‹«

¹⁴Da sagte ich: »O HERR, mein Gott, ich bin noch nie unrein gewesen. Von meiner Jugend an bis jetzt habe ich nie ein Tier gegessen, das an einer Krankheit starb oder gerissen wurde. Ich habe niemals unreines Fleisch gegessen.«

¹⁵»Nun gut«, antwortete der HERR. »Nimm Kuhdung statt Menschenkot und back dein Brot darauf.« ¹⁶Und er sagte zu mir: »Menschenkind, ich lasse die Nahrung in Jerusalem knapp werden*. Man wird das Brot abwiegen und voller Angst verzehren. Auch das Wasser wird man abmessen und mit Schaudern trinken. ¹⁷Brot und Wasser werden knapp sein, sodass alle miteinander* verzweifeln und wegen ihrer Schuld vergehen werden.

Ein Bild für die kommende Strafe

5 Menschenkind, nimm dir ein scharfes Schwert als Schermesser und scher dir damit Kopf und Bart. Dann nimm eine Waage und teile das Haar auf. ²Ein Drittel sollst du mitten in der Stadt verbrennen, wenn die Tage der Belagerung vorbei sind. Zerstreue das zweite Drittel rings um die Stadt mit dem Schwert. Das letzte Drittel wirf in den Wind und lass es von ihm forttragen, denn ich werde mein Volk mit dem Schwert vertreiben. ³Behalte einen kleinen Rest von den Haaren und binde sie in deinen Mantelzipfel. ⁴Dann nimm einige dieser Haare heraus, wirf sie ins Feuer und lass sie verbrennen. Von

---

4,1 Hebr. *Zeichne eine Stadt, nämlich Jerusalem*. **4,10** Das entspricht 240 g. **4,11** Das entspricht 1,1 l. **4,16** Hebr. *ich breche den Stab des Brotes in Jerusalem*. **4,17** Hebr. *ein Mann und sein Bruder*.

HESEKIEL

1–3	Hesekiels Vision und Berufung
4–24	Das kommende Unheil Israels
25–32	Botschaften für sieben fremde Völker
33–39	Die Wiederherstellung von Israel
40–48	Die Vision des Neuen Tempels

5–7
Hesekiel muss sein Haar scheren, als Zeichen für kommende Ereignisse. Die Zerstörung der Götzen. Ankündigung von Gottes Gericht.

[Die Zeit des Exils]

ihnen wird sich ein Feuer über ganz Israel ausbreiten.

⁵So spricht Gott, der HERR: ›Dies ist Jerusalem. Ich habe es mitten unter die Völker und die Länder ringsherum gesetzt, ⁶doch es hat sich stärker gegen meine Gesetze aufgelehnt als die Völker und sich meinen Geboten mehr widersetzt als die Länder, von denen es umgeben ist. Es hat mein Gesetz verachtet und sich nicht nach meinen Geboten gerichtet.‹ ⁷Deshalb spricht Gott, der HERR: ›Weil ihr euch nicht an mein Gesetz gehalten und meine Gebote nicht beachtet habt und weil ihr euch schlimmer aufgeführt habt als eure Nachbarn und nicht einmal deren Rechtsvorschriften befolgt habt, ⁸habe ich mich gegen euch gewandt‹, sagt Gott, der HERR. ›Vor den Augen der Völker halte ich das Strafgericht über dich. ⁹Wegen deiner abscheulichen Taten bestrafe ich dich so, wie ich es noch nie getan habe und auch nie wieder tun werde. ¹⁰Bei dir werden Eltern ihre Kinder essen und Kinder ihre Eltern*. Ich vollstrecke das Strafgericht an dir. Und was von dir übrig bleibt, zerstreue ich in alle Winde.

¹¹So wahr ich lebe‹, spricht Gott, der HERR, ›weil du meinen Tempel mit all deinen Götzen und abscheulichen Taten entweiht hast, werde ich dich scheren. Ich werde dich nicht schonen und kein Erbarmen haben. ¹²Ein Drittel deines Volkes wird in deiner Mitte durch Hunger umkommen und an der Pest sterben. Ein Drittel wird um dich herum im Kampf fallen. Und ein Drittel von ihnen werde ich in alle Winde zerstreuen und sie mit dem Schwert vertreiben. ¹³So lasse ich meinen Zorn an ihnen aus und stille meine grimmige Wut. Und wenn ich mich an ihnen gerächt habe und sie das volle Ausmaß meines Zorns gespürt haben, werden sie erkennen, dass ich, der HERR, in leidenschaftlichem Eifer geredet habe.

¹⁴Ich werde dich in einen Trümmerhaufen verwandeln und zum Gespött der Völker machen, die dich umgeben, und aller, die vorüberziehen. ¹⁵Du wirst zum Inbegriff des Entsetzens, zum Gegenstand von Hohn und Spott, zur Warnung für alle Völker, die dich umgeben, wenn ich in rasender Wut meine Strafgerichte an dir vollziehe und dich mit glühendem Zorn bestrafe. Ich, der HERR, habe gesprochen!

¹⁶Ich werde schreckliche, tödliche Pfeile des Hungers auf dich regnen lassen, um dich zu vernichten. Dein Hunger wird immer größer werden, und ich werde dir den letzten Vorrat an Nahrung wegnehmen*. ¹⁷Ich werde dir nicht

5,10 Hebr. *Väter ihre Söhne und Söhne ihre Väter.*
5,16 Hebr. *ich werde den Stab des Brotes brechen.*

S Südreich Juda   **N** Nordreich Israel

nur den Hunger schicken, sondern auch wilde Tiere auf dich loslassen, damit sie dir deine Kinder rauben. Krankheit und Krieg werden sich bei dir ausbreiten, und ich liefere dich der Gewalt aus*. Ich, der HERR, habe gesprochen!‹«

Das Gericht über Israels Berge

6 Wieder erhielt ich eine Botschaft vom HERRN: ²»Menschenkind, richte deinen Blick hinüber zu den Bergen von Israel und weissage gegen sie. ³Sag ihnen: ›Ihr Berge von Israel, hört die Worte Gottes des HERRN: So spricht Gott, der HERR, zu den Bergen und Hügeln, den Schluchten und Tälern: Ich suche euch mit Krieg heim und zerstöre eure Kulthöhen. ⁴Eure Altäre werden umgestürzt, eure Sonnensäulen zerschmettert. Eure Erschlagenen werfe ich vor eure Götzen hin. ⁵Ja, die Leichen der Israeliten lege ich ihren Götzen zu Füßen und verstreue eure Knochen rings um eure Altäre. ⁶Wo ihr auch wohnt, sollen die Städte verwüstet werden und die Kulthöhen veröden. Eure Altäre sollen verlassen und zerstört dastehen, eure Götzen sollen zerbrochen und vernichtet werden, eure Sonnensäulen sollen umgehauen werden und alles, was ihr sonst noch gebaut habt, soll zerstört werden. ⁷Und Erschlagene werden in eurer Mitte liegen, dann werdet ihr erkennen, dass ich der HERR bin.

⁸Doch will ich einen Rest übrig lassen, einige von euch, die unter alle Völker der Welt zerstreut wurden, sollen dem Schwert entkommen. ⁹Wenn diese Entkommenen dann in der Verbannung unter den Völkern leben, werden sie sich an mich erinnern. Denn ich zerbreche ihr untreues Herz, das mich verlassen hat, und ihre Augen, die begehrlich auf ihre Götzen gerichtet waren. Dann werden sie sich selbst verabscheuen für die Verdorbenheit, mit der sie ihre abscheulichen Taten begangen haben. ¹⁰Und sie werden erkennen, dass ich der HERR bin und dass ich es ernst gemeint habe, als ich ihnen dieses Unheil ankündigte.‹

¹¹So spricht Gott, der HERR: ›Schlag die Hände zusammen und stampfe mit dem Fuß auf den Boden. Schreie laut vor Entsetzen über das Böse, das das Volk der Israeliten getan hat. Denn jetzt werden sie durch Krieg, Hungersnot und Pest sterben. ¹²Wer in der Ferne lebt, wird an der Pest sterben; wer in der Nähe lebt, wird im Krieg umkommen. Und wer von ihnen übrig bleibt, soll verhungern. Auf diese Weise vollende ich meinen Zorn an ihnen. ¹³Wenn ihre Toten neben ihren Götzen und Altären verstreut sind, wenn sie auf jedem Hügel und jedem Berg, unter jedem grünen Baum und unter jeder dicht belaubten Eiche liegen, wo sie Opfer darbrachten, um ihre Götter mit dem Wohlgeruch zu befriedigen, dann werden sie erkennen, dass ich allein der HERR bin. ¹⁴Ich strecke meine Hand gegen sie aus und mache ihr Land öde und menschenleer, von der Wüste bis nach Ribla, überall, wo sie wohnen. Dann werden sie erkennen, dass ich der HERR bin.‹«

Das nahende Ende

7 Danach erhielt ich eine Botschaft vom HERRN: ²»Menschenkind, so spricht Gott, der HERR, zum Land Israel: ›Das Ende ist da! Das Ende kommt für alle vier Ecken des Landes. ³Jetzt kommt dein Ende, denn ich lasse meinen Zorn an dir aus. Ich richte dich für dein Verhalten, und deine ganzen abscheulichen Taten werden auf dich zurückfallen. ⁴Ich werde meine Augen von dir abwenden und kein Mitleid mit dir haben, sondern dich für dein Verhalten strafen. Deine abscheulichen Taten sollen auf dich zurückfallen. Dann werdet ihr erkennen, dass ich der HERR bin.‹

⁵So spricht Gott, der HERR: ›Das Unglück kommt, Schlag auf Schlag! ⁶Das Ende ist da! Es ist gekommen! Es kommt zu dir, es kommt! ⁷Jetzt bist du an der Reihe, du Bewohner des Landes! Die Zeit ist gekommen, der Tag ist nah. Es wird ein Tag des Entsetzens sein und nicht ein Tag, an dem Freudenrufe auf den Bergen erklingen. ⁸Schon bald wird sich mein Zorn über dich ergießen. Ich lasse meine Wut an dir aus, richte dich für deine Wege und lasse all deine abscheulichen Taten auf dich zurückfallen. ⁹Ich werde dich nicht schonen und kein Mitleid mit dir haben, sondern dich so bestrafen, wie du es für dein Verhalten verdienst. Deine abscheulichen Taten werden auf dich zurückfallen. Dann werdet ihr erkennen, dass ich, der HERR, euch bestrafe*.

¹⁰Der Tag ist da, er kommt! Die Wende kommt. Die Bosheit wächst und der Hochmut blüht. ¹¹Die Grausamkeit regiert im Zeichen der Gottlosigkeit.* Nichts davon wird übrig bleiben, nichts von ihrem Reichtum und ihrem Prunk, nichts von ihrer Herrlichkeit. ¹²Ja, die Zeit ist gekommen, der Tag ist da! Der Käufer soll sich nicht freuen, der Verkäufer soll nicht traurig sein, denn all ihr Reichtum wird von mei-

---

5,17 Hebr. *und ein Schwert lasse ich über dich kommen.* | 7,9 Hebr. *dass ich, der HERR, ein Schlagender bin.* | 7,11 Hebr. *Die Gewalttat erwuchs zu einem Stab des Frevels.*

HESEKIEL

1–3	Hesekiels Vision und Berufung
4–24	Das kommende Unheil Israels
25–32	Botschaften für sieben fremde Völker
33–39	Die Wiederherstellung von Israel
40–48	Die Vision des Neuen Tempels

7–9

Israel wird zerstört werden. Vision von Hesekiel über Jerusalem. Ankündigung des Gerichts über Götzendiener.

[Die Zeit des Exils]

nem glühenden Zorn getroffen. ¹³Und wenn der Verkäufer überlebt, wird er nicht mehr zu seinem Geschäft zurückkehren. Ich habe eine Vision über sie gesehen: Es wird sich nicht ändern. Wegen seiner Sünde wird keiner sein Leben retten können.

Israels Verwüstung

¹⁴Sie stoßen ins Horn und rüsten sich, aber keiner zieht in die Schlacht, denn mein glühender Zorn ist gegen sie gerichtet. ¹⁵Das Schwert tötet sie draußen und die Pest und der Hunger drinnen. Wer draußen auf freiem Feld ist, wird durch das Schwert umkommen, und wer innerhalb der Stadtmauern bleibt, wird von Hunger und Pest gefressen werden. ¹⁶Die Überlebenden hausen in den Bergen wie Tauben in den Schluchten, sie stöhnen alle über ihre Sünden. ¹⁷Alle Hände werden herabsinken und alle Knie schwach werden. ¹⁸Sie tragen Säcke als Kleider, Schrecken überwältigt sie, die Scham steht auf jedem Gesicht geschrieben. Jeder Kopf ist kahl geschoren.

¹⁹Sie werfen ihr Geld auf die Straßen, ihr Gold betrachten sie als wertlosen Plunder, denn an dem Tag, wenn der Zorn des HERRN losbricht, wird Geld und Gold ihnen nichts nützen. Ihre Gier werden sie nicht damit stillen und ihren Bauch nicht damit füllen können, denn es hat sie zur Sünde verführt. ²⁰Ihren herrlichen Schmuck haben sie in ihrem Hochmut dazu verwendet, lästerliche, abscheuliche Götzen anzufertigen. Deshalb sorge ich dafür, dass ihnen das alles zuwider wird. ²¹Ich mache daraus eine Beute für Fremde; Gottlose sollen es plündern und entweihen. ²²Ich wende meine Augen von ihnen ab und sie werden mein Heiligtum* entweihen; Räuber werden dort einfallen und es entheiligen.

²³Schmiedet Ketten, denn das Land ist voll von furchtbaren Verbrechen und Jerusalem* ist voll von Grausamkeit. ²⁴Ich rufe die grausamsten Völker herbei, damit sie in ihre Häuser einbrechen. Ich mache dem Stolz der Mächtigen ein Ende und ihre Heiligtümer werden entweiht. ²⁵Die Angst greift um sich. Nun suchen die Menschen Frieden, aber sie finden keinen. ²⁶Das Unglück wird über sie hereinbrechen, Schlag auf Schlag; eine Nachricht wird die andere jagen. Sie hoffen auf eine Vision ihrer Propheten, doch der Priester hat keine Botschaft mehr für sie und der Älteste kann ihnen keinen Rat geben. ²⁷Der König wird trauern und der Fürst wird hilflos sein, und die Hände der Menschen werden vor Angst zittern. Ich werde sie so behandeln, wie sie es für ihr Verhalten verdienen; sie

---

7,22 Hebr. *mein Verborgenes*; gemeint ist der Tempel.
7,23 Hebr. *die Stadt*.

sollen so gerichtet werden, wie sie auch selbst Recht sprechen. Dann werden sie erkennen, dass ich der HERR bin!«

Götzendienst im Tempel

8 Am fünften Tag des sechsten Monats* im sechsten Jahr erfasste mich die Hand Gottes des HERRN, während sich die führenden Männer von Juda bei mir in meinem Haus aufhielten. ²Ich sah eine Gestalt, die wie ein Mann aussah*. Von den Hüften abwärts war er wie eine lodernde Flamme, von den Hüften aufwärts glänzte er wie das Licht, wie leuchtende Bronze. ³Er streckte etwas wie eine Hand aus und packte mich an meinen Haaren. Dann hob der Geist mich zwischen Himmel und Erde empor und brachte mich in einer göttlichen Vision nach Jerusalem, zum Eingang des inneren Nordtors. Dort stand ein großes Götzenbild, das den Zorn des HERRN hervorrief. ⁴Plötzlich erschien dort die Herrlichkeit des Gottes von Israel, genau so, wie ich sie im Tal gesehen hatte.

⁵Der HERR sagte zu mir: »Menschenkind, schau nach Norden.« Ich wandte den Kopf nach Norden, und dort, nördlich vom Altartor, stand das Götzenbild am Eingang, das den HERRN in Zorn versetzte.

⁶»Menschenkind«, sagte er, »siehst du, was sie tun? Siehst du die abscheulichen Taten, die das Volk der Israeliten begeht, um mich aus meinem Tempel zu vertreiben? Aber ich werde dir Dinge zeigen, die noch widerwärtiger sind!« ⁷Er brachte mich zum Eingang des Hofes, wo ich eine Öffnung in der Mauer bemerkte. ⁸Er sprach zu mir: »Menschenkind, durchbrich die Mauer.« Ich durchbrach die Mauer und eine Tür kam zum Vorschein.

⁹»Geh hinein«, sagte er, »und du wirst die entsetzlichen, abscheulichen Taten sehen, die dort drinnen verübt werden!« ¹⁰Ich ging hinein und sah, dass die Wände ringsherum mit Bildern bedeckt waren, die Schlangen, Eidechsen, anderes scheußliches Gewürm und alle Götzen des israelitischen Volkes zeigten. ¹¹In der Mitte des Raums standen 70 Älteste von Israel, darunter auch Jaasanja, der Sohn von Schafan. Jeder von ihnen hielt eine Räucherpfanne in der Hand, und über ihren Köpfen hing eine dicke Weihrauchwolke.

¹²Der HERR sprach zu mir: »Menschenkind, hast du gesehen, was die Ältesten von Israel alle im Finstern in ihrer Bilderkammer treiben? Sie sagen: ›Der HERR sieht uns nicht, er hat unser Land verlassen!‹« ¹³Und er fuhr fort: »Doch ich werde dir zeigen, dass sie noch widerwärtigere Dinge tun!«

¹⁴Er brachte mich zum Eingang des Nordtors im Tempel des HERRN. Dort saßen Frauen, die den Tammus* beweinten. ¹⁵»Hast du das gesehen, Menschenkind?«, fragte er. »Aber ich werde dir noch andere abscheuliche Dinge zeigen, die noch widerwärtiger sind!«

¹⁶Und er brachte mich in den inneren Vorhof im Tempel des HERRN. Am Eingang des Tempels, zwischen der Vorhalle und dem Altar, standen etwa 25 Männer mit dem Rücken zum Tempel des HERRN, das Gesicht nach Osten gewandt. Sie warfen sich Richtung Osten anbetend vor der Sonne nieder.

¹⁷»Hast du das gesehen, Menschenkind?«, fragte er. »Ist es für die Bewohner von Juda denn zu wenig, diese abscheulichen Taten hier zu begehen? Müssen sie auch noch das Land mit Gewalttätigkeit füllen und mich ständig missachten? Schau nur, wie sie sich die Weinranke an die Nase halten*. ¹⁸Aber ich werde meinem Zorn freien Lauf lassen. Ich werde sie nicht verschonen und kein Mitleid mit ihnen haben. Selbst wenn sie laut zu mir schreien, werde ich sie nicht erhören.«

Der Tod der Götzendiener

9 Dann rief er mit lauter Stimme in meine Ohren: »Bald kommt das Gericht über die Stadt! Und jeder soll sein Werkzeug zur Zerstörung in der Hand halten.« ²Da erschienen vom oberen Nordtor her sechs Männer und jeder hielt sein Werkzeug zur Zerstörung in der Hand. Einer von ihnen war ganz in Leinen gekleidet und hatte ein Schreibzeug am Gürtel hängen. Sie kamen näher und stellten sich neben den Bronzealtar.

³Die Herrlichkeit des Gottes von Israel erhob sich von dem Cherub, wo sie geruht hatte, und bewegte sich zum Eingang des Tempels. Der HERR wandte sich an den Mann, der in Leinen gekleidet war und das Schreibzeug an der Seite trug, ⁴und sagte zu ihm: »Geh mitten durch die Stadt, mitten durch Jerusalem, und bei all denen, die über die abscheulichen Taten, die bei ihnen geschehen, weinen und seufzen, sollst du ein Zeichen an der Stirn anbringen.«

8,1 Das Ereignis, um das es hier geht, fand am 17. September 592 v.Chr. statt; s. auch die Anm. zu 1,1. **8,2** So die griech. Übersetzung. Hebr. *die wie Feuer aussah*. **8,14** Ein babyl. Fruchtbarkeitsgott, dessen Tod in der Hitzeperiode beklagt und dessen Auferstehung im Frühling gefeiert wurde. **8,17** Ein heidnischer Brauch.

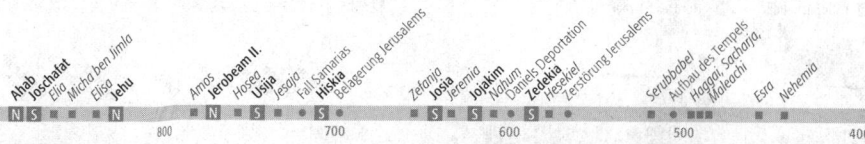

HESEKIEL

1–3	Hesekiels Vision und Berufung
4–24	Das kommende Unheil Israels
25–32	Botschaften für sieben fremde Völker
33–39	Die Wiederherstellung von Israel
40–48	Die Vision des Neuen Tempels

9–11

Vision von der Herrlichkeit Gottes, die den Tempel verlässt. Hesekiel sieht Himmelsgestalten und weissagt über die Anführer Israels.

[Die Zeit des Exils]

⁵Und ich hörte, wie er zu den anderen sagte: »Folgt ihm durch die Stadt und schlagt zu. Habt kein Erbarmen, zeigt kein Mitleid. ⁶Tötet Alte und Junge, Mädchen, Frauen und Kinder. Vernichtet sie. Rührt jedoch diejenigen, die das Zeichen tragen, nicht an. Beginnt mit eurer Arbeit gleich hier beim Tempel.«

Da fingen sie an, die Ältesten, die vor dem Tempel standen, zu töten. ⁷»Entweiht den Tempel!«, befahl ihnen der HERR. »Füllt seine Höfe mit Leichen! Dann geht hinaus!« Sie zogen hinaus und töteten die Menschen in der Stadt.

⁸Während sie ihren Auftrag ausführten, war ich ganz allein übrig geblieben. Ich warf mich zu Boden und rief: »O HERR, mein Gott! Willst du in deinem Zorn über Jerusalem alle vernichten, die in Israel übrig geblieben sind?«

⁹Da sagte er zu mir: »Die Sünden des Volkes von Israel und Juda sind unermesslich groß. Das ganze Land ist voll von Mord und in der Stadt herrscht Ungerechtigkeit. Denn sie sagen sich: ›Der HERR hat das Land verlassen! Der HERR sieht es nicht!‹ ¹⁰Deshalb werde ich sie nicht verschonen und kein Mitleid mit ihnen haben, sondern sie so bestrafen, wie sie es für ihr Verhalten verdienen*.«

¹¹Der Mann in Leinenkleidung, der ein Schreibzeug an der Seite trug, kehrte zurück und sagte: »Ich habe alles getan, was du mir befohlen hast.«

Die Herrlichkeit des HERRN verlässt den Tempel

10 Ich schaute nach oben zu dem festen Gewölbe über den Köpfen der Cherubim und bemerkte etwas, das aussah wie ein Thron aus Saphir, der dort sichtbar wurde. ²Dann wandte sich der HERR an den Mann in Leinenkleidung und sprach: »Geh hinein zwischen die Räder unter den Cherubim, nimm eine Handvoll glühender Kohlen, die zwischen den Cherubim liegen, und streue sie über die Stadt.« Da ging er vor meinen Augen hinein. ³Die Cherubim standen auf der rechten Seite des Tempels, als der Mann hineinging, und die Wolke erfüllte den inneren Vorhof. ⁴Dann erhob sich die Herrlichkeit des HERRN von dem Cherub weg und bewegte sich zur Tür des Tempels. Der ganze Tempel war von der Wolke erfüllt und der Tempelhof glänzte hell von der Herrlichkeit des HERRN. ⁵Die rauschenden Flügel der Cherubim klangen wie die Stimme des allmächtigen Got-

---

9,10 Hebr. *Ich gebe ihren Weg auf ihr Haupt.*

S Südreich Juda   N Nordreich Israel

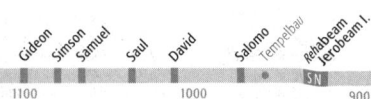

tes*, wenn er redet, und waren bis zum äußeren Vorhof zu hören.

⁶Und als er dem Mann in Leinenkleidung befohlen hatte: »Nimm etwas von dem Feuer, das zwischen den Rädern und zwischen den Cherubim ist«, ging der Mann hin und stellte sich neben die Räder. ⁷Da streckte ein Cherub aus der Mitte der Cherubim die Hand aus und nahm etwas von dem Feuer zwischen den Cherubim. Er reichte es dem Mann in Leinenkleidung, und dieser nahm es und ging hinaus. ⁸Dann erschien an den Cherubim etwas wie eine menschliche Hand unter ihren Flügeln.

⁹Und ich bemerkte, dass neben den Cherubim vier Räder waren, je ein Rad neben einem Cherub, und diese Räder schimmerten wie Chrysolith. ¹⁰Alle vier Räder sahen gleich aus; es wirkte, als würde ein Rad in das andere hineingreifen*. ¹¹Die Cherubim konnten sich in alle vier Himmelsrichtungen vorwärts bewegen, ohne sich dabei umzudrehen. Sie gingen jeweils in die Richtung, in die ihr Kopf gewandt war; sie drehten sich nicht um. ¹²Sowohl ihr Körper als auch ihr Rücken, ihre Hände, ihre Flügel und die vier Räder waren über und über mit Augen bedeckt. ¹³Ich hörte, wie jemand die Räder als »Räderwerk*« bezeichnete. ¹⁴Jeder der vier Cherubim hatte vier Gesichter – das erste war das Gesicht eines Cherubs, das zweite war ein Menschengesicht, das dritte das Gesicht eines Löwen und das vierte das Gesicht eines Adlers.

¹⁵Dann erhoben sich die Cherubim. Es waren dieselben Gestalten, die ich am Fluss Kebar gesehen hatte. ¹⁶Wenn sie sich bewegten, bewegten sich die Räder mit. Auch wenn sie ihre Flügel bewegten, um sich in die Luft zu erheben, wichen die Räder nicht von ihrer Seite. ¹⁷Wenn die Cherubim stehen blieben, hielten auch die Räder an, wenn sie sich in die Luft erhoben, erhoben sich die Räder mit ihnen, denn der Geist der lebendigen Wesen war in den Rädern.

¹⁸Dann bewegte sich die Herrlichkeit des HERRN von der Tür des Tempels weg und blieb über den Cherubim stehen. ¹⁹Vor meinen Augen schwangen die Cherubim ihre Flügel und erhoben sich in die Luft. Sie flogen mit ihren Rädern hinaus. Am östlichen Tor im Tempel des HERRN blieben sie stehen. Und die Herrlichkeit des Gottes von Israel stand über ihnen.

²⁰Es waren dieselben lebendigen Wesen, die ich unterhalb des Gottes von Israel gesehen hatte, als ich am Fluss Kebar war. Ich wusste nun, dass es Cherubim waren, ²¹denn jedes Wesen hatte vier Gesichter und vier Flügel und darunter etwas, das wie Menschenhände aussah. ²²Auch ihre Gesichter sahen aus wie die Gesichter, die ich am Kebar gesehen hatte, und sie bewegten sich jeweils in die Richtung, in die eines ihrer Gesichter schaute.

Das Gericht über die Anführer Israels

11 Danach hob der Geist mich empor und brachte mich hinüber zum östlichen Tor im Tempel des HERRN. Dort am Eingang des Tors sah ich 25 Männer, darunter Jaasanja, den Sohn von Asur, und Pelatja, den Sohn von Benaja, zwei führende Männer des Volkes.

²Der HERR* sagte zu mir: »Menschenkind, das sind die Männer, die Unheil planen und diese Stadt so schlecht beraten. ³Sie sagen zum Volk: ›Sind die Häuser nicht vor kurzem wieder aufgebaut worden?* Diese Stadt ist der Topf, wir sind das Fleisch.‹ ⁴Deshalb, Menschenkind, sollst du über sie weissagen. Weissage über sie!«

⁵Dann kam der Geist des HERRN über mich und befahl mir: »Sag: ›So spricht der HERR: So habt ihr geredet, Volk der Israeliten. Ich weiß sehr gut, was euch durch den Kopf geht. ⁶Ihr habt in dieser Stadt einen nach dem anderen umgebracht, und in euren Straßen türmen sich die Toten.

⁷Deshalb spricht Gott, der HERR: Die Menschen, die ihr hier in der Stadt ermordet habt, die sind das Fleisch und diese Stadt ist der Topf. Euch aber werde ich aus der Stadt wegführen. ⁸Ihr habt Angst vor dem Krieg*. Darum werde ich euch den Krieg schicken, spricht Gott, der HERR. ⁹Ich vertreibe euch aus Jerusalem und liefere euch Fremden aus, ich vollstrecke mein Strafgericht an euch. ¹⁰Ihr werdet durch das Schwert umkommen. An der Grenze von Israel werde ich Gericht über euch halten, und dann werdet ihr erkennen, dass ich der HERR bin. ¹¹Nein, für euch wird diese Stadt kein Topf sein, und ihr werdet nicht das Fleisch darin sein. Ich werde an der Grenze von Israel Gericht über euch halten, ¹²und dann werdet ihr erkennen, dass ich der HERR bin. Denn ihr habt nicht nach meinen Gesetzen gelebt und meine Gebote nicht befolgt, sondern ihr habt euch nach den Rechtsbestimmungen gerichtet, die bei den Völkern um euch herum gelten.‹«

¹³Und während ich noch weissagte, starb plötzlich Pelatja, der Sohn von Benaja. Da warf ich

---

10,5 Hebr. *El Schaddai.* 10,10 Hebr. *wie wenn ein Rad mitten im anderen wäre.* 10,13 O. *Wirbelwind.* 11,2 Hebr. *Er.* 11,3 O. *In nächster Zeit braucht man keine Häuser zu bauen.* 11,8 Hebr. *dem Schwert.*

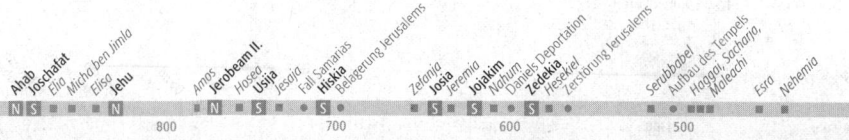

HESEKIEL

1–3	Hesekiels Vision und Berufung
4–24	Das kommende Unheil Israels
25–32	Botschaften für sieben fremde Völker
33–39	Die Wiederherstellung von Israel
40–48	Die Vision des Neuen Tempels

11–12
Gott will Israel ein neues Herz geben. Die Herrlichkeit Gottes verlässt Jerusalem. Zwei Zeichenhandlungen von Hesekiel bezüglich der Verschleppung.

[Die Zeit des Exils]

mich zu Boden und rief mit lauter Stimme: »O Herr, mein Gott, willst du denn den ganzen Rest von Israel vernichten?«

Hoffnung für die verbannten Israeliten

[14]Danach erhielt ich folgende Botschaft vom Herrn: [15]»Menschenkind, es sind deine Brüder, ja, deine Brüder und Verwandten und das ganze Volk der Israeliten, von denen die Einwohner in Jerusalem sagen: ›Sie sind nun weit weg vom Herrn, deshalb wurde uns das Land als Besitz gegeben!‹ [16]Darum sag: ›So spricht Gott, der Herr: Ja, ich habe sie weit weg unter die Völker führen lassen und habe sie in alle Länder verstreut, doch ich bin ihnen in den Ländern, in die sie kamen, beinahe zum Heiligtum geworden*.‹ [17]Darum sollst du sagen: ›So spricht Gott, der Herr: Ich sammle euch wieder aus den Völkern und hole euch zurück aus den Ländern, in die ihr verstreut wurdet, und gebe euch das Land Israel wieder.‹

[18]Wenn sie dann hierher zurückkehren, werden sie all die abscheulichen Götzen aus dem Land entfernen. [19]Und ich werde ihnen ein Herz schenken, in dem Einigkeit herrscht*, und werde ihnen einen neuen Geist geben. Ich nehme das Herz aus Stein aus ihrem Körper und gebe ihnen stattdessen ein Herz aus Fleisch, [20]damit sie sich an mein Gesetz halten und meine Gebote beachten und befolgen. Dann werden sie wirklich mein Volk sein, und ich werde ihr Gott sein. [21]Die aber, die weiterhin an ihren abscheulichen Götzen hängen, bekommen, was sie für ihr Verhalten verdienen*, spricht Gott, der Herr.«

Die Herrlichkeit des Herrn verlässt Jerusalem

[22]Dann breiteten die Cherubim ihre Flügel aus und erhoben sich mit ihren Rädern, und die Herrlichkeit des Gottes von Israel thronte über ihnen. [23]Die Herrlichkeit des Herrn erhob sich aus der Stadt und blieb über dem Berg östlich der Stadt stehen.

[24]Danach hob der Geist mich empor und brachte mich in einer Vision durch den Geist Gottes wieder zurück zu den Verbannten nach Babel*. Und so endete die Vision, die ich gesehen hatte. [25]Ich erzählte den Verbannten alles, was der Herr mir gezeigt hatte.

11,16 O. *und ich bin ihnen in den Ländern, in die sie kamen, nur wenig zum Heiligtum geworden.* 11,19 Hebr. *ein Herz.* 11,21 Hebr. *ihren Weg bringe ich über ihren Kopf.* 11,24 O. *Chaldäa.*

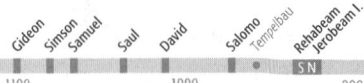

Ein Bild für das drohende Exil

12 Wieder erhielt ich eine Botschaft vom HERRN: ²»Menschenkind, du lebst mitten in einem widerspenstigen Volk: Die Menschen haben Augen, um zu sehen, aber sie sehen nichts, und sie haben Ohren, um zu hören, aber sie hören nichts, denn sie sind widerspenstig. ³Deshalb, Menschenkind, pack deine Sachen für die Verbannung zusammen und zieh am helllichten Tag vor ihren Augen in die Verbannung fort. Verlass vor ihren Augen dein Haus und geh woanders hin. Vielleicht bemerken sie es, auch wenn sie ein widerspenstiges Volk sind. ⁴Trag dein Gepäck wie Gepäck für die Verbannung am Tag heraus, sodass alle es sehen. Und am Abend sollst du dann dein Haus vor aller Augen verlassen, wie es Menschen tun, die in die Verbannung ziehen. ⁵Brich vor ihren Augen ein Loch in die Mauer und schaffe alles durch das Loch hindurch nach draußen. ⁶Dann nimm es – immer noch vor ihrer aller Augen – auf die Schultern und trag alles im Dunkeln hinaus. Verhülle dein Gesicht, damit du das Land nicht siehst. Denn du sollst ein Zeichen für Israel sein.«

⁷Ich tat, was er mir befohlen hatte. Am hellen Tag schaffte ich mein Gepäck aus dem Haus, wie Gepäck für die Verbannung. Am Abend brach ich dann mit meinen eigenen Händen ein Loch in die Mauer und ging vor ihren Augen hinaus in die Dunkelheit, mein Gepäck auf den Schultern.

⁸Am nächsten Morgen erhielt ich eine Botschaft vom HERRN: ⁹»Menschenkind, hat dich nicht das Volk der Israeliten, dieses widerspenstige Volk, gefragt: ›Was machst du da?‹ ¹⁰Sag ihnen: ›So spricht Gott, der HERR: Diese Warnung gilt dem Fürsten in Jerusalem und dem ganzen Volk der Israeliten dort.‹ ¹¹Sag: ›Ich bin ein Zeichen für euch. Was ich getan habe, wird mit ihnen geschehen: Sie werden in die Verbannung und in die Gefangenschaft gehen.‹

¹²Auch der Fürst, der mitten unter ihnen ist, wird in der Nacht seine Habe auf den Schultern hinaustragen. Er wird ein Loch in die Mauer brechen, um dort hindurchzugehen. Er wird sein Gesicht verhüllen, damit er das Land nicht sieht. ¹³Ich werfe mein Netz aus und er geht mir in die Falle. Ich bringe ihn nach Babel, ins Land der Babylonier*, das er jedoch nicht mit eigenen Augen sehen wird, und dort wird er sterben. ¹⁴Alle, die um ihn her sind, seine Diener und Wachen, werde ich in alle Winde zerstreuen; ich werde sie mit dem Schwert vertreiben. ¹⁵Und dann, wenn ich sie unter die Völker zerstreue und in alle Länder versprenge, werden sie erkennen, dass ich der HERR bin. ¹⁶Einige von ihnen sollen jedoch Krieg, Hungersnot und Pest überleben, damit sie den Völkern, unter die sie vertrieben werden, all ihre abscheulichen Taten bekennen können. Dann werden sie erkennen, dass ich der HERR bin!«

¹⁷Danach erhielt ich eine weitere Botschaft vom HERRN: ¹⁸»Menschenkind, iss dein Brot mit Zittern, trink dein Wasser voller Angst und Sorgen. ¹⁹Sag dem Volk im Land: ›So spricht Gott, der HERR, über die, die in Jerusalem und im Land Israel wohnen: Sie werden ihr Brot mit Zittern essen und ihr Wasser in Verzweiflung trinken, denn ihr Land wird zur Wüste werden und seinen ganzen Reichtum verlieren, wegen der Gewalt, die unter all seinen Bewohnern herrscht. ²⁰Die bewohnten Städte werden zerstört werden und das Land wird veröden. Dann werdet ihr erkennen, dass ich der HERR bin.‹«

Ein neues Sprichwort für Israel

²¹Und abermals erhielt ich eine Botschaft vom HERRN: ²²»Menschenkind, wie lautet das Sprichwort, das in Israel umgeht? ›Die Zeit vergeht und es wird nichts aus allen Weissagungen*‹? ²³Darum sag ihnen: ›So spricht Gott, der HERR: Ich mache diesem Sprichwort ein Ende; es wird in Israel nicht mehr im Munde geführt werden.‹ Sag ihnen stattdessen: ›Die Zeit ist gekommen, in der jede Weissagung sich erfüllt!*‹

²⁴In Israel soll es keine falschen Visionen und erlogenen Weissagungen mehr geben. ²⁵Denn ich bin der HERR! Was ich ankündige, tritt ein. Es wird keinen Aufschub mehr geben. Noch zu euren Lebzeiten, du widerspenstiges Volk, werde ich etwas ankündigen und es dann ausführen, spricht Gott, der HERR.«

²⁶Danach erhielt ich diese Botschaft vom HERRN: ²⁷»Menschenkind, das Volk Israel sagt: ›Seine Visionen, die er sah, werden erst nach langer Zeit wahr werden. Und seine Weissagungen werden sich erst viel später erfüllen.‹ ²⁸Deshalb sag ihnen: ›So spricht Gott, der HERR: Keins meiner Worte wird mehr lange auf sich warten lassen! Ich werde alles, was ich angekündigt habe, sogleich erfüllen! Ich, Gott, der HERR, habe gesprochen!‹«

12,13 O. *Chaldäer.* **12,22** Hebr. *Lang sind die Tage und es schwindet jedes Gesicht.* **12,23** Hebr. *Es nahen die Tage und das Wort eines jeden Gesichts.*

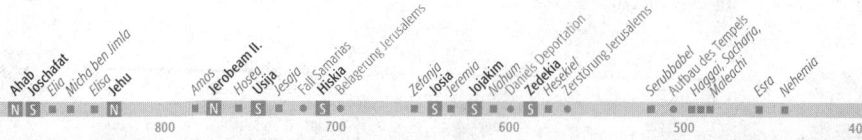

HESEKIEL

1–3	Hesekiels Vision und Berufung
4–24	Das kommende Unheil Israels
25–32	Botschaften für sieben fremde Völker
33–39	Die Wiederherstellung von Israel
40–48	Die Vision des Neuen Tempels

13–14
Gerichtsandrohung gegen falsche Propheten und falsche Prophetinnen. Gott wird die Götzendiener vernichten.

[Die Zeit des Exils]

S Südreich Juda   N Nordreich Israel

Das Gericht über die falschen Propheten

13 Danach erhielt ich folgende Botschaft vom HERRN: ²»Menschenkind, weissage gegen die Propheten in Israel, sprich zu denen, die sich ihre eigenen Weissagungen ausdenken: ›Hört das Wort des HERRN! ³So spricht Gott, der HERR: Den dummen Propheten, die sich selbst etwas ausdenken und gar keine echten Visionen haben, wird es schlecht ergehen! ⁴O Israel, deine Propheten sind wie Schakale, die in Ruinen herumschnüffeln. ⁵Ihr seid nicht in die Bresche gesprungen und habt die Mauer um das Volk der Israeliten herum nicht geschlossen, damit es am Tag des HERRN im Kampf besteht. ⁶Stattdessen habt ihr gelogen und falsch geweissagt und gesagt: Meine Botschaft ist vom HERRN, obwohl der HERR euch nicht geschickt hat. Und doch erwartet ihr, dass er eure Worte erfüllt! ⁷Ist es etwa nicht so, dass ihr erlogene Offenbarungen und falsche Visionen geweissagt und dann behauptet habt: Diese Botschaft ist vom HERRN, obwohl ich gar nichts gesagt habe?

⁸Deshalb spricht Gott, der HERR: Weil das, was ihr gesagt habt, nicht wahr ist und weil eure Visionen Lügen sind, werde ich jetzt gegen euch vorgehen, spricht Gott, der HERR. ⁹Ich erhebe meine Hand gegen die Propheten mit den falschen Visionen und erfundenen Weissagungen: Sie sollen aus der Gemeinschaft des israelitischen Volkes ausgeschlossen werden. In den Verzeichnissen des israelitischen Volkes wird man ihre Namen nicht finden und sie werden nie nach Israel zurückkommen. Dann werdet ihr erkennen, dass ich Gott, der HERR, bin!‹ ¹⁰Denn sie betrügen mein Volk, wenn sie sagen: Alles ist friedlich!, obwohl nirgendwo Friede ist. Wenn mein Volk eine Mauer errichtet, bedecken sie sie mit Tünche! ¹¹Sag diesen Tünchern: ›Sie wird bald einstürzen! Ein schwerer Regen kommt, Hagelkörner fallen wie Steine, ein heftiger Sturm bricht los – ¹²und die Mauer stürzt ein! Wird man dann nicht zu euch sagen: Wo ist nun eure Tünche, mit der ihr getüncht habt?

¹³Deshalb spricht Gott, der HERR: Ich lasse einen Sturm losbrechen in meinem Groll, ich schicke Regenfluten in meinem Zorn und Hagel in vernichtender Wut. ¹⁴Ich zerstöre die Mauer, die ihr mit Tünche bestrichen habt, und lasse sie zu Boden stürzen, sodass man ihre Grundsteine sieht. Und wenn sie fällt, kommt ihr in ihren Trümmern um. Dann werdet ihr erkennen, dass ich der HERR bin! ¹⁵So werde ich meinen Zorn an der Mauer und an denen, die sie getüncht haben, auslassen. Und ich werde zu euch sagen: Die Mauer gibt es nicht mehr und die, die sie getüncht haben, sind auch nicht mehr da – ¹⁶diese

Propheten von Israel, die über Jerusalem geweissagt und der Stadt Frieden versprochen haben, obwohl es keinen Frieden gibt. Ich, Gott, der HERR, habe gesprochen.‹

Das Gericht über die falschen Prophetinnen

¹⁷Als Nächstes, Menschenkind, sollst du dich an die Frauen deines Volkes wenden, die sich ihre eigenen Weissagungen ausdenken. Weissage gegen sie und ¹⁸sag ihnen: ›So spricht Gott, der HERR: Es wird denen schlimm ergehen, die Binden für die Handgelenke nähen und Schleier für Leute jeder Größe*, um damit Menschen* einzufangen. Wollt ihr Menschen meines Volkes jagen und andere Menschen am Leben lassen, wie es euch passt? ¹⁹Für ein paar Hände voll Gerste oder ein Stück Brot entweiht ihr mich bei meinem Volk. Indem ihr Menschen tötet, die nicht sterben sollten, und Menschen am Leben erhaltet, die nicht leben sollten, belügt ihr mein Volk, das nur zu gern auf Lügen hört.

²⁰Deshalb spricht Gott, der HERR: Ich gehe nun gegen eure Zauberbinden vor, mit denen ihr die Menschen wie Vögel in die Falle lockt, und reiße sie von euren Armen ab. Und ich lasse die Menschen frei, die ihr wie Vögel eingefangen habt. ²¹Ich reiße euch die Schleier weg und rette mein Volk aus eurer Hand. Sie werden euch nicht mehr zum Opfer fallen. Dann werdet ihr erkennen, dass ich der HERR bin. ²²Mit euren Lügen habt ihr den Gerechten entmutigt, obwohl ich ihn nicht beunruhigen wollte, und dem Gottlosen habt ihr Mut gemacht, sodass er sein böses Verhalten nicht ändert, um am Leben zu bleiben. ²³Aber ihr werdet nicht länger Lügenvisionen erzählen, eure Wahrsagerei soll ein Ende haben. Denn ich rette mein Volk aus euren Händen. Dann werdet ihr erkennen, dass ich der HERR bin.‹«

Der Götzendienst der führenden Männer von Israel

14 Einige von Israels Ältesten suchten mich auf und setzten sich zu mir. ²Da erhielt ich diese Botschaft vom HERRN: ³»Menschenkind, diese Männer haben ihr Herz an die Götzen gehängt. Sie freuen sich an Dingen, die sie zur Sünde verführen.* Warum sollte ich mich von ihnen befragen lassen? ⁴Sprich sie an und sag zu ihnen: ›So spricht Gott, der HERR:

Jeder aus dem Volk der Israeliten, der sein Herz an die Götzen hängt und sich an Dingen freut, die ihn zur Sünde verführen, und der dann einen Propheten aufsucht, soll von mir, dem HERRN selbst, eine Antwort bekommen, wie er sie mit seinen vielen Götzen verdient hat. ⁵So werde ich die Israeliten hart anpacken*, weil sie alle wegen ihrer Götzen von mir abgefallen sind.‹

⁶Deshalb sag dem Volk der Israeliten: ›So spricht Gott, der HERR: Kehrt um! Verlasst eure Götzen und wendet euch von eurem abscheulichen Götzendienst ab! ⁷Denn jeder – ob aus dem Volk der Israeliten oder ein Ausländer, der als Gast in Israel lebt –, der mir abtrünnig wird, sein Herz an die Götzen hängt und sich an Dingen freut, die ihn zur Sünde verführen, und der dann einen Propheten aufsucht, damit er mich befragt, soll von mir, dem HERRN höchstpersönlich, eine Antwort bekommen. ⁸Ich wende mich gegen einen solchen Menschen und mache ihn zu einem Zeichen und Sprichwort; ich rotte ihn mit Stumpf und Stiel aus Israel aus. Dann werdet ihr erkennen, dass ich der HERR bin. ⁹Und wenn ein Prophet sich dazu verleiten lässt, eine Botschaft zu verkünden, dann tut er das, weil ich, der HERR, ihn verleitet habe. Ich wende mich gegen einen solchen Propheten und entferne ihn aus meinem Volk der Israeliten und vernichte ihn. ¹⁰Beide werden ihre Schuld tragen, sowohl der Ratsuchende als auch der Prophet. ¹¹Auf diese Weise soll das Volk Israel lernen, nicht mehr von mir abzufallen und sich nicht mit all seinen Sünden unrein zu machen. Dann werden sie mein Volk sein, und ich werde ihr Gott sein, spricht Gott, der HERR.‹«

Die Gewissheit des kommenden göttlichen Gerichts

¹²Danach erhielt ich folgende Botschaft vom HERRN: ¹³»Menschenkind, angenommen, ein Land sündigt gegen mich und wird mir untreu und ich wende mich gegen dieses Land, nehme ihm seine Nahrung weg* und schicke eine Hungersnot, die Mensch und Tier tötet. ¹⁴Und wenn in diesem Land Noah, Daniel und Hiob lebten, so könnten sie durch ihre Gerechtigkeit doch nur ihr eigenes Leben retten, spricht Gott, der HERR.

¹⁵Oder angenommen, ich lasse wilde Tiere durch dieses Land streifen und sie töten die Menschen dort und verwüsten das Land, sodass

---

13,18a Mit den Binden und Schleiern sind wahrscheinlich Zaubergegenstände gemeint, die Macht über einen Menschen verleihen sollten; s. V. 20.   **13,18b** Hebr. *Seelen*. So auch in den folgenden Versen.   **14,3** Hebr. *den Anstoß ihres Vergehens haben sie vor sich hingestellt*; so auch in V. 3 und 7.   **14,5** Hebr. *an ihrem Herzen ergreifen*.   **14,13** Hebr. *zerbreche ihm den Stab des Brotes*.

HESEKIEL

1–3	Hesekiels Vision und Berufung
4–24	Das kommende Unheil Israels
25–32	Botschaften für sieben fremde Völker
33–39	Die Wiederherstellung von Israel
40–48	Die Vision des Neuen Tempels

14–16
Das Gericht ist unausweichlich. Jerusalem wird als Holz des Weinstocks bezeichnet. Jerusalem, die untreue Ehefrau.

[Die Zeit des Exils]

aus Angst vor den Tieren niemand mehr durch dieses Land zieht. ¹⁶Und wenn diese drei Männer in dem Land lebten, so wahr ich lebe, spricht Gott, der HERR, dann würden sie nicht einmal ihre eigenen Söhne oder Töchter retten. Nur sie selbst würden gerettet werden, das Land aber würde verwüstet werden.

¹⁷Oder angenommen, ich bringe Krieg über das Land und sage: ›Das Schwert soll durch dieses Land ziehen‹ und töte Mensch und Vieh darin. ¹⁸Und wenn diese drei Männer im Land lebten, so wahr ich lebe, spricht Gott, der HERR, dann würden sie nicht einmal ihre eigenen Söhne oder Töchter retten; nur sie allein würden gerettet werden.

¹⁹Oder angenommen, ich lasse eine Seuche über das Land kommen und gieße meinen blutigen Zorn darüber aus und töte Mensch und Tier darin. ²⁰Und wenn Noah, Daniel und Hiob in diesem Land lebten, so wahr ich lebe, spricht Gott, der HERR, dann könnten sie nicht einmal ihre eigenen Söhne oder Töchter retten. Durch ihre Gerechtigkeit könnten sie nur ihr eigenes Leben retten.

²¹Und trotzdem spricht Gott, der HERR: ›Wenn ich nun diese vier furchtbaren Strafgerichte über Jerusalem hereinbrechen lasse – Krieg, Hungersnot, wilde Tiere und Seuchen –, um Mensch und Tier in der Stadt zu vernichten, ²²wird es doch auch Überlebende darin geben, die Söhne und Töchter herausführen werden. Sie werden hierher zu euch kommen. Ihr seht

Hesekiel 16,8

Bundesschlüsse
Der Prophet Hesekiel verbindet den Bund Gottes mit dem Bild der Ehe. Das ist ohne Weiteres möglich, weil mit einer Ehe zwischen Mann und Frau ein Bund geschlossen wird (Spr 2,17; Mal 2,14).
Die Treue Gottes (als »Ehemann«) und des Volkes (als »Ehefrau«) wird so noch einmal besonders deutlich. Die »Frau« Jerusalem ist ihrem »Mann« allerdings bald weggelaufen und hat sich anderen an den Hals geworfen (V. 15-34)! Sie hat den Bund gebrochen (V. 59). Doch Gott hält weiter an ihm fest (V. 60).
Hesekiel zeigt hier auf, welche Absicht Gott hat, indem er so unerschütterlich zu seinem Bund steht, obwohl er so oft gebrochen wird: Das Volk soll über seine Untreue erschrecken und Gott als Jahwe erkennen – den, der bleibend da ist (V. 61-63). Gottes Freundlichkeit hat die Absicht, zur Umkehr zu bewegen (Röm 2,4).
(Jeremia 14,21 «« | »» Hesekiel 20,5)

S Südreich Juda   N Nordreich Israel

dann, wie sie leben und was sie tun, und das wird euch ein Trost sein für das Unheil, das ich über Jerusalem gebracht und für alles Schlimme, das ich der Stadt zugemutet habe. ²³Wenn ihr seht, wie sie leben und was sie tun, wird euch das trösten. Denn dann werdet ihr erkennen, dass ich das alles nicht ohne Grund getan habe, spricht Gott, der HERR.«

Jerusalem – ein wertloser Weinstock

15 Danach erhielt ich folgende Botschaft vom HERRN: ²»Menschenkind, was macht einen Weinstock besser als irgendeinen anderen Strauch, der im Wald wächst? ³Kann man aus seinem Holz irgendetwas herstellen? Kann man einen Pflock daraus machen, um verschiedene Geräte daran aufzuhängen? ⁴Nein. Es kann lediglich als Feuerholz dienen, und zu was soll man es noch benutzen, wenn es an beiden Enden verbrannt und in der Mitte versengt ist? ⁵Selbst wenn es noch unversehrt ist, kann man mit dem Holz des Weinstocks nichts anfangen, aber wenn es einmal im Feuer lag und versengt ist, ist es erst recht nutzlos!

⁶Darum spricht Gott, der HERR: ›Wie ich das Holz vom Weinstock, der bei den Sträuchern im Wald wächst, dem verzehrenden Feuer überlasse, so werde ich es auch mit den Bewohnern Jerusalems machen. ⁷Ich selbst richte mich gegen sie. Sie sind dem Feuer entkommen, doch sie sollen trotzdem vom Feuer verzehrt werden. Dann werdet ihr erkennen, dass ich der HERR bin, wenn ich mich gegen sie richte. ⁸Ich mache das Land zur Einöde, weil mein Volk mir untreu war, spricht Gott, der HERR.‹«

Jerusalem – eine untreue Ehefrau

16 Danach erhielt ich diese Botschaft vom HERRN: ²»Menschenkind, halte Jerusalem die abscheulichen Sünden vor Augen, die es begangen hat, ³und sag: ›So spricht Gott, der HERR, zu Jerusalem: Dein Ursprung und deine Abstammung sind das Land Kanaan! Dein Vater war Amoriter, deine Mutter Hetiterin! ⁴Bei deiner Geburt hat niemand deine Nabelschnur durchtrennt, du wurdest nicht mit Wasser gewaschen und gereinigt, nicht mit Salz abgerieben und nicht gewickelt. ⁵Niemand erbarmte sich deiner und tat aus Mitleid etwas von diesen Dingen für dich. Stattdessen wurdest du am Tag deiner Geburt hinaus aufs Feld geworfen, weil man dich verabscheute.

⁶Da kam ich vorbei und sah dich in deinem Blut zappeln, und ich sagte zu dir in deinem Blut: Du sollst leben! Ja, zu dir in deinem Blut sagte ich: Lebe! ⁷Und ich ließ dich heranwachsen wie eine Pflanze auf dem Feld. Du bist gewachsen und groß geworden und du bist überaus reizvoll geworden. Deine Brüste wurden fest, dein Haar wurde dicht, aber du warst völlig nackt. ⁸Als ich wieder vorüberging und dich sah, da warst du so weit: Die Zeit der Liebe war für dich gekommen. Deshalb legte ich dir meinen Mantel um und bedeckte deine Nacktheit und schwor dir Treue. Ich schloss einen Bund mit dir, spricht Gott, der HERR, und du gehörtest mir.

⁹Ich badete dich mit Wasser, wusch dir das Blut ab und salbte dich mit Öl. ¹⁰Ich gab dir bunte Kleider und Sandalen aus Tachasch-Haut*, ich schlang dir Byssus* um und hüllte dich in Seide. ¹¹Ich legte dir erlesenen Schmuck an, schmückte deine Handgelenke mit Armreifen und deinen Hals mit einer Kette. ¹²Ich gab dir einen Ring für die Nase und Ohrringe für die Ohren und setzte eine prächtige Krone auf deinen Kopf. ¹³So warst du mit Gold und Silber geschmückt. Du trugst Kleider aus Byssus und Seide, die mit bunten Stickereien verziert waren. Feines Mehl, Honig und Öl waren deine Nahrung, und du wurdest sehr, sehr schön. Schließlich kamst du zu königlichen Ehren! ¹⁴Der Ruf deiner Schönheit ging um die ganze Welt, denn der Schmuck, den ich dir anlegte, machte deine Schönheit vollkommen, spricht Gott, der HERR.

¹⁵Doch plötzlich hast du dich auf deine Schönheit verlassen und dich zur Hure gemacht, weil du so berühmt warst. Jedem Durchreisenden hast du dich angeboten und an den Hals geworfen! ¹⁶Du hast einige von deinen Kleidern genommen und daraus auf den Opferhöhen ein buntes Lager gemacht*, und dort hast du so gehurt, wie es noch nie da gewesen ist und auch nie wieder sein wird*. ¹⁷Du hast den herrlichen Schmuck aus Gold und Silber, den ich dir geschenkt habe, genommen und hast männliche Götzenbilder daraus gemacht und mit ihnen Unzucht getrieben. ¹⁸In deine prachtvoll bestickten Kleider hast du deine Götzen gehüllt und hast ihnen mein Öl und mein Räucherwerk vorgesetzt. ¹⁹Und was ich dir zu essen gab – mit feinem Mehl, Öl und Honig habe ich dich ernährt –, das hast du ihnen geopfert, um sie mit

---

16,10a Ein besonders wertvolles Leder, vermutlich vom Delfin oder der Seekuh. **16,10b** Ein außerordentlich feiner, durchschimmernder, sehr haltbarer Stoff. **16,16a** Hebr. *und hast dir bunte Höhen gemacht*. **16,16b** Der hebr. Text an dieser Stelle ist unklar.

HESEKIEL

1–3	Hesekiels Vision und Berufung
4–24	Das kommende Unheil Israels
25–32	Botschaften für sieben fremde Völker
33–39	Die Wiederherstellung von Israel
40–48	Die Vision des Neuen Tempels

16

Jerusalem, die untreue Ehefrau, die Götzen und anderen Völkern nachläuft. Gott urteilt über die Hurerei Jerusalems. Trotzdem bricht er seinen Bund nicht.

[**Die Zeit des Exils**]

dem Geruch günstig zu stimmen. Ja, das hast du getan, spricht Gott, der HERR. [20]Dann hast du deine Söhne und Töchter, die du mir geboren hast, genommen und sie den Götzen zum Fraß geopfert. War es nicht genug, dass du zur Hure wurdest? [21]Musstest du auch noch meine Kinder schlachten und sie ihnen weihen? [22]Bei all deinen abscheulichen Taten und deinem Ehebruch hast du nicht ein einziges Mal an die Zeit gedacht, als du völlig nackt und zappelnd in deinem Blut lagst.

[23]Dir wird es sehr schlimm ergehen!, spricht Gott, der HERR. Und nach all dieser Bosheit [24]hast du dir Kulthöhen gebaut und auf allen Marktplätzen Kultstätten errichtet. [25]An jeder Straßenecke hast du eine Kultstätte gebaut und deine Schönheit entweiht. Für jeden, der vorüberging, hast du die Beine breit gemacht. Deine Hurerei nahm kein Ende! [26]Du hast dich den Ägyptern, deinen Nachbarn mit dem großen Glied, hingegeben, und du hast viele Male mit ihnen geschlafen, um mich zu kränken. [27]Deshalb habe ich mich gegen dich gewandt und habe dir einen Teil von dem weggenommen, was dir zustand. Ich habe dich den rachsüchtigen Töchtern der Philister ausgeliefert, die dich hassen, und sogar sie waren entsetzt über dein schamloses Verhalten! [28]Auch mit den Assyrern hast du Hurerei getrieben; du konntest den Hals nicht voll kriegen! Du gabst dich ihnen hin, aber selbst das genügte dir noch nicht. [29]Du hast es immer schlimmer getrieben und hast sogar das Krämerland Babylonien* zu deinem Liebhaber gemacht, doch auch das war dir nicht genug!

[30]Du hast förmlich danach gefiebert, spricht Gott, der HERR, dich aufzuführen wie eine schamlose Hure. [31]An jeder Straßenecke hast du Altäre errichtet und auf allen Plätzen Kultstätten gebaut. Dabei warst du aber keine normale Prostituierte, denn du hast nicht einmal Geld für deine Dienste verlangt! [32]Ja, du bist eine Ehebrecherin, die sich Fremde statt ihres Mannes ins Bett holt. [33]Alle Prostituierten werden bezahlt. Du aber hast deinen Liebhabern Lohn gegeben, du hast sie bestochen, damit sie von überall her zu dir kommen und mit dir schlafen. [34]Bei deinen Hurereien ist es umgekehrt wie bei anderen Frauen: Dir lief man nicht nach. Du hast selbst bezahlt, während dir nichts bezahlt wurde. Auf diese Weise hast du es umgekehrt gemacht wie üblich.

Das Gericht über Jerusalems Hurerei

[35]Deshalb, du Hure, höre das Wort des HERRN! [36]So spricht Gott, der HERR: Weil du dich in

16,29 O. *Chaldäa.*

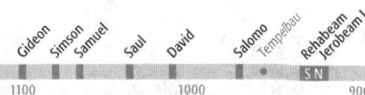

deiner Hurerei schamlos vor deinen vielen Liebhabern nackt ausgezogen hast, weil du den abscheulichen Götzen gedient und ihnen das Blut deiner Kinder geopfert hast, ³⁷darum werde ich jetzt alle deine Liebhaber zusammenrufen, denen du gefallen hast – alle, die du geliebt hast und auch alle, die du gehasst hast. Ich lasse sie von überall her zu dir kommen, und dann ziehe ich dich vor ihren Augen nackt aus, sodass sie alle deine Scham sehen können. ³⁸Ich spreche über dich das Urteil, das das Recht für eine Ehebrecherin und Mörderin vorsieht. Ich lasse meinen Zorn und meine Eifersucht an dir aus. ³⁹Und dann liefere ich dich deinen Liebhabern aus. Sie werden deine Altäre niederreißen und deine Kultstätten zerstören. Sie werden dir die Kleider ausziehen, deinen herrlichen Schmuck rauben und dich völlig nackt liegen lassen. ⁴⁰Sie werden sich zusammenrotten und dich steinigen und dich mit ihren Schwertern durchbohren. ⁴¹Sie werden deine Häuser niederbrennen und vor den Augen vieler Frauen das Strafgericht an dir vollstrecken. So werde ich deiner Hurerei ein Ende machen, und du wirst aufhören, deine Liebhaber zu bezahlen.

⁴²Wenn ich so meinen Zorn an dir ausgelassen habe, wird auch meine Eifersucht nicht mehr gegen dich wüten. Ich werde zur Ruhe kommen und nicht mehr zornig sein. ⁴³Weil du nicht mehr an deine Jugendzeit gedacht, sondern mich durch all deine Taten in Zorn gebracht hast, habe ich dir das gegeben, was du für dein Verhalten verdient hast*, spricht Gott, der HERR. Denn zu all deinen abscheulichen Taten hast du noch die Unzucht hinzugefügt. ⁴⁴Wer gern Sprichwörter gebraucht, wird von dir sagen: Wie die Mutter, so die Tochter. ⁴⁵Du bist die Tochter deiner Mutter, die ihren Ehemann und ihre Kinder gehasst hat. Und du bist die Schwester deiner Schwestern, die ihre Ehemänner und Kinder verachten. Eure Mutter war Hetiterin, euer Vater ein Amoriter. ⁴⁶Deine ältere Schwester ist Samaria, die mit ihren Töchtern links von dir wohnt. Und deine jüngere Schwester ist Sodom, die mit ihren Töchtern rechts von dir wohnt. ⁴⁷Es hat dir nicht gereicht, dich wie sie zu verhalten und die gleichen abscheulichen Taten zu begehen. Nein, in kürzester Zeit hast du sie darin noch weit übertroffen! ⁴⁸So wahr ich lebe, spricht Gott, der HERR, Sodom und ihre Töchter waren nicht so verdorben wie du und deine Töchter. ⁴⁹Die Schuld deiner Schwester Sodom war, dass sie mit ihren Töchtern in Hochmut, Überfluss und sorgloser Ruhe lebte, ohne den Armen und Bedürftigen beizustehen. ⁵⁰Sodom war hochmütig und beging vor meinen Augen abscheuliche Taten, deshalb habe ich sie ausgerottet, als ich das sah.

⁵¹Und auch Samaria hat nicht halb so viele Sünden begangen wie du. Du hast weit Abscheulicheres getan als sie. Gemessen an deinen abscheulichen Taten, die du begangen hast, sehen deine Schwestern geradezu wie Gerechte aus! ⁵²Darum trag du jetzt deine Schande, nachdem du deine Schwestern durch deine schlimmen Taten gerechtfertigt hast! Du hast mehr gesündigt als sie, sodass deine Schwestern neben dir als unschuldig erscheinen! Schäm dich und trag deine Sünden, weil du deine Schwestern als gerecht hast erscheinen lassen.

⁵³Ich wende ihr Schicksal – das Schicksal von Sodom und ihren Töchtern und das Schicksal von Samaria und ihren Töchtern – und ich wende auch dein Schicksal bei ihnen, ⁵⁴damit du deine Schande eingestehst und dich für deine Sünden schämst, weil du sie damit getröstet hast. ⁵⁵Deine Schwester Sodom und ihre Töchter werden wiederhergestellt werden, und auch Samaria und ihre Töchter werden wiederhergestellt werden, und wenn es so weit ist, wirst auch du mit deinen Töchtern wiederhergestellt werden. ⁵⁶Hast du dir nicht den Mund über deine Schwester Sodom zerrissen in der Zeit, als du so hochmütig warst? ⁵⁷Das war, bevor deine eigene Schlechtigkeit sichtbar wurde. Jetzt verhöhnen die Töchter von Edom und alle ihre Nachbarn dich überall und die Töchter der Philister verachten dich. ⁵⁸Nun musst du die Folgen deiner Unzucht und deiner abscheulichen Taten tragen, spricht der HERR.

⁵⁹Gott, der HERR, spricht: Ich behandle dich so, wie du gehandelt hast, denn du hast deinen feierlichen Schwur auf die leichte Schulter genommen* und deinen Bund gebrochen. ⁶⁰Ich aber werde mich an den Bund erinnern, den ich mit dir schloss, als du jung warst; ja, ich will einen ewigen Bund mit dir eingehen. ⁶¹Dann wirst du voll Scham an das Böse denken, das du getan hast, wenn ich deine großen und kleinen Schwestern nehme und sie zu deinen Töchtern mache, aber nicht deshalb, weil du den Bund gehalten hättest. ⁶²Ich selbst werde meinen Bund mit dir aufrichten, und dann wirst du erkennen, dass ich der HERR bin. ⁶³Und wenn ich dir alles, was du getan hast, vergebe, wirst du an deine Sünde denken und dich schämen und vor Scham den Mund nicht mehr aufmachen, spricht Gott, der HERR.«

16,43 Hebr. *habe ich deinen Weg auf deinen Kopf gebracht.* **16,59** Hebr. *du hast den Eid verachtet.*

HESEKIEL

1–3	Hesekiels Vision und Berufung
4–24	Das kommende Unheil Israels
25–32	Botschaften für sieben fremde Völker
33–39	Die Wiederherstellung von Israel
40–48	Die Vision des Neuen Tempels

17–18
Hesekiel erzählt ein Gleichnis über zwei Adler. Gott entscheidet, was wachsen wird und was nicht. Ein jeder muss für sein eigenes Handeln einstehen.

[Die Zeit des Exils]

Die Geschichte von den zwei Adlern

17 Danach erhielt ich eine Botschaft vom HERRN: ²»Menschenkind, erzähl dem Volk der Israeliten ein Rätsel und trag ihnen ein Gleichnis vor. ³Sag zu ihnen: ›So spricht Gott, der HERR: Ein großer Adler mit riesigen Flügeln, langen Schwungfedern und dichtem, buntem Gefieder kam in den Libanon. Er packte den höchsten Ast einer Zeder ⁴und brach den obersten Zweig ab. Diesen trug er fort ins Krämerland; in der Stadt der Kaufleute pflanzte er ihn ein.

⁵Dann nahm er einen Samen des Landes und legte ihn in fruchtbaren Boden, wo viel Wasser war, er setzte ihn am Ufer eines Flusses ein. ⁶Er sollte dort Wurzeln schlagen und zu einem niedrigen, bodennahen Weinstock heranwachsen. Seine Zweige sollten sich dem Adler entgegenrecken und seine Wurzeln tief nach unten wachsen. Und so wurde er zum Weinstock, trieb starke Äste und setzte viele Blätter an. ⁷Doch es kam ein anderer großer Adler mit riesigen Flügeln und dichtem Gefieder. Da drehte der Weinstock seine Wurzeln zu ihm hin und streckte ihm seine Äste entgegen, um von ihm mehr Wasser zu bekommen, als in seinem eigenen Beet war. ⁸Dabei war er in gute Erde gepflanzt und hatte genug Wasser, um Zweige zu treiben und Früchte zu tragen und zu einem herrlichen Weinstock heranzuwachsen.‹

⁹Sag: ›So spricht Gott, der HERR: Wird dieser Weinstock noch gedeihen? Wird der Adler nicht seine Wurzeln ausreißen und seine Früchte abschneiden, sodass seine frischen Triebe vertrocknen? Ja, er wird verdorren! Es braucht weder einen starken Arm noch viele Menschen, um ihn mit den Wurzeln auszureißen. ¹⁰Der Weinstock ist gepflanzt, aber wird er auch gedeihen? Wird er nicht jämmerlich verdorren, sobald der Ostwind ihn trifft? In der Erde, wo er so gut wuchs, wird er nun verwelken.‹«

Erklärung des Rätsels

¹¹Danach erhielt ich eine Botschaft vom HERRN: ¹²»Sag dem widerspenstigen Volk: ›Versteht ihr nicht, was das bedeutet?‹ Sag: ›Der König von Babel kam nach Jerusalem, nahm den König und die Minister dort gefangen und brachte sie zu sich nach Babel. ¹³Er nahm einen Angehörigen des Königshauses und schloss mit ihm einen Vertrag und ließ ihn einen Treueschwur ablegen. Die einflussreichen Männer des Landes aber nahm er gefangen, ¹⁴damit das Königreich nicht wieder stark werden und sich gegen ihn erheben würde, und damit es sich an das Bündnis halten und dieses Bestand haben würde.

¹⁵Doch der eingesetzte König erhob sich gegen Babel. Er schickte Botschafter nach Ägypten und bat um ein großes Heer und viele Pferde. Wird er damit Erfolg haben? Wird jemand, der so etwas tut, bestehen? Kann jemand mit einem Eidbruch davonkommen? ¹⁶So wahr ich lebe, spricht Gott, der HERR: Im Land des Königs, der ihn einsetzte und dessen Eid er verachtete und dessen Vertrag er brach, in Babel wird er sterben. ¹⁷Und der Pharao wird ihm nicht mit einem mächtigen Heer und vielen Soldaten im Krieg beistehen, wenn man einen Wall aufschüttet und Belagerungsgeräte heranschafft, um vielen Menschen das Leben zu nehmen. ¹⁸Er hat den Eid verachtet und den Vertrag gebrochen, obwohl er geschworen hat, ihn zu halten; weil er all das getan hat, wird er seiner Strafe nicht entkommen.

¹⁹Deshalb spricht Gott, der HERR: So wahr ich lebe, weil er den Eid, den er vor mir abgelegt hat, missachtet und den Bund, den er mit mir geschlossen hat, gebrochen hat, werde ich ihm das geben, was er dafür verdient. ²⁰Ich werfe mein Netz über ihm aus und fange ihn in meiner Falle. Ich lasse ihn nach Babel bringen und gehe mit ihm ins Gericht, weil er mir die Treue gebrochen hat. ²¹Die besten Krieger seines Heeres werden in der Schlacht fallen, und die Überlebenden werden in alle vier Winde zerstreut werden. Dann werdet ihr erkennen, dass ich, der HERR, diese Worte gesprochen habe.

²²Gott, der HERR, spricht: Ich nehme selbst vom Wipfel der Zeder die Spitze, pflücke einen zarten Zweig von der Spitze einer großen Zeder und pflanze ihn auf einem hohen und erhabenen Berg ein. ²³Ich werde ihn auf den höchsten Berg von Israel pflanzen. Er wird dort Äste treiben und Frucht tragen und zu einer edlen Zeder heranwachsen. Alle möglichen Vögel werden in dem Baum nisten und unter seinen Zweigen Schutz finden. ²⁴Und dann werden alle Bäume auf den Feldern erkennen, dass ich, der HERR, den großen Baum erniedrigt und den kleinen Baum erhöht habe. Ich habe den grünen Baum verdorren lassen und den dürren Baum zur Blüte gebracht. Ich, der HERR, habe gesprochen! Ich tue, was ich gesagt habe.«

Die Gerechtigkeit eines gerechten Gottes

18 Wieder erhielt ich eine Botschaft vom HERRN: ²»Warum habt ihr im Land Israel das Sprichwort: ›Die Eltern haben saure Trauben gegessen, und den Kindern werden die Zähne stumpf?‹ ³›So wahr ich lebe‹, spricht Gott, der HERR, ›dieses Sprichwort soll in Israel nicht mehr gebraucht werden. ⁴Denn mir gehören alle Menschen – die Eltern genauso wie die Kinder. Sie gehören mir. Und nur wer sündigt, soll sterben.

⁵Angenommen, ein Mann tut, was recht und gerecht ist, ⁶nimmt an den Opfergelagen auf den Bergen nicht teil und betet die Götzen von Israel nicht an. Angenommen weiter, er schläft nicht mit der Frau eines anderen und tritt einer Frau nicht nahe, die ihre Monatsblutung hat. ⁷Er unterdrückt niemanden, behält nicht, was sein Schuldner ihm als Pfand gegeben hat, und plündert niemanden aus, sondern gibt den Hungrigen zu essen und versorgt die Bedürftigen mit Kleidung. ⁸Er verleiht Geld, ohne Zinsen dafür zu verlangen, und treibt keinen Wucher, tut nie etwas Unrechtes, spricht Recht nach bestem Wissen und Gewissen unter den Menschen, ⁹hält sich an meine Gebote und beachtet und befolgt treu meine Vorschriften. Wer so handelt, ist gerecht und wird leben‹, spricht Gott, der HERR.

¹⁰›Angenommen aber, dieser Mann hat einen Sohn, der gewalttätig ist und Blut vergießt oder eine dieser Sünden tut, ¹¹die der Mann selbst nicht getan hat: Sein Sohn nimmt an den Opfergelagen auf den Bergen teil, schläft mit der Frau eines anderen, ¹²unterdrückt die Armen und Hilflosen, plündert andere aus, gibt Gepfändetes nicht zurück, betet Götzen an und begeht abscheuliche Taten, ¹³verleiht Geld gegen Zinsen, treibt Wucher. Soll ein solcher Mensch am Leben bleiben? Er wird nicht leben! Wegen all dieser abscheulichen Taten muss er sterben, seinen Tod hat er sich selbst zuzuschreiben*.

¹⁴Doch angenommen, dieser Mann hat seinerseits einen Sohn und der sieht all die Sünden, die sein Vater begeht. Er sieht sie, aber er folgt seinem Beispiel nicht. ¹⁵Dieser Sohn nimmt nicht an den Opfergelagen auf den Bergen teil und betet die Götzen von Israel nicht an. Er schläft nicht mit der Frau eines anderen, ¹⁶unterdrückt niemanden, fordert kein Pfand und plündert niemanden aus. Stattdessen gibt er den Hungrigen zu essen und den Bedürftigen Kleidung, ¹⁷unterdrückt die Hilflosen nicht, verlangt keine Zinsen und treibt keinen Wucher, hält mein Gesetz und lebt nach meinen Vorschriften. Ein solcher Mensch wird nicht sterben, weil sein Vater gesündigt hat; sondern er wird ganz sicher am Leben bleiben! ¹⁸Der Vater dagegen stirbt wegen der Sünden, die er begangen hat – weil er gewalttätig war und nahe Verwandte beraubte und weil

---

18,13 Hebr. *sein Blut wird auf ihm sein*.

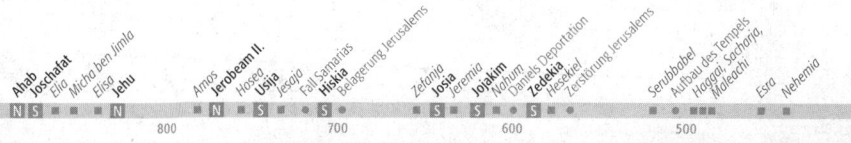

HESEKIEL

1–3	Hesekiels Vision und Berufung
4–24	Das kommende Unheil Israels
25–32	Botschaften für sieben fremde Völker
33–39	Die Wiederherstellung von Israel
40–48	Die Vision des Neuen Tempels

18–20
Ein jeder muss für sein eigenes Handeln einstehen. Klagelied für die Könige von Israel. Israel soll sich von Götzen abwenden.

[Die Zeit des Exils]

er mitten in seinem Volk Dinge tat, die unrecht waren. ¹⁹Aber ihr fragt: Warum muss der Sohn nicht auch für die Sünden des Vaters bezahlen? Weil er tut, was recht und gerecht ist, und mein Gesetz achtet und hält. Er wird ganz sicher am Leben bleiben! ²⁰Sterben muss derjenige, der die Sünde begeht. Die Kinder werden nicht für die Sünden der Eltern bestraft und die Eltern nicht für die Sünden der Kinder. Die Gerechten werden für ihre Gerechtigkeit belohnt, die Gottlosen werden für ihre Gottlosigkeit bestraft. ²¹Und wenn der Gottlose von seinen Sünden umkehrt, die er begangen hat, und anfängt mein Gesetz zu halten und zu tun, was recht und gerecht ist, wird er ganz sicher am Leben bleiben und nicht sterben. ²²All seine Sünden, die er begangen hat, werden ihm nicht angerechnet, und wegen der Gerechtigkeit, die er ausgeübt hat, soll er am Leben bleiben.

²³Glaubt ihr‹, fragt Gott, der HERR, ›dass ich mich über den Tod eines gottlosen Menschen freue? Ich freue mich viel mehr darüber, wenn er sein Verhalten ändert* und am Leben bleibt. ²⁴Aber wenn ein Gerechter sich von seiner Gerechtigkeit abwendet, wenn er Unrecht tut und die gleichen abscheulichen Taten begeht wie der Gottlose – wenn er das tut, soll er dann am Leben bleiben? Dann werden seine gerechten Taten von früher vergessen sein, und wegen seiner Untreue und wegen seiner Sünden, die er begangen hat, wird er sterben.

²⁵Und doch sagt ihr: Was der HERR tut, ist ungerecht! Hör mir zu, Volk der Israeliten! Ist es wirklich ungerecht, was ich tue? Ist es nicht eher ungerecht, was ihr tut? ²⁶Wenn ein Gerechter sich von seiner Gerechtigkeit abwendet und Unrecht tut, dann wird er deswegen sterben. Ja, er muss wegen seiner Sünden sterben. ²⁷Und wenn ein Gottloser von seinem gottlosen Leben umkehrt, das er geführt hat, und wenn er tut, was recht und gerecht ist, wird er sein Leben retten. ²⁸Wenn er zur Einsicht kommt und sich von seinen Sünden abwendet, die er begangen hat, wird er ganz sicher am Leben bleiben und muss nicht sterben. ²⁹Und doch sagt das Volk der Israeliten: Was der HERR tut, ist ungerecht! O Volk der Israeliten, ist es wirklich ungerecht, was ich tue? Ist es nicht eher ungerecht, was ihr tut?

³⁰Deshalb werde ich jeden Einzelnen von euch nach seinem Verhalten richten, Volk der Israeliten‹, spricht Gott, der HERR. ›Kehrt um und hört auf zu sündigen! Lasst nicht zu, dass ihr Schuld auf euch ladet!* ³¹Trennt euch von euren Verfeh-

18,23 Hebr. *wenn er von seinem Weg umkehrt.* 18,30 Hebr. *dass es euch nicht ein Anstoß zur Schuld wird.*

S Südreich Juda   N Nordreich Israel

lungen, die ihr begangen habt, und erneuert eure Herzen und euren Geist. Denn warum wollt ihr sterben, Volk der Israeliten? ³²Ich freue mich nicht über den Tod eines Menschen, der sterben muss, spricht Gott, der HERR. Kehrt also um, damit ihr am Leben bleibt!‹

Eine Totenklage für die Könige von Israel

19 Das folgende Klagelied sollst du über die Fürsten von Israel singen.

²Sag: ›Was ist deine Mutter? Eine Löwin unter Löwen!

Sie lagerte bei den jungen Löwen und zog ihre Jungen auf.

³Eins von ihren Jungen zog sie groß und es wuchs zu einem starken jungen Löwen heran.

Er lernte Beute zu machen und Menschen zu fressen.

⁴Doch als die Völker von ihm hörten, fingen sie ihn in einer Grube.

Sie zerrten ihn an einem Haken nach Ägypten.

⁵Als die Löwenmutter sah, dass ihre Hoffnungen für ihn verloren waren,

nahm sie ein anderes von ihren Jungen und machte es zu einem starken jungen Löwen.

⁶Er lebte bei den anderen Löwen und wurde ein starker junger Löwe.

Er lernte Beute zu machen und Menschen zu fressen.

⁷Er eroberte ihre Festungen und zerstörte ihre Städte.

Das Land und alles, was darin war, erzitterte vor seinem lauten Gebrüll.

⁸Da stellten sich Völker aus den Ländern ringsherum gegen ihn.

Sie warfen ihre Netze nach ihm aus und fingen ihn in ihrer Grube.

⁹Mit Haken zogen sie ihn in einen Käfig und brachten ihn zum König von Babel.

Sie hielten ihn gefangen, denn seine Stimme sollte man auf den Bergen von Israel nicht mehr hören.

¹⁰Deine Mutter war wie ein Weinstock, am Ufer gepflanzt.

Er trug Frucht und trieb viele Ranken aus, denn er hatte reichlich Wasser.

¹¹Seine Zweige wurden so stark, dass man Zepter für Könige daraus machen konnte.

Er wuchs zwischen den dicht belaubten Bäumen in die Höhe:

Durch seine Größe und seine vielen Ranken war er weithin sichtbar.

¹²Doch im Zorn wurde er ausgerissen und auf die Erde geworfen.

Der Ostwind ließ seine Früchte verdorren, sie wurden abgerissen und vertrockneten.

Seine starken Zweige wurden im Feuer zerstört.

¹³Jetzt wächst der Weinstock in der Wüste, in einem dürren und durstigen Land.

¹⁴Ein Feuer ist aus seinen Zweigen hervorgegangen und hat seine Früchte zerstört.

Es blieb kein starker Zweig mehr übrig, aus dem man das Zepter für einen König hätte machen können.‹

Dies ist ein Klagelied, es ist ein Klagelied geworden.«

Das widerspenstige Israel

20 Am zehnten Tag im fünften Monat des siebten Jahres* kamen einige von Israels Ältesten, um den HERRN zu befragen. Sie setzten sich vor mir nieder. ²Da erhielt ich folgende Botschaft vom HERRN: ³»Menschenkind, rede mit den Ältesten von Israel und sag ihnen: ›So spricht Gott, der HERR: Wie könnt ihr es wagen, mich zu befragen? So wahr ich lebe, ich werde mich nicht von euch befragen lassen. Das ist es, was Gott, der HERR, spricht!‹

⁴Menschenkind, willst du sie richten? Willst du über sie zu Gericht sitzen? Sie sollen erkennen, was für abscheuliche Taten ihre Vorfahren begangen haben! ⁵Sag zu ihnen: ›So spricht Gott, der HERR: Als ich Israel erwählte, hob ich die Hand, um den Nachkommen von Jakob einen Schwur zu leisten. Ich offenbarte mich ihnen in Ägypten und schwor ihnen mit erhobener Hand: Ich bin der HERR, euer Gott. ⁶An jenem Tag schwor ich ihnen mit erhobener Hand, sie aus Ägypten zu führen und in ein Land zu bringen, das ich für sie ausgekundschaftet hatte – ein Land, in dem Milch und Honig überfließen, das beste Land der Welt*. ⁷Damals sagte ich zu ihnen: Werft die abscheulichen Götzen weg, auf die ihr bisher euren Blick gerichtet habt, und macht euch nicht unrein mit den ägyptischen Göttern. Denn ich bin der HERR, euer Gott.

⁸Doch sie widersetzten sich mir und wollten nicht auf mich hören. Keiner warf die abscheulichen Götzen weg, auf die sie ihren Blick gerichtet hatten, und sie trennten sich nicht von den ägyptischen Göttern. Da dachte ich daran, noch mitten in Ägypten meinen Groll über sie auszugießen und meinen Zorn an ihnen auszulassen.

20,1 Das Ereignis, um das es hier geht, fand am 14. August 591 v.Chr. statt; s. auch die Anm. zu 1,1. **20,6** Hebr. *eine Zierde unter all den Ländern*.

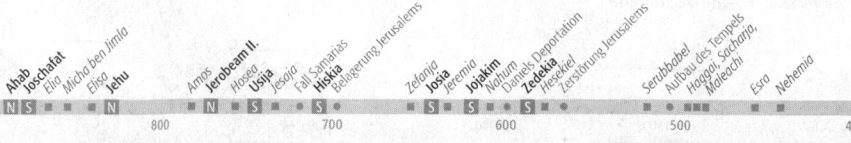

HESEKIEL

1–3	Hesekiels Vision und Berufung
4–24	Das kommende Unheil Israels
25–32	Botschaften für sieben fremde Völker
33–39	Die Wiederherstellung von Israel
40–48	Die Vision des Neuen Tempels

20
Gott erinnert sich an den Ungehorsam bei der Wüstenwanderung und kündigt Gericht und Heil an.

[Die Zeit des Exils]

⁹Aber mit Rücksicht auf meinen Namen hielt ich mich zurück. Ich wollte ihn nicht vor den Augen der Völker, unter denen sie sich aufhielten, entweihen. Denn vor deren Augen hatte ich mich ihnen geoffenbart und ihnen geschworen, dass ich sie aus Ägypten führen würde. ¹⁰Und so führte ich mein Volk aus Ägypten heraus und brachte es in die Wüste. ¹¹Dort gab ich den Menschen mein Gesetz und machte sie mit meinen Geboten vertraut, durch die ein Mensch sein Leben bewahrt, wenn er sie befolgt. ¹²Und ich gab ihnen meinen Sabbat als Bundeszeichen zwischen ihnen und mir. Daran sollte man erkennen, dass ich, der HERR, es bin, der sie heiligt.

¹³Aber das Volk der Israeliten widersetzte sich mir auch in der Wüste. Die Menschen hielten sich nicht an mein Gesetz und lehnten meine Gebote ab, durch die ein Mensch, wenn er sie befolgt, sein Leben bewahrt. Und auch meinen Sabbat entweihten sie ganz und gar. Da dachte ich daran, meinen Groll noch in der Wüste über sie auszugießen und sie zu vernichten. ¹⁴Aber mit Rücksicht auf meinen Namen hielt ich mich zurück. Ich wollte ihn nicht vor den Augen der Völker entweihen, die Zeuge geworden waren, wie ich mein Volk aus Ägypten geführt hatte. ¹⁵Doch mit erhobener Hand schwor ich ihnen in der Wüste, sie nicht in das Land zu bringen, das ich für sie bestimmt hatte, ein Land, in dem Milch und Honig überfließen, das beste Land der

Hesekiel 20,5

Bundesschlüsse
Geschichtsrückblicke gibt es nicht nur bei den Psalmen (z.B. 105; 106), sondern auch bei den Propheten. Hier zeichnet Hesekiel die Bundesgeschichte nach, angefangen vom Schwur Gottes (V. 5) und dem Bundeszeichen (V. 12) über die zahlreichen Bundesbrüche (V. 13-14.21) bis zur letztendlichen Begnadigung (V. 40-44).
Die Güte Gottes zum Schluss darf nicht darüber hinwegtäuschen, dass das Volk in der langen Zeit vorher die harten Folgen der Untreue tragen und voll auskosten muss. Belastend ist nicht nur, anderen Völkern ausgeliefert zu sein – obwohl Hesekiel diese Strafe durchaus eindringlich ausgemalt hat (16,38-41). Belastend ist auch, dass Gottes Gaben, die er als Segen gegeben hatte, nun nicht mehr zugänglich sind: Die Gesetze und Gebote führen jetzt nicht mehr zum Leben (V. 25); das versprochene Land wird nicht mehr zugänglich sein (V. 38). Wenn dennoch die Gnade das letzte Wort hat, so liegt darin eine Botschaft nicht nur für Israel, sondern auch für die Völker: Alle sollen erkennen, wie treu Gott ist (V. 9.22.41).
(Hesekiel 16,8 «« | »» Hosea 1,9)

Welt*. ¹⁶Denn sie hatten mein Gesetz nicht gehalten, meine Gebote missachtet und meinen Sabbat entweiht. Ihre Herzen gehörten ihren Götzen. ¹⁷Doch dann taten sie mir wieder leid und ich vernichtete sie nicht und ließ sie nicht in der Wüste umkommen.

¹⁸Ihre Kinder warnte ich in der Wüste: Lebt nicht so, wie es eure Eltern getan haben. Haltet euch nicht an ihre Regeln und macht euch nicht unrein mit ihren Götzen. ¹⁹Ich bin der HERR, euer Gott. Haltet mein Gesetz, beachtet meine Gebote und befolgt sie. ²⁰Und haltet meinen Sabbat heilig, denn er soll ein Bundeszeichen zwischen mir und euch sein. Daran wird man erkennen, dass ich, der HERR, euer Gott bin.

²¹Doch auch die Kinder widersetzten sich mir. Sie hielten mein Gesetz nicht und beachteten und befolgten meine Gebote nicht, durch die ein Mensch, wenn er sie befolgt, sein Leben bewahrt. Und auch sie entweihten meinen Sabbat. Da dachte ich daran, noch in der Wüste meinen Groll über sie auszugießen und meinen Zorn an ihnen auszulassen. ²²Aber mit Rücksicht auf meinen Namen zog ich meine Hand zurück und tat es nicht. Ich wollte nicht vor den Augen der Völker entweihen, die Zeugen geworden waren, wie ich sie aus Ägypten geführt hatte. ²³Doch ich schwor mit erhobener Hand in der Wüste, sie unter die Völker zu zerstreuen und in alle Länder zu versprengen, ²⁴weil sie mein Gesetz nicht hielten und meine Gebote ablehnten, meinen Sabbat entweihten und ihre Augen auf die Götzen ihrer Vorfahren richteten. ²⁵Da gab auch ich ihnen Gesetze, die nicht gut waren, und Gebote, die nicht zum Leben führten. ²⁶Ich machte sie durch ihre Opfergaben unrein, denn sie verbrannten alle ihre Erstgeborenen als Opfer* – auf diese Weise wollte ich ihnen Entsetzen einjagen, damit sie erkennen würden, dass ich allein der HERR bin.‹

Gericht und Wiederherstellung

²⁷Deshalb, Menschenkind, rede mit dem Volk der Israeliten und sag ihm: ›So spricht Gott, der HERR: Eure Vorfahren haben mich auch dadurch verhöhnt, dass sie mir untreu wurden. ²⁸Als sie in das Land gebracht hatte, das ich ihnen mit erhobener Hand zugeschworen hatte, suchten sie sich jeden hohen Hügel und jeden dicht belaubten Baum aus, um dort ihre Opfertiere zu schlachten. Zu meinem Ärger brachten sie dort ihre Opfer dar, legten ihr Räucherwerk nieder, dessen Duft die Götzen günstig stimmen sollte, und gossen ihre Trankopfer aus. ²⁹Ich sagte zu ihnen: Was ist das für eine Anhöhe, auf die ihr da geht? Darum wird sie bis heute Bama* genannt.‹

³⁰Deshalb sag dem Volk der Israeliten: ›So spricht Gott, der HERR: Wollt ihr euch unrein machen, so wie es eure Vorfahren getan haben, und mit ihren abscheulichen Götzen Hurerei treiben? ³¹Ja, wenn ihr eure Gaben darbringt und eure Kinder als Opfer verbrennt, macht ihr euch bis heute mit euren Götzen unrein. Und da soll ich mich von euch befragen lassen, ihr Israeliten? So wahr ich lebe, spricht Gott, der HERR, ich werde mich nicht von euch befragen lassen!

³²Niemals wird sich erfüllen, was ihr euch ausgedacht habt, als ihr sagtet: Wir wollen wie unsere Nachbarvölker und wie die Menschen in anderen Ländern sein, die Götzen aus Holz und Stein dienen. ³³So wahr ich lebe, spricht Gott, der HERR, mit starker Hand, mit ausgestrecktem Arm und mit ungezügeltem Zorn werde ich als König über euch herrschen. ³⁴Mit starker Hand, mit ausgestrecktem Arm und mit ungezügeltem Zorn werde ich euch aus den Völkern herausführen und aus den Ländern sammeln, in die ihr zerstreut wurdet. ³⁵Ich werde euch in die Wüste der Völker bringen und dort von Angesicht zu Angesicht ins Gericht mit euch gehen. ³⁶Wie ich mit euren Vorfahren in der Wüste von Ägypten ins Gericht gegangen bin, so werde ich auch mit euch ins Gericht gehen, spricht Gott, der HERR. ³⁷Ich lasse euch unter dem Stab hindurchgehen* und verpflichte euch auf die Bedingungen des Bundes. ³⁸Ich werde die Widerspenstigen und Abtrünnigen unter euch aussortieren. Ich werde sie zwar aus den Ländern, in denen sie als Fremde leben, herausführen, doch sie werden das Land Israel nicht betreten. Dann werdet ihr erkennen, dass ich der HERR bin!

³⁹Und zu dir, Volk der Israeliten, spricht Gott, der HERR: Geht doch alle und dient euren Götzen! Wenn ihr wirklich nicht auf mich hören wollt, dann sollt ihr aber auch meinen heiligen Namen nicht mit euren Opfern und Götzen entweihen! ⁴⁰Denn auf meinem heiligen Berg, auf dem hohen Berg von Israel, spricht Gott, der HERR, wird mir das ganze Volk der Israeliten dienen, alle Menschen im Land, und dann werde ich sie gnädig annehmen. Dort werde ich eure Opfer und Erstlingsgaben und Weihegeschenke fordern. ⁴¹Beim beruhigenden Duft eurer Opfer werde ich euch gnädig annehmen, wenn ich euch aus den Völkern herausgeholt und aus den Ländern, in die ihr versprengt wurdet, nach Hause gebracht habe. Und ich will vor den Au-

---

20,15 S. V. 6. **20,26** Hebr. *indem sie alle Erstgeburt des Mutterschoßes durch (das Feuer) gehen ließen.* **20,29** Das bedeutet *Höhe.* **20,37** Wie ein Hirte, der seine Schafe zählt.

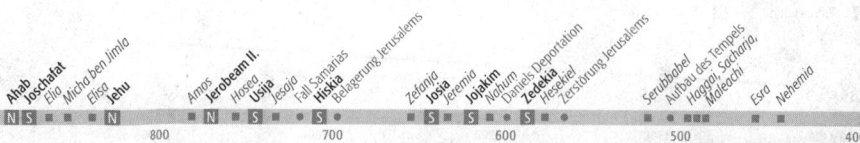

HESEKIEL

1–3	Hesekiels Vision und Berufung
4–24	Das kommende Unheil Israels
25–32	Botschaften für sieben fremde Völker
33–39	Die Wiederherstellung von Israel
40–48	Die Vision des Neuen Tempels

20–21
Das Volk wird Gott erkennen. Hesekiel soll seufzen über den Negev. Botschaften für den König von Babel und die Ammoniter.

[Die Zeit des Exils]

gen aller Völker meine Heiligkeit an euch offenbaren. ⁴²Und ihr werdet erkennen, dass ich der HERR bin, wenn ich euch in das Land Israel geführt habe, das ich euren Vorfahren mit erhobener Hand zugeschworen habe. ⁴³Dann werdet ihr an euer Verhalten und an eure Taten zurückdenken, durch die ihr euch unrein gemacht habt, und es wird euch vor euch selbst ekeln, weil ihr solche bösen Dinge getan habt. ⁴⁴Und ihr werdet erkennen, dass ich der HERR bin, wenn ich so mit euch umgehe, wie ich es meinem Namen schuldig bin und nicht so, wie ihr es für euer schlimmes Verhalten und eure widerlichen Taten verdient, ihr Israeliten, spricht Gott, der HERR.‹«

Das Gericht über den Negev

21 Danach erhielt ich diese Botschaft vom HERRN: ²»Menschenkind, richte deinen Blick nach Süden*, rede Richtung Mittag und weissage gegen den Wald im Gebiet des Negev*. ³Sag zum Wald des Negev: ›Höre das Wort des HERRN! So spricht Gott, der HERR: Ich werde dich in Brand setzen, Wald, und das Feuer wird alles grüne und alles trockene Holz in dir vernichten. Die lodernden Flammen werden nicht verlöschen; vom Süden bis zum Norden werden sie jedes Angesicht versengen. ⁴Und dann wird die ganze Welt* sehen, dass ich, der HERR, dieses Feuer gelegt habe. Es wird nicht verlöschen.‹«

⁵Da sagte ich: »Ach, HERR, mein Gott, sie sagen über mich: ›Er redet immer nur in Rätseln!‹« ⁶Daraufhin erhielt ich eine Botschaft vom HERRN: ⁷»Menschenkind, richte deinen Blick nach Jerusalem, sprich gegen das Heiligtum und weissage gegen Israel. ⁸Sag zum Land Israel: ›So spricht der HERR: Ich will gegen dich vorgehen; ich werde mein Schwert aus seiner Scheide ziehen, um den Gerechten wie den Gottlosen bei dir auszulöschen. ⁹Ja, ich will bei dir den Gerechten wie den Gottlosen vernichten! Deshalb wird mein Schwert aus seiner Scheide fahren gegen alle Menschen vom Süden bis zum Norden. ¹⁰Dann wird die Welt erkennen, dass ich, der HERR, mein Schwert aus seiner Scheide gezogen habe; es wird nicht mehr in seine Scheide zurückkehren.‹

¹¹Menschenkind, seufze, bis dir die Hüfte weh tut! Voll Kummer sollst du vor ihren Augen stöhnen. ¹²Und wenn sie dich fragen: ›Weshalb seufzt du?‹, dann sollst du zu ihnen sagen: ›Ich stöhne wegen einer Schreckensbotschaft. Wenn sie eintritt, wird jedes Herz verzagen und alle

21,2a Hebr. *Teman*. 21,2b D.h. *Südland*. 21,4 Hebr. *alles Fleisch*.

S Südreich Juda N Nordreich Israel

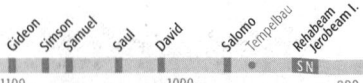

Hände werden herabsinken. Aller Mut geht verloren und alle Knie werden weich. Und Gott, der HERR, spricht: So wird es kommen, ja, es geschieht!«

¹³Daraufhin sagte der HERR zu mir: ¹⁴»Menschenkind, weissage! Sag: ›So spricht Gott‹ Sprich: ›Ein Schwert, ein Schwert ist geschärft und poliert. ¹⁵Um zu schlachten, wurde es geschärft; damit es blitzt, wurde es poliert! Sollen wir uns da freuen? Mein Sohn, du hast den Stock und jeden Rat verachtet!* ¹⁶Ja, das Schwert wird poliert, damit man es ergreift. Es wird geschärft und poliert, um es dem Scharfrichter zu geben.‹

¹⁷Menschenkind, weine und klage, denn es richtet sich gegen mein Volk, es richtet sich gegen alle Fürsten von Israel. Sie sind samt meinem Volk dem Schwert verfallen. Darum schlage dir auf die Hüfte. ¹⁸Es ist eine schwere Prüfung. Und Gott, der HERR, fragt: ›Warum sollte das denn nicht geschehen, wenn du schon den Stock verschmäht hast?*‹

¹⁹Du, Menschenkind, weissage, schlag deine Hände zusammen. Denn das Schwert wird zwei Mal, ja, drei Mal kommen*. Es ist ein Schwert, das den Tod bringt, ein gewaltiges Schwert, das den Tod bringt und sie umzingelt. ²⁰Ihre Herzen sollen verzagen und viele werden fallen. Denn das Schwert wütet bereits vor jedem Tor. Wehe, es leuchtet auf wie ein Blitz; es wurde geschärft, um zu töten! ²¹Zeig, wie scharf du bist! Blitze auf nach rechts, blitze auf nach links, wohin deine Schneide auch immer gerichtet ist. ²²Auch ich werde meine Hände zusammenschlagen und meinem Zorn freien Lauf lassen. Ich, der HERR, habe gesprochen!«

Ein Wegweiser für den König von Babel

²³Danach erhielt ich eine Botschaft vom HERRN: ²⁴»Du, Menschenkind, zeichne zwei Wege auf, die das Schwert des Königs von Babel nehmen soll. Beide sollen vom gleichen Land ausgehen. Stell einen Wegweiser auf: Dort, wo der Weg zur Stadt anfängt, sollst du ihn aufstellen. ²⁵Die eine Abzweigung soll das Schwert nach Rabba im Land Ammon führen, die andere nach Juda, in das befestigte Jerusalem. ²⁶Denn der König von Babel steht an der Weggabelung, wo beide Wege anfangen, und befragt das Orakel. Er wirft Pfeile als Los, befragt seine Hausgötzen* und betrachtet die Leber. ²⁷In seiner rechten Hand hält er nun das Los für Jerusalem, um Sturmböcke aufzustellen, Schlachtrufe auszustoßen und Kriegsgeschrei anzustimmen; um Sturmböcke gegen die Tore zu richten, Belagerungswälle aufzuschütten und Belagerungstürme zu bauen. ²⁸Die Einwohner von Jerusalem werden dies für ein Missverständnis halten*, weil sie einen heiligen Eid haben. Doch er wird sie an ihre Schuld erinnern, damit sie gepackt werden.

²⁹Deshalb spricht Gott, der HERR: ›Ihr selbst erinnert an eure Schuld, denn eure schlimmen Taten begeht ihr in aller Öffentlichkeit. Bei allem, was ihr tut, wird deutlich, dass ihr damit sündigt. Weil ihr daran erinnert habt, sollt ihr nun mit Gewalt gepackt werden.

³⁰O du verdorbener, gottloser Fürst von Israel, dein Tag ist gekommen, an dem du die endgültige Strafe für deine Schuld erhältst*!‹ ³¹So spricht Gott, der HERR: ›Weg mit der Stirnbinde und herunter mit der Krone! Nichts bleibt, wie es ist – jetzt werden die Niedrigen erhöht und die Hohen erniedrigt. ³²Vernichtung! Vernichtung! Ich werde Jerusalem vernichten – doch auch das soll nicht so bleiben –, bis der erscheint, der ein Recht darauf hat, es zu richten. Ihm will ich es übergeben.‹

Eine Botschaft für die Ammoniter

³³Und nun, Menschenkind, weissage und sag: ›Das sagt Gott, der HERR zu den Ammonitern und ihrem Spott.‹ Sag: ›Das Schwert, ja, das Schwert ist gezogen, um euch zu töten; es ist poliert, um euch zu vernichten, es leuchtet auf wie ein Blitz! ³⁴Während man euch noch leere Visionen und erlogene Weissagungen verkündet, wird das Schwert schon an den Hals der Gottlosen gelegt. Ihr Tag ist gekommen, an dem sie die endgültige Strafe für ihre Schuld erhalten. ³⁵Steck das Schwert wieder in die Scheide. Ich werde dich in deinem eigenen Land richten, in dem Land, wo du geboren bist. ³⁶Ich werde meinen Groll über dich ausgießen und das Feuer meines Zorns gegen dich anfachen. Ich werde dich grausamen Menschen ausliefern, deren Handwerk das Töten ist. ³⁷Du wirst vom Feuer verzehrt und dein Blut wird in deinem Land vergossen werden. Jede Erinnerung an dich wird ausgelöscht werden, denn ich, der HERR, habe gesprochen!‹«

21,15 O. *Der Stock meines Sohnes verachtet jedes andere Holz.* Die Bedeutung des hebr. Satzes ist unklar. **21,18** Die Bedeutung des hebr. Satzes ist unklar. **21,19** So nach der lat. Übersetzung, im Hebr. steht *Da verdoppelt sich das Schwert, sein Drittel.* **21,26** Hebr. *Teraphim.* **21,28** Hebr. *in ihren Augen ist es für sie wie ein Orakel der Täuschung.* **21,30** Hebr. *in der Zeit der Verschuldung des Endes.*

HESEKIEL

1–3	Hesekiels Vision und Berufung
4–24	Das kommende Unheil Israels
25–32	Botschaften für sieben fremde Völker
33–39	Die Wiederherstellung von Israel
40–48	Die Vision des Neuen Tempels

22–23
Die Unzucht Jerusalems. Gott kündigt Gericht über Israel an. Die führenden Männer werden gerichtet werden. Das Gleichnis der beiden Schwestern.

[Die Zeit des Exils]

Die Sünden von Jerusalem

22 Danach erhielt ich eine Botschaft vom HERRN: ²»Menschenkind, bist du bereit sie zu richten? Bist du bereit diese Stadt von Mördern* zu verurteilen? Halte ihr all ihre abscheulichen Taten vor Augen ³und sag: ›So spricht Gott, der HERR: O Stadt von Mördern*, dem Untergang geweiht, die sich Götzen anfertigt und sich dadurch unrein macht: ⁴Durch das Blut, das du vergossen hast, bist du schuldig, und durch die Götzen, die du dir gemacht hast, bist du unrein geworden. Du hast deinen Gerichtstag herbeigeführt und das Ende deiner Jahre kommen lassen. Ich mache dich zum Gespött für die Völker und die ganze Welt soll dich verhöhnen. ⁵Alle Völker nah und fern werden dich verspotten, denn dein Name ist beschmutzt und deine Bestürzung ist groß.

⁶Jeder einzelne Fürst von Israel beharrt auf seiner Macht, Blut in dir zu vergießen. ⁷Bei dir verachtet man Vater und Mutter; Ausländern, die in der Stadt leben, tut man Gewalt an. Man unterdrückt die Witwen und Waisen bei dir. ⁸Du verachtest, was mir heilig ist, und entweihst meinen Sabbat. ⁹Die Menschen verleumden einander und sind darauf aus, Blut zu vergießen. Bei dir werden Opfergelage auf den Bergen abgehalten und in deiner Mitte schändliche Taten verübt: ¹⁰Man deckt die Blöße des Vaters auf und missbraucht eine Frau, die ihre Monatsblutung hat. ¹¹Der eine treibt abscheuliche Dinge mit der Frau seines Nachbarn, der andere macht seine Schwiegertochter unrein, indem er mit ihr schläft, wieder ein anderer missbraucht seine eigene Schwester, die Tochter seines Vaters. ¹²Bei dir lässt man sich für einen Mord bezahlen*, nimmt Zinsen, treibt Wucher, erpresst seine Mitmenschen! Mich jedoch hast du vergessen, spricht Gott, der HERR.

¹³Doch jetzt schlage ich die Hände zusammen, weil du auf diese Weise unrechten Gewinn gemacht hast und weil so viel Blut in deiner Mitte vergossen worden ist. ¹⁴Wirst du an dem Tag, an dem ich mit dir abrechne, auch noch stark und mutig sein?* Ich, der HERR, habe gesprochen! Ich tue, was ich gesagt habe. ¹⁵Ich zerstreue dich unter die Völker und versprenge dich in alle Länder und mache ein Ende mit der Unreinheit, die bei dir herrscht. ¹⁶Und dann, wenn du durch deine eigene Schuld entehrt vor den Augen der

---

22,2 Hebr. *der Bluttaten.* **22,3** Hebr. *Stadt, die in ihrer Mitte Blut vergießt.* **22,12** Hebr. *Bestechungsgeld nimmt man bei dir an, um deswegen Blut zu vergießen.* **22,14** Hebr. *Wird etwa dein Herz standhalten oder werden deine zwei Hände stark bleiben an den Tagen, wenn ich mit dir abrechne?*

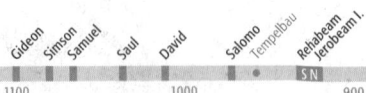

Völker dastehst, wirst du erkennen, dass ich der HERR bin.‹«

Der Schmelzofen des HERRN

17Danach erhielt ich folgende Botschaft vom HERRN: 18»Menschenkind, das Volk Israel ist für mich nutzlose Schlacke geworden. Die Menschen sind alle wie Kupfer, Zinn, Eisen und Blei im Schmelzofen: Silberschlacke ist aus ihnen geworden. 19Deshalb spricht Gott, der HERR: ›Weil aus euch allen nur wertlose Schlacke geworden ist, werde ich euch in Jerusalem sammeln. 20Wie man Silber, Kupfer, Zinn, Eisen und Blei zusammen in den Ofen steckt und ein Feuer darunter anmacht, um alles zu schmelzen, so werde ich euch in meinem Zorn und Groll zusammentun, euch in den Ofen legen und zum Schmelzen bringen. 21Ich werde euch sammeln und den Gluthauch meines Zorns gegen euch anfachen, sodass ihr darin schmelzt. 22Wie man Silber in einem Ofen schmilzt, so werdet ihr in der Stadt geschmolzen. Dann werdet ihr erkennen, dass ich, der HERR, meinen Zorn über euch ausgegossen habe.‹«

Die Sünden der führenden Männer von Israel

23Wieder erhielt ich eine Botschaft vom HERRN: 24»Menschenkind, sag zu dem Land: ›Du bist ein Land, das nicht gereinigt wurde, am Tag meines Zorns ist der Regen nicht auf dich gefallen. 25Deine Propheten* verschwören sich in dir, sie brüllen wie Löwen, die ihre Beute belauern. Sie verschlingen Menschen, reißen Reichtum und Kostbarkeiten an sich. Sie machen viele Frauen im Land zu Witwen. 26Deine* Priester missbrauchen mein Gesetz und entweihen, was mir heilig ist. Sie machen keinen Unterschied zwischen dem, was heilig und was nicht heilig ist. Und sie lehren andere nicht, wie zwischen rein und unrein zu unterscheiden ist. Vor meinem Sabbatgebot verschließen sie die Augen. Auf diese Weise werde ich bei ihnen entweiht. 27Deine Fürsten sind bei dir wie Wölfe, die Beute reißen. Sie vergießen Blut und richten Menschen zugrunde, nur um wirtschaftlichen Gewinn zu machen! 28Und deine Propheten übertünchen alles, geben leere Visionen weiter und verkünden erfundene Botschaften. Sie sagen: Das sagt Gott, der HERR, obwohl der HERR gar nicht gesprochen hat. 29Sogar das Volk im Land erpresst und raubt. Die Menschen unterdrücken den Armen und Schwachen und bedrängen den Ausländer mit Gewalt, obwohl das gegen jedes Recht verstößt.

30Ich hielt Ausschau nach einem unter ihnen, der die Mauer schließt und vor mir für das Land in die Bresche springt, damit ich es nicht zerstöre, aber ich fand niemanden. 31Deshalb werde ich meinen Groll über sie ausgießen und das Feuer meines Zorns wird sie vernichten. Ich werde sie so bestrafen, wie sie es für ihr Verhalten verdienen*, spricht Gott, der HERR.‹«

Der Ehebruch der beiden Schwestern

23 Danach erhielt ich folgende Botschaft vom HERRN: 2»Menschenkind, es waren einmal zwei Frauen, Töchter derselben Mutter. 3Sie trieben Unzucht in Ägypten. Schon als junge Mädchen trieben sie es dort mit den Männern. Sie ließen sich ihre Brüste streicheln und ihren jugendlichen Busen tätscheln. 4Das ältere Mädchen hieß Ohola, ihre Schwester Oholiba. Ich heiratete beide und sie gebaren mir Söhne und Töchter. Ohola ist Samaria und Oholiba ist Jerusalem.

5Doch hinter meinem Rücken wurde Ohola mir untreu und fühlte leidenschaftliche Begierde nach ihren Liebhabern, den Assyrern, die in ihrer Nähe waren. 6Es waren alles ansehnliche junge Männer, Statthalter und Befehlshaber, in Purpur gekleidet, gute Reiter auf ihren Pferden. 7Und so gab sie sich ihnen hin. Sie gehörten alle zu den besten Männern von Assyrien. Mit jedem, den sie begehrte, machte sie sich unrein, und auch mit seinen Götzen. 8Dabei gab sie aber die Unzucht, die sie mit den Ägyptern getrieben hatte, nicht auf, denn diese hatten schon in ihrer Jugend mit ihr geschlafen und ihren jugendlichen Busen getätschelt und sie mit ihrer Unzucht beschmutzt. 9Deshalb überließ ich sie ihren Liebhabern, ich gab sie in die Hände der Assyrer, die sie so sehr begehrte. 10Sie stellten sie nackt zur Schau und nahmen ihr die Söhne und Töchter weg. Sie selbst erschlugen sie mit dem Schwert. So vollzogen sie das Strafgericht an ihr und so wurde sie zum abschreckenden Beispiel für die Frauen.

11Ihre Schwester Oholiba sah es, aber sie war in ihrer Gier noch verdorbener als ihre Schwester und ihre Hurereien waren noch schlimmer als die ihrer Schwester. 12Sie fühlte leidenschaftliche Begierde nach den Assyrern. Es waren alles ansehnliche junge Männer, Statthalter, Befehlshaber und Kämpfer in prachtvoller Kleidung, gute Reiter auf ihren Pferden. 13Und ich sah, dass sie

---

22,25 In der griech. Version steht hier *Fürsten*. 22,26 Hebr. *Seine*, d.h. des Landes; so auch in V. 27 u. 28. 22,31 Hebr. *ihren Weg gebe ich auf ihr Haupt*.

HESEKIEL

1–3	Hesekiels Vision und Berufung
4–24	Das kommende Unheil Israels
25–32	Botschaften für sieben fremde Völker
33–39	Die Wiederherstellung von Israel
40–48	Die Vision des Neuen Tempels

23–24
Gott richtet die beiden Schwestern: Jerusalem und Samaria.
Die Zeichenhandlung mit dem Topf.

[Die Zeit des Exils]

sich unrein machte. Die beiden Schwestern verhielten sich genau gleich.

¹⁴Doch sie trieb ihre Schamlosigkeit noch weiter: Sie sah Männer, die auf eine Mauer gezeichnet waren, es waren Bilder von babylonischen* Männern, in roter Farbe gezeichnet. ¹⁵Sie trugen Gürtel um die Hüften und herunterhängende Turbane auf den Köpfen. Sie sahen alle aus wie vornehme Krieger, so wie eben die Babylonier aussehen, deren Vaterland Babel* ist. ¹⁶Als Oholiba sie auf den Bildern sah, fühlte sie leidenschaftliche Begierde nach ihnen, deshalb schickte sie Boten zu ihnen nach Babylon. ¹⁷Da kamen die Babylonier zu ihrem Liebeslager und machten sie unrein, indem sie mit ihr schliefen. Als sie aber durch sie unrein geworden war, wandte sie sich ganz plötzlich von ihnen ab.

¹⁸Weil sie ihrer Hurerei so offen nachging und sich nackt zeigte, wandte auch ich mich ganz plötzlich von ihr ab, so wie ich mich auch von ihrer Schwester ganz plötzlich abgewandt hatte. ¹⁹Sie trieb es jedoch immer schlimmer und dachte an ihre Jugendzeit zurück, als sie in Ägypten Unzucht getrieben hatte. ²⁰Da wurde sie von der Begierde nach ihren Liebhabern erfasst, deren Glied wie das Glied eines Esels und deren Erguss wie der Erguss eines Hengstes war. ²¹Ja, Oholiba, du hast dich nach der Unzucht deiner Jugend zurückgesehnt, als dir die Ägypter den Busen streichelten, weil du so jugendliche Brüste hattest.

Das Urteil des HERRN über Oholiba
²²Deshalb, Oholiba, spricht Gott, der HERR: ›Ich hetze deine Liebhaber gegen dich auf, von denen du dich so plötzlich abgewandt hast. Ich lasse sie von allen Seiten gegen dich anrücken. ²³Die Babylonier werden mit allen übrigen Chaldäern aus Pekod, Schoa und Koa kommen, und mit ihnen die Assyrer – ansehnliche junge Männer, Statthalter und Befehlshaber, Kämpfer und edle Herren, gute Reiter auf ihren Pferden. ²⁴Sie werden mit Streitwagen und Reitern und einem riesigen Heer gegen dich vorrücken. Mit Großschild, Kleinschild und Helm ausgerüstet werden sie dich belagern. Und ich lege ihnen den Rechtsfall vor, und sie richten dich nach ihren Gesetzen. ²⁵Ich lasse dich meine Eifersucht spüren, und sie werden grausam mit dir umgehen. Sie werden dir Nase und Ohren abschneiden, und was von dir übrig bleibt, wird durch das Schwert sterben. Sie werden dir deine Kinder wegnehmen und was von dir übrig bleibt, wird im Feuer verbrennen. ²⁶Sie werden dir deine Kleider ausziehen und dir deinen prächtigen Schmuck abnehmen. ²⁷Auf diese Weise mache ich der Lüsternheit und

23,14 O. *chaldäischen.* 23,15 O. *Chaldäa.*

S Südreich Juda   N Nordreich Israel

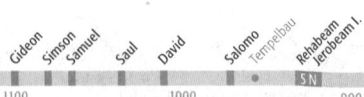

Hurerei, die du aus Ägypten mitgebracht hast, ein Ende. Dann wirst du deine Liebhaber nie mehr mit begehrlichen Blicken verfolgen und nicht mehr an Ägypten denken.‹ ²⁸Denn so spricht Gott, der HERR: ›Ich liefere dich denen aus, die du verabscheust, ich gebe dich in die Hand derer, von denen du dich so plötzlich abgewandt hast. ²⁹Sie werden dich ihren ganzen Hass spüren lassen; sie werden dir alles wegnehmen, was du dir erworben hast, und dich völlig nackt zurücklassen. Dein schamloser nackter Körper, deine Hurerei und dein Ehebruch werden öffentlich zur Schau gestellt. ³⁰Das alles hast du dir selbst zuzuschreiben, weil du dich den anderen Völkern schamlos an den Hals geworfen und dich mit ihren Götzen unrein gemacht hast. ³¹Weil du in die Fußstapfen deiner Schwester getreten bist, gebe ich dir jetzt ihren Kelch in die Hand.

³²Ja, so spricht Gott, der HERR: Du wirst den Kelch deiner Schwester trinken, den tiefen und weiten Kelch, der so viel fasst. Und man wird über dich lachen und dich verspotten. ³³Er macht dich betrunken und füllt dich mit Schmerz. Es ist ein Kelch des Schauderns und des Entsetzens, der Kelch deiner Schwester Samaria. ³⁴Du wirst den Kelch leeren und ausschlürfen. Dann wirst du seine Scherben zerbeißen und dir damit die Brust aufreißen. Denn ich, Gott, der HERR, habe gesprochen! ³⁵Weil du mich vergessen und dich völlig von mir abgewandt hast, spricht Gott, der HERR, musst du die Folgen deiner Unzucht und Hurerei tragen.‹«

Das Gericht des HERRN über die beiden Schwestern

³⁶Der HERR sagte zu mir: »Menschenkind, möchtest du Ohola und Oholiba verklagen? Dann halte ihnen all ihre abscheulichen Taten vor Augen! ³⁷Sie haben Ehebruch begangen und Blut klebt an ihren Händen: Mit ihren Götzen haben sie Ehebruch begangen, und ihre Kinder, die sie mir geboren hatten, haben sie als Opfer für die Götzen verbrannt. ³⁸Und sie haben mir noch mehr angetan: Sie haben am gleichen Tag meinen Tempel unrein gemacht und meinen Sabbat entweiht! ³⁹Denn noch am selben Tag, als sie ihre Kinder für ihre Götzen schlachteten, kamen sie in meinen Tempel und entweihten ihn! Ja, so trieben sie es mitten in meinem Haus! – ⁴⁰Ja, du hast* sogar Boten zu Männern geschickt, die aus fernen Ländern kommen sollten. Und die, zu denen ein Bote geschickt wurde, sind auch erschienen. Für sie hast du dich gebadet, deine Augen geschminkt und deinen Schmuck angelegt. ⁴¹Du hast dich auf herrliche Polster niedergelassen, und davor stand ein Tisch, auf dem mein Räucherwerk und mein Öl hergerichtet waren. ⁴²Mit lärmender Stimme sang man für die Männer. Eine Menge Menschen war aus der Wüste gekommen, und sie legten den Frauen Armreifen an und setzten ihnen schöne Kronen auf. ⁴³Da sagte ich: ›Noch immer Ehebruch mit der Heruntergekommenen? Jetzt treiben sie ihre Hurerei und freuen sich daran!‹* ⁴⁴Und sie gingen zu ihr, wie man zu einer Hure geht. So gingen sie zu Ohola und Oholiba, den schamlosen Frauen. ⁴⁵Doch gerechte Männer werden sie nach dem Gesetz für Ehebrecherinnen und Mörderinnen richten. Denn sie sind Ehebrecherinnen, und an ihren Händen klebt Blut.

⁴⁶So spricht Gott, der HERR: ›Beruft eine Versammlung gegen sie ein; sie sollen der Gewalt und der Plünderung preisgegeben werden. ⁴⁷Und die Versammlung soll sie steinigen und mit dem Schwert in Stücke schlagen. Ihre Söhne und Töchter sollen ermordet und ihre Häuser verbrannt werden. ⁴⁸Auf diese Weise werde ich der Unzucht im Land ein Ende machen, und es soll eine Warnung für alle Frauen sein, sich kein Beispiel an ihrer Unzucht zu nehmen. ⁴⁹Ihr werdet für eure Hurerei bekommen, was ihr verdient, und ihr werdet die Folgen für eure Sünden tragen, die ihr mit euren Götzen begangen habt. Dann werdet ihr erkennen, dass ich Gott, der HERR, bin.‹«

Das Zeichen des Kochtopfs

24 Am zehnten Tag im zehnten Monat des neunten Jahres* erhielt ich eine Botschaft vom HERRN: ²»Menschenkind, schreib das Datum des Tages auf, dieses heutigen Tages, denn heute ist der Tag, an dem der König von Babel mit der Belagerung von Jerusalem beginnt. ³Und dann erzähl diesem widerspenstigen Volk ein Gleichnis; sag zu den Menschen: ›So spricht Gott, der HERR: Bring einen Topf, setz ihn auf und füll ihn mit Wasser. ⁴Füll ihn mit Fleisch, mit guten Stücken – Lende und Schulter – und mit besten Knochen. ⁵Nimm dazu nur die besten Schafe, und schichte das Brennholz unter dem Topf auf. Lass die Fleischstücke sieden und auch die Knochen sollen darin kochen.

⁶Denn so spricht Gott, der HERR: Der Stadt der

23,40 Hebr. *sie haben.* **23,43** Der hebr. Text an dieser Stelle ist unsicher. **24,1** Das Ereignis, um das es hier geht, fand am 15. Januar 588 v.Chr. statt; s. auch die Anm. zu 1,1.

HESEKIEL

1–3	Hesekiels Vision und Berufung
4–24	Das kommende Unheil Israels
25–32	Botschaften für sieben fremde Völker
33–39	Die Wiederherstellung von Israel
40–48	Die Vision des Neuen Tempels

24–26

Hesekiel muss zum Zeichen Essen vernichten. Seine Frau stirbt. Hesekiel darf nicht trauern. Gerichtsandrohungen für Ammon, Moab, Edom, das Philisterland und Tyrus.

[Die Zeit des Exils]

Mörder wird es schlecht ergehen! Sie ist ein Topf, an dem noch Rost ist, der Rost ist nicht von ihm abgegangen. Deshalb nimm ein Stück Fleisch nach dem anderen heraus, ohne es mit dem Los auszuwählen, ⁷denn das Blut, das von der Stadt vergossen wurde, ist noch mitten in ihr: Auf den nackten Felsen hat sie es fließen lassen, sie goss es nicht auf die Erde, um es mit Staub zu bedecken! ⁸Ich wollte meinen Zorn schüren, um Rache an ihnen zu nehmen, deshalb sorgte ich dafür, dass das Blut auf den nackten Felsen gegossen und nicht zugedeckt wurde.

⁹Darum spricht Gott, der HERR: Der Stadt der Mörder wird es schlimm ergehen! Auch ich werde einen großen Holzstoß aufschichten. ¹⁰Ja, häufe Brennholz auf! Zünde das Feuer an und koche das Fleisch gar. Dann gieß die Brühe aus und lass die Knochen anbrennen. ¹¹Danach setz den leeren Topf auf die glühenden Kohlen, damit das Kupfer heiß wird und zu glühen beginnt und der Schmutz in seinem Innern schmilzt und der Rost verschwindet. ¹²Doch alle Mühe nützt nichts: Sein starker Rost will auch im Feuer nicht verschwinden. ¹³Ich wollte dich von deinem Schmutz befreien, aber du hast dich nicht reinigen lassen. Deshalb wirst du wegen deiner Unzucht und Unreinheit schmutzig bleiben, bis ich meinen Zorn an dir ausgelassen habe. ¹⁴Ich, der HERR, habe gesprochen! Es kommt, ich führe es aus, es gibt keinen Aufschub mehr. Ich werde dich nicht schonen und kein Mitleid haben. Jetzt wirst du so gerichtet, wie du es für dein Verhalten und deine Taten verdienst, spricht Gott, der HERR.«

Der Tod von Hesekiels Frau
¹⁵Danach erhielt ich eine Botschaft vom HERRN: ¹⁶»Menschenkind, ich werde dir durch einen plötzlichen Tod das nehmen, woran du dich freust. Aber du darfst weder klagen noch weinen und auch keine Tränen vergießen. ¹⁷Du darfst seufzen, aber nur heimlich; halte keine Totenklage. Binde dir den Turban um und zieh deine Sandalen an. Verhülle deinen Bart nicht und iss kein Trauerbrot.«

¹⁸Am Morgen redete ich noch zum Volk, und am Abend starb meine Frau. Am nächsten Morgen verhielt ich mich genau so, wie es mir befohlen worden war. ¹⁹Da fragten die Leute: »Möchtest du uns nicht erklären, was das für uns bedeutet, dass du dich so verhältst?«

²⁰Da sagte ich ihnen: »Folgende Botschaft habe ich vom HERRN erhalten: ²¹›Sag dem Volk der Israeliten: So spricht Gott, der HERR: Ich werde meinen Tempel entweihen, der eure Zuflucht und euer Stolz ist, an dem ihr euch freut und nach dem ihr euch sehnt. Eure Söhne und

Töchter, die ihr zurückgelassen habt, werden durch das Schwert umkommen.‹ ²²Dann werdet ihr euch so verhalten, wie ich es getan habe: Ihr werdet euren Bart nicht verhüllen und kein Trauerbrot essen. ²³Euren Turban werdet ihr auf dem Kopf behalten und eure Sandalen an den Füßen. Ihr werdet nicht klagen und nicht weinen, sondern ihr werdet wegen eurer Sünden zugrunde gehen und miteinander seufzen. ²⁴›Hesekiel wird für euch zum Zeichen. Wenn es eintrifft, werdet ihr euch verhalten, wie er es getan hat. Und dann werdet ihr erkennen, dass ich der HERR bin.‹

²⁵Und du, Menschenkind, wirst es erleben: An dem Tag, an dem ich ihnen ihre Zuflucht wegnehme, ihren ganzen Stolz und ihr Glück, woran sie sich freuen und wonach sie sich sehnen, und auch ihre Söhne und Töchter, ²⁶an diesem Tag wird ein Flüchtling zu dir kommen und es dir berichten. ²⁷An diesem Tag wirst du deine Stimme zurückerhalten, wenn der Flüchtling kommt. Und dann wirst du reden und nicht mehr stumm sein. So sollst du ein Zeichen für sie werden, und sie werden erkennen, dass ich der HERR bin.«

Eine Botschaft für Ammon

25 Dann erhielt ich folgende Botschaft vom HERRN: ²»Menschenkind, richte deinen Blick hinüber zu den Ammonitern und weissage gegen sie. ³Sag zu den Ammonitern: ›Hört das Wort Gottes, des HERRN: So spricht Gott, der HERR: Weil du dich höhnisch darüber gefreut hast, dass mein Tempel entweiht, das Land Israel verwüstet und Juda ins Exil verschleppt wurde, ⁴werde ich dich den Völkern aus dem Osten ausliefern. Sie werden ihre Zelte bei dir aufschlagen und ihre Siedlungen bei dir errichten. Sie werden deine Früchte essen und deine Milch trinken. ⁵Die Stadt Rabba mache ich zum Weideland für Kamele und die Städte der Ammoniter zum Lagerplatz für Schafe. Dann werdet ihr erkennen, dass ich der HERR bin.

⁶Denn so spricht Gott, der HERR: Weil du in die Hände geklatscht und mit den Füßen gestampft und dich hämisch von ganzem Herzen über das Land Israel gefreut hast, ⁷erhebe ich nun meine Hand gegen dich. Ich mache dich zur Beute für die Völker. Ich lösche dich als Volk aus, lasse dein Land verschwinden und werde dich vernichten. Dann wirst du erkennen, dass ich der HERR bin.‹

Eine Botschaft für Moab

⁸Gott, der HERR, spricht: ›Weil das Volk von Moab und Seïr gesagt hat: Schau doch, Juda ist nicht anders als alle anderen Völker, ⁹werde ich die Berghänge von Moab kahl schlagen, sodass es dort keine Städte mehr gibt. Ausnahmslos alle Städte, die das Land schmücken – Bet-Jeschimot, Baal-Meon und Kirjatajim –, werden verschwinden. ¹⁰Zusammen mit den Ammonitern mache ich Moab zum Eigentum der Völker aus dem Osten. Die Ammoniter werden bei den Völkern nicht mehr erwähnt werden ¹¹und an Moab werde ich das Strafgericht vollstrecken. Dann werden sie erkennen, dass ich der HERR bin.‹

Eine Botschaft für Edom

¹²Gott, der HERR, spricht: ›Das Volk von Edom hat an Juda Rache genommen und sich mit seiner Rache versündigt. ¹³Deshalb‹, spricht Gott, der HERR, ›erhebe ich meine Hand gegen Edom. Ich vernichte das ganze Volk samt seinen Tieren. Von Teman bis nach Dedan wird das Land zur Wüste. Sie sollen durch das Schwert fallen. ¹⁴Und ich lege meine Rache an Edom in die Hand meines israelitischen Volkes. Es wird so mit Edom umgehen, wie es meinem Zorn und meinem Groll entspricht. So werden sie meine Rache kennenlernen, spricht Gott, der HERR.‹

Eine Botschaft für das Land der Philister

¹⁵Gott, der HERR, spricht: ›Die Philister waren rachsüchtig und haben voller Hass und Verachtung Rache an meinem Volk genommen, um es aufgrund ewiger Feindschaft zu zerstören. ¹⁶Deshalb‹, spricht Gott, der HERR, ›erhebe ich meine Hand gegen die Philister. Ich lösche die Kreter aus und vernichte alle, die an der Meeresküste übrig geblieben sind. ¹⁷Ich nehme furchtbare Rache an ihnen und bestrafe sie hart. Und sie werden erkennen, dass ich der HERR bin, wenn ich sie meine Rache spüren lasse.‹«

Eine Botschaft für Tyrus

26 Am ersten Tag des elften Monats im zwölften Jahr* erhielt ich eine Botschaft vom HERRN: ²»Menschenkind, Tyrus sagt über Jerusalem: ›Ha! Das Tor der Völker wurde zerstört, nun fällt mir alles zu! Ich werde reich, weil die Stadt verwüstet ist!‹

³Deshalb spricht Gott, der HERR: ›Ich werde gegen dich vorgehen, Tyrus, und ich biete viele

---

26,1 Im Hebr. fehlt in dieser Zeitangabe ein Element, deshalb hat die Forschung folgende Lesart rekonstruiert: *Im elften (Monat des zwölften) Jahres, am ersten Tag des Monats*. Nach dieser Lesart fand das Ereignis, um das es hier geht, am 3. Februar 585 v.Chr. statt; s. auch die Anm. zu 1,1.

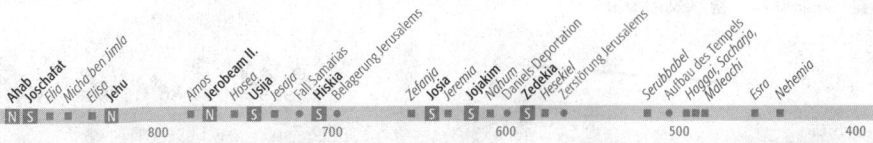

HESEKIEL

1–3	Hesekiels Vision und Berufung
4–24	Das kommende Unheil Israels
25–32	Botschaften für sieben fremde Völker
33–39	Die Wiederherstellung von Israel
40–48	Die Vision des Neuen Tempels

26–27
Der Untergang und die Zerstörung von Tyrus.

[Die Zeit des Exils]

S Südreich Juda   N Nordreich Israel

Völker gegen dich auf, so wie das Meer seine Wellen heranbranden lässt. ⁴Sie werden die Mauern von Tyrus zerstören und seine Wachttürme abreißen. Ich werde sein Erdreich wegfegen und es zum nackten Fels machen! ⁵Es soll zu einem Platz im Meer werden, wo die Fischer ihre Netze trocknen, denn ich habe gesprochen‹, spricht Gott, der HERR. ›Tyrus wird zur Beute für die Völker werden ⁶und seine Tochterstädte auf dem Festland sollen durch das Schwert vernichtet werden. Dann werden sie erkennen, dass ich der HERR bin.‹

⁷Denn Gott, der HERR, spricht: ›Ich werde König Nebukadnezar von Babel, den König der Könige, von Norden her mit seinen Pferden, Streitwagen und Reitern und seinem ganzen großen Heer gegen Tyrus marschieren lassen. ⁸Zuerst wird er deine Tochterstädte auf dem Festland zerstören. Dann errichtet er Belagerungstürme gegen dich, schüttet einen Belagerungswall auf und stellt ein Schilddach gegen dich auf. ⁹Er wird mit Sturmböcken gegen deine Mauern rennen und deine Türme mit seinen Werkzeugen niederreißen. ¹⁰Der Staub, den seine vielen Pferde aufwirbeln, wird dich bedecken, und deine Mauern werden beim Lärm der Reiter und Räder seiner Wagen erbeben, wenn sie durch deine Tore eindringen, wie man in eine eroberte Stadt eindringt. ¹¹Die Hufe seiner Pferde werden deine Gassen zertrampeln. Dein Volk wird er mit dem Schwert erschlagen und deine berühmten Säulen werden umstürzen.

¹²Sie plündern dein Vermögen, erbeuten deine Waren und reißen deine Mauern ein. Sie werden deine schönen Häuser zerstören und die Steine, das Holz und den Schutt ins Meer werfen. ¹³So mache ich deinen lauten Liedern ein Ende. Der Klang der Harfe soll nicht mehr bei dir zu hören sein. ¹⁴Ich mache dich zu einem kahlen Felsen, zu einem Ort, an dem die Fischer ihre Netze trocknen. Du sollst nie wieder aufgebaut werden, denn ich, der HERR, habe gesprochen!‹, spricht Gott, der HERR.

Die Auswirkungen des Untergangs von Tyrus

¹⁵So spricht Gott, der HERR, zu Tyrus: ›Werden nicht die Inseln erbeben beim Getöse deines Untergangs, beim Stöhnen der tödlich Verwundeten, beim furchtbaren Morden in deiner Mitte? ¹⁶Alle Fürsten am Meer werden von ihrem Thron steigen und ihre Obergewänder und bunten Kleider ablegen. Sie werden sich in Entsetzen hüllen und auf dem Boden sitzen, sie werden zittern und es nicht fassen können, was mit dir passiert ist. ¹⁷Dann werden sie die Totenklage für dich anstimmen und über dich sagen:

O herrliche Stadt, die du am Meer lagst,
wie bist du zerstört!
Dein Volk, die große Seemacht,
hat einst das ganze Land in Angst und Schrecken versetzt.
18Jetzt bebt die Küste am Tag deines Falls.
Die Inseln im Meer sind entsetzt über deinen Untergang.‹

19Denn Gott, der HERR spricht: ›Ich will dich zur Trümmerstätte machen, du sollst wie die Städte sein, die nicht mehr bewohnt sind. Ich lasse eine große Flut über dich hereinbrechen; hohe Wellen sollen dich bedecken. 20Ich stoße dich hinunter zu denen, die ins Grab gefahren sind, zum Volk der Vorzeit. Ich lasse dich tief in der Erde wohnen, bei den Trümmern der Vorzeit, bei denen, die bereits vor dir ins Totenreich gegangen sind. Du wirst keinen Platz und keine Macht mehr haben im Land der Lebenden. 21Ich werde dir ein schreckliches Ende bereiten; danach wird es dich nicht mehr geben. Man wird dich suchen, aber nie mehr finden. Ich, Gott, der HERR, habe gesprochen!«

Das Ende von Tyrus' Herrlichkeit

27 Danach erhielt ich diese Botschaft vom HERRN: 2»Menschenkind, stimme die Totenklage für Tyrus an! 3Sag zu Tyrus, das am Tor zum Meer wohnt und Handel treibt mit den Völkern und bis zu den vielen Inseln hin: ›So spricht Gott, der HERR: O Tyrus, du behauptest von dir: Ich bin ein Schiff* von vollkommener Schönheit. 4Dein Gebiet liegt mitten im Meer. Deine Erbauer haben dich herrlich geschaffen. 5Deine Planken bauten sie aus Zypressen vom Senir*. Deine Mastbäume machten sie aus Zedern vom Libanon, 6deine Ruder schnitzten sie aus den Eichen von Baschan. Für dein Deck nahmen sie Kiefernholz aus Kittim* und täfelten es mit Elfenbein. 7Deine Segel waren aus feinstem buntem Leinen aus Ägypten genäht und sie dienten dir als Flagge. Deine Überdachung bestand aus blauem und rotem Purpur von den Küsten von Elischa. 8Deine Ruderer kamen aus Sidon und Arwad; deine Steuerleute waren kundige Männer aus Tyrus selbst. 9Die Ältesten aus Gebal und ihre weisen Männer haben die Lecks bei dir ausgebessert. Alle Schiffe auf dem Meer und ihre Seeleute kamen zu dir, um mit dir Handel zu treiben. 10Männer aus Paras, Lud und Put* dienten als Krieger in deinem großen Heer. Sie hängten ihre Schilde und Helme bei dir auf und diese verliehen dir Glanz. 11Männer aus Arwad und Helech* standen auf deinen Mauern. Deine Türme waren mit Männern aus Gammad besetzt. Ihre Schilde hängten sie ringsherum an deinen Mauern auf und das machte deine Schönheit vollkommen. 12Tarsis trieb mit dir Handel, weil du so viele verschiedene Waren hattest; mit Silber, Eisen, Zinn und Blei bezahlten sie deine Waren. 13Jawan*, Tubal und Meschech waren deine Handelspartner und brachten dir Sklaven und bronzene Geräte für deine Waren. 14Aus Togarma kamen Reitpferde, Pferde für Streitwagen und Maultiere im Tausch gegen deine Waren. 15Die Menschen aus Dedan* handelten mit dir; zahlreiche Küstenstädte trieben Handel für dich. Sie bezahlten mit Elfenbein und Ebenholz. 16Aram* kaufte bei dir ein, weil du so viele verschiedene Waren hattest. Sie gaben dir Türkise, Purpur, Stickereien, feines Leinen, Korallen und Rubine im Tausch für deine Waren. 17Auch Juda und Israel trieben Handel mit dir und boten dir Weizen aus Minnit, Feigen*, Honig, Öl und Harz zum Tausch an. 18Damaskus kaufte bei dir ein, weil du so viele verschiedene Waren hattest, und brachte dafür Wein aus Helbon und Wolle aus Zahar. 19Griechen aus Uzal* kamen auf deine Märkte; sie bezahlten mit bearbeitetem Eisen, Zimt und Würzrohr für deine Güter. 20Dedan bot dir im Handel Decken zum Reiten an. 21Die Araber und Fürsten von Kedar standen als Kaufleute in deinem Dienst. Sie bezahlten mit Lämmern, Böcken und Ziegen. 22Die Kaufleute aus Saba und Ragma trieben mit dir Handel. Sie gaben dir feinsten Balsam, Juwelen und Gold für deine Waren. 23Auch Haran, Kanne, Eden, Saba, Assur und Kilmad brachten ihre Waren zu dir. 24Sie boten kostbare Gewänder, Mäntel aus blauem Purpur, Stickereien, bunte Teppiche und fest gedrehte Seile auf deinem Markt an. 25Die Schiffe von Tarsis waren deine Karawanen, die dir Tauschwaren brachten. Du wurdest überaus voll und schwer mitten im Meer!

Die Zerstörung von Tyrus

26Deine Ruderer haben dich auf die hohe See hinausgeführt. Aber ein Sturm aus dem Osten zerschmettert dich mitten auf dem Meer! 27Deine Reichtümer, Waren und Güter, deine Steuermänner und Matrosen, die Männer, die deine Lecks ausbessern, die Kaufleute, die bei dir

---

27,3 *Ein Schiff* ist sinngemäß ergänzt. **27,5** O. *Hermon*. **27,6** Das ist Zypern. **27,10** Das sind Persien, Lydien, Libyen. **27,11** O. *und dein Heer*. **27,13** Das ist Griechenland. **27,15** In der griech. Version steht *Rhodos*. **27,16** In manchen Handschriften steht *Edom*. **27,17** Die Bedeutung des hebr. Wortes ist unklar. **27,19** Hebr. *Wedan und Jawan aus Uzal*. Die Bedeutung des Hebr. ist unklar.

HESEKIEL

1–3	Hesekiels Vision und Berufung
4–24	Das kommende Unheil Israels
25–32	Botschaften für sieben fremde Völker
33–39	Die Wiederherstellung von Israel
40–48	Die Vision des Neuen Tempels

27–29

Ein Klagelied für Tyrus. Gerichtsandrohung für den stolzen Fürsten von Tyrus und für Sidon. Israel soll wiederhergestellt werden. Gerichtsandrohung für Ägypten.

[Die Zeit des Exils]

Waren eintauschen, und die ganzen Soldaten, die bei dir sind, sie alle, die du bei dir hast, werden mitten ins Meer fallen am Tag deines Niedergangs. ²⁸Das Weideland wird erbeben beim lauten Geschrei deiner Matrosen. ²⁹Alle, die das Ruder führen, alle Seeleute und alle Matrosen werden ihre Schiffe verlassen und an Land gehen. ³⁰Sie werden deinetwegen aufschreien und bitterlich klagen, sie werden sich Staub auf den Kopf werfen und sich in Asche wälzen. ³¹Sie werden sich deinetwegen den Kopf scheren und Trauerkleidung anziehen. Sie werden bitterlich um dich weinen und klagen. ³²In ihrem Schmerz stimmen sie ein Totenlied für dich an und klagen über dich:
Wer war Tyrus gleich,
das jetzt still mitten im Meer ruht?
³³Durch deinen Handel auf dem Meer
hast du viele Völker mit deinen Waren
  satt gemacht.
Die Könige auf Erden
wurden durch deine vielen Güter reich.
³⁴Jetzt bist du zerschmettert,
vom Meer ins tiefe Wasser gestürzt.
Deine Güter und alle, die bei dir waren,
sind versunken.
³⁵Alle Küstenbewohner sind entsetzt über
  dein Schicksal.
Ihre Könige hat der Schrecken gepackt,
ihre Gesichter sind vor Angst verzerrt.
³⁶Die Kaufleute der Völker
zischen voll Hohn über dich,
denn du hast ein schreckliches Ende
  genommen
und bist für immer vernichtet.‹«

Eine Botschaft für den Fürsten von Tyrus

28 Danach erhielt ich diese Botschaft vom HERRN: ²»Menschenkind, sag dem Fürsten von Tyrus: ›So spricht Gott, der HERR: In deinem Hochmut hast du behauptet: Ich bin ein Gott! Ich sitze auf einem göttlichen Thron mitten im Meer! Du bist nur ein Mensch, kein Gott, auch wenn du behauptest, ein Gott zu sein. ³Du hältst dich für weiser als Daniel und glaubst, kein Geheimnis sei dir verborgen. ⁴Du hast durch deine Klugheit und dein Wissen großen Reichtum angehäuft – Gold und Silber hast du in deine Schatzkammern gebracht. ⁵Ja, deine Klugheit und dein Handel haben dich reich, doch dein Reichtum hat dich hochmütig gemacht. ⁶Deshalb spricht Gott, der HERR: Weil du behauptest, ein Gott zu sein, ⁷werde ich Fremde gegen dich heranziehen lassen, die grausamsten

S Südreich Juda   N Nordreich Israel

Völker. Sie werden mit ihren Schwertern gegen deine schöne Weisheit angehen und dir deinen Glanz rauben! ⁸Sie werden dafür sorgen, dass du ins Grab hinabfährst, und du wirst mitten im Meer als Erschlagener sterben. ⁹Wirst du dann vor deinen Mördern immer noch prahlen: Ich bin ein Gott!, wo du doch nur ein Mensch bist und kein Gott und wo du in der Gewalt deiner Mörder bist? ¹⁰Du wirst wie ein Unbeschnittener durch die Hand von Fremden sterben. Ich, Gott, der HERR, habe gesprochen!«

¹¹Wieder erhielt ich eine Botschaft vom HERRN: ¹²»Menschensohn, stimme ein Klagelied über den König von Tyrus an. Sag ihm: ›So spricht Gott, der HERR: Du warst der Inbegriff von Weisheit und vollendeter Schönheit. ¹³Du hast in Eden gewohnt, dem Garten Gottes. Du warst mit allen nur denkbaren Edelsteinen* geschmückt: Sarder, Topas, Diamant, Türkis, Onyx, Jaspis, Saphir, Malachit und Smaragd, in Gold gefasst und gebettet. Sie wurden dir am Tag deiner Erschaffung geschenkt. ¹⁴Du warst ein glänzender Engelwächter*. Du hattest Zutritt zum heiligen Berg Gottes und bist zwischen den feurigen Steinen umhergegangen. ¹⁵Du warst untadelig in deinem Verhalten von dem Tag an, als du geschaffen wurdest, bis zu dem Tag, als Unrecht bei dir entdeckt wurde. ¹⁶Dein ausgedehnter Handel hat dich grausam werden lassen und du hast gesündigt. Deshalb habe ich dich vom Berg Gottes verbannt. Aus der Mitte der feurigen Steine habe ich dich vertrieben, du mächtiger Wächter. ¹⁷Deine Schönheit hat dein Herz von Hochmut verführt. Du hast deine Weisheit verdorben, weil dir dein Glanz so wichtig war. Deshalb habe ich dich auf die Erde geworfen und dich vor Königen erniedrigt, damit sie sich über deinen Anblick freuen können. ¹⁸Du hast deine Heiligtümer mit deinen vielen Sünden und deinem unrechten Handel entweiht. Deshalb habe ich ein Feuer in deiner Mitte ausbrechen lassen, das dich verzehrt hat. Ich habe dich vor den Augen aller derer, die dich sahen, zu Asche auf der Erde gemacht. ¹⁹Alle Völker, die dich kannten, sind entsetzt über dein Schicksal. Du hast ein schreckliches Ende genommen und du bist für immer vernichtet.«

Eine Botschaft für Sidon

²⁰Danach erhielt ich eine weitere Botschaft vom HERRN: ²¹»Menschenkind, richte deinen Blick hinüber nach Sidon und weissage gegen die Stadt. ²²Sag zu ihr: ›So spricht Gott, der HERR: Ich werde gegen dich vorgehen, Sidon, und meine Herrlichkeit in deiner Mitte offenbaren. Und sie werden erkennen, dass ich der HERR bin, wenn ich das Strafgericht an der Stadt vollstrecke und mich in ihr als der Heilige erweise. ²³Ich werde eine Seuche in die Stadt schicken und in ihren Straßen wird das Blut fließen. In ihrer Mitte werden die Menschen überall vom Schwert erschlagen zu Boden fallen. Dann werden sie erkennen, dass ich der HERR bin. ²⁴Für das Volk der Israeliten wird es keinen stechenden Dorn und schmerzhaften Stachel von seinen feindlichen Nachbarn* mehr geben, und sie werden erkennen, dass ich Gott, der HERR, bin.‹

Wiederherstellung für Israel

²⁵So spricht Gott, der HERR: ›Wenn ich das Volk der Israeliten aus den fernen Ländern sammle, in die ich es zerstreut habe, dann will ich mich an ihnen vor den Augen aller Völker als der Heilige erweisen. Sie werden dann wieder in ihrem Land wohnen, das ich meinem Knecht Jakob gegeben habe. ²⁶Sie sollen in Sicherheit darin wohnen, Häuser bauen und Weingärten anlegen. Und sie werden in Sicherheit wohnen, weil ich das Strafgericht an den feindlichen Nachbarvölkern vollstreckt habe. Und sie werden erkennen, dass ich der HERR, ihr Gott, bin.‹«

Eine Botschaft für Ägypten

29 Am zwölften Tag des zehnten Monats im zehnten Jahr* erhielt ich eine Botschaft vom HERRN: ²»Menschenkind, richte deinen Blick hinüber nach Ägypten und weissage gegen den Pharao, den König von Ägypten, und gegen das ganze Land. ³Rede und sag: ›So spricht Gott, der HERR: Ich werde gegen dich vorgehen, Pharao, König von Ägypten, du großes Ungeheuer, das mitten in seinem Strom lauert. Denn du hast gesagt: Der Strom gehört mir; ich habe ihn mir selbst gemacht! ⁴Doch ich treibe dir Haken durch die Kiefer. Die Fische aus deinem Strom lasse ich an deinen Schuppen hängen und ziehe dich aus deinem Strom heraus, zusammen mit all den Fischen, die an deinen Schuppen hängen. ⁵Dann werfe ich dich und alle Fische aus deinem Strom in die Wüste. Mitten aufs Feld sollst du fallen. Niemand wird dich dort aufheben und begraben. Den wilden Tieren und Vögeln werfe ich dich zum Fraß vor.

⁶Alle Bewohner von Ägypten werden dann er-

28,13 Die Identifikation einiger dieser Edelsteine ist unklar.   28,14 Hebr. *Wächter-Cherub*; so auch in V. 16.   28,24 Hebr. *von ihrer Umgebung, die sie verhöhnt*; so auch in V. 26.   29,1 Das Ereignis, um das es hier geht, fand am 7. Januar 587 v.Chr. statt; s. auch die Anm. zu 1,1.

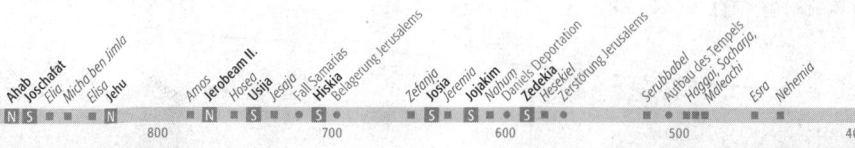

HESEKIEL

1–3 Hesekiels Vision und Berufung

4–24 Das kommende Unheil Israels

25–32 Botschaften für sieben fremde Völker

33–39 Die Wiederherstellung von Israel

40–48 Die Vision des Neuen Tempels

29–30
Ankündigung der Eroberung Ägyptens durch Nebukadnezar. Ägypten wird Schlimmes erleiden und gebrochen werden.

[Die Zeit des Exils]

kennen, dass ich der HERR bin, denn du bist für das Volk der Israeliten eine Stütze aus Schilfrohr gewesen. ⁷Als sie dich in die Hand nahmen, bist du abgeknickt und hast ihnen die ganze Schulter aufgerissen. Als sie sich auf dich stützten, bist du zerbrochen und hast alle ins Wanken gebracht*. ⁸Deshalb spricht Gott, der HERR: Ich biete das Schwert gegen dich auf und vernichte Menschen und Tiere in deinem Land. ⁹Das Land Ägypten wird zur Wüste und zur Einöde, und die Ägypter werden erkennen, dass ich der HERR bin.

Weil du gesagt hast: Der Strom gehört mir; ich habe ihn selbst gemacht!, ¹⁰werde ich gegen dich und deinen Strom vorgehen. Ich werde das Land Ägypten verwüsten; ich mache es zur Einöde und Wüste, von Migdol bis nach Syene und bis an die Grenze von Kusch*. ¹¹Weder Mensch noch Tier wird das Land durchqueren. Es wird 40 Jahre lang unbewohnt sein. ¹²Ich mache Ägypten zur Wüste, umgeben von anderen verwüsteten Ländern. 40 Jahre lang werden seine Städte in Trümmern liegen, umgeben von anderen zerstörten Städten. Ich werde die Ägypter unter die Völker zerstreuen und sie in alle Länder versprengen.

¹³Doch Gott, der HERR, spricht auch: Am Ende dieser 40 Jahre werde ich die Ägypter aus den Völkern sammeln, in die sie zerstreut wurden. ¹⁴Ich werde das Schicksal von Ägypten wenden und seine Bewohner ins Land Patros zurückbringen, aus dem sie stammen. Dort wird Ägypten ein unbedeutendes Königreich sein. ¹⁵Es wird weit weniger Macht haben als andere Königreiche und sich nicht mehr über die Völker erheben. Ich mache die Ägypter klein, damit sie nicht mehr über andere Völker herrschen können.

¹⁶Dann wird Israel nicht mehr auf Ägyptens Hilfe vertrauen und sich nicht mehr an Ägypten hängen. Es wird seine alte Schuld nicht mehr in Erinnerung rufen. Und sie werden erkennen, dass ich allein Gott, der HERR, bin.«

Nebukadnezar wird Ägypten erobern

¹⁷Am ersten Tag des ersten Monats im 27. Jahr* erhielt ich eine Botschaft vom HERRN: ¹⁸»Menschenkind, König Nebukadnezar von Babel hat sein Heer so wütend gegen Tyrus kämpfen lassen, dass die Köpfe der Krieger kahl geworden sind und sie sich die Schultern wund gerieben haben. Dennoch haben Nebukadnezar und sein Heer keinen Lohn erhalten für den Einsatz, den

29,7 So mit der syr. Übersetzung; im Hebr. steht *ließest alle ihre Hüften fest stehen.* **29,10** Das ist Äthiopien.
29,17 Das Ereignis, um das es hier geht, fand am 26. April 571 v.Chr. statt; s. auch die Anm. zu 1,1.

S Südreich Juda **N** Nordreich Israel

sie gegen Tyrus gezeigt haben. ¹⁹Deshalb spricht Gott, der HERR: ›Ich gebe dem babylonischen König Nebukadnezar das Land Ägypten. Er wird die Schätze des Landes fortschaffen, er wird alles plündern und reiche Beute machen; das soll der Sold für sein Heer sein. ²⁰Ja, ich habe ihm das Land Ägypten als Belohnung für seine Arbeit gegeben, spricht Gott, der HERR, denn er hat für mich gearbeitet. ²¹An diesem Tag werde ich dem Volk der Israeliten neue Macht geben*, und du sollst wieder frei mit ihnen reden. Dann werden sie erkennen, dass ich der HERR bin.‹«

Ein trauriger Tag für Ägypten

30 Wieder erhielt ich eine Botschaft vom HERRN: ²»Menschenkind, weissage und sag: ›So spricht Gott, der HERR: Ihr sollt weinen: Was für ein schlimmer Tag! ³Denn bald kommt der Tag, ja, der Tag des HERRN kommt bald! Es wird ein finsterer Tag, es wird ein Tag des Gerichts für die Völker sein! ⁴Ein Schwert fällt in Ägypten ein, und Kusch* zittert, wenn in Ägypten die Erschlagenen zu Boden fallen. Was sie besaßen, wird fortgeschafft, und seine Grundmauern werden niedergerissen. ⁵Kusch, Put, Lud, Kub*, Arabien und ihre Verbündeten werden durch das Schwert untergehen.

⁶Denn so spricht der HERR: Alle, die Ägypten gestützt haben, werden fallen. Ägyptens stolze Macht hat ein Ende. Von Migdol bis nach Syene werden sie durch das Schwert umkommen, spricht Gott, der HERR. ⁷Und Ägypten wird zur Wüste, umgeben von anderen verwüsteten Ländern; seine Städte werden in Trümmern liegen, umgeben von anderen zerstörten Städten. ⁸Und wenn ich Ägypten in Brand setze und seine Verbündeten vernichte, werden sie erkennen, dass ich der HERR bin. ⁹An jenem Tag werde ich meine Boten in Schiffen losschicken, die das selbstzufriedene Kusch in Angst und Schrecken versetzen sollen. Am Tag des Gerichts über Ägypten werden sie von Entsetzen gepackt. Ja, das wird bald geschehen.

¹⁰Denn so spricht Gott, der HERR: Durch König Nebukadnezar von Babel mache ich dem Prunk Ägyptens ein Ende. ¹¹Er und sein Heer, das berüchtigt ist unter den Völkern, werden ausgesandt, um das Land zu zerstören. Sie werden ihre Schwerter gegen Ägypten zücken, bis das Land voller Leichen ist. ¹²Und ich werde den Strom austrocknen und das Land an böse Menschen ausliefern. Ich werde Ägypten und alles, was darin ist, durch die Hand von Fremden verwüsten. Ich, der HERR, habe gesprochen!

¹³So spricht Gott, der HERR: Ich zerschmettere die Götzen und vernichte die Götzenbilder von Nof*. Es wird bald keinen Fürsten mehr in Ägypten geben; in ganz Ägypten soll die Furcht herrschen! ¹⁴Ich verwüste Patros, verbrenne Zoan und übe Gericht an No*. ¹⁵Ich gieße meinen Zorn über Sin* aus, die starke Festung von Ägypten, und mache dem Prunk von No ein Ende. ¹⁶Ja, ich werde Ägypten verbrennen! Sin wird von Entsetzen gepackt werden; No soll erobert und Nof am hellen Tag von seinen Feinden bedrängt werden. ¹⁷Die jungen Männer von Awen und Pi-Beset* werden im Kampf sterben, und die Bewohner der Städte* führt man als Gefangene weg. ¹⁸Der Tag, an dem ich komme, um dort das Zepter von Ägypten zu brechen und seinem Hochmut und seiner Macht ein Ende zu bereiten, ist ein finsterer Tag für Tachpanhes. Finstere Wolken werden Ägypten bedecken; seine Töchter wird man als Gefangene wegführen. ¹⁹So werde ich das Strafgericht an Ägypten vollstrecken, und sie werden erkennen, dass ich der HERR bin.‹«

Der gebrochene Arm des Pharaos

²⁰Am siebten Tag des ersten Monats im elften Jahr* erhielt ich eine Botschaft vom HERRN: ²¹»Menschenkind, ich habe dem Pharao, dem König von Ägypten, den Arm gebrochen, und er wurde nicht verbunden, damit er wieder heilen kann. Es wurde ihm auch kein Verband angelegt, damit er wieder stark genug wird, um ein Schwert zu halten. ²²Deshalb spricht Gott, der HERR: ›Ich gehe gegen den Pharao vor, den König von Ägypten! Ich breche ihm beide Arme, den gesunden und den gebrochenen, und lasse das Schwert aus seiner Hand fallen. ²³Ich zerstreue die Ägypter unter die Völker und versprenge sie in alle Länder. ²⁴Die Arme des Königs von Babel mache ich stark und gebe ihm mein Schwert in die Hand; dem Pharao aber, dem König von Ägypten, breche ich die Arme, dass er wie ein tödlich Verwundeter vor ihm stöhnt. ²⁵Ich mache die Arme des Königs von Babel stark, die Arme des Pharaos aber werden herabsinken. Und wenn ich dem König von Babel mein Schwert in die Hände lege und er es

---

29,21 Hebr. *An jenem Tag lasse ich dem Haus Israel ein Horn sprossen.* **30,4** Das ist Äthiopien; so auch in V. 5 u. 9. **30,5** Sowohl *Put* als auch *Kub* werden mit Libyen identifiziert. *Lud* ist Lydien. **30,13** Das ist Memfis; so auch in V. 16. **30,14** Das ist Theben; so auch in V. 15 u. 16. **30,15** Das ist Pelusium; so auch in V. 16. **30,17a** Das sind Heliopolis u. Bubastis. **30,17b** O. *die Frauen.* **30,20** Das Ereignis, um das es hier geht, fand am 29. April 571 v.Chr. statt, s. auch. die Anm. zu 1,1.

HESEKIEL

1–3	Hesekiels Vision und Berufung
4–24	Das kommende Unheil Israels
25–32	Botschaften für sieben fremde Völker
33–39	Die Wiederherstellung von Israel
40–48	Die Vision des Neuen Tempels

30–32
Gott bricht den Stolz Ägyptens. Dem Pharao wird Vernichtung angekündigt.

[Die Zeit des Exils]

gegen Ägypten erhebt, werden sie erkennen, dass ich der HERR bin. ²⁶Ich zerstreue die Ägypter unter die Völker und versprenge sie in alle Länder. Dann werden sie erkennen, dass ich der HERR bin.‹«

Ägypten wird mit einer Zeder verglichen

31 Am ersten Tag des dritten Monats im elften Jahr* erhielt ich eine Botschaft vom HERRN: ²»Menschenkind, sag zum Pharao, dem König von Ägypten, und zu seinem Volk: ›Mit wem ließ sich deine Größe vergleichen? ³Ja, du warst wie eine Zeder auf dem Libanon, mit starken Ästen, die kühlen Schatten spenden, hoch gewachsen, sodass ihr Wipfel bis in den Himmel reicht. ⁴Das Wasser ließ sie groß werden und sie wurde von der unterirdischen Flut in die Höhe getrieben. Diese strömte rings um ihre Wurzeln herum, während sie nur als Rinnsal zu den anderen Bäumen auf dem Feld floss. ⁵Darum war die Zeder größer als alle anderen Bäume auf dem Feld. Sie trieb viele Zweige und lange Äste aus, denn sie hatte genügend Wasser, um sich auszubreiten. ⁶In ihren Zweigen nisteten Vögel, in ihrem Schatten gebaren wilde Tiere ihre Jungen. Alle großen Völker der Welt lebten in ihrem Schatten. ⁷Sie war schön mit ihrem hohen Wuchs und ihren langen Ästen, denn ihre Wurzeln lagen an großen Wasservorräten. ⁸Keine andere Zeder im Garten Gottes war mit ihr zu vergleichen. Keine Zypresse besaß ihre Zweige, keine Platane hatte Äste wie sie. Kein Baum im Garten Gottes war so schön. ⁹Ich hatte sie mit ihren vielen Zweigen so herrlich gemacht, dass alle anderen Bäume von Eden, dem Garten Gottes, neidisch auf sie waren.

¹⁰Deshalb spricht Gott, der HERR: Weil sie so hoch wuchs, dass ihr Wipfel bis an die Wolken reichte, und weil sie stolz und hochmütig wurde wegen ihrer Größe, ¹¹lieferte ich sie einem mächtigen Herrscher der Völker aus. Er sollte mit ihr umgehen, wie sie es für ihre Gottlosigkeit verdiente. Ich wandte mich von ihr ab. ¹²Da wurde sie von Fremden, dem grausamsten aller Völker, gefällt und hingeworfen. Auf die Berge und in die Täler fielen ihre Zweige, und ihre Äste lagen zerbrochen in allen Schluchten des Landes. Alle Völker der Erde verließen ihren Schatten und ließen sie liegen. ¹³Auf ihren umgestürzten Stamm setzten sich Vögel, in ihren Zweigen hausten wilde Tiere. ¹⁴Von jetzt an soll kein Baum am Wasser mehr wegen seiner Größe

---

31,1 Das Ereignis, um das es hier geht, fand am 21. Juni 587 v.Chr. statt; s. auch die Anm. zu 1,1.

S Südreich Juda   N Nordreich Israel

überheblich werden und seinen Wipfel bis zu den Wolken ausstrecken. Auch soll sich kein Baum am Wasser mehr über die anderen erheben, denn alle sind dem Tod geweiht und müssen hinab in die Unterwelt, wie die Menschen, die schon ins Grab gefahren sind.

¹⁵So spricht Gott, der HERR: An dem Tag, als sie ins Totenreich* hinunterstürzte, ließ ich die unterirdische Flut trauern und hielt ihre Ströme zurück. Ihre großen Wasservorräte wurden zurückgehalten. Ich ließ den Libanon trauern und alle Bäume auf dem Feld sanken in Ohnmacht. ¹⁶Ich ließ die Völker vor Angst zittern beim Getöse ihres Untergangs, als ich sie hinunter ins Totenreich stieß, zu denen, die schon ins Grab gefahren sind. Und alle anderen Bäume von Eden, die edelsten und schönsten des Libanon, die von dem Wasser getrunken hatten, freuten sich darüber in der Unterwelt. ¹⁷Denn auch sie stürzten zusammen mit ihr in die Unterwelt, zu denen, die vom Schwert erschlagen worden waren, und es kamen alle um, die mitten unter den Völkern in ihrem Schatten gewohnt hatten.

¹⁸Welcher Baum von Eden ist dir also an Stärke und Schönheit gleich? Trotzdem wirst du zusammen mit den Bäumen von Eden in die Unterwelt hinabgestürzt. Dort wirst du bei den Unbeschnittenen liegen, die durch das Schwert umgekommen sind. So wird es dem Pharao und seinem großen Volk ergehen. Ich, Gott, der HERR, habe gesprochen!«‹

Eine Warnung für den Pharao

32 Am ersten Tag des zwölften Monats im zwölften Jahr* erhielt ich eine Botschaft vom HERRN: ²»Menschenkind, stimme ein Klagelied über den Pharao, den König von Ägypten, an und sag zu ihm: ›Du junger Löwe unter den Völkern, du wurdest vernichtet. Du warst wie ein Seeungeheuer im Meer, du hast in deinen Strömen geschnaubt und mit den Füßen das Wasser getrübt und die Fluten aufgewühlt.

³Deshalb spricht Gott, der HERR: Ich schicke viele Völker, um dich in meinem Netz zu fangen und dich mit dem Netz hochzuziehen. ⁴Dann werfe ich dich aufs Land, aufs freie Feld werde ich dich schleudern. Alle Vögel des Himmels setzen sich auf dich und alle wilden Tiere der Erde fressen sich an dir satt. ⁵Ich lege dein Fleisch auf die Hügel und fülle die Täler mit deinem Leichenhaufen. ⁶Ich tränke die Erde mit deinem Blut; es wird hoch bis zu den Bergen stehen und die Bäche füllen. ⁷Wenn ich dich vernichte, verschleiere ich den Himmel und verdunkle die Sterne. Ich werde die Sonne hinter Wolken verstecken, und der Mond wird nicht scheinen. ⁸Ja, deinetwegen verdunkle ich die strahlenden Lichter am Himmel und lege eine Finsternis über das ganze Land. Ich, Gott, der HERR, habe gesprochen!

⁹Und wenn ich deinen Untergang in Ländern bekannt mache*, die du nie gesehen hast, werde ich viele Völker zutiefst beunruhigen. ¹⁰Ja, ich werde deinetwegen vielen Völkern einen großen Schrecken einjagen, und ihre Könige werden deinetwegen von Entsetzen gepackt, wenn mein Schwert vor ihnen aufblitzt. Am Tag deines Untergangs zittern sie unaufhörlich, sie haben Angst um ihr Leben.

¹¹Denn so spricht Gott, der HERR: Das Schwert des Königs von Babel wird dich treffen. ¹²Dein Volk soll durch das Schwert mächtiger Krieger fallen, die alle zu den grausamsten Völkern gehören. Sie zerschmettern den Stolz von Ägypten und vernichten sein zahlreiches Volk. ¹³Ich töte das Vieh, das an deinen Strömen weidet. Weder Mensch noch Tier wird dieses Wasser mehr mit seinen Füßen aufwühlen. ¹⁴Und dann werde ich die Gewässer von Ägypten wieder klar machen; die Flüsse werden dahinfließen wie Öl, spricht Gott, der HERR. ¹⁵Wenn ich Ägypten zur Einöde mache und wenn das Land mit allem, was darin ist, verwüstet ist, weil ich alle seine Bewohner erschlagen habe, dann werden sie erkennen, dass ich der HERR bin. ¹⁶Ja, das ist die Totenklage, und man soll sie als Klagelied singen. Die Töchter der Völker sollen sie als Klagelied singen, als Klagelied über Ägypten und sein großes Volk. Ich, Gott, der HERR, habe gesprochen!«‹

Ägypten fährt ins Grab hinab

¹⁷Im zwölften Jahr, am 15. des gleichen Monats* erhielt ich erneut eine Botschaft vom HERRN: ¹⁸»Menschenkind, weine um das große Volk von Ägypten und schick es zusammen mit den Töchtern der Völker in die Unterwelt, hinunter zu denen, die schon ins Grab hinabgefahren sind: ¹⁹›Wen übertriffst du jetzt noch an Schönheit? Fahr hinab und leg dich zu den Unbeschnittenen.‹ ²⁰Sie werden sterben, genau wie die vielen anderen, die durch das Schwert umgekommen sind, denn das Schwert ist bereits gegen Ägypten und sein ganzes Volk gezückt. ²¹Dort in der Unterwelt* werden die starken Helden von

---

31,15 Hebr. *Scheol;* so auch in V. 16 u. 17.   **32,1** Das Ereignis, um das es hier geht, fand am 3. März 585 v.Chr. statt; s. auch die Anm. zu 29,1.   **32,9** O. *wenn ich deine Gefangenen in Länder schicke.*   **32,17** Das Ereignis, um das es hier geht, fand am 17. März 585 v.Chr. statt; s. auch die Anm. zu 1,1.   **32,21** Hebr. *Scheol;* so auch in V. 27.

HESEKIEL

1–3	Hesekiels Vision und Berufung
4–24	Das kommende Unheil Israels
25–32	Botschaften für sieben fremde Völker
33–39	Die Wiederherstellung von Israel
40–48	Die Vision des Neuen Tempels

32–33
Vision von Ägypten in der Unterwelt. Hesekiel wird als Wächter über Israel eingesetzt. Er bekommt eine Botschaft für das Volk.

[Die Zeit des Exils]

ihnen und ihren Helfern sagen: ›Sie sind herabgestürzt, sie liegen da, die Unbeschnittenen, die mit dem Schwert erschlagen wurden.‹ ²²Dort liegen Assyrien und all seine Bewohner, ringsherum sind ihre Gräber. Sie alle wurden mit dem Schwert erschlagen. ²³Assyrien liegt ganz tief unten in der Grube begraben und ist umgeben von den Gräbern seines Volkes. Früher haben sie Schrecken im Land der Lebenden verbreitet, jetzt sind sie alle mit dem Schwert erschlagen worden.

²⁴Elam liegt dort und sein ganzes Volk, ringsherum liegen sie begraben, sie alle wurden mit dem Schwert erschlagen, als Unbeschnittene sind sie in die Unterwelt hinabgestürzt. Früher haben sie Schrecken im Land der Lebenden verbreitet, doch nun müssen sie ihre Schande ertragen, genau wie diejenigen, die ins Grab hinabgefahren sind. ²⁵Elam hat man einen Ruheplatz bei den Gefallenen gegeben, ringsherum sind die Gräber seines Volkes. Sie alle sind Unbeschnittene, die mit dem Schwert erschlagen wurden. Ja, sie haben Schrecken im Land der Lebenden verbreitet, doch jetzt müssen sie ihre Schande ertragen, genau wie die, die ins Grab hinabgefahren sind. Mitten unter Erschlagene hat man sie hingelegt.

²⁶Meschech und Tubal liegen dort mit ihrem ganzen Volk, ringsherum sind ihre Gräber. Unbeschnittene sind sie alle, mit dem Schwert wurden sie erschlagen. Früher haben sie Schrecken

Hesekiel 33,11

Gottes Liebe, Gottes Zorn
Von Anfang an warnte Gott den Menschen: »Wenn du [ungehorsam bist], musst du auf jeden Fall sterben« (1Mo 2,17). Als Adam und Eva sündigten, starben sie nicht, zumindest nicht unmittelbar. Sie wurden aber zu sterblichen Menschen, die nicht in einer lebendigen Beziehung mit Gott leben konnten. Sie waren »geistlich tot« bzw. »gestorben«. Doch Gott wollte schon immer, dass die Menschen in einer lebendige Beziehung mit ihm leben und eines Tages das ewige Leben in Gottes Gegenwart genießen können. »Ich freue mich nicht über den Tod eines gottlosen Menschen« (33,11). Deswegen versucht Gott alles, was in seiner Macht steht, um die Menschen wieder zum wahren Leben zu führen.
Diese Botschaft findet sich sowohl im Alten als auch im Neuen Testament. Das ewige Leben erhielt die Menschheit nur durch den Tod und die Auferstehung des Sohnes Gottes. Das Leben selbst aber wurde den Menschen damals, vor der Ankunft von Jesus, allein durch Gottes Gnade zuteil, genauso wie jetzt nach seinem Kommen.
(Habakuk 3,2 «« | » Johannes 3,16-17)

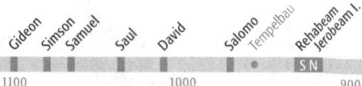

im Land der Lebenden verbreitet. ²⁷Sie liegen nicht bei den gefallenen Helden der Unbeschnittenen*, die mit ihren Waffen ins Totenreich stiegen und denen man das Schwert unter den Kopf und den Schild* auf den Körper legte, weil sie das Land der Lebenden mit Schrecken erfüllt hatten.

²⁸Auch du, Ägypten, wirst zerschmettert bei den Unbeschnittenen liegen, die mit dem Schwert erschlagen wurden.

²⁹Edom liegt dort mit seinen Königen und Fürsten. So mächtig sie einmal waren, jetzt liegen auch sie bei denen, die mit dem Schwert erschlagen wurden, bei den Unbeschnittenen, die ins Grab hinabgefahren sind. ³⁰Die ganzen Fürsten des Nordens und auch alle Sidonier liegen dort, sie stürzten hinab wie alle, die erschlagen wurden. Trotz ihrer furchtbaren Macht sind sie erniedrigt worden. Sie müssen als Unbeschnittene bei denen liegen, die mit dem Schwert erschlagen wurden. Sie müssen ihre Schande ertragen, genau wie die, die ins Grab hinabgefahren sind.

³¹›Der Pharao wird sie alle sehen, und das wird ihn über den Untergang seines großen Volkes hinwegtrösten. Der Pharao und sein ganzes Heer sind mit dem Schwert erschlagen worden‹, spricht Gott, der HERR. ³²›Denn ich habe im Land der Lebendigen den Schrecken vor ihm verbreitet.* Und der Pharao und sein großes Volk liegen nun bei den Unbeschnittenen, die mit dem Schwert erschlagen wurden. Ich, Gott, der HERR, habe gesprochen!‹«

Hesekiel als Wächter Israels

33 Wieder erhielt ich eine Botschaft vom HERRN: ²»Menschenkind, rede mit den Leuten aus deinem Volk und sag zu ihnen: ›Wenn ich in einem Land einen Krieg ausbrechen lasse, dann bestimmt das Volk dieses Landes einen Mann aus seiner Mitte und setzt ihn als Wächter ein. ³Wenn der Wächter sieht, dass der Feind kommt, stößt er in das Horn und warnt das Volk. ⁴Wenn dann einer das Horn erklingen hört, sich aber nicht davon warnen lässt und der Feind kommt und ihn tötet, dann ist er selbst schuld an seinem Tod*. ⁵Denn er hat den Klang des Horns gehört, aber er hat sich nicht warnen lassen, darum ist er selbst schuld an seinem Tod. Wer sich jedoch warnen lässt, hat sein Leben gerettet. ⁶Wenn der Wächter aber den Feind kommen sieht und nicht in das Horn stößt und das Volk nicht gewarnt wird, und wenn der Feind kommt und einen von ihnen tötet, dann stirbt dieser wegen seiner Schuld, doch für seinen Tod werde ich den Wächter zur Verantwortung ziehen*.

⁷Nun setze ich dich, Menschenkind, als Wächter für das Volk der Israeliten ein. Du sollst hören, was ich sage, und das Volk vor mir warnen. ⁸Wenn ich zu einem Gottlosen sage: ›Du Gottloser, du musst sterben‹, und du warnst diesen Gottlosen nicht, um ihn von seinem falschen Verhalten abzubringen, dann wird er wegen seiner Sünde sterben, doch ich werde dich für seinen Tod zur Verantwortung ziehen. ⁹Wenn du ihn aber warnst, dass er sein Leben ändern soll, und er tut es nicht, wird er wegen seiner Sünde sterben, du aber hast dein Leben gerettet.

Die Botschaft des Wächters

¹⁰Und du, Menschenkind, sag zum Volk der Israeliten: ›Ihr sagt: Unsere Sünden und unsere bösen Taten lasten schwer auf uns; wir sterben dahin! Wie könnten wir am Leben bleiben?‹ ¹¹Sag zu ihnen: ›So wahr ich lebe, spricht Gott, der HERR, ich freue mich nicht über den Tod eines gottlosen Menschen, sondern ich freue mich viel mehr, wenn er sein Verhalten ändert und am Leben bleibt. Kehrt um! Kehrt um und ändert euer Verhalten! Warum wollt ihr sterben, Volk der Israeliten?‹

¹²Und du, Menschenkind, sag deinem Volk: ›Wenn der Gerechte anfängt zu sündigen, wird ihn seine bisherige Gerechtigkeit nicht retten, und wenn der Gottlose sein Verhalten ändert, wird ihn seine bisherige Gottlosigkeit nicht zu Fall bringen. Der Gerechte kann aber trotz seiner bisherigen Gerechtigkeit nicht am Leben bleiben, sobald er sündigt. ¹³Wenn ich zum Gerechten sage, dass er leben wird, und er sich auf seine Gerechtigkeit verlässt und anfängt zu sündigen, dann werden ihm all seine gerechten Taten nicht mehr angerechnet, sondern er wird wegen seiner Sünden sterben, die er begangen hat. ¹⁴Und wenn ich zum Gottlosen sage: Du wirst ganz sicher sterben!, und er hört auf zu sündigen und tut, was recht und gerecht ist, ¹⁵indem er einem Schuldner das Pfand zurückgibt, ersetzt, was er gestohlen hat, sich an mein Gesetz hält, das zum Leben führt, und nichts Böses mehr tut, dann wird er ganz sicher am Leben bleiben und nicht sterben. ¹⁶Keine seiner früheren Sünden wird ihm mehr angerechnet werden, denn er

---

32,27a Die griech. Übersetzung hat hier *aus früheren Zeiten.*   **32,27b** Die Bedeutung des Hebr. ist unklar.   **32,32** O. *Denn ich habe meinen Schrecken im Land der Lebenden verbreitet.*   **33,4** Hebr. *so ist sein Blut auf seinem Haupt.* So auch in V. 5.   **33,6** Hebr. *sein Blut werde ich von der Hand des Wächters fordern.* So auch in V. 8.

HESEKIEL

1–3	Hesekiels Vision und Berufung
4–24	Das kommende Unheil Israels
25–32	Botschaften für sieben fremde Völker
33–39	Die Wiederherstellung von Israel
40–48	Die Vision des Neuen Tempels

33–34
Jerusalem ist gefallen. Gottes Gericht bringt großes Unheil über Jerusalem. Die Oberen waren schlechte Hirten für das Volk. Gott selbst will Hirte sein für Israel.

[Die Zeit des Exils]

hat getan, was recht und gerecht ist, und soll am Leben bleiben.‹ ¹⁷Die Menschen aus deinem Volk sagen: ›Was der HERR tut, ist ungerecht‹, dabei ist das, was sie tun, ungerecht! ¹⁸Wenn der Gerechte sich von seiner Gerechtigkeit abwendet und Unrecht tut, wird er deswegen sterben. ¹⁹Und wenn der Gottlose sein Verhalten ändert und tut, was recht und gerecht ist, wird er leben. ²⁰Doch ihr sagt: ›Was der HERR tut, ist ungerecht.‹ Deshalb werde ich jeden Einzelnen von euch nach seinem Verhalten richten, Volk der Israeliten.«

Die Nachricht von Jerusalems Untergang

²¹Im zwölften Jahr unserer Verbannung, am fünften Tag des zehnten Monats*, kam ein Flüchtling aus Jerusalem zu mir und sagte: »Die Stadt ist gefallen!« ²²Am Abend, bevor der Flüchtling eintraf, war die Hand des HERRN über mich gekommen, und der HERR öffnete mir den Mund, als der Mann am Morgen kam. Mein Mund wurde geöffnet, sodass ich nun nicht mehr stumm war.

²³Da erhielt ich eine Botschaft vom HERRN: ²⁴»Menschenkind, die Bewohner der Ruinen im Land Israel sagen: ›Abraham war nur ein einzelner Mann und hat das ganze Land bekommen! Wir sind viele, darum werden wir das Land erst recht zum Besitz erhalten.‹ ²⁵Deshalb sag zu ih-

---

33,21 Das Ereignis, um das es hier geht, fand am 8. Januar 585 v.Chr. statt; s. auch die Anm. zu 1,1.

Hesekiel 34

Hinweise auf den Messias (3)
»Hirte« ist in Israel ein Bildwort für Führende im Volk (1Kön 22,17; Jes 44,28; Jer 3,15 [wörtlich], Mi 5,3). Beklagenswerterweise haben diese Hirten oft versagt und waren eigennützig (V. 2-6.18-21). Gott reagiert hier in dreifacher Weise: Er bedroht die schlechten Hirten und zieht sie zur Rechenschaft, er kümmert sich selbst als Hirte um sein Volk und er setzt einen fürsorglichen Hirten ein: »meinen Diener David«. Dann haben die Schafe (die für das Volk stehen) Zugang zu nahrungsreichen Weideplätzen und sie werden zu einer einzigen Herde gesammelt.
Wenn Jesus erklärt, er selbst sei der gute Hirte (Joh 10,1-16.26-30), klingen viele Einzelheiten aus Hesekiel 34 durch: die Entlarvung der untreuen Hirten, die guten Weideplätze, die Führung, die Sammlung zu einer einzigen Herde. Gottes Wirken, mit dem er das Verletzte verbindet (Hes 34,16), greift Jesus nicht auf. Er spricht aber vom Opfer seines eigenen Lebens (Joh 10,11.15.17-18).
(Jeremia 23,5-6 ‹‹ | ›› Daniel 9,24-26)

nen: ›So spricht Gott, der HERR: Ihr esst Fleisch, das noch Blut enthält, ihr betet Götzen an und vergießt Blut. Und euch soll das Land gehören? ²⁶Ihr verlasst euch auf euer Schwert und begeht abscheuliche Taten. Jeder von euch schläft mit der Frau eines anderen. Und euch soll das Land gehören?‹

²⁷Das sollst du zu ihnen sagen: ›So spricht Gott, der HERR: So wahr ich lebe, wer in den Trümmern lebt, wird durch das Schwert sterben. Wer auf dem offenen Feld lebt, den werfe ich den wilden Tieren zum Fraß vor. Wer sich in Festungen und Höhlen versteckt, wird an der Pest sterben. ²⁸Ich mache das Land zu einer grauenvollen Einöde. Seine stolze Macht hat ein Ende. Die Berge von Israel werden wüst daliegen, sodass niemand mehr hindurchreisen wird. ²⁹Und sie werden erkennen, dass ich der HERR bin, wenn ich das Land zu einer grauenvollen Einöde mache wegen all der abscheulichen Taten, die sie begangen haben.‹

³⁰Menschenkind, dein Volk redet über dich. Die Leute reden über dich an den Mauern und in den Türen ihrer Häuser und sagen zueinander: ›Kommt! Wir wollen gehen und hören, was für eine Botschaft der HERR für uns hat!‹ ³¹Dann kommen sie zu dir, wie ein Volk eben zusammenkommt. Sie setzen sich als mein Volk vor dir auf den Boden und hören dir zu. Aber sie befolgen deine Worte nicht. Mit dem Mund tun sie dir schön, doch ihr Herz ist nur mit ihrem eigenen Gewinn beschäftigt. ³²Du bist für sie wie jemand, der ein Liebeslied singt, der eine schöne Stimme hat und sein Instrument gut spielt. Sie hören, was du sagst, aber sie handeln nicht danach. ³³Doch wenn es eintrifft – und es wird ganz sicher eintreffen –, dann werden sie erkennen, dass ein Prophet unter ihnen gelebt hat.«

Die Hirten von Israel

34 Danach erhielt ich eine Botschaft vom HERRN: ²»Menschenkind, weissage gegen die Hirten von Israel. Weissage und sag zu ihnen: ›So spricht Gott, der HERR: Den Hirten von Israel, die nur für ihr eigenes Wohl sorgen, wird es schlecht ergehen.* Ist es nicht Aufgabe der Hirten, für ihre Herde zu sorgen? ³Ihr trinkt die Milch, tragt die Wolle und schlachtet die gemästeten Tiere, aber um die Herde kümmert ihr euch nicht: ⁴Die Schwachen habt ihr nicht gestärkt. Die Kranken habt ihr nicht versorgt und die Verletzten nicht verbunden. Die Verirrten habt ihr nicht gesucht und die Verlorenen nicht zurückgebracht. Stattdessen habt ihr mit Gewalt und Grausamkeit über sie geherrscht. ⁵Und so waren meine Schafe ohne Hirten und zerstreuten sich und wurden von wilden Tieren gefressen. Ja, sie zerstreuten sich. ⁶Meine Schafe irrten auf allen Bergen und hohen Hügeln umher, sie wurden über das ganze Land zerstreut. Doch niemand kümmert sich um sie und niemand sucht sie. ⁷Deshalb, ihr Hirten, hört das Wort des HERRN: ⁸So wahr ich lebe, spricht Gott, der HERR: Weil meine Schafe geraubt und von allen wilden Tieren gefressen wurden, weil sie keinen Hirten hatten und meine Hirten sich nicht um meine Schafe kümmerten, weil die Hirten nur für sich selbst sorgten und nicht für die Schafe, ⁹deshalb, ihr Hirten, hört das Wort des HERRN. ¹⁰So spricht Gott, der HERR: Ich werde gegen diese Hirten vorgehen und meine Schafe von ihnen zurückfordern. Ich nehme ihnen das Recht, meine Schafe zu weiden, und sie sollen aufhören, nur für ihr eigenes Wohl zu sorgen*. Ich werde meine Schafe aus ihrem Rachen reißen, damit sie nicht mehr von ihnen gefressen werden.

Der gute Hirte

¹¹Denn so spricht Gott, der HERR: Jetzt will ich selbst für meine Schafe sorgen und mich um sie kümmern. ¹²Wie sich ein Hirte um seine Schafe kümmert, wenn sie sich verirrt haben, so werde ich mich um meine Schafe kümmern und sie aus allen Orten befreien, wohin sie an jenem finsteren, bedrohlichen Tag* zerstreut wurden. ¹³Ich werde sie aus den Völkern herausführen und aus den Ländern sammeln und in ihr Land zurückbringen. Ich werde sie auf den Bergen von Israel auf die Weide führen, an den Flüssen, und überall dort, wo Menschen im Land leben. ¹⁴Ja, ich werde ihnen gute Weiden geben, auf den hohen Bergen von Israel soll ihr Weideplatz sein. Dort auf den Bergen von Israel werden sie auf einem guten Weideplatz lagern und auf fetten Wiesen grasen. ¹⁵Ich selbst werde für meine Schafe sorgen und sie lagern lassen, spricht Gott, der HERR. ¹⁶Ich werde das Verlorene suchen und das Verirrte nach Hause bringen. Ich werde das Verletzte verbinden und das Kranke stärken. Aber das Fette und das Starke werde ich töten*. Ich werde gerecht für sie sorgen!

¹⁷Und was dich angeht, meine Herde, so spricht Gott, der HERR, ich werde Recht sprechen zwischen den einzelnen Schafen und zwischen Widdern und Böcken. ¹⁸Reicht es euch nicht, die besten Weiden für euch zu haben?

34,2 Hebr. *Wehe den Hirten von Israel, die sich selbst weiden!* 34,10 Hebr. *sich selbst zu weiden.* 34,12 Hebr. *Tag des Gewölks und Wolkendunkels.* 34,16 O. *werde ich behüten.*

HESEKIEL

1–3	Hesekiels Vision und Berufung
4–24	Das kommende Unheil Israels
25–32	Botschaften für sieben fremde Völker
33–39	Die Wiederherstellung von Israel
40–48	Die Vision des Neuen Tempels

34–36
Gott wird für seine Schafe sorgen. Gerichtsandrohung für Edom. Israel wird wieder aufgerichtet werden.

[Die Zeit des Exils]

Müsst ihr auch noch den Rest zertrampeln? Reicht es euch nicht, das beste Wasser für euch zu haben? Müsst ihr das restliche mit euren Füßen verschmutzen? ¹⁹Meine Schafe müssen fressen, was ihr zertrampelt habt, und müssen das Wasser trinken, das ihr mit euren Füßen schmutzig gemacht habt.

²⁰Deshalb spricht Gott, der HERR: Ich selbst will zwischen den fetten und den mageren Schafen Recht sprechen. ²¹Denn ihr drängt die Schwachen mit der Seite und mit der Schulter weg und stoßt mit den Hörnern, bis ihr sie hinausgetrieben habt. ²²Ich will meine Herde befreien; sie soll nicht länger zur Beute werden. Und ich spreche Recht zwischen den einzelnen Schafen. ²³Und danach setze ich einen einzigen Hirten bei ihnen ein, der für sie sorgen soll – meinen Diener David. Er wird für sie sorgen und ihnen ein Hirte sein. ²⁴Ich, der HERR, werde ihr Gott sein, und mein Diener David wird ein Fürst in ihrer Mitte sein. Ich, der HERR, habe gesprochen!

Der Friedensbund des HERRN
²⁵Ich werde einen Friedensbund mit ihnen schließen und die gefährlichen wilden Tiere aus dem Land vertreiben. Dann werden sie sicher in der Wüste wohnen und ohne Angst in den Wäldern schlafen. ²⁶Ich werde ihnen und allem, was meinen heiligen Hügel umgibt, Segen schenken. Und ich werde den Regen schicken, segensreichen Regen, der immer zur rechten Zeit kommt. ²⁷Die Obstgärten werden ihre Frucht tragen und die Äcker reiche Ernten bringen, und alle sollen in Sicherheit wohnen. Und sie werden erkennen, dass ich der HERR bin, wenn ich ihr Joch zerbreche und sie aus den Händen derer befreie, die sie versklavt haben. ²⁸Sie werden keine leichte Beute mehr für die Völker sein und nicht mehr von wilden Tieren gefressen werden. Sie sollen in Sicherheit leben, und keiner wird ihnen mehr Angst machen.

²⁹Und ihr Land will ich zu einem reich gesegneten und berühmten Garten machen*, sodass sie nie mehr verhungern werden und nicht mehr unter dem Hohn der Völker leiden müssen. ³⁰So werden sie erkennen, dass ich, der HERR, ihr Gott, bei ihnen bin und dass sie, das Volk der Israeliten, mein Volk sind, spricht Gott, der HERR. ³¹Ihr seid meine Herde, ihr Menschen seid die Schafe auf meiner Weide. Und ich bin euer Gott, spricht Gott, der HERR.«

34,29 Hebr. *ich erstelle für sie eine Pflanzung zum Ruhm.*

Eine Botschaft für Edom

35 Wieder erhielt ich eine Botschaft vom HERRN: ²»Menschenkind, richte deinen Blick hinüber zum Gebirge Seïr und weissage dagegen. ³Sag zu ihm: ›So spricht Gott, der HERR: Ich werde gegen dich vorgehen, Gebirge Seïr; ich erhebe meine Hand gegen dich und mache dich zur Wüste und Einöde. ⁴Ich werde deine Städte zerstören und dich zur Wüste machen, und dann wirst du erkennen, dass ich der HERR bin. ⁵Du hast die Menschen von Israel schon immer gehasst, und deswegen hast du sie zur Zeit ihres Unglücks, als sie die endgültige Strafe für ihre Schuld bekamen*, dem Schwert ausgeliefert. ⁶Deshalb, so wahr ich lebe, spricht Gott, der HERR, werde ich dich selbst in ein Blutbad stürzen, und das Blut soll dich verfolgen! Weil du dich mit Blut schuldig gemacht hast, soll Blut dich verfolgen. ⁷Ich mache das Gebirge Seïr zur grauenvollen Wüste und vernichte alle, die dort hin- und herziehen. ⁸Deine Berge bedecke ich mit Erschlagenen. Auf deinen Hügeln, in deinen Tälern und in allen deinen Flüssen – überall werden die liegen, die mit dem Schwert erschlagen wurden. ⁹Ich werde dich für immer zur Wüste machen. Deine Städte sollen nie mehr bewohnt werden. Dann wirst du erkennen, dass ich der HERR bin.

¹⁰Du hast gesagt: Diese beiden Völker mit ihren beiden Ländern werden mir gehören. Wir werden sie in Besitz nehmen, obwohl der HERR dort gewohnt hat! ¹¹Deshalb, so wahr ich lebe, spricht Gott, der HERR, werde ich dich so behandeln, wie du es für deinen Zorn und deine Eifersucht verdienst, mit denen du sie in deinem Hass behandelt hast. Und ich werde mich ihnen offenbaren, indem ich dich richte. ¹²Dann wirst du erkennen, dass ich, der HERR, jedes verächtliche Wort, das du über die Berge von Israel gesprochen hast, gehört habe. Denn du hast gesagt: Sie liegen verwüstet da, sie wurden uns zum Fraß vorgeworfen. ¹³Damit hast du auf meine Kosten herumgeprahlt und freche Reden gegen mich geschwungen; ich habe es gehört!

¹⁴So spricht Gott, der HERR: Die ganze Welt wird sich freuen, wenn ich dich zur Wüste mache. ¹⁵Du hast dich darüber gefreut, als der Erbbesitz von Israel verwüstet wurde. Jetzt werde ich dasselbe mit dir tun! Du sollst zur Wüste werden, Gebirge Seïr und ganz Edom! Dann werden sie erkennen, dass ich der HERR bin!‹

Die Wiederherstellung von Israel

36 Menschenkind, weissage über die Berge von Israel und sag: ›Ihr Berge von Israel, hört das Wort des HERRN! ²So spricht Gott, der HERR: Deine Feinde haben gesagt: Ha! Jetzt gehören uns die Höhen auf ewig!‹ ³Deshalb weissage und sag: ›So spricht Gott, der HERR: Weil ihr verwüstet worden seid und man von allen Seiten nach euch geschnappt hat, sodass ihr nun den restlichen Völkern gehört und verhöhnt und verleumdet werdet, ⁴deshalb, ihr Berge von Israel, hört das Wort Gottes, des HERRN. So spricht Gott, der HERR, zu den Bergen und Hügeln, den Schluchten und Tälern und zu den öden Ruinen und verlassenen Städten, die von den restlichen Völkern ringsherum geplündert und verspottet wurden. ⁵So spricht Gott, der HERR: In feurigem Eifer habe ich gegen die restlichen Völker und gegen ganz Edom geredet, weil sie mein Land in Besitz genommen haben, um das Weideland voll Schadenfreude und Verachtung auszuplündern.‹

⁶Deshalb weissage über das Land Israel und sag zu den Bergen und Hügeln, den Bächen und Tälern: ›So spricht Gott, der HERR: Seht, ich rede voll Eifer und Zorn, weil ihr solche Schande von den Völkern ertragen musstet. ⁷Deshalb, spricht Gott, der HERR, schwöre ich euch mit erhobener Hand, dass auch die Völker in eurer Umgebung ihre Schande tragen sollen. ⁸Ihr aber, ihr Berge von Israel, werdet für mein Volk der Israeliten eure Zweige sprießen lassen und eure Frucht tragen – denn ihre Rückkehr lässt nicht mehr lange auf sich warten! ⁹Seht, ich komme zu euch und wende mich euch wieder zu. Ihr werdet bestellt und besät werden. ¹⁰Ich werde die Menschen bei euch zahlreich machen und das ganze Volk von Israel vermehren, und die Städte sollen wieder bewohnt und die Ruinen wieder aufgebaut werden. ¹¹Und ich werde Mensch und Vieh bei euch vermehren, sie werden sich vermehren und fruchtbar sein. Ich werde dafür sorgen, dass ihr wieder bewohnt seid wie früher. Ich will mehr Gutes für euch tun als je zuvor. Dann werdet ihr erkennen, dass ich der HERR bin. ¹²Und ich werde Menschen zu euch bringen, mein Volk der Israeliten wird euch in Besitz nehmen und ihr werdet ihr Erbbesitz sein. Niemals mehr werdet ihr sie kinderlos machen.

¹³So spricht Gott, der HERR: Jetzt sagen sie noch zu euch: Israel ist ein Land, das Menschen verschlingt und seine Bewohner kinderlos macht! ¹⁴Doch du, Israel, sollst deine Bewohner nie mehr verschlingen und dein Volk nicht mehr

---

35,5 Hebr. *in der Zeit der Verschuldung des Endes.*

HESEKIEL

1–3	Hesekiels Vision und Berufung
4–24	Das kommende Unheil Israels
25–32	Botschaften für sieben fremde Völker
33–39	Die Wiederherstellung von Israel
40–48	Die Vision des Neuen Tempels

36–37
Gott ruft sein Volk zurück und will mit ihm in Einklang leben. Hesekiel hat eine Vision, in der tote Gebeine lebendig werden.

[Die Zeit des Exils]

kinderlos machen, spricht Gott, der HERR. ¹⁵Ich werde dafür sorgen, dass du den Spott der Völker nicht mehr hören und ihre Schmähung nicht mehr ertragen musst, und du sollst auch nicht mehr dein Volk zu Fall bringen, spricht Gott, der HERR.‹«

¹⁶Danach erhielt ich eine Botschaft vom HERRN: ¹⁷»Menschenkind, als das Volk der Israeliten noch in seinem eigenen Land lebte, haben sie dieses Land durch ihr Verhalten und ihre Taten unrein gemacht. Für mich war ihr Verhalten wie die Unreinheit der Monatsblutung. ¹⁸Weil sie in dem Land Blut vergossen und es mit ihren Götzen unrein gemacht haben, habe ich meinen Zorn über sie ausgegossen. ¹⁹Ich habe sie unter die Völker zerstreut und in viele Länder versprengt. Ich habe sie so gerichtet, wie sie es für ihr Verhalten und ihre Taten verdienten. ²⁰Doch als sie unter die Völker zerstreut waren, haben sie überall, wohin sie kamen, meinen heiligen Namen entweiht. Denn man sagte von ihnen: ›Das ist das Volk des HERRN, doch sie mussten aus ihrem Land fortziehen!‹ ²¹Da sorgte ich mich um meinen heiligen Namen, der durch das Volk der Israeliten bei allen Völkern, zu denen sie kamen, entweiht worden war.

²²Deshalb sag zum Volk der Israeliten: ›So spricht Gott, der HERR: Ich mache das nicht euretwegen, Volk der Israeliten, sondern für meinen heiligen Namen, den ihr bei den Völkern, zu denen ihr gekommen seid, entweiht habt. ²³So

Hesekiel 37,1-14

Gott befreit
Unser Text spricht von vertrockneten Totengebeinen, die sich miteinander verbinden und Atem empfangen, und von Leichnamen, die wieder zu lebendigen Menschen werden. »Gräber werden geöffnet.« Dieses Bild einer »Auferstehung« spricht symbolisch von geistlicher Erneuerung und von der Wiederbelebung eines *Volkes*. Israel wird Gottes Stimme hören und neu erkennen, dass Gott der Herr ist. Wenn wir diesen Text aus der Perspektive des Neuen Testaments betrachten, dann können wir jedoch noch weitere Aspekte darin entdecken. Der Text deutet auch auf eine wortwörtliche Auferstehung des Körpers. Jesus sagte: »Die Zeit kommt, ja sie ist bereits da, in der die Toten die Stimme des Sohnes Gottes hören werden. Und wer sie hört, wird leben« (Joh 5,25). Im geistlichen Sinne dürfen wir das jetzt schon erleben. Eines Tages wird Gott jedoch tatsächlich Gräber öffnen und verstorbenen Menschen das Auferstehungsleben schenken. Hesekiels Vision wird dann nicht nur symbolisch, sondern auch wörtlich wahr.
(Johannes 11,43-44 «‹ | »› Lukas 10,19)

werde ich meinem großen Namen, den ihr bei den Völkern entweiht habt, seine Heiligkeit zurückgeben. Und wenn ich vor ihren Augen meine Heiligkeit an euch offenbare, spricht Gott, der HERR, dann werden die Völker erkennen, dass ich der HERR bin. ²⁴Denn ich hole euch aus den Völkern und sammle euch aus allen Ländern und bringe euch in euer Land zurück. ²⁵Dann gieße ich reines Wasser über euch aus, und ihr werdet rein sein. Von allen euren Unreinheiten und von allen euren Götzen werde ich euch reinigen. ²⁶Und ich werde euch ein neues Herz geben und euch einen neuen Geist schenken. Ich werde das Herz aus Stein aus eurem Körper nehmen und euch ein Herz aus Fleisch geben. ²⁷Und ich werde euch meinen Geist geben, damit ihr nach meinem Gesetz lebt und meine Gebote bewahrt und euch danach richtet. ²⁸Und ihr sollt in dem Land leben, das ich euren Vorfahren gegeben habe. Ihr werdet mein Volk sein, und ich will euer Gott sein. ²⁹Ich befreie euch von eurer Unreinheit. Ich rufe den Getreidesegen aus, schenke euch eine reiche Ernte und verschone euch vor der Hungersnot. ³⁰Die Früchte der Bäume und den Ertrag der Felder will ich vermehren, damit ihr es nicht mehr ertragen müsst, dass die Völker über eine Hungersnot bei euch spotten. ³¹Dann werdet ihr an euer schlimmes Verhalten und an eure bösen Taten zurückdenken, und es wird euch vor euch selbst ekeln wegen eurer Sünden und eurer abscheulichen Taten. ³²Aber ich tue das alles nicht, weil ihr es verdient, spricht Gott, der HERR. Das müsst ihr wissen! O Volk der Israeliten, ihr solltet euch schämen und rot werden für euer Verhalten!

³³So spricht Gott, der HERR: In der Zeit, wenn ich euch von euren Sünden reinige, bevölkere ich eure Städte wieder neu und die Ruinen sollen wieder aufgebaut werden. ³⁴Die verödeten Äcker sollen wieder bestellt werden und nicht mehr vor den Augen jedes Vorübergehenden verwüstet daliegen. ³⁵Die Leute sagen dann: Dieses verwüstete Land ist zu einem Garten Eden geworden! Die Städte, die verödet und verwüstet waren und in Trümmern lagen, haben starke Mauern und sind wieder bewohnt! ³⁶Dann werden die Völker, die rings um dich her übrig geblieben sind, erkennen, dass ich, der HERR, die Ruinen wieder aufgebaut und die Wüste bepflanzt habe. Denn ich, der HERR, habe es verheißen, und ich tue es auch.

³⁷So spricht Gott, der HERR: Auch diese Bitte vom Volk der Israeliten werde ich erhören: Ich werde die Menschen so zahlreich werden lassen wie eine Herde. ³⁸So wie sich die Opferschafe bei den Festen in Jerusalem drängten, so werden die Städte, die jetzt verwüstet sind, von einer Masse von Menschen bevölkert sein. Und dann werden sie erkennen, dass ich der HERR bin.«

Das Tal der Totengebeine

37 Die Hand des HERRN kam über mich, und der Geist des HERRN führte mich hinaus und trug mich in ein Tal, das mit Totengebeinen angefüllt war. ²Er führte mich an ihnen vorbei. Sehr viele Knochen bedeckten dort den Boden des Tals, und sie waren völlig vertrocknet. ³Dann fragte er mich: »Menschenkind, können diese Gebeine wieder lebendig werden?«

»O HERR, mein Gott«, antwortete ich, »das weißt nur du.«

⁴Da sagte er zu mir: »Weissage über diese Gebeine und sag zu ihnen: ›Ihr gebleichten Knochen, hört das Wort des HERRN! ⁵So spricht Gott, der HERR, zu diesen Knochen: Seht! Ich werde euch Atem einhauchen und euch wieder lebendig machen! ⁶Ich gebe euch Sehnen, lasse Fleisch an euch wachsen und überziehe euch mit Haut. Ich hauche euch Atem ein und mache euch wieder lebendig. Dann werdet ihr erkennen, dass ich der HERR bin.‹«

⁷Ich weissagte, wie er es mir befohlen hatte. Und noch während ich redete, hörte ich plötzlich ein lautes Geräusch und die Knochen rückten zusammen und verbanden sich miteinander. ⁸Und dann bildeten sich vor meinen Augen Sehnen und Fleisch auf den Knochen. Schließlich wurden sie von Haut überzogen, aber sie hatten noch keinen Atem in sich.

⁹Da sagte er zu mir: »Weissage über den Atem, weissage, Menschenkind, und sag zu dem Atem: ›So spricht Gott, der HERR: Komm, o Atem, aus den vier Winden! Hauche diese Erschlagenen an, damit sie wieder lebendig werden.‹«

¹⁰Ich weissagte, wie er es mir befohlen hatte, und der Atem fuhr in sie hinein und sie wurden lebendig. Sie standen auf, und es war eine riesige Menschenmenge.

¹¹Dann sagte er zu mir: »Menschenkind, diese Gebeine sind das gesamte Volk der Israeliten. Sie sagen: ›Unsere Knochen sind vertrocknet, für uns gibt es keine Hoffnung mehr, es ist zu Ende mit uns.‹ ¹²Deshalb weissage und sag zu ihnen: ›So spricht Gott, der HERR: Seht, ich öffne eure Gräber; ich lasse euch als mein Volk aus euren Gräbern steigen und bringe euch nach Israel zurück. ¹³Und wenn ich eure Gräber öffne und euch als mein Volk aus euren Gräbern steigen lasse, dann werdet ihr erkennen, dass ich der HERR bin. ¹⁴Ich gebe euch meinen Geist, damit ihr lebt, und ich bringe euch in euer Land. Dann werdet ihr erkennen, dass ich, der HERR, es ange-

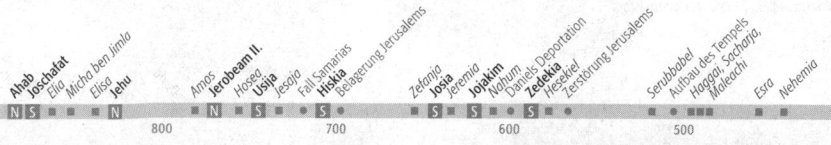

HESEKIEL

1–3	Hesekiels Vision und Berufung
4–24	Das kommende Unheil Israels
25–32	Botschaften für sieben fremde Völker
33–39	Die Wiederherstellung von Israel
40–48	Die Vision des Neuen Tempels

37–38
Israel und Juda sollen unter Gott und einem König vereinigt werden. Gerichtsandrohung für Gog.

[Die Zeit des Exils]

kündigt und auch ausgeführt habe. Ich, der HERR, habe gesprochen!«<

Die Wiedervereinigung von Israel und Juda

¹⁵Wieder erhielt ich eine Botschaft vom HERRN: ¹⁶»Menschenkind, nimm ein Stück Holz und schreib darauf: ›Für Juda und für die mit ihm verbündeten Israeliten.‹ Dann nimm ein anderes Stück Holz und schreib darauf: ›Für Josef, das Holz von Ephraim, und das ganze mit ihm verbündete Volk der Israeliten.‹ ¹⁷Dann vereinige die beiden in deiner Hand zu einem einzigen Holz. ¹⁸Wenn die Menschen aus deinem Volk dich fragen: ›Willst du uns nicht sagen, was das bedeutet?‹, ¹⁹dann sag: ›So spricht Gott, der HERR: Seht, ich nehme das Holz von Josef, das in der Hand von Ephraim ist, und die Stämme von Israel, die seine Verbündeten sind, und lege sie auf das Holz von Juda. Ich mache sie zu einem einzigen Holz, sodass sie in meiner Hand zu einem Ganzen werden.‹ ²⁰Und die Hölzer, auf die du geschrieben hast, sollst du vor ihren Augen in der Hand halten. ²¹Sag ihnen: ›So spricht Gott, der HERR: Ich hole die Israeliten aus allen Völkern heraus, zu denen sie gekommen sind. Ich sammle sie von überall her, bringe sie in ihr Land ²²und mache sie dort, auf den Bergen von Israel, zu einem einzigen Volk. Ein einziger König wird über sie alle herrschen; sie werden nicht länger in zwei Völker gespalten und in zwei Königreiche aufgeteilt sein. ²³Sie werden sich nicht

Hesekiel 37,26

Bundesschlüsse
Der neue Bundesschluss wird nicht nur von Jeremia, sondern auch von Hesekiel angekündigt (V. 26). Er spricht die Bundesformel gleich zweimal aus (V. 23b.27). Die Gaben aus dem Bundesschluss mit David fließen in diesen neuen Bund ein (V. 24). So wie die Erneuerung des bisherigen Bundes schon eine Botschaft an alle Welt und alle Völker war (siehe bei Hes 20), so können auch am neuen Bund alle Völker Jahwe erkennen (V. 28).
Die Bezeichnung »Friedensbund« (V. 26, auch schon Hes 34,25) erinnert an Jesaja (54,10).
Die innere Verwandlung, die Jeremia vom neuen Bund erwartete, kündigt Hesekiel in Kapitel 36,26-27 an: Ein ganz neuer Geist wird Gottes Volk erfüllen, sodass es Gottes Gebote von Herzen bewahren wird. Die direkt anschließend genannte Bundesformel (36,28) zeigt, dass auch die Verheißungen dieses Kapitels zum neuen Bund gehören.
(Jeremia 31,31 ‹‹ | ›› Jesaja 55,3)

mehr mit ihren Götzen und abscheulichen Abgöttern und all ihren Vergehen unrein machen, denn ich werde sie von ihren Irrwegen retten, auf denen sie sich vergangen haben. Ich werde sie reinigen und dann werden sie mein Volk sein, und ich werde ihr Gott sein. ²⁴Mein Knecht David wird ihr König sein, und sie alle werden nur noch einen einzigen Hirten haben. Sie werden nach meinen Geboten leben, mein Gesetz bewahren und sich daran halten. ²⁵Sie werden in dem Land leben, das ich meinem Diener Jakob gegeben habe und wo ihre Vorfahren gelebt haben. Sie und ihre Kinder und Enkel werden für immer darin leben, und mein Diener David wird für immer ihr Fürst sein. ²⁶Ich schließe einen Friedensbund mit ihnen, ein ewiger Bund mit ihnen wird es sein. Ich werde sie bewahren und vermehren und meinen Tempel für immer unter ihnen errichten. ²⁷Ich selbst will bei ihnen wohnen. Ich werde ihr Gott sein und sie werden mein Volk sein. ²⁸Und wenn mein Tempel für immer in ihrer Mitte steht, werden die Völker erkennen, dass ich der HERR bin, der Israel heiligt.«‹

Eine Botschaft für Gog

38 Wieder erhielt ich eine Botschaft vom HERRN: ²»Menschenkind, richte deinen Blick auf Gog im Land Magog, auf den Fürsten von Rosch, Meschech und Tubal. Weissage gegen ihn ³und sag: ›So spricht Gott, der HERR: Gog, Fürst von Rosch, Meschech und Tubal, ich werde gegen dich vorgehen! ⁴Ich lenke dich und treibe dir Haken durch den Kiefer. Ich führe dich und dein ganzes Heer heraus: deine Fußtruppen und deine Reiterei, alle prachtvoll bekleidet. Es ist ein großes Heer mit Lang- und Rundschild, und alle haben ihr Schwert in der Hand. ⁵Paras, Kusch und Put* werden sich dir anschließen, alle mit Schild und Helm. ⁶Auch Gomer und sein Heer wird dir folgen, ebenso die Heere aus Bet-Togarma aus dem fernen Norden. Ja, viele Völker sind bei dir. ⁷Rüste dich und sei bereit, du und dein Heer, das bei dir versammelt ist! Setz dich an seine Spitze. ⁸Nach langer Zeit wirst du dann deinen Auftrag erhalten. Am Ende der Zeit wirst du in ein Land kommen, dessen Volk sich vom Krieg erholt hat und das aus vielen Völkern gesammelt wurde, dort auf den Bergen von Israel, die lange verwüstet waren. Aus vielen Völkern wurden die Menschen zurückgebracht. Und sie wohnen alle in Sicherheit. ⁹Nun ziehst du herauf wie ein Unwetter. Wie eine Wolke wirst du kommen, um das Land zu bedecken, du und dein riesiges Heer und die vielen Völker an deiner Seite.

¹⁰So spricht Gott, der HERR: In jener Zeit wird dir etwas in den Sinn kommen. Du wirst einen bösen Plan aushecken ¹¹und sagen: Ich werde gegen ein ungeschütztes Land ziehen. Ich werde die angreifen, die ruhig leben und ohne jeden Argwohn sind, die keine Mauern und auch keine verriegelten Tore haben. ¹²Du planst zu plündern und zu rauben, die wieder bewohnten Ruinen anzugreifen und ein Volk zu überfallen, das aus vielen Völkern zusammengeführt wurde. Es hat sich Herden und Besitz erworben und wohnt am Nabel der Erde. ¹³Doch Saba und Dedan und die Kaufleute von Tarsis und alle seine Herrscher werden dich fragen: Bist du etwa gekommen, um Beute zu machen? Hast du dein Heer zusammengebracht, um zu plündern, um Gold und Silber zu rauben, Vieh und Besitz mitzunehmen und reiche Beute zu machen?‹

¹⁴Deshalb, Menschenkind, weissage, und sag zu Gog: ›So spricht Gott, der HERR: Wenn mein Volk der Israeliten friedlich in seinem Land lebt, wirst du aufbrechen*. ¹⁵Du kommst zusammen mit vielen Völkern aus deiner Heimat im fernen Norden, sie alle reiten auf Pferden, es ist eine riesige Menge und ein großes Heer. ¹⁶Und du ziehst wie eine Wolke gegen mein Volk der Israeliten und bedeckst das Land. Am Ende der Zeit wird es geschehen, dass ich dich gegen mein Land heranführe, doch dann sollen die Völker mich erkennen, wenn ich mich vor ihren Augen an dir als der Heilige offenbare, Gog.

¹⁷Das sagt Gott, der HERR: Du bist der, von dem ich vor langer Zeit durch meine Diener, die Propheten von Israel, gesprochen habe. Damals haben sie immer wieder geweissagt, dass ich dich gegen sie heranführen würde. ¹⁸Doch an jenem Tag, wenn Gog ins Land Israel einfällt, spricht Gott, der HERR, wird mein Zorn entbrennen! ¹⁹Und in meinem leidenschaftlichen Eifer und in meinem feurigen Zorn spreche ich: An jenem Tag wird ein großes Beben das Land Israel erschüttern. ²⁰Die Fische im Meer, die Vögel am Himmel, die wilden Tiere, die Kriechtiere auf der Erde und die Menschen, die auf der Erde leben, werden vor mir erzittern! Berge stürzen ein, Felswände bersten, Mauern brechen zusammen! ²¹Und ich rufe von allen meinen Bergen das Schwert gegen dich herbei, spricht Gott, der HERR. Jeder wird sein Schwert gegen den anderen richten. ²²Ich werde Gog richten durch Krankheit und Blutvergießen; ich werde Platzregen, Hagelstürme und brennenden Schwefel auf

---

38,5 Das sind Persien, Äthiopien und Libyen.   **38,14** So mit der griech. Übersetzung; im Hebr. steht *wirst du erkennen*.

HESEKIEL

1–3	Hesekiels Vision und Berufung
4–24	Das kommende Unheil Israels
25–32	Botschaften für sieben fremde Völker
33–39	Die Wiederherstellung von Israel
40–48	Die Vision des Neuen Tempels

38–40
Gog und sein Heer werden vernichtet werden. Gott erbarmt sich über Israel. Hesekiel hat eine Vision vom neuen Tempel.

[Die Zeit des Exils]

ihn, sein Heer und die vielen Völker bei ihm regnen lassen! ²³So will ich meine Größe und Heiligkeit zeigen und mich vielen Völkern offenbaren. Dann werden sie erkennen, dass ich der HERR bin!‹

Der Untergang von Gogs Heer

39 Menschenkind, weissage gegen Gog und sag: ›So spricht Gott, der HERR: Ich werde gegen dich vorgehen, Gog, Fürst von Rosch, Meschech und Tubal. ²Ich lenke dich, führe dich und locke dich aus dem fernen Norden. Ich bringe dich in die Berge von Israel. ³Doch dann schlage ich dir deinen Bogen aus der linken Hand und reiße dir die Pfeile aus der rechten, ⁴denn du und dein riesiges Heer und alle Völker bei dir sollen in den Bergen von Israel sterben. Ich werfe dich sämtlichen Raubvögeln und den wilden Tieren zum Fraß vor. ⁵Du wirst auf freiem Feld umkommen, denn ich habe gesprochen, spricht Gott, der HERR. ⁶Ich schicke ein Feuer nach Magog und zu allen, die sicher im Küstenland wohnen. Dann werden sie erkennen, dass ich der HERR bin. ⁷So werde ich meinen heiligen Namen im Volk der Israeliten offenbar machen, und ich werde nicht zulassen, dass er noch einmal entweiht wird. Und die Völker werden erkennen, dass ich der HERR bin, der Heilige von Israel. ⁸Seht, es trifft ein und es geschieht, spricht Gott, der HERR. Das ist der Tag, den ich vorausgesagt habe.

⁹Dann gehen die Bewohner der israelitischen Städte hinaus und zünden ein Feuer an und verheizen die Waffen: Rundschilde und Langschilde, Bogen und Pfeile, Keulen und Speere. Sieben Jahre lang machen sie damit Feuer! ¹⁰Sie werden kein Holz mehr auf den Feldern sammeln oder im Wald Bäume fällen, sondern mit den Waffen Feuer machen. Sie plündern ihre Plünderer und berauben die, die sie ausrauben wollten, spricht Gott, der HERR.

¹¹Und an jenem Tag werde ich Gog einen Platz für seine Grabstätte in Israel geben: das Tal Abarim*, östlich vom Toten Meer*, und es wird den Wanderern den Weg versperren. Dort werden sie Gog und sein ganzes Heer begraben und sie werden es Tal Hamon Gog* nennen. ¹²Das Volk der Israeliten wird sie begraben, um das Land zu reinigen: Sieben Monate wird das dauern. ¹³Alle Leute im Land werden dabei helfen, und man wird sie rühmen, wenn ich an jenem Tag meine Herrlichkeit offenbare, spricht Gott, der HERR.

39,11a Das bedeutet *Tal der Wanderer*. 39,11b Hebr. *des Meeres*. 39,11c Das bedeutet *Tal der Heeresmacht von Gog*.

¹⁴Und sie werden Menschen bestimmen, die ständig umherziehen und die Leichen begraben, die noch auf der Erde liegen, damit das Land wieder rein wird. Nach sieben Monaten werden sie anfangen zu suchen ¹⁵und sie werden das Land durchziehen. Immer wenn einer von ihnen einen Menschenknochen findet, richten sie ein Zeichen auf, bis die Totengräber ihn im Tal Hamon Gog begraben haben. ¹⁶– Es wird auch eine Stadt geben, die Hamona* heißt. – Und so reinigen sie das Land.‹

¹⁷Und jetzt, Menschenkind, sprich zu Gott, der HERR, sag zu sämtlichen Vögeln und allen wilden Tieren: ›Versammelt euch und kommt. Kommt von allen Seiten zu meinem Schlachtopfer, das ich für euch schlachte, einem großen Schlachtopfer auf den Bergen von Israel, und fresst Fleisch und trinkt Blut! ¹⁸Ihr sollt das Fleisch von Helden fressen und das Blut von Fürsten der Erde trinken: Sie alle sind Widder und Lämmer, Böcke und Stiere, gemästete Tiere aus Baschan! ¹⁹Fresst Fett, bis ihr satt seid und trinkt Blut, bis ihr berauscht seid von dem Schlachtopfer, das ich für euch geschlachtet habe. ²⁰Sättigt euch an meinem Tisch mit Pferden, Reitern, Helden und allen möglichen Kriegern, spricht Gott, der HERR.

²¹So offenbare ich meine Herrlichkeit bei den Völkern. Alle Völker sehen das Strafgericht, das ich vollstreckt habe, und erkennen meine Hand, die sie gefühlt haben. ²²Von jenem Tag an und für alle Zeit wird das Volk der Israeliten erkennen, dass ich der HERR, ihr Gott, bin. ²³Und die Völker werden erkennen, dass die Israeliten wegen ihrer Schuld in die Verbannung geschickt worden sind, weil sie mir nicht die Treue gehalten haben. Deshalb habe ich mich von ihnen abgewandt und sie ihren Feinden ausgeliefert, sodass sie alle durch das Schwert umgekommen sind. ²⁴Ich habe sie so behandelt, wie sie es für ihre Unreinheit und ihre Schuld verdient hatten. Deshalb habe ich mich von ihnen abgewandt.

Die Wiederherstellung des Gottesvolkes

²⁵So spricht Gott, der HERR: Ich werde das Schicksal meines Volkes* wenden; ich will Erbarmen mit dem ganzen Volk der Israeliten haben und mich leidenschaftlich für meinen heiligen Namen einsetzen! ²⁶Und sie werden sich schämen für ihre Schande und für die Untreue, die sie mir erwiesen haben*, wenn sie dann in Sicherheit in ihrem eigenen Land wohnen und niemand sie mehr erschreckt. ²⁷Wenn ich sie aus den Völkern zurückbringe und aus den Ländern ihrer Feinde sammle, werde ich vor den Augen der vielen Völker meine Heiligkeit an ihnen offenbaren. ²⁸Dann werden sie erkennen, dass ich, der HERR, ihr Gott, bin, dass ich es war, der sie in die Verbannung geschickt hat, und dass ich sie auch wieder nach Hause gebracht habe. Ich werde keinen von ihnen dort zurücklassen. ²⁹Und ich werde mich nicht mehr von ihnen abwenden, denn ich habe meinen Geist über ihnen ausgegossen, spricht Gott, der HERR.‹«

Der Bezirk des Neuen Tempels

40 Zu Beginn des 25. Jahres unserer Gefangenschaft, am zehnten Tag des ersten Monats* – 14 Jahre, nachdem Jerusalem gefallen war – an genau diesem Tag kam die Hand des HERRN über mich, und er brachte mich dorthin. ²In einer göttlichen Vision brachte er mich nach Israel und setzte mich auf einem sehr hohen Berg ab. In südlicher Richtung war etwas wie eine Stadt auf dem Berg erbaut. ³Als er mich dorthin brachte, sah ich einen Mann, der aussah, als wäre er aus Bronze. Er stand neben dem Eingang zu einem Torweg und hielt eine Schnur aus Leinen und eine Messrute in der Hand.

⁴Der Mann sagte zu mir: »Menschenkind, sieh her und hör zu. Achte genau auf das, was ich dir jetzt zeige. Du wurdest hierher gebracht, damit ich es dir zeige. Berichte dem Volk der Israeliten alles, was du gesehen hast.«

Das Osttor

⁵Ich sah eine Mauer, die den Tempelbezirk umgab. Der Mann nahm die Messrute – sie war sechs Ellen* lang, jede Elle eine Handbreite länger als die gewöhnliche Elle. Er maß die Breite der Mauer – sie war eine Messrute dick – und die Höhe, und diese betrug auch eine Messrute.

⁶Dann ging er hinüber zum Tor an der Ostseite. Er stieg die Stufen hinauf und maß die Torschwelle; sie war eine Messrute tief. ⁷Jede Nische für die Torwache maß eine Messrute im Quadrat; die Entfernung zwischen ihnen betrug fünf Ellen*. Die Schwelle des Tors, an der Vorhalle des Tors Richtung Tempel, war eine Messrute tief. ⁸Er maß auch die Vorhalle des Tors nach innen zum Tempel hin, sie war ebenfalls eine Messrute tief. ⁹Dann maß er den Vorhof des Torwegs, er

---

39,16 Das bedeutet *Heer* oder *Getümmel*. **39,25** Hebr. *Jakobs*. **39,26** Hebr. *und sie werden ihre Schmach tragen und all ihre Untreue, mit der sie treulos an mir gehandelt haben*. O. *und sie werden ihre Schmach vergessen*. **40,1** Das Ereignis, um das es hier geht, fand am 18. April 573 v. Chr statt; s. auch die Anm. zu 1,1. **40,5** Für die Messung im sakralen Bereich galt die lange Elle. Sie war ca. 50 cm lang. Sechs Ellen entsprechen somit ca. 3 m. **40,7** Das entspricht ca. 2,5 m.

HESEKIEL

1–3 Hesekiels Vision und Berufung

4–24 Das kommende Unheil Israels

25–32 Botschaften für sieben fremde Völker

33–39 Die Wiederherstellung von Israel

40–48 Die Vision des Neuen Tempels

40
Ein bronzener Mann misst für Hesekiel die verschiedenen Elemente des Tempels.

[Die Zeit des Exils]

S Südreich Juda   N Nordreich Israel

betrug acht Ellen*, und ihre Pfeiler: zwei Ellen*. Diese Vorhalle lag Richtung Tempel. ¹⁰Auf jeder Seite des Tors an der Ostseite waren drei Nischen für die Torwache. Alle drei waren gleich groß, und auch die Pfeiler auf beiden Seiten waren identisch. ¹¹Der Mann maß die Breite des Toreingangs, sie betrug 10 Ellen*; die Länge des Torwegs betrug 13 Ellen*. ¹²Vor jeder Nische befand sich auf beiden Seiten eine Schranke, die eine Elle breit war. Die Nischen selbst maßen sechs Ellen im Quadrat*.

¹³Dann maß er die Breite des Tors vom Dach der einen Nische bis zum Dach der gegenüberliegenden Nische; es war 25 Ellen* breit. Ein Eingang lag dem anderen gegenüber. ¹⁴Er maß auch die Trennmauern von der Innenseite des Torwegs bis zur Vorhalle des Torwegs; die Entfernung betrug 20 Ellen*. ¹⁵Die Gesamtlänge vom Eingangstor bis zur Vorhalle am inneren Tor betrug 50 Ellen*. ¹⁶In den Nischen lagen zurückgesetzte Fenster an beiden Seiten nach innen am Tor, und auch an der Vorhalle waren Fenster an beiden Seiten nach innen. Die Pfeiler waren mit Palmwedeln verziert.

Der äußere Vorhof
¹⁷Dann brachte der Mann mich in den äußeren Vorhof. Rings um den Vorhof lagen Kammern und davor war ein Steinpflaster angelegt; an dem Pflaster lagen 30 Kammern. ¹⁸Dieses Pflaster verlief auch an den Seiten der Tore und erstreckte sich die ganze Seitenwand der Tore entlang. Dies war das untere Pflaster. ¹⁹Dann maß der Mann die Breite des Vorhofs vom unteren Tor bis außen an den inneren Vorhof, sie betrug 100 Ellen*.

Das Nordtor
²⁰Er maß das Tor am äußeren Vorhof an der Nordseite nach der Länge und Breite. ²¹Auch hier gab es auf jeder Seite drei Nischen mit Pfeilern für die Torwache und eine Vorhalle. Die Abmessungen entsprachen denen des ersten Tors: 50 Ellen Länge und 25 Ellen Breite*. ²²Die Fenster, die Vorhalle und die Palmwedelverzierungen waren identisch mit denen des Tors an der Ostseite. Sieben Stufen führten nach oben, und die Vorhalle lag an der Innenseite. ²³Wie an der Ostseite befand sich auch hier ge-

40,9a Das entspricht ca. 4 m. **40,9b** Das entspricht ca. 1 m. **40,11a** Das entspricht ca. 5 m. **40,11b** Das entspricht ca. 6,5 m. **40,12** Das entspricht ca. 9 m². **40,13** Das entspricht ca. 12,5 m. **40,14** Die Bedeutung des Hebr. in diesem Vers ist unklar. 20 Ellen entsprechen ca. 10 m. **40,15** Das entspricht ca. 25 m. **40,19** Das entspricht ca. 50 m. **40,21** *50 Ellen* entsprechen ca. 25 m; *25 Ellen* entsprechen ca. 12,5 m.

genüber dem Tor auf der Nordseite ein weiteres Tor, das zum inneren Vorhof führte. Die Entfernung zwischen den beiden Toren betrug 100 Ellen*.

Das Südtor
²⁴Dann nahm der Mann mich mit Richtung Süden. Und auch an der Südseite lag ein Tor. Er maß die Pfeiler und die Vorhalle, und es waren genau die gleichen Abmessungen wie bei den anderen. ²⁵Es hatte ebenfalls Fenster und auch die Vorhalle ringsum hatte Fenster in den gleichen Abmessungen. Es war insgesamt 50 Ellen lang und 25 Ellen breit*. ²⁶Auch hier führten sieben Stufen nach oben, an der Innenseite lag eine Vorhalle und die Pfeiler auf jeder Seite waren mit Palmwedeln verziert. ²⁷Ein weiteres Tor zum inneren Vorhof lag an der Südseite. Die Entfernung zwischen beiden Toren an der Südseite betrug 100 Ellen*.

Die Torwege in den inneren Vorhof
²⁸Dann nahm der Mann mich durch das südliche Tor mit in den inneren Vorhof. Er maß das Tor und stellte fest, dass es die gleichen Abmessungen wie die anderen besaß. ²⁹Auch die Nischen, die Pfeiler und die Vorhalle hatten jeweils die gleiche Größe wie bei den anderen Toren. Es hatte ebenfalls Fenster und in der Vorhalle waren ringsherum Fenster. Der Torweg war auch fünf Ellen lang und 25 Ellen breit*. ³⁰Es gab eine Vorhalle ringsherum, die fünf Ellen breit und 25 Ellen lang* war. ³¹Die Vorhalle lag in Richtung des äußeren Vorhofs. Ihre Pfeiler waren mit Palmwedeln geschmückt und acht Stufen führten nach oben.

³²Dann nahm mich der Mann mit in den inneren Vorhof auf der Ostseite. Er maß das Tor und stellte fest, dass es die gleichen Abmessungen hatte wie die anderen. ³³Die Nischen, die Pfeiler und die Vorhalle hatten die gleiche Größe, und im Tor und in der Vorhalle befanden sich Fenster ringsherum. Das Tor war 50 Ellen lang und 25 Ellen breit*. ³⁴Seine Vorhalle lag zum äußeren Vorhof hin. Auf den Pfeilern befanden sich Palmwedel an beiden Seiten und acht Stufen führten hinauf.

³⁵Dann nahm er mich mit zum Tor an der Nordseite. Er maß es und stellte fest, dass es die gleichen Abmessungen hatte. ³⁶Auch seine Nischen und Pfeiler und seine Vorhalle wiesen die gleichen Maße auf, und ringsherum waren Fenster. Es war 50 Ellen lang und 25 Ellen breit*. ³⁷Seine Pfeiler lagen zum äußeren Vorhof hin, und sie waren auf beiden Seiten mit Palmwedeln verziert. Acht Stufen führten nach oben.

Die Kammern für die Vorbereitung der Opfer
³⁸An den Pfeilern der Tore* führte eine Tür in eine Kammer, in der das Brandopfer gewaschen wurde. ³⁹Auf beiden Seiten der Vorhalle standen jeweils zwei Tische, auf denen die Brandopfer, die Sündopfer und die Schuldopfer geschlachtet wurden. ⁴⁰An der äußeren Seitenwand, an der Treppe zum Nordtor, standen zwei Tische, und an der anderen Seitenwand, die zur Vorhalle des Tors führte, standen auch zwei Tische. ⁴¹Insgesamt waren es also acht Tische, vier auf der einen und vier auf der anderen Seite des Tors, auf denen geschlachtet wurde. ⁴²Vier Tische aus gehauenem Stein waren für die Brandopfer bestimmt; sie waren jeweils eineinhalb Ellen lang, eineinhalb Ellen breit und eine Elle hoch*. Auf diesen Tischen lagen die Geräte, mit denen man das Brandopfer und das Schlachtopfer schlachtete. ⁴³Innen an der Mauer waren ringsherum Haken angebracht, je eine Handbreite* lang, und auch auf den Tischen lagen Haken für die Opfertiere.

Die Kammern für die Priester
⁴⁴Außen vor dem inneren Tor gab es im inneren Vorhof zwei Räume*: Einer war neben dem Nordtor und ging nach Süden, einer war neben dem Südtor* und ging nach Norden. ⁴⁵Und der Mann sagte zu mir: »Der Raum, der nach Süden zeigt, ist für die Priester bestimmt, die im Tempel Dienst tun. ⁴⁶Der Raum, der nach Norden zeigt, ist für die Priester bestimmt, die vor dem Altar Dienst tun. Das sind die Nachkommen von Zadok, die Einzigen von den Leviten, die sich dem HERRN nähern dürfen, um ihm zu dienen.«

Der innere Vorhof und der Tempel
⁴⁷Dann maß er den Vorhof: Er war 100 Ellen lang und 100 Ellen breit im Quadrat*. Der Altar stand vor dem Tempel. ⁴⁸Danach brachte er mich in die Vorhalle des Tempels. Er maß ihre Pfeiler: fünf Ellen auf der einen und fünf Ellen auf der anderen Seite*. Die Wände an beiden Seiten der Tür waren drei Ellen breit*. ⁴⁹Die Länge

---

40,23 Das entspricht ca. 50 m. **40,25** S. die Anm. zu V. 21. **40,27** S. die Anm. zu V. 19. **40,29** S. die Anm. zu V. 21. **40,30** *Fünf Ellen* entsprechen ca. 2,5 m; *25 Ellen* entsprechen ca. 12,5 m. **40,33** S. die Anm. zu V. 21. **40,36** S. die Anm. zu V. 21. **40,38** In der griech. Version steht *von der Vorhalle des Tors aus*. **40,42** Das entspricht einer Länge u. Breite von ca. 75 cm u. einer Höhe von ca. 50 cm. **40,43** Das sind ca. 9 cm. **40,44a** So in der griech. Version; im Hebr. steht *Räume der Sänger*. **40,44b** So in der griech. Version; im Hebr. steht *Osttor*. **40,47** Das entspricht ca. 2500 m². **40,48a** Das entspricht jeweils ca. 2,5 m. **40,48b** Das entspricht ca. 1,5 m.

HESEKIEL

1–3 Hesekiels Vision und Berufung

4–24 Das kommende Unheil Israels

25–32 Botschaften für sieben fremde Völker

33–39 Die Wiederherstellung von Israel

40–48 Die Vision des Neuen Tempels

40–42
Hesekiels Vision vom Allerheiligsten und dessen Schmuck. Die Kammern der Priester.

[Die Zeit des Exils]

der Vorhalle betrug 20 Ellen, ihre Breite zwölf Ellen*, und zehn Stufen stieg man zu ihr hinauf*. An den Pfeilern standen Säulen, eine auf dieser und eine auf der anderen Seite.

41 Danach brachte der Mann mich in die Tempelhalle und maß die Pfeiler: Sie waren auf beiden Seiten sechs Ellen breit*. So dick waren die Pfeiler. ²Der Eingang war zehn Ellen breit, und die Mauern auf beiden Seiten der Tür waren fünf Ellen breit*. Die Tempelhalle selbst war 40 Ellen lang und 20 Ellen breit*. ³Dann ging er in den innersten Raum. Er maß die Pfeiler am Eingang, sie waren zwei Ellen dick*. Der Eingang selbst war sechs Ellen breit, und die Mauern auf beiden Seiten des Eingangs maßen sieben Ellen*. ⁴Er maß die Länge des Raums: 20 Ellen, und die Breite: 20 Ellen*, wie die Tempelhalle. »Dies«, sagte er zu mir, »ist das Allerheiligste.«
⁵Dann maß er die Mauer des Tempels: Sie war sechs Ellen dick*. Der Anbau rings um den Tempel herum war vier Ellen breit*. ⁶Außerdem gab es Seitenkammern in drei übereinanderliegenden Ebenen: 30 Kammern auf jeder Ebene. Sie schlossen sich so an die Wand an, dass sie ringsherum liefen und in sich Halt hatten, aber sie waren nicht mit der Mauer des Tempels verbunden.
⁷Jede Ebene war breiter als die unter ihr liegende, denn der Tempel hatte ringsherum einen Anbau, der um jedes Stockwerk verlief, sodass er nach oben hin breiter wurde. Von der untersten Ebene ging man durch die mittlere Ebene bis zur obersten Ebene hinauf.
⁸Ich sah rings um den Tempel ein erhöhtes Pflaster, das zugleich als Fundament für die Seitenkammern diente. Es war eine ganze Messrute hoch, sechs Ellen*. ⁹Die äußere Mauer der Seitenräume war fünf Ellen dick*. Damit verblieb ein offener Platz zwischen den Seitenkammern des Tempels ¹⁰und der Kammerreihe rings um den Tempel. Er war 20 Ellen breit*. ¹¹Von den Seitenkammern gingen zwei Türen zu dem offe-

40,49a Das entspricht einer Länge von ca. 10 m u. einer Breite von ca. 6 m. **40,49b** So mit der griech. Version; im Hebr. steht *und war an den Stufen, auf denen man zu ihr hinaufstieg*. **41,1** Das sind ca. 3 m. Die Maßangaben in diesem Kapitel orientieren sich an der hebr. langen Elle, die ca. 50 cm entspricht. **41,2a** *10 Ellen* entsprechen ca. 5 m; *fünf Ellen* entsprechen ca. 2,5 m. **41,2b** Das entspricht einer Länge von ca. 20 m u. einer Breite von ca. 10 m. **41,3a** Das entspricht ca. 1 m. **41,3b** *sechs Ellen* entspricht ca. 3 m; *sieben Ellen* entspricht ca. 3,5 m. **41,4** Das entspricht jeweils ca. 10 m. **41,5a** Das entspricht ca. 3 m. **41,5 Das** entspricht ca. 2 m. **41,8** S. die Anm. zu V. 5. **41,9** Das entspricht ca. 2,5 m. **41,10** S. Anm. zu V. 4.

nen Platz hinaus, der ringsherum fünf Ellen* maß. Eine Tür ging nach Norden, die andere nach Süden. ¹²Im Westen, vor dem umschlossenen Platz, stand ein großes Gebäude. Es war 70 Ellen tief und 90 Ellen* lang, und seine Mauer war ringsherum fünf Ellen dick*. ¹³Dann maß der Mann den Tempel aus: Er war 100 Ellen lang. Auch der umschlossene Platz mit dem Gebäude, einschließlich der Mauern, war 100 Ellen lang.* ¹⁴Die Breite der Fassade des Tempels und des umschlossenen Platzes auf der Ostseite waren ebenfalls 100 Ellen*. ¹⁵Und auch die Länge des Gebäudes am Ende des umschlossenen Platzes, einschließlich seiner Galerien auf beiden Seiten, betrug 100 Ellen*.

Der Tempel, das Innere und die Vorhalle ¹⁶waren holzgetäfelt, alle drei hatten zurückgesetzte Fenster und am Dach ringsherum einen Absatz. Die Wände waren ringsherum mit Holz getäfelt, und zwar vom Boden bis zu den Fenstern. Die Fenster konnte man verschließen. ¹⁷Über der Tür und bis zum Allerheiligsten waren die Wände ringsherum an der Außen- und Innenseite mit ¹⁸Bildern von Cherubim und Palmwedeln bedeckt: Jeder Cherub hatte zwei Gesichter, und zwischen den Cherubim war immer ein Palmwedel. ¹⁹Ein Gesicht, das Menschengesicht, blickte jeweils zu dem Palmwedel auf der einen Seite, das andere Gesicht, das Löwengesicht, blickte auf den Palmwedel auf der anderen Seite. Diese Darstellungen liefen rings um den Tempel. ²⁰Vom Boden bis zur Oberseite der Tür waren die Cherubim und die Palmwedel abgebildet, auch an der äußeren Mauer des Tempels.

²¹Die Türpfosten des Tempels waren quadratisch und vor dem Allerheiligsten stand etwas wie ²²ein Altar aus Holz: Er war drei Ellen hoch, zwei Ellen lang und zwei Ellen breit* und hatte vorspringende Ecken. Sein Fuß und seine Seiten bestanden ganz aus Holz. »Dies«, sagte mir der Mann, »ist der Tisch, der in der Gegenwart des HERRN steht*.«

²³Sowohl der Tempel als auch das Allerheiligste hatten Doppeltüren, ²⁴jede mit zwei Türflügeln, die sich drehten. Beide Türen hatten zwei Türflügel. ²⁵Die Türen, die in den Tempel führten, waren wie die Mauern mit Cherubim und Palmwedeln geschmückt. Vor der Vorhalle des Tempels befand sich ein hölzernes Vordach. ²⁶Die Wände der Vorhalle hatten auf beiden Seiten zurückgesetzte Fenster und waren mit Palmwedeln verziert.

Die Kammern für die Priester

42 Dann führte mich der Mann nach Norden zum äußeren Vorhof. Wir gelangten zu den Kammern, die gegenüber dem umschlossenen Platz und dem Gebäude an der Nordseite lagen. ²An der Vorderseite, am Eingang Richtung Norden, waren sie 100 Ellen lang, und ihre Breite betrug 50 Ellen*. ³Zwischen den 20 Ellen* des inneren Vorhofs und dem Pflaster des äußeren Vorhofs waren in drei Ebenen Galerien übereinander angeordnet. ⁴Zwischen den Kammern verlief ein zehn Ellen breiter und 100 Ellen langer* Gang nach innen, dessen Türen alle nach Norden zeigten. ⁵Die oberen Kammern waren jeweils schmaler als die unter ihnen liegenden, denn die Galerien nahmen ihnen Raum weg. ⁶Da es drei Ebenen waren, die jedoch nicht wie die Höfe Stützpfeiler besaßen, war jede Ebene ein Stück von der unter ihr liegenden zurückgesetzt. ⁷Dicht an den Kammern zum äußeren Vorhof hin verlief an der Außenseite eine Mauer; sie war 50 Ellen lang*. ⁸Denn die Kammern, die zum äußeren Vorhof hin lagen, waren 50 Ellen lang, während die Kammern am Tempel entlang 100 Ellen lang* waren. ⁹Unterhalb dieser Kammern befand sich der Eingang in östlicher Richtung, wenn man vom äußeren Vorhof her kam, ¹⁰an der Mauer des Vorhofs.

An der Südseite vor dem umschlossenen Platz und dem Gebäude gegenüber lagen ebenfalls Kammern. ¹¹Vor ihnen verlief ein Gang. Sie sahen genauso aus wie die Kammern an der Nordseite, ihre Länge und Breite, ihre Ein- und Ausgänge entsprachen ihnen genau. ¹²Die Türen der Kammern zeigten Richtung Süden, und ein Eingang lag am Anfang des Gangs, der an der Vorderseite der Mauer verlief, wenn man von Osten kommt.

¹³Dann sagte der Mann zu mir: »Die Kammern im Norden und die Kammern im Süden sind die heiligen Kammern, wo die Priester, die sich dem HERRN nähern, die hochheiligen Opfer essen sollen. Dorthin sollen sie die hochheiligen Opfer bringen – das Speiseopfer, das Sündopfer und das Schuldopfer –, denn es ist ein heiliger Ort. ¹⁴Wenn die Priester in das Heiligtum kommen,

---

41,11 S. die Anm. zu V. 9.   **41,12b** Das entspricht ca. 35 m Tiefe u. ca. 45 m Länge.   **41,12b** S. die Anm. zu V. 9.   **41,13** Das entspricht jeweils ca. 50 m.   **41,14** S. die Anm. zu V. 13.   **41,15** S. die Anm. zu V. 13.   **41,22a** Das entspricht einer Höhe von ca. 1,5 m und einer Länge und Breite von ca. 1 m.   **41,22b** Hebr. *der vor dem HERRN steht*.   **42,2** Das entspricht einer Länge von ca. 50 m u. einer Breite von ca. 25 m. Die Maßangaben in diesem Kap. orientieren sich an der hebr. langen Elle, die ca. 50 cm entspricht.   **42,3** Das entspricht ca. 10 m.   **42,4** Das entspricht einer Breite von ca. 5 m u. einer Länge von ca. 50 m.   **42,7** Das entspricht ca. 25 m.   **42,8** *50 Ellen* entsprechen ca. 25 m; *100 Ellen* entsprechen ca. 50 m.

HESEKIEL

1–3	Hesekiels Vision und Berufung
4–24	Das kommende Unheil Israels
25–32	Botschaften für sieben fremde Völker
33–39	Die Wiederherstellung von Israel
40–48	Die Vision des Neuen Tempels

42–44
Die Herrlichkeit Gottes kehrt aus dem Osten in den Tempel zurück. Gott fordert Reue vom Volk.
Beschreibung des Altars und der Eingänge des Tempels.

[Die Zeit des Exils]

dürfen sie nicht in den äußeren Vorhof hinausgehen, sondern sie sollen dort ihre Gewänder ablegen, in denen sie ihren Dienst verrichtet haben, denn sie sind heilig. Sie sollen hier andere Kleider anziehen und dann erst zum Volk hinausgehen.«

¹⁵Und als er den Innenraum des Tempels fertig gemessen hatte, führte er mich hinaus zum Osttor und maß den ganzen Umfang des Tempels. ¹⁶Er maß die Ostseite mit der Messrute, und sie war 500 Messruten* lang. ¹⁷Und er maß die Nordseite, sie war 500 Messruten lang, ¹⁸und auch die Südseite war 500 Messruten lang. ¹⁹Dann kam er zur Westseite, und sie war ebenfalls 500 Messruten lang. ²⁰Er maß den Tempelbezirk, den eine Mauer umgab, in allen vier Windrichtungen. Die Länge der Mauer betrug 500 Messruten und ihre Breite 500 Messruten*. Sie trennte das Heilige von dem Unheiligen.

Die Herrlichkeit des HERRN kehrt zurück

43 Und er brachte mich wieder zum Osttor. ²Da kam aus dem Osten die Herrlichkeit des Gottes von Israel. Sie klang wie das Rauschen von gewaltigen Wassermassen. Und die Erde erstrahlte von seiner Herrlichkeit. ³Die Erscheinung, die ich jetzt sah, war genau wie die Erscheinung, die ich gesehen hatte, als er kam*, um die Stadt zu zerstören, und wie die Vision, die ich am Fluss Kebar gehabt hatte. Und ich warf mich zu Boden. ⁴Und die Herrlichkeit des HERRN zog durch das Osttor in den Tempel ein.

⁵Da hob der Geist mich empor und brachte mich in den inneren Vorhof, und die Herrlichkeit des HERRN erfüllte den Tempel. ⁶Und ich hörte jemanden aus dem Tempel heraus mit mir reden, während der Mann neben mir stand. ⁷Und er sagte zu mir: »Menschenkind, dies ist der Ort, wo mein Thron steht und wo ich meine Fußsohlen hinsetze; hier werde ich für alle Zeit mitten unter dem Volk der Israeliten wohnen. Und die Israeliten werden meinen heiligen Namen nicht mehr unrein machen, weder sie noch ihre Könige, durch ihre Unzucht und die Leichen ihrer Könige. ⁸Denn sie hatten ihre Schwelle neben meiner Schwelle und ihre Tür neben meiner Tür, sodass nur eine Wand zwischen mir und ihnen war. Und dann machten sie meinen heiligen Namen unrein durch die abscheulichen Taten, die sie begingen, sodass ich sie in meinem Zorn vernichtet habe. ⁹Jetzt aber

42,16 Das entspricht ca. 1,5 km. **42,20** S. die Anm. zu V. 16. **43,3** So mit der griech. und lat. Version und einigen hebr. Handschriften; im Hebr. steht auch *als ich kam*.

werden sie ihre Hurerei und die Leichen ihrer Könige von mir fernhalten, und ich werde für alle Zeiten in ihrer Mitte wohnen.

¹⁰Du, Menschenkind, beschreibe dem Volk der Israeliten den Tempel, damit sie sich für ihre Sünden schämen. Sie sollen wissen, wie er aussehen wird.* ¹¹Und wenn sie sich für all das schämen, was sie getan haben, dann beschreibe ihnen die Konstruktion und den Plan des Tempels – die Eingänge und Ausgänge, seine Einrichtung, seine Anordnung, seinen ganzen Plan und seine Gesetze. Schreib es vor ihren Augen auf, damit sie seinen Plan und seine Ordnungen beachten und sich daran halten. ¹²Und dies ist das Gesetz des Tempels: Auf dem Gipfel des Berges soll sein gesamtes Gebiet ringsherum hochheilig sein. Ja, dies ist das Gesetz des Tempels.

Der Altar

¹³Dies sind die Maße des Altars in Ellen, wobei eine Elle gleich einer Elle plus einer Handbreite* ist: Der Sockel des Altars ist eine Elle breit und eine Elle hoch mit einer Leiste, die eine Spanne hoch* ist. Und dies ist die Höhe des Altars: ¹⁴Ab dem Sockel auf dem Boden erhebt sich der Altar zwei Ellen bis zum unteren Absatz und er ist eine Elle breit*. Vom unteren Absatz erhebt er sich vier Ellen bis zum oberen Absatz und ist eine Elle breit*. ¹⁵Der Opferherd selbst erhebt sich noch einmal vier Ellen*, und oben hat er vier Hörner. ¹⁶Der Opferherd hat eine Länge und eine Breite von zwölf Ellen*, er ist quadratisch. ¹⁷Der obere Absatz ist ein Quadrat von 14 Ellen Länge und 14 Ellen Breite, mit einem Sockel von einer Elle und einer Leiste, die eine halbe Elle breit* ist. Seine Stufen liegen auf der Ostseite.«

¹⁸Dann sagte er zu mir: »Menschenkind, das sagt Gott, der HERR: ›Dies sind die Vorschriften für den Tag, an dem der Altar gebaut wird, um Brandopfer auf ihm darzubringen und Blut auf ihn zu versprengen. ¹⁹Gib den levitischen Priestern, den Nachkommen von Zadok, die vor mir Dienst tun, einen jungen Stier als Sündopfer‹, spricht Gott, der HERR. ²⁰›Nimm von seinem Blut und besprenge die vier Hörner, die vier Ecken des oberen Absatzes und die Leiste rund um den Absatz. Damit ist der Altar gereinigt und entsühnt. ²¹Dann nimm den jungen Stier für das Sündopfer und verbrenne ihn an dem dafür bestimmten Platz außerhalb des Heiligtums.

²²Am zweiten Tag sollst du einen makellosen Ziegenbock als Sündopfer darbringen, und man soll den Altar damit entsündigen, genau wie man ihn mit dem jungen Stier entsündigt hat. ²³Nach dem Sündopfer sollst du einen weiteren makellosen jungen Stier und einen makellosen Widder aus der Herde opfern. ²⁴Bring beide vor den HERRN, und die Priester sollen sie mit Salz bestreuen und sie dem HERRN als Brandopfer darbringen.

²⁵Sieben Tage lang sollst du jeden Tag einen Ziegenbock als Sündopfer darbringen, und man soll auch jeden Tag einen jungen Stier und einen Widder aus der Herde opfern. Die Tiere sollen makellos sein. ²⁶Sieben Tage lang soll man den Altar entsühnen und ihn so reinigen und einweihen. ²⁷Diese Tage müssen eingehalten werden. Vom achten Tag an sollen die Priester auf dem Altar eure Brandopfer und Friedensopfer darbringen. Dann werde ich euch gnädig annehmen‹, spricht Gott, der HERR.«

Fürst, Leviten und Priester

44 Dann brachte er mich zurück zum äußeren Osttor, doch es war geschlossen. ²Und der HERR sagte zu mir: »Dieses Tor soll geschlossen bleiben; es wird nie wieder geöffnet werden. Kein Mensch wird je wieder hindurchgehen, denn hier ist der HERR, der Gott Israels, eingezogen. Deshalb soll es geschlossen bleiben. ³Nur der Fürst darf, weil er der Fürst ist, sich hier hinsetzen, um in der Gegenwart des HERRN das Opfermahl zu essen. Doch er soll durch die Vorhalle des Tors hinein- und auf demselben Weg wieder hinausgehen.«

⁴Dann brachte der Mann mich zum Nordtor an der Vorderseite des Tempels. Ich blickte auf und sah, dass die Herrlichkeit des HERRN den Tempel des HERRN erfüllte, und ich warf mich zu Boden.

⁵Und der HERR sagte zu mir: »Menschenkind, pass gut auf; sieh her und hör genau zu, was ich dir alles über die Vorschriften und Bestimmungen für den Tempel des HERRN sage. Achte darauf, wie man an allen Eingängen des Tempels das Heiligtum betreten soll. ⁶Und sag diesen Widerspenstigen, dem Volk der Israeliten: ›So spricht Gott, der HERR: O Volk der Israeliten, ich habe genug von euren abscheulichen Taten!

43,10 Hebr. *und sie werden das Modell messen.* 43,13a Das sind ca. 50 cm. Die Maßangaben in diesem Kap. orientieren sich an der hebr. langen Elle. 43,13b Der Maßstab hier ist die lange Spanne, sie entspricht ca. 25 cm. 43,14a *zwei Ellen* entsprechen ca. 1 m; *eine Elle* entspricht ca. 50 cm. 43,14b *vier Ellen* entsprechen ca. 2 m; *eine Elle* entspricht ca. 50 cm. 43,15 S. die Anm. zu V. 14. 43,16 Das entspricht jeweils ca. 6 m. 43,17a Das entsprechen jeweils ca. 7 m. 43,17 *eine Elle* entspricht ca. 50 cm; *eine halbe Elle* entspricht ca. 25 cm.

HESEKIEL

1–3	Hesekiels Vision und Berufung
4–24	Das kommende Unheil Israels
25–32	Botschaften für sieben fremde Völker
33–39	Die Wiederherstellung von Israel
40–48	Die Vision des Neuen Tempels

44–45
Wer den Tempel betreten darf.
Die Verteilung des Landes.
Vorschriften, wie Fürsten regieren sollen.

[Die Zeit des Exils]

⁷Ihr habt Fremden, die am Herzen und am Körper unbeschnitten sind, erlaubt, mein Heiligtum zu betreten. Auf diese Weise habt ihr meinen Tempel entweiht, als ihr mir meine Opferspeise, Fett und Blut, gebracht habt. Mit all euren abscheulichen Taten habt ihr meinen Bund gebrochen. ⁸Ihr habt in meinem Heiligtum nicht selbst Dienst getan, sondern ihr habt Ausländer mit dem Dienst in meinem Heiligtum beauftragt.

⁹Deshalb spricht Gott, der HERR: Kein Ausländer, der am Herzen und am Körper unbeschnitten ist, darf mein Heiligtum betreten, keiner von den Fremden, die bei den Israeliten leben. ¹⁰Und die Männer vom Stamm Levi, die mich verließen, als Israel von mir abfiel und sich den Götzen zuwandte, müssen ihre Schuld tragen. ¹¹Sie sollen als Tempeldiener und Torwächter Dienst tun; sie dürfen nur noch das Brandopfer und das Schlachtopfer für das Volk schlachten, vor den Leuten stehen und ihnen dienen. ¹²Weil sie sich dem Götzendienst zur Verfügung gestellt und damit das Volk der Israeliten zur Sünde verführt haben, habe ich mit erhobener Hand geschworen, dass sie die Folgen ihrer Schuld tragen müssen, spricht Gott, der HERR. ¹³Sie dürfen nicht mehr vor mich treten und mir nicht mehr als Priester dienen. Sie dürfen meine heiligen Geräte und hochheiligen Opfer nicht mehr berühren, denn sie müssen ihre Schande und die Folgen ihrer abscheulichen Taten tragen, die sie begangen haben. ¹⁴Sie sollen als Tempeldiener arbeiten und alles erledigen, was dort getan werden muss.

¹⁵Die levitischen Priester, die Nachkommen Zadoks, die treu den Dienst im Tempel taten, als Israel von mir abfiel, diese Männer sollen zu mir herantreten, um mir zu dienen. Sie sollen in meiner Gegenwart stehen und Fett und Blut darbringen, spricht Gott, der HERR. ¹⁶Sie sollen in mein Heiligtum kommen und an meinen Tisch treten, um mir zu dienen. Sie sollen meinen Dienst verrichten. ¹⁷Und wenn sie durch das Tor zum inneren Vorhof gehen, dürfen sie nur Kleidung aus Leinen tragen. Sie dürfen keine Wolle tragen, wenn sie in den Toren des inneren Vorhofs oder im Tempel Dienst tun. ¹⁸Sie sollen eine Kopfbedeckung und Hosen aus Leinen tragen. Sie dürfen nichts tragen, worin man schwitzt. ¹⁹Wenn sie in den äußeren Vorhof zurückkehren, in dem sich das Volk aufhält, sollen sie die Kleidung, in der sie mir gedient haben, ausziehen. Sie sollen sie dann in den heiligen Kammern lassen und andere Kleider anziehen, damit sie das Volk nicht durch ihre Kleidung heilig machen.

²⁰Sie dürfen ihr Haar nicht zu lang wachsen lassen und es auch nicht kahl scheren, sondern

S Südreich Juda   N Nordreich Israel

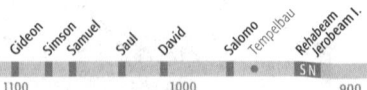

sie sollen es kurz schneiden. ²¹Die Priester dürfen keinen Wein trinken, wenn sie den inneren Vorhof betreten. ²²Sie dürfen keine Witwe oder geschiedene Frau heiraten, sondern nur eine Jungfrau von den Nachkommen des israelitischen Volkes. Die Witwe eines Priesters dürfen sie jedoch heiraten. ²³Sie sollen meinem Volk zeigen, was der Unterschied zwischen heilig und nicht heilig ist, und es lehren, wie man zwischen rein und unrein unterscheidet.

²⁴Sie sollen Richter sein, wenn es Uneinigkeiten unter meinem Volk gibt. Gemäß meinen Vorschriften sollen sie einen Rechtsstreit schlichten. Bei allen meinen Festen sollen sie meinen Anweisungen und meinem Gesetz gehorchen und meinen Sabbat heilig halten. ²⁵Ein Priester darf zu keinem Toten gehen und sich unrein machen, es sei denn, es handelt sich um seinen Vater, seine Mutter, seinen Sohn, seine Tochter, seinen Bruder oder seine unverheiratete Schwester; in diesen Fällen darf er sich unrein machen. ²⁶Und nach seiner Reinigung soll er sieben Tage warten. ²⁷Am ersten Tag, wenn er dann zu seinem Dienst im Heiligtum zurückkehrt und den inneren Vorhof und das Heiligtum betritt, soll er ein Sündopfer darbringen, spricht Gott, der HERR.

²⁸Die Priester dürfen keinen Erbbesitz haben, denn ich bin ihr Erbbesitz. Sie sollen auch kein Eigentum in Israel haben, denn ich bin ihr Eigentum. ²⁹Sie sollen die Kornopfer, die Sündopfer und die Schuldopfer essen. Was auch immer in Israel für den HERRN ausgesondert* wird, soll ihnen gehören. ³⁰Das Beste von all euren Erstlingsopfern und alle Abgaben, die ihr leistet, sollen die Priester erhalten. Auch das Beste von eurem Schrotmehl* sollt ihr den Priestern geben, damit der HERR eure Häuser segnet. ³¹Die Priester dürfen kein Fleisch von einem Vogel oder einem Tier essen, das verendet ist oder von einem anderen Tier gerissen wurde.

Die Aufteilung des Landes

45 Wenn ihr das Land mit dem Los verteilt, sollt ihr eine Abgabe davon erheben und als heiliges Land des HERRN absondern. Dieses Landstück soll 25.000 Ellen lang und 10.000 Ellen breit* sein. Das gesamte Gebiet soll heiliger Boden sein. ²Ein Teil dieses Landes, 500 Ellen im Quadrat*, soll auf das Heiligtum entfallen, dazu ringsherum ein freier Streifen Land von 50 Ellen*. ³Innerhalb dieses Bezirks soll ein 25.000 Ellen langes und 10.000 Ellen breites* Landstück abgemessen werden; darauf soll das Heiligtum, das Allerheiligste, stehen. ⁴Dieser Bereich ist heiliger Boden, abgesondert für die Priester, die im Heiligtum Dienst tun und die vor den HERRN treten, um ihm zu dienen. Hier sollen sie ihre Häuser bauen, und das Land soll heilig sein. ⁵Und ein Streifen Land von 25.000 Ellen Länge und 10.000 Ellen Breite* soll den Leviten gegeben werden, die im Tempel Dienst tun. Er soll ihr Eigentum sein, damit sie dort in Städten wohnen können*.

⁶Und als Eigentum für die Stadt soll ein 25.000 Ellen langes und 5.000 Ellen breites* Landstück abgeteilt werden, neben dem Land, das für das Heiligtum abgesondert wurde, und es soll ganz Israel gehören.

⁷Dem Fürsten soll auf beiden Seiten des Landes für das Heiligtum und des Landes für die Stadt, im Westen und im Osten, ein Stück Land gehören. Von der östlichen bis zur westlichen Grenze soll es der Länge eines der Stammesgebiete entsprechen. ⁸Diese Teile des Landes sollen dem Fürsten in Israel gehören.

Vorschriften für die Fürsten

Meine Fürsten dürfen das Volk nicht mehr unterdrücken; sie sollen das Land dem israelitischen Volk und seinen Stämmen überlassen. ⁹Denn so spricht Gott, der HERR: Es reicht, ihr Fürsten von Israel! Gewalt und Unterdrückung sollen ein Ende haben; ihr sollt tun, was recht und gerecht ist. Hört auf, mein Volk von seinem Grund und Boden zu vertreiben, sagt Gott, der HERR. ¹⁰Ihr sollt richtige Waagen benutzen, richtiges Efa und richtigen Eimer*. ¹¹Das Efa und der Eimer sollen das gleiche Maß haben: Das Efa soll ein Zehntel des Homers* sein und auch der Eimer soll ein Zehntel des Homers sein. Nach dem Homer sollt ihr sie berechnen. ¹²Ein Schekel soll 20 Gera wiegen; 60 Schekel entsprechen einer Mine.*

44,29 Der hier gebrauchte hebr. Begriff steht für die vollständige Heiligung von Dingen oder Menschen für den HERRN, indem sie entweder vernichtet oder als Opfer dargebracht werden. **44,30** O. *von eurem Teig*. **45,1** Die Maßangaben im vorliegenden Kapitel orientieren sich an der hebr. langen Elle, die ca. 50 cm entspricht. Demnach sind *25.000 Ellen* ca. 12,5 km u. *10.000 Ellen* ca. 5 km. In der griech. Version steht *25.000 Ellen* u. *20.000 Ellen*. **45,2a** Das entspricht ca. 62500 m². **45,2b** Das entspricht ca. 25 m. **45,3** *25.000 Ellen* entsprechen ca. 12,5 km; *10.000 Ellen* entsprechen ca. 5 km. **45,5a** S. die Anm. zu V. 3. **45,5b** So nach der griech. Version; im Hebr. steht *ihnen zum Eigentum, 20 Zellen*. **45,6** *25.000 Ellen* entsprechen ca. 12,5 km; *5000 Ellen* entsprechen ca. 2,5 km. **45,10** *Efa* ist ein Trockenhohlmaß; *Eimer*, hebr. *Bat*, ein Hohlmaß für Flüssigkeiten. **45,11** Ein *Homer* fasst ca. 400 l. **45,12** Der *Schekel* wiegt ca. 12 g, ein *Gera* ca. 0,6 g. Eine *Mine* wiegt ca. 600 g.

HESEKIEL

1–3	Hesekiels Vision und Berufung
4–24	Das kommende Unheil Israels
25–32	Botschaften für sieben fremde Völker
33–39	Die Wiederherstellung von Israel
40–48	Die Vision des Neuen Tempels

45–46
Wie geopfert und Feste gefeiert werden sollen. Rituelle Vorschriften. Die Tempelküchen.

[Die Zeit des Exils]

Besondere Opfer und Feste

¹³Folgende Abgaben sollt ihr erheben: Ein Sechstel Efa* von jedem Homer Weizen und ein Sechstel Efa von jedem Homer Gerste; ¹⁴für das Öl gilt: von jedem Fass ein Zehntel Eimer* – der Eimer ist das Maß für das Öl; zehn Eimer sind ein Homer, und zehn Eimer sind auch ein Fass –, ¹⁵außerdem ein Schaf* von je 200 Tieren aus den Herden in Israel. Dies sollen die Korn-, Brand- und Friedensopfer sein, um die Menschen zu entsühnen, spricht Gott, der Herr. ¹⁶Das ganze Volk der Israeliten soll dem Fürsten diese Abgaben leisten. ¹⁷Der Fürst wiederum soll die Brand-, Korn- und Trankopfer zur Verfügung stellen, die an den Feiertagen, bei den Neumondfeiern, am Sabbat und bei sämtlichen Festen des Volkes der Israeliten dargebracht werden. Er selbst soll die Sünd-, Brand-, Korn- und Friedensopfer zubereiten, um das Volk der Israeliten zu entsühnen.

¹⁸So spricht Gott, der Herr: Am ersten Tag des ersten Monats* sollt ihr einen makellosen jungen Stier opfern, um den Tempel zu reinigen. ¹⁹Vom Blut dieses Sündopfers soll der Priester etwas nehmen und die Türpfosten des Tempels, die vier Ecken des oberen Absatzes am Altar und die Torpfeiler am Eingang zum inneren Vorhof damit besprengen. ²⁰Dasselbe sollt ihr am siebten Tag dieses Monats für alle tun, die versehentlich oder aus Unwissenheit gesündigt haben. Auf diese Weise entsühnt ihr den Tempel.

²¹Am 14. Tag des ersten Monats sollt ihr das Passahfest feiern. Sieben Tage sollt ihr feiern und ungesäuertes Brot* essen. ²²An diesem Tag soll der Fürst einen jungen Stier als Sündopfer für sich selbst und das ganze Volk des Landes darbringen. ²³An den sieben Festtagen soll er dem HERRN darüber hinaus ein Brandopfer darbringen, sieben junge Stiere und sieben makellose Widder an jedem der sieben Tage, und jeden Tag einen Ziegenbock als Sündopfer. ²⁴Zusammen mit jedem jungen Stier und jedem Widder soll er ein Efa Mehl als Kornopfer und eine Kanne Öl* für jedes Efa darbringen.

²⁵Beim Fest am 15. Tag des siebten Monats* soll der Fürst die sieben Tage hindurch die gleichen Opfer als Sünd-, Brand- und Kornopfer und dazu das Öl darbringen.

45,13 Das sind ca. 6,6 l. Ein *Homer* entspricht ca. 400 l.
45,14 Das entspricht ca. 4 l. *Fass*, hebr. *Kor*, ist sonst ein Trockenmaß u. entspricht ca. 400 l. Ein *Fass* entspricht einem *Homer*. **45,15** O. *eine Ziege*. **45,18** Dieser Tag des hebr. Mondkalenders war gewöhnlich Ende März o. Anfang April. **45,21** S. 2. Mose 12,17-20. **45,24** *ein Efa* entspricht ca. 40 l; *eine Kanne*, hebr. *Hin*, ist ca. 6,6 l.
45,25 Dieser Tag des hebr. Mondkalenders war gewöhnlich Ende September o. Anfang Oktober.

S Südreich Juda   N Nordreich Israel

46 So spricht Gott, der HERR: Das Osttor am inneren Vorhof soll während der sechs Arbeitstage geschlossen und nur am Sabbat und am Neumondtag geöffnet werden. ²Der Fürst soll die Vorhalle des Tors von außen betreten. Dann soll er sich neben den Torpfosten stellen, während der Priester sein Brand- und sein Friedensopfer darbringt. Er soll sich auf der Schwelle des Tors anbetend niederwerfen und dann wieder hinausgehen. Das Tor soll erst am Abend wieder geschlossen werden. ³Auch das Volk des Landes soll sich am Sabbat und am Neumondtag am Eingang dieses Tors anbetend vor dem HERRN niederwerfen.

⁴Jeden Sabbat soll der Fürst dem HERRN ein Brandopfer darbringen, um den HERRN zu ehren: Es soll aus sechs Lämmern und einem Widder bestehen; alle Tiere müssen makellos sein. ⁵Dazu soll er als Kornopfer ein Efa Mehl für jeden Widder, eine beliebige Menge Mehl für jedes Lamm und eine Kanne Öl* für jedes Efa darbringen. ⁶Bei den Neumondfeiern soll er einen jungen Stier, sechs Lämmer und einen Widder darbringen; alle Tiere müssen makellos sein. ⁷Zu dem jungen Stier soll er ein Efa Mehl als Kornopfer darbringen, zu dem Widder ebenfalls ein Efa und zu jedem Lamm eine beliebige Menge. Für jedes Efa Mehl soll eine Kanne Öl geopfert werden.*

⁸Und wenn der Fürst in den Torbau geht, soll er durch die Vorhalle des Tors kommen und auf dem gleichen Weg wieder hinausgehen. ⁹Wenn aber das Volk an den Feiertagen vor den HERRN kommt, um ihn anzubeten, sollen die, die durch das nördliche Tor hereingekommen sind, durch das südliche Tor hinausgehen; und die, die durch das südliche Tor hereingekommen sind, sollen durch das nördliche Tor hinausgehen. Niemand soll durch dasselbe Tor hinausgehen, durch das er hereingekommen ist, sondern er soll das gegenüberliegende Tor benutzen. ¹⁰Der Fürst soll mit dem Volk zusammen kommen und gehen.

¹¹Bei Festen und Feiertagen soll das Kornopfer ein Efa Mehl für jeden jungen Stier, ein weiteres Efa Mehl für jeden Widder und eine im Belieben des Fürsten stehende Menge für jedes Lamm umfassen. Dazu soll pro Efa Mehl eine Kanne Öl* geopfert werden. ¹²Wenn der Fürst dem HERRN ein freiwilliges Brand- oder Friedensopfer darbringen will, soll man ihm das östliche Tor öffnen, und er soll seine Opfer auf die gleiche Weise darbringen, wie man es am Sabbat tut. Und wenn er hinausgegangen ist, soll man das Tor wieder hinter ihm schließen.

¹³Jeden Morgen sollt ihr dem HERRN ein makelloses einjähriges Lamm als Brandopfer darbringen. Jeden Morgen soll es zubereitet werden, ¹⁴und dazu soll ein Kornopfer dargebracht werden – ein Sechstel Efa Mehl und ein Drittel einer Kanne Öl*, um das Feinmehl als Kornopfer für den HERRN zu besprengen. Dies soll ein ewiges Gesetz bei euch sein. ¹⁵Das Lamm, das Kornopfer und das Öl soll man täglich jeden Morgen als ständiges Brandopfer darbringen.

¹⁶So spricht Gott, der HERR: Wenn der Fürst einem seiner Söhne ein Stück von seinem Erbteil zum Geschenk macht, dann gehört es ihm und er soll es als Erbteil besitzen. ¹⁷Wenn er jedoch einem seiner Diener ein Stück von seinem Erbteil schenkt, dann soll es diesem nur bis zum Jahr der Freilassung* gehören und dann an den Fürsten zurückfallen. Nur die Söhne des Fürsten dürfen als dauerhaften Erbbesitz behalten, was er ihnen schenkt. ¹⁸Der Fürst darf nichts vom Erbbesitz des Volkes wegnehmen und die Menschen auf diese Weise mit Gewalt von ihrem Grund und Boden verdrängen. Von seinem eigenen Besitz kann er seinen Söhnen etwas vermachen, aber ich will nicht, dass die Angehörigen meines Volkes von ihrem Land vertrieben werden.«

Die Tempelküchen

¹⁹Dann führte mich der Mann durch den Eingang neben dem Tor zu den heiligen Kammern der Priester, die nach Norden gerichtet sind. Dort war ganz hinten ein Raum Richtung Westen. ²⁰Und er erklärte: »Hier sollen die Priester das Schuld- und Sündopfer kochen und das Kornopfer backen, damit sie die Opfer nicht durch den äußeren Vorhof tragen müssen und so das Volk heiligen.«

²¹Dann brachte er mich in den äußeren Vorhof und führte mich in jede seiner vier Ecken. In jeder Ecke sah ich einen weiteren Vorhof. ²²Geschlossene Vorhöfe befanden sich in den vier Ecken des Vorhofs, sie waren 40 Ellen lang und 30 Ellen breit*; alle vier waren gleich groß. ²³Um jeden der vier Vorhöfe lief eine Mauer, und unten an der Mauer waren rundherum Feuerplätze angelegt. ²⁴Er sagte zu mir: »Dies sind die Küchen, wo die Tempeldiener die Schlachtopfer des Volkes kochen sollen.«

46,5 S. die Anm. zu 45,24.   46,7 S. die Anm. zu 45,24.   46,11 S. die Anm. zu 45,24.   46,14 Das entspricht ca. 6,6 l Mehl u. ca. 2,2 l Öl.   46,17 S. 3. Mose 25,8-17.   46,22 Die Maßangaben orientieren sich an der hebr. langen Elle, die ca. 50 cm entspricht. Die Maße entsprechen demnach ca. 20 m Breite u. ca. 15 m Länge.

HESEKIEL

1–3	Hesekiels Vision und Berufung
4–24	Das kommende Unheil Israels
25–32	Botschaften für sieben fremde Völker
33–39	Die Wiederherstellung von Israel
40–48	Die Vision des Neuen Tempels

47–48
Hesekiel sieht vom Tempel einen Strom fließen, der heilt und Leben spendet. Wie das Land begrenzt und verteilt werden soll.

[Die Zeit des Exils]

Der Strom der Heilung

47 Dann brachte der Mann mich zurück zum Eingang des Tempels. Dort sah ich, wie unter der Schwelle des Tempels Wasser hervorströmte und nach Osten floss – denn die Vorderseite des Tempels zeigte nach Osten. Das Wasser lief unten an der südlichen Seitenwand, südlich vom Altar, hinab. ²Der Mann brachte mich durch das nördliche Tor und führte mich außen herum zum äußeren östlichen Tor. Dort sah ich, dass das Wasser aus der südlichen Seitenwand herausfloss. ³Der Mann hatte eine Messrute in der Hand und ging nach Osten. Und er maß 1.000 Ellen* ab und ließ mich durch das Wasser gehen. Das Wasser reichte mir bis zum Knöchel. ⁴Er maß weitere 1.000 Ellen ab und ließ mich wieder durch das Wasser gehen. Diesmal ging es mir bis ans Knie. Er maß noch einmal 1.000 Ellen ab und ließ mich wieder hindurchgehen. Es reichte mir nun bis zur Hüfte. ⁵Dann maß er noch einmal 1.000 Ellen ab, und da war es ein Strom, so tief, dass ich nicht mehr hindurchgehen konnte. Der Fluss konnte nur noch schwimmend durchquert werden, man konnte nicht mehr hindurchgehen.

⁶Er fragte mich: »Hast du das gesehen, Menschenkind?« Dann führte er mich am Flussufer entlang wieder zurück. ⁷Als ich zurückging, sah ich auf einmal, dass auf beiden Seiten des Flussufers Bäume wuchsen. ⁸Da sagte er zu mir: »Dieses Wasser fließt Richtung Osten in die Araba* und mündet dort ins Tote Meer. Wenn es hineinfließt, heilt es das Wasser des Toten Meeres. ⁹Alles, was sich regt und bewegt, wohin das Wasser kommt, wird leben. Es wird sehr viele Fische geben, denn dieses Wasser kommt dorthin und macht das Salzwasser gesund. Wohin dieses Wasser fließen wird, dort wird alles leben. ¹⁰Von En-Gedi bis nach En-Eglajim werden Fischer am Ufer des Toten Meeres stehen und fischen. Man wird dort die Netze aufspannen. Alle Arten von Fischen werden es erfüllen, so zahlreich wie im Mittelmeer. ¹¹Doch die Teiche und Lachen daneben werden nicht gereinigt werden; sie sollen der Salzgewinnung dienen. ¹²Auf beiden Seiten des Stroms werden alle Arten von Obstbäumen wachsen. Die Blätter dieser Bäume werden niemals welken; an ihren Zweigen werden immer Früchte hängen. Jeden Monat wird eine neue Ernte heranreifen! Denn sie werden vom Fluss, der im Tempel entspringt, bewässert.

47,3 Die Maßangaben orientieren sich an der hebr. langen Elle, die ca. 50 cm entspricht. *1.000 Ellen* sind demnach ca. 500 m. **47,8** Das ist das Jordantal.

Ihre Früchte werden als Nahrung dienen und ihre Blätter als Heilmittel.

Die Grenzen des Landes

¹³So spricht Gott, der HERR: ›Das Land für die zwölf Stämme Israel soll nach folgenden Anweisungen aufgeteilt werden: Der Stamm Josef soll zwei Teile erhalten.* ¹⁴Ihr bekommt es als Erbe, einer wie der andere. Ich habe mit erhobener Hand geschworen, es euren Vorfahren zu geben, und jetzt fällt es euch als Erbteil zu.

¹⁵Die Nordgrenze eures Landes soll vom Mittelmeer bis nach Hetlon verlaufen, dann weiter bis nach Zedad, ¹⁶Hamat, Berota und Sibrajim, das zwischen dem Gebiet von Damaskus und dem Gebiet von Hamat liegt, und bis Hazar-Enan an der Grenze von Hauran. ¹⁷Damit verläuft die Grenze vom Meer bis nach Hazar-Enan. Die Gebiete von Damaskus und Hamat liegen nördlich davon. Dies ist die Nordgrenze.

¹⁸Die Ostgrenze verläuft mit dem Jordan als Grenze zwischen Hauran und Damaskus und zwischen Israel und Gilead bis zum östlichen Meer und weiter bis nach Tamar*. Das soll die Ostgrenze sein.

¹⁹Die Südgrenze soll von Tamar bis zu den Wassern von Meribat-Kadesch* verlaufen und dann dem Lauf des Bachs von Ägypten bis ans Mittelmeer folgen. Das soll die Südgrenze sein.

²⁰Auf der Westseite soll das Mittelmeer selbst eure Grenze sein bis gegenüber von Hamat. Das soll eure Westgrenze sein.

²¹Dieses Land sollt ihr unter den Stämmen von Israel aufteilen. ²²Ihr sollt es als Erbbesitz für euch und für die Ausländer, die sich euch angeschlossen haben und Kinder bei euch bekommen haben, durch das Los verteilen. Sie sollen wie Einheimische sein unter den Israeliten und wie die Stämme von Israel einen Erbbesitz durch das Los erhalten. ²³Alle Ausländer sollen im Gebiet des Stammes, bei dem sie jetzt leben, ihren Erbbesitz erhalten. Ich, Gott, der HERR, habe gesprochen!‹

Die Verteilung des Landes

48 Das ist eine Liste der Stämme: Das Gebiet von Dan liegt im äußersten Norden. Seine Grenze folgt der Straße nach Hetlon und weiter nach Hamat und Hazar-Enan, wobei Damaskus nördlich davon liegt, seitlich von Hamat. Dans Gebiet erstreckt sich von Osten bis nach Westen. ²Das Gebiet von Asser grenzt an das Gebiet von Dan und erstreckt sich ebenfalls von Osten nach Westen. ³Auch das Gebiet von Naftali – am Gebiet von Asser gelegen – verläuft von Osten nach Westen. ⁴Entlang des Gebiets von Naftali folgt Manasse, dessen Gebiet sich ebenfalls von Osten nach Westen erstreckt. ⁵Entlang des Gebiets von Manasse liegt Ephraim, von Osten nach Westen. ⁶Entlang des Gebiets von Ephraim folgt Ruben von Osten nach Westen. ⁷Und entlang des Gebiets von Ruben liegt Juda, von Osten nach Westen.

⁸Entlang des Gebiets von Juda von Osten nach Westen liegt das Land, das ihr abgeben sollt. Es soll 25.000 Ellen* breit und so lang wie eines der Stammesgebiete von Osten nach Westen sein; in seiner Mitte soll der Tempel stehen.

⁹Das Gebiet, das zu Ehren des HERRN abgesondert wird, soll 25.000 Ellen lang und 10.000 Ellen breit sein*. ¹⁰Für die Priester wird ein an der Nordseite und Südseite 25.000 Ellen langer und an der Westseite und Ostseite 10.000 Ellen breiter Streifen von der Abgabe für das Heiligtum bestimmt, in dessen Mittelpunkt der Tempel des HERRN stehen soll. ¹¹Dieser Bezirk ist den geweihten Priestern, den Nachkommen Zadoks, vorbehalten, die treu ihren Dienst verrichtet haben und nicht wie das Volk der Israeliten und die Leviten von mir abgefallen sind. ¹²Er soll ihr Anteil sein, wenn das Land verteilt wird, ein hochheiliges Stück Land neben dem Bezirk der Leviten. ¹³Die Leviten sollen wie die Priester ein 25.000 Ellen langes und 10.000 Ellen breites* Gebiet bekommen. Insgesamt soll es 25.000 Ellen lang und 10.000 Ellen breit sein*. ¹⁴Kein Stück von diesem Land darf jemals verkauft oder eingetauscht werden, und dieser beste Teil des Landes darf auch nicht an andere übergehen, denn es ist dem HERRN heilig.

¹⁵Doch die 5.000 Ellen*, die entlang der 25.000 Ellen in der Breite übrig bleiben, sollen nicht heilig sein, sondern der Stadt als Wohngebiet und Weideland gehören, und die Stadt soll mitten darin liegen. ¹⁶Das sind ihre Maße: Die Nordseite 4.500 Ellen*, ebenso die Süd-, die Ost- und die Westseite. ¹⁷An der Nordseite der Stadt sind 250 Ellen* Weideland, ebenso an der Süd-, der Ost- und der Westseite. ¹⁸Und das übrige Gebiet entlang der Abgabe für das Heilig-

---

47,13 Ein Teil für jeden der beiden ältesten Söhne von Josef: Ephraim und Manasse. **47,18** So in der griech. und syr. Version; im Hebr. heißt es *du wirst messen*. **47,19** Das bedeutet *Haderwasser*. **48,8** Die Maßangaben im vorliegenden Kap. orientieren sich an der hebr. langen Elle, die ca. 50 cm entspricht. *25.000 Ellen* sind demnach ca. 12,5 km. **48,9** Das entspricht einer Länge von ca. 12,5 km u. einer Breite von ca. 5 km. **48,13a** S. die Anm. zu V. 9. **48,13b** In einer griech. Version steht *25.000 Ellen lang und 20.000 Ellen breit*. Das wären dann ca. 12,5 km Länge u. 10 km Breite. **48,15** Das entspricht ca. 2,5 km. **48,16** Das entspricht ca. 2,3 km. **48,17** Das entspricht ca. 125 m.

HESEKIEL

1–3	Hesekiels Vision und Berufung
4–24	Das kommende Unheil Israels
25–32	Botschaften für sieben fremde Völker
33–39	Die Wiederherstellung von Israel
40–48	Die Vision des Neuen Tempels

48
Die Tore der Stadt, welche »Hier ist der HERR« genannt werden sollen.

tum – 10.000 Ellen nach Osten und 10.000 Ellen* nach Westen, entlang der Abgabe für das Heiligtum – soll mit seinem Ertrag die Menschen ernähren, die in der Stadt arbeiten. [19]Die Menschen, die in der Stadt arbeiten, sollen es bestellen, und sie sollen aus allen Stämmen von Israel sein. [20]Das ganze abzugebende Gebiet umfasst 25.000 Ellen im Quadrat*. Ein Viereck soll die heilige Abgabe und das Eigentum der Stadt sein.

[21]Das restliche Gebiet soll dem Fürsten gehören: das Gebiet auf beiden Seiten der heiligen Abgabe und des Gebietes der Stadt an der Längsseite der 25.000 Ellen bis zur Ostgrenze und entlang der 25.000 Ellen* bis zur Westgrenze, so weit die Anteile der Stämme reichen. Das ist der Anteil des Fürsten. Und das heilige Gebiet mit dem Tempel soll mitten darin liegen. [22]Damit soll der Anteil des Fürsten alles Land umfassen, das zwischen den Gebieten von Juda und Benjamin liegt, ausgenommen die Gebiete der Leviten und der Stadt, die mitten im Land des Fürsten liegen.

[23]Danach kommen die anderen Stämme: Das Gebiet Benjamins erstreckt sich von Osten nach Westen. [24]Neben dem Gebiet von Benjamin liegt das Gebiet von Simeon, das sich ebenfalls von Osten nach Westen erstreckt. [25]Neben dem Gebiet von Simeon liegt das Gebiet von Issachar von Osten nach Westen. [26]An der Grenze von Issachar folgt das Gebiet von Sebulon, ebenfalls von Osten nach Westen verlaufend. [27]Das Gebiet von Gad grenzt an das Gebiet von Sebulon und erstreckt sich von Osten nach Westen. [28]Neben dem Gebiet von Gad verläuft im Süden die Grenze von Tamar bis an die Wasser von Meribat-Kadesch* und folgt dann dem Bach von Ägypten bis ans Mittelmeer*. [29]Dies sind die Gebiete, die ihr unter den Stämmen von Israel als Erbbesitz verlosen sollt, spricht Gott, der HERR.

Die Stadttore

[30]Die Stadt soll folgende Ausgänge haben: In der Nordmauer, die 4.500 Ellen lang* ist, [31]liegen drei Tore, jedes nach einem Stamm Israels benannt: das erste nach Ruben, das zweite nach Juda und das dritte nach Levi. [32]Die drei Tore in der Ostmauer, die 4.500 Ellen lang* ist, sollen nach Josef, Benjamin und Dan benannt werden. [33]Die drei Tore in der 4.500 Ellen langen* Südmauer sollen nach Simeon, Issachar und Sebulon

48,18 Das entspricht jeweils ca. 5 km. **48,20** Das entspricht ca. 156 km². **48,21** Das entspricht jeweils ca. 12,5 km. **48,28a** Das bedeutet *Haderwasser*. **48,28b** Hebr. *das große Meer*; vgl. 47,15. **48,30** Das entspricht ca. 2,3 km. **48,32** S. die Anm. zu V. 30. **48,33** S. die Anm. zu V. 30.

[Die Zeit des Exils]

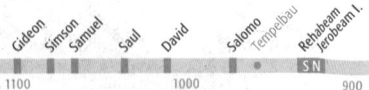

benannt werden. ³⁴Und die drei Tore in der Westmauer, die 4.500 Ellen lang* ist, sollen nach Gad, Asser und Naftali benannt werden.

³⁵Der gesamte Umfang der Stadt soll 18.000 Ellen* betragen. Und von diesem Tag an soll der Name der Stadt sein: Hier ist der HERR*.«

48,34 S. die Anm. zu V. 30.   48,35a Das entspricht ca. 9 km.   48,35b Hebr. *Jahwe Schamma*.

Es gibt nichts Helleres als die Sonne, d.h. die Schrift. Ist aber eine Wolke davorgetreten, so ist doch nichts anderes dahinter als dieselbe helle Sonne. Ist also ein dunkler Spruch in der Schrift, so zweifelt nur nicht, es ist gewiss dieselbe Wahrheit dahinter, die am andern Ort klar ist, und wer das Dunkle nicht verstehen kann, der bleibe bei dem Lichten.

Martin Luther

 Südreich Juda    Nordreich Israel

Daniel

Inhalt

Daniel und drei weitere junge Männer werden ca. 605 v.Chr. von König Nebukadnezar nach Babel gebracht, schon bevor er Jerusalem erobert hat. Wie damals Josef verlassen sie sich auf Gott, erleben Beweise seiner Überlegenheit und kommen dadurch in einflussreiche Positionen.

Ein großer Teil des Danielbuches ist apokalyptisch, besteht also aus Visionen und deren immer noch rätselhaften Deutungen, die eine ferne Zukunft betreffen. Die Zahlenangaben sind immer wieder zu spekulativen Berechnungen herangezogen worden, doch noch ist die Botschaft »versiegelt« und nicht ganz zu entschlüsseln. Klar ist: Nach einer Reihe von mächtigen sich bekriegenden irdischen Reichen wird Gott ein Reich aufrichten, das nicht besiegt und abgelöst wird. Gott hält als »sehr alter Mann« Gericht, und einem, der »wie eines Menschen Sohn« ist, wird die Herrschaft über alle Welt übertragen.

Ganz am Schluss des Buches wird knapp, aber deutlich von einer persönlichen Auferstehung nach dem Tod gesprochen. Hierzu haben spätere Bücher der Bibel entscheidend mehr zu sagen.

Wichtige Personen

Nebukadnezar	König von Babel (Großreich, Kernland im heutigen Irak) ca. 604–562 v.Chr.
Daniel/Beltschazar	aus dem Stamm Juda, hoher Beamter am babylonischen und persischen Hof
Hohe Beamte am babylonischen Hof	
Hananja/Schadrach	
Mischaël/Meschach	aus dem Stamm Juda
Asarja/Abed-Nego	
Aschpenas	höchster Hofbeamter Nebukadnezars
Ein Untergebener von Aschpenas	
Aufseher über die vier Israeliten	
Belsazar	König/Mitregent von Babel ca. 553–539 v.Chr.
Kyrus (II.)	König von Persien (Großreich, Kernland im heutigen Iran) ca. 558–530 v.Chr.

Wichtige Orte

Babel	Residenzstadt Nebukadnezars, am Euphrat (heute Irak)
Jerusalem	ehemalige Hauptstadt von Juda

DANIEL

1–4	Daniel unter der Herrschaft Nebukadnezars
5	Daniel unter der Herrschaft Belsazars
6	Daniel unter der Herrschaft des Meders Darius
7–12	Daniels Visionen

1–2
Daniel und seine Freunde verweigern die Speisen des Königs und sind trotzdem gesünder. Nebukadnezar hat einen Traum, den niemand deuten kann.

[**Die Zeit des Exils**]

DANIEL

Daniel am Hof Nebukadnezars

1 Im dritten Regierungsjahr des Königs Jojachin von Juda* zog der babylonische König Nebukadnezar mit seinem Heer nach Jerusalem und belagerte die Stadt. ²Und der HERR ließ König Jojakim von Juda und einen Teil der heiligen Tempelgeräte in dessen Gewalt fallen. Nebukadnezar nahm alles mit nach Babel, in den Tempel seines Gottes. Die Tempelgeräte aber ließ er in die Schatzkammer bringen.
³Danach befahl der König seinem höchsten Hofbeamten Aschpenas, er solle von den Israeliten junge Männer auswählen, die aus dem Königsgeschlecht oder aus den vornehmen Familien des Landes stammten, und sie an den Hof bringen. ⁴Er sagte: »Such nur die Männer aus, an denen man keinen körperlichen Fehler finden kann. Außerdem müssen sie gut aussehen, eine umfangreiche Bildung vorweisen und von schneller Auffassungsgabe sein. Nur die jungen Männer, die dies alles erfüllen, sind geeignet für den Dienst am Palast des Königs. Dann unterrichte sie in der Sprache und den Schriften der Babylonier.« ⁵Der König legte auch fest, wie viel sie täglich von der königlichen Tafel zu essen und aus dem königlichen Weinkeller zu trinken bekommen sollten. Nach dreijähriger Ausbildung wollte er einige von ihnen zu seinen Ratgebern machen.
⁶Unter den ausgewählten jungen Männern befanden sich auch Daniel, Hananja, Mischaël und Asarja, die alle zum Stamm Juda gehörten. ⁷Der oberste Hofbeamte gab ihnen neue, babylonische Namen: Daniel wurde Beltschazar genannt und Hananja bekam den Namen Schadrach. Mischaël hieß von nun an Meschach und Asarja Abed-Nego.
⁸Daniel beschloss in seinem Herzen, keine Speisen und keinen Wein vom Tisch des Königs anzurühren. Er wollte sich an die Speisegesetze seines Gottes halten. Er bat Aschpenas um die Erlaubnis, die kultisch unreinen Speisen nicht essen zu müssen. ⁹Gott sorgte dafür, dass der oberste Hofbeamte große Achtung vor Daniel hatte und Nachsicht mit ihm übte. ¹⁰Trotzdem sagte er zu Daniel: »Ich habe Angst vor meinem Herrn, dem König, der den Auftrag gegeben hat,

1,1 Das dritte Jahr der Herrschaft König Jojakims war das Jahr 605 v.Chr.

euch Speise und Trank von seiner königlichen Tafel vorzusetzen. Wenn er erfährt, dass ihr schlechter aussieht als die anderen jungen Männer eures Alters, wird er mir wegen euch den Kopf abschlagen.«

¹¹Da sagte Daniel zu dem Palastdiener, den der oberste Hofbeamte ihm, Hanaja, Mischaël und Asarja als Aufseher zugewiesen hatte: ¹²»Ernähre uns versuchsweise zehn Tage lang mit Gemüse und Wasser. ¹³Vergleiche nach Ablauf dieser zehn Tage unser Aussehen mit dem der anderen jungen Männer, die von den Speisen des Königs essen. Danach entscheide, wie du weiter mit uns verfahren willst – je nachdem, was du an uns siehst.« ¹⁴Der Aufseher ging auf Daniels Vorschlag ein und führte diesen Versuch zehn Tage lang durch. ¹⁵Am Ende dieser zehn Tage wirkten Daniel und seine drei Freunde gesünder und sahen besser genährt aus als die anderen jungen Männer, die von den Speisen des Königs gegessen hatten. ¹⁶Daraufhin ließ der Aufseher die Speisen der königlichen Tafel und den Wein, den sie trinken sollten, wegtragen und gab ihnen nur noch Gemüse zu essen. ¹⁷Und Gott schenkte diesen vier jungen Männern Einsicht und Verständnis für die Wissenschaft und alle Schriften ihrer Zeit. Daniel besaß außerdem die besondere Gabe, Visionen und Träume deuten zu können.

¹⁸Als die Zeit der dreijährigen Ausbildung beendet war, führte der oberste Palastbeamte die jungen Männer vor den König, genau wie dieser es angeordnet hatte. ¹⁹Der König unterhielt sich mit allen jungen Männern. Keiner jedoch konnte an Daniel, Hanaja, Mischaël und Asarja heranreichen. So wurden sie in den Dienst des Königs gestellt. ²⁰Und immer, wenn eine schwierige Frage beraten werden musste, die Verstand und Einsicht erforderte, wandte sich der König an diese Männer. Dabei fiel ihm auf, dass sie allen Gelehrten und Zeichendeutern seines Reiches zehnmal überlegen waren.

²¹Daniel blieb bis zum ersten Jahr der Herrschaft von König Kyrus* im Dienst des Königs.

Nebukadnezars Traum

2 Im zweiten Jahr seiner Herrschaft* hatte Nebukadnezar nachts einen Traum, der ihn so sehr verstörte, dass er nicht mehr schlafen konnte. ²Er ließ seine Zauberer, Zeichendeuter, Wahrsager und Astrologen* rufen, damit sie ihm erzählten, was er geträumt hatte. Als sie alle vor ihm versammelt waren, ³sagte er: »Ich hatte einen Traum, der mich sehr beunruhigt. Ich möchte wissen, was er bedeutet.«

⁴Da antworteten die Astrologen dem König auf Aramäisch: »Der König lebe ewig! Erzähle uns, deinen Dienern, den Traum. Dann wollen wir dir sagen, was er bedeutet.«

⁵Doch der König erwiderte diesen Männern: »Nein, ich habe den festen Beschluss gefasst, dass ihr mir sowohl den Traum als auch seine Deutung mitteilen sollt. Sonst werdet ihr in Stücke gerissen und eure Häuser in Trümmer gelegt! ⁶Könnt ihr mir aber sagen, was ich geträumt habe und auch, was mein Traum bedeutet, werde ich euch mit kostbaren Gaben beschenken und euch viel Ehre erweisen. Sagt mir also, was ich geträumt habe und was mein Traum bedeutet.«

⁷Sie baten ein zweites Mal: »Der König möge uns den Traum erzählen, dann werden wir ihm sagen können, was er bedeutet.«

⁸Doch der König antwortete: »Nun bin ich mir ganz sicher! Ihr versucht Zeit zu schinden, weil ihr wisst, dass ich meine Drohungen wahr machen werde. ⁹Wenn ihr mir nicht sagt, was ich geträumt habe, werdet ihr verurteilt. Ihr habt euch fest vorgenommen, mir eine Traumdeutung zu geben, die nichts als eine gemeine Lüge ist, in der Hoffnung, mich damit hinhalten zu können. Wenn ihr mir dagegen erzählen könnt, was ich geträumt habe, weiß ich, dass auch eure Deutung richtig ist.«

¹⁰Da erwiderten ihm die Astrologen: »Auf der ganzen Erde gibt es keinen Menschen, der in der Lage wäre, dem König seinen Traum zu erzählen! Und noch nie hat ein König, egal, wie groß und mächtig er auch war, so etwas je von einem seiner Zauberer, Wahrsager oder Astrologen verlangt! ¹¹Was du von uns forderst, ist nicht zu erfüllen. Es ist auch kein anderer in der Lage, dem König seinen Traum zu erzählen. Nur die Götter können das, aber die wohnen ja nicht bei den sterblichen Menschen.« ¹²Als der König das hörte, wurde er wütend. Voller Zorn gab er den Befehl, alle weisen Männer Babels hinzurichten.

¹³Als nun der Erlass ergangen war, alle Weisen zu töten, suchte man auch Daniel und seine Freunde, um sie zu töten. ¹⁴Als Daniel davon erfuhr, wandte er sich an Arjoch, den Oberbefehlshaber der königlichen Wache, der beauftragt

---

1,21 Das erste Jahr der Vormacht von König Kyrus über Babylon war das Jahr 539 v.Chr. **2,1** Das zweite Jahr der Herrschaft Nebukadnezars ist hier wohl von der Zerstörung Jerusalems und dem Exilbeginn 587 v.Chr. an gezählt. Es handelt sich also um das Jahr 585 v.Chr. **2,2** O. *Chaldäer*; so auch in 2,4.5.10.

DANIEL

1–4	Daniel unter der Herrschaft Nebukadnezars
5	Daniel unter der Herrschaft Belsazars
6	Daniel unter der Herrschaft des Meders Darius
7–12	Daniels Visionen

2

Daniel deutet den Traum mit Gottes Hilfe. Nebukadnezar preist Gott und ernennt Daniel zum Statthalter der Provinz Babel.

[Die Zeit des Exils]

worden war, den Befehl auszuführen. Voller Einsicht und Klugheit [15]fragte er Arjoch, den Bevollmächtigten des Königs: »Wie kommt der König dazu, einen solch strengen Befehl zu erlassen?« Arjoch berichtete ihm daraufhin, was geschehen war. [16]Da ging Daniel zum König und bat ihn um eine Verlängerung der Frist; dann wolle er dem König sagen, was der Traum bedeute. [17]Danach eilte er nach Hause und berichtete seinen Freunden Hananja, Mischaël und Asarja, was geschehen war. [18]Er forderte sie auf, den Gott des Himmels zu bitten, dass er Erbarmen mit ihnen habe und ihnen das Geheimnis offenlege, damit sie nicht mit den anderen königlichen Beratern hingerichtet werden würden. [19]In der Nacht wurde Daniel in einer Vision gezeigt, was es mit dem Geheimnis auf sich hatte. Da rühmte er den Gott des Himmels mit den Worten:

[20]»Gelobt sei der Name Gottes von Ewigkeit zu Ewigkeit!
Er allein ist weise und mächtig.
[21]Er ist es, der die Gewalt über Zeiten und Veränderungen hat.
Er setzt Könige ab und setzt andere als Könige ein.
Den Weisen schenkt er Weisheit
und den Verständigen ihren Verstand.
[22]Er enthüllt, was unergründlich ist und in der Tiefe ruht;
er weiß, was im Dunkeln ist,
denn wo er wohnt, ist alles Licht.
[23]Ich danke dir, Gott meiner Vorfahren, und preise dich,
weil du mir Weisheit und Kraft geschenkt hast.
Du hast unsere Gebete erhört und hast mich wissen lassen,
was wir uns von dir erbaten:
Du hast uns das Geheimnis des Königs enthüllt.«

Daniel deutet den Traum

[24]Daraufhin ging Daniel zu Arjoch, der vom König beauftragt worden war, alle Weisen Babels hinzurichten. Er trat ein und bat ihn: »Töte die königlichen Berater nicht. Führ mich zum König; ich kann ihm sagen, was sein Traum bedeutet.« [25]Da führte Arjoch Daniel sofort vor den König und sagte: »Ich habe unter den Weggeführten von Judäa einen Mann gefunden, der dem König sagen kann, was sein Traum bedeutet!«
[26]Da wandte sich der König an Daniel, der auch Beltschazar genannt wurde, und fragte: »Stimmt das? Kannst du mir tatsächlich sagen, was ich geträumt habe und was mein Traum bedeutet?«

²⁷Daniel erwiderte dem König: »Das Geheimnis, nach dem der König fragt, kann von keinem einzigen Weisen, Zauberer, Zeichendeuter oder Wahrsager aufgedeckt werden. ²⁸Aber es gibt einen Gott im Himmel, der das Verborgene ans Licht bringt. Und er hat dir, König Nebukadnezar, enthüllt, was in fernster Zukunft geschehen wird. Dein Traum und die Vision, die sich dir eröffnete, als du auf deinem Bett lagst, waren folgende:

²⁹Du, König, lagst auf deinem Bett und hast dir Gedanken darüber gemacht, was wohl nach dieser Zeit geschehen würde. Da zeigte dir derjenige, der Geheimnisse offen legt, was die Zukunft bringen wird. ³⁰Dass ich das Geheimnis deines Traums kenne, liegt nicht daran, dass ich klüger wäre als alle anderen lebenden Menschen. Aber es sollte dir die Deutung deines Traumes mitgeteilt werden, damit du die Gedanken deines Herzens verstehst.

³¹Du, König, hattest eine Vision. Im Mittelpunkt dieser Vision befand sich ein großes Standbild. Es war sehr groß und hatte einen ungewöhnlichen Glanz, und seine Erscheinung war Furcht erregend. ³²Der Kopf des Standbildes war aus feinstem Gold, Brust und Arme aus Silber, der Bauch und die Hüften aus Bronze. ³³Die Beine waren aus Eisen, die Füße dagegen bestanden zum einen Teil aus Eisen, zum anderen aus Ton. ³⁴Während du noch in die Betrachtung versunken warst, löste sich auf übernatürliche Weise ein Stein aus einem Berg. Er schlug gegen die Füße des Standbildes, die ja aus Eisen und Ton bestanden, und zerschmetterte sie. ³⁵Da wurden auf einen Schlag Eisen, Ton, Bronze, Silber und Gold zertrümmert. Die Stücke wurden vom Wind verweht, so wie im Sommer die Spreu auf der Tenne vom Wind davongetragen wird, und es blieb nichts von der Statue übrig. Der Stein aber, der die Vernichtung des Standbildes verursacht hatte, wurde zu einem großen Berg, der schließlich die ganze Erde ausfüllte.

³⁶Das war der Traum; jetzt werden wir dem König erklären, was er bedeutet. ³⁷Dir, König der Könige, hat der Gott des Himmels Herrschaft, Macht, Stärke und Ruhm geschenkt. ³⁸Er hat dir Gewalt über die Menschen, die wilden Tiere auf dem Feld und die Vögel am Himmel gegeben – überall dort, wo Menschen wohnen. Du bist der goldene Kopf.

³⁹Doch nach dir wird ein anderes Reich kommen, und es wird geringer sein als deines. Diesem wird ein drittes Königreich folgen, aus Bronze, und dieses wird über die ganze Welt herrschen. ⁴⁰Danach kommt ein viertes Reich, so hart wie Eisen. Genauso, wie Eisen alles zerschmettert und zertrümmert, wird dieses Reich alle anderen Reiche zertrümmern und zermalmen. ⁴¹Die Füße und Zehen, die du gesehen hast, die teils aus Eisen und teils aus Ton waren, bedeuten, dass dieses Reich geteilt sein wird. Zum einen wird es etwas von der Härte des Eisens haben. Deshalb auch die Mischung von Ton und Eisen. ⁴²Dass aber die Zehen der Füße teils aus Eisen und teils aus Ton waren, weist darauf hin, dass das Reich zwar zu einem Teil stark, zum anderen Teil aber zerbrechlich sein wird. ⁴³Die Mischung aus Eisen und Ton deutet aber auch darauf hin, dass die Reiche versuchen werden, durch Heirat Bündnisse zu schließen. Diesen wird allerdings kein dauerhafter Erfolg beschieden sein, sie werden nicht zueinander halten – genauso, wie sich auch Eisen und Ton nicht richtig mischen lassen.

⁴⁴Aber in den Tagen der Herrschaft dieser Könige wird der Gott des Himmels ein Reich errichten, das für alle Ewigkeit Bestand hat. Kein anderes Volk wird je die Gewalt über dieses Reich an sich reißen können. Es wird alle jene Königreiche zerschmettern und vernichten, selbst aber für immer bestehen bleiben, ⁴⁵wie du es auch in deinem Traum gesehen hast: Aus dem Berg brach ein Stein, ohne dass ein Mensch etwas damit zu tun gehabt hätte, und zermalmte das Eisen, die Bronze, den Ton, das Silber und das Gold. Ein großer Gott hat dem König gezeigt, was die Zukunft bringen wird. Der Traum sagt die Wahrheit, und seine Deutung ist zuverlässig.«

Nebukadnezar belohnt Daniel

⁴⁶Da warf sich König Nebukadnezar vor Daniel mit dem Gesicht zu Boden nieder und verneigte sich tief vor ihm. Er befahl seinen Dienern, Daniel mit Opfergaben zu ehren und süßes Räucherwerk vor ihm zu verbrennen. ⁴⁷Dann wandte er sich zu Daniel und sagte: »Es stimmt, dein Gott ist wirklich der Gott über alle Götter und der Herr über alle Könige. Er kann alles, was verborgen ist, ans Licht bringen, denn du konntest mir dieses Geheimnis enthüllen.«

⁴⁸Der König erwies Daniel daraufhin die höchsten Ehren und machte ihm viele kostbare Geschenke. Er setzte Daniel zum Statthalter über die ganze Provinz Babel und machte ihn zum Obersten aller königlichen Ratgeber Babels. ⁴⁹Auf Daniels Bitte hin erklärte er Schadrach, Meschach und Abed-Nego zu Verwaltern der Provinz Babel; Daniel selbst aber blieb am Königshof.

DANIEL

1–4	Daniel unter der Herrschaft Nebukadnezars
5	Daniel unter der Herrschaft Belsazars
6	Daniel unter der Herrschaft des Meders Darius
7–12	Daniels Visionen

3

Daniels Freunde weigern sich, ein Standbild des Königs anzubeten. Sie werden in einen Feuerofen geworfen und von Gott beschützt. Nebukadnezar preist Gott.

[Die Zeit des Exils]

Nebukadnezars goldenes Standbild

3 König Nebukadnezar ließ ein goldenes Standbild anfertigen, 60 Ellen hoch und sechs Ellen breit*, und stellte es in der Ebene Dura in der Provinz Babel auf. ²Dann schickte er Boten zu den Fürsten, Präfekten, Statthaltern, Ratgebern, Beratern, Richtern, Magistraten und allen anderen Beamten der Provinzen mit dem Befehl, dass alle an der Einweihungszeremonie des Standbildes teilnehmen sollten, das er hatte aufstellen lassen. ³Alle, die aufgefordert worden waren, versammelten sich, um an der Einweihung des Standbildes, das Nebukadnezar hatte herstellen lassen, teilzunehmen. Als sie alle vor der von Nebukadnezar errichteten Statue standen, ⁴verkündete ein Herold mit kräftiger Stimme: »Ihr Völker, Nationen und Sprachen, hört den Befehl des Königs! ⁵Wenn ihr den Klang von Horn, Panflöte, Zither, Lyra, Harfe, Sackpfeife oder anderer Musikinstrumente hört*, müsst ihr euch zu Boden werfen und das goldene Standbild anbeten, das König Nebukadnezar anfertigen ließ. ⁶Wer sich aber nicht zu Boden wirft, um die Statue anzubeten, wird sofort in einen glühenden Ofen geworfen.«

⁷Als nun die Musikinstrumente ertönten und jede Art von Musik spielten, warfen sich die Männer aller Völker unverzüglich nieder und

---

3,1 Das entspricht ca. 30 m Höhe und 3 m Breite. 3,5 Die Identifikation einiger dieser Instrumente ist unsicher.

Daniel 3,16-18

Die Antwort des Menschen
Aus welchen Situationen kann und wird Gott erretten? Die drei Freunde Daniels bekennen: Gott *kann* immer erretten, sowohl aus dem Feuer als auch aus der Hand des mächtigsten Königs der damaligen Welt. *Wird* Gott dies auch tun? Hier legen sie sich nicht fest. Der Satz »Selbst wenn er es anders beschlossen hat« bedeutet, dass ihnen klar ist, dass Gott es manchmal zulässt, dass seine treuen Diener verfolgt werden oder sogar ihr Leben verlieren. Sie werden Gott treu bleiben, ob es nun ihr Leben kostet oder nicht. Die erklärte Absicht Gottes wird in den Übersetzungen unterschiedlich betont. In dieser Übersetzung steht: »Wenn der Gott, den wir verehren, es will, kann er uns ganz bestimmt retten. Sowohl aus dem brennenden Feuerofen als auch aus deiner Hand, o König, wird er uns dann retten.« (V. 17). Eine andere Übersetzung verstärkt: »Unser Gott ... kann uns aus dem glühenden Feuerofen erretten, und er *wird* uns *bestimmt* aus deiner Hand erretten, o König!« Treu zu sein bedeutet siegreich zu sein – gleichgültig ob sie nun aus dem Feuer gerettet werden oder nicht.
(Psalm 51 «« | » Micha 6,8)

beteten das goldene Standbild an, das König Nebukadnezar hatte aufstellen lassen.

⁸Zur gleichen Zeit gingen einige babylonische Männer zum König und zeigten die Juden an. ⁹Sie sagten zu König Nebukadnezar: »Der König lebe ewig! ¹⁰Du, König, hast den Befehl ausgegeben, dass alle Menschen sich auf den Boden werfen sollen, sobald sie den Klang der Musikinstrumente* hören, und dass sie das goldene Standbild anbeten sollen. ¹¹Wer aber diesem Befehl nicht nachkommt, soll in den glühenden Ofen geworfen werden. ¹²Es gibt hier einige hoch gestellte jüdische Männer – Schadrach, Meschach und Abed-Nego –, die du zu Verwaltern der Provinz Babel bestellt hast. Sie haben sich, o König, nicht um deinen Befehl gekümmert: Sie verehren deine Götter nicht und beten auch die goldene Statue nicht an, die du hast aufstellen lassen.«

¹³Da befahl Nebukadnezar voll Zorn und Wut, Schadrach, Meschach und Abed-Nego zu holen. Als man sie vor den König gebracht hatte, ¹⁴sagte Nebukadnezar zu ihnen: »Schadrach, Meschach und Abed-Nego, stimmt es, dass ihr meine Götter nicht verehrt? Und betet ihr tatsächlich das goldene Standbild nicht an, das ich aufstellen ließ? ¹⁵Also: Wenn ihr, sobald ihr den Klang der Musikinstrumente hört, niederfallt und die Statue anbetet, die ich anfertigen ließ, ist alles gut. Wenn ihr dazu aber nicht bereit seid, sollt ihr sofort in den glühenden Feuerofen geworfen werden. Und wer ist der Gott, der euch vor meiner Strafe retten könnte?«

¹⁶Schadrach, Meschach und Abed-Nego aber antworteten dem König: »O Nebukadnezar, wir wollen uns gar nicht vor dir rechtfertigen. ¹⁷Wenn der Gott, den wir verehren, es will, kann er uns ganz bestimmt retten. Sowohl aus dem brennenden Feuerofen als auch aus deiner Hand, o König, wird er uns dann retten. ¹⁸Aber selbst wenn er es anders beschlossen hat, sollst du, o König, es mit Sicherheit wissen: Wir werden deine Götter niemals verehren und die goldene Statue, die du hast aufstellen lassen, niemals anbeten.«

Der Feuerofen

¹⁹Da geriet Nebukadnezar in einen solchen Zorn über Schadrach, Meschach und Abed-Nego, dass sich sein Gesicht vor Wut verzerrte. Er gab sofort den Befehl, den Ofen siebenmal heißer als gewöhnlich aufzuheizen. ²⁰Dann beauftragte er einige der kräftigsten Männer seines Heeres, Schadrach, Meschach und Abed-Nego zu fesseln und in den glühenden Ofen zu werfen. ²¹So wurden diese Männer mitsamt ihrer Unterbekleidung, ihrem Obergewand und ihrer Kopfbedeckung gefesselt und in den Ofen geworfen, in dem das Feuer brannte. ²²Weil aber der Befehl des Königs so streng war und deshalb der Ofen übermäßig angeheizt worden war, wurden die Soldaten, die die drei Männer in den Ofen geworfen hatten, allein durch die Flammen, die aus der Ofentür herauszüngelten, getötet. ²³Die drei Männer aber, Schadrach, Meschach und Abed-Nego, fielen, gefesselt wie sie waren, in die Flammen des Feuerofens.

²⁴Plötzlich sprang Nebukadnezar erschrocken auf und fragte seine Ratgeber: »Haben wir nicht eben drei Männer gefesselt ins Feuer werfen lassen?« – »Ja, natürlich, o König«, antworteten sie. ²⁵»Aber seht doch!«, rief Nebukadnezar. »Dort sehe ich vier Männer, ungefesselt, die im Feuer umhergehen. Und sie sind völlig unversehrt! Und der Vierte sieht aus wie ein göttliches Wesen!«

²⁶Daraufhin trat Nebukadnezar an die Öffnung des brennenden Feuerofens und rief hinein: »Schadrach, Meschach und Abed-Nego, ihr Diener des höchsten Gottes, tretet aus dem Ofen heraus und kommt zu mir!« Da kamen Schadrach, Meschach und Abed-Nego aus dem Feuer heraus. ²⁷Die Fürsten, Präfekten, Statthalter und Ratgeber des Königs umringten sie und sahen, dass das Feuer ihrem Körper keinerlei Schaden zugefügt hatte. Nicht ein Haar auf ihrem Kopf war versengt, selbst ihre Kleidung war unversehrt. Sie rochen nicht einmal nach Rauch!

²⁸Da rief Nebukadnezar: »Gelobt sei der Gott Schadrachs, Meschachs und Abed-Negos! Denn er schickte seinen Engel und hat seine Diener, die sich auf ihn verlassen, gerettet. Sie haben den Befehl des Königs nicht befolgt – ja, sie wollten lieber sterben als irgendeinen anderen Gott außer ihrem Gott zu verehren oder anzubeten. ²⁹Deshalb gebe ich folgenden Erlass bekannt: Sollte irgendein Mensch, welcher Rasse, Nation oder Sprache auch immer, ein abfälliges Wort gegen den Gott von Schadrach, Meschach und Abed-Nego sagen, soll er in Stücke gehauen und sein Haus in Schutt und Asche gelegt werden. Denn es gibt keinen Gott, der retten könnte wie dieser!« ³⁰Danach setzte der König Schadrach, Meschach und Abed-Nego in der Provinz Babel in hohe Ehrenstellungen ein.

Nebukadnezars Traum von einem Baum

³¹ König Nebukadnezar ließ den Angehörigen aller Rassen, Nationen und Sprachen auf der ganzen Welt die Botschaft übermitteln: Ich wün-

---

3,10 Hebr. *des Horns, der Flöte, der Zither, der Lyra, der Harfe, der Pfeifen oder anderer Musikinstrumente;* so auch in 3,15.

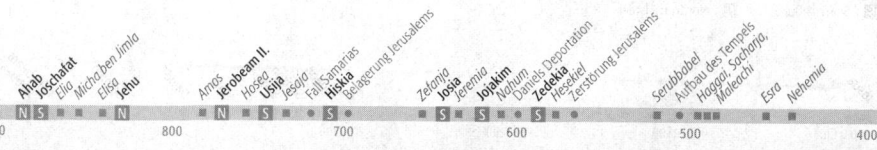

DANIEL

1–4	Daniel unter der Herrschaft Nebukadnezars
5	Daniel unter der Herrschaft Belsazars
6	Daniel unter der Herrschaft des Meders Darius
7–12	Daniels Visionen

3–4
Nebukadnezars Traum vom Baum, der abgeholzt wird. Nebukadnezars Hochmut und Fall. Nebukadnezar wird wieder gesund und preist Gott.

[Die Zeit des Exils]

sche euch allen Frieden! ³²Ich habe mir vorgenommen, von den Zeichen und Wundern zu berichten, die der höchste Gott an mir getan hat. ³³Wie groß sind seine Zeichen, wie mächtig seine Wunder! Sein Reich ist ein ewiges Reich, er herrscht von Generation zu Generation.

4 Ich, Nebukadnezar, lebte sorglos in meinem Haus und voller Glück in meinem Palast. ²Da erschreckte mich ein Traum: Als ich im Bett lag, stiegen Gedanken in mir auf und ich hatte Erscheinungen, die mich beunruhigten. ³Deshalb rief ich alle Weisen Babels zu mir, damit sie mir sagten, was mein Traum bedeutete. ⁴Als die Zauberer, Zeichendeuter, Wahrsager und Astrologen* gekommen waren, erzählte ich ihnen den Traum, doch sie konnten ihn mir nicht deuten. ⁵Schließlich trat Daniel vor mich hin, der nach dem Namen meines Gottes Beltschazar genannt worden ist und in dem der Geist der heiligen Götter wohnt. Auch ihm erzählte ich den Traum. ⁶Ich sagte zu ihm: »Beltschazar, du bist der Oberste der königlichen Gelehrten. Ich weiß, dass der Geist der heiligen Götter in dir wohnt und dass kein Geheimnis für dich zu schwer ist. Höre, was ich geträumt habe, und gib mir die Deutung des Traums.

⁷Die Vision, die ich auf meinem Lager gesehen habe, war folgende: Ich sah deutlich einen Baum. Er stand in der Mitte der Erde und war unermesslich groß. ⁸Er wuchs und wurde immer größer und mächtiger und sein Wipfel reichte schließlich bis in den Himmel. Man konnte ihn noch vom äußersten Ende der Erde sehen. ⁹Er hatte frische grüne Blätter und trug so reichlich Frucht, dass alle von ihm genährt wurden. Die wilden Tiere fanden unter ihm Schatten, und in seinen Zweigen nisteten die Vögel des Himmels. Alles, was lebte, ernährte sich von ihm.

¹⁰Plötzlich sah ich in meinen Visionen, die mir erschienen, während ich auf meinem Bett lag, einen Boten. Es war ein Engel Gottes, und er stieg vom Himmel herab. ¹¹Er rief mit mächtiger Stimme: ›Fällt diesen Baum und haut seine Äste ab! Entlaubt ihn und verstreut seine Früchte! Die Tiere sollen aus seinem Schatten fliehen und die Vögel aus seinen Zweigen! ¹²Den Stumpf und die Wurzeln aber lasst stehen. Er soll gefesselt sein mit einer Kette aus Eisen und Bronze und umgeben sein vom Gras des Feldes. Er soll den Tau des Himmels trinken und sich wie die wilden Tiere von Gras ernähren. ¹³Sein menschliches Herz soll ihm genommen und ihm

4,4 O. *Chaldäer*.

S Südreich Juda   N Nordreich Israel

stattdessen das eines Tieres gegeben werden. Das alles soll sieben Zeiten andauern. ¹⁴Dieser Befehl beruht auf einem Beschluss der himmlischen Wächter und auf einer Anordnung der Engel: Die ganze Welt soll erkennen, dass der Höchste die Herrschaftsgewalt über alle Königreiche der Welt innehat und die Herrschaft demjenigen geben kann, dem er sie geben will. Selbst den niedrigsten Menschen kann er zum Herrscher erheben.‹

¹⁵Das war der Traum, den ich, König Nebukadnezar, träumte. Jetzt sag du mir, Beltschazar, was er bedeutet. Kein Weiser meines Königreiches ist in der Lage, mir die Bedeutung des Traumes zu sagen. Du aber kannst es, denn in dir wohnt der Geist der heiligen Götter.«

Daniel erklärt den Traum

¹⁶Daraufhin stand Daniel, der auch Beltschazar genannt wird, eine Zeit lang vor Entsetzen wie erstarrt, weil ihm seine Gedanken Furcht einjagten. Da sagte der König zu ihm: »Beltschazar, lass dir vom Traum und seiner Auslegung keine Angst machen.«

Beltschazar antwortete ihm: »Mein Herr, ich wünschte mir, dass der Traum denen gilt, die dich hassen, und dass die Deutung deine Feinde betrifft. ¹⁷Du sahst einen Baum, der wuchs gewaltig, sodass er groß und mächtig wurde. Schließlich reichte er bis an den Himmel, und die ganze Welt konnte ihn sehen. ¹⁸Seine Blätter waren prächtig und er trug reichlich Frucht für alle. In seinem Schatten lebten wilde Tiere, in seinen Zweigen nisteten Vögel. ¹⁹Dieser Baum, o König, bist du: Denn du bist mächtig und groß geworden, deine Größe reicht bis in den Himmel, deine Herrschaft erstreckt sich von einem Ende der Erde bis zum anderen.

²⁰Dann sahst du einen Boten, einen Heiligen, vom Himmel herabsteigen. Er befahl: ›Fällt den Baum und zerstört ihn. Den Stumpf aber lasst mitsamt seinen Wurzeln stehen. Er soll mit einer Fessel aus Eisen und Bronze gebunden werden und von grüner Wiese umgeben sein. Der Tau des Himmels wird ihn durchnässen, und sieben Zeiten lang soll er gleich sein wie die Tiere des Feldes.‹

²¹Der Traum bedeutet Folgendes, o König: Der Höchste hat über dich, meinen Herrn und König, einen Beschluss gefasst. ²²Man wird dich aus der Gemeinschaft der Menschen ausstoßen, und du musst bei den wilden Tieren des Feldes leben. Wie die Rinder wirst du dich von Gras ernähren, und vom Tau des Himmels wirst du durchnässt werden. Sieben Zeiten werden so über dich hinweggehen – erst dann wirst du erkennen, dass der Höchste die Gewalt über alle Reiche der Welt hat und dass er das Königtum demjenigen geben kann, dem er will. ²³Dass aber befohlen wurde, den Baumstumpf und die Wurzeln stehen zu lassen, bedeutet Folgendes: Dein Königreich wird dir wieder zufallen, sobald du eingesehen hast, dass der HERR im Himmel die Herrschaftsgewalt innehat.

²⁴Darum, o König, höre an, was ich dir rate: Lass ab von deiner Sünde und schaffe Recht. Brich mit deinen Ungerechtigkeiten und kümmere dich darum, dass die Armen und die Unterdrückten das bekommen, was sie brauchen. Nur dann kann es dir auf Dauer gut gehen.«

Der Traum erfüllt sich

²⁵All das kam genauso über König Nebukadnezar, wie Daniel es vorhergesagt hatte. ²⁶Zwölf Monate später, als Nebukadnezar auf dem flachen Dach des Königspalastes in Babel spazieren ging, ²⁷rühmte er sich und sagte: »Ist es nicht dieses großartige Babel, das ich allein durch meine gewaltige Macht zur königlichen Residenz erbaut habe? Gereicht es mir nicht zu Ruhm und Ehre?«

²⁸Aber noch während er redete, ertönte eine Stimme vom Himmel: »Hiermit sei es dir gesagt, o König: Deine Würde als König ist dir genommen worden. ²⁹Du sollst aus der Gemeinschaft der Menschen ausgestoßen werden und bei den wilden Tieren des Feldes leben; du wirst dich von Gras ernähren wie die Rinder. Sieben Zeiten werden auf diese Weise über dich hinweggehen. Dann erst wirst du erkennen, dass der Höchste über die Königreiche der Welt herrscht und sie gibt, wem er will.«

³⁰Sofort geschah mit Nebukadnezar, was ihm die Stimme angekündigt hatte: Er wurde aus der Gemeinschaft der Menschen ausgestoßen, er fraß Gras wie die Rinder und wurde vom Tau des Himmels durchnässt. Die Jahre vergingen, und seine Haare wurden so lang wie Adlerfedern und seine Nägel wie die Krallen eines Vogels.

Nebukadnezar preist Gott

³¹Am Ende dieser Jahre richtete ich, Nebukadnezar, meine Augen zum Himmel auf. Mein Verstand kehrte wieder und ich dankte dem Höchsten, lobte ihn und gab dem, der ewig lebt, die Ehre. Seine Herrschaft ist eine Herrschaft für alle Zeiten, sein Reich besteht von Generation zu Generation. ³²Alle Bewohner der Erde sind im Vergleich zu ihm wie nichts. Er handelt, wie er es für richtig hält, sowohl bei den Engeln im Himmel als auch bei den Bewohnern der Erde. Und es gibt keinen, der ihm Einhalt gebieten könnte oder zu ihm sagen dürfte: »Was tust du da?«

DANIEL

1–4	Daniel unter der Herrschaft Nebukadnezars
5	Daniel unter der Herrschaft Belsazars
6	Daniel unter der Herrschaft des Meders Darius
7–12	Daniels Visionen

4–6
König Belsazar feiert ein großes Mahl und entweiht Gefäße aus dem Tempel. An der Wand erscheint eine Schrift, die seinen Untergang voraussagt. Der Tod Belsazars.

[Die Zeit des Exils]

³³Zur gleichen Zeit kehrte mein Verstand wieder, und zum Ruhm meines Königreiches erhielt ich meine Herrlichkeit und königliche Pracht zurück. Meine Verwalter, die mich während der vergangenen Jahre in meinen Regierungsgeschäften vertreten hatten, und die obersten Männer meines Reiches suchten mich auf. Meine Regentschaft wurde bestätigt, ja meine Ehre war sogar noch größer als zuvor.

³⁴Jetzt preise, erhebe und verherrliche ich, Nebukadnezar, den König des Himmels. Alles, was er tut, ist Wahrheit, und seine Wege sind gerecht. Diejenigen, die stolz oder hochmütig sind, kann er erniedrigen.

Die Schrift an der Wand

5 König Belsazar gab ein prächtiges Festmahl für die 1.000 wichtigsten Männer seines Reiches. Er saß ihnen gegenüber zu Tisch und trank Wein. ²Im Rausch befahl er, die goldenen und silbernen Becher zu holen, die sein Vater Nebukadnezar aus dem Tempel in Jerusalem erbeutet hatte. Er wollte selbst daraus trinken, aber auch die mächtigen Männer seines Landes sowie seine Frauen und Nebenfrauen daraus trinken lassen. ³Man brachte ihm also die goldenen Becher, die man aus dem Tempel, dem Haus Gottes, in Jerusalem mitgenommen hatte, und alle tranken daraus. ⁴Während sie ihren Wein tranken, rühmten sie ihre Götzen aus Gold, Silber, Bronze, Eisen, Holz und Stein.

⁵Plötzlich erschienen Finger wie von eines Menschen Hand. Sie schrieben auf die getünchte Wand des königlichen Palastes, die dem Leuchter und dem König gegenüber lag, sodass der König den Rücken der schreibenden Hand sehen konnte. ⁶Da wurde der König blass, Furcht überkam ihn und er wurde so kraftlos, dass seine Knie schlotterten und nachgaben.

⁷Der König rief laut, man solle die Zauberer, Astrologen* und Wahrsager hereinbringen. Er sagte zu den Weisen von Babel: »Wer diese Schrift lesen und mir sagen kann, was sie bedeutet, soll reichlich belohnt werden. Er soll in königliche Purpurgewänder gekleidet werden und eine goldene Kette um den Hals tragen. Und er soll zum dritthöchsten Herrscher meines Reiches ernannt werden!« ⁸Alle Weisen des Königs kamen herbei. Es konnte aber keiner von ihnen die Schrift lesen oder dem König mitteilen, was sie bedeutete. ⁹Da wurde die Furcht des Königs noch größer, und alle Farbe wich aus seinem Ge-

---

5,7 O. *Chaldäer;* so auch in 5,11.

sicht. Auch die führenden Männer seines Landes waren zutiefst bestürzt.

¹⁰Als die Königinmutter die Worte des Königs und seiner Männer hörte, trat sie in den Saal des Trinkgelages und sagte: »Lang lebe der König! Du brauchst nicht zu erschrecken oder blass zu werden. ¹¹Es gibt einen Mann in deinem Reich, in dem der Geist der heiligen Götter wohnt. Während der Herrschaft deines Vaters zeigte sich, dass er mit Erkenntnis, Verstand und Weisheit gesegnet ist, von der Art, wie sie sonst nur bei den Göttern gefunden wird. Dein Vater, König Nebukadnezar, machte ihn zum Obersten aller Zauberer, Zeichendeuter, Astrologen und Wahrsager Babels, – ¹²eben deshalb, weil er so außergewöhnlichen Verstand, Geist und Klugheit besitzt, die sich in der Deutung von Träumen und im Enträtseln von Geheimnissen zeigen. Dieser Mann heißt Daniel, aber der König hat ihm den Namen Beltschazar gegeben. Lass nun Daniel rufen, er wird dir die Bedeutung der Schrift sagen können.«

Daniel erklärt die Schrift

¹³Also wurde Daniel vor den König geführt. Der König fragte ihn: »Bist du Daniel, den mein Vater, König Nebukadnezar, als Gefangenen von Juda hierher gebracht hat? ¹⁴Man sagt über dich, dass der Geist der Götter in dir wohnt und dass Erleuchtung, Scharfsinn und eine besondere Weisheit bei dir gefunden wurden. ¹⁵Ich habe alle diese Weisen und Wahrsager kommen lassen, damit sie die Schrift lesen und mir anschließend erklären sollten, was ihre Bedeutung ist. Das ist aber keinem von ihnen gelungen. ¹⁶Jetzt habe ich über dich gehört, dass du in der Lage seist, Deutungen zu geben und Geheimnisse zu lösen. Nun, wenn es dir gelingt, diese Schrift dort zu lesen und mir zu sagen, was sie bedeutet, sollst du in königliche Purpurgewänder gekleidet werden und eine goldene Kette um den Hals tragen. Und du sollst zum dritthöchsten Mann im Reich erhoben werden.«

¹⁷Daniel antwortete dem König: »Behalte deine Geschenke, und deine Belohnungen gib einem anderen! Ich will dir die Schrift auch so vorlesen und dir ihre Bedeutung mitteilen. ¹⁸Du, o König, sollst wissen: Der höchste Gott hatte deinem Vater Nebukadnezar Herrschaft, Macht, Ruhm und Ehre gegeben. ¹⁹Alle Völker, Nationen und Sprachen lebten in Furcht und Schrecken vor ihm, weil Gott ihm eine besondere Fülle an Macht verliehen hatte. Er tötete, wen er töten wollte, und ließ am Leben, wen er verschonen wollte. Er brachte zu Ehren, wen er ehren wollte, und brachte zu Fall, wen er demütigen wollte. ²⁰Dann aber wurde er hochmütig und sein Stolz steigerte sich ins Unermessliche. Daraufhin wurde er vom Thron gestoßen und aller seiner Würde beraubt. ²¹Man verstieß ihn aus der Gemeinschaft der Menschen. Er wurde in seinem Wesen wie ein wildes Tier und hauste unter wilden Eseln. Er fraß Gras wie die Rinder und sein Körper wurde vom Tau des Himmels durchnässt. Und zwar so lange, bis er erkannte, dass der höchste Gott die Herrschaft ausübt über alle Reiche der Menschen und dass er die Regierungsgewalt gibt, wem er will.

²²Du, Belsazar, bist sein Sohn und Nachfolger. Du hast dies alles gewusst und warst dennoch nicht demütig vor Gott, ²³sondern warst überheblich gegen den Herrn des Himmels und hast die Becher seines Tempels holen lassen. Ihr habt Wein aus ihnen getrunken, du und die mächtigen Männer in deinem Reich, deine Frauen und Nebenfrauen, und währenddessen habt ihr ein Loblied angestimmt auf die Götter aus Silber, Gold, Bronze, Eisen, Holz und Stein. Dabei können diese Götzen weder hören noch sehen noch irgendetwas wissen. Dem Gott dagegen, der dein Leben erhält und dein Schicksal lenkt, hast du nicht die Ehre gegeben! ²⁴Deshalb hat er diese Hand gesandt und diese Schrift geschrieben.

²⁵Das ist die Schrift, die geschrieben wurde: Mene, Mene, Tekel, Parsin. ²⁶Und diese Worte bedeuten Folgendes: Mene heißt ›gezählt‹ – Gott hat die Tage deiner Herrschaft gezählt und ihr ein Ende bereitet. ²⁷Tekel heißt ›gewogen‹ – du wurdest auf der Waage gewogen und für zu leicht befunden. ²⁸Parsin heißt ›geteilt‹ – dein Reich wird geteilt und den Medern und Persern gegeben werden.«

²⁹Da kleidete man Daniel auf Belsazars Befehl in königliche Purpurgewänder und legte ihm eine goldene Kette um den Hals. Dann ließ er ausrufen, dass Daniel der Drittmächtigste im Reich sein sollte. ³⁰Noch in derselben Nacht wurde Belsazar, der babylonische König, getötet.*

Daniel in der Löwengrube

6 Der Meder Darius übernahm die Herrschaft über das babylonische Reich, als er 62 Jahre alt war. ²Er beschloss, 120 Statthalter einzusetzen, die über das ganze Reich verteilt sein sollten; ³Daniel und zwei andere ernannte er zu königlichen Bevollmächtigten. Ihnen wurde die Ober-

---

5,30 Die Meder und Perser eroberten Babel im Okt. 539 v.Chr.

DANIEL

1–4	Daniel unter der Herrschaft Nebukadnezars
5	Daniel unter der Herrschaft Belsazars
6	Daniel unter der Herrschaft des Meders Darius
7–12	Daniels Visionen

6–7
Daniel wird durch eine Intrige verurteilt und landet in der Löwengrube. Ein Engel schützt Daniel. König Darius preist Gott. Daniels Traum von vier Tieren.

[Die Zeit des Exils]

aufsicht über die Statthalter übertragen. Um sicherzustellen, dass dem König aus dieser Regelung kein Schaden entstand, mussten die Statthalter den drei Bevollmächtigten regelmäßig nachweisen, dass sie ihr Amt im Sinne des Königs ausübten. [4]Es zeigte sich bald, dass Daniel klüger war als die anderen Statthalter und königlichen Bevollmächtigten, denn er besaß einen außergewöhnlich scharfen Verstand. Deshalb überlegte sich der König, Daniel die Verwaltung des gesamten Reiches anzuvertrauen. [5]Da suchten die anderen königlichen Bevollmächtigten und Statthalter einen Grund zur Anklage gegen Daniel bezüglich seiner Amtsführung. Aber Daniel führte sein Amt so zuverlässig und gewissenhaft aus, dass sie ihm nicht den geringsten Fehler nachweisen konnten – sie fanden einfach keinen Grund zur Anklage oder Beschwerde. [6]Da sagten sich die Männer: »Es gibt nur eine Sache, bei der wir Daniel fassen können – und das ist der Glaube an seinen Gott.«

[7]Daraufhin bestürmten die königlichen Bevollmächtigten und Statthalter den König und sagten zu ihm: »Lang lebe König Darius! [8]Sämtliche Beamten des Reiches, die Präfekten und Statthalter, die Minister sowie die mit der Ausübung der Verwaltung betrauten Beamten sind sich einig, dass du, o König, ein königliches Gesetz erlassen solltest, das folgenden Befehl enthält: Jeder, der innerhalb der nächsten 30 Tage statt an dich an irgendjemand anders eine Bitte richtet – sei es an einen Gott oder an einen Menschen –, soll in die Löwengrube geworfen werden. [9]Lass dieses Gebot schriftlich in einer Urkunde festhalten und bestätige es mit deiner Unterschrift, damit es nicht geändert werden kann. Nach dem Gesetz der Meder und Perser ist ein solches Gesetz unwiderruflich.« [10]Daraufhin ließ König Darius das Gesetz aufschreiben und unterzeichnete es.

[11]Daniel wusste, dass dieses Gesetz vom König erlassen worden war. Er ging in das obere Stockwerk seines Hauses, wo er die Fenster, die nach Jerusalem zeigten, immer geöffnet hielt. Trotz des Verbotes kniete er sich nieder, dankte und lobte Gott und flehte ihn an, wie er es auch sonst dreimal täglich machte. [12]Da stürmten jene Männer herein und fanden Daniel, wie er seine Bitten vor Gott brachte und ihn um Erbarmen anflehte. [13]Schnell liefen sie zum König und erinnerten ihn an sein königliches Gesetz: »O König, hast du nicht ein Gesetz unterzeichnet, dass jeder, der innerhalb der nächsten 30 Tage statt an dich an irgendjemand anderen eine Bitte richtet – sei es an einen Gott oder an einen Menschen –, in die Löwengrube geworfen werden soll?« – »Ja«, antwortete der König. »Dieser Beschluss steht

S Südreich Juda   N Nordreich Israel

fest. Es handelt sich um ein Gesetz der Meder und Perser, und man kann es nicht widerrufen.« ¹⁴Da berichteten sie ihm: »Daniel, einer der Gefangenen aus Judäa, missachtet sowohl dich, den König, als auch das Gesetz, das du unterschrieben hast. Dreimal am Tag betet er zu seinem Gott!« ¹⁵Als der König das hörte, fuhr es ihm durch Mark und Bein. Den ganzen Tag versuchte er einen Weg zu finden, wie er Daniel retten könne. Aber als die Sonne unterging, hatte er noch keinen Ausweg gefunden. ¹⁶Da bestürmten die Männer erneut den König und machten ihn darauf aufmerksam, dass es nach dem Gesetz der Meder und Perser unmöglich sei, irgendein Verbot oder Gesetz, das der König unterschrieben hatte, zu ändern. ¹⁷Daraufhin befahl der König, Daniel herbeizubringen und ihn in die Löwengrube zu werfen. Der König sagte zu ihm: »Dein Gott, den du so treu verehrst, möge dich retten.« ¹⁸Dann wurde ein Stein gebracht und auf die Öffnung der Grube gelegt. Der König nahm die Siegel und versiegelte eigenhändig den Stein mit seinem königlichen Siegel und dem Siegel der mächtigen Männer seines Reiches, damit niemand in Daniels Schicksal eingreifen könne. ¹⁹Dann kehrte er in seinen Palast zurück, wo er die Nacht mit Fasten verbrachte. Er ließ auch keine seiner Frauen zu sich kommen und konnte die ganze Nacht keinen Schlaf finden.

²⁰Im Morgengrauen des nächsten Tages stand der König auf und lief so schnell er konnte zur Löwengrube. ²¹Ängstlich rief er schon von Weitem: »Daniel, du Knecht des lebendigen Gottes, hat dich dein Gott, den du so treu verehrst, vor den Löwen gerettet?«

²²Daniel antwortete ihm: »Lang lebe der König! ²³Mein Gott sandte seinen Engel. Der hat den Löwen das Maul verschlossen, sodass sie mir nichts antun konnten. Denn ich bin unschuldig vor meinem Gott und habe auch gegen dich nichts Unrechtes getan.« ²⁴Der König war überglücklich und befahl, Daniel aus der Löwengrube zu befreien. Nachdem man ihn herausgeholt hatte, fand man nicht den kleinsten Kratzer an ihm, denn er hatte auf seinen Gott vertraut. ²⁵Daraufhin befahl der König, die Männer, die Daniel verleumdet hatten, herbringen zu lassen, und ließ sie zusammen mit ihren Frauen und Kindern in die Löwengrube werfen. Die Löwen stürzten sich auf sie und zermalmten ihre Knochen, noch bevor sie den Boden der Grube berührten.

²⁶Danach verfasste König Darius eine Botschaft an die Menschen aller Völker, Nationen und Sprachen der ganzen Welt und teilte ihnen mit:

»Friede und Wohlergehen euch allen! ²⁷Ich befehle allen Bürgern meines Reiches, dass sie vor dem Gott Daniels zittern und sich vor ihm fürchten sollen. Denn er ist der lebendige Gott und er bleibt für alle Zeiten bestehen. Sein Reich kann niemals zerstört werden und seine Herrschaft endet nie. ²⁸Er befreit und rettet sein Volk; er vollbringt Zeichen und Wunder, sowohl im Himmel als auch auf der Erde. Dieser Gott hat Daniel aus den Klauen der Löwen gerettet.«

²⁹Und Daniel wurde hoch geachtet unter der Herrschaft des Darius und unter der Herrschaft des Kyrus von Persien.

Daniels Vision von den vier Tieren

7 Im ersten Jahr der Herrschaft des babylonischen Königs Belsazar* hatte Daniel, als er auf seinem Bett lag, einen Traum mit mehreren Visionen. Er schrieb diesen Traum auf und beschrieb in seinem Bericht das Wesentliche dessen, was er gesehen hatte:

²»In meiner nächtlichen Vision sah ich, Daniel, wie aus allen vier Himmelsrichtungen starke Winde kamen und die Oberfläche des großen Meeres aufwühlten. ³Dann stiegen vier riesige Tiere aus dem Wasser, und sie waren alle verschieden.

⁴Das erste Tier sah aus wie ein Löwe, allerdings besaß es die Flügel eines Adlers. Während ich es betrachtete, wurden ihm die Flügel ausgerissen; es wurde emporgehoben von der Erde und wie ein Mensch auf seine Füße gestellt. Dann wurde ihm das Herz eines Menschen gegeben.

⁵Dann kam ein zweites Tier; es sah aus wie ein Bär. Es richtete sich auf einer Seite auf und hielt in seinem Maul zwischen seinen Zähnen drei Rippen. Und es wurde ihm befohlen: ›Auf! Friss dich mit Fleisch voll!‹

⁶Danach sah ich wieder ein anderes Tier; es glich einem Leoparden, hatte aber vier Flügel auf dem Rücken, wie die eines Vogels, und vier Köpfe. Dieses Tier bekam große Herrschaftsgewalt.

⁷Zuletzt erblickte ich in meiner nächtlichen Vision das vierte Tier. Es war grauenvoll anzusehen, Schrecken erregend und außergewöhnlich stark. Mit seinen großen Zähnen aus Eisen verschlang und zermalmte es alles und was noch übrig blieb, zertrampelte es mit den Füßen. Es unterschied sich völlig von den ersten drei Tieren und es hatte zehn Hörner. ⁸Während ich

---

7,1 Das war das Jahr 560 v.Chr.

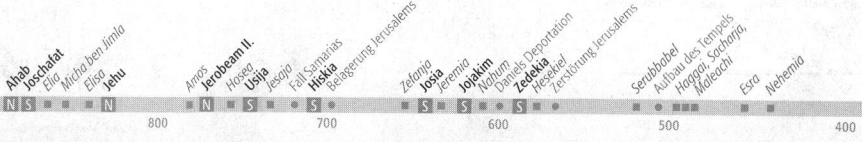

DANIEL

1–4	Daniel unter der Herrschaft Nebukadnezars
5	Daniel unter der Herrschaft Belsazars
6	Daniel unter der Herrschaft des Meders Darius
7–12	Daniels Visionen

7–8
Die Vision von den vier Tieren und dem Menschensohn wird erklärt. Daniel hat eine weitere Vision.

noch überlegte, was diese Hörner bedeuten könnten, wuchs plötzlich ein neues, kleines Horn zwischen ihnen und riss dabei drei andere Hörner heraus, die zuvor da gewesen waren. Auf dem Horn waren Augen wie die eines Menschen und ein Maul, das prahlerische Reden führte.

⁹Dann sah ich, wie Thronsessel aufgebaut wurden. Da hinein setzte sich ein sehr alter Mann, um Gericht zu halten. Seine Kleidung war weiß wie Schnee, sein Haar so hell wie die weißeste Wolle. Sein Thron bestand aus Flammen und stand auf Rädern aus loderndem Feuer, ¹⁰und ein Feuerstrom ging von ihm aus. Millionen Engel dienten ihm, 100 Millionen erwarteten seine Befehle. Die Gerichtssitzung wurde eröffnet und Bücher wurden aufgeschlagen.

¹¹Dann lenkte der Lärm der großen Sprüche des kleinen Horns meine Aufmerksamkeit auf sich. Ich sah so lange hin, bis das vierte Tier getötet und ins Feuer geworfen wurde. ¹²Auch die anderen Tiere verloren ihre Herrschermacht, nachdem die ihnen zugewiesene Lebenszeit vergangen war.

¹³Dann sah ich in meinen nächtlichen Visionen jemanden, der kam mit den Wolken des Himmels und sah aus wie eines Menschen Sohn. Er gelangte zu dem alten Mann und wurde vor ihn geführt. ¹⁴Und ihm wurden Herrschermacht, Ehre und das Königreich verliehen. Alle Völker, Nationen und Sprachen gaben ihm die Ehre und dienten ihm. Seine Herrschaft ist eine ewige

---

Daniel 7,13-14

Hinweise auf den Messias (2)
In einer nächtlichen Vision erblickt Daniel eine Gestalt. Sie ist vom Aussehen her einem Menschen ähnlich, hat aber deutlich eine übergeordnete Stellung über die ganze Menschheit. Diese Person kommt »mit den Wolken des Himmels« und darf vor dem Thron des »alten Mannes« (siehe V. 9-10) sein – gehört also zum Bereich Gottes. Von V. 18 und 27 her könnte mit dieser Gestalt das »heilige Volk des Höchsten« gemeint sein, aber in V. 14 steht er *allen* Völkern gegenüber.
Jesus bestätigt nicht nur die Deutung, dass dieser »Menschensohn« eine Einzelgestalt (und kein Volk) ist, sondern beansprucht selbst, dieser Menschensohn zu sein (Mt 24,30; 26,64). Damit betont er nicht seine Menschwerdung in Fleisch und Blut, sondern seine Herkunft von Gott.
Der Märtyrer Stephanus sieht Jesus als »Menschensohn« auf dem Ehrenplatz zur Rechten Gottes (Apg 7,56). Im Buch der Offenbarung wird der Ehrentitel »Menschensohn« mehrfach für Christus verwendet: 1,7.13; 14,14. Dass ihm alle Herrschaft zufällt, erfüllt sich in 11,15.
(Jeremia 32,7-9 «« | »» Hosea 11,1)

[Die Zeit des Exils]

S Südreich Juda   N Nordreich Israel

Herrschaft, die niemals vergehen wird. Sein Reich wird niemals zerstört werden.

Erklärung der Vision

¹⁵Ich, Daniel, war in meinem tiefsten Innern sehr traurig und erschrocken über die Vision, die ich gesehen hatte. ¹⁶Deshalb trat ich zu einem der Diener am Thron und bat ihn, mir zu erklären, was es mit all dem auf sich hatte. Er gab mir folgende Antwort, um mir die Deutung der Vision verständlich zu machen: ¹⁷»Die vier riesigen Tiere stehen für vier Könige, die sich auf der Erde erheben werden. ¹⁸Das Königreich jedoch wird durch das heilige Volk des Höchsten empfangen, und sie werden es für alle Zeiten besitzen – ja, bis in die Ewigkeit der Ewigkeiten.«

¹⁹Daraufhin bat ich ihn, mir Näheres über das vierte Tier zu sagen, das sich so grundsätzlich von den anderen allen unterschied: Das so Furcht einflößend war mit seinen Zähnen aus Eisen und den Klauen aus Bronze, das alles fraß und zermalmte und was übrig blieb mit den Füßen zertrampelte. ²⁰Ich fragte auch nach der Bedeutung der zehn Hörner auf dem Kopf des vierten Tieres und was es mit dem kleinen Horn auf sich hatte, das später erschien und wegen dem die drei anderen Hörner abgefallen waren. Das war das Horn mit den Augen eines Menschen und dem Mund, der so prahlerische Reden von sich gegeben hatte, und das im Vergleich zu den anderen besonders hervorstach. ²¹Ich sah, dass es so lange siegreiche Angriffe gegen das heilige Volk führte, ²²bis der alte Mann kam und dem heiligen Volk des Höchsten Gerechtigkeit verschaffte. Denn nun war die Zeit gekommen, dass die Heiligen die Herrschaft ausübten.

²³Da erklärte er mir: »Dieses vierte Tier verdeutlicht eine vierte Weltmacht. Diese wird ganz anders sein als alle bisherigen Königreiche. Sie wird die ganze Welt verschlingen, zertrampeln und zermalmen. ²⁴Seine zehn Hörner sind zehn Könige, die aus diesem Reich hervorgehen werden. Dann wird allerdings ein anderer König an die Macht kommen. Dieser wird völlig anders sein als die anderen zehn Könige, und er wird drei von ihnen stürzen. ²⁵Er wird überhebliche Reden gegen den Höchsten führen und das heilige Volk des Höchsten vernichten. Er wird alles daransetzen, ihre Festzeiten abzuschaffen und das Gesetz zu ändern, und sie werden ihm für eine Zeit und danach für zwei Zeiten und eine halbe ausgeliefert sein.

²⁶Dann aber tagt das Gericht: Die Macht wird diesem König weggerissen werden, um ihn für alle Zeiten zu vernichten und zu beseitigen.

²⁷Danach werden Reich, Herrschaft und Machtfülle aller Königreiche unter dem Himmel dem heiligen Volk des Höchsten übergeben werden. Das Reich des Höchsten bleibt für alle Zeiten bestehen und alle Mächte werden ihn ehren und ihm gehorchen.«

²⁸Hier endet mein Bericht. Ich, Daniel, war zutiefst erschrocken von meinen Gedanken und wurde kreidebleich. Aber ich behielt diese Bilder in meinem Herzen.

Daniels Vision vom Widder und Ziegenbock

8 Im dritten Jahr der Herrschaft König Belsazars* hatte ich, Daniel, eine weitere Vision nach der, die mir davor erschienen war. ²In meinem Traum befand ich mich am Fluss Ulai in der Festung Susa in der Provinz Elam.

³Als ich aufblickte, sah ich einen Widder mit zwei Hörnern am Ufer des Flusses* stehen. Beide Hörner waren sehr lang, allerdings war eines länger als das andere, und das längere wuchs später als das andere. ⁴Der Widder teilte nach Westen, Norden und Süden Stöße aus. Kein Tier konnte ihm standhalten und niemand konnte sich aus seiner Gewalt retten. Er tat, was er wollte, und bekam immer mehr Macht.

⁵Während ich noch aufmerksam beobachtete, erschien plötzlich ein Ziegenbock von Westen her. Er jagte so schnell heran, dass es aussah, als ob seine Hufe den Boden gar nicht berührten. Dieser Ziegenbock hatte ein auffälliges Horn zwischen den Augen ⁶und lief wütend und kraftvoll auf den Widder mit den zwei Hörnern zu, den ich am Fluss gesehen hatte. ⁷Ich sah, wie er auf den Widder zustürmte und zornig nach ihm stieß, und er zerbrach dem Widder beide Hörner. Dieser hatte nicht genug Kraft ihm standzuhalten, deshalb wurde er zu Boden geschleudert und zertrampelt. Und es war keiner da, der den Widder aus seiner Gewalt hätte retten können.

⁸Der Ziegenbock wurde sehr mächtig. Doch auf der Höhe seiner Macht brach sein großes Horn ab. An der Stelle dieses großen Horns wuchsen ihm vier gewaltige Hörner, die in alle vier Himmelsrichtungen zeigten. ⁹Aus einem dieser Hörner wuchs ein weiteres Horn heraus, das zuerst sehr klein war, aber dann außerordentlich groß wurde. Es reichte weit nach Süden und Osten und hin zum herrlichen Land Israel. ¹⁰Es wuchs sogar bis zu dem Heer der Gestirne am Himmel. Dort schleuderte es einige von ihnen und auch einige der Sterne zur Erde herunter und zertrampelte sie. ¹¹Es forderte sogar den

---

8,1 Das war das Jahr 558 v.Chr. **8,3** O. *am Tor*; s. auch 8,6.

DANIEL

- 1–4 Daniel unter der Herrschaft Nebukadnezars
- 5 Daniel unter der Herrschaft Belsazars
- 6 Daniel unter der Herrschaft des Meders Darius
- 7–12 Daniels Visionen

8–9
Gabriel erklärt Daniel die Vision. Daniel betet für Israel.

[Die Zeit des Exils]

Fürsten des Himmels heraus, indem es verhinderte, dass ihm das tägliche Opfer gebracht wurde. Auch die Stätte seines Heiligtums wurde entehrt. ¹²Und statt des täglichen Opferdienstes wurde ein unheilvoller Priesterdienst eingesetzt, sodass die Wahrheit in den Dreck gezogen wurde. Aber das Horn hatte Erfolg bei allem, was es tat.

¹³Dann hörte ich einen Heiligen reden. Und einen weiteren hörte man, der fragte ihn: »Wie lange werden die Ereignisse dieser Vision dauern? Wie lange bleibt das tägliche Opfer verboten? Wie lange bleibt der widerliche Abfall bestehen und wie lange wird das Heiligtum noch zertrampelt?«

¹⁴Der andere antwortete: »Es wird 2.300 Abende und Morgen dauern. Dann aber wird das Heiligtum wieder zu Ehren kommen.«

Gabriel erklärt die Vision
¹⁵Während ich, Daniel, noch über diese Vision grübelte, stand plötzlich jemand vor mir. Er sah aus wie ein Mensch ¹⁶und ich hörte eine menschliche Stimme vom Fluss Ulai her, die rief: »Gabriel, erklär diesem Menschen, was die Bedeutung seiner Vision ist.«

¹⁷Da kam dieser an den Ort, an dem ich mich befand. Ich erschrak und fiel vor ihm zu Boden. Er sagte aber zu mir: »Menschenkind, pass genau auf. Denn die Ereignisse, die du in deiner Vision gesehen hast, hängen mit dem Ende der Zeit zusammen.«

Daniel 9,15-19

Gottes Liebe, Gottes Zorn
Die alttestamentlichen Propheten spielten eine vermittelnde Rolle zwischen Gott und dem Volk. Sie sprachen Gottes Zugeständnisse und Warnungen aus, riefen Israel zur Umkehr und Treue, und teilten dem Volk Gottes Absichten und Pläne mit (Am 3,7).
In diesem Text spricht der Prophet Daniel nicht im Auftrag Gottes, sondern *zu* ihm. Es handelt sich um ein Fürbitte-Gebet für das ganze Volk. Aufgrund seiner Sünden war das Volk in Gefangenschaft geraten, aber die Zeit der Zusammenführung Israels war gekommen, wie es durch andere Propheten schon angekündigt wurde (Dan 9,2). Daniel betete und bietet gleichzeitig ein großartiges Beispiel dafür, wie Fürbitte konkret aussehen kann: »Wir haben gesündigt; du warst im Recht, uns zu bestrafen. Jetzt aber, sei nicht länger zornig; du hast es doch versprochen ...« Die Fürbitte stellt hier jedoch (anders als bei Abraham oder Mose, 2Mo 32,7-14) keinen Versuch dar, Gott umzustimmen. Vielmehr wird so versucht, ernst zu nehmen, was Gott versprochen hat, und um dessen Erfüllung zu bitten.
(2. Chronik 25,15 «« | »» Nehemia 1,5)

¹⁸Als er so mit mir redete, wurde ich ohnmächtig und fiel mit dem Gesicht voraus auf den Boden. Aber Gabriel fasste mich und stellte mich wieder aufrecht auf meine Füße. ¹⁹Dann sagte er: »Ich bin hier, um dir zu zeigen, was später, in der Zeit des Zorns, geschehen wird. All das bezieht sich auf das Ende der Zeit. ²⁰Der Widder mit den zwei Hörnern, den du gesehen hast, verkörpert die Könige von Medien und Persien. ²¹Der zottige Ziegenbock steht für den König von Griechenland*. Das große Horn zwischen seinen Augen ist der erste König dieses Reiches. ²²Dass das Horn abbrach und an seiner Stelle vier andere Hörner wuchsen, bedeutet: Vier Königreiche werden aus dieser Nation entstehen; sie werden aber nicht so mächtig werden wie er.

²³Am Ende ihrer Herrschaft, wenn die von Gott Abtrünnigen das Maß ihrer Sünden voll gemacht haben, wird ein unerbittlicher König, ein Meister der Verschlagenheit, an die Macht kommen. ²⁴Er wird zu außerordentlicher Macht kommen – aber nicht aufgrund seiner eigenen Fähigkeiten. Er wird furchtbar großes Unheil anrichten und wird bei allem, was er tut, Erfolg haben. Er wird mächtige Gegner besiegen und das heilige Volk vernichten. ²⁵Er ist schlau und gerissen, deshalb gelingen ihm seine Betrügereien. Voller Hochmut wird er stets dann angreifen und siegen, wenn seine Opfer nicht auf der Hut sind. Ohne Vorwarnung schlägt er zu und vernichtet. Sogar den Fürsten aller Fürsten wird er zum Kampf fordern. Wegen all dem wird er vernichtet werden, wenn auch nicht durch Menschenhand.

²⁶Diese Vision über die 2.300 Abende und Morgen ist wahr. Weil sie sich aber erst in ferner Zukunft ereignen wird, sollst du sie sicher verwahren.«

²⁷Ich war nach diesem Erlebnis völlig erschöpft und war tagelang krank, sodass ich mich niederlegen musste. Dann aber stand ich wieder auf und erfüllte meinen Dienst beim König wie gewohnt. Ich war aber außerordentlich beunruhigt über diese Vision, weil ich sie mir einfach nicht erklären konnte.

Daniels Gebet für sein Volk

9 Der Meder Darius*, der Sohn des Ahasveros, wurde König der Babylonier. ²Im ersten Jahr seiner Herrschaft fiel mir, Daniel, beim Studium der Schrift auf, auf welche Zeitspanne Jeremias Botschaften vom HERRN sich bezogen: Jerusalem sollte 70 Jahre lang verwüstet bleiben. ³Aus diesem Grund wandte ich mich im Gebet an Gott, meinen HERRN, fastete und legte Trauerkleider an, um meine Bitten vor ihn zu bringen.

⁴In meinem Gebet zum HERRN, meinem Gott, brachte ich die Schuld des Volkes vor ihn und sagte: »Ach, mein Herr, du bist ein mächtiger und Ehrfurcht gebietender Gott! Du hältst deinen Bund und gibst denen Gnade, die dich lieben und deine Gebote halten. ⁵Aber wir haben Sünde auf uns geladen und haben getan, was nicht recht war. Wir sind von dir weggelaufen und wollten mit dir nichts mehr zu tun haben. Die Forderungen deiner Gebote und Gesetze haben wir nicht mehr beachtet. ⁶Was deine Knechte, die Propheten, in deiner Vollmacht zu unseren Königen und Fürsten und Vorfahren und dem ganzen Volk des Landes geredet haben, hat uns überhaupt nicht interessiert.

⁷Du, mein Herr, bist im Recht, und so, wie die Dinge jetzt liegen, schämen wir uns alle gewaltig. Es betrifft alle: die Leuten von Juda, die Bewohner Jerusalems und ganz Israels, die in der Nähe genauso wie die, die du wegen ihrer Untreue dir gegenüber in ferne Länder vertrieben hast. ⁸O HERR, wir und unsere Könige, Fürsten und Vorfahren müssen uns schämen, weil wir gegen dich gesündigt haben. ⁹Doch du, unser Herr und Gott, hast uns immer wieder verziehen, du hattest selbst dann noch Erbarmen mit uns, wenn wir nichts mehr mit dir zu tun haben wollten. ¹⁰Wir haben nicht mehr das getan, was du, der HERR, unser Gott, uns befohlen hast. Unsere Lebensführung haben wir nicht an den Anordnungen ausgerichtet, die du uns durch deine Propheten gegeben hast. ¹¹Ganz Israel hat gegen dein Gesetz gehandelt – alle wollten sie nichts mehr mit dir zu tun haben und stellten sich dir gegenüber taub. Deshalb ist dein Fluch über uns gekommen: Du hast das über uns gebracht, was du geschworen hast und was im Gesetz des Mose, deines Knechts, aufgeschrieben ist*. ¹²Was er angedroht hat, hat er über uns und unsere Herrscher, die uns regiert haben, kommen lassen: Er brachte über die Bewohner Jerusalems ein so großes Unheil, wie es noch nie sonst über ein Volk hereingebrochen ist. ¹³Das Böse ist über uns gekommen, genauso, wie es in den Büchern des Mose angekündigt worden ist. Trotzdem haben wir nicht versucht, uns mit dem HERRN, unserem Gott, zu versöhnen, indem wir endlich einen klaren Schlussstrich gezogen und mit dem Sündigen aufgehört hätten. Wir haben uns nicht

---

8,21 Hebr. *von Jawan*.   9,1 Die Regierungszeit von Darius wird in den Jahren 539–538 v.Chr. vermutet.
9,11 S. 5. Mose 28,15-68.

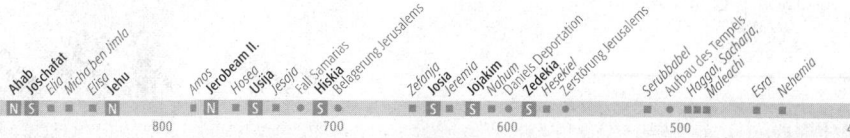

DANIEL

1–4	Daniel unter der Herrschaft Nebukadnezars
5	Daniel unter der Herrschaft Belsazars
6	Daniel unter der Herrschaft des Meders Darius
7–12	Daniels Visionen

9–10
Daniel bittet um Gottes Gnade und Vergebung für sich und sein Volk. Deutung der siebzig Wochen. Daniel wird in einer Vision ein Bote gesandt.

[Die Zeit des Exils]

um die Wahrheit bemüht und sind deshalb auch nicht klug geworden. ¹⁴Aber der HERR hat das Böse gesehen – deshalb ist uns das alles widerfahren. Der HERR, unser Gott, ist gerecht in allem, was er tut – wir wollten ja nicht auf ihn hören! ¹⁵Wir haben gesündigt! Wir haben Böses getan! Du aber bist der HERR, unser Gott, du hast dein Volk mit starker Hand aus Ägypten geführt und hast dir damit einen großen Namen gemacht. Das gilt auch noch heute. ¹⁶Herr, sei nicht länger zornig über deine Stadt Jerusalem und deinen heiligen Berg. Du hast doch schon so oft deine Gnade erwiesen! Weil wir gesündigt haben und unsere Vorfahren Schuld auf sich geladen haben, ist Jerusalem und dein Volk bei allen umliegenden Völkern zur Zielscheibe des Spottes geworden.

¹⁷O unser Gott, erhöre doch das Gebet deines Knechts und sein Flehen um Gnade! Um deiner eigenen Ehre willen, mein Herr: Lass dein Angesicht über deinem verlassenen Heiligtum leuchten!* ¹⁸Mein Gott, beug dich zu mir herunter und höre! Öffne deine Augen und sieh, wie die Stadt, über der dein Name ausgerufen ist, in Schutt und Asche liegt! Wir bitten dich um deine Gnade: nicht, weil wir es uns verdient hätten durch irgendwelche eigenen gerechten Taten, sondern weil du so oft gezeigt hast, dass du gnädig und barmherzig bist.

9,17 Vgl. 4. Mose 6,25.

Daniel 9,24-26

Hinweise auf den Messias (3)
Diese Prophetie ist bewusst rätselhaft formuliert und will doch nicht völlig unverständlich sein. Die »Wochen« (auch in V. 24) werden meist als Jahrwochen verstanden, also als Einheiten von je sieben Jahren. Damit ist ein Zeitraum von insgesamt fast 500 Jahren angedeutet – dessen Ende durchaus die Zeit von Jesus treffen kann.
Auch die Ausdrücke von der Vergebung der Schuld, von der Weihe eines Hochheiligen (V. 24) und vom erwählten (wörtl.: gesalbten) Fürsten (V. 25) lassen – im Licht des Neuen Testaments – an Jesus denken.
Dass ein von Gott Erwählter umkommt (»vernichtet wird«, V. 26), ist eine Vorstellung, die im Alten Testament nur am Rande denkbar ist. Doch kommt sie durchaus vor: Siehe die Erklärungen zu Jesaja 52,13–53,12; Sacharja 12,10; 13,7. So wirkt auch Daniel 9,26 wie eine Voraus-Abbildung von Jesus.

(Hesekiel 34 ««« | »» Haggai 2,7)

¹⁹O Herr, höre! O Herr, vergib! O Herr, werde doch auf unsere Lage aufmerksam und handle! Um deinetwillen, o mein Gott, zögere nicht, denn dein Volk und deine Stadt tragen deinen Namen!«

Gabriels Botschaft über das Exil

²⁰So betete ich und bekannte sowohl meine Sünden als auch die Sünden meines Volkes Israel. Ich flehte den HERRN, meinen Gott, inständig um Gnade für Jerusalem und seinen heiligen Berg an. ²¹Während ich noch betete, kam plötzlich zur Zeit des Abendopfers Gabriel zu mir geflogen, den ich in meiner ersten Vision bereits gesehen hatte. ²²Er wollte mir Einblick verschaffen und sagte: »Daniel, ich bin jetzt gekommen, um dir den Sinn des Ganzen zu erklären. ²³In dem Augenblick, in dem du zu beten begannst, hat Gott gesprochen. Ich bin hier, um dir zu berichten, was er sagte, denn Gott hat dich sehr lieb. Hör zu, was ich dir sage, damit du die Bedeutung der Vision verstehst.

²⁴70 Wochen* müssen für dein Volk und deine heilige Stadt vergehen. Dann erst werden das begangene Unrecht und eure Sünde hinter Schloss und Riegel gebracht, die Schuld vergeben und ein Hochheiliges geweiht werden. ²⁵Du sollst wissen und verstehen: Von der Zeit an, da der Befehl* an die Propheten erging, Jerusalem wieder aufzubauen, bis zur Ankunft eines von Gott erwählten Fürsten werden sieben Wochen vergehen. Während 62 Wochen wird man die Stadt neu erstehen lassen und ihre besonderen Plätze und Straßen wieder aufbauen. Aber es wird eine Zeit großer Bedrängnis sein.

²⁶Nach diesen 62 Wochen wird ein von Gott Erwählter vernichtet werden; man wird ihn ablehnen. Dann wird ein Fürst* mit seinem Kriegsvolk anrücken und Verderben über die Stadt und den Tempel bringen, wird dann aber in einer Flut* sein Ende finden. Und bis zum Schluss werden Krieg und Verwüstung herrschen; sie sind unwiderruflich von Gott bestimmt. ²⁷Dieser Fürst wird für die Dauer einer Woche der Mehrheit des Volkes seine Beschlüsse aufzwingen. Danach wird für eine halbe Woche das tägliche Schlacht- und Speiseopfer abgeschafft werden, stattdessen wird der Verwüster den Götzenkult einführen. Dann aber wird er unwiederbringlich vernichtet werden, so wie es schon über ihn beschlossen ist.

Daniels Vision vom Boten

10 Im dritten Jahr der Herrschaft von König Kyrus von Persien wurde Daniel, der den Beinamen Beltschazar trug, eine Botschaft offenbart. Diese kündigt von großem Leid und ist mit Sicherheit wahr. Als Daniel über diese Botschaft sehr aufmerksam nachdachte, ging ihm ihre Bedeutung auf.

²In jenen Tagen trauerte ich, Daniel, drei Wochen lang. ³Während dieser Zeit aß ich keine leckeren Speisen und verzichtete auf den Genuss von Fleisch und Wein. Ich verwendete auch keine Salböle während dieser Wochen. ⁴Am 24. Tag des ersten Monats* stand ich am großen Fluss Tigris. ⁵Ich blickte auf und sah einen Mann. Er hatte Kleider aus Leinen an und trug einen Gürtel aus feinstem Gold. ⁶Sein Körper funkelte wie ein Edelstein. Von seinem Gesicht gingen Blitze aus und seine Augen waren wie brennende Fackeln. Seine Arme und Füße schimmerten wie polierte Bronze und seine Stimme klang wie das Tosen einer großen Menschenmenge.

⁷Ich, Daniel, war der Einzige, der diese Vision sah. Meine Begleiter konnten die Erscheinung nicht sehen, waren aber trotzdem furchtbar erschrocken, sodass sie die Flucht ergriffen und sich versteckten. ⁸Ich stand also dieser gewaltigen Erscheinung ganz allein gegenüber. Da verließen mich meine Kräfte, ich wurde kreidebleich und konnte mich kaum noch aufrecht auf meinen Beinen halten. ⁹Als dann der Mann mit lauter Stimme zu sprechen begann und ich das Tosen seiner Stimme hörte, verlor ich das Bewusstsein und fiel ohnmächtig mit dem Gesicht zu Boden.

¹⁰Dann aber berührte mich eine Hand und stützte mich, sodass ich mich auf meine zitternden Knie und Hände erheben konnte. ¹¹Der Mann sprach zu mir: »O Daniel, du von Gott Geliebter, hör aufmerksam zu, was ich dir zu sagen habe. Stell dich aufrecht hin, denn ich wurde zu dir gesandt.« Als er das zu mir sagte, stand ich zitternd auf.

¹²Da sagte er: »Hab keine Angst, Daniel! Von dem Tag an, als es dir wichtig wurde, das Entscheidende zu verstehen, und du dich vor deinem Gott gedemütigt hast, wurden deine Worte erhört. Deshalb bin ich auch zu dir gekommen. ¹³Doch der Engelfürst von Persien hat sich mir 21 Tage lang widersetzt, bis mir schließlich der Erzengel Michael zu Hilfe kam und für mich

---

9,24 In einigen Übersetzungen wird die »Woche« als »Jahrwoche« verstanden, die einen Zeitraum von sieben Jahren umfasst. So auch in V. 25-27.   **9,25** Vgl. Jesaja 44,28 und Esra, Kapitel 1.   **9,26a** Vgl. Kapitel 7,8.24ff.   **9,26b** Die Flut bezieht sich auf 2. Mose 14,26-29 und ist ein Bild für Gottes Gericht.   **10,4** Dieses Datum im Buch Daniel kann anhand von erhaltenen persischen Handschriften überprüft und auf den modernen Kalender übertragen werden. Dieser Tag des hebr. Mondkalenders fiel auf den 23. Apr. des Jahres 536 v.Chr.

DANIEL

1–4 Daniel unter der Herrschaft Nebukadnezars

5 Daniel unter der Herrschaft Belsazars

6 Daniel unter der Herrschaft des Meders Darius

7–12 Daniels Visionen

10–11
Das Gespräch mit dem Engel. Prophetien über den König des Nordens und des Südens.

[Die Zeit des Exils]

den Kampf mit dem Engelfürst von Persien aufnahm. So konnte ich gehen ¹⁴und bin nun hier. Ich soll dir erklären, was deinem Volk in den letzten Tagen zustoßen wird. Diese Vision wird sich erst in fernster Zukunft erfüllen.«

¹⁵Während er so zu mir redete, verstummte ich und blickte zu Boden. ¹⁶Plötzlich aber berührte einer, der aussah wie ein Mensch, meine Lippen. Da konnte ich meinen Mund wieder öffnen und begann zu reden. Ich sagte zu dem, der vor mir stand: »Die Vision, die ich gesehen habe, zerreißt mich innerlich und nimmt mir meine ganze Kraft. ¹⁷Wie könnte ein unwürdiger Sklave wie ich zu einem Herrn, wie du es bist, sprechen? Ich habe selbst jetzt noch keine Kraft und bekomme kaum Luft.«

¹⁸Der, der aussah wie ein Mensch, berührte mich ein weiteres Mal und stärkte mich. ¹⁹Dann sprach er: »Hab keine Angst, du bist unendlich geliebt! Friede sei mit dir. Sei stark, ja, sei stark!«

Als er auf diese Weise mit mir redete, spürte ich, wie meine Kraft wieder zurückkehrte und ich sagte zu ihm: »Jetzt bin ich bereit zu hören, was du zu sagen hast, denn du hast mir neue Kraft gegeben.«

²⁰Er erwiderte: »Weißt du denn, warum ich zu dir gekommen bin? Bald schon muss ich allerdings wieder zurückgehen, weil ich meinen Kampf gegen den Engelfürsten von Persien zu Ende führen muss. Sobald ich aber mit diesem fertig sein werde, kommt der Engelfürst von Mazedonien herbei. ²¹Trotzdem bin ich hierher zu dir gekommen, um dir zu berichten, was im Buch der Wahrheit geschrieben steht. Im Kampf aber gegen diese Engelfürsten steht mir keiner zur Seite, außer Michael, eurem Engelfürsten.

11 Diesem habe ich im ersten Regierungsjahr des Meders Darius auch geholfen und habe ihm schützend zur Seite gestanden.

²Ich werde dir jetzt noch etwas erzählen, das ganz bestimmt eintreffen wird: Es werden noch drei weitere persische Könige an die Macht kommen. Der vierte, der nach ihnen kommt, wird weit größeren Reichtum erwerben als seine Vorgänger. Seinen Reichtum wird er nutzen, um seine politische Macht zu stärken – bis er dann alle seine Kräfte aufbieten wird, um einen Krieg gegen den König von Griechenland* zu beginnen.

³Danach wird ein mächtiger König an die Macht kommen. Dieser wird über ein riesiges Reich herrschen und alle seine Pläne ausführen. ⁴Doch auf der Höhe seiner Macht wird sein Reich auseinanderbrechen und in vier Teile

---
11,2 Hebr. *von Jawan.*

nach den vier Himmelsrichtungen hin geteilt werden. Doch die Nachkommen dieses Königs werden leer ausgehen, denn das Reich wird nicht ihnen zufallen. Nach der Teilung wird es auch lange nicht mehr so mächtig sein wie unter der Herrschaft des Königs. Denn seine Herrschaft wird vollständig beseitigt und nicht seinen Nachkommen weitergegeben werden, sondern anderen zufallen.

⁵Hierauf wird der König des Südens an Macht gewinnen, doch einer seiner Feldherrn wird mächtiger werden als er und wird die Herrschaft übernehmen, die daraufhin noch mächtiger werden wird.

⁶Ein paar Jahre später verbünden sie sich wiederum, und die Tochter des Königs des Südens und der König des Nordens werden heiraten, um sich der gegenseitigen Bündnistreue zu versichern. Allerdings wird diese Maßnahme fehlschlagen. Denn sie wird mitsamt ihrem Mann, ihrem Vater und ihrem Gefolge vom König des Nordens fallengelassen werden, zu der Zeit, die ihnen bestimmt ist. ⁷Doch einer aus ihrer Verwandtschaft wird an ihre Stelle in Ägypten an die Macht kommen. Er wird den Kampf gegen das Heer des Nordens aufnehmen und wird Dank seiner überlegenen Macht den Sieg erringen und in die Festung des Königs des Nordens eindringen. ⁸Ihre Götter samt den Götzenstatuen wird er zusammen mit ihren wertvollen Gegenständen aus Silber und Gold als Beute nach Ägypten bringen. Danach wird er sich einige Jahre von dem König des Nordens fernhalten.

⁹Der König des Nordens wird später das Reich des Königs des Südens angreifen, dann aber geschlagen wieder in sein eigenes Land zurückkehren. ¹⁰Sein Sohn wird sich daraufhin zum Krieg rüsten und ein großes Heer mächtiger Streitkräfte aufbieten. Damit durchbricht er die feindlichen Linien und überrollt seinen Feind wie eine Flutwelle. Beim zweiten Angriff wird er bis zur feindlichen Festung vordringen. ¹¹Das wird den Zorn des Königs des Südens herausfordern: Er wird gegen den König des Nordens ausziehen und den Kampf gegen ihn aufnehmen. Obwohl sich jener mit einem viel größeren Heer in den Kampf begibt, wird er dennoch besiegt werden. ¹²Mit diesem großartigen Sieg wird der König des Südens stolz und überheblich werden, denn er wird Zehntausende überwältigen. Trotzdem wird er nicht die Macht über den König des Nordens erlangen können. ¹³Denn der König des Nordens wird erneut sein Heer sammeln. Er wird noch viel mehr Soldaten aufbieten als früher – sie werden bis an die Zähne bewaffnet sein – und wird nach einigen Jahren mit dieser Streitmacht gegen seinen Feind in die Schlacht ziehen. ¹⁴Zu der Zeit werden sich viele gegen den König des Südens empören. Auch aus deinem Volk werden gewalttätige Leute einen Aufstand auslösen, damit die Weissagung in Erfüllung geht – aber sie werden keinen Erfolg haben. ¹⁵Ja, der König des Nordens wird heranziehen, einen Wall vor der Festung aufschütten, sie belagern und letztendlich auch erobern. Die Streitkräfte des Südlandes können seinem Angriff nicht standhalten, nicht einmal die besten Truppen können sich gegen ihn behaupten.

¹⁶Der König des Nordens kann dann tun und lassen was er will, weil niemand es mit ihm aufnehmen kann. Selbst in dem herrlichen Land Israel wird er Fuß fassen und es vollständig in seine Hand bekommen. ¹⁷Dann wird er den Plan fassen, die gesamte Herrschaftsgewalt über das Südreich an sich zu reißen. Deshalb wird er einen Vertrag mit dem König des Südens schließen und ihm eine seiner Töchter zur Frau geben, damit ihm dieses Reich nicht mehr gefährlich werden kann. Dieser Plan wird scheitern, denn dieses Bündnis wird nicht bestehen bleiben.

¹⁸Danach wird er seine Aufmerksamkeit auf die Länder an der Küste richten und viele erobern. Doch sein Heerführer wird sich ihm in den Weg stellen und seiner Überheblichkeit ein Ende machen. ¹⁹Dann wird er nur noch darauf bedacht sein, sich in die Sicherheit der Festungen seines Landes zurückzuziehen. Aber er wird straucheln, stürzen und in Vergessenheit geraten.

²⁰Sein Nachfolger wird einen Steuereintreiber durch das prachtvolle Königreich schicken. Doch schon nach einigen Tagen wird der König aus dem Weg geräumt werden, aber weder durch einen Mordanschlag noch durch Krieg.

²¹An seine Stelle wird einer treten, der als Herrscher zunächst nicht infrage kam, weil er kein rechtmäßiger Thronanwärter ist. Er wird sich aber unerwartet durchsetzen und die Königsherrschaft mit List an sich reißen. ²²Die Heere, die wie eine Flutwelle gegen ihn anfluten, werden weggeschwemmt und vernichtet werden. Darunter werden sich sogar Fürsten verbündeter Länder befinden. ²³Denn zuerst schließt er mit ihnen einen Bündnisvertrag, um sie dann dennoch heimtückisch zu hintergehen und sie erst recht anzugreifen. Mit nur einer Handvoll Anhängern wird er den Sieg erringen. ²⁴Ohne Vorwarnung wird er in die reichsten Gebiete des Landes einfallen und das tun, was weder seine direkten Vorfahren noch deren Vorfahren je gewagt hätten: Er plündert und raubt und verteilt danach die Beute verschwenderisch unter allen seinen Leuten. Er wird auch Anschläge gegen Festungen planen – aber das alles wird nur eine kurze Zeit andauern.

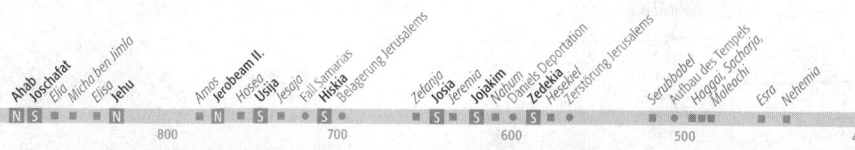

DANIEL

1–4	Daniel unter der Herrschaft Nebukadnezars
5	Daniel unter der Herrschaft Belsazars
6	Daniel unter der Herrschaft des Meders Darius
7–12	Daniels Visionen

11–12
Weitere Weissagungen über den König des Nordens und des Südens. Prophezeiung, dass Israel bedrängt und gerettet wird. Die Dauer der Endzeit.

[Die Zeit des Exils]

[25] Dann wird er all seinen Mut zusammennehmen und mit einem großen Heer den König des Südens angreifen. Der König des Südens wird ein großes Heer in die Schlacht führen, das dem feindlichen Heer an Stärke überlegen ist, wird aber nicht siegen, weil er das Opfer eines Verrats werden wird: [26] Seine eigenen Tischgenossen werden ihn zu Fall bringen. Sein Heer wird zerstreut und viele seiner Krieger werden getötet werden. [27] Die beiden Könige denken nur noch daran, wie sie dem anderen schaden können. Sie sitzen an einem Tisch und verhandeln, belügen sich aber nur gegenseitig. Dennoch werden sie keinen Erfolg haben, denn die Zeit für das Ende ist noch nicht reif.

[28] Der König des Nordens wird sich daraufhin mit reicher Beute auf den Rückweg machen. Aber er ist voller Feindschaft gegen den heiligen Bund. Deshalb wird er unterwegs das Land angreifen und dann erst nach Hause zurückkehren. [29] Zur festgesetzten Zeit wird er wieder das Südreich angreifen, aber dieses Mal wird es ein anderes Ende nehmen als zuvor. [30] Er wird von Kriegsschiffen aus dem westlichen Küstenland* angegriffen werden, sodass er den Mut verliert und umkehrt. Seinen Zorn wird er aber am Volk des heiligen Bundes auslassen. Nach seiner Rückkehr sucht er deshalb alle die zusammen, die den heiligen Bund verlassen haben. [31] Er wird Truppen entsenden, die auf seinen Befehl hin den Tempel, die feste Burg, entweihen. Sie werden das tägliche Opfer abschaffen und stattdessen ein abscheuliches Götzenbild an seine Stelle setzen. [32] Die, die bisher dem heiligen Bund gleichgültig gegenüberstanden, bringt er mit seinen verführerischen Worten dazu, vollständig vom Bund abzufallen. Diejenigen aber, die ihren Gott kennen, werden treu am Bund festhalten.

[33] Die Klugen im Volk werden viele andere davon überzeugen können am Bund festzuhalten, doch werden sie eine Zeit lang durch Angriffe auf ihr Leben und ihren Besitz, durch Feuer, Schwert und durch Gefängnisstrafen hart bedrängt werden. [34] Während man sie verfolgt, wird ihnen von ein paar wenigen geholfen werden. Viele werden sich ihnen anschließen, tun dies aber nur, um den Schein zu wahren. [35] Auch von den Klugen werden einige abfallen. Auf diese Weise wird das Volk geprüft, damit sein Glaube geläutert und gereinigt wird bis zur Endzeit. Denn diese Zeit kommt erst noch.

[36] Dieser König wird tun, was er will: Er wird sich überheben und sich sogar einbilden über

11,30 Hebr. *aus Kittim.*

den Göttern zu stehen – auch gegen den Gott der Götter wird er empörende Reden führen. Er wird so lange Erfolg damit haben, bis das Maß des göttlichen Zorns erreicht ist; denn was beschlossen ist, wird auch ausgeführt werden. 37Er wird die Götter seiner Vorfahren links liegen lassen: Weder um den Lieblingsgott der Frauen* noch um sonst irgendeinen Gott wird er sich kümmern. Er wird unbelehrbar sein, weil er sich über alles hinwegsetzt. 38Stattdessen wird er die Kriegsführung zu seinem Gott machen – ein Gott, von dem seine Vorfahren nichts wussten – und diesen dann verehren und mit Gold, Silber, Edelsteinen und anderen kostbaren Geschenken überhäufen. 39Mithilfe dieses fremden Gottes wird er die stärksten Festungen niederringen; er wird die, die seine Herrschaft anerkennen, mit Ehren überschütten, ihnen Gewalt über eine große Zahl Menschen geben und sie mit der Zuteilung von Land belohnen.

40In der Endzeit wird er dann in einem gewaltigen Kampf mit dem König des Südens zusammentreffen: Der König des Nordens wird mit Streitwagen, Reiterei und einer riesigen Flotte gegen ihn anstürmen, wird in die Länder des Südens einfallen und wie eine Flutwelle über sie hereinbrechen. 41Er wird auch in das herrliche Land Israel einfallen, und viele werden dabei umkommen. Aber Moab, Edom und der Hauptteil von Ammon werden entkommen. 42Er wird seine Macht über viele Länder ausdehnen, auch das Land Ägypten wird er seiner Herrschaft zufügen. 43Ägyptens Kostbarkeiten und seine Schätze aus Gold und Silber wird er an sich reißen; die Libyer und Kuschiter werden ihn dabei mit ihrem Heer unterstützen. 44Aber dann werden ihn Gerüchte aus dem Osten und Norden beunruhigen, und er wird sich wutentbrannt aufmachen und viele vernichten und ausrotten. 45Zwischen dem Meer und dem heiligen Berg Zion wird er seine königlichen Zelte aufschlagen. Bis dahin wird er kommen und dort sein Ende finden – und niemand wird da sein, um ihm zu helfen.

Die Endzeit

12 In jener Zeit wird Michael, der große Engelfürst, auftreten, der für dein Volk einsteht. Es wird eine Zeit der Bedrängnis sein, wie es seit Menschengedenken keine vergleichbare gab. Aber jeder einzelne Angehörige deines Volkes, dessen Name im Buch geschrieben steht, wird zu jener Zeit gerettet werden. 2Und viele von denen, die in der Erde ruhen, werden aufwachen, die einen zum ewigen Leben, die anderen zu ewiger Schmach und Schande. 3Die Klugen werden so hell strahlen wie die Sonne und diejenigen, die andere auf den Weg der Gerechtigkeit geführt haben, werden für alle Ewigkeit funkeln wie die Sterne*. 4Du aber, Daniel, bewahre diese Worte; versiegle das Buch für die Zeit des Endes. Viele werden darin forschen, und so wird die Erkenntnis zunehmen.«

5Dann blickte ich, Daniel, auf und sah zwei andere Gestalten am Flussufer stehen: Der eine stand auf der einen Seite des Flusses, der andere auf der gegenüberliegenden Seite. 6Der eine fragte den Mann, der in Leinen gekleidet war und jetzt über dem Wasser des Flusses stand: »Wie lange werden diese außergewöhnlichen Dinge andauern?«

7Darauf hörte ich den Mann, der in Leinen gekleidet war und sich über den Fluten des Stroms befand, einen feierlichen Eid aussprechen. Er streckte seine rechte und seine linke Hand zum Himmel hinauf und schwor bei dem, der ewig lebt: »Es dauert noch eine Zeit, zwei Zeiten und eine halbe Zeit. Wenn dann die Macht des heiligen Volkes vollständig zerbrochen ist, werden sich diese Dinge alle erfüllen.«

8Ich hörte zwar, was er sagte, aber ich verstand es nicht. Deshalb fragte ich: »Mein Herr, welches dieser Dinge kommt als letztes?«

9Doch er antwortete mir: »Lass diese Dinge auf sich beruhen, Daniel, denn diese Worte sollen für die Zeit des Endes versiegelt und verwahrt werden. 10Viele werden sich vom Bösen fernhalten, sich reinigen und durch Prüfungen geläutert werden. Aber diejenigen, die sich von Gott abgewandt haben, werden weiterhin Böses tun. Sie werden auch bis zum Schluss nichts begreifen, die Klugen aber werden dieses alles verstehen.

11Von der Zeit an, da man das tägliche Opfer verbietet und stattdessen ein abscheuliches Götzenbild aufstellt, werden 1.290 Tage vergehen. 12Freuen darf sich jeder, der wartet und durchhält bis zum Ende der 1.335 Tage!

13Du aber, geh deinen Lebensweg bis zum Ende. Dann wirst du ruhen, um aber am Ende der Tage aufzuerstehen und das Erbe, das dir bestimmt ist, zu empfangen.«

11,37 Vgl. Hesekiel 8,14.   12,3 Vgl. Matthäus 13,43.

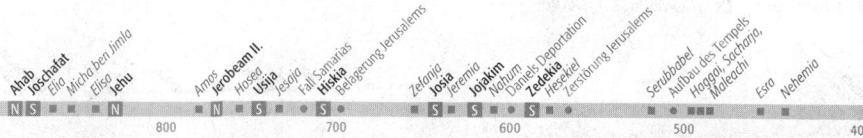

Wenn du am Abend schlafen gehst, so nimm noch etwas aus der Heiligen Schrift mit dir zu Bett, um es im Herzen zu erwägen und es – gleich wie ein Tier – wiederzukäuen und damit sanft einzuschlafen. Es soll aber nicht viel sein, eher ganz wenig, aber gut durchdacht und verstanden. Und wenn du am Morgen aufstehst, sollst du es als den Ertrag des gestrigen Tages vorfinden.

Martin Luther

Hosea

Inhalt

Der Prophet Hosea ist bekannt für eine äußerst ungewöhnliche Zeichenhandlung: Im Auftrag Gottes heiratet er eine Prostituierte, um dadurch Gottes Treue und Israels Untreue zu veranschaulichen. Hoseas Botschaft stellt Gott insbesondere als eifersüchtigen, hoffnungsvollen und treuen Liebenden vor. Wenn sein Volk fremde Götter verehrt, empfindet Gott das als Ehebruch, als Aufkündigung seines Bundes mit ihm. Hosea betont dabei die Verantwortung der Priester und Anführer des Volkes; ihr schlechtes Vorbild wiegt besonders schwer. – Außerdem legt Hosea seinen Finger auf die Gewalttätigkeit im Land.

Das größte Problem ist, dass die Israeliten so wankelmütig in ihrer Liebe zu Gott sind. Selbst formal einwandfrei dargebrachte Opfer können Gott nicht zufriedenstellen. Entscheidend ist es, Gottes Willen zu erkennen und barmherzig zu sein.

Wichtige Personen

Hosea	Prophet
Asarja/Usija	
Jotam	zur Zeit Hoseas Könige von Juda,
Ahas	790–697/696 v.Chr.
Hiskia	
Jerobeam (II.)	zur Zeit Hoseas König von Israel, 793–753 v.Chr.
Gomer	Prostituierte, Hoseas Frau
Jesreel	Sohn Hoseas und Gomers
Lo-Ruhama	Tochter Hoseas und Gomers
Lo-Ammi	Sohn Hoseas und Gomers

Wichtiger Ort

Samaria	Hauptstadt von Israel (Nordstämme)

Hosea

HOSEA

| 1–3 | Hoseas Frau und Kinder |
| 4–14 | Die Klage des HERRN gegen Israel |

1 In diesem Buch sind die Worte aufgeschrieben, die der HERR zu Hosea, dem Sohn Beeris, redete. Während dieser Zeit herrschten Usija, Jotam, Ahas und Hiskia als Könige über Juda, und Jerobeam, der Sohn Joaschs, regierte über Israel.

Hoseas Frau und Kinder

²Als der HERR zum ersten Mal zu Hosea sprach, sagte er ihm: »Geh und heirate eine Hure. Mit ihr sollst du Hurenkinder zeugen. Das ist ein Sinnbild dafür, dass das Land zur Prostituierten geworden ist: Es hat den Bund mit mir gebrochen und ist vom HERRN abgefallen.«

³Da heiratete Hosea Gomer, die Tochter Diblajims. Sie wurde schwanger und schenkte Hosea einen Sohn. ⁴Und der HERR sprach zu ihm: »Nenn das Kind Jesreel*, denn schon bald werde ich die Nachkommen Jehus bestrafen wegen der Blutschuld, die Jehu in Jesreel begangen hat. Dann werde ich auch dem Königtum des Hauses Israel ein Ende machen. ⁵An diesem Tag will ich im Tal von Jesreel die militärische Macht Israels brechen.«

1,4 D.h. *Gott pflanzt*.

Hosea 1,9

Bundesschlüsse
Wie lange kann ein Bund, der so fortgesetzt gebrochen wird, noch intakt und erneuerungsfähig bleiben?
Der Prophet Hosea hat eine Gerichtsbotschaft für Gottes Volk, die auch im Namen seiner Kinder enthalten ist. Die Deutung des Namens Lo-Ammi enthält zwei sehr schwerwiegende Aussagen:
Zum einen wird die Bundesformel ins Gegenteil verkehrt, wie sie in 2. Mose 19,5 und 5. Mose 26,17-18 ausgesprochen war. Jetzt gilt nicht mehr: »Ihr seid mein Volk.«
Zum anderen lässt Gott all die gnadenvollen Töne verstummen, die in seinem Namen »Jahwe« mitklingen. »Ich will nicht mehr für euch da sein« kann auch heißen: »Ich bin für euch nicht mehr der ›Ich bin‹«. Damit hat Gott das Versprechen seines heiligen Namens von 2. Mose 3,14 zurückgenommen!
Der Bund scheint damit kaputt zu sein, zermürbt durch die Geschichte der Untreue des Volkes. Gott setzt daher – ohne dass er von sich aus den Bund kündigt – noch einmal neu an.
(Hesekiel 20,5 ‹‹ | »› Hosea 2,25)

1–2
Hosea heiratet eine Prostituierte und bekommt drei Kinder. Gott verstößt Israel, weil es sich mit Baal eingelassen hat. Gott wird Israel im Exil aufrichten

[Zeit der Könige und Propheten]

S Südreich Juda   N Nordreich Israel

1400 v. Chr. — 1300 — 1200 — 1100 — 1000 — 900

Josua / Einnahme von Jericho — Gideon — Simson — Samuel — Saul — David — Salomo / Tempelbau — Rehabeam / Jerobeam I.

⁶Zum zweiten Mal wurde Gomer schwanger. Dieses Mal schenkte sie einer Tochter das Leben. Der HERR sprach zu Hosea: »Nenn deine Tochter Lo-Ruhama*. Denn ich will mich meines Volkes Israel nicht mehr erbarmen und will ihm seine Schuld nicht mehr vergeben.* ⁷Stattdessen will ich dem Volk Juda Erbarmen entgegenbringen und es retten. Ich selbst, der HERR, ihr Gott, will ihnen die Rettung schenken. Sie wird nicht durch ihre Bogen oder ihre Waffen errungen werden; auch nicht durch Krieg, Streitrösser oder berittene Soldaten.«

⁸Nachdem Gomer ihre Tochter Lo-Ruhama entwöhnt hatte, wurde sie wieder schwanger und brachte einen Sohn zur Welt. ⁹Und der HERR sprach: »Nenn ihn Lo-Ammi*. Denn ihr seid nicht mein Volk und ich will nicht mehr für euch da sein.«

2 »Doch es kommt die Zeit, da wird das Volk Israel zu einem großen Volk heranwachsen. Dann werden die Israeliten wie der Sand am Meer sein: Man wird sie weder messen noch zählen können. Und dann wird Folgendes geschehen: An dem Ort, an dem zu ihnen gesagt wurde: ›Ihr seid nicht mein Volk‹, sollen sie Kinder des lebendigen Gottes genannt werden. ²Dann werden sich die Völker von Juda und Israel zusammentun und ein gemeinsames Oberhaupt über sich setzen. Gemeinsam werden sie aus dem Land, in das sie verbannt worden waren, zurückkehren. Das wird ein großer Tag sein: der Tag von Jesreel*. ³An diesem Tag sollt ihr eure Brüder ›Ammi*‹ nennen und eure Schwestern ›Ruhama*‹.

⁴Jetzt aber sollt ihr eure Mutter* zur Rechenschaft ziehen – denn sie ist nicht mehr meine Frau und ich bin nicht mehr ihr Mann. Sagt ihr, sie soll sich die Zeichen der Prostitution entfernen, die sie im Gesicht und an ihren Brüsten trägt. ⁵Wenn sie das nicht tut, werde ich sie nackt ausziehen – genauso, wie sie es am Tag ihrer Geburt war. Dann will ich sie austrocknen wie eine Wüste oder wie verdorrtes Land. Sie soll vor Durst umkommen. ⁶Auch ihre Kinder will ich nicht mehr lieben; denn es sind Kinder einer Hure. ⁷Ihre Mutter hat Ehebruch begangen. Die Frau, die sie zur Welt gebracht hat, hat Schande über sich gebracht. Sie sagte: ›Ich halte mich zu meinen Liebhabern, denn diese geben mir Brot und Wasser, Wolle, Leinen, Öl und genug zu trinken.‹

⁸Doch ich werde einen Zaun aus Dornen um sie ziehen und eine Mauer vor ihr aufbauen. Dann wird sie nicht mehr in der Lage sein, ihren Weg zu finden. ⁹Sie wird ihren Liebhabern verzweifelt nachlaufen, sie aber nicht einholen können; sie wird sie suchen, aber nicht mehr finden. Dann wird sie sagen: ›Ich gehe zu meinem ersten Mann zurück. Als ich noch bei ihm war, ging es mir um einiges besser als jetzt.‹ ¹⁰Sie hat nicht begriffen, dass ich es war, der ihr alles gegeben hat, was sie besitzt – das Korn, den Wein und das Olivenöl. Ich habe ihr auch Gold und Silber im Überfluss geschenkt. Sie aber hat es für den Baalskult verschwendet.

¹¹Doch jetzt will ich das Korn und den Wein, den ich zur Erntezeit Jahr für Jahr so großzügig gab, zurückfordern. Ich will ihr das Leinen und die Wolle, die sie für ihre Kleidung verwenden wollte, entreißen. ¹²Ich werde sie vor den Augen aller ihrer Liebhaber nackt ausziehen. Keiner wird sie vor meiner Strafe retten können. ¹³Ich werde ihrer ganzen Freude, ihren Festen und Neumondfeiern ein Ende machen, genauso auch ihren Sabbattagen und allen anderen Feiertagen. ¹⁴Die Weinberge und Obsthaine, die sie von ihren Liebhabern als Lohn für ihre Dienste erhalten hat, will ich verwüsten. Ich mache sie zu wildem Gestrüpp – die Tiere sollen kommen und die Früchte fressen. ¹⁵Ich werde sie für die vielen Tage bestrafen, an denen sie ihren Baalsbildern Rauchopfer verbrannte. Sie zog sich ihre Ringe und ihren Schmuck an und ging hinaus, um ihren Liebhabern nachzulaufen. Darüber hat sie mich vergessen«, spricht der HERR.

Die Liebe des HERRN zum untreuen Israel

¹⁶Doch jetzt will ich ihr freundlich zureden. Ich will sie in die Wüste führen und dort zu ihrem Herzen sprechen. ¹⁷Von dort aus werde ich ihr ihre Weinberge zurückgeben und das Tal von Achor* zum Tor der Hoffnung machen. Dort wird sie sich mir anvertrauen, wie sie es in ihrer Jugend tat, als sie aus Ägypten kam.

¹⁸Der HERR spricht: »An diesem Tag wirst du nicht mehr ›mein Baal‹* zu mir sagen, sondern wirst mich stattdessen ›mein Mann‹ nennen. ¹⁹Ich will dich die Namen der Baale vergessen lassen. Ihre Namen sollen bei euch nicht mehr erwähnt werden. ²⁰Dann will ich für dich einen Bund mit allen wilden Tieren schließen, mit den Vögeln des Himmels und mit den Tieren, die auf dem Boden kriechen, damit sie dir nicht mehr weh tun. Ich werde alle Kriegswaffen, die Schwerter und Bogen, zerbrechen und aus dem

---

1,6a D.h. *Nicht-Erbarmen*. **1,6b** Vgl. 1. Petrus 2,10. **1,9** D.h. *Nicht-mein-Volk*; vgl. 1. Petrus 2,10 **2,2** D.h. *Gott pflanzt*. **2,3a** D.h. *mein Volk*. **2,3b** D.h. *Erbarmen*. **2,4** Gemeint ist Israel. **2,17** D.h. *Tal des Unglücks*. **2,18** D.h. *mein Herr*.

HOSEA

1–3	Hoseas Frau und Kinder
4–14	Die Klage des HERRN gegen Israel

2–4
Gott wird Israel im Exil aufrichten. Hosea bezahlt eine Hure für Enthaltsamkeit. Gott klagt Israels Priester an, das Volk zu Götzendienst und sittenlosem Verhalten verführt zu haben.

[Zeit der Könige und Propheten]

Land schaffen. Dann wirst du in Frieden und Sicherheit leben. ²¹Ich will dich für immer zu meiner Frau machen. Ich will dich rechtskräftig zu meiner Ehefrau machen und will dir meine unwandelbare Liebe und mein Erbarmen beweisen. ²²Ich werde dir für immer treu sein und du

Hosea 2,21-25

Gottes Liebe, Gottes Zorn
Wenn Israel Gottes Gnade erfährt, reicht nicht nur ein einziges Bild, um dies zu veranschaulichen. Dieses Kapitel verwendet viele. Das Hauptbild ist dem Themenkreis der Ehe entnommen. Israel wird in diesem Buch der Bibel als untreue Ehefrau dargestellt (siehe Hos 1,2–2,15). Der Ehebruch steht dabei symbolisch für die Anbetung fremder Götter. In diesem Text handelt und redet der gnädige Gott so liebevoll, dass er seine »Ehefrau« zurückgewinnt.
Das Bild der menschlichen Ehe veranschaulicht Gottes Beziehung zu seinem Volk. Dies ist wohl kein Zufall. Vielleicht wurde die menschliche Ehe speziell von Gott dafür konzipiert und eingeführt, damit es etwas gibt, anhand dessen wir die unwandelbare Liebe und Treue Gottes ansatzweise erfassen können. Angedeutet zeigt sich dies auch bei Paulus, der das gleiche Bild (welches er »ein großes Geheimnis« nennt; Eph 5,32) verwendet, um die Beziehung zwischen Jesus und seiner Gemeinde zu illustrieren.
(5. Mose 7,7-8 «« | »» Hosea 11,1-9)

Hosea 2,25

Bundesschlüsse
Am Schluss dieses Prophetenworts ist die Bundesformel plötzlich wieder da: »Ihr seid mein Volk« – »Du bist unser Gott«. War der Bund also – trotz Hosea 1,9 – doch nicht zerstört?
In diesem Kapitel ist zuvor viel passiert. Hosea spricht von Gott und seinem Volk im Bild der Ehe. Diese Ehe ist zerbrochen (V. 4; vgl. Hes 16). Die Scheidung ist perfekt. Wenn diese »Frau« jetzt wieder eine Beziehung mit ihrem »Mann« haben will, ist eine erneute Heirat nötig.
Genau das macht Gott: Er lockt die untreue »Frau« in die Wüste, an den Ort der ersten Liebe und verlobt sich neu mit ihr (V. 16.21). Daraus resultiert dann die neu ausgesprochene Bundesformel (V. 25).
Dieser neue Bundesschluss bewirkt eine innere Veränderung des Volkes: »Du wirst lernen, mich vollkommen als deinen HERRN anzuerkennen« (V. 22). Die Hingabe ist kein äußerer Gehorsam, sondern kommt jetzt von tief innen heraus.
(Hosea 1,9 «« | »» Jeremia 31,31)

S Südreich Juda   N Nordreich Israel

wirst lernen, mich vollkommen als deinen HERRN anzuerkennen.

²³An jenem Tag«, spricht der HERR, »will ich die Bitten erhören. Der Himmel wird Regen auf die Erde fallen lassen; der Regen wird die Erde vorbereiten, damit sie fruchtbar wird. ²⁴Dann können Korn, Trauben und Olivenbäume auf der Erde gedeihen. Und alle werden jubeln: ›Jesreel‹ – ›Gott pflanzt!‹

²⁵Dann will ich sie* in ihrem Land aussäen, und sie soll fest gepflanzt sein. Ich werde die, die ich einst ›Nicht-Geliebte‹* nannte, lieben. Und zu denen, die ich ›Nicht-Mein-Volk‹* nannte, werde ich sagen ›Ihr seid mein Volk‹.* Und sie werden antworten: ›Und du bist unser Gott.‹«*

Hoseas Frau wird befreit

3 Dann sprach der HERR zu mir: »Geh und liebe nochmals eine Frau, auch wenn sie sich nebenbei von anderen Männern lieben lässt und ständig die Ehe bricht. Denn der HERR liebt die Kinder Israels noch immer, obwohl sie andere Götter verehren und Rosinenkuchen lieben*.«

²So kaufte ich mir eine Frau für 15 Silberstücke* und ein Homer Gerste und ein Letech Gerste*. ³Dann sagte ich ihr: »Du sollst lange Zeit in meinem Haus leben ohne zu huren. In dieser Zeit wirst du mit niemandem Geschlechtsverkehr haben, nicht einmal mit mir.«

⁴Das ist ein Sinnbild dafür, dass Israel lange Zeit ohne König oder Fürst sein wird, ohne Opfer, Tempel, Priester – ja, auch ohne Götzen! ⁵Aber danach wird das Volk zum HERRN, seinem Gott, und zu dem Nachkommen Davids, seinem König*, zurückkommen. In den letzten Tagen werden die Menschen vor den HERRN treten, zitternd vor Ehrfurcht, und seine guten Gaben entgegennehmen.

Die Klage des HERRN gegen Israel

4 Hört das Wort des HERRN, ihr Israeliten! Der HERR führt einen Rechtsstreit mit den Bewohnern des Landes. Er wirft euch vor: »In eurem Land gibt es keine Treue, keine Mitmenschlichkeit und auch keine Gotteserkenntnis. ²Ihr flucht und lügt, mordet, stehlt und brecht die Ehe. Eine Bluttat reiht sich an die andere. ³Das ist die Ursache dafür, dass in eurem Land nichts mehr wächst. Das ganze Land trauert, und alles, was darin lebt, wird krank. Selbst die Tiere, Vögel und Fische verenden.

⁴Ihr sollt aber niemanden verklagen; versucht auch nicht, anderen die Schuld zu geben. Ihr Priester seid es, die ich anklage!* ⁵Am hellen Tag sollt ihr zu Fall kommen, und die ganze Priesterschaft soll in der Nacht stürzen. Eure Mutter* aber soll umkommen. ⁶Mein Volk stirbt aus Mangel an Erkenntnis. Ihr Priester weigert euch mich zu kennen, deshalb will ich euch auch nicht mehr kennen. Weil ihr das Gesetz eures Gottes vergessen habt, will ich auch eure Kinder vergessen. Ihr dürft nicht mehr meine Diener sein! ⁷Je mehr Priester es wurden, desto abscheulicher wurde ihr Verhalten mir gegenüber. Sie tauschen die Ehre Gottes gegen die Schande von Götzen ein*.

⁸Die Priester gieren nach Sündopfern, weil sie sich mit ihnen den Bauch voll schlagen. ⁹Darum soll es den Priestern genauso gehen wie dem Volk: Ich will sie für ihren Lebenswandel richten und sie sollen die gerechte Strafe für ihre bösen Taten bekommen. ¹⁰Obwohl sie essen, werden sie nicht satt; obwohl sie sich mit vielen Männern einlassen, bekommen sie keine Kinder. Denn sie fragen nicht mehr nach dem HERRN. Stattdessen beten sie lieber andere Götter an.

¹¹Alkohol und Prostitution haben mein Volk um den Verstand gebracht. ¹²Die Menschen fragen ein Stück Holz, was sie tun sollen! Sie glauben, dass ein Stock ihnen die Zukunft vorhersagen könnte! Der Geist der Hurerei hält sie zum Narren. Sie huren herum und wenden sich von Gott ab. ¹³Überall auf den Bergen opfern sie irgendwelchen Götzen. Sie steigen in die Hügel hinauf, um dort, im kühlen Schatten von Eichen, Pappeln und anderen Bäumen ihre Rauchopfer zu verbrennen. Deshalb werden eure Töchter zu Prostituierten, deshalb brechen eure Schwiegertöchter die Ehe. ¹⁴Aber ich will eure Töchter und Schwiegertöchter für ihre Prostitution und den Ehebruch nicht zur Rechenschaft ziehen. Gerade die Priester leben es ja vor: Sie lassen sich mit Prostituierten ein und feiern Opferrituale mit den Tempeldirnen. So kommt das uneinsichtige Volk zu Fall.

¹⁵Israel treibt Götzenkult. Aber deshalb muss doch Juda nicht auch noch damit anfangen.

2,25a D.h. die Frau; vgl. V. 4-17. **2,25b** Hebr. *Lo-Ruhama*; s. 1,6. **2,25c** Hebr. *Lo-Ammi*; s. 1,9. **2,25d** Vgl. 1. Petrus 2,10 und Römer 9,25. **3,1** Rosinenkuchen wurden auf Festen zur Ehre der Baale gereicht. **3,2a** Hebr. *15 Silberschekel*, etwa 171 g. **3,2b** Ein Homer entspricht 182 l u. ein Letech 2,5 Scheffel o. 91 l. **3,5** Hebr. *Zu seinem König David*. **4,4** Hebr. *Euer Volk ist wie die, die die Priester verklagen*. **4,5** D.h. Das ganze Volk Israel. **4,7** So in der syrischen Version und in der althebr. Überlieferung; im masoretischen Text steht *ich werde eintauschen*.

HOSEA

1–3 Hoseas Frau und Kinder

4–14 Die Klage des HERRN gegen Israel

4–7

Juda wird vor Israel gewarnt. Die Oberen haben Israel verführt und stürzen es ins Unglück. Israel soll zu Gott umkehren und Barmherzigkeit üben. Israel bleibt Gott untreu.

[Zeit der Könige und Propheten]

Juda, wandere nicht nach Gilgal hinauf und geh nicht in die Heiligtümer von Bet-Awen*. Schwör auch nicht scheinheilig: ›So wahr der HERR lebt!‹ ¹⁶Israel gebärdet sich störrisch wie eine widerspenstige Kuh. Warum sollte der HERR sie auf einer weiten Wiese weiden lassen wie ein friedliches Lamm? ¹⁷Ephraim hat sich mit fremden Göttern eingelassen. Lasst ihnen doch ihr Vergnügen! ¹⁸Wenn sie ihr Saufgelage beendet haben, treiben sie sich mit Huren herum. Ihr Hang zur Schande ist größer als ihre Liebe zur Ehre*. ¹⁹Sie sollen vom Wind weggefegt werden, sodass sie mitsamt ihren Altären zugrunde gehen.«

Das Versagen der Anführer Israels

5 »Ihr Priester und Anführer Israels, hört doch zu! Hört auch ihr, ihr Könige des Landes! Denn es ist eure Aufgabe, dafür zu sorgen, dass das Recht gewahrt wird! Dennoch seid ihr für das Volk in Mizpa zu einer Falle geworden; ihr seid ein aufgespanntes Fangnetz auf dem Tabor. ²Und in Schittim habt ihr eine tiefe Fallgrube gegraben. Aber ich werde euch für alles, was ihr getan habt, bestrafen. ³Ich kenne Ephraim gut und Israel ist mir nicht verborgen! Du hast doch gerade erst Ehebruch begangen, Ephraim, und du, Israel, hast dich verunreinigt. ⁴Deine Taten verhindern, dass du zu deinem Gott zurückkehren kannst. Der Geist der Hurerei sitzt zu tief in dir, und du erkennst gar nicht, dass ich der HERR bin.

⁵Das stolze Gebaren Israels und Ephraims ist eine deutliche Anklage gegen das Land, und Ephraim kommt wegen seiner großen Schuld zu Fall – und Juda stürzt mit ihnen. ⁶Dann werden sie zwar mit ihren Schaf- und Rinderherden kommen, um den HERRN zu suchen und ihm Opfer zu bringen, doch es wird zu spät sein. Sie werden ihn nicht finden, weil er mit ihnen nichts mehr zu tun haben will. ⁷Denn sie haben treulos gegen den HERRN gehandelt, indem sie mit fremden Frauen Kinder zeugten. Ihre Neumondfeste für die Götzen sollten ihnen und allem ihrem Besitz zum Verhängnis werden.

⁸Blast die Widderhörner in Gibea! Schlagt in Rama Alarm! Lasst euer Kriegsgeschrei in Bet-Awen* hören: Der Feind ist hinter dir her, Benjamin! ⁹Israel* wird zu einer Wüste werden,

4,15 *Bet-Awen* bedeutet »Haus der Bosheit«; es ist eine Namensvariante für Bethel, »Haus Gottes«. **4,18** So in der griech. Version; die Bedeutung im Hebr. ist unklar. **5,8** *Bet-Awen* bedeutet »Haus der Bosheit«; es wird hier als Namensvariante für Bethel, »Haus Gottes«, gebraucht. **5,9** Hebr. *Ephraim*, bezogen auf das Nordreich Israel; so auch in 5,11-14.

S Südreich Juda   N Nordreich Israel

1400 v. Chr.   1300   1200   1100   1000   900

wenn der Tag der Strafe gekommen ist. Alles, was ich den Stämmen Israels angekündigt habe, wird genau so eintreffen. ¹⁰Die Anführer von Juda sind wie Betrüger geworden, die Grenzsteine versetzen. Deshalb fällt mein Zorn wie ein Platzregen auf sie nieder. ¹¹Das Volk Israel ist unterdrückt und das Recht wird missachtet, weil es eifrig darauf bedacht war, nichtigen Götzen nachzulaufen. ¹²Ich bin für Israel zu einer Motte geworden und für den Stamm Juda zu einer Made.

¹³Israel und Juda sahen, wie schlecht es ihnen ging. Da wandte sich Israel an Assyrien und an seinen Großkönig Jareb um Hilfe. Der kann euch aber auch nicht helfen, er kann eure Geschwüre nicht heilen. ¹⁴Denn ich selbst trete wie ein Löwe gegen Israel auf und gebärde mich gegen Juda wie ein junger Löwe. Ich reiße die Beute und gehe unbehelligt weg. Ich trage meine Beute davon, und niemand kann sie retten. ¹⁵Danach will ich weggehen und mich an meinen Ort zurückziehen, bis sie ihre bösen Taten bereuen. Dann werden sie auch wieder nach mir suchen. Wenn sie in Not sind, werden sie nach mir fragen.«

Aufruf zur Buße

6 »Kommt, wir wollen wieder zum HERRN zurückkehren! Er hat uns in Stücke gerissen, aber er wird uns auch wieder heilen. Er hat uns mit seinen Schlägen verwundet, aber er wird unsere Wunden verbinden. ²Nur noch zwei Tage, dann wird er uns wieder Kraft zum Leben geben, am dritten Tag wird er uns wieder aufrichten, damit wir in seiner Gegenwart leben können. ³Kommt, wir wollen den Willen des HERRN erkennen! Ja, lasst uns alles daransetzen, dass wir den HERRN erkennen! Dann wird er erscheinen – das ist so sicher wie der Morgen, mit dem jeder Tag beginnt, oder wie der Regen, der jedes Frühjahr kommt.

⁴»O Israel*, was soll ich nur mit dir anfangen? Und Juda, was soll ich mit dir machen?«, fragt der HERR. »Eure Liebe ist so beständig wie der Morgennebel und wie der Tau, der schon in den ersten Morgenstunden verschwindet. ⁵Darum habe ich meine Propheten geschickt, damit sie euch den Kopf zurechtsetzen, darum habe ich euch mit harten Worten geschlagen: damit sich mein Recht endlich durchsetzt – so wie das Licht nach der Nacht. ⁶Ich will, dass ihr barmherzig seid; eure Opfer will ich nicht.* Mir geht es darum, dass ihr meinen Willen erkennt, und nicht darum, dass ihr mir Brandopfer bringt.

⁷Doch in Adam* habt ihr meinen Bund gebrochen, dort wurdet ihr mir untreu. ⁸Die Stadt Gilead ist voller Verbrecher; Blutspuren durchziehen ihre Straßen. ⁹Und der Priesterklüngel gleicht Räubern, die ihren Opfern an der Straße auflauern. Sie ermorden die Reisenden auf dem Weg nach Sichem und begehen Schandtaten. ¹⁰Ja, ich habe Abscheuliches in Israel gesehen: Mein Volk hurt und macht sich schmutzig, indem es anderen Göttern nachläuft.

¹¹Auch dir, Juda, steht die Ernte bevor! Sie wird dann eingebracht, wenn ich das Schicksal meines Volkes wieder zum Guten wende.«

Israels Hang zum Bösen

7 »Dann heile ich Israel, aber Ephraims Schuld wird ans Licht gebracht, genauso wie die bösen Taten, die in Samaria geschehen sind. Denn sie betrügen, brechen in die Häuser ein wie Diebe, und ziehen wie plündernde Banden durchs ganze Land. ²Aber sie sind sich nicht bewusst, dass ich das alles ganz genau beobachte. Ihre Schuld umgibt sie, ich kann sie gar nicht übersehen! ³Sie erschmeicheln sich das Wohlwollen des Königs und versuchen die Fürsten mit Lügen zu kaufen. ⁴Sie sind alle Ehebrecher. Sie sind wie ein Ofen, der so angeheizt wird, dass er glüht, während der Bäcker noch den Teig knetet.

⁵Auf den Festen des Königs betrinken sich die Fürsten sinnlos. Der König macht sich lächerlich und zecht mit Leuten, die sich insgeheim über ihn lustig machen. ⁶Ihre Herzen glühen wie ein Ofen, wenn sie ihre Intrigen spinnen. Nachts ruhen ihre bösen Pläne, am Morgen aber lodern sie wie ein Feuer auf. ⁷Sie alle glühen wie ein Ofen, sodass ihre Richter in der Hitze umkommen. Ihre Könige sind alle gestürzt – aber keiner von ihnen ruft mich um Hilfe.

⁸Mein Volk Israel* mischt sich unter die Völker. Sie sind ungenießbar geworden wie ein Fladenbrot, das man vergessen hat zu wenden. ⁹Fremde haben ihnen ihre Stärke geraubt, aber sie merken es nicht einmal. Israel hat graue Haare bekommen – aber das ist ihm gar nicht bewusst. ¹⁰So ist der Stolz Israels sein eigener Ankläger. Trotzdem kehren sie nicht zum HERRN um. Sie versuchen nicht einmal ihn zu finden.

¹¹Die Israeliten verhalten sich wie Tauben, sie sind leicht zu verführen und zeigen keinen Ver-

---

6,4 Hebr. *Ephraim*, bezogen auf das nördl. Königreich Israel. **6,6** Vgl. Matthäus 9,13 und Matthäus 12,7. **6,7** *Adam:* Ort am Jordan. **7,8** Hebr. *Ephraim*, bezogen auf das Nordreich Israel; so auch in 7,11.

HOSEA

1–3 Hoseas Frau und Kinder

4–14 Die Klage des HERRN gegen Israel

7–9
Israel verlässt sich auf andere statt auf Gott. Israel hat Gott vergessen, darum richtet er es. Israel wird aus dem Land vertrieben, weil es Gott verlassen hat.

[Zeit der Könige und Propheten]

stand. Zuerst wandten sie sich an Ägypten um Hilfe, und dann an Assyrien. ¹²Doch noch während sie so ziellos umherflattern, werfe ich mein Netz nach ihnen aus und hole sie wie Vögel vom Himmel. Ich fange sie ab, sobald man nur ihren Schwarm hört.*

¹³Es wird für mein Volk, das von mir weggelaufen ist, schrecklich werden! Das Verderben soll über sie hereinbrechen, denn sie haben mir die Treue gebrochen. Ich wollte sie befreien, aber sie verbreiten nichts als Lügen über mich. ¹⁴Sie schreien nicht nach mir, damit ich ihnen helfe, sondern liegen jammernd in ihren Betten. Sie ritzen sich die Haut blutig, damit sie eine gute Ernte bekommen, und entfernen sich immer weiter von mir.

¹⁵Dabei habe doch ich sie beraten und ihnen Kraft gegeben! Dennoch planen sie Böses gegen mich. ¹⁶Sie sehen überall hin, nur nicht zu mir. Sie sind wie ein schlaffer Bogen geworden. Ihre Anführer sollen von ihren Feinden getötet werden, weil sie sich über mich lustig gemacht haben. Dann wird man sie in Ägypten verspotten.«

Israel erntet Sturm

8 »Blast die Hörner! Der Feind stürzt auf das Volk des HERRN wie ein Adler, weil es meinen Bund gebrochen hat und mein Gesetz nicht mehr hält. ²Jetzt fleht mich Israel um Hilfe an: ›Wir Israeliten kennen dich doch!‹ ³Aber es hat das Gute verworfen – jetzt soll der Feind es verfolgen. ⁴Sie haben ohne meine Zustimmung Könige und Fürsten über sich gesetzt. Sie machten sich Götzen aus Silber und Gold – damit haben sie allerdings nur ihren eigenen Untergang heraufbeschworen.

⁵O Samaria, ich will dieses Kalb nicht – diesen Götzen, den du gemacht hast. Mein Zorn ist gegen dich entbrannt. Wann endlich schafft ihr es, euch zu reinigen? ⁶Das Kalb, das du anbetest, wurde von einem Handwerker hergestellt. Es ist kein Gott! Deshalb soll es in kleine Stücke zerschlagen werden.

⁷Sie haben Wind gesät, werden aber einen Sturm ernten. Aus einem Getreidehalm, der keine Ähren trägt, kann man auch kein Mehl gewinnen. Selbst, wenn er trüge, würden Fremde den Ertrag verschlingen. ⁸Israel wurde vernichtet. Jetzt liegt es zwischen den Völkern wie ein nutzloser, alter Krug, den keiner haben will. ⁹Wie ein Wildesel, der nach einer Gefährtin sucht, sind

---

7,12 Hebr. *Ich werde sie für das, was in der Versammlung gegen sie vorgebracht wurde, bestrafen.*

S Südreich Juda   N Nordreich Israel

sie nach Assyrien gegangen. Das Volk Israel* hat sich an viele Liebhaber verkauft. ¹⁰Doch obwohl sie viele Länder um Hilfe gebeten haben, will ich sie jetzt zusammentreiben. Sie sollen sich bald unter der Last des assyrischen Großkönigs winden!

¹¹Israel hat sich viele Altäre gebaut, um dort zu sündigen. Kann man sich das vorstellen: Sie bauen Altäre, um zu sündigen! ¹²Ich gab ihnen alle meine Gebote – trotzdem tun sie so, als hätten sie nie etwas davon gehört. ¹³Ja, das Volk Israel liebt seine Opferrituale, die Schlachtopfer und das rituelle Essen. Dem HERRN gefällt das nicht! Ich werde mein Volk für seine bösen Taten zur Rechenschaft ziehen und sie hart bestrafen. Sie werden nach Ägypten zurückgehen müssen.

¹⁴Israel hat vergessen, dass ich es bin, der es zu dem gemacht hat, was es ist.

Die Israeliten haben sich prächtige Paläste erbaut und Juda hat viele befestigte Städte gegründet. Aber ich werde in ihren Städten Feuer legen, sodass ihre Paläste niederbrennen.«

Hosea verkündigt Israels Strafe

9 O Israel, freu dich nicht wie die fremden Völker, denn du warst deinem Gott untreu. Du hast dich wie eine Hure verkauft und auf den Tennen aller anderen Götter geopfert. ²Deshalb wirst du nicht genug ernten können, um dich zu ernähren; du wirst nicht genug Wein gewinnen können, um deinen Durst zu stillen. ³Du darfst nicht mehr im Land des HERRN bleiben: Ephraim muss nach Ägypten zurückkehren, und in Assyrien werdet ihr von unreinen Speisen leben müssen.

⁴Dort, fern der Heimat, werdet ihr dem HERRN keinen Wein als Trankopfer ausgießen. Und auch eure Schlachtopfer werden ihm nicht gefallen. Diese Opfer sind genauso unrein wie Speisen, die ein Trauernder berührt hat. Deshalb werden alle, die von dem Opferfleisch essen, unrein. Die Speise dient nur dazu, den Hunger zu stillen, aber sie darf nicht in das Haus des HERRN kommen.

⁵Doch wie wollt ihr dann die Festtage begehen? Oder wie das große Fest des HERRN feiern? ⁶Denn wenn sie es schaffen, der Vernichtung zu entkommen, werden sie von Ägypten unterworfen werden und Memfis* wird sie begraben. Ihre kostbaren Silberschätze werden von Nesseln überwuchert werden, und Dornen werden in ihren Hütten wachsen.

⁷Die Zeit ist gekommen, in der Israel bestraft wird. Die Tage der Vergeltung sind da. Israel wird das bald erkennen. »Der Prophet ist doch ein Dummkopf!«, schreien die Menschen. »Der Mann des Geistes ist wahnsinnig!« So höhnen sie, denn sie haben unendlich viel Schuld auf sich geladen, und sie bringen ihm viel Feindschaft entgegen.

⁸Der Prophet Gottes ist als ein Wächter über Israel* gesetzt, trotzdem haben sie überall, wo er hintritt, Fangnetze aufgespannt, um ihn zu greifen. Sogar im Haus Gottes trifft ihn Anfeindung. ⁹Mein Volk ist noch genauso verdorben wie damals die Leute in Gibea. Aber Gott sieht nicht über ihre Schuld hinweg. Er wird die Menschen für ihre Sünden bestrafen.

¹⁰»O Israel, als ich dich fand, war es mir, als fände ich frische Trauben in der Wüste! Als ich deine Vorfahren sah, war es, als sähe ich die ersten reifen Feigen des Jahres! Doch dann liefen sie dem Baal-Peor nach und brachten sich mit ihrem abscheulichen Götzenkult in Schande. Bald schon wurden sie genauso Ekel erregend wie der Gott, den sie anbeteten. ¹¹Die Herrlichkeit Israels wird davonfliegen wie ein Vogel: Es sollen keine Kinder mehr geboren werden! Im Mutterleib sollen sie sterben oder schon gar nicht erst empfangen werden! ¹²Selbst wenn sie Söhne großziehen, werde ich sie kinderlos machen. Es soll keiner überleben. Dann soll es auch ihnen furchtbar schlecht gehen, weil ich mich von ihnen abwenden werde. ¹³Israel habe ich mir doch ausgesucht, dass es wie eine Palme auf einer fruchtbaren Wiese würde! Dennoch muss es jetzt zusehen, wie seine eigenen Kinder zum Schlachthof hinausziehen.«

¹⁴O HERR, was soll ich für dein Volk erbitten? Gib ihm unfruchtbare Mutterleiber und Brüste, die keine Milch geben!

¹⁵Der HERR spricht: »Ihre Bosheit wurde schon damals in Gilgal deutlich; dort fing ich an sie zu hassen. Wegen ihrer vielen bösen Taten vertreibe ich sie aus meinem Land. Ich will sie auch nicht mehr lieben, denn ihre Anführer sind Aufrührer. ¹⁶Das Volk Israel ist geschlagen. Seine Wurzeln sind vertrocknet; es trägt keine Frucht mehr. Und wenn seine Frauen gebären, töte ich die geliebten Kinder.«

¹⁷Mein Gott verwirft das Volk Israel, weil es nicht auf ihn hört. Deshalb werden sie zu Flüchtlingen unter allen Völkern werden.

8,9 Hebr. *Ephraim*, bezogen auf das Nordreich Israel; so auch in 8,11.   **9,6** Memfis war die Hauptstadt von Nordägypten.
9,8 Hebr. *Ephraim*, bezogen auf das Nordreich Israel; so auch in 9,11.13.16.

HOSEA

1–3	Hoseas Frau und Kinder
4–14	Die Klage des HERRN gegen Israel

10–11
Israel war reich, doch hat es immer mehr Schuld auf sich geladen. Wie ein unartiges Kind bestraft Gott Israel, aber er wird es nicht für immer verstoßen. Gottes heilige Liebe überwindet seinen Zorn.

[Zeit der Könige und Propheten]

Das Gericht des HERRN über Israel

10 Israel war wie ein üppiger Weinstock und trug viele Früchte. Doch je wohlhabender die Menschen wurden, desto mehr Altäre bauten sie für ihre fremden Götter. Je schöner das Land wurde, desto prachtvoller gestalteten sie die

Hosea 11,1

Hinweise auf den Messias (2)
Das Volk Israel wird manchmal liebevoll »Gottes Sohn« genannt (auch in 2Mo 4,22). Auch während der Bedrängnis in Ägypten war es nicht abseits von Gottes Liebe. Schließlich rief Gott seinen »Sohn« heraus.
In besonderer Weise ist Jesus Gottes Sohn (siehe die Erklärung zu Mt 3,17). Wenn er nach Ägypten in Sicherheit gebracht werden musste, sieht das Matthäusevangelium darin eine Erfüllung von Hosea 11,1 (Mt 2,15). Darin liegt mehr als nur das Muster »Vorausgesagtes ist eingetroffen«. Sondern wie Israel in Ägypten vom Pharao verfolgt und von Vernichtung bedroht war, so war es Jesus durch Herodes. Der Messias macht durch, was Gottes Volk durchmachen musste. So nimmt er das Geschick Israels auf sich.
(Daniel 7,13-14 ‹‹‹ | ››› Joel 3,5)

Hosea 11,1-9

Gottes Liebe, Gottes Zorn
In der Bibel bezieht sich »Sohn Gottes« auf das Volk Israel (wie hier), auf Salomo (1Chr 17,13), auf Adam (Lk 3,38) und auf Jesus (Mk 1,11). Die Bedeutung des Begriffs ist vom Kontext abhängig. Diese Bibelstelle spricht von Gottes rettender und heilender Liebe und Treue und auch von seiner Fürsorge, welche Israel durch seine »Kindheit« getragen hat. Unklar ist, ob das Bild in Vers 4 einen Sohn beschreibt oder vielleicht einen Ochsen im Blick hat. So oder so stehen aber immer noch Gottes Güte, Liebe, Fürsorge und Führung im Mittelpunkt.
Wie gut Gott doch zu Israel war – und dennoch ist es ihm oft einfach davon gelaufen (V. 2).
Doch in dem Moment, wo Gott harte Konsequenzen ziehen müsste (V. 8), bricht sein Erbarmen durch. Es ringt mit dem berechtigten Zorn – und behält die Oberhand! Der Kampf in Gott selbst hat ihm das Herz gebrochen. Er wendet sich von seinem Zorn ab und lässt dem Mitleid freien Lauf. Gerade darin zeigt sich seine Heiligkeit (V. 9)!
(Hosea 2,21-25 ‹‹‹ | ››› Zefanja 3,17)

S Südreich Juda   N Nordreich Israel

Götterstatuen. ²Ihr Herz ist schlecht; sie haben sich schuldig gemacht und müssen bestraft werden. Er, der HERR, wird ihre fremden Altäre umstürzen und ihre Götterstatuen zerschmettern.

³Dann werden sie sagen: »Wir haben keinen König, weil wir nicht darauf geachtet haben, was der HERR will. Doch was macht das schon? Was könnte uns ein König nützen?« ⁴Sie plappern viel, schwören Eide, die sie aber nicht halten, und schließen Verträge. Und so wuchert Unrecht unter ihnen wie giftiges Kraut auf einem Acker.

⁵Die Einwohner Samarias bangen um ihr Kalb in Bet-Awen*. Sie betrauern es, doch die Priester bejubeln es wegen seiner Herrlichkeit, aber sie ist von ihm genommen. ⁶Sie wird nach Assyrien verschleppt werden, als Geschenk für den Großkönig des Landes. Über Ephraim ergießen sich Spott und Schande, und Israel schämt sich, weil seine Pläne gescheitert sind. ⁷Samaria geht unter, sein König treibt wie ein Stück Holz auf dem Meer. ⁸Die heidnischen Schreine von Awen* – die Schauplätze der Sünde Israels – werden verwüstet. Dornen und Disteln überwuchern sie. Sie werden die Berge anflehen: »Deckt uns zu!« und die Hügel: »Fallt auf uns herab!«

⁹Der HERR spricht: »Seit den Tagen von Gibea hast du Schuld auf dich geladen! Und davon bist du auch nicht mehr losgekommen. Wird sie nicht der Kampf gegen die Meute der Starrsinnigen in Gibea erreichen? ¹⁰Ich habe beschlossen sie zu züchtigen. Völker werden sich gegen sie versammeln, sie haben sich in doppelter Schuld verstrickt.

¹¹Israel* war wie ein junges, gelehriges Kalb, das gerne Korn drosch. Als ich an seinem schönen Nacken vorüber ging, wollte ich Ephraim einspannen, damit es den Pflug ziehen sollte: Juda sollte pflügen, Jakob sollte für sich eggen. ¹²›Pflanzt Gerechtigkeit, dann sollt ihr dementsprechend auch gute Früchte ernten. Erschließt euch neuen Ackerboden, denn jetzt ist die Zeit da, den HERRN zu suchen, damit er kommt und euch mit Gerechtigkeit überschütten wird.‹

¹³Aber ihr habt Bosheit angepflanzt. Deshalb habt ihr auch Unrecht geerntet. Ihr habt die Frucht der Lüge gegessen – habt auf euer mächtiges Heer vertraut und seid weiter eure eigenen Wege gegangen. ¹⁴Jetzt ertönt von allen Seiten Kriegslärm: Eure Festungen werden alle fallen, so wie damals in der großen Schlacht, als der Moabiterkönig Schalman Bet-Arbeel zerstörte. Damals wurden Mütter mitsamt ihren Kindern getötet. ¹⁵Dieses Schicksal will ich auch dir zuteilen, Bethel, weil du so durch und durch böse bist. Noch vor Sonnenaufgang soll der König von Israel vernichtet werden.

Die Liebe des HERRN zu Israel

11 Als Israel jung war, habe ich es in mein Herz geschlossen, und ich habe meinen Sohn aus Ägypten gerufen.* ²Immer, wenn ich ihn* rief, lief er vor mir davon. Er opferte den Baalen und verbrannte vor den Götzenstatuen Räucherwerk. ³Aber ich war es doch, der Israel* bei seinen ersten Schritten geleitet hat. Ich hielt sie fürsorglich in meinen Armen. Sie waren sich aber gar nicht bewusst, dass ich es war, der sie geheilt hatte. ⁴Ich lenkte Israel mit Fesseln der Güte und Stricken der Liebe. Ich hob das Joch auf seinem Nacken an, um es ihm leichter zu machen, beugte mich zu ihm hinunter und gab ihm zu essen.

⁵Mein Volk weigert sich aber, zu mir zurückzukehren. Deshalb müssen sie wieder zurück nach Ägypten, und Assur soll sein König sein. ⁶Der Krieg soll über ihre Städte hinwegtoben, und ihre orakelnden Priester wird er wegen ihrer Pläne zum Verstummen bringen und vernichten. ⁷Aber mein Volk kann sich nicht mehr von seiner einmal gefassten Absicht befreien, mich zu verlassen. Sie nennen mich zwar den Höchsten, aber er will ihnen gar nicht mehr aufhelfen.

⁸O, wie könnte ich dich aufgeben, Ephraim? Wie könnte ich dich, Israel, im Stich lassen? Wie könnte ich dich preisgeben wie Adma und zerstören wie Zebojim? Schon bei dem Gedanken daran bricht mir das Herz, und ich empfinde tiefstes Mitleid für dich. ⁹Ich will meinem glühenden Zorn nicht nachgeben. Ich will Israel nicht noch einmal vernichten, denn ich bin Gott und kein Mensch. Ich bin der Heilige, der mitten unter euch wohnt, und ich will nicht voller Zorn über euch herfallen.

¹⁰Denn eines Tages wird das Volk dem HERRN nachfolgen. Er wird brüllen wie ein Löwe. Ja, er, der Herr, brüllt, und die Söhne werden zitternd vom Westen zurückkehren. ¹¹Sie werden bebend herankommen, so wie ein Vogel aus Ägypten herbeifliegt oder eine Taube aus Assyrien zurückkehrt. Und ich will sie wieder in ihren Häusern wohnen lassen«, spricht der HERR.

10,5 *Bet-Awen* bedeutet »Haus der Bosheit« und ist eine Namensvariante für Bethel, »Haus Gottes«. **10,8** *Awen* bezieht sich auf Bet-Awen; s. 10,5 und die Anm. dort. **10,11** Hebr. *Ephraim*, bezogen auf das Nordreich Israel. **11,1** Vgl. Matthäus 2,15. **11,2** So in der griech. Version; im Hebr. steht *sie*. **11,3** Hebr. *Ephraim*, bezogen auf das Nordreich Israel; so auch in 11,8.9; 12,1.

HOSEA

1–3 Hoseas Frau und Kinder

4–14 Die Klage des HERRN gegen Israel

12–14
Gott wird alles zerstören, was sich Israel aufgebaut hat. Gott selbst fällt über Israel her. Gott ruft Israel zur Umkehr auf.

[Zeit der Könige und Propheten]

Klagen gegen Israel und Juda

12 Ephraim lügt und Israel betrügt. Aber Juda ist noch unentschlossen, wie es sich zu Gott stellen soll, und hält dem Heiligen die Treue.* ²Das Volk Israel* weidet Wind und jagt den ganzen Tag dem Ostwind nach. Sie häufen Lügen auf Lügen und Grausamkeit auf Grausamkeit. Sie verbünden sich mit Assyrien und zahlen Tribut in Form von Öl an Ägypten.

³Aber jetzt erhebt der HERR auch Klage gegen Juda. Er wird Jakob* alle seine bösen Taten heimzahlen und ihn für seine falschen Wege bestrafen. ⁴Schon vor seiner Geburt betrog er seinen Bruder*; als er ein Mann geworden war, kämpfte er sogar mit Gott. ⁵Er rang mit dem Engel und siegte. Er weinte und bat ihn um seinen Segen.* Dort in Bethel sah er Gott und dort sprach Gott zu ihm* – ⁶ja, der HERR sprach zu ihm, Gott, der Allmächtige, und sein Name ist »der HERR«! ⁷Deshalb sollst du doch auch zu deinem Gott zurückkommen! Handle nach den Grundsätzen von Liebe und Gerechtigkeit und vertrau immer auf deinen Gott.

⁸Israel ist wie ein Händler*, der betrügt, indem er mit falschen Gewichten arbeitet. Er liebt es andere zu übervorteilen. ⁹So sagt sich Israel: »Ich bin reich geworden, ich habe ein großes Vermögen angehäuft. Niemand kann mir nachsagen, dass ich meine Gewinne erschwindelt hätte. Mein Ruf ist untadelig!«

¹⁰»Aber ich bin der HERR, dein Gott, und ich habe dich aus der Sklaverei in Ägypten befreit. Ich will dich wieder in Zelten wohnen lassen, wie an den Tagen, als du Feste gefeiert hast. ¹¹Ich habe meine Propheten ausgesandt, um dich mithilfe vieler Visionen und Gleichnisse zu warnen.«

¹²Gilead war voller Sünder, sie brachten Unheil über sich. Sie opfern in Gilgal Stiere – deshalb sollen ihre Altäre wie die Steinhaufen sein, die entlang eines gepflügten Feldes stehen. ¹³Als Jakob ins Land Aram floh, diente er um eine Frau und hütete Schafe. ¹⁴Später führte der HERR Israel durch einen Propheten aus Ägypten. Dieser leitete und beschützte sie, so wie ein Hirte seine Schafe hütet. ¹⁵Trotzdem hat das Volk Israel den HERRN schwer gekränkt. Deshalb wird der Herr Israels ihnen die Folgen ihrer Schuld

---

12,1 O. *und Juda lehnt sich gegen Gott, den treuen Heiligen, auf.* 12,2 Hebr. *Ephraim,* bezogen auf das Nordreich Israel; so auch in 12,9.15. 12,3 *Jakob* bedeutet *Er ergreift die Ferse;* die Wendung bedeutet so viel wie *er täuscht.* 12,4 Vgl. 1. Mose 25,19-26. 12,5a Vgl. 1. Mose 32,23-33. 12,5b So in den griech. und syr. Versionen; im Hebr. steht *zu uns.* 12,8 O. *Kanaanäer;* das ist ein abfälliger Ausdruck für einen Händler.

aufladen und ihnen alle Beleidigungen heimzahlen.

Der Zorn des HERRN über Israel

13 Wenn der Stamm Ephraim früher das Wort ergriff, zitterten die Menschen vor Angst, denn er war ein starker und mächtiger Stamm. Aber dann verfiel er dem Götzenkult für Baal – damit hat er seinen Untergang besiegelt. ²Jetzt sündigen sie munter weiter: Sie gießen sich Götzenbilder aus edlem Silber. Zwar legen sie ihre ganze Kunstfertigkeit in dieses Handwerk – aber es bleibt trotzdem ein Werk von Menschenhänden. Und dann rufen sie: »Opfert ihnen! Küsst unser Kalb!« ³Deshalb sollen sie so vergänglich sein wie der Morgennebel oder wie der Tau, der bei den ersten Strahlen der Sonne verdunstet. Sie sollen der Spreu gleichen, die der Wind von der Tenne in alle Winde verweht, oder wie Rauch, der aus einer Dachluke aufsteigt.
⁴»Ich bin der HERR, dein Gott, der dich aus der Sklaverei in Ägypten befreit hat. Du kennst keinen Gott außer mir, und einen anderen Retter als mich gibt es nicht. ⁵Ich war es doch, der in der Wüste für dich gesorgt hat, in trockenem, dürrem Land. ⁶Doch sobald du gegessen hattest und satt warst, bist du hochmütig geworden und hast mich vergessen. ⁷Deshalb falle ich dich an wie ein Löwe oder wie ein Leopard, der am Wegrand lauert. ⁸Ich greife dich an wie eine Bärenmutter, der man ihre Jungen weggenommen hat. Ich reiße dich in Stücke und verschlinge dich wie ein hungriger Löwe; die wilden Tiere des Feldes sollen zerfleischen, was von dir noch übrig bleibt.
⁹Du wirst vernichtet, Israel, obwohl ich dein Retter bin. ¹⁰Wo ist nun dein König, dass er dir hilft und deine Städte beschützt? Wo sind die führenden Männer des Landes? Du wolltest sie haben und hast gefordert: ›Gib mir einen König und Fürsten!‹ ¹¹Voller Zorn gab ich dir Könige, und voller Verärgerung habe ich sie dir wieder genommen.
¹²Die Sünden Ephraims wurden sorgfältig aufbewahrt und alle seine bösen Taten sollen nicht vergessen sein. ¹³Ephraim gleicht einem Baby im Mutterleib. Die Geburtswehen beginnen, aber es liegt quer und kann nicht geboren werden. ¹⁴Sollte ich sie aus der Gewalt des Totenreiches befreien? Sollte ich sie vor dem Tod retten? Tod, wo ist dein Sieg? Tod, wo ist dein Stachel?* Ich habe kein Mitleid. ¹⁵Ephraim ist noch der fruchtbarste unter seinen Bruderstämmen, doch bald wird der Ostwind der Wüste aufkommen – ein Sturm des HERRN. Er wird über Ephraim hinwegfegen und seine Quellen und Brunnen werden durch den trockenen, heißen Wind austrocknen. Er wird alle Wertgegenstände und Schätze rauben.«

14 Die Einwohner Samarias müssen die Folgen ihrer Schuld tragen, weil sie sich gegen ihren Gott aufgelehnt haben. Sie werden im Krieg umkommen, ihre Kinder wird man am Boden zerschmettern, ihren Schwangeren den Bauch aufschlitzen. ²Kehr um zum HERRN, deinem Gott, Israel! Denn du hast dich durch deine Schuld ins Verderben gestürzt. ³Tragt eure Bitten dem HERRN vor und kommt zu ihm zurück. Sagt ihm: »Vergib uns alles, was nicht richtig war, und nimm die Frucht unserer Lippen an. ⁴Wir wollen uns nicht mehr auf Assyrien verlassen, auch nicht auf unsere Schlachtrösser. Wir werden nie mehr zu unseren selbst verfertigten Götzen sagen: ›Ihr seid unsere Götter‹. Denn nur bei dir sind die Waisen sicher geborgen.«
⁵Dann wird der HERR sagen: »Ich will euch von Götzendienst und Abtrünnigkeit heilen. Ich will euch bereitwillig lieben, denn mein Zorn hat sich für immer von euch abgewandt! ⁶Ich will für Israel wie der Tau sein. Dann wird es wie eine Lilie blühen und seine Wurzeln tief im Boden verankern wie die Zedern im Libanon. ⁷Seine Zweige werden sich ausstrecken, es soll wie ein prächtiger Olivenbaum sein, wie eine duftende Zeder auf dem Libanon. ⁸Mein Volk soll wieder in die Sicherheit seiner Heimat zurückkehren und Getreide anbauen. Es soll aufblühen wie ein Weinstock, der dem berühmten Weinstock des Libanon gleicht.
⁹O Israel*, was hast du denn noch mit den Götzen zu schaffen? Ich bin es, der für dich sorgt und dich behütet. Ich bin wie ein grüner Baum: An mir findet ihr die Frucht, die ihr zum Leben braucht.«
¹⁰Wer ist so weise, dass er dies verstehen kann, wer hat so viel Einsicht, dass er das begreift? Die Wege des HERRN sind gerade und die Gerechten sollen sicher auf ihm gehen. Die Gottlosen aber sollen auf ihm zu Fall kommen.

13,14 Vgl. 1. Korinther 15,55.   **14,9** Hebr. *Ephraim*, bezogen auf das Nordreich Israel.

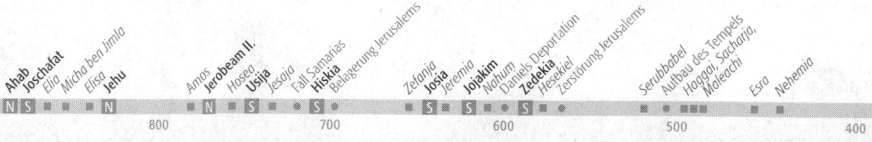

... Das Hohelied | Jesaja | Jeremia | Die Klagelieder Jeremias | Hesekiel | Daniel | **Hosea**

Das Schlimmste, was der Bibel geschehen kann, bestände darin, nicht gelesen zu werden. Alles andere ist nur halb so schlimm.

Adolf Pohl

S Südreich Juda   N Nordreich Israel

Joel

Inhalt

Das Buch Joel sagt nicht, wo in Israels Geschichte seine Botschaft ansetzt. Wie andere Propheten spricht er von der Verwüstung von Israels Land und der dadurch entstandenen Not. Darüber hinaus spricht Joel von einem zukünftigen »Tag des HERRN«, an dem Gott alle Völker richten wird und die Verlässlichkeit von Sonne, Mond und Sternen ins Wanken gerät. Anders als viele andere Propheten zählt Joel keine einzelnen Unrechtstaten als Grund für das Gericht auf, außer dass fremde Völker die Israeliten vertrieben und ihren Reichtum geraubt haben.

Joel fordert die Menschen auf, ernsthaft zu Gott zu beten. Darin sieht er eine Chance, dem Gericht zu entgehen, denn wer zu Gott zurückkehrt, nicht nur äußerlich, sondern von ganzem Herzen, mag dem liebenden, gnädigen und barmherzigen Gott begegnen.

Was das Land Israel betrifft, so verspricht Gott, dass es wieder fruchtbar wird. Den Menschen gilt eine neue Verheißung: Bisher hat Gott seinen Geist nur Einzelnen wie Saul, David oder den Propheten gegeben. »In den letzten Tagen« wird er seinen Geist über alle Menschen ausgießen. In diesem Zusammenhang sagt er zu, dass jeder, der sich an Gott wendet, dem Gericht entkommen wird.

Wichtige Person
Joel   Prophet

Wichtiger Ort
Jerusalem   Hauptstadt von Juda

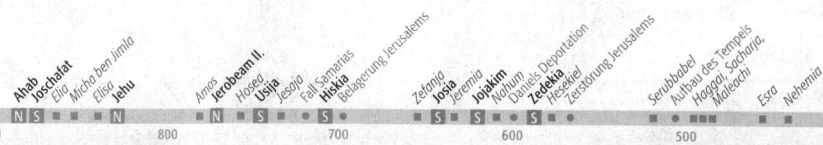

JOEL

1–2 Die Heuschreckenplage

3–4 Der Tag des HERRN

1–2
Eine Heuschreckenplage vernichtet alle Lebensmittel. Der Tag Gottes naht. Aufruf zur Umkehr. Zusage von Gottes Gnade.

[Zeit der Könige und Propheten]

JOEL

1 Der HERR gab Joel, dem Sohn Petuëls, folgende Botschaft:

Entsetzen über die Heuschreckenplage

²Hört meine Worte, ihr Ältesten und ihr anderen alle: Hört genau zu! Ist so etwas zu eurer oder zur Zeit eurer Vorfahren je passiert? ³Erzählt euren Kindern davon, die sollen es ihren Kindern sagen und diese der nachfolgenden Generation. ⁴Was die Raupen übrig ließen, fraßen die Heuschrecken und was die übrig ließen, fraßen die Grashüpfer und andere Schädlinge*!

⁵Wacht auf, ihr Trinker und weint, ihr Säufer! Denn euer Mund wird keinen Wein mehr schmecken, weil die Trauben vernichtet sind. ⁶Ein riesiges, mächtiges Heer* ist in mein Land eingefallen. Seine Zähne sind wie Löwenzähne und es hat den Biss einer Löwin. ⁷Es hat meine Weinstöcke verwüstet und meine Feigenbäume abgeknickt: Abgeschält liegen sie da! Die Weinranken haben keine Blätter mehr.

⁸Weint und klagt wie eine Frau, die in Trauer um ihren verlorenen Bräutigam ist. ⁹Es gibt keine Speise- und Trankopfer mehr für den Tempel. Darum trauern die Priester, die dem HERRN dienen. ¹⁰Der Acker trauert, denn die Felder sind verwüstet, das Korn ist vernichtet und Wein und Öl sind verdorben. ¹¹Verzweifelt, ihr Bauern! Klagt, ihr Weinbauern! Weint, denn die Weizen- und Gerstenernte, ja, alles Getreide ist vernichtet. ¹²Die Weinstöcke und Feigenbäume sind verdorrt, ebenso die Granatapfelbäume, Palmen und Apfelbäume und auch alle anderen. Und mit ihnen ist alle Lebensfreude vertrocknet.

¹³Zieht eure Trauerkleidung an, ihr Priester, und klagt! Weint, ihr, die ihr am Altar Dienst tut! Behaltet auch nachts die Trauerkleidung an, ihr Diener meines Gottes! Denn es gibt weder Korn noch Wein, um sie im Tempel eures Gottes zu opfern. ¹⁴Ordnet ein heiliges Fasten an und ruft eine Gebetsversammlung aus. Versammelt die Ältesten und alle Einwohner des Landes im Tempel des HERRN, eures Gottes, und schreit zu ihm um Hilfe. ¹⁵Schlimmes wird geschehen! Der Tag des HERRN naht, er bringt die Zerstörung durch den Allmächtigen.

¹⁶Haben wir nicht mit eigenen Augen gesehen, wie alles Essbare zerstört wurde und aller Jubel

---

1,4 Die genaue Spezifikation der vier hier erwähnten Heuschreckenarten ist unklar. **1,6** Hebr. *ein Volk.*

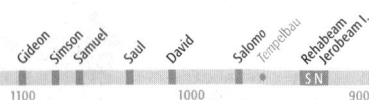

und alle Freude im Haus Gottes verstummt sind? ¹⁷Die Körner sind im Boden verschrumpelt. Die Scheunen und Silos verfallen, weil alles Korn vertrocknet ist. ¹⁸Die Tiere schreien vor Hunger! Die Rinderherden sind verstört, weil sie keine Weide finden. Das Kleinvieh geht jämmerlich zugrunde.

¹⁹Zu dir, Herr, rufe ich! Das Feuer hat die Weiden verbrannt und die Bäume zerstört. ²⁰Sogar die wilden Tiere schreien zu dir, weil sie verdursten. Die Flüsse sind ausgetrocknet, das Feuer hat alles Leben vernichtet.

Der Tag des Herrn kommt unaufhaltsam

2 Blast die Trompeten* in Zion! Erhebt eure Stimme auf meinem heiligen Berg! Alle Bewohner des Landes sollen zittern vor Furcht, denn der Tag des Herrn ist nahe. ²Es ist ein Tag voll Finsternis und Dunkelheit, ein Tag voll dunkelster Wolken. Es kommt über uns wie sonst die ersten Sonnenstrahlen über die Berge: ein mächtiges Heer, ein so riesiges hat noch niemand gesehen, und auch später wird es so etwas niemals mehr geben – bis in die fernsten Generationen.

³Seine Vorboten sind Feuer und es hinterlässt verbrannte Erde. Wo früher fruchtbares Land wie in Eden war, bleiben nur wüste Felder zurück; nichts und niemand kann entkommen.

⁴Sie sehen aus wie Pferde und sind auch so schnell wie diese. ⁵Es klingt wie das Rasseln von Kampfwagen, wenn sie die Berge überziehen, wie das Prasseln des Feuers, das das Gras verzehrt. Sie sind wie ein mächtiges Heer mit klirrenden Waffen, bereit zum Kampf.

⁶Ganze Völker erzittern vor ihnen, sie versetzen die Menschen in glühende Angst. ⁷Wie wilde Krieger erstürmen sie Mauern, durch nichts lassen sie sich beirren. Unaufhaltsam rücken sie vor, man kann sich ihnen nicht in den Weg stellen. ⁸Sie drängeln nicht, sie gehen geordnet und stetig ihren furchtbaren Gang. Sie durchbrechen jede Abwehr und ihr Zug nimmt kein Ende. ⁹Sie überrennen die Stadt und klettern über ihre Mauern. Wie ein schleichender Dieb dringen sie durch die Fenster in die Häuser ein.

¹⁰Das Land erzittert vor ihnen und der Himmel bebt. Die Sonne wird finster, der Mond wird nicht mehr leuchten und die Sterne nicht mehr strahlen. ¹¹Mit donnernder Stimme befehligt Gott sein Heer. Es ist mächtig und groß; es führt den Willen des Herrn aus. Seine Kriegsmacht ist gewaltig, denn der Tag des Herrn ist ein furchtbarer, schrecklicher Tag. Wer kann ihn ertragen?

Aufruf zur Buße

¹²Doch auch jetzt noch spricht der Herr: »Kommt zu mir zurück! Schenkt mir eure Herzen, kommt zu mir mit Fasten, Weinen und Klagen! ¹³Aber zerreißt nicht nur äußerlich eure Kleider, sondern zerreißt eure Herzen!« Kehrt zum Herrn, eurem Gott, zurück, denn er ist gnädig und barmherzig. Er gerät nicht schnell in Wut und ist voller Liebe. Es tut ihm leid, wenn er jemanden bestraft. ¹⁴Wer weiß? Vielleicht lässt er sich erneut erweichen und bringt den Segen zurück statt des Unheils. Vielleicht wird er euch so viel geben, dass ihr dem Herrn, eurem Gott, wie früher Korn und Wein darbringen könnt!

¹⁵Blast die Trompeten in Zion! Ordnet ein heiliges Fasten an und ruft die Einwohner des Landes zu einer Gebetsversammlung zusammen! ¹⁶Holt die Alten und die Kinder und sogar die Säuglinge vom Stillen. Ruft die Eheleute aus ihren Zimmern, selbst wenn sie Hochzeitsnacht feiern! ¹⁷Die Priester, die in der Gegenwart des Herrn Dienst tun, sollen weinend zwischen dem Volk und dem Altar stehen und beten: »Verschone dein Volk, Herr! Lass nicht zu, dass dein Eigentum zum Gespött der Heiden wird. Verhindere, dass sie höhnen: ›Wo ist nun euer Gott?‹«

Gottes Zusage

¹⁸Da erfasste den Herrn Leidenschaft für sein Land und er erbarmte sich seines Volkes. ¹⁹Er antwortete seinem Volk: »Seht her! Ich bin es, der euch Korn, Wein und Öl gibt. Ihr sollt satt werden! Dem Spott der Völker werde ich euch nicht weiter aussetzen. ²⁰Ich werde den Feind aus dem Norden vertreiben und ihn in ein dürres Land verstoßen, seine Vorboten lasse ich im Toten Meer und seine Nachhut im Mittelmeer ertrinken*. Sie sollen verfaulen und stinken. Ihr Gestank soll über dem Land liegen, denn sie haben Furchtbares getan.«

²¹Fürchte dich nicht, Ackerland! Sei froh und freue dich, denn der Herr hat Großes getan. ²²Fürchtet euch nicht, ihr Tiere des Feldes! Eure Weiden werden bald wieder grün sein. Die Bäume werden wieder Früchte tragen, Feigenbäume und Weinstöcke geben wieder vollen Ertrag. ²³Freut euch, ihr Einwohner von Jerusalem! Freut euch am Herrn, eurem Gott! Denn er schickt euch den Regen nach seiner Gerech-

---

2,1 Hebr. *das (Widder-)Horn.* 2,20 Hebr. *im östlichen Meer... im westlichen Meer.*

JOEL

1–2 Die Heuschreckenplage

3–4 Der Tag des HERRN

tigkeit*. Herbstregen und Frühjahrsregen werden wieder einsetzen. ²⁴Auf den Dreschplätzen wird sich das Korn wieder häufen, die Keltern werden von Wein und Olivenöl überfließen.

²⁵Der HERR spricht: »Ich will euch zurückgeben, was die Heuschrecken, die Grashüpfer, die Raupen und Käfer gefressen haben*. Ich selbst habe euch dieses große Heer geschickt. ²⁶Ihr sollt wieder essen und satt werden und ihr werdet den HERRN, euren Gott, der diese Wunder für euch tut, loben. Nie mehr soll mein Volk sich schämen müssen. ²⁷Dann werdet ihr erkennen, dass ich mitten unter meinem Volk Israel wohne und dass ich allein der HERR, euer Gott, bin. Nie wieder soll mein Volk sich schämen müssen.«

Ausgießung des Heiligen Geistes

3 »In den letzten Tagen«, spricht Gott, »werde ich meinen Geist über alle Menschen ausgießen. Eure Söhne und Töchter werden weissagen, eure alten Männer werden prophetische Träume und eure jungen Männer Visionen haben. ²In diesen Tagen werde ich meinen Geist sogar über alle meine Diener, ob Mann oder Frau, ausgießen, und sie werden weissagen. ³Und ich werde Wunder oben am Himmel tun

---

2,23 O. *Er gab euch einen Lehrer für Gerechtigkeit.*
2,25 Die genaue Spezifikation der vier hier genannten Heuschreckenarten ist unklar.

Joel 3,5

Hinweise auf den Messias (2)
Wenn Gott in den letzten Tagen seinen Geist ausgießt und Wunderzeichen tut, wird jeder gerettet werden, der den Namen »Jahwe« anruft.
Diese Ankündigung erfüllt sich – dem Neuen Testament zufolge – nicht erst mit dem Geschehen von Pfingsten (Apg 2,17-21), sondern schon vorher: dadurch, dass Jesus kam. Er ist Herr – so das Grundbekenntnis der frühen Christen. Damit verwenden sie dieselbe Bezeichnung, mit der die griechische Übersetzung des Alten Testaments den Namen »Jahwe« übersetzt.
Schriftworte, die sich auf den »Herrn« beziehen, können also auf Jesus gedeutet werden. Das tut Paulus in Röm 10,9.13. Gerettet wird, wer den Namen von Jesus anruft. Die Prophetie von Joel 3,5 ist so als Vorausblick auf den Messias verstanden worden.
(Hosea 11,1 ‹‹‹ | ››› Jona 2,1)

3–4
Ankündigung der Ausgießung des Heiligen Geistes. Gericht Gottes über Israels Feinde. Gottes Verheißung für sein Volk.

[Zeit der Könige und Propheten]

S Südreich Juda   N Nordreich Israel

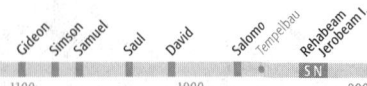

und Zeichen unten auf der Erde – Blut und Feuer und Rauchwolken. ⁴Die Sonne wird finster werden und der Mond blutrot, ehe der große und herrliche Tag des HERRN anbricht. ⁵Und jeder, der den Namen des HERRN anruft, wird gerettet werden. Denn auf dem Berg Zion und in Jerusalem wird man Hilfe finden, wie es der HERR versprochen hat. Jeder, der sich an den HERRN wendet, wird entkommen.*«

Das Gericht über feindliche Völker

4 »In den Tagen, in denen ich das Schicksal Judas und Jerusalems wenden werde, ²will ich alle Völker im Tal Joschafat* versammeln. Dort werde ich über sie Gericht halten wegen meines Volkes und Erbbesitzes Israel, weil sie es vertrieben haben unter die Völker und weil sie mein Land unter sich aufgeteilt haben. ³Mein Volk haben sie unter sich verlost. Sie haben kleine Jungen gegen Huren getauscht und kleine Mädchen für Wein verkauft, den sie dann verzechten.

⁴Was seid ihr gegen mich, Tyrus und Sidon und ihr Länder der Philister? Wollt ihr mir etwas heimzahlen? Wollt ihr Vergeltung üben gegen mich? Schnell wird sich gegen euch wenden und euch selbst treffen, was ihr mir zudenkt, ⁵ihr, die ihr mein Silber und Gold und die herrlichen Schätze geraubt habt und in eure Tempel brachtet. ⁶Ihr habt die Einwohner von Juda und Jerusalem an die Griechen* verkauft, um sie weit von ihrer Heimat zu entfernen. ⁷Aber ich finde sie an dem Ort, wohin ihr sie verkauft habt und ich lasse sie von dort zu euch zurückkehren, um euch anzuklagen. ⁸Ich werde eure Söhne und Töchter an die Bewohner Judas verkaufen, und sie werden sie an ein weit entferntes Volk, die Bewohner Arabiens*, verkaufen. Ich, der HERR, habe gesprochen!«

⁹Lasst es ausrufen bei den Völkern: »Macht euch zum Krieg bereit! Zieht eure tüchtigen Krieger zusammen! Alle eure Soldaten sollen sich zum Angriff bereit machen! ¹⁰Schmiedet eure Pflugscharen zu Schwertern um und eure Winzermesser zu Lanzen! Auch der Schwächste soll sagen: Ich bin ein Held! ¹¹Kommt schnell von überall herbei, ihr Völker aus dem Umland! Versammelt euch im Tal.«

HERR, dorthin führe deine Krieger! ¹²»Alle Völker sollen sich bereit machen und zum Tal Joschafat ziehen, denn dort werde ich sein, um über sie zu richten. ¹³Legt die Sichel an, denn die Ernte ist reif! Kommt, tretet die Kelter, denn sie ist voll. Ihre Kufen laufen über von der Bosheit dieser Menschen!«

¹⁴Im Tal der Entscheidung versammeln sich große Scharen. Denn nahe ist der Tag des HERRN im Tal der Entscheidung.

¹⁵Sonne und Mond werden sich verfinstern und die Sterne werden ihren Glanz verlieren. ¹⁶Der HERR wird von Zion her brüllen und seine Stimme wird von Jerusalem her zu hören sein, sodass Himmel und Erde erbeben werden. Doch für sein Volk wird der HERR ein Zufluchtsort sein und ein Schutz für die Kinder Israels.

Segnungen für das Gottesvolk

¹⁷Dann werdet ihr erkennen, dass ich, der HERR, euer Gott bin. Ich wohne in Zion auf meinem heiligen Berg und Jerusalem wird mein Heiligtum sein. Fremde werden es nicht mehr betreten. ¹⁸An jenem Tag werden die Berge von süßem Wein triefen und die Hügel von Milch überfließen. Und alle Bäche in Juda werden Wasser führen. Aus dem Haus des HERRN wird eine Quelle entspringen und das Tal der Akazien* bewässern. ¹⁹Ägypten aber wird zur Wüste werden und Edom zu einer Steppenlandschaft wegen der Verbrechen, die sie an den Nachkommen Judas begangen haben. Unschuldiges Blut haben sie in ihrem Land vergossen.

²⁰Aber Juda wird für immer bewohnt sein und Jerusalem bleibt von Generation zu Generation bestehen. ²¹So werde ich das Unrecht an meinem Volk, das bis dahin ungestraft geblieben ist, sühnen. Und Gott, der HERR, wird in Zion wohnen.

3,1-5 Vgl. Apostelgeschichte 2,17-21; 3,5 vgl. Römer 10,13.   4,2 *Joschafat* bedeutet: der HERR richtet.   4,6 Hebr. *an die Völker von Jawan*.   4,8 Hebr. *an die Sabäer*.   4,18 Hebr. *Tal Schittim*.

Allein das Hören des Wortes bringt Freude. Einzig so findet das Herz im Anblick Gottes Frieden. Alles andere, was man auch immer unternehmen mag, hinterlässt im Herzen Zweifel.

Martin Luther

Amos

Inhalt

Amos beginnt mit Gerichtsandrohungen über benachbarte Völker für deren Grausamkeit gegenüber Israel. Dann prophezeit er Leid und Zerstörung für Juda und Israel wegen ihrer Verbrechen. Er warnt vor der scheinbaren Sicherheit, kritisiert den auf Ungerechtigkeit aufgebauten Luxus der Reichen und erklärt, dass Gott ihre religiösen Rituale vor diesem Hintergrund missfallen.

Amos ruft auf, Gott zu suchen statt die fremden Götter. In Visionen sieht Amos Strafen Gottes über Israel kommen. Zweimal tritt der Prophet für das Volk ein und Gott verschont es; zwei weitere Visionen zeigen aber Gottes unabwendbare Strafe.

Wie Joel spricht Amos von einem unheimlichen »Tag des HERRN«, an dem es mittags finster wird und die Erde bebt wegen der Verbrechen der Menschen. Das Buch schließt mit der Verheißung einer Zukunft, die an König David und den Wohlstand seiner Zeit anknüpft.

Wichtige Personen

Amos	Prophet und Viehzüchter
Asarja/Usija	zur Zeit Amos' König von Juda, 790–740/739 v.Chr.
Jerobeam (II.)	zur Zeit Amos' König von Israel, 793–753 v.Chr.
Amazja	Priester am Staatsheiligtum in Bethel

Wichtige Orte

Samaria	Hauptstadt von Israel (Nordstämme)
Bethel	Ort eines Staatsheiligtums von Israel mit Stierbild

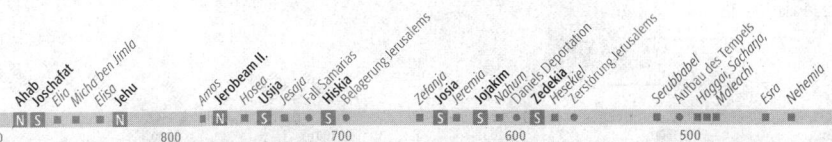

AMOS

1–2	Gottes Gericht über die fremden Völker und Israel
3–6	Die Schuld Israels
7–9	Visionen und Verheißung der Wiederherstellung

1–2

Gott hält Gericht über die Völker, die sich gegen Israel gewandt haben. Juda und Israel werden bestraft, weil sie sich von Gott abgewandt haben.

[Zeit der Könige und Propheten]

S Südreich Juda N Nordreich Israel

Josua · Einnahme von Jericho · Gideon · Simson · Samuel · Saul · David · Salomo · Tempelbau · Rehabeam · Jerobeam I.

1400 v. Chr. · 1300 · 1200 · 1100 · 1000 · 900

Amos

1 Das sind die Worte von Amos, einem Schafzüchter aus Tekoa*. Er sah Visionen über Israel, zwei Jahre vor dem Erdbeben, zur Zeit als
Usija König von Juda und Jerobeam der Zweite,
der Sohn des Joasch, König von Israel war.
2Amos sagte: »Der HERR wird von Zion her brüllen und seine Stimme von Jerusalem her ertönen
lassen! Dann werden die Weiden der Hirten
verdorren* und der Gipfel des Karmel vertrocknen.«

Gottes Gericht über Israels Nachbarn

3So spricht der HERR: »Weil Damaskus wiederholt schwerste Verbrechen begangen hat, werde
ich nicht länger darüber hinwegsehen. Denn sie
haben Gilead mit eisernen Dreschwalzen gedroschen. 4Deshalb werde ich Feuer in König
Hasaëls Palast legen, es soll die Festungen von
König Ben-Hadad verzehren. 5Ich werde die
verriegelten Tore von Damaskus aufbrechen,
die Bewohner von Tal-Awen* und die Herrscher
von Bet-Eden ausrotten. Das Volk von Aram

1,1 *Tekoa* lag im Teilstaat Juda. **1,2** Hebr. *trauern*.
1,5 *Awen* bedeutet »Bosheit«.

Amos 3,2

Erwählung

Das Buch des Propheten Amos beginnt mit Drohworten gegen Israels Nachbarvölker wegen deren schwersten Verbrechen (Am 1,3–2,3). Doch dann setzt sich diese Anklage mit Gerichtsworten gegen Gottes Volk selbst fort (2,4–3,2) – eine bestürzende Wendung! Die Erwählten können sich nicht in Sicherheit wiegen.
Gerade weil Gott sein Volk vor allen anderen erwählt hat, wird er sie besonders zur Verantwortung ziehen. Die Hand, die in liebevoller Zuwendung auf Gottes Volk liegt, kann auch zur Last werden. Damit ist charakterisiert, was Erwählung bedeutet: Es ist keine Bevorzugung und kein Segen, der einfach nur die Bedürfnisse der Menschen erfüllen würde. Sondern Gott hat sich entschlossen, seine Geschichte mit diesem Volk zu schreiben, in allen Höhen und Tiefen. Wen Gott erwählt, der kann sich nicht selbst aus dieser Geschichte entlassen.
(Jesaja 44,1 «« | »» Jesaja 4,2-3)

wird nach Kir ins Exil gehen.« Der HERR hat gesprochen!

⁶So spricht der HERR: »Weil Gaza wiederholt schwerste Verbrechen begangen hat, werde ich nicht länger darüber hinwegsehen. Denn sie haben mein Volk ins Exil geschickt und ganze Dörfer als Sklaven nach Edom verkauft. ⁷Deshalb werde ich die Mauern von Gaza in Flammen aufgehen und seine Festungen abbrennen lassen. ⁸Ich werde die Einwohner von Aschdod ausrotten und den König von Aschkelon vernichten. Dann werde ich meine Hand gegen Ekron wenden und der Rest der Philister wird umkommen.« Gott, der HERR, hat gesprochen!

⁹So spricht der HERR: »Weil Tyrus wiederholt schwerste Verbrechen begangen hat, werde ich nicht länger darüber hinwegsehen. Denn sie haben ihren Bruderbund mit Israel vergessen und ganze Dörfer als Sklaven an Edom verkauft. ¹⁰Deshalb werde ich die Mauern von Tyrus in Flammen aufgehen und seine Festungen abbrennen lassen.«

¹¹So spricht der HERR: »Weil Edom wiederholt schwerste Verbrechen begangen hat, werde ich nicht länger darüber hinwegsehen. Denn sie haben ihre Brüder, die Israeliten, mit dem Schwert verfolgt. Sie haben ihnen gegenüber keine Gnade walten lassen, sondern waren unerbittlich in ihrem Zorn und haben an ihrer Wut festgehalten. ¹²Deshalb werde ich Teman in Flammen aufgehen und die Festungen von Bozra abbrennen lassen.«

¹³So spricht der HERR: »Weil die Einwohner von Ammon wiederholt schwerste Verbrechen begangen haben, werde ich nicht länger darüber hinwegsehen. Denn sie haben die Schwangeren in Gilead mit ihren Schwertern aufgeschlitzt, um ihre eigenen Grenzen zu erweitern. ¹⁴Deshalb werde ich die Mauern von Rabba in Flammen aufgehen und seine Festungen abbrennen lassen. Großer Schlachtlärm wird an diesem Tag ertönen und ein gewaltiges Brausen wird am Tag des Sturms zu hören sein. ¹⁵Und ihr König und seine Obersten werden gemeinsam ins Exil gehen.« Der HERR hat gesprochen!

2 So spricht der HERR: »Weil Moab wiederholt schwerste Verbrechen begangen hat, werde ich nicht länger darüber hinwegsehen. Sie haben die Gebeine von Edoms König zu Asche verbrannt. ²Deshalb werde ich Moab in Flammen aufgehen und seine Festungen in Kerijot abbrennen lassen. Moab wird im Durcheinander des Schlachtlärms und der schallenden Hörner untergehen. ³Und ich werde den Richter und mit ihm alle Obersten töten.« Der HERR hat gesprochen!

Gottes Gericht über Juda und Israel

⁴So spricht der HERR: »Weil Juda wiederholt schwerste Verbrechen begangen hat, werde ich nicht länger darüber hinwegsehen. Denn sie haben das Gesetz des HERRN verachtet und seine Gebote nicht bewahrt. Sie haben sich von den gleichen Lügen verführen lassen wie schon ihre Vorfahren. ⁵Deshalb werde ich Juda in Flammen aufgehen und die Festungen Jerusalems abbrennen lassen.«

⁶So spricht der HERR: »Weil Israel* wiederholt schwerste Verbrechen begangen hat, werde ich nicht länger darüber hinwegsehen. Denn sie haben Gerechte für Silber und Arme für ein Paar Sandalen verkauft. ⁷Sie haben die Schwachen in den Staub getreten und den Unterdrückten ihr Recht vorenthalten. Vater und Sohn schlafen mit der gleichen Frau und beschmutzen so meinen heiligen Namen. ⁸Auf gepfändeten Kleidern verbeugen sie sich neben jedem Altar und im Haus ihres Gottes trinken sie Wein, der mit dem Geld anderer bezahlt ist.

⁹Und dabei habe ich für sie die Amoriter vernichtet, die groß wie Zedern und stark wie mächtige Bäume waren! Selbst deren Nachwuchs habe ich verhindert und ihre Wurzeln zerstört. ¹⁰Ich habe euch doch aus Ägypten befreit und 40 Jahre lang durch die Wüste geführt, damit ihr das Land der Amoriter in Besitz nehmen konntet! ¹¹Ich habe einige eurer Söhne zu Propheten bestimmt und andere zu Nasoräern*. War es nicht so, ihr Israeliten?«, spricht der HERR. ¹²»Ihr aber habt die Geweihten* dazu gebracht Wein zu trinken und meinen Propheten habt ihr befohlen: ›Ihr dürft nichts mehr prophezeien!‹

¹³Deshalb werde ich euch ächzen lassen wie einen Wagen, der schwer mit Getreide beladen wird. ¹⁴Auch eure schnellsten Läufer werden nicht fliehen können, den Stärksten von euch wird die Kraft ausgehen und selbst der Held wird sein eigenes Leben nicht retten können. ¹⁵Die Bogenschützen werden nicht standhalten, die gewandtesten Fußsoldaten nicht entkommen können. Selbst berittene Krieger werden nicht mit dem Leben davonkommen. ¹⁶An jenem Tag werden sogar die mutigsten Helden unter euch um ihr nacktes Leben laufen«, spricht der HERR.

2,6 Hier ist das Nordreich, nach der Teilung Gesamt-Israels, gemeint. 2,11 Männer, die verpflichtet waren, zur Ehre Gottes Rauschmittel und Leichen zu meiden und ihr Haar nicht zu schneiden. 2,12 Hebr. *Nasoräer*.

AMOS

1–2	Gottes Gericht über die fremden Völker und Israel
3–6	Die Schuld Israels
7–9	Visionen und Verheißung der Wiederherstellung

3–5
Israels Feinde werden über es kommen und seine Heiligtümer zerstören. Israel hat sich selbst in der Not nicht an Gott gewandt. Gott klagt das herrschende soziale Unrecht an.

[Zeit der Könige und Propheten]

S Südreich Juda   N Nordreich Israel

---

3 Hört die Botschaft, die der HERR gegen euch verkündigt hat, ihr Kinder Israel – das ganze Volk, das ich aus Ägypten befreit habe: ²»Unter allen Völkern der Erde habe ich allein euch erwählt. Deshalb muss ich euch für alle eure Sünden bestrafen.«

Zeugen für die Schuld Israels

³Können zwei Menschen miteinander losgehen, ohne sich abgesprochen zu haben? ⁴Ein Löwe brüllt doch nicht im Dickicht, solange er noch auf seine Beute lauert! Gibt etwa ein junger Löwe in seinem Bau einen Laut von sich, wenn er nichts gefangen hat? ⁵Schnappt vielleicht eine Vogelfalle zu, die gar nicht gespannt wurde? Oder löst sich eine Falle aus, ohne etwas zu fangen? ⁶Kann das Signalhorn in der Stadt ertönen, ohne dass den Menschen der Schrecken in die Glieder fährt? Oder kann ein Unglück in der Stadt passieren, das der HERR nicht geschickt hat?

⁷Gott, der HERR, tut nichts, ohne sein Geheimnis vorher seinen Dienern, den Propheten, anvertraut zu haben.

⁸Wenn der Löwe gebrüllt hat, muss man sich dann nicht fürchten? – Und wenn Gott, der HERR, gesprochen hat, muss dann nicht der Prophet das Offenbarte ankündigen?

⁹Richtet den Herrscherhäusern in Aschdod und Ägypten aus: »Versammelt euch auf den Hügeln um Samaria und seht euch die große Verwirrung und die Unterdrückung an, die dort herrschen! ¹⁰Sie wissen nicht mehr, wie man richtig handelt«, spricht der HERR. »Ihre Paläste sind voll gestopft mit Gewalt und Grausamkeit. ¹¹Deshalb wird ein Feind kommen«, spricht Gott, der HERR. »Er wird das Land umzingeln und durch ihre Verteidigungslinien brechen. Dann wird er ihre Paläste plündern.«

¹²So spricht der HERR: »Genauso wie ein Hirte nur zwei Beine oder ein Ohrläppchen dem Rachen des Löwen entreißt, so werden sich auch die Israeliten in Samaria nur mit einem Feldbett und einer rauen Decke retten können*. ¹³Hört es und bezeugt es dem Haus Jakobs!«, spricht Gott, der HERR, der allmächtige Gott. ¹⁴»An dem Tag, an dem ich Israel für seine Sünden zur Verantwortung ziehe, werde ich die Altäre in Bethel zerstören. Die Hörner der Altäre werden abgehauen werden und zu Boden fallen. ¹⁵Und ich werde ihre Winterpaläste samt den Sommerresidenzen zerstören – alle ihre mit Elfenbein geschmückten Villen! Viele Häuser werden zerstört werden«, spricht der HERR.

3,12 Die Bedeutung des Hebr. an dieser Stelle ist unklar.

Israels mangelndes Lernvermögen

4 Hört mir zu, ihr Kühe Baschans! Ihr Frauen, die ihr auf den Höhen Samarias wohnt, die Armen unterdrückt, die Bedürftigen ausbeutet und zu euren Männern sagt: »Schafft noch mehr herbei, damit wir feiern können!« ²Gott, der HERR, hat bei seiner Heiligkeit geschworen: »Die Zeit wird kommen, da ihr an Haken weggetragen werdet und eure Nachkommen an Angelhaken hängen! ³Ihr werdet durch die Mauerlücken hinausgehen müssen; nach Harmon* werdet ihr hinausgeworfen werden«, spricht der HERR.

⁴»Geht nur nach Bethel, um zu sündigen und nach Gilgal, um noch mehr zu sündigen! Bringt doch jeden Morgen eure Opfer und jeden dritten Tag euren Zehnten! ⁵Lasst euer Sauerteigbrot als Dankopfer zu Rauch aufgehen und macht eure freiwilligen Opfer öffentlich bekannt! So etwas liebt ihr doch, ihr Israeliten«, spricht Gott, der HERR.

⁶»Zwar habe ich Hunger in jede Stadt gebracht und Hungersnot in jedes Dorf, doch ihr wolltet euch nicht zu mir wenden«, spricht der HERR. ⁷»Auch den Regen habe ich vor euch zurückgehalten, als es nur noch drei Monate bis zur Ernte waren. Auf die eine Stadt ließ ich es regnen und auf die andere nicht. Über dem einen Acker fiel Regen und über dem anderen nicht, sodass dieser vertrocknete. ⁸Die Menschen zogen von einer Stadt zur anderen auf der Suche nach einem Schluck Wasser, doch ihr Durst wurde nie gestillt. Doch ihr wolltet euch nicht zu mir wenden«, spricht der HERR.

⁹»Ich habe euch mit Kornbrand und Mehltau geschlagen. Heuschrecken haben die meisten eurer Gemüsegärten, Weinberge, Feigen- und Olivenbäume kahl gefressen. Doch ihr wolltet euch nicht zu mir wenden«, spricht der HERR. ¹⁰»Ich habe euch die Pest geschickt, wie damals gegen Ägypten. Ich habe eure jungen Männer im Krieg getötet und eure Pferde zur Beute werden lassen. Ihr habt den Verwesungsgeruch in euren Heerlagern gerochen! Doch ihr wolltet euch nicht zu mir wenden«, spricht der HERR.

¹¹»Ich habe euch Zerstörung gebracht, wie ich* Sodom und Gomorra zerstört habe. Ihr wart wie Holzscheite, die man aus dem Feuer gerettet hat. Doch ihr wolltet euch nicht zu mir wenden«, spricht der HERR. ¹²»Deshalb werde ich all das andere Unheil, Israel, das ich angekündigt habe, über dich bringen. Bereite dich darauf vor deinem Gott zu begegnen, Israel!«

¹³Denn siehe, der HERR macht die Berge, schafft die Winde und offenbart den Menschen seine Gedanken. Er verwandelt die Morgenröte in Finsternis und schreitet auf den Höhen der Erde. Sein Name ist HERR, Gott, der Allmächtige!

Aufruf zur Buße

5 Höre, Haus Israel! Höre das Klagelied, das ich über dich anstimme:
²»Die Jungfrau Israel ist gefallen und wird nicht wieder aufstehen.
Sie wurde zu Boden geworfen und niemand hilft ihr auf.«
³Denn so spricht Gott, der HERR: »Wenn eine eurer Städte tausend Männer in die Schlacht schickt, werden nur hundert zurückkehren. Wenn eine Stadt hundert Männer schickt, werden nur zehn lebendig heimkommen.«

⁴So spricht der HERR zum Haus Israel: »Sucht nach mir und ihr werdet leben! ⁵Sucht nicht Bethel auf, geht nicht nach Gilgal und zieht auch nicht nach Beerscheba*. Denn die Einwohner von Gilgal werden auf jeden Fall ins Exil gehen und über die Bewohner von Bethel wird Unheil kommen.«

⁶Sucht den HERRN, damit ihr lebt und er für Israel* nicht wie ein sengendes Feuer wird, das euch verbrennt. Und in Bethel wird sicher keiner sein, der dieses Feuer löschen könnte! ⁷Ihr, die ihr das Recht in Bitternis verwandelt und Gerechtigkeit in Grund und Boden stampft!

⁸Er, der das Siebengestirn und den Orion gemacht hat, er, der die Finsternis in den Morgen verwandelt und den Tag in die Nacht; er, der das Wasser aus den Meeren herbeiruft und es als Regen über dem Land niedergehen lässt: HERR ist sein Name!

⁹Er wird blitzartig und mit gewaltiger Macht über die Starken und ihre Festungen kommen. ¹⁰Sie hassen Richter, die ehrlich sind und sie verachten Menschen, die die Wahrheit sagen. ¹¹Ihr tretet die Armen in den Staub und nehmt Getreideabgaben von ihnen. Deshalb werdet ihr nie in den prächtigen Steinhäusern wohnen, die ihr gebaut habt. Ihr werdet nie den Wein von den herrlichen Weinbergen trinken, die ihr gepflanzt habt. ¹²Denn ich kenne die große Zahl eurer Sünden und Verbrechen. Ihr bekämpft die Ehrlichen, ihr nehmt Bestechungsgelder an und beugt das Recht der Armen. ¹³Darum

---

4,3 Vermutlich ist das Hermongebirge gemeint.   **4,11** Hebr. *wie Gott ... zerstörte.*   **5,5** Vgl. Kap. 4,4.   **5,6** Hebr. *das Haus Josef.*

AMOS

1–2	Gottes Gericht über die fremden Völker und Israel
3–6	Die Schuld Israels
7–9	Visionen und Verheißung der Wiederherstellung

5–7
Aufruf zur Umkehr. Israels Wohlstand wird es nicht vor Gottes Gericht schützen. Amos bittet Gott, Israel nicht zu vernichten. Visionen vom Gericht. Amazja gegen Amos.

[Zeit der Könige und Propheten]

schweigt, wer klug ist, denn es sind schlechte Zeiten.

¹⁴Sucht Gutes und nicht Böses – damit ihr am Leben bleibt! Dann wird der HERR, Gott, der Allmächtige, wirklich mit euch sein, wie ihr es von ihm behauptet. ¹⁵Hasst das Böse und liebt das Gute; macht eure Gerichte zu Stätten des Rechts. Vielleicht wird der HERR, Gott, der Allmächtige, dann doch noch Erbarmen mit dem Rest seines Volkes* haben.

¹⁶Deshalb spricht der HERR, Gott, der Allmächtige: »Auf allen Plätzen wird man klagen und in allen Straßen rufen: ›Schlimmes, ja Schlimmes wird geschehen!‹ Ruft die Bauern, damit sie mit euch weinen, holt die Klageweiber herbei; sie sollen heulen und jammern. ¹⁷In allen Weinbergen wird Wehklagen zu hören sein, denn ich werde hindurchgehen und in deiner Mitte alles vernichten!«, spricht der HERR.

Warnung vor dem kommenden Gericht

¹⁸Furchtbar wird es für euch werden, die ihr euch nach dem Tag des HERRN sehnt. Ihr wisst ja nicht, was ihr euch da wünscht! Dieser Tag wird finster für euch werden und nicht hell. ¹⁹An jenem Tag werdet ihr sein wie jemand, der vor einem Löwen flieht – nur um dann einem Bären zu begegnen. Wenn er dem Bären entkommen ist, stützt er sich mit der Hand an eine Wand in seinem Haus – und wird von einer Schlange gebissen. ²⁰Ja, der Tag des HERRN wird ein finsterer Tag sein und nicht hell. Ein schwarzer Tag ohne einen Funken Hoffnung.

²¹Ich hasse und verachte eure religiösen Feste und kann eure feierlichen Zusammenkünfte nicht riechen. ²²Ich will eure Brand- und Speiseopfer nicht haben; die Friedensopfer eurer Mastkälber will ich nicht sehen! ²³Hört auf mit dem Lärm eures Lobpreises! Eure Anbetungsmusik werde ich mir nicht anhören. ²⁴Stattdessen will ich Recht fließen sehen wie Wasser und Gerechtigkeit wie einen Fluss, der niemals austrocknet.

²⁵Habt ihr eure Schlacht- und Speiseopfer während dieser 40 Jahre in der Wüste etwa mir gebracht, Israel? ²⁶Nein, euer eigentliches Sinnen und Trachten galt euren heidnischen Göttern – deinem König Sakkut und deinem Sternengott Kewan – den Bildern, die du dir selbst gemacht hast.* ²⁷Deshalb verbanne ich euch ins Exil, in ein Land weit von Damaskus entfernt«, spricht der HERR, dessen Name Gott, der Allmächtige, ist.

5,15 Hebr. *mit dem Rest von Josef.* 5,26 In der griech. Version heißt es *Ihr habt den Schrein des Moloch und den Stern eures Gottes Räfan und die Bilder, die ihr euch selbst gemacht habt, getragen.*

6 Schlimm wird es euch ergehen, die ihr im Überfluss lebt und meint, dass ihr auf dem Berg Zion und auf dem Berg Samaria sicher seid! Schlimm wird es euch ergehen, die ihr meint, das Haupt der Völker zu sein, zu dem die Leute kommen, wenn sie Hilfe brauchen. ²Geht nach Kalne und schaut euch an, was dort geschehen ist. Dann geht in die große Stadt Hamat und weiter in die Philisterstadt Gat. Seid ihr besser und größer als sie? ³Ihr meint, das Unglück sei weit von euch entfernt, doch mit euren Verbrechen beschwört ihr es geradezu herauf.

⁴Die ihr auf kostbaren Elfenbeinbetten schlaft und das Fleisch zarter Lämmer und gemästeter Kälber verspeist: ⁵Ihr grölt Lieder zum Klang der Harfe und haltet euch für große Dichter, wie König David es war. ⁶Ihr trinkt Wein aus großen Schalen und parfümiert euch mit exotischen Düften, ohne einen Gedanken daran zu verschwenden, dass euer Volk* vor dem Untergang steht. ⁷Deshalb werdet ihr die Ersten sein, die als Gefangene fortgeschleppt werden. Eure Festlichkeiten werden mit einem Schlag ein Ende haben.

⁸Gott, der HERR, hat bei seinem Namen geschworen; der HERR, Gott, der Allmächtige, spricht: »Ich verabscheue die Überheblichkeit Israels* und ich hasse seine Prachtbauten. Ich werde diese Stadt und alles, was darin ist, in die Hände seiner Feinde geben.«

⁹Wenn in einem Haus noch zehn Menschen übrig sind, werden alle umkommen. ¹⁰Und wenn ein naher Verwandter – der für das Verbrennen der Toten zuständig ist – das Haus betritt, um einen Leichnam fortzuschaffen, wird er den letzten Überlebenden fragen: »Ist noch jemand bei dir?« Und derjenige wird antworten: »Nein!« Dann wird er sagen: »Rede nicht weiter! Du solltest hier den Namen des HERRN nicht einmal mehr flüstern. Er könnte dich hören!« ¹¹Wenn der HERR es befiehlt, werden die großen und die kleinen Häuser in Trümmer gelegt.

¹²Können Pferde über Felsen galoppieren? Kann man mit Ochsen Felsen pflügen? Das sind dumme Fragen – aber genauso dumm seid ihr, wenn ihr das Recht in Gift verwandelt und die süße Frucht der Gerechtigkeit bitter macht. ¹³Und ebenso dumm ist eure Prahlerei mit eurer Eroberung von Lo-Dabar*. Ihr rühmt euch: »Haben wir nicht aus eigener Kraft Karnajim* eingenommen?«

¹⁴»O Haus Israel, ich werde ein feindliches Volk gegen dich aufbieten«, spricht der HERR, Gott, der Allmächtige. »Es wird dich in deinem ganzen Land rücksichtslos unterdrücken – von Hamat im Norden bis ins Arabatal im Süden.«

Die Vision von den Heuschrecken

7 Gott, der HERR, zeigte mir eine Vision. Ich sah, wie er sich vorbereitete, einen riesigen Heuschreckenschwarm über das Land zu schicken. Das war, nachdem der Anteil des Königs an der Ernte eingebracht worden war und die Haupternte heranreifte. ²Als die Heuschrecken begannen, alles aufzufressen, was grün war, da sagte ich: »O HERR, Gott, vergib doch! Israel* wird das nicht überleben, denn es ist nur ein kleines Volk.«

³Da hatte der HERR Mitleid. »Ich werde es nicht tun«, sprach er.

Die Vision vom Feuer

⁴Dann zeigte Gott, der HERR, mir eine weitere Vision. Ich sah, wie Gott, der HERR, sich bereit machte, sein Volk mit einer großen Dürre zu bestrafen. Sie hatte bereits alles ausgetrocknet und verbrannte nun die Felder. ⁵Da sagte ich: »O HERR, Gott, hör doch auf damit! Israel wird das nicht überleben, denn es ist nur ein kleines Volk.«

⁶Da hatte der HERR Mitleid. »Ich werde auch das nicht tun«, sprach Gott, der HERR.

Die Vision vom Bleilot

⁷Dann zeigte er mir eine weitere Vision. Ich sah, dass der HERR auf einer Mauer stand, die mithilfe eines Bleilots errichtet worden war. Er prüfte sie mit dem Bleilot, um zu sehen, ob sie gerade war. ⁸Und der HERR sprach zu mir: »Amos, was siehst du?«

Ich antwortete: »Ein Bleilot.«

Und der HERR entgegnete: »Mit diesem Bleilot werde ich mein Volk Israel prüfen. Ich werde ihm nicht länger vergeben. ⁹Die Höhenaltäre eurer Vorfahren* und die Heiligtümer Israels werden zerstört werden, und ich werde mich mit dem Schwert gegen das Haus König Jerobeams erheben.«

Amos und Amazja

¹⁰Als Amazja, der Priester von Bethel, hörte, was Amos sagte, ließ er König Jerobeam die Nachricht melden: »Amos zettelt im Volk Israel eine Verschwörung gegen dich an! Seine Worte werden das ganze Land in Aufruhr versetzen. ¹¹Denn Amos sagt: ›Jerobeam wird schon bald

---

6,6 Hebr. *Josef.* 6,8 Hebr. *Jakobs.* 6,13a *Lo-Dabar* bedeutet »nichts«. 6,13b *Karnajim* bedeutet »Hörner«, ein Synonym für Stärke. 7,2 Hebr. *Jakob;* so auch in 7,5. 7,9 Hebr. *von Isaak.*

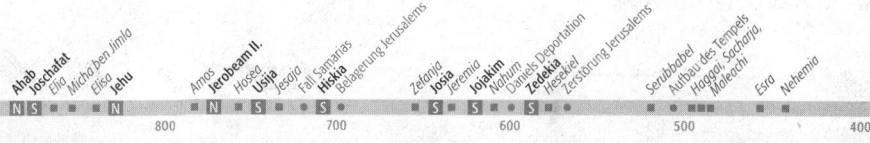

AMOS

1–2 Gottes Gericht über die fremden Völker und Israel

3–6 Die Schuld Israels

7–9 Visionen und Verheißung der Wiederherstellung

7–9
Amazja stellt sich gegen Amos. Wegen Betrügerei und Unterdrückung wird Israel bestraft. Israel wird es nach der Strafe wieder gut gehen.

[Zeit der Könige und Propheten]

---

umgebracht werden und das Volk Israel wird ins Exil gehen müssen, in ein Land fern von seiner Heimat.«

¹²Amazja sagte daraufhin zu Amos: »Geh weg von hier, du Seher! Flieh ins Land Juda und verdiene meinetwegen dort dein Brot mit deinen Prophetien! ¹³Aber belästige uns hier in Bethel nicht mit deinen Weissagungen, nicht hier, wo des Königs Heiligtum steht!«

¹⁴Doch Amos entgegnete Amazja: »Ich bin kein Prophet und ich wurde auch nie zum Propheten ausgebildet. Ich bin nur ein Viehzüchter und baue nebenher noch Feigen an. ¹⁵Doch der HERR hat mich von meiner Herde weggerufen und mir aufgetragen: ›Geh und weissage meinem Volk Israel.‹

¹⁶So höre denn die Botschaft des HERRN! Du sagst: ›Weissage nicht gegen Israel. Hör auf gegen mein Volk* zu predigen.‹ ¹⁷Deshalb spricht der HERR: ›Deine Frau wird zur Hure in dieser Stadt werden und deine Söhne und Töchter werden gewaltsam umkommen. Dein Grundbesitz wird verteilt werden und du selbst wirst in der Fremde sterben. Und das Volk Israel wird ins Exil verschleppt werden, in ein Land fern von seiner Heimat.‹«

Die Vision vom reifen Obst

8 Dann zeigte Gott, der HERR, mir eine weitere Vision. Ich sah einen Korb mit reifem Obst. ²»Was siehst du, Amos?«, fragte er.

Ich antwortete: »Einen Korb mit reifem Obst.«

Da sprach der HERR zu mir: »Mein Volk ist reif für das Ende! Ich werde ihm nicht mehr länger vergeben. ³An jenem Tag wird man Klagelieder im Palast hören. Der Boden wird überall mit Leichen übersät sein. Dann wird Totenstille herrschen«, spricht Gott, der HERR.

⁴Hört zu, ihr, die ihr die Not Leidenden tretet und die Bedürftigen in diesem Land vernichtet! ⁵Ihr könnt es kaum erwarten, dass der Sabbat vorüber ist und die Feiertage vorbei sind, damit ihr wieder handeln könnt. Ihr messt das Korn mit falschem Maß und wiegt es auf gefälschten Waagen. ⁶Und ihr mischt den Weizen, den ihr verkauft, mit Spreu, die ihr vom Boden zusammenfegt! Dann versklavt ihr die Armen wegen der Schuld eines Silberstücks oder eines Paars Sandalen.

⁷Nun hat der HERR sich selbst, dem Stolz Israels*, geschworen: »Ich werde das Böse, das ihr

---

7,16 Hebr. *gegen das Haus Isaaks.* **8,7** Hebr. *dem Stolz Jakobs.*

S Südreich Juda   N Nordreich Israel

getan habt, auf keinen Fall vergessen! ⁸Muss nicht die Erde beben wegen eurer Untaten und werden nicht alle Menschen trauern? Das Land wird sich erheben wie der Nil bei seiner Flut, es wird sich heben und senken. ⁹An jenem Tag«, spricht Gott, der HERR, »werde ich die Sonne schon mittags untergehen lassen und die Erde verfinstern, während es noch hell ist. ¹⁰Ich werde eure Feste in Trauer verwandeln und eure Freudenlieder in Klage. Ihr werdet Trauerkleidung tragen und euch die Häupter scheren zum Zeichen eures Kummers. Ihr werdet trauern, als ob euer einziger Sohn gestorben wäre. Das wird ein bitterer Tag sein!

¹¹Die Zeit wird kommen«, spricht Gott, der HERR, »da ich eine Hungersnot ins Land schicke – aber nicht Hunger nach Brot und Durst nach Wasser, sondern den Hunger nach dem Wort des HERRN. ¹²Die Menschen werden in alle Himmelsrichtungen aufbrechen und das Wort des HERRN suchen; sie werden hierhin und dorthin laufen, doch sie werden es nicht finden. ¹³Schöne Mädchen und attraktive junge Männer werden an jenem Tag vor Durst nach dem Wort des HERRN zusammenbrechen. ¹⁴Sie, die jetzt noch die Götzen von Samaria, Dan und Beerscheba anbeten und bei ihrem Namen schwören, werden fallen und nie mehr aufstehen.«

Die Vision von Gott am Altar

9 Dann sah ich in einer Vision, wie der HERR am Altar stand. Er sprach: »Zerschlag und zerschmettere die Säulen des Tempels, sodass das Dach auf das Volk, das darunter steht, stürzt. Diejenigen, die diese Katastrophe überleben, werden in der Schlacht fallen. Keiner wird entkommen!

²Und wenn sie sich bis zum Totenreich* durchgraben, so werde ich sie eigenhändig heraufziehen. Und wenn sie bis in den Himmel hinaufsteigen, werde ich sie herunterholen. ³Und wenn sie sich auf dem Gipfel des Karmel verstecken, werde ich sie dort suchen und aufgreifen. Und wenn sie auf dem Meeresgrund Zuflucht suchen, werde ich die große Schlange hinter ihnen her schicken, die sie mit ihrem Biss töten soll. ⁴Und wenn sie ins Exil verschleppt werden, werde ich dem Schwert befehlen, sie dort zu töten. Sie haben meine volle Aufmerksamkeit, aber nicht zum Guten, sondern zum Unheil.«

⁵Wenn Gott, der HERR, der Allmächtige, das Land berührt, dann fängt es an zu schwanken und alle seine Bewohner jammern. Dann erbebt der Boden, hebt und senkt sich wie der Nil zur Zeit seiner Flut. ⁶Der den Himmel und die Erde geschaffen hat, der das Wasser aus den Meeren herruft und es als Regen über dem Land niedergehen lässt: HERR ist sein Name!

⁷»Glaubt ihr Israeliten etwa, ihr seid mir wichtiger als die Kuschiter*?«, fragt der HERR. »Ich habe euch aus Ägypten geführt, aber habe ich nicht genauso viel für andere Völker getan? Ich habe die Philister aus Kreta* und die Aramäer aus Kir geführt.

⁸Ich, Gott, der HERR, richte meine ganze Aufmerksamkeit auf dieses sündige Königreich, um es vom Erdboden zu vertilgen. Aber ich will das Geschlecht Israel* nicht ganz ausrotten«, spricht der HERR. ⁹»Denn ich habe befohlen, dass das Haus Israel von den anderen Völkern umhergeschüttelt wird, so wie Getreide in einem Sieb geschüttelt wird und doch kein Korn verloren geht. ¹⁰Trotzdem werden die Sünder meines Volkes gewaltsam sterben – alle, die sagen: ›Es wird uns schon nichts Schlimmes geschehen.‹

Verheißung der Wiederherstellung

¹¹An jenem Tag werde ich das gefallene Königreich Davids* wiederherstellen. Ich werde die Risse seiner Mauern wieder vermörteln und seinen früheren Zustand wiederherstellen. ¹²Und Israel wird besitzen, was von Edom und all den Völkern, die ich zu meinem Eigentum berufen habe, übrig ist«, spricht Gott, der HERR, der dies auch tut.

¹³»Die Zeit wird kommen«, spricht der HERR, »in der das Korn und die Trauben schneller wachsen, als sie geerntet werden können. Dann werden die Weinberge Israels von süßem Wein triefen und überfließen! ¹⁴Ich werde mein vertriebenes Volk Israel aus den fernen Ländern heimholen und sie werden ihre Städte, die jetzt in Trümmern liegen, wieder aufbauen und darin wohnen. Sie werden Weinberge und Gärten pflanzen; sie werden ihre eigenen Feldfrüchte essen und ihren eigenen Wein trinken. ¹⁵Ich werde sie fest einpflanzen in dem Land, das ich ihnen geschenkt habe«, spricht der HERR, euer Gott, »dann werden sie nie mehr ausgerissen werden.«

9,2 Hebr. *bis hinab in die Scheol.*   9,7a Das ist *Äthiopier.*   9,7b Hebr. *Kaftor.*   9,8 Hebr. *das Haus Jakobs.*   9,11 Hebr. *Hütte Davids.*

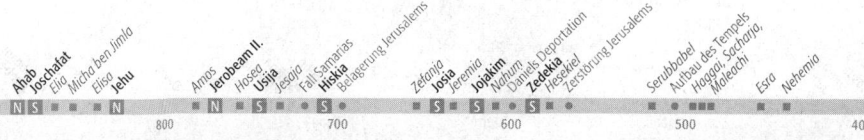

Die Bibel ist ein Brief, den mein Gott mir hat schreiben lassen, wonach ich mich ausrichten soll und wonach mein Gott mich richten wird.

Johann Albrecht Bengel

Obadja

Inhalt
Obadja kündigt die Zerstörung Edoms an. Der Grund: Als Nachkommen von Jakobs Bruder Esau hätten die Edomiter sich bei der Zerstörung Jerusalems nicht auf die Seite von Israels Feinden stellen dürfen. Das Brudervolk hätte die Not Israels nicht noch verschlimmern sollen. Dem vernichteten Edom stehen die Israeliten gegenüber, die ihr Land wieder in Besitz nehmen – mit Gott als König.

Wichtige Person
Obadja   Prophet

Wichtige Orte
Land Edom   südöstlich des Toten Meeres
Land Israel

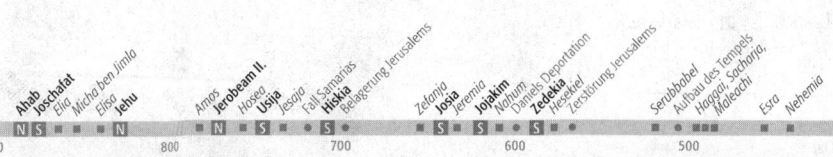

OBADJA

V. 1-15 Gericht über Edom

V. 15-21 Der Tag des HERRN – Zerstörung und Wiederherstellung

Ankündigung von Gottes Gericht über Edom für die Schadenfreude an Israels Untergang. Israels Wiederherstellung.

[Zeit der Könige und Propheten]

S Südreich Juda   N Nordreich Israel

OBADJA

Ankündigung des Gerichts über Edom

Die Prophetie Obadjas: So spricht mein Herr, der HERR, über Edom:

Wir haben eine Nachricht vom HERRN gehört, dass ein Bote zu den Völkern geschickt wurde: »Rüstet euch! Wir wollen Edom angreifen!«

²Siehe, ich werde dich unter den Völkern demütigen. Du wirst verachtet sein! ³Du bist stolz, weil du hoch oben in den Felsen wohnst. Wer kann mich schon zur Erde hinunterstoßen?, fragt sich der, der in dieser Höhe wohnt. ⁴Selbst wenn du dich in die Lüfte erhöbest wie die Adler und dein Nest in den Sternen bautest, werde ich dich hinabstoßen, sagt der HERR.

⁵Wenn in der Nacht Diebe oder Räuber kämen, wie ständest du da! Doch sie würden dir nicht alles wegnehmen, sondern nur das, was sie gebrauchen können. Wenn Weinleser zu dir kommen, lassen sie immer etwas zur Nachlese hängen. ⁶Doch jeder Winkel und jede Ecke von Esau* werden durchsucht, jedes Versteck gefunden werden.

⁷Deine Freunde werden sich gegen dich wenden. Deine Verbündeten werden dich täuschen und bis an die Grenze treiben. Während sie dein Brot essen, werden sie unter dir eine Schlinge legen: »Es ist keine Einsicht in ihm«. ⁸Dann, spricht der HERR, lasse ich die Weisen von Edom und die Erkenntnis im Bergland Esaus untergehen. ⁹Die stärksten Krieger von Teman werden sich ängstigen und alle, die in den Bergen von Esau leben, werden wegen des Mordes ausgetilgt werden.

Die Gründe für Edoms Bestrafung

¹⁰Wegen der Grausamkeiten an deinem Bruder Jakob* bedeckt dich Schande und du wirst für immer ausgelöscht werden. ¹¹Du hast damals daneben gestanden, als Fremde seine Reichtümer fortschafften und Ausländer durch seine Tore kamen und das Los um Jerusalem warfen. Du warst wie einer von ihnen.

¹²Du hättest dich nicht über den Unglückstag deines Bruders freuen dürfen. Du hättest an dem Tag, als Judas Söhne untergingen, auch nicht

---

1,6 So auch in 8b.9.18.19.21; Esau ist der Stammvater der Edomiter, vgl. 1. Mose Kap. 36.   **1,10** Jakob steht für Israel, wie Esau für Edom.

schadenfroh sein dürfen und dein Mundwerk während ihrer Not weit aufreißen sollen am Tag des Unheils. ¹³An ihrem Schreckenstag hättest du nicht durch das Tor meines Volkes kommen und dich über ihr Unglück am Tag seines Verhängnisses freuen dürfen. Auch hättest du ihr Vermögen nicht plündern dürfen am Tag des Unheils. ¹⁴Du hättest nicht an den Wegkreuzungen stehen und ihre Flüchtlinge töten sollen. Und die Überlebenden hättest du am Tag des Unglücks nicht ausliefern dürfen.

Edom wird zerstört und Israel wiederhergestellt

¹⁵Der Tag des HERRN für alle Völker kommt bald! Wie du dich verhalten hast, so wird mit dir umgegangen werden. Deine Untaten werden auf dich selbst zurückfallen. ¹⁶So wie ihr auf meinem heiligen Berg getrunken habt, werden alle Völker schlucken müssen. Ja, sie werden trinken und schlürfen und sein, als hätte es sie nie gegeben.

¹⁷Auf dem Berg Zion aber wird es Rettung geben; er wird eine heilige Stätte sein. Und das Haus Jakob wird sein Erbe wieder in Besitz nehmen. ¹⁸Dann wird das Haus Jakob ein Feuer sein und das Haus Josef eine Flamme, und das Haus Esau wird zu Stroh. Sie werden es anstecken und verbrennen; es wird keine Überlebenden im Haus Esau geben. Denn der HERR hat gesprochen!

¹⁹Dann werden sie das Südland, das Gebirge von Esau, und das Tiefland, das Gebiet der Philister, besetzen. Sie werden die Felder von Ephraim und Samaria erobern. Und die Bewohner von Benjamin werden das Land Gilead einnehmen. ²⁰Die Zerstreuten des Heeres aus Israel werden das kanaanitische Land bis nach Zarpat erobern. Die Gefangenen aus Jerusalem, die in Serafad sind, werden sich wieder in den Dörfern des Südlandes ansiedeln. ²¹Auf den Berg Zion werden Retter ziehen, um über das Gebirge von Esau zu richten. Und der HERR wird König sein!

Das Wort Gottes ist eine Speise; wer sie isst, den hungert noch mehr danach. Deswegen soll das Wort Gottes reichlich unter uns sein; aber wir sollen desselben nicht satt werden.

Martin Luther

Jona

Inhalt

Jona hat keine Botschaft für Israel, sondern nur eine für die assyrische Hauptstadt. Sie lautet schlicht: Gott will die Stadt wegen der Bosheit dort vernichten.

Der Prophet soll Gottes Gericht in Ninive ankündigen, aber er flieht über das Mittelmeer in die entgegengesetzte Richtung. Das Schiff gerät in Seenot; Jona gelangt auf ungewöhnliche Weise wieder an die Küste. Daraufhin führt er Gottes Auftrag aus.

Der König von Ninive nimmt die Warnung ernst. Er demütigt sich und befiehlt der Bevölkerung, ihre Gräueltaten zu unterlassen.

Jona wird zornig, weil Gott die Stadt tatsächlich verschont; er sieht seine ursprüngliche Fluchtidee gerechtfertigt. Da redet Gott mit ihm.

Umkehr zu Gott in ihren verschiedenen Gesichtspunkten ist das durchgehende Thema der Jona-Erzählung. Die heidnische Schiffsbesatzung wendet sich Gott, dem HERRN, zu, während Jona im Seesturm nicht betet. Später kehren die Niniviten um, weil sie hoffen, dass Gott umkehrt und Gnade vor Recht ergehen lässt. Indem Jona diese Umkehr Gottes beklagt, offenbart er, dass seine eigene Umkehr noch aussteht: eine Neuausrichtung am Herzen Gottes, der barmherzig ist und Mitleid fühlt.

Wichtige Personen

Jona	Prophet
Die Schiffsbesatzung	
Der König von Ninive	

Wichtige Orte

Mittelmeer	
die große Stadt Ninive	Ninive, die Hauptstadt Assyriens, einschließlich der Städte Rehobot-Ir, Kelach und Resen (1Mo 10,11-12), im heutigen Irak
Gat-Hefer	Geburtsstadt Jonas westlich vom See Genezareth
Jafo	Hafenstadt in Israel
Tarsis	vielleicht in Spanien

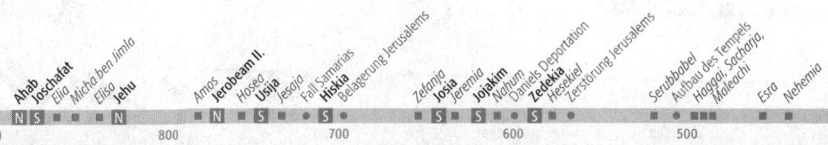

JONA

1	Jona flieht vor dem HERRN
2	Jonas Gebet im Bauch des Fisches
3	Jona geht nach Ninive
4	Jonas Ärger über das Mitleid des HERRN

Jona flieht vor dem HERRN

1 Der HERR schickte Jona, dem Sohn von Amittai, folgende Botschaft: ²»Mach dich auf den Weg und geh in die große Stadt Ninive! Ruf aus, was ich gegen sie vorbringen muss, denn ihre Bosheit stieg bis zu mir hinauf!«
³Doch Jona machte sich auf den Weg, um vor dem HERRN nach Tarsis zu fliehen. Er ging hinunter nach Jafo, wo er ein Schiff fand, das nach Tarsis auslief. Er bezahlte die Überfahrt und ging an Bord, um nach Tarsis zu kommen. Er wollte weg vom Angesicht des HERRN.
⁴Doch der HERR ließ einen heftigen Wind auf dem Meer aufkommen, der zu einem Sturm wurde, sodass das Schiff zu zerbrechen drohte. ⁵Aus Angst schrien die Seeleute zu ihren Göttern und warfen Ladung über Bord, um das Schiff leichter zu machen. Jona aber war unter Deck, hatte sich hingelegt und schlief tief und fest. ⁶Da kam der Kapitän zu ihm und sagte: »Was ist mit dir, du Schläfer? Steh auf! Ruf zu deinem Gott! Vielleicht denkt dieser Gott an uns und wir gehen nicht unter!«
⁷Die Männer sagten zueinander: »Kommt,

Jona 2,1

Hinweise auf den Messias (2)
Der Prophet Jona kam – wie Jesus – aus Galiläa. Sein Geburtsort Gat-Hefer (2Kön 14,25), wo man dann auch sein Grab verehrte, lag unweit von Nazareth. Zwischen Jona und Jesus gibt es mancherlei Parallelen (vgl. z.B. Jona 1,12-15 mit Joh 11,50). Dass Gott das Retten dem Richten vorzieht (Joh 3,17), ist auch in Jona 4 ablesbar.
Es verwundert nicht, dass Jesus sich direkt mit Jona vergleicht. Die drei Tage und Nächte im Bauch des Fisches sind für ihn eine Voraus-Abbildung seines eigenen Todes – bis zur Auferstehung (Mt 12,40). Ebenso ist auch Jonas Predigt in Ninive eine Voraus-Abbildung der Predigten von Jesus (Jona 3,5; Mt 12,41).
(Joel 3,5 «« | » Sacharja 11,12-13)

1–3
Jonas Flucht vor Gott. Jonas Gebet aus dem Bauch des Fisches. Jona geht nach Ninive und Gott verschont die Stadt.

[Zeit der Könige und Propheten]

S Südreich Juda   N Nordreich Israel

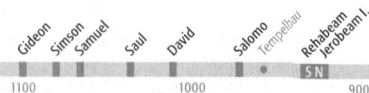

lasst uns das Los werfen um zu sehen, weswegen uns dieses Unglück zustößt.« Sie warfen das Los und das Los fiel auf Jona. ⁸»Sag uns doch, warum dieses Unglück über uns hereinbricht«, sprachen sie. »Was ist dein Beruf? Aus welchem Land kommst du? Zu welchem Volk gehörst du?«

⁹Er antwortete ihnen: »Ich bin ein Hebräer, und ich bete den HERRN an, den Gott des Himmels, der Meer und Land geschaffen hat.« ¹⁰Und er erzählte ihnen, dass er vor dem HERRN fortlief.

Die Seeleute waren entsetzt, als sie das hörten. »Was hast du da getan?«, jammerten sie. ¹¹Und weil der Sturm immer stärker wurde, fragten sie ihn: »Was können wir nur mit dir tun, damit das Meer um uns herum zur Ruhe kommt?«

¹²»Nehmt mich und werft mich ins Meer«, sagte Jona, »dann wird es sich um euch herum beruhigen. Denn ich weiß, dass dieser schreckliche Sturm meinetwegen über euch gekommen ist.«

¹³Doch die Männer ruderten mit aller Kraft, um zum Ufer zurückzukehren. Aber das Meer war zu stürmisch und sie schafften es nicht. ¹⁴Da riefen sie zum HERRN: »Ach HERR«, baten sie, »lass uns nicht wegen dieses Mannes umkommen. Und mach uns nicht für den Tod eines Unschuldigen verantwortlich. Denn du hast es doch so gewollt und danach gehandelt, HERR.«

¹⁵Dann packten sie Jona und warfen ihn ins Meer. Und das Meer beruhigte sich. ¹⁶Die Seeleute wurden von tiefer Ehrfurcht vor dem HERRN ergriffen, brachten ihm Opfer und schworen ihm zu dienen.

Jonas Gebet

2 Der HERR schickte einen großen Fisch, der Jona verschlang. Drei Tage und drei Nächte war Jona im Bauch des Fisches. ²Und Jona betete zum HERRN, seinem Gott, aus dem Bauch des Fisches ³und sagte: »In meiner Not rief ich zum HERRN und er antwortete mir. Ich schrie zu dir aus dem Totenreich*, und du hörtest meine Stimme! ⁴Du warfst mich in die Tiefe, ins Herz des Meeres, und eine Strömung umgab mich. Alle deine Brandungen und Wellen begruben mich. ⁵Da dachte ich: ›Ich bin aus deiner Gegenwart fortgetrieben. Dennoch werde ich deinen heiligen Tempel wiedersehen können!‹

⁶Ich versank in den Wellen und kämpfte mit dem Tod. Wasser umgab mich und Algen schlangen sich um meinen Kopf. ⁷Ich sank zu den Wurzeln der Berge hinab und die Tore der Erde waren für mich auf ewig geschlossen. Doch du, HERR, mein Gott, hast mein Leben aus der Grube herausgezogen!

⁸Als ich keine Hoffnung mehr hatte, dachte ich an den HERRN. Und mein Gebet drang zu dir in deinen heiligen Tempel durch. ⁹Die, die falsche Götter anbeten, verzichten auf deine Gnade. ¹⁰Ich aber werde dir mit Dankliedern opfern und meine Gelübde halten. Denn die Hilfe kommt vom HERRN.«

¹¹Da befahl der HERR dem Fisch, Jona am Strand auszuspucken.

Jona geht nach Ninive

3 Dann sprach der HERR ein zweites Mal mit Jona: ²»Mach dich auf den Weg und geh in die große Stadt Ninive und überbring ihr die Botschaft, die ich dir sage.«

³Diesmal gehorchte Jona der Anweisung des HERRN und ging nach Ninive. Sie war eine so große Stadt vor Gott, dass man drei Tage brauchte, um sie zu durchqueren. ⁴Jona ging eine Tagesreise weit in die Stadt hinein und predigte: »Ninive wird in 40 Tagen zerstört werden!« ⁵Da glaubten die Einwohner Ninives an Gott, und alle, vom Höchsten bis zum Geringsten, beschlossen zu fasten und sich in Säcke zu kleiden.

⁶Als der König von Ninive die Botschaft hörte, verließ er seinen Thron und legte seine königlichen Gewänder ab. Er kleidete sich in einen Sack und setzte sich in die Asche. ⁷Dann ließen der König und die führenden Männer folgenden Erlass in Ninive bekannt geben: »Weder Mensch noch Vieh, Rind und Schaf dürfen irgendetwas essen. Sie dürfen weder weiden noch Wasser trinken. ⁸Mensch und Tier sollen sich in Säcke kleiden und sich ganz dem Gebet zu Gott widmen. Sie sollen von ihren bösen Wegen umkehren und von ihren Gräueltaten ablassen. ⁹Wer weiß? Vielleicht kehrt Gott um und bereut und bezähmt seinen grimmigen Zorn, sodass wir nicht zugrunde gehen.«

¹⁰Als Gott sah, dass sie von ihren schlechten Wegen umgekehrt waren, bedauerte er, dass er ihnen Unheil angedroht hatte und verschonte sie.

Jonas Ärger über das Mitleid des HERRN

4 Doch Jona wurde darüber sehr böse und zornig. ²Er beklagte sich beim HERRN: »Ach HERR, habe ich das nicht schon gesagt, bevor ich

---

2,3 Hebr. *aus der Scheol.*

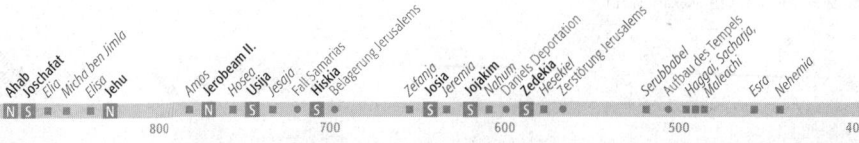

JONA

1 Jona flieht vor dem HERRN

2 Jonas Gebet im Bauch des Fisches

3 Jona geht nach Ninive

4 Jonas Ärger über das Mitleid des HERRN

von zu Hause aufbrach? Deshalb bin ich ja fortgelaufen nach Tarsis! Ich wusste, dass du ein gnädiger und barmherziger Gott bist, dass du geduldig und voller Gnade bist, weil du das Unheil bedauerst. ³So mach nun meinem Leben ein Ende, HERR! Ich will lieber sterben, als zu leben.«

⁴Der HERR antwortete ihm: »Ist es recht, dass du deshalb zornig bist?«

⁵Da ging Jona an den Ostrand der Stadt und machte sich eine Laubhütte, unter die er sich setzte, um abzuwarten, wie es mit der Stadt weiterging. ⁶Und Gott, der HERR, ließ einen Rizinusstrauch wachsen, der sich über Jonas Kopf ausbreitete und ihm Schatten gab. Das linderte sein Unbehagen und Jona freute sich sehr über den Busch.

⁷Doch Gott ließ auch einen Wurm kommen. Am nächsten Morgen bei Tagesanbruch fraß sich der Wurm durch den Busch, sodass dieser vertrocknete. ⁸Nachdem die Sonne aufgegangen war, schickte Gott einen sengenden Ostwind. Die Sonne brannte auf Jonas Kopf, bis er matt wurde und sich den Tod wünschte. »Ganz sicher ist es besser, dass ich sterbe, als dass ich lebe«, rief er.

⁹Da sprach Gott zu Jona: »Ist es richtig von dir, wegen des Rizinusstrauchs so zornig zu sein?«

»Ja«, antwortete Jona, »zornig bis zum Tod!«

¹⁰Da sprach der HERR: »Dir tut es leid um den Busch, obwohl du nichts getan hast, um ihn entstehen zu lassen. Er wuchs in einer Nacht und verging über Nacht. ¹¹Ninive aber hat über 120.000 Einwohner, die nicht zwischen links und rechts unterscheiden können, ganz zu schweigen von den vielen Tieren. Sollte ich eine so große Stadt nicht schonen?«

4
Jonas Empörung über Gottes Gnade.

[Zeit der Könige und Propheten]

Micha

Inhalt
Verehrung fremder Götter, Ungerechtigkeit seitens der Mächtigen und Korruption sind die Verfehlungen, die Micha mutig beim Namen nennt. Damit stellt er sich gegen die falschen Propheten. Unter ihrem Einfluss ist das Unrechtsbewusstsein verschwunden. Und man wiegt sich in Sicherheit, da Gott doch mitten unter ihnen sei. Micha kündigt Gottes Gericht über Israel und Juda an: Samaria und Jerusalem werden zerstört werden. Er sieht bereits die Verschleppung nach Babylon – und die Rückführung. Denn Gottes Zorn hat ein Ende; er ist barmherzig und vergibt die Schuld.

Nicht nur werden die Israeliten von überall her nach Israel zurückkehren, sondern auch Menschen vieler anderer Völker werden nach Jerusalem kommen, um Gottes Worte zu hören. Gott wird ihnen Recht sprechen und es wird Friede sein. Dieser Friede wird verkörpert von einem Mann aus Bethlehem, der Heimatstadt König Davids. Gott hatte David ja versprochen, dass einer seiner Nachkommen immer regieren würde (siehe Einleitung zu 2. Samuel); von diesem aber sagt Micha, dass seine Herkunft in der »Urzeit« liegt!

Wichtige Personen
Micha	Prophet
Jotam	
Ahas	zur Zeit Michas Könige von Juda, 751–697/696 v.Chr.
Hiskia	

Wichtige Orte
Samaria: Hauptstadt von Israel
Jerusalem: Hauptstadt von Juda
Bethlehem: Stadt in Juda

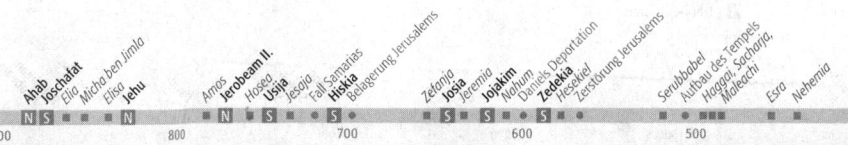

Micha

MICHA	
1–2	Gericht und Hoffnung auf Wiederherstellung
3	Gericht über die Anführer Israels
4–5	Die zukünftige Herrschaft des HERRN
6–7	Gericht und Hoffnung

1–3
Gott zerstört Samaria und Jerusalem wegen ihres Götzendienstes. Gericht über die Ausbeuter, falschen Propheten und Anführer Israels. Sammlung der Gottesfürchtigen.

[Zeit der Könige und Propheten]

S Südreich Juda   N Nordreich Israel

1 Die folgenden Botschaften empfing Micha von Moreschet vom HERRN, als Jotam, Ahas und Hiskia Könige von Juda waren. In prophetischen Visionen zeigte ihm der HERR, was mit Samaria und Jerusalem geschehen würde.

Kummer über Samaria und Jerusalem

²Hört zu, ihr Völker der Welt, pass auf, Erde und alle deine Bewohner! Der HERR, der Allmächtige, tritt als Zeuge gegen euch auf; der HERR spricht aus seinem heiligen Tempel.

³Seht her! Der HERR verlässt seinen Thron im Himmel und steigt herab auf die Erde. Er schreitet über die Höhen, wo die Götzen verehrt werden. ⁴Die Berge schmelzen unter seinen Füßen und die Täler spalten sich wie Wachs vor dem Feuer, wie Wasser, das den Hügel hinabfließt.

⁵Dies geschieht, weil Israel und Juda* gegen Gott gesündigt haben und von ihm abgefallen sind. Wer aber hat Israel zur Sünde verleitet? War es nicht Samaria, seine Hauptstadt? Und wer ist dafür verantwortlich, dass Juda auf den Höhen Götzendienst treibt? Ist es nicht Jerusalem?

⁶»Deshalb werde ich, der HERR, die Stadt Samaria vollständig zerstören, sodass sie einem Weinberg gleicht. Die Trümmersteine werde ich ins Tal hinunterrollen und die Stadt bis auf die Fundamente niederreißen. ⁷Ihre geschnitzten Bilder werden zerschmettert und die mit Götzendienst erworbenen Schätze im Feuer verbrannt werden. Alle ihre Götzenbilder werde ich vernichten, denn sie wurden mit Hurenlohn angeschafft: zu Hurenlohn sollen sie wieder werden.«

⁸Darüber will ich klagen und heulen. Ich werde barfuß und nackt umhergehen wie jemand, der unter die Räuber gefallen ist. Ich werde heulen wie die Schakale und klagen wie die Jungen des Straußes. ⁹Denn die Wunde, die Samaria zugefügt wurde, ist unheilbar. Sie reicht bis nach Juda, bis an die Tore meines Volkes, ja bis nach Jerusalem.

1,5 Hebr. *und Jakob.*

¹⁰Erzählt in Gat* nichts von dieser Schande und weint nicht*, auch wenn euch nach Weinen zumute ist. Wälzt euch in Bet-Leafra im Staub. ¹¹Ihr Einwohner von Schafir, flieht nackt in Schimpf und Schande! Die Einwohner von Zaanan werden ihre Stadt nicht mehr verlassen. Bet-Ezel ist von Wehklagen erfüllt und wird euch keine Zuflucht bieten. ¹²Die Leute von Marot fürchten um ihre Rettung, weil der HERR ihre Feinde an die Tore Jerusalems heranrücken lässt. ¹³Ihr Einwohner von Lachisch, spannt das Pferd vor den Wagen! Ihr seid der Anlass für die Sünden Israels gewesen, denn ihr habt zuerst gesündigt. ¹⁴Darum wirst du Moreschet-Gat einen Scheidebrief geben müssen. Die Häuser Achzibs sollen für die Könige von Israel wie ein trügerisches Gewässer sein. ¹⁵Marescha soll in die Hand der Feinde fallen und die Angesehenen* Israels werden nach Adullam gehen müssen.

¹⁶Schneide dir eine Glatze und schere deinen Bart wegen deiner geliebten Kinder! Mach dir eine große Glatze, die der eines Geiers gleicht, denn deine Kinder werden von dir fort in die Gefangenschaft geführt werden.

Das Gericht über die reichen Ausbeuter

2 Schrecken soll über die kommen, die nachts wach liegen und Böses aushecken. Sie führen es gleich am nächsten Morgen aus, denn sie haben die Macht dazu. ²Wenn sie ein bestimmtes Grundstück besitzen wollen, so bringen sie es mit Gewalt an sich. Reizt sie ein bestimmtes Haus, so nehmen sie es einfach weg und rauben damit dem Besitzer und seiner Familie das Erbe.

³Darum spricht der HERR: »Ich hecke Böses aus über euch! Ihr werdet euren Kopf nicht aus der Schlinge ziehen und nicht mehr hocherhobenen Hauptes durch die Straßen gehen können. Es wird eine schlimme Zeit für euch sein! ⁴An jenem Tag wird man ein Spottlied auf euch anstimmen und den folgenden Klagevers über euer Schicksal singen:

›Es ist aus, wir sind völlig am Ende!
Gott hat unser Erbe an Fremde gegeben.
Alles hat er uns entrissen!
Unser Land verteilt er an unsere Feinde*.‹

⁵Dann wird es im Volk des HERRN keinen mehr geben, der dir ein Stück Land zuteilen wird.

Wahre und falsche Propheten

⁶Die falschen Propheten predigen: ›Hört auf zu weissagen!‹ – Ergeht aber keine Weissagung, kann das Unglück nicht abgewandt werden! ⁷Ihr sagt: ›Wir sind doch das Haus Jakobs! Sollte Gott je die Geduld mit uns verlieren? Sollte er so ein Unheil zulassen? Ist Gottes Güte nicht grenzenlos gegen die, die anständig leben?‹

⁸Aber ihr, mein Volk, seid doch schon längst meine Feinde! Menschen, die nichts ahnend bei euch vorbeikommen, reißt ihr den Mantel weg. ⁹Ihr vertreibt Frauen aus ihrem gemütlichen Heim und raubt den Kindern ihr Vaterland und damit ihre Würde. ¹⁰Ihr sagt: ›Los, geht fort von hier, ihr sollt hier nicht bleiben.‹ Wegen einer Kleinigkeit vollzieht ihr eine Pfändung, die Menschen ruiniert.

¹¹Aber wenn jemand sein Mäntelchen nach dem Wind hängen und euch vorhersagen würde, dass ihr Wein und Bier im Überfluss haben werdet – ja, solch ein Prophet wäre nach eurem Geschmack! Auf den würdet ihr hören!

Hoffnung auf Wiederherstellung

¹²Sammeln, ja sammeln will ich, der HERR, ganz Israel. Zusammenbringen, ja zusammenbringen will ich das, was von Israel übrig ist – so wie man Schafe in ihren schützenden Stall treibt, wie man eine Herde auf der Weide versammelt. Es wird dort von Menschen wimmeln! ¹³Ein starker Held wird euch vorangehen und ihr werdet hinter ihm her in die Freiheit ziehen. Und ich selbst werde als der König an der Spitze vorangehen.

Gericht über die Anführer Israels

3 Hört doch, ihr, die ihr dem Volk Jakobs vorsteht, die ihr die Anführer des Hauses Israel seid. Solltet ihr nicht eigentlich das Recht kennen? ²Aber dennoch hasst ihr das Gute und liebt das Böse. Ihr zieht meinem Volk die Haut vom Leib und reißt ihm das Fleisch von den Knochen. ³Ihr labt euch am Fleisch meines Volkes wie an einem geschlachteten Tier. Ihr zerlegt die Menschen, als wolltet ihr sie kochen und als Speise zubereiten.« ⁴Es wird ein Tag kommen, da werdet ihr zum HERRN schreien, aber er wird euch nicht antworten. Er wird sich von euch abwenden, so wie ihr es wegen eurer bösen Taten verdient habt.«

1,10-15 In den V. 10-15 bilden die meisten Städtenamen im Hebr. ein Wortspiel: *Gat* = erzählen, *Bet-Leafra* = Haus aus Staub, *Schafir* = angenehm, *Zaanan* = kommt heraus, *Bet-Ezel* = Nachbarhaus, *Marot* = bitter, *Lachisch* = Pferdeherde, *Moreschet-Gat* = Brautstadt, *Achzib* = Trug, *Marescha* = Erbe. **1,10b** In der griech. Version heißt es *weint nicht in Akko*. **1,15b** Hebr. *die Herrlichkeit*. **2,4** O. *an die, die uns gefangen genommen haben*.

MICHA

1–2	Gericht und Hoffnung auf Wiederherstellung
3	Gericht über die Anführer Israels
4–5	Die zukünftige Herrschaft des HERRN
6–7	Gericht und Hoffnung

3–4
Falsche Propheten und Priester verschulden Zions Untergang. Der Friede wird einkehren, der Tempel emporragen und Jerusalems Trauer wird nicht ewig bestehen.

[Zeit der Könige und Propheten]

⁵So spricht der HERR gegen die Propheten, die mit ihren Prophezeiungen meinem Volk vollständig die Sinne vernebeln: »Frieden verheißt ihr denjenigen, die euch etwas zu essen geben; wer euch aber nichts gibt, dem droht ihr Gottes Strafgericht an. ⁶Deshalb wird die Dunkelheit über euch hereinbrechen und ihr sollt keine Vi-

Micha 4,6-8

Erwählung

»Heiliger Rest« – diese Bezeichnung taucht jetzt wörtlich beim Propheten Micha auf (V. 7), nachdem etliche Jahre zuvor Jesaja von Entkommenen, Übriggebliebenen und einem »heiligen Samen« sprach. Micha bestätigt, dass Gott, der eigentlich ein ganzes Volk als Eigentum gewann, jetzt nur noch an einem Rest festhält.
Micha ergänzt hier die Zukunftsaussicht, dass aus diesem Rest aber wieder die frühere Größe entstehen wird (V. 8). Indem Gott selbst als König über sein erneuertes Volk regieren wird, ist den Erwählten die Würde eines Königreichs zugesprochen (vgl. auch 2,12-13). Der Rest, der jetzt noch eine Minderheit ist, stärkeren Völkern schutzlos ausgeliefert, wird dann stark sein und sich wehren können (5,6-8).
Ausgangspunkt für die künftige Größe ist allerdings die Erfahrung, zunächst verringert zu werden: Das ist die Botschaft vom »Heiligen Rest«.
(Jesaja 6,13 ‹« | »› Jeremia 23,3-6)

Micha 5,1-4a

Hinweise auf den Messias (1)

Ein Herrscher Israels, größer als alle anderen, und er kommt aus einer der kleinsten Städte: So lautet die Prophetie von Micha. »Hirte« (V. 3) war zunächst Bezeichnung für einen König (z.B. 1Kön 22,17). Doch dieser Herrscher kommt von allererster Urzeit her (V. 1b) und wird bis an die Enden der Erde anerkannt sein (V. 3b). Er bringt nicht nur Frieden, sondern *ist* der Friede (V. 4).
Im Neuen Testament erfüllt sich diese Prophetie nicht nur durch die Geburt von Jesus in Bethlehem (Mt 2,4-6; Lk 2,4-6; Joh 7,42), sondern auch durch das Bekenntnis, dass Christus vor allem Anfang da war (Joh 1,1-3; 8,58; Kol 1,15). Auch das Bekenntnis »Er ist unser Friede« (so Eph 2,14 wörtlich) gilt Christus.
(Jesaja 52,13–53,12 ‹« | »› Sacharja 9,9-10)

sionen mehr von mir bekommen. Finsternis soll euch bedecken, sodass ihr nicht mehr weissagen könnt. Die Sonne wird über euch untergehen, sodass es selbst am Tag dunkel sein soll wie in der finstersten Nacht. ⁷Dann werden die Seher vor Scham ihre Häupter verhüllen und die Wahrsager vor Peinlichkeit erröten. Sie werden ihren Mund bedecken, weil Gott nicht mehr durch sie spricht.«

⁸Mich dagegen hat der Geist des HERRN mit Kraft erfüllt, mutig für das Recht einzutreten. Er hat mir die Vollmacht gegeben, das Vergehen Jakobs beim Namen zu nennen und Israel seine Sünde vorzuhalten. ⁹Hört doch, ihr, die ihr dem Volk Jakobs vorsteht, die ihr die Anführer des Hauses Israel seid: Ihr verabscheut die Gerechtigkeit und beugt das Recht. ¹⁰Ihr baut Zion und geht dabei über Leichen, ihr richtet Jerusalem auf und versündigt euch dabei. ¹¹Die Oberhäupter der Stadt sind bei der Rechtsprechung bestechlich, die Priester lassen sich für die Unterweisung des Rechts bezahlen und die Propheten weissagen für Geld. Dabei berufen sie sich auf den HERRN und behaupten: »Der HERR ist doch mitten unter uns, uns kann nichts Böses geschehen.«

¹²Wegen euch wird Zion zu Ackerland umgepflügt und Jerusalem zu einem Trümmerhaufen gemacht werden und auf dem Tempelberg wird Gestrüpp wuchern.*

Die zukünftige Herrschaft des HERRN
Vgl. Jesaja 2,2-4

4 Aber in den letzten Tagen wird der Tempelberg alle anderen Berge an Größe und Höhe überragen. Es werden dann Menschen aus allen Nationen zu ihm herbeiströmen.

²Viele Völker werden sich auf den Weg machen und einander zurufen: »Kommt, wir wollen auf den Berg des HERRN steigen, zum Tempel des Gottes Israels*. Dort wird er uns seine Wege lehren, damit wir so leben, wie er es möchte.« Denn der HERR wird von Zion seine Weisungen ausgehen lassen und von Jerusalem sein Wort.

³Dann wird er der Richter über viele Völker sein und wird mächtigen Nationen Recht sprechen, auch wenn sie noch so weit entfernt sind. Dann werden sie ihre Schwerter in Pflugscharen umschmieden und ihre Speere in Winzermesser. Kein Volk wird mehr ein anderes Volk angreifen, und keiner wird mehr lernen, wie man Krieg führt. ⁴Jeder wird ungestört in seinem Weinberg und unter seinem Feigenbaum sitzen, denn es wird nichts mehr geben, wovor er Angst haben muss. Das habe ich, der HERR, der Allmächtige, verheißen!

⁵Mögen auch alle Völker ihren eigenen Wegen nachfolgen, jeder den Namen seines Gottes anrufen – wir wollen unserem Gott für immer und ewig nachfolgen.

Israels Rückkehr aus dem Exil

⁶Der HERR verspricht: »Der Tag wird kommen, an dem ich alle, die zerschunden sind, und alle, die ich in meinem Zorn verstoßen habe, sammeln werde. Und ich werde alle, denen ich Böses zugefügt habe, zusammenholen. ⁷Ich will dafür sorgen, dass die Zerschundenen als heiliger Rest erhalten bleiben und die, die sich weit verlaufen haben, werde ich zu einem starken Volk machen. Dann wird der HERR vom Berg Zion als König über sie herrschen bis in Ewigkeit. ⁸Und du, Wachturm auf dem Hügel von Jerusalem, wirst deine frühere Herrschaft wieder erlangen.

⁹Warum schreist du denn jetzt so laut, Jerusalem? Ist kein König mehr bei dir in der Stadt? Ist dein Ratgeber umgekommen, dass du dich jetzt in Schmerzen windest wie eine Frau, die in den Wehen liegt? ¹⁰Ja, Tochter Zion, du sollst dich in Wehen winden und stöhnen wie eine Frau, die ein Kind bekommt, denn du wirst den Schutz der Stadt aufgeben und auf freiem Feld wohnen müssen. Du wirst nach Babylon verschleppt werden! Aber du wirst von dort gerettet werden!

¹¹Im Moment haben sich jedoch viele Völker gegen dich versammelt. Sie sagen: ›Zion soll entweiht werden, und wir wollen uns daran ergötzen.‹ ¹²Doch sie kennen die Gedanken des HERRN nicht und verstehen auch nicht, dass er sie nach seinem Plan zusammengebracht hat, so wie man Korngarben auf der Tenne sammelt, um sie zu dreschen.

¹³Erheb dich, Tochter Zion, und drisch auf die Feinde ein. Denn ich mache dein Horn zu Eisen und deine Hufe zu Erz, sodass du viele Völker zermalmen wirst. Du wirst mir all das wieder weihen, was sie dir zuvor geraubt haben. Mir soll ihr ganzer Reichtum gehören.

¹⁴Zeig nun deine Trauer, du an traurige Zeiten gewöhnte Stadt! Die Feinde haben einen Belagerungswall gegen uns aufgeworfen, und sie schlagen dem Richter Israels mit einem Stock ins Gesicht.

3,12 Vgl. Jeremia 26,18.   4,2 Hebr. *Jakobs.*

MICHA

1–2	Gericht und Hoffnung auf Wiederherstellung
3	Gericht über die Anführer Israels
4–5	Die zukünftige Herrschaft des HERRN
6–7	Gericht und Hoffnung

5–6
Der künftige Herrscher kommt aus Bethlehem. Gott löscht alles aus, was Israel von ihm abbringt. Israel wird wegen seiner Gottlosigkeit gerichtet.

[Zeit der Könige und Propheten]

Ein Herrscher aus Bethlehem

5 Du, Bethlehem Efrata, bist zwar zu klein, um unter die großen Städte Judas gerechnet zu werden. Dennoch wird aus dir einer kommen,

Micha 6,8

Die Antwort des Menschen

Worauf kommt es Gott an? Die Bibel gibt dazu ganz verschiedene, sich jedoch ergänzende Antworten: »Ein zerbrochener Geist« und »ein zerknirschtes, reumütiges Herz« (Ps 51,17), »Liebe und Gotteserkenntnis« (Hos 6,6), »Gerechtigkeit, Barmherzigkeit und Glaube« (Mt 23,23), »Gott von ganzem Herzen, von ganzer Seele, mit all deinen Gedanken und all deiner Kraft lieben« und »den Nächsten lieben wie dich selbst« (Mk 12,30-31; 5Mo 6,4-5; 3Mo 19,18). Diese Eigenschaften und Lebensweisen werden dann oft mit weniger wichtigen verglichen: religiösen Aktivitäten, Opfergaben und Ritualen.

Hier sagt der Prophet Micha, was Gott am meisten gefällt: »das Recht halten, liebevoll und barmherzig miteinander umgehen und demütig vor Gott euer Leben führen« (V. 8). Für Gott sind aufrichtige und liebevolle Beziehungen zu Gott und anderen und der Einsatz für Gerechtigkeit in dieser Welt immer wichtiger als viele religiöse Aktivitäten. So wird das ganze Gesetz erfüllt (Röm 13,8).

(Daniel 3,16-18 ««« | »» Lukas 1,38)

Micha 6,13-16

Bundesschlüsse

Im Laufe seiner Geschichte hat Israel immer wieder schwere Zeiten mit äußeren Angriffen oder innerer Auflösung erlebt. An vielen Stellen wird das mit Worten geschildert, die den »Bundesflüchen« (3Mo 26; 5Mo 28) entlehnt sind (hier: 5Mo 28,38-40). Dadurch kann Gottes Volk sein Unglück deuten. Andere Unglücksfälle sind z.B. in Jeremia 5,6 und Hosea 13,7-9 genannt. Auch die Verschleppung ins Exil (Am 5,24; 9,4) ist Folge des Bundesbruchs (5Mo 28,32.36.64).

Es ist hart, die strafende Seite Gottes zu erfahren. Doch auch durch diese Kehrseite wird noch deutlich: Der Bund – selbst wenn er vom Bundesvolk gebrochen wurde – ist von Gott aus nicht nichtig, sondern noch wirksam, wenn auch hier zum Unglück. Dann aber darf man auch erwarten, nach der Umkehr den Segen des Bundes zu erfahren.

(5. Mose 29 ««« | »» Sacharja 9,11)

S Südreich Juda **N** Nordreich Israel

der über Israel herrschen soll.* Seine Herkunft reicht in ferne Vergangenheit zurück, ja bis in die Urzeit. ²Er lässt sein Volk in die Hände seiner Feinde fallen, bis die, die ein Kind bekommen soll, geboren hat. Dann aber wird auch der Rest des Volkes zu den übrigen Israeliten zurückkehren ³Er wird sich als Hirte um seine Herde kümmern und wird sie in der Kraft des HERRN und in der Hoheit des Namens seines Gottes weiden. Zu dieser Zeit wird sein Volk sicher wohnen, und er wird von allen Völkern der Erde hoch geehrt werden. ⁴Und er wird der Friede sein.«

Wenn die Assyrer unser Land überfallen und in unsere Burgen eindringen, werden wir sieben Heerführer und acht fürstliche Männer gegen sie aufstellen. ⁵Wenn ihre Zeit gekommen ist, werden sie Assyrien und das Land Nimrods im Kampf besiegen. Unser König wird uns von den Assyrern befreien, wenn sie in unser Land eindringen und unsere Grenzen überschreiten.

Die Reinigung des Überrestes

⁶Dann werden die übrig Gebliebenen Israels unter den Heidenvölkern sein wie der Tau, den der HERR schickt, oder wie Regen, der auf das Gras fällt, ohne dass ein Mensch es beeinflussen könnte. ⁷Die übrig Gebliebenen Israels werden unter den Heidenvölkern sein wie der Löwe unter den Tieren des Waldes, ja wie ein junger Löwe in einer Schafherde – er wütet und reißt erbarmungslos, und niemand kann sie retten. ⁸Dein Arm soll hocherhoben sein über die, die dich bedrängen, und alle deine Feinde sollen vernichtet werden.

⁹»Zur selben Zeit«, spricht der HERR, »werde ich alle deine Schlachtrösser töten und deine Streitwagen zerstören. ¹⁰Ich werde die Städte in deinem Land dem Erdboden gleichmachen und alle deine Festungen niederreißen. ¹¹Alle Zauberei werde ich euch wegnehmen und es wird bei euch keinen Wahrsager mehr geben. ¹²Ich werde alle eure geschnitzten Götzenbilder und heiligen Säulen zerschmettern, damit du dich nie wieder vor dem Werk deiner eigenen Hände anbetend niederwirfst. ¹³Ich werde deine weiblichen Götzenbilder, die Ascheren, aus deiner Mitte ausreißen und deine Kultstätten vertilgen. ¹⁴Ich werde in meinem glühenden Zorn Rache nehmen an allen Völkern, die mir nicht gehorcht haben.«

Die Klage des HERRN gegen Israel

6 Hört, was der HERR fordert: »Nur zu! Klagt mich doch an und lasst die Berge und Hügel Zeugen unseres Rechtsstreites sein.

²Und nun, ihr Berge und ihr Grundfesten der Erde, hört die Anklage des HERRN! Der HERR geht mit Israel ins Gericht und will sich mit Israel auseinander setzen. ³Mein Volk, was habe ich dir zuleide getan, und womit habe ich dich gekränkt? Antworte mir! ⁴Denn ich habe dich aus Ägypten geführt und aus der Sklaverei befreit. Ich habe dir Mose, Aaron und Mirjam als Führer gegeben. ⁵Mein Volk, denke doch an das Unheil, das Balak, der Moabiterkönig, plante, und an das, was Bileam, der Sohn Beors, ihm darauf antwortete.* Und erinnere dich daran, wie du den Jordan überquertest, als du von Acacia* nach Gilgal gezogen bist,* damit du erkennst, was ich dir Gutes getan habe.«

⁶»Wie kann ich wieder mit dem HERRN ins Reine kommen, wie kann ich mich vor dem erhabenen Gott beugen? Soll ich ihm ein Brandopfer von einjährigen Kälbern darbringen? ⁷Hat der HERR Gefallen daran, wenn ich ihm 1.000 Widder darbringe oder unermessliche Ströme von Öl? Oder soll ich ihm meinen erstgeborenen Sohn opfern, um mein Unrecht zu sühnen, meine Kinder als Opfer darbringen, um die Schuld meines Lebens* wieder gutzumachen?«

⁸Es wurde dir, Mensch, doch schon längst gesagt, was gut ist und wie Gott möchte, dass du leben sollst. Er fordert von euch nichts andere, als dass ihr euch an das Recht haltet, liebevoll und barmherzig miteinander umgeht und demütig vor Gott euer Leben führt.

Israels Schuld und Strafe

⁹Es ruft der HERR, in dessen Namen Weisheit liegt, der Stadt Jerusalem zu*. »Begreift doch, dass euch Strafe bevorsteht und achtet darauf, wer sie über euch verhängt hat! ¹⁰Sammelt der Gottlose immer noch unrecht erworbenes Gut in seinem Haus und misst er weiterhin mit dem verfluchten falschen Getreidemaß*? ¹¹Soll ich seinen Betrug mit der falschen Waage und den falschen Gewichten hinnehmen? ¹²Die Reichen in der Stadt verfolgen gnadenlos und brutal ihre eigenen Interessen, und alle Bewohner Jerusalems lügen und betrügen.

¹³Deshalb werde ich euch mit Krankheit schlagen. Um eurer Sünden willen werde ich euch vernichten. ¹⁴Du wirst essen und nicht satt werden – dein Hunger soll ungestillt bleiben. Was

---

5,1 Vgl. Matthäus 2,6. **6,5a** Vgl. 4. Mose 22,18.38. **6,5b** Hebr. *Schittim*. **6,5c** Vgl. 4. Mose 25,1; Josua 4,19-20.
6,7 Hebr. *Seele*. **6,9** Die Bedeutung des Verses ist im Hebr. unklar. **6,10** Hebr. *durch den Gebrauch des zu kleinen Efa*.

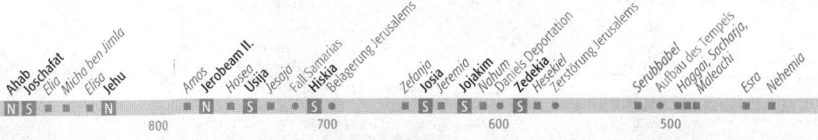

MICHA

1–2	Gericht und Hoffnung auf Wiederherstellung
3	Gericht über die Anführer Israels
4–5	Die zukünftige Herrschaft des HERRN
6–7	Gericht und Hoffnung

6–7

Israel wird wegen seiner Gottlosigkeit gerichtet. Bei aller Ungerechtigkeit hofft Micha allein auf Gott. Michas Gebet um Gottes Gnade für Israel.

[Zeit der Könige und Propheten]

S Südreich Juda N Nordreich Israel

Josua · Einnahme von Jericho · Gideon · Simson · Samuel · Saul · David · Salomo · Tempelbau · Rehabeam · Jerobeam I. · S N

1400 v. Chr. · 1300 · 1200 · 1100 · 1000 · 900

du dir beiseiteschaffst, wirst du doch nicht retten
können. Und was du gerettet hast, wirst du im
Krieg wieder verlieren. 15Du wirst säen, aber die
Ernte nicht einbringen, und Oliven pressen, aber
dich mit dem Öl nicht salben können. Und du
wirst Trauben keltern, aber den Wein nicht genießen.

Micha 7,18

Gottes Liebe, Gottes Zorn

Häufig geriet Israel in Schwierigkeiten. Korrupte Könige regierten; soziale Ungerechtigkeit führte zu Armut und Unzufriedenheit; Israels Feinde triumphierten über es. In diesen Zeiten schauten die Propheten um sich herum und predigten Gerechtigkeit, ermahnten das Gottesvolk zur Treue, und versprachen – je nach Israels Verhalten Gott gegenüber – Strafe oder Segnung.

Die Propheten waren sich aber auch der Vergangenheit und Zukunft bewusst. Sie konnten auf Gottes große Taten in der Vergangenheit zurückblicken. So schöpfte das Volk Israel neue Hoffnung. Gott wird auch in Zukunft wieder eingreifen. »Wie damals in den Tagen, als du aus Ägypten ausgezogen bist, wirst du sehen, wie ich Wunder vollbringe« (7,15). Die Propheten verdeutlichten: Israels Sünden hatten dazu beigetragen, dass es ihm momentan schlecht ergeht. Aber sie versicherten dem Volk, dass es Gott seine Sünden bekennen und ihm dienen muss. So wird Gott ihr Schicksal wieder zum Guten wenden. Gottes Zorn ist da. Aber er ist begrenzt und wird abgelöst durch Erbarmen.

(Psalm 136 ««« | »» 3. Mose 26)

Micha 7,20

Bundesschlüsse

Zur Zeit von Micha liegt bereits eine lange Geschichte hinter Israel – eine Geschichte auch der Untreue und des Ungehorsams (Kapitel 1–3 und 6).

Auch jetzt noch aber ist der Bundesschluss mit Abraham wirksam. Er gibt Hoffnung für die Zukunft, dass Gott weiterhin treu sein wird und seine Bundeszusagen einhalten wird. »Jakob« und »Abraham« können hier geradezu als Namen für das Volk Israel in der Zukunft stehen.

(Psalm 105,8-10 «« | »» Lukas 13,16)

¹⁶Denn du lebst immer noch nach dem Vorbild der Könige Omri* und Ahab*. Ihr habt euer ganzes Leben nach ihren Ratschlägen ausgerichtet. Deshalb mache ich dich zum abschreckenden Beispiel und deine Bewohner zur Zielscheibe des Spottes. Ihr werdet den Hohn der Völker ertragen müssen!«

Elend verwandelt sich in Hoffnung

7 Ich bin so verzweifelt! Ich fühle mich wie ein Obstpflücker nach der Ernte, wie bei der Nachlese im Weinberg. Nicht eine einzige Traube, keine Feige ist mehr zu finden. ²Im ganzen Land gibt es keinen Gottesfürchtigen mehr, und unter allen Menschen keinen, der ehrlich und aufrichtig lebt. Sie sind blutrünstig; jeder versucht, seinen Bruder zu hintergehen. ³Ihr Tun ist durch und durch böse: Wenn ein Fürst etwas haben will, besticht er den Richter, der dann zu seinen Gunsten richtet. Und wenn der Mächtige nach etwas giert, sind die Richter bereit, das Recht zu verdrehen. ⁴Noch der Beste von ihnen ist wie eine Distel; selbst der Aufrichtigste ist schlimmer als eine Dornenhecke. Doch der Tag des Gerichts, den deine Propheten angekündigt haben, kommt. Dann werdet ihr bestürzt und ratlos sein.

⁵Vertrau nicht deinem Nächsten, auch nicht deinem besten Freund! Achte auf deine Worte, auch vor der Frau, die in deinen Armen liegt! ⁶Denn der Sohn verachtet seinen Vater, die Tochter widersetzt sich ihrer Mutter, die Schwiegertochter stellt sich gegen ihre Schwiegermutter*. Eure Feinde leben in eurem eigenen Haus!

⁷Ich aber will mich auf den HERRN verlassen. Erwartungsvoll will ich nach dem HERRN Ausschau halten. ⁸Lacht nicht über mich, meine Feinde! Denn wenn ich auch falle, werde ich doch wieder aufstehen. Ist um mich herum auch alles dunkel, ist doch der HERR selbst mein Licht. ⁹Ich habe gesündigt und muss nun den Zorn des HERRN ertragen, bis er meine Sache in die Hand nimmt und mir zu meinem Recht verhilft: Er wird mich wieder ins Licht hinausführen und ich werde voller Freude seine Gerechtigkeit sehen. ¹⁰Auch meine Feinde werden es miterleben und werden zutiefst beschämt sein darüber, dass sie mich verlästert und gespottet haben: »Wo ist er denn, der HERR, dein Gott?« Triumphierend werde ich dann mit ansehen können, wie sie wie Dreck auf der Straße zertreten werden.

¹¹Es kommt ein Tag, Jerusalem, da werden deine Mauern wieder aufgebaut und deine Grenzen weit ausgedehnt werden. ¹²An jenem Tag werden alle zu dir herbeiströmen – aus Assyrien und den Städten Ägyptens, aus dem gesamten Gebiet von Ägypten bis hin zum Euphrat*, von einem Meer zum anderen und von einem Gebirge zum anderen. ¹³Doch die Erde soll zur Wüste werden, als Strafe für die Taten ihrer Bewohner.

Der HERR hat Mitleid mit Israel

¹⁴HERR, weide dein Volk, die Herde deines Erbteils, als ein Hirte. Sie leben abgesondert in der Wildnis auf dem Karmel. Lass sie wieder in Baschan und Gilead weiden, so wie es früher war.

¹⁵»Ja, wie damals in den Tagen, als du aus Ägypten ausgezogen bist, wirst du sehen, wie ich Wunder vollbringe.«

¹⁶Alle Völker der Welt werden über das staunen, was der HERR für euch tun wird. Sie werden beschämt sein, weil sie mit ihrer Macht nichts gegen seine Taten ausrichten können. Sie werden sprachlos verharren und nichts mehr um sich herum wahrnehmen. ¹⁷Sie werden Staub lecken wie die Schlangen, wie das Gewürm auf der Erde. Sie werden zitternd und voller Angst aus ihren Festungen zum HERRN, unserem Gott, kommen. Sie werden vor dir erschaudern und sich fürchten.

¹⁸Wo ist ein Gott wie du, der die Sünden vergibt und die Missetaten seines Volkes verzeiht? Der nicht für immer an seinem Zorn festhält, sondern der sich freut, wenn er barmherzig sein kann? ¹⁹Er wird sich wieder über uns erbarmen, alle unsere Sünden zertreten und alle unsere Verfehlungen ins tiefe Meer werfen! ²⁰Du wirst an Jakob Treue und an Abraham Gnade erweisen, wie du es unseren Vorfahren geschworen hast.

6,16a Vgl. 1. Könige 16,23ff. **6,16b** Vgl. 1. Könige 16,29ff. **7,6** Vgl. Matthäus 10,35.36. **7,12** Hebr. *dem Fluss.*

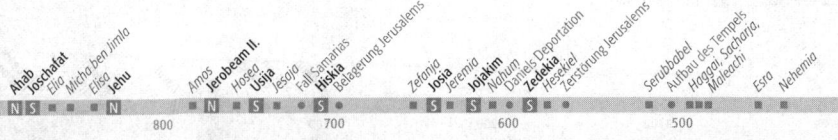

Um erwachsene Christen zu werden, müsst ihr euch mit der Schrift vertraut machen.

Johannes Chrysostomus

S Südreich Juda   N Nordreich Israel

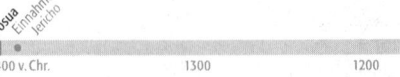
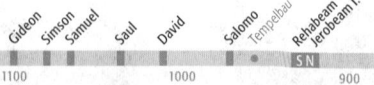

Nahum

Inhalt

Nahum kündigt die Zerstörung der Stadt Ninive an. Das ist Gottes Strafe für die Grausamkeiten, die die assyrischen Herrscher jahrhundertelang in weitem Umkreis verübt haben. Israel hatte auch unter ihnen zu leiden, bis hin zur völligen Eroberung des Landes und der Wegführung der Stämme des Nordens.

Der größere Teil des Nahumbuchs besteht aus Drohworten, oft in direkter Anrede an Ninive gerichtet. Der Beginn des Buches jedoch beschreibt die Macht, die Güte und den Zorn Gottes und liest sich fast wie ein Psalm.

Wichtige Person
Nahum   Prophet

Wichtiger Ort
Ninive   Hauptstadt des assyrischen Großreichs, im heutigen Irak

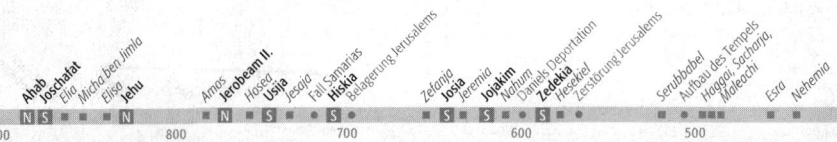

NAHUM

1	Der Zorn des HERRN über Ninive
2	Der Fall Ninives
3	Das Gericht des HERRN über Ninive

1–3
Gott bestraft den Gottlosen. Gott rettet Israel und Juda vor Ninive. Ninive wird wegen seiner Bosheit bloßgestellt.

[Zeit der Könige und Propheten]

S Südreich Juda   N Nordreich Israel

NAHUM

1 Dies ist ein Ausspruch über Ninive, das Buch der prophetischen Vision von Nahum aus Elkosch.

Der Zorn des HERRN über Ninive

²Der HERR ist ein eifersüchtiger und rächender Gott, er ist ein wahrer Rächer und ein zorniger Gott. Er rächt sich an seinen Gegnern und zürnt seinen Feinden. ³Der HERR ist geduldig und seine Macht gewaltig, doch er lässt keineswegs ungestraft. Er geht seinen Weg in Sturm und Gewitter, und die Wolken sind der Staub unter seinen Füßen. ⁴Er droht dem Meer und legt es trocken,* und auch alle Flüsse lässt er versiegen. Dann verdorren Baschan und Karmel, und die Blüten auf dem Libanon verwelken. ⁵Er erschüttert die Berge und lässt Hügel schmelzen. Die Erde hebt sich vor seinem Angesicht, ebenso das Festland mit allen, die darauf wohnen. ⁶Wer kann seinem Zornesausbruch standhalten? Wer kann vor seinem brennenden Ärger bestehen? Sein Zorn breitet sich aus wie Feuer, und die Felsen zerspringen vor ihm.

⁷Der HERR ist gütig. In schweren Zeiten ist er eine feste Zuflucht, und er kennt alle, die bei ihm Schutz suchen.

⁸Die aber, die sich gegen ihn auflehnen, wird er mit einer großen Flut vernichten. Er wird sie ins Dunkel schicken.

⁹Was wollt ihr gegen den Herrn planen? Er bringt das Ende. Es wird keine weitere Notlage geben.* ¹⁰Denn auch wenn sie einem undurchdringlichen Dornengestrüpp und einer weinseligen Schar Betrunkener gleichen, werden sie doch wie trockenes Stroh völlig verzehrt werden. ¹¹Von dir* stammt einer, der Böses gegen den HERRN im Sinn hatte, der Verderben plante.

¹²Der HERR sagt: »Auch wenn es ihnen gut geht und sie sehr zahlreich sind, werden sie doch vernichtet und vom Erdboden verschwinden. Auch wenn ich dich erniedrigt habe, will ich dich nicht weiter demütigen. ¹³Jetzt werde ich dich von deinem Joch befreien und deine Fesseln in Stücke reißen.«

¹⁴Dieses jedoch bestimmt der HERR über dich: »Ihr sollt keine Kinder mehr haben, die euren Namen tragen. Ich werde die geschnitzten und gegossenen Götzenbilder in den Tempeln eurer

1,4 Matthäus 8,26.   **1,9** Psalm 2,1.   **1,11** D.h. aus Ninive.

Götter zerstören. Ich werde dir ein Grab bereiten, denn du bist zu erbärmlich.*

2 Seht nur! Ein Bote kommt mit guten Nachrichten über die Berge! Er bringt eine Friedensbotschaft. Feiere deine Feste, Juda, und erfülle deine Gelübde, denn der Gewissenlose wird dich von jetzt an nicht mehr belästigen. Er ist völlig vernichtet.

Der Fall Ninives

²Der Zerstörer zieht gegen dich ins Feld! Bereite die Festung vor, überwache die Straße, zieh deine Rüstung an und wappne dich so gut wie möglich. ³Denn der HERR gibt Jakob und auch Israel ihre Hoheit zurück, nachdem Plünderer sie ausgeraubt und ihre Reben vernichtet haben.

⁴Rot leuchten die Schilde seiner Helden, und die Kleidung der Tapferen ist karmesinrot gefärbt. Wenn er aufmarschiert, funkelt der Stahl der Kriegswagen, und die Lanzen werden geschwungen. ⁵Die Streitwagen werden durch die Straßen rasen und einander auf den Plätzen überholen. Sie sehen aus wie Fackeln, werden wie Blitze umherjagen. ⁶Er* wird seine mächtigsten Männer schicken, doch sie sollen auf ihrem Weg stolpern. Sie werden zur Stadtmauer eilen, doch das Schutzdach steht bereits.

⁷Die Schleusen der Flüsse werden geöffnet und im Palast sinkt der Mut. ⁸Fest steht: Die Königin wird ihrer Macht beraubt und gefangen weggeführt, während ihre Mägde jammern wie gurrende Tauben und sich an die Brust schlagen. ⁹Ninive glich schon immer einem gefüllten Wasserbecken. Aber nun fliehen sie. Man ruft: ›Halt, halt!‹, doch keiner dreht sich um.

¹⁰Raubt das Silber! Plündert das Gold! Die Schätze scheinen unerschöpflich – es gibt dort unzählig viele begehrenswerte Kostbarkeiten. ¹¹Was für eine Plünderung, Zerstörung und Verwüstung! Die Herzen sind verängstigt! Den Menschen schlottern die Knie und ihre Gliedmaßen gehorchen ihnen nicht mehr. Ihre Gesichter sind gerötet.

¹²Wo wohnen die Löwen, wo ist der Futterplatz ihrer Jungen? Wo ist der Ort, an dem der Löwe umherstreifte, wo seine Jungen sind und wo niemand sie aufschreckte? ¹³Der Löwe riss Beute, bis seine Jungen satt waren und raubte für seine Löwinnen. Er füllte seine Verstecke mit Erbeutetem und seine Wohnungen mit Zerrissenem.

¹⁴Nun aber will ich gegen dich vorgehen«, lautet der Beschluss des HERRN, des Allmächtigen. »Ich lasse deine Wagen in Rauch aufgehen, und deine jungen Löwen soll das Schwert fressen. Ich mache deinen Raubzügen auf der Erde ein Ende und die Stimme deiner Boten soll nirgends mehr zu hören sein.

Das Gericht des HERRN über Ninive

3 Der Stadt des Blutvergießens wird es furchtbar ergehen! Alles an dieser Stadt ist falsch. Sie ist voller Raub und das Plündern hört nicht auf. ²Hört, wie die Peitschen knallen und die Räder rasseln, und vernehmt die trabenden Pferde und polternden Wagen! ³Reiter preschen mit funkelnden Schwertern und blitzenden Lanzen heran. Es gibt viele Erschlagene und eine Unmenge von Leichen. Endlos ist die Zahl der Leichen, sodass man darüber stolpert! ⁴Und all das wegen der unzähligen Verlockungen der anziehenden, verführerischen Hure, der Herrin der Zauberkünste, die mit ihren Reizen ganze Völker betörte und mit ihren Zaubereien ganze Sippen.*

⁵Nun aber will ich gegen dich vorgehen!« So lautet der Beschluss des HERRN, des Allmächtigen. »Ich hebe dein Gewand an, sodass du vor der ganzen Welt bloßgestellt wirst und Völker deine Schande sehen können. ⁶Ich beschmutze dich und stelle dich an den Pranger, indem ich dich mit widerlichen Dingen überhäufe. ⁷Alle, die dich sehen, werden sich abwenden und sagen: ›Ninive ist verwüstet. Wer wird da mitleidig den Kopf schütteln? Wo soll ich jemanden finden, der dich tröstet?‹*

⁸Bist du besser als Theben*, das an den Strömen lag und von Flüssen umgeben war? Das Meer war seine Festung, das Wasser eine schützende Mauer. ⁹Kusch und Ägypten gaben ihm Macht, die unerschöpflich schien. Außerdem zählten Put und Libyen zu seinen* Helfern. ¹⁰Aber auch Theben musste in die Verbannung gehen und kam in die Gefangenschaft. Auch seine Kinder wurden an den Straßenecken umgebracht. Über das Schicksal der vornehmen Leute würfelte man und alle bedeutenden Männer wurden in Ketten gelegt.

¹¹Du wirst genauso besinnungslos betrunken und ohnmächtig sein! Auch du wirst versuchen dich vor dem Feind in Sicherheit zu bringen. ¹²Alle deine Festungen sind Feigenbäume, deren

---

1,14 Micha 5,12-13. 2,6 D.i. der König von Ninive. 3,4 Jesaja 47,8-9. 3,7 Offenbarung 18,19. 3,8 Hebr. *No-Amon*; so auch in 3,10. 3,9 O. *deinen*.

NAHUM

1	Der Zorn des HERRN über Ninive
2	Der Fall Ninives
3	Das Gericht des HERRN über Ninive

Früchte früh reif sind: Wenn sie geschüttelt werden, fallen sie dem in den Mund, der sie essen will. ¹³Sieh, deine Krieger sind wie Frauen geworden. Die Tore deines Landes stehen deinen Feinden weit offen und Flammen verzehren die Türriegel.*

¹⁴Leg dir für die Belagerung Wasservorräte an! Stärke deine Verteidigungsanlagen! Tritt den Lehm fest, stampf Ton und greif zur Ziegelform! ¹⁵Dennoch wird dich das Feuer verschlingen. Das Schwert wird dich erschlagen und dich verzehren wie eine Heuschreckenplage, auch wenn du dich wie ein Heuschreckenschwarm vermehrst und zahlreich wirst wie seine Larven. ¹⁶Du hast mehr Händler, als Sterne am Himmel stehen; die Heuschrecken jedoch schlüpfen aus und fliegen davon. ¹⁷Deine Wächter sind wie Wanderheuschrecken und deine Aufseher wie ein Schwarm Grashüpfer, der an kalten Tagen an den Mauern lagert. Sobald die Sonne aufgeht, fliegen sie fort, und man weiß nicht, wohin. Wo sind sie? ¹⁸Deine Hirten sind müde, König von Assur, und deine Mächtigen liegen am Boden. Deine Krieger sind in den Bergen verstreut und es gibt niemanden, der sie zusammenruft. ¹⁹Es gibt kein Heilmittel gegen deinen Zusammenbruch, deine Verletzung ist tödlich. Alle, die hören, wie es dir ergeht, klatschen in die Hände!* Denn wer hat nicht unter deiner ständigen Bosheit gelitten?«

3
Ninive kann Gottes Urteil nicht entfliehen.

[Zeit der Könige und Propheten]

3,13 Nahum 1,10.   3,19 Micha 1,9.

S Südreich Juda   N Nordreich Israel

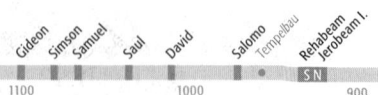

Habakuk

Inhalt
Habakuk ist empört über das Unrecht in seinem Land Juda und klagt es Gott. Gott antwortet ihm mit der Ankündigung, dass die Babylonier Juda bald grausam zerstören werden, wobei diese sich auch schuldig machen. Habakuk versteht Gottes Strafgericht, fragt aber, wie Gott dem neuerlichen Unrecht zusehen kann, das dabei geschehen wird. Gott antwortet ihm wieder und sagt zu, dass die Vollstrecker des Strafgerichts für ihre Schuld bestraft werden: für ihre selbstherrliche Grausamkeit, die Verehrung unfähiger Götterbilder und ihre innere Unaufrichtigkeit. Ein Gerechter dagegen lebt durch sein Festhalten an Gott.

Letztlich richtet Gott alle Völker. Obwohl Habakuk darüber zutiefst erschrocken ist, wünscht er sich, dass Gott bald handelt. Er rechnet damit, dass Gott trotz seines Zornes barmherzig ist und Heil bringt.

Wichtige Person
Habakuk   Prophet

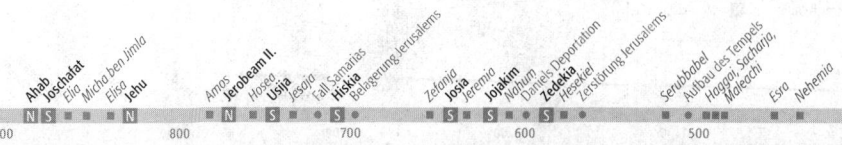

HABAKUK

HABAKUK	
1,1-11	Habakuks erste Klage und die Antwort des HERRN
1,12–2,20	Habakuks zweite Klage und die Antwort des HERRN
3	Habakuks Gebet

1 Dies ist die Botschaft des HERRN, die der Prophet Habakuk in Form einer Vision erhielt.

Habakuks Klage

²Wie lange noch, HERR, soll ich um Hilfe schreien, ohne dass du mich hörst? »Um mich herum herrschen Zerstörung und Gewalt«, schreie ich dir zu, doch du greifst nicht ein. ³Warum lässt du mich Unrecht erleben und warum siehst du dem Elend zu? Um mich herum herrschen Unterdrückung und Gewalt; Zank und Streit erheben sich. ⁴Das Gesetz findet bei uns keine Beachtung mehr und es werden keine gerechten Urteile gefällt. Die Bösen umzingeln die Unschuldigen und das Recht wird in Unrecht verdreht.

Die Antwort des HERRN

⁵Der HERR antwortete: »Seht auf die Völker! Schaut aufmerksam hin! Ihr werdet erstaunt und erschrocken sein! Noch zu euren Lebzeiten werde ich etwas geschehen lassen, das ihr nicht glauben würdet, wenn es euch jemand erzählte*. ⁶Ich werde die Babylonier, dieses grimmige und ungestüme Volk, gegen Juda aufstacheln. Erbarmungslos durchstreifen sie die Welt und unterwerfen sich ein Land nach dem anderen. ⁷Dabei verbreiten sie Furcht und Schrecken. Sie tun, was ihnen gefällt, und herrschen mit Brutalität. ⁸Ihre Pferde sind schneller als Leoparden und wilder als die Wölfe am Abend. Ihre Reiter stürmen von Weitem daher und stürzen sich auf ihre Gegner, so wie ein Adler auf seine Beute herabstößt.

⁹Sie stürmen herbei, bereit Gewalt anzuwenden. Sie rücken unerbittlich vor und raffen Gefangene zusammen, wie man Sand zusammenschaufelt. ¹⁰Sie lachen über Könige und machen sich über Fürsten lustig. Über die Festungen ihrer Gegner lächeln sie nur: Sie schütten einen Belagerungswall aus Erde vor ihnen auf und erobern sie! ¹¹Dann jagen sie weiter; sie brausen dahin wie der Sturmwind. Doch sie machen sich schuldig, weil sie ihre eigene Kraft zu ihrem Gott machen.«

1–2

Habakuk: »Gott, warum greifst du nicht ins Unrecht ein?« Gott: »Die Babylonier werden über das Land hinwegfegen.« Habakuk: »Warum lässt du das Land von Babylon erobern, wenn es doch weniger gerecht ist als Israel?« Gott: »Einmal wird Babylon zum Spott der Völker werden.«

[Zeit der Könige und Propheten]

1,5 Vgl. Apostelgeschichte 13,41.

S Südreich Juda N Nordreich Israel

Habakuks zweite Klage

¹²HERR, bist du nicht von alters her mein heiliger Gott? Nein, wir werden nicht sterben! HERR, du hast die Babylonier dazu bestimmt, dein Strafgericht an uns zu vollstrecken und uns zu züchtigen. ¹³Aber deine Augen sind doch zu rein, als dass sie Böses mit ansehen könnten, und du erträgst es nicht, wenn Menschen gequält werden. Warum aber siehst du jetzt dem Tun dieser Verräter zu? Warum schweigst du jetzt, wenn durch diese Räuber andere vernichtet werden, die doch gerechter leben als sie?

¹⁴Du lässt es ja zu, dass der Feind die Menschen behandelt wie Fische im Meer und wie Würmer, die keinen Herrscher über sich haben. ¹⁵Voller Freude zieht er sie mit der Angel aus dem Wasser, rafft sie in seinem Fangnetz zusammen und jubelt über seinen guten Fang. ¹⁶Deshalb opfert er seinem Netz und verbrennt Weihrauch für sein Fischgarn. Denn ihnen verdankt er seine große Beute und den reich gedeckten Tisch. ¹⁷Soll er aber deshalb immer wieder sein Netz ausleeren, um erbarmungslos Völker zu morden?

2 Ich will meinen Posten auf dem Wachturm einnehmen und Ausschau halten. Dort will ich abwarten, was der HERR zu mir sagt und wie er auf meine Klage antwortet.

Die zweite Antwort des HERRN

²Da antwortete mir der HERR und sagte: »Was ich dir jetzt zeigen werde, sollst du säuberlich auf Tafeln schreiben, damit es jeder mühelos im Vorbeigehen lesen kann. ³Denn das, was du siehst, wird erst zu einer bestimmten Zeit eintreten. Aber du kannst dich darauf verlassen, dass es eintrifft, auch wenn es eine Weile auf sich warten lässt. Du kannst darauf zählen, denn es ist keine Täuschung!

⁴Du sollst wissen: Der Feind ist anmaßend und in seinem Herzen nicht aufrichtig*. Durch den Glauben hat ein Gerechter Leben*. ⁵Ein Angeber ist trügerisch wie Wein: Selbst wenn er sich ausbreitet wie die Unterwelt* und alle Völker um sich sammelt und unterjocht, kann er sich doch nicht halten. ⁶Die Völker werden ein Spottlied über ihn singen. Mit versteckten Anspielungen und Sprichwörtern werden sie sich über ihn lustig machen: ›Es soll dem schlecht gehen, der fremdes Eigentum an sich reißt. Wie lange wird so etwas gut gehen?‹ ⁷Plötzlich werden deine Schuldner kommen und dir Angst machen. Sie werden dich selbst als Beute davontragen. ⁸Genauso, wie du die Völker ausgeraubt hast, werden die Übriggebliebenen aus den Völkern dich ausrauben. Sie werden dir heimzahlen, dass du die Menschen umgebracht und alle ihre Städte und Länder zerstört hast! ⁹Furchtbar wird es dem gehen, der sich auf unrechte Art bereichert! Er baut sich wie der Adler hoch oben ein Nest und meint, er könne sich damit gegen alle möglichen Schicksalsschläge absichern. ¹⁰Wegen deines Beschlusses, diese ganzen Völker auszurotten, hast du Schande über dein Volk gebracht und Schuld auf dein eigenes Leben geladen. ¹¹Sogar die Steine der Mauern eurer Häuser zeugen gegen euch, die Balken in der Decke klagen euch an.

¹²Furchtbar wird es für die werden, die morden, um ihre Städte zu bauen, und die Unrecht tun, um ihre Burgen zu errichten! ¹³Hat nicht der HERR beschlossen, dass die Völker sich für Feuer mühen und sich wegen unnützer Dinge plagen müssen? ¹⁴Die ganze Erde wird die Herrlichkeit des HERRN erkennen und davon erfüllt sein, so wie Wasser das ganze Meer füllt.

¹⁵Furchtbar wird es für euch* werden, weil ihr eure Nachbarn betrunken macht. Ihr wollt euch über sie lustig machen, wenn sie sich in ihrer Trunkenheit lächerlich machen.

¹⁶Damit hast du aber Schande auf dich selbst geladen und keine Ehre: Jetzt betrink dich auch und mach dich in deiner Trunkenheit lächerlich*! Der HERR wird dir mit seiner Rechten den Becher seines Zorns reichen und dich ihn austrinken lassen: Du wirst in Schande gestürzt werden und deine Ehre wird vergehen.

¹⁷Es wird auf dich zurückfallen, wie du die Bäume des Libanonwaldes abgeholzt und die Tiere sinnlos gemordet hast! Du wirst dafür büßen müssen, dass du die Menschen umgebracht und die Städte und Länder zerstört hast!

¹⁸Was kann ein Götzenbild nützen, das doch nur von einem Handwerker angefertigt wurde? Was ist der Nutzen eines gegossenen Maskenbildes oder eines Wahrsagers, der lügt? Wie kann ein Handwerker an ein Götzenbild glauben, wenn er es doch selbst hergestellt hat? ¹⁹Furchtbar wird es für den werden, der versucht, ein Schnitzwerk zum Leben zu erwecken oder der einen leblosen Stein auffordert: ›Wach auf!‹ Wie könnte er sie je dazu bringen können? Selbst ein Götzenbild, das mit Gold und Silber überzogen ist, hat keine Spur von Leben in sich. ²⁰Der HERR aber wohnt in seinem heiligen Tempel. Die ganze Erde verstumme vor ihm!«

2,4a In der griech. Version heißt es *Ich habe keine Freude an den Menschen, die abfallen.* **2,4b** Römer 1,17; Galater 3,11; Hebräer 10,37-38. **2,5b** Hebr. *die Scheol.* **2,15** Gemeint sind die Chaldäer. **2,16** Hebr. *und zeige deine Vorhaut.*

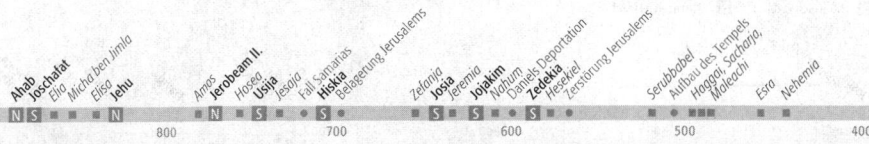

HABAKUK

1,1-11	Habakuks erste Klage und die Antwort des HERRN
1,12–2,20	Habakuks zweite Klage und die Antwort des HERRN
3	Habakuks Gebet

3
Habakuk preist Gottes Herrlichkeit und erschrickt über Gottes Plan.

[Zeit der Könige und Propheten]

Habakuks Gebet

3 Dieses Gebet sang Habakuk*: ²HERR, ich habe deine Botschaft gehört. Ich bin erschrocken! HERR, lass das, was du tun willst, bald geschehen, damit wir es noch erleben! Und hab Erbarmen mit uns, auch wenn du zornig bist!
³Gott kommt von Teman her, der heilige Gott zieht vom Berg Paran heran*. Seine Majestät strahlt über den ganzen Himmel und sein Lob* erfüllt die Erde. ⁴Wie das Sonnenlicht strahlt seine Herrlichkeit und die in seinen Händen verborgene Macht bricht hervor wie die Strahlen der Sonne*. ⁵Die Pest geht vor ihm her und Seuchen folgen ihm auf dem Fuß. ⁶Wenn er stehen bleibt, bebt die Erde, und vor seinem Blick erschrecken die Völker. Er lässt die uralten Berge zerspringen und die seit ewigen Zeiten bestehenden Hügel versinken. So handelt er seit jeher. ⁷Ich sah die Zelte der Kuschiter zittern vor dem Unheil, und auch die Zeltdecken der Midianiter schwankten hin und her. ⁸Herr, wem gilt dein Zorn? Bist du zornig gegen die Flüsse oder richtet sich dein Grimm gegen die Wassermassen

3,1 Im Hebr. heißt es weiter *nach Schigjonot*; evtl. ein Hinweis auf eine musikalische Begleitung des Gebets. **3,3a** Im Hebr. folgt *Sela*; so auch in 3,9.13. Die Bedeutung dieses hebr. Begriffs ist unklar; möglicherweise stammt er aus dem Bereich der Musik oder Literatur. **3,3b** Hebr. *das ihn Lobende.* **3,4** O. *Er verschleiert seine Ehrfurcht gebietende Macht.*

Habakuk 3,2

Gottes Liebe, Gottes Zorn
Warum beten wir? Versuchen wir, Gott umzustimmen, damit er nicht mehr zornig ist? Versuchen wir, Gottes Absichten zu beeinflussen? Versuchen wir nur, zu ergründen, was Gottes Vorhaben ist, damit wir uns in seinen Plan richtig einfügen? Kämpfen wir mithilfe des Gebets gegen einen Feind, damit Gott verwirklichen kann, was er ohnehin zu tun beabsichtigt? Für all diese Ansätze gibt es durchaus biblische Beispiele. Welche Bibelworte sind wortwörtlich aufzufassen? Welche drücken nur in menschlicher Sprache aus, was letztlich nur ein Schatten des eigentlich Gemeinten ist? Vieles bleibt leider unklar.
Dieses Prophetenwort verdeutlicht, dass der Prophet sich dem Willen Gottes unterordnen will: »Lass das, was du tun willst, bald geschehen« (V. 2). Und doch bittet er Gott, dass dieser seinem Zorn nicht freien Lauf lassen soll. Man denke nur an das Gebet von Jesus im Garten Gethsemane: »Lass diesen Leidenskelch an mir vorübergehen. Doch dein Wille geschehe, nicht meiner« (Mk 14,26). Gottes Zorn darf nicht die menschliche Hoffnung wegfegen.
(Psalm 85 «« | »» Hesekiel 33,11)

der Meere, dass du mit deinen Streitrossen und Kampfwagen darüber hinwegstürmst? ⁹Du hast deine Bogen zum Kampf hervorgeholt und die Pfeile auf die Sehne gespannt, wie du es geschworen hast. Du spaltest die Erde, bis Ströme hervorbrechen. ¹⁰Die Berge beben, wenn sie dich sehen. Gewaltiger Regen prasselt nieder und die Wogen der Meere türmen sich grollend auf. ¹¹Sonne und Mond ziehen sich zurück beim Glänzen deiner sirrenden Pfeile und beim Aufblitzen deines glitzernden Speeres.

¹²Du schreitest voller Zorn über die Erde und zerstampfst die Völker. ¹³Du zerstörst das Haus des Bösen und legst das Fundament bloß, um deinen Gesalbten zu retten. ¹⁴Die feindlichen Krieger stürmen heran, um mich zu vernichten, sie freuen sich schon darauf, Hilflose in ihrem Versteck zu morden. Aber du durchbohrst die Köpfe dieser Krieger mit ihren eigenen Speeren. ¹⁵Mit deinen Pferden kannst du durch die Meere reiten, auch wenn sich die Wellen noch so hoch türmen.

¹⁶Als ich diese Botschaft vernahm, fuhr mir der Schreck in alle Glieder, meine Lippen fingen an zu zittern und meine Knie wurden weich*. Mir bangt vor mir selbst, denn ich muss gelassen auf den Tag warten, an dem all dies Unheil, das uns treffen soll, über das Volk hereinbrechen wird. ¹⁷Doch auch wenn die Feigenbäume noch keine Blüten tragen und die Weinstöcke noch keine Trauben, obwohl die Olivenernte spärlich ausfällt und auf unseren Kornfeldern kein Getreide wächst, ja selbst wenn die Schafhürden und Viehställe leer stehen, ¹⁸will ich mich trotzdem über meinen HERRN freuen und will jubeln. Denn Gott ist mein Heil! ¹⁹Der HERR, der Allmächtige, ist meine Kraft! Mit ihm kann ich so sicher wie eine Gazelle über die Felsen springen* und wohlbehalten die Berge überqueren*.

3,16 Hebr. *Fäulnis befiel meine Gebeine.*   **3,19a** O. *Er schenkt mir die Schnelligkeit eines Hirsches.*   **3,19b** Im Hebr. folgt der Nachsatz *Hinweis für den Chorleiter: Dieses Gebet soll von Saiteninstrumenten begleitet werden.*

Wenn die Schrift mit Ernst gelesen wird, muss der Teufel die Flucht ergreifen. Ich habe oft die Erfahrung gemacht, wenn ich ungeduldig und mürrisch war und mein Herz geblasen und aufgewühlt, dann brauchte ich nur das Buch zu öffnen, und schon hatte sich mein Herz beruhigt – wie eine Geschwulst, die zurückgeht.

Martin Luther

S Südreich Juda N Nordreich Israel

Zefanja

Inhalt

Zefanja kündigt Gottes Gericht über Juda und Jerusalem sowie über Israels Nachbarvölker und die ganze Welt an. Als Grund dafür wird Hochmut hervorgehoben; die Demütigen werden zum Durchhalten ermutigt.

Nach dem Gericht werden Völker auf der ganzen Welt Gott in ihrem eigenen Land verehren und er wird mitten unter seinem Volk sein.

Wie andere Propheten auch spricht Zefanja von Gottes Zorn und seinem Erbarmen. Beides hat seinen Stellenwert. Gottes Eingreifen ist verbunden mit dem »Tag des HERRN«. Dieser ist vorrangig ein Gerichtstag, aber ein Rest von Gottes Volk kann dabei auch Rettung erfahren.

Wichtige Personen

Zefanja	Prophet
Josia	zur Zeit Zefanjas König von Juda, 641/640–609 v.Chr.

Wichtiger Ort

Jerusalem	Hauptstadt von Juda

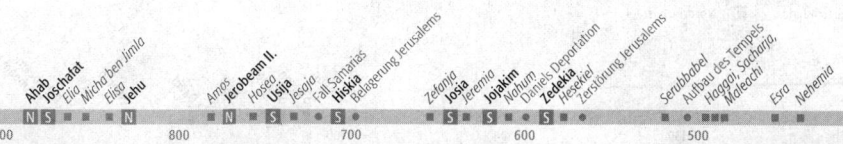

ZEFANJA

ZEFANJA	
1,1–2,3	Das bevorstehende Gericht über Juda
2,4-15	Das Gericht über fremde Völker
3	Jerusalems Abfall und Erlösung

1–2
Gott will in seinem Zorn die Erde vernichten und das Gottlose ausmerzen. Umkehr zu Gott kann vor dem Gericht retten. Gott spricht sein Urteil über die Feinde Israels.

[Zeit der Könige und Propheten]

1 Die folgende Botschaft erhielt Zefanja, als Josia, der Sohn Amons, König von Juda war. Zefanja war der Sohn Kuschis, des Sohnes Gedaljas, des Sohnes Amarjas, des Sohnes Hiskias.

Das bevorstehende Gericht über Juda

²»Ich werde alles Leben auf der Erde vernichten«, spricht der HERR: ³»Menschen und Tiere, ja sogar die Vögel in der Luft und die Fische im Meer will ich vernichten. Ich werde alle Götzenbilder* samt den Gottlosen vernichten – ich werde die Menschheit von der Erde vertilgen«, spricht der HERR.* ⁴»Ich werde meine Hand auch gegen Juda und gegen alle Einwohner von Jerusalem erheben. Was an diesem Ort von Baal übrig ist, werde ich zerstören; ich werde den Namen seiner geweihten Diener und den der Priester auslöschen. ⁵Die, die auf ihren Dächern das Heer des Himmels anbeten, werde ich vernichten. Auch die, die zwar den HERRN anbeten und bei ihm schwören, gleichzeitig aber auch auf den Götzen Milkom* schwören, werde ich zerstören. ⁶Die, die vom HERRN abgefallen sind, anstatt ihn zu suchen und nach dem HERRN zu fragen, werde ich ebenfalls vernichten.«

⁷Seid still vor Gott, dem HERRN, weil sein Gerichtstag nahe ist. Der HERR hat bereits ein Schlachtopfer vorbereitet und seine Gäste* geheiligt. ⁸Und Gott spricht: »Am Tag meines Schlachtopfers werde ich mit den führenden Männern, mit den Söhnen der Könige und mit allen, die fremdländische Kleider tragen, abrechnen. ⁹Ich werde dann auch jeden bestrafen, der über die Schwelle springt und der das Haus seines Herrn mit Gewalt und Betrug füllt.«

¹⁰So spricht der HERR: »Am selben Tag wird lautes Geschrei vom Fischtor her ertönen und von der Neustadt* her wird lautes Jammern zu hören sein. Und von den umliegenden Hügeln wird man ein lautes Donnern hören, das von der Zerstörung kommt. ¹¹Weint und klagt nur, die ihr im Makteschviertel wohnt, denn alle, die hier kaufen und verkaufen, sind getötet und alle Geldwechsler sind vernichtet.

¹²Dann wird es geschehen, dass ich Jerusalem

1,3a Wörtl. *alles strauchelnd Machende.* **1,3b** Die Bedeutung des Hebr. ist unklar. **1,5** O. *den Moloch,* was evtl. ihren König bedeuten könnte. **1,7** Gemeint sind die zum Krieg gegen Israel von Gott geweihten Nationen. **1,10** O. *im Zweiten Viertel,* einem neueren Stadtviertel Jerusalems.

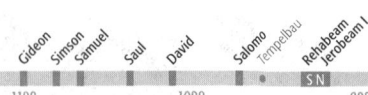

mit einer Lampe durchsuche, um mit den Männern abzurechnen, die sorglos herumlungern und immer dicker werden. Sie sagen sich: ›Der HERR tut doch weder Gutes noch Böses.‹ ¹³Ihr Besitz wird geplündert und ihre Häuser werden zerstört werden, und in ihre neuen Häuser werden sie gar nicht erst einziehen. Ebenso werden sie auch keinen Wein von ihren neu gepflanzten Weinbergen trinken.

¹⁴Der große Tag des HERRN ist nahe. Die Zeit bis dahin vergeht schnell. Hört! Der Tag des HERRN ist furchtbar. Selbst ein Held wird da weinen. ¹⁵Es ist ein Tag des Zorns; ein Tag, an dem Angst und Unglück herrschen, ein Tag der Zerstörung und der Trümmerfelder. Ein Tag, an dem es dunkel und finster ist, ja so finster wie in einer wolkenverhangenen Nacht. ¹⁶Ein Tag, an dem zur Erstürmung der befestigten Städte und ihrer hohen Mauern Trompeten und Kriegsgeschrei ertönen.

¹⁷Weil die Menschen gegen den HERRN gesündigt haben, werde ich sie so ängstlich machen wie einen hilflosen Blinden, der nach dem Weg tastet. Ihr Blut werde ich wegschütten wie Dreck und ihr Fleisch wie Kot wegwerfen.«

¹⁸Weder ihr Silber noch ihr Gold wird ihnen am Tag des überwallenden Zorns des HERRN etwas nützen. Denn das ganze Land wird vom Feuer seiner Eifersucht versengt werden. Er wird allen Menschen auf Erden* ein völlig unerwartetes Ende bereiten.

Aufruf zur Buße

2 Sammle dich und geh in dich, du Volk, das keine Scham kennt. ²Sammelt euch, noch bevor Gottes Drohung zur festgesetzten Zeit wahr wird, ehe der glühende Zorn des HERRN über euch hereinbricht und ehe der Vergeltungstag des HERRN euch überfällt. Die Zeit bis dahin vergeht so schnell wie Gras verwelkt.* ³Ihr Demütigen im Land, die ihr bis jetzt nach dem Recht Gottes gelebt habt, sucht den HERRN! Streckt euch weiter nach Gerechtigkeit aus, seid weiterhin demütig! Vielleicht werdet ihr dann an diesem Tag vor Gottes Zorn bewahrt werden.

Das Gericht über die Philister

⁴Denn Gaza wird verlassen sein und Aschkelon verwüstet. Aschdod wird jemandem gleichen, den man in der Hitze des Mittags hinaustreibt, und Ekron wird ausgerottet werden. ⁵Furchtbar wird es sein für euch, Volk der Kreter, die ihr an der Küste wohnt. Gott spricht gegen dich, Kanaan, Land der Philister! Ich lasse dich zugrunde gehen und niemand soll dich retten. ⁶Der Küstenstrich wird zur Schafweide werden, wo Hirtenlager und Schafställe stehen.

⁷Diese Gegend wird den wenigen übrig Gebliebenen aus dem Stamm Juda zufallen. Sie sollen dort weiden und sich am Abend in den verlassenen Häusern Aschkelons zur Ruhe legen. Denn der HERR, ihr Gott, wird sich wieder um sie kümmern; er wird zu seinem Volk zurückkehren und sein Schicksal wenden.

Das Gericht über Moab und Ammon

⁸Ich habe die Beleidigungen der Moabiter und die Beschimpfungen der Ammoniter gehört, mit denen sie mein Volk verhöhnt und sich gegen sein Land aufgespielt haben. ⁹So spricht der HERR, der Allmächtige, der Gott Israels: »So wahr ich lebe, sollen darum Moab wie Sodom und Ammon wie Gomorra werden: ein Boden, der von Unkraut überwuchert wird, eine Salzgrube und eine ewige Einöde. Die Überlebenden aus meinem Volk werden sie plündern, der Überrest meines Volkes wird ihr Land als Erbe erhalten.«

¹⁰Sie verdienen das alles als Lohn für ihren Hochmut, denn sie haben das Volk des HERRN, des Allmächtigen, verspottet und haben sich vor ihm aufgespielt. ¹¹Der HERR wird sie in Angst und Schrecken versetzen, wenn er die Götter in ihrem Land vernichtet. Dann werden die Völker auf der ganzen Welt* den HERRN anbeten, jedes in seinem eigenen Land.

Das Gericht über Kusch und Assyrien

¹²»Ihr Kuschiter, ihr werdet von meinem Schwert erschlagen werden«, spricht der HERR.

¹³Dann wird er seine Hand auch nach Norden hin ausstrecken. Er wird Assyrien zerstören und dessen große Hauptstadt Ninive zur verlassenen Einöde und zur unfruchtbaren Wüste machen. ¹⁴Mitten darin werden sich dann Herden aus vielen Tierarten lagern. Eulen werden sich zum Schlafen auf die Kapitelle der umgestürzten Säulen setzen und aus den Fensterlöchern wird ihre Stimme erklingen. Die Türen werden alle verwüstet sein und die Vertäfelung aus Zedernholz herausgerissen.

¹⁵Das ist das Schicksal der früher einmal so ausgelassenen Stadt, die sich in Sicherheit wiegte und von ihrer Größe überzeugt sprach: »Nach mir kommt niemand mehr!« Wie sehr ist sie jetzt verwüstet – ein Rastplatz für Tiere ist sie geworden! Wer vorübergeht, lacht vor Spott oder klatscht höhnisch in die Hände.

1,18 O. *dem Volk, das im Land lebt.*   2,2 Die Bedeutung des Hebr. ist unsicher.   2,11 Hebr. *alle Nationen der Inseln.*

ZEFANJA

1,1–2,3	Das bevorstehende Gericht über Juda
2,4-15	Das Gericht über fremde Völker
3	Jerusalems Abfall und Erlösung

3
Jerusalem muss auch gerichtet werden. Nach dem Gericht wird Jerusalem rein und unbehelligt sein.

[Zeit der Könige und Propheten]

Jerusalems Abfall und Erlösung

3 Schrecklich wird es dir ergehen, du widerspenstige, beschmutzte und gewalttätige Stadt! ²Sie will nicht hören und nimmt keine Zurechtweisung an. Sie vertraut nicht auf den HERRN und sucht nicht die Nähe ihres Gottes.

Zefanja 3,12-13

Erwählung
Der Prophet Zefanja greift das Versprechen eines »Heiligen Restes« auf und verbindet damit eine Beschreibung, wie dieser Überrest künftig beschaffen sein wird. Der Engpass und die Demütigung, durch die der Rest hindurch musste, haben ihre verändernde Wirkung gezeigt. Die Erwählten sind nicht mehr aufsässig und anmaßend, sondern setzen ihr ganzes Vertrauen auf den Namen des HERRN: Jahwe. Aus der erneuerten Haltung folgt ein erneuertes Handeln: Es ist nun von Ehrlichkeit und Gerechtigkeit geprägt.
Wenn Gott seine Erwählung nur noch auf einen Rest eingrenzt, kann das zunächst verstörend sein, denn es sieht so aus, als würde Gott sich dem Volk in seiner Gesamtheit *entziehen*. In diesem Rückzug liegt aber zugleich eine *Gabe*: Am »Heiligen Rest« tut Gott das, was das gesamte Volk nicht zugelassen hat. Das fließt wiederum als Segen für alle zurück.
(Jeremia 23,3-6 «« | »» Jesaja 11,1-11)

Zefanja 3,17

Gottes Liebe, Gottes Zorn
Dieses Kapitel spricht von Gottes Gerechtigkeit. Auch wenn Israel unrecht handelt, Gott tut dies nicht (V. 6). Aber wenn Israel sich weigert, seine bösen Taten zu unterlassen, dann wird Gott Israels Feinde zusammenrufen und sie gebrauchen, um seinen Zorn über Israel kommen zu lassen (V. 8). Er handelt so, um sich ein demütigeres, gehorsameres Volk zu schaffen, das sein Vertrauen auf Gott setzt (V. 12). Und so wird Gott seine Verurteilungen aufheben (V. 15) und Jubel wird losbrechen!
Aber überraschenderweise ist es nicht das Volk Israel, das jubelt. Es ist der HERR selbst! »Er jauchzt doch mit lauten Jubelrufen über dich« (V. 17). Wir denken dabei an Jesus' Gleichnisse in Lukas 15: Der Hirte feiert, wenn das verlorene Schaf gefunden wird. Die Frau feiert, wenn sie ihre verlorene Münze wiederfindet. Und der Vater veranstaltet ein großes Fest, um zu feiern, dass der verlorene Sohn wieder nach Hause gekommen ist. So freut sich Gott über unsere Rettung, mehr noch als wir selbst.
(Hosea 11,1-9 «« | »» Jeremia 30,23–31,6)

³Ihre Anführer sind in ihrem Herzen wie brüllende Löwen und ihre Richter wie gierige Wölfe am Abend, von deren Beute in der Morgendämmerung nichts mehr übrig ist. ⁴Ihre Propheten sind Aufschneider und hinterlistige Männer. Ihre Priester entweihen das Heilige und tun dem Gesetz Gewalt an. ⁵Der HERR ist jedoch gerecht in ihrer Mitte, er tut kein Unrecht. Morgen für Morgen stellt er sein Recht in das Licht, sodass es alle sehen können. Aber der Ungerechte kennt keine Scham.

⁶»Ich habe viele Völker ausgerottet, ihre Befestigungen* sind eingerissen. Ich habe ihre Straßen entvölkert, keiner geht dort mehr umher. Ihre Städte sind verwüstet, menschenleer und ohne Bewohner. ⁷Ich sagte mir: ›Spätestens jetzt werden sie Ehrfurcht vor mir haben! Spätestens jetzt werden sie auf meine Zurechtweisungen hören, damit ihre Wohnung nicht zerstört wird, wie ich es eigentlich bestimmt habe!‹ Doch sie sind nur umso eifriger bemüht, noch bösere Taten zu unternehmen. ⁸Darum wartet auf mich«, spricht der HERR, »bis zu dem Tag, an dem ich als Ankläger auftreten werde. Denn mein Gericht besteht darin, Völker zu versammeln und Königreiche zusammenzubringen, um meine Wut und meinen brennenden Zorn über sie auszugießen. Dann wird die ganze Erde vom Feuer meines Eifers verschlungen werden.

Verheißungen für Jerusalem und die Völker

⁹An jenem Tag werde ich den Völkern reine Lippen schenken, damit sie alle den Namen des HERRN anrufen und ihm Schulter an Schulter dienen können. ¹⁰Mein zerstreutes Volk, das jenseits der Flüsse Kuschs lebt, werden mir meine Verehrer als Opfergabe bringen. ¹¹Zu dieser Zeit wirst du dich deiner ganzen Taten, mit denen du dich gegen mich aufgelehnt hast, nicht mehr schämen müssen. Denn dann nehme ich die Hochmütigen aus deiner Mitte weg und du wirst in Zukunft auf meinem heiligen Berg nicht mehr anmaßend sein. ¹²Und ich werde von dir ein demütiges und armes Volk übrig lassen, das sein Vertrauen allein auf den Namen des HERRN setzt. ¹³Die übrig Gebliebenen aus Israel werden kein Unrecht mehr tun und nicht mehr lügen. Kein betrügerisches Wort wird mehr aus ihrem Mund kommen. Sie werden nun wie eine Herde behaglich auf ihrer Weide ruhen und niemand wird sie aufschrecken.«

¹⁴Brich in Jubel aus, Tochter Zion, jauchze, Israel! Sei froh und freue dich von ganzem Herzen, Tochter Jerusalem! ¹⁵Denn der HERR hat die Gerichtsurteile, die über dich verhängt wurden, aufgehoben und deine Feinde beseitigt. Der König Israels, der HERR, ist in deiner Mitte und du wirst nichts Böses mehr sehen.

¹⁶An jenem Tag wird man Jerusalem zurufen: »Fürchte dich nicht, Zion! Lass deine Hände nicht mutlos sinken! ¹⁷Der HERR, dein starker Gott, der Retter, ist bei dir. Begeistert freut er sich an dir. Vor Liebe ist er sprachlos ergriffen und jauchzt doch mit lauten Jubelrufen über dich.

¹⁸Und die betrübt von den Festversammlungen ausgeschlossen waren, die will ich auch sammeln, denn sie gehören doch zu dir – auch, wenn sie noch durch Schande gezeichnet sind.* ¹⁹Schau doch! In dieser Zeit werde ich gegen die vorgehen, die dich unterdrückt haben, aber die zugrunde Gerichteten will ich retten und wer vertrieben war, den will ich wieder nach Hause führen. Und zu deren Beschämung werde ich ihnen auf der Erde neu zu Ansehen und Ehre verhelfen. ²⁰An jenem Tag werde ich euch sammeln und wieder nach Hause führen. Und dann werde ich euch einen guten Namen geben, einen Ehrennamen unter den Völkern der Erde. Mit euren eigenen Augen werdet ihr es sehen, dass ich euer Schicksal wende. So spricht der HERR!«

3,6 Gemeint sind militärische Befestigungen. **3,18** Der Sinn dieses Verses ist im Hebr. unklar.

Die Bibel ist wie ein Strom, der so flach ist, dass ein Lamm daraus trinken kann, und so tief, dass ein Elefant darin baden kann.

Papst Gregor I.

Haggai

Inhalt

Der Tempelneubau in Jerusalem ist zum Erliegen gekommen, weil die aus der Babylonischen Gefangenschaft Heimgekehrten sich um den Ausbau ihrer eigenen Häuser kümmern. Haggai macht im Jahr 521 v.Chr. darauf aufmerksam, dass diese Haltung der Grund für ihre geringen Ernteerträge ist.

Statthalter, Priester und Volk hören auf den Propheten und nehmen die Arbeit am Tempel wieder auf. Gott verspricht, sie dafür umgehend zu belohnen. Und obwohl dieser Tempel bescheidener wird als der unter Salomo erbaute, soll er jenen an Herrlichkeit übertreffen!

Wichtige Personen

Haggai	Prophet
Serubbabel	Statthalter von Juda
Jeschua	Hoher Priester

Wichtiger Ort

Jerusalem	Zentrum der Israeliten in der Provinz Juda

HAGGAI

1	Wiederaufbau des Tempels
2,1-19	Die Herrlichkeit des neuen Tempels
2,20-23	Verheißung für Serubbabel

1–2
Gott fordert das Volk auf, den Tempel neu aufzubauen. Verheißung größerer Herrlichkeit des Tempels als zuvor. Unreinheit färbt ab, Heiligkeit nicht.

[**Der zweite Tempel**]

HAGGAI

Aufruf zum Wiederaufbau des Tempels

1 Am ersten Tag des sechsten Monats des zweiten Jahres der Herrschaft von König Darius* schickte der HERR Serubbabel, dem Sohn Schealtiëls und Statthalter von Juda, und Jeschua, dem Sohn Jozadaks, dem Hohen Priester, durch den Propheten Haggai eine Botschaft. ²»So spricht der HERR, der Allmächtige: ›Im Volk heißt es: Die Zeit, das Haus des HERRN aufzubauen, ist noch nicht gekommen.‹«

³Deshalb sandte der HERR durch den Propheten Haggai folgende Botschaft: ⁴»Ist jetzt etwa die Zeit für euch, in euren holzvertäfelten Häusern zu wohnen, während dieses Haus in Trümmern liegt? ⁵So spricht der HERR, der Allmächtige: ›Seht doch, wie es euch geht: ⁶Ihr habt viel ausgesät, aber wenig geerntet. Ihr habt zwar zu essen, aber ihr werdet nicht satt. Ihr habt zu trinken, doch euer Durst bleibt ungestillt. Ihr habt Kleidung, doch sie hält euch nicht warm. Und

1,1 Eine Reihe von Ereignissen in Haggai kann anhand der Daten in erhaltenen persischen Berichten überprüft und auf den heutigen Kalender übertragen werden. Das hier genannte Ereignis fiel auf den 29. August des Jahres 520 v.Chr.

Haggai 2,7

Hinweise auf den Messias (3)
Diese Ankündigung wurde traditionell als Messiashinweis verstanden, weil die lateinische Bibel hier übersetzt: »Es wird der Ersehnte für alle Völker kommen.« Doch auch mit der zutreffenden Übersetzung »Schätze aller Nationen« kann man einen messianischen Sinn finden – zumal der Vers zuvor (V. 6) schon im Neuen Testament auf die letzte Zeit gedeutet wird (Hebr 12,26).
Jesus kündigt Erschütterungen an, die nicht unmittelbar zeitlich, aber sachlich zu den Vorboten seiner Wiederkunft gehören (Mt 24,6-7). Für das neue Jerusalem, in dessen Zentrum die Herrlichkeit Gottes und das Lamm – Jesus Christus – stehen, wird erwartet: »Die Könige der Welt werden kommen und ihre Herrlichkeit in die Stadt bringen« (Offb 21,24).
Eine schon früher einsetzende Erfüllung kann man darin sehen, dass die Gemeinde von Jesus mit einem Tempel zu vergleichen ist (1Kor 3,16-17; Eph 2,20-21) und sich aus Glaubenden aller Völker zusammensetzt und zunehmend füllt.
(Daniel 9,24-26 «« | »» Sacharja 3,8)

die Lohnarbeiter müssen ihr Geld in löchrige Beutel stecken!‹

⁷So spricht der HERR, der Allmächtige: ›Seht doch mit dem Herzen auf euren Weg! ⁸Steigt auf den Berg, holt Holz und baut das Haus auf. So werde ich geehrt und ihr macht mir Freude damit. ⁹Ihr habt auf vieles gehofft, doch bekamt ihr nur wenig, und als ihr das wenige ins Haus brachtet, blies ich es fort. Warum ich das tat? Weil mein Haus in Trümmern liegt, während ihr euch eifrig Häuser baut‹, spricht der HERR, der Allmächtige. ¹⁰›Deshalb hat der Himmel den Tau zurückgehalten und die Erde ihre Ernte. ¹¹Ich habe über die Äcker und Hügel eine Dürre geschickt, über das Korn, die Trauben und Oliven und über alles andere, was der Acker hervorbringt, sowie über die Menschen und das Vieh und über alles, wofür ihr so hart gearbeitet habt.‹«

Gehorsam gegen Gottes Aufruf

¹²Da gehorchten Serubbabel, der Sohn Schealtiëls, Jeschua, der Sohn Jozadaks, der Hohe Priester, und der ganze Rest des Volkes der Stimme des HERRN, ihres Gottes, und den Worten des Propheten Haggai, wie der HERR, ihr Gott, ihn geschickt hatte. Nun hatte das Volk Ehrfurcht vor dem HERRN. ¹³Haggai, der Bote des HERRN, verkündigte dem Volk folgende Botschaft des HERRN: »Ich bin mit euch, spricht der HERR!« ¹⁴Und der HERR weckte den Geist Serubbabels, des Sohnes Schealtiëls, des Statthalters von Juda, den Geist Jeschuas, des Sohnes Jozadaks, des Hohen Priesters, und den Geist des ganzen übrigen Volkes. Sie kamen und fingen mit der Arbeit am Haus des HERRN, des Allmächtigen, ihres Gottes, an. ¹⁵Das war am 24. Tag des sechsten Monats im zweiten Regierungsjahr von König Darius.*

Die Herrlichkeit des neuen Tempels

2 Am 21. Tag des siebten Monats* sandte der HERR eine Botschaft durch den Propheten Haggai: ²»Sag Serubbabel, dem Sohn Schealtiëls, Statthalter von Juda, und Jeschua, dem Sohn Jozadaks, dem Hohen Priester, und dem übrigen Volk: ³›Gibt es jemanden unter euch, der sich noch an dieses Haus erinnert und daran, wie herrlich es früher einmal war? Welchen Eindruck macht es heute auf euch? Sieht es nicht jetzt nach nichts aus? ⁴Doch fasse Mut, Serubbabel‹, spricht der HERR. ›Fasse Mut, Jeschua, Sohn Jozadaks, Hoher Priester! Fasse Mut, Volk, das im Land lebt‹, spricht der HERR, ›und arbeitet. Denn ich bin mit euch‹, spricht der HERR, der Allmächtige. ⁵›Mein Geist bleibt bei euch, wie ich es mit euch vereinbart habe, als ihr aus Ägypten gekommen seid. Deshalb fürchtet euch nicht!‹

⁶Denn so spricht der HERR, der Allmächtige: ›In Kürze werde ich den Himmel und die Erde noch einmal erschüttern, sodass Meere und Festland beben werden. ⁷Die Völker werde ich aufrütteln und die Schätze aller Nationen werden kommen. Ich werde dieses Haus mit Herrlichkeit erfüllen‹, spricht der HERR, der Allmächtige. ⁸›Das Silber gehört mir und das Gold gehört mir‹, spricht der HERR, der Allmächtige. ⁹›Die künftige Herrlichkeit dieses Hauses wird größer sein als seine vergangene Herrlichkeit‹, spricht der HERR, der Allmächtige. ›An diesen Ort werde ich Frieden bringen. Dies sagt der HERR, der Allmächtige!‹«

Die Früchte des Gehorsams

¹⁰Am 24. Tag des neunten Monats des zweiten Jahres der Herrschaft von König Darius* sandte der HERR dem Propheten Haggai folgende Botschaft: ¹¹»So spricht der HERR, der Allmächtige: Stell den Priestern die folgende Frage zum Gesetz: ¹²›Wenn jemand heiliges Fleisch im Zipfel seines Gewandes trägt und damit ein Stück Brot, Gekochtes, Wein oder Olivenöl oder irgendeine andere Speise streift, wird diese dann ebenfalls heilig?‹«

Die Priester antworteten: »Nein.«

¹³Haggai fragte weiter: »Wenn jemand, der unrein geworden ist, weil er einen Leichnam berührt hat, dann einen der genannten Gegenstände streift, wird dieser dann ebenfalls unrein?«

Die Priester antworteten: »Er wird unrein!«

¹⁴Da erwiderte Haggai und sagte: »›So ist es auch mit diesem Stamm und diesem Volk vor mir‹, spricht der HERR. ›Alles, was sie tun, und alles, was sie dort opfern, ist unrein. ¹⁵Deshalb denkt über diesen Tag und darüber hinaus nach. Wie ging es euch, bevor Stein auf Stein für den Tempel des HERRN gelegt wurde? ¹⁶Früher war es so: Kam man zu einem Kornhaufen von 20 Maß*, waren es nur zehn. Kam man, um 50 Pura* Traubensaft zu keltern, waren es nur 20. ¹⁷Ich habe Trockenfäule und Mehltau und Hagel geschickt, um die Früchte eurer Arbeit zu ver-

---

1,15 Das Ereignis fiel auf den 21. September des Jahres 520 v.Chr.; s. auch die Anm. zu 1,1. **2,1** Das Ereignis fiel auf den 17. Oktober. Vermutlich ist weiterhin das Jahr 520 v.Chr. im Blick; s. auch die Anm. zu 1,1. **2,10** Das Ereignis fiel auf den 18. Dezember des Jahres 520 v.Chr.; s. auch die Anm. zu 1,1. **2,16a** Maßeinheit unklar. **2,16b** Unbekannte Maßeinheit.

HAGGAI

1 Wiederaufbau des Tempels

2,1-19 Die Herrlichkeit des neuen Tempels

2,20-23 Verheißung für Serubbabel

nichten. Dennoch wolltet ihr euch nicht zu mir wenden‹, spricht der HERR. ¹⁸Denkt über diesen Tag und darüber hinaus nach. Vom 24. Tag des neunten Monats* an – dem Tag der Grundsteinlegung des Tempels des HERRN – sollt ihr Folgendes bedenken: ¹⁹Liegt denn die Saat noch in der Scheune oder tragen Weinstock, Feigenbaum, Granatapfelbaum und Olivenbaum schon Früchte? Von diesem Tag an werde ich wieder segnen.«

Verheißungen für Serubbabel

²⁰Diese zweite Botschaft sandte der HERR Haggai am 24. des Monats*: ²¹»Sag Serubbabel, dem Statthalter von Juda: ›Ich werde Himmel und Erde erschüttern. ²²Königsthrone werde ich stürzen und die Macht fremder Reiche brechen. Ich werde ihre Streitwagen mit den Wagenlenkern umstürzen. Die Pferde werden samt ihren Reitern fallen und jeder wird durch das Schwert seines Bruders umkommen. ²³Doch an diesem Tag‹, spricht der HERR, der Allmächtige, ›werde ich dich, Serubbabel, Sohn Schealtiëls, meinen Knecht, halten wie einen Siegelring‹, spricht der HERR, ›denn ich habe dich erwählt. Dies sagt der HERR, der Allmächtige!‹«

2
Gottes Verheißung an Serubbabel.

[Der zweite Tempel]

2,18 s. Anm. zu 2,10.   **2,20** s. Anm. zu 2,10.

Sacharja

Inhalt

Sacharja bekommt seine Weissagungen in der Zeit, in der die Rückkehrer aus der Babylonischen Gefangenschaft den Tempel wieder aufbauen (521 und 519 v.Chr.). An sie ergeht zunächst der Aufruf, von ihren bösen und gedankenlosen Taten umzukehren. Wenn sie gerecht, barmherzig und wahrhaftig sind, wird Gott ihnen wieder Gutes tun. Sacharjas Visionen ermutigen zum Neuanfang: Jerusalem und das Land sollen wieder von Israel bevölkert werden – und zwar nicht nur von den wenigen, die bereits zurückgekehrt sind.

Darüber hinaus sind der gegenwärtig entstehende Tempel und die dort dienenden Priester ein Zeichen für Kommendes: Gottes Knecht wird auftreten, er wird den Tempel des Herrn bauen. Fremde Völker werden daran mitbauen und zu seinem Volk dazugehören, auch wenn sie bisher Feinde waren. Der kommende gerechte König wird auch ihnen Frieden verkünden. Gott wird die Schuld an einem bestimmten Tag aus dem Land wegnehmen und in ihrer Mitte wohnen.

Dem zukünftigen demütigen König stehen verschiedene »Hirten« gegenüber: zum einen eigensüchtige Leiter des Volkes, insbesondere ein besonders grausamer; zum anderen ein Gott nahe stehender guter Hirte, der seine Schafe zusammengehalten hat. Dann spricht Sacharja von einem nicht datierbaren »Tag des Herrn«, an dem »alle Völker« Jerusalem erobern und sich eine Wiederholung der Babylonischen Gefangenschaft anbahnt. Doch Gott greift ein, siegt und wird König der ganzen Welt.

Wichtige Personen

Sacharja	Prophet
Jeschua	Hoher Priester
Serubbabel	Statthalter von Juda

Wichtiger Ort

Jerusalem	Zentrum der Israeliten in der Provinz Juda

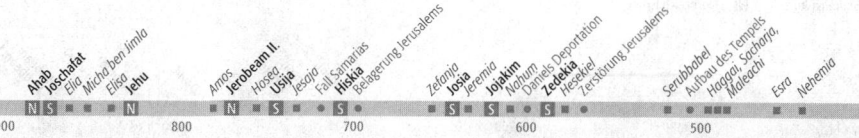

SACHARJA

1–6	Sacharjas Visionen
7	Aufruf zu Gerechtigkeit und Barmherzigkeit
8	Die Segensverheißung für Jerusalem
9–14	Über die Zukunft Israels

1–3
Gott fordert Israel zur Umkehr auf. Jerusalem wird wieder aufgerichtet. Das Volk soll zurückkehren. Jeschua wird gereinigt.

[Der zweite Tempel]

SACHARJA

Aufruf zur Buße

1 Im achten Monat* im zweiten Regierungsjahr von König Darius erhielt der Prophet Sacharja, der Sohn von Berechja und Enkel von Iddo, folgende Botschaft vom HERRN: ²»Ich, der HERR, war zornig auf eure Vorfahren. ³Deshalb sollst du ihnen sagen: ›So spricht der HERR, der Allmächtige: Wendet euch wieder zu mir hin, spricht der HERR, der Allmächtige, dann werde ich mich auch wieder zu euch hinwenden, spricht der HERR, der Allmächtige. ⁴Seid nicht wie eure Vorfahren! Die früheren Propheten sagten zu ihnen:»So spricht der HERR, der Allmächtige: Kehrt von euren bösen Wegen um und hört auf, Böses zu tun.« Aber sie gehorchten nicht und hörten nicht auf mich, spricht der HERR.

⁵Wo sind nun eure Vorfahren? Und die Propheten – leben sie ewig? ⁶Aber haben sich nicht alle meine Worte und Ankündigungen, die ich meinen Dienern, den Propheten, aufgetragen habe, an euren Vorfahren erfüllt? Daraufhin haben sie bereut und gesagt: Der HERR, der Allmächtige, hatte sich vorgenommen, uns so zu behandeln, wie wir es für unser Verhalten und unsere Taten verdient hatten, und genau das hat er auch getan.‹«

Der Mann unter den Myrtenbäumen
⁷Am 24. Tag des elften Monats – das ist der Monat Schebat – im zweiten Regierungsjahr von König Darius* erhielt der Prophet Sacharja, der Sohn von Berechja und Enkel von Iddo, eine Botschaft vom HERRN. ⁸In dieser Nacht sah ich einen Mann auf einem roten Pferd sitzen. Es stand in einem Tal unter den Myrtenbäumen und hinter ihm waren rote, braune und weiße Pferde. ⁹Ich fragte: »Mein Herr, was bedeuten all diese Pferde?« Und der Engel, der mit mir redete, antwortete mir: »Ich werde dir zeigen, was sie bedeuten.« ¹⁰Da erklärte der Mann, der unter den Myrtenbäumen stand: »Der HERR hat sie ausgesandt, damit sie

---

1,1 Eine Reihe von Daten der bei Sacharja beschriebenen Ereignisse kann anhand von Daten in erhaltenen pers. Berichten überprüft und auf den heutigen Kalender übertragen werden. Dieser Monat des hebr. Mondkalenders fiel in den Oktober und November des Jahres 520 v.Chr.
1,7 Dieses Ereignis fiel auf den 15. Februar des Jahres 519 v.Chr.; s. auch die Anm. zu 1,1.

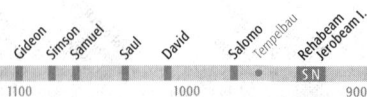

die Erde durchstreifen.« ¹¹Daraufhin berichteten sie dem Engel des HERRN, der unter den Myrtenbäumen stand: »Wir haben die Erde durchstreift und die ganze Erde lebt ruhig und still.« ¹²Da sagte der Engel des HERRN: »O allmächtiger HERR, 70 Jahre lastet dein Zorn nun schon auf Jerusalem und den Städten von Juda. Wie lange wird es noch dauern, bis du ihnen endlich wieder gnädig bist?« ¹³Und der HERR antwortete dem Engel, der mit mir redete, mit freundlichen und tröstenden Worten. ¹⁴Da befahl mir der Engel, der mit mir redete: »Verkündige die folgende Botschaft: ›So spricht der HERR, der Allmächtige: Ich verteidige Jerusalem und den Berg Zion mit großem Eifer ¹⁵und bin sehr zornig auf die Völker, die übermütig geworden sind. Denn mein Zorn auf mein Volk war nicht sehr groß, aber sie brachten ihm den Untergang.

¹⁶Deshalb spricht der HERR: Ich wende mich Jerusalem wieder barmherzig zu. Mein Tempel soll wieder aufgebaut werden, spricht der HERR, der Allmächtige, und man wird auch den Wiederaufbau von Jerusalem in Angriff nehmen*.‹ ¹⁷Außerdem sollst du verkündigen: ›So spricht der HERR, der Allmächtige: Meine Städte sollen im Überfluss leben, und der HERR wird Zion wieder trösten und Jerusalem wieder erwählen.‹«

Vier Hörner und vier Schmiede

2 Als ich aufblickte, sah ich vier Hörner. ²»Was bedeuten diese Hörner?«, fragte ich den Engel, der mit mir redete. Er antwortete mir: »Das sind die Hörner, die Juda, Israel und Jerusalem zerstreut haben.« ³Daraufhin zeigte der HERR mir vier Schmiede. ⁴»Wozu sind diese Männer gekommen?«, fragte ich. Er antwortete: »Die Hörner haben Juda so zerstreut, dass niemand mehr das Haupt erheben konnte. Die Schmiede sind nun gekommen, um Angst und Schrecken zu verbreiten und den Völkern, die ihre Macht* gegen Juda gerichtet und das Volk zerstreut haben, die Hörner abzuschlagen.«

Der Mann mit der Messschnur

⁵Als ich noch einmal aufblickte, sah ich einen Mann mit einer Messschnur in der Hand. ⁶»Wohin gehst du?«, fragte ich. Er antwortete mir: »Ich will Jerusalem ausmessen und feststellen, wie breit und lang es werden soll.« ⁷Da trat der Engel vor, der mit mir geredet hatte, und ein zweiter Engel ging ihm entgegen ⁸und sagte zu ihm: »Geh schnell und sag dem jungen Mann dort drüben: ›Wegen der vielen Menschen und Tiere wird man in Jerusalem wohnen wie auf dem offenen Land. ⁹Doch ich selbst werde eine Mauer aus Feuer um Jerusalem bilden, spricht der HERR. Und ich werde die Stadt mit meiner Herrlichkeit erfüllen!‹«

Die Israeliten werden aus Babel zurückgerufen

¹⁰»Auf! Auf! Flieht aus dem Land im Norden«, spricht der HERR. »Denn ich habe euch in alle Winde zerstreut«, spricht der HERR. ¹¹»Auf! Ihr Menschen aus Zion, die ihr noch in Babel wohnt, flieht!«

¹²Denn so spricht der HERR, der Allmächtige, der mich zu den Völkern gesandt hat, die euch ausgeplündert haben: »Wer euch antastet, tastet meinen kostbarsten Besitz* an. ¹³Ich werde meine Hand gegen sie erheben und sie werden zur Beute ihrer eigenen Sklaven werden.« Dann sollt ihr erkennen, dass der HERR, der Allmächtige, mich gesandt hat.

¹⁴»Juble und sei fröhlich, Tochter Zion, denn ich komme, um in deiner Mitte zu wohnen«, spricht der HERR. ¹⁵»An jenem Tag schließen sich viele Völker dem HERRN an und auch sie sollen zu meinem Volk gehören. Ich will in deiner Mitte wohnen.« Dann sollst du erkennen, dass mich der HERR, der Allmächtige, zu dir gesandt hat. ¹⁶Im heiligen Land nimmt er Juda als sein Erbteil in Besitz, und er erwählt Jerusalem wieder. ¹⁷Die ganze Menschheit soll vor dem HERRN schweigen, denn er tritt aus seiner heiligen Wohnstätte hervor.

Die Reinigung des Hohen Priesters

3 Dann zeigte der HERR mir Jeschua*, den Hohen Priester, der vor dem Engel des HERRN stand. Zur Rechten des Engels stand der Satan* und verklagte Jeschua. ²Und der HERR sprach zum Satan: »Ich, der HERR, weise deine Klagen zurück, Satan. Ja, der HERR, der Jerusalem erwählt hat, weist deine Klagen zurück. Dieser Mann ist wie ein Holzscheit, das aus dem Feuer gerissen wurde.«

³Jeschua trug schmutzige Kleider, als er vor dem Engel stand. ⁴Deshalb sagte der Engel zu den anderen, die vor ihm standen: »Zieht ihm die schmutzigen Kleider aus.« Und zu Jeschua sagte er: »Hiermit habe ich deine Sünde von dir

---

1,16 Hebr. *über Jerusalem wird die Messschnur gespannt werden*. **2,4** Hebr. *ein Horn*. **2,12** Hebr. *meinen Augapfel*. **3,1a** Hebr. *Joschua, eine Variante des Namens Jeschua; so auch in V. 3.4.6.8.9*. **3,1b** O. *der Ankläger*.

SACHARJA

1–6	Sacharjas Visionen
7	Aufruf zu Gerechtigkeit und Barmherzigkeit
8	Die Segensverheißung für Jerusalem
9–14	Über die Zukunft Israels

3–5

Jeschua soll den Tempel verwalten.
Serubbabel wird den Tempel vollenden.
Die Sünden des Einzelnen und des Volkes.

[Der zweite Tempel]

genommen und lasse dir jetzt festliche Kleider anziehen.«
⁵Da bat ich: »Sie sollen ihm auch einen reinen Turban aufsetzen.« Da setzten sie ihm einen reinen Turban auf und zogen ihm prächtige Kleider an, während der Engel des HERRN daneben stand.

Sacharja 3,8

Erwählung

Beim Propheten Sacharja taucht wieder die geheimnisvolle Gestalt des »Sprosses« auf, von dem zuvor Jesaja gesprochen hat. In diesem Spross bündeln sich Gottes Versprechen – durch ihn möchte Gott die Linie seiner Geschichte weiterführen. In Sacharja 6,12 leuchtet dasselbe Versprechen erneut auf.
Mit einem ganz ähnlichen Wort hatte schon Jeremia (23,5) einen künftigen Herrscher angekündigt.
Sacharja verwendet hier in 3,8 noch eine zweite Bezeichnung für den Spross: Gottes »Knecht«. Diese Benennung kommt vom Propheten Jesaja her (siehe zu Jes 49,1-6) und meint dort ebenfalls eine geheimnisvolle Person, die in ganz besonderer Weise von Gott erwählt ist.
Die Propheten Jesaja, Jeremia und Sacharja entwerfen damit ein Bild, das Gottes spezielle Erwählung zeigt: Sie konzentriert sich, ausgehend von Gottes Volk und dann vom »Heiligen Rest« dieses Volks, auf einen besonderen Erwählten.
(Jesaja 11,1-11 «« | »» Jesaja 49,1-6)

Sacharja 3,8

Hinweise auf den Messias (3)

Von der Geschichte Israels her gelesen, ist der »Knecht« und der »Spross« ein Erwählter, der noch von einem Geheimnis umgeben ist, das Erwartung weckt. Wenn man aber vom Neuen Testament aus rückwärts blickt, erkennt man in dieser Ankündigung einen Hinweis auf Jesus.
»Knecht« und »Spross«: Beide Bezeichnungen kommen – unabhängig voneinander – bei Jesaja vor. Das Neue Testament sieht sie jeweils in Jesus erfüllt (siehe die Erklärungen zu Jes 11,1-10 und 42,1-4).
Die griechische Übersetzung des Alten Testaments hat hier (wie auch in Jer 23,5 und Sach 6,12) für »Spross« das Wort »Aufgang«, das sprachlich auch den Aufgang der Sonne oder eines Sterns meinen kann. Vielleicht nimmt die Prophetie von Zacharias in Lk 1,78 darauf Bezug.
(Haggai 2,7 «« | »» Sacharja 6,12)

S Südreich Juda   N Nordreich Israel

⁶Dann sagte der Engel des HERRN feierlich zu Jeschua: ⁷›So spricht der HERR, der Allmächtige: ›Wenn du dich an meine Wege hältst und meinen Dienst recht versiehst, sollst du meinen Tempel verwalten und auf die Sicherheit in meinen Vorhöfen achten. Dann gewähre ich dir zusammen mit denen, die hier stehen, Zutritt zu mir. ⁸Hör doch, Jeschua, du Hoher Priester: Du und die anderen Priester, die vor dir sitzen, ihr seid ein Zeichen, denn schon bald werde ich meinen Knecht, den Spross*, auftreten lassen. ⁹Seht den Stein, den ich vor Jeschua hingelegt habe: Es ist ein einziger Stein mit sieben Augen. Ich werde ihn mit einer Inschrift versehen‹, spricht der HERR, der Allmächtige, ›und ich nehme die Sünde dieses Landes an einem einzigen Tag weg. ¹⁰Und an jenem Tag‹, spricht der HERR, der Allmächtige, ›werdet ihr euch gegenseitig unter euren Weinstock und euren Feigenbaum einladen*.‹«

Ein Leuchter und zwei Olivenbäume

4 Dann kehrte der Engel, der mit mir geredet hatte, zurück und weckte mich auf, wie man jemanden aus dem Schlaf aufweckt. ²»Was siehst du jetzt?«, fragte er mich. Ich antwortete: »Ich sehe einen Leuchter aus massivem Gold mit einer Ölschale oben darauf. Auf ihr sind sieben Lampen, und jede Lampe hat sieben Röhren für die Dochte. ³Und ich sehe zwei Olivenbäume, einen auf der rechten, den anderen auf der linken Seite der Ölschale.« ⁴Ich fragte den Engel, der mit mir redete: »Was bedeutet das alles, mein Herr?« ⁵»Weißt du nicht, was es bedeutet?«, fragte mich der Engel, der mit mir redete. »Nein, mein Herr«, entgegnete ich. ⁶Da sagte er zu mir: »So spricht der HERR zu Serubbabel: ›Nicht durch Gewalt und Kraft wird es geschehen, sondern durch meinen Geist‹, spricht der HERR, der Allmächtige. ⁷›Wer bist du, großer Berg, vor Serubbabel? Du wirst zur Ebene werden! Dann wird Serubbabel den Schlussstein einsetzen, und das Volk wird jubeln: Er sei gesegnet! Er sei gesegnet!‹«

⁸Und ich erhielt eine weitere Botschaft vom HERRN: ⁹»Serubbabel hat den Grundstein dieses Tempels gelegt, und er wird ihn auch vollenden.« Dann werdet ihr* erkennen, dass der HERR, der Allmächtige, mich zu euch gesandt hat. ¹⁰»Denn wer hat die kleinen Anfänge verachtet? Sie alle sollen sich freuen, wenn sie den Schlussstein in Serubbabels Hand sehen. Diese sieben Lampen verkörpern die Augen des HERRN, die die ganze Welt durchstreifen.«

¹¹Da fragte ich den Engel: »Was bedeuten die beiden Olivenbäume auf der rechten und der linken Seite des Leuchters?« ¹²Und ich fragte ihn weiter: »Und was bedeuten die beiden Olivenzweige neben den zwei goldenen Röhren, durch die das goldene Öl herunterfließt?« ¹³»Weißt du nicht, was sie bedeuten?«, fragte er mich. »Nein, mein Herr«, antwortete ich. ¹⁴Da sagte er: »Sie verkörpern die beiden Gesalbten, die vor dem Herrn der ganzen Erde stehen.«

Die fliegende Schriftrolle

5 Ich blickte wieder auf und sah eine Schriftrolle heranfliegen. ²»Was siehst du?«, fragte der Engel. »Ich sehe eine fliegende Schriftrolle«, antwortete ich. »Sie ist 20 Ellen lang und zehn Ellen breit*.«

³Da sagte er zu mir: »Dies ist der Fluch, der über das ganze Land kommen wird. Jeder, der gestohlen hat, wird nach dieser Rolle aus dem Land verbannt, und jeder, der einen Meineid geschworen hat, wird nach dieser Rolle aus dem Land verbannt. ⁴›Ich habe diesen Fluch geschickt‹, spricht der HERR, der Allmächtige, ›und er kommt in die Häuser aller Diebe und in die Häuser all derer, die bei meinem Namen falsch geschworen haben. Mein Fluch bleibt in ihren Häusern, bis sie völlig zerstört sind – samt ihrem Holz und ihren Steinen.‹«

Die Frau in der Tonne

⁵Der Engel, der mit mir sprach, trat vor und sagte zu mir: »Schau nach oben und achte auf das, was da erscheint.« ⁶»Was ist es?«, fragte ich. Er antwortete: »Es ist eine Tonne*, die da erscheint.« Und er fuhr fort: »Es ist die Sünde* des ganzen Landes.« ⁷Als der Bleideckel angehoben wurde, kam eine Frau zum Vorschein, die in der Tonne saß. ⁸Der Engel sagte: »Das ist die Gottlosigkeit.« Er stieß sie zurück in die Tonne und warf den Bleideckel wieder auf die Öffnung. ⁹Dann blickte ich auf und sah, wie zwei Frauen erschienen, deren Flügel vom Wind getragen wurden. Denn sie hatten Flügel, die wie Storchenflügel waren, und sie trugen die Tonne zwischen Himmel und Erde davon. ¹⁰»Wo bringen sie die Tonne hin?«, fragte ich den Engel, der mit mir redete. ¹¹Er antwortete: »Ins Land Schinar*,

---

3,8 S. Kap. 6,12 u. auch Jesaja 11,1 u. Jeremia 23,5.   3,10 S. 1. Könige 5,5 u. Micha 4,4.   4,9 Hebr. *wirst du*.   5,2 Das entspricht einer Länge von ca. 9 m und einer Breite von ca. 4,5 m.   5,6a Hebr. *Efa*, ein Trockenhohlmaß, das ca. 40 l fasst.   5,6b So in der griech. Version; im Hebr. steht *ihre Augen*.   5,11 Das ist Babel.

SACHARJA

1–6	Sacharjas Visionen
7	Aufruf zu Gerechtigkeit und Barmherzigkeit
8	Die Segensverheißung für Jerusalem
9–14	Über die Zukunft Israels

6–8
Eine Krone soll angefertigt und im Tempel aufbewahrt werden. Aufruf zur Gerechtigkeit, um nicht wie die Vorfahren gerichtet zu werden. Gott und sein Volk werden in Jerusalem wohnen.

[Der zweite Tempel]

um ihr einen Tempel zu errichten und sie auf ein Podest zu stellen.«

Die vier Streitwagen

6 Ich schaute wieder nach oben und sah vier Streitwagen, die zwischen zwei Bergen hervorkamen. Die Berge waren aus Bronze. ²Der erste Wagen wurde von roten Pferden gezogen, der zweite von schwarzen Pferden, ³der dritte von weißen Pferden und der vierte von gescheckten. Es waren alles kräftige Pferde. ⁴»Was bedeuten diese Wagen, mein Herr?«, fragte ich den Engel, der mit mir redete. ⁵Er antwortete: »Dies sind die vier Geister* des Himmels. Sie kommen vom Herrn der ganzen Erde, vor dem sie gestanden haben. ⁶Die schwarzen Pferde ziehen nach Norden, die weißen Pferde ziehen nach Westen*, die gescheckten ziehen nach Süden.« ⁷Die kräftigen Pferde kamen heraus und waren begierig, über die Erde zu jagen. Der HERR befahl: »Geht und zieht über die Erde!«, und sie durchzogen die Erde. ⁸Dann rief der HERR mich zu sich und sprach: »Die Pferde, die nach Norden gehen, verschaffen meinem Geist Ruhe im Land des Nordens.«

6,5 O. *die vier Winde.*   6,6 Hebr. *ziehen ihnen nach.*

Sacharja 6,12

Hinweise auf den Messias (3)
Dem Hohen Priester Jeschua wird ein Mann namens »Spross« angekündigt, der den Tempel des HERRN bauen wird. In Sacharja 3,8 wurde schon deutlich, dass diese Bezeichnung messianisch aufgeladen ist.
Von Jesus Christus wissen wir, dass er leidenschaftlich dafür kämpfte, den Tempel des HERRN für seine eigentliche Bestimmung zurückzugewinnen (Mt 21,12-16; Joh 2,17). Tempel ist ferner ein Bildwort für Jesus' Körper, den Gott nach drei Tagen wiederherstellte (Joh 2,19-21). Und schließlich ist Tempel auch eine Bezeichnung für die Gemeinde (1Kor 3,16-17), die Jesus baut (Mt 16,18).
Auch in Sacharja 6,12 verwendet die griechische Übersetzung des Alten Testaments für »Spross« das Wort »Aufgang« bzw. »Sonnenaufgang« (siehe die Erklärung zu Sach 3,8), das hier geradezu ein Name ist. Im Lukasevangelium klingt dieses Wort auf, als Christus angekündigt wird:
»Durch die Güte und Barmherzigkeit Gottes wird nun das Licht des Himmels (wörtlich: der *Sonnenaufgang* aus der Höhe) uns besuchen« (Lk 1,78).
(Sacharja 3,8 «‹)

Jeschuas Krönung

⁹Danach erhielt ich eine weitere Botschaft vom HERRN: ¹⁰»Geh heute in das Haus von Joschija, dem Sohn von Zefanja und nimm Heldai, Tobija und Jedaja, die gerade aus Babel eingetroffen sind, mit dir. ¹¹Nimm Silber und Gold und fertige eine Krone daraus an. Setze sie dann Jeschua*, dem Sohn von Jozadak, dem Hohen Priester, auf. ¹²Sag ihm: ›So spricht der HERR, der Allmächtige: Da ist ein Mann, der Spross* genannt wird, denn unter ihm wird es sprießen und er wird den Tempel des HERRN bauen. ¹³Ja, er wird den Tempel des HERRN bauen; er wird königliche Ehren empfangen, seinen Thron einnehmen und dort herrschen. An seinem Thron wird ein Priester dienen*, und zwischen beiden wird vollkommene Eintracht sein.‹ ¹⁴Die Krone soll zur Erinnerung an Heldai*, Tobija, Jedaja und Joschija*, den Sohn von Zefanja, im Tempel des HERRN aufbewahrt werden.« ¹⁵Aus fernen Ländern werden Menschen kommen, um am Tempel des HERRN mitzubauen. Dann sollt ihr erkennen, dass der allmächtige HERR mich zu euch gesandt hat. All dies wird geschehen, wenn ihr genau auf den HERRN, euren Gott, hört.

Aufruf zu Gerechtigkeit und Barmherzigkeit

7 Im vierten Regierungsjahr von König Darius, am vierten Tag des neunten Monats, im Monat Kislew*, erhielt Sacharja eine weitere Botschaft vom HERRN. ²Denn die Bewohner von Bethel hatten Sarezer und Regem-Melech* mit ihren Männern gesandt, um den HERRN gnädig zu stimmen. ³Außerdem sollten sie den Priestern im Tempel des allmächtigen HERRN und den Propheten folgende Frage stellen: »Sollen wir weiterhin im fünften Monat trauern und fasten*, wie wir es so viele Jahre getan haben?«

⁴Da erhielt ich folgende Botschaft vom HERRN, dem Allmächtigen: ⁵»Sag dem ganzen Volk im Land und den Priestern: ›70 Jahre lang habt ihr im fünften und im siebten Monat getrauert und gefastet – habt ihr das etwa für mich getan? ⁶Und wenn ihr esst und trinkt, tut ihr das dann nicht für euch selbst*? ⁷Kennt ihr nicht die Botschaft, die der HERR durch die früheren Propheten verkündigen ließ, als Jerusalem noch bewohnt war und Frieden hatte und als auch die umliegenden Städte und der Negev und das Hügelland noch bevölkert waren?‹«

⁸Die Botschaft, die Sacharja vom HERRN erhielt, lautete weiter: ⁹»So spricht der HERR, der Allmächtige: ›Fällt gerechte Urteile und begegnet einander mit Barmherzigkeit und Güte. ¹⁰Fügt den Witwen, Waisen, Fremden und Armen kein Unrecht zu. Und schmiedet keine bösen Pläne gegeneinander. ¹¹Aber eure Vorfahren weigerten sich, darauf zu achten. Sie zeigten mir die kalte Schulter und stellten sich taub, um nichts zu hören. ¹²Sie machten ihr Herz hart wie Diamant, um die Weisungen und Botschaften nicht hören zu müssen, die der HERR, der Allmächtige, ihnen durch seinen Geist durch die früheren Propheten sagen ließ. Deshalb traf sie der Zorn des HERRN, des Allmächtigen, so schwer. ¹³Und wie sie nicht hörten, wenn ich sie rief, so hörte ich sie nun nicht, wenn sie mich riefen‹, spricht der HERR, der Allmächtige. ¹⁴›Ich zerstreute sie unter Völker, die sie nicht kannten. Nach ihnen wurde ihr Land so öde, dass niemand mehr hindurchzog. So haben sie das einst so schöne Land zur Wüste gemacht.‹«

Die Segensverheißungen für Jerusalem

8 Ich erhielt eine weitere Botschaft vom HERRN, dem Allmächtigen: ²»So spricht der HERR, der Allmächtige: ›Ich setze mich leidenschaftlich für Zion ein und kämpfe mit glühendem Zorn für Jerusalem.‹ ³Und weiter spricht der HERR: ›Ich kehre nach Zion zurück, und ich will wieder in Jerusalem wohnen. Dann soll Jerusalem Stadt der Treue genannt werden und der Berg des allmächtigen HERRN soll Heiliger Berg heißen.‹ ⁴So spricht der HERR, der Allmächtige: ›Alte Männer und Frauen werden wieder auf den Plätzen Jerusalems zusammensitzen, jeder mit dem Stock in der Hand, wegen ihres hohen Alters. ⁵Und die Plätze der Stadt werden voller Jungen und Mädchen sein, die dort spielen.‹

⁶So spricht der HERR, der Allmächtige: ›Sollte mir das unmöglich erscheinen, nur weil es dem Volk, das in diesen Tagen übrig geblieben ist, unmöglich erscheint?‹, spricht der HERR, der Allmächtige. ⁷So spricht der HERR, der Allmächtige: ›Ja, ich werde mein Volk aus dem Land im Osten und aus dem Land im Westen befreien. ⁸Ich hole die Menschen nach Hause und sie sollen in Jeru-

---

6,11 Hebr. *Joschua*, eine Variante des Namens Jeschua. **6,12** S. Kap. 3,8 u. die Anm. dazu. **6,13** O. *es wird auch ein Priester auf seinem Thron sein*. **6,14a** So in der syr. Version (vgl. V. 10); im Hebr. steht *Helem*. **6,14b** So in der syr. Version (vgl. V. 10); im Hebr. steht *Hen*. **7,1** Dieses Ereignis fiel auf den 7. Dezember des Jahres 518 v.Chr.; s. auch die Anm. zu 1,1. **7,2** O. *Bethel-Sarezer hatte Regem-Melech gesandt*. **7,3** Der fünfte Monat des hebr. Mondkalenders fiel gewöhnlich in den Juli und August. Anlass für die Trauer- und Fastentage war die Erinnerung an die Zerstörung des Tempels. **7,6** Hebr. *seid ihr dann nicht die Essenden und Trinkenden?*

SACHARJA

1–6	Sacharjas Visionen
7	Aufruf zu Gerechtigkeit und Barmherzigkeit
8	Die Segensverheißung für Jerusalem
9–14	Über die Zukunft Israels

8–9
Gott wird Jerusalems Wiederaufbau segnen, wenn das Volk an Gott festhält. Israels Feinde werden Gottes Größe erleben. Zion bekommt einen gerechten König.

[Der zweite Tempel]

salem wohnen. Sie werden mein Volk sein, und ich werde ihr Gott sein in Treue und Gerechtigkeit.‹
⁹So spricht der HERR, der Allmächtige: ›Geht mit neuem Mut an die Arbeit!* Ihr habt gehört,

8,9 Hebr. *Stärkt die Hände!* So auch in V. 13.

Sacharja 9,9-10

Hinweise auf den Messias (1)
Der König, der hier für Zion angekündigt wird, hat ein fast paradoxes Auftreten. Er wird so mächtig sein, dass er die gesamte damals bekannte Zivilisation beherrschen wird (V. 10b), und doch erscheint er demütig und gewaltlos: Die Waffenarsenale Israels wird er abrüsten (V. 10a). Der Esel (V. 9) darf nicht verwechselt werden mit einem Maultier: Letzteres war durchaus ein königliches Reittier (2Sam 13,29; 1Kön 1,33-45; Jes 66,20). Esel jedoch waren Alltagstransportmittel. Der hier angekündigte König kommt unstandesgemäß einfach, so wie es wohl kein politischer Würdenträger täte. Die Prophetie drängt auf eine messianische Deutung.
Das Neue Testament führt diese Deutung in Matthäus 21,4-5 und Johannes 12,14-15 durch.
(Micha 5,1-4a ‹‹ | ›› Sacharja 12,10)

Sacharja 9,11

Bundesschlüsse
Gottes Volk erlebt in der Zeit des Propheten Sacharja einen Neubeginn: die Rückkehr aus dem babylonischen Exil. Diese gütige Zuwendung von Gott führt der Prophet auf Gottes Bundestreue zurück. Die Besiegelung des Bundes durch Blut lässt sehr klar an 2. Mose 24 denken. Der Sinaibund war also über diese ganzen Jahrhunderte hinweg zwar oft missachtet, aber dennoch in Kraft.
Dass der Bund jetzt wieder zum Segen wirkt, ist nicht – wie man nach 5. Mose 30,1-10 denken könnte – eine Folge davon, dass das Volk umgekehrt wäre. Von einer solchen Umkehr lässt Sacharja nichts erkennen; vielmehr ruft er das Volk erst zur Umkehr (1,3). Sondern Gott hat ein Ende der Strafe gesetzt; die Schuld ist abgebüßt (vgl. Jes 40,2). Weil Gott sich längst zuvor in Treue an seinen Bund gebunden hat, rettet und segnet er jetzt.
(Micha 6,13-16 ‹‹ | ›› Josua 24,25)

was die Propheten an dem Tag gesagt haben, als der Grundstein für den Wiederaufbau des Tempels, des Hauses des allmächtigen HERRN, gelegt wurde. ¹⁰Vor dieser Zeit gab es keinen Lohn für die Arbeit der Menschen und auch die Arbeit der Tiere brachte nichts ein. Keiner, der eine Stadt verließ, war vor dem Feind sicher, weil ich die Menschen gegeneinander aufgehetzt hatte. ¹¹Doch jetzt will ich mit dem Rest dieses Volkes nicht mehr so umgehen wie bisher‹, spricht der HERR, der Allmächtige. ¹²›Jetzt werden sie in Frieden aussäen. Die Weinstöcke werden Trauben tragen. Die Erde wird ihren Ertrag bringen, der Himmel wird Tau geben, und der Rest dieses Volkes soll all das für sich besitzen. ¹³Ihr Menschen von Juda und Israel, so wie ihr unter den anderen Völkern der Inbegriff eines verfluchten Volkes gewesen seid, so werdet ihr der Inbegriff eines gesegneten Volkes* sein, wenn ich euch befreit habe! Deshalb habt keine Angst und geht mit neuem Mut an die Arbeit!‹

¹⁴Denn so spricht der HERR, der Allmächtige: ›So wie ich plante, Unheil über euch zu bringen, weil eure Vorfahren meinen Zorn weckten, und ich mich nicht davon abbringen ließ‹, spricht der HERR, der Allmächtige, ¹⁵›so plane ich jetzt wieder, Jerusalem und den Menschen von Juda Gutes zu tun. Deshalb habt keine Angst! ¹⁶Haltet euch jedoch an die folgenden Gebote: Sagt einander die Wahrheit. Fällt an euren Gerichtshöfen* gerechte Urteile, die für Frieden sorgen. ¹⁷Schmiedet keine bösen Pläne gegeneinander und schwört keine Meineide. Denn all diese Dinge hasse ich‹, spricht der HERR.«

¹⁸Die folgende Botschaft erhielt ich vom HERRN, dem Allmächtigen: ¹⁹»So spricht der HERR, der Allmächtige: ›Die Fastentage, die ihr im vierten, fünften, siebten und zehnten Monat* gehalten habt, sollen für die Menschen von Juda zu fröhlichen Festtagen voller Jubel und Freude werden. Doch ihr sollt die Wahrheit und den Frieden lieben!‹

²⁰So spricht der HERR, der Allmächtige: ›Aus vielen Völkern und Städten der Welt werden noch Menschen kommen. ²¹Die Bewohner der einen Stadt sollen zu den Bewohnern der anderen gehen und sagen: Lasst uns gehen, um den HERRN gnädig zu stimmen und um den allmächtigen HERRN zu suchen. Auch wir selbst wollen gehen. ²²Menschen aus großen und mächtigen Völkern kommen nach Jerusalem, um den HERRN, den Allmächtigen, zu suchen und den HERRN gnädig zu stimmen.‹

²³So spricht der HERR, der Allmächtige: ›In jenen Tagen werden zehn Männer aus Völkern mit lauter verschiedenen Sprachen einen Mann aus Juda am Rockzipfel festhalten und bitten: Wir wollen mit euch gehen, denn wir haben gehört, dass Gott bei euch ist.‹«

Das Gericht über Israels Feinde

9 Die Botschaft des HERRN lastet auf dem Land Hadrach und sie lässt sich auf Damaskus nieder, denn die Augen des HERRN ruhen auf der Menschheit und auf allen Stämmen Israels ²und auch auf Hamat, das bei Damaskus liegt, und auf Tyrus und Sidon – sie sind doch so weise: ³»Tyrus hat seine Befestigungsmauern ausgebaut und Silber und Gold aufgehäuft wie Staub auf der Straße! ⁴Doch der HERR wird Tyrus erobern und seine Reichtümer ins Meer werfen. Tyrus selbst wird niedergebrannt werden.

⁵Aschkelon wird es sehen und große Angst bekommen. Gaza wird vor Angst heftig zittern und Ekron ebenfalls, denn seine Hoffnung hat sich zerschlagen. Der König soll aus Gaza verschwinden und Aschkelon wird unbewohnt sein. ⁶In Aschdod lassen sich Fremde nieder. Auf diese Weise mache ich dem Hochmut der Philister ein Ende. ⁷Ich werde das blutige Fleisch aus ihrem Mund reißen und die abscheuliche Nahrung zwischen ihren Zähnen entfernen. Doch die überlebenden Philister werden unserem Gott gehören und als neues Geschlecht in Juda aufgenommen werden. Die Philister von Ekron werden sich meinem Volk anschließen, so wie es einst die Jebusiter taten. ⁸Ich selbst werde vor meinem Tempel Wache halten und ihn vor einfallenden Armeen schützen. Nie mehr wird ein fremder Unterdrücker das Land meines Volkes überrennen, denn ich bewache es jetzt mit meinen eigenen Augen.

Zions künftiger König

⁹Juble laut, du Volk von Zion! Freut euch, ihr Bewohner von Jerusalem! Seht, euer König kommt zu euch. Er ist gerecht und siegreich, und doch ist er demütig und reitet auf einem Esel – ja, auf dem Fohlen eines Esels, dem Jungen einer Eselin.* ¹⁰Ich will die Streitwagen aus Israel* und die Schlachtrosse aus Jerusalem vernichten; auch der Kriegsbogen wird zerstört. Euer König wird den Völkern den Frieden verkünden. Seine Herrschaft wird sich von Meer

---

8,13 Hebr. *ein Fluch* bzw. *ein Segen*. **8,16** Hebr. *in euren Toren*. **8,19** Der vierte Monat des hebr. Mondkalenders fiel gewöhnlich in den Juni und Juli, der fünfte Monat in den Juli und August, der siebte Monat in den September und Oktober, der zehnte Monat in den Dezember und Januar. **9,9** Vgl. Matthäus 21,5. **9,10** Hebr. *aus Ephraim*; so auch in V. 13.

SACHARJA

1–6	Sacharjas Visionen
7	Aufruf zu Gerechtigkeit und Barmherzigkeit
8	Die Segensverheißung für Jerusalem
9–14	Über die Zukunft Israels

9–11
Gott steht seinem Volk bei. Gott richtet die Hirten und sammelt sein Volk. Gott will nicht mehr Hirte über das abtrünnige Volk sein.

[Der zweite Tempel]

zu Meer und vom Euphrat bis zu den Enden der Erde erstrecken.
¹¹Weil ich einen Bund mit euch geschlossen habe, der mit Blut besiegelt ist*, befreie ich eure Gefangenen aus der wasserlosen Zisterne. ¹²Kommt zurück in die befestigte Stadt, ihr Gefangenen, denn noch besteht Hoffnung! Heute verheiße ich, dass ich euch doppelten Ersatz geben werde! ¹³Ja, ich spanne mir Juda als Bogen und setze Israel als Pfeil ein! Ich biete deine Söhne, Zion*, gegen die Söhne Griechenlands auf. Ich mache dich zu einem starken Schwert.
¹⁴Der HERR selbst wird über ihnen erscheinen; sein Pfeil wird herausschnellen wie ein Blitz. Der HERR, der Allmächtige, wird das Horn blasen; er wird in den Stürmen des Südens daherjagen. ¹⁵Der HERR, der Allmächtige, wird die Israeliten schützen. Sie werden ihre Feinde mit Schleudersteinen niederstrecken und vernichten. Sie werden vom Blut ihrer Feinde betrunken sein wie vom Wein und voll davon sein wie eine Opferschale und die Ecken eines Altars. ¹⁶Wenn dieser Tag kommt, wird der HERR, ihr Gott, sie retten wie ein Hirte seine Herde rettet*. Ja, sie werden in seinem Land funkeln wie Edelsteine. ¹⁷Wie schön und herrlich wird es sein! Getreide wird junge Männer und neuer Wein wird junge Frauen gedeihen lassen.

9,11 Hebr. *Um des Blutes deines Bundes willen.* 9,13 Das ist Jerusalem. 9,16 Hebr. *wie Schafe.*

Sacharja 11,12-13

Hinweise auf den Messias (2)
Der Prophet bekommt den Auftrag, sich als Hirte um Israel zu kümmern (Sach 11,4.7), doch dieser Dienst kommt nicht zum Ziel (V. 8-10). Man entlässt den Propheten, indem man den Ersatzpreis eines Sklaven entrichtet (2Mo 21,32) – eine verächtliche Summe (Sach 11,13).
Das Matthäusevangelium sieht in dem bei Sacharja beschriebenen Vorgang eine Prophezeiung, die sich in Jesus erfüllt, und zwar als der Verräter Judas 30 Silberstücke für seinen Verrat kassierte (Mt 27,9). Damit wird zugleich gesagt, dass Jesus einen Hirtendienst ähnlich dem von Sacharja tat. Auch für Jesus gilt also: Durch ihn sprach Jahwe (V. 11) und als Jesus verworfen wurde, verwarf man zugleich Jahwe (V. 13). Anders als damals folgte aber für die Führenden Israels nach Jesus' Verurteilung kein Gericht Gottes, sondern das Angebot der Gnade (siehe die Erklärung zu Apg 3,25).
Mt 27,9 ordnet das Schriftzitat dem Propheten Jeremia zu, dessen Buch damals am Anfang der prophetischen Schriften stand und bei Matthäus also für »die Propheten« steht.
(Jona 2,1 «« | »» 1. Mose 3,15)

Der HERR wird sein Volk wiederherstellen

10 Bittet den HERRN um Regen im Frühjahr*. Der HERR ist es, der Sturmwolken entstehen lässt und ihnen Regen für jede Pflanze auf dem Feld gibt. ²Die Hausgötter dagegen erteilen falschen Rat und die Wahrsager haben Lügenvisionen, sie reden von nichtigen Träumen und spenden leeren Trost. Und so zieht mein Volk umher wie eine Schafherde und leidet, weil es keinen Hirten hat.

³Mein Zorn ist gegen die Hirten entbrannt, die Leithammel werde ich bestrafen. Denn der HERR, der Allmächtige, ist gekommen, um nach seiner Herde Juda zu sehen; er macht sein Volk zu einem stolzen Streitross in der Schlacht. ⁴Aus seinem Volk wird der Eckstein kommen und der Zeltpflock und der Kriegsbogen; ja, aus Juda werden alle kommen, die Macht haben. ⁵Wie starke Krieger sollen sie ihre Feinde im Kampf in den Straßenstaub treten. Sie sollen kämpfen, weil der HERR mit ihnen ist, sodass die feindlichen Reiter mit ihren Pferden vernichtet werden*.

⁶Ich mache die Menschen vom Stamm Juda stark und die Nachkommen von Josef werde ich retten. Ich lasse sie wieder in ihrem Land wohnen, weil ich Erbarmen mit ihnen habe. Es wird sein, als hätte ich sie nie verworfen, denn ich bin der HERR, ihr Gott, der sie erhören wird. ⁷Die Israeliten* sollen wie starke Krieger dastehen, und sie werden vergnügt sein, als hätten sie Wein getrunken. Ihre Kinder werden es sehen und fröhlich sein; ihre Herzen werden sich über den HERRN freuen. ⁸Ich will sie herbeirufen und sie wieder sammeln, denn ich habe sie erlöst. Sie sollen wieder so groß werden, wie sie es waren. ⁹Nachdem ich sie unter die Völker verstreut habe, werden sie in den fernen Ländern wieder an mich denken. Sie sollen mit ihren Kindern überleben und nach Hause zurückkehren. ¹⁰Ich will sie aus Ägypten zurückbringen und aus Assyrien sammeln und wieder in Gilead und im Libanon ansiedeln. Es wird sich gar nicht genügend Platz für sie finden lassen! ¹¹Wenn sie durch das Meer der Not gehen, schlägt der HERR die Wellen im Meer nieder und trocknet das Wasser des Nil aus. Der Hochmut Assyriens wird gebrochen und die Herrschaft Ägyptens beendet werden. ¹²Ich werde mein Volk durch mich, den HERRN, stark machen, und in meinem Namen wird mein Volk leben«, spricht der HERR.

11 »Öffne deine Tore, Libanon, damit das Feuer deine Zedern vernichtet. ²Weint, ihr Zypressen, denn die Zedern sind gefallen, die mächtigen Bäume sind zerstört. Weint, ihr Eichen von Baschan, denn der dichte Wald ist umgestürzt. ³Hört das Klagen der Hirten, denn ihr herrliches Weideland ist verwüstet. Hört die jungen Löwen brüllen, denn ihr Dickicht am Jordan wurde zerstört.«

Die nichtsnutzigen Hirten

⁴So spricht der HERR, mein Gott: »Sorge für die Schafe, die geschlachtet werden sollen. ⁵Ihre Käufer schlachten sie und werden dafür nicht zur Rechenschaft gezogen. Und ihre Verkäufer sagen: ›Gelobt sei der HERR, denn jetzt bin ich reich!‹ Nicht einmal die Hirten haben Mitleid mit ihnen. ⁶Und so werde auch ich kein Mitleid mehr mit den Bewohnern des Landes haben«, spricht der HERR. »Jeden Einzelnen will ich der Gewalt seiner Mitmenschen und seines Königs ausliefern. Sie sollen das Land zerstören, und ich werde sie nicht vor ihnen retten.«

⁷Also sorgte ich für die Schafe, die geschlachtet werden sollten, die elenden Tiere. Ich nahm mir zwei Hirtenstäbe: Den einen nannte ich »Freundlichkeit« und den anderen »Eintracht«. Und ich hütete die Schafe. ⁸In einem einzigen Monat vertrieb ich die drei Hirten. Doch schließlich wurde ich ungeduldig mit den Schafen, und auch sie verachteten mich. ⁹Deshalb sagte ich: »Ich will nicht mehr euer Hirte sein. Was im Sterben liegt, mag sterben, was umkommen soll, mag umkommen. Und die Übrigen sollen sich gegenseitig auffressen!«

¹⁰Dann nahm ich den Stab »Freundlichkeit« und zerbrach ihn, um den Bund, den ich mit allen Völkern geschlossen hatte, aufzuheben. ¹¹So wurde der Bund an jenem Tag aufgehoben. Die Viehhändler, die mir zusahen, erkannten, dass der HERR durch mich sprach*. ¹²Ich sagte zu ihnen: »Wenn ihr damit einverstanden seid, dann gebt mir meinen Lohn; wenn nicht, dann lasst es bleiben.« Da zahlten sie mir 30 Silberschekel* als Lohn aus.

¹³Und der HERR sagte zu mir: »Wirf sie den Schmelzern* hin – diese großartige Summe, die ich ihnen wert war!« Da nahm ich die 30 Silberschekel und warf sie den Schmelzern im Tempel des HERRN hin. ¹⁴Daraufhin zerbrach ich meinen anderen Stab, »Eintracht«, um den Bund der Bruderschaft zwischen Juda und Israel aufzuheben.

10,1 Hebr. *zur Zeit des Spätregens*. **10,5** Hebr. *beschämt werden*. **10,7** Hebr. *Ephraim*. **11,11** Hebr. *dass dies das Wort des HERRN war*. **11,12** Das entspricht 360 g Silber. **11,13** O. *Töpfern*.

SACHARJA

1–6 Sacharjas Visionen

7 Aufruf zu Gerechtigkeit und Barmherzigkeit

8 Die Segensverheißung für Jerusalem

9–14 Über die Zukunft Israels

11–13
Gott setzt einen Hirten ein, der sein Unwesen im Volk treibt. Nach der Vernichtung wird Jerusalem aufgerichtet. Vernichtung des Götzendienstes. Die Schafe werden zerstreut, aber die Lämmer gerettet.

[Der zweite Tempel]

¹⁵Der HERR sagte zu mir: »Nimm dir noch einmal das Handwerkszeug eines nichtsnutzigen Hirten. ¹⁶Denn ich werde in diesem Land einen Hirten einsetzen, der sich nicht um die Vermissten kümmert, der die Verlorenen nicht sucht, die Verletzten nicht verbindet und die Gesunden nicht versorgt. Stattdessen wird dieser Hirte das

Sacharja 12,10

Hinweise auf den Messias (1)
Ein durch Lanzenstich Getöteter wird betrauert. Wer kann gemeint sein? Vom »ich« des Verses her wäre es Gott selbst. Auch die heidnische Trauer, die zum Vergleich in V. 11 angeführt wird, ist die Trauer um einen zu Tode gekommenen Gott. Andererseits spricht das »ich« des Verses nicht von sich, sondern von »ihm«. Er wird betrauert wie der erstgeborene Sohn, der Hoffnungsträger jeder Familie. In jedem Falle muss es eine herausragende, unvergleichliche Gestalt sein. Gerade weil sie vom Zusammenhang bei Sacharja kaum näher gedeutet werden kann, bleibt sie geheimnisvoll zukünftig.
Im Licht des Kreuzestodes von Jesus ist das Sacharjawort zur Erfüllung gekommen, als Jesus starb (Joh 19,37). Zuvor wurde ihm ja ein Lanzenstich zugefügt. Eine spätere erneute Erfüllung wird sich ereignen, wenn Christus für alle Menschen sichtbar erscheint: Offenbarung 1,7.
(Sacharja 9,9-10 «‹ | ›» Sacharja 13,7)

Sacharja 13,7

Hinweise auf den Messias (1)
Ein Hirte (der also Sorge um Israel tragen soll) wird vom Schwert getroffen. In Sacharja 11,17 war das die Strafe für einen nichtsnutzigen Hirten (siehe die Erklärung zu dieser Schriftselle). Hier aber trifft es »den Mann, der Gott nahe steht«, und zwar auf Befehl Gottes selbst. Gott wendet sich mit scharfer Gewalt gegen seinen eigenen Vertrauten.
Aus sich heraus ist diese Stelle kaum zu deuten. Von 11,12-13 und 12,10 her ist deutlich, dass Gottes Vertrauter verworfen und getötet wird – wenngleich in diesen Stellen nicht Gott der Handelnde ist. Dies ist jedoch in Jesaja 53,4.10 der Fall.
Jesus nimmt dieses prophetische Wort für sich selbst in Anspruch und deutet die fluchtartige Auflösung der Schafherde auf seine Jünger, die ihn am Kreuz verlassen werden (Mt 26,31; Mk 14,27). Damit zeigt Jesus zugleich: Ihm ist bewusst, dass er nicht nur von Menschen getötet werden wird, sondern dass ihn darin Gott selbst preisgibt.
In den folgenden Schriftstellen (Hinweise auf den Messias [2]) geht es um Worte, die im Neuen Testament zitiert werden.
(Sacharja 12,10 «‹ | ›» 1. Mose 12,1-3)

S Südreich Juda   **N** Nordreich Israel

Fleisch der fettesten Schafe essen und ihnen die Hufe abreißen. ¹⁷Diesem nichtsnutzigen Hirten, der die Herde verlässt, soll es schlecht ergehen! Das Schwert wird seinen Arm abhauen und sein rechtes Auge durchbohren. Sein Arm wird völlig nutzlos werden, und sein rechtes Auge ganz und gar blind.«

Die künftige Erlösung Jerusalems

12 Das ist die Botschaft, das Wort des HERRN über Israel: »So spricht der HERR, der den Himmel ausgespannt, das Fundament der Erde gelegt und den Geist im Inneren des Menschen gebildet hat: ²›Seht, ich mache Jerusalem zu einem Becher – alle Völker ringsum, die daraus trinken, sollen taumeln. Genauso soll es auch Juda ergehen, wenn es Jerusalem belagert. ³An jenem Tag mache ich Jerusalem für alle Völker zu einem Laststein. Alle, die versuchen ihn aufzuheben, werden sich schwer daran verletzen. Und alle Nationen der Erde sollen sich gegen Jerusalem versammeln.

⁴An jenem Tag‹, spricht der HERR, ›werde ich alle Pferde scheu machen und ihre Reiter in Panik versetzen. Auf das Volk von Juda werde ich ein Auge haben, die Pferde der Völker aber werde ich alle blind machen. ⁵Und die führenden Männer von Juda werden denken: Die Bewohner Jerusalems finden ihre Kraft im allmächtigen HERRN, ihrem Gott.

⁶An jenem Tag werde ich die führenden Männer von Juda zu glühenden Kohlen* in einem Holzstoß machen, zu einer brennenden Fackel zwischen Getreidegarben. Sie sollen die umliegenden Völker rechts und links verbrennen, während Jerusalem weiter an seinem Ort bleibt. ⁷Zuerst aber wird der HERR die Bevölkerung von Juda* retten, damit sich die Bewohner Jerusalems und die Nachkommen Davids nicht über Juda erheben. ⁸An jenem Tag wird der HERR die Bewohner Jerusalems beschützen – noch der Schwächste unter ihnen soll an diesem Tag wie König David sein! Und Davids Nachkommen sollen wie Gott sein, wie der Engel des HERRN, der vor ihnen hergeht. ⁹An jenem Tag wird es mein Ziel sein, alle Völker, die Jerusalem angreifen, zu vernichten.

¹⁰Dann gieße ich einen Geist der Gnade und des Gebets über die Nachkommen Davids und die Bewohner Jerusalems aus. Sie werden auf den schauen, den sie durchbohrt haben,* und um ihn trauern wie um einen einzigen Sohn. Sie werden ihn beweinen, wie man einen erstgeborenen Sohn beweint. ¹¹An jenem Tag wird die Klage in Jerusalem so laut sein wie die bittere Klage um Hadad-Rimmon im Tal von Megiddo.

¹²Das ganze Land soll Totenklage halten, jede Sippe für sich: die Sippe von Davids Familie für sich, Männer und Frauen getrennt, die Sippe von Nathans Familie für sich, Männer und Frauen getrennt, ¹³die Sippe von Levis Familie für sich, Männer und Frauen getrennt, die Sippe von Schimis Familie für sich, Männer und Frauen getrennt, ¹⁴und alle übrigen Sippen, jede für sich und Männer und Frauen getrennt.

Eine Quelle der Reinigung

13 An jenem Tag wird für die Nachkommen Davids und für die Bewohner Jerusalems eine Quelle geöffnet sein, die sie von Sünde und Befleckung reinigt.

²An jenem Tag‹, spricht der HERR, der Allmächtige, ›werde ich die Namen der Götzen aus dem Land entfernen, sodass man sich nie mehr an sie erinnert. Auch die Propheten mit ihrem unreinen Geist werde ich aus dem Land vertreiben. ³Wenn danach je wieder ein Mensch weissagt, sollen sein eigener Vater und seine eigene Mutter zu ihm sagen: »Du darfst nicht am Leben bleiben, denn du hast im Namen des HERRN Lügen verkündigt.« Und dann werden sein eigener Vater und seine eigene Mutter ihn umbringen, weil er geweissagt hat.

⁴An jenem Tag wird jeder Prophet, wenn er weissagt, sich seiner Visionen schämen! Nie mehr wird er den Prophetenmantel anlegen, um zu lügen. ⁵»Nein«, wird er sagen, »ich bin kein Prophet, ich bin nur ein Mann, der den Acker bebaut. Von Jugend an bin ich Sklave eines Menschen.« ⁶Und wenn jemand fragt: »Was hast du da für Narben auf der Brust*?«, wird er antworten: »Ich wurde im Haus meiner Freunde verletzt!«

Die Schafe werden zerstreut

⁷Schwert, erheb dich gegen meinen Hirten, gegen den Mann, der mir nahesteht‹, spricht der HERR, der Allmächtige. ›Schlag den Hirten, damit die Schafe sich zerstreuen.* Aber den Lämmern will ich mich wieder zuwenden.* ⁸Zwei Drittel der Menschen im Land sollen vernichtet werden und umkommen‹, spricht der HERR. ›Doch ein Drittel soll übrig bleiben. ⁹Dieses Drittel will ich durchs Feuer schicken und läu-

---

12,6 Hebr. *Feuerbecken.* **12,7** Hebr. *die Zelte Judas.* **12,10** Vgl. Johannes 19,37 u. Offenbarung 1,7. **13,6** O. *Narben zwischen deinen Händen.* **13,7a** Vgl. Matthäus 26,31. **13,7b** O. *Und ich will mich gegen die Geringen wenden.*

SACHARJA

1–6 Sacharjas Visionen

7 Aufruf zu Gerechtigkeit und Barmherzigkeit

8 Die Segensverheißung für Jerusalem

9–14 Über die Zukunft Israels

13–14
Das Volk wird geläutert. Gott wird über die Erde herrschen und die Völker werden nach Jerusalem ziehen.

[Der zweite Tempel]

tern, so wie man Silber läutert. Ich werde die Menschen prüfen, wie man Gold prüft. Sie werden meinen Namen anrufen und ich werde ihnen antworten. Ich werde sagen: Sie sind mein Volk, und sie werden sagen: Der HERR ist unser Gott.

Der HERR wird über die Erde herrschen

14 Achtung, der Tag des HERRN kommt, und dann werden eure geplünderten Besitztümer vor euren Augen verteilt! ²Ich sammle alle Völker zum Kampf gegen Jerusalem. Die Stadt wird erobert, die Häuser werden geplündert und die Frauen werden vergewaltigt werden. Die Hälfte der Einwohner wird in die Gefangenschaft geführt, der Rest der Bevölkerung aber wird nicht aus der Stadt vertrieben werden.
³Doch dann wird der HERR selbst in die Schlacht ziehen und gegen diese Völker kämpfen, wie er auch sonst am Tag der Schlacht kämpft. ⁴An jenem Tag stehen seine Füße auf dem Ölberg, der im Osten Jerusalems liegt. Und der Ölberg wird sich in der Mitte spalten und ein sehr breites Tal freigeben, das von Osten nach Westen verläuft, denn die eine Hälfte des Berges wird sich nach Norden und die andere Hälfte nach Süden verschieben. ⁵In dieses Tal zwischen meinen Bergen sollt ihr fliehen, und das Tal zwischen meinen Bergen wird bis nach Azal hinüberreichen. Ja, ihr sollt fliehen, wie ihr in den Tagen von Usija, dem König von Juda, vor dem Erdbeben geflohen seid. Dann kommt der HERR, mein Gott, und alle seine Heiligen mit ihm.*
⁶An jenem Tag wird es kein Licht, keine Kälte und keinen Frost mehr geben*, ⁷und es wird ein einziger Tag sein – nur der HERR weiß, wann das sein wird. Es wird nicht Tag und nicht Nacht sein, und am Abend wird es immer noch hell sein. ⁸An jenem Tag wird Leben spendendes Wasser aus Jerusalem fließen, die eine Hälfte zum Toten Meer, die andere Hälfte zum Mittelmeer – im Sommer wie im Winter.
⁹Und der HERR wird König über die ganze Erde sein. An jenem Tag wird der HERR der einzige Gott sein und sein Name allein wird angebetet werden. ¹⁰Das ganze Land von Geba bis Rimmon im Süden von Jerusalem wird sich in eine Ebene verwandeln. Jerusalem aber soll hoch aufragen und auf seinem Platz bleiben – vom Benjamintor bis zur Stelle des alten Tores und bis zum Ecktor, vom Turm Hananel bis zur

14,5 So in der griech. Version; im Hebr. heißt es *mit dir*.
14,6 Der Sinn des Verses ist unklar.

S Südreich Juda **N** Nordreich Israel

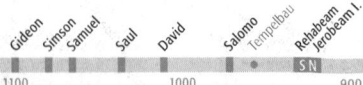

Kelter des Königs. ¹¹Und Jerusalem soll wieder bewohnt sein und wird nie mehr vernichtet werden. Die Bewohner Jerusalems sollen in Sicherheit leben.

¹²Der HERR wird allen Völkern, die gegen Jerusalem gekämpft haben, eine Plage schicken: Sie werden bei lebendigem Leib verwesen. Die Augen werden sich in den Höhlen auflösen und die Zunge im Mund verfaulen. ¹³An jenem Tag wird der HERR sie in eine gewaltige Verwirrung stürzen, sodass sie aufeinander losgehen und sich gegenseitig bekämpfen; ¹⁴auch Juda wird in Jerusalem kämpfen. Der Reichtum aller Nachbarvölker wird erbeutet werden – große Mengen von Gold, Silber und Kleidern. ¹⁵Auch die Pferde, Maultiere, Kamele, Esel und alle anderen Tiere, die sich in den feindlichen Lagern befinden, sollen von der Plage befallen werden.

¹⁶Doch alle Überlebenden aus den Völkern, die Jerusalem angegriffen haben, sollen jedes Jahr nach Jerusalem hinaufziehen, um den König, den allmächtigen HERRN, anzubeten und das Laubhüttenfest zu feiern. ¹⁷Wenn jedoch eines der Völker der Erde nicht nach Jerusalem kommt, um den König, den allmächtigen HERRN, anzubeten, wird kein Regen bei ihm fallen. ¹⁸Und wenn die Ägypter nicht hinaufziehen werden und nicht erscheinen, wird der HERR sie mit der gleichen Plage bestrafen, die er den anderen Völkern schickt, die nicht kommen, um das Laubhüttenfest zu feiern. ¹⁹So werden Ägypten und die anderen Völker bestraft, die nicht kommen, um das Laubhüttenfest zu feiern.

²⁰An jenem Tag wird auf den Schellen der Pferde geschrieben stehen: »Dem HERRN geweiht.« Und die Kochtöpfe im Tempel des HERRN werden ebenso heilig sein wie die Becken neben dem Altar. ²¹Ja, jeder Kochtopf in Jerusalem und Juda wird dem HERRN, dem Allmächtigen, geweiht sein. Alle, die kommen, um zu opfern, werden diese Töpfe nehmen und darin kochen. Und an jenem Tag wird es keine Händler mehr im Tempel des HERRN, des Allmächtigen, geben.«

*I*n der Bibel redet Gott selbst mit uns wie ein Mensch mit seinem Freund.

Martin Luther

Maleachi

Inhalt

Maleachi erklärt Gottes Sicht zu einigen Fragen, die von mangelnder Gotteserkenntnis herrühren. Gott sieht sich von fremden Völkern mehr geehrt als von Israel. Maleachi fordert die Betroffenen auf, zu Gott umzukehren, der die Gerechten als sein Eigentum bezeichnet. Sie wird er – im Unterschied zu denen, die ihn nicht achten – am kommenden »Tag des HERRN« verschonen.

Der Prophet kündigt einen Boten an, der das unerwartete Erscheinen Gottes vorbereitet. Die Gott achten, werden geheilt und können sich ausgelassen freuen.

Wichtige Personen

Maleachi Prophet
Priester am Tempel in Jerusalem

Wichtiger Ort

Jerusalem Hauptstadt von Juda

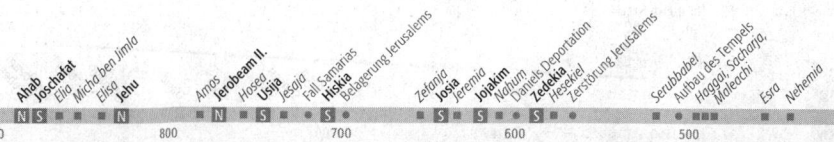

MALEACHI

MALEACHI

1–2 Gottes Liebe und Israels Verhalten – Streitgespräche zwischen Gott und seinem Volk

3 Der kommende Tag des Gerichts

1–2
Gott ist zornig auf Edom. Israel bringt keine würdigen Opfer, die Priester achten Gottes Gebote nicht. Israel hat Gott die Treue gebrochen.

[Der zweite Tempel]

MALEACHI

1 Diese Last, diese Botschaft, richtete der HERR durch Maleachi* an Israel.

Der HERR liebt Israel

²»Ich habe euch geliebt«, spricht der HERR. »Doch ihr entgegnet: ›Inwiefern hast du uns geliebt?‹«

Und der HERR antwortet: »Ist nicht Esau der Bruder Jakobs? Jakob liebte ich, ³Esau dagegen hasste ich. Ich verwüstete sein Bergland und machte seinen Erbbesitz zu einer Wüste für Schakale.«

⁴Die Edomiter sagen vielleicht: »Wir wurden zerschlagen, doch wir werden das Zerstörte wieder aufbauen.«

Aber der HERR, der Allmächtige, spricht: »Sie sollen nur versuchen es aufzubauen, doch ich werde es wieder zerstören! Ihr Land wird als ›Land der Gottlosigkeit‹ bekannt sein und das Volk als ›das Volk, auf das der HERR für immer zornig ist‹. ⁵Wenn ihr das mit eigenen Augen seht, werdet ihr sagen: ›Weit über Israels Grenzen hinaus reicht die Macht des HERRN!‹«

1,1 Maleachi heißt mein Bote.

Maleachi 2,4-9

Bundesschlüsse
Der priesterliche Bund mit den Leviten brachte Leben und Frieden mit sich, denn durch die Priester wurde Gottes gutes Wort ausgelegt.
Der Bruch dieses Bundes geschah, als die Priester zum einen Gottes Namen nicht ehrten und zum anderen die einzelnen Ratsuchenden, je nach Status der Person, bei der Gesetzesauslegung unterschiedlich behandelten (V. 2.9). Dennoch steht auch dieser Bund unter der erklärten Absicht Gottes, dass er beständig sein soll (V. 4). Erneut zeigt sich, dass zwar Menschen den Bund brechen, Gott ihn aber nicht von sich aus aufkündigt.
Die Geschichte auch dieses Bundes, in der Untreue und Treue miteinander im Kampf liegen, mündet in den neuen Bund ein: Christus erfüllt Gottes Absicht von Mal 2,4, indem er als neuer, treuer Priester erwählt wurde.
Die in Maleachi 2,5 enthaltene Gabe – das Miteinander von Leben und Frieden – schenkt Gott später durch die Gabe seines Geistes: »Wenn der Heilige Geist dich bestimmt, bedeutet das Leben und Frieden« (Röm 8,6).
(Nehemia 13,29 «‹)

Unreine Opfer

⁶Der HERR, der Allmächtige, spricht zu euch Priestern, die meinen Namen verachten: »Ein Sohn ehrt seinen Vater und ein Diener achtet seinen Herrn. Ich bin euer Vater und ich bin euer Herr, doch wo ist eure Achtung? Stattdessen verachtet ihr mich!

Doch ihr fragt: ›Inwiefern verachten wir dich?‹
⁷Indem ihr unreines Brot auf meinem Altar opfert.

Und ihr fragt: ›Wodurch machen wir dich unrein?‹

Indem ihr behauptet: ›Den Tisch des HERRN braucht man nicht zu achten.‹ ⁸Wenn ihr blinde Tiere als Opfer darbringt, ist das etwa nicht schlecht? Und ist es nicht schlecht, verkrüppelte und kranke Tiere zu opfern? Bringt doch einmal eurem Statthalter solche Gaben! Wird er euch dann etwa noch freundlich und wohlwollend begegnen?«, spricht der allmächtige HERR.

⁹»Auf, bittet Gott, gnädig zu sein!

Aber wenn ihr so etwas getan habt, warum sollte er euch dann noch wohlwollend begegnen?«, fragt der allmächtige HERR.

¹⁰»Ich wünschte, jemand von euch würde die Tore des Tempels zuschließen, damit ihr auf meinem Altar keine nutzlosen Opferfeuer anzündet! Ich habe keine Freude an euch«, spricht der HERR, der Allmächtige, »und das Opfer aus eurer Hand ist mir nicht angenehm. ¹¹Vom Aufgang der Sonne bis zu ihrem Untergang wird mein Name bei den anderen Völkern verehrt. Überall bringen sie mir Rauchopfer und reine Opfer dar. Denn mein Name wird von den Völkern verehrt«, spricht der allmächtige HERR. ¹²»Ihr aber entweiht ihn, indem ihr behauptet: ›Der Tisch des Herrn kann verunreinigt werden und seine Gaben – seine Speisen – sind nichts wert.‹ ¹³Ihr klagt: ›Was für eine Mühsal!‹ und verachtet ihn«, spricht der HERR, der Allmächtige. »Ihr bringt mir gestohlene, verkrüppelte und kranke Tiere und opfert sie! Sollte ich diese wirklich wohlwollend von euch annehmen?«, fragt der HERR. ¹⁴»Verflucht sei der Betrüger, der dem HERRN einen Bock aus seiner Herde verspricht und dem HERRN dann ein fehlerhaftes Tier opfert. Denn ich bin ein mächtiger König«, spricht der HERR, der Allmächtige, »und die Völker haben Ehrfurcht vor meinem Namen!

Warnung für die Priester

2 Und nun ihr Priester, das folgende Gebot gilt euch! ²Wenn ihr nicht hört und es euch nicht zu Herzen nehmt, meinen Namen zu ehren«, spricht der allmächtige HERR, »werde ich euch verfluchen. Dann werde ich eure Segnungen in Flüche umwandeln. Ja, ich verfluche euch, weil ihr euch nicht danach richtet. ³Ich werde eure Nachkommen* bedrohen und euch den Mist eurer Festopfer ins Gesicht schleudern. Euch selbst wird man auch auf den Mist werfen. ⁴Dann werdet ihr erkennen, dass ich euch dieses Gebot gegeben habe, damit mein Bund mit den Leviten fortbesteht«, spricht der HERR, der Allmächtige.

⁵»Mein Bund mit ihnen bedeutete Leben und Frieden – und das gab ich ihnen auch. Sie hatten Ehrfurcht vor mir und ehrten meinen Namen. ⁶Sie gaben meine Anordnungen unverfälscht weiter und sagten nichts Unwahres. Sie lebten aufrichtig und in Frieden vor mir und bewahrten viele davor sich schuldig zu machen. ⁷Die Lippen eines Priesters sollen die Vorschriften lehren und aus seinem Munde soll man Rat erbitten, denn er ist doch der Bote des HERRN, des Allmächtigen. ⁸Doch ihr habt den Weg verlassen, eure Ratschläge haben viele in die Irre geführt. Ihr habt den Bund der Leviten gebrochen«, spricht der allmächtige HERR. ⁹»Deshalb habe ich euch in den Augen des ganzen Volkes gedemütigt und zum Gespött gemacht. Denn ihr habt meine Wege verlassen und betrachtet die Person, wenn ihr das Gesetz auslegt.«

Aufruf zur Treue

¹⁰Haben wir nicht alle denselben Vater? Hat uns nicht ein Gott geschaffen? Warum können wir dann einander nicht treu sein, sondern brechen den Bund unserer Väter? ¹¹In Juda herrscht Treulosigkeit, in Israel und in Jerusalem wurden abscheuliche Taten begangen. Denn Juda hat das geliebte Heiligtum des HERRN entweiht und die Töchter eines ausländischen Gottes geheiratet. ¹²Der HERR wird jeden Mann, der dies getan hat, mit seiner ganzen Familie aus Israel ausstoßen und töten, selbst wenn er dem HERRN, dem Allmächtigen, Opfer bringt.*

¹³Und noch etwas werfe ich euch vor: Ihr bedeckt den Altar des HERRN mit Tränen. Ihr weint und jammert, weil er von euren Opfern nichts wissen will und sie aus eurer Hand nicht wohlwollend annimmt. ¹⁴Ihr fragt: »Warum?« Weil der HERR Zeuge war zwischen dir und der Frau deiner Jugend. Doch du bliebst ihr nicht treu, obwohl sie deine Lebensgefährtin war, mit der du den Bund geschlossen hast. ¹⁵Niemand, in dem noch ein Rest des Geistes war, handelte so. Sondern er soll Nachkommen hervorbringen,

---

2,3 Hebr. *Saat*.   **2,12** Die Satzbezüge und Zusammenhänge sind im Hebr. nicht klar.

MALEACHI

1–2 Gottes Liebe und Israels Verhalten – Streitgespräche zwischen Gott und seinem Volk

3 Der kommende Tag des Gerichts

2–3
Israel soll Gott treu sein. Gott wird Gericht halten. Das Volk soll zu Gott umkehren. Das Feuer des Gerichts kommt über die Gottlosen, die Gottesfürchtigen werden verschont.

[Der zweite Tempel]

die zu Gott gehören.* Hüte dich deshalb bei deinem Leben* und brich der Frau deiner Jugend nicht die Treue. ¹⁶»Denn ich hasse die Scheidung!«, spricht der HERR, der Gott Israels. »Das ist, als ob man sich eines Gewaltverbrechens schuldig macht«, spricht der HERR, der Allmächtige. »Nehmt euch deshalb in Acht und brecht nicht die Treue!«

¹⁷Ihr werdet dem HERRN lästig mit euren Worten.

Ihr fragt: »Inwiefern werden wir ihm lästig?«

»Weil ihr behauptet: ›Der HERR freut sich an Menschen, die Böses tun und hat Gefallen an ihnen.‹ Oder: ›Wo ist denn der Gott, der richtet?‹«

Der kommende Tag des Gerichts

3 »Siehe! Ich sende meinen Boten, damit er mir den Weg ebnet. Dann wird der Herr, den ihr sucht, unverhofft in seinen Tempel kommen. Der Bote des Bundes, auf den ihr so sehnsüchtig wartet, kommt«, spricht der HERR, der Allmächtige. ²»Doch wer wird es ertragen, wenn er kommt? Wer kann bestehen, wenn er erscheint? Denn er wird sein wie das Feuer im Schmelzofen oder wie die Lauge, die man zum Waschen benutzt. ³Er wird sitzen und das Silber schmelzen und reinigen. Er wird die Leviten reinigen und sie läutern wie Gold oder Silber, sodass sie dem HERRN Opfer bringen, die ihm gefallen. ⁴Dann werden dem HERRN die Opfer Judas und Jerusalems wieder gefallen, so wie es früher einmal der Fall war. ⁵Und ich werde kommen, um euch zu richten. Ich werde als Zeuge gegen die Zauberer, die Ehebrecher und die Lügner auftreten und gegen diejenigen, die Arbeiter um ihren Lohn bringen und die Witwen, Waisen und Ausländer unterdrücken, denn sie haben keinen Respekt vor mir«, spricht der allmächtige HERR.

Aufforderung zur Umkehr

⁶»Denn ich bin der HERR und ich habe mich nicht geändert. Und ihr, ihr Nachkommen Jakobs, seid noch immer Jakobs Nachkommen. ⁷Wie eure Väter habt ihr meine Gebote nicht gehalten und ihnen nicht gehorcht. Kehrt um zu mir, dann werde ich mich auch euch zuwenden«, spricht der allmächtige HERR.

»Doch ihr fragt: ›Warum sollen wir umkehren?‹

⁸Darf ein Mensch Gott betrügen? Ihr habt mich betrogen!

2,15a Der Sinn des hebr. Textes an dieser Stelle ist unklar.
2,15b O. Geist.

Und dann fragt ihr noch: ›Womit sollen wir dich betrogen haben?‹

Mit dem Zehnten und den Abgaben*. ⁹Ihr seid verflucht, denn das ganze Volk hat mich betrogen. ¹⁰Bringt den kompletten zehnten Teil eurer Ernte ins Vorratshaus, damit es in meinem Tempel genügend Nahrung gibt. Stellt mich doch damit auf die Probe«, spricht der allmächtige Herr, »ob ich nicht die Fenster des Himmels für euch öffnen und euch mit unzähligen Segnungen überschütten werde! ¹¹Euretwegen werde ich den Fresser* bedrohen, damit er euch nicht mehr um eure Ernte bringt und damit der Weinstock auf dem Feld wieder Früchte trägt«, spricht der allmächtige Herr. ¹²»Dann werden euch alle Völker beglückwünschen, denn euer Land wird ein Land sein, das Gott gefällt«, spricht der allmächtige Herr.

Der Herr verspricht Barmherzigkeit

¹³»Ihr habt mich mit euren Worten beleidigt«, spricht der Herr.

»Doch ihr fragt: ›Was haben wir denn gegen dich gesagt?‹

¹⁴Ihr sagt: ›Welchen Wert hat es, Gott zu dienen? Was haben wir davon, dass wir seine Gebote befolgen und unsere falschen Wege vor dem Herrn, dem Allmächtigen, bereuen? ¹⁵Den Gottlosen geht es viel besser: Obwohl sie Böses tun, geht es ihnen gut; ja, sie stellten Gott auf die Probe und wurden trotzdem nicht bestraft.‹«

¹⁶Da unterhielten sich die, die den Herrn achteten, miteinander, und der Herr bemerkte es und hörte ihnen zu. Und er ließ alle, die Ehrfurcht vor ihm hatten und seinen Namen achteten, in ein Buch eintragen, um sich an sie zu erinnern. ¹⁷»An dem Tag, an dem ich handle, werden sie mir gehören«, spricht der allmächtige Herr. »Ich werde sie verschonen, wie ein Vater sein Kind verschont, das ihn achtet. ¹⁸Dann werdet ihr den Unterschied zwischen den Gerechten und den Gottlosen, zwischen denen, die Gott dienen, und denen, die dies nicht tun, erkennen.

Der Tag des Gerichts steht bevor

¹⁹Der Tag kommt, der wie ein Feuer brennt. Dann werden alle Hochmütigen und Gottlosen wie Stroh sein, das der kommende Tag verbrennt«, spricht der Herr, der Allmächtige. »Weder Zweige noch Wurzeln wird er von ihnen übrig lassen.

²⁰Für euch aber, die ihr meinen Namen achtet, wird die Sonne der Gerechtigkeit aufgehen, und ihre Strahlen werden Heilung bringen. Ihr werdet hinausgehen und vor Freude hüpfen wie Kälber, die auf die Weide gelassen werden. ²¹An dem Tag, an dem ich handle, werdet ihr die Gottlosen zertreten, sodass sie zu Staub unter euren Füßen werden«, spricht der allmächtige Herr.

²²»Denkt an die Anweisungen, Gebote und Vorschriften, die ich meinem Diener Mose am Horeb* für ganz Israel gab.

²³Doch bevor der große und schreckliche Tag des Herrn kommt, sende ich euch den Propheten Elia. ²⁴Er wird die Herzen der Väter ihren Kindern und die Herzen der Kinder ihren Vätern zuwenden, damit ich bei meinem Kommen nicht das Land vernichten muss.«

3,8 Vgl. 4. Mose 18,24-29.   **3,11** Hierbei handelt es sich um eine Heuschreckenart.   **3,22** Ein anderer Name für *Sinai*.

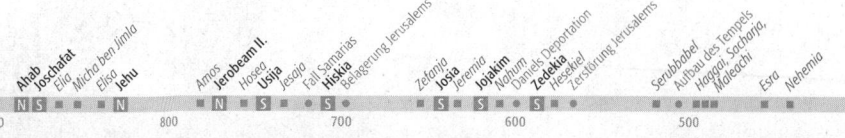

Das Neue Testament

Die Bibel – auch im Neuen Testament – verkündet keine allgemeine Wahrheiten, sondern sie bezeugt Gottes Taten. ... Wer Gott ist, wird in der Bibel nicht beschrieben oder dargestellt. Es gibt deshalb auch keine »Gotteslehre« in der Bibel. Das zu erkennen bedeutet aber nun nicht etwa einen Verlust. Im Gegenteil: Dieser Verzicht der Bibel hängt ja gerade mit der Wirklichkeit des lebendigen Gottes zusammen. Ein beschriebener Gott, ein systematisch erfassbarer und darstellbarer Gott, das könnte letzten Endes nichts anderes sein als ein toter Gott.

Otto Rodenberg

Matthäus

Inhalt

Die Evangelien von Matthäus, Markus und Lukas ähneln sich sehr im Aufbau und den erzählten Ereignissen. Manche Berichte stimmen fast wörtlich überein, in anderen kommen Schwerpunkt oder Stil des Schreibers zum Ausdruck. Die Reihenfolge der Ereignisse ist nur teilweise gleich; sie sind nicht zeitlich geordnet. Von einigen Begebenheiten werden Einzelheiten verschieden erzählt. Manchmal ergänzen sich die Berichte, in wenigen Fällen haben wir keine Erklärung für die Unterschiede. Das Evangelium von Johannes weicht öfter von den ersten drei Berichten ab. Die maßgeblichen Leute der frühen Kirche, die die Verlässlichkeit der neutestamentlichen Schriften geprüft und diskutiert haben, haben die Texte nicht einander angepasst. Das Wesentliche ist übereinstimmend bezeugt.

Matthäus schreibt für Menschen mit jüdischem Hintergrund. Immer wieder stellt er Bezüge zum Alten Testament her. Johannes der Täufer, der an die Propheten anknüpft, kündigt das Kommen von Jesus an.

Dann wird über das öffentliche Auftreten von Jesus berichtet. Er zieht hauptsächlich in Galiläa und Judäa umher, lehrt die Menschen und heilt viele. Sein Thema ist das Himmelreich, die Herrschaft Gottes, die so barmherzig anders ist als unsere Strukturen. Die Heilungen und Wunder, die Jesus vollbringt, zeigen seine Macht über die alten Verhältnisse. Jesus befreit Menschen von ihrer Schuld; so können und sollen sie wiederum ihren Mitmenschen vergeben.

Wie andere jüdische Lehrer seiner Zeit beruft Jesus Jünger, die mit ihm zusammen sind, von ihm lernen und seine Botschaft weiter verbreiten. Auch viele andere schließen sich ihm an. Wichtige Lehrinhalte fasst Matthäus in Redeblöcken zusammen.

In der Bergpredigt legt Jesus seine Autorität dar, wie Mose Gottes Willen zu lehren. Dabei unterstreicht Jesus, was im Gesetz bereits steht, aber angesichts der vielen Einzelvorschriften leicht übersehen wird: Gerecht vor Gott wird ein Mensch nicht durch das äußerliche Erfüllen von Vorschriften. Neu ist sein Anspruch: »Ihr sollt aber vollkommen sein, so wie euer Vater im Himmel vollkommen ist« (5,48). Dazu sagt dann Paulus mehr im Römerbrief.

Mehrfach spricht Jesus von seinem bevorstehenden Tod. Das passt nicht in das Bild, das seine Zeitgenossen vom erwarteten Messias (»Menschensohn«) haben. In seinen Reden und Gleichnissen über die Zukunft sagt Jesus klar, dass er nicht gleich das Ende der Geschichte herbeiführt. Stattdessen gilt es, Gott gegenüber verantwortlich zu leben, bis Jesus wiederkommt und das letzte Gericht stattfindet.

Breiten Raum nehmen die letzte Woche vor der Kreuzigung, die Verurteilung und das Sterben von Jesus ein. Hier wird noch einmal deutlich, dass Jesus schuldlos und den jüdischen Gelehrten eigentlich überlegen ist. Letztere wollen seinen Anspruch, der verheißene Messias zu sein, nicht anerkennen und verurteilen ihn wegen Gotteslästerung. – Die Auferstehung von Jesus wird dagegen knapp erzählt. Am Schluss beauftragt Jesus seine Jünger, allen Völkern die gute Botschaft zu lehren. Davon erzählt dann die Apostelgeschichte.

Wichtige Personen

Jesus Christus	
Maria	Mutter von Jesus
Josef	Marias Verlobter und Mann
Herodes (der Große)	König von Judäa
Johannes der Täufer	
Menschen, die Jesus hören oder von ihm geheilt werden	
Pharisäer, Sadduzäer, Schriftgelehrte	
Zwölf Jünger von Jesus: Kap. 10,2-4	
Kaiphas	Hoher Priester
(Pontius) Pilatus	römischer Statthalter von Judäa

Wichtige Orte

Bethlehem	Geburtsort von Jesus
Nazareth	Wohnort von Jesus
Galiläa	nördliche Region Israels
Judäa	südliche Region Israels
See Genezareth	
Kapernaum	Wohnort von Jesus
Jerusalem	
Betanien	Wohnort von Maria, Marta und Lazarus

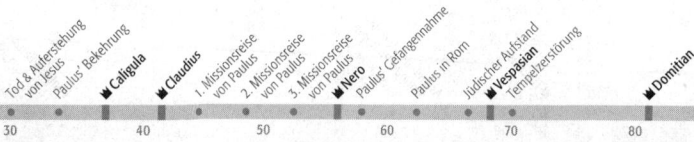

DAS EVANGELIUM VON MATTHÄUS

MATTHÄUS	
1–2	Vorgeschichten
3	Johannes der Täufer
4	Die Versuchung
5–7	Rede: Die Bergpredigt
8–9	Jesus in Galiläa
10	Rede: Aussendung der Jünger
11–12	Jesus in Galiläa
13	Gleichnisse vom Himmelreich
14–17	Jesus in Galiläa
18	Rede: Über die Gemeinde
19–22	Jesus in Jerusalem
23	Jesus warnt die Schriftgelehrten
24–25	Rede: Über die Zukunft
26–27	Die Leidensgeschichte von Jesus
28	Die Auferstehung

1–2
Die Ankündigung und die Geburt von Jesus.

[Gottes Königsherrschaft und der Messias]

Die Vorfahren von Jesus
1. Chronik 1,34; 2,1-15; 3,5.10-19; Lukas 3,23-38

1 Dies ist ein Verzeichnis der Vorfahren von Jesus Christus, einem Nachkommen des Königs David und Abrahams:
² Abraham war der Vater von Isaak.
Isaak war der Vater von Jakob.
Jakob war der Vater von Juda und seinen Brüdern.
³ Juda war der Vater von Perez und Serach (ihre Mutter war Tamar).
Perez war der Vater von Hezron.
Hezron war der Vater von Ram*.
⁴ Ram war der Vater von Amminadab. Amminadab war der Vater von Nachschon.
Nachschon war der Vater von Salmon.
⁵ Salmon war der Vater von Boas (seine Mutter war Rahab).
Boas war der Vater von Obed (seine Mutter war Rut).
Obed war der Vater von Isai.

1,3 Griech. *Aram*; s. auch 1,4. u. 1. Chronik 2,9-10.

Matthäus 1,1

Bundesschlüsse
Durch Hunderte von Jahren hindurch nach der Rückkehr aus dem babylonischen Exil hatte Israel keinen »Herrscher auf dem Thron Davids« erlebt, wie es doch versprochen gewesen war (Jer 33,17). Der Davidsbund schien in der Luft zu hängen.
Doch Matthäus eröffnet sein Evangelium von Jesus Christus mit dem Hinweis, dass Jesus von David und Abraham her kommt. Damit sind die beiden Personen genannt, denen Gott einseitig einen Bund gab – nur mit Versprechen, ohne weitere Verpflichtung.
Wenn Jesus fortan »Sohn Davids« genannt wird (z.B. Mt 15,22; 21,15), ist damit zugleich gesagt: Gott hat diesen Bund nicht vergessen, sondern sein Versprechen wieder aufgenommen.
(Psalm 89,35 ‹‹‹ | ››› Lukas 1,32)

⁶Isai war der Vater von König David. David war der Vater von König Salomo (seine Mutter war die Frau von Uria).
⁷Salomo war der Vater von Rehabeam. Rehabeam war der Vater von Abija. Abija war der Vater von Asa*.
⁸Asa war der Vater von Joschaphat.
Joschaphat war der Vater von Joram*.
Joram war der Vater* von Usija.
⁹Usija war der Vater von Jotam.
Jotam war der Vater von Ahas.
Ahas war der Vater von Hiskia.
¹⁰Hiskia war der Vater von Manasse. Manasse war der Vater von Amon*. Amon war der Vater von Josia.
¹¹Josia war der Vater von Jojachin* und seinen Brüdern (die in der Zeit des Babylonischen Exils geboren wurden).
¹²Nach dem Babylonischen Exil:
Jojachin war der Vater von Schealtiël. Schealtiël war der Vater von Serubbabel.
¹³Serubbabel war der Vater von Abihud. Abihud war der Vater von Eljakim. Eljakim war der Vater von Asor.
¹⁴Asor war der Vater von Zadok.
Zadok war der Vater von Achim.
Achim war der Vater von Eliud.
¹⁵Eliud war der Vater von Eleasar.
Eleasar war der Vater von Mattan.
Mattan war der Vater von Jakob.
¹⁶Jakob war der Vater von Josef, dem Ehemann Marias.
Maria war die Mutter von Jesus, der Christus* genannt wird.
¹⁷Von Abraham bis König David sind es insgesamt vierzehn Generationen, von David bis zum Babylonischen Exil wiederum vierzehn, und noch einmal vierzehn Generationen nach dem Babylonischen Exil bis zu Christus.

Die Geburt von Jesus
Lukas 2,1-7

¹⁸Und so wurde Jesus Christus geboren. Maria, seine Mutter, war mit Josef verlobt. Aber noch vor ihrer Hochzeit wurde sie, die noch Jungfrau war, schwanger durch den Heiligen Geist. ¹⁹Josef, ihr Verlobter, war ein aufrechter Mann. Um sie nicht der öffentlichen Schande preiszugeben, beschloss er, die Verlobung in aller Stille zu lösen. ²⁰Während er noch darüber nachdachte, erschien ihm im Traum ein Engel des Herrn. »Josef, Sohn Davids«, sagte der Engel, »zögere nicht, Maria zu heiraten. Denn das Kind, das sie erwartet, ist vom Heiligen Geist. ²¹Sie wird einen Sohn zur Welt bringen. Du sollst ihm den Namen Jesus* geben, denn er wird sein Volk von allen Sünden befreien.« ²²All das geschah, damit sich erfüllt, was Gott durch seinen Propheten angekündigt hat:
²³»Seht! Die Jungfrau wird ein Kind erwarten! Sie wird einem Sohn das Leben schenken, und er wird Immanuel genannt werden. Das heißt, Gott ist mit uns.«*

²⁴Als Josef aufwachte, tat er, was der Engel des Herrn ihm gesagt hatte. Er nahm Maria zur Frau. ²⁵Josef aber rührte sie nicht an, bis ihr Sohn geboren war. Und Josef gab ihm den Namen Jesus.

Der Besuch der Sterndeuter

2 Jesus wurde in der Stadt Bethlehem in Judäa während der Herrschaft von König Herodes geboren. In dieser Zeit kamen einige Sterndeuter* aus einem Land im Osten nach Jerusalem und fragten überall: ²»Wo ist der neugeborene König der Juden? Wir haben seinen Stern aufgehen sehen* und sind gekommen, um ihn anzubeten.«

³Ihre Frage versetzte Herodes in große Unruhe, und alle Einwohner Jerusalems mit ihm. ⁴Er berief eine Versammlung der obersten Priester und Schriftgelehrten ein. »Wo soll denn der Christus nach Aussage der Propheten zur Welt kommen?«, fragte er sie.

⁵»In Bethlehem«, sagten sie, »denn der Prophet hat geschrieben:
⁶›O Bethlehem in Judäa, du bist alles andere als ein unbedeutendes Dorf, denn ein Herrscher wird aus dir hervorgehen, der wie ein Hirte mein Volk Israel führen wird.‹*«

⁷Daraufhin sandte Herodes eine geheime Botschaft an die Sterndeuter und bat sie zu sich. Bei dieser Zusammenkunft erfuhr er den genauen Zeitpunkt, an dem sie den Stern zum ersten Mal gesehen hatten. ⁸Er sagte zu ihnen: »Geht nach Bethlehem und sucht das Kind. Wenn ihr es gefunden habt, kommt wieder her und erzählt es mir, damit ich auch hingehen kann, um es anzubeten!«

⁹Nach diesem Gespräch machten die Sterndeuter sich auf den Weg. Wieder erschien ihnen der Stern und führte sie nach Bethlehem. Er zog

---

1,7 S. 1. Chronik 3,10. **1,8a** S. 1. Könige 22,51 sowie die Anm. zu 1. Chronik 3,11. **1,8b** O. *Ahnherr*; so auch in 1,11. **1,10** S. 1. Chronik 3,14. **1,11** Griech. *Jechonia*; so auch in 1,12. S. 2. Könige 24,6 und die Anmerkung zu 1. Chronik 3,16. **1,16** Übersetzung von Hebr. *Messias*, d.h. der *Gesalbte*. **1,21** Jesus bedeutet: »Der Herr rettet.« **1,23** Jesaja 7,14. **2,1** O. *königliche Astrologen*; griech. *magi*; so auch in 2,7.13.16. **2,2** O. *Wir haben seinen Stern im Osten gesehen.* **2,6** Micha 5,1; 2. Samuel 5,2.

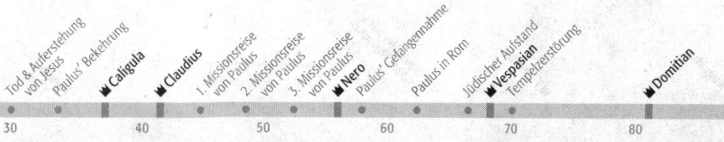

MATTHÄUS

1–2	Vorgeschichten
3	Johannes der Täufer
4	Die Versuchung
5–7	Rede: Die Bergpredigt
8–9	Jesus in Galiläa
10	Rede: Aussendung der Jünger
11–12	Jesus in Galiläa
13	Gleichnisse vom Himmelreich
14–17	Jesus in Galiläa
18	Rede: Über die Gemeinde
19–22	Jesus in Jerusalem
23	Jesus warnt die Schriftgelehrten
24–25	Rede: Über die Zukunft
26–27	Die Leidensgeschichte von Jesus
28	Die Auferstehung

2–3

Ankunft der Sterndeuter in Bethehem. Josef, Maria und Jesus flüchten nach Ägypten und kehren nach Nazareth zurück. Johannes kündigt Jesus an.

[Gottes Königsherrschaft und der Messias]

ihnen voran und blieb über dem Ort stehen, wo das Kind war. ¹⁰Als sie den Stern sahen, war ihre Freude groß. ¹¹Sie gingen in das Haus und fanden das Kind mit seiner Mutter Maria, sanken vor ihm auf die Knie und beteten es an. Dann öffneten sie ihre Truhen mit Kostbarkeiten und beschenkten es mit Gold, Weihrauch und Myr-

Matthäus 3,9

Bundesschlüsse

Als Jesus kam und Gottes Königsherrschaft ausrief, sprach er Menschen aus Gottes Volk zu, dass sie nach wie vor unter dem Segen des Abrahambundes stehen (siehe die Erklärung zu Lk 13,16). Doch der Prophet, der Jesus vorausging, muss auch das andere betonen: Man ist nicht automatisch auf Gottes Seite, weil man Nachkomme Abrahams ist. Es kommt schon darauf an, im Leben zu zeigen, dass man auf Gottes Seite gehört.
Jesus hat diese Warnung seines Vorläufers aufgegriffen (Joh 8,31-39). Er bestreitet nicht, dass die Juden mit Recht Abrahams Kinder sind. Die volle Freiheit dieser Kindschaft hat aber keiner, der an die Sünde gebunden ist.
Das Kommen vom Christus hat also den Bund mit Abraham nicht abgelöst. Aber der Bund mit Abraham reichte letztlich nicht aus, um die volle Freiheit der Kinder Gottes zu schaffen. Daher hat Christus – nach den Ankündigungen der Heiligen Schrift – einen neuen Bund gebracht. Die Kinder Abrahams sind die ersten Adressaten dafür.
(Römer 9,4 ««« | »» 1. Korinther 11,25)

Matthäus 3,17

Erwählung

Gottes Aufmerksamkeit hat sich im Alten Testament besonders auf seinen »Knecht« konzentriert (siehe zu Sach 3,8 und Jes 49,1-6). Dem steht im Neuen Testament Jesus Christus als Entsprechung gegenüber. Das Matthäusevangelium sieht in ihm ausdrücklich die Erfüllung der Erwartungen, die Gott an den »Knecht« hatte (Mt 8,17; 12,18-21). Zu Beginn des öffentlichen Wirkens von Jesus legt Gott ein Bekenntnis zu ihm ab: Er ist es nun, der als wahrer Sohn Gottes gelten soll. Zuvor war »Sohn« auch ein Titel für das erwählte Eigentumsvolk Gottes gewesen (2Mo 4,22; Hos 11,1). Jetzt aber bündelt sich diese Erwählung in Jesus Christus. Was Gott an seinem Volk und an der Welt tun will, geht durch diesen Brennpunkt namens Jesus hindurch. Später wiederholt Gott dieses Bekenntnis und fügt hinzu: Der Sohn ist der, in dem man Gott hört (Mt 17,5).
Indem der Geist Gottes sich auf Jesus niederlässt (V. 16), klingt auch das Versprechen an den »Spross« von Jes 11,2 an und erfüllt sich.
(Jesaja 49,1-6 ««« | »» Lukas 4,16-21)

rhe. ¹²Als es Zeit war, wieder aufzubrechen, zogen sie jedoch auf einem anderen Weg in ihre Heimat zurück, denn Gott hatte sie in einem Traum davor gewarnt, zu Herodes zurückzukehren.

Die Flucht nach Ägypten

¹³Nachdem die Sterndeuter gegangen waren, erschien Josef im Traum ein Engel des Herrn. »Steh auf und flieh mit dem Kind und seiner Mutter nach Ägypten«, sagte der Engel. »Bleib dort, bis ich dir sage, dass ihr zurückkehren könnt, denn Herodes will das Kind umbringen.« ¹⁴Noch in derselben Nacht machte sich Josef mit dem Kind und dessen Mutter Maria auf den Weg nach Ägypten. ¹⁵Dort blieben sie bis zum Tod des Herodes. Auf diese Weise erfüllte sich, was der Herr durch den Propheten gesagt hatte: »Ich habe meinen Sohn aus Ägypten gerufen.«*

¹⁶Herodes war außer sich vor Zorn, als er erfuhr, dass die Sterndeuter ihn hintergangen hatten. Er schickte Soldaten aus, die in Bethlehem und der ganzen Umgebung alle Jungen im Alter von zwei Jahren und jünger umbringen sollten. Denn die weisen Männer hatten ihm erzählt, dass sie den Stern vor etwa zwei Jahren zum ersten Mal gesehen hatten.* ¹⁷Durch diese grausige Tat des Herodes erfüllte sich die Prophezeiung Jeremias:

¹⁸»Ein Schrei der Angst ertönt in der Stadt Rama – das Klagen und Trauern nimmt kein Ende. Rahel weint um ihre Kinder und lässt sich nicht trösten – denn sie sind tot.«*

Die Rückkehr nach Nazareth

¹⁹Als Herodes gestorben war, erschien Josef wieder ein Engel des Herrn im Traum. Er sagte zu ihm: ²⁰»Steh auf und bring das Kind und seine Mutter zurück ins Land Israel, denn die, die das Kind umbringen wollten, sind tot.« ²¹Daraufhin kehrte Josef mit Jesus und Maria nach Israel zurück. ²²Als er aber erfuhr, dass Archelaus, der Sohn des Herodes, der neue Herrscher war, bekam er Angst. Und wieder erhielt er im Traum Gottes Anweisung: Er sollte nach Galiläa gehen. ²³Die Familie zog in die Stadt Nazareth, um sich dort niederzulassen. Damit erfüllte sich, was die Propheten vorausgesagt hatten: »Man wird ihn den Nazarener nennen.«

Johannes der Täufer – der Wegbereiter
Markus 1,1-8; Lukas 3,1-8 (Johannes 1,19-28)

3 Um diese Zeit fing Johannes der Täufer an, in der Wüste von Judäa zu predigen: ²»Kehrt um und wendet euch Gott zu, denn das Himmelreich ist nahe*.« ³Schon Jesaja hatte auf Johannes hingewiesen, als er verkündete: »Er ist eine Stimme, die in der Wüste ruft: ›Schafft Raum für das Kommen des Herrn! Ebnet ihm den Weg!‹*«

⁴Johannes trug Kleider aus gewebtem Kamelhaar und einen Lederriemen um die Hüften; er ernährte sich von Heuschrecken und wildem Honig. ⁵Aus Jerusalem, aus allen Teilen Judäas und aus dem ganzen Jordanland strömten die Menschen hinaus in die Wüste, um ihn predigen zu hören. ⁶Und wenn sie ihre Sünden bekannt hatten, taufte er sie im Jordan.

⁷Als er aber sah, dass auch viele Pharisäer und Sadduzäer kamen, um sich von ihm taufen zu lassen, fuhr er sie an. »Ihr Schlangenbrut! Wer hat euch eingeredet, ihr könntet dem bevorstehenden Gericht Gottes entkommen? ⁸Beweist durch euren Lebenswandel, dass ihr eure Sünden hinter euch gelassen und euch Gott zugewandt habt. ⁹Es genügt nicht zu sagen: ›Wir sind die Nachkommen Abrahams. Uns kann nichts geschehen.‹ Das beweist gar nichts. Wenn Gott wollte, könnte er aus diesen Steinen Kinder Abrahams machen. ¹⁰Die Axt wird schon durch die Luft geschwungen, bereit, eure Wurzeln abzuhacken; denn jeder Baum, der keine guten Früchte bringt, wird umgehauen und ins Feuer geworfen.

¹¹Ich taufe all diejenigen mit* Wasser, die ihren Sünden den Rücken kehren und sich Gott zuwenden. Doch bald kommt einer, der ist viel stärker als ich – so viel gewaltiger, dass ich nicht einmal wert bin, sein Diener zu sein.* Er wird euch mit dem Heiligen Geist und mit Feuer* taufen.

¹²Er wird mit seiner Schaufel die Spreu vom Weizen trennen, den Dreschplatz aufräumen und den Weizen in die Scheune bringen; die Spreu aber wird er im ewigen Feuer verbrennen.«

Die Taufe von Jesus
Markus 1,9-11; Lukas 3,21-22 (Johannes 1,29-34)

¹³Um diese Zeit kam Jesus aus Galiläa an den Jordan, um sich von Johannes taufen zu lassen. ¹⁴Doch Johannes weigerte sich. »Eigentlich müsste ich mich von dir taufen lassen«, sagte er, »warum kommst du zu mir?«

2,15 Hosea 11,1. **2,16** *O. nach der Zeit, die er aus den Angaben der Gelehrten errechnet hatte.* **2,18** Jeremia 31,15. **3,2** *O. ist gekommen* oder *kommt bald.* **3,3** Jesaja 40,3. **3,11a** *O. in.* **3,11b** *Griech. seine Sandalen zu tragen.* **3,11c** *O. im Heiligen Geist und in Feuer.*

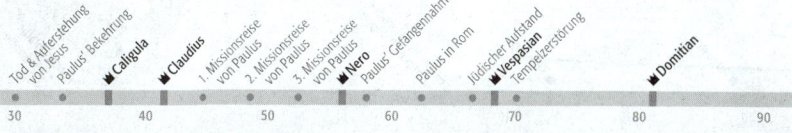

MATTHÄUS

1–2	Vorgeschichten
3	Johannes der Täufer
4	Die Versuchung
5–7	Rede: Die Bergpredigt
8–9	Jesus in Galiläa
10	Rede: Aussendung der Jünger
11–12	Jesus in Galiläa
13	Gleichnisse vom Himmelreich
14–17	Jesus in Galiläa
18	Rede: Über die Gemeinde
19–22	Jesus in Jerusalem
23	Jesus warnt die Schriftgelehrten
24–25	Rede: Über die Zukunft
26–27	Die Leidensgeschichte von Jesus
28	Die Auferstehung

3–5
Taufe und Versuchung von Jesus. Er beginnt zu predigen und die ersten Jünger schließen sich ihm an. Bergpredigt: Der Weg zum Glück.

[Gottes Königsherrschaft und der Messias]

¹⁵Jesus erwiderte: »Es muss sein. Wir müssen alles so halten, wie es von Gott aus sein soll.*« Da taufte ihn Johannes.
¹⁶Als Jesus gerade aus dem Wasser stieg, öffnete sich der Himmel, und er sah den Geist Gottes wie eine Taube herabschweben und sich auf ihm niederlassen. ¹⁷Und eine Stimme aus dem Himmel sprach: »Dies ist mein geliebter Sohn, an ihm habe ich große Freude.«

Die Versuchung
Markus 1,12-13; Lukas 4,1-13

4 ¹Danach führte der Heilige Geist Jesus in die Wüste, weil er dort vom Teufel auf die Probe gestellt werden sollte. ²Nachdem er vierzig Tage und vierzig Nächte keine Nahrung zu sich genommen hatte, war er sehr hungrig. ³Da trat der Teufel* zu ihm und sagte: »Wenn du der Sohn Gottes bist, dann verwandle diese Steine in Brot.«
⁴Doch Jesus erwiderte: »Nein! Die Schrift sagt: ›Der Mensch braucht mehr als nur Brot zum Leben. Er lebt auch von jedem Wort, das aus dem Mund Gottes kommt.‹*«
⁵Darauf nahm ihn der Teufel mit nach Jerusalem, auf den höchsten Punkt der Tempelmauer. ⁶Dort sagte er: »Wenn du der Sohn Gottes bist,

3,15 O. *Wir müssen alle Gerechtigkeit erfüllen.* 4,3 Griech. *der Versucher.* 4,4 5. Mose 8,3.

Matthäus 4,4

Die Antwort des Menschen
In diesem Text zeigt Jesus modellhaft, wie auch wir Versuchungen widerstehen können. Wir geben dem Wort Gottes Raum in unserem Leben und benutzen es dann auch, um verlockende, aber teuflische Angebote zurückzuweisen. Nach 40 Tagen Fastenzeit ist Jesus am Verhungern. Und doch widersteht er der Versuchung, Steine in Brot zu verwandeln, denn er weiß, dass das wahre und wirklich lebensnotwendige Brot das Wort Gottes ist. Jesus hat seine Vollmacht nicht zur Selbstversorgung bekommen. Dann zitiert der Teufel selbst einen Vers aus der Schrift (V. 6). Jesus entkräftet diese Versuchung mit einem anderen Zitat. Dabei macht er deutlich, dass irgendwelche aus dem Zusammenhang gerissenen Verse nicht einfach in einer Situation als Gottes Wort verstanden werden können. Gottes Wort muss richtig aufgefasst und richtig angewendet werden. Als Jesus dann ein drittes Mal die Heilige Schrift benutzt, um Satan zurückzuweisen, weiß der Teufel, dass er niemanden zum Fall bringen kann, der sich mit dem wahren Brot, dem Wort Gottes, ernährt.
(Markus 7,28 «« | »» Lukas 17,11-19)

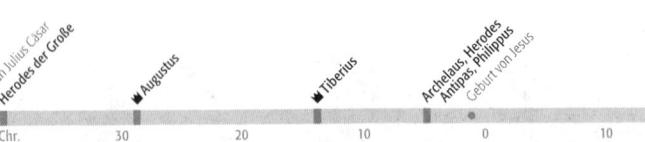

dann spring hinunter! Denn die Schrift sagt: ›Er befiehlt seinen Engeln, dich zu beschützen. Sie werden dich auf ihren Händen tragen, damit deine Füße niemals stolpern.‹«

⁷Jesus antwortete: »Die Schrift sagt aber auch: ›Fordere den Herrn, deinen Gott, nicht heraus.‹*«

⁸Als Nächstes nahm ihn der Teufel mit auf den Gipfel eines hohen Berges und zeigte ihm alle Länder der Welt mit ihren Reichtümern. ⁹»Das alles schenke ich dir«, sagte er, »wenn du vor mir niederkniest und mich anbetest.«

¹⁰»Scher dich fort von hier, Satan«, sagte Jesus zu ihm. »Denn die Schrift sagt: ›Du sollst den Herrn, deinen Gott, anbeten und nur ihm allein dienen.‹*«

¹¹Da verließ ihn der Teufel, und Engel kamen und sorgten für Jesus.

Der Beginn des öffentlichen Wirkens
Markus 1,14-15; Lukas 4,14-15

¹²Als Jesus hörte, dass Johannes verhaftet worden war, verließ er Judäa und kehrte nach Galiläa zurück. ¹³Doch er ging nicht nach Nazareth, sondern nach Kapernaum am See Genezareth, im Gebiet von Sebulon und Naftali. ¹⁴Auf diese Weise erfüllte sich die Prophezeiung Jesajas:

¹⁵»Im Lande Sebulon und Naftali, am See, jenseits des Jordan, in Galiläa, leben so viele Menschen, die Gott nicht kennen*. ¹⁶Dort hat das Volk, das im Dunkel lebt, ein helles Licht gesehen. Und über den Menschen in einem vom Tode überschatteten Land ist ein strahlendes Licht aufgegangen.«*

¹⁷Von da an begann Jesus zu predigen: »Hört auf zu sündigen und kehrt um zu Gott, denn das Himmelreich ist nahe*.«

Die ersten Jünger
Markus 1,16-20; Lukas 5,1-11

¹⁸Eines Tages, als Jesus am Ufer des Sees Genezareth entlangging, sah er zwei Brüder, die ihre Netze auswarfen. Simon, der später Petrus genannt wurde, und Andreas waren von Beruf Fischer. ¹⁹Jesus rief ihnen zu: »Kommt mit und folgt mir nach. Ich will euch zeigen, wie man Menschen fischt!« ²⁰Sofort ließen sie ihre Netze liegen und gingen mit ihm.

²¹Etwas weiter am Ufer entlang sah er zwei andere Brüder, Jakobus und Johannes, die mit ihrem Vater Zebedäus in einem Boot saßen und ihre Netze flickten. Auch sie rief er zu sich. ²²Ohne Zögern folgten sie ihm und ließen das Boot und ihren Vater zurück.

Das Wirken von Jesus in Galiläa
Markus 1,32-39; Lukas 4,40-44

²³Jesus reiste durch ganz Galiläa und sprach in den Synagogen. Überall verkündigte er die Botschaft vom Reich Gottes und heilte die Menschen von ihren Krankheiten und Gebrechen. ²⁴Die Neuigkeiten über ihn verbreiteten sich weit über die Grenzen Galiläas. Bald strömten die Kranken sogar aus Syrien herbei, um sich von ihm gesund machen zu lassen. Und ganz gleich, welche Krankheit und welche Beschwerden sie quälten, ob sie von Dämonen besessen, Epileptiker oder Gelähmte waren – er heilte sie. ²⁵Große Menschenmassen umlagerten ihn, wohin er auch ging – es waren Leute aus Galiläa, aus den Zehn Städten*, aus Jerusalem, aus ganz Judäa, selbst aus den Gegenden östlich des Jordan.

Die Bergpredigt

5 Eines Tages, als sich immer mehr Menschen um Jesus sammelten, stieg er mit seinen Jüngern auf einen Berg und setzte sich dort hin, um sie zu unterrichten.

Die Seligpreisungen
Lukas 6,20-23

²Und das lehrte er sie:

³»Gott segnet die, die erkennen, dass sie ihn brauchen*, denn ihnen wird das Himmelreich geschenkt.

⁴Gott segnet die, die traurig sind, denn sie werden getröstet werden.

⁵Gott segnet die Freundlichen und Bescheidenen, denn ihnen wird die ganze Erde gehören.

⁶Gott segnet die, die nach Gerechtigkeit hungern und dürsten, denn sie werden sie im Überfluss erhalten.

⁷Gott segnet die Barmherzigen, denn sie werden Barmherzigkeit erfahren.

⁸Gott segnet die, die ein reines Herz haben, denn sie werden Gott sehen.

⁹Gott segnet die, die sich um Frieden bemühen, denn sie werden Kinder Gottes genannt werden.

¹⁰Gott segnet die, die verfolgt werden, weil sie in Gottes Gerechtigkeit leben, denn das Himmelreich wird ihnen gehören.

¹¹Gott segnet euch, wenn ihr verspottet und verfolgt werdet und wenn Lügen über euch verbreitet werden, weil ihr mir nachfolgt. ¹²Freut

---

4,6 Psalm 91,11-12.   4,7 5. Mose 6,16.   4,10 5. Mose 6,13.   4,15 Griech. *Heiden.*   4,15-16 Jesaja 8,23-9,1   4,17 O. *ist gekommen* oder *kommt bald.*   4,25 Griech. *Dekapolis.*   5,3 Griech. *die Armen im Geist.*

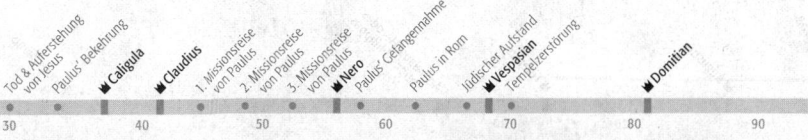

MATTHÄUS

1–2	Vorgeschichten
3	Johannes der Täufer
4	Die Versuchung
5–7	Rede: Die Bergpredigt
8–9	Jesus in Galiläa
10	Rede: Aussendung der Jünger
11–12	Jesus in Galiläa
13	Gleichnisse vom Himmelreich
14–17	Jesus in Galiläa
18	Rede: Über die Gemeinde
19–22	Jesus in Jerusalem
23	Jesus warnt die Schriftgelehrten
24–25	Rede: Über die Zukunft
26–27	Die Leidensgeschichte von Jesus
28	Die Auferstehung

5
Bergpredigt: Jesus definiert die Gesetze über Zorn, Ehebruch, Ehescheidung und Schwören neu.

[Gottes Königsherrschaft und der Messias]

euch darüber! Jubelt! Denn im Himmel erwartet euch eine große Belohnung. Und denkt daran, auch die Propheten sind einst verfolgt worden.

Von Salz und Licht
Markus 4,21; 9,50; Lukas 8,16; 11,33; 14,34-35
¹³Ihr seid das Salz der Erde. Doch wozu ist Salz noch gut, wenn es seinen Geschmack verloren

Matthäus 5,13-16

Erwählung
Als Jesus in der Bergpredigt zu seinen zwölf Jüngern und den übrigen Menschen sprach, gab es noch keine Gemeinde. Doch die Jünger bildeten von Anfang an eine Modellgruppe dafür.
Dementsprechend nimmt ihre Berufung vorweg, was dann das Wesen der Jesus-Gemeinde ist: in die Welt hineinzuwirken. Die Berufung, Licht für die Umgebung zu sein, die schon das Eigentumsvolk Israel hatte (Jes 60,1-3), setzt sich in den Nachfolgern von Jesus fort.
Sie sind das Licht der Welt, wie Jesus selbst Licht der Welt ist (Joh 8,12). Erneut zeigt sich, wie die Erwählten ihre Bestimmung von *dem* einen Erwählten – Christus – her haben (siehe die Erklärung zu Eph 1,10).
Das Ziel besteht nicht nur darin, gute Taten in die Welt einzubringen (V. 16a, Tit 2,14), sondern letztlich darin, Anlässe zum Lob Gottes zu liefern (V. 16b). Nachfolger von Jesus setzen sich nicht einfach für Werte ein, sondern zeigen auf den Schöpfer aller Werte.
(Johannes 4,22 «« | »» Lukas 12,32)

Matthäus 5,17-48

Gott redet
Die Bibel ist kein flaches Buch, bei dem jede Stelle gleichermaßen und für sich selbst redet. Um die Bibel richtig zu verstehen, brauchen wir darüber Klarheit, was in ihrem Mittelpunkt steht. Welche Ziele verfolgen verschiedene Textarten? Was sind die besten Strategien, um Texte auszulegen und angemessen anzuwenden? In Matthäus 5 erklärt Jesus, um was es im Gesetz Gottes geht: nicht in erster Linie um eine äußerliche Anpassung an die Buchstaben. Es geht um die Herzenseinstellung (z.B. ist nicht nur Mord, sondern schon Hass verboten). Es geht um Prioritäten (Beziehungen zählen mehr als religiöse Handlungen). Es geht um unbegrenzte Liebe (nicht nur für Familie und Freunde, sondern auch für Feinde).
Durch das Gesetz redet Gott zu uns. Aber durch Jesus hören wir genauer, was Gott durch das Gesetz sagen wollte. Aus diesem Grund befragen wir immer das Neue Testament, wenn wir nicht klar verstehen, was bestimmte alttestamentliche Texte für unser Leben mit Gott bedeuten.
(Johannes 5,39 «« | »» Matthäus 19,4)

hat? Kann man es etwa wieder brauchbar machen? Es wird weggeworfen und zertreten, wie etwas, das nichts wert ist. ¹⁴Ihr seid das Licht der Welt – wie eine Stadt auf einem Berg, die in der Nacht hell erstrahlt, damit alle es sehen können. ¹⁵Versteckt euer Licht nicht unter einem umgestülpten Gefäß! Stellt es lieber auf einen Lampenständer und lasst es für alle leuchten. ¹⁶Und genauso lasst eure guten Taten leuchten vor den Menschen, damit alle sie sehen können und euren Vater im Himmel dafür rühmen.

Über das Gesetz
Lukas 16,17
¹⁷Versteht nicht falsch, warum ich gekommen bin. Ich bin nicht gekommen, um das Gesetz oder die Schriften der Propheten abzuschaffen. Im Gegenteil, ich bin gekommen, um sie zu erfüllen. ¹⁸Ich versichere euch: Solange der Himmel und die Erde bestehen, wird selbst die kleinste Einzelheit von Gottes Gesetz gültig bleiben, so lange, bis ihr Zweck erfüllt ist. ¹⁹Wenn ihr also das kleinste Gebot brecht und andere dazu ermuntert, dasselbe zu tun, werdet ihr auch die Geringsten im Himmelreich sein. Dagegen wird jeder, der die Gesetze Gottes befolgt und sie anderen erklärt, im Himmelreich groß sein. ²⁰Aber ich warne euch – nur wenn eure Gerechtigkeit die der Schriftgelehrten und Pharisäer weit übertrifft, dürft ihr ins Himmelreich hinein.

Vom Zorn
Lukas 12,57-59
²¹Ihr habt gehört, dass es im Gesetz von Mose heißt: ›Du sollst nicht töten. Wer einen Mord begeht, wird verurteilt.‹* ²²Ich aber sage: Schon der, der nur zornig auf jemanden* ist*, wird verurteilt! Wer zu seinem Freund sagt: ›Du Dummkopf!‹*, den erwartet das Gericht. Und wer jemanden verflucht*, dem droht das Feuer der Hölle.
²³Wenn ihr also vor dem Altar im Tempel steht, um zu opfern, und es fällt euch mit einem Mal ein, dass jemand etwas gegen euch hat, ²⁴dann lasst euer Opfer vor dem Altar liegen, geht zu dem Betreffenden und versöhnt euch mit ihm. Erst dann kommt zurück und bringt Gott euer Opfer dar. ²⁵Einigt euch rasch mit eurem Gegner, bevor es zu spät ist und ihr vor Gericht gestellt, einem Gerichtsdiener übergeben und ins Gefängnis geworfen werdet. ²⁶Ich versichere euch: Ihr kommt erst wieder frei, wenn ihr eure Schuld bis auf den letzten Cent bezahlt habt.

Vom Ehebruch
Vgl. 18,8-9; Markus 9,43-48
²⁷Ihr habt gehört, dass es im Gesetz von Mose heißt: ›Du sollst nicht die Ehe brechen.‹* ²⁸Ich aber sage: Wer eine Frau auch nur mit einem Blick voller Begierde ansieht, hat im Herzen schon mit ihr die Ehe gebrochen. ²⁹Wenn dich also dein Auge – auch wenn es dein gutes Auge* ist – zur Begierde verführt, reiß es heraus und wirf es weg! Besser, du verlierst einen Körperteil, als dass dein ganzer Körper in die Hölle geworfen wird. ³⁰Und wenn dich deine Hand – auch wenn es deine kräftigere Hand* ist – zum Bösen verführt, hack sie ab und wirf sie weg! Besser, du verlierst einen Körperteil, als dass dein ganzer Körper in die Hölle geworfen wird.

Von der Ehescheidung
Vgl. 19,9; Markus 10,11-12; Lukas 16,18
³¹Ihr habt gehört, dass es im Gesetz von Mose heißt: ›Ein Mann darf sich von seiner Frau scheiden lassen, wenn er ihr einen Scheidungsbrief ausstellt.‹* ³²Ich aber sage: Wenn ein Mann sich von seiner Frau scheiden lässt – es sei denn, sie war untreu –, macht er sie zur Ehebrecherin. Und wer eine geschiedene Frau heiratet, begeht ebenfalls Ehebruch.

Vom Schwören
³³Ihr habt auch gehört, dass es im Gesetz von Mose heißt: ›Du sollst einen Schwur nicht brechen; du sollst die Versprechen, die du vor dem Herrn abgelegt hast, halten.‹* ³⁴Ich aber sage: Schwört überhaupt nicht! Wenn ihr sagt: ›Beim Himmel!‹, dann ist das ein heiliger Schwur, denn der Himmel ist Gottes Thron.
³⁵Und wenn ihr sagt: ›Bei der Erde!‹, dann ist auch das ein heiliger Schwur, denn die Erde ist seine Fußbank. Und schwört auch nicht: ›Bei Jerusalem!‹, denn Jerusalem ist die Stadt des großen Königs.
³⁶Schwört nicht einmal: ›Bei meinem Kopf!‹, denn ihr könnt kein einziges Haar auf eurem Kopf weiß oder schwarz machen. ³⁷Sagt einfach ›Ja‹ oder ›Nein‹. Jedes Wort darüber hinaus ist vom Bösen.*

5,21 2. Mose 20,13; 5. Mose 5,17. **5,22a** Griech. *auf seinen Bruder*. **5,22b** Manche Handschriften fügen hinzu *ohne Grund*. **5,22c** Wörtlich *Raca*, ein aramäischer Ausdruck der Verachtung. **5,22d** Griech. *wer sagt:* »*Du Tor!*«. **5,27** 2. Mose 20,14; 5. Mose 5,18. **5,29** Griech. *dein rechtes Auge*. **5,30** Griech. *deine rechte Hand*. **5,31** 5. Mose 24,1. **5,33** 4. Mose 30,3. **5,37** O. *Alles, was darüber ist, ist vom Bösen.*

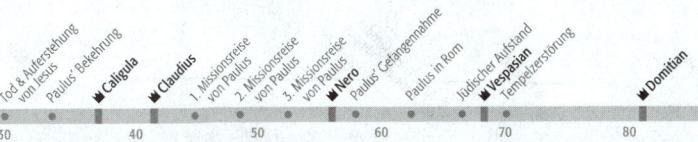

MATTHÄUS

1–2	Vorgeschichten
3	Johannes der Täufer
4	Die Versuchung
5–7	Rede: Die Bergpredigt
8–9	Jesus in Galiläa
10	Rede: Aussendung der Jünger
11–12	Jesus in Galiläa
13	Gleichnisse vom Himmelreich
14–17	Jesus in Galiläa
18	Rede: Über die Gemeinde
19–22	Jesus in Jerusalem
23	Jesus warnt die Schriftgelehrten
24–25	Rede: Über die Zukunft
26–27	Die Leidensgeschichte von Jesus
28	Die Auferstehung

5–7
Bergpredigt: Die Feinde lieben. Verhalten beim Beten. Das Unser-Vater-Gebet. Umgang mit Geld. Mitmenschen nicht verurteilen.

[Gottes Königsherrschaft und der Messias]

Von der Rache
V. 38-48: Lukas 6,27-36

³⁸Ihr habt gehört, dass es im Gesetz von Mose heißt: ›Wer jemand am Auge verletzt, soll selbst am Auge verletzt werden. Und wer anderen einen Zahn ausschlägt, soll selbst einen Zahn dafür einbüßen.‹ ³⁹Ich aber sage: Wehrt euch nicht, wenn euch jemand Böses tut! Wer euch auf die rechte Wange schlägt, dem haltet auch die andere hin. ⁴⁰Wenn ihr vor Gericht erscheinen müsst und euer Hemd wird euch abgenommen, gebt euren Mantel noch dazu. ⁴¹Wenn jemand von euch verlangt, eine Meile* weit mit ihm zu gehen, dann geht zwei Meilen mit ihm. ⁴²Gebt denen, die euch bitten, und kehrt denen nicht den Rücken, die etwas von euch borgen wollen.

Von der Liebe zu den Feinden
⁴³Ihr habt gehört, dass es im Gesetz von Mose heißt: ›Liebe deinen Nächsten‹* und hasse deinen Feind. ⁴⁴Ich aber sage: Liebt eure Feinde!* Betet für die, die euch verfolgen! ⁴⁵So handelt ihr wie wahre Kinder eures Vaters im Himmel. Denn er lässt die Sonne für Böse und Gute aufgehen und sendet Regen für die Gerechten wie für die Ungerechten. ⁴⁶Wenn ihr nur die liebt, die euch auch lieben, was ist daran Besonderes? Das tun sogar die bestechlichen Steuereintreiber. ⁴⁷Wenn ihr nur zu euren Freunden freundlich seid, wodurch unterscheidet ihr euch dann von den anderen Menschen? Das tun sogar die, die Gott nicht kennen. ⁴⁸Ihr sollt aber vollkommen sein, so wie euer Vater im Himmel vollkommen ist.

Vom Geben an die Bedürftigen

6 Nehmt euch in Acht! Wenn ihr Gutes tut, dann tut es nicht öffentlich, nur damit ihr bewundert werdet. In diesem Fall dürft ihr nicht erwarten, von eurem Vater im Himmel belohnt zu werden. ²Wenn du einem Bedürftigen etwas gibst, posaune es nicht heraus, wie es die Heuchler tun, die in den Synagogen und auf den Straßen mit ihren Wohltaten angeben, nur um die Aufmerksamkeit auf sich zu ziehen! Ich versichere euch: Das ist der einzige Lohn, den sie jemals dafür erhalten werden. ³Wenn du jemandem etwas gibst, dann sag deiner linken Hand nicht, was deine rechte tut.

⁴Gib in aller Stille, und dein Vater, der alle Geheimnisse kennt, wird dich dafür belohnen.

5,41 Griech. *milion* (1,478 km). **5,43** 3. Mose 19,18. **5,44** Manche Handschriften fügen hinzu *Segnet die, die euch verfluchen, tut denen Gutes, die euch hassen.*

Vom Beten und Fasten
Markus 11,25-26; Lukas 11,1-4

⁵Und nun zum Beten. Wenn ihr betet, seid nicht wie die Heuchler, die mit Vorliebe in aller Öffentlichkeit an den Straßenecken und in den Synagogen beten, wo jeder sie sehen kann. Ich versichere euch: Das ist der einzige Lohn, den sie jemals erhalten werden. ⁶Wenn du betest, geh an einen Ort, wo du allein bist, schließ die Tür hinter dir und bete in der Stille zu deinem Vater. Dann wird dich dein Vater, der alle Geheimnisse kennt, belohnen.

⁷Plappert nicht vor euch hin, wenn ihr betet, wie es die Menschen tun, die Gott nicht kennen. Sie glauben, dass ihre Gebete erhört werden, wenn sie die Worte nur oft genug wiederholen. ⁸Seid nicht wie sie, denn euer Vater weiß genau, was ihr braucht, noch bevor ihr ihn darum bittet!

⁹So sollt ihr beten: ›Unser Vater im Himmel, dein Name werde geehrt.

¹⁰Dein Reich komme bald. Dein Wille erfülle sich hier auf der Erde genauso wie im Himmel.

¹¹Schenk uns heute* unser tägliches Brot

¹²und vergib uns unsere Schuld, wie auch wir denen vergeben haben, die an uns schuldig geworden sind.

¹³Lass nicht zu, dass wir der Versuchung nachgeben, sondern erlöse uns von dem Bösen*.‹

¹⁴Wenn ihr denen vergebt, die euch Böses angetan haben, wird euer himmlischer Vater euch auch vergeben. ¹⁵Wenn ihr euch aber weigert, anderen zu vergeben, wird euer Vater euch auch nicht vergeben.

¹⁶Wenn ihr fastet, so tut es nicht öffentlich wie die Heuchler, die blass und nachlässig gekleidet herumgehen, damit die Leute sie für ihr Fasten bewundern. Ich versichere euch: Das ist der einzige Lohn, den sie jemals dafür erhalten werden. ¹⁷Wenn du fastest, dann kämme deine Haare und wasche dir das Gesicht. ¹⁸Dann wird niemand auf den Gedanken kommen, dass du fastest, außer deinem Vater, der weiß, was du in aller Stille tust. Und dein Vater, der alle Geheimnisse kennt, wird dich dafür belohnen.

Von Geld und Besitz
Vgl. Lukas 12,33-34

¹⁹Sammelt keine Reichtümer hier auf der Erde an, wo Motten oder Rost sie zerfressen oder Diebe einbrechen und sie stehlen können. ²⁰Sammelt eure Reichtümer im Himmel, wo sie weder von Motten noch von Rost zerfressen werden und vor Dieben sicher sind. ²¹Denn wo dein Reichtum ist, da ist auch dein Herz.

²²Dein Auge ist das Fenster deines Körpers. Ein klares Auge lässt das Licht bis in deine Seele dringen. ²³Ein schlechtes Auge dagegen sperrt das Licht aus und stürzt dich in Dunkelheit. Wenn schon das, was du für Licht hältst, in dir Dunkelheit ist, wie dunkel wird dann erst die Dunkelheit sein!

²⁴Niemand kann zwei Herren dienen. Immer wird er den einen hassen und den anderen lieben oder dem einen treu ergeben sein und den anderen verabscheuen. Ihr könnt nicht gleichzeitig Gott und dem Geld dienen.

²⁵Darum sage ich euch: Sorgt euch nicht um euer tägliches Leben – darum, ob ihr genug zu essen, zu trinken und anzuziehen habt. Besteht das Leben nicht aus mehr als nur aus Essen und Kleidung? ²⁶Schaut die Vögel an. Sie müssen weder säen noch ernten noch Vorräte ansammeln, denn euer himmlischer Vater sorgt für sie. Und ihr seid ihm doch viel wichtiger als sie. ²⁷Können all eure Sorgen euer Leben auch nur um einen einzigen Augenblick verlängern? Nein.

²⁸Und warum sorgt ihr euch um eure Kleider? Schaut die Lilien an und wie sie wachsen. Sie arbeiten nicht und nähen sich keine Kleider. ²⁹Trotzdem war selbst König Salomo in seiner ganzen Pracht nicht so herrlich gekleidet wie sie. ³⁰Wenn sich Gott so wunderbar um die Blumen kümmert, die heute aufblühen und schon morgen wieder verwelkt sind, wie viel mehr kümmert er sich dann um euch? Euer Glaube ist so klein!

³¹Hört auf, euch Sorgen zu machen um euer Essen und Trinken oder um eure Kleidung. ³²Warum wollt ihr leben wie die Menschen, die Gott nicht kennen und diese Dinge so wichtig nehmen? Euer himmlischer Vater kennt eure Bedürfnisse. ³³Macht das Reich Gottes zu eurem wichtigsten Anliegen, lebt in Gottes Gerechtigkeit, und er wird euch all das geben, was ihr braucht.

³⁴Deshalb sorgt euch nicht um morgen, denn jeder Tag bringt seine eigenen Belastungen. Die Sorgen von heute sind für heute genug.

Verurteilt niemanden
Lukas 6,37-38. 41-42

7 Hört auf, andere zu verurteilen, dann werdet auch ihr nicht verurteilt. ²Denn andere werden euch so behandeln, wie ihr sie behandelt. Der Maßstab, nach dem ihr andere beurteilt, wird auch an euch angelegt werden, wenn man

---

6,11 O. *für morgen.* 6,13 Es kann das Böse oder der Böse gemeint sein. Manche Handschriften fügen hinzu *Denn dir gehört das Reich und die Macht und die Herrlichkeit in Ewigkeit. Amen*; s. 1. Chronik 29,10b-12.

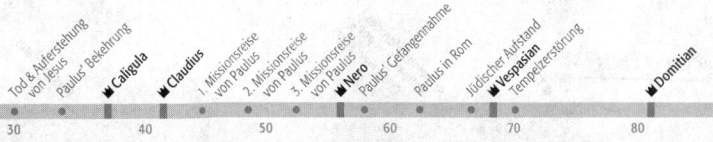

MATTHÄUS

1–2	Vorgeschichten
3	Johannes der Täufer
4	Die Versuchung
5–7	Rede: Die Bergpredigt
8–9	Jesus in Galiläa
10	Rede: Aussendung der Jünger
11–12	Jesus in Galiläa
13	Gleichnisse vom Himmelreich
14–17	Jesus in Galiläa
18	Rede: Über die Gemeinde
19–22	Jesus in Jerusalem
23	Jesus warnt die Schriftgelehrten
24–25	Rede: Über die Zukunft
26–27	Die Leidensgeschichte von Jesus
28	Die Auferstehung

7–8
Bergpredigt: Wirkungsvoll beten.
Gehorsame Jünger von Jesus sein.
Gleichnis vom Fundament.
Heilung eines Leprakranken und weitere
Heilungen.

[Gottes Königsherrschaft und der Messias]

euch beurteilt.* ³Warum regst du dich über einen Splitter im Auge deines Nächsten auf, wenn du selbst einen Balken im Auge hast? ⁴Mit welchem Recht sagst du: ›Mein Freund, komm, ich helfe dir, den Splitter aus deinem Auge zu ziehen‹, wenn du doch nicht über den Balken in deinem eigenen Auge hinaussehen kannst? ⁵Du Heuchler! Zieh erst den Balken aus deinem eigenen Auge; dann siehst du vielleicht genug, um dich mit dem Splitter im Auge deines Freundes zu befassen.

⁶Gebt das, was heilig ist, nicht Menschen, denen nichts heilig ist.* Werft keine Perlen vor die Säue! Sie zertrampeln die Perlen, drehen sich um und stürzen sich auf euch.

Wirksames Beten
Vgl. Lukas 11,5-13
⁷Bittet, und ihr werdet erhalten. Sucht, und ihr werdet finden. Klopft an, und die Tür wird euch geöffnet werden. ⁸Denn wer bittet, wird erhalten. Wer sucht, wird finden. Und die Tür wird jedem geöffnet, der anklopft. ⁹Ihr Eltern – wenn euch eure Kinder um ein Stück Brot bitten, gebt ihr ihnen dann stattdessen einen Stein? ¹⁰Oder wenn sie euch um einen Fisch bitten, gebt ihr ihnen eine Schlange? Natürlich nicht! ¹¹Wenn ihr, die ihr Sünder seid, wisst, wie man seinen Kindern Gutes tut, wie viel mehr wird euer Vater im Himmel denen, die ihn darum bitten, Gutes tun.

Die Goldene Regel
¹²Geht so mit anderen um, wie die anderen mit euch umgehen sollen. In diesem Satz sind das Gesetz und die Propheten zusammengefasst.

Das enge Tor
¹³Ihr könnt das Reich Gottes nur durch das enge Tor betreten. Die Straße zur Hölle* ist breit und ihre Tür steht für die vielen weit offen, die sich für den bequemen Weg entscheiden. ¹⁴Das Tor zum Leben dagegen ist eng und der Weg dorthin ist schmal, deshalb finden ihn nur wenige.

Der Baum und seine Früchte
Lukas 6,43-45
¹⁵Nehmt euch vor falschen Propheten in Acht. Sie kommen daher wie harmlose Schafe, aber in Wirklichkeit sind sie gefährliche Wölfe, die euch in Stücke reißen wollen. ¹⁶Ihr erkennt sie an ihrem Verhalten, so wie ihr einen Baum an seinen

---

7,2 O. *Denn Gott wird euch behandeln, wie ihr andere behandelt;* im Griech. heißt es *Denn mit dem Urteil, das ihr fällt, werdet ihr selbst beurteilt werden.* **7,6** Griech. *Gebt das Heilige nicht den Hunden.* **7,13** Griech. *Der Weg, der in das Verderben führt.*

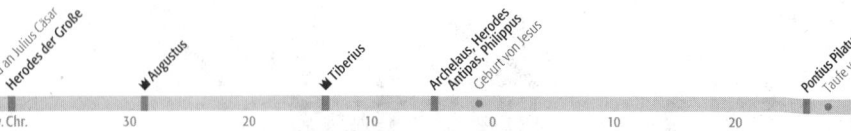

Früchten erkennt. An Dornbüschen wachsen keine Trauben und an Disteln keine Feigen. ¹⁷Ein gesunder Baum trägt gute Früchte, ein kranker Baum dagegen schlechte.

¹⁸An einem guten Baum wachsen keine schlechten Früchte, ebenso wenig wie ein kranker Baum gesunde Früchte hervorbringt. ¹⁹Deshalb wird jeder Baum, der keine guten Früchte bringt, umgehauen und ins Feuer geworfen. ²⁰Ihr seht, man erkennt sie an ihren Früchten.

Echte Jünger
Lukas 6,46; 13,26-27

²¹Nicht alle Menschen, die sich fromm gebärden, glauben an Gott. Auch wenn sie ›Herr‹ zu mir sagen, heißt das noch lange nicht, dass sie ins Himmelreich kommen. Entscheidend ist, ob sie meinem Vater im Himmel gehorchen. ²²Am Tag des Gerichts werden viele zu mir kommen und sagen: ›Herr, Herr, wir haben in deinem Namen prophezeit und in deinem Namen Dämonen ausgetrieben und viele Wunder vollbracht.‹ ²³Doch ich werde ihnen antworten: ›Ich habe euch nie gekannt. Fort mit euch. Was ihr getan habt, habt ihr gegen das Gesetz getan.‹

Ein festes Fundament
Lukas 6,47-49

²⁴Wer auf mich hört und danach handelt, ist klug und handelt wie ein Mann, der ein Haus auf massiven Fels baut. ²⁵Auch wenn der Regen in Sturzbächen vom Himmel rauscht, das Wasser über die Ufer tritt und die Stürme an diesem Haus rütteln, wird es nicht einstürzen, weil es auf Fels gebaut ist. ²⁶Doch wer auf mich hört und nicht danach handelt, ist ein Dummkopf; er ist wie ein Mann, der ein Haus auf Sand baut. ²⁷Wenn der Regen und das Hochwasser kommen und die Stürme an diesem Haus rütteln, wird es mit Getöse einstürzen.«

²⁸Als Jesus seine Rede beendet hatte, waren die Menschen überwältigt von seiner Lehre, ²⁹denn er sprach mit Vollmacht – anders als die Schriftgelehrten.

Jesus heilt einen Leprakranken
Markus 1,40-45; Lukas 5,12-16

8 Viele Menschen folgten Jesus, als er den Berg hinuntergestiegen war. ²Da trat ihm ein Aussätziger in den Weg. Er fiel vor ihm nieder und sagte: »Herr, wenn du willst, kannst du mich gesund machen.«

³Jesus berührte ihn. »Ich will es tun«, sagte er. »Sei gesund!« Und im selben Augenblick war der Mann von seiner Krankheit geheilt. ⁴Daraufhin sagte Jesus zu ihm: »Geh zum Priester und lass dich von ihm untersuchen. Sprich unterwegs mit niemandem darüber. Aber nimm das Opfer mit, das Mose für die Heilung von Aussatz vorgeschrieben hat. Das soll für alle ein Beweis deiner Heilung sein.«

Der Glaube des römischen Offiziers
Lukas 7,1-10; vgl. Johannes 4,43-54

⁵Als Jesus in Kapernaum eintraf, kam ein römischer Offizier zu ihm und bat ihn um Hilfe: ⁶Er sagte: »Herr, mein junger Diener liegt im Bett, er ist gelähmt und hat große Schmerzen.«

⁷Jesus antwortete: »Ich werde kommen und ihn heilen.«

⁸Da sagte der Offizier: »Ach Herr, ich bin es nicht wert, dass du in mein Haus kommst. Sprich nur einfach ein Wort, und mein Diener wird gesund! ⁹Ich weiß das, weil ich selbst vorgesetzte Offiziere habe und auch mir Soldaten unterstellt sind. Ich brauche nur zu sagen: ›Geht‹, und sie gehen, oder ›Kommt‹, und sie kommen. Und wenn ich zu meinem Sklaven sage: ›Tu dies oder tu das‹, dann tut er es.«

¹⁰Als Jesus das hörte, war er tief beeindruckt. Er wandte sich an die Menge und sagte: »Ich versichere euch: Einen solchen Glauben habe ich bisher in ganz Israel noch nicht erlebt! ¹¹Und ich sage euch: Viele Menschen werden aus der ganzen Welt herbeiströmen und mit Abraham, Isaak und Jakob im Himmelreich zu Tisch sitzen. ¹²Viele Israeliten dagegen – für die das Reich Gottes eigentlich bestimmt war – werden in die tiefste Dunkelheit hinausgestoßen, wo sie weinen und mit den Zähnen knirschen werden.«

¹³Dann sagte Jesus zu dem römischen Offizier: »Geh wieder nach Hause. Was du geglaubt hast, ist eingetroffen.« Und der junge Diener wurde noch in derselben Stunde wieder gesund.

Jesus heilt viele Menschen
Markus 1,29-34; Lukas 4,38-41

¹⁴Als Jesus in das Haus von Petrus kam, lag dessen Schwiegermutter mit hohem Fieber im Bett. ¹⁵Doch als Jesus ihre Hand nahm, verschwand das Fieber. Da stand sie auf und machte ihm etwas zu essen.

¹⁶An diesem Abend wurden viele Menschen zu Jesus gebracht, die von Dämonen besessen waren. Auf sein Wort hin verschwanden alle Geister, und er heilte auch alle Kranken. ¹⁷Damit er-

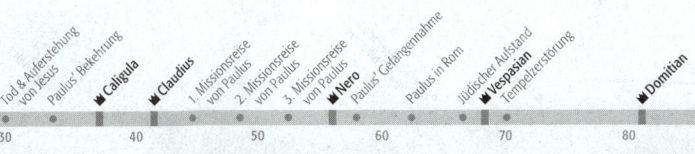

MATTHÄUS

1–2	Vorgeschichten
3	Johannes der Täufer
4	Die Versuchung
5–7	Rede: Die Bergpredigt
8–9	Jesus in Galiläa
10	Rede: Aussendung der Jünger
11–12	Jesus in Galiläa
13	Gleichnisse vom Himmelreich
14–17	Jesus in Galiläa
18	Rede: Über die Gemeinde
19–22	Jesus in Jerusalem
23	Jesus warnt die Schriftgelehrten
24–25	Rede: Über die Zukunft
26–27	Die Leidensgeschichte von Jesus
28	Die Auferstehung

8–9
Jesus stillt einen Sturm. Heilungen.
Die Berufung von Matthäus.

[Gottes Königsherrschaft und der Messias]

füllte sich das Wort Gottes, das der Prophet Jesaja gesprochen hatte: »Er nahm unsere Leiden auf sich und trug unsere Krankheiten.«*

8,17 Jesaja 53,4.

Matthäus 9,9-13

Die Antwort des Menschen
Wie reagieren Menschen, wenn Jesus sie einlädt, ihm nachzufolgen? Die ersten Fischer verließen alles – Boote, Netze, Heimat und Familie, Karriere und Sicherheit (Mt 4,18-22). Andere lehnten ab (19,21-22). Und Matthäus, der Zöllner? »Er stand auf und folgte ihm nach« (9,9). Das hört sich so einfach an. Die Entscheidung, Jesus nachzufolgen, bedeutete für ihn jedoch einen radikalen Wandel seines Lebens. Vorher war er ein Kollaborateur der Besatzungsmacht und wurde von seinem Volk als ein unreiner, unehrlicher Verräter verachtet. Jetzt wird er zu einem Nachfolger von Jesus. Vorher gehörte er zu den »Zöllnern und Sündern«. Jetzt gehört er zu einer neuen Familie, zu Menschen aus unterschiedlichen Gesellschaftsschichten mit den verschiedensten Lebenseinstellungen und religiösen und politischen Überzeugungen. Jesus lädt alle ein, zu seiner Familie zu gehören, und er reißt die Barrieren zwischen ihnen nieder. Die Einladung des Evangeliums ist weit mehr als ein Angebot des ewigen Lebens. Es ändert alles schon jetzt.
(Lukas 1,38 «« | »» Markus 8,27-38)

Matthäus 9,13

Gott befreit
Matthäus, der Zöllner, kennt Ablehnung. Er ist Zöllner, Kollaborateur mit der verhassten Besatzungsmacht, religiös unrein durch den Kontakt mit Fremden und wie alle vermuten, unehrlich. Wie überrascht muss er gewesen sein, als Jesus ihn einlädt, sein Jünger zu werden. Er entdeckt schnell, dass Jesus gerne Zeit mit »Zöllnern und Sündern« verbringt. Und so richtet Matthäus ein Fest aus, damit auch seine Freunde Jesus kennenlernen können.
Das ist für die Gegner von Jesus zu viel. Matthäus und seinesgleichen gehören für sie zum Abschaum der Gesellschaft. Dieser Bericht zeigt – wie viele andere –, dass Jesus alle Menschen annimmt. Jesus zieht es sogar vor, gerade solchen Menschen die Gnade Gottes zuzusprechen, die von der religiösen Gesellschaft abgelehnt werden. Jesus erklärt hier: Wer sich nur mit religiösen Handlungen beschäftigt und sich von den Menschen fernhält, hat die Barmherzigkeit Gottes nicht verstanden.
(Markus 5,25-34 «« | »» Johannes 11,43-44)

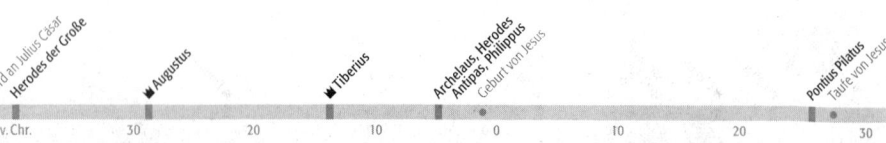

Der Preis für die Nachfolge
Lukas 9,57-62

¹⁸Als Jesus sah, dass die Menschenmenge immer größer wurde, wies er seine Jünger an, ans andere Ufer des Sees hinüberzufahren.

¹⁹Da sagte einer der Schriftgelehrten zu ihm: »Meister, ich will dir nachfolgen, wohin du auch gehst!«

²⁰Doch Jesus entgegnete ihm: »Füchse haben ihren Bau, und Vögel haben ihre Nester, aber der Menschensohn hat keinen Ort, wo er sich hinlegen kann.«

²¹Ein anderer seiner Jünger sagte: »Herr, lass mich erst noch nach Hause gehen und meinen Vater begraben.«

²²Doch Jesus sagte zu ihm: »Komm jetzt gleich mit mir! Die nicht nach Gott fragen, sollen selbst für ihre Toten sorgen.*«

Jesus stillt den Sturm
Markus 4,35-41; Lukas 8,22-25

²³Dann stieg Jesus ins Boot und fuhr mit seinen Jüngern über den See. ²⁴Plötzlich kam ein schrecklicher Sturm auf und die gewaltigen Wellen schlugen ins Boot. Doch Jesus schlief. ²⁵Schließlich weckten ihn die Jünger. »Herr, rette uns!«, riefen sie aufgeregt. »Wir sinken!«

²⁶Doch Jesus antwortete: »Warum habt ihr Angst? Ist euer Glaube denn so klein?« Und er stand auf und drohte dem Wind und den Wellen, und augenblicklich war alles wieder ruhig. ²⁷Die Jünger saßen voller Ehrfurcht und Bewunderung da und fragten sich: »Wer ist dieser Mann? Sogar Wind und Wellen gehorchen ihm!«

Jesus heilt zwei Besessene
Markus 5,1-20; Lukas 8,26-39

²⁸Als Jesus am anderen Ufer des Sees in dem Gebiet der Gadarener* ankam, begegnete er zwei Männern, die von Dämonen besessen waren. Sie lebten in Grabhöhlen und waren so gefährlich, dass niemand es wagte, durch dieses Gebiet zu reisen. ²⁹Als sie ihn sahen, fingen die beiden an zu schreien: »Was haben wir mit dir zu tun, Sohn Gottes? Du hast kein Recht, uns jetzt schon, vor dem von Gott festgesetzten Zeitpunkt, zu quälen!« ³⁰In einiger Entfernung weidete eine große Schweineherde, ³¹und die Dämonen baten ihn: »Wenn du uns austreibst, dann schick uns in diese Schweineherde.«

³²»So geht!«, befahl Jesus ihnen. Da fuhren die Dämonen aus den Männern in die Schweine, und die ganze riesige Herde stürzte die steile Böschung hinunter in den See, wo alle Tiere ertranken. ³³Die Hirten aber flohen in die Stadt und erzählten allen, was mit den Besessenen geschehen war. ³⁴Da kam die ganze Stadt zu Jesus hinaus. Und alle baten ihn, fortzugehen und sie unbehelligt zu lassen.

Jesus heilt einen Gelähmten
Markus 2,1-12; Lukas 5,17-26

9 Jesus stieg in ein Boot und fuhr über den See zurück in die Stadt, in der er wohnte. ²Ein paar Leute brachten einen Gelähmten auf einer Trage zu ihm. Als er ihren Glauben sah, sagte Jesus zu dem Gelähmten: »Nur Mut, mein Sohn! Deine Sünden sind dir vergeben.«

³»Das ist Gotteslästerung!«, entrüsteten sich einige der Schriftgelehrten im Stillen.

⁴Jesus wusste, was sie dachten, und fragte sie: »Warum habt ihr so böse Gedanken? ⁵Ist es leichter zu sagen: ›Deine Sünden sind dir vergeben‹ oder ›Steh auf und geh‹? ⁶Ich werde euch beweisen, dass der Menschensohn hier auf der Erde die Vollmacht hat, Sünden zu vergeben.« Und er wandte sich zu dem Gelähmten und sagte: »Steh auf und nimm deine Trage und geh nach Hause, denn du bist geheilt!«

⁷Da sprang der Mann auf und ging nach Hause! ⁸In den Menschen, die Zeugen dieses Vorfalls geworden waren, stiegen Angst und Ehrfurcht auf. Sie rühmten Gott, dass er ihnen einen Mann mit so großer Vollmacht gesandt hatte.

Jesus beruft Matthäus
Markus 2,13-17; Lukas 5,27-32

⁹Als Jesus die Straße entlangging, sah er Matthäus in seiner Zollstation sitzen. »Komm mit und folge mir nach«, sagte er zu ihm. Und Matthäus stand auf und folgte ihm nach.

¹⁰Am selben Abend lud Matthäus Jesus und seine Jünger zum Abendessen ein. Einige andere Steuereintreiber und viele stadtbekannte Sünder waren ebenfalls eingeladen. ¹¹Die Pharisäer waren empört. »Wie kommt euer Meister dazu, mit solchem Abschaum* zu essen?«, fragten sie seine Jünger.

¹²Als Jesus es hörte, antwortete er: »Die Gesunden brauchen keinen Arzt – wohl aber die Kranken.« ¹³Und er fügte hinzu: »Nun geht und denkt einmal darüber nach, was mit dem Wort in der Schrift gemeint ist: ›Ich will, dass ihr barmherzig seid; eure Opfer will ich nicht.‹* Denn ich bin für die Sünder gekommen und

---

8,22 Griech. *Die Toten sollen ihre Toten selbst begraben.* **8,28** In manchen Handschriften heißt es *Gerasener;* in noch anderen *Gergesaner;* s. Markus 5,1; Lukas 8,26. **9,11** Griech. *mit Steuereinnehmern und Sündern.* **9,13** Hosea 6,6.

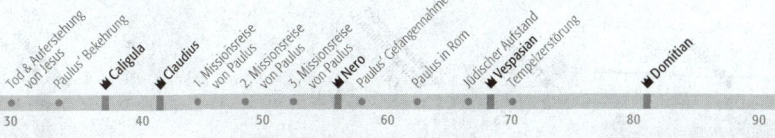

MATTHÄUS

1–2	Vorgeschichten
3	Johannes der Täufer
4	Die Versuchung
5–7	Rede: Die Bergpredigt
8–9	Jesus in Galiläa
10	Rede: Aussendung der Jünger
11–12	Jesus in Galiläa
13	Gleichnisse vom Himmelreich
14–17	Jesus in Galiläa
18	Rede: Über die Gemeinde
19–22	Jesus in Jerusalem
23	Jesus warnt die Schriftgelehrten
24–25	Rede: Über die Zukunft
26–27	Die Leidensgeschichte von Jesus
28	Die Auferstehung

9–10
Soll man fasten? Heilungen. Die große Ernte. Der Aussendungsauftrag an die Jünger.

[Gottes Königsherrschaft und der Messias]

nicht für die, die meinen, sie seien schon gut genug.«

Gespräch über das Fasten
Markus 2,18-22; Lukas 5,33-39

¹⁴Eines Tages kamen die Jünger von Johannes dem Täufer zu Jesus und fragten ihn: »Warum fasten wir und die Pharisäer, aber deine Jünger fasten nicht?«

¹⁵Jesus antwortete: »Sollen etwa die Hochzeitsgäste trauern, solange sie mit dem Bräutigam feiern? Eines Tages wird er ihnen weggenommen werden, und dann werden sie fasten. ¹⁶Wer würde ein altes Kleidungsstück mit neuem Stoff flicken? Der Flicken läuft ein und reißt ein noch größeres Loch in den alten Stoff. ¹⁷Genauso wenig würde jemand neuen Wein in alte Schläuche füllen. Die alten Schläuche würden unter dem Druck platzen, der Wein würde auslaufen und die Schläuche wären nicht mehr zu gebrauchen. Neuer Wein gehört in neue Schläuche. Auf diese Weise bleibt der Wein erhalten und die Schläuche werden geschont.«

Jesus heilt durch Glauben
Markus 5,21-43; Lukas 8,40-56

¹⁸Noch während Jesus sprach, trat der Vorsteher einer Synagoge zu ihm, kniete vor ihm nieder und sagte: »Meine Tochter ist gerade gestorben, aber du kannst sie wieder lebendig machen, wenn du nur kommst und ihr die Hände auflegst.«

Matthäus 10,7

Gott redet

Jesus kam für die ganze Welt. Das Reich, das er verkündigt, soll die ganze Welt umfassen. Die Versöhnung mit Gott, die durch seinen Tod und seine Auferstehung kam, gilt allen Menschen. Der Missionsbefehl »Geht zu allen Völkern und macht sie zu Jüngern« (28,19) macht dies unmissverständlich klar. Dieser Auftrag baut auf dem Alten Testament auf, denn Abraham war dazu berufen worden, ein auserwähltes Volk (Israel) zu gründen, und durch Israel sollte die ganze Welt gesegnet werden (1Mo 12,3).

Warum beschränken sich Jesus und seine Boten zunächst nur auf Israel allein? Warum geht die Botschaft nicht gleich an alle? Gottes Plan, die ganze Welt zu erreichen, soll in einer bestimmten Reihenfolge geschehen: Gott redet durch Jesus. Jesus redet durch seine Boten. Und diese gewinnen dann andere für den Missionsdienst in der ganzen Welt. Das wurde nach der Rückkehr von Jesus zum Himmel Wirklichkeit, als zuerst die Apostel und dann die ganze Gemeinde der ganzen Welt die Heilsbotschaft verkündeten.

(Matthäus 18,18-20 «« | »» Lukas 19,40)

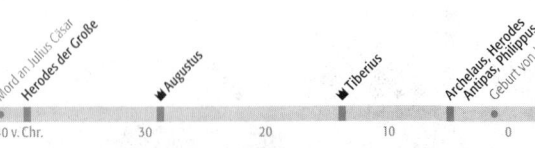

¹⁹Auf dem Weg zum Haus des Vorstehers folgte Jesus und den Jüngern ²⁰eine Frau, die schon seit zwölf Jahren starke Blutungen hatte. Sie berührte heimlich den Saum seines Mantels, ²¹denn sie dachte: »Wenn ich nur seinen Mantel berühre, werde ich wieder gesund.«

²²Da drehte Jesus sich um und sagte zu ihr: »Meine Tochter, hab keine Angst! Dein Glaube hat dich geheilt.« Und im selben Augenblick war die Frau wieder gesund.

²³Als Jesus ins Haus des Vorstehers kam, fand er laut weinende Menschen vor und hörte Trauermusik. ²⁴Da sagte er: »Geht hinaus, das Mädchen ist nicht tot; es schläft nur.« Aber die Menge lachte ihn aus. ²⁵Als die Leute endlich alle draußen waren, ging Jesus zum Mädchen hinein, nahm es bei der Hand, und es stand auf. ²⁶Die Nachricht von diesem Wunder verbreitete sich wie ein Lauffeuer in der ganzen Gegend.

Jesus heilt Blinde und Stumme
Vgl. 20,29-34; Markus 8,22-34; 10,46-52; Lukas 18,35-43

²⁷Nachdem Jesus das Haus des Mädchens verlassen hatte, liefen ihm zwei Blinde nach und riefen: »Sohn Davids, hab Erbarmen mit uns!«

²⁸Sie folgten ihm bis in das Haus, wo er wohnte, und Jesus fragte sie: »Glaubt ihr, dass ich euch das Augenlicht wiedergeben kann?« Sie antworteten: »Ja, Herr.«

²⁹Da berührte er ihre Augen und sagte: »Weil ihr glaubt, wird es geschehen.« ³⁰Und auf einmal konnten sie sehen! Jesus ermahnte sie eindringlich: »Erzählt niemandem davon.« ³¹Doch stattdessen erzählten sie in der ganzen Gegend von seinen wunderbaren Taten.

³²Als sie fort waren, brachten einige Leute einen Mann zu ihm, der nicht sprechen konnte, weil er von einem bösen Geist besessen war. ³³Jesus trieb den Dämon aus, und sofort konnte der Mann wieder sprechen. Die Menschen waren voller Bewunderung für Jesus. »So etwas ist in Israel noch niemals geschehen!«, riefen sie.

³⁴Die Pharisäer aber meinten: »Er kann nur deshalb Dämonen austreiben, weil er seine Macht vom Obersten der Dämonen bekommen hat.«

Arbeiter werden gesucht
Markus 6,34; Lukas 10,2

³⁵Jesus zog durch die Städte und Dörfer der Umgebung. Er lehrte in den Synagogen und verkündete die Botschaft vom Reich Gottes. Und überall, wo er hinkam, heilte er Menschen von ihren Krankheiten und Leiden. ³⁶Er hatte tiefes Mitleid mit den vielen Menschen, die zu ihm kamen, denn sie hatten große Sorgen und wussten nicht, wen sie um Hilfe bitten konnten. Sie waren wie Schafe ohne Hirten. ³⁷Deshalb sagte er zu seinen Jüngern: »Die Ernte ist groß, aber es sind nicht genügend Arbeiter da. ³⁸Betet zum Herrn und bittet ihn, mehr Arbeiter zu schicken, um die Ernte einzubringen.«

Jesus sendet die zwölf Apostel aus
V. 1-4: Markus 3,13-19; Lukas 6,12-16; V. 5-15: Markus 6,7-13; Lukas 9,1-6; vgl. Lukas 10,1-12; V. 16-22: vgl.24,9-13; Markus 13,9-13; Lukas 12,11-12; 21,12-17; V. 26-33: vgl. Lukas 12,2-9; V. 40-42: vgl. 25,34-40

10 Jesus rief seine zwölf Jünger zu sich und gab ihnen die Vollmacht, böse Geister auszutreiben und alle Arten von Krankheiten und Leiden zu heilen. ²Dies sind die Namen der zwölf Apostel: der Erste war Simon (der auch Petrus genannt wurde), dann kamen Andreas (der Bruder von Petrus), Jakobus (der Sohn des Zebedäus), Johannes (der Bruder von Jakobus), ³Philippus, Bartholomäus, Thomas, Matthäus (der Steuereintreiber), Jakobus (der Sohn des Alphäus), Thaddäus, ⁴Simon (der Zelot*) und Judas Iskariot (der ihn später verriet).

⁵Jesus sandte die zwölf Jünger aus und gab ihnen folgenden Auftrag: »Geht nicht zu den Menschen, die Gott nicht kennen, oder zu den Samaritern. ⁶Geht nur zu den Menschen aus dem Volk Israel – sie sind Gottes verlorene Schafe. ⁷Geht und verkündet ihnen, dass das Himmelreich unmittelbar bevorsteht*. ⁸Macht die Kranken gesund, erweckt die Toten zum Leben, heilt die Aussätzigen und treibt böse Geister aus. Teilt eure Gaben genauso großzügig aus, wie ihr sie geschenkt bekommen habt!

⁹Tragt kein Geld bei euch. ¹⁰Und nehmt auch keine Tasche mit, keinen Ersatzmantel und Sandalen und auch keinen Wanderstab. Zögert nicht, Gastfreundschaft anzunehmen, denn wer arbeitet, verdient auch, dass man ihm zu essen gibt*. ¹¹Wenn ihr in eine Stadt oder in ein Dorf kommt, sucht nach einem würdigen Mann und bleibt bei ihm, bis ihr wieder weiterzieht. ¹²Wenn ihr in ein Haus eingeladen werdet, dann segnet dieses Haus. ¹³Wenn sich das Haus als würdig erweist, dann ruht euer Segen weiterhin darauf; andernfalls kehrt der Segen wieder zu euch zurück. ¹⁴Wenn ihr in einem Dorf nicht willkommen seid und man euch nicht zuhören will, dann geht fort und schüttelt den Staub von

---

10,4 Griech. *der Kanaanäer.* **10,7** O. *nahe gekommen ist* oder *bald kommt.* **10,10** O. *der Arbeiter ist die Unterstützung, die er empfängt, wert.*

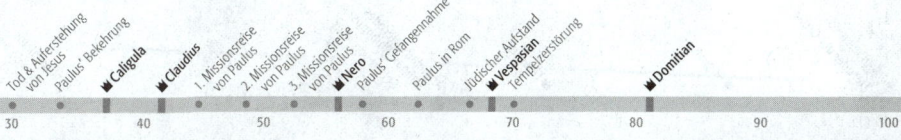

MATTHÄUS

1–2	Vorgeschichten
3	Johannes der Täufer
4	Die Versuchung
5–7	Rede: Die Bergpredigt
8–9	Jesus in Galiläa
10	Rede: Aussendung der Jünger
11–12	Jesus in Galiläa
13	Gleichnisse vom Himmelreich
14–17	Jesus in Galiläa
18	Rede: Über die Gemeinde
19–22	Jesus in Jerusalem
23	Jesus warnt die Schriftgelehrten
24–25	Rede: Über die Zukunft
26–27	Die Leidensgeschichte von Jesus
28	Die Auferstehung

10–11
Anweisungen und Versprechen für die gesandten Jünger. Johannes der Täufer fragt nach Jesus, Jesus antwortet.

[Gottes Königsherrschaft und der Messias]

euren Füßen. ¹⁵Ich versichere euch: Die gottlosen Städte Sodom und Gomorra werden am Tag des Gerichts besser dastehen als ein solcher Ort.

¹⁶Seht, ich sende euch aus wie Schafe unter die Wölfe. Seid vorsichtig wie die Schlangen und sanft wie die Tauben. ¹⁷Aber hütet euch vor den Menschen! Denn ihr werdet vor die Richter gezerrt und in den Synagogen geschlagen werden. ¹⁸Um meinetwillen müsst ihr Statthaltern und Königen Rede und Antwort stehen. Das wird euch Gelegenheit geben, ihnen von mir zu erzählen und so vor der Welt als Zeugen für mich aufzutreten. ¹⁹Wenn ihr verhaftet werdet, macht euch keine Sorgen, was ihr zu eurer Verteidigung sagen sollt, denn Gott wird euch zur rechten Zeit die rechten Worte in den Mund legen. ²⁰Nicht ihr seid es, die dann reden – nein, der Geist eures Vaters wird durch euch reden.

²¹Der Bruder wird seinen Bruder verraten, Väter werden ihre Kinder verraten, und Kinder werden sich gegen ihre Eltern auflehnen und sie dem Tod ausliefern. ²²Ja, alle werden euch hassen, weil ihr euch zu mir bekennt. Aber wer bis zum Ende durchhält, wird gerettet werden. ²³Wenn ihr in einer Stadt verfolgt werdet, dann flieht in die nächste. Ich versichere euch: Der Menschensohn wird wiederkommen, noch bevor ihr in allen Städten Israels gewesen seid.

²⁴Ein Schüler steht nicht über seinem Lehrer. Ein Diener steht nicht über seinem Herrn. ²⁵Der Schüler teilt das Schicksal seines Lehrers und der Diener das seines Herrn. Und wenn schon der Hausherr als Herr der Dämonen* bezeichnet wird, wie viel mehr wird das denen geschehen, die zu seinem Haushalt gehören! ²⁶Doch fürchtet euch nicht vor denen, die euch bedrohen. Denn die Zeit kommt, in der die Wahrheit ans Licht kommt und alle Geheimnisse bekannt werden. ²⁷Wenn der Tag anbricht, dann schreit hinaus, was ich euch heute in der Dunkelheit sage. Ruft von allen Dächern, was ich euch in die Ohren flüstere, damit jeder es hören kann!

²⁸Habt keine Angst vor denen, die euch umbringen wollen. Sie können nur euren Körper töten; eure Seele ist für sie unerreichbar. Fürchtet allein Gott, der Leib und Seele in der Hölle vernichten kann. ²⁹Nicht einmal ein Spatz, der doch kaum etwas wert ist, kann tot zu Boden fallen, ohne dass euer Vater es weiß. ³⁰Selbst die Haare auf eurem Kopf sind alle gezählt. ³¹Deshalb habt keine Angst; ihr seid Gott kostbarer als ein ganzer Schwarm Spatzen.

³²Wer sich hier auf der Erde öffentlich zu mir bekennt, den werde ich auch vor meinem Vater im Himmel bekennen. ³³Aber wer mich hier auf

10,25 Griech. *Beelzebul*.

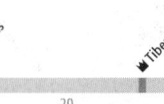

der Erde verleugnet, den werde ich auch vor meinem Vater im Himmel verleugnen. ³⁴Glaubt nicht, dass ich gekommen bin, um der Welt Frieden zu bringen! Nein, sondern das Schwert. ³⁵Ich bin gekommen, um den Sohn gegen seinen Vater aufzubringen, die Tochter gegen ihre Mutter und die Schwiegertochter gegen ihre Schwiegermutter. ³⁶Eure erbittertsten Feinde werdet ihr in der eigenen Familie finden. ³⁷Wer Vater oder Mutter mehr liebt als mich, ist es nicht wert, zu mir zu gehören; und wer seinen Sohn oder seine Tochter mehr liebt als mich, der ist es nicht wert, zu mir zu gehören. ³⁸Wer sich weigert, sein Kreuz auf sich zu nehmen und mir nachzufolgen, ist es nicht wert, zu mir zu gehören. ³⁹Wer an seinem Leben hängt, wird es verlieren; aber wer es für mich aufgibt, wird es finden.

⁴⁰Wer euch in sein Haus aufnimmt, der nimmt mich auf, und wer mich aufnimmt, nimmt den Vater auf, der mich gesandt hat. ⁴¹Wer einen Propheten aufnimmt als einen, der für Gott spricht,* wird den gleichen Lohn erhalten wie der Prophet. Und wer gute und gottesfürchtige Menschen aufnimmt, weil sie an Gott glauben, wird den gleichen Lohn erhalten wie sie. ⁴²Und wer dem geringsten meiner Nachfolger auch nur ein Glas kaltes Wasser reicht, darf sicher sein, dafür belohnt zu werden.«

Jesus und Johannes der Täufer
Lukas 7,18-35

11 Nachdem Jesus seinen zwölf Jüngern diese Anweisungen gegeben hatte, zog er weiter, um in den Städten des ganzen Landes zu lehren und zu predigen.

²Johannes der Täufer, der damals im Gefängnis war, hörte von den Taten des Christus. Er schickte seine Jünger zu Jesus mit der Frage: ³»Bist du wirklich der, der kommen soll, oder sollen wir auf einen anderen warten?«

⁴Jesus antwortete ihnen: »Geht zurück zu Johannes und berichtet ihm, was ihr gesehen und gehört habt: ⁵Blinde sehen, Gelähmte gehen, Aussätzige werden gesund, Taube hören, Tote werden zum Leben erweckt und den Armen wird die gute Botschaft verkündet. ⁶Und sagt ihm weiter: ›Gott segnet die, die keinen Anstoß an mir nehmen.‹*«

⁷Als die Jünger des Johannes wieder gegangen waren, erzählte Jesus den Menschen von ihm.

»Wer ist dieser Mann in der Wüste, den ihr unbedingt sehen wolltet? Kam er euch schwach vor wie ein Schilfrohr, das im Windhauch hin und her schwankt? ⁸Oder habt ihr einen Mann erwartet, der in kostbare Gewänder gehüllt ist? Wer solche Kleidung trägt, wohnt in einem Palast und sicher nicht in der Wüste. ⁹Oder habt ihr in ihm einen Propheten vermutet? Ja, das ist er, er ist sogar noch mehr als das. ¹⁰Johannes ist der Mann, von dem die Schrift sagt: ›Ich sende meinen Boten vor dir her, er wird deine Ankunft vorbereiten.‹*

¹¹Ich versichere euch: Von allen Menschen, die jemals gelebt haben, war keiner größer als Johannes der Täufer. Und doch ist noch der Geringste im Himmelreich größer als er! ¹²Seit Johannes der Täufer predigt und tauft, ist das Himmelreich mit Macht näher gerückt, und es gibt genügend Menschen, die versuchen, gewaltsam hineinzudrängen.* ¹³Denn alle Propheten und das Gesetz haben diese Zeit angekündigt, bis Johannes kam. ¹⁴Und wenn ihr bereit seid, meinen Worten zu glauben: Er ist Elia, von dem die Propheten sagten, dass er kommen würde.* ¹⁵Wer bereit ist zu hören, soll zuhören und begreifen!

¹⁶Wie soll ich die Menschen von heute am besten beschreiben? Sie sind wie Kinder, die auf der Straße spielen. Sie beklagen sich bei ihren Freunden: ¹⁷›Wir haben lustige Lieder gespielt, und ihr wart nicht fröhlich. Dann haben wir Klagelieder gespielt, aber ihr wart nicht traurig.‹ ¹⁸Johannes der Täufer trank keinen Wein und fastete oft, und nun sagt ihr von ihm, er sei von einem Dämon besessen. ¹⁹Der Menschensohn trinkt und feiert, und von ihm sagt ihr: ›Er ist ein Schlemmer und Säufer, und die schlimmsten Leute sind seine Freunde!‹ Doch die Weisheit erweist sich als richtig, und zwar durch das, was sie bewirkt.«

Gericht über galiläische Städte
Lukas 10,13-16

²⁰Danach begann Jesus die Städte anzuklagen, in denen er die meisten seiner Wunder vollbracht hatte. Ihre Einwohner waren dennoch nicht zu Gott umgekehrt. ²¹»Welche Schrecken erwarten euch, Chorazin und Betsaida! Denn wenn ich die Wunder, die ich bei euch getan habe, in den gottlosen Städten Tyrus und Sidon getan hätte, hätten ihre Einwohner schon längst ihre Schuld bekannt und sich zum Zeichen ihrer Reue in Säcke gehüllt und Asche auf ihre Häupter gestreut. ²²Ich versichere euch: Am Tag des

---

10,41 Griech. *Wenn ihr einen Propheten im Namen eines Propheten aufnehmt.*   **11,6** O. *die nicht meinetwegen abfallen.*
11,10 Maleachi 3,1.   **11,12** O. *Seit ... tauft, haben begierige Menschenmengen ins Himmelreich hineingedrängt.*
11,14 S. Maleachi 3,23.

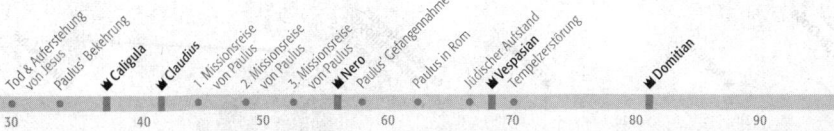

MATTHÄUS

1–2	Vorgeschichten
3	Johannes der Täufer
4	Die Versuchung
5–7	Rede: Die Bergpredigt
8–9	Jesus in Galiläa
10	Rede: Aussendung der Jünger
11–12	Jesus in Galiläa
13	Gleichnisse vom Himmelreich
14–17	Jesus in Galiläa
18	Rede: Über die Gemeinde
19–22	Jesus in Jerusalem
23	Jesus warnt die Schriftgelehrten
24–25	Rede: Über die Zukunft
26–27	Die Leidensgeschichte von Jesus
28	Die Auferstehung

11–12
Ein Dankgebet von Jesus. Verschiedene Auffassungen zum Sabbat. Die Hoheit von Jesus – auch über die Dämonen.

[Gottes Königsherrschaft und der Messias]

Gerichts werden Tyrus und Sidon besser dastehen als ihr! ²³Und ihr Bewohner von Kapernaum, ob ihr wohl einst in den Himmel gehoben werdet? Ganz sicher nicht. Ihr werdet vielmehr hinunter ins Reich der Toten* geworfen. Denn wenn ich die Wunder, die ich bei euch getan habe, in Sodom getan hätte, würde die Stadt heute noch stehen. ²⁴Seid versichert: Sodom wird am Tag des Gerichts besser dastehen als ihr!«

Jesus spricht ein Dankgebet
Lukas 10,21-22
²⁵Danach sprach Jesus das folgende Gebet: »O Vater, Herr des Himmels und der Erde, ich danke dir, dass du die Wahrheit vor denen verbirgst, die sich selbst für so klug und weise halten. Ich danke dir, dass du sie stattdessen denen enthüllst, die ein kindliches Gemüt haben. ²⁶Ja, Vater, so wolltest du es!
²⁷Mein Vater hat mir Vollmacht über alles gegeben. Niemand außer dem Vater kennt den Sohn wirklich, und niemand kennt den Vater außer dem Sohn und jenen, denen der Sohn den Vater offenbaren will.«
²⁸Dann sagte Jesus: »Kommt alle her zu mir, die ihr müde seid und schwere Lasten tragt, ich will euch Ruhe schenken. ²⁹Nehmt mein Joch

---

11,23 Griech. *in den Hades.*

Matthäus 11,25-27

Gott redet
Wenn die Jünger von Jesus hörten, was ihr Lehrer zu ihnen sagte, hörten sie damit auch gleichzeitig das Wort Gottes an alle Menschen. Hier aber ist es eher umgekehrt. Sie hören zu, wie Jesus zu seinem Vater spricht. Vater und Sohn kennen sich gegenseitig und offenbaren sich den Menschen. Aber welchen? Nicht in erster Linie denjenigen, die sich für klug und weise halten, sondern denjenigen, die ein kindliches Gemüt haben, sagt Jesus.
Zu Lebzeiten von Jesus waren sich die Pharisäer und Schriftgelehrten sicher, dass sie die Worte Gottes am besten verstanden. In der Tat waren es jedoch manchmal Fischer und Zöllner, Arme und Blinde, ungebildete Menschen oder fromme Witwen, welche die Offenbarung Gottes in Jesus am besten verstanden. Das soll uns alle, nicht nur die gebildeten Bibellehrer und Prediger, dazu ermutigen, die Wahrheiten der Bibel mit einem kindlichen Gemüt zu lesen, dem Wort Gottes zu vertrauen und dann das Gehörte in Anspruch zu nehmen. »Ja, Vater, so wolltest du es.«
(Markus 1,11 « | » Apostelgeschichte 17,22-31)

auf euch. Ich will euch lehren, denn ich bin demütig und freundlich, und eure Seele wird bei mir zur Ruhe kommen. ³⁰Denn mein Joch passt euch genau, und die Last, die ich euch auflege, ist leicht.«

Unterschiedliche Meinungen zum Sabbat
Markus 2,23-3,6; Lukas 6,1-11

12 Etwa um diese Zeit ging Jesus am Sabbat durch die Kornfelder. Seine Jünger hatten Hunger; sie rissen sich unterwegs ein paar Weizenähren ab und aßen die Körner. ²Einige Pharisäer sahen es und empörten sich: »Deine Jünger dürfen das nicht! Es verstößt gegen das Gesetz, am Sabbat Korn zu ernten.«

³Doch Jesus hielt ihnen entgegen: »Habt ihr schon einmal in der Schrift gelesen, was König David tat, als er und seine Begleiter Hunger hatten? ⁴Er ging in das Haus Gottes, und sie aßen die Brote, die allein den Priestern vorbehalten waren. ⁵Und habt ihr noch nie im Gesetz von Mose gelesen, dass die diensthabenden Priester am Sabbat im Tempel arbeiten dürfen, ohne dabei schuldig zu werden? ⁶Das sage ich euch: Hier ist einer, der größer ist als der Tempel! ⁷Ihr hättet nicht Unschuldige verurteilt, wenn ihr den Sinn des Schriftwortes verstanden hättet: ›Ich will, dass ihr barmherzig seid; eure Opfer will ich nicht.‹* ⁸Denn der Menschensohn herrscht auch über den Sabbat.«

⁹Damit ging er hinüber in die Synagoge, ¹⁰wo er einen Mann mit einer verkrüppelten Hand bemerkte. Die Pharisäer fragten Jesus: »Ist es nach dem Gesetz erlaubt, am Sabbat Kranke zu heilen?« Sie hofften natürlich, dass er Ja sagen würde, damit sie einen Grund hatten, ihn anzuzeigen.

¹¹Er antwortete: »Wenn ihr nur ein einziges Schaf hättet und es fiele am Sabbat in einen Brunnen, würdet ihr nicht alles daransetzen, es herauszuziehen? Ganz bestimmt. ¹²Wie viel mehr ist ein Mensch wert als ein Schaf! Daher ist es erlaubt, am Sabbat Gutes zu tun!« ¹³Dann sagte er zu dem Mann: »Streck deine Hand aus.« Der Mann streckte seine Hand aus, und sie wurde wieder so gesund wie die andere Hand. ¹⁴Daraufhin gingen die Pharisäer nach draußen und schmiedeten einen Plan, wie sie Jesus umbringen könnten.

Jesus, Gottes auserwählter Diener
Markus 3,7-12; Lukas 6,17-19

¹⁵Jesus erkannte, was sie vorhatten. Er ging fort, und viele Menschen folgten ihm. Er heilte alle Kranken unter ihnen, ¹⁶aber er verbot ihnen zu sagen, wer er war. ¹⁷Damit erfüllte sich die Prophezeiung Jesajas über Jesus:

¹⁸»Dies ist mein Diener, den ich auserwählt habe. Ich liebe ihn und habe meine Freude an ihm. Ich werde meinen Geist auf ihn legen, und er wird den Völkern Gerechtigkeit verkünden. ¹⁹Er wird weder kämpfen noch schreien; er wird seine Stimme nicht in der Öffentlichkeit erheben. ²⁰Er wird das geknickte Rohr nicht zerbrechen und den glimmenden Docht nicht auslöschen. Durch seine Treue wird er die vollkommene Gerechtigkeit durchsetzen. ²¹Und auf seinem Namen wird die Hoffnung der ganzen Welt ruhen.«*

Jesus und der Oberste der Dämonen
Markus 3,20-30; Lukas 11,14-23; 12,10

²²Ein Besessener, der blind und stumm war, wurde zu Jesus gebracht. Jesus heilte ihn, sodass er wieder sehen und sprechen konnte. ²³Die Menschen waren sehr verwundert. »Könnte es sein, dass dieser Jesus der Sohn Davids ist?«, fragten sie sich.

²⁴Als das jedoch den Pharisäern zu Ohren kam, sagten sie: »Kein Wunder, dass er böse Geister austreiben kann. Er hat seine Macht von Satan*, dem Herrscher über die Dämonen.«

²⁵Doch Jesus kannte ihre Gedanken und antwortete: »Ein Königreich, das gegen sich selbst kämpft, ist dem Untergang geweiht. Eine Stadt oder eine Hausgemeinschaft, in der man sich streitet, ist verloren. ²⁶Wenn Satan Satan austreiben würde, würde er gegen sich selbst kämpfen. Sein Reich könnte nicht bestehen. ²⁷Wenn ich meine Macht vom Herrscher über alle Dämonen habe, was ist dann mit euren eigenen Leuten? Sie treiben doch auch böse Geister aus. Sie werden euch nach euren eigenen Worten richten. ²⁸Wenn ich aber die Dämonen mit dem Geist Gottes austreibe, dann ist das Reich Gottes zu euch gekommen. ²⁹Niemand kann in das Haus eines starken Mannes eindringen und ihn ausrauben, ohne ihn zuvor zu fesseln. Erst dann kann man sein Haus ausplündern!* ³⁰Wer mich nicht unterstützt, ist gegen mich, und wer nicht Seite an Seite mit mir arbeitet, arbeitet im Grunde gegen mich.

12,7 Hosea 6,6. **12,18-21** Jesaja 42,1-4. **12,24** Griech. von *Beelzebul*. **12,29** O. *Man kann Satans Reich nicht ausrauben, ohne ihn zuvor zu fesseln. Erst dann können seine Dämonen verjagt werden.*

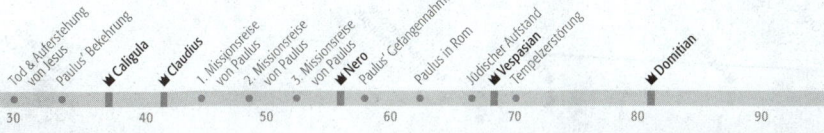

MATTHÄUS

1–2	Vorgeschichten
3	Johannes der Täufer
4	Die Versuchung
5–7	Rede: Die Bergpredigt
8–9	Jesus in Galiläa
10	Rede: Aussendung der Jünger
11–12	Jesus in Galiläa
13	Gleichnisse vom Himmelreich
14–17	Jesus in Galiläa
18	Rede: Über die Gemeinde
19–22	Jesus in Jerusalem
23	Jesus warnt die Schriftgelehrten
24–25	Rede: Über die Zukunft
26–27	Die Leidensgeschichte von Jesus
28	Die Auferstehung

12–13
Jesus deutet seinen Tod an. Wer ist Jesus' wirkliche Familie? Das Gleichnis über den Saat ausstreuenden Bauern.

[Gottes Königsherrschaft und der Messias]

31 Jede Sünde oder Gotteslästerung kann vergeben werden – bis auf die Lästerung gegen den Heiligen Geist. Dafür gibt es keine Vergebung. 32 Wer gegen den Menschensohn lästert, dem kann vergeben werden. Wer aber gegen den Heiligen Geist lästert, dem wird niemals vergeben werden – nicht in dieser Welt und auch nicht in der zukünftigen.

33 Einen Baum erkennt man an seinen Früchten. Ist ein Baum gut, so wird er auch gute Früchte tragen. Ist ein Baum schlecht, so wird er schlechte Früchte tragen. 34 Ihr Schlangenbrut! Wie können böse und hinterhältige Menschen wie ihr reden, was gut und richtig ist? Denn immer bestimmt ja euer Herz, was ihr sagt. 35 Ein guter Mensch spricht gute Worte aus einem guten Herzen, und ein böser Mensch spricht böse Worte aus einem bösen Herzen. 36 Ich sage euch: Am Tag des Gerichts müsst ihr euch für jedes böse Wort, das ihr sagt, verantworten. 37 Was ihr heute sagt, entscheidet über euer Schicksal; entweder werdet ihr gerettet oder gerichtet.«

Das Zeichen des Propheten Jona
V. 38-42: vgl. 16,1-4; Markus 8,11-12; Lukas 11,29-32

38 Eines Tages kamen einige Schriftgelehrte und Pharisäer zu Jesus und sagten: »Meister, bitte zeige uns ein Wunder, als Beweis dafür, dass du von Gott kommst.«
39 Doch Jesus erwiderte: »Nur schlechte, treulose Menschen würden ein Wunder verlangen. Das einzige Zeichen, das ich ihnen geben will, ist das, was mit dem Propheten Jona geschah. 40 So wie Jona drei Tage und drei Nächte im Bauch des großen Fisches verbracht hat,* so wird der Menschensohn drei Tage und drei Nächte im Herzen der Erde sein. 41 Die Einwohner Ninives werden sich am Tag des Gerichts gegen euch erheben und euch verurteilen, denn sie haben Reue gezeigt, nachdem sie Jonas Predigt gehört hatten.* Und nun ist einer bei euch, der weit größer ist als Jona – aber ihr weigert euch zu bereuen. 42 Auch die Königin von Saba* wird sich am Tag des Gerichts gegen euch erheben und euch verurteilen, denn sie kam aus einem fremden Land, um die Weisheiten König Salomos zu hören. Und nun ist einer bei euch, der weit größer ist als Salomo – und ihr wollt ihm nicht zuhören.

43 Wenn ein böser Geist einen Menschen verlässt, geht er in die Wüste und sucht Ruhe, aber er findet keine. 44 Da sagt er sich: ›Ich will lieber wieder in den Menschen fahren, aus dem ich gekommen bin.‹ Und er kehrt zurück und findet

12,40 Jona 2,1. 12,41 Jona 3,5. 12,42 Griech. die Königin des Südens; vgl. 1. Könige 10,1-10.

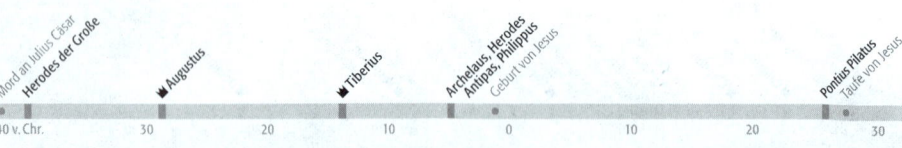

sein früheres Heim leer, gefegt und sauber vor. ⁴⁵Danach findet der Dämon noch sieben weitere Dämonen, die noch schlimmer sind als er selbst, und sie alle ergreifen Besitz von dem Menschen und nisten sich in ihm ein. Genauso wird es euch ergehen.«

Die wahre Familie von Jesus
Markus 3,31-35; Lukas 8,19-21

⁴⁶Während Jesus noch zu den Leuten redete, kamen seine Mutter und seine Brüder zu ihm und wollten ihn sprechen. ⁴⁷Jemand sagte zu Jesus: »Deine Mutter und deine Brüder stehen draußen, sie möchten dich sprechen.«

⁴⁸Jesus fragte: »Wer ist meine Mutter? Und wer sind meine Brüder?« ⁴⁹Und er zeigte auf seine Jünger und sagte: »Diese Leute sind meine Mutter und meine Brüder. ⁵⁰Wer den Willen meines Vaters im Himmel erfüllt, ist mein Bruder und meine Schwester und meine Mutter!«

Das Gleichnis vom Bauern, der die Saat ausbringt
Markus 4,1-20; Lukas 8,4-15

13 Später am gleichen Tag verließ Jesus das Haus und ging hinunter an den See, ²wo sich bald eine riesige Menschenmenge um ihn sammelte. Da stieg er in ein Boot, setzte sich und sprach zu den Menschen, die ihm vom Ufer aus zuhörten. ³Er erzählte ihnen viele Gleichnisse, so wie dieses: »Ein Bauer ging aufs Feld, um zu säen. ⁴Als er die Saat über das Feld ausstreute, fielen einige Körner auf einen Weg, und die Vögel kamen und pickten sie auf. ⁵Andere Körner fielen auf eine dünne Erdschicht mit felsigem Untergrund. Die Saat ging schnell auf, ⁶aber schon bald vertrockneten die Pflänzchen unter der heißen Sonne, weil die Wurzeln in der dünnen Erdschicht keine Nahrung fanden. ⁷Andere Samenkörner fielen in die Dornen, die schnell wuchsen und die zarten Pflänzchen erstickten. ⁸Einige Samen aber fielen auf fruchtbaren Boden, und der Bauer erntete dreißig, sechzig, ja hundert Mal so viel, wie er gesät hatte. ⁹Wer hören will, der soll zuhören und begreifen!«

¹⁰Seine Jünger kamen zu ihm und fragten: »Warum erzählst du immer Gleichnisse, wenn du zu den Leuten sprichst?«

¹¹Da erklärte er ihnen: »Euch war erlaubt, die Geheimnisse vom Himmelreich zu verstehen, aber andere können das nicht. ¹²Wer sich meinen Lehren öffnet, wird noch mehr begreifen, und er wird eine Fülle von Wissen haben. Aber wer nicht zuhört, dem wird sogar das genommen, was er hat. ¹³Ich erzähle diese Gleichnisse, weil die Menschen zwar sehen, was ich tue, es aber dennoch nicht richtig begreifen. Sie hören, was ich sage, aber sie verstehen es nicht richtig. ¹⁴Damit erfüllt sich die Prophezeiung Jesajas:

›Du wirst meine Worte hören, sie aber nicht verstehen; du wirst sehen, was ich tue, aber du wirst nicht begreifen, was es bedeutet.

¹⁵Denn die Herzen dieser Menschen sind verhärtet, ihre Ohren können nicht hören und sie haben ihre Augen geschlossen. Ihre Augen sehen nicht, ihre Ohren hören nicht und ihr Herz versteht nicht, und sie kehren nicht zu mir um, damit ich sie heil mache.‹*

¹⁶Eure Augen aber sind gesegnet, weil sie sehen, und eure Ohren, weil sie hören können. ¹⁷Ich versichere euch: Viele Propheten und gottesfürchtige Menschen haben sich danach gesehnt, das zu sehen und zu hören, was ihr gesehen und gehört habt, aber sie konnten es nicht.

¹⁸Doch ich will euch das Gleichnis vom Bauern, der seine Saat ausstreute, erklären: ¹⁹Die Saat, die auf den harten Weg fiel, steht für die Menschen, die die Botschaft vom Reich Gottes hören, sie aber nicht verstehen. Dann kommt der Teufel und reißt ihnen die Saat aus dem Herzen. ²⁰Der felsige Boden steht für jene, die die Botschaft hören und sie freudig annehmen. ²¹Aber wie bei jungen Pflänzchen in einem solchen Boden reichen ihre Wurzeln nicht sehr tief. Zuerst kommen sie gut zurecht, doch sobald sie Schwierigkeiten haben oder wegen ihres Glaubens verfolgt werden, verdorren sie. ²²Die Dornen stehen für jene, die das Wort Gottes hören und es annehmen. Doch viel zu schnell wird es erstickt durch die alltäglichen Sorgen und Verlockungen des Reichtums, und die Ernte bleibt aus. ²³Der gute Boden steht für die Herzen derer, die die Botschaft Gottes annehmen und eine große Ernte einfahren – dreißig, sechzig, ja hundert Mal so viel, wie gesät wurde.«

Das Gleichnis vom Unkraut im Weizenfeld
Vgl. 13,36-43

²⁴Jesus erzählte noch ein anderes Gleichnis: »Das Himmelreich ist vergleichbar mit einem Bauern, der gutes Saatgut auf sein Feld säte. ²⁵Doch in der Nacht, als alles schlief, kam sein Feind und säte Unkraut zwischen den Weizen und ging wieder weg. ²⁶Als das Korn zu wachsen begann und Ähren ausbildete, kam auch das Unkraut zum Vorschein. ²⁷Da kamen die Arbeiter des Bauern und sagten: ›Herr, das Feld, auf dem du gutes Saatgut gesät hast, ist voller Unkraut!‹

13,14-15 Jesaja 6,9-10.

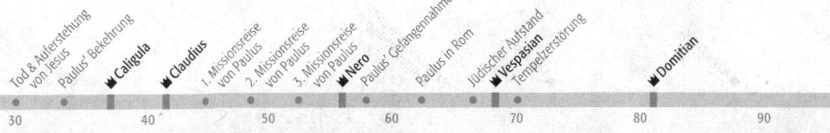

MATTHÄUS

1–2	Vorgeschichten
3	Johannes der Täufer
4	Die Versuchung
5–7	Rede: Die Bergpredigt
8–9	Jesus in Galiläa
10	Rede: Aussendung der Jünger
11–12	Jesus in Galiläa
13	Gleichnisse vom Himmelreich
14–17	Jesus in Galiläa
18	Rede: Über die Gemeinde
19–22	Jesus in Jerusalem
23	Jesus warnt die Schriftgelehrten
24–25	Rede: Über die Zukunft
26–27	Die Leidensgeschichte von Jesus
28	Die Auferstehung

13–14
Bilder über das Himmelreich. Unglaube in Nazareth. Das Ende von Johannes dem Täufer.

[Gottes Königsherrschaft und der Messias]

²⁸›Das hat mein Feind getan!‹, rief der Bauer aus. ›Sollen wir das Unkraut ausreißen?‹, fragten die Arbeiter.
²⁹Er antwortete: ›Nein, wenn ihr das tut, schadet ihr dem Weizen. ³⁰Lasst beides bis zur Zeit der Ernte wachsen. Dann will ich den Erntehelfern sagen, dass sie das Unkraut heraussammeln und verbrennen sollen. Den Weizen aber sollen sie in die Scheune bringen.‹«

Das Bild vom Senfkorn
V. 31-35: Markus 4,30-34; Lukas 13,18-21
³¹Jesus benutzte noch ein anderes Gleichnis: »Das Himmelreich ist wie ein Senfkorn, das auf ein Feld gesät wird. ³²Es ist das kleinste von allen Samenkörnern, aber es wächst zur größten Pflanze heran und wird so groß wie ein Baum, sodass die Vögel in seinen Ästen Schutz finden.«

Das Gleichnis vom Sauerteig
³³Auch das folgende Gleichnis erzählte Jesus: »Das Himmelreich ist wie Sauerteig, den eine Frau zum Brotbacken gebrauchte. Obwohl sie eine große Menge* Mehl nahm, durchdrang der Sauerteig doch den ganzen Teig.«
³⁴Jesus benutzte stets Gleichnisse und Bilder, wenn er zu den Menschen sprach, er sprach nie zu ihnen, ohne solche Vergleiche zu verwenden. ³⁵So erfüllte sich die Prophezeiung: »Ich werde

13,33 Griech. *drei Maß*.

Matthäus 13,47-50

Gottes Liebe, Gottes Zorn
Oft redete Jesus in Gleichnissen, um das Reich Gottes darzustellen. Es ist mit einem Schatz oder einer kostbaren Perle zu vergleichen. Es ist wie ein Samenkorn, das bis zu Erntezeit wächst, oder wie ein Senfkorn, das klein anfängt, aber eine riesige Pflanze hervorbringt.
Hier verwendet Jesus ein anderes Bild. Im Mittelpunkt der Erzählung steht der große Ertrag eines Fischfangs. Aber nicht alle Fische sind gleich wertvoll. Die schlechten Fische, d.h. die Bösen und Ungehorsamen, werden von den guten getrennt und in den glühenden Ofen geworfen. »Dort gibt es nur noch Jammern und Zähneknirschen« (V. 50).
Wohlgemerkt: Solche Warnungen sprach Jesus nie aus, wenn er mit Zolleinnehmern und mit Prostituierten, d.h. mit »Sündern« redete. Gerade solchen Menschen wurde großzügig Gottes Gnade zuteil. Seine schärfsten Warnungen bleiben seinen vermeintlichen Nachfolgern und noch häufiger den religiösen Führern vorbehalten. Falsche Selbstsicherheit führt an den Abgrund. »Wer bereit ist zu hören, soll zuhören und verstehen!« (V. 43)
(Lukas 17,32-33 ‹‹ | ›› Matthäus 25,31-46)

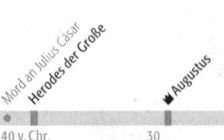

zu euch in Gleichnissen sprechen. Ich werde die Geheimnisse erklären, die seit der Erschaffung der Welt verborgen waren.«*

Die Erklärung des Gleichnisses vom Unkraut im Weizenfeld
Vgl. 13,24-30

36Danach ging Jesus ins Haus und ließ die Menschenmenge draußen stehen. Seine Jünger baten ihn: »Erkläre uns das Gleichnis vom Unkraut auf dem Feld.«
37Jesus sagte: »Der Bauer, der den guten Samen aussät, ist der Menschensohn. 38Das Feld ist die Welt, und der gute Same steht für die Kinder des Himmelreiches. Das Unkraut sind die Menschen, die zu Satan gehören. 39Der Feind, der das Unkraut zwischen den Weizen ausgesät hat, ist der Teufel. Die Ernte ist das Ende der Welt, und die Erntehelfer sind die Engel.
40Genauso, wie das Unkraut aussortiert und verbrannt wird, so wird es auch am Ende der Welt sein. 41Der Menschensohn wird seine Engel schicken, und sie werden aus seinem Reich alles entfernen, was zur Sünde verleitet, und alle Menschen, die Böses tun. 42Und sie werden sie in den Ofen werfen und verbrennen. Dort werden sie schreien und mit den Zähnen knirschen. 43Dann werden alle, die zu Gott gehören, im Reich ihres Vaters leuchten wie die Sonne. Wer bereit ist zu hören, soll zuhören und verstehen!

Das Bild vom verborgenen Schatz

44Das Himmelreich ist wie ein Schatz, den ein Mann in einem Feld verborgen fand. In seiner Aufregung versteckte er ihn wieder und verkaufte alles, was er besaß, um genug Geld zu beschaffen, damit er das Feld kaufen konnte – und mit ihm den Schatz zu erwerben!

Das Bild vom Perlenhändler

45Das Himmelreich ist auch vergleichbar mit einem Perlenhändler, der nach kostbaren Perlen Ausschau hielt. 46Als er eine Perle von großem Wert entdeckte, verkaufte er alles, was er besaß, und kaufte die Perle!

Das Bild vom Fischernetz

47Das Himmelreich kann man auch vergleichen mit einem Fischernetz, das ins Wasser geworfen wird und in dem viele verschiedene Fische gefangen werden. 48Wenn das Netz voll ist, wird es ans Land gezogen, und die Fischer sammeln die guten Fische heraus und legen sie in Kisten, und die schlechten werfen sie weg. 49Genauso wird es auch am Ende der Welt sein. Die Engel werden kommen und die gottlosen Menschen von den Gläubigen trennen. 50Die Gottlosen werden ins Feuer geworfen. Dort werden sie weinen und mit den Zähnen knirschen. 51Versteht ihr das alles?« Sie antworteten: »Ja.«

52Dann fügte er noch hinzu: »Jeder Schriftgelehrte, der ein Jünger im Himmelreich geworden ist, ist wie ein Hausherr, der aus seinem reichen Vorrat Neues ebenso hervorholt wie Altes.«

Jesus wird in Nazareth abgelehnt
Markus 6,1-6; Lukas 4,16-30

53Nachdem Jesus diese Gleichnisse erzählt hatte, verließ er diese Gegend. 54Er kehrte in seine Heimatstadt Nazareth zurück. Als er dort in der Synagoge lehrte, staunten die Menschen und fragten: »Woher hat er diese Weisheit und weshalb kann er solche Wunder tun? 55Er ist doch nur der Sohn eines Zimmermanns, und wir kennen doch alle Maria, seine Mutter, und seine Brüder – Jakobus, Josef, Simon und Judas. 56Alle seine Schwestern leben hier unter uns. Was macht ihn zu so etwas Besonderem?« 57Und sie ärgerten sich über ihn und wollten nicht an ihn glauben. Da sagte Jesus: »Ein Prophet wird überall verehrt, außer in seiner Heimatstadt und in seiner eigenen Familie.« 58Und er tat dort nur wenige Wunder, weil sie nicht glaubten.

Der Tod Johannes des Täufers
Markus 6,14-29; Lukas 3,19-20; 9,7-9

14 Als Herodes Antipas* von Jesus hörte, 2sagte er zu seinen Ratgebern: »Das muss Johannes der Täufer sein, der von den Toten auferstanden ist! Darum kann er solche Wunder tun.« 3Denn Herodes hatte Johannes auf Bitten seiner Frau Herodias (der früheren Frau von Philippus, dem Bruder von Herodes) ins Gefängnis werfen lassen. 4Johannes hatte Herodes immer wieder ins Gewissen geredet: »Es ist gegen das Gesetz, dass du sie geheiratet hast.« 5Herodes hätte Johannes gern endgültig aus dem Weg geschafft, aber er hatte Angst vor einem Aufstand, weil die Bevölkerung Johannes für einen Propheten hielt.

6Doch auf einer Geburtstagsfeier für Herodes tanzte die Tochter von Herodias vor den Gästen, und sie gefiel Herodes sehr. 7Er tat einen

---

13,35 Psalm 78,2. **14,1** Griech. *der Tetrarch Herodes.* Er war ein Sohn von König Herodes und Herrscher über eines der vier Teilgebiete in Palästina.

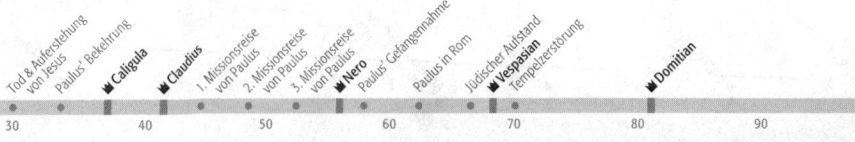

MATTHÄUS

1–2	Vorgeschichten
3	Johannes der Täufer
4	Die Versuchung
5–7	Rede: Die Bergpredigt
8–9	Jesus in Galiläa
10	Rede: Aussendung der Jünger
11–12	Jesus in Galiläa
13	Gleichnisse vom Himmelreich
14–17	Jesus in Galiläa
18	Rede: Über die Gemeinde
19–22	Jesus in Jerusalem
23	Jesus warnt die Schriftgelehrten
24–25	Rede: Über die Zukunft
26–27	Die Leidensgeschichte von Jesus
28	Die Auferstehung

14–15
Nahrung für über 5.000 Menschen. Jesus geht auf dem Wasser. Über die Reinheit des Herzens. Wem soll geholfen werden?

[Gottes Königsherrschaft und der Messias]

Schwur, ihr jeden Wunsch zu erfüllen. ⁸Auf Drängen ihrer Mutter bat das Mädchen: »Schenk mir den Kopf von Johannes dem Täufer auf einer Schale!« ⁹Nun tat es dem König leid, aber weil er es ihr versprochen hatte und sich vor seinen Gästen keine Blöße geben wollte, erteilte er die notwendigen Befehle. ¹⁰So wurde Johannes im Gefängnis enthauptet. ¹¹Sein Kopf wurde dem Mädchen auf einer Schale übergeben, die sie ihrer Mutter brachte. ¹²Die Jünger des Johannes holten seinen Leichnam und begruben ihn. Dann erzählten sie Jesus, was geschehen war.

Jesus speist fünftausend Menschen
Markus 6,30-44; Lukas 9,10-17; Johannes 6,1-14; vgl. 15,32-39; Markus 8,1-9

¹³Als Jesus die Nachricht erhalten hatte, fuhr er mit dem Boot in eine entfernte Gegend, denn er wollte allein sein. Aber die Menschen hatten erfahren, wohin er fuhr, und aus zahlreichen Dörfern folgten sie ihm über Land. ¹⁴Als er aus dem Boot stieg, erwartete ihn bereits eine große Menschenmenge. Er hatte Mitleid mit ihnen und heilte die Kranken.

¹⁵Am Abend kamen die Jünger zu ihm und sagten: »Es ist einsam hier und schon spät. Schick die Leute weg, dann können sie in die Dörfer gehen, um sich etwas zu essen zu kaufen.«

¹⁶Doch Jesus antwortete: »Das ist nicht nötig – gebt ihr ihnen zu essen.«

¹⁷»Unmöglich!«, riefen sie aus. »Wir haben nur fünf Brote und zwei Fische!«

¹⁸»Bringt sie her!«, befahl er. ¹⁹Dann wies er die Leute an, sich ins Gras zu setzen. Und er nahm die fünf Brote und zwei Fische, blickte hinauf zum Himmel und bat Gott um seinen Segen für das Essen. Dann brach er das Brot in Stücke und gab jedem der Jünger davon, und diese verteilten es an die Menschen. ²⁰Alle aßen, so viel sie wollten, und anschließend sammelten sie noch zwölf Körbe mit Resten ein. ²¹Etwa fünftausend Menschen hatten zu essen bekommen, Frauen und Kinder nicht mitgerechnet!

Jesus geht auf dem Wasser
Markus 6,45-56; V.22-33: Johannes 6,15-21

²²Sofort danach schickte Jesus seine Jünger zum Boot zurück und befahl ihnen, ans andere Ufer überzusetzen, während er die Menschen nach Hause entließ. ²³Dann stieg er allein in die Berge hinauf, um dort zu beten. Als es dunkel wurde, war er immer noch allein dort oben. ²⁴In der Zwischenzeit gerieten die Jünger weit weg vom Ufer in Seenot, denn ein starker Wind war aufgekommen, und sie hatten gegen hohe Wellen anzukämpfen.

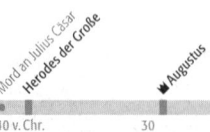

²⁵Gegen drei Uhr morgens* kam Jesus über das Wasser zu ihnen. ²⁶Als ihn die Jünger sahen, schrien sie entsetzt auf, denn sie hielten ihn für einen Geist. ²⁷Doch Jesus sprach sie sogleich an: »Es ist gut«, sagte er. »Ich bin es! Habt keine Angst.«

²⁸Da rief Petrus ihm zu: »Herr, wenn du es wirklich bist, befiehl mir, auf dem Wasser zu dir zu kommen.«

²⁹»Dann komm«, sagte Jesus. Und Petrus stieg aus dem Boot und ging über das Wasser, Jesus entgegen. ³⁰Als er sich aber umsah und die hohen Wellen erblickte, bekam er Angst und begann zu versinken. »Herr, rette mich!«, schrie er.

³¹Sofort streckte Jesus ihm die Hand hin und hielt ihn fest. »Du hast nicht viel Glauben«, sagte Jesus. »Warum hast du gezweifelt?« ³²Als sie schließlich zurück ins Boot stiegen, legte sich der Wind.

³³Da beteten ihn die Jünger an. »Du bist wirklich der Sohn Gottes!«, riefen sie.

³⁴Auf der anderen Seite des Sees gingen sie in Genezareth an Land. ³⁵Als die Menschen dieser Gegend Jesus erkannten, verbreitete sich dies sofort in der ganzen Umgebung. Schon bald brachten die Leute alle ihre Kranken zu ihm, damit er sie heilte. ³⁶Die Kranken baten ihn, auch nur den Saum seiner Kleidung berühren zu dürfen. Und alle, die ihn berührten, wurden gesund.

Jesus spricht über innere Reinheit
Markus 7,1-23; Lukas 11,37-41

15 Einige Pharisäer und Schriftgelehrte kamen aus Jerusalem, um Jesus zur Rede zu stellen. ²»Warum halten deine Jünger sich nicht an unsere uralten Überlieferungen?«, fragten sie. »Sie missachten unsere Vorschrift, sich vor dem Essen die Hände zu waschen.«

³Jesus erwiderte: »Und warum verstoßt ihr mit euren Überlieferungen gegen Gottes Gebote? ⁴Gott sagt zum Beispiel: ›Ehre Vater und Mutter‹ und ›Wer Vater oder Mutter verflucht, soll mit dem Tod bestraft werden.‹* ⁵Ihr sagt jedoch: ›Man muss seine Eltern nicht dadurch ehren, dass man für sie sorgt, wenn man stattdessen Gott das Geld gibt.‹ ⁶So setzt ihr durch eure eigene Überlieferung das Gebot Gottes außer Kraft. ⁷Ihr Heuchler! Jesaja hat euch gemeint, als er sagte:

⁸›Diese Menschen ehren mich mit ihren Worten, aber nicht mit ihrem Herzen. ⁹Ihre Anbetung ist nutzlos, denn sie ersetzen die Gebote Gottes durch ihre eigenen Lehren.‹*«

¹⁰Danach rief Jesus die Menschen zu sich und sagte: »Hört gut zu, was ich euch jetzt sage, und versucht, es zu verstehen. ¹¹Ihr werdet nicht durch das unrein, was ihr esst; ihr werdet unrein durch das, was ihr sagt und tut.«*

¹²Da kamen die Jünger zu ihm und fragten ihn: »Weißt du, dass du mit deinen Worten die Pharisäer gegen dich aufgebracht hast?«

¹³Jesus antwortete: »Jede Pflanze, die nicht von meinem Vater im Himmel gepflanzt worden ist, wird ausgerissen. ¹⁴Beachtet sie deshalb gar nicht. Sie sind nur blinde Blindenführer, und wenn ein Blinder einen anderen führt, werden beide in den Graben fallen.«

¹⁵Da sagte Petrus: »Erkläre uns doch, was du damit meinst, dass man nicht durch das unrein wird, was man isst.«

¹⁶»Habt ihr es denn immer noch nicht begriffen?«, fragte Jesus ihn. ¹⁷»Alles, was ihr esst, geht durch den Magen und verlässt dann wieder den Körper. ¹⁸Böse Worte aber kommen aus einem bösen Herzen und machen den Menschen, aus dessen Mund sie kommen, unrein. ¹⁹Aus dem Herzen kommen böse Gedanken wie zum Beispiel Mord, Ehebruch, Unzucht, Diebstahl, Lüge und Verleumdung. ²⁰Das macht unrein. Wer aber mit ungewaschenen Händen isst, wird davon nicht unrein!«

Der Glaube der kanaanäischen Frau
Markus 7,24-30

²¹Jesus verließ Galiläa und zog nach Norden in die Gegend von Tyrus und Sidon. ²²Eine kanaanäische Frau*, die dort lebte, kam zu ihm und bat ihn inständig: »Hab Mitleid mit mir, o Herr, Sohn Davids! Meine Tochter hat einen bösen Geist in sich, der ihr schlimme Qualen bereitet.«

²³Jesus antwortete ihr nicht – er sagte kein Wort. Doch seine Jünger drängten ihn, ihre Bitte zu erfüllen. »Sie belästigt uns sonst weiter mit ihrer Bettelei«, sagten sie.

²⁴Da sagte er zu der Frau: »Ich bin gesandt worden, um dem Volk Israel zu helfen – Gottes verlorenen Schafen – und nicht denen, die keine Juden sind.«

²⁵Sie lief jedoch hinter ihm her, warf sich vor ihm nieder und bat ihn wieder: »Herr, hilf mir doch!«

²⁶»Es ist nicht recht, den Kindern das Essen wegzunehmen und es stattdessen den Hunden vorzuwerfen«, sagte er.

14,25 Griech. *in der vierten Nachtwache.* **15,4** 2. Mose 20,12; 21,17; 3. Mose 20,9; 5. Mose 5,16. **15,8-9** Jesaja 29,13. **15,11** O. *was aus dem Mund kommt, macht einen Menschen unrein.* **15,22** Griech. *Kanaaniterin.*

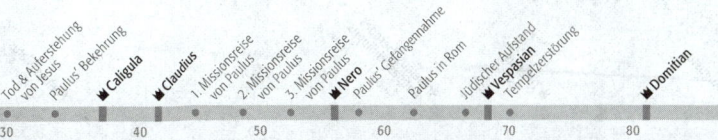

MATTHÄUS

1–2	Vorgeschichten
3	Johannes der Täufer
4	Die Versuchung
5–7	Rede: Die Bergpredigt
8–9	Jesus in Galiläa
10	Rede: Aussendung der Jünger
11–12	Jesus in Galiläa
13	Gleichnisse vom Himmelreich
14–17	Jesus in Galiläa
18	Rede: Über die Gemeinde
19–22	Jesus in Jerusalem
23	Jesus warnt die Schriftgelehrten
24–25	Rede: Über die Zukunft
26–27	Die Leidensgeschichte von Jesus
28	Die Auferstehung

15–17
Heilungen und Nahrung für über 4.000 Menschen. Petrus bekennt Jesus als Messias. Jesus kündigt seinen Tod an.

[Gottes Königsherrschaft und der Messias]

²⁷»Du hast recht, Herr«, antwortete sie, »aber selbst Hunde dürfen die Krümel fressen, die vom Tisch ihres Herrn fallen.«
²⁸Da sagte Jesus zu ihr: »Frau, dein Glaube ist groß. Deine Bitte soll erfüllt werden.« Und im gleichen Augenblick war ihre Tochter gesund.

Jesus heilt viele Menschen
²⁹Jesus ging zum See Genezareth zurück. Er stieg auf einen Berg und setzte sich. ³⁰Eine große Menschenmenge kam zu ihm und brachte ihm Gelähmte, Blinde, Krüppel, Stumme und viele Menschen mit anderen Gebrechen. Sie legten sie vor ihn hin, und er heilte sie alle. ³¹Die Menschen kamen nicht aus dem Staunen heraus. Stumme konnten wieder sprechen, Krüppel wurden wieder gesund, Gelähmte konnten wieder gehen und Blinde wieder sehen! Und alle lobten den Gott Israels.

Jesus speist viertausend Menschen
Vgl. 14,13-21; Markus 8,1-9; Markus 6,30-44; Lukas 9,10-17; Johannes 6,1-14

³²Da rief Jesus seine Jünger zu sich und sagte: »Mir tun diese Menschen leid. Sie waren nun drei Tage lang bei mir, und jetzt haben sie nichts mehr zu essen. Ich will sie nicht hungrig wegschicken, sonst könnten sie unterwegs zusammenbrechen.«
³³Die Jünger erwiderten: »Wo sollen wir hier in dieser verlassenen Gegend genügend zu essen für alle hernehmen?«
³⁴Jesus fragte: »Wie viele Brote habt ihr dabei?« Sie antworteten: »Sieben, und ein paar kleine Fische.« ³⁵Da wies Jesus die Menschen an, sich hinzusetzen. ³⁶Er nahm die sieben Brote und die Fische, dankte Gott, zerteilte sie und gab sie den Jüngern, die das Essen an die Menge weitergaben.
³⁷Alle aßen, bis sie satt waren, und als am Ende die Reste eingesammelt wurden, waren sogar sieben große Körbe voll übrig! ³⁸An diesem Tage wurden viertausend Menschen satt, Frauen und Kinder nicht mitgerechnet. ³⁹Danach entließ Jesus die Leute wieder nach Hause. Er selbst stieg in ein Boot und fuhr hinüber in die Gegend von Magadan.

Die Pharisäer und Sadduzäer fordern ein Wunder
V. 1-12: Markus 8,11-21

16 Eines Tages suchten die Pharisäer und Sadduzäer Jesus auf, um ihn herauszufordern. Dazu baten sie ihn um ein Zeichen vom Himmel.

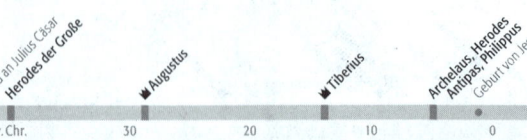
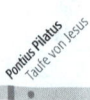

²Er erwiderte: »Abendrot verheißt gutes Wetter für den nächsten Tag, ³Morgenrot bedeutet für den ganzen Tag schlechtes Wetter.* Das Wetter könnt ihr anhand der Zeichen am Himmel gut deuten, aber die ganz offensichtlichen Zeichen der Zeit begreift ihr nicht! ⁴Nur böse, treulose Menschen verlangen nach einem Wunder. Doch das einzige Zeichen, das ich ihnen geben werde, ist das Zeichen des Propheten Jona.« Damit ließ er sie stehen und ging.

Der Sauerteig der Pharisäer und Sadduzäer

⁵Später, nach der Überfahrt über den See, bemerkten die Jünger, dass sie vergessen hatten, Brot mitzunehmen. ⁶»Seht euch vor!«, warnte Jesus sie. »Nehmt euch in Acht vor dem Sauerteig der Pharisäer und der Sadduzäer.«

⁷Sie meinten, er hätte das gesagt, weil sie kein Brot mitgenommen hatten. ⁸Jesus wusste, was sie dachten, deshalb sagte er: »Euer Glaube ist so klein! Warum sorgt ihr euch ums Essen? ⁹Werdet ihr es denn nie begreifen? Denkt doch an die fünftausend Menschen, die ich mit fünf Broten satt gemacht habe, und an die Körbe voller Brot, die danach noch übrig blieben! ¹⁰Und denkt an die viertausend, die ich mit sieben Broten satt gemacht habe. Auch da blieb so viel übrig! ¹¹Wie könnt ihr nur auf den Gedanken kommen, dass ich vom Essen gesprochen habe? Ich sage es noch einmal: ›Nehmt euch in Acht vor dem Sauerteig der Pharisäer und der Sadduzäer.‹«

¹²Da begriffen sie endlich, dass er nicht von Sauerteig oder Brot gesprochen, sondern die falschen Lehren der Pharisäer und Sadduzäer gemeint hatte.

Das Bekenntnis des Petrus
Markus 8,27-30; Lukas 9,18-21

¹³Als Jesus in die Gegend von Cäsarea Philippi kam, fragte er seine Jünger: »Für wen halten die Leute den Menschensohn?«

¹⁴»Nun«, erwiderten sie, »manche sagen, er ist Johannes der Täufer, andere sagen, Elia, und wieder andere halten ihn für Jeremia oder einen der anderen Propheten.«

¹⁵Daraufhin fragte er sie: »Und was meint ihr, wer ich bin?«

¹⁶Simon Petrus antwortete: »Du bist der Christus, der Sohn des lebendigen Gottes.«

¹⁷Da erwiderte Jesus: »Du bist gesegnet, Simon, Sohn des Johannes*. Denn das hat dir mein Vater im Himmel offenbart. Von einem Menschen konntest du das nicht haben. ¹⁸Von nun an sollst du Petrus* heißen. Auf diesen Felsen will ich meine Gemeinde bauen, und alle Mächte der Hölle* können ihr nichts anhaben. ¹⁹Ich werde dir die Schlüssel zum Himmelreich geben. Was du auf der Erde bindest, wird auch im Himmel gebunden sein, und was du auf der Erde öffnest, wird auch im Himmel offen sein.« ²⁰Danach wies er sie streng an, niemandem zu sagen, dass er der Christus sei.

Jesus sagt seinen Tod voraus
Markus 8,31-9; Lukas 9,22-27

²¹Von da an sprach Jesus ganz offen mit seinen Jüngern darüber, dass er nach Jerusalem gehen musste und was ihn dort erwartete. Er würde durch die Hand der Ältesten, der obersten Priester und Schriftgelehrten vieles erleiden müssen. Er würde getötet werden und am dritten Tage von den Toten auferstehen.

²²Doch Petrus nahm ihn beiseite und bedrängte ihn: »Das darf nicht sein, Herr«, sagte er. »Das darf auf keinen Fall geschehen!«

²³Jesus drehte sich zu Petrus um und sagte: »Geh weg von mir, Satan! Du willst mich in die Falle locken. Du siehst die Dinge nur mit den Augen der Menschen und nicht, wie Gott sie sieht.«

²⁴Dann sagte Jesus zu den Jüngern: »Wer von euch mir nachfolgen will, muss sich selbst verleugnen und sein Kreuz auf sich nehmen und mir nachfolgen. ²⁵Wer versucht, sein Leben zu behalten, wird es verlieren. Doch wer sein Leben für mich aufgibt, wird das wahre Leben finden. ²⁶Was nützt es, die ganze Welt zu gewinnen und dabei seine Seele* zu verlieren? Gibt es etwas Kostbareres als die Seele? ²⁷Denn der Menschensohn wird mit seinen Engeln in der Herrlichkeit seines Vaters kommen und die Menschen nach ihrem Tun richten. ²⁸Und ich versichere euch: Einige von euch, die jetzt hier stehen, werden nicht sterben, bevor sie den Menschensohn in seinem Reich kommen sehen.«

Jesus wird verklärt
Markus 9,2-13; Lukas 9,28-36; 2. Petrus 1,16-18

17 Sechs Tage später nahm Jesus Petrus und die beiden Brüder Jakobus und Johannes mit auf einen hohen Berg. ²Plötzlich veränderte sich sein Aussehen. Sein Gesicht leuchtete wie die Sonne und seine Kleidung wurde strahlend

---

16,2-3 In manchen Handschriften fehlen die Worte in 16,2-3 nach der Wendung *Er erwiderte*. **16,17** Griech. *Simon, Sohn des Jona*; s. Johannes 1,42; 21,15-17. **16,18a** Petrus bedeutet *Stein* oder *Fels*. **16,18b** Griech. *und die Tore des Hades*. **16,26** O. *euer Leben*.

MATTHÄUS

1–2	Vorgeschichten
3	Johannes der Täufer
4	Die Versuchung
5–7	Rede: Die Bergpredigt
8–9	Jesus in Galiläa
10	Rede: Aussendung der Jünger
11–12	Jesus in Galiläa
13	Gleichnisse vom Himmelreich
14–17	Jesus in Galiläa
18	Rede: Über die Gemeinde
19–22	Jesus in Jerusalem
23	Jesus warnt die Schriftgelehrten
24–25	Rede: Über die Zukunft
26–27	Die Leidensgeschichte von Jesus
28	Die Auferstehung

17–18

Jesus begegnet Mose und Elia; alle hören Gottes Ja zu seinem Sohn. Heilung eines Besessenen. Andere Maßstäbe im Himmelreich. Das verlorene Schaf.

[Gottes Königsherrschaft und der Messias]

weiß. ³Auf einmal erschienen Mose und Elia und begannen mit Jesus zu sprechen. ⁴Petrus rief aus: »Herr, wie wunderbar ist das! Wenn du willst, baue ich drei Hütten*, eine für dich, eine für Mose und eine für Elia.«

⁵Doch noch während er das sagte, glitt eine helle Wolke über sie, aus der eine Stimme zu ihnen sprach: »Dies ist mein geliebter Sohn, an dem ich meine Freude habe. Hört auf ihn.« ⁶Die Jünger erschraken zu Tode und fielen mit dem Gesicht voran auf die Erde.

⁷Da kam Jesus zu ihnen und berührte sie. »Steht auf«, sagte er, »ihr braucht keine Angst zu haben.« ⁸Und als sie aufblickten, sahen sie niemanden mehr außer Jesus. ⁹Als sie den Berg wieder hinunterstiegen, befahl Jesus ihnen: »Erzählt niemandem, was ihr gesehen habt, bis der Menschensohn von den Toten auferstanden ist.«

¹⁰Die Jünger fragten: »Warum behaupten die Schriftgelehrten, dass zuerst Elia wiederkommen muss?«*

¹¹Jesus erwiderte: »Elia kommt tatsächlich zuerst, um alles vorzubereiten. ¹²Aber ich sage euch, er ist bereits gekommen. Doch niemand hat ihn erkannt, und er wurde schwer misshandelt. Und bald wird auch der Menschensohn durch ihre Hand leiden.« ¹³Da wurde den Jüngern klar, dass er von Johannes dem Täufer gesprochen hatte.

17,4 Griech. *Tabernakel.* 17,10 Griech. *dass Elia zuerst kommen muss.*

Matthäus 18,18-20

Gott redet

Es geht in diesem Kapitel um die verantwortliche christliche Gemeinschaft. Sie soll der Ort sein, an dem Umkehr stattfindet (V. 3), kindliches Vertrauen auf Gott geübt wird (V. 4), Schwache im Glauben beschützt werden (V. 5-6), Sünde ernst genommen wird (V. 7-9), an dem »verlorenen Schafen« liebevoll nachgegangen wird und sie wieder in die Gemeinschaft zurückgeführt werden (V. 10-17). Die Bereitschaft zu vergeben soll grenzenlos sein (V. 21-35). Um so zu sein, brauchen wir Hilfe. Die Verse 18-20 sagen, wie Gott uns helfen will.

Vers 18 verspricht uns, dass wir als Gemeinschaft im Namen Gottes handeln dürfen und dass Gott das bestätigen wird, was wir nach seinem Willen tun. Vers 19 verspricht, dass Gott unsere Gebete erhört – vor allem wenn wir als Gemeinschaft das suchen, was Gott von uns will. Und Vers 20 verspricht uns, dass Jesus gegenwärtig sein wird, wenn wir uns in seinem Namen versammeln. Gott verspricht seine Hilfe für die Herausforderung des Gemeindelebens.

(Johannes 14,25-26 «« | » Matthäus 10,7)

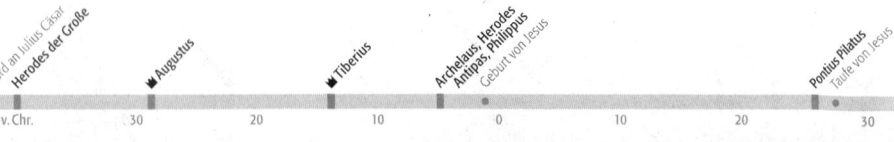

Jesus heilt einen besessenen Jungen
Markus 9,14-29; Lukas 9,37-43

¹⁴Als sie am Fuß des Berges ankamen, wurden sie bereits von einer großen Menschenmenge erwartet. Ein Mann trat zu Jesus und kniete vor ihm nieder. Er sagte: ¹⁵»Herr, hab Mitleid mit meinem Sohn. Er hat schwere Anfälle und leidet fürchterlich. Immer wieder fällt er ins Feuer oder ins Wasser. ¹⁶Ich habe ihn zu deinen Jüngern gebracht, aber sie konnten ihm nicht helfen.«

¹⁷Jesus antwortete: »Ihr uneinsichtigen, ungläubigen Menschen! Wie lange muss ich noch bei euch sein, bis ihr endlich glaubt? Wie lange muss ich euch noch ertragen? Bringt den Jungen zu mir.« ¹⁸Jesus bedrohte den bösen Geist im Körper des Jungen, und der Geist fuhr aus ihm heraus. Im selben Augenblick war der Junge wieder gesund.

¹⁹Als sie später wieder unter sich waren, fragten die Jünger Jesus: »Warum konnten wir diesen Dämon nicht austreiben?«

²⁰»Weil euer Glaube so gering ist«, sagte Jesus. »Ich versichere euch: Wenn euer Glaube auch nur so groß wäre wie ein Senfkorn, könntet ihr zu diesem Berg sagen: ›Rücke dich von hier nach da‹, und er würde sich bewegen. Nichts wäre euch unmöglich.«*

Jesus kündigt erneut seinen Tod an
Markus 9,30-32; Lukas 9,43-45

²²Eines Tages, als sie nach Galiläa zurückkamen, sagte Jesus zu ihnen: »Der Menschensohn wird verraten werden. ²³Man wird ihn umbringen, doch drei Tage später wird er von den Toten auferweckt werden.« Als die Jünger das hörten, wurden sie sehr traurig.

Die Bezahlung der Tempelsteuer

²⁴Als sie nach Kapernaum kamen, traten die Einnehmer der Tempelsteuer auf Petrus zu und fragten ihn: »Zahlt euer Meister keine Tempelsteuer?«

²⁵»Doch«, antwortete Petrus. Dann ging er nach Hause, um es Jesus zu erzählen. Aber noch bevor er ansetzen konnte zu sprechen, fragte Jesus ihn: »Was meinst du, Petrus*? Belegen Könige ihr eigenes Volk mit Steuern? Oder verlangen sie Abgaben von den Fremden, die sie besiegt und deren Länder sie erobert haben?«

²⁶»Von den Fremden«, erwiderte Petrus. »Nun«, sagte Jesus, »dann müssten die eigenen Bürger also eigentlich keine Steuern zahlen! ²⁷Wir wollen sie jedoch nicht vor den Kopf stoßen. Geh hinunter zum See und wirf eine Angelschnur aus. Dem ersten Fisch, den du fängst, öffne das Maul. Du wirst darin eine Münze finden. Nimm diese Münze und bezahle damit für uns beide die Steuer.«

Der Größte im Reich Gottes
V. 1-9: Markus 9,33-37.42-48; Lukas 9,46-48

18 Etwa zu dieser Zeit kamen die Jünger zu Jesus und fragten ihn: »Wer ist der Größte im Himmelreich?«

²Da rief Jesus ein kleines Kind zu sich und stellte es vor sie hin. ³Dann sagte er: »Ich versichere euch: Wenn ihr nicht umkehrt und werdet wie die Kinder, werdet ihr nie ins Himmelreich kommen. ⁴Deshalb: Wer so gering wird wie dieses Kind, der ist der Größte im Himmelreich. ⁵Und wer ein solches Kind in meinem Namen aufnimmt, der nimmt mich auf. ⁶Wer aber eines dieser Kinder, die mir vertrauen, vom rechten Glauben abbringt, für den wäre es besser, er würde mit einem schweren Mühlstein um den Hals ins Meer geworfen werden.

⁷Schreckliches erwartet die, die andere zur Sünde verführen. Die Versuchung, Böses zu tun, wird es immer geben, doch dem, der andere in diese Versuchung bringt, wird es schlimm ergehen. ⁸Wenn dich also deine Hand oder dein Fuß zum Bösen verführen will, hack sie ab und wirf sie weg. Besser du kommst als Krüppel oder Gelähmter in den Himmel*, als dass du mit allen deinen Gliedmaßen ins ewige Höllenfeuer geworfen wirst. ⁹Und wenn dich dein Auge zum Bösen verführen will, stich es aus und wirf es weg. Besser du kommst halb blind in den Himmel, als zwei Augen zu haben und ins ewige Höllenfeuer geworfen zu werden.

¹⁰Hütet euch davor, auf ein einziges dieser Kinder herabzusehen. Denn ich sage euch, dass ihre Engel im Himmel meinem himmlischen Vater stets besonders nahe sind.*

Das Gleichnis vom verlorenen Schaf
Vgl. Lukas 15,4-7

¹²Wenn ein Hirte hundert Schafe hat, und eines läuft weg und verirrt sich, was wird er wohl tun? Wird er nicht die neunundneunzig anderen stehen lassen und in die Berge gehen, um das verirrte Schaf zu suchen? ¹³Und wenn er es findet, wird er sich ganz sicher mehr darüber freuen als

---

17,20 In manchen Handschriften folgt V. 21: *Doch diese Art Dämonen gehen nicht, ehe ihr nicht gebetet und gefastet habt.* **17,25** Griech. *Simon.* **18,8** Griech. *in das Leben;* so auch in 18,9. **18,10** In manchen Handschriften folgt V. 11: *Der Menschensohn ist gekommen, die Verlorenen zu retten.*

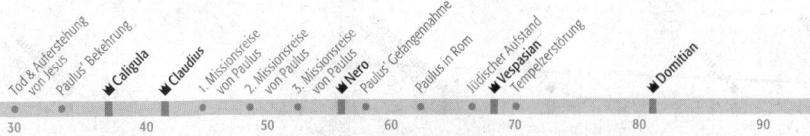

MATTHÄUS

1–2	Vorgeschichten
3	Johannes der Täufer
4	Die Versuchung
5–7	Rede: Die Bergpredigt
8–9	Jesus in Galiläa
10	Rede: Aussendung der Jünger
11–12	Jesus in Galiläa
13	Gleichnisse vom Himmelreich
14–17	Jesus in Galiläa
18	Rede: Über die Gemeinde
19–22	Jesus in Jerusalem
23	Jesus warnt die Schriftgelehrten
24–25	Rede: Über die Zukunft
26–27	Die Leidensgeschichte von Jesus
28	Die Auferstehung

18–19
Über Zurechtweisung. Gleichnis über einen Schuldner. Jesus spricht über Ehe und segnet Kinder.

[Gottes Königsherrschaft und der Messias]

über die neunundneunzig, die nicht fortgelaufen sind. ¹⁴Genauso ist es nicht der Wille meines Vaters, dass auch nur eines von diesen Kindern verloren geht.

Zurechtweisung des Bruders
¹⁵Wenn dir ein Bruder Unrecht getan hat, geh zu ihm und weise ihn auf seinen Fehler hin. Wenn er auf dich hört und seine Schuld zugibt, hast du ihn zurückgewonnen. ¹⁶Wenn es dir nicht gelingt, nimm einen oder zwei andere und geht noch einmal gemeinsam zu ihm, sodass alles, was du sagst, von zwei oder drei Zeugen bestätigt werden kann. ¹⁷Wenn er auch dann nicht zuhören will, trage den Fall deiner Gemeinde vor. Wenn die Gemeinde dir Recht gibt, aber der andere auch dieses Urteil nicht anerkennt, dann behandelt ihn wie einen, der Gott nicht kennt, oder wie einen bestechlichen Steuereinnehmer. ¹⁸Ich sage euch: Was ihr auf der Erde verbietet, ist auch im Himmel verboten, und was ihr auf der Erde erlaubt, ist auch im Himmel erlaubt.*

¹⁹Und ich sage euch auch: Wenn zwei von euch hier auf der Erde darin eins werden, eine Bitte an Gott zu richten, dann wird mein Vater im Himmel diese Bitte erfüllen. ²⁰Denn wo zwei oder drei zusammenkommen, die zu mir gehören*, bin ich mitten unter ihnen.«

18,18 Griech. *Was ihr auf der Erde bindet, wird auch im Himmel gebunden sein, und was ihr auf der Erde löst, wird auch im Himmel gelöst sein.* 18,20 Griech. *in meinem Namen zusammenkommen.*

Matthäus 19,4

Gott redet
»Wisst ihr nicht, was in der Schrift steht?« (V. 4). Die Pharisäer wissen ziemlich genau, welche Worte in den Texten der Heiligen Schriften stehen. Aber sie verpassen die eigentliche Botschaft (Joh 5,39) und missverstehen die wahre Bedeutung der Texte (Mt 5). Hier zeigt Jesus, dass sie manchmal die falschen Stellen zitieren. Gibt es falsche Stellen in der Bibel? Ja, jeder Text kann eine falsche Stelle sein, wenn man ihn zwingt, Fragen zu beantworten, die nicht das Anliegen dieses Textes sind.
Die Pharisäer benutzen das Beispiel von Scheidung, um Jesus eine Falle zu stellen. Sie kennen alle Bibelstellen, bei denen dieses Thema behandelt wird. Sie wollen 5. Mose 24,1 verwenden, um eine Frage zu beantworten, die in 1. Mose 2,24 beantwortet wird. Dabei missverstehen sie beide Stellen. Jesus zeigt hier, dass die Bibel differenzierter ausgelegt werden muss und dass nicht einfach irgendwelche Verse zitiert werden können. Denn das kann sogar der Teufel (Mt 4,6)!
(Matthäus 5,17-48 ««| »» Johannes 14,25.26)

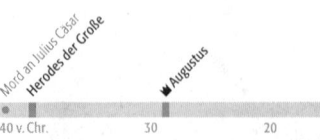

Das Gleichnis vom uneinsichtigen Schuldner

²¹Dann kam Petrus zu ihm und fragte: »Herr, wie oft soll ich jemandem vergeben, der mir Unrecht tut? Sieben Mal?«

²²»Nein!«, antwortete Jesus, »siebzigmal sieben Mal*!

²³Deshalb kann man das Himmelreich mit einem König vergleichen, der beschlossen hatte, mit seinen Bediensteten, die von ihm Geld geliehen hatten, abzurechnen. ²⁴Unter ihnen war auch einer, der ihm sehr viel Geld* schuldete. ²⁵Da er nicht bezahlen konnte, befahl der König das Folgende: Er, seine Frau, seine Kinder, und alles, was er besaß, sollten verkauft werden, um damit seine Schuld zu begleichen. ²⁶Doch der Mann fiel vor ihm nieder und bat ihn: ›Herr, hab doch Geduld mit mir, ich werde auch alles bezahlen.‹ ²⁷Da hatte der König Mitleid mit ihm, ließ ihn frei und erließ ihm seine Schulden.

²⁸Doch sobald der Mann frei war, ging er zu einem anderen Diener, der ihm eine kleine Summe* schuldete, packte ihn am Kragen und verlangte, dass er auf der Stelle alles bezahlen sollte. ²⁹Der Diener fiel vor ihm nieder und bat ihn um einen kurzen Aufschub: ›Hab doch Geduld mit mir, ich werde auch alles bezahlen.‹ ³⁰Doch der Mann war nicht bereit zu warten. Er ließ ihn verhaften und einsperren, so lange, bis dieser seine ganze Schuld bezahlt hätte.

³¹Als die anderen Diener das sahen, waren sie empört. Sie gingen zum König und erzählten ihm, was vorgefallen war. ³²Da ließ der König den Mann rufen, dem er zuvor seine Schulden erlassen hatte, und sagte zu ihm: ›Du herzloser Diener! Ich habe dir deine großen Schulden erlassen, weil du mich darum gebeten hast. ³³Müsstest du da nicht auch mit diesem Diener Mitleid haben, so wie ich Mitleid mit dir hatte?‹ ³⁴Der König war so zornig, dass er den Mann ins Gefängnis werfen ließ, bis er seine Schulden bis auf den letzten Cent bezahlt hatte.

³⁵Genauso wird mein Vater im Himmel mit euch verfahren, wenn ihr euch weigert, euren Brüdern und Schwestern zu vergeben.«

Über Ehe und Ehescheidung
Markus 10,1-12

19 Nachdem Jesus zu Ende gesprochen hatte, verließ er Galiläa und ging nach Süden in die Gegend von Judäa, östlich des Jordan. ²Eine große Menschenmenge folgte ihm dorthin, und er heilte ihre Kranken.

³Da kamen einige Pharisäer zu ihm und versuchten, ihm eine Falle zu stellen. Sie fragten ihn: »Darf sich ein Mann aus jedem beliebigen Grund von seiner Frau trennen?«

⁴»Wisst ihr nicht, was in der Schrift steht?«, erwiderte Jesus. »Dort steht, dass ›der Schöpfer die Menschen als Mann und Frau schuf‹*. ⁵Und es heißt weiter: ›Deshalb wird ein Mann Vater und Mutter verlassen und sich an seine Frau binden und die beiden werden zu einer Einheit.‹* ⁶Dann sind sie also nicht mehr zwei, sondern eins, und niemand soll sie mehr trennen, denn Gott hat sie zusammengebracht.«

⁷»Und warum hat dann Mose gesagt, dass ein Mann seiner Frau einen offiziellen Scheidungsbrief ausstellen und sie dann fortschicken darf*?«, fragten sie.

⁸Jesus antwortete: »Mose erlaubte die Ehescheidung, weil eure Herzen hart sind, aber ursprünglich war sie nicht Gottes Wille. ⁹Und ich sage euch: Ein Mann, der sich von seiner Frau scheiden lässt und eine andere heiratet, begeht Ehebruch – es sei denn, seine Frau war untreu.«*

¹⁰Da sagten die Jünger zu Jesus: »Dann wäre es ja besser, gar nicht zu heiraten!«

¹¹»Nicht jeder kann dies verstehen«, sagte Jesus. »Das können nur die, denen Gott dabei hilft. ¹²Manche werden unfähig zur Ehe geboren, andere werden von Menschen dazu unfähig gemacht, und wieder andere haben sich dafür entschieden, um des Himmelreiches willen nicht zu heiraten. Wer dies begreifen kann, der handle danach.«

Jesus segnet die Kinder
Markus 10,13-16; Lukas 18,15-17

¹³Einige Kinder wurden zu Jesus gebracht. Er sollte ihnen die Hand auflegen und für sie beten. Doch die Jünger fuhren die Leute an, ihn nicht zu stören. ¹⁴Aber Jesus sagte: »Lasst die Kinder zu mir kommen. Haltet sie nicht zurück! Denn das Himmelreich gehört ihnen.« ¹⁵Und er legte ihnen die Hände auf und segnete sie, bevor er weiterzog.

Der reiche Jüngling
Markus 10,17-31; Lukas 18,18-30

¹⁶Einmal kam ein Mann zu Jesus und fragte ihn: »Meister*, was muss ich Gutes tun, um das ewige Leben zu bekommen?«

18,22 O. *siebenundsiebzig Mal*. **18,24** Griech. *zehntausend Talente*. **18,28** Griech. *hundert Denare*. Ein Denar war ein voller Tagelohn. **19,4** 1. Mose 1,27; 5,2. **19,5** 1. Mose 2,24. **19,7** 5. Mose 24,1. **19,9** In manchen Handschriften heißt es weiter *Und der Mann, der eine geschiedene Frau heiratet, begeht Ehebruch*. **19,16** In manchen Handschriften heißt es *Guter Meister*.

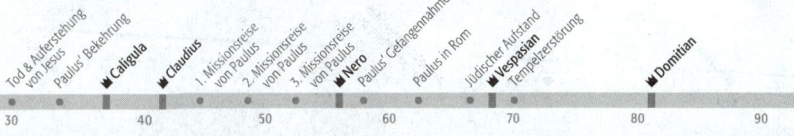

MATTHÄUS

1–2	Vorgeschichten
3	Johannes der Täufer
4	Die Versuchung
5–7	Rede: Die Bergpredigt
8–9	Jesus in Galiläa
10	Rede: Aussendung der Jünger
11–12	Jesus in Galiläa
13	Gleichnisse vom Himmelreich
14–17	Jesus in Galiläa
18	Rede: Über die Gemeinde
19–22	Jesus in Jerusalem
23	Jesus warnt die Schriftgelehrten
24–25	Rede: Über die Zukunft
26–27	Die Leidensgeschichte von Jesus
28	Die Auferstehung

19–20
Reiche und das Himmelreich.
Die Arbeiter im Weinberg.
Der Streit um die Ehrenplätze.

[Gottes Königsherrschaft und der Messias]

¹⁷»Warum fragst du mich, was gut ist?«, erwiderte Jesus. »Nur Gott ist gut. Du kannst das ewige Leben nur erlangen, wenn du dich an die Gebote hältst.«
¹⁸»Welche Gebote?«, fragte der Mann. Und Jesus antwortete: »Du sollst nicht töten. Du sollst nicht die Ehe brechen. Du sollst nicht stehlen. Du sollst keine Falschaussage machen. ¹⁹Ehre deinen Vater und deine Mutter. Liebe deinen Nächsten wie dich selbst.«*
²⁰»Alle diese Gebote habe ich gehalten«, sagte der junge Mann. »Was muss ich noch tun?«
²¹Jesus sagte zu ihm: »Wenn du vollkommen sein willst, dann geh und verkaufe alles, was du hast, und gib das Geld den Armen, und du wirst einen Schatz im Himmel haben. Dann komm und folge mir nach.« ²²Doch als der junge Mann das hörte, ging er traurig fort, denn er war sehr reich.
²³Da sagte Jesus zu seinen Jüngern: »Ich will euch die Wahrheit sagen: Es ist sehr schwer für einen Reichen, ins Himmelreich zu gelangen. ²⁴Ich sage es noch einmal: Eher geht ein Kamel durch ein Nadelöhr, als dass ein Reicher in das Reich Gottes kommt!«
²⁵Die Jünger waren sehr betroffen. »Wer kann denn dann überhaupt gerettet werden?«, fragten sie.
²⁶Jesus sah sie eindringlich an und sagte: »Menschlich gesehen ist es unmöglich. Aber bei Gott ist alles möglich.«
²⁷Da sagte Petrus zu ihm: »Wir haben alles aufgegeben, um dir nachzufolgen. Was werden wir dafür bekommen?«
²⁸Jesus antwortete: »Ich versichere euch: Wenn der Menschensohn im Reich Gottes* auf seinem Thron der Herrlichkeit sitzt, dann werdet ihr, die ihr mir nachgefolgt seid, ebenfalls auf zwölf Thronen sitzen und über die zwölf Stämme Israels richten. ²⁹Und jeder, der um meines Namens willen sein Haus, seine Geschwister, seine Eltern, seine Kinder oder seinen Besitz aufgegeben hat, wird hundertmal so viel wiederbekommen und das ewige Leben erlangen. ³⁰Doch viele, die heute wichtig erscheinen, werden dann die Geringsten sein, und die, die hier ganz unbedeutend sind, werden dort die Größten sein.*

19,18-19 2. Mose 20,12-16; 3. Mose 19,18; 5. Mose 5,16-20. **19,28** Griech. *bei der Wiedergeburt.* **19,30** Griech. *Doch viele, die die Ersten sind, werden die Letzten sein, und die Letzten die Ersten.*

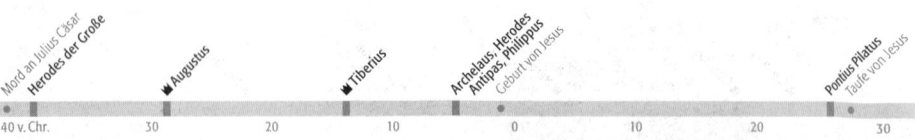

Das Gleichnis von den Arbeitern im Weinberg

20 Denn das Himmelreich ist vergleichbar mit dem Besitzer eines großen Gutes, der früh am Morgen hinausging, um Arbeiter für seinen Weinberg einzustellen. ²Er vereinbarte mit ihnen den üblichen Tagelohn* und schickte sie an die Arbeit.

³Um neun Uhr morgens ging er über den Marktplatz und sah einige Leute herumstehen, die keine Arbeit hatten. ⁴Er stellte auch sie ein und sagte ihnen, sie würden am Abend den ihnen zustehenden Lohn erhalten. ⁵Am Mittag und dann noch einmal nachmittags gegen drei Uhr tat er dasselbe. ⁶Um fünf Uhr abends ging er noch einmal in die Stadt und sah immer noch ein paar Leute herumstehen. Er fragte sie: ›Warum habt ihr heute nicht gearbeitet?‹

⁷Sie antworteten: ›Weil uns niemand angestellt hat.‹ Da sagte der Gutsbesitzer zu ihnen: ›Dann geht zu den anderen Arbeitern in meinem Weinberg.‹

⁸Am Abend schließlich beauftragte er seinen Verwalter, die Leute zu rufen und sie zu entlohnen. Er sollte mit den Arbeitern beginnen, die als Letzte eingestellt worden waren. ⁹Als die, die erst um fünf Uhr eingestellt worden waren, bezahlt wurden, erhielten sie alle einen vollen Tagelohn. ¹⁰Als die, die früher eingestellt worden waren, an der Reihe waren, dachten sie, dass sie mehr bekommen würden. Aber auch sie erhielten einen Tagelohn. ¹¹Als sie ihr Geld bekamen, beschwerten sie sich. ¹²›Diese Leute haben nur eine Stunde gearbeitet und doch bekommen sie genauso viel wie wir, die wir den ganzen Tag in der sengenden Hitze schwer gearbeitet haben.‹

¹³Einem von ihnen antwortete er: ›Mein Freund, ich war nicht ungerecht! Warst du nicht damit einverstanden, dass du den ganzen Tag für den üblichen Lohn arbeitest? ¹⁴Nimm dein Geld und gib dich zufrieden. Ich will aber diesem letzten Arbeiter genauso viel geben wie dir. ¹⁵Oder ist es mir nicht erlaubt, mit meinem Geld zu machen, was ich will? Willst du dich etwa darüber beklagen, dass ich gütig bin?‹

¹⁶Genauso ist es bei Gott: Viele, die jetzt die Ersten sind, werden die Letzten sein, und die, die jetzt die Letzten sind, werden dann die Ersten sein.«

Jesus kündigt nochmals seinen Tod an
Markus 10,32-34; Lukas 18,31-34

¹⁷Auf dem Weg nach Jerusalem nahm Jesus die zwölf Jünger beiseite und sagte ihnen, was mit ihm geschehen würde.

¹⁸»Wenn wir nach Jerusalem kommen«, sagte er, »wird der Menschensohn an die obersten Priester und Schriftgelehrten verraten werden. Sie werden ihn zum Tode verurteilen. ¹⁹Dann werden sie ihn den Römern ausliefern, und die werden ihn verspotten, auspeitschen und kreuzigen. Doch am dritten Tag wird er von den Toten auferweckt werden.«

Vom Dienen
Markus 10,35-45

²⁰Später kam die Mutter von Jakobus und Johannes, den Söhnen des Zebedäus, mit ihren Söhnen zu Jesus. Sie kniete respektvoll vor ihm nieder, denn sie wollte ihn um einen Gefallen bitten.

²¹»Was möchtest du?«, fragte er sie. Sie antwortete: »Wirst du meinen Söhnen in deinem Reich die Ehrenplätze neben dir geben, den einen rechts und den anderen links von dir?«

²²Doch Jesus sagte zu ihnen: »Ihr wisst ja nicht, worum ihr bittet! Könnt ihr auch aus dem bitteren Leidenskelch trinken, den ich trinken werde?« Sie antworteten: »O ja, das können wir!«

²³Da sagte er zu ihnen: »Ihr werdet tatsächlich daraus trinken müssen. Aber ich habe nicht das Recht zu bestimmen, wer einmal neben mir sitzen wird. Mein Vater hat diese Plätze für die bestimmt, die er ausgewählt hat.«

²⁴Als die anderen zehn Jünger hörten, worum Jakobus und Johannes gebeten hatten, ärgerten sie sich. ²⁵Doch Jesus rief sie zu sich und sagte: »Ihr wisst, dass in dieser Welt die Könige Tyrannen sind und die Herrschenden die Menschen oft ungerecht behandeln. ²⁶Bei euch soll es anders sein. Wer euch anführen will, soll euch dienen, ²⁷und wer unter euch der Erste sein will, soll euer Sklave werden. ²⁸Der Menschensohn ist nicht gekommen, um sich bedienen zu lassen, sondern um anderen zu dienen und sein Leben als Lösegeld für viele hinzugeben.«

Jesus heilt zwei Blinde
Markus 10,46-52; Lukas 18,35-43;
vgl. 9,27-31; Markus 8,22-2;

²⁹Als Jesus und die Jünger die Stadt Jericho verließen, folgte ihnen eine große Menschenmenge. ³⁰An der Straße saßen zwei Blinde. Als sie hörten, dass Jesus kam, begannen sie zu rufen: »Herr, Sohn Davids, hab Erbarmen mit uns!« ³¹Die

---

20,2 Griech. *einen Denar*, den vollen Tagelohn eines Arbeiters; so auch in 20,9.10.13.

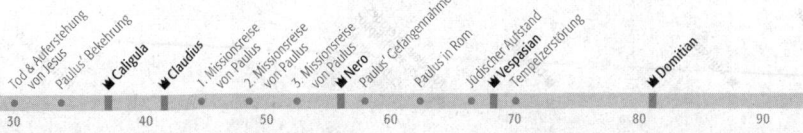

MATTHÄUS

1–2	Vorgeschichten
3	Johannes der Täufer
4	Die Versuchung
5–7	Rede: Die Bergpredigt
8–9	Jesus in Galiläa
10	Rede: Aussendung der Jünger
11–12	Jesus in Galiläa
13	Gleichnisse vom Himmelreich
14–17	Jesus in Galiläa
18	Rede: Über die Gemeinde
19–22	Jesus in Jerusalem
23	Jesus warnt die Schriftgelehrten
24–25	Rede: Über die Zukunft
26–27	Die Leidensgeschichte von Jesus
28	Die Auferstehung

20–21
Jesus in Jerusalem. Jesus setzt ein Zeichen für Tempelreform und lehrt im Tempel. Gleichnis von den Söhnen.

[Gottes Königsherrschaft und der Messias]

Leute ermahnten sie, doch still zu sein, aber sie schrien nur noch lauter: »Herr, Sohn Davids, hab Erbarmen mit uns!«
³²Jesus blieb stehen und fragte sie: »Was soll ich für euch tun?«
³³»Herr«, sagten sie, »wir möchten sehen können!« ³⁴Da hatte Jesus Mitleid mit ihnen und er berührte ihre Augen. Im gleichen Augenblick konnten sie sehen. Und sie folgten ihm nach.

Der triumphale Einzug
Markus 11,1-11; Lukas 19,28-40; Johannes 12,12-19

21 Kurz vor Jerusalem kamen Jesus und die Jünger durch das Städtchen Betfage am Ölberg. Jesus schickte zwei der Jünger voraus. ²»Geht in das Dorf dort«, sagte er, »dort werdet ihr eine Eselin angebunden sehen und bei ihr ein Fohlen. Bindet die beiden los und bringt sie her. ³Wenn jemand fragt, was ihr da tut, dann sagt nur: ›Der Herr braucht sie‹, und man wird sie euch mitgeben.« ⁴Auf diese Weise wurde die Prophezeiung erfüllt:
⁵»Sagt dem Volk Israel*: ›Seht, euer König kommt zu euch. Er ist sanftmütig und reitet auf einem Esel – ja auf dem Fohlen eines Esels, dem Jungen eines Lasttieres.‹«*
⁶Die beiden Jünger taten, was Jesus ihnen aufgetragen hatte. ⁷Sie brachten die Tiere zu ihm, warfen ihre Mäntel über das Fohlen, und er setzte sich darauf.*
⁸Viele Menschen breiteten ihre Mäntel vor Jesus auf der Straße aus. Andere schnitten Zweige von den Bäumen und bestreuten den Weg damit. ⁹Er befand sich in der Mitte des Zuges, und die Menge um ihn herum jubelte: »Gelobt sei Gott* für den Sohn Davids! Gepriesen sei, der im Namen des Herrn kommt! Lobt Gott im höchsten Himmel!«*
¹⁰Die ganze Stadt Jerusalem war in Aufruhr, als er einzog. »Wer ist das?«, fragten die Leute.
¹¹Und die Menschen in der Menge antworteten: »Das ist Jesus, der Prophet aus Nazareth in Galiläa.«

Jesus reinigt den Tempel
Markus 11,15-19; Lukas 19,45-48; vgl. Johannes 2,13-17

¹²Jesus ging in den Tempel und fing an, die Händler und jene, die bei ihnen kauften, hinauszutreiben. Er stieß die Tische der Geldwechsler und die Stände der Taubenverkäufer um. ¹³Da-

21,5a Griech. *sagt der Tochter Zion*; Jesaja 62,11. **21,5b** Sacharja 9,9. **21,7** Griech. *über sie, und er setzte sich auf sie*. **21,9a** Griech. *Hosianna*, ein Ausruf des Lobes; wörtlich: »Hilf doch«; so auch in 21,9b.15. **21,9b** Psalm 118,26; 148,1.

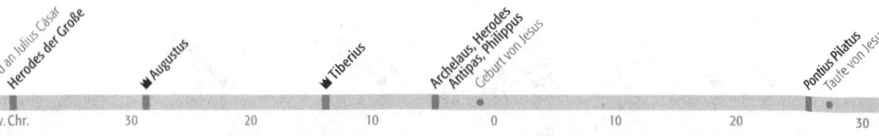

bei sagte er: »In der Schrift steht: ›Mein Haus soll ein Ort des Gebets sein‹, aber ihr habt eine Räuberhöhle daraus gemacht!«*

¹⁴Blinde und Gelähmte kamen zu ihm, und er heilte sie im Tempel. ¹⁵Die obersten Priester und die Schriftgelehrten sahen diese Wunder und hörten, wie die kleinen Kinder im Tempel riefen: »Lobt Gott für den Sohn Davids!« Das erregte ihren Unwillen ¹⁶und sie fragten Jesus: »Hörst du, was die Kinder da rufen?« Jesus erwiderte: »Ja. Habt ihr noch nie in der Schrift gelesen? Dort steht geschrieben: ›Kinder und Säuglinge hast du gelehrt, dich zu loben.‹«* ¹⁷Dann ließ er sie stehen und kehrte nach Betanien zurück, wo er die Nacht verbrachte.

Jesus verflucht den Feigenbaum
Markus 11,12-14.20-24

¹⁸Als Jesus am nächsten Morgen nach Jerusalem zurückging, bekam er Hunger. ¹⁹Er entdeckte einen Feigenbaum an der Straße und ging hinüber, um zu sehen, ob Feigen daran waren, aber es waren nur Blätter daran. Da sagte er zu dem Baum: »Du sollst nie wieder Früchte tragen!« Und der Feigenbaum verdorrte im selben Augenblick.

²⁰Die Jünger waren sehr erstaunt, als sie das sahen, und fragten: »Wie kommt es, dass der Feigenbaum so schnell verdorrt ist?«

²¹Da sagte Jesus zu ihnen: »Ich versichere euch: Wenn ihr fest glaubt und nicht zweifelt, könnt ihr auch solche Dinge tun und noch viel mehr als das. Ihr könnt sogar zu diesem Berg sagen: ›Hebe dich empor und wirf dich ins Meer‹, und es wird geschehen. ²²Wenn ihr glaubt, werdet ihr alles bekommen, worum ihr im Gebet bittet.«

Die Frage nach der Vollmacht von Jesus
Markus 11,27-33; Lukas 20,1-8

²³Als Jesus in den Tempel zurückkehrte und dort zu lehren begann, kamen die obersten Priester und einige der Ältesten auf ihn zu. Sie fragten ihn: »Mit welchem Recht hast du die Händler aus dem Tempel gejagt? Wer hat dich dazu ermächtigt?*«

²⁴»Ich sage euch, wer mir die Vollmacht dazu gegeben hat, wenn ihr mir auch eine Frage beantwortet«, antwortete Jesus. ²⁵»War die Taufe des Johannes eine Handlung im Auftrag Gottes oder war es nur die Tat eines Menschen?« Sie besprachen sich miteinander. »Wenn wir sagen, es war eine Handlung im Auftrag Gottes, dann wird er uns fragen, warum wir Johannes nicht geglaubt haben. ²⁶Wenn wir aber sagen, es war nur die Handlung eines Menschen, wird das Volk über uns herfallen, weil sie ihn für einen Propheten halten.« ²⁷Also sagten sie schließlich: »Wir wissen es nicht.« Und Jesus erwiderte: »Dann beantworte ich eure Frage auch nicht.«

Das Gleichnis von den zwei Söhnen

²⁸Doch was haltet ihr von Folgendem? Ein Mann hatte zwei Söhne und sagte zu dem älteren: ›Mein Sohn, geh und arbeite heute im Weinberg.‹ ²⁹Der Sohn antwortete: ›Nein, ich will nicht.‹ Doch später änderte er seine Meinung und ging doch. ³⁰Dann sagte der Vater zu dem anderen Sohn: ›Dann geh du‹, und der sagte: ›Ja, Vater, ich gehe‹, aber er ging nicht. ³¹Welcher von den beiden Söhnen hat nun seinem Vater gehorcht?« Sie antworteten: »Der erste natürlich.« Da erklärte ihnen Jesus, was er damit sagen wollte. »Ich versichere euch: Bestechliche Steuereinnehmer und Huren kommen eher ins Reich Gottes als ihr. ³²Denn Johannes der Täufer kam und zeigte euch den Weg der Gerechtigkeit, und ihr habt ihm nicht geglaubt. Die Steuereinnehmer und Huren dagegen haben ihm geglaubt. Obwohl ihr das alles gesehen habt, wolltet ihr nicht umkehren und ihm glauben.

Das Gleichnis von den bösen Bauern
Markus 12,1-12; Lukas 20,9-19

³³Hört auch folgendes Gleichnis. Ein Grundbesitzer legte einen Weinberg an, baute eine Mauer darum, hob eine Grube aus, um darin den Traubensaft zu keltern, und baute einen Wachturm. Dann verpachtete er den Weinberg an Bauern und zog in ein anderes Land. ³⁴Zur Zeit der Traubenernte schickte er seine Diener, um seinen Anteil an der Ernte einzufordern. ³⁵Doch die Pächter überfielen die Diener. Den einen schlugen sie halb tot, den anderen brachten sie um, ein weiterer wurde gesteinigt. ³⁶Da schickte der Grundbesitzer noch weitere Diener, doch sie erlitten dasselbe Schicksal.

³⁷Schließlich schickte er seinen Sohn, weil er dachte: ›Ihn werden sie sicher respektieren.‹

³⁸Doch als die Bauern seinen Sohn kommen sahen, sagten sie zueinander: ›Da kommt der Erbe des Anwesens. Lasst uns ihn umbringen, dann können wir das Land für uns behalten.‹ ³⁹Also überfielen sie ihn, schleppten ihn vor den Weinberg und ermordeten ihn.

⁴⁰Wenn nun der Eigentümer des Weinbergs wiederkommt«, sagte Jesus, »was meint ihr, wird er mit diesen Bauern machen?«

⁴¹Sie antworteten: »Er wird diese heimtückischen Mörder einen schrecklichen Tod sterben lassen und den Weinberg an andere Bauern ver-

---

21,13 Jesaja 56,7; Jeremia 7,11. **21,16** Psalm 8,3. **21,23** O. *Mit welcher Vollmacht tust du all diese Dinge?*

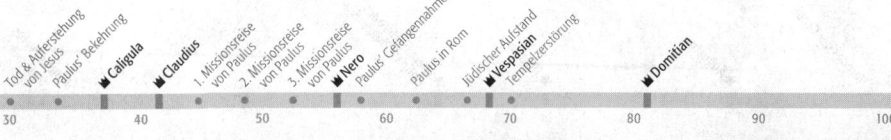

MATTHÄUS	
1–2	Vorgeschichten
3	Johannes der Täufer
4	Die Versuchung
5–7	Rede: Die Bergpredigt
8–9	Jesus in Galiläa
10	Rede: Aussendung der Jünger
11–12	Jesus in Galiläa
13	Gleichnisse vom Himmelreich
14–17	Jesus in Galiläa
18	Rede: Über die Gemeinde
19–22	Jesus in Jerusalem
23	Jesus warnt die Schriftgelehrten
24–25	Rede: Über die Zukunft
26–27	Die Leidensgeschichte von Jesus
28	Die Auferstehung

21–22
Gleichnisse: Die bösen Bauern, das große Festmahl. Gespräche über Steuern und Auferstehung.

[Gottes Königsherrschaft und der Messias]

pachten, die ihm nach jeder Ernte seinen Anteil geben.«
⁴²Da fragte Jesus sie: »Habt ihr das nicht schon einmal in der Schrift gelesen? ›Der Stein, den die Bauleute verworfen haben, ist zum Eckstein geworden. Das ist das Werk des Herrn, und es ist wunderbar anzusehen.‹* ⁴³Ich will damit sagen, dass das Reich Gottes euch weggenommen wird und ein anderes Volk es bekommt, das gute Früchte bringt. ⁴⁴Wer über diesen Stein stolpert, wird in tausend Stücke zerbrechen, und der Stein wird jeden zermalmen, auf den er fällt.*«
⁴⁵Als die obersten Priester und Pharisäer Jesus sprechen hörten, merkten sie, dass mit den Bauern in seinem Gleichnis sie gemeint waren. ⁴⁶Sie hätten ihn gern verhaften lassen, doch sie wagten es nicht, weil das Volk Jesus für einen Propheten hielt.

Das Gleichnis vom großen Festmahl
Vgl. Lukas 14,16-24

22 Jesus erzählte ihnen noch viele andere Gleichnisse, um ihnen das Reich Gottes begreiflich zu machen. Er sagte: ²»Man kann sich das Himmelreich auch am Beispiel eines Königs vorstellen, der ein großes Hochzeitsfest für seinen Sohn vorbereitete. ³Viele Gäste waren

21,42 Psalm 118,22-23.   21,44 Dieser Vers fehlt in einigen frühen Handschriften.

Matthäus 21,37-42

Erwählung
In einem Gleichnis erzählt Jesus von der Geschichte Gottes mit seinem Volk. Diese Geschichte war davon geprägt, dass Gott immer wieder Boten sandte – gemeint sind die Propheten. Als Letzter in der Reihe der Boten erscheint der Sohn. Die Erzählung lässt klar erkennen, dass dieser Sohn zwar dieselbe Botschaft hat wie die Propheten, doch Gott unvergleichlich viel nähersteht. Er ist Prophet und zugleich mehr als ein Prophet. Das bestätigt Jesus, indem er das Psalmwort vom Eckstein anwendet. Egal, ob damit der Grundstein im Winkel des Fundaments gemeint ist oder der Schlussstein, der einem Kuppelbau den entscheidenden Halt gibt: Dieser Stein ist jedenfalls einzigartig.
Jesus erzählt dieses Gleichnis im Blick auf sich selbst, um zu zeigen: Er kommt von der Heilsgeschichte Gottes her und setzt sie einerseits fort, überbietet aber andererseits alles bisher Dagewesene.
(Lukas 4,16-21 ‹‹ | ›› Hebräer 1,1-3)

eingeladen, und als alles fertig war, schickte er seine Diener, um ihnen zu sagen, dass es Zeit wäre zu kommen. Doch keiner wollte kommen! ⁴Also schickte er andere Diener, die ihnen sagen sollten: ›Das Festmahl ist angerichtet, und das beste Fleisch wurde dafür gebraten. Alles ist bereit, beeilt euch!‹ ⁵Doch die Gäste, die er eingeladen hatte, beachteten die Abgesandten gar nicht und gingen ihrer Arbeit nach. Der eine ging auf seinen Acker, ein anderer kümmerte sich um seine Geschäfte. ⁶Wieder andere packten die Boten und misshandelten, einige von ihnen töteten sie sogar.

⁷Da wurde der König zornig. Er schickte seine Soldaten aus. Sie sollten die Mörder umbringen und ihre Stadt in Brand setzen. ⁸Und zu seinen Dienern sagte er: ›Das Hochzeitsmahl ist bereit, und die Gäste, die ich eingeladen hatte, sind es nicht wert, dass ihnen diese Ehre zuteilwird. ⁹Deshalb geht hinaus an die Straßenecken und ladet jeden ein, dem ihr begegnet.‹

¹⁰Also brachten die Diener alle, die sie finden konnten, gute und schlechte Menschen, und der Festsaal war voller Gäste. ¹¹Aber als der König hereinkam, um seine Gäste zu begrüßen, bemerkte er einen Mann, der nicht für eine Hochzeit gekleidet war. ¹²›Mein Freund‹, fragte er ihn, ›wie kommt es, dass du hier bist, ohne feierlich gekleidet zu sein, wie es sich für eine Hochzeit gehört?‹ Der Mann wusste keine Antwort darauf. ¹³Da sagte der König zu seinen Dienern: ›Fesselt ihn an Händen und Füßen und werft ihn hinaus in die Dunkelheit, wo Weinen und Zähneknirschen herrschen.‹ ¹⁴Denn viele sind eingeladen, aber nur wenige sind auserwählt.«

Steuern für den Kaiser
Markus 12,13-17; Lukas 20,20-26

¹⁵Da kamen die Pharisäer zusammen, um ein Komplott zu schmieden. Sie wollten Jesus zu einer Äußerung verleiten, die ihnen einen Vorwand liefern würde, ihn unter Anklage zu stellen. ¹⁶Sie beschlossen, einige ihrer Schüler zusammen mit Anhängern des Herodes zu ihm zu schicken und ihm folgende Frage zu stellen: »Meister, wir wissen, wie ehrlich und wahrhaftig du bist. Du lehrst Gottes Weg ohne jede Furcht – auch nicht vor Menschen. Du lässt dich von niemandem beeinflussen und bevorzugst niemanden. ¹⁷Nun sage uns, was du darüber denkst: Ist es richtig, an den Kaiser Steuern zu zahlen?«

¹⁸Doch Jesus durchschaute ihre böse Absicht und sagte: »Ihr Heuchler! Warum versucht ihr, mich mit euren Fangfragen in eine Falle zu locken? ¹⁹Zeigt mir eine römische Münze, mit der die Steuern zu bezahlen sind.« Als sie ihm die Münze* reichten, fragte er sie: ²⁰»Wessen Bild und Titel sind hier eingeprägt?«

²¹»Das Bild und der Titel des Kaisers«, antworteten sie. »Nun«, sagte er, »dann gebt dem Kaiser, was ihm gehört. Und gebt Gott, was Gott gehört.« ²²Seine Antwort machte sie sprachlos, und sie gingen weg.

Gespräch über die Auferstehung
Markus 12,18-27; Lukas 20,27-40

²³Am selben Tag meldeten sich einige Sadduzäer zu Wort. Diese jüdische Gruppierung vertritt die Auffassung, dass es keine Auferstehung nach dem Tod gibt. Sie stellten ihm folgende Frage: ²⁴»Meister, Mose hat gesagt: ›Wenn ein Mann kinderlos stirbt, soll sein Bruder die Witwe heiraten und ein Kind mit ihr haben. Dieses Kind soll dann der Erbe des verstorbenen Bruders sein.‹* ²⁵Nun waren da sieben Brüder. Der älteste heiratete und starb kinderlos. Also heiratete der zweite Bruder die Witwe. ²⁶Auch dieser Bruder starb kinderlos, und der nächste Bruder heiratete die Frau. So ging es immer weiter, bis sie mit allen sieben Brüdern verheiratet gewesen war. ²⁷Schließlich starb auch sie. ²⁸Nun sage uns: Wessen Frau wird sie nach der Auferstehung sein? Denn sie war ja mit allen sieben verheiratet!«

²⁹Jesus erwiderte: »Ihr irrt euch, weil ihr die Schrift nicht kennt und auch nicht die Macht Gottes! ³⁰Denn wenn die Toten auferstehen, werden sie nicht verheiratet sein. Sie werden sein wie die Engel im Himmel. ³¹Doch nun zu der Frage, ob es überhaupt eine Auferstehung der Toten gibt: Habt ihr nie in der Schrift davon gelesen? Lange nachdem Abraham, Isaak und Jakob gestorben waren, sagte Gott*: ³²›Ich bin der Gott Abrahams, der Gott Isaaks und der Gott Jakobs.‹* Also ist er der Gott der Lebenden und nicht der Toten.«

³³Als die Menschen das hörten, waren sie tief beeindruckt von seinen Worten.

Das wichtigste Gebot
Markus 12,28-34; vgl. Lukas 10,25-28

³⁴Als die Pharisäer hörten, dass er den Sadduzäern mit seiner Antwort den Mund gestopft hatte, dachten sie sich eine neue Frage aus, die sie ihm stellen wollten. ³⁵Einer von ihnen, der sich im Gesetz Moses besonders gut auskannte,

---

22,19 Griech. *einen Denar.* 22,24 5. Mose 25,5-6. 22,31 Griech. *Habt ihr nie in der Schrift gelesen, dass Gott sagte.* 22,32 2. Mose 3,6.

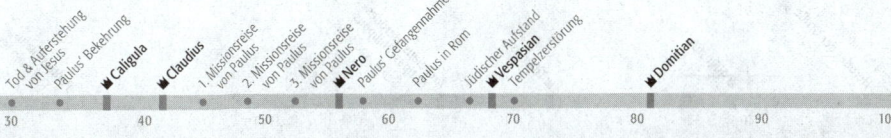

MATTHÄUS

1–2	Vorgeschichten
3	Johannes der Täufer
4	Die Versuchung
5–7	Rede: Die Bergpredigt
8–9	Jesus in Galiläa
10	Rede: Aussendung der Jünger
11–12	Jesus in Galiläa
13	Gleichnisse vom Himmelreich
14–17	Jesus in Galiläa
18	Rede: Über die Gemeinde
19–22	Jesus in Jerusalem
23	Jesus warnt die Schriftgelehrten
24–25	Rede: Über die Zukunft
26–27	Die Leidensgeschichte von Jesus
28	Die Auferstehung

22–23
Jesus nennt das wichtigste Gebot. Abrechnung mit den Schriftgelehrten.

[Gottes Königsherrschaft und der Messias]

versuchte, ihm mit der folgenden Frage eine Falle zu stellen: ³⁶»Meister, welches ist das wichtigste Gebot im Gesetz von Mose?«

³⁷Jesus antwortete: »›Du sollst den Herrn, deinen Gott, lieben, von ganzem Herzen, mit ganzer Seele und mit all deinen Gedanken!‹* ³⁸Das ist das erste und wichtigste Gebot. ³⁹Ein weiteres ist genauso wichtig: ›Liebe deinen Nächsten wie dich selbst.‹* ⁴⁰Alle anderen Gebote und alle Forderungen der Propheten gründen sich auf diese beiden Gebote.«

Wessen Sohn ist der Christus?
Markus 12,35-37; Lukas 20,41-44

⁴¹Jesus stand mitten unter den Pharisäern. Er richtete eine Frage an sie: ⁴²»Was denkt ihr über den Christus? Wessen Sohn ist er?« Sie antworteten: »Er ist der Sohn Davids.«

⁴³Jesus erwiderte: »Warum hat ihn David, geleitet vom Heiligen Geist, dann Herr genannt? Denn David sagte:

⁴⁴›Der Herr sprach zu meinem Herrn: Setze dich auf den Ehrenplatz zu meiner Rechten, bis ich deine Feinde demütige und sie zum Schemel unter deinen Füßen mache.‹* ⁴⁵Wenn David ihn Herr nannte, wie kann er dann gleichzeitig sein Sohn sein?«

⁴⁶Niemand konnte seine Frage beantworten. Danach wagte niemand mehr, ihm weitere Fragen zu stellen.

Jesus warnt die Schriftgelehrten
V. 1-12: Markus 12,38-40; Lukas 20,45-47; V. 13-36: vgl. Lukas 11,38-52

23 Dann sprach Jesus zu der Menschenmenge und zu seinen Jüngern: ²»Die Schriftgelehrten und Pharisäer sitzen als Ausleger der Schrift auf dem Stuhl von Mose. ³Deshalb haltet euch an das, was sie euch sagen, aber folgt nicht ihrem Beispiel. Denn sie handeln nicht nach dem, was sie euch lehren. ⁴Sie knebeln euch mit unerfüllbaren religiösen Forderungen und tun nicht das Geringste, um euch die Last zu erleichtern.

⁵Alles, was sie tun, tun sie nur nach außen hin. Am Arm tragen sie besonders große Gebetsriemen*, und sie haben extra lange Fransen an ihren Gewändern. ⁶Und wie sie es lieben, bei Festessen am Kopfende des Tisches auf dem Ehrenplatz zu sitzen und in der Synagoge auf den besten Plätzen! ⁷Sie genießen die Beachtung, die ihnen auf

22,37 5. Mose 6,5.   22,39 3. Mose 19,18.   22,44 Psalm 110,1.   23,5 Griech. *Sie vergrößern ihre Phylakterien.*

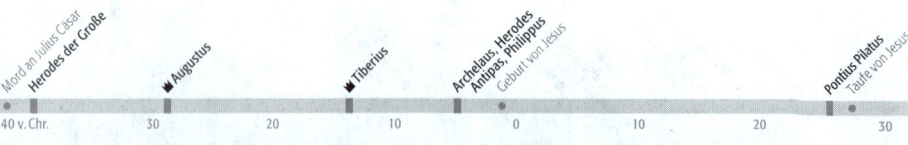

der Straße zuteilwird. Besonders gern mögen sie es, wenn man sie mit ›Rabbi‹* anredet. ⁸Lasst euch niemals ›Rabbi‹ nennen. Ihr habt nur einen Meister, und ihr alle seid gleich, wie Brüder und Schwestern. ⁹Und bezeichnet niemanden hier auf der Erde als ›Vater‹, denn nur Gott im Himmel ist euer geistlicher Vater. ¹⁰Lasst euch auch nicht ›Lehrer‹ nennen, denn es gibt nur einen Lehrer, und das ist der Christus. ¹¹Der Größte unter euch muss den anderen dienen. ¹²Diejenigen jedoch, die sich über die anderen stellen, werden gedemütigt werden, und die, die demütig sind, werden erhöht.

¹³Euch Schriftgelehrten und Pharisäern wird es schlimm ergehen. Ihr Heuchler! Denn wenn ihr andere nicht ins Himmelreich hineinlasst, werdet auch ihr nicht hineingelassen.* ¹⁵Ja, euch Schriftgelehrten und Pharisäern wird es schlimm ergehen. Ihr reist über Land und Meer, um einen Menschen zu bekehren, und dann macht ihr aus ihm einen Sohn der Hölle, der doppelt so schlimm ist wie ihr selbst.

¹⁶Ihr blinden Anführer! Schlimm wird es euch ergehen! Ihr behauptet, es habe keine Bedeutung, ›beim Tempel Gottes‹ zu schwören – einen solchen Eid könne man ruhig brechen. Und im selben Atemzug behauptet ihr, wenn man aber ›beim Gold im Tempel‹ schwört, müsse man sich daran halten. ¹⁷Ihr verbohrten Dummköpfe! Was ist wichtiger, das Gold oder der Tempel, durch den das Gold erst heilig wird? ¹⁸Ihr sagt, ein Schwur ›beim Altar‹ dürfte ruhig gebrochen werden, ein Eid ›bei den Opfergaben auf dem Altar‹ aber sei bindend! ¹⁹Ihr seid blind! Was ist wichtiger, die Opfergabe auf dem Altar oder der Altar, durch den die Opfergabe erst heilig wird? ²⁰Wenn ihr ›beim Altar‹ schwört, dann schwört ihr bei dem Altar und allem, was darauf ist. ²¹Und wenn ihr ›beim Tempel‹ schwört, schwört ihr beim Tempel und bei Gott, der im Tempel wohnt. ²²Und wenn ihr ›beim Himmel‹ schwört, schwört ihr bei dem Thron Gottes und bei Gott selbst, der auf diesem Thron sitzt.

²³Euch Schriftgelehrten und Pharisäern wird es schlimm ergehen. Ihr Heuchler! Sorgfältig achtet ihr darauf, auch noch vom geringsten Teil eures Einkommens den zehnten Teil abzugeben*, doch um die wahrhaft wichtigen Dinge des Gesetzes wie Gerechtigkeit, Barmherzigkeit und Glauben kümmert ihr euch nicht. Ihr sollt den Zehnten geben, gewiss, aber ihr dürft die viel wichtigeren Dinge darüber nicht vernachlässi-

gen. ²⁴Ihr blinden Anführer! Ihr siebt euer Wasser durch, damit ihr nicht aus Versehen eine Mücke verschluckt, und dann verschluckt ihr ein Kamel!

²⁵Euch Schriftgelehrten und Pharisäern wird es schlimm ergehen. Ihr Heuchler! Sorgfältig achtet ihr darauf, dass eure Tassen und Teller nach außen sauber sind, doch innerlich seid ihr durch und durch verdorben – voller Missgunst und Maßlosigkeit! ²⁶Ihr blinden Pharisäer! Wascht erst einmal die Tasse von innen aus; das Äußere wird dann von selbst sauber.

²⁷Euch Schriftgelehrten und Pharisäern wird es schlimm ergehen. Ihr Heuchler! Ihr seid wie weiß getünchte Gräber – mit einer sauberen, ordentlichen Außenseite, doch innen voller Gebeine und Schmutz. ²⁸Ihr gebt euch den Anschein rechtschaffener Leute, doch euer Herz ist voller Heuchelei und Gesetzesverachtung.

²⁹Euch Schriftgelehrten und Pharisäern wird es schlimm ergehen. Ihr Heuchler! Ihr baut Grabmäler für die Propheten, die von euren Vorfahren ermordet wurden, und schmückt die Gräber der gottesfürchtigen und gerechten Menschen, die von euren Vorfahren umgebracht wurden. ³⁰Und dann behauptet ihr dreist: ›Wir hätten niemals mitgemacht, als sie die Propheten ermordeten.‹

³¹Damit bestätigt ihr selbst, dass ihr die Nachkommen der Prophetenmörder seid. ³²Macht weiter so! Bringt zu Ende, was sie angefangen haben. ³³Ihr Schlangen! Ihr Söhne von Vipern! Wie wollt ihr der Verurteilung zur ewigen Verdammnis entgehen? ³⁴Ich werde euch Propheten und weise Männer und Schriftgelehrte schicken. Einige von ihnen werdet ihr kreuzigen, andere werdet ihr in euren Synagogen auspeitschen und sie von Stadt zu Stadt hetzen. ³⁵Und deshalb werdet ihr schuldig gesprochen werden für die Ermordung aller gottesfürchtigen Menschen, angefangen mit dem gerechten Abel, bis zu Secharja, dem Sohn des Berechja, den ihr im Tempel zwischen Altar und Heiligtum ermordet habt.* ³⁶Ich versichere euch: Die Strafe für all das wird über diese Generation hereinbrechen.

Jesus trauert um Jerusalem
Vgl. Lukas 13,34-35

³⁷O Jerusalem, Jerusalem, du Stadt, die Propheten ermordet und Gottes Boten steinigt! Wie oft wollte ich deine Kinder zusammenrufen, wie eine Henne, die ihre Küken unter ihren Flügeln

---

23,7 *Rabbi*, aus dem Aramäischen, bedeutet »Meister« oder »Lehrer«. **23,13** In manchen Handschriften folgt V. 14: *Wie schrecklich wird es sein für euch Schriftgelehrte und euch Pharisäer! Ihr Heuchler! Schamlos bringt ihr die Witwen um ihr Eigentum und sprecht dann lange Gebete in der Öffentlichkeit, um zu verbergen, was für Menschen ihr wirklich seid. Deshalb wird eure Strafe jedoch umso schärfer ausfallen.* **23,23** Griech. auch noch von Minze, Dill und Kümmel den zehnten Teil abzugeben. **23,35** S. 1. Mose 4,8; 2. Chronik 24,20-21.

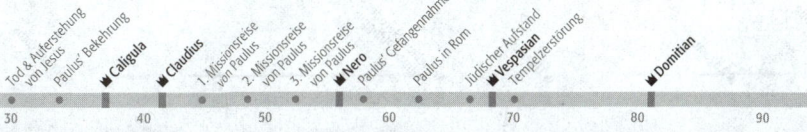

MATTHÄUS

1–2	Vorgeschichten
3	Johannes der Täufer
4	Die Versuchung
5–7	Rede: Die Bergpredigt
8–9	Jesus in Galiläa
10	Rede: Aussendung der Jünger
11–12	Jesus in Galiläa
13	Gleichnisse vom Himmelreich
14–17	Jesus in Galiläa
18	Rede: Über die Gemeinde
19–22	Jesus in Jerusalem
23	Jesus warnt die Schriftgelehrten
24–25	Rede: Über die Zukunft
26–27	Die Leidensgeschichte von Jesus
28	Die Auferstehung

23–24
Warnung vor falschen Rettern.
Hinweis auf das Ende der Welt.
Jesus mahnt zur Wachsamkeit.

[Gottes Königsherrschaft und der Messias]

birgt, doch ihr habt es nicht zugelassen. ³⁸Und nun seht, euer Haus ist euch überlassen, leer und verödet. ³⁹Denn ich sage euch, ihr werdet mich nicht wieder sehen, ehe ihr nicht sagt: ›Gelobt sei, der da kommt im Namen des Herrn.‹*«

Jesus spricht über die Zukunft der Welt
Markus 13; Lukas 21,5-12.16-23.25-33;
V. 37-41: Lukas 17,26-35; V. 42-51: Lukas 12,39-46

24 Als Jesus das Tempelgelände verließ, zeigten seine Jünger ihm die verschiedenen Gebäude, die zum Tempel gehörten. ²Doch er sagte zu ihnen: »Seht ihr diese Gebäude? Ich versichere euch: Sie werden alle zerstört werden, sodass kein Stein auf dem anderen bleibt.«

³Später saß Jesus am Hang des Ölbergs. Seine Jünger kamen zu ihm und fragten: »Wann wird all das geschehen? Und wird es vorher ein Zeichen geben, das deine Wiederkehr und das Ende der Welt* ankündigt?«

⁴Jesus antwortete ihnen: »Lasst euch von niemandem etwas weismachen. ⁵Viele werden in meinem Namen auftreten und behaupten: ›Ich bin der Christus‹, und sie werden viele irreführen. ⁶Überall werden Kriege ausbrechen. Aber habt keine Angst – diese Dinge müssen geschehen, doch das Ende wird noch nicht unmittelbar darauf folgen. ⁷Völker und Königreiche werden sich den Krieg erklären. In vielen Teilen der Welt wird es Erdbeben geben, und es wird zu Hungersnöten kommen. ⁸Doch all das wird erst der Anfang der Schrecken sein, die auf euch zukommen.

⁹Ihr werdet verhaftet, verfolgt und umgebracht werden. Auf der ganzen Welt wird man euch hassen, weil ihr euch zu meinem Namen bekennt. ¹⁰Viele werden sich von mir abwenden und einander verraten und hassen. ¹¹Viele falsche Propheten werden auftreten und die Menschen täuschen. ¹²Die Gesetzlosigkeit wird immer mehr überhandnehmen und die Liebe wird bei vielen erkalten. ¹³Doch wer bis zum Ende durchhält, wird gerettet werden. ¹⁴Die Botschaft vom Reich Gottes wird auf der ganzen Welt gepredigt werden, damit alle Völker sie hören, und dann erst wird das Ende kommen.

¹⁵Es wird eine Zeit kommen, da werdet ihr sehen, wovon der Prophet Daniel gesprochen hat: das abscheuliche Götzenbild, das den heiligen Ort, an dem es steht, entweiht*. Wer dies liest, der horche auf! ¹⁶Dann müssen alle Menschen in

23,39 Psalm 118,26. **24,3** O. *des Zeitalters.*
24,15 Griech. *der Gräuel der Verwüstung;* s. Daniel 9,27.

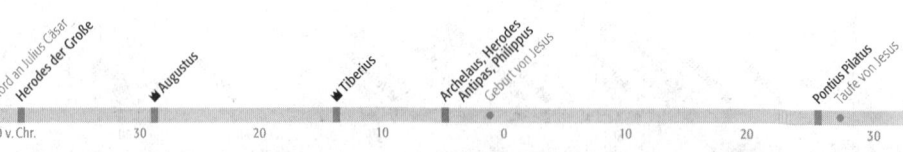

Judäa in die Berge fliehen. ¹⁷Wer sich vor seinem Haus* befindet, darf nicht mehr hineingehen, um zu packen. ¹⁸Wer draußen auf dem Feld ist, darf nicht erst nach Hause gehen, um sich einen Mantel zu holen. ¹⁹Besonders schlimm wird diese Zeit für schwangere Frauen sein und für Mütter, die ihre Kinder stillen. ²⁰Betet darum, dass ihr nicht im Winter oder an einem Sabbat fliehen müsst. ²¹Denn es wird eine Schreckenszeit sein, wie die Welt sie noch nie erlebt hat und auch nie wieder erleben wird. ²²Wenn diese Zeit der Not nicht abgekürzt würde, würde die gesamte Menschheit umkommen. Doch wegen der Auserwählten Gottes wird sie abgekürzt werden.

²³Wenn irgendjemand zu euch sagt: ›Schaut her, hier ist der Christus‹ oder ›Da ist er‹, beachtet ihn nicht. ²⁴Denn falsche Erlöser und falsche Propheten werden überall auftauchen und große Zeichen und Wunder vollbringen, um selbst die von Gott Auserwählten zu verführen. ²⁵Ich habe euch gewarnt!

²⁶Wenn euch also jemand erzählt: ›Der Christus ist draußen in der Wüste‹, macht euch nicht die Mühe hinzugehen und nachzusehen. Oder wenn einer sagt: ›Da und da hält er sich verborgen‹ – glaubt es nicht! ²⁷Denn wenn der Menschensohn kommt, wird es sein wie ein Blitz, der den ganzen Himmel erhellt. ²⁸So wie ein Schwarm Geier ein Hinweis darauf ist, dass in der Nähe ein Tierkadaver liegt*, sind diese Zeichen der Beweis, dass das Ende nahe ist.

²⁹Unmittelbar nachdem diese schreckliche Zeit zu Ende ist, wird sich die Sonne verfinstern, der Mond wird nicht mehr leuchten, die Sterne werden vom Himmel stürzen und die Kräfte des Himmels werden erschüttert.* ³⁰Und schließlich wird das Zeichen für das Kommen des Menschensohns am Himmel erscheinen, und unter den Völkern der Erde wird tiefe Trauer herrschen. Sie werden sehen, wie der Menschensohn mit großer Macht und Herrlichkeit auf den Wolken des Himmels kommt.* ³¹Er wird seine Engel mit lautem Posaunenschall vorausschicken, und sie werden seine Auserwählten von den Enden der Welt sammeln.

³²Lernt vom Feigenbaum: Wenn seine Knospen weich werden und die Blätter zu sprießen beginnen, wisst ihr, dass der Sommer kommt, ohne dass es euch jemand sagt. ³³Wenn ihr also seht, wie alle diese Dinge passieren, dann wisst ihr, dass die Wiederkunft des Menschensohnes vor der Tür steht. ³⁴Ich versichere euch: Diese Generation* wird nicht von der Erde verschwinden, bevor all das geschehen ist. ³⁵Himmel und Erde werden vergehen, doch meine Worte bleiben ewig.

³⁶Niemand kennt den Tag oder die Stunde, in der diese Dinge geschehen werden, nicht einmal die Engel im Himmel, und auch nicht der Sohn*. Nur der Vater weiß es.

³⁷Wenn der Menschensohn wiederkommt, wird es sein wie zur Zeit Noahs. ³⁸In den Tagen vor der Sintflut feierten die Menschen rauschende Feste, Orgien und Hochzeiten, bis Noah in seine Arche stieg. ³⁹Sie merkten nicht, was geschah, bis die Flut kam und sie alle hinwegschwemmte. Genauso wird es sein, wenn der Menschensohn kommt.

⁴⁰Zwei Männer werden zusammen auf dem Feld arbeiten; einer wird mitgenommen, der andere zurückgelassen. ⁴¹Zwei Frauen werden in der Mühle Mehl mahlen; eine wird mitgenommen, die andere zurückgelassen. ⁴²Deshalb haltet euch bereit, denn ihr wisst nicht, wann euer Herr wiederkommt.

⁴³Macht euch eines klar: Ein Hausbesitzer, der weiß, wann der Dieb kommt, ist wachsam und lässt es nicht zu, dass in sein Haus eingebrochen wird. ⁴⁴Ihr müsst jederzeit bereit sein. Denn der Menschensohn wird kommen, wenn ihr es am wenigsten erwartet.

⁴⁵Wer ist also ein vertrauenswürdiger und kluger Diener, dem der Herr sein Haus und die Versorgung seiner Familie anvertrauen kann? ⁴⁶Wenn der Herr zurückkommt und feststellt, dass der Diener seine Aufgabe zu seiner Zufriedenheit erfüllt, ist der Diener glücklich zu schätzen. ⁴⁷Ich versichere euch: Der Herr wird diesem Diener die Verantwortung für seinen gesamten Besitz übertragen. ⁴⁸Doch wenn der Diener böse ist und glaubt, ›Mein Herr wird ja erst einmal eine Weile fort sein‹, ⁴⁹wenn er anfängt, die anderen Diener schlecht zu behandeln, und Trinkgelage veranstaltet – ⁵⁰dann wird sein Herr unangemeldet und völlig überraschend zurückkehren. ⁵¹Und er wird diesen Diener davonjagen und dorthin schicken, wo auch die Heuchler sind. Und an jenem Ort werden sie weinen und mit den Zähnen knirschen.

24,17 Griech. *auf dem Dach.* **24,28** Griech. *Wo der Leichnam ist, sammeln sich die Geier.* **24,29** S. Jesaja 13,10; 34,4; Joel 2,10. **24,30** S. Daniel 7,13. **24,34** O. *dieses Zeitalter* oder *dieses Volk.* **24,36** In manchen Handschriften fehlt die Wendung *und auch nicht der Sohn.*

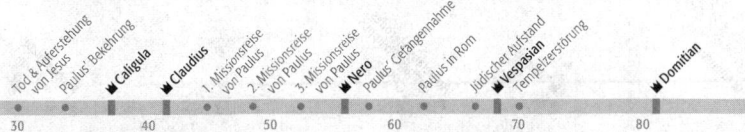

MATTHÄUS

1–2	Vorgeschichten
3	Johannes der Täufer
4	Die Versuchung
5–7	Rede: Die Bergpredigt
8–9	Jesus in Galiläa
10	Rede: Aussendung der Jünger
11–12	Jesus in Galiläa
13	Gleichnisse vom Himmelreich
14–17	Jesus in Galiläa
18	Rede: Über die Gemeinde
19–22	Jesus in Jerusalem
23	Jesus warnt die Schriftgelehrten
24–25	Rede: Über die Zukunft
26–27	Die Leidensgeschichte von Jesus
28	Die Auferstehung

25
Gleichnis von den zehn Brautjungfern.
Über Umgang mit Anvertrautem.
Jesus spricht über das Weltgericht.

[Gottes Königsherrschaft und der Messias]

Das Gleichnis von den zehn Brautjungfern
Vgl. Lukas 12,35-38; 13,25-28

25 Man kann das Himmelreich auch am Beispiel der zehn Brautjungfern* erklären, die ihre Lampen nahmen und dem Bräutigam entgegengingen. ²Fünf von ihnen waren töricht, und fünf waren klug. ³Die fünf törichten nahmen kein Öl für ihre Lampen mit, ⁴doch die fünf anderen waren so umsichtig, zusätzliches Öl mitzunehmen. ⁵Als sich der Bräutigam verspätete, legten sie sich alle hin und schliefen. ⁶Um Mitternacht wurden sie von dem Ruf aus dem Schlaf gerissen: ›Seht, da kommt der Bräutigam! Geht und begrüßt ihn!‹
⁷Rasch standen alle Brautjungfern auf und machten ihre Lampen zurecht. ⁸Da baten die fünf törichten die anderen: ›Gebt uns doch ein wenig von eurem Öl ab, sonst erlöschen unsere Lampen.‹ ⁹Doch diese erwiderten: ›Wir haben nicht genügend Öl für uns alle. Geht und kauft euch welches.‹
¹⁰Aber während sie noch unterwegs waren, um Öl zu kaufen, traf der Bräutigam ein. Die, die zu seinem Empfang bereit waren, gingen mit ihm zur Hochzeitsfeier, und die Tür wurde zugeschlossen. ¹¹Als die anderen fünf Brautjungfern schließlich kamen, standen sie draußen und riefen: ›Herr, mach uns auf!‹ ¹²Aber er antwortete: ›Ich kenne euch nicht!‹

25,1 O. *Jungfrauen*; so auch in 25,7.11.

Matthäus 25,31-46

Gottes Liebe, Gottes Zorn
Oft wird versucht, die herausfordernde Botschaft dieses Textes zu umgehen. »Die geringsten Brüder und Schwestern von Jesus« werden manchmal als »Boten des Evangeliums« gedeutet. Dann verspricht der Text denen Errettung, die an das Evangelium glaubten. So steht es dann in Einklang mit Paulus, der lehrt, dass gute Taten nichts zur Annahme vor Gott beitragen können.
Doch dieser Bibeltext will aufzeigen, dass Gott im Endgericht in Betracht zieht, ob wir »seinen Willen getan haben« (V. 37), d.h. ob wir für die Notleidenden gesorgt haben, ganz konkret mit Nahrung und Getränken, Gastfreundschaft, Kleidern, medizinischer Versorgung und Besuchen. Mit solchen Handlungen dienen wir Jesus selbst. Jesus gibt Hinweise darauf, dass am Ende aller Tage einige Menschen überrascht sein werden: Sie haben Jesus ihr Leben lang gedient und werden von ihm angenommen, obwohl sie womöglich gar nicht damit gerechnet haben.
(Matthäus 13,47-50 ‹« | » Apostelgeschichte 5,1-11)

¹³Deshalb schlaft nicht ein und haltet euch bereit, denn ihr kennt weder den Tag noch die Stunde meiner Wiederkehr.

Das Gleichnis von den drei Dienern
Vgl. Lukas 19,11-27

¹⁴Man kann das Himmelreich auch am Beispiel von dem Mann erklären, der auf eine Reise ging. Er rief alle seine Diener zusammen und gab ihnen Geld, das sie während seiner Abwesenheit für ihn anlegen sollten. ¹⁵Einem gab er fünf Beutel Gold*, einem anderen gab er zwei Beutel und dem dritten gab er einen Beutel – jeweils ihren Fähigkeiten entsprechend. Dann reiste er ab. ¹⁶Der Diener, der die fünf Beutel erhalten hatte, ging sofort daran, das Geld anzulegen, und konnte es bald verdoppeln. ¹⁷Der Diener mit den zwei Beuteln machte sich ebenfalls sogleich an die Arbeit und verdoppelte das Geld. ¹⁸Der Dritte jedoch, der den einen Beutel Gold bekommen hatte, grub einfach ein Loch in die Erde und versteckte das Geld seines Herrn, um es sicher zu verwahren.

¹⁹Nach langer Zeit kehrte ihr Herr von seiner Reise zurück und rief sie zu sich. Sie sollten ihm berichten, was sie mit seinem Geld gemacht hatten. ²⁰Der Diener, dem er fünf Beutel Gold anvertraut hatte, sagte: ›Herr, du gabst mir fünf Beutel Gold, und ich habe sie verdoppelt.‹ ²¹Der Herr freute sich sehr. ›Gut gemacht, mein guter und treuer Diener. Du bist mit diesem kleinen Betrag zuverlässig umgegangen, deshalb will ich dir größere Verantwortung übertragen. Lass uns miteinander feiern!‹

²²Als Nächstes kam der Diener an die Reihe, der die zwei Beutel Gold bekommen hatte. ›Herr, du hast mir zwei Beutel Gold gegeben, und ich habe sie verdoppelt.‹ ²³Der Herr sagte: ›Gut gemacht, mein guter und treuer Diener. Du bist mit diesem kleinen Betrag zuverlässig umgegangen, deshalb will ich dir größere Verantwortung übertragen. Lass uns miteinander feiern!‹

²⁴Dann kam der Diener mit dem einen Beutel Gold und sagte: ›Herr, ich weiß, du bist ein strenger Mann, der erntet, was er nicht gepflanzt hat, und sammelt, was er nicht angebaut hat. ²⁵Ich hatte Angst, dein Geld zu verlieren, also vergrub ich es in der Erde. Hier ist es.‹

²⁶Aber der Herr erwiderte: ›Du böser, fauler Diener! Du hältst mich für einen strengen Mann, der erntet, was er nicht gepflanzt hat, und der sammelt, was er nicht angebaut hat? ²⁷Du hättest wenigstens mein Geld zur Bank bringen können, dann hätte ich immerhin noch Zinsen dafür bekommen. ²⁸Nehmt diesem Diener das Geld weg und gebt es dem mit den zehn Beuteln Gold. ²⁹Wer das, was ihm anvertraut ist, gut verwendet, dem wird noch mehr gegeben, und er wird im Überfluss haben. Wer aber untreu ist*, dem wird noch das wenige, das er besitzt, genommen. ³⁰Und nun werft diesen nutzlosen Diener hinaus in die Dunkelheit, wo Weinen und Zähneknirschen herrschen.‹

Das Jüngste Gericht

³¹Doch wenn der Menschensohn in Herrlichkeit wiederkommt, und alle Engel mit ihm, wird er auf seinem Thron der Herrlichkeit sitzen. ³²Alle Völker werden vor ihm zusammengerufen, und er wird sie trennen, so wie ein Hirte die Schafe von den Ziegen trennt. ³³Die Schafe wird er zu seiner Rechten hinstellen, die Ziegen zu seiner Linken. ³⁴Dann wird der König zu denen auf seiner rechten Seite sagen: ›Kommt, ihr seid von meinem Vater gesegnet, ihr sollt das Reich Gottes erben, das seit der Erschaffung der Welt auf euch wartet. ³⁵Denn ich war hungrig, und ihr habt mir zu essen gegeben. Ich war durstig, und ihr gabt mir zu trinken. Ich war ein Fremder, und ihr habt mich in euer Haus eingeladen. ³⁶Ich war nackt, und ihr habt mich gekleidet. Ich war krank, und ihr habt mich gepflegt. Ich war im Gefängnis, und ihr habt mich besucht.‹

³⁷Dann werden diese Gerechten fragen: ›Herr, wann haben wir dich jemals hungrig gesehen und dir zu essen gegeben? Wann sahen wir dich durstig und haben dir zu trinken gegeben? ³⁸Wann warst du ein Fremder und wir haben dir Gastfreundschaft erwiesen? Oder wann warst du nackt und wir haben dich gekleidet? ³⁹Wann haben wir dich je krank oder im Gefängnis gesehen und haben dich besucht?‹ ⁴⁰Und der König wird ihnen entgegnen: ›Ich versichere euch: Was ihr für einen der Geringsten meiner Brüder und Schwestern getan habt, das habt ihr für mich getan!‹

⁴¹Und dann wird sich der König denen auf seiner linken Seite zuwenden und sagen: ›Fort mit euch, ihr Verfluchten, ins ewige Feuer, das für den Teufel und seine bösen Geister bestimmt ist! ⁴²Denn ich war hungrig, und ihr habt mir nichts zu essen gegeben. Ich war durstig, und ihr gabt mir nichts zu trinken. Ich war ein Fremder, und ihr habt mich nicht in euer Haus eingeladen. ⁴³Ich war nackt, und ihr habt mich nicht gekleidet. Ich war krank, und ihr habt mich nicht gepflegt. Ich war im Gefängnis, und ihr habt mich nicht besucht.‹

⁴⁴Dann werden sie fragen: ›Herr, wann haben wir dich jemals hungrig oder durstig oder als

---

25,15 Griech. *Talente*; so in dem ganzen Gleichnis. Ein Talent entspricht etwa 34 kg. **25,29** O. *Wer aber nichts hat.*

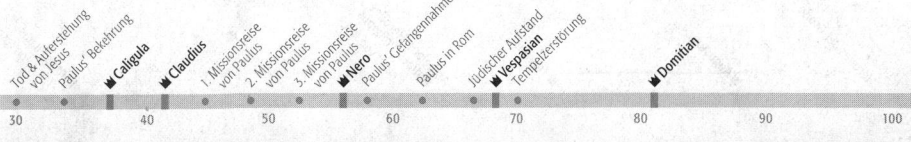

MATTHÄUS

1–2	Vorgeschichten
3	Johannes der Täufer
4	Die Versuchung
5–7	Rede: Die Bergpredigt
8–9	Jesus in Galiläa
10	Rede: Aussendung der Jünger
11–12	Jesus in Galiläa
13	Gleichnisse vom Himmelreich
14–17	Jesus in Galiläa
18	Rede: Über die Gemeinde
19–22	Jesus in Jerusalem
23	Jesus warnt die Schriftgelehrten
24–25	Rede: Über die Zukunft
26–27	Die Leidensgeschichte von Jesus
28	Die Auferstehung

25–26
Mord und Verrat an Jesus werden vorbereitet. Jesus wird von einer Frau gesalbt. Die Jünger und Jesus feiern Passah. Petrus wird vorausgesagt, dass er Jesus verleugnen wird.

[Gottes Königsherrschaft und der Messias]

Fremden, nackt, krank oder im Gefängnis gesehen und dir nicht geholfen?‹ ⁴⁵Und er wird ihnen erwidern: ›Ich versichere euch: Was ihr bei einem der Geringsten meiner Brüder und Schwestern unterlassen habt, das habt ihr an mir unterlassen!‹ ⁴⁶Und sie werden der ewigen Verdammnis übergeben werden, den Gerechten aber wird das ewige Leben geschenkt.«

Das Mordkomplott gegen Jesus
Markus 14,1-2; Lukas 22,1-2

26 Als Jesus zu Ende gesprochen hatte, sagte er zu seinen Jüngern: ²»Wie ihr wisst, beginnen in zwei Tagen die Feierlichkeiten zum Passahfest. Dann wird der Menschensohn verraten und gekreuzigt werden.«
³Zur selben Zeit trafen sich die obersten Priester und die Ältesten des jüdischen Volkes im Haus von Kaiphas, dem Hohen Priester, ⁴um zu beraten, wie sie Jesus heimlich verhaften und töten könnten. ⁵»Aber es darf nicht während des Passahfestes geschehen«, hatten sie beschlossen, »sonst gibt es einen Aufruhr.«

Jesus wird in Betanien gesalbt
Markus 14,3-9; Johannes 12,1-8
⁶In der Zwischenzeit war Jesus zu Gast im Haus von Simon, einem Mann, der früher einmal Aus-

---

Matthäus 26,28

Bundesschlüsse

»Es wird der Tag kommen ...« – so begann das Versprechen des neuen Bundes bei Jeremia (31,31). Als Jesus bei seinem letzten irdischen Passahmahl mit seinen Jüngern das christliche Abendmahl stiftete, war dieser Tag gekommen. Nach dem Parallelbericht in Lukas 22,20 spricht Jesus ausdrücklich nicht nur vom Bund, sondern vom *neuen* Bund. Der ist in Jesus Christus erfüllt und von ihm her wirksam.
Wenn Jesus besonders die Gabe der Sündenvergebung mit diesem Bund verknüpft, greift er die Ankündigung aus Jeremia 31,34b auf. Zugleich macht er deutlich, dass der neue Bund den Sinaibund fortführt: Das signalisiert der Ausdruck »Blut, das den Bund ... besiegelt« (wörtlich: Blut des Bundes – wie in 2. Mose 24,8, dem Bundesschluss vom Sinai).
Ist der neue Bund in Jesus nun ein Ersatz für die vorhergehenden Bundesschlüsse mit Abraham, am Sinai und mit David? Dass das nicht so ist, zeigen viele Schriftstellen.
(Jesaja 59,21 «« | »» Lukas 1,72)

satz gehabt hatte. ⁷Während des Abendessens kam eine Frau mit einem wunderschönen Gefäß* mit teurem Parfümöl herein, das sie ihm über den Kopf goss. ⁸Die Jünger waren sehr aufgebracht, als sie das sahen. »Was für eine Geldverschwendung«, ärgerten sie sich. ⁹»Sie hätte es lieber für viel Geld verkaufen und den Erlös den Armen geben sollen.«

¹⁰Doch Jesus erwiderte: »Warum fallt ihr über sie her? Sie tut mir etwas Gutes. ¹¹Die Armen werdet ihr immer bei euch haben, aber ich werde nicht mehr lange bei euch sein. ¹²Sie hat dieses Parfümöl über mir ausgegossen, um meinen Körper zum Begräbnis vorzubereiten. ¹³Ich versichere euch: Überall auf der Welt, wo man die gute Botschaft verbreiten wird, wird man auch davon sprechen, was diese Frau getan hat.«

Der Verrat
Markus 14,10-11; Lukas 22,7-13

¹⁴Dann ging Judas Iskariot, einer der zwölf Jünger, zu den obersten Priestern ¹⁵und fragte sie: »Wie viel bezahlt ihr mir, wenn ich Jesus an euch verrate?« Und sie gaben ihm dreißig Silberstücke.

¹⁶Von da an hielt Judas Ausschau nach dem geeigneten Ort und dem richtigen Zeitpunkt, Jesus zu verraten.

Das letzte Abendmahl
V. 17-19: Markus 14,12-16; Lukas 22,7-13;
V. 20-25: Markus 14,17-21; Lukas 22,14.21-23;
Johannes 13,18-30; V. 26-30: Markus 14,22-26;
Lukas 22,15-20; 1. Korinther 11,23-25

¹⁷Am ersten Tag des Festes der ungesäuerten Brote kamen die Jünger zu Jesus und fragten ihn: »Wo sollen wir das Passahmahl vorbereiten?«

¹⁸Er antwortete ihnen: »Wenn ihr in die Stadt geht, werdet ihr dort einen Mann sehen. Sagt ihm: ›Der Meister lässt dir sagen: Meine Zeit ist gekommen. Ich möchte das Passahmahl mit meinen Jüngern in deinem Haus feiern.‹« ¹⁹Die Jünger taten, was Jesus ihnen gesagt hatte, und bereiteten dort das Passahmahl vor.

²⁰Als es Abend war, setzte sich Jesus mit den zwölf Jüngern an den Tisch. ²¹Während sie aßen, sagte er: »Ich sage euch: Einer von euch wird mich verraten.«

²²Zutiefst erschrocken begannen sie, ihn nacheinander zu fragen: »Doch nicht ich, Herr, oder?«

²³Er antwortete: »Einer von euch, der jetzt mit mir isst*, wird mich verraten. ²⁴Der Menschensohn muss sterben, wie es die Schrift vor langer Zeit vorausgesagt hat. Doch wie schrecklich wird es erst seinem Verräter ergehen! Es wäre besser für ihn, er wäre nie geboren worden!«

²⁵Auch Judas, der ihn verraten sollte, fragte: »Rabbi, ich bin es doch nicht etwa, oder?« Und Jesus entgegnete ihm: »Du hast es selbst gesagt.«

²⁶Während sie aßen, nahm Jesus einen Laib Brot, dankte und bat Gott um seinen Segen. Dann brach er ihn in Stücke und gab sie den Jüngern mit den Worten: »Nehmt und esst, denn das ist mein Leib. ²⁷Und dann nahm er einen Becher mit Wein und dankte Gott dafür. Er gab ihn seinen Jüngern und sagte: »Jeder von euch soll davon trinken, ²⁸denn das ist mein Blut, das den Bund* zwischen Gott und den Menschen besiegelt. Es wird vergossen, um die Sünden vieler Menschen zu vergeben. ²⁹Merkt euch meine Worte – ich werde keinen Wein mehr trinken bis zu dem Tag, an dem ich ihn wieder mit euch im Reich meines Vaters trinken werde.« ³⁰Dann sangen sie ein Loblied und gingen hinaus auf den Ölberg.

Jesus sagt voraus, dass Petrus ihn verleugnen wird
Markus 14,27-31; Lukas 22,31-34; Johannes 13,36-38

³¹»Heute Nacht werdet ihr mich alle verlassen«, sagte Jesus zu ihnen. »Denn in der Schrift steht: ›Gott wird* den Hirten schlagen, und die Schafe der Herde werden zerstreut werden.‹*

³²Doch wenn ich von den Toten auferstanden bin, werde ich euch nach Galiläa vorausgehen und euch dort treffen.«

³³Petrus behauptete: »Selbst wenn dich alle verlassen, ich werde bei dir bleiben.«

³⁴»Petrus«, erwiderte Jesus, »ich versichere dir, noch in dieser Nacht wirst du mich drei Mal verleugnen, ehe der Hahn kräht.«

³⁵»Nein!«, beharrte Petrus. »Nicht einmal, wenn ich mit dir sterben müsste! Ich werde dich niemals verleugnen!« Und alle anderen Jünger beteuerten dasselbe.

Jesus betet in Gethsemane
Markus 14,32-42; Lukas 22,39-46

³⁶Dann nahm Jesus sie mit in einen Olivenhain mit dem Namen Gethsemane. Dort sagte er zu ihnen: »Bleibt hier sitzen, während ich ein Stück weitergehe, um zu beten.« ³⁷Petrus und die beiden Söhne des Zebedäus, Jakobus und Johannes, nahm er mit. Er war sehr traurig, und schreckliche Angst quälte ihn. ³⁸Er sagte zu ihnen:

26,7 Griech. *mit einem Alabasterkrug.* **26,23** O. *Der, der seine Hand mit mir in die Schüssel getaucht hat.* **26,28** In manchen Handschriften heißt es *den neuen Bund.* **26,31a** Griech. *Ich will.* **26,31b** Sacharja 13,7.

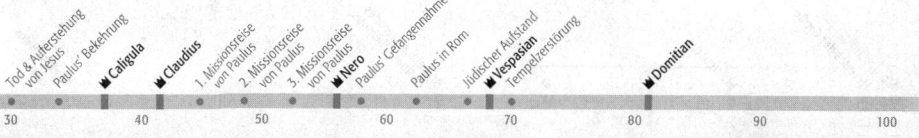

MATTHÄUS	
1–2	Vorgeschichten
3	Johannes der Täufer
4	Die Versuchung
5–7	Rede: Die Bergpredigt
8–9	Jesus in Galiläa
10	Rede: Aussendung der Jünger
11–12	Jesus in Galiläa
13	Gleichnisse vom Himmelreich
14–17	Jesus in Galiläa
18	Rede: Über die Gemeinde
19–22	Jesus in Jerusalem
23	Jesus warnt die Schriftgelehrten
24–25	Rede: Über die Zukunft
26–27	Die Leidensgeschichte von Jesus
28	Die Auferstehung

26–27

Jesus im Garten Gethsemane. Jesus wird verhaftet und vom Hohen Rat verhört. Petrus leugnet, Jesus zu kennen. Der Tod von Judas.

[Gottes Königsherrschaft und der Messias]

»Meine Seele ist zu Tode betrübt. Bleibt hier und wacht mit mir.«
³⁹Er ging noch ein bisschen weiter, sank zu Boden und betete: »Mein Vater! Wenn es möglich ist, lass den Kelch des Leides an mir vorübergehen. Doch ich will deinen Willen tun, nicht meinen.« ⁴⁰Dann kehrte er zu den Jüngern zurück und sah, dass sie eingeschlafen waren. Er sagte zu Petrus: »Konntet ihr nicht wenigstens eine Stunde mit mir wach bleiben? ⁴¹Bleibt wach und betet. Sonst wird euch die Versuchung überwältigen. Denn der Geist ist zwar willig, aber der Körper ist schwach!«
⁴²Und wieder ließ er sie zurück und betete: »Mein Vater! Wenn dieser Kelch nicht an mir vorübergehen kann, dann geschehe dein Wille.« ⁴³Wieder ging er zu den Jüngern zurück und sah, dass sie schliefen, denn sie konnten ihre Augen nicht offen halten.
⁴⁴Da ging er ein drittes Mal fort, um zu beten, und sprach die gleichen Worte. ⁴⁵Dann kehrte er zu den Jüngern zurück und sagte: »Schlaft ihr immer noch? Ruht ihr euch immer noch aus?* Nun ist es so weit. Der Menschensohn wird in die Hände der Verbrecher ausgeliefert. ⁴⁶Kommt, lasst uns gehen. Seht, mein Verräter ist schon da!«

Jesus wird verhaftet
Markus 14,43-50; Lukas 22,47-53; Johannes 18,2-12
⁴⁷Noch während er das sagte, kam Judas, einer der zwölf Jünger, inmitten einer mit Schwertern und Knüppeln bewaffneten Menge auf ihn zu. Sie waren von den obersten Priestern und den Ältesten des Volkes geschickt worden. ⁴⁸Judas hatte vorher mit ihnen ein Zeichen vereinbart: »Ihr sollt den festnehmen, den ich zur Begrüßung küsse.« ⁴⁹Also ging Judas direkt auf Jesus zu. »Ich grüße dich, Rabbi!«, rief er und gab ihm einen Kuss.
⁵⁰Jesus sagte: »Mein Freund, tu, wozu du gekommen bist.« Da packten die anderen Männer Jesus und nahmen ihn fest. ⁵¹Einer der Männer um Jesus zog ein Schwert und schlug einem Diener des Hohen Priesters ein Ohr ab.
⁵²»Steck dein Schwert weg«, befahl ihm Jesus. »Wer das Schwert benutzt, wird durchs Schwert umkommen. ⁵³Wisst ihr denn nicht, dass ich meinen Vater um Tausende* von Engeln bitten könnte, um uns zu beschützen, und er würde sie sofort schicken? ⁵⁴Doch wenn ich das täte, wie sollte sich dann erfüllen, was in der Schrift vorausgesagt wird und nun eintreten muss?«

26,45 O. *Schlaft weiter. Ruht euch aus.*   26,53 Griech. *zwölf Legionen.*

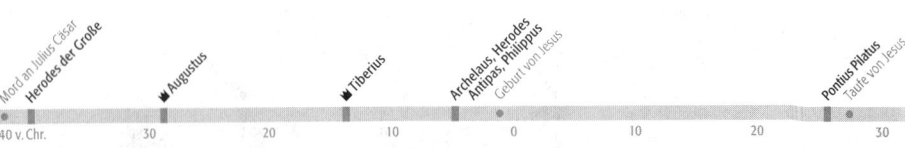

⁵⁵Dann sagte Jesus zu den Männern: »Bin ich ein gefährlicher Verbrecher, dass ihr mit Schwertern und Knüppeln bewaffnet ausgerückt seid, um mich festzunehmen? Warum habt ihr mich nicht im Tempel verhaftet? Ich habe doch jeden Tag dort gepredigt. ⁵⁶Doch all das geschieht, um die Worte der Propheten zu erfüllen, wie sie in der Schrift aufgeschrieben sind.« Da verließen ihn alle Jünger und flohen.

Jesus vor dem Hohen Rat
Markus 14,53-65; Lukas 22,54-55.63-71;
Johannes 18,13-14.19-24

⁵⁷Dann brachten die Leute, die Jesus verhaftet hatten, ihn in das Haus von Kaiphas, dem Hohen Priester. Dort hatten sich die Schriftgelehrten und die Ältesten bereits versammelt. ⁵⁸Petrus folgte ihnen in einiger Entfernung bis in den Innenhof des hohepriesterlichen Hauses. Er ging hinein und setzte sich so zu den Wachen, dass er sehen konnte, was mit Jesus geschehen würde.

⁵⁹Im Haus suchten die obersten Priester und der gesamte Hohe Rat* nach Zeugen, die zu einer Falschaussage gegen Jesus bereit wären, sodass sie ihn zum Tode verurteilen konnten. ⁶⁰Aber obwohl sie viele fanden, die sich zu falschen Aussagen bereit erklärten, war keine Aussage darunter, die sie gegen ihn verwenden konnten. Schließlich fanden sie zwei Männer, ⁶¹die behaupteten: »Dieser Mann hat gesagt: ›Ich kann den Tempel Gottes zerstören und ihn in drei Tagen wieder aufbauen.‹«

⁶²Da stand der Hohe Priester auf und fragte Jesus: »Hast du zu diesen Anschuldigungen nichts zu sagen? Was hast du zu deiner Verteidigung vorzubringen?« ⁶³Doch Jesus schwieg. Da sagte der Hohe Priester zu ihm: »Im Namen des lebendigen Gottes, sage uns, ob du der Christus bist, der Sohn Gottes.«

⁶⁴Jesus erwiderte: »Es ist, wie du sagst. Von nun an werdet ihr den Menschensohn zur Rechten Gottes sehen, auf dem Platz der Macht, und ihr werdet sehen, wie er auf den Wolken des Himmels wiederkommen wird.«*

⁶⁵Da zerriss der Hohe Priester zum Zeichen seines Abscheus sein Gewand und rief aus: »Gotteslästerung! Wozu brauchen wir noch weitere Zeugen? Ihr alle habt seine Gotteslästerung gehört! ⁶⁶Was ist euer Urteil?« Sie riefen: »Schuldig! Er muss sterben!«

⁶⁷Dann spuckten sie Jesus ins Gesicht und schlugen ihn mit den Fäusten. Und einige prügelten auf ihn ein ⁶⁸mit den Worten: »Prophezeie uns, du Christus! Wer hat dich gerade geschlagen?«

Petrus verleugnet Jesus
Markus 14,66-72; Lukas 22,56-62;
Johannes 18,15-18.25-27

⁶⁹Während Petrus draußen im Hof saß, ging eine junge Dienerin vorüber und sagte zu ihm: »Du bist doch auch einer von denen, die zu Jesus, dem Galiläer, gehören.«

⁷⁰Doch Petrus leugnete laut, sodass es alle hören konnten. »Ich weiß nicht, wovon du sprichst«, sagte er.

⁷¹Später, als er draußen am Tor war, bemerkte ihn eine andere Dienerin, und auch sie sagte zu den Umstehenden: »Dieser Mann war bei Jesus von Nazareth.«

⁷²Und wieder leugnete Petrus, diesmal schwor er sogar: »Ich kenne den Mann noch nicht einmal.«

⁷³Ein wenig später kamen andere Umstehende und sagten zu ihm: »Du musst einer von ihnen sein; wir erkennen dich an deinem galiläischen Akzent.«

⁷⁴Wieder sagte Petrus: »Ich schwöre bei Gott, ich kenne diesen Mann nicht.« Und in diesem Augenblick krähte der Hahn. ⁷⁵Plötzlich fielen Petrus die Worte von Jesus wieder ein: »Ehe der Hahn kräht, wirst du mich drei Mal verleugnen.« Und er ging fort und weinte bitterlich.

Judas erhängt sich
V. 1-2: Markus 15,1; Lukas 22,66; 23,1; Johannes 18,28;
V. 3-10: Apostelgeschichte 1,16-19

27 Früh am nächsten Morgen versammelten sich die obersten Priester und die Ältesten des jüdischen Volkes noch einmal. Sie berieten, wie sie die römische Regierung dazu bringen konnten, Jesus zum Tode zu verurteilen. ²Sie fesselten ihn und brachten ihn zu Pilatus, dem römischen Statthalter.

³Als seinem Verräter Judas klar wurde, dass Jesus zum Tode verurteilt war, überfiel ihn tiefe Reue. Er wollte den obersten Priestern und Ältesten die dreißig Silberstücke zurückgeben. ⁴»Ich habe gesündigt«, gestand er, »ich habe einen Unschuldigen verraten.« Sie fuhren ihn an: »Was geht uns das an? Das ist deine Sache.« ⁵Da warf Judas das Geld auf den Boden des Tempels, ging hinaus und erhängte sich. ⁶Die obersten Priester hoben das Geld auf. »Wir können es nicht zum Tempelschatz legen«, sagten sie, »denn es ist todbringendes Geld.« ⁷Und nachdem sie eine Weile beraten hatten, beschlossen sie, den Acker des Töpfers davon zu kaufen und daraus einen Friedhof für Fremde zu machen. ⁸Deshalb

---

26,59 Griech. *der Sanhedrin.* **26,64** S. Psalm 110,1; Daniel 7,13.

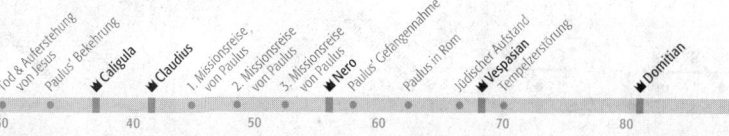

MATTHÄUS

1–2	Vorgeschichten
3	Johannes der Täufer
4	Die Versuchung
5–7	Rede: Die Bergpredigt
8–9	Jesus in Galiläa
10	Rede: Aussendung der Jünger
11–12	Jesus in Galiläa
13	Gleichnisse vom Himmelreich
14–17	Jesus in Galiläa
18	Rede: Über die Gemeinde
19–22	Jesus in Jerusalem
23	Jesus warnt die Schriftgelehrten
24–25	Rede: Über die Zukunft
26–27	Die Leidensgeschichte von Jesus
28	Die Auferstehung

27

Jesus wird von Pilatus verhört.
Er wird gefoltert und gekreuzigt.
Jesus stirbt am Kreuz.

[Gottes Königsherrschaft und der Messias]

heißt dieses Stück Land heute noch Blutacker. ⁹So erfüllte sich die Prophezeiung Jeremias: »Sie nahmen* die dreißig Silberstücke – die Summe, die er dem Volk Israel wert war – ¹⁰und kauften damit den Acker des Töpfers, so wie es der Herr befahl.«*

Jesus vor Pilatus
Markus 15,2-15; Lukas 23,2-5.13-25;
Johannes 18,29-40; 19,1.16

¹¹Nun stand Jesus vor Pilatus, dem römischen Statthalter. »Bist du der König der Juden?«, fragte dieser ihn. Jesus antwortete: »Ja, es ist, wie du sagst.«

¹²Doch als die obersten Priester und die Ältesten ihre Anklagen vorbrachten, schwieg Jesus. ¹³»Hörst du nicht die Anschuldigungen gegen dich?«, fragte Pilatus. ¹⁴Doch sehr zum Erstaunen des Statthalters sagte Jesus nichts.

¹⁵Es war Brauch, dass der Statthalter jedes Jahr anlässlich des Passahfestes einen Gefangenen freiließ, den das Volk bestimmen durfte. ¹⁶In diesem Jahr saß ein berüchtigter Verbrecher namens Barabbas* im Gefängnis. ¹⁷Als die Menge sich an diesem Morgen vor dem Haus von Pilatus versammelt hatte, fragte er sie: »Welchen soll ich für euch freilassen – Barabbas oder Jesus, den man den Christus nennt?« ¹⁸Denn er wusste sehr wohl, dass sie Jesus nur aus Neid verhaftet hatten.

¹⁹Während Pilatus auf dem Richterstuhl saß, schickte ihm seine Frau eine Nachricht: »Lass diesen unschuldigen Mann in Ruhe; ich hatte letzte Nacht seinetwegen einen schrecklichen Traum.«

²⁰In der Zwischenzeit hatten die obersten Priester und die Ältesten das Volk aufgehetzt: Es sollte die Freilassung von Barabbas und die Hinrichtung von Jesus fordern. ²¹Als der Statthalter noch einmal fragte: »Wen von diesen beiden soll ich freilassen?«, rief die Menge: »Barabbas!«

²²»Aber wenn ich Barabbas freilasse«, fragte Pilatus, »was soll ich dann mit Jesus machen, der Christus genannt wird?« Und alle schrien: »Kreuzige ihn!« ²³»Warum?«, wollte Pilatus wissen. »Was hat er denn verbrochen?« Aber die Menge schrie nur noch lauter: »Kreuzige ihn!«

²⁴Pilatus sah, dass er so nicht weiterkam und dass sich ein Tumult anbahnte. Da ließ er sich

27,9 O. *Ich nahm.* 27,10 Griech. *wie der Herr mich angewiesen hat;* Sacharja 11,12-13; Jeremia 32,9. 27,16 In manchen Handschriften heißt es *Jesus Barabbas;* so auch in 27,17.20.21.22.26.

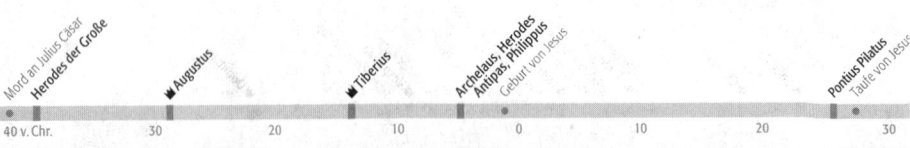

eine Schüssel mit Wasser bringen und wusch sich vor den Augen der Menge die Hände mit den Worten: »Ich bin unschuldig am Blut dieses Mannes. Die Verantwortung liegt bei euch!«

²⁵Und die Menge schrie zurück: »Wir übernehmen die Verantwortung für seinen Tod – wir und unsere Kinder!«*

²⁶Also ließ Pilatus Barabbas frei. Jesus aber ließ er auspeitschen und lieferte ihn dann den römischen Soldaten aus, die ihn kreuzigen sollten.

Die Soldaten verspotten Jesus
Markus 15,16-20; Johannes 19,2-5

²⁷Einige der Soldaten des Statthalters brachten Jesus in das Prätorium* und riefen alle anderen Soldaten zusammen. ²⁸Sie zogen ihn aus und legten ihm ein purpurrotes Gewand an. ²⁹Dann machten sie eine Krone aus langen, spitzen Dornen, setzten sie ihm auf den Kopf und gaben ihm einen Stock in die rechte Hand als Zepter. Daraufhin knieten sie vor ihm nieder, verhöhnten ihn und grölten: »Sei gegrüßt, König der Juden!« ³⁰Und sie spuckten ihn an, nahmen ihm den Stock weg und schlugen ihn damit auf den Kopf. ³¹Nachdem sie ihn verspottet hatten, nahmen sie ihm das Gewand ab und zogen ihm seine eigenen Kleider wieder an. Dann führten sie ihn zur Kreuzigungsstätte.

Die Kreuzigung
Markus 15,21-32; Lukas 23,26-43; Johannes 19,16-27

³²Auf dem Weg begegnete ihnen ein Mann namens Simon, der aus Kyrene* stammte. Den zwangen sie, das Kreuz für Jesus zu tragen. ³³Dann zogen sie hinaus zu einem Ort namens Golgatha, das heißt Schädelstätte. ³⁴Die Soldaten gaben ihm Wein, der mit bitterer Galle vermischt war, doch als er ihn schmeckte, weigerte er sich, ihn zu trinken.

³⁵Nachdem sie ihn ans Kreuz genagelt hatten, würfelten die Soldaten um seine Kleider.* ³⁶Dann setzten sie sich um das Kreuz und hielten Wache. ³⁷Über seinem Kopf wurde eine Tafel angebracht, auf der stand, was ihm vorgeworfen wurde: »Dies ist Jesus, der König der Juden.«

³⁸Zusammen mit ihm wurden zwei Verbrecher gekreuzigt, einer auf jeder Seite von ihm. ³⁹Die Leute, die vorübergingen, beschimpften und verhöhnten ihn: ⁴⁰»So! Du kannst also den Tempel zerstören und in drei Tagen wieder aufbauen? Nun, wenn du der Sohn Gottes bist, dann rette dich doch selbst und steig vom Kreuz herab!«

⁴¹Die obersten Priester, Schriftgelehrten und Ältesten verspotteten Jesus ebenfalls. ⁴²»Anderen hat er geholfen«, höhnten sie, »aber sich selbst kann er nicht helfen! Wenn er wirklich der König Israels ist, dann soll er doch vom Kreuz herabsteigen. Dann werden wir an ihn glauben! ⁴³Er hat Gott vertraut – nun soll Gott zeigen, dass er zu ihm steht, indem er ihn verschont! Er hat ja behauptet: ›Ich bin der Sohn Gottes.‹« ⁴⁴Und auch die Verbrecher, die mit ihm gekreuzigt worden waren, verhöhnten ihn.

Der Tod von Jesus
Markus 15,33-41; Lukas 23,44-49; Johannes 19,28-30

⁴⁵Um die Mittagszeit wurde es plötzlich im ganzen Land dunkel – bis drei Uhr. ⁴⁶Gegen drei Uhr rief Jesus mit lauter Stimme: »Eli, Eli, lama asabtani?«, das bedeutet: »Mein Gott, mein Gott, warum hast du mich verlassen?«*

⁴⁷Einige der Vorübergehenden hatten ihn falsch verstanden und dachten, er riefe nach dem Propheten Elia. ⁴⁸Einer lief und tauchte einen Schwamm in sauren Wein und hielt ihn auf einem Stab hoch, damit er trinken konnte.

⁴⁹Aber die anderen sagten: »Lass ihn in Ruhe. Wir wollen sehen, ob Elia kommt und ihn rettet.«*

⁵⁰Da schrie Jesus noch einmal und starb. ⁵¹In diesem Augenblick zerriss der Vorhang im Tempel von oben bis unten in zwei Teile. ⁵²Die Erde bebte, Felsen zerbarsten, Gräber öffneten sich und die Leiber vieler gottesfürchtiger Männer und Frauen, die schon längst verstorben waren, wurden von den Toten auferweckt. ⁵³Nachdem Jesus auferstanden war, verließen sie die Gräber, gingen in die heilige Stadt Jerusalem und erschienen dort vielen Menschen.

⁵⁴Den römischen Offizier und die anderen Soldaten, die ihn gekreuzigt hatten, überkam Todesangst bei dem Erdbeben und den anderen Ereignissen. Sie sagten: »Es stimmt, das war wirklich der Sohn Gottes!«

⁵⁵Viele Frauen, die mit Jesus aus Galiläa gekommen waren, um für ihn zu sorgen, sahen aus einiger Entfernung zu. ⁵⁶Unter ihnen waren auch Maria Magdalena, Maria, die Mutter von Jakobus und Josef und die Frau des Zebedäus, die Mutter von Jakobus und Johannes.

27,25 Griech. *Sein Blut komme über uns und unsere Kinder.* **27,27** Palast des Statthalters. **27,32** Kyrene war eine Stadt in Nordafrika. **27,35** Griech. *warfen die Soldaten Lose um seine Kleider.* In manchen späteren Handschriften heißt es weiter *Damit erfüllte sich das Wort des Propheten: »Sie verteilten meine Kleider unter sich und warfen Lose um mein Gewand.«*; s. Psalm 22,19. **27,46** Psalm 22,2. **27,49** In manchen Handschriften heißt es weiter *Und ein anderer nahm einen Speer und durchbohrte seine Seite, und es kam Wasser und Blut heraus.*

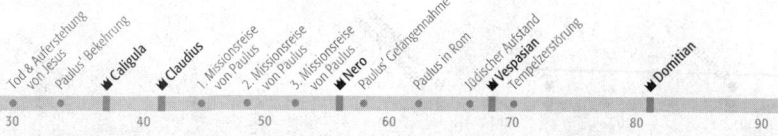

MATTHÄUS

1–2	Vorgeschichten
3	Johannes der Täufer
4	Die Versuchung
5–7	Rede: Die Bergpredigt
8–9	Jesus in Galiläa
10	Rede: Aussendung der Jünger
11–12	Jesus in Galiläa
13	Gleichnisse vom Himmelreich
14–17	Jesus in Galiläa
18	Rede: Über die Gemeinde
19–22	Jesus in Jerusalem
23	Jesus warnt die Schriftgelehrten
24–25	Rede: Über die Zukunft
26–27	Die Leidensgeschichte von Jesus
28	Die Auferstehung

27–28
Jesus wird begraben. Frauen entdecken das leere Grab. Jesus erscheint den Frauen und den Jüngern.

[Gottes Königsherrschaft und der Messias]

Das Begräbnis
Markus 15,42-47; Lukas 23,50-56; Johannes 19,38-42

⁵⁷Als es Abend wurde, ging Josef, ein reicher Mann aus Arimathäa, ebenfalls ein Anhänger von Jesus, ⁵⁸zu Pilatus und bat ihn um den Leichnam von Jesus. Pilatus erließ Befehl, Jesus vom Kreuz abzunehmen. ⁵⁹Josef nahm den Leichnam und wickelte ihn in ein langes Leinentuch. ⁶⁰Dann legte er ihn in sein eigenes neues Grab, das in den Felsen gehauen worden war. Schließlich rollte er einen großen Stein vor den Eingang und ging. ⁶¹Maria Magdalena und die andere Maria aber blieben in der Nähe sitzen und beobachteten alles.

Die Wache am Grab

⁶²Am nächsten Tag – dem ersten Tag des Passahfestes* – gingen die obersten Priester und Pharisäer zu Pilatus. ⁶³Sie sagten zu ihm: »Herr, uns ist eingefallen, dass dieser Verführer, als er noch lebte, einmal gesagt hat: ›Nach drei Tagen werde ich von den Toten auferweckt.‹ ⁶⁴Wir möchten dich deshalb bitten, das Grab bis zum dritten Tag versiegeln zu lassen. Das wird seine Jünger daran hindern, zurückzugehen und seinen Leichnam zu stehlen, um dann allen zu sagen, er sei wieder lebendig! Denn wenn das geschieht, wird der Betrug noch schlimmer sein als vorher.«

⁶⁵Pilatus erwiderte: »Nehmt Wachen mit und sichert das Grab, so gut ihr könnt.« ⁶⁶Also versiegelten sie das Grab und stellten Wachen auf, die es schützen sollten.

Die Auferstehung
Markus 16,1-11; Lukas 24,1-12; Johannes 20,1-18

28 Am Sonntagmorgen* in aller Frühe gingen Maria Magdalena und die andere Maria hinaus zum Grab. ²Plötzlich gab es ein starkes Erdbeben, weil ein Engel des Herrn vom Himmel herabkam, den Stein beiseiterollte und sich darauf niederließ. ³Sein Gesicht leuchtete wie ein Blitz, und sein Gewand war weiß wie Schnee. ⁴Die Wachen zitterten vor Angst, als sie ihn sahen, fielen zu Boden und blieben wie tot liegen.

⁵Der Engel sprach die Frauen an. »Habt keine Angst!«, sagte er. »Ich weiß, ihr sucht Jesus, der gekreuzigt wurde. ⁶Er ist nicht hier! Er ist von den Toten auferstanden, wie er gesagt hat. Kommt und seht, wo sein Leichnam gelegen hat. ⁷Und nun geht und sagt seinen Jüngern, dass er von den Toten auferstanden ist und ihnen

27,62 O. *Am nächsten Tag, dem Tag nach der Vorbereitung.*
28,1 Griech. *Nach dem Sabbat, am ersten Tag der Woche.*

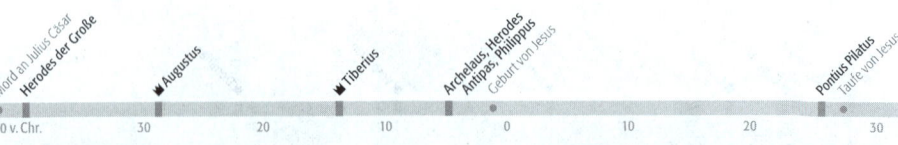

nach Galiläa vorausgeht. Dort werdet ihr ihn sehen. Merkt euch, was ich euch gesagt habe.«

⁸Die Frauen liefen schnell vom Grab fort. Sie waren zu Tode erschrocken und doch zugleich außer sich vor Freude. So schnell sie konnten, liefen sie zu den Jüngern, um ihnen auszurichten, was der Engel gesagt hatte. ⁹Unterwegs begegneten sie Jesus. »Seid gegrüßt!«, sagte er. Und sie liefen zu ihm hin, umklammerten seine Füße und beteten ihn an. ¹⁰Jesus sagte zu ihnen: »Habt keine Angst! Geht und sagt meinen Brüdern, sie sollen nach Galiläa kommen, dort werden sie mich sehen.«

Der Bericht der Wache

¹¹Während die Frauen auf dem Weg in die Stadt waren, gingen einige der Männer, die das Grab bewacht hatten, zu den obersten Priestern und berichteten ihnen, was geschehen war. ¹²Sofort wurde eine Versammlung aller Ältesten einberufen. Sie beschlossen, die Soldaten zu bestechen, und ¹³gaben ihnen die folgende Anweisung: ›Ihr müsst sagen: ›Die Jünger von Jesus kamen in der Nacht, während wir schliefen, und haben seinen Leichnam gestohlen.‹ ¹⁴Wenn der Statthalter davon erfährt, werden wir euch beistehen. Ihr braucht nichts Schlimmes zu befürchten.« ¹⁵Die Soldaten nahmen das Bestechungsgeld an und sagten, was ihnen aufgetragen worden war. Ihre Geschichte verbreitete sich unter den Juden, und sie erzählen sie noch bis zum heutigen Tag.

Der große Auftrag

¹⁶Dann gingen die elf Jünger nach Galiläa zu dem Berg, den Jesus ihnen genannt hatte. ¹⁷Als sie ihn sahen, beteten sie ihn an – aber einige zweifelten immer noch.

¹⁸Jesus kam und sagte zu seinen Jüngern: »Mir ist alle Macht im Himmel und auf der Erde gegeben. ¹⁹Darum geht zu allen Völkern und macht sie zu Jüngern. Tauft sie im Namen des Vaters und des Sohnes und des Heiligen Geistes und ²⁰lehrt sie, alle Gebote zu halten, die ich euch gegeben habe. Und ich versichere euch: Ich bin immer bei euch bis ans Ende der Zeit.«

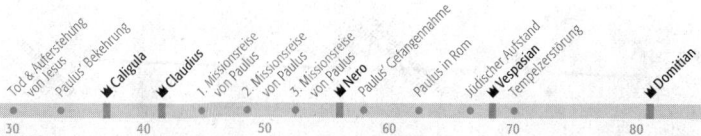

Das Markusevangelium war in den letzten zwölf Jahren ein Mittel Gottes, mich am Glauben und am Leben zu erhalten. ... Jesus nach Markus – das ist ein wahrer Himmel an Hilfsbereitschaft Gottes.

Adolf Pohl

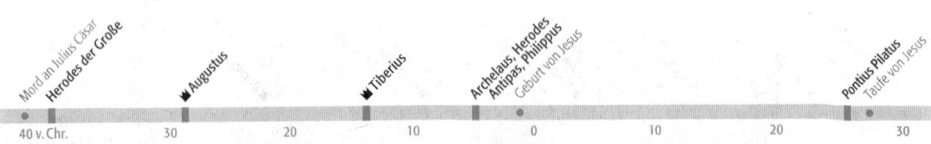

Markus

Inhalt

Markus schreibt sein Evangelium auch für Menschen, die mit dem Judentum nicht vertraut sind. Er gibt entsprechende Erklärungen und lässt z.B. manche Namen weg. Dafür bringt er stilistisch und mit interessanten Details vermehrt Spannung in sein Werk.

Der Bericht beginnt mit Johannes dem Täufer und seiner Botschaft, dass Menschen sich von ihren Sünden abwenden und Gott zuwenden sollen. Jesus knüpft unmittelbar daran an, indem er ebenfalls Umkehr predigt. Dazu fordert er zum Glauben an die gute Botschaft auf: Das Reich Gottes ist in greifbare Nähe gerückt.

Die dann erzählten Ereignisse erklären, was bzw. wer »Reich Gottes« ist: Jesus befreit Menschen von bösen Geistern, heilt Kranke, erweckt eine Tote auf. So macht er deutlich, dass er der Herr ist und somit das Recht hat, das Gesetz auszulegen und Traditionen infrage zu stellen. Jesus beurteilt einen Menschen nach seinem inneren Charakter, nicht nach seinen äußerlichen religiösen Handlungen. Das Volk ist von seiner Vollmacht beeindruckt.

Jesus wendet sich besonders Menschen zu, die in der Gesellschaft nicht viel gelten. Er lehrt, dass wahre menschliche Größe sich im Dienen zeigt, nicht im Status. Selbst seine Jünger, die ihn ständig als Vorbild erleben, tun sich schwer, ihm darin zu folgen. Auch seine Wunder und die Ankündigungen, dass er leiden, sterben und auferstehen muss, verwirren sie. Bis zuletzt zweifeln sie an der Identität von Jesus.

Wie Markus das Leiden, Sterben und Auferstehen von Jesus schildert, entspricht der Darstellungsweise von Matthäus und Lukas. Bei der Beauftragung der Jünger betont Markus, dass sie verkündigen und heilen sollen; auch andere Zeichen werden bestätigen, dass Jesus durch sie wirkt. Dann kehrt Jesus zu Gott in den Himmel zurück, und die Jünger erfüllen ihren Auftrag. Die Apostelgeschichte erzählt ausführlich davon.

Wichtige Personen

Jesus Christus
Johannes der Täufer
Zwölf Apostel von Jesus: Kap. 3,16-19
Menschen, die Jesus hören oder von ihm geheilt werden
Pharisäer, Sadduzäer, Schriftgelehrte
Hoher Rat
Hoher Priester
Eine Dienerin und andere im Hof beim Haus des Hohen Priesters
(Pontius) Pilatus — römischer Statthalter von Judäa
Barabbas — freigelassener Verbrecher
Ein römischer Hauptmann und Soldaten, mit der Kreuzigung von Jesus beauftragt

Wichtige Orte

Galiläa — nördliche Region Israels
See Genezareth
Kapernaum — Wohnort von Jesus
Gebiet der Gerasener, heidnisch geprägt
Nazareth — Wohnort von Jesus
Gebiet um Cäsarea Philippi, heidnisch geprägt
Judäa — südliche Region Israels
Jerusalem
Betanien — Wohnort von Maria, Marta und Lazarus
Gebiet von Tyrus, heidnisch geprägt

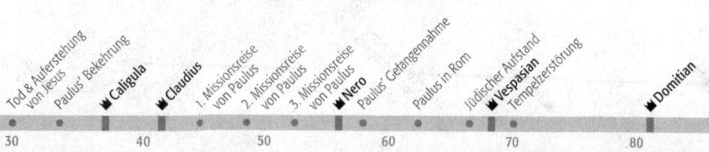

Das Evangelium von Markus

MARKUS

1,1-13	Einleitung
1,14–8,26	Jesus in Galiläa
8,27–10,52	Auf dem Weg ins Leiden
11–12	Jesus in Jerusalem
13	Jesus spricht über die Zukunft
14–16	Leiden, Tod und Auferstehung von Jesus

1

Ankündigung und Taufe von Jesus durch Johannes. Jesus beginnt zu predigen und zu heilen und beruft erste Jünger.

[Gottes Königsherrschaft und der Messias]

Markus 1,11

Gott redet

Hier wird den Lesern des Markusevangeliums der dreieinige Gott vorgestellt. Als der Geist Gottes auf Jesus herabkommt, spricht Gott der Vater zu seinem Sohn. Das himmlische Wort ist eine Liebeserklärung: »Du bist mein geliebter Sohn, an dir habe ich große Freude.« Die Bedeutung dieser Worte geht aber noch weit darüber hinaus.
Im Grundtext weisen diese Worte auf drei Schriftstellen des Alten Testaments hin. In Psalm 2,7 berichtet der Gesalbte Gottes (zunächst Israels König und darüber hinaus der Messias), was der Herr zu ihm sagte: »Du bist mein Sohn.« Er wird damit als Gottes siegender König eingesetzt. In 1. Mose 22,2 wird Abraham beauftragt, seinen Sohn zu nehmen – »den du so lieb hast« – und ihn Gott als Opfer darzubringen. Und in Jesaja 42,1 spricht Gott von seinem auserwählten Knecht, »der ihm Freude macht« und dem er seinen Geist schenkt. Dieser wird Gottes Willen tun. Jesus ist wahrhaftig der König, der geopferte Sohn, der geistererfüllte Knecht Gottes, der Gottes Willen tut.
(2. Korinther 4,6 ««« | »» Matthäus 11,25-27)

Markus 1,23-26

Gott befreit

Die Bibel verwendet Wörter und Begriffe, die widerspiegeln, wie die Menschen damals über verschiedene Dinge dachten. So wurde der Begriff »Aussatz« z.B. für alle Hautkrankheiten verwendet, gleichgültig ob ein Mensch nun unter einer schlimmen Krankheit wie Lepra (Hansen-Krankheit) oder unter einem einfachen Hautausschlag litt.
Der Begriff »Besessenheit« wird wohl ähnlich vielseitig verwendet. Ohne die Fähigkeit, genau zu unterscheiden, ob jemand nun wirklich von bösen Geistern gequält wurde oder unter einer psychischen Krankheit litt, sprachen die Menschen damals einfach vom »Dämonisiert-Sein« (so das griechische Wort). Vermutlich war das, worunter die Menschen litten, manchmal eine Mischung von bösen Mächten der geistlichen Welt und Ursachen oder Folgen, die heute in der Psychiatrie behandelt werden können.
Hier mischt sich ein »Dämon« ein, als Jesus predigt. Mit einem machtvollen Befehl bringt Jesus die böse Macht zum Schweigen, treibt sie aus und befreit den betroffenen Menschen.
(Lukas 19,10 ««« | »» Markus 3,27)

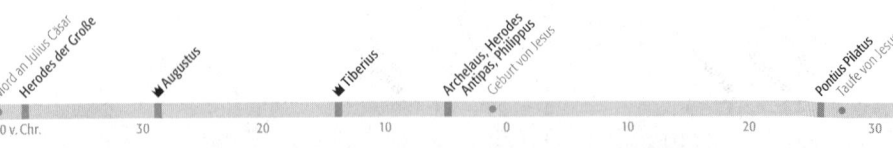

Johannes der Täufer kündigt Jesus an
Matthäus 3,1-12; Lukas 3,1-18 (Johannes 1,19-28)

1 So beginnt die gute Botschaft von Jesus Christus, dem Sohn Gottes.* ²Im Buch des Propheten Jesaja steht:

»Siehe, ich sende meinen Boten vor dir her. Er wird dir den Weg bereiten.*

³Er ist eine Stimme, die in der Wüste ruft: ›Schafft Raum für das Kommen des Herrn! Ebnet ihm den Weg!‹*«

⁴Dieser Bote war Johannes der Täufer. Er lebte in der Wüste und forderte die Menschen auf, sich taufen zu lassen als Zeichen dafür, dass sie sich von ihren Sünden abgekehrt und Gott zugewandt hatten, um Vergebung ihrer Sünden zu erhalten*. ⁵Aus ganz Jerusalem und Judäa strömten die Menschen in die Wüste hinaus, um Johannes zu sehen und zu hören. Und wenn sie ihre Sünden bekannten, taufte er sie im Jordan. ⁶Seine Kleider waren aus Kamelhaar gewebt, und er trug einen Ledergürtel; seine Nahrung bestand aus Heuschrecken und wildem Honig. ⁷Er verkündete: »Bald wird einer kommen, der stärker ist als ich; ich bin nicht einmal wert, sein Diener zu sein*. ⁸Ich habe euch nur mit* Wasser getauft, aber er wird euch mit dem Heiligen Geist taufen!«

Jesus lässt sich taufen
Matthäus 3,13-17; Lukas 3,21-22 (Johannes 1,29-34)

⁹Eines Tages kam Jesus aus Nazareth in Galiläa und ließ sich von Johannes im Jordan taufen. ¹⁰Als er aus dem Wasser stieg, sah er, wie der Himmel sich öffnete und der Heilige Geist wie eine Taube auf ihn herabkam. ¹¹Und aus dem Himmel sprach eine Stimme: »Du bist mein geliebter Sohn, an dir habe ich große Freude.«

Jesus wird in Versuchung geführt
Matthäus 4,1-11; Lukas 4,1-13

¹²Gleich darauf drängte der Heilige Geist Jesus, in die Wüste zu gehen. ¹³Vierzig Tage lang wurde er dort von Satan versucht. Er lebte mitten unter den wilden Tieren, und Engel sorgten für ihn.

Die ersten Jünger
Matthäus 4,12-22; Lukas 4,14-15; 5,1-11

¹⁴Nachdem Johannes durch Herodes Antipas verhaftet worden war, ging Jesus nach Galiläa, um dort die Botschaft Gottes zu predigen. ¹⁵»Jetzt ist die Zeit gekommen«, verkündete er. »Das Reich Gottes ist nahe*! Kehrt euch ab von euren Sünden und glaubt an diese gute Botschaft!«

¹⁶Eines Tages, als Jesus am Ufer des Sees Genezareth entlangging, sah er Simon* und seinen Bruder Andreas. Sie warfen gerade ihr Netz aus, denn sie waren Fischer. ¹⁷Jesus rief ihnen zu: »Kommt mit und folgt mir nach. Ich will euch zeigen, wie man Menschen fischt!« ¹⁸Sofort ließen sie ihre Netze liegen und folgten ihm nach.

¹⁹Nicht weit davon entfernt sah Jesus die Söhne des Zebedäus, Jakobus und Johannes. Sie saßen in einem Boot und flickten ihre Netze. ²⁰Auch sie forderte er auf, mit ihm zu kommen. Und ohne zu zögern ließen sie ihren Vater Zebedäus bei den Tagelöhnern im Boot zurück und gingen mit ihm.

Jesus treibt einen bösen Geist aus
Lukas 4,31-37

²¹Sie kamen in die Stadt Kapernaum. Am Sabbat ging Jesus in die Synagoge und lehrte dort die Menschen. ²²Sie waren von seiner Lehre überwältigt, denn er sprach – anders als die Schriftgelehrten – mit Vollmacht.

²³In der Synagoge war ein Mann, der von einem bösen Geist besessen war. ²⁴Er fing an zu rufen: »Was willst du von uns, Jesus von Nazareth? Bist du gekommen, um uns zu vernichten? Ich weiß, wer du bist – der Heilige Gottes, den er gesandt hat!«

²⁵»Schweig!«, herrschte Jesus ihn an. »Verlass diesen Mann.« ²⁶Da schüttelte der böse Geist den Mann hin und her, schrie auf und verließ ihn.

²⁷Staunen erfasste die Zuschauer, und sie redeten untereinander darüber. »Was ist das für eine neue Lehre, die so viel Vollmacht hat?«, fragten sie einander aufgeregt. »Sogar böse Geister gehorchen seinem Befehl!« ²⁸Und die Nachricht von dem, was Jesus getan hatte, verbreitete sich rasch in ganz Galiläa.

Jesus heilt viele Menschen
V.29-31: Matthäus 8,14-15; Lukas 4,38-39

²⁹Nachdem Jesus und seine Jünger die Synagoge verlassen hatten, gingen sie zum Haus von Simon und Andreas; auch Jakobus und Johannes kamen mit. ³⁰Simons Schwiegermutter war krank und lag mit hohem Fieber im Bett. Sofort erzählten sie Jesus von ihr. ³¹Er trat an ihr Bett, nahm ihre Hand und half ihr, sich aufzusetzen. Da verschwand das Fieber, und sie stand auf und machte ihnen etwas zu essen.

1,1 In manchen Handschriften fehlt die Wendung *Sohn Gottes*. **1,2** Maleachi 3,1. **1,3** Jesaja 40,3. **1,4** Griech. *predigte eine Taufe der Buße für die Vergebung der Sünden*. **1,7** Griech. *niederzuknien und ihm die Sandalen umzubinden*. **1,8** O. *in*. **1,15** Griech. *Das Reich Gottes ist [zu euch] gekommen*. **1,16** Simon wird ab 3,16 *Petrus* genannt.

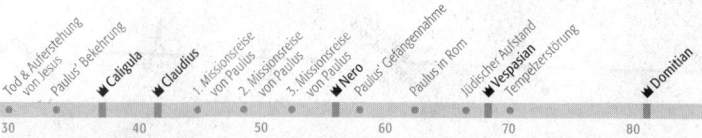

MARKUS

1,1–13	Einleitung
1,14–8,26	Jesus in Galiläa
8,27–10,52	Auf dem Weg ins Leiden
11–12	Jesus in Jerusalem
13	Jesus spricht über die Zukunft
14–16	Leiden, Tod und Auferstehung von Jesus

1–3
Jesus predigt und heilt. Jesus beruft Levi als Jünger. Jesus spricht über den Sabbat.

[Gottes Königsherrschaft und der Messias]

---

32 Am Abend nach Sonnenuntergang brachte man alle Kranken und von Dämonen besessenen Menschen zu Jesus. 33 Vor dem Haus versammelte sich eine große Menschenmenge, Leute aus ganz Kapernaum waren gekommen. 34 Jesus heilte viele Menschen, die an den verschiedensten Krankheiten litten, und befahl vielen Dämonen, ihre Opfer zu verlassen. Den Dämonen verbot er zu sprechen, denn sie wussten, wer er war.

Jesus predigt in Galiläa
Matthäus 4,23-25; 8,16-17; Lukas 4,40-44

35 Am nächsten Morgen ging Jesus allein an einen einsamen Ort, um zu beten. 36 Später suchten ihn Simon und die anderen. 37 Als sie ihn gefunden hatten, sagten sie zu ihm: »Alle fragen nach dir.«
38 Doch er entgegnete: »Wir müssen auch in die anderen Städte gehen, damit ich auch dort predige; denn dazu bin ich gekommen.« 39 Und so zog er durch das ganze Gebiet von Galiläa, predigte in den Synagogen und trieb bei vielen Menschen Dämonen aus.

Jesus heilt einen Leprakranken
Matthäus 8,1-4; Lukas 5,12-16

40 Ein Aussätziger kam zu Jesus, kniete vor ihm nieder und bat ihn, ihn zu heilen. »Wenn du willst, kannst du mich gesund machen*«, sagte er.
41 Jesus hatte Mitleid mit ihm* und berührte ihn. »Ich will es tun«, sagte er. »Sei gesund!«*
42 Im selben Augenblick verschwand der Aussatz und der Mann war geheilt. 43 Daraufhin schickte Jesus ihn sofort weg und befahl ihm: 44 »Geh zum Priester und lass dich von ihm untersuchen. Sprich unterwegs mit niemandem. Nimm das Opfer mit, das Mose für die Heilung von Aussatz vorgeschrieben hat. Das soll für alle ein Beweis deiner Heilung sein.«
45 Doch als der Mann wegging, fing er sofort an, überall zu erzählen, was ihm widerfahren war, sodass Jesus sich bald in keiner Stadt mehr öffentlich zeigen konnte und sich nur noch an abgeschiedenen Orten aufhielt. Aber auch dort strömten die Menschen von überall her zu ihm.

Jesus heilt einen Gelähmten
Matthäus 9,1-8; Lukas 5,17-26

2 Einige Tage später kehrte Jesus nach Kapernaum zurück. Die Nachricht von seiner

---

1,40 Griech. *reinigen* **1,41a** In einigen Handschriften heißt es *Jesus war von Zorn bewegt.* **1,41b** Griech. *Werde rein!*

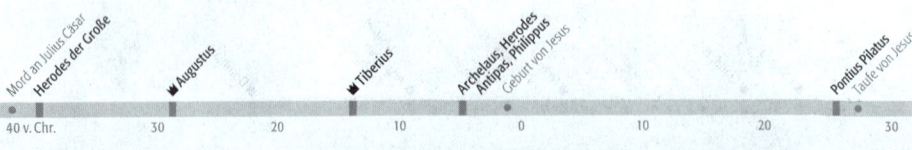

Ankunft verbreitete sich schnell in der ganzen Stadt.* ²Es dauerte nicht lange, da war das Haus, in dem er wohnte, von Besuchern überfüllt, sodass kein Einziger mehr Platz hatte, nicht einmal draußen vor der Tür. Und er verkündete ihnen Gottes Wort. ³Da kamen vier Männer, die einen Gelähmten auf einer Matte trugen. ⁴Es gelang ihnen nicht, durch die Menge zu Jesus vorzudringen, deshalb deckten sie das Dach über ihm ab. Dann ließen sie durch die Öffnung den Kranken auf seiner Matte hinunter. ⁵Als Jesus ihren Glauben sah, sagte er zu dem Gelähmten: »Mein Sohn, deine Sünden sind dir vergeben.«

⁶Doch einige Schriftgelehrte, die dabeisaßen, dachten: ⁷»Wie kann er so etwas sagen? Das ist doch Gotteslästerung! Nur Gott allein kann Sünden vergeben!«

⁸Jesus wusste, was in ihnen vorging, und sagte: »Warum macht ihr euch in euren Herzen solche Gedanken? ⁹Ist es leichter, zu dem Gelähmten zu sagen: ›Deine Sünden sind dir vergeben‹ oder: ›Steh auf, nimm deine Matte und geh‹? ¹⁰Ich werde euch beweisen, dass der Menschensohn auf der Erde die Vollmacht besitzt, Sünden zu vergeben.« Und er wandte sich dem Gelähmten zu und sagte zu ihm: ¹¹»Steh auf, nimm deine Matte und geh nach Hause, denn du bist geheilt!«

¹²Der Mann sprang auf, nahm die Matte und bahnte sich einen Weg durch die staunende Menge. Da lobten sie alle Gott. »So etwas haben wir noch nie gesehen!«, riefen sie.

Jesus beruft Levi (Matthäus)
Matthäus 9,9-13; Lukas 5,27-32

¹³Danach kehrte Jesus zurück ans Ufer des Sees und lehrte die Menschen, die sich um ihn versammelten. ¹⁴Als er weiterging, sah er Levi, den Sohn des Alphäus, am Zollhaus sitzen. »Komm, folge mir nach«, sagte Jesus zu ihm. Da stand Levi auf und folgte ihm nach.

¹⁵Danach lud Levi Jesus und seine Jünger zum Essen ein. Er bat auch viele Steuereintreiber und andere Menschen, die als Sünder galten, dazu. Viele von ihnen gehörten zu der Menge, die Jesus folgte. ¹⁶Als nun aber einige der Schriftgelehrten, die zu den Pharisäern* gehörten, sahen, dass Jesus mit diesen Leuten aß, sagten sie zu seinen Jüngern: »Warum isst er mit diesem Abschaum*?«

¹⁷Als Jesus das hörte, sagte er zu ihnen: »Die Gesunden brauchen keinen Arzt – wohl aber die Kranken. Ich bin gekommen, um Sünder zu rufen, nicht Menschen, die sich schon für gut genug halten.«

Ein Gespräch über das Fasten
Matthäus 9,14-17; Lukas 5,33-39

¹⁸Die Jünger des Johannes und die Pharisäer fasteten regelmäßig. Eines Tages kamen einige Leute zu Jesus und fragten: »Warum fasten die Jünger von Johannes und die Pharisäer, deine Jünger aber nicht?«

¹⁹Jesus erwiderte: »Fasten denn die Hochzeitsgäste, während sie mit dem Bräutigam feiern? Natürlich nicht. Sie können nicht fasten, solange sie mit dem Bräutigam zusammen sind. ²⁰Doch eines Tages wird er ihnen genommen werden, und dann werden sie fasten. ²¹Niemand flickt ein altes Kleidungsstück mit neuem Stoff. Der neue Flicken würde einreißen und schließlich wäre das Loch im alten Kleidungsstück größer als zuvor. ²²Es füllt auch niemand neuen Wein in alte Weinschläuche. Sie würden platzen, der Wein würde auslaufen und die Schläuche wären verdorben. Neuer Wein gehört in neue Weinschläuche.«

Ein Gespräch über den Sabbat
V. 2,23–3,6: Matthäus 12,1-14; Lukas 6,1-11

²³Als Jesus an einem Sabbat durch die Kornfelder ging, fingen seine Jünger an, Weizenähren abzureißen. ²⁴Da sagten die Pharisäer zu Jesus: »Das dürfen sie nicht! Es ist gegen das Gesetz, am Sabbat zu arbeiten und Getreide zu ernten.«

²⁵Doch Jesus entgegnete: »Habt ihr nie in der Schrift gelesen, was David tat, als er und seine Begleiter hungrig waren? ²⁶Er ging in das Haus Gottes (zu der Zeit, als Abjatar Hoher Priester war), aß das besondere Brot, das nur den Priestern vorbehalten ist, und gab auch seinen Begleitern davon. Auch das war ein Verstoß gegen das Gesetz.« ²⁷Und er fuhr fort: »Der Sabbat wurde zum Wohl des Menschen gemacht und nicht der Mensch für den Sabbat. ²⁸Und deshalb ist der Menschensohn auch Herr über den Sabbat!«

Jesus heilt am Sabbat

3 Wieder ging Jesus in die Synagoge. Dort bemerkte er einen Mann mit einer verkrüppelten Hand. ²Seine Gegner beobachteten ihn ganz genau. Wenn er am Sabbat die Hand des Mannes heilen würde, dann könnten sie ihn anklagen. ³Jesus sagte zu dem Mann: »Komm her und tritt

---

2,1 Griech. *Es wurde über ihn gehört, dass er im Haus ist.* **2,16a** Griech. *die Schriftgelehrten der Pharisäer.* **2,16b** Griech. *mit Steuereinnehmern und Sündern.*

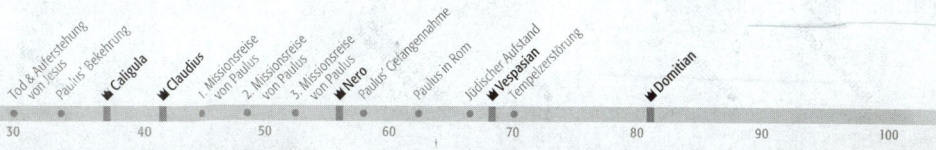

MARKUS

1,1-13	Einleitung
1,14–8,26	Jesus in Galiläa
8,27–10,52	Auf dem Weg ins Leiden
11–12	Jesus in Jerusalem
13	Jesus spricht über die Zukunft
14–16	Leiden, Tod und Auferstehung von Jesus

3–4
Heilungen. Erwählung der zwölf Jünger. Jesus spricht über Dämonen und über seine Familie. Gleichnis von der ausgestreuten Saat.

[Gottes Königsherrschaft und der Messias]

in die Mitte.« ⁴Dann wandte er sich an seine Gegner und fragte: »Ist es nach dem Gesetz erlaubt, am Sabbat Gutes zu tun, oder ist es ein Tag, um Böses zu tun? Ist dies der Tag, um Leben zu retten oder zu vernichten?« Doch sie schweigen. ⁵Zornig und erschüttert über ihre Hartherzigkeit sah er sie an. Dann forderte er den Mann auf: »Streck deine Hand aus.« Der Mann streckte seine Hand aus und sie wurde wieder gesund! ⁶Daraufhin zogen sich die Pharisäer zurück und trafen sich heimlich mit den Anhängern des Herodes, um zu planen, wie sie Jesus töten könnten.

Eine große Menschenmenge folgt Jesus
Matthäus 12,15-21; Lukas 6,17-19

⁷Jesus zog sich mit seinen Jüngern an den See zurück. Eine riesige Menschenmenge aus ganz Galiläa, Judäa, ⁸Jerusalem, Idumäa, aus dem Gebiet östlich des Jordan und sogar aus den fernen Städten Tyrus und Sidon folgte ihm. Die Nachricht von seinen Wundern hatte sich überall verbreitet, und die Menschen kamen scharenweise zu ihm.

⁹Jesus beauftragte seine Jünger, ein Boot bereitzuhalten, falls die Menge der Menschen ihn zu erdrücken drohte. ¹⁰Weil Jesus so viele Menschen heilte, drängten sich viele Kranke um ihn und versuchten, ihn zu berühren. ¹¹Und alle, die von bösen Geistern besessen waren, fielen vor ihm nieder und schrien: »Du bist der Sohn Gottes!« ¹²Aber Jesus verbot ihnen streng zu sagen, wer er war.

Markus 3,27

Gott befreit

»Binden« und »Lösen« waren damals Begriffe, die für eine ethische Entscheidungsfindung (wie in Mt 18,18), aber auch für den Kampf gegen das Böse (wie in Mt 16,19 und hier) verwendet wurden. Der »starke Mann« in diesem Text (Satan) »bindet« und hält seine Opfer gefangen. Um diese zu »lösen« (befreien), muss jemand kommen, der stärker als Satan ist, und diesen »binden«. Erst dann können die von Satan »gebundenen« Menschen befreit werden. Dies tat Jesus, als er Menschen von der Macht böser Geister befreite.
Die Gegner von Jesus behaupteten jedoch, dass Jesus mit dem Teufel einen Pakt geschlossen habe oder selbst »besessen« sei und dass daher sein Befreiungsdienst Betrug und Hinterlist sei. Jesus erklärt hier, dass er mit der vom Heiligen Geist gegebenen Vollmacht genau das Gegenteil dessen tue, was der Feind Gottes bewirkt. Dieser bindet Menschen. Jesus befreit sie wieder und zeigt so, dass Gottes Reich angebrochen ist (Lk 12,20).
(Markus 1,23-26 «« | »» Lukas 13,16)

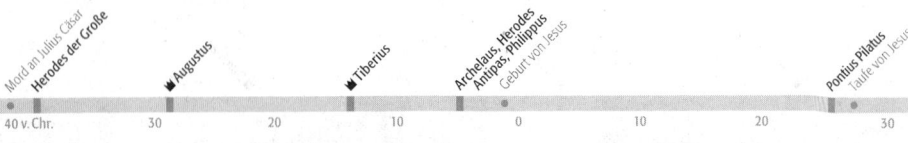

Jesus wählt die zwölf Apostel aus

Matthäus 10,1-4; Lukas 6,12-16; (Apostelgeschichte 1,13)

¹³Später stieg Jesus auf einen Berg und rief die zu sich, die er bei sich haben wollte. Sie traten zu ihm. ¹⁴Er wählte zwölf von ihnen aus, die ihn ständig begleiten sollten, und nannte sie Apostel.* Er wollte sie aussenden, damit sie predigen und ¹⁵mit Vollmacht Dämonen austreiben. ¹⁶Und das sind die Namen der zwölf, die er wählte:

Simon (dem er den Namen Petrus gab), ¹⁷Jakobus und Johannes (die Söhne des Zebedäus; ihnen gab er den Beinamen »Donnersöhne«*), ¹⁸Andreas, Philippus, Bartholomäus, Matthäus, Thomas, Jakobus (der Sohn des Alphäus), Thaddäus, Simon (der Zelot*) ¹⁹und Judas Iskariot (der ihn später verriet).

Jesus und der Oberste der Dämonen

Matthäus 12,22-37; Lukas 11,14-23

²⁰Als Jesus in das Haus zurückkehrte, in dem er wohnte, kamen wieder so viele Menschen zu ihm, dass er und seine Jünger nicht einmal Zeit fanden zu essen. ²¹Als seine Familie davon hörte, wollten sie ihn zu sich nach Hause holen. »Er hat den Verstand verloren«, meinten sie.

²²Doch die Schriftgelehrten, die aus Jerusalem gekommen waren, erklärten: »Er ist von Satan*, dem Obersten der Dämonen, besessen. Daher hat er die Macht, Dämonen auszutreiben.«

²³Jesus aber rief sie zu sich und erzählte ihnen folgendes Gleichnis: »Wie kann denn der Satan den Satan austreiben?«, fragte er. ²⁴»Ein Königreich, das mit sich selbst im Krieg liegt, wird fallen. ²⁵Ein Haus, das in sich selbst zerstritten ist, wird untergehen. ²⁶Und wenn Satan gegen sich selbst kämpft, wie kann er dann bestehen? Er würde niemals überleben. ²⁷Lasst es mich euch so erklären: Man kann nicht in das Haus eines starken Mannes eindringen und ihn berauben, ohne ihn zuerst zu fesseln. Erst dann kann man sein Haus ausrauben!*

²⁸Ich versichere euch: Jede Sünde kann den Menschen vergeben werden und auch jede Gotteslästerung. ²⁹Wer aber gegen den Heiligen Geist lästert, dem wird niemals vergeben werden. Diese Sünde währt ewig.« ³⁰Das sagte er zu ihnen, weil sie behaupteten, er habe einen bösen Geist.

Die wahre Familie von Jesus

Matthäus 12,46-50; Lukas 8,19-21

³¹Seine Mutter und seine Brüder kamen zu dem Haus, in dem Jesus lehrte. Sie blieben draußen stehen und schickten jemand zu ihm, um ihn zu rufen. ³²Viele Menschen saßen dicht gedrängt um Jesus herum, als ihm ausgerichtet wurde: »Deine Mutter und deine Brüder und Schwestern* stehen draußen und fragen nach dir.«

³³Da erwiderte Jesus: »Wer ist meine Mutter? Wer sind meine Brüder?« ³⁴Dann sah er die an, die rings um ihn herum saßen, und sagte: »Diese Leute hier sind meine Mutter und meine Brüder. ³⁵Wer den Willen Gottes tut, ist mein Bruder und meine Schwester und meine Mutter.«

Das Gleichnis vom Bauern, der die Saat ausstreute

Matthäus 13,1-23; Lukas 8,4-15

4 Wieder einmal fing Jesus an, am Ufer des Sees zu lehren. Die Menschenmenge, die ihn umdrängte, war jedoch so groß, dass er in ein Boot stieg, sich setzte und von dort aus zu ihnen sprach. ²Er brachte den Menschen seine Lehre nahe, indem er ihnen viele Gleichnisse wie das folgende erzählte:

³»Hört zu! Ein Bauer ging hinaus, um zu säen. ⁴Manche der Samenkörner, die er auf dem Feld ausstreute, fielen auf den Weg, und die Vögel kamen und fraßen sie. ⁵Andere fielen auf eine dünne Erdschicht mit felsigem Untergrund. Die Pflanzen keimten, ⁶doch unter der heißen Sonne verdorrten sie rasch und starben ab, weil die Wurzeln in der dünnen Erdkruste keine Nahrung fanden. ⁷Andere fielen unter die Dornen, die rasch in die Höhe schossen und die zarten Halme erstickten, sodass sie keine Ähren trugen. ⁸Wieder andere fielen auf fruchtbaren Boden und brachten eine Getreideernte mit dem dreißig-, sechzig- ja hundertfachen Ertrag ein.« ⁹Und er schloss mit den Worten: »Wer hören will, der soll zuhören und begreifen!«

¹⁰Als Jesus später mit den zwölf Jüngern und den anderen, die sich um ihn versammelt hatten, allein war, fragten sie ihn: »Was bedeuten deine Gleichnisse?«

¹¹Er erwiderte: »Euch ist es von Gott gegeben,

3,14 In einigen Handschriften fehlt die Wendung *und nannte sie Apostel.* **3,17** Griech. *die er Boanerges nannte, das bedeutet Söhne des Donners.* **3,18** Griech. *der Kananäer.* **3,22** Griech. *Beelzebul.* **3,27** O. *Man kann Satans Königreich nicht berauben, ohne ihn zuerst zu fesseln. Erst dann können seine Dämonen ausgetrieben werden.* **3,32** In einigen Handschriften fehlt die Wendung *und Schwestern.*

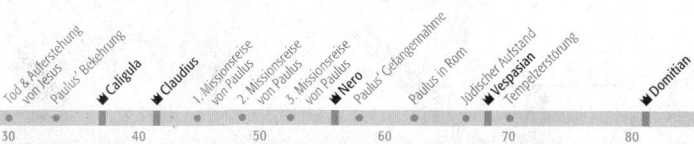

MARKUS

1,1-13	Einleitung
1,14–8,26	Jesus in Galiläa
8,27–10,52	Auf dem Weg ins Leiden
11–12	Jesus in Jerusalem
13	Jesus spricht über die Zukunft
14–16	Leiden, Tod und Auferstehung von Jesus

4–5
Gleichnisse: Vom Licht, der wachsenden Saat und vom Senfkorn. Sturmstillung und Heilung eines Besessenen.

[Gottes Königsherrschaft und der Messias]

die Geheimnisse des Reiches Gottes zu verstehen. Allen anderen aber werden sie in Gleichnissen verborgen erzählt, ¹²damit sich das Schriftwort erfüllt:

›Sie sehen, was ich tue, aber sie begreifen nicht, was es bedeutet. Sie hören meine Worte, aber sie verstehen sie nicht. Deshalb werden sie sich nicht von ihren Sünden abkehren und keine Vergebung empfangen.‹*

¹³Aber wenn auch ihr dieses Gleichnis nicht versteht, wie wollt ihr dann die anderen Gleichnisse verstehen, die ich noch erzählen werde? ¹⁴Der Bauer, von dem ich sprach, ist derjenige, der anderen Menschen Gottes Botschaft bringt. ¹⁵Der Same, der auf den harten Weg fällt, meint die Menschen, die die Botschaft hören; doch gleich kommt Satan und nimmt ihnen alles weg. ¹⁶Die dünne Erdschicht mit dem felsigen Untergrund ist ein Beispiel für die Menschen, die die Botschaft hören und mit Freude aufnehmen. ¹⁷Aber wie bei jungen Pflanzen in einem solchen Boden reichen ihre Wurzeln nicht sehr tief; wenn sie wegen ihres Glaubens auf Schwierigkeiten stoßen oder verfolgt werden, geben sie wieder auf. ¹⁸Der mit Dornen bewachsene Boden verweist auf die Menschen, die die gute Botschaft hören und annehmen, ¹⁹doch sie wird von Alltagssorgen, den Verlockungen des Reichtums und dem Verlangen nach schönen Dingen übertönt, sodass keine Frucht daraus entstehen kann. ²⁰Der gute Boden aber meint schließlich die Menschen, die Gottes Botschaft hören und annehmen und reiche Frucht bringen – dreißig-, sechzig-, ja hundertmal so viel, wie gesät wurde.«

Das Gleichnis von der Lampe
Lukas 8,16-18

²¹Dann fragte Jesus sie: »Würde etwa jemand eine Lampe anzünden und sie dann unter ein Gefäß oder ein Bett stellen, um das Licht zu verbergen? Natürlich nicht! Eine Lampe wird auf einen Ständer gestellt, wo ihr Licht leuchten kann.

²²Alles, was jetzt noch verborgen ist, wird ans Licht kommen, und was jetzt noch geheim ist, wird aufgedeckt werden. ²³Wer hören will, soll zuhören und begreifen! ²⁴Und hört genau hin! Der Maßstab, mit dem ihr andere beurteilt, wird an euch angelegt werden – und es wird euch noch mehr gegeben werden. ²⁵Dem, der für meine Lehre offen ist, wird immer tiefere Erkenntnis geschenkt werden. Dem aber, der nicht zuhören will, wird selbst das genommen werden, was er hat.*«

4,12 Jesaja 6,9-10. **4,25** Griech. *Denn wer hat, dem wird gegeben werden; und wer nicht hat, dem wird auch das noch genommen werden.*

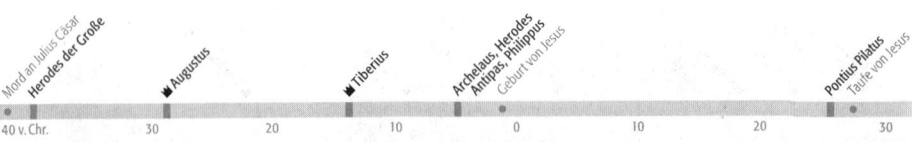

Das Gleichnis von der heranwachsenden Saat

²⁶Jesus fuhr fort: »Ich erzähle euch noch ein Gleichnis für das Reich Gottes: Ein Bauer streute Saatgut auf einem Feld aus. ²⁷Ob er nun schlief oder aufstand – die Tage vergingen, die Saat keimte und wuchs ohne das Zutun des Bauern heran, ²⁸denn die Erde bringt das Getreide ganz von selbst hervor. Zuerst sprießt ein Halm, dann bilden sich die Ähren und zum Schluss reift das Korn heran. ²⁹Und sobald das Korn reif ist, kommt der Bauer und erntet es mit der Sichel.«

Das Gleichnis vom Senfkorn

Matthäus 13,31-35; Lukas 13,18-21

³⁰Jesus fragte: »Wie kann ich das Reich Gottes noch beschreiben? Womit könnte ich es vergleichen? ³¹Es ist wie ein winziges Senfkorn. Obwohl das Senfkorn zu den kleinsten Samenkörnern gehört, ³²wächst es doch zu einer der größten Pflanzen heran, mit langen Zweigen, in denen die Vögel Zuflucht finden.«

³³Jesus verwendete viele solcher Gleichnisse, um die Menschen so zu lehren, dass sie es begreifen konnten. ³⁴In der Öffentlichkeit lehrte er ausschließlich durch Gleichnisse. Wenn er aber später mit seinen Jüngern allein war, erklärte er ihnen ihre Bedeutung.

Jesus stillt den Sturm

Matthäus 8,23-27; Lukas 8,22-25

³⁵Als es Abend wurde, sagte Jesus zu seinen Jüngern: »Wir wollen auf die andere Seite des Sees fahren.« ³⁶Jesus war schon im Boot. So entließen die Jünger die Menge, stiegen zu ihm ins Boot und fuhren los. Einige andere Boote fuhren mit ihnen. ³⁷Doch bald darauf erhob sich ein heftiger Sturm, und hohe Wellen schlugen ins Boot, bis es fast ganz voll Wasser gelaufen war.

³⁸Währenddessen schlief Jesus hinten im Boot mit dem Kopf auf einem Kissen. In ihrer Verzweiflung weckten sie ihn schließlich und riefen: »Lehrer, macht es dir denn gar nichts aus, dass wir umkommen?«

³⁹Jesus erwachte, bedrohte den Wind und befahl dem Wasser: »Schweig! Sei still!« Sogleich legte sich der Wind, und es herrschte tiefe Stille. ⁴⁰Und er fragte die Jünger: »Warum seid ihr so ängstlich? Habt ihr immer noch keinen Glauben?« ⁴¹Voll Furcht sagten sie zueinander: »Wer ist dieser Mann, dass ihm sogar Wind und Wellen gehorchen?«

Jesus heilt einen Besessenen

Matthäus 8,28-34; Lukas 8,26-39

5 So gelangten sie an die andere Seite des Sees ins Gebiet der Gerasener*. ²Jesus war kaum aus dem Boot gestiegen, als ihm von den Grabhöhlen her ein Mann entgegenlief, der von einem bösen Geist besessen war. ³Dieser Mann lebte in den Höhlen und war selbst mit einer Kette von niemandem mehr zu halten. ⁴Jedes Mal, wenn man ihn in Fesseln legte – was oft geschah –, streifte er die Ketten von den Handgelenken und zerriss die Fußfesseln. Niemand war stark genug, ihn zu bändigen. ⁵Tag und Nacht war er in den Grabhöhlen und wanderte durch die umliegenden Hügel, schrie und schlug sich selbst mit Steinen.

⁶Der Mann entdeckte Jesus schon von Weitem. Er lief auf ihn zu, warf sich vor ihm nieder, ⁷stieß einen schrecklichen Schrei aus und rief: »Was willst du von mir, Jesus, Sohn des höchsten Gottes? Ich beschwöre dich bei Gott: Quäle mich nicht!« ⁸Denn Jesus hatte schon dem Geist befohlen: »Verlass diesen Mann, du böser Geist.«

⁹Dann fragte Jesus: »Wie heißt du?«

Der Geist erwiderte: »Legion, denn in diesem Mann sind viele von uns.« ¹⁰Wieder und wieder flehte er ihn an, sie nicht aus dieser Gegend fortzuschicken. ¹¹In der Nähe weidete gerade eine große Schweineherde an einem Abhang. ¹²»Lass uns in diese Schweine fahren«, flehten die Geister. ¹³Jesus erlaubte es ihnen. Da fuhren die bösen Geister aus dem Mann in die Schweine, und die ganze Herde von zweitausend Tieren stürzte sich den steilen Abhang hinunter in den See und ertrank.

¹⁴Die Hirten flohen und erzählten in der Stadt und in der ganzen Gegend, was geschehen war. Da kamen die Menschen von überall herbeigelaufen, um es mit eigenen Augen zu sehen. ¹⁵Schon bald hatte sich eine große Menge um Jesus versammelt. Der Mann, der von Dämonen besessen gewesen war, saß ordentlich gekleidet da und war bei klarem Verstand. Als das die Leute sahen, bekamen sie Angst. ¹⁶Diejenigen, die miterlebt hatten, was mit dem Mann und den Schweinen geschehen war, erzählten es den anderen. ¹⁷Da baten sie Jesus fortzugehen und sie in Ruhe zu lassen.

¹⁸Als Jesus wieder ins Boot stieg, bat ihn der Mann, der von Dämonen besessen gewesen war, mit ihm gehen zu dürfen. ¹⁹Doch Jesus sagte zu ihm: »Nein. Geh nach Hause zu deiner Familie

---

5,1 In manchen Handschriften heißt es *Gadarener*, in anderen *Gergesener*; s. Matthäus 8,28 und Lukas 8,26.

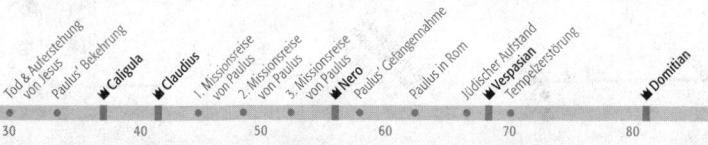

MARKUS

1,1-13	Einleitung
1,14–8,26	Jesus in Galiläa
8,27–10,52	Auf dem Weg ins Leiden
11–12	Jesus in Jerusalem
13	Jesus spricht über die Zukunft
14–16	Leiden, Tod und Auferstehung von Jesus

5–6
Heilung einer Frau und eines Mädchens. Jesus wird in seiner Heimat abgelehnt. Aussendung der Jünger. Das Ende von Johannes.

[Gottes Königsherrschaft und der Messias]

und erzähle ihnen, was der Herr für dich getan hat und wie gnädig er gewesen ist.« [20]Da wanderte der Mann durch das Gebiet der Zehn Städte* und erzählte allen Menschen von dem, was Jesus für ihn getan hatte; und alle staunten über das, was er ihnen berichtete.

Heilung durch Glauben
Matthäus 9,18-26; Lukas 8,40-56
[21]Als Jesus auf die andere Seite des Sees zurückkehrte, versammelte sich eine große Menge am Ufer um ihn. [22]Einer der Vorsteher der örtlichen Synagoge, ein Mann namens Jaïrus, kam zu ihm, fiel vor ihm nieder [23]und bat ihn inständig, seine kleine Tochter zu heilen. »Sie liegt im Sterben«, sagte er verzweifelt. »Bitte, komm und lege ihr deine Hände auf; mach sie gesund, damit sie am Leben bleibt.«

[24]Jesus ging mit ihm, gefolgt von einer dichten Menschenmenge. [25]In der Menge war auch eine Frau, die seit zwölf Jahren an Blutungen litt. [26]Sie hatte in dieser Zeit bei vielen Ärzten Schlimmes durchgemacht. Ihr ganzes Vermögen hatte sie eingebüßt, um sie zu bezahlen, ohne dass es ihr besser ging. Es war sogar schlimmer geworden. [27]Diese Frau hatte von Jesus gehört. Sie kämpfte sich durch die Menge in seine Nähe und berührte den Saum seines Gewandes. [28]Denn sie sagte sich: »Wenn ich nur seine Kleider berühre, werde ich gesund.« [29]Und im sel-

5,20 Griech. *Dekapolis.*

Markus 5,25-34

Gott befreit
Eine Frau wird hier wieder eingegliedert ins normale Leben. Jahrelang hat die Gesellschaft sie ausgeschlossen. In der Öffentlichkeit musste sie »unrein, unrein!« schreien und alle Menschen wichen vor ihr zurück. Sie durfte weder berührt werden noch am religiösen Leben teilnehmen. Vergebliche Heilungsversuche hatten sie gedemütigt und finanziell ruiniert.
Diese Frau hört, dass Jesus Heilungskräfte habe. Sie geht das große Risiko der Entdeckung ein, drängt sich durch die Menge und berührt Jesus mit dem Glauben, dass er sie heilen könne. Jesus bestätigt ihren Glauben und sie wird sofort geheilt (V. 29). Aber der Bericht geht weiter. Jesus will, dass die ganze Menge von ihrer Heilung und ihrem Glauben erfährt. In V. 34 redet er sie als »Tochter« an. Alle sollen wissen, dass sie jetzt befreit, geheilt und gerettet wurde und dass sie wieder voll zu Gottes Familie und ihrer Gemeinschaft gehört. »Geh in Frieden« heißt hier: Erfahre jetzt das umfassende Wohlergehen, das »Shalom« genannt wird.
(Lukas 13,16 ‹‹ | ››› Matthäus 9,13)

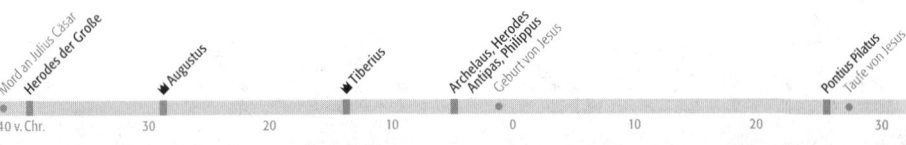

ben Augenblick hörte die Blutung auf, und sie spürte, dass sie geheilt war!

³⁰Jesus merkte sofort, dass eine heilende Kraft von ihm ausgegangen war. Er wandte sich um und fragte: »Wer hat meine Kleider berührt?«

³¹Seine Jünger sagten zu ihm: »Die Menschen umdrängen dich von allen Seiten, wie kannst du da fragen: ›Wer hat mich berührt?‹«

³²Aber er schaute weiter umher, um festzustellen, wer es gewesen war. ³³Zitternd vor Angst trat die Frau auf ihn zu, denn sie wußte, was mit ihr geschehen war. Sie warf sich ihm zu Füßen und sagte ihm, was sie getan hatte. ³⁴Und er sagte zu ihr: »Tochter, dein Glaube hat dich gesund gemacht. Geh in Frieden. Du bist geheilt.«

³⁵Während Jesus noch mit ihr sprach, trafen Boten vom Haus des Jaïrus ein mit der Nachricht: »Deine Tochter ist tot. Du brauchst den Lehrer nicht mehr zu bemühen.«

³⁶Doch Jesus ging über ihre Worte hinweg und sagte zu Jaïrus: »Hab keine Angst. Glaube nur.« ³⁷Er wies die Menge an zurückzubleiben und nahm nur Petrus, Jakobus und Johannes, den Bruder des Jakobus, mit. ³⁸Als sie zum Haus des Synagogenvorstehers kamen, sah Jesus die aufgeregte Menge und die vielen weinenden und klagenden Menschen. ³⁹Er ging hinein und sagte zu ihnen: »Warum sind alle so aufgeregt und weinen? Das Kind ist nicht tot; es schläft nur.«

⁴⁰Da lachten sie ihn aus, aber er schickte sie alle hinaus. Zusammen mit dem Vater und der Mutter des Mädchens und seinen drei Jüngern ging er in das Zimmer, in dem das Kind lag. ⁴¹Er nahm seine Hand und sagte zu ihm: »Mädchen, ich befehle dir, steh auf!«* ⁴²Sofort stand das Mädchen auf und ging umher; es war zwölf Jahre alt! Und alle waren sehr darüber erstaunt. ⁴³Jesus befahl ihnen, niemandem zu erzählen, was geschehen war, und sagte, sie sollten ihr etwas zu essen geben.

Jesus wird in Nazareth abgelehnt
Matthäus 13,53-58; vgl. Lukas 4,16-30

6 Jesus verließ diesen Teil des Landes und kehrte mit seinen Jüngern in seine Heimatstadt Nazareth zurück. ²Am folgenden Sabbat begann er in der Synagoge zu lehren. Viele der Zuhörer waren sehr erstaunt. Sie fragten: »Wo hat er nur diese Weisheit her und die Macht, solche Wunder zu tun? ³Er ist doch nur ein Zimmermann, der Sohn Marias und der Bruder von Jakobus, Josef*, Judas und Simon. Auch seine Schwestern leben hier unter uns.« Und sie ärgerten sich über ihn.

⁴Da sagte Jesus zu ihnen: »Ein Prophet wird überall verehrt, nur nicht in seiner eigenen Heimatstadt, von seinen Verwandten und von seiner eigenen Familie.« ⁵Weil sie nicht an ihn glaubten, konnte er keine Wunder bei ihnen tun und er legte nur einigen Kranken die Hände auf und heilte sie. ⁶Und er wunderte sich über ihren Unglauben.

Jesus sendet die zwölf Apostel aus
Matthäus 10,5-15; Lukas 9,1-6; vgl. Lukas 10,1-12

Danach zog Jesus von Dorf zu Dorf und lehrte die Menschen. ⁷Er rief seine zwölf Jünger zu sich, sandte sie jeweils zu zweit aus und gab ihnen die Vollmacht, böse Geister auszutreiben. ⁸Er befahl ihnen, nichts mitzunehmen außer einem Wanderstab – keine Nahrung, keine Tasche, kein Geld. ⁹Sie sollten Sandalen anziehen, aber keinen zweiten Mantel bei sich tragen. ¹⁰»Wenn ihr in ein Dorf kommt, seid immer nur in einem Haus zu Gast«, sagte er. ¹¹»Und wenn ihr in einem Dorf nicht willkommen seid oder man nicht auf euch hören will, dann schüttelt den Staub von euren Füßen, wenn ihr geht. Das ist das Zeichen, dass ihr dieses Dorf sich selbst überlasst.«

¹²Dann zogen die Jünger los und forderten die Menschen auf, sich von ihren Sünden abzukehren. ¹³Sie trieben viele Dämonen aus und salbten viele Kranke mit Öl und heilten sie.

Der Tod von Johannes dem Täufer
Matthäus 14,1-12; Lukas 3,19-20; 9,7-9

¹⁴König Herodes Antipas erfuhr schon bald von Jesus, weil die Leute überall von ihm sprachen. Manche sagten*: »Er muss Johannes der Täufer sein, der wieder lebendig geworden ist. Deshalb kann er solche Wunder tun.« ¹⁵Andere hielten Jesus für den Propheten Elia. Wieder andere glaubten, er wäre ein Prophet wie die anderen großen Propheten der Vergangenheit. ¹⁶Als Herodes von Jesus hörte, sagte er: »Johannes, der Mann, den ich enthaupten ließ, ist von den Toten auferstanden.« ¹⁷Denn Herodes hatte Soldaten ausgesandt und Johannes verhaften und einsperren lassen, um Herodias einen Gefallen zu tun. Sie war die Frau seines Bruders Philippus gewesen, aber Herodes hatte sie geheiratet. ¹⁸Johannes hatte Herodes immer wieder gemahnt: »Du hattest nicht das Recht, die Frau deines Bruders zu heiraten.« ¹⁹Herodias hasste Johannes und hätte ihn am liebsten umgebracht, doch ohne die Zustimmung des Herodes war sie machtlos.

5,41 Im griech. Text steht auf Aramäisch »*Talita kum*«, und dahinter die Übersetzung »*Mädchen, steh auf.*« **6,3** Griech. *Joses*; s. Matthäus 13,55. **6,14** In einigen Handschriften heißt es *Er sagte.*

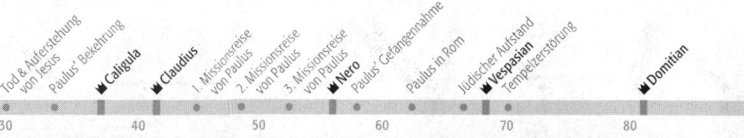

MARKUS

1,1–13	Einleitung
1,14–8,26	Jesus in Galiläa
8,27–10,52	Auf dem Weg ins Leiden
11–12	Jesus in Jerusalem
13	Jesus spricht über die Zukunft
14–16	Leiden, Tod und Auferstehung von Jesus

6–7
Jesus schafft Brot und Fische für Fünftausend. Jesus geht über Wasser. Was macht rein oder unrein?

[Gottes Königsherrschaft und der Messias]

²⁰Herodes dagegen achtete Johannes, den er als guten und heiligen Mann kannte, und er sorgte für seinen Schutz. Auch wenn ihn dessen Worte jedes Mal beunruhigten, hörte er ihm trotzdem gern zu.

²¹Endlich bot sich für Herodias eine günstige Gelegenheit. Herodes gab an seinem Geburtstag ein großes Fest für seine Beamten, Offiziere und die führenden Bürger Galiläas. ²²Seine Tochter, die ebenfalls Herodias* hieß, kam herein und führte einen Tanz auf, der allen sehr gefiel. »Bitte mich um was immer du willst«, sagte der König zu dem Mädchen, »ich werde es dir schenken.« ²³Und er schwor: »Ich gebe dir alles, was du willst, und wenn es die Hälfte meines Königreichs wäre!«

²⁴Sie ging hinaus und fragte ihre Mutter: »Was soll ich mir wünschen?«

Ihre Mutter sagte: »Bitte um den Kopf von Johannes dem Täufer!«

²⁵Das Mädchen lief zum König zurück und sagte zu ihm: »Ich will den Kopf von Johannes dem Täufer, jetzt gleich, serviert auf einer Schale!«

²⁶Da wurde der König sehr traurig, aber er wollte vor seinen Gästen seinen Schwur nicht brechen. ²⁷Also schickte er einen Henker ins Gefängnis, der Johannes den Kopf abschlagen und ihm bringen sollte. Der Soldat enthauptete Johannes im Gefängnis, ²⁸brachte seinen Kopf auf einer Schale herein und überreichte ihn dem Mädchen, und sie gab ihn ihrer Mutter. ²⁹Als die Jünger des Johannes hörten, was geschehen war, kamen sie, holten seinen Leichnam und legten ihn in ein Grab.

Die Speisung der Fünftausend
Matthäus 14,13-21; Lukas 9,10-17; Johannes 6,1-15; vgl. 8,1-9; Matthäus 15,32-39

³⁰Die Apostel kehrten zu Jesus zurück und berichteten, was sie getan und gelehrt hatten. ³¹Darauf sagte Jesus: »Kommt, wir ziehen uns an einen einsamen Ort zurück, wo ihr euch ausruhen könnt.« Denn ständig waren so viele Menschen um sie, dass Jesus und seine Apostel nicht einmal Zeit fanden zu essen. ³²So fuhren sie mit dem Boot an einen ruhigeren Ort. ³³Aber die Leute bemerkten ihre Abfahrt. Da liefen sie aus den umliegenden Städten am Ufer entlang voraus und waren bereits da, als sie anlegten. ³⁴Als Jesus aus dem Boot stieg, erwartete ihn eine riesige Menschenmenge. Er hatte Mitleid mit ihnen, denn sie waren wie Schafe ohne Hirten. Deshalb nahm er sich Zeit, sie vieles zu lehren.

6,22 In manchen Handschriften heißt es *Tochter der Herodias selbst*.

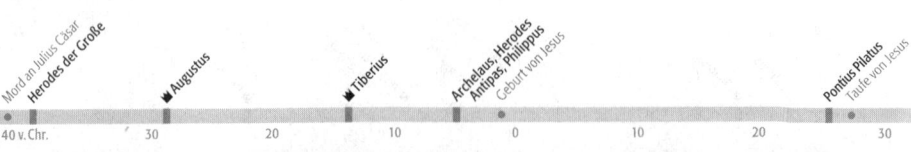

³⁵Spät am Nachmittag traten seine Jünger zu ihm und sagten: »Dies ist eine einsame Gegend und es wird langsam spät. ³⁶Schick die Leute fort, damit sie auf die umliegenden Gehöfte und in die Dörfer gehen können und sich etwas zu essen kaufen.«

³⁷Doch Jesus meinte: »Gebt ihr ihnen zu essen.«

Sie erwiderten: »Wie denn? Es würde ein kleines Vermögen* kosten, für so viele Menschen Essen zu kaufen!«

³⁸Er fragte: »Wie viele Brote habt ihr? Geht und stellt es fest.«

Sie kamen zurück und berichteten: »Wir haben fünf Brote und zwei Fische.« ³⁹Da forderte Jesus die Menge auf, sich in Gruppen ins grüne Gras zu setzen. ⁴⁰Sie setzten sich zu je fünfzig oder hundert zusammen.

⁴¹Jesus nahm die fünf Brote und zwei Fische, blickte zum Himmel auf und bat um Gottes Segen für das Essen. Dann brach er das Brot in Stücke und reichte den Jüngern Brot und Fisch, damit diese alles an die Leute verteilten. ⁴²Alle aßen, so viel sie wollten. ⁴³Danach sammelten sie ein, was von den Broten und Fischen übrig geblieben war: es waren noch zwölf Körbe voll. ⁴⁴Fünftausend Männer waren von diesen fünf Broten satt geworden!

Jesus geht auf dem Wasser
V. 45-52: Matthäus 14,22-33; Johannes 6,16-21;
V. 53-56: Matthäus 14,34-36

⁴⁵Gleich danach befahl Jesus seinen Jüngern, wieder ins Boot zu steigen und über den See nach Betsaida zu fahren, während er inzwischen die Menschen nach Hause entließ. ⁴⁶Dann ging er allein auf einen Berg, um zu beten.

⁴⁷In der Nacht befanden sich die Jünger in ihrem Boot mitten auf dem See, und Jesus war allein an Land. ⁴⁸Er sah, dass sie in ernster Gefahr waren und mühsam gegen den Wind und die Wellen ankämpften. Gegen drei Uhr morgens* ging er über das Wasser zu ihnen. Er wollte an ihnen vorübergehen. ⁴⁹Doch als sie ihn auf dem Wasser gehen sahen, schrien sie vor Entsetzen, denn sie hielten ihn für ein Gespenst. ⁵⁰Sie waren zu Tode erschrocken, als sie ihn sahen. Doch Jesus sprach sie sofort an. »Erschreckt nicht«, sagte er. »Ich bin es. Habt keine Angst.« ⁵¹Dann stieg er ins Boot, und der Wind legte sich. Sie staunten über das, was vor ihren Augen geschah. ⁵²Sie hatten immer noch nicht begriffen, was das Wunder der Brotvermehrung bedeutete, denn ihre Herzen waren verhärtet, und sie glaubten nicht.

⁵³Als sie auf der anderen Seite des Sees in Genezareth ankamen, machten sie das Boot fest ⁵⁴und stiegen aus. Sofort erkannten die Menschen Jesus. ⁵⁵Sie liefen und holten die Kranken aus der ganzen Gegend und trugen sie auf Matten zu ihm. ⁵⁶Überall, wo er hinkam – in Dörfern, Städten und draußen auf den Gehöften –, brachten sie die Kranken auf die Marktplätze und baten ihn, sie nur den Saum seines Gewandes berühren zu lassen. Und alle, die ihn berührten, wurden geheilt.

Jesus sagt, was den Menschen wirklich unrein macht
Matthäus 15,1-20

7 Eines Tages kamen einige Pharisäer und Schriftgelehrte aus Jerusalem zu Jesus. ²Sie sahen, dass einige seiner Jünger den jüdischen Brauch, sich vor dem Essen die Hände zu waschen, nicht befolgten. ³Die Juden, besonders die Pharisäer, essen nicht, bevor sie sich nicht Wasser über die Hände* gegossen haben, wie ihre überlieferten Satzungen es vorschreiben. ⁴Auch essen sie nichts von dem, was sie auf dem Markt gekauft haben, bevor sie nicht ihre Hände in Wasser getaucht haben. Das ist nur eine von zahlreichen Satzungen, an denen sie festhalten – wie zum Beispiel an dem Brauch, Becher, Krüge und Kupferkessel* auszuspülen. ⁵Deshalb fragten nun die Pharisäer und Schriftgelehrten Jesus: »Warum befolgen deine Jünger unsere überlieferten Vorschriften nicht? Denn sie essen mit ungewaschenen Händen.«

⁶Jesus erwiderte: »Ihr Heuchler! Jesaja hat euch gemeint, als er sagte:

›Diese Menschen ehren mich mit ihren Worten, aber nicht mit ihrem Herzen. ⁷Ihre Anbetung ist nutzlos, denn sie ersetzen die Gebote Gottes durch ihre eigenen Lehren.‹*

⁸Ihr missachtet die Gebote Gottes und setzt an ihre Stelle eure eigenen Vorschriften.«

⁹Und er fuhr fort: »Geschickt setzt ihr Gottes Gebote außer Kraft, um an euren eigenen Vorschriften festzuhalten. ¹⁰Mose gab euch das Gebot von Gott: ›Ehre deinen Vater und deine Mutter‹, und: ›Wer Vater oder Mutter verflucht, soll mit dem Tod bestraft werden.‹* ¹¹Ihr dagegen behauptet, es sei durchaus richtig, wenn jemand zu seinen Eltern sagt: ›Es tut mir leid,

---

6,37 Griech. *200 Denare. Ein Denar entsprach einem vollen Tagelohn.* **6,48** Griech. *etwa um die vierte Nachtwache.* **7,3** Griech. *bevor sie sich nicht mit einer Handvoll Wasser die Hände gewaschen haben.* **7,4** In manchen griech. Handschriften heißt es zusätzlich *und Essbänke.* **7,6-7** Jesaja 29,13. **7,10** 2. Mose 20,12; 21,17; 3. Mose 20,9; 5. Mose 5,16.

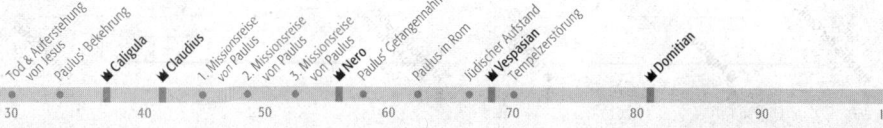

MARKUS

1,1-13	Einleitung
1,14–8,26	Jesus in Galiläa
8,27–10,52	Auf dem Weg ins Leiden
11–12	Jesus in Jerusalem
13	Jesus spricht über die Zukunft
14–16	Leiden, Tod und Auferstehung von Jesus

7–8

Eine Ausländerin bittet um Hilfe. Heilung eines Taubstummen. Brot und Fische für Viertausend. Die Pharisäer wollen ein Zeichen. Jesus warnt vor ihnen.

[Gottes Königsherrschaft und der Messias]

ich kann euch nicht helfen. Ich habe gelobt, Gott alles zu geben, was ich euch hätte geben können.‹* ¹²Ihr lasst zu, dass er seine eigenen Eltern, die Not leiden, vernachlässigt. ¹³Auf diese Weise brecht ihr das Gebot Gottes, um eure eigenen Vorschriften zu halten. Und das ist nur ein Beispiel von vielen.«

¹⁴Dann rief Jesus die Menge zu sich. »Hört alle genau zu«, sagte er, »und versucht es zu verstehen. ¹⁵Der Mensch wird nicht durch das unrein, was er isst; er wird unrein durch das, was er sagt und tut.*«

¹⁷Als Jesus sich von der Menge zurückzog und in ein Haus ging, fragten ihn seine Jünger, was er denn mit dieser Aussage gemeint habe. ¹⁸»Versteht ihr es denn auch nicht?«, fragte er. »Begreift ihr nicht, dass nichts, was der Mensch isst, ihn verunreinigen kann? ¹⁹Die Nahrung kommt nicht mit seinem Herzen in Berührung, sondern geht nur durch den Magen und wird dann wieder ausgeschieden.« Damit erklärte Jesus alle Speisen für erlaubt. ²⁰Und er fuhr fort: »Es sind seine Gedanken, die den Menschen verunreinigen. ²¹Denn von innen, aus dem Herzen eines Menschen, kommen böse Gedanken wie Unzucht, Diebstahl, Mord, ²²Ehebruch, Habgier, Bosheit, Hinterlist, Vergnügungssucht, Neid, Verleum-

7,11 Griech. *Was ich euch hätte geben können, ist Korban* (Korban ist ein Opfergeschenk für den Tempel).   7,15 In manchen Handschriften folgt Vers 16 *Wer hören will, soll zuhören und begreifen.*

Markus 7,28

Die Antwort des Menschen
In diesem Text scheint Jesus sich zu weigern, dieser Frau zu helfen, nur weil sie nicht zum jüdischen Volk gehört (V. 27). Er scheint die Juden »Kinder« und die Heiden »Hunde« zu nennen. Wir müssen jedoch drei Sachverhalte erwägen: 1. Jesus wusste, dass die Juden die Nichtjuden »Hunde« nannten. Er verwendet hier jedoch »Hündchen«, ein Kosewort, d.h., er greift die Sprachgewohnheit auf und definiert sie neu. 2. Jesus scheint die Frau herauszufordern. Ob er einen Widerspruch, der Vertrauen bezeugt, geradezu hervorrufen wollte? 3. Jesus sagt »zuerst« – und das deutet darauf hin, dass es auch noch ein Danach geben würde.
Die Frau erwidert sinngemäß: »Ich weiß, dass die Hündchen die Tafelreste erst später erhalten werden, aber sie bekommen *dennoch* schon kleine Brocken, welche die Kinder aus Versehen fallen lassen. Mehr brauche ich gar nicht.« Jesus hört ihre Antwort und ändert sein Nein zu einem Ja. Oder wie Martin Luther deutete: Hinter Jesus' Nein hörte sie sein heimliches Ja. Das ist ein vorbildlicher Glaube.
(Markus 14,3 ‹‹ | ›› Matthäus 4,4)

dung, Stolz und Unvernunft. ²³Alle diese üblen Dinge kommen von innen heraus; sie sind es, die den Menschen unrein machen.«

Der Glaube einer griechischen Frau
Matthäus 15,21-28

²⁴Danach verließ Jesus Galiläa und ging nach Norden in das Gebiet von Tyrus*. Er versuchte zu verbergen, dass er sich dort aufhielt, aber es gelang ihm nicht. Die Nachricht von seiner Ankunft verbreitete sich schnell. ²⁵Sofort kam eine Frau zu ihm, deren kleine Tochter von einem bösen Geist besessen war. Sie hatte von Jesus gehört, und nun kam sie, warf sich ihm zu Füßen ²⁶und bat ihn inständig, ihr Kind von dem Dämon zu befreien.

Da sie eine Griechin war, die aus Syrophönizien stammte, ²⁷sagte Jesus zu ihr: »Ich muss zuerst meiner eigenen Familie, den Juden, helfen.* Es ist nicht recht, den Kindern das Essen wegzunehmen und es den Hunden vorzuwerfen.«

²⁸Sie erwiderte: »Das ist wahr, Herr, aber selbst den Hunden unter dem Tisch gibt man die Krümel von den Tellern der Kinder.«

²⁹»Damit hast du recht!«, sagte er. »Nun geh nach Hause. Der böse Geist ist aus deiner Tochter ausgefahren.« ³⁰Und als die Frau nach Hause kam, lag ihre kleine Tochter ruhig im Bett, und der Dämon war fort.

Jesus heilt einen taubstummen Mann

³¹Jesus verließ Tyrus und ging nach Sidon; dann kehrte er zurück an den See von Galiläa und in das Gebiet der Zehn Städte.* ³²Ein Mann, der taub war und kaum sprechen konnte, wurde zu ihm gebracht. Die Leute baten Jesus, dem Mann die Hände aufzulegen und ihn zu heilen. ³³Jesus führte ihn an einen ruhigen Ort, fort von der Menge. Er legte seine Finger in die Ohren des Mannes. Dann benetzte er die Fingerspitzen mit seinem Speichel und berührte damit die Zunge des Mannes. ³⁴Schließlich blickte er zum Himmel auf, seufzte und befahl: »Öffne dich*.« ³⁵Und im selben Augenblick konnte der Mann hören und normal sprechen!

³⁶Jesus ermahnte die Menge, niemandem davon zu erzählen. Doch je mehr er es ihnen verbot, desto rascher verbreiteten sie die Nachricht, ³⁷weil sie vor Staunen völlig außer sich waren. Wieder und wieder sagten sie: »Es ist alles wunderbar, was er tut. Er heilt sogar die Tauben und Stummen.«

Die Speisung der Viertausend
Matthäus 15,32-39; vgl. 6,30-44; Matthäus 14,13-21; Lukas 9,10-17; Johannes 6,1-14

8 In diesen Tagen hatte sich erneut eine große Menschenmenge versammelt. Da die Menschen nichts zu essen hatten, rief Jesus seine Jünger zu sich und sagte zu ihnen: ²»Die Menschen tun mir leid. Sie waren drei Tage hier bei mir, und nun haben sie nichts mehr zu essen. ³Wenn ich sie ohne Essen heimschicke, könnten sie unterwegs zusammenbrechen, denn einige von ihnen sind von weit her gekommen.«

⁴»Wie sollen wir denn hier in dieser einsamen Gegend genug zu essen für sie finden?«, fragten seine Jünger.

⁵»Wie viele Brote habt ihr?«, fragte er sie.

»Sieben«, antworteten sie. ⁶Da forderte Jesus die Menschen auf, sich auf die Erde zu setzen. Dann nahm er die sieben Brote, dankte Gott dafür, brach sie in Stücke und gab sie seinen Jüngern, damit sie das Brot an die Menge austeilten. ⁷Sie hatten auch noch einige kleine Fische, und Jesus segnete sie und ließ sie durch seine Jünger verteilen.

⁸Alle aßen, bis sie satt waren, und als die Reste eingesammelt wurden, füllten sie sieben große Körbe voll! ⁹An diesem Tag waren viertausend Menschen beisammen. Nachdem sie gegessen hatten, entließ er sie nach Hause. ¹⁰Gleich darauf stieg er mit seinen Jüngern in ein Boot und fuhr hinüber ins Gebiet von Dalmanuta.

Die Pharisäer fordern ein Zeichen
V. 11-21: Matthäus 6,1-12

¹¹Als die Pharisäer hörten, dass Jesus in der Gegend war, kamen sie, um ihn zur Rede zu stellen. Sie wollten prüfen, ob er von Gott kam, und forderten: »Gib uns als Beweis ein Zeichen vom Himmel.«

¹²Als Jesus das hörte, seufzte er und sagte: »Warum verlangt ihr unentwegt Zeichen? Ich versichere euch: Niemals wird dieser Generation ein Zeichen gegeben werden.« ¹³Und er stieg wieder ins Boot, verließ sie und fuhr über den See zum anderen Ufer.

Der Sauerteig der Pharisäer und der Sauerteig des Herodes

¹⁴Die Jünger hatten vergessen, etwas zu essen mitzunehmen. Ihr gesamter Proviant bestand nur aus einem einzigen Brot. ¹⁵Während sie über den See fuhren, warnte Jesus sie: »Nehmt euch

---

7,24 In manchen griech. Handschriften heißt es zusätzlich *und Sidon*. **7,27** Griech. *Lass die Kinder zuerst essen.* **7,31** Griech. *Dekapolis.* **7,34** Im griech. Text heißt es hier auf Aramäisch *»Hefata«* gefolgt von der Übersetzung *»Öffne dich«*.

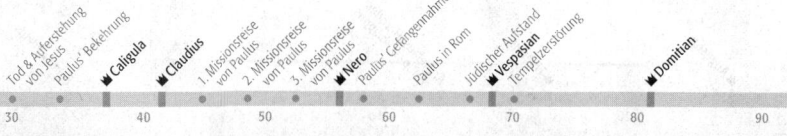

MARKUS

1,1-13	Einleitung
1,14–8,26	Jesus in Galiläa
8,27–10,52	Auf dem Weg ins Leiden
11–12	Jesus in Jerusalem
13	Jesus spricht über die Zukunft
14–16	Leiden, Tod und Auferstehung von Jesus

8–9
Heilung eines Blinden. Jesus fragt, für wen die Jünger ihn halten. Er spricht über seinen Tod. Jesus trifft Mose und Elia; alle hören Gottes Stimme.

[Gottes Königsherrschaft und der Messias]

in Acht vor dem Sauerteig der Pharisäer und dem Sauerteig des Herodes.«
[16] Sie glaubten, er sage das, weil sie kein Brot mitgenommen hatten. [17] Jesus wusste, was sie dachten; deshalb sagte er: »Warum macht ihr euch Sorgen darüber, dass ihr nichts zu essen habt? Werdet ihr denn nie lernen oder begreifen? Sind eure Herzen zu verhärtet, um das zu verstehen? [18] Ihr habt doch Augen – könnt ihr nicht sehen? Ihr habt doch Ohren – könnt ihr nicht hören?‹* Erinnert ihr euch denn nicht? [19] Was ist mit den fünftausend Männern, die ich mit fünf Broten satt gemacht habe? Wie viele Körbe voller Reste habt ihr anschließend gesammelt?«
»Zwölf«, sagten sie.
[20] »Und als ich den Hunger der viertausend Menschen mit sieben Broten gestillt habe, wie viele Körbe mit Resten habt ihr da eingesammelt?«
Sie antworteten: »Sieben.«
[21] Da fragte er sie: »Begreift ihr denn immer noch nicht?«

Jesus heilt einen Blinden
Vgl. 10,46-52; Matthäus 9,27-31; 20,29-34; Lukas 18,5-43
[22] In Betsaida brachten einige Leute einen Blinden zu Jesus und baten ihn, den Mann zu berühren und zu heilen. [23] Jesus nahm den Blinden an der Hand und führte ihn aus dem Dorf hinaus.

8,18 Jeremia 5,21.

Markus 8,27-38

Die Antwort des Menschen
Bereits der erste Vers dieses Evangeliums erklärt dem Leser, wer Jesus ist (nämlich Christus und Sohn Gottes). Die Menschen, von denen das Evangelium berichtet, wissen das jedoch am Anfang noch nicht. Sie hören und erleben Jesus, und versuchen für sich selbst zu klären: »Wer ist dieser Mann?« (Mk 4,41).
In diesem Bericht legt Petrus das angemessene Bekenntnis ab: Jesus ist der Christus, der Messias (V. 29). Die nächsten Verse verraten jedoch, dass er diesen Titel anders versteht als Jesus selbst (V. 32). Petrus ist noch nicht bereit, einem Messias nachzufolgen, der den Weg des Kreuzes gehen wird. Jesus erklärt ihm, dass sowohl für ihn als auch für seine Nachfolger der Weg zur Herrlichkeit durch das Erleiden des Kreuzes führt. »Das Kreuz auf sich zu nehmen« (V. 34) bedeutet nicht nur, den Sieg in Anspruch zu nehmen, den Jesus am Kreuz für uns errungen hat, sondern auch, sich die Prioritäten von Jesus zu eigen zu machen und dann diesen entsprechend zu handeln – komme was wolle. Das ist der Weg zum wahren Leben (V. 35).
(Matthäus 9,9-13 «« | »» Markus 10,22)

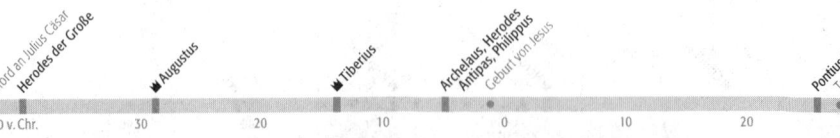

Dann spuckte er dem Mann auf die Augen, legte ihm die Hände auf und fragte: »Siehst du etwas?«

²⁴Der Mann sah sich um. »Ja«, sagte er. »Ich sehe Menschen, aber nicht sehr deutlich. Sie sehen aus wie umhergehende Bäume.«

²⁵Da legte Jesus seine Hände wieder auf die Augen des Mannes. Und als sich der Mann erneut umschaute, war er völlig geheilt und konnte alles deutlich erkennen. ²⁶Jesus schickte ihn nach Hause und sagte: »Geh auf dem Weg nach Hause nicht durch das Dorf.«

Das Bekenntnis des Petrus
Matthäus 16,13-20; Lukas 9,18-21

²⁷Jesus und seine Jünger verließen Galiläa und zogen hinauf in die Dörfer um Cäsarea Philippi. Unterwegs fragte er sie: »Für wen halten mich die Leute?«

²⁸»Einige halten dich für Johannes den Täufer«, erwiderten sie, »andere für Elia, und wieder andere sagen, du bist einer der anderen Propheten.«

²⁹Da fragte Jesus: »Und für wen haltet ihr mich?«

Petrus antwortete: »Du bist der Christus.«

³⁰Doch Jesus befahl ihnen, niemand von ihm zu erzählen.

Jesus kündigt seinen Tod an
Matthäus 16,21-28; Lukas 9,22-27

³¹Dann sprach Jesus mit ihnen zum ersten Mal darüber, dass der Menschensohn viel Schlimmes erleiden müsse und von den führenden Männern des Volkes, den obersten Priestern und den Schriftgelehrten verworfen werde; er werde getötet werden und drei Tage später wieder auferstehen. ³²Als er jedoch so offen mit seinen Jüngern darüber sprach, nahm Petrus ihn beiseite und bedrängte ihn, doch nicht so zu sprechen*.

³³Jesus wandte sich um, sah seine Jünger an und wies Petrus scharf zurecht: »Fort von mir, Satan! Du betrachtest alles nur aus menschlicher Sicht und nicht aus der Sicht Gottes.«

³⁴Dann rief er seine Jünger und die Menge zu sich. »Wenn jemand mir nachfolgen will«, sagte er, »muss er sich selbst verleugnen, sein Kreuz auf sich nehmen und mir nachfolgen. ³⁵Denn wer versucht, sein Leben zu bewahren, wird es verlieren. Wer aber sein Leben um meinetwillen und um der guten Botschaft willen verliert, wird es retten. ³⁶Was nützt es einem Menschen, wenn er die ganze Welt gewinnt, dabei aber seine Seele* verliert? ³⁷Gibt es etwas Wertvolleres als die Seele? ³⁸Wenn sich ein Mensch in dieser treulosen* und sündigen Zeit für mich oder meine Botschaft schämt, für den wird sich auch der Menschensohn schämen, wenn er mit den heiligen Engeln in der Herrlichkeit seines Vaters kommt.«

9 Und er fuhr fort: »Ich versichere euch: Einige von euch, die jetzt hier stehen, werden nicht sterben, ehe sie das Reich Gottes in seiner Macht kommen sehen!«

Die Jünger sehen, wie Jesus verherrlicht wird
Matthäus 17,1-13; Lukas 9,28-36; 2. Petrus 1,16-18

²Sechs Tage später nahm Jesus Petrus, Jakobus und Johannes mit auf den Gipfel eines Berges. Außer ihnen war niemand dort. Plötzlich veränderte sich vor ihren Augen das Aussehen von Jesus. ³Seine Kleider wurden strahlend weiß, weißer, als es auf Erden möglich war. ⁴Dann erschienen Elia und Mose und fingen an, mit Jesus zu sprechen.

⁵»Rabbi*, wie wundervoll ist es hier!«, rief Petrus aus. »Wir wollen drei Hütten* bauen – eine für dich, eine für Mose und eine für Elia.« ⁶Aber er wusste nicht, was er redete, denn er und die beiden anderen Jünger fürchteten sich sehr.

⁷Da fiel der Schatten einer Wolke auf sie, und aus der Wolke sprach eine Stimme: »Dies ist mein geliebter Sohn. Auf ihn sollt ihr hören.« ⁸Als sie sich umschauten, waren Mose und Elia verschwunden, und nur Jesus war noch bei ihnen. ⁹Während sie den Berg hinabstiegen, wies er sie an, niemandem zu erzählen, was sie gesehen hatten, bis der Menschensohn von den Toten auferstanden sei. ¹⁰Sie behielten es für sich, sprachen aber untereinander noch oft darüber, was er wohl mit der Auferstehung von den Toten gemeint hatte.

¹¹Schließlich fragten sie Jesus: »Warum behaupten die Schriftgelehrten, dass Elia wiederkommen muss, bevor der Messias kommt?«

¹²Jesus erwiderte: »Das stimmt, zuerst kommt Elia, um alles vorzubereiten. Aber warum heißt es in der Schrift, dass der Menschensohn viel Leid und Verachtung erdulden muss? ¹³Doch ich sage euch, Elia ist schon gekommen, und sie haben mit ihm gemacht, was sie wollten, wie es in der Schrift prophezeit ist.«

8,32 O. *begann, ihn zu tadeln.* 8,36 O. *euer Leben;* so auch in 8,37. 8,38 Griech. *ehebrecherischen.* 9,5a Dies hebr. Wort bedeutet *Lehrer.* 9,5b Das griech. Wort steht im Neuen Testament auch für *das Zelt Gottes.*

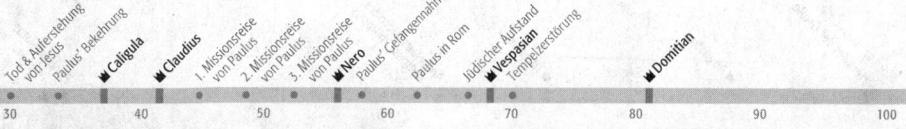

MARKUS

1,1-13	Einleitung
1,14–8,26	Jesus in Galiläa
8,27–10,52	Auf dem Weg ins Leiden
11–12	Jesus in Jerusalem
13	Jesus spricht über die Zukunft
14–16	Leiden, Tod und Auferstehung von Jesus

9–10
Heilung eines besessenen Jungen. Maßstäbe im Reich Gottes. Wer ist für und wer gegen Jesus? Jesus spricht über die Ehe.

[Gottes Königsherrschaft und der Messias]

Jesus heilt einen besessenen Jungen
Matthäus 17,14-21; Lukas 9,37-43

14 Am Fuße des Berges fanden sie eine große Menge vor, die sich um die übrigen Jünger versammelt hatte, während einige Schriftgelehrte ein Streitgespräch mit ihnen führten. 15 Die Menschen waren in großer Aufregung, als Jesus auf sie zukam. Dann liefen sie ihm entgegen, um ihn zu begrüßen. 16 »Worüber streitet ihr euch?«, fragte er.

17 Ein Mann aus der Menge ergriff das Wort und sagte: »Lehrer, ich habe meinen Sohn hergebracht, damit du ihn heilst. Er kann nicht sprechen, weil er von einem bösen Geist besessen ist, der ihn nicht reden lässt. 18 Immer wenn dieser böse Geist ihn packt, wirft er ihn gewaltsam zu Boden; er hat Schaum vor dem Mund, knirscht mit den Zähnen und wird ganz starr*. Ich habe deine Jünger gebeten, den Dämon auszutreiben, aber sie konnten es nicht.«

19 Jesus sagte zu ihnen: »Ihr Ungläubigen! Wie lange muss ich noch bei euch sein, bis ihr endlich glaubt? Wie lange muss ich euch noch ertragen? Bringt den Jungen zu mir.« 20 Sie brachten ihm das Kind. Als der böse Geist Jesus sah, schüttelte er den Jungen in heftigen Krämpfen. Er fiel zu Boden und krümmte und wälzte sich mit Schaum vor dem Mund. 21 »Wie lange geht das schon so?«, fragte Jesus den Vater des Jungen.

9,18 O. *schwach*.

Markus 9,47-48

Gottes Liebe, Gottes Zorn
Nicht jedes Bibelwort will wortwörtlich aufgefasst werden. Die Rede vom herausgerissenen Auge ist so zu verstehen, dass einschneidende Maßnahmen nötig sind, um Versuchungen zu entgehen.
Es steht viel auf dem Spiel: Die Gefahr droht, in die Hölle geworfen zu werden. Das Bildwort vom ewigen Feuer sollte nicht dazu verleiten, sich die Hölle ausschließlich so vorzustellen. Die Heilige Schrift kennt viele andere Beschreibungen der Verlorenheit: z.B. dass Gott die Menschen einfach ihren eigenen Leidenschaften und Gedanken überlässt (Röm 1,24.26.28; so schon Ps 81,13). Auch das kann »Hölle« sein! Wenn der Mensch zur Gemeinschaft mit Gott geschaffen ist, wird es mindestens so qualvoll wie Feuer sein, am Ende zu erkennen: Bei ihm wäre mein Glück gewesen, aber ich habe es nicht erfasst.
Indem Jesus hier vor der Hölle warnt, macht er deutlich, dass drastische Maßnahmen und Verhaltensweisen gefordert sind, um der Katastrophe zu entrinnen.
(Johannes 15,13 ‹‹ | ››› Lukas 17,32-33)

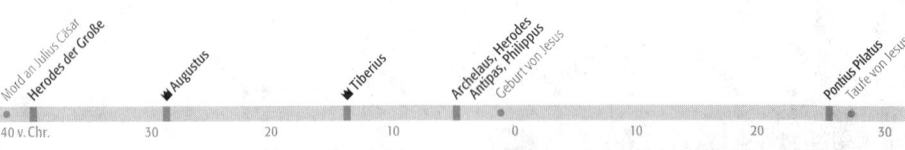

Er antwortete: »Seit er ganz klein ist. ²²Der böse Geist wirft ihn oft ins Feuer oder ins Wasser, um ihn umzubringen. Hab Erbarmen mit uns und hilf uns. Tu etwas, wenn du kannst.«

²³»Was soll das heißen, ›Wenn ich kann‹?«, fragte Jesus. »Alles ist möglich für den, der glaubt.«

²⁴Der Vater rief: »Ich glaube! Aber hilf mir, dass ich nicht zweifle!«

²⁵Als Jesus sah, dass die Menge der Zuschauer ständig größer wurde, bedrohte er den bösen Geist: »Du tauber und stummer Geist, ich befehle dir, fahre aus diesem Kind aus und kehre nie wieder zurück!« ²⁶Da schrie der Geist auf, packte den Jungen noch einmal, warf ihn hin und her und verließ ihn. Der Junge lag reglos da, sodass die Menge dachte, er sei tot. ²⁷Doch Jesus nahm die Hand des Jungen und half ihm aufzustehen, und er stand auf.

²⁸Als Jesus später mit seinen Jüngern allein im Haus war, fragten sie ihn: »Warum konnten wir diesen bösen Geist nicht austreiben?«

²⁹Jesus antwortete: »Diese Art kann nur durch Gebet* ausgetrieben werden.«

Jesus kündigt erneut seinen Tod an
Matthäus 17,22-23; Lukas 9,43-45

³⁰Sie verließen diese Gegend und zogen durch Galiläa. Jesus wollte nicht, dass die Leute davon erfuhren, ³¹um mehr Zeit mit seinen Jüngern verbringen und sie unterweisen zu können. Er sagte zu ihnen: »Der Menschensohn wird verraten werden. Man wird ihn töten, aber drei Tage später wird er von den Toten auferstehen. ³²Doch sie verstanden ihn nicht und wagten ihn nicht zu fragen, was er damit meinte.

Der Größte im Reich Gottes
Matthäus 18,1-5; Lukas 9,46-48

³³In Kapernaum angekommen, gingen Jesus und seine Jünger in das Haus, in dem sie wohnen wollten. Jesus fragte sie: »Worüber habt ihr unterwegs gesprochen?« ³⁴Sie schwiegen, denn sie hatten darüber geredet, wer von ihnen wohl der Wichtigste sei. ³⁵Da setzte er sich hin, rief die zwölf Jünger zu sich und sagte zu ihnen: »Wenn jemand der Erste sein will, muss er den letzten Platz einnehmen und allen dienen.«

³⁶Dann stellte er ein kleines Kind in ihre Mitte, nahm es in die Arme und sagte zu ihnen: ³⁷»Wer solch ein kleines Kind um meinetwillen aufnimmt, nimmt mich auf, und wer mich aufnimmt, nimmt meinen Vater auf, der mich gesandt hat.«

Im Namen von Jesus Wunder tun
V. 38-41: Lukas 9,49-50; V. 42-50: Matthäus 18,6-10

³⁸Johannes sagte zu Jesus: »Lehrer, wir haben einen Mann gesehen, der in deinem Namen Dämonen austrieb. Wir haben versucht, ihn davon abzubringen, weil er nicht zu uns gehört.«

³⁹»Hindert ihn nicht!«, sagte Jesus. »Wer in meinem Namen Wunder tut, wird nicht bald darauf schlecht von mir reden. ⁴⁰Wer nicht gegen uns ist, ist für uns. ⁴¹Wenn jemand euch auch nur einen Becher Wasser gibt, weil ihr zu Christus gehört, wird er belohnt werden.

⁴²Doch wer Schuld daran ist, dass diese Kleinen, die an mich glauben, diesen Glauben verlieren, der wäre besser daran, mit einem Mühlstein um den Hals ins Meer geworfen zu werden. ⁴³Wenn deine Hand dich zum Bösen verführt, dann hack sie ab. Es ist besser, mit nur einer Hand in den Himmel* einzugehen, als mit zwei Händen ins ewige Feuer der Hölle zu kommen.* ⁴⁵Wenn dein Fuß dich zum Bösen verführt, dann hack ihn ab. Es ist besser, mit nur einem Fuß in den Himmel einzugehen, als mit zwei Füßen in die Hölle geworfen zu werden.* ⁴⁷Und wenn dein Auge dich zum Bösen verführt, reiß es aus. Es ist besser, halb blind in das Reich Gottes einzugehen, als zwei Augen zu haben und in die Hölle geworfen zu werden, ⁴⁸›wo der Wurm nicht stirbt und das Feuer nicht erlischt‹.*

⁴⁹Denn jeder wird mit Feuer gesalzen werden.* ⁵⁰Salz ist gut, um zu würzen. Aber wenn es seinen Geschmack verliert, wie soll man es wieder salzig machen? Ihr müsst die Eigenschaft des Salzes in euch tragen und in Frieden miteinander leben.«

Über Ehe und Ehescheidung
Matthäus 19,1-12

10 Dann verließ Jesus Kapernaum und ging nach Süden in das Gebiet von Judäa und in die Gegend östlich des Jordan. Wieder versammelten sich die Menschen um ihn, und wie immer lehrte er sie.

²Einige Pharisäer kamen und fragten, um ihn damit auf die Probe zu stellen: »Darf ein Mann sich von seiner Frau scheiden lassen?«

³»Was hat Mose über die Scheidung gesagt?«, fragte sie Jesus.

9,29 In manchen Handschriften heißt es zusätzlich *und Fasten*.   **9,43a** Griech. *in das Leben*.   **9,43b** In manchen Handschriften folgt Vers 44 (identisch mit 9,48).   **9,45** In manchen Handschriften folgt Vers 46 (identisch mit 9,48). **9,48** Jesaja 66,24.   **9,49** Manche Handschriften fügen hinzu *und jedes Opfer wird mit Salz gesalzen*.

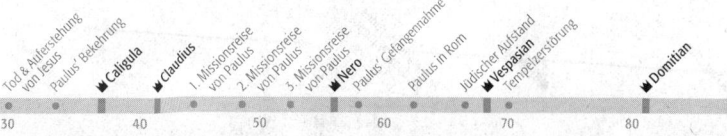

MARKUS

1,1-13	Einleitung
1,14–8,26	Jesus in Galiläa
8,27–10,52	Auf dem Weg ins Leiden
11–12	Jesus in Jerusalem
13	Jesus spricht über die Zukunft
14–16	Leiden, Tod und Auferstehung von Jesus

10
Jesus segnet Kinder. Jesus spricht mit einem Reichen über das Reich Gottes. Der Streit um die Ehrenplätze.

[Gottes Königsherrschaft und der Messias]

⁴»Er hat sie erlaubt«, erwiderten sie. »Er hat gesagt, ein Mann brauche seiner Frau nur einen offiziellen Scheidungsbrief auszustellen und dürfe sie dann fortschicken.«*
⁵Da entgegnete Jesus: »Nur weil euer Herz so hart ist, gab euch Mose diese Anweisung. ⁶Doch der Wille Gottes wird schon mit Beginn der Schöpfung deutlich, als er sie als Mann und Frau schuf.* ⁷›Deshalb wird ein Mann Vater und Mutter verlassen und sich an seine Frau binden* ⁸und die beiden werden zu einer Einheit*.‹ Dann sind sie nicht mehr zwei, sondern eins, ⁹und niemand darf sie trennen, denn Gott hat sie zusammengebracht.«
¹⁰Als er später mit seinen Jüngern allein im Haus war, fragten sie ihn erneut danach. ¹¹Er sagte ihnen: »Wer sich von seiner Frau scheiden lässt und eine andere heiratet, begeht Ehebruch. ¹²Und wenn eine Frau sich von ihrem Mann scheiden lässt und wieder heiratet, begeht sie ebenfalls Ehebruch.«

Jesus segnet die Kinder
Matthäus 19,13-15; Lukas 18,15-17
¹³Eines Tages brachten einige Eltern ihre Kinder zu Jesus, damit er sie berühren und segnen sollte. Doch die Jünger wiesen sie ab. ¹⁴Als Jesus das sah, war er sehr verärgert über seine Jünger und

10,4 5. Mose 24,1. 10,6 1. Mose 1,27; 5,2. 10,7 In manchen Handschriften fehlt die Wendung *sich an seine Frau binden*. 10,7-8 1. Mose 2,24.

Markus 10,22

Die Antwort des Menschen
Erst im allerletzten Wort dieser Erzählung erfahren wir, dass der Mann, der hier mit Jesus spricht, reich war. Vorher wissen wir nur, dass er das ewige Leben haben möchte (V. 10) und sich für einen vorbildlichen Menschen hält (V. 20). Dann spricht Jesus jedoch über seinen wunden Punkt, dort, wo er nicht vorbildlich ist. Er möchte seinen Reichtum für sich behalten und ist nicht bereit, den Armen zu helfen (V. 21-22).
Jesus erklärt dann seinen Jüngern, dass es für Reiche besonders schwer sei, ins Reich Gottes zu kommen (V. 23). Menschlich gesehen ist es für alle unmöglich (V. 27). Nur Gott kann es möglich machen. Es ist ein Geschenk Gottes, das niemand verdienen kann. Nach diesem Wort haben es die Reichen besonders schwer, dieses Geschenk anzunehmen, vor allem wenn sie die Bedingung hören, die Jesus stellt. Jesus verlangt von Reichen und von Armen das Gleiche: alles. Wenn wir Jesus nachfolgen wollen, dann unterstellen wir alle Lebensbereiche seiner Herrschaft.
(Markus 8,27-38 «‹ | ›» Markus 14,3)

sagte zu ihnen: »Lasst die Kinder zu mir kommen. Hindert sie nicht daran! Denn das Reich Gottes gehört Menschen wie ihnen. ¹⁵Ich versichere euch: Wer nicht solchen Glauben hat wie sie, kommt nicht ins Reich Gottes.« ¹⁶Dann nahm er die Kinder in die Arme, legte ihnen die Hände auf den Kopf und segnete sie.

Der reiche Mann
Matthäus 19,16-30; Lukas 18,18-30

¹⁷Als er weiterziehen wollte, lief ein Mann auf Jesus zu, kniete vor ihm nieder und fragte: »Guter Lehrer, was soll ich tun, um das ewige Leben zu bekommen?«

¹⁸»Warum nennst du mich gut?«, fragte Jesus. »Nur Gott allein ist gut. ¹⁹Aber du kennst doch die Gebote. ›Du sollst nicht töten. Du sollst nicht die Ehe brechen. Du sollst nicht stehlen. Du sollst keine Falschaussage machen. Du sollst nicht betrügen. Ehre deinen Vater und deine Mutter.‹*«

²⁰»Lehrer«, erwiderte der Mann, »alle diese Gebote habe ich seit meiner Kindheit gehalten.«

²¹Da sah Jesus den Mann voller Liebe an. »Eins fehlt dir noch«, sagte er zu ihm. »Geh und verkaufe alles, was du hast, und gib das Geld den Armen, dann wirst du einen Schatz im Himmel haben. Danach komm und folge mir nach.« ²²Als er das hörte, verdüsterte sich das Gesicht des Mannes, und er ging traurig fort, denn er war sehr reich.

²³Jesus sah alle, die dabeistanden, an und sagte dann zu seinen Jüngern: »Wie schwer ist es doch für Menschen, die reich sind, ins Reich Gottes zu kommen!« ²⁴Darüber waren sie erstaunt. Aber Jesus wiederholte: »Meine lieben Kinder, es ist sehr schwer,* ins Reich Gottes zu kommen. ²⁵Eher geht ein Kamel durch ein Nadelöhr, als dass ein Reicher ins Reich Gottes kommt!«

²⁶Die Jünger waren bestürzt. »Wer kann dann überhaupt gerettet werden?«, fragten sie.

²⁷Jesus sah sie aufmerksam an und sagte: »Menschlich gesehen ist es unmöglich, aber nicht für Gott. Bei Gott ist alles möglich.«

²⁸Da erwiderte Petrus: »Wir haben alles aufgegeben, um dir nachzufolgen.«

²⁹Jesus erwiderte: »Ich versichere euch: Jeder, der Haus oder Brüder oder Schwestern oder Mutter oder Vater oder Kinder oder Besitz um meinetwillen und um der guten Botschaft willen aufgegeben hat, ³⁰wird jetzt, in dieser Zeit, alles hundertfach zurückerhalten: Häuser, Brüder, Schwestern, Mütter, Kinder und Besitz – wenn auch mitten unter Verfolgungen. Und in der künftigen Welt wird er das ewige Leben haben. ³¹Doch viele, die jetzt wichtig zu sein scheinen, werden dann die Geringsten sein, und die, die hier ganz unbedeutend sind, werden dort die Wichtigsten sein.*«

Jesus kündigt zum dritten Mal seinen Tod an
Matthäus 20,17-19; Lukas 18,31-34

³²Sie waren auf dem Weg hinauf nach Jerusalem. Jesus ging ihnen voraus. Angst erfasste die Jünger, und auch die anderen Menschen, die ihm folgten, fürchteten sich. Wieder nahm Jesus die zwölf beiseite und begann ihnen noch einmal zu schildern, was ihn in Jerusalem erwartete. ³³»Wenn wir nach Jerusalem kommen«, sagte er, »wird der Menschensohn an die obersten Priester und die Schriftgelehrten verraten werden. Sie werden ihn zum Tod verurteilen und an die Römer ausliefern. ³⁴Die werden ihn verspotten, anspucken, auspeitschen und ihn schließlich töten, doch nach drei Tagen wird er auferstehen.«

Jesus lehrt, anderen zu dienen
Matthäus 20,20-28

³⁵Da kamen Jakobus und Johannes, die Söhne des Zebedäus, auf ihn zu und sprachen ihn an. »Lehrer«, sagten sie, »wir möchten dich um einen Gefallen bitten.«

³⁶»Was soll ich für euch tun?«, fragte er.

³⁷»Wir möchten in deinem herrlichen Reich neben dir auf den Ehrenplätzen sitzen«, sagten sie, »einer zu deiner Rechten und einer zu deiner Linken.«

³⁸Doch Jesus antwortete ihnen: »Ihr wisst nicht, um was ihr da bittet! Könnt ihr den bitteren Kelch des Leidens trinken, den ich trinken werde? Könnt ihr mit der Taufe getauft werden, mit der ich getauft werden muss?«

³⁹»Ja«, sagten sie, »das können wir!«

Und Jesus sagte: »Ihr werdet tatsächlich aus meinem Kelch trinken und mit meiner Taufe getauft werden. ⁴⁰Doch ich kann nicht bestimmen, wer auf den Plätzen rechts und links neben mir sitzen wird. Gott hat diese Plätze denen vorbehalten, die er erwählt hat.«

⁴¹Als die anderen zehn Jünger merkten, worum Jakobus und Johannes gebeten hatten, waren sie empört. ⁴²Da rief Jesus sie zusammen und sagte: »Ihr habt erfahren, dass in dieser Welt die Könige Tyrannen sind und die Herrschenden die Menschen oft ungerecht behandeln. ⁴³Bei euch sollte es anders sein. Wer euch anführen will, der soll euch dienen, ⁴⁴wer unter euch der Erste

---

10,19 2. Mose 20,12-17; 5. Mose 5,16-20. **10,24** In manchen Handschriften heißt es weiter *für Menschen, die auf Reichtümer vertrauen.* **10,31** Griech. *Doch viele, die die Ersten sind, werden die Letzten sein, und die Letzten die Ersten.*

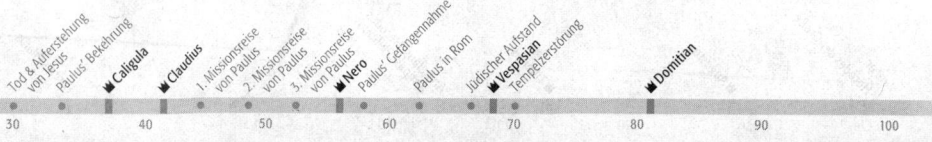

MARKUS

1,1-13	Einleitung
1,14–8,26	Jesus in Galiläa
8,27–10,52	Auf dem Weg ins Leiden
11–12	Jesus in Jerusalem
13	Jesus spricht über die Zukunft
14–16	Leiden, Tod und Auferstehung von Jesus

10–11

Heilung von Bartimäus. Einzug in Jerusalem. Verfluchen des Feigenbaums. Aufruhr im Tempel und Frage nach der Vollmacht von Jesus.

[Gottes Königsherrschaft und der Messias]

sein will, soll der Sklave aller sein. ⁴⁵Selbst der Menschensohn ist nicht gekommen, um sich dienen zu lassen, sondern um anderen zu dienen und sein Leben als Lösegeld für viele Menschen hinzugeben.«

Jesus heilt den blinden Bartimäus
Matthäus 20,29-34; Lukas 18,35-43;
vgl. 8,22-26; Matthäus 9,27-31

⁴⁶So erreichten sie Jericho. Als Jesus und seine Jünger die Stadt wieder verließen, folgte ihnen eine große Menschenmenge. Ein blinder Bettler namens Bartimäus (der Sohn des Timäus) saß am Straßenrand, als Jesus vorüberging. ⁴⁷Als Bartimäus hörte, dass Jesus von Nazareth in der Nähe war, begann er zu schreien:»Jesus, Sohn Davids, hab Erbarmen mit mir!«

⁴⁸»Sei still!«, fuhren die Leute ihn an.

Aber er schrie nur noch lauter:»Sohn Davids, hab Erbarmen mit mir!«

⁴⁹Als Jesus ihn hörte, blieb er stehen und sagte:»Sagt ihm, er soll herkommen.«

Da riefen sie den blinden Mann.»Nur Mut«, sagten sie.»Komm, er ruft dich!«

⁵⁰Bartimäus warf seinen Mantel ab, sprang auf und kam zu Jesus.

⁵¹»Was soll ich für dich tun?«, fragte Jesus.

»Rabbuni*«, sagte der blinde Mann,»ich möchte sehen!«

10,51 Eine ehrfurchtsvolle Anrede für Lehrer.

Markus 10,45

Gott befreit

Jesus, der Menschensohn, wird hier als das Lösegeld beschrieben. Diese Sprache entsprang der damaligen Welt des Sklavenmarktes und der Sklavenbefreiung. War jemand rechtmäßig versklavt, so blieb er seinem Herrn verpflichtet, bis er sich selbst wieder freikaufte oder aber bis ein anderer ihn mit einem »Lösegeld« freikaufte. Tat dies jemand, so gehörte der Sklave jetzt dem neuen Meister, es sei denn, dieser ließ ihn frei. Gott, der Erlöser, kaufte uns frei, sodass wir jetzt ihm gehören – das Lösegeld war Jesus selbst.

Diese Ausdrucksweise ist auch schon im Alten Testament enthalten. Als Gott Israel aus der Sklaverei in Ägypten freikaufte, gab er Ägypten als »Lösegeld« (Jes 43,3). Dieses Bild erfasst nicht alles, was der Tod von Jesus bewirkt, aber das Bild des Lösegeldes dient Jesus, um seinen Jüngern zu erklären, dass sie nicht als Herrscher, sondern als Diener auftreten sollten, denn auch Jesus war der Diener aller gewesen und hatte sein Leben für alle hingegeben.

(Hiob 19,25 «« | »» Lukas 1,68.74-75)

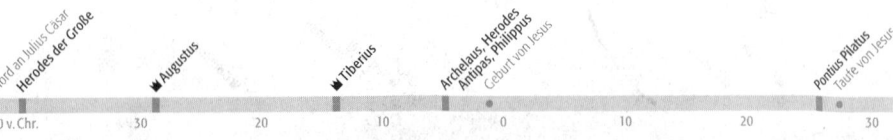

⁵²Da sagte Jesus zu ihm: »Geh nur. Dein Glaube hat dich geheilt.« Und im selben Augenblick konnte der Blinde sehen! Dann folgte er Jesus auf seinem Weg.*

Der triumphale Einzug
Matthäus 21,1-11; Lukas 19,28-44; Johannes 12,12-19

11 Kurz vor Jerusalem kamen Jesus und die Jünger zu den Ortschaften Betfage und Betanien am Ölberg. Jesus schickte zwei der Jünger voraus. ²»Geht in das Dorf vor euch«, wies er sie an. »Wenn ihr hinkommt, werdet ihr ein Fohlen angebunden finden, auf dem noch niemand geritten ist. Bindet es los und bringt es her. ³Wenn jemand fragt, was ihr da tut, dann sagt einfach: ›Der Herr braucht es und wird es bald wieder zurückgeben.‹«

⁴Die zwei Jünger machten sich auf den Weg und fanden das Fohlen an der Straße. Es stand angebunden vor einem Haus. ⁵Als sie es losbanden, fragten einige, die dort standen: »Was macht ihr da? Warum bindet ihr das Fohlen los?« ⁶Sie sagten, was Jesus ihnen aufgetragen hatte, und man ließ sie gehen. ⁷Dann brachten sie das Fohlen zu Jesus, warfen ihre Mäntel darüber, und er setzte sich darauf.

⁸Viele Menschen aus der Menge breiteten ihre Mäntel vor Jesus auf dem Weg aus, andere schnitten auf den Feldern grüne Zweige ab und legten sie auf den Weg. ⁹Vor und hinter Jesus drängten sich die Menschen und riefen:

»Gelobt sei Gott!*
Gepriesen sei, der im Namen des Herrn kommt!
¹⁰Segen für das künftige Reich unseres Vaters David! Lobt Gott im höchsten Himmel!«*

¹¹So kam Jesus nach Jerusalem und ging in den Tempel. Als er sich alles genau angesehen hatte, kehrte er, da es schon spät geworden war, mit den zwölf Jüngern nach Betanien zurück.

Der Feigenbaum
Matthäus 21,18-19

¹²Als sie am nächsten Morgen Betanien verließen, hatte Jesus Hunger. ¹³Von Weitem bemerkte er einen Feigenbaum mit vielen Blättern. Er ging hin, um zu sehen, ob auch Feigen daran waren. Aber der Baum trug nur Blätter, denn es war nicht die Jahreszeit, in der es Feigen gab. ¹⁴Da sagte Jesus zu dem Baum: »Nie wieder soll jemand von deinen Früchten essen!« Und die Jünger hörten seine Worte.

Jesus jagt die Händler aus dem Tempel
V. 15-19: Matthäus 21,12-17; Lukas 19,45-48;
vgl. Johannes 2,13-17; V. 20-26: Matthäus 21,20-22

¹⁵Als sie wieder nach Jerusalem kamen, ging Jesus in den Tempel und fing an, die Händler und die Leute, die bei ihnen kauften, hinauszutreiben. Er stieß die Tische der Geldwechsler und die Stände der Taubenverkäufer um ¹⁶und ließ nicht zu, dass weitere Waren durch den Tempelhof getragen wurden. ¹⁷Er fuhr sie an: »In der Schrift heißt es: ›Mein Haus soll ein Ort des Gebets für alle Völker sein‹, aber ihr habt eine Räuberhöhle daraus gemacht.«*

¹⁸Als die obersten Priester und die Schriftgelehrten hörten, was Jesus getan hatte, überlegten sie, wie sie Jesus umbringen könnten. Sie hatten jedoch Angst vor ihm, weil die Menschen von seiner Lehre so beeindruckt waren. ¹⁹Am Abend verließen Jesus und die Jünger* die Stadt.

²⁰Als sie am nächsten Morgen an dem Feigenbaum vorüberkamen, den Jesus verflucht hatte, sahen die Jünger, dass er bis zu den Wurzeln verdorrt war. ²¹Petrus erinnerte sich an das, was Jesus am Vortag zu dem Feigenbaum gesagt hatte, und rief aus: »Sieh doch, Rabbi! Der Feigenbaum, den du verflucht hast, ist vertrocknet!«

²²Da sagte Jesus zu den Jüngern: »Habt den Glauben Gottes. ²³Ich versichere euch: Wenn ihr zu diesem Berg sagt: ›Hebe dich in die Höhe und wirf dich ins Meer‹, wird es geschehen. Entscheidend ist, dass ihr glaubt und in euren Herzen nicht daran zweifelt. ²⁴Hört auf meine Worte! Ihr könnt beten, worum ihr wollt – wenn ihr glaubt, werdet ihr es erhalten. ²⁵Doch wenn ihr betet, dann vergebt zuerst allen, gegen die ihr einen Groll hegt, damit euer Vater im Himmel euch eure Sünden auch vergeben kann.*«

Die Frage nach der Autorität von Jesus
Matthäus 21,23-27; Lukas 20,1-8

²⁷Inzwischen waren sie wieder in Jerusalem angelangt. Als Jesus im Tempel umherging, traten die obersten Priester, die Schriftgelehrten und die anderen führenden Männer des Volkes auf ihn zu und fragten ihn: ²⁸»Wer gibt dir das Recht, die Händler aus dem Tempel zu vertreiben? Wer hat dir dazu die Vollmacht gegeben?«*

²⁹»Ich sage euch, wer mir die Vollmacht dazu gegeben hat, wenn ihr mir eine einzige Frage be-

---

10,52 O. *den Weg entlang.* **11,9** Griech. *Hosianna*; ein Lobruf, der wörtlich bedeutet: *»Hilf doch«*; ebenso in 11,10.
11,9-10 Psalm 118,25-26; 148,1. **11,17** Jesaja 56,7; Jeremia 7,11. **11,19** Griech. *sie*; in einigen Handschriften steht *er*.
11,25 In manchen Handschriften folgt Vers 26: *Aber wenn ihr nicht vergebt, wird euer Vater, der im Himmel ist, eure Sünden auch nicht vergeben.* **11,28** O. *In wessen Vollmacht tust du diese Dinge?*

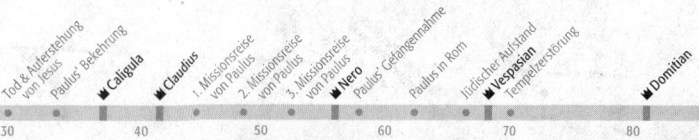

MARKUS

1,1-13	Einleitung
1,14–8,26	Jesus in Galiläa
8,27–10,52	Auf dem Weg ins Leiden
11–12	Jesus in Jerusalem
13	Jesus spricht über die Zukunft
14–16	Leiden, Tod und Auferstehung von Jesus

11–12
Gleichnis von den Weinbauern, Gespräch über Steuern und Auferstehung. Jesus nennt das wichtigste Gebot. Die Stellung von Christus.

[Gottes Königsherrschaft und der Messias]

antwortet«, erwiderte Jesus. ³⁰»Geschah die Taufe des Johannes im Auftrag Gottes oder war es nur die Tat eines Menschen? Antwortet mir!«
³¹Sie besprachen sich miteinander. »Wenn wir sagen, sie geschah im Auftrag Gottes, wird er fragen, warum wir ihm nicht geglaubt haben. ³²Aber können wir es wagen zu sagen: ›Es war nur die Tat eines Menschen‹?« Denn sie hatten Angst vor dem Volk, weil es Johannes für einen Propheten hielt. ³³So antworteten sie schließlich: »Wir wissen es nicht.«
Da entgegnete Jesus: »Dann sage ich euch auch nicht, woher ich die Vollmacht habe, so zu handeln.«

Die Geschichte von den betrügerischen Weinbauern
Matthäus 21,33-46; Lukas 20,9-19

12 Dann fing Jesus an, ihnen Gleichnisse zu erzählen: »Ein Mann legte einen Weinberg an, baute eine Mauer darum, hob eine Grube aus, um den Wein darin zu keltern, und baute einen Wachturm. Dann verpachtete er den Weinberg an Bauern und zog in ein anderes Land. ²Zur Zeit der Weinlese schickte er einen seiner Knechte, um seinen Anteil an der Ernte einzufordern. ³Doch die Bauern packten den Knecht, schlugen ihn halb tot und schickten ihn mit leeren Händen zurück.
⁴Da sandte der Besitzer einen anderen Knecht, doch dem schlugen sie mit Fäusten ins Gesicht und beschimpften ihn. ⁵Den nächsten Knecht, den er schickte, brachten sie sogar um. Andere Boten, die kamen, wurden entweder halb tot geschlagen oder ermordet, ⁶bis nur noch einer übrig blieb – sein Sohn, den er über alles liebte. Den schickte der Besitzer schließlich als Letzten, weil er dachte: ›Meinen Sohn werden sie sicher nicht antasten.‹
⁷Doch die Weinbauern sagten sich: ›Da kommt der Erbe des Gutes. Kommt, wir bringen ihn um und behalten das Land für uns!‹ ⁸Und sie fielen über ihn her, ermordeten ihn und warfen ihn zum Weinberg hinaus.
⁹Was, glaubt ihr, wird der Besitzer des Weinbergs tun?«, fragte Jesus. »Ich sage es euch – er wird kommen, sie alle töten und den Weinberg an andere verpachten. ¹⁰Habt ihr das nicht schon einmal in der Schrift gelesen?
›Der Stein, den die Bauleute verworfen haben, ist zum Eckstein geworden.
¹¹Das ist das Werk des Herrn, und es ist wunderbar anzusehen.‹*«

12,10-11 Psalm 118,22-23.

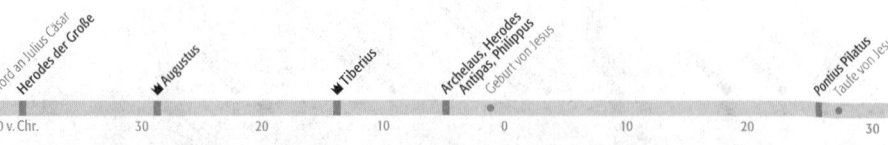

¹²Daraufhin wollten ihn die führenden Männer des jüdischen Volkes verhaften, denn sie merkten, dass sie mit den bösen Weinbauern in diesem Gleichnis gemeint waren. Doch aus Angst vor dem Volk wagten sie es nicht, Hand an ihn zu legen. So ließen sie ihn in Ruhe und gingen weg.

Steuern für den Kaiser
Matthäus 22,15-22; Lukas 20,20-26

¹³Danach schickten sie einige Pharisäer und Anhänger des Herodes zu Jesus. Sie hofften, Jesus mit seinen eigenen Worten in eine Falle locken zu können, damit sie ihn verhaften konnten. ¹⁴»Lehrer«, sagten sie, »wir wissen, wie ehrlich und wahrhaftig du bist. Du lässt dich nicht beeinflussen und bevorzugst niemanden. Du lehrst die Wege Gottes und was du sagst, ist wahr. Nun sage uns: Ist es richtig, an den Kaiser Steuern zu zahlen? ¹⁵Sollen wir sie bezahlen oder nicht?«

Jesus durchschaute ihre Scheinheiligkeit und sagte: »Wen wollt ihr mit euren Fangfragen überlisten? Zeigt mir eine römische Münze*, und ich werde es euch sagen.« ¹⁶Als sie ihm reichten, fragte er: »Wessen Bild und Titel ist hier eingeprägt?«

»Bild und Titel des Kaisers«, antworteten sie.

¹⁷»Nun«, sagte Jesus, »dann gebt dem Kaiser, was dem Kaiser gehört, und gebt Gott, was Gott gehört.« Diese Antwort verwunderte sie sehr.

Diskussion über die Auferstehung
Matthäus 22,23-33; Lukas 20,27-40

¹⁸Dann kamen einige Sadduzäer zu Jesus. Diese jüdische Gruppierung vertritt die Auffassung, dass es keine Auferstehung nach dem Tod gibt. Sie stellten ihm folgende Frage: ¹⁹»Lehrer, Mose hat uns ein Gesetz gegeben, das besagt: Wenn ein Mann stirbt und eine Frau hinterlässt, aber keine Kinder, dann soll sein Bruder die Witwe heiraten und ihm auf diese Weise zu einem Erben verhelfen.* ²⁰Nun waren da sieben Brüder. Der älteste von ihnen heiratete und starb kinderlos. ²¹Daraufhin heiratete der zweite Bruder die Witwe, doch auch er starb bald und hinterließ keine Kinder. Dann heiratete sie der nächste Bruder und starb kinderlos. ²²So ging es weiter, bis alle Brüder sie geheiratet hatten und gestorben waren, und es waren immer noch keine Kinder da. Schließlich starb auch die Frau. ²³Nun sage uns: wessen Frau wird sie nach der Auferstehung sein? Denn alle sieben waren ja mit ihr verheiratet.«

²⁴Jesus erwiderte: »Ihr irrt euch, weil ihr weder die Schrift noch die Macht Gottes kennt. ²⁵Denn wenn die Toten auferstehen, werden sie nicht verheiratet sein. Sie werden sein wie die Engel im Himmel. ²⁶Doch nun zu der Frage, ob die Toten auferweckt werden – habt ihr nie bei Mose die Geschichte vom brennenden Dornbusch gelesen? Lange nachdem Abraham, Isaak und Jakob gestorben waren, sagte Gott zu Mose:* ›Ich bin der Gott Abrahams, der Gott Isaaks und der Gott Jakobs.‹ ²⁷Er ist doch der Gott der Lebenden und nicht der Toten. Ihr seid völlig im Irrtum.«

Das wichtigste Gebot
Matthäus 22,34-40; vgl. Lukas 10,25-28

²⁸Einer der Schriftgelehrten stand dabei und hörte dem Gespräch zu. Er merkte, wie gut Jesus geantwortet hatte; deshalb fragte er ihn: »Welches von allen Geboten ist das wichtigste?«

²⁹Jesus antwortete: »Das wichtigste Gebot ist dies: ›Höre, o Israel! Der Herr, unser Gott, ist der einzige Herr. ³⁰Und du sollst den Herrn, deinen Gott, von ganzem Herzen, von ganzer Seele, mit all deinen Gedanken und all deiner Kraft lieben.‹* ³¹Das zweite ist ebenso wichtig: ›Liebe deinen Nächsten wie dich selbst.‹* Kein anderes Gebot ist wichtiger als diese beiden.«

³²Der Schriftgelehrte erwiderte: »Das hast du sehr gut gesagt, Lehrer. Du hast die Wahrheit gesprochen, als du sagtest, dass es nur einen einzigen Gott gibt und keinen außer ihm. ³³Und ich weiß auch, dass es wichtig ist, ihn von ganzem Herzen, mit all meinen Gedanken und all meiner Kraft und meinen Nächsten zu lieben wie mich selbst. Das ist weit wichtiger, als all die Brandopfer und Opfergaben darzubringen, die vom Gesetz vorgeschrieben werden.«

³⁴Als Jesus sah, welche Einsicht dieser Mann besaß, sagte er zu ihm: »Du bist nicht weit vom Reich Gottes entfernt.« Danach wagte niemand mehr, ihm weitere Fragen zu stellen.

Wessen Sohn ist der Christus?
V. 35-37: Matthäus 22,41-46; Lukas 20,41-44;
V. 38-40: Matthäus 23,5-7; Lukas 20,45-47

³⁵Als Jesus später die Menschen im Tempel lehrte, fragte er: »Warum behaupten die Schriftgelehrten, dass der Christus der Sohn Davids sei? ³⁶David selbst hat doch, geleitet vom Heiligen Geist, gesagt:

›Der Herr sagte zu meinem Herrn: Setze dich auf den Ehrenplatz zu meiner Rechten, bis ich

---

12,15 Griech. *einen Denar.* **12,19** 5. Mose 25,5-6. **12,26a** Griech. *in der Geschichte vom Busch sagte Gott zu ihm.* **12,26b** 2. Mose 3,6. **12,29-30** 5. Mose 6,4-5. **12,31** 3. Mose 19,18.

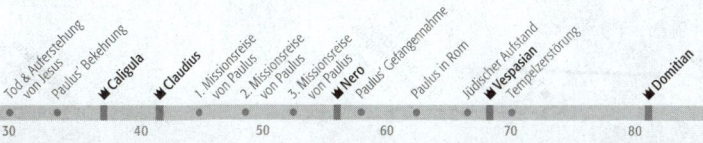

MARKUS

1,1-13	Einleitung
1,14–8,26	Jesus in Galiläa
8,27–10,52	Auf dem Weg ins Leiden
11–12	Jesus in Jerusalem
13	Jesus spricht über die Zukunft
14–16	Leiden, Tod und Auferstehung von Jesus

12–13
Jesus lobt die Spende einer armen Witwe. Jesus spricht über Kommendes und das Ende der Welt.

[Gottes Königsherrschaft und der Messias]

deine Feinde demütige und sie zum Schemel unter deinen Füßen mache.‹*
³⁷Wenn selbst David ihn also Herr nannte, wie kann er da gleichzeitig sein Sohn sein?« Und die Menge hörte ihm gebannt zu.
³⁸Und er lehrte sie noch Weiteres: »Hütet euch vor den Schriftgelehrten! Sie lieben es, sich in wehenden Gewändern zu präsentieren und zu sehen, wie sich alle tief vor ihnen verneigen, wenn sie über die Marktplätze flanieren. ³⁹Und sie beanspruchen, in den Synagogen und bei Festen auf den Ehrenplätzen zu sitzen! ⁴⁰Doch gleichzeitig betrügen sie Witwen schamlos um ihren Besitz. Und um zu verbergen, wie sie wirklich sind, sprechen sie in der Öffentlichkeit lange Gebete. Deshalb wird ihre Strafe umso härter sein.«

Die Spende der Witwe
Lukas 21,1-4
⁴¹Jesus setzte sich in die Nähe des Opferkastens im Tempel und beobachtete, wie die Menschen Geld hineinwarfen. Viele reiche Leute legten große Beträge hinein. ⁴²Dann kam eine arme Witwe und warf zwei kleine Münzen* hinein. ⁴³Da rief er seine Jünger zu sich und sagte: »Ich versichere euch: Diese arme Witwe hat mehr gegeben als alle anderen. ⁴⁴Denn sie alle haben nur einen winzigen Bruchteil von ihrem Überfluss

12,36 Psalm 110,1.   12,42 Griech. *zwei Lepta, das ist ein Quadrans.*

Markus 13,13

Die Antwort des Menschen
»Diejenigen, die bis zum Ende durchhalten, werden gerettet werden« (V. 13). Dieser Satz hört sich so an, als müssten wir zum Ende unsicher sein, ob wir es schaffen werden oder nicht. Können wir nicht jetzt schon die Gewissheit haben, dass wir von Gott errettet wurden?
Dieser Vers beschreibt das Paradox unserer Rettung. Ja, wir wurden bereits errettet, aber gleichwohl müssen wir noch gerettet werden. Ja, es liegt an uns, Jesus treu zu sein, damit wir wirklich bei seinem Kommen auf seiner Seite stehen. Gleichzeitig werden wir aber von Gott getragen, denn nur so können wir tatsächlich treu bleiben (Joh 10,29). Verschiedene Bibelstellen beschreiben dieses Paradox mit jeweils unterschiedlichen Schwerpunkten.
In diesem Kapitel sagt Jesus voraus, dass es Zeiten geben wird, in denen es besonders schwer sein wird, treu zu bleiben. Aber dann gilt uns Gottes Zusicherung: »Doch Gott ist treu. Er wird die Prüfung nicht so stark werden lassen, dass ihr nicht mehr widerstehen könnt« (1Kor 10,13).
(Hebräer 12,1-2 «« | »» Offenbarung 4,9-11)

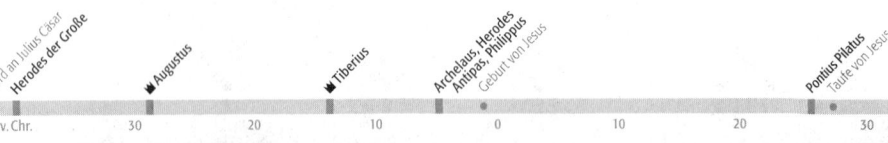

abgegeben, während diese Frau, so arm sie ist, alles gegeben hat, was sie besaß.«

Jesus spricht über die Zukunft der Welt
V. 1-8: Matthäus 24,1-14; Lukas 21,5-19; V. 9-13: Matthäus 10,17-22; V. 14-23: Matthäus 24,15-25; Lukas 21,20-23; V. 24-37: Matthäus 24,29-44; Lukas 21,25-36

13 Als Jesus an jenem Tag den Tempel verließ, sagte einer seiner Jünger zu ihm: »Lehrer, sieh nur diese herrlichen Bauten! Welch gewaltige Steine sind in diesen Mauern!« ²Jesus antwortete: »Diese prachtvollen Bauten werden so vollständig zerstört werden, dass nicht ein Stein auf dem anderen bleibt.«

³Später ließ Jesus sich an den Hängen des Ölbergs nieder, die gegenüber dem Tempel lagen. Da kamen Petrus, Jakobus, Johannes und Andreas zu ihm und fragten: ⁴»Wann wird das alles geschehen? Wird es vorher ein Zeichen dafür geben, wann sich das alles erfüllen wird?«

⁵Jesus erwiderte: »Lasst euch von niemandem irremachen. ⁶Viele Leute werden in meinem Namen auftreten und behaupten, der Christus zu sein.* Sie werden viele Menschen in die Irre führen. ⁷Ihr werdet von Kriegen und Kriegsgerüchten hören, aber habt keine Angst. Dies alles muss geschehen, aber das Ende ist noch nicht da. ⁸Völker und Königreiche werden einander den Krieg erklären, und in vielen Teilen der Welt wird es Erdbeben und Hungersnöte geben. Doch das alles wird nur der Anfang der künftigen Schrecken sein. ⁹Seid jedoch wachsam, wenn dies alles geschieht! Man wird euch vor Gericht zerren und in den Synagogen auspeitschen. Um meinetwillen werdet ihr euch vor Machthabern und Königen verantworten müssen. Das wird euch Gelegenheit geben, ihnen von mir zu erzählen.* ¹⁰Die gute Botschaft muss zuerst allen Völkern verkündet werden. ¹¹Doch wenn ihr verhaftet werdet und vor Gericht steht, macht euch keine Sorgen, was ihr zu eurer Verteidigung vorbringen sollt. Sagt einfach, was Gott euch in den Mund legt. Nicht ihr seid es, die dann reden, sondern der Heilige Geist.

¹²Ein Bruder wird den anderen verraten und dem Tod ausliefern, Väter werden ihre Kinder verraten und Kinder werden sich gegen ihre Eltern auflehnen und Schuld an ihrem Tod sein. ¹³Und alle werden euch um meines Namens willen hassen. Doch diejenigen, die bis zum Ende durchhalten, werden gerettet werden.

¹⁴Es wird die Zeit kommen, da werdet ihr das abscheuliche Götzenbild, das den heiligen Ort entweiht*, an dem Platz stehen sehen, an dem es nicht stehen darf. – Wer dies liest, der horche auf! – Dann müssen alle, die in Judäa leben, in die Berge fliehen. ¹⁵Wer draußen vor dem Haus* ist, darf nicht ins Haus zurückgehen, um etwas mitzunehmen. ¹⁶Wer auf dem Feld ist, darf nicht mehr heimgehen, und sei es nur, um einen Mantel zu holen. ¹⁷Am schlimmsten wird es für die schwangeren Frauen und stillenden Mütter sein. ¹⁸Und betet, dass eure Flucht nicht im Winter geschieht. ¹⁹Denn das werden schrecklichere Tage sein, als es je gab, seit Gott die Welt erschuf, und wie es sie danach auch nicht mehr geben wird. ²⁰Hätte der Herr diese grauenvolle Zeit nicht verkürzt, dann würde die gesamte Menschheit zugrunde gehen. Doch um seiner Auserwählten willen hat er sie verkürzt.

²¹Und wenn jemand zu euch sagt: ›Schaut her, da ist der Christus‹ oder: ›Dort ist er‹, dann achtet nicht auf ihn. ²²Denn mancher falsche Christus und falsche Prophet wird auftreten und Zeichen und Wunder vollbringen, um, wenn möglich, sogar die Auserwählten Gottes in die Irre zu führen. ²³Seht euch vor! Ich habe euch gewarnt!

²⁴Wenn diese schrecklichen Tage endlich vorüber sind, wird sich die Sonne verfinstern, der Mond wird nicht mehr leuchten, ²⁵die Sterne werden vom Himmel stürzen und die Kräfte des Himmels werden aus dem Gleichgewicht geraten.*

²⁶Dann werden alle den Menschensohn mit großer Macht und Herrlichkeit in den Wolken kommen sehen.* ²⁷Und er wird seine Engel aussenden, um seine Auserwählten aus der ganzen Welt zu sammeln – von den äußersten Enden der Erde und des Himmels.

²⁸Lernt nun etwas vom Feigenbaum: Wenn seine Knospen weich werden und seine Blätter zu sprießen beginnen, wisst ihr, dass der Sommer vor der Tür steht, auch ohne dass man es euch sagt. ²⁹Genauso ist es, wenn ihr seht, dass diese Ereignisse geschehen. Dann könnt ihr sicher sein, dass seine Wiederkunft vor der Tür steht. ³⁰Ich versichere euch: Diese Generation* wird nicht untergehen, bevor all das eingetreten ist. ³¹Himmel und Erde werden vergehen, aber meine Worte werden ewig bleiben.

³²Niemand kennt jedoch den Tag oder die Stunde, zu der all diese Dinge geschehen werden, nicht einmal die Engel im Himmel oder

---

13,6 Griech. *in meinem Namen kommen und sagen:* »*Ich bin es.*« **13,9** O. *Das wird euer Zeugnis gegen sie sein.* **13,14** Griech. *den Gräuel der Verwüstung;* s. Daniel 9,27; 11,31; 12,11. **13,15** Griech. *auf dem Dach.* **13,24-25** S. Jesaja 13,10; 34,4; Joel 2,10. **13,26** S. Daniel 7,13. **13,30** O. *dieses Zeitalter* oder *diese Nation.*

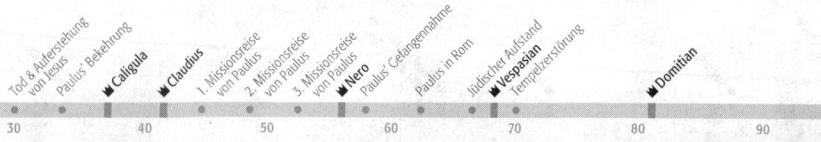

MARKUS

1,1-13	Einleitung
1,14–8,26	Jesus in Galiläa
8,27–10,52	Auf dem Weg ins Leiden
11–12	Jesus in Jerusalem
13	Jesus spricht über die Zukunft
14–16	Leiden, Tod und Auferstehung von Jesus

14
Jesus wird von einer Frau gesalbt. Judas plant Jesus zu verraten. Die Jünger und Jesus feiern Passah. Jesus prophezeit Petrus, dass er ihn verraten wird.

[Gottes Königsherrschaft und der Messias]

der Sohn selbst. Nur der Vater weiß es. ³³Und weil ihr nicht wisst, wann dies alles geschieht, bleibt wachsam und seht euch vor.*
³⁴Das Kommen des Menschensohnes lässt sich mit der Rückkehr eines Mannes vergleichen, der sein Haus verließ, um auf Reisen zu gehen. Er gab allen seinen Bediensteten Anweisungen, was sie arbeiten sollten, und wies den Türhüter an, in der Zwischenzeit nach ihm Ausschau zu halten. ³⁵Genauso sollt auch ihr wachsam sein! Denn ihr wisst nicht, wann der Herr des Hauses wiederkommt – ob am Abend, mitten in der Nacht, in der frühen Morgendämmerung oder bei Tagesanbruch. ³⁶Sorgt dafür, dass er euch nicht schlafend findet, wenn er ohne Vorwarnung kommt. ³⁷Was ich euch hier sage, das sage ich allen: Seid bis zu seiner Rückkehr wachsam!«

Jesus wird in Betanien gesalbt
V. 1-2: Matthäus 26,1-5; Lukas 22,1-2;
V. 3-9: Matthäus 26,6-13; Johannes 12,1-8

14 Es waren nun noch zwei Tage bis zum Passahfest und dem Fest der ungesäuerten Brote. Die obersten Priester und Schriftgelehrten suchten noch immer nach einer Gelegenheit, Jesus heimlich zu ergreifen und zu töten. ²»Auf

---

13,33 In manchen Handschriften heißt es zusätzlich *und betet.*

Markus 14,3

Die Antwort des Menschen
Diese Frau will zunächst nichts anderes als Jesus ehren. Sowohl Jesus als auch der Erzähler schreiben ihren Handlungen jedoch mehr Bedeutung zu, als sie beabsichtigte.
• Sie hat »etwas Gutes getan« (V. 6). Das Wort meint im jüdischen Sprachgebrauch eine anerkennenswerte Liebestat, die über die gebotene Pflicht hinausgeht. • Sie hat richtig eingeschätzt, was gerade dran war (V. 6). Es ist jeden Tag richtig, den Hilfsbedürftigen zu helfen. An diesem Tag war Jesus, »der Ärmste der Armen«, dran. • Ihre Handlung deutet auf Jesus' Tod (V. 8). Jesus interpretiert diese Salbung als die Einbalsamierung seines Leichnams. • Diese Frau berücksichtigt unbewusst – prophetisch? – Jesus' Auferstehung. Normalerweise salbt man einen Leichnam nach dem Tode. Die Frauen, die Jesus nach dem Tode salben wollten, kamen zu spät (16,1.6), denn er war schon auferstanden. Diese Frau salbt Jesus »im Voraus«. • Sie salbt den Messias. »Messias« heißt »der Gesalbte«. Diese Frau führt die Handlung durch, durch die der Messias seinen Ehrentitel erhält.
(Markus 10,22 «« | »» Markus 7,28)

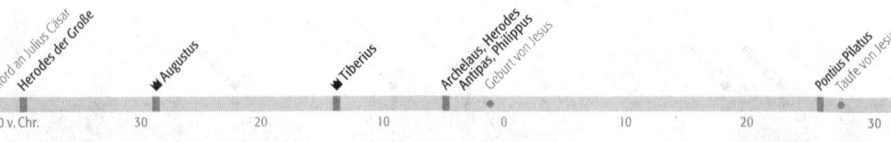

keinen Fall während des Passahfestes«, hatten sie beschlossen, »sonst gibt es einen Aufruhr.«

³Jesus hielt sich inzwischen in Betanien im Haus Simons auf, eines Mannes, der an Aussatz erkrankt war. Als sie beim Essen saßen, kam eine Frau mit einem wunderschönen Gefäß voll kostbaren Öls*. Sie zerbrach das Gefäß und goss Jesus das Öl über den Kopf. ⁴Einige am Tisch waren darüber entrüstet: »Warum wurde dieses kostbare Öl so verschwendet?«, fragten sie. ⁵»Sie hätte es für ein kleines Vermögen* verkaufen und das Geld den Armen geben können!« Und sie wiesen sie scharf zurecht.

⁶Doch Jesus hielt ihnen entgegen: »Lasst sie in Ruhe. Warum bringt ihr sie in Verlegenheit? Sie hat mir doch etwas Gutes getan. ⁷Die Armen werdet ihr immer bei euch haben. Ihr könnt ihnen helfen, wann immer ihr wollt. Aber ich werde nicht mehr lange bei euch sein. ⁸Sie hat getan, was in ihrer Macht stand, und meinen Körper im Voraus zum Begräbnis gesalbt. ⁹Ich versichere euch: Überall in der Welt, wo die gute Botschaft gepredigt wird, wird man sich auch an die Tat dieser Frau erinnern.«

Judas erklärt sich bereit, Jesus zu verraten
Matthäus 26,14-16; Lukas 22,3-6

¹⁰Danach ging Judas Iskariot, einer der zwölf Jünger, zu den obersten Priestern, um Jesus an sie zu verraten. ¹¹Die Priester waren hocherfreut, als sie hörten, warum er gekommen war, und versprachen ihm eine Belohnung. Von da an suchte er nach einer günstigen Gelegenheit, um Jesus zu verraten.

Das letzte Abendmahl
Matthäus 26,31-35; Lukas 22,31-34; Johannes 13,36-38

¹²Am ersten Tag des Festes der ungesäuerten Brote, dem Tag, an dem die Passahlämmer geopfert wurden, fragten die Jünger Jesus: »Wo sollen wir hingehen und das Passahmahl vorbereiten?«

¹³Jesus schickte zwei von ihnen nach Jerusalem, um die nötigen Vorbereitungen zu treffen. »Wenn ihr in die Stadt kommt«, sagte er zu ihnen, »wird euch ein Mann begegnen, der einen Krug Wasser trägt. Folgt ihm. ¹⁴Geht in das Haus, das er betritt, und sagt zu dem Besitzer des Hauses: ›Unser Lehrer lässt fragen: Wo ist der Raum, in dem ich mit meinen Jüngern das Passahmahl feiern kann?‹ ¹⁵Er wird euch nach oben in einen großen Raum führen, der für das Festmahl schon hergerichtet ist. Das ist der Ort. Dahin geht und bereitet unser Mahl vor.« ¹⁶Die beiden Jünger machten sich auf den Weg in die Stadt und fanden alles genauso, wie Jesus es gesagt hatte; und sie bereiteten dort das Passahmahl vor.

¹⁷Am Abend kam Jesus mit den zwölf Jüngern. ¹⁸Als sie um den Tisch saßen und aßen, sagte Jesus: »Ich sage euch aber: Einer von euch wird mich verraten, einer, der hier mit mir isst.« ¹⁹Erschrocken fragte ihn einer nach dem anderen: »Das bin doch nicht ich, oder?«

²⁰Er erwiderte: »Es ist einer von euch zwölf, einer, der jetzt mit mir isst.* ²¹Denn der Menschensohn muss sterben, wie es in der Schrift schon seit langer Zeit vorausgesagt ist. Für seinen Verräter aber wird es furchtbar sein. Für ihn wäre es besser, wenn er nie geboren worden wäre!«

²²Während sie aßen, nahm Jesus einen Laib Brot und bat Gott um seinen Segen. Dann brach er es in Stücke und gab es den Jüngern mit den Worten: »Nehmt, denn das ist mein Leib.«

²³Dann nahm er einen Becher mit Wein und dankte Gott. Er reichte ihn den Jüngern, und sie tranken alle daraus. ²⁴Und er sagte zu ihnen: »Das ist mein Blut, das für viele vergossen wird und den Bund* zwischen Gott und den Menschen besiegelt. ²⁵Ich sage euch: Von jetzt an werde ich keinen Wein mehr trinken bis zu dem Tag, an dem ich ihn wieder neu im Reich Gottes trinken werde.« ²⁶Nachdem sie ein Loblied gesungen hatten, gingen sie hinaus zum Ölberg.

Jesus sagt die Verleugnung durch Petrus voraus
Matthäus 26,31-35; Lukas 22,31-34; Johannes 13,36-38

²⁷»Ihr werdet mich alle verlassen«, sagte Jesus zu ihnen. »Denn in der Schrift heißt es:

›Gott* wird den Hirten schlagen, und die Schafe werden zerstreut werden.‹*

²⁸Doch wenn ich von den Toten auferstanden bin, werde ich euch nach Galiläa vorausgehen und dort auf euch warten.«

²⁹Da sagte Petrus zu ihm: »Auch wenn alle anderen sich von dir abwenden, ich werde es nicht tun.«

³⁰»Petrus«, entgegnete Jesus, »ich sage dir: Noch heute Nacht, bevor der Hahn zwei Mal kräht, wirst du mich drei Mal verleugnen.«

³¹»Nein!«, beharrte Petrus. »Und wenn ich mit dir sterben müsste! Niemals werde ich dich verleugnen!« Und auch die anderen Jünger beteuerten dies.

14,3 Griech. *einem Alabastergefäß mit teurer Salbe, reiner Narde.* 14,5 Griech. *für 300 Denare. Ein Denar entsprach einem vollen Tagelohn.* 14,20 O. *einer, der jetzt mit mir das Brot in die Schüssel taucht.* 14,24 In manchen Handschriften heißt es *den neuen Bund.* 14,27a Griech. *ich.* 14,27b Sacharja 13,7.

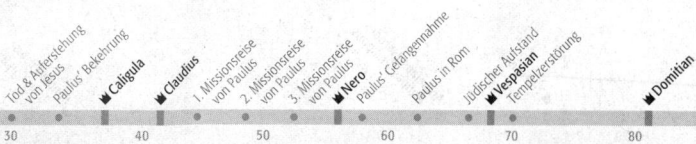

MARKUS

1,1–13	Einleitung
1,14–8,26	Jesus in Galiläa
8,27–10,52	Auf dem Weg ins Leiden
11–12	Jesus in Jerusalem
13	Jesus spricht über die Zukunft
14–16	Leiden, Tod und Auferstehung von Jesus

14–15
Jesus und die Jünger in Gethsemane. Jesus wird gefangengenommen und vom Hohen Rat und Pilatus verhört. Petrus bestreitet, Jesus zu kennen.

[Gottes Königsherrschaft und der Messias]

Jesus betet in Gethsemane
Matthäus 26,36-46; Lukas 22,39-46

³²Sie kamen zu einem Olivenhain, der Gethsemane heißt, und Jesus sagte: »Setzt euch hierher, bis ich gebetet habe.« ³³Petrus, Jakobus und Johannes aber nahm er mit. Schreckliche Furcht und Angst ergriff ihn und ³⁴er sagte zu ihnen: »Meine Seele ist zu Tode betrübt. Bleibt hier und wacht mit mir.«

³⁵Er ging ein Stück weiter und warf sich zu Boden. Dann betete er darum, dass das Schreckliche, das ihn erwartete, wenn es möglich wäre, an ihm vorübergehe. ³⁶»Abba*, Vater«, sagte er, »dir ist alles möglich. Lass diesen Leidenskelch an mir vorübergehen. Doch dein Wille geschehe, nicht meiner.«

³⁷Als er zurückging, fand er die Jünger schlafend. »Simon!«, sagte er zu Petrus. »Schläfst du etwa? Konntest du nicht eine einzige Stunde mit mir wachen? ³⁸Seid wachsam und betet, sonst wird euch die Versuchung überwältigen. Denn der Geist ist zwar willig, aber der Körper ist schwach.«

³⁹Danach ging er wieder weg und betete noch einmal und wiederholte seine Bitte. ⁴⁰Als er wieder zu ihnen zurückkehrte, waren die Jünger wieder eingeschlafen, denn sie konnten ihre Augen nicht mehr offen halten. Und sie wussten nicht, was sie ihm antworten sollten.

⁴¹Als er das dritte Mal zu ihnen zurückkam, sagte er: »Schlaft ihr noch immer? Ruht ihr euch immer noch aus?* Genug damit! Es ist so weit. Der Menschensohn wird in die Hände der Sünder ausgeliefert. ⁴²Kommt, lasst uns gehen. Der Verräter ist da!«

Jesus wird verraten und verhaftet
Matthäus 26,47-56; Lukas 22,47-53; Johannes 18,2-12

⁴³Kaum hatte er das gesagt, da kam Judas, einer von den zwölf Jüngern, mit vielen Männern, die mit Schwertern und Knüppeln bewaffnet waren. Sie waren von den obersten Priestern, den Schriftgelehrten und führenden Männern des Volkes geschickt worden. ⁴⁴Judas hatte mit ihnen ein Zeichen vereinbart: »Ihr werdet wissen, wer es ist, wenn ich auf ihn zugehe und ihn mit einem Kuss begrüße. Den könnt ihr festnehmen und abführen.«

⁴⁵Sobald sie angekommen waren, ging Judas auf Jesus zu. »Rabbi!«, rief er und küsste ihn. ⁴⁶Da packten die anderen Jesus und verhafteten ihn. ⁴⁷Aber einer von den Männern, die bei Jesus waren, zog ein Schwert und schlug dem Knecht des Hohen Priesters ein Ohr ab.

14,36 *Abba* ist ein aramäisches Wort für »Vater«.
14,41 O. *Schlaft weiter, ruht euch aus.*

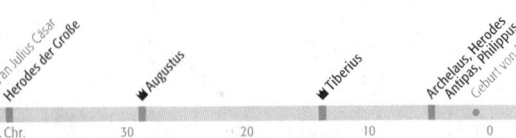

⁴⁸Jesus fragte sie: »Bin ich ein Schwerverbrecher, dass ihr mit Schwertern und Knüppeln bewaffnet kommt, um mich zu verhaften? ⁴⁹Warum habt ihr mich nicht im Tempel festgenommen? Ich war doch jeden Tag dort und habe gelehrt. Aber dies alles geschieht, damit erfüllt wird, was die Schrift über mich sagt.«

⁵⁰Da ließen ihn alle seine Jünger im Stich und flohen. ⁵¹Ein junger Mann, nur mit einem Leinenhemd bekleidet, schlich hinterher. Als die Männer auch ihn zu fassen versuchten, ⁵²rissen sie ihm das Hemd vom Leib, doch er entkam ihnen und lief nackt davon.

Jesus vor dem Hohen Rat
Matthäus 26,57-68; Lukas 22,54-55.63-71;
Johannes 18,13-14.19-24

⁵³Jesus wurde zum Haus des Hohen Priesters gebracht, wo die obersten Priester, die anderen führenden Männer des Volkes und die Schriftgelehrten sich versammelt hatten. ⁵⁴Petrus folgte ihnen in weitem Abstand und schlich sich durch das Tor in den Hof des hohenpriesterlichen Palastes. Eine Weile saß er bei den Wachen und wärmte sich am Feuer.

⁵⁵Währenddessen versuchten die obersten Priester und der gesamte Hohe Rat* Zeugen zu finden, die gegen Jesus aussagten, damit sie ihn zum Tod verurteilen konnten. Doch alle ihre Bemühungen waren vergebens. ⁵⁶Zwar sagten viele falsche Zeugen gegen ihn aus, aber sie widersprachen einander. ⁵⁷Schließlich standen ein paar Männer auf und behaupteten: ⁵⁸»Wir haben gehört, wie er sagte: ›Ich werde diesen Tempel, der von Menschen errichtet wurde, zerstören und in drei Tagen einen neuen bauen, der nicht von Menschen erbaut ist.‹« ⁵⁹Doch auch ihre Aussagen stimmten nicht überein.

⁶⁰Da stellte sich der Hohe Priester vor die anderen hin und fragte Jesus: »Willst du denn überhaupt nicht reden? Was hast du zu diesen Anklagen zu sagen?« ⁶¹Jesus gab keine Antwort. Der Hohe Priester fragte ihn: »Bist du der Christus, der Sohn Gottes, des Hochgelobten?«

⁶²Jesus antwortete: »Ich bin es. Ihr werdet den Menschensohn zur Rechten Gottes, des Allmächtigen, sitzen und auf den Wolken des Himmels wiederkommen sehen.«*

⁶³Da zerriss der Hohe Priester sein Gewand und sagte: »Wozu brauchen wir noch weitere Zeugen? ⁶⁴Ihr habt alle seine Gotteslästerung gehört. Wie lautet euer Urteil?« Und sie verurteilten ihn zum Tod.

⁶⁵Einige begannen, Jesus anzuspucken; sie verbanden ihm die Augen und schlugen ihm mit den Fäusten ins Gesicht. »Du Prophet, sag uns, wer hat dich gerade geschlagen?«, höhnten sie. Und selbst die Wachen prügelten auf ihn ein, als sie ihn abführten.

Petrus verleugnet Jesus
Matthäus 26,69-75; Lukas 22,56-62;
Johannes 18,15-18.25-27

⁶⁶In der Zwischenzeit hielt sich Petrus unten im Hof auf. Eine von den Dienerinnen des Hohen Priesters ⁶⁷bemerkte ihn, als er sich am Feuer wärmte. Sie sah ihn näher an und sagte dann: »Du warst doch auch einer von denen, die mit Jesus von Nazareth zusammen waren.«

⁶⁸Petrus stritt es ab. »Ich weiß nicht, wovon du redest«, sagte er und ging hinaus in den Vorhof. In diesem Augenblick krähte ein Hahn.*

⁶⁹Die Dienerin sah ihn dort stehen und sagte zu den anderen: »Dieser Mann da ist auch einer von ihnen!« ⁷⁰Und wieder bestritt es Petrus.

Kurz darauf sagten auch die Umstehenden zu Petrus: »Du musst auch einer von ihnen sein, du kommst doch auch aus Galiläa.«

⁷¹Und Petrus erwiderte: »Ich schwöre bei Gott, ich kenne den Mann nicht, von dem ihr redet.« ⁷²In diesem Augenblick krähte der Hahn zum zweiten Mal. Da erinnerte sich Petrus daran, was Jesus zu ihm gesagt hatte: »Bevor der Hahn zwei Mal kräht, wirst du mich drei Mal verleugnen.« Und er brach zusammen und weinte.

Jesus wird vor Pilatus verhört
Matthäus 27,1-2.11-26; Lukas 22,66-71; 23,1-5.13-25;
Johannes 18,28-40; 19,1.16

15 Früh am nächsten Morgen traten die obersten Priester, führende Männer des Volkes und Schriftgelehrte – der gesamte Hohe Rat* – zusammen, um über das weitere Vorgehen zu beraten. Sie fesselten Jesus und brachten ihn zu Pilatus, dem römischen Statthalter.

²Pilatus fragte Jesus: »Bist du der König der Juden?«

Jesus erwiderte: »Ja, es ist, wie du sagst.«

³Daraufhin legten die obersten Priester Jesus zahlreiche Verbrechen zur Last. ⁴Pilatus fragte ihn: »Hast du nichts dazu zu sagen? Siehst du nicht, was sie alles gegen dich vorbringen?« ⁵Doch zum großen Erstaunen von Pilatus schwieg Jesus.

⁶Nun war es Brauch, dass der Statthalter jedes

14,55 Griech. *der Sanhedrin.* **14,62** S. Psalm 110,1; Daniel 7,13-14. **14,68** In manchen Handschriften fehlt die Wendung *In diesem Augenblick krähte ein Hahn.* **15,1** Griech. *der Sanhedrin;* ebenso in 15,43.

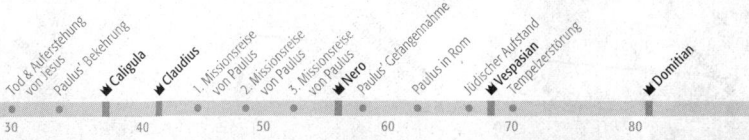

MARKUS

1,1–13	Einleitung
1,14–8,26	Jesus in Galiläa
8,27–10,52	Auf dem Weg ins Leiden
11–12	Jesus in Jerusalem
13	Jesus spricht über die Zukunft
14–16	Leiden, Tod und Auferstehung von Jesus

15

Jesus wird verurteilt, gefoltert und gekreuzigt. Er stirbt am Kreuz und wird begraben.

[Gottes Königsherrschaft und der Messias]

Jahr zum Passahfest einen Gefangenen freiließ, den das Volk selbst bestimmen durfte. [7]Einer der Gefangenen zu dieser Zeit war Barabbas, der bei einem Aufstand zusammen mit anderen des Mordes überführt worden war. [8]Eine große Menschenmenge bedrängte nun Pilatus und bat ihn, wie üblich einen Gefangenen freizulassen. [9]»Soll ich euch den König der Juden geben?«, fragte Pilatus. [10]Denn Pilatus erkannte, dass die obersten Priester Jesus nur aus Neid verhaftet hatten. [11]Doch nun hetzten die obersten Priester das Volk dazu auf, die Freilassung von Barabbas statt von Jesus zu fordern. [12]»Wenn ich Barabbas freilasse«, fragte Pilatus sie, »was soll ich dann mit diesem Mann tun, den ihr den König der Juden nennt?«

[13]Sie schrien: »Kreuzige ihn!«

[14]»Warum?«, fragte Pilatus. »Was hat er denn verbrochen?«

Aber die Menge schrie nur noch lauter: »Kreuzige ihn!«

[15]Da ließ Pilatus, weil er dem Volk gefallen wollte, Barabbas frei. Er ließ Jesus auspeitschen und übergab ihn dann den römischen Soldaten zur Kreuzigung.

Die Soldaten verspotten Jesus
Matthäus 27,27-31; Johannes 19,2-5

[16]Die Soldaten brachten Jesus in das Prätorium, den Palast* des römischen Statthalters, und rie-

15,16 Griech. *in den Hof, das ist das Prätorium.*

Markus 15,37-39

Gott redet

Das Markusevangelium erklärt den Lesern gleich zu Beginn, dass Jesus der Sohn Gottes ist. Die Leser hören dies bereits im ersten Vers. Sie hören dies auch durch die Stimme Gottes, die zu Jesus sagt: »Du bist mein Sohn« (1,11). Und sie hören, wie die Dämonen schreien: »Du bist der Sohn Gottes« (3,11). Die Jünger von Jesus scheinen dagegen nur schwer zu begreifen, wer Jesus wirklich ist. »Wer ist dieser Mann?«, fragen sie, als Jesus große Wunder tut. Hier nun, im Licht der Kreuzigung von Jesus, bekennt der Hauptmann: »Dieser Mann war wirklich Gottes Sohn« (V. 39). Das klingt so, als wolle Markus sagen: »Nur wer den Kreuztod von Jesus in Betracht zieht, kann wirklich verstehen, wer er ist.« Das Kreuz offenbart das Herz Gottes. Als der Tempelvorhang niedergerissen wird (V. 38), wird der Weg ins Heiligtum Gottes frei. Wir können wissen, dass Gott, durch den Tod seines eigenen Sohnes am Kreuz den Weg frei machte, damit wir ihn kennenlernen und mit ihm versöhnt werden können.

(1. Korinther 2,9-16 ««| »» Lukas 4,14-30)

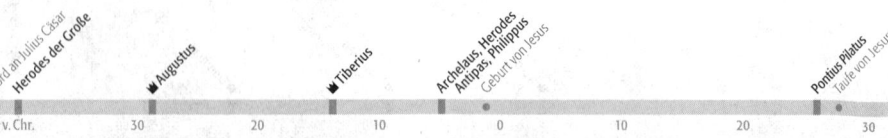

fen alle anderen Soldaten zusammen. ¹⁷Sie zogen ihm ein purpurfarbenes Gewand an und setzten ihm eine geflochtene Dornenkrone auf den Kopf. ¹⁸Dann salutierten sie und riefen: »Sei gegrüßt, König der Juden!« ¹⁹Und sie schlugen ihn mit einem Stock auf den Kopf, spuckten ihn an und knieten nieder und huldigten ihm. ²⁰Als sie genug davon hatten, ihn zu verspotten, zogen sie ihm das Purpurgewand wieder aus und zogen ihm seine eigenen Kleider an. Dann führten sie ihn ab, um ihn zu kreuzigen.

Die Kreuzigung

V. 21-41: Matthäus 27,32-56; Lukas 23,26-49; Johannes 19,16-30

²¹Ein Mann – er hieß Simon und stammte aus Kyrene* –, kam gerade von den Feldern zurück. Ihn zwangen sie, für Jesus das Kreuz zu tragen. (Simon ist der Vater von Alexander und Rufus.) ²²Sie brachten Jesus an einen Ort, der Golgatha heißt, das bedeutet »Schädelstätte«. ²³Dort wollten sie ihm Wein geben, der mit Myrrhe vermischt war*, aber er nahm ihn nicht. ²⁴Dann nagelten sie ihn ans Kreuz. Sie verlosten seine Kleider, indem sie darum würfelten*, was jeder bekommen sollte.

²⁵Es war neun Uhr morgens, als sie ihn kreuzigten. ²⁶Über seinem Kopf wurde ein Schild am Kreuz befestigt, auf dem stand, wofür er angeklagt worden war. Die Aufschrift lautete: »König der Juden«. ²⁷Zusammen mit ihm wurden zwei Verbrecher gekreuzigt; ihre Kreuze standen rechts und links von ihm.* ²⁹Die Leute, die vorbeigingen, schüttelten den Kopf und verspotteten ihn: »Ha! Du kannst doch den Tempel zerstören und in drei Tagen wieder aufbauen, oder? ³⁰Nun, dann rette dich doch selbst und steig vom Kreuz herab!«

³¹Auch die obersten Priester und Schriftgelehrten machten sich über Jesus lustig. »Andere hat er gerettet«, lästerten sie, »aber sich selbst kann er nicht helfen! ³²Dieser Christus, dieser König Israels, soll er doch vom Kreuz heruntersteigen, sodass wir es sehen und ihm glauben können!« Selbst die beiden Verbrecher, die mit Jesus zusammen gekreuzigt wurden, verhöhnten ihn.

Jesus stirbt

³³Gegen Mittag legte sich eine Finsternis über das ganze Land, die drei Stunden anhielt. ³⁴Dann, um drei Uhr, rief Jesus mit lauter Stimme: »Eli, Eli, lama asabtani?«, das bedeutet: »Mein Gott, mein Gott, warum hast du mich verlassen?«*

³⁵Einige von den Leuten, die dabeistanden, verstanden ihn falsch und dachten, er rufe den Propheten Elia. ³⁶Einer von ihnen aber lief, tränkte einen Schwamm mit Weinessig, steckte ihn auf einen Stab und hielt ihn Jesus hin, damit er davon trinken konnte. »Wartet. Wir wollen sehen, ob Elia wirklich kommt und ihn herunterholt!«, sagte er.

³⁷Da schrie Jesus laut auf und starb*. ³⁸In diesem Augenblick riss der Vorhang im Tempel von oben nach unten entzwei. ³⁹Der römische Hauptmann, der dem Kreuz gegenüberstand und mit angesehen hatte, wie Jesus gestorben war, rief aus: »Ja, dieser Mann war wirklich Gottes Sohn!«

⁴⁰Es waren auch einige Frauen da, die aus einiger Entfernung zusahen, unter ihnen waren Maria von Magdala, Maria (die Mutter von Jakobus dem Jüngeren und von Josef*) und Salome. ⁴¹Sie waren schon in Galiläa bei Jesus gewesen und hatten für ihn gesorgt. Danach waren sie und viele andere Frauen zusammen mit ihm nach Jerusalem gegangen.

Jesus wird begraben

Matthäus 27,57-61; Lukas 23,50-56; Johannes 19,38-42

⁴²Dies ereignete sich alles an einem Freitag, dem Rüsttag*, das ist der Tag vor dem Sabbat. Als es Abend wurde, ⁴³fasste Josef von Arimathäa, ein angesehenes Mitglied des Hohen Rates, Mut und ging zu Pilatus, um ihn um den Leichnam von Jesus zu bitten. Josef war einer von denen, die auf das Kommen des Reiches Gottes warteten. ⁴⁴Pilatus konnte nicht glauben, dass Jesus schon tot war, deshalb ließ er den verantwortlichen römischen Hauptmann rufen und fragte ihn. ⁴⁵Der Hauptmann bestätigte den Tod, und Pilatus überließ Josef den Leichnam. ⁴⁶Josef kaufte ein langes Leinentuch, nahm den Leichnam vom Kreuz, wickelte ihn in das Tuch und legte ihn in ein Grab, das aus dem Felsen gehauen war. Dann wälzte er einen Stein vor den Eingang. ⁴⁷Maria von Magdala und Maria, die Mutter von Josef, beobachteten, wohin der Leichnam von Jesus gelegt wurde.

15,21 Kyrene war eine Stadt in Nordafrika. **15,23** Wein mit Myrrhe war ein leichtes Betäubungsmittel. **15,24** Griech. *Lose warfen.* **15,27** In manchen Handschriften folgt Vers 28: *So wurde das Wort der Schrift erfüllt: »Er wurde den Aufrührern gleichgerechnet«;* s. Jesaja 53,12. **15,34** Psalm 22,2. **15,37** Griech. *hauchte er seinen Geist aus.* **15,40** Griech. *Joses;* ebenso in 15,47; s. Matthäus 27,56. **15,42** Griech. *am Tag der Vorbereitung.*

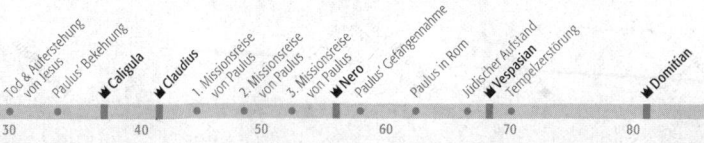

MARKUS

1,1-13	Einleitung
1,14–8,26	Jesus in Galiläa
8,27–10,52	Auf dem Weg ins Leiden
11–12	Jesus in Jerusalem
13	Jesus spricht über die Zukunft
14–16	Leiden, Tod und Auferstehung von Jesus

16
Frauen entdecken das leere Grab. Jesus erscheint ihnen und den Jüngern.

[Gottes Königsherrschaft und der Messias]

Die Auferstehung
Matthäus 28,1-10.16-20; Lukas 24,1-53;
V. 1-14: Johannes 20,1-29; 21,1-23

16 Am nächsten Abend, als der Sabbat vorüber war, kauften Maria von Magdala, Salome und Maria, die Mutter von Jakobus, wohlriechende Öle, um den Leichnam einzubalsamieren. ²Früh am Sonntagmorgen*, gerade als die Sonne aufging, machten sie sich auf den Weg zum Grab. ³Unterwegs überlegten sie, wer ihnen den Stein vom Eingang des Grabes wegwälzen könnte. ⁴Als sie jedoch hinkamen, sahen sie, dass der Stein – ein massiver Felsblock – bereits zur Seite gewälzt war. ⁵Sie betraten die Grabhöhle und bemerkten dort auf der rechten Seite einen jungen Mann in einem strahlend weißen Gewand. Die Frauen erschraken sehr, ⁶aber der Engel sagte: »Habt keine Angst. Ihr sucht Jesus von Nazareth, der gekreuzigt wurde. Er ist nicht hier! Er ist von den Toten auferstanden! Seht, das ist die Stelle, an der sie ihn hingelegt haben. ⁷Geht jetzt zu seinen Jüngern und sagt ihm, auch Petrus: Jesus geht euch nach Galiläa voraus. Dort werdet ihr ihn sehen, wie er es euch gesagt hat, bevor er starb!« ⁸Zitternd vor Angst und Bestürzung flohen die Frauen aus dem Grab. Sie redeten mit niemandem darüber, so sehr fürchteten sie sich.

⁹Jesus war am frühen Sonntagmorgen von den Toten auferstanden und erschien zuerst Maria von Magdala, die er von sieben Dämonen befreit hatte. ¹⁰Sie ging zu den Jüngern, die um ihn trauerten und weinten, ¹¹und berichtete ihnen, dass Jesus lebe und dass sie ihn gesehen habe. Doch sie glaubten ihr nicht.

¹²Danach erschien er in veränderter Gestalt zwei Jüngern, die von Jerusalem unterwegs aufs Land gingen. ¹³Sie liefen zurück, um es den anderen zu erzählen, aber keiner glaubte ihnen.

¹⁴Später erschien er den elf Jüngern, während sie gemeinsam aßen. Er rügte ihren Unglauben, ihre hartnäckige Weigerung, denen zu glauben, die ihn nach seiner Auferstehung gesehen hatten.

¹⁵Und er sagte zu ihnen: »Geht in die ganze Welt und verkündet allen Menschen die gute Botschaft. ¹⁶Wer glaubt und getauft wird, wird gerettet werden. Wer aber nicht glaubt, wird verurteilt werden. ¹⁷Und diese Zeichen werden die begleiten, die glauben: Sie werden in meinem Namen Dämonen austreiben und sie werden neue Sprachen* sprechen. ¹⁸Sie werden Schlan-

16,2 Griech. *am ersten Tag der Woche;* so auch in 16,9.
16,17 O. *neue Zungen;* in einigen Handschriften fehlt *neue.*

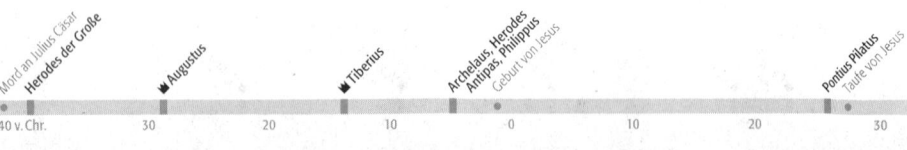

gen anfassen oder etwas Tödliches trinken können, und es wird ihnen nicht schaden. Sie werden Kranken die Hände auflegen und sie heilen.«

¹⁹Nachdem Jesus, der Herr, zu ihnen gesprochen hatte, wurde er in den Himmel hinaufgehoben und setzte sich auf den Ehrenplatz an die rechte Seite Gottes. ²⁰Die Jünger aber gingen überall hin und predigten die gute Botschaft. Der Herr wirkte durch sie und bestätigte alles, was sie sagten, durch viele wunderbare Zeichen.*

16,20 Die Verse 9-20 sind im 2. Jahrhundert an Vers 8 angefügt worden. In einigen Handschriften findet sich jedoch auch ein kürzerer Schluss des Markusevangeliums: »Schließlich berichteten sie Petrus und den anderen Jüngern von den Anweisungen, die sie erhalten hatten. Später beauftragte Jesus seine Jünger, überall in der Welt die gute Botschaft von der Erlösung weiterzusagen. Amen.«

Kein anderes Buch weiß so bestürzende und so erhebende Dinge von Menschen wie die Bibel. Die Geschichten, die in ihr erzählt werden, sind unauslotbar in ihrer hintergründigen Bedeutungsfülle.

Manfred Hausmann

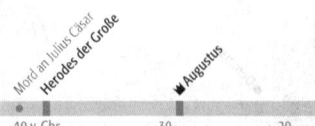

Lukas

Inhalt

Lukas erzählt emotional, legt zugleich aber in seinem Evangelium Wert auf eine geschichtliche Einordnung seines Berichts. Er beginnt mit der Ankündigung der Geburt von Johannes dem Täufer. Johannes ist drei Monate älter als Jesus, dessen Geburt anschließend berichtet wird. Dann gibt Lukas eine Begebenheit aus der Kindheit von Jesus weiter. Ansonsten erfahren wir nichts über Jesus, bis er als Erwachsener öffentlich auftritt.

Lukas stellt besonders deutlich heraus, dass das »Reich Gottes« in Beziehungen besteht. Das wird schon im Alten Testament gesagt, aber Jesus unterstreicht es jetzt, indem er die Gebote, Gott und den Nächsten wie sich selbst zu lieben, über alles andere stellt. Jesus begegnet Menschen liebevoll, auch wenn er ihnen Ernstes zu sagen hat. Er pflegt Beziehungen mit verachteten Menschen und schätzt Frauen und Kinder wert. Das Reich Gottes ist die Familie derer, die nach Gottes Wort leben und wo Gott der nahbare Vater ist. Da können Menschen auf sein Versorgen vertrauen, aber auch zuversichtlich bitten und Fürsorge in Not erwarten. Da ist niemand mehr einsam und verloren, sondern es ist wie ein großes Fest. Es ist keine geografische Größe, sondern existiert und wächst mitten unter den Menschen. Im Reich Gottes leben heißt, Jesus nachzufolgen, in erster Linie für ihn und seine Ziele zu leben, gegebenenfalls eigene Wünsche hintanzustellen.

Leiden, Sterben und Auferstehen von Jesus schildert Lukas ähnlich wie Matthäus und Markus. Bevor Jesus verhaftet wird, stiftet er im Kreis seiner Jünger den neuen Bund Gottes, von dem der Prophet Jeremia schon gesprochen hat. Er besteht darin, dass Jesus mit seinem unschuldigen Sterben für die Schuld aller Menschen einsteht, sodass sie für Gott annehmbar werden. Mehr dazu dann im Hebräerbrief.

Wie die Jünger die gute Nachricht verbreiten, schildert Lukas im zweiten Teil seines Werkes, der Apostelgeschichte.

Wichtige Personen

Jesus Christus	
Herodes (der Große)	König von Judäa
Zacharias	Priester
Elisabeth	seine Frau
Maria	Mutter von Jesus
Johannes der Täufer	Sohn von Zacharias und Elisabeth
Augustus	römischer Kaiser
Quirinius	Statthalter von Syrien
Josef	Marias Verlobter
Hirten auf den Feldern vor Bethlehem	
Simeon	Prophet
Hanna	Prophetin
Tiberius	römischer Kaiser
(Pontius) Pilatus	römischer Statthalter von Judäa
Herodes Antipas	Tetrarch von Galiläa und Peräa
Hannas und Kaiphas	Hohe Priester
Zwölf Apostel von Jesus: Kap. 6,13-16	
Menschen, die Jesus hören oder von ihm geheilt werden	
Pharisäer, Sadduzäer, Schriftgelehrte	
Ein Hauptmann in Kapernaum	
Eine Frau, die Jesus salbt	
Brüder von Jesus	
Marta und Maria	zwei Schwestern aus dem engen Freundeskreis von Jesus
Ein führender reicher Mann	
Zachäus	Zolleinnehmer
Eine Dienerin und Wächter im Hof beim Haus des Hohen Priesters	
Simon aus Kyrene (Nordafrika)	
Kleopas und ein anderer Anhänger von Jesus auf dem Weg nach Emmaus	

Wichtige Orte

Bethlehem	Geburtsort von Jesus
Judäa	südliche Region Israels
Nazareth	Wohnort von Jesus
Galiläa	nördliche Region Israels
Kapernaum	Wohnort von Jesus
See Genezareth	
Gebiet der Gerasener, heidnisch geprägt	
Jerusalem	
Samarien	Region zwischen Judäa und Galiläa
Jericho	Stadt in der Jordansenke
Emmaus	Stadt in der Nähe Jerusalems

LUKAS

1–2	Die Geburt von Jesus und ihre Vorgeschichte
3,1–4,13	Vorbereitungszeit
4,14–9,50	Jesus in Galiläa
9,51–19,27	Auf dem Weg nach Jerusalem
19,28–21,38	Jesus in Jerusalem
22–24	Leiden, Tod und Auferstehung

1
Ankündigung der Geburten von Johannes und Jesus.

[Gottes Königsherrschaft und der Messias]

DAS EVANGELIUM VON LUKAS

Lukas 1,32

Bundesschlüsse
Als die Geburt von Jesus angekündigt wird, betont der Engel: Jesus wird derjenige sein, der (wieder) auf dem Thron seines Vaters David sitzt. Damit ist deutlich das Bundesversprechen gemeint. Auch wenn er »Sohn des Allerhöchsten« genannt wird, klingen die Worte an David an (2Sam 7,14; Ps 89,27-28). »Gottes Sohn« und »Sohn Davids« bedeutet hier, in der Verbindung miteinander, also dasselbe: Gemeint ist der von Gott erwählte Herrscher. Damit ist klar: Gott hat den Davidsbund nie vergessen.
Von hierher überrascht es nicht, wenn diejenigen, die Jesus als Christus (Messias) erkennen, ihn »Sohn Davids« nennen (Mt 9,27; Lk 18,38).
(Matthäus 1,1 ‹‹‹ | ››› Offenbarung 22,16)

Lukas 1,38

Die Antwort des Menschen
Maria, die Mutter von Jesus, reagiert richtig auf das Wort Gottes, das durch einen Engel zu ihr gekommen ist. Er hat ihr ihre Rolle im großen Plan Gottes mitgeteilt. Noch als Jungfrau soll sie durch ein Wunder Gottes den Messias gebären. Maria verlangt keine Erklärung, warum ausgerechnet sie ausgewählt worden ist. Sie verlangt auch keine Zusicherung, dass diese überraschende Entwicklung ihre Verlobung zu Josef nicht belasten wird (siehe Mt 1,18-19), und keine Beteuerung, dass man ihr Kind nicht als uneheliches Kind betrachten wird. Sie sagt einfach: »Ich bin die Dienerin des Herrn und beuge mich seinem Willen« (V. 38). Anders formuliert: »Du bist mein Herr. Du darfst entscheiden, was mit mir geschehen soll.«
Maria wird von vielen Christen dafür geachtet, dass sie die Mutter eines so berühmten und im Plan Gottes so wichtigen Sohnes war. Jesus allerdings lobt sie nur dafür, dass sie zu denen gehört, »die das Wort Gottes hören und danach leben« (Lk 12,27-28).
(Micha 6,8 ‹‹‹ | ››› Matthäus 9,9-13)

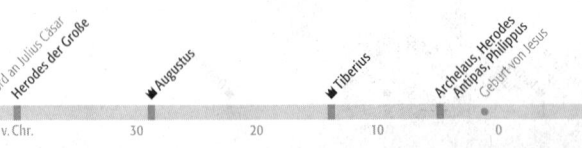

Einleitung

1 ¹Verehrter Theophilus, viele haben schon über die Ereignisse geschrieben, die bei uns geschehen sind*. ²Dabei haben sie die Berichte der ersten Jünger zugrunde gelegt, die mit eigenen Augen gesehen haben, wie Gott seine Verheißungen erfüllt hat. ³Ich habe alle diese Berichte von Anfang an sorgfältig studiert und beschlossen, alles in geordneter Folge für dich aufzuzeichnen. ⁴Auf diese Weise kannst du dich von der Zuverlässigkeit der Lehre überzeugen, in der du unterrichtet wurdest.

Die Geburt von Johannes dem Täufer wird vorausgesagt

⁵Zu der Zeit, als Herodes König von Judäa war, lebte ein jüdischer Priester namens Zacharias. Er war Priester von der Ordnung des Abija, und auch seine Frau Elisabeth stammte aus dem Priestergeschlecht Aarons. ⁶Zacharias und seine Frau führten ein gottesfürchtiges Leben und befolgten alle Gebote und Vorschriften des Herrn. ⁷Sie hatten keine Kinder, weil Elisabeth unfruchtbar war, und jetzt waren sie beide schon sehr alt.

⁸Eines Tages, als Zacharias seinen Dienst im Tempel verrichtete, weil in dieser Woche seine Ordnung an der Reihe war, ⁹wurde er nach priesterlichem Brauch durch das Los dazu ausgewählt, das Heiligtum zu betreten, um das Rauchopfer darzubringen. ¹⁰Währenddessen stand draußen eine große Menschenmenge und betete.

¹¹Als Zacharias im Heiligtum war, erschien ihm ein Engel des Herrn. Dieser stand rechts neben dem Altar für das Rauchopfer. ¹²Zacharias erschrak bis ins Herz, ¹³doch der Engel sagte: »Hab keine Angst, Zacharias! Gott hat dein Gebet erhört. Deine Frau Elisabeth wird dir einen Sohn schenken, und du sollst ihn Johannes nennen. ¹⁴Du wirst überglücklich sein bei seiner Geburt, und viele Menschen werden sich mit dir freuen, ¹⁵denn er wird in den Augen des Herrn groß sein. Er wird keinen Wein oder andere berauschenden Getränke anrühren und schon vor seiner Geburt* mit dem Heiligen Geist erfüllt werden. ¹⁶Und er wird viele Israeliten dazu bringen, sich wieder dem Herrn, ihrem Gott, zuzuwenden. ¹⁷Er wird ein Mann mit dem Geist und der Kraft des Propheten Elia sein, der dem Herrn vorausgeht und das Volk auf seine Ankunft vorbereitet. Er wird die Herzen der Väter ihren Kindern zuwenden und die Ungehorsamen dazu bewegen, sich der göttlichen Weisheit zu öffnen.*«

¹⁸Zacharias fragte den Engel: »Wie kann ich sicher sein, dass das wirklich geschehen wird? Ich bin jetzt ein alter Mann, und auch meine Frau ist schon in fortgeschrittenem Alter.«

¹⁹Da sagte der Engel: »Ich bin Gabriel. Ich habe meinen Platz in der Gegenwart Gottes. Er hat mich mit dieser frohen Botschaft zu dir gesandt! ²⁰Weil du meinen Worten nicht geglaubt hast, wirst du nicht mehr sprechen können, bis das Kind geboren ist. Denn meine Worte werden sich erfüllen, wenn die Zeit gekommen ist.«

²¹Mittlerweile warteten die Menschen draußen auf Zacharias und wunderten sich, wo er so lang blieb. ²²Als er endlich heraustrat, konnte er nicht zu ihnen sprechen. An seinen Gesten erkannten sie jedoch, dass er im Heiligtum des Tempels eine Vision gehabt hatte.

²³Er blieb im Tempel, bis die Zeit seines Dienstes vorüber war, und ging dann nach Hause. ²⁴Kurze Zeit später wurde seine Frau Elisabeth schwanger. Sie zog sich fünf Monate lang zurück. ²⁵»Wie gütig doch der Herr ist!«, rief sie. »Er hat mich von der Schande der Kinderlosigkeit befreit!«

Die Geburt von Jesus wird vorausgesagt

²⁶Als Elisabeth im sechsten Monat schwanger war, sandte Gott den Engel Gabriel nach Nazareth, in eine Stadt in Galiläa, ²⁷zu einem Mädchen, das noch Jungfrau war. Sie hieß Maria und war mit einem Mann namens Josef verlobt, einem Nachfahren von David. ²⁸Gabriel erschien ihr und sagte: »Sei gegrüßt! Du bist beschenkt mit großer Gnade! Der Herr ist mit dir!*«

²⁹Erschrocken überlegte Maria, was der Engel damit wohl meinte. ³⁰Da erklärte er ihr: »Hab keine Angst, Maria, denn du hast Gnade bei Gott gefunden. ³¹Du wirst schwanger werden und einen Sohn zur Welt bringen, den du Jesus nennen sollst. ³²Er wird groß sein und Sohn des Allerhöchsten genannt werden. Gott, der Herr, wird ihn auf den Thron seines Vaters David setzen. ³³Er wird für immer über Israel* herrschen, und sein Reich wird niemals untergehen!«

³⁴Maria fragte den Engel: »Aber wie kann ich ein Kind bekommen? Ich bin noch Jungfrau.«

³⁵Der Engel antwortete: »Der Heilige Geist wird über dich kommen, und die Macht des Allerhöchsten wird dich überschatten. Deshalb wird das Kind, das du gebären wirst, heilig und Sohn Gottes genannt werden. ³⁶Sieh doch: Deine Verwandte Elisabeth ist in ihrem hohen Alter

---

1,1 O. *sich erfüllt haben.* **1,15** O. *schon von Geburt an.* **1,17** S. Maleachi 3,23-24. **1,28** Einige Handschriften fügen hinzu *Gesegnet bist du unter den Frauen.* **1,33** Griech. *über das Haus Jakobs.*

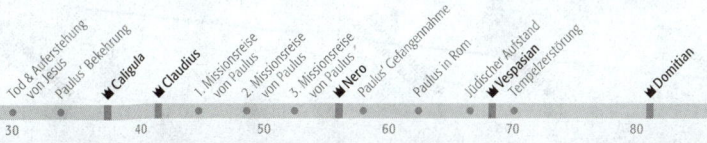

LUKAS

1–2	Die Geburt von Jesus und ihre Vorgeschichte
3,1–4,13	Vorbereitungszeit
4,14–9,50	Jesus in Galiläa
9,51–19,27	Auf dem Weg nach Jerusalem
19,28–21,38	Jesus in Jerusalem
22–24	Leiden, Tod und Auferstehung

1–2
Maria bei Elisabeth, Marias Loblied. Die Geburt von Johannes. Jesus wird geboren.

[Gottes Königsherrschaft und der Messias]

noch schwanger geworden! Die Leute haben immer gesagt, sie sei unfruchtbar, und nun ist sie bereits im sechsten Monat. ³⁷Denn bei Gott ist nichts unmöglich.«

³⁸Maria antwortete: »Ich bin die Dienerin des Herrn und beuge mich seinem Willen. Möge alles, was du gesagt hast, wahr werden und mir geschehen.« Darauf verließ der Engel sie.

Lukas 1,68.74-75

Gott befreit
Mit der Geburt von Johannes setzt Gott die Erlösung Israels und der ganzen Welt in Gang. Johannes soll nur der Wegbereiter sein, aber mit seinem Kommen beginnt alles. Mit einem prophetischen Wort lobt Zacharias Gott: »... denn er (der versprochene Retter) ist zu seinem Volk gekommen und hat es erlöst« (V. 68). Er spricht dabei so, als sei es bereits geschehen.
Die Rettung Israels wird hier so beschrieben, als ginge es hier um einen nationalen und militärischen Sieg über die Besatzungsmacht der Römer. Aber als Jesus jedoch »die Erlösung Israels« ankündigte, deutete er diese Prophetie anders. Er kam nicht, um die verhassten römischen Truppen ins Mittelmeer zu werfen, sondern um die Herzen der Menschen so zu erneuern, dass sie sogar ihre Feinde lieben können (Lk 6,35). Gott befreit durchaus – aber er setzt anders als erwartet an. Nur wenn Jesus unsere Herzen erneuert, werden wir tatsächlich »Gott an jedem einzelnen Tag unseres Lebens ohne Furcht dienen können in Heiligkeit und Gerechtigkeit" (Lk 1,75).
(Markus 10,45 «« | »» Lukas 19,10)

Lukas 1,72

Bundesschlüsse
In Lukas 1 und 2 wird die Geburt von Jesus im Zusammenhang mit ihrer Vorgeschichte erzählt. Zu dieser Vorgeschichte gehört auch der »Prophet des Allerhöchsten«, der »dem Herrn den Weg ebnen wird«: Johannes der Täufer (1,76).
Indem Gott den Retter Jesus in die Welt bringt, erfüllt er das Bundesversprechen an Abraham; so bekennt es Zacharias (1,72). Die Mutter von Jesus hat vorher Gleiches ausgesprochen (1,54-55).
Der Bund mit Abraham ist dadurch nicht eine Sache der Vergangenheit geworden und man könnte ihn als erfüllt und erledigt hinter sich lassen. Er ist nicht kraftlos geworden, als Jesus kam, sondern im Gegenteil: Wenn Jesus ihn erfüllt, entfaltet der Abrahambund erst seine volle Segenskraft.
(Matthäus 26,28 «« | »» Römer 9,4)

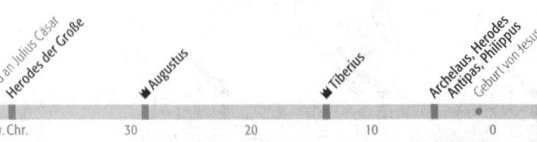

Maria besucht Elisabeth

39 Einige Tage später beeilte sich Maria, ins Bergland von Judäa zu kommen, in die Stadt, 40 in der Zacharias lebte. Als sie das Haus betrat und Elisabeth begrüßte, 41 hüpfte Elisabeths Kind im Bauch seiner Mutter, und Elisabeth wurde vom Heiligen Geist erfüllt.

42 Sie rief Maria laut entgegen: »Du bist von Gott gesegnet vor allen anderen Frauen, und gesegnet ist auch dein Kind. 43 Welche Ehre, dass die Mutter meines Herrn mich besucht! 44 Als du das Haus betreten und mich begrüßt hast, hüpfte mein Kind beim Klang deiner Stimme vor Freude! 45 Gesegnet bist du, weil du geglaubt hast, dass der Herr tun wird, was er gesagt hat.«

Marias Loblied

46 Maria erwiderte: »Gelobt sei der Herr!

47 Wie freue ich mich an Gott, meinem Retter!

48 Er hat seiner unbedeutenden Magd Beachtung geschenkt, darum werden mich die Menschen in alle Ewigkeit glücklich preisen.

49 Denn er, der Mächtige, ist heilig, und er hat Großes für mich getan.

50 Seine Barmherzigkeit gilt von Generation zu Generation allen, die ihn ehren.

51 Sein mächtiger Arm vollbringt Wunder! Wie er die Stolzen und Hochmütigen zerstreut!

52 Er hat Fürsten vom Thron gestürzt und niedrig Stehende erhöht.

53 Die Hungrigen hat er mit Gutem gesättigt und die Reichen mit leeren Händen fortgeschickt.

54 Und nun hat er seinem Diener Israel geholfen! Er hat seine Verheißung nicht vergessen, barmherzig zu sein,

55 wie er es unseren Vorfahren – Abraham und seinen Kindern – immer verheißen hat.«

56 Etwa drei Monate blieb Maria bei Elisabeth und kehrte dann nach Hause zurück.

Johannes der Täufer wird geboren

57 Als für Elisabeth die Zeit der Geburt kam, brachte sie einen Jungen zur Welt. 58 Schon bald hörten die Nachbarn und Freunde von der großen Barmherzigkeit, die der Herr ihr erwiesen hatte, und alle freuten sich von Herzen mit ihr.

59 Als das Kind acht Tage alt war, kamen die Verwandten und Freunde zur Beschneidungszeremonie. Sie wollten den Jungen nach seinem Vater Zacharias nennen. 60 Aber Elisabeth sagte: »Nein! Sein Name lautet Johannes!«

61 »Was?«, riefen sie aus. »In deiner ganzen Familie gibt es niemand, der diesen Namen trägt.« 62 Und sie wandten sich an den Vater des Kindes und befragten ihn mit Gesten. 63 Er ließ sich eine Schreibtafel bringen und schrieb zur Überraschung aller: »Sein Name ist Johannes!« 64 Im gleichen Augenblick konnte Zacharias wieder sprechen, und er fing an, Gott zu loben.

65 Ehrfürchtiges Staunen erfasste die Menschen in der ganzen Gegend. Die Nachricht von diesen Ereignissen verbreitete sich überall im Bergland von Judäa. 66 Alle, die davon erfuhren, dachten darüber nach und fragten sich: »Was wohl aus diesem Kind werden wird?« Denn es war offensichtlich, dass die Hand des Herrn mit ihm war.

Die Prophezeiung des Zacharias

67 Sein Vater Zacharias wurde mit dem Heiligen Geist erfüllt und weissagte:

68 »Gelobt sei der Herr, der Gott Israels, denn er ist zu seinem Volk gekommen und hat es erlöst.

69 Einen mächtigen Retter aus dem königlichen Geschlecht seines Knechtes David hat er uns gesandt,

70 wie er es vor langer Zeit durch seine heiligen Propheten versprochen hat.

71 Nun werden wir vor unseren Feinden und vor allen, die uns hassen, gerettet werden.

72 Er hat unseren Vorfahren Barmherzigkeit erwiesen, indem er seinen heiligen Bund mit ihnen nicht vergisst,

73 den Bund, den er mit unserem Stammvater Abraham schloss.

74 Wir wurden vor unseren Feinden gerettet, 75 damit wir Gott an jedem einzelnen Tag unseres Lebens ohne Furcht dienen können in Heiligkeit und Gerechtigkeit.

76 Und du, mein Kind, wirst Prophet des Allerhöchsten genannt werden, weil du dem Herrn den Weg ebnen wirst.

77 Du wirst seinem Volk verkünden, wie es Rettung finden kann durch die Vergebung seiner Sünden.

78 Durch die Güte und Barmherzigkeit Gottes wird nun das Licht des Himmels uns besuchen,

79 um die zu erleuchten, die in der Dunkelheit und im Schatten des Todes sitzen, und um uns auf den Weg des Friedens zu leiten.«

80 Johannes wuchs heran und wurde stark im Geist. Später lebte er draußen in der Wildnis, bis die Zeit seines öffentlichen Wirkens in Israel begann.

Jesus wird geboren
Matthäus 1,18-25

2 Zu jener Zeit ordnete der römische Kaiser Augustus an, dass alle Bewohner des Römischen Reiches behördlich erfasst werden sollten. 2 Diese Erhebung geschah zum ersten Mal, und

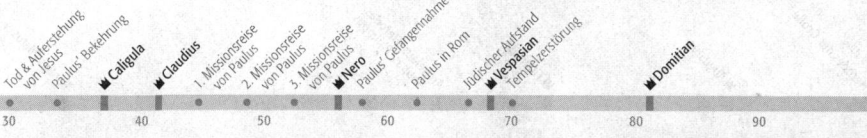

LUKAS

1–2	Die Geburt von Jesus und ihre Vorgeschichte
3,1–4,13	Vorbereitungszeit
4,14–9,50	Jesus in Galiläa
9,51–19,27	Auf dem Weg nach Jerusalem
19,28–21,38	Jesus in Jerusalem
22–24	Leiden, Tod und Auferstehung

2–3
Engel verkünden Hirten die Geburt von Jesus. Für Jesus wird im Tempel das Opfer entrichtet. Er wird als Messias gepriesen. Jesus als älteres Kind im Tempel.

[Gottes Königsherrschaft und der Messias]

zwar, als Quirinius Statthalter von Syrien war. ³Alle Menschen kehrten in ihre betreffende Stadt zurück, um sich für die Zählung eintragen zu lassen. ⁴Weil Josef ein Nachkomme Davids war, musste er nach Bethlehem in Judäa, in die Stadt Davids, reisen. Von Nazareth in Galiläa aus machte er sich auf den Weg ⁵und nahm seine Verlobte Maria mit, die schwanger war.

⁶Als sie in Bethlehem waren, kam die Zeit der Geburt heran. ⁷Maria gebar ihr erstes Kind, einen Sohn. Sie wickelte ihn in Windeln und legte ihn in eine Futterkrippe, weil es im Zimmer keinen Platz für sie gab.

Die Hirten und Engel

⁸In jener Nacht hatten ein paar Hirten auf den Feldern vor dem Dorf ihr Lager aufgeschlagen, um ihre Schafe zu hüten. ⁹Plötzlich erschien ein Engel des Herrn in ihrer Mitte. Der Glanz des Herrn umstrahlte sie. Die Hirten erschraken, ¹⁰aber der Engel beruhigte sie. »Habt keine Angst!«, sagte er. »Ich bringe eine gute Botschaft für alle Menschen! ¹¹Der Retter – ja, Christus*, der Herr – ist heute Nacht in Bethlehem, der Stadt Davids, geboren worden! ¹²Und daran könnt ihr ihn erkennen: Ihr werdet ein Kind finden, das in Windeln gewickelt in einer Futterkrippe liegt!«

¹³Auf einmal war der Engel von den himmlischen Heerscharen umgeben, und sie alle priesen Gott mit den Worten:

¹⁴»Ehre sei Gott im höchsten Himmel und Frieden auf Erden für alle Menschen, an denen Gott Gefallen hat*.«

¹⁵Als die Engel in den Himmel zurückgekehrt waren, sagten die Hirten zueinander: »Kommt, gehen wir nach Bethlehem! Wir wollen das Wunder, von dem der Herr uns erzählen ließ, mit eigenen Augen sehen.«

¹⁶Sie liefen, so schnell sie konnten, ins Dorf und fanden Maria und Josef und das Kind in der Futterkrippe. ¹⁷Da erzählten die Hirten allen, was geschehen war und was der Engel ihnen über dieses Kind gesagt hatte. ¹⁸Alle Leute, die den Bericht der Hirten hörten, waren voller Staunen. ¹⁹Maria aber bewahrte alle diese Dinge in ihrem Herzen und dachte oft darüber nach. ²⁰Die Hirten kehrten zu ihren Herden auf den Feldern zurück; sie priesen und lobten Gott für das, was der Engel ihnen gesagt hatte und was sie gesehen hatten. Alles war so, wie es ihnen angekündigt worden war.

2,11 Übersetzung von Hebr. *Messias*, d.h. *der Gesalbte*.
2,14 O. *Und Friede auf Erden für alle Menschen, die Gott gefallen*. In manchen Handschriften heißt es *Friede auf Erden und Freundlichkeit unter den Menschen*.

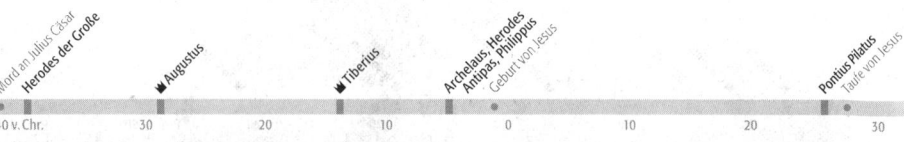

Jesus wird im Tempel geweiht

²¹Als das Kind acht Tage später beschnitten wurde, gab man ihm den Namen Jesus – so wie der Engel ihn schon genannt hatte, bevor Maria schwanger wurde.

²²Dann kam die Zeit des Reinigungsopfers, das im Gesetz Moses nach der Geburt eines Kindes vorgeschrieben ist. Maria und Josef gingen mit ihm nach Jerusalem, um ihn dem Herrn zu weihen. ²³Denn im Gesetz des Herrn steht: »Alle erstgeborenen Söhne müssen dem Herrn geweiht werden.«* ²⁴Sie brachten das Reinigungsopfer dar, wie es das Gesetz vorschrieb: »Ein Paar Turteltauben oder zwei junge Tauben.«*

Die Prophezeiung Simeons

²⁵In Jerusalem lebte ein Mann namens Simeon. Er war gerecht und gottesfürchtig. Simeon war vom Heiligen Geist erfüllt und wartete sehnsüchtig auf die Ankunft des Christus, der Israel Trost und Rettung bringen sollte. ²⁶Der Heilige Geist hatte ihm offenbart, dass er nicht sterben würde, bevor er den vom Herrn gesandten Christus gesehen hätte. ²⁷An diesem Tag führte der Heilige Geist ihn in den Tempel. Als Maria und Josef kamen, um das Kind dem Herrn zu weihen, wie es im Gesetz vorgeschrieben ist, ²⁸war Simeon dort. Er nahm das Kind auf seine Arme und lobte Gott und sagte:

²⁹»Herr, nun kann ich in Frieden sterben! Wie du es mir versprochen hast, ³⁰habe ich den Retter gesehen, ³¹den du allen Menschen geschenkt hast.

³²Er ist ein Licht, das den Völkern Gott offenbaren wird, und er ist die Herrlichkeit deines Volkes Israel!«

³³Josef und Maria staunten, als sie hörten, was Simeon über Jesus sagte. ³⁴Simeon aber segnete sie und sagte zu Maria: »Dieses Kind wird von vielen in Israel abgelehnt werden, und das wird ihren Untergang bedeuten. Für viele andere Menschen aber wird er die höchste Freude sein. ³⁵Auf diese Weise wird an den Tag kommen, was viele im Innersten bewegt. Doch auch durch deine Seele wird ein Schwert dringen.«

Die Prophezeiung Hannas

³⁶Im Tempel befand sich auch Hanna, eine Prophetin. Sie war eine Tochter Phanuëls aus dem Stamm Asser und schon sehr alt. Hanna war Witwe. Ihr Mann war nach nur sieben Jahren Ehe gestorben. ³⁷Jetzt war sie vierundachtzig Jahre alt und verließ den Tempel nie mehr, sondern diente Gott dort Tag und Nacht mit Fasten und Beten. ³⁸Als Simeon mit Maria und Josef sprach, ging sie vorbei und begann, Gott zu loben. Allen, die auf die verheißene Erlösung Israels warteten, erzählte sie von Jesus.

³⁹Als Maria und Josef alles erfüllt hatten, was nach dem Gesetz des Herrn vorgeschrieben ist, kehrten sie nach Nazareth in Galiläa zurück. ⁴⁰Dort wuchs Jesus heran und wurde groß und kräftig. Er war mit Weisheit erfüllt, und Gottes besondere Gnade ruhte auf ihm.

Jesus spricht mit den Gelehrten

⁴¹Jedes Jahr zum Passahfest zogen seine Eltern nach Jerusalem hinauf. ⁴²Als Jesus zwölf Jahre alt war, nahmen sie auch wieder am Fest teil. ⁴³Nach den Feierlichkeiten machten sie sich auf den Heimweg nach Nazareth, doch Jesus blieb in Jerusalem zurück. Zuerst vermissten seine Eltern ihn nicht, ⁴⁴weil sie annahmen, dass er sich bei Freunden unter den anderen Reisenden befand. Doch als er am Abend immer noch nicht erschien, begannen sie, bei ihren Verwandten und Freunden nach ihm zu fragen. ⁴⁵Da sie ihn nirgends finden konnten, kehrten sie nach Jerusalem zurück, um dort nach ihm zu suchen. ⁴⁶Nach drei Tagen endlich entdeckten sie ihn. Er saß im Tempel inmitten der Lehrer, hörte ihnen zu und stellte Fragen. ⁴⁷Alle, die ihn hörten, staunten über sein Verständnis und seine klugen Antworten.

⁴⁸Seine Eltern wussten nicht, was sie davon halten sollten. »Kind!«, sagte seine Mutter zu ihm. »Wie konntest du uns das antun? Dein Vater und ich waren in schrecklicher Sorge. Wir haben dich überall gesucht.«

⁴⁹»Warum habt ihr mich gesucht?«, fragte er. »Ihr hättet doch wissen müssen, dass ich im Haus meines Vaters bin.«* ⁵⁰Doch sie verstanden nicht, was er damit meinte.

⁵¹Daraufhin kehrte er mit ihnen nach Nazareth zurück und war ihnen ein gehorsamer Sohn. Seine Mutter bewahrte all diese Dinge in ihrem Herzen. ⁵²So wuchs Jesus heran und gewann an Weisheit. Gott liebte ihn, und alle, die ihn kannten, schätzten ihn sehr.

Johannes der Täufer

Matthäus 3,1-12; Markus 1,1-8 (Johannes 1,19-28)

3 Es war im fünfzehnten Regierungsjahr des römischen Kaisers Tiberius. Pilatus war

---

2,23 2. Mose 13,2. 2,24 3. Mose 12,8. 2,49 O. »Habt ihr denn nicht gewusst, dass ich mich mit den Dingen meines Vaters beschäftigen muss?«

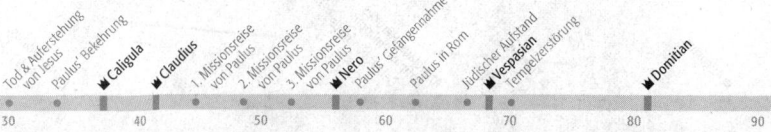

	LUKAS
1–2	Die Geburt von Jesus und ihre Vorgeschichte
3,1–4,13	Vorbereitungszeit
4,14–9,50	Jesus in Galiläa
9,51–19,27	Auf dem Weg nach Jerusalem
19,28–21,38	Jesus in Jerusalem
22–24	Leiden, Tod und Auferstehung

3
Johannes der Täufer ruft zur Umkehr und tauft Jesus. Der Stammbaum von Jesus.

[Gottes Königsherrschaft und der Messias]

Statthalter in Judäa; Herodes Antipas herrschte* über Galiläa, sein Bruder Philippus regierte* in Ituräa und Trachonitis, und Lysanias war Herrscher in Abilene. ²Hannas und Kaiphas waren Hohe Priester. In dieser Zeit erhielt Johannes, der Sohn des Zacharias, draußen in der Wildnis eine Botschaft von Gott. ³Daraufhin zog Johannes in der Gegend des Jordan von Ort zu Ort und predigte den Menschen: Sie sollten sich taufen lassen als Zeichen dafür, dass sie sich von ihren Sünden abgekehrt und Gott zugewandt hatten, um Vergebung zu erhalten.* ⁴So erfüllte sich, was im Propheten Jesaja steht: »Er ist eine Stimme, die in der Wüste ruft:

›Schafft Raum für das Kommen des Herrn! Ebnet ihm den Weg! ⁵Die Täler sollen aufgeschüttet, die Berge und Hügel geebnet werden! Das Krumme soll gerade und das Raue glatt werden! ⁶Dann werden alle Menschen Gottes Heil sehen.‹«*

⁷Und so sprach Johannes zu den Menschen, die zahlreich zu ihm kamen, um sich taufen zu lassen: »Ihr Schlangenbrut! Wer hat euch eingeredet, ihr könntet dem bevorstehenden Gericht Gottes entgehen? ⁸Beweist durch euren Lebenswandel, dass ihr euch wirklich von euren Sünden abgekehrt und Gott zugewandt habt. Es genügt nicht zu sagen: ›Wir sind die Nachkommen Abrahams. Uns kann nichts geschehen.‹ Das beweist gar nichts. Wenn Gott wollte, könnte er aus diesen Steinen Kinder Abrahams machen. ⁹Die Axt wird schon durch die Luft geschwungen, bereit, eure Wurzeln abzuhacken; denn jeder Baum, der keine guten Früchte bringt, wird umgehauen und ins Feuer geworfen.«

¹⁰Die Menge fragte: »Und was sollen wir tun?«

¹¹Johannes erwiderte: »Wenn ihr zwei Mäntel habt, gebt einen den Armen. Wenn ihr zu essen habt, teilt es mit denen, die hungrig sind.«

¹²Auch Steuereinnehmer kamen zu ihm, um sich taufen zu lassen. Und auch sie fragten: »Meister, was sollen wir tun?«

¹³»Beweist, dass ihr ehrlich seid«, erwiderte er, »treibt nicht mehr Steuern ein, als die römische Regierung euch vorschreibt.«

¹⁴»Und was sollen wir tun?«, fragten einige Soldaten.

Johannes antwortete: »Seid keine Räuber und Erpresser. Gebt euch mit eurem Sold zufrieden.«

¹⁵Alle warteten sehr auf das Kommen des Christus und wollten unbedingt wissen, ob Jo-

---

3,1a Griech. *Herodes war Vierfürst*. Herodes Antipas war ein Sohn von König Herodes. **3,1b** Griech. *Vierfürst*; so auch in 3,19. **3,3** Griech. *predigte die Taufe der Buße zur Vergebung der Sünden*. **3,4-6** Jesaja 40,3-5.

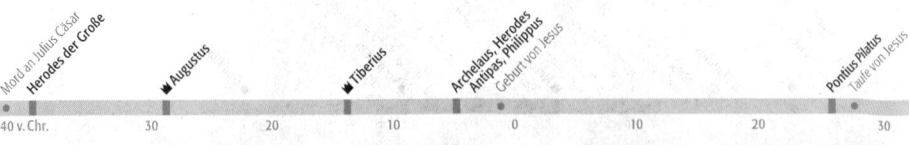

hannes der Christus sei. ¹⁶Auf diese Frage antwortete Johannes: »Ich taufe mit* Wasser, aber bald kommt einer, der stärker ist als ich – so viel gewaltiger, dass ich nicht einmal wert bin, sein Diener zu sein*. Er wird euch mit dem Heiligen Geist und mit Feuer* taufen. ¹⁷Er wird mit seiner Schaufel die Spreu vom Weizen trennen, den Dreschplatz aufräumen und den Weizen in die Scheune bringen; die Spreu aber wird er im ewigen Feuer verbrennen.« ¹⁸Und noch viele solche Warnungen sprach Johannes aus, als er dem Volk die Botschaft Gottes verkündete.

¹⁹Selbst den Fürsten Herodes Antipas wies Johannes offen zurecht, weil er Herodias, die Frau seines Bruders, geheiratet und noch viel anderes Unrecht begangen hatte. ²⁰Und die Schuld des Herodes wurde noch größer, als er Johannes ins Gefängnis werfen ließ.

Jesus lässt sich taufen
Matthäus 3,13-17; Markus 1,9-11; Johannes 1,29-34
²¹Als Johannes wieder einmal viele Menschen taufte, ließ sich auch Jesus taufen. Als er betete, öffnete sich der Himmel, ²²und der Heilige Geist kam in Gestalt einer Taube auf ihn herab. Und eine Stimme vom Himmel sprach: »Du bist mein geliebter Sohn, an dir habe ich große Freude.*«

Die Ahnentafel von Jesus
1. Mose 5; 11,10-26; 1. Chronik 1,1-4.24-28.34; 2,1-15; Matthäus 1,1-16
²³Jesus war etwa dreißig Jahre alt, als er öffentlich zu wirken begann.
   Jesus war bekannt
als der Sohn Josefs.
   Josef war der Sohn von Eli.
²⁴Eli war der Sohn von Mattat.
Mattat war der Sohn von Levi.
Levi war der Sohn von Melchi.
Melchi war der Sohn von Jannai.
Jannai war der Sohn von Josef.
²⁵Josef war der Sohn von Mattitja.
Mattitja war der Sohn von Amos.
Amos war der Sohn von Nahum.
Nahum war der Sohn von Hesli.
Hesli war der Sohn von Naggai.
²⁶Naggai war der Sohn von Mahat.
Mahat war der Sohn von Mattitja.
Mattitja war der Sohn von Schimi.
Schimi war der Sohn von Josech.
Josech war der Sohn von Joda.
²⁷Joda war der Sohn von Johanan.
Johanan war der Sohn von Resa.
Resa war der Sohn von Serubbabel.
Serubbabel war der Sohn von Schealtiël.
Schealtiël war der Sohn von Neri.
²⁸Neri war der Sohn von Melchi.
Melchi war der Sohn von Addi.
Addi war ein Sohn von Kosam.
Kosam war der Sohn von Elmadam.
Elmadam war der Sohn von Er.
²⁹Er war der Sohn von Joschua.
Joschua war der Sohn von Eliëser.
Eliëser war der Sohn von Jorim.
Jorim war der Sohn von Mattat.
Mattat war der Sohn von Levi.
³⁰Levi war der Sohn von Simeon.
Simeon war der Sohn von Juda.
Juda war der Sohn von Josef.
Josef war der Sohn von Jonam.
Jonam war der Sohn von Eljakim.
³¹Eljakim war der Sohn von Melea.
Melea war der Sohn von Menna.
Menna war der Sohn von Mattata.
Mattata war der Sohn von Nathan.
Nathan war der Sohn von David.
³²David war der Sohn von Isai.
Isai war der Sohn von Obed.
Obed war der Sohn von Boas.
Boas war der Sohn von Salmon*.
Salmon war der Sohn von Nachschon.
³³Nachschon war der Sohn von Amminadab.
Amminadab war der Sohn von Admin.
Admin war der Sohn von Arni*.
Arni war der Sohn von Hezron.
Hezron war der Sohn von Perez.
Perez war der Sohn von Juda.
³⁴Juda war der Sohn von Jakob.
Jakob war der Sohn von Isaak.
Isaak war der Sohn von Abraham.
Abraham war der Sohn von Terach.
Terach war der Sohn von Nahor.
³⁵Nahor war der Sohn von Serug.
Serug war der Sohn von Regu.
Regu war der Sohn von Peleg.
Peleg war der Sohn von Eber.
Eber war der Sohn von Schelach.
³⁶Schelach war der Sohn von Kenan.
Kenan war der Sohn von Arpachschad.
Arpachschad war der Sohn von Sem.
Sem war der Sohn von Noah.

3,16a O. *in*. **3,16b** Griech. *ihm die Sandalen aufzubinden*. **3,16c** O. *im Heiligen Geist und in Feuer*. **3,22** In manchen Handschriften heißt es *und heute bin ich dein Vater geworden*. **3,32** Griech. *Sala*; s. Rut 4,21. **3,33** *Arni* ist mit *Ram* identisch; s. 1. Chronik 2,9-10.

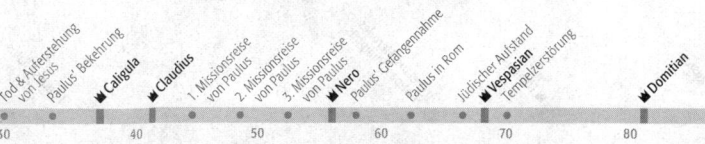

LUKAS

1–2	Die Geburt von Jesus und ihre Vorgeschichte
3,1–4,13	Vorbereitungszeit
4,14–9,50	Jesus in Galiläa
9,51–19,27	Auf dem Weg nach Jerusalem
19,28–21,38	Jesus in Jerusalem
22–24	Leiden, Tod und Auferstehung

3–4
Jesus wird in der Wüste versucht. Die Antrittspredigt von Jesus. Austreibung eines Dämon.

[Gottes Königsherrschaft und der Messias]

Noah war der Sohn von Lamech.
³⁷Lamech war der Sohn von Metuschelach.
Metuschelach war der Sohn von Henoch.
Henoch war der Sohn von Jered.
Jered war der Sohn von Mahalalel.
Mahalalel war der Sohn von Kenan.

Lukas 4,14-30

Gott redet
Zur Zeit des Alten Testaments hätte alle fünfzig Jahre ein Erlassjahr stattfinden sollen. Das Gesetz sagte: »Ihr sollt im ganzen Land Befreiung für alle seine Bewohner ausrufen« (3Mo 25,10). Ob Israel dies jemals durchführte, wissen wir nicht. Der Prophet Jesaja aber nahm Bezug darauf, als er prophetisch von dem kommenden »Gnadenjahr des Herrn« redete (Jes 61,2). Hier verkündigt Jesus, dass dieses Jahr jetzt gekommen war. Jesus benutzt den Jesaja-Text hier in seiner Antrittsrede und untermauert so seinen Auftrag als der versprochene Retter. Jesus ruft die »Befreiung für alle Bewohner« aus und er wird diese auch herbeiführen.
Die Dorfbewohner Nazareths reagieren zunächst begeistert, aber diese Begeisterung verschwindet schnell, als sie begreifen, dass Jesus tatsächlich »Befreiung *für alle*« meint, sogar für Fremde und für Feinde. Die Menschen erwarten, dass der kommende Messias ihre nationalen Feinde vernichten wird. Jesus aber kam, um auch diese zu befreien und zu retten.
(Markus 15,37-39 ««| »» Johannes 5,39)

Lukas 4,16-21

Erwählung
In seiner ersten Synagogen-Predigt nach seiner Taufe knüpft Jesus an ein Schriftwort an, das von einer geisterfüllten Rettergestalt spricht (Jes 61,1-2). Sehr eindeutig bezieht Jesus dieses Wort auf sich selbst und stellt sich damit in den Mittelpunkt von Gottes Erwählungsgeschichte. Im Gesamtklang der Heiligen Schrift ist das nicht überraschend, weil andere biblische Schriften Jesus Christus bereits an der Schöpfung der Welt beteiligt sahen (siehe die Erklärungen zu Joh 1,1-5 und Kol 1,15-17).
Das Grundmuster einer Erwählung Gottes wird deutlich, wie es auch schon beim ersten Menschenpaar, bei Abraham oder dem Eigentumsvolk Gottes sichtbar wurde (siehe die Erklärungen zu 1Mo 1,27-28; 12,1-3; 4Mo 14,10-23; 5Mo 4,5-8): Der Erwählte ist zugleich beauftragt, ein Segen für andere zu sein. Dementsprechend ist es der Auftrag von Jesus, zu befreien, Sehvermögen zu geben und Gottes Gnade zuzusprechen.
(Matthäus 3,17 ««| »» Matthäus 21,37-42)

³⁸Kenan war der Sohn von Enosch.
Enosch war der Sohn von Set.
Set war der Sohn von Adam.
Adam war der Sohn Gottes.

Die Versuchung
Matthäus 4,1-11; Markus 1,12-13

4 Vom Heiligen Geist erfüllt, verließ Jesus den Jordan. Der Geist brachte ihn in die Wüste, ²wo der Teufel ihn vierzig Tage lang in Versuchung führte. Während dieser ganzen Zeit aß er nichts, sodass er schließlich sehr hungrig war.
³Da sagte der Teufel zu ihm: »Wenn du der Sohn Gottes bist, verwandle doch diesen Stein in Brot.«
⁴Aber Jesus erwiderte: »Nein! In der Schrift steht: ›Der Mensch braucht mehr als nur Brot zum Leben.‹*«
⁵Da führte der Teufel ihn auf die Höhe und zeigte ihm alle Königreiche der Welt in einem Augenblick. ⁶Und er sagte zu ihm: »Ich will dir Macht über diese Länder und all ihre Reichtümer geben, denn ich verfüge über sie und kann sie geben, wem ich will. ⁷Das alles werde ich dir schenken, wenn du niederkniest und mich anbetest.«
⁸Jesus erwiderte: »In der Schrift steht:
›Du sollst den Herrn, deinen Gott, anbeten und nur ihm allein dienen.‹*«
⁹Da versetzte der Teufel ihn nach Jerusalem auf den höchsten Punkt des Tempels und sagte: »Wenn du der Sohn Gottes bist, spring hier hinunter! ¹⁰Denn in der Schrift steht:
›Er befiehlt seinen Engeln, dich zu beschützen und zu bewahren. ¹¹Sie werden dich auf ihren Händen tragen, damit deine Füße niemals stolpern.‹*«
¹²Jesus erwiderte: »In der Schrift steht auch: ›Fordere den Herrn, deinen Gott, nicht heraus.‹*«
¹³Als der Teufel aufgehört hatte, Jesus zu versuchen, verließ er ihn für einige Zeit*.

Jesus wird in Nazareth abgelehnt
V. 14-15: Matthäus 4,12-17; Markus 1,14-15; V. 16-30:
vgl. Matthäus 13,54-58; Markus 6,1-6

¹⁴Danach kehrte Jesus, von der Kraft des Heiligen Geistes erfüllt, nach Galiläa zurück. Schnell wurde er in der ganzen Gegend bekannt. ¹⁵Er lehrte in ihren Synagogen und wurde von allen verehrt.
¹⁶Als er nach Nazareth kam, wo er seine Kindheit verbracht hatte, ging er wie gewohnt am Sabbat in die Synagoge und stand auf, um aus der Schrift vorzulesen. ¹⁷Man reichte ihm die Schriftrolle des Propheten Jesaja, und als er sie aufrollte, fand er die Stelle, an der steht:
¹⁸»Der Geist des Herrn ruht auf mir, denn er hat mich gesalbt, um den Armen die gute Botschaft zu verkünden.
Er hat mich gesandt, Gefangenen zu verkünden, dass sie freigelassen werden, Blinden, dass sie sehen werden, Unterdrückten, dass sie befreit werden
¹⁹und dass die Zeit der Gnade des Herrn gekommen ist.*«
²⁰Er rollte die Schriftrolle zusammen, gab sie dem Synagogendiener zurück und setzte sich. Alle in der Synagoge sahen ihn an. ²¹Und er sagte: »Heute ist dieses Wort vor euren Augen und Ohren Wirklichkeit geworden!«
²²Alle Anwesenden äußerten sich anerkennend über ihn und wunderten sich zugleich über seine Botschaft von der Gnade. »Wie kann das sein?«, fragten sie. »Ist das nicht Josefs Sohn?«
²³Da sagte er: »Bestimmt werdet ihr mir das Sprichwort vorhalten: ›Arzt, hilf dir selbst‹ – und damit meinen: ›Warum tust du hier in deiner Heimatstadt keine Wunder wie in Kapernaum?‹ ²⁴Wahrhaftig, kein Prophet gilt etwas in seiner Heimatstadt.
²⁵Zur Zeit Elias gab es in Israel bestimmt viele hilfsbedürftige Witwen, als es dreieinhalb Jahre lang nicht regnete und Hunger im Land herrschte. ²⁶Dennoch wurde Elia zu keiner von ihnen geschickt, sondern nur zu einer Witwe aus Sarepta – einer Fremden im Gebiet von Sidon. ²⁷Oder denkt an den Propheten Elisa, der den Syrer Naaman heilte und nicht die vielen Aussätzigen in Israel.«
²⁸Als die Leute in der Synagoge das hörten, wurden sie zornig. ²⁹Sie sprangen auf und trieben ihn hinaus an einen steilen Abhang des Berges, auf dem die Stadt erbaut war. Sie wollten ihn hinunterstürzen, ³⁰doch er schritt mitten durch sie hindurch und ging fort.

Jesus treibt einen Dämon aus
Markus 1,21-28

³¹Danach zog Jesus nach Kapernaum in Galiläa und lehrte dort jeden Sabbat in der Synagoge.

4,4 5. Mose 8,3. Griech. heißt es *der Mensch wird nicht von Brot allein leben*. **4,8** 5. Mose 6,13. **4,10-11** Psalm 91,11-12. **4,12** 5. Mose 6,16. **4,13** Griech. *Und nachdem er vollendet hatte jede Versuchung, entfernte sich der Teufel von ihm zu gelegener Zeit.* **4,18-19** O. *das angenehme Jahr des Herrn auszurufen;* Jesaja 61,1-2.

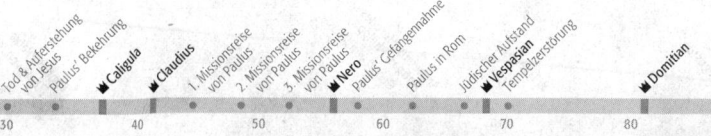

LUKAS

1–2	Die Geburt von Jesus und ihre Vorgeschichte
3,1–4,13	Vorbereitungszeit
4,14–9,50	Jesus in Galiläa
9,51–19,27	Auf dem Weg nach Jerusalem
19,28–21,38	Jesus in Jerusalem
22–24	Leiden, Tod und Auferstehung

4–5
Heilungen. Berufung der ersten Jünger. Heilung eines Leprakranken und eines Gelähmten.

[Gottes Königsherrschaft und der Messias]

³²Auch hier waren die Leute von seiner Lehre überwältigt, denn er sprach mit Vollmacht. ³³Einmal, als er in der Synagoge war, fing ein Mann, der von einem Dämon besessen war, an zu schreien: ³⁴»Was willst du von uns, Jesus von Nazareth? Bist du gekommen, um uns zu vernichten? Ich weiß, wer du bist – der Heilige Gottes, den er gesandt hat.«
³⁵»Sei still!«, gebot Jesus dem Dämon. »Fahre aus dem Mann aus!« Der Dämon warf den Mann vor den Augen der Menge zu Boden; dann fuhr er aus ihm aus, ohne ihn weiter zu verletzen.
³⁶Voll Staunen riefen die Leute: »Welche Vollmacht und Kraft in den Worten dieses Mannes liegen! Selbst böse Geister gehorchen ihm und weichen, wenn er es befiehlt!« ³⁷Diese Geschichte von Jesus sprach sich in kürzester Zeit in der ganzen Gegend herum.

Jesus heilt viele Menschen
V. 38-39: Matthäus 8,14-15; Markus 1,29-31; V. 40-44: Matthäus 4,23-25; 8,16-17; Markus 1,32-39

³⁸Nachdem Jesus die Synagoge an jenem Tag verlassen hatte, ging er zum Haus Simons und fand dort Simons Schwiegermutter mit hohem Fieber vor. »Bitte, mach sie gesund«, baten alle. ³⁹Er stellte sich neben ihr Bett, befahl dem Fieber zu weichen, und augenblicklich fiel das Fieber. Sofort stand sie auf und machte ihnen etwas zu essen.
⁴⁰Als die Sonne an diesem Abend unterging, brachten die Dorfbewohner ihre kranken Angehörigen zu Jesus. Welche Krankheiten sie auch hatten: Er legte ihnen die Hände auf und heilte sie alle. ⁴¹Einige waren auch von Dämonen besessen; auf seinen Befehl fuhren die Dämonen aus ihnen aus und schrien dabei: »Du bist der Sohn Gottes.« Doch weil sie wussten, dass er der Christus war, verbot er ihnen zu reden.

Jesus predigt weiter
⁴²Früh am nächsten Morgen ging Jesus an einen einsamen Ort. Die Menschen suchten ihn überall. Als sie ihn schließlich fanden, baten sie ihn, sie nicht zu verlassen. ⁴³Doch er erwiderte: »Ich muss die Botschaft vom Reich Gottes auch an anderen Orten verkünden, denn dazu bin ich gesandt worden.« ⁴⁴Und so zog er weiter umher und predigte überall in Judäa in den Synagogen.*

4,44 In einigen Handschriften steht *in Galiläa*.

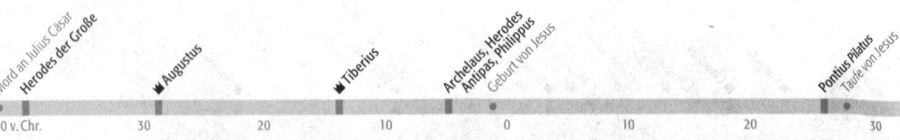

Die ersten Jünger
Matthäus 4,18-22; Markus 1,16-20

5 Als Jesus eines Tages am See Genezareth predigte, drängten sich viele Menschen um ihn, die alle das Wort Gottes hören wollten. ²Er bemerkte zwei leere Boote am Ufer. Die Fischer hatten sie liegen lassen und reinigten gerade ihre Netze. ³Jesus stieg in eines der Boote und bat den Besitzer des Boots, Simon*, vom Ufer abzustoßen. Dann lehrte er die Menge vom Boot aus.

⁴Als er mit seiner Predigt fertig war, sagte er zu Simon: »Nun fahr weiter hinaus und wirf dort deine Netze aus, dann wirst du viele Fische fangen.«

⁵»Meister«, entgegnete Simon, »wir haben die ganze letzte Nacht hart gearbeitet und gar nichts gefangen. Aber wenn du es sagst, werde ich es noch einmal versuchen.« ⁶Diesmal waren ihre Netze so voll, dass sie zu reißen begannen! ⁷Sie riefen nach ihren Gefährten in dem anderen Boot, und bald darauf waren beide Boote so voller Fische, dass sie unterzugehen drohten.

⁸Als Simon Petrus begriff, was da geschehen war, fiel er vor Jesus auf die Knie und sagte: »Herr, kümmere dich nicht weiter um mich – ich bin ein zu großer Sünder, um bei dir zu sein.« ⁹Denn beim Anblick des überreichen Fangs hatte ihn Ehrfurcht erfasst, und den anderen ging es genauso. ¹⁰Auch Jakobus und Johannes, die Söhne des Zebedäus, waren voller Staunen.

Jesus sagte zu Simon: »Hab keine Angst! Von jetzt an wirst du Menschen fischen!« ¹¹Und sobald sie am Ufer angelegt hatten, ließen sie alles zurück und folgten Jesus nach.

Jesus heilt einen Leprakranken
Matthäus 8,1-4; Markus 1,40-45

¹²In einem der Dörfer begegnete Jesus einem Aussätzigen, dessen Krankheit schon weit fortgeschritten war. Als der Mann Jesus sah, warf er sich mit dem Gesicht vor ihm in den Staub und flehte ihn an, ihn zu heilen. »Herr«, sagte er, »wenn du willst, kannst du mich gesund machen.«

¹³Da streckte Jesus die Hand aus und berührte den Mann. »Ich will es tun«, sagte er, »sei gesund!« Und im gleichen Augenblick verschwand der Aussatz. ¹⁴Jesus wies ihn an, niemandem zu erzählen, was geschehen war. Er sagte: »Geh zum Priester und lass dich von ihm untersuchen. Nimm das Opfer mit, das im Gesetz Moses für diejenigen vorgeschrieben wird, die von Aussatz geheilt sind. Das wird für alle ein Beweis deiner Heilung sein.« ¹⁵Doch trotzdem verbreitete sich das, was er tat, noch schneller, und die Menschen strömten herbei, um ihn predigen zu hören und von ihren Krankheiten geheilt zu werden. ¹⁶Jesus zog sich jedoch immer wieder zum Gebet in die Wüste zurück.

Jesus heilt einen Gelähmten
Matthäus 9,1-8; Markus 2,1-12

¹⁷Eines Tages saßen einige Pharisäer und Schriftgelehrte dabei, als Jesus lehrte. Die Männer waren aus den Dörfern von ganz Galiläa und Judäa und sogar aus Jerusalem hergekommen. Und die heilende Kraft des Herrn ging von Jesus aus. ¹⁸Da trugen ein paar Männer auf einer Matte einen Gelähmten herbei. Sie versuchten, durch die Menge zu Jesus vorzudringen, ¹⁹doch es gelang ihnen nicht. Schließlich stiegen sie auf das Dach, nahmen ein paar Ziegel weg und ließen den Kranken auf der Matte mitten unter die Zuhörer hinab, Jesus direkt vor die Füße. ²⁰Als Jesus ihren Glauben sah, sagte er zu dem Mann: »Sohn, deine Sünden sind dir vergeben.«

²¹»Für wen hält dieser Mann sich?«, sagten die Pharisäer und die Schriftgelehrten zueinander. »Das ist doch Gotteslästerung! Wer außer Gott kann Sünden vergeben?«

²²Jesus wusste, was sie dachten, und fragte sie: »Was macht ihr euch für Gedanken in euren Herzen? ²³Ist es leichter zu sagen: ›Deine Sünden sind dir vergeben‹ oder: ›Steh auf und geh‹? ²⁴Ich werde euch beweisen, dass der Menschensohn auf Erden die Vollmacht hat, Sünden zu vergeben.« Und er wandte sich an den Gelähmten und sagte: »Steh auf, nimm deine Matte und geh nach Hause!«

²⁵Da sprang der Mann vor den Augen aller Anwesenden auf die Füße, hob seine Matte auf und ging nach Hause und lobte Gott aus vollem Herzen. ²⁶Ehrfürchtiges Staunen erfasste die Zuschauer. Sie priesen Gott und sagten immer wieder: »Heute haben wir wirklich Unglaubliches gesehen.«

Jesus beruft Levi (Matthäus)
Matthäus 9,9-13; Markus 2,13-17

²⁷Später, als Jesus die Stadt verließ, sah er einen Steuereintreiber namens Levi vor seinem Zollhäuschen sitzen. »Komm, folge mir nach!«, sagte Jesus zu ihm. ²⁸Da stand Levi auf, ließ alles liegen und folgte ihm nach.

²⁹Kurz darauf lud Levi Jesus als Ehrengast zu einem Festessen in sein Haus ein. Viele mit Levi befreundete Steuereinnehmer und andere Gäste waren anwesend. ³⁰Da machten die Pharisäer und Schriftgelehrten den Jüngern von Jesus hef-

---

5,3 Simon wird ab 6,14 *Petrus* genannt.

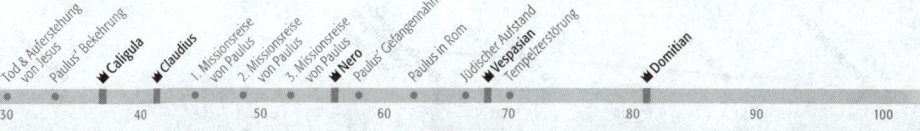

LUKAS

1–2	Die Geburt von Jesus und ihre Vorgeschichte
3,1–4,13	Vorbereitungszeit
4,14–9,50	Jesus in Galiläa
9,51–19,27	Auf dem Weg nach Jerusalem
19,28–21,38	Jesus in Jerusalem
22–24	Leiden, Tod und Auferstehung

5–6

Jesus spricht über das Fasten und den Sabbat. Jesus wählt zwölf Jünger. Jesus spricht den Benachteiligten das Glück zu. Er fordert auf, Feinde zu lieben.

[Gottes Königsherrschaft und der Messias]

tige Vorhaltungen: »Wie könnt ihr nur mit diesem Abschaum* essen und trinken?«
³¹Jesus antwortete ihnen: »Nicht die Gesunden brauchen den Arzt, sondern die Kranken. ³²Ich bin gekommen, um Sünder zur Umkehr von ihren Sünden zu rufen, und nicht, um meine Zeit mit denen zu verbringen, die sich schon für gut genug halten.«

Über das Fasten
Matthäus 9,14-17; Markus 2,18-22

³³Die führenden Männer des Judentums kritisierten Jesus, weil seine Jünger aßen und tranken statt zu fasten. »Die Jünger von Johannes dem Täufer fasten und beten häufig«, erklärten sie, »und die Jünger der Pharisäer genauso. Wie kommt es, dass deine Jünger nicht fasten, sondern essen und trinken?«
³⁴Jesus fragte zurück: »Fasten etwa die Hochzeitsgäste, während sie mit dem Bräutigam feiern? ³⁵Eines Tages wird er ihnen weggenommen werden, und dann werden sie fasten.«
³⁶Und er gab ihnen folgendes Gleichnis: »Niemand reißt ein Stück Stoff aus einem neuen Kleid, um damit ein altes zu flicken. Denn das neue Kleid wäre zerrissen und der Flicken würde nicht zu dem alten passen. ³⁷Und niemand füllt neuen Wein in alte Weinschläuche. Der neue Wein würde die alten Weinschläuche platzen lassen, der Wein würde verschüttet und die Schläuche wären verdorben. ³⁸Neuer Wein gehört in neue Weinschläuche. ³⁹Aber keiner, der alten Wein trinkt, scheint neuen Wein zu wollen, denn er sagt: ›Der alte ist besser.‹«

Über den Sabbat
V. 1-11: Matthäus 12,1-14; Markus 2,23-3,6

6 Als Jesus an einem Sabbat durch die Kornfelder ging, rissen seine Jünger ein paar Ähren aus, zerrieben sie mit den Händen und aßen die Körner. ²Da sagten ein paar Pharisäer zu ihnen: »Das dürft ihr nicht! Es verstößt gegen das Gesetz, am Sabbat zu arbeiten, indem man Getreide erntet.«
³Jesus erwiderte ihnen: »Habt ihr nie in der Schrift gelesen, was David tat, als er und seine Begleiter hungrig waren? ⁴Er ging in das Haus Gottes, aß von den Broten, die den Priestern vorbehalten sind, und gab auch seinen Freunden davon zu essen. Auch das verstieß gegen das Gesetz.« ⁵Und Jesus fügte hinzu: »Der Menschensohn ist auch Herr über den Sabbat.«

5,30 Griech. *mit Steuereintreibern und Sündern.*

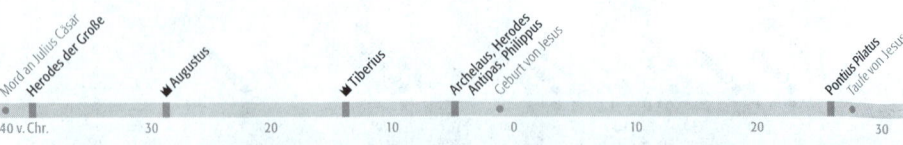

Jesus heilt am Sabbat

⁶An einem anderen Sabbat befand sich ein Mann mit einer verkrüppelten Hand in der Synagoge, während Jesus lehrte. ⁷Die Schriftgelehrten und Pharisäer passten genau auf, ob Jesus den Mann am Sabbat heilen würde, denn sie suchten nach einem Vorwand, Anklage gegen ihn zu erheben. ⁸Doch Jesus wusste sehr wohl, was sie dachten. Er sagte zu dem Mann mit der verkrüppelten Hand: »Komm her und stell dich hier in die Mitte.« Da stand der Mann auf. ⁹Dann sagte Jesus zu ihnen: »Ich habe eine Frage an euch. Entspricht es dem Gesetz, am Sabbat Gutes zu tun, oder ist der Sabbat ein Tag, um Schaden zuzufügen? Ist er ein Tag, um Leben zu retten oder zu vernichten?« ¹⁰Er sah einen nach dem anderen an und sagte dann zu dem Mann: »Streck deine Hand aus.« Der Mann streckte seine Hand aus, und sie wurde wieder gesund! ¹¹Darüber gerieten die Gegner von Jesus außer sich vor Zorn und sie begannen, Pläne zu schmieden, was sie gegen ihn unternehmen könnten.

Jesus wählt die zwölf Apostel
Matthäus 10,1-4; Markus 3,13-19 (Apostelgeschichte 1,13)

¹²Nicht lange danach stieg Jesus auf einen Berg, um zu beten. Er betete die ganze Nacht hindurch zu Gott. ¹³Bei Tagesanbruch rief er alle seine Jünger zusammen und wählte zwölf von ihnen aus, die er Apostel nannte. Dies sind ihre Namen:
¹⁴Simon (den er auch Petrus nannte), Andreas (der Bruder von Petrus), Jakobus, Johannes, Philippus, Bartholomäus, ¹⁵Matthäus, Thomas, Jakobus (der Sohn des Alphäus), Simon (der Zelot), ¹⁶Judas (der Sohn des Jakobus) und Judas Iskariot (der ihn später verriet).

Viele Menschen folgen Jesus
Matthäus 12,15-21; Markus 3,7-12

¹⁷Als Jesus und die Jünger wieder von dem Berg herunterkamen, befanden sie sich in einer weiten Ebene, umringt von den Anhängern von Jesus und vielen anderen Menschen. Es waren Leute aus ganz Judäa und Jerusalem und von weit her aus den nördlichen Küstengebieten von Tyrus und Sidon. ¹⁸Sie waren gekommen, um ihn predigen zu hören und geheilt zu werden, und Jesus trieb viele böse Geister aus. ¹⁹Alle wollten ihn berühren, weil eine heilende Kraft von ihm ausging, und alle wurden geheilt.

Die Seligpreisungen
Matthäus 5,1-12

²⁰Dann wandte Jesus sich an seine Jünger und sagte: »Gott segnet euch, die ihr arm seid, denn euch wird das Reich Gottes geschenkt.

²¹Gott segnet euch, die ihr jetzt hungert, denn ihr werdet satt werden. Gott segnet euch, die ihr jetzt weint, denn die Zeit wird kommen, in der ihr vor Freude lachen werdet.

²²Gott segnet euch, die ihr gehasst und ausgeschlossen und verspottet und verflucht werdet, weil ihr zum Menschensohn gehört. ²³Wenn das geschieht, dann freut euch, springt vor Freude! Denn im Himmel erwartet euch eine große Belohnung. Und denkt daran, dass die Propheten früher von euren Vorfahren genauso behandelt wurden.

Ankündigung künftigen Leids

²⁴Euch wird es schlimm ergehen, die ihr reich seid, denn ihr habt euren Trost jetzt schon erhalten.

²⁵Euch wird es schlimm ergehen, die ihr jetzt satt seid, denn ein nagender Hunger steht euch bevor.

Euch wird es schlimm ergehen, die ihr unbekümmert lacht, denn euer Lachen wird sich in Traurigkeit und Weinen verwandeln.

²⁶Euch wird es schlimm ergehen, die ihr von der Menge gerühmt werdet, denn ihre Vorfahren haben auch den falschen Propheten zugejubelt.

Über die Feindesliebe
Matthäus 5,38-48

²⁷Doch wenn ihr bereit seid, wirklich zu hören, dann sage ich euch: Liebt eure Feinde. Tut denen Gutes, die euch hassen. ²⁸Betet für das Glück derer, die euch verfluchen. Betet für die, die euch verletzen. ²⁹Wenn jemand dich auf die eine Wange schlägt, dann halte ihm auch die andere hin. Wenn jemand deinen Mantel will, biete ihm auch dein Hemd an. ³⁰Wer dich bittet, dem gib, was du hast; und wenn dir etwas weggenommen wird, versuche nicht, es wiederzubekommen. ³¹Behandle andere so, wie du von ihnen behandelt werden möchtest.

³²Glaubt ihr, ihr hättet dafür Anerkennung verdient, dass ihr die liebt, die euch auch lieben? Das tun sogar die Sünder! ³³Und wenn ihr nur denen Gutes erweist, die euch Gutes tun, was ist daran so anerkennenswert? Selbst Sünder verhalten sich so! ³⁴Oder wenn ihr nur denen Geld leiht, die es euch zurückzahlen können, was ist daran außergewöhnlich? Selbst Sünder leihen ihresgleichen Geld in der Hoffnung, die volle Summe zurückzuerhalten.

³⁵Liebt eure Feinde! Erweist ihnen Gutes! Leiht ihnen Geld! Und macht euch keine Sorgen, weil sie es euch vielleicht nicht wiedergeben werden. Dann wird euer Lohn im Himmel groß sein und ihr handelt wirklich wie Kinder des Al-

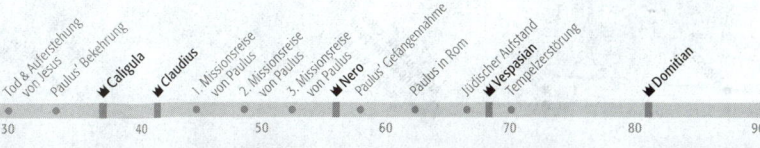

LUKAS

1–2	Die Geburt von Jesus und ihre Vorgeschichte
3,1– 4,13	Vorbereitungszeit
4,14– 9,50	Jesus in Galiläa
9,51– 19,27	Auf dem Weg nach Jerusalem
19,28– 21,38	Jesus in Jerusalem
22–24	Leiden, Tod und Auferstehung

6–7
Jesus fordert auf, andere nicht zu verurteilen. Gleichnis vom Haus auf festem Grund. Jesus hilft einem römischen Hauptmann und einer Witwe. Johannes fragt nach Jesus.

[Gottes Königsherrschaft und der Messias]

lerhöchsten, denn er erweist auch den Undankbaren und den Bösen Gutes. ³⁶Ihr sollt gütig sein, wie euer Vater gütig ist.

Andere nicht verurteilen
Matthäus 7,1-5

³⁷Hört auf, andere zu verurteilen, und ihr werdet auch nicht verurteilt werden. Hört auf, andere zu tadeln, oder es wird euch ebenso ergehen. Vergebt, und euch wird auch vergeben werden. ³⁸Gebt, und ihr werdet bekommen. Was ihr verschenkt, wird anständig, ja großzügig bemessen, mit beträchtlicher Zugabe zu euch zurückfließen. Nach dem Maß, mit dem ihr gebt, werdet ihr zurückbekommen.«

³⁹Er gab ihnen auch folgendes Gleichnis: »Was nützt es, wenn ein Blinder den anderen führt? Er wird in eine Grube fallen und den anderen mitreißen. ⁴⁰Ein Schüler ist nicht besser als sein Lehrer. Aber der Schüler, der hart arbeitet, kann werden wie sein Lehrer.

⁴¹Was hältst du dich mit dem Splitter im Auge deines Freundes* auf, wenn du einen Balken im eigenen Auge hast? ⁴²Wie kommst du auf den Gedanken zu sagen: ›Freund, lass mich dir helfen, diesen Splitter aus deinem Auge zu ziehen‹, wenn du nicht über den Balken in deinem eigenen Auge hinausschauen kannst? Du Heuchler! Entferne zuerst einmal den Balken aus deinem eigenen Auge; dann wirst du vielleicht gut genug sehen, um den Splitter aus dem Auge deines Freundes zu ziehen.

Der Baum und seine Früchte
Matthäus 7,15-20

⁴³Ein guter Baum kann keine schlechten Früchte tragen und ein schlechter Baum keine guten. ⁴⁴Man erkennt einen Baum an seiner Frucht. Feigen wachsen nicht an Dornensträuchern und Weintrauben nicht an Brombeerbüschen. ⁴⁵Ein guter Mensch bringt aus einem guten Herzen gute Taten hervor, und ein böser Mensch bringt aus einem bösen Herzen böse Taten hervor. Was immer in deinem Herzen ist, das bestimmt auch dein Reden.

Auf ein festes Fundament bauen
Matthäus 7,21-27

⁴⁶Warum nennt ihr mich also ›Herr‹, wenn ihr nicht tut, was ich sage? ⁴⁷Ich sage euch, wie es ist, wenn jemand zu mir kommt, auf meine Worte hört und danach handelt. ⁴⁸Das ist wie bei einem Menschen, der ein Haus mit festem Fundament auf einen Felsen baut. Wenn es dann zu einer Überschwemmung kommt und die Wellen ge-

6,41 Griech. *deines Bruders*.

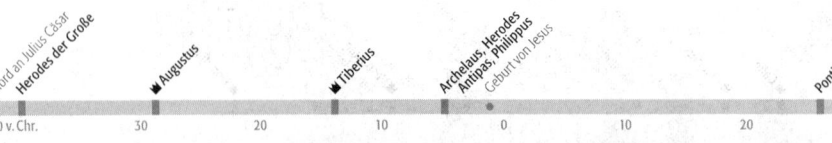

gen das Haus schlagen, steht das Haus fest, weil es solide gebaut wurde. ⁴⁹Wer aber hört und nicht danach handelt, gleicht einem Menschen, der ein Haus ohne Fundament baut. Wenn dann die Flut kommt, stürzt das Haus ein, und es bleibt nichts als ein Trümmerhaufen.«

Der Glaube des römischen Hauptmanns
Matthäus 8,5-13; vgl. Johannes 4,43-54

7 Nachdem Jesus das alles gesagt hatte, ging er wieder nach Kapernaum. ²Dort lebte ein römischer Hauptmann, der einen Diener hatte, den er sehr schätzte. Nun war dieser Diener schwer erkrankt und lag im Sterben. ³Als der Hauptmann von Jesus hörte, schickte er einige angesehene Männer aus dem jüdischen Volk zu ihm und bat ihn, zu kommen und seinen Sklaven zu heilen. ⁴Diese baten Jesus inständig, mitzukommen und dem Hauptmann zu helfen. »Wenn jemand deine Hilfe verdient, dann er«, sagten sie, ⁵»denn er liebt die Juden und hat uns sogar die Synagoge gebaut.«

⁶Da ging Jesus mit ihnen. Doch kurz bevor sie das Haus erreichten, schickte der Hauptmann ihm ein paar Freunde entgegen und ließ ihm ausrichten: »Herr, mach dir nicht die Mühe, in mein Haus zu kommen, denn eine solche Ehre verdiene ich nicht. ⁷Ich bin nicht einmal würdig genug, selbst zu dir zu kommen. Sprich einfach ein Wort, und mein Diener wird gesund werden. ⁸Ich weiß das, weil ich dem Befehl von Vorgesetzten unterstehe und auch selbst Soldaten befehlige. Ich brauche nur zu einem von ihnen zu sagen: ›Geh‹, dann geht er, oder: ›Komm‹, dann kommt er. Und wenn ich zu meinem Diener sage: ›Tu dies‹, dann tut er es.«

⁹Als Jesus das hörte, staunte er. Er wandte sich zu der Menge und sagte: »Ich sage euch, einen solchen Glauben habe ich in ganz Israel nicht erlebt!« ¹⁰Und als die Freunde des Hauptmanns in sein Haus zurückkehrten, fanden sie den Diener gesund.

Auferweckung eines jungen Mannes

¹¹Bald darauf zog Jesus mit seinen Jüngern weiter zur Stadt Nain. Eine große Menschenmenge folgte ihnen. ¹²Als er sich der Stadt näherte, kam ihm ein Trauerzug entgegen. Der Tote war der einzige Sohn einer Witwe gewesen, und viele trauerten mit ihr. ¹³Als der Herr sie sah, empfand er großes Mitleid mit ihr. »Weine nicht!«, sagte er. ¹⁴Und er ging hinüber zur Bahre und berührte sie. Die Träger blieben stehen. »Ich sage dir«, sprach Jesus, »steh auf!« ¹⁵Da setzte sich der Verstorbene auf und fing an zu sprechen! So gab Jesus ihn seiner Mutter zurück.

¹⁶Angst und Ehrfurcht erfassten die ganze Menge. Sie lobten Gott und sagten: »Ein mächtiger Prophet ist zu uns gekommen. Heute hat Gott sein Volk besucht.« ¹⁷Berichte über diese Tat verbreiteten sich in ganz Judäa und bis über die Grenzen des Landes hinaus.

Jesus und Johannes der Täufer
Matthäus 11,2-19

¹⁸Johannes der Täufer erfuhr von seinen Jüngern alles, was Jesus tat. Er rief zwei seiner Jünger zu sich ¹⁹und schickte sie zum Herrn, um ihn zu fragen: »Bist du wirklich der, der kommen soll, oder sollen wir auf einen anderen warten?«

²⁰Die beiden Jünger von Johannes fanden Jesus und sagten zu ihm: »Johannes der Täufer schickt uns, um zu fragen: ›Bist du wirklich der, der kommen soll oder sollen wir auf einen anderen warten?‹«

²¹Während sie bei ihm waren, heilte er viele Menschen von ihren Krankheiten, trieb böse Geister aus und gab Blinden ihr Augenlicht zurück. ²²Er gab den Jüngern des Johannes zur Antwort: »Kehrt zu Johannes zurück und berichtet ihm, was ihr gesehen und gehört habt: Blinde sehen, Gelähmte gehen, Aussätzige werden geheilt, Taube hören, Tote werden auferweckt und den Armen wird die gute Botschaft verkündet. ²³Und sagt ihm auch: ›Gott segnet die, die keinen Anstoß an mir nehmen*.‹«

²⁴Als sie gegangen waren, wandte Jesus sich an die Menge und sagte über Johannes: »Wer ist dieser Mann in der Wüste, den ihr unbedingt sehen wolltet? Kam er euch schwach vor wie ein Schilfrohr, das im Windhauch hin- und herschwankt? ²⁵Oder habt ihr einen Mann erwartet, der in kostbare Gewänder gehüllt ist? Nein, Leute mit kostbaren Kleidern und verschwenderischer Lebensart wohnen in Palästen, nicht in der Wüste. ²⁶Oder habt ihr in ihm einen Propheten vermutet? Ja, das ist er, und er ist sogar noch mehr als das. ²⁷Johannes ist der Mann, von dem die Schrift sagt:

›Ich sende meinen Boten vor dir her, er wird deine Ankunft vorbereiten.‹*

²⁸Ich sage euch: Von allen Menschen, die jemals gelebt haben, ist keiner größer als Johannes. Und doch ist noch der Geringste im Reich Gottes größer als er!

²⁹Und alle, die ihn gehört haben* – selbst die Steuereinnehmer –, gaben Gott recht, als sie sich von Johannes taufen ließen. ³⁰Die Pharisäer und

---

7,23 O. *die sich nicht meinetwegen vom Glauben abwenden.*   7,27 Maleachi 3,1.   7,29 O. *Und alle, die das hörten.*

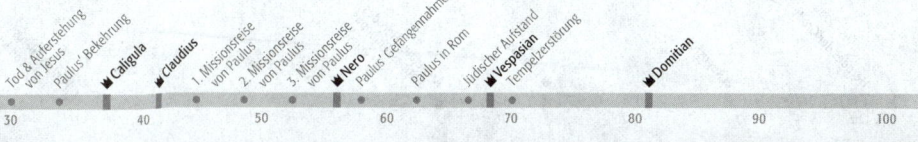

LUKAS

1–2	Die Geburt von Jesus und ihre Vorgeschichte
3,1–4,13	Vorbereitungszeit
4,14–9,50	Jesus in Galiläa
9,51–19,27	Auf dem Weg nach Jerusalem
19,28–21,38	Jesus in Jerusalem
22–24	Leiden, Tod und Auferstehung

7–8
Eine Frau salbt Jesus. Gleichnisse: Vom Bauern und der Saat, von der Lampe. Jesus spricht über die wahre Familie.

[Gottes Königsherrschaft und der Messias]

die Schriftgelehrten dagegen lehnten den Plan, den Gott für sie hatte, ab, denn sie ließen sich nicht von Johannes taufen.

31 Wie soll ich die Menschen dieser Generation beschreiben?«, fragte Jesus. »Womit soll ich sie vergleichen? 32 Sie sind wie Kinder, die auf der Straße spielen und sich bei ihren Freunden beklagen: ›Wir haben lustige Lieder gespielt, und ihr wart nicht fröhlich; dann haben wir Klagelieder gespielt, aber ihr wart nicht traurig.‹ 33 Denn Johannes der Täufer trank keinen Wein und fastete oft, und von ihm sagt ihr: ›Er ist von einem Dämon besessen.‹ 34 Der Menschensohn feiert und trinkt, und von ihm sagt ihr: ›Er ist ein Schlemmer und Säufer, und die schlimmsten Leute sind seine Freunde!‹ 35 Doch die Weisheit erweist sich als richtig im Leben derer, die sie befolgen.*«

Jesus wird von einer Sünderin gesalbt

36 Einer der Pharisäer lud Jesus zum Essen in sein Haus ein. Jesus nahm die Einladung an und setzte sich zu Tisch. 37 In dem Ort gab es eine Frau, die ihr Leben – wie man wusste – nicht nach Gottes Willen führte. Als sie* erfuhr, dass er da war, und brachte ein Gefäß* mit kostbarem Salböl. 38 Sie kniete vor Jesus nieder und weinte. Ihre Tränen fielen auf seine Füße, und sie trocknete sie mit ihren Haaren. Dann küsste sie ihm wieder und wieder die Füße und salbte sie mit dem Öl.

39 Als der Gastgeber sah, was da vorging und wer die Frau war, sagte er sich: »Das beweist, dass Jesus kein Prophet ist. Wäre er wirklich von Gott gesandt, dann wüsste er, was für eine Frau ihn da berührt. Eine Sünderin!«

40 Jesus wusste, was er dachte, und sagte zu dem Pharisäer: »Simon, ich habe dir etwas zu sagen.«

Simon nickte: »Ja, Meister, sprich nur.«

41 Darauf erzählte Jesus: »Ein Mann lieh zwei Leuten Geld – dem einen fünfhundert Denare* und dem anderen fünfzig. 42 Als keiner der beiden ihm das Geld zurückzahlen konnte, erließ er ihnen ihre Schulden. Wer von den beiden liebte ihn danach wohl mehr?«

43 Simon antwortete: »Ich nehme an, derjenige, dem er die größere Schuld erließ.«

Jesus sagte ihm: »Das stimmt.« 44 Dann wandte er sich der Frau zu und sagte zu Simon: »Schau dir die Frau an, die da kniet. Als ich dein Haus betrat, hast du mir kein Wasser angeboten, um mir den Staub von den Füßen zu waschen; sie hat meine Füße mit ihren Tränen gewaschen und

---

7,35 O. *Doch Weisheit wird durch alle ihre Kinder bestätigt.* **7,37a** Wörtl. *Siehe, eine Frau, die in der Stadt eine Sünderin war.* **7,37b** Griech. *ein Alabastergefäß.* **7,41** Ein Denar entsprach einem vollen Tagelohn.

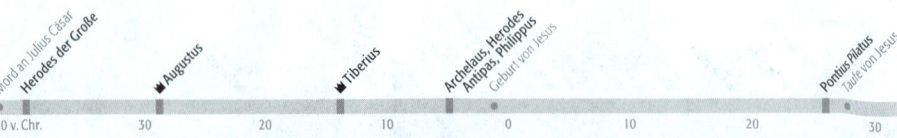

mit ihrem Haar getrocknet. ⁴⁵Du hast mir keinen Begrüßungskuss gegeben; sie hat mir unaufhörlich die Füße geküsst, seit ich hereingekommen bin. ⁴⁶Du hast es versäumt, mir Gastfreundschaft zu erweisen und mir den Kopf mit Olivenöl zu salben; sie hat meine Füße mit kostbarem Salböl gesalbt. ⁴⁷Ich sage dir, ihre Sünden – und es sind viele – sind ihr vergeben; deshalb hat sie mir viel Liebe erwiesen. Ein Mensch jedoch, dem nur wenig vergeben wurde, zeigt nur wenig Liebe.« ⁴⁸Dann sagte Jesus zu der Frau: »Deine Sünden sind dir vergeben.«

⁴⁹Die anderen Männer am Tisch sagten zueinander: »Für wen hält sich dieser Mann, dass er Sünden vergibt?«

⁵⁰Und Jesus sagte zu der Frau: »Dein Glaube hat dich gerettet; geh in Frieden.«

Frauen, die Jesus nachfolgten

8 Nicht lange danach zog Jesus durch die nahe gelegenen Orte und Dörfer, um die Botschaft vom Reich Gottes zu verkünden. Er nahm seine zwölf Jünger mit, ²und einige Frauen, die er geheilt und von bösen Geistern befreit hatte. Dazu gehörten Maria Magdalena, aus der er sieben Dämonen ausgetrieben hatte, ³Johanna, die Frau von Chuza, dem Verwalter von Herodes, Susanna und viele andere, die Jesus und seine Jünger durch das, was sie hatten, unterstützten.

Das Gleichnis vom Bauern, der die Saat ausbringt
Matthäus 13,1-23; Markus 4,1-20

⁴Eines Tages kam eine große Menschenmenge aus vielen Städten zusammen, um Jesus zu hören. Er erzählte ihnen folgendes Gleichnis: ⁵»Ein Bauer ging aufs Feld, um zu säen. Als er die Saat auf seinem Feld ausstreute, fielen einige Samenkörner auf einen Weg, wo sie zertreten wurden, und die Vögel kamen und pickten sie auf. ⁶Andere Körner fielen auf eine dünne Erdkruste mit felsigem Untergrund. Diese Saat ging zwar auf, verdorrte aber, weil Feuchtigkeit fehlte. ⁷Andere Samenkörner fielen in die Dornen, die schnell wuchsen und die zarten Halme erstickten. ⁸Wieder andere fielen auf fruchtbaren Boden. Diese Samenkörner wuchsen heran und brachten eine hundertfache Ernte.« Nach diesen Worten rief er: »Wer hören will, der soll zuhören und begreifen!«

⁹Seine Jünger fragten ihn, was das Gleichnis zu bedeuten habe. ¹⁰Er entgegnete: »Euch ist es erlaubt, die Geheimnisse des Reiches Gottes zu wissen. Allen anderen aber werden sie in Gleichnissen verborgen erzählt, damit sich erfüllt, was in der Schrift steht:

›Sie sehen, was ich tue, aber sie nehmen es nicht wirklich wahr; sie hören, was ich sage, aber sie verstehen es nicht.‹*

¹¹Das Gleichnis hat folgende Bedeutung: Die Samenkörner sind Gottes Botschaft. ¹²Der Same, der auf den festgetretenen Weg fiel, steht für Menschen, die die Botschaft zwar hören, aber dann kommt der Teufel, raubt sie ihnen wieder und verhindert, dass sie glauben und gerettet werden. ¹³Mit dem felsigen Boden sind jene gemeint, die die Botschaft freudig aufnehmen. Aber wie bei jungen Pflanzen in einem solchen Boden reichen ihre Wurzeln nicht sehr tief. Eine Weile glauben sie zwar, aber wenn Schwierigkeiten kommen, wenden sie sich ab. ¹⁴Der von Dornen bewachsene Boden meint Menschen, die Gottes Wort zwar hören und annehmen, sich aber durch die Verpflichtungen, den Reichtum und die Zerstreuungen des Lebens schon bald wieder davon ablenken lassen. Auf diese Weise gelangt nichts zur Reife. ¹⁵Der gute Boden dagegen steht für verlässliche, aufrichtige Menschen, die Gottes Botschaft hören, an ihr festhalten und durch ihre Beständigkeit viel Frucht hervorbringen.

Das Gleichnis von der Lampe
Markus 4,21-20

¹⁶Niemand würde eine Lampe anzünden und dann etwas darüberstülpen oder sie unters Bett stellen. Nein, Lampen werden da aufgestellt, wo jeder, der hereinkommt, sie sehen kann. ¹⁷Denn alles, was verborgen oder geheim ist, wird irgendwann ans Licht gebracht werden, sodass alle es sehen können. ¹⁸Deshalb achtet auf das, was ihr hört. Dem Menschen, der für meine Worte offen ist, wird eine noch tiefere Einsicht geschenkt werden.* Doch dem, der nicht zuhört, wird auch das genommen werden, was er zu haben glaubt.«

Die wahre Familie von Jesus
Matthäus 12,46-50; Markus 3,31-35

¹⁹Einmal wollten die Mutter von Jesus und seine Brüder ihn besuchen, doch sie konnten wegen der vielen Menschen nicht zu ihm durchdringen. ²⁰Jemand sagte zu Jesus: »Deine Mutter und deine Brüder sind draußen und möchten dich sehen.«

²¹Jesus erwiderte: »Alle, die die Botschaft Gottes hören und sich nach ihr richten, sind meine Mutter und meine Brüder.«

8,10 Jesaja 6,9. 8,18 Griech. *Wer hat, dem wird gegeben werden.*

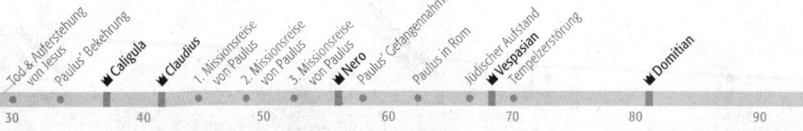

LUKAS

1–2	Die Geburt von Jesus und ihre Vorgeschichte
3,1–4,13	Vorbereitungszeit
4,14–9,50	Jesus in Galiläa
9,51–19,27	Auf dem Weg nach Jerusalem
19,28–21,38	Jesus in Jerusalem
22–24	Leiden, Tod und Auferstehung

8–9
Sturmstillung. Jesus treibt Dämonen aus. Er heilt ein zwölfjähriges Mädchen. Aussendung der Jünger.

[Gottes Königsherrschaft und der Messias]

Jesus stillt den Sturm
Matthäus 8,23-27; Markus 4,35-41

²²Eines Tages sagte Jesus zu seinen Jüngern: »Lasst uns auf die andere Seite des Sees fahren.« Sie stiegen also in ein Boot und stießen vom Ufer ab. ²³Unterwegs legte Jesus sich schlafen, doch während er schlief, kam Wind auf. Der Wind steigerte sich zum Sturm, sodass ihr Boot voll Wasser zu laufen drohte und sie ernsthaft in Gefahr gerieten.

²⁴Schließlich weckten die Jünger Jesus und riefen: »Meister, Meister, wir kommen um!«

Jesus stand auf und drohte dem Wind und den stürmischen Wellen. Plötzlich legte sich der Sturm, und alles war still! ²⁵Und er fragte sie: »Wo ist euer Glaube?«

Voll Furcht und Staunen sagten sie zueinander: »Wer ist dieser Mann, dass ihm sogar Wind und Wellen gehorchen?«

Jesus heilt einen von Dämonen besessenen Mann
Matthäus 8,28-34; Markus 5,1-20

²⁶So kamen sie ins Gebiet der Gerasener* auf der anderen Seite vom See Genezareth. ²⁷Als Jesus aus dem Boot stieg, lief ihm ein Mann entgegen, der von Dämonen besessen war. Nackt und ohne Obdach fristete er sein Dasein schon seit langer Zeit in den Grabhöhlen. ²⁸Als er Jesus sah, warf er sich mit einem schrillen Schrei vor ihm auf den Boden und rief laut: »Warum bedrängst du mich, Jesus, Sohn des höchsten Gottes? Ich flehe dich an, quäle mich nicht!« ²⁹Denn Jesus hatte dem bösen Geist schon geboten, aus dem Mann auszufahren. Schon seit langem hatte der Dämon den Mann völlig in seiner Gewalt. Auch wenn man ihn in Ketten legte, riss er sich los und wurde von dem bösen Geist in die Wildnis gehetzt.

³⁰»Wie heißt du?«, fragte Jesus.

»Legion«, antwortete er – denn der Mann war von zahlreichen Dämonen besessen. ³¹Diese flehten Jesus an, sie nicht in den Abgrund zu schicken. ³²Auf den umliegenden Hügeln weidete eine riesige Schweineherde. Die Dämonen baten Jesus, sie in die Schweine fahren zu lassen. Jesus gestattete es ihnen. ³³Da fuhren die Dämonen aus dem Mann in die Schweine, und die ganze Herde stürzte den Abhang hinunter in den See und ertrank.

³⁴Als die Hirten das sahen, flohen sie in den nahe gelegenen Ort und in die Hügelland der Umgebung und verbreiteten die Neuigkeit überall. ³⁵Bald war Jesus von Menschen umringt, die

---

8,26 In manchen Handschriften heißt es *Gadarener* oder *Gergesener*; s. Matthäus u. Markus 5,1.

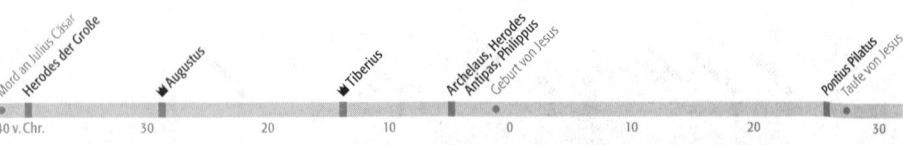

selbst sehen wollten, was geschehen war. Als sie den Mann, der von Dämonen besessen gewesen war, bekleidet und völlig bei Verstand friedlich zu Füßen von Jesus sitzen sahen, überkam sie Furcht. ³⁶Diejenigen, die alles mit eigenen Augen gesehen hatten, erzählten ihnen, wie der Besessene geheilt worden war. ³⁷Da drängten sie Jesus, zu gehen und sie in Ruhe zu lassen, so groß war ihre Angst.

Jesus stieg daraufhin wieder in das Boot und fuhr zurück auf die andere Seite des Sees. ³⁸Der Mann, der von Dämonen besessen gewesen war, wollte unbedingt mit ihm gehen, doch Jesus sagte zu ihm: ³⁹»Nein, geh zu deiner Familie zurück und erzähle ihnen von dem Wunderbaren, das Gott für dich getan hat.« Da ging er durch die ganze Stadt und erzählte, was Jesus für ihn getan hatte.

Jesus heilt aufgrund Glaubens
Matthäus 9,18-26; Markus 5,21-43

⁴⁰Am anderen Ufer hatten die Menschen schon auf Jesus gewartet und empfingen ihn begeistert. ⁴¹Ein Mann namens Jaïrus, einer der Vorsteher der örtlichen Synagoge, kam zu Jesus, warf sich ihm zu Füßen und bat ihn, mit in sein Haus zu kommen. ⁴²Sein einziges Kind, ein zwölfjähriges Mädchen, lag im Sterben.

Jesus machte sich mit ihm auf den Weg, umringt von einer großen Menschenmenge. ⁴³Inmitten der dicht gedrängten Menge befand sich auch eine Frau, die seit zwölf Jahren an Blutungen litt. Sie hatte ihr ganzes Vermögen für Ärzte ausgegeben* und war dennoch nicht geheilt worden. ⁴⁴Nun näherte sie sich Jesus von hinten und berührte den Saum seines Gewandes. Augenblicklich hörte die Blutung auf.

⁴⁵»Wer hat mich berührt?«, fragte Jesus.

Alle stritten ab, ihn berührt zu haben, und Petrus meinte: »Meister, hier sind doch so viele Menschen!«

⁴⁶Doch Jesus sagte: »Nein, jemand hat mich absichtlich berührt. Ich habe gespürt, dass eine heilende Kraft von mir ausging.« ⁴⁷Als die Frau sah, dass Jesus etwas gemerkt hatte, warf sie sich zitternd vor Angst vor ihm auf die Knie. Alle hörten zu, als sie erklärte, warum sie ihn berührt hatte und dass sie augenblicklich gesund geworden war. ⁴⁸»Tochter«, sagte Jesus zu ihr, »dein Glaube hat dich gesund gemacht*. Geh in Frieden.«

⁴⁹Noch während er mit ihr sprach, kam ein Bote aus dem Haus des Jaïrus mit der Nachricht: »Deine Tochter ist gestorben. Du brauchst den Meister nicht mehr zu bemühen.«

⁵⁰Doch als Jesus das hörte, sagte er zu Jaïrus: »Hab keine Angst. Vertrau mir, und sie wird gerettet werden.«

⁵¹Als sie zum Haus des Vorstehers kamen, nahm Jesus nur Petrus, Jakobus, Johannes, den Vater und die Mutter des Mädchens mit hinein. ⁵²Das ganze Haus war voller Leute, die weinten und klagten, aber er sagte: »Hört auf zu weinen! Sie ist nicht tot; sie schläft nur.«

⁵³Doch die Menge lachte ihn aus, denn alle wussten, dass sie gestorben war. ⁵⁴Da nahm Jesus das Mädchen bei der Hand und sagte mit lauter Stimme: »Steh auf, mein Kind!« ⁵⁵Im gleichen Augenblick kehrte das Leben in sie zurück, und sie stand auf! Jesus wies die anderen an, ihr etwas zu essen zu geben. ⁵⁶Ihre Eltern waren außer sich vor Freude, doch Jesus gebot ihnen, niemandem zu erzählen, was geschehen war.

Die Aussendung der zwölf Apostel
Matthäus 14,1.2; Markus 6,14-16

9 Eines Tages rief Jesus seine zwölf Apostel zu sich und gab ihnen Vollmacht, Dämonen auszutreiben und Krankheiten zu heilen. ²Dann sandte er sie mit dem Auftrag aus, allen Menschen vom Kommen des Reiches Gottes zu erzählen und die Kranken gesund zu machen. ³»Nehmt keinen Wanderstab mit«, wies er sie an, »und auch kein Gepäck, keine Verpflegung und kein Geld, ja nicht einmal ein zweites Hemd. ⁴Wenn ihr in eine Ortschaft kommt, seid nur in einem einzigen Haus zu Gast. ⁵Wenn die Einwohner eure Botschaft nicht hören wollen, dann schüttelt beim Fortgehen den Staub von euren Füßen als Zeichen, dass ihr diesen Ort dem Gericht überlasst.«

⁶So begannen sie durch die Dörfer in der Umgebung zu ziehen, verkündeten die gute Botschaft und heilten die Kranken.

Herodes fragt nach Jesus
Matthäus 14,1.2; Markus 6,14-16

⁷Als Herodes Antipas* von den Wundern hörte, die Jesus vollbrachte, war er beunruhigt und verunsichert zugleich, denn manche Leute meinten: »Er ist Johannes der Täufer, der von den Toten auferstanden ist.« ⁸Andere sagten: »Es ist Elia oder ein anderer Prophet, der von den Toten auferstanden ist.«

8,43 In einigen Handschriften fehlt die Wendung *Sie hatte ihr ganzes Vermögen für Ärzte ausgegeben*. **8,48** Griech. *gerettet*.
9,7 Griech. *der Tetrarch Herodes*. Er war ein Sohn von König Herodes und herrschte über einen der vier Regierungsbezirke in Palästina.

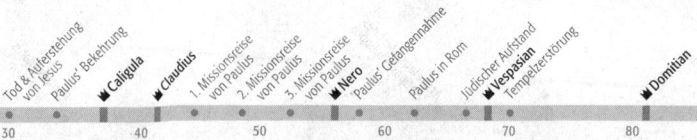

LUKAS

1–2	Die Geburt von Jesus und ihre Vorgeschichte
3,1–4,13	Vorbereitungszeit
4,14–9,50	Jesus in Galiläa
9,51–19,27	Auf dem Weg nach Jerusalem
19,28–21,38	Jesus in Jerusalem
22–24	Leiden, Tod und Auferstehung

9

Fünftausend Menschen werden satt. Petrus erkennt Jesus als Messias. Jesus begegnet Mose und Elia und spricht erneut von seinem bevorstehenden Tod. Maßstäbe im Reich Gottes.

[Gottes Königsherrschaft und der Messias]

⁹»Ich selbst habe Johannes enthaupten lassen«, sagte Herodes. »Wer ist dann dieser Mann, von dem ich all diese seltsamen Geschichten höre?« Und er wollte ihn gern kennenlernen.

Die Speisung der Fünftausend
Matthäus 14,13-21; Markus 6,30-44; Johannes 6,1-14; vgl. Matthäus 15,32-39; Markus 8,19

¹⁰Als die Apostel zurückkehrten, berichteten sie Jesus über alles, was sie getan hatten. Danach zog er sich mit ihnen in die Nähe der Stadt Betsaida zurück. ¹¹Doch die Leute fanden heraus, wohin er gegangen war, und folgten ihm. Da wandte er sich ihnen zu, erzählte ihnen vom Reich Gottes und heilte die Kranken unter ihnen. ¹²Am späten Nachmittag kamen die zwölf Jünger zu ihm und sagten: »Schick die Leute fort in die nahe gelegenen Dörfer und Höfe, dann können sie etwas zu essen und eine Unterkunft für die Nacht finden. Denn hier, in dieser verlassenen Gegend, gibt es nichts zu essen.«

¹³Doch Jesus sagte: »Gebt ihr ihnen zu essen.«
Sie protestierten: »Unmöglich! Wir haben nur fünf Brote und zwei Fische. Oder erwartest du von uns, dass wir gehen und für diese vielen Menschen Essen kaufen?« ¹⁴Es waren etwa fünftausend Männer.

»Sie sollen sich in Gruppen zu je fünfzig niederlassen«, erwiderte Jesus. ¹⁵Da setzten sie sich alle hin. ¹⁶Jesus nahm die fünf Brote und die beiden Fische, blickte zum Himmel auf und erbat Gottes Segen für das Essen. Dann brach er die Brote in Stücke und reichte sie den Jüngern, damit sie alles an die Leute austeilten. ¹⁷Alle aßen, so viel sie wollten, und am Schluss sammelten sie noch zwölf Körbe mit Resten ein!

Das Bekenntnis des Petrus
V. 18-22: Matthäus 16,13-21; Markus 8,27-31

¹⁸Als Jesus eines Tages allein war, fragte er sie: »Für wen halten die Leute mich?«

¹⁹»Nun«, erwiderten sie, »manche sagen, du seist Johannes der Täufer, andere halten dich für Elia und wieder andere behaupten, du seist einer der alten Propheten, der von den Toten auferstanden ist.«

²⁰Da fragte er sie: »Und für wen haltet ihr mich?«

Petrus erwiderte: »Du bist der von Gott gesandte Christus!«

Jesus kündigt seinen Tod an
V. 23-27: Matthäus 16,24-28; Markus 8,34-9,1

²¹Jesus schärfte ihnen ein, es niemandem zu sagen. ²²»Denn der Menschensohn muss viel Schlimmes erleiden«, sagte er. »Er wird von den führenden Männern des jüdischen Volkes,

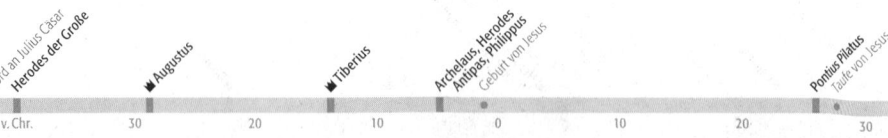

den obersten Priestern und den Schriftgelehrten verurteilt werden. Sie werden ihn töten, doch drei Tage später wird er von den Toten auferstehen.«

²³Dann sagte er zu der Menge: »Wenn einer von euch mit mir gehen will, muss er sich selbst verleugnen, jeden Tag aufs Neue sein Kreuz auf sich nehmen und mir nachfolgen. ²⁴Wer versucht, sein Leben zu retten, wird es verlieren. Aber wer sein Leben für mich aufgibt, wird es retten. ²⁵Was nützt es, die ganze Welt zu gewinnen, aber dabei an der eigenen Seele Schaden zu nehmen oder sie zu verlieren*? ²⁶Wer sich meiner oder meiner Botschaft schämt, dessen wird sich der Menschensohn auch schämen, wenn er in seiner Herrlichkeit und in der Herrlichkeit seines Vaters und der heiligen Engel wiederkommt. ²⁷Und ich sage euch: Einige von denen, die jetzt hier stehen, werden nicht sterben, ehe sie das Reich Gottes gesehen haben.«

Die Verklärung
Matthäus 17,1-9; Markus 9,2-10; 2. Petrus 1,16-18

²⁸Etwa acht Tage später nahm Jesus Petrus, Jakobus und Johannes mit auf einen Berg, um zu beten. ²⁹Während er betete, veränderte sich das Aussehen seines Gesichts, und seine Kleider wurden strahlend weiß. ³⁰Dann erschienen zwei Männer, Mose und Elia, und begannen mit Jesus zu sprechen. ³¹Auch sie waren von herrlichem Glanz umgeben. Sie sprachen darüber, wie er bald in Jerusalem sterben würde, um damit seinen Auftrag zu erfüllen.

³²Petrus und die anderen Jünger waren sehr müde gewesen und eingeschlafen. Nun wachten sie auf und sahen den strahlenden Anblick von Jesus und den beiden Männern, die neben ihm standen. ³³Als Mose und Elia sie verlassen wollten, rief Petrus schnell – und ohne zu wissen, was er sagte: »Meister, wie wunderbar ist das! Lass uns drei Hütten* bauen – eine für dich, eine für Mose und eine für Elia.« ³⁴Doch er hatte kaum ausgeredet, da zog eine Wolke auf; und als die Wolke sie einhüllte, hatten sie große Angst.

³⁵Aus der Wolke drang eine Stimme: »Dies ist mein Sohn, mein Auserwählter.* Hört auf ihn.« ³⁶Als die Stimme verhallt war, stand Jesus wieder allein da. Lange Zeit erzählten sie niemandem, was sie gesehen hatten.

Jesus heilt einen besessenen Jungen
Matthäus 17,14-21; Markus 9,14-29

³⁷Am nächsten Tag, als sie wieder vom Berg herabgestiegen waren, strömten die Menschen zu Jesus. ³⁸Ein Mann in der Menge rief ihm zu: »Meister, sieh meinen Sohn an, mein einziges Kind. ³⁹Ein böser Geist ergreift immer wieder von ihm Besitz. Dann schreit er, stürzt zu Boden, windet sich und hat Schaum vor dem Mund. Ständig schlägt und verletzt er ihn und lässt ihm keine Ruhe. ⁴⁰Ich habe deine Jünger gebeten, den Geist auszutreiben, aber sie konnten es nicht.«

⁴¹»Ihr uneinsichtigen, ungläubigen Menschen«, sagte Jesus, »wie lange muss ich denn noch bei euch sein und euch ertragen? Bringt ihn her.« ⁴²Als der Junge nach vorn kam, warf der Dämon ihn zu Boden, sodass er sich heftig wand und krümmte. Aber Jesus bedrohte den bösen Geist und heilte den Jungen. Dann schickte er ihn zu seinem Vater zurück. ⁴³Die Leute wurden von Angst und Ehrfurcht ergriffen, als sie dieses sichtbare Wirken der Macht Gottes sahen.

Jesus kündigt erneut seinen Tod an
Matthäus 17,22.23; Markus 9,30-32

Während die Menschen noch über die Wunder staunten, die er tat, sagte Jesus zu seinen Jüngern: ⁴⁴»Hört mir zu und denkt an das, was ich euch jetzt sage. Der Menschensohn wird in die Hände der Menschen gegeben und verraten werden.« ⁴⁵Doch sie begriffen nicht, was er damit meinte. Die Bedeutung seiner Worte blieb ihnen verborgen, sodass sie sie nicht verstehen konnten, und sie wagten nicht, ihn danach zu fragen.

Der Größte im Reich Gottes
V. 46-50: Matthäus 18,1-5; Markus 9,33-37.38-41

⁴⁶Einmal kam es unter den Jüngern zu einem Streit darüber, wer von ihnen der Größte sei. ⁴⁷Jesus wusste, was sie dachten. Er stellte ein kleines Kind neben sich ⁴⁸und sagte zu ihnen: »Jeder, der ein solches Kind um meinetwillen aufnimmt, der nimmt mich auf, und wer mich aufnimmt, nimmt meinen Vater auf, der mich gesandt hat. Wer der Geringste unter euch ist, der ist der Größte.«

Im Namen von Jesus Wunder tun

⁴⁹Johannes sagte zu Jesus: »Meister, wir haben gesehen, wie einer in deinem Namen Dämonen austrieb, und haben versucht, ihn daran zu hindern, weil er nicht zu uns gehört.«

⁵⁰Doch Jesus entgegnete ihm: »Hindert ihn nicht! Wer nicht gegen euch ist, ist für euch.«

9,25 Wörtlich ... *aber dabei sich selbst verliert oder schweren Schaden erleidet?* 9,33 Griech. *Tabernakel.* 9,35 In manchen Handschriften heißt es *Dies ist mein geliebter Sohn.*

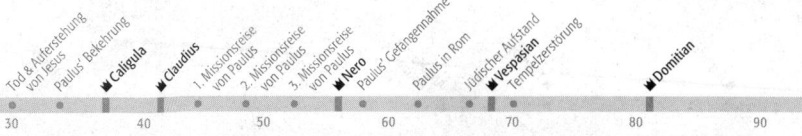

LUKAS

1–2	Die Geburt von Jesus und ihre Vorgeschichte
3,1–4,13	Vorbereitungszeit
4,14–9,50	Jesus in Galiläa
9,51–19,27	Auf dem Weg nach Jerusalem
19,28–21,38	Jesus in Jerusalem
22–24	Leiden, Tod und Auferstehung

9–10
Auf dem Weg nach Jerusalem spricht Jesus über Nachfolge. Aussendung der Jünger. Dankgebet und das wichtigste Gebot.

[Gottes Königsherrschaft und der Messias]

Widerstand von den Samaritern
⁵¹Als die Zeit seiner Rückkehr in den Himmel näher kam, machte Jesus sich auf den Weg nach Jerusalem. ⁵²Er schickte Boten voraus in ein Dorf in Samarien, um seine Ankunft vorzubereiten. ⁵³Doch sie wurden abgewiesen. Weil Jesus auf dem Weg nach Jerusalem war, wollten sie ihn nicht aufnehmen. ⁵⁴Als Jakobus und Johannes das hörten, sagten sie zu Jesus: »Herr, sollen wir Feuer vom Himmel regnen lassen und sie verbrennen*?« ⁵⁵Doch Jesus drehte sich um und wies sie zurecht.* ⁵⁶Dann zogen sie weiter in ein anderes Dorf.

Der Preis der Nachfolge
Matthäus 8,18-22
⁵⁷Unterwegs sagte einer der Jünger zu Jesus: »Ich will mit dir gehen, wohin du auch gehst.«
⁵⁸Aber Jesus hielt ihm entgegen: »Füchse haben ihren Bau und Vögel haben Nester, doch der Menschensohn hat keinen Ort, an dem er sich ausruhen kann.«
⁵⁹Zu einem anderen sagte er: »Komm, folge mir nach.«

9,54 Einige Handschriften fügen hinzu *wie Elia es tat*.
9,55 Einige Handschriften fügen hinzu *Und er sagte: »Ihr merkt gar nicht, was für Herzen ihr habt. ⁵⁶Denn der Menschensohn ist nicht gekommen, um das Leben der Menschen zu vernichten, sondern um sie zu retten.«*

Lukas 10,19

Gott befreit
Die 72 Boten, die Jesus ausgesandt hat, kommen voller Begeisterung zurück. »Sogar die Dämonen gehorchen uns, wenn wir sie in deinem Namen austreiben« (V. 18). Sie wissen, dass dies auf den machtvollen Namen von Jesus zurückzuführen ist und nicht auf ihre eigenen Fähigkeiten. Jesus hat ihnen seine Vollmacht gegeben. Jesus sieht ihren Erfolg als Zeichen, dass Satan ein besiegter Feind ist.
Die Erklärung von Jesus, dass er ihnen die Vollmacht gibt, Schlangen zu zertreten, erinnert an die Weissagung aus 1. Mose 3,15. Dort wurde der Kampf zwischen den Nachkommen der Frau und dem der Schlange angekündigt. Der Sieger dieses Kampfes ist letztlich Jesus, aber er teilt seinen Sieg mit seinen Jüngern. Wenn wir im Namen von Jesus handeln, nehmen auch wir an diesem Sieg teil. Gott verspricht nicht immer wie in diesem Text, dass nichts und niemand uns etwas anhaben kann (V. 19). Manche geben sogar für Jesus ihr Leben auf. Aber unsere Teilnahme am endgültigem Sieg Gottes über Satan ist sicher.
(Hesekiel 37,1-14 «« | »» Apostelgeschichte 4,12)

Dieser jedoch antwortete: »Herr, lass mich zuerst noch nach Hause gehen und meinen Vater begraben.«

⁶⁰Jesus erwiderte: »Lass die Menschen, die nicht nach Gott fragen, für ihre Toten sorgen.* Deine Aufgabe ist es hinzugehen und das Kommen des Reiches Gottes zu verkündigen.«

⁶¹Ein anderer sagte: »Ja, Herr, ich will mit dir gehen, aber lass mich zuerst noch von meiner Familie Abschied nehmen.«

⁶²Doch Jesus sagte: »Wer eine Hand an den Pflug legt und dann zurückschaut, ist nicht geeignet für das Reich Gottes.«

Jesus sendet seine Jünger aus
V. 1-12: vgl. 9,1-6; Matthäus 10,5-15; Markus 6,7-13;
V. 13-16: Matthäus 11,20-24

10 Daraufhin wählte der Herr zweiundsiebzig* andere Jünger aus und schickte sie zu zweit voraus in alle Städte und Dörfer, die er aufsuchen wollte. ²Er gab ihnen folgende Anweisungen: »Die Ernte ist groß, doch die Zahl der Arbeiter ist klein. Betet zum Herrn, der für die Ernte zuständig ist, und bittet ihn, mehr Arbeiter auf seine Felder zu schicken. ³Nun geht und denkt daran, dass ich euch wie Lämmer unter die Wölfe schicke. ⁴Nehmt kein Geld mit, auch kein Gepäck, ja nicht einmal ein zweites Paar Sandalen. Und haltet euch unterwegs nicht auf, um jemanden zu grüßen.

⁵Wann immer ihr ein Haus betretet, segnet es. ⁶Wenn seine Bewohner des Segens würdig sind, wird er bei ihnen bleiben; wenn sie es nicht sind, wird der Segen zu euch zurückkehren. ⁷Wenn ihr in eine Stadt kommt, zieht nicht von Haus zu Haus. Bleibt an einem Ort und esst und trinkt, was man euch anbietet. Zögert nicht, Gastfreundschaft anzunehmen, denn wer arbeitet, hat auch Lohn verdient.

⁸Wenn eine Stadt euch willkommen heißt, dann esst, was euch vorgesetzt wird, ⁹heilt die Kranken und sagt dabei: ›Das Reich Gottes ist nahe bei euch.‹ ¹⁰Doch wenn eine Stadt euch nicht willkommen heißen will, dann geht hinaus auf die Straße und sagt: ¹¹›Wir schütteln als Zeichen eures Verderbens den Staub eurer Stadt von unseren Füßen. Vergesst nicht, dass das Reich Gottes nahe ist!‹ ¹²Ich sage euch, selbst der Stadt Sodom wird es am Tag des Gerichts noch besser ergehen als einer solchen Stadt.

¹³Welche Schrecken erwarten euch, Chorazin und Betsaida! Denn wenn die Wunder, die ich bei euch getan habe, in Tyrus und Sidon geschehen wären, hätten ihre Einwohner schon längst ihre Schuld bekannt und sich zum Zeichen ihrer Reue in Säcke gehüllt und Asche auf ihre Häupter gestreut. ¹⁴Ja, Tyrus und Sidon werden am Tag des Gerichts immer noch besser dastehen als ihr. ¹⁵Und ihr Bewohner von Kapernaum, ob ihr wohl an diesem Tag in den Himmel gehoben werdet? Ganz sicher nicht. Ihr werdet vielmehr hinunter ins Reich der Toten* geworfen.«

¹⁶Dann sagte er zu den Jüngern: »Wer eure Botschaft annimmt, nimmt auch mich an. Wer euch jedoch ablehnt, lehnt auch mich ab. Und wer mich ablehnt, lehnt Gott ab, der mich gesandt hat.«

¹⁷Als die zweiundsiebzig Jünger zurückkehrten, berichteten sie ihm voller Freude: »Herr, sogar die Dämonen gehorchen uns, wenn wir sie in deinem Namen austreiben!«

¹⁸»Ja«, erklärte er ihnen, »ich sah Satan wie einen Blitz vom Himmel fallen! ¹⁹Ich habe euch Vollmacht über den Feind gegeben; ihr könnt unter Schlangen und Skorpionen umhergehen und sie zertreten. Nichts und niemand wird euch etwas anhaben können. ²⁰Aber freut euch nicht darüber, dass böse Geister euch gehorchen, sondern freut euch, dass eure Namen im Himmel aufgeschrieben sind.«

Jesus spricht ein Dankgebet
Matthäus 11,25-27

²¹Dann wurde Jesus von der Freude des Heiligen Geistes erfüllt und sagte: »Vater, Herr des Himmels und der Erde, ich danke dir, dass du die Wahrheit vor denen verbirgst, die sich selbst für so klug und weise halten. Ich danke dir, dass du sie stattdessen denen enthüllst, die ein kindliches Gemüt haben. Ja, Vater, so wolltest du es.

²²Mein Vater hat mir Vollmacht über alles gegeben. Niemand außer dem Vater kennt den Sohn wirklich, und niemand kennt den Vater außer dem Sohn und jenen, denen der Sohn den Vater offenbaren will.«

²³Als sie allein waren, wandte er sich an die Jünger und sagte: »Glücklich zu schätzen sind die, deren Augen sehen, was ihr seht. ²⁴Ich sage euch: Propheten und Könige haben sich danach gesehnt, zu sehen und zu hören, was ihr gesehen und gehört habt, aber sie konnten es nicht.«

Das wichtigste Gebot
Matthäus 22,34-40; Markus 12,28-34

²⁵Ein Mann, der sich im Gesetz Moses besonders gut auskannte, stand eines Tages auf, um Jesus

---

9,60 Griech. *Lass die Toten ihre eigenen Toten begraben.* **10,1** In einigen Handschriften steht *siebzig*; so auch in 10,17. **10,15** Griech. *in den Hades.*

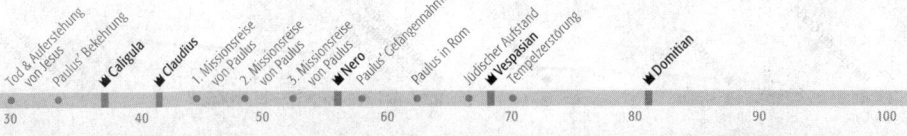

LUKAS

1–2	Die Geburt von Jesus und ihre Vorgeschichte
3,1–4,13	Vorbereitungszeit
4,14–9,50	Jesus in Galiläa
9,51–19,27	Auf dem Weg nach Jerusalem
19,28–21,38	Jesus in Jerusalem
22–24	Leiden, Tod und Auferstehung

10–11

Gleichnis: Der barmherzige Samariter. Maria und Marta. Jesus lehrt zum Vater beten. Er hat Vollmacht über Dämonen.

[Gottes Königsherrschaft und der Messias]

mit folgender Frage auf die Probe zu stellen: »Meister, was muss ich tun, um das ewige Leben zu bekommen?«

²⁶Jesus erwiderte: »Was steht darüber im Gesetz Moses? Was liest du dort?«

²⁷Der Mann antwortete: »›Du sollst den Herrn, deinen Gott, von ganzem Herzen, von ganzer Seele, mit deiner ganzen Kraft und all deinen Gedanken lieben.‹ Und: ›Liebe deinen Nächsten wie dich selbst.‹«*

²⁸»Richtig!«, bestätigte Jesus. »Tu das, und du wirst leben!«

²⁹Der Mann wollte sich rechtfertigen; deshalb fragte er Jesus: »Und wer ist mein Nächster?«

Das Gleichnis vom barmherzigen Samariter

³⁰Jesus antwortete: »Ein Mann befand sich auf der Straße von Jerusalem nach Jericho, als er von Räubern überfallen wurde. Sie raubten ihm seine Kleider und sein Geld, verprügelten ihn und ließen ihn halb tot am Straßenrand liegen.

³¹Zufällig kam ein jüdischer Priester vorbei. Doch als er den Mann dort liegen sah, wechselte er auf die andere Straßenseite und ging vorüber. ³²Dann kam ein Tempeldiener* und sah ihn ebenfalls dort liegen; doch auch er ging auf der anderen Straßenseite vorüber.

³³Schließlich näherte sich ein Samariter. Als er den Mann sah, empfand er tiefes Mitleid mit ihm. ³⁴Er kniete sich neben ihn, behandelte seine Wunden mit Öl und Wein und verband sie. Dann hob er den Mann auf seinen eigenen Esel und brachte ihn zu einem Gasthaus, wo er ihn versorgte. ³⁵Am nächsten Tag gab er dem Wirt zwei Denare* und bat ihn, gut für den Mann zu sorgen. ›Sollte das Geld nicht ausreichen‹, sagte er, ›dann werde ich dir den Rest bezahlen, wenn ich das nächste Mal herkomme.‹

³⁶Wer von den dreien war nun deiner Meinung nach der Nächste für den Mann, der von Räubern überfallen wurde?«, fragte Jesus.

³⁷Der Mann erwiderte: »Der, der Mitleid hatte und ihm half.«

Jesus antwortete: »Ja. Nun geh und mach es genauso.«

Jesus besucht Marta und Maria

³⁸Auf ihrem Weg nach Jerusalem kamen Jesus und die Jünger auch in ein Dorf, in dem eine Frau mit Namen Marta sie in ihr Haus einlud. ³⁹Ihre Schwester Maria saß Jesus zu Füßen und hörte ihm aufmerksam zu. ⁴⁰Marta dagegen mühte sich mit der Bewirtung der Gäste. Sie

10,27 5. Mose 6,5; 3. Mose 19,18.   **10,32** Griech. *ein Levit*.   **10,35** Ein Denar entsprach etwa einem vollen Tagelohn.

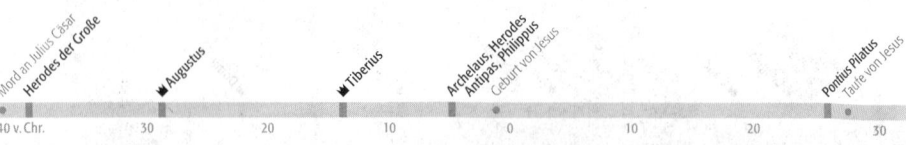

kam zu Jesus und sagte: »Herr, ist es nicht ungerecht, dass meine Schwester hier sitzt, während ich die ganze Arbeit tue? Sag ihr, sie soll kommen und mir helfen.«
⁴¹Doch der Herr sagte zu ihr: »Meine liebe Marta, du sorgst dich um so viele Kleinigkeiten! ⁴²Im Grunde ist doch nur eines wirklich wichtig. Maria hat erkannt, was das ist – und ich werde es ihr nicht nehmen.«

Jesus lehrt beten
V. 1-4: vgl. Matthäus 6,9-13; V. 5-13: vgl. Matthäus 7,7-11

11 Einmal hatte Jesus Halt gemacht, um zu beten. Als er aufgehört hatte zu beten, kam einer seiner Jünger zu ihm und bat: »Herr, lehre uns beten, so wie Johannes es seine Jünger gelehrt hat.«
²Jesus antwortete: »Wenn ihr betet, dann sprecht: ›Vater, dein Name werde geehrt. Dein Reich komme bald.
³Gib uns jeden Tag die Nahrung, die wir brauchen.
⁴Und vergib uns unsere Schuld – so wie auch wir denen vergeben, die an uns schuldig geworden sind.
Und lass nicht zu, dass wir der Versuchung nachgeben.*‹«
⁵Er sagte ihnen noch mehr über das Beten und erzählte ihnen folgendes Beispiel: »Angenommen, ihr geht um Mitternacht zum Haus eines Freundes, um ihn um drei Brote zu bitten. Ihr erklärt ihm: ⁶›Ein Freund von mir ist unerwartet zu Besuch gekommen, und ich habe nichts zu essen im Haus.‹ ⁷Doch er ruft euch aus dem Schlafzimmer zu: ›Lass mich in Ruhe. Die Tür ist schon für die Nacht verriegelt, und wir liegen alle im Bett. Um diese Zeit kann ich dir nicht mehr helfen.‹ ⁸Ich sage euch eins: Wenn er euch auch nicht aus Freundschaft helfen will, wird er doch am Ende aufstehen und euch geben, was ihr braucht, um seinem guten Ruf nicht zu schaden* – wenn ihr nur beharrlich genug klopft.
⁹Deshalb sage ich euch: Bittet, und ihr werdet erhalten. Sucht, und ihr werdet finden. Klopft an, und die Tür wird euch geöffnet werden. ¹⁰Denn wer bittet, wird erhalten. Wer sucht, wird finden. Und die Tür wird jedem geöffnet, der anklopft.
¹¹Gibt es einen Vater, der seinem Kind eine Schlange hinhält, wenn es um einen Fisch bittet? ¹²Oder wenn es um ein Ei bittet, reicht er ihm dann einen Skorpion? Natürlich nicht! ¹³Wenn aber selbst ihr sündigen Menschen wisst, wie ihr euren Kindern Gutes tun könnt, wie viel eher wird euer Vater im Himmel denen, die ihn bitten, den Heiligen Geist schenken.«

Jesus und der Oberste der Dämonen
V. 14-23: Matthäus 12,22-37; Markus 3,22-30;
V. 24-26: Matthäus 12,43-45

¹⁴Eines Tages trieb Jesus einen Dämon aus einem Mann aus, der stumm war, und der Mann konnte daraufhin wieder sprechen. Die Menschen staunten, ¹⁵doch ein paar von ihnen sagten: »Kein Wunder, dass er Dämonen austreiben kann. Er hat seine Macht von Satan*, dem Obersten der Dämonen!« ¹⁶Andere wollten Jesus auf die Probe stellen, indem sie ein Zeichen vom Himmel verlangten, um zu sehen, ob er wirklich von Gott kam.
¹⁷Er wusste jedoch genau, was sie dachten, und sagte deshalb: »Ein Königreich, das gegen sich selbst kämpft, ist dem Untergang geweiht. Auch ein Haus, in dem Streit herrscht, hat keinen Bestand. ¹⁸Ihr behauptet, ich hätte meine Macht vom Obersten der Dämonen. Doch wenn Satan gegen sich selbst kämpft, indem er mir die Vollmacht verleiht, seine Dämonen auszutreiben, wie kann seine Herrschaft dann von Dauer sein? ¹⁹Und wenn ich meine Macht vom Herrscher der Dämonen habe, was ist dann mit euren eigenen Leuten? Auch sie treiben Dämonen aus – sie werden nach euren eigenen Worten richten. ²⁰Wenn ich aber Dämonen austreibe durch die Macht Gottes, dann ist das Reich Gottes zu euch gekommen. ²¹Denn solange ein starker Mann bewaffnet seinen Palast bewacht, ist sein Besitz sicher – ²²bis ein Stärkerer angreift und ihn besiegt. Und der Stärkere nimmt ihm seine Waffen, auf die er vertraute, und verteilt seinen Besitz.
²³Wer nicht für mich ist, ist gegen mich, und wer nicht Hand in Hand mit mir arbeitet, arbeitet gegen mich*.
²⁴Wenn ein böser Geist einen Menschen verlässt, geht er in die Wüste und sucht Ruhe. Wenn er sie jedoch nicht findet, sagt er sich: ›Ich will zu dem Menschen zurückkehren, aus dem ich ausgefahren bin.‹* ²⁵Und so kommt der Geist zurück und stellt fest, dass seine frühere Wohnung sorgfältig gefegt und gesäubert wurde. ²⁶Dann holt er sieben andere Geister, die

---

11,2-4 In manchen Handschriften finden sich weitere Teile des Vaterunsers; vgl. Matthäus 6,9-13. **11,8** *Griech. um der Schande zu entgehen* oder *wegen [eurer] Beharrlichkeit*. **11,15** Griech. *Beelzebul*; so auch in 11,18.19. **11,23** Griech. *und wer nicht mit mir sammelt, der zerstreut*. **11,24** Griech. *Ich will wieder in mein Haus zurückkehren, das ich verlassen habe*.

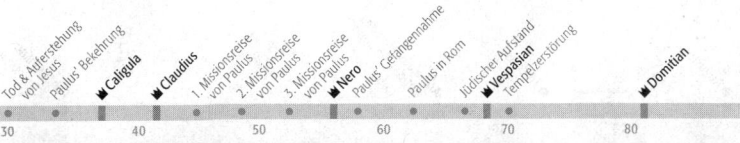

LUKAS

1–2	Die Geburt von Jesus und ihre Vorgeschichte
3,1–4,13	Vorbereitungszeit
4,14–9,50	Jesus in Galiläa
9,51–19,27	Auf dem Weg nach Jerusalem
19,28–21,38	Jesus in Jerusalem
22–24	Leiden, Tod und Auferstehung

11–12
Die Menschen fordern Zeichen. Gleichnis vom Licht. Jesus kritisiert Pharisäer und Schriftgelehrte und warnt vor falscher Gesetzlichkeit und Heuchelei.

[Gottes Königsherrschaft und der Messias]

noch schlimmer sind als er selbst, und sie alle ziehen dort ein. Dann ergeht es diesem Menschen noch schlimmer als zuvor.«

²⁷Während er noch sprach, rief eine Frau in der Menge: »Gott segne deine Mutter, die dich zur Welt brachte und an ihren Brüsten nährte!«

²⁸Er aber erwiderte: »Ja, aber gesegnet sind alle, die das Wort Gottes hören und danach leben.«

Das Zeichen Jonas
Matthäus 12,38-42

²⁹Die Menge drängte sich um Jesus, und er sagte: »Es sind böse Zeiten, und diese verdorbene Generation verlangt ständig Wunder von mir. Doch das einzige Zeichen, das ihnen gegeben wird, ist das Zeichen des Propheten Jona. ³⁰Was mit ihm geschah, war für die Einwohner Ninives ein Zeichen. Was mit dem Menschensohn geschehen wird, wird das Zeichen für diese Generation sein.

³¹Die Königin von Saba* wird sich am Tag des Gerichts gegen euch erheben und euch verurteilen, denn sie kam aus einem fremden Land, um die Weisheiten König Salomos zu hören. Und nun ist einer bei euch, der weit größer ist als Salomo – doch ihr weigert euch, auf ihn zu hören.*
³²Und auch die Einwohner Ninives werden sich am Tag des Gerichts gegen euch erheben und euch verurteilen, denn sie haben auf Jonas Predigt hin Reue gezeigt.* Und nun ist einer bei euch, der weit größer ist als Jona – doch ihr weigert euch zu bereuen.

Das Licht annehmen
Vgl. Matthäus 5,15; 6,22.23

³³Niemand zündet eine Lampe an und versteckt sie dann in einem verborgenen Winkel oder stellt sie unter ein umgestülptes Gefäß. Sie wird vielmehr auf einen Ständer gestellt, damit sie allen Licht gibt, die das Zimmer betreten. ³⁴Dein Auge ist das Fenster deines Körpers. Ein klares Auge lässt das Licht bis in deine Seele dringen, doch ein schlechtes Auge sperrt das Licht aus und stürzt dich in Dunkelheit. ³⁵Achte darauf, dass das Licht, das du hast, nicht Dunkelheit ist. ³⁶Wenn du vom Licht erfüllt bist und keine Bereiche mehr dunkel in dir sind, dann wird dein ganzes Leben leuchten, als würde ein strahlendes Licht auf dich scheinen.«

11,31a Griech. *die Königin des Südens*; vgl. 1. Könige 10,1-10. 11,31b Im Griech. fehlt die Wendung *doch ihr weigert euch, auf ihn zu hören*; so auch in 11,32 *doch ihr weigert euch zu bereuen.* 11,32 Vgl. Jona 3,5.

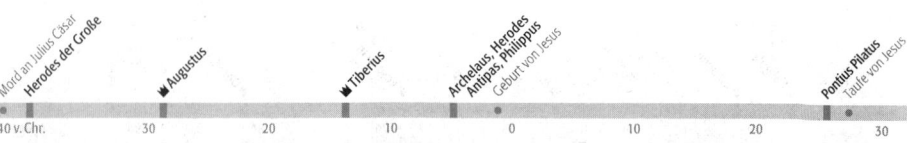

Jesus kritisiert die jüdischen Religionsführer
Vgl. Matthäus 23,4-7.23-36

37 Während Jesus noch sprach, lud einer der Pharisäer ihn zu sich zum Essen ein. Er ging mit ihm und ließ sich zum Essen nieder. 38 Sein Gastgeber wunderte sich, dass er Platz nahm, ohne zuvor die vorgeschriebene Waschung zu vollziehen. 39 Daraufhin sagte Jesus zu ihm: »Ihr Pharisäer achtet peinlich genau darauf, Becher und Teller äußerlich zu säubern, doch innerlich seid ihr alles andere als rein, sondern voller Habgier und Bosheit! 40 Wie dumm von euch! Hat Gott nicht das Äußere und das Innere geschaffen? 41 Deshalb gebt den Bedürftigen, was ihr in eurer Habgier zusammenrafft, und ihr werdet in allem rein sein.

42 Doch es wird euch Pharisäern schlimm ergehen! Denn ihr gebt zwar den vorgeschriebenen zehnten Teil noch vom kleinsten Anteil eurer Einkünfte*, doch die Gerechtigkeit und die Liebe Gottes vergesst ihr. Ihr sollt den zehnten Teil geben, das ist richtig, aber ihr dürft die wichtigeren Dinge dabei nicht außer Acht lassen.

43 Schlimm wird es euch Pharisäern ergehen! Denn ihr liebt die Ehrenplätze in den Synagogen und die Ehrerbietung der Menschen, wenn ihr über den Markt spaziert! 44 Ja, es wird euch schlimm ergehen. Denn ihr seid wie verborgene Gräber auf einem Feld. Die Menschen gehen darüber und ahnen nicht, welche Verwesung unter ihren Füßen begraben liegt.«

45 »Meister«, sagte ein Mann, der sich besonders gut im Gesetz Moses auskannte, »damit beleidigst du auch uns.«

46 »Ja«, sagte Jesus, »auch euch, die ihr das Gesetz so gut kennt, wird es schlimm ergehen! Denn ihr ladet den Menschen unerfüllbare religiöse Forderungen auf, tut aber nicht das Geringste, um ihnen diese Last zu erleichtern. 47 Schlimm wird es euch ergehen! Ihr errichtet Grabmäler für die Propheten, die eure Vorfahren vor langer Zeit umgebracht haben. 48 Ihr Mörder! Ihr bestätigt und erklärt für richtig, was eure Vorfahren getan haben, ja ihr hättet genauso gehandelt. 49 Über euch hat Gott in seiner Weisheit gesagt*: ›Ich werde ihnen Propheten und Apostel schicken, und sie werden einige töten und die anderen verfolgen.‹ 50 Ihr, die Angehörigen dieser Generation, werdet für die Ermordung aller Propheten Gottes seit der Erschaffung der Welt zur Rechenschaft gezogen werden – 51 angefangen von der Ermordung Abels bis zur Ermordung Secharjas, der zwischen dem Altar und dem Heiligtum getötet wurde. Ja, das alles wird euch zur Last gelegt werden.

52 Wie schlimm wird es euch, die ihr das Gesetz kennt, ergehen! Denn ihr versteckt den Schlüssel der Erkenntnis vor den Menschen. Ihr kommt selbst nicht ins Reich Gottes und hindert andere daran, hineinzukommen.«

53 Danach verließ Jesus das Haus. Aber von da an setzten ihm die Pharisäer und Schriftgelehrten mit vielen Fragen zu 54 und versuchten, ihn zu einer Äußerung zu verleiten, die sie gegen ihn verwenden konnten.

Warnung vor Heuchelei
Vgl. Matthäus 10,26.33

12 Inzwischen drängten und schoben sich die Menschen zu Tausenden. Jesus wandte sich an seine Jünger und warnte sie: »Hütet euch vor dem Sauerteig der Pharisäer – hütet euch vor ihrer Heuchelei. 2 Es kommt die Zeit, da wird alles offenbar werden; alles, was jetzt noch geheim ist, wird dann öffentlich bekannt gemacht werden. 3 Alles, was ihr im Dunkeln gesagt habt, wird im Hellen zu hören sein, und was ihr hinter verschlossenen Türen geflüstert habt, wird man von den Dächern rufen, sodass alle es hören!

4 Meine Freunde, habt keine Angst vor denen, die euch töten wollen. Sie können nur den Körper töten; mehr können sie euch nicht antun. 5 Aber ich sage euch, wen ihr wirklich fürchten sollt: Fürchtet Gott, der die Macht hat, Menschen zu töten und sie danach in die Hölle zu werfen.

6 Was kosten fünf Spatzen? Vielleicht ein paar Cent? Und doch vergisst Gott nicht einen Einzigen von ihnen. 7 Und auch die Haare auf eurem Kopf sind alle gezählt. Habt deshalb keine Angst, denn ihr seid ihm wertvoller als ein ganzer Schwarm Spatzen.

8 Und ich versichere euch: Wer sich hier auf der Erde zu mir bekennt, zu dem wird sich der Menschensohn auch in der Gegenwart der Engel Gottes bekennen. 9 Aber wer mich hier auf der Erde verleugnet, der wird auch vor den Engeln Gottes verleugnet werden. 10 Dennoch kann dem, der schlecht über den Menschensohn spricht, vergeben werden; aber dem, der gegen den Heiligen Geist lästert, wird niemals vergeben werden.

11 Und wenn man euch in den Synagogen und vor Herrschern und Beamten den Prozess machen wird, dann macht euch keine Sorgen darüber, was ihr zu eurer Verteidigung vorbringen sollt. 12 Denn in diesem Moment wird der Heilige Geist euch lehren, was ihr sagen sollt.«

11,42 Griech. *den Zehnten von Minze, Raute und Gemüse.* **11,49** Griech. *Deshalb sagte die Weisheit Gottes.*

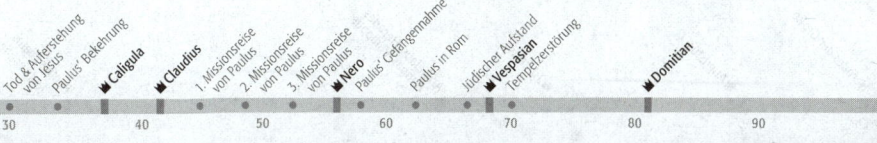

LUKAS

1–2	Die Geburt von Jesus und ihre Vorgeschichte
3,1–4,13	Vorbereitungszeit
4,14–9,50	Jesus in Galiläa
9,51–19,27	Auf dem Weg nach Jerusalem
19,28–21,38	Jesus in Jerusalem
22–24	Leiden, Tod und Auferstehung

12
Jesus warnt vor Sorge um Materielles. Er ruft zur Wachsamkeit auf. Jesus bringt Streit.

[Gottes Königsherrschaft und der Messias]

Das Gleichnis vom reichen Bauern

¹³Da rief einer aus der Menge: »Meister, sag doch meinem Bruder, dass er das väterliche Erbe mit mir teilen soll.«

¹⁴Jesus erwiderte: »Wer hat mich zum Richter über euch gemacht, um in solchen Dingen zu entscheiden?« ¹⁵Und er fuhr fort: »Nehmt euch in Acht! Begehrt nicht das, was ihr nicht habt. Das wahre Leben wird nicht daran gemessen, wie viel wir besitzen.«

¹⁶Und er gab ihnen folgendes Gleichnis: »Ein wohlhabender Mann besaß einen großen Hof mit Äckern, die reiche Ernten brachten, ¹⁷so viel, dass seine Scheunen die Erträge nicht fassen konnten. ¹⁸Da sagte er sich: ›Ich weiß, was ich mache! Ich werde meine Scheunen abreißen und größere bauen. Auf diese Weise habe ich genug Platz, um alles zu lagern. ¹⁹Und dann werde ich mich zurücklehnen und mir sagen: Mein Freund, du hast für Jahre genug eingelagert. Genieße das Leben. Iss, trink und sei fröhlich!‹

²⁰Aber Gott sagte zu ihm: ›Wie dumm von dir! Du wirst noch heute Nacht sterben. Und wer wird dann das alles bekommen?‹

²¹Ihr seht, wie dumm es ist, auf der Erde Reichtümer anzuhäufen und dabei nicht nach Reichtum bei Gott zu fragen.«

Lehre über Geld und Besitz
Vgl. Matthäus 6,19-21.25-34

²²Darauf wandte Jesus sich wieder an seine Jün-

Lukas 12,32

Erwählung

Mit dem Wort von der kleinen Herde zeigt Jesus, dass er die zwölf Jünger als Modell und Keimzelle seiner Gemeinde ansieht: Er redet die Jünger an (V. 22), benennt sie aber mit einem Ausdruck, der eine Gemeindebezeichnung ist: Herde (z.B. Apg 20,28-29).

Ihr ist Gottes Reich anvertraut. Zunächst hatte Gott Jesus erwählt, der Gottes Reich mit sich brachte (Mk 1,15; Mt 12,28; Lk 11,20). Nun erweitert Gott diese Erwählung auf die Gemeinde hin.

Die Jünger von Jesus sind die Beschenkten. Doch weil Gott so gut für sie sorgt (V. 29-31), sollen sie für andere sorgen (V. 33). Das ist eine wichtige und von Jesus oft genannte Möglichkeit, »Gutes zu tun« (vgl. Mt 5,16; Tit 2,14).

(Matthäus 5,13-16 «« | »» Lukas 22,29-30)

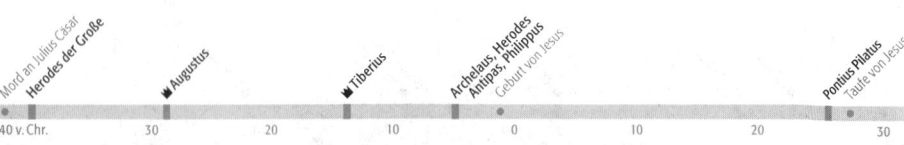

ger:«»Deshalb sage ich euch: Sorgt euch nicht um Alltägliches – ob ihr genug zu essen oder anzuziehen habt, ²³denn das Leben besteht aus weit mehr als Nahrung und Kleidung. ²⁴Seht die Raben an. Sie brauchen nicht zu säen, zu ernten oder Vorratsscheunen zu bauen, denn Gott ernährt sie. Und ihr seid ihm doch weit wichtiger als irgendwelche Vögel! ²⁵Können all eure Sorgen euer Leben auch nur um einen einzigen Augenblick verlängern? Natürlich nicht! ²⁶Und wenn euer Sorgen schon in so geringen Dingen nichts bewirkt, was nützt es da, sich um größere Dinge zu sorgen?

²⁷Seht doch die Lilien, wie sie wachsen. Sie arbeiten nicht und nähen sich keine Kleider, und doch war Salomo in all seiner Pracht nicht so schön gekleidet wie eine von ihnen. ²⁸Wenn Gott schon für die Blumen so wunderbar sorgt, die heute blühen und morgen bereits verwelkt sind, wie viel mehr wird er da für euch sorgen? Euer Glaube ist so klein! ²⁹Macht euch keine Gedanken über eure Nahrung – was ihr essen oder trinken sollt. Macht euch keine Gedanken darüber, ob Gott euch damit versorgen wird. ³⁰Diese Dinge beherrschen das Denken der meisten Menschen, doch euer Vater weiß, was ihr braucht. ³¹Er wird euch jeden Tag alles Nötige geben, wenn das Reich Gottes für euch das Wichtigste ist.

³²Hab also keine Angst, kleine Herde. Denn es macht eurem Vater große Freude, euch das Reich Gottes zu schenken.

³³Verkauft, was ihr habt, und gebt es den Bedürftigen. Auf diese Weise sammelt ihr euch Schätze im Himmel! Und die Geldbörsen des Himmels haben keine Löcher. Dort ist euer Schatz sicher – kein Dieb kann ihn stehlen und keine Motte ihn zerfressen. ³⁴Wo immer euer Reichtum ist, da wird auch euer Herz sein.

Seid bereit für das Kommen des Herrn
Vgl. Matthäus 24,42-51

³⁵Haltet euch bereit und seid wach ³⁶wie jemand, der auf die Rückkehr seines Herrn vom Hochzeitsfest wartet. Dann werdet ihr die Tür öffnen und ihn sofort hereinlassen können, wenn er kommt und anklopft. ³⁷Gesegnet sind diejenigen, die vorbereitet sind und seine Rückkehr erwarten. Ich verspreche euch, er wird sie Platz nehmen lassen, sich eine Schürze umbinden und sie bedienen, während sie sitzen und essen kommen. ³⁸Vielleicht kommt er mitten in der Nacht oder kurz vor der Morgendämmerung*. Doch wann er auch kommt: Gesegnet sind all diejenigen von seinen Dienern, die dann bereit sind!

³⁹Eines solltet ihr wissen: Wenn ein Hausbesitzer wüsste, wann der Einbrecher kommt, würde er nicht zulassen, dass er einbricht. ⁴⁰Deshalb müsst ihr jederzeit bereit sein, denn der Menschensohn wird dann kommen, wenn ihr es am wenigsten erwartet.«

⁴¹Petrus fragte: »Herr, meinst du damit nur uns oder alle Menschen?«

⁴²Da erwiderte der Herr: »Ich spreche von jedem treuen, umsichtigen Diener, dem der Herr die Verantwortung überträgt, sein Haus zu verwalten und seine Familie zu versorgen. ⁴³Wenn der Herr zurückkommt und feststellt, dass der Diener seine Sache gut gemacht hat, wird es eine Belohnung geben. ⁴⁴Ich versichere euch: Der Herr wird diesem Diener die Verantwortung über seinen gesamten Besitz übertragen. ⁴⁵Wenn der Diener jedoch denkt: ›Mein Herr wird noch lange nicht zurückkommen‹ und anfängt, die anderen Diener herumzukommandieren, Feste zu feiern und sich zu betrinken – ⁴⁶nun, dann wird der Herr eines Tages unangekündigt und zu unerwarteter Stunde zurückkehren. Dann wird er den Diener davonjagen und ihn zu den Ungläubigen verbannen. ⁴⁷Der Diener wird hart bestraft werden, denn er hat seine Pflichten nicht erfüllt, obwohl er den Willen seines Herrn kannte.

⁴⁸Menschen, die diesen Willen nicht kennen und Unrecht tun, werden nur leicht bestraft werden. Von den Menschen jedoch, denen viel anvertraut wurde, wird viel verlangt, und von denjenigen, denen noch mehr anvertraut wurde, wird auch noch viel mehr verlangt werden.

Jesus spaltet die Menschen in zwei Lager
V. 49-53: vgl. Matthäus 10,34-36; V. 54-56: Matthäus 16,1-3; V. 57-59: Matthäus 5,25-26

⁴⁹Ich bin gekommen, um Feuer auf der Erde zu entzünden, und ich wünschte, meine Aufgabe wäre schon erfüllt! ⁵⁰Eine schreckliche Taufe steht mir bevor, und der Gedanke daran lastet schwer auf mir, bis sie vollzogen ist. ⁵¹Glaubt ihr, ich bin gekommen, um der Welt Frieden zu bringen? Nein, ich bin gekommen, um Zwietracht zu säen! ⁵²Von nun an werden ganze Familien auseinanderbrechen, weil drei für mich und zwei gegen mich sind – oder umgekehrt. ⁵³Es wird zu Streit zwischen Vater und Sohn, Mutter und Tochter, Schwiegermutter und Schwiegertochter kommen.«

⁵⁴Daraufhin wandte Jesus sich an die Menge und sagte: »Wenn ihr seht, wie sich im Westen Wolken bilden, sagt ihr: ›Es wird Regen geben.‹ Und ihr habt recht. ⁵⁵Wenn ein Südwind weht,

---

12,38 Griech. *in der zweiten oder dritten Nachtwache.*

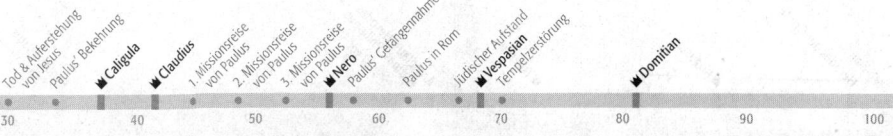

LUKAS

1–2	Die Geburt von Jesus und ihre Vorgeschichte
3,1– 4,13	Vorbereitungszeit
4,14– 9,50	Jesus in Galiläa
9,51– 19,27	Auf dem Weg nach Jerusalem
19,28– 21,38	Jesus in Jerusalem
22–24	Leiden, Tod und Auferstehung

12–13
Jesus ruft zur Umkehr auf. Gleichnisse vom Feigenbaum, vom Senfkorn, vom Sauerteig, von der engen Tür.

[Gottes Königsherrschaft und der Messias]

sagt ihr: ›Heute wird es heiß werden.‹ Und genau so ist es. ⁵⁶Ihr Heuchler! Die Erscheinungen der Erde und des Himmels versteht ihr zu deuten, aber die Zeichen dieser Zeit könnt ihr nicht deuten.

⁵⁷Warum könnt ihr nicht selbst entscheiden, was richtig ist? ⁵⁸Wenn du auf dem Weg zum

Lukas 13,16

Gott befreit
Manchmal sprechen Texte von normalen Krankheiten und der Macht von Jesus, diese zu heilen, und manchmal von »bösen Geistern« und der Vollmacht von Jesus, diese auszutreiben. Es wurde damals jedoch nicht immer unterschieden, ob Menschen nun unter »normalen Krankheiten« litten, oder ob finstere Mächte ins Spiel kamen. Hier befreit Jesus eine Frau, die »Satan gefangen hielt«. Es wird jedoch nicht gesagt, dass Jesus einen bösen Geist austrieb. Er heilte einfach einen krummen Rücken.
Vermutlich will Jesus hier klarmachen, dass auch normale Krankheiten nicht wirklich normal sind. Sie sind Eindringlinge in Gottes gute Schöpfung. Am Anfang hatte Gott eine heile Welt erschaffen. Und diese Realität wird eines Tages wiederhergestellt werden (Offb 21,4). In der Zwischenzeit zeigen die Taten und die Lehre von Jesus, dass eine neue Schöpfung angebrochen ist und dass Gott schon damit begonnen hat, das Böse zu besiegen und seine Schöpfung wieder herzustellen. Die Heilung dieser Frau setzt ein Zeichen dafür.
(Markus 3,27 ‹‹ | ›› Markus 5,25-34)

Lukas 13,16

Bundesschlüsse
Jesus kam als der Messias Israels, brachte Rettung für Gottes Volk und heilte und befreite Menschen als Zeichen für die nahe gekommene Königsherrschaft Gottes. Damit hat er aber nichts völlig Neues gebracht, sondern an die Segenslinie des Abrahambundes angeknüpft. Deshalb bezeichnet er die kranke und gebundene Frau, die jetzt gesund ist, als »Tochter Abrahams« (siehe Anmerkung). Ebenso benennt er Zachäus mit dem Ehrentitel »Sohn Abrahams« (Lk 19,9).
Jesus hat den Abrahambund nicht abgelöst, sondern erfüllt. So entfaltet Paulus es in Römer 4 und Galater 3.
(Micha 7,20 ‹‹ | ›› Apostelgeschichte 3,25)

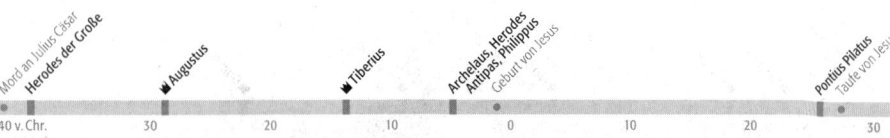

Gericht bist und deinen Ankläger triffst, versuche doch, die Angelegenheit zu bereinigen, bevor sie vor den Richter kommt, sonst wirst du womöglich verurteilt, dem Gerichtsdiener übergeben und ins Gefängnis geworfen. ⁵⁹Und wenn das geschieht, wirst du nicht eher freikommen, bis du auch den letzten Cent bezahlt hast.«

Ein Aufruf zur Umkehr

13 Zu dieser Zeit erfuhr Jesus, dass Pilatus einige Leute aus Galiläa hatte ermorden lassen, während sie in Jerusalem im Tempel Opfer darbrachten. ²»Meint ihr, diese Galiläer seien größere Sünder gewesen als andere Menschen in Galiläa?«, fragte er. »Glaubt ihr, dass sie deshalb leiden mussten? ³Ganz und gar nicht! Ihr werdet genauso umkommen, wenn ihr euch nicht von euren bösen Wegen abkehrt und euch Gott zuwendet. ⁴Und was ist mit den achtzehn Männern, die starben, als der Turm von Siloah sie herabstürzte? Waren sie etwa die größten Sünder in Jerusalem? ⁵Nein. Ich sage euch noch einmal: Wenn ihr nicht Reue zeigt und auf eurem Weg umkehrt, werdet ihr genauso umkommen.«

Gleichnis vom Feigenbaum

⁶Dann erzählte Jesus folgendes Gleichnis: »Ein Mann pflanzte in seinem Garten einen Feigenbaum und kam von Zeit zu Zeit nachsehen, ob er schon Früchte trug, aber er wurde jedes Mal enttäuscht. ⁷Schließlich sagte er zu seinem Gärtner: ›Ich habe jetzt drei Jahre gewartet und noch keine einzige Feige gesehen! Fälle den Baum. Er beansprucht nur noch unnötig den Boden.‹

⁸Der Gärtner erwiderte: ›Gib ihm noch ein Jahr Zeit. Ich werde ihn besonders pflegen und kräftig düngen. ⁹Wenn wir dann im nächsten Jahr Feigen ernten, gut. Wenn nicht, kannst du ihn fällen.‹«

Jesus heilt am Sabbat

¹⁰Als Jesus einmal an einem Sabbat in der Synagoge lehrte, ¹¹sah er eine Frau, die durch einen bösen Geist verkrüppelt war. Seit achtzehn Jahren war sie verkrümmt und konnte nicht gerade stehen. ¹²Als Jesus sie sah, rief er sie zu sich und sagte: »Frau, du bist von deiner Krankheit erlöst!« ¹³Dann berührte er sie, und sofort konnte sie sich aufrichten. Da lobte sie Gott und dankte ihm!

¹⁴Der Synagogenvorsteher war jedoch empört darüber, dass Jesus die Frau an einem Sabbat geheilt hatte. »Die Woche hat sechs Tage, an denen man arbeiten kann«, sagte er zu den Versammelten: »Kommt an diesen Tagen, um euch heilen zu lassen, aber nicht am Sabbat.«

¹⁵Doch der Herr sagte: »Ihr Heuchler! Arbeitet ihr nicht auch am Sabbat, wenn ihr euren Ochsen oder Esel im Stall losbindet und zur Tränke hinausführt? ¹⁶War es denn nicht genauso dringend, dass ich diese gute Frau* – auch wenn gerade Sabbat ist – von der Fessel befreite, in der der Satan sie seit achtzehn Jahren gefangen hielt?« ¹⁷Damit beschämte er seine Feinde. Und alle anderen freuten sich über die wunderbaren Dinge, die er tat.

Das Gleichnis vom Senfkorn

V. 18-21: Matthäus 13,31-33; Markus 4,30-34

¹⁸Dann sagte Jesus: »Wie ist das Reich Gottes? Wie kann ich es beschreiben? ¹⁹Es gleicht einem winzigen Senfkorn, das in einem Garten gepflanzt wird. Es wächst zu einem Baum heran, und die Vögel kommen und finden Schutz in seinen Zweigen.«

Das Gleichnis vom Sauerteig

²⁰Er fragte weiter: »Wie kann ich das Reich Gottes noch beschreiben? ²¹Es ist wie Sauerteig, den eine Frau zum Brotbacken verwendet. Auch wenn sie eine große Menge* Mehl benutzt, durchdringt der Sauerteig den ganzen Teig.«

Die enge Tür

²²Jesus zog auf dem Weg nach Jerusalem durch die Städte und Dörfer und lehrte. ²³Jemand fragte ihn: »Herr, werden nur wenige errettet werden?«

Er erwiderte: ²⁴»Die Tür zum Himmel ist eng. Bemüht euch hineinzukommen, denn viele werden es versuchen, ²⁵doch wenn der Hausherr die Tür verschlossen hat, wird es zu spät sein. Dann werdet ihr draußen stehen, klopfen und bitten: ›Herr, öffne uns!‹ Doch er wird entgegnen: ›Ich kenne euch nicht.‹ ²⁶Ihr werdet sagen: ›Aber wir haben doch mit dir gegessen und getrunken, und du hast in unseren Straßen gelehrt.‹ ²⁷Da wird er entgegnen: ›Ich sage euch: Ich kenne euch nicht. Fort mit euch, die ihr böse und ungerechte Dinge tut.‹

²⁸Dann wird lautes Weinen und Zähneknirschen ertönen, denn ihr werdet Abraham, Isaak, Jakob und die Propheten im Reich Gottes sehen, ihr aber werdet hinausgeworfen. ²⁹Dann werden Menschen aus der ganzen Welt kommen und ihre Plätze im Reich Gottes einnehmen. ³⁰Und macht euch eines klar: Manche, die jetzt gering geachtet sind, werden dann geehrt sein; und

---

13,16 Griech. *diese Frau, eine Tochter Abrahams.*   **13,21** Griech. *drei Maß.*

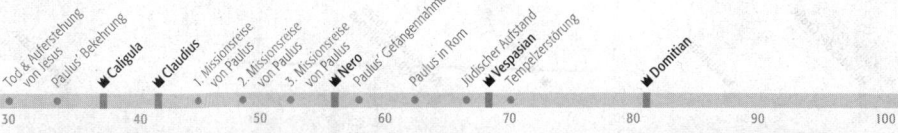

LUKAS

1–2	Die Geburt von Jesus und ihre Vorgeschichte
3,1–4,13	Vorbereitungszeit
4,14–9,50	Jesus in Galiläa
9,51–19,27	Auf dem Weg nach Jerusalem
19,28–21,38	Jesus in Jerusalem
22–24	Leiden, Tod und Auferstehung

13–15
Jesus weint über Jerusalem. Heilung am Sabbat. Gleichnisse von der Demut und vom großen Fest. Jesus spricht über Nachfolge. Das verlorene Schaf.

[Gottes Königsherrschaft und der Messias]

andere, die jetzt geehrt werden, werden dann gering geachtet sein.*«

Jesus trauert über Jerusalem
Vgl. Matthäus 23,37-39

³¹Etwas später sagten ein paar Pharisäer zu ihm: »Geh lieber fort von hier, wenn du am Leben bleiben willst. Herodes Antipas will dich umbringen!«

³²Jesus erwiderte: »Geht und sagt diesem Fuchs, dass ich heute und morgen weiter Dämonen austreiben und Menschen gesund machen werde; und am dritten Tag wird mein Werk vollendet. ³³Ja, heute, morgen und auch am Tag darauf muss ich meinen Weg gehen. Denn es ist nicht möglich, dass ein Prophet Gottes woanders als in Jerusalem getötet wird!

³⁴Jerusalem, Jerusalem, du Stadt, die Propheten tötet und die Boten Gottes steinigt! Wie oft wollte ich deine Kinder sammeln, wie eine Henne ihre Küken unter ihren Flügeln birgt, aber du wolltest es nicht zulassen. ³⁵Und nun sieh doch: Dein Haus wird veröden. Und du wirst mich nicht wieder sehen, bis du selbst rufst: ›Gepriesen sei, der da kommt im Namen des Herrn!‹*«

Jesus heilt am Sabbat

14 An einem Sabbat war Jesus im Haus eines hochrangigen Pharisäers. Die Leute beobachteten ihn genau. ²Es befand sich dort ein Mann, dessen Gliedmaßen geschwollen waren*. ³Jesus fragte die Pharisäer und Gesetzeskenner: »Ist es nun nach dem Gesetz erlaubt, Menschen am Sabbat zu heilen, oder nicht?« ⁴Als sie nicht antworten wollten, berührte Jesus den kranken Mann, heilte ihn und schickte ihn fort. ⁵Dann wandte er sich an sie und fragte: »Wer von euch würde am Sabbat nicht arbeiten, wenn es nötig ist? Wenn euer Sohn* oder euer Ochse in einen Graben fällt, geht ihr dann nicht sofort hin und zieht ihn heraus?« ⁶Und wieder wussten sie keine Antwort.

Von der Demut

⁷Als Jesus sah, dass alle, die zum Essen gekommen waren, sich einen Platz am oberen Ende des Tischs aussuchten, sagte er zu ihnen: ⁸»Wenn du zu einem Hochzeitsfest eingeladen bist, strebe nicht nach dem besten Platz. Denn was ist, wenn jemand eingeladen wurde, der an-

---

13,30 Griech. *Einige sind Letzte, die Erste sein werden, und einige sind Erste, die Letzte sein werden.* **13,35** Psalm 118,26. **14,2** Normalerweise übersetzt mit *der wassersüchtig war.* **14,5** In manchen Handschriften heißt es *euer Esel.*

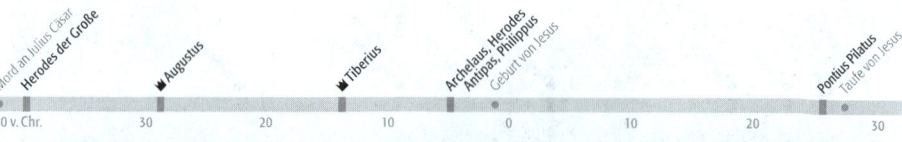

gesehener ist als du? ⁹Der Gastgeber wird sagen: ›Lass diesen Mann hier Platz nehmen.‹ Und dann musst du beschämt aufstehen und zum letzten Platz gehen, der übrig geblieben ist!

¹⁰Setz dich stattdessen zunächst ans untere Tischende. Wenn dein Gastgeber dich dann sieht, wird er kommen und sagen: ›Freund, wir haben aber einen besseren Platz für dich!‹ So wirst du vor allen anderen Gästen geehrt werden.

¹¹Denn die Stolzen werden gedemütigt, die Demütigen aber geehrt werden.«

¹²Dann wandte er sich an seinen Gastgeber: »Wenn du mittags oder abends Gäste zum Essen einlädst, dann lade nicht deine Freunde, Brüder, Verwandten oder reichen Nachbarn ein. Denn sie werden es dir vergelten, indem sie dich ebenfalls einladen. ¹³Lade vielmehr die Armen, die Krüppel, die Gelähmten und die Blinden ein. ¹⁴Bei der Auferstehung der Gottesfürchtigen wird Gott dich belohnen, weil du Menschen eingeladen hast, die es dir nicht vergelten konnten.«

Das Gleichnis vom großen Fest
Vgl. Matthäus 22,2-10

¹⁵Als ein Mann, der mit Jesus am Tisch saß, das hörte, rief er aus: »Gesegnet sind die, die am Festessen im Reich Gottes teilnehmen!«

¹⁶Jesus antwortete ihm mit folgendem Gleichnis: »Ein Mann bereitete ein großes Fest vor und verschickte viele Einladungen. ¹⁷Als alles vorbereitet war, sandte er seinen Diener aus, der den Gästen sagen sollte, dass es Zeit war, zum Fest zu kommen. ¹⁸Aber sie fingen alle an, Entschuldigungen vorzubringen. Einer sagte, er habe gerade ein Feld gekauft und wolle es nun begutachten; er bat, ihn deshalb zu entschuldigen. ¹⁹Ein anderer erklärte, dass er gerade fünf Paar Ochsen gekauft habe und sie prüfen wolle. ²⁰Wieder ein anderer hatte gerade geheiratet und meinte, er könne deshalb nicht kommen.

²¹Der Diener kam zurück und berichtete seinem Herrn, was sie gesagt hatten. Da wurde der Herr zornig und sagte: ›Geh hinaus auf die Straßen und Wege der Stadt und lade die Armen, die Krüppel, die Lahmen und die Blinden ein.‹ ²²Der Diener tat, was ihm aufgetragen worden war, und berichtete dann: ›Wir haben noch Platz für weitere Gäste.‹ ²³Da sagte sein Herr: ›Geh hinaus auf die Landstraßen und hinter die Hecken und bitte jeden, den du findest, zu kommen, damit das Haus voll wird. ²⁴Denn keiner von denen, die ich zuerst eingeladen habe, soll auch nur das Geringste von dem bekommen, was ich für sie vorbereitet hatte.‹«

Der Preis der Nachfolge

²⁵Eine große Menschenmenge begleitete Jesus. Er wandte sich um und sagte zu ihnen: ²⁶»Wer mir nachfolgen will, muss mich mehr lieben als* Vater und Mutter, Frau und Kinder, Brüder und Schwestern – ja, mehr als sein Leben. Sonst kann er nicht mein Jünger sein. ²⁷Und ihr könnt auch nicht meine Jünger sein, wenn ihr nicht euer Kreuz auf euch nehmt und mir nachfolgt.

²⁸Aber kommt nicht, ehe ihr nicht die Kosten berechnet habt. Denn wer würde mit dem Bau eines Hauses beginnen, ohne zuvor die Kosten zu überschlagen und zu prüfen, ob das Geld reicht, um alle Rechnungen zu bezahlen? ²⁹Sonst stellt er vielleicht das Fundament fertig, und dann geht ihm das Geld aus. Wie würden ihn da alle auslachen! ³⁰Sie würden sagen: ›Das ist der, der mit dem Bau eines Hauses angefangen hat und dann nicht genug Geld hatte, es fertigzustellen!‹

³¹Oder welcher König käme je auf den Gedanken, in den Krieg zu ziehen, ohne sich zuvor mit seinen Beratern zusammenzusetzen und zu erörtern, ob seine Armee von zehntausend Soldaten stark genug ist, die zwanzigtausend Soldaten zu besiegen, die gegen ihn aufmarschieren? ³²Wenn er dazu nicht in der Lage ist, wird er dem Feind, wenn dieser noch weit weg ist, Unterhändler entgegenschicken und versuchen, einen Frieden auszuhandeln. ³³Genauso kann auch niemand mein Jünger sein, ohne alles für mich aufzugeben.

³⁴Salz ist gut zum Würzen. Aber wie macht man es wieder salzig, wenn es seine Würzkraft verliert? ³⁵Geschmackloses Salz eignet sich weder für den Boden noch als Dünger. Es wird weggeworfen. Wer bereit ist zu hören, soll zuhören und begreifen!«

Das Gleichnis vom verlorenen Schaf
Vgl. Matthäus 18,11-13

15 Oft kamen Steuereintreiber und andere, die als Sünder galten, um Jesus lehren zu hören. ²Die Pharisäer und Schriftgelehrten nahmen Anstoß daran, dass er sich mit so verrufenen Leuten abgab und sogar mit ihnen aß!

³Deshalb erzählte Jesus ihnen folgendes Gleichnis: ⁴»Wenn jemand hundert Schafe hätte, und eines würde weglaufen und sich in der Wüste verirren, würde er dann nicht die neunundneunzig Schafe zurücklassen, um das verlorene zu suchen, bis er es wiedergefunden hätte? ⁵Und dann würde er es voller Freude auf seinen

---

14,26 Griech. *muss seinen eigenen Vater ... hassen.*

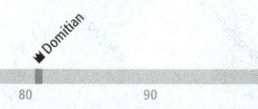

LUKAS

1–2	Die Geburt von Jesus und ihre Vorgeschichte
3,1–4,13	Vorbereitungszeit
4,14–9,50	Jesus in Galiläa
9,51–19,27	Auf dem Weg nach Jerusalem
19,28–21,38	Jesus in Jerusalem
22–24	Leiden, Tod und Auferstehung

15–16

Gleichnisse: Verlorene Münze, der Vater und seine zwei Söhne, unehrlicher Verwalter.

[Gottes Königsherrschaft und der Messias]

Schultern nach Hause tragen. ⁶Wieder daheim, würde er alle Freunde und Nachbarn zusammenrufen, damit sie sich mit ihm darüber freuen, dass er sein verlorenes Schaf wiedergefunden hat. ⁷Genauso ist im Himmel die Freude über einen verlorenen Sünder, der zu Gott zurückkehrt, größer als über neunundneunzig andere, die gerecht sind und gar nicht erst vom Weg abirrten!

Das Gleichnis von der verlorenen Münze

⁸Oder nehmt einmal an, eine Frau hätte zehn Drachmen* und würde eine verlieren. Würde sie nicht eine Lampe anzünden und das ganze Haus auf den Kopf stellen, bis sie sie gefunden hätte? ⁹Und wenn sie sie gefunden hätte, würde sie nicht ihre Freundinnen und Nachbarinnen rufen, damit sie sich mit ihr freuen, dass sie ihre verlorene Münze wiedergefunden hat? ¹⁰Genauso herrscht Freude bei den Engeln Gottes, wenn auch nur ein einziger Sünder bereut und auf seinem Weg umkehrt.«

Das Gleichnis vom verlorenen Sohn

¹¹Und Jesus erzählte ihnen auch folgendes Gleichnis:»Ein Mann hatte zwei Söhne. ¹²Der jüngere Sohn sagte zu seinem Vater:›Ich möchte mein Erbteil von deinem Besitz schon jetzt haben.‹ Da erklärte der Vater sich bereit, seinen Besitz zwischen seinen Söhnen aufzuteilen.

¹³Einige Tage später packte der jüngere Sohn seine Sachen und ging auf Reisen in ein fernes Land, wo er sein ganzes Geld verprasste. ¹⁴Etwa um die Zeit, als ihm das Geld ausging, brach in jenem Land eine große Hungersnot aus, und er hatte nicht genug zu essen. ¹⁵Da überredete er einen Bauern, ihm Arbeit zu geben, und er durfte seine Schweine hüten. ¹⁶Der junge Mann war so hungrig, dass er die Schoten, die er an die Schweine verfütterte, am liebsten selbst gegessen hätte. Aber niemand gab ihm etwas.

¹⁷Schließlich überlegte er und sagte sich: ›Daheim haben die Tagelöhner mehr als genug zu essen, und ich sterbe hier vor Hunger! ¹⁸Ich will zu meinem Vater nach Hause gehen und sagen: Vater, ich habe gesündigt, gegen den Himmel und auch gegen dich, ¹⁹und ich bin es nicht mehr wert, dein Sohn zu heißen. Bitte stell mich als einen deiner Tagelöhner ein.‹

²⁰So kehrte er zu seinem Vater nach Hause zurück. Er war noch weit entfernt, als sein Vater ihn kommen sah. Voller Liebe und Mitleid lief er seinem Sohn entgegen, schloss ihn in die Arme und küsste ihn. ²¹Sein Sohn sagte zu ihm: ›Vater, ich habe gesündigt, gegen den Himmel

---

15,8 Eine Drachme entsprach etwa einem vollen Tagelohn.

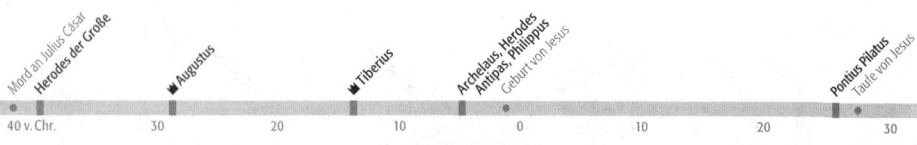

und auch gegen dich, und bin es nicht mehr wert, dein Sohn zu heißen.*‹

²²Aber sein Vater sagte zu den Dienern: ›Schnell! Bringt die besten Kleider im Haus und zieht sie ihm an. Holt einen Ring für seinen Finger und Sandalen für seine Füße. ²³Und schlachtet das Kalb, das wir im Stall gemästet haben, ²⁴denn mein Sohn hier war tot und ist ins Leben zurückgekehrt. Er war verloren, aber nun ist er wiedergefunden.‹ Und ein Freudenfest begann.

²⁵Währenddessen war der ältere Sohn draußen auf den Feldern und arbeitete. Als er heimkam, hörte er Musik und Tanz im Haus ²⁶und fragte einen der Diener, was da los sei. ²⁷›Dein Bruder ist wieder da‹, erfuhr er, ›und dein Vater hat das Kalb geschlachtet, das wir gemästet hatten, und gibt nun ein großes Fest. Wir feiern, dass er wohlbehalten zurückgekehrt ist.‹

²⁸Da wurde der ältere Bruder zornig und wollte nicht ins Haus gehen. Sein Vater kam heraus und redete ihm zu, ²⁹aber er sagte: ›All die Jahre habe ich schwer für dich gearbeitet und dir nicht ein einziges Mal widersprochen, wenn du mir etwas aufgetragen hast. Und in dieser ganzen Zeit hast du mir nicht einmal eine junge Ziege gegeben, um mit meinen Freunden ein Fest zu feiern. ³⁰Doch jetzt, wenn dein Sohn daherkommt, nachdem er dein Geld mit Huren durchgebracht hat, feierst du und schlachtest unser bestes Kalb.‹

³¹Sein Vater sagte zu ihm: ›Sieh, mein lieber Sohn, du und ich, wir stehen uns sehr nahe, und alles, was ich habe, gehört dir. ³²Wir mussten diesen Freudentag feiern, denn dein Bruder war tot und ist ins Leben zurückgekehrt! Er war verloren, aber jetzt ist er wiedergefunden!‹«

Das Gleichnis vom unehrlichen Verwalter

16 Jesus erzählte seinen Jüngern folgendes Gleichnis: »Ein reicher Mann stellte einen Verwalter ein, der ihm die Geschäfte führen sollte, aber schon bald kam ihm zu Ohren, dass der Verwalter ein Betrüger war. ²Da rief er ihn zu sich und sagte zu ihm: ›Was höre ich da? Du hast mich bestohlen? Mach deinen Bericht fertig, denn ich werde dich entlassen.‹

³Der Verwalter dachte sich: ›Was soll ich nun tun? Hier kann ich nicht mehr arbeiten. Um Gräben zu schaufeln fehlt mir die Kraft. Und zum Betteln bin ich zu stolz. ⁴Ich weiß, was ich tun muss, damit ich viele Freunde haben werde, die sich um mich kümmern, wenn ich hier fort muss!‹

⁵Und er rief alle zu sich, die seinem Herrn Geld schuldeten, um ihre Lage mit ihm zu besprechen. Den Ersten fragte er: ›Wie viel schuldest du ihm?‹ ⁶Der Mann antwortete: ›Ich schulde ihm hundert Fässer Olivenöl.‹ Da sagte der Verwalter: ›Zerreiß den Schuldschein und schreibe einen neuen über fünfzig Fässer.*‹

⁷›Und wie viel schuldest du meinem Herrn?‹, fragte er den Nächsten. ›Hundert Sack Weizen‹, lautete die Antwort. ›Hier‹, sagte der Verwalter, ›nimm deine Rechnung und ersetze sie durch eine andere über achtzig Sack.*‹

⁸Der reiche Mann konnte den unehrlichen Verwalter für seine Klugheit nur bewundern; denn die Menschen dieser Welt sind tatsächlich klüger als die Gottesfürchtigen. ⁹Ich sage euch: Nutzt euren weltlichen Besitz* zum Wohl anderer und macht euch damit Freunde. Auf diese Weise sammelt ihr euch mit eurer Großzügigkeit Lohn im Himmel an.*

¹⁰Wer in kleinen Dingen treu ist, wird auch in großen treu sein. Und wer schon in geringen Angelegenheiten betrügt, wird auch bei größerer Verantwortung nicht ehrlich sein. ¹¹Wenn ihr bei weltlichem Besitz nicht vertrauenswürdig seid, wer wird euch die wahren Reichtümer des Himmels verwalten lassen? ¹²Und wenn ihr mit dem Geld anderer Leute nicht treu seid, warum sollte man euch eigenes Geld anvertrauen?

¹³Niemand kann zwei Herren dienen. Denn man wird immer den einen hassen und den anderen lieben oder dem einen gehorchen, den anderen aber verachten. Ihr könnt nicht Gott und dem Geld zugleich dienen.«

¹⁴Die Pharisäer, die sehr an ihrem Geld hingen, spotteten über Jesus, als sie das hörten. ¹⁵Da sagte er zu ihnen: »In der Öffentlichkeit wollt ihr gut dastehen, aber Gott kennt eure bösen Herzen. Was in dieser Welt hoch angesehen wird, ist in Gottes Augen ein Gräuel.

¹⁶Bis Johannes der Täufer zu predigen begann, hörtet ihr auf das Gesetz Moses und die Propheten. Nun wird die Botschaft vom Reich Gottes verkündet, und die Menschen drängen sich mit Gewalt hinein. ¹⁷Doch das bedeutet nicht, dass das Gesetz seine Gültigkeit auch nur im geringsten verloren hätte. Es ist stärker und dauerhafter als Himmel und Erde.*

¹⁸Wer sich von seiner Frau scheiden lässt und eine andere heiratet, begeht Ehebruch, und wer

---

15,21 Manche Handschriften fügen hinzu *Bitte stell mich als einen deiner Tagelöhner ein.* **16,6** Griech. *100 bat ... 50 [bat]*; ein Bat umfasste etwa 36 Liter. **16,7** Griech.: *100 kor ... 80 kor*; ein Kor umfasste zehn Bat, also etwa 360 Liter. **16,9a** Wörtlich *den ungerechten Mammon.* **16,9b** O. *Wenn er euch dann am Ende dieses Lebens ausgeht, werden eure Freunde euch in den ewigen Wohnstätten willkommen heißen.* **16,17** Griech. *Eher werden Himmel und Erde vergehen, als dass auch nur der kleinste Strich des Gesetzes vergeht.*

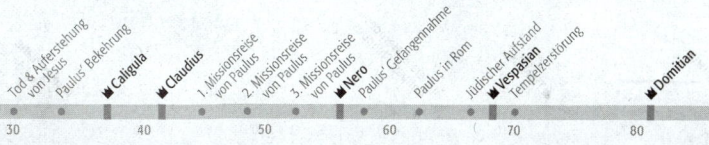

LUKAS

1–2	Die Geburt von Jesus und ihre Vorgeschichte
3,1–4,13	Vorbereitungszeit
4,14–9,50	Jesus in Galiläa
9,51–19,27	Auf dem Weg nach Jerusalem
19,28–21,38	Jesus in Jerusalem
22–24	Leiden, Tod und Auferstehung

16–17
Der reiche Mann und der arme Lazarus. Heilung von zehn Leprakranken. Jesus spricht über Vergebung, Nachfolge und die Zukunft der Welt.

[Gottes Königsherrschaft und der Messias]

eine geschiedene Frau heiratet, begeht ebenfalls Ehebruch.«

Der reiche Mann und Lazarus
¹⁹Jesus sagte: »Es war einmal ein reicher Mann, der prachtvoll gekleidet war und jeden Tag im Luxus lebte. ²⁰Vor seiner Tür lag ein kranker Bettler namens Lazarus, ²¹der sich nach den Abfällen vom Tisch des Reichen sehnte. Um ihn herum strichen die Hunde und leckten seine Geschwüre. ²²Schließlich starb der Bettler und wurde von den Engeln zu Abraham* getragen. Auch der reiche Mann starb und wurde begraben, ²³und seine Seele kam ins Totenreich*. Während er dort Qualen litt, sah er in großer Entfernung Lazarus bei Abraham.

²⁴Der reiche Mann rief: ›Vater Abraham, hab Mitleid mit mir! Schicke mir Lazarus, damit er seine Fingerspitze in Wasser taucht und mir die Zunge kühlt, denn ich leide entsetzliche Qualen in diesen Flammen.‹

²⁵Doch Abraham sagte zu ihm: ›Sohn, erinnere dich, dass du in deinem Leben alles hattest, was du wolltest, während Lazarus nichts hatte. So wird er jetzt hier getröstet, und du leidest. ²⁶Außerdem trennt uns eine tiefe Kluft voneinander. Wer von hier zu euch gelangen will, wird durch diesen Abgrund daran gehindert, und ebenso kann von euch niemand hier herüberkommen.‹

16,22 Griech. *in Abrahams Schoß*. 16,23 Griech. *in den Hades*.

Lukas 17,11-19

Die Antwort des Menschen
Dieser Bericht zeigt einen Samariter als Vorbild (siehe auch 10,33-35). Er ist ein Aussätziger (siehe die Erklärung zu Mk 1,23-26), der zusammen mit neun anderen Menschen von Jesus geheilt wurde. Nur dieser Fremde jedoch kommt zurück, um sich bei Jesus zu bedanken. Er stellt hier für alle Menschen ein Vorbild eines dankbaren Menschen dar. Dabei sind sowohl seine Worte als auch seine Körperhaltung von Bedeutung. »Dank sei Gott, ich bin geheilt!‹ Und er fiel vor Jesus nieder und dankte ihm« (V. 15-16). Dem Geheilten ist klar, dass der Dank Gott gehört. Und er spricht diesen Dank zu den Füßen von Jesus aus. Dort ist der Ort, wo Gottes heilende Kraft wirksam ist. Dort ist der Ort, an dem ein Mensch in Kontakt mit Gott tritt. Dort ist der Ort, an dem Gott die Ehre gegeben werden soll. Dieser Samariter erkennt, dass in Jesus der wahre Gott sichtbar geworden ist. Er begreift, dass die Erlösung wirklich von den Juden kommt (Joh 4,22), aber dass sie jetzt allen Menschen gilt.
(Matthäus 4,4 ‹‹ | »› Johannes 20,26-29)

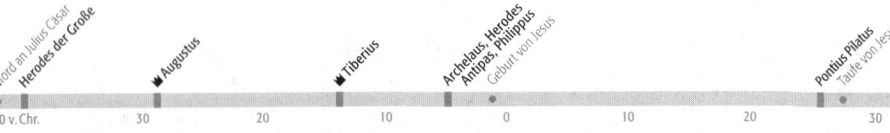

²⁷Daraufhin sagte der reiche Mann: ›Bitte, Vater Abraham, schicke Lazarus zum Haus meines Vaters. ²⁸Denn ich habe fünf Brüder und möchte sie vor diesem Ort der Qual warnen, damit sie nicht hierher kommen müssen, wenn sie sterben.‹

²⁹Doch Abraham sagte: ›Mose und die Propheten haben sie gewarnt. Deine Brüder können jederzeit auf sie hören, wenn sie es wollen.‹

³⁰Der reiche Mann erwiderte: ›Nein, Vater Abraham! Wenn aber einer von den Toten zu ihnen geschickt wird, dann werden sie umkehren und sich von ihren Sünden abwenden.‹

³¹Doch Abraham sagte: ›Wenn sie nicht auf Mose und die Propheten hören, dann werden sie sich auch nicht überzeugen lassen, wenn einer von den Toten aufersteht.‹«

Lehren über Vergebung und Glauben

17 Eines Tages sagte Jesus zu seinen Jüngern: »Es wird immer Versuchungen geben, die zum Bösen verführen, doch wie schlimm wird es erst dem Menschen ergehen, der andere zur Sünde verleitet. ²Es wäre besser, mit einem großen Mühlstein um den Hals ins Meer geworfen zu werden, als die Strafe dafür erleiden zu müssen, dass man einem dieser Kleinen Schaden zugefügt hat. ³Ich warne euch! Wenn dein Bruder sündigt, dann ermahne ihn, und wenn er Reue zeigt und von seinem Weg umkehrt, vergib ihm. ⁴Und wenn er dir sieben Mal am Tag Unrecht tut und jedes Mal umkehrt und um Vergebung bittet, vergib ihm.«

⁵Eines Tages sagten die Apostel zum Herrn: »Stärke unseren Glauben.«

⁶»Wenn euer Glaube nur so klein wäre wie ein Senfkorn«, antwortete der Herr, »könntet ihr zu diesem Maulbeerfeigenbaum sagen: ›Du sollst dich entwurzeln und ins Meer werfen‹, und er würde euch gehorchen!

⁷Wenn ein Knecht vom Pflügen oder Schafehüten zurückkommt, setzt er sich nicht einfach hin und isst. ⁸Zuerst muss er seinem Herrn das Abendessen zubereiten und ihn bedienen, bevor er sein eigenes Abendbrot verzehrt. ⁹Und der Knecht hat dafür noch nicht einmal Dank zu erwarten, denn er tut nur seine Pflicht. ¹⁰Wenn ihr mir gehorcht, sollt auch ihr sagen: ›Wir haben keine besondere Anerkennung verdient. Wir sind Diener und haben nur unsere Pflicht getan.‹«

Zehn Leprakranke werden geheilt

¹¹Auf seinem Weg nach Jerusalem gelangte Jesus an die Grenze zwischen Galiläa und Samaria. ¹²Als er dort in ein Dorf kam, standen in einiger Entfernung zehn Aussätzige ¹³und riefen: »Jesus, Meister, hab Mitleid mit uns!«

¹⁴Er sah sie an und sagte: »Geht und zeigt euch den Priestern.« Und während sie gingen, verschwand ihr Aussatz.

¹⁵Einer von ihnen kam, als er es merkte, zu Jesus zurück und rief: »Dank sei Gott, ich bin geheilt!« ¹⁶Und er fiel vor Jesus nieder und dankte ihm. Dieser Mann war ein Samariter.

¹⁷Jesus fragte: »Sind nicht zehn Menschen geheilt worden? Wo sind die anderen neun? ¹⁸Kehrt nur dieser Fremde zurück, um Gott die Ehre zu geben?« ¹⁹Und er sagte zu dem Mann: »Steh auf und geh. Dein Glaube hat dich gerettet.«

Das Kommen des Reiches Gottes

V. 22-36: vgl. Matthäus 24,17-18.23-28.37-41

²⁰Eines Tages fragten die Pharisäer Jesus: »Wann wird das Reich Gottes kommen?«

Jesus erwiderte: »Das Reich Gottes wird nicht durch sichtbare Zeichen angekündigt*. ²¹Ihr werdet nicht sagen können: ›Hier ist es!‹, oder: ›Es ist dort drüben!‹ Denn das Reich Gottes ist mitten unter euch*.«

²²Später sprach er mit seinen Jüngern noch einmal darüber. »Es kommt die Zeit, da werdet ihr euch danach sehnen, den Menschensohn auch nur einen Tag bei euch zu haben, aber es wird euch nicht möglich sein. ²³Man wird euch berichten, der Menschensohn sei zurückgekehrt und halte sich hier oder dort auf. Glaubt solchen Berichten nicht und sucht auch nicht nach ihm. ²⁴Denn wenn der Menschensohn wiederkommt, wird es so offensichtlich sein wie ein Blitz, der den Himmel von einem Ende bis zum anderen erhellt. ²⁵Doch zuerst muss der Menschensohn vieles erleiden und von dieser Generation abgelehnt werden.

²⁶Wenn der Menschensohn wiederkommt, wird es in der Welt zugehen wie zur Zeit Noahs. ²⁷In jener Zeit vor der Flut feierten die Menschen Feste und Hochzeiten bis zu dem Augenblick, als Noah in sein Schiff stieg und die Flut kam und sie alle verschlang.

²⁸Und es wird in der Welt zugehen wie zur Zeit Lots. Die Menschen gingen alltäglichen Dingen nach – sie aßen und tranken, kauften und verkauften, pflanzten und bauten –, ²⁹bis zu dem

---

17,20 O. *durch eure Spekulationen* oder *so, dass man es beobachten könnte.*   17,21 O. *in euch.*

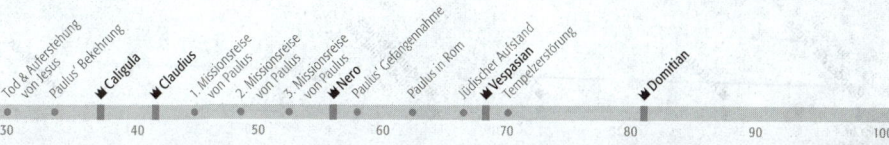

LUKAS

1–2	Die Geburt von Jesus und ihre Vorgeschichte
3,1–4,13	Vorbereitungszeit
4,14–9,50	Jesus in Galiläa
9,51–19,27	Auf dem Weg nach Jerusalem
19,28–21,38	Jesus in Jerusalem
22–24	Leiden, Tod und Auferstehung

17–18
Gleichnisse: Die Witwe und der Richter, vom Zöllner und Pharisäer. Kindersegnung. Der Reiche und das Reich Gottes.

[Gottes Königsherrschaft und der Messias]

Morgen, an dem Lot Sodom verließ. Da regnete es Feuer und Schwefel vom Himmel, und alle in der Stadt kamen um. ³⁰Genauso wird es sein an dem Tag, an dem der Menschensohn wiederkommt*. ³¹Wer sich an diesem Tag außerhalb des Hauses* befindet, darf nicht mehr ins Haus gehen, um zu packen. Wer auf dem Feld ist, darf nicht in die Stadt zurückkehren. ³²Denkt daran, was mit Lots Frau geschah! ³³Wer sich an dieses Leben klammert, wird es verlieren, und wer dieses Leben verliert, wird sein Leben retten. ³⁴In jener Nacht werden zwei Menschen in einem Bett schlafen; der eine wird weggenommen, der andere wird zurückbleiben. ³⁵Zwei Frauen werden in der Mühle zusammen mahlen; die eine wird weggenommen, die andere wird zurückbleiben.*«

³⁷»Herr, wo wird das geschehen?«, fragten die Jünger.

Jesus erwiderte: »Wenn die Geier sich sammeln, weiß man, dass ein verendetes Tier in der Nähe liegt. So deuten auch diese Zeichen an, dass das Ende nahe ist.*«

17,30 O. *bis zu dem Tag, an dem sich der Menschensohn offenbart.* 17,31 Griech. *auf dem Dach.* 17,35 In manchen Handschriften folgt Vers 36: *Zwei Männer werden auf dem Feld arbeiten; der eine wird weggenommen, der andere dagegen zurückgelassen werden.* 17,37 Griech. *Wo Aas liegt, da sammeln sich die Geier.*

Lukas 17,32-33

Gottes Liebe, Gottes Zorn
Die Menschen um Jesus wussten, wer die Frau Lots war und was mit ihr geschah: Nachdem Gott seine Engel gesandt hatte, um Lot und seine Familie vor der bevorstehenden Zerstörung aus der Stadt Sodom zu retten, blickte Lots Frau trotz des Verbots Gottes zur Stadt zurück und erstarrte zur Salzsäule. Es scheint fast so, als wollte sie lieber ihr Leben riskieren als Gottes Rettung zu empfangen (siehe 1Mo 19).
Jesus nutzt diese biblische Erzählung, um die Menschen zu warnen. Eines Tages steht das Gericht Gottes an, nicht nur über böse Städte wie Sodom und Gomorra, sondern auch über die ganze Erde. Wenn dieser Gerichtstag kommt, wird Gott darauf schauen, ob jemand ihm bedingungslos vertraut und in ihm die Errettung gefunden hat oder wie Lots Frau auf das Vergehende zurückblickt (1Mo 19,26). Wer Jesus nachfolgen will, hat immer Jesus im Blick. »Wer sein Leben retten will, wird es verlieren, und wer es verliert, wird es retten« (V. 33).
(Markus 9,47-48 ‹‹‹ | ››› Matthäus 13,47-50)

Das Gleichnis von der hartnäckigen Witwe

18 Eines Tages zeigte Jesus seinen Jüngern durch ein Gleichnis, wie wichtig es ist, beständig zu beten und nicht aufzugeben. ²»In einer Stadt lebte ein Richter«, sagte er. »Es war ein harter, gottloser Mann, der den Menschen mit Verachtung begegnete. ³Eine Witwe aus der Stadt sprach immer wieder bei ihm vor und forderte ihr Recht gegenüber jemandem, der ihr Unrecht getan hatte. ⁴Der Richter ging eine Weile über ihre Klagen hinweg, doch irgendwann wurde er ihrer müde. ›Ich fürchte weder Gott noch Menschen‹, dachte er, ⁵›aber diese Frau raubt mir den Verstand. Ich will zusehen, dass sie ihr Recht bekommt, damit sie mich mit ihren ständigen Anträgen verschont.*‹«

⁶Und der Herr sagte: »Aus dem Handeln dieses ungerechten Richters sollt ihr etwas lernen: ⁷Wenn selbst er schließlich ein gerechtes Urteil fällte – wird Gott da nicht seinen Auserwählten, die ihn Tag und Nacht anflehen, ihr Recht verschaffen? Wird er sie vertrösten? ⁸Ich sage euch, er wird ihnen Recht verschaffen, und zwar schnell! Doch wenn der Menschensohn wiederkommt, wie viele wird er dann vorfinden, die solch einen Glauben haben?«

Das Gleichnis vom Pharisäer und dem Steuereintreiber

⁹Dann erzählte Jesus ein paar Leuten, die sehr selbstgerecht waren und alle anderen mit Geringschätzung behandelten, folgendes Gleichnis: ¹⁰»Zwei Männer gingen in den Tempel, um zu beten. Der eine war ein Pharisäer, der andere ein Steuereintreiber. ¹¹Der stolze Pharisäer stand da und betete: ›Ich danke dir, Gott, dass ich kein Sünder bin wie die anderen Menschen, wie die Räuber und die Ungerechten, die Ehebrecher oder besonders wie dieser Steuereintreiber da! Denn ich betrüge niemanden, ich begehe keinen Ehebruch, ¹²ich faste zwei Mal in der Woche und gebe dir regelmäßig den zehnten Teil von meinem Einkommen.‹

¹³Der Steuereintreiber dagegen blieb in einigem Abstand stehen und wagte nicht einmal den Blick zu heben, während er betete: ›O Gott, sei mir gnädig, denn ich bin ein Sünder.‹ ¹⁴Ich sage euch, dieser Sünder – und nicht der Pharisäer – kehrte heim als ein vor Gott Gerechtfertigter. Denn die Stolzen werden gedemütigt, die Demütigen aber werden geehrt werden.*«

Jesus segnet die Kinder
Matthäus 19,13-15; Markus 10,13-16

¹⁵Eines Tages brachten Eltern ihre kleinen Kinder zu Jesus. Er sollte ihnen die Hand auflegen und für sie beten. Doch die Jünger fuhren die Leute an, ihn nicht zu belästigen. ¹⁶Da rief Jesus die Kinder zu sich und sagte zu den Jüngern: »Lasst die Kinder doch zu mir kommen. Hindert sie nicht daran! Denn solchen gehört das Reich Gottes. ¹⁷Ich versichere euch: Wer nicht wie ein Kind glaubt, wird nicht ins Reich Gottes kommen.«

Der reiche Mann
Matthäus 19,16-30; Markus 10,17-31

¹⁸Ein führender Mann des jüdischen Volkes stellte Jesus einmal folgende Frage: »Guter Meister, was muss ich tun, um das ewige Leben zu bekommen?«

¹⁹»Warum nennst du mich gut?«, fragte Jesus ihn. »Nur Gott ist wirklich gut. ²⁰Doch du kennst die Gebote: ›Du sollst nicht die Ehe brechen. Du sollst nicht töten. Du sollst nicht stehlen. Du sollst keine Falschaussage machen. Ehre deinen Vater und deine Mutter.‹*«

²¹Der Mann erwiderte: »Seit meiner Kindheit habe ich diese Gebote alle befolgt.«

²²»Es gibt noch eines, das dir fehlt«, sagte daraufhin Jesus. »Verkaufe alles, was du hast, und gib das Geld den Armen, und du wirst einen Schatz im Himmel haben. Dann komm und folge mir nach.« ²³Als der Mann das hörte, wurde er traurig, denn er war sehr reich.

²⁴Jesus sah ihm nach, als er wegging, und sagte dann zu seinen Jüngern: »Wie schwer ist es doch für die Reichen, ins Reich Gottes zu kommen! ²⁵Eher geht ein Kamel durch ein Nadelöhr, als dass ein Reicher ins Reich Gottes kommt!«

²⁶Als die Umstehenden das hörten, sagten sie: »Wer kann denn dann überhaupt gerettet werden?«

²⁷Er antwortete: »Was menschlich gesehen unmöglich ist, ist bei Gott möglich.«

²⁸Da sagte Petrus: »Wir haben unser Zuhause verlassen und sind dir nachgefolgt.«

²⁹»Ja«, erwiderte Jesus, »und ich versichere euch: Wer Haus oder Frau oder Geschwister oder Eltern oder Kinder für das Reich Gottes aufgegeben hat, ³⁰wird es in diesem Leben vielfältig zurückbekommen und in der zukünftigen Welt das ewige Leben erhalten.«

18,5 Griech. *sonst kommt sie am Ende noch und schlägt mir ins Gesicht.* **18,14** Griech. *Denn wer sich selbst erhöht, wird erniedrigt werden; aber wer sich selbst erniedrigt, wird erhöht werden.* **18,20** 2. Mose 20,12-16; 5. Mose 5,16-20.

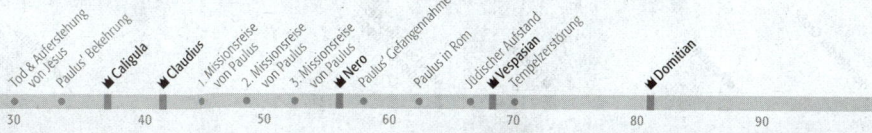

LUKAS

1–2	Die Geburt von Jesus und ihre Vorgeschichte
3,1–4,13	Vorbereitungszeit
4,14–9,50	Jesus in Galiläa
9,51–19,27	Auf dem Weg nach Jerusalem
19,28–21,38	Jesus in Jerusalem
22–24	Leiden, Tod und Auferstehung

18–19
Jesus kündigt seinen Tod an und heilt einen Blinden. Er besucht den Zöllner Zachäus. Gleichnis von den zehn Dienern. Einzug in Jerusalem.

[Gottes Königsherrschaft und der Messias]

Jesus kündigt erneut seinen Tod an
Matthäus 20,17-19; Markus 10,32-34

³¹Jesus versammelte die zwölf Jünger um sich und erklärte ihnen: »Wie ihr wisst, werden wir nach Jerusalem gehen. Dort wird sich erfüllen, was die Propheten über den Menschensohn gesagt haben. ³²Man wird ihn an die Römer ausliefern, und er wird verspottet, gedemütigt und angespuckt werden. ³³Sie werden ihn auspeitschen und töten, doch am dritten Tag wird er wieder auferstehen.«

³⁴Doch sie verstanden kein Wort. Die Bedeutung blieb ihnen verborgen, und sie begriffen nicht, wovon er sprach.

Jesus heilt einen blinden Bettler
Matthäus 20,29-34; Markus 10,46-52;
vgl. Matthäus 9,27-31; Markus 8,22-26

³⁵Kurz vor Jericho saß ein blinder Bettler am Wegrand. ³⁶Er hörte die große Menschenmenge vorüberziehen und fragte, was da los sei. ³⁷Man sagte ihm, dass Jesus von Nazareth vorübergehe. ³⁸Da fing er an zu rufen: »Jesus, Sohn Davids, hab Mitleid mir!« ³⁹Die Leute, die vor Jesus gingen, versuchten den Mann zum Schweigen zu bringen, aber er schrie nur noch lauter: »Sohn Davids, hab Mitleid mit mir!«

⁴⁰Als Jesus ihn hörte, blieb er stehen und befahl, den Mann zu ihm zu bringen. Als er sich ihm näherte, ⁴¹fragte er ihn: »Was soll ich für dich tun?«

Lukas 19,10

Gott befreit
Gott sandte Jesus, um die Menschen zu befreien – von Sünden, von Zwängen, von Krankheiten, von bösen Mächten, von Vorurteilen und Hass. Jesus kam nicht, wie viele seiner Volksgenossen erwartet hatten, um Israel von der römischen Besatzungsmacht zu befreien. Im Gegenteil: Jesus kam, um auch den Fremden und Feinden die Gnade Gottes anzubieten. In diesem Text nahm Jesus, gegen alle Erwartungen der religiösen Menschen seiner Zeit, einen Zöllner an.
Zöllner arbeiteten als Steuereinnehmer für die Besatzungsmacht und wurden aus diesem Grund abgelehnt und gehasst. Jesus hasste sie nicht und zeigte dies, als er diesen Mann nicht übersah, Tischgemeinschaft mit ihm hatte und indem er öffentlich erklärte, er sei gekommen, »um Verlorene zu suchen und zu retten«. Lukas hebt hier Menschen wie Zachäus als Vorbilder hervor, um zu zeigen, wie Menschen mit einem ehrlichen und großzügigen Leben auf die befreiende Annahme von Jesus reagieren und so auch selbst Gottes Gnade weiterschenken.
(Lukas 1,68.74-75 ‹‹‹ | ››› Markus 1,23-26)

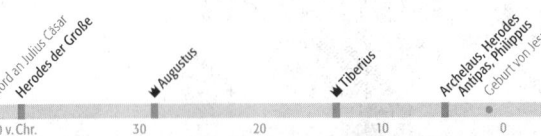

Er bat: »Herr, ich möchte sehen können!«
⁴²Da sagte Jesus: »Du sollst wieder sehen können. Dein Glaube hat dich gerettet.« ⁴³Und augenblicklich konnte der Mann sehen. Er folgte Jesus und lobte Gott. Und auch alle anderen, die es miterlebt hatten, rühmten Gott.

Jesus und Zachäus

19 Jesus kam nach Jericho und ging durch die Stadt. ²Dort lebte ein Mann namens Zachäus. Als einer der mächtigsten Steuereintreiber war er sehr reich. ³Zachäus hatte versucht, einen Blick auf Jesus zu werfen, aber er war zu klein, um über die Menge hinwegschauen zu können. ⁴Deshalb lief er voraus und kletterte auf einen Maulbeerfeigenbaum am Wegrand, um Jesus von dort aus vorübergehen zu sehen.

⁵Als Jesus kam, blickte er zu Zachäus hinauf und rief ihn beim Namen: »Zachäus!«, sagte er, »komm schnell herunter! Denn ich muss heute Gast in deinem Haus sein.«

⁶Zachäus kletterte, so schnell er konnte, hinunter und geleitete Jesus voller Aufregung und Freude in sein Haus. ⁷Doch den Leuten in der Menge gefiel das nicht. »Bei einem berüchtigten Sünder kehrt er als Gast ein«, murrten sie.

⁸Währenddessen stellte Zachäus sich vor den Herrn hin und sagte: »Herr, ich werde die Hälfte meines Reichtums den Armen geben, und wenn ich die Leute bei der Steuer betrogen habe, werde ich es ihnen vierfach erstatten!«

⁹Jesus erwiderte: »Heute hat dieses Haus Rettung erfahren, denn dieser Mann hat sich als Sohn Abrahams erwiesen. ¹⁰Der Menschensohn ist gekommen, um Verlorene zu suchen und zu retten.«

Das Gleichnis von den zehn Dienern

Vgl. Matthäus 25,14-30

¹¹Die Menge hörte Jesus zu. Und er erzählte ihnen ein Gleichnis; denn da er nahe bei Jerusalem war, glaubten sie, dass das Reich Gottes nun anbrechen würde. ¹²Er sagte: »Ein vornehmer Mann wurde in ein fernes Land gerufen, um dort zum König gekrönt zu werden. Danach wollte er wieder zurückkehren. ¹³Vor seiner Abreise rief er zehn Diener zu sich und gab ihnen zehn Pfund Silber*, mit denen sie in seiner Abwesenheit handeln sollten. ¹⁴Aber sein Volk hasste ihn und sandte ihm eine Abordnung nach, um ihm sagen zu lassen, dass sie ihn nicht zum König haben wollten.

¹⁵Als er zurückkam, ließ der König die Diener kommen, denen er das Geld gegeben hatte. Er wollte erfahren, was sie mit dem Geld angefangen und welche Erträge sie erzielt hatten. ¹⁶Der erste Diener berichtete: ›Herr, ich habe die ursprüngliche Summe verzehnfacht!‹ ¹⁷›Gut gemacht‹, rief der König. ›Du bist ein vertrauenswürdiger Diener. Du warst mit dem wenigen treu, das ich dir anvertraut habe; deshalb werde ich dich zur Belohnung als Statthalter über zehn Städte setzen.‹

¹⁸Der nächste Diener meldete: ›Herr, ich habe das Fünffache des ursprünglichen Betrags erwirtschaftet.‹ ¹⁹›Gut gemacht‹, sagte der König. ›Du kannst Statthalter über fünf Städte sein.‹

²⁰Der dritte Diener aber übergab ihm nur die ursprüngliche Summe und erklärte: ›Ich habe es versteckt und sicher aufbewahrt. ²¹Ich hatte Angst, weil du ein so strenger Mann bist; du nimmst, was dir nicht gehört, und erntest, was du nicht gesät hast.‹

²²›Du schlechter Diener!‹, fuhr der König ihn an. ›Streng soll ich sein? Wenn du mich so gut kanntest und wusstest, wie streng ich bin, ²³warum hast du das Geld dann nicht auf eine Bank gebracht, damit ich wenigstens Zinsen erhalten hätte?‹ ²⁴Darauf wandte der König sich an die Umstehenden und befahl: ›Nehmt diesem Diener das Geld ab und gebt es dem, der seinen Anteil verzehnfacht hat.‹

²⁵›Aber, Herr‹, wandten sie ein, ›dieser Diener hat doch schon genug!‹

²⁶›Ja‹, entgegnete der König, ›aber denen, die ihren Anteil gut nutzen, wird noch mehr gegeben werden. Denen jedoch, die nicht treu damit umgehen, wird auch das wenige, das sie haben, noch genommen werden.* ²⁷Und nun zu meinen Widersachern, die mich nicht zum König haben wollten – führt sie herein und tötet sie vor meinen Augen.‹«

Der triumphale Einzug

Matthäus 21,1-11; Markus 11,1-10; Johannes 12,12-19

²⁸Nachdem er dieses Gleichnis erzählt hatte, setzte Jesus seinen Weg nach Jerusalem fort. Er ging vor seinen Jüngern her. ²⁹Als sie die Orte Betfage und Betanien erreichten, die in der Nähe des Ölbergs liegen, schickte er zwei Jünger voraus. ³⁰»Geht in den Ort vor euch«, sagte er. »Wenn ihr hineinkommt, werdet ihr ein Eselsfohlen angebunden sehen, das noch nie geritten wurde. Bindet es los und bringt es mir. ³¹Wenn euch jemand fragt, was ihr da tut, dann sagt einfach: ›Der Herr braucht es.‹«

19,13 Griech. *zehn Minen;* eine Mine entsprach etwa drei Monatslöhnen. **19,26** Griech. *Wer hat, dem wird gegeben werden, wer aber nicht hat, dem wird auch das genommen werden, was er hat.*

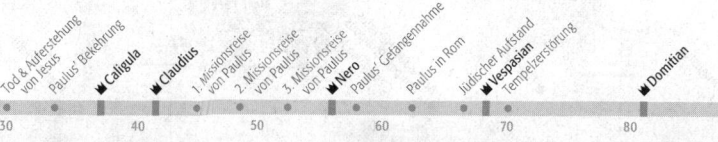

LUKAS

1–2	Die Geburt von Jesus und ihre Vorgeschichte
3,1–4,13	Vorbereitungszeit
4,14–9,50	Jesus in Galiläa
9,51–19,27	Auf dem Weg nach Jerusalem
19,28–21,38	Jesus in Jerusalem
22–24	Leiden, Tod und Auferstehung

19–20
Trauer über Jerusalem. Jesus beansprucht den Tempel für das Gebet und lehrt dort. Gleichnis von den bösen Bauern. Jesus spricht über Steuern.

[Gottes Königsherrschaft und der Messias]

³²Sie gingen und fanden das Eselsfohlen genau so, wie Jesus es gesagt hatte. ³³Und als sie es losbanden, fragten die Besitzer tatsächlich: »Warum bindet ihr unser Eselsfohlen los?«

³⁴Die Jünger antworteten: »Der Herr braucht es.« ³⁵So brachten sie Jesus das Fohlen und warfen ihre Mäntel darüber, damit er darauf reiten konnte.

³⁶Die Menschen breiteten ihre Mäntel vor Jesus auf der Straße aus. ³⁷Als sie die Stelle erreichten, an der der Weg den Ölberg hinabführte, fingen alle seine Anhänger an, Gott mit lautem Jubel für die großen Wunder zu loben, die sie gesehen hatten.

³⁸»Gepriesen sei der König, der im Namen des Herrn kommt!
Friede in der Höhe und Ehre im höchsten Himmel!«*

³⁹Einige der Pharisäer in der Menge forderten ihn auf: »Meister, rufe deine Jünger zur Vernunft!«

⁴⁰Doch er entgegnete ihnen: »Würden sie schweigen, dann würden die Steine schreien!«

Jesus weint über Jerusalem
Matthäus 23,37-39

⁴¹Als sie sich jedoch Jerusalem näherten und Jesus die Stadt vor sich liegen sah, begann er zu weinen. ⁴²»Wie sehr wünschte ich, du würdest noch heute den Weg des Friedens finden. Doch

19,38 Psalm 118,26; 148,1.

Lukas 19,40

Gott redet
Die Anhänger von Jesus jubeln vor Freude. Sie preisen den König (Jesus), der im Namen des Herrn kommt. Die Gegner von Jesus beklagen sich bei ihm. In diesem Zusammenhang sagt Jesus: »Würden sie schweigen, dann würden die Steine schreien!« (V. 40). Dies ist natürlich nicht wörtlich gemeint. Weder Steine noch Bäume (Ri 9,8-15) können sprechen. Aber diese Bildersprache veranschaulicht eine tiefe Wahrheit. Wenn Gottes Wort sein Ziel erreicht, geschieht dies: »Die Berge und Hügel werden jubelnd vor euch singen und alle Bäume auf dem Feld werden in die Hände klatschen« (Jes 55,12). In der Zwischenzeit ist auch das Gegenteil wahr: »Die ganze Schöpfung seufzt mit uns, wie unter Schmerzen« (Röm 8,22).
Diesmal seufzt Jesus selbst; er weint sogar (Lk 19,41), denn er weiß, dass die jubelnde Menge den eigentlichen Weg zum Frieden verpasst hat. Sie wollen einen mächtigen König feiern. Einen selbst aufopfernden Knecht Gottes, der seine Feinde liebt, werden sie stattdessen kreuzigen.
(Matthäus 10,7 « | » Apostelgeschichte 10,13-14)

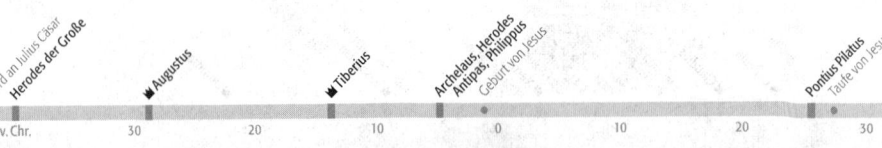

nun ist es zu spät, und der Friede bleibt dir fremd. ⁴³Nicht mehr lange, und deine Feinde werden einen Wall rings um dich aufschütten, dich einkreisen und gegen dich vorrücken. ⁴⁴Sie werden dich und deine Kinder dem Erdboden gleichmachen und keinen Stein auf dem anderen lassen, weil du die Gelegenheit, die Gott dir geboten hat, nicht ergriffen hast.«

Die Tempelreinigung
Matthäus 21,12-16; Markus 11,15-18; vgl. Johannes 2,13-17

⁴⁵Dann ging Jesus in den Tempel und fing an, die Händler von ihren Ständen zu vertreiben. ⁴⁶Er sagte zu ihnen: »In der Schrift steht: ›Mein Haus soll ein Ort des Gebets sein‹, aber ihr habt eine Räuberhöhle daraus gemacht.«*

⁴⁷Danach lehrte er täglich im Tempel, doch die obersten Priester, die Schriftgelehrten und die anderen führenden Männer des Volkes fingen an, nach einem Vorwand zu suchen, ihn umzubringen. ⁴⁸Aber ihnen fiel nichts ein, weil das Volk an seinen Lippen hing und auf ihn hörte.

Die Frage nach der Vollmacht von Jesus
Matthäus 21,23-27; Markus 11,27-33

20 Eines Tages, als Jesus gerade im Tempel die Botschaft Gottes verkündete, traten die obersten Priester, die Schriftgelehrten und die übrigen führenden Männer des Volkes auf ihn zu ²und fragten: »In wessen Vollmacht hast du die Händler aus dem Tempel vertrieben?* Wer hat dir diese Vollmacht erteilt?«

³»Lasst mich euch erst eine Frage stellen«, entgegnete er. ⁴»War die Taufe des Johannes eine Handlung im Auftrag Gottes oder war es nur die Tat eines Menschen?«

⁵Sie besprachen eine Weile, was sie antworten sollten. »Wenn wir sagen, dass es eine Handlung im Auftrag Gottes war, wird er fragen, warum wir ihm dann nicht geglaubt haben. ⁶Sagen wir jedoch, dass sie nur die Tat eines Menschen war, wird das Volk uns steinigen, denn die Leute sind überzeugt, dass er ein Prophet war.« ⁷Schließlich antworteten sie: »Wir wissen es nicht.«

⁸Da entgegnete Jesus: »Dann beantworte ich eure Frage auch nicht.«

Das Gleichnis von den bösen Bauern
Matthäus 21,33-46; Markus 12,1-12

⁹Danach erzählte Jesus dem Volk folgendes Gleichnis: »Ein Mann pflanzte einen Weinberg, verpachtete ihn an einige Bauern und zog für mehrere Jahre in ein anderes Land. ¹⁰Zur Zeit der Weinlese schickte er einen seiner Diener, um seinen Anteil an der Ernte einzufordern. Doch die Bauern überfielen den Diener, verprügelten ihn und schickten ihn mit leeren Händen zurück. ¹¹Darauf sandte der Besitzer einen anderen Diener, doch dem erging es genauso: Er wurde geschlagen, verspottet und musste mit leeren Händen wieder umkehren. ¹²Ein dritter Mann wurde geschickt und wieder geschah das Gleiche; auch er wurde verwundet und fortgejagt.

¹³›Was mache ich jetzt?‹, überlegte der Besitzer. ›Ich weiß! Ich werde meinen geliebten Sohn schicken. Vor ihm werden sie Respekt haben.‹

¹⁴Doch als die Bauern seinen Sohn sahen, sagten sie sich: ›Da kommt der Erbe dieses Weinguts. Lasst uns ihn umbringen; dann gehört alles uns!‹ ¹⁵Und sie warfen ihn aus dem Weinberg hinaus und töteten ihn.

Was, glaubt ihr, wird der Besitzer des Weinbergs mit diesen Bauern machen?«, fragte Jesus. ¹⁶»Ich sage euch: Er wird kommen, sie alle töten und den Weinberg an andere verpachten.«

Seine Zuhörer erwiderten entsetzt: »Das soll niemals geschehen!«

¹⁷Jesus sah sie an und sagte: »Was hat dann die Schriftstelle zu bedeuten:

›Der Stein, den die Bauleute verworfen haben, ist zum Eckstein geworden.‹*?

¹⁸Wer über diesen Stein stolpert, wird daran zerbrechen, und auf wen er fällt, den wird er zerschmettern.«

¹⁹Als die Schriftgelehrten und obersten Priester dies hörten, hätten sie Jesus am liebsten sofort verhaftet. Sie merkten, dass mit den Bauern in dieser Geschichte sie gemeint waren. Doch sie fürchteten sich vor der Reaktion des Volkes, wenn sie ihn gefangen nehmen ließen.

Steuern für den Kaiser
Matthäus 22,15-22; Markus 12,13-17

²⁰Deshalb suchten sie nach einer günstigen Gelegenheit und beauftragten Männer, die sich als ehrliche Zuhörer ausgaben, um Jesus auszuhorchen. Sie brauchten einen Vorwand, unter dem sie Jesus durch den römischen Statthalter verhaften lassen konnten. ²¹Sie sprachen zu Jesus: »Meister, wir wissen, dass das, was du sagst und lehrst, richtig ist, und du dich nicht von der Meinung anderer beeinflussen lässt. Du lehrst die Wege Gottes, und was du sagst, ist wahr. ²²Sage

---

19,46 Jesaja 56,7; Jeremia 7,11.   20,2 O. *In wessen Vollmacht tust du diese Dinge?*   20,17 Psalm 118,22.

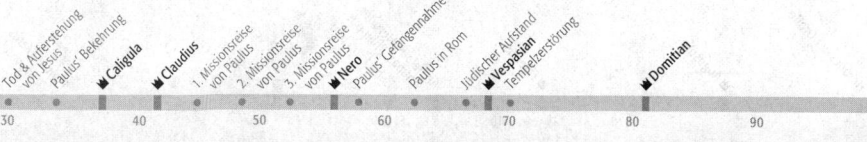

LUKAS

1–2	Die Geburt von Jesus und ihre Vorgeschichte
3,1–4,13	Vorbereitungszeit
4,14–9,50	Jesus in Galiläa
9,51–19,27	Auf dem Weg nach Jerusalem
19,28–21,38	Jesus in Jerusalem
22–24	Leiden, Tod und Auferstehung

20–21
Jesus spricht über die Auferstehung. Die großzügige Witwe. Jesus warnt vor den Schrecken der Zukunft.

[Gottes Königsherrschaft und der Messias]

uns nun: Ist es richtig, dem Kaiser Steuern zu zahlen, oder nicht?« ²³Jesus durchschaute aber ihre List und sagte: ²⁴»Zeigt mir eine römische Münze*. Wessen Bild und Titel ist darauf eingeprägt?«

Sie antworteten: »Bild und Titel des Kaisers.«

²⁵Da sagte er: »Dann gebt dem Kaiser, was dem Kaiser gehört. Und gebt Gott, was Gott gehört.« ²⁶So gelang es ihnen nicht, Jesus vor dem Volk eine Falle zu stellen. Stattdessen waren sie erstaunt über seine Antwort und schwiegen.

Gespräch über die Auferstehung
Matthäus 22,23-33; Markus 12,18-27

²⁷Nun traten einige Sadduzäer vor – eine jüdische Gruppierung, die nicht an die Auferstehung nach dem Tod glaubt. ²⁸Sie stellten ihm eine Frage: »Meister, Mose hat uns folgendes Gesetz gegeben: Wenn ein Mann stirbt und zwar eine Frau, aber keine Kinder hinterlässt, soll sein Bruder die Witwe heiraten und ihm auf diese Weise zu einem Erben verhelfen.* ²⁹Nun waren einmal sieben Brüder. Der älteste heiratete und starb kinderlos. ³⁰Sein Bruder nahm die Witwe zur Frau, aber auch er starb. ³¹Das Gleiche wiederholte sich mit den anderen Brüdern, bis alle sieben sie geheiratet hatten, gestorben waren und keine Kinder hinterlassen hatten. ³²Schließlich starb auch die Frau. ³³Sage uns nun: Wessen Frau wird sie bei der Auferstehung sein? Denn alle sieben waren mit ihr verheiratet!«

³⁴Jesus erwiderte: »Hier auf der Erde heiraten die Menschen und werden geheiratet, ³⁵doch in der zukünftigen Welt wird es anders sein. Die Menschen, die der Auferstehung für würdig befunden werden, werden nicht mehr verheiratet sein, ³⁶und sie werden auch nicht mehr sterben. In dieser Hinsicht werden sie den Engeln gleichen. Sie werden Kinder Gottes sein, die zu neuem Leben auferweckt wurden. ³⁷Die Auferstehung der Toten hat Mose schon am brennenden Dornbusch angedeutet, als er vom Herrn als ›dem Gott Abrahams, dem Gott Isaaks und dem Gott Jakobs‹* sprach, obwohl Abraham, Isaak und Jakob längst gestorben waren. ³⁸So ist Gott also der Gott der Lebenden und nicht der Toten. Denn für ihn sind sie alle am Leben.«

³⁹»Du hast gut geantwortet, Meister!«, bemerkten einige Schriftgelehrte, die dabeistanden. ⁴⁰Und keiner wagte mehr, ihn noch etwas zu fragen.

20,24 Griech. *einen Denar.* **20,28** 5. Mose 25,5-6. **20,37** 2. Mose 3,6.

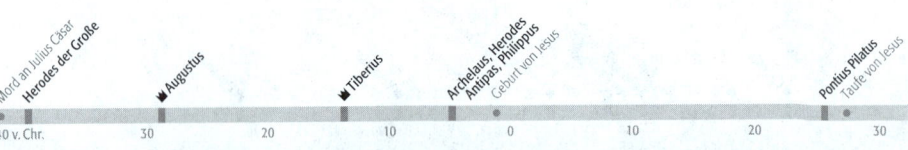

Wessen Sohn ist der Christus?
V. 41-44: Matthäus 22,41-46; Markus 12,35-37;
V. 45-47: Matthäus 23,1-7; Markus 12,38-40

⁴¹Dann stellte Jesus ihnen eine Frage. »Warum wird der Christus als Sohn Davids bezeichnet?«, fragte er. ⁴²»David selbst schrieb doch in den Psalmen:

›Der Herr sprach zu meinem Herrn:

Setz dich auf den Ehrenplatz zu meiner Rechten, ⁴³bis ich deine Feinde demütige und sie zum Schemel unter deinen Füßen mache.‹*

⁴⁴Wenn David ihn Herr nannte, wie kann er dann gleichzeitig sein Sohn sein?«

⁴⁵Und er wandte sich seinen Jüngern zu und sagte vor den Ohren der Menge zu ihnen: ⁴⁶»Nehmt euch in Acht vor den Schriftgelehrten! Sie lieben es, in wehenden Gewändern über die Marktplätze zu flanieren und die Ehrenbezeugungen der Leute entgegenzunehmen. Und sie beanspruchen, in den Synagogen und bei Festen auf den Ehrenplätzen zu sitzen! ⁴⁷Doch gleichzeitig betrügen sie Witwen schamlos um ihren Besitz, und um zu verbergen, wie sie wirklich sind, sprechen sie in der Öffentlichkeit lange Gebete. Deshalb wird ihre Strafe umso härter ausfallen.«

Das Opfer der Witwe
Markus 12,41-44

21 Während Jesus im Tempel war, sah er zu, wie die reichen Leute ihre Spenden in den Opferkasten legten. ²Da kam eine arme Witwe und warf zwei kleine Münzen* ein. ³»Ich versichere euch«, sagte er, »diese arme Witwe hat mehr gegeben als alle anderen. ⁴Denn jene gaben nur einen Bruchteil von ihrem Überfluss, sie aber, arm wie sie ist, gab alles, was sie besaß.«

Jesus spricht über die Zukunft
V. 5-28: Matthäus 24,1-30; Markus 13,1-26;
V. 29-33: Matthäus 24,32-35; Markus 13,28-31

⁵Einige seiner Jünger lobten die schönen Steine und die mit Weihgeschenken geschmückten Mauern des Tempels. Doch Jesus sagte: ⁶»Es kommt die Zeit, da wird all dies so vollständig zerstört werden, dass nicht ein Stein auf dem anderen bleibt.«

⁷»Meister«, fragten sie, »wann wird das geschehen? Und wird es vorher irgendein Zeichen geben?«

⁸Er erwiderte: »Lasst euch nicht täuschen. Viele werden in meinem Namen auftreten, sich als Christus* ausgeben und sagen: ›Die Zeit ist gekommen!‹ Glaubt ihnen nicht! ⁹Und wenn ihr von Kriegen und Unruhen hört, geratet nicht in Panik. All diese Dinge müssen kommen, doch das ist noch nicht das Ende.« ¹⁰Und er fügte hinzu: »Völker und Königreiche werden einander den Krieg erklären. ¹¹Es wird Erdbeben geben, in vielen Ländern werden Hungersnöte und Seuchen auftreten, und am Himmel werden schreckliche Dinge und gewaltige Zeichen erscheinen.

¹²Doch noch bevor all das geschieht, wird eine Zeit schlimmer Verfolgungen kommen. Um meines Namens willen wird man euch in Synagogen und Gefängnisse schleppen und vor Königen und Regierungen anklagen. ¹³Das wird euch Gelegenheit geben, ihnen von mir zu erzählen. ¹⁴Macht euch keine Sorgen, wie ihr euch verteidigen sollt. ¹⁵Ich werde euch die richtigen Worte eingeben und die nötige Weisheit verleihen, sodass keiner eurer Gegner euch wird widerlegen können! ¹⁶Selbst die Menschen, die euch am nächsten stehen – eure Eltern, Geschwister, Verwandten und Freunde –, werden euch verraten. Einige von euch werden sogar umgebracht werden. ¹⁷Und um meines Namens willen werden euch alle hassen. ¹⁸Aber nicht ein einziges Haar auf eurem Kopf soll verloren gehen! ¹⁹Wenn ihr standhaft bleibt, werdet ihr eure Seelen retten.

²⁰Wenn ihr Jerusalem von Feinden umringt seht, dann wisst ihr, dass der Zeitpunkt seiner Zerstörung gekommen ist. ²¹Dann müssen die, die in Judäa sind, in die Berge fliehen. Wer in Jerusalem ist, soll flüchten, und wer sich außerhalb der Stadt befindet, soll nicht in ihr Schutz suchen. ²²Denn das werden die Tage der Vergeltung Gottes sein, und die Weissagungen der Schrift werden sich erfüllen. ²³Schwangeren und Stillenden wird es schlimm ergehen! Denn im Land wird große Not herrschen, und Unheil wird über dieses Volk kommen. ²⁴Die Menschen werden mit dem Schwert getötet oder als Gefangene in die ganze Welt verschleppt werden. Und Jerusalem wird erobert und dem Erdboden gleichgemacht werden von den fremden Völkern, bis ihre Zeit zu Ende ist.

²⁵An Sonne, Mond und Sternen werden Zeichen erscheinen. Und auf der Erde werden die Völker in Aufruhr und Entsetzen sein, den wilden Wellen der Meere hilflos ausgeliefert. ²⁶Viele Menschen werden den Mut verlieren, wenn sie diese Schrecken über die Erde hereinbrechen sehen, denn selbst die Kräfte des Himmels werden aus dem Gleichgewicht geraten. ²⁷Und dann werden alle den Menschensohn mit Macht und großer Herrlichkeit in den Wolken

---

20,42-43 Psalm 110,1.   **21,2** Griech. *zwei Lepta*; ein Lepton war die kleinste griech. Münze.   **21,8** Griech. *sagen:* ›*Ich bin es.*‹

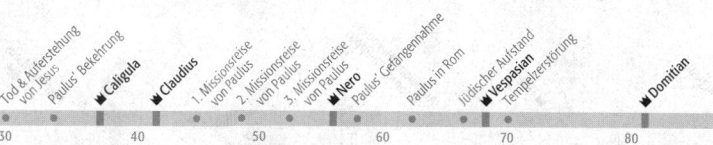

	LUKAS	
	1–2	Die Geburt von Jesus und ihre Vorgeschichte
	3,1–4,13	Vorbereitungszeit
	4,14–9,50	Jesus in Galiläa
	9,51–19,27	Auf dem Weg nach Jerusalem
	19,28–21,38	Jesus in Jerusalem
	22–24	Leiden, Tod und Auferstehung

21–22

Judas wird von Satan zum Verrat verleitet. Die Jünger und Jesus feiern das Passahfest.

[Gottes Königsherrschaft und der Messias]

des Himmels kommen sehen.* ²⁸Wenn all das anfängt, dann richtet euch auf und hebt den Blick, denn eure Erlösung ist ganz nahe!«

²⁹Und er gab ihnen folgenden Vergleich: »Seht euch einen Feigenbaum oder einen anderen Baum an. ³⁰Wenn die Blätter sprießen, wisst ihr,

21,27 S. Daniel 7,13.

Lukas 21,28

Gott befreit
Die Bildersprache von Texten wie diesem gehören zu einer literarischen Gattung, die wir »Apokalyptik« nennen. Wenn Gott eingreift, dann werden selbst die Kräfte des Himmels aus dem Gleichgewicht geraten (V. 26). Apokalyptische Prophetien werden als Bild verstanden. Inwieweit solche Dinge auch wortwörtlich in Erfüllung gehen werden, wenn alle den Menschensohn mit Macht und großer Herrlichkeit in den Wolken des Himmels kommen sehen (V. 27), können wir nicht im Voraus feststellen. Aber eines ist klar: Sein Kommen bedeutet unsere Erlösung (V. 28).
Wir können wissen, wann das Reich Gottes ganz nahe ist (so V. 31). Eigentlich wissen wir das schon jetzt: Mit Jesus begann das Reich Gottes, der Herrschaftsbereich Gottes, auf dieser Erde. Jede Generation kann dies neu bekennen, und wenn unbeantwortete Fragen uns mutlos machen und wir in der Gefahr stehen, die Hoffnung zu verlieren, dann gilt die Einladung von Jesus: »Hebt den Blick.«
(1. Petrus 2,16 ‹‹‹ | ››› Römer 8,20-23

Lukas 22,29-30

Erwählung
Bei seinem Abschiedsmahl mit den Jüngern bestätigt Jesus, dass er ihnen die Königsherrschaft Gottes anvertraut. Damit verbindet er zwei Gaben: zum einen die vertraute Nähe mit ihm – ausgedrückt im Bild der Tischgemeinschaft. Das, was die Zwölf gerade beim Abendmahl erleben, können sie auch künftig erwarten (siehe auch Offb 3,20).
Zum anderen stellt Jesus ihnen seine Machtfülle in Aussicht. Die sollen sie zum Segen für Gottes Volk und in Gerechtigkeit anwenden (siehe auch Offb 3,20; 5,10b).
Im Zusammenhang der ganzen Heiligen Schrift ist klar, dass Jesus seine künftige Thronherrschaft und sein Richteramt nicht völlig aus der Hand gibt. Doch er bezieht die Glaubenden mit ein und macht so erneut deutlich, wie *die* Erwählten von *dem* Erwählten her leben.
(Lukas 12,32 ‹‹‹ | ››› Johannes 17,20-26)

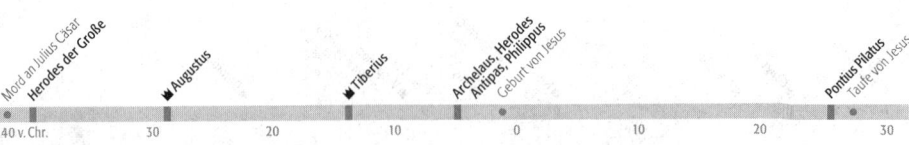

dass der Sommer kommt. ³¹Genauso könnt ihr, wenn ihr all dies geschehen seht, sicher sein, dass das Reich Gottes nahe ist. ³²Ich versichere euch: Diese Generation* wird nicht von der Erde verschwinden, bis alle diese Ereignisse eingetreten sind. ³³Himmel und Erde werden vergehen, aber meine Worte werden für immer bleiben.

³⁴Seid wachsam! Lasst euch nicht von zu viel Essen und Trinken und den Sorgen des Alltags gefangen nehmen, damit euch dieser Tag nicht unvorbereitet trifft, ³⁵so wie man unverhofft in eine Falle stolpert. Denn dieser Tag wird über alle hereinbrechen, die auf der Erde leben. ³⁶Seid wachsam! Und betet darum, dass ihr, wenn es möglich ist, diesen Schrecken entkommen und vor dem Menschensohn stehen könnt.«

³⁷Jeden Tag ging Jesus in den Tempel, um zu lehren, und abends kehrte er zurück, um die Nacht auf dem Ölberg zu verbringen. ³⁸Jeden Morgen strömten die Menschen scharenweise herbei, um ihn zu hören.

Der Verrat des Judas
Matthäus 26,1-5.14-16; Markus 14,1-2.10-11

22 Das Fest der ungesäuerten Brote, das Passahfest, rückte näher. ²Die obersten Priester und Schriftgelehrten planten, Jesus umzubringen. Sie fürchteten sich allerdings vor der Reaktion des Volkes.

³Da fuhr Satan in Judas Iskariot, der einer der zwölf Jünger war. ⁴Er ging zu den obersten Priestern und den Befehlshabern der Tempelwache, um mit ihnen zu beraten, wie er Jesus am besten an sie verraten könnte. ⁵Sie freuten sich, dass er bereit war, ihnen zu helfen, und versprachen ihm eine Belohnung. ⁶Von da an begann er nach einer passenden Gelegenheit Ausschau zu halten, bei der sie Jesus ohne Aufsehen verhaften konnten, wenn das Volk nicht in der Nähe war.

Das letzte Abendmahl
V. 7-18: Matthäus 26,17-19; Markus 14,12-16; V. 19-20: Matthäus 26,26-28; Markus 14,22-24; 1. Korinther 11,23-25; V. 21-23: Matthäus 26,21-25; Markus 14,18-21; Johannes 13,18-30

⁷Das Fest der ungesäuerten Brote rückte heran, an dem die Passahlämmer geschlachtet wurden. ⁸Jesus schickte Petrus und Johannes voraus und sagte: »Geht und bereitet das Passahmahl vor, damit wir es gemeinsam essen können.«

⁹»Wo sollen wir denn hingehen?«, fragten sie ihn.

¹⁰Er erwiderte: »Wenn ihr nach Jerusalem kommt, wird euch ein Mann begegnen, der einen Wasserkrug trägt. Folgt ihm bis zu dem Haus, in das er eintritt, ¹¹und sagt zu dem Besitzer: ›Der Meister fragt dich: Wo ist der Raum für Gäste, in dem ich mit meinen Jüngern das Passahmahl feiern kann?‹ ¹²Er wird euch die Treppe hinauf zu einem Saal führen, in dem schon alles vorbereitet ist. Geht voraus und richtet dort alles her.« ¹³Sie machten sich auf den Weg in die Stadt und fanden alles genau so vor, wie Jesus gesagt hatte, und bereiteten dort das Passahmahl vor.

¹⁴Als es so weit war, nahmen Jesus und die Jünger miteinander am Tisch Platz. ¹⁵Jesus sagte: »Ich habe mich sehr danach gesehnt, dieses Passahmahl mit euch zu feiern, bevor mein Leiden beginnt. ¹⁶Denn ich sage euch jetzt, ich werde es nicht wieder essen, bis es sich im Reich Gottes erfüllt.«

¹⁷Dann nahm er einen Becher mit Wein, und nachdem er Gott dafür gedankt hatte, sagte er: »Nehmt ihn und teilt ihn unter euch. ¹⁸Denn ich werde keinen Wein mehr trinken, bis das Reich Gottes gekommen ist.«

¹⁹Dann nahm er ein Brot, und nachdem er Gott dafür gedankt hatte, brach er es in Stücke und reichte es den Jüngern mit den Worten: »Dies ist mein Leib, der für euch gegeben wird. Tut das zur Erinnerung an mich.« ²⁰Nach dem Essen nahm er einen weiteren Becher mit Wein und sagte: »Dieser Wein ist das Zeichen des neuen Bundes – ein Bund, der mit dem Blut besiegelt wird, das ich für euch vergießen werde.*

²¹Doch hier an diesem Tisch sitzt schon der Mann, der mich verraten wird. Er sitzt unter uns wie ein Freund. ²²Der Menschensohn muss zwar sterben, weil es Gott so bestimmt hat. Doch wie schlimm wird es erst für den sein, der ihn verraten wird!« ²³Da begannen die Jünger einander zu fragen, wer von ihnen denn so etwas je tun würde.

²⁴Und sie fingen an zu streiten, wer von ihnen im kommenden Reich Gottes der Größte sein würde. ²⁵Jesus sagte zu ihnen: »In dieser Welt beherrschen die Könige und Großen ihre Untertanen und werden doch als ›Wohltäter‹ bezeichnet. ²⁶Unter euch aber soll der Größte den niedrigsten Platz einnehmen und der Leiter soll wie ein Diener sein. ²⁷Normalerweise sitzt der Meister am Tisch und wird von seinen Dienern bedient. Hier ist es anders! Denn ich bin euer Diener. ²⁸Ihr seid mir in der Zeit meiner Versuchung treu geblieben. ²⁹Und so wie mein Vater

---

21,32 O. *dieses Zeitalter* oder *diese Nation*. 22,19-20 In manchen Handschriften fehlt 22,19b-20: *für euch gegeben ... vergießen werde*.

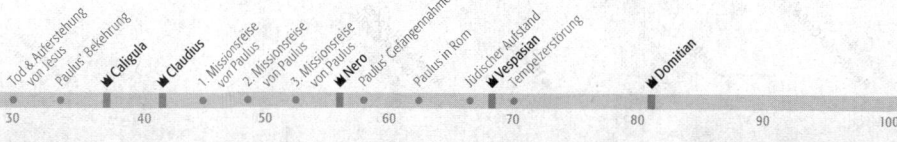

LUKAS

1–2	Die Geburt von Jesus und ihre Vorgeschichte
3,1–4,13	Vorbereitungszeit
4,14–9,50	Jesus in Galiläa
9,51–19,27	Auf dem Weg nach Jerusalem
19,28–21,38	Jesus in Jerusalem
22–24	Leiden, Tod und Auferstehung

22

Jesus kündigt die Verleugnung durch Petrus an. Jesus betet am Ölberg und wird dort verraten und verhaftet. Petrus bestreitet, Jesus zu kennen. Jesus wird verhört.

[Gottes Königsherrschaft und der Messias]

mir ein Königreich gegeben hat, gebe ich euch das Recht, ³⁰in diesem Reich an meinem Tisch zu essen und zu trinken. Ihr werdet auf Thronen sitzen und die zwölf Stämme Israels richten.

Jesus sagt voraus, dass Petrus ihn verleugnen wird
V. 31-34: Matthäus 26,31-35; Markus 14,27-31; Johannes 13,36-38

³¹Simon, Simon, Satan hat euch alle haben wollen. Er wollte euch durchsieben wie Weizen. ³²Doch ich habe für dich gebetet, dass dein Glaube nicht aufhöre. Wenn du also später umgekehrt und zu mir zurückgekommen bist, dann stärke deine Brüder.«

³³Petrus sagte: »Herr, ich bin bereit, mit dir ins Gefängnis zu gehen und sogar mit dir zu sterben.«

³⁴Doch Jesus entgegnete: »Petrus, lass mich dir etwas sagen. Noch bevor morgen früh der Hahn kräht, wirst du drei Mal geleugnet haben, mich überhaupt zu kennen.«

³⁵Dann fragte Jesus sie alle: »Als ich euch ausschickte, die gute Botschaft zu verkünden, und ihr hattet weder Geld noch Tasche noch Kleidung zum Wechseln, hat es euch da an irgendetwas gefehlt?«

Sie gaben zur Antwort: »Nein.«

³⁶»Aber jetzt«, sagte er, »nehmt euer Geld und eure Tasche. Und wenn ihr kein Schwert habt, verkauft eure Kleidung, um eines zu kaufen!

Lukas 22,42

Die Antwort des Menschen
Jesus tut nicht nur so, als würde sein bevorstehender Tod furchterregend sein. Er ist es wirklich. Jesus wusste lange vorher, dass die Machthaber alles tun würden, um ihre Machtpositionen zu verteidigen, auch wenn sie ihn deshalb beseitigen mussten. Er hatte erkannt, dass die Schriften selbst vorausgesagt hatten, dass er sterben müsse und dass dieser sein Tod stellvertretend für die Sünden der Menschheit sein würde. Er war sogar zuversichtlich, dass Gott ihn weder im Leben noch im Tod je verlassen und ihn sogar von den Toten auferwecken würde.
Und dennoch, als es so weit ist, als der Weg des Leidens direkt vor ihm liegt, durchleidet er schlimme Qualen. Der Bericht lässt daran keinen Zweifel. Jesus fürchtet sich, sein Schweiß ist wie Blut, er betet heftig (V. 44) – und das alles trotz der Stärkung eines Engels (V. 43). Von einem jedoch ist er absolut überzeugt: Ganz egal, wie schwer der Weg auch ist, es ist immer am besten, das anzunehmen, was Gott will.

(Johannes 11,16 ‹‹‹ | ››› Apostelgeschichte 2,21)

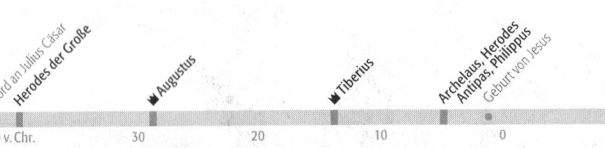

³⁷Denn die Zeit ist gekommen, in der sich erfüllt, was in der Schrift über mich steht: ›Er wurde zu den Aufrührern gerechnet.‹* Ja, alles, was die Propheten über mich geschrieben haben, wird sich erfüllen.«

³⁸»Herr«, erwiderten sie, »wir haben zwei Schwerter.«

Er aber sagte: »Das genügt.«

Jesus betet auf dem Ölberg
Matthäus 26,30.36-46; Markus 14,26.32-42

³⁹Dann verließ Jesus zusammen mit seinen Jüngern den Raum und sie gingen wie gewohnt zum Ölberg. ⁴⁰Dort forderte er sie auf: »Betet, damit ihr der Versuchung nicht erliegt.« ⁴¹Er entfernte sich etwa einen Steinwurf weit, kniete nieder und betete: ⁴²»Vater, wenn du willst, dann lass diesen Kelch des Leides an mir vorübergehen. Doch ich will deinen Willen tun, nicht meinen.« ⁴³Da erschien ein Engel vom Himmel und stärkte ihn. ⁴⁴Aber er war von Angst erfüllt und betete noch heftiger und kämpfte so sehr, dass sein Schweiß wie Blut auf die Erde tropfte.* ⁴⁵Schließlich stand er auf und ging zu den Jüngern zurück, die, erschöpft vor Kummer, eingeschlafen waren. ⁴⁶»Warum schlaft ihr?«, fragte er. »Steht auf und betet. Sonst wird die Versuchung euch überwältigen.«

Jesus wird verraten und verhaftet
Matthäus 26,47-56; Markus 14,43-50; Johannes 18,2-12

⁴⁷Er hatte noch nicht ausgeredet, da näherte sich eine Menschenmenge, angeführt von Judas, einem der zwölf Jünger. Judas ging auf Jesus zu und begrüßte ihn mit einem Kuss. ⁴⁸Aber Jesus sagte: »Judas, wie kannst du den Menschensohn mit einem Kuss verraten?«

⁴⁹Als die anderen Jünger begriffen, was die Menge vorhatte, riefen sie: »Herr, sollen wir kämpfen? Wir haben die Schwerter mitgebracht!« ⁵⁰Und einer von ihnen griff den Diener des Hohen Priesters an und schlug ihm das rechte Ohr ab.

⁵¹Doch Jesus sagte: »Leistet keinen Widerstand mehr.« Und er berührte das Ohr des Mannes und heilte ihn. ⁵²Dann wandte er sich an die obersten Priester, die Befehlshaber der Tempelwache und die Anführer der Gruppe. »Bin ich ein Schwerverbrecher«, fragte er, »dass ihr mit Schwertern und Knüppeln bewaffnet anrückt, um mich zu verhaften? ⁵³Warum habt ihr mich nicht im Tempel verhaftet? Ich war doch jeden Tag dort. Aber dies ist eure Stunde, die Zeit, in der die Macht der Finsternis die Oberhand hat.«

Petrus verleugnet Jesus
V. 54-62: Matthäus 26,57-58.69-75; Markus 14,53-54.6-72; Johannes 18,13-18.25-27

⁵⁴Da verhafteten sie ihn und brachten ihn zum Haus des Hohen Priesters. Petrus folgte in großem Abstand. ⁵⁵Als die Wächter im Hof ein Feuer machten und sich ringsherum lagerten, setzte sich Petrus zu ihnen. ⁵⁶Eine Dienerin bemerkte ihn im Schein des Feuers und beobachtete ihn. Schließlich sagte sie: »Dieser Mann war auch bei Jesus!«

⁵⁷Petrus leugnete es. »Frau«, sagte er, »ich kenne den Mann überhaupt nicht!«

⁵⁸Nach einer Weile schaute ein anderer ihn an und meinte: »Du musst auch einer von ihnen sein!«

Petrus erwiderte: »Nein, Mann, das bin ich nicht!«

⁵⁹Etwa eine Stunde später bekräftigte ein anderer: »Das muss einer der Jünger von Jesus sein, er ist auch Galiläer.«

⁶⁰Aber Petrus entgegnete: »Ich weiß nicht, wovon du redest.« Und sobald er das gesagt hatte, krähte ein Hahn. ⁶¹In diesem Augenblick drehte der Herr sich um und sah Petrus an. Da erinnerte dieser sich an die Worte des Herrn: »Bevor morgen früh der Hahn kräht, wirst du mich drei Mal verleugnen.« ⁶²Und Petrus ging hinaus und weinte bitterlich.

⁶³Dann fingen die Wächter, die Jesus gefangen hielten, an, ihn zu verspotten und zu schlagen. ⁶⁴Sie verbanden ihm die Augen, dann schlugen sie ihn und fragten: »Nun, du Prophet, wer hat dich wohl gerade geschlagen?« ⁶⁵Und sie beschimpften ihn.

Jesus vor dem Hohen Rat
V. 63-71: Matthäus 26,59-68; 27,1; Markus 14,55-65; 15,1; Johannes 18,19-24

⁶⁶Gegen Tagesanbruch versammelten sich die führenden Männer des Volkes sowie die obersten Priester und Schriftgelehrten. Jesus wurde diesem Hohen Rat* vorgeführt, ⁶⁷und sie fragten ihn: »Sage uns, ob du der Christus* bist.«

Doch er erwiderte: »Wenn ich es euch sagte, würdet ihr mir doch nicht glauben. ⁶⁸Und wenn ich euch eine Frage stellte, würdet ihr mir nicht antworten. ⁶⁹Aber bald kommt die Zeit, in der der Menschensohn zur Rechten des allmächtigen Gottes sitzen wird.*«

22,37 Jesaja 53,12.   **22,43-44** Diese Verse sind in vielen frühen Handschriften nicht enthalten.   **22,66** Griech. *dem Sanhedrin*.   **22,67** Griech. *der Gesalbte*.   **22,69** S. Psalm 110,1.

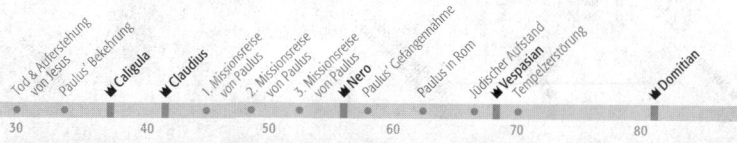

LUKAS

1–2	Die Geburt von Jesus und ihre Vorgeschichte
3,1–4,13	Vorbereitungszeit
4,14–9,50	Jesus in Galiläa
9,51–19,27	Auf dem Weg nach Jerusalem
19,28–21,38	Jesus in Jerusalem
22–24	Leiden, Tod und Auferstehung

22–23
Pilatus verhört Jesus. Jesus wird gekreuzigt und stirbt am Kreuz. Jesus wird begraben.

[Gottes Königsherrschaft und der Messias]

⁷⁰Da riefen alle: »Dann behauptest du also, Gottes Sohn zu sein?«
Und er erwiderte: »Ihr sagt es selbst; ich bin es.«
⁷¹»Wozu brauchen wir da noch Zeugen?«, schrien sie. »Wir haben es ihn selbst sagen hören.«

Das Verhör vor Pilatus
V. 1-5: Matthäus 27,2.11-14; Markus 15,1-5; Johannes 18,28-38; V. 13-25: Matthäus 27,15-26; Markus 15,6-15; Johannes 18,39-40; 19,1.16

23 Daraufhin führte der gesamte Hohe Rat Jesus zu Pilatus, dem römischen Statthalter, ²und sie trugen ihm die Anklage vor: »Dieser Mann verführt unser Volk. Er fordert es auf, dem Kaiser keine Steuern zu zahlen, und er behauptet, der Christus, ein König zu sein.« ³Pilatus fragte ihn: »Bist du der König der Juden?«
Jesus erwiderte: »Ja, du sagst es selbst.«
⁴Pilatus wandte sich an die obersten Priester und an die Menge und sagte: »Ich finde keine Schuld an diesem Mann!«
⁵Doch sie bestanden darauf: »Wo er auch hinkommt, verursacht er Unruhe im Volk – in ganz Judäa, von Galiläa bis nach Jerusalem!«
⁶»Der Mann ist also ein Galiläer?«, fragte Pilatus. ⁷Als sie das bestätigten, ließ Pilatus Jesus zu Herodes Antipas bringen, denn Galiläa unterstand seiner Rechtsprechung und Herodes hielt sich gerade in Jerusalem auf.
⁸Herodes freute sich sehr, Jesus kennenzulernen. Er hatte schon viel von ihm gehört und immer gehofft, einmal Zeuge eines seiner Wunder zu werden. ⁹Er stellte Jesus eine Frage nach der anderen, aber Jesus gab keine Antwort. ¹⁰Währenddessen standen die obersten Priester und Schriftgelehrten dabei und brachten mit lauter Stimme ihre Anklagen vor. ¹¹Da begannen Herodes und seine Soldaten Jesus zu verhöhnen und zu verspotten. Sie legten ihm ein prächtiges Gewand an und schickten ihn zu Pilatus zurück. ¹²An diesem Tag wurden Herodes und Pilatus, die bis dahin verfeindet gewesen waren, Freunde.
¹³Pilatus berief die obersten Priester und Schriftgelehrten und das Volk ein ¹⁴und gab sein Urteil bekannt. »Ihr habt mir diesen Mann vorgeführt und ihn beschuldigt, das Volk aufzuhetzen. Ich habe ihn in eurer Anwesenheit gründlich befragt und habe keine Schuld an ihm gefunden. ¹⁵Herodes ist zum gleichen Schluss gelangt und hat ihn zu uns zurückbringen lassen. Dieser Mann hat nichts getan, wofür er den Tod

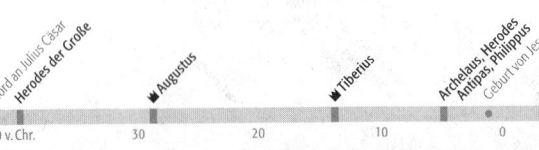

verdient. ¹⁶Ich werde ihn auspeitschen lassen und danach lasse ich ihn frei.«*

¹⁸Da ging ein Aufschrei durch die Menge, und die Leute riefen wie aus einem Mund: »Töte ihn und gib Barabbas frei!« ¹⁹Barabbas war verhaftet worden, weil er einen Mord begangen hatte und an einem Volksaufstand in Jerusalem beteiligt gewesen war. ²⁰Pilatus redete ihnen zu, denn er wollte lieber Jesus freilassen. ²¹Aber sie schrien nur: »Kreuzige ihn! Kreuzige ihn!«

²²Zum dritten Mal wandte er ein: »Warum? Welches Verbrechen hat er begangen? Ich habe keinen Grund gefunden, ihn zum Tod zu verurteilen. Ich werde ihn auspeitschen lassen und dann freigeben.«

²³Aber die Menge schrie noch lauter und verlangte seine Kreuzigung. Sie übertönten Pilatus mit ihrem Geschrei. ²⁴Da verurteilte Pilatus Jesus zum Tod, wie sie es verlangten. ²⁵Auf ihren Wunsch ließ er Barabbas frei, den Mann, der wegen Aufruhr und Mord im Gefängnis saß. Jesus dagegen lieferte er ihnen aus, wie sie es gefordert hatten.

Die Kreuzigung
V. 26-36: Matthäus 27,31-44; Markus 15,20-32; Johannes 19,16-24

²⁶Als sie Jesus abführten, kam Simon aus Kyrene* gerade vom Feld zurück. Sie zwangen ihn, hinter Jesus herzugehen und ihm sein Kreuz zu tragen. ²⁷Ihnen schloss sich eine große Menschenmenge an, darunter viele trauernde, wehklagende Frauen. ²⁸Doch Jesus wandte sich um und sagte zu ihnen: »Töchter Jerusalems, weint nicht um mich, sondern klagt über euch selbst und eure Kinder. ²⁹Denn es kommt die Zeit, da werden sie sagen: ›Glücklich sind die Frauen, die kinderlos geblieben sind, deren Körper nie ein Kind geboren und deren Brüste keinen Säugling gestillt haben.‹ ³⁰Die Menschen werden die Berge anflehen, auf sie zu fallen, und die Hügel, sie unter sich zu begraben. ³¹Denn wenn dies schon mit dem grünen Holz geschieht, wie wird es dann erst dem toten Holz ergehen?*«

³²Auch zwei andere Männer, beides Verbrecher, wurden abgeführt, um mit ihm hingerichtet zu werden. ³³Schließlich kamen sie an einen Ort, der Schädelstätte* heißt. Dort wurden alle drei gekreuzigt – Jesus in der Mitte und die zwei Verbrecher rechts und links von ihm.

³⁴Jesus sagte: »Vater, vergib diesen Menschen, denn sie wissen nicht, was sie tun.«* Und die Soldaten würfelten* um seine Kleider.

³⁵Das Volk schaute zu, während die führenden Männer lachten und spotteten. »Er hat andere gerettet«, sagten sie. »Soll er sich jetzt doch selbst retten, wenn er wirklich Gottes Auserwählter, der Christus, ist.« ³⁶Auch die Soldaten verhöhnten ihn. Sie gaben ihm Weinessig zu trinken und ³⁷riefen ihm zu: »Wenn du der König der Juden bist, rette dich doch selbst!« ³⁸Über ihm am Kreuz wurde eine Inschrift mit den Worten angebracht: »Dies ist der König der Juden.«

³⁹Einer der Verbrecher, die neben ihm hingen, spottete: »Du bist also der Christus? Beweise es, indem du dich rettest – und uns mit!«

⁴⁰Doch der andere mahnte: »Hast du nicht einmal jetzt Ehrfurcht vor Gott, da du den Tod vor Augen hast? ⁴¹Wir haben für unsere Vergehen den Tod verdient, aber dieser Mann hat nichts Unrechtes getan.« ⁴²Dann sagte er: »Jesus, denk an mich, wenn du in dein Reich kommst.«

⁴³Da antwortete Jesus: »Ich versichere dir: Heute noch wirst du mit mir im Paradies sein.«

Jesus stirbt
Matthäus 27,45-56; Markus 15,33-41; Johannes 19,28-30

⁴⁴Inzwischen war es Mittag geworden, und Dunkelheit legte sich über das ganze Land bis um drei Uhr nachmittags. ⁴⁵Die Sonne hatte sich verfinstert. Plötzlich zerriss der Vorhang im Tempel. ⁴⁶Jesus rief: »Vater, ich lege meinen Geist in deine Hände!«* Und mit diesen Worten starb er.*

⁴⁷Der Hauptmann der römischen Soldaten, der die Hinrichtung überwachte, sah, was geschehen war, lobte Gott und sagte: »Dieser Mann war wirklich unschuldig*.« ⁴⁸Und die vielen Zuschauer, die zur Kreuzigung gekommen waren und alles miterlebt hatten, was geschehen war, gingen voll Reue* wieder nach Hause. ⁴⁹Aber die Freunde von Jesus, unter ihnen die Frauen, die ihm aus Galiläa gefolgt waren, schauten aus einiger Entfernung zu.

Das Begräbnis
Matthäus 27,57-61; Markus 15,42-47; Johannes 19,38-42

⁵⁰Nun lebte dort ein gütiger und gerechter Mann mit Namen Josef. Er war ein Mitglied des Hohen Rats, ⁵¹doch er war mit der Entscheidung und dem Vorgehen der anderen Ratsmitglieder

---

23,16 In manchen Handschriften folgt Vers 17: *Denn er musste ihnen aus Anlass des Festes einen [Gefangenen] freilassen.* **23,26** Kyrene war eine Stadt in Nordafrika. **23,31** O. *Wenn diese Dinge dem lebendigen Baum widerfahren, wie wird es dann erst dem verdorrten Baum ergehen?* **23,33** Manchmal übersetzt mit *Kalvarienberg*, nach dem lateinischen Wort *calvaria*, d.h. »Schädel«. **23,34a** Dieser Satz ist in vielen frühen Handschriften nicht enthalten. **23,34b** Griech. *warfen Lose*; s. Psalm 22,19. **23,46a** Psalm 31,6. **23,46b** Griech. *hauchte er den Geist aus.* **23,47** O. *gerecht.* **23,48** Griech. *schlugen sich an die Brust und gingen ...*

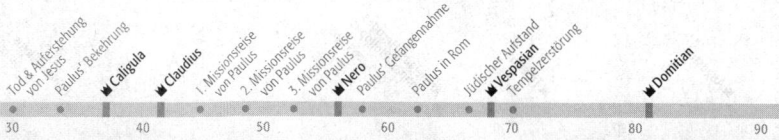

LUKAS

1–2	Die Geburt von Jesus und ihre Vorgeschichte
3,1–4,13	Vorbereitungszeit
4,14–9,50	Jesus in Galiläa
9,51–19,27	Auf dem Weg nach Jerusalem
19,28–21,38	Jesus in Jerusalem
22–24	Leiden, Tod und Auferstehung

23–24
Frauen entdecken das leere Grab. Jesus erscheint zwei Jüngern auf der Straße. Jesus erscheint allen Jüngern.

[Gottes Königsherrschaft und der Messias]

nicht einverstanden gewesen. Er stammte aus der Stadt Arimathäa in Judäa und wartete auf das Kommen des Reiches Gottes. ⁵²Dieser Josef ging zu Pilatus und bat um den Leichnam von Jesus. ⁵³Dann nahm er ihn vom Kreuz, hüllte ihn in ein langes Leinentuch und legte ihn in ein neues Grab, das in einen Felsen gehauen war. ⁵⁴Dies geschah am späten Freitagnachmittag, dem Rüsttag* für den Sabbat.

⁵⁵Als sein Leichnam fortgebracht wurde, folgten die Frauen aus Galiläa und sahen das Grab, in das sie ihn legten. ⁵⁶Dann gingen sie nach Hause und bereiteten Kräuter und Öle vor, um ihn damit einzubalsamieren. Doch als sie mit den Vorbereitungen fertig waren, war der Sabbat angebrochen, und sie ruhten den ganzen Tag, wie es im Gesetz vorgeschrieben ist.

Die Auferstehung
Matthäus 28,1-10; Markus 16,1-11; Johannes 20,1-18

24 Früh am Sonntagmorgen* gingen die Frauen zum Grab und brachten die Öle mit, die sie vorbereitet hatten. ²Sie sahen, dass der Stein, der den Eingang verschlossen hatte, weggerollt war. ³So gingen sie in die Grabhöhle hinein, konnten aber den Leichnam von Jesus, dem Herrn, nicht finden. ⁴Sie waren ratlos und überlegten, was geschehen sein konnte. Plötzlich standen zwei Männer in strahlenden Gewändern neben ihnen. ⁵Die Frauen erschraken und verneigten sich vor ihnen. Da fragten die Männer: »Warum sucht ihr den Lebenden bei den Toten? ⁶Er ist nicht hier! Er ist auferstanden! Erinnert ihr euch nicht, wie er euch in Galiläa sagte, ⁷dass der Menschensohn in die Hände sündiger Menschen übergeben und gekreuzigt werden muss und dass er am dritten Tag wieder auferstehen wird?«

⁸Da erinnerten sie sich, dass er das gesagt hatte. ⁹Sie liefen schnell zurück, um den elf Jüngern – und allen anderen – zu berichten, was geschehen war. ¹⁰Die Frauen, die zum Grab gegangen waren, waren Maria Magdalena, Johanna und Maria, die Mutter von Jakobus und mehrere andere. Sie erzählten den Aposteln, was geschehen war, ¹¹doch für diese klang die Geschichte völlig unsinnig, deshalb glaubten sie ihnen nicht. ¹²Nur Petrus lief trotzdem zum Grab, um nachzusehen. Dort angekommen, beugte er sich vor, um einen Blick hineinzuwerfen, und sah die losen Leinen-

---

23,54 Griech. *am Tag der Vorbereitung.* **24,1** Griech. *Doch am ersten Tag der Woche, ganz früh am Morgen.*

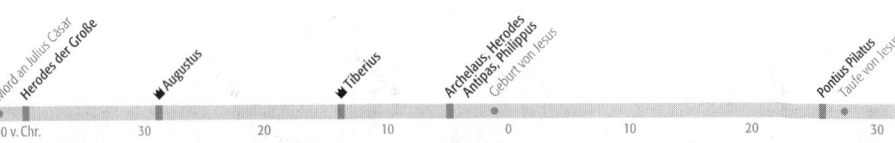

tücher; dann ging er weg und fragte sich verwundert, was geschehen war.*

Auf dem Weg nach Emmaus
Markus 16,12-13

¹³Am gleichen Tag waren zwei Jünger von Jesus unterwegs nach Emmaus, einem Dorf, das etwa elf Kilometer* von Jerusalem entfernt lag. ¹⁴Auf dem Weg sprachen sie über alles, was geschehen war. ¹⁵Plötzlich kam Jesus selbst, schloss sich ihnen an und ging mit ihnen. ¹⁶Aber sie wussten nicht, wer er war, weil Gott verhinderte, dass sie ihn erkannten.

¹⁷»Worüber redet ihr?«, fragte Jesus. »Was beschäftigt euch denn so?«

Da blieben sie voller Traurigkeit stehen. ¹⁸Einer von ihnen, Kleopas, sagte: »Du bist wohl der einzige Mensch in Jerusalem, der nicht gehört hat, was sich dort in den letzten Tagen ereignet hat.«

¹⁹»Was waren das für Ereignisse?«, fragte Jesus.

»Das, was mit Jesus von Nazareth geschehen ist«, sagten sie. »Er war ein Prophet, der vor Gott und dem ganzen Volk erstaunliche Wunder tat und mit großer Vollmacht lehrte. ²⁰Doch unsere obersten Priester und die anderen Ältesten haben ihn verhaftet, den Römern ausgeliefert und zum Tod verurteilen lassen, und er wurde gekreuzigt. ²¹Wir hatten gehofft, er sei der Christus, der Israel retten und erlösen wird. Das alles geschah vor drei Tagen. ²²Aber heute Morgen waren einige Frauen aus unserer Gemeinschaft schon früh an seinem Grab und kamen mit einem erstaunlichen Bericht zurück. ²³Sie sagten, sein Leichnam sei nicht mehr da und sie hätten Engel gesehen, die ihnen sagten, dass Jesus lebt! ²⁴Einige von uns liefen hin, um nachzuschauen, und tatsächlich war der Leichnam von Jesus verschwunden, wie die Frauen gesagt hatten.«

²⁵Darauf sagte Jesus zu ihnen: »Was seid ihr doch für unverständige Leute! Es fällt euch so schwer zu glauben, was die Propheten in der Schrift gesagt haben. ²⁶Haben sie nicht angekündigt, dass der Christus alle diese Dinge erleiden muss, bevor er verherrlicht wird?« ²⁷Und er begann bei Mose und den Propheten und erklärte ihnen alles, was in der Schrift über ihn geschrieben stand.

²⁸Mittlerweile näherten sie sich ihrem Ziel, dem Dorf Emmaus. Es schien so, als ob Jesus weitergehen wollte, ²⁹doch sie baten ihn inständig, über Nacht bei ihnen zu bleiben, da es schon dunkel wurde. Da trat er mit ihnen ins Haus. ³⁰Als sie sich hinsetzten, um zu essen, nahm er das Brot, segnete es, brach es und gab es ihnen. ³¹Da gingen ihnen die Augen auf und sie erkannten ihn. Doch im selben Augenblick verschwand er!

³²Sie sagten zueinander: »War es uns nicht seltsam warm ums Herz*, als er unterwegs mit uns sprach und uns die Schrift auslegte?« ³³Und sofort brachen sie auf und gingen nach Jerusalem zurück, wo die elf Jünger und die, die bei ihnen waren, sich versammelt hatten. Als sie ankamen, wurden sie mit der Nachricht empfangen: ³⁴»Der Herr ist tatsächlich auferstanden! Er ist Petrus* erschienen!«

Jesus erscheint den Jüngern
Markus 16,14-15; Johannes 20,19-23

³⁵Da erzählten auch die beiden Jünger aus Emmaus ihre Geschichte, wie Jesus unterwegs mit ihnen gesprochen hatte und wie sie ihn erkannt hatten, als er das Brot brach. ³⁶Und während sie noch sprachen, stand Jesus plötzlich selbst mitten unter ihnen und sagte: »Friede sei mit euch!«* ³⁷Doch sie hatten alle schreckliche Angst, weil sie dachten, sie sähen einen Geist! ³⁸»Warum fürchtet ihr euch so?«, fragte er. »Warum zweifelt ihr, wer ich bin? ³⁹Seht euch meine Hände an. Seht euch meine Füße an. Ihr könnt doch sehen, dass ich es wirklich bin. Berührt mich und vergewissert euch, dass ich kein Geist bin; denn ein Geist hat keinen Körper, und ich habe einen, wie ihr seht!« ⁴⁰Bei diesen Worten hielt er ihnen seine Hände hin und zeigte ihnen seine Füße.*

⁴¹Noch immer standen sie voller Zweifel und Freude da. Er fragte sie: »Habt ihr etwas zu essen da?« ⁴²Sie reichten ihm ein Stück gebratenen Fisch, ⁴³und er aß ihn vor ihren Augen.

⁴⁴Dann sagte er: »Als ich bei euch war, habe ich euch erklärt, dass alles, was bei Mose, bei den Propheten und in den Psalmen über mich geschrieben steht, in Erfüllung gehen muss.« ⁴⁵Nun öffnete er ihnen den Blick für das Verständnis dieser Schriften. ⁴⁶Er sagte: »Es wurde vor langer Zeit aufgeschrieben, dass der Christus leiden und sterben und am dritten Tag auferstehen muss. ⁴⁷Geht in seinem Namen zu allen Völkern, angefangen in Jerusalem, ruft sie zur Umkehr auf, damit sie Vergebung der Sünden erhalten. ⁴⁸Für all dies seid ihr meine Zeugen.

24,12 In manchen Handschriften fehlt dieser Vers. **24,13** Griech. *60 Stadien;* das sind 11,1 km. **24,32** Griech. *Brannte nicht unser Herz in uns.* **24,34** Griech. *Simon.* **24,36** In manchen Handschriften fehlt der Satz *Er sagte: »Friede sei mit euch.«* **24,40** In manchen Handschriften fehlt dieser Vers.

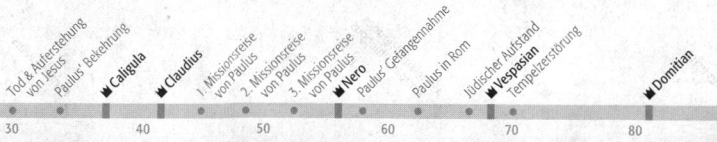

LUKAS	
1–2	Die Geburt von Jesus und ihre Vorgeschichte
3,1–4,13	Vorbereitungszeit
4,14–9,50	Jesus in Galiläa
9,51–19,27	Auf dem Weg nach Jerusalem
19,28–21,38	Jesus in Jerusalem
22–24	Leiden, Tod und Auferstehung

24
Jesus steigt in den Himmel auf.

[Gottes Königsherrschaft und der Messias]

⁴⁹Und nun werde ich euch den Heiligen Geist senden, wie mein Vater es versprochen hat. Ihr aber bleibt hier in der Stadt, bis der Heilige Geist kommen und euch mit Kraft aus dem Himmel erfüllen wird.«

Die Himmelfahrt
Markus 16,19; Apostelgeschichte 1,9-12
⁵⁰Dann führte Jesus sie nach Betanien. Dort hob er die Hände zum Himmel und segnete sie. ⁵¹Noch während er sie segnete, verließ er sie und wurde in den Himmel hinaufgehoben.* ⁵²Sie beteten ihn an und* kehrten danach voll großer Freude nach Jerusalem zurück. ⁵³Und sie hielten sich die ganze Zeit über im Tempel auf und priesen Gott.

24,51 In manchen Handschriften fehlt die Wendung *und wurde in den Himmel hinaufgehoben.*   24,52 In manchen Handschriften fehlt die Wendung *beteten ihn an und.*

Johannes

Inhalt

Johannes wendet sich mit seinem Evangelium an Menschen, die von der Leitkultur des Römischen Reichs geprägt sind. So setzt er am Anfang Gott und Jesus mit jüdischen, aber auch griechischen Vorstellungen in Beziehung. Er gibt viele Aussagen von Jesus wieder, in denen er teils begrifflich, teils bildhaft ausdrückt, wer er ist. Mit »Ich bin ...« bezieht Jesus sich überdies auf Gottes Namen, mit dem Gott sich Mose vorgestellt hat (siehe Einleitung zu 2Mo). Unverhüllter als in den anderen Evangelien wird bei Johannes klar: Jesus ist der Sohn Gottes und der von den Juden erwartete »Menschensohn«; nicht nur ein Sohn seines Volkes, sondern er war schon da, bevor der Stammvater Abraham gelebt hat. So kann das Alte Testament auf ihn hinweisen.

Jesus ist in die Welt gekommen, damit Menschen Kinder Gottes werden, ewiges Leben bekommen, frei werden von der Macht der Sünde und dem letzten Gericht Gottes entgehen, weil er die Strafe wie ein Opferlamm auf sich nimmt. Wenn Menschen Jesus als Sohn Gottes erkennen und an ihn glauben, wird ihnen schon jetzt ewiges Leben zuteil. Johannes hat sein Evangelium ausdrücklich dazu geschrieben, dass solcher Glaube entsteht und dauerhaft trägt.

Eine Besonderheit im Johannesevangelium sind die Gespräche, die Jesus mit seinen Jüngern am Vorabend seiner Kreuzigung führt. Er bereitet sie auf zu erwartende Verfolgung vor und legt ihnen gegenseitige Liebe und Einigkeit ans Herz. »Bleibt in mir, und ich werde in euch bleiben«, diese innerliche Verbindung ist das Geheimnis von Vollmacht und einem fruchtbaren Leben. Dazu verspricht er, ihnen den Heiligen Geist zu schicken. Der wird in ihnen wohnen, sie der Wahrheit gemäß leiten, ihnen Ratgeber, Tröster und Ermutiger sein.

In seinem Bericht vom Leiden, Sterben und Auferstehen von Jesus setzt Johannes eigene Schwerpunkte. Jesus erklärt Pilatus im Verhör, dass sein Reich einer anderen Dimension angehört als Herrschaft in der Welt. Zum Schluss schildert Johannes ausführlich Begegnungen des auferstandenen Jesus mit Maria aus Magdala und seinen Jüngern.

Wichtige Personen

Jesus Christus
Johannes der Täufer
Jünger von Jesus:

Andreas	Bruder von Simon Petrus
Simon/Petrus/Kephas	
Philippus	
Nathanael	
Judas	Sohn von Simon Iskariot
Thomas/Zwilling	
Judas (nicht Judas Iskariot)	
die Söhne des Zebedäus	

Menschen, die Jesus hören oder von ihm geheilt werden
Pharisäer, Gesetzeslehrer, führende Männer des jüdischen Volkes

Nikodemus	führender Jude und Pharisäer
Eine Samariterin am Jakobsbrunnen	
Ein königlicher Beamter in Kapernaum	
Lazarus, Maria, Marta	drei Geschwister aus dem engen Freundeskreis von Jesus
Eine Frau, die Jesus salbt	
Kaiphas	Hoher Priester
Hannas	Schwiegervater von Kaiphas
Wachen und Bedienstete im Innenhof des hohepriesterlichen Palastes	
(Pontius) Pilatus	römischer Statthalter von Judäa
Barabbas	freigelassener Verbrecher
Soldaten, mit der Kreuzigung von Jesus beauftragt	
Mutter von Jesus	
Maria aus Magdala	
Zwei mit Jesus gekreuzigte Männer	
Josef von Arimathäa	

Wichtige Orte

Betsaida	Stadt am Nordrand des Sees Genezareth
Kana	Stadt in Galiläa
Jerusalem	
Sychar	Stadt bei Sichem
Galiläa	nördliche Region Israels
Kapernaum	Wohnort von Jesus
Betanien	Wohnort von Maria, Marta und Lazarus
See von Tiberias / See Genezareth	

JOHANNES

1,1-18	Prolog
1,19–12,50	Das Wirken von Jesus in der Welt
13–17	Jesus spricht zu seinen Jüngern und betet für sie
18–20	Leiden, Tod und Auferstehung von Jesus
21	Jesus in Galiläa

1

Einleitung: Das Wort und der Sohn. Johannes der Täufer erkennt Jesus und tauft ihn. Jesus beruft die ersten Jünger.

[Gottes Königsherrschaft und der Messias]

DAS EVANGELIUM VON JOHANNES

Johannes 1,1-5

Erwählung

Als Gott die Welt schuf, war es seine Absicht, eine ganze Menschheit als Gegenüber zu gewinnen. Seine Erwählung war auf alle ausgeweitet.

Im Rückblick zeigt aber Johannes in seinem Evangelium, dass noch eine zweite Erwählung geheimnisvoll in der Schöpfung verborgen war: »Das Wort«, der Sohn (V. 14) war bei der Schöpfung mit am Werk. Er war es, durch den Gott allen Menschen Licht schenkte (V. 4).

Das Wort war einerseits mit Gott identisch und war andererseits »*bei* Gott« (V. 1). Deshalb steht dieses Wort, der Sohn, dem Schöpfer auch gegenüber. In unvergleichlicher Weise ist er »dem Herzen des Vaters ganz nahe« (V. 18). Darin liegt seine besondere Erwählung.

Mitten in dem breiten Band der Erwählung, das sich auf die ganze Menschheit bezieht, verläuft also die feine Erwählungslinie, die dem Sohn gilt. Diese Linie beginnt im allerersten Moment der Schöpfung und zieht sich durch die gesamte Geschichte Gottes hindurch.

(1. Mose 10,32 ‹‹‹ | ››› Kolosser 1,15-17)

Johannes 1,1-18

Gott redet

In allen vier Evangelien wird Jesus verkündet. Sie erklären, wer er ist und was er getan hat. Aber jedes Evangelium setzt dabei einen besonderen Schwerpunkt. Nur im Johannesevangelium wird Jesus als »das Mensch gewordene Wort« dargestellt.

Das ganze Weltall wurde durch Gottes Wort geschaffen: »Da sprach Gott« (1Mo 1,3); »Durch (das Wort) wurde alles geschaffen« (Joh 1,3). Das schöpferische Wort Gottes ist in Jesus sichtbar geworden. Das alttestamentliche Wort Gottes verkündigte Gottes Gnade und Wahrheit. Jetzt aber ist diese Gnade und diese Wahrheit durch den Mensch gewordenen Sohn Gottes greifbar geworden.

Wenn Menschen Jesus begegneten, erkannten sie in ihm das lebendige Wort: Es erfüllte die Worte, die lange vorher gesprochen und geschrieben waren. Simon Petrus bekennt: »Du hast Worte, die ewiges Leben schenken« (Joh 6,68). Jesus selbst *ist* das eigentliche Wort, das dieses Leben schenkt.

(Psalm 119 ‹‹‹ | ››› 2. Korinther 4,6)

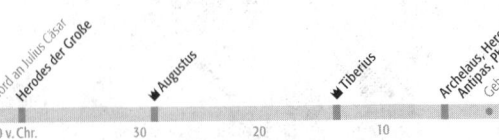

Christus, das ewige Wort

1 Am Anfang war das Wort. Das Wort war bei Gott und das Wort war Gott. ²Er* war am Anfang bei Gott. ³Durch ihn wurde alles geschaffen, was ist. Es gibt nichts, was er, das Wort, nicht geschaffen hat. ⁴Das Leben selbst war in ihm, und dieses Leben schenkt allen Menschen Licht. ⁵Das Licht scheint in der Dunkelheit, und die Dunkelheit konnte es nicht auslöschen.

⁶Gott sandte Johannes den Täufer, ⁷um allen Menschen von dem Licht zu erzählen, damit durch ihn alle daran glauben. ⁸Johannes selbst war nicht das Licht; er war nur ein Zeuge für das Licht. ⁹Der, der das wahre Licht ist, das alle Menschen erleuchtet, sollte erst noch in die Welt kommen.

¹⁰Doch obwohl die Welt durch ihn geschaffen wurde, erkannte die Welt ihn nicht, als er kam. ¹¹Er kam in die Welt, die ihm gehört, und sein eigenes Volk nahm ihn nicht auf. ¹²All denen aber, die ihn aufnahmen und an seinen Namen glaubten, gab er das Recht, Gottes Kinder zu werden. ¹³Sie wurden dies weder durch ihre Abstammung noch durch menschliches Bemühen oder Absicht, sondern dieses neue Leben kommt von Gott.

¹⁴Er, der das Wort ist, wurde Mensch und lebte unter uns. Er war voll Gnade und Wahrheit und wir wurden Zeugen seiner Herrlichkeit, der Herrlichkeit, die der Vater ihm, seinem einzigen Sohn, gegeben hat.

¹⁵Auf ihn wies Johannes die Menschen hin. Er rief ihnen zu: »Das ist der, von dem ich gesagt habe: ›Es kommt einer nach mir, der ist größer als ich, denn er war da, lange bevor es mich gab.‹«

¹⁶Immer und immer wieder haben wir den Reichtum seines Segens* empfangen. ¹⁷Denn das Gesetz wurde durch Mose gegeben; Gottes Gnade und Wahrheit kamen durch Jesus Christus. ¹⁸Niemand hat Gott je gesehen. Doch sein einziger Sohn, der selbst Gott ist*, ist dem Herzen des Vaters ganz nahe; er hat uns von ihm erzählt.

Das Zeugnis Johannes des Täufers
Vgl. Matthäus 3,1-12; Markus 1,1-8; Lukas 3,1-18

¹⁹Die führenden Männer des jüdischen Volkes schickten Priester und Leviten aus Jerusalem zu Johannes, um ihn zu fragen: »Wer bist du eigentlich?« ²⁰Johannes schwieg nicht, sondern bekannte klar und deutlich: »Ich bin nicht der Christus*.«

²¹»Wer bist du dann?«, fragten sie. »Bist du Elia?«

»Nein«, erwiderte er.

»Bist du der Prophet?«*

»Nein.«

²²»Wer bist du dann? Sag es uns, damit wir die Antwort denen überbringen können, die uns geschickt haben. Was sagst du selbst, wer du bist?«

²³Johannes antwortete mit den Worten des Propheten Jesaja:

›Ich bin eine Stimme, die in der Wüste ruft: ›Ebnet den Weg für das Kommen des Herrn!‹‹*

²⁴Darauf fragten ihn die Abgesandten der Pharisäer: ²⁵»Wenn du weder der Christus noch Elia oder der Prophet bist, mit welchem Recht taufst du dann?«

²⁶Johannes antwortete ihnen: »Ich taufe nur mit* Wasser, doch hier mitten unter euch steht einer, den ihr noch nicht kennt. ²⁷Er wird aber schon bald nach mir kommen. Ich bin nicht einmal wert, sein Diener zu sein*.« ²⁸Diese Begebenheit ereignete sich in Betanien, einem Dorf am Ostufer des Jordan, wo Johannes taufte.

Jesus, das Lamm Gottes
Vgl. Matthäus 3,13-17; Markus 1,9-11; Lukas 3,21-22

²⁹Am nächsten Tag, als Johannes Jesus auf sich zukommen sah, sagte er: »Seht her! Da ist das Lamm Gottes, das die Sünde der Welt wegnimmt! ³⁰Er ist es, von dem ich sagte: ›Bald nach mir kommt ein Mann, der größer ist als ich, denn er war da, lange bevor es mich gab.‹ ³¹Ich kannte ihn nicht. Aber um Israel die Augen für ihn zu öffnen, bin ich gekommen und habe mit Wasser getauft.«

³²Und er fuhr fort: »Ich sah den Heiligen Geist wie eine Taube vom Himmel herabkommen und sich auf ihm niederlassen. ³³Ich kannte ihn nicht, doch Gott, der mir den Auftrag gegeben hat, mit Wasser zu taufen, sagte zu mir: ›Der, auf den du den Heiligen Geist herabkommen und sich niederlassen siehst, ist der, den du suchst. Er ist es, der mit dem Heiligen Geist tauft.‹ ³⁴Das habe ich nun gesehen und deshalb bezeuge ich, dass dieser Mann der Sohn Gottes ist.*«

Die ersten Jünger

³⁵Am nächsten Tag stand Johannes an der gleichen Stelle und zwei seiner Jünger waren bei ihm. ³⁶Als Jesus vorüberging, blickte Johannes

---

1,2 Damit ist Christus gemeint, das Wort Gottes; s. auch 1,14. **1,16** Griech. *Gnade über Gnade*. **1,18** In manchen Handschriften heißt es *sein einer, einziger Sohn*. **1,20** S. Fußnote zu Matthäus 1,16. **1,21** S. 5. Mose 18,15.18 und Maleachi 3,23-24. **1,23** Jesaja 40,3. **1,26** O. *in*; so auch in 1,31.33. **1,27** Griech. *ihm die Sandalen zu lösen*. **1,34** In einigen Handschriften heißt es *der Erwählte Gottes*.

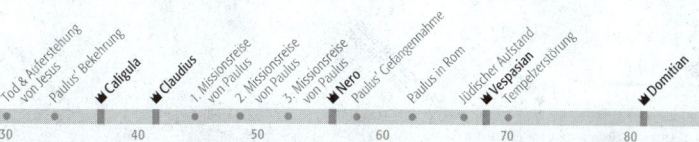

JOHANNES

1,1-18	Prolog
1,19–12,50	Das Wirken von Jesus in der Welt
13–17	Jesus spricht zu seinen Jüngern und betet für sie
18–20	Leiden, Tod und Auferstehung von Jesus
21	Jesus in Galiläa

1–3
Jesus verwandelt Wasser zu Wein. Er vertreibt Händler aus dem Tempel und spricht mit dem Pharisäer Nikodemus über das Reich Gottes.

[Gottes Königsherrschaft und der Messias]

ihn an und rief aus: »Seht hin! Dieser ist das Lamm Gottes!« ³⁷Da wandten sich seine beiden Jünger um und folgten Jesus.

³⁸Jesus schaute sich um und sah, dass sie ihm folgten. »Was wollt ihr?«, fragte er sie.

Sie antworteten: »Rabbi« (das bedeutet: Meister), »wo wohnst du?«

³⁹»Kommt mit, dann werdet ihr es sehen«, sagte er. Es war etwa vier Uhr nachmittags, als sie mit ihm dorthin gingen, und sie blieben für den Rest des Tages dort.

⁴⁰Andreas, der Bruder von Simon Petrus, war einer der beiden Männer, die Jesus gefolgt waren, weil sie gehört hatten, was Johannes über ihn sagte. ⁴¹Sofort suchte er seinen Bruder Simon auf und erzählte ihm: »Wir haben den Messias gefunden« (das bedeutet: den Christus*).

⁴²Dann nahm Andreas Simon mit zu Jesus. Jesus sah ihn aufmerksam an und sagte: »Du bist Simon, der Sohn des Johannes – doch du wirst Kephas genannt werden« (das bedeutet: Petrus*).

⁴³Als Jesus am nächsten Tag beschloss, nach Galiläa zu gehen, begegnete er Philippus und sagte zu ihm: »Komm mit und folge mir nach.« ⁴⁴Philippus stammte aus Betsaida, der Heimatstadt von Andreas und Petrus.

⁴⁵Philippus machte sich auf die Suche nach Nathanael und erzählte ihm: »Wir haben den gefunden, von dem Mose und die Propheten geschrieben haben! Es ist Jesus, der Sohn von Josef aus Nazareth.«

⁴⁶»Aus Nazareth!«, rief Nathanael aus. »Kann denn aus Nazareth etwas Gutes kommen?«

Philippus antwortete: »Komm mit und überzeuge dich selbst.«

⁴⁷Als Jesus Nathanael auf sich zukommen sah, sagte er: »Da kommt ein aufrechter Mann – ein wahrer Sohn Israels.«

⁴⁸Nathanael fragte: »Woher kennst du mich?«

Jesus antwortete: »Ich sah dich unter dem Feigenbaum, noch bevor Philippus dich rief.«

⁴⁹Da antwortete Nathanael: »Rabbi, du bist der Sohn Gottes – du bist der König Israels!«

⁵⁰Jesus entgegnete: »Glaubst du das jetzt nur, weil ich dir gesagt habe, dass ich dich unter dem Feigenbaum sah? Du wirst viel Größeres sehen.« ⁵¹Und er fuhr fort: »Ich versichere euch: Ihr werdet sehen, dass der Himmel offen steht und die Engel Gottes über dem Menschensohn hinauf- und herabsteigen.«*

1,41 Griech. für *Gesalbter*. **1,42** Die Namen *Kephas* und *Petrus* bedeuten beide »Fels«. **1,51** S. den Bericht über die Jakobsleiter in 1. Mose 28,10-17.

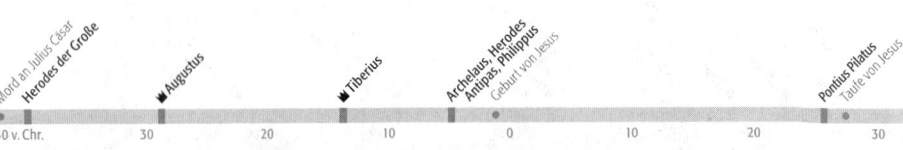

Die Hochzeit in Kana

2 Am übernächsten Tag* war die Mutter von Jesus bei einer Hochzeitsfeier in Kana, einem Dorf in Galiläa. ²Auch Jesus und seine Jünger waren zu der Feier eingeladen. ³Während des Festes ging der Wein aus, und die Mutter von Jesus machte ihn darauf aufmerksam. »Sie haben keinen Wein mehr«, sagte sie zu ihm.

⁴»Was hat das mit mir und dir zu tun?«, fragte Jesus. »Meine Zeit ist noch nicht gekommen.«

⁵Doch seine Mutter wies die Diener an: »Tut, was immer er euch befiehlt.«

⁶Im Haus gab es sechs steinerne Wasserbehälter, die für die vorgeschriebenen Reinigungshandlungen der Juden verwendet wurden und jeweils rund hundert Liter* fassten. ⁷Jesus sprach zu den Dienern: »Füllt die Krüge mit Wasser.« Als sie die Krüge bis zum Rand gefüllt hatten, ⁸sagte er: »Schöpft daraus und bringt es dem Zeremonienmeister.« Sie folgten seiner Anweisung.

⁹Der Zeremonienmeister kostete von dem Wasser, das nun Wein war. Da er nicht wusste, woher der Wein kam – denn nur die Diener, die ihn geschöpft hatten, wussten es –, ließ er den Bräutigam holen. ¹⁰»Eigentlich schenkt ein Gastgeber den besseren Wein zuerst aus«, sagte er. »Später, wenn alle betrunken sind und es ihnen nichts mehr ausmacht, holt er den weniger guten. Du dagegen hast den besten Wein bis jetzt zurückbehalten!«

¹¹Durch dieses Wunder in Kana in Galiläa zeigte Jesus zum ersten Mal seine Herrlichkeit. Und seine Jünger glaubten an ihn.

¹²Nach der Hochzeit ging er nach Kapernaum, wo er einige Tage mit seiner Mutter, seinen Brüdern und seinen Jüngern verbrachte.

Jesus reinigt den Tempel
Vgl. Matthäus 21,12-17; Markus 11,15-19; Lukas 19,45-48

¹³Das alljährliche Passahfest stand bevor, und Jesus ging nach Jerusalem. ¹⁴Im Hof des Tempels sah er Händler, die Rinder, Schafe und Tauben als Opfertiere zum Verkauf anboten; und er sah Geldwechsler hinter ihren Tischen sitzen. ¹⁵Da machte Jesus aus Stricken eine Peitsche und jagte sie alle aus dem Tempel. Er trieb die Schafe und Rinder hinaus, warf die Münzen der Geldwechsler auf den Boden und stieß ihre Tische um. ¹⁶Dann ging er zu den Taubenverkäufern und befahl ihnen: »Schafft das alles fort. Macht aus dem Haus meines Vaters keinen Marktplatz!«

¹⁷Da erinnerten sich die Jünger an die Prophezeiung aus der Schrift: »Die Leidenschaft für dein Haus brennt in mir.«*

¹⁸»Woher nimmst du das Recht, so etwas zu tun?«, fragten die Juden. »Wenn du diese Vollmacht von Gott hast, dann beweise es uns durch ein Wunder.«

¹⁹»Nun gut«, erwiderte Jesus. »Zerstört diesen Tempel, und in drei Tagen werde ich ihn wieder aufbauen.«

²⁰»Was?«, riefen sie aus. »Es hat sechsundvierzig Jahre gedauert, diesen Tempel zu bauen, und du willst ihn in drei Tagen wieder aufbauen?« ²¹Doch Jesus hatte mit »diesem Tempel« seinen eigenen Körper gemeint. ²²Später, als er von den Toten auferstanden war, erinnerten sich die Jünger an das, was Jesus gesagt hatte. Und sie glaubten der Schrift und den Worten von Jesus.

²³Durch die Wunder*, die er während des Passahfestes in Jerusalem tat, glaubten viele Menschen an seinen Namen. ²⁴Aber Jesus vertraute sich ihnen nicht an, denn er kannte sie und wusste, wie es in den Menschen wirklich aussieht. ²⁵Ihm brauchte über die menschliche Natur niemand etwas zu sagen.

Jesus und Nikodemus

3 Eines Nachts kam ein Pharisäer mit Namen Nikodemus ²zu Jesus, der zu den führenden Juden zählte. »Meister«, sagte er, »wir alle wissen, dass Gott dich gesandt hat, um uns zu lehren. Die Wunder, die du tust, beweisen, dass Gott mit dir ist.«

³Jesus erwiderte: »Ich versichere dir: Wenn jemand nicht von Neuem geboren wird, kann er das Reich Gottes nicht sehen.«

⁴»Was meinst du damit?«, rief Nikodemus aus. »Wie kann denn ein alter Mensch wieder in den Leib seiner Mutter zurückkehren und zum zweiten Mal geboren werden?«

⁵Jesus erwiderte: »Ich sage dir: Niemand kommt in das Reich Gottes, der nicht aus Wasser und Geist* geboren wird. ⁶Menschen können nur menschliches Leben hervorbringen, der Heilige Geist jedoch schenkt neues Leben von Gott her. ⁷Darum wundere dich nicht, wenn ich sage, dass ihr von Neuem geboren werden müsst. ⁸Der Wind weht, wo er will. Du hörst ihn zwar, aber du kannst nicht sagen, woher er kommt oder wohin er geht. So kannst du auch nicht er-

---

2,1 Griech. *am dritten Tag*; s. 1,35.43. **2,6** Griech. *zwei oder drei metretas* (das sind etwa 75 bis 115 l). **2,17** O. *Die Sorge um das Haus Gottes verzehrt mich*; Psalm 69,10. **2,23** Griech. *Zeichen*; so auch in 2,18. **3,5** Das griech. Wort für »Geist« bedeutet auch »Wind«; s. 3,8.

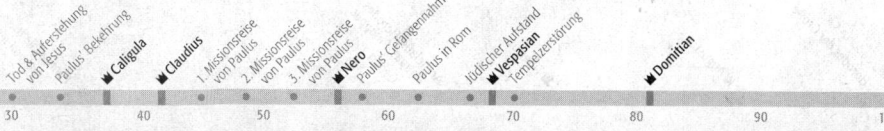

JOHANNES

1,1-18	Prolog
1,19–12,50	Das Wirken von Jesus in der Welt
13–17	Jesus spricht zu seinen Jüngern und betet für sie
18–20	Leiden, Tod und Auferstehung von Jesus
21	Jesus in Galiläa

3–4
Johannes der Täufer bestätigt Jesus. Jesus spricht mit einer Samariterin über lebendiges Wasser.

[**Gottes Königsherrschaft und der Messias**]

klären, wie die Menschen aus dem Geist geboren werden.«

⁹»Aber wie geschieht so etwas?«, fragte Nikodemus.

¹⁰Jesus antwortete: »Du bist ein angesehener Lehrer Israels, und trotzdem weißt du das nicht? ¹¹Ich versichere dir: Wir reden nur von dem, was wir wissen und gesehen haben, und erzählen es weiter. Doch ihr wollt unseren Worten nicht glauben. ¹²Aber wenn ihr mir nicht einmal glaubt, wenn ich euch von Dingen erzähle, die hier auf Erden geschehen, wie werdet ihr mir dann glauben können, wenn ich euch sage, was im Himmel geschieht? ¹³Es ist noch nie jemand in den Himmel hinaufgestiegen, bis auf den Menschensohn,* der vom Himmel herab auf die Erde gekommen ist. ¹⁴Und wie Mose in der Wüste die Bronzeschlange auf einem Pfahl aufgerichtet hat, so muss auch der Menschensohn an einem Pfahl* aufgerichtet werden, ¹⁵damit jeder, der glaubt, das ewige Leben hat.

¹⁶Denn Gott hat die Welt so sehr geliebt, dass er seinen einzigen Sohn hingab, damit jeder, der an ihn glaubt, nicht verloren geht, sondern das ewige Leben hat. ¹⁷Gott sandte seinen Sohn nicht in die Welt, um sie zu verurteilen, sondern um sie durch seinen Sohn zu retten.

3,13 Einige Handschriften fügen hinzu *der im Himmel ist.*
3,14 Im Griech. fehlt die Wendung *an einem Pfahl*; so auch im ersten Teil des Verses.

Johannes 3,16-17

Gottes Liebe, Gottes Zorn
Johannes 3,16 zählt zu den bekanntesten Versen der Bibel – berechtigterweise, denn er enthält die zentrale Botschaft der Bibel. Aus Liebe sandte Gott seinen eigenen Sohn, um die Welt zu retten.
Was ist mit »Welt« gemeint? Bezieht sich das auf die Menschheit oder das ganze Weltall? In jedem Fall ist die Erlösung der Menschheit das zentrale Ereignis innerhalb des Planes Gottes (siehe Röm 8,20-21). Zweifellos meint »Welt« nicht die weltliche Gesinnung, von der wir uns lösen sollen (1Joh 2,15).
Was bedeutet »an ihn glauben«? »Glauben« ist im biblischen Sprachgebrauch »Vertrauen«. Dabei spielt auch Treue eine große Rolle. Das Gegenteil von »Treue« bzw. »Glauben« ist laut V. 36 nicht »ungläubig sein«, sondern »nicht gehorchen«. Also heißt glauben: sich dem Sohn Gottes anvertrauen und auf ihn hören.
(Hesekiel 33,11 ««| »» Johannes 15,13)

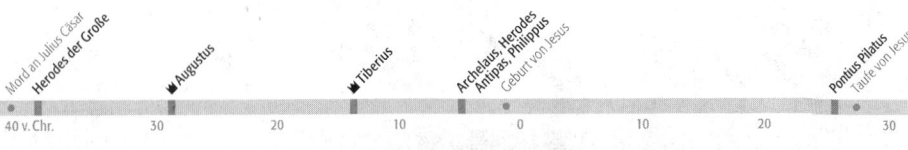

¹⁸Wer an ihn glaubt, wird nicht verurteilt. Wer aber nicht an ihn glaubt, ist schon verurteilt, weil er nicht an den Namen des einzigen Sohnes Gottes geglaubt hat. ¹⁹Und so vollzieht sich das Gericht: Das Licht ist vom Himmel in die Welt gekommen, aber sie liebten die Dunkelheit mehr als das Licht, weil ihre Taten böse waren. ²⁰Sie hassen das Licht, weil sie im Dunkeln Böses tun. Sie bleiben dem Licht fern, weil sie Angst haben, dass ihre Taten aufgedeckt werden. ²¹Wer sich aber nach der Wahrheit ausrichtet, tritt ans Licht und jeder kann sehen, dass er in Verantwortung vor Gott handelt.«

Johannes der Täufer bezeugt Jesus

²²Danach verließen Jesus und seine Jünger Jerusalem. Sie blieben aber noch eine Zeit lang in Judäa und tauften dort.

²³Zu dieser Zeit taufte Johannes der Täufer in Änon, in der Nähe von Salim, weil es dort reichlich Wasser gab. Und viele Leute kamen zu ihm, um sich taufen zu lassen. ²⁴Das war, bevor Johannes ins Gefängnis geworfen wurde. ²⁵Eines Tages fingen die Jünger des Johannes ein Streitgespräch mit einem Juden über die Reinigungsvorschriften an. ²⁶Daraufhin kamen sie zu Johannes und sagten: »Meister, der Mann, dem du auf der anderen Seite des Jordan begegnet bist und auf den du hingewiesen hast – der tauft auch Menschen. Und anstatt zu uns kommen nun alle zu ihm.«

²⁷Johannes erwiderte: »Ein Mensch kann sich nichts nehmen, wenn es ihm nicht vom Himmel her gegeben wird. ²⁸Ihr wisst selbst, dass ich euch ganz offen gesagt habe: ›Ich bin nicht der Christus. Ich bin von Gott beauftragt, ihm den Weg zu bereiten – mehr nicht.‹ ²⁹Wo die Braut hingeht, da ist der Bräutigam. Und der Freund des Bräutigams, der dasteht und ihm zuhört, freut sich an der Stimme des Bräutigams. Darüber freue auch ich mich – und meine Freude ist nun vollkommen. ³⁰Er muss immer größer werden und ich immer geringer.

³¹Er ist von oben gekommen und ist größer als jeder andere. Ich bin von der Erde, und mein Verständnis beschränkt sich auf die irdischen Dinge. Davon kann ich sprechen. Er aber ist vom Himmel gekommen.* ³²Er sagt, was er gesehen und gehört hat, doch niemand glaubt, was er ihnen sagt! ³³Wer ihm glaubt, bestätigt damit, dass Gott wahrhaftig ist. ³⁴Denn er ist von Gott gesandt. Und er spricht Gottes Worte, denn Gott gibt ihm seinen Geist ohne jede Einschränkung. ³⁵Der Vater liebt seinen Sohn und hat ihm Macht über alles gegeben. ³⁶Und alle, die an den Sohn Gottes glauben, haben das ewige Leben. Doch die, die dem Sohn nicht gehorchen, werden das ewige Leben nie erfahren, sondern der Zorn Gottes liegt weiterhin auf ihnen.«

Jesus und die Samariterin

4 Jesus* hörte, was den Pharisäern berichtet wurde: »Jesus macht mehr Menschen zu Jüngern und tauft mehr als Johannes.« ²Allerdings taufte Jesus nicht selbst, sondern seine Jünger. ³Da verließ er Judäa und ging wieder zurück nach Galiläa.

⁴Sein Weg führte ihn durch Samarien. ⁵Er kam zu der samaritischen Stadt Sychar, in der Nähe des Feldes, das Jakob seinem Sohn Josef gegeben hatte. ⁶Dort befand sich der Jakobsbrunnen. Erschöpft von der langen Wanderung setzte Jesus sich um die Mittagszeit an den Brunnen. ⁷Kurz darauf kam eine Samariterin, um Wasser zu schöpfen. Jesus sagte zu ihr: »Bitte, gib mir zu trinken.« ⁸Er war zu diesem Zeitpunkt allein, denn seine Jünger waren ins Dorf gegangen, um etwas zu essen zu kaufen.

⁹Die Frau war überrascht, denn sonst wollen die Juden nichts mit den Samaritern zu tun haben. Sie erwiderte: »Du bist ein Jude und ich bin eine Samariterin. Warum bittest du mich, dir zu trinken zu geben?«

¹⁰Jesus antwortete: »Wenn du wüsstest, welche Gabe Gott für dich bereithält und wer der ist, der zu dir sagt: ›Gib mir zu trinken‹, dann wärst du diejenige, die ihn bittet, und er würde dir lebendiges Wasser geben.«

¹¹»Aber, Herr, du hast weder ein Seil noch einen Eimer«, entgegnete sie, »und dieser Brunnen ist sehr tief. Woher willst du denn dieses lebendige Wasser nehmen? ¹²Bist du etwa größer als unser Vater Jakob, der uns diesen Brunnen hinterließ? Wie kannst du besseres Wasser versprechen, als er und seine Söhne und sein Vieh hatten?«

¹³Jesus erwiderte: »Wenn die Menschen dieses Wasser getrunken haben, werden sie schon nach kurzer Zeit wieder durstig. ¹⁴Wer aber von dem Wasser trinkt, das ich ihm geben werde, der wird niemals mehr Durst haben. Das Wasser, das ich ihm gebe, wird in ihm zu einer nie versiegenden Quelle, die unaufhörlich bis ins ewige Leben fließt.«

¹⁵»Bitte, Herr«, sagte die Frau, »gib mir von diesem Wasser! Dann werde ich nie wieder

---

3,31 In manchen Handschriften fehlt die Wendung *Er aber ist vom Himmel gekommen.* **4,1** In einigen Handschriften heißt es *Der Herr.*

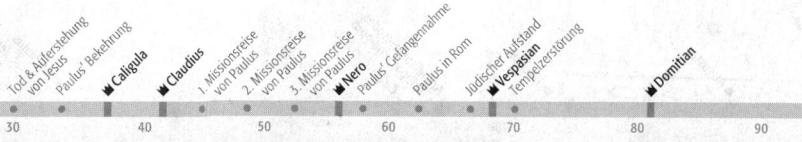

JOHANNES

1,1-18	Prolog
1,19–12,50	Das Wirken von Jesus in der Welt
13–17	Jesus spricht zu seinen Jüngern und betet für sie
18–20	Leiden, Tod und Auferstehung von Jesus
21	Jesus in Galiläa

4–5
Samariter finden zum Glauben. Jesus heilt den Sohn eines königlichen Beamten und einen Gelähmten am Teich Bethesda.

[Gottes Königsherrschaft und der Messias]

durstig und brauche nicht mehr herzukommen, um Wasser zu schöpfen.«
¹⁶»Geh, rufe deinen Mann und komm mit ihm hierher«, sagte Jesus zu ihr.
¹⁷»Ich habe keinen Mann«, entgegnete die Frau.
Jesus sagte: »Das stimmt! Du hast keinen Mann. ¹⁸Du hattest fünf Ehemänner, und mit dem Mann, mit dem du jetzt zusammenlebst, bist du nicht verheiratet. Das hast du richtig gesagt.«
¹⁹»Herr«, sagte die Frau, »ich sehe, dass du ein Prophet bist. ²⁰Sage mir doch, warum ihr Juden darauf besteht, dass Jerusalem der einzige Ort ist, um Gott anzubeten. Wir Samariter dagegen behaupten, dass es dieser Berg hier ist, wo unsere Vorfahren gebetet haben.«
²¹Jesus erwiderte: »Glaube mir, es kommt die Zeit, in der es keine Rolle mehr spielt, ob ihr den Vater hier oder in Jerusalem anbetet. ²²Ihr Samariter wisst wenig über den, den ihr anbetet – wir Juden dagegen kennen ihn, denn die Erlösung kommt durch die Juden. ²³Aber die Zeit kommt, ja sie ist schon da, in der die wahren Anbeter den Vater im Geist und in der Wahrheit anbeten. Der Vater sucht Menschen, die ihn so anbeten. ²⁴Denn Gott ist Geist; deshalb müssen die, die ihn anbeten wollen, ihn im Geist und in der Wahrheit anbeten.«
²⁵Die Frau sagte: »Ich weiß, dass der Messias kommen wird – der, den man den Christus nennt. Wenn er kommt, wird er uns alle diese Dinge erklären.«

Johannes 4,22

Erwählung
»Die Erlösung kommt durch die Juden.« Der Jude Jesus brachte sie mit sich: von Gott her, aber zugleich aus der Mitte seines Volkes heraus. Die Erwählung der Juden als Gottes Eigentumsvolk bleibt bestehen.
In der Zeit nach Christus wird bald der Tempel nicht mehr den Mittelpunkt der Anbetung Gottes sein (V. 21). Der jüdische Weg zu Gott ist nicht mehr exklusiv. Vielmehr lebt Gottes Geist in allen Jesusnachfolgern überall, und alle beten Gott im Geist und in der Wahrheit an (V. 23-24).
Dennoch bleiben die Juden Gottes Ausgangspunkt, wenn er die Welt erlöst, und von diesem Ausgangspunkt rückt er nicht ab. Die Jesusnachfolger sind wie Zweige, die von der Wurzel her leben – nämlich von den Juden als Gottes Eigentumsvolk her (Röm 11,16-18 und überhaupt Röm 9–11). Die Juden sind Erwählte – und *der* Erwählte, Jesus, ist Jude.
(Apostelgeschichte 3,26 «« | »» Matthäus 5,13-16)

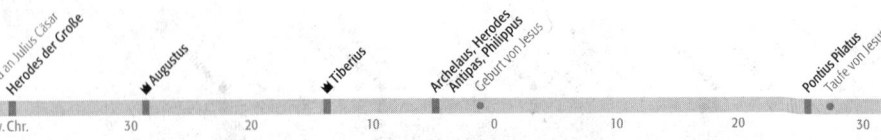

²⁶Da sagte Jesus zu ihr: »Ich bin es, der mit dir spricht!«

²⁷In diesem Augenblick kehrten seine Jünger zurück. Sie waren erstaunt, ihn im Gespräch mit einer Frau zu sehen, aber keiner fragte ihn, warum er das tat oder worüber sie gesprochen hatten. ²⁸Die Frau ließ ihren Krug neben dem Brunnen stehen, lief ins Dorf zurück und erzählte allen: ²⁹»Kommt mit und lernt einen Mann kennen, der mir alles ins Gesicht gesagt hat, was ich jemals getan habe! Könnte das vielleicht der Christus sein?« ³⁰Da strömten die Leute aus dem Dorf herbei, um ihn zu sehen.

³¹Inzwischen drängten die Jünger Jesus, etwas zu essen. ³²»Nein«, sagte er, »ich lebe von einer Nahrung, von der ihr nichts wisst.«

³³»Wer sie ihm wohl gebracht hat?«, fragten die Jünger einander.

³⁴Da erklärte Jesus: »Meine Nahrung ist, dass ich den Willen Gottes tue, der mich gesandt hat, und sein Werk vollende. ³⁵Meint ihr etwa, dass erst in vier Monaten zum Ende des Sommers die Zeit der Ernte beginnen wird? Schaut euch doch um! Überall reifen die Felder heran und sind schon jetzt bereit zur Ernte. ³⁶Der Erntearbeiter erhält guten Lohn, und die Früchte, die er einsammelt, sind Menschen, die zum ewigen Leben geführt werden. Welche Freude erwartet beide zugleich: den, der pflanzt, und den, der erntet! ³⁷Ihr kennt den Spruch: ›Der eine pflanzt und ein anderer erntet.‹ Das ist wahr. ³⁸Ich habe euch ausgesandt zu ernten, was ihr vorher nicht selbst erarbeitet habt; andere hatten diese Arbeit schon getan, und ihr werdet nun die Ernte einbringen.«

Viele Samariter glauben

³⁹Viele Samariter aus dem Dorf glaubten nun an Jesus, weil die Frau ihnen erzählt hatte: »Er hat mir alles ins Gesicht gesagt, was ich jemals getan habe!« ⁴⁰Als sie dann mit Jesus zusammentrafen, baten sie ihn, bei ihnen zu bleiben. Deshalb blieb er noch zwei Tage ⁴¹und noch viel mehr Menschen hörten seine Botschaft und glaubten an ihn. ⁴²Zu der Frau sagten sie: »Nun glauben wir, weil wir ihn selbst gehört haben, und nicht nur aufgrund deiner Worte. Jetzt wissen wir, dass er wirklich der Retter der Welt ist.«

Jesus heilt den Sohn eines Beamten
Vgl. Matthäus 8,5-13; Lukas 7,1-10

⁴³Nach diesen zwei Tagen setzte Jesus seine Reise nach Galiläa fort. ⁴⁴Jesus hatte selbst einmal gesagt: »Ein Prophet wird überall geehrt, nur nicht in seiner eigenen Heimat.« ⁴⁵Doch als er dort ankam, nahmen ihn die Galiläer herzlich auf. Denn sie waren beim Passahfest in Jerusalem gewesen und hatten gesehen, was er dort getan hatte.

⁴⁶Seine Reise durch Galiläa führte ihn auch wieder in die Stadt Kana, wo er das Wasser in Wein verwandelt hatte. In Kapernaum lebte ein königlicher Beamter, dessen Sohn krank war. ⁴⁷Als er hörte, dass Jesus aus Judäa gekommen war und durch Galiläa reiste, brach er nach Kana auf. Er suchte Jesus auf und bat ihn, mit ihm nach Kapernaum herabzukommen und seinen Sohn zu heilen, der im Sterben lag.

⁴⁸Jesus sagte: »Wenn ihr nicht Zeichen und Wunder seht, glaubt ihr nicht an mich.«

⁴⁹Doch der Beamte sagte zu ihm: »Herr, bitte komm zu mir herab nach Kapernaum, ehe mein kleiner Junge stirbt.«

⁵⁰Da sagte Jesus zu ihm: »Geh zurück nach Hause! Dein Sohn lebt.« Der Mann glaubte dem Wort, das Jesus zu ihm gesagt hatte, und machte sich auf den Heimweg.

⁵¹Unterwegs kamen ihm einige seiner Knechte mit der Nachricht entgegen, dass sein Sohn lebte und gesund war. ⁵²Er fragte sie, seit wann genau es dem Jungen wieder besser gehe, und sie erwiderten: »Gestern Mittag um ein Uhr verschwand das Fieber!« ⁵³Da erkannte der Vater, dass es genau der Zeitpunkt gewesen war, an dem Jesus ihm gesagt hatte: »Dein Sohn lebt.« Und der Beamte und sein ganzes Haus glaubten an Jesus. ⁵⁴Das war das zweite Wunder von Jesus in Galiläa, nachdem er aus Judäa gekommen war.

Jesus heilt einen Gelähmten

5 Danach ging Jesus zu einem der jüdischen Feste nach Jerusalem hinauf. ²Innerhalb der Stadtmauern, in der Nähe des Schaftores, befindet sich ein Teich mit fünf Säulenhallen, der auf Hebräisch Bethesda* genannt wird. ³Scharen von kranken Menschen – Blinde, Gelähmte oder Verkrüppelte – lagen in den Hallen.* ⁵Einer der Männer, die dort lagen, war seit achtunddreißig Jahren krank. ⁶Als Jesus ihn sah und erfuhr, wie lange er schon krank war, fragte er ihn: »Willst du gesund werden?«

⁷»Herr, ich kann nicht«, sagte der Kranke, »denn ich habe niemanden, der mich in den Teich trägt, wenn sich das Wasser bewegt.

5,2 In einigen Handschriften heißt es *Bet-Satha*; in anderen *Betsaida*. **5,3** Einige Handschriften fügen hinzu *und warteten auf eine bestimmte Bewegung des Wassers,* ⁴*denn von Zeit zu Zeit kam ein Engel des Herrn und bewegte das Wasser. Und wer danach als Erster ins Wasser stieg, wurde geheilt.*

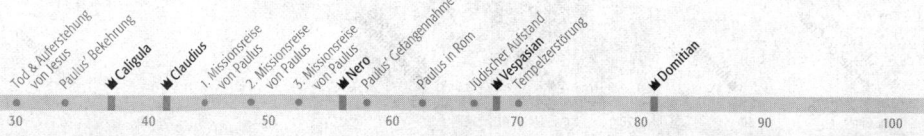

JOHANNES

1,1-18	Prolog
1,19–12,50	Das Wirken von Jesus in der Welt
13–17	Jesus spricht zu seinen Jüngern und betet für sie
18–20	Leiden, Tod und Auferstehung von Jesus
21	Jesus in Galiläa

5–6
Jesus bezeugt, dass er der Sohn Gottes ist und Vollmacht hat. Er verweist dabei auf Zeugen. Nahrung für mehr als 5.000 Menschen.

[Gottes Königsherrschaft und der Messias]

Während ich noch versuche hinzugelangen, steigt immer schon ein anderer vor mir hinein.« ⁸Jesus sagt zu ihm: »Steh auf, nimm deine Matte und geh!«

⁹Im selben Augenblick war der Mann geheilt! Er rollte die Matte zusammen und begann umherzugehen. Doch dies geschah an einem Sabbat, ¹⁰und das wollten die führenden Männer des jüdischen Volkes nicht dulden. Sie sagten zu dem Mann, der geheilt worden war: »Du darfst am Sabbat nicht arbeiten! Es ist gegen das Gesetz, diese Matte herumzutragen!«

¹¹Er entgegnete: »Der Mann, der mich geheilt hat, sagte zu mir: ›Nimm deine Matte und geh!‹«

¹²»Wer ist dieser Mann, der das zu dir gesagt hat?«, fragten sie.

¹³Der geheilte Mann wusste es aber nicht, denn Jesus war in der Menge verschwunden. ¹⁴Später traf Jesus den Mann im Tempel wieder und sagte zu ihm: »Du bist jetzt gesund. Nun höre auf zu sündigen, damit dir nicht noch etwas Schlimmeres widerfährt.« ¹⁵Danach suchte der Mann die führenden Juden wieder auf und berichtete ihnen, dass es Jesus war, der ihn geheilt hatte.

Jesus sagt, dass er Gottes Sohn ist
¹⁶Von da an verfolgten die führenden Juden Jesus, weil er dies an einem Sabbat getan hatte. ¹⁷Doch Jesus entgegnete ihnen: »Mein Vater hat bis heute nicht aufgehört zu wirken und deshalb wirke ich auch.« ¹⁸Danach versuchten sie

Johannes 5,39

Gott redet
Warum glauben die Gegner von Jesus nicht an ihn? Johannes der Täufer hatte Jesus bezeugt (V. 33; Joh 1,15). Die Widersacher von Jesus hatten Johannes' Ruf zur Umkehr abgelehnt und glaubten deshalb auch seinem Zeugnis nicht. Auch die Werke, die Jesus tat, legten ein Zeugnis für ihn ab, aber selbst diese überzeugen sie nicht. Sie behaupten, Jesus stehe in einem Pakt mit dem Teufel (Mk 3,22). Und außerdem sind sie sicher, Jesus täte seine Wunder oft für die falschen Menschen oder am falschen Wochentag. Nicht einmal die Heiligen Schriften überzeugen die Gegner. Sie forschen zwar unermüdlich in den Schriften, dem geschriebenen Wort Gottes. Sie meinen, das Wort Gottes zu verstehen. Aber Jesus erklärt, sie seien an der eigentlichen Botschaft der Schrift vorbeigegangen. Sie meinen, die Worte selbst brächten Leben. Jesus weiß, dass die Worte in sich selbst kein Leben spenden. Nur in Jesus ist das ewige Leben. Das geschriebene Wort Gottes deutet auf Jesus hin.
(Lukas 4,14-30 «« | »» Matthäus 5,17-48)

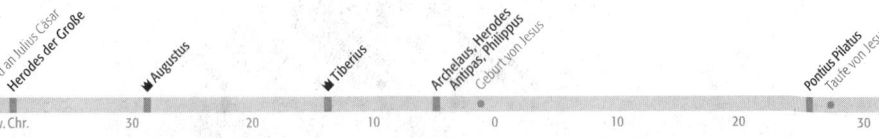

erst recht, ihn zu töten, hatte er doch nicht nur den Sabbat aufgehoben, sondern auch Gott als seinen Vater bezeichnet und sich damit Gott gleichgestellt.

¹⁹Daraufhin erwiderte Jesus: »Ich versichere euch: Der Sohn kann nichts aus sich heraus tun. Er tut nur, was er den Vater tun sieht. Was immer der Vater tut, das tut auch der Sohn. ²⁰Denn der Vater liebt den Sohn und zeigt ihm alles, was er selbst tut; und der Sohn wird noch weit Größeres tun. Ihr werdet staunen über das, was er tun wird. ²¹Er wird von den Toten auferwecken und lebendig machen, wen er will, genau wie der Vater. ²²Und der Vater richtet niemanden, sondern das Gericht hat er ganz in die Hände seines Sohnes gegeben, ²³damit alle den Sohn ebenso ehren, wie sie den Vater ehren. Doch wer den Sohn nicht ehrt, ehrt auch den Vater nicht, der ihn gesandt hat.

²⁴Ich versichere euch: Wer meine Botschaft hört und an Gott glaubt, der mich gesandt hat, der hat das ewige Leben. Er wird nicht für seine Sünden verurteilt werden, sondern ist bereits den Schritt vom Tod ins Leben gegangen.

²⁵Und ich versichere euch: Die Zeit kommt, ja sie ist bereits da, in der die Toten die Stimme des Sohnes Gottes hören werden. Und wer sie hört, wird leben. ²⁶Der Vater hat Leben aus sich selbst heraus, und er hat auch seinem Sohn die Vollmacht gegeben, aus sich selbst heraus Leben zu haben. ²⁷Und er verlieh ihm die Vollmacht, die ganze Menschheit zu richten, weil er der Menschensohn ist. ²⁸Wundert euch nicht! Die Zeit wird kommen, in der die Toten in ihren Gräbern die Stimme des Sohnes Gottes hören ²⁹und auferstehen werden. Diejenigen, die Gutes getan haben, werden zum ewigen Leben auferstehen, und diejenigen, die Schlechtes getan haben, werden zum Gericht auferstehen. ³⁰Doch ich tue nichts, ohne den Vater zu fragen, sondern richte, wie er mir rät. Und mein Urteil ist vollkommen gerecht, weil es nicht meinem, sondern dem Willen des Vaters entspricht, der mich gesandt hat; ich richte nicht aus mir selbst heraus.

Zeugen für Jesus

³¹Wenn ich als Zeuge für mich selbst auftreten würde, wäre mein Zeugnis nicht glaubwürdig. ³²Doch es gibt noch einen anderen Zeugen für mich, und ich weiß, dass alles, was er über mich sagt, wahr ist. ³³Ihr habt Boten zu Johannes dem Täufer geschickt, um ihn zu hören, und er hat die Wahrheit gesagt. ³⁴Das beste Zeugnis für mich stammt jedoch nicht von einem Menschen; ich habe euch nur an das Zeugnis von Johannes erinnert, damit ihr gerettet werdet. ³⁵Johannes leuchtete eine Weile als helles Licht und ihr habt euch eine Zeit lang an seinem Licht erfreut. ³⁶Doch ich habe ein größeres Zeugnis als das von Johannes: meine Taten. Sie sind mir vom Vater gegeben, damit ich sie ausführe und vollende, und sie bezeugen, dass der Vater mich gesandt hat. ³⁷Aber auch der Vater selbst hat für mich Zeugnis abgelegt. Ihr habt seine Stimme nie gehört, ihr habt ihn nie von Angesicht zu Angesicht gesehen, ³⁸und ihr tragt seine Botschaft nicht in euren Herzen, weil ihr mir – dem, den er gesandt hat – nicht glaubt.

³⁹Ihr forscht in der Schrift, weil ihr glaubt, dass sie euch das ewige Leben geben kann. Und gerade sie verweist auf mich! ⁴⁰Dennoch weigert ihr euch, zu mir zu kommen, damit ich euch das ewige Leben schenken kann.

⁴¹Eure Zustimmung oder Ablehnung kümmert mich nicht, ⁴²weil ich weiß, dass ihr Gottes Liebe nicht in euch habt. ⁴³Ich bin im Namen meines Vaters gekommen, aber ihr wollt mich nicht akzeptieren, obwohl ihr andere, die nur in ihrem eigenen Namen auftreten, bereitwillig akzeptieren werdet. ⁴⁴Kein Wunder, dass ihr nicht glauben könnt! Denn ihr seid stets bereit, euch gegenseitig zu ehren, die Ehre aber, die nur von Gott kommen kann, bedeutet euch nichts.

⁴⁵Meint nicht, dass ich es bin, der euch beim Vater anklagen wird. Mose wird euch anklagen! Ja, Mose, auf den ihr eure Hoffnungen gesetzt habt. ⁴⁶Wenn ihr Mose geglaubt hättet, dann hättet ihr mir geglaubt, denn er hat über mich geschrieben. ⁴⁷Und wenn ihr schon nicht glaubt, was er aufgeschrieben hat, wie werdet ihr da glauben, was ich sage?«

Jesus speist fünftausend Menschen
Matthäus 14,13-21; Markus 6,30-44; Lukas 9,10-17; vgl. Matthäus 15,32-39; Markus 8,1-9

6 Danach ging Jesus auf die andere Seite des galiläischen Meeres, das auch als See von Tiberias bekannt ist. ²Eine große Menschenmenge folgte ihm, weil sie seine Wunder sahen, mit denen er die Kranken heilte. ³Jesus stieg in die Berge hinauf und lagerte dort mit seinen Jüngern. ⁴Es war kurz vor dem jährlichen Passahfest, das die Juden feiern. ⁵Als Jesus seinen Blick hob, sah er eine große Menschenmenge auf der Suche nach ihm die Berge heraufkommen. Er wandte sich an Philippus und fragte: »Philippus, wo können wir so viel Brot kaufen, dass all diese Menschen zu essen bekommen?« ⁶Er stellte Philip-

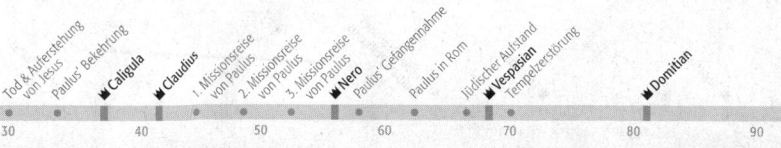

JOHANNES

1,1-18	Prolog
1,19– 12,50	Das Wirken von Jesus in der Welt
13–17	Jesus spricht zu seinen Jüngern und betet für sie
18–20	Leiden, Tod und Auferstehung von Jesus
21	Jesus in Galiläa

6
Jesus läuft über Wasser. Jesus bezeichnet sich selbst als Brot des Lebens. Daraufhin wird er von vielen Jüngern verlassen.

[Gottes Königsherrschaft und der Messias]

pus jedoch nur auf die Probe, denn er wusste schon, was er tun würde.

⁷Philippus antwortete: »Es würde ein kleines Vermögen* kosten, sie mit Nahrung zu versorgen!«

⁸Ein anderer Jünger, Andreas, der Bruder von Simon Petrus, meldete sich zu Wort: ⁹»Hier ist ein kleiner Junge mit fünf Gerstenbroten und zwei Fischen. Doch was nützt uns das bei so vielen Menschen?«

¹⁰»Sagt den Leuten, sie sollen sich hinsetzen«, befahl Jesus. Da ließen sich alle – allein die Männer zählten schon fünftausend – auf den graswachsenen Hängen nieder. ¹¹Dann nahm Jesus die Brote, dankte Gott und reichte sie den Menschen, wie viel sie auch wollten. Ebenso machte er es mit den Fischen. ¹²Und alle aßen, bis sie satt waren. »Sammelt die Reste wieder ein«, wies Jesus seine Jünger an, »damit nichts umkommt.« ¹³Am Anfang waren es nur fünf Gerstenbrote gewesen, doch nach dem Essen wurden zwölf Körbe mit den Brotresten gefüllt, die übrig geblieben waren!

¹⁴Als die Leute dieses Wunder sahen, riefen sie aus: »Dieser ist wirklich der Prophet, den wir erwartet haben. Er ist es, der in die Welt kommen soll.« ¹⁵Jesus merkte, dass sie im Begriff waren, ihn mit Gewalt aufzuhalten und zum König zu machen. Da zog er sich wieder auf den Berg zurück und blieb dort für sich allein.

Jesus geht auf dem Wasser
Vgl. Matthäus 14,22-33; Markus 6,45-52

¹⁶Am Abend gingen seine Jünger zum Ufer hinunter, um dort auf ihn zu warten. ¹⁷Doch als es dunkel wurde und Jesus noch immer nicht kam, stiegen sie ins Boot, um über den See nach Kapernaum zu fahren. ¹⁸Da überraschte sie auf dem See ein Sturm, der das Wasser aufpeitschte. ¹⁹Sie waren etwa fünf Kilometer* weit gekommen, als sie plötzlich Jesus übers Wasser auf ihr Boot zukommen sahen. Sie erschraken fürchterlich, ²⁰doch er rief ihnen zu: »Ich bin es! Habt keine Angst.« ²¹Sie beeilten sich, ihn ins Boot zu holen, und schon war das Boot am Ufer angekommen!

Jesus, das Brot des Lebens

²²Am nächsten Tag versammelten sich die Menschen wieder auf der anderen Seite des Sees und warteten auf Jesus. Sie wussten, dass er mit seinen Jüngern zusammen herübergekommen war, die Jünger dann jedoch allein im Boot fortgefahren waren und ihn zurückgelassen hatten.

6,7 Griech. *200 Denarii;* ein Denar entsprach einem vollen Tagelohn. **6,19** Griech. *25 oder 30 Stadien,* das sind 4,6 bzw. 5,5 km.

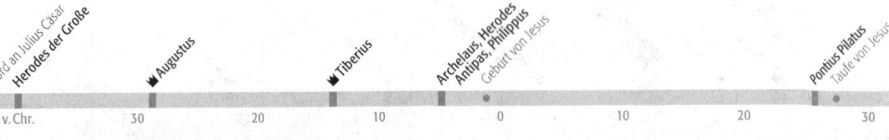

²³Mehrere Boote aus Tiberias legten in der Nähe der Stelle an, wo sie nach einem Dankgebet des Herrn das Brot gegessen hatten. ²⁴Als die Menge sah, dass weder Jesus noch die Jünger da waren, stiegen sie in die Boote und fuhren nach Kapernaum hinüber, um ihn zu suchen. ²⁵Als sie dort ankamen und ihn fanden, fragten sie: »Rabbi, wie bist du hierher gekommen?«

²⁶Jesus erwiderte: »Ich sage euch: Ihr wollt bei mir sein, weil ich euch satt gemacht habe, und nicht weil ihr das Wunder gesehen habt. ²⁷Ihr solltet euch um vergängliche Dinge wie Nahrung nicht solche Sorgen machen. Sucht stattdessen, was euch in das ewige Leben führt, das der Menschensohn euch schenken kann. Denn dazu hat Gott, der Vater, ihn gesandt.«

²⁸Sie erwiderten: »Was sollen wir denn nach dem Willen Gottes tun?«

²⁹Jesus erklärte: »Dies ist der Wille Gottes, dass ihr an den glaubt, den er gesandt hat.«

³⁰Sie entgegneten: »Wenn du willst, dass wir an dich glauben, dann zeige uns ein Wunder. Was wirst du für uns tun? ³¹Immerhin haben unsere Vorfahren auf ihrer Wüstenwanderung Manna gegessen! In der Schrift heißt es: ›Mose gab ihnen Brot vom Himmel zu essen.‹«

³²Jesus sagte: »Ich versichere euch: Nicht Mose hat euch das Brot vom Himmel gegeben, sondern mein Vater gibt euch das wahre Brot vom Himmel. ³³Das Brot, das Gott gibt, ist der, der vom Himmel herabkommt und der Welt das Leben gibt.«

³⁴»Herr«, sagten sie, »gib uns dieses Brot an jedem Tag unseres Lebens.«

³⁵Jesus erwiderte: »Ich bin das Brot des Lebens. Wer zu mir kommt, wird nie wieder hungern. Wer an mich glaubt, wird nie wieder Durst haben. ³⁶Doch ihr habt nicht an mich geglaubt, obwohl ihr mich gesehen habt. ³⁷Alle aber, die der Vater mir gegeben hat, werden zu mir kommen, und ich werde sie nicht zurückweisen oder hinausstoßen. ³⁸Denn ich bin vom Himmel herabgekommen, um den Willen Gottes zu tun, der mich gesandt hat, nicht um zu tun, was ich selbst will. ³⁹Und es ist der Wille Gottes, dass ich von allen, die er mir gegeben hat, auch nicht einen verliere, sondern sie am letzten Tag zum ewigen Leben auferwecke. ⁴⁰Denn mein Vater will, dass alle, die seinen Sohn sehen und an ihn glauben, das ewige Leben haben – und dass ich sie am letzten Tag auferwecke.«

⁴¹Da fingen die Leute* an aufzubegehren, weil er gesagt hatte: »Ich bin das Brot, das vom Himmel herabgekommen ist.« ⁴²Sie sagten: »Das ist doch Jesus, der Sohn Josefs. Wir kennen seinen Vater und seine Mutter. Wie kann er jetzt sagen: ›Ich bin vom Himmel herabgekommen‹?«

⁴³Aber Jesus erwiderte: »Empört euch nicht über das, was ich gesagt habe. ⁴⁴Niemand kann zu mir kommen, wenn der Vater, der mich gesandt hat, ihn nicht zu mir zieht; und am letzten Tag werde ich ihn von den Toten auferwecken. ⁴⁵In den Propheten steht geschrieben: ›Sie werden alle von Gott unterwiesen sein.‹* Wer aber den Vater hört und von ihm lernt, der kommt zu mir. ⁴⁶Nicht, dass irgendjemand den Vater je gesehen hat. Nur der eine, der von Gott kommt, hat den Vater gesehen.

⁴⁷Ich versichere euch: Wer an mich glaubt, hat schon das ewige Leben. ⁴⁸Ja, ich bin das Brot des Lebens! ⁴⁹Eure Vorfahren aßen Manna in der Wüste, doch sie sind alle gestorben. ⁵⁰Dieses aber ist das Brot, das vom Himmel herabkommt. Wer davon isst, wird nicht sterben. ⁵¹Ich bin das lebendige Brot, das vom Himmel herabgekommen ist. Wer dieses Brot isst, wird ewig leben; dieses Brot ist mein Fleisch, ich gebe es, damit die Welt leben kann.«

⁵²Da fingen die Leute an zu streiten. »Wie kann dieser Mann uns sein Fleisch zu essen geben?«, fragten sie.

⁵³Deshalb sagte Jesus noch einmal: »Ich sage euch: Wenn ihr das Fleisch des Menschensohnes nicht esst und sein Blut nicht trinkt, könnt ihr das ewige Leben nicht in euch haben. ⁵⁴Wer aber mein Fleisch isst und mein Blut trinkt, hat das ewige Leben, und ich werde ihn am letzten Tag auferwecken. ⁵⁵Denn mein Fleisch ist die wahre Nahrung und mein Blut der wahre Trank. ⁵⁶Wer mein Fleisch isst und mein Blut trinkt, bleibt in mir und ich in ihm. ⁵⁷Ich lebe durch die Macht des lebendigen Vaters, der mich gesandt hat, und ebenso werden alle, die an mir teilhaben, durch mich leben*. ⁵⁸Dies ist das Brot, das vom Himmel herabkommt. Wer dieses Brot isst, wird ewig leben und nicht sterben wie eure Vorfahren, die das Manna aßen.«

⁵⁹Dies alles sagte er, als er in der Synagoge von Kapernaum lehrte.

Viele Jünger verlassen Jesus

⁶⁰Daraufhin sagten selbst einige seiner Jünger: »Das ist ungeheuerlich. Wie kann man das glauben?«

⁶¹Jesus wusste, dass seine Jünger sich über seine Worte aufregten; deshalb sagte er zu ihnen:

6,31 2. Mose 16,4; Psalm 78,24.   **6,41** Griech. *die Juden;* so auch in 6,52.   **6,45** Jesaja 54,13.   **6,57** Griech. *so wird auch der mich Essende durch mich leben.*

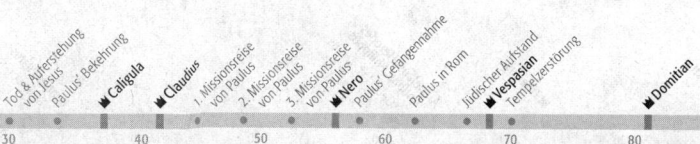

JOHANNES

1,1-18	Prolog
1,19–12,50	Das Wirken von Jesus in der Welt
13–17	Jesus spricht zu seinen Jüngern und betet für sie
18–20	Leiden, Tod und Auferstehung von Jesus
21	Jesus in Galiläa

6–7
Die Brüder von Jesus verspotten ihn. Jesus lehrt im Tempel mit Vollmacht. Jesus verursacht mit seinen Aussagen Unruhe. Jesus bezeichnet sich als lebendiges Wasser.

[Gottes Königsherrschaft und der Messias]

»Nehmt ihr daran Anstoß? ⁶²Was werdet ihr dann erst denken, wenn ihr den Menschensohn wieder in den Himmel zurückkehren seht? ⁶³Es ist der Geist, der lebendig macht. Das Fleisch hat keine Macht. Die Worte aber, die ich euch gesagt habe, sind Geist und Leben. ⁶⁴Doch einige von euch glauben mir nicht.« Denn Jesus wusste von Anfang an, wer die waren, die nicht glaubten, und er wusste auch, wer ihn verraten würde. ⁶⁵Er fuhr fort: »Deshalb habe ich gesagt: Niemand kann zu mir kommen, wenn der Vater ihn nicht zu mir zieht.«

⁶⁶Von da an wandten sich viele seiner Jünger von ihm ab und folgten ihm nicht mehr nach. ⁶⁷Da fragte Jesus die Zwölf: »Werdet ihr auch weggehen?«

⁶⁸Simon Petrus antwortete: »Herr, zu wem sollten wir gehen? Nur du hast Worte, die ewiges Leben schenken. ⁶⁹Wir glauben und haben erkannt, dass du der Heilige Gottes bist.«

⁷⁰Da sagte Jesus: »Ich habe euch zwölf auserwählt, aber einer von euch ist ein Teufel.« ⁷¹Er sprach von Judas, dem Sohn des Simon Iskariot, einem der zwölf, der ihn später verriet.

Jesus und seine Brüder

7 Jesus blieb noch eine Weile in Galiläa und zog von Dorf zu Dorf. Er mied Judäa, denn dort schmiedeten die führenden Männer des jüdischen Volkes Mordpläne gegen ihn. ²Doch die Zeit des Laubhüttenfestes rückte näher, ³und seine Brüder drängten ihn, zum Fest nach Judäa mitzugehen. »Geh doch nach Judäa, damit deine Jünger deine Wunder sehen können, die du tust!«, spotteten sie. ⁴»Wenn du dich so versteckst, wirst du nie bekannt werden! Falls du wirklich so wunderbare Dinge tun kannst, dann beweise es vor aller Welt!« ⁵Denn selbst seine Brüder glaubten nicht an ihn.

⁶Jesus erwiderte: »Für mich ist der richtige Zeitpunkt noch nicht da; aber ihr könnt jederzeit gehen. ⁷Euch kann die Welt nicht hassen. Mich dagegen hasst sie, weil ich sage, dass ihre Taten böse sind. ⁸Geht ihr nur hinauf zum Fest. Ich bin noch* nicht so weit, zu diesem Fest zu gehen, weil meine Zeit noch nicht gekommen ist.« ⁹Und Jesus blieb in Galiläa.

Jesus lehrt öffentlich im Tempel

¹⁰Doch nachdem seine Brüder zum Fest aufgebrochen waren, folgte ihnen Jesus, allerdings heimlich und ohne öffentliches Aufsehen zu erregen. ¹¹Die führenden Männer des jüdischen

---

7,8 In einigen Handschriften fehlt *noch*.

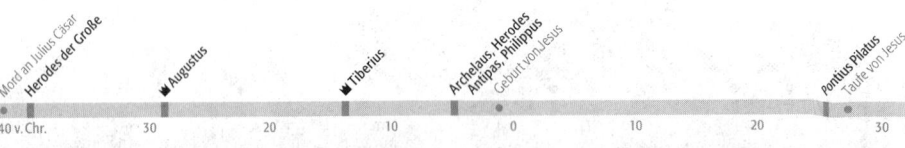

Volkes ließen ihn suchen und fragten überall nach ihm. ¹²Die Menschen sprachen untereinander heimlich über ihn. Ein paar sagten: »Er ist ein guter Mensch«, andere meinten: »Er ist nichts als ein Betrüger, der die Leute verführt.« ¹³Aber keiner hatte den Mut, in aller Öffentlichkeit für ihn einzutreten, weil sie den Konflikt mit den führenden Juden scheuten.

¹⁴Als das Fest zur Hälfte vorüber war, ging Jesus zum Tempel hinauf und begann zu lehren. ¹⁵Die Juden waren zutiefst erstaunt, als sie ihn hörten. »Woher weiß er das alles, er hat doch die Schrift nicht studiert wie wir?«, fragten sie. ¹⁶Da sagte Jesus zu ihnen: »Ich lehre nicht meine eigenen Gedanken, sondern die Gedanken Gottes, der mich gesandt hat. ¹⁷Wer den Willen Gottes tun will, wird erkennen, ob meine Lehre von Gott kommt oder ob ich aus mir selbst heraus rede. ¹⁸Wer nur seine eigenen Anschauungen vertritt, sucht Anerkennung für sich selbst. Wer aber den ehren will, der ihn gesandt hat, der ist glaubwürdig und ohne falsche Absichten. ¹⁹Keiner von euch gehorcht dem Gesetz, das Mose euch gab, ja ihr versucht sogar, mich zu töten! Mit welchem Recht?«

²⁰Die Menge erwiderte: »Du bist ja von einem Dämon besessen! Wer will dich töten?«

²¹Jesus erwiderte: »Eine einzige Tat habe ich am Sabbat getan, an der ihr Anstoß nehmt.* ²²Aber auch ihr arbeitet am Sabbat, wenn ihr einen Menschen an diesem Tag beschneidet, weil Mose euch das Gesetz der Beschneidung gab. Dabei ist der Brauch der Beschneidung älter als das mosaische Gesetz; er geht auf die Stammväter zurück. ²³Denn wenn der vorgeschriebene Zeitpunkt für die Beschneidung eurer Söhne auf einen Sabbat fällt, dann vollzieht ihr die Beschneidung, um das mosaische Gesetz nicht zu brechen. Warum also empört ihr euch und verurteilt mich? Weil ich einen Menschen am Sabbat geheilt habe? ²⁴Denkt darüber nach und richtet nicht nach dem äußeren Schein, sondern richtet gerecht!«

Ist Jesus der Messias?

²⁵Einige Leute aus Jerusalem sagten zueinander: »Ist das nicht der Mann, den sie umbringen wollen? ²⁶Da lehrt er hier in aller Öffentlichkeit, und sie schweigen dazu. Haben sie etwa erkannt, dass er wirklich der Christus ist? ²⁷Aber wie könnte das sein? Wir wissen doch, woher dieser Mann stammt. Wenn der Christus kommt, wird er einfach da sein, ohne dass jemand weiß, woher er kommt.«

²⁸Während Jesus im Tempel lehrte, rief er: »Ja, ihr denkt, ihr kennt mich und wisst, woher ich komme. Doch ich komme nicht in meinem eigenen Auftrag, sondern im Namen dessen, der mich gesandt hat. Doch den kennt ihr nicht. ²⁹Ich aber kenne ihn, denn ich komme von ihm, und er hat mich gesandt.« ³⁰Da wollten sie ihn verhaften lassen, aber niemand legte Hand an ihn, denn seine Zeit war noch nicht gekommen.

³¹Viele von den Menschen im Tempel glaubten an ihn. »Denn«, so sagten sie, »würde man von Christus mehr Wunder erwarten, als dieser Mann sie getan hat?«

³²Als die Pharisäer diese und ähnliche Äußerungen der Leute hörten, schickten sie und die obersten Priester Männer der Tempelwache aus, um Jesus verhaften zu lassen. ³³Doch Jesus sagte zu ihnen: »Ich werde nur noch kurze Zeit hier sein. Dann werde ich zu dem zurückkehren, der mich gesandt hat. ³⁴Ihr werdet nach mir suchen, doch ihr werdet mich nicht finden. Und ihr werdet nicht dorthin kommen können, wo ich dann bin.«

³⁵Diese Aussage irritierte die Juden. »Wo will er hingehen, sodass wir ihn nicht finden können?«, fragten sie. »Will er etwa das Land verlassen und zu den Juden in anderen Ländern gehen, ja vielleicht sogar zu den Heiden? ³⁶Was meint er mit den Worten: ›Ihr werdet nach mir suchen, doch ihr werdet mich nicht finden‹, oder ›Ihr werdet nicht dorthin kommen können, wo ich dann bin‹?«

Jesus verspricht lebendiges Wasser

³⁷Am letzten Tag, dem Höhepunkt des Festes, stellte Jesus sich hin und rief der Menge zu: »Wenn jemand Durst hat, soll er zu mir kommen und trinken! ³⁸Wer an mich glaubt, aus dessen Innerem werden Ströme lebendigen Wassers fließen, wie es in der Schrift heißt.«* ³⁹Mit dem »lebendigen Wasser« meinte er den Geist, der jedem zuteilwerden sollte, der an ihn glaubte. Aber der Geist war noch nicht gekommen, weil Jesus noch nicht verherrlicht worden war.

Spaltung und Unglauben

⁴⁰Als die Menge das hörte, meinten einige: »Bestimmt ist dieser Mann der Prophet.«* ⁴¹Andere sagten: »Er ist der Christus.« Wieder andere wandten dagegen ein: »Das kann nicht sein! Oder kommt der Christus etwa aus Galiläa? ⁴²In der Schrift steht, dass der Messias aus dem königlichen Geschlecht Davids geboren wird, und zwar in Bethlehem, dem Dorf, in dem David

---

7,21 Gemeint ist die Heilung des Gelähmten; s. 5,9. **7,37-38** O. *Wer durstig ist, der komme zu mir und trinke.* ³⁸*Denn die Schrift sagt, dass Ströme lebendigen Wassers aus den Herzen derer fließen werden, die an mich glauben.* **7,40** S. 5. Mose 18,15.18.

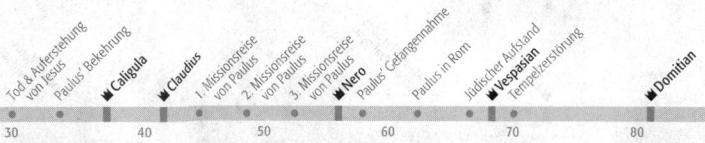

JOHANNES

1,1-18 Prolog

1,19–12,50 Das Wirken von Jesus in der Welt

13–17 Jesus spricht zu seinen Jüngern und betet für sie

18–20 Leiden, Tod und Auferstehung von Jesus

21 Jesus in Galiläa

7–8

Jesus ergreift Partei für eine Ehebrecherin. Er bezeichnet sich als Licht der Welt. Jesus erklärt, wer er ist und woher er kommt. Er streitet mit den Juden über Abraham als den Vater.

[Gottes Königsherrschaft und der Messias]

geboren wurde.«* ⁴³So war die Menge unterschiedlicher Meinung über ihn. ⁴⁴Und einige wollten ihn verhaften lassen, aber niemand legte Hand an ihn.

⁴⁵Die Männer der Tempelwache, die ausgeschickt worden waren, um ihn zu verhaften, kehrten unverrichteter Dinge zu den obersten Priestern und Pharisäern zurück. »Warum habt ihr ihn nicht hergebracht?«, wollten diese wissen.

⁴⁶»Noch nie haben wir einen Menschen so sprechen hören!«, antworteten die Männer.

⁴⁷»Habt ihr euch etwa auch von ihm in die Irre führen lassen?«, spotteten die Pharisäer. ⁴⁸»Glaubt auch nur ein Einziger der oberen Priester oder Pharisäer an ihn? ⁴⁹Aber nur dieses Volk, diese Menschen, die das Gesetz nicht kennen, diese Menschen, die verflucht sind!«

⁵⁰Da sagte Nikodemus, der selbst Pharisäer war und Jesus einmal aufgesucht hatte: ⁵¹»Entspricht es etwa unserem Gesetz, einen Mann zu verurteilen, ehe man ihn angehört und erkannt hat, ob er schuldig ist?«

⁵²Sie erwiderten: »Stammst du etwa auch aus Galiläa? Forsche doch in der Schrift nach, dann wirst du es selbst sehen: Aus Galiläa kommt kein Prophet!«

⁵³Da* trennten sie sich und jeder ging nach Hause.

Eine Frau wird beim Ehebruch ertappt

8 Jesus ging zum Ölberg zurück, ²doch schon früh am Morgen war er wieder im Tempel. Bald hatte sich eine Menschenmenge um ihn versammelt, und er setzte sich und unterwies sie. ³Während er sprach, brachten die Gesetzeslehrer und Pharisäer eine Frau herein, die sie beim Ehebruch ertappt hatten. Sie stellten sie in die Mitte.

⁴»Meister«, sagten sie zu Jesus, »diese Frau ist auf frischer Tat beim Ehebruch ertappt worden. ⁵Nach dem Gesetz Moses muss sie gesteinigt werden. Was sagst du dazu?«

⁶Damit wollten sie ihn zu einer Aussage verleiten, die sie gegen ihn verwenden konnten. Doch Jesus bückte sich und schrieb mit dem Finger in den Staub. ⁷Aber sie ließen nicht locker und verlangten eine Antwort. Schließlich richtete er sich auf und sagte: »Wer von euch ohne Sünde ist, der soll den ersten Stein auf sie werfen!« ⁸Damit

7,42 S. Micha 5,1. **7,53–8,11** In den meisten frühen griech. Handschriften ist der Abschnitt 7,53 bis 8,11 nicht enthalten.

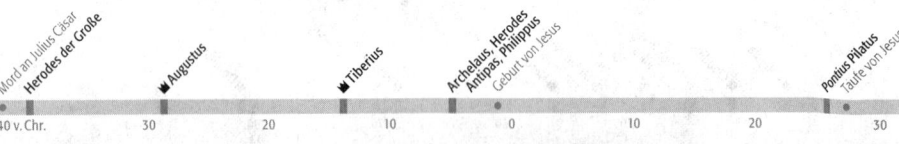

bückte er sich wieder und schrieb weiter in den Staub.

⁹Als die Ankläger das hörten, machten sie sich einer nach dem anderen davon, die Ältesten zuerst. Schließlich war Jesus allein mit der Frau, die noch immer an der gleichen Stelle in der Mitte stand. ¹⁰Da richtete Jesus sich wieder auf und sagte zu ihr: »Wo sind sie? Hat dich keiner von ihnen verurteilt?«

¹¹»Niemand, Herr«, antwortete sie.

»Dann verurteile ich dich auch nicht«, erklärte Jesus. »Geh und sündige nicht mehr.«

Jesus, das Licht der Welt

¹²Jesus sagte zu den Leuten: »Ich bin das Licht der Welt. Wer mir nachfolgt, braucht nicht im Dunkeln umherzuirren, denn er wird das Licht haben, das zum Leben führt.«

¹³Die Pharisäer erwiderten: »Du bist dein eigener Zeuge. Deine Worte sind nicht glaubwürdig!«

¹⁴Jesus antwortete: »Was ich über mich gesagt habe, ist wahr, auch wenn ich damit für mich selbst spreche. Denn ich weiß, wo ich herkomme und wo ich hingehe, während ihr das nicht von mir wisst. ¹⁵Ihr verurteilt mich nach menschlichen Maßstäben, ich dagegen verurteile niemanden. ¹⁶Wenn ich euch aber verurteilen würde, wäre mein Urteil wahr, denn ich handle nicht allein – der Vater, der mich gesandt hat, ist mit mir. ¹⁷Euer eigenes Gesetz sagt: Wenn zwei Personen etwas übereinstimmend bezeugen, gilt ihre Aussage als Tatsache.* ¹⁸Ich bin der eine Zeuge, und mein Vater, der mich gesandt hat, ist der andere.«

¹⁹»Wo ist denn dein Vater?«, fragten sie. Jesus antwortete: »Da ihr nicht wisst, wer ich bin, wisst ihr auch nicht, wer mein Vater ist. Würdet ihr mich kennen, dann würdet ihr auch meinen Vater kennen.« ²⁰Dies sagte er, als er in dem Bereich des Tempels lehrte, der als Schatzkammer bezeichnet wird. Aber er wurde nicht verhaftet, weil seine Zeit noch nicht gekommen war.

Warnung an die Ungläubigen

²¹Jesus sagte noch einmal: »Ich werde fortgehen. Ihr werdet mich suchen und in eurer Sünde sterben. Ihr könnt nicht dorthin kommen, wo ich hingehe.«

²²Da fragten sich die Juden: »Will er etwa Selbstmord begehen? Was meint er mit den Worten: ›Ihr könnt nicht dorthin kommen, wo ich hingehe‹?«

²³Er antwortete ihnen: »Ihr seid von unten; ich bin von oben. Ihr seid von dieser Welt; ich bin nicht von dieser Welt. ²⁴Deshalb habe ich gesagt, dass ihr in eurer Sünde sterben werdet: Weil ihr nicht an mich als den glaubt, der ich bin, werdet ihr in eurer Sünde sterben.«

²⁵»Wer bist du denn?«, fragten sie.

Jesus erwiderte: »Ich bin der, als der ich mich immer bezeichnet habe.* ²⁶Ich hätte noch vieles über euch zu sagen und vieles zu verurteilen. Aber ich sage der Welt nur das, was ich von dem gehört habe, der mich gesandt hat, und er sagt die Wahrheit.« ²⁷Doch sie begriffen noch immer nicht, dass er mit ihnen über seinen Vater sprach.

²⁸Also sagte Jesus: »Wenn ihr den Menschensohn am Kreuz erhöht habt, werdet ihr erkennen, dass ich es bin und dass ich nichts von mir selbst aus tue, sondern das sage, was der Vater mich gelehrt hat. ²⁹Der, der mich gesandt hat, ist mit mir – er hat mich nicht verlassen. Denn ich tue immer, was ihm gefällt.« ³⁰Als er das alles gesagt hatte, glaubten viele an ihn.

Jesus und Abraham

³¹Jesus sagte zu den Menschen*, die nun an ihn glaubten: »Wenn ihr euch nach meinen Worten richtet, seid ihr wirklich meine Jünger. ³²Ihr werdet die Wahrheit erkennen, und die Wahrheit wird euch frei machen.«

³³»Aber wir sind doch Nachkommen Abrahams«, sagten sie. »Wir sind nie Sklaven von irgendjemand gewesen. Warum redest du dann von ›frei machen‹? Was meinst du damit?«

³⁴Jesus erwiderte: »Ich versichere euch: Jeder, der sündigt, ist ein Sklave der Sünde. ³⁵Ein Sklave ist kein Familienmitglied; ein Sohn dagegen gehört für immer zur Familie. ³⁶Nur dann, wenn der Sohn euch frei macht, seid ihr wirklich frei. ³⁷Ich weiß, dass ihr Nachkommen Abrahams seid. Und trotzdem wollt ihr mich töten, weil meine Botschaft in euren Herzen keinen Platz hat. ³⁸Ich erzähle euch von dem, was ich bei meinem Vater gesehen habe. So folgt auch ihr dem Rat eures Vaters und tut, was ihr gehört habt.«

³⁹»Unser Vater ist Abraham«, erklärten sie.

»Nein«, erwiderte Jesus, »denn wenn ihr Kinder Abrahams wärt, würdet ihr nach seinem Vorbild handeln.* ⁴⁰Ich habe euch die Wahrheit gesagt, die ich von Gott gehört habe, aber ihr versucht, mich zu töten. So etwas hätte Abraham nie getan. ⁴¹Nein, wenn ihr so handelt, gehorcht ihr eurem wirklichen Vater.« Sie entgegneten: »Wir jedenfalls sind nicht unehelich geboren! Unser einziger Vater ist Gott.«

8,17 S. 5. Mose 19,15.   **8,25** O. *Warum spreche ich überhaupt noch mit euch?*   **8,31** Griech. *zu den Juden;* so auch in 8,48.52.57.   **8,39** In einigen Handschriften steht *Wenn ihr Kinder Abrahams seid, folgt seinem Vorbild.*

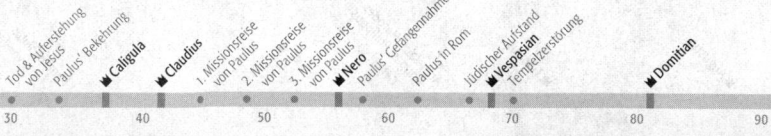

JOHANNES

1,1-18	Prolog
1,19–12,50	Das Wirken von Jesus in der Welt
13–17	Jesus spricht zu seinen Jüngern und betet für sie
18–20	Leiden, Tod und Auferstehung von Jesus
21	Jesus in Galiläa

8–9
Die Heilung eines Blinden. Pharisäer versuchen, ihm mit Fragen eine Falle zu stellen.

[Gottes Königsherrschaft und der Messias]

⁴²Jesus sagte zu ihnen: »Wenn Gott euer Vater wäre, würdet ihr mich lieben, weil ich von Gott zu euch gekommen bin. Ich bin nicht hier, weil ich es selbst so wollte, sondern er hat mich gesandt. ⁴³Warum versteht ihr nicht, was ich sage? Weil ihr gar nicht fähig seid, mein Wort zu hören. ⁴⁴Ihr habt den Teufel zum Vater: Ihr tut mit Vorliebe die bösen Dinge, die er tut. Er war von Anbeginn an ein Mörder und hat die Wahrheit immer gehasst. In ihm ist keine Wahrheit. Wenn er lügt, entspricht das seinem Wesen, denn er ist ein Lügner und der Vater der Lüge. ⁴⁵Wenn ich euch also die Wahrheit sage, ist es nur natürlich, dass ihr mir nicht glaubt! ⁴⁶Wer von euch kann mir zu Recht eine Sünde vorwerfen? Und wenn ich euch aber die Wahrheit sage, warum glaubt ihr mir dann nicht? ⁴⁷Wer Gott zum Vater hat, der hört Gottes Worte. Dass ihr nicht darauf hört, zeigt, dass ihr nicht Gottes Kinder seid.«

⁴⁸Die Leute entgegneten: »Du samaritischer Teufel! Haben wir nicht immer gesagt, dass du von einem Dämon besessen bist?«

⁴⁹»Nein«, sagte Jesus, »ich habe keinen Dämon in mir. Ich gebe meinem Vater die Ehre – ihr aber beleidigt mich. ⁵⁰Ich will mir nicht selbst die Ehre geben, mein Vater will das tun. Er wird der Richter sein. ⁵¹Ich versichere euch: Wenn jemand meinem Wort gehorcht, wird er niemals sterben!«

⁵²Die Leute sagten: »Jetzt wissen wir, dass du von einem Dämon besessen bist. Sogar Abraham und die Propheten sind gestorben, und da behauptest du, wer deinem Wort gehorcht, werde niemals sterben! ⁵³Bist du vielleicht größer als unser Vater Abraham, der doch gestorben ist? Bist du etwa größer als die Propheten, die gestorben sind? Für wen hältst du dich?«

⁵⁴Jesus antwortete: »Wenn ich mich nur selbst rühme, ist das ohne Bedeutung. Doch es ist mein Vater, der mich ehrt. Ihr behauptet: ›Er ist unser Gott‹, ⁵⁵aber ihr kennt ihn ja nicht einmal. Ich dagegen kenne ihn. Wenn ich etwas anderes behaupten würde, dann wäre ich ein ebensolcher Lügner wie ihr! Aber es ist wahr – ich kenne ihn und gehorche ihm. ⁵⁶Euer Vater Abraham freute sich auf mein Kommen. Er sah es voraus und war froh.«

⁵⁷Die Leute erwiderten: »Du bist nicht einmal fünfzig Jahre alt. Wie kannst du behaupten, du hättest Abraham gesehen?«*

⁵⁸Jesus antwortete: »Ich versichere euch: Ich war schon da, bevor Abraham auch nur geboren

---

8,57 In manchen Handschriften heißt es *Wie kannst du sagen, Abraham hätte dich gesehen?*

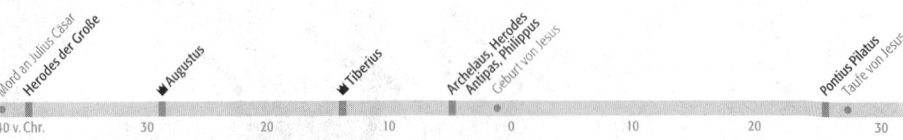

wurde!«* ⁵⁹Da hoben sie Steine auf, um ihn zu töten. Aber Jesus floh vor ihnen und verließ den Tempel.

Jesus heilt einen Blindgeborenen

9 Unterwegs sah Jesus einen Mann, der von Geburt an blind war. ²»Meister«, fragten die Jünger ihn, »warum wurde dieser Mann blind geboren? Ist es wegen seiner eigenen Sünden oder wegen der Sünden seiner Eltern?«

³»Es lag nicht an seinen Sünden oder den Sünden seiner Eltern«, antwortete Jesus. »Er wurde blind geboren, damit die Kraft Gottes an ihm sichtbar werde. ⁴Wir alle müssen die Aufgaben dessen, der mich gesandt hat, rasch erfüllen. Denn nicht mehr lange und die Nacht bricht herein, in der niemand mehr etwas tun kann. ⁵Doch solange ich noch in der Welt bin, bin ich das Licht der Welt.«

⁶Dann spuckte er auf die Erde, vermischte den Lehm mit seinem Speichel zu einem Brei und strich ihn dem Blinden auf die Augen. ⁷Daraufhin sagte er zu ihm: »Geh und wasch dich im Teich Siloah.« Siloah bedeutet: Gesandter. Da ging der Mann und wusch sich und kam sehend zurück!

⁸Seine Nachbarn und andere, die ihn als blinden Bettler kannten, fragten einander: »Ist das derselbe Mann – der Bettler?« ⁹Einige meinten, er sei es; andere sagten: »Nein, aber er sieht aus wie jener!«

Der Bettler aber sagte immer nur: »Ich bin derselbe Mann!«

¹⁰Da fragten sie ihn: »Was ist geschehen? Wie wurden deine Augen geöffnet?«

¹¹Und er erzählte: »Der Mann, den sie Jesus nennen, machte aus Lehm und Speichel einen Brei, den er mir auf die Augen strich, und dann sagte er: ›Geh zum Teich Siloah und wasche dich.‹ Ich ging und wusch mich, und nun kann ich sehen!«

¹²»Wo ist er jetzt?«, fragten sie.

»Das weiß ich nicht«, erwiderte er.

¹³Daraufhin brachten sie den Mann, der blind gewesen war, zu den Pharisäern. ¹⁴Nun hatte Jesus den Mann an einem Sabbat geheilt. ¹⁵Die Pharisäer ließen sich von dem Mann alles erzählen. Er berichtete: »Er strich mir einen Brei auf die Augen, und als ich ihn abgewaschen hatte, konnte ich sehen!«

¹⁶Einige der Pharisäer meinten: »Dieser Mensch, Jesus, kommt nicht von Gott, denn er bricht das Gesetz und arbeitet am Sabbat.« Andere dagegen sagten: »Aber wie könnte ein gewöhnlicher Sünder solche Wunder* tun?« So gingen ihre Meinungen über ihn weit auseinander.

¹⁷Da befragten die Pharisäer den Mann, der blind gewesen war, noch einmal und wollten wissen: »Dieser Mann, der dir die Augen geöffnet hat – was meinst du, wer er ist?«

Der Mann erwiderte: »Er muss ein Prophet sein.«

¹⁸Die führenden Juden wollten nicht glauben, dass der Mann blind gewesen war. Deshalb ließen sie seine Eltern holen ¹⁹und fragten: »Ist das euer Sohn? Behauptet ihr, dass er von Geburt an blind gewesen ist? Wenn das stimmt, wie kommt es, dass er jetzt sehen kann?«

²⁰Seine Eltern antworteten: »Wir wissen, dass dies unser Sohn ist und dass er blind geboren wurde, ²¹aber wir wissen nicht, warum er jetzt sehen kann oder wer ihn geheilt hat. Er ist alt genug, um für sich selbst zu sprechen. Fragt ihn doch selbst.« ²²Das sagten sie aus Angst vor den führenden Juden, weil diese angekündigt hatten, jeden aus der Synagoge auszuschließen, der Jesus als Christus bezeichnete. ²³Deshalb sagten die Eltern: »Er ist alt genug, um für sich selbst zu sprechen. Fragt ihn doch selbst.«

²⁴Da riefen sie den Mann, der blind geboren worden war, zum zweiten Mal herein und ermahnten ihn: »Gib Gott die Ehre und sage die Wahrheit,* denn wir wissen, dass dieser Mann ein Sünder ist.«

²⁵»Ich weiß nicht, ob er ein Sünder ist«, erwiderte der Mann. »Aber eins weiß ich: Ich war blind, und jetzt kann ich sehen!«

²⁶»Aber was hat er mit dir gemacht?«, fragten sie. »Wie hat er dich von deiner Blindheit geheilt?«

²⁷»Das habe ich euch doch bereits erzählt!«, rief der Mann aus. »Habt ihr denn nicht zugehört? Warum wollt ihr es noch einmal hören? Wollt ihr auch seine Jünger werden?«

²⁸Da beschimpften sie ihn und sagten: »Du bist sein Jünger, wir aber sind Jünger Moses. ²⁹Wir wissen, dass Gott zu Mose gesprochen hat, doch von diesem Mann wissen wir nicht einmal, woher er ist.«

³⁰»Seltsam!«, entgegnete der Mann. »Er hat meine Augen geheilt und ihr wisst nicht, woher er ist! ³¹Wir wissen, dass Gott Sünder nicht erhört, aber er erhört die, die ihn anbeten und seinen Willen tun. ³²Solange die Welt besteht, hat noch niemand die Augen eines Blindgeborenen

---

8,58 O. *Wahrlich, wahrlich, ehe Abraham war, bin ich.*   9,16 Griech. *Zeichen.*   9,24 O. *Gib Gott die Ehre und nicht Jesus.* Im Griech. heißt es nur *Gib Gott die Ehre.*

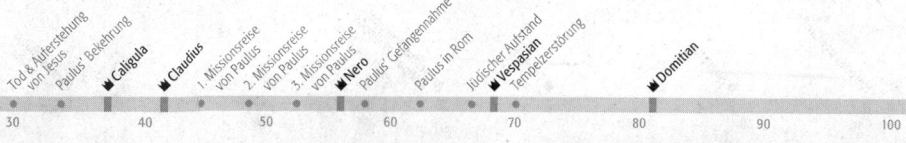

JOHANNES

1,1-18	Prolog
1,19–12,50	Das Wirken von Jesus in der Welt
13–17	Jesus spricht zu seinen Jüngern und betet für sie
18–20	Leiden, Tod und Auferstehung von Jesus
21	Jesus in Galiläa

9–11

Jesus spricht über Sehen und Glauben. Er bezeichnet sich selbst als guten Hirten. Jesus nennt sich den Sohn Gottes und soll dafür verhaftet werden. Lazarus stirbt.

[Gottes Königsherrschaft und der Messias]

öffnen können. ³³Wenn dieser Mann nicht von Gott käme, könnte er so etwas nicht tun.«

³⁴Da hielten sie ihm vor: »Du bist ganz in Sünden geboren und willst uns belehren?« Und sie warfen ihn aus der Synagoge.

Glaubensblindheit

³⁵Als Jesus hörte, was geschehen war, suchte er den Mann auf und sagte: »Glaubst du an den Menschensohn*?«

³⁶Der Mann erwiderte: »Sag mir, wer es ist, Herr, denn ich würde gern an ihn glauben.«

³⁷»Du hast ihn gesehen«, sagte Jesus, »und jetzt spricht er mit dir!«

³⁸»Ja, Herr!«, antwortete der Mann. »Ich glaube!« Und er fiel vor Jesus nieder und betete ihn an.

³⁹Da sagte Jesus zu ihm: »Zum Gericht bin ich in die Welt gekommen. Ich bin gekommen, die Blinden sehend zu machen, und denen, die sich für sehend halten, zeige ich, dass sie blind sind.«

⁴⁰Die Pharisäer, die in der Nähe standen, hörten ihn und fragten: »Willst du damit sagen, dass etwa auch wir blind sind?«

⁴¹»Wenn ihr blind wärt, wärt ihr unschuldig«, erwiderte Jesus. »So aber bleibt ihr schuldig, weil ihr behauptet, sehen zu können.

Der gute Hirte und seine Schafe

10 Ich versichere euch: Wer sich über die Mauer in den Schafpferch schleicht, statt durchs Tor hineinzugehen, ist ein Dieb und ein Räuber! ²Denn ein Hirte tritt durch das Tor ein. ³Der Torhüter öffnet ihm, und die Schafe hören seine Stimme und kommen zu ihm. Er ruft seine Schafe, die ihm gehören, beim Namen und führt sie hinaus. ⁴Wenn er seine Herde versammelt hat, geht er vor ihnen her, und die Schafe folgen ihm, weil sie seine Stimme kennen. ⁵Einem Fremden aber folgen sie nicht, sondern laufen vor ihm weg, weil sie seine Stimme nicht kennen.«

⁶Die Zuhörer wussten nicht, was Jesus mit diesem Bild meinte, ⁷deshalb erklärte er es ihnen. »Ich versichere euch: Ich bin das Tor zu den Schafen«, sagte er. ⁸»Alle, die vor mir kamen, waren Diebe und Räuber. Doch die Schafe hörten nicht auf sie. ⁹Ja, ich bin das Tor. Wer durch mich hineingeht, wird gerettet werden. Wo er auch hinkommt, wird er grüne Weiden finden. ¹⁰Ein Dieb will rauben, morden und zerstören. Ich aber bin gekommen, um ihnen das Leben in ganzer Fülle zu schenken.

9,35 In einigen Handschriften heißt es *an den Sohn Gottes*.

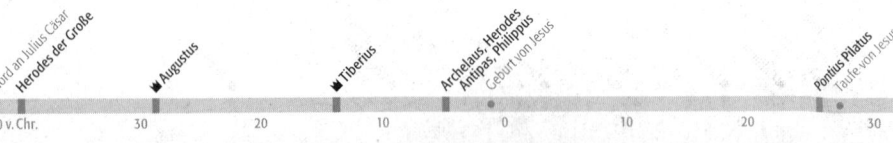

¹¹Ich bin der gute Hirte. Der gute Hirte opfert sein Leben für die Schafe. ¹²Ein Schäfer, der nur für Lohn arbeitet, läuft davon, wenn er einen Wolf kommen sieht. Er wird die Schafe im Stich lassen, weil sie ihm nicht gehören und er nicht ihr Hirte ist. Und so greift der Wolf sie an und zerstreut die Herde. ¹³Der bezahlte Arbeiter läuft davon, weil er nur angeworben wurde und die Schafe ihm nicht wirklich am Herzen liegen.

¹⁴Ich bin der gute Hirte; ich kenne meine Schafe und sie kennen mich, ¹⁵so wie mein Vater mich kennt und ich den Vater. Ich gebe mein Leben für die Schafe. ¹⁶Ich habe auch noch andere Schafe, die nicht in diesem Pferch sind. Auch sie muss ich herführen, und sie werden auf meine Stimme hören; und alle werden eine Herde mit einem Hirten sein.

¹⁷Der Vater liebt mich, weil ich mein Leben hingebe, um es wiederzuerlangen. ¹⁸Niemand kann es mir nehmen. Ich gebe es freiwillig hin. Ich habe die Macht, es hinzugeben, und ich habe die Macht, es wieder zu nehmen. Denn mein Vater hat mir diesen Auftrag gegeben.«

¹⁹Wegen dieser Worte waren die Menschen* wieder geteilter Meinung über ihn. ²⁰Manche meinten: »Er hat einen Dämon und ist verrückt. Warum hört ihr auf einen solchen Mann?« ²¹Andere dagegen sagten: »Das klingt nicht nach einem Mann, der von einem Dämon besessen ist! Oder kann ein Dämon etwa den Blinden die Augen öffnen?«

Jesus erhebt den Anspruch, Gottes Sohn zu sein

²²Inzwischen war es Winter. Jesus war zum Fest der Tempelweihe* nach Jerusalem gereist. ²³Nun hielt er sich im Tempel auf, in dem Bereich der Säulenhalle Salomos. ²⁴Da umringten ihn die Juden und fragten: »Wie lange willst du uns noch hinhalten?* Wenn du der Christus bist, dann sag es uns offen.«

²⁵Jesus erwiderte: »Ich habe es euch bereits gesagt, aber ihr glaubt mir nicht. Alles, was ich im Namen meines Vaters tue, beweist, wer ich bin. ²⁶Aber ihr glaubt mir nicht, weil ihr nicht zu meiner Herde gehört. ²⁷Meine Schafe hören auf meine Stimme; ich kenne sie, und sie folgen mir. ²⁸Ich schenke ihnen das ewige Leben, und sie werden niemals umkommen. Niemand wird sie mir entreißen, ²⁹denn mein Vater hat sie mir gegeben, und er ist mächtiger als alles andere. Und niemand kann sie aus der Hand des Vaters reißen. ³⁰Der Vater und ich sind eins.«

³¹Da hoben die Juden wieder Steine auf, um ihn zu töten. ³²Doch Jesus sagte: »Ich habe euch durch die Kraft meines Vaters viele gute Taten gezeigt. Für welche dieser Taten wollt ihr mich steinigen?«

³³Sie erwiderten: »Nicht wegen einer guten Tat wollen wir dich steinigen, sondern wegen Gotteslästerung, weil du, obwohl nur Mensch, dich zu Gott gemacht hast.«

³⁴Jesus erwiderte: »In eurem eigenen Gesetz steht geschrieben: ›Ich habe gesagt: Ihr seid Götter!‹* ³⁵Ihr wisst, dass die Schrift nicht geändert werden darf. Wenn also diese Menschen, die Gottes Botschaft empfingen, von ihm selbst ›Götter‹ genannt wurden, ³⁶warum nennt ihr es dann Gotteslästerung, wenn der, der vom Vater geheiligt und in die Welt gesandt wurde, von sich sagt: ›Ich bin Gottes Sohn‹? ³⁷Wenn ich nicht die Werke meines Vaters tue, braucht ihr mir nicht zu glauben! ³⁸Wenn ich aber sein Werk tue, dann glaubt wenigstens an das, was ich getan habe, wenn ihr schon nicht an mich glaubt. Dann werdet ihr begreifen und erkennen, dass der Vater in mir ist und ich im Vater bin.«

³⁹Wieder wollten sie ihn verhaften, doch er entkam ihnen. ⁴⁰Er ging über den Jordan nahe der Stelle, an der Johannes getauft hatte, und blieb dort. ⁴¹Viele Menschen kamen zu ihm. »Johannes hat zwar keine Wunder getan«, sagten sie zueinander, »aber seine Voraussagen über diesen Mann haben sich als wahr erwiesen.« ⁴²Und viele kamen dort zum Glauben an ihn.

Der Tod des Lazarus

11 Ein Mann namens Lazarus war krank. Er wohnte mit seinen Schwestern Maria und Marta in Betanien. ²Das ist dieselbe Maria, die dem Herrn das kostbare Duftöl über die Füße goss und sie mit ihrem Haar trocknete.* Weil ihr Bruder Lazarus krank geworden war, ³schickten die beiden Schwestern Jesus eine Nachricht und ließen ihm ausrichten: »Herr, der, den du lieb hast, ist sehr krank.«

⁴Als Jesus jedoch davon hörte, sagte er: »Lazarus' Krankheit wird nicht zum Tode führen; sie dient vielmehr der Verherrlichung Gottes. Der Sohn Gottes wird durch sie verherrlicht werden.« ⁵Jesus hatte Marta, Maria und Lazarus lieb. ⁶Als er von seiner Krankheit erfahren hatte, blieb er noch zwei Tage, wo er war. ⁷Erst dann

---

10,19 Griech. *die Juden*. **10,22** Auch *Hanukkah* genannt; das Fest wurde zur Erinnerung an die Tempelweihe gefeiert. **10,24** Griech. *Bis wann hältst du unsere Seele noch hin?* **10,34** Psalm 82,6. **11,2** Diese Begebenheit wird in Kapitel 12 erzählt.

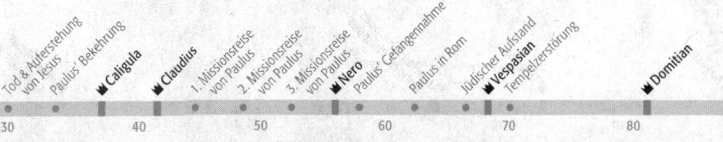

JOHANNES

1,1-18	Prolog
1,19–12,50	Das Wirken von Jesus in der Welt
13–17	Jesus spricht zu seinen Jüngern und betet für sie
18–20	Leiden, Tod und Auferstehung von Jesus
21	Jesus in Galiläa

11
Jesus erweckt Lazarus wieder zum Leben. Der Hohe Rat möchte Jesus töten lassen.

[Gottes Königsherrschaft und der Messias]

sagte er zu seinen Jüngern: »Lasst uns wieder nach Judäa gehen.«

⁸Doch seine Jünger wandten ein: »Meister, erst vor wenigen Tagen haben die Juden dort versucht, dich zu steinigen. Und nun willst du dorthin zurückkehren?«

⁹Jesus erwiderte: »Es ist doch zwölf Stunden jeden Tag hell. Solange es hell ist, können die

Johannes 11,16

Die Antwort des Menschen
Thomas wird oft falsch eingeschätzt, als wäre sein Glaube zweitklassig (siehe die Erklärung zu Joh 20,26-29). Hier ist es Thomas, der seine Bereitschaft ausdrückt, mit Jesus zu sterben.
Jesus will an einen Ort gehen, wo er vorher schon einmal in Lebensgefahr gewesen war (V. 8). Seine Jünger warnen ihn, aber er sagt dennoch: »Kommt, wir wollen gehen« (V. 15). Thomas ermutigt dann die anderen: »Wir wollen mitgehen – und mit ihm sterben« (V. 16).
Ist das Mut, Übermut oder das Gegenteil – Resignation? Gibt er einfach auf (»Dann werden wir alle wohl sterben«)? Hat er gewusst, dass diejenigen, die »mit Jesus sterben«, auch »mit Jesus auferstehen werden« (Röm 6,8)? Die Handlung im Johannesevangelium hat oft mehrere Bedeutungsebenen. Einerseits wird das Geschehene erzählt, aber es gibt dann auch hintergründige Bedeutungen (siehe V. 11-14). Die Ermutigung von Thomas in V. 16 ist genau richtig, ob er selbst dies nun vollständig verstand oder nicht.
(Johannes 13,1-17 ««« | »»» Lukas 22,42)

Johannes 11,43-44

Gott befreit
»Binden und Lösen« sind Begriffe, die in der Bibel manchmal für ethische Entscheidungen und manchmal für Auseinandersetzung mit bösen Geistern verwendet werden. Hier werden die Begriffe alltäglicher benutzt. Es geht lediglich darum, dass jemand die Kleider des Lazarus losbinden soll, damit er von ihnen befreit werden kann. Und doch ist dies etwas nicht so Alltägliches. Es handelt sich um ein Grabtuch. Jesus hat Lazarus vom Tode auferweckt. Zumindest symbolisch wurde Lazarus gerade von den »Ketten des Todes« (Ps 118,5) befreit.
Der Autor des Hebräerbriefs beschreibt die Wirkung von Tod und Auferstehung von Jesus so: »So konnte er die befreien, die ihr Leben lang Sklaven ihrer Angst vor dem Tod waren« (Hebr 2,15). Tod ist eine bindende Macht. Durch die Auferstehung werden wir von ihr befreit. In Lazarus' Fall wurde nur das alte, immer noch sterbliche Leben wiederhergestellt. Durch den Sieg von Jesus über den Tod werden wir eines Tages ganz vom Tod und seiner Macht befreit werden.
(Matthäus 9,13 ««« | »»» Hesekiel 37,1-14)

Menschen sicher einen Fuß vor den anderen setzen. Sie können sehen, weil sie das Licht dieser Welt haben. ¹⁰Nur in der Nacht laufen sie Gefahr zu stolpern, weil das Licht nicht bei ihnen ist.« ¹¹Und er fuhr fort: »Unser Freund Lazarus ist eingeschlafen, doch nun gehe ich hin und wecke ihn auf.«

¹²Die Jünger meinten: »Herr, wenn er schläft, wird er bald wieder gesund!« ¹³Sie dachten, Jesus rede von einem heilsamen Schlaf; Jesus sprach aber davon, dass Lazarus gestorben war.

¹⁴Da sagte er ihnen offen: »Lazarus ist tot. ¹⁵Euretwegen bin ich froh, dass ich nicht dort war, weil ihr so einen weiteren Grund haben werdet, an mich zu glauben. Kommt, wir wollen zu ihm gehen.«

¹⁶Thomas, auch »Zwilling«* genannt, sagte zu den anderen Jüngern: »Wir wollen mitgehen – und mit ihm sterben.«

¹⁷In Betanien berichtete man Jesus, dass Lazarus schon vier Tage im Grab lag. ¹⁸Betanien war nur wenige Kilometer* von Jerusalem entfernt, ¹⁹und viele Leute* waren gekommen, um Marta und Maria ihr Beileid auszusprechen und sie über den Verlust ihres Bruders zu trösten. ²⁰Als Marta erfuhr, dass Jesus auf dem Weg zu ihnen war, eilte sie ihm entgegen. Maria aber blieb im Haus. ²¹Marta sagte zu Jesus: »Herr, wärst du hier gewesen, wäre mein Bruder nicht gestorben. ²²Aber auch so weiß ich, Gott wird dir alles geben, was auch immer du ihn bittest.«

²³Jesus sagte zu ihr: »Dein Bruder wird auferstehen.«

²⁴»Ja«, erwiderte Marta, »am Tag der Auferstehung, wenn alle Menschen auferstehen.«

²⁵Jesus sagte zu ihr: »Ich bin die Auferstehung und das Leben. Wer an mich glaubt, wird leben, auch wenn er stirbt. ²⁶Er wird ewig leben, weil er an mich geglaubt hat, und niemals sterben. Glaubst du das, Marta?«

²⁷»Ja, Herr«, antwortete sie. »Ich habe immer geglaubt, dass du der Christus bist, der Sohn Gottes, der in die Welt kommen soll.« ²⁸Damit verließ sie ihn und kehrte zu Maria zurück. Sie nahm Maria beiseite und sagte zu ihr: »Der Meister ist hier und will dich sehen.« ²⁹Als Maria dies gehört hatte, ging sie sofort zu ihm.

³⁰Jesus war außerhalb des Dorfes geblieben, dort, wo Marta ihn getroffen hatte. ³¹Die Leute, die zum Haus gekommen waren, um Maria zu trösten, sahen sie eilig weggehen. Da folgten sie ihr, weil sie vermuteten, dass sie zu Lazarus' Grab wollte, um zu weinen. ³²Als Maria nun an die Stelle kam, wo Jesus war, und ihn sah, warf sie sich ihm zu Füßen und sagte: »Herr, wärst du hier gewesen, wäre mein Bruder nicht gestorben.«

³³Als Jesus die weinende Maria und die Leute sah, die mit ihr trauerten, erfüllten ihn Zorn und Schmerz. ³⁴»Wo habt ihr ihn hingelegt?«, fragte er.

Sie antworteten: »Herr, komm mit und sieh.« ³⁵Da weinte Jesus. ³⁶Die Leute, die in seiner Nähe standen, sagten: »Seht, wie sehr er ihn geliebt hat.« ³⁷Einige meinten jedoch: »Dieser Mann hat doch einen Blinden geheilt. Warum konnte er Lazarus nicht vor dem Tod bewahren?«

Jesus erweckt Lazarus von den Toten auf

³⁸Und wieder war Jesus innerlich erschüttert, während er zum Grab ging. Es war eine Gruft, vor deren Eingang man einen Stein gerollt hatte. ³⁹»Rollt den Stein fort«, befahl Jesus.

Doch Marta, die Schwester des Verstorbenen, wandte ein: »Herr, inzwischen wird der Gestank schrecklich sein, denn er ist schon seit vier Tagen tot.«

⁴⁰Jesus erwiderte: »Habe ich dir nicht gesagt, dass du die Herrlichkeit Gottes sehen wirst, wenn du glaubst?« ⁴¹Da rollten sie den Stein beiseite. Dann blickte Jesus zum Himmel auf und sagte: »Vater, ich danke dir, dass du mich erhört hast. ⁴²Ich weiß, dass du mich immer erhörst, doch ich sage es wegen der vielen Menschen, die hier stehen, damit sie glauben können, dass du mich gesandt hast.« ⁴³Dann rief er mit lauter Stimme: »Lazarus, komm heraus!« ⁴⁴Und Lazarus kam heraus. Er war in Grabtücher gewickelt und sein Kopf war mit einem Tuch verhüllt. Jesus sagte: »Löst die Binden und lasst ihn gehen!«

Das Mordkomplott gegen Jesus

⁴⁵Viele von den Juden, die bei Maria gewesen und Zeugen dieses Geschehens geworden waren, glaubten nun an Jesus. ⁴⁶Ein paar jedoch liefen zu den Pharisäern und trugen ihnen zu, was Jesus getan hatte. ⁴⁷Da ließen die obersten Priester und Pharisäer den Hohen Rat* einberufen, um die Lage zu erörtern. »Was sollen wir tun?«, fragten sie einander. »Dieser Mann tut viele Wunder. ⁴⁸Wenn wir ihn gewähren lassen, wird das ganze Volk ihm folgen, und dann wird die römische Armee kommen und unseren Tempel und auch unser Volk vernichten.«

⁴⁹Einer von ihnen, Kaiphas, der in jenem Jahr Hoher Priester war, sagte: »Begreift ihr denn nicht? ⁵⁰Versteht ihr nicht, dass es besser ist,

---

11,16 Griech. *der ›Didymus‹ genannt wurde.* **11,18** Griech. *etwa 15 Stadien (das sind 2,8 km).* **11,19** Griech. *Juden;* so auch in 11,31.33.36.45.54. **11,47** Griech. *den Sanhedrin.*

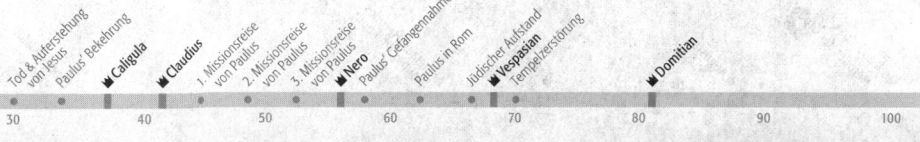

JOHANNES

1,1-18 Prolog

1,19–12,50 Das Wirken von Jesus in der Welt

13–17 Jesus spricht zu seinen Jüngern und betet für sie

18–20 Leiden, Tod und Auferstehung von Jesus

21 Jesus in Galiläa

11–12
Eine Frau salbt Jesus. Jesus zieht in Jerusalem ein. Jesus prophezeit seinen Tod.

[Gottes Königsherrschaft und der Messias]

wenn nur ein Mann anstelle des Volkes stirbt und so nicht das ganze Volk umkommt?« ⁵¹Diese prophetische Aussage, dass Jesus für das ganze Volk sterben sollte, machte Kaiphas in seiner Eigenschaft als Hoher Priester. Er hatte das nicht von sich aus gesagt, sondern Gott hatte es ihm eingegeben. ⁵²Es war eine Weissagung: Jesus sollte nicht nur für das Volk sterben, sondern durch seinen Tod die Kinder Gottes auf der ganzen Welt zusammenführen.

⁵³Von diesem Tag an setzten die führenden Männer des jüdischen Volkes alles daran, Jesus zu töten. ⁵⁴Deshalb hörte Jesus auf, sich öffentlich im Volk zu zeigen, und verließ Jerusalem. Er ging an einen Ort in der Nähe der Wüste, in das Dorf Ephraim, und blieb dort mit seinen Jüngern.

⁵⁵Es waren nur noch wenige Tage bis zum Passahfest. Schon waren viele Leute vom Land in Jerusalem eingetroffen, um noch vor dem Fest die vorgeschriebenen Reinigungshandlungen vollziehen zu können. ⁵⁶Sie wollten Jesus sehen, und als sie im Tempel miteinander redeten, fragten sie sich gegenseitig: »Was meint ihr? Wird er zum Passahfest kommen?« ⁵⁷Die obersten Priester und Pharisäer hatten mittlerweile öffentlich verkündet, dass jeder, der Jesus sah, ihnen sofort Meldung machen müsse, damit sie ihn verhaften könnten.

Jesus wird in Betanien gesalbt
V. 1-8: Matthäus 26,6-13; Markus 14,3-9

12 Sechs Tage vor Beginn der Passah-Feierlichkeiten kam Jesus nach Betanien, in die Heimatstadt von Lazarus – jenes Mannes, den er von den Toten auferweckt hatte. ²Dort wurde zu seinen Ehren ein Festessen gegeben. Marta bediente die Gäste, und Lazarus saß mit ihm am Tisch. ³Da nahm Maria ein zwölf Unzen fassendes Fläschchen* mit kostbarem Nardenöl, salbte Jesus mit dem Öl die Füße und trocknete sie mit ihrem Haar. Der Duft des Öls erfüllte das ganze Haus.

⁴Da sagte Judas Iskariot, einer seiner Jünger – der, der ihn später verriet: ⁵»Dieses Parfüm war ein kleines Vermögen* wert. Man hätte es verkaufen und das Geld den Armen geben sollen.« ⁶Doch es ging ihm gar nicht um die Armen – er war ein Dieb und führte die Kasse der Jünger und entwendete hin und wieder etwas Geld für den eigenen Bedarf.

⁷Jesus erwiderte: »Lass sie. Sie hat es als Vor-

12,3 Griech. *1 Litra*, das sind 327 g.   12,5 Griech. *300 Denarii.* Ein Denar entsprach einem vollen Tagelohn.

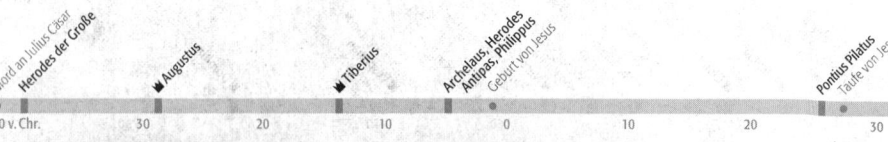

bereitung für mein Begräbnis getan. ⁸Die Armen habt ihr immer bei euch, aber ich werde nicht mehr lange bei euch sein.«

⁹Als die Leute* erfuhren, dass Jesus dort war, kamen sie scharenweise herbei, um nicht nur Jesus, sondern vor allem Lazarus zu sehen, den Jesus von den Toten auferweckt hatte. ¹⁰Daraufhin beschlossen die obersten Priester, auch Lazarus umzubringen, ¹¹denn seinetwegen waren viele Leute von ihnen abgefallen und glaubten nun an Jesus.

Der triumphale Einzug
Matthäus 21,1-11; Markus 11,1-10; Lukas 19,28-40

¹²Am nächsten Tag verbreitete sich die Nachricht, dass Jesus auf dem Weg nach Jerusalem sei, in der ganzen Stadt. Scharen von Menschen, die zum Passahfest gekommen waren, ¹³hielten Palmzweige in den Händen und zogen die Straße hinunter, ihm entgegen. Dabei riefen sie:

»Gelobt sei Gott!* Gepriesen sei, der im Namen des Herrn kommt! Heil dem König Israels!«*

¹⁴Jesus fand einen jungen Esel und setzte sich darauf. Damit erfüllte er die Prophezeiung der Heiligen Schrift:

¹⁵»Fürchte dich nicht, Volk Israel*. Sieh, dein König kommt; er sitzt auf einem Eselsfohlen.«*

¹⁶Damals erkannten die Jünger noch nicht, dass sich damit eine Weissagung erfüllte. Doch nachdem Jesus verherrlicht worden war, erinnerten sie sich daran, wie diese Schriftstelle sich vor ihren eigenen Augen erfüllt hatte.

¹⁷Die Leute in der Menge, die gesehen hatten, wie Jesus Lazarus aus dem Grab ins Leben zurückgerufen hatte, erzählten den anderen davon. ¹⁸Das war der Hauptgrund, warum so viele ihm entgegenzogen – weil sie von diesem großen Wunder gehört hatten, dass er es getan hatte. ¹⁹Da sagten die Pharisäer zueinander: »So bewirken wir nichts. Seht doch, die ganze Welt läuft ihm nach!«

Jesus sagt seinen Tod voraus

²⁰Einige Griechen, die zum Passahfest nach Jerusalem gekommen waren, um anzubeten, ²¹besuchten Philippus, der aus Betsaida in Galiläa stammte. Sie sagten: »Herr, wir möchten gern Jesus kennenlernen.« ²²Philippus sagte es Andreas, und beide gingen gemeinsam zu Jesus, um ihn zu fragen.

²³Jesus erwiderte: »Für den Menschensohn ist die Zeit gekommen, dass er verherrlicht wird. ²⁴Ich versichere euch: Ein Weizenkorn muss in die Erde ausgesät werden. Wenn es dort nicht stirbt, wird es allein bleiben – ein einzelnes Samenkorn. Sein Tod aber wird viele neue Samenkörner hervorbringen – eine reiche Ernte neuen Lebens. ²⁵Wer sein Leben in dieser Welt liebt, wird es verlieren. Wer sein Leben in dieser Welt gering achtet, wird es zum ewigen Leben bewahren. ²⁶Wer mein Jünger sein will, muss sich aufmachen und mir nachfolgen, denn mein Diener wird da sein, wo ich bin. Wer mir nachfolgt, den wird der Vater ehren. ²⁷Meine Seele ist in diesem Augenblick tief traurig. Soll ich beten: ›Vater, bewahre mich vor dem, was vor mir liegt‹? Doch eben deshalb bin ich ja gekommen! ²⁸Vater, verherrliche deinen Namen.«

Da sprach eine Stimme aus dem Himmel: »Ich habe ihn schon verherrlicht und werde es wieder tun.« ²⁹Als die Menge die Stimme hörte, hielten einige sie für Donner, während andere erklärten, ein Engel habe zu ihm gesprochen.

³⁰Da sagte Jesus zu ihnen: »Die Stimme erklang euretwegen, nicht meinetwegen. ³¹Für die Welt ist die Zeit des Gerichts gekommen, in der der Herrscher dieser Welt* vertrieben wird. ³²Und wenn ich am Kreuz aufgerichtet bin,* werde ich alle zu mir ziehen.« ³³Mit diesen Worten deutete er an, wie er sterben würde.

³⁴Da erwiderte die Menge: »Wir haben in der Schrift gelesen, dass der Christus ewig leben wird. Warum sagst du, der Menschensohn müsse am Kreuz aufgerichtet werden*? Wer ist dieser Menschensohn, von dem du sprichst?«

³⁵Jesus erwiderte: »Das Licht wird nur noch kurze Zeit für euch leuchten. Lebt darin, solange ihr es noch könnt, damit ihr nicht stolpert, wenn die Dunkelheit kommt. Wenn ihr im Dunkel lebt, könnt ihr nicht sehen, wohin ihr geht. ³⁶Glaubt an das Licht, solange noch Zeit dazu ist; dann werdet ihr Kinder des Lichts werden.« Nachdem er diese Dinge gesagt hatte, ging Jesus fort, und sie sahen ihn nicht mehr.

Der Unglaube des Volks

³⁷Doch trotz der vielen Wunder, die er getan hatte, glaubten die meisten Menschen nicht an ihn. ³⁸Genau das hatte der Prophet Jesaja vorausgesagt:

»Herr, wer hat unserer Botschaft geglaubt? Wem wird der Herr seine rettende Macht offenbaren?«*

12,9 Griech. *die Juden*; so auch in 12,11. **12,13a** Griech. *Hosanna, ein Ausruf des Lobs, der wörtlich bedeutet:* »Hilf doch!«. **12,13b** Psalm 118,25-26; Zefanja 3,15. **12,15a** Griech. *Tochter Zions*. **12,15b** Sacharja 9,9. **12,31** *Der Herrscher dieser Welt* ist eine Bezeichnung für Satan. **12,32** Griech. *von der Erde erhöht*. **12,34** Griech. *müsse erhöht werden*. **12,38** Jesaja 53,1. Hebr. *Wem ist der Arm des Herrn offenbart?*

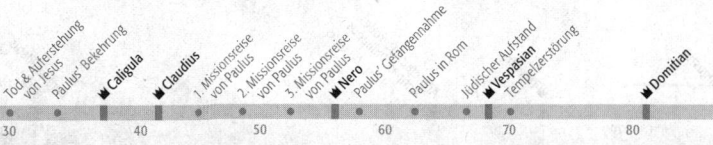

JOHANNES

1,1-18	Prolog
1,19–12,50	Das Wirken von Jesus in der Welt
13–17	Jesus spricht zu seinen Jüngern und betet für sie
18–20	Leiden, Tod und Auferstehung von Jesus
21	Jesus in Galiläa

12–13

Jesus dient seinen Jüngern und wäscht ihnen die Füße. Er sagt den Verrat durch Judas und die Verleugnung durch Petrus voraus.

[Gottes Königsherrschaft und der Messias]

³⁹Die Menschen waren nicht fähig zu glauben, denn Jesaja sagte auch:
⁴⁰»Der Herr hat ihre Augen blind gemacht und ihre Herzen verhärtet – damit ihre Augen nicht sehen und ihre Herzen nicht verstehen können und damit sie nicht zu mir umkehren, um sich von mir heilen zu lassen.«*
⁴¹Diese Weissagung Jesajas bezog sich auf Jesus, denn Jesaja hatte dessen Herrlichkeit gesehen. ⁴²Viele Menschen, darunter auch einige der führenden Männer, glaubten an Jesus, scheuten sich aber, es zuzugeben. Sie fürchteten, dass die Pharisäer sie deswegen aus der Synagoge ausschließen würden. ⁴³Die Anerkennung der Menschen war ihnen wichtiger als die Anerkennung durch Gott.
⁴⁴Jesus rief der Menge zu: »Wenn ihr mir glaubt, glaubt ihr nicht nur an mich, sondern an Gott, der mich gesandt hat. ⁴⁵Denn wenn ihr mich seht, seht ihr den, der mich gesandt hat. ⁴⁶Ich bin als Licht gekommen, um in dieser dunklen Welt zu leuchten, damit alle, die an mich glauben, nicht im Dunkel bleiben. ⁴⁷Wenn jemand mich hört und mir nicht gehorcht, bin ich nicht sein Richter – denn ich bin gekommen, um die Welt zu retten, und nicht, um sie zu richten. ⁴⁸Doch wer mich und meine Botschaft ablehnt, wird am Tag des Gerichts durch meine Worte, die ich gesprochen habe, gerichtet werden. ⁴⁹Ich spreche nicht aufgrund eigener Voll-

12,40 Jesaja 6,9-10.

Johannes 13,1-17

Die Antwort des Menschen

Manche Ausleger verstehen Johannes 1–12 als das »Buch der Zeichen« und Johannes 13–21 als das »Buch der Herrlichkeit«. Im ersten Teil werden sieben Zeichen genannt. Im zweiten Teil gibt es nur noch das größte Zeichen: den Sieg von Jesus durch das Kreuz und die Auferstehung. Dies sind die Stationen auf dem Weg zur Herrlichkeit.
Das Johannesevangelium betont jedoch noch etwas anderes. Johannes 13 gibt Hinweise darauf, dass nicht nur große Wundertaten Zeichen sind. Auch ein Handtuch und eine Schale können ein Zeichen sein. Die Fußwaschung, die Jesus hier durchführt, ist ein wahres Zeichen seiner Demut und seiner sich selbst aufopfernden Liebe. Er, der wahrhaftig »Herr und Meister« ist (V. 13), handelt so, weil er wusste »dass der Vater ihm uneingeschränkte Macht über alles gegeben hatte und dass er von Gott gekommen war und zu Gott zurückkehren würde« (V. 3). Das echteste Zeichen der Macht von Jesus ist seine Fähigkeit, Füße zu waschen. Und er weist uns an, ihn nachzuahmen (V. 15).
(Johannes 20,26-29 «« | »» Johannes 11,16)

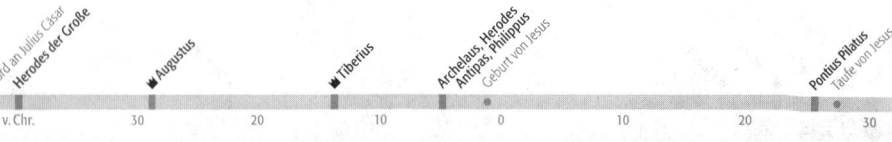

macht. Der Vater, der mich gesandt hat, hat mir aufgetragen, was ich sagen soll. ⁵⁰Und ich weiß, dass seine Weisungen zum ewigen Leben führen; deshalb sage ich, was der Vater mir zu sagen gebietet!«

Jesus wäscht seinen Jüngern die Füße

13 Vor dem Passahfest wusste Jesus, dass für ihn die Zeit gekommen war, diese Welt zu verlassen und zu seinem Vater zurückzukehren. Nun bewies er seinen Jüngern das ganze Ausmaß seiner Liebe.* ²Es war Zeit für das Abendessen, und der Teufel hatte Judas, den Sohn des Simon Iskariot, schon dazu verleitet, seinen Plan wahr zu machen und Jesus zu verraten. ³Jesus aber wusste, dass der Vater ihm uneingeschränkte Macht über alles gegeben hatte und dass er von Gott gekommen war und zu Gott zurückkehren würde. ⁴Er stand vom Tisch auf, zog sein Obergewand aus, band sich ein Handtuch um die Hüften ⁵und goss Wasser in eine Schale. Dann begann er, seinen Jüngern die Füße zu waschen und sie mit dem Handtuch abzutrocknen, das er sich umgebunden hatte.

⁶Als er zu Simon Petrus kam, sagte Petrus zu ihm: »Herr, warum willst du mir die Füße waschen?«

⁷Jesus antwortete: »Du verstehst jetzt nicht, warum ich das tue; eines Tages wirst du es verstehen.«

⁸»Nein«, protestierte Petrus. »Du sollst mir niemals die Füße waschen!«

Jesus erwiderte: »Wenn ich dich nicht wasche, gehörst du nicht zu mir.«

⁹Da rief Simon Petrus: »Dann wasche mir auch die Hände und den Kopf, Herr, und nicht nur die Füße!«

¹⁰Jesus erwiderte: »Wer gebadet hat, braucht sich – ausgenommen die Füße* – nicht zu waschen, um völlig rein zu sein. Ihr seid rein, allerdings nicht jeder hier.« ¹¹Denn Jesus wusste, wer ihn verraten würde. Das meinte er mit dem Satz: »Nicht jeder hier von euch ist rein.«

¹²Nachdem er ihnen die Füße gewaschen hatte, zog Jesus sein Obergewand wieder an, setzte sich und fragte: »Versteht ihr, was ich getan habe? ¹³Ihr nennt mich ›Meister‹ und ›Herr‹ und damit habt ihr recht, denn das bin ich. ¹⁴Und weil ich, der Herr und Meister, euch die Füße gewaschen habe, sollt auch ihr einander die Füße waschen. ¹⁵Ich habe euch ein Beispiel gegeben, dem ihr folgen sollt. Tut, was ich für euch getan habe. ¹⁶Es ist nur zu wahr: Ein Diener ist nicht größer als sein Herr. Genauso sind die Boten nicht wichtiger als der, der sie gesandt hat. ¹⁷Ihr wisst das alles – nun handelt auch danach. Das ist der Weg des Segens!

Jesus sagt voraus, dass er verraten wird

¹⁸Ich sage diese Dinge nicht zu euch allen; denn ich kenne jeden Einzelnen von euch, die ich erwählt habe, ganz genau. In der Schrift steht: ›Der, mit dem ich mein Brot geteilt habe, hat sich gegen mich gewandt‹*, und das wird sich bald erfüllen. ¹⁹Ich sage euch das jetzt, damit ihr, wenn es eintrifft, erkennt, dass ich der Christus bin. ²⁰Ich versichere euch: Wer meinen Boten willkommen heißt, der heißt mich willkommen, und wer mich willkommen heißt, der heißt meinen Vater willkommen, der mich gesandt hat.«

²¹Nach diesen Worten sagte Jesus bis ins Tiefste erschüttert: »Ich sage euch: Einer von euch wird mich verraten!«

²²Die Jünger sahen einander an und fragten sich, wen er wohl damit meinte. ²³Einer seiner Jünger – der, den Jesus liebte –, saß neben ihm am Tisch.* ²⁴Simon Petrus bedeutete ihm, er solle fragen, wer so etwas Schreckliches tun würde. ²⁵Jener Jünger lehnte sich zu Jesus hinüber und fragte: »Herr, wer ist es?«

²⁶Jesus sagte: »Es ist der, dem ich das Stück Brot reiche, nachdem ich es eingetaucht habe.« Und als er das Brot eingetaucht hatte, gab er es Judas, dem Sohn des Simon Iskariot. ²⁷Sobald Judas das Brot gegessen hatte, ergriff der Satan Besitz von ihm. Da sagte Jesus zu ihm: »Beeile dich. Was du tun willst, tue bald!« ²⁸Keiner der anderen am Tisch wusste, was Jesus damit meinte. ²⁹Da Judas die Kasse verwaltete, dachten einige, Jesus habe ihn aufgefordert, für das Fest einkaufen zu gehen oder den Armen etwas Geld zu geben. ³⁰Judas aber stand sofort auf und ging in die Nacht hinaus.

Jesus sagt voraus, dass Petrus ihn verleugnen wird

V. 36-38: Matthäus 26,31-35; Markus 14,27-31; Lukas 22,31-34

³¹Sobald Judas den Raum verlassen hatte, sagte Jesus: »Nun ist für den Menschensohn die Zeit gekommen, dass er verherrlicht wird. Gott wird durch alles, was geschieht, verherrlicht, ³²und

---

13,1 O. *Er liebte seine Jünger bis zum Schluss.* **13,10** In einigen Handschriften steht nicht *ausgenommen die Füße.* **13,18** Psalm 41,10. Hebr. *hat seine Ferse gegen mich erhoben.* **13,23** Griech. *lehnte an der Brust von Jesus.* Der »Jünger, den Jesus liebte«, war vermutlich Johannes.

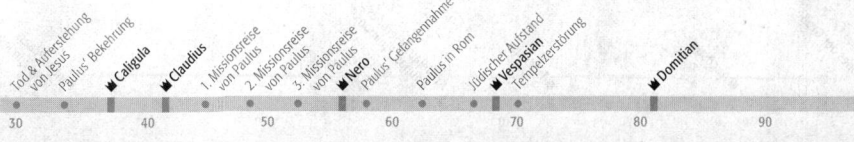

JOHANNES

1,1-18	Prolog
1,19–12,50	Das Wirken von Jesus in der Welt
13–17	Jesus spricht zu seinen Jüngern und betet für sie
18–20	Leiden, Tod und Auferstehung von Jesus
21	Jesus in Galiläa

13–15
Jesus und der Vater sind eins. Wer Jesus liebt, liebt den Vater und bekommt den Heiligen Geist. Jesus nennt sich den wahren Weinstock.

[Gottes Königsherrschaft und der Messias]

das wird sehr bald geschehen.* ³³Liebe Kinder, es ist nur noch kurze Zeit, bis ich fortgehen und euch verlassen muss! Ihr werdet nach mir suchen, doch wie ich schon den Juden gesagt habe: Wohin ich gehe, da könnt ihr nicht hinkommen. ³⁴So gebe ich euch nun ein neues Gebot: Liebt einander. So wie ich euch geliebt habe, sollt auch ihr einander lieben. ³⁵Eure Liebe zueinander wird der Welt zeigen, dass ihr meine Jünger seid.«

³⁶Simon Petrus sagte: »Herr, wohin gehst du?«
Und Jesus erwiderte: »Wo ich hingehe, dahin kannst du jetzt nicht mitkommen, aber später wirst du mir dorthin folgen.«

³⁷»Warum kann ich jetzt nicht mitkommen, Herr?«, fragte er. »Ich bin bereit, für dich zu sterben.«

³⁸Jesus antwortete: »Für mich sterben? Nein. Ehe morgen früh der Hahn kräht, wirst du drei Mal leugnen, mich auch nur zu kennen.

Jesus, der Weg zum Vater

14 Habt keine Angst. Ihr vertraut auf Gott, nun vertraut auch auf mich! ²Es gibt viele Wohnungen im Haus meines Vaters, und ich gehe voraus, um euch einen Platz vorzubereiten. Wenn es nicht so wäre, hätte ich es euch dann so

13,32 In einigen Handschriften steht *Und wenn Gott in ihm [dem Menschensohn] verherrlicht ist, wird Gott ihn in seine Herrlichkeit holen.*

Johannes 14,25-26

Gott redet
Die großartige Verheißung in diesen Versen galt in erster Linie den Aposteln. Die sollten die offiziellen und bevollmächtigten Träger der Botschaft von Jesus sein. Ihr Auftrag soll sein, die Urgemeinde zu gründen, zu lehren und zu leiten (Apg 2,42). Jesus selbst wird dann nicht mehr unter ihnen sein. Aber er wird seinen Stellvertreter schicken. Der Heilige Geist wird ihnen als Ratgeber mit Hilfe und Beistand zur Seite stehen.
Die Verheißung gilt aber auch den Lesern des Johannesevangeliums und von daher auch uns heute. Wir lesen die Jesusworte in den Evangelien. In den Herausforderungen des Lebens, seien dies nun Versuchungen, Schwierigkeiten oder Verzweiflung, vergessen wir allzu leicht, dass Jesus auch uns seinen Beistand und seine Hilfe verspricht. Der Heilige Geist möchte uns daran erinnern, dass Jesus uns unter anderem versichert hat, dass er der Weg, die Wahrheit und das Leben ist (14,6), dass er unsere Gebete hört (14,13) und dass er zurückkommen wird (14,3.28).
(Matthäus 19,4 «« | »» Matthäus 18,18-20)

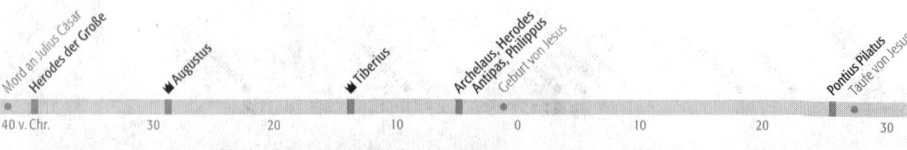

gesagt? ³Wenn dann alles bereit ist, werde ich kommen und euch holen, damit ihr immer bei mir seid, dort, wo ich bin. ⁴Ihr wisst ja, wohin ich gehe und wie ihr dorthin kommen könnt.«

⁵»Nein, Herr, das wissen wir nicht«, sagte Thomas. »Wir haben keine Ahnung, wo du hingehst; wie können wir da den Weg kennen?«

⁶Jesus sagte zu ihm: »Ich bin der Weg, die Wahrheit und das Leben. Niemand kommt zum Vater außer durch mich. ⁷Wenn ihr erkannt habt, wer ich bin, dann habt ihr auch erkannt, wer mein Vater ist.* Doch von nun an kennt ihr ihn und habt ihn gesehen!«

⁸Philippus sagte: »Herr, zeig uns den Vater, dann sind wir zufrieden.«

⁹Jesus erwiderte: »Philippus, weißt du denn nach all der Zeit, die ich bei euch war, noch immer nicht, wer ich bin? Wer mich gesehen hat, hat den Vater gesehen! Warum verlangst du noch, ihn zu sehen? ¹⁰Glaubst du nicht, dass ich im Vater bin und der Vater in mir ist? Die Worte, die ich euch sage, stammen nicht von mir, sondern der Vater, der in mir lebt, wirkt durch mich. ¹¹Glaubt doch, dass ich im Vater bin und der Vater in mir ist. Oder glaubt wenigstens aufgrund von dem, was ich getan habe.

¹²Ich versichere euch: Wer an mich glaubt, wird dieselben Dinge tun, die ich getan habe, ja noch größere, denn ich gehe, um beim Vater zu sein. ¹³Ihr dürft in meinem Namen um alles bitten, und ich werde eure Bitten erfüllen, weil durch den Sohn der Vater verherrlicht wird. ¹⁴Bittet, um was ihr wollt, in meinem Namen, und ich werde es tun!

Jesus verspricht den Jüngern den Heiligen Geist

¹⁵Wenn ihr mich liebt, werdet ihr meine Gebote halten. ¹⁶Und ich werde den Vater bitten, und er wird euch einen anderen Ratgeber* geben, der euch nie verlassen wird. ¹⁷Es ist der Heilige Geist, der in alle Wahrheit führt. Die Welt kann ihn nicht empfangen, denn sie sucht ihn nicht und erkennt ihn nicht. Ihr aber kennt ihn, weil er bei euch bleibt und später in euch sein wird. ¹⁸Nein, ich werde euch nicht verwaist zurücklassen – ich werde zu euch kommen. ¹⁹Die Welt wird mich schon bald nicht mehr sehen, doch ihr werdet es. Denn ich werde leben, und ihr werdet auch leben. ²⁰Wenn ich wieder zum Leben auferstanden bin, werdet ihr wissen, dass ich in meinem Vater bin und ihr in mir seid und ich in euch. ²¹Wer meine Gebote kennt und sie befolgt, der liebt mich. Und weil er mich liebt, wird mein Vater ihn lieben und ich werde ihn lieben. Und ich werde mich ihm persönlich zu erkennen geben.«

²²Judas (nicht Judas Iskariot, sondern der andere Jünger gleichen Namens) sagte zu ihm: »Herr, warum willst du dich nur uns zu erkennen geben und nicht der ganzen Welt?«

²³Jesus erwiderte: »Wer mich liebt, wird tun, was ich sage. Mein Vater wird ihn lieben, und wir werden zu ihm kommen und bei ihm wohnen. ²⁴Wer mich nicht liebt, wird nicht tun, was ich sage. Vergesst nicht: Meine Worte kommen nicht aus mir selbst, sondern vom Vater, der mich gesandt hat. ²⁵Ich sage euch all diese Dinge jetzt, solange ich noch bei euch bin. ²⁶Doch wenn der Vater den Ratgeber als meinen Stellvertreter schickt – und damit meine ich den Heiligen Geist –, wird er euch alles lehren und euch an alles erinnern, was ich euch gesagt habe.

²⁷Ich lasse euch ein Geschenk zurück – meinen Frieden. Und der Friede, den ich schenke, ist nicht wie der Friede, den die Welt gibt. Deshalb sorgt euch nicht und habt keine Angst. ²⁸Denkt an das, was ich euch gesagt habe: Ich gehe fort, aber ich werde wieder zu euch kommen. Wenn ihr mich wirklich lieb habt, freut ihr euch für mich, weil ich jetzt zum Vater gehen darf, der größer ist als ich. ²⁹Ich habe euch all diese Dinge gesagt, ehe sie geschehen, damit ihr, wenn sie eintreffen, glaubt.

³⁰Mir bleibt nicht mehr viel Zeit, mit euch zu sprechen, weil der Herrscher dieser Welt schon ganz nah ist. Er hat keine Macht über mich; ³¹doch ich werde tun, was der Vater von mir will, damit die Welt erkennt, dass ich den Vater liebe. Kommt, lasst uns von hier weggehen.

Jesus, der wahre Weinstock

15 Ich bin der wahre Weinstock und mein Vater ist der Weingärtner. ²Er schneidet jede Rebe ab, die keine Frucht bringt, und beschneidet* auch die Reben, die bereits Früchte tragen, damit sie noch mehr Frucht bringen. ³Ihr seid schon durch die Botschaft, die ich euch gegeben habe, beschnitten*. ⁴Bleibt in mir, und ich werde in euch bleiben. Denn eine Rebe kann keine Frucht tragen, wenn sie vom Weinstock abgetrennt wird, und auch ihr könnt nicht, wenn ihr von mir getrennt seid, Frucht hervorbringen.

14,7 In einigen Handschriften steht *Wenn ihr mich wirklich erkannt habt, werdet ihr wissen, wer mein Vater ist.* 14,16 Griech. *Paraklet*; das Wort kann auch *Tröster, Ermutiger* oder *Anwalt* bedeuten; so auch in 14,26. 15,2 Griech. *reinigt*. 15,3 Griech. *rein*.

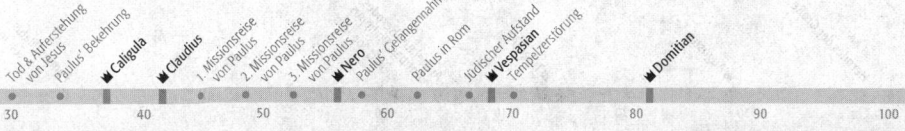

JOHANNES

1,1-18	Prolog
1,19–12,50	Das Wirken von Jesus in der Welt
13–17	Jesus spricht zu seinen Jüngern und betet für sie
18–20	Leiden, Tod und Auferstehung von Jesus
21	Jesus in Galiläa

15–16
Jesus sagt den Jüngern voraus, dass die Welt sie ablehnen wird. Jesus beschreibt das Kommen und Wirken des Heiligen Geistes.

[Gottes Königsherrschaft und der Messias]

⁵Ich bin der Weinstock; ihr seid die Reben. Wer in mir bleibt und ich in ihm, wird viel Frucht bringen. Denn getrennt von mir könnt ihr nichts tun. ⁶Wer nicht in mir bleibt, wird fortgeworfen wie eine nutzlose Rebe und verdorrt. Solche Reben werden auf einen Haufen geworfen und verbrannt. ⁷Doch wenn ihr mit mir verbunden bleibt und meine Worte in euch bleiben, könnt ihr bitten, um was ihr wollt, und es wird euch gewährt werden! ⁸Darin wird mein Vater verherrlicht, dass ihr viel Frucht hervorbringt und meine Jünger werdet.
⁹Ich habe euch genauso geliebt, wie der Vater mich geliebt hat. Bleibt in meiner Liebe. ¹⁰Wenn ihr mir gehorcht, bleibt ihr in meiner Liebe, genauso wie ich meinem Vater gehorche und in seiner Liebe bleibe. ¹¹Ich sage euch das, damit meine Freude euch erfüllt. Ja, eure Freude soll vollkommen sein! ¹²Ich gebiete euch, einander genauso zu lieben, wie ich euch liebe. ¹³Die größte Liebe beweist der, der sein Leben für die Freunde hingibt. ¹⁴Ihr seid meine Freunde, wenn ihr tut, was ich euch auftrage. ¹⁵Ich nenne euch nicht mehr Diener, weil ein Herr seine Diener nicht ins Vertrauen zieht. Ihr seid jetzt meine Freunde, denn ich habe euch alles gesagt, was ich von meinem Vater gehört habe. ¹⁶Nicht ihr habt mich erwählt, ich habe euch erwählt. Ich habe euch dazu berufen, hinzugehen und Frucht zu tragen, die Bestand hat, damit der Vater euch gibt, um was immer ihr ihn in meinem Namen

Johannes 15,13

Gottes Liebe, Gottes Zorn
Wahre menschliche Liebe kommt am deutlichsten zum Ausdruck, wenn jemand »sein Leben für die Freunde hingibt«. Dass Menschen so für ihre Freunde handeln, wird in diesem Text in den Mittelpunkt gestellt (siehe auch Röm 5,7). Die Jünger sollen begreifen, was Jesus, ihr Freund, für sie tut (und dass er sie, die Jünger, tatsächlich seine Freunde nennt). Sie sollen begreifen, welch tiefe Liebe sie auch füreinander empfinden können, eine sich selbst zurückstellende Liebe. So umfassend und tiefgründig kann menschliche Liebe sein. Sie ist viel mehr als eine reine Emotion – sie ist aktiv. Sie ist nicht gefühlsbetont, sondern opfert sich selbst auf.
Und doch ist die Liebe Gottes noch viel größer. Gott war bereit, seinen Sohn für *die ganze Welt* hinzugeben (Joh 3,16), und Jesus war bereit, sein eigenes Leben für die *noch Unbekannten* hinzugeben (Joh 10,18). Als wir noch Sünder, noch Feinde Gottes waren, bewies uns Gott seine große Liebe dadurch, dass er Jesus sandte, um für uns zu sterben (Röm 5,8-10).
(Johannes 3,16-17 ‹‹‹ | ››› Markus 9,47-48)

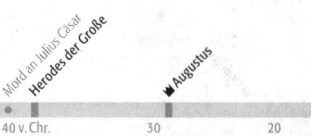

bittet. ¹⁷Ich gebe euch das Gebot, einander zu lieben.

Der Hass der Welt

¹⁸Wenn die Welt euch hasst, dann denkt daran, dass sie mich schon gehasst hat, ehe sie euch gehasst hat. ¹⁹Die Welt würde euch lieben, wenn ihr zu ihr gehören würdet, aber das tut ihr nicht. Ich habe euch erwählt, aus der Welt herauszutreten; deshalb hasst sie euch. ²⁰Denkt an das Wort, das ich euch gesagt habe: ›Ein Diener ist nicht größer als sein Herr.‹ Da sie mich verfolgt haben, werden sie auch euch verfolgen. Und wenn sie auf mein Wort gehört haben, werden sie auch auf euch hören! ²¹Die Menschen in der Welt werden gegen euch sein, weil ihr zu mir gehört, denn sie kennen Gott nicht, der mich gesandt hat. ²²Sie hätten sich nicht schuldig gemacht, wenn ich nicht gekommen wäre und zu ihnen gesprochen hätte. Doch so haben sie keine Entschuldigung mehr für ihre Sünde. ²³Wer mich hasst, hasst auch meinen Vater. ²⁴Wenn ich nicht solche Wunder unter ihnen getan hätte, die niemand sonst hätte tun können, wären sie nicht schuldig. Doch sie haben alles gesehen, was ich tat, und trotzdem sowohl mich als auch meinen Vater gehasst. ²⁵Dadurch hat sich erfüllt, was im Gesetz vorausgesagt ist: ›Sie haben mich ohne Grund gehasst.‹*

²⁶Doch ich werde euch den Ratgeber* schicken – den Geist der Wahrheit. Er wird vom Vater zu euch kommen und wird mein Zeuge sein. ²⁷Und ihr werdet meine Zeugen sein, weil ihr von Anfang an bei mir gewesen seid.

16 Ich habe euch diese Dinge gesagt, damit ihr den Glauben nicht verliert. ²Denn ihr werdet aus den Synagogen ausgeschlossen werden, und es wird die Zeit kommen, in der die, die euch töten, glauben, Gott damit einen Dienst zu erweisen. ³Das tun sie, weil sie den Vater und mich nicht erkannt haben. ⁴Ja, ich sage euch diese Dinge jetzt, damit ihr euch daran erinnert, wenn sie eintreffen. Ich habe nicht früher davon gesprochen, weil ich noch bei euch war.

Das Wirken des Heiligen Geistes

⁵Nun aber gehe ich fort zu dem, der mich gesandt hat, doch keiner von euch hat mich gefragt, wohin ich gehe. ⁶Stattdessen seid ihr traurig. ⁷Ich sage euch aber die Wahrheit: Es ist das Beste für euch, dass ich fortgehe, denn wenn ich nicht gehe, wird der Ratgeber nicht kommen. Wenn ich jedoch fortgehe, wird er kommen, denn ich werde ihn zu euch senden. ⁸Und wenn er kommt, wird er die Welt von ihrer Sünde und von Gottes Gerechtigkeit und vom bevorstehenden Gericht überzeugen. ⁹Die Sünde der Welt ist, dass sie nicht an mich glaubt. ¹⁰Die Gerechtigkeit erweist sich darin, dass ich zum Vater gehe und ihr mich nicht mehr sehen werdet. ¹¹Das Gericht wird kommen, weil der Herrscher dieser Welt schon gerichtet ist.

¹²Ich hätte euch noch so vieles zu sagen, aber ihr könnt es jetzt nicht ertragen. ¹³Doch wenn der Geist der Wahrheit kommt, wird er euch in alle Wahrheit leiten. Er wird nicht seine eigenen Anschauungen vertreten, sondern wird euch sagen, was er gehört hat. Er wird euch von dem erzählen, was kommt. ¹⁴Er wird mich verherrlichen, indem er euch alles offenbart, was er von mir empfängt. ¹⁵Alles, was der Vater hat, gehört mir; das habe ich gemeint, als ich sagte, dass der Geist euch alles offenbaren wird, was er von mir empfängt.

Traurigkeit wird sich in Freude verwandeln

¹⁶Schon sehr bald werdet ihr mich nicht mehr sehen. Dann, nach einer weiteren kurzen Zeit, werdet ihr mich wieder sehen.«

¹⁷Da fragten die Jünger einander: »Was meint er damit: ›Ihr werdet mich nicht sehen und dann werdet ihr mich wieder sehen‹? Was soll das bedeuten: ›Ich gehe zum Vater‹? ¹⁸Und was heißt ›eine kurze Zeit‹? Das verstehen wir nicht.«

¹⁹Jesus merkte, dass sie ihn gern gefragt hätten. Deshalb sagte er: »Ihr fragt euch, was ich gemeint habe? Ich sagte, dass ich sehr bald fort sein werde und ihr mich nicht mehr sehen werdet. Dann, nach einer weiteren kurzen Zeit, werdet ihr mich wieder sehen. ²⁰Ich versichere euch: Ihr werdet weinen und trauern über das, was mit mir geschehen wird, aber die Welt wird sich freuen. Ihr werdet trauern, doch eure Trauer wird sich von einem Augenblick zum anderen in große Freude verwandeln, wenn ihr mich wieder seht. ²¹Es wird sein wie bei einer Frau in den Wehen. Wenn ihr Kind erst geboren ist, verblassen die Schmerzen angesichts der Freude, dass ein neuer Mensch zur Welt gekommen ist. ²²Jetzt seid ihr traurig, aber ich werde euch wieder sehen, und dann werdet ihr euch freuen, und niemand kann euch diese Freude nehmen. ²³Wenn es so weit ist, werdet ihr mich um nichts mehr bitten müssen. Ich versichere euch: Dann könnt ihr selbst zum Vater gehen und ihn bitten, und er wird eure Bitte erfüllen, weil ihr in meinem Namen bittet. ²⁴Bis jetzt habt ihr das nicht getan. Bittet in meinem Namen, und ihr werdet

15,25 Psalm 35,19; 69,5. **15,26** S. 14,16.

JOHANNES

1,1-18	Prolog
1,19–12,50	Das Wirken von Jesus in der Welt
13–17	Jesus spricht zu seinen Jüngern und betet für sie
18–20	Leiden, Tod und Auferstehung von Jesus
21	Jesus in Galiläa

16–18
Jesus betet zum Vater und bittet um Schutz und Einheit für seine Jünger. Judas verrät Jesus. Jesus wird verhaftet.

[Gottes Königsherrschaft und der Messias]

empfangen, dann wird eure Freude vollkommen sein.

²⁵Bis jetzt habe ich über diese Dinge in Gleichnissen* geredet, aber es kommt die Zeit, in der das nicht mehr nötig sein wird; dann werde ich offen mit euch reden und euch alles über den Vater erzählen. ²⁶Und dann werdet ihr in meinem Namen bitten. Ich sage nicht, dass ich den Vater für euch bitten werde, ²⁷denn der Vater selbst hat euch lieb, weil ihr mich liebt und glaubt, dass ich von Gott ausgegangen bin. ²⁸Ich kam vom Vater in die Welt, und ich werde die Welt verlassen und zum Vater zurückkehren.«

²⁹Da sagten seine Jünger: »Endlich sprichst du offen und nicht mehr in Gleichnissen. ³⁰Jetzt verstehen wir, dass du alles weißt und nicht darauf angewiesen bist, dass irgendjemand dir etwas sagt.* Deshalb glauben wir, dass du von Gott gekommen bist.«

³¹Jesus fragte: »Jetzt glaubt ihr? ³²Doch es kommt die Zeit – ja, sie ist schon angebrochen –, da werdet ihr zerstreut werden, und jeder wird seine eigenen Wege gehen und mich verlassen. Doch ich bin nicht allein, denn der Vater ist bei mir. ³³Ich habe euch das alles gesagt, damit ihr in mir Frieden habt. Hier auf der Erde werdet ihr viel Schweres erleben. Aber habt Mut, denn ich habe die Welt überwunden.«

16,25 Griech. *in Bildern*; s. auch 16,29.   16,30 O. *es nicht nötig hast, dass irgendjemand dich etwas fragt.*

Johannes 17,20-26

Erwählung
In seinem großen Abschlussgebet fasst Jesus die zwölf Jünger mit denen zusammen, die später glauben werden. Er beschreibt sein einzigartiges Verhältnis zu seinem Vater: Der Sohn ist eins mit ihm und hat seine Herrlichkeit empfangen; er ist vom Vater geliebt und der Vater ist in ihm. Genau diese Gaben gibt Jesus nun an seine Gemeinde weiter! Er schenkt ihr seine Herrlichkeit; sie sind untereinander eins im Vater und im Sohn; der Sohn ist in den Glaubenden. Die Gaben münden in die kaum fassbare Zusage: Die Liebe, die Gott, der Vater, zu seinem Sohn hatte, soll genau so auch in den Nachfolgern von Jesus sein (V. 26)! Sie bekommen Anteil an der unermesslichen Liebe, die innerhalb des dreieinigen Gottes brennt.
Diese Auszeichnung hebt die Erwählten aus der Welt heraus. Dennoch sind sie gerade in die Welt gesandt und für sie beauftragt (V. 18.23). »Eure Liebe zueinander wird der Welt zeigen, dass ihr meine Jünger seid« (Joh 13,35).
(Lukas 22,29-30 «« | »» Titus 2,14)

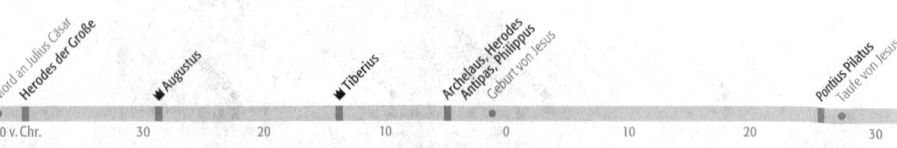

Jesus betet für seine Jünger

17 Nachdem Jesus all das gesagt hatte, blickte er zum Himmel auf und sagte: »Vater, die Zeit ist gekommen. Verherrliche deinen Sohn, damit er dich verherrlichen kann. ²Denn du hast ihm Macht über alle Menschen auf der ganzen Welt gegeben. Er schenkt allen, die du ihm gegeben hast, das ewige Leben. ³Und das ist der Weg zum ewigen Leben: dich zu erkennen, den einzig wahren Gott, und Jesus Christus, den du in die Welt gesandt hast. ⁴Ich habe dich hier auf Erden verherrlicht, indem ich alles tat, was du mir aufgetragen hast. ⁵Und nun, Vater, verherrliche mich mit der Herrlichkeit, die wir schon teilten, ehe die Welt erschaffen wurde.

⁶Ich habe deinen Namen diesen Menschen offenbart. Sie waren in der Welt, doch dann hast du sie mir gegeben. Sie haben dir schon immer gehört, und du hast sie mir gegeben, und sie haben dein Wort bewahrt. ⁷Jetzt wissen sie, dass alles, was ich habe, von dir ist, ⁸denn ich habe ihnen die Worte weitergegeben, die du mir mitgegeben hast. Sie haben diese Worte angenommen und wissen, dass ich von dir gekommen bin; und sie glauben, dass du mich gesandt hast.

⁹Mein Gebet gilt nicht der Welt, sondern denen, die du mir gegeben hast, weil sie dir gehören. ¹⁰Weil sie die Meinen sind, gehören sie auch dir; doch du hast sie mir gegeben, damit ich durch sie verherrlicht werde! ¹¹Jetzt verlasse ich die Welt; ich lasse sie* zurück in der Welt und komme zu dir. Heiliger Vater, bewahre sie in deinem Namen, den du mir gegeben hast, damit sie eins sind, so wie wir eins sind. ¹²Während meiner Zeit hier auf Erden habe ich sie bewahrt.* Ich habe über sie gewacht, sodass nicht einer verloren ging außer dem, der den Weg des Verderbens beschritt*, so wie es die Schrift vorausgesagt hat.

¹³Jetzt aber komme ich zu dir. Ich habe ihnen vieles gesagt, während ich in der Welt war, damit sie von meiner Freude vollkommen erfüllt sind. ¹⁴Ich habe ihnen dein Wort gegeben. Die Welt hasst sie, weil sie genau wie ich nicht zur Welt gehören. ¹⁵Ich bitte dich nicht, dass du sie aus der Welt herausnimmst, sondern dass du sie vor dem Bösen bewahrst. ¹⁶Sie gehören genauso wenig zu dieser Welt wie ich. ¹⁷Reinige sie und heilige sie, indem du sie deine Worte der Wahrheit lehrst.* ¹⁸Wie du mich in die Welt gesandt hast, so sende ich sie in die Welt. ¹⁹Und ich gebe mich ganz für sie hin, damit auch sie durch die Wahrheit ganz dir gehören.

²⁰Ich bete nicht nur für diese Jünger, sondern auch für alle, die durch ihr Wort an mich glauben werden. ²¹Ich bete für sie alle, dass sie eins sind, so wie du und ich eins sind, Vater – damit sie in uns eins sind, so wie du in mir bist und ich in dir bin, und die Welt glaubt, dass du mich gesandt hast.

²²Ich habe ihnen die Herrlichkeit geschenkt, die du mir gegeben hast, damit sie eins sind, wie wir eins sind – ²³ich in ihnen und du in mir, damit sie alle zur Einheit vollendet werden. Dann wird die Welt wissen, dass du mich gesandt hast, und wird begreifen, dass du sie liebst, wie du mich liebst. ²⁴Vater, ich möchte, dass die, die du mir gegeben hast, bei mir sind, damit sie meine Herrlichkeit sehen können. Du hast mir die Herrlichkeit geschenkt, weil du mich schon vor Erschaffung der Welt geliebt hast!

²⁵Gerechter Vater, die Welt kennt dich nicht, aber ich kenne dich, und diese Jünger wissen, dass du mich gesandt hast. ²⁶Ich habe ihnen deinen Namen offenbart und werde ihn auch weiterhin offenbaren. Das tue ich, damit deine Liebe zu mir in ihnen bleibt und ich in ihnen.«

Jesus wird verraten und verhaftet
Matthäus 26,47-56; Markus 14,43-50; Lukas 22,47-53

18 Nachdem er ihnen all das gesagt hatte, überquerte Jesus mit seinen Jüngern den Bach Kidron und ging in einen Olivenhain*. ²Judas, der Verräter, kannte den Ort, weil Jesus oft mit seinen Jüngern dort gewesen war. ³Die obersten Priester und Pharisäer hatten Judas einen Trupp römischer Soldaten und Tempelwächter mitgegeben, die ihn begleiten sollten. Nun marschierten sie mit lodernden Fackeln, Laternen und Waffen dorthin.

⁴Jesus wusste, was mit ihm geschehen würde. Er ging ihnen entgegen und fragte: »Wen sucht ihr?«

⁵»Jesus von Nazareth«, erwiderten sie.

»Ich bin es«*, sagte Jesus. Judas stand bei ihnen, als Jesus sich zu erkennen gab. ⁶Und als er sagte: »Ich bin es«, wichen sie alle zurück und fielen zu Boden. ⁷Noch einmal fragte er sie: »Wen sucht ihr?«

Und wieder antworteten sie: »Jesus von Nazareth.«

17,11 Plural; gemeint sind die Jünger, nicht die Welt.   17,12a Griech. *In deinem Namen habe ich die bewahrt, die du mir gegeben hast.*   17,12b Griech. *außer dem Sohn des Verderbens.*   17,17 Griech. *Heilige sie in der Wahrheit! Dein Wort ist die Wahrheit.*   18,1 Griech. *einen Garten.*   18,5 Griech. *ich bin;* so auch in 18,6.8.

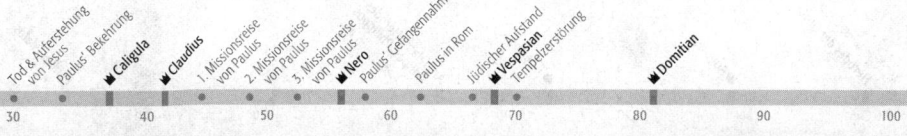

JOHANNES

1,1-18	Prolog
1,19–12,50	Das Wirken von Jesus in der Welt
13–17	Jesus spricht zu seinen Jüngern und betet für sie
18–20	Leiden, Tod und Auferstehung von Jesus
21	Jesus in Galiläa

18–19
Jesus wird mehrfach verhört. Petrus verleugnet Jesus. Pilatus verurteilt Jesus zum Tod.

[Gottes Königsherrschaft und der Messias]

⁸»Ich habe euch doch gesagt, dass ich es bin«, sagte Jesus. »Und da ich derjenige bin, den ihr sucht, lasst die anderen gehen.« ⁹Damit erfüllte er seine eigene Aussage: »Ich habe auch nicht einen Einzigen von denen verloren, die du mir gegeben hast.«*

¹⁰Plötzlich zog Simon Petrus ein Schwert und schlug Malchus, dem Diener des Hohen Priesters, das rechte Ohr ab. ¹¹Aber Jesus sagte zu Petrus: »Steck dein Schwert wieder in die Scheide. Soll ich etwa nicht aus dem Kelch trinken, den mir der Vater gegeben hat?«

Hannas verhört Jesus
V. 12-27: Matthäus 26,57-75; Markus 14,53-72; Lukas 22,54-71

¹²Die Soldaten, ihr Befehlshaber und die Männer der Tempelwache verhafteten Jesus und fesselten ihn. ¹³Zunächst brachten sie ihn zu Hannas, dem Schwiegervater von Kaiphas, dem amtierenden Hohen Priester. ¹⁴Kaiphas war es gewesen, der zu den Juden gesagt hatte: »Es ist besser, wenn einer für das ganze Volk stirbt.«

Petrus verleugnet Jesus zum ersten Mal
¹⁵Simon Petrus und ein anderer Jünger folgten ihnen. Dieser andere Jünger war mit dem Hohen Priester bekannt und durfte deshalb mit Jesus den Innenhof des hohepriesterlichen Palastes betreten. ¹⁶Petrus stand draußen vor dem Tor. Da sprach der andere Jünger mit der Türhüterin, und sie ließ auch Petrus herein. ¹⁷Die Frau fragte Petrus: »Bist du nicht auch einer von den Jüngern, die zu Jesus gehören?«

Er sagte: »Nein, das bin ich nicht.«

¹⁸Die Wachen und die Bediensteten standen um ein Kohlenfeuer, das sie angezündet hatten, weil es kalt war. Und Petrus stand bei ihnen und wärmte sich.

Der Hohe Priester verhört Jesus
¹⁹Inzwischen begann der Hohe Priester, Jesus über seine Anhänger und seine Lehre zu befragen. ²⁰Jesus sagte: »Was ich lehre, ist überall bekannt, denn ich habe regelmäßig in den Synagogen und im Tempel gesprochen. Überall haben die Menschen* mich gehört, und ich lehre nichts hinter verschlossenen Türen, was ich nicht in der Öffentlichkeit gesagt habe. ²¹Warum fragst du mich? Frag doch die, die mich gehört haben. Sie wissen, was ich gesagt habe.«

²²Ein Mann der Tempelwache, der dabeistand,

18,9 S. Johannes 6,39 und 17,12.   18,20 Griech. *die Juden*; so auch in 18,38.

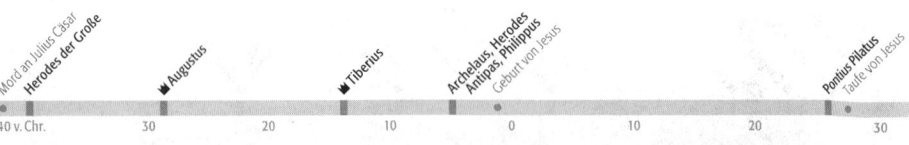

schlug Jesus ins Gesicht und meinte: »Ist das eine Art und Weise, dem Hohen Priester zu antworten?«

²³Jesus erwiderte: »Wenn ich etwas Falsches gesagt habe, dann beweise es. Darfst du einen Menschen schlagen, weil er die Wahrheit sagt?«

²⁴Da ließ Hannas Jesus fesseln und zum Hohen Priester Kaiphas führen.

Petrus verleugnet Jesus zum zweiten und dritten Mal

²⁵In der Zwischenzeit stand Simon Petrus immer noch am Feuer und wärmte sich, als sie ihn erneut fragten: »Bist du nicht auch einer von seinen Jüngern?«

Er leugnete: »Das bin ich nicht.« ²⁶Doch ein Diener des Hohen Priesters, ein Verwandter des Mannes, dem Petrus ein Ohr abgeschlagen hatte, fragte ihn: »Habe ich dich nicht dort im Olivenhain* bei Jesus gesehen?« ²⁷Wieder leugnete Petrus, und in diesem Augenblick krähte ein Hahn.

Jesus wird vor Pilatus verhört
Matthäus 27,2-11-26; Markus 15,1-15; Lukas 23,1-5.13-25

²⁸Das Verhör vor Kaiphas endete in den frühen Morgenstunden. Danach wurde Jesus in das Prätorium, den Palast des römischen Statthalters, gebracht. Seine Ankläger gingen nicht mit ihm hinein, weil sie sich nicht verunreinigen wollten; sie hätten sonst nicht an den Passah-Feierlichkeiten teilnehmen dürfen. ²⁹Deshalb kam Pilatus zu ihnen heraus und fragte: »Was habt ihr gegen diesen Mann vorzubringen?«

³⁰»Wir würden ihn dir nicht vorführen, wenn er kein Verbrecher wäre!«, gaben sie zurück.

³¹»Dann führt ihn ab und verurteilt ihn nach euren eigenen Gesetzen«, erklärte Pilatus.

»Unser Gesetz erlaubt es uns nicht, jemanden hinzurichten«, erwiderten die Juden. ³²Damit erfüllte sich die Voraussage von Jesus über die Art, wie er sterben würde.*

³³Pilatus ging wieder hinein in das Prätorium und ließ Jesus vorführen. »Bist du der König der Juden?«, fragte er ihn.

³⁴Jesus erwiderte: »Bist du selbst auf diese Frage gekommen, oder haben andere dir von mir erzählt?«

³⁵»Bin ich etwa ein Jude?«, entgegnete Pilatus. »Dein eigenes Volk und ihre obersten Priester haben dich hergebracht. Warum? Was hast du getan?«

³⁶Darauf antwortete Jesus: »Mein Reich ist nicht von dieser Welt. Wenn es so wäre, hätten meine Diener für mich gekämpft, als ich verhaftet wurde. Aber mein Königreich ist nicht von dieser Welt.«

³⁷Pilatus entgegnete: »Dann bist du also doch ein König?«

Jesus bestätigte: »Du sagst es: Ich bin ein König. Dazu bin ich geboren. Ich bin gekommen, um der Welt die Wahrheit zu bringen. Wer die Wahrheit liebt*, wird erkennen, dass meine Worte wahr sind.«

³⁸Da fragte Pilatus: »Was ist Wahrheit?« Dann ging er wieder zu den Leuten hinaus und sagte zu ihnen: »Er ist keines Verbrechens schuldig. ³⁹Ihr habt doch den Brauch, mich jedes Jahr zum Passahfest um die Freilassung eines Gefangenen zu bitten. Wollt ihr, dass ich euch den König der Juden freilasse?«

⁴⁰Aber sie schrien: »Nein! Nicht diesen Mann, sondern Barabbas!« Barabbas war ein Verbrecher.

Jesus wird zum Tod verurteilt
V. 1-5: Matthäus 27,26-31; Markus 15,15-20

19 Daraufhin ließ Pilatus Jesus auspeitschen. ²Die Soldaten flochten eine Krone aus langen Dornenzweigen, setzten sie ihm auf den Kopf und legten ihm ein purpurfarbenes Gewand um. ³Dann spotteten sie: »Sei gegrüßt, du König der Juden!«, und sie schlugen ihn mit den Fäusten.

⁴Pilatus ging wieder hinaus und sagte zu den Leuten: »Ich lasse ihn jetzt zu euch hinausbringen, damit ihr wisst, dass ich keine Schuld an ihm finden kann.« ⁵Dann kam Jesus heraus. Er trug die Dornenkrone und das Purpurgewand. Und Pilatus sagte: »Hier ist er, der Mensch!«

⁶Als sie ihn sahen, fingen die obersten Priester und die Männer der Tempelwache an zu schreien: »Kreuzige ihn! Kreuzige ihn!«

Pilatus entgegnete: »Nehmt ihr ihn selbst und kreuzigt ihr ihn. Ich kann keine Schuld an ihm finden.«

⁷Die Juden erwiderten: »Nach unserem Gesetz muss er sterben, weil er sich selbst als Gottes Sohn bezeichnet hat.«

⁸Als Pilatus das hörte, fürchtete er sich noch mehr. ⁹Er ließ Jesus wieder zurück ins Prätorium bringen und fragte ihn: »Woher kommst du?« Aber Jesus gab keine Antwort. ¹⁰»Sprichst du nicht mit mir?«, fragte Pilatus. »Weißt du denn nicht, dass ich die Macht habe, dich freizulassen oder dich zu kreuzigen?«

¹¹Da sagte Jesus: »Du hättest keine Macht über mich, wenn sie dir nicht von oben gegeben wäre.

18,26 Griech. *im Garten.* **18,32** S. Johannes 12,32-33. **18,37** Griech. *jeder, der aus der Wahrheit ist.*

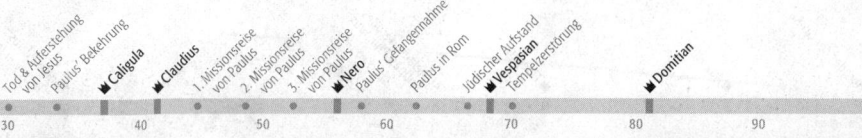

JOHANNES

1,1-18	Prolog
1,19–12,50	Das Wirken von Jesus in der Welt
13–17	Jesus spricht zu seinen Jüngern und betet für sie
18–20	Leiden, Tod und Auferstehung von Jesus
21	Jesus in Galiläa

19–20
Jesus wird gekreuzigt und stirbt am Kreuz. Jesus wird begraben. Frauen finden das leere Grab. Jesus erscheint Maria Magdalena.

[Gottes Königsherrschaft und der Messias]

Deshalb hat der, der mich dir ausgeliefert hat, die schwerere Sünde begangen.«

¹²Darauf wollte Pilatus ihn erneut freilassen, die Juden aber schrien: »Wenn du diesen Mann freilässt, bist du kein Freund des Kaisers. Wer sich zum König erklärt, erhebt sich gegen den Kaiser.«

¹³Auf diese Worte hin ließ Pilatus Jesus wieder hinausführen. Dann setzte er sich auf den Richterstuhl, an einer Stelle, die man »Steinpflaster« nannte (auf Hebräisch Gabbata). ¹⁴Das war um die Mittagszeit am Tag vor dem Passahfest. Und Pilatus sagte zu den Leuten*: »Hier ist euer König!«

¹⁵Sie schrien: »Weg mit ihm! Weg mit ihm – kreuzige ihn!«

Pilatus fragte: »Was? Euren König soll ich kreuzigen lassen?«

Die obersten Priester gaben zurück: »Wir haben keinen König außer dem Kaiser.«

¹⁶Da überließ Pilatus ihnen Jesus zur Kreuzigung.

Die Kreuzigung
Matthäus 27,32-44; Markus 15,21-32; Lukas 23,26-43

Sie nahmen Jesus und führten ihn ab. ¹⁷Jesus trug das Kreuz selbst zu dem Ort, der Schädelstätte genannt wird (auf Hebräisch Golgatha). ¹⁸Dort kreuzigten sie ihn und mit ihm noch zwei andere, einen auf jeder Seite von ihm, mit Jesus in der Mitte. ¹⁹Pilatus ließ ein Schild über ihm anbringen, auf dem stand: »Jesus von Nazareth, König der Juden.« ²⁰Der Ort, an dem Jesus gekreuzigt wurde, lag in unmittelbarer Nähe der Stadt; und das Schild war in Hebräisch, Lateinisch und Griechisch geschrieben, sodass viele Leute es lesen konnten.

²¹Da sagten die obersten Priester zu Pilatus: »Schreib nicht ›König der Juden‹, sondern schreib: ›Er hat behauptet: Ich bin der König der Juden.‹«

²²Pilatus entgegnete: »Was ich geschrieben habe, habe ich geschrieben.«

²³Nachdem die Soldaten – es waren vier Mann – Jesus gekreuzigt hatten, teilten sie seine Kleider unter sich auf. Sie nahmen auch sein Untergewand an sich. Es war ohne Naht aus einem einzigen Stück gewebt, ²⁴deshalb sagten sie: »Wir wollen es nicht zerreißen, sondern darum würfeln.« Damit erfüllte sich die Schrift, in der es heißt: »Sie teilten meine Kleider unter sich auf und würfelten um mein Gewand.«* ²⁵Und so machten sie es.

In der Nähe des Kreuzes standen die Mutter

19,14 Griech. *den Juden;* so auch in 19,20.   **19,24** Psalm 22,19.

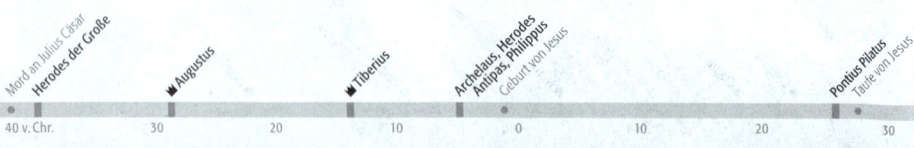

von Jesus und ihre Schwester sowie Maria, die Frau von Klopas, und Maria Magdalena. ²⁶Als Jesus seine Mutter dort neben dem Jünger stehen sah, den er lieb hatte, sagte er zu ihr: »Frau, das ist jetzt dein Sohn.« ²⁷Und zu dem Jünger sagte er: »Das ist nun deine Mutter.« Von da an nahm der Jünger sie zu sich in sein Haus.

Jesus stirbt
V. 28-30: Matthäus 27,45-50; Markus 15,33-37; Lukas 23,44-46

²⁸Jesus wusste, dass nun alles vollbracht war, und um zu erfüllen, was in der Schrift vorausgesagt war, sagte er: »Ich habe Durst.«* ²⁹Sie tauchten einen Schwamm in ein Gefäß mit Weinessig und steckten ihn auf einen Ysopzweig, den sie an seine Lippen hielten. ³⁰Als Jesus davon genommen hatte, sagte er: »Es ist vollbracht!« Dann neigte er den Kopf und starb.

³¹Die führenden Männer des jüdischen Volkes wollten die Gekreuzigten nicht bis zum nächsten Tag, einem Sabbat – der wegen des Passahfestes noch dazu ein besonderer Sabbat war –, am Kreuz hängen lassen. Um den Tod schneller herbeizuführen, baten sie Pilatus, dass man ihnen die Beine brach. Dann konnten die Leichname vom Kreuz abgenommen werden. ³²Da kamen die Soldaten und brachen den beiden Männern, die mit Jesus gekreuzigt worden waren, die Beine. ³³Doch als sie zu Jesus kamen, sahen sie, dass er schon tot war, deshalb brachen sie ihm nicht die Beine. ³⁴Einer der Soldaten bohrte jedoch einen Speer in seine Seite, und Blut und Wasser flossen heraus. ³⁵Dieser Bericht stammt von einem Augenzeugen. Alles, was er sagt, ist zuverlässig und wahr; er berichtet darüber, damit auch ihr zum Glauben findet. ³⁶Diese Dinge sind geschehen, damit sich erfüllt, was in der Schrift vorausgesagt ist: »Nicht einer seiner Knochen wird zerbrochen werden«*, ³⁷und: »Sie werden auf den schauen, den sie durchbohrt haben«*.

Die Grablegung
Matthäus 27,57-61; Markus 15,42-47; Lukas 23,50-56

³⁸Danach bat Josef von Arimathäa Pilatus um die Erlaubnis, den Leichnam vom Kreuz abnehmen zu dürfen. Er war insgeheim ein Jünger von Jesus, denn er fürchtete sich vor den führenden Juden. Als Pilatus es ihm gestattete, ging er und holte den Leichnam. ³⁹Auch Nikodemus, der Jesus einmal in der Nacht aufgesucht hatte, kam und brachte zum Einbalsamieren etwa dreißig Kilogramm* Myrrhe und Aloe mit. ⁴⁰Gemeinsam wickelten sie den Leichnam mit den Kräutern in lange Leinentücher, wie es bei den Juden vor dem Begräbnis Brauch ist. ⁴¹Der Ort der Kreuzigung befand sich in der Nähe eines Gartens; dort lag ein neues Grab, das noch nie benutzt worden war. ⁴²Und weil es der Tag der Vorbereitung für das Passahfest war und das Grab sich in der Nähe befand, bestatteten sie Jesus dort.

Die Auferstehung
Matthäus 28,1-10; Markus 16,1-11; Lukas 24,1-12

20 Früh am ersten Tag der Woche, als es noch dunkel war, kam Maria Magdalena zum Grab und fand den Stein vom Eingang weggerollt. ²Sie lief zu Simon Petrus und dem anderen Jünger, den Jesus lieb hatte, und sagte: »Sie haben den Herrn aus dem Grab weggenommen, und ich weiß nicht, wo sie ihn hingebracht haben!«

³Petrus und der andere Jünger liefen zum Grab, um nachzusehen. ⁴Der andere Jünger lief schneller als Petrus und kam als Erster an. ⁵Er beugte sich vor, um hineinzuschauen, und sah die Leinentücher daliegen, aber er ging nicht hinein. ⁶Dann kam Simon Petrus und ging in die Grabhöhle hinein. Auch er sah die Leinentücher dort liegen; ⁷das Tuch, das den Kopf von Jesus bedeckt hatte, lag zusammengefaltet auf der Seite. ⁸Da ging auch der andere Jünger hinein, der zuerst bei dem Grab angekommen war, und er sah und glaubte – ⁹denn bis dahin hatten sie die Aussage der Schrift nicht verstanden, dass Jesus von den Toten auferstehen würde. ¹⁰Dann gingen sie nach Hause zurück.

Jesus erscheint Maria Magdalena

¹¹Maria stand weinend draußen vor dem Grab, und während sie weinte, beugte sie sich vor und schaute hinein. ¹²Da sah sie zwei weiß gekleidete Engel sitzen, einen am Kopf- und einen am Fußende der Stelle, an der der Leichnam von Jesus gelegen hatte. ¹³»Warum weinst du?«, fragten die Engel sie.

»Weil sie meinen Herrn weggenommen haben«, erwiderte sie, »und ich nicht weiß, wo sie ihn hingelegt haben.«

¹⁴Sie blickte über ihre Schulter zurück und sah jemanden hinter sich stehen. Es war Jesus, aber sie erkannte ihn nicht. ¹⁵»Warum weinst du?«, fragte Jesus sie. »Wen suchst du?«

Sie dachte, er sei der Gärtner. »Herr«, sagte sie, »wenn du ihn weggenommen hast, sag mir,

---

19,28 S. Psalm 22,16; 69,22. **19,36** 2. Mose 12,46; 4. Mose 9,12; Psalm 34,21. **19,37** Sacharja 12,10. **19,39** Griech. *100 Litrai*, das sind 32,7 kg.

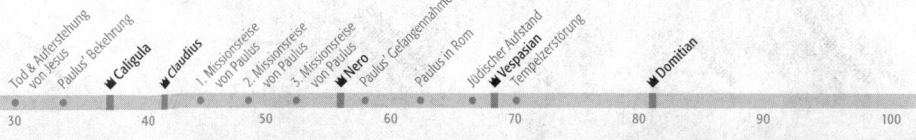

JOHANNES

1,1-18	Prolog
1,19–12,50	Das Wirken von Jesus in der Welt
13–17	Jesus spricht zu seinen Jüngern und betet für sie
18–20	Leiden, Tod und Auferstehung von Jesus
21	Jesus in Galiläa

20–21
Die Jünger sehen den auferstandenen Jesus. Thomas zweifelt. Jesus erscheint den Jüngern ein weiteres Mal. Er fragt Petrus nach seiner Liebe zu ihm.

[Gottes Königsherrschaft und der Messias]

wo du ihn hingebracht hast; dann gehe ich ihn holen.«

¹⁶»Maria!«, sagte Jesus.

Sie drehte sich um zu ihm und rief aus: »Meister!«*

20,16 Griech. *und sagte auf Hebräisch: »Rabbuni«, das bedeutet »Lehrer« oder »Meister«.*

Johannes 20,21

Erwählung
Jesus ist der Erwählte, den Gott gesandt hatte, um in ihm sein ganzes Wesen zu zeigen. Das geschah zum von Gott »festgesetzten Zeitpunkt« (Gal 4,4; Mk 1,15, wörtlich: als sich die Zeit erfüllte). Jesus markiert also den Mittelpunkt der Geschichte.
Doch nun gibt der Gesandte seinen Auftrag weiter an seine Nachfolger: an die Keimzelle der christlichen Gemeinde. Sie wird in Gottes Erwählung einbezogen – von Jesus, dem Erwählten, her.
Der Blickwinkel Gottes weitet sich also. Nachdem er sich von Gottes Volk herkommend immer mehr auf den einen (den Knecht Gottes, Christus) gebündelt hatte, dehnt sich von Christus her die Perspektive wieder aus. Die Gemeinde von Jesus führt den Auftrag aus, den Jesus selbst hatte. Während sie das tut, bleibt Jesus ihr Mittelpunkt. Die Erwählung der Gemeinde ist abgeleitet aus der Erwählung von Jesus (siehe die Erläuterung zu Eph 1,10).
(Offenbarung 22,16 ««| »» Epheser 1,22-23)

Johannes 20,26-29

Die Antwort des Menschen
In der ganzen Bibel gibt es kein Bekenntnis eines Menschen, das deutlicher besagt, wer Jesus ist, als das Bekenntnis von Thomas. Für ihn ist Jesus »mein Herr und mein Gott« (V. 28). Vielleicht überrascht es uns, dass dieses Bekenntnis von Thomas kommt, der oft »der ungläubige Thomas« genannt wird. Doch damit tun wir ihm Unrecht.
Jesus gab Thomas genau die gleichen Beweisgründe, um an seine Auferstehung zu glauben, die auch die anderen Jünger erhalten hatten (vgl. V. 20 und V. 25). Warum brauchte Thomas jedoch noch solche Beweise, obwohl alle anderen sie schon erhalten hatten? Weil die anderen Jünger die Auferstehung nicht glaubwürdig bezeugt hatten. Jesus hatte sich ihnen gezeigt und trotzdem versteckten sie sich noch voller Angst. Das Problem des Thomas war nicht seine Unfähigkeit zu glauben, sondern die Unglaubwürdigkeit der anderen Jünger. Thomas handelte richtig: Er sucht nach Gründen, um zu glauben, bekam diese und bekannte dann den auferstandenen Jesus als Herrn und Gott.
(Lukas 17,11-19 ««| »» Johannes 13,1-17)

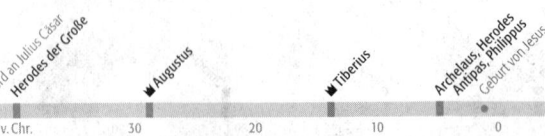

¹⁷»Berühre mich nicht«, sagte Jesus, »denn ich bin noch nicht zum Vater aufgefahren. Aber geh zu meinen Brüdern und sage ihnen, dass ich zu meinem Vater und zu eurem Vater, zu meinem Gott und zu eurem Gott auffahre.«

¹⁸Maria Magdalena fand die Jünger und erzählte ihnen: »Ich habe den Herrn gesehen!« Dann berichtete sie, was er ihr aufgetragen hatte.

Jesus erscheint seinen Jüngern

¹⁹Am Abend dieses ersten Tages der Woche trafen die Jünger sich hinter verschlossenen Türen, weil sie Angst vor den Juden hatten. Plötzlich stand Jesus mitten unter ihnen! »Friede sei mit euch«, sagte er. ²⁰Und nach diesen Worten zeigte er ihnen seine Hände und seine Seite. Freude erfüllte die Jünger, als sie ihren Herrn sahen. ²¹Wieder sprach er zu ihnen und sagte: »Friede sei mit euch. Wie der Vater mich gesandt hat, so sende ich euch.« ²²Dann hauchte er sie an und sprach: »Empfangt den Heiligen Geist. ²³Wem ihr die Sünden vergebt, dem sind sie vergeben. Wem ihr sie nicht vergebt, dem sind sie nicht vergeben.«

Zweifel und Glaube des Thomas

²⁴Einer der Jünger, Thomas, der auch »Zwilling« genannt wurde, war nicht dabei gewesen, als Jesus kam. ²⁵Sie erzählten ihm: »Wir haben den Herrn gesehen!« Doch er erwiderte: »Das glaube ich nicht, es sei denn, ich sehe die Wunden von den Nägeln in seinen Händen, berühre sie mit meinen Fingern und lege meine Hand in die Wunde an seiner Seite.«

²⁶Acht Tage später waren die Jünger wieder beisammen, und diesmal war auch Thomas bei ihnen. Die Türen waren verschlossen; doch plötzlich stand Jesus, genau wie zuvor, in ihrer Mitte. Er sprach: »Friede sei mit euch!« ²⁷Dann sagte er zu Thomas: »Lege deine Finger auf diese Stelle hier und sieh dir meine Hände an. Lege deine Hand in die Wunde an meiner Seite. Sei nicht mehr ungläubig, sondern glaube!«

²⁸»Mein Herr und mein Gott!«, rief Thomas aus.

²⁹Da sagte Jesus zu ihm: »Du glaubst, weil du mich gesehen hast. Gesegnet sind die, die mich nicht sehen und dennoch glauben.«

Der Zweck dieses Buches

³⁰Die Jünger sahen, wie Jesus noch viele andere Wunder tat, die nicht in diesem Buch aufgezeichnet sind. ³¹Diese aber wurden aufgeschrieben, damit ihr glaubt*, dass Jesus der Christus ist, der Sohn Gottes, und damit ihr durch den Glauben an ihn in seinem Namen das ewige Leben habt.

Jesus erscheint sieben Jüngern

21 Später zeigte sich Jesus den Jüngern noch einmal am See von Tiberias. Das geschah folgendermaßen: ²Simon Petrus, Thomas, der auch »Zwilling« genannt wurde, Nathanael aus Kana in Galiläa, die Söhne des Zebedäus und zwei andere Jünger waren dort zusammen.

³Simon Petrus sagte: »Ich gehe fischen.«

Die anderen meinten: »Wir kommen mit.« Also fuhren sie im Boot hinaus, doch sie fingen die ganze Nacht über nichts.

⁴Bei Morgengrauen sahen die Jünger Jesus am Ufer stehen, doch sie konnten nicht sehen, wer es war. ⁵Er rief ihnen zu: »Freunde, habt ihr etwas gefangen?«

Sie antworteten: »Nein.«

⁶Da sagte er: »Werft euer Netz auf der rechten Seite des Bootes aus, dann werdet ihr etwas fangen!« Sie taten es, und bald konnten sie das Netz nicht mehr einholen, weil so viele Fische darin waren.

⁷Da sagte der Jünger, den Jesus liebte, zu Petrus: »Es ist der Herr!« Als Simon Petrus hörte, dass es der Herr war, legte er sein Obergewand an – denn er hatte es zur Arbeit ausgezogen –, sprang ins Wasser und schwamm ans Ufer. ⁸Die anderen blieben beim Boot und zogen das gefüllte Netz hinter sich her. Sie waren etwa hundert Meter* vom Ufer entfernt. ⁹Als sie ausstiegen und an Land gingen, sahen sie ein Kohlenfeuer brennen, auf dem Fisch gebraten wurde; dazu gab es Brot.

¹⁰»Holt ein paar von den Fischen, die ihr gerade gefangen habt«, sagte Jesus. ¹¹Da stieg Simon Petrus ins Boot und holte das Netz an Land. Obwohl es mit hundertdreiundfünfzig großen Fischen gefüllt war, zerriss das Netz nicht.

¹²»Kommt her und frühstückt!«, sagte Jesus. Doch keiner wagte ihn zu fragen, ob er wirklich der Herr sei. Sie wussten, dass er es war. ¹³Jesus kam auf sie zu, nahm das Brot und gab es ihnen, ebenso den Fisch. ¹⁴Das war das dritte Mal, dass Jesus seinen Jüngern erschien, seit er von den Toten auferstanden war.

Jesus fragt nach der Liebe

¹⁵Nach dem Frühstück sagte Jesus zu Simon Petrus: »Simon, Sohn des Johannes, liebst du mich mehr als die anderen?«

20,31 In einigen Handschriften steht *damit ihr weiterhin glaubt*. **21,8** Griech. *200 Ellen*.

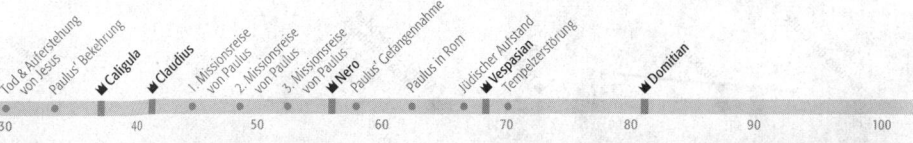

JOHANNES

1,1-18 Prolog

1,19– 12,50 Das Wirken von Jesus in der Welt

13–17 Jesus spricht zu seinen Jüngern und betet für sie

18–20 Leiden, Tod und Auferstehung von Jesus

21 Jesus in Galiläa

21
Petrus bejaht mehrfach seine Liebe zu Jesus.

[Gottes Königsherrschaft und der Messias]

Petrus erwiderte: »Ja, Herr, du weißt, dass ich dich lieb habe.«
Jesus sagte: »Dann weide meine Lämmer.«
16 Jesus wiederholte die Frage: »Simon, Sohn des Johannes, liebst du mich?«
Petrus antwortete: »Ja, Herr, du weißt, dass ich dich lieb habe.«
Jesus sagte: »Dann hüte meine Schafe.«
17 Noch einmal fragte er ihn: »Simon, Sohn des Johannes, hast du mich lieb?«
Petrus wurde traurig, weil Jesus die Frage zum dritten Mal stellte, und sagte: »Herr, du weißt alles. Du weißt, dass ich dich lieb habe.«
Jesus sagte: »Dann weide meine Schafe. 18 Ich versichere dir: Als du jung warst, konntest du tun, was du wolltest, und hingehen, wo es dir gefiel. Doch wenn du alt bist, wirst du deine Hände ausstrecken, und ein anderer wird dich führen und hinbringen, wo du nicht hingehen willst.« 19 So deutete Jesus an, auf welche Weise Petrus sterben würde, um Gott damit zu verherrlichen. Dann forderte Jesus ihn auf: »Folge mir nach.«
20 Petrus drehte sich um und sah, dass der Jünger hinter ihnen ging, den Jesus liebte – jener Jünger, der sich beim Abendmahl zu Jesus hinübergelehnt und gefragt hatte: »Herr, wer von uns wird dich verraten?« 21 Petrus fragte Jesus: »Was ist mit ihm, Herr?«
22 Jesus erwiderte: »Wenn ich will, dass er am Leben* bleibt, bis ich wiederkomme, was geht das dich an? Folge du mir nach.« 23 Deshalb verbreitete sich in der Gemeinde der Gläubigen* das Gerücht, dass dieser Jünger nicht sterben würde. Doch das hatte Jesus nicht gesagt. Er hatte nur gesagt: »Wenn ich will, dass er am Leben bleibt, bis ich wiederkomme, was geht das dich an?«

Schlusswort
24 Dies ist der Jünger, der diese Ereignisse miterlebt hat und sie hier aufzeichnete. Und wir alle wissen, dass sein Bericht über diese Dinge wahr ist. 25 Es gibt noch vieles andere, was Jesus getan hat. Wenn man dies alles aufschreiben würde, glaube ich, könnte die ganze Welt die Bücher nicht fassen, die man dann schreiben müsste.

21,22 Im Griech. steht nicht *am Leben*; so auch in 21,23.
21,23 Griech. *unter den Brüdern*.

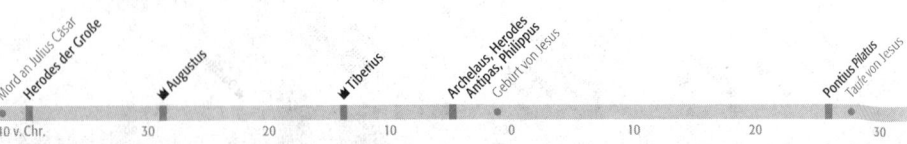

Apostelgeschichte

Inhalt

Der auferstandene Jesus verbringt noch vierzig Tage mit seinen Jüngern, bevor er zu Gott dem Vater zurückkehrt. Er spricht mit ihnen über das Reich Gottes und bereitet sie auf die Zukunft vor. Niemand weiß, wann er zurückkehren wird. Die Jünger sollen so lange in Jerusalem zusammenbleiben, bis Gott seinen Heiligen Geist sendet. Dann werden sie in Jerusalem, Judäa, Samarien und der ganzen Welt von Jesus erzählen.

Zehn Tage später kommt der Heilige Geist vom Himmel. In einer Rede erklärt Petrus das Ereignis als die Erfüllung einer Prophetie von Joel. Er verkündet, dass Jesus auferstanden und Herr ist, und fordert die Versammelten auf, sich von ihren Sünden ab- und Gott zuzuwenden. An diesem Tag beginnen 3.000 Menschen, an Jesus zu glauben und bilden die erste christliche Gemeinde.

Durch die Heilung eines Gelähmten erregen die Apostel Aufsehen und die religiösen Führer versuchen sie einzuschüchtern. Als das nicht gelingt, beginnt die Verfolgung der Christen. Stephanus wird der erste Märtyrer; viele Christen fliehen in die Umgebung. Sie beginnen, die gute Botschaft außerhalb Jerusalems zu verkünden.

Der äthiopische Schatzmeister wird als erster Nichtjude Christ. Danach erlebt Petrus, dem sich die Apostelgeschichte dann zuwendet, wie eine römische Großfamilie den Heiligen Geist empfängt. Die Leitung der Gemeinde in Jerusalem ist ebenso überrascht von dieser Grenzüberschreitung und klärt das Miteinander von jüdischen und nichtjüdischen Christen.

Unterdessen wird erzählt, wie der Gelehrte Paulus Jesus erkennt. Aus einem glühenden Verfolger der Gemeinde wird einer ihrer engagiertesten und tiefgründigsten Anhänger und Förderer. Die Apostelgeschichte wendet sich ihm ganz zu und berichtet weiter, wie er mit anderen zusammen in vielen Städten Jesus verkündet. Örtliche Gemeinden entstehen. Paulus legt Wert darauf, die Christen zu lehren, denn er sieht voraus, dass falsche Lehren die Gemeinden unterwandern werden. Solche Lehren sind der Anlass für viele Briefe im Neuen Testament.

Die Verkündigung von Jesus ruft meist den Widerstand der Juden vor Ort hervor. Das wird auch in Jerusalem bekannt, und Paulus wird, ähnlich wie Jesus, bedroht und mit falschen Anklagen belastet. Als römischer Bürger beruft er sich auf sein Recht, in letzter Instanz vom Kaiser gehört zu werden. So wird er auf einer abenteuerlichen Seereise nach Rom gebracht. Der Bericht endet mit seinem Wirken dort.

Wichtige Personen

Jesus Christus	
Apostel von Jesus: Kap. 1,13	
Matthias	nachgewählter Apostel
Menschen, die den Aposteln zuhören oder von ihnen geheilt werden	
Ein gelähmter Bettler am Tempel in Jerusalem	
Josef/Barnabas	Levit aus Zypern, schon zu Beginn in der Jerusalemer Gemeinde, später »Entdecker« und Mitarbeiter von Paulus
Stephanus	Gemeindehelfer, Märtyrer
Philippus	Gemeindehelfer, Evangelist
Saulus/Paulus	Evangelist, Gemeindegründer
Schatzmeister von Äthiopien	
Hananias	Christ in Damaskus
Kornelius	römischer Hauptmann in Cäsarea
Herodes Agrippa (I.)	König von Judäa
Jakobus	Bruder des Johannes, Apostel, Märtyrer
Lydia	Purpurstoffhändlerin in Philippi
Eine Wahrsagerin in Philippi	
Gefängnisvorsteher in Philippi	
Demetrius	Silberschmied in Ephesus
(Antonius) Felix	Statthalter von Judäa
Drusilla	seine Frau
Porzius Festus	Statthalter in Judäa
(Herodes) Agrippa (II.)	König, Oberaufseher des Tempels
Berenike	seine Schwester

Wichtige Orte

Jerusalem
Samaria
Damaskus
Cäsarea am Meer
Lydda
Joppe
Antiochia in Syrien
auf den Missionsreisen besuchte Orte: siehe Karte »Die Reisen des Apostels Paulus«

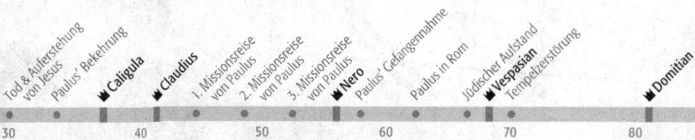

APOSTEL-GESCHICHTE

APOSTELGESCHICHTE

1–7	Die Gemeinde in Jerusalem
8–12	Beginn der Mission unter Heiden
13–28	**Die Mission unter den Heiden**
13–14	Die erste Missionsreise von Paulus
15	Das Jerusalemer Konzil
16–18	Die zweite Missionsreise von Paulus
19–20	Die dritte Missionsreise von Paulus
21–28	Die Gefangenschaft und Romreise von Paulus

1
Jesus fährt auf in den Himmel. Matthias wird als neuer Apostel gewählt. Die Jünger erhalten den Heiligen Geist. Die Jünger predigen in fremden Sprachen und Petrus erklärt das Geschehen.

[Gottes Königsherrschaft und der Messias]

Die Ankündigung des Heiligen Geistes

1 Lieber Theophilus, in meinem ersten Buch* habe ich dir von allem erzählt, was Jesus von Anfang an tat und lehrte, ²bis zu dem Tag, an dem er in den Himmel auffuhr, nachdem er seinen erwählten Aposteln durch den Heiligen Geist weitere Anweisungen erteilt hatte. ³In den vierzig Tagen nach seiner Kreuzigung erschien er den Aposteln immer wieder und bewies ihnen auf vielfältige Weise, dass er wirklich lebt. Und er sprach mit ihnen über das Reich Gottes.
⁴Bei einer dieser Begegnungen, als sie gerade aßen, sagte er: »Bleibt hier in Jerusalem, bis der Vater euch sendet, was er versprochen hat. Erinnert euch: Ich habe schon mit euch darüber geredet. ⁵Johannes hat mit* Wasser getauft, doch schon in wenigen Tagen werdet ihr mit dem Heiligen Geist getauft werden.«

Jesus fährt zum Himmel auf

⁶Wenn die Apostel mit Jesus zusammen waren, fragten sie ihn immer wieder: »Herr, wirst du Israel jetzt befreien und unser Königreich wiederherstellen?«
⁷»Die Zeit dafür bestimmt allein der Vater«, erwiderte er, »es steht euch nicht zu, sie zu kennen. ⁸Aber wenn der Heilige Geist über euch gekommen ist, werdet ihr seine Kraft empfangen. Dann werdet ihr den Menschen auf der ganzen Welt von mir erzählen – in Jerusalem, in ganz Judäa, in Samarien, ja bis an die Enden der Erde.«
⁹Nicht lange nachdem er das gesagt hatte, wurde er vor ihren Augen in den Himmel aufgehoben und verschwand in einer Wolke. ¹⁰Während sie ihm nachschauten, standen plötzlich zwei weiß gekleidete Männer bei ihnen. ¹¹Sie sagten: »Männer aus Galiläa, warum steht ihr hier und starrt zum Himmel? Jesus ist von euch fort in den Himmel geholt worden. Eines Tages wird er genauso wiederkommen, wie ihr ihn habt fortgehen sehen!«

1,1 Dieser Hinweis bezieht sich auf das Lukasevangelium. **1,5** O. *in*; so auch in 1,5b.

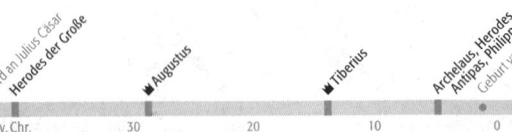

Matthias tritt an die Stelle von Judas

¹²Als das geschah, befanden sich die Apostel auf dem Ölberg, etwa einen Kilometer* von Jerusalem entfernt. Nun kehrten sie zurück und ¹³gingen in den im oberen Stock gelegenen Raum, in dem sie sich auch sonst aufhielten. Dort waren Petrus, Johannes, Jakobus, Andreas, Philippus, Thomas, Bartholomäus, Matthäus, Jakobus (der Sohn des Alphäus), Simon (der Zelot) und Judas (der Sohn des Jakobus).

¹⁴Sie alle kamen regelmäßig zum Gebet zusammen, gemeinsam mit Maria, der Mutter von Jesus, einigen anderen Frauen und den Brüdern von Jesus.

¹⁵In diesen Tagen stand Petrus auf, als etwa hundertzwanzig Menschen anwesend waren, und sagte:

¹⁶»Brüder, es musste sich erfüllen, was die Schrift über Judas gesagt hat, der die Tempelwache zu Jesus führte, damit er verhaftet werden konnte. Schon vor langer Zeit wurde dies durch den Heiligen Geist vorausgesagt, der durch David sprach. ¹⁷Judas war einer von uns, auserwählt für dieselbe Aufgabe wie wir.

¹⁸Judas kaufte sich von dem Geld, das er für seinen Verrat erhalten hatte, einen Acker, und als er dort stürzte, platzte sein Körper auf, und seine Eingeweide quollen heraus. ¹⁹Die Nachricht von seinem Tod verbreitete sich rasch unter den Einwohnern Jerusalems, und sie gaben dem Ort den aramäischen Namen Hakeldamach, das heißt ›Blutacker‹.«

²⁰Petrus fuhr fort: »Genau das wurde im Buch der Psalmen vorausgesagt. Dort steht: ›Sein Haus soll leer werden, sodass niemand mehr darin lebt‹, und: ›Sein Amt gib einem andern‹.*

²¹Dieser andere muss jemand sein, der die ganze Zeit dabei war, als wir mit Jesus, dem Herrn, zusammen waren – ²²und zwar von dem Tag an, als er von Johannes getauft wurde, bis zu dem Tag, als er von uns fort in den Himmel geholt wurde. Derjenige, der gewählt wird, soll mit uns ein Zeuge der Auferstehung von Jesus sein.«

²³Daraufhin stellten sie zwei Männer zur Wahl auf: Josef, genannt Barsabbas (auch unter dem Namen Justus bekannt), und Matthias. ²⁴Dann beteten alle darum, dass der richtige Mann gewählt würde. »Herr«, baten sie, »du kennst die Herzen der Menschen. Zeig uns, welchen dieser beiden Männer du dazu erwählt hast, ²⁵als Apostel die Stelle von Judas einzunehmen und sein Amt anzutreten, denn der hat uns verlassen und ist dahin gegangen, wo er hingehört.« ²⁶Dann zogen sie Lose, und auf diese Weise wurde Matthias gewählt und den elf anderen als Apostel an die Seite gestellt.

Das Kommen des Heiligen Geistes

2 Am Pfingsttag* waren alle versammelt. ²Plötzlich ertönte vom Himmel ein Brausen wie das Rauschen eines mächtigen Sturms und erfüllte das Haus, in dem sie versammelt waren. ³Dann erschien etwas, das aussah wie Flammen, die sich zerteilten, wie Feuerzungen, die sich auf jeden Einzelnen von ihnen niederließen. ⁴Und alle Anwesenden wurden vom Heiligen Geist erfüllt und fingen an, in anderen Sprachen* zu sprechen, wie der Heilige Geist es ihnen eingab.

⁵Damals lebten in Jerusalem gottesfürchtige Juden aus vielen verschiedenen Ländern. ⁶Als sie das Brausen hörten, liefen sie herbei. Bestürzt hörte jeder von ihnen die Versammelten in seiner eigenen Sprache reden.

⁷Außer sich vor Staunen riefen sie: »Wie kann das sein? Diese Leute stammen alle aus Galiläa, ⁸und doch hören wir sie in den Sprachen der Länder sprechen, in denen wir geboren wurden! ⁹Da stehen wir – Parther, Meder, Elamiter, Leute aus Mesopotamien, Judäa, Kappadozien, Pontus, der Provinz Asien, ¹⁰Phrygien, Pamphylien, Ägypten und den Gebieten von Libyen aus der Gegend von Kyrene, Besucher aus Rom, Juden sowie zum Judentum Übergetretene, ¹¹Kreter und Araber – und wir alle hören diese Leute in unseren eigenen Sprachen über die Taten Gottes reden.« ¹²Erstaunt und verwirrt standen sie da. »Was mag das bedeuten?«, fragten sie einander. ¹³Doch manche spotteten auch: »Die sind nur betrunken, das ist alles.«

Petrus predigt zu der Menge

¹⁴Da trat Petrus mit den elf anderen Aposteln vor und rief der Menge zu: »Hört zu, ihr jüdischen Männer und ihr Einwohner Jerusalems! Ich will euch etwas sagen. ¹⁵Manche von euch meinen, diese Leute seien betrunken. Das ist nicht wahr! Um neun Uhr morgens betrinkt man sich nicht. ¹⁶Nein, was ihr heute Morgen seht, ist vor vielen hundert Jahren von dem Propheten Joel vorausgesagt worden:

¹⁷›In den letzten Tagen, spricht Gott, werde ich meinen Geist über alle Menschen ausgießen.

1,12 Griech. *einen Sabbatweg*, d.h. die Strecke, die ein Jude am Sabbat gehen durfte.   **1,20** Psalm 69,26; 109,8.   **2,1** Griech. *Als der Pfingsttag kam*. Dieses jährliche Fest fand fünfzig Tage nach dem Passahfest statt; s. 3. Mose 23,16.   **2,4** O. *in anderen Zungen*. Die Wendung *in (anderen) Sprachen* kann immer auch mit *in Zungen* übersetzt werden; wir haben uns durchgängig für die Übersetzung *in (anderen) Sprachen* entschieden.

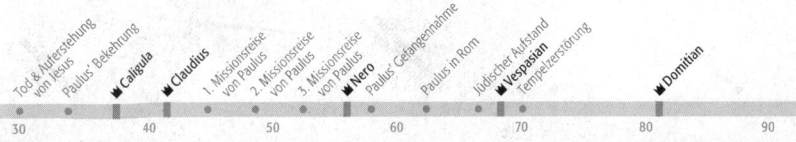

APOSTELGESCHICHTE

1–7	Die Gemeinde in Jerusalem
8–12	Beginn der Mission unter Heiden
13–28	Die Mission unter den Heiden
13–14	Die erste Missionsreise von Paulus
15	Das Jerusalemer Konzil
16–18	Die zweite Missionsreise von Paulus
19–20	Die dritte Missionsreise von Paulus
21–28	Die Gefangenschaft und Romreise von Paulus

2–3
Petrus predigt. Das Leben der ersten Christen. Petrus heilt im Namen von Jesus.

[Gottes Königsherrschaft und der Messias]

Eure Söhne und Töchter werden weissagen, eure jungen Männer werden Visionen haben und eure alten Männer prophetische Träume. ¹⁸In diesen Tagen werde ich meinen Geist sogar über alle meine Diener, ob Mann oder Frau, ausgießen, und sie werden weissagen. ¹⁹Und ich werde Wunder oben am Himmel tun und Zeichen unten auf der Erde – Blut und Feuer und Rauchwolken.

²⁰Die Sonne wird finster werden und der Mond blutrot, ehe der große und herrliche Tag des Herrn anbricht. ²¹Und jeder, der den Namen des Herrn anruft, wird gerettet werden.‹*

²²Hört zu, ihr Menschen aus Israel! Ihr alle wisst, dass Gott durch Jesus von Nazareth große Taten, Wunder und Zeichen wirkte und ihn dadurch vor euch allen bestätigte. ²³Ihr aber habt ihn mit der Hilfe von Menschen, die das Gesetz Gottes nicht kennen, ans Kreuz nageln und ermorden lassen. Damit erfüllte sich, was bei Gott lang zuvor beschlossen war. ²⁴Doch Gott hat ihn aus den Schrecken des Todes befreit und wieder zum Leben auferweckt, denn der Tod konnte ihn nicht festhalten. ²⁵David hat über ihn gesagt:

›Ich weiß, dass der Herr immer bei mir ist. Ich werde nicht mutlos, denn er ist an meiner Seite.

²⁶Deshalb ist mein Herz voller Freude und mein Mund voller Lob! Mein Körper ruht in Hoffnung.

2,17-21 Joel 3,1-5.

Apostelgeschichte 2,21

Die Antwort des Menschen
Gott rettet alle, die »den Namen des Herrn anrufen« (V. 21). Das war schon immer so, aber dieser Text bezieht sich auf die neueste Offenbarung Gottes hier am Pfingsttag. Petrus zitiert hier den Propheten Joel, der voraussagte, was nun gerade in Erfüllung gegangen ist. *Alle* Gläubigen hatten den Heiligen Geist empfangen, nicht nur wie im Alten Testament die ausgewählten Propheten und Leiter, sondern alle: Jung und Alt, Männer und Frauen, Mächtige und Diener. Der Prophet hatte von der Endzeit geredet. Petrus erklärt hier, dass die Endzeit begonnen habe. Der Geist Gottes wird ausgegossen. Jetzt kann das Ende nicht mehr lange auf sich warten lassen. Es ist jetzt also an der Zeit, »den Namen des Herrn anzurufen«, um gerettet zu werden.
Ehe diese Predigt zu Ende ist, macht Petrus jedoch klar: Nicht wir sind es, die zuerst rufen, sondern Gott. Petrus lädt alle zur Umkehr ein, alle »die vom Herrn, unserem Gott, berufen werden« (V. 39). Unser »Anrufen« ist die Antwort auf Gottes »Berufen«.
(Lukas 22,42 ‹‹ | » Apostelgeschichte 8,36-37)

²⁷Denn du wirst meine Seele nicht bei den Toten* lassen, du wirst nicht zulassen, dass dein Heiliger im Grab verwest.

²⁸Du hast mir den Weg des Lebens gezeigt und wirst mir Freude schenken in deiner Gegenwart.‹*

²⁹Liebe Brüder, denkt einmal darüber nach! David starb ja und wurde begraben und sein Grab befindet sich noch heute hier. ³⁰Aber er war ein Prophet und wusste, was Gott ihm geschworen hatte: Einer der Nachkommen Davids würde auf dem Thron Davids sitzen. ³¹David sah also in die Zukunft und sagte die Auferstehung des Christus voraus: Dieser würde nicht bei den Toten bleiben und sein Leib nicht im Grab verwesen.

³²Diese Weissagung bezog sich auf Jesus, den Gott von den Toten auferweckt hat, was wir alle bezeugen können. ³³Jetzt sitzt er auf dem höchsten Ehrenplatz zur Rechten Gottes im Himmel. Und der Vater hat ihm, wie er es versprochen hat, den Heiligen Geist gegeben, damit dieser über uns ausgegossen wird. So habt ihr es heute selbst gesehen und gehört. ³⁴Denn David ist nie in den Himmel aufgefahren, und doch hat er gesagt:

›Der Herr sprach zu meinem Herrn: Setze dich auf den Ehrenplatz zu meiner Rechten, ³⁵bis ich deine Feinde demütige und sie zum Schemel unter deinen Füßen mache.‹*

³⁶So soll nun jedermann in Israel sicher wissen, dass Gott diesen Jesus, den ihr gekreuzigt habt, zum Herrn und Christus gemacht hat!«

³⁷Was sie von Petrus hörten, traf sie ins Herz, und sie fragten ihn und die anderen Apostel: »Brüder, was sollen wir tun?«

³⁸Petrus antwortete ihnen: »Kehrt euch ab von euren Sünden und wendet euch Gott zu. Lasst euch alle taufen im* Namen von Jesus Christus zur Vergebung eurer Sünden. Dann werdet ihr die Gabe des Heiligen Geistes empfangen. ³⁹Diese Zusage Gottes gilt euch und euren Kindern und auch denen, die fern von Gott sind – allen, die vom Herrn, unserem Gott, berufen werden.« ⁴⁰Und Petrus predigte noch lange weiter und forderte seine Zuhörer immer wieder auf: »Rettet euch vor dieser Generation, die auf einem verkehrten Weg ist!«

⁴¹Diejenigen, die glaubten, was Petrus gesagt hatte, wurden getauft und gehörten von da an zur Gemeinde – insgesamt etwa dreitausend Menschen. ⁴²Sie schlossen sich den anderen Gläubigen an, unterstellten sich der Lehre der Apostel und der Gemeinschaft und nahmen teil am Abendmahl und am Gebet.

Die Gläubigen kommen zusammen

⁴³Eine tiefe Ehrfurcht erfasste alle, und die Apostel vollbrachten viele Zeichen und Wunder. ⁴⁴Alle Gläubigen kamen regelmäßig zusammen und teilten alles miteinander, was sie besaßen. ⁴⁵Sie verkauften ihren Besitz und teilten den Erlös mit allen, die bedürftig waren. ⁴⁶Gemeinsam beteten sie täglich im Tempel zu Gott, trafen sich zum Abendmahl in den Häusern und nahmen gemeinsam die Mahlzeiten ein, bei denen es fröhlich zuging und großzügig geteilt wurde. ⁴⁷Sie hörten nicht auf, Gott zu loben, und waren bei den Leuten angesehen. Und jeden Tag fügte der Herr neue Menschen hinzu, die gerettet wurden.

Petrus heilt einen gelähmten Bettler

3 Eines Nachmittags gegen drei Uhr gingen Petrus und Johannes in den Tempel, um am Gebet teilzunehmen. ²Als sie hinkamen, wurde gerade ein Mann herbeigetragen, der von Geburt an gelähmt war. Wie an jedem Tag wurde er an den Eingang des Tempels gebracht, der allgemein die »Schöne Pforte« hieß, damit er dort bei den Leuten betteln konnte, die zum Tempelbezirk kamen. ³Als er Petrus und Johannes sah, die gerade den Tempel betreten wollten, bat er auch sie um etwas Geld.

⁴Petrus und Johannes blickten ihn aufmerksam an, und Petrus sagte: »Sieh uns an!« ⁵Der gelähmte Mann blickte erwartungsvoll auf, weil er glaubte, dass er etwas bekäme. ⁶Doch Petrus sagte: »Ich habe kein Geld für dich. Aber was ich habe, gebe ich dir. Im Namen von Jesus Christus von Nazareth: Steh auf und geh!«

⁷Dann nahm er den Gelähmten an der rechten Hand und half ihm auf. Als er das tat, wurden die Füße und Knöchel des Mannes geheilt und erhielten ihre Kraft zurück. ⁸Er sprang auf, konnte auf seinen Füßen stehen und fing an umherzugehen! Dann trat er – gehend, hüpfend und Gott lobend – mit ihnen in den Tempel.

⁹Die Leute sahen ihn gehen und hörten, wie er Gott lobte. ¹⁰Als sie erkannten, dass es der gelähmte Bettler war, den sie so oft an der »Schönen Pforte« gesehen hatten, waren sie starr vor Staunen! ¹¹Sie liefen hinaus zur Säulenhalle Salomos, wo der Geheilte sich dicht bei Petrus und

---

2,27 Griech. *im Hades*; so auch in 2,31.   **2,25-28** Psalm 16,8-11.   **2,34-35** Psalm 110,1.   **2,38** O. *auf den Namen Jesus Christus*.

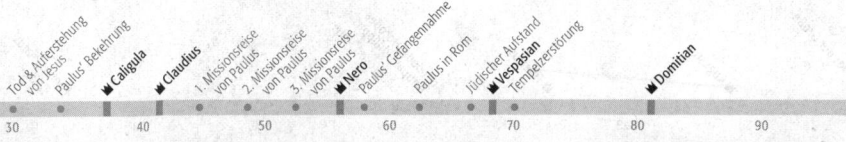

APOSTELGESCHICHTE

1–7	Die Gemeinde in Jerusalem
8–12	Beginn der Mission unter Heiden
13–28	Die Mission unter den Heiden
13–14	Die erste Missionsreise von Paulus
15	Das Jerusalemer Konzil
16–18	Die zweite Missionsreise von Paulus
19–20	Die dritte Missionsreise von Paulus
21–28	Die Gefangenschaft und Romreise von Paulus

3–4
Petrus spricht im Tempel über Jesus. Petrus und Johannes werden gefangen und verhört.

[Gottes Königsherrschaft und der Messias]

Johannes hielt, und alle staunten über das Wunderbare, das dort geschehen war.

Petrus predigt im Tempel
¹²Petrus sah dies und wandte sich an die Menge. »Ihr Menschen aus Israel«, sagte er, »was ist daran so erstaunlich? Warum starrt ihr uns an, als

---

Apostelgeschichte 3,25

Bundesschlüsse
Die Juden sind nach wie vor Bundespartner von Abraham her, auch nachdem Christus gekreuzigt und auferweckt wurde. Obwohl Petrus betont, dass Israel Jesus ausgeliefert und so im Ergebnis getötet hatte (V. 13-15), ist daraus gerade nicht zu folgern, dass Gott den Abrahambund damit zurückgezogen hätte. Im Gegenteil: Weil Israel diesem Bund angehört, ist Christus – auch jetzt noch – zuerst zu Israel gesandt (V. 26).
Schon zuvor, in der Vorbereitung auf die Ankunft des Messias, betont die Heilige Schrift: Dass Gott den Messias Jesus sendet, ist ein Zeichen seiner Treue zum Bund mit Abraham (Lk 1,72-73).
(Lukas 13,16 ‹‹‹ | ››› Galater 3,16)

Apostelgeschichte 3,26

Erwählung
Das Volk Israel ist die erste Adresse von Gottes Absichten, als er Jesus auferweckte. Die Verse 25-26 sprechen sehr konzentriert von Erwählung, obwohl sie dieses Wort nicht enthalten:
Gott erwählte Abrahams Nachkommen, also das Volk Israel (V. 25). Der »Knecht« (V. 26) ist der besonders erwählte Diener Gottes, auf den sich Gottes Aufmerksamkeit konzentriert (siehe die Erklärung zu Sach 3,8 und Jes 49,1-6). Dieser Knecht, Jesus, wurde dann nach seiner Auferweckung zuerst zu Israel gesandt. »Es war nötig, diese Botschaft von Gott zuerst euch Juden zu verkündigen« (Apg 13,46). Israel gehört also klar zu den Erwählten, die Gottes Segen empfangen sollen.
Bevor Petrus das aufgezeigt hat, ist bereits die Gemeinde entstanden (2,42-47). Sie kommt aus der Mitte von Gottes Volk heraus. Sie besteht aus denen, die Gott gerufen hat. Die Berufung dieser Gemeinde ist kein Gegensatz zur Erwählung Israels. Israels Erwählung ist nicht durch die Berufung der Gemeinde abgelöst.
(Epheser 2,7 ‹‹‹ | ››› Johannes 4,22)

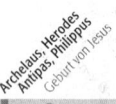

hätten wir diesen Mann aus eigener Kraft und Frömmigkeit geheilt? ¹³Es ist der Gott Abrahams, der Gott Isaaks und der Gott Jakobs, der Gott aller unserer Vorfahren, der seinen Knecht Jesus durch diese Tat verherrlicht hat – den Jesus, den ihr den Römern ausgeliefert und vor Pilatus verleugnet habt, obwohl Pilatus ihn freilassen wollte. ¹⁴Ihr habt diesen Heiligen und Gerechten verleugnet und stattdessen die Freilassung eines Mörders verlangt. ¹⁵Ihr habt den Urheber des Lebens getötet, doch Gott hat ihn wieder zum Leben erweckt. Und wir alle sind Zeugen davon!

¹⁶Der Name von Jesus hat diesen Mann geheilt – und ihr wisst alle, wie krank er war. Vor euren eigenen Augen hat der Glaube an den Namen von Jesus diese Heilung bewirkt.

¹⁷Freunde*, ich bin mir bewusst, dass ihr Jesus aus Unwissenheit so behandelt habt, und dasselbe gilt für die führenden Männer unter euch. ¹⁸Doch Gott hat erfüllt, was die Propheten über den Christus vorausgesagt hatten: dass er dies alles erleiden müsse. ¹⁹Nun kehrt euch ab von euren Sünden und wendet euch Gott zu, damit ihr von euren Sünden gereinigt werden könnt. ²⁰Dann brechen herrliche Zeiten an, und ihr werdet durch den Herrn gestärkt werden und er wird euch sogar Jesus, den Christus, wieder senden. ²¹Doch bis Gott alles erneuert, wird Jesus im Himmel bleiben, wie Gott es vor langer Zeit durch seine Propheten angekündigt hat. ²²Mose sagte: ›Der Herr, euer Gott, wird einen Propheten wie mich aus eurem Volk erwählen. Hört genau auf alles, was er euch sagt.*‹ ²³Wer nicht auf diesen Propheten hört, wird aus dem Volk Gottes ausgeschlossen und wird umkommen.‹*

²⁴Alle Propheten, angefangen mit Samuel, haben von dem, was heute geschieht, gesprochen. ²⁵Ihr seid die Nachkommen jener Propheten, und ihr gehört dem Bund an, den Gott euren Vorfahren verheißen hat. Denn Gott hat zu Abraham gesagt: ›Durch deine Nachkommen sollen alle Völker der Erde gesegnet sein.‹* ²⁶Als Gott seinen Knecht erweckte, sandte er ihn zuerst zu euch, damit er euch segnet und euch von euren bösen Wegen abbringt.«

Petrus und Johannes vor dem Hohen Rat

4 Während Petrus und Johannes noch zu der Menge sprachen, kamen die obersten Priester, der Hauptmann der Tempelwache und ein paar Sadduzäer zu ihnen herüber. ²Als sie hörten, wie Petrus und Johannes lehrten, dass es eine Auferstehung der Toten gebe, und zum Beweis dafür auf Jesus verwiesen, waren sie höchst beunruhigt. ³Sie ließen die beiden festnehmen, und da es schon Abend war, sperrten sie sie bis zum Morgen ein. ⁴Doch viele der Menschen, die ihre Botschaft gehört hatten, glaubten daran, sodass die Zahl der Gläubigen auf etwa fünftausend Männer anstieg, Frauen und Kinder nicht mitgerechnet.*

⁵Am nächsten Tag trat in Jerusalem der Hohe Rat zusammen, bestehend aus den führenden Männern des jüdischen Volkes sowie den Ältesten und Schriftgelehrten. ⁶Der Hohe Priester Hannas sowie Kaiphas, Johannes, Alexander und weitere Verwandte des Hohen Priesters waren ebenfalls anwesend. ⁷Die beiden Jünger wurden hereingeführt und gefragt: »Mit welcher Kraft oder in wessen Namen habt ihr das getan?«

⁸Da wurde Petrus vom Heiligen Geist erfüllt und sprach zu ihnen: »Ihr führenden Männer und ihr Ältesten unseres Volkes, ⁹werden wir verhört, weil wir einem Gelähmten Gutes getan haben? Wollt ihr wissen, wie er geheilt wurde? ¹⁰Ich erkläre vor euch und dem ganzen Volk Israel, dass er im Namen des Jesus Christus von Nazareth geheilt wurde, des Mannes, den ihr gekreuzigt habt, den Gott aber von den Toten auferweckt hat. ¹¹Denn Jesus ist ›der Stein, den ihr Bauleute verworfen habt, der nun zum Eckstein geworden ist.‹*

¹²In ihm allein gibt es Erlösung! Im ganzen Himmel gibt es keinen anderen Namen, den die Menschen anrufen können, um errettet zu werden.«

¹³Die Mitglieder des Hohen Rats waren erstaunt, wie furchtlos und sicher Petrus und Johannes sprachen, denn sie konnten sehen, dass sie ganz einfache Männer ohne besondere Bildung waren. Außerdem wussten sie, dass diese Männer dem engsten Kreis um Jesus angehört hatten. ¹⁴Doch da der Gelähmte geheilt vor ihnen stand, konnten sie nichts dagegen sagen. ¹⁵Also schickten sie Petrus und Johannes hinaus und berieten sich.

¹⁶»Was sollen wir mit diesen Männern machen?«, fragten sie einander. »Wir können nicht bestreiten, dass sie ein Wunder vollbracht haben; alle in Jerusalem wissen davon. ¹⁷Aber vielleicht können wir verhindern, dass sie ihre Botschaft noch weiter verbreiten. Wir werden ihnen verbieten, weiterhin im Namen von Jesus zu den Menschen zu sprechen.« ¹⁸Also riefen sie die Apostel wieder herein und untersagten ihnen, je

---

3,17 Griech. *Brüder.* **3,22** 5. Mose 18,15. **3,23** 3. Mose 23,29. **3,25** 1. Mose 22,18. **4,4** Griech. *fünftausend erwachsene Männer.* **4,11** Psalm 118,22.

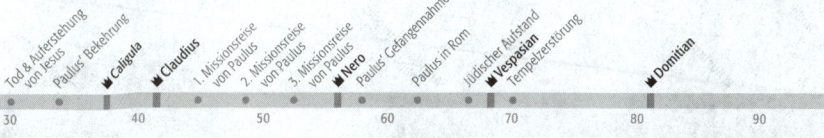

APOSTELGESCHICHTE

1–7	Die Gemeinde in Jerusalem
8–12	Beginn der Mission unter Heiden
13–28	Die Mission unter den Heiden
13–14	Die erste Missionsreise von Paulus
15	Das Jerusalemer Konzil
16–18	Die zweite Missionsreise von Paulus
19–20	Die dritte Missionsreise von Paulus
21–28	Die Gefangenschaft und Romreise von Paulus

4–5
Die ersten Christen beten um Mut und teilen ihren Besitz. Hananias und Saphira werden von Gott bestraft. Viele werden geheilt.

[Gottes Königsherrschaft und der Messias]

wieder im Namen von Jesus zu sprechen oder zu lehren.
[19]Doch Petrus und Johannes erwiderten: »Was meint ihr, will Gott, dass wir euch mehr gehorchen als ihm? [20]Wir können nicht aufhören, von dem zu erzählen, was wir gesehen und gehört haben.«

Apostelgeschichte 4,11-12

Erwählung
Das Bildwort vom Eckstein hatte schon Jesus selbst gebraucht. Er ist wie der einzigartige Stein, von dem die Stabilität des gesamten Bauwerks abhängt (siehe die Erklärung zu Mt 21,37-42).
Petrus greift das in seiner Verteidigungsrede auf (V. 11). Er stellt den »Namen des Jesus Christus von Nazareth« (V. 10) in den Mittelpunkt. Diesen Namen muss man kennen und ansprechen, wenn man aus der Entfernung von Gott herausgelöst werden will (V. 12).
Gott legt seine ganze Kraft in diesen Namen hinein. Der ist keine Konkurrenz zu Gott, sondern es ist gerade Gehorsam gegen Gott, vom Namen Jesus alles zu erwarten (V. 19). Wer das tut, gibt dann keinem anderen als Gott die Ehre (V. 21).
(Römer 5,15-19 ««« | »» Apostelgeschichte 13,32-33)

Apostelgeschichte 4,12

Gott befreit
Petrus und Johannes geben die Botschaft von Jesus in Wort und Tat weiter. Hier bezeugen sie ihn vor dem Hohen Rat. Sie sprechen darüber, dass Jesus durch sie, seine Boten, seine heilende Kraft ausübt. Sie bezeugen Jesus als den einzigen Retter des Volkes Israel und aller Menschen. Das Neue Testament hält fest, dass Erlösung nur durch Jesus möglich ist, sogar für diejenigen, die das noch nicht wissen konnten (z.B. die Glaubenden des Alten Testaments).
Das Alte Testament hatte schon betont, dass es keinen Gott außer Jahwe gibt, und dass deswegen Vergebung der Sünden nur in ihm gefunden werden kann. Jetzt zeigt das Neue Testament, dass diese Vergebung nur durch Jesus möglich ist; nur Jesus kann erretten. Hier fanden die Urgemeinde und die ersten Missionare ihre Motivation, freudig das Evangelium an andere weiterzugeben. Aus diesem Grund lädt die Gemeinde von Jesus auch heute noch die Menschen unserer Zeit ein, die gute Nachricht von der Befreiung durch Jesus anzunehmen.
(Lukas 10,19 ««« | »» Apostelgeschichte 16,31)

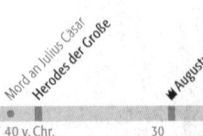
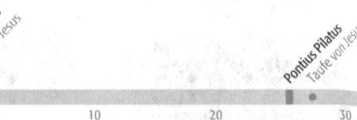

²¹Der Hohe Rat drohte ihnen erneut, doch schließlich ließ man sie gehen, weil sie nicht wussten, wie man sie bestrafen sollte, ohne einen Aufruhr im Volk heraufzubeschwören. Denn alle Menschen lobten Gott für das, was geschehen war – ²²die Heilung eines Mannes, der über vierzig Jahre gelähmt gewesen war.

Die Gläubigen beten um Mut

²³Sobald sie wieder frei waren, suchten Petrus und Johannes die anderen Gläubigen und erzählten ihnen, was die obersten Priester und Ältesten gesagt hatten. ²⁴Als sie es hörten, erhoben alle gemeinsam ihre Stimme und beteten: »Allmächtiger Herr, Schöpfer des Himmels, der Erde und des Meeres und von allem, was darin lebt – ²⁵vor langer Zeit hast du durch den Heiligen Geist und durch den Mund unseres Vorfahren David, deines Dieners, gesagt:
›Warum tobten die Völker vor Zorn? Warum schmiedeten sie vergebliche Pläne?
²⁶Die Könige der Erde lehnten sich auf; die Herrscher der Welt verschworen sich gegen den Herrn und seinen Gesalbten.‹*
²⁷Genau das ist hier in dieser Stadt geschehen! Denn Herodes Antipas, der Statthalter Pontius Pilatus und das Volk Israel haben sich gegen Jesus, deinen heiligen Knecht, den du gesalbt hast, verschworen. ²⁸Alles, was sie taten, geschah nach deinem ewigen Willen und Plan. ²⁹Und nun höre ihre Drohung, Herr, und gib deinen Dienern Mut, wenn sie weiterhin die gute Botschaft verkünden. ³⁰Sende deine heilende Kraft, damit im Namen deines heiligen Knechtes Jesus Zeichen und Wunder geschehen.«
³¹Nach diesem Gebet bebte das Gebäude, in dem sie sich versammelt hatten, und sie wurden alle vom Heiligen Geist erfüllt. Und sie predigten mutig und unerschrocken die Botschaft Gottes.

Die Gläubigen teilen ihren Besitz

³²Die Gläubigen waren ein Herz und eine Seele; sie betrachteten ihren Besitz nicht als ihr persönliches Eigentum und teilten alles, was sie hatten, miteinander. ³³Die Apostel bezeugten eindrucksvoll die Auferstehung von Jesus Christus, und mit ihnen war die große Gnade Gottes. ³⁴Armut gab es bei ihnen nicht, weil die Leute, die Land oder Häuser besaßen, etwas von ihrem Besitz verkauften ³⁵und das Geld den Aposteln brachten, damit sie es an alle, je nach Bedarf, verteilen konnten.
³⁶Ein Beispiel dafür war Josef, den die Apostel Barnabas nannten (das bedeutet »Sohn des Trostes«). Er gehörte zum Stamm Levi und kam ursprünglich von der Insel Zypern. ³⁷Josef verkaufte einen Acker, den er besaß, und brachte den Aposteln das Geld als Hilfe für die Bedürftigen.

Hananias und Saphira

5 Auch ein Mann mit Namen Hananias verkaufte mit seiner Frau Saphira etwas von seinem Besitz. ²Er brachte mit Wissen seiner Frau den Aposteln einen Teil des Geldes, behauptete aber, es sei der gesamte Erlös. ³Da sagte Petrus: »Hananias, warum hat Satan Besitz von deinem Herzen ergriffen? Du hast den Heiligen Geist belogen und einen Teil des Geldes für dich behalten. ⁴Es war dein Besitz, den du nach Belieben verkaufen oder behalten konntest. Und auch nachdem du ihn verkauft hattest, durftest du mit dem Geld machen, was du wolltest. Warum hast du das getan? Du hast nicht uns belogen, sondern Gott.«
⁵Als Hananias diese Worte hörte, fiel er um und war tot. Jeder, der von der Geschichte erfuhr, war entsetzt. ⁶Schließlich kamen einige junge Männer, wickelten Hananias in ein Tuch, trugen ihn hinaus und begruben ihn.
⁷Etwa drei Stunden später kam seine Frau. Sie wusste noch nicht, was geschehen war. ⁸Petrus fragte sie: »War das der Preis, den dein Mann und du bei dem Verkauf erzielt habt?«
Sie erwiderte: »Ja, das war der Preis.«
⁹Da sagte Petrus: »Wie konntet ihr beide nur auf einen solchen Gedanken kommen, den Geist des Herrn auf die Probe zu stellen? Gleich vor der Tür stehen die jungen Männer, die gerade deinen Mann begraben haben; sie werden auch dich hinaustragen.«
¹⁰Augenblicklich stürzte auch sie zu Boden und starb. Als die jungen Männer hereinkamen und sahen, dass sie tot war, trugen sie sie hinaus und begruben sie neben ihrem Mann. ¹¹Furcht überkam die gesamte Gemeinde und auch alle anderen, die davon erfuhren.

Die Apostel heilen viele Menschen

¹²Währenddessen vollbrachten die Apostel viele Zeichen und Wunder im Volk. Die Gläubigen trafen sich im Tempel in der Säulenhalle Salomos. ¹³Doch niemand sonst wagte, sich ihnen anzuschließen, obwohl sie bei allen hoch geachtet waren. ¹⁴Immer mehr Menschen fanden zum Glauben an den Herrn – Männer wie Frauen. ¹⁵Das Wirken der Apostel hatte zur Folge, dass man die Kranken auf Betten und Bahren auf die

4,25-26 Psalm 2,1-2.

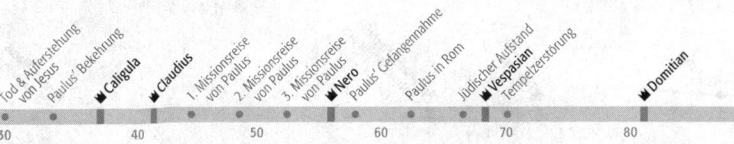

APOSTELGESCHICHTE

1–7	Die Gemeinde in Jerusalem
8–12	Beginn der Mission unter Heiden
13–28	Die Mission unter den Heiden
13–14	Die erste Missionsreise von Paulus
15	Das Jerusalemer Konzil
16–18	Die zweite Missionsreise von Paulus
19–20	Die dritte Missionsreise von Paulus
21–28	Die Gefangenschaft und Romreise von Paulus

5–6

Die Apostel werden verhaftet und wieder befreit. Die Organisation der Gemeinde. Stephanus wird festgenommen und verhört.

[Gottes Königsherrschaft und der Messias]

Straße trug, nur damit der Schatten von Petrus auf sie fiel, wenn er vorüberging. ¹⁶Scharenweise strömten die Leute aus den umliegenden Dörfern nach Jerusalem und brachten ihre Kranken und die von bösen Geistern Besessenen, und alle wurden geheilt.

Die Apostel stoßen auf Widerstand

¹⁷Der Hohe Priester und seine Begleiter, die Sadduzäer, wurden von Neid erfüllt. ¹⁸Sie ließen die Apostel verhaften und ins Gefängnis werfen. ¹⁹Doch in der Nacht kam ein Engel des Herrn, öffnete die Gefängnistore und führte sie hinaus. Dann sagte er zu ihnen: ²⁰»Geht in den Tempel und verkündet den Menschen die Botschaft des Lebens!« ²¹Daraufhin gingen die Apostel bei Tagesanbruch in den Tempel und begannen zu lehren.

Als der Hohe Priester mit seinem Gefolge eintraf, riefen sie den Hohen Rat* und die Ältesten Israels zusammen. Dann wollten sie die Apostel zum Verhör vorführen lassen. ²²Doch als die Männer der Tempelwache zum Gefängnis kamen, waren die Männer fort. Sie kehrten zum Hohen Rat zurück und erstatteten Bericht: ²³»Das Gefängnis war verriegelt und die Wachen standen draußen vor der Zelle, doch als wir die Türen öffneten, war niemand da!«

²⁴Als der Hauptmann der Tempelwache und

5,21 Griech. *Sanhedrin*; so auch in 5,27.41.

Apostelgeschichte 5,1-11

Gottes Liebe, Gottes Zorn

Die Gemeinde (*ekklesia* auf Griechisch) von Jesus soll eine Gemeinschaft sein, in der Menschen ehrlich, großzügig und aufopfernd miteinander umgehen (Mt 18,1-20). In Apostelgeschichte 5 greift Gott ein, um die Integrität einer solchen Gemeinde zu wahren. Der Verfasser verwendet dann zum ersten Mal in der Apostelgeschichte das Wort »*ekklesia*«, um diese Gemeinde näher zu charakterisieren (siehe 5,11). Eine wahre Gemeinde nimmt Sünde ernst und führt ein integres Leben.

Hananias und Saphira kamen nicht ums Leben, weil sie Geld zurückbehalten hatten (sie hätten behalten dürfen, was sie wollten: V. 4). Die Problematik bestand darin, dass sie den Heiligen Geist belogen hatten. Sie wollten einen Teil des *Geldes* behalten, aber durch das Geld in der Gemeinde *Ehre* erlangen. Das griechische Wort für »Geld« bedeutet auch »Ehre«. In der Gemeinde hätten dann nicht mehr alle den gleichen Wert. Damit würde das Wesen der Gemeinde zerstört, und deshalb griff Gott in diesem Fall hart ein.

(Matthäus 25,31-46 «« | » Römer 1,18)

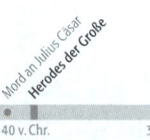

die obersten Priester das hörten, waren sie ratlos und fragten sich beunruhigt, was wohl geschehen war. ²⁵In diesem Moment überbrachte ihnen jemand die Nachricht, dass die Männer, die sie hatten verhaften lassen, sich draußen im Tempelbezirk befanden und das Volk lehrten.

²⁶Der Hauptmann und seine Tempelwächter gingen hin und führten sie erneut ab, allerdings ohne Gewalt anzuwenden. Sie hatten Angst, dass das Volk sie steinigen würde, falls sie den Aposteln etwas antaten. ²⁷Sie brachten die Apostel vor den Rat. ²⁸»Haben wir euch nicht befohlen, nie wieder im Namen dieses Mannes zu lehren?«, fragte der Hohe Priester. »Stattdessen habt ihr eure Lehre von Jesus in ganz Jerusalem verbreitet und wollt uns die Schuld an seinem Tod geben!«

²⁹Doch Petrus und die Apostel entgegneten: »Man muss Gott mehr gehorchen als den Menschen. ³⁰Der Gott unserer Vorfahren hat Jesus von den Toten auferweckt, den ihr getötet habt, indem ihr ihn kreuzigen ließt. ³¹Nun hat Gott ihm als Herrscher und Erlöser den Ehrenplatz zu seiner Rechten gegeben, damit Israel umkehren und sich Gott zuwenden kann und Vergebung seiner Sünden erhält. ³²Wir sind Zeugen davon, ebenso wie der Heilige Geist, den Gott denen gibt, die ihm gehorchen.«

³³Bei diesen Worten wurden die Mitglieder des Hohen Rats sehr wütend und sie beschlossen, die Apostel umzubringen. ³⁴Im Rat gab es aber auch einen Pharisäer mit Namen Gamaliel. Dieser war ein ausgezeichneter Kenner der Heiligen Schrift und beim Volk sehr beliebt. Er erhob sich und befahl, die Apostel für kurze Zeit hinauszuführen. ³⁵Dann richtete er das Wort an die Ratsmitglieder: »Männer Israels, überlegt euch gut, wie ihr mit diesen Männern verfahren wollt! ³⁶Vor einiger Zeit trat ein gewisser Theudas auf und gab vor, ein bedeutender Mann zu sein. Etwa vierhundert Leute schlossen sich ihm an, doch er wurde getötet, seine Anhänger zerstreuten sich wieder, und die Bewegung wurde zerschlagen. ³⁷Nach ihm, zur Zeit der Volkszählung, erlebten wir das Gleiche mit Judas von Galiläa. Auch er versammelte Anhänger um sich, doch auch er wurde getötet und seine Nachfolger zerstreut.

³⁸Deshalb rate ich euch, diese Männer in Ruhe zu lassen. Wenn es ihre eigenen Lehren und Taten sind, wird das Ganze bald scheitern. ³⁹Wenn es jedoch von Gott ist, werdet ihr sie nicht aufhalten können, und am Ende stellt ihr womöglich fest, dass ihr gegen Gott selbst kämpft.«

Der Hohe Rat hörte auf Gamaliel. ⁴⁰Man ließ die Apostel vorführen und auspeitschen. Bevor sie wieder freigelassen wurden, befahl man ihnen nochmals, nie wieder im Namen von Jesus zu sprechen. ⁴¹Die Apostel verließen den Hohen Rat voller Freude darüber, dass Gott sie für würdig gehalten hatte, für den Namen von Jesus zu leiden. ⁴²Und sie fuhren fort, täglich im Tempel und in den Häusern* die Botschaft zu verkünden, dass Jesus der Christus sei.

Die Wahl der sieben Helfer

6 Doch als die Zahl der Gläubigen* immer größer wurde, kam es auch zu Auseinandersetzungen. Diejenigen aus den griechischsprachigen Gebieten beschwerten sich bei den Hebräern, weil sie glaubten, dass ihre Witwen bei der täglichen Versorgung benachteiligt würden. ²Deshalb beriefen die zwölf eine Versammlung aller Gläubigen ein.

»Wir Apostel sollten unsere Zeit dazu nutzen, das Wort Gottes zu predigen und zu lehren, und uns nicht mit der Organisation der Mahlzeiten oder Ähnlichem beschäftigen«, sagten sie. ³»Deshalb, Freunde*, wählt unter euch sieben Männer mit gutem Ruf aus, die vom Heiligen Geist erfüllt sind und Weisheit besitzen. Ihnen wollen wir die Verantwortung für diese Aufgabe übertragen. ⁴Auf diese Weise haben wir Zeit für das Gebet und die Verkündigung von Gottes Wort.«

⁵Dieser Vorschlag gefiel allen, und sie wählten folgende Männer: Stephanus – ein Mann voller Glauben und erfüllt vom Heiligen Geist, Philippus, Prochorus, Nikanor, Timon, Parmenas und Nikolaus aus Antiochien, der zum jüdischen Glauben übergetreten und jetzt Christ geworden war. ⁶Diese sieben wurden den Aposteln vorgestellt, und sie legten ihnen die Hände auf und beteten für sie.

⁷Gottes Botschaft breitete sich immer weiter aus. Die Zahl der Gläubigen in Jerusalem nahm weiter zu und auch viele jüdische Priester schlossen sich dem neuen Glauben an.*

Stephanus wird verhaftet

⁸Stephanus, ein Mann, bei dem die Gnade und Kraft Gottes in ganz besonderer Weise spürbar war, wirkte erstaunliche Wunder und Zeichen unter den Menschen. ⁹Doch eines Tages fingen einige Männer aus der Synagoge der Freigelassenen* Streit mit ihm an. Es waren Juden aus

---

5,42 Griech. *von Haus zu Haus.*   6,1 Griech. *Jünger;* so auch in 6,2.7.   6,3 Griech. *Brüder.*   6,7 Griech. *gehorchten dem Glauben.*   6,9 Ehemalige jüdische Sklaven.

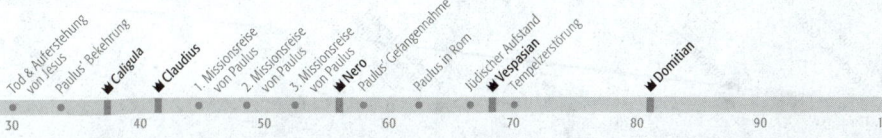

APOSTELGESCHICHTE

1–7	Die Gemeinde in Jerusalem
8–12	Beginn der Mission unter Heiden
13–28	Die Mission unter den Heiden
13–14	Die erste Missionsreise von Paulus
15	Das Jerusalemer Konzil
16–18	Die zweite Missionsreise von Paulus
19–20	Die dritte Missionsreise von Paulus
21–28	Die Gefangenschaft und Romreise von Paulus

6–7
Stephanus hält eine Verteidigungsrede und verkündet dabei das Evangelium.

[Gottes Königsherrschaft und der Messias]

Kyrene, Alexandrien, Zilizien und der Provinz Asien. [10]Aber keiner von ihnen hatte der Weisheit und dem Geist des Stephanus etwas entgegenzusetzen.

[11]Deshalb überredeten sie einige Männer, Lügen über Stephanus zu verbreiten: »Wir haben gehört, wie er gegen Mose und sogar gegen Gott gelästert hat.« [12]Damit versetzten sie das Volk, die Ältesten und die Schriftgelehrten in Aufruhr. Stephanus wurde verhaftet und dem Hohen Rat vorgeführt. [13]Die falschen Zeugen logen: »Dieser Mann redet ständig abfällig über den Tempel und über das Gesetz Moses. [14]Wir haben gehört, dass er gesagt hat, dieser Jesus von Nazareth werde den Tempel zerstören und die Ordnungen ändern, die Mose uns überliefert hat.« [15]Und alle im Hohen Rat Versammelten richteten die Augen auf Stephanus, weil sein Gesicht plötzlich so strahlend wurde wie das eines Engels.

Die Rede des Stephanus

7 Der Hohe Priester fragte Stephanus: »Stimmen diese Anschuldigungen?«

[2]Stephanus antwortete: »Brüder und ehrwürdige Väter, hört mich an. Unser herrlicher Gott erschien unserem Vorfahren Abraham in Mesopotamien, ehe er nach Haran* zog. [3]Gott gebot ihm: ›Verlass deine Heimat und deine Verwandten und geh in das Land, das ich dir zeigen werde.‹* [4]Da verließ Abraham das Land der Chaldäer und lebte in Haran, bis sein Vater starb. Dann führte Gott ihn hierher in das Land, in dem ihr heute lebt. [5]Aber Gott wies ihm dort kein Erbe zu, nicht einen einzigen Fußbreit Land. Doch er versprach ihm, dass das ganze Land einmal ihm und seinen Nachkommen gehören sollte – obwohl Abraham bis zu diesem Zeitpunkt noch keine Kinder hatte. [6]Gott sagte ihm aber auch, dass seine Nachkommen in einem fremden Land leben würden, wo man sie vierhundert Jahre lang als Sklaven ausbeuten würde. [7]›Aber ich werde das Volk bestrafen, das sie versklavt‹, sprach Gott, ›und am Ende werden sie kommen und mich hier an diesem Ort anbeten.‹* [8]Damals gab Gott Abraham auch den Bund der Beschneidung. So wurde Isaak, der Sohn Abrahams, beschnitten, als er acht Tage alt war. Isaak wurde der Vater Jakobs, und Jakob war der Vater der zwölf Patriarchen des jüdischen Volks.

7,2 *Mesopotamien* war das Gebiet des heutigen Irak. *Haran* war eine Stadt im Südosten der heutigen Türkei.
7,3 1. Mose 12,1.   7,5-7 1. Mose 12,7; 15,13-14; 2. Mose 3,12.

⁹Die Söhne Jakobs waren eifersüchtig auf ihren Bruder Josef und verkauften ihn als Sklaven nach Ägypten. Doch Gott ließ ihn nicht allein ¹⁰und rettete ihn aus seiner Not. Er schenkte ihm das Wohlwollen des Pharaos, des ägyptischen Königs, und verlieh ihm große Weisheit, sodass Pharao ihn zum Statthalter über ganz Ägypten ernannte und ihm die Verantwortung über alle Angelegenheiten des Palastes übertrug.

¹¹Dann kam eine Hungersnot über Ägypten und Kanaan. Unsere Vorfahren gerieten in große Not, als sie nichts mehr zu essen hatten. ¹²Jakob hörte, dass es in Ägypten noch Getreide gab, und schickte seine Söhne*, um etwas davon zu kaufen. ¹³Als sie zum zweiten Mal nach Ägypten kamen, gab Josef sich seinen Brüdern zu erkennen, und auch der Pharao erfuhr davon. ¹⁴Josef ließ seinen Vater Jakob und alle seine Angehörigen nach Ägypten holen, insgesamt fünfundsiebzig Personen. ¹⁵Daraufhin zog Jakob nach Ägypten und starb dort, wie auch alle seine Söhne. ¹⁶Sie wurden nach Sichem gebracht und dort in dem Grab beigesetzt, das Abraham von den Söhnen Hamors in Sichem gekauft hatte.

¹⁷Als sich das Versprechen, das Gott Abraham gegeben hatte, erfüllen sollte, war unser Volk in Ägypten sehr groß geworden. ¹⁸Ein anderer Pharao bestieg den Thron Ägyptens, der nichts von Josef wusste. ¹⁹Er plante Böses gegen unser Volk. Er zwang unsere Väter, ihre neugeborenen Kinder auszusetzen, sodass sie starben.

²⁰In dieser Zeit wurde Mose geboren – ein schönes Kind in Gottes Augen. Drei Monate sorgten seine Eltern zu Hause für ihn. ²¹Als sie ihn schließlich aussetzen mussten, fand ihn die Tochter des Pharaos und zog ihn auf wie ihren eigenen Sohn. ²²Mose wurde in allem Wissen der Ägypter unterrichtet und wuchs zu einem wortgewandten, tatkräftigen Mann heran.

²³Als er vierzig Jahre alt war, beschloss er eines Tages, seine Brüder und Schwestern aus dem Volk Israel aufzusuchen. ²⁴Unterwegs sah er, wie ein Ägypter einen Israeliten misshandelte. Mose kam ihm zu Hilfe, rächte ihn und erschlug den Ägypter. ²⁵Er nahm an, seine Landsleute würden nun erkennen, dass Gott ihn beauftragt hatte, sie zu retten, aber das taten sie nicht.

²⁶Am nächsten Tag besuchte er sie wieder und sah zwei Israeliten miteinander kämpfen. Er versuchte, Frieden zwischen ihnen zu stiften. ›Männer‹, sagte er, ›ihr seid doch Brüder. Warum schadet ihr einander?‹ ²⁷Doch der Mann, der im Unrecht war, stieß Mose beiseite: ›Wer hat dich zum Herrscher und Richter über uns gemacht?‹, fragte er. ²⁸›Willst du mich vielleicht auch umbringen, so wie den Ägypter gestern?‹ ²⁹Als Mose das hörte, floh er aus Ägypten und lebte als Fremder im Land Midian, wo auch seine beiden Söhne geboren wurden.

³⁰Vierzig Jahre später erschien Mose in der Wüste am Berg Sinai ein Engel in den Flammen eines brennenden Busches. ³¹Mose sah es und fragte sich, was das wohl sein möchte. Als er näher kam, um es sich anzusehen, hörte er die Stimme des Herrn: ³²›Ich bin der Gott deiner Väter – der Gott Abrahams, Isaaks und Jakobs.‹ Da zitterte Mose vor Angst und Schrecken und wagte nicht hinzuschauen.

³³Der Herr sagte zu ihm: ›Zieh deine Sandalen aus, denn du stehst auf heiligem Boden. ³⁴Ich versichere dir, dass mir das Leid meines Volkes in Ägypten nicht verborgen geblieben ist. Ich habe ihr Schreien gehört und bin gekommen, um sie zu retten. Nun geh, denn ich sende dich nach Ägypten.‹* ³⁵Und so sandte Gott den Mann zurück, den sein Volk abgewiesen hatte, als sie fragten: ›Wer hat dich zum Herrscher und Richter über uns gemacht?‹ Durch den Engel, der ihm in dem brennenden Busch erschienen war, wurde Mose als ihr Anführer und Befreier eingesetzt. ³⁶Und tatsächlich führte er das Volk unter vielen Zeichen und Wundern aus Ägypten heraus, durch das Rote Meer und vierzig Jahre lang durch die Wüste.

³⁷Mose selbst erklärte dem Volk Israel: ›Gott wird einen Propheten wie mich aus eurem Volk erwählen.‹* ³⁸Mose war in der Wüste der Vermittler zwischen dem Volk Israel und dem Engel, der ihm auf dem Berg Sinai Worte des Lebens für uns mitgab.

³⁹Doch unsere Vorfahren wollten Mose nicht folgen. Sie lehnten ihn ab und wollten nach Ägypten zurückkehren. ⁴⁰Sie sagten zu Aaron: ›Mach uns Götter, die vor uns hergehen können, denn wir wissen nicht, was aus diesem Mose geworden ist, der uns aus Ägypten herausgeführt hat.‹ ⁴¹Und so machten sie sich ein Kalb als Götzen, dem sie Opfer darbrachten, und freuten sich über das Werk ihrer Hände. ⁴²Da wandte Gott sich von ihnen ab und überließ sie der Anbetung von Sonne, Mond und Sternen! Im Buch der Propheten steht geschrieben:

›Habt ihr eure Opfer während dieser vierzig Jahre in der Wüste etwa mir gebracht, Israel? ⁴³Nein, euer eigentliches Interesse galt dem Zelt des Moloch, dem Sternbild eures Gottes Räfan und den Götzenfiguren, die ihr euch gemacht habt, um sie anzubeten. Deshalb schicke ich euch weit fort in die Gefangenschaft, noch weiter als Babylon.‹*

7,12 Griech. *unsere Väter*; so auch in 7,15.   **7,31-34** 2. Mose 3,5-10.   **7,37** 5. Mose 18,15.   **7,42-43** Amos 5,25-27.

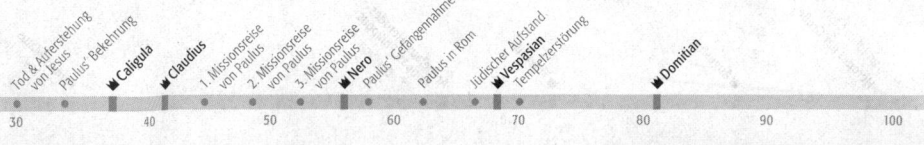

APOSTELGESCHICHTE

1–7	Die Gemeinde in Jerusalem
8–12	Beginn der Mission unter Heiden
13–28	Die Mission unter den Heiden
13–14	Die erste Missionsreise von Paulus
15	Das Jerusalemer Konzil
16–18	Die zweite Missionsreise von Paulus
19–20	Die dritte Missionsreise von Paulus
21–28	Die Gefangenschaft und Romreise von Paulus

7–8

Stephanus wird gesteinigt. Saulus verfolgt die Gemeinde. Der Magier Simon möchte den Heiligen Geist empfangen. Philippus erklärt dem Äthiopier die Heilige Schrift.

[Gottes Königsherrschaft und der Messias]

⁴⁴Unsere Vorfahren trugen das Bundeszelt* mit sich durch die Wüste. Es war genau nach dem Plan angefertigt worden, den Gott Mose gegeben hatte. ⁴⁵Und es wurde an unsere Väter weitergegeben und sie nahmen es unter der Führung Josuas mit in das Gebiet, aus welchem Gott die fremden Völker vor ihnen her vertrieben hatte. Und dort blieb das Bundeszelt bis zur Zeit Davids.
⁴⁶David fand Gnade vor Gott und bat darum, dem Gott Jakobs* einen Tempel bauen zu dürfen. ⁴⁷Doch es war Salomo, der das Haus schließlich erbaute. ⁴⁸Aber der Höchste wohnt nicht in Häusern, die von Menschenhand errichtet wurden. Der Prophet sagt:
⁴⁹›Der Himmel ist mein Thron und die Erde der Schemel für meine Füße. Könnt ihr mir ein Haus bauen, das diesem gleichkommt?‹, fragt der Herr. ›Könnt ihr mir eine Wohnung bauen? ⁵⁰Habe ich nicht alles im Himmel und auf der Erde erschaffen?‹*
⁵¹Starrköpfig seid ihr! Im Herzen seid ihr wie die Menschen, die Gott nicht kennen, und taub für die Wahrheit. Könnt ihr nicht endlich aufhören, euch dem Heiligen Geist zu widersetzen? Eure Vorfahren taten es, und ihr macht es genauso! ⁵²Nennt mir nur einen einzigen Propheten, den eure Vorfahren nicht verfolgt haben! Sie gingen sogar so weit, diejenigen umzubringen, die das Kommen des Gerechten prophezeiten, den ihr nun verraten und ermordet habt. ⁵³Ihr habt Gottes Gesetz mit Absicht missachtet, obwohl ihr es durch die Hand von Engeln empfangen habt.*«
⁵⁴Die Anschuldigungen, die Stephanus gegen sie erhob, versetzten die führenden Männer des jüdischen Volkes in maßlose Wut.* ⁵⁵Doch Stephanus, vom Heiligen Geist erfüllt, blickte unverwandt zum Himmel hinauf, wo er die Herrlichkeit Gottes sah, und er sah Jesus auf dem Ehrenplatz zur Rechten Gottes stehen. ⁵⁶Er sagte zu ihnen: »Schaut doch, ich sehe den Himmel offen und den Menschensohn auf dem Ehrenplatz zur Rechten Gottes stehen!«
⁵⁷Da hielten sie sich die Ohren zu, schrien mit lauter Stimme und stürzten sich auf ihn. ⁵⁸Sie schleppten ihn hinaus vor die Stadt und steinigten ihn. Die amtlichen Zeugen der Hinrichtung zogen ihre Mäntel aus und legten sie zu Füßen eines jungen Mannes mit Namen Saulus* nieder.

7,44 Griech. *das Zelt des Zeugnisses*. **7,46** In einigen Handschriften heißt es *Haus Jakobs*. **7,49-50** Jesaja 66,1-2. **7,53** Griech. *ihr habt das Gesetz empfangen, wie es durch Engel angeordnet wurde*. **7,54** Griech. *sie ergrimmten in ihren Herzen und knirschten mit den Zähnen gegen ihn*. **7,58** *Saulus* wird später *Paulus* genannt.

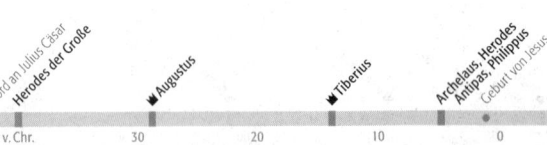

⁵⁹Während sie ihn steinigten, betete Stephanus: »Herr Jesus, nimm meinen Geist auf.« ⁶⁰Und kniend rief er: »Herr, rechne ihnen diese Sünde nicht an!« Mit diesen Worten starb er.

8
Saulus aber hatte Gefallen an seinem Tod.

Die Gläubigen werden verfolgt und zerstreut
Mit diesem Tag setzte eine große Welle der Verfolgung ein, von der die ganze Gemeinde in Jerusalem erfasst wurde, und außer den Aposteln flohen alle Gläubigen nach Judäa und Samarien. ²Einige gottesfürchtige Leute kamen und bestatteten Stephanus unter lautem Klagen. ³Saulus zog durch die ganze Stadt und versuchte, die Gemeinde mit allen Mitteln zu vernichten. Er ging von Haus zu Haus und zerrte Männer und Frauen heraus und ließ sie ins Gefängnis werfen.

Die Predigt des Philippus in Samaria
⁴Doch die Gläubigen, die aus Jerusalem geflohen waren, zogen umher und verkündeten die Botschaft von Jesus. ⁵Philippus ging in die Stadt Samaria und erzählte den Bewohnern von Christus. ⁶Die Menge hörte ihm bereitwillig zu, und sie sahen auch die Wunder, die er tat. ⁷Viele böse Geister wurden ausgetrieben und fuhren mit lautem Geschrei aus. Außerdem wurden viele Menschen geheilt, die gelähmt oder verkrüppelt gewesen waren. ⁸Darüber herrschte große Freude in der Stadt.

⁹Schon seit vielen Jahren lebte in dieser Stadt Simon, ein Magier, der sich für etwas Besonderes hielt. Mit seiner Zauberei zog er die Leute in seinen Bann. ¹⁰In Samaria nannte ihn jeder, den man fragte, nur »den Großen – die Kraft Gottes«. ¹¹Durch die Zauberkünste besaß er großen Einfluss, denn er hatte viele Anhänger. ¹²Doch nun glaubten die Menschen an die Botschaft vom Reich Gottes und vom Namen Jesus Christus, die Philippus predigte. Viele Männer und Frauen ließen sich taufen. ¹³Auch Simon wurde gläubig und empfing die Taufe. Er begann, Philippus auf Schritt und Tritt zu folgen, und staunte über die großartigen Wunder und Zeichen, die dieser vollbrachte. ¹⁴Als die Apostel in Jerusalem hörten, dass das Volk in Samaria die Botschaft Gottes angenommen hatte, schickten sie Petrus und Johannes. ¹⁵In Samaria angekommen, beteten die beiden für die neuen Gläubigen, damit sie den Heiligen Geist empfingen. ¹⁶Bis dahin war der Heilige Geist noch auf keinen von ihnen herabgekommen; sie waren nur auf den Namen von Jesus, dem Herrn, getauft worden. ¹⁷Petrus und Johannes legten den Gläubigen nun die Hände auf, und sie empfingen den Heiligen Geist.

¹⁸Als Simon sah, dass der Heilige Geist gegeben wurde, wenn die Apostel den Leuten die Hände auflegten, bot er ihnen Geld und sagte: ¹⁹»Gebt auch mir diese Macht, damit die Menschen den Heiligen Geist auch empfangen, wenn ich ihnen die Hände auflege!«

²⁰Doch Petrus erwiderte: »Dein Geld soll zusammen mit dir verderben, weil du glaubst, du könntest Gottes Geschenk kaufen! ²¹Du hast kein Recht darauf, weil dein Herz vor Gott nicht aufrichtig ist. ²²Kehre dich ab von deiner Verdorbenheit und bete zum Herrn. Vielleicht vergibt er dir deine bösen Gedanken, ²³denn ich sehe, dass du voll Bitterkeit bist und gefangen in der Ungerechtigkeit.«

²⁴»Betet für mich zum Herrn«, rief Simon, »dass mir nichts von dem Schrecklichen zustoße, wovon ihr gesprochen habt!«

²⁵Nachdem Petrus und Johannes in Samaria das Wort des Herrn bezeugt und gelehrt hatten, kehrten sie nach Jerusalem zurück. Unterwegs machten sie in vielen Städten Samariens Halt, um auch dort die Botschaft zu verkünden.

Philippus und der äthiopische Schatzmeister
²⁶Zu Philippus aber sagte ein Engel des Herrn: »Geh nach Süden* auf der einsamen Straße, die von Jerusalem nach Gaza führt.« ²⁷Philippus ging und begegnete auf dem Weg dem Schatzmeister Äthiopiens, einem Eunuchen der äthiopischen Königin*, der großen Einfluss hatte. Er war nach Jerusalem gekommen, um dort anzubeten, ²⁸und befand sich nun auf dem Heimweg. Er saß in seinem Wagen und las im Buch des Propheten Jesaja.

²⁹Der Heilige Geist sagte zu Philippus: »Lauf hinüber und geh neben dem Wagen her.«

³⁰Da lief Philippus hin und hörte, wie der Mann aus dem Propheten Jesaja las. Er fragte ihn: »Verstehst du auch, was du da liest?«

³¹Der Mann erwiderte: »Wie soll ich es verstehen, wenn es mir niemand erklärt?« Und er bat Philippus, einzusteigen und sich neben ihn zu setzen. ³²Er hatte gerade folgende Schriftstelle gelesen:

»Er wurde wie ein Schaf zum Schlachten geführt. Und wie ein Lamm vor dem Scherer verstummt, so machte er den Mund nicht auf. ³³Er wurde gedemütigt und erfuhr kein gerechtes Urteil. Wer kann von seinen Nachkommen sprechen? Denn sein Leben wurde von der Erde fortgenommen.«*

8,26 O. *gegen Mittag.*   8,27 Griech. *unter Kandake, der Königin Äthiopiens.*   8,32-33 Jesaja 53,7-8.

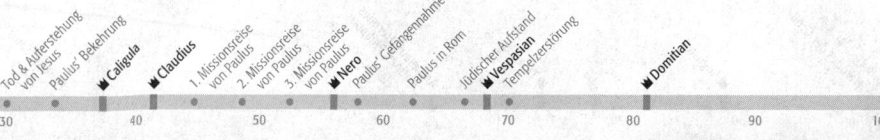

APOSTELGESCHICHTE

1–7	Die Gemeinde in Jerusalem
8–12	Beginn der Mission unter Heiden
13–28	Die Mission unter den Heiden
13–14	Die erste Missionsreise von Paulus
15	Das Jerusalemer Konzil
16–18	Die zweite Missionsreise von Paulus
19–20	Die dritte Missionsreise von Paulus
21–28	Die Gefangenschaft und Romreise von Paulus

8–9
Saulus verfolgt die Gemeinde. Jesus begegnet Saulus. Saulus kehrt um und bekennt sich zu Christus. Petrus heilt.

[Gottes Königsherrschaft und der Messias]

³⁴Der Hofbeamte fragte Philippus: »Von wem spricht der Prophet? Von sich selbst oder von jemand anderem?« ³⁵Da begann Philippus bei dieser Schriftstelle und erklärte ihm die gute Botschaft von Jesus.

³⁶Unterwegs kamen sie an einem Gewässer vorbei, und der Hofbeamte meinte: »Sieh, da ist Wasser! Kann ich mich nicht hier taufen lassen?«* ³⁸Er ließ den Wagen anhalten. Sie stiegen in das Wasser, und Philippus taufte ihn.

³⁹Als sie wieder aus dem Wasser herauskamen, nahm der Geist Gottes Philippus fort und der Hofbeamte sah ihn nicht mehr. Aber er setzte seine Reise voller Freude fort. ⁴⁰Philippus fand sich in der Stadt Aschdod wieder. Er verkündete die Botschaft Gottes dort und in jeder Stadt auf dem Weg, bis er nach Cäsarea kam.

Die Bekehrung des Saulus

9 Währenddessen wütete Saulus gegen die Anhänger* des Herrn und setzte alles daran, sie zu vernichten. Er wandte sich an den Hohen Priester ²und bat ihn um Empfehlungsschreiben für die Synagogen in Damaskus. Damit wollte er alle, die dieser neuen Richtung angehörten, aufspüren, um sie zu verhaften und – gleichgültig,

---

8,36 In manchen Handschriften folgt hier Vers 37: »*Das kannst du*«, antwortete Philippus, »*wenn du von ganzem Herzen glaubst.*« Und der Hofbeamte erwiderte: »*Ich glaube, dass Jesus Christus der Sohn Gottes ist.*« 9,1 Griech. *Jünger*.

Apostelgeschichte 8,36-37

Die Antwort des Menschen
Verschiedene Konfessionen verstehen die christliche Taufe unterschiedlich. Wann ist der richtige Zeitpunkt für die Taufe? Was genau geschieht bei der Taufe? Die Theologie der Volkskirchen und der Freikirchen unterscheidet sich an diesem Punkt. Die Bibel bezeugt verschiedene Bedeutungsaspekte der Taufe: das Abwaschen von Sünden (Apg 22,16), die symbolische Teilnahme am Tod von Jesus und an seiner Auferstehung (Röm 6,3-5) sowie die Aufnahme als Mitglied der Gemeinde von Jesus (Apg 2,41).
Der Hofbeamte, der in diesem Bericht zum Glauben an Jesus findet, hat gerade seine Glaubensunterweisung abgeschlossen. Philippus hat ihm anhand der Bibel den Weg zur Rettung erklärt. Der Beamte will all das für sich selbst in Anspruch nehmen und schlägt deshalb vor, dass Philippus ihn taufen soll. Das Allerwichtigste bei der Taufe ist, dass Menschen im kindlichen Glauben die Vergebung und das neue Leben in Anspruch nehmen, das Jesus anbietet, und sich dann der Gemeinschaft der Gläubigen anschließen.
(Apostelgeschichte 2,21 ‹‹ | ›› Kolosser 3,1)

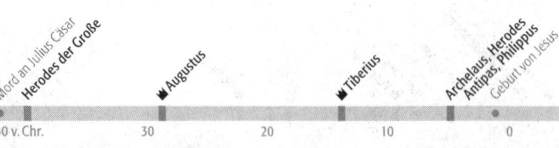

ob Mann oder Frau – in Ketten nach Jerusalem zurückzubringen.

³Während er nach Damaskus unterwegs war, umstrahlte ihn plötzlich vom Himmel her ein blendend helles Licht! ⁴Er fiel zu Boden und hörte eine Stimme: »Saul, Saul! Warum verfolgst du mich?«

⁵»Wer bist du, Herr?«, fragte er.

Die Stimme antwortete: »Ich bin Jesus, den du verfolgst! ⁶Steh auf und geh in die Stadt; dort wirst du erfahren, was du tun sollst.«

⁷Die Männer, die Saulus begleiteten, standen stumm vor Verwunderung da, denn sie hatten zwar die Stimme gehört, aber niemanden gesehen! ⁸Als Saulus sich vom Boden erhob und seine Augen öffnete, konnte er nichts mehr sehen. So führten ihn seine Begleiter an der Hand nach Damaskus. ⁹Drei Tage lang war er blind, und während der ganzen Zeit aß und trank er nichts.

¹⁰In Damaskus lebte ein gläubiger Mann* mit Namen Hananias. Den rief der Herr in einer Vision: »Hananias!«

Er antwortete: »Ja, Herr!«

¹¹Der Herr sagte: »Geh in die Straße, die ›Gerade‹ genannt wird, zum Haus von Judas. Dort frage nach Saulus von Tarsus. Er betet zu mir, ¹²und er hat in einer Vision gesehen, dass ein Mann mit Namen Hananias kommt und ihm die Hände auflegt, sodass er wieder sehen kann.«

¹³»Aber, Herr«, rief Hananias aus, »ich habe gehört, wie viel Schlimmes dieser Mann den Gläubigen* in Jerusalem angetan hat! ¹⁴Und er hat von den obersten Priestern die Vollmacht erhalten, alle hier zu verhaften, die deinen Namen anrufen.«

¹⁵Doch der Herr erwiderte: »Geh und tu, was ich sage. Saulus ist mein auserwähltes Werkzeug. Er soll meine Botschaft den Völkern und Königen bringen und auch dem Volk Israel. ¹⁶Ich werde ihm zeigen, wie sehr er für meinen Namen leiden muss.«

¹⁷Da machte Hananias sich auf den Weg und fand Saulus. Er legte ihm die Hände auf und sagte: »Saul, Bruder, der Herr, der dir auf dem Weg erschienen ist, Jesus, der hat mich zu dir gesandt, damit du wieder sehen kannst und mit dem Heiligen Geist erfüllt wirst.« ¹⁸Im gleichen Augenblick fiel es Saulus wie Schuppen von den Augen, und er konnte wieder sehen. Da stand er auf und ließ sich taufen. ¹⁹Danach aß er und kam wieder zu Kräften.

Saulus in Damaskus und Jerusalem

Saulus blieb zunächst bei den Gläubigen in Damaskus. ²⁰Er begann sofort damit, in den Synagogen von Jesus zu predigen und zu verkünden, dass er der Sohn Gottes sei.

²¹Alle, die ihn hörten, wunderten sich. »Ist das nicht derselbe Mann, der die Anhänger von Jesus* in Jerusalem so hart verfolgt hat?«, fragten sie. »War er nicht gekommen, um sie auch hier in Fesseln zu legen und vor die obersten Priester zu führen?«

²²Doch Saulus predigte immer überzeugender. Er verwirrte damit die in Damaskus lebenden Juden, weil er bewies, dass Jesus der Christus ist. ²³Nachdem einige Zeit vergangen war, beschlossen die führenden Männer des jüdischen Volkes, ihn zu töten. ²⁴Saulus erfuhr davon und wusste, dass man ihm Tag und Nacht am Stadttor auflauerte, um ihn umzubringen. ²⁵Deshalb ließen einige der Gläubigen ihn nachts in einem großen Korb durch eine Öffnung in der Stadtmauer hinab.

²⁶Als Saulus wieder in Jerusalem eintraf, versuchte er, sich mit den Gläubigen dort in Verbindung zu setzen, aber alle hatten Angst vor ihm, denn sie glaubten nicht, dass er wirklich zu Jesus gehörte. ²⁷Doch schließlich führte Barnabas ihn zu den Aposteln und erzählte ihnen, wie Saulus auf dem Weg nach Damaskus den Herrn gesehen hatte. Er berichtete ihnen, was der Herr zu ihm gesagt hatte und wie mutig Saulus in Damaskus im Namen von Jesus gesprochen hatte. ²⁸Daraufhin nahmen die Apostel Saulus in die Gemeinde auf. Er blieb bei ihnen in Jerusalem und fuhr fort, unerschrocken im Namen des Herrn zu predigen. ²⁹Dabei wandte er sich auch an die Griechisch sprechenden Juden, doch diese schmiedeten Pläne, ihn zu töten. ³⁰Als die Gläubigen davon erfuhren, brachten sie ihn nach Cäsarea in Sicherheit und schickten ihn von dort weiter in seine Heimatstadt Tarsus.

³¹In der nun folgenden Zeit lebte die Gemeinde in ganz Judäa, Galiläa und Samarien in Frieden. Die Gläubigen wurden gestärkt durch die Hingabe zu Gott und die Gemeinde vergrößerte sich durch das Wirken des Heiligen Geistes.

Petrus heilt Äneas und erweckt Tabita vom Tod auf

³²Petrus zog von Ort zu Ort und kam schließlich zu den Gläubigen* in Lydda. ³³Dort fand er einen Mann mit Namen Äneas, der seit acht Jah-

---

9,10 Griech. *Jünger*; so auch in 9,19.25.26.30.31.36. **9,13** Griech. *deinen Heiligen*. **9,21** Griech. *diejenigen, die diesen Namen anrufen*. **9,32** Griech. *Heiligen*; so auch 9,41.

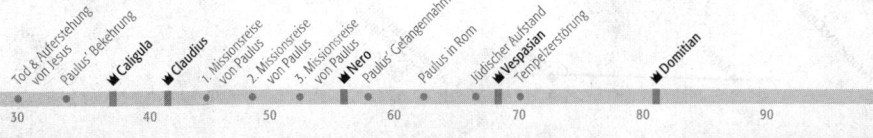

APOSTELGESCHICHTE

1–7	Die Gemeinde in Jerusalem
8–12	Beginn der Mission unter Heiden
13–28	**Die Mission unter den Heiden**
13–14	Die erste Missionsreise von Paulus
15	Das Jerusalemer Konzil
16–18	Die zweite Missionsreise von Paulus
19–20	Die dritte Missionsreise von Paulus
21–28	Die Gefangenschaft und Romreise von Paulus

9–10

Die Auferweckung von Tabita. Ein Engel erscheint dem Römer Kornelius. Petrus hat eine Vision. Petrus geht zu Kornelius.

[Gottes Königsherrschaft und der Messias]

ren gelähmt im Bett lag. ³⁴Petrus sagte zu ihm: »Äneas, Jesus Christus heilt dich! Steh auf und mache dir selbst dein Bett!« Sofort stand Äneas auf. ³⁵Als die Einwohner von Lydda und Scharon sahen, dass Äneas wieder gehen konnte, bekehrten sie sich zum Herrn.

³⁶In Joppe lebte eine gläubige Frau mit Namen Tabita*, die viel Gutes tat und den Armen half, wo sie konnte. ³⁷Etwa um die Zeit, als Petrus in Lydda war, wurde sie krank und starb. Ihre Freunde bereiteten sie für das Begräbnis vor und bahrten sie in einem Zimmer oben im Haus auf. ³⁸Sie hatten jedoch gehört, dass Petrus sich im nahe gelegenen Lydda aufhielt, und schickten zwei Männer hin, die ihn baten: »Komm so schnell wie möglich zu uns!«

³⁹Petrus machte sich sofort mit ihnen auf den Weg. In Joppe angekommen, wurde er unverzüglich in den oberen Raum geführt. Viele Witwen waren gekommen, die weinten und ihm die Gewänder und Kleider zeigten, die Tabita für sie genäht hatte, als sie noch bei ihnen war. ⁴⁰Petrus schickte sie alle hinaus. Dann kniete er nieder und betete. Schließlich drehte er sich zu dem Leichnam um und sagte: »Tabita, steh auf.« Da öffnete sie die Augen! Als sie Petrus sah, setzte sie sich im Bett auf. ⁴¹Er reichte ihr die Hand und half ihr aufzustehen. Dann rief er die Witwen

---

9,36 *Tabita* ist Aramäisch und heißt auf Griech. *Dorkas;* beide Namen bedeuten »Gazelle«.

Apostelgeschichte 10,13-14

Gott redet

Wenn Gott etwas Unerwartetes sagen möchte, dann muss er manchmal sehr direkt reden, wie hier zu Petrus. Petrus war dabei gewesen, als Jesus selbst sagte: »Begreift ihr nicht, dass nichts, was der Mensch isst, ihn verunreinigen kann?« (Mk 7,18). Trotzdem hielt er an den Essensvorschriften der Juden fest. Das Problem war: Dies verhinderte, dass Juden und Nichtjuden Gemeinschaft haben konnten. Es verhinderte sogar, dass die Juden unter den Nichtjuden evangelisierten. Sie dachten, Heil ist nur unter den Juden zu finden, sodass alle Menschen Juden werden müssen, um die Rettung in Jesus finden zu können.
Jetzt will Gott dieses Missverständnis korrigieren. Er schickt Petrus eine packende Vision. Er spricht deutlich. Er duldet keinen Widerspruch. Manchmal ist Einsicht so wichtig, dass Gott sehr beharrlich sein kann. Und wenn er so deutlich spricht, will er auch nicht Petrus' Antwort hören: »Niemals, Herr!« (V. 14). Wer »Herr« sagt, muss auch »Ja« sagen!
(Lukas 19,40 «« | »» Apostelgeschichte 15,28)

und die anderen Gläubigen herein und zeigte ihnen, dass sie lebte. ⁴²Die Nachricht verbreitete sich schnell im ganzen Ort und es kamen viele Menschen zum Glauben an den Herrn. ⁴³Petrus blieb noch eine Weile in Joppe; er wohnte im Haus des Gerbers Simon.

Kornelius lässt Petrus holen

10 In Cäsarea lebte ein römischer Hauptmann mit Namen Kornelius, der Befehlshaber der »Italischen Einheit«. ²Er war ein gottesfürchtiger Mann, der mit allen in seinem Haus den Gott Israels achtete. Kornelius unterstützte die Bedürftigen und betete regelmäßig zu Gott. ³Eines Tages – es war gegen drei Uhr – hatte er eine Vision: Ein Engel Gottes kam auf ihn zu und sagte: »Kornelius!«

⁴Kornelius sah ihn an und erschrak. »Was ist, Herr?«

Der Engel sprach zu ihm: »Deine Gebete und Geschenke für die Armen sind Gott nicht verborgen geblieben! ⁵Schick ein paar Männer nach Joppe, zu einem Mann mit Namen Simon Petrus. Bitte ihn, zu dir zu kommen. ⁶Er wohnt als Gast bei dem Gerber Simon, der ein Haus am Meer hat.« ⁷Sobald der Engel fort war, rief Kornelius zwei seiner Diener und einen gottesfürchtigen Soldaten aus seiner Leibgarde zu sich. ⁸Er sagte ihnen, was geschehen war, und schickte sie nach Joppe.

Petrus besucht Kornelius

⁹Am nächsten Tag – die Boten des Kornelius waren bereits vor der Stadt – stieg Petrus auf das Dach des Hauses, um zu beten. Es war kurz vor Mittag, ¹⁰und er hatte großen Hunger. Doch während das Essen zubereitet wurde, hatte er eine Vision. ¹¹Er sah den Himmel offen stehen, und etwas wie ein großes Tuch wurde an den vier Zipfeln zur Erde heruntergelassen. ¹²In diesem Tuch befanden sich verschiedene vierfüßige Tiere sowie Schlangen und Vögel. ¹³Er hörte eine Stimme, die sprach zu ihm: »Petrus, steh auf. Schlachte sie und iss davon.«

¹⁴»Niemals, Herr«, erklärte Petrus. »In meinem ganzen Leben habe ich noch nie etwas gegessen, das uns nach unserem jüdischen Gesetz verboten ist*.«

¹⁵Da sprach die Stimme zum zweiten Mal: »Wenn Gott sagt, dass etwas rein ist, dann sag du nicht, dass es unrein ist.« ¹⁶Diese Vision wiederholte sich drei Mal, und sofort danach wurde das Tuch wieder in den Himmel hinaufgezogen.

¹⁷Petrus war ratlos, was dies zu bedeuten hatte. In diesem Augenblick fanden die Männer, die Kornelius geschickt hatte, das Haus des Simon. Sie standen draußen vor dem Tor ¹⁸und erkundigten sich, ob dies das Haus sei, in dem Simon Petrus als Gast wohne. ¹⁹Gleichzeitig sprach der Heilige Geist zu Petrus, während dieser noch über die Vision nachdachte: »Drei Männer sind gekommen, die dich suchen. ²⁰Steig hinunter und geh ohne Bedenken mit ihnen, denn ich habe sie gesandt.«

²¹Da stieg Petrus hinunter und sagte: »Ich bin der Mann, den ihr sucht. Warum seid ihr gekommen?«

²²Sie antworteten: »Kornelius, ein römischer Hauptmann, hat uns geschickt. Er ist ein gottesfürchtiger Mann, der den Gott Israels achtet und bei den Juden hoch angesehen ist. Ein heiliger Engel gab ihm Anweisung, dich holen zu lassen, damit du in sein Haus kommst und er hören kann, was du zu sagen hast.« ²³Petrus lud die Männer ein, bei ihm zu übernachten. Am nächsten Morgen machte er sich mit ihnen auf den Weg, begleitet von einigen Gläubigen* aus Joppe.

²⁴Am folgenden Tag trafen sie in Cäsarea ein. Kornelius erwartete sie schon. Er hatte seine Verwandten und engsten Freunde eingeladen, damit sie Petrus kennenlernen konnten. ²⁵Als Petrus sein Haus betrat, fiel Kornelius ehrfürchtig vor ihm auf die Knie. ²⁶Aber Petrus richtete ihn auf und sagte: »Steh auf! Ich bin ein Mensch wie du!« ²⁷Und sie sprachen miteinander, während sie hineingingen. Drinnen fand Petrus eine große Menge versammelt.

²⁸Er erklärte ihnen: »Ihr wisst, dass es mir nach jüdischem Gesetz verboten ist, mit einem Angehörigen eines fremden Volkes zusammenzukommen oder ein nichtjüdisches Haus wie dieses zu betreten. Aber Gott hat mir gezeigt, dass ich niemanden für unrein halten darf. ²⁹Deshalb bin ich sofort, als ihr mich holen ließt, mitgekommen. Nun sagt mir aber, warum ihr nach mir geschickt habt.«

³⁰Kornelius antwortete: »Vor vier Tagen betete ich zur gleichen Zeit wie jetzt, gegen drei Uhr nachmittags, in meinem Haus. Plötzlich stand ein Mann in einem strahlend weißen Gewand vor mir. ³¹Er sagte: ›Kornelius, deine Gebete sind erhört worden, und deine Geschenke an die Armen sind Gott nicht verborgen geblieben! ³²Schick ein paar Männer nach Joppe und bitte Simon Petrus zu kommen. Er wohnt als Gast bei

---

10,14 Griech. *etwas Gemeines oder Unreines*.   **10,23** Griech. *Brüder*.

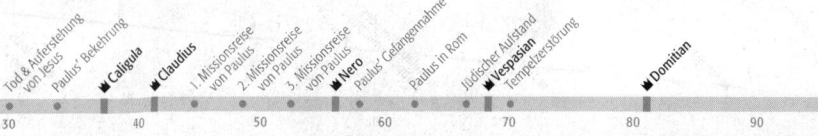

APOSTELGESCHICHTE

1–7	Die Gemeinde in Jerusalem
8–12	Beginn der Mission unter Heiden
13–28	Die Mission unter den Heiden
13–14	Die erste Missionsreise von Paulus
15	Das Jerusalemer Konzil
16–18	Die zweite Missionsreise von Paulus
19–20	Die dritte Missionsreise von Paulus
21–28	Die Gefangenschaft und Romreise von Paulus

10–11
Petrus erzählt Kornelius von Jesus. Nichtjuden empfangen den Heiligen Geist. Petrus erzählt seine Vision. Die Gemeinde wächst weiter.

[Gottes Königsherrschaft und der Messias]

Simon, dem Gerber, in einem Haus am Meer.‹ ³³Da schickte ich sofort nach dir, und es ist gut, dass du gekommen bist. Jetzt sind wir hier und warten in Gottes Gegenwart, um die Botschaft zu hören, die der Herr dir gegeben hat.«

Kornelius hört die Botschaft Gottes

³⁴Da erwiderte Petrus: »Jetzt weiß ich, dass es wahr ist: Gott macht keine Unterschiede zwischen den Menschen. ³⁵In jedem Volk nimmt er jene an, die ihn achten und tun, was gerecht ist. ³⁶Ihr habt Gottes Botschaft für das Volk Israel gehört: von dem Frieden durch Jesus Christus, der Herr über alle ist. ³⁷Ihr wisst, was überall in Judäa geschah, angefangen in Galiläa, nachdem Johannes der Täufer zu predigen begann. ³⁸Und ihr wisst auch, dass Gott Jesus von Nazareth mit dem Heiligen Geist und mit Kraft gesalbt hat. Er zog umher, tat Gutes und heilte alle, die vom Teufel bedrängt waren, denn Gott war mit ihm.

³⁹Wir Apostel können bezeugen, was er in ganz Israel und in Jerusalem getan hat. Sie haben ihn umgebracht, indem sie ihn kreuzigten, ⁴⁰aber Gott hat ihn drei Tage später wieder auferweckt. Danach ließ er ihn ⁴¹nicht vor dem Volk, sondern nur vor uns erscheinen, die Gott zuvor als seine Zeugen erwählt hatte. Wir waren es, die mit ihm aßen und tranken, nachdem er von den Toten auferstanden war. ⁴²Und er befahl uns, überall zu predigen und zu bezeugen, dass Jesus von Gott zum Richter über alle Menschen – Lebende und Tote – bestimmt ist. ⁴³Er ist es, den die

Apostelgeschichte 10,42

Erwählung

Auf den Erwählten, Jesus Christus, lief nicht nur die ganze bisherige Geschichte Gottes zu. Der Erwählte ist auch das Ziel der Geschichte von jetzt an. Er ist es, vor dem sich jeder Mensch einmal verantworten muss. Anders als bei menschlichen Gerichtsverfahren ist hier der Richter zugleich derjenige, in dessen Namen schon der Freispruch beschlossen ist (V. 43).
Auch an dieser Stelle (wie schon in der Erklärung zu Apg 13,32-33) findet sich eine große Übereinstimmung zwischen den Predigten von Petrus (10,42) und Paulus (17,31): Gott wird über die Welt Gericht halten durch »den Mann, den er dazu bestimmt hat. Und er hat allen bewiesen, wer dieser Mann ist, indem er ihn von den Toten auferweckte.«

(Apostelgeschichte 13,32-33 ««| »» Offenbarung 1,17-18)

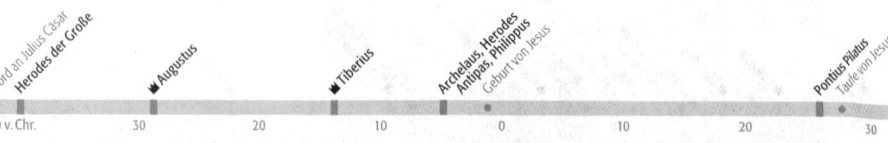

Propheten vorausgesagt haben und von dem sie sagten, dass allen, die an ihn glauben, durch seinen Namen die Sünden vergeben werden.«

Die Nichtjuden empfangen den Heiligen Geist

44 Noch während Petrus sprach, kam der Heilige Geist über alle, die seine Botschaft hörten. 45 Die jüdischen Gläubigen, die mit Petrus gekommen waren, staunten, dass Gott auch Nichtjuden den Heiligen Geist schenkte, 46 denn sie hörten sie in anderen Sprachen reden und Gott loben.

Da fragte Petrus: 47 »Wer könnte jetzt noch etwas dagegen einwenden, dass sie getauft werden, nun, da sie den Heiligen Geist empfangen haben, genau wie wir!« 48 Und er gab Anweisung, sie im Namen von Jesus Christus zu taufen. Anschließend baten sie Petrus, noch einige Tage bei ihnen zu bleiben.

Petrus erklärt den Gläubigen in Jerusalem sein Handeln

11 Es dauerte nicht lange, bis die Apostel und anderen Gläubigen* in Judäa hörten, dass Nichtjuden das Wort Gottes angenommen hatten. 2 Als Petrus wieder in Jerusalem eintraf, kritisierten ihn daher einige der jüdischen Gläubigen.* 3 »Du hast das Haus von Nichtjuden* betreten und mit ihnen gegessen!«, warfen sie ihm vor.

4 Da berichtete Petrus ihnen genau, was geschehen war. 5 »Eines Tages in Joppe«, begann er, »hatte ich beim Beten eine Vision. Etwas wie ein großes Tuch wurde an den vier Zipfeln vom Himmel herabgelassen und kam direkt zu mir herunter. 6 Als ich hineinschaute, sah ich alle Arten von vierfüßigen und wilden Tieren, Schlangen und Vögeln. 7 Und ich hörte eine Stimme sagen: ›Petrus, steh auf; schlachte sie und iss davon.‹

8 ›Niemals, Herr‹, antwortete ich. ›In meinem ganzen Leben habe ich noch nie etwas gegessen, das unser jüdisches Gesetz uns verbietet*.‹

9 Doch die Stimme vom Himmel wiederholte: ›Wenn Gott sagt, dass etwas rein ist, dann sag du nicht, dass es unrein ist.‹

10 Das wiederholte sich drei Mal, dann wurde das Tuch mit dem, was darin war, wieder in den Himmel hinaufgeholt. 11 In diesem Augenblick kamen drei Männer, die aus Cäsarea geschickt worden waren, an das Haus, in dem ich wohnte. 12 Der Heilige Geist sagte mir, ich solle mit ihnen gehen und keine Bedenken haben. Diese sechs Brüder hier begleiteten mich, und bald kamen wir in das Haus des Mannes, der nach uns geschickt hatte. 13 Er berichtete uns, wie ein Engel ihm in seinem Haus erschienen war und gesagt hatte: ›Sende Boten nach Joppe, um Simon Petrus zu holen. 14 Er wird euch sagen, wie du und alle in deinem Haus gerettet werden können*!‹

15 Als ich begann, zu ihnen zu reden, kam der Heilige Geist genauso auf sie, wie er am Anfang auf uns gekommen ist. 16 Da dachte ich daran, wie der Herr gesagt hatte: ›Johannes taufte mit* Wasser, ihr aber werdet mit dem Heiligen Geist getauft werden.‹ 17 Und wenn Gott diesen dieselbe Gabe geschenkt hat wie uns, als wir zum Glauben an den Herrn Jesus Christus gekommen waren: Wer war ich, dass ich Gott daran hätte hindern können?«

18 Als die anderen das hörten, beruhigten sie sich und fingen an, Gott zu loben. Sie sagten: »Also schenkt Gott allen Menschen die Möglichkeit zur Umkehr, damit sie leben können.«

Die Gemeinde im syrischen Antiochia

19 Inzwischen waren die Gläubigen, die wegen der Verfolgung nach dem Tod des Stephanus aus Jerusalem geflohen waren, bis nach Phönizien, Zypern und Antiochia in Syrien gelangt. Jedoch verkündeten sie die gute Botschaft nur den Juden. 20 Aber einige der Gläubigen, die aus Zypern und Kyrene nach Antiochia gekommen waren, fingen an, auch den Nichtjuden* die Botschaft von Jesus, dem Herrn, zu erzählen. 21 Die Kraft des Herrn war mit ihnen, und viele Nichtjuden glaubten und bekehrten sich zum Herrn.

22 Als die Gemeinde in Jerusalem erfuhr, was geschehen war, schickten sie Barnabas nach Antiochia. 23 Dort freute er sich sehr über die vielen sichtbaren Beweise von Gottes Handeln. Barnabas ermutigte die Gläubigen, dem Herrn treu zu bleiben. 24 Er war ein guter Mann, tief erfüllt vom Heiligen Geist und im Glauben verwurzelt. Viele Menschen wurden in dieser Zeit gläubig.

25 Dann reiste Barnabas nach Tarsus, um Saulus aufzusuchen. 26 Als er ihn gefunden hatte, brachte er ihn nach Antiochia. Dort blieben sie ein ganzes Jahr bei der Gemeinde und lehrten eine große Anzahl Menschen. In Antiochia nannte man die Gläubigen* zum ersten Mal Christen.

11,1 Griech. *Brüder;* so auch in 11,29. **11,2** Griech. *die aus der Beschneidung.* **11,3** Griech. *unbeschnittener Männer.* **11,8** Griech. *Gemeines oder Unreines.* **11,14** Griech. *Er wird Worte zu dir reden, durch die du gerettet werden wirst mit deinem ganzen Haus.* **11,16** O. *in;* so auch in 11,16b. **11,20** Griech. *den Griechen;* in anderen Handschriften heißt es *den Hellenisten.* **11,26** Griech. *Jünger;* so auch in 11,29.

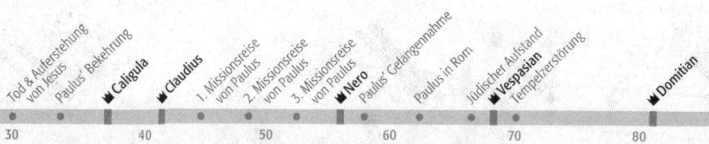

APOSTELGESCHICHTE

1–7	Die Gemeinde in Jerusalem
8–12	Beginn der Mission unter Heiden
13–28	Die Mission unter den Heiden
13–14	Die erste Missionsreise von Paulus
15	Das Jerusalemer Konzil
16–18	Die zweite Missionsreise von Paulus
19–20	Die dritte Missionsreise von Paulus
21–28	Die Gefangenschaft und Romreise von Paulus

11–13

Die Gemeinde wird verfolgt, Petrus wird verhaftet. Ein Engel befreit Petrus. Der Tod des Herodes. Saulus und Barnabas gehen auf Missionsreise.

[Gottes Königsherrschaft und der Messias]

²⁷In jener Zeit kamen auch einige Propheten aus Jerusalem nach Antiochia. ²⁸Einer von ihnen, ein Mann mit Namen Agabus, stand in einer der Versammlungen auf und weissagte, getrieben vom Heiligen Geist, dass eine große Hungersnot über das ganze Römische Reich hereinbrechen würde. Diese Prophezeiung erfüllte sich in der Regierungszeit des Claudius. ²⁹In Antiochia beschlossen sie deshalb, die Gläubigen in Judäa zu unterstützen; jeder sollte geben, so viel er konnte. ³⁰Das taten sie dann auch und vertrauten das gesammelte Geld Barnabas und Saulus an, die es den Ältesten der Jerusalemer Gemeinde überbringen sollten.

Jakobus wird getötet und Petrus verhaftet

12 Etwa um diese Zeit begann König Herodes Agrippa*, einige Gläubige in der Gemeinde zu verfolgen. ²Er ließ den Apostel Jakobus, den Bruder von Johannes, mit dem Schwert hinrichten. ³Als Herodes sah, dass diese Entscheidung den führenden Männern des jüdischen Volkes gefiel, ließ er Petrus während der Passah-Feierlichkeiten* verhaften ⁴und ins Gefängnis werfen. Vier Einheiten zu je vier Soldaten waren beauftragt, ihn zu bewachen. Herodes plante, Petrus nach dem Passahfest in einer öffentlichen Verhandlung vor das Volk zu stellen. ⁵Doch während Petrus im Gefängnis saß, betete die Gemeinde inständig für ihn zu Gott.

Petrus kann auf wunderbare Weise fliehen

⁶In der Nacht vor der Verhandlung schlief Petrus angekettet zwischen zwei Soldaten. Vor dem Gefängnistor hielten weitere Soldaten Wache. ⁷Plötzlich erschien ein strahlendes Licht in der Zelle, und ein Engel des Herrn stand vor Petrus. Der Engel stieß ihm in die Seite, um ihn zu wecken, und sagte: »Schnell! Steh auf!« Und die Ketten fielen von seinen Handgelenken. ⁸Dann sagte der Engel zu ihm: »Zieh dich an und schnüre deine Sandalen.« Das tat Petrus. »Und nun nimm deinen Mantel und folge mir«, befahl der Engel.

⁹Petrus verließ die Zelle und folgte dem Engel in dem Glauben, er habe eine Vision. Ihm war nicht bewusst, dass das Ganze tatsächlich geschah. ¹⁰Sie passierten die erste und die zweite Wache und erreichten das Eisentor zur Straße, das sich wie von selbst vor ihnen öffnete. Sie tra-

12,1 Griech. *Herodes, der König*. Er war der Neffe von Herodes Antipas und ein Enkel Herodes des Großen.
12,3 Griech. *Tage des ungesäuerten Brotes*.

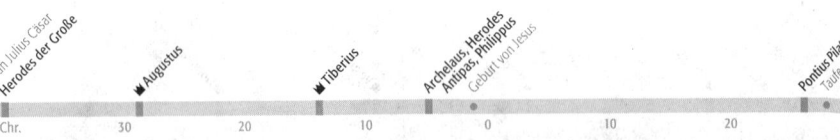

ten hindurch und gingen eine Gasse hinunter, als der Engel ihn plötzlich verließ. ¹¹Da begriff Petrus, was geschehen war. »Es ist wirklich wahr!«, sagte er. »Der Herr hat seinen Engel gesandt, mich vor Herodes gerettet und vor dem, was die Juden mit mir vorhatten!«

¹²Er überlegte und ging dann zum Haus von Maria, der Mutter des Johannes Markus. Dort waren viele Menschen zusammengekommen, um zu beten. ¹³Er klopfte an die Tür im Hofeingang, und eine Dienerin mit Namen Rhode kam, um zu öffnen. ¹⁴Als sie seine Stimme erkannte, war sie so durcheinander vor Freude, dass sie ohne die Tür zu öffnen wieder zu den anderen zurücklief. »Petrus steht vor der Tür!«, rief sie.

¹⁵»Du bist von Sinnen«, meinten die anderen. Und als sie darauf beharrte, kamen sie zu dem Schluss: »Es muss wohl sein Engel sein.«

¹⁶Petrus hatte weiter geklopft. Als sie schließlich die Tür öffneten und ihn sahen, waren sie außer sich vor Staunen. ¹⁷Mit einer Handbewegung bedeutete er ihnen, ruhig zu sein, und erzählte ihnen dann, was geschehen war und wie der Herr ihn aus dem Gefängnis herausgeführt hatte. »Berichtet Jakobus und den anderen Brüdern, was passiert ist«, sagte er. Dann ging er hinaus und zog weiter an einen anderen Ort.

¹⁸Beim Morgengrauen herrschte große Bestürzung unter den Soldaten, die sich fragten, was mit Petrus geschehen war. ¹⁹Herodes Agrippa erteilte Befehl, alles gründlich nach ihm zu durchsuchen. Als er nicht aufzufinden war, verhörte Herodes die Wachen und ließ sie abführen und hinrichten. Danach verließ Herodes Judäa und blieb für längere Zeit in Cäsarea.

Herodes Agrippa stirbt

²⁰Nun war Herodes sehr zornig über die Einwohner von Tyrus und Sidon. Gemeinsam schickten sie deshalb Gesandte, die um Frieden bitten sollten, denn die Versorgung ihrer Städte hing von seinem Land ab. Es gelang ihnen, Blastus, den Kämmerer des Königs, für sich zu gewinnen. ²¹Als dann der Tag der Aussöhnung gekommen war, legte Herodes seine königlichen Gewänder an, bestieg seinen Thron und hielt eine öffentliche Rede. ²²Das Volk applaudierte begeistert und rief: »Das ist die Stimme eines Gottes, nicht die eines Menschen.«

²³In diesem Augenblick schlug ein Engel des Herrn Herodes mit einer Krankheit, weil er zugelassen hatte, dass das Volk ihn anbetete, statt Gott die Ehre zu geben. Und von Würmern zerfressen starb er.

²⁴Doch Gottes Botschaft verbreitete sich weiter, und immer mehr Menschen fanden zum Glauben.

²⁵Als Barnabas und Saulus ihren Auftrag in Jerusalem erfüllt hatten, kehrten sie nach Antiochia zurück und nahmen Johannes Markus mit.

Barnabas und Saulus werden ausgesandt

13 Zu den Propheten und Lehrern der Gemeinde im syrischen Antiochia gehörten Barnabas, Simeon (genannt »der Schwarze«*), Luzius (aus Kyrene), Manaën (der seine Kindheit mit König Herodes Antipas* verbracht hatte) und Saulus. ²Eines Tages, während diese Männer einen Gottesdienst hielten und fasteten, sprach der Heilige Geist: »Ihr sollt Barnabas und Saulus für die besondere Aufgabe freistellen, für die ich sie ausersehen habe.« ³Da fasteten und beteten sie, legten ihnen die Hände auf und sandten sie aus.

Die erste Missionsreise

⁴Saulus und Barnabas wurden vom Heiligen Geist ausgesandt. Sie gingen hinunter zum Seehafen Seleuzia und segelten von dort zur Insel Zypern. ⁵Auf Zypern suchten sie in der Stadt Salamis die jüdischen Synagogen auf und verkündeten Gottes Wort. Johannes Markus ging als ihr Gehilfe mit.

⁶Sie zogen von Ort zu Ort über die ganze Insel und predigten. Schließlich erreichten sie Paphos. Dort begegneten sie einem jüdischen Zauberer, einem falschen Propheten mit Namen Barjesus. ⁷Dieser hatte sich dem Statthalter Sergius Paulus angeschlossen, einem sehr vernünftigen und klugen Mann. Der Statthalter lud Barnabas und Saulus ein, ihn zu besuchen, denn er wollte das Wort Gottes hören. ⁸Doch der Zauberer Elymas (so lautet der griechische Name von Barjesus) stellte sich gegen sie und versuchte den Statthalter vom Glauben an Jesus Christus abzuhalten. ⁹Saulus, der damals bereits unter dem Namen Paulus bekannt war, sah dem Zauberer fest in die Augen, und erfüllt vom Heiligen Geist sagte er: ¹⁰»Du Sohn des Teufels! Du steckst voller List und Bosheit und bist der Feind aller Gerechtigkeit. Wirst du denn nie aufhören, die geraden Wege des Herrn zu verdrehen? ¹¹Jetzt wird der Herr dich strafen und dich für eine Weile mit Blindheit schlagen.« Im gleichen Augenblick kam eine tiefe Finsternis über den Zauberer, und er begann umherzustolpern und jemanden zu suchen, der ihn an die Hand nahm

---

13,1a Griech. *der Niger genannt wurde.* **13,1b** Griech. *Herodes, der Tetrarch.*

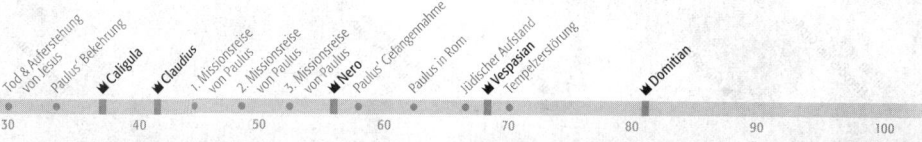

APOSTELGESCHICHTE

1–7	Die Gemeinde in Jerusalem
8–12	Beginn der Mission unter Heiden
13–28	Die Mission unter den Heiden
13–14	Die erste Missionsreise von Paulus
15	Das Jerusalemer Konzil
16–18	Die zweite Missionsreise von Paulus
19–20	Die dritte Missionsreise von Paulus
21–28	Die Gefangenschaft und Romreise von Paulus

13

Paulus predigt das Evangelium in Antiochia. Paulus und Barnabas predigen öffentlich.

[Gottes Königsherrschaft und der Messias]

und führte. ¹²Als der Statthalter sah, was geschehen war, glaubte er und staunte über die Lehre des Herrn.

Paulus predigt in Antiochia in Pisidien

¹³Paulus und seine Begleiter verließen Paphos. Sie fuhren mit dem Schiff nach Pamphylien und legten in der Hafenstadt Perge an. Dort trennte sich Johannes Markus von ihnen und kehrte nach Jerusalem zurück. ¹⁴Barnabas und Paulus wanderten landeinwärts nach Antiochia in Pisidien*.

Am Sabbat gingen sie zur Versammlung in die Synagoge. ¹⁵Nach den üblichen Lesungen aus den Büchern des Gesetzes und der Propheten ließen die Vorsteher der Synagoge ihnen sagen: »Brüder, wenn ihr ein Wort der Ermutigung für uns habt, dann steht auf und sagt es uns!«

¹⁶Da erhob sich Paulus, bat mit einer Geste um Ruhe und begann: »Ihr Männer Israels«, sagte er, »und ihr anderen, die ihr den Gott Israels verehrt, hört mir zu. ¹⁷Der Gott dieses Volkes Israel hat unsere Vorfahren erwählt. Er ließ unser Volk in Ägypten wachsen und ließ es ihm gut gehen. Dann hat er es mit Macht aus Ägypten herausgeführt. ¹⁸Vierzig Jahre lang hat er es in der Wüste ertragen.* ¹⁹Dann hat er sieben Völker im Lande Kanaan vernichtet und den Israeliten das Land zum Erbe

13,13-14 *Pamphylien* und *Pisidien* waren Provinzen im Gebiet der heutigen Türkei.   **13,18** In anderen Handschriften steht *er hat für es gesorgt;* s. 5. Mose 1,31.

Apostelgeschichte 13,32-33

Erwählung

Paulus predigt hier vor Juden, also vor Menschen, die das Alte Testament gut kennen. Er spricht über die Erwählung des Volkes Gottes (V. 17a) und führt einzelne Personen an, die Gott aus dem Volk heraus besonders erwählt hatte: Indirekt ist Mose genannt, ausdrücklich sind es dann Abraham und David (V. 17b.22.16). Die Geschichte Gottes mit seinem Volks ist eine Geschichte der »Verheißung an unsere Vorfahren« (V. 32).
Diese Geschichte ist auf Christus hin angelegt und kommt in der Auferweckung von Jesus zum Ziel (V. 33). Auch die Hoffnungsworte, die im Alten Testament auf David bezogen werden, erfüllen sich erst in Christus (V. 34-37).
Schon in einer früheren Predigt hatte Petrus betont: Der Gott, der sich in so besonderer Weise den Vätern Abraham, Isaak und Jakob zeigte, verherrlicht nun den Heiligen und Gerechten, seinen Knecht Jesus (Apg 3,13).
Es bleibt dabei, dass Gott das ganze Volk Israel erwählt hat (Apg 13,17a). Doch diese Erwählung gewinnt ihre Kraft jetzt nur in dem einen Erwählten.
(Apostelgeschichte 4,11-12 ‹‹‹ | ››› Apostelgeschichte 10,42)

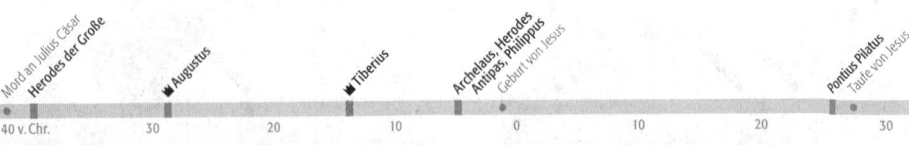

gegeben. ²⁰Das alles dauerte etwa vierhundertfünfzig Jahre. Danach regierten Richter bis zur Zeit des Propheten Samuel. ²¹Dann wollte das Volk einen König haben, und Gott gab ihnen Saul, den Sohn des Kisch, einen Mann aus dem Stamm Benjamin, der vierzig Jahre lang regierte. ²²Doch Gott nahm ihm das Königtum wieder und setzte David an seine Stelle, einen Mann, von dem Gott sagte: ›David, der Sohn Isais, ist ein Mann nach meinem Herzen. Er wird alles tun, was ich von ihm will.‹*

²³Einer der Nachkommen Davids – Jesus – ist der von Gott verheißene Retter Israels! ²⁴Doch bevor er kam, predigte Johannes der Täufer, jeder im Volk Israel sollte sich von der Sünde abkehren und Gott zuwenden und sich taufen lassen. ²⁵Gegen Ende seines Wirkens fragte Johannes: ›Wer denkt ihr, dass ich bin? Ich bin nicht der, für den ihr mich haltet! Doch dieser wird nach mir kommen, und ich bin nicht einmal würdig, sein Sklave zu sein*.‹

²⁶Brüder – ihr Söhne Abrahams und auch ihr, die ihr den Gott Israels verehrt –, diese Erlösung gilt uns! ²⁷Die Einwohner Jerusalems und die führenden Männer des jüdischen Volkes haben eine uralte Prophezeiung erfüllt, als sie Jesus zum Tod verurteilten. Sie erkannten nicht, dass er derjenige ist, über den die Propheten schrieben – obwohl ihnen an jedem Sabbat die Worte der Propheten vorgelesen werden. ²⁸Sie fanden keinen rechtmäßigen Grund, ihn hinzurichten, und forderten Pilatus trotzdem auf, ihn töten zu lassen.

²⁹Als sie alle Prophezeiungen über seinen Tod erfüllt hatten, nahmen sie ihn vom Kreuz und legten ihn in ein Grab. ³⁰Aber Gott hat ihn von den Toten auferweckt, ³¹und viele Tage lang erschien er denen, die ihn von Galiläa nach Jerusalem begleitet hatten – sie sind heute seine Zeugen vor dem Volk Israel.

³²Und nun sind Barnabas und ich hier, um euch diese gute Botschaft zu verkünden. Gottes Verheißung an unsere Vorfahren ³³hat sich an uns, den Kindern, erfüllt, als Gott Jesus auferweckt hat. Davon ist im zweiten Psalm die Rede, wenn über Jesus gesagt wird:

›Du bist mein Sohn. Heute habe ich dich gezeugt.‹*

³⁴Denn Gott hatte in der Schrift zugesagt, dass Jesus von den Toten auferweckt und nie mehr sterben würde: ›Ich werde dir Segen zuteilwerden lassen, den ich David versprochen habe.‹*

³⁵In einem anderen Psalm wird es noch genauer erklärt: ›Du wirst deinen Heiligen nicht im Grab verwesen lassen.‹* ³⁶Diese Worte beziehen sich nicht etwa auf David. Denn nachdem David seiner Generation nach dem Willen Gottes gedient hatte, starb er und wurde begraben, und sein Leichnam verweste. ³⁷Aber der, den Gott auferweckt hat, dessen Körper verweste nicht.

³⁸Brüder, hört mir zu! In diesem Mann, Jesus, findet ihr Vergebung für eure Sünden. ³⁹Wer an ihn glaubt, wird von aller Schuld frei und vor Gott gerecht gesprochen – wie es das jüdische Gesetz nie vermochte. ⁴⁰Seht euch vor, dass die Worte der Propheten nicht auf euch zutreffen. Denn sie sagten:

⁴¹›Schaut her, ihr Spötter, wundert euch und sterbt! Denn ich tue etwas in eurer Zeit, das ihr auch dann nicht glauben würdet, wenn es euch jemand erzählte.‹*«

⁴²Als Paulus und Barnabas die Synagoge an diesem Tag verließen, baten die Leute sie, in der folgenden Woche wiederzukommen und weiter darüber zu sprechen. ⁴³Viele Juden und gottesfürchtige Menschen, die in dieser Synagoge Gott anbeteten, folgten Paulus und Barnabas, und die beiden Männer ermahnten sie: »Haltet an Gottes Gnade fest.«

Paulus wendet sich den anderen Völkern zu

⁴⁴In der folgenden Woche erschien fast die ganze Stadt, um das Wort des Herrn zu hören. ⁴⁵Als die führenden Männer der jüdischen Gemeinde das sahen, wurden sie neidisch; deshalb verleumdeten sie Paulus und versuchten, alles, was er sagte, zu widerlegen.

⁴⁶Da erklärten Paulus und Barnabas: »Es war nötig, diese Botschaft von Gott zuerst euch Juden zu verkünden. Doch da ihr sie ablehnt und euch damit selbst des ewigen Lebens für unwürdig erklärt, werden wir sie den anderen Völkern bringen. ⁴⁷Denn so lautete der Auftrag des Herrn:

›Ich habe dich zum Licht für die Völker gemacht, um der ganzen Welt die Erlösung zu verkünden.‹*«

⁴⁸Als die Nichtjuden das hörten, waren sie sehr froh und dankten dem Herrn für diese Botschaft; und alle, die zum ewigen Leben bestimmt waren, begannen zu glauben. ⁴⁹Auf diese Weise verbreitete sich die Botschaft des Herrn in der gesamten Region.

⁵⁰Da wiegelten die Anführer des jüdischen Volkes die einflussreichen gottesfürchtigen Frauen, die in die Synagoge kamen, und die

---

13,22 1. Samuel 13,14.   **13,25** Griech. *seine Sandalen zu lösen*.   **13,33** Psalm 2,7.   **13,34** Jesaja 55,3.   **13,35** Psalm 16,10.
13,41 Habakuk 1,5.   **13,47** Jesaja 49,6.

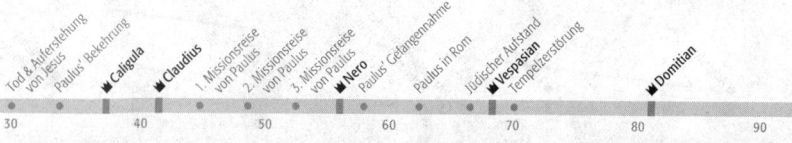

APOSTELGESCHICHTE

1–7	Die Gemeinde in Jerusalem
8–12	Beginn der Mission unter Heiden
13–28	Die Mission unter den Heiden
13–14	Die erste Missionsreise von Paulus
15	Das Jerusalemer Konzil
16–18	Die zweite Missionsreise von Paulus
19–20	Die dritte Missionsreise von Paulus
21–28	Die Gefangenschaft und Romreise von Paulus

13–15
Paulus und Barnabas predigen an verschiedenen Orten. Paulus wird gesteinigt. Die Apostel treffen sich in Jerusalem und beraten.

[Gottes Königsherrschaft und der Messias]

angesehenen Männer der Stadt auf, hetzten das Volk gegen Paulus und Barnabas und vertrieben sie aus der Stadt. ⁵¹Doch diese schüttelten vor ihren Augen den Staub von ihren Füßen und wanderten weiter in die Stadt Ikonion. ⁵²Und die Gläubigen* wurden von Freude und vom Heiligen Geist erfüllt.

Paulus und Barnabas in Ikonion

14 ¹In Ikonion* gingen Paulus und Barnabas gemeinsam in die Synagoge und predigten mit solcher Vollmacht, dass viele – Juden wie Nichtjuden – zum Glauben kamen. ²Die Juden, die Gottes Botschaft ablehnten, schürten jedoch unter den Nichtjuden Misstrauen gegen Paulus und Barnabas. ³Die Apostel blieben lange Zeit in der Stadt und verkündeten mutig und im Vertrauen auf Gott die Gnade des Herrn. Der Herr bestätigte ihre Botschaft durch Zeichen und Wunder, die sie mit seiner Hilfe vollbrachten. ⁴Doch die Einwohner der Stadt waren geteilter Meinung über sie. Einige stellten sich auf die Seite der Juden, andere auf die der Apostel.

⁵Eine Gruppe von Nichtjuden und Juden beschloss gemeinsam mit ihren jeweiligen Anführern, die beiden Männer zu ergreifen und zu steinigen. ⁶Als die Apostel davon erfuhren, flohen sie. Sie zogen weiter in die Gegend von Lykaonien, in die Städte Lystra und Derbe und ihre Umgebung, ⁷wo sie die Botschaft Gottes predigten.

Paulus und Barnabas in Lystra und Derbe

⁸In Lystra begegneten Paulus und Barnabas einem Mann mit verkrüppelten Füßen. Der Mann war von Geburt an gelähmt und hatte noch nie gehen können. ⁹Er hörte zu, als Paulus predigte. Paulus bemerkte ihn und erkannte, dass er fest daran glaubte, dass er geheilt* werden konnte. ¹⁰Da rief Paulus ihm mit lauter Stimme zu: »Steh auf!« Und der Mann sprang auf die Füße und fing an umherzugehen.

¹¹Als die vielen Zuhörer sahen, was Paulus getan hatte, riefen sie auf Lykaonisch: »Diese Männer sind Götter in Menschengestalt!« ¹²Sie hielten Barnabas für den griechischen Gott Zeus und Paulus, weil er das Wort führte, für Hermes. ¹³Der Zeustempel befand sich am Stadtrand. Die Priester des Tempels und die Menge brachten Ochsen und Blumenkränze herbei und trafen

13,52 Griech. *die Jünger.* **14,1** *Ikonion* war ebenso wie *Lystra* und *Derbe* (14,6) eine Stadt im Gebiet der heutigen Türkei. **14,9** O. *gerettet.*

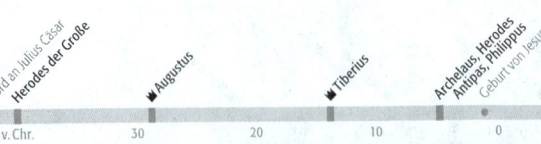

Vorbereitungen, den Aposteln an den Stadttoren Opfer darzubringen.

¹⁴Als Barnabas und Paulus merkten, was da vor sich ging, zerrissen sie bestürzt ihre Kleider, liefen hinaus unter die Menge und schrien: ¹⁵»Freunde*, warum tut ihr das? Wir sind nur Menschen wie ihr! Wir sind gekommen, um euch die Botschaft zu bringen, dass ihr euch von solch wertlosen Göttern zu dem lebendigen Gott bekehren sollt, der Himmel und Erde, das Meer und alles, was darin lebt, erschaffen hat. ¹⁶Früher ließ er die Völker ihre eigenen Wege gehen, ¹⁷doch nie hat es eine Zeit gegeben, in der keine Zeugen für ihn lebten. Immer gab es etwas, das an ihn erinnern sollte; so schenkte er euch Regen und gute Ernten, Nahrung und fröhliche Herzen.« ¹⁸Trotz alledem konnten Paulus und Barnabas die Leute kaum davon abhalten, ihnen zu opfern.

¹⁹Da kamen einige Juden aus Antiochia und Ikonion und hetzten die Menge so sehr auf, dass sie Paulus steinigten und ihn vor die Stadt schleppten. Dort ließen sie ihn liegen, denn sie dachten, er sei tot. ²⁰Doch als die Gläubigen* ihn umringten, stand er auf und kehrte in die Stadt zurück. Am nächsten Tag zog er mit Barnabas weiter nach Derbe.

Rückkehr nach Antiochia in Syrien

²¹Nachdem sie die Botschaft in Derbe verkündet und viele Menschen zu Jüngern gemacht hatten, kehrten Paulus und Barnabas wieder nach Lystra, Ikonion und Antiochia in Pisidien zurück. ²²Sie stärkten und ermutigten die Gläubigen, am Glauben festzuhalten, und erklärten ihnen noch einmal, dass wir alle durch viele Bedrängnisse in das Reich Gottes kommen müssen. ²³In jeder Gemeinde beriefen sie Älteste. Sie fasteten und beteten und befahlen sie der Fürsorge des Herrn, an den sie nun gläubig geworden waren. ²⁴Danach reisten sie durch Pisidien wieder nach Pamphylien. ²⁵Sie predigten weiter in Perge und zogen von dort weiter nach Attalia.

²⁶Schließlich fuhren sie mit dem Schiff nach Antiochia in Syrien zurück, wo ihre Reise begonnen hatte. Dort waren sie der Gnade Gottes anvertraut worden, um den Auftrag auszuführen, den sie nun erfüllt hatten. ²⁷Als sie in Antiochia eintrafen, riefen sie die Gemeinde zusammen und berichteten von ihrer Reise. In allen Einzelheiten erzählten sie, was Gott getan hatte und wie er auch den Nichtjuden die Tür des Glaubens geöffnet hatte. ²⁸Danach blieben sie noch längere Zeit bei den Gläubigen in Antiochia.

Das Jerusalemer Konzil

15 Währenddessen kamen einige Männer aus Judäa in die Stadt und begannen die Gläubigen* zu lehren: »Wenn ihr den jüdischen Brauch der Beschneidung nach der Lehre des Mose nicht einhaltet, könnt ihr nicht gerettet werden.« ²Paulus und Barnabas widersprachen dieser Auffassung nachdrücklich, und es kam zu einem heftigen Streitgespräch. Schließlich wurden Paulus und Barnabas in Begleitung einiger Männer aus Antiochia nach Jerusalem geschickt, wo sie mit den Aposteln und Ältesten über diese Frage sprechen sollten. ³Unterwegs machten sie in Phönizien und Samaria Halt, um die dort lebenden Gläubigen zu besuchen. Sie erzählten ihnen – zur großen Freude aller –, dass sich nun auch die Nichtjuden bekehrten.

⁴Als sie in Jerusalem ankamen, wurden Paulus und Barnabas von der ganzen Gemeinde sowie von den Aposteln und den Ältesten willkommen geheißen. Sie berichteten, was Gott in der Zwischenzeit durch sie bewirkt hatte. ⁵Doch dann erhoben sich einige der Männer, die vor ihrer Bekehrung Pharisäer gewesen waren, und erklärten, die Nichtjuden müssten beschnitten werden und sich an das mosaische Gesetz halten.

⁶Daraufhin setzten sich die Apostel und Gemeindeältesten zusammen, um über diese Frage zu entscheiden. ⁷Nach langen Beratungen erhob sich schließlich Petrus und wandte sich an die Versammlung: »Brüder, ihr alle wisst, dass Gott mich vor einiger Zeit erwählt hat, auch den anderen Völkern die gute Botschaft zu verkünden, damit sie gläubig werden. ⁸Gott, der die Herzen der Menschen kennt, hat bewiesen, dass er auch sie annimmt, indem er ihnen genauso wie uns den Heiligen Geist schenkte. ⁹Er machte keinen Unterschied zwischen uns und ihnen, denn er reinigte auch ihre Herzen durch den Glauben. ¹⁰Warum zweifelt ihr nun an Gottes Weg, indem ihr ihnen eine Last aufbürdet, die weder wir noch unsere Vorfahren tragen konnten? ¹¹Wir glauben, dass wir alle auf demselben Weg wie jene gerettet werden, nämlich durch die Gnade des Herrn Jesus.«

¹²Danach verstummten alle. Sie hörten aufmerksam zu, wie Barnabas und Paulus von den Zeichen und Wundern berichteten, die Gott durch sie unter den Nichtjuden gewirkt hatte.

¹³Als sie geendet hatten, stand Jakobus auf und sagte: »Brüder, hört mich an. ¹⁴Petrus* hat euch erzählt, wie Gott zum ersten Mal die Nichtjuden aufsuchte, um sich aus ihnen ein Volk zu wählen,

---

14,15 Griech. *Männer.* **14,20** Griech. *Jünger;* so auch in 14,22.28. **15,1** Griech. *Brüder;* so auch in 15,3.23.30.36.40. **15,14** Griech. *Simon.*

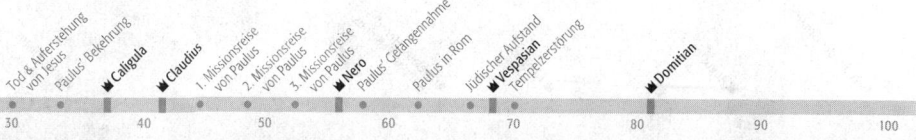

APOSTELGESCHICHTE

1–7	Die Gemeinde in Jerusalem
8–12	Beginn der Mission unter Heiden
13–28	Die Mission unter den Heiden
13–14	Die erste Missionsreise von Paulus
15	Das Jerusalemer Konzil
16–18	Die zweite Missionsreise von Paulus
19–20	Die dritte Missionsreise von Paulus
21–28	Die Gefangenschaft und Romreise von Paulus

15–16
Die Entscheidungen der Versammlung werden den Gemeinden mitgeteilt. Streit und Trennung von Paulus und Barnabas. Die zweite Missionsreise von Paulus.

[Gottes Königsherrschaft und der Messias]

das seinen Namen trägt. ¹⁵Diese Bekehrung der Nichtjuden stimmt mit den Voraussagen der Propheten überein. So steht geschrieben:
¹⁶›Danach werde ich zurückkommen und das gefallene Königreich Davids wiederherstellen. Aus den Trümmern werde ich es wieder aufbauen, und ich werde es wiederherstellen, ¹⁷da-

Apostelgeschichte 15,28

Gott redet
Damit die Missionsarbeit effektiv weitergehen konnte, musste Klarheit geschaffen werden. Unter welchen Bedingungen kommen nicht zum Judentum gehörende Glaubende in eine versöhnte Beziehung zu Gott? Müssen sie beschnitten werden? Müssen sie am ganzen Gesetz von Mose festhalten? Anders gefragt: Müssen die Nichtjuden erst zu Juden werden, bevor sie in der Gemeinde von Jesus vollständig teilnehmen können?
Apostelgeschichte 15 berichtet, wie Gott Klarheit gibt. Durch Erfahrungsberichte, Diskussionen, Verhandlungen und Schriftauslegung wird es allen klar: Weil Versöhnung mit Gott allein durch Gottes Gnade geschenkt wird, darf jeder Mensch zu Jesus und zur Gemeinde kommen, ohne dass er seine Volkszugehörigkeit aufgeben müsste. Am Ende können alle bekennen, der Heilige Geist habe das klar gemacht. Gott benutzte menschliche Erfahrungen und Überlegungen, um zur Gemeinde zu reden. Das tut er immer noch, sodass wir auch manchmal sagen können: »Durch den Heiligen Geist haben wir beschlossen« (V. 28).
(Apostelgeschichte 10,13-14 ‹‹‹ | ››› Apostelgeschichte 16,9)

Apostelgeschichte 16,9

Gott redet
Manchmal mischt Gott sich aufdringlich ein. Paulus hatte sorgfältig Pläne geschmiedet. Zuerst wollte er einige bereits bestehende Gemeinden ein zweites Mal besuchen. Anschließend wollte er dann tiefer nach Kleinasien und Bithynien vordringen. Aber je mehr Paulus versuchte, seinen Plan umzusetzen, desto mehr kam dazwischen.
Als sie in eine Richtung gehen wollten, untersagte es der Heilige Geist (V. 6). Sie versuchten dann, in eine andere Richtung zu gehen. »Auch das ließ der Heilige Geist nicht zu« (V. 7). Und dann sprach Gott durch eine Vision. Gott wollte es unmissverständlich klarmachen: Paulus und sein Team sollten nach Mazedonien fahren.
In der Stadt Philippi fanden die Missionare fruchtbaren Boden. Lydia und ihr Haushalt kamen zum Glauben an Jesus. Ein von bösen Geistern und von ausbeutenden Männern gequältes Mädchen wurde befreit. Ein Gefängniswärter bekehrte sich. Und so entstand die erste Gemeinde durch das Predigen des Evangeliums auf europäischem Boden. Gott hatte gesprochen.
(Apostelgeschichte 15,28 ‹‹‹ | ››› 1. Thessalonicher 2,13)

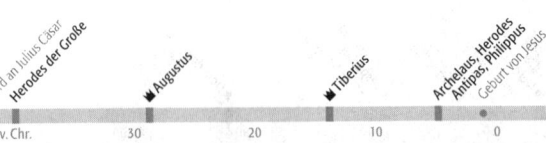

mit die Übriggebliebenen den Herrn suchen, die Nichtjuden eingeschlossen – alle, die ich zu mir gerufen habe. So spricht der Herr, [18] der dies alles schon vor langer Zeit bekannt gemacht hat.«*

[19] Deshalb bin ich der Überzeugung, dass wir den Nichtjuden, die sich zu Gott bekehren, das Leben nicht unnötig erschweren sollten. [20] Allerdings sollten wir ihnen schreiben und ihnen auftragen, kein Fleisch zu essen, das den Götzen geopfert wurde, alle Unzucht zu meiden und weder Blut noch das Fleisch nicht ausgebluteter Tiere zu essen. [21] Denn seit vielen Generationen wurden diese Vorschriften aus dem Gesetz des Mose Sabbat für Sabbat überall in den jüdischen Synagogen gepredigt.«

Der Brief an die nichtjüdischen Gläubigen

[22] Daraufhin bestimmten die Apostel und Ältesten und die ganze Gemeinde in Jerusalem einige Männer, die sie mit Paulus und Barnabas nach Antiochia in Syrien schickten, um über diese Entscheidung zu berichten. Die Männer, die gewählt wurden, waren zwei die Leiter der Gemeinde – Judas (auch Barsabbas genannt) und Silas. [23] Der Inhalt des Briefes, den sie mitnahmen, lautete:

»Diesen Brief schreiben die Apostel und Ältesten, eure Brüder in Jerusalem, an die nichtjüdischen Gläubigen im syrischen Antiochia und in Zilizien. Wir grüßen euch!

[24] Wir haben erfahren, dass einige Männer aus unserem Kreis euch beunruhigt und mit ihren Aussagen verunsichert haben, doch sie waren nicht von uns beauftragt. [25] Nachdem wir einstimmig zu einer Entscheidung gekommen waren, hielten wir es für das Beste, euch diese Männer zu schicken mit unseren beiden lieben Brüdern Barnabas und Paulus, [26] die für Jesus Christus, unseren Herrn, ihr Leben aufs Spiel gesetzt haben. [27] Wir schicken euch Judas und Silas, die euch mitteilen sollen, was wir zu eurer Frage beschlossen haben.

[28] Denn durch den Heiligen Geist haben wir beschlossen, euch keine größeren Lasten aufzuladen als diese: [29] Esst kein Fleisch, das Götzen geopfert wurde, und weder das Blut noch das Fleisch nicht ausgebluteter Tiere, und meidet alle Unzucht. Wenn ihr euch daran haltet, handelt ihr richtig. Lebt wohl.«

[30] Die vier Boten brachen sofort nach Antiochia auf, wo sie eine Versammlung aller Gläubigen einberiefen und den Brief überreichten. [31] Als sie diese ermutigende Nachricht gelesen hatten, freuten sich die Anwesenden.

[32] Danach sprachen Judas und Silas, die beide die Gabe der Prophetie besaßen, noch lange zu ihnen, um sie im Glauben zu ermutigen und zu stärken. [33] Die beiden blieben noch eine Zeit lang dort und wurden dann mit reichen Segenswünschen der Gemeinde von Antiochia an die, die sie gesandt hatten, nach Jerusalem zurückgeschickt.* [35] Paulus und Barnabas blieben in Antiochia, um viele andere zu unterstützen, die dort das Wort des Herrn verkündeten und lehrten.

Paulus und Barnabas trennen sich

[36] Nach einiger Zeit sagte Paulus zu Barnabas: »Lass uns in die Städte zurückkehren, in denen wir vor einiger Zeit das Wort des Herrn verkündet haben, und sehen, wie die neuen Gläubigen zurechtkommen.« [37] Barnabas willigte ein und wollte Johannes Markus mitnehmen. [38] Paulus widersprach jedoch, weil Johannes Markus sie in Pamphylien im Stich gelassen und nicht mit ihnen weitergearbeitet hatte. [39] Ihre Uneinigkeit in dieser Frage führte dazu, dass sie sich trennten. Barnabas segelte mit Johannes Markus nach Zypern. [40] Paulus wählte Silas als Begleiter. Die Gläubigen sandten ihn aus und vertrauten ihn der Gnade des Herrn an. [41] So zog er durch Syrien und Zilizien, um die Gemeinden zu stärken.

Die zweite Missionsreise

16 Paulus ging zuerst nach Derbe und von da aus weiter nach Lystra. Dort traf er Timotheus, einen Jünger, dessen Mutter eine jüdische Gläubige, dessen Vater aber ein Grieche war. [2] Timotheus war bei den Gläubigen* in Lystra und Ikonion hoch angesehen, [3] deshalb wollte Paulus, dass er ihn auf seiner Reise begleitete. Mit Rücksicht auf die Juden in dieser Region ließ Paulus Timotheus vor ihrer Abreise beschneiden, denn alle wussten, dass sein Vater ein Grieche war. [4] Dann zogen sie von Ort zu Ort und erklärten den Menschen, was die Apostel und Ältesten in Jerusalem im Blick auf die Gebote für die Nichtjuden beschlossen hatten. [5] So wurden die Gemeinden im Glauben gestärkt, und die Zahl der Gläubigen wurde von Tag zu Tag größer.

Ein Ruf aus Mazedonien

[6] Danach reisten Paulus und Silas durch das Gebiet von Phrygien und Galatien, weil der Heilige Geist ihnen untersagt hatte, in die Provinz Asien zu gehen. [7] Als sie dann ins Grenzgebiet von My-

---

15,16-18 Amos 9,11-12; Jesaja 45,21. 15,33 Einige Handschriften fügen Vers 34 ein: Silas beschloss aber, dort zu bleiben. 16,2 Griech. Brüdern; so auch in 16,40.

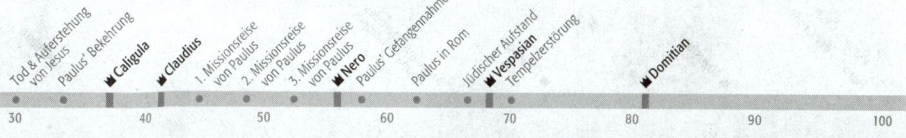

APOSTELGESCHICHTE

1–7	Die Gemeinde in Jerusalem
8–12	Beginn der Mission unter Heiden
13–28	Die Mission unter den Heiden
13–14	Die erste Missionsreise von Paulus
15	Das Jerusalemer Konzil
16–18	Die zweite Missionsreise von Paulus
19–20	Die dritte Missionsreise von Paulus
21–28	Die Gefangenschaft und Romreise von Paulus

16–17

Paulus hat eine Vision. Die Händlerin Lydia bekehrt sich. Paulus und Silas werden verhaftet und freigelassen. Paulus in Thessalonich.

[Gottes Königsherrschaft und der Messias]

sien gelangten, wollten sie weiter in die Provinz Bithynien*, doch auch das ließ der Heilige Geist nicht zu. ⁸Also zogen sie durch Mysien in die Stadt Troas.
⁹In der folgenden Nacht hatte Paulus eine Vision. Er sah einen Mann aus Mazedonien im Norden Griechenlands, der ihn bat:»Komm herüber und hilf uns.« ¹⁰Da beschlossen wir*, sofort nach Mazedonien abzureisen. Wir waren sicher, dass Gott uns rief, auch dort seine Botschaft zu verkünden.

Lydia aus Philippi glaubt an Jesus

¹¹Wir gingen in Troas an Bord eines Schiffs, segelten zur Insel Samothrake und von dort nach Neapolis, wo wir am nächsten Tag anlegten. ¹²Von dort aus erreichten wir Philippi, eine größere Stadt in der Provinz Mazedonien und römische Kolonie; dort blieben wir mehrere Tage.
¹³Am Sabbat gingen wir ans Ufer eines Flusses etwas außerhalb der Stadt, weil wir annahmen, dass die Einwohner sich hier zum Gebet trafen, und wir setzten uns hin, um mit einigen Frauen zu sprechen, die dort zusammengekommen waren. ¹⁴Eine dieser Frauen war Lydia aus Thyatira, die mit kostbaren Purpurstoffen Handel trieb. Sie war keine Jüdin, hielt sich aber zur jü-

16,6-7 *Phrygien, Galatien, Asien, Mysien* und *Bithynien* waren Provinzen im Gebiet der heutigen Türkei. 16,10 Zu diesem Zeitpunkt schloss sich Lukas, der Verfasser dieses Buchs, Paulus an und begleitete ihn auf seiner Reise.

Apostelgeschichte 16,31

Gott befreit
Nach einer eindrücklichen Vision gehen Paulus und Silas nach Philippi, um die erste europäische Gemeinde zu gründen (V. 6-10). Zuerst findet eine hoch angesehene gottesfürchtige jüdische Geschäftsführerin namens Lydia zum Glauben an Jesus (V. 14). Das zweite Gemeindeglied ist ein geistig behindertes, psychologisch und seelisch gestörtes mazedonisches Sklavenmädchen, das skrupellose Männer missbrauchten und ausbeuteten und das Gott heilt und befreit (V. 18). Der Dritte ist dann ein vermutlich nicht religiöser, aber brutaler römischer Gefängniswärter (V. 32). Der Glaube an Jesus überwindet soziale und kulturelle Barrieren.
Wie formt Gott solche unterschiedliche Menschen zu einer Gemeinschaft? Durch das Predigen des Evangeliums, durch ein machtvolles Wort, das Dämonen austreibt, durch ein mitternächtliches Lobgesang-Duett und durch viele Wunder. So vielfältig diese Wege dahin sind, die Botschaft ist immer:»Glaube an den Herrn Jesus Christus, und du wirst gerettet werden.«
(Apostelgeschichte 4,12 ‹‹‹ | ››› Römer 1,16-17)

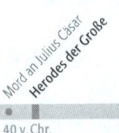

dischen Versammlung. Während sie uns zuhörte, öffnete der Herr ihr das Herz für die Botschaft, die Paulus verkündete. ¹⁵Sie ließ sich zusammen mit allen, die zu ihrem Haus gehörten, taufen und bat uns, ihre Gäste zu sein. »Wenn ihr wirklich der Meinung seid, dass ich dem Herrn treu bin«, sagte sie, »dann kommt und bleibt in meinem Haus.« Und sie drängte uns so lange, bis wir nachgaben.

Paulus und Silas im Gefängnis

¹⁶Eines Tages, als wir gerade auf dem Weg zur Gebetsversammlung waren, begegneten wir einer Sklavin, die von einem Geist besessen war. Sie betrieb Wahrsagerei und brachte ihren Herren damit viel Geld ein. ¹⁷Sie lief nun hinter uns her und schrie: »Diese Männer sind Diener des höchsten Gottes und sind gekommen, um euch zu sagen, wie ihr gerettet werden könnt.«

¹⁸Das wiederholte sich Tag für Tag. Paulus war schließlich so aufgebracht, dass er sich umdrehte und zu dem Dämon sagte: »Ich befehle dir im Namen von Jesus Christus, aus ihr auszufahren.« Und augenblicklich verließ er sie.

¹⁹Als ihre Besitzer ihre Hoffnung auf sichere Einkünfte zerschlagen sahen, packten sie Paulus und Silas und schleppten sie auf den Marktplatz vor die oberste Stadtbehörde. ²⁰Sie brachten sie vor die obersten Beamten der Stadt. »Wegen dieser Juden ist die ganze Stadt in Aufruhr!«, riefen sie. ²¹»Sie reden den Leuten Dinge ein, die im Widerspruch zu den römischen Bräuchen stehen.«

²²Schnell hatte sich eine große Volksmenge gegen Paulus und Silas zusammengetan, und die Beamten erteilten Befehl, ihnen die Kleider zu zerreißen und sie mit Knüppeln zu schlagen. ²³Sie wurden geschlagen und anschließend ins Gefängnis geworfen. Der Gefängnisvorsteher erhielt Anweisung, streng darauf zu achten, dass sie nicht entfliehen konnten. ²⁴Aus diesem Grund ließ er sie in die sicherste Zelle bringen und ihre Füße in den Block schließen.

²⁵Gegen Mitternacht beteten Paulus und Silas und lobten Gott mit Liedern. Die übrigen Gefangenen hörten ihnen zu. ²⁶Plötzlich gab es ein heftiges Erdbeben, und das Gefängnis wurde bis in die Grundmauern erschüttert. Alle Tore sprangen auf und die Ketten sämtlicher Häftlinge fielen ab! ²⁷Der Gefängnisvorsteher wachte auf und sah die Zellen weit offen stehen. Er nahm an, die Gefangenen seien geflohen; deshalb zog er sein Schwert und wollte sich umbringen. ²⁸Doch Paulus rief ihm zu: »Tu dir nichts an! Wir sind alle hier!«

²⁹Da verlangte der Gefängnisvorsteher Licht, lief in das Innere des Gefängnisses und fiel zitternd vor Angst vor Paulus und Silas auf die Knie. ³⁰Dann führte er sie hinaus und fragte: »Ihr Herren, was muss ich tun, um gerettet zu werden?«

³¹Sie erwiderten: »Glaube an Jesus, den Herrn, dann wirst du gerettet, zusammen mit allen in deinem Haus.« ³²Dann verkündeten sie ihm und allen, die in seinem Haus lebten, das Wort des Herrn. ³³Noch in derselben Stunde wusch der Gefängnisvorsteher ihnen die Wunden aus, und er und alle Mitglieder seines Hauses wurden getauft. ³⁴Schließlich brachte er sie zu sich und gab ihnen zu essen. Er und alle in seinem Haus freuten sich, nachdem sie nun zum Glauben an Gott gefunden hatten. ³⁵Am nächsten Morgen schickten die obersten Beamten der Stadt Amtsdiener, um dem Gefängnisvorsteher ausrichten zu lassen: »Lass die Männer frei!« ³⁶Der Gefängnisvorsteher berichtete Paulus und sagte: »Die Amtsdiener sind gekommen, um mir zu sagen, dass ihr frei seid. Geht in Frieden.«

³⁷Aber Paulus entgegnete: »Sie haben uns ohne Prozess öffentlich auspeitschen und ins Gefängnis werfen lassen, obwohl wir römische Bürger sind, und jetzt erwarten sie, dass wir uns heimlich fortschleichen? Niemals! Sie sollen selbst kommen und uns freilassen.«

³⁸Die Amtsdiener überbrachten den Beamten diese Antwort, und diese fürchteten sich, als sie erfuhren, dass Paulus und Silas die römische Bürgerschaft besaßen. ³⁹Sie kamen ins Gefängnis und entschuldigten sich bei ihnen. Dann führten sie sie hinaus und baten sie inständig, die Stadt zu verlassen. ⁴⁰Daraufhin kehrten Paulus und Silas in Lydias Haus zurück, wo sie mit den Gläubigen zusammenkamen und sie noch einmal ermutigten, bevor sie die Stadt verließen.

Paulus predigt in Thessalonich

17 Nun zogen Paulus und Silas durch die Städte in Amphipolis und Apollonia und kamen nach Thessalonich, wo es eine jüdische Synagoge gab. ²Wie gewohnt ging Paulus zur Synagogenversammlung und legte den Leuten dort an drei Sabbaten die Schrift aus. ³Ausführlich erläuterte er die Prophezeiungen über das Leiden des Christus und über seine Auferstehung von den Toten und sagte: »Dieser Jesus, von dem ich euch erzähle, ist der Christus.« ⁴Einige Zuhörer ließen sich überzeugen und bekehrten sich, darunter zahlreiche gottesfürchtige

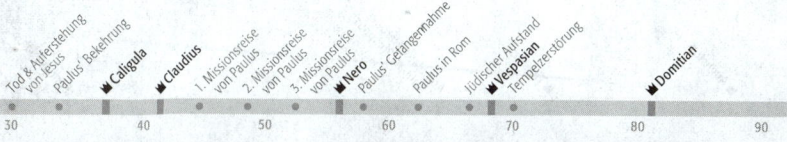

APOSTELGESCHICHTE

1–7	Die Gemeinde in Jerusalem
8–12	Beginn der Mission unter Heiden
13–28	Die Mission unter den Heiden
13–14	Die erste Missionsreise von Paulus
15	Das Jerusalemer Konzil
16–18	Die zweite Missionsreise von Paulus
19–20	Die dritte Missionsreise von Paulus
21–28	Die Gefangenschaft und Romreise von Paulus

17–18
Weitere Predigten von Paulus. Er verkündet das Evangelium den Athenern. Paulus geht nach Korinth.

[Gottes Königsherrschaft und der Messias]

Griechen sowie viele angesehene Frauen der Stadt.*
⁵Doch die einflussreichen Juden wurden neidisch. Sie gebrauchten einige üble Männer von der Straße dafür, dass sie das Volk aufhetzten und einen Aufruhr anzettelten. Sie zogen vor das Haus von Jason, um Paulus und Silas zu fassen und in die aufgebrachte Menge* hinauszuzerren. ⁶Da sie die beiden nicht fanden, packten sie Jason und einige andere Gläubige* und schleppten sie vor die Obersten der Stadt. »Paulus und Silas haben die ganze Welt aufgewiegelt, und jetzt bringen sie auch unsere Stadt in Aufruhr«, riefen sie. ⁷»Und Jason hat sie in sein Haus aufgenommen. Sie alle haben den Kaiser verraten, denn sie fordern die Menschen auf, einem anderen König, diesem Jesus, die Treue zu halten.«

⁸Als die Einwohner der Stadt und ihre Obersten das hörten, brach ein Tumult los. ⁹Doch nachdem Jason und die anderen Gläubigen eine Bürgschaft hinterlegt hatten, ließen die Beamten sie frei.

Paulus und Silas in Beröa
¹⁰Noch in derselben Nacht schickten die Gläubigen Paulus und Silas nach Beröa. Als sie dort ankamen, gingen sie in die Synagoge. ¹¹Die Ein-

17,4 In einigen Handschriften steht *viele Frauen der führenden Männer.* 17,5 O. *vor den Stadtrat.* 17,6 Griech. *Brüder;* so auch in 17,10.14.

Apostelgeschichte 17,22-31

Gott redet
Die Athener beteten viele Götter an, darunter auch einen »unbekannten Gott«. Paulus lehnt die Vielgötterei der griechischen (und römischen) Welt ab und verkündet den einen wahren Gott, der sich in Jesus offenbart. Der wahre Gott ist also nicht unbekannt.
Und doch sah Paulus in der Anbetung des »unbekannten Gottes« etwas Positives. Es zeigt, dass die heidnische Welt letzten Endes doch unsicher war, ob sie mit ihren vielen Göttern wirklich die Wahrheit erkannt hatte. Was, wenn es noch einen Gott gäbe, der wirklich die Wahrheit zeigt? Diese Lücke nutzt Paulus aus, um von dem wahren Gott zu sprechen. Er zitiert dabei sogar die eigenen Dichter der Athener.
Spuren der Stimme Gottes können in der Natur, in der Geschichte, in der Philosophie, sogar in heidnischen Religionen gefunden werden, aber das Evangelium von Jesus Christus macht den wahren Gott bekannt. »Er selbst gibt allem, was ist, Leben und Atem, und er stillt jedes Bedürfnis, das ein Mensch haben kann« (V. 25).
(Matthäus 11,25-27 «« | »» 1. Korinther 2,9-16)

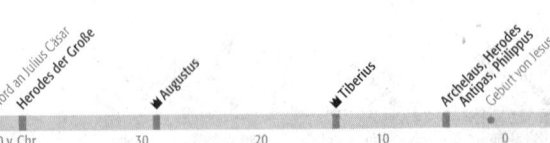

wohner Beröas waren offener als die Leute in Thessalonich und hörten die Botschaft Gottes mit Interesse an. Tag für Tag forschten sie in den Schriften nach, um zu prüfen, ob Paulus und Silas tatsächlich die Wahrheit lehrten. ¹²Die Folge war, dass viele Juden und viele vornehme griechische Frauen und Männer zum Glauben fanden.

¹³Als jedoch einige von den Juden aus Thessalonich erfuhren, dass Paulus nun in Beröa das Wort Gottes verkündete, kamen sie und hetzten die Leute auf. ¹⁴Die Gläubigen schickten Paulus daraufhin rasch an die Küste. Silas und Timotheus blieben zurück. ¹⁵Die Begleiter des Paulus reisten mit ihm bis nach Athen; dann kehrten sie nach Beröa zurück und überbrachten Silas und Timotheus die Nachricht, ihm schnell nachzukommen.

Paulus predigt in Athen

¹⁶Während Paulus in Athen auf sie wartete, war er erschüttert über die vielen Götzen, die er überall in der Stadt sah. ¹⁷Er ging in die Synagoge, um mit den Juden und den gottesfürchtigen Nichtjuden zu reden, und sprach außerdem täglich auf dem Marktplatz zu allen, die sich gerade dort aufhielten.

¹⁸Auch mit einigen Philosophen – Epikureern und Stoikern – kam er ins Gespräch. Als er ihnen von Jesus und von der Auferstehung erzählte, meinten einige von ihnen: »Was für seltsame Ideen hat dieser Schwätzer.« Andere sagten: »Er verbreitet irgendeine fremde Religion.«

¹⁹Dann führten sie ihn vor den Rat der Philosophen*. »Komm und erzähle uns mehr von dieser neuen Religion«, sagten sie. ²⁰»Du sprichst von vielem, wovon wir noch nie gehört haben, und wir wollen wissen, was es damit auf sich hat.« ²¹Die Athener und auch die Fremden, die sich in Athen aufhielten, verbrachten ihre Zeit vor allem damit, die neuesten Ideen zu hören und darüber zu reden. ²²Als Paulus nun vor dem Rat stand, rief er: »Männer von Athen, ich habe bemerkt, dass ihr den Göttern besonders zugewandt seid, ²³denn als ich umherging, sah ich eure vielen Altäre. Einer davon trug die Inschrift: ›Dem unbekannten Gott‹. Ihr habt ihn angebetet, ohne zu wissen, wer er ist, und nun möchte ich euch von ihm erzählen.

²⁴Er ist der Gott, der die Welt und alles, was darin ist, erschuf. Weil er der Herr über Himmel und Erde ist, wohnt er nicht in Tempeln, die Menschen erbaut haben. ²⁵Er braucht keine Hilfe von Menschen. Er selbst gibt allem, was ist, Leben und Atem, und er stillt jedes Bedürfnis, das ein Mensch haben kann. ²⁶Aus einem einzigen Menschen hat er alle Völker der ganzen Welt hervorgebracht. Er hat im Voraus festgelegt, welche aufsteigen und welche stürzen sollten, und er hat ihre Grenzen festgelegt.

²⁷Von Anfang an war es sein Plan, dass die Völker Gott suchen und auf ihn aufmerksam werden sollten und ihn finden würden – denn er ist keinem von uns fern. ²⁸In ihm leben, handeln und sind wir. Wie einer eurer eigenen Dichter gesagt hat: ›Wir sind seine Nachkommen.‹ ²⁹Deshalb sollten wir uns Gott nicht als Götzenbild vorstellen, das Kunsthandwerker aus Silber, Gold oder Stein anfertigen. ³⁰Bis jetzt hat Gott über die Unwissenheit der Menschen hinweggesehen, doch nun gebietet er den Menschen auf der ganzen Welt, sich von den Götzen abzukehren und sich ihm zuzuwenden.* ³¹Denn er hat einen Tag festgesetzt, an dem er die Welt gerecht richten wird, und zwar durch den Mann, den er dazu bestimmt hat. Und er hat allen bewiesen, wer dieser Mann ist, indem er ihn von den Toten auferweckte.«

³²Als sie Paulus von der Auferstehung eines Menschen reden hörten, der tot gewesen war, lachten die einen, doch andere sagten: »Wir würden gern später mehr darüber hören.« ³³Damit verließ Paulus die Versammlung, ³⁴doch einige schlossen sich ihm an und fanden zum Glauben. Unter ihnen waren Dionysius, ein Ratsmitglied, eine Frau mit Namen Damaris und andere mehr.

Paulus begegnet Priszilla und Aquila in Korinth

18 Danach verließ Paulus Athen und ging nach Korinth.* ²Dort lernte er einen Juden mit Namen Aquila kennen, der aus Pontus stammte und vor kurzem mit seiner Frau Priszilla aus Italien gekommen war. Man hatte sie aus Italien vertrieben, nachdem Kaiser Klaudius allen Juden befohlen hatte, Rom zu verlassen. ³Paulus wohnte und arbeitete bei ihnen, denn sie waren, wie er, von Beruf Zeltmacher*.

⁴Jeden Sabbat ging Paulus in die Synagoge, wo er Juden wie Griechen für seine Botschaft gewann. ⁵Nachdem Silas und Timotheus aus Mazedonien eingetroffen waren, widmete Paulus seine ganze Zeit der Aufgabe, den Juden zu pre-

---

17,19 Griech. *Areopag.* 17,30 Griech. *überall Buße zu tun.* 18,1 *Athen* und *Korinth* waren bedeutende Städte in Achaia, der Region im Süden der griech. Halbinsel. 18,3 O. *Leder-Handwerker.*

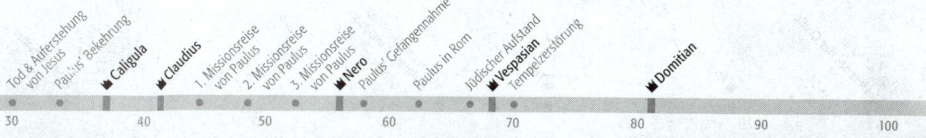

APOSTELGESCHICHTE

1–7	Die Gemeinde in Jerusalem
8–12	Beginn der Mission unter Heiden
13–28	Die Mission unter den Heiden
13–14	Die erste Missionsreise von Paulus
15	Das Jerusalemer Konzil
16–18	Die zweite Missionsreise von Paulus
19–20	Die dritte Missionsreise von Paulus
21–28	Die Gefangenschaft und Romreise von Paulus

18–19
Paulus vor Gericht. Reisen von Paulus. Apollos lehrt in Ephesus und wird dort belehrt. Paulus reist nach Ephesus und verkündet das Evangelium.

[Gottes Königsherrschaft und der Messias]

digen und zu bezeugen: »Der Messias*, auf den ihr wartet, ist Jesus.« ⁶Doch da die Juden sich ihm gegenüber ablehnend verhielten und ihn sogar beschimpften, schüttelte Paulus den Staub von seinem Mantel und sagte: »Euer Blut komme über euch – ich bin unschuldig. Von jetzt an werde ich zu den Nichtjuden gehen.«

⁷Danach wohnte er bei Titius Justus, einem gottesfürchtigen Nichtjuden, dessen Haus direkt neben der Synagoge stand. ⁸Der Synagogenvorsteher Krispus und alle in seinem Haus glaubten an den Herrn. Auch viele andere in Korinth kamen zum Glauben und ließen sich taufen.

⁹Eines Nachts sprach der Herr in einer Vision zu Paulus und sagte: »Hab keine Angst. Rede weiter und schweige nicht! ¹⁰Denn ich bin mit dir. Niemand wird dir schaden, denn ich habe viele Menschen hier in dieser Stadt.« ¹¹So blieb Paulus eineinhalb Jahre dort und lehrte Gottes Wort.

¹²Als jedoch Gallio Statthalter von Achaja wurde, verbündeten sich einige Juden gegen Paulus und brachten ihn vor das Gericht des Statthalters. ¹³Sie warfen ihm vor, er habe die Leute überredet, Gott in einer Weise zu verehren, die im Widerspruch zum Gesetz stehe. ¹⁴Doch in dem Augenblick, in dem Paulus zu seiner Verteidigungsrede ansetzen wollte, wandte Gallio sich an die Ankläger und sagte: »Hört, ihr Juden, wenn dieser Fall mit einem Vergehen oder einem ernsten Verbrechen zu tun hätte, dann wäre ich verpflichtet, euch anzuhören. ¹⁵Da es aber nur um Spitzfindigkeiten über Worte und Personen und eure jüdischen Gesetze geht, könnt ihr euch selbst darum kümmern. Ich weigere mich, über solche Angelegenheiten zu Gericht zu sitzen.« ¹⁶Und damit trieb er sie aus dem Gerichtssaal. ¹⁷Da ergriffen die Männer aus dem Volk den Synagogenvorsteher Sosthenes und verprügelten ihn im Gerichtssaal. Doch Gallio kümmerte sich nicht darum.

Paulus kehrt nach Antiochia in Syrien zurück
¹⁸Paulus blieb nach diesem Vorfall noch einige Zeit in Korinth, doch schließlich nahm er Abschied von den Gläubigen* und fuhr mit dem Schiff an die syrische Küste. Priszilla und Aquila nahm er mit. Zuvor hatte Paulus in Kenchreä nach jüdischer Sitte seinen Kopf geschoren, weil er ein Gelübde abgelegt hatte. ¹⁹Als sie im Hafen von Ephesus ankamen, ließ Paulus die anderen zurück. Während seines Aufenthalts in der Stadt ging er in die Synagoge, um mit den Juden zu reden. ²⁰Sie baten ihn eindringlich, noch länger

18,5 *Messias* ist das hebr. Wort für griech. *Christus*; so auch in 18,28.   18,18 Griech. *Brüder*.

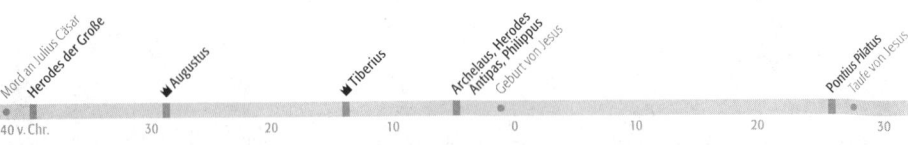

zu bleiben, aber er lehnte ab. ²¹Beim Abschied sagte er: »Wenn Gott es will, werde ich später zurückkommen.«* Dann segelte er von Ephesus ab. ²²Die nächste Anlegestelle war der Hafen von Cäsarea. Von dort aus reiste er hinauf zur Gemeinde in Jerusalem* und kehrte dann nach Antiochia zurück.

Die dritte Missionsreise

²³Nachdem er einige Zeit in Antiochia verbracht hatte, ging Paulus wieder nach Galatien und Phrygien. Er besuchte die Gläubigen* dort, ermutigte sie und half ihnen, im Glauben zu wachsen.

Apollos wird in Ephesus unterwiesen

²⁴Inzwischen war ein Jude mit Namen Apollos aus dem ägyptischen Alexandrien in Ephesus aufgetaucht, ein äußerst redegewandter Mann, der sich gut in der Schrift auskannte. ²⁵Er war im christlichen Glauben unterwiesen worden und erzählte den Menschen mit großer Begeisterung von Jesus. Allerdings kannte er nur die Taufe des Johannes. ²⁶Als Priszilla und Aquila ihn so furchtlos in der Synagoge predigen hörten, nahmen sie ihn beiseite und erklärten ihm den Weg Gottes genauer.

²⁷Apollos hatte vorgehabt, nach Achaja zu gehen. Die Christen in Ephesus bestärkten ihn in diesem Plan. Sie schrieben einen Brief an die Gläubigen in Achaja und baten sie, ihn freundlich aufzunehmen. Dort angekommen, bewährte er sich und erwies sich als überaus hilfreich für alle, die durch Gottes Gnade zum Glauben gefunden hatten. ²⁸Er widerlegte die Juden in öffentlichen Auseinandersetzungen mit überzeugenden Argumenten. Anhand der Schrift wies er ihnen nach: »Der Messias, auf den ihr wartet, ist Jesus.«

Paulus in Ephesus

19 Während Apollos sich in Korinth aufhielt, reiste Paulus durch die Provinzen im Landesinneren. Schließlich kam er nach Ephesus, wo er eine Gruppe von Gläubigen* vorfand. ²»Habt ihr den Heiligen Geist empfangen, als ihr gläubig wurdet?«, fragte er sie.

»Nein«, antworteten sie, »wir wissen gar nicht, was du damit meinst. Wir haben noch nicht einmal gehört, dass es einen Heiligen Geist gibt.«

³»Worauf seid ihr denn getauft worden?«, erkundigte er sich. Und sie erwiderten: »Auf die Taufe des Johannes.«

⁴Paulus sagte: »Die Taufe des Johannes war eine Taufe der Umkehr zu Gott. Doch Johannes selbst hat die Menschen aufgefordert, an Jesus zu glauben, der, wie er sagte, nach ihm kommen würde.«

⁵Sobald sie das hörten, ließen sie sich auf den Namen von Jesus, dem Herrn, taufen. ⁶Als Paulus ihnen danach die Hände auflegte, kam der Heilige Geist über sie, und sie redeten in anderen Sprachen und weissagten. ⁷Es waren insgesamt zwölf Männer.

⁸Dann ging Paulus in die Synagoge. Drei Monate lang sprach er frei und offen mit Überzeugungskraft vom Reich Gottes. ⁹Da einige seine Botschaft aber dennoch ablehnten und sich in aller Öffentlichkeit dagegen aussprachen, verließ Paulus die Synagoge und nahm die Gläubigen mit. Er begann öffentlich in der Schule des Tyrannus zu predigen. ¹⁰Dort lehrte er zwei Jahre, sodass die Menschen überall in der Provinz Asien – Juden wie Griechen – die Botschaft des Herrn hören konnten.

¹¹Gott verlieh Paulus die Kraft, ungewöhnliche Wunder zu bewirken. ¹²Wenn man zum Beispiel Tücher oder Kleidungsstücke, die seine Haut berührt hatten, Kranken auflegte, wurden sie gesund, und wenn sie von bösen Geistern besessen waren, fuhren diese aus ihnen aus.

¹³Einige Juden, die von Ort zu Ort zogen und böse Geister austrieben, versuchten ebenfalls, den Namen von Jesus, dem Herrn, für sich einzusetzen. Sie gebrauchten dabei die Formel: »Ich gebiete dir durch Jesus, den Paulus predigt: Fahre aus!« ¹⁴Sieben Söhne des Hohen Priesters Skevas gingen so vor. ¹⁵Doch als sie es bei einem Mann versuchten, der auch von einem bösen Geist besessen war, erwiderte der Geist: »Ich kenne Jesus und ich kenne Paulus. Aber wer seid ihr?« ¹⁶Und der Besessene stürzte sich auf sie und attackierte sie mit solcher Heftigkeit, dass sie nackt und verletzt aus dem Haus flohen.

¹⁷Diese Geschichte verbreitete sich schnell in Ephesus unter Juden und Griechen. Ehrfurcht erfasste die Stadt, und der Name von Jesus, dem Herrn, wurde sehr geehrt. ¹⁸Viele Menschen fanden zum Glauben und bekannten ihre Sünden. ¹⁹Eine ganze Reihe unter ihnen, die Zauberei getrieben hatten, brachten ihre Bücher mit Zaubersprüchen und verbrannten sie. Der Wert der Bücher belief sich auf fünfzigtausend Silber-

---

18,21 In einigen Handschriften steht »*Ich muss unbedingt zum bevorstehenden Fest in Jerusalem sein, aber ich werde später wiederkommen.*« **18,22** Griech. *zur Gemeinde.* **18,23** Griech. *Jünger.* **19,1** Griech. *Jünger;* so auch in 19,9.30.

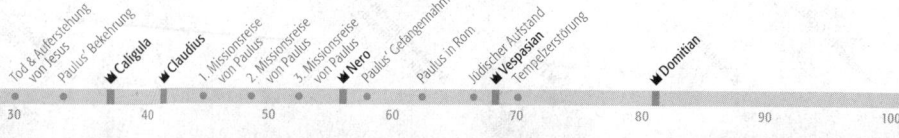

APOSTELGESCHICHTE

1–7	Die Gemeinde in Jerusalem
8–12	Beginn der Mission unter Heiden
13–28	Die Mission unter den Heiden
13–14	Die erste Missionsreise von Paulus
15	Das Jerusalemer Konzil
16–18	Die zweite Missionsreise von Paulus
19–20	Die dritte Missionsreise von Paulus
21–28	Die Gefangenschaft und Romreise von Paulus

19–20
Volksaufstand in Ephesus. Paulus predigt und ein junger Mann erwacht wieder zum Leben. Paulus spricht in Ephesus zu den Ältesten über seinen Auftrag.

[Gottes Königsherrschaft und der Messias]

stücke.* [20]So fand die Botschaft des Herrn weite Verbreitung und zeigte eindrucksvolle Auswirkungen.

Der Aufruhr in Ephesus

[21]Nach einiger Zeit fühlte Paulus sich vom Heiligen Geist gedrängt*, nach Mazedonien und Achaja zu gehen, bevor er nach Jerusalem zurückkehrte. »Und danach«, sagte er, »muss ich Rom sehen!« [22]Er schickte seine Gehilfen Timotheus und Erastus voraus nach Mazedonien, während er selbst noch eine Weile in der Provinz Asien blieb.

[23]Doch etwa um diese Zeit kam es in Ephesus zu heftigen Ausschreitungen über den neuen Glauben. [24]Den Anstoß gab der Silberschmied Demetrius, der eine große Werkstatt für Silberstatuen der griechischen Göttin Artemis* besaß und viele Kunsthandwerker beschäftigte. [25]Er rief die Handwerker und einige andere, die diesem Gewerbe angehörten, zusammen und erklärte:

»Männer, ihr wisst alle, dass unser Wohlstand auf diesem Geschäft beruht. [26]Wie ihr gesehen und gehört habt, hat dieser Paulus vielen Leuten eingeredet, dass handgefertigte Götter gar keine Götter sind. Und das geschah nicht nur hier in Ephesus, sondern überall in der ganzen Provinz! [27]Natürlich spreche ich hier nicht nur von dem Verlust an Ansehen für unser Geschäft. Ich befürchte auch, dass der Tempel der großen Göttin Artemis an Einfluss verlieren könnte und dass Artemis selbst – die herrliche Göttin, die überall in der Provinz Asien und in der ganzen Welt verehrt wird –, ihr Ansehen einbüßen könnte!«

[28]Bei diesen Worten gerieten die Leute in Zorn und fingen an zu schreien: »Groß ist die Artemis der Epheser!« [29]Es kam zu einem Menschenauflauf, und bald war die ganze Stadt in Aufruhr. Sie rannten zum Amphitheater und ergriffen Gajus und Aristarch, die Reisebegleiter von Paulus aus Mazedonien. [30]Paulus wollte auch hingehen, doch die Gläubigen ließen es nicht zu. [31]Einige Provinzbeamte, die mit Paulus befreundet waren, schickten ihm eine Nachricht und baten ihn, nicht im Amphitheater zu erscheinen.

[32]Dort schrien alle durcheinander, der eine dies, der andere das. Es herrschte große Verwirrung. Ja, die meisten wussten nicht einmal, warum sie eigentlich dort waren. [33]Einige Juden stießen Alexander nach vorn und forderten ihn auf, die Lage zu erklären. Er bat mit Gesten um

19,19 Ein Silberstück entsprach etwa einem Tagelohn. 19,21 O. *nahm sich in seinem Geist vor.* 19,24 *Artemis* ist auch unter dem Namen Diana bekannt.

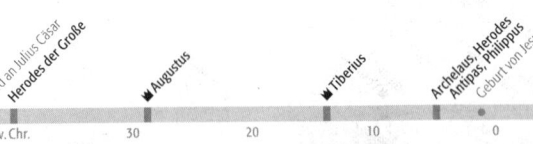

Ruhe und setzte zu einer Verteidigungsrede an. 34Doch als die Menge merkte, dass er Jude war, brach das Geschrei erneut los, und diesmal dauerte es zwei Stunden: »Groß ist die Artemis der Epheser! Groß ist die Artemis der Epheser!«

35Schließlich gelang es dem Stadtschreiber, die Menge so weit zu beschwichtigen, dass er zu ihnen sprechen konnte. »Bürger von Ephesus«, sagte er. »Jeder weiß, dass Ephesus die offizielle Hüterin des Tempels der großen Artemis ist, deren Bildnis vom Himmel zu uns herabfiel. 36Da diese Tatsache unbestreitbar feststeht, braucht ihr euch nicht zu beunruhigen. Tut nichts Unbedachtes. 37Ihr habt diese Männer hergebracht, doch sie haben nichts aus dem Tempel gestohlen und nichts gegen unsere Göttin gesagt. 38Wenn Demetrius und die Handwerker ihnen etwas vorzuwerfen haben, dann wird der Gerichtshof tagen, und die Richter können den Fall entscheiden. Sie sollen den gerichtlichen Weg beschreiten. 39Und wenn andere Beschwerden vorliegen, lassen sie sich in einer ordentlichen Versammlung klären. 40Denn wir laufen Gefahr, von der römischen Regierung eines Aufstands beschuldigt zu werden, da es keinen Grund für dieses Durcheinander gibt. Und wenn eine Erklärung von uns verlangt wird, wissen wir nicht, was wir sagen sollen.« Damit entließ er sie, und sie zerstreuten sich.

Paulus geht nach Mazedonien und Griechenland

20 Als alles vorüber war, rief Paulus die Gläubigen* zusammen und sprach ihnen Mut zu. Dann nahm er Abschied und brach nach Mazedonien auf. 2Unterwegs stärkte er die Gläubigen in allen Orten, die auf seinem Weg lagen. Dann reiste er weiter nach Griechenland, 3wo er drei Monate blieb. Er war eben im Begriff, nach Syrien abzusegeln, als er erfuhr, dass die Juden planten, ihn umzubringen. Daraufhin beschloss er, über Mazedonien zurückzukehren.

4Mehrere Männer begleiteten ihn: Sopater, der Sohn des Pyrrhus, aus Beröa, von den Thessalonichern Aristarch und Sekundus, Gajus aus Derbe, Timotheus sowie Tychikus und Trophimus, die aus der Provinz Asien stammten. 5Sie reisten voraus und warteten in Troas auf uns. 6Sobald die Passahzeit* vorüber war, gingen wir in Philippi an Bord eines Schiffs nach Troas. Dort trafen wir fünf Tage später ein und blieben eine Woche.

Der letzte Besuch von Paulus in Troas

7Am ersten Tag der Woche versammelten wir uns, um das Abendmahl zu feiern*. Paulus predigte. Da er am nächsten Tag abreisen wollte, sprach er bis Mitternacht. 8Der Raum im oberen Stockwerk, in dem wir uns versammelt hatten, war von vielen Lampen erleuchtet. 9Paulus sprach sehr lang. Ein junger Mann mit Namen Eutychus, der auf der Fensterbank saß, wurde immer müder. Schließlich schlief er fest ein, verlor das Gleichgewicht und stürzte drei Stockwerke tief. Als man ihn aufhob, war er tot. 10Paulus lief hinunter, beugte sich über ihn und nahm ihn in die Arme. »Habt keine Angst«, sagte er, »er lebt!« 11Dann gingen sie alle wieder hinauf und nahmen gemeinsam das Abendmahl*. Paulus sprach weiter bis zur Morgendämmerung; dann brach er auf. 12Inzwischen war der junge Mann nach Hause gebracht worden. Er lebte, und alle waren darüber sehr getröstet.

Paulus trifft die Ältesten aus Ephesus

13Paulus wanderte auf dem Landweg nach Assos, wo er wieder zu uns stoßen wollte, und wir fuhren mit dem Schiff voraus. 14In Assos schloss er sich uns wieder an, und wir segelten zusammen nach Mitylene. 15Am nächsten Tag kamen wir an der Insel Chios vorbei. Am folgenden Tag steuerten wir auf die Insel Samos zu und erreichten einen Tag später Milet.

16Paulus hatte sich entschieden, diesmal nicht in Ephesus Halt zu machen, weil er nicht noch mehr Zeit in der Provinz Asien verbringen wollte. Er hatte es eilig, denn er wollte Jerusalem möglichst noch rechtzeitig zum Pfingstfest erreichen. 17Als wir in Milet anlegten, schickte er jedoch einen Boten zu den Ältesten der Gemeinde in Ephesus und bat sie, zu ihm zu kommen.

18Als sie da waren, sagte er: »Ihr wisst, dass ich seit dem Tag, als ich die Provinz Asien betrat, bis heute 19in aller Bescheidenheit und sogar mit Tränen den Auftrag des Herrn erfüllt habe. Ich habe die Belastungen ertragen, die mir die Anschläge der Juden zugefügt haben. 20Trotzdem habe ich euch immer die Wahrheit gelehrt, sei es in der Öffentlichkeit oder bei euch zu Hause. 21Ich habe immer nur eine einzige Botschaft für Juden wie für Griechen gehabt: dass die Menschen sich unbedingt von der Sünde abwenden und zu Gott umkehren müssen und dass sie glauben an Jesus Christus, unseren Herrn.

22Nun gehe ich nach Jerusalem, unwiderstehlich gezogen vom Heiligen Geist*, ohne genau zu wissen, was mich dort erwartet, 23obwohl der

---

20,1 Griech. *Jünger.* 20,6 Griech. *die Tage des ungesäuerten Brotes.* 20,7 Griech. *das Brot zu brechen.* 20,11 Griech. *brachen das Brot.* 20,22 O. *durch meinen Geist;* oder *durch ein inneres Drängen;* im Griech. heißt es *durch den Geist.*

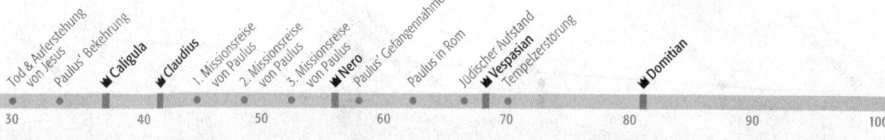

APOSTELGESCHICHTE

1–7	Die Gemeinde in Jerusalem
8–12	Beginn der Mission unter Heiden
13–28	Die Mission unter den Heiden
13–14	Die erste Missionsreise von Paulus
15	Das Jerusalemer Konzil
16–18	Die zweite Missionsreise von Paulus
19–20	Die dritte Missionsreise von Paulus
21–28	Die Gefangenschaft und Romreise von Paulus

20–21

Die Reise des Paulus nach Jerusalem. Paulus hat keine Angst zu sterben. Die Ankunft in Jerusalem. Paulus wird im Tempel festgenommen.

[Gottes Königsherrschaft und der Messias]

Heilige Geist mir in jeder Stadt gesagt hat, dass mich Gefangenschaft und Leid erwarten. ²⁴Doch mein Leben ist nichts wert, wenn es nicht nutze, um das zu tun, was der Herr Jesus mir aufgetragen hat – das Werk, anderen die Botschaft von Gottes Gnade zu bringen.

²⁵Ich weiß, dass keiner von euch, denen ich das Reich Gottes verkündet habe, mich je wieder sehen wird. ²⁶Ich kann euch offen sagen, dass ich meine Aufgabe treu erfüllt habe. Niemand kann es mir zur Last legen, wenn er verloren geht*, ²⁷denn ich habe mich nicht gescheut, euch den Plan, den Gott mit euch verfolgt, zu erklären.

²⁸Und nun seht euch vor! Achtet darauf, die Herde Gottes – seine Gemeinde, die er durch das Blut seines eigenen Sohnes erkauft hat –, zu hüten und zu betreuen, über die der Heilige Geist euch als Älteste* eingesetzt hat. ²⁹Ich weiß genau, dass sich nach meinem Weggang falsche Lehrer wie böse Wölfe unter euch mischen und die Herde nicht verschonen werden. ³⁰Ja, selbst einige von euch werden die Wahrheit verdrehen, um eine eigene Anhängerschaft an sich zu binden. ³¹Seid wachsam! Denkt an die drei Jahre, die ich bei euch gewesen bin – wie ich Tag und Nacht über euch gewacht und mich unter Tränen um euch gesorgt habe.

³²Und nun vertraue ich euch Gott und dem Wort seiner Gnade an – seiner Botschaft, die euch ermutigen und euch ein Erbe geben kann gemeinsam mit allen, die er für sich ausgesondert hat.

³³Nie habe ich von jemandem Geld oder Kleider verlangt. ³⁴Ihr wisst, dass ich mit meinen eigenen Händen gearbeitet habe, um mir meinen Lebensunterhalt zu verdienen und auch meine Begleiter zu versorgen. ³⁵Stets war ich euch ein Vorbild, wie ihr durch harte Arbeit den Armen helfen könnt. Behaltet die Worte von Jesus, dem Herrn, in Erinnerung: ›Es liegt mehr Glück im Geben als im Nehmen.‹«

³⁶Als er zu Ende geredet hatte, kniete er nieder und betete mit ihnen. ³⁷Sie weinten laut, als sie ihn zum Abschied umarmten und küssten; ³⁸am meisten aber waren sie darüber traurig, dass er gesagt hatte, sie würden ihn nicht wieder sehen. Dann begleiteten sie ihn zum Schiff hinunter.

Paulus reist nach Jerusalem

21 Nachdem wir uns von den Ältesten aus Ephesus verabschiedet hatten, segelten wir direkt zur Insel Kos. Am nächsten Tag er-

20,26 Griech. *Ich bin unschuldig am Blut aller.*
20,28 Griech. *Aufseher.*

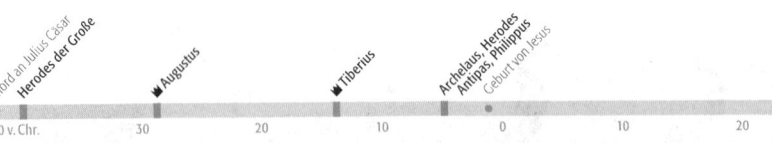

reichten wir Rhodos und fuhren weiter nach Patara. ²Dort gingen wir an Bord eines Schiffs, das zur syrischen Provinz Phönizien segelte. ³Wir sichteten die Insel Zypern, die wir links liegen ließen, und legten im Hafen von Tyrus in Syrien an, wo das Schiff entladen werden sollte. ⁴Wir suchten die Gläubigen* in der Stadt auf und blieben eine Woche bei ihnen. Diese warnten Paulus durch den Heiligen Geist, nicht nach Jerusalem zu gehen. ⁵Als wir am Ende der Woche zum Schiff zurückkehrten, begleitete uns die ganze Gemeinde einschließlich der Frauen und Kinder zum Strand. Dort knieten wir nieder, beteten ⁶und verabschiedeten uns. Dann gingen wir an Bord, und sie kehrten nach Hause zurück.

⁷Der nächste Halt nach Tyrus war Ptolemaïs. Wir begrüßten die dortigen Gläubigen*, blieben aber nur einen Tag. ⁸Dann reisten wir weiter nach Cäsarea und wohnten im Haus des Evangelisten Philippus, einer der sieben Männer, die gewählt worden waren, die Essensausgabe zu überwachen. ⁹Philippus hatte vier unverheiratete Töchter, die alle die Gabe der Prophetie besaßen.

¹⁰Während unseres mehrtägigen Aufenthalts traf ein Prophet mit Namen Agabus aus Judäa ein. ¹¹Als er uns besuchte, nahm er den Gürtel des Paulus und fesselte sich damit an Händen und Füßen. Dann sagte er: »Der Heilige Geist erklärt: ›So wird der Besitzer dieses Gürtels von den führenden Männern der jüdischen Gemeinde in Jerusalem gefesselt und den fremden Völkern ausgeliefert werden.‹« ¹²Als wir, die mit ihm reisten, und die Gläubigen am Ort das hörten, baten wir Paulus inständig, nicht nach Jerusalem zu gehen.

¹³Doch er sagte: »Was soll das Weinen? Ihr zerreißt mir das Herz! Ich bin nicht nur bereit, mich in Jerusalem verhaften zu lassen, sondern auch für Jesus, den Herrn, zu sterben.«

¹⁴Als uns klar war, dass wir ihn nicht überreden konnten, gaben wir nach und sagten: »Der Wille des Herrn geschehe.«

Paulus in Jerusalem

¹⁵Kurz danach machten wir uns zur Weiterreise bereit und brachen nach Jerusalem auf. ¹⁶Einige Gläubige aus Cäsarea begleiteten uns und brachten uns zum Haus von Mnason, einem Mann, der aus Zypern stammte und einer der ersten Gläubigen war. ¹⁷Die Gemeinde in Jerusalem begrüßte uns herzlich.

¹⁸Am nächsten Tag kam Paulus mit uns zu Jakobus, und alle Ältesten der Jerusalemer Gemeinde wurden herbeigeholt. ¹⁹Nachdem Paulus sie begrüßt hatte, erstattete er einen ausführlichen Bericht über alles, was Gott durch sein Wirken unter den Nichtjuden vollbracht hatte.

²⁰Als sie das gehört hatten, lobten sie Gott. Dann aber sagten sie: »Du weißt, lieber Bruder, wie viele tausend der Juden gläubig geworden sind, und sie alle nehmen das Gesetz Moses sehr ernst. ²¹Unseren jüdischen Christen hier in Jerusalem hat man erzählt, ihr würdet die Juden, die außerhalb Israels leben, lehren, sich von den Gesetzen Moses abzuwenden. Sie behaupten, dass die Leute aufgrund eurer Lehre ihre Kinder nicht mehr beschneiden und auch andere jüdische Bräuche nicht mehr halten. ²²Was ist da zu tun? Denn sie werden ganz sicher erfahren, dass du gekommen bist.

²³Deshalb ist dies unser Vorschlag: Wir haben hier vier Männer, die ein Gelübde abgelegt haben und sich den Kopf scheren lassen werden. ²⁴Geh mit ihnen zum Tempel, schließe dich ihrer Reinigungszeremonie an und bezahle, was nötig ist, damit sie sich scheren lassen können. Dann werden alle wissen, dass sämtliche Gerüchte falsch sind und du selbst die jüdischen Gesetze hältst.

²⁵Was die nichtjüdischen Gläubigen betrifft, so verlangen wir von ihnen nur, was wir ihnen bereits in einem Brief mitgeteilt haben: Sie sollen nichts essen, was Götzen geopfert wurde, sollen weder Blut noch Fleisch von nicht ausgebluteten Tieren verzehren und sich von aller Unzucht fernhalten.«

Paulus wird verhaftet

²⁶Paulus war mit ihrer Bitte einverstanden, unterzog sich am folgenden Tag mit den vier Männern der Reinigungszeremonie und ging zum Tempel. Dann gab er öffentlich das Datum bekannt, wann ihre Gelübde enden und für jeden von ihnen Opfer dargebracht werden würden.

²⁷Die sieben Tage waren fast vorüber, als einige Juden aus der Provinz Asien Paulus im Tempel sahen und einen Aufruhr gegen ihn anzetteln. Sie packten ihn ²⁸und schrien: »Männer Israels! Helft uns! Das ist der Mann, der sich in seiner Lehre gegen unser Volk wendet und es dazu verführt, die jüdischen Gesetze zu missachten. Er ist nach seinen eigenen Aussagen gegen den Tempel – ja er entweiht ihn sogar, indem er Nichtjuden hereinbringt!« ²⁹Früher an jenem Tag hatten sie ihn nämlich mit dem Griechen Trophimus aus Ephesus* in der Stadt gesehen und angenommen, Paulus habe ihn in den Tempel mitgebracht.

21,4 Griech. *Jünger*; so auch in 21,16.   **21,7** Griech. *Brüder*; so auch in 21,17.   **21,29** Griech. *Trophimus, den Epheser*.

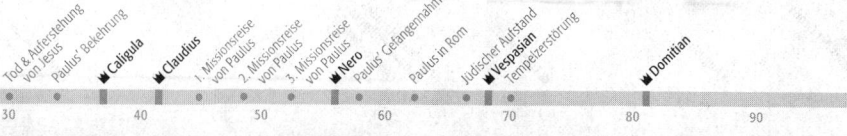

APOSTELGESCHICHTE

1–7	Die Gemeinde in Jerusalem
8–12	Beginn der Mission unter Heiden
13–28	Die Mission unter den Heiden
13–14	Die erste Missionsreise von Paulus
15	Das Jerusalemer Konzil
16–18	Die zweite Missionsreise von Paulus
19–20	Die dritte Missionsreise von Paulus
21–28	Die Gefangenschaft und Romreise von Paulus

21–23
Paulus predigt zu der Menge über seine Berufung. Das römische Bürgerrecht schützt Paulus. Paulus wird vom Hohen Rat verhört.

[Gottes Königsherrschaft und der Messias]

[30] Durch diese Anschuldigungen geriet die gesamte Bevölkerung der Stadt in Aufruhr, und es kam zu einem Tumult. Sie zerrten Paulus aus dem Tempel und schlossen hinter ihm sofort die Tore. [31] Während sie versuchten, ihn zu töten, erfuhr der Oberste der römischen Garnison, dass ganz Jerusalem in Aufregung war. [32] Sofort ließ er seine Soldaten und Offiziere antreten und ging rasch hinaus, mitten unter die Menge. Als das Volk den Befehlshaber und die Soldaten kommen sah, hörten sie auf, Paulus zu prügeln. [33] Der Befehlshaber verhaftete ihn und ließ ihn mit zwei Ketten fesseln. Dann fragte er die Menge, wer dieser Mann sei und was er getan habe. [34] Die einen riefen dies, die anderen jenes. In dem Geschrei und Durcheinander konnte er die Wahrheit nicht herausfinden, also befahl er, Paulus in die Festung zu bringen. [35] Als sie die Treppe erreichten, wurde die Menge so gewalttätig, dass die Soldaten Paulus auf ihre Schultern heben mussten, um ihn zu schützen. [36] Die Menge drängte hinterher und schrie: »Weg mit ihm, weg mit ihm!«

Paulus spricht zu der Menge
[37] Als sie Paulus hineinführen wollten, fragte er den Befehlshaber: »Ist es mir erlaubt, mit dir zu sprechen?«
Der Kommandant wunderte sich: »Du verstehst Griechisch? [38] Bist du denn nicht der Ägypter, der vor einiger Zeit einen Aufstand anzettelte und viertausend Mitglieder jener fanatischen Partei in die Wüste führte?«
[39] Paulus erwiderte: »Nein, ich bin ein Jude aus der bedeutenden Stadt Tarsus in Zilizien. Bitte, lass mich zu diesen Leuten sprechen.« [40] Der Befehlshaber stimmte zu, und so stellte sich Paulus auf die Treppe und bat mit Gesten um Ruhe. Bald herrschte tiefes Schweigen in der Menge. Dann sprach er die Menschen in ihrer Muttersprache Hebräisch an.

22 »Brüder und verehrte Väter«, sagte Paulus, »hört, was ich zu meiner Verteidigung zu sagen habe.« [2] Als sie ihn in ihrer eigenen Sprache* reden hörten, wurde es noch stiller. Er fuhr fort: [3] »Ich bin ein Jude. Ich wurde in der Stadt Tarsus in Zilizien geboren und wuchs hier in Jerusalem auf. Ich bin bei Gamaliel in die Schule gegangen. Zu seinen Füßen lernte ich, unsere jüdischen Gesetze und Bräuche genau zu befolgen. Ich entwickelte großen Eifer darin, Gott zu ehren, genauso wie ihr alle es heute tut. [4] Und ich verfolgte die Anhänger des neuen

---
22,2 Griech. *in Hebräisch.*

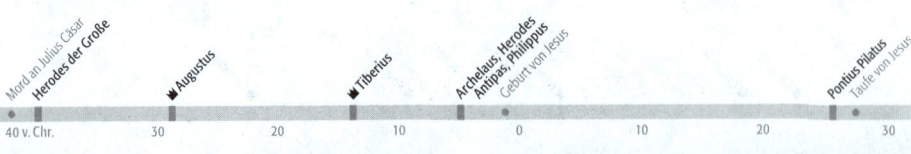

Glaubens bis in den Tod. Männer und Frauen verhaftete ich und brachte sie ins Gefängnis. ⁵Der Hohe Priester und der gesamte Hohe Rat können dies bezeugen. Denn sie gaben mir Briefe an unsere jüdischen Brüder in Damaskus, die mir die Vollmacht verliehen, die dortigen Gläubigen in Ketten nach Jerusalem abzuführen, damit sie bestraft würden.

⁶Auf dem Weg dorthin – ich war bereits in der Nähe von Damaskus – umstrahlte mich um die Mittagszeit plötzlich vom Himmel ein blendend helles Licht. ⁷Ich stürzte zu Boden und hörte eine Stimme zu mir sprechen: ›Saul, Saul, warum verfolgst du mich?‹

⁸›Herr, wer bist du?‹, fragte ich. Und er antwortete: ›Ich bin Jesus von Nazareth, den du verfolgst.‹ ⁹Meine Begleiter sahen das Licht auch, aber sie hörten die Stimme nicht.

¹⁰Ich sagte: ›Was soll ich tun, Herr?‹ Und der Herr erwiderte: ›Steh auf und geh nach Damaskus; dort wird dir gesagt werden, was du tun sollst.‹

¹¹Durch das helle Licht war ich erblindet, sodass meine Begleiter mich an der Hand nach Damaskus hineinführen mussten. ¹²Dort lebte ein Mann mit Namen Hananias, ein frommer Jude, der sich an das Gesetz hielt und unter seinen Glaubensbrüdern in Damaskus hohes Ansehen genoss. ¹³Er kam zu mir, stellte sich neben mich und sagte: ›Bruder Saul, du sollst wieder sehen können!‹ Und noch in derselben Stunde konnte ich ihn sehen!

¹⁴Dann sagte er zu mir: ›Der Gott unserer Vorfahren hat dich erwählt, seinen Willen zu erfahren und den Gerechten zu sehen und ihn sprechen zu hören. ¹⁵Du sollst seine Botschaft in die ganze Welt tragen und allen Menschen sagen, was du gesehen und gehört hast. ¹⁶Was zögerst du noch? Steh auf und lass dich taufen. Rufe den Namen des Herrn an und lass deine Sünden abwaschen.‹

¹⁷Eines Tages, nachdem ich nach Jerusalem zurückgekehrt war, betete ich gerade im Tempel, als ich in Verzückung fiel. ¹⁸In einer Vision sah ich Jesus, der zu mir sagte: ›Schnell! Verlasse Jerusalem, denn die Menschen hier werden dir nicht glauben, was du von mir sagst.‹

¹⁹›Aber Herr‹, wandte ich ein, ›sie wissen ganz bestimmt, dass ich alle, die an dich glaubten, in den Synagogen verhaften und auspeitschen ließ. ²⁰Und als dein Zeuge Stephanus getötet wurde, stand ich daneben und gab meine Zustimmung. Ich verwahrte die Mäntel, die sie ablegten, als sie ihn steinigten.‹

²¹Doch der Herr sagte zu mir: ›Verlasse Jerusalem, denn ich werde dich weit fort zu den anderen Völkern senden!‹«

²²Bis dahin hatte die Menge zugehört, doch jetzt riefen sie wie aus einem Mund: »Fort mit einem solchen Mann! Bringt ihn um! Er verdient es nicht, weiterzuleben!« ²³Sie schrien, zogen ihre Mäntel aus und warfen Staub in die Luft.

Paulus offenbart sein römisches Bürgerrecht

²⁴Der Befehlshaber führte Paulus hinein und befahl, ihn auszupeitschen, um ihn zu einem Geständnis seines Verbrechens zu zwingen. Er wollte herausfinden, was die Menge so in Wut versetzt hatte. ²⁵Als sie Paulus festbanden, um ihn auszupeitschen, sagte dieser zu dem Offizier, der neben ihm stand: »Ist es etwa rechtens, einen römischen Bürger auszupeitschen, und das ohne Gerichtsverhandlung?«

²⁶Da ging der Offizier zum Befehlshaber und fragte: »Was tust du da? Dieser Mann ist ein römischer Bürger!«

²⁷Daraufhin ging der Kommandant hinüber und fragte Paulus: »Sag mir, bist du ein römischer Bürger?«

Der erwiderte: »Ja, das bin ich.«

²⁸»Ich habe viel Geld dafür bezahlt, das Bürgerrecht zu erwerben«, sagte der Kommandant. Und Paulus sprach: »Ich aber bin Bürger Roms durch Geburt!«

²⁹Die Soldaten, die Paulus verhören wollten, zogen sich schnell zurück, als sie hörten, dass er das römische Bürgerrecht besaß, und der Befehlshaber bekam es mit der Angst zu tun, weil er ihn hatte fesseln lassen.

Paulus vor dem Hohen Rat

³⁰Am nächsten Tag ließ der Kommandant Paulus die Ketten abnehmen und ordnete eine Versammlung der obersten Priester und des jüdischen Hohen Rats an. Er ließ ihnen Paulus vorführen, um herauszufinden, wie der ganze Aufruhr entstanden war.

23 Paulus sah den Hohen Rat mit festem Blick an und begann zu sprechen: »Brüder, ich habe immer mit gutem Gewissen vor Gott gelebt!«

²Sofort befahl der Hohe Priester Hananias denen, die neben Paulus standen, ihn auf den Mund zu schlagen. ³Doch Paulus erwiderte: »Gott wird dich schlagen, du getünchte Wand! Was für ein Richter bist du denn, wenn du selbst das Gesetz brichst, indem du mich schlagen lässt?«

⁴Die, die neben Paulus standen, sagten zu ihm: »Ist das die Art, wie man mit einem Hohen Priester spricht?«

⁵»Es tut mir leid, Brüder. Ich wusste nicht, dass er der Hohe Priester ist«, entgegnete Paulus,

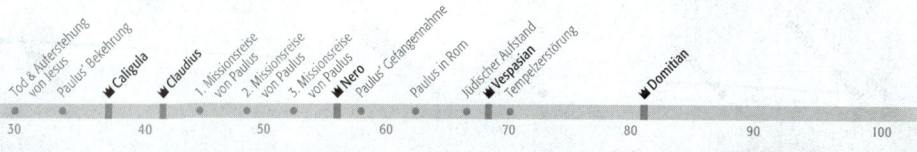

APOSTELGESCHICHTE

1–7	Die Gemeinde in Jerusalem
8–12	Beginn der Mission unter Heiden
13–28	Die Mission unter den Heiden
13–14	Die erste Missionsreise von Paulus
15	Das Jerusalemer Konzil
16–18	Die zweite Missionsreise von Paulus
19–20	Die dritte Missionsreise von Paulus
21–28	Die Gefangenschaft und Romreise von Paulus

23–24
Streit im Hohen Rat. Mordkomplott gegen Paulus. Die Römer bringen Paulus in Sicherheit. Paulus beim Statthalter Felix.

[Gottes Königsherrschaft und der Messias]

»denn in der Schrift heißt es: ›Eine führende Persönlichkeit deines Volkes sollst du nicht beschimpfen.‹*«

⁶Paulus wusste, dass einige Mitglieder des Hohen Rats Sadduzäer und andere Pharisäer waren, deshalb rief er: »Brüder, ich bin ein Pharisäer, wie schon alle meine Vorfahren es waren! Und ich stehe unter Anklage, weil ich auf die Auferstehung der Toten hoffe!«

⁷Daraufhin entstand im Rat Streit zwischen Pharisäern und Sadduzäern. ⁸Denn die Sadduzäer behaupten, dass es weder eine Auferstehung noch Engel oder Geister gibt, während die Pharisäer an all das glauben. ⁹Und so kam es zu einem lauten Wortgefecht. Einige Schriftgelehrte, die Pharisäer waren, sprangen auf und verkündeten, dass Paulus recht habe. »Wir können nichts Unrechtes an ihm finden«, riefen sie. »Vielleicht hat ja ein Geist oder ein Engel zu ihm gesprochen.« ¹⁰Das Geschrei wurde immer lauter, und die Männer packten Paulus von beiden Seiten und zerrten ihn hin und her. Als der römische Befehlshaber schließlich befürchtete, sie könnten Paulus in Stücke reißen, befahl er seinen Soldaten, ihn herauszuholen und in die Festung zurückzubringen.

¹¹In dieser Nacht erschien der Herr Paulus und sagte zu ihm: »Sei zuversichtlich, Paulus. Genauso, wie du den Menschen hier in Jerusalem von mir erzählt hast, musst du meine Botschaft auch in Rom predigen.«

Der Mordplan gegen Paulus

¹²Am nächsten Morgen traf sich eine Gruppe Juden. Sie verpflichteten sich mit einem Eid, weder zu essen noch zu trinken, bis sie Paulus getötet hätten. ¹³Es waren über vierzig Männer, die das beschlossen hatten. ¹⁴Sie gingen zu den obersten Priestern und den anderen führenden Männern des jüdischen Volkes und sagten: »Wir haben uns unter Eid verpflichtet, weder zu essen noch zu trinken, bis wir Paulus getötet haben. ¹⁵Ihr und der Hohe Rat sollt den römischen Kommandanten bitten, Paulus noch einmal dem Rat vorzuführen«, schlugen sie vor. »Tut so, als wolltet ihr den Fall noch genauer untersuchen. Unterwegs werden wir ihn dann töten.«

¹⁶Doch der Neffe von Paulus erfuhr von ihrem Plan. Er ging zur Festung und unterrichtete Paulus darüber. ¹⁷Paulus rief einen der Offiziere zu sich und sagte: »Führt diesen jungen Mann zum Befehlshaber. Er hat ihm etwas Wichtiges zu melden.«

¹⁸Das tat der Offizier und erklärte: »Der Gefangene Paulus rief mich und bat mich, diesen

23,5 2.Mose 22,27

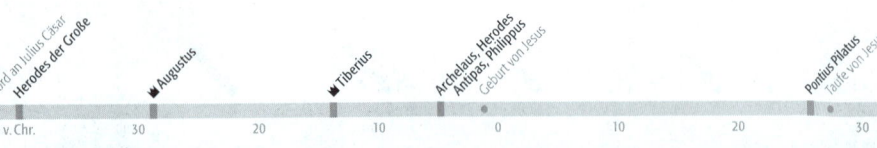

jungen Mann zu dir zu bringen, weil er dir etwas zu berichten hat.«

¹⁹Der Befehlshaber nahm ihn am Arm, führte ihn zur Seite und fragte: »Was hast du mir also zu sagen?«

²⁰Er erklärte ihm: »Einige Juden werden dich bitten, Paulus morgen noch einmal dem jüdischen Hohen Rat vorzuführen, und zwar unter dem Vorwand, genauere Aussagen von ihm erhalten zu wollen. ²¹Doch das darfst du auf keinen Fall zulassen! Mehr als vierzig Männer werden ihm auflauern, um ihn zu töten. Sie haben geschworen, nichts zu essen oder zu trinken, bis sie ihn getötet haben. Sie stehen bereit und rechnen damit, dass du ihnen ihre Bitte gewährst.«

²²»Lass niemanden wissen, dass du mir das gesagt hast«, warnte der Befehlshaber den jungen Mann und entließ ihn.

Paulus wird nach Cäsarea gebracht

²³Dann rief er zwei seiner Offiziere und ordnete an: »Haltet zweihundert Soldaten bereit, heute Abend um neun Uhr nach Cäsarea aufzubrechen. Außerdem sollt ihr zweihundert Speerwerfer und siebzig Reiter mitnehmen. ²⁴Stellt Reitpferde für Paulus zur Verfügung und bringt ihn sicher zum Statthalter Felix.« ²⁵Dann schrieb er folgenden Brief an den Statthalter:

²⁶»Von Klaudius Lysias an Seine Exzellenz, den Statthalter Felix. Sei gegrüßt! ²⁷Dieser Mann fiel einigen Juden in die Hände, und sie waren im Begriff, ihn zu töten, als ich mit den Truppen hinzukam. Als ich erfuhr, dass er ein römischer Bürger ist, brachte ich ihn in Sicherheit. ²⁸Dann führte ich ihn dem jüdischen Hohen Rat vor, um herauszufinden, was er getan hatte. ²⁹Ich erfuhr, dass es um irgendeine Frage ihres religiösen Gesetzes ging – nichts, was die Todesstrafe oder auch nur eine Verhaftung gerechtfertigt hätte. ³⁰Als ich nun von einem geplanten Mordanschlag gegen ihn erfuhr, schickte ich ihn sofort zu dir und habe auch seinen Anklägern gesagt, sie sollen mit ihren Anschuldigungen zu dir kommen.«

³¹Noch in derselben Nacht brachten die Soldaten, wie es ihnen befohlen worden war, Paulus bis Antipatris. ³²Am nächsten Morgen kehrten sie in die Festung zurück, während die Reiter ihn nach Cäsarea brachten. ³³Als sie dort ankamen, führten sie Paulus dem Statthalter Felix vor und übergaben diesem den Brief. ³⁴Er las ihn und fragte Paulus dann, aus welcher Provinz er stamme. »Aus Zilizien«, antwortete Paulus.

³⁵»Ich werde mir deinen Fall selbst vornehmen, wenn deine Ankläger eintreffen«, teilte der Statthalter ihm mit. Dann befahl er, Paulus bis dahin im Gefängnis in Gewahrsam zu nehmen, das sich im ehemaligen Palast des Herodes befand.

Paulus wird Felix vorgeführt

24 Fünf Tage später traf der Hohe Priester Hananias mit einigen führenden Männern der Juden und dem Anwalt* Tertullus ein, um gegen Paulus Anklage zu erheben. ²Als Paulus hereingerufen wurde, erhob Tertullus in folgender Rede vor dem Statthalter Anklage gegen ihn:

»Sehr verehrter Felix, du hast uns Juden Frieden verschafft und für uns Reformen durchgeführt. ³Für all das sind wir dir sehr dankbar. ⁴Doch um dich nicht zu langweilen, bitte ich nur einen Augenblick um deine freundliche Aufmerksamkeit, um dir kurz unser Anliegen gegen diesen Mann darzulegen. ⁵Denn wir haben festgestellt, dass er ein Unruhestifter ist, der überall in der Welt die Juden zu Aufständen und zur Rebellion gegen die römische Regierung aufhetzt. Er ist einer der Anführer der Sekte der Nazarener. ⁶Als wir ihn verhafteten, war er soeben im Begriff, den Tempel zu entweihen.* ⁸Die Wahrheit unserer Anklagen kannst du überprüfen, indem du ihn selbst verhörst.« ⁹An dieser Stelle pflichteten die anderen Juden ihm bei und erklärten, alles, was Tertullus behauptet hatte, sei wahr.

¹⁰Der Statthalter bedeutete Paulus, aufzustehen und zu sprechen. Paulus sagte: »Ich weiß, Herr, dass du schon seit Jahren Richter für jüdische Angelegenheiten bist, und das gibt mir Sicherheit, wenn ich nun meine Verteidigung vorbringe. ¹¹Du kannst ohne weiteres feststellen, dass es höchstens zwölf Tage her ist, seit ich nach Jerusalem gekommen bin, um im Tempel zu Gott zu beten. ¹²Ich stritt mit niemandem im Tempel, noch habe ich in irgendeiner Synagoge oder auf den Straßen der Stadt einen Aufruhr angezettelt. ¹³Diese Männer können mit Sicherheit nicht beweisen, was sie gegen mich vorbringen.

¹⁴Ich gebe allerdings zu, dass ich dem neuen Glauben folge, den sie als Sekte bezeichnen. Ich bete den Gott unserer Vorfahren an und glaube fest an das jüdische Gesetz und an alles, was in den prophetischen Büchern steht. ¹⁵Genau wie

---

24,1 Griech. *einigen Ältesten und einem Redner*. **24,6** Einige Handschriften ergänzen *Wir hätten ihn nach unserem Gesetz verurteilt, ⁷doch Lysias, der Befehlshaber des Regiments, kam und nahm ihn uns mit Gewalt weg; er befahl seinen Anklägern, vor dir zu erscheinen.*

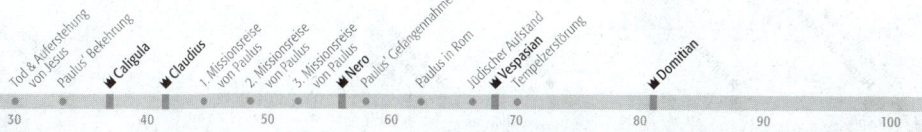

APOSTELGESCHICHTE

1–7	Die Gemeinde in Jerusalem
8–12	Beginn der Mission unter Heiden
13–28	Die Mission unter den Heiden
13–14	Die erste Missionsreise von Paulus
15	Das Jerusalemer Konzil
16–18	Die zweite Missionsreise von Paulus
19–20	Die dritte Missionsreise von Paulus
21–28	Die Gefangenschaft und Romreise von Paulus

24–26
Paulus bleibt zwei Jahre bei Felix. Paulus vor Gericht. Paulus spricht mit König Agrippa.

[Gottes Königsherrschaft und der Messias]

diese Männer hoffe ich im Vertrauen auf Gott darauf, dass er sowohl die Gerechten als auch die Ungerechten auferwecken wird. ¹⁶Aus diesem Grund versuche ich immer, mir vor Gott und den Menschen ein reines Gewissen zu bewahren.

¹⁷Nachdem ich mehrere Jahre fort war, kehrte ich nach Jerusalem zurück, um meinem Volk Geld zur Unterstützung zu bringen und Gott zu opfern. ¹⁸Meine Ankläger sahen mich im Tempel, als ich gerade eine Reinigungszeremonie erfüllte. Ich hatte keine Menschenmenge um mich versammelt, und es kam auch nicht zu einem Aufstand. ¹⁹Aber es waren einige Juden aus der Provinz Asien dort – diese Leute sollten jetzt eigentlich hier sein, um Anklage zu erheben, wenn sie mir denn etwas vorzuwerfen haben! ²⁰Frag doch diese Männer hier, welches Unrecht der jüdische Hohe Rat mir nachgewiesen hat, ²¹abgesehen von meinem Ausruf: ›Ich stehe heute hier vor Gericht, weil ich an die Auferstehung von den Toten glaube!‹«

²²Felix, der mit der neuen Glaubenslehre recht gut vertraut war, vertagte die Anhörung und sagte: »Wartet, bis Lysias, der Befehlshaber des Regiments, eintrifft. Dann werde ich den Fall entscheiden.« ²³Er gab einem Offizier Anweisung, Paulus zwar in Gewahrsam zu halten, ihm aber Freiheiten einzuräumen. So durfte er Besuch von seinen Freunden haben, die für seine Bedürfnisse sorgten.

²⁴Ein paar Tage später kam Felix mit seiner Frau Drusilla, die Jüdin war. Sie ließen Paulus holen und hörten zu, während er ihnen vom Glauben an Christus Jesus erzählte. ²⁵Doch als er mit ihnen über Gerechtigkeit und Enthaltsamkeit und das kommende Gericht sprach, bekam Felix es mit der Angst zu tun. »Für den Augenblick kannst du gehen«, entgegnete er. »Zu einem passenderen Zeitpunkt werde ich dich dann wieder holen lassen.« ²⁶Außerdem hoffte er, dass Paulus ihm ein Bestechungsgeld anbieten würde; deshalb ließ er ihn öfter holen und unterhielt sich mit ihm.

²⁷Auf diese Weise vergingen zwei Jahre; dann wurde Porzius Festus Nachfolger von Felix. Und weil Felix sich bei den Juden beliebt machen wollte, ließ er Paulus nicht frei, sondern hielt ihn weiter im Gefängnis in Haft.

Paulus wird Festus vorgeführt

25 Drei Tage, nachdem Festus in Cäsarea angekommen war, um sein neues Amt anzutreten, reiste er nach Jerusalem. ²Dort trafen die obersten Priester und andere führende Männer

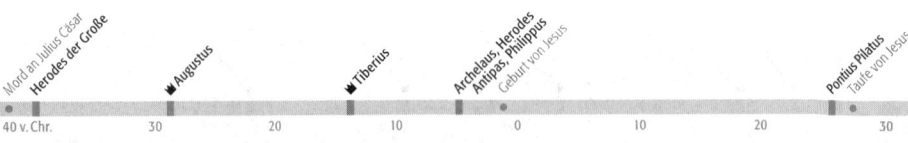

des jüdischen Volkes mit ihm zusammen und trugen ihre Anschuldigungen gegen Paulus vor. ³Sie baten Festus um die Gefälligkeit, Paulus nach Jerusalem zu überstellen, denn sie planten, ihn unterwegs hinterrücks zu überfallen und umzubringen. ⁴Doch Festus entgegnete, dass Paulus sich in Cäsarea befände und dass er selbst bald dorthin zurückkehren werde. ⁵»Wer von euch dazu ermächtigt ist«, sagte er, »der kann ja mit mir zurückkehren. Wenn Paulus etwas Unrechtes getan hat, könnt ihr eure Anschuldigungen dort vorbringen.«

⁶Acht oder zehn Tage später kehrte er nach Cäsarea zurück, und am folgenden Tag begann der Prozess. ⁷Als Paulus vor Gericht erschien, versammelten sich die führenden Juden aus Jerusalem und erhoben viele schwerwiegende Anklagen, die sie allerdings nicht beweisen konnten. ⁸Paulus wies die Anschuldigungen zurück. »Ich bin nicht schuldig«, erklärte er. »Ich habe keinen Verstoß gegen die jüdischen Gesetze oder den Tempel oder die römische Regierung begangen.«

⁹Da Festus sich bei den Juden beliebt machen wollte, fragte er ihn: »Bist du bereit, nach Jerusalem zu gehen und dich dort einem Gerichtsverfahren unter meinem Vorsitz zu stellen?«

¹⁰»Nein!« erwiderte Paulus. »Ich stehe hier vor dem Richterstuhl des Kaisers, wo ich auch gerichtet werden muss. Ich habe den Juden in keiner Weise unrecht getan. Und das weißt du auch. ¹¹Wenn ich etwas getan habe, was die Todesstrafe verdient, dann weigere ich mich nicht zu sterben. Bin ich aber unschuldig, hast weder du noch irgendjemand sonst das Recht, mich diesen Männern auszuliefern. Ich berufe mich auf den Kaiser!«

¹²Festus hielt Rücksprache mit seinen Beratern und erwiderte dann: »Also gut! Du hast dich auf den Kaiser berufen, dann sollst du auch zum Kaiser gehen!«

¹³Einige Tage später traf König Agrippa mit seiner Schwester Berenike* zu einem Antrittsbesuch bei Festus ein. ¹⁴Während ihres mehrtägigen Aufenthalts erörterte Festus die Angelegenheit mit dem König. »Es gibt hier einen Gefangenen«, erklärte er, »dessen Fall Felix mir hinterlassen hat. ¹⁵Als ich in Jerusalem war, brachten die obersten Priester und andere einflussreiche Juden schwere Beschuldigungen gegen ihn vor und verlangten von mir, ihn zu verurteilen. ¹⁶Ich habe ihnen erklärt, dass nach römischem Gesetz niemand ohne Prozess verurteilt wird. Jeder erhält die Gelegenheit, sich in Gegenwart seiner Ankläger zu verteidigen.

¹⁷Als sie zum Prozess erschienen, hielt ich gleich am nächsten Tag Gericht und ließ Paulus vorführen. ¹⁸Doch die Anklagen, die gegen ihn erhoben wurden, waren völlig anders, als ich erwartet hatte. ¹⁹Es hatte mit ihrer Religion zu tun und mit einem gewissen Jesus, der gestorben ist, von dem Paulus aber behauptet, dass er lebt. ²⁰Das brachte mich in Verlegenheit, wie in einem solchen Fall zu verfahren ist, und ich fragte ihn, ob er bereit wäre, sich wegen dieser Anklagen in Jerusalem vor Gericht stellen zu lassen. ²¹Aber Paulus berief sich auf den Kaiser. Deshalb befahl ich, ihn wieder ins Gefängnis zu stecken, bis ich die nötigen Vorbereitungen getroffen hätte, ihn zum Kaiser zu schicken.«

²²»Ich würde mir diesen Mann gern selbst einmal anhören«, meinte Agrippa.

Und Festus erwiderte: »Das sollst du – gleich morgen!«

Paulus spricht vor Agrippa

²³So erschienen Agrippa und Berenike am nächsten Tag mit großem Prunk in Begleitung der hohen Offiziere und der einflussreichsten Männer der Stadt im Auditorium. Festus befahl, Paulus vorzuführen. ²⁴Dann erklärte er: »König Agrippa und alle Anwesenden, dies ist der Mann, dessen Tod sowohl die Juden hier am Ort als auch die Juden in Jerusalem fordern. ²⁵Meiner Meinung nach hat er jedoch nichts getan, was die Todesstrafe verdient hätte. Er hat sich auf den Kaiser berufen, und ich habe beschlossen, ihn dorthin zu schicken. ²⁶Doch was soll ich dem Kaiser schreiben? Denn es liegt keine wirkliche Klage gegen ihn vor. Deshalb lasse ich ihn euch allen, und besonders dir, König Agrippa, vorführen, damit ich nach unserer gemeinsamen Befragung irgendetwas schreiben kann. ²⁷Denn es erscheint mir unsinnig, einen Gefangenen zum Kaiser zu schicken, ohne genau zu erklären, welche Anklage gegen ihn vorliegt!«

26 Da sagte Agrippa zu Paulus: »Du kannst nun zu deiner Verteidigung sprechen.«

Paulus hob die Hand und begann seine Verteidigung: ²»Ich schätze mich glücklich, König Agrippa, dass ich gerade dir meine Verteidigung gegen all diese Anschuldigungen durch die führenden Männer des jüdischen Volkes vortragen kann, ³denn ich weiß, dass du dich mit jüdischen Bräuchen und Streitfragen sehr gut auskennst. Nun sei so freundlich, mich geduldig anzuhören!

⁴Wie die führenden Männer des jüdischen

25,13 Griech. *König Agrippa und Berenike.*

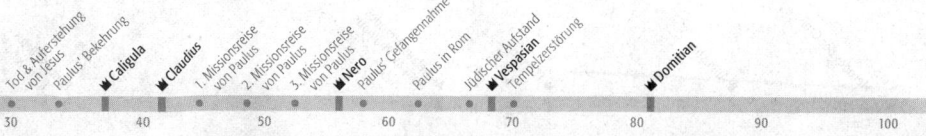

APOSTELGESCHICHTE

1–7	Die Gemeinde in Jerusalem
8–12	Beginn der Mission unter Heiden
13–28	Die Mission unter den Heiden
13–14	Die erste Missionsreise von Paulus
15	Das Jerusalemer Konzil
16–18	Die zweite Missionsreise von Paulus
19–20	Die dritte Missionsreise von Paulus
21–28	Die Gefangenschaft und Romreise von Paulus

26–27
Verteidigungsrede von Paulus. Paulus soll in Rom verhört werden. Die Reise nach Rom. Ein Sturm zieht auf.

[Gottes Königsherrschaft und der Messias]

Volkes sehr wohl wissen, wurde ich von frühester Kindheit an bei meinem eigenen Volk und in Jerusalem nach jüdischer Tradition erzogen. ⁵Wenn sie es vielleicht auch nicht zugeben, so wissen sie doch genau, dass ich ein Mitglied der Pharisäer war, der strengsten Gruppierung unserer Religion. ⁶Nun stehe ich vor Gericht, weil ich die Erfüllung der Verheißung erwarte, die Gott unseren Vorfahren gegeben hat. ⁷Die zwölf Stämme Israels beten wegen dieser Verheißung Tag und Nacht zu Gott; sie haben dieselbe Hoffnung wie ich. Trotzdem behaupten sie, König, es sei falsch von mir, diese Hoffnung zu hegen! ⁸Warum sollte es denn irgendjemand von euch für unglaubwürdig halten, dass Gott die Toten auferwecken kann?

⁹Früher glaubte ich, alles, was in meinen Kräften steht, tun zu müssen, um den Anhängern des Jesus von Nazareth Einhalt zu gebieten*. ¹⁰Von den Anführern des jüdischen Volkes dazu bevollmächtigt, ließ ich viele Gläubige in Jerusalem verhaften. Wenn sie zum Tode verurteilt wurden, stimmte ich ebenso gegen sie. ¹¹Oft ließ ich sie in den Synagogen auspeitschen, weil ich sie dazu bringen wollte, Christus zu verfluchen. Ich bekämpfte sie mit solcher Erbitterung, dass ich sie sogar bis in weit entfernte Städte im Ausland verfolgte.

¹²Aus diesem Grund reiste ich eines Tages mit der Ermächtigung und im Auftrag der obersten Priester nach Damaskus. ¹³Etwa gegen Mittag, o König, fiel aus dem Himmel ein Licht, strahlender als die Sonne, auf mich und meine Begleiter. ¹⁴Wir stürzten alle zu Boden, und ich hörte, wie eine Stimme auf Hebräisch zu mir sagte: ›Saul, Saul, warum verfolgst du mich? Es ist schwer für dich, gegen meinen Willen anzukämpfen.*‹

¹⁵›Wer bist du, Herr?‹, fragte ich.

Und der Herr antwortete: ›Ich bin Jesus, den du verfolgst. ¹⁶Steh jetzt auf! Denn ich bin dir erschienen, um dich zu meinem Diener und Zeugen zu machen. Du sollst der Welt von dieser Erfahrung und von anderen Ereignissen erzählen, bei denen ich dir erscheinen werde. ¹⁷Und ich werde dich sowohl vor deinem eigenen Volk als auch vor den anderen Völkern beschützen, zu denen ich dich senden werde. ¹⁸Ihnen sollen die Augen geöffnet werden, damit sie sich vom Dunkel zum Licht und aus der Macht Satans zu Gott bekehren. Dann werden sie Vergebung für ihre Sünden und einen Platz im Volk Gottes empfangen, alle, die durch den Glauben an mich ausgesondert sind.‹

26,9 Griech. *dem Namen des Jesus von Nazareth Widerstand zu leisten.* 26,14 Griech. *Es ist schwer für dich, gegen den Ochsen-Treibstock auszuschlagen.*

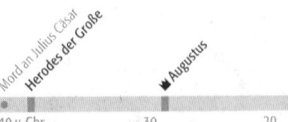

¹⁹Deshalb, König Agrippa, habe ich dieser Vision aus dem Himmel gehorcht. ²⁰Ich habe zuerst den Juden in Damaskus, dann denen in Jerusalem und in ganz Judäa sowie auch den Nichtjuden gepredigt, dass sie sich von ihren Sünden abwenden und zu Gott bekehren müssen. Durch ihre guten Werke sollen sie beweisen, dass sie ihr Leben geändert haben. ²¹Weil ich das gepredigt habe, verhafteten mich einige Juden im Tempel und versuchten, mich umzubringen. ²²Doch Gott beschützte mich, sodass ich heute noch lebe, um allen, vom Kleinsten bis zum Größten, diese Tatsachen zu berichten. Ich lehre nur das, was schon die Propheten und Mose vorausgesagt haben – ²³nämlich dass der Christus leiden und als Erster von den Toten auferstehen würde, als Licht für die Juden wie für die Nichtjuden.«

²⁴Plötzlich rief Festus: »Paulus, du bist verrückt. Das viele Studieren hat dir wohl den Verstand geraubt!«

²⁵Doch Paulus erwiderte: »Ich bin nicht verrückt, ehrwürdigster Festus. Was ich sage, ist wahr und meine Worte sind vernünftig. ²⁶König Agrippa weiß darüber Bescheid. Ich spreche ganz offen, denn ich bin sicher, dass diese Ereignisse ihm alle wohl bekannt sind; schließlich haben sie sich nicht im Verborgenen ereignet! ²⁷König Agrippa, glaubst du den Propheten? Ich weiß, dass du es tust.«

²⁸Agrippa unterbrach ihn: »Meinst du wirklich, du kannst so leicht einen Christen aus mir machen?«*

²⁹Paulus entgegnete: »Ob leicht oder nicht, jedenfalls bete ich zu Gott, dass sowohl du als auch jeder Einzelne der Zuhörer hier so werde wie ich – nur ohne diese Ketten.«

³⁰Da standen der König, der Statthalter, Berenike und alle anderen auf und gingen. ³¹Als sie miteinander über die Angelegenheit sprachen, waren sie sich einig: »Dieser Mann hat nichts getan, was eine Todes- oder Gefängnisstrafe verdient hätte.« ³²Und Agrippa sagte zu Festus: »Er könnte eigentlich freigelassen werden, wenn er sich nicht auf den Kaiser berufen hätte!«

Paulus segelt nach Rom

27 Als die Zeit gekommen war, nach Italien zu segeln, wurden Paulus und mehrere andere Gefangene einem Offizier mit Namen Julius, einem Würdenträger der kaiserlichen Garde, übergeben. ²Aristarch, ein Mazedonier aus Thessalonich, begleitete uns ebenfalls. Wir segelten mit einem Schiff, das aus dem Hafen von Adramyttion stammte und unterwegs mehrere Häfen an der Küste der Provinz Asien anlaufen sollte.

³Als wir am nächsten Tag in Sidon anlegten, gestattete Julius Paulus freundlicherweise, an Land zu gehen und Freunde zu besuchen, damit sie ihn mit dem Nötigen versorgen konnten. ⁴Nachdem wir von dort wieder in See gestochen waren, hatten wir durch starke Gegenwinde Schwierigkeiten, den Kurs zu halten; deshalb segelten wir nördlich von Zypern zwischen der Insel und dem Festland hindurch. ⁵Wir fuhren die Küste der Provinzen Zilizien und Pamphylien entlang und legten in Myra in der Provinz Lyzien an. ⁶Dort fand der Offizier ein ägyptisches Schiff aus Alexandrien, das nach Italien unterwegs war, und brachte uns an Bord.

⁷Mehrere Tage lang kamen wir wegen der rauen See kaum voran, und nach großen Schwierigkeiten gelangten wir endlich in die Nähe von Knidos. Doch der Wind stand uns entgegen; deshalb segelten wir zur Südseite Kretas, vorbei am Kap von Salmone. ⁸Mit großer Mühe kämpften wir uns an der Küste entlang und erreichten schließlich einen Ort namens Kaloi Limenes in der Nähe der Stadt Lasäa. ⁹Mittlerweile hatten wir viel Zeit verloren. Das Wetter wurde allmählich zu gefährlich für längere Seereisen, da es schon spät im Herbst war*, und Paulus sprach mit den Seeleuten darüber.

¹⁰»Männer, wir werden in Schwierigkeiten geraten, wenn wir jetzt aufbrechen. Uns drohen nicht nur Schiffbruch und Verlust der Fracht, sondern auch Gefahr für Leib und Leben.«

¹¹Doch der Offizier, der für die Gefangenen verantwortlich war, hörte mehr auf den Steuermann und den Schiffseigner als auf Paulus. ¹²Und da der Hafen an einer ungeschützten Stelle lag – ein wenig geeigneter Ort, um dort zu überwintern – wollte die Mehrheit der Besatzung weiter an der Küste Kretas entlang nach Phönix segeln und den Winter dort verbringen. Phönix war ein guter Hafen, der sich nur nach Südwest und Nordwest öffnete.

Der Sturm

¹³Als sich dann ein leichter Südwind erhob, dachten die Seeleute, sie könnten es schaffen. Also lichteten sie den Anker und segelten in Küstennähe weiter, an Kreta entlang. ¹⁴Doch plötz-

---

26,28 O. *Es fehlt nicht viel und deine Argumente machen mich zum Christen.* 27,9 Griech. *weil das Fasten nun schon vorbei war.* Dieses Fasten fand am Versöhnungstag statt, also Ende September/Anfang Oktober.

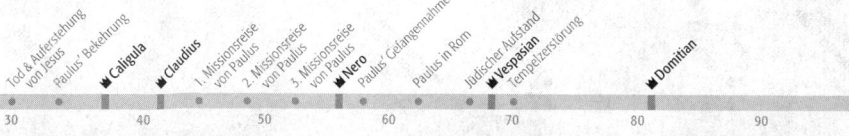

APOSTELGESCHICHTE

1–7	Die Gemeinde in Jerusalem
8–12	Beginn der Mission unter Heiden
13–28	Die Mission unter den Heiden
13–14	Die erste Missionsreise von Paulus
15	Das Jerusalemer Konzil
16–18	Die zweite Missionsreise von Paulus
19–20	Die dritte Missionsreise von Paulus
21–28	Die Gefangenschaft und Romreise von Paulus

27–28

Paulus erleidet Schiffbruch. Er strandet auf Malta und wird von einer Schlange gebissen. Ein Kranker wird geheilt. Weiterreise nach Rom.

[Gottes Königsherrschaft und der Messias]

lich schlug das Wetter um, und ein Wind mit der Kraft eines Wirbelsturms (den man »Nordost« nennt) kam auf. [15]Als es ihnen nicht gelang, das Schiff in den Wind zu drehen, gaben sie auf und ließen es treiben.

[16]Wir segelten südlich an einer kleinen Insel mit Namen Kauda* vorbei, wo wir mit großer Mühe das Rettungsboot an Bord zogen, das wir im Schlepptau mitführten. [17]Dann spannten wir Seile um den Schiffsrumpf, um ihn zu sichern. Die Seeleute hatten Angst, zu den Sandbänken der Syrte vor der afrikanischen Küste getrieben zu werden; deshalb warfen sie den Anker aus und ließen sich vor dem Wind hertreiben.

[18]Am nächsten Tag, als stürmische Winde dem Schiff weiter zu schaffen machten, fing die Besatzung in ihrer Not an, Fracht über Bord zu werfen. [19]Am folgenden Tag entledigten sie sich sogar der Schiffsausrüstung. [20]Der schreckliche Sturm tobte tagelang, ohne nachzulassen, und verdunkelte Sonne und Sterne, bis schließlich alle Hoffnungen auf Rettung verflogen waren.

[21]Schon lange hatte niemand mehr etwas gegessen. Da rief Paulus die Besatzung zusammen und sagte: »Männer, ihr hättet von Anfang an auf mich hören sollen. Hättet ihr Kreta nicht verlassen, dann wäre euch dieser Schaden und dieser Verlust erspart geblieben. [22]Aber lasst den Mut nicht sinken. Keiner von euch wird sein Leben verlieren, obwohl unser Schiff untergehen wird. [23]Letzte Nacht stand ein Engel des Gottes, dem ich gehöre und dem ich diene, neben mir [24]und sagte: ›Hab keine Angst, Paulus, denn du wirst auf jeden Fall vor dem Kaiser vor Gericht stehen! Und Gott in seiner Güte hat jedem sicheres Geleit zugesagt, der mit dir segelt.‹* [25]Seid mutig! Denn ich glaube Gott und vertraue darauf, dass es genauso kommen wird, wie er es mir gesagt hat. [26]Aber wir werden vor einer Insel Schiffbruch erleiden.«

Der Schiffbruch

[27]Als wir in der vierzehnten Nacht dieses Sturms gegen Mitternacht in die Adria* getrieben wurden, merkten die Seeleute, dass Land in der Nähe war. [28]Sie warfen das Lot und stellten fest, dass das Wasser nur siebenunddreißig Meter tief war. Etwas weiter warfen sie das Lot noch einmal und maßen kaum achtundzwanzig Meter*. [29]Und da sie fürchteten, dass wir auf die Felsbän-

---

27,16 In einigen Handschriften heißt es *Klauda*.
27,24 Griech. *Gott hat dir alle, die mit dir fahren, geschenkt*.
27,27 *Adria* bezeichnet hier ein Gebiet im Zentrum des Mittelmeers und ist nicht mit dem *Adriatischen Meer* zu verwechseln. 27,28 Griech. *20 Faden ... 15 Faden* (ein Faden sind 1,85 Meter).

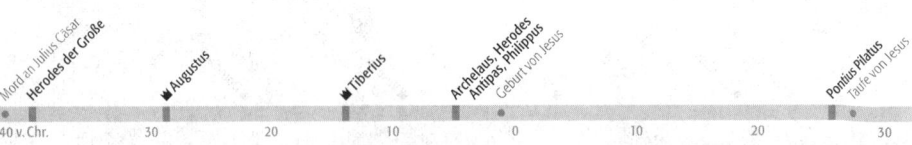

ke vor der Küste auflaufen könnten, warfen sie deshalb am Heck vier Anker aus und hofften auf das Tageslicht. ³⁰Dann versuchten die Seeleute, das Schiff zu verlassen, indem sie das Rettungsboot hinabließen, aber so taten, als wollten sie vom Bug aus Anker werfen. ³¹Doch Paulus sagte zum Offizier und den Soldaten: »Wenn die Seeleute nicht an Bord bleiben, könnt ihr nicht gerettet werden.« ³²Da kappten die Soldaten die Seile und ließen das Boot ins Meer fallen.

³³Als der Morgen dämmerte, bat Paulus alle, etwas zu essen. »Seit zwei Wochen habt ihr keine Nahrung angerührt«, sagte er. ³⁴»Esst etwas, denn es hilft euch zu überleben. Keinem von euch wird ein Haar gekrümmt werden.« ³⁵Dann nahm er etwas Brot, dankte Gott vor ihnen allen, brach ein Stück ab und aß es. ³⁶Da fassten sie neuen Mut und begannen zu essen, ³⁷alle zweihundertsechsundsiebzig Leute, die wir an Bord waren. ³⁸Nachdem sie gegessen hatten, erleichterten die Seeleute das Schiff, indem sie die Getreidefracht über Bord warfen.

³⁹Als der Morgen angebrochen war, erkannten sie die Küstenlinie nicht, aber sie bemerkten eine Bucht mit einem Strand und überlegten, ob sie wohl zwischen die Felsen gelangen und das Schiff sicher zum Strand treiben lassen konnten. ⁴⁰Also kappten sie die Anker und ließen sie im Meer. Dann tauchten sie die Ruder ins Wasser, hissten das Vordersegel und steuerten auf die Küste zu. ⁴¹Doch das Schiff lief auf eine Sandbank auf. Der Bug saß fest, während das Heck durch die starken Wellen hin und her gerissen wurde, sodass das Schiff auseinander zu brechen drohte.

⁴²Die Soldaten wollten die Gefangenen töten, um zu verhindern, dass sie ans Ufer schwammen und flohen. ⁴³Aber der Hauptmann wollte Paulus verschonen und hinderte sie daran, diesen Plan in die Tat umzusetzen. Dann ließ er alle, die schwimmen konnten, zuerst über Bord springen und sich an Land in Sicherheit bringen, ⁴⁴während er die anderen aufforderte, sich an den Planken und Bruchstücken des Schiffes festzuhalten. So wurden alle gerettet und gelangten sicher ans Ufer.

Paulus auf der Insel Malta

28 Sobald wir sicher an Land waren, erfuhren wir, dass wir uns auf der Insel Malta befanden. ²Die Inselbewohner begegneten uns sehr freundlich. Da es kalt und regnerisch war, zündeten sie an der Küste ein Feuer an, um uns zu begrüßen und damit wir uns aufwärmen konnten.

³Als Paulus gerade einen Arm voll Reisig, das er gesammelt hatte, ins Feuer legte, biss sich eine Schlange, aufgescheucht durch die Hitze, in seiner Hand fest. ⁴Die Inselbewohner sahen die Schlange an seiner Hand hängen und sagten sich: »Der ist bestimmt ein Mörder! Wenn er auch dem Meer entkommen ist, so lässt die Rachegöttin* ihn doch nicht am Leben.« ⁵Doch Paulus schüttelte die Schlange ins Feuer, und es geschah ihm nichts. ⁶Die Leute erwarteten, dass sein Körper jeden Augenblick anschwellen oder er plötzlich tot umfallen würde. Doch als sie längere Zeit gewartet hatten und sahen, dass ihm nichts geschah, änderten sie ihre Meinung und dachten, dass er wohl ein Gott sein müsse.

⁷In der Nähe der Küste, an der wir gestrandet waren, befand sich ein Anwesen, das Publius gehörte, dem angesehensten Mann der Insel. Er hieß uns herzlich willkommen und versorgte uns drei Tage lang. ⁸Da erkrankte der Vater des Publius auf einmal an Fieber und Ruhr. Paulus ging zu ihm hinein, und als er für ihn betete und ihm die Hände auflegte, wurde er gesund. ⁹Daraufhin kamen alle anderen Kranken der Insel herbei und wurden ebenfalls geheilt. ¹⁰Da überhäuften sie uns mit Ehrengeschenken, und als es Zeit war, weiterzusegeln, versorgten die Einwohner uns mit allem, was wir auf der Reise vielleicht brauchen würden.

Paulus erreicht Rom

¹¹Drei Monate waren seit dem Schiffbruch vergangen, bis wir auf einem anderen Schiff, das auf der Insel überwintert hatte, Segel setzten. Es war ein alexandrinisches Schiff mit den Zwillingsgöttern* als Galionsfigur. ¹²Unser erster Zwischenhalt war Syrakus*, wo wir drei Tage blieben. ¹³Von dort segelten wir hinüber nach Rhegion*. Einen Tag später erhob sich ein Südwind; deshalb segelten wir die Küste hinauf nach Puteoli. ¹⁴Dort trafen wir einige Gläubige*, die uns einluden, sieben Tage bei ihnen zu bleiben. Und so kamen wir nach Rom.

¹⁵Die Gläubigen in Rom hatten schon gehört, dass wir angekommen waren, und kamen uns beim Forum* an der Appischen Straße entgegen. Andere schlossen sich uns bei den Drei Taver-

---

28,4 Gemeint ist die griechische Göttin Dike. **28,11** Die *Zwillingsgötter* waren die römischen Götter Castor und Pollux. **28,12** *Syrakus* lag auf der Insel Sizilien. **28,13** *Rhegion* lag an der südlichen Spitze Italiens. **28,14** Griech. *Brüder*; so auch in 28,15. **28,15a** Das *Forum* befand sich etwa 70 km südlich von Rom.

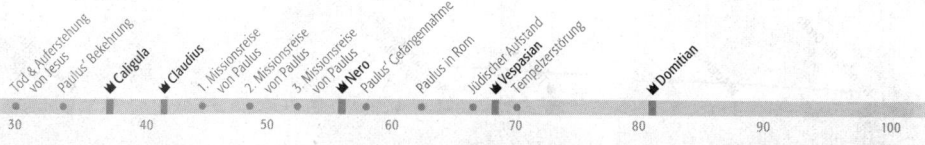

APOSTELGESCHICHTE

1–7	Die Gemeinde in Jerusalem
8–12	Beginn der Mission unter Heiden
13–28	Die Mission unter den Heiden
13–14	Die erste Missionsreise von Paulus
15	Das Jerusalemer Konzil
16–18	Die zweite Missionsreise von Paulus
19–20	Die dritte Missionsreise von Paulus
21–28	Die Gefangenschaft und Romreise von Paulus

28
Ankunft in Rom. Paulus lebt in Rom und verkündet das Wort Gottes.

[Gottes Königsherrschaft und der Messias]

nen* an. Als Paulus sie sah, dankte er Gott und gewann wieder Zuversicht.

¹⁶In Rom eingetroffen, wurde Paulus eine eigene private Unterkunft erlaubt, allerdings bewacht von einem Soldaten.

Paulus predigt in Rom unter Bewachung

¹⁷Drei Tage nach seiner Ankunft rief Paulus die örtlichen Leiter der jüdischen Gemeinden zusammen und sagte zu ihnen: »Brüder, ich wurde in Jerusalem verhaftet und der römischen Regierung überstellt, obwohl ich unser Volk nicht beleidigt und auch nicht gegen die Bräuche unserer Vorfahren verstoßen habe. ¹⁸Die Römer haben mich verhört und wollten mich freilassen, denn sie fanden keinen Grund für ein Todesurteil. ¹⁹Als die jüdischen Leiter gegen diese Entscheidung protestierten, hielt ich es für nötig, mich auf den Kaiser zu berufen. Ich beabsichtigte dabei jedoch nicht, irgendwelche Anklagen gegen mein eigenes Volk vorzubringen. ²⁰Heute habe ich euch hierher gebeten, damit ich euch das erzählen kann. Ich bin mit dieser Kette gefesselt, weil ich an das glaube, worauf ganz Israel hofft.«

²¹Sie erwiderten: »Uns ist nichts Nachteiliges über dich zu Ohren gekommen. Wir haben auch keine Briefe aus Judäa oder Berichte von Reisenden mit negativen Äußerungen über dich unter denen, die hier eingetroffen sind. ²²Aber wir möchten gerne hören, was du glaubst, denn das Einzige, was wir über die Anhänger dieser neuen Glaubenslehre* wissen, ist, dass ihnen überall widersprochen wird.«

²³Daraufhin vereinbarten sie eine Zusammenkunft. An dem betreffenden Tag kamen sehr viele Menschen zu Paulus. Er erzählte ihnen vom Reich Gottes und zeigte ihnen anhand der Schriften – der fünf Bücher Moses und der prophetischen Bücher –, wer Jesus war. Am Morgen fing er an und redete und erklärte bis zum Abend. ²⁴Manche der Zuhörer ließen sich durch die gesagten Worte überzeugen und glaubten, andere nicht. ²⁵Doch nachdem sie lange diskutiert hatten und nicht eins wurden darüber, brachen sie auf. Paulus gab ihnen noch folgenden Satz auf den Weg mit: »Der Heilige Geist hatte recht, als er durch den Propheten Jesaja zu unseren Vorfahren sagte:

²⁶›Geht und sagt meinem Volk:
Ihr werdet meine Worte hören, sie aber nicht verstehen; ihr werdet sehen, was ich tue, aber die Bedeutung nicht erkennen. ²⁷Denn die Herzen dieser Menschen sind verhärtet. Ihre Ohren können nicht hören, und sie haben ihre Augen

---

28,15b Die *Drei Tavernen* befanden sich etwa 57 km südlich von Rom. **28,22** Griech. *dieser Sekte*.

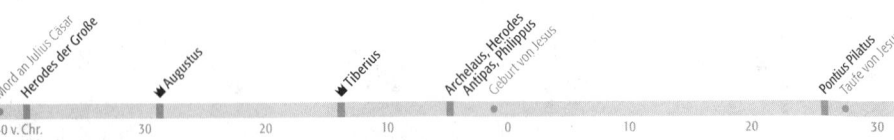

geschlossen. Ihre Augen sehen nicht, ihre Ohren hören nicht und ihr Herz versteht nicht, und sie kehren nicht zu mir um, damit ich sie heil mache.‹*

²⁸Deshalb möchte ich euch wissen lassen, dass die Erlösung durch Gott auch den Nichtjuden offen steht, und sie werden sie annehmen.«*

³⁰In den beiden folgenden Jahren wohnte Paulus in einer eigenen Wohnung*. Er hieß jeden willkommen, der ihn besuchte, ³¹verkündete in aller Offenheit das Reich Gottes und predigte von Jesus Christus, dem Herrn. Und niemand versuchte, ihn daran zu hindern.

28,26-27 Jesaja 6,9-10.   28,28 Einige Handschriften fügen hier Vers 29 hinzu: *Als er diese Worte gesagt hatte, gingen die Juden fort und stritten sehr miteinander.*   28,30 O. *auf eigene Kosten.*

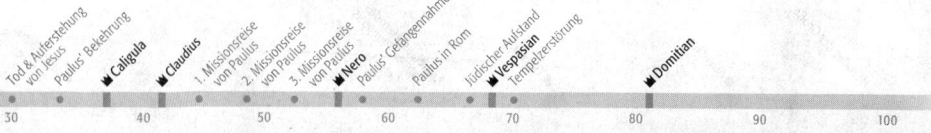

Die Heilige Schrift soll selbst die Maßstäbe setzen. Wir möchten nicht nur nachträglich mit lockerer Hand Bibelsprüche wie Weihwasser gegen unser eigenes Denkgebäude sprengen. Wir wollen uns grundlegend helfen lassen. Die biblischen Schriften mögen die Gleise legen, aus denen wir dann nicht mehr herausspringen. Auch hier gilt: »Ich weiche nicht von deinen Grundsätzen ab, denn du selbst hast mich unterwiesen.«

Adolf Pohl

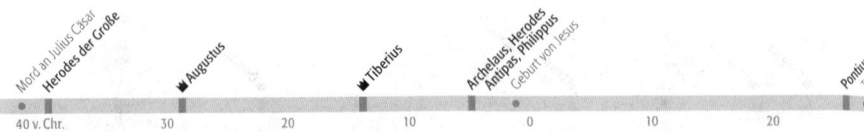

Römer

Inhalt

Als Paulus seinen Brief an die Gemeinde in Rom schreibt, kennt er sie noch nicht persönlich. Er möchte ihnen die Grundlagen des Glaubens an Jesus bestätigen und Freunde gewinnen, die ihn bei seiner geplanten Reise nach Spanien unterstützen könnten.

An Jesus glauben, um gerettet zu werden – warum? Gott ist zornig über die Menschen, die von Natur aus eine Ahnung von Gott haben, im Wahrnehmen der Schöpfung auf ihn schließen können und innerlich wissen, was gut und böse ist – aber trotzdem Gott nicht ehren und Böses tun. Die Juden kennen Gottes Willen genauer, weil sie sein Gesetz haben – aber auch sie erfüllen es nicht. Vielmehr ist das Gesetz ein Spiegel, der jedem zeigt, wie schuldig wir sind.

Die gute Botschaft an die Juden und alle anderen Menschen ist: Gott macht gerecht, die an Jesus glauben. Seine schon im Alten Testament vorkommende Gnade wird darin konkret, dass Gott in Jesus die Todesstrafe, die jeder verdient hat, auf sich genommen hat. Das war sein Vorstoß, um Menschen zu retten – aus Liebe, ohne Gegenleistung.

Was heißt das für das weitere Leben? Jesus ist nicht nur gestorben, um für die bösen Taten der Menschen zu bezahlen. Überdies hat er mit seiner Auferstehung die dahinterstehende Macht besiegt: Sie hatte Zwang ausgeübt, Gott abzulehnen, in Folge davon gegen seinen Willen zu handeln und – zu sterben. An Jesus zu glauben schließt ein, sozusagen mit ihm gestorben und auferstanden zu sein. Das Leben unter der alten Macht ist vorbei. Jetzt haben Christen ewiges Leben, weil Jesus sie von dieser Macht befreit hat. Stattdessen lebt Gottes Heiliger Geist in ihnen. Er ist die Liebe, die Weisheit und die Kraft, mit der sie Gottes Willen erkennen und tun. Die eigene moralische Anstrengung, mit der sie sich bisher gebrüstet haben, aber auch immer wieder gescheitert sind, hat ausgedient. Menschen, die an Jesus glauben, sterben zwar wie alle Menschen, aber dann leben sie das in ihnen schon begonnene ewige Leben ganz. Nichts und niemand kann ihnen dieses Leben mehr nehmen, denn »Gott ist für uns«.

Dieser kurzen Glaubenslehre folgt ein Gedankengang darüber, ob Gott, indem er jetzt allen Menschen seine Gnade anbietet, die Juden verwirft – sein besonderes Volk, das Jesus als Messias mehrheitlich ablehnt. Aber gerade aus ihrer Geschichte mit Gott im Alten Testament leitet Paulus ab: Gott wird ihnen die Gnade erweisen, dass sie ihn in Jesus erkennen, an ihn glauben und gerettet werden.

Der nächste Abschnitt beschäftigt sich mit Auswirkungen des ewigen Lebens der an Jesus Glaubenden. Weil sie an ihr altes Leben gewöhnt sind und immer wieder rückfällig werden, müssen sie verwandelt werden, und zwar durch Veränderung des Denkens, das sie steuert.

Im Folgenden führt Paulus erneuertes Verhalten in einigen heiklen Bereichen aus, z.B. im Umgang mit bösen Menschen, staatlicher Autorität, unterschiedlichen Auffassungen im Glauben.

Zum Schluss grüßt Paulus viele Menschen und drückt ihnen gegenüber seine Wertschätzung aus. Er weiß, wie wichtig jeder Einzelne ist. Ebenso wichtig ist es, gemeinsam zu arbeiten und füreinander da zu sein.

Wichtige Personen

Paulus	Briefautor
Mitarbeiter: Kap. 16	
Tertius	Schreiber
Im Rückblick:	
David	König von Israel
Abraham	Stammvater Israels
Isaak	Sohn Abrahams
Adam: 1. Mose 3,17-19	
Mose	Verkündiger von Gottes Gesetz für das Volk Israel

Wichtige Orte

Rom
Spanien
Jerusalem
Mazedonien, Achaja, Kenchreä, Provinz Asien: siehe Karte
»Die Reisen des Apostels Paulus«

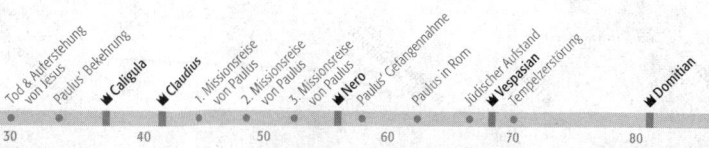

DER BRIEF AN DIE RÖMER

1,1–3,20	Unter Gottes Zorn
3,21–5,21	Gerecht gesprochen durch den Glauben
6–8	Leben in Freiheit; Leben im Geist
9–11	Die besondere Erwählung Israels
12–15	Gottes Gnade gestaltet das Leben
16	Grüße von Paulus

1

Paulus stellt sich vor. Paulus sehnt sich danach die Gemeinde zu besuchen. Warnung vor der Sünde. Der Grund für Gottes Zorn.

[Gottes Königsherrschaft und der Messias]

Römer 1,16-17

Gott befreit

Paulus ist so vom Evangelium überzeugt, dass er mit dieser Botschaft nicht nur Rom, sondern auch das Ende der Welt seiner Zeit (Spanien) erreichen will. Sein Schreiben an die Römer verfolgt mehre Ziele. Er will Unterstützung für seine weiteren Missionsreisen gewinnen. Er will in den Hausgemeinden in Rom die Einheit zwischen Juden und Nichtjuden stärken. Und er will die rettende Botschaft an Jesus besser erklären.
Paulus' Botschaft hat die Kraft, Menschenleben zu verändern. Durch seine Treue erwarb Jesus unsere Rettung und durch unseren Glauben an Jesus empfangen wir diese Rettung. Dies gilt gleichermaßen für Juden wie für Nichtjuden.
(Apostelgeschichte 16,31 ««« | »»» Kolosser 1,13-14)

Römer 1,18

Gottes Liebe, Gottes Zorn

Die Menschheit ist Gottes Gericht unterworfen, denn von Anfang an lehnten die Menschen Gottes Wahrheit ab. Adam und Eva zweifelten daran, ob Gott ihnen die Wahrheit gesagt hatte, und zogen es vor, ihren eigenen Weg zu gehen. Ebenso verhielten sich ihre Nachkommen.
Aber Gott lässt die Menschheit nicht einfach »davonkommen«. Er reagiert mit Zorn. Dabei ist der Zorn gegen Sünder immer eine gerechtfertigte Reaktion, die Gottes Heiligkeit zum Ausdruck bringt. Es handelt sich niemals um ein Unvermögen Gottes, seine Emotionen zu beherrschen. Gottes Zorn hat das Ziel, Auflehnung aufzudecken, damit die Menschen zur Einsicht kommen und Gottes Vergebung und Heil suchen.
(Apostelgeschichte 5,1-11 ««« | »»» Epheser 2,1-7)

Römer 1,19-21

Gott redet

In der Natur können die Menschen die ewige Macht und das Wesen Gottes erkennen. Es wäre ungerecht, wenn sie für etwas verantwortlich gemacht würden, was sie gar nicht wissen konnten. Sie kannten die Wahrheit jedoch. »Gott selbst hat ihnen diese Erkenntnis gegeben« (V. 19).
Wer behauptet, von Gott nichts zu wissen, hat die Offenbarung Gottes in der Schöpfung abgelehnt. Der Römerbrief will nicht nur aufzeigen, wie man die Gerechtigkeit Gottes erwerben kann, sondern auch Gottes eigene Gerechtigkeit darstellen. Gott hat das Recht, zu erwarten, dass wir die Wahrheit hören und ihr gehorchen, wenn er zu uns spricht.
(Psalm 19,1-12 ««« | »»» Psalm 119)

Der Brief an die Römer

Grüße von Paulus

1 Dieser Brief stammt von Paulus, einem Diener von Jesus Christus. Ich wurde von Gott zum Apostel berufen und beauftragt, seine gute Botschaft zu verkünden, ²die er schon vor langer Zeit durch seine Propheten in den heiligen Schriften angekündigt hat. ³Es ist die Botschaft von Jesus, seinem Sohn. Er ist als Mensch geboren worden und gehört der Herkunft nach in das Geschlecht Davids. ⁴Jesus Christus, unser Herr, wurde als Sohn Gottes bestätigt, indem Gott ihn mit großer Macht durch den Heiligen Geist* von den Toten auferweckte. ⁵Durch Christus hat Gott uns das Vorrecht* und das Amt gegeben, in seinem Namen den Völkern auf der ganzen Welt weiterzusagen, was Gott für sie getan hat, damit sie an ihn glauben und ihm gehorchen und so sein Name geehrt wird.

⁶Auch ihr, liebe Freunde in Rom, gehört zu denen, die von Jesus Christus berufen worden sind. ⁷Gott liebt euch und hat euch dazu berufen, zu ihm zu gehören.

Euch allen wünsche ich Gnade und Friede von Gott, unserem Vater, und von Jesus Christus, unserem Herrn!

Gottes gute Botschaft

⁸Als Erstes danke ich Gott durch Jesus Christus für jeden Einzelnen von euch, denn die Nachricht von eurem Glauben verbreitet sich in der ganzen Welt. ⁹Gott weiß, dass ich unablässig für euch bete. Ihm diene ich von ganzem Herzen*, indem ich die gute Botschaft von seinem Sohn weitersage.

¹⁰Um eines bitte ich im Gebet immer wieder: um die Gelegenheit, euch endlich besuchen zu können, wenn es Gottes Wille ist. ¹¹Denn ich sehne mich danach, euch zu besuchen und den Segen des Heiligen Geistes mit euch zu teilen, um euch in eurem Glauben zu stärken. ¹²Ich möchte euch ermutigen, aber auch selbst durch euren Glauben ermutigt werden. Auf diese Weise werden wir uns gegenseitig im Glauben stärken.

¹³Ihr sollt wissen, liebe Freunde*, dass ich schon oft vorhatte, euch zu besuchen, aber bis jetzt immer daran gehindert wurde. Ich möchte erleben, dass meine Arbeit wie bei den anderen Völkern auch bei euch Früchte trägt. ¹⁴Denn ich fühle mich sowohl den Menschen in unserer Kultur wie auch denen anderer Völker*, Gebildeten wie Ungebildeten, verpflichtet. ¹⁵Deshalb wünsche ich mir, auch zu euch nach Rom zu kommen, um euch Gottes gute Botschaft zu verkünden.

¹⁶Denn ich schäme mich nicht für die gute Botschaft von Christus. Diese Botschaft ist die Kraft Gottes, die jeden rettet, der glaubt – die Juden zuerst, aber auch alle anderen Menschen. ¹⁷Sie zeigt uns, wie Gott uns in seinen Augen gerecht spricht. Dies geschieht einzig und allein durch Glauben.* Denn es heißt schon in der Schrift: »Durch den Glauben hat ein Gerechter Leben.«*

Gottes Zorn über die Sünde

¹⁸Doch vom Himmel her wird Gottes Zorn sichtbar über alle Gottlosigkeit und Ungerechtigkeit der Menschen, die die Wahrheit ablehnen.* ¹⁹Dabei wissen sie von Gott*; Gott selbst hat ihnen diese Erkenntnis gegeben. ²⁰Seit Erschaffung der Welt haben die Menschen die Erde und den Himmel und alles gesehen, was Gott erschaffen hat, und können daran ihn, den unsichtbaren Gott, in seiner ewigen Macht und seinem göttlichen Wesen klar erkennen. Deshalb haben sie keine Entschuldigung dafür, von Gott nichts gewusst zu haben.

²¹Obwohl sie von Gott wussten, wollten sie ihn nicht als Gott verehren oder ihm danken. Stattdessen fingen sie an, sich unsinnige Vorstellungen von Gott zu machen, und ihr Verstand* verfinsterte sich und wurde verwirrt. ²²Sie behaupteten, weise zu sein, und wurden dabei zu Narren. ²³Statt den herrlichen, ewigen Gott anzubeten, beteten sie Götzenbilder an, die vergängliche Menschen darstellten, oder Vögel, Tiere und Schlangen.

²⁴Deshalb hat Gott sie ihren schamlosen Begierden und unreinen Leidenschaften überlassen, sodass sie untereinander ihre eigenen Körper schändeten. ²⁵Sie tauschten die Wahrheit Gottes, die sie kannten, gegen die Lüge ein und verehrten das von Gott Geschaffene statt den

---

1,4 Griech. *durch den Geist der Heiligkeit.* **1,5** Griech. *Gnade.* **1,9** Griech. *in meinem Geist.* **1,13** Griech. *Brüder.* **1,14** Griech. *Griechen und Nichtgriechen.* **1,17a** Griech. *Denn die Gerechtigkeit Gottes wird in ihr offenbart aus Glauben zum Glauben.* **1,17b** Habakuk 2,4. **1,18** Griech. *die die Wahrheit durch Ungerechtigkeit aufhalten.* **1,19** Griech. *das Erkennbare ist unter ihnen offenbar.* **1,21** Griech. *ihr Herz.*

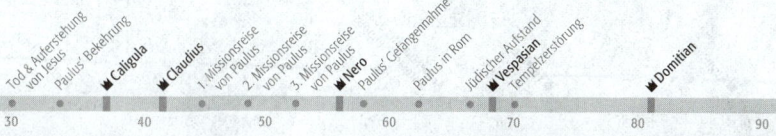

DER BRIEF AN DIE RÖMER

1,1–3,20	Unter Gottes Zorn
3,21–5,21	Gerecht gesprochen durch den Glauben
6–8	Leben in Freiheit; Leben im Geist
9–11	Die besondere Erwählung Israels
12–15	Gottes Gnade gestaltet das Leben
16	Grüße von Paulus

1–3
Das Gesetz gilt weiterhin. Die wahre Beschneidung. Menschliche Ungerechtigkeit macht Gottes Gerechtigkeit sichtbar.

[Gottes Königsherrschaft und der Messias]

Schöpfer selbst, dem Ehre gebührt in alle Ewigkeit. Amen.

²⁶Deshalb überließ Gott sie ihren schändlichen Leidenschaften. Die Frauen wandten sich vom natürlichen Geschlechtsverkehr ab und suchten die sexuelle Beziehung zueinander*. ²⁷Und auch die Männer hatten keine sexuellen Beziehungen mehr zu Frauen, wie es der natürlichen Ordnung entspricht. Stattdessen entbrannte in ihnen die sexuelle Lust zueinander. Männer trieben Schändliches mit anderen Männern und erlitten an sich selbst die Strafe, die sie verdienten*.

²⁸Da sie sich weigerten, Gott anzuerkennen, überließ er sie ihren verwerflichen Gedanken, sodass sie tun, was sie nie tun sollten. ²⁹Ihr Leben ist voller Unrecht, Schlechtigkeit, Habgier, Bosheit, Neid, Mord, Streit, Betrug und Hinterlist. Sie reden hinter dem Rücken über andere ³⁰und verleumden ihre Mitmenschen; sie hassen Gott und sind unverschämt, stolz und großspurig. Sie sind voller Ideen, wenn es darum geht, Böses zu tun, und ihren Eltern sind sie ungehorsam. ³¹Sie sind uneinsichtig, halten ihre Versprechen nicht und sind lieblos und unbarmherzig. ³²Sie wissen genau, dass Menschen, die sich so verhalten, nach dem Gesetz Gottes den Tod verdient haben, aber sie lassen sich nicht davon abbringen und freuen sich sogar noch darüber, wenn andere genauso handeln wie sie.

Gottes Gericht über die Sünde

2 Aber du bist ja genauso wie sie und hast dafür keine Entschuldigung! Wenn du sagst, dass sie bestraft werden sollen, dann verurteilst du dich damit selbst, weil du genau dasselbe tust, wenn du über sie richtest. ²Und wir wissen, dass Gott jeden, der so handelt, gerecht richten wird*. ³Meinst du, Gott wird andere richten und verurteilen, wenn sie so handeln, und dich, wenn du dasselbe tust, ungestraft lassen? ⁴Ist es dir gleichgültig, wie freundlich, geduldig und nachsichtig Gott mit dir ist? Siehst du nicht, wie Gottes Freundlichkeit dich zur Umkehr bewegen will?

⁵Aber nein, du trägst selbst dazu bei, dass Gottes Zorn immer größer wird, weil du dich hartnäckig weigerst, auf deinem falschen Weg umzukehren. Denn am Tag des Gerichts wird Gott, der gerechte Richter über die ganze Welt, ⁶alle Menschen nach ihrem Tun richten. ⁷Er wird denen das ewige Leben schenken, die beharrlich das tun, was gut ist, und sich nach der Herrlich-

---

1,26 Griech. *wider die Natur.* 1,27 Griech. *den Lohn für ihre Verirrung.* 2,2 Griech. *das Gericht Gottes ist gemäß der Wahrheit.*

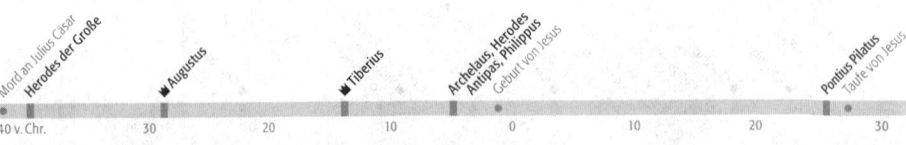

keit, Ehre und Unvergänglichkeit sehnen, die Gott gibt. ⁸Diejenigen aber, die nur für sich selbst gelebt haben, die nicht der Wahrheit, sondern der Ungerechtigkeit gehorchten, wird Gottes ganzer Zorn treffen. ⁹Not und Angst wird über alle hereinbrechen, die nicht aufhören zu sündigen – über die Juden zuerst genauso wie über alle anderen Menschen. ¹⁰Denen aber, die Gutes tun, wird Gott Herrlichkeit, Ehre und Frieden schenken – den Juden zuerst, aber auch allen anderen Menschen. ¹¹Denn Gott bevorzugt niemanden.

¹²Wenn die, die das geschriebene Gesetz Gottes nicht kannten, sündigen, wird Gott sie dennoch richten. Und wenn die, die das Gesetz kennen, sündigen, wird Gott sie nach dem Gesetz verurteilen. ¹³Es reicht also nicht aus, das Gesetz nur zu kennen, um vor Gott anerkannt zu sein. Sondern nur wer so handelt, wie es das Gesetz verlangt, wird in Gottes Augen für gerecht erklärt. ¹⁴Wenn sogar Menschen, die Gottes geschriebenes Gesetz nicht haben, unbewusst so handeln, wie es das Gesetz vorschreibt, so beweist das, dass sie in ihren Herzen Recht von Unrecht unterscheiden können. ¹⁵Durch ihr Verhalten zeigen sie, dass Gottes Gesetz in ihr Herz geschrieben ist, denn ihr eigenes Gewissen und ihre Gedanken klagen sie entweder an oder bestätigen, dass sie das Richtige tun. ¹⁶Und dies alles wird sichtbar an dem Tag, an dem Gott durch Jesus Christus alles richten wird, auch das, was bei den Menschen verborgen ist. Das ist meine Botschaft, die mir Gott gegeben hat.

Die Juden und das Gesetz

¹⁷Wenn du ein Jude bist, verlässt du dich auf das Gesetz und bist stolz auf deine besondere Beziehung zu Gott. ¹⁸Du kennst seinen Willen; du kannst Recht von Unrecht unterscheiden, weil du in seinem Gesetz unterrichtet worden bist. ¹⁹Du bist überzeugt, ein Führer der Blinden zu sein und ein Licht für die Menschen, die ohne Gott in der Finsternis leben. ²⁰Du meinst, du könntest die Unwissenden unterweisen und Kindern die Wege Gottes lehren. Denn du hast ja das Gesetz Gottes, das die Erkenntnis und Wahrheit verkörpert.

²¹Nun, wenn du andere belehrst, warum dann nicht auch dich selbst? Anderen predigst du, sie dürften nicht stehlen; aber du stiehlst selbst? ²²Anderen sagst du, sie dürften nicht Ehebruch begehen; aber selbst tust du es? Du verurteilst den Götzendienst, raubst aber die Tempel aus? ²³Du bist stolz darauf, das Gesetz zu kennen, aber du machst Gott Schande, indem du dich nicht daran hältst. ²⁴Das steht schon in der Schrift: »Euretwegen verspottet die Welt den Namen Gottes.«*

²⁵Der jüdische Brauch der Beschneidung nützt nur dann etwas, wenn du Gottes Gesetz gehorchst. Doch wenn du das nicht tust, bist du genauso wie jeder Unbeschnittene. ²⁶Wenn aber ein Unbeschnittener nach dem Gesetz Gottes lebt, gilt er dann nicht vor Gott als Teil seines Volkes? ²⁷Ja, Unbeschnittene, die aber das Gesetz Gottes erfüllen, werden sogar Richter über euch Juden sein, die ihr beschnitten seid und das Gesetz Gottes kennt, es aber nicht befolgt.

²⁸Denn nicht der ist ein wahrer Jude, der von jüdischen Eltern geboren oder nach jüdischem Brauch beschnitten wurde. ²⁹Nein, ein wahrer Jude ist der, dessen Herz vor Gott gerecht ist. Und die wahre Beschneidung ist keine äußere Handlung, sondern eine Veränderung des Herzens durch den Geist Gottes und geschieht nicht durch Einhaltung jedes einzelnen Buchstabens des Gesetzes. Wer diese Veränderung erfahren hat, bekommt die Anerkennung Gottes und nicht die der Menschen.

Gott bleibt treu

3 Welchen Vorteil hat es dann eigentlich, Jude zu sein? Und was für einen Nutzen hat überhaupt noch die jüdische Beschneidung? ²Nun, Jude zu sein hat viele Vorteile, vor allem aber den, dass den Juden die Worte Gottes anvertraut wurden.

³Aber was ist damit, dass einige von ihnen untreu waren? Meint ihr, nur weil sie die Treue gebrochen haben, würde das die Treue Gottes aufheben? ⁴Natürlich nicht! Es ist vielmehr so: Gott ist wahrhaftig und jeder Mensch ist ein Lügner! So steht es schon in der Schrift: »Du wirst gerecht dastehen mit dem, was du sagst, und du wirst siegen, wenn man dich vor Gericht bringt.«*

⁵Aber ist es nicht so, dass unsere Ungerechtigkeit doch einem guten Zweck dient? Denn die Gerechtigkeit Gottes wird erst dadurch offensichtlich, dass er uns, die wir Sünder sind, für unschuldig erklärt. Ist es dann nicht ungerecht, wenn Gott wegen unserer Sünde zornig ist? – Ich rede aus rein menschlicher Sicht. – ⁶Natürlich nicht! Wenn Gott nicht gerecht wäre, wie könnte er dann das Recht haben, die ganze Welt zu richten? ⁷Aber wie kann Gott mich richten und als Sünder verurteilen, wenn meine Lüge seine Wahrheit umso heller leuchten lässt und

2,24 Jesaja 52,5. 3,4 Psalm 51,6.

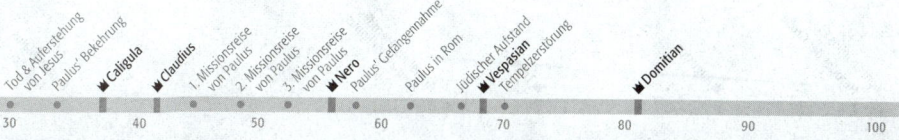

DER BRIEF AN DIE RÖMER

1,1–3,20	Unter Gottes Zorn
3,21–5,21	Gerecht gesprochen durch den Glauben
6–8	Leben in Freiheit; Leben im Geist
9–11	Die besondere Erwählung Israels
12–15	Gottes Gnade gestaltet das Leben
16	Grüße von Paulus

3–4
Kein Mensch ist aus sich gerecht vor Gott, sondern nur durch den Glauben an Jesus Christus. Abraham als Glaubensvorbild.

[Gottes Königsherrschaft und der Messias]

der Ruhm Gottes noch größer wird? [8]Wer solchen Gedanken nachhängt, könnte genauso gut sagen: »Je mehr wir sündigen, desto besser!«* Wer so redet, wird zu Recht verurteilt; und doch verleumden uns manche, indem sie behaupten, dass wir dies lehren würden!

Alle Menschen sind Sünder
[9]Also, haben wir Juden denn nun den anderen Menschen gegenüber einen Vorteil?* Nein, überhaupt keinen. Wir haben ja bereits gezeigt, dass alle Menschen – ob sie Juden sind oder nicht – unter der Herrschaft der Sünde stehen. [10]In der Schrift heißt es:
»Keiner ist gerecht – nicht ein Einziger. [11]Keiner ist klug; keiner fragt nach Gott. [12]Alle haben sich von Gott abgewandt; alle sind für Gott unbrauchbar geworden. Keiner tut Gutes*, auch nicht ein Einziger.«*
[13]»Ihre Rede ist faul wie der Gestank aus einem offenen Grab. Sie ist durch und durch verlogen.«
»Ihr Reden ist tödlich wie Otterngift.«*
[14]»Ihr Mund ist voller Flüche und bitterer Worte.«*
[15]»Sie sind schnell bereit, einen Mord zu begehen. [16]Wohin sie auch gehen, folgen ihnen Verwüstung und Elend. [17]Den Weg des Friedens kennen sie nicht.«*
[18]»Sie haben keine Ehrfurcht vor Gott.«*
[19]Wir wissen, dass das, was im Gesetz steht, für die gilt, denen es gegeben wurde. Deshalb können sich die Menschen nicht mehr herausreden, und die ganze Welt ist dem Gericht Gottes unterstellt. [20]Denn niemand wird in Gottes Augen gerecht gesprochen, indem er versucht, das Gesetz zu halten. Im Gegenteil, je besser wir Gottes Gesetz kennen, desto deutlicher erkennen wir, dass wir schuldig sind.

Christus nahm unsere Strafe auf sich
[21]Doch nun hat Gott uns unabhängig vom Gesetz einen anderen Weg gezeigt, wie wir in seinen Augen gerecht werden können – einen Weg in Übereinstimmung mit dem Gesetz und den Propheten. [22]Wir werden von Gott gerecht gesprochen, indem wir an Jesus Christus glauben. Dadurch können alle ohne Unterschied gerettet werden.
[23]Denn alle Menschen haben gesündigt und das Leben in der Herrlichkeit Gottes verloren. [24]Doch Gott erklärt uns aus Gnade für gerecht.

3,8 Griech. *Lasst uns Böses tun, damit Gutes daraus entstehe.* 3,9 Griech. *Sind wir besser?* 3,12 Griech. *Redlichkeit oder was rechtschaffen ist.* 3,10-12 Psalm 14,1-3; 53,2-4. 3,13 Psalm 5,10; 140,4. 3,14 Psalm 10,7. 3,15-17 Jesaja 59,7-8. 3,18 Psalm 36,2.

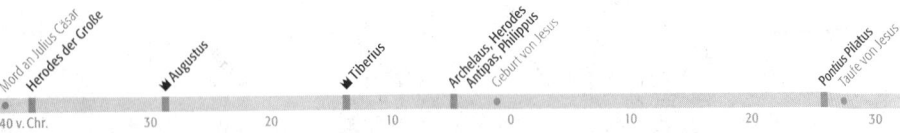

Es ist sein Geschenk an uns durch Jesus Christus, der uns von unserer Schuld befreit* hat. ²⁵Denn Gott sandte Jesus, damit er die Strafe für unsere Sünden auf sich nimmt und unsere Schuld gesühnt wird. Wir sind gerecht vor Gott, wenn wir glauben, dass Jesus sein Blut für uns vergossen und sein Leben für uns geopfert hat. Gott bewies seine Gerechtigkeit, als er die Menschen nicht bestrafte, ²⁶die in früheren Zeiten gesündigt haben. Er handelte so, weil er Geduld mit ihnen hatte. Und er ist auch jetzt, in dieser Zeit, vollkommen gerecht, indem er die für gerecht erklärt, die an Jesus glauben.

²⁷Können wir nun stolz darauf sein, dass wir irgendetwas dazu getan haben, von Gott angenommen zu werden? Nein, denn das geschah nicht aufgrund unserer guten Taten, sondern allein aufgrund unseres Glaubens.* ²⁸Wir werden durch den Glauben vor Gott gerechtfertigt und nicht durch das Befolgen des Gesetzes.

²⁹Oder ist Gott nur der Gott der Juden? Ist er nicht auch der Gott aller Menschen? Natürlich ist er das. ³⁰Es gibt nur einen Gott. Und es gibt nur einen Weg, von ihm angenommen zu werden. Nur aufgrund des Glaubens spricht er die Menschen vor sich selbst gerecht, ob sie nun Juden sind oder nicht. ³¹Wenn wir nun aber den Glauben so betonen, heben wir damit das Gesetz auf? Natürlich nicht! Sondern durch den Glauben bestätigen wir das Gesetz.

Der Glaube Abrahams

4 Abraham war seiner Herkunft nach der Stammvater unseres jüdischen Volkes. Durch was wurde er nun gerettet? ²Nahm Gott ihn etwa aufgrund seiner guten Taten an?* Wäre es so, dann hätte er Grund, stolz zu sein. Doch aus der Sicht Gottes hatte Abraham dazu keinen Anlass. ³Denn was steht in der Schrift? »Abraham glaubte Gott; und Gott erklärte ihn wegen seines Glaubens für gerecht.«*

⁴Wenn Menschen arbeiten, erhalten sie ihren Lohn nicht als Geschenk. Ein Arbeiter hat sich verdient, was er bekommt. ⁵Gerecht gesprochen aber wird ein Mensch aufgrund seines Glaubens, nicht aufgrund seiner Taten.

⁶Das meinte auch David, als er die Freude eines Menschen beschrieb, der unverdient gerecht gesprochen wird:

⁷»Glücklich ist der, dessen Ungehorsam* vergeben und dessen Schuld zugedeckt ist. ⁸Glücklich ist der, dem der Herr die Sünden nicht mehr anrechnet.«*

⁹Ist nun dieses Glück nur für die Juden da oder auch für alle anderen? Wir haben gesagt, dass Abraham aufgrund seines Glaubens von Gott für gerecht erklärt wurde. ¹⁰Doch auf welche Weise hat ihm sein Glaube geholfen? Wurde er erst gerecht gesprochen, nachdem er beschnitten worden war, oder schon vor seiner Beschneidung? Die Antwort lautet: Gott hat ihn angenommen, ehe er beschnitten wurde!

¹¹Die Beschneidung war ein Zeichen dafür, dass Abraham glaubte und Gott ihn angenommen und gerecht gesprochen hatte, als er noch unbeschnitten war. Damit ist Abraham der geistliche Vater all derer, die glauben, aber nicht beschnitten worden sind. Sie werden von Gott wegen ihres Glaubens gerecht gesprochen. ¹²Und er ist auch der geistliche Vater all derer, die beschnitten worden sind und denselben Glauben haben, wie ihn Abraham schon vor seiner Beschneidung hatte.

¹³Denn Gottes Zusage, Abraham und seinen Nachkommen die ganze Erde zu geben, beruhte nicht auf dem Gehorsam gegenüber dem Gesetz, sondern darauf, dass Abraham durch den Glauben vor Gott gerecht wurde. ¹⁴Wer behauptet, diese Zusage Gottes gelte nur denen, die das Gesetz befolgen, der erklärt den Glauben für nutzlos, und die Zusage verliert ihre Gültigkeit. ¹⁵Denn die Übertretung des Gesetzes bewirkt Gottes Zorn; wo es aber kein Gesetz gibt, gibt es auch keine Übertretung.

¹⁶Deshalb ist der Glaube entscheidend, damit die Zusage Gottes ein Geschenk aus Gnade bleibt. Sie gilt allen: denen, die nach dem Gesetz leben und denen, die durch den Glauben leben, wie Abraham es tat. Denn er ist der Vater aller, die glauben. ¹⁷So heißt es in der Schrift: »Ich habe dich zum Vater vieler Völker gemacht.«* Dies geschah, weil Abraham an den Gott glaubte, der die Toten zum Leben erweckt und ins Dasein ruft, was vorher nicht war.

¹⁸Als Gott Abraham versprach, dass er zum Vater vieler Völker werden würde, glaubte Abraham ihm und hielt an der Hoffnung fest, obwohl es hoffnungslos schien. Gott hatte ihm versprochen: »Deine Nachkommen werden so zahlreich sein wie die Sterne.«* ¹⁹Doch Abrahams Glaube blieb unerschüttert, obwohl er wusste, dass er mit fast hundert Jahren viel zu alt war, um noch Vater zu werden, und seine Frau Sara keine Kinder mehr bekommen konnte.

3,24 Griech. *erlöst.*   **3,27** Griech. *Wo bleibt nun der Ruhm? Er ist ausgeschlossen. Durch was für ein Gesetz? Der Werke? Nein, sondern durch das Gesetz des Glaubens.*   **4,2** Griech. *Ist denn Abraham aus Werken gerechtfertigt worden?*   **4,3** 1. Mose 15,6.   **4,7** O. *Ungerechtigkeiten, Gesetzlosigkeiten.*   **4,7-8** Psalm 32,1-2.   **4,17** 1. Mose 17,5.   **4,18** 1. Mose 15,5.

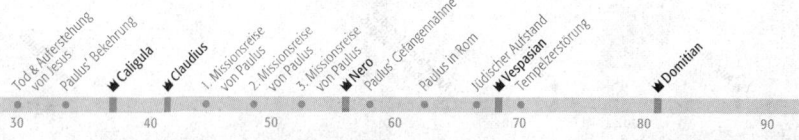

DER BRIEF AN DIE RÖMER

1,1–3,20	Unter Gottes Zorn
3,21–5,21	Gerecht gesprochen durch den Glauben
6–8	Leben in Freiheit; Leben im Geist
9–11	Die besondere Erwählung Israels
12–15	Gottes Gnade gestaltet das Leben
16	Grüße von Paulus

4–6
Frieden mit Gott durch Jesus. Vergleich von Adam mit Jesus. Soll man Gottes Gnade herausfordern?

[Gottes Königsherrschaft und der Messias]

[20]Abraham zweifelte nicht und vertraute auf die Zusage Gottes. Ja, sein Glaube wuchs sogar noch, und damit ehrte er Gott. [21]Er war vollkommen überzeugt davon, dass Gott das, was er versprochen hat, auch tun kann. [22]Und wegen dieses Glaubens erklärte Gott ihn für gerecht.

[23]Doch diese wunderbare Zusage – dass Gott ihn für gerecht erklärte – galt nicht nur für Ab-

Römer 5,8

Gottes Liebe, Gottes Zorn
Paulus spricht in diesem Text von einer Kettenreaktion: Wir waren Sünder, aber Gott liebte uns dennoch. Er sandte Jesus Christus als den Retter, der als ein sündloses Opfer für uns die Versöhnung mit Gott bewirkte.
Aber welchen Beitrag haben wir zu leisten? Unser Teil ist es, im Glauben Gottes Geschenk anzunehmen. Dabei bedeutet an Jesus zu glauben mehr, als dass wir etwas einfach über uns ergehen lassen. Wir sollen vielmehr bewusst entgegennehmen, was Gott uns anbietet. Jesus ist nicht nur unser Retter, sondern wir nehmen ihn auch als unseren Herrn und Meister an. Nur so werden wir gerechtfertigt und empfangen alles, was Paulus hier nennt: Frieden mit Gott, ein von Gott geschenktes neues Leben, Freude und Hoffnung auf die Erlösung. Wir haben vor dem zürnenden Gericht Gottes keine Furcht. Und selbst wenn unser Leben mit Gott nicht immer ohne Sorgen und Probleme vonstattengeht, so lernen wir, in solchen Situationen geduldig zu sein und an der Hoffnung festzuhalten, die Gott uns schenkt.
(Epheser 2,1-7 «« | »» Römer 8,35-39)

Römer 5,15-19

Erwählung
Im fünften Kapitel des Römerbriefs zeigt Paulus, dass Christus das Gegenüber zum ersten Menschen ist. Ein für alle Mal kam durch Adam die Rebellion gegen Gott in die Welt. Seitdem liegt dieser Schatten auf jedem Menschen. Die Vergebung dafür und die Befreiung von den Folgen kam in gleicher Weise durch einen Einzigen – wirksam für alle. Alle, die in die Nähe Gottes kommen und »über Sünde und Tod siegen und leben« wollen (V. 17), finden Zugang zu dieser Lebensmöglichkeit nicht dadurch, dass jeder für sich einen Weg sucht. Der Zugang ist vielmehr für alle in dem Einen gegeben: Jesus Christus.
In ihm hat Gott die Schuld der Menschen aufgesucht: Ihn hat er für uns zur Sünde gemacht; Christus ist für uns zum Fluch geworden (2Kor 5,21; Gal 3,13 griech.). So wurde er zu *dem* Sünder schlechthin. Gott erwartet nun auch die Gerechtigkeit von seinem Volk an dieser einen Stelle, die Christus heißt. Abseits davon kann niemand Vergebung finden und das Zerwürfnis mit Gott überwinden.
(Epheser 1,10 «« | »» Apostelgeschichte 4,11-12)

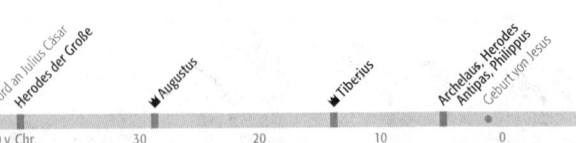

raham. ²⁴Sie wurde auch für uns in der Schrift festgehalten, denn Gott wird auch uns für gerecht erklären, wenn wir an ihn glauben, der Jesus, unseren Herrn, von den Toten auferweckt hat. ²⁵Wegen unserer Sünden musste Jesus sterben, und er wurde auferweckt, um uns vor Gott gerecht zu sprechen.

Der Glaube bewirkt Freude

5 Da wir nun durch den Glauben von Gott für gerecht erklärt worden sind, haben wir Frieden mit Gott durch das, was Jesus, unser Herr, für uns tat. ²Christus hat uns durch den Glauben ein Leben aus Gottes Gnade geschenkt, in der wir uns befinden, und wir sehen voller Freude der Herrlichkeit Gottes entgegen.

³Wir freuen uns auch dann, wenn uns Sorgen und Probleme bedrängen, denn wir wissen, dass wir dadurch lernen, geduldig zu werden. ⁴Geduld aber macht uns innerlich stark, und das wiederum macht uns zuversichtlich in der Hoffnung auf die Erlösung. ⁵Und in dieser Hoffnung werden wir nicht enttäuscht werden. Denn wir wissen, wie sehr Gott uns liebt, weil er uns den Heiligen Geist geschenkt hat, der unsere Herzen mit seiner Liebe erfüllt.

⁶Christus kam ja zu einer Zeit, als wir der Sünde noch hilflos ausgeliefert waren, und er starb für uns, die wir ohne Gott lebten. ⁷Selbst für einen guten Menschen* würde kaum jemand sterben – am ehesten noch für einen herausragenden Menschen*. ⁸Gott dagegen beweist uns seine große Liebe dadurch, dass er Christus sandte, damit dieser für uns sterben sollte, als wir noch Sünder waren. ⁹Und da wir durch das Blut von Christus in Gottes Augen gerecht gesprochen worden sind, ist sicher, dass Christus uns vor dem Gericht* Gottes bewahren wird. ¹⁰Wir sind ja durch den Tod seines Sohnes mit Gott versöhnt worden, als wir noch seine Feinde waren. Dann werden wir erst recht jetzt, wo wir seine Freunde geworden sind, durch das Leben von Christus gerettet werden. ¹¹So freuen wir uns nun darüber, dass wir wieder eine Beziehung zu Gott haben – weil Jesus Christus, unser Herr, uns mit Gott versöhnt hat.

Der Gegensatz zwischen Adam und Christus

¹²Die Sünde kam durch einen einzigen Menschen in die Welt – Adam. Als Folge davon kam der Tod, und der Tod ergriff alle, weil alle sündigten. ¹³Ja, die Menschen sündigten schon, bevor ihnen das Gesetz gegeben wurde. Aber solange es kein Gesetz gibt, wird dies nicht als Schuld angerechnet. ¹⁴Und doch herrschte der Tod über alle Menschen von Adam bis Mose – auch wenn sie kein ausdrückliches Verbot Gottes missachteten, wie Adam es tat, der auf Christus hinweist, der noch kommen sollte! ¹⁵Und was für ein Unterschied zwischen der Sünde und Gottes überwältigendem Geschenk der Vergebung. Denn wenn der eine Mensch, Adam, durch seine Sünde vielen den Tod brachte, um wie viel größer ist dann das Geschenk Gottes, seine Vergebung, das der andere Mensch, Jesus Christus, so vielen brachte. ¹⁶Und dieses Geschenk Gottes hat völlig andere Folgen als die Sünde jenes einen: Denn während die Sünde des einen zur tödlichen Verdammnis führte, werden viele trotz ihrer Sünden* von Gott unverdient gerecht gesprochen. ¹⁷Durch die Sünde des einen Menschen gerieten wir unter die Herrschaft des Todes, doch durch den anderen Menschen, Jesus Christus, werden alle, die Gottes Gnade und das Geschenk der Gerechtigkeit annehmen, über Sünde und Tod siegen und leben!

¹⁸Ja, die Sünde Adams brachte Verdammnis über alle Menschen, aber die Tat von Christus, sein erlösendes Handeln, macht alle Menschen in Gottes Augen gerecht und schenkt ihnen Leben. ¹⁹Weil ein Mensch Gott ungehorsam war, wurden viele Menschen zu Sündern. Doch weil ein anderer Mensch Gott gehorchte, werden viele Menschen in Gottes Augen gerechtfertigt.

²⁰Das Gesetz aber wurde gegeben, damit alle Menschen erkennen konnten, wie sündig sie waren. Doch als das Ausmaß der Sünde unter den Menschen immer größer wurde, ist Gottes wunderbare Gnade noch grenzenloser geworden. ²¹So wie die Sünde also über alle Menschen herrschte und ihnen den Tod brachte, so herrscht jetzt Gottes wunderbare Gnade. Durch sie werden wir vor Gott gerecht gesprochen und gewinnen durch Jesus Christus, unseren Herrn, das ewige Leben.

Die Macht der Sünde ist gebrochen

6 Heißt das, dass wir weiter sündigen sollen, damit Gott Gelegenheit hat, uns noch mehr Gnade zu schenken? ²Natürlich nicht! Wenn wir für die Sünde tot sind, wie können wir da weiter in ihr leben? ³Oder wisst ihr nicht, dass wir mit Jesus Christus gestorben sind, als wir auf seinen Namen getauft wurden?* ⁴Denn durch die Taufe

---

5,7a Griech. *für einen Gerechten.* **5,7b** Griech. *für den Gütigen.* **5,9** Griech. *Zorn.* **5,16** Griech. *aus vielen Sünden.*
6,3 Griech. *in seinen Tod getauft wurden.*

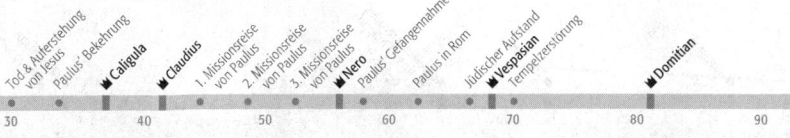

DER BRIEF AN DIE RÖMER

1,1–3,20	Unter Gottes Zorn
3,21–5,21	Gerecht gesprochen durch den Glauben
6–8	Leben in Freiheit; Leben im Geist
9–11	Die besondere Erwählung Israels
12–15	Gottes Gnade gestaltet das Leben
16	Grüße von Paulus

6–7
Jesus befreit von der Macht der Sünde und auch vom Gesetz. Erkenntnis der Sünde durch das Gesetz. Ausgeliefert an die Sünde?

[Gottes Königsherrschaft und der Messias]

sind wir mit Christus gestorben und begraben. Und genauso wie Christus durch die herrliche Macht des Vaters von den Toten auferstanden ist, so können auch wir jetzt ein neues Leben führen.

⁵Da wir in seinem Tod mit ihm verbunden sind, werden wir auch in der Auferstehung mit ihm verbunden sein. ⁶Unser früheres Leben wurde mit Christus gekreuzigt, damit die Sünde in unserem Leben ihre Macht verliert. Nun sind wir keine Sklaven der Sünde mehr. ⁷Denn als wir mit Christus starben, wurden wir von der Macht der Sünde befreit. ⁸Und weil wir mit Christus gestorben sind, vertrauen wir darauf, dass wir auch mit ihm leben werden. ⁹Wir wissen, dass Christus von den Toten auferstand und nie wieder sterben wird. Der Tod hat keine Macht mehr über ihn. ¹⁰Er starb ein für alle Mal, um die Sünde zu besiegen, und nun lebt er für Gott. ¹¹Deshalb haltet daran fest: Ihr seid für die Sünde tot und lebt nun durch Christus Jesus für Gott!

¹²Lasst nicht die Sünde euer Leben beherrschen;* gebt ihrem Drängen nicht nach. ¹³Lasst keinen Teil eures Körpers zu einem Werkzeug für das Böse* werden, um mit ihm zu sündigen. Stellt euch stattdessen ganz Gott zur Verfügung, denn es ist euch ein neues Leben geschenkt worden. Euer Körper soll ein Werkzeug zur Ehre Gottes sein, sodass ihr tut, was gerecht ist! ¹⁴Die Sünde hat die Macht über euch verloren, denn ihr steht nicht mehr unter dem Gesetz, sondern seid durch Gottes Gnade frei geworden.

Freiheit, um Gott zu gehorchen

¹⁵Bedeutet das, dass wir weiter sündigen dürfen, weil Gottes Gnade uns vom Gesetz befreit hat? Natürlich nicht! ¹⁶Erkennt ihr denn nicht, dass ihr immer der Sklave dessen seid, dem ihr gehorcht? Ihr könnt die Sünde wählen, die in den Tod führt, oder ihr könnt Gott gehorchen und seine Anerkennung bekommen*. ¹⁷Gott sei Dank! Denn früher wart ihr Sklaven der Sünde, doch nun habt ihr euch von ganzem Herzen der neuen Lehre unterstellt, die Gott euch gegeben hat. ¹⁸Jetzt seid ihr frei von der Sünde und dient stattdessen der Gerechtigkeit.

¹⁹Ich benutze diesen Vergleich mit den Sklaven, weil er leicht zu verstehen ist. Früher habt ihr als Sklaven der Unreinheit und Gesetzlosigkeit gedient; jetzt sollt ihr euch dafür entscheiden, für die Gerechtigkeit zu leben, damit ihr heilig werdet.

6,12 O. *Lasst die Sünde nicht in eurem Körper herrschen, dem Tod unterworfen ist, und gehorcht nicht seinen Begierden.* **6,13** Griech. *der Ungerechtigkeit.* **6,16** Griech. *in seinen Augen Gerechtigkeit erlangen.*

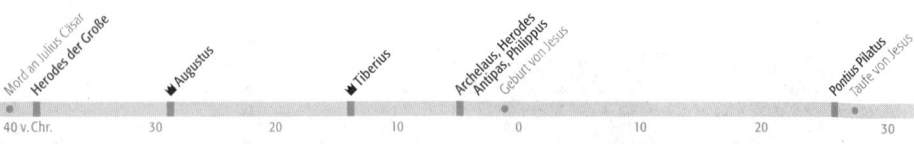

²⁰Damals wart ihr Sklaven der Sünde und kanntet keine Gerechtigkeit. ²¹Und was waren die Folgen? Nichts Gutes, denn heute schämt ihr euch für das, was ihr früher getan habt – es führte zum Tod. ²²Doch nun seid ihr aus der Macht der Sünde befreit und seid Diener Gottes geworden. Jetzt tut ihr das, was zu eurer Heiligung führt und euch das ewige Leben bringt. ²³Denn der Lohn der Sünde ist der Tod; das unverdiente Geschenk Gottes dagegen ist das ewige Leben durch Christus Jesus, unseren Herrn.

Nicht länger an das Gesetz gebunden

7 Liebe Freunde*, die ihr mit dem Gesetz vertraut seid: Wisst ihr nicht, dass das Gesetz für einen Menschen nur gilt, solange er lebt? ²Lasst es mich an einem Beispiel deutlich machen: Wenn eine Frau heiratet, ist sie durch das Gesetz an ihren Mann gebunden, solange er lebt. Wenn er aber stirbt, haben die Ehegesetze keine Gültigkeit mehr für sie. ³Hätte sie einen anderen Mann gehabt, während ihr Ehemann noch lebte, hätte sie Ehebruch begangen. Aber wenn ihr Ehemann stirbt, ist sie von diesem Gesetz frei und begeht keinen Ehebruch, wenn sie wieder heiratet.

⁴Genauso, liebe Freunde, hat auch das Gesetz keine Macht mehr über euch, denn von dieser Macht seid ihr befreit worden, als ihr mit Christus am Kreuz gestorben seid*. Jetzt gehört ihr dem, der von den Toten auferstand, und könnt gute Frucht bringen, das heißt gute Taten für Gott. ⁵Als wir von unserer menschlichen Natur beherrscht wurden, waren wir den sündigen Leidenschaften in uns ausgeliefert, ja, das Gesetz entfachte diese Leidenschaften sogar, die zur Sünde und damit zum Tod führten*. ⁶Doch jetzt sind wir vom Gesetz befreit, denn wir sind mit Christus gestorben und der Macht des Gesetzes nicht länger unterstellt. Deshalb können wir Gott von nun an in einer neuen Weise dienen – nicht wie früher durch Einhaltung jedes einzelnen Buchstabens des Gesetzes, sondern durch den Heiligen Geist.

Das Gesetz Gottes offenbart unsere Sünde

⁷Will ich damit etwa behaupten, dass Gottes Gesetz Sünde ist? Natürlich nicht! Das Gesetz an sich ist nicht sündig; aber durch das Gesetz erkannte ich erst meine Sünde. Ich hätte nicht gewusst, dass es falsch ist zu begehren, wenn das Gesetz mir nicht gesagt hätte: »Du sollst nicht begehren.«* ⁸Doch die Sünde benutzte das Gebot und weckte in mir viele schlechte Leidenschaften! Gäbe es kein Gesetz, dann hätte die Sünde keine Macht.*

⁹Früher lebte ich ohne das Gesetz. Doch mit dem Gebot kam auch die Sünde in mein Leben ¹⁰und verurteilte zum Tod. So brachte mir das Gebot, das mir eigentlich den Weg zum Leben zeigen sollte, stattdessen den Tod. ¹¹Denn die Sünde benutzte das Gebot, um mich zu täuschen und zu töten. ¹²Das Gesetz selbst aber ist heilig, und das Gebot ist heilig, gerecht und gut.

¹³Aber wie kann das sein? Brachte etwa das Gesetz, das doch gut ist, mir den Tod? Natürlich nicht! Sondern die Sünde benutzte das Gute, um mir den Tod zu bringen. Daran erkennen wir, wie schrecklich die Sünde ist: Sie benutzt das Gebot Gottes für ihre eigenen bösen Absichten.

Der Kampf gegen die Sünde

¹⁴Das Gesetz ist also gut, weil es vom Geist Gottes kommt. Ich aber bin als Mensch wie in die Sklaverei verkauft und werde von der Sünde beherrscht. ¹⁵Ich begreife mich selbst nicht, denn ich möchte von ganzem Herzen tun, was gut ist, und tue es doch nicht. Stattdessen tue ich das, was ich eigentlich hasse. ¹⁶Ich weiß, dass mein Handeln falsch ist, und gebe damit zu, dass das Gesetz gut ist. ¹⁷Aber ich kann mir selbst nicht helfen, weil die Sünde in mir mich zum Bösen verleitet.

¹⁸Ich weiß, dass ich durch und durch verdorben bin, soweit es meine menschliche Natur betrifft. Denn immer wieder nehme ich mir das Gute vor, aber es gelingt mir nicht, es zu verwirklichen. ¹⁹Wenn ich Gutes tun will, tue ich es nicht. Und wenn ich versuche, das Böse zu vermeiden, tue ich es doch. ²⁰Aber wenn ich tue, was ich nicht will, dann tue nicht ich es, sondern die Sünde in mir.

²¹Es ist anscheinend wie ein inneres Gesetz in meinem Leben, dass ich, wenn ich das Gute will, unweigerlich das Böse tue. ²²Ich liebe Gottes Gesetz von ganzem Herzen. ²³Doch in mir wirkt ein anderes Gesetz, das gegen meine Vernunft kämpft. Dieses Gesetz gewinnt die Oberhand und macht mich zum Sklaven der Sünde, die immer noch in mir ist. ²⁴Was bin ich doch für ein elender Mensch! Wer wird mich von diesem Leben befreien, das von der Sünde beherrscht wird*? ²⁵Gott sei Dank: Jesus Christus, unser Herr!

7,1 Griech. *Brüder*; ebenso in 7,4.   **7,4** S. Römer 6.   **7,5** Griech. *zur Sünde führten und damit dem Tod Frucht brachten*.
7,7 2. Mose 20,17; 5. Mose 5,21.   **7,8** Griech. *denn ohne das Gesetz ist die Sünde tot*.   **7,24** Griech. *von diesem Körper des Todes*.

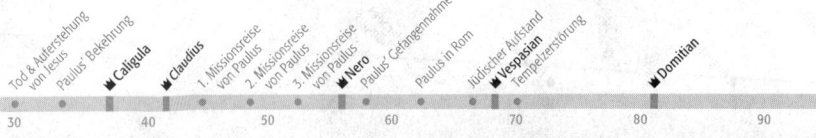

DER BRIEF AN DIE RÖMER

1,1–3,20	Unter Gottes Zorn
3,21–5,21	Gerecht gesprochen durch den Glauben
6–8	Leben in Freiheit; Leben im Geist
9–11	Die besondere Erwählung Israels
12–15	Gottes Gnade gestaltet das Leben
16	Grüße von Paulus

7–8
Veränderung durch Gottes Geist in uns. Hoffen und warten auf Gottes Herrlichkeit.

[Gottes Königsherrschaft und der Messias]

Fest steht: Meiner Vernunft nach möchte ich dem Gesetz Gottes gehorchen, aber meiner menschlichen Natur nach bin ich ein Sklave der Sünde.

Römer 8,19

Erwählung
Welche Rolle die Erwählten Gottes bei der Vollendung der Welt spielen werden, hat Jesus bereits angedeutet (Lk 22,30; Offb 5,10). Paulus unterstreicht das: Am Ende der Geschichte wird die ganze Schöpfung das bekommen, was die Kinder Gottes jetzt schon empfangen: »herrliche Freiheit« (V. 21). Deshalb ist die gegenwärtige Schöpfung von einer Sehnsucht durchzogen, die mit den Kindern Gottes in Zusammenhang steht. V. 19 kann man auch übersetzen mit: »Denn die geschaffene Welt ist eine einzige gespannte Erwartung und blickt sehnsüchtig danach aus, dass die mündigen Kinder Gottes in Erscheinung treten.«
Wenn Gottes Kinder einmal für alle Welt sichtbar als die Geliebten hervortreten werden und Gott sie vom jetzigen Zustand der Last und des Seufzens (V. 22-23) befreit hat, dann wird klar werden, wie Gott mit seiner Geschichte zum Ziel kommt. Gottes Kinder sind das erste Zeichen dafür, wie Gott handelt: Wenn Gott bei seinem Volk wohnen wird, dann wird auch alles andere neu werden (Offb 21,3-5).
(Offenbarung 1,6-20 ‹‹‹ | ››› Offenbarung 21,1-27)

Römer 8,20-23

Gott befreit
Viele Christen haben oft unterschätzt, wie wichtig es unserem Gott ist, dass seine ganze Schöpfung (nicht nur wir Menschen) seine Herrlichkeit widerspiegelt und seine Gnade erfährt. Manche denken, es ginge in der Bibel hauptsächlich darum, möglichst viele Menschen für das ewige Leben zu gewinnen, damit sie am Ende dem Gericht Gottes entgehen und für immer in Gottes Gegenwart leben werden.
Dieser Text spricht von etwas anderem. Es geht nicht nur um uns. Und es geht erst recht nicht darum, dass wir von der Schöpfung befreit werden sollen, um rein »geistliche Wesen« zu werden. So dachten manche griechischen Philosophen. Nein, Gott will seine ganze Schöpfung erlösen und zum Ziel bringen. Bildlich gesprochen: »Die ganze Schöpfung hofft auf den Tag, an dem sie von Tod und Vergänglichkeit befreit wird« (V. 20-21). Das wird gleichzeitig mit unserer endgültigen Erlösung geschehen. Dann wird Gott uns und seine ganze Schöpfung von der Vergänglichkeit und dem Tod erlösen.
(Lukas 21,28 ‹‹‹ | ››› Offenbarung 12,10-12)

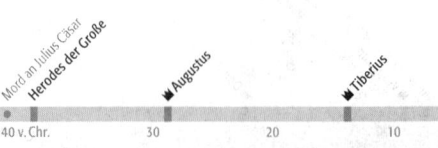

Ein Leben durch Gottes Geist

8 Also gibt es jetzt für die, die zu Christus Jesus gehören, keine Verurteilung mehr. ²Denn die Macht* des Geistes, der Leben gibt, hat dich* durch Christus Jesus von der Macht der Sünde befreit, die zum Tod führt. ³Das Gesetz konnte uns nicht retten, weil unsere menschliche Natur ihm widerstand. Deshalb sandte Gott seinen Sohn zu uns. Er kam in menschlicher Gestalt wie wir, aber ohne Sünde. Gott zerstörte die Herrschaft der Sünde über uns, indem er seinen Sohn stellvertretend für unsere Schuld verurteilte. ⁴Das tat er, damit die gerechten Forderungen des Gesetzes durch uns erfüllt würden und wir uns nicht länger von unserer menschlichen Natur, sondern vom Geist Gottes leiten lassen.

⁵Wer von seiner menschlichen Natur beherrscht wird, ist von ihren selbstsüchtigen Wünschen bestimmt, doch wer vom Heiligen Geist geleitet wird, richtet sich nach dem, was der Geist will. ⁶Wenn du dich von deiner menschlichen Natur bestimmen lässt, führt das zum Tod. Doch wenn der Heilige Geist dich bestimmt, bedeutet das Leben und Frieden. ⁷Denn die menschliche Natur steht Gott grundsätzlich feindlich gegenüber. Sie hat sich nicht dem Gesetz Gottes unterstellt und wird es auch nicht können. ⁸Deshalb können Menschen, die noch von ihrer menschlichen Natur beherrscht werden, Gott niemals gefallen.

⁹Ihr aber werdet nicht mehr von eurer sündigen Natur, sondern vom Geist Gottes beherrscht, wenn Gottes Geist in euch lebt. Wer aber den Geist von Christus nicht hat, der gehört nicht zu Christus. ¹⁰Da Christus in euch lebt, wird zwar euer Körper aufgrund der Sünde sterben, aber durch den Geist empfangt ihr Leben, weil ihr von Gott gerecht gesprochen wurdet. ¹¹Der Geist Gottes, der Jesus von den Toten auferweckt hat, lebt in euch. Und so wie er Christus von den Toten auferweckte, wird er auch euren sterblichen Körper durch denselben Geist lebendig machen, der in euch lebt.

¹²Liebe Brüder, ihr seid also nicht mehr dazu gezwungen, euch von den Wünschen eurer menschlichen Natur beherrschen zu lassen. ¹³Denn wenn ihr euch weiter von ihr bestimmen lasst, werdet ihr sterben. Wenn ihr euch aber durch die Kraft des Heiligen Geistes von eurem alten Wesen und den bösen Taten abwendet*, werdet ihr leben. ¹⁴Denn alle, die vom Geist Gottes bestimmt werden, sind Kinder Gottes.

¹⁵Deshalb verhaltet euch nicht wie ängstliche Sklaven. Wir sind doch Kinder Gottes geworden und dürfen ihn »Abba, Vater«* rufen. ¹⁶Denn der Geist Gottes selbst bestätigt uns tief im Herzen, dass wir Gottes Kinder sind. ¹⁷Und als seine Kinder sind wir auch Miterben an seinem Reichtum – denn alles, was Gott seinem Sohn Christus gibt, gehört auch uns. Doch wenn wir an seiner Herrlichkeit teilhaben wollen, müssen wir auch seine Leiden mit ihm teilen.

Die zukünftige Herrlichkeit

¹⁸Ich bin aber davon überzeugt, dass unsere jetzigen Leiden bedeutungslos sind im Vergleich zu der Herrlichkeit, die er uns später schenken wird*. ¹⁹Denn die ganze Schöpfung wartet sehnsüchtig auf jenen Tag, an dem Gott offenbar machen wird, wer wirklich zu seinen Kindern gehört. ²⁰Alles auf Erden wurde der Vergänglichkeit unterworfen. Dies geschah gegen ihren Willen durch den, der sie unterworfen hat. Aber die ganze Schöpfung hofft auf den Tag, ²¹an dem sie von Tod und Vergänglichkeit befreit wird zur herrlichen Freiheit der Kinder Gottes. ²²Denn wir wissen, dass die ganze Schöpfung bis zu diesem Augenblick mit uns seufzt, wie unter den Schmerzen einer Geburt. ²³Und selbst wir, obwohl wir im Heiligen Geist einen Vorgeschmack der kommenden Herrlichkeit erhalten haben, seufzen und erwarten sehnsüchtig den Tag, an dem Gott uns in unsere vollen Rechte als seine Kinder einsetzen und uns den neuen Körper geben wird, den er uns versprochen hat. ²⁴Nachdem wir nun gerettet sind, hoffen und warten wir darauf. Denn wenn man etwas schon sieht, muss man nicht mehr darauf hoffen. Und was ist die Hoffnung auf etwas, das man schon sieht? ²⁵Aber wenn wir auf etwas hoffen, das wir noch nicht sehen, müssen wir mit Geduld und Zuversicht darauf warten.

²⁶Der Heilige Geist hilft uns in unserer Schwäche. Denn wir wissen ja nicht einmal, worum oder wie wir beten sollen. Doch der Heilige Geist betet für uns mit einem Seufzen, das sich nicht in Worte fassen lässt. ²⁷Und der Vater, der alle Herzen kennt, weiß, was der Geist sagt, denn der Geist bittet für die, die zu Gott gehören, wie es dem Willen Gottes entspricht. ²⁸Und wir wissen, dass für die, die Gott lieben und nach seinem Willen zu ihm gehören, alles zum Guten führt*. ²⁹Denn Gott hat sie schon vor Beginn der Zeit auserwählt und hat sie vorbestimmt, seinem Sohn gleich zu werden, damit sein Sohn der

---

8,2a Griech. *das Gesetz*; ebenso in 8,2b. **8,2b** In einigen Handschriften steht *mich*. **8,13** Griech. *... sie tötet*. **8,15** *Abba* ist ein aramäisches Wort für *Vater*. **8,18** Griech. *die an uns geoffenbart werden soll*. **8,28** In einigen Handschriften steht *Und wir wissen, dass alles zum Guten zusammenwirkt*.

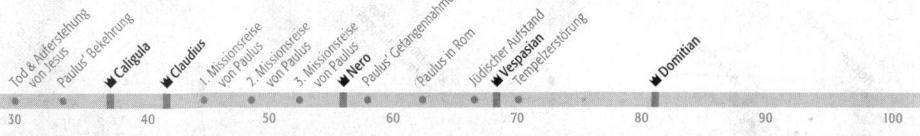

DER BRIEF AN DIE RÖMER

1,1–3,20	Unter Gottes Zorn
3,21–5,21	Gerecht gesprochen durch den Glauben
6–8	Leben in Freiheit; Leben im Geist
9–11	Die besondere Erwählung Israels
12–15	Gottes Gnade gestaltet das Leben
16	Grüße von Paulus

8–9
Gottes Liebe ist unverrückbar.
Die besondere Stellung Israels.

[Gottes Königsherrschaft und der Messias]

Erstgeborene unter vielen Geschwistern werde. ³⁰Und da er sie erwählt hat, hat er sie auch berufen, zu ihm zu kommen. Er hat sie gerecht gesprochen und hat ihnen Anteil an seiner Herrlichkeit gegeben.

Römer 8,35-39

Gottes Liebe, Gottes Zorn
Gott macht deutlich, dass jene, die durch Jesus Christus zu Gott gehören, nicht immer nur gute Zeiten genießen werden. Im Gegenteil – in diesem Briefabschnitt werden zahlreiche Schwierigkeiten und Probleme, die das Leben mit sich bringt, genannt: Not und Angst, Hungersnöte und Verfolgungen, Gefahr und Tod (V. 35). Später listet Paulus noch weitere Dinge auf, die uns schaden können: Tod, Mächte, Ängste und Sorgen, sogar die Mächte der Hölle (V. 38). Wir sind ständig Bedrohungen ausgesetzt, die uns zu schaffen machen. Dies gehört zum Menschsein und erst recht zum Christsein in einer Welt, die Gott ablehnt. Aber eins steht fest: Gottes Liebe hält ewig. Sie hält und trägt uns in allen Situationen.
Sie ist vielmehr als nur das schöne Gefühl, geliebt zu werden. Sie ist die aktive und spürbare Zuwendung und Annahme Gottes.
(Römer 5,8 ‹« | »› 2. Korinther 5,14-18)

Römer 9,4

Bundesschlüsse
Paulus ist völlig durchdrungen von dem, was Gott in Jesus geschenkt hat. Sein ganzes Denken kommt konzentriert von Christus her. Gerade so aber hält er fest, dass die Bundesschlüsse mit Israel eine kostbare Gabe sind, die mit dem Kommen von Christus ihre Bedeutung nicht verloren haben: »Denn die Gaben, die Gott gibt und die Berufung, die er ausspricht, bereut er nicht und sie gelten für immer« (Röm 11,29). Diesen Grundsatz bezieht Paulus auf die Zusagen an Abraham, Isaak und Jakob.
Wenn Paulus das Kommen von Christus aus Gottes Bundeszusagen herleitet, denkt er meist an den Abrahambund (Gal 3,16). Der Sinaibund steht in diesem Zusammenhang für ihn nicht so im Vordergrund. Hier allerdings, in Röm 9,4, nennt Paulus die »Bündnisse« in der Mehrzahl. Mindestens der Bund vom Sinai ist also eingeschlossen, was seine Verheißung betrifft: Israel bleibt Gottes Volk.
Christus kommt also aus derselben Herkunft wie die Bündnisse mit Israel: aus Gottes Treue.
(Lukas 1,72 ‹« | »› Matthäus 3,9)

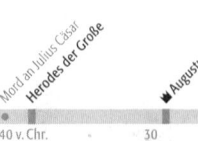

Nichts kann uns von Gottes Liebe trennen

³¹Was kann man dazu noch sagen? Wenn Gott für uns ist, wer kann da noch gegen uns sein? ³²Gott hat nicht einmal seinen eigenen Sohn verschont, sondern hat ihn für uns alle gegeben. Und wenn Gott uns Christus gab, wird er uns mit ihm dann nicht auch alles andere schenken?

³³Wer wagt es, gegen die Anklage zu erheben, die von Gott auserwählt wurden? Gott selbst ist ja der, der sie gerecht spricht. ³⁴Wer sollte uns verurteilen? Christus Jesus selbst ist ja für uns gestorben. Mehr noch, er ist der Auferstandene. Er sitzt auf dem Ehrenplatz zur rechten Seite Gottes und tritt für uns ein.

³⁵Kann uns noch irgendetwas von der Liebe Christi trennen? Wenn wir vielleicht in Not oder Angst geraten, verfolgt werden, hungern, frieren, in Gefahr sind oder sogar vom Tod bedroht werden? ³⁶Schon in der Schrift heißt es: »Weil wir an dir festhalten, werden wir jeden Tag getötet, wir werden geschlachtet wie Schafe.«* ³⁷Aber trotz all dem tragen wir einen überwältigenden Sieg davon durch Christus, der uns geliebt hat.

³⁸Ich bin überzeugt: Nichts kann uns von seiner Liebe trennen. Weder Tod noch Leben, weder Engel noch Mächte, weder unsere Ängste in der Gegenwart noch unsere Sorgen um die Zukunft*, ja nicht einmal die Mächte der Hölle können uns von der Liebe Gottes trennen. ³⁹Und wären wir hoch über dem Himmel oder befänden uns in den tiefsten Tiefen des Ozeans*, nichts und niemand in der ganzen Schöpfung kann uns von der Liebe Gottes trennen, die in Christus Jesus, unserem Herrn, erschienen ist.

Die besondere Erwählung Israels durch Gott

9 Was ich nun sage, sage ich in der Gegenwart von Christus. Es ist die Wahrheit – ich lüge nicht – und der Heilige Geist bestätigt es mir durch mein Gewissen: ²Mein Herz ist erfüllt von tiefem Schmerz und großer Trauer ³um mein Volk, meine jüdischen Schwestern und Brüder.* Ich wäre sogar bereit, für immer verflucht zu sein und von Christus getrennt, wenn ich sie dadurch retten könnte. ⁴Sie sind das Volk Israel, das Gott als seine besonderen Kinder erwählt hat.* Ihnen hat Gott seine Herrlichkeit offenbart. Mit ihnen hat er Bündnisse geschlossen, und ihnen hat er sein Gesetz gegeben. Sie erhielten das Vorrecht, ihn anzubeten*, und sie empfingen seine Zusagen. ⁵Ihre Vorfahren waren die Stammväter, und auch Christus selbst stammt seiner menschlichen Herkunft nach aus dem jüdischen Volk. Er ist Gott, der über alles regiert, ihn loben wir in alle Ewigkeit! Amen.

⁶Es ist nun nicht so, dass das Versprechen, das Gott den Juden gegeben hat, nicht mehr gilt. Aber nicht jeder, der in eine jüdische Familie hineingeboren wird, ist wirklich ein Jude. ⁷Nicht alle Nachkommen Abrahams sind deshalb schon seine wahren Kinder. Denn in der Schrift heißt es: »Nur die Nachkommen Isaaks sollen als deine Nachkommen bezeichnet werden.«* ⁸Das bedeutet, dass die leiblichen Nachkommen Abrahams nicht zugleich Kinder Gottes sind. Sondern als wahre Kinder Abrahams gelten nur die, die nach der Zusage Gottes von ihm abstammen. ⁹Denn Gott hatte Abraham versprochen: »Nächstes Jahr um diese Zeit werde ich zurückkehren. Dann wird Sara einen Sohn haben.«*

¹⁰Und so war es nicht nur bei Sara, sondern auch bei Rebekka, die von unserem Stammvater Isaak mit Zwillingen schwanger wurde. ¹¹Doch schon vor der Geburt, noch bevor die Kinder irgendetwas Gutes oder Böses getan hatten, sprach Gott zu Rebekka. Dies geschah nach dem feststehenden Willen Gottes und seiner freien Wahl, ¹²die nicht abhängt von Taten, sondern allein von seiner Entscheidung. So sprach er zu Rebekka: »Der Ältere wird dem Jüngeren dienen.«* ¹³In der Schrift heißt es: »Jakob habe ich geliebt, aber Esau habe ich gehasst.«*

¹⁴Was sollen wir dazu sagen? War Gott ungerecht? Natürlich nicht! ¹⁵Denn Gott sagte zu Mose: »Ich schenke meine Gnade und mein Erbarmen, wem ich will.«*

¹⁶Gottes Zusagen erhalten wir also nicht, indem wir sie uns wünschen oder uns darum bemühen, sondern Gott erbarmt sich über den, den er erwählt.

¹⁷Denn in der Schrift heißt es, dass Gott zu Pharao sagte: »Ich habe dich berufen, um an dir meine Macht zu zeigen und meinen Namen auf der ganzen Erde bekannt zu machen.«* ¹⁸Ihr seht also, dass Gott sich über den erbarmt, über den er will, und dass er das Herz eines anderen verschließt, sodass er nicht auf ihn hört.

¹⁹Nun wendet jemand vielleicht ein: »Warum wirft Gott den Menschen dann noch vor, dass sie nicht auf ihn hören? Kann sich denn jemand seinem Willen widersetzen?«

8,36 Psalm 44,23. **8,38** Griech. *weder Gegenwärtiges, noch Zukünftiges.* **8,39** O. *Weder Hohes noch Tiefes.* **9,3** Griech. *meine Brüder.* **9,4a** Griech. *erwählt zur Sohnschaft.* **9,4b** O. *Gottesdienst zu feiern.* **9,7** 1. Mose 21,12. **9,9** 1. Mose 18,10.14. **9,12** 1. Mose 25,23. **9,13** Maleachi 1,2-3. **9,15** 2. Mose 33,19 – Griech. *Ich werde mich erbarmen, wessen ich mich erbarme, und ich werde bemitleiden, wen ich bemitleide.* **9,17** 2. Mose 9,16.

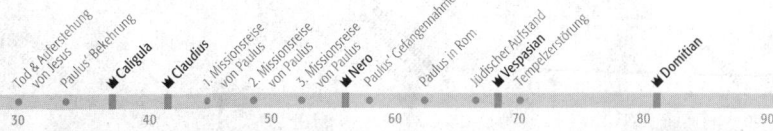

DER BRIEF AN DIE RÖMER

1,1–3,20	Unter Gottes Zorn
3,21–5,21	Gerecht gesprochen durch den Glauben
6–8	Leben in Freiheit; Leben im Geist
9–11	Die besondere Erwählung Israels
12–15	Gottes Gnade gestaltet das Leben
16	Grüße von Paulus

9–11
Das Gesetz als Stolperstein. Jeder kann errettet werden. Israel ist nicht verstoßen.

[Gottes Königsherrschaft und der Messias]

²⁰Was denkst du, wer du bist? Du bist doch nur ein Mensch und willst dich mit Gott streiten? Sagt das Geschaffene etwa zu seinem Schöpfer: »Warum hast du mich so gemacht?« ²¹Wenn ein Töpfer Gefäße aus Ton formt, hat er da nicht das Recht, aus demselben Klumpen Ton ein Gefäß für besondere Anlässe und ein anderes für den gewöhnlichen Gebrauch herzustellen?* ²²Wenn Gott seinen Zorn zeigen und seine Macht ausüben will, kann er viel Geduld mit den Gefäßen seines Zorns haben, die zum Verderben bestimmt sind, ²³und dadurch den Reichtum seiner Herrlichkeit denen erweisen, die er als Gefäße seines Erbarmens dafür vorbereitet hat.* ²⁴Das gilt auch für uns, die er aus dem jüdischen Volk und aus den anderen Völkern erwählt hat. ²⁵Was nun die anderen Völker betrifft, so sagt Gott in den prophetischen Worten Hoseas:
»Die nicht mein Volk waren, will ich jetzt mein Volk nennen. Und ich will lieben, die ich zuvor nicht geliebt habe.«*
²⁶Und weiter steht bei Hosea:
»Früher wurde ihnen gesagt: ›Ihr seid nicht mein Volk. Doch jetzt sollen sie Kinder des lebendigen Gottes genannt werden.‹«*
²⁷Und über Israel rief der Prophet Jesaja aus:
»Auch wenn das Volk Israel so zahlreich wäre wie der Sand am Meer, wird doch nur eine kleine Zahl* gerettet werden. ²⁸Denn der Herr wird sein Wort auf der Erde wahr machen, und er wird es schnell und endgültig tun.«*
²⁹Und an anderer Stelle sagte Jesaja:
»Hätte der allmächtige Herr nicht einige von uns verschont, wären wir so vollständig ausgelöscht worden wie Sodom und Gomorra.«*

Israels Unglaube
³⁰Was sollen wir nun dazu sagen? Nur dies: Die Menschen aus den anderen Völkern sind durch den Glauben von Gott gerecht gesprochen worden, obwohl sie die Gerechtigkeit, die vor Gott gilt, nicht gesucht haben. ³¹Die Juden aber, die durch das Halten des Gesetzes vor Gott gerecht werden wollten, haben dieses Ziel nicht erreicht. ³²Warum nicht? Weil sie versuchten, durch ihre eigenen guten Taten vor Gott gerecht zu werden und dadurch das Gesetz zu erfüllen, statt auf den Glauben zu vertrauen. So stolperten sie über den »Stein des Anstoßes«,* ³³wie es schon in der Schrift steht:

9,21 Griech. *das eine Gefäß zur Ehre, das andere zur Unehre?* 9,23 Griech. *die er vorher bereitet hat zur Herrlichkeit.* 9,25 Hosea 2,25. 9,26 Hosea 2,1. 9,27 Griech. *ein Rest.* 9,27-28 Jesaja 10,22-23. 9,29 Jesaja 1,9.
9,32 Mit dem »Stein des Anstoßes« ist Christus gemeint. Vgl. dazu Psalm 118,22 und Matthäus 21, besonders Vers 42.

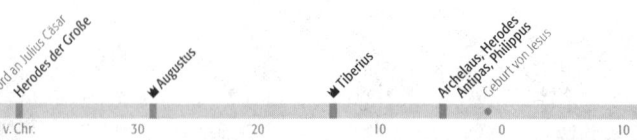

»Ich lege in Jerusalem* einen Stein, über den die Menschen stolpern werden, und einen Felsen, an dem viele zu Fall kommen werden.* Doch wer an ihn glaubt, wird nicht umkommen*.«

10 Liebe Freunde*, ich sehne mich von Herzen danach und bete zu Gott, dass das jüdische Volk gerettet wird. ²Ich kann bezeugen, mit welcher Hingabe sie Gott dienen, aber es fehlt ihnen die richtige Erkenntnis. ³Denn sie haben nicht erkannt, auf welche Weise Gott die Menschen gerecht erklärt. Stattdessen gehen sie ihren eigenen Weg, indem sie versuchen das Gesetz zu halten, um dadurch die Anerkennung* Gottes zu gewinnen. Damit lehnen sie den Weg Gottes ab. ⁴Denn mit Christus ist die Absicht des Gesetzes vollkommen erfüllt. Wer an ihn glaubt, wird vor Gott gerecht gesprochen.*

Die Erlösung steht für alle bereit

⁵Denn Mose schrieb, dass man alle Gebote des Gesetzes erfüllen muss, um durch das Gesetz vor Gott gerecht zu werden.* ⁶Wer aber durch den Glauben vor Gott bestehen will, dem sollt ihr sagen: »Du musst nicht in den Himmel hinaufsteigen« – um Christus zu finden und ihn herabzuholen. ⁷Und: »Du musst nicht in die Tiefe hinabsteigen« – um Christus wieder von den Toten heraufzuholen. ⁸Denn in der Schrift heißt es: »Die Botschaft ist dir ganz nahe; sie ist auf deinen Lippen und in deinem Herzen.«* Es ist die Botschaft von der Erlösung durch den Glauben an Christus, die wir verkünden.

⁹Wenn du mit deinem Mund bekennst, dass Jesus der Herr ist, und wenn du in deinem Herzen glaubst, dass Gott ihn von den Toten auferweckt hat, wirst du gerettet werden. ¹⁰Denn durch den Glauben in deinem Herzen wirst du vor Gott gerecht, und durch das Bekenntnis deines Mundes wirst du gerettet. ¹¹So heißt es in der Schrift: »Wer an ihn glaubt, wird nicht umkommen*.« ¹²Das gilt ohne Unterschied für Juden wie für alle anderen Menschen. Alle haben denselben Herrn, der seine Reichtümer großzügig allen schenkt, die ihn darum bitten. ¹³Denn »jeder, der den Namen des Herrn anruft, wird gerettet werden*«.

¹⁴Doch wie können sie ihn anrufen, wenn sie nicht an ihn glauben? Und wie können sie an ihn glauben, wenn sie nie von ihm gehört haben? Und wie können sie von ihm hören, wenn niemand ihnen die Botschaft verkündet? ¹⁵Und wie soll jemand hingehen und ihnen die Botschaft Gottes sagen, wenn er nicht dazu beauftragt wurde? Das ist gemeint, wenn es in der Schrift heißt: »Wie wunderbar ist es, die Boten kommen zu hören, die gute Nachrichten bringen!«*

¹⁶Doch nicht jeder nimmt die gute Botschaft an, wie auch der Prophet Jesaja sagte: »Herr, wer hat unserer Predigt geglaubt?«* ¹⁷Und doch kommt der Glaube durch das Hören dieser Botschaft, die Botschaft aber kommt von Christus.*

¹⁸Aber was ist nun mit den Juden? Haben sie die Botschaft wirklich gehört? Ja, das haben sie:

»Die Botschaft breitete sich aus über die ganze Erde und ihre Worte über die ganze Welt.«*

¹⁹Aber hat das Volk Israel sie auch wirklich verstanden? Ja, das haben sie, denn schon bei Mose steht geschrieben:

»Ich will euch eifersüchtig machen auf ein Volk, das nicht mein Volk ist. Ich will euch zornig machen auf ein Volk, das nichts von mir weiß.«*

²⁰Und Jesaja wagte zu sagen:

»Ich habe mich von Menschen finden lassen, die nicht nach mir suchten. Ich habe mich denen zu erkennen gegeben, die nicht nach mir fragten.«*

²¹Über Israel aber sprach Gott:

»Den ganzen Tag stand ich mit offenen Armen vor einem Volk, das mir nicht gehorcht und sich mir widersetzt.«*

Gottes Gnade für Israel

11 Ich frage nun: Hat Gott sein Volk, die Juden, etwa verstoßen? Natürlich nicht! Vergesst nicht, dass ich selbst ein Jude bin, ein Nachkomme Abrahams vom Stamm Benjamin. ²Nein, Gott hat sein Volk nicht verstoßen, das er von Anfang an erwählt hat. Erinnert ihr euch, was die Schrift über Elia sagt? Dieser beklagte sich bei Gott über das Volk Israel und sagte: ³»Herr, sie haben deine Propheten getötet und deine Altäre niedergerissen. Ich allein bin übrig geblieben, und nun versuchen sie, auch mich umzubringen.«*

⁴Und was antwortete Gott? Er sprach: »Du bist nicht allein übrig geblieben, sondern ich habe noch siebentausend andere übrig gelassen, die nicht vor Baal niedergekniet sind!«*

9,33a Griech. *in Zion*. **9,33b** Jesaja 8,14. **9,33c** O. *wird nicht beschämt werden*; Jesaja 28,16. **10,1** Griech. *Brüder*. **10,3** O. *vor Gott gerecht dazustehen*. **10,4** Griech. *Denn das Ende des Gesetzes ist Christus zur Gerechtigkeit für jeden Glaubenden*. **10,5** O. *Leben zu haben*; 3. Mose 18,5. **10,6-8** 5. Mose 30,11-14. **10,11** O. *wird nicht beschämt werden*; Jesaja 28,16. **10,13** Joel 3,5. **10,15** Jesaja 52,7. **10,16** Jesaja 53,1. **10,17** Griech. *durch das Wort Christi*. **10,18** Psalm 19,5. **10,19** 5. Mose 32,21. **10,20** Jesaja 65,1. **10,21** Jesaja 65,2. **11,3** 1. Könige 19,10.14. **11,4** S. 1. Könige 19,18.

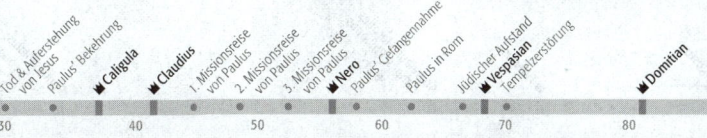

DER BRIEF AN DIE RÖMER

1,1–3,20	Unter Gottes Zorn
3,21–5,21	Gerecht gesprochen durch den Glauben
6–8	Leben in Freiheit; Leben im Geist
9–11	Die besondere Erwählung Israels
12–15	Gottes Gnade gestaltet das Leben
16	Grüße von Paulus

11–12
Der Ölbaum und die eingepfropften Zweige als Gleichnis für Israel und die übrigen Christen. Alle Menschen brauchen Gottes Gnade.

[Gottes Königsherrschaft und der Messias]

⁵So ist es auch noch heute, denn einige* von ihnen, die Gott aus Gnade dazu erwählt hat, werden gerettet. ⁶Wenn der Grund dafür aber die Gnade Gottes war, dann geschah es nicht aufgrund guter Taten, denn sonst wäre die Gnade Gottes nicht mehr das, was sie ist: ein freies, unverdientes Geschenk.

⁷Was bedeutet das nun? Die Juden* haben die Anerkennung Gottes, um die sie sich so bemühen, nicht erlangt. Gelungen ist es nur denen, die von Gott erwählt wurden. Doch die Herzen der Übrigen sind Gott gegenüber hart geworden. ⁸In der Schrift heißt es:
»Gott hat sie in einen tiefen Schlaf versetzt. Bis auf den heutigen Tag hält er ihre Augen verschlossen, sodass sie nicht sehen können, und ihre Ohren verstopft, sodass sie nicht hören können.«*

⁹Davon sprach auch David, als er sagte:
»Ihr reich gedeckter Tisch soll ihnen zur Falle werden und wie eine Schlinge, die sich schließt. Er soll sie zu Fall bringen und Anlass zur Vergeltung sein. ¹⁰Ihre Augen sollen sich verfinstern, sodass sie nichts mehr sehen, und ihr Rücken soll sich unter ihrer Last mehr und mehr beugen.«*

¹¹Sind sie so tief gefallen, dass sie hoffnungslos verloren sind? Nein, auf keinen Fall! Sondern ihr Ungehorsam führte dazu, dass auch die anderen Völker gerettet werden, um damit zugleich auch

---

11,5 Griech. *ein Überrest*. **11,7** Griech. *Israel*.
11,8 5. Mose 29,3; Jesaja 29,10. **11,9-10** Psalm 69,23-24.

Römer 11,26

Erwählung
Zu guter Letzt wird das Volk Israel bei Gott ankommen – und Gott mit seiner Liebe bei Israel ankommen. Weil Gott die Erwählung von Abraham nie aufgegeben hat, wird er auch die Erwählung Israels nie aufgeben (V. 28).
Die Christusgemeinde aus allen Völkern ist Gottes Herzensangelegenheit, aber seine »zweite Liebe«. Den »Faden« Israel hat Gott längst zuvor aufgenommen. Später hat er ihn mit einem weiteren Faden verwoben, aber dadurch nicht fallen gelassen. Jetzt ist es eine gemeinsame »Schnur«.
Dabei bleibt Christus der gemeinsame Dreh- und Angelpunkt in der Geschichte Israels und der später hinzukommenden Glaubenden. Wenn auch Israel »eines Tages an Gottes Gnade teilhaben wird« (V. 31), dann kann das nicht an *dem* einen Erwählten, Christus, vorbei geschehen. Sondern Israel wird gerettet durch den »Retter«, der »aus Jerusalem kommen wird« (V. 26; Jes 59,20). Wann und wie Israel Christus erkennt, bleibt ein Geheimnis. Doch erst wenn das geschieht, sind Gottes Pläne (V. 33-34) ganz zum Ziel gekommen.
(Jesaja 60,1-22 «« | »» Offenbarung 22,5)

 Mord an Julius Cäsar / Herodes der Große
 Augustus
 Tiberius
 Archelaus, Herodes Antipas, Philippus / Geburt von Jesus
 Pontius Pilatus / Taufe von Jesus

40 v. Chr. — 30 — 20 — 10 — 0 — 10 — 20 — 30

die Eifersucht der Juden zu wecken. ¹²Wenn nun die anderen Völker so reich beschenkt wurden, weil die Juden Gottes Angebot der Erlösung ablehnten, wie viel größeren Segen wird es dann für die Welt bedeuten, wenn die Juden es schließlich annehmen!

¹³Ich sage das alles zu euch, die ihr keine Juden seid, denn Gott hat mich zu eurem Apostel berufen. Und ich hebe es so stark hervor, ¹⁴um dadurch die Eifersucht der Juden zu wecken und auf diese Weise einige von ihnen zu retten. ¹⁵Denn wenn die Verwerfung der Juden bedeutete, dass Gott der übrigen Welt die Versöhnung anbot, wie herrlich wird es dann erst sein, wenn Gott sein Volk wieder annimmt. Dann werden Menschen, die tot waren, wieder lebendig! ¹⁶Und da Abraham und die anderen Stammväter heilig waren, werden auch ihre Nachkommen heilig sein.* Denn wenn die Wurzel des Ölbaums heilig ist, dann werden es auch die Zweige sein.

¹⁷Doch einige dieser Zweige – damit sind die Juden gemeint – wurden herausgebrochen, und du, der Zweig eines wilden Ölbaums, wurdest eingepfropft. Nun erhältst du ebenfalls Kraft aus der Wurzel des Ölbaums und nährst dich von seinem Saft. ¹⁸Doch sei nicht stolz darauf, dass du anstelle der herausgebrochenen Zweige eingepfropft wurdest! Vergiss nicht, dass du nur ein Zweig bist und nicht die Wurzel, denn nicht du trägst die Wurzel, sondern die Wurzel trägt dich.

¹⁹Vielleicht wendet ihr jetzt ein: »Diese Zweige wurden doch herausgebrochen, um Platz für mich zu schaffen.« ²⁰»Richtig. Aber denk daran, dass diese Zweige – die Juden – herausgebrochen wurden, weil sie Gott nicht glaubten, und du an ihrer Stelle eingepfropft bist, weil du glaubst. Sei also nicht stolz, sondern fürchte dich davor, dass es dir ebenso ergehen könnte!« ²¹Denn wenn Gott die ursprünglichen Zweige nicht verschonte, wird er auch euch nicht verschonen.

²²Erkenne doch, wie Gott zugleich gütig und streng ist. Mit Strenge begegnet er den Ungehorsamen, während er dir seine Güte erweist, wenn du weiterhin auf diese Güte vertraust. Andernfalls wirst auch du abgehauen werden. ²³Und sobald die Juden sich von ihrem Unglauben abwenden, wird Gott sie wieder in den Baum einpfropfen. Er hat die Macht dazu.

²⁴Wenn Gott bereit war, dich, der du ursprünglich Zweig eines wilden Ölbaums warst, seinem guten Baum einzupfropfen – was wider die Natur wäre –, wie viel lieber wird er die Juden wieder in den Baum einpfropfen, zu dem sie eigentlich gehören.

Gottes Gnade steht allen Menschen offen

²⁵Ihr sollt dieses Geheimnis verstehen, liebe Freunde*, damit ihr euch nichts auf eure Klugheit einbildet. Das Herz mancher Juden ist verschlossen, doch das wird nur so lange anhalten, bis der von Gott bestimmte Anzahl von Menschen aus den anderen Völkern zu Christus gefunden hat. ²⁶Dann wird ganz Israel gerettet werden, wie es schon bei den Propheten geschrieben steht:

»Ein Retter wird aus Jerusalem* kommen, und er wird Israel* von aller Gottlosigkeit befreien. ²⁷Dann werde ich einen Bund mit ihnen schließen, wenn ich ihre Sünden wegnehmen werde.«*

²⁸Viele Juden sind jetzt zwar Feinde der guten Botschaft, doch das geschah für euch. Aber aufgrund der Zusagen an Abraham, Isaak und Jakob, sind sie nach wie vor Gottes erwähltes Volk.* ²⁹Denn die Gaben, die Gott gibt und die Berufung, die er ausspricht, bereut er nicht und sie gelten für immer. ³⁰Früher habt ihr Gott nicht gehorcht, doch wegen des Ungehorsams der Juden war Gott stattdessen euch jetzt gnädig. ³¹So sind es jetzt die Juden, die Gott ungehorsam sind, weil er euch gegenüber gnädig ist. Aber eines Tages werden auch sie* an Gottes Gnade teilhaben. ³²Denn Gott hat alle Menschen ihrem eigenen Ungehorsam ausgeliefert, um allen seine Gnade zu schenken.

³³Wie wunderbar ist doch Gott! Wie unermesslich sind seine Reichtümer, wie tief seine Weisheit und seine Erkenntnis! Unmöglich ist es uns, seine Entscheidungen und Wege zu begreifen.* ³⁴Denn wer kann wissen, was der Herr denkt? Wer kann sein Ratgeber sein?* ³⁵Und wer hat Gott jemals so viel gegeben, dass Gott ihm etwas zurückerstatten müsste? ³⁶Denn alles kommt von ihm; alles besteht durch seine Macht und ist zu seiner Herrlichkeit bestimmt. Ihm gehört die Ehre in Ewigkeit! Amen.

Ein lebendiges Opfer für Gott

12 Weil Gott so barmherzig ist, fordere ich euch nun auf, liebe Brüder, euch mit

---

11,16 Griech. *Wenn der erste Teil des Teigs, der als Opfer dargebracht wird, heilig ist, dann ist es auch der ganze Teig.* **11,25** Griech. *Brüder.* **11,26a** Griech. *aus Zion.* **11,26b** Griech. *Jakob.* **11,26-27** Jesaja 59,20-21. **11,28** Griech. *Gottes Geliebte.* **11,31** In manchen Handschriften heißt es *Doch nun werden sie ...*; in anderen Handschriften *Aber sie ...* **11,33** Griech. *Wie unerforschlich seine Gerichte und unaufspürbar seine Wege!* **11,34** Jesaja 40,13.

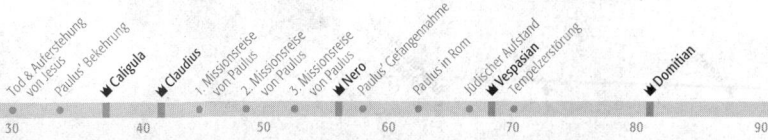

DER BRIEF AN DIE RÖMER

1,1–3,20	Unter Gottes Zorn
3,21–5,21	Gerecht gesprochen durch den Glauben
6–8	Leben in Freiheit; Leben im Geist
9–11	Die besondere Erwählung Israels
12–15	Gottes Gnade gestaltet das Leben
16	Grüße von Paulus

12–13
Gemeinde ist der Leib von Christus. Einander und Gott in Liebe dienen. Das Verhältnis zum Staat. Die Liebe als oberstes Gebot.

[Gottes Königsherrschaft und der Messias]

eurem ganzen Leben für Gott einzusetzen. Es soll ein lebendiges und heiliges Opfer sein – ein Opfer, an dem Gott Freude hat. Das ist ein Gottesdienst, wie er sein soll. ²Deshalb orientiert euch nicht am Verhalten und an den Gewohnheiten dieser Welt, sondern lasst euch von Gott durch Veränderung eurer Denkweise in neue Menschen verwandeln. Dann werdet ihr wissen, was Gott von euch will: Es ist das, was gut ist und ihn freut und seinem Willen vollkommen entspricht.

³Im Auftrag Gottes* warne ich jeden von euch: Seid ehrlich in eurem Urteil über euch selbst und messt euch daran, wie viel Glauben Gott euch geschenkt hat. ⁴So wie euer Körper viele Teile und jeder Körperteil seine besondere Funktion hat, ⁵so verhält es sich auch mit dem Leib Christi. Wir sind alle Teile seines einen Leibes, und jeder von uns hat eine andere Aufgabe zu erfüllen. Und da wir alle in Christus ein Leib sind, gehören wir zueinander, und jeder Einzelne ist auf alle anderen angewiesen.

⁶Gott ist gnädig und hat uns unterschiedliche Gaben geschenkt. Hat Gott dir zum Beispiel die Gabe der Prophetie gegeben, dann wende sie an, wenn du überzeugt bist*, dass Gott durch dich redet. ⁷Besteht deine Begabung darin, anderen

12,3 Griech. *Ich sage euch aber durch die Gnade, die Gott mir gegeben hat.* 12,6 Griech. *in Übereinstimmung mit dem Glauben.*

Römer 12,19

Gottes Liebe, Gottes Zorn
In dieser Mahnung steht der Zorn im Mittelpunkt: der menschliche Zorn und auch der Zorn Gottes. Doch diese zwei Arten von Zorn gleichen sich nicht. Der Psalmist artikuliert Zorn manchmal im Gebet (Ps 119,53). Im Gespräch mit manchen Menschen ist es uns auch möglich, unseren Zorn auszudrücken und ihm Raum zu geben. Aber es besteht auch immer die Gefahr, dass Menschen ihren Zorn auf unangemessene und zerstörende Art und Weise ausdrücken, beispielsweise um sich an anderen zu rächen.
Nur der göttliche Zorn bringt es fertig, sich in einer Art und Weise zu äußern, die frei von unkontrollierter oder ungerechter Wut ist. Christen sollen sich nicht an ihren Feinden rächen. Es ist nicht unsere Aufgabe, Gerechtigkeit für uns selbst zu erlangen. Dies bleibt allein Gott vorbehalten. Unsere Aufgabe ist es, so gut wir können dazu beizutragen, Feindschaften durch unser Handeln zu überwinden. »(Menschlicher) Zorn kann niemals etwas bewirken, das in Gottes Augen gerecht ist« (Jak 1,20).
(2. Korinther 5,14-18) «« | »» 1. Thessalonicher 1,10)

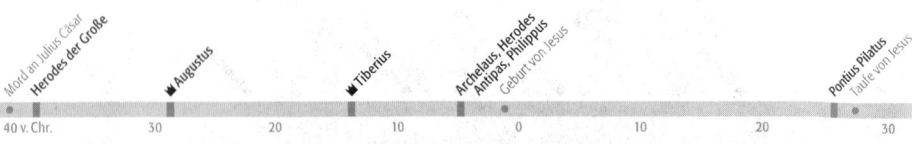

zu dienen, dann diene ihnen gut. Bist du zum Lehren berufen, dann sei ein guter Lehrer. ⁸Wenn du die Gabe hast, andere zu ermutigen*, dann mach es auch! Wer Geld hat, soll es aus freien Stücken und ehrlich mit anderen teilen. Hat Gott dir die Fähigkeit verliehen, andere zu leiten, dann nimm diese Verantwortung ernst. Und wenn du die Begabung hast, dich um andere, die es nötig haben, zu kümmern, sollst du es mit fröhlichem Herzen tun.

⁹Täuscht nicht nur vor, andere zu lieben, sondern liebt sie wirklich. Hasst alles Böse und stellt euch auf die Seite des Guten. ¹⁰Liebt einander mit aufrichtiger Zuneigung* und habt Freude daran, euch gegenseitig Achtung zu erweisen. ¹¹Werdet nicht nachlässig, sondern lasst euch ganz vom Geist erfüllen* und setzt euch für den Herrn ein.

¹²Freut euch auf alles, was Gott für euch bereithält. Seid geduldig, wenn ihr schwere Zeiten durchmacht, und hört niemals auf zu beten. ¹³Wenn andere Gläubige in Not geraten, steht ihnen zur Seite und helft ihnen. Seid gastfreundlich und öffnet für Gäste euer Haus.

¹⁴Wenn ihr verfolgt werdet, weil ihr zu Christus gehört, dann verflucht eure Verfolger nicht, sondern erbittet den Segen Gottes für sie. ¹⁵Sind andere Menschen glücklich, dann freut euch mit ihnen. Sind sie traurig, dann begleitet sie in ihrem Kummer. ¹⁶Lebt in Frieden miteinander. Versucht nicht, euch wichtig zu machen, sondern wendet euch denen zu, die weniger angesehen sind. Und bildet euch nicht ein, alles zu wissen!

¹⁷Vergeltet anderen Menschen nicht Böses mit Bösem, sondern bemüht euch allen gegenüber um das Gute. ¹⁸Tragt euren Teil dazu bei, mit anderen in Frieden zu leben, so weit es möglich ist!

¹⁹Liebe Freunde, rächt euch niemals selbst, sondern überlasst die Rache dem Zorn Gottes. Denn es steht geschrieben:

»Ich allein will Rache nehmen; ich will das Unrecht vergelten«,* spricht der Herr.

²⁰Handelt stattdessen so, wie es in der Schrift heißt:

»Wenn dein Feind hungrig ist, gib ihm zu essen. Wenn er durstig ist, gib ihm zu trinken, und er wird beschämt darüber sein, was er dir angetan hat.«*

²¹Lass dich nicht vom Bösen überwinden, sondern überwinde das Böse durch das Gute!

Achtung vor staatlicher Autorität

13 Gehorche der Regierung, unter der du lebst, denn sie ist von Gott eingesetzt. Alle Regierungen haben ihre Vollmacht von Gott. ²Wer sich also den Gesetzen des Landes widersetzt, der verweigert Gott selbst den Gehorsam und wird bestraft werden. ³Wer vorbildlich und gut handelt, braucht sich vor den Regierenden nicht zu fürchten, denn nur die müssen sich fürchten, die Unrecht tun. Deshalb tu, was richtig ist, und du wirst sogar noch dafür gelobt werden. ⁴Die Regierung ist von Gott dazu eingesetzt, dich zu unterstützen. Wenn du jedoch Unrecht tust, ist deine Angst begründet, denn du wirst bestraft werden. Sie ist von Gott dazu eingesetzt, diejenigen in seinem Auftrag zu bestrafen, die Unrecht tun. ⁵Du sollst der Regierung also aus zwei Gründen gehorchen: damit du nicht bestraft wirst und damit du ein reines Gewissen behältst.

⁶Aus diesen Gründen bezahlt ihr ja auch eure Steuern. Denn die Beamten der Regierung müssen bezahlt werden, damit sie die Aufgabe erfüllen können, die Gott ihnen anvertraut hat. ⁷Gebt jedem, was ihr ihm schuldig seid: Bezahlt eure Steuern genauso wie den Zoll und erweist allen Achtung und Ehre, denen dies zusteht.

Die Liebe ist die Erfüllung des Gesetzes

⁸Bleibt niemandem etwas schuldig, abgesehen von der Liebe, die ihr einander immer schuldig seid. Denn wer den anderen liebt, hat damit das Gesetz Gottes erfüllt. ⁹Die Gebote gegen Ehebruch, Mord, Diebstahl und Begehren sind – wie auch alle anderen Gebote – in diesem einen Gebot zusammengefasst: »Liebe deinen Nächsten wie dich selbst.«* ¹⁰Die Liebe fügt niemandem Schaden zu; deshalb ist die Liebe die Erfüllung von Gottes Gesetz.

¹¹Führt euer Leben auf diese Weise, weil ihr wisst, dass die Zeit begrenzt ist. Wacht auf, denn wir sind unserer Rettung jetzt näher als zu Beginn unseres Glaubens. ¹²Die Nacht ist fast vorüber; der Tag der Erlösung kommt bald. Deshalb lebt nicht in der Finsternis mit ihren bösen Taten, sondern greift zu den Waffen des Lichts! ¹³Unser Leben soll vorbildlich und ehrlich sein, damit es vor den Augen anderer Anerkennung findet. Wir wollen nicht an ausschweifenden Festen und Trinkgelagen teilnehmen, keinen Ehebruch begehen, nicht in sexueller Zügellosigkeit leben und uns auch nicht auf Streit und

---

12,8 Griech. *ermahnen.*   **12,10** Griech. *mit brüderlicher Liebe.*   **12,11** Griech. *seid brennend im Geist.*   **12,19** 5. Mose 32,35.
12,20 Griech. *und du wirst glühende Kohlen auf sein Haupt häufen;* Sprüche 25,21-22.   **13,9** 3. Mose 19,18.

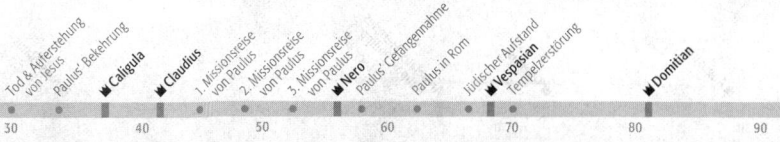

DER BRIEF AN DIE RÖMER

1,1–3,20	Unter Gottes Zorn
3,21–5,21	Gerecht gesprochen durch den Glauben
6–8	Leben in Freiheit; Leben im Geist
9–11	Die besondere Erwählung Israels
12–15	Gottes Gnade gestaltet das Leben
16	Grüße von Paulus

13–15
Leben in der christlichen Gemeinschaft: Einander nicht verurteilen und aufeinander Rücksicht nehmen. Ermutigung für die Gemeinde.

[Gottes Königsherrschaft und der Messias]

Eifersucht einlassen. ¹⁴Haltet euch an Jesus Christus, den Herrn, und lasst euer Leben von ihm bestimmen*. Gebt euren Wünschen nicht so weit nach, dass ihr von euren Leidenschaften beherrscht werdet.

Urteilt nicht übereinander

14 Nehmt den an, der im Glauben schwach ist, und streitet nicht mit ihm über unterschiedliche Meinungen. ²Während der eine zum Beispiel glaubt, man dürfe alles essen, verzichtet ein anderer auf Fleisch, weil sein Gewissen es ihm verbietet. ³Wer meint, er dürfe alles essen, soll nicht auf den herabsehen, der nicht alles isst. Und wer bestimmte Speisen meidet, soll den nicht verurteilen, der alles isst, denn Gott hat ihn angenommen. ⁴Wer bist du, dass du einen Diener Gottes verurteilst? Er ist dem Herrn verantwortlich, deshalb überlasst es Gott, sein Verhalten zu beurteilen. Der Herr hat die Kraft ihm zu helfen, sodass er das Richtige tun wird.*

⁵Genauso ist es bei dem, der bestimmte Tage für heiliger erachtet als andere, während für einen anderen dagegen alle Tage gleich zählen. Entscheidend ist aber, dass jeder von dem überzeugt ist, was er denkt! ⁶Wer einen besonderen Tag auswählt, um den Herrn anzubeten, will ihn damit ehren. Und wer ohne Ausnahme alles isst, tut das zur Ehre des Herrn, denn er dankt Gott für das Essen. Und der, der nicht alles isst, will ebenfalls dem Herrn damit Freude machen und ihm danken. ⁷Denn wir gehören nicht uns selbst, ganz gleich, ob wir leben oder sterben. ⁸Wenn wir leben, leben wir, um dem Herrn Freude zu machen, und wenn wir sterben, sterben wir, um beim Herrn zu sein. Ob wir nun leben oder sterben: Wir gehören dem Herrn. ⁹Denn Christus ist ja gestorben und wieder lebendig geworden, um Herr über alle Menschen zu sein: über die Toten und über die Lebenden.

¹⁰Warum verurteilst du einen anderen*? Warum siehst du auf einen anderen Bruder herab? Wir alle werden einmal vor dem Richterstuhl Gottes stehen. ¹¹Denn in der Schrift heißt es:
»›So wahr ich lebe‹, sagt der Herr, ›jedes Knie wird sich vor mir beugen und jeder Mund wird mich bekennen.‹«*

¹²Ja, jeder von uns wird sich persönlich vor Gott verantworten müssen. ¹³Deshalb urteilt

---

13,14 Griech. *zieht an den Herrn Jesus Christus.*
14,4 Griech. *Dem eigenen Herrn steht er oder fällt er; er wird aber stehen bleiben; denn der Herr ist mächtig, ihn fest hinzustellen.* **14,10** Griech. *deinen Bruder;* ebenso in 14,13.15.21. **14,11** Jesaja 45,23.

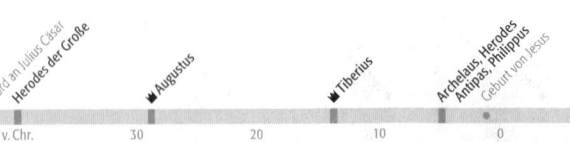

nicht mehr übereinander, sondern lebt so, dass ihr niemanden behindert und keinen vom Weg Gottes abbringt.

¹⁴Ich weiß und bin durch Jesus, den Herrn, davon überzeugt, dass nichts, was Gott geschaffen hat, unrein ist. Nur wenn es jemand dafür hält, ist es unrein. ¹⁵Und wenn durch das, was du isst, das Gewissen eines anderen belastet wird, so handelst du nicht aus Liebe, wenn du es trotzdem tust. Lass es nicht so weit kommen, dass ein anderer, für den Christus gestorben ist, durch dein Verhalten zu Fall kommt. ¹⁶Was euch von Gott gegeben wurde, ist gut und soll nicht schlecht gemacht werden. ¹⁷Denn im Reich Gottes ist nicht entscheidend, was man isst oder trinkt, sondern dass man ein Leben führt in Gerechtigkeit und Frieden und in der Freude im Heiligen Geist. ¹⁸Wenn du Christus so dienst, wirst du Gott Freude machen und die Anerkennung der Menschen gewinnen. ¹⁹Bemühen wir uns also um Frieden miteinander und versuchen wir, einander im Glauben zu stärken.

²⁰Zerstöre Gottes Werk nicht wegen dem, was du isst. Es stimmt zwar nach wie vor, dass es nichts Unreines gibt. Aber für den, der damit gegen sein Gewissen handelt, ist es falsch, alles zu essen. ²¹Es ist deshalb gut, wenn du kein Fleisch isst und keinen Wein trinkst und alles meidest, was einen anderen in Gewissenskonflikte bringen könnte. ²²Du selbst handle so, dass du es allein vor Gott verantworten kannst, und übertrage deine Ansichten nicht auf andere Menschen. Glücklich ist der, der sich nicht selbst für etwas verurteilen muss, das er für sich gutheißt. ²³Aber wenn jemand unsicher ist, ob er etwas essen darf, und es trotzdem tut, der ist damit verurteilt. Es geschieht nicht im Glauben an Gott und was nicht im Glauben geschieht, ist Sünde.

Leben mit Rücksicht auf andere

15 Selbst wenn wir einen starken Glauben haben, dürfen wir uns nicht nach uns selbst richten, sondern müssen die Zweifel und Ängste Schwächerer ernst nehmen. ²Wir sollen uns so verhalten, dass es dem andern hilft* und er dadurch im Glauben ermutigt wird. ³Denn auch Christus lebte nicht nur für sich selbst. In der Schrift heißt es: »Die Menschen, die dich beleidigen, beleidigen auch mich.«* ⁴Dies wurde vor langer Zeit aufgeschrieben, damit wir daraus lernen. Es soll uns Hoffnung geben und ermutigen, sodass wir geduldig auf das warten, was Gott in der Schrift versprochen hat.

⁵Gott, der diese Geduld und Ermutigung schenkt, soll euch helfen, eins zu sein und in Frieden miteinander zu leben. Geht miteinander so um,* wie es Christus vorgelebt hat. ⁶Dann könnt ihr gemeinsam mit einer Stimme Gott, den Vater unseres Herrn Jesus Christus, loben und ehren.

⁷Nehmt einander an, wie Christus euch angenommen hat, denn dadurch wird Gott geehrt. ⁸Denkt daran, dass Christus als ein Diener zu den Juden kam, um damit die Zusagen Gottes wahr zu machen. Das beweist, dass Gott treu zu den Versprechen steht, die er ihren Vorfahren gegeben hat. ⁹Und er kam, damit auch die anderen Völker Gott für die Barmherzigkeit ehren, die er ihnen erwiesen hat. Das meinte auch der Psalmist, als er schrieb:

»Ich will dich preisen unter den Völkern; ich will deinem Namen Loblieder singen.«*

¹⁰Und an anderer Stelle steht:

»Freut euch, ihr Völker, gemeinsam mit seinem Volk.«*

¹¹Und es heißt:

»Lobt den Herrn, all ihr Völker; lobt ihn, alle Menschen auf Erden.«*

¹²Und der Prophet Jesaja sagte:

»Der Erbe* aus der Wurzel Isais wird kommen, und er wird über die Völker herrschen. Sie werden all ihre Hoffnung auf ihn setzen.«*

¹³Deshalb bete ich, dass Gott, der euch Hoffnung gibt, euch in eurem Glauben mit Freude und Frieden erfüllt, sodass eure Hoffnung immer größer wird durch die Kraft des Heiligen Geistes.

Der Grund für den Brief

¹⁴Ich bin davon überzeugt, liebe Freunde*, dass ihr genügend Güte und Erkenntnis habt, um euch gegenseitig helfen und ermutigen zu können. ¹⁵Dennoch habe ich mir die Freiheit genommen, einiges hervorzuheben, um euch noch einmal besonders daran zu erinnern. Denn durch die Gnade Gottes bin ich ¹⁶ein Bote von Jesus Christus für die Völker. Ich verkünde euch die gute Botschaft und – wie ein Priester – bringe ich euch Gott als angenehmes Opfer dar, damit ihr durch den Heiligen Geist rein seid und Gott sich über euch freut. ¹⁷So habe ich Grund, mich über alles zu freuen, was Christus Jesus durch mich in meinem Dienst für Gott getan hat. ¹⁸Ich würde es nicht wagen, auf etwas anderes stolz zu

---

15,2 Griech. *dass es dem Nächsten zum Guten dient.* 15,3 Psalm 69,10. 15,5 Griech. *Denkt dasselbe untereinander.* 15,9 Psalm 18,50. 15,10 5. Mose 32,43. 15,11 Psalm 117,1. 15,12a Griech. *Der Spross.* 15,12b Jesaja 11,10. 15,14 Griech. *Brüder*; so auch in 15,30.

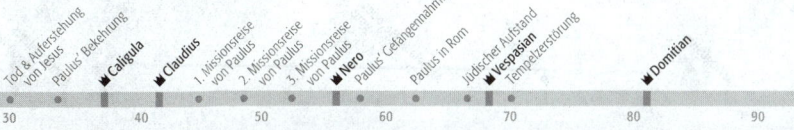

DER BRIEF AN DIE RÖMER

1,1–3,20	Unter Gottes Zorn
3,21–5,21	Gerecht gesprochen durch den Glauben
6–8	Leben in Freiheit; Leben im Geist
9–11	Die besondere Erwählung Israels
12–15	Gottes Gnade gestaltet das Leben
16	Grüße von Paulus

15–16
Paulus bittet um Gebet für seine Reise. Paulus grüßt die Gemeinde und mahnt zur Einheit.

[Gottes Königsherrschaft und der Messias]

sein als auf Christus, der die anderen Völker durch mein Reden und Tun zu Gott geführt hat. ¹⁹Ich habe sie gewonnen durch die Wunder, die als Zeichen Gottes durch mich geschahen und durch die Kraft des Heiligen Geistes. Auf diese Weise habe ich die Botschaft von Christus überall verbreitet, von Jerusalem bis in das Gebiet von Illyrien*.

²⁰Mein Bestreben war immer, die Botschaft da zu verkünden, wo der Name von Jesus Christus noch nicht bekannt war, und nicht auf dem Fundament aufzubauen, das schon ein anderer gelegt hat. ²¹Ich habe mich an das gehalten, was in der Schrift steht:

»Die Menschen, denen er noch nie verkündet wurde, sollen es sehen,
und die, die noch nie von ihm gehört haben, sollen es verstehen.«*

²²Das ist auch der Grund, warum mein Besuch bei euch sich schon so lange verzögert hat.

Die Reisepläne des Paulus

²³Doch inzwischen habe ich meine Aufgabe in diesen Gebieten erfüllt und hoffe, nach all diesen Jahren, in denen ich mich nach euch gesehnt habe, endlich zu euch zu kommen. ²⁴Ich habe vor, nach Spanien zu reisen und auf dem Weg dorthin in Rom Halt zu machen. Und wenn ich die Gemeinschaft mit euch eine Weile genossen habe, könnt ihr mich wieder auf die Reise schicken. ²⁵Vorher gehe ich allerdings noch nach Jerusalem, um den Gläubigen* dort zu helfen. ²⁶Denn die Gläubigen in Griechenland* haben beschlossen, mit einer Geldsammlung die Armen in der Gemeinde in Jerusalem zu unterstützen. ²⁷Sie haben dies sehr gern getan, weil sie ihnen etwas schuldig sind. Die anderen Völker haben ja den geistlichen Segen der Botschaft von Jesus durch jene empfangen, und so ist es nur angemessen, wenn sie jetzt der Gemeinde in Jerusalem finanziell helfen. ²⁸Sobald ich dies ausgeführt und ihnen das Geld überreicht habe, werde ich euch auf meinem Weg nach Spanien besuchen kommen. ²⁹Und ich bin sicher, dass ich mit dem ganzen Reichtum des Segens von Christus zu euch kommen werde. ³⁰Liebe Brüder, im Namen von Jesus Christus, unserem Herrn, fordere ich euch auf, mich in meinem Kampf zu unterstützen, indem ihr für mich zu Gott betet. Ja, betet für mich aufgrund der Liebe zu mir, die der Heilige Geist euch schenkt. ³¹Und betet dafür, dass ich vor denjenigen in Judäa bewahrt werde, die sich wei-

---

15,19 *Illyrien* war eine Region nordöstlich von Italien. **15,21** Jesaja 52,15. **15,25** Griech. *den Heiligen*; auch in 15,31. **15,26** Griech. *in Mazedonien und Achaia*; das sind die Regionen im Norden und Süden Griechenlands.

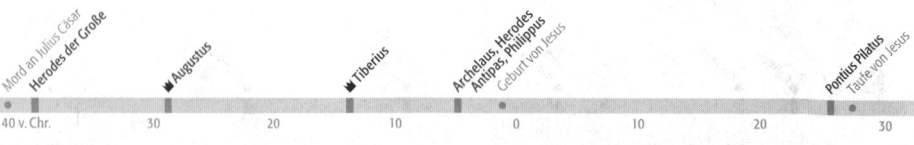

gern, Gott zu gehorchen. Betet auch, dass die Gläubigen in Jerusalem das Geschenk, das ich ihnen überbringe, annehmen. ³²Dann werde ich, wenn es Gottes Wille ist, voller Freude zu euch kommen können, und wir werden uns gegenseitig ermutigen*.

³³Ich wünsche euch, dass der Gott des Friedens mit euch allen ist! Amen.

Grüße des Paulus

16 Ich empfehle euch unsere Schwester Phöbe, eine Diakonin der Gemeinde von Kenchreä. ²Nehmt sie im Namen des Herrn auf wie es jemand, der zu Christus gehört, verdient. Unterstützt sie in allem, denn auch sie ist vielen eine Hilfe gewesen, mich eingeschlossen.

³Grüßt Priska und Aquila, die meine Mitarbeiter im Dienst für Christus Jesus gewesen sind. ⁴Sie haben sogar ihr Leben für mich aufs Spiel gesetzt. Und nicht nur ich bin ihnen dankbar, sondern auch alle Gemeinden*. ⁵Bitte grüßt auch die Gemeinde, die sich in ihrem Haus trifft.

Grüßt meinen lieben Freund Epänetus. Er war der Erste in der Provinz Asien, der zum Glauben an Christus kam. ⁶Grüßt Maria, die sich so für euch eingesetzt hat. ⁷Dann sind da noch Andronikus und Junia*, meine Verwandten*, die mit mir im Gefängnis waren. Die beiden genießen hohes Ansehen unter den Aposteln und haben schon vor mir an Christus geglaubt. Bitte richtet ihnen ebenso meine Grüße aus, ⁸wie Ampliatus, mit dem ich in der Liebe Gottes verbunden bin, ⁹Urbanus, unserem Mitarbeiter im Dienst für Christus, und dem geliebten Stachys.

¹⁰Grüßt auch Apelles, der sich im Glauben an Christus bewährt hat, und alle aus dem Haus von Aristobul. ¹¹Grüßt meinen Verwandten* Herodion und die Gläubigen im Haus von Narzissus. ¹²Grüßt Tryphäna und Tryphosa, die im Dienst für den Herrn mitarbeiten, und die geliebte Persis, die sich sehr für den Herrn eingesetzt hat. ¹³Grüßt Rufus, den der Herr sich erwählt hat, sowie seine Mutter, die auch mir eine Mutter gewesen ist.

¹⁴Bitte grüßt auch Asynkritus, Phlegon, Hermes, Patrobas, Hermas und die anderen Brüder, die bei ihnen sind. ¹⁵Gebt meine Grüße weiter an Philologus, Julia, Nereus und seine Schwester sowie an Olympas und alle anderen Gläubigen, die bei ihnen sind. ¹⁶Grüßt einander in Liebe*. Alle Gemeinden, die zu Christus gehören, senden euch ihre Grüße.

Abschließende Anweisungen

¹⁷Und nun möchte ich euch, liebe Brüder, noch einmal vor solchen Leuten warnen, die die Gemeinde spalten und den Glauben anderer erschüttern. Denn sie lehren euch etwas anderes als das, was ihr gelernt habt. Haltet euch von ihnen fern! ¹⁸Solche Leute dienen nicht Christus, unserem Herrn, sondern verfolgen nur ihre persönlichen Interessen. Mit beeindruckenden Reden und mitreißenden Worten betrügen sie ahnungslose Menschen. ¹⁹Doch wie jeder weiß, gehorcht ihr dem Herrn, und das macht mich sehr glücklich. Ich möchte, dass ihr das Gute klar erkennt und euch von allem Bösen fernhaltet. ²⁰Der Gott des Friedens wird den Satan bald unter eure Füße zwingen und zertreten. Ich wünsche euch, dass die Gnade unseres Herrn Jesus Christus euch begleitet!

²¹Mein Mitarbeiter Timotheus sowie meine Verwandten Luzius, Jason und Sosipater senden euch ihre Grüße.

²²Auch ich, Tertius, der ich diesen Brief für Paulus geschrieben habe, grüße euch in der Verbundenheit im Herrn.

²³Gajus lässt euch grüßen, bei dem ich zu Gast bin und in dessen Haus sich die Gemeinde versammelt. Erastus, der Schatzmeister der Stadt, sendet euch seine Grüße, ebenso wie Quartus, ein Bruder im Glauben.*

²⁵Gott hat die Macht, euch durch die gute Botschaft von Jesus Christus zu stärken. Diese Botschaft enthüllt den Willen Gottes, der seit ewigen Zeiten verborgen war. ²⁶Doch nun wird diese Botschaft, wie sie die Schriften der Propheten voraussagten und wie der ewige Gott es befohlen hat, allen Menschen auf der ganzen Welt verkündet, damit sie zum Glauben an Christus kommen. ²⁷Gott, der allein weise ist, gehört für immer die Ehre durch Jesus Christus! Amen.

15,32 Griech. *und ich Ruhe finde mit euch.* **16,4** Griech. *alle Gemeinden der Heiden.* **16,7a** O. *Junias*; in manchen Handschriften heißt es *Julia.* **16,7b** O. *Landsleute*; so auch in 16,21. **16,11** O. *Landsmann.* **16,16** Griech. *mit einem heiligen Kuss.* **16,23** In manchen Handschriften folgt Vers 24: *Möge die Gnade unseres Herrn Jesus Christus mit euch allen sein! Amen.*

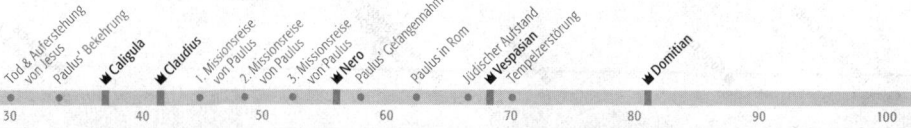

Wer Christi Wort glaubet und hält, dem stehet der Himmel offen, die Hölle ist zugeschlossen, der Teufel gefangen, die Sünde vergeben, und er ist ein Kind des ewigen Lebens. Solches lehret dieses Buch, die Heilige Schrift, und sonst kein anderes Buch auf Erden. Wer darum ewig leben will, der studiere hierin fleißig. Wer das nicht tut noch tun will, der ist und bleibt im ewigen Tode.

Martin Luther

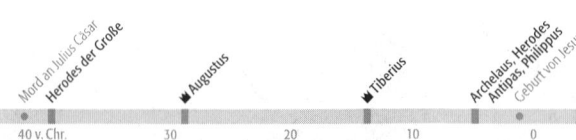

1. Korinther

Inhalt

Anlass für den 1. Korintherbrief ist, dass Paulus von Streitigkeiten in der Gemeinde erfahren hat. Bevor er näher darauf eingeht, stellt er Gottes Weisheit menschlichen Gedankengebäuden gegenüber. Die Botschaft vom gekreuzigten und auferstandenen Jesus, die vielen Griechen und Juden unsinnig erscheint, erweist sich für die Glaubenden als rettend und kraftvoll. Sie entfaltet ihre Wirkung durch die Kraft des Heiligen Geistes und braucht keine Überredungskunst. Dabei will Paulus bleiben.

Dann mahnt Paulus die Gemeinde in Korinth zur Einigkeit. Entscheidend ist, was Jesus für alle gleicherweise getan hat, nicht die Schwerpunkte in der Verkündigung der verschiedenen Lehrer. Anschließend geht er auf einzelne Probleme und Fragen in der Gemeinde ein. Anhand der Frage, ob Gemeindeglieder Fleisch essen dürfen, das in Zeremonien örtlicher Religionen geopfert wurde, äußert Paulus sich eingehend zur Spannung zwischen Wirklichkeit und Gewissen, Freiheit und Rücksichtnahme.

Das nächste große Thema ist Ehe und Ehelosigkeit unter Christen. Hier unterscheidet Paulus zwischen Gottes Weisung und seiner Meinung. Nach Gottes Willen sollen Verheiratete zusammenbleiben. Paulus empfiehlt Unverheirateten, »frei« zu bleiben.

Weiter klärt Paulus den Umgang mit Fähigkeiten, die der Heilige Geist gibt. Gott gibt den Einzelnen verschiedene Gaben, damit sie sich in der Gemeinde ergänzen, so wie alle Teile und Organe zum Leben eines Körpers zusammenwirken. Besonders im öffentlichen Gottesdienst ist die geordnete Vielfalt wichtig. Bedeutender als jede Gabe ist jedoch die Liebe, deren Wesen Paulus hier meisterhaft vor Augen malt.

Verwirrung in der Gemeinde ist auch der Anlass dafür, dass Paulus grundsätzlich über Auferstehung schreibt. Dass die Toten auferstehen, ist so sicher, wie Jesus auferstanden ist. Wenn er nicht auferstanden wäre, wäre christlicher Glaube sinnlos, denn dann gäbe es kein neues Leben. Paulus nennt Menschen, die den auferstandenen Jesus erlebt haben; sie können noch befragt werden. Dann beschreibt er anhand von Vergleichen, wie man sich persönliche Auferstehung sogar vernünftig vorstellen kann.

Der Brief hat auch eine persönliche Note. Paulus schreibt, dass er die Gemeinde wie Kinder liebt. In seiner Hingabe und Bescheidenheit sollen sie nicht Schwäche sehen; stattdessen wünscht er sich ihre Wertschätzung, wie sie einem Vater zukommt.

Wichtige Personen

Paulus	Apostel und Briefautor
Apollos	Gemeindelehrer
Petrus	Apostel
Krispus	ein von Paulus Getaufter
Gajus	ein von Paulus Getaufter
Stephanas	dessen Familie taufte Paulus
Jakobus	Bruder von Jesus und Führungsperson der Jerusalemer Gemeinde, Zeuge für den auferstandenen Jesus

Mitarbeiter:
 Sosthenes
 Chloë
 Timotheus
 Barnabas
 Fortunatus
 Achaikus
 Aquila
 Priska

Wichtige Orte

Korinth	Stadt im Süden Griechenlands
Galatien	Gegend in der Mitte der heutigen Türkei
Jerusalem	
(Südost-)Mazedonien	Nordosten des heutigen Griechenland
Ephesus	Stadt im Westen der heutigen Türkei
Achaja	Süden und Südosten des heutigen Griechenland
Provinz Asien	Westen der heutigen Türkei

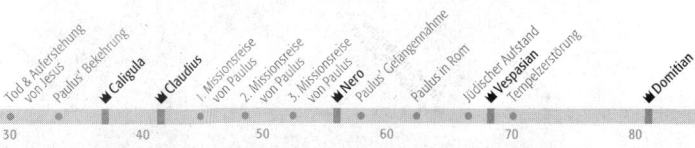

DER ERSTE BRIEF AN DIE KORINTHER

1. KORINTHER

1–2	Spaltungen in der Gemeinde
3–4	Überheblichkeit in der Gemeinde
5–6	Über außerehelichen Sex in der Gemeinde
7–10	Über die Lebensführung
11–14	Über den Gottesdienst
15	Über die Auferstehung
16	Briefschluss

1–2
Paulus grüßt die Gemeinde in Korinth. Warnung vor Spaltung. Gottes Weisheit ist höher als menschliche Weisheit.

[Gottes Königsherrschaft und der Messias]

Grüße von Paulus

1 Dieser Brief ist von Paulus, der durch den Willen Gottes zum Apostel von Christus Jesus berufen wurde, und von unserem Bruder Sosthenes. ²Wir schreiben an die Gemeinde Gottes in Korinth, an euch, die Gott berufen hat. In Christus Jesus hat er euch geheiligt, so wie er die Gläubigen auf der ganzen Welt geheiligt hat – alle, die den Namen von Jesus Christus, unserem Herrn, anrufen.
³Wir wünschen euch Gnade und Friede von Gott, unserem Vater, und Jesus Christus, dem Herrn.

Paulus dankt Gott

⁴Ich kann gar nicht aufhören, Gott für die Gnade zu danken, die euch durch Jesus Christus gegeben ist. ⁵Durch ihn seid ihr in allem reich beschenkt – in aller Lehre und in aller Erkenntnis. ⁶Die Botschaft von Christus ist zur Kraft in eurem Leben geworden, ⁷sodass ihr mit allen geistlichen Gaben gesegnet seid, während ihr sehnsüchtig auf die Rückkehr von Jesus Christus, unserem Herrn, wartet. ⁸Er wird euch Kraft geben bis zum Ende. So werdet ihr an dem Tag, an dem Jesus Christus wiederkommt, ohne Schuld sein. ⁹Gott ist treu. Er hat euch berufen zur Gemeinschaft mit seinem Sohn Jesus Christus, unserem Herrn.

Spaltungen in der Gemeinde

¹⁰Liebe Brüder, ich bitte euch im Namen von Jesus Christus, dem Herrn, dass ihr darauf achtet, untereinander einig zu sein, und aufhört, miteinander zu streiten, damit es nicht zu Spaltungen in der Gemeinde kommt. Ich bitte euch: Steht fest zueinander, sodass ihr einig seid in dem, was ihr denkt und wollt. ¹¹Angehörige des Hauses von Chloë haben mir von Streitigkeiten unter euch erzählt, liebe Freunde*. ¹²So sagen einige von euch: »Ich bin ein Anhänger von Paulus.« Andere bekennen sich zu Apollos oder Petrus*, und manche sagen: »Ich folge nur Christus.« ¹³Kann man Christus etwa auf diese Weise aufteilen?

1,11 Griech. *meine Brüder.* 1,12 Griech. *Kephas.*

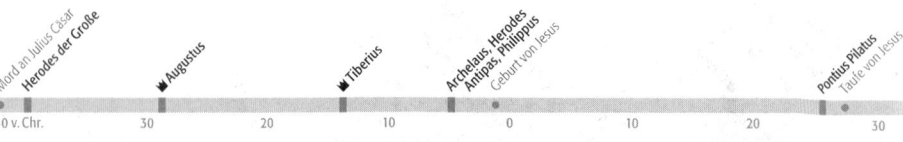

Wurde ich, Paulus, für euch gekreuzigt? Wurde irgendeiner von euch auf den Namen von Paulus getauft? ¹⁴Ich danke Gott, dass ich – abgesehen von Krispus und Gajus – keinen von euch getauft habe, ¹⁵denn so kann jetzt keiner behaupten, er wäre auf meinen Namen getauft worden. ¹⁶Auch die Angehörigen des Hauses von Stephanas habe ich noch getauft, aber sonst erinnere ich mich an niemanden, den ich getauft habe. ¹⁷Denn Christus sandte mich nicht, um zu taufen, sondern um Gottes Botschaft zu verkünden. Und dies nicht mit geschliffenen Reden, welche die Zuhörer beeindrucken, damit das, was am Kreuz durch Christus geschah, nichts von seiner Kraft einbüßt.

Die Weisheit Gottes

¹⁸Ich weiß, wie unsinnig die Botschaft vom Kreuz in den Ohren derer klingt, die verloren gehen. Wir aber, die wir gerettet sind, erkennen in dieser Botschaft die Kraft Gottes. ¹⁹In der Schrift heißt es:

»Ich will die Weisheit der Weisen vernichten und die Klugheit der Klugen verwerfen.«*

²⁰Wo bleiben da die Weisen, die Schriftgelehrten, die glänzenden Redner? Gott hat sie zu Narren gemacht und ihre Weisheit als nutzlosen Unsinn entlarvt. ²¹Obwohl die Welt von der Weisheit Gottes durchdrungen ist, konnte sie ihn durch ihre Weisheit nicht finden. Gott hat eine Botschaft, die unsinnig erscheint, dazu benutzt, alle zu retten, die daran glauben. ²²So fordern die Juden Zeichen, und die Griechen suchen nach Weisheit. ²³Wenn wir also Christus als den Gekreuzigten verkünden, sind die Juden entrüstet und die Griechen erklären es für Unsinn. ²⁴Für die aber, die von Gott zur Erlösung berufen sind – Juden wie Nichtjuden* – ist Christus Gottes Kraft und Gottes Weisheit. ²⁵Der scheinbar absurde Plan Gottes ist immer noch viel weiser als der weiseste Plan der Menschen, und die Schwäche Gottes ist weitaus stärker als die Menschen sind.

²⁶Erinnert euch, liebe Brüder, dass nur wenige von euch in den Augen der Welt weise oder mächtig oder angesehen waren, als Gott euch berief. ²⁷Gott hat das auserwählt, was in den Augen der Welt gering ist, um so diejenigen zu beschämen, die sich selbst für weise halten. Er hat das Schwache erwählt, um das Starke zu erniedrigen. ²⁸Er hat das erwählt, was von der Welt verachtet und gering geschätzt wird, und es eingesetzt, um das zunichtezumachen, was in der Welt wichtig ist, ²⁹damit kein Mensch sich je vor Gott rühmen kann.

³⁰Gott allein hat es ermöglicht, dass ihr in Christus Jesus sein dürft. Den hat er zu unserer Weisheit gemacht. Durch ihn sind wir vor Gott gerecht gesprochen und unser Leben wird durch ihn geheiligt. Durch ihn sind wir erlöst. ³¹In der Schrift heißt es:

»Wer stolz sein will, soll auf das stolz sein, was der Herr getan hat.«*

Paulus predigt Weisheit

2 Liebe Brüder, als ich das erste Mal zu euch kam, habe ich euch die Botschaft* Gottes nicht mit hochtrabenden Worten und großartigen Gedanken verkündet, ²sondern ich hatte mir vorgenommen, mich allein auf Jesus Christus und seinen Tod am Kreuz* zu konzentrieren. ³Ich kam als schwacher Mensch zu euch, war zurückhaltend und ängstlich. ⁴Meine Botschaft und meine Predigt waren schlicht, ich gebrauchte keine klugen Worte und versuchte auch nicht, euch zu überreden, sondern die Kraft des Heiligen Geistes hat unter euch gewirkt. ⁵So verhielt ich mich, damit ihr auf die Kraft Gottes vertraut und nicht auf menschliche Weisheit.

⁶Wenn ich es jedoch mit Menschen, die im Glauben gewachsen sind, zu tun habe, verwende ich Worte der Weisheit. Doch ich meine nicht jene Weisheit, die in der Welt oder bei den Mächtigen dieser Welt etwas gilt, welche ohnehin untergehen werden. ⁷Nein, die Weisheit, von der wir sprechen, ist die Weisheit Gottes.* Sie war in früheren Zeiten verborgen, obwohl Gott sie schon vor der Erschaffung der Welt zu unserem Segen bestimmt hat*. ⁸Doch die Mächtigen dieser Welt haben sie nicht verstanden, denn hätten sie das getan, dann hätten sie den Herrn der Herrlichkeit niemals gekreuzigt. ⁹Aber es ist passiert, wie es in der Schrift heißt:

»Kein Auge hat je gesehen, kein Ohr je gehört und kein Verstand je erdacht, was Gott für diejenigen bereithält, die ihn lieben.«*

¹⁰Wir dagegen wissen darum, weil Gott es uns durch seinen Geist offenbart hat. Sein Geist weiß alles und schenkt uns einen Blick selbst in die tiefsten Geheimnisse Gottes. ¹¹Niemand weiß, was ein Mensch wirklich denkt, außer der Geist des Menschen selbst, der in ihm ist; und niemand kann Gottes Gedanken erkennen, außer der Geist Gottes. ¹²Und Gott hat uns nicht den Geist

---

1,19 Jesaja 29,14. **1,24** Griech. *Griechen.* **1,31** Jeremia 9,23. **2,1** Griech. *Geheimnis*; in anderen Handschriften heißt es *Zeugnis.* **2,2** Griech. *und zwar den Gekreuzigten.* **2,7a** Griech. *Wir sprechen von Gottes Weisheit als einem Geheimnis.* **2,7b** Griech. *zu unserer Herrlichkeit vorherbestimmt hat.* **2,9** Jesaja 64,3.

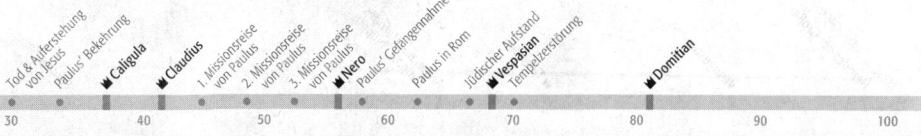

1. KORINTHER

1–2	Spaltungen in der Gemeinde
3–4	Überheblichkeit in der Gemeinde
5–6	Über außerehelichen Sex in der Gemeinde
7–10	Über die Lebensführung
11–14	Über den Gottesdienst
15	Über die Auferstehung
16	Briefschluss

2–4
Christus ist entscheidend, nicht Paulus oder Apollos. Gott urteilt über unseren Glauben.

[Gottes Königsherrschaft und der Messias]

dieser Welt gegeben, sondern seinen Geist, damit wir das begreifen können, was Gott uns geschenkt hat. [13]Um euch dies zu sagen, verkünden wir nicht Worte menschlicher Weisheit, sondern Worte, die der Geist uns gibt, und wir deuten geistliche Dinge für Menschen, die sich vom Geist leiten lassen.* [14]Menschen, die Gott nicht kennen, können den Geist Gottes jedoch nicht verstehen. In ihren Ohren klingt alles unsinnig, denn nur die, die der Geist leitet, verstehen, was der Geist meint. [15]Vom Geist geleitet, beurteilen wir alles, unterstehen aber nicht dem Urteil anderer. [16]Denn es heißt:

»Wer kann wissen, was der Herr denkt? Wer kann sein Ratgeber sein?«*

Wir aber denken im Sinne von Christus.

Paulus und Apollos sind Diener von Christus

3 Liebe Brüder, als ich bei euch war, konnte ich nicht so mit euch reden, wie ich es mit Menschen, die im Glauben gewachsen sind, getan hätte. Ich musste mit euch reden, als würdet ihr noch zu dieser Welt gehören oder als wärt ihr kleine Kinder im Glauben*. [2]Ich musste euch mit Milch ernähren statt mit fester Nahrung, die ihr noch nicht vertragen hättet. Und ihr könnt sie

2,13 O. *Wir vermitteln geistliche Wahrheiten in geistlicher Sprache* oder *Wir vermitteln geistlichen Menschen geistliche Wahrheiten.* **2,16** Jesaja 40,13. **3,1** Griech. *in Christus.*

1. Korinther 2,9-16

Gott redet
Es ist der Geist Gottes, der offenbart, was wir von Gott wissen können. Schon im Alten Testament wurden Menschen vom Geist Gottes befähigt, Gottes Wort zu empfangen und prophetisch weiterzugeben. Es war auch der Geist Gottes, der Menschen dazu befähigte, die Heiligen Schriften zu schreiben (Mk 12,36). Als Jesus kam, wurde auch er selbst vom Geist erfüllt und sprach deswegen das Wort Gottes. Auch die Apostel redeten mit Autorität, weil Gottes Geist durch sie sprach (Apg 4,8). Und unter der Leitung und mit der Vollmacht des Geistes Gottes schrieben sie ihre Briefe und Evangelien (2Tim 3,16).
Hier sagt Paulus, dass der Geist Gottes auch aktiv wird, um das Wort verständlich zu machen. Wer diese vom Geist gegebenen Worte liest, kann nur durch Gottes Geist begreifen, wie er den Menschen Gottes Willen offenbart. Wer dem »Geist dieser Welt« zuhört, hört Gott nicht. Wer auf den Geist Gottes hört, empfängt das Wort Gottes.
(Apostelgeschichte 17,22-31 «« | »» Markus 15,37-39)

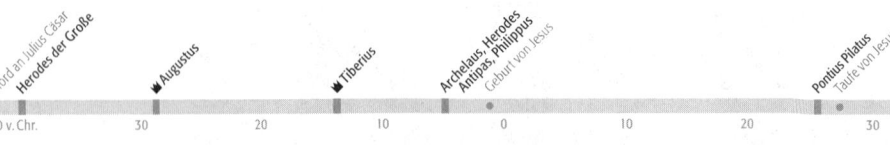

wohl auch jetzt noch nicht zu euch nehmen, ³denn ihr lasst euch noch von eurem alten Ich beherrschen. Ihr seid eifersüchtig und streitet miteinander. Beweist das nicht, dass ihr noch von euren eigensüchtigen Wünschen beherrscht werdet? Ihr benehmt euch wie Menschen, die nicht dem Herrn angehören. ⁴Wenn einer von euch erklärt: »Ich bin ein Anhänger von Paulus«, während der andere sagt: »Ich gehöre zu Apollos«, handelt ihr da nicht wie Menschen, die Christus gar nicht kennen?

⁵Wer ist denn Apollos und wer ist Paulus, dass ihr euch unseretwegen streitet? Wir sind doch nur Diener. Durch uns hat Gott euch zum Glauben geführt; jeder von uns tat die Arbeit, die der Herr ihm auftrug. ⁶Meine Aufgabe bestand darin, den Samen in eure Herzen zu pflanzen, und Apollos hat ihn bewässert; aber es war Gott – nicht wir –, der ihn wachsen ließ. ⁷Wichtig ist nicht der, der pflanzt oder bewässert, wichtig ist Gott, denn er lässt den Samen wachsen. ⁸Derjenige, der pflanzt, und derjenige, der bewässert: Beide arbeiten zusammen auf dasselbe Ziel hin. Belohnt aber wird jeder für sich, entsprechend seiner Arbeit. ⁹Wir arbeiten Hand in Hand an derselben Sache als Menschen, die zu Gott gehören. Ihr seid Gottes Acker, sein Bauwerk – nicht unseres.

¹⁰Aufgrund der besonderen Gnade, die Gott mir schenkte, habe ich als weiser Bauherr das Fundament gelegt. Nun bauen andere darauf auf. Doch wer auf diesem Fundament aufbaut, muss sorgsam vorgehen. ¹¹Denn niemand kann ein anderes Fundament legen als das, das schon gelegt ist – Jesus Christus. ¹²Wer nun auf dieses Fundament aufbaut, kann dazu Gold, Silber, Edelsteine, Holz, Heu oder Stroh verwenden. ¹³Am Tag des Gerichts wird sich die Arbeit jedes Einzelnen im Feuer bewähren müssen. Das Feuer wird zeigen, von welcher Qualität das Bauwerk ist. ¹⁴Wenn es dem Feuer standhält, wird der, der es gebaut hat, Lohn empfangen. ¹⁵Doch wenn sein Werk verbrennt, wird er einen schmerzlichen Verlust erleiden. Er selbst wird zwar gerettet werden, aber nur wie einer, der mit Mühe und Not einem Feuer entkommt.*

¹⁶Erkennt ihr denn nicht, dass ihr der Tempel Gottes seid und dass der Geist Gottes in* euch wohnt? ¹⁷Gott wird jeden ins Verderben stürzen, der diesen Tempel verdirbt. Denn Gottes Tempel ist heilig, und ihr seid dieser Tempel.

¹⁸Hört auf, euch selbst zu betrügen. Wer von euch sich in dieser Welt für weise hält, der muss erst töricht werden, damit er nach Gottes Maßstäben weise werden kann. ¹⁹Denn die Weisheit dieser Welt ist in Gottes Augen Torheit. In der Schrift heißt es:

»Gott fängt diejenigen, die sich für weise halten, mit ihrer eigenen Klugheit.«*

²⁰Und an anderer Stelle heißt es: »Der Herr kennt die Gedanken der Weisen, er weiß, dass sie nichts wert sind.«*

²¹Deshalb bildet euch auf einen anderen Menschen nichts ein. Denn alles gehört euch: ²²Paulus und Apollos und Petrus*; die ganze Welt und Leben und Tod; die Gegenwart wie die Zukunft. Alles gehört euch, ²³und ihr gehört Christus, und Christus gehört Gott.

Paulus und die Korinther

4 Ihr sollt in uns Diener von Christus sehen, denen die Aufgabe anvertraut wurde, Gottes Geheimnisse zu erklären. ²Nun erwartet man von einem Menschen, dem ein Amt anvertraut wurde, dass er treu ist. ³Wie ist das nun bei mir? Bin ich treu gewesen? In dieser Frage spielt es kaum eine Rolle, was ihr oder sonst irgendjemand denkt, ja ich vertraue in diesem Punkt nicht einmal meinem eigenen Urteil. ⁴Mein Gewissen ist zwar rein, doch das ist nicht entscheidend. Es ist der Herr selbst, der mich prüft und darüber zu entscheiden hat.

⁵Deshalb hütet euch, voreilige Urteile über den Glauben anderer zu fällen, bevor der Herr wiederkommt. Wenn der Herr kommt, wird er unsere tiefsten Geheimnisse* ans Licht bringen und unsere verborgensten Beweggründe offenbar machen. Und dann wird Gott jeden so loben, wie es ihm zusteht.

⁶Liebe Freunde*, ich wollte euch an Apollos und mir deutlich machen, worum es mir geht. Wenn ihr euch an das haltet, was in der Schrift steht, werdet ihr keinen auf Kosten eines anderen herausstellen.* ⁷Was hast du denn irgendeinem anderen voraus? Was hast du vorzuweisen, das du nicht von Gott bekommen hast? Und wenn alles von Gott kommt, was du vorzuweisen hast, warum gibst du dann damit an, so, als ob es kein Geschenk wäre?

⁸Ihr meint, ihr hättet schon alles, was ihr braucht! Ihr seid schon reich! Ihr seid Könige geworden, und zwar ohne uns! Ich wünschte, ihr säßet tatsächlich schon auf eurem Thron, denn dann würden wir mit euch herrschen! ⁹Aber

---

3,15 Griech. *Er selbst aber wird gerettet werden, doch so wie durch Feuer.* **3,16** O. *unter.* **3,19** Hiob 5,13. **3,20** Psalm 94,11. **3,22** Griech. *Kephas.* **4,5** Griech. *das Verborgene der Finsternis.* **4,6a** Griech. *Brüder.* **4,6b** O. *Ihr müsst lernen, nicht über das hinauszugehen, was geschrieben steht, damit sich nicht einer auf Kosten eines anderen wichtig macht.*

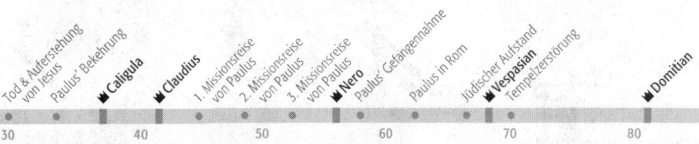

1. KORINTHER

1–2	Spaltungen in der Gemeinde
3–4	Überheblichkeit in der Gemeinde
5–6	Über außerehelichen Sex in der Gemeinde
7–10	Über die Lebensführung
11–14	Über den Gottesdienst
15	Über die Auferstehung
16	Briefschluss

4–6
Paulus erinnert an die Abhängigkeit von Gottes Kraft. Er mahnt die Gemeinde zur Reinheit. Warnung vor Rechtsstreit und Unzucht in der Gemeinde.

[Gottes Königsherrschaft und der Messias]

manchmal habe ich den Eindruck, dass Gott uns Apostel als die Geringsten erscheinen lässt, wie zum Tode Verurteilte. Wir sind ein Schauspiel geworden für die ganze Welt – für Menschen wie für Engel.

¹⁰Wegen unserer Hingabe an Christus hält man uns für Narren – ihr aber seid klug in Christus. Wir sind schwach – ihr aber seid stark. Ihr seid angesehen – wir werden ausgelacht. ¹¹Bis zu dieser Stunde leiden wir Hunger und Durst und sind unbekleidet. Wir werden geschlagen und haben kein eigenes Dach über dem Kopf. ¹²Wir haben uns mühsam mit unseren eigenen Händen unseren Lebensunterhalt verdient. Wir segnen die, die uns beschimpfen. Wir haben Geduld mit denen, die uns verfolgen. ¹³Wir sind freundlich zu denen, die Böses über uns sagen. Und doch werden wir behandelt, als wären wir die Sündenböcke der Welt, von allen der Abschaum – und das bis zu diesem Augenblick.

¹⁴Ich schreibe das nicht, um euch zu beschämen, sondern um euch als meine geliebten Kinder zu warnen. ¹⁵Selbst wenn ihr zehntausend Erzieher hättet, die euch Christus nahe bringen, so habt ihr doch nicht viele Väter. Denn ich wurde euer Vater in Christus Jesus, als ich euch als Erster die Botschaft Gottes verkündete. ¹⁶Deshalb bitte ich euch jetzt, meinem Beispiel zu folgen und es mir gleichzutun.

¹⁷Und deshalb schicke ich euch auch Timotheus – damit er euch dabei hilft. Denn er ist mein geliebter und zuverlässiger Sohn im Herrn. Er wird euch an das erinnern, was ich in den Gemeinden über Christus Jesus lehre.

¹⁸Ich weiß, dass manche von euch große Reden führen und glauben, dass ich euch nicht wieder besuchen komme. ¹⁹Aber ich werde kommen – und zwar schon bald –, wenn der Herr es mir erlaubt, und dann werde ich erfahren, ob diese Leute nur Schwätzer sind oder ob sie wirklich die Kraft Gottes haben. ²⁰Denn das Reich Gottes besteht nicht durch die Worte, mit denen man davon erzählt, es lebt durch die Kraft Gottes. ²¹Was ist euch lieber? Soll ich mit Tadel und Strafe kommen oder in Liebe und Freundlichkeit?

Paulus verurteilt geistlichen Stolz

5 Ich kann kaum glauben, was mir über die Unzucht unter euch berichtet wird; so schlimme Dinge, dass nicht einmal die Menschen, die Gott nicht kennen, so etwas tun. Ich habe gehört, dass ihr einen Mann in eurer Gemeinde habt, der mit der Frau seines Vaters zusammenlebt. ²Und ihr seid stolz auf euch!

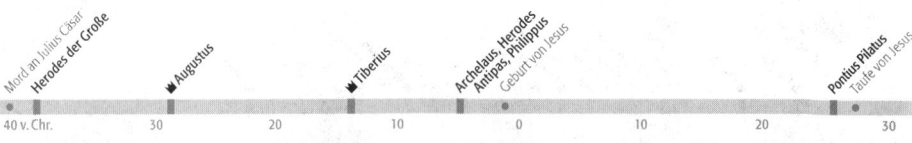

Warum tragt ihr nicht Trauer vor Kummer und Scham? Und warum habt ihr den Mann, der so lebt, nicht aus eurer Gemeinschaft ausgeschlossen?

³Auch wenn ich nicht persönlich anwesend bin, so bin ich doch im Geist bei euch und habe das Urteil über den Mann, der das getan hat, bereits gefällt. ⁴Wenn ihr euch im Namen von Jesus, dem Herrn, versammelt, so werde ich im Geist anwesend sein, und die Kraft des Herrn ist mitten unter euch. ⁵Dann sollt ihr den Mann aus der Gemeinde ausschließen und dem Satan übergeben, damit seine sündige Natur vernichtet* und er selbst* gerettet werden kann, wenn der Herr wiederkommt.

⁶Es ist schlimm, dass ihr auf eure geistliche Reife stolz seid und gleichzeitig so etwas zulasst. Erkennt ihr denn nicht, dass nach kurzer Zeit alle in Mitleidenschaft gezogen werden, wenn ihr auch nur einen von euch ungehindert sündigen lasst? ⁷Entfernt diesen Mann aus eurer Mitte, damit ihr rein bleibt.* Denn Christus, unser Passahlamm, ist für uns geopfert worden. ⁸Lasst uns das Fest feiern, aber nicht, indem wir das alte Brot* des Bösen und Schlechten essen, sondern das neue Brot* der Reinheit und Wahrheit.

⁹In einem früheren Brief schrieb ich euch, ihr solltet nichts mit Menschen zu schaffen haben, die sich auf Unzucht einlassen. ¹⁰Doch damit meinte ich nicht Ungläubige, die Unzucht treiben, habgierig sind und stehlen oder Götzen anbeten. Wenn ihr solche Leute meiden wolltet, müsstet ihr ja die Welt verlassen. ¹¹Was ich meinte, war, dass ihr keinen Kontakt zu jemandem haben sollt, der sich als gläubig* bezeichnet und doch Unzucht treibt, habgierig ist, Götzen anbetet, flucht, sich betrinkt oder andere beraubt. Mit solchen Leuten sollt ihr auch nicht zusammen essen.

¹²Es steht uns nicht zu, Außenstehende zu richten, aber es liegt ganz gewiss in eurer Verantwortung, diejenigen Gemeindemitglieder unter euch zu richten, die derartige Sünden begehen. ¹³Die Außenstehenden wird Gott richten, doch in der Schrift heißt es: »Ihr sollt das Böse aus eurer Mitte entfernen.«*

Rechtsstreit unter Christen

6 Wenn ihr etwas gegen einen anderen Gläubigen vorzubringen habt, warum erhebt ihr dann Anklage gegen ihn und bringt die Sache vor ein weltliches Gericht, statt euch an andere Gläubige zu wenden, damit sie entscheiden können, wer recht hat? ²Wisst ihr denn nicht, dass wir eines Tages die Welt richten werden? Und wenn ihr die Welt richten werdet, meint ihr da nicht, solche Kleinigkeiten unter euch klären zu können? ³Ist euch nicht bewusst, dass wir Engel richten werden? Da solltet ihr doch in der Lage sein, gewöhnliche Streitigkeiten hier auf der Erde beizulegen. ⁴Warum wendet ihr euch also in solchen Fällen an Richter, die in der Gemeinde nichts gelten? ⁵Ich sage das, damit ihr euch schämt. Gibt es denn in eurer ganzen Gemeinde niemanden, der weise genug wäre, dass er zwischen euch entscheiden könnte? ⁶Stattdessen verklagt einer* den anderen – und das vor den Ohren der Ungläubigen!

⁷Schon dass ihr überhaupt solche Prozesse untereinander führt, ist schlimm genug. Warum ertragt ihr das Unrecht nicht einfach und belasst es dabei? Warum lasst ihr euch nicht lieber übervorteilen? ⁸Stattdessen tut ihr selbst Unrecht und betrügt eure eigenen Brüder.

Unzucht in der Gemeinde vermeiden

⁹Wisst ihr nicht, dass Menschen, die Unrecht tun, keinen Anteil am Reich Gottes erhalten werden? Täuscht euch nicht. Menschen, die sich auf Unzucht einlassen, Götzendiener, Ehebrecher, Prostituierte, Homosexuelle, ¹⁰Diebe, Habgierige, Trinker, Lästerer, Räuber – keiner von ihnen wird am Reich Gottes teilhaben. ¹¹Früher traf dies auf einige von euch zu, doch jetzt sind eure Sünden abgewaschen* und ihr seid für Gott ausgesondert worden. Ihr wurdet vor Gott gerecht gesprochen durch den Namen von Jesus Christus, dem Herrn, und durch den Geist Gottes.

¹²Mir ist alles erlaubt. Aber nicht alles ist gut. Es ist mir zwar alles erlaubt, doch ich will mich von nichts beherrschen lassen. ¹³Ihr sagt: »Das Essen ist für den Bauch da und der Bauch für das Essen.« Richtig. Doch vor Gott ist beides vergänglich. Unser Körper wurde aber nicht zur Unzucht geschaffen. Er ist für den Herrn bestimmt, und der Herr sorgt für ihn. ¹⁴Durch seine göttliche Kraft wird Gott uns von den Toten auferwecken, so wie er den Herrn von den Toten auferweckt hat. ¹⁵Wisst ihr denn nicht, dass eure Körper zum Leib Christi gehören? Darf da ein Mann seinen Körper, der doch Christus gehört,

---

5,5a O. *damit er stirbt;* griech. *zum Verderben des Fleisches.* **5,5b** Griech. *und der Geist.* **5,6-7** Griech. *Erkennt ihr nicht, dass ein wenig Sauerteig rasch den ganzen Teig durchsäuert? ⁷Beseitigt den alten Sauerteig völlig, damit ihr ein neuer Teig sein könnt, wie ihr ja schon ungesäuert seid.* **5,8a** Griech. *nicht mit altem Sauerteig.* **5,8b** Griech. *mit Ungesäuertem [Brot].* **5,11** Griech. *Bruder.* **5,13** 5. Mose 17,7 – Griech. *Schafft weg den Bösen aus euch selbst.* **6,6** Griech. *ein Bruder.* **6,11** Griech. *seid ihr geheiligt worden.*

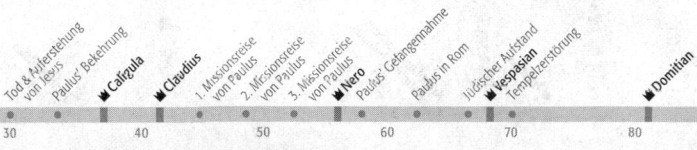

1. KORINTHER

1–2	Spaltungen in der Gemeinde
3–4	Überheblichkeit in der Gemeinde
5–6	Über außerehelichen Sex in der Gemeinde
7–10	Über die Lebensführung
11–14	Über den Gottesdienst
15	Über die Auferstehung
16	Briefschluss

6–7
Über die Ehe. Gott soll an erster Stelle stehen.

[Gottes Königsherrschaft und der Messias]

mit dem einer Prostituierten vereinigen? Niemals! ¹⁶Oder wisst ihr nicht, dass ein Mann, der mit einer Prostituierten verkehrt, mit ihr eins wird? Denn in der Schrift heißt es: »Die beiden werden zu einer Einheit.«* ¹⁷Wer aber dem Herrn gehört, ist ein Geist mit ihm.

¹⁸Deshalb haltet euch fern von aller Unzucht! Keine andere Sünde hat so große Auswirkungen auf den Körper wie diese, denn* Unzucht ist eine Sünde gegen den eigenen Körper. ¹⁹Oder wisst ihr nicht, dass euer Leib ein Tempel des Heiligen Geistes in euch ist, der in euch lebt und euch von Gott geschenkt wurde? Ihr gehört nicht euch selbst, ²⁰denn Gott hat einen hohen Preis für euch bezahlt. Deshalb ehrt Gott mit eurem Leib!

Über die Ehe

7 Nun zu den Fragen, die ihr in eurem Brief stellt. Ja, es ist gut für einen Menschen, sexuell enthaltsam zu leben. ²Doch weil es so viel Unzucht gibt, sollte jeder Mann seine Frau haben und jede Frau ihren Mann.

³Der Ehemann soll sich seiner Frau nicht entziehen; dasselbe gilt für die Ehefrau ihrem Mann gegenüber. ⁴Die Ehefrau gibt ihrem Mann das Recht über ihren Körper, und ebenso gibt der Ehemann seiner Frau das Recht über seinen Körper. ⁵Keiner soll sich dem anderen verweigern, es sei denn, beide Ehepartner beschließen übereinstimmend, sich für eine begrenzte Zeit sexuell zu enthalten, um sich noch intensiver dem Gebet widmen zu können. Danach kommt wieder zusammen, damit euch der Satan nicht in Versuchung führt, weil ihr euch nicht beherrschen könnt. ⁶Das ist aber nur eine Empfehlung von mir, kein Gebot. ⁷Ich wünschte, jeder könnte unverheiratet leben, wie ich es tue. Aber wir sind nicht alle gleich. Gott schenkt manchen die Gabe der Ehe und anderen die Gabe, unverheiratet zu leben.

⁸Den Unverheirateten und Verwitweten sage ich aber, dass es besser ist, so wie ich unverheiratet zu bleiben. ⁹Doch wenn sie sich nicht enthalten können, sollen sie heiraten. Es ist besser zu heiraten, als von unerfülltem Verlangen beherrscht zu werden.

¹⁰Für die Verheirateten habe ich ein Gebot, das nicht von mir kommt, sondern vom Herrn.* Eine Frau soll sich nicht von ihrem Ehemann scheiden lassen. ¹¹Wenn sie sich aber doch von ihm trennt, soll sie allein bleiben oder zu ihm

6,16 1. Mose 2,24. **6,18** Griech. *Jede Sünde, die man nur begehen kann, ist außerhalb des Körpers, aber.* **7,10** S. Matthäus 5,32; 19,9; Markus 10,11-12; Lukas 16,18.

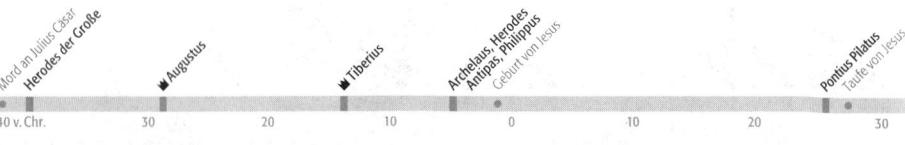

zurückkehren. Und ebenso soll ein Mann seine Frau nicht wegschicken.

¹²Nun spreche ich zu den Übrigen unter euch, obwohl ich in dieser Sache kein Gebot vom Herrn habe. Wenn ein gläubiger Mann* eine ungläubige Ehefrau hat und sie bereit ist, weiter mit ihm zu leben, darf er sie nicht wegschicken. ¹³Und wenn eine gläubige Frau einen ungläubigen Ehemann hat und er bereit ist, weiter mit ihr zu leben, darf sie ihn nicht wegschicken. ¹⁴Denn der ungläubige Mann ist durch die Frau geheiligt, und die ungläubige Frau ist geheiligt durch den Mann*. Sonst stünden eure Kinder nicht unter Gottes Segen; doch so gehören sie ihm*. ¹⁵Wenn aber der Ehepartner, der nicht an Christus glaubt, auf einer Trennung besteht, dann lasst ihn gehen. In diesem Fall ist der gläubige Partner nicht zum Zusammenbleiben verpflichtet, denn Gott will, dass seine Kinder in Frieden leben. ¹⁶Ihr Ehefrauen könnt nicht wissen, ob eure Ehemänner vielleicht durch euch zum Glauben finden. Und ihr Ehemänner wisst nicht, ob durch euch eure Ehefrauen vielleicht zum Glauben kommen.

¹⁷Nehmt das Leben an, in das der Herr euch gestellt hat, und lebt so weiter, wie es war, als Gott euch berufen hat. So lauten meine Anweisungen für alle Gemeinden. ¹⁸Wurde ein Mann zum Beispiel beschnitten, bevor er gläubig wurde, soll er nicht versuchen, diesen Schritt rückgängig zu machen. Und wenn ein Mann unbeschnitten war, als er zu Christus fand, soll er sich jetzt nicht beschneiden lassen. ¹⁹Denn es spielt keine Rolle, ob ein Mann beschnitten ist oder nicht. Entscheidend ist es, Gottes Gebote zu halten.

²⁰Jeder bleibe in dem, was er war, als Gott ihn berief. ²¹Warst du ein Sklave? Dann mache dir deswegen keine Sorgen. Wenn du allerdings die Gelegenheit hast, freizukommen, dann nutze sie. ²²Und denke daran: Wenn du ein Sklave warst, als der Herr dich berief, dann bist du jetzt ein Freigelassener vor Gott. Und wenn du frei warst, als der Herr dich berief, dann bist du jetzt ein Sklave von Christus. ²³Gott hat einen hohen Preis für euch bezahlt, deshalb werdet nicht Sklaven von Menschen. ²⁴Und so sage ich euch, liebe Brüder: Bleibt so vor Gott, wie ihr wart, als er euch berief. ²⁵Nun zu den jungen Frauen*, die noch nicht verheiratet sind. Für sie habe ich kein Gebot des Herrn. Aber ich gebe euch einen Rat als jemand, dem Gott Einsichten geschenkt hat, denen ihr vertrauen könnt. ²⁶Wegen der schweren Zeiten, die uns bevorstehen, halte ich es für das Beste, wenn ein Mensch unverheiratet bleibt. ²⁷Wenn du eine Frau hast, dann löse die Ehe nicht auf. Wenn du keine Frau hast, dann heirate nicht. ²⁸Solltest du aber doch heiraten, so ist das keine Sünde. Und auch wenn eine junge Frau heiratet, ist das keine Sünde. Allerdings würde ich euch gern die zusätzlichen Belastungen ersparen, die mit einer Ehe verbunden sind.

²⁹Eines ist sicher, liebe Brüder: Die Zeit, die noch bleibt, ist kurz; deshalb sollen die Männer ihre Ehe nicht zu ihrem wichtigsten Lebensinhalt machen. ³⁰Weder Traurigkeit noch Freude oder Wohlstand sollen jemanden davon abhalten, Gott mit allen Kräften zu dienen. ³¹Wer häufig mit den Angelegenheiten dieser Welt in Berührung kommt, sollte sie nutzen, ohne sich an sie zu binden, denn die Welt und alles, was zu ihr gehört, wird vergehen. ³²Ich möchte, dass ihr in allem, was ihr tut, von den Sorgen dieses Lebens frei seid. Ein unverheirateter Mann kann seine Zeit ganz für die Sache des Herrn einsetzen und darüber nachdenken, wie er ihm Freude machen kann. ³³Für einen verheirateten Mann ist das sehr viel schwerer. Er muss seine irdischen Verpflichtungen erfüllen und sich überlegen, wie er seiner Frau gefallen kann. ³⁴Seine Aufmerksamkeit ist geteilt. Genauso kann eine Frau, die nicht mehr verheiratet ist oder nie verheiratet war, sich körperlich und geistig sehr viel stärker für den Herrn einsetzen als eine verheiratete Frau, die sich um ihre irdischen Verpflichtungen kümmern und darüber nachdenken muss, wie sie ihrem Mann gefallen kann.

³⁵Ich sage das, um euch zu helfen, und nicht, um euch zu bedrängen. Ich möchte, dass ihr anständig lebt und zuverlässig dem Herrn dient, ohne euch ablenken zu lassen. ³⁶Wenn ein Mann nun der Meinung ist, er sollte seine Verlobte besser heiraten, weil es ihm sonst schwer fällt, seine Leidenschaft zu kontrollieren, und es kann nicht anders sein, so ist das gut und keine Sünde. Sie sollen heiraten. ³⁷Wenn er jedoch innerlich fest entschlossen ist, nicht zu heiraten, und es besteht keine Notwendigkeit und er beherrscht sein eigenes Verlangen, dann ist es besser, nicht zu heiraten. ³⁸Wer also heiratet, handelt gut, und wer nicht heiratet, handelt besser.

³⁹Eine Frau ist mit ihrem Mann verheiratet, solange er lebt. Wenn ihr Mann stirbt, ist sie frei zu heiraten, wen sie will, aber es muss eine Ehe sein, die dem Herrn gefällt*. ⁴⁰Meiner Meinung nach wird sie aber glücklicher sein, wenn sie nicht mehr heiratet, und ich denke, dass ich euch diesen Rat aus Gottes Geist heraus gebe.

7,12 Griech. *ein Bruder.* **7,14a** Griech. *Bruder.* **7,14b** Griech. *denn sonst sind ja eure Kinder unrein, jetzt aber sind sie heilig.*
7,25 Griech. *Jungfrauen;* so auch in Vers 28. **7,39** O. *aber nur mit Gottes Zustimmung;* griech. *aber nur in dem Herrn.*

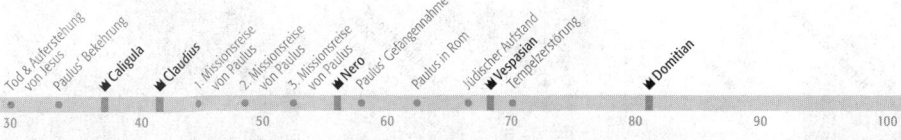

1. KORINTHER	
1–2	Spaltungen in der Gemeinde
3–4	Überheblichkeit in der Gemeinde
5–6	Über außerehelichen Sex in der Gemeinde
7–10	Über die Lebensführung
11–14	Über den Gottesdienst
15	Über die Auferstehung
16	Briefschluss

8–9
Über das Essen von Götzenopferfleisch.
Paulus verteidigt sich gegen Vorwürfe.

[Gottes Königsherrschaft und der Messias]

Aufeinander Rücksicht nehmen

8 Nun zu der Frage, ob wir Fleisch essen, das den Götzen geopfert wurde. Ihr meint, alle müssten sich eurer Erkenntnis anpassen. Wissen kann uns ein Gefühl von Wichtigkeit verleihen, doch nur die Liebe baut die Gemeinde wirklich auf. ²Wer behauptet, alle Antworten zu kennen, hat in Wirklichkeit kaum begriffen, auf welche Erkenntnis es ankommt. ³Doch wer Gott liebt, der ist von Gott erkannt.

⁴Wie verhält es sich nun? Sollen wir Fleisch essen, das den Götzen geopfert wurde? Wir wissen alle, dass ein Götze gar kein Gott ist und dass es nur einen einzigen, wahren Gott gibt. ⁵Denn es gibt viele sogenannte Götter, sowohl im Himmel als auch auf der Erde – wie es ja viele Mächte und viele Herren gibt. ⁶Wir aber wissen, dass es nur einen Gott gibt, den Vater, der alles erschaffen hat und für den wir leben. Und es gibt nur einen Herrn, Jesus Christus, durch den Gott alles erschaffen hat und durch den wir leben.

⁷Das ist allerdings nicht allen in der Gemeinde klar. Manche haben sich daran gewöhnt, Götzen für etwas Wirkliches zu halten. Wenn sie dann von dem geopferten Fleisch essen, wird ihr schwaches Gewissen beunruhigt. ⁸Es stimmt, dass wir Gottes Anerkennung nicht durch das gewinnen können, was wir essen. Wir versäumen nichts, wenn wir etwas Bestimmtes nicht essen, und wir gewinnen nichts, wenn wir es tun. ⁹Doch ihr müsst mit dieser Freiheit, die ihr habt, behut-

---

1. Korinther 8,9

Gott befreit
Durch Jesus' Tod am Kreuz bietet uns Gott eine umfassende Befreiung an, von Sünde und ihrer Strafe, von Schuldgefühlen und Schande, von einem schlechten Gewissen, von der Macht des Gesetzes, von Angst vor der Zukunft und dem Tod, von einem Leben ohne Ziel und Zweck, von der Macht des Bösen.
Bei so viel Freiheit besteht jedoch die Gefahr, dass wir sie missbrauchen und nicht verantwortlich mit ihr umgehen. Das geschah in Korinth, wo einige Mitglieder in voller Freiheit Götzenopferfleisch aßen – was andere nicht nur störte, sondern auch beinahe im Glauben zu Fall brachte. Paulus betont sehr stark die christliche Freiheit. Aber noch stärker betont er unsere Verantwortung anderen gegenüber. In einer christlichen Gemeinschaft nehmen wir uns gegenseitig an und bauen einander auf. Falls es diesem Aufbau nützt, wenn ich meine eigene Freiheit beschränke, dann tue ich das – um der Gemeinschaft willen. Wir sind immer noch frei, wenn wir freiwillig, anderen zuliebe, unsere Freiheit einschränken.
(Kolosser 1,13-14 ‹‹ | ›› Galater 5,1)

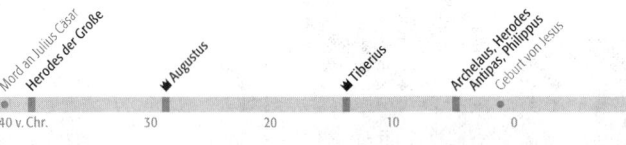

sam umgehen, damit ihr nicht einem Bruder oder einer Schwester mit einem ängstlicheren Gewissen schadet.

¹⁰Leicht kann dann Folgendes geschehen: Schwächere Menschen, die es für falsch halten, solche Speisen zu essen, werden dich in einem Götzentempel essen sehen. Du selbst weißt, dass daran nichts Unrechtes ist, sie aber werden verleitet, gegen ihr Gewissen Fleisch zu essen, das einem Götzen geopfert wurde. ¹¹Auf diese Weise schadet deine Erkenntnis einem schwachen Bruder, für den Christus doch ebenfalls gestorben ist. ¹²Wenn ihr gegen eure Brüder sündigt und ihr schwaches Gewissen verletzt, sündigt ihr damit gegen Christus. ¹³Lieber will ich mein Leben lang kein Fleisch mehr essen, als dass ich durch mein Tun einen anderen zur Sünde veranlasse – denn ich möchte meinem Bruder nicht schaden.

Paulus verzichtet auf seine Rechte

9 Habe ich nicht soviel Freiheit wie jeder andere auch?* Bin ich nicht ein Apostel? Habe ich nicht Jesus, unseren Herrn, mit eigenen Augen gesehen? Ist es nicht das Ergebnis meiner Bemühungen, dass ihr jetzt zu Jesus gehört? ²Auch wenn andere mich nicht für einen Apostel halten, so bin ich es doch ganz gewiss für euch, denn ihr seid der lebendige Beweis, dass ich ein Apostel des Herrn bin.

³Das ist meine Antwort an die, die meine Vollmacht als Apostel infrage stellen*: ⁴Haben wir nicht das Recht, in euren Häusern zu wohnen und mit euch zu essen? ⁵Haben wir nicht das Recht, eine Ehefrau bei uns zu haben, wie die anderen Jünger und die Brüder des Herrn und Petrus* es tun? ⁶Oder sind Barnabas und ich die Einzigen, die arbeiten müssen, um ihren Lebensunterhalt zu verdienen? ⁷Welcher Soldat müsste im Krieg seine Auslagen von seinem eigenen Geld bestreiten? Oder habt ihr je von einem Bauern gehört, der seinen Weinberg bepflanzt und nicht davon isst? Welcher Hirte weidet eine Herde Schafe und darf nicht von der Milch trinken? ⁸Und dabei vertrete ich nicht nur menschliche Ansichten. Sagt Gottes Gesetz nicht das Gleiche? ⁹Denn im Gesetz Moses steht: »Hindert einen Ochsen nicht am Fressen, während er das Korn drischt.«* Meint ihr, Gott hätte bei diesen Worten nur an den Ochsen gedacht? ¹⁰Sprach er da nicht auch zu uns? Natürlich tat er das. Denn wer pflügt und das Getreide drischt, darf seinen Anteil an der Ernte erwarten.

¹¹Wir haben unter euch eine gute geistliche Saat gesät. Wäre es da zu viel verlangt, wenn ich euch um Nahrung und Kleidung bitte? ¹²Wenn ihr andere unterstützt, die bei euch predigen, dürften wir da nicht erst recht Anspruch darauf erheben, unterstützt zu werden? Doch wir haben nie von diesem Recht Gebrauch gemacht. Wir ertragen lieber alle Schwierigkeiten, damit der Botschaft von Christus kein Hindernis in den Weg gelegt wird.

¹³Wisst ihr denn nicht, dass diejenigen, die im Tempel dienen, sich von den Speisen ernähren, die als Opfergaben zum Tempel gebracht werden? Und auch die, die am Altar Dienst tun, erhalten Anteil an den Opfern. ¹⁴Ebenso hat der Herr angeordnet, dass diejenigen, die die gute Botschaft verkünden, von denen unterstützt werden sollen, die davon Nutzen haben. ¹⁵Ich habe jedoch nie von irgendeiner dieser Möglichkeiten Gebrauch gemacht. Und ich schreibe euch das alles auch nicht, um anzudeuten, dass ich es von nun an tun werde. Lieber würde ich sterben, als den Ruhm einzubüßen, dass ich ohne jede Gegenleistung predige. ¹⁶Denn wenn ich die gute Botschaft Gottes verkünde, ist das für mich kein Grund, stolz darauf zu sein. Ich muss es einfach tun, und es würde mir schlecht ergehen, wenn ich es unterließe!

¹⁷Wenn ich es aus freiem Entschluss täte, hätte ich eine Bezahlung verdient. Doch ich wurde von Gott erwählt. Er hat mir diese Aufgabe anvertraut, sodass ich keine andere Wahl habe. ¹⁸Worin besteht nun mein Lohn? Darin, dass ich die Botschaft verkünde, ohne jemandem Kosten zu verursachen, und dass ich von meinen Rechten als Verkünder keinen Gebrauch mache.

¹⁹Das bedeutet, dass ich an niemanden gebunden bin. Dennoch habe ich mich zum Diener aller gemacht, um möglichst viele für Christus zu gewinnen. ²⁰Den Juden bin ich einer von ihnen geworden, um sie für Christus zu gewinnen. Bei denen, die sich an das Gesetz* halten, verhalte ich mich ebenso – obwohl ich nicht unter dem Gesetz stehe –, damit ich sie für Christus gewinne. ²¹Wenn ich bei Nichtjuden bin, die das jüdische Gesetz nicht haben*, passe ich mich ihnen so weit wie möglich an, um sie für Christus zu gewinnen. Allerdings lasse ich Gottes Gesetz dabei nicht außer Acht, sondern befolge das Gesetz, das ich von Christus habe.

²²Wenn ich bei den Schwachen bin, werde ich

9,1 Griech. *Bin ich nicht frei?*   **9,3** Griech. *diejenigen, die mich richten.*   **9,5** Griech. *Kephas.*   **9,9** 5. Mose 25,4.   **9,20** Gemeint ist hier das jüdische Gesetz.   **9,21** Griech. *die ohne Gesetz.*

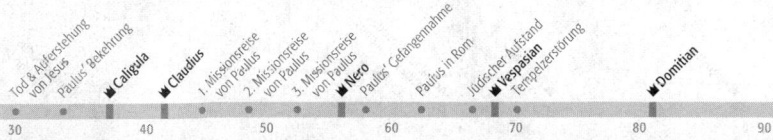

1. KORINTHER

1–2	Spaltungen in der Gemeinde
3–4	Überheblichkeit in der Gemeinde
5–6	Über außerehelichen Sex in der Gemeinde
7–10	Über die Lebensführung
11–14	Über den Gottesdienst
15	Über die Auferstehung
16	Briefschluss

9–11
Warnung vor Götzendienst. Aufruf, alles zur Ehre Gottes zu tun. Über Frauen und Männer im Gottesdienst.

[Gottes Königsherrschaft und der Messias]

bei ihnen wie ein Schwacher, um sie für Christus zu gewinnen. Ja, ich versuche bei allen Menschen eine gemeinsame Grundlage zu finden, um wenigstens einige von ihnen für Christus zu gewinnen. ²³All das tue ich, um Gottes gute Botschaft zu verbreiten, damit auch ich Anteil an ihrem Segen erhalte.

²⁴Denkt daran, dass alle wie in einem Wettrennen laufen, aber nur einer den Siegespreis bekommt. Lauft so, dass ihr ihn gewinnt! ²⁵Jeder Athlet übt strenge Selbstdisziplin. Er tut das allerdings, um einen Preis zu erringen, dessen Wert verblassen wird – wir aber tun es für einen ewigen Preis. ²⁶So halte ich mir stets das Ziel vor Augen und laufe mit jedem Schritt darauf zu. Ich kämpfe wie ein Boxer, aber nicht wie einer, der ins Leere schlägt. ²⁷Mit der eisernen Disziplin eines Athleten bezwinge ich meinen Körper, damit er mir gehorcht. Sonst müsste ich befürchten, dass ich zwar anderen gepredigt habe, mich danach aber womöglich selbst disqualifiziere.

Warnungen vor jeder Art von Götzendienst

10 Liebe Brüder, vergesst nicht, was vor langer Zeit unsere Vorfahren in der Wüste erlebt haben. Gott ging ihnen in einer Wolke voran und führte sie sicher durchs Meer. ²Alle wurden in der Wolke und im Meer auf Mose getauft, als sie ihm folgten. ³Sie aßen alle die gleiche Nahrung*, die Gott ihnen durch ein Wunder schenkte, ⁴und tranken aus dem ihnen von Gott geschenkten Felsen, der sie begleitete, und dieser Fels war Christus*. ⁵Und doch fand Gott nach all diesen Wundern an den meisten von ihnen kein Gefallen, sodass sie in der Wüste umkamen.

⁶Diese Ereignisse sind für uns ein warnendes Beispiel, damit wir nicht wie sie nach unrechten Dingen* streben ⁷oder Götzen anbeten, wie einige von ihnen es taten. In der Schrift heißt es dazu: »Sie setzten sich, um zu essen und zu trinken und feierten ein rauschendes Fest.«* ⁸Auch auf Unzucht dürfen wir uns nicht einlassen, wie einige von ihnen es taten und dadurch an einem einzigen Tag den Tod von dreiundzwanzigtausend Menschen verursachten. ⁹Auch dürfen wir Christus* nicht herausfordern, wie manche von ihnen es taten und dann an Schlangenbissen starben. ¹⁰Und murrt nicht wie einige von ihnen, denn daraufhin schickte Gott seinen Engel des

10,3 Griech. *geistliche Speise.* 10,4 Griech. *und haben alle denselben geistlichen Trank getrunken; sie tranken nämlich aus dem geistlichen Felsen, der ihnen folgte; der Felsen aber war Christus.* 10,6 Griech. *nach Bösem.* 10,7 2. Mose 32,6. 10,9 In einigen Handschriften heißt es *den Herrn.*

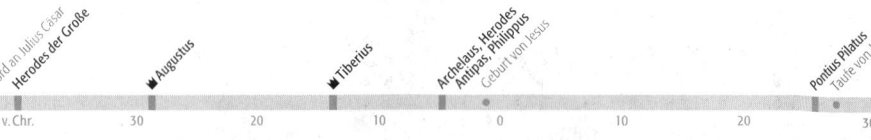

Todes, um sie zu vernichten. ¹¹All diese Ereignisse, die ihnen widerfuhren, dienen uns als Beispiel. Sie wurden für uns, die wir am Ende der Zeiten leben, als Warnung aufgeschrieben.

¹²Wer sich für standhaft hält, soll aufpassen, dass er nicht auf die gleiche Weise sündige. ¹³Vergesst nicht, dass die Prüfungen, die ihr erlebt, die gleichen sind, vor denen alle Menschen stehen. Doch Gott ist treu. Er wird die Prüfung nicht so stark werden lassen, dass ihr nicht mehr widerstehen könnt. Wenn ihr auf die Probe gestellt werdet, wird er euch eine Möglichkeit zeigen, trotzdem standzuhalten.

¹⁴Deshalb, liebe Freunde, meidet den Götzendienst. ¹⁵Ihr seid doch verständige Menschen. Entscheidet selbst, ob ich die Wahrheit sage. ¹⁶Wenn wir am Tisch des Herrn den Kelch segnen, haben wir dann nicht gemeinsam Anteil* am Segen des Blutes Christi? Und wenn wir das Brot brechen, haben wir dann nicht gemeinsam Anteil am Segen des Leibes Christi? ¹⁷Wir alle essen von einem Laib Brot und zeigen damit, dass wir alle zusammen ein Leib sind. ¹⁸Denkt doch an das Volk Israel: Alle, die vom Opfer essen, haben dadurch Gemeinschaft mit Gott.

¹⁹Was will ich damit sagen? Behaupte ich nun etwa doch, dass die Götzen, denen die Völker Opfer darbringen, wirkliche Götter sind und dass diese Opfer etwas zu sagen hätten? ²⁰Nein, ganz und gar nicht. Ich sage vielmehr, dass diese Opfer den Dämonen und nicht Gott dargebracht werden. Und ich möchte nicht, dass ihr in irgendeiner Weise Gemeinschaft mit Dämonen habt. ²¹Ihr könnt nicht aus dem Kelch des Herrn und zugleich aus dem Kelch der Dämonen trinken. Ihr könnt nicht am Tisch des Herrn und zugleich am Tisch der Dämonen essen. ²²Oder wollen wir den Herrn etwa zur Eifersucht reizen wie einst Israel? Meinen wir etwa, wir seien stärker als er?

²³Es ist alles erlaubt, aber nicht alles ist hilfreich. Es ist alles erlaubt, aber nicht alles ist gut. ²⁴Denkt nicht an euren eigenen Vorteil, sondern an die anderen und an das, was für sie am besten ist.

²⁵Haltet euch an Folgendes: Ihr dürft alles Fleisch essen, das auf dem Markt verkauft wird. Fragt nicht, ob es Götzen dargebracht wurde oder nicht; dann wird euer Gewissen gar nicht erst belastet. ²⁶Denn »die Erde und alles, was darauf ist, gehört dem Herrn«.*

²⁷Wenn jemand, der nicht an Christus glaubt, euch zum Essen einlädt, dann nehmt die Einladung an, wenn ihr wollt. Esst, was immer euch angeboten wird, und stellt keine Fragen. Euer Gewissen braucht darüber nicht beunruhigt zu sein. ²⁸Doch wenn euch jemand warnt, dass dieses Fleisch den Götzen dargebracht wurde, dann esst es nicht, und zwar aus Rücksicht auf denjenigen, der euch davor gewarnt hat. ²⁹Für euch wäre es vielleicht keine Sache des Gewissens, für ihn aber schon.

Doch warum sollte ich meine Freiheit einem anderen zuliebe beschneiden lassen? ³⁰Wenn ich Gott für das Essen danken und es geniessen kann, warum sollte ich dann dafür verurteilt werden, dass ich es esse? ³¹Was immer ihr esst oder trinkt oder tut, das tut zur Ehre Gottes! ³²Gebt den Juden oder den Nichtjuden oder der Gemeinde Gottes keinen Anlass, sich über euch zu ärgern. ³³Ich selbst halte es auch so. Ich versuche, in allem, was ich tue, allen zu gefallen. Ich tue nicht einfach, was mir gefällt oder was für mich am besten ist, sondern ich tue, was für sie am besten ist, damit sie gerettet werden.

11

Und ihr solltet meinem Beispiel folgen, so wie ich Christus folge.

Anweisungen für öffentliche Gottesdienste

²Ich bin so froh, liebe Freunde, dass ihr stets an mich denkt und an der Lehre festhaltet, die ich euch weitergegeben habe. ³Doch es gibt noch eines, das ihr wissen sollt: Ein Mann ist Christus verantwortlich, eine Frau ist ihrem Ehemann verantwortlich und Christus Gott*. ⁴Ein Mann entehrt Christus*, wenn er beim Beten oder Weissagen seinen Kopf bedeckt. ⁵Eine Frau entehrt ihren Ehemann*, wenn sie ohne Kopfbedeckung betet oder weissagt, denn das wäre dasselbe, als würde sie sich den Kopf kahl scheren. ⁶Wenn sie sich weigert, eine Kopfbedeckung zu tragen, könnte sie gleich ihr Haar abschneiden. Da es für eine Frau aber eine Schande ist, ihr Haar abzuschneiden oder sich den Kopf kahl zu scheren, soll sie eine Kopfbedeckung tragen*. ⁷Ein Mann dagegen sollte nichts auf dem Kopf tragen, wenn er betet, denn der Mann ist zu Gottes Ehre geschaffen und sein Abbild, die Frau aber ist zur Ehre des Mannes geschaffen. ⁸Denn der erste Mann kam nicht von einer Frau, sondern die Frau vom Mann. ⁹Der Mann wurde nicht für die Frau erschaffen, sondern die Frau für den Mann. ¹⁰Deshalb soll die Frau eine Kopfbedeckung* tragen, auch wegen der Engel.

10,16 Griech. *Gemeinschaft mit* – ebenso im nächsten Satz. **10,26** Psalm 24,1. **11,3** Wörtlich *Christus ist das Haupt des Mannes, das Haupt der Frau ist der Mann, das Haupt Christi ist Gott.* **11,4** Griech. *sein Haupt.* **11,5** Griech. *ihr Haupt.* **11,6** O. *soll sie langes Haar tragen.* **11,10** Einen Schleier.

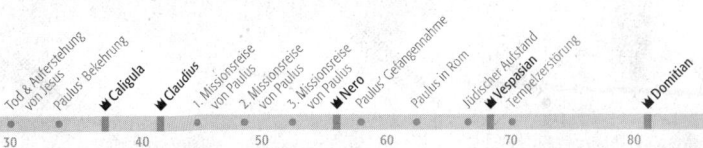

1. KORINTHER

1–2	Spaltungen in der Gemeinde
3–4	Überheblichkeit in der Gemeinde
5–6	Über außerehelichen Sex in der Gemeinde
7–10	Über die Lebensführung
11–14	Über den Gottesdienst
15	Über die Auferstehung
16	Briefschluss

11–12
Wie man das Abendmahl feiern soll. Die Gaben des Geistes.

[Gottes Königsherrschaft und der Messias]

[11] Nach dem Willen Gottes ist die Frau nicht unabhängig vom Mann und der Mann nicht unabhängig von der Frau. [12] Denn obwohl die erste Frau vom Mann kam, wurden seitdem alle Männer von Frauen geboren, und alle kommen von Gott.

[13] Wie denkt ihr selbst darüber? Glaubt ihr, dass es sich gehört, dass eine Frau in der Öffentlichkeit zu Gott betet, ohne ihren Kopf zu bedecken? [14] Ist es nicht offensichtlich, dass es für einen Mann eine Schande ist, langes Haar zu tragen, [15] für eine Frau ist es dagegen eine Ehre. Denn das lange Haar wurde ihr als eine Art Schleier gegeben. [16] Wenn allerdings jemand in diesem Punkt unbedingt recht haben will, so kann ich nur sagen, dass wir keinen anderen Brauch haben als diesen und die anderen Gemeinden Gottes dieselbe Ansicht vertreten.

Die Ordnung beim Abendmahl

[17] Ich komme nun zu eurer nächsten Frage, und darin kann ich euch nicht loben. Denn es scheint, als würde mehr Schaden angerichtet als Gutes bewirkt, wenn ihr zusammenkommt. [18] Erstens höre ich, dass es bei euren Gemeindeversammlungen zu Spaltungen kommt, und zum Teil glaube ich das sogar. [19] Denn es muss natürlich Spaltungen unter euch geben, damit deutlich wird, wer von euch sich bewährt.

[20] Doch euch geht es offenbar gar nicht um das Abendmahl, wenn ihr zusammenkommt.

---

1. Korinther 11,25

Bundesschlüsse

»Der neue Bund, besiegelt durch das Blut von Jesus«: Paulus benutzt dieselben Formulierungen wie die Evangelien (Lk 22,20). Der neue Bund ist nicht nur Grundlage für das Leben mit Gott durch Christus, sondern steht auch im Mittelpunkt des christlichen Gottesdienstes, wie die Abfolge von 1. Korinther 11–14 zeigt. Wieder sind die Anklänge an den Bundesschluss vom Sinai deutlich: durch das »Blut, das den Bund besiegelt« und durch das Essen und Trinken in der Gegenwart des Herrn (2Mo 24,8.11b). Das christliche Abendmahl entspricht also einer Bundesmahlzeit: einem Gemeinschaftsessen, das einen Bundesabschluss feiert.
So wie der Sinaibund Verpflichtungen mit sich brachte, so auch der neue Bund. Wenn man das Bundesmahl von Christus feiert, ohne in Liebe und Rücksicht auf andere zu achten, ist diese Feier schon kein Mahl des Herrn mehr (V. 20)! Der neue Bund muss also Auswirkungen auf das Verhalten der Bundespartner haben. Denselben Zusammenhang zeigt auch Lukas auf, wenn er von Jesus' Belehrung beim Abendmahl erzählt (Lk 22,24-30).
(Matthäus 3,9 ‹‹‹ | ››› 2. Korinther 3,7-17)

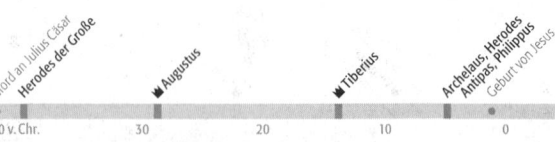

²¹Denn mir wurde berichtet, dass einige von euch, kaum seid ihr beisammen, sofort anfangen, ihr selbst mitgebrachtes Essen zu verzehren. Sie teilen es nicht mit den anderen, sodass manche hungrig bleiben; wieder andere betrinken sich. ²²Ist das wirklich wahr? Könnt ihr denn nicht zu Hause essen und trinken? Oder wollt ihr der Gemeinde Gottes Schande machen und die Armen beschämen? Was soll ich dazu sagen? Soll ich euch dafür loben? Nein, dafür lobe ich euch nicht. ²³Das Folgende hat der Herr selbst gesagt, und ich gebe es euch so weiter, wie ich es empfangen habe: In der Nacht, als er verraten wurde, nahm Jesus, der Herr, einen Laib Brot, ²⁴und nachdem er Dank gesagt hatte, brach er ihn und sprach: »Das ist mein Leib, der für euch hingegeben wird*. Tut das zur Erinnerung an mich.« ²⁵Ebenso nahm er nach dem Abendmahl den Weinkelch und sprach: »Dieser Kelch ist der neue Bund zwischen Gott und euch, besiegelt durch mein Blut. Wann immer ihr daraus trinkt, tut es zur Erinnerung an mich.« ²⁶Denn jedes Mal, wenn ihr dieses Brot esst und aus diesem Kelch trinkt, verkündet ihr den Tod des Herrn, bis er wiederkommt.

²⁷Wer also unwürdig dieses Brot isst oder aus diesem Kelch des Herrn trinkt, der macht sich am Leib und am Blut des Herrn schuldig. ²⁸Deshalb solltet ihr euch prüfen, bevor ihr das Brot esst und aus dem Kelch trinkt. ²⁹Denn wenn ihr unwürdig das Brot esst und aus dem Kelch trinkt und damit den Leib Christi* entehrt, dann esst und trinkt ihr euch zum Gericht Gottes. ³⁰Aus diesem Grund sind viele von euch schwach und krank, und einige sind sogar gestorben.

³¹Würden wir uns jedoch selbst prüfen, dann würden wir nicht gerichtet werden. ³²Wenn wir aber vom Herrn geprüft und gerichtet werden, werden wir bestraft – und das geschieht, damit wir nicht zusammen mit der Welt verurteilt werden. ³³Deshalb wartet aufeinander, liebe Brüder, wenn ihr zum Abendmahl zusammenkommt. ³⁴Wenn ihr wirklich hungrig seid, dann esst vorher zu Hause, damit ihr nicht zum Gericht zusammenkommt, wenn ihr euch versammelt.

In den anderen Angelegenheiten werde ich euch nach meiner Ankunft entsprechende Anweisungen geben.

Geistliche Gaben

12 Und nun, liebe Freunde*, komme ich auf die besonderen Fähigkeiten zu sprechen, die der Geist jedem von uns schenkt, denn offenbar ist es in dieser Sache zu Missverständnissen unter euch gekommen. ²Ihr wisst ja, ihr habt euch früher, als ihr noch nicht zu Christus gehörtet, dazu verleiten und mitreißen lassen, stumme Götzen anzubeten. ³Deshalb möchte ich euch dabei helfen zu unterscheiden, was wirklich von Gott kommt: Niemand, der den Geist Gottes hat, kann Jesus verfluchen, und niemand kann sagen: »Jesus ist der Herr«, wenn es ihm nicht der Heilige Geist eingibt.

⁴Nun gibt es verschiedene geistliche Gaben, aber es ist ein und derselbe Heilige Geist, der sie zuteilt. ⁵In der Gemeinde gibt es verschiedene Aufgaben, aber es ist ein und derselbe Herr, dem wir dienen. ⁶Gott wirkt auf verschiedene Weise in unserem Leben, aber es ist immer derselbe Gott, der in uns allen wirkt. ⁷Jedem von uns wird eine geistliche Gabe zum Nutzen der ganzen Gemeinde gegeben.

⁸Dem einen gibt der Geist also die Fähigkeit, guten Rat zu erteilen*, einem anderen verleiht er die Gabe besonderer Erkenntnis. ⁹Dem einen schenkt er einen besonders großen Glauben, dem anderen die Gabe, Kranke zu heilen – das alles bewirkt der eine Geist. ¹⁰Dem einen Menschen verleiht er Kräfte, dass er Wunder tun kann, einem anderen die Fähigkeit zur Prophetie. Wieder ein anderer wird durch den Geist befähigt zu unterscheiden, ob wirklich der Geist Gottes oder aber ein anderer Geist spricht. Und dem einen gibt der Geist die Gabe, in anderen Sprachen* zu sprechen, während er einen anderen befähigt, das Gesagte auszulegen. ¹¹Dies alles bewirkt aber ein und derselbe Heilige Geist, indem er diese Gaben zuteilt und allein entscheidet, welche Gabe jeder Einzelne erhält.

Ein Körper mit vielen Gliedern und Organen

¹²Der menschliche Körper hat viele Glieder und Organe, doch nur gemeinsam machen die vielen Teile den einen Körper aus. So ist es auch bei Christus und seinem Leib. ¹³Einige von uns sind Juden, andere Nichtjuden; einige sind Sklaven, andere frei. Aber wir haben alle denselben Geist empfangen und gehören durch die Taufe zum Leib Christi. ¹⁴Auch der Körper besteht aus vie-

---

11,24 O. *der für euch gebrochen wird.*   **11,29** Griech. *den Leib;* in manchen Handschriften heißt es *den Leib des Herrn.*
12,1 Griech. *Brüder.*   **12,8** Griech. *das Wort der Weisheit.*   **12,10** O. *in Zungen.* Die Wendung *in anderen Sprachen* kann immer auch mit *in Zungen* übersetzt werden; wir haben uns durchgängig für die Übersetzung *in anderen Sprachen* entschieden.

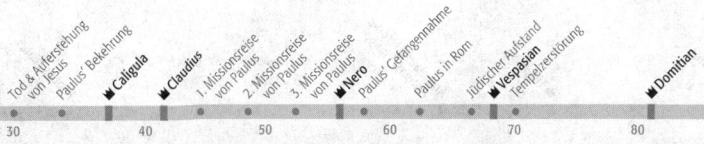

1. KORINTHER

1–2	Spaltungen in der Gemeinde
3–4	Überheblichkeit in der Gemeinde
5–6	Über außerehelichen Sex in der Gemeinde
7–10	Über die Lebensführung
11–14	Über den Gottesdienst
15	Über die Auferstehung
16	Briefschluss

12–14
Die Gemeinde ist ein Körper. Über die Liebe. Über die Gaben des Geistes.

[Gottes Königsherrschaft und der Messias]

len verschiedenen Teilen, nicht nur aus einem. ¹⁵Wenn der Fuß sagen würde: »Ich bin kein Teil des Körpers, weil ich keine Hand bin«, sollte er deshalb nicht zum Körper gehören? ¹⁶Und wenn das Ohr erklären würde: »Ich bin kein Teil des Körpers, weil ich nur ein Ohr und kein Auge bin«, sollte es deswegen etwa nicht mehr zum Körper gehören? ¹⁷Stellt euch vor, euer ganzer Körper wäre nur Auge – wie könntet ihr da hören? Oder wenn euer ganzer Körper nur Ohr wäre, wie könntet ihr da etwas riechen?

¹⁸Gott hat unseren Körper mit vielen Gliedern und Organen geschaffen und jedem Körperteil seinen Platz gegeben, wie er es wollte. ¹⁹Was wäre das für ein seltsamer Körper*, wenn er nur aus einem einzigen Körperteil bestehen würde! ²⁰Ja, es sind viele Teile, aber nur ein Körper. ²¹Das Auge kann nicht zur Hand sagen: »Ich brauche dich nicht.« Und der Kopf kann nicht zum Fuß sagen: »Ich brauche dich nicht.«

²²In Wirklichkeit sind oft gerade die scheinbar schwächeren oder unwichtigeren Körperteile besonders notwendig. ²³Und die Körperteile, die wir verstecken möchten*, kleiden wir mit umso größerer Sorgfalt. So verbergen wir manche Körperteile besonders sorgfältig vor den Blicken anderer, ²⁴während andere Körperteile dies nicht nötig haben. Gott hat den Körper so gefügt, dass den benachteiligten Gliedern besondere Ehre zukommt. ²⁵Auf diese Weise kommt keine Spaltung im Leib zustande, sondern alle Glieder sorgen in gleicher Weise füreinander. ²⁶Wenn eines leidet, leiden alle anderen mit, und wenn eines geehrt wird, freuen sich alle anderen mit.

²⁷So bildet ihr gemeinsam den Leib von Christus, und jeder Einzelne gehört als ein Teil dazu. ²⁸Gott hat euch in den Leib Christi eingegliedert als Apostel, andere als Propheten, wieder andere als Lehrer, dann solche, die Wunder vollbringen, solche mit der Gabe der Heilung, solche, die anderen helfen, solche, die besondere Leitungsfähigkeiten haben und andere zur Zusammenarbeit bewegen, und solche, die in anderen Sprachen sprechen können.

²⁹Ist jeder ein Apostel? Natürlich nicht! Ist jeder ein Prophet? Nein. Sind alle Lehrer? Hat jeder die Kraft, Wunder zu tun? ³⁰Haben alle die Gabe der Heilung? Natürlich nicht. Gibt Gott uns allen die Gabe, in anderen Sprachen zu sprechen? Können alle andere Sprachen deuten? Nein! ³¹Strebt aber nach den größeren Gaben! Ich will euch etwas zeigen, das alle diese Gaben übertrifft!

12,19 Griech. *Wo wäre der Leib.* **12,23** Griech. *die uns weniger ehrenwert erscheinen.*

Das Größte ist die Liebe

13 Wenn ich in den Sprachen der Welt oder mit Engelszungen reden könnte, aber keine Liebe hätte, wäre mein Reden nur sinnloser Lärm wie ein dröhnender Gong oder eine klingende Schelle. ²Wenn ich die Gabe der Prophetie hätte und wüsste alle Geheimnisse und hätte jede Erkenntnis und wenn ich einen Glauben hätte, der Berge versetzen könnte, aber keine Liebe hätte, so wäre ich nichts. ³Wenn ich alles, was ich besitze, den Armen geben und sogar meinen Körper opfern würde*, damit ich geehrt würde, aber keine Liebe hätte, wäre alles wertlos.

⁴Die Liebe ist geduldig und freundlich. Sie ist nicht neidisch oder überheblich, stolz ⁵oder anstößig. Die Liebe ist nicht selbstsüchtig. Sie lässt sich nicht reizen, und wenn man ihr Böses tut, trägt sie es nicht nach. ⁶Sie freut sich niemals über Ungerechtigkeit, sondern sie freut sich immer an der Wahrheit. ⁷Die Liebe erträgt alles, verliert nie den Glauben, bewahrt stets die Hoffnung und bleibt bestehen, was auch geschieht.

⁸Die Liebe wird niemals aufhören, selbst wenn Prophetie, das Reden in unbekannten Sprachen und die Erkenntnis vergehen werden. ⁹Jetzt erkennen wir nur wenig, und auch unser prophetisches Reden offenbart nur wenig! ¹⁰Doch wenn am Ende das Vollkommene erscheint, wird das wenige aufhören.

¹¹Als ich ein Kind war, redete und dachte und urteilte ich wie ein Kind. Doch als ich erwachsen wurde, legte ich das Kindliche ab. ¹²Jetzt sehen wir die Dinge noch unvollkommen, wie in einem trüben Spiegel, dann aber werden wir alles in völliger Klarheit* erkennen. Alles, was ich jetzt weiß, ist unvollständig; dann aber werde ich alles erkennen, so wie Gott mich jetzt schon kennt.

¹³Glaube, Hoffnung und Liebe, diese drei bleiben. Aber am größten ist die Liebe.

Die verschiedenen Gaben

14 Die Liebe soll euer höchstes Ziel sein. Aber bemüht euch auch um die besonderen Gaben, die der Geist zuteilt, vor allem um die Gabe der Prophetie. ²Denn wem die Gabe geschenkt wird, in anderen Sprachen zu reden, der spricht zu Gott, aber nicht zu Menschen, weil ihn niemand versteht. Er redet durch die Kraft des Geistes, aber es sind Geheimnisse, die er ausspricht. ³Wer dagegen prophetisch redet, der hilft anderen, im Glauben an den Herrn zu wachsen, und er ermutigt und tröstet sie. ⁴Wenn jemand in anderen Sprachen redet, wird er selbst dadurch im Glauben gestärkt; doch wer prophetisch redet, der stärkt die ganze Gemeinde.

⁵Ich wünschte, ihr alle hättet die Gabe, in Sprachen zu reden, aber noch mehr wünschte ich, ihr könntet alle prophetisch reden. Denn die Gabe der Prophetie ist wichtiger und nützlicher als das Reden in Sprachen, es sei denn, jemand erklärt den anderen, was es bedeutet, damit die ganze Gemeinde dadurch ermutigt wird.

⁶Liebe Brüder, wenn ich käme und in einer anderen Sprache zu euch redete, was würde euch das nützen? Wenn ich für euch jedoch eine Offenbarung oder eine besondere Erkenntnis oder eine Prophetie oder eine Lehre hätte, dann würde euch das helfen. ⁷Selbst leblose Dinge wie eine Flöte oder eine Harfe sind ein Beispiel dafür, wie wichtig es ist, eine verständliche Sprache zu sprechen. Denn wenn die Töne nicht klar gespielt werden, erkennt niemand die Melodie. ⁸Wenn der Trompeter kein klares Signal bläst, woher sollen die Soldaten dann wissen, dass sie sich auf die Schlacht vorbereiten sollen? ⁹Das gilt auch für euch. Wenn ihr in einer Sprache zu Menschen redet, die sie nicht verstehen, woher sollen sie dann wissen, was ihr meint? Ihr könntet genauso gut in den Wind reden.

¹⁰Es gibt so viele verschiedene Sprachen auf der Welt, und sie alle dienen denen, die sie verstehen, zur Verständigung. ¹¹Mir aber sagen sie nichts. Somit verstehe ich die Menschen, die diese Sprachen sprechen, nicht, und sie verstehen mich nicht. ¹²Da ihr so sehr auf geistliche Gaben bedacht seid, bittet Gott um solche Gaben, die der ganzen Gemeinde von Nutzen sind.

¹³Deshalb sollten alle, die die Gabe haben, in anderen Sprachen zu reden, auch um die Gabe der Auslegung beten, damit sie den Leuten erklären können, was gesagt wurde. ¹⁴Denn wenn ich in Sprachen bete, betet mein Geist, aber ich verstehe nicht, was ich rede.

¹⁵Was soll ich also tun? Ich werde beides tun. Ich werde im Geist* beten, und ich werde in Worten beten, die ich verstehe. Ich werde im Geist singen, und ich werde in Worten singen, die ich verstehe. ¹⁶Denn wenn du Gott nur im Geist lobst, wie sollen da die anderen, die dich nicht verstehen, Gott mit dir zusammen loben? Wie können sie gemeinsam mit dir danken, wenn sie deine Worte nicht verstehen? ¹⁷Du dankst zwar mit schönen Worten, aber der andere wird dadurch nicht gestärkt.

13,3 In manchen Handschriften heißt es *und wenn ich meinen Körper hingäbe, um verbrannt zu werden.* **13,12** Griech. *von Angesicht zu Angesicht.* **14,15** O. *mit dem Geist;* so auch in 14,15b.16.

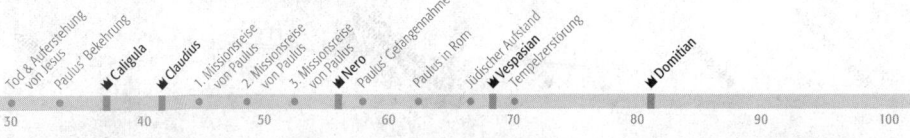

1. KORINTHER

1–2	Spaltungen in der Gemeinde
3–4	Überheblichkeit in der Gemeinde
5–6	Über außerehelichen Sex in der Gemeinde
7–10	Über die Lebensführung
11–14	Über den Gottesdienst
15	Über die Auferstehung
16	Briefschluss

14–15
Über das Beten in anderen Sprachen. Über das Feiern des Gottesdienstes. Paulus erinnert an die gute Botschaft und betont die Bedeutung der Auferstehung.

[Gottes Königsherrschaft und der Messias]

[18]Ich danke Gott, dass ich mehr in Sprachen rede als ihr alle. [19]Aber in einer Gemeindeversammlung spreche ich lieber fünf verständliche Worte, die anderen helfen, als zehntausend Worte in einer anderen Sprache.
[20]Liebe Brüder, seid nicht wie Kinder, wenn es darum geht, diese Dinge zu verstehen. Seid unschuldig wie kleine Kinder, wenn es um das Böse geht; aber im Verstehen dieser Dinge* sollt ihr reif und erwachsen sein. [21]In der Schrift* heißt es:
»Ich werde durch andere Sprachen und durch die Lippen Fremder zu meinem Volk sprechen. Doch selbst dann werden sie nicht auf mich hören«,* spricht der Herr.
[22]Ihr seht also, dass das Reden in anderen Sprachen ein Zeichen nicht für Gläubige, sondern für Ungläubige ist; die Prophetie dagegen dient den Gläubigen und nicht den Ungläubigen. [23]Wenn nun Ungläubige oder Menschen, die nichts davon verstehen, in eure Versammlungen kommen, und alle reden in einer anderen Sprache, werden sie euch nicht für verrückt halten? [24]Wenn ihr jedoch alle prophetisch redet und irgendein Ungläubiger oder Fremder kommt herein, dann wird er von seiner Schuld überzeugt und durch das, was ihr sagt, überführt. [25]Während er zuhört, werden seine geheimen Gedan-

14,20 Griech. *im Denken.*   14,21a Griech. *im Gesetz.*
14,21b Jesaja 28,11-12.

1. Korinther 14,29

Gott redet
Geistesgaben können unangemessen eingesetzt werden. Die christliche Versammlung in Korinth praktizierte Geistesgaben auf eine Art und Weise, die dem eigentlichen Ziel der Begabung widersprach. Das Reden in einer geistgewirkten Sprache hatte höheres Ansehen als ein klares Wort der Prophetie. Verschiedene Propheten konkurrierten miteinander um höheres Ansehen. Paulus will diesen Missbrauch nicht unter den Teppich kehren, sondern Ordnung einführen.
Paulus erklärt: Nur weil ein Prophet eine besondere Begabung hat, bedeutet das nicht, dass er gezwungen ist, einfach loszureden. Auch begabte Redner sollten sich an eine Ordnung halten: z.B. der Reihe nach sprechen, auch andere zu Wort kommen lassen und den Zeitpunkt eines Beitrages richtig einschätzen. Sie sollten bereit sein, anders begabten Menschen den Vortritt zu lassen, und vor allem, bereit sein, ihre eigenen Beiträge von anderen überprüfen zu lassen. Dann kann eine Gemeinde ein Ort werden, wo Gottes Wort richtig gehört und wo alle aufgebaut werden.
(4. Mose 22,28 ‹‹‹ | ››› Jesaja 6,1-13)

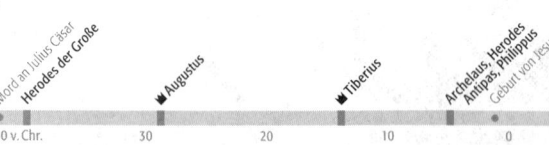

ken offenbar, und er wird auf seine Knie fallen und Gott anbeten und sagen: »Gott ist wirklich hier unter euch.«

Von der Ordnung im Gottesdienst

²⁶Was folgt daraus, liebe Brüder? Wenn ihr euch versammelt, wird der eine singen, der andere lehren, wieder ein anderer wird eine besondere Offenbarung Gottes weitergeben. Einer wird in einer anderen Sprache reden, während ein anderer erklärt, was gesagt wurde. Doch alles, was geschieht, soll für alle hilfreich sein und sie im Herrn aufbauen. ²⁷Nicht mehr als zwei oder drei sollen in einer anderen Sprache reden. Sie sollen das nacheinander tun, und einer muss bereit sein auszulegen, was sie sagen. ²⁸Wenn niemand anwesend ist, der die anderen Sprachen auslegen kann, sollen sie in der Versammlung der Gemeinde schweigen und in Sprachen zu Gott sprechen, wenn sie allein sind.

²⁹Lasst zwei oder drei prophetisch reden und die anderen beurteilen, was gesagt wurde. ³⁰Wenn jedoch jemand prophetisch redet und ein anderer eine Offenbarung vom Herrn empfängt, soll der, der gerade spricht, schweigen. ³¹Auf diese Weise können alle prophetisch reden, doch einer nach dem anderen, damit alle lernen und ermutigt werden. ³²Wer prophetisch redet, hat Kontrolle über sich selbst und kann warten, bis er an der Reihe ist. ³³Denn Gott ist nicht ein Gott der Unordnung, sondern ein Gott des Friedens, wie auch in allen anderen Gemeinden.*

³⁴Die Frauen sollen in den Gemeindeversammlungen schweigen. Es gehört sich nicht, dass sie sprechen. Sie sollen sich unterordnen, wie es im Gesetz steht. ³⁵Wenn sie Fragen haben, sollen sie zu Hause ihre Ehemänner fragen, denn es steht ihnen nicht zu, in der Gemeindeversammlung zu sprechen.*

³⁶Meint ihr etwa, das Wissen um Gottes Wort beginnt und endet bei euch Korinthern? Da irrt ihr euch! ³⁷Wer behauptet, ein Prophet zu sein, oder meint, vom Geist begabt zu sein, der sollte erkennen, dass das, was ich euch schreibe, ein Gebot des Herrn ist. ³⁸Wer das nicht anerkennt, der wird seinerseits auch nicht anerkannt.*

³⁹Deshalb, liebe Brüder, bemüht euch um die Gabe der Prophetie und verbietet das Reden in anderen Sprachen nicht. ⁴⁰Doch achtet darauf, dass alles angemessen und geordnet geschieht.

Die Auferstehung von Christus

15 Nun will ich euch noch einmal an die gute Botschaft erinnern, liebe Brüder, die ich euch verkündet habe. Ihr habt sie damals angenommen, und sie ist auch heute das Fundament eures Glaubens. ²Durch sie werdet ihr gerettet, wenn ihr daran festhaltet genau so, wie ich sie euch verkündet habe – es sei denn, ihr seid vergeblich zum Glauben gekommen.

³Ich habe euch das weitergegeben, was am wichtigsten ist und was auch mir selbst überliefert wurde – dass Christus für unsere Sünden starb, genau wie es in der Schrift steht. ⁴Er wurde begraben und ist am dritten Tag von den Toten auferstanden, wie es in der Schrift steht. ⁵Er wurde von Petrus* gesehen und dann von den zwölf Aposteln. ⁶Danach sahen ihn mehr als fünfhundert seiner Anhänger* auf einmal, von denen die meisten noch leben; nur einige sind inzwischen gestorben. ⁷Dann wurde er von Jakobus gesehen und später von allen Aposteln. ⁸Als Letzter von allen habe auch ich ihn gesehen, so als wäre ich zur falschen Zeit geboren worden. ⁹Denn ich bin der geringste der Apostel und eigentlich nicht wert, Apostel genannt zu werden, weil ich die Gemeinde Gottes verfolgt habe.

¹⁰Doch was immer ich jetzt bin, das bin ich durch die Gnade Gottes – und seine Gnade blieb in mir nicht ohne Wirkung. Denn ich habe härter gearbeitet als alle anderen Apostel, doch nicht ich habe gearbeitet, sondern Gott, der durch seine Gnade durch mich wirkte. ¹¹Deshalb kommt es nicht darauf an, ob ich predige oder sie. Entscheidend ist, dass ihr glaubt, was wir euch verkünden.

Die Auferstehung der Toten

¹²Aber nun frage ich euch: Wenn wir predigen, dass Christus von den Toten auferstanden ist, wie können einige von euch da behaupten, es gäbe keine Auferstehung der Toten? ¹³Wenn es nämlich keine Auferstehung der Toten gibt, dann ist auch Christus nicht auferstanden. ¹⁴Und wenn Christus nicht auferstanden ist, dann war unser Predigen wertlos, und auch euer Vertrauen auf Gott ist vergeblich. ¹⁵Ja, in diesem Fall hätten wir Apostel sogar Lügen über Gott verbreitet, denn wir haben ja versichert, dass Gott Christus auferweckt hat, und das kann nicht wahr sein, wenn es keine Auferstehung von den Toten gibt.

14,33 Der Satzteil *wie auch in allen anderen Gemeinden* könnte auch den Anfang von Vers 34 bilden.   **14,35** In manchen Handschriften stehen die Verse 34-35 nach 14,40.   **14,38** In manchen Handschriften heißt es *Wer das nicht weiß, der bleibe in seiner Unwissenheit.*   **15,5** Griech. *Kephas*.   **15,6** Griech. *der Brüder*.

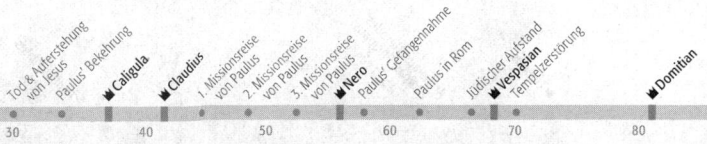

1. KORINTHER

1–2	Spaltungen in der Gemeinde
3–4	Überheblichkeit in der Gemeinde
5–6	Über außerehelichen Sex in der Gemeinde
7–10	Über die Lebensführung
11–14	Über den Gottesdienst
15	Über die Auferstehung
16	Briefschluss

15
Über die Auferstehung und den neuen Körper.

[Gottes Königsherrschaft und der Messias]

¹⁶Denn wenn es keine Auferstehung der Toten gibt, dann ist auch Christus nicht auferstanden. ¹⁷Wenn aber Christus nicht auferstanden ist, dann ist euer Glaube nutzlos, und ihr seid nach wie vor in euren Sünden gefangen. ¹⁸In diesem Fall wären alle Menschen, die im Glauben an Christus gestorben sind, verloren! ¹⁹Wenn der Glaube an Christus nur für dieses Leben Hoffnung gibt, sind wir die elendesten Menschen auf der Welt.
²⁰Nun ist aber Christus als Erster von den Toten auferstanden. ²¹So wie der Tod durch einen Menschen – Adam – in die Welt kam, hat nun durch einen anderen Menschen – Christus – die Auferstehung von den Toten begonnen. ²²Die Menschen sterben, weil alle mit Adam verwandt sind. Ebenso werden durch Christus alle lebendig gemacht und neues Leben empfangen. ²³Es gibt aber eine Reihenfolge: Christus zuerst, und wenn er wiederkommt, dann die, die zu ihm gehören.
²⁴Danach wird das Ende kommen, wenn er Gott, seinem Vater, das Reich übergeben wird, nachdem er alle seine Feinde* vernichtet hat. ²⁵Denn Christus muss herrschen, bis er alle seine Feinde unter seine Füße erniedrigt hat. ²⁶Als letzter Feind wird der Tod vernichtet werden. ²⁷Denn in der Schrift heißt es: »Gott hat ihm Vollmacht über alles gegeben.«* Wenn es heißt:

15,24 Griech. *jeden Herrscher und jede Macht und jede Kraft.* **15,27** Psalm 8,7.

1. Korinther 15,24-28

Erwählung
Die neue Welt Gottes am Ziel der Geschichte ist in Offb 21–22 ausführlich beschrieben. Paulus geht im 1. Korintherbrief viel knapper auf »das Ende« ein, führt aber in einem Punkt über die Offenbarung des Johannes hinaus.
In Offenbarung 21–22 erfüllt Gottes Gegenwart alles und dabei ist Christus Seite an Seite bei ihm (Offb 21,23; 22,3). Paulus scheint noch ein wenig weiter zu blicken, bis aufs äußerste Ende. Christus ist derjenige, dem Gott »Vollmacht über alles gegeben hat«, aber zum Schluss wird Christus diese Macht an Gott zurückgeben und sich selbst seinem Vater unterstellen. Der Sohn war der erste Erwählte (Joh 1,1-3) und wird am längsten der Erwählte bleiben. Doch schließlich wird er alle Aufmerksamkeit von sich zurücklenken auf den Vater. Dann bleibt nur noch die Fülle Gottes, der alles erfüllt. Er ist dabei nicht einsam, sondern wohnt in der Menge derer, die er durch Christus auferweckte (V. 22). So wie die Heilige Schrift begann: »Am Anfang ... Gott!«, so ist am Ende Gott – wie es wörtlich im Grundtext heißt – »alles in allen« oder »alles in allem«.
(Römer 11,26 ««)

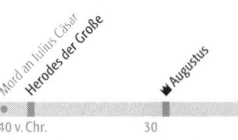 

»Christus hat Vollmacht über alles«, so ist Gott natürlich davon ausgenommen, der ihm diese Vollmacht gab. ²⁸Und wenn er Herr über alles ist, wird der Sohn sich selbst Gott unterstellen. Und Gott, der seinem Sohn alles unterworfen hat, wird über alles und in allem der Höchste sein.

²⁹Wenn die Toten nicht auferstehen werden, weshalb lassen manche Leute sich dann für andere taufen, die gestorben sind? Warum sollten sie das tun?

³⁰Und warum setzen wir uns dann ständig der Gefahr aus? ³¹Ich versichere euch, liebe Freunde*, dass ich täglich dem Tod ins Auge sehe. Das ist so gewiss wie mein Stolz auf das, was der Herr Jesus Christus in euch getan hat. ³²Und was für einen Sinn hätte es, in Ephesus gegen wilde Tiere zu kämpfen, wenn es keine Auferstehung von den Toten gäbe? Wenn es keine Auferstehung gibt, dann »lasst uns Feste feiern und uns betrinken, denn morgen sterben wir!«*.

³³Lasst euch von Leuten, die so etwas sagen, nicht verführen, denn schlechter Umgang verdirbt gute Sitten. ³⁴Kommt zur Vernunft und hört auf zu sündigen. Denn zu eurer Schande muss ich sagen, dass einige von euch Gott überhaupt nicht kennen.

Der neue Körper bei der Auferstehung

³⁵Vielleicht fragt jetzt einer: »Wie werden die Toten denn auferstehen? Was für einen Körper werden sie haben?« ³⁶Welch eine unsinnige Frage! Wenn ihr ein Samenkorn in die Erde legt, wächst es nicht zu einer Pflanze heran, bevor es nicht gestorben ist. ³⁷Was ihr in die Erde legt, ist nicht die Pflanze, die wachsen wird, sondern ein bloßes Weizenkorn oder was ihr sonst pflanzen wollt. ³⁸Dann gibt Gott ihm einen neuen Leib, wie es ihm gefällt. Aus jedem Samen wächst eine andere Pflanze. ³⁹Und so, wie es verschiedene Samen und Pflanzen gibt, so gibt es auch Unterschiede zwischen den Körpern von Menschen, Tieren, Vögeln oder Fischen. ⁴⁰Es gibt himmlische Körper und irdische. Aber die Herrlichkeit der himmlischen ist eine andere als die der irdischen. ⁴¹Die Sonne hat einen anderen Glanz als der Mond und die Sterne, denn jeder Stern unterscheidet sich in Schönheit und Helligkeit von den anderen.

⁴²Genauso verhält es sich mit der Auferstehung der Toten. Unsere irdischen Körper sterben und verwesen, doch bei der Auferstehung werden sie unvergänglich sein und nicht mehr sterben. ⁴³Jetzt sind unsere Körper nicht perfekt, aber wenn sie auferstehen werden, werden sie voller Herrlichkeit sein. Jetzt sind sie schwach, dann aber voller Kraft. ⁴⁴Jetzt sind es natürliche menschliche Körper, aber wenn sie auferstehen, werden es geistliche Körper sein. Denn so wie es irdische Körper gibt, so gibt es auch geistliche.

⁴⁵In den Schriften steht auch: »Der erste Mensch – Adam – wurde lebendig.«* Der letzte Adam aber – also Christus – ist ein Geist, der lebendig macht. ⁴⁶Zuerst kam der irdische Körper; dann der geistliche. ⁴⁷Der erste Mensch, Adam, wurde aus dem Staub der Erde geschaffen, der zweite Mensch, Christus, ist vom Himmel. ⁴⁸Jeder Mensch hat einen irdischen Körper wie Adam; unser himmlischer Körper aber wird sein wie der Körper von Christus. ⁴⁹So wie wir jetzt dem irdischen Menschen, Adam, gleichen, so entsprechen wir eines Tages dem himmlischen Menschen, Christus.

⁵⁰Was ich damit sagen will, liebe Brüder, ist, dass Fleisch und Blut das Reich Gottes nicht erben können. Der vergängliche Körper, den wir jetzt haben, kann nicht ewig leben.

⁵¹Aber lasst mich euch ein wunderbares Geheimnis sagen, das Gott uns offenbart hat. Nicht jeder von uns wird sterben, aber wir werden alle verwandelt werden. ⁵²Das wird in einem kurzen Moment geschehen, in einem einzigen Augenblick, wenn die letzte Posaune ertönt. Beim Klang der Posaune werden die Toten mit einem unvergänglichen Körper auferstehen, und wir Lebenden werden verwandelt werden, sodass wir nie mehr sterben. ⁵³Denn unser vergänglicher irdischer Körper muss in einen himmlischen Körper verwandelt werden, der nicht mehr sterben wird.

⁵⁴Wenn dies geschieht – wenn unsere vergänglichen, irdischen Körper in unvergängliche, himmlische Körper verwandelt sind – dann wird sich das Schriftwort erfüllen:

»Der Tod wurde verschlungen vom Sieg.* ⁵⁵Tod, wo ist dein Sieg? Tod, wo ist dein Stachel?«*

⁵⁶Denn die Sünde ist der Stachel, der zum Tod führt, und das Gesetz verleiht der Sünde ihre Kraft. ⁵⁷Wir danken Gott, der uns durch Jesus Christus, unseren Herrn, den Sieg über die Sünde und den Tod gibt!

⁵⁸Deshalb bleibt fest und unerschütterlich im Glauben, liebe Freunde*, und setzt euch mit aller Kraft für das Werk des Herrn ein, denn ihr wisst ja, dass nichts, was ihr für den Herrn tut, vergeblich ist.

15,31 Griech. *Brüder*. **15,32** Jesaja 22,13. **15,45** 1. Mose 2,7. **15,54** Jesaja 25,8. **15,55** Hosea 13,14. **15,58** Griech. *Brüder*.

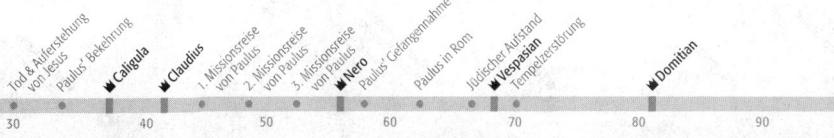

1. KORINTHER

1–2	Spaltungen in der Gemeinde
3–4	Überheblichkeit in der Gemeinde
5–6	Über außerehelichen Sex in der Gemeinde
7–10	Über die Lebensführung
11–14	Über den Gottesdienst
15	Über die Auferstehung
16	Briefschluss

16
Spenden für Jerusalem. Paulus mahnt ein letztes Mal zur Liebe. Grüße von Paulus.

[Gottes Königsherrschaft und der Messias]

Die Sammlung für Jerusalem

16 Nun zu dem Geld, das ihr für die Gemeinde in Jerusalem sammelt: Haltet euch dabei an die Anweisungen, die ich auch den Gemeinden in Galatien erteilt habe. ²An jedem Tag des Herrn* soll jeder von euch so viel Geld beiseitelegen, wie es ihm möglich ist, und für diese Sammlung aufbewahren. Wartet nicht bis zu meiner Ankunft, um dann alles auf einmal einzusammeln. ³Wenn ich komme, werde ich Abgesandte, die ihr selbst auswählt, mit Empfehlungsbriefen ausstatten, und sie werden eure Gabe nach Jerusalem bringen. ⁴Wenn es aber nötig ist, dass auch ich hinreise, können wir den Weg miteinander machen.

Letzte Anweisungen

⁵Ich werde euch besuchen, wenn ich in Mazedonien gewesen bin, denn ich habe vor, durch Mazedonien zu reisen. ⁶Eine Weile werde ich bei euch bleiben, vielleicht sogar den ganzen Winter über. Danach könnt ihr mich dann zu meinem nächsten Ziel begleiten. ⁷Diesmal will ich nicht nur einen kurzen Abstecher zu euch machen und dann gleich weiterziehen. Ich möchte kommen und eine Zeit lang bleiben, wenn der Herr es mir erlaubt. ⁸Vorerst bleibe ich allerdings bis zum Pfingstfest in Ephesus, ⁹denn hier bieten sich mir große Möglichkeiten für die Arbeit, und viele Menschen fühlen sich von der Botschaft angesprochen. Es gibt allerdings auch viel Widerstand.

¹⁰Wenn Timotheus kommt, seht zu, dass er ohne Angst bei euch sein kann, denn er arbeitet wie ich für den Herrn. ¹¹Niemand soll ihn gering schätzen. Und lasst ihn in Frieden zu mir zurückkommen. Ich freue mich schon, ihn bald wieder zu sehen, zusammen mit den anderen Gläubigen.*

¹²Nun zu unserem Bruder Apollos: Ich habe ihn mehrmals gebeten, euch mit den anderen Gläubigen zu besuchen, aber er wollte jetzt nicht kommen. Er wird euch später besuchen, wenn der Zeitpunkt günstiger ist.

¹³Seid wachsam. Haltet treu an dem fest, was ihr glaubt. Seid mutig und stark. ¹⁴Alles, was ihr tut, soll in Liebe geschehen.

¹⁵Ihr wisst, dass Stephanas und alle in seinem Haus die Ersten waren, die in Griechenland* gläubig wurden. Sie widmen ihr ganzes Leben dem Dienst für die anderen Gläubigen. Ich bitte

16,2 Griech. *an jedem ersten Tag der Woche.* 16,11 Griech. *den Brüdern;* so auch in 16,12.20. 16,15 Griech. *die Erstlinge in Achaja sind;* es handelt sich um die südliche Region der griech. Halbinsel.

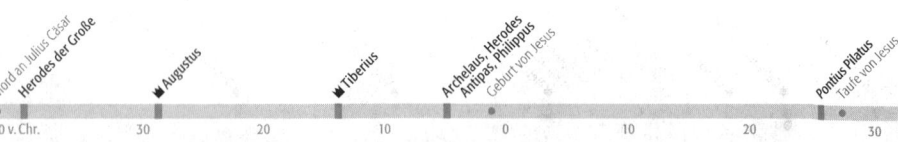

euch inständig, liebe Brüder, ¹⁶ihnen und auch anderen Mitarbeitern, die sich mit solcher Hingabe einsetzen, mit großer Achtung zu begegnen. ¹⁷Ich bin froh, dass Stephanas, Fortunatus und Achaikus gekommen sind. Sie haben euch ersetzt, da ihr mich hier nicht unterstützen könnt. ¹⁸Sie sind eine große Ermutigung für mich, wie sie es auch für euch waren. Deshalb gebührt ihnen eure Wertschätzung.

Abschließende Grüße
¹⁹Die Gemeinden hier aus der Provinz Asien* lassen euch von Herzen im Herrn grüßen, wie auch Aquila und Priska und alle anderen, die sich als Gemeinde in ihrem Haus versammeln. ²⁰Die anderen Gläubigen hier haben mich gebeten, euch von ihnen zu grüßen. Grüßt einander in Liebe*.

²¹Hier ist mein Gruß, den ich, Paulus, eigenhändig geschrieben habe.

²²Wer den Herrn nicht liebt, der sei verflucht. Unser Herr komme bald!*

²³Die Gnade von Jesus, dem Herrn, soll mit euch sein!

²⁴Euch allen gehört meine Liebe in Christus Jesus.*

16,19 *Asien* war eine römische Provinz im Westen der heutigen Türkei.   16,20 Griech. *mit dem heiligen Kuss.*
16,22 Aus dem Aramäischen *Maranatha.*   16,24 Einige Handschriften fügen hinzu *Amen.*

Christus ist Gottes Kraft und Gottes Weisheit, und wer die Heilige Schrift nicht kennt, der kennt weder Gottes Kraft noch seine Weisheit: Die Schrift nicht kennen heißt Christus nicht kennen.

Hieronymus

2. Korinther

Inhalt

Im 2. Korintherbrief offenbart Paulus viel von dem, was ihn persönlich beschäftigt. In Schwierigkeiten und Gefahren auf seinen Reisen hat er im Vertrauen auf Gott Trost erlebt. Die offenbar anhaltenden Probleme in der Gemeinde in Korinth bedrücken ihn. Besonders leidet er darunter, dass die Gemeinde sich anscheinend in die Irre führen und ausbeuten lässt von unehrlichen Lehrern, die scheinbar mehr Vollmacht haben als er. Dagegen stellt Paulus seine Aufrichtigkeit in der Gemeinde dar und seinen Einsatz für Jesus, der ihn stark fordert. Er hat die Erfahrung gemacht, dass Gottes Kraft gerade dann durch ihn handelt, wenn er selbst schwach ist. Denn so wird deutlich, dass Gott wirkt und nicht menschliche Energie. Trotz der ungesunden Entwicklungen vertraut Paulus darauf, dass die Gemeinde in Korinth wieder zurechtkommt, und findet Gutes an ihr, das er lobt.

Vor diesem Hintergrund beschreibt Paulus sein Selbstverständnis als Gottes Botschafter, wobei er seine Mitarbeiter einbezieht. Von Gottes Liebe bewegt verkündigen sie, dass Jesus gestorben und auferstanden ist, um Menschen zu Gott zurückzubringen und ihnen ein neues Leben zu eröffnen. Als Sprecher von Jesus werben sie leidenschaftlich darum: »Lasst euch mit Gott versöhnen!«

Mehrere Gemeinden im heutigen Griechenland haben sich entschlossen, Geld für die arme Gemeinde in Jerusalem zu sammeln. In diesem Zusammenhang beschreibt Paulus ausführlich eine Haltung des Gebens und Nehmens, die im Vertrauen auf Jesus wurzelt und von Freiwilligkeit und Großzügigkeit geprägt ist.

Schließlich hofft Paulus, dass er nicht hart eingreifen muss, sondern dass die Gemeinde sich selbst neu orientiert und Gottes Liebe und Frieden wieder erfährt.

Wichtige Personen

Paulus	Briefautor
Mitarbeiter:	
Timotheus	
Silas	
Titus	
Im Rückblick:	
Mose	Verkündiger von Gottes Gesetz an das Volk Israel
Eva: 1. Mose 3,1-7	
Abraham	Stammvater Israels

Wichtige Orte

Korinth	Stadt im Süden des heutigen Griechenland
Achaja	Süden und Südosten des heutigen Griechenland
Provinz Asien	Westen der heutigen Türkei
(Südost-)Mazedonien	Nordosten des heutigen Griechenland
Judäa	
Troas	Stadt im Westen der heutigen Türkei
Jerusalem (in Kap. 8,4 zu vermuten – so auch in dieser Bibelübersetzung)	

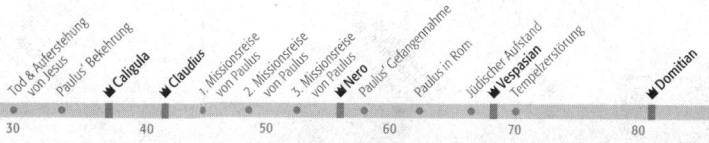

2. KORINTHER

1–7	Paulus verteidigt seinen Dienst als Apostel
8–9	Geldsammlung für die Gemeinde in Jerusalem
10–13	Paulus kämpft um die Gemeinde

1–2
Paulus und seine Mitarbeiter erleben Gottes Trost in schweren Zeiten. Paulus erklärt, warum er nicht nach Korinth reiste. Sein Platz im Triumphzug von Christus.

[Gottes Königsherrschaft und der Messias]

DER ZWEITE BRIEF AN DIE KORINTHER

Grüße von Paulus

1 Dieser Brief ist von Paulus, der durch Gott zum Apostel für Christus Jesus berufen wurde, und von seinem Mitarbeiter Timotheus. Wir wenden uns an die Gemeinde Gottes in Korinth und an alle Gläubigen in Griechenland*.
²Wir wünschen euch Gnade und Friede von Gott, unserem Vater, und Jesus Christus, dem Herrn.

Gott hält wahren Trost für alle Menschen bereit

³Gepriesen sei Gott, der Vater von Jesus Christus, unserem Herrn. Er ist der Ursprung* aller Barmherzigkeit und der Gott, der uns tröstet. ⁴In allen Schwierigkeiten tröstet er uns, damit wir andere trösten können. Wenn andere Menschen in Schwierigkeiten geraten, können wir ihnen den gleichen Trost spenden, wie Gott ihn uns geschenkt hat. ⁵Ihr dürft darauf vertrauen: Je mehr wir für Christus leiden, desto mehr lässt uns Gott durch Christus Trost zuteilwerden. ⁶Wenn wir also von Kummer und Sorgen niedergedrückt sind, so ist es zu eurem Besten und zu eurer Rettung! Denn Gott spricht uns Mut zu, damit wir euch ermutigen können. Dann könnt ihr geduldig das Gleiche ertragen, das auch wir durchmachen. ⁷Denn wir sind sicher, dass ihr zwar leiden müsst, aber auch von Gott getröstet werdet.

⁸Liebe Freunde*, ihr sollt wissen, welche Schwierigkeiten wir in der Provinz Asien aushalten mussten. Wir haben wirklich Vernichtendes erlebt, sodass wir schon glaubten, nicht mit dem Leben davonzukommen. ⁹Wir haben dem Tod ins Gesicht gesehen. Doch auf diese Weise haben wir gelernt, nicht auf uns selbst zu vertrauen, sondern auf Gott, der die Toten auferweckt. ¹⁰Und tatsächlich hat er uns aus der Todesgefahr befreit. Nun sind wir sicher, dass er es wieder tun wird, ¹¹denn ihr betet ja für uns. Und viele Menschen werden Gott dafür danken, dass er ihre Gebete für uns erhört hat.

1,1 Griech. *Achaja*; die südliche Region der griech. Halbinsel. **1,3** Griech. *der Vater.* **1,8** Griech. *Brüder.*

Pläne des Apostels

¹²Mit gutem Gewissen können wir sagen, dass wir in allem, was wir taten, stets offen und ehrlich* waren. Wir haben uns auf Gottes Gnade verlassen und nicht auf unsere eigene Weisheit. So verhielten wir uns bei allen Menschen und ganz besonders euch gegenüber. ¹³Meine Briefe waren immer direkt und aufrichtig; sie enthielten keine Andeutungen zwischen den Zeilen und nichts, was ihr nicht hättet verstehen können. Eines Tages werdet ihr uns hoffentlich ganz verstehen, ¹⁴wie es ja schon zum Teil der Fall ist. Dann werdet ihr an dem Tag, an dem Jesus, unser Herr, wiederkommt, genauso stolz auf uns sein wie wir jetzt auf euch.

¹⁵Da ich um euer Verständnis und Vertrauen wusste, wollte ich euch doppelt erfreuen*. ¹⁶So wollte ich auf dem Weg nach Mazedonien und dann noch einmal auf dem Rückweg bei euch Halt machen und euch besuchen. Danach hättet ihr mich auf den Weg nach Judäa bringen können.

¹⁷Nun werdet ihr fragen, warum ich meine Pläne geändert habe. Stand mein Entschluss vielleicht noch nicht fest? Oder gehöre ich zu den Menschen, die Ja sagen, wenn sie in Wirklichkeit Nein meinen? ¹⁸So sicher, wie Gott treu ist, gehöre ich nicht zu dieser Sorte Menschen. Mein Ja bedeutet Ja, ¹⁹weil Jesus Christus, der Sohn Gottes, nicht zwischen Ja und Nein schwankt. Ihn haben Timotheus, Silas* und ich euch verkündet, und er ist das göttliche Ja – die feste Zusage Gottes. ²⁰Denn in ihm erfüllen sich alle göttlichen Zusagen. Deshalb sagen wir »Amen«, wenn wir Gott durch Christus ehren. ²¹Gott allein befähigt uns und euch, fest für Christus einzustehen.* Er hat uns einen Auftrag erteilt ²²und bestätigt, dass wir zu ihm gehören, indem er uns den Heiligen Geist ins Herz gab. Dieser ist eine Sicherheit für alles, was er uns noch schenken wird.

²³Nun berufe ich mich auf Gott als Zeugen, dass ich die Wahrheit sage. Ich bin allein deshalb nicht nach Korinth zurückgekehrt, weil ich euch eine ernste Zurechtweisung ersparen wollte. ²⁴Damit meine ich nicht, dass wir euch bis ins Kleinste vorschreiben möchten, wie ihr euren Glauben leben sollt.* Wir wollen vielmehr mit euch gemeinsam darauf hinarbeiten, dass ihr voll Freude an eurem Glauben festhaltet.

2 Aus diesem Grund habe ich mir gesagt: »Nein, das werde ich nicht tun. Ich werde sie nicht durch einen weiteren schmerzlichen Besuch bedrücken.« ²Denn wenn ich euch traurig mache, wer wird mich dann froh machen? ³Deshalb habe ich mich brieflich an euch gewandt, wie schon mit meinem ersten Brief, damit ich bei meinem Kommen nicht gerade traurig über die werde, die mir eigentlich die größte Freude machen müssten. Sicher wisst ihr, dass meine Freude von eurer Freude abhängig ist. ⁴Es ist mir unendlich schwer gefallen, jenen Brief zu schreiben! Ja, es tat mir im Herzen weh, so sehr, dass ich weinen musste. Ich wollte euch nicht verletzen; ihr solltet vielmehr wissen, wie sehr ich euch liebe.

Vergebung für den Sünder

⁵Ich übertreibe nicht, wenn ich sage, dass einer, der ein Problem verursacht, eurer Gemeinde mehr Schmerz zufügt als mir. ⁶Er war genug gestraft, als die meisten von euch sich gegen ihn aussprachen. ⁷Nun ist es an der Zeit, ihm zu vergeben und ihn zu trösten. Er könnte sonst so entmutigt werden, dass er sich nicht mehr davon erholt. ⁸Zeigt ihm jetzt, dass ihr ihn immer noch liebt.

⁹Durch meinen Brief wollte ich herausfinden, ob ihr wirklich in allem gehorsam seid. ¹⁰Wenn ihr diesem Mann vergebt, vergebe ich ihm auch. Denn wenn ich etwas vergeben habe – was immer es auch war –, tat ich es in der Vollmacht Christi zu eurem Besten, ¹¹damit der Satan uns nicht überlistet. Schließlich kennen wir seine Fallen und Tricks nur zu gut.

Diener des neuen Bundes

¹²Als ich nach Troas kam, um die Botschaft von Christus zu verkünden, schenkte der Herr mir ein reiches Arbeitsfeld mit vielen Möglichkeiten. ¹³Doch ich fand keine Ruhe, weil mein lieber Bruder Titus noch nicht mit einem Bericht von euch eingetroffen war. Deshalb verabschiedete ich mich und reise weiter nach Mazedonien, um ihn dort zu treffen.

¹⁴Doch ich danke Gott, der uns, die wir zu Christus gehören, immer in seinem Triumphzug mitführt. Wo immer wir jetzt auch hinkommen, setzt er uns ein, um anderen vom Herrn zu erzählen und die gute Botschaft zu verbreiten wie einen wohlriechenden Duft. ¹⁵Unserem ganzen Leben haftet der Wohlgeruch von Christus an; und damit loben wir Gott. Aber dieser Geruch wird von denen, die gerettet werden, anders wahrgenommen als von denen, die verloren

---

1,12 In manchen Handschriften heißt es *heilig*. 1,15 Griech. *damit ihr einen zweiten Beweis der Gnade habt*. 1,19 Griech. *Silvanus*. 1,21 Griech. *Der uns mit euch in Christus gefestigt und gesalbt hat ist Gott*. 1,24 Griech. *dass wir über euren Glauben herrschen wollen*.

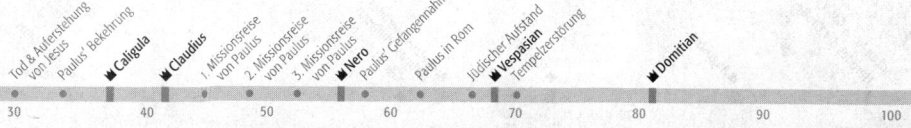

2. KORINTHER

1–7	Paulus verteidigt seinen Dienst als Apostel
8–9	Geldsammlung für die Gemeinde in Jerusalem
10–13	Paulus kämpft um die Gemeinde

2–4
Die korinthischen Christen als Empfehlungsbrief. Der alte und der neue Bund. Die Botschaft und ihre Wirkung.

[Gottes Königsherrschaft und der Messias]

gehen. ¹⁶Für die Menschen, die verloren gehen, sind wir der schreckliche Gestank von Tod und Verdammnis. Doch für die Menschen, die gerettet werden, sind wir ein Leben spendender Duft. Wer kann einer solchen Aufgabe gerecht werden? ¹⁷Ihr seht, dass wir nicht zu den Menschen gehören, die nur predigen, um Geld zu verdie-

2. Korinther 3,7-17

Bundesschlüsse
Der neue Bund in Christus lässt die Begrenzungen des Sinaibundes hervortreten. Paulus bestreitet nicht dessen Herrlichkeit, doch der neue Bund überbietet den alten:
Erstens ist der Geist Gottes in den Glaubenden wirksam (2Kor 3,3.6.17-18; Jes 59,21; Hes 36,26-27).
Zweitens schenkt er eine viel klarere Einsicht in Gottes Wort und Absichten (vgl. Jer 31,34).
Drittens ermöglicht der neue Bund einen ganz unmittelbaren Zugang jedes Einzelnen zu Gott: Mit dem Wort »Freiheit« in 2. Korinther 3,17 ist ein klares Erkennen von Gott gemeint und auch die Freiheit, ihm direkt zu begegnen. Ein menschlicher Vermittler wie Mose ist nicht mehr nötig.
Viertens hat der neue Bund eine verändernde und gestaltende Wirkung auf die Glaubenden (vgl. Hes 36,27): Sie werden vom Wesen her Christus ähnlicher.
Der Vergleich mit dem strahlenden Gesicht von Mose und dem Schleier darüber (V. 7.13) bezieht sich auf 2. Mose 34,28-35.
(1. Korinther 11,25 «« | »» Hebräer 8,6)

2. Korinther 4,6

Gott redet
Paulus bezieht sich hier auf den Schöpfungsakt Gottes, bei dem Gott sprach: »Es soll Licht entstehen« (1Mo 1,3). Das Alte Testament redet oft von der leuchtenden Herrlichkeit Gottes. Diese strahlt wie die Sonne (Ps 19,2-7). Sie wird in einer Wolken- und Feuersäule sichtbar (2Mo 13,21). Der Glanz von Gottes Herrlichkeit erleuchtete auch das Gesicht Moses, als dieser Gott begegnete (2Kor 3,13). Hier nun spricht Paulus vom Glanz der Herrlichkeit Gottes, der durch Jesus unsere sonst dunklen Herzen erleuchtet.
Paulus sagt jedoch auch: »Doch diesen kostbaren Schatz tragen wir in zerbrechlichen Gefäßen« (V. 7). Dabei denkt er vielleicht an die in Tonkrügen versteckten Fackeln, die Gideons Truppen trugen. Als sie die Krüge zerschlugen, leuchteten die Fackeln in der Nacht und Gott gab einen großen Sieg (Ri 7,19-20). Gott wird diese zerbrechlichen Gefäße nie im Stich lassen (V. 9), wenn sie die Botschaft der Herrlichkeit Gottes verkündigen.
(Johannes 1,1-18 «« | »» Markus 1,11)

nen – und davon gibt es viele. Wir predigen Gottes Wort aufrichtig und mit der Vollmacht von Christus und sind uns bewusst, dass Gott, der uns gesandt hat, uns dabei zusieht.

3 Fangen wir jetzt wieder an, mit unserer Arbeit anzugeben? Manche Leute müssen Empfehlungsschreiben mitbringen oder euch bitten, ihnen Empfehlungsbriefe zu schreiben. ²Der einzige Empfehlungsbrief, den wir brauchen, seid ihr selbst! Euer Leben ist wie ein Brief, der in unsere* Herzen geschrieben wurde. Jeder kann ihn lesen und erkennen, was wir unter euch getan haben. ³Ihr seid ein Brief Christi, von uns geschrieben, aber nicht mit Tinte, sondern mit dem Geist des lebendigen Gottes: nicht auf Steintafeln, sondern in die Herzen der Menschen.

⁴Wir sind uns darin so sicher, weil wir durch Christus großes Vertrauen zu Gott haben. ⁵Wir halten uns selbst nicht dazu fähig, irgendetwas zu bewirken, was bleibenden Wert hätte. Unsere Kraft dazu kommt von Gott. ⁶Er hat uns befähigt, Diener seines neuen Bundes zu sein, eines Bundes, der nicht auf schriftlichen Gesetzen beruht, sondern auf dem Geist Gottes. Der alte Weg führt in den Tod, aber auf dem neuen Weg schenkt der Heilige Geist Leben.*

Die Herrlichkeit des neuen Bundes

⁷Die alte Ordnung mit ihren in Stein gehauenen Gesetzen führte zum Tod, obwohl sie mit einer solchen Herrlichkeit begann, dass das Volk Israel nicht einmal den Anblick von Moses Gesicht ertragen konnte. Denn sein Gesicht strahlte die Herrlichkeit Gottes aus, auch wenn dieser Glanz bald wieder verging. ⁸Können wir da nicht noch weit größere Herrlichkeit erwarten, wenn der Heilige Geist Leben schenkt? ⁹Wenn schon der alte Bund, der zur Verdammnis führte, so herrlich war, wie viel herrlicher muss dann erst der neue Bund sein, der uns vor Gott gerecht macht! ¹⁰Ja, die erste Herrlichkeit war überhaupt nicht herrlich im Vergleich zu der überwältigenden Herrlichkeit des neuen Bundes. ¹¹Wenn also schon der alte Bund, der doch vergangen ist, voller Herrlichkeit war, dann besitzt der neue Bund, der in Ewigkeit bleiben wird, unermesslich viel größere Herrlichkeit.

¹²Da dieser neue Bund uns diese Hoffnung gibt, können wir alles wagen. ¹³Wir sind nicht wie Mose, der sein Gesicht verhüllte, damit das Volk Israel nicht sah, wie der Glanz der Herrlichkeit Gottes darauf verging. ¹⁴Doch die Gedanken der Menschen wurden verfinstert, und bis auf den heutigen Tag liegt ein Schleier über ihrem Denken. Wenn das Gesetz des alten Bundes vorgelesen wird, erkennen sie die Wahrheit nicht. Dieser Schleier kann nur durch den Glauben an Christus aufgehoben werden. ¹⁵Ja, noch heute sind ihre Herzen, wenn sie die Schriften Moses lesen, durch diesen Schleier verhüllt, sodass sie sie nicht verstehen.

¹⁶Doch wenn sich jemand dem Herrn zuwendet, wird der Schleier weggenommen. ¹⁷Der Herr aber ist der Geist, und wo immer der Geist des Herrn ist, ist Freiheit. ¹⁸Von uns allen wurde der Schleier weggenommen, sodass wir die Herrlichkeit des Herrn wie in einem Spiegel sehen können. Und der Geist des Herrn wirkt in uns, sodass wir ihm immer ähnlicher werden und immer stärker seine Herrlichkeit widerspiegeln.*

Ein Schatz in vergänglichen Hüllen

4 Da Gott uns in seiner Gnade diese Aufgabe anvertraut hat, verlieren wir nicht den Mut. ²Wir lehnen alle skrupellosen Methoden der Verkündigung ab. Wir versuchen nicht, jemanden zu überlisten, und wir verfälschen Gottes Wort nicht, sondern wir sprechen die Wahrheit vor Gott. Das wissen alle, die aufrichtige Herzen haben.

³Wenn die gute Botschaft, die wir verkünden, für jemanden wie hinter einem Schleier erscheint, zeigt das nur, dass er verloren ist. ⁴Der Satan, der Gott dieser Welt, hat die Gedanken der Ungläubigen so verblendet, dass sie das herrliche Licht der Botschaft nicht wahrnehmen können. Damit bleibt ihnen unsere Botschaft über die Herrlichkeit von Christus, der das Ebenbild Gottes ist, unverständlich.

⁵Wir ziehen nicht umher und verkünden uns selbst; wir verkünden Christus Jesus, den Herrn. Wenn wir etwas über uns selbst sagen, dann allenfalls, dass wir durch das, was Christus für uns getan hat, zu euren Dienern wurden. ⁶Denn Gott, der sprach: »Es werde Licht in der Finsternis«, hat uns in unseren Herzen erkennen lassen, dass dieses Licht der Glanz der Herrlichkeit Gottes ist, die uns im Angesicht von Jesus Christus sichtbar wird. ⁷Doch diesen kostbaren Schatz tragen wir in zerbrechlichen Gefäßen, nämlich in unseren schwachen Körpern.* So kann jeder

---

3,2 In manchen Handschriften heißt es *eure*. **3,6** Griech. *Dienern des neuen Bundes, nicht des Buchstabens, sondern des Geistes; denn der Buchstabe tötet, aber der Geist macht lebendig.* **3,18** Griech. *wir aber alle ... werden in dasselbe Bild verwandelt von Herrlichkeit zu Herrlichkeit, wie es vom Herrn des Geistes gegeben wird.* **4,7** Griech. *Doch wir haben diesen Schatz in irdischen Gefäßen.*

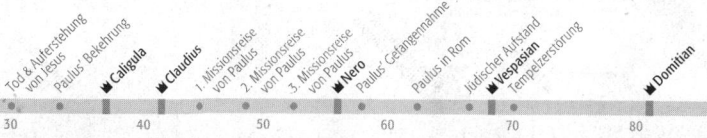

2. KORINTHER

1–7	Paulus verteidigt seinen Dienst als Apostel

8–9	Geldsammlung für die Gemeinde in Jerusalem

10–13	Paulus kämpft um die Gemeinde

4–6
Gottes Größe in der Bedrängnis. Das Leben nach dem Tod. Leben als Gottes Mitarbeiter. Versöhnung mit Gott.

[Gottes Königsherrschaft und der Messias]

sehen, dass unsere Kraft ganz von Gott kommt und nicht unsere eigene ist.

⁸Von allen Seiten werden wir von Schwierigkeiten bedrängt, aber nicht erdrückt. Wir sind ratlos, aber wir verzweifeln nicht. ⁹Wir werden verfolgt, aber Gott lässt uns nie im Stich. Wir werden zu Boden geworfen, aber wir stehen wieder auf und machen weiter. ¹⁰Durch das Leiden erfahren wir am eigenen Leib ständig den Tod von Christus, damit auch sein Leben an unserem Körper sichtbar wird.

¹¹Es ist wahr: Weil wir Jesus dienen, leben wir in ständiger Todesgefahr, damit sein Leben an unserem sterblichen Körper sichtbar wird. ¹²So leben wir im Angesicht des Todes, und das hat euch das Leben gebracht.

¹³Dennoch hören wir nicht auf zu predigen, weil wir denselben Glauben haben wie der Psalmist, der sagte: »Ich glaube an Gott, deshalb rede ich.«* ¹⁴Wir wissen, dass derselbe Gott, der Jesus, unseren Herrn, auferweckt hat, auch uns mit Jesus auferwecken wird und uns zusammen mit euch vor sich hintreten lassen wird. ¹⁵Das alles ist zu eurem Besten. Und wenn Gottes Gnade immer mehr Menschen zu Christus führt, wird auch der Chor derer, die ihm danken, immer lauter, und Gott wird immer mehr Ehre erwiesen.

¹⁶Deshalb geben wir nie auf. Unser Körper mag sterben, doch unser Geist* wird jeden Tag erneuert. ¹⁷Denn unsere jetzigen Sorgen und

4,13 Psalm 116,10.   4,16 Griech. *unser innerer Mensch.*

2. Korinther 5,14-18

Gottes Liebe, Gottes Zorn
Die Liebe Christi bewegt uns dazu, so zu handeln, wie wir handeln. Aber was ist unter der »Liebe Christi« zu verstehen? Unsere Liebe für ihn oder seine Liebe für uns? Im Bibeltext sind vermutlich beide Bedeutungen enthalten. Eine andere Übersetzung formuliert es so: »Wir tun es aus der Liebe, die Christus uns geschenkt hat – sie lässt uns keine andere Wahl.« Gott erfüllt unsere Herzen mit dieser Liebe (Röm 5,5), sodass wir Gottes Liebe auch aus unseren eigenen Herzen ausströmen lassen können.
Aus diesem Grund ändert sich unsere Perspektive völlig: Wir betrachten weder Jesus noch andere Menschen so wie früher (V. 16). Wir leben nicht mehr nur für uns und schauen nicht mehr allein auf unsere Bedürfnisse, sondern wir leben für Jesus und für andere Menschen. Weil Gott uns liebt, obwohl wir diese Liebe nicht verdienen, sind wir auch fähig, die große Liebe Gottes an andere weiterzugeben: »Teilt eure Gaben genauso großzügig aus, wie ihr sie geschenkt bekommen habt« (Mt 10,8).
(Römer 8,35-39 ‹‹ | ›› Römer 12,19)

Schwierigkeiten sind nur gering und von kurzer Dauer, doch sie bewirken in uns eine unermesslich große Herrlichkeit, die ewig andauern wird! ¹⁸So sind wir nicht auf das Schwere fixiert, das wir jetzt sehen, sondern blicken nach vorn auf das, was wir noch nicht gesehen haben. Denn die Sorgen, die wir jetzt vor uns sehen, werden bald vorüber sein, aber die Freude, die wir noch nicht gesehen haben, wird ewig dauern.

Neue Körper

5 Denn wir wissen: Wenn dieses irdische Zelt, in dem wir leben, einmal abgerissen wird – wenn wir sterben und diesen Körper verlassen –, werden wir ein ewiges Haus im Himmel haben, einen neuen Körper, der von Gott kommt und nicht von Menschen. ²Deshalb sehnen wir uns danach, diesen vergänglichen Körper zu verlassen, und freuen uns auf den Tag, an dem wir unseren himmlischen Körper anziehen dürfen wie ein neues Gewand. ³Denn wir werden nicht nackt sein, sondern einen neuen himmlischen Körper erhalten. ⁴In unserem sterblichen Körper seufzen wir, denn wir möchten lieber gleich unseren neuen Körper anlegen und vom vergänglichen in das ewige Leben überwechseln. ⁵Gott selbst hat uns darauf vorbereitet und uns als Sicherheit seinen Heiligen Geist gegeben.

⁶Deshalb bleiben wir zuversichtlich, obwohl wir wissen, dass wir nicht daheim beim Herrn sind, solange wir noch in diesem Körper leben. ⁷Denn wir leben im Glauben und nicht im Schauen. ⁸Ja, wir sind voll Zuversicht und würden unseren jetzigen Körper gern verlassen, weil wir dann daheim beim Herrn wären. ⁹Unser Ziel ist es deshalb, immer zu tun, was ihm gefällt, ob wir nun in diesem Körper leben oder ihn verlassen. ¹⁰Denn wir alle müssen einmal vor Christus und seinem Richterstuhl erscheinen, wo alles ans Licht kommen wird. Dann wird jeder von uns das bekommen, was er für das Gute oder das Schlechte, das er in seinem Leben getan hat, verdient.

Wir sind Gottes Botschafter

¹¹Weil wir wissen, dass der Herr zu fürchten ist, arbeiten wir hart, um andere zu gewinnen. Gott weiß, dass wir aufrichtig sind*, und ich hoffe, ihr wisst es auch. ¹²Versuchen wir jetzt schon wieder, uns selbst zu loben? Nein, sondern wir geben euch einen Grund, stolz auf uns zu sein, damit ihr denen etwas entgegensetzen könnt, die sich mehr um Äußerlichkeiten bemühen als um ein ehrliches Herz vor Gott.

¹³Wenn es scheint, als wären wir außer uns, so ist das zur Ehre Gottes. Und wenn wir besonnen sind, geschieht es zu eurem Besten. ¹⁴Was immer wir tun, tun wir, weil die Liebe Christi uns bewegt. Weil wir glauben, dass Christus für alle gestorben ist, glauben wir auch, dass unser altes Leben vorüber ist, das wir früher führten.* ¹⁵Er starb für alle, damit diejenigen, die sein neues Leben erhalten, nicht länger für sich selbst leben. Sie sollen vielmehr für Christus leben, der für sie starb und auferstanden ist.

¹⁶Deshalb haben wir aufgehört, andere nach dem zu beurteilen, was die Welt von ihnen hält. Früher habe ich irrtümlich auch Christus so beurteilt – als sei er nur ein Mensch gewesen. Wie anders sehe ich ihn jetzt! ¹⁷Das bedeutet aber, wer mit Christus lebt, wird ein neuer Mensch. Er ist nicht mehr derselbe, denn sein altes Leben ist vorbei. Ein neues Leben hat begonnen!

¹⁸Dieses neue Leben kommt allein von Gott, der uns durch das, was Christus getan hat, zu sich zurückgeholt hat. Und Gott hat uns zur Aufgabe gemacht, Menschen mit ihm zu versöhnen. ¹⁹Denn Gott war in Christus und versöhnte so die Welt mit sich selbst und rechnete den Menschen ihre Sünden nicht mehr an. Das ist die herrliche Botschaft der Versöhnung, die er uns anvertraut hat, damit wir sie anderen verkünden. ²⁰So sind wir Botschafter Christi, und Gott gebraucht uns, um durch uns zu sprechen. Wir bitten inständig, so, als würde Christus es persönlich tun: »Lasst euch mit Gott versöhnen!« ²¹Denn Gott machte Christus, der nie gesündigt hat, zum Opfer für unsere Sünden, damit wir durch ihn vor Gott gerechtfertigt werden können.

6 Als Gottes Mitarbeiter* bitten wir euch mit allem Nachdruck, euch dieser wunderbaren Botschaft von Gottes großer Gnade nicht zu verweigern. ²Denn Gott spricht:

»Gerade zur richtigen Zeit habe ich dich erhört. Am Tag der Erlösung habe ich dir geholfen.«*

Gott ist bereit, euch gerade jetzt zu helfen. Heute ist der Tag der Erlösung.

Die Sorgen und Entbehrungen des Apostels

³Wir versuchen, uns so zu verhalten, dass die Arbeit für Gott nicht in Verruf gerät. ⁴In allem, was wir tun, sind wir Diener Gottes. Geduldig ertra-

---

5,11 Griech. *aber vor Gott sind wir offenbar geworden.* **5,14** Griech. *Da einer für alle starb, sind alle gestorben.* **6,1** O. *Weil wir zusammenarbeiten.* **6,2** Jesaja 49,8.

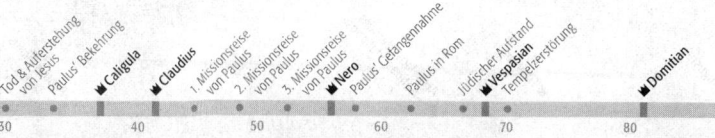

2. KORINTHER

1–7	Paulus verteidigt seinen Dienst als Apostel
8–9	Geldsammlung für die Gemeinde in Jerusalem
10–13	Paulus kämpft um die Gemeinde

6–8
Die Leiden des Apostels. Christen als der Tempel des lebendigen Gottes. Paulus spricht über Umkehr bei den Korinthern. Ein Beispiel der Großzügigkeit.

[Gottes Königsherrschaft und der Messias]

gen wir alle möglichen Schwierigkeiten, Entbehrungen und Sorgen. ⁵Wir wurden geschlagen und ins Gefängnis geworfen. Mehr als einmal standen wir schutzlos einer aufgebrachten Menschenmenge gegenüber. Wir haben gearbeitet bis zur Erschöpfung, schlaflose Nächte ertragen und gefastet. ⁶Wir haben uns bewiesen durch unseren guten Lebenswandel, unsere Einsicht, unsere Geduld, unsere Freundlichkeit, unsere aufrichtige Liebe und durch die Kraft des Heiligen Geistes. ⁷Zuverlässig haben wir die Wahrheit gepredigt, und Gottes Kraft wirkte in uns. Unsere einzige Waffe, zum Angriff wie zur Verteidigung, ist Gerechtigkeit*. ⁸Wir dienen Gott, ob die Menschen uns nun ehren oder verachten, ob sie uns verleumden oder loben. Wir meinen es ehrlich, doch sie schimpfen uns Verführer. ⁹Gott kennt uns, doch für sie sind wir Namenlose. Wir sind dem Tod nahe, doch wie ihr seht, leben wir noch. Wir wurden misshandelt, aber wir sind nicht gestorben. ¹⁰Unser Herz ist voll Leid, und doch erleben wir ständig neue Freude. Wir sind arm, aber wir machen andere reich. Wir besitzen nichts und haben doch alles.
¹¹Ach, ihr lieben Freunde in Korinth! Wir haben aufrichtig mit euch geredet. Unsere Herzen stehen euch völlig offen. ¹²Wenn irgendetwas zwischen uns steht, so liegt es nicht daran, dass wir es an Liebe zu euch hätten fehlen lassen, son-

---

6,7 Griech. *durch die Waffen der Gerechtigkeit, die rechten und linken.*

---

2. Korinther 7,1

Die Antwort des Menschen
Zur Zeit dieses Schreibens war das Denken vorherrschend, dass Körper und Geist als zwei getrennte, miteinander unvereinbare Realitäten zu verstehen seien. Das Ziel des Lebens sei, den Geist von seinem Gefängnis (dem Körper) zu befreien. Paulus bekämpft diese Sichtweise und die davon abgeleiteten gegensätzlichen Verhaltensweisen. Die einen meinen, der Körper müsse streng gezügelt werden, damit körperliche Genüsse dem Geist nicht schaden könnten. Andere behaupten, körperbezogene Sünden seien nicht von Bedeutung, da sie den »wahren Menschen«, den Geist, nicht berühren würden.
Paulus macht klar, dass ein geheiligtes Leben bedeutet, sich von *allem* reinigen zu lassen, was »unserem Körper oder unserem Geist schaden könnte« (V. 1). Sünden des Körpers und Sünden des Geistes können nicht voneinander getrennt werden und schaden beide den Menschen. Gott will uns als ganze Menschen reinigen und erneuern. Mehr noch, er will sogar in uns, dem »Tempel des lebendigen Gottes«, wohnen (6,16).
(Kolosser 3,1 «« | »» 2. Petrus 1,3-11)

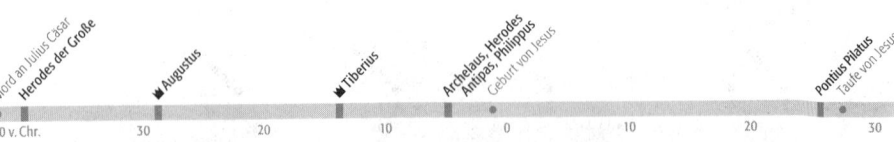

dern daran, dass ihr uns eure Liebe vorenthalten habt. ¹³Ich spreche jetzt so, wie ich es mit Kindern tun würde. Öffnet uns doch eure Herzen!

Der Tempel des lebendigen Gottes

¹⁴Macht nicht gemeinsame Sache mit Ungläubigen. Wie kann die Gerechtigkeit sich mit der Gesetzlosigkeit zusammentun? Wie kann das Licht mit der Finsternis zusammenleben? ¹⁵Welche Übereinstimmung kann es zwischen Christus und dem Teufel* geben? Welche Gemeinsamkeiten hat ein Gläubiger mit einem Ungläubigen? ¹⁶Und welche Gemeinschaft kann zwischen dem Tempel Gottes und Götzenbildern bestehen? Denn wir sind der Tempel des lebendigen Gottes, wie Gott gesagt hat:

»Ich will mitten unter ihnen sein und mitten unter ihnen leben. Ich will ihr Gott sein, und sie sollen mein Volk sein.«* ¹⁷Deshalb verlasst sie und trennt euch von ihnen, spricht der Herr. Rührt ihre unreinen Dinge nicht an, und ich werde euch mit offenen Armen aufnehmen.«* ¹⁸Ich werde euer Vater sein und ihr werdet meine Söhne und Töchter sein, spricht der Herr, der Allmächtige.«*

7 Weil wir diese Zusagen haben, liebe Freunde, wollen wir uns von allem reinigen, was unserem Körper oder unserem Geist schaden könnte. Denn wir fürchten Gott; deshalb streben wir nach einem geheiligten Leben.

Freude über die Umkehr der Gemeinde

²Bitte öffnet uns doch euer Herz. Wir haben niemandem Unrecht getan, niemanden in die Irre geführt und niemanden übervorteilt. ³Ich sage das nicht, um euch zu verurteilen, denn ich sagte ja bereits, dass ihr für immer in unseren Herzen seid. Mit euch leben oder sterben wir. ⁴Ich habe großes Vertrauen zu euch und rede über euch viel Gutes. Ihr habt mich ermutigt und mich trotz all unserer Schwierigkeiten getröstet.

⁵Seit unserer Ankunft in Mazedonien kamen wir nicht mehr zur Ruhe. Von allen Seiten wurden wir bedrängt: Äußerlich gab es Streitereien, und innerlich plagten uns Ängste. ⁶Doch Gott, der die Entmutigten aufrichtet, hat uns durch die Ankunft von Titus getröstet. ⁷Schon seine Anwesenheit war eine Freude, noch mehr aber sein Bericht über die Ermutigung, die er durch euch erfahren hat. Als er mir erzählte, wie sehr ihr euch auf meinen Besuch freut, wie leid euch alles tut, was geschehen ist, und mit welcher Treue ihr mich liebt, habe ich mich noch mehr gefreut!

⁸Jetzt bedaure ich nicht mehr, dass ich euch den Brief geschickt habe, obwohl ich es zunächst bereut hatte, weil ich wusste, wie ihr im ersten Moment darunter leiden würdet. ⁹Nun bin ich froh, dass ich ihn geschickt habe, nicht weil er euch verletzt hat, sondern weil der Schmerz euch veranlasst hat, euer Verhalten zu bereuen und euch zu ändern. Dieser Schmerz entspricht Gottes Willen; wir haben euch also in keiner Weise geschadet. ¹⁰Denn Gott kann die Traurigkeit in unserem Leben benutzen, um uns zur Umkehr von der Sünde und zur Suche nach der Erlösung zu bewegen. Diese Traurigkeit werden wir nie bereuen. Eine Traurigkeit ohne solche Umkehr dagegen führt zum Tod.

¹¹Seht doch selbst, was diese Traurigkeit von Gott in euch bewirkt hat! Welcher Ernst, welches Bemühen, euer Verhalten zu erklären, welche Empörung, welche Besorgnis, welche Sehnsucht, mich zu sehen, welche Begeisterung und welche Entschlossenheit, den Übeltäter zu bestrafen! Ihr habt gezeigt, dass ihr zu allem bereit wart, um die Sache in Ordnung zu bringen. ¹²Ich hatte nicht die Absicht, darüber zu schreiben, wer das Unrecht begangen hat oder wem es zugefügt wurde. Ich schrieb euch, damit ihr vor Gott zeigen könnt, wie viel euch wirklich an uns liegt. ¹³Wir sind dadurch sehr ermutigt worden.

Und nicht nur das! Wir haben uns besonders gefreut zu sehen, wie froh Titus war, weil ihr ihn herzlich empfangen habt und ihm seine Befangenheit genommen habt. ¹⁴Ich hatte ihm gesagt, wie stolz ich auf euch bin, und ihr habt mich nicht enttäuscht. Ich habe euch immer die Wahrheit gesagt, und nun hat sich auch mein Lob Titus gegenüber als begründet erwiesen! ¹⁵Seine Zuneigung zu euch ist umso größer, wenn er an euren Gehorsam denkt und mit welcher Furcht und Achtung ihr ihm begegnet seid. ¹⁶Ich freue mich, dass ich mich in allem auf euch verlassen kann.

Eine Aufforderung zur Großzügigkeit

8 Und nun, liebe Freunde*, möchte ich euch berichten, was Gottes Gnade in den Gemeinden Mazedoniens bewirkt hat. ²Obwohl sie schwere Zeiten durchgemacht haben, sind sie voll Freude und haben trotz ihrer Armut viel gegeben. ³Denn ich kann bezeugen, dass sie nicht nur gegeben haben, was sie ohne Not entbehren

---

6,15 Griech. *Beliar.*   **6,16** 3.Mose 26,12; Hesekiel 37,27.   **6,17** Jesaja 52,11; Hesekiel 20,41.   **6,18** 2. Samuel 7,14.
8,1 Griech. *Brüder.*

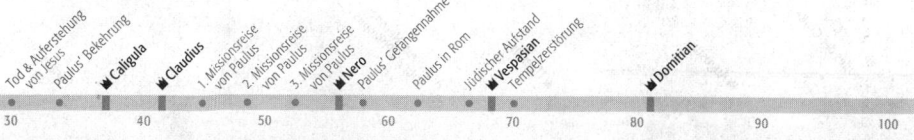

2. KORINTHER

1–7	Paulus verteidigt seinen Dienst als Apostel
8–9	Geldsammlung für die Gemeinde in Jerusalem
10–13	Paulus kämpft um die Gemeinde

8–10
Aufruf zur maßvollen Freigiebigkeit. Dank für die Aufnahme von Titus. Aufruf zur Spende für die Gemeinde in Jerusalem. Paulus verteidigt sich.

[Gottes Königsherrschaft und der Messias]

konnten, sondern weit darüber hinaus, und dies aus freien Stücken. ⁴Immer wieder baten sie inständig um das große Vorrecht, sich an der Sammlung für die Gemeinde in Jerusalem beteiligen zu dürfen. ⁵Ja, sie übertrafen unsere Hoffnungen sogar noch, denn ihre erste Reaktion bestand darin, sich dem Herrn und uns vorbehaltlos zur Verfügung zu stellen, um Gottes Willen zu tun, ganz gleich, was von ihnen verlangt wurde.

⁶Deshalb baten wir Titus, der ja die Sammlung unter euch angeregt hatte, zu euch zurückzukehren und sie zu einem guten Abschluss zu bringen. ⁷Da ihr so reich beschenkt seid – ihr habt so viel Glauben, in eurer Gemeinde gibt es so viele hervorragende Redner, so viel Erkenntnis, so viel Begeisterung und eine so große Treue uns gegenüber* –, möchte ich, dass ihr euch nun auch bei dieser Sammlung durch Großzügigkeit auszeichnet. ⁸Ich sage nicht, dass ihr es tun müsst, auch wenn die anderen Gemeinden große Begeisterung zeigen. Es ist aber eine Möglichkeit, eure Liebe unter Beweis zu stellen.

⁹Ihr kennt ja die große Liebe und Gnade von Jesus Christus, unserem Herrn. Obwohl er reich war, wurde er um euretwillen arm, um euch durch seine Armut reich zu machen.

¹⁰Ich schlage vor, dass ihr jetzt beendet, was ihr vor einem Jahr begonnen habt, denn ihr wart die Ersten, die diesen Plan vorgeschlagen haben, und ihr habt auch die ersten entsprechenden Schritte unternommen. ¹¹Bringt die Sache nun mit derselben Begeisterung zum Abschluss, mit der ihr sie in Angriff genommen habt. Gebt so viel, wie ihr entbehren könnt. ¹²Wenn ihr wirklich dazu bereit seid, kommt es nicht darauf an, wie viel ihr erübrigen könnt. Gott möchte, dass ihr gebt, was ihr habt, und nicht, was ihr nicht habt. ¹³Denn ihr sollt natürlich nicht so viel geben, dass ihr nachher selbst nicht mehr genug habt. Es geht mir nur um einen Ausgleich. ¹⁴Im Augenblick habt ihr viel und könnt ihnen helfen. Ein andermal können sie dann mit euch teilen, wenn ihr es nötig habt. Auf diese Weise hat jeder, was er braucht. ¹⁵Erinnert ihr euch, was die Schrift darüber sagt? »Diejenigen, die viel sammelten, behielten nichts übrig, und diejenigen, die nur wenig sammelten, hatten genug.«*

Titus und seine Begleiter
¹⁶Ich bin Gott dankbar, dass er Titus dieselbe Begeisterung für euch gegeben hat, wie auch ich sie empfinde. ¹⁷Er ging mit Freude auf unsere Bitte ein, euch erneut zu besuchen; eigentlich hatte er

8,7 In manchen Handschriften heißt es *Liebe von uns zu euch*. **8,15** 2. Mose 16,18.

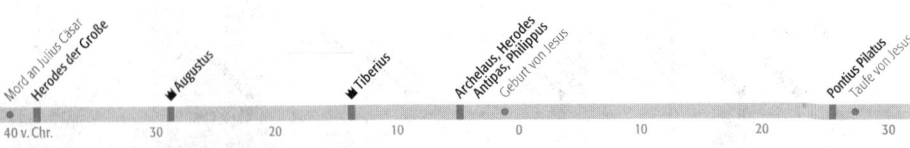

selbst den Wunsch, zu euch zu kommen und euch wiederzusehen. ¹⁸Wir schicken noch einen anderen Bruder mit Titus. Er wird in allen Gemeinden als Prediger von Gottes Botschaft sehr gelobt. ¹⁹Die Gemeinden haben ihn beauftragt, uns zu begleiten, wenn wir das gesammelte Geld nach Jerusalem* bringen – eine Aufgabe, die Gott ehrt und unsere Hilfsbereitschaft erkennen lässt. ²⁰Indem wir zusammen reisen, schützen wir uns gleichzeitig vor jedem Verdacht, denn wir wollen auf keinen Fall, dass irgendjemand etwas daran auszusetzen hat, wie wir dieses großzügige Geschenk überbringen. ²¹Wir achten darauf, dass alles in der rechten Weise geschieht*, und zwar sowohl vor dem Herrn als auch in den Augen der anderen.

²²Mit ihnen schicken wir noch einen weiteren Bruder, der gründlich geprüft wurde und sich in vielen Situationen ausgezeichnet hat. Seine Begeisterung für diesen Auftrag ist jetzt noch größer, weil er großes Vertrauen zu euch hat. ²³Wenn jemand Fragen über Titus stellt, dann sagt, dass er mein Mitarbeiter ist und mit mir zusammenarbeitet, um euch zu helfen. Die genannten Brüder sind Gesandte* der Gemeinden und ehren Christus mit ihrem Leben. ²⁴Begegnet ihm liebevoll und beweist allen Gemeinden, dass wir euch zu Recht so gelobt haben.

Die Sammlung für die Gemeinde in Jerusalem

9 Eigentlich brauche ich euch gar nichts über die Sammlung für die Gemeinde in Jerusalem* zu schreiben. ²Ich weiß ja, wie gern ihr helfen wollt, und habe vor unseren Freunden in Mazedonien damit angegeben, dass ihr in Griechenland* schon vor einem Jahr bereit wart, eine Gabe zu schicken. Eure Begeisterung war sogar für viele dort ein Ansporn. ³Ich schicke diese Brüder nur, um sicherzugehen, dass ihr wirklich so vorbereitet seid, wie ich es von euch behauptet habe, und das Geld vollständig eingesammelt habt. Sonst sagt am Ende noch jemand, ich hätte zu Unrecht mit euch angegeben. ⁴Es wäre beschämend für mich – und für euch –, wenn die mazedonischen Brüder mich begleiteten, nur um festzustellen, dass ihr nach allem, was ich ihnen erzählt habe, immer noch nicht fertig seid! ⁵Deshalb hielt ich es für besser, die Brüder vorauszuschicken, damit die angekündigte Sammlung auch wirklich bereitliegt. Ich möchte

jedoch, dass es ein freiwilliges Geschenk ist und keines, das unter äußerem Druck gegeben wird.

⁶Denkt daran: Ein Bauer, der nur wenig Samen aussät, wird auch nur eine kleine Ernte einbringen. Wer aber viel sät, wird auch viel ernten. ⁷Jeder von euch muss selbst entscheiden, wie viel er geben möchte. Gebt jedoch nicht widerwillig oder unter Zwang, denn Gott liebt den Menschen, der gerne gibt. ⁸Er wird euch großzügig mit allem versorgen, was ihr braucht. Ihr werdet haben, was ihr braucht, und ihr werdet sogar noch etwas übrig behalten, das ihr mit anderen teilen könnt. ⁹In der Schrift heißt es: »Er hat ausgestreut und den Armen gegeben – seine Gerechtigkeit bleibt in Ewigkeit.«*

¹⁰Denn es ist Gott, der dem Bauern Saatgut und Brot zu essen gibt. Genauso wird er auch euch viele Gelegenheiten geben, Gutes zu tun, und eure Großzügigkeit* wird viele Früchte tragen.

¹¹Ihr werdet empfangen, damit ihr umso großzügiger geben könnt. Und wenn wir eure Gabe denen bringen, die sie nötig haben, werden sie Gott von Herzen danken. ¹²Auf diese Weise geschehen gleich zwei gute Dinge: Die Not der Gemeinde* in Jerusalem wird gelindert, und sie werden Gott voller Freude danken. ¹³Durch euer großzügiges Geschenk werdet ihr also zur Verherrlichung Gottes beitragen. Denn eure Großzügigkeit ihnen gegenüber beweist, dass ihr der Botschaft von Christus gehorcht. ¹⁴Sie beten für euch und möchten euch wiedersehen, weil sich Gottes reiche Gnade an euch zeigt.

¹⁵Wir danken Gott für seinen Sohn – ein Geschenk, das so wunderbar ist, dass es sich nicht in Worte fassen lässt!*

Paulus verteidigt seine Vollmacht

10 Nun habe ich, Paulus, noch eine Bitte an euch, und ich bitte euch genauso sanft und freundlich, wie Christus selbst es tun würde. Einige von euch behaupten, ich sei nur in meinen Briefen mutig, bei euch aber schüchtern und ängstlich. ²Ich hoffe zwar, es wird nicht nötig sein, doch wenn ich komme, muss ich möglicherweise denen entschlossen entgegentreten, die uns unterstellen, wir handelten aus rein menschlichen Beweggründen. ³Wir sind zwar Menschen, doch wir kämpfen nicht mit menschlichen Mitteln. ⁴Wir setzen die mächtigen Waffen

---

8,19 S. 1. Korinther 16,3-4. **8,21** Griech. *wir sind auf das Gute bedacht.* **8,23** Griech. *Apostel.* **9,1** Griech. *über die Gabe für die Heiligen.* **9,2** Griech. *Achaja*; die südliche Region der griech. Halbinsel. **9,9** Psalm 112,9. **9,10** Griech. *Gerechtigkeit.* **9,12** Griech. *der Heiligen.* **9,15** Griech. *Dank sei Gott für seine unbeschreibliche Gabe.*

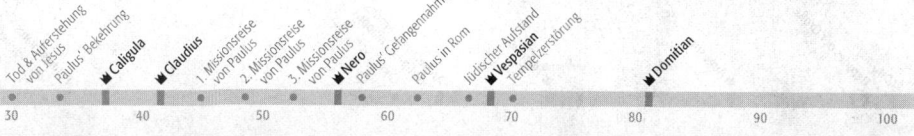

2. KORINTHER

1–7 Paulus verteidigt seinen Dienst als Apostel

8–9 Geldsammlung für die Gemeinde in Jerusalem

10–13 Paulus kämpft um die Gemeinde

10–11
Paulus verteidigt seine Vollmacht. Paulus ärgert sich über die Gemeinde und ihren Umgang mit falschen Aposteln. Er argumentiert gegen die falschen Apostel.

[Gottes Königsherrschaft und der Messias]

Gottes und keine weltlichen Waffen ein, um menschliche Gedankengebäude zu zerstören. ⁵Mit diesen Waffen zerschlagen wir all die hochtrabenden Argumente, die die Menschen davon abhalten, Gott zu erkennen. Mit diesen Waffen bezwingen wir ihre widerstrebenden Gedanken und lehren sie, Christus zu gehorchen. ⁶Und wir werden diejenigen bestrafen, die ungehorsam sind, sobald ihr übrigen zum Gehorsam bereit seid.

⁷Seht doch auf das, was offensichtlich ist! Ihr müsst zugeben, dass wir ebenso zu Christus gehören wie all diejenigen, die das so stolz von sich behaupten. ⁸Vielleicht habt ihr den Eindruck, dass ich zu sehr mit der Vollmacht angebe, die der Herr uns verliehen hat. Aber eben diese Vollmacht dient dazu, euch voranzubringen, nicht zu schaden. Und ich werde nicht zulassen, dass meine Arbeit unter euch zunichtegemacht wird.

⁹Doch ich will euch mit meinem Brief keine Angst machen. ¹⁰Denn manche sagen: »Die Briefe von Paulus mögen zwar energisch und fordernd klingen, doch sein persönliches Auftreten ist wenig eindrucksvoll, und seine Reden sind geradezu jämmerlich!« ¹¹Die Leute, die so etwas sagen, sollen wissen, dass wir, wenn wir bei euch sind, genauso energisch und fordernd auftreten werden wie in unseren Briefen.

¹²Ich würde niemals wagen zu behaupten, dass ich so bedeutend bin wie die Leute, die fortwährend ihre Wichtigkeit betonen! Sie vergleichen

---

2. Korinther 10,9-12

Gott redet
Paulus hat in Korinth Gegner, die behaupten, dass Paulus gar nicht so eindrucksvoll reden könne, wie man aus seinen Briefen vermuten würde. In diesem Brief reagiert Paulus darauf mit erkennbarem Sarkasmus. Niemals würde er es wagen, sich mit denen zu vergleichen, die »wirklich« wichtig sind – in ihren eigenen Augen zumindest (V. 12; siehe auch 1Kor 4,10)!

Paulus warnt, dass seine Gegner bei seinem nächsten Besuch einen energischen Paulus erleben werden. Und doch stimmt wahrscheinlich ein Teil dessen, was seine Gegner sagen. Paulus' Briefe sind voller göttlicher Autorität. Gott wollte es so, denn sie waren nicht einfach Gelegenheitsschriften, die rasch vergehen würden. Sie wurden wichtige Teile des von Gott inspirierten Neuen Testaments. Paulus, der Gemeindegründer, diente nur seiner Generation. Paulus, der Autor heiliger Schriften, dient allen Generationen von Christen. Durch das geschriebene Wort spricht Gott immer noch, manchmal sogar »energisch und fordernd« (V. 11).

(2. Timotheus 2,2 «‹ | »› 2. Timotheus 3,16-17)

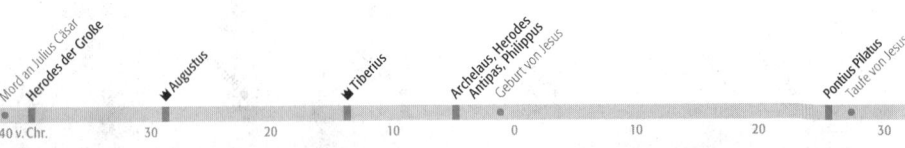

sich nur untereinander und messen sich nur aneinander. Welche Dummheit!

¹³Wir werden nicht mit einer Vollmacht angeben, die wir gar nicht besitzen. Wir wollen vielmehr innerhalb der Grenzen bleiben, die uns Gott gesteckt hat, und dazu gehört auch unser Auftrag bei euch. ¹⁴Wir maßen uns aber nicht zu viel an, denn wir waren die Ersten, die mit der Botschaft von Christus zu euch kamen. ¹⁵Genauso wenig beanspruchen wir Anerkennung für ein Werk, das andere geleistet haben. Wir hoffen nur, dass euer Glaube wachsen und unser Wirken unter euch immer weitere Kreise ziehen wird. ¹⁶Dann werden wir weiterziehen und die Botschaft an anderen Orten verkünden, die weit weg von euch sind und wo bisher noch niemand wirkt. Dort kann niemand behaupten, wir würden uns auf das Gebiet eines anderen begeben. ¹⁷In der Schrift steht:

»Wer sich rühmen will, rühme sich nur dessen, was der Herr getan hat.«*

¹⁸Wenn ein Mensch sich selbst lobt, hat das nicht viel zu bedeuten. Doch wenn der Herr jemanden empfiehlt, ist es etwas anderes!

Paulus und die falschen Apostel

11 Ich hoffe, ihr habt Geduld mit mir, wenn ich noch ein wenig Unsinn rede. Seht es mir nach. ²Ich werbe so eifersüchtig wie Gott um euch. Denn als unberührte Braut* habe ich euch dem einen Bräutigam, Christus, versprochen. ³Doch ich habe Angst, es könnte euch etwas von eurer reinen und schlichten Hingabe an Christus abbringen, so wie Eva von der Schlange getäuscht wurde. ⁴Ihr scheint ohne Bedenken alles zu glauben, was die Leute euch erzählen, selbst wenn sie einen anderen Jesus verkünden als den, den wir verkünden, oder einen anderen Geist als den, den ihr empfangen habt, oder eine andere Botschaft als die, die ihr geglaubt habt. ⁵Ich fühle mich diesen »Überaposteln« jedoch nicht im Geringsten unterlegen. ⁶Ich bin vielleicht kein begnadeter Redner, aber ich weiß, wovon ich spreche. Ich denke, das habt ihr inzwischen gemerkt, denn wir haben es immer wieder unter Beweis gestellt.

⁷Habe ich womöglich falsch gehandelt, als ich mich bescheiden zeigte und euch eine Sonderstellung einräumte, indem ich euch Gottes Botschaft verkündete, ohne etwas dafür zu verlangen? ⁸Andere Gemeinden habe ich beinahe beraubt und mich von ihnen bezahlen lassen, um euch umsonst dienen zu können. ⁹Und als ich bei euch war und nicht genug hatte, um meinen Lebensunterhalt zu bestreiten, bat ich nicht euch um Hilfe. Denn die Brüder, die aus Mazedonien kamen, brachten mir eine weitere Zuwendung. Nie habe ich euch um die geringste Unterstützung gebeten und werde das auch nie tun. ¹⁰So sicher die Wahrheit, die ich von Christus habe, in mir lebt, werde ich nie aufhören, mich in ganz Griechenland* dieser Tatsache zu rühmen. ¹¹Warum? Etwa weil ich euch nicht liebe? Gott weiß, dass ich das tue.

¹²Doch ich werde auch in Zukunft so verfahren und so die Behauptungen all derer entkräften, die damit angeben, sie seien wie wir. ¹³Diese Leute sind falsche Apostel. Sie haben euch getäuscht, indem sie sich für Apostel von Christus ausgaben. ¹⁴Doch das überrascht mich nicht! Selbst der Satan gibt sich als Engel des Lichts aus. ¹⁵Und so ist es nicht erstaunlich, wenn seine Diener es ihm nachmachen und sich als Diener Gottes* tarnen. Am Ende werden sie für alle ihre bösen Taten die verdiente Strafe erhalten.

Paulus ist mit Leiden vertraut

¹⁶Um es noch einmal zu wiederholen: Glaubt nicht, ich hätte den Verstand verloren, wenn ich so mit euch spreche. Und falls ihr es doch tut, hört mir trotzdem zu, wie ihr jemandem zuhören würdet, der Unsinn redet, während ich nun ein wenig angebe. ¹⁷Gott will solche Angeberei nicht, aber ich verhalte mich ja jetzt wie einer, der Unsinn redet. ¹⁸Und da andere mit ihren Leistungen protzen, will ich das jetzt auch tun. ¹⁹Schließlich hört ihr, die ihr euch für so weise haltet, offenbar gern Leuten zu, die Unsinn reden! ²⁰Ihr nehmt es hin, wenn sie euch zu ihren Sklaven machen, euch alles wegnehmen, was ihr besitzt, und euch übervorteilen, wenn sie vornehm tun und euch ins Gesicht schlagen. ²¹Zu meiner Schande muss ich bekennen, dass wir dazu nicht mutig genug waren!

Doch womit sie auch immer angeben – ich rede jetzt wieder Unsinn –, das kann auch ich vorweisen. ²²Sie geben sich doch für Hebräer aus? Das bin ich auch. Sie sagen, dass sie Israeliten sind? Ich ebenfalls. Sie sind Nachkommen Abrahams? Ich bin es auch. ²³Sie sagen, sie dienen Christus? Ich weiß, dass ich wie ein Verrückter klinge, aber ich habe ihm weit mehr gedient! Ich habe härter gearbeitet, wurde öfter ins Gefängnis geworfen, mehr geschlagen und war immer wieder in Lebensgefahr. ²⁴Fünfmal haben die Juden mir neunundreißig Hiebe verabreicht. ²⁵Dreimal wurde ich ausgepeitscht. Einmal wurde ich gesteinigt. Ich habe drei Schiffbrüche überlebt.

10,17 Jeremia 9,23. **11,2** Griech. *Jungfrau*. **11,10** Griech. *Achaja*. **11,15** Griech. *als Diener der Gerechtigkeit*.

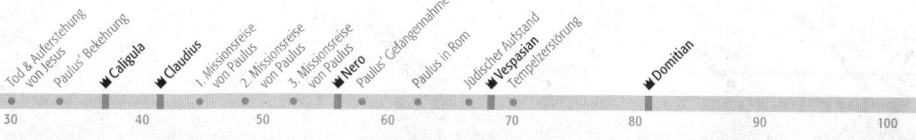

2. KORINTHER

1–7 Paulus verteidigt seinen Dienst als Apostel

8–9 Geldsammlung für die Gemeinde in Jerusalem

10–13 Paulus kämpft um die Gemeinde

11–13
Christus ist in der Schwachheit stark. Paulus kündigt seinen dritten Besuch an und wiederholt seine Sorge um die Gemeinde.

[Gottes Königsherrschaft und der Messias]

Einmal verbrachte ich eine ganze Nacht und einen Tag auf dem Meer treibend. ²⁶Ich habe viele beschwerliche Reisen unternommen und war unzählige Male in großer Gefahr: ob durch Flüsse oder durch Räuber, ob durch mein eigenes jüdisches Volk oder durch Nichtjuden, ob in Städten, in der Einöde oder auf stürmischer See oder durch Leute, die sich als Anhänger von Christus ausgaben, es aber nicht waren.* ²⁷Ich habe Erschöpfung und Schmerzen und schlaflose Nächte kennengelernt. Oft litt ich Hunger und Durst und habe gefastet. Oft habe ich vor Kälte gezittert und hatte nichts, um mich warm zu halten.

²⁸Und als wäre das alles noch nicht genug, lebe ich dazu noch täglich in Sorge um das Wohlergehen der Gemeinden. ²⁹Wer ist schwach, dass ich seine Schwäche nicht tief mitempfinde? Wer wird zum Bösen verführt, ohne dass ich in Zorn gerate?

³⁰Wenn ich mich schon selbst loben soll, dann will ich mich meiner Schwäche rühmen. ³¹Gott weiß, dass ich nicht lüge. Ihm, dem Vater von Jesus, unserem Herrn, gebührt Lob in Ewigkeit. ³²Als ich in Damaskus war, hatte der Statthalter des Königs Aretas Wachen an den Stadttoren aufgestellt, um mich verhaften zu lassen. ³³Doch ich wurde in einem Korb durch ein Fenster in der Stadtmauer hinuntergelassen und konnte auf diese Weise fliehen!

Die Vision des Paulus und sein Dorn im Fleisch

12 Diese Angeberei ist dumm, aber lasst mich fortfahren. Lasst mich euch von den Visionen und Offenbarungen erzählen, die ich vom Herrn empfangen habe. ²Ich* wurde vor vierzehn Jahren in den dritten Himmel hinaufgehoben, doch ob mein Körper dort war oder nur mein Geist, weiß ich nicht; das weiß nur Gott. ³Und ich weiß nicht, wie ich dorthin gelangte – das weiß nur Gott. ⁴Aber ich weiß, dass ich* ins Paradies versetzt wurde und erstaunliche Dinge hörte, die sich nicht in Worte fassen lassen. ⁵Das ist eine Erfahrung, mit der man zu Recht angeben könnte, doch ich werde es nicht tun. Ich bin nur stolz auf meine Schwäche. ⁶Ich hätte viele Gründe, stolz zu sein, und es wäre absolut kein Unsinn, sondern die reine Wahrheit. Doch das tue ich nicht. Ich will, dass niemand besser von mir denkt, als es meinem Leben und meiner Verkündigung entspricht, ⁷obwohl ich wunderbare Offenbarungen von Gott empfan-

---

11,26 Griech. *durch falsche Brüder.* 12,2 Griech. *Ich kenne einen Mann in Christus, der wurde ...* 12,4 Griech. *er.*

gen habe. Doch damit ich nicht überheblich werde, wurde mir ein Dorn ins Fleisch gegeben, ein Bote des Satans, der mich quält und mich daran hindert, überheblich zu werden.

⁸Dreimal habe ich zum Herrn gebetet, dass er mich davon befreie. ⁹Jedes Mal sagte er: »Meine Gnade ist alles, was du brauchst. Meine Kraft zeigt sich in deiner Schwäche.« Und nun bin ich zufrieden mit meiner Schwäche, damit die Kraft von Christus durch mich wirken kann. ¹⁰Da ich weiß, dass es für Christus geschieht, bin ich mit meinen Schwächen, Entbehrungen, Schwierigkeiten, Verfolgungen und Beschimpfungen versöhnt. Denn wenn ich schwach bin, bin ich stark.

Sorge um die Korinther

¹¹Ihr habt mich dazu gebracht, wie ein Dummkopf mich selbst zu loben. Dabei hättet ihr mir eigentlich Empfehlungsbriefe mitgeben sollen, denn ich bin diesen »Überaposteln« in keiner Weise unterlegen, obwohl ich gar nichts bin. ¹²Als ich bei euch war, habe ich doch sicherlich bewiesen, dass ich ein wahrer Apostel bin, der von Gott selbst zu euch gesandt wurde. Denn ich habe in Geduld viele Zeichen und Wunder und Taten unter euch bewirkt. ¹³Das Einzige, was ich bei euch im Gegensatz zu anderen Gemeinden nicht getan habe, ist, euch zur Last zu fallen. Bitte vergebt mir dieses Unrecht!

¹⁴Jetzt komme ich zum dritten Mal zu euch, und ich werde euch wieder nicht zur Last fallen. Ich möchte nicht das, was ihr besitzt; ich will euch selbst. Abgesehen davon bezahlen Kinder ihren Eltern keinen Unterhalt. Es ist vielmehr umgekehrt: Eltern ernähren ihre Kinder. ¹⁵Ich bin gern bereit, mich selbst und alles, was ich habe, für euch zu opfern. Kann es sein, dass je mehr ich euch liebe, desto weniger liebt ihr mich? ¹⁶Wie auch immer! Ich bin euch also nicht zur Last gefallen. Doch habe ich euch mit List und Tücke eingefangen? ¹⁷Wie denn? Hat irgendeiner der Männer, die ich zu euch schickte, euch betrogen? ¹⁸Als ich Titus drängte, euch zu besuchen, und unseren anderen Bruder mit ihm schickte, hat Titus euch da betrogen? Nein, natürlich nicht! Haben wir beide nicht denselben Geist geschenkt bekommen? Treten wir nicht immer einer in die Fußstapfen des anderen und tun alles auf die gleiche Weise?

¹⁹Vielleicht denkt ihr, wir sagen das alles nur, um uns zu rechtfertigen. Darum geht es überhaupt nicht. Wir sagen euch das alles als Diener Christi und wissen, dass Gott uns hört. Alles, was wir tun und sagen, liebe Freunde, soll euch Mut machen. ²⁰Denn ich befürchte, dass mir ganz und gar nicht gefallen wird, was ich beim nächsten Besuch vorfinden werde, und dann wird euch nicht gefallen, was ich daraufhin tue. Ich befürchte, ich werde Streit, Eifersucht, Unbeherrschtheit, Selbstsucht, Verleumdung, Tratsch, Überheblichkeit und Unordnung vorfinden. ²¹Ja, ich habe das ungute Gefühl, dass Gott mich euretwegen erneut beschämen wird, wenn ich komme. Und es wird mich traurig machen, dass viele von euch, die gesündigt haben, nicht von ihrer Unreinheit, ihrer Unzucht und ihren Begierden abgelassen haben.

Abschließender Rat

13 Dies ist nun das dritte Mal, dass ich euch besuchen komme. In der Schrift heißt es: »Auf die Aussage von zwei oder drei Zeugen hin soll jede Sache entschieden werden.«* ²Ich habe diejenigen, die gesündigt haben, schon bei meinem zweiten Besuch gewarnt. Hiermit warne ich sie und alle anderen noch einmal, wie ich es damals schon tat; beim nächsten Mal werde ich sie nicht schonen.

³Ich werde euch beweisen, dass Christus durch mich redet. Christus ist euch gegenüber nicht schwach, sondern handelt mächtig in eurer Gemeinde. ⁴Obwohl er schwach am Kreuz starb, lebt er jetzt durch die Macht Gottes. Auch wir sind schwach in ihm, aber wir leben mit ihm und haben Gottes Kraft, die sich euch gegenüber zeigt.

⁵Prüft euch, ob euer Glaube echt ist. Prüft euch selbst. Wenn ihr nicht sagen könnt, dass Jesus Christus unter* euch ist, habt ihr die Prüfung nicht bestanden. ⁶Ich hoffe, ihr erkennt, dass wir die Prüfung bestanden haben.

⁷Wir beten zu Gott, dass ihr nichts Falsches tut. Doch wir beten nicht, weil wir zeigen möchten, dass unser Wirken unter euch erfolgreich war, sondern weil wir möchten, dass ihr auch dann das Richtige tut, wenn es so scheint, als ob wir versagt hätten. ⁸Unsere Verantwortung ist es, nicht gegen die Wahrheit zu handeln, sondern jederzeit für die Wahrheit einzustehen. ⁹Wir sind gern schwach, wenn ihr stark seid. Wir beten darum, dass ihr im Glauben erneuert und reif werdet.

¹⁰Ich schreibe euch dies, bevor ich komme, weil ich hoffe, dass ich dann bei meiner Ankunft nicht mehr hart mit euch ins Gericht gehen muss. Denn ich möchte die Vollmacht, die der Herr mir gegeben hat, gebrauchen, um euch zu ermutigen, und nicht, um euch zu schaden.

13,1 5. Mose 19,15.   13,5 O. *in.*

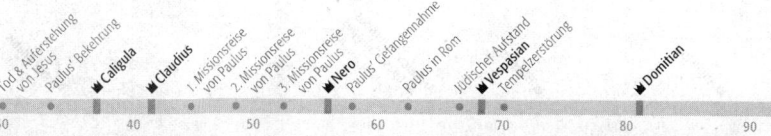

2. KORINTHER

1–7	Paulus verteidigt seinen Dienst als Apostel
8–9	Geldsammlung für die Gemeinde in Jerusalem
10–13	Paulus kämpft um die Gemeinde

13 Paulus grüßt die Gemeinde.

[**Gottes Königsherrschaft und der Messias**]

Abschließende Grüße

¹¹Liebe Freunde*, ich schließe meinen Brief mit diesen letzten Worten: Freut euch. Ändert euer Verhalten.* Ermutigt einander. Haltet fest zusammen und habt Frieden untereinander. Dann wird der Gott der Liebe und des Friedens mit euch sein.

¹²Grüßt einander in Liebe*. Alle Gläubigen* hier senden euch ihre Grüße.

¹³Wir wünschen euch die Gnade von Jesus Christus, unserem Herrn, die Liebe Gottes und die Gemeinschaft des Heiligen Geistes.

13,11a Griech. *Brüder.* 13,11b Griech. *Lasst euch zurechtbringen.* 13,12a Griech. *mit dem heiligen Kuss.* 13,12b Griech. *alle Heiligen.*

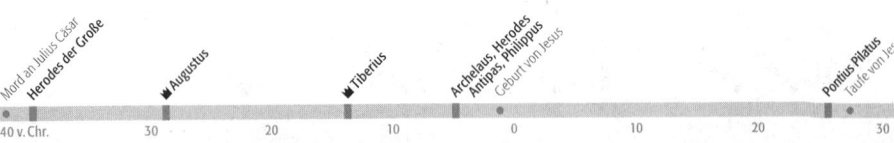

Galater

Inhalt

Der Galaterbrief fällt durch seinen scharfen Ton auf. Die Gemeinden in der Region Galatien versuchen, die gute Botschaft, die Paulus ihnen verkündigt hat, mit dem Anspruch zu vermischen, dass man auch das jüdische Gesetz erfüllen muss. Dabei laufen sie Gefahr, Jesus zu verlieren. Paulus ist alarmiert und wirbt leidenschaftlich um sie.

Zuerst stellt Paulus klar, dass es ihm um Gott geht und nicht darum, Menschen zu gefallen. Er verweist auf seine unmittelbare Beziehung zu Jesus und sein eigenständiges Verkündigen, das später von den Aposteln anerkannt worden ist.

Die gute Botschaft von Jesus lässt sich nicht mit dem Befolgen des jüdischen Gesetzes als Voraussetzung für die Rettung verbinden. Paulus entfaltet beide Wege und am Ende ist klar, warum sie sich ausschließen. Seine Argumente belegt er anhand des Alten Testaments.

Wer durch das Gesetz vor Gott gerecht werden will, muss es aus eigener Kraft ganz und gar erfüllen. Er steht unter dem Fluch, der jeden trifft, der es nicht schafft. Der Versuch ist zum Scheitern verurteilt, weil Gott diesen Weg nicht wirklich vorgesehen hat. Sondern das Gesetz sollte den Menschen zeigen, dass sie schuldig sind. Seine Rechtskraft ist zu Ende gegangen, als Jesus erschienen ist, so wie die Befugnisse eines Vormunds enden, wenn das Kind mündig wird. Wer am Gesetz festhält, bleibt dauerhaft unmündig, unfrei wie ein Knecht, ein Gefangener der Sünde. Er wird von seiner alten Natur bestimmt, die alles das im Leben hervorbringt, was Gott verurteilt.

Die Christen sind aus Gnade vor Gott gerecht geworden, nachdem sie Jesus geglaubt haben. Dieser Segen ist auf sie gekommen, weil Jesus den Fluch auf sich genommen hat. Indem sie ihm glauben, sind sie mündige Kinder Gottes geworden. Ihnen gehört, was ihrem Vater gehört: der Heilige Geist, das ewige Leben. Sie haben eine vertraute Beziehung zu Gott dem Vater. »Glaube, der sich in der Liebe zeigt«, weist sie als neue freie Menschen aus. Der Heilige Geist lässt in ihrem Leben wachsen, was Gott gefällt.

Diese Freiheit des Christen ist angefochten, möglicherweise durch Verfolgung und bestimmt durch inneren Kampf. Die »alte, sündige Natur« wehrt sich gegen den neuen Einfluss des Heiligen Geistes. Deshalb fordert Paulus auf, alle Lebensbereiche vom Heiligen Geist bestimmen zu lassen, sodass das neue Leben wirklich zum Ausdruck kommt.

Wichtige Personen

Paulus	Briefautor
Petrus	Apostel
Jakobus	Bruder von Jesus (in 1,19 auch als Apostel bezeichnet)
Mitarbeiter:	
Barnabas	
Titus	
Johannes	Apostel
Im Rückblick:	
Abraham	Stammvater Israels
Sara	Abrahams Frau
Hagar	Sklavin von Sara
Isaak	Sohn von Abraham und Sara
Ismael	Sohn von Abraham und Hagar

Wichtige Orte

Galatien	Gegend in der Mitte der heutigen Türkei
Jerusalem	
Arabien	
Damaskus	
Syrien	
Zilizien	Gegend im Süden der heutigen Türkei
Judäa	
Im Rückblick:	
Sinai	Berg, auf dem Mose Gottes Gesetz für das Volk Israel empfing

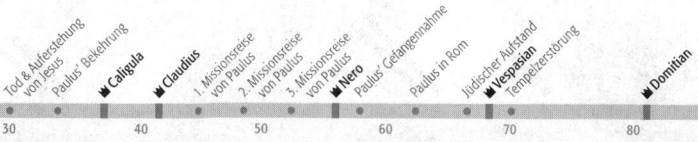

DER BRIEF AN DIE GALATER

DER BRIEF AN DIE GALATER

1–2	Die eine gute Botschaft
3–4	Das Gesetz und der Glaube
5–6	Freiheit in Christus und im Heiligen Geist

1–2
Grüße an die Galater. Paulus warnt vor falscher Botschaft. Christus ist die eine, wahre Botschaft. Begegnung von Paulus mit Petrus und den Aposteln.

[**Gottes Königsherrschaft und der Messias**]

Grüße von Paulus

1 Dieser Brief ist von Paulus, einem der Apostel. Ich wurde nicht durch Menschen zum Apostel berufen, sondern von Jesus Christus selbst und von Gott, dem Vater, der Jesus von den Toten auferweckt hat. ²Wir – ich und alle Gläubigen* hier bei mir – grüßen die Gemeinden in Galatien.
³Wir wünschen euch Gnade und Friede von Gott, unserem Vater, und von Jesus Christus, dem Herrn. ⁴Er hat sich selbst für uns geopfert und ist nach dem Willen Gottes, unseres Vaters, für unsere Sünden gestorben, um uns aus dieser bösen Welt, in der wir leben, zu retten. ⁵Dafür loben und ehren wir ihn in alle Ewigkeit. Amen.

Es gibt nur eine gute Botschaft

⁶Ich kann es nicht fassen, dass ihr euch so schnell von Gott abwendet, der euch in seiner Gnade zum ewigen Leben berufen hat, das er den Menschen durch Christus schenkt. Schon folgt ihr einer anderen, fremden Lehre, ⁷die als gute Botschaft daherkommt und es doch nicht ist. Ihr lasst euch von Leuten täuschen, die die Botschaft von Christus verfälschen.
⁸Verflucht sei jeder Mensch – und das gilt auch für mich –, der eine andere Botschaft verkündet als die, die wir euch gepredigt haben. Und käme ein Engel vom Himmel und verkündete euch eine andere Botschaft: Er soll in Ewigkeit verflucht sein. ⁹Ich sage es noch einmal: Wenn irgendjemand eine andere Botschaft weitersagt als die, die ihr angenommen habt, dann soll Gottes Fluch ihn treffen.
¹⁰Wie ihr seht, geht es mir nicht darum, Menschen zu gefallen! Nein, ich versuche, Gott zu gefallen. Wollte ich noch Menschen gefallen, wäre ich kein Diener von Christus.

Die Botschaft kommt von Christus

¹¹Liebe Freunde*, ich versichere euch, dass die Botschaft von der Erlösung, die ich verkünde, nicht auf menschlicher Vernunft oder Logik beruht. ¹²Ich habe sie auch nicht von einem Menschen empfangen, sondern Jesus Christus selbst hat sie mir offenbart.

1,2 Griech. *Brüder.*   **1,11** Griech. *Brüder.*

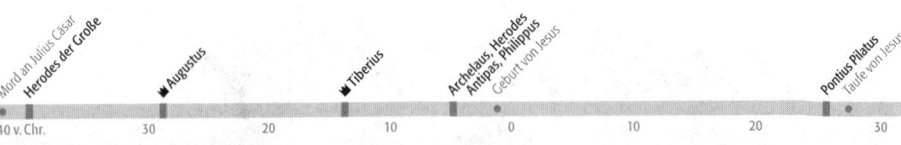

¹³Ihr wisst sicher noch, wie ich als strenggläubiger Jude war – wie fanatisch ich die Gemeinde Gottes verfolgt habe. Ich tat alles, um sie zu vernichten. ¹⁴In meinem Volk war ich einer der Allerfrömmsten und bemühte mich nach Kräften, die überlieferten Satzungen meiner Väter zu befolgen.

¹⁵Doch Gott hat mich in seiner Gnade schon vor meiner Geburt auserwählt und berufen. ¹⁶Er offenbarte mir* seinen Sohn, damit ich den anderen Völkern die Botschaft von Jesus verkünde. Nach diesem Ereignis fragte ich zunächst niemanden um Rat ¹⁷und zog auch nicht hinauf nach Jerusalem, um mich mit denen zu besprechen, die schon vor mir Apostel waren. Stattdessen ging ich nach Arabien und kehrte später nach Damaskus zurück. ¹⁸Erst nach drei Jahren machte ich mich schließlich nach Jerusalem auf, um Petrus* aufzusuchen, und blieb fünfzehn Tage bei ihm. ¹⁹Von den anderen Aposteln traf ich keinen außer Jakobus, den Bruder unseres Herrn. ²⁰Was ich euch schreibe, ist die Wahrheit – das erkläre ich hiermit vor Gott, dass ich nicht lüge. ²¹Nach diesem Besuch reiste ich nach Norden in die Provinzen Syrien und Zilizien. ²²Doch die christlichen Gemeinden in Judäa kannten mich immer noch nicht persönlich. ²³Sie wussten nur, dass die Leute sagten: »Der, der uns früher verfolgt hat, verkündet jetzt den Glauben*, den er immer vernichten wollte!« ²⁴Und sie lobten Gott für das, was er mit mir getan hat.

Die Apostel erkennen Paulus an

2 Vierzehn Jahre später kehrte ich wieder nach Jerusalem zurück, diesmal zusammen mit Barnabas; Titus begleitete uns. ²Ich ging hin, weil Gott es mir in einer Offenbarung befohlen hatte. Ich erzählte ihnen, was ich den anderen Völkern verkündet hatte. Insbesondere wandte ich mich an die Angesehenen in der Gemeinde, um ihr Einverständnis zu gewinnen, damit meine Arbeit nicht vergeblich war oder gewesen wäre. ³Sie waren mit meinem Vorgehen einverstanden und verlangten nicht einmal, dass mein Begleiter Titus sich beschneiden lassen müsse, obwohl er ein Grieche war.

⁴Ja, die Frage der Beschneidung wäre gar nicht erst aufgeworfen worden, hätten sich nicht einige Leute, die sich als Brüder ausgaben, in die Gemeinde eingeschlichen, um uns und unsere Freiheit in Christus Jesus auszuspionieren. Sie wollten uns zwingen, ihre jüdischen Vorschriften sklavisch zu befolgen. ⁵Doch wir weigerten uns, ihnen auch nur einen Augenblick nachzugeben, denn wir wollten, dass die Wahrheit der Botschaft bei euch bleibt.

⁶Die Angesehenen in der Gemeinde – was auch immer sie früher gewesen sind, ist für mich unwichtig, denn das hat vor Gott keine Bedeutung* – hatten der Botschaft, die ich verkünde, nichts hinzuzufügen. ⁷Im Gegenteil: Sie sahen, dass Gott mir die Aufgabe übertragen hatte, den anderen Völkern die Botschaft von Jesus zu verkünden, so wie es die Aufgabe von Petrus ist, sie den Juden zu sagen. ⁸Denn derselbe Gott, der durch Petrus unter den Juden wirkte, wirkte auch durch mich unter den anderen Völkern. ⁹So kam es, dass Jakobus, Petrus* und Johannes, die als Säulen der Gemeinde gelten, die Gabe, die Gott mir verliehen hatte, anerkannten und Barnabas und mich in ihren Kreis aufnahmen. Wir einigten uns, dass wir weiterhin den Nichtjuden die Botschaft verkünden sollten, während sie ihre Arbeit unter den Juden fortsetzen. ¹⁰Nur eines haben sie uns nahe gelegt: Wir sollten nicht vergessen, die Bedürftigen zu unterstützen, und darum habe ich mich nach Kräften bemüht.

Paulus stellt Petrus zur Rede

¹¹Doch als Petrus nach Antiochia kam, musste ich ihm offen entgegentreten und ihn ernsthaft zur Rede stellen, denn was er tat, war falsch. ¹²Nach seiner Ankunft hatte er zunächst noch mit den Gläubigen, die unbeschnitten waren, zusammen gegessen. Als jedoch einige jüdische Freunde von Jakobus eintrafen, hatte er nicht mehr den Mut dazu, weil er die Missbilligung der jüdischen Gläubigen* scheute. ¹³Daraufhin verhielten sich die anderen Juden genauso heuchlerisch, und sogar Barnabas ließ sich von ihnen beeinflussen.

¹⁴Als ich sah, dass sie sich nicht an die Wahrheit der Botschaft Gottes hielten, sagte ich vor allen anderen zu Petrus: »Wenn du als gebürtiger Jude die jüdischen Gesetze hinter dir gelassen hast und wie ein Nichtjude lebst, warum verlangst du dann von diesen Nichtjuden, die jüdischen Gesetze zu befolgen, die du aufgegeben hast? ¹⁵Du und ich, wir sind Juden durch Geburt, keine gottlosen Menschen wie die aus den anderen Völkern. ¹⁶Und doch wissen wir, dass der Mensch vor Gott nicht durch das Halten* des

---

1,16 O. *in mir.* **1,18** Griech. *Kephas.* **1,23** Griech. *als froh machende Botschaft den Glauben.* **2,6** Griech. *Gott sieht die Person des Menschen nicht an.* **2,9** Griech. *Kephas;* so auch in 2,11.14. **2,12** Griech. *der aus der Beschneidung* – das sind hier Judenchristen. **2,16a** Griech. *nicht ... aufgrund von Werken des Gesetzes.*

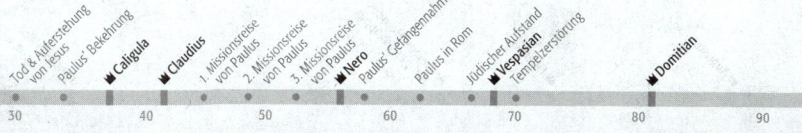

DER BRIEF AN DIE GALATER

1–2	Die eine gute Botschaft
3–4	Das Gesetz und der Glaube
5–6	Freiheit in Christus und im Heiligen Geist

2–3
Der Gegensatz zwischen Gesetz und Glaube.

[Gottes Königsherrschaft und der Messias]

Gesetzes gerecht gesprochen wird, sondern durch den Glauben an Jesus Christus. Wir sind zum Glauben an ihn gekommen, damit wir durch diesen Glauben von Gott angenommen werden*, und nicht etwa, weil wir dem Gesetz gehorcht haben. Denn durch das Befolgen des Gesetzes wird niemand vor Gott gerecht.«

[17] Aber was ist, wenn wir durch den Glauben an Christus vor Gott gerecht werden wollen und dann feststellen, dass wir immer noch Sünder sind? Hat Christus uns etwa in die Sünde geführt? Natürlich nicht! [18] Ich mache mich vielmehr selbst schuldig, wenn ich das alte System wieder aufzurichten versuche, das ich schon abgerissen hatte. [19] Durch das Gesetz werde ich verurteilt, weil ich es nicht erfüllen kann. Ich aber bin mit Christus gekreuzigt, sodass ich jetzt nicht mehr unter dem Gesetz stehe, sondern für Gott lebe. [20] Ich lebe, aber nicht mehr ich selbst, sondern Christus lebt in mir. Ich lebe also mein Leben in diesem irdischen Körper im Glauben an den Sohn Gottes, der mich geliebt und sich selbst für mich geopfert hat. [21] Ich gehöre nicht zu denen, die die Gnade Gottes gering achten. Denn wenn wir durch das Gesetz gerettet werden könnten*, hätte Christus nicht sterben müssen.

2,16b Griech. *gerecht gesprochen werden.* 2,21 Griech. *wenn durch das Gesetz Gerechtigkeit kommt.*

Galater 3,16

Bundesschlüsse
Viele Verheißungen an Abraham sprachen von seinen Nachkommen (Mehrzahl). Hier bezieht sich Paulus auf 1. Mose 22,18, wo der Nachkomme Abrahams in der Einzahl genannt wird. Das deutet Paulus auf Jesus Christus. Damit will er betonen: Über die Zeiten hinweg war der Bund mit Abraham für Israel in Geltung und schließlich wurde er in Christus erfüllt. Von ihm her werden – über Israel hinaus – alle Völker auf der Erde gesegnet. Israel ist dabei nach wie vor eingeschlossen.
(Apostelgeschichte 3,25 « | » 2. Mose 24)

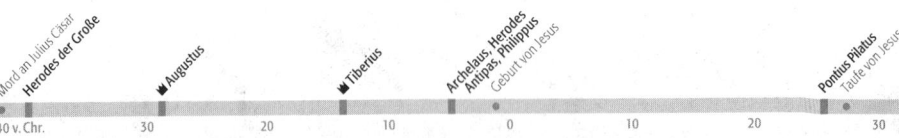

Das Gesetz und der Glaube an Christus

3 O ihr unverständigen Galater! Wer hat euch so durcheinander gebracht? Ihr habt doch so klar erkannt, was der Tod von Christus für uns bedeutet, als ich euch Jesus Christus, den Gekreuzigten, vor Augen malte! ²Sagt mir: Habt ihr den Heiligen Geist etwa durch das Befolgen des Gesetzes empfangen? Natürlich nicht. Der Heilige Geist kam auf euch herab, nachdem ihr die Botschaft von Christus gehört und ihr geglaubt habt. ³Versteht ihr das denn wirklich nicht? Ihr habt begonnen, ein Leben mit dem Heiligen Geist zu führen. Warum wollt ihr jetzt auf einmal versuchen, es aus eigener Kraft zu vollenden? ⁴Ihr habt so viel durch die gute Botschaft erfahren. Sollte das etwa vergeblich gewesen sein? Wollt ihr das alles jetzt wegwerfen?

⁵Ich frage euch noch einmal: Schenkt Gott euch den Heiligen Geist und wirkt Wunder unter euch, weil ihr das Gesetz Moses befolgt? Oder tut er es, weil ihr die Botschaft glaubt, die ihr über Christus gehört habt? ⁶Denn so war es auch bei Abraham: »Abraham glaubte Gott, und Gott erklärte ihn wegen seines Glaubens für gerecht.«* ⁷Die wahren Kinder Abrahams sind also die, die an Gott glauben.

⁸Doch nicht nur das: Die Schrift wies bereits auf die Zeit voraus, in der Gott auch die Völker wegen ihres Glaubens annehmen würde. Gott hat Abraham diese gute Botschaft schon vor langer Zeit verheißen, als er sagte: »Alle Völker werden durch dich gesegnet werden.«* ⁹Deshalb werden alle, die aus dem Glauben an Christus leben, an demselben Segen Anteil erhalten, den Abraham durch seinen Glauben empfangen hat.

¹⁰Wer dagegen auf das Gesetz vertraut, um vor Gott gerecht zu werden, steht unter einem Fluch. In der Schrift heißt es: »Verflucht ist jeder, der nicht alle Gebote beachtet und befolgt, die im Buch des Gesetzes geschrieben stehen.«* ¹¹Deshalb ist klar, dass niemand je durch das Gesetz vor Gott gerecht gesprochen wird. Denn die Schrift sagt: »Durch den Glauben hat ein Gerechter Leben.«* ¹²Dagegen sagt die Schrift über den Weg des Gesetzes: »Wenn du durch das Gesetz Leben finden willst, musst du alle Gebote des Gesetzes erfüllen.«* ¹³Doch Christus hat uns vom Fluch des Gesetzes gerettet*; am Kreuz nahm er den Fluch auf sich*. Denn in der Schrift heißt es: »Verflucht ist jeder, der an einem Holz hängt.«* ¹⁴Durch die Tat von Jesus Christus hat Gott allen Völkern den Segen geschenkt, den er Abraham zugesagt hatte. So empfangen wir den Heiligen Geist durch den Glauben, wie Gott es versprochen hat.

Das Gesetz und die Zusagen Gottes

¹⁵Liebe Freunde*, ich will euch ein Beispiel aus dem Alltag geben: Es verhält sich hier wie bei einem rechtskräftig gewordenen Testament, das niemand aufheben oder ändern kann. ¹⁶Nun hat Gott sein Versprechen Abraham und seinem Nachkommen* gegeben. Beachtet, dass hier nicht steht, dass die Zusage seinen Kindern* galt, als wären viele Nachkommen damit gemeint. Sie galt dem einen Nachkommen – und dieser ist Christus. ¹⁷Und genau darum geht es mir: Der Bund, den Gott mit Abraham schloss, konnte nicht vierhundertdreißig Jahre später aufgehoben werden, als Gott Mose das Gesetz gab. Sonst hätte Gott ja sein Versprechen gebrochen. ¹⁸Denn wenn das Erbe nur durch das Halten des Gesetzes empfangen werden könnte, dann würde es uns nicht mehr durch das Versprechen geschenkt. Doch Gott hat es Abraham ohne jede Bedingung zugesagt.

¹⁹Aber warum wurde das Gesetz dann überhaupt gegeben? Es wurde gegeben, um den Menschen zu zeigen, dass sie schuldig sind. Doch es sollte nur bis zum Kommen des Christus* bestehen bleiben, an den Gott sein Versprechen gebunden hatte. Gott gab seine Gesetze Engeln, und diese gaben sie Mose, dem Mittler zwischen Gott und dem Volk. ²⁰Aber als Gott Abraham seine Verheißung gab, ging das Handeln allein von seiner Seite aus und er brauchte keinen Mittler.

²¹Besteht deshalb ein Widerspruch zwischen Gottes Gesetz und Gottes Verheißung? Absolut nicht! Wenn das Gesetz uns neues Leben hätte geben können, dann wären wir vor Gott gerecht geworden, indem wir es befolgt hätten*. ²²Aber in der Schrift heißt es, dass wir alle Gefangene der Sünde sind, sodass wir Gottes Verheißung nur empfangen können, indem wir an Jesus Christus glauben.

²³Bevor uns der Glaube an Christus als Weg gezeigt wurde, wie wir vor Gott gerecht werden können, wurden wir vom Gesetz bewacht und beschützt, bis Gott den Weg des Glaubens offenbarte.

3,6 1. Mose 15,6. Griech. *Abraham glaubte Gott, und es wurde ihm als Gerechtigkeit angerechnet.* **3,8** 1. Mose 12,3. **3,10** 5. Mose 27,26. **3,11** Habakuk 2,4. Griech. *der Gerechte wird aus Glauben leben.* **3,12** 3. Mose 18,5. **3,13a** Griech. *losgekauft.* **3,13b** Griech. *Christus ist für uns zum Fluch geworden.* **3,13c** 5. Mose 21,23. **3,15** Griech. *Brüder.* **3,16a** Griech. *Samen* (Singular); ebenso in 3,16c.19; siehe 1. Mose 12,7. **3,16b** Griech. *Samen* (Plural). **3,19** Griech. *Nachkommen.* **3,21** Griech. *dann wäre die Gerechtigkeit wirklich aus dem Gesetz gekommen.*

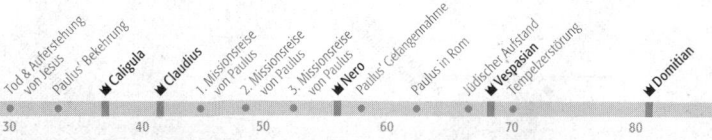

DER BRIEF AN DIE GALATER

1–2	Die eine gute Botschaft
3–4	Das Gesetz und der Glaube
5–6	Freiheit in Christus und im Heiligen Geist

3–5
Die Gemeinde als erbberechtigte Kinder Gottes. Paulus macht sich Sorgen um die Gemeinde. Hagar und Sara als Symbole der Sklaverei und der Freiheit.

[Gottes Königsherrschaft und der Messias]

Gottes Kinder durch Glauben
24Lasst es mich noch auf eine andere Weise ausdrücken: Das Gesetz war unser Vormund und Lehrer, bis Christus kam. Aufgrund des Glaubens an ihn werden wir vor Gott gerecht gesprochen. 25Und da Christus nun gekommen ist und mit ihm der Weg des Glaubens, brauchen wir das Gesetz als Vormund nicht mehr. 26Und so seid ihr alle Kinder* Gottes durch den Glauben an Jesus Christus. 27Denn ihr alle, die ihr auf Christus getauft worden seid, gehört nun zu Christus. 28Nun gibt es nicht mehr Juden oder Nichtjuden*, Sklaven oder Freie, Männer oder Frauen. Denn ihr seid alle gleich – ihr seid eins in Jesus Christus. 29Und weil ihr nun zu Christus gehört, seid ihr die wahren Nachkommen Abrahams. Ihr seid seine Erben, und alle Zusagen Gottes an ihn gelten euch.

4 Stellt euch vor, ein Vater stirbt und hinterlässt seinem unmündigen Kind großen Reichtum. Doch dieser Erbe ist, bis er erwachsen ist, nicht besser dran als ein Knecht, auch wenn er in Wirklichkeit alles besitzt, was seinem Vater gehörte. 2Er muss seinen Vormündern gehorchen, bis er das Alter erreicht hat, das sein Vater festgesetzt hat.
3So war es auch bei uns, bevor Christus kam.

3,26 Griech. *Söhne*. 3,28 Griech. *Juden oder Griechen*.

Galater 5,1

Gott befreit
Das Evangelium befreit die Menschen (siehe die Erklärung zu 1Kor 8,9). Aber Freiheit kann auch Unsicherheit auslösen. Was ist, wenn ich nicht genau weiß, was Gott von mir erwartet? Genau diese Angst nützten einige Lehrer aus und überzeugten die Neubekehrten in Galatien davon, dass sie alle Vorschriften des jüdischen Gesetzes einhalten und deshalb nach vielen religiösen Regeln leben sollten.
Das Gesetz kann zu einer schweren Last werden, vor allem, wenn auf die Einhaltung von Kleinigkeiten und nicht auf den Mittelpunkt des Gesetzes geachtet wird, wenn Gesetze um ihrer selbst willen eingehalten werden, wenn das Gesetz nur als äußerliche Lebensbeschränkung und nicht als das lebendige, lebensbereichernde Wort Gottes erlebt wird.
Manche Glaubenden lebten tatsächlich wieder in der Gefangenschaft des Gesetzes mit unendlichen religiösen Handlungen. Für Paulus stand dadurch das ganze Evangelium auf dem Spiel. »Christus hat uns wirklich befreit. Lasst euch nicht wieder gefangen nehmen.«
(1. Korinther 8,9 «« | »» 1. Petrus 2,16)

Wir waren Diener dieser Welt*. ⁴Doch als der festgesetzte Zeitpunkt da war, sandte Gott seinen Sohn, geboren von einer Frau und dem Gesetz unterstellt. ⁵Gott sandte ihn, um uns aus der Gefangenschaft des Gesetzes freizukaufen und als seine Kinder anzunehmen. ⁶Und weil ihr seine Kinder* geworden seid, hat Gott euch* den Geist seines Sohnes ins Herz gegeben, sodass ihr zu Gott nun »lieber Vater« sagen könnt.* ⁷Jetzt seid ihr keine Diener mehr, sondern Kinder Gottes. Und als seinen Kindern gehört euch alles, was ihm gehört.

Sorge um die Galater

⁸Bevor ihr Gott kanntet, habt ihr sogenannten Göttern gedient, die in Wirklichkeit überhaupt nicht existieren. ⁹Jetzt habt ihr Gott gefunden – vielleicht sollte ich eher sagen: jetzt hat Gott euch gefunden. Wieso nur wollt ihr nun wieder ohnmächtigen und armseligen Elementen dieser Welt dienen? ¹⁰Ihr versucht, Gott zu gefallen, indem ihr an bestimmten Tagen, Monaten, Jahreszeiten oder Festen gewisse Dinge tut oder unterlasst. ¹¹Ich mache mir Sorgen um euch. Ich befürchte, dass all meine harte Arbeit für euch umsonst war. ¹²Liebe Freunde*, ich bitte euch inständig, meinem Beispiel zu folgen und euch davon frei zu machen, denn als ich bei euch war, bin ich so geworden, wie ihr es einst wart – frei vom Gesetz.

Ihr habt mir in keiner Weise unrecht getan. ¹³Bestimmt erinnert ihr euch noch, dass ich krank war, als ich euch zum ersten Mal die frohe Botschaft von Christus brachte. ¹⁴Doch obwohl meine Krankheit anstößig für euch war, habt ihr mich nicht abgelehnt und nicht abgewiesen. Nein, ihr habt mich aufgenommen und für mich gesorgt, als wäre ich ein Engel Gottes oder sogar Christus Jesus selbst. ¹⁵Wo ist nur eure Freude von damals geblieben? Ich weiß, dass ihr bereit gewesen wärt, euch die Augen auszureißen und sie mir zu geben, wenn es möglich gewesen wäre. ¹⁶Bin ich denn jetzt auf einmal euer Feind, weil ich euch die Wahrheit sage?

¹⁷Diese falschen Lehrer, die sich so um euch bemühen, handeln nicht zu eurem Besten. Sie versuchen, euch mir zu entfremden, um auf diese Weise leichter eure Aufmerksamkeit auf sich zu ziehen. ¹⁸Es ist zwar sehr lobenswert, dass ihr mit solchem Eifer Gutes tun wollt, besonders wenn ich nicht bei euch bin. ¹⁹Aber, meine geliebten Kinder, mir ist, als müsste ich noch einmal Geburtswehen für euch durchmachen, und sie werden nicht aufhören, bis Christus euer Leben prägt. ²⁰Wie wünschte ich, ich könnte jetzt bei euch sein und weniger streng mit euch reden. Doch aus der Entfernung weiß ich mir keinen anderen Rat.

Die zwei Kinder Abrahams

²¹Hört mir zu, ihr, die ihr unter dem Gesetz leben wollt. Wisst ihr eigentlich, was das Gesetz sagt?* ²²In der Schrift heißt es, dass Abraham zwei Söhne hatte, einen von seiner Sklavin und einen von seiner frei geborenen Frau.* ²³Der Sohn der Sklavin wurde geboren, weil Abraham versuchte, die Erfüllung der Verheißung Gottes mit menschlichen Mitteln zu erzwingen. Der Sohn der freien Frau aber wurde geboren, weil Gott selbst sein Versprechen erfüllte.

²⁴Diese beiden Frauen dienen uns als Sinnbild für die zwei Bündnisse Gottes. Die Sklavin Hagar ist ein Sinnbild für den Berg Sinai, an dem die Menschen erstmals Sklaven des Gesetzes wurden. ²⁵Und heute entspricht auch Jerusalem dem Berg Sinai in Arabien, weil es mit seinen Kindern in der Sklaverei lebt. ²⁶Sara aber, die Freie, ist ein Symbol für das himmlische Jerusalem. Das ist unsere Mutter. ²⁷Bei dem Propheten Jesaja steht geschrieben: »Freue dich, du Unfruchtbare! Juble und freue dich, auch wenn du nie ein Kind geboren hast, juble und freue dich, auch wenn du nie die Schmerzen der Geburt erlebst. Denn die einsame Frau, die keine Kinder bekommen konnte, hat jetzt mehr Kinder als die, die den Mann hatte!«*

²⁸Auch ihr, liebe Brüder, seid Kinder der Verheißung, genau wie Isaak. ²⁹Einst wurde Isaak, der Sohn der Verheißung, von Ismael, dem Sohn der Sklavin, verfolgt. So ist es auch noch heute.

³⁰Doch was sagt die Schrift darüber? »Jag die Sklavin und ihren Sohn fort, denn der Sohn der Sklavin soll nicht mit dem Sohn der Freien Anteil am Erbe erhalten.«* ³¹Liebe Freunde, wir sind keine Kinder der Sklavin und stehen nicht unter dem Gesetz. Wir sind Kinder der Freien, und Gott nimmt uns wegen unseres Glaubens an.

Freiheit in Christus

5 So hat uns Christus also wirklich befreit.* Sorgt nun dafür, dass ihr frei bleibt, und lasst euch nicht wieder unter das Gesetz versklaven.

4,3 Griech. *wir waren unter die Elemente der Welt versklavt*. **4,6a** Griech. *Söhne*. **4,6b** Griech. *uns*. **4,6c** Griech. *ins Herz gegeben, der in euch ruft: »Abba, Vater!«* (*Abba* ist ein aramäisches Wort für *Vater*). **4,12** Griech. *Brüder*; so auch in 4,31. **4,21** Griech. *Hört ihr das Gesetz nicht?* **4,22** S. 1. Mose 16,15; 21,2. **4,27** Jesaja 54,1. **4,30** 1. Mose 21,10. **5,1** Griech. *Für die Freiheit hat uns Christus befreit*.

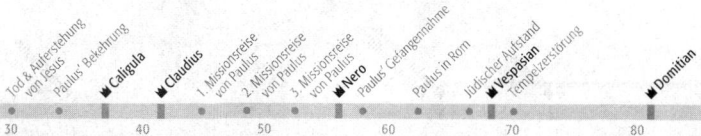

DER BRIEF AN DIE GALATER

1–2	Die eine gute Botschaft
3–4	Das Gesetz und der Glaube
5–6	Freiheit in Christus und im Heiligen Geist

5–6
Leben in der Freiheit Gottes. Das Leben der sündigen Natur und das Leben in Christus. Frucht des Geistes. Geistgemäßes Leben in der Gemeinschaft. Grußworte.

[Gottes Königsherrschaft und der Messias]

²Hört zu! Ich, Paulus, sage euch: Wenn ihr auf die Beschneidung vertraut, um vor Gott gerecht zu werden, dann kann Christus euch nicht helfen. ³Ich wiederhole es: Wer sich beschneiden lässt, der muss sämtliche Vorschriften des Gesetzes erfüllen. ⁴Denn wenn ihr durch das Gesetz vor Gott bestehen wollt, seid ihr von Christus getrennt und aus Gottes Gnade gefallen.

⁵Wir dagegen glauben und erwarten durch den Geist, dass sich die Hoffnung erfüllt, die Gott uns verheißen hat. ⁶Denn wenn wir unser Vertrauen auf Christus Jesus setzen, fragt Gott nicht danach, ob wir beschnitten oder unbeschnitten sind. Entscheidend ist der Glaube, der sich in der Liebe zeigt.

⁷Ihr habt doch so gute Fortschritte gemacht! Wer hat euch denn abgehalten, weiter der Wahrheit zu folgen? ⁸Gott ganz bestimmt nicht, denn er ist es ja, der euch zur Freiheit berufen hat. ⁹Aber wenn auch nur einer unter euch falsche Wege geht, genügt das, um euch alle anzustecken – ein wenig Sauerteig durchsäuert den ganzen Teig! ¹⁰Doch ich vertraue auf den Herrn und glaube, dass ihr euch in diesen Dingen wieder zum rechten Glauben zurückführen lassen werdet. Wer immer dieser Mensch auch sein mag, der euch aufgestört und verwirrt hat: Gott wird ihn richten.

¹¹Liebe Freunde*, würde ich noch predigen, dass ihr euch beschneiden lassen müsst – wie es einige von mir behaupten –, warum sollten die Juden mich dann noch verfolgen? Dann wäre ja alles Anstößige, das in der Botschaft vom Kreuz liegt, beseitigt*. ¹²Von mir aus können diese Unruhestifter, die euch durch die Beschneidung verstümmeln wollen, sich selbst verstümmeln.

¹³Ihr seid berufen, liebe Freunde, in Freiheit zu leben – nicht in der Freiheit, euren sündigen Neigungen nachzugeben, sondern in der Freiheit, einander in Liebe zu dienen. ¹⁴Denn das ganze Gesetz lässt sich in dem einen Wort zusammenfassen: »Liebe deinen Nächsten wie dich selbst.«* ¹⁵Doch wenn ihr euch ständig zankt und übervorteilt, statt einander mit Liebe zu begegnen, dann passt auf, denn sonst vernichtet ihr euch noch gegenseitig.

In der Kraft des Geistes leben

¹⁶Deshalb: Lebt so, wie es eurem neuen Leben im Heiligen Geist entspricht. Dann werdet ihr auch nicht tun, wozu eure sündigen Neigungen euch drängen. ¹⁷Die alte, sündige Natur liebt es, Böses zu tun – genau das Gegenteil von dem, was

5,11a Griech. *Brüder*; so auch in 5,13. 5,11b Griech. *Damit wäre das Ärgernis des Kreuzes zunichtegemacht.* 5,14 3. Mose 19,18.

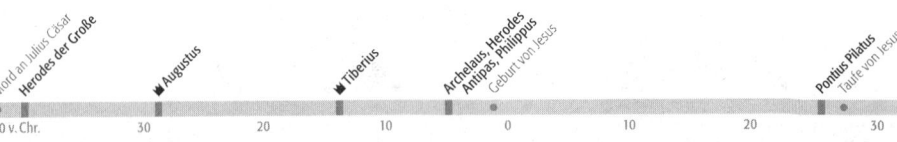

der Heilige Geist will. Der Geist weckt in uns Wünsche, die den Neigungen unserer sündigen Natur widersprechen. Diese beiden Kräfte liegen in ständigem Streit miteinander, sodass ihr nicht das tun könnt, was ihr wollt. ¹⁸Doch wenn ihr vom Heiligen Geist geleitet werdet, seid ihr nicht dem Gesetz unterworfen.

¹⁹Wenn ihr den Neigungen eurer sündigen Natur folgt, wird euer Leben die entsprechenden Folgen zeigen: Unzucht, unreine Gedanken, Vergnügungssucht, ²⁰Götzendienst, Zauberei, Feindschaften, Streit, Eifersucht, Zorn, selbstsüchtigen Ehrgeiz, Spaltungen, selbstgerechte Abgrenzung gegen andere Gruppen, ²¹Neid, Trunkenheit, ausschweifenden Lebenswandel* und dergleichen mehr. Ich wiederhole, was ich bereits gesagt habe, dass niemand, der ein solches Leben führt, das Reich Gottes erben wird.

²²Wenn dagegen der Heilige Geist unser Leben beherrscht, wird er ganz andere Frucht in uns wachsen lassen: Liebe, Freude, Frieden, Geduld, Freundlichkeit, Güte, Treue, ²³Sanftmut und Selbstbeherrschung. Nichts davon steht im Widerspruch zum Gesetz.

²⁴Diejenigen, die zu Christus Jesus gehören, haben die Leidenschaften und Begierden ihrer sündigen Natur an sein Kreuz geschlagen. ²⁵Wenn wir jetzt durch den Heiligen Geist leben, dann sollten wir auch alle Bereiche unseres Lebens von ihm bestimmen lassen. ²⁶Lasst uns darauf achten, dass wir nicht stolz werden und uns gegenseitig verärgern oder beneiden.

Wir ernten, was wir säen

6 Liebe Freunde*, wenn ein Mensch einer Sünde erlegen ist, dann solltet ihr, deren Leben vom Geist Gottes bestimmt ist, diesem Menschen liebevoll und in aller Demut helfen, wieder auf den rechten Weg zurückzufinden. Und pass auf, dass du nicht in dieselbe Gefahr gerätst. ²Helft euch gegenseitig bei euren Schwierigkeiten und Problemen, so erfüllt ihr das Gesetz, das wir von Christus haben. ³Wer sich für wichtiger hält als die anderen, betrügt sich selbst. ⁴Jeder achte genau auf sein eigenes Leben und Handeln, ohne sich mit anderen zu vergleichen. ⁵Schließlich ist jeder für sein eigenes Verhalten verantwortlich.

⁶Wenn ihr Lehrer habt, die euch das Wort Gottes lehren, dann solltet ihr sie darin unterstützen, indem ihr sie bezahlt.

⁷Täuscht euch nicht! Macht euch klar, dass ihr Gott nicht einfach missachten könnt, ohne die Folgen zu tragen.* Denn was ein Mensch sät, wird er auch ernten. ⁸Wer nur nach seinen sündigen Neigungen lebt, wird sich damit selbst zugrunde richten und schließlich den Tod ernten. Aber wer lebt, um dem Geist zu gefallen, wird vom Geist das ewige Leben erhalten. ⁹Deshalb werdet nicht müde zu tun, was gut ist. Lasst euch nicht entmutigen und gebt nie auf, denn zur gegebenen Zeit werden wir auch den entsprechenden Segen ernten. ¹⁰Lasst uns jede Gelegenheit nutzen, allen Menschen Gutes zu tun, besonders aber unseren Brüdern und Schwestern im Glauben.

Abschließender Rat

¹¹Seht, mit welch großen Buchstaben ich euch diese abschließenden Worte in eigener Handschrift schreibe. ¹²Die Leute, die euch zur Beschneidung zwingen wollen, tun das nur aus einem einzigen Grund: Sie wollen sich nicht mit der Lehre, dass nur der Tod von Jesus Christus am Kreuz uns retten kann, der Verfolgung aussetzen. ¹³Dabei halten nicht einmal sie als Verfechter der Beschneidung das ganze Gesetz. In Wirklichkeit wollen sie euch nur deshalb zur Beschneidung überreden, um damit anzugeben.

¹⁴Was mich betrifft, so bewahre Gott mich davor, mit irgendetwas anzugeben. Rühmen will ich mich nur einer Sache: des Kreuzes von Jesus Christus, unserem Herrn, durch das* mein Interesse an dieser Welt gestorben ist, wie auch das Interesse der Welt an mir. ¹⁵Es spielt keine Rolle mehr, ob wir beschnitten wurden oder nicht. Es zählt nur, ob wir wirklich zu neuen, veränderten Menschen* geworden sind. ¹⁶Und allen, die nach diesem Maßstab leben, schenke Gott Barmherzigkeit und Frieden – ihnen und dem auserwählten Volk Gottes*. ¹⁷Von jetzt an soll mich damit niemand mehr belästigen.* Denn ich trage an meinem Körper die Wunden, die zeigen, dass ich Jesus gehöre.*

¹⁸Die Gnade unseres Herrn Jesus Christus sei mit euch allen*, meine Lieben*. Amen.

5,21 Griech. *Völlerei.* **6,1** Griech. *Brüder.* **6,7** Griech. *Irrt euch nicht! Gott lässt sich nicht verspotten.* **6,14** O. *durch den* (d.h. Christus). **6,15** Griech. *zu einer neuen Schöpfung.* **6,16** Griech. *dem Israel Gottes.* **6,17a** Griech. *In Zukunft bereite mir niemand Mühen!* **6,17b** Griech. *Denn ich trage die Malzeichen von Jesus an meinem Leib.* **6,18a** Griech. *mit eurem Geist.* **6,18b** Griech. *Brüder.*

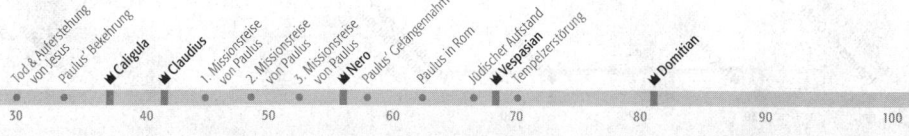

Wenn ich ohn' das Wort bin, nicht daran denke noch damit umgehe, so ist kein Christus daheim, ja auch keine Lust und Geist. Aber sobald ich einen Psalm oder Spruch der Schrift vor mich nehme, so leuchtet's und brennet's ins Herz, dass ich ander Mut und Sinn gewinne.

Martin Luther

Epheser

Inhalt

Der Epheserbrief schwärmt von der Fülle und dem Reichtum, den Christen in Jesus haben. Mit seinem Leben hat Jesus sie freigekauft. Mit seinem Heiligen Geist wirkt er kräftig in den Glaubenden. Jesus ist der Herr über die christliche Gemeinde, aber auch über die ganze Welt; er ist überall gegenwärtig. Christen haben eine wunderbare Zukunft vor sich, für die der Heilige Geist in ihnen sozusagen die Anzahlung ist. Immer tiefer sollen sie das erkennen, immer fester in ihm verwurzelt sein.

Paulus erinnert auch daran, dass im Gegensatz dazu die Christen früher genauso schuldig wie andere Menschen waren, weil alle mit einer »Natur« geboren worden sind, die tut, was Gottes Zorn hervorruft. Es ist nicht eigener Verdienst, sondern Gottes Gnade, die sie gerettet und zu Bürgern von Gottes neuer Welt gemacht hat. Gott hat sie neu geschaffen, und ihr neues Leben soll hier und heute an dem, was sie tun, erkennbar werden. Ebenso sollen sie Böses unterlassen, weil ihr altes Wesen sie nicht mehr dazu zwingen kann. Gottes Willen zu tun ist ein angefochtener Lernprozess, dem jeder sich zu stellen hat. Paulus vergleicht ihn mit einem Kampf, für den man Gottes Ausrüstung braucht. Mit ihr bekommt man Stärke und wird siegen.

Die christliche Gemeinde ist Gottes Familie. Da Jesus für alle dasselbe getan hat und alle dieselbe Zukunft haben, gehören sie zusammen, insbesondere Juden und Nichtjuden. Diese Einheit soll im Leben der Gemeinde zum Ausdruck kommen, durch Toleranz und im Trachten jedes Einzelnen, der ganzen Gemeinde zu dienen. – Neben vielen Einzelbeispielen stellt Paulus anhand von Ehe, Familie und Dienstverhältnissen ausführlicher dar, wie Leben nach Gottes Willen praktisch aussieht. Die Ehe wird zum Abbild der Beziehung zwischen Gott und der christlichen Gemeinde. Familienleben wird von Respekt geprägt. Sklaven und Freie sind vor Gott gleich und können einander vertrauen.

Wichtige Personen

Paulus — Apostel und Briefautor
Tychikus — Mitarbeiter von Paulus

Wichtiger Ort

Ephesus — Stadt im Westen der heutigen Türkei

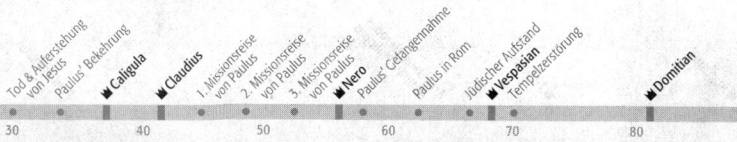

DER BRIEF AN DIE EPHESER

DER BRIEF AN DIE EPHESER	
1	Lob Gottes – Gebet für die Gemeinde
2–3	Neue Schöpfung in Christus
4–6	Lebensgestaltung in der Gemeinde und im Alltag

1–2
Begrüßung und Segen für die Epheser. Paulus betet und dankt für die Epheser. Gerettet durch Gottes Gnade.

[Gottes Königsherrschaft und der Messias]

Epheser 1,10

Erwählung
»Durch Christus« – diese Formulierung ist der Refrain der Eingangszeilen im Epheserbrief. Das gesamte Universum ist ihm unterstellt. Durch Christus also sind die Glaubenden Erwählte Gottes:
Durch ihn sind sie Gesegnete (V. 3); durch ihn sind sie Gottes Kinder (V. 5). Durch sein Blut sind sie freigekauft (V. 7) und empfangen das Erbe von Gott durch ihn (V. 11). Im griechischen Grundtext ist das »in ihm« noch häufiger und deutlicher betont.
Gott hat also *die* Erwählten ausersehen, indem er *den* Erwählten aussah. Es ist, als ob Gottes Blick auf ein Porträt fällt und Gott sich an dem freut, der abgebildet ist – und zugleich spiegelt sich im Glas des Bilderrahmens das Gesicht seines Sohnes, Christus, an dem Gott seine helle Freude hat.
Auf geheimnisvolle Weise ist so die Erwählung des Volkes Gottes abgeleitet aus der Erwählung von Christus, dem Erwählten.
(Kolosser 2,9 «« | »» Römer 5,15-19)

Epheser 1,22-23

Erwählung
Indem Gott seinen Sohn von den Toten auferweckte, hat er ihm eine Machtstellung über alle gegenwärtigen und künftigen Mächte, alle sichtbaren und unsichtbaren Herrscher gegeben. Über das ganze Universum ist er gestellt. Zugleich ist er Herr seiner Gemeinde. Es ist erstaunlich, dass in V. 22 beides parallel genannt wird: die Herrschaft von Jesus über alle Welt und über die Gemeinde.
Es ist, als wollte Jesus über das Universum regieren, indem er von seiner Gemeinde aus wirkt. Christus erfüllt die Gemeinde und *so* auch alles andere (V. 23). »Gottes Absicht war es, dass Mächte und Gewalten im Himmel *durch seine Gemeinde* den Reichtum seiner Weisheit erkennen« (Eph 3,10).
Damit haben die Nachfolger von Jesus Anteil an seiner Erwählung. Gott setzte seinen Sohn in eine Ehrenstellung ein und der Sohn zieht die Gemeinde seiner Nachfolger dorthin mit.
(Johannes 20,21 «« | »» Epheser 2,7)

Grüße von Paulus

1 Diesen Brief schreibt Paulus, ein von Gott berufener Apostel von Christus Jesus, an alle in Ephesus*, die an Christus Jesus glauben und zu Gott gehören*. ²Ich wünsche euch Gnade und Frieden von Gott, unserem Vater, und von Jesus Christus, unserem Herrn.

Geistlicher Segen

³Wir loben Gott, den Vater von Jesus Christus, unserem Herrn, der uns durch Christus mit dem geistlichen Segen in der himmlischen Welt reich beschenkt hat. ⁴Schon vor Erschaffung der Welt hat Gott uns aus Liebe dazu bestimmt, vor ihm heilig zu sein und befreit von Schuld. ⁵Von Anfang an war es sein unveränderlicher Plan, uns durch Jesus Christus als seine Kinder aufzunehmen, und an diesem Beschluss hatte er viel Freude.

⁶Deshalb loben wir Gott für die herrliche Gnade, mit der er uns durch Jesus Christus so reich beschenkt hat. ⁷Seine Gnade ist so groß, dass er unsere Freiheit mit dem Blut seines Sohnes erkauft hat, sodass uns unsere Sünden vergeben sind. ⁸Er hat uns mit Gnade überhäuft und uns Weisheit und Erkenntnis gegeben.

⁹So hat Gott uns nun seinen Willen erkennen lassen, der lange verborgen war, und uns seinen Plan mit Christus offenbart. ¹⁰Gott beschloss, wenn die Zeit dafür gekommen ist, alles im Himmel und auf der Erde der Vollmacht von Christus zu unterstellen. ¹¹Darüber hinaus haben wir durch Christus ein göttliches Erbe empfangen*, denn Gott hat uns von Anfang an erwählt, wie er es mit seinem Willen beschlossen hatte. ¹²Wir, die wir als Erste auf Christus gehofft haben, sollen mit unserem Leben Gottes Herrlichkeit loben. ¹³Und nun habt auch ihr die Wahrheit gehört, die gute Botschaft, dass Gott euch rettet. Ihr habt an Christus geglaubt, und er hat euch mit dem Siegel seines Heiligen Geistes, den er vor langer Zeit zugesagt hat, als sein Eigentum bestätigt. ¹⁴Der Heilige Geist ist die Garantie dafür, dass er uns alles geben wird, was er uns versprochen hat, und dass wir sein Eigentum sind – zum Lob seiner Herrlichkeit.

Paulus betet um geistliche Weisheit

¹⁵Seit ich das erste Mal von eurem festen Glauben an Jesus, den Herrn, und von eurer Liebe zu allen Gläubigen hörte, ¹⁶habe ich nicht aufgehört, Gott für euch zu danken. Ich bete ständig für euch ¹⁷und bitte den Gott unseres Herrn Jesus Christus, den Vater der Herrlichkeit, euch den Geist der Weisheit und Einsicht* zu schenken, damit eure Erkenntnis von Gott immer größer wird. ¹⁸Ich bete, dass eure Herzen hell erleuchtet werden, damit ihr die wunderbare Zukunft, zu der er euch berufen hat, begreift und erkennt, welch reiches und herrliches Erbe er den Gläubigen geschenkt hat*.

¹⁹Ich bete, dass ihr erkennen könnt, wie übermächtig groß seine Kraft ist, mit der er in uns, die wir an ihn glauben, wirkt. Es ist dieselbe gewaltige Kraft, ²⁰die auch Christus von den Toten auferweckt und ihm den Ehrenplatz an Gottes rechter Seite im Himmel gegeben hat. ²¹Jetzt ist er als Herrscher eingesetzt über jede weltliche Regierung, Gewalt, Macht und jede Herrschaft und über alles andere, in dieser wie in der zukünftigen Welt. ²²Gott hat alles der Herrschaft von Christus unterstellt und hat Christus als Herrn über die Gemeinde eingesetzt. ²³Die Gemeinde aber ist sein Leib, und sie ist erfüllt von Christus, der alles ganz mit seiner Gegenwart erfüllt.

Mit Christus lebendig gemacht

2 Auch ihr wart früher tot aufgrund eurer Sünden. ²Ihr habt genauso in der Sünde gelebt wie der Rest der Welt, beherrscht von Satan, der im Machtbereich der Luft regiert. Er ist der Geist, der in den Herzen derer wirkt, die Gott nicht gehorchen wollen. ³Wir alle haben früher so gelebt und uns von den Leidenschaften und Begierden unserer alten Natur beherrschen lassen. Wir wurden mit dieser Natur geboren und waren Gottes Zorn ausgeliefert wie alle anderen Menschen auch.

⁴Doch Gott ist so barmherzig und liebte uns so sehr, ⁵dass er uns, die wir durch unsere Sünden tot waren, mit Christus neues Leben schenkte, als er ihn von den Toten auferweckte. Nur durch die Gnade Gottes seid ihr gerettet worden! ⁶Denn er hat uns zusammen mit Christus von den Toten auferweckt und wir gehören nun mit Jesus zu seinem himmlischen Reich. ⁷So wird er für alle Zeiten an uns seine Güte und den Reichtum seiner Gnade sichtbar machen, die sich in allem zeigt, was er durch Christus Jesus für uns getan hat.

⁸Weil Gott so gnädig ist, hat er euch durch den Glauben gerettet. Und das ist nicht euer eigenes Verdienst; es ist ein Geschenk Gottes: ⁹Ihr werdet also nicht aufgrund eurer guten Taten gerettet, damit sich niemand etwas darauf einbilden

---

1,1a In manchen Handschriften fehlt die Wendung *in Ephesus*. **1,1b** Griech. *die Heiligen*. **1,11** O. *sind wir Gottes Erbe geworden*. **1,17** Griech. *Offenbarung*. **1,18** O. *erkennt, wie sehr Gott verherrlicht wurde, indem er sein Volk erkaufte*.

DER BRIEF AN DIE EPHESER

1	Lob Gottes – Gebet für die Gemeinde
2–3	Neue Schöpfung in Christus
4–6	Lebensgestaltung in der Gemeinde und im Alltag

2–3
Juden und Christen sind eine Familie in Christus. Das Geheimnis von Christus wird offengelegt. Erneutes Gebet für die Gemeinde.

[Gottes Königsherrschaft und der Messias]

kann. ¹⁰Denn wir sind Gottes Schöpfung. Er hat uns in Christus Jesus neu geschaffen, damit wir zu guten Taten fähig sind, wie er es für unser Leben schon immer vorgesehen hat.

Einheit und Frieden in Christus
¹¹Vergesst nicht, dass ihr, die ihr keine Juden

Epheser 2,1-7

Gottes Liebe, Gottes Zorn
Kein Mensch kann die Barmherzigkeit, Gnade und Liebe Gottes verdienen. Zunächst zeigt dieser Briefabschnitt, wie hilflos wir ohne Gott gewesen wären: tot aufgrund unserer Sünden, vom Satan beherrscht und unfähig, Gott zu gehorchen. Paulus bezieht sich dabei nicht nur auf die »Heiden«, die vielleicht besonders zügellos gelebt haben. Er schließt auch sich selbst mit ein (V. 3), wenn er behauptet: »Ich habe das jüdische Gesetz so streng befolgt, dass mir nie jemand etwas nachsagen konnte« (Phil 3,6). Paulus weiß: Menschliche Anstrengungen allein reichen nicht aus, um jemanden dem Machtbereich Satans zu entreißen oder gar um sich selbst vom Tod zu erwecken. Nur Gott allein ist fähig, dies zu tun. Und Gott tat dies für uns, durch seinen Sohn Jesus Christus (Eph 2,7).
Unserem Verhalten nach müsste uns der göttliche Zorn treffen. Doch Gottes Liebe ist größer als sein Zorn, und er selbst lädt uns ein, »mit Jesus zu seinem himmlischen Reich zu gehören« (V. 6).
(Römer 1,18 «« | »» Römer 5,8)

Epheser 2,7

Erwählung
Die Glaubenden sind das Erkennungszeichen von Gottes Güte und dem Reichtum seiner Gnade. Gott handelte durch Christus an ihnen, um sich so allen zu zeigen.
Wenn die Gemeinde von Jesus diese Berufung hat, dann ist damit die Erwählung von Israel als Gottes Eigentum nicht aufgehoben. Sondern auch Israel ist aufgerufen, Gott zu folgen. Die Erwählung gilt nun dem Volk Gottes, das gemeinsam aus Juden und Nichtjuden besteht, aus Israel und der Gemeinde (V. 14-18). »Durch das, was Christus für uns getan hat, können wir jetzt alle, ob wir Juden sind oder nicht, in einem Geist zum Vater kommen« (V. 18).
Die Erwählungslinie Gottes kommt also von Israel her, bündelt sich dann in Jesus Christus und weitet sich von ihm her aus. Jetzt schließt sie Israel und die Gemeinde ein. Die Gemeinschaft derer, die an Jesus glauben, sind nicht die Nachfolger Israels und haben Israel in seiner Erwählung nicht abgelöst. Vielmehr stehen Juden und Jesusnachfolger zusammen – in Christus. Sie sind jetzt ein Volk Gottes.
(Epheser 1,22-23 «« | »» Apostelgeschichte 3,26)

Mord an Julius Cäsar
Herodes der Große

Augustus

Tiberius

Archelaus, Herodes Antipas, Philippus
Geburt von Jesus

Pontius Pilatus
Taufe von Jesus

40 v. Chr. — 30 — 20 — 10 — 0 — 10 — 20 — 30

seid, aufgrund eurer Herkunft Außenstehende wart. »Unbeschnittene« nannten euch die Juden, die das äußere Zeichen der Beschneidung tragen. ¹²Damals lebtet ihr getrennt von Christus. Ihr wart vom Volk Gottes, Israel, ausgeschlossen und wusstet nichts von den Zusagen, die er ihm gegeben hatte. Euer Leben in dieser Welt war ohne Gott und ohne Hoffnung. ¹³Aber nun gehört ihr Christus Jesus. Ihr wart fern von Gott, doch nun seid ihr ihm nahe durch das Blut seines Sohnes*.

¹⁴Denn Christus selbst brachte Frieden zwischen den Juden und den Menschen aus allen anderen Völkern, indem er uns zu einem einzigen Volk vereinte. Er hat die Mauer der Feindschaft, die uns früher trennte, niedergerissen. Durch seinen Tod ¹⁵hat er dem Gesetz mit seinen Geboten und Verordnungen ein Ende bereitet und dadurch Frieden gestiftet, indem er beide in sich zu einem einzigen neuen Menschen schuf. ¹⁶Er hat sie in einem Leib vereint und durch das Kreuz mit Gott versöhnt, sodass die Feindschaft ein Ende fand. ¹⁷Er ist gekommen und brachte die Botschaft des Friedens euch, die ihr fern von ihm wart, und den Juden, die ihm nahe waren. ¹⁸Durch das, was Christus für uns getan hat, können wir jetzt alle, ob wir Juden sind oder nicht, in einem Geist zum Vater kommen.

Ein Tempel für den Herrn

¹⁹Deshalb seid ihr nicht länger Fremde und ohne Bürgerrecht, sondern ihr gehört zu den Gläubigen*, zu Gottes Familie. ²⁰Wir sind sein Haus, das auf dem Fundament der Apostel und Propheten erbaut ist mit Christus Jesus selbst als Eckstein. ²¹Dieser Eckstein fügt den ganzen Bau zu einem heiligen Tempel für den Herrn zusammen. ²²Durch Christus, den Eckstein, werdet auch ihr eingefügt und zu einer Wohnung, in der Gott durch seinen Geist lebt.

Gottes verborgener Heilsplan wurde offenbart

3 Ich, Paulus, bin im Gefängnis, ein Gefangener für Jesus Christus, weil ich euch, die ihr anderen Völkern angehört, die Botschaft Gottes verkündet habe. ²Ihr habt ja gehört, dass Gott mir die besondere Aufgabe anvertraut hat, euch von seiner Gnade zu erzählen. ³Und wie ich in diesem Brief bereits erwähnte, hat Gott selbst mir seinen verborgenen Plan offenbart. ⁴Wenn ihr lest, was ich geschrieben habe, werdet ihr verstehen, was ich über das Geheimnis des Christus weiß. ⁵Früheren Generationen hat Gott es nicht offenbart, doch nun hat er es seinen heiligen Aposteln und Propheten durch seinen Geist zu erkennen gegeben:

⁶Auch die anderen Völker sollen durch Christus das Reich Gottes erben, zu seiner Gemeinde* gehören und die Zusagen Gottes in Anspruch nehmen, wie es die gute Botschaft sagt. ⁷Gott hat mich zum Diener dieser Botschaft gemacht, indem er mir mit seiner großen Kraft die Gnade dazu geschenkt hat. ⁸Obwohl ich der Geringste unter denen bin, die zu Christus gehören*, hat Gott mich ausgesucht, um den anderen Völkern von dem großen Reichtum zu erzählen, der ihnen in Christus offen steht. ⁹Ich wurde berufen, allen den Willen Gottes zu erklären, den er, der Schöpfer aller Dinge, von Anfang an verborgen gehalten hatte.

¹⁰Gottes Absicht war es, dass Mächte und Gewalten im Himmel durch seine Gemeinde den Reichtum seiner Weisheit erkennen. ¹¹Das war sein unabänderlicher Plan, und nun wird er durch Christus Jesus, unseren Herrn, erfüllt.

¹²Durch Christus und unseren Glauben an ihn können wir nun ohne Furcht und voller Zuversicht zu Gott kommen. ¹³Deshalb verliert nicht den Mut wegen meiner Gefangenschaft. Dass ich euretwegen leide, ist für euch eine Ehre.

Gebet um geistliche Vollmacht

¹⁴Ich kann nur meine Knie beugen vor Gott, dem Vater*, ¹⁵dem Vater vor allem, was im Himmel und auf der Erde ist. ¹⁶Ich bete, dass er euch aus seinem großen Reichtum die Kraft gibt, durch seinen Geist innerlich stark zu werden. ¹⁷Und ich bete, dass Christus durch den Glauben immer mehr in euren Herzen wohnt und ihr in der Liebe Gottes fest verwurzelt und gegründet seid. ¹⁸So könnt ihr mit allen Gläubigen das ganze Ausmaß* seiner Liebe erkennen. ¹⁹Und ihr könnt auch die Liebe erkennen, die Christus zu uns hat; eine Liebe, die größer ist, als ihr je begreifen werdet. Dadurch wird euch der Reichtum Gottes immer mehr erfüllen. ²⁰Durch die mächtige Kraft, die in uns wirkt, kann Gott unendlich viel mehr tun, als wir je bitten oder auch nur hoffen würden. ²¹Ihm gehört alle Ehre in der Gemeinde und durch Christus Jesus für alle Zeit und Ewigkeit. Amen.

2,13 Griech. *des Christus.* **2,19** Griech. *den Heiligen.* **3,6** Griech. *Leib.* **3,8** Griech. *den Heiligen.* **3,14** In manchen Handschriften heißt es *zum Vater unseres Herrn Jesus Christus.* **3,18** Griech. *was die Breite und Länge und Höhe und Tiefe ist.*

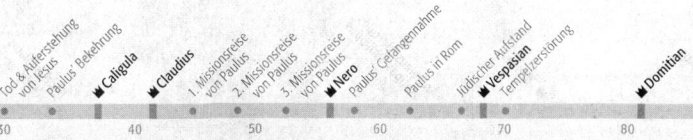

DER BRIEF AN DIE EPHESER

1	Lob Gottes – Gebet für die Gemeinde
2–3	Neue Schöpfung in Christus
4–6	Lebensgestaltung in der Gemeinde und im Alltag

4–5
Die Gemeinde in Christus und ihre Dienste. Das neue Wesen in Christus. Als Kinder des Lichts leben. Die Ehe in Christus.

[Gottes Königsherrschaft und der Messias]

Einheit in der Gemeinde

4 Als ein Gefangener für den Herrn fordere ich euch deshalb auf, ein Leben zu führen, das eurer Berufung würdig ist, denn ihr seid ja von Gott berufen worden. ²Seid freundlich und demütig, geduldig im Umgang miteinander. Ertragt einander voller Liebe. ³Bemüht euch, im Geist eins zu sein, indem ihr untereinander Frieden haltet.

⁴Ihr sollt alle gemeinsam ein Leib sein und einen Geist haben, weil ihr alle zu einer Hoffnung berufen seid. ⁵Es gibt nur einen Herrn, einen Glauben, eine Taufe, ⁶und es gibt auch nur einen Gott und Vater, der über allen steht und durch alle lebt und in uns allen ist. ⁷Doch hat jeder von uns seinen Anteil an der Gnade geschenkt bekommen, so wie Christus sie uns geschenkt hat. ⁸Deshalb heißt es in der Schrift:

»Er ist in die Höhen hinaufgestiegen und hat Gefangene mit sich geführt und den Menschen Gaben geschenkt.«*

⁹Dass er in die Höhen hinaufstieg, bedeutet aber auch, dass er vorher herabgekommen war: Er kam als Mensch auf die Erde*. ¹⁰Er, der herabkam, ist derselbe, der über alle Himmel hinaufstieg, damit er Herr über alles ist.

¹¹Er hat die einen als Apostel, die anderen als Propheten, wieder andere als Prediger und schließlich einige als Hirten und Lehrer eingesetzt. ¹²Ihre Aufgabe ist es, die Gläubigen für ihren Dienst vorzubereiten und die Gemeinde – den Leib Christi – zu stärken. ¹³Auf diese Weise sollen wir alle im Glauben eins werden und den Sohn Gottes immer besser kennenlernen, sodass unser Glaube zur vollen Reife gelangt und wir ganz von Christus erfüllt sind.

¹⁴Dann werden wir nicht länger wie Kinder sein und uns ständig von jeder fremden Meinung beeinflussen oder verunsichern lassen, nur weil geschickte Betrüger uns eine Lüge als Wahrheit hinstellen. ¹⁵Stattdessen lasst uns in Liebe an der Wahrheit festhalten und in jeder Hinsicht Christus ähnlicher werden, der das Haupt seines Leibes – der Gemeinde – ist. ¹⁶Durch ihn wird der ganze Leib zu einer Einheit. Und jeder Teil erfüllt seine besondere Aufgabe und trägt zum Wachstum der anderen bei, sodass der ganze Leib gesund ist und wächst und von Liebe erfüllt ist.

Als Kinder des Lichts leben

¹⁷Ich will vor Gott bezeugen, dass ihr nicht mehr leben sollt wie Menschen, die Gott nicht ken-

4,8 Psalm 68,19.   4,9 O. *in die unteren Teile der Erde.*

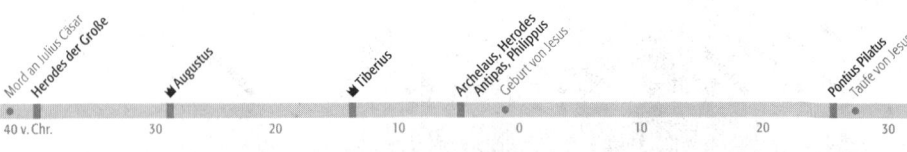

nen* und deren Denken ohne Sinn und Ziel ist. ¹⁸Ihr Verstand ist verfinstert und sie sind von dem Leben, das Gott für sie hat, weit entfernt, weil sie von ihm nichts wissen wollen und ihre Herzen hart geworden sind. ¹⁹Gleichgültig überlassen sie sich ganz ihren ausschweifenden Leidenschaften und suchen gierig nach jeder Art von Verlockung. ²⁰Doch ihr habt das Wesen von Christus anders erlernt. ²¹Ihr habt ihm doch zugehört und kennt die Wahrheit, die in ihm ist? ²²Deshalb sollt ihr euer altes Wesen und eure frühere Lebensweise ablegen, die durch und durch verdorben war und euch durch trügerische Leidenschaften zugrunde richtete. ²³Lasst euch stattdessen einen neuen Geist und ein verändertes Denken geben. ²⁴Als neue Menschen, geschaffen nach dem Ebenbild Gottes und zur Gerechtigkeit, Heiligkeit und Wahrheit berufen, sollt ihr auch ein neues Wesen annehmen.

²⁵Hört auf zu lügen und »sagt einander die Wahrheit«*, weil wir aufeinander angewiesen sind. ²⁶»Sündigt nicht, wenn ihr zornig seid«*, und lasst die Sonne nicht über eurem Zorn untergehen. ²⁷Gebt dem Teufel keine Möglichkeit, durch den Zorn Macht über euch zu gewinnen! ²⁸Wer ein Dieb ist, soll aufhören zu stehlen. Er soll seine Hände zu ehrlicher Arbeit gebrauchen und dann anderen, die in Not sind, großzügig geben. ²⁹Verzichtet auf schlechtes Gerede, sondern was ihr redet, soll für andere gut und aufbauend sein, damit sie im Glauben ermutigt werden.

³⁰Achtet darauf, den Heiligen Geist nicht durch euer Verhalten zu betrüben. Denkt vielmehr daran, dass ihr sein Siegel tragt und dadurch die Gewissheit habt, dass der Tag der Erlösung kommen wird.

³¹Befreit euch von Bitterkeit und Wut, von Ärger, harten Worten und übler Nachrede sowie jeder Art von Bosheit. ³²Seid stattdessen freundlich und mitfühlend zueinander und vergebt euch gegenseitig, wie auch Gott euch durch Christus vergeben hat.

Im Licht leben

5 Folgt in allem Gottes Beispiel, denn ihr seid seine geliebten Kinder. ²Euer Leben soll von Liebe geprägt sein, wie auch Christus uns geliebt hat, denn er hat sich selbst als Gabe und Opfer für unsere Sünden gegeben. Und Gott hatte Gefallen an diesem Opfer, das wie ein wohlriechender Duft zu ihm aufstieg.

³Weil ihr Gott gehört*, soll es keine Unzucht, Unreinheit oder Habgier unter euch geben. ⁴Genauso unpassend für euch ist schmutziges, dummes und anzügliches Gerede; vielmehr sollt ihr Gott danken. ⁵Ihr könnt sicher sein, dass kein unzüchtiger, unreiner oder habgieriger Mensch je das Reich Christi und Gottes miterben wird. Denn ein Habgieriger ist nur ein Götzendiener, der weltliche Dinge anbetet. ⁶Lasst euch nicht von leeren Worten verführen! Der Zorn Gottes wird alle treffen, die ihm ungehorsam sind. ⁷Gebt euch also nicht mit ihnen ab. ⁸Auch wenn es früher in euch finster war, seid ihr jetzt vom Licht des Herrn erfüllt; deshalb lebt nun auch als Kinder des Lichts! ⁹Denn dieses Licht in euch bringt lauter Güte, Gerechtigkeit und Wahrheit hervor.

¹⁰Findet heraus, was dem Herrn Freude macht. ¹¹Beteiligt euch nicht an den nutzlosen Taten der Finsternis, sondern deckt sie vielmehr auf. ¹²Es ist beschämend, auch nur davon zu reden, was gottlose Menschen im Verborgenen treiben. ¹³Doch wenn das Licht darauf fällt, wird alles sichtbar werden. ¹⁴Was aber sichtbar wird, wird nun auch Licht. Deshalb heißt es:

»Wach auf, du Schläfer, steh von den Toten auf, dann wird Christus dir aufleuchten.«

Aus der Kraft des Geistes leben

¹⁵Achtet sorgfältig darauf, wie ihr lebt; handelt nicht unklug, sondern bemüht euch, weise zu sein. ¹⁶Nutzt jede Gelegenheit, in diesen üblen Zeiten Gutes zu tun. ¹⁷Handelt nicht gedankenlos, sondern versucht zu begreifen, was der Herr von euch will. ¹⁸Betrinkt euch nicht mit Wein; sonst ruiniert ihr damit euer Leben. Lasst euch stattdessen vom Heiligen Geist erfüllen. ¹⁹Singt miteinander Psalmen und Lobgesänge und geistliche Lieder, und in euren Herzen wird Musik sein zum Lob Gottes. ²⁰Und dankt Gott, dem Vater, zu jeder Zeit für alles im Namen unseres Herrn Jesus Christus.

Über die Ehe

²¹Ordnet euch aus Achtung vor Christus* bereitwillig einander unter. ²²Ihr Ehefrauen sollt euch euren Männern unterordnen, so wie ihr euch dem Herrn unterordnet. ²³Denn der Mann ist das Haupt seiner Frau, wie Christus das Haupt seines Leibes – der Gemeinde – ist, für die er sein Leben gab, um sie zu retten. ²⁴So wie die Gemeinde sich Christus unterordnet, sollt ihr Ehefrauen euch auch euren Männern in allem unterordnen.

4,17 Griech. *Heiden*. **4,25** Sacharja 8,16. **4,26** Psalm 4,5. **5,3** Griech. *Heilige* [seid]. **5,21** Griech. *in der Furcht Christi*.

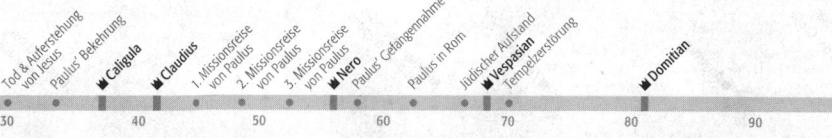

DER BRIEF AN DIE EPHESER

1	Lob Gottes – Gebet für die Gemeinde
2–3	Neue Schöpfung in Christus
4–6	Lebensgestaltung in der Gemeinde und im Alltag

5–6
Verhalten zwischen Kindern und Eltern, Sklaven und Herren. Sich mit Gottes Waffen rüsten. Grußworte.

[Gottes Königsherrschaft und der Messias]

²⁵Und ihr Ehemänner, liebt eure Frauen mit derselben Liebe, mit der auch Christus die Gemeinde geliebt hat. Er gab sein Leben für sie, ²⁶damit sie befreit von Schuld ganz ihm gehört, rein gewaschen durch die Taufe und Gottes Wort.* ²⁷Er tat dies, um sie als herrliche Gemeinde vor sich hinzustellen, ohne Flecken und Runzeln oder dergleichen, sondern heilig und makellos. ²⁸Genauso müssen auch die Ehemänner ihre Frauen lieben, wie sie ihren eigenen Körper lieben. Denn ein Mann liebt auch sich selbst, wenn er seine Frau liebt. ²⁹Niemand hasst doch seinen eigenen Körper, sondern sorgt liebevoll für ihn, wie auch Christus für seinen Leib, also für die Gemeinde, sorgt. ³⁰Und wir gehören zu seinem Leib.

³¹In der Schrift heißt es: »Deshalb wird ein Mann Vater und Mutter verlassen und sich an seine Frau binden und die beiden werden zu einer Einheit.«* ³²Das ist ein großes Geheimnis, aber ich deute es als ein Bild für die Einheit von Christus und der Gemeinde. ³³Deshalb sage ich noch einmal, dass jeder Ehemann seine Frau so lieben soll, wie er sich selbst liebt, und dass die Ehefrau ihren Mann achten und respektieren soll.

Kinder und Eltern

6 Ihr Kinder sollt euren Eltern gehorchen, weil ihr dem Herrn gehört, denn so handelt ihr richtig. ²»Ihr sollt Vater und Mutter ehren.« Das ist das erste der Gebote, an das eine Zusage Gottes geknüpft ist: ³Wenn du deinen Vater und deine Mutter ehrst, »wird es dir gut gehen und du wirst ein langes Leben haben.«*

⁴Und ihr Väter, seid nicht ungerecht gegen eure Kinder. Erzieht sie vielmehr mit Disziplin und zeigt ihnen den richtigen Weg, so wie es Christus entspricht.*

Sklaven und Herren

⁵Ihr Sklaven sollt euren irdischen Herren gehorchen. Achtet und ehrt sie und dient ihnen mit aufrichtigem Herzen, wie ihr Christus dient. ⁶Arbeitet hart, aber nicht nur, um euren Herren zu gefallen, wenn sie euch dabei sehen. Versteht euch vielmehr als Sklaven, die Christus gehören und die von Herzen den Willen Gottes erfüllen. ⁷Arbeitet so bereitwillig, als würdet ihr Gott die-

---

5,26 Griech. *um sie zu heiligen; er hat sie gereinigt durch das Wasserbad im Wort.* **5,31** 1. Mose 2,24. **6,2-3** 5. Mose 5,16. **6,4** Griech. *Reizt eure Kinder nicht (zum Zorn), sondern erzieht sie in der Unterweisung und Ermahnung, wie sie zum Herrn gehören.*

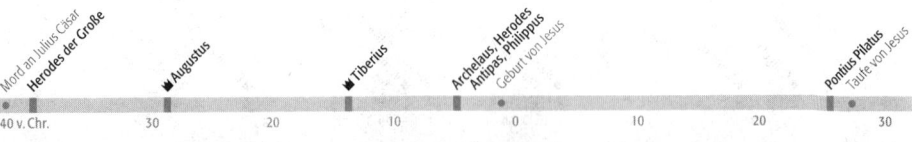

nen und nicht Menschen. ⁸Denkt daran, dass der Herr jeden von uns für das Gute belohnen wird, das wir tun, ob wir nun Sklaven sind oder frei.

⁹Und genauso sollt auch ihr Herren eure Sklaven behandeln. Droht ihnen nicht, sondern denkt immer daran, dass ihr beide denselben Herrn im Himmel habt, der keinen Menschen bevorzugt.

Die Waffenrüstung Gottes

¹⁰Noch ein Wort zum Schluss: Werdet stark durch den Herrn und durch die mächtige Kraft seiner Stärke! ¹¹Legt die komplette Waffenrüstung Gottes an, damit ihr allen hinterhältigen Angriffen des Teufels widerstehen könnt. ¹²Denn wir kämpfen nicht gegen Menschen aus Fleisch und Blut, sondern gegen die bösen Mächte und Gewalten der unsichtbaren Welt, gegen jene Mächte der Finsternis, die diese Welt beherrschen, und gegen die bösen Geister in der Himmelswelt.

¹³Bedient euch der ganzen Waffenrüstung Gottes. Wenn es dann so weit ist, werdet ihr dem Bösen widerstehen können und noch aufrecht stehen, wenn ihr den Kampf gewonnen habt. ¹⁴Sorgt dafür, dass ihr fest steht, indem ihr euch mit dem Gürtel der Wahrheit und dem Panzer der Gerechtigkeit Gottes umgebt. ¹⁵Eure Füße sollen für die gute Botschaft eintreten, die den Frieden mit Gott verkündet. ¹⁶Setzt den Glauben als einen Schutzschild ein, um die feurigen Pfeile des Satans abzuwehren. ¹⁷Setzt den Helm eurer Rettung auf* und nehmt das Wort Gottes, euer Schwert, das der Geist euch gibt. ¹⁸Betet immer und in jeder Situation mit der Kraft des Heiligen Geistes. Bleibt wachsam und betet auch beständig für alle, die zu Christus gehören*.

¹⁹Betet auch für mich und bittet Gott, mir die richtigen Worte zu geben, wenn ich mutig das Geheimnis seiner guten Botschaft weitersage. ²⁰Ich bin im Gefängnis, weil ich als Gottes Bote diese Botschaft verkündet habe. Betet darum, dass ich weiter so offen und furchtlos rede, wie es mir aufgetragen ist!

Abschließende Grüße

²¹Tychikus, ein geliebter Bruder und treuer Helfer im Dienst des Herrn, wird euch alles von mir erzählen, damit ihr wisst, wie es um mich steht und was ich tue. ²²Mit diesem Auftrag schicke ich ihn zu euch: Er wird euch berichten, wie es uns geht, und wird euch ermutigen.

²³Ich wünsche euch Frieden, liebe Freunde*, und Liebe mit Glauben von Gott, dem Vater, und Jesus Christus, dem Herrn. ²⁴Gottes Gnade wünsche ich allen, die Jesus Christus, unseren Herrn, für immer lieben!

6,17 Griech. *den Helm des Heils.* **6,18** Griech. *die Heiligen.* **6,23** Griech. *Brüder.*

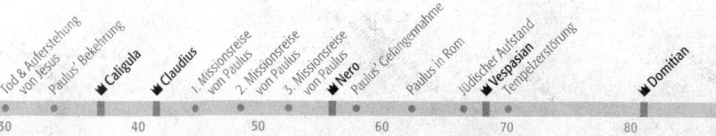

Ihr Christen habt in eurer Obhut ein Dokument mit genug Dynamit in sich, die gesamte Zivilisation in Stücke zu blasen, die Welt auf den Kopf zu stellen; dieser kriegszerrissenen Welt Frieden zu bringen. Aber ihr geht damit so um, als ob es bloß ein Stück guter Literatur ist, sonst weiter nichts.

Mahatma Gandhi

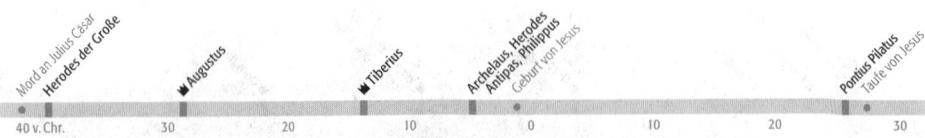

Philipper

Inhalt
Paulus schreibt diesen Brief aus einem Gefängnis, wo er aufgrund seiner Jesusverkündigung einsitzt. Trotzdem oder deswegen ist Freude das Leitmotiv des Briefs: Paulus freut sich darüber, dass er dort neue Möglichkeiten hat, die gute Botschaft weiterzusagen; dass andere Christen dadurch sogar Furcht verloren haben; dass er vielleicht bald stirbt und bei Jesus ist. Die Gemeinde soll sich auch freuen, danken, statt sich sorgen, vorbildlich leben und Jesus verkündigen, mutig und unbeirrt.

Was sein Sterben betrifft, so sieht Paulus in beiden Möglichkeiten das Positive: Er freut sich darauf, dass Gott ihn nach dem Tod in seine Gegenwart holt und vollständig verwandelt; andererseits liegen ihm seine Zeitgenossen am Herzen, für die er noch da sein will.

Für das Leben soll Jesus selbst Vorbild sein. Indem er auf die Erde gekommen und am Kreuz gestorben ist, hat er sich freiwillig erniedrigt. Dann hat Gott ihn wieder zu sich geholt und geehrt. Das ist auch das Ziel aller Christen. Um es zu erreichen, vertraut Paulus allein auf Jesus und was er getan hat. Dafür hat Paulus alles aufgegeben, was ihn in der jüdischen Gesellschaft hoch geachtet sein ließ.

Zum Schluss bedankt Paulus sich dafür, dass die Gemeinde in Philippi ihn immer wieder großzügig unterstützt hat. In Zeiten des Wohlstands wie auch des Mangels erlebt er, dass Jesus ihm genug Kraft gibt.

Wichtige Personen
Paulus	Briefautor
Mitarbeiter:	
Timotheus	
Epaphroditus	
Klemens	
Evodia	
Syntyche	
Syzygus	

Wichtige Orte
Philippi	Stadt im Nordosten des heutigen Griechenland
(Südost-)Mazedonien	Nordosten des heutigen Griechenland
Thessalonich	Stadt im Nordosten des heutigen Griechenland

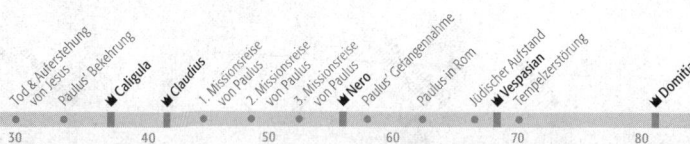

DER BRIEF AN DIE PHILIPPER

1	Die Verbundenheit von Paulus mit der Gemeinde
2,1-18	Leben nach dem Vorbild von Christus
2,19-30	Zwei Empfehlungsschreiben
3	Christus ist das Zentrum und das Ziel
4	Persönliche Mahnungen und Dank des Apostels

1–2
Paulus freut sich über die Philipper und über die Verbreitung der Botschaft. Er sehnt sich nach Christus. Ermutigung, zu lieben wie Christus.

[Gottes Königsherrschaft und der Messias]

DER BRIEF AN DIE PHILIPPER

Grüße von Paulus

1 Diesen Brief schreiben Paulus und Timotheus, Diener von Christus Jesus. Er richtet sich an alle Gläubigen in Philippi, an die Ältesten* und Diakone. ²Wir wünschen euch Gnade und Frieden von Gott, unserem Vater, und Jesus Christus, dem Herrn.

Dank und Gebet

³Jedes Mal, wenn ich an euch denke, danke ich meinem Gott. ⁴Ich bete immer für euch und tue es mit frohem Herzen. ⁵Denn ihr habt euch vom ersten Tag an bis heute gemeinsam mit mir für die gute Botschaft eingesetzt. ⁶Ich bin ganz sicher, dass Gott, der sein gutes Werk in euch angefangen hat, damit weitermachen und es vollenden wird bis zu dem Tag, an dem Christus Jesus wiederkommt.

⁷Es ist nur natürlich, wenn ich so empfinde, denn ihr liegt mir sehr am Herzen. Gemeinsam

1,1 Griech. *Aufseher*.

Philipper 2,5-11

Die Antwort des Menschen
Manche Ausleger meinen, es handle sich hier (V. 5-11) um ein altes Lied der Urgemeinde, das Paulus hier in seinen Brief einfügt. Es geht um die Erniedrigung und die Erhöhung von Jesus. Dabei ist die wichtigste Erkenntnis: Jesus hat sich selbst erniedrigt; Gott hat ihn erhöht. Dies soll der Gemeinde als Vorbild dafür dienen, dass alle lernen, bescheiden zu sein und andere höher zu achten als sich selbst.
Der Text lässt erkennen, wie die frühesten Apostel und Missionare das Wesen von Jesus verstanden. Schon vor seiner Geburt als Mensch auf der Erde existierte er mit Gott und war Gott. Und nach seiner Kreuzigung und Auferstehung kehrte er wieder zu dieser Stelle neben Gott zurück. So wichtig diese Dinge auch theologisch sind, Paulus verfolgt hier jedoch ein sehr praktisches Anliegen: Das Leben von Jesus soll der Gemeinde als Vorbild dafür dienen, wie und mit welcher inneren Einstellung sie einander begegnen sollen. Wer sich selbst in den Vordergrund drängen will, hat das Vorbild von Jesus nicht verstanden.
(2. Petrus 1,3-11 «« | »» 1. Thessalonicher 1,9-10)

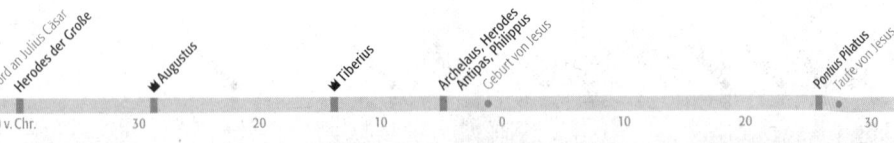

empfangen wir die Gnade Gottes, ob ich nun im Gefängnis bin oder die Botschaft Gottes verteidige und bekräftige. ⁸Gott weiß, wie sehr ich mich mit der herzlichen Liebe von Christus Jesus nach euch sehne. ⁹Ich bete darum, dass eure Liebe zueinander noch tiefer wird und dass sie an Erkenntnis und Einsicht zunimmt. ¹⁰Denn ihr sollt imstande sein zu erkennen, worauf es ankommt*, damit ihr rein und vorbildlich vor Christus steht, wenn er wiederkommt, ¹¹erfüllt mit dem Guten, das der Glaube in euch wirkt*, denn auf diese Weise wird Gott geehrt.

Freude darüber, dass Christus gepredigt wird

¹²Liebe Freunde*, ihr sollt wissen, dass alles, was hier mit mir geschehen ist, letztlich zur Verbreitung der Botschaft Gottes beigetragen hat. ¹³Denn hier weiß jeder – und das gilt sogar für die Soldaten der Palastwache –, dass ich für Christus in Ketten liege. ¹⁴Doch durch meine Gefangenschaft haben viele* Mut gefasst und sind sehr viel furchtloser darin geworden, anderen von Christus zu erzählen. ¹⁵Manche tun dies zwar nur aus Eifersucht und Rivalität, aber andere predigen Christus auch mit guten Absichten. ¹⁶Sie predigen aus Liebe zu mir, weil sie wissen, dass der Herr mich hierher gebracht hat, um für seine gute Botschaft einzustehen. ¹⁷Die anderen aber verkünden Christus aus selbstsüchtigen Motiven und nicht aus ehrlichem Herzen. Sie wollen mir meine Gefangenschaft noch schmerzhafter machen. ¹⁸Doch ob ihre Beweggründe nun ehrlich sind oder nicht: die Botschaft von Christus – auf welche Weise auch immer – wird verkündet, und darüber freue ich mich. Und ich werde mich weiter freuen, ¹⁹denn ich weiß, dass dies alles durch eure Gebete und durch die Hilfe des Heiligen Geistes* zu meiner Befreiung führen wird.

Paulus lebt für Christus

²⁰Ich erwarte und hoffe sehr, dass ich nie etwas tun werde, dessen ich mich schämen müsste, sondern dass ich immer – wie bisher auch – unerschrocken für Christus eintreten werde und durch mein Leben Christus in allem geehrt wird, ob ich nun lebe oder sterbe. ²¹Denn Christus ist mein Leben, aber noch besser wäre es, zu sterben und bei ihm zu sein.* ²²Doch wenn ich lebe, dann trägt meine Arbeit für Christus Früchte. Deshalb weiß ich wirklich nicht, was ich wählen soll. ²³Ich fühle mich zwischen zwei Wünschen hin und her gerissen: Ich sehne mich danach, zu sterben und bei Christus zu sein, denn das wäre bei Weitem das Beste. ²⁴Doch für euch ist es besser, wenn ich lebe.

²⁵Darauf vertraue ich und deshalb werde ich bei euch bleiben, damit ihr im Glauben wachst und erlebt, welche Freude der Glaube bringen kann. ²⁶Wenn ich dann zu euch zurückkomme, werdet ihr sogar noch mehr Grund haben, stolz davon zu erzählen, was Christus Jesus für mich getan hat.

Leiden für Christus

²⁷Ihr sollt so leben, wie es der Botschaft von Christus entspricht. Ob ich komme und euch wieder sehe oder ob ich nur von euch höre, haltet im Geist fest zusammen und kämpft gemeinsam für den Glauben an die Botschaft Gottes. ²⁸Lasst euch von euren Feinden nicht einschüchtern. Für sie ist das ein Zeichen, dass sie verloren sind, für euch dagegen ein Zeichen, dass ihr gerettet seid, und zwar durch Gott selbst! ²⁹Denn ihr habt nicht nur das Vorrecht, an Christus zu glauben, ihr dürft auch für ihn leiden. ³⁰Diesen Kampf kämpfen wir gemeinsam. Schon früher habt ihr mich für Christus leiden sehen, und jetzt hört ihr davon.

2 Ermutigt ihr euch gegenseitig, Christus nachzufolgen? Tröstet ihr euch gegenseitig in Liebe? Seid ihr im Heiligen Geist verbunden? Gibt es unter euch Barmherzigkeit und Mitgefühl? ²Dann macht doch meine Freude vollkommen, indem ihr in guter Gemeinschaft zusammenarbeitet, einander liebt und von ganzem Herzen zusammenhaltet. ³Seid nicht selbstsüchtig; strebt nicht danach, einen guten Eindruck auf andere zu machen, sondern seid bescheiden und achtet die anderen höher als euch selbst. ⁴Denkt nicht nur an eure eigenen Angelegenheiten, sondern interessiert euch auch für die anderen und für das, was sie tun.

Die Erniedrigung und Erhöhung von Christus

⁵Geht so miteinander um, wie Christus es euch vorgelebt hat. ⁶Obwohl er Gott war, bestand er nicht auf seinen göttlichen Rechten. ⁷Er verzichtete auf alles;* er nahm die niedrige Stellung eines Dieners an und wurde als Mensch geboren und als solcher erkannt. ⁸Er erniedrigte sich selbst und war gehorsam bis zum Tod, indem er wie ein Verbrecher am Kreuz starb. ⁹Deshalb hat

---

1,10 Griech. *was das Wesentliche ist.*   1,11 Griech. *mit der Frucht der Gerechtigkeit.*   1,12 Griech. *Brüder.*   1,14 Griech. *viele Brüder im Herrn.*   1,19 Griech. *des Geistes von Jesus Christus.*   1,21 Griech. *Denn für mich ist das Leben Christus und das Sterben Gewinn.*   2,7 O. *Er legte seine mächtige Kraft und Herrlichkeit ab.*

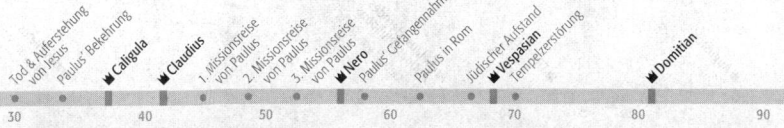

DER BRIEF AN DIE PHILIPPER

1	Die Verbundenheit von Paulus mit der Gemeinde
2,1-18	Leben nach dem Vorbild von Christus
2,19-30	Zwei Empfehlungsschreiben
3	Christus ist das Zentrum und das Ziel
4	Persönliche Mahnungen und Dank des Apostels

2–3

Gottes Liebe sichtbar werden lassen. Paulus stellt Timotheus vor und lobt Epaphroditus. Christus ist das Einzige, was zählt. Christus nacheifern.

[Gottes Königsherrschaft und der Messias]

Gott ihn in den Himmel gehoben und ihm einen Namen gegeben, der höher ist als alle anderen Namen. ¹⁰Vor diesem Namen sollen sich die Knie aller beugen, die im Himmel und auf der Erde und unter der Erde sind. ¹¹Und zur Ehre Gottes, des Vaters, werden alle bekennen, dass Jesus Christus Herr ist.

Seid ein helles Licht in der Welt

¹²Liebe Freunde*, als ich bei euch war, habt ihr meine Anweisungen immer treu befolgt. Jetzt, in meiner Abwesenheit, müsst ihr noch mehr darauf achten, dass Gottes Liebe in eurem Leben sichtbar wird. Deshalb gehorcht Gott voller Achtung und Ehrfurcht.* ¹³Denn Gott bewirkt in euch den Wunsch, ihm zu gehorchen, und er gibt euch auch die Kraft zu tun, was ihm Freude macht.*

¹⁴Was ihr auch tut, tut es ohne zu klagen und zu zweifeln, ¹⁵damit niemand euch irgendetwas vorwerfen kann. Als Kinder Gottes sollt ihr ein reines, vorbildliches Leben führen in einer dunklen Welt voller verdorbener und verirrter Menschen, unter denen euer Leben wie ein helles Licht leuchtet. ¹⁶Haltet am Wort des Lebens fest, damit ich mich, wenn Christus wiederkommt, freuen kann, dass ich das Rennen nicht verloren habe* und meine Arbeit nicht vergeblich war. ¹⁷Doch selbst wenn mein Leben im Einsatz für euren Glauben geopfert werden soll, will ich mich freuen und möchte meine Freude mit euch allen teilen. ¹⁸Und auch ihr solltet glücklich darüber sein und euch mit mir freuen.

Paulus empfiehlt Timotheus

¹⁹Wenn Jesus, der Herr, es will, dann kann ich hoffentlich bald Timotheus zu euch schicken. Bei seiner Rückkehr kann er mich dann aufmuntern, indem er mir von euch berichtet. ²⁰Ich kenne keinen, der so aufrichtig wie er um euch besorgt ist. ²¹Alle anderen sind nur auf sich selbst bedacht und nicht auf das, was Jesus Christus wichtig ist. ²²Aber ihr wisst ja, wie Timotheus sich bewährt hat. Wie ein Sohn für seinen Vater arbeitet, so hat er mit mir zusammen für die Botschaft von Jesus Christus gearbeitet. ²³Ich hoffe, ihn zu euch schicken zu können, sobald ich genauer weiß, wie es mit mir weitergeht. ²⁴Und ich vertraue im Herrn darauf, dass ich bald selbst zu euch kommen kann.

2,12a Griech. *meine Geliebten.* 2,12b Griech. *erarbeitet euch mit Furcht und Zittern eure eigene Rettung.* 2,13 Griech. *Denn Gott ist es, der in euch sowohl das Wollen als auch das Wirken veranlasst nach seinem guten Plan.* 2,16 Griech. *nicht ins Leere gelaufen bin.*

Paulus empfiehlt Epaphroditus

25In der Zwischenzeit hielt ich es für richtig, Epaphroditus zu euch zurückzuschicken. Er ist ein wirklicher Bruder für mich, ein treuer Mitarbeiter und Mitstreiter. Und er war euer Bote, um mir in meinen Schwierigkeiten beizustehen. 26Jetzt sende ich ihn wieder nach Hause, denn er hat Sehnsucht nach euch und war sehr beunruhigt, weil ihr von seiner Krankheit erfahren hattet. 27Und er war wirklich krank; er wäre sogar fast gestorben. Aber Gott hatte Erbarmen mit ihm – und mit mir, um mir einen so unerträglichen Schmerz zu ersparen.

28Deshalb habe ich es umso eiliger, ihn zu euch zurückzuschicken, denn ich weiß, wie sehr ihr euch freuen werdet, ihn wieder zu sehen. Das wird auch meine Traurigkeit mindern. 29Nehmt ihn also im Namen des Herrn* gerne auf und erweist ihm die Ehre, die ihm zusteht. 30Denn er hat für Christus sein Leben aufs Spiel gesetzt und wäre beinahe gestorben, als er versuchte, für mich zu tun, was ihr in der Ferne nicht für mich tun konntet.

Christus ist das Zentrum aller Erkenntnis

3 Was immer auch geschehen wird, liebe Freunde*, freut euch im Herrn. Ich werde nicht müde, euch dies zu schreiben, denn es wird euch nur noch mehr stärken.

2Nehmt euch in Acht vor den Menschen, die sich verhalten wie bösartige Hunde, wie solche, die andere verstümmeln, denn sie behaupten, ihr müsstet euch beschneiden lassen, um gerettet zu werden. 3Denn wir, die wir Gott durch den Geist anbeten, sind die einzigen, die wirklich beschnitten sind. Wir setzen unser Vertrauen nicht auf menschliche Anstrengung, sondern sind stolz auf das, was Christus Jesus für uns getan hat.

4Dabei könnte ich weit größeres Selbstvertrauen haben als alle anderen. Wenn andere Grund haben, auf ihre eigenen Anstrengungen zu vertrauen, gilt das für mich erst recht! 5Denn ich bin das Kind einer rein jüdischen Familie, die zum Stamm Benjamin gehört, und wurde mit acht Tagen beschnitten. Wenn es also je einen wahren Juden gab, so bin ich einer*! Und nicht nur das: Ich gehörte zu den Pharisäern, die den strengsten Gehorsam gegen das jüdische Gesetz fordern. 6Die Gemeinde habe ich unerbittlich verfolgt. Und ich habe das jüdische Gesetz so streng befolgt, dass mir nie jemand etwas nachsagen konnte.

7Früher hielt ich all diese Dinge für außerordentlich wichtig, aber jetzt betrachte ich sie als wertlos angesichts dessen, was Christus getan hat. 8Ja, alles andere erscheint mir wertlos, verglichen mit dem unschätzbaren Gewinn, Jesus Christus, meinen Herrn, zu kennen. Ich habe alles andere verloren und betrachte es als Dreck, damit ich Christus habe 9und mit ihm eins werde. Ich verlasse mich nicht mehr auf mich selbst* oder auf meine Fähigkeit, Gottes Gesetz zu befolgen, sondern ich vertraue auf Christus, der mich rettet. Denn nur durch den Glauben werden wir vor Gott gerecht gesprochen. 10Mein Wunsch ist es, Christus zu erkennen und die mächtige Kraft, die ihn von den Toten auferweckte, am eigenen Leib zu erfahren. Ich möchte lernen, was es heißt, mit ihm zu leiden, indem ich an seinem Tod teilhabe, 11damit auch ich eines Tages von den Toten auferweckt werde!

Dem Ziel nachjagen

12Ich will nicht behaupten, ich hätte dies alles schon erreicht oder wäre schon vollkommen! Aber ich arbeite auf den Tag hin, an dem ich endlich alles sein werde, wozu Christus Jesus mich errettet und wofür er mich bestimmt hat. 13Nein, liebe Freunde, ich bin noch nicht alles, was ich sein sollte, aber ich setze meine ganze Kraft für dieses Ziel ein. Indem ich die Vergangenheit vergesse und auf das schaue, was vor mir liegt, 14versuche ich, das Rennen bis zum Ende durchzuhalten und den Preis zu gewinnen, für den Gott uns durch Christus Jesus* bestimmt hat.

15Ich hoffe, ihr, die ihr glaubt, stimmt darin mit mir überein. Wenn ihr in irgendeinem Punkt anderer Meinung seid, so glaube ich, dass Gott euch Klarheit schenken wird. 16Wir müssen jedoch darauf achten, dass wir der Wahrheit, die uns vermittelt wurde, auch gehorchen.

17Liebe Brüder, nehmt mich als Vorbild und lernt von denen, die unserem Beispiel folgen. 18Denn ich habe euch schon oft gesagt und wiederhole es erneut unter Tränen, dass viele Menschen durch ihr Verhalten zeigen, dass sie in Wirklichkeit Feinde des Kreuzes Christi sind. 19Sie enden im Verderben; ihr Gott ist ihr Bauch; sie sind stolz auf Dinge, für die sie sich schämen müssten, und denken an nichts anderes als an das Leben hier auf der Erde. 20Aber unsere Heimat ist der Himmel, wo Jesus Christus, der Herr, lebt. Und wir warten sehnsüchtig auf ihn, auf die Rückkehr unseres Erlösers. 21Er wird unseren schwachen, sterblichen Körper verwandeln,

---

2,29 Griech. *im Herrn*. **3,1** Griech. *Brüder*; so auch in 3,13. **3,5** Griech. *ein Hebräer von Hebräern*. **3,9** Griech. *auf meine eigene Gerechtigkeit*. **3,14** Griech. *aus dem Himmel*.

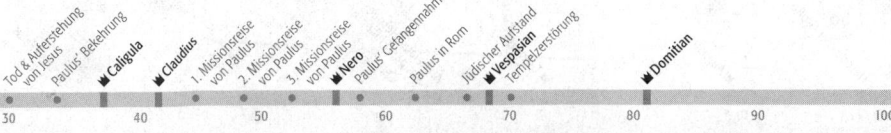

DER BRIEF AN DIE PHILIPPER

1	Die Verbundenheit von Paulus mit der Gemeinde
2,1-18	Leben nach dem Vorbild von Christus
2,19-30	Zwei Empfehlungsschreiben
3	Christus ist das Zentrum und das Ziel
4	Persönliche Mahnungen und Dank des Apostels

3–4
Paulus mahnt Einzelne und die Gemeinde. Dank für Spenden. Grüße.

[Gottes Königsherrschaft und der Messias]

---

sodass er seinem verherrlichten Körper entspricht. Dies wirkt er durch dieselbe Kraft, mit der er sich überall alles unterwirft.

4 Liebe Brüder, ich liebe euch und habe Sehnsucht nach euch, denn ihr seid meine Freude und die Belohnung für meine Arbeit. Deshalb bleibt dem Herrn treu*, liebe Freunde.

Abschließende Gedanken des Apostels
²Und nun habe ich eine herzliche Bitte an Evodia und Syntyche: Beendet doch eure Meinungsverschiedenheiten, denn ihr gehört beide dem Herrn. ³Und dich, Syzygus, mein treuer Freund, bitte ich, diesen Frauen zu helfen. Sie haben doch mit großem Einsatz mit mir gearbeitet, um anderen von der guten Botschaft zu erzählen. Auch mit Klemens und meinen anderen Mitarbeitern haben sie zusammengearbeitet, deren Namen im Buch des Lebens geschrieben stehen.
⁴Freut euch im Herrn. Ich betone es noch einmal: Freut euch! ⁵Lasst alle sehen, dass ihr herzlich und freundlich seid. Denkt daran, dass der Herr bald kommt.
⁶Sorgt euch um nichts, sondern betet um alles. Sagt Gott, was ihr braucht, und dankt ihm. ⁷Ihr werdet Gottes Frieden erfahren, der größer ist, als unser menschlicher Verstand es je begreifen kann. Sein Friede wird eure Herzen und Gedanken im Glauben an Jesus Christus bewahren.
⁸Und nun, liebe Freunde*, lasst mich zum Schluss noch etwas sagen: Konzentriert euch auf das, was wahr und anständig und gerecht ist. Denkt über das nach, was rein und liebenswert und bewunderungswürdig ist, über Dinge, die Auszeichnung und Lob verdienen. ⁹Hört nicht auf, das zu tun, was ihr von mir gelernt und gehört habt und was ihr bei mir gesehen habt; und der Gott des Friedens wird mit euch sein.

Paulus dankt für die Spenden
¹⁰Ich freue mich sehr und danke Gott, dass ihr euch wieder um mich sorgt! Ich weiß, dass ihr immer um mich besorgt wart, aber eine Zeit lang hattet ihr keine Gelegenheit, mir zu helfen. ¹¹Nicht, dass ich etwas gebraucht hätte! Ich habe gelernt, mit dem zufrieden zu sein, was ich habe. ¹²Ob ich nun wenig oder viel habe, ich habe gelernt, mit jeder Situation fertig zu werden: Ich kann einen vollen oder einen leeren Magen haben, Überfluss erleben oder Mangel leiden. ¹³Denn alles ist mir möglich durch Christus, der mir die Kraft gibt, die ich brauche. ¹⁴Aber es war

---

4,1 Griech. *steht fest im Herrn*. 4,8 Griech. *Brüder*.

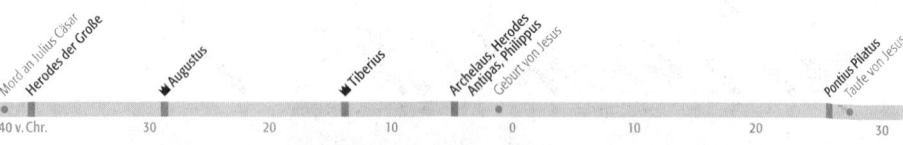

trotzdem richtig von euch, mir in meiner jetzigen schwierigen Lage zu helfen.

¹⁵Wie ihr wisst, wart ihr Philipper die einzigen, die mich finanziell unterstützten, als ich euch die Botschaft brachte und dann von Mazedonien aus weiterreiste. Keine andere Gemeinde hat das getan. ¹⁶Selbst als ich in Thessalonich war, habt ihr mir mehrmals Hilfe zukommen lassen. ¹⁷Das sage ich nicht, weil ich etwas von euch haben will. Ich wünsche mir vielmehr, dass ihr den verdienten Lohn für eure Freundlichkeit bekommt.

¹⁸Im Augenblick habe ich alles, was ich brauche – ja, sogar mehr als nötig! Ich bin reichlich versorgt durch die Geschenke, die ihr mir durch Epaphroditus geschickt habt. Sie sind wie der gute Geruch eines Opfers, das Gott freut. ¹⁹Und mein Gott wird euch aus seinem großen Reichtum, den wir in Christus Jesus haben, alles geben, was ihr braucht. ²⁰So soll nun Gott, unser Vater, für immer und ewig geehrt werden. Amen.

Abschließende Grüße des Apostels

²¹Ich grüße alle bei euch, die Jesus Christus nachfolgen*. Die Brüder, die hier bei mir sind, lassen euch ebenfalls grüßen. ²²Und auch alle anderen Gläubigen* hier senden euch Grüße, besonders die, die im kaiserlichen Palast arbeiten.

²³Ich wünsche euch die Gnade von Jesus Christus, unserem Herrn.*

4,21 Griech. *jeden Heiligen in Christus Jesus.* **4,22** Griech. *Heiligen.* **4,23** Griech. *Die Gnade des Herrn Jesus Christus sei mit eurem Geist.*

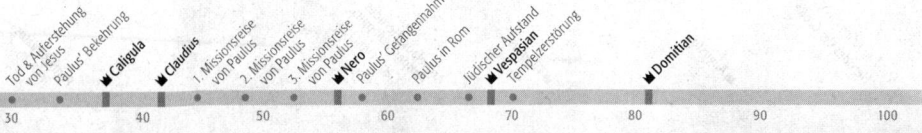

*Ich
borge
Worte
aus Gottes
Wort.
Dessen
Worte
bergen
mich.*

Ulrich Wendel

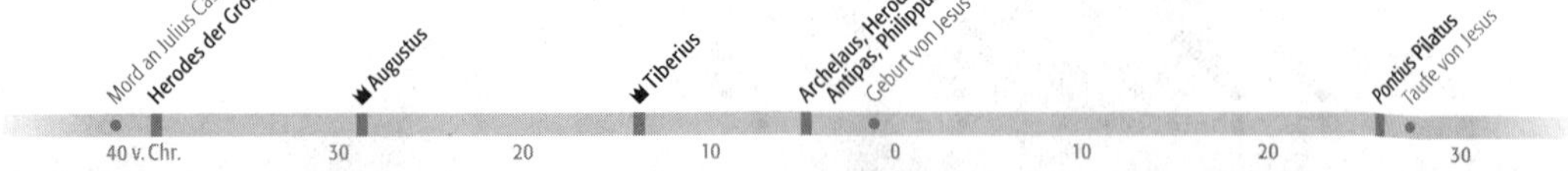

Kolosser

Inhalt

Der Kolosserbrief staunt darüber, wie allumfassend Jesus ist. Er existierte, bevor Gott irgendetwas geschaffen hat, er war an der Schöpfung beteiligt, er steht über ihr und hält sie zusammen. Jesus verkörpert Gottes ganze Fülle und Weisheit. Er hat mit seinem Tod für die Schuld aller Menschen bezahlt und über die Mächte der Welt triumphiert. Die an ihn glauben, hat er trotz ihrer bösen Gedanken und Taten zu Gottes Freunden gemacht. Durch die Auferstehung von Jesus haben auch sie neues Leben bekommen. Ja, der Auferstandene lebt in ihnen. Er und die christliche Gemeinde gehören wie Kopf und Körper zusammen. Diese Wahrheit gilt es festzuhalten. – Menschliche Gedankengebäude und religiöse Regeln dagegen mögen tiefsinnig, demütig oder hingebungsvoll erscheinen, sind aber wertlos.

Christen sind neue Menschen und werden auch ständig erneuert. Das bringt barmherziges Verhalten, Vergebung und Liebe hervor, ebenso wie Lob und Dank Gott gegenüber. Weil sie ihre alte, verdorbene Natur abgelegt haben, gehen sie gegen eigene Einstellungen und Verhaltensweisen vor, über die Gott zornig ist.

Paulus dringt darauf, dass sich das z.B. in der Familie und im Verhältnis zu Sklaven auswirkt. Das Zusammenleben soll von Freundlichkeit und Aufrichtigkeit bestimmt sein. Außerdem sollen Christen beten und danken, die gute Botschaft weitersagen und sich weise gegenüber denen verhalten, die keine Christen sind. Zum Schluss richtet er Grüße von einigen Mitarbeitern aus.

Wichtige Personen

Paulus	Briefautor
Mitarbeiter:	
Timotheus	
Epaphras	
Tychikus	
Onesimus	
Aristarch	
Markus	
Jesus/Justus	
Lukas	
Demas	
Archippus	
Nympha	Gastgeberin einer Hausgemeinde, offenbar in Laodizea

Wichtige Orte

Kolossä	
Laodizea	alle im Westen der heutigen Türkei
Hierapolis	

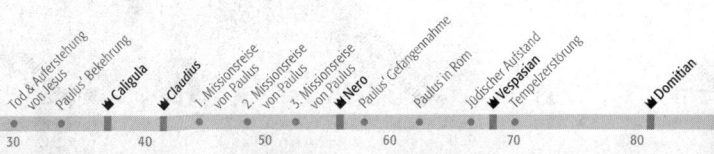

Der Brief an die Kolosser

DER BRIEF AN DIE KOLOSSER

1,1-14	Vorwort
1,15–2,23	Christus ist der Herr über alles
3	Das neue Leben im Alltag
4	Abschließende Anweisungen und Grüße

1
Paulus betet für die Kolosser. Christus ist das Haupt der Gemeinde. Paulus dient der Gemeinde gern.

[**Gottes Königsherrschaft und der Messias**]

Kolosser 1,13-14

Gott befreit

Das kostbare Blut von Jesus ist der Preis für unsere Erlösung. Die Theologen erklären unterschiedlich, wie dies geschieht. Geht es beim Opfertod von Jesus um ein Ersatzopfer, d.h. Jesus nimmt an unserer Stelle die Todesstrafe auf sich und so wird der Zorn Gottes abgewendet? Geht es darum, dass das Blut von Jesus unsere Sünden »abwäscht«? Ist das Blut von Jesus in erster Linie der »Kaufpreis«, womit er uns aus der Sklaverei der Sünde freikaufte? Oder ist das Opfer von Jesus in erster Linie ein Zeichen der großen Liebe Gottes, die uns motiviert, unser ganzes Leben Gott anzuvertrauen?

Das Neue Testament verwendet viele Bilder, die veranschaulichen (ohne genau zu erklären), wie das Leben, der Tod und die Auferstehung von Jesus uns mit Gott versöhnen. Diese Stelle (Kol 1,13-14) scheint den »Kaufpreis« zu betonen. Andere Stellen setzen andere Schwerpunkte. Wir täten gut, alle Bilder zu betrachten und auch alle stehen zu lassen. Sie geben Einblicke – aber nur Einblicke! – in das große Wunder, dass Gott uns durch Jesus mit ihm versöhnt.

(Römer 1,16-17 «« | »» 1. Korinther 8,9)

Kolosser 1,15-17

Erwählung

Auch Paulus kennt die Erwählung, die von Beginn an geheimnisvoll da war. Als »Bild des unsichtbaren Gottes« ist Christus Gottes erstes Gegenüber. Alles ist nicht nur *durch* Christus, sondern auch *für* ihn erschaffen (V. 16): Damit ist Christus das erste Ziel von Gottes Handeln. In allem soll er der Erste sein (V. 18).

Christus zeigt, wie Gottes Erwählung auch eine Berufung, einen Auftrag mit sich bringt: Der erste Erwählte »hält die ganze Schöpfung zusammen« (V. 17). Wie Christus seinen Auftrag fortsetzt und Versöhnung in die Welt bringt, zeigt Paulus dann in den Versen 20-22.

Die Christus-Erwählungslinie leuchtet auch am Beginn des Hebräerbriefs (1,1-3) auf. Christus ist hier nicht nur Mitschöpfer, sondern als »Erbe über alles« auch erster Empfänger von Gottes Schöpfungswerk.

(Johannes 1,1-5 «« | »» 1. Mose 12,1-3)

Grüße von Paulus

1 Diesen Brief schreiben Paulus, der von Gott zum Apostel für Christus Jesus berufen wurde, und unser Bruder Timotheus ²an die treuen Brüder in Christus, die in Kolossä leben.

Wir wünschen euch Gnade und Frieden von Gott, unserem Vater!

Dank und Gebet

³Wenn wir für euch beten, danken wir Gott, dem Vater von Jesus Christus, unserem Herrn, immer wieder für euch, ⁴denn wir haben gehört, dass ihr auf Christus Jesus vertraut und alle liebt, die zu Gott gehören. ⁵Denn ihr glaubt an die Hoffnung, die der Himmel für euch bereithält, wie ihr sie durch das Wort der Botschaft Gottes gehört habt. ⁶Diese gute Botschaft, die euch erreicht hat, verbreitet sich in der ganzen Welt. Überall verändert sie das Leben der Menschen, so wie sie euer Leben von dem Augenblick an verändert hat, als ihr die Wahrheit über die Gnade Gottes gehört und erkannt habt.

⁷Epaphras, unser lieber Mitarbeiter, hat sie euch gebracht, der für euch ein treuer Diener Christi ist*. ⁸Durch ihn haben wir von der Liebe erfahren, die der Heilige Geist euch geschenkt hat.

⁹Deshalb hörten wir nicht auf, für euch zu beten, seit wir zuerst von euch erfahren haben. Wir bitten Gott, euch Einsicht für das zu schenken, was er in eurem Leben bewirken will, und euch mit Weisheit und Erkenntnis zu erfüllen. ¹⁰Dann werdet ihr mit eurem Leben den Herrn ehren und ihn erfreuen mit allem, was ihr tut. Auf diese Weise werdet ihr Gott immer besser kennenlernen.

¹¹Zugleich beten wir darum, dass ihr die herrliche Kraft Gottes erfahrt, damit ihr genug Geduld und Ausdauer habt für die Anforderungen, die an euch gestellt werden. Mit Freude ¹²sollt ihr ihm danken, weil er euch am Erbe derer beteiligt, die im Licht leben und zu ihm gehören. ¹³Denn er hat uns aus der Macht der Finsternis gerettet und in das Reich des geliebten Sohnes versetzt. ¹⁴Gott hat unsere Freiheit mit seinem Blut* teuer erkauft und uns alle unsere Schuld vergeben.*

Christus – Vorbild und Versöhner

¹⁵Christus ist das Bild des unsichtbaren Gottes. Er war bereits da, noch bevor Gott irgendetwas erschuf, und ist der Erste aller Schöpfung. ¹⁶Durch ihn hat Gott alles erschaffen, was im Himmel und auf der Erde ist. Er machte alles, was wir sehen, und das, was wir nicht sehen können, ob Könige, Reiche, Herrscher oder Gewalten. Alles ist durch ihn und für ihn erschaffen. ¹⁷Er war da, noch bevor alles andere begann, und er hält die ganze Schöpfung zusammen.

¹⁸Christus ist das Haupt der Gemeinde, und die Gemeinde ist sein Leib. Er ist der Anfang und als Erster von den Toten auferstanden, damit er in allem der Erste ist. ¹⁹Denn Gott wollte in seiner ganzen Fülle in Christus wohnen. ²⁰Durch ihn hat er alles mit sich selbst versöhnt. Durch sein Blut am Kreuz schloss er Frieden mit allem, was im Himmel und auf der Erde ist. ²¹Darin seid auch ihr eingeschlossen, obwohl ihr früher so weit von Gott entfernt wart. Ihr wart seine Feinde, und eure bösen Gedanken und Taten trennten euch von ihm, ²²doch nun hat er euch wieder zu seinen Freunden gemacht. Durch seinen Tod am Kreuz in menschlicher Gestalt hat er euch mit sich versöhnt, um euch wieder in die Gegenwart Gottes zurückzuholen und euch heilig und makellos vor sich hinzustellen. ²³Ihr müsst allerdings an dieser Wahrheit festhalten und euren Glauben bewahren. Weicht nicht von der Hoffnung ab, die euch geschenkt wurde, als ihr die Botschaft von Jesus Christus gehört habt. Diese Botschaft ist in der ganzen Welt verbreitet worden, und ich, Paulus, wurde von Gott berufen, sie zu verkünden.

Arbeit für die Gemeinde

²⁴Ich freue mich, wenn ich für euch leiden darf, denn Christus hat für seinen Leib, die Gemeinde, gelitten. Nun gebe ich meinen Körper für das, was an seinen Leiden noch fehlt. ²⁵Gott hat mich beauftragt, seiner Gemeinde zu dienen und bei euch seine Botschaft zu verkünden. ²⁶Diese Botschaft war in der Vergangenheit über viele Jahrhunderte und viele Generationen hinweg wie ein Geheimnis verborgen; jetzt aber wurde es denen enthüllt, die zu ihm gehören*. ²⁷Denn Gott wollte ihnen sagen, dass der Reichtum der Herrlichkeit dieses Geheimnisses auch für die anderen Völker bestimmt ist. Und das ist das Geheimnis: Christus lebt in euch! Darin liegt eure Hoffnung: Ihr werdet an seiner Herrlichkeit teilhaben.

²⁸Deshalb erzählen wir überall, wo wir hinkommen, von Christus. Wir warnen die Menschen und lehren sie mit aller Weisheit, die Gott uns geschenkt hat, denn wir möchten sie als

---

1,7 In manchen Handschriften heißt es *er dient an eurer Stelle*; in anderen *er dient an unserer Stelle*. **1,14a** In manchen Handschriften fehlt die Wendung *mit seinem Blut*. **1,14b** Griech. *in dem wir die Erlösung und die Vergebung der Sünden haben*. **1,26** Griech. *seinen Heiligen*.

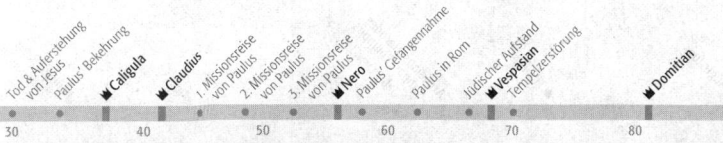

DER BRIEF AN DIE KOLOSSER

1,1-14	Vorwort
1,15–2,23	Christus ist der Herr über alles
3	Das neue Leben im Alltag
4	Abschließende Anweisungen und Grüße

1–3
Freiheit zu einem neuen Leben in Christus.

[Gottes Königsherrschaft und der Messias]

Menschen vor Gott hinstellen, die im Glauben an Christus vollkommen* sind. ²⁹Für dieses Ziel setze ich mich mit meiner ganzen Kraft ein, indem ich mich auf die mächtige Kraft von Christus verlasse, die in mir wirkt.

1,28 O. *erwachsen.*

Kolosser 2,9

Erwählung
Gott hat einen Ort ausgewählt, wo die ganze Fülle seines Wesens und seiner Hoheit wohnen sollte. Dieser Ort ist eine Person: Christus (so auch 1,18-19). »In ihm liegen alle Schätze der Weisheit und der Erkenntnis verborgen« (2,3). Den Platz im Zentrum von Gottes Wesen hat Christus bekommen, als Gott ihn an der Schöpfung beteiligte und ihm die Aufgabe gab, alles im Bestand zu erhalten (1,15-17). Danach war es vor allem seine Auferweckung, die ihn zum Ersten von allem machte (1,18).
Menschen, die in den Kraftfeldern irdischer Mächte und Ansprüche leben (1,16; 2,8) und mit vielfachen Lebensregeln konfrontiert werden (2,20-23), suchen am besten Christus auf: Er lebt dann in ihnen (1,27) und sie treten in Christus verwurzelt vor Gott (1,28). Er als *der* Erwählte ist Ausgangs- und Fluchtpunkt ihres gesamten Lebens.
(Hebräer 1,1-3 «« | »» Epheser 1,10)

Kolosser 3,1

Die Antwort des Menschen
Die Herausforderung dieses Briefabschnitts heißt: »Sucht Christus« (V. 1). Der Brief erklärt auch, was dies bedeutet: »Konzentriert eure Gedanken auf ihn« (V. 2). Paulus spricht hier nicht mit Menschen, die Jesus noch nicht kennen und ihn von daher erst suchen müssten. Er spricht mit solchen, die bereits symbolisch mit Jesus gestorben (V. 3) und wieder auferstanden sind (V. 1). Diese Glaubenden sollen jedoch noch immer »Christus suchen«:
• versuchen, Sünden zu vermeiden,
• so leben, dass es Gott gefällt,
• die »Schwächen der Welt« in sich abtöten lassen (V. 5) und
• neue Menschen werden, die »ständig erneuert werden« (V. 10).

Das klingt fast so, als würde alles von unseren Anstrengungen abhängen. Aber Paulus macht auch deutlich: »Es kommt in allem nur auf Christus an und darauf, dass er in uns allen lebt« (V. 11). Das ist das Geheimnis. Es stimmt zwar, dass wir uns bemühen sollen, das Richtige zu tun. Aber letzten Endes ist unser wahres Leben »mit Christus in Gott verborgen« (V. 3).
(Apostelgeschichte 8,36-37 «« | »» 2. Korinther 7,1)

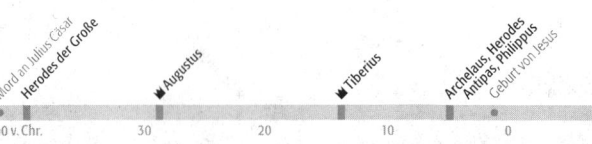

2 Ihr sollt wissen, wie sehr ich um euch und um die Gemeinde in Laodizea sowie um viele andere Freunde, die mich nie persönlich kennengelernt haben, gekämpft habe. ²Denn ich möchte, dass sie ermutigt werden und in Liebe miteinander verbunden sind. Ich wünsche mir, dass sie absolutes Vertrauen haben, weil sie das Geheimnis Gottes – das ist Christus – in seiner ganzen Größe erkennen und verstehen. ³In ihm liegen alle Schätze der Weisheit und Erkenntnis verborgen.

⁴Ich sage euch das, damit euch niemand mit falschen Argumenten täuschen kann. ⁵Denn obwohl ich euch fern bin, bin ich in Gedanken doch bei euch. Und ich freue mich, weil ihr so ordentlich lebt, und weil ihr so fest an Christus glaubt.

Freiheit von Regeln und neues Leben in Christus

⁶Wie ihr nun Christus Jesus als euren Herrn angenommen habt, so lebt auch mit ihm und seid ihm gehorsam. ⁷Senkt eure Wurzeln tief in seinen Boden und schöpft aus ihm, dann werdet ihr im Glauben wachsen und in der Wahrheit, in der ihr unterwiesen wurdet, standfest werden. Und dann wird euer Leben überfließen von Dankbarkeit für alles, was er getan hat.

⁸Lasst euch nicht durch irgendwelche Gedankengebäude und hochtrabenden Unsinn verwirren, die nicht von Christus kommen! Sie beruhen nur auf menschlichem Denken und entspringen den bösen Mächten dieser Welt*. ⁹Denn in Christus lebt die Fülle Gottes in menschlicher Gestalt, ¹⁰und ihr seid durch eure Einheit mit Christus damit erfüllt. Er ist Herr über alle Herrscher und alle Mächte.

¹¹Durch eure Zugehörigkeit zu Christus wurdet ihr beschnitten, aber nicht durch einen äußerlichen Eingriff. Eure Beschneidung kam durch Christus, und damit wurdet ihr von eurem alten Wesen abgetrennt. ¹²Denn als ihr getauft wurdet, wurdet ihr mit Christus begraben. Und ihr wurdet mit ihm zu neuem Leben auferweckt, weil ihr auf die mächtige Kraft Gottes vertraut habt, der Christus von den Toten auferweckt hat.

¹³Denn vorher wart ihr tot aufgrund eurer Schuld und weil euer altes Ich euch bestimmt hat*. Doch Gott hat euch mit Christus lebendig gemacht. Er hat uns alle unsere Schuld vergeben. ¹⁴Er hat die Liste der Anklagen gegen uns gelöscht; er hat die Anklageschrift genommen und vernichtet, indem er sie ans Kreuz genagelt hat. ¹⁵Auf diese Weise hat Gott die Herrscher und Mächte dieser Welt entwaffnet. Er hat sie öffentlich bloßgestellt, indem er durch Christus am Kreuz über sie triumphiert hat.

¹⁶Lasst euch deshalb von niemandem verurteilen, nur weil ihr bestimmte Dinge esst oder trinkt oder weil ihr bestimmte Feiertage, religiöse Feste* oder Sabbate haltet oder nicht haltet. ¹⁷Denn diese sind nur ein Schatten des Zukünftigen. Die Wirklichkeit aber ist Christus selbst. ¹⁸Und wenn jemand zu euch kommt und Demut predigt oder Verehrung der Engel, dann lasst euch davon nicht ablenken* – auch dann nicht, wenn er sich dabei auf das beruft, was er gesehen hat. Solche Menschen sind ohne Grund stolz und aufgeblasen. ¹⁹Sie haben keine Beziehung zu Christus, dem Haupt des Leibes. Denn der ganze Leib wird von ihm aus durch Gelenke und Sehnen unterstützt und zusammengehalten und wächst nur, wenn Gott Wachstum gibt.

²⁰Ihr seid mit Christus gestorben, und er hat euch aus den Händen der Mächte dieser Welt befreit. Warum folgt ihr dann noch weltlichen Regeln wie: ²¹»Damit sollst du nichts zu tun haben, das sollst du nicht essen, dies nicht anfassen.« ²²Solche Regeln sind nichts als menschliche Vorschriften für Dinge, die doch nur dazu da sind, von uns benutzt und verbraucht zu werden. ²³Sie mögen weise wirken, weil sie Hingabe, Demut und strenge körperliche Disziplin verlangen. Aber sie sind ohne Wert und dienen nur menschlichen Zielen.

Das neue Leben

3 Da ihr mit Christus zu neuem Leben auferweckt wurdet, sucht Christus, der zur Rechten Gottes im Himmel sitzt. ²Denkt nicht an weltliche Angelegenheiten, sondern konzentriert eure Gedanken auf ihn! ³Denn ihr seid gestorben, als Christus starb, und euer wahres Leben ist mit Christus in Gott verborgen. ⁴Wenn Christus, der euer* Leben ist, der ganzen Welt bekannt werden wird, dann wird auch sichtbar werden, dass ihr seine Herrlichkeit mit ihm teilt.

⁵Deshalb sollt ihr die Schwächen der Welt in euch abtöten: Haltet euch fern von Unzucht, Unreinheit, Zügellosigkeit und falschen Leidenschaften. Seid nicht geldgierig, denn das ist Götzendienst. ⁶Wer so lebt, den wird Gottes schrecklicher Zorn treffen. ⁷Früher, als euer Leben noch von dieser Welt geprägt war, habt ihr euch so verhalten. ⁸Doch jetzt ist es an der Zeit, Ärger, Zorn, Bosheit, Verleumdung und schmutzige Reden aufzugeben. ⁹Belügt einander

---

2,8 O. *aus den Grundelementen dieser Welt*; so auch in 2,20.   2,13 Griech. *und in der Unbeschnittenheit eures Fleisches*.
2,16 Griech. *Neumonde*.   2,18 Griech. *um den Siegespreis bringen*.   3,4 In manchen Handschriften heißt es *unser*.

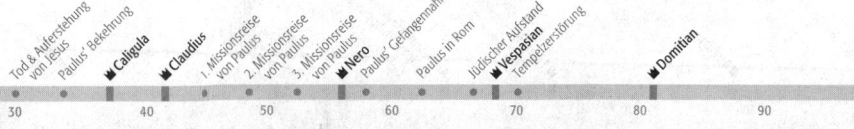

DER BRIEF AN DIE KOLOSSER

1,1-14	Vorwort
1,15–2,23	Christus ist der Herr über alles
3	Das neue Leben im Alltag
4	Abschließende Anweisungen und Grüße

3–4
Der neue Mensch in Christus. Über Familie und Hausgemeinschaft. Aufforderung zum Gebet. Nachrichten an Einzelne und Grüße.

[Gottes Königsherrschaft und der Messias]

nicht, denn ihr habt eure alte, verdorbene Natur mit ihrem bösen Tun abgelegt ¹⁰und habt die neue Natur angenommen. Gott erneuert sie, sodass man erkennen kann, wie sie dem Bild ihres Schöpfers gleicht. ¹¹Es kommt in diesem neuen Leben nicht darauf an, ob ihr Jude oder Grieche, beschnitten oder unbeschnitten seid, ob euer Volk zivilisiert oder primitiv ist*, ob ihr versklavt oder frei seid, sondern es kommt in allem nur auf Christus an und darauf, dass er in uns allen lebt! ¹²Da Gott euch erwählt hat, zu seinen Heiligen und Geliebten zu gehören, seid voll Mitleid und Erbarmen, Freundlichkeit, Demut, Sanftheit und Geduld. ¹³Seid nachsichtig mit den Fehlern der anderen und vergebt denen, die euch gekränkt haben. Vergesst nicht, dass der Herr euch vergeben hat und dass ihr deshalb auch anderen vergeben müsst. ¹⁴Das Wichtigste aber ist die Liebe. Sie ist das Band, das uns alle in vollkommener Einheit verbindet. ¹⁵Euren Herzen wünschen wir den Frieden, der von Christus kommt. Denn als Glieder des einen Leibes seid ihr alle berufen, im Frieden miteinander zu leben. Und seid immer dankbar! ¹⁶Gebt den Worten von Christus viel Raum* in euren Herzen. Gebraucht seine Worte weise, um einander zu lehren und zu ermahnen. Singt Gott aus ganzem Herzen Psalmen, Lobgesänge und geistliche Lieder. ¹⁷Doch alles, was auch immer ihr tut oder sagt, soll im Namen von Jesus, dem Herrn, geschehen, durch den ihr Gott, dem Vater, danken sollt!

Anweisungen für Familien

¹⁸Ihr Frauen, ordnet euch euren Männern unter, wie es für Menschen angemessen ist, die dem Herrn gehören! ¹⁹Ihr Männer, liebt eure Frauen und behandelt sie nicht grob!

²⁰Ihr Kinder, gehorcht euren Eltern in allem! Denn das freut den Herrn. ²¹Ihr Väter, seid nicht ungerecht gegen eure Kinder*, sonst verlieren sie den Mut!

²²Ihr Sklaven, gehorcht euren weltlichen Herren in allem, was ihr tut. Verrichtet eure Arbeit immer sorgfältig, nicht nur dann, wenn sie euch beobachten. Gehorcht ihnen bereitwillig, weil ihr Furcht vor Gott habt. ²³Tut eure Arbeit mit Eifer und Freude, als würdet ihr Gott dienen und nicht Menschen. ²⁴Vergesst nicht, dass der Herr euch mit dem himmlischen Erbe belohnen wird. Dient dem Herrn Jesus Christus! ²⁵Wenn ihr jedoch Unrecht tut, werdet ihr auch die Folgen tragen müssen, denn Gott bevorzugt niemanden.

3,11 Griech. *Barbar, Skythe.* 3,16 Griech. *reichlich.* 3,21 Griech. *reizt eure Kinder nicht (zum Zorn).*

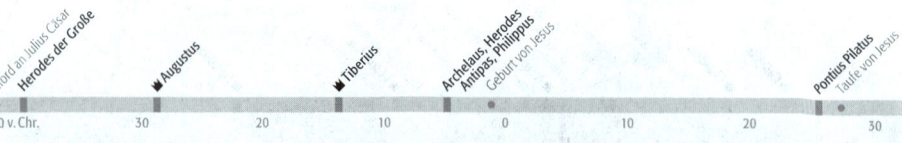

4 Ihr Sklavenbesitzer, behandelt eure Sklaven gerecht. Denkt daran, dass auch ihr einen Herrn im Himmel habt!

Ermutigung zum Gebet
²Hört nicht auf zu beten und Gott zu danken. ³Vergesst nicht, auch für uns zu beten, dass Gott uns viele Gelegenheiten schenkt, sein Geheimnis weiterzusagen: Die Botschaft von Christus. Das ist auch der Grund, warum ich in Ketten liege. ⁴Betet, dass ich diese Botschaft so klar verkünde, wie ich es sollte!

⁵Lebt klug unter den Menschen, die keine Christen sind, und macht aus jeder Gelegenheit das Beste!* ⁶Redet freundlich und klar mit ihnen,* damit ihr wisst, wie ihr jedem Einzelnen am besten antworten sollt.

Letzte Anweisungen und Grüße des Apostels
⁷Tychikus, mein viel geliebter Bruder, wird euch alles Weitere von mir erzählen. Er ist ein treuer Helfer, der gemeinsam mit mir dem Herrn dient. ⁸Ich habe ihn auf diese Reise geschickt, damit er euch von uns berichtet und euch Mut macht. ⁹Außerdem schicke ich euch Onesimus, einen treuen und sehr lieben Bruder, der ja einer von euch ist. Er und Tychikus werden euch alle Neuigkeiten von uns berichten.

¹⁰Aristarch, der mit mir im Gefängnis sitzt, lässt euch grüßen, ebenso Markus, der Vetter von Barnabas. Seinetwegen habt ihr ja bereits Anweisungen erhalten; nehmt ihn also herzlich auf, wenn er zu euch kommt! ¹¹Jesus – der, den wir Justus nennen – sendet euch ebenfalls Grüße. Das sind die einzigen Juden unter meinen Mitarbeitern; sie arbeiten hier mit mir für das Reich Gottes und sind mir ein großer Trost geworden.

¹²Epaphras, der aus eurer Stadt kommt und ein Diener von Christus Jesus ist, lässt euch grüßen. Er betet treu für euch, damit ihr stark seid und ganz und gar den Willen Gottes erkennt und auch danach handelt. ¹³Ich kann euch versichern, dass er sich wirklich für euch eingesetzt hat, wie auch für die Gläubigen in Laodizea und Hierapolis.

¹⁴Lukas, der geliebte Arzt, sendet seine Grüße; ebenso Demas. ¹⁵Bitte grüßt die Brüder in Laodizea von mir, auch Nympha sowie die anderen, die sich in ihrem Haus versammeln.

¹⁶Wenn ihr diesen Brief gelesen habt, gebt ihn an die Gemeinde in Laodizea weiter, damit auch sie ihn lesen kann. Lest auch den Brief, den ich an sie geschrieben habe. ¹⁷Sagt Archippus: »Bemühe dich, die Aufgabe zu erfüllen, die der Herr dir aufgetragen hat.«

¹⁸Hier ist mein Gruß – Paulus – in meiner eigenen Handschrift.

Denkt an meine Fesseln!

Ich wünsche euch die Gnade Gottes!

4,5 Griech. *Wandelt in Weisheit gegenüber denen draußen und kauft die Zeit aus!*   **4,6** Griech. *Eure Rede soll freundlich sein und mit Salz gewürzt.*

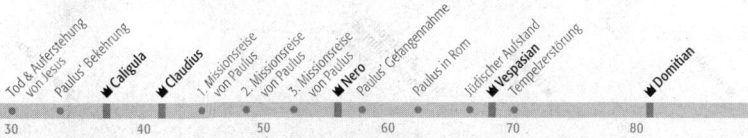

*Je mehr wir das Evangelium lesen,
desto stärker werden wir sein.*

Papst Pius X.

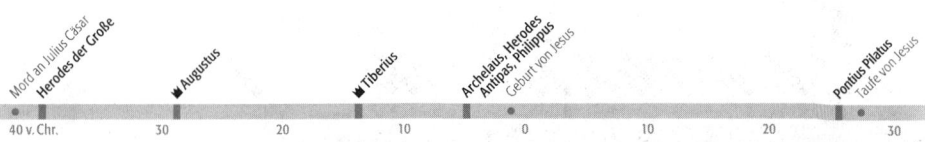

1. Thessalonicher

Inhalt

Der 1. Brief an die Gemeinde in Thessalonich beschreibt überwiegend die gute Beziehung zwischen Paulus und der Gemeinde. Er ist voll des Lobes und Dankes für sie. Menschen dort haben die gute Botschaft bereitwillig aufgenommen und sind in der ganzen Gegend ein Vorbild geworden. Paulus erinnert daran, wie er und sein Team in Thessalonich Aufrichtigkeit und Aushalten unter Verfolgung vorgelebt haben. Er schreibt auch von seiner Zuneigung ihnen gegenüber. Als er und seine Mitarbeiter von Glaube und Liebe in der Gemeinde hörten, sind sie in ihren Schwierigkeiten getröstet und gestärkt worden.

Ein Lehrthema ist die Frage nach der Zukunft, insbesondere derer, die als Christen gestorben und nicht sichtbar auferstanden sind. Paulus erklärt, dass Jesus alle Christen zu sich zieht, wenn er wiederkommt, die Gestorbenen wie die Lebenden. Das wird ganz unerwartet geschehen.

Weiterhin bestärkt Paulus die Gemeindeglieder darin, ihre Beziehungen liebevoll zu gestalten.

Am Schluss stehen knappe Ermahnungen, die Grundlagen des christlichen Lebens skizzieren: Friede und Geduld im Umgang miteinander, sich ermutigen und ermahnen, beten, froh und dankbar sein. Die Gemeinde soll offen sein für Lehre und prophetisches Reden, aber alles prüfen und dann das Gute annehmen.

Wichtige Personen

Paulus	Apostel und Briefautor
Mitarbeiter:	
Silas	
Timotheus	

Wichtige Orte

Thessalonich	Stadt im Nordosten des heutigen Griechenland
(Südost-)Mazedonien	Nordosten des heutigen Griechenland
Achaja	Süden und Südosten des heutigen Griechenland
Philippi	Stadt im Nordosten des heutigen Griechenland
Judäa	
Athen	

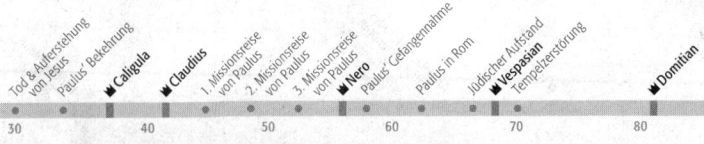

1. THESSALONICHER

1–3	Dank für die Gemeinde
4–5	Leben im Blick auf den Tag des Herrn

2. THESSALONICHER

1	Grüße und Ermutigung
2	Über das zweite Kommen Christi
3,1-5	Gebetsanliegen
3,6-15	Ermahnung zur rechten Lebensweise

1–2
Grüße und Lob an die Gemeinde in Thessalonich. Paulus spricht von seinem letzten Besuch.

[Gottes Königsherrschaft und der Messias]

1. Thessalonicher 1,9-10

Die Antwort des Menschen
Eine Kette von Vorbildern: Jesus ist das Vorbild für Paulus und dieser das Vorbild für die Gläubigen in Thessalonich (V. 6). Diese wiederum sind vorbildlich für alle anderen Christen in Griechenland (V. 7) – und durch Paulus' Bericht auch für uns.
Es soll uns ein Vorbild sein, wie sie sich dem Evangelium öffneten, sich um dessen Boten kümmerten und wie sie sich von den Götzen ihrer Zeit abwandten (V. 9). Die Christen aus Thessalonich erwarteten die Rückkehr des Sohnes Gottes (V. 10). Auch wir dürfen es uns im irdischen Leben nicht zu bequem machen und dabei vergessen, dass Gott noch etwas Besseres für uns geplant hat.
(Philipper 2,5-11 ‹‹ | ›› Hebräer 12,1-2)

1. Thessalonicher 1,10

Gottes Liebe, Gottes Zorn
Paulus lobt die Gemeinde aus vielen Gründen, die in V. 3-8 aufgeführt sind.
Dieser Abschnitt endet mit einem Hinweis auf das kommende Gericht. Paulus will verdeutlichen, dass wir der Strafe des Endgerichts entgehen können, wenn wir zum wahren Gott gehören. Vers 10 enthält wichtige Aspekte des späteren Apostolischen Glaubensbekenntnisses: »Jesus Christus ... sitzt zur Rechten Gottes, des allmächtigen Vaters; von dort wird er kommen, zu richten die Lebenden und die Toten ... Ich glaube an die Auferstehung der Toten und das ewige Leben.«
(Römer 12,19 ‹‹ | ›› 1. Johannes 3,1.16)

1. Thessalonicher 2,13

Gott redet
Was ist das »Wort Gottes«? Es ist die Kraft, die das Weltall ins Dasein rief (Ps 33,6). Die Propheten empfangen es und geben es weiter (1Chr 17,3). Jesus selbst verkündigt es (Lk 5,1). Es ist die Botschaft, die Paulus den Thessalonichern brachte (1Thess 2,13). Es sind die Bücher, von inspirierten Autoren verfasst, die wir jetzt »die Bibel« nennen (2Tim 3,16). Und am wichtigsten: Es ist Gott selbst, der in Jesus Christus erschien und der unter uns wohnte (Joh 1,1.14).
Die Thessalonicher hatten erkannt, dass Paulus' Botschaft eigentlich Gottes Wort war. Jesus, das lebendige Wort Gottes, war nicht mehr körperlich unter den Christen. Aber die Botschaft von der Rettung in Jesus lebt in ihren Herzen und ihrem Handeln weiter.
(Apostelgeschichte 16,9 ‹‹ | ›› 2. Timotheus 2,2)

Der erste Brief an die Thessalonicher

Grüße von Paulus

1 Diesen Brief schreiben Paulus, Silas* und Timotheus an die Gemeinde in Thessalonich – an euch, die ihr Gott, dem Vater, und Jesus Christus, dem Herrn, gehört.

Wir wünschen euch seine Gnade und seinen Frieden.

Der Glaube der Thessalonicher

²Wir danken Gott immer wieder für euch alle und beten ständig für euch. ³Und wenn wir mit unserem Gott und Vater über euch sprechen, denken wir an alles, was ihr im Glauben tut, an die Liebe, die sich in eurem Verhalten zeigt, und an die Geduld, mit der ihr auf Jesus Christus, unseren Herrn, hofft.

⁴Wir wissen, liebe Brüder, dass Gott euch liebt und dass er euch erwählt hat. ⁵Denn als wir euch die gute Botschaft brachten, geschah das nicht nur mit Worten, sondern auch mit Kraft, denn der Heilige Geist gab euch die Gewissheit, dass wir euch die Wahrheit sagten. Und ihr wisst auch noch, dass wir euch zuliebe so unter euch gelebt haben. ⁶Ihr seid unserem Beispiel ebenso gefolgt wie dem des Herrn. So habt ihr die Botschaft vom Heiligen Geist mit Freude angenommen, obwohl ihr deswegen viel Schweres erlebt habt. ⁷Auf diese Weise wurdet ihr für alle Christen in Griechenland* zum Vorbild. ⁸Und nun geht das Wort des Herrn von euch aus zu den Menschen in Griechenland und weit darüber hinaus; denn wo immer wir auch hinkommen, erzählen uns die Leute von eurem Glauben an Gott. Wir brauchen ihnen gar nichts davon zu sagen, ⁹sie berichten ganz von selbst, wie herzlich ihr uns aufgenommen habt, wie ihr euch von den Götzen bekehrt habt, um dem wahren und lebendigen Gott zu dienen, ¹⁰und wie ihr die Rückkehr seines Sohnes vom Himmel erwartet – Jesus, den Gott von den Toten auferweckt hat. Er ist es, der uns vor dem kommenden Gericht rettet.

Paulus erinnert sich an seinen Aufenthalt

2 Ihr wisst selbst, liebe Freunde*, dass unser Aufenthalt bei euch nicht vergeblich war. ²Euch ist bekannt, wie wir in Philippi misshandelt wurden, bevor wir zu euch kamen, und wie sehr wir dort gelitten haben. Doch unser Gott gab uns den Mut, euch frei und offen seine Botschaft zu verkünden, trotz all der Gegenwehr, die wir erlebten. ³Daran könnt ihr sehen, dass unsere Verkündigung keiner Täuschung entspringt und wir nicht aus schlechten Motiven oder in betrügerischer Absicht predigten.

⁴Denn wir reden, weil Gott uns ausgewählt und die Verkündigung der Botschaft anvertraut hat. Es geht uns nicht darum, Menschen zu gefallen, sondern Gott, der unsere Herzen prüft. ⁵Wie ihr wisst, haben wir nicht ein einziges Mal versucht, euch durch Schmeicheleien zu gewinnen. Und Gott ist unser Zeuge, dass wir uns nicht als Freunde ausgaben, um Geld von euch zu bekommen! ⁶Wir haben weder eure Anerkennung gesucht noch die anderer Menschen. ⁷Als Apostel des Christus hätten wir durchaus das Recht gehabt, etwas von euch zu verlangen, aber wir waren bei euch so sanft wie eine Mutter, die ihre Kinder nährt und umsorgt. ⁸Wir haben euch so sehr geliebt, dass wir euch nicht nur Gottes gute Botschaft brachten, sondern auch unser eigenes Leben mit euch geteilt haben.

⁹Ihr erinnert euch doch, liebe Brüder, wie hart wir bei euch gearbeitet haben. Tag und Nacht mühten wir uns ab, um unseren Lebensunterhalt zu verdienen und niemandem zur Last zu fallen, während wir bei euch Gottes Wort predigten. ¹⁰Ihr selbst und Gott seid unsere Zeugen, dass wir uns euch allen gegenüber aufrichtig und anständig und tadellos verhalten haben. ¹¹Ihr wisst, dass wir zu euch waren wie ein Vater zu seinen Kindern: ¹²Wir haben jeden Einzelnen von euch ermutigt und getröstet und euch ermahnt, so zu leben, dass Gott mit euch zufrieden sein kann. Denn er hat euch in sein Reich berufen und dazu, seine Herrlichkeit mit ihm zu teilen. ¹³Wir werden nie aufhören, Gott dafür zu danken, dass ihr seine Botschaft, die wir euch brachten, nicht für unsere eigenen Worte gehalten habt. Ihr habt sie als Gottes Wort aufgenommen – was sie ja auch wahrhaftig ist. Und dieses Wort wirkt weiter in euch allen, die ihr glaubt.

¹⁴Liebe Freunde*, ihr seid von euren eigenen Landsleuten verfolgt worden. So seid ihr den Fußstapfen der Gemeinden Gottes in Judäa gefolgt, die wegen ihres Glaubens an Christus Jesus

---

1,1 Griech. *Silvanus*.   1,7 Griech. *Mazedonien und Achaja*, zwei Regionen im Norden und Süden Griechenlands; so auch in 1,8.   2,1 Griech. *Brüder*.   2,14 Griech. *Brüder*; so auch in 2,17.

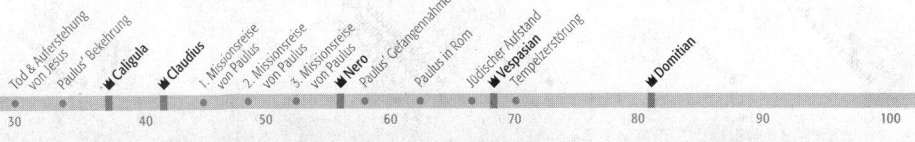

1. THESSALONICHER

| 1–3 | Dank für die Gemeinde |
| 4–5 | Leben im Blick auf den Tag des Herrn |

2. THESSALONICHER

1	Grüße und Ermutigung
2	Über das zweite Kommen Christi
3,1-5	Gebetsanliegen
3,6-15	Ermahnung zur rechten Lebensweise

2–5
Timotheus in Thessalonich. Über den Glauben und die Liebe der Gemeinde. In Gottes Hoffnung leben. Jesus' Wiederkunft und der Tag des Herrn.

[Gottes Königsherrschaft und der Messias]

ebenfalls unter ihrem eigenen Volk, den Juden, zu leiden hatten. ¹⁵Denn sie haben Jesus, den Herrn, getötet und auch die Propheten. Jetzt haben sie uns verfolgt und vertrieben. Sie leben nicht, wie Gott es will, und verhalten sich allen Menschen gegenüber feindselig. ¹⁶So versuchen sie zu verhindern, dass wir die Botschaft zu den anderen Völkern bringen, aus Angst, dass einige von ihnen gerettet werden. Auf diese Weise wird ihre Schuld immer größer, doch nun hat der Zorn Gottes sie endgültig eingeholt.

Bericht über die Gemeinden

¹⁷Liebe Freunde, wir waren für eine Weile von euch getrennt – doch nur räumlich, denn mit dem Herzen waren wir immer bei euch. Aber weil wir uns so danach sehnten, euch wieder zu sehen, bemühten wir uns sehr, zu euch zu kommen. ¹⁸Wir wären so gern gekommen, und ich, Paulus, habe es auch immer wieder versucht, aber der Satan hat es nicht zugelassen. ¹⁹Denn seid ihr nicht unsere Hoffnung und Freude und unser Stolz, wenn Jesus, unser Herr, wiederkommt und wir vor ihm stehen werden? ²⁰Ja, ihr seid unsere Ehre und Freude.

3 Als wir es schließlich nicht mehr aushielten, beschlossen wir, dass ich allein in Athen bleiben sollte, ²und schickten Timotheus zu euch. Er ist unser Mitstreiter für Gott und unser Bruder in der Verbreitung der guten Botschaft von Christus. Wir schickten ihn zu euch, um euch zu stärken und im Glauben zu ermutigen ³und euch davor zu bewahren, durch die Schwierigkeiten, die ihr durchmachen musstet, verunsichert zu werden. Aber ihr wusstet natürlich, dass wir vor solche Hindernisse gestellt werden. ⁴Schon als wir noch bei euch waren, haben wir euch gewarnt, dass bald Schwierigkeiten kommen würden – und so geschah es dann auch, wie ihr ja wisst. ⁵Deshalb habe ich, als ich es nicht mehr aushielt, Timotheus zu euch geschickt, um herauszufinden, ob euer Glaube stark geblieben war oder ob der Versucher euch bezwungen hatte und unsere Mühe vielleicht vergeblich gewesen war. ⁶Nun ist Timotheus gerade mit der erfreulichen Nachricht zurückgekehrt, dass euer Glaube und eure Liebe immer noch genauso stark sind. Er hat erzählt, wie gern ihr an unseren Besuch zurückdenkt und dass ihr euch genauso nach einem Wiedersehen sehnt wie wir. ⁷In unseren Kämpfen und Schwierigkeiten hat es uns sehr getröstet, liebe Freunde*, dass ihr im Glau-

3,7 Griech. *Brüder*.

ben fest geblieben seid. ⁸Durch euer Festhalten am Glauben werden wir gestärkt.

⁹Wie können wir Gott nur für euch danken! Ihr schenkt uns so viel Grund, voll Freude vor Gott zu kommen. ¹⁰Tag und Nacht beten wir für euch und bitten Gott um ein Wiedersehen, damit wir vollenden können, woran es euch im Glauben vielleicht noch fehlt.

¹¹Wir wünschen uns, dass Gott, unser Vater, und Jesus, unser Herr, uns den Weg zu euch ebnen. ¹²Und wir bitten den Herrn, dass eure Liebe zueinander und zu allen Menschen wächst, damit sie so groß wird wie unsere Liebe zu euch. ¹³Dadurch werdet ihr innerlich stark, vollkommen und heilig vor Gott stehen, wenn Jesus, unser Herr, mit all denen, die zu ihm gehören*, wiederkommt. Amen.

Leben, wie Gott es will

4 Zum Schluss, liebe Brüder, bitten wir euch noch einmal im Namen von Jesus, dem Herrn, so zu leben, wie Gott es will und wie wir es euch gelehrt haben. Ihr richtet euch jetzt schon danach aus, und wir ermutigen euch, es immer mehr zu tun. ²Denn ihr erinnert euch, was wir euch durch Jesus, den Herrn, gelehrt haben. ³Gott möchte, dass ihr heilig seid; deshalb sollt ihr nicht unzüchtig leben. ⁴Dann wird jeder von euch so leben, dass er Gott Ehre macht* – ⁵nicht in zügelloser Begierde wie jene Menschen, die Gott nicht kennen.

⁶Betrügt nie einen anderen Bruder, indem ihr ihn übervorteilt, denn der Herr wird jede dieser Sünden vergelten, wie wir euch bereits gesagt haben. ⁷Gott hat uns dazu berufen, heilig zu leben, und nicht, ein unreines Leben zu führen. ⁸Wer sich weigert, danach zu leben, der missachtet nicht etwa menschliche Vorschriften, sondern er lehnt Gott damit ab, der euch seinen Heiligen Geist geschenkt hat.

⁹Was aber die Liebe unter den Gläubigen betrifft, so brauche ich euch nichts darüber zu schreiben, denn Gott selbst hat euch gelehrt, einander zu lieben. ¹⁰Schon jetzt ist eure Liebe zu euren Freunden* in ganz Mazedonien groß. Trotzdem bitten wir euch, Brüder, sie noch mehr zu lieben. ¹¹Bemüht euch, ein ruhiges Leben zu führen, kümmert euch um eure eigenen Angelegenheiten und – wie schon gesagt – seht zu, dass ihr euch von der Arbeit eurer eigenen Hände ernähren könnt. ¹²Dann werden die Menschen um euch herum, die Gott nicht kennen, eure Lebensweise achten, und ihr seid nicht von anderen abhängig.

Die Hoffnung auf die Auferstehung

¹³Und nun, Brüder, möchte ich, dass ihr wisst, was mit denen geschieht, die bereits gestorben sind, damit ihr nicht traurig seid wie jene Menschen, die keine Hoffnung haben. ¹⁴Denn weil wir glauben, dass Jesus starb und wieder auferstanden ist, glauben wir auch, dass Gott durch Jesus alle verstorbenen Gläubigen wiederbringen wird, wenn Jesus kommt.

¹⁵Ich kann euch dies mit einem Wort des Herrn sagen: Wir, die noch leben, wenn der Herr wiederkommt, werden nicht vor den Toten zu ihm kommen. ¹⁶Denn der Herr selbst wird mit einem lauten Befehl, unter dem Ruf des Erzengels und dem Schall der Posaune Gottes vom Himmel herabkommen. Dann werden zuerst alle Gläubigen*, die schon gestorben sind, aus ihren Gräbern auferstehen. ¹⁷Und mit ihnen zusammen werden auch wir Übrigen, die noch auf der Erde leben, auf den Wolken hinaufgehoben werden in die Luft, um dem Herrn zu begegnen und in Ewigkeit bei ihm zu bleiben. ¹⁸Tröstet euch also gegenseitig mit diesen Worten!

5 Nun brauche ich euch wirklich nicht zu schreiben, wie und wann das alles geschehen wird, ²denn ihr wisst ja selbst genau, dass der Tag des Herrn unerwartet kommen wird wie ein Dieb in der Nacht. ³Wenn die Menschen sagen: »Überall herrschen Frieden und Sicherheit«, dann wird die Katastrophe so plötzlich über sie hereinbrechen, wie eine Frau vor der Geburt ihres Kindes von den Wehen überwältigt wird. Und dann wird es kein Entkommen geben.

⁴Aber ihr, liebe Brüder, lebt nicht in der Finsternis und werdet nicht überrascht sein, wenn der Tag des Herrn kommt wie ein Dieb. ⁵Denn ihr seid alle Kinder des Lichts und des Tages; wir gehören nicht der Finsternis noch der Nacht. ⁶Seid also wachsam und schlaft nicht wie die anderen. Bleibt besonnen und nüchtern! ⁷Die Nacht ist die Zeit zum Schlafen, und wer sich betrinkt, ist nachts betrunken. ⁸Wir dagegen, die im Licht leben, wollen einen klaren Kopf behalten. Wir wappnen uns* mit Glauben und Liebe und schützen uns mit der Hoffnung auf Erlö-

---

3,13 Griech. *mit allen seinen Heiligen.* **4,4** Griech. *dass jeder von euch sich sein eigenes Gefäß in Heiligkeit und Ehrbarkeit zu gewinnen wisse.* Der Ausdruck *Gefäß* kann hier sowohl für den eigenen Körper als auch speziell für die Frau gebraucht werden; im letzteren Fall bezieht es sich vermutlich auf das richtige Werben um eine Frau. **4,10** Griech. *den Brüdern.* **4,16** Griech. *die Toten in Christus.* **5,8** Griech. *mit dem Brustpanzer des Glaubens und der Liebe und als Helm mit der Hoffnung des Heils.*

1. THESSALONICHER

1–3	Dank für die Gemeinde
4–5	Leben im Blick auf den Tag des Herrn

2. THESSALONICHER

1	Grüße und Ermutigung
2	Über das zweite Kommen Christi
3,1-5	Gebetsanliegen
3,6-15	Ermahnung zur rechten Lebensweise

5
Mut machende Worte und Abschiedsgrüße.

[Gottes Königsherrschaft und der Messias]

sung. ⁹Denn Gott wollte uns nicht strafen,* sondern wollte uns retten durch Jesus Christus, unseren Herrn. ¹⁰Er starb für uns, damit wir, ob wir nun wachen oder schlafen, mit ihm leben. ¹¹Deshalb sollt ihr einander Mut machen und einer den anderen stärken, wie ihr es auch schon tut.

Ein letzter Rat des Apostels
¹²Liebe Freunde*, wir bitten euch, dass ihr denen Respekt entgegenbringt, die euch vorangehen und leiten. Sie bemühen sich um euch und warnen euch vor dem, was falsch ist. ¹³Ihr sollt ihnen ihre Arbeit mit aufrichtiger Liebe danken. Und haltet Frieden untereinander! ¹⁴Brüder, wir fordern euch auf, den Faulen ins Gewissen zu reden und den Ängstlichen Mut zu machen. Geht behutsam mit den Schwachen um und habt mit allen Geduld!

¹⁵Seht zu, dass niemand Böses mit Bösem vergilt, sondern versucht immer, einander und auch allen anderen Gutes zu tun!

¹⁶Seid immer fröhlich. ¹⁷Hört nicht auf zu beten. ¹⁸Was immer auch geschieht, seid dankbar, denn das ist Gottes Wille für euch, die ihr Christus Jesus gehört.

¹⁹Unterdrückt den Heiligen Geist nicht. ²⁰Verachtet das prophetische Reden nicht, ²¹sondern prüft alles, was gesagt wird, und behaltet das Gute. ²²Meidet das Böse in jeglicher Form!

Abschließende Grüße des Apostels
²³Der Gott des Friedens heilige euch durch und durch. Er schütze euern Geist, eure Seele und euern Körper, damit sie unversehrt sind, wenn Jesus Christus, unser Herr, wiederkommt. ²⁴Gott, der euch berufen hat, ist treu; er wird halten, was er versprochen hat.

²⁵Betet auch für uns, liebe Brüder!
²⁶Grüßt einander in Liebe.*
²⁷Ich bitte euch inständig im Namen des Herrn, diesen Brief allen* vorzulesen.
²⁸Wir wünschen euch die Gnade von Jesus Christus, unserem Herrn!

5,9 Griech. *Gott hat uns nicht zum Zorn bestimmt.*
5,12 Griech. *Brüder.* **5,26** Griech. *Grüßt alle Brüder mit einem heiligen Kuss.* **5,27** Griech. *allen Brüdern.*

2. Thessalonicher

Inhalt

Auch der 2. Brief an die Gemeinde in Thessalonich lobt deren Liebe und Standfestigkeit unter Verfolgung. Paulus ermutigt sie zum Durchhalten, bis Jesus wiederkommt und die, die seiner Botschaft nicht gehorchen, ins Verderben gehen.

Paulus warnt vor falschen Lehren und führt dagegen aus, dass Gesetzlosigkeit und Verfolgung noch zunehmen werden. Diese Entwicklung ist bereits im Gange, wird aber verzögert von einer Macht, deren Identität völlig im Dunkeln bleibt. Ein Mensch wird das Böse auf die Spitze treiben, doch seine Zeit ist noch nicht gekommen. Die Menschen, die der Wahrheit nicht vertrauen, werden durch Täuschungen verführt werden und Lügen glauben. Die an die Wahrheit glauben und an der Botschaft von Jesus festhalten, werden von Gott gestärkt und bewahrt.

Vor diesem Hintergrund bittet Paulus die Gemeinde zu beten, dass sich die gute Botschaft schnell verbreitet und angenommen wird. Für Paulus und seine Mitarbeiter sollen sie beten, dass sie vor boshaften Menschen beschützt werden. Ebenso beten auch sie für die Gemeinde, dass sie standfest bleibt, ermutigt und gestärkt wird.

Zum Schluss ermahnt Paulus bestimmte Gemeindeglieder, für ihren eigenen Lebensunterhalt zu arbeiten.

Wichtige Personen

Paulus — Briefautor
Mitarbeiter:
  Silas
  Timotheus

Wichtiger Ort

Thessalonich — Stadt im Nordosten des heutigen Griechenland

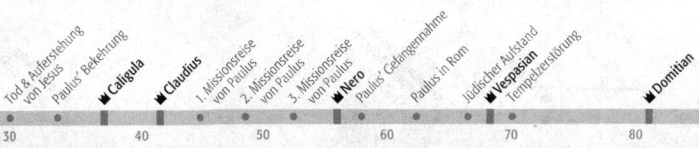

1. THESSALONICHER

1–3	Dank für die Gemeinde
4–5	Leben im Blick auf den Tag des Herrn

2. THESSALONICHER

1	Grüße und Ermutigung
2	Über das zweite Kommen Christi
3,1-5	Gebetsanliegen
3,6-15	Ermahnung zur rechten Lebensweise

1–3
Mut zum Ausharren in der Not und kommenden Bedrängnis. Bitte um Gebet. Mahnung, nicht faul zu sein.

[Gottes Königsherrschaft und der Messias]

DER ZWEITE BRIEF AN DIE THESSALONICHER

Grüße von Paulus

1 Dieser Brief stammt von Paulus, Silas* und Timotheus. Er ist geschrieben an die Gemeinde in Thessalonich, an euch, die ihr zu Gott, unserem Vater, und Jesus Christus, dem Herrn, gehört.
²Wir wünschen euch Gnade und Frieden von Gott, unserem Vater, und Jesus Christus, dem Herrn!

Ermutigung in Zeiten der Verfolgung
³Liebe Brüder, wir hören nicht auf, Gott für euch zu danken: Und das ist nur richtig so, denn wir sind unendlich dankbar, dass euer Glaube immer stärker wird und eure Liebe zueinander wächst. ⁴Stolz erzählen wir überall in den anderen Gemeinden Gottes, wie geduldig ihr alle Verfolgungen und Schwierigkeiten ertragt und dennoch an eurem Glauben festhaltet. ⁵Daran kann alle Welt die Gerechtigkeit Gottes erkennen. Denn er wird euch vorbereiten für sein Reich, für das ihr jetzt leidet, ⁶und wird, weil er gerecht ist, alle strafen, die euch jetzt verfolgen. ⁷Euch, die ihr verfolgt werdet, und auch uns wird er Frieden schenken, wenn Jesus, der Herr, vom Himmel her erscheinen wird. Er wird mit seinen mächtigen Engeln kommen, ⁸inmitten von Feuerflammen, um das Gericht über diejenigen zu bringen, die Gott nicht kennen, und über diejenigen, die der Botschaft von Jesus, unserem Herrn, nicht gehorchen. ⁹Sie werden mit ewigem Verderben bestraft werden und für immer vom Herrn und seiner herrlichen Macht* getrennt sein. ¹⁰Dies geschieht, wenn er kommen wird, um sich von denen, die zu ihm gehören*, loben und anbeten zu lassen. Ihr werdet dann unter denen sein, die ihn preisen, denn ihr habt geglaubt, was wir von ihm weitergesagt haben.
¹¹Wir hören nicht auf, für euch zu beten, dass unser Gott euch für das Leben bereit macht, zu dem er euch berufen hat. Und wir beten, dass Gott eure guten Absichten und das, was ihr aus

1,1 Griech. *Silvanus*. 1,9 Griech. *von der Herrlichkeit seiner Stärke*. 1,10 Griech. *seinen Heiligen*.

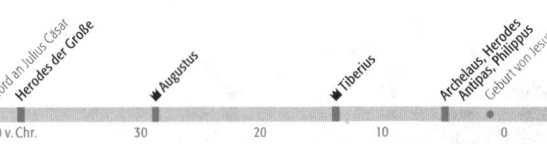

dem Glauben heraus tut, mit seiner Kraft erfüllt. ¹²Dann wird durch euch der Name von Jesus, unserem Herrn, geehrt, und ihr werdet mit ihm geehrt werden. Das alles wird möglich durch die Gnade unseres Gottes und Herrn Jesus Christus.

Die Ereignisse vor dem zweiten Kommen Christi

2 Und nun, liebe Brüder, zu der Wiederkehr von Jesus Christus und dazu, wie wir alle versammelt werden, um ihm entgegenzugehen. Wir bitten euch: ²Lasst euch nicht erschüttern und beunruhigen, wenn die Leute sagen, der Tag des Herrn habe schon begonnen. Selbst wenn sie behaupten, sie hätten eine Vision, eine Offenbarung oder sogar einen Brief von uns empfangen, glaubt ihnen nicht. ³Lasst euch durch ihre Worte auf keinen Fall täuschen!

Denn bevor es so weit ist, wird es zu einem Aufstand gegen Gott kommen, und der Mensch der Gesetzlosigkeit wird erscheinen – der, der Verderben bringt*. ⁴Er wird sich widersetzen und sich über alle Götter erheben und jeden Gegenstand der Verehrung und Anbetung zerstören. Er wird sich in den Tempel Gottes setzen und behaupten, er selbst sei Gott. ⁵Erinnert ihr euch nicht, dass ich euch das schon gesagt habe, als ich noch bei euch war? ⁶Ihr wisst auch, was ihn zurückhält, denn er kann erst erkannt werden, wenn seine Zeit gekommen ist.

⁷Denn das Geheimnis der Gesetzlosigkeit ist schon wirksam, und es wird verborgen bleiben, bis der, der es jetzt noch aufhält, weggenommen ist. ⁸Dann wird der Gesetzlose erkennbar werden, und Jesus, der Herr, wird ihn mit dem Hauch seines Mundes töten und durch sein Erscheinen vernichten, wenn er wiederkommt. ⁹Der Böse wird kommen, um mit mächtigen Taten und verlogenen Zeichen und Wundern das Werk des Satans zu tun. ¹⁰Mit üblen Täuschungen wird er die Menschen verführen, die ihrem Verderben entgegengehen, weil sie nicht an die Wahrheit glauben wollen, die sie retten könnte. ¹¹Deshalb wird Gott eine große Blindheit* über sie kommen lassen, und sie werden all die Lügen glauben. ¹²Und damit werden alle gerichtet, die der Wahrheit nicht geglaubt und an ihrer eigenen Ungerechtigkeit Gefallen gefunden haben.

Die Gläubigen sollen fest bleiben

¹³Wir aber hören nicht auf, Gott für euch zu danken, liebe Freunde*, denn ihr seid von Gott geliebt. Wir sind dankbar, dass er euch erwählt hat und dass ihr zu den Ersten gehören dürft*, die gerettet werden. Eure Rettung kommt durch den Heiligen Geist, der euch Jesus immer ähnlicher werden lässt, und euren Glauben an die Wahrheit.* ¹⁴Er hat euch dazu berufen durch unsere Botschaft von Jesus, damit ihr die Herrlichkeit von Jesus Christus, unserem Herrn, erlangt.

¹⁵Auf diesem Grund steht fest, liebe Brüder, und vergesst nichts von dem, was wir euch persönlich oder durch Briefe mitgegeben haben.

¹⁶Wir bitten für euch, dass Jesus Christus, unser Herr, und Gott, unser Vater, der uns geliebt und uns in seiner Gnade bleibenden Trost und gute Hoffnung geschenkt hat, ¹⁷eure Herzen ermutige und euch stärke in allem, was ihr sagt und tut!

Paulus nennt ein Gebetsanliegen

3 Zum Schluss bitte ich euch, liebe Brüder, für uns zu beten. Betet vor allem, dass die Botschaft Gottes sich rasch ausbreitet und überall, wo sie hinkommt, gut aufgenommen wird, so wie es bei euch der Fall war. ²Und betet auch, dass wir vor boshaften und schlechten Menschen geschützt werden, denn nicht alle glauben an den Herrn. ³Aber der Herr ist treu; er wird euch stärken und euch vor dem Bösen* bewahren. ⁴Und im Glauben an Gott sind wir zuversichtlich, dass ihr alles, was wir euch ans Herz gelegt haben, schon jetzt in die Tat umsetzt und das auch immer weiter tun werdet. ⁵Der Herr richte eure Herzen auf die Liebe zu Gott aus und auf das geduldige Warten auf Christus!*

Eine Ermahnung zur rechten Lebensweise

⁶Und nun, liebe Freunde*, geben wir euch im Namen von Jesus Christus, unserem Herrn, folgende Anweisung: Haltet euch von jedem Bruder fern, der untätig ist und nicht so lebt, wie wir es euch vorgelebt haben. ⁷Denn ihr wisst, dass ihr unserem Vorbild folgen sollt. Wir waren nicht faul, als wir bei euch waren. ⁸Nie haben wir Nahrung angenommen, ohne dafür zu bezahlen. Wir haben Tag und Nacht schwer gearbeitet, um

---

2,3 Griech. *der Sohn des Verderbens.* **2,11** Griech. *eine wirkende Kraft des Irrtums.* **2,13a** Griech. *Brüder.* **2,13b** In manchen Handschriften heißt es *dass Gott euch von Anfang an erwählt hat.* **2,13c** Griech. *Errettung in der Heiligung durch den Geist und im Glauben an die Wahrheit.* **3,3** Es kann hier »das Böse« oder »der Böse« gemeint sein. **3,5** O. *auf Gottes Liebe und die Geduld aus, die Jesus hatte.* **3,6** Griech. *Brüder.*

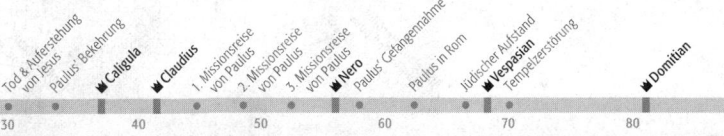

1. THESSALONICHER

1–3	Dank für die Gemeinde
4–5	Leben im Blick auf den Tag des Herrn

2. THESSALONICHER

1	Grüße und Ermutigung
2	Über das zweite Kommen Christi
3,1-5	Gebetsanliegen
3,6-15	Ermahnung zur rechten Lebensweise

3
Mahnung zum Fleiß. Abschiedsgrüße.

[Gottes Königsherrschaft und der Messias]

euch nicht zur Last zu fallen. ⁹Dabei war es nicht so, dass wir nicht das Recht dazu gehabt hätten, aber wir wollten euch ein Beispiel geben, damit ihr euch danach richtet. ¹⁰Denn auch als wir noch bei euch waren, haben wir euch erklärt: »Wer nicht arbeitet, soll auch nicht essen.«

¹¹Wir haben nämlich gehört, dass einige von euch ein untätiges Leben führen, nicht arbeiten wollen und ihre Zeit nutzlos vertun. ¹²Im Namen von Jesus Christus, dem Herrn, appellieren wir an diese Leute und ermahnen sie, dass sie regelmäßig arbeiten und sich ihren eigenen Lebensunterhalt verdienen sollen. ¹³Und was euch betrifft, liebe Brüder, so hört nicht auf damit, Gutes zu tun.

¹⁴Achtet darauf, wer unsere Anweisung nicht befolgen will, und haltet euch von ihm fern, damit er sich schämt. ¹⁵Betrachtet ihn jedoch nicht als Feind, sondern redet mit ihm wie mit einem Bruder und ermahnt ihn!

Abschließende Grüße des Apostels
¹⁶Der Herr des Friedens selbst gebe euch jeden Tag seinen Frieden, was immer auch geschieht! Der Herr sei mit euch allen!

¹⁷Hier ist mein Gruß, den ich – Paulus – mit eigener Hand schreibe. Das tue ich am Ende jedes Briefs, um zu zeigen, dass er wirklich von mir stammt.

¹⁸Ich wünsche euch allen die Gnade von Jesus Christus, unserem Herrn!

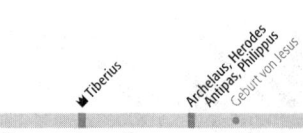

1. Timotheus

Inhalt
Paulus hat Timotheus eine leitende Stellung in der Gemeinde in Ephesus übertragen. Sein Brief enthält viele persönliche Ermutigungen, Ermahnungen und einzelne Anweisungen für den jungen Timotheus. Friede und Klarheit sind im Wesentlichen ihr Ziel.

Einige Themen behandelt Paulus ausführlicher: die Bedeutung der Fürbitte, insbesondere für die Herrschenden, charakterliche Anforderungen an leitende und dienende Personen in der Gemeinde, falsche Lehren, Kriterien für die Unterstützung Notleidender. Schließlich ist ihm das Verhältnis der Gemeindeglieder zum Geld wichtig: Bescheidenheit macht zufrieden, Reichtum ist unsicher und dazu da, Gutes zu tun.

Wichtige Personen
Paulus	Apostel und Briefautor
Timotheus	Briefempfänger
Ehemalige Mitarbeiter:	
Hymenäus	
Alexander	

Wichtige Orte
Ephesus	Stadt im Westen der heutigen Türkei
(Südost-)Mazedonien	Nordosten des heutigen Griechenland

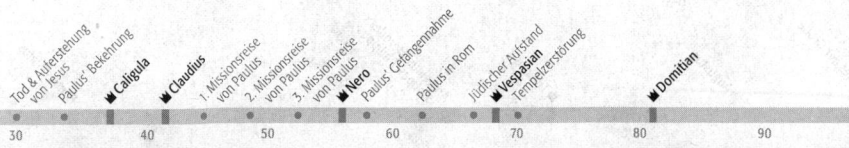

1. TIMOTHEUS

1	Persönliches an Timotheus
2–3	Ordnungen in der Gemeinde
4	Persönliche Ermahnungen
5–6	Timotheus' Umgang mit anderen

2. TIMOTHEUS

1–2	Ermutigungen für Timotheus
3–4	Ermahnung zu Wachsamkeit und Treue

1–3
Das Gesetz richtig verstehen. Was die Gnade bewirken kann. Wichtigkeit des Gebets. Über Dienste in der Gemeinde.

[**Gottes Königsherrschaft und der Messias**]

DER ERSTE BRIEF AN TIMOTHEUS

Grüße von Paulus

1 Dieser Brief stammt von Paulus, einem Apostel von Christus Jesus. Ich wurde berufen durch den Befehl Gottes, der uns gerettet hat, und durch Christus Jesus, auf den wir hoffen.
²Ich schreibe diesen Brief an Timotheus, der durch den Glauben wie ein eigenes Kind für mich ist.
Gnade, Barmherzigkeit und Frieden wünsche ich dir von Gott, unserem Vater, und Christus Jesus, unserem Herrn.

Warnungen vor Irrlehren
³Als ich nach Mazedonien aufbrach, bat ich dich, in Ephesus zu bleiben und zu verhindern, dass dort falsche Lehren verbreitet werden. ⁴Lass nicht zu, dass die Menschen ihre Zeit mit endlosen Spekulationen über Fabeln und Stammbäumen vergeuden. Denn das führt nur zu Streit und hilft nicht, ein Leben im Glauben an Gott zu führen. ⁵Das Ziel meiner Unterweisung ist, dass alle Christen von der Liebe erfüllt sind, die aus einem reinen Herzen kommt, aus einem guten Gewissen und aufrichtigem Glauben.
⁶Einige haben dieses Ziel jedoch völlig verfehlt und vertun ihre Zeit mit leerem Geschwätz. ⁷Sie möchten gern als Lehrer des Gesetzes gelten, verstehen aber selbst nicht, wovon sie reden und was sie so nachdrücklich behaupten. ⁸Wir wissen, dass diese Gesetze gut sind, wenn sie so verstanden und genutzt werden, wie Gott es wollte. ⁹Sie wurden jedoch nicht für den gemacht, der das Richtige tut, sondern für Menschen, die ungehorsam und rebellisch sind, die ohne Gott leben und sich in Schuld verstricken, denen nichts heilig ist und die alles Heilige entwürdigen, ja die ihren Vater oder ihre Mutter oder andere Menschen töten. ¹⁰Diese Gesetze sind für Menschen bestimmt, die Unzucht treiben, für Knabenschänder und Sklavenhändler, für Lügner und Meineidige und für solche, die auf andere Weise der gesunden Lehre widerstreben. ¹¹Diese Lehre beruht auf der Botschaft von der Herrlichkeit Gottes, die unser großartiger Herr mir in seiner Gnade anvertraut hat.

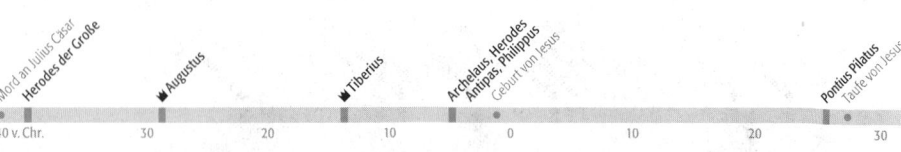

Dankbarkeit für die Gnade Gottes

¹²Wie dankbar bin ich Christus Jesus, unserem Herrn, der mich stark gemacht, als vertrauenswürdig erachtet und zu seinem Dienst berufen hat, ¹³obwohl ich ihn früher verachtet habe! Ich habe die Gläubigen verfolgt und ihnen geschadet, wo ich nur konnte. Doch Gott hatte Erbarmen mit mir*, weil ich unwissend und im Unglauben handelte. ¹⁴Aber der Herr war freundlich und gnädig! Er hat mich erfüllt mit Glauben und mit der Liebe von Christus Jesus.

¹⁵Was ich sage, ist wahr und glaubwürdig: Christus Jesus kam in die Welt, um Sünder zu retten – und ich bin der Schlimmste von allen. ¹⁶Aber Gott hatte Erbarmen mit mir, damit Jesus Christus mich als leuchtendes Beispiel für seine unendliche Geduld gebrauchen konnte. So bin ich ein Vorbild für alle, die an ihn glauben und das ewige Leben erhalten werden. ¹⁷Ehre und Ruhm gehören Gott allein, dem ewigen König, dem Unsichtbaren, der nie stirbt und der allein Gott ist, in alle Ewigkeit. Amen.

Die Verantwortung des Timotheus

¹⁸Timotheus, mein Sohn, dies ist mein Gebot für dich, wie es dem entspricht, was die Propheten schon früher über dich vorausgesagt haben. Ihre Voraussagen sollen dich stärken, den guten Kampf zu kämpfen. ¹⁹Halte dabei an deinem Glauben an Christus fest und bewahre dir immer ein reines Gewissen. Denn einige haben gegen ihr Gewissen gehandelt und deshalb in ihrem Glauben Schiffbruch erlitten. ²⁰Hymenäus und Alexander sind Beispiele dafür; ich habe sie dem Satan ausgeliefert, damit sie lernen, nicht länger Gott zu verachten.

Anweisungen über Fürbitte und Gottesdienst

2 Vor allem anderen fordere ich euch auf, für alle Menschen zu beten. Bittet bei Gott für sie und dankt ihm. ²So sollt ihr für die Herrschenden und andere Menschen in führender Stellung beten, damit wir in Ruhe und Frieden so leben können, wie es Gott gefällt und anständig ist. ³Das ist gut und macht Gott, unserem Erlöser, Freude. ⁴Er möchte, dass jeder gerettet wird und die Wahrheit erkennt. ⁵Denn es gibt nur einen Gott und nur einen Vermittler zwischen Gott und den Menschen: Das ist Christus Jesus, der Mensch geworden ist. ⁶Er gab sein Leben*, um alle Menschen freizukaufen. Das ist die Botschaft, die Gott der Welt gab, als die Zeit dafür gekommen war. ⁷Und ich lüge nicht, sondern sage die Wahrheit: Ich wurde als Prediger und Apostel erwählt, um die Völker im Glauben und in der Wahrheit zu unterrichten.

⁸Überall, wo ihr euch versammelt, möchte ich nun, dass die Männer, wenn sie beten, ihre Hände rein zu Gott erheben. Sie sollen nicht von Zorn und Streit beschmutzt sein. ⁹Und ich möchte, dass die Frauen in ihrer Erscheinung Zurückhaltung üben, indem sie sich anständig kleiden und nicht durch ihre Frisur oder durch Gold, Perlen oder kostbare Kleider die Aufmerksamkeit auf sich lenken. ¹⁰Denn Frauen, die Gott ehren wollen, sollen dadurch anziehend wirken, dass sie Gutes tun.

¹¹Eine Frau soll in der Stille und in aller Unterordnung lernen. ¹²Ich erlaube der Frau nicht, zu lehren oder über den Mann zu herrschen; sie soll still zurückhalten. ¹³Denn Gott schuf zuerst Adam und dann Eva. ¹⁴Und es war die Frau, nicht Adam, die durch den Satan getäuscht wurde und sich verführen ließ. ¹⁵Doch auch die Frau wird gerettet werden, wenn sie Kinder zur Welt bringt* und vor allem, wenn sie beständig im Glauben und in der Liebe lebt, anständig und verlässlich vor Gott.*

Leiterschaft in der Gemeinde

3 Es stimmt, dass jemand, der ein Ältester* sein möchte, eine sehr ehrenvolle Aufgabe anstrebt. ²Ein Ältester muss ein Mensch sein, der ein einwandfreies Leben führt. Er soll seiner Frau treu sein.* Er soll Selbstbeherrschung haben, besonnen leben und einen guten Ruf besitzen. Er soll gastfreundlich sein und fähig, andere zu lehren. ³Er darf kein Trinker oder gewalttätiger Mensch sein, sondern er soll freundlich und friedliebend sein und darf nicht am Geld hängen. ⁴Es ist nötig, dass er ein guter Familienvorstand ist und dass seine Kinder ihn achten und ihm gehorchen. ⁵Denn wenn ein Mann es nicht versteht, seiner Verantwortung im eigenen Haus gerecht zu werden, wie soll er dann für Gottes Gemeinde sorgen?

⁶Ein Ältester sollte auch nicht erst vor kurzem gläubig geworden sein, damit er nicht stolz wird, schon so früh ein Amt innezuhaben, und der

---

1,13 Griech. *wurde mit Erbarmen beschenkt*. **2,6** Griech. *sich als Lösegeld für alle*. **2,15a** O. *werden gerettet, dadurch dass sie ihre Aufgabe als Mutter annehmen; oder werden durch die Geburt des Kindes gerettet werden*. **2,15b** Griech. *wenn sie bleiben in Glauben und Liebe und Heiligung mit Besonnenheit*. **3,1** Griech. *Aufseher*; so auch in 3,2. **3,2** Griech. *Mann einer (einzigen) Frau*; so auch in 3,12.

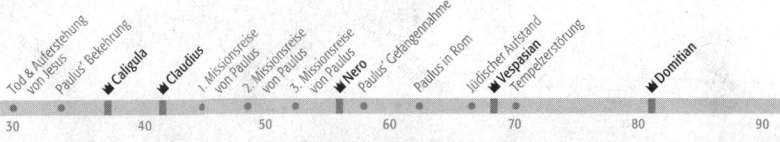

1. TIMOTHEUS

1	Persönliches an Timotheus
2–3	Ordnungen in der Gemeinde
4	Persönliche Ermahnungen
5–6	Timotheus' Umgang mit anderen

2. TIMOTHEUS

| 1–2 | Ermutigungen für Timotheus |
| 3–4 | Ermahnung zu Wachsamkeit und Treue |

3–5
Paulus warnt vor falschen Lehrern. Über das Leben in der Nachfolge. Über den Umgang mit Witwen.

[Gottes Königsherrschaft und der Messias]

Teufel seinen Stolz benutzt, um ihn zu Fall zu bringen*. ⁷Außerdem soll er einen guten Ruf bei den Menschen außerhalb der Gemeinde haben, damit er nicht ins Gerede kommt und in die Falle des Teufels tappt.

⁸Genauso ist es notwendig, dass auch die Diakone geachtete und glaubwürdige Menschen sind. Sie dürfen keine Trinker sein und nicht nach maßlosem Gewinn streben. ⁹Sie sollen mit gutem Gewissen so leben, wie es der Wahrheit des Glaubens entspricht.* ¹⁰Bevor sie zu Diakonen ernannt werden, soll man ihnen andere Aufgaben in der Gemeinde übertragen, um sie zu prüfen. Wenn sie sich dabei bewähren, können sie als Diakone arbeiten.

¹¹Auch ihre Frauen* sollen geachtet sein und dürfen nicht abfällig über andere reden. Sie müssen besonnen und treu sein in allem, was sie tun.

¹²Ein Diakon soll seiner Frau die Treue halten und seine Kinder und sein Haus gut führen. ¹³Wenn Diakone ihre Aufgabe gut erfüllen, werden sie geachtet und leben ihren Glauben an Christus Jesus mit großer Zuversicht.

Die Wahrheit unseres Glaubens

¹⁴Ich schreibe dir diese Dinge, obwohl ich hoffe, bald bei dir zu sein, ¹⁵damit du, falls ich noch eine Weile nicht kommen kann, weißt, wie man sich im Haus Gottes verhalten soll. So sieht die Gemeinde des lebendigen Gottes aus, die eine Säule und Stütze der Wahrheit ist. ¹⁶Ohne Frage ist das Geheimnis unseres Glaubens groß:
  Christus* ist als Mensch erschienen
und wurde durch den Geist* gerecht
  gesprochen.
  Er wurde von Engeln gesehen
und den Völkern verkündet.
  Viele Menschen in der Welt
  glaubten an ihn,
und er wurde in den Himmel*
  hinaufgenommen.

Warnungen vor Irrlehrern

4 Nun sagt uns der Heilige Geist ausdrücklich, dass manche sich am Ende der Zeit von dem abwenden werden, was wir glauben; sie werden auf Lügen hören und Lehren folgen, die von

---

3,6 O. *und demselben Gericht verfällt wie der Teufel.*
3,9 Griech. *Sie sollen das Geheimnis des Glaubens mit reinem Gewissen bewahren.* 3,11 O. *die Frauen im Amt eines Diakons*; das griech. Wort kann mit »Ehefrauen« oder »Frauen« übersetzt werden. 3,16a In manchen Handschriften heißt es *Gott.* 3,16b O. *in seinem Geist.*
3,16c Griech. *in Herrlichkeit oder in die Herrlichkeit.*

Dämonen stammen. ²Diese Lehrer sind Heuchler und Lügner, aber ihr Gewissen ist tot*.

³Sie werden behaupten, es sei falsch, zu heiraten, und falsch, bestimmte Dinge zu essen. Doch Gott hat diese Nahrungsmittel geschaffen, damit wir sie dankbar essen; denn wir sind Menschen, die die Wahrheit kennen und an sie glauben. ⁴Weil alles, was Gott geschaffen hat, gut ist, sollen wir nichts davon ablehnen. Wir dürfen es dankbar annehmen, ⁵denn wir wissen, dass es durch das Wort Gottes und durch das Gebet gesegnet wird.

Ein guter Diener von Christus Jesus

⁶Wenn du das den anderen erklärst, tust du damit deine Pflicht als ein würdiger Diener von Christus Jesus. Du lebst von der Botschaft des Glaubens und der wahren Lehre, der du gefolgt bist. ⁷Vergeude keine Zeit mit Streitereien über gottlose Ideen und Ammenmärchen, sondern nutze deine Zeit und Kraft, um im Glauben immer stärker zu werden. ⁸Körperliches Training hat einen gewissen Wert, aber geistliches Training ist noch viel wichtiger, denn es verspricht Gewinn in diesem wie auch im zukünftigen Leben. ⁹Diese Wahrheit sollte jeder gelten lassen.* ¹⁰Wir arbeiten hart und leiden dabei viel*, denn unsere Hoffnung ist der lebendige Gott. Er ist der Erlöser aller Menschen, insbesondere der Gläubigen.

¹¹Lehre diese Dinge und bestehe darauf, dass jeder sie lernt. ¹²Niemand soll dich gering schätzen, nur weil du jung bist. Sei allen Gläubigen ein Vorbild in dem, was du lehrst, wie du lebst, in der Liebe, im Glauben und in der Reinheit. ¹³Und bis ich komme, sollst du dich darauf konzentrieren, der Gemeinde die Schrift vorzulesen und die Gläubigen zu ermutigen und zu lehren! ¹⁴Vernachlässige die geistliche Gabe nicht, die du durch prophetische Reden empfangen hast, als die Ältesten der Gemeinde dir die Hände auflegten. ¹⁵Richte deine Aufmerksamkeit darauf und widme dich diesen Aufgaben, damit alle sehen können, wie du Fortschritte machst. ¹⁶Achte sorgfältig auf dich selbst und auf die Lehre. Bleib der Wahrheit treu, und Gott wird dich und alle, die dich hören, retten.

5 Sprich nie unhöflich mit einem älteren Mann*, sondern ermahne ihn mit allem Respekt, als wäre es dein eigener Vater. Mit den jüngeren Männern sprich, als wären es deine Brüder. ²Behandle die älteren Frauen wie deine eigene Mutter und die jüngeren Frauen mit Zurückhaltung, als wären sie deine eigenen Schwestern.

Ratschläge in Bezug auf Witwen, Älteste und Sklaven

³Kümmere dich um die Witwen, die sonst niemanden haben, der für sie sorgt. ⁴Wenn eine Witwe jedoch Kinder oder Enkel hat, haben vor allem diese die Pflicht, nach den Geboten Gottes zu leben* und ihren Eltern das Gute, das sie ihnen gegeben haben, zurückzugeben, indem sie für sie sorgen. Das ist etwas, über das sich Gott freut.

⁵Doch eine Frau, die wirklich Witwe ist und ganz allein in dieser Welt steht, setzt ihre Hoffnung ganz auf Gott. Nacht und Tag bittet sie Gott um Hilfe und verbringt viel Zeit im Gebet. ⁶Dagegen ist die Witwe, die nur für das Vergnügen lebt, schon tot, obwohl sie noch lebt. ⁷Sage dies der Gemeinde weiter, damit sie anständig leben.

⁸Diejenigen jedoch, die nicht für ihre eigenen Verwandten sorgen – besonders wenn sie im selben Haushalt leben –, haben damit verleugnet, was wir glauben. Solche Leute sind schlimmer als Ungläubige.

⁹Eine Witwe soll dann in das Verzeichnis aufgenommen werden, wenn sie mindestens sechzig Jahre alt ist und ihrem Mann treu war*. ¹⁰Sie muss für das Gute, das sie getan hat, bei den anderen geachtet sein. Hat sie ihre Kinder gut erzogen? War sie freundlich zu Fremden? Hat sie anderen Gläubigen gerne gedient?* Hat sie denen geholfen, die in Not geraten waren? War sie immer bereit, Gutes zu tun?

¹¹Die jüngeren Witwen sollen nicht in das Verzeichnis aufgenommen werden, denn wenn ihr körperliches Verlangen stärker wird als ihre Hingabe an Christus, werden sie wieder heiraten wollen. ¹²Dann würden sie sich schuldig machen, ihr früheres Versprechen gebrochen zu haben. ¹³Außerdem gewöhnen sie es sich sonst an, faul zu werden und ihre Zeit damit zu vertrödeln, mit den Nachbarn zu klatschen, sich neugierig in die Angelegenheiten anderer einzumischen und Dinge zu sagen, die sie nicht sagen sollten. ¹⁴Deshalb rate ich diesen jüngeren Witwen, wieder zu heiraten, Kinder zu bekommen und sich um ihren eigenen Haushalt zu kümmern. Dann wird der Feind nichts gegen sie vorbringen können. ¹⁵Denn ich befürchte, dass einige bereits

---

4,2 Griech. *gebrandmarkt*. **4,9** Griech. *Dieses Wort ist glaubwürdig und aller Annahme wert*. **4,10** In manchen Handschriften heißt es *und kämpfen*. **5,1** O. *einem Ältesten*. **5,4** Griech. *aus Gottesfurcht für die eigene Familie zu sorgen*. **5,9** Griech. *die Frau eines (einzigen) Mannes war*. **5,10** Griech. *Hat sie den Heiligen die Füße gewaschen?*

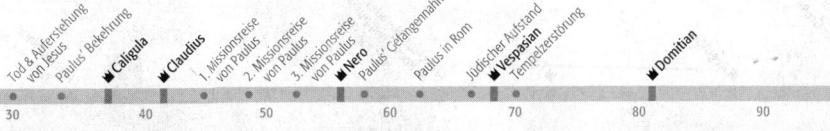

1. TIMOTHEUS

1	Persönliches an Timotheus
2–3	Ordnungen in der Gemeinde
4	Persönliche Ermahnungen
5–6	Timotheus' Umgang mit anderen

2. TIMOTHEUS

1–2	Ermutigungen für Timotheus
3–4	Ermahnung zu Wachsamkeit und Treue

5–6
Über Älteste und Sklaven. Bestätigung und Anweisungen für Timotheus. Umgang mit Geld.

[Gottes Königsherrschaft und der Messias]

auf Abwege geraten sind und jetzt dem Satan folgen.
¹⁶Wenn eine gläubige Frau Witwen in ihrer Verwandtschaft hat, muss sie sich um sie kümmern und darf die Verantwortung nicht auf die Gemeinde abschieben. Dann kann die Gemeinde diejenigen versorgen, die wirklich allein dastehen. ¹⁷Älteste, die ihrer Aufgabe voll gerecht werden, verdienen Anerkennung und Lohn*, besonders diejenigen, die sowohl predigen als auch lehren. ¹⁸Denn die Schrift sagt: »Hindert einen Ochsen nicht am Fressen, während er das Korn drischt.« Und an anderer Stelle steht: »Wer arbeitet, hat auch Lohn verdient!«*
¹⁹Hört nicht auf Beschwerden gegen einen Ältesten, es sei denn, zwei oder drei Zeugen haben ihm etwas vorzuwerfen. ²⁰Wer jedoch sündigt, soll vor der ganzen Gemeinde zurechtgewiesen werden, damit die anderen durch dieses Beispiel Gott fürchten lernen.
²¹Ich gebiete dir ausdrücklich in der Gegenwart von Gott und Christus Jesus und den heiligen Engeln, diese Anweisungen zu befolgen, ohne Partei zu ergreifen oder jemanden in irgendeiner Weise zu bevorzugen. ²²Lege nicht voreilig jemandem die Hände auf. Beteilige dich nicht an den Sünden anderer. Halte dich selbst frei von Schuld.
²³Trinke nicht nur Wasser. Du solltest wegen deines Magens auch ein wenig Wein trinken, weil du so oft krank bist.
²⁴Denke daran, dass manche Leute ein schlechtes Leben* führen, sodass jeder weiß, dass sie ins Gericht kommen werden. Aber es gibt andere, deren Schuld erst später sichtbar wird. ²⁵Genauso ist jedem bekannt, wie viel Gutes manche Leute tun, während es andere gibt, von deren guten Taten man erst später erfahren wird.

6 Alle, die Sklaven sind, sollen ihre Herren uneingeschränkt ehren, damit der Name Gottes und seine Lehre nicht entehrt werden. ²Wenn euer Herr gläubig ist, ist das kein Grund, ihn weniger zu achten, nur weil ihr im Glauben Brüder seid. Ja, ihr sollt sogar noch härter arbeiten, weil ihr durch eure Bemühungen einem anderen Gläubigen* helft.

Falsche Lehrer und wahrer Reichtum
Lehre diese Wahrheiten, Timotheus, und ermutige alle, sie zu befolgen! ³Jeder, der etwas anderes lehrt als die guten Worte von Jesus Christus,

5,17 Griech. *sind doppelter Ehre wert.* **5,18** 5. Mose 25,4; Lukas 10,7. **5,24** Griech. *ein Leben in Sünde.* **6,2** Griech. *einem Bruder.*

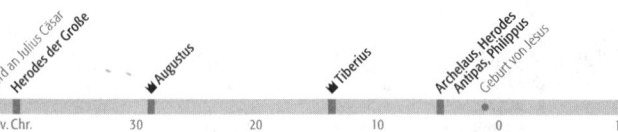

unserem Herrn, und nicht an der Lehre festhält, auf der unser Leben im Glauben beruht, ⁴der ist verblendet und unwissend. Ein solcher Mensch hat einen ungesunden Hang zu Streitereien und Wortgefechten, die zu Neid, Auseinandersetzungen, lästerlichen Reden und bösen Verdächtigungen führen ⁵und in dauerhaftem Streit enden. Solche Menschen haben ein verdorbenes Denken und kennen die Wahrheit nicht. Für sie ist das Leben mit Gott nur ein Mittel, sich zu bereichern.

⁶Wahrer Glaube und die Fähigkeit, mit wenigem zufrieden zu sein, sind tatsächlich ein großer Reichtum. ⁷Schließlich haben wir bei unserer Geburt nichts in die Welt mitgebracht und wir können auch nichts mitnehmen, wenn wir sterben. ⁸Deshalb wollen wir zufrieden sein, solange wir nur genug Nahrung und Kleidung haben. ⁹Menschen, die reich werden wollen, geraten nur in Versuchung und verstricken sich in so viele dumme und schädliche Wünsche, dass sie letztlich ins Verderben und in ihren eigenen Untergang stürzen. ¹⁰Denn die Liebe zum Geld ist die Wurzel aller möglichen Übel; so sind manche Menschen aus Geldgier vom Glauben abgewichen und haben sich selbst viele Schmerzen zugefügt.

Letzte Anweisungen des Apostels

¹¹Aber du, Timotheus, gehörst Gott; deshalb sollst du dich davon fernhalten. Bemühe dich um ein Leben, so wie Gott es will*: geprägt von der Ehrfurcht vor Gott, von Glauben und Liebe, geführt mit Geduld und Sanftmut! ¹²Kämpfe den guten Kampf des Glaubens. Halte an dem ewigen Leben fest, zu dem Gott dich berufen hat und für das du ein gutes Bekenntnis vor vielen Zeugen abgelegt hast! ¹³Und ich gebiete dir vor Gott, der allen Leben gibt, und vor Jesus Christus, der ja auch vor Pontius Pilatus ein gutes Bekenntnis abgelegt hat, ¹⁴seinen Geboten rein und vorbildlich zu folgen. Dann kann niemand dir etwas vorwerfen, bis Jesus Christus, unser Herr, wiederkommt. ¹⁵Denn zur richtigen Zeit wird Christus vom Himmel her offenbart werden durch den gnädigen und allein allmächtigen Gott, den König der Könige und Herrn der Herren. ¹⁶Nur er allein wird nie sterben, und er wohnt in einem Licht, zu dem niemand kommen kann. Niemand hat ihn je gesehen oder kann ihn sehen. Ihm sei Ehre und Macht in alle Ewigkeit! Amen.

¹⁷Sag allen, die in dieser gegenwärtigen Welt reich sind, sie sollen nicht stolz sein und nicht auf ihr Geld vertrauen, das bald vergehen wird. Stattdessen sollen sie ihr Vertrauen auf den lebendigen Gott setzen, der uns alles reichlich gibt, was wir brauchen, damit wir uns daran freuen und es genießen können. ¹⁸Fordere sie auf, ihr Geld zu nutzen, um Gutes zu tun. Sie sollen reich an guten Taten sein, die Bedürftigen großzügig unterstützen und immer bereit sein, mit anderen zu teilen, was Gott ihnen gegeben hat. ¹⁹Auf diese Weise legen sie mit ihrem Besitz ein gutes Fundament für die Zukunft, um das wahre Leben zu ergreifen.

²⁰Timotheus, bewahre, was Gott dir anvertraut hat. Meide alle gottlosen, hohlen Streitgespräche mit Menschen, die sich dir mit ihrer sogenannten Erkenntnis entgegenstellen. ²¹Manche haben den Glauben verloren, weil sie deren Geschwätz gefolgt sind!

Wir wünschen euch allen Gottes Gnade!

6,11 Griech. *um Gerechtigkeit.*

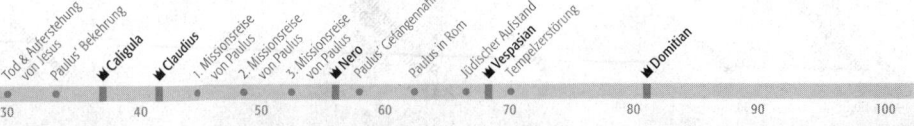

Das ist eine feine Frucht und Kraft des lieben Worts, dass die, die fest daran halten, nicht allein Stärke und Trost der Seelen dadurch empfangen, sondern auch vor unrechter Lehre und falscher Heiligkeit behütet werden.

Martin Luther

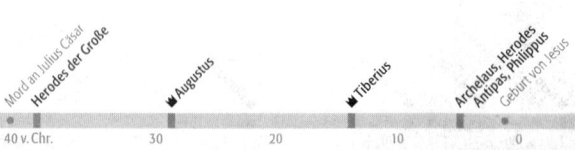

2. Timotheus

Inhalt

Paulus schreibt den 2. Brief an Timotheus aus dem Gefängnis. Er ist geprägt von seiner Erwartung, bald zum Tod verurteilt zu werden. Schwerer als diese Aussicht ist für ihn, dass bei seiner ersten Verhandlung kein Freund dabei gewesen ist und dass einige Mitarbeiter sich vom Glauben an Jesus abgewandt haben. So bittet Paulus Timotheus, bald zu ihm zu kommen. Dadurch bekommt der Brief eine sehr persönliche Note.

Paulus versteht sich als Vorbild für Timotheus. Er ermutigt ihn, an der unverfälschten guten Botschaft festzuhalten und auch dafür zu leiden. Der Widerstand gegen die Lehre von Jesus, Irrtümer und Lieblosigkeiten nehmen zu – und damit die Verfolgung. Entscheidend ist da die Orientierung an der Heiligen Schrift, denn letztlich hat der Heilige Geist sie entstehen lassen. (Paulus bezieht sich hier auf unser Altes Testament; das Neue war noch nicht zusammengestellt. Die christliche Kirche erkennt darüber hinaus, dass das von Paulus hier Gesagte besonders auf das Neue Testament zutrifft.) Ebenso wichtig ist, dass Timotheus gezielt Menschen unterrichtet, die die gute Botschaft ihrerseits weitergeben.

Überdies erinnert Paulus Timotheus an das, womit Gott ihn ausgerüstet hat, um in seinem Dienst durchzuhalten. Dazu gehört, jesusgemäße Ziele wie Glaube, Liebe und Frieden im Auge zu behalten sowie charakterlich ein Vorbild zu sein, z.B. in Aufrichtigkeit, Friedfertigkeit und Geduld.

Wichtige Personen

Paulus	Briefautor
Timotheus	Briefempfänger
Eunike	Mutter von Timotheus
Lois	Großmutter von Timotheus

Ehemalige Mitarbeiter:
  Phygelus
  Hermogenes
  Hymenäus
  Philetus
  Demas
  Alexander

Mitarbeiter:
  Onesiphorus
  Kreszenz
  Titus
  Lukas
  Markus
  Tychikus
  Karpus
  Priska
  Aquila
  Erastus
  Trophimus
  Eubulus
  Pudens
  Linus
  Klaudia

Im Rückblick:

David	König von Israel
Jannes und Jambres	Namen der ägyptischen Zauberer in der aramäischen Übersetzung des Alten Testaments; 2. Mose 7,11
Mose	Anführer des Volkes Israel beim Auszug aus Ägypten

Wichtige Orte

Provinz Asien	Westen der heutigen Türkei
Rom	
Ephesus	Stadt im Westen der heutigen Türkei
Antiochia (in Pisidien)	Stadt in der heutigen Türkei
Ikonion	Stadt in der heutigen Türkei
Lystra	Stadt in der heutigen Türkei
Thessalonich	Stadt im Nordosten des heutigen Griechenland
Galatien	Gegend in der Mitte der heutigen Türkei
Dalmatien	Gegend an der südöstlichen Adriaküste
Troas	Stadt im Westen der heutigen Türkei
Milet	Stadt im Westen der heutigen Türkei

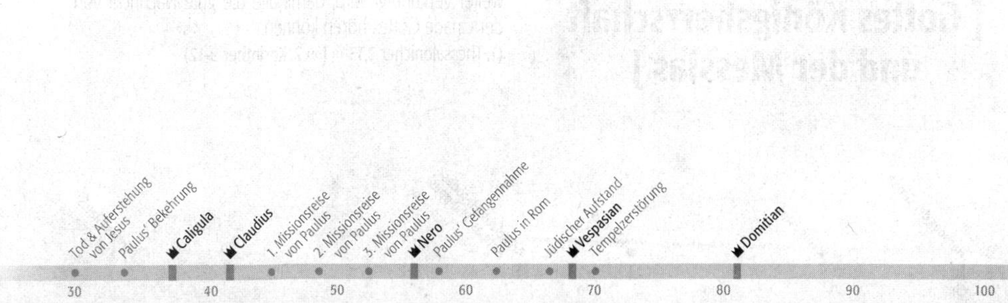

1. TIMOTHEUS

1	Persönliches an Timotheus
2–3	Ordnungen in der Gemeinde
4	Persönliche Ermahnungen
5–6	Timotheus' Umgang mit anderen

2. TIMOTHEUS

1–2	Ermutigungen für Timotheus
3–4	Ermahnung zu Wachsamkeit und Treue

1–2
Ermutigungen und Ratschläge für Timotheus.

[**Gottes Königsherrschaft und der Messias**]

DER ZWEITE BRIEF AN TIMOTHEUS

Grüße von Paulus

1 Dieser Brief stammt von Paulus, der durch den Willen Gottes zum Apostel von Christus Jesus wurde. Gott hat mich gesandt, um den Menschen von dem Leben zu erzählen, das der Glaube an Jesus Christus verspricht.
²Der Brief richtet sich an Timotheus, meinen geliebten Sohn.
Ich wünsche dir Gnade, Barmherzigkeit und Frieden von Gott, unserem Vater, und Jesus Christus, unserem Herrn.

Ermutigung zur Treue

³Ich danke Gott, dem ich mit einem reinen Gewissen diene, wie meine Vorfahren es taten. Nacht und Tag denke ich in meinen Gebeten an dich. ⁴Ich sehne mich danach, dich wieder zu sehen, denn ich erinnere mich an deine Tränen bei unserem Abschied. Und ich werde voller Freude sein, wenn wir wieder zusammen sein werden.
⁵Ich weiß, dass du dem Herrn aufrichtig vertraust, denn du hast den Glauben deiner Mutter Eunike und deiner Großmutter Lois. ⁶Deshalb

---

2. Timotheus 2,2

Gott redet
Viele aufeinanderfolgende Schritte werden in dieser Gedankenreihe angedeutet. Vers 1 spricht davon, dass Gott seine Gnade den Menschen durch Jesus Christus schenkt. Die ersten drei Schritte sind also: Gott handelt in Jesus; Jesus schenkt Gottes Gnade an Menschen weiter; jetzt ist es an den Menschen, diese Gnade zu empfangen und die Botschaft dieser Gnade weiterzugeben.
Die letzten drei Schritte sind in Vers 2 genannt: Paulus hatte Timotheus mündlich gelehrt; Timotheus soll das Gehörte an vertrauenswürdige und fähige Lehrer weitergeben; an diesen Lehrern ist es dann, andere zu lehren. Wenn man davon ausgeht, Paulus selbst hätte vieles, was er von Jesus weiß, von den ersten Aposteln gelernt, dann kommt ein weiteres »Kettenglied« hinzu, sodass es sogar sieben sind. So spricht Gott zu jeder Generation, wenn das Evangelium weiter verkündigt wird, damit alle die gute Nachricht von der Gnade Gottes hören können.
(1. Thessalonicher 2,13 «« | »» 2. Korinther 9-12)

ermutige ich dich dazu, die geistliche Gabe wirken zu lassen, die Gott dir schenkte, als ich dir die Hände auflegte. ⁷Denn Gott hat uns nicht einen Geist der Furcht gegeben, sondern einen Geist der Kraft, der Liebe und der Besonnenheit. ⁸Schäme dich also niemals, vor anderen Menschen unseren Herrn zu bezeugen. Und schäme dich auch nicht für mich, obwohl ich für Christus im Gefängnis bin. Sei vielmehr durch die Kraft, die Gott dir gibt, bereit, gemeinsam mit mir für die Verbreitung der guten Botschaft zu leiden.

⁹Gott hat uns erlöst und berufen*; nicht aufgrund unserer Taten, sondern weil er schon lange, bevor es die Welt gab, entschieden hatte, uns durch Christus Jesus seine Gnade zu zeigen. ¹⁰Nun ist uns das alles durch das Kommen unseres Retters Jesus Christus offenbart worden. Er hat die Macht des Todes gebrochen und mit der guten Botschaft den Weg zum ewigen Leben ans Licht gebracht. ¹¹Und Gott hat mich erwählt, ein Prediger, Apostel und Lehrer dieser Botschaft zu sein.

¹²Das ist der Grund, warum ich hier im Gefängnis leide! Aber ich schäme mich deswegen nicht, weil ich ja weiß, auf wen ich mein Vertrauen gesetzt habe, und weil ich sicher bin, dass er bis zum Tag seines Kommens bewahren kann, was mir anvertraut wurde*.

¹³Halte dich an das Vorbild der gesunden Lehre, die ich dir weitergegeben habe, und führe dein Leben in dem Glauben und in der Liebe von Christus Jesus! ¹⁴Bewahre sorgfältig, was dir anvertraut wurde; der Heilige Geist, der in uns lebt, hilft dir dabei.

¹⁵Wie du weißt, haben alle, die aus der Provinz Asien mit mir gekommen waren, mich verlassen; sogar Phygelus und Hermogenes sind fort. ¹⁶Ich wünsche Onesiphorus und seiner ganzen Familie Barmherzigkeit von Gott, denn er hat mich oft besucht und ermutigt. Er hat sich nie für mich geschämt, obwohl ich im Gefängnis war. ¹⁷Als er nach Rom kam, suchte er überall, bis er mich gefunden hatte. ¹⁸Möge der Herr ihm an dem Tag, an dem Christus wiederkommt, Barmherzigkeit erweisen! Und wie sehr er mir in Ephesus geholfen hat, weißt du ja selbst am besten.

Ein guter Kämpfer für Christus Jesus

2 Timotheus, mein lieber Sohn, werde stark durch die Gnade, die Gott dir in Christus Jesus schenkt. ²Was du von mir gehört hast, das sollst du auch weitergeben an Menschen, die vertrauenswürdig und fähig sind, andere zu lehren. ³Sei bereit, als ein treuer Kämpfer für Christus Jesus zu leiden. ⁴Und keiner, der in den Krieg zieht, verstrickt sich in die Angelegenheiten des täglichen Lebens, um dem zu gefallen, der ihn in seine Armee aufgenommen hat. ⁵Auch wer an einem Wettkampf teilnimmt, kann nur gewinnen, wenn er sich an die Regeln hält. ⁶Bauern, die schwer arbeiten, erhalten als Erste Anteil an den Früchten ihrer Arbeit. ⁷Denke über meine Worte nach. Der Herr wird dir in all diesen Dingen das nötige Verständnis geben.

⁸Denke an Jesus Christus, der als Mensch aus dem Geschlecht Davids stammte und von den Toten auferstanden ist. Das ist die Botschaft, die ich predige. ⁹Und weil ich sie predige, leide ich und wurde angekettet wie ein Verbrecher. Aber das Wort Gottes lässt sich nicht in Ketten legen. ¹⁰Ich bin bereit, alles zu ertragen, damit jene, die Gott erwählt hat, durch Jesus Christus gerettet werden und ewige Herrlichkeit bekommen.

¹¹Dies ist ein wahres Wort: Wenn wir mit ihm sterben, werden wir auch mit ihm leben. ¹²Wenn wir mit ihm leiden, werden wir mit ihm herrschen. Wenn wir ihn verleugnen, wird auch er uns verleugnen. ¹³Wenn wir untreu sind, bleibt er treu, denn er kann sich selbst nicht verleugnen.

Ein bewährter Arbeiter

¹⁴Erinnere die Menschen daran und fordere sie im Namen Gottes auf, sich nicht mehr um Worte zu streiten. Solche Wortklaubereien sind nutzlos und schaden nur denen, die ihnen zuhören. ¹⁵Strebe danach, dich vor Gott als guter Arbeiter zu bewähren, der sich nicht zu schämen braucht und der das Wort der Wahrheit kompromisslos predigt. ¹⁶Meide alles gottlose, dumme Geschwätz, das nur zu noch mehr Gottlosigkeit führt. ¹⁷Solches Geschwätz verbreitet sich wie ein Krebsgeschwür. Ein Beispiel dafür sind Hymenäus und Philetus. ¹⁸Sie haben den Weg der Wahrheit verlassen und behaupten, die Auferstehung von den Toten sei schon geschehen; auf diese Weise haben sie den Glauben mancher Menschen zerstört. ¹⁹Doch Gottes Wahrheit steht fest wie ein Grundstein mit folgender Inschrift: »Der Herr kennt die Seinen« und: »Wer den Namen des Herrn nennt, halte sich von Ungerechtigkeit fern.«*

²⁰In einem wohlhabenden Haus gibt es Gefäße aus Gold und Silber und andere aus Holz und

---

1,9 Griech. *mit heiligem Ruf.* **1,12** O. *was ich ihm anvertraut habe.* **2,19b** S. Jesaja 52,11.

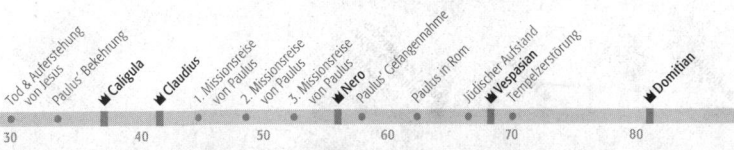

1. TIMOTHEUS

1	Persönliches an Timotheus
2–3	Ordnungen in der Gemeinde
4	Persönliche Ermahnungen
5–6	Timotheus' Umgang mit anderen

2. TIMOTHEUS

1–2	Ermutigungen für Timotheus
3–4	Ermahnung zu Wachsamkeit und Treue

2–4
Ausblick auf schwere Zeiten. Paulus richtet Wünsche und Ratschläge an Timotheus.

[Gottes Königsherrschaft und der Messias]

Ton. Die teuren Gefäße werden für besondere Anlässe benutzt, die preiswerten dagegen für das tägliche Leben*. ²¹Wer sich von solchen Menschen fernhält, wird wie eins der teuren Gefäße sein: rein, nützlich für den Hausherrn, geeignet für alles, was gut ist. ²²Halte dich fern von allem, was die jugendlichen Leidenschaften weckt. Deine Ziele sollen Gerechtigkeit, Glauben und Liebe sein sowie Friede mit allen, die mit aufrichtigen Herzen den Herrn anrufen. ²³Beteilige dich nicht an dummen, unreifen Auseinandersetzungen, die nur Streit auslösen. ²⁴Ein Diener des Herrn darf nicht streiten, sondern er muss zu allen freundlich sein, überzeugend lehren und auch mit schwierigen Menschen Geduld haben können. ²⁵Denen, die sich der Wahrheit widersetzen, soll er freundlich den richtigen Weg zeigen. Vielleicht wird ja Gott diese Menschen zur Umkehr bewegen, sodass sie die Wahrheit erkennen ²⁶und zur Besinnung kommen. Dann werden sie aus der Falle des Teufels entkommen, der sie in seinem Bann hielt, sodass sie seinen Willen taten.

Die Gefahren der letzten Tage

3 Außerdem sollst du wissen, Timotheus, dass in den letzten Tagen der Welt schwere Zeiten kommen werden. ²Denn die Menschen wer-

2,20 Griech. *die einen zur Ehre, die andern zur Unehre.*

2. Timotheus 3,16-17

Gott redet
Gottes Wort wurde »von Gottes Geist eingegeben« (V. 16). Manche verstehen es so: Menschliche Autoren dachten zwar, sie formulierten ihre eigenen Sätze. Der genaue Wortlaut war aber von Gott vorbestimmt, »eingehaucht.« Gottes Geist aber kann umfassender und vielleicht weniger festlegend wirken. Gottes Geist war nicht nur da, als Feder auf Papyrus traf, sondern als Gott handelte und Menschen das wahrnahmen, weitererzählten und Literatur darüber schrieben. Und er ist dabei, wenn wir versuchen, die Texte zu verstehen.
2Tim 3,16-17 legen nicht fest, wie Gott menschliche Autoren inspirierte. Sie betonen eher, wozu Gott uns die Heilige Schrift gab. Die Bibel – erst das Alte Testament und später auch das Neue – wurde aus zweckmäßigen Gründen gegeben: um uns zu unterweisen, um unsere Lebensweise anzusprechen, um uns auszurüsten, Gottes Wille zu tun – also nicht um zu spekulieren , genau wie »Inspiration« funktionierte.
(2. Korinther 10,9-12 «« | »» Hebräer 1,1-3)

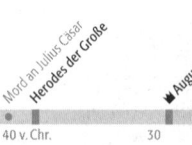

den nur sich selbst und ihr Geld lieben. Sie werden stolz und eingebildet sein, Gott verachten und ihren Eltern ungehorsam und undankbar begegnen. Nichts wird ihnen heilig sein. ³Sie werden lieblos sein und zur Vergebung nicht bereit; sie werden andere verleumden und keine Selbstbeherrschung kennen; sie werden grausam sein und vom Guten nichts wissen wollen. ⁴Ihre Freunde werden sie verraten, leichtsinnig handeln, sich aufspielen und ihr Vergnügen mehr lieben als Gott. ⁵Sie werden so tun, als seien sie fromm, doch die Kraft Gottes, die sie verändern könnte, werden sie ablehnen. Von solchen Leuten halte dich fern!

⁶Das sind genau die Leute, die sich in Häuser einschleichen und das Vertrauen von Frauen gewinnen*, in deren Leben sich viel Schuld angesammelt hat und die sich von ihren Leidenschaften beherrschen lassen. ⁷Solche Frauen wenden sich ständig neuen Lehren zu, ohne dass sie je die Wahrheit verstehen könnten. ⁸Und so wie Jannes und Jambres sich Mose entgegengestellt haben, so leben auch diese im Widerspruch zur Wahrheit. Ihr Geist ist verdorben und ihr Glaube nur geheuchelt. ⁹Aber sie werden damit nicht weit kommen. Eines Tages wird für jeden sichtbar werden, was für Narren sie waren, so wie es auch bei Jannes und Jambres geschah.

Paulus erinnert Timotheus an seine Verantwortung

¹⁰Aber du hast dich an das gehalten, was ich gelehrt habe, Timotheus, und hast dir die Art, wie ich lebe, und meine Ziele zu Eigen gemacht. An meinem Glauben, meiner Geduld und meiner Liebe hast du dir ebenso ein Beispiel genommen wie an meinem Durchhalten im Leiden. ¹¹Du weißt, wie viel Verfolgung und Leid ich ertragen habe und wie ich in Antiochia, Ikonion und Lystra verfolgt wurde – aber der Herr hat mich aus allem errettet. ¹²Jeder, der an Christus Jesus glaubt und ein Leben zur Ehre Gottes führen will, wird Verfolgung erleben. ¹³Doch schlechte Menschen und Betrüger werden es immer schlimmer treiben. Sie werden andere in die Irre führen und dabei selbst in die Irre geführt werden.

¹⁴Du aber sollst dich treu an das halten, was ich dich gelehrt habe und was du gelernt und im Glauben angenommen hast, denn du weißt, wer dich unterrichtet hat. ¹⁵Von Kindheit an bist du in der heiligen Schrift unterwiesen worden, und sie kann dich weise machen, die Rettung anzunehmen, die der Glaube an Christus Jesus

schenkt! ¹⁶Die ganze Schrift ist von Gottes Geist eingegeben und kann uns lehren, was wahr ist, und uns erkennen lassen, wo Schuld in unserem Leben ist. Sie weist uns zurecht und erzieht uns dazu, Gottes Willen zu tun.* ¹⁷Durch die Schrift bereitet Gott uns umfassend vor und rüstet uns aus für alles, was wir nach seinem Willen tun sollen.

4 Ich bitte dich vor Gott und vor Christus Jesus, der eines Tages die Lebenden und die Toten richten wird, wenn er erscheinen wird, um sein Reich aufzurichten: ²Verkünde das Wort Gottes. Halte durch, ob die Zeit günstig ist oder nicht. In aller Geduld und mit guter Lehre sollst du die Menschen zurechtweisen, tadeln und ermutigen!

³Denn es kommt eine Zeit, in der die Menschen nicht mehr auf die gesunde Lehre hören werden. Sie werden sich von ihren eigenen Wünschen leiten lassen und immer wieder nach Lehrern Ausschau halten, die ihnen sagen, was sie gern hören wollen. ⁴Die Wahrheit werden sie ablehnen und stattdessen seltsamen Fabeln folgen.

⁵Du aber sollst dir in jeder Situation ein nüchternes Urteil bewahren. Scheue dich nicht, für den Herrn zu leiden. Setze dir zum Ziel, andere zu Christus zu führen.* Erfülle die Aufgabe, die Gott dir anvertraut hat!

Abschließende Worte des Apostels

⁶Was mich betrifft, so wurde mein Leben schon als Opfer für Gott ausgegossen und der Augenblick meines Todes ist nahe. ⁷Ich habe den guten Kampf gekämpft, den Lauf vollendet und bin im Glauben treu geblieben. ⁸Nun erwartet mich der Preis – der Siegeskranz der Gerechtigkeit, den der Herr, der gerechte Richter, mir am großen Tag seiner Wiederkehr geben wird. Doch diesen Preis gibt er nicht nur mir, sondern allen, die seine Rückkehr herbeisehnen. ⁹Bitte komm, so bald du kannst! ¹⁰Demas hat mich verlassen, weil er die Dinge dieser Welt liebt, und ist nach Thessalonich gegangen. Kreszens ist nach Galatien gegangen und Titus nach Dalmatien. ¹¹Nur Lukas ist bei mir. Bringe Markus mit, wenn du kommst, denn er wird mir bei meinem Dienst nützlich sein. ¹²Ich habe Tychikus nach Ephesus geschickt. ¹³Und vergiss nicht, den Mantel mitzubringen, den ich in Troas bei Karpus zurückließ. Bring auch meine Bücher mit und vor allem die Pergamente!

3,6 Griech. *gefangen nehmen.* **3,16** Griech. *Alles, was in der Schrift steht, ist von Gott eingegeben und förderlich zur Unterweisung, zur Überführung, zur Besserung und zur Erziehung in der Gerechtigkeit.* **4,5** Griech. *Tue das Werk eines Verkünders der Botschaft.*

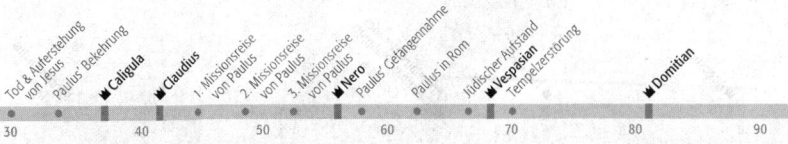

1. TIMOTHEUS

1	Persönliches an Timotheus
2–3	Ordnungen in der Gemeinde
4	Persönliche Ermahnungen
5–6	Timotheus' Umgang mit anderen

2. TIMOTHEUS

| 1–2 | Ermutigungen für Timotheus |
| 3–4 | Ermahnung zu Wachsamkeit und Treue |

4
Abschließende Worte und Grüße.

[**Gottes Königsherrschaft und der Messias**]

¹⁴Alexander, der Schmied, hat mir viel Böses angetan, doch der Herr wird es ihm nach seinen Taten vergelten. ¹⁵Nimm dich vor ihm in Acht, denn er hat sich gegen alles gestellt, was wir gesagt haben.
¹⁶Als ich das erste Mal dem Richter vorgeführt wurde, war niemand bei mir. Alle haben mich im Stich gelassen. Ich hoffe, es wird ihnen nicht angerechnet werden. ¹⁷Doch der Herr stand mir zur Seite und gab mir Kraft, sodass ich die Botschaft predigen konnte und alle Völker es hörten. Und er rettete mich vor dem sicheren Tod*. ¹⁸Der Herr wird mich vor jedem bösen Angriff retten und mich sicher in sein himmlisches Reich bringen. Gott gehört in alle Ewigkeit Ehre! Amen.

Abschließende Grüße
¹⁹Grüße Priska und Aquila von mir und alle, die im Haus von Onesiphorus leben! ²⁰Erastus ist in Korinth geblieben, und Trophimus habe ich krank in Milet zurückgelassen.
²¹Beeile dich, damit du noch vor dem Winter hier ankommst. Eubulus schickt dir Grüße und ebenso Pudens, Linus, Klaudia und alle Gläubigen*.
²²Der Herr sei bei dir! Ich wünsche euch allen seine Gnade!

4,17 Griech. *aus dem Rachen eines Löwen.*
4,21 Griech. *Brüder.*

Titus

Inhalt

Paulus hat Titus eingesetzt, in den Gemeinden auf Kreta für gesunde Lehre und Strukturen zu sorgen. Die konkreten Anweisungen begegnen Fehlentwicklungen, die Paulus sieht. Seine Leidenschaft für das Wohl der Gemeinden ist deutlich spürbar. Vor allem betont Paulus Gottes Gnade, Liebe, Freundlichkeit und Barmherzigkeit gegenüber den Menschen. Stichpunktartig nennt er die Eckpfeiler der guten Botschaft: Jesus, der Retter, befreit von Schuld und schenkt den Heiligen Geist sowie neues, ewiges Leben. Angesichts von Verfälschungen gilt es, dies klar zu lehren. Dazu gehört ein vorbildlicher Lebensstil mit Liebe und Geduld. Gottes Gnade und sein Heiliger Geist bewegen Menschen, so zu leben und Gutes zu tun. Die leitenden Personen, die Gemeindeältesten, tragen hier besondere Verantwortung.

Wichtige Personen

Paulus	Briefautor
Titus	Briefempfänger
Mitarbeiter:	
Artemas	
Tychikus	
Zenas	
Apollos	

Wichtige Orte

Kreta	
Nikopolis	Stadt im Westen des heutigen Griechenland

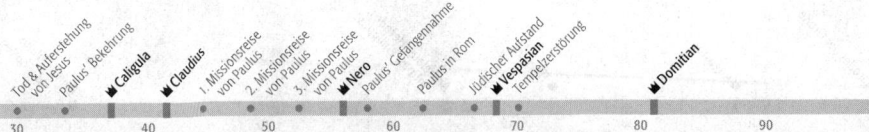

DER BRIEF AN TITUS

DER BRIEF AN TITUS

- 1,1-9 Der Dienst der Gemeindeältesten
- 1,10–2,15 Falsche Lehre durch die gesunde Lehre überwinden
- 3,1-8 Das Gute tun
- 3,9-15 Abschließende Mahnungen

Grüße von Paulus

1 Dieser Brief stammt von Paulus, einem Diener Gottes. Ich bin ein Apostel von Jesus Christus, dazu berufen, die von Gott Auserwählten in ihrem Glauben zu unterstützen und die Wahrheit zu verbreiten, die zum Glauben führt. ²Diese Wahrheit schenkt die Hoffnung auf ewiges Leben, das Gott schon vor dem Anfang der Welt zugesagt hat – und er kann nicht lügen. ³Nun hat Gott, weil die Zeit dafür gekommen war, diese Botschaft offenbart und mir die Aufgabe übertragen, sie zu verkünden.

⁴Der Brief richtet sich an Titus, der durch den Glauben wie mein eigenes Kind ist. Ich wünsche dir Gnade und Frieden von Gott, dem Vater, und Christus Jesus, unserem Erlöser!

Titus auf Kreta

⁵Ich habe dich auf der Insel Kreta zurückgelassen, damit du unsere Arbeit dort zu Ende bringst und in den Städten Älteste ernennst, wie ich dir aufgetragen habe. ⁶Ein Ältester soll wegen seiner vorbildlichen Lebensführung allgemein ge-

---

1–3
Grüße und Ratschläge an Titus. Über Gemeindeälteste, die Generationen in der Gemeinde und über Sklaven.

[Gottes Königsherrschaft und der Messias]

Titus 2,14

Erwählung
Christus starb am Kreuz, um die Menschen gleichzeitig zu befreien und in Beschlag zu nehmen. Befreit von Schuld, sind sie nun Gottes Eigentumsvolk. Paulus verwendet hier einen Ausdruck, der in 2. Mose 19,5 für die Erwählung Israels steht, die am Berg Sinai ausgesprochen wurde.
Wie es dem Wesen von Gottes Erwählung entspricht (siehe die Erklärungen zu 1Mo 1,27-28; 12,1-3; Lk 4,16-21), hat die Erwählung ein Ziel und schließt einen Auftrag ein: Gutes tun.
Die Platzanweisung für das Leben der Erwählten ist deutlich genannt: »Jetzt, in dieser Welt« sollen Besonnenheit und Gerechtigkeit praktiziert werden. Ohne sich zu isolieren, leben die Erwählten »voller Hingabe an Gott« (V. 12). Glaubende sind wache Zeitgenossen.
(Johannes 17,20-26 «« | »» 1. Petrus 2,9-10)

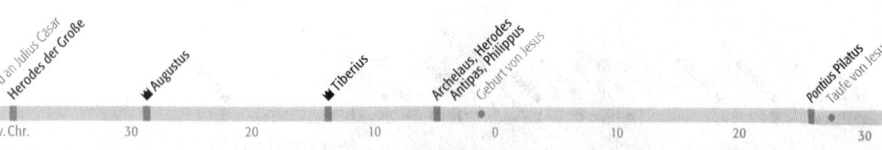

schätzt sein. Er soll seiner Frau treu sein*, und seine Kinder sollen gläubig sein und nicht als wild oder rebellisch gelten. ⁷Ein Ältester* soll ein tadelloses Leben führen, denn er ist ein Hausverwalter Gottes. Er darf nicht überheblich oder jähzornig sein und weder ein Trinker noch ein gewalttätiger oder geldgieriger Mensch. ⁸Er soll Gastfreundschaft üben und alles Gute lieben, besonnen und gerecht sein. Sein Leben soll Gott gefallen und maßvoll sein. ⁹Er soll an dem Wort der Botschaft festhalten, das vertrauenswürdig ist. Denn nur dann wird er auch imstande sein, andere durch die rechte Lehre zu ermutigen und denen, die sich ihr gegenüber ablehnend verhalten, zu zeigen, dass sie im Unrecht sind.

¹⁰Denn es gibt viele, die sich der gesunden Lehre widersetzen; sie ergehen sich in sinnlosem Geschwätz und betrügen die Menschen. Das gilt besonders für die, die jüdischer Abstammung sind. ¹¹Diese Leute müssen zum Schweigen gebracht werden. Durch ihre falsche Lehre haben sie schon ganze Familien von der Wahrheit abgebracht, weil sie nur auf falschen Gewinn aus sind. ¹²Einer aus ihren eigenen Reihen, ein Prophet aus Kreta, hat über sie gesagt: »Die Kreter sind alle Lügner; sie sind blutgierige Bestien und faule Vielfraße*.« ¹³Das stimmt. Weise sie deshalb streng zurecht, damit sie im Glauben stark werden. ¹⁴Sie müssen aufhören, sich von jüdischen Fabeln und den Anweisungen von Menschen leiten zu lassen, die sich von der Wahrheit abgewandt haben! ¹⁵Für Menschen, die ein reines Gewissen haben, ist alles rein. Doch für die Verdorbenen und Ungläubigen ist überhaupt nichts rein, weil ihr Denken und ihr Gewissen beschmutzt sind. ¹⁶Solche Leute behaupten, Gott zu kennen, verleugnen ihn aber durch die ganze Art, wie sie leben. Sie sind ungehorsam und widerlich und zu nichts Gutem zu gebrauchen!

Die gesunde Lehre fördern

2 Was immer du sagst, soll der gesunden Lehre entsprechen. ²Lehre die älteren Männer, selbstbeherrscht, vorbildlich und besonnen zu leben. Sie sollen einen starken Glauben haben und liebevoll und geduldig sein.

³Genauso sollst du die älteren Frauen lehren, ihr Leben so zu führen, wie es sich für jemanden gehört, der dem Herrn dient. Sie sollen nicht herumgehen und tratschen, und sie dürfen keine Trinkerinnen sein. Stattdessen sollen sie anderen zeigen, was gut ist. ⁴Diese älteren Frauen sollen die jüngeren Frauen anleiten, ihre Ehemänner und auch ihre Kinder zu lieben, ⁵besonnen und anständig zu leben, ihren Haushalt gut zu versorgen, freundlich zu sein und sich ihren Ehemännern unterzuordnen. Damit werden sie dem Wort Gottes keine Schande machen!

⁶Genauso sollst du die jungen Männer dazu auffordern, in jeder Hinsicht besonnen zu sein. ⁷Und du selbst sei ihnen in allem ein gutes Vorbild und ein Beispiel für die Glaubwürdigkeit und Würde deiner Lehre. ⁸Deine Verkündigung soll wahr und nicht anfechtbar sein, damit die Kritiker der Gegenseite beschämt werden, weil sie uns nichts Schlechtes nachsagen können!

⁹Fordere die Sklaven auf, ihren Herren zu gehorchen und ihr Bestes zu geben, um es ihnen recht zu machen. Sie sollen sich nicht widersetzen ¹⁰und nicht stehlen, sondern sich in allem als vertrauenswürdig und gut erweisen, damit sie der Lehre von Gott, unserem Erlöser, Ehre machen. ¹¹Denn die Gnade Gottes, die allen Menschen Rettung bringt, ist sichtbar geworden. ¹²Sie bringt uns dazu, dem Leben ohne Gott und allen sündigen Leidenschaften den Rücken zu kehren. Jetzt, in dieser Welt sollen wir besonnen, gerecht und voller Hingabe an Gott leben. ¹³Denn wir warten auf das wunderbare Ereignis, wenn die Herrlichkeit des großen Gottes und unseres Erlösers, Jesus Christus, erscheinen wird. ¹⁴Er gab sein Leben, um uns von aller Schuld* zu befreien und zu reinigen und uns zu seinem eigenen Volk zu machen, das bemüht ist, Gutes zu tun. ¹⁵Dies alles sollst du lehren. Ermutige die Menschen und weise sie zurecht, wenn es nötig ist! Niemand soll dich oder dein Wort verachten.

Das Gute tun

3 Erinnere alle daran, sich der Regierung und ihren Vertretern unterzuordnen. Sie sollen gehorsam und zum Guten bereit sein, ²über niemanden lästern und jedem Streit aus dem Weg gehen. Allen Menschen sollen sie mit Freundlichkeit und Geduld begegnen!

³Auch wir waren früher unwissend und ungehorsam. Wir ließen uns in die Irre führen und wurden zu Sklaven vieler Wünsche und Leidenschaften. Unser Leben war voller Bosheit und Neid. Wir hassten die anderen, und sie hassten uns.

1,6 O. *nur eine Frau haben* oder *nur einmal verheiratet sein*; im Griech. heißt es *der Mann einer (einzigen) Frau sein*.
1,7 Griech. *Aufseher*. **1,12** Griech. *böse Tiere, faule Bäuche*. **2,14** Griech. *Gesetzlosigkeit*.

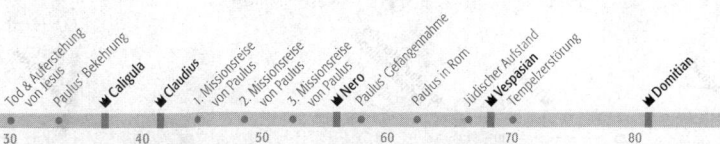

DER BRIEF AN TITUS

1,1-9	Der Dienst der Gemeindeältesten
1,10–2,15	Falsche Lehre durch die gesunde Lehre überwinden
3,1-8	Das Gute tun
3,9-15	Abschließende Mahnungen

3
Wirkungen der Güte Gottes. Abschließende Ratschläge und Grüße.

[Gottes Königsherrschaft und der Messias]

⁴Doch dann zeigte Gott, unser Retter, uns seine Freundlichkeit und Liebe. ⁵Er rettete uns, nicht wegen unserer guten Taten, sondern aufgrund seiner Barmherzigkeit. Er wusch unsere Schuld ab und schenkte uns durch den Heiligen Geist ein neues Leben.* ⁶Durch das, was Jesus Christus, unser Retter, für uns getan hat, schenkte er uns den Heiligen Geist. ⁷In seiner großen Güte sprach er uns los von unserer Schuld. Nun wissen wir, dass wir das ewige Leben erben werden. ⁸Alles, was ich dir gesagt habe, ist wahr. Ich möchte, dass du es mit Nachdruck lehrst, damit alle, die auf Gott vertrauen, immer darauf bedacht sind, Gutes zu tun. Das ist gut und sinnvoll für alle.

Abschließende Bemerkungen und Grüße des Apostels

⁹Lass dich nicht auf unsinnige Fragen über Stammbäume* ein oder auf Auseinandersetzungen und Streit über das Befolgen jüdischer Vorschriften! Das ist nutzlos und reine Zeitverschwendung. ¹⁰Wenn jemand unter euch Spaltungen auslöst, verwarne ihn ein erstes und dann noch ein zweites Mal. Danach gib dich mit dem Betreffenden nicht mehr ab. ¹¹Denn so ein Mensch hat sich von der Wahrheit abgewandt. Er sündigt und verurteilt sich damit selbst!

¹²Ich habe vor, Artemas oder Tychikus zu dir zu schicken. Sobald einer der beiden bei dir eintrifft, komm so schnell wie möglich zu mir nach Nikopolis! Ich habe nämlich beschlossen, den Winter dort zu verbringen. ¹³Sei dem Gesetzeslehrer Zenas und Apollos bei ihrer Reise behilflich, so gut du nur kannst. Achte darauf, dass es ihnen an nichts fehlt. ¹⁴Denn die zu uns gehören, sollen kein nutzloses Leben führen, sondern lernen, überall dort Gutes zu tun und zu helfen, wo es nötig ist.

¹⁵Alle, die hier bei mir sind, senden Grüße. Bitte grüße auch alle Gläubigen, die uns lieben, von mir!

Ich wünsche euch allen die Gnade Gottes!

3,5 Griech. *Er rettete uns durch das Bad der Wiedergeburt und Erneuerung des Heiligen Geistes.* **3,9** Griech. *Streitreden und Stammbäume.*

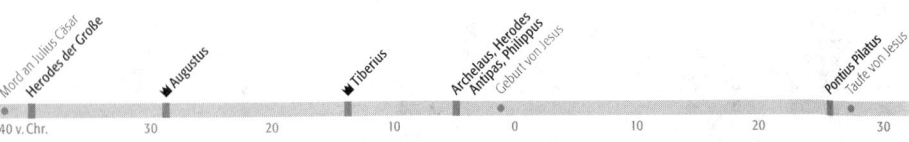

Philemon

Inhalt
Philemon ist ein Christ in Kolossä, dessen Sklave Onesimus weggelaufen und dann bei Paulus Christ geworden ist. Paulus bittet Philemon, Onesimus wieder herzlich aufzunehmen und nicht zu bestrafen.

Wichtige Personen
Paulus	Apostel und Briefautor
Philemon	Briefempfänger und Gastgeber einer Hausgemeinde in Kolossä
Onesimus	Sklave von Philemon

Mitarbeiter:
Timotheus	
Aphia	
Archippus	
Epaphras	Mitgefangener von Paulus
Markus	
Aristarch	
Demas	
Lukas	

Wichtiger Ort
Kolossä	Stadt im Westen der heutigen Türkei

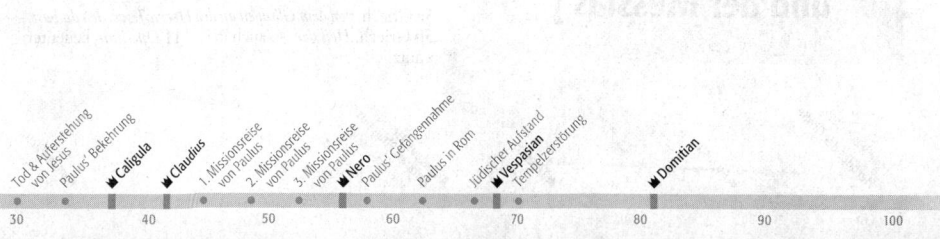

Der Brief an Philemon

DER BRIEF AN PHILEMON

V. 1-3 Grüße von Paulus

V. 4-7 Dank und Gebet des Apostels

V. 8-22 Paulus tritt für Onesimus ein

V. 23-25 Abschließende Grüße

Begrüßung und Gebet. Bitte, den Sklaven Onesimus herzlich aufzunehmen. Grüße.

[Gottes Königsherrschaft und der Messias]

Grüße von Paulus

¹Dieser Brief stammt von Paulus, der wegen der Verkündigung der Botschaft von Christus Jesus im Gefängnis ist, und von unserem Bruder Timotheus.

Er richtet sich an Philemon, unseren geliebten Mitarbeiter, ²sowie an unsere Schwester Aphia und an Archippus, unseren Mitstreiter. Darüber hinaus ist der Brief für die Gemeinde bestimmt, die sich in deinem Haus versammelt.

³Wir wünschen euch Gnade und Frieden von Gott, unserem Vater, und Jesus Christus, dem Herrn!

Dank und Gebet des Apostels

⁴Immer, wenn ich für dich bete, Philemon, danke ich meinem Gott, ⁵denn ich höre überall von deinem Vertrauen auf Jesus, den Herrn*, und von deiner Liebe zu allen Gläubigen*. ⁶Und ich bete nun, dass der Glaube, den wir miteinander teilen, in dir zunimmt, indem du erkennst, wie viel Gutes wir in Christus haben. ⁷Deine Liebe hat mir sehr viel Freude und Trost gegeben, mein Bruder, denn du erfreust die Herzen der Gläubigen.

Paulus tritt für Onesimus ein

⁸In Christus hätte ich die Freiheit dir zu befehlen, was sich eigentlich von selbst versteht. ⁹Aber wegen deiner Liebe ziehe ich es vor, dich darum zu bitten. Nimm diese Bitte von deinem Freund Paulus an, einem alten Mann, der für Christus Jesus im Gefängnis sitzt.

¹⁰Mein Anliegen betrifft Onesimus, der für mich wie ein eigener Sohn ist, weil er durch meinen Dienst hier im Gefängnis gläubig wurde. ¹¹Onesimus* war dir in der Vergangenheit nicht von Nutzen, doch jetzt ist er es für uns beide! ¹²Ich schicke ihn zu dir zurück, und mein Herz begleitet ihn.

¹³Am liebsten hätte ich ihn bei mir behalten, solange ich wegen der Verbreitung von Gottes guter Botschaft im Gefängnis bin, damit er mir an deiner Stelle beisteht. ¹⁴Aber ich wollte nichts

---

5a Griech. *von dem Glauben an den Herrn Jesus, den du hast.*
5b Griech. *Heiligen;* so auch in 7.   11 *Onesimus* bedeutet »nützlich«.

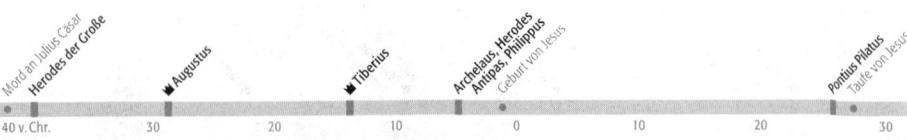

ohne deine Zustimmung tun, denn ich will, dass du mir freiwillig hilfst und nicht, weil du dich gezwungen fühlst. ¹⁵Vielleicht kannst du es so sehen: Onesimus lief für eine gewisse Zeit weg, damit du ihn für immer zurückbekommst. ¹⁶Er ist jetzt nicht mehr nur ein Sklave, sondern mehr als das, ein geliebter Bruder, besonders für mich. Nun wird er dir noch viel mehr bedeuten, nicht nur als Sklave, sondern auch als ein Bruder im Herrn.

¹⁷Wenn du mich nun als Freund ansiehst, dann nimm ihn genauso herzlich auf, wie du mich aufnehmen würdest! ¹⁸Wenn er dir in irgendeiner Weise Schaden zugefügt hat oder dir etwas schuldig ist, dann setze es auf meine Rechnung. ¹⁹Ich, Paulus, schreibe dies mit eigener Hand: Ich werde es bezahlen. Und ich brauche dich nicht daran zu erinnern, dass du dich selbst mir schuldest. ²⁰Ja, mein Bruder, ich möchte mich an dir freuen. Bereite mir diese Freude in Christus! ²¹Ich vertraue auf deinen Gehorsam und schreibe diesen Brief in der Zuversicht, dass du meine Bitte erfüllen und sogar noch mehr tun wirst!

²²Bitte halte ein Gästezimmer für mich bereit, denn ich hoffe, dass Gott eure Gebete erhören und mich bald zu euch zurückkehren lassen wird.

Abschließende Grüße

²³Epaphras, mein Mitgefangener in Christus Jesus, schickt dir seine Grüße, ²⁴ebenso meine Mitarbeiter Markus, Aristarch, Demas und Lukas.
²⁵Die Gnade von Jesus Christus, dem Herrn, begleite euch!

Man sagt: Fürstenbriefe soll man zwei- oder dreimal lesen, denn sie sind bedächtig und weislich geschrieben. Viel mehr soll man die Bibel oft lesen, denn darin hat Gott seine Weisheit schreiben lassen!

Martin Luther

Hebräer

Inhalt

Der Hebräerbrief erklärt Jesus vom Alten Testament her, um besonders Juden zu zeigen, dass er der Messias ist. Der unbekannte Autor legt dar, wie Jesus als Gott und Herr Propheten, Engeln und Mose überlegen ist. Er fordert auf, sich ihm nicht zu verschließen – anders, als die Israeliten es auf der Wüstenwanderung taten.

Indem Jesus »für alle Menschen auf der ganzen Welt den Tod erlitten« hat, handelte er wie ein Priester. Im Folgenden werden die jüdischen Priester mit Jesus verglichen.

Gottes Gesetz für die Israeliten bestimmt Nachkommen von Levi zu Priestern. Sie bringen regelmäßig die vorgeschriebenen Opfer dar, wegen ihrer eigenen Schuld und der des Volkes, Generation für Generation. Diese Opfer befreien nicht wirklich von Schuld; sie stellen vielmehr eine ständige Erinnerung an sie dar, denn Tierblut kann menschliche Schuld letztlich nicht wegnehmen. Der Bund Gottes mit Israel, der in diesem Gesetz besteht, ist also unvollkommen. Überdies wurde er immer wieder gebrochen. Jetzt hat Jesus ihn abgelöst.

Jesus ist der, zu dem Gott gesagt hat: »Du bist für immer Priester nach der Ordnung Melchisedeks.« Melchisedek war Priester, bevor es levitische Priester gegeben hat. Ebenso unabhängig vom Gesetz ist jetzt Jesus der Priester: Er hat als Unschuldiger sein Leben ein für alle Mal geopfert. Er hat uns vor Gott selbst dauerhaft Vergebung erwirkt und spricht uns frei. Das ist Gottes neuer Bund, von dem manche Propheten des Alten Testaments schon sprachen. Entscheidend neu am neuen Bund ist, dass er nicht in äußeren Vorschriften besteht. Gott offenbart sich stattdessen durch den Heiligen Geist in den Herzen der Menschen und prägt ihr Denken mit seinem Willen.

Der Hebräerbrief mahnt mehrfach, diese gute Botschaft von Jesus nicht abzulehnen. Schlimmer noch wäre, Gottes Güte in Jesus kennenzulernen und sich dann wieder abzuwenden, oder die Wahrheit zu erkennen und trotzdem bewusst weiter zu sündigen. Wer Jesus den Rücken kehrt, kann nicht gerettet werden.

Die Empfänger des Briefes haben für ihren Glauben schon gelitten. Der Autor ermutigt sie durchzuhalten, zu lieben und Gutes zu tun. Schon Menschen, von denen das Alte Testament erzählt, haben Schweres erduldet und Gott Glauben entgegengebracht. Das eindrücklichste Vorbild ist jedoch Jesus, der nach seinem Leiden bis zum Tod am Kreuz in Gottes Herrlichkeit zurückgekehrt ist.

Der Brief schließt mit weiteren Ermutigungen und Ermahnungen, zum Teil mit Begründungen aus dem Alten Testament.

Wichtige Personen

Timotheus	Mitarbeiter
Im Rückblick:	
Abraham	Stammvater Israels
Mose	Anführer des Volkes Israel beim Auszug aus Ägypten und Verkündiger von Gottes Gesetz
David	König von Israel und Psalmdichter
Josua	Nachfolger von Mose
Melchisedek	Priester
Levi	Urenkel von Abraham, Vorfahre von Aaron
Aaron	erster Priester nach Gottes Gesetz

Abel und Kain: 1. Mose 4,3-5
Henoch: 1. Mose 5,24
Noah: 1. Mose 6,9-22
Abraham: 1. Mose 12,1-4; 22,1-19
Sara: 1. Mose 21,1-3
Isaak und seine Söhne Jakob und Esau:
    1. Mose 27,27-40
Jakob und Josefs Söhne (Jakobs Enkel): 1. Mose 48,8-20
Josef: 1. Mose 50,24-25
Moses Eltern: 2. Mose 2,1-3
Mose: 2. Mose 2,11; 12,51; 10,28; 12,21-28
Volk Israel und Ägypter im Roten Meer:
    2. Mose 14,21-28
Rahab in Jericho: Josua 2,1-21; 6,1-23
Gideon, Barak, Simson, Jeftah, David, Samuel:
    siehe Richter und 1. Samuel
Esau: 1. Mose 25,29-34

Wichtiger Ort

Im Rückblick:
    Ägypten   Land, in dem die Israeliten Sklaven waren

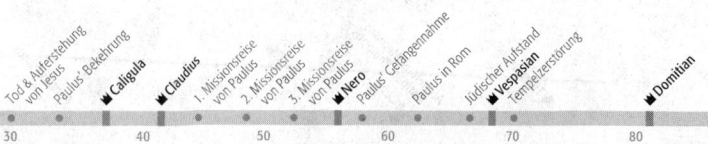

DER BRIEF AN DIE HEBRÄER

HEBRÄERBRIEF

1,1–4,13	Die Vorrangstellung von Jesus, dem Sohn Gottes
4,14–10,39	Christus ist unser Hoher Priester
11	Große Vorbilder im Glauben
12	Leben im Glauben
13	Abschließende Mahnungen

1–2
Jesus und die Engel. Jesus und die Menschen.

[**Gottes Königsherrschaft und der Messias**]

Hebräer 1,1-3

Erwählung
Den Beginn des Hebräerbriefs könnte man auch als eine Fortsetzung des Gleichnisses von Mt 21,33-44 lesen. Christus wird hier in den Mittelpunkt der gesamten Weltgeschichte gestellt.
Gottes Sohn hat hier eine vierfache Bedeutung: 1. Er hat das Universum mit erschaffen und erhält es in seinem Bestand. 2. Er bringt alles mit sich, was man über Gott wissen kann und muss. 3. Er löst die Menschen aus ihrer Entfernung von Gott heraus. 4. Er ist der Zielpunkt der gesamten Geschichte.
Das Bündel der Handlungsstränge von Gottes Geschichte, das von der Schöpfung bis zur Vollendung der Welt verläuft, enthält also durchgängig den roten Faden namens Jesus Christus. Man kann Gott nicht an Christus vorbei erfassen.
(Matthäus 21,37-42 ‹‹ | ›› Kolosser 2,9)

Hebräer 1,1-3

Gott redet
Wir leben in den letzten Tagen! Dieser biblische Begriff bezieht sich nicht nur auf den allerletzten Zeitabschnitt, bevor Jesus wiederkommt. Schon mit seinem ersten Kommen leitete Jesus »die letzten Tage« ein. Das beteuerte auch Petrus am Pfingsttag, in dem er die Erfüllung von Joels Weissagung sah: »In den letzten Tagen werde ich meinen Geist über alle Menschen ausgießen« (Apg 2,17; Joel 3,1).
Die letzten Tage begannen, als Jesus, das lebendige Wort Gottes, erschien, als er die Botschaft vom kommenden Reich Gottes verkündete, die Werke Gottes tat, durch seinen Tod unser Heil erwarb und zur Seite Gottes erhöht wurde: »Der Sohn spiegelt die Herrlichkeit Gottes wider« (V. 3).
Gott hat schon immer seine »Sprecher« gehabt. Durch diese sprach Gott »zu unseren Vorfahren« (V. 1). Dann aber kam und sprach Jesus, und er kommt immer wieder und spricht – »ein Ausdruck des Wesens Gottes« (V. 3). In diesen letzten Tagen erfahren wir das.
(2. Timotheus 3,16-17 ‹‹ | ›› Offenbarung 1,7)

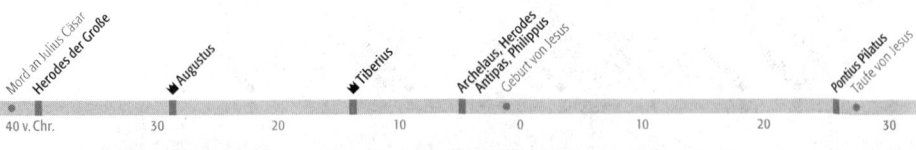

Jesus Christus ist Gottes Sohn

1 Vor langer Zeit hat Gott oft und auf verschiedene Weise durch die Propheten zu unseren Vorfahren gesprochen, ²doch in diesen letzten Tagen sprach er durch seinen Sohn zu uns. Durch ihn hat er das ganze Universum und alles, was darin ist, geschaffen, und er hat ihn zum Erben über alles eingesetzt. ³Der Sohn spiegelt die Herrlichkeit Gottes wider, und alles an ihm ist ein Ausdruck des Wesens Gottes. Er erhält das Universum durch die Macht seines Wortes. Nachdem er uns durch seinen Tod von unseren Sünden gereinigt hat, setzte er sich auf den Ehrenplatz an der rechten Seite des herrlichen Gottes im Himmel.

Christus ist höher als die Engel

⁴Gottes Sohn ist weit mächtiger als die Engel, so wie auch der Name, den Gott ihm gab, viel erhabener ist als ihre Namen. ⁵Denn Gott hat zu keinem Engel gesagt, was er zu Jesus sagte: »Du bist mein Sohn. Heute habe ich dich gezeugt.«* Und weiter sagte Gott: »Ich werde sein Vater sein und er wird mein Sohn sein.«*

⁶Und als Gott der Welt seinen erstgeborenen Sohn zeigte, sprach er: »Alle Engel Gottes sollen ihn anbeten.«*

⁷Von den Engeln heißt es: »Er macht seine Engel zu Winden und seine Diener zu Feuerflammen.«*

⁸Aber zu seinem Sohn spricht er: »Dein Thron, o Gott, steht für immer und ewig. Die Herrschaft deines Reiches ist eine gerechte Herrschaft. ⁹Du liebst das Recht und hasst das Unrecht. Deshalb, o Gott, hat dein Gott dich gesalbt und das Öl der Freude über dich ausgegossen, reichlicher als über alle anderen.«*

¹⁰Und: »Herr, am Anfang hast du das Fundament der Erde gelegt, der Himmel ist das Werk deiner Hände. ¹¹Sie werden vergehen, aber du bleibst ewig. Sie werden veralten wie ein Gewand. ¹²Du wirst sie wechseln wie ein Kleidungsstück, und sie werden fort sein. Doch du bleibst für immer und ewig derselbe; deine Jahre haben kein Ende.«*

¹³Und Gott hat nie zu einem Engel gesagt: »Setze dich auf den Ehrenplatz zu meiner Rechten, bis ich deine Feinde demütige und sie zum Schemel unter deinen Füßen mache.«*

¹⁴Denn Engel sind nur Diener. Sie sind Geister, die Gott als Helfer zu denen sendet, welche die Rettung erben werden.

Nicht von der Wahrheit abweichen

2 Deshalb müssen wir sorgfältig auf das achten, was wir gehört haben, damit wir das Ziel nicht verfehlen. ²Das Wort, das uns Gott durch Engel verkündete, hat sich immer als wahr erwiesen, und jede Übertretung und jeder Ungehorsam wurde bestraft. ³Wie können wir da meinen, wir könnten davonkommen, wenn wir der Botschaft von unserer Rettung gegenüber gleichgültig bleiben, die durch Jesus, den Herrn, selbst verkündet wurde? Sie wurde uns von denen bezeugt, die seine Worte hörten, ⁴und Gott selbst bestätigte die Botschaft durch Zeichen und Wunder und viele Beweise seiner Macht und durch die Gaben des Heiligen Geistes, die er nach seinem Willen schenkte.

Jesus, der Mensch

⁵Außerdem sind es nicht die Engel, denen er die zukünftige Welt, von der wir hier sprechen, unterstellt hat. ⁶Denn an einer Stelle in der Schrift heißt es:

»Was ist der Mensch, dass du an ihn denken, und der Sohn des Menschen*, dass du für ihn sorgen solltest? ⁷Für eine kurze Zeit hast du ihn geringer als die Engel gemacht und hast ihn mit Herrlichkeit und Ehre gekrönt.* ⁸Du hast ihm Vollmacht über alles gegeben.«*

Wenn er ihm Macht über alles gegeben hat, dann gibt es nichts, worüber er nicht herrscht. Aber noch sehen wir das alles nicht. ⁹Doch Jesus sehen wir, der für eine kurze Zeit geringer als die Engel gemacht wurde und nun mit Herrlichkeit und Ehre gekrönt ist, weil er für uns den Tod auf sich nahm. Durch die Gnade Gottes hat Jesus für alle Menschen auf der ganzen Welt den Tod erlitten. ¹⁰Denn Gott, für den alles erschaffen wurde und der alles erschuf, will seine Herrlichkeit mit vielen Kindern* teilen. Doch damit Jesus ihre Rettung bewirken konnte, musste Gott ihn durch sein Leiden vollkommen machen.

¹¹So haben nun Jesus und alle, die er heiligt, denselben Vater. Deshalb schämt sich Jesus nicht, sie seine Brüder zu nennen. ¹²Denn er sprach zu Gott: »Ich will meinen Brüdern deinen

---

1,5a O. *der Sohn* (im Sinne von *Sohn Gottes*); Psalm 2,7. **1,5b** 2. Samuel 7,14. **1,6** 5. Mose 32,43. **1,7** Psalm 104,4. **1,8-9** Psalm 45,7-8. **1,10-12** Psalm 102,26-28. **1,13** Psalm 110,1. **2,6** O. *Menschensohn*. **2,7** In manchen Handschriften heißt es weiter *Du hast ihm alles unterworfen*. **2,6-8** Psalm 8,5-7. **2,10** Griech. *Söhnen*.

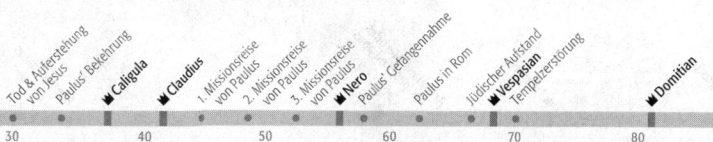

HEBRÄERBRIEF

1,1–4,13	Die Vorrangstellung von Jesus, dem Sohn Gottes
4,14–10,39	Christus ist unser Hoher Priester
11	Große Vorbilder im Glauben
12	Leben im Glauben
13	Abschließende Mahnungen

2–5
Jesus und Mose. Gottes Ruhe für sein Volk. Jesus, der wahre Hohe Priester.

[Gottes Königsherrschaft und der Messias]

Namen verkünden. Ich will dich vor der ganzen Gemeinde ehren.«*
¹³Er sagt auch: »Ich will Gott vertrauen.« Und weiter: »Hier bin ich, zusammen mit den Kindern, die Gott mir gegeben hat.«*
¹⁴Da Gottes Kinder Menschen aus Fleisch und Blut sind, wurde auch Jesus als Mensch geboren. Denn nur so konnte er durch seinen Tod die Macht des Teufels brechen, der Macht über den Tod hatte. ¹⁵Nur so konnte er die befreien, die ihr Leben lang Sklaven ihrer Angst vor dem Tod waren.
¹⁶Wir wissen ja, dass Jesus kam, um den Nachkommen Abrahams zu helfen, nicht den Engeln. ¹⁷Deshalb musste er in allem seinen Brüdern gleich werden, damit er vor Gott unser barmherziger und treuer Hoher Priester werden konnte, um durch sein Opfer die Menschen von ihrer Schuld zu befreien. ¹⁸Da er selbst gelitten und Versuchungen erfahren hat, kann er denen helfen, die in Versuchungen geraten.

Jesus ist größer als Mose

3 Deshalb, liebe Freunde, die ihr Gott gehört* und an der himmlischen Berufung teilhabt, denkt über diesen Jesus nach, den wir bekennen als Gesandten und Hohen Priester Gottes. ²Denn er war Gott treu, der ihn gesandt hat, genauso wie Mose ein treuer Diener war für das ganze Haus Gottes, sein Volk. ³Doch Jesus steht weit mehr Ehre zu als Mose, so wie dem Erbauer eines Hauses mehr Ehre zukommt als dem Haus. ⁴Denn jedes Haus hat einen, der es baut, aber Gott ist der, der alles geschaffen hat.
⁵Mose war ein treuer Diener im Haus Gottes, und sein Beispiel bezeugte alles, was später von Gott offenbart werden sollte. ⁶Christus dagegen, der Sohn, wurde über das ganze Haus Gottes gesetzt. Gottes Haus sind wir, wenn wir zuversichtlich bleiben und an unserer Hoffnung auf Christus festhalten. ⁷Deshalb spricht der Heilige Geist:
»Heute sollt ihr auf seine Stimme hören. ⁸Verschließt eure Herzen nicht gegen ihn, wie die Israeliten es taten, als sie sich auflehnten am Tag der Versuchung in der Wüste. ⁹Dort haben eure Vorfahren meine Geduld auf die Probe gestellt, obwohl sie vierzig Jahre Zeugen meiner Wunder gewesen waren! ¹⁰Deshalb war ich zornig auf sie und sagte: ›Ständig kehren ihre Herzen sich von mir ab. Sie weigern sich zu tun, was ich ihnen

2,12 Psalm 22,23.   2,13 Jesaja 8,17-18.   3,1 Griech. *heilige Brüder.*

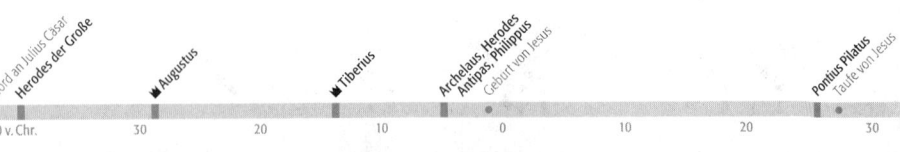

sage.‹ ¹¹Deshalb schwor ich in meinem Zorn: ›Niemals werden sie meine Ruhe finden.‹«*

¹²Achtet deshalb darauf, liebe Freunde*, dass eure Herzen nicht böse und ungläubig sind und ihr euch damit vom lebendigen Gott abwendet. ¹³Ermutigt einander jeden Tag, solange es »Heute« heißt, damit keiner von euch von der Sünde überlistet wird und hart wird gegen Gott! ¹⁴Denn wenn wir bis zum Ende treu bleiben und Gott genauso fest vertrauen wie in der ersten Zeit unseres Glaubens, wird Christus uns an allem Anteil geben. ¹⁵Aber vergesst nicht das Wort der Schrift: »Heute sollt ihr auf seine Stimme hören. Verschließt eure Herzen nicht gegen ihn, wie die Israeliten es taten, als sie sich auflehnten.«*

¹⁶Wer waren diese Menschen, die sich gegen Gott auflehnten, obwohl sie seine Stimme gehört hatten? Waren es nicht dieselben, die Mose aus Ägypten herausgeführt hatte? ¹⁷Und wer weckte vierzig Jahre lang immer wieder Gottes Zorn? Waren es nicht dieselben, die gesündigt hatten, deren Körper tot in der Wüste lagen? ¹⁸Und zu wem sprach Gott, als er schwor, dass sie seine Ruhe niemals finden sollten? Er sprach zu denen, die ihm ungehorsam gewesen waren. ¹⁹Wir sehen also, dass sie wegen ihres Unglaubens seine Ruhe nicht finden konnten.

Die verheißene Ruhe für Gottes Volk

4 Wir sollten vor Furcht zittern bei dem Gedanken, dass einige von euch dieses Ziel nicht erreichen. Achtet darauf, dass dies nicht geschieht, solange die Zusage noch immer gilt, dass wir seine Ruhe finden können. ²Denn diese gute Botschaft wurde uns genauso verkündet wie ihnen. Aber sie nützte ihnen nichts, weil sie nicht glaubten, was Gott ihnen sagte*. ³Denn nur wir, die wir zum Glauben gefunden haben, werden zur Ruhe Gottes gelangen. Über diejenigen, die nicht geglaubt haben, sagte Gott: »Deshalb schwor ich in meinem Zorn: ›Sie sollen meine Ruhe niemals finden‹«,* obwohl diese Ruhe bestand, seit er die Welt erschaffen hatte. ⁴Das wissen wir, weil die Schrift über den siebten Schöpfungstag sagt: »Am siebten Tag ruhte Gott von seiner Arbeit aus.«* ⁵Doch an anderer Stelle spricht Gott: »Sie sollen niemals meine Ruhe finden.«* ⁶Es bleibt also dabei, dass es eine Ruhe gibt, welche die Menschen finden können. Die aber, die früher diese Botschaft hörten, haben sie nicht gefunden, weil sie Gott nicht gehorchten. ⁷Deshalb hat Gott einen neuen Zeitpunkt festgelegt, ein neues »Heute«. Davon hat Gott nach so langer Zeit durch David gesprochen; es sind die schon bekannten Worte:

»Heute sollt ihr auf seine Stimme hören. Verschließt eure Herzen nicht gegen ihn.«*

⁸Mit dieser Ruhe war nicht das Land Kanaan gemeint, in das Josua das Volk Israel geführt hatte, denn sonst hätte Gott später nicht von einem neuen »Heute« gesprochen. ⁹Es gibt also noch eine besondere Ruhe* für das Volk Gottes, die noch in der Zukunft liegt. ¹⁰Wer in Gottes Ruhe hineingekommen ist, wird sich von seiner Arbeit ausruhen, so wie auch Gott nach der Erschaffung der Welt geruht hat. ¹¹Deshalb wollen wir uns bemühen, in diese Ruhe hineinzukommen, um nicht wie sie durch den gleichen Ungehorsam vom Weg abzukommen.

¹²Das Wort Gottes ist lebendig und wirksam. Es ist schärfer als das schärfste Schwert und durchdringt unsere innersten Gedanken und Wünsche. Es deckt auf, wer wir wirklich sind, und macht unser Herz vor Gott offenbar. ¹³Nichts in der ganzen Schöpfung ist vor ihm verborgen. Alles ist nackt und bloß vor den Augen Gottes, dem wir für alles Rechenschaft ablegen müssen.

Christus ist unser Hoher Priester

¹⁴Da wir nun einen großen Hohen Priester haben, der durch den Himmel gegangen ist – Jesus, den Sohn Gottes –, wollen wir an unserem Bekenntnis zu ihm festhalten. ¹⁵Dieser Hohe Priester versteht unsere Schwächen, weil ihm dieselben Versuchungen begegnet sind wie uns, doch er wurde nicht schuldig. ¹⁶Lasst uns deshalb zuversichtlich vor den Thron unseres gnädigen Gottes treten. Dort werden wir Barmherzigkeit empfangen und Gnade finden, die uns helfen wird, wenn wir sie brauchen.

5 Die Aufgabe eines Hohen Priesters ist es, andere Menschen vor Gott zu vertreten. Er bringt Gott ihre Gaben und die Opfer für ihre Sünden dar. ²Er ist nachsichtig mit den Menschen, auch wenn sie unwissend sind und vom richtigen Weg abkommen, denn er ist denselben Schwächen unterworfen wie sie. ³Deshalb muss er nicht nur für ihre, sondern auch für seine eigenen Sünden Opfer darbringen. ⁴Niemand kann Hoher Priester werden, indem er für sich

---

3,7-11 Psalm 95,7-11. **3,12** Griech. *Brüder*. **3,15** Psalm 95,7-8. **4,2** In manchen Handschriften heißt es *weil sie nicht auch den Glauben derer hatten, die Gott zuhörten*. **4,3** Psalm 95,11. **4,4** 1. Mose 2,2. **4,5** Psalm 95,11. **4,7** Psalm 95,7-8. **4,9** Wörtlich *Sabbatruhe*.

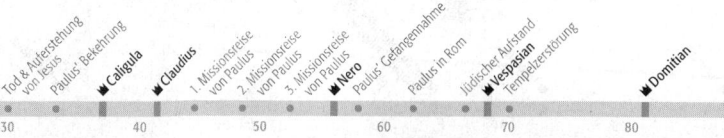

HEBRÄERBRIEF

1,1–4,13	Die Vorrangstellung von Jesus, dem Sohn Gottes
4,14–10,39	Christus ist unser Hoher Priester
11	Große Vorbilder im Glauben
12	Leben im Glauben
13	Abschließende Mahnungen

5–7
Das Gelernte vertiefen. Festhalten an Gottes Zusage. Über Melchisedek und Abraham.

[Gottes Königsherrschaft und der Messias]

selbst diese Würde in Anspruch nimmt. Er muss wie Aaron von Gott zu diesem Dienst berufen werden.
⁵So hat auch Christus sich nicht selbst erhöht, um Hoher Priester zu werden. Nein, er wurde von Gott erwählt, der zu ihm sprach: »Du bist mein Sohn. Heute habe ich dich gezeugt.«*
⁶Und an anderer Stelle sprach Gott zu ihm: »Du bist für immer Priester nach der Ordnung Melchisedeks.«*
⁷Solange Jesus hier auf der Erde lebte, hat er mit lautem Schreien und unter Tränen seine Gebete und Bitten an den einen gerichtet, der ihn aus dem Tod befreien konnte. Und weil er große Ehrfurcht hatte vor Gott, wurde er erhört. ⁸Obwohl Jesus der Sohn Gottes war, lernte er doch durch sein Leiden, gehorsam zu sein. ⁹Auf diese Weise machte Gott ihn vollkommen, und er wurde der Retter für alle, die ihm gehorchen. ¹⁰Und Gott ernannte ihn zum Hohen Priester nach der Ordnung Melchisedeks.

Geistliches Wachstum

¹¹Es gibt noch so vieles, das wir darüber gern sagen würden, aber ihr seid so schlechte Zuhörer geworden, sodass man euch dies alles nur schwer verständlich machen kann. ¹²Ihr seid nun schon so lange Christen und solltet eigentlich andere lehren. Stattdessen braucht ihr jemanden, der euch noch einmal die Grundlagen von Gottes Wort beibringt. Ihr seid wie Säuglinge, die nur Milch trinken, aber keine feste Nahrung essen können. ¹³Ein Mensch aber, der sich von Milch ernährt, ist im Leben* noch nicht sehr weit fortgeschritten und versteht nicht viel davon, was es heißt, das Richtige nach Gottes Wort zu tun. ¹⁴Feste Nahrung dagegen ist für die Menschen, die erwachsen und reif sind, die aufgrund ihrer Erfahrung gelernt haben, zwischen Gut und Böse zu unterscheiden.

6 Lasst uns daher aufhören, ständig die Grundaussagen der Lehre von Christus zu wiederholen. Wir wollen vielmehr weitergehen und im Verständnis reifer werden. Wir müssen doch nicht immer wieder neu erklären, wie wichtig es ist, dass wir von allen bösen Taten umkehren und an Gott glauben. ²Ihr braucht keine weitere Unterweisung über die Taufe, die Handauflegung, die Auferstehung von den Toten und das ewige Gericht. ³Wenn Gott es so will, schreiten wir weiter voran. ⁴Denn es ist unmöglich, Menschen, die einmal erleuchtet worden sind –

5,5 Psalm 2,7.   5,6 Psalm 110,4.   5,13 Griech. *im Wort der Gerechtigkeit.*

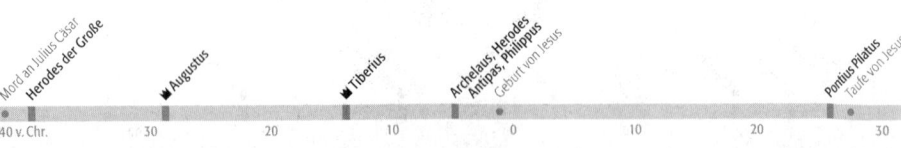

Menschen also, welche die guten Gaben des Himmels zu spüren bekamen, Anteil am Heiligen Geist erhielten, ⁵die Güte des Wortes Gottes erfahren und die Macht der zukünftigen Welt kennengelernt haben – ⁶und sich dann doch von Gott abwandten, wieder zur Umkehr zu bewegen und ihr Leben dadurch zu erneuern. Denn sie nageln den Sohn Gottes erneut ans Kreuz und verspotten ihn.

⁷Wenn die Erde den Regen aufnimmt, der auf sie fällt, und dem Bauern gute Ernte bringt, so empfängt sie Segen von Gott. ⁸Doch wenn ein Feld Disteln und Dornen trägt, ist es nutzlos. Der Bauer wird dieses Feld verfluchen und es abbrennen.

⁹Liebe Freunde, auch wenn wir so reden, glauben wir doch nicht, dass das auf euch zutrifft. Wir sind überzeugt, dass ihr besser dran seid und gerettet werdet. ¹⁰Gott ist nicht ungerecht. Er wird nicht vergessen, wie ihr für ihn gearbeitet und eure Liebe zu ihm* bewiesen habt und weiter beweist durch eure Fürsorge für andere, die auch zu Gott gehören*. ¹¹Wir wünschen uns deshalb sehr, dass ihr bis zum Ende diesen Eifer behaltet, damit ihr voller Zuversicht an der Hoffnung festhalten könnt, die Gott euch gab. ¹²Dann werdet ihr auch nicht träge oder gleichgültig werden, sondern dem Beispiel derer folgen, die aufgrund ihres Glaubens und ihrer Geduld die Zusagen Gottes empfangen.

Gottes Zusage weckt Hoffnung

¹³Denkt an Gottes Zusage, die er Abraham gab. Weil Gott bei keinem Größeren schwören konnte, schwor er bei seinem eigenen Namen und sagte: ¹⁴»Ich werde dich reich segnen, und deine Nachkommen sollen zahllos sein.«*

¹⁵Danach wartete Abraham geduldig und empfing schließlich, was Gott ihm versprochen hatte.

¹⁶Wer einen Eid leistet, schwört bei einem Größeren, dass er diesen Eid halten wird, und ein solcher Eid ist ohne Zweifel gültig. ¹⁷Auch Gott verpflichtete sich mit einem Eid, damit die Empfänger dieser Zusage vollkommen sicher sein konnten, dass sie unabänderlich war. ¹⁸Gott gab uns also sowohl seine Zusage als auch seinen Eid, die beide unabänderlich sind, weil Gott nicht lügt. Das ist für uns, die wir bei ihm Zuflucht gesucht haben, eine große Ermutigung, denn wir wollen ja das vor uns liegende Ziel, die Erfüllung der Hoffnung, erreichen.

¹⁹Diese Zuversicht ist wie ein starker und vertrauenswürdiger Anker für unsere Seele. Sie reicht hinter den Vorhang des Himmels bis in das Innerste des Heiligtums Gottes. ²⁰Dorthin ist Jesus uns bereits vorausgegangen. Er ist unser ewiger Hoher Priester nach der Ordnung Melchisedeks geworden.

Melchisedek und Abraham

7 Dieser Melchisedek war König der Stadt Salem und ein Priester Gottes, des Höchsten. Als Abraham heimkehrte, nachdem er in einer großen Schlacht mehrere Könige besiegt hatte, zog Melchisedek ihm entgegen und segnete ihn. ²Da nahm Abraham den zehnten Teil von allem, was er erbeutet hatte, und gab ihn Melchisedek. Melchisedek bedeutet »König der Gerechtigkeit« und auch »König des Friedens«, denn Salem bedeutet Frieden. ³Es gibt keinen Hinweis auf seinen Vater, seine Mutter oder irgendeinen seiner Vorfahren, weder auf den Anfang noch das Ende seines Leben. Er gleicht darin dem Sohn Gottes und bleibt für immer Priester.

⁴Seht doch, wie groß dieser Melchisedek war. Selbst Abraham, der Stammvater Israels, gab ihm den zehnten Teil seiner Beute. ⁵Nun haben die Priester aus der Nachkommenschaft Levis nach dem Gesetz den Auftrag, vom ganzen Volk den zehnten Teil zu erheben, obwohl es ihre eigenen Brüder sind und Nachkommen Abrahams wie sie. ⁶Melchisedek aber, der nicht einmal mit Levi verwandt war, erhielt von Abraham ebenfalls den zehnten Teil. Und Melchisedek segnete Abraham, einen Mann, der bereits die Zusagen Gottes empfangen hatte. ⁷Dabei ist zweifellos derjenige, der segnet, größer als derjenige, der gesegnet wird.

⁸Im Fall der Leviten sind es sterbliche Menschen, die den zehnten Teil empfangen. Doch Melchisedek ist größer als sie, denn es wird uns gesagt, dass er weiterlebt. ⁹Man könnte sogar sagen, dass Levi selbst – der doch eigentlich den Zehnten erhebt – durch Abraham den zehnten Teil an Melchisedek abgab. ¹⁰Levi war damals zwar noch nicht geboren, aber Abraham war sein Vater, und so war er bei ihm*, als Melchisedek den zehnten Teil von ihm erhielt.

¹¹Hätte nun das Priestertum Levis den Plan Gottes erfüllt – und das Gesetz beruhte ja auf diesem Priestertum –, warum hätte Gott dann noch einen anderen Priester senden sollen, der zur Ordnung Melchisedeks gehört und nicht ein Priester war wie Aaron? ¹²Wenn nun aber die priesterliche Ordnung verändert wird, muss auch das ganze Gesetz ent-

---

6,10a Griech. *seinem Namen.* **6,10b** Griech. *den Heiligen.* **6,14** 1. Mose 22,17. **7,10** Griech. *er war in der Lende seines Vaters.*

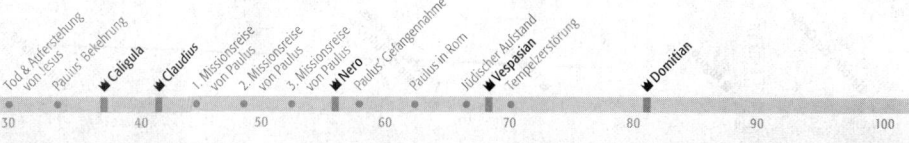

HEBRÄERBRIEF

1,1–4,13	Die Vorrangstellung von Jesus, dem Sohn Gottes
4,14–10,39	Christus ist unser Hoher Priester
11	Große Vorbilder im Glauben
12	Leben im Glauben
13	Abschließende Mahnungen

7–9
Jesus und Melchisedek. Gottes neuer Bund.

[Gottes Königsherrschaft und der Messias]

sprechend geändert werden. ¹³Denn der, von dem wir reden, gehört zu einem anderen Stamm, dessen Angehörige nie am Altar dienten. ¹⁴Unser Herr kam ja aus dem Stamm Juda, doch Mose hat Juda nie in Verbindung mit dem Priestertum erwähnt.

Christus ist wie Melchisedek
¹⁵Die Änderung im Gesetz Gottes wird dadurch noch deutlicher, dass nun ein anderer Priester gekommen ist, der Melchisedek gleicht. ¹⁶Er wurde nicht Priester, weil er die frühere Bedingung der Zugehörigkeit zum Stamm Levi erfüllte, sondern durch die Kraft eines unzerstörbaren Lebens. ¹⁷Genau das wird auch über Christus in der Schrift bezeugt: »Du bist für immer Priester nach der Ordnung Melchisedeks.«*

¹⁸Die frühere Bedingung für das Priestertum wurde dadurch aufgehoben, weil sie schwach und nutzlos war. ¹⁹Denn das Gesetz machte nichts vollkommen. Nun ist eine bessere Hoffnung an seine Stelle getreten. Und sie zeigt einen Weg, auf dem wir zu Gott kommen.

²⁰Gott hat Jesus durch einen Eid in seinem Priesteramt bestätigt; bei keinem Priester vor ihm hatte es so einen Eid gegeben. ²¹Nur zu Jesus sprach Gott: »Der Herr hat einen Eid geschworen und wird ihn nicht brechen: ›Du bist für immer Priester.‹«* ²²So ist Jesus der Garant eines besseren Bundes geworden.

7,17 Psalm 110,4.   7,21 Psalm 110,4.

Hebräer 8,6

Bundesschlüsse
Der Hebräerbrief geht innerhalb des Neuen Testaments am weitesten, wenn er den neuen mit dem alten Bund vergleicht. Die Beständigkeit der früheren Bundesschlüsse verblasst gegenüber dem Glanz des neuen Bundes, sodass dieser Brief von Mängeln des alten Bundes sprechen kann und sein Ende kommen sieht (V. 13). Allerdings ist für die Glaubenden, die der Hebräerbrief anspricht, der neue Bund zwar bereits gekommen, der alte aber noch nicht aufgelöst (»sein Ende *steht bevor*«): Gegenwärtig bestehen beide miteinander.
Der neue Bund ist ein »besserer Bund« (7,22) vor allem deshalb, weil Christus das Priesteramt besser ausüben kann als die früheren Priester. Anders als sie ist Christus nicht vom ständigen Rückfall in die Sünde belastet. Er muss die Versöhnung, die mit dem Sinaibund geschenkt wurde, nicht für sich selbst in Anspruch nehmen und ist damit ausschließlich der Gebende im neuen Bund.
(2. Korinther 3,7-17 ‹‹‹ | ››› Hebräer 9,15)

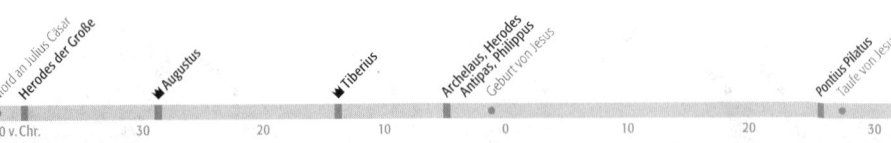

²³Ein weiterer Unterschied besteht darin, dass es nach der alten Ordnung viele Priester gab, denn wenn ein Priester starb, musste ein anderer seinen Platz einnehmen. ²⁴Jesus dagegen bleibt für immer Priester; sein Priestertum wird nie enden. ²⁵Deshalb kann er auch für immer* alle retten, die durch ihn zu Gott kommen. Er lebt ewig und wird vor Gott für sie eintreten.

²⁶Er ist ein Hoher Priester, wie wir ihn nötig haben, denn er ist heilig, ohne jede Schuld und unberührt von der Sünde. Er wurde von den sündigen Menschen getrennt und hat den höchsten Ehrenplatz im Himmel erhalten. ²⁷Er braucht nicht täglich Opfer zu bringen, wie es die anderen Hohen Priester zunächst für ihre eigenen Sünden und dann für die Sünden des Volkes tun mussten, sondern er tat dies ein für alle Mal, als er sich selbst am Kreuz opferte. ²⁸Diejenigen, die unter dem Gesetz als Hohe Priester eingesetzt wurden, waren Menschen mit menschlichen Schwächen. Doch nachdem das Gesetz gegeben worden war, setzte Gott mit einem Eid seinen Sohn ein, und dieser Sohn wurde auf ewig vollkommen.

Christus ist unser Hoher Priester

8 Das Wichtigste aber ist: Unser Hoher Priester hat sich auf den höchsten Ehrenplatz im Himmel gesetzt, an Gottes rechte Seite. ²Dort dient er im Zelt, dem wahren Heiligtum, das vom Herrn und nicht von Menschen errichtet wurde.

³Und da jeder Hohe Priester dazu eingesetzt ist, Gaben und Opfer darzubringen, muss auch unser Hoher Priester etwas haben, das er Gott opfern kann. ⁴Wäre er hier auf der Erde, dann wäre er nicht einmal ein Priester, weil es ja schon Priester gibt, welche die Opfer darbringen, die das Gesetz verlangt. ⁵Sie dienen in einem Heiligtum, das nur ein Abbild, nur ein Schatten des wahren Heiligtums im Himmel ist. Denn als Mose daran ging, das Zelt Gottes zu errichten, warnte Gott ihn: »Achte darauf, dass du alles ganz genau nach dem Entwurf machst, der dir hier auf dem Berg gezeigt worden ist.«* ⁶Der Hohe Priester, von dem wir sprechen, hat dagegen ein weit höheres Amt erhalten, weil er der Vermittler eines besseren Bundes mit Gott ist, welcher auf besseren Zusagen beruht.

⁷Hätte der erste Bund keine Mängel gehabt, wäre es nicht nötig gewesen, ihn durch einen zweiten zu ersetzen. ⁸Aber Gott tadelte sein Volk und sagte: »Es wird ein Tag kommen, spricht der Herr, an dem ich einen neuen Bund mit dem Volk Israel und mit dem Volk Juda schließen werde. ⁹Dieser Bund wird nicht so sein wie der, den ich mit ihren Vorfahren schloss, als ich sie an der Hand nahm und aus Ägypten führte. Sie sind meinem Bund nicht treu geblieben, deshalb habe ich mich von ihnen abgewandt, spricht der Herr. ¹⁰Doch dies ist der neue Bund, den ich an jenem Tag mit dem Volk Israel schließen werde, spricht der Herr: Ich werde ihr Denken mit meinem Gesetz füllen, und ich werde es in ihr Herz schreiben. Ich werde ihr Gott sein und sie werden mein Volk sein. ¹¹Und keiner wird mehr seinen Mitbürger oder Bruder belehren müssen: ›Du musst den Herrn erkennen.‹ Denn jeder, vom Kleinen bis zum Großen, wird mich bereits kennen. ¹²Und ich werde ihr Unrecht vergeben und nie wieder an ihre Sünden denken.«*

¹³Wenn Gott von einem neuen Bund spricht, bedeutet dies, dass er den ersten für veraltet erklärt. Der alte Bund ist damit überholt, und sein Ende steht bevor.

Der Gottesdienst des ersten Bundes

9 Nun gab es in diesem ersten Bund zwischen Gott und Israel Bestimmungen für den Gottesdienst und ein heiliges Zelt hier auf der Erde. ²Dieses Zelt hatte zwei Räume. Im ersten befanden sich ein Leuchter, ein Tisch und auf dem Tisch heilige Brote; dieser Raum wurde Heiligtum genannt. ³Dann gab es einen Vorhang und hinter dem Vorhang lag der zweite Raum, der das Allerheiligste genannt wurde. ⁴In diesem Raum befanden sich ein goldener Räucheraltar und eine hölzerne Truhe – Bundeslade genannt –, die ringsum vergoldet war. Die Truhe enthielt ein goldenes Gefäß mit etwas Manna, den Stab Aarons, der Triebe bekommen hatte, und die Steintafeln des Bundes mit den Geboten. ⁵Herrliche Cherubim befanden sich oberhalb der Bundeslade. Ihre Flügel waren über den Deckel der Bundeslade, den Ort der Versöhnung, ausgebreitet. Aber wir können diese Dinge jetzt nicht alle im Einzelnen erklären.

⁶Als alles an seinem Platz stand, gingen die Priester regelmäßig im ersten Raum des Zeltes ein und aus und erfüllten ihren Dienst. ⁷Doch nur der Hohe Priester betrat das Allerheiligste, und das auch nur einmal im Jahr und immer mit Blut von Opfertieren, das er für sich und für die Sünden des Volkes darbrachte, die es aus Unwissenheit begangen hat. ⁸Durch diese Bestimmungen zeigte der Heilige Geist, dass dem Volk der

---

7,25 O. *völlig*.   8,5 2. Mose 25,40; 26,30.   8,8-12 Jeremia 31,31-34.

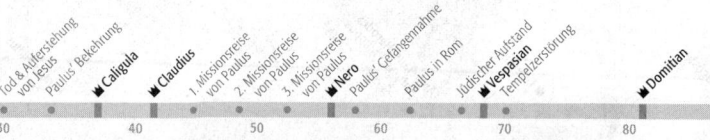

HEBRÄERBRIEF

1,1–4,13	Die Vorrangstellung von Jesus, dem Sohn Gottes
4,14–10,39	Christus ist unser Hoher Priester
11	Große Vorbilder im Glauben
12	Leben im Glauben
13	Abschließende Mahnungen
9–10	Über Opfer. Jesus, das endgültige Opfer.

[Gottes Königsherrschaft und der Messias]

Weg zum Allerheiligsten noch nicht offen stand, solange der erste Raum des Zeltes noch Bestand hatte. ⁹Dies ist ein Gleichnis für unsere Gegenwart: Die Gaben und Opfer der Priester können das Gewissen der Menschen, die sie darbringen, letztlich nicht von Schuld befreien. ¹⁰Denn diese alten Satzungen beziehen sich nur auf Essen und Trinken und rituelle Waschungen – auf äußere Bestimmungen, die nur gelten, bis eine neue Ordnung kommt, die besser ist.

Christus ist das vollkommene Opfer

¹¹So ist Christus nun der Hohe Priester für all das Gute geworden, das gekommen ist. Er hat das große, vollkommene Heiligtum im Himmel betreten, das nicht von Menschen erbaut wurde und nicht Teil dieser Schöpfung ist. ¹²Ein einziges Mal brachte er Blut in jenes Allerheiligste, aber nicht das Blut von Böcken und Kälbern, sondern sein eigenes Blut, durch das er uns die Rettung brachte, die für alle Zeiten gilt.

¹³Früher konnte die Besprengung mit dem Blut von Böcken und Stieren oder mit der Asche einer jungen Kuh den Körper des Menschen von ritueller Unreinheit reinigen. ¹⁴Wie viel mehr kann dann das Blut des Christus bewirken, denn durch die Kraft von Gottes ewigem Geist brachte Christus sich selbst Gott als vollkommenes Opfer für unsere Sünden dar. Er befreit unser Gewissen, indem er uns freispricht von unseren Taten, für die wir den Tod verdienen. Nun kön-

Hebräer 9,15

Bundesschlüsse

Weitere Vorzüge des neuen Bundes werden entfaltet: Der alte Bund arbeitete mit äußerlichen Bestimmungen (V. 10) und gebrauchte Opfertiere, die mit den Opfernden selbst nichts zu tun hatten. Daher konnte dieser alte Bund auch nicht bis ins Innere der Menschen und der Beziehung zu Gott einwirken (V. 9-10).

Christus dagegen hat nichts geopfert, das – wie ein Opfertier – ihm gar nicht nahestand, sondern hat sich selbst hingegeben (V. 12). Von daher hat der neue Bund eine echte befreiende Wirkung bis tief ins Gewissen der Menschen (V. 14). Dabei ist Gottes Geist am Werk, wie es bei Jesaja und Hesekiel schon angekündigt war.

Besser ist der neue Bund schließlich auch deshalb, weil er die menschliche Bosheit an der Wurzel angeht. Erstmals wirkte sie sich gegen den Mitmenschen aus, als Abels Blut vergossen wurde. Schon Abel »sprach« von Glaubenstreue (11,4) – doch die Bosheit blieb weiter in der Welt. Das Blut von Jesus, dem Vermittler des neuen Bundes, »verkündet etwas viel Besseres als das Blut von Abel« (12,24).

(Hebräer 8,6 «« | » 4. Mose 25,12)

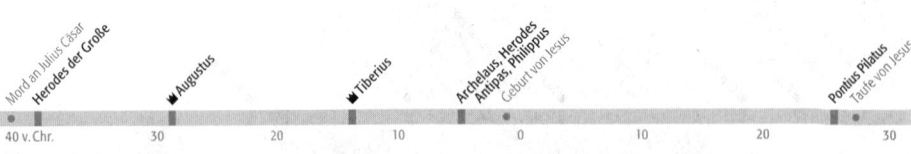

nen wir dem lebendigen Gott dienen. ¹⁵Aus diesem Grund ist er der Vermittler eines neuen Bundes zwischen Gott und den Menschen, damit alle, die dazu berufen sind, das ewige Erbe empfangen können, das Gott ihnen versprochen hat. Denn Christus starb, um sie von der Strafe für die Sünden zu befreien, die sie zur Zeit des ersten Bundes begangen hatten.

¹⁶Wenn nun jemand stirbt und ein Testament hinterlässt, bekommt niemand etwas, bevor nicht bewiesen ist, dass der Verfasser dieses Testaments wirklich tot ist.* ¹⁷Das Testament tritt erst nach dem Tod dessen in Kraft, der es geschrieben hat. Solange er noch lebt, kann niemand es für sich in Anspruch nehmen.

¹⁸Deshalb musste der erste Bund mit Blut als Beweis für den Tod besiegelt werden. ¹⁹Denn nachdem Mose dem Volk das ganze Gesetz Gottes gegeben hatte, nahm er das Blut von Kälbern und Böcken zusammen mit Wasser und besprengte das Buch des Gesetzes Gottes und das ganze Volk mithilfe von Ysop-Zweigen und scharlachroter Wolle. ²⁰Dann sagte er: »Dieses Blut besiegelt den Bund, den Gott mit euch geschlossen hat.«* ²¹Und in derselben Weise besprengte er das heilige Zelt und alles, was für den Gottesdienst gebraucht wurde. ²²Letztlich können wir sagen, dass nach dem Gesetz fast alles durch Besprengung mit Blut gereinigt wurde. Ohne Blutvergießen gibt es keine Vergebung der Sünden.

²³Deshalb musste das irdische Zelt und alles, was es enthielt – die Abbilder dessen, was im Himmel ist –, durch das Blut von Tieren gereinigt werden. Was aber wirklich im Himmel ist, muss durch bessere Opfer als das Blut von Tieren gereinigt werden.

²⁴Denn Christus ging in den Himmel selbst, um nun für uns vor Gott einzutreten. Er betrat nicht das irdische Heiligtum, denn dies war nur ein Abbild des wahren Tempels im Himmel. ²⁵Er ging auch nicht in den Himmel, um sich immer wieder selbst zu opfern, wie die irdischen Priester, die Jahr für Jahr das Heiligtum betreten, um das Blut von Tieren zu opfern. ²⁶Wenn das nötig gewesen wäre, hätte er seit Erschaffung der Welt immer wieder sterben müssen. Er kam ein für alle Mal am Ende der Zeiten, um die Macht der Sünde durch seinen Opfertod für uns zu brechen.

²⁷Und genauso, wie es bestimmt ist, dass jeder Mensch nur einmal stirbt, worauf das Gericht folgt, ²⁸genauso starb auch Christus nur einmal als Opfer, um die Sünden vieler Menschen wegzunehmen. Er wird wiederkommen, aber nicht noch einmal wegen unserer Schuld, sondern er wird all denen Rettung bringen, die sehnsüchtig auf seine Rückkehr warten.

Das Opfer von Christus

10 Das Gesetz brachte also nur einen Schatten des Zukünftigen und nicht die Wirklichkeit der himmlischen Güter. Die Opfer wurden Jahr für Jahr wiederholt, doch sie konnten denen, die zur Anbetung kamen, keine vollkommene Reinigung schenken. ²Wäre dies der Fall gewesen, dann hätte es keine Opfer mehr gegeben, denn die Opfernden wären ein für alle Mal gereinigt gewesen, und sie hätten ein reines Gewissen.

³Doch das Gegenteil geschah. Die jährlichen Opfer erinnerten sie Jahr für Jahr erneut an ihre Sünden. ⁴Denn das Blut von Stieren und Böcken kann keine Sünden fortnehmen. ⁵Deshalb sprach Christus, als er in die Welt kam: »Du wolltest keine Opfer und keine Gaben, doch du hast mir einen Leib gegeben. ⁶Du hattest keine Freude an Brandopfern oder an anderen Sündopfern. ⁷Da sprach ich: ›Sieh her, ich bin gekommen, um deinen Willen zu erfüllen, o Gott – so wie es in deinem Buch über mich geschrieben steht.‹«*

⁸Christus sagte: »Du wolltest keine Opfer und keine Gaben und keine Brandopfer und keine anderen Sündopfer, noch hattest du Freude daran«, obwohl sie nach dem Gesetz gefordert waren. ⁹Und er fügte hinzu: »Sieh her, ich bin gekommen, um deinen Willen zu tun.« Er hebt den ersten Bund auf, um den zweiten einzusetzen. ¹⁰Und Gott will, dass wir durch das Opfer des Leibes von Jesus Christus ein für alle Mal geheiligt werden.

¹¹Sonst steht der Priester Tag für Tag vor dem Altar und bringt Opfer dar, die niemals Sünden wegnehmen können. ¹²Dieser Hohe Priester dagegen brachte sich selbst Gott als ein Sündopfer dar, das für alle Zeit wirksam ist. Dann setzte er sich auf den höchsten Ehrenplatz an Gottes rechter Seite. ¹³Dort wartet er, bis seine Feinde zu einem Schemel unter seinen Füßen erniedrigt werden. ¹⁴Denn durch dieses eine Opfer hat er alle, die er heiligt, für immer vollkommen gemacht.

¹⁵Auch der Heilige Geist versichert uns das. Er sagt: ¹⁶»Dies ist der neue Bund, den ich an jenem Tag mit dem Volk Israel schließen werde«,

---

9,16 O. *Wenn nun jemand einen Bund* (griech. dasselbe Wort wie *Testament*) *schließt, muss dieser durch den Tod eines Opfer(tier)s besiegelt werden.*   **9,20** 2. Mose 24,8.   **10,5-7** Psalm 40,7-9.

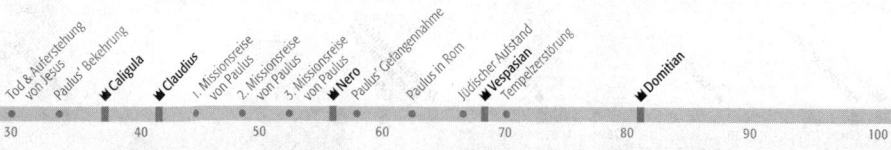

HEBRÄERBRIEF

1,1–4,13	Die Vorrangstellung von Jesus, dem Sohn Gottes
4,14–10,39	Christus ist unser Hoher Priester
11	Große Vorbilder im Glauben
12	Leben im Glauben
13	Abschließende Mahnungen

10–11
Leben im Warten auf die Wiederkunft von Jesus. Menschen aus der Heiligen Schrift mit großem Glauben.

[Gottes Königsherrschaft und der Messias]

spricht der Herr: »Ich werde ihr Denken mit meinem Gesetz füllen, und ich werde es in ihr Herz schreiben.« ¹⁷Und er fügt hinzu: »Und ich werde nie wieder an ihr Unrecht und ihre Sünden denken.«* ¹⁸Wenn Sünden vergeben worden sind, ist es nicht mehr notwendig, Opfer zu bringen.

Eine Aufforderung zur Geduld

¹⁹Deshalb, liebe Freunde*, können wir jetzt zuversichtlich in das Allerheiligste des Himmels hineingehen, denn das Blut von Jesus hat uns den Weg geöffnet. ²⁰Das ist der neue, lebendige Weg durch den Vorhang, den Christus durch seinen Tod* für uns eröffnet hat.

²¹Da wir also einen großen Hohen Priester haben, der über das Volk Gottes eingesetzt ist, ²²wollen wir mit aufrichtigem Herzen in die Gegenwart Gottes treten und ihm ganz und gar vertrauen. Denn unsere Herzen wurden mit dem Blut Christi besprengt, um unser Gewissen von Schuld zu reinigen, und unsere Körper sind mit reinem Wasser gewaschen!

²³Deshalb wollen wir weiter an der Hoffnung festhalten, die wir bekennen, denn Gott steht treu zu seinen Zusagen. ²⁴Spornt euch gegenseitig zu Liebe und zu guten Taten an. ²⁵Und lasst uns unsere Zusammenkünfte nicht versäumen, wie einige es tun, sondern ermutigt und ermahnt einander, besonders jetzt, da der Tag seiner Wiederkehr näher rückt!

²⁶Denn wenn wir bewusst weiter sündigen, nachdem wir mit Gottes Hilfe die Wahrheit erkannt haben, gibt es kein anderes Opfer mehr für diese Sünden. ²⁷Dann bleibt nur noch das furchtbare Warten auf das göttliche Gericht und das wütende Feuer, das seine Feinde verzehren wird. ²⁸Jeder, der sich weigerte, das Gesetz des Mose zu befolgen, wurde auf die Aussage von zwei oder drei Zeugen hin getötet. ²⁹Wie viel schrecklicher wird die Bestrafung für den ausfallen, der den Sohn Gottes mit Füßen tritt, das Blut des Bundes verachtet, durch das er geheiligt wurde, und den Heiligen Geist verhöhnt, ohne der er Gottes Gnade nicht erkannt hätte. ³⁰Denn wir kennen den, der gesagt hat: »Ich will Rache nehmen. Ich will Vergeltung üben an denen, die es verdienen.« Er sagte auch: »Der Herr wird sein Volk richten.«*

³¹Es ist schrecklich, in die Hände des lebendigen Gottes zu fallen.

³²Erinnert euch an die Zeit, als ihr die Wahrheit Gottes gerade erst erkannt hattet: Damals musstet ihr viel ertragen, aber ihr habt geduldig

10,16-17 Jeremia 31,33-34. 10,19 Griech. *Brüder.*
10,20 Griech. *durch sein Fleisch.* 10,30 5. Mose 32,35-36.

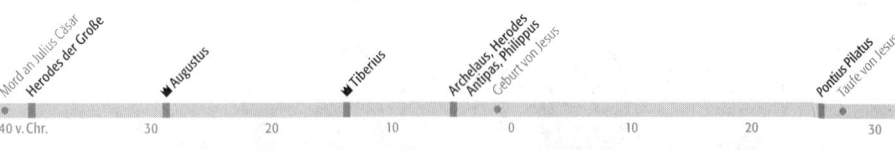

durchgehalten. ³³Manchmal wurdet ihr in aller Öffentlichkeit verspottet und misshandelt; manchmal habt ihr anderen geholfen, denen es so erging. ³⁴Ihr habt mit denen mitgelitten, die im Gefängnis waren. Als man euch euren Besitz wegnahm, habt ihr das voller Freude hingenommen, denn ihr wusstet ja, dass ihr etwas Besseres besitzt, das ihr nie verlieren werdet.

³⁵Werft dieses Vertrauen auf den Herrn nicht weg, was immer auch geschieht, sondern denkt an die große Belohnung, die damit verbunden ist! ³⁶Was ihr jetzt braucht, ist Geduld, damit ihr weiterhin nach Gottes Willen handelt. Dann werdet ihr alles empfangen, was er versprochen hat.

³⁷»Nur noch eine kurze Zeit, dann wird der erscheinen, der kommen soll, und sein Kommen wird sich nicht verzögern. ³⁸Durch den Glauben hat ein Gerechter Leben.* Doch wer sich von mir abwendet, an dem habe ich keine Freude.«*

³⁹Aber wir sind nicht wie die Menschen, die sich von Gott abwenden und so in ihr Verderben rennen. Weil wir an unserem Glauben festhalten, werden wir das Leben bekommen.

Große Vorbilder im Glauben

11 Was ist nun also der Glaube? Er ist das Vertrauen darauf, dass das, was wir hoffen, sich erfüllen wird, und die Überzeugung, dass das, was man nicht sieht, existiert. ²Aufgrund dieses Glaubens hat Gott unseren Vorfahren in der Schrift seine Anerkennung ausgesprochen. ³Durch den Glauben verstehen wir, dass die Welt auf Gottes Befehl hin entstand und dass alles, was wir jetzt sehen, aus dem entstanden ist, was man nicht sieht.

⁴Durch den Glauben brachte Abel Gott ein besseres Opfer dar als Kain. Gott nahm Abels Opfer an, um zu zeigen, dass er in seinen Augen gerecht gesprochen war. Und obwohl Abel schon lange tot ist, spricht er so noch immer zu uns.

⁵Durch den Glauben wurde Henoch in den Himmel aufgenommen, ohne zu sterben, denn niemand sah ihn mehr, weil Gott ihn zu sich nahm.* Doch bevor er fortgenommen wurde, wurde ihm verkündet, dass Gott Freude an ihm hatte. ⁶Ihr seht also, dass es unmöglich ist, ohne Glauben Gott zu gefallen. Wer zu ihm kommen möchte, muss glauben, dass Gott existiert und dass er die, die ihn aufrichtig suchen, belohnt.

⁷Durch den Glauben baute Noah eine Arche, um seine Familie vor der Flut zu retten. Er gehorchte Gott, der ihn vor etwas warnte, das noch nicht zu sehen war. Sein Glaube war ein Urteil über den Unglauben der übrigen Welt; er aber wurde Erbe der Gerechtigkeit, die aus dem Glauben kommt.

⁸Durch den Glauben gehorchte Abraham, als Gott ihn aufforderte, seine Heimat zu verlassen und in ein anderes Land zu ziehen, das Gott ihm als Erbe geben würde. Er ging, ohne zu wissen, wohin ihn sein Weg führen würde. ⁹Und selbst als er das Land erreichte, das Gott ihm versprochen hatte, lebte er dort aus der Kraft des Glaubens – denn er war in dem Land wie ein Fremder, der in einem Zelt wohnte, ebenso wie Isaak und Jakob, denen Gott dieselbe Zusage gegeben hatte. ¹⁰Abraham konnte so handeln, weil er auf eine Stadt mit festem Fundament wartete, deren Bauherr und Schöpfer Gott selbst ist.

¹¹Durch den Glauben konnte Sara mit Abraham ein Kind bekommen, obwohl beide zu alt waren und obwohl Sara unfruchtbar war. Abraham glaubte, dass Gott sein Versprechen halten würde.* ¹²Und so stammt ein ganzes Volk von diesem einen Mann, Abraham, der schon zu alt war, um noch Kinder zu zeugen. Und dieses Volk ist so groß wie die Zahl der Sterne am Himmel und wie die Sandkörner am Meer, die man unmöglich zählen kann.

¹³All diese Menschen glaubten bis zu ihrem Tod, ohne erhalten zu haben, was Gott ihnen versprochen hatte. Doch sie sahen das, was ihnen zugesagt war, von Weitem und freuten sich darauf, denn sie hatten erkannt und bezeugt, dass sie hier auf der Erde nur Gäste und Fremde waren. ¹⁴Und sie bekannten damit, dass sie auf der Suche waren nach einem Land, das sie ihre Heimat nennen konnten. ¹⁵Hätten sie das Land gemeint, aus dem sie kamen, dann hätten sie einen Weg gefunden, dorthin zurückzukehren. ¹⁶Aber sie suchten nach einem besseren Ort, einer Heimat im Himmel. Deshalb schämt Gott sich nicht, ihr Gott genannt zu werden, denn er hat ihnen eine Stadt im Himmel gebaut.

¹⁷Durch den Glauben war Abraham bereit, Isaak als Opfer darzubringen, als Gott ihn auf die Probe stellte. Abraham, der Gottes Zusagen empfangen hatte, war bereit, seinen einzigen Sohn Isaak zu opfern, ¹⁸obwohl Gott ihm versprochen hatte: »Nur die Nachkommen Isaaks sollen als deine Nachkommen bezeichnet werden.«* ¹⁹Abraham ging davon aus, dass Gott

---

10,38 Griech. *Der Gerechte wird aus Glauben leben.* **10,37-38** Habakuk 2,3-4. **11,5** 1. Mose 5,24. **11,11** In manchen Handschriften heißt es *Sara glaubte, dass Gott sein Versprechen halten würde.* **11,18** 1. Mose 21,12.

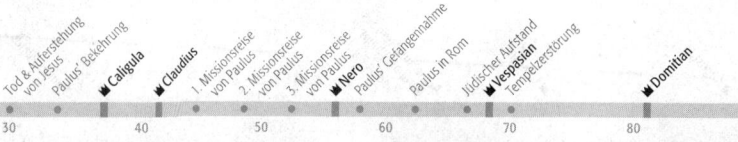

HEBRÄERBRIEF

1,1–4,13	Die Vorrangstellung von Jesus, dem Sohn Gottes
4,14–10,39	Christus ist unser Hoher Priester
11	Große Vorbilder im Glauben
12	Leben im Glauben
13	Abschließende Mahnungen

11–12
Weitere Menschen aus der Heiligen Schrift mit großem Glauben. Gott erzieht in Liebe.

[Gottes Königsherrschaft und der Messias]

Isaak wieder zum Leben erwecken konnte, wenn er gestorben war. Und in gewisser Weise bekam Abraham seinen Sohn tatsächlich von den Toten zurück.
²⁰Durch den Glauben segnete Isaak seine beiden Söhne Jakob und Esau. Er vertraute auf das, was Gott in der Zukunft tun würde.
²¹Durch den Glauben segnete Jakob, als er alt geworden war und im Sterben lag, die beiden Söhne Josefs und verneigte sich, auf seinen Stab gestützt, anbetend vor Gott.
²²Aus Glauben sprach Josef unmittelbar vor seinem Tod davon, dass Gott das Volk Israel aus Ägypten führen würde. Er war sich dessen so sicher, dass er ihnen befahl, bei ihrem Auszug seine Gebeine mitzunehmen!
²³Durch den Glauben versteckten die Eltern von Mose ihr Kind nach der Geburt drei Monate lang. Sie sahen, dass Gott ihnen ein schönes Kind geschenkt hatte, und hatten keine Angst vor dem, was der König ihnen antun konnte.
²⁴Durch den Glauben weigerte sich Mose, als er erwachsen war, sich als Sohn der Tochter des Pharaos bezeichnen zu lassen. ²⁵Er zog es vor, mit dem Volk zu leiden, anstatt sich dem flüchtigen Vergnügen der Sünde hinzugeben. ²⁶Er hielt die Leiden, die auch Christus auf sich nahm, für besseren Reichtum als die Schätze Ägyptens, denn er sah der großen Belohnung entgegen, die Gott ihm geben würde. ²⁷Durch den Glauben verließ Mose das Land Ägypten. Er hatte keine Angst vor dem König, sondern ging uner-

Hebräer 12,1-2

Die Antwort des Menschen
Das vorherige Kapitel sprach bereits von Menschen, die »durch Wüsten und über Gebirge« zogen (11,38). Ein Glaubensvolk ist unterwegs mit seinem Gott. Hier wird dies konkretisiert. Unser Leben gleicht einem Wettlauf, der sich am griechischen Marathon orientiert. Das Rennen beginnt draußen vor der Stadt. Die Läufer laufen den langen Weg durch Täler und Wälder, ehe sie sich langsam dem ersehnten Ziel in der Stadt nähern. Wenn sie ins Stadion einlaufen, werden sie von der Zuschauerbühne aus von vorherigen Wettläufern umjubelt und angefeuert.
Die Läufer schauen jedoch nur auf das Ziel. Dort steht einer, der dieses Rennen nicht nur erfolgreich gelaufen ist, sondern auch schon den großen Siegespreis erhalten hat. Das ist Jesus. Er hat bereits gewonnen. Jetzt sind wir an der Reihe. Wir legen alles ab, was uns zurückhält, richten unsere Augen auf Jesus und halten durch bis zum Ziel. Wie Jesus nehmen auch wir die Schwierigkeiten des Rennens auf uns, denn wir wissen: Ein großer Preis steht uns bevor.
(1. Thessalonicher 1,9-10 «« | »» Markus 13,13)

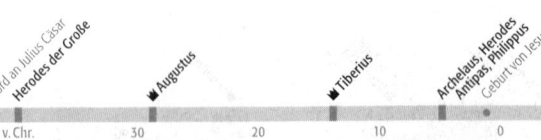

schütterlich weiter, weil er den Blick fest auf den richtete, der unsichtbar ist. ²⁸Durch den Glauben befahl Mose dem Volk Israel, das Passah zu halten und die Türpfosten mit Blut zu bestreichen, damit der Engel des Todes ihre erstgeborenen Söhne nicht tötete.

²⁹Durch den Glauben zog das Volk Israel durch das Rote Meer, als wäre es trockenes Land. Doch als die Ägypter sie verfolgten, ertranken sie alle.

³⁰Durch den Glauben marschierte das Volk Israel sieben Tage lang um Jericho herum, und die Stadtmauern stürzten ein.

³¹Durch den Glauben kam die Prostituierte Rahab nicht mit den anderen Einwohnern der Stadt um, die sich geweigert hatten, Gott zu gehorchen. Denn sie hatte die Kundschafter freundlich aufgenommen.

³²Wie viel soll ich noch aufzählen? Es würde zu lange dauern, all die Geschichten über den Glauben von Gideon, Barak, Simson, Jeftah, David, Samuel und allen Propheten zu erzählen. ³³Durch den Glauben haben sie Königreiche bezwungen, mit Gerechtigkeit regiert und bekommen, was Gott ihnen versprochen hatte. Sie verschlossen Löwen das Maul, ³⁴löschten Feuerflammen und entkamen der tödlichen Klinge des Schwertes. Ihre Schwäche wurde in Stärke verwandelt. Sie wurden stark im Kampf und schlugen ganze Armeen in die Flucht. ³⁵Frauen erhielten ihre geliebten Angehörigen aus dem Tod zurück.

Doch andere vertrauten Gott und wurden gefoltert, weil sie lieber starben, als sich von Gott abzuwenden und freizukommen. Sie setzten ihre Hoffnung auf die Auferstehung zu einem besseren Leben. ³⁶Einige wurden verspottet und ausgepeitscht, wieder andere wurden im Gefängnis angekettet. ³⁷Manche starben durch Steinigung, andere wurden zersägt, wieder andere mit dem Schwert getötet. Einige gingen in Schaf- oder Ziegenfellen umher, litten Hunger und wurden unterdrückt und misshandelt. ³⁸Sie, die zu gut für diese Welt waren, zogen durch Wüsten und über Gebirge und suchten Zuflucht in Höhlen und Erdlöchern.

³⁹An all diesen Menschen hatte Gott wegen ihres Glaubens Freude, doch keiner von ihnen empfing das, was Gott versprochen hatte. ⁴⁰Denn Gott hatte weit Besseres für uns vorgesehen; deshalb können sie erst mit uns gemeinsam das Ziel erreichen.*

Gottes Zurechtweisung ist ein Zeichen seiner Liebe

12 Da wir von so vielen Zeugen umgeben sind, die ein Leben durch den Glauben geführt haben, wollen wir jede Last ablegen, die uns behindert, besonders die Sünde, in die wir uns so leicht verstricken. Wir wollen den Wettlauf bis zum Ende durchhalten, für den wir bestimmt sind. ²Dies tun wir, indem wir unsere Augen auf Jesus gerichtet halten, von dem unser Glaube vom Anfang bis zum Ende abhängt*. Er war bereit, den Tod der Schande am Kreuz zu sterben, weil er wusste, welche Freude ihn danach erwartete. Nun sitzt er an der rechten Seite von Gottes Thron im Himmel! ³Denkt an alles, was er durch die Menschen, die ihn anfeindeten, ertragen hat, damit ihr nicht müde werdet und aufgebt. ⁴Immerhin habt ihr im Kampf gegen die Sünde noch nicht euer Leben opfern müssen.

⁵Und habt ihr die ermutigenden Worte völlig vergessen, die Gott zu euch sprach?

»Mein Sohn, lehne dich nicht dagegen auf, wenn der Herr dich zurechtweist und lass dich dadurch nicht entmutigen! ⁶Denn der Herr weist die zurecht, die er liebt, und er straft jeden, den er als seinen Sohn annimmt.«*

⁷Wenn ihr Schweres ertragen müsst, dann erkennt darin die Zurechtweisung Gottes; denkt daran, dass Gott euch als seine Kinder* behandelt. Wer hätte je von einem Sohn gehört, der nie bestraft wurde? ⁸Wenn Gott euch nicht zurechtweist, wie er es doch bei allen Menschen tut, dann heißt das, dass ihr nicht seine rechtmäßigen Kinder seid. ⁹Unsere leiblichen Väter erzogen uns mit Strafe, und wir hatten trotzdem Achtung vor ihnen. Sollten wir uns da nicht umso bereitwilliger der Erziehung unseres himmlischen Vaters unterordnen, damit wir leben?

¹⁰Denn unsere leiblichen Väter haben uns eine Zeit lang erzogen, so gut sie es konnten. Aber Gottes Erziehung ist immer richtig und gut für uns, weil sie bedeutet, dass wir Anteil an seiner Heiligkeit erhalten. ¹¹Keine Strafe ist angenehm, und während wir sie erleiden, ist sie immer schmerzlich! Doch danach werden diejenigen, die auf diese Weise geformt werden, inneren Frieden und ein Leben in der Gerechtigkeit gewinnen.

¹²Stärkt also eure müde gewordenen Hände und stellt euch fest auf eure zitternden Knie! ¹³Schafft gerade Wege für eure Füße. Dann wer-

---

11,40 Griech. *Weil Gott Besseres für uns im Sinn hatte, sollten sie nicht ohne uns vollendet werden.* **12,2** O. *Jesus, den Urheber und Vollender unseres Glaubens.* **12,5-6** Sprüche 3,11-12. **12,7** Griech. *Söhne.*

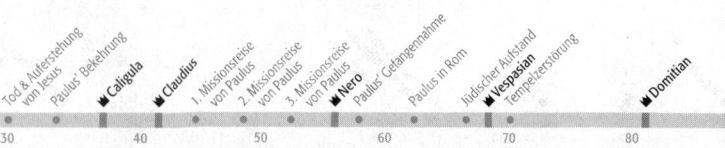

HEBRÄERBRIEF

1,1–4,13	Die Vorrangstellung von Jesus, dem Sohn Gottes
4,14–10,39	Christus ist unser Hoher Priester
11	Große Vorbilder im Glauben
12	Leben im Glauben
13	Abschließende Mahnungen

12–13
Ermahnung, Gott anzunehmen und anzubeten. Abschließende Ratschläge und Grüße.

[Gottes Königsherrschaft und der Messias]

den alle, auch wenn sie schwach und lahm sind, nicht stolpern und fallen, sondern stark werden.

Eine Aufforderung, auf Gott zu hören

¹⁴Versucht, mit allen Menschen in Frieden zu leben, und bemüht euch, ein heiliges Leben nach dem Willen Gottes zu führen, denn wer nicht heilig ist, wird den Herrn nicht sehen. ¹⁵Achtet aufeinander, damit niemand die Gnade Gottes versäumt. Seht zu, dass keine bittere Wurzel unter euch Fuß fassen kann, denn sonst wird sie euch zur Last werden und viele durch ihr Gift verderben. ¹⁶Sorgt dafür, dass niemand wie Esau ein unzüchtiges oder gottloses Leben führt. Er verkaufte sein Geburtsrecht als Ältester für eine einzige Mahlzeit! ¹⁷Und als er dann später den Segen seines Vaters wollte, wurde er abgewiesen. Da war es zu spät zur Umkehr, obwohl er bittere Tränen vergoss.

¹⁸Ihr seid nicht zu einem sichtbaren, greifbaren Berg gekommen, zu einem Ort voller Feuerflammen, Finsternis und Sturm wie die Israeliten am Berg Sinai, als Gott ihnen seine Gesetze gab. ¹⁹Denn sie hörten den Schall einer Posaune und eine so furchtbare Stimme, dass sie darum baten, sie möge nicht weitersprechen. ²⁰Sie wichen zurück, als sie hörten: »Wenn auch nur ein Tier den Berg berührt, soll es zu Tode gesteinigt werden.«* ²¹Selbst Mose war bei diesem Anblick so erschüttert, dass er sagte: »Ich zittere vor Angst.«*

²²Nein, ihr seid zum Berg Zion gekommen, zur Stadt des lebendigen Gottes, dem himmlischen Jerusalem, wo Tausende von Engeln sich zu einem Fest versammelt haben. ²³Ihr seid zur Gemeinde der erstgeborenen Kinder Gottes gekommen, deren Namen im Himmel aufgeschrieben sind. Ihr seid zu Gott selbst gekommen, dem Richter aller Menschen. Und ihr seid zu den Geretteten im Himmel gekommen, die nun im Geist bei Gott angekommen und vollkommen gemacht sind. ²⁴Ihr seid zu Jesus gekommen, dem Vermittler des neuen Bundes zwischen Gott und Menschen, und seid durch sein Blut von Schuld gereinigt worden. Und sein Blut verkündet etwas viel Besseres als das Blut Abels.

²⁵Weist Gott nicht zurück, der zu euch redet! Die Israeliten entkamen der Strafe nicht, als sie sich weigerten, auf Mose zu hören, der ihnen Gottes Wort weitersagte. Wie viel schlimmer wird es uns ergehen, wenn wir den ablehnen, der vom Himmel zu uns spricht! ²⁶Als Gott vom Berg Sinai sprach, erschütterte seine Stimme die Erde, aber nun hat er uns eine andere Zusage ge-

12,20 2. Mose 19,13.   12,21 5. Mose 9,19.

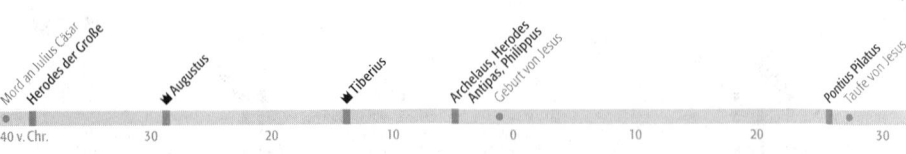

geben: »Noch einmal werde ich nicht nur die Erde, sondern auch den Himmel erschüttern.«* ²⁷Das deutet auf eine Verwandlung der ganzen Schöpfung, die erschüttert wird, damit nur das Ewige bleibt.

²⁸Da wir also ein Reich empfangen, das nicht zerstört werden kann, wollen wir dankbar sein und Gott Freude machen, indem wir ihn in Ehrfurcht vor seiner Heiligkeit anbeten! ²⁹Denn unser Gott ist ein verzehrendes Feuer.

Abschließende Worte

13 Liebt einander mit aufrichtiger Liebe*. ²Vergesst nicht, Fremden Gastfreundschaft zu erweisen, denn auf diese Weise haben einige Engel beherbergt, ohne es zu merken! ³Denkt an diejenigen, die im Gefängnis sind. Fühlt mit ihnen, als wärt ihr selbst dort. Teilt das Leid derer, die misshandelt werden, als würdet ihr ihren Schmerz am eigenen Körper spüren.

⁴Haltet die Ehe in Ehren und bleibt einander treu! Gott wird Menschen, die unzüchtig leben und die Ehe brechen, ganz sicher richten.

⁵Hängt euer Herz nicht ans Geld und begnügt euch mit dem, was ihr habt. Denn Gott hat gesagt: »Ich werde dich nie verlassen und dich nicht im Stich lassen.«*

⁶Deshalb können wir zuversichtlich sagen: »Der Herr steht zu mir, deshalb fürchte ich mich nicht. Was können mir Menschen anhaben?«*

⁷Erinnert euch an eure Lehrer, die euch zuerst das Wort Gottes verkündeten. Denkt an all das Gute, das aus ihrem Leben hervorgegangen ist, und vertraut auf den Herrn, wie sie es taten!

⁸Jesus Christus ist gestern, heute und in Ewigkeit derselbe. ⁹Lasst euch daher nicht von seltsamen, neuen Lehren verwirren. Durch die Gnade Gottes werdet ihr innerlich stark und nicht durch Bestimmungen über Speisen, die keinem helfen, der sich danach richtet.

¹⁰Wir haben einen Altar, von dem die Priester des irdischen Heiligtums nicht essen dürfen. ¹¹Früher brachte der Hohe Priester das Blut von Tieren als Opfer für die Sünde in das Heiligtum, doch die Leiber der geopferten Tiere selbst wurden außerhalb des Lagers verbrannt. ¹²So litt und starb auch Jesus außerhalb der Stadttore, um sein Volk durch sein vergossenes Blut zu heiligen. ¹³Lasst uns deshalb zu ihm hinausgehen, vor das Lager, und die Schande tragen, die er auf sich nahm. ¹⁴Denn diese Welt ist nicht unsere Heimat; wir erwarten unsere zukünftige Stadt erst im Himmel.

¹⁵Durch Jesus wollen wir Gott zu jeder Zeit danken, indem wir ihn loben und uns zu seinem Namen bekennen! ¹⁶Vergesst nicht, Gutes zu tun und mit den anderen zu teilen, denn über solche Opfer freut sich Gott.

¹⁷Gehorcht den Leitern eurer Gemeinde und tut, was sie sagen. Es ist ihre Aufgabe, über eure Seelen zu wachen, und sie wissen, dass sie Gott Rechenschaft geben müssen. Achtet darauf, dass sie dies mit Freude und ohne Sorgen tun können, denn das wäre sonst für euch sicher nicht gut. ¹⁸Betet für uns! Unser Gewissen ist zwar rein, aber wir möchten ein einwandfreies Leben führen. ¹⁹Gerade jetzt brauche ich eure Gebete besonders, damit ich bald zu euch zurückkehren kann.

²⁰Ich wünsche euch, dass der Gott des Friedens, der unseren Herrn Jesus, den großen Hirten der Schafe, durch das Blut des ewigen Bundes von den Toten zurückgebracht hat, ²¹euch mit allem versorgt, was ihr braucht, um seinen Willen zu tun. Ich wünsche mir, dass er durch die Kraft von Jesus Christus all das in uns wachsen lässt, was ihm Freude macht. Ihm gehört die Ehre für immer und ewig! Amen. ²²Ich bitte euch sehr, liebe Freunde*, genau auf das zu hören, was ich euch in diesem kurzen Brief mitgeteilt habe.

²³Ihr sollt wissen, dass unser Bruder Timotheus aus dem Gefängnis frei ist. Wenn er bald hierher kommt, werde ich ihn mitbringen, wenn ich euch besuche!

²⁴Grüßt alle Leiter eurer Gemeinden von mir und alle anderen, die zu Gott gehören*. Die Freunde aus Italien lassen euch grüßen.

²⁵Ich wünsche euch allen Gottes Gnade!

12,26 Haggai 2,6.   **13,1** Griech. *mit brüderlicher Liebe.*   **13,5** 5. Mose 31,6.8.   **13,6** Psalm 118,6.   **13,22** Griech. *Brüder*; so auch in 13,24.   **13,24** Griech. *Heiligen.*

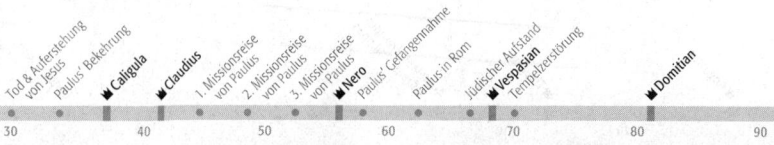

Die Bibel kann man nicht lesen, man kann sie nur tun. Sie ist kein Buch, sie ist eine Lebensmacht. Und es ist unmöglich, eine, auch nur eine Zeile zu begreifen ohne den Entschluss, sie auch zu vollziehen.

Reinhold Schneider

Jakobus

Inhalt

Der Brief von Jakobus lehrt eine jesusgemäße Einstellung zu verschiedenen Themen, und zwar, indem er mehrfach Gegensätze gegenüberstellt.

So sind Schwierigkeiten ein Grund zur Freude, weil sie Geduld lehren und der Glaube durch sie reift.

Weisheit von Gott ist z.B. barmherzig und aufrichtig und führt zu guten Taten; Neid und Selbstsucht dagegen bewirken schlechte Taten.

Über materielle Armut und geringes Ansehen bei Menschen sollen Christen sich auch freuen, denn bei Gott ist es umgekehrt. Vorhandener oder ersehnter Reichtum dagegen kann zu verschiedenen Fehlhaltungen verführen.

Wenn ein Mensch sich verführen lässt, ist er selbst schuld, nicht Gott.

Zuhören schützt davor, im Zorn ungerecht zu reden. Wenn wir reden, sollen wir segnen und nicht fluchen oder andere richten.

Glaube an Jesus wird an guten Taten erkennbar; bloßes Glauben oder Hören der guten Botschaft ohne entsprechendes Handeln ist wertlos.

Besondere Aufmerksamkeit widmet Jakobus dem Beten. Er ermutigt, Gott um alles zu bitten, z.B. um Weisheit, und damit zu rechnen, dass er antwortet und gibt. Nichts von Gott erwarten kann, wer daran zweifelt oder aus selbstsüchtigen Motiven heraus bittet. Besonders empfiehlt er den Kranken das Beten um Heilung. Denn »das Gebet eines gerechten Menschen hat große Macht«. Jedenfalls wird Gott die Kranken stärken und vergeben, wenn jemand in diesem Zusammenhang Schuld bekennt.

Wichtige Personen

Jakobus — Briefautor; nach der Tradition ein leiblicher Bruder von Judas und Jesus, Führungsperson der Jerusalemer Gemeinde

Im Rückblick:
Abraham: 1. Mose 22,1-19; 1. Mose 15,6; 2. Chronik 20,7
Isaak — Sohn von Abraham und Sara
Rahab: Josua 2
Hiob: Hiob 1,20-22; 2,10; 42,10-17
Elia: 1. Könige 17,1; 18,41-46

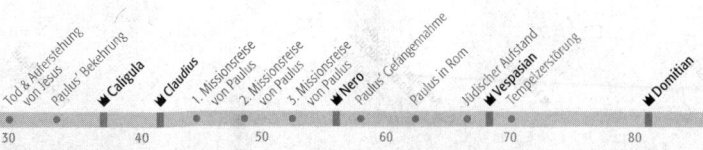

DER BRIEF VON JAKOBUS

JAKOBUSBRIEF

1,1-18	Glaube und Ausdauer
1,19	Themenstellung des Briefes
1,19–2,23	Schnell zum Hören bereit sein
3	Nicht schnell das Wort ergreifen
4,1–5,6	Nicht schnell in Zorn geraten
5,17-20	Geduld und Gebet

1–2
Prüfungen als Chance zum Wachstum. Nach Gottes Botschaft handeln. Nicht von Äußerem beeindrucken lassen. Glaube und Taten gehören zusammen.

[**Gottes Königsherrschaft und der Messias**]

Grüße von Jakobus

1 Dieser Brief ist von Jakobus, einem Diener von Gott und von Jesus Christus, dem Herrn.
Er ist geschrieben an die Gemeinden, die zerstreut unter den anderen Völkern leben*. Ich grüße euch!

Glaube und Ausdauer

²Liebe Brüder, wenn in schwierigen Situationen euer Glaube geprüft wird, dann freut euch darüber. ³Denn wenn ihr euch darin bewährt, wächst eure Geduld. ⁴Und durch die Geduld werdet ihr bis zum Ende durchhalten, denn dann wird euer Glaube zur vollen Reife gelangen und vollkommen sein und nichts wird euch fehlen. ⁵Wenn jemand unter euch Weisheit braucht, weil er wissen will, wie er nach Gottes Willen handeln soll, dann kann er Gott einfach darum bitten. Und Gott, der gerne hilft, wird ihm bestimmt antworten, ohne ihm Vorwürfe zu machen. ⁶Aber wer ihn fragt, soll auch wirklich mit seiner Antwort rechnen! Denn einer, der zweifelt, ist so aufgewühlt wie eine Meereswoge, die vom Wind getrieben und hin- und hergeworfen wird. ⁷Ein solcher Mensch darf nicht erwarten, etwas von Gott* zu erhalten, ⁸denn er ist unbeständig und schwankt ständig hin und her. ⁹Wer wenig hat und wenig gilt, soll sich freuen, weil er bei Gott viel gilt. ¹⁰Und wer viel hat und angesehen ist, soll demütig und bescheiden sein, denn auch er wird vergehen wie eine Blume auf dem Feld. ¹¹Die Sonne geht auf und lässt mit ihrer Hitze das Gras verdorren; die Blume verwelkt, und ihre Schönheit schwindet. Genauso wird der Reiche mit seinem ganzen Besitz vergehen.

¹²Gott segnet denjenigen, der die Prüfungen des Glaubens geduldig erträgt. Wenn er sich bewährt hat, wird er das ewige Leben* empfangen, das Gott denen versprochen hat, die ihn lieben. ¹³Wer der Versuchung erliegt, sollte niemals sagen: »Diese Versuchung kommt von Gott.« Gott lässt sich nicht zum Bösen verführen, und er verleitet auch niemanden zur Sünde. ¹⁴Jeder

---

1,1 Griech. *an die zwölf Stämme in der Diaspora* (Diaspora bedeutet Zerstreuung).   **1,7** Griech. *von dem Herrn*.
1,12 Griech. *den Siegeskranz des Lebens*.

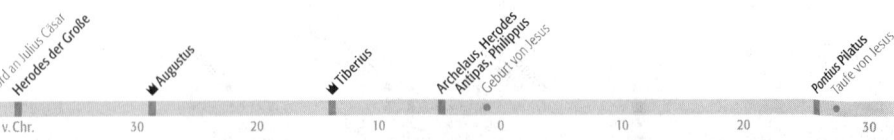

Mensch wird durch seine eigenen Begierden dazu verleitet, Böses zu tun. ¹⁵Wer seinen Begierden nachgibt, sündigt, und die vollzogene Sünde führt zum Tod. ¹⁶Macht euch also nichts vor, liebe Brüder!

¹⁷Alles, was gut und vollkommen ist, wird uns von oben geschenkt, von Gott, der alle Lichter des Himmels erschuf*. Anders als sie ändert er sich nicht, noch wechselt er zwischen Licht und Finsternis. ¹⁸Durch das Wort der Wahrheit sind wir zu seinen Kindern geworden, weil er es so wollte. Wir sind die erste Frucht seiner neuen Schöpfung.

Zuhören und handeln

¹⁹Liebe Freunde*, seid schnell bereit, zuzuhören, aber lasst euch Zeit, ehe ihr redet oder zornig werdet. ²⁰Zorn kann niemals etwas bewirken, das in Gottes Augen gerecht ist.

²¹Trennt euch deshalb von allem Schlechten und Bösen in eurem Leben und nehmt die Botschaft Gottes, die er euch gegeben hat, demütig an, denn sie hat die Kraft, eure Seelen zu retten. ²²Aber es reicht nicht, nur auf die Botschaft zu hören – ihr müsst auch danach handeln! Sonst betrügt ihr euch nur selbst. ²³Denn wer ihr nur zuhört und nicht danach handelt, ist wie ein Mensch, der sich im Spiegel betrachtet. ²⁴Er sieht sich, geht weg und vergisst, wie er aussieht. ²⁵Wer aber ständig auf das vollkommene Gesetz Gottes achtet – das Gesetz, das uns frei macht – und befolgt, was es sagt, und nicht vergisst, was er gehört hat, den wird Gott segnen*.

²⁶Wenn ihr behauptet, Gott zu dienen, aber eure Zunge nicht im Zaum halten könnt, betrügt ihr euch nur selbst, und euer Dienst für Gott ist wertlos. ²⁷Rein und vorbildlich Gott, unserem Vater, zu dienen bedeutet, dass wir uns um die Sorgen der Waisen und Witwen kümmern und uns nicht von der Welt verderben lassen.

Eine Warnung vor Vorurteilen

2 Liebe Brüder, wie könnt ihr behaupten, an Jesus Christus, den Herrn der Herrlichkeit, zu glauben, wenn ihr bestimmte Menschen bevorzugt? ²Nehmen wir zum Beispiel an, in eure Gemeinde* kommen ein teuer gekleideter Mann mit kostbarem Schmuck und ein armer Mann in schäbiger Kleidung. ³Und ihr würdet dem Reichen besondere Aufmerksamkeit schenken und ihm einen guten Platz anbieten, zu dem Armen aber sagen: »Du kannst da drüben stehen oder dich auf den Boden setzen.« ⁴Zeigt diese unterschiedliche Behandlung nicht, dass ihr euch von falschen Motiven leiten lasst*?

⁵Hört mir zu, meine lieben Brüder! Hat Gott nicht besonders die Armen in dieser Welt dazu erwählt, im Glauben reich zu sein? Sie werden das Reich Gottes erben, das er denen versprochen hat, die ihn lieben. ⁶Und doch beleidigt ihr den Armen. Dabei sind es die Reichen, die euch unterdrücken und in Rechtsstreitigkeiten verwickeln. ⁷Sind sie es nicht, die Jesus Christus verspotten, dessen ehrenvollen Namen ihr tragt*?

⁸Wirklich gut handelt ihr, wenn ihr dem königlichen Gebot unseres Herrn gehorcht, wie es in der Schrift steht: »Liebe deinen Nächsten wie dich selbst.«* ⁹Wenn ihr aber einen Menschen bevorzugt, werdet ihr schuldig, denn ihr missachtet dieses Gesetz.

¹⁰Und wer alle Gesetze bis auf ein einziges befolgt, ist genauso schuldig wie einer, der alle Gesetze Gottes gebrochen hat. ¹¹Denn derselbe Gott, der gesagt hat: »Du sollst nicht die Ehe brechen«, der sagte auch: »Du sollst nicht töten«.* Wenn du also jemanden tötest, aber keinen Ehebruch begehst, hast du damit dennoch das ganze Gesetz gebrochen.

¹²Bedenkt deshalb in allem, was ihr sagt oder tut, dass ihr nach dem Gesetz Gottes gerichtet werdet, das euch frei macht. ¹³Denn es wird keine Barmherzigkeit für den geben, der anderen gegenüber nicht barmherzig war. Wer aber barmherzig war, wird auch vor dem Gericht Gottes bestehen.

Glaube ohne gute Taten ist tot

¹⁴Liebe Brüder, was nützt es, wenn jemand von seinem Glauben spricht, aber nicht entsprechend handelt? Ein solcher Glaube kann niemanden retten. ¹⁵Angenommen, jemand sieht einen Bruder oder eine Schwester um Nahrung oder Kleidung bitten ¹⁶und sagt: »Lass es dir gut gehen, Gott segne dich, halte dich warm und dich satt«, ohne ihnen zu essen oder etwas anzuziehen zu geben. Was nützt ihnen das? ¹⁷Es reicht nicht, nur Glauben zu haben. Ein Glaube, der nicht zu guten Taten führt, ist kein Glaube – er ist tot und wertlos.

¹⁸Nun könnte jemand sagen: »Manche Menschen haben Glauben; andere vollbringen gute Taten.« Dem antworte ich: »Ich kann deinen Glauben nicht sehen, wenn du keine guten Taten

---

1,17 Griech. *ist von oben her, kommt vom Vater der Lichter herab.* **1,19** Griech. *Wisst dies, meine geliebten Brüder.* **1,25** Griech. *der wird selig sein in seinem Tun.* **2,2** Griech. *Synagoge.* **2,4** Griech. *dass ihr Richter mit bösen Gedanken seid?* **2,7** Griech. *dessen ehrenvoller Name über euch (genannt) ist.* **2,8** 3. Mose 19,18. **2,11** 2. Mose 20,13-14; 5. Mose 5,17-18.

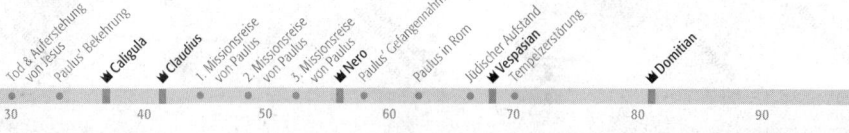

JAKOBUSBRIEF

1,1-18	Glaube und Ausdauer
1,19	Themenstellung des Briefes
1,19–2,23	Schnell zum Hören bereit sein
3	Nicht schnell das Wort ergreifen
4,1–5,6	Nicht schnell in Zorn geraten
5,17-20	Geduld und Gebet

2–5
Mahnung zur Zurückhaltung. Gottes Weisheit. Warnung vor Streiterei, Stolz, Verurteilung anderer, Selbstüberschätzung und Reichtum.

[Gottes Königsherrschaft und der Messias]

vollbringst; aber ich kann dir durch mein Handeln meinen Glauben zeigen.«

¹⁹Du glaubst, dass es nur einen Gott gibt? Da hast du recht! Das glauben auch die Dämonen, und sie zittern vor Angst! ²⁰Aber trotzdem bist du ein Dummkopf! Wann wirst du einsehen, dass ein Glaube, der nicht zu guten Taten führt, wertlos ist?

²¹Weißt du nicht mehr, dass unser Stammvater Abraham vor Gott gerecht gesprochen wurde, weil er seinen Sohn Isaak auf den Altar legte? ²²Wie du siehst, vertraute er Gott so sehr, dass er bereit war, alles zu tun, was Gott von ihm verlangte. Sein Glaube wurde durch sein Handeln vollendet. ²³So geschah genau das, was die Schrift sagt: »Abraham glaubte Gott, und Gott erklärte ihn für gerecht.«* Er wurde sogar »Freund Gottes«* genannt. ²⁴Ihr seht also, dass ein Mensch nur dann, wenn er auch handelt, vor Gott gerecht gesprochen wird und nicht allein aufgrund seines Glaubens.

²⁵Auch die Hure Rahab wurde durch ihr Handeln vor Gott gerecht gesprochen, als sie die Kundschafter versteckte und sie auf einem anderen Weg in Sicherheit brachte. ²⁶So wie der Körper ohne Geist tot ist, so ist auch der Glaube tot ohne gute Taten.

Die Zunge im Zaum halten

3 Liebe Brüder, es sollten nicht so viele von euch in der Gemeinde lehren wollen, denn ihr wisst, dass wir als Lehrer von Gott besonders streng beurteilt werden!

²Wir alle machen viele Fehler, aber wer seine Zunge im Zaum hält, der kann sich auch in anderen Bereichen beherrschen. ³Wir können ein großes Pferd lenken, wohin wir wollen, wenn wir ihm ein Zaumzeug anlegen. ⁴Und mit einem winzigen Ruder lenkt der Steuermann ein großes Schiff selbst bei heftigem Wind, wohin er will. ⁵So kann auch die Zunge, so klein sie auch ist, enormen Schaden anrichten. Ein winziger Funke steckt einen großen Wald in Brand! ⁶Die Zunge ist wie eine Flamme und kann eine Welt voller Ungerechtigkeit sein. Sie ist der Teil des Körpers, der alles beschmutzen und das ganze Leben zerstören kann, wenn sie von der Hölle selbst in Brand gesteckt wird. ⁷Der Mensch kann die unterschiedlichsten Tiere und Vögel, Reptilien und Fische zähmen, ⁸aber die Zunge kann niemand im Zaum halten. Sie ist ein unbeherrschbares Übel, voll von tödlichem Gift. ⁹Mit ihr loben wir Gott, unseren Herrn und

2,23a 1. Mose 15,6.   2,23b Jesaja 41,8.

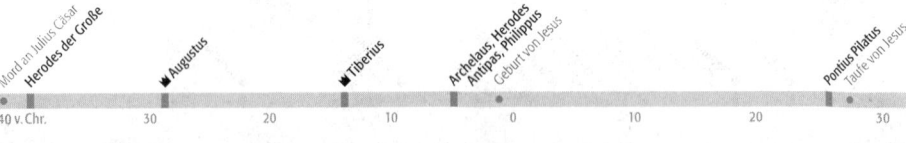

Vater; dann wieder verfluchen wir mit ihr andere Menschen, die doch als Ebenbilder Gottes geschaffen sind. ¹⁰So kommen Segen und Fluch aus demselben Mund. Und das, meine Freunde*, darf nicht so sein! ¹¹Sprudelt aus einer Quelle etwa frisches und bitteres Wasser zugleich? ¹²Pflückt man Oliven von einem Feigenbaum oder Feigen von einem Weinstock? Nein, und man kann auch kein frisches Wasser aus einem salzigen See schöpfen.

Wahre Weisheit kommt von Gott

¹³Wer von euch klug ist und Gottes Wege begreift, soll so leben, dass seine guten Taten sichtbar werden, und dabei freundlich und weise sein. ¹⁴Wenn ihr aber von bitterem Neid und selbstsüchtigem Ehrgeiz erfüllt seid, dann rühmt euch nicht damit, weise zu sein. Das wäre eine Lüge! ¹⁵Denn Neid und Selbstsucht haben nichts mit der Weisheit von Gott zu tun, sondern sie sind irdisch, gottlos und teuflischen Ursprungs. ¹⁶Denn wo Eifersucht und selbstsüchtiger Ehrgeiz herrschen, führt das in die Zerstörung und bewirkt alle möglichen schlechten Taten.

¹⁷Aber die Weisheit, die von Gott kommt, ist vor allem rein. Sie sucht den Frieden, ist freundlich und bereit, nachzugeben. Sie zeichnet sich durch Barmherzigkeit und gute Taten aus. Sie ist unparteiisch und immer aufrichtig. ¹⁸Und für die, die Frieden stiften, sät Gott die Frucht, die man dann ernten kann: Gerechtigkeit.

Die Nähe Gottes suchen

4 Was verursacht die Kriege und Streitigkeiten unter euch? Sind es nicht die vielen Begierden, die in euch kämpfen? ²Ihr begehrt und habt nichts; ihr schmiedet Pläne und tötet und bekommt nichts. Ihr seid neidisch auf das, was andere haben, und könnt es nicht bekommen; also kämpft und streitet ihr, um es ihnen wegzunehmen. Doch euch fehlt das, was ihr so gerne wollt, weil ihr Gott nicht darum bittet. ³Und selbst wenn ihr darum bittet, bekommt ihr es nicht, weil ihr aus falschen Gründen bittet und nur euer Vergnügen sucht.

⁴Ihr Ehebrecher! Ist euch denn nicht bewusst, dass die Freundschaft mit dieser Welt euch zu Feinden Gottes macht? Ich sage es noch einmal: Wer ein Freund der Welt sein will, wird zum Feind Gottes. ⁵Meint ihr, die Schrift sage umsonst, dass der Heilige Geist, den Gott uns gegeben hat, eifersüchtig auf unsere Treue bedacht ist?* ⁶Weil Gott gnädig ist, gibt er uns immer mehr Kraft, solchen Begierden zu widerstehen. So heißt es auch in der Schrift: »Gott stellt sich den Stolzen entgegen, den Demütigen aber schenkt er Gnade.«*

⁷Deshalb ordnet euren Willen Gott unter! Widersteht dem Teufel, und er wird euch verlassen. ⁸Kommt zu Gott, und Gott wird euch entgegenkommen. Wascht euch die Hände, ihr Sünder; reinigt eure Herzen, ihr Zweifler! ⁹Erkennt eure Schuld und weint darüber; klagt und trauert! Seid traurig, statt zu lachen, und niedergeschlagen, statt euch zu freuen. ¹⁰Wenn ihr eure Schuld vor dem Herrn eingesteht, wird er euch wieder aufrichten.

Eine Warnung, nicht über andere zu richten

¹¹Redet nicht schlecht übereinander, liebe Freunde*! Wer einen anderen verleumdet und verurteilt, verleumdet und verurteilt das Gesetz Gottes. Aber eure Aufgabe ist es nicht, das Gesetz zu richten, sondern dem Gesetz zu gehorchen. ¹²Nur Gott, der das Gesetz gegeben hat, kann gerecht richten. Nur er hat die Macht, zu retten oder zu vernichten. Welches Recht hast du also, deinen Nächsten zu verurteilen?

Warnung vor übergroßer Selbstsicherheit

¹³Passt auf, wenn ihr behauptet: »Heute oder morgen werden wir in eine bestimmte Stadt gehen und ein Jahr dort bleiben. Wir werden dort Geschäfte machen und Gewinne erzielen.« ¹⁴Woher wollt ihr wissen, was morgen sein wird? Euer Leben gleicht doch dem Nebel am Morgen – schon nach kurzer Zeit ist er wieder verschwunden. ¹⁵Stattdessen solltet ihr sagen: »Wenn der Herr es will, werden wir leben und dieses oder jenes tun.« ¹⁶Nun aber seid ihr stolz auf eure eigenen Pläne. Doch solche Angeberei ist durch und durch schlecht.

¹⁷Denkt daran: Wer das Gute kennt und es nicht tut, der macht sich schuldig.

Warnung an die Reichen

5 Seht euch vor, ihr Reichen: Weint und klagt über das Schreckliche, das euch bevorsteht! ²Euer Reichtum zerfällt, und eure schönen Kleider werden von Motten zerfressen. ³Euer Gold und Silber ist wertlos geworden wie verrostetes Eisen. Und dieser Rost wird als Beweis gegen euch dienen und euch anklagen am Tag des Gerichtes.* Warum habt ihr euch nur darum

---

3,10 Griech. *Brüder.* **4,5** O. *dass der Geist, den Gott in uns gelegt hat, eifersüchtig ist*; oder *dass der Heilige Geist, den Gott in uns gelegt hat, unserem Eifer widerstrebt.* **4,6** Sprüche 3,34. **4,11** Griech. *Brüder.* **5,3** O. *wird euer Fleisch wie Feuer verzehren.*

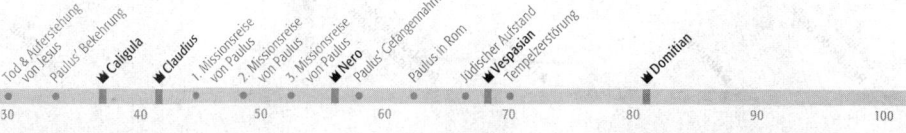

JAKOBUSBRIEF

1,1-18	Glaube und Ausdauer
1,19	Themenstellung des Briefes
1,19–2,23	Schnell zum Hören bereit sein
3	Nicht schnell das Wort ergreifen
4,1–5,6	Nicht schnell in Zorn geraten
5,17-20	Geduld und Gebet

5
Ermutigung zum Ausharren im Leid, zum Gebet und zur Übernahme von Verantwortung füreinander.

[Gottes Königsherrschaft und der Messias]

gekümmert, Reichtümer zu sammeln in diesen Zeiten? ⁴Hört doch! Hört das Schreien der Erntearbeiter, die eure Felder bestellt haben und die ihr um ihren Lohn betrogen habt. Gott, der Allmächtige, hat ihr Schreien gehört. ⁵Ihr habt eure Jahre auf der Erde im Luxus verbracht und euch jeden Wunsch erfüllt. Jetzt sind eure Herzen wohl genährt und fett, bereit für den Schlachttag, den Tag des Gerichts. ⁶Ihr habt gerechte Menschen*, die sich nicht gegen euch wehren konnten, verurteilt und getötet.

Geduld im Leiden

⁷Liebe Brüder, habt Geduld, während ihr auf die Wiederkehr des Herrn wartet! Denkt an die Bauern, die im Herbst und im Frühling eifrig nach Regen Ausschau halten. Geduldig warten sie darauf, dass die Ernte heranreift. ⁸Auch ihr müsst geduldig sein. Und seid zuversichtlich, denn das Kommen des Herrn steht kurz bevor!

⁹Ärgert euch nicht übereinander, liebe Brüder, sonst wird Gott euch richten. Denn der Richter steht schon vor der Tür!

¹⁰Nehmt euch die Propheten, die im Namen des Herrn gesprochen haben, als Vorbild für Geduld im Leiden. ¹¹Denn wir schätzen jene glücklich, die im Leiden durchgehalten haben. Ihr kennt die Geduld Hiobs und wisst, wie der Herr alles zu einem guten Ende führte, denn er ist voll Mitgefühl und Barmherzigkeit.

¹²Doch vor allem, liebe Brüder, sollt ihr niemals schwören, weder beim Himmel noch bei der Erde noch sonst irgendeinen Eid! Sagt einfach klar Ja oder Nein, damit ihr euch nicht schuldig macht und dafür verurteilt werdet.

Die Macht des Gebets

¹³Leidet jemand von euch? Dann soll er beten. Und wer Grund zur Dankbarkeit hat, soll dem Herrn Loblieder singen.

¹⁴Ist einer von euch krank? Dann soll er die Ältesten der Gemeinde holen lassen, damit sie für ihn beten und ihn im Namen des Herrn mit Öl salben. ¹⁵Ihr Gebet im Glauben an Gott wird den Kranken heilen, und der Herr wird ihn aufrichten. Und wenn er Sünden begangen hat, wird Gott ihm vergeben.

¹⁶Bekennt einander eure Schuld und betet füreinander, damit ihr geheilt werdet. Das Gebet eines gerechten Menschen hat große Macht und kann viel bewirken. ¹⁷Elia war ein Mensch wie wir, doch als er darum betete, dass kein Regen fallen sollte, regnete es dreieinhalb Jahre lang nicht auf der Erde! ¹⁸Dann betete er um Regen, und es regnete vom Himmel. Das Gras wurde

5,6 Griech. *den Gerechten.*

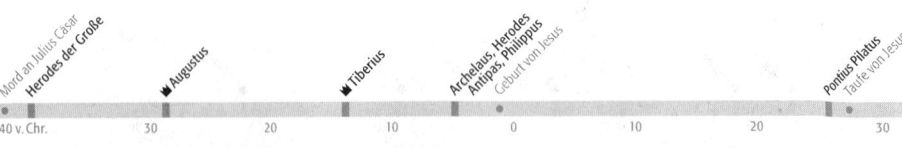

grün, und die Erde brachte wieder Früchte hervor.

Christen, die vom Weg abgekommen sind, zurückholen
[19]Liebe Brüder, wenn einer unter euch den Weg der Wahrheit verlässt und sich verirrt und ein anderer bringt ihn wieder zurück, [20]könnt ihr sicher sein: Wer den Sünder von seinem falschen Weg zur Umkehr bewegt, der rettet ihn vor dem Tod, und ihm werden viele Sünden vergeben.

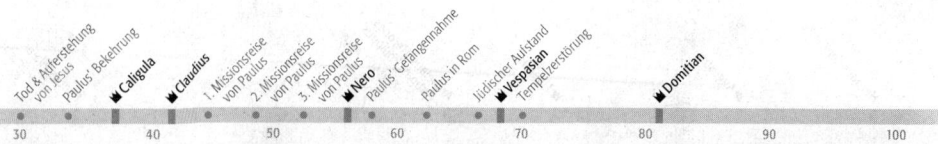

Das ist ein trefflicher Spruch, den man an alle Wände schreiben sollte: Das Wort des Herrn wird allein bleiben. Was über und außer dem Worte Gottes ist, das wird wie eine Blume auf dem Felde vergehen.

Martin Luther

1. Petrus

Inhalt

Petrus schreibt an Christen in einem weiträumigen Gebiet (s.u. »Wichtige Orte«). Er bezeichnet sie als »Fremde« – sie sind fremd in der Welt, weil Jesus sie von ihren früheren Gewohnheiten befreit hat und sie jetzt nach anderen Maßstäben leben als ihre Mitmenschen. Deswegen werden die Christen versucht und ungerecht behandelt. Darin sind sie mit Jesus selbst verbunden. Wer solches Leiden aushält, bekräftigt seine Entscheidung gegen das alte Leben und beweist, dass sein Glaube echt ist. Kein Christ soll dagegen berechtigte Strafe erleiden, sondern das Verhalten soll unter allen Umständen einwandfrei bleiben.

Während Christen mit ihrem Verhalten in ihrer Umwelt auf Unverständnis stoßen, sind sie von Gott als seine Kinder, sein Volk angenommen. Ihre Heimat ist bei Gott, der sie auch beschützt, bis sie dahin kommen.

Weiter enthält der 1. Petrusbrief einzelne Anweisungen. Z.B. sollen Eheleute einander achten. Gemeindeleiter sollen nicht herrschsüchtig, sondern gute Vorbilder sein. Alle mögen einig, barmherzig und demütig sein und Böses nicht mit gleicher Münze heimzahlen.

Zum Schluss ruft Petrus dazu auf, die Sorgen Gott zu überlassen und wachsam gegenüber dem Teufel zu sein.

Wichtige Personen

Petrus — Apostel und Briefautor
Mitarbeiter:
  Silas
  Markus
Im Rückblick:
  Sara und Abraham — Stammeltern Israels
  Noah: 1. Mose 6,9-18

Wichtige Orte

Pontus
Galatien
Kappadozien — Gegenden in der heutigen Türkei
Provinz Asien
Bithynien

DER ERSTE BRIEF VON PETRUS

1. PETRUS

1,1–2,12	Das neue Volk Gottes
2,13–3,12	Christliches Leben im Haus und in der Welt
3,13–4,19	Leidensbereitschaft
5	Anweisungen für Gemeindeälteste und die ganze Gemeinde

2. PETRUS

1	Über die Erkenntnis
2	Bedrohung durch Irrlehrer
3	Der Tag des Herrn steht bevor

1–2
Die Kostbarkeit des Glaubens. Befähigung zu neuem Leben in Christus. Christus, der Eckstein für Gottes Haus.

[**Gottes Königsherrschaft und der Messias**]

Grüße von Petrus

1 Dieser Brief ist von Petrus, einem Apostel von Jesus Christus.

Ich schreibe an die Auserwählten Gottes, die als Fremde in Pontus, Galatien, Kappadozien, der Provinz Asien und Bithynien leben. ²Gott, der Vater, hat euch vor langer Zeit erwählt, und der Geist hat euch geheiligt, sodass ihr nun Jesus Christus nachfolgt und durch seinen Tod am Kreuz gereinigt seid*.

Ich wünsche euch, dass ihr immer mehr von der Gnade und dem Frieden Gottes erfüllt werdet.

Die Hoffnung des ewigen Lebens

³Gelobt sei der Gott und Vater unseres Herrn Jesus Christus, denn er hat uns in seiner großen Barmherzigkeit das Vorrecht geschenkt, wiedergeboren zu werden. Jetzt haben wir eine lebendige Hoffnung, weil Jesus Christus von den Toten auferstanden ist. ⁴Denn Gott hat für seine Kinder ein unvergängliches Erbe, das rein und unversehrt im Himmel für euch aufbewahrt wird. ⁵Und in seiner großen Macht wird er euch durch den Glauben beschützen, bis ihr das ewige Leben empfangt. Es wird am Ende der Zeit für alle sichtbar offenbart werden. ⁶Freut euch deshalb von Herzen! Vor euch liegt eine große Freude, auch wenn ihr für eine Weile viel* erdulden müsst.

⁷Dies dient nur dazu, euren Glauben zu prüfen, damit sich zeigt, ob er wirklich stark und rein ist. Er wird erprobt, so wie Gold im Feuer geprüft und geläutert wird – und euer Glaube ist Gott sehr viel kostbarer als bloßes Gold. Wenn euer Glaube also stark bleibt, nachdem er durch große Schwierigkeiten geprüft wurde, wird er euch viel Lob und Herrlichkeit und Ehre einbringen an dem Tag, an dem Jesus Christus der ganzen Welt offenbart werden wird. ⁸Ihn liebt ihr, obwohl ihr ihn nie gesehen habt. Obwohl ihr ihn nicht seht, glaubt ihr an ihn; und schon jetzt seid ihr erfüllt von herrlicher, unaussprechlicher Freude. ⁹Das Ziel eures Glaubens wird die Rettung eurer Seelen sein.

1,2 Griech. *durch sein Blut gereinigt zum Gehorsam.*
1,6 Griech. *Versuchungen.*

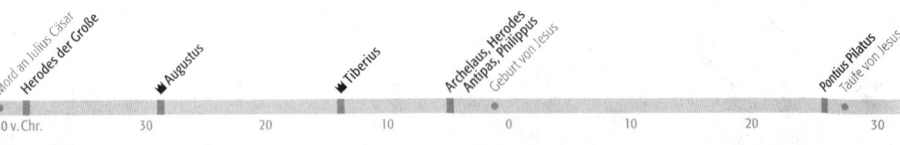

¹⁰Schon die Propheten wollten über diese Rettung mehr wissen und sagten voraus, was Gott euch zugedacht hat. ¹¹Und der Geist wirkte in ihnen, und sie versuchten zu erkennen, auf welche Zeit er sie hinwies, als er ihnen die Leiden von Christus und seine Herrlichkeit bereits damals ankündigte. ¹²Es wurde ihnen gesagt, dass sich das nicht zu ihrer Zeit ereignen würde, sondern viele Jahre später, in eurer Zeit. Und nun wurde euch diese Botschaft durch diejenigen verkündet, die in der Kraft des Heiligen Geistes, der vom Himmel gesandt wurde, zu euch gepredigt haben. Und sogar die Engel sehnen sich danach, etwas davon zu sehen.

Aufruf zu einem Leben in Heiligkeit

¹³Bemüht euch daher um ein klares, nüchternes Denken und um Selbstbeherrschung. Setzt eure ganze Hoffnung auf die Gnade, die euch bei der Wiederkehr von Jesus Christus erwartet. ¹⁴Gehorcht Gott, weil ihr seine Kinder seid. Fallt nicht in eure alten, schlechten Gewohnheiten zurück. Damals wusstet ihr es nicht besser. ¹⁵Aber jetzt sollt ihr in allem, was ihr tut, heilig sein, genauso wie Gott, der euch berufen hat, heilig ist. ¹⁶Denn er hat selbst gesagt: »Ihr sollt heilig sein, weil ich heilig bin!«*

¹⁷Und denkt daran, dass der himmlische Vater, zu dem ihr betet, niemanden bevorzugt, wenn er richtet. Er wird euch nach dem beurteilen, was ihr tut. Deshalb sollt ihr während eurer Zeit als Fremde in dieser Welt in Ehrfurcht vor Gott leben. ¹⁸Denn ihr wisst, dass Gott euch nicht mit vergänglichen Werten wie Silber oder Gold losgekauft hat von eurem früheren Leben, das ihr so gelebt habt wie schon Generationen vor euch. ¹⁹Er bezahlte für euch mit dem kostbaren Blut von Jesus Christus, der rein und ohne Sünde zum Opferlamm Gottes wurde. ²⁰Schon vor Erschaffung der Welt wurde er dazu bestimmt, doch erst jetzt, am Ende der Zeiten, ist er für euch erschienen, sodass alle ihn sehen. ²¹Durch Christus seid ihr zum Glauben an Gott gekommen. Und weil Gott ihn von den Toten auferweckt und ihm große Herrlichkeit gegeben hat, setzt ihr nun euren Glauben und eure Hoffnung auf Gott! ²²Jetzt könnt ihr einander aufrichtig lieben, denn ihr wurdet von eurer Schuld befreit, als ihr die Wahrheit Gottes angenommen habt. Deshalb sollt ihr euch wirklich von Herzen* lieben.

²³Euer neues Leben hat keinen vergänglichen, sondern ewigen Ursprung,* nämlich das lebendige und ewig bestehende Wort Gottes. ²⁴Der Prophet hat gesagt: »Menschen sind wie Gras, das verdorrt; ihre Schönheit verblasst so schnell wie die Schönheit wilder Blumen. Das Gras verdorrt und die Blumen welken. ²⁵Aber das Wort des Herrn hat ewig Bestand.«* Und dieses Wort ist die Botschaft, die euch verkündet wurde.

2 Trennt euch deshalb von aller Bosheit und jeder Form von Betrug. Entscheidet euch gegen alle Heuchelei und Eifersucht und üble Nachrede. ²So wie ein Säugling nach Milch schreit, sollt ihr nach der reinen Milch – dem Wort Gottes – verlangen, die ihr benötigt, um im Glauben zu wachsen ³und das Ziel der Erlösung zu erreichen. Denn ihr habt erfahren, wie freundlich der Herr ist.

Lebendige Steine für das Haus Gottes

⁴Kommt zu Christus, dem lebendigen Eckstein im Tempel Gottes. Er wurde von den Menschen zwar verworfen; doch in den Augen Gottes, der ihn erwählt hat, ist er kostbar.

⁵Und nun lasst euch von Gott als lebendige Steine in seinen geistlichen Tempel einbauen. Ihr sollt Gottes heilige Priester sein und ihm geistliche Opfer bringen, die er durch eure Gemeinschaft mit Jesus Christus annimmt! ⁶In der Schrift heißt es:

»Ich lege einen Stein in Jerusalem*, einen auserwählten, kostbaren Eckstein, und wer an ihn glaubt, wird nicht umkommen.«*

⁷Für euch, die ihr glaubt, ist er kostbar, doch für die, die ihn ablehnen, gilt:

»Der Stein, den die Bauleute verworfen haben, ist zum Eckstein geworden.«*

⁸Und in der Schrift heißt es auch:

»Er ist der Stein, über den Menschen stolpern, der Fels, der sie zu Fall bringt.«*

Sie stolpern, weil sie nicht auf Gottes Wort hören und es nicht befolgen, und dazu sind sie auch bestimmt. ⁹Aber ihr seid anders, denn ihr seid ein auserwähltes Volk. Ihr seid eine königliche Priesterschaft, Gottes heiliges Volk, sein persönliches Eigentum. So seid ihr ein lebendiges Beispiel für die Güte Gottes, denn er hat euch aus der Finsternis in sein wunderbares Licht gerufen.

¹⁰»Früher wart ihr kein Volk; jetzt seid ihr das Volk Gottes. Früher habt ihr Gottes Barmherzigkeit nicht empfangen; jetzt aber habt ihr seine Barmherzigkeit empfangen.«*

1,16 3. Mose 11,44-45; 19,2; 20,7. **1,22** In manchen Handschriften heißt es *mit einem reinen Herzen*. **1,23** Griech. *Denn ihr seid wieder geboren nicht aus vergänglichem, sondern aus unvergänglichem Samen*. **1,24-25** Jesaja 40,6-8. **2,6a** Griech. *in Zion*. **2,6b** Jesaja 28,16. **2,7** Psalm 118,22. **2,8** O. *der ihnen Ärger bereitet; Jesaja 8,14*. **2,10** Hosea 1,6.9; 2,25.

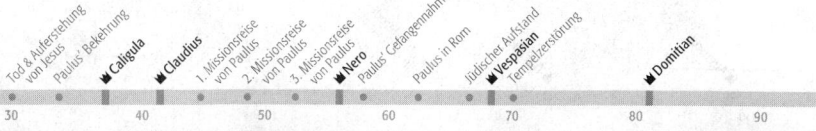

1. PETRUS

1,1–2,12	Das neue Volk Gottes
2,13–3,12	Christliches Leben im Haus und in der Welt
3,13–4,19	Leidensbereitschaft
5	Anweisungen für Gemeindeälteste und die ganze Gemeinde

2. PETRUS

1	Über die Erkenntnis
2	Bedrohung durch Irrlehrer
3	Der Tag des Herrn steht bevor

2–3
Ratschläge für Verhalten in der Öffentlichkeit, Verhalten gegenüber dem Staat, für Sklaven, Ehefrauen, Ehemänner und alle Gläubigen.

[Gottes Königsherrschaft und der Messias]

¹¹Liebe Brüder*, in dieser Welt seid ihr ohne Bürgerrecht und Fremde. Deshalb warne ich euch: Lasst euch nicht von den Versuchungen dieser Welt bestimmen, denn sie schaden eurer Seele. ¹²Achtet sorgfältig darauf, wie ihr unter

2,11 Griech. *Geliebte*.

1. Petrus 2,9-10

Erwählung
Wie Paulus im Titusbrief, so greift auch der 1. Petrusbrief auf die Erwählung von Israel als Gottes Eigentumsvolk am Sinai zurück (2Mo 19,5-6). Die entscheidenden Stichworte werden wiederholt: Eigentum, Königreich, Priester, heilig.
Es überrascht nicht, dass auch hier mit der Erwählung ein Auftrag verbunden ist (»lebendiges Beispiel für Gottes Güte«). Dieser Auftrag ist im griechischen Grundtext noch stärker ausgedrückt: »... die lobenswerten Taten dessen bekannt machen, der euch aus der Finsternis in sein wunderbares Licht gerufen hat.«
Damit knüpft die Gemeinde von Jesus an das an, was schon Aufgabe des Volkes Israel war: »Es ist das Volk, das ich mir dazu erschaffen habe, von meinem Ruhm zu erzählen« (Jes 43,21; siehe die Erklärungen zu 5Mo 4,5-8 und Jes 43,10).
Über den Ort, an dem die Gemeinde ihre Berufung lebt, kommt hier die Kehrseite dessen zur Sprache, was Tit 2,12 positiv sah: Die Welt kann zum Bösen verführen und ist deshalb zwar unser Wohnort, aber keine Heimat (V. 11-12).
(Titus 2,14 «« | »» Offenbarung 1,6-20)

1. Petrus 2,16

Gott befreit
In einer Welt, wo Christen für ihren Glauben staatliche Verfolgung erleiden, weist Petrus die Gemeinde an, nicht gegen die staatliche Ordnung zu rebellieren, sondern vorbildliche Staatsbürger zu sein. Er ist überzeugt, dass sogar der römische Staat noch »diejenigen ehrt, die Gutes tun« (V. 14) – der Staat, der seine Macht manchmal geradezu teuflisch missbraucht. In so einer Situation ist es natürlich ratsam, das Böse zu vermeiden und das Gute zu tun. Trotzdem geht es für Christen nicht hauptsächlich darum, staatliche Strafen zu vermeiden, und erst recht nicht darum, dem Staat oder der Kultur und Gesellschaft immer zu Gefallen zu sein, vielmehr darum, Gutes zu tun, »um als Diener Gottes zu leben« (V. 16).
Dazu wurden wir von Gott befreit. Wir sind nicht mehr Sklaven, weder der Sünde noch von Menschen, nicht einmal der staatlichen Ordnungen. Das Neue Testament hilft uns zu entdecken, nicht nur wo*von* wir durch das Evangelium befreit wurden, sondern auch wo*für*: Wir sind frei, um Gott zu dienen.
(Galater 5,1 «« | »» Lukas 21,28)

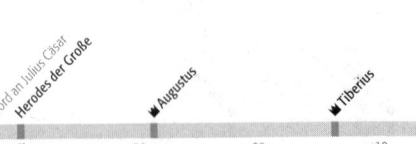

euren ungläubigen Mitmenschen lebt. Selbst wenn sie euch eines Unrechts anklagen, wird sie euer einwandfreies Verhalten beeindrucken, und sie werden an Gott glauben und ihm die Ehre geben, wenn er kommt, um die Welt zu richten*.

Achtung vor den Menschen in verantwortlicher Stellung

¹³Ordnet euch den staatlichen Gewalten unter, denn das entspricht dem Willen Gottes*: sei es dem König als Staatsoberhaupt ¹⁴oder den Beamten, die er ernannt hat. Denn der König hat sie geschickt, um die zu bestrafen, die Unrecht tun, und diejenigen zu ehren, die Gutes tun!

¹⁵Gott will, dass ihr durch euer gutes Leben die zum Schweigen bringt, die euch in ihrer Unwissenheit beschuldigen. ¹⁶Ihr seid keine Sklaven, sondern freie Menschen. Doch eure Freiheit berechtigt euch nicht dazu, Böses zu tun. Ihr seid frei, um als Diener Gottes zu leben. ¹⁷Achtet alle Menschen. Liebt eure Geschwister im Glauben. Fürchtet Gott. Erweist dem König Respekt.

An die Sklaven

¹⁸Ihr, die ihr Sklaven seid, ordnet euch euren Herren unter. Tut, was sie euch sagen, und zwar nicht nur, wenn sie freundlich und vernünftig sind, sondern selbst dann, wenn sie ungerecht handeln. ¹⁹Denn das ist ein Beispiel für die Gnade Gottes, wenn jemand ungerechte Behandlung geduldig erträgt, weil sein Gewissen Gott verantwortlich ist. ²⁰Natürlich verdient ihr keine besondere Anerkennung, wenn ihr Schläge geduldig hinnehmt, die ihr bekommt, weil ihr Unrecht getan habt. Aber wenn ihr für das Gute, das ihr getan habt, leidet und Schläge geduldig erträgt, ist das ein Zeichen für die Gnade Gottes*.

²¹Dieses Leiden gehört zu dem Leben, zu dem Gott euch berufen hat. Christus, der für euch litt, ist euer Vorbild, dem ihr nacheifert. ²²Er hat nie gesündigt und hat nie jemanden mit seinen Worten getäuscht. ²³Er hat sich nicht gewehrt, wenn er beschimpft wurde. Als er litt, drohte er nicht mit Vergeltung. Er überließ seine Sache Gott, der gerecht richtet. ²⁴An seinem eigenen Körper hat er unsere Sünden an das Kreuz hinaufgetragen, damit wir für die Sünde tot sind und für die Gerechtigkeit leben können. Durch seine Wunden seid ihr geheilt worden! ²⁵Früher seid ihr umhergeirrt wie verlorene Schafe. Aber nun seid ihr zu eurem Hirten zurückgekehrt, dem Beschützer eurer Seelen.

An die Ehefrauen

3 Ihr Ehefrauen sollt euch euren Ehemännern unterordnen, auch dann, wenn sie nicht an die Botschaft Gottes glauben. Das Beispiel eures Lebens wird sie mehr überzeugen als alle Worte. Sie werden für Gott gewonnen werden, ²wenn sie sehen, wie ihr vorbildlich und in Ehrfurcht vor Gott lebt. ³Macht euch keine Sorgen um äußere Schönheit, die auf modischen Frisuren, teurem Schmuck oder schönen Kleidern beruht. ⁴Eure Schönheit soll von innen kommen – das ist die unvergängliche Schönheit eines freundlichen und stillen Herzens, das Gott so sehr schätzt. ⁵Das ist auch die Schönheit, mit der die heiligen Frauen sich früher schmückten. Sie hofften auf Gott und ordneten sich ihren Ehemännern unter. ⁶So gehorchte Sara ihrem Mann Abraham und nannte ihn ihren Herrn. Ihr seid ihre Töchter, wenn ihr Gutes tut und vor nichts Angst habt.

An die Ehemänner

⁷Für euch Männer gilt: Euer Verhalten gegenüber euren Frauen soll von Achtung geprägt sein. Begegnet ihnen verständnisvoll, denn sie sind die Schwächeren. Und vergesst nicht, dass sie wie ihr das ewige Leben von Gott geschenkt bekommen, damit eure Gebete nicht vergeblich sind.

An alle Gläubigen

⁸Schließlich sollt ihr alle einig sein, voller Mitgefühl und gegenseitiger Liebe. Seid barmherzig zueinander und demütig. ⁹Vergeltet Böses nicht mit Bösem. Werdet nicht zornig, wenn die Leute unfreundlich über euch reden, sondern wünscht ihnen Gutes und segnet sie. Denn genau das verlangt Gott von euch, und er wird euch dafür segnen! ¹⁰Denn in der Schrift heißt es:

»Wenn du ein glückliches Leben führen und gute Tage erleben willst, dann hüte deine Zunge vor bösen Worten und verbreite keine Lügen. ¹¹Wende dich ab vom Bösen und tue Gutes. Bemüht euch, mit anderen in Frieden zu leben. ¹²Der Herr beschützt die, die das Rechte tun, und er wird ihre Gebete hören. Der Herr wendet sich gegen die, die Böses tun.«*

Für gute Taten leiden

¹³Wer würde euch schaden wollen, wenn ihr euch bemüht, Gutes zu tun? ¹⁴Doch selbst wenn ihr dafür leidet, dass ihr das Richtige tut*: Gott wird euch dafür belohnen. Also habt keine Angst

---

2,12 O. *am Tag der Heimsuchung.*   2,13 Griech. *Ordnet euch um des Herrn willen jeder menschlichen Ordnung unter.*
2,20 O. *findet ihr in Gottes Augen Gnade.*   3,10-12 Psalm 34,13-17.   3,14 Griech. *wegen eurer Gerechtigkeit.*

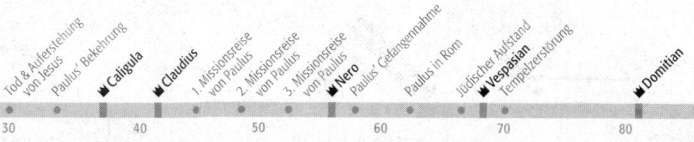

1. PETRUS

1,1–2,12	Das neue Volk Gottes
2,13–3,12	Christliches Leben im Haus und in der Welt
3,13–4,19	Leidensbereitschaft
5	Anweisungen für Gemeindeälteste und die ganze Gemeinde

2. PETRUS

1	Über die Erkenntnis
2	Bedrohung durch Irrlehrer
3	Der Tag des Herrn steht bevor

3–5
Leiden und Leben für Gott. Freude im Leid. Ratschläge für Gemeindeälteste und junge Männer. Grüße.

[Gottes Königsherrschaft und der Messias]

und seid unbesorgt. [15]Macht Christus zum Herrn eures Lebens. Und wenn man euch nach eurer Hoffnung fragt, dann seid immer bereit, darüber Auskunft zu geben, [16]aber freundlich und mit Achtung für die anderen. Bewahrt euch ein reines Gewissen. Wenn dann jemand etwas Böses über euch sagt, wird er beschämt werden, weil euer vorbildliches Leben mit Christus ihn Lügen straft. [17]Denkt daran, dass es besser ist, für gute Taten zu leiden, falls Gott es so will, als zu leiden, weil ihr Unrecht getan habt!

[18]Auch Christus hat gelitten, als er ein für alle Mal für unsere Sünden starb. Er hat nie gesündigt, aber er starb für die Sünder*, um uns zu Gott zurückzubringen. Sein Körper starb, doch er wurde wieder zum Leben erweckt und lebt nun im Geist*.

[19]Danach ging er und predigte den Geistern im Gefängnis – [20]denen, die Gott vor langer Zeit ungehorsam waren, als Gott geduldig wartete, während Noah sein Schiff baute. Nur acht Menschen wurden vor dem Ertrinken in jener Flut gerettet*. [21]Das ist ein Bild für die Taufe, die euch jetzt rettet. Die Taufe ist keine körperliche Reinigung, sondern die Bitte an Gott um ein reines Gewissen. Dies ist möglich durch die Kraft der Auferstehung von Jesus Christus. [22]Jetzt ist Christus in den Himmel aufgestiegen. Er sitzt an Gottes rechter Seite, und alle Engel und Gewalten und Mächte beugen sich vor ihm.

Für Gott leben

4 Da Christus also körperlich gelitten hat, sollt auch ihr euch diese Haltung zum Vorbild nehmen und ebenfalls bereit sein zu leiden. Denn wenn ihr bereit seid, für Christus zu leiden, habt ihr euch gegen die Sünde entschieden. [2]Und den Rest eures Lebens werdet ihr nicht mehr mit euren selbstsüchtigen Leidenschaften vergeuden, sondern darauf bedacht sein, den Willen Gottes zu tun. [3]Ihr habt euch in der Vergangenheit genug an dem beteiligt, woran ungläubige Menschen ihre Freude haben – an Maßlosigkeit und zügellosen Leidenschaften, Trunkenheit, ausschweifenden Festen, Trinkgelagen und Götzenanbetung.

[4]Eure früheren Freunde sind natürlich überrascht, dass ihr nicht mehr an ihren schlimmen Vergnügungen teilnehmt, und reden jetzt schlecht über euch. [5]Aber vergesst nicht, dass sie sich eines Tages vor Gott verantworten müssen, der alle Menschen – die Lebenden wie die To-

---

3,18a Griech. *der Gerechte für die Ungerechten.* **3,18b** O. *in Geist.* **3,20** Griech. *durch das Wasser hindurch gerettet.*

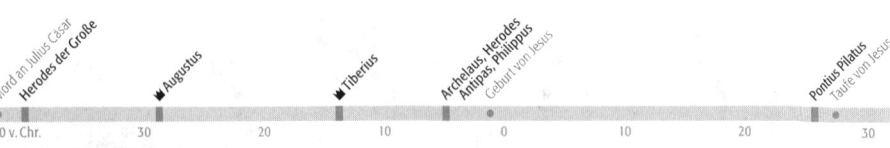

ten – richten wird. ⁶Deshalb wurde die Botschaft sogar den Verstorbenen gepredigt, damit sie – obwohl ihr Körper mit dem Tod bestraft wurde – trotzdem im Geist ewiges Leben haben können.

⁷Das Ende der Welt kommt bald. Seid deshalb besonnen und klar in euren Gebeten! ⁸Das Wichtigste aber ist, dass ihr einander beständig liebt, denn die Liebe deckt viele Sünden zu! ⁹Teilt euer Zuhause gastfreundlich mit anderen, die Essen oder einen Platz zum Schlafen brauchen.

¹⁰Gott hat jedem von euch Gaben geschenkt, mit denen ihr einander dienen sollt. Setzt sie gut ein, damit sichtbar wird, wie vielfältig Gottes Gnade ist. ¹¹Wenn jemand redet, dann rede er so, als würde Gott selbst durch ihn sprechen. Wenn sich jemand für andere einsetzt, dann setze er sich mit all der Kraft und Energie ein, die Gott ihm gibt. Dann wird Gott in allem durch Jesus Christus verherrlicht werden. Alle Ehre und Macht gehören für immer und ewig ihm! Amen.

Als Christ leiden

¹²Meine lieben Freunde, erschreckt nicht über die schmerzhaften Prüfungen, die ihr jetzt durchmacht, als wären sie etwas Ungewöhnliches. ¹³Freut euch darüber, denn dadurch seid ihr im Leiden mit Christus verbunden, und ihr werdet euch auch sehr darüber freuen, wenn er in seiner Herrlichkeit erscheint. ¹⁴Freut euch, wenn ihr beschimpft werdet, weil ihr zu Christus gehört*. Denn daran wird sichtbar, dass der Geist der Herrlichkeit Gottes bei euch ist. ¹⁵Niemand soll leiden wegen Mord, Diebstahl, Unruhestiftung oder wegen Einmischung in fremde Angelegenheiten. ¹⁶Doch es ist keine Schande, dafür zu leiden, dass man Christ ist. Ihr sollt Gott vielmehr dafür loben, dass ihr zu Christus gehört!* ¹⁷Denn die Zeit des Gerichts ist gekommen, und es muss bei den Kindern Gottes beginnen. Und wenn selbst wir gerichtet werden müssen, was erwartet dann erst all diejenigen, die die Botschaft Gottes nicht angenommen haben? ¹⁸Denn »wenn die Gerechten kaum auf Rettung hoffen dürfen, wo werden sich dann die Gottlosen und Sünder wiederfinden«?*

¹⁹Wenn ihr also leidet, weil Gott es so will, dann hört nicht auf, Gutes zu tun, und vertraut euch Gott an, der euch geschaffen hat. Er wird treu zu euch stehen!

Ratschläge für die Ältesten der Gemeinde und für die jungen Männer

5 Und nun ein Wort an euch, die ihr Älteste in den Gemeinden seid. Auch ich bin ein Ältester und ein Zeuge der Leiden, die Christus ertragen hat. Und auch ich werde an seiner Herrlichkeit und Ehre teilhaben, wenn er wiederkommt. ²Sorgt gut für die Herde Gottes, die euch anvertraut ist. Hütet sie gern und nicht widerwillig, sondern wie Gott es will. Kümmert euch nicht um sie, um euch Vorteile zu verschaffen, sondern weil ihr Gott gerne dienen wollt. ³Dabei sollt ihr die Menschen, die eurer Leitung unterstellt sind, nicht bevormunden, sondern sie durch euer gutes Beispiel leiten. ⁴Und wenn der oberste Hirte wiederkommt, werdet ihr mit seiner unbegrenzten Herrlichkeit* belohnt werden.

⁵Ihr jüngeren Männer, ordnet euch den Ältesten unter! Ihr alle sollt einander demütig dienen, denn »Gott stellt sich den Stolzen entgegen, den Demütigen aber schenkt er Gnade«*! ⁶Deshalb beugt euch demütig unter die Hand Gottes, dann wird er euch ehren, wenn die Zeit dafür gekommen ist. ⁷Überlasst all eure Sorgen Gott, denn er sorgt sich um alles, was euch betrifft!

⁸Seid besonnen und wachsam und jederzeit auf einen Angriff durch den Teufel, euren Feind, gefasst! Wie ein brüllender Löwe streift er umher und sucht nach einem Opfer, das er verschlingen kann. ⁹Ihm sollt ihr durch euren festen Glauben widerstehen. Macht euch bewusst, dass alle Gläubigen* in der Welt diese Leiden durchmachen.

¹⁰Gott hat euch in seiner Gnade durch Jesus Christus zu seiner ewigen Herrlichkeit berufen. Nachdem ihr eine Weile gelitten habt, wird er euch aufbauen, stärken und kräftigen; und er wird euch auf festen Grund stellen. ¹¹Ihm gehört alle Macht für immer und ewig. Amen.

Letzte Grüße des Apostels

¹²Diesen kurzen Brief an euch habe ich euch mit der Hilfe von Silas* geschrieben, der ein treuer Bruder ist. Er soll euch ermutigen und euch versichern, dass die Gnade Gottes euch begleitet. ¹³Eure Schwestergemeinde hier in Babylon* lässt euch grüßen, ebenso mein Sohn Markus. ¹⁴Grüßt einander in Liebe*.

Friede sei mit allen, die zu Christus gehören!

4,14 Griech. *wegen des Namens Christi*. **4,16** Griech. *Gott mit diesem Namen verherrlichen*. **4,18** Sprüche 11,31. **5,4** Griech. *mit dem unvergänglichen Siegeskranz*. **5,5** Sprüche 3,34. **5,9** Griech. *Brüder*. **5,12** Griech. *Silvanus*. **5,13** Griech. *Die Auserwählte in Babylon;* Babylon war vermutlich ein Deckname für Rom. **5,14** Griech. *mit einem Kuss der Liebe*.

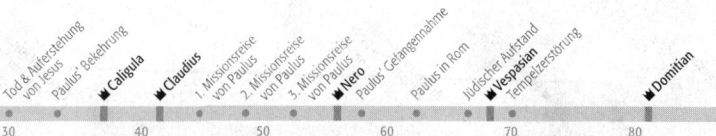

Die Schrift bietet sich uns als Gabe und Hilfe dar, nicht bloß, damit wir ihr dienen und Verehrung erzeigen, sondern zuerst, damit wir uns von ihr dienen lassen und hören, was sie uns zeigt, und empfangen, was sie uns gibt.

Adolf Schlatter

2. Petrus

Inhalt

Petrus weiß, dass er bald sterben wird, und möchte die Gemeinden an christliche Lebensführung und Gottes Verheißungen erinnern. Gott gibt »Anteil an seiner göttlichen Natur«, aus der heraus Christen ein Leben führen sollen, das vor allem Gotteserkenntnis und Liebe zu den Menschen entwickelt.

So wie es in Israels Geschichte wahre und falsche Propheten gegeben hat, so sind auch in der Gegenwart falsche Lehrer unter den Christen. Umso wichtiger ist es, die Heilige Schrift zu beachten. (Petrus bezieht sich hier auf unser Altes Testament; das Neue war noch nicht zusammengestellt. Die christliche Kirche erkennt darüber hinaus, dass das von Petrus hier Gesagte auch auf das Neue Testament zutrifft.) Er stellt der Rettung der Gottesfürchtigen das Gericht über die falschen Lehrer gegenüber, insbesondere über solche Menschen, die die Wahrheit angenommen und dann doch wieder verworfen haben.

Dann geht Petrus auf den »Tag des Herrn«, die Zeit des Gerichts, ein. Denen, die nicht glauben, dass Jesus wiederkommen wird, erklärt er, dass Gott den Menschen noch Zeit lässt, zu ihm umzukehren. Der Tag wird aber unerwartet kommen; Welt und All lösen sich dann auf und werden durch einen neuen Himmel und eine neue Erde ersetzt. »Dort wird Gottes Gerechtigkeit herrschen.«

Wichtige Personen

Simon Petrus   Apostel und Briefautor
Im Rückblick:
    Noah: 1. Mose 6,9-18
    Lot: 1. Mose 18,22-32, 19,29
    Bileam: 4. Mose 22,15-33

Wichtige Orte

Im Rückblick:
    Sodom und Gomorra: 1. Mose 19,24-25

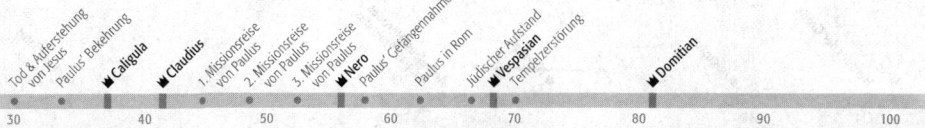

1. PETRUS

1,1–2,12	Das neue Volk Gottes
2,13–3,12	Christliches Leben im Haus und in der Welt
3,13–4,19	Leidensbereitschaft
5	Anweisungen für Gemeindeälteste und die ganze Gemeinde

2. PETRUS

1	Über die Erkenntnis
2	Bedrohung durch Irrlehrer
3	Der Tag des Herrn steht bevor

1–2
In Gottes Kraft leben. Vertrauen in die Botschaft. Negative Folgen der Irrlehre.

[Gottes Königsherrschaft und der Messias]

DER ZWEITE BRIEF VON PETRUS

Grüße von Petrus

1 Dieser Brief ist von Simon* Petrus, einem Diener und Apostel von Jesus Christus. Ich schreibe an euch alle, die ihr denselben kostbaren Glauben habt wie wir – einen Glauben, der uns durch Jesus Christus geschenkt wurde. Er ist unser Gott und Retter und macht uns vor Gott gerecht.
²Mein Wunsch für euch ist, dass Gott euch immer mehr mit seiner Gnade und seinem Frieden beschenkt, sodass ihr Jesus, unseren Gott und Herrn*, immer besser kennenlernt.

In der Erkenntnis Gottes wachsen

³Denn dessen göttliche Kraft hat uns ja alles gegeben*, was wir brauchen, um ein Leben zu führen, das Gott gefällt. Das kam dadurch, dass wir den erkannt haben, der uns durch seine Herrlichkeit und Güte berufen hat. ⁴Und durch die-

---

1,1 Griech. *Simeon*. 1,2 O. *unseren Gott und Jesus, unseren Herrn*. 1,3 O. (vorausweisend auf Vers 5) *die göttliche Kraft von Jesus hat uns doch alles gegeben ...*

2. Petrus 1,3-11

Die Antwort des Menschen
Diese briefliche Ermahnung betont, dass wir uns zwar um ein vorbildliches Leben bemühen sollen, ein solches Leben jedoch nur durch Gottes Kraft möglich ist. Wir sind Gottes Mitarbeiter, sowohl in unserem Missionsauftrag als auch bei der Gestaltung unseres eigenen Lebens.
Petrus schreibt oft darüber, wie wichtig es ist, heilig zu sein, »genauso wie Gott, der euch berufen hat, heilig ist« (1Petr 1,15). Das können wir nicht allein schaffen. Deswegen schenkt Gott uns alles, was wir dazu brauchen: seine Kraft, Erkenntnis, seine Zusage, sogar Anteil an seiner göttlichen Natur (2Petr 1,3-4). Das ist Gottes Teil. Unsere Antwort darauf ist, »ein sinnvolles, auf andere ausstrahlendes Leben [zu] führen« (V. 8). Durch Gotteserkenntnis, Selbstbeherrschung, Geduld, Ehrfurcht, Liebe usw. strengen wir uns an, den Glauben in einem vorbildlichen Leben zu zeigen. Wenn wir das tun, dann wird Gott die Tore des Himmels für uns weit öffnen (V. 11; vgl. 3,11-12).
(2. Korinther 7,1 «« | »» Philipper 2,5-11)

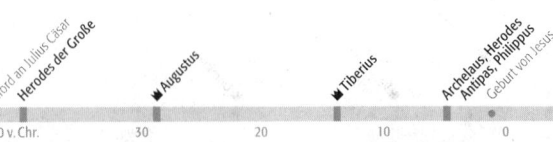

selbe mächtige Kraft hat er uns seine kostbaren und größten Zusagen geschenkt. Er hat versprochen, dass ihr Anteil an seiner göttlichen Natur haben werdet, denn ihr seid dem Verderben dieser verführerischen Welt entflohen.

⁵Strengt euch deshalb an, diese Zusagen Gottes in eurem Glauben zu leben. Dann zeigt sich euer Glaube durch ein vorbildliches Leben. Ein vorbildliches Leben aber führt zur tieferen Erkenntnis Gottes. ⁶Aus der Erkenntnis Gottes folgt Selbstbeherrschung. Aus der Selbstbeherrschung wächst Geduld und aus der Geduld ein Leben im Glauben zur Ehre Gottes. ⁷Aus der Ehrfurcht vor Gott entspringt die Liebe zu den Gläubigen, und aus dieser schließlich die Liebe zu allen Menschen. ⁸Je mehr ihr in dieser Hinsicht vorankommt, desto mehr werdet ihr mithilfe der Erkenntnis von Jesus Christus, unserem Herrn, ein sinnvolles, auf andere ausstrahlendes Leben führen. ⁹Wer so nicht handelt, der ist blind oder zumindest sehr kurzsichtig. Solche Leute haben schon vergessen, dass Gott sie von ihrem früheren Leben, das voll Schuld war, rein gewaschen hat.

¹⁰Deshalb, liebe Freunde*, bemüht euch zu zeigen, dass Gott euch berufen und erwählt hat! Wenn ihr das tut, werdet ihr niemals stolpern oder von Gott abfallen. ¹¹Und Gott wird die Tore des Himmels weit öffnen und euch in das ewige Reich von Jesus Christus, unserem Herrn und Retter, eintreten lassen.

Auf Gottes Wort achten

¹²Ich will euch immer wieder daran erinnern – auch wenn ihr die Wahrheit schon kennt und fest in ihr verwurzelt seid. ¹³Ja, ich glaube, dass es meine Pflicht ist, euch daran zu erinnern, solange ich lebe. ¹⁴Doch Jesus Christus, der Herr, hat mir gezeigt, dass meine Tage hier auf Erden gezählt sind und dass ich bald sterben werde*. ¹⁵Deshalb bemühe ich mich, euch dies alles noch einmal klar vor Augen zu führen, damit ihr euch noch daran erinnert, wenn ich schon längst nicht mehr bei euch bin.

¹⁶Denn wir haben uns nicht etwa irgendwelche klugen Geschichten ausgedacht, als wir euch von der Macht unseres Herrn Jesus Christus und von seiner Wiederkehr erzählten. Nein, wir haben seine Majestät mit eigenen Augen gesehen. ¹⁷Er empfing von Gott, dem Vater, Ehre und Herrlichkeit, als Gottes herrliche, hoheitsvolle Stimme rief: »Dies ist mein geliebter Sohn, an dem ich meine Freude habe.« ¹⁸Wir haben die Stimme selbst vom Himmel herab gehört, als wir mit ihm auf dem heiligen Berg waren.

¹⁹Aus diesem Grund setzen wir noch größeres Vertrauen in die Botschaft der Propheten. Achtet auf das, was sie geschrieben haben, denn ihre Worte sind wie ein Licht, das an einem dunklen Ort leuchtet – bis zu dem Tag, an dem Christus erscheint und sein helles Licht in unseren Herzen aufgeht*. ²⁰Vor allem aber sollt ihr begreifen, dass kein prophetisches Wort der Schrift eine Sache eigener Deutung ist.* ²¹Niemals nämlich ging eine prophetische Botschaft aus menschlichem Willen hervor, sondern die Propheten redeten als Menschen, aber von Gott her und vom Heiligen Geist getrieben.

Die Bedrohung durch Irrlehrer

2 Doch es gab in Israel auch falsche Propheten, genauso wie es falsche Lehrer unter euch geben wird. Geschickt werden sie euch ihre Irrlehren über Gott vortragen, die ins Unheil führen. Damit wenden sie sich gegen ihren eigenen Herrn, der sie doch freigekauft hat. Ihr Ende wird nicht lange auf sich warten lassen, und es wird furchtbar sein. ²Viele Menschen werden jedoch ihren zügellosen Lebensstil nicht aufgeben, und ihretwegen wird der Weg der Wahrheit in Verruf geraten. ³In ihrer Habgier werden sie geschickte Lügen erfinden, um an euer Geld zu kommen. Aber Gott hat sie längst verurteilt, und ihr Untergang ist besiegelt.

⁴Denn Gott hat nicht einmal die Engel verschont, als sie sündigten, sondern sie bis zum Tag des Gerichts in die Hölle* geworfen, in düstere Höhlen* und in völlige Finsternis. ⁵Auch die frühere Welt hat er nicht verschont – mit Ausnahme von Noah und den sieben Mitgliedern seiner Familie. Noah hatte die Welt vor dem gerechten Gericht Gottes gewarnt. Dann vernichtete Gott die Welt durch eine gewaltige Flut und alle gottlosen Menschen kamen darin um. ⁶Später legte er die Städte Sodom und Gomorra in Schutt und Asche und vertilgte sie vom Erdboden. An ihrem Beispiel zeigte er, wie es gottlosen Menschen ergehen wird. ⁷Doch gleichzeitig rettete Gott Lot aus Sodom, weil Lot ein gerechter Mann war, der unter dem ausschweifenden Leben der gesetzlosen Menschen um ihn herum leiden musste. ⁸Ja, Lot war ein gerechter Mann, den all das Schlechte, das er Tag für Tag zu hören und zu sehen bekam, quälte.

1,10 Griech. *Brüder.* **1,14** Griech. *dass ich dieses irdische Zelt bald ablegen muss.* **1,19** O. *bis der Morgen dämmert und der Morgenstern in euren Herzen aufgeht.* **1,20** O. *aus eigener Auslegung der Propheten stammt.* **2,4a** Griech. *Tartaros.* **2,4b** In manchen Handschriften heißt es *Ketten der Dunkelheit.*

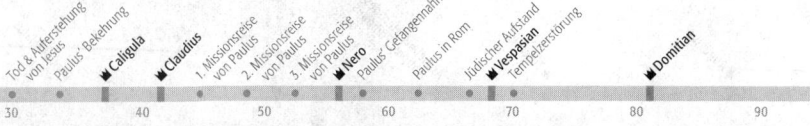

1. PETRUS

1,1–2,12	Das neue Volk Gottes
2,13–3,12	Christliches Leben im Haus und in der Welt
3,13–4,19	Leidensbereitschaft
5	Anweisungen für Gemeindeälteste und die ganze Gemeinde

2. PETRUS

1	Über die Erkenntnis
2	Bedrohung durch Irrlehrer
3	Der Tag des Herrn steht bevor

2–3
Verurteilung von falschen Lehrern. Warten auf die Ankunft des Herrn. Grüße.

[Gottes Königsherrschaft und der Messias]

⁹Ihr seht also, dass der Herr weiß, wie er die gottesfürchtigen Menschen aus der Versuchung rettet, während er die Ungerechten bis zum Tag des Gerichts festhält, um sie zu bestrafen. ¹⁰Vor allem aber werden die bestraft, die ihren selbstsüchtigen Leidenschaften nachgeben und jegliche Herrschaft verachten. Solche Menschen sind überheblich und eingebildet, ja sie schrecken nicht davor zurück, himmlische Mächte zu verspotten. ¹¹Die Engel dagegen – obwohl sie den falschen Lehrern an Macht und Stärke doch weit überlegen sind – äußern sich nie abwertend über diese Mächte*.

¹²Diese Lehrer sind wie unvernünftige Tiere, Geschöpfe, die nur geboren werden, um gefangen und getötet zu werden. Sie machen sich über die Mächte lustig, von denen sie so wenig wissen, und sie werden mit ihnen zusammen umkommen. ¹³Das ist die verdiente Strafe für all die Ungerechtigkeit, die sie angerichtet haben. Sie lieben es, sich am helllichten Tag gottlosen Vergnügungen hinzugeben. Sie sind ein Schand- und Schmutzfleck unter euch. Sie genießen es, euch zu betrügen, während sie mit euch feiern. ¹⁴Sie begehen Ehebruch mit den Augen, und nie wird ihre Lust gestillt. Es macht ihnen Freude, unsichere Menschen zur Sünde zu verleiten. Habgier ist ihre zweite Natur; sie sind verloren und verflucht. ¹⁵Sie sind vom rechten Weg abgewichen, in die Irre gegangen und dem Weg Bileams, des Sohnes von Beor*, gefolgt, der bereit war, durch unrechtes Handeln* Geld zu verdienen. ¹⁶Doch Bileam wurde auf seinem falschen Weg aufgehalten, als sein Esel ihn mit der Stimme eines Menschen ansprach und zurechtwies.

¹⁷Solche Menschen sind so nutzlos wie Brunnen ohne Wasser oder wie Wolken, die vom Wind getrieben werden. Sie werden in der dunkelsten Finsternis enden. ¹⁸Mit leeren Worten schwingen sie große Reden, und durch ihr ausschweifendes Leben verführen sie die Menschen wieder zur Sünde, die einem solchen Leben gerade erst wieder entkommen waren. ¹⁹Sie versprechen Freiheit, sind aber selbst Sklaven der Sünde. Denn wovon man sich beherrschen lässt, dessen Sklave ist man. ²⁰Viele sind durch Jesus Christus, unseren Herrn und Retter*, dem Verderben der Welt entkommen. Doch wenn sie von den Verlockungen dieser Welt wieder angezogen und überwältigt werden, sind sie schlimmer dran als zuvor. ²¹Es wäre besser, sie hätten den richtigen Weg* nie kennengelernt, als ihn

2,11 Griech. *äußern nie ein lästerliches Urteil vom Herrn über sie.* **2,15a** In anderen Handschriften heißt es *Bosor.* **2,15b** Griech. *Ungerechtigkeit.* **2,20** Griech. *durch die Erkenntnis unseres Herrn und Retters Jesus Christus.* **2,21** Griech. *den Weg der Gerechtigkeit.*

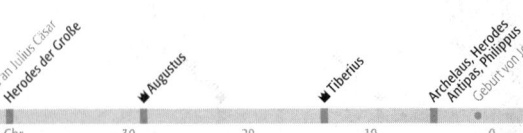

zu erkennen und sich dann wieder von dem heiligen Gebot, das ihnen gegeben wurde, abzuwenden. ²²An ihnen erfüllt sich die Wahrheit der Sprichwörter: »Ein Hund kehrt zu dem wieder zurück, was er erbrochen hat«*, und: »Ein gewaschenes Schwein wälzt sich wieder im Schlamm.«

Der Tag des Herrn steht bevor

3 Dies ist mein zweiter Brief an euch, liebe Freunde, und ich habe in beiden versucht, eure Erinnerung aufzufrischen und euch damit zu einer gesunden Einstellung zu verhelfen. ²Ich möchte, dass ihr euch daran erinnert und versteht, was die heiligen Propheten vor langer Zeit sagten und was unser Herr und Retter euch durch eure Apostel verkündet hat.

³Vor allem denkt daran, dass in den letzten Tagen Spötter auftreten werden, die sich über die Wahrheit lustig machen und nur ihren eigenen Begierden folgen. ⁴Sie werden sagen: »Jesus hat doch versprochen wiederzukommen? Wo bleibt er denn? So weit ein Mensch nur zurückdenken kann, ist doch alles genauso geblieben, wie es immer schon war, seit die Welt erschaffen wurde.« ⁵Wenn sie dies behaupten, sehen sie nicht, dass Gott durch sein Wort den Himmel erschuf und die Erde aus dem Wasser hervortreten ließ und sie mit Wasser umgab. ⁶Später benutzte er das Wasser, um damit die Welt durch eine gewaltige Flut zu vernichten. ⁷Und Gott hat durch dasselbe Wort befohlen, dass dieser Himmel und diese Erde Bestand haben werden bis zum Tag des Gerichts. Dann werden sie vom Feuer verzehrt werden und die gottlosen Menschen werden zugrunde gehen.

⁸Und ihr sollt wissen, liebe Freunde, dass ein Tag für den Herrn wie tausend Jahre ist und tausend Jahre wie ein Tag. ⁹Es ist aber nicht so, dass der Herr seine versprochene Wiederkehr hinauszögert, wie manche meinen. Nein, er wartet, weil er Geduld mit uns hat. Denn er möchte nicht, dass auch nur ein Mensch verloren geht, sondern dass alle Buße tun und zu ihm umkehren. ¹⁰Doch der Tag des Herrn wird so unerwartet kommen wie ein Dieb. Dann wird der Himmel unter schrecklichem Lärm vergehen, und alles wird sich in Flammen auflösen; und die Erde wird mit allem, was auf ihr ist, dem Gericht ausgeliefert werden*.

¹¹Wenn aber alles um uns her sich auf diese Weise auflösen wird, wie viel mehr solltet ihr dann ein Leben führen, das heilig ist und Gott ehrt! ¹²Ihr solltet diesen Tag erwarten und ihn herbeisehnen – den Tag, an dem Gott den Himmel in Brand setzt und die Elemente in den Flammen zerschmelzen. ¹³Wir aber erwarten den neuen Himmel und die neue Erde, die er versprochen hat. Dort wird Gottes Gerechtigkeit herrschen.

¹⁴Bemüht euch deshalb darum, liebe Freunde, ein reines und tadelloses Leben im Frieden mit Gott zu führen, während ihr auf dies alles wartet.

¹⁵Und denkt daran: Gott wartet, damit die Menschen gerettet werden. Das hat euch ja auch unser lieber Bruder Paulus mit der Weisheit geschrieben, die Gott ihm gab – ¹⁶und dies in allen Briefen, in denen er sich dazu äußert. Manche seiner Aussagen sind schwer zu verstehen, und unwissende, unsichere Menschen haben ihren Sinn verdreht und entstellt. Aber so machen sie es auch mit den anderen Schriften. Die Folge wird ihr eigenes Verderben sein.

Abschließende Worte des Apostels

¹⁷Ich warne euch rechtzeitig, liebe Freunde, damit ihr wachsam seid und nicht von den Irrtümern dieser Menschen mitgerissen werdet, die ohne Gesetz leben. Ich möchte nicht, dass ihr euren sicheren Halt verliert. ¹⁸Wachst aber in der Gnade und Erkenntnis unseres Herrn und Retters Jesus Christus!

Ihm gehört alle Herrlichkeit und Ehre, jetzt und in Ewigkeit! Amen.

2,22 Sprüche 26,11.   **3,10** In manchen Handschriften heißt es *wird verbrannt werden*.

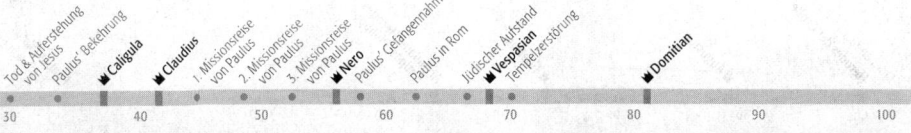

Ohne Gottes Wort möchte ich nicht einmal im Paradies leben; mit Gottes Wort dagegen fällt es mir leicht, sogar in der Hölle zu leben.

Martin Luther

1. Johannes

Inhalt

Woran zeigt sich, ob jemand zu Gott gehört oder nicht?

Kein Mensch ist schuldlos. Aber wenn wir Gott unsere Schuld bekennen, vergibt er uns, weil Jesus sich bereits für alle Sünden geopfert hat. So entsteht Gemeinschaft mit Gott. Wer seine Schuld leugnet, widersetzt sich der Wahrheit und damit Gott.

Nur wer nach Gottes Geboten lebt, also seine Mitchristen und andere Menschen liebt und auch sonst nach Gottes Willen handelt, liebt Gott und gehört zu ihm – egal, was er von sich behauptet. Denn wer zu Gott gehört, kann nicht mehr dauerhaft gegen ihn leben. Und Gott ist Liebe. Erst hat er uns geliebt, jetzt sollen auch wir ihn und die Menschen lieben.

Menschen, in denen Gott gegenwärtig ist, bekennen, dass Gott in Jesus Mensch geworden ist und dass er der von Gott gesandte Retter ist. Sie sind seine Kinder. Diejenigen, die Jesus entsprechend verleugnen, sind falsche Lehrer, liegen auf der Linie des Antichrist, der später kommen wird. Sie sind in der Gemeinde gewesen, haben sich jedoch durch ihre Lehren von ihr und von Gott getrennt.

Christen brauchen sich vor falschen Lehrern nicht zu fürchten. Kinder Gottes wissen, dass Gott ihnen ewiges Leben geschenkt hat. Der Heilige Geist in ihnen lässt sie die Wahrheit erkennen. Ihr Glaube an Jesus gewinnt gegen die Angebote der Welt. Gott schützt sie vor dem Bösen. Er hört auf ihre Bitten, wenn sie seinem Willen entsprechen, z.B. für jemand, der vom rechten Weg abkommt.

Auch brauchen Christen keine Angst vor dem kommenden Gericht Gottes zu haben. Ihre Zuversicht liegt in der tiefen Gemeinschaft mit Gott: »Wer in der Liebe lebt, der lebt in Gott und Gott in ihm. ... Und unsere Liebe kennt keine Angst, weil die vollkommene Liebe alle Angst vertreibt.«

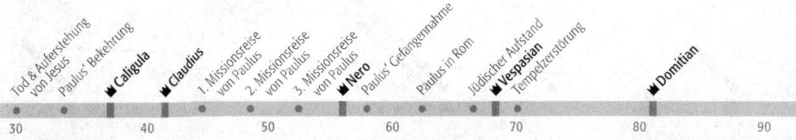

1. JOHANNESBRIEF

1–2	Leben im Licht
3	Leben als Kinder Gottes
4,1-6	Falsche Propheten erkennen
4,7-21	Einander lieben
5,1-12	Glaube an den Sohn Gottes
5,13-21	Abschließende Anweisungen

2. JOHANNESBRIEF

V. 1-3	Grüße
V. 4-11	In der Wahrheit leben
V. 12-13	Briefabschluss

3. JOHANNESBRIEF

V. 1-4	Grüße
V. 5-12	Sorge um die Arbeiter des Herrn; Konflikt mit Demetrius
V. 13-15	Briefabschluss

1–3
Wo Gott ist, kann keine Finsternis sein. In der Liebe leben. Das Leben als Kind Gottes.

[Gottes Königsherrschaft und der Messias]

DER ERSTE BRIEF VON JOHANNES

Einleitung

1 Es war von Anfang an, wir haben es gehört und mit unseren eigenen Augen gesehen, wir haben es betrachtet und mit unseren Händen betastet: das Wort des Lebens. ²Das Leben wurde uns offenbart, und wir haben es gesehen. Und jetzt bezeugen und verkünden wir euch das ewige Leben. Es war beim Vater, und dann wurde es uns offenbart. ³Wir sagen euch, was wir selbst gesehen und gehört haben, damit ihr Gemeinschaft mit uns habt. Und zusammen sind wir verbunden mit dem Vater und mit Jesus Christus, seinem Sohn.

⁴Wir schreiben euch das, damit unsere* Freude immer größer wird.

Im Licht leben

⁵Das ist die Botschaft, die er uns gegeben hat, damit wir sie euch weitersagen: Gott ist Licht; in ihm ist keine Finsternis. ⁶Deshalb lügen wir, wenn wir sagen, dass wir mit Gott Gemeinschaft haben, aber weiter in der Finsternis leben. Wenn wir das tun, leben wir nicht in der Wahrheit. ⁷Doch wenn wir wie Christus im Licht Gottes leben, dann haben wir Gemeinschaft miteinander, und das Blut von Jesus, seinem Sohn, reinigt uns von jeder Schuld.

⁸Wenn wir sagen, wir seien ohne Schuld, betrügen wir uns selbst und die Wahrheit ist nicht in uns. ⁹Doch wenn wir ihm unsere Sünden bekennen, ist er treu und gerecht, dass er uns vergibt und uns von allem Bösen* reinigt. ¹⁰Wenn wir behaupten, wir hätten nicht gesündigt, machen wir Gott damit zum Lügner und beweisen, dass sein Wort nicht in unserem Herzen ist.

2 Meine Kinder, ich schreibe euch das, damit ihr nicht sündigt. Aber wenn es doch geschieht, dann gibt es jemanden, der vor dem Vater für euch eintritt: Jesus Christus, der vor Gott in allem gerecht ist. ²Er ist das Opfer für unsere Sünden. Er tilgt nicht nur unsere Schuld, sondern die der ganzen Welt.

1,4 In manchen Handschriften heißt es *eure*. 1,9 Griech. *von aller Ungerechtigkeit*.

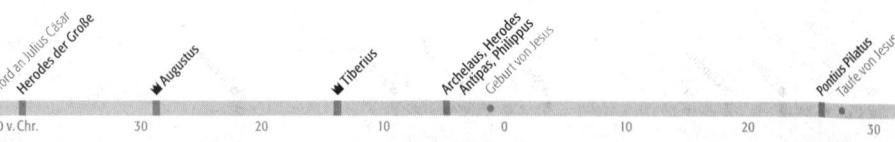

³Aber wie können wir sicher sein, dass wir ihm gehören? – Wenn wir seine Gebote befolgen. ⁴Wer sagt: »Ich gehöre Gott« und befolgt dabei Gottes Gebote nicht, ist ein Lügner und die Wahrheit ist nicht in ihm. ⁵Doch wer sein Wort hält, an dem zeigt sich Gottes Liebe in vollkommener Weise. Daran erkennen wir, ob wir in ihm leben. ⁶Wer behauptet, dass er zu Gott gehört, soll leben, wie Christus es vorgelebt hat.

Ein neues Gebot

⁷Liebe Freunde, ich schreibe euch kein neues Gebot, sondern ein altes, das ihr schon von Anfang an hattet. Dieses Gebot entspricht dem, was ihr schon früher gehört habt. ⁸Und doch ist es zugleich neu. Denn dies Gebot ist in Christus wahr geworden und in euch, weil die Dunkelheit verschwindet und das wahre Licht bereits scheint.

⁹Wer von sich sagt, dass er zum Licht gehört, und dabei seinen Bruder hasst, lebt noch in der Finsternis. ¹⁰Doch wer seinen Nächsten* liebt, lebt im Licht und niemand nimmt Anstoß an ihm. ¹¹Wer seinen Nächsten hasst, lebt in der Finsternis und weiß nicht, wohin er geht, denn durch die Finsternis ist er blind geworden.

¹²Ich schreibe euch, meine Kinder, weil eure Sünden im Namen von Jesus vergeben sind.

¹³Ich schreibe an euch Väter, weil ihr Christus erkannt habt – den, der von Anfang an ist.

Ich schreibe an euch junge Männer, weil ihr in eurem Kampf mit dem Satan gesiegt habt.

¹⁴Ich habe an euch Kinder geschrieben, weil ihr den Vater erkannt habt.

Ich habe euch Vätern geschrieben, weil ihr Christus erkannt habt – den, der von Anfang an ist.

Ich habe euch jungen Männern geschrieben, weil ihr stark seid und Gottes Wort im Herzen tragt und weil ihr in eurem Kampf mit dem Satan gesiegt habt.

¹⁵Hört auf, diese Welt und das, was sie euch anbietet, zu lieben! Denn wer die Welt liebt, zeigt, dass die Liebe des Vaters nicht in ihm ist. ¹⁶Denn die Welt kennt nur das Verlangen nach körperlicher Befriedigung, die Gier nach allem, was unsere Augen sehen, und den Stolz auf unseren Besitz. Dies alles ist nicht vom Vater, sondern kommt von der Welt. ¹⁷Doch diese Welt vergeht mit all ihren Verlockungen. Aber wer den Willen Gottes tut, wird in Ewigkeit leben.

¹⁸Liebe Kinder, die letzte Stunde ist angebrochen. Ihr habt gehört, dass der Antichrist kommt, und es sind schon viele solche Antichristen aufgetreten. Daher wissen wir, dass das Ende der Welt gekommen ist. ¹⁹Diese Leute haben unsere Gemeinden verlassen, weil sie nie wirklich zu uns gehörten; sonst wären sie bei uns geblieben. Als sie uns verließen, wurde deutlich, dass sie nicht zu uns gehören. ²⁰Aber für euch gilt das nicht, denn der Heilige Geist ist auf euch herabgekommen,* und ihr kennt alle die Wahrheit. ²¹Ich schreibe euch also nicht, weil ihr nichts von der Wahrheit wisst, sondern weil ihr sie kennt! Euch ist klar, dass keine Lüge aus der Wahrheit kommt. ²²Und ist nicht der ein Lügner, der behauptet, Jesus sei nicht der Christus? Wer das behauptet, ist der Antichrist, denn er verleugnet den Vater und den Sohn. ²³Wer den Sohn verleugnet, gehört auch nicht zum Vater. Doch wer den Sohn bekennt, der gehört auch zum Vater.

²⁴Doch haltet an dem fest, was ihr von Anfang an gehört habt! Wenn ihr das tut, werdet ihr mit dem Sohn und mit dem Vater verbunden bleiben. ²⁵Und durch diese Gemeinschaft bekommen wir das ewige Leben, das er uns versprochen hat.

²⁶Ich habe euch dies geschrieben, weil ihr euch vor denen schützen müsst, die euch in die Irre führen wollen. ²⁷Aber ihr habt den Heiligen Geist* von Gott empfangen, und er lebt in euch, deshalb braucht ihr niemanden, der euch lehrt. Denn der Geist lehrt euch alles, und was er lehrt, ist wahr – es ist keine Lüge. Bleibt also bei dem, was er euch gelehrt hat, und lebt weiter mit Christus!

²⁸Und nun, liebe Kinder, bleibt mit Christus verbunden, damit ihr voller Zuversicht seid, wenn er wiederkommt, und euch nicht vor ihm schämen müsst! ²⁹Da ihr wisst, dass Gott gerecht ist, erkennt ihr auch, dass alle, die sich nach dem Willen Gottes richten, seine Kinder sind.

Als Kinder Gottes leben

3 Seht, wie viel Liebe unser himmlischer Vater für uns hat, denn er erlaubt, dass wir seine Kinder genannt werden – und das sind wir auch! Doch die Menschen, die zu dieser Welt gehören, kennen Gott nicht; deshalb verstehen sie auch nicht, dass wir seine Kinder sind. ²Meine lieben Freunde, wir sind schon jetzt die Kinder Gottes, und wie wir sein werden, wenn Christus wiederkommt, das können wir uns nicht einmal vorstellen. Aber wir wissen, dass wir bei seiner Wiederkehr sein werden wie er, denn wir werden ihn sehen, wie er wirklich ist. ³Und jeder, der diese

---

2,10 Griech. *Bruder.*   **2,20** Griech. *Aber ihr habt eine Salbung von dem Heiligen.*   **2,27** Griech. *die Salbung.*

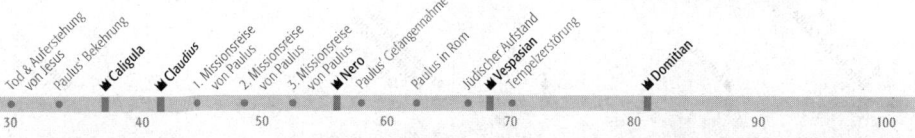

1. JOHANNESBRIEF

1–2	Leben im Licht
3	Leben als Kinder Gottes
4,1-6	Falsche Propheten erkennen
4,7-21	Einander lieben
5,1-12	Glaube an den Sohn Gottes
5,13-21	Abschließende Anweisungen

2. JOHANNESBRIEF

V. 1-3	Grüße
V. 4-11	In der Wahrheit leben
V. 12-13	Briefabschluss

3. JOHANNESBRIEF

V. 1-4	Grüße
V. 5-12	Sorge um die Arbeiter des Herrn; Konflikt mit Demetrius
V. 13-15	Briefabschluss

3–4
Liebe als Beweis der Errettung. Warnung vor falschen Lehrern und Propheten. Lieben, wie Gott liebt.

[Gottes Königsherrschaft und der Messias]

Hoffnung hat, achtet darauf, dass er rein bleibt, so wie Christus rein ist*.
⁴Wer sündigt, missachtet das Gesetz Gottes, denn Sünde bedeutet immer Auflehnung gegen Gottes Gesetz. ⁵Und ihr wisst, dass Jesus kam, um die Sünden der Menschen wegzunehmen, denn er ist ohne Sünde. ⁶Wer also mit ihm lebt, sündigt nicht. Wer aber weiter sündigt, hat ihn nicht erkannt oder nicht begriffen, wer er ist.
⁷Liebe Kinder, lasst euch von niemandem verführen! Wer handelt, wie es dem Willen Gottes entspricht, ist gerecht, wie Christus gerecht ist. ⁸Aber wenn Menschen sündigen, zeigt das, dass sie zum Machtbereich des Teufels gehören, der von Anfang an gesündigt hat. Doch der Sohn Gottes kam, um die Taten des Teufels zu vernichten. ⁹Wer zu Gott gehört, sündigt nicht, weil Gottes Leben in ihm ist. Deshalb kann er nicht mehr sündigen, denn er ist von Gott geboren. ¹⁰Daran ist erkennbar, wer ein Kind Gottes und wer ein Kind des Teufels ist. Wer nicht nach Gottes Willen handelt und seinen Nächsten* nicht liebt, der gehört nicht zu Gott.

Liebt einander
¹¹Das ist die Botschaft, die ihr von Anfang an gehört habt: Wir sollen einander lieben. ¹²Wir sollen nicht wie Kain sein, der dem Bösen angehörte und seinen Bruder tötete. Und warum tötete

---
3,3 Griech. *heiligt sich selbst für ihn, wie er heilig ist.*
3,10 Griech. *seinen Bruder.*

1. Johannes 3,1.16

Gottes Liebe, Gottes Zorn
Am Ende der Welt wird es ein letztes Gericht geben. Wer aufseiten Gottes steht und sein Leben mit ihm gelebt hat, wird dann ewiges Leben empfangen. Wer aber Gott ablehnt, den wird Gott ablehnen (siehe Mt 25,46). Doch hierbei handelt es sich nicht um die zentrale Botschaft der Bibel. Im Wesentlichen kann die Bibel als eine Liebesgeschichte aufgefasst werden. Gott schuf das Weltall und die Menschheit, um seine unvorstellbar große Liebe mit jemandem teilen zu können. Er sehnte sich nach einem Empfänger seiner Liebe. Diese Empfänger sind wir, seine Kinder (1Joh 3,1), die ihn wiederlieben.
»Seht, wie viel Liebe unser himmlischer Vater für uns hat!« (3,1). Der überzeugendste Beweis ist, dass Jesus für uns und unsere Sünden starb. Er ist sowohl unser Vorbild als auch unsere Motivation dafür, auch unsere Brüder und Schwestern zu lieben (3,16). Wenn wir uns so verhalten, leben wir mit Gott, denn wer liebt, lebt in Gott und Gott in ihm (4,16).
(1. Thessalonicher 1,10 «« | »» Offenbarung 19,11-21)

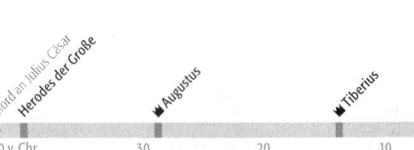

er ihn? Weil die Taten Kains böse waren, die seines Bruders aber gerecht. ¹³Wundert euch nicht, Brüder, wenn die Welt euch hasst!

¹⁴Wenn wir die anderen Gläubigen* lieben, beweist dies, dass wir vom Tod zum ewigen Leben durchgebrochen sind. Wer aber die Brüder nicht liebt, der ist immer noch tot. ¹⁵Wer seinen Bruder hasst, ist ein Mörder. Und ihr wisst, dass kein Mörder das ewige Leben in sich trägt. ¹⁶Wir haben die wahre Liebe daran erkannt, dass Christus sein Leben für uns gegeben hat. Deshalb sollen auch wir unser Leben für unsere Brüder einsetzen. ¹⁷Doch wenn einer genügend Geld hat, um gut zu leben, und einen anderen in Not sieht und sich weigert zu helfen – wie soll die Liebe Gottes da in ihm bleiben?

¹⁸Liebe Kinder, wir wollen nicht nur davon reden, dass wir einander lieben; unser Tun soll ein glaubwürdiger Beweis unserer Liebe sein. ¹⁹Hieran erkennen wir, dass wir in der Wahrheit leben und Gott voller Zuversicht begegnen können, ²⁰selbst wenn unser Herz uns verurteilt. Denn Gott ist größer als unser Herz, und er weiß alles.

²¹Liebe Freunde, wenn unser Gewissen rein ist, können wir mit Zuversicht und mutig vor Gott treten. ²²Und wir werden von ihm bekommen, was immer wir erbitten, weil wir ihm gehorchen und tun, was ihm Freude macht. ²³Und so lautet sein Gebot: Wir sollen an den Namen seines Sohnes, Jesus Christus, glauben und einander lieben, wie er es uns aufgetragen hat. ²⁴Wer die Gebote Gottes befolgt, der lebt in Gemeinschaft mit ihm, und Gott ist in ihm. Und wir wissen, dass er in uns bleibt durch den Heiligen Geist.

Falsche Propheten erkennen

4 Liebe Freunde, glaubt nicht jedem, der behauptet, was er sagt, käme vom Heiligen Geist. Ihr müsst die Menschen prüfen, um festzustellen, ob der Geist, durch den sie reden, wirklich der Geist Gottes ist. Denn es gibt zahllose falsche Propheten in der Welt! ²Und so erkennt ihr den Geist Gottes: Jeder, der bekennt, dass Jesus Christus wirklich als Mensch auf die Erde gekommen ist, hat den Geist Gottes. ³Wer Jesus so nicht bekennt, gehört nicht zu Gott. In einem solchen Menschen ist der Geist des Antichristen. Ihr habt ja gehört, dass dieser Geist in die Welt kommen wird, und er ist tatsächlich schon da.

⁴Ihr aber gehört zu Gott, meine Kinder. Ihr habt euren Kampf gegen diese falschen Propheten bereits gewonnen, weil der Geist, der in euch lebt, größer ist als der Geist, der die Welt regiert. ⁵Solche Menschen gehören zu dieser Welt; deshalb reden sie vom Standpunkt der Welt aus, und die Welt hört auf sie. ⁶Wir dagegen gehören zu Gott. Wer Gott kennt, hört auf uns, und wer nicht zu Gott gehört, der hört nicht auf uns. Daran erkennen wir, ob jemand den Geist der Wahrheit oder den Geist des Irrtums hat.

Einander lieben

⁷Liebe Freunde, lasst uns einander lieben, denn die Liebe kommt von Gott. Wer liebt, ist von Gott geboren und kennt Gott. ⁸Wer aber nicht liebt, kennt Gott nicht – denn Gott ist Liebe.

⁹Gottes Liebe zu uns zeigt sich darin, dass er seinen einzigen Sohn in die Welt sandte, damit wir durch ihn das ewige Leben haben. ¹⁰Und das ist die wahre Liebe: Nicht wir haben Gott geliebt, sondern er hat uns zuerst geliebt und hat seinen Sohn gesandt, damit er uns von unserer Schuld befreit. ¹¹Liebe Freunde, weil Gott uns so sehr geliebt hat, sollen wir auch einander lieben. ¹²Niemand hat Gott je gesehen. Aber wenn wir einander lieben, dann bleibt Gott in uns, und seine Liebe kommt in uns zur Vollendung.

¹³Wir erkennen, dass wir in ihm leben und er in uns, weil er uns seinen Geist gegeben hat. ¹⁴Außerdem haben wir mit eigenen Augen gesehen und können bezeugen, dass der Vater seinen Sohn als Retter der Welt gesandt hat. ¹⁵Wer bekennt, dass Jesus der Sohn Gottes ist, in dem bleibt Gott und er bleibt in Gott. ¹⁶Wir haben erkannt, wie sehr Gott uns liebt, und wir glauben an seine Liebe. Gott ist Liebe, und wer in der Liebe lebt, der lebt in Gott und Gott lebt in ihm. ¹⁷Und wenn wir in Gott leben, dann kommt seine Liebe in uns zum Ziel. Und wir können dem Tag des Gerichts mit Zuversicht entgegensehen, denn wir leben in dieser Welt in derselben Gemeinschaft mit Gott wie Christus. Und unsere Liebe kennt keine Angst, ¹⁸weil die vollkommene Liebe alle Angst vertreibt. Wer noch Angst hat, rechnet mit Strafe, und das zeigt, dass seine Liebe in uns noch nicht vollkommen ist. ¹⁹Wir wollen lieben, weil er uns zuerst geliebt hat.

²⁰Wenn jemand sagt: »Ich liebe Gott«, aber seinen Bruder hasst, dann ist er ein Lügner; denn wer die Menschen nicht liebt, die er doch sieht, wie kann er da Gott lieben, den er nie gesehen hat? ²¹Gott selbst hat uns geboten, nicht nur ihn, sondern auch unseren Nächsten zu lieben.

3,14 Griech. *die Brüder*.

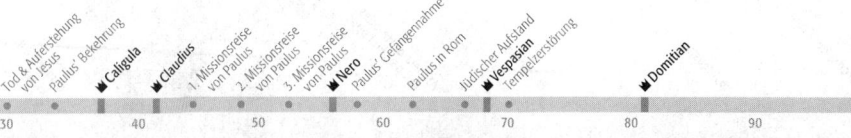

1. JOHANNESBRIEF

1–2	Leben im Licht
3	Leben als Kinder Gottes
4,1-6	Falsche Propheten erkennen
4,7-21	Einander lieben
5,1-12	Glaube an den Sohn Gottes
5,13-21	Abschließende Anweisungen

2. JOHANNESBRIEF

V. 1-3	Grüße
V. 4-11	In der Wahrheit leben
V. 12-13	Briefabschluss

3. JOHANNESBRIEF

V. 1-4	Grüße
V. 5-12	Sorge um die Arbeiter des Herrn; Konflikt mit Demetrius
V. 13-15	Briefabschluss

5
Glaube an Jesus schenkt Leben.
Ermutigung zum Gebet.
Kampf gegen die Sünde.

[Gottes Königsherrschaft und der Messias]

Glaube an den Sohn Gottes

5 Wer glaubt, dass Jesus der Christus ist, der ist ein Kind Gottes. Und wer den Vater liebt, der liebt auch seine Kinder*. ²Wir wissen, dass wir die Kinder Gottes lieben, wenn wir Gott lieben und seine Gebote halten. ³Gott zu lieben heißt, seine Gebote zu befolgen, und das ist nicht schwer. ⁴Denn die Kinder Gottes besiegen diese Welt; sie siegen durch den Glauben an Christus*. ⁵Und wer würde den Kampf gegen die Welt gewinnen, wenn nicht der, der glaubt, dass Jesus der Sohn Gottes ist?

⁶Jesus Christus wurde durch die Taufe im Wasser und durch sein Blut am Kreuz als Sohn Gottes offenbart – nicht nur durch Wasser, sondern durch Wasser und Blut. Und auch der Geist bestätigt uns das, denn der Geist Gottes ist die Wahrheit. ⁷Wir haben also diese drei Zeugen – ⁸den Geist, das Wasser und das Blut –, und alle drei sagen dasselbe. ⁹Wenn wir schon menschlichen Zeugen glauben, dann dürfen wir ganz bestimmt dem glauben, was Gott sagt. Und Gott hat Jesus Christus als seinen Sohn bezeugt. ¹⁰Wer an den Sohn Gottes glaubt, weiß, dass es wahr ist. Wer das nicht glaubt, der macht Gott zum Lügner, weil er nicht glaubt, was Gott über seinen Sohn ausgesagt hat.

¹¹Und dies hat Gott versichert: Er hat uns das ewige Leben geschenkt, und dieses Leben ist in seinem Sohn. ¹²Wer an den Sohn Gottes glaubt, hat das Leben; wer aber an den Sohn Gottes nicht glaubt, hat auch das Leben nicht.

Abschließende Bemerkungen

¹³Das schreibe ich euch, damit ihr wisst, dass ihr das ewige Leben habt, weil ihr an den Namen des Sohnes Gottes glaubt. ¹⁴Und wir dürfen zuversichtlich sein, dass er uns erhört, wenn wir ihn um etwas bitten, das seinem Willen entspricht. ¹⁵Und wenn wir wissen, dass er unsere Bitten hört, dann können wir auch sicher sein, dass er uns gibt, worum wir ihn bitten.

¹⁶Wenn jemand sieht, dass sein Bruder in einer Weise sündigt, die nicht zum Tod führt, soll er beten, und Gott wird ihm das Leben schenken. Doch es gibt eine Sünde, die zum Tod führt, und ich sage nicht, dass ihr für die beten sollt, die eine solche Sünde begehen. ¹⁷Jedes Unrecht ist Sünde, aber nicht jede Sünde führt zum Tod.

¹⁸Wir wissen, dass jeder, der ein Kind Gottes geworden ist, nicht sündigt, denn der Sohn Gottes bewahrt ihn, und der Böse kann ihm nichts anhaben. ¹⁹Wir wissen, dass wir Kinder Gottes

---

5,1 Griech. *den aus ihm Geborenen.* 5,4 Griech. *und das ist der Sieg, der die Welt überwunden hat: unser Glaube.*

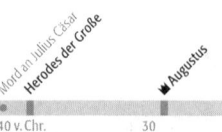

sind und dass die Welt um uns herum vom Bösen beherrscht wird. ²⁰Und wir wissen, dass der Sohn Gottes gekommen ist und uns den einzig wahren Gott erkennen lässt. Und nun haben wir Gemeinschaft mit dem wahren Gott durch seinen Sohn Jesus Christus. Er ist der wahre Gott und das ewige Leben.

²¹Liebe Kinder, hütet euch vor den Götzen!

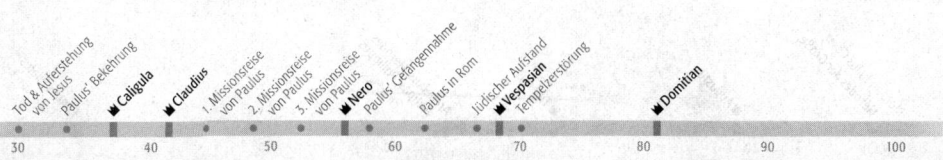

*W*er die Heilige Schrift erforscht,
wird zunächst einmal von ihr selbst erforscht.

Papst Paul VI.

2. Johannes

Inhalt

»Der Älteste« freut sich über Christen, die nach der Wahrheit leben, und bittet sie, einander zu lieben. Er warnt vor Menschen, die die Botschaft von Christus verändern; sie sollen nicht gefördert werden.

Wahrheit ist das Hauptthema, das in dem kurzen Brief fünfmal vorkommt.

Auffällig sind die Bezeichnungen »auserwählte Herrin« und »auserwählte Schwester«. Damit ist die angeredete Gemeinde bzw. die Gemeinde des Absenders gemeint. Vielleicht muss man sich darunter Hausgemeinden vorstellen – was die Mahnung plausibel machen würde, man solle Falschlehrer nicht in sein »Haus« einladen.

Wichtige Person

»Der Älteste«   Briefautor; nach der Tradition der Apostel Johannes

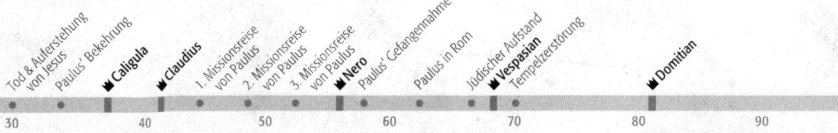

1. JOHANNESBRIEF

1–2	Leben im Licht
3	Leben als Kinder Gottes
4,1-6	Falsche Propheten erkennen
4,7-21	Einander lieben
5,1-12	Glaube an den Sohn Gottes
5,13-21	Abschließende Anweisungen

2. JOHANNESBRIEF

V. 1-3	Grüße
V. 4-11	In der Wahrheit leben
V. 12-13	Briefabschluss

3. JOHANNESBRIEF

V. 1-4	Grüße
V. 5-12	Sorge um die Arbeiter des Herrn; Konflikt mit Demetrius
V. 13-15	Briefabschluss

1
Begrüßung. Mahnung zur Liebe und zur Vorsicht. Schlussgruß.

[**Gottes Königsherrschaft und der Messias**]

DER ZWEITE BRIEF VON JOHANNES

Grüße
¹Diesen Brief schreibt der Älteste.
Er richtet sich an die auserwählte Herrin und ihre Kinder*, die ich aufrichtig liebe, wie es alle tun, die Gottes Wahrheit kennen – ²die Wahrheit, die in uns lebt und für immer in unseren Herzen sein wird.
³Gnade, Barmherzigkeit und Frieden von Gott, unserem Vater, und von Jesus Christus, seinem Sohn, sollen mit uns sein, damit wir in der Wahrheit und in der Liebe leben.

In der Wahrheit leben
⁴Ich war so glücklich, als ich einigen deiner Kinder begegnete und sah, dass sie in der Wahrheit leben, so wie der Vater es uns geboten hat.
⁵Und nun ist meine Bitte an dich, liebe Herrin, dass wir einander lieben. Das ist kein neues Gebot, sondern eines, das wir von Anfang an hatten. ⁶Und Liebe heißt, sich nach den Geboten Gottes zu richten. Um dieses eine Gebot geht es, nach ihm sollt ihr euch richten, so wie ihr es von Anfang an gehört habt.*
⁷Viele Betrüger sind in die Welt gekommen. Sie glauben nicht, dass Jesus Christus wirklich in menschlicher Gestalt auf die Erde kam. Wer so denkt, ist ein Betrüger und Antichrist. ⁸Achtet darauf, dass ihr nicht verliert, wofür wir* so hart gearbeitet haben. Strengt euch an, damit ihr den vollen Lohn bekommt. ⁹Denn wer über die Lehre von Christus hinausgeht, wird keine Gemeinschaft mit Gott haben. Aber wer der Lehre von Christus treu bleibt, wird sowohl mit dem Vater als auch mit dem Sohn verbunden sein.
¹⁰Wenn jemand zu euch kommt und nicht die Wahrheit über Christus lehrt, dann ladet ihn nicht in euer Haus ein und ermutigt ihn auch sonst in keiner Weise. ¹¹Wer ihn ermutigt, macht sich mitschuldig an seinem schlechten Tun.

1 O. an die Gemeinde, die Gott erwählt hat, und ihre Mitglieder. 6 O. ... sich nach den Geboten Gottes zu richten. Dies ist euch geboten, euch nach der Liebe zu richten, so wie ihr es von Anfang an gehört habt. 8 In manchen Handschriften heißt es ihr.

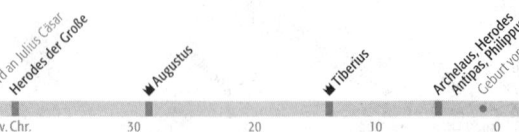

Abschließende Bemerkungen

¹²Nun hätte ich euch noch viel mehr zu sagen, doch ich möchte es nicht in einem Brief tun. Ich hoffe nämlich, euch bald besuchen zu können, dann kann ich persönlich mit euch sprechen. Dann wird nichts mehr unsere Freude trüben. ¹³Die Kinder deiner von Gott auserwählten Schwester* lassen dich grüßen.

---

13 O. *die Mitglieder deiner Schwestergemeinde.*

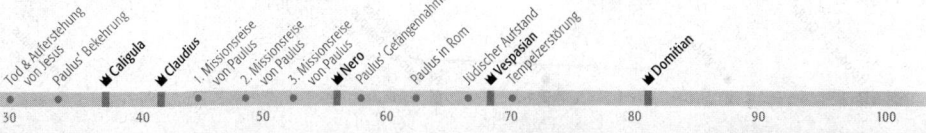

Wie nämlich die Samariter an Christus zwar anfangs wegen der Rede der Frau, hernach jedoch viel lieber um seines eigenen Wortes willen geglaubt haben (Johannes 4,39-42), also glauben auch wir der Schrift: Am Anfang wegen des Wortes der Kirche, aber inzwischen weit mehr um ihres eigenen Wortes willen, welches das Wort Gottes ist; ja selbst der Kirche glauben wir nun mehr nach dem Willen der Schrift.

John Milton

3. Johannes

Inhalt
»Der Älteste« freut sich über Gajus' Treue und Freundlichkeit und bittet ihn um großzügige Gastfreundschaft für bestimmte reisende Verkündiger. Dann nennt er die Taten eines problematischen Mitarbeiters und lobt einen anderen.

Wichtige Personen
»Der Älteste«	Briefautor; nach der Tradition der Apostel Johannes
Gajus	Briefempfänger
Diotrephes	problematischer Mitarbeiter
Demetrius	geschätzter Mitarbeiter

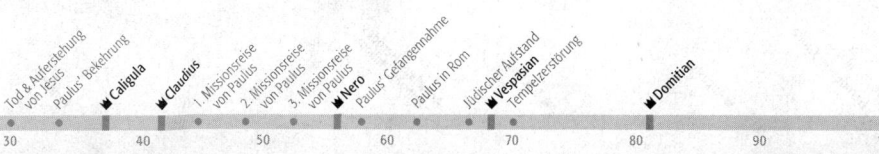

1. JOHANNESBRIEF

1–2	Leben im Licht
3	Leben als Kinder Gottes
4,1-6	Falsche Propheten erkennen
4,7-21	Einander lieben
5,1-12	Glaube an den Sohn Gottes
5,13-21	Abschließende Anweisungen

2. JOHANNESBRIEF

V. 1-3	Grüße
V. 4-11	In der Wahrheit leben
V. 12-13	Briefabschluss

3. JOHANNESBRIEF

V. 1-4	Grüße
V. 5-12	Sorge um die Arbeiter des Herrn; Konflikt mit Demetrius
V. 13-15	Briefabschluss

1
Begrüßung. Dank für Freundlichkeit und Warnung vor schlechten Beispielen. Schlussgrüße.

[**Gottes Königsherrschaft und der Messias**]

DER DRITTE BRIEF VON JOHANNES

Grüße

¹Diesen Brief schreibt der Älteste.
Er richtet sich an meinen lieben Freund Gajus, den ich aufrichtig liebe.
²Lieber Freund, ich bete, dass es dir in jeder Hinsicht gut geht, und dass dein Körper so gesund ist, wie ich es von deiner Seele weiß. ³Einige der Brüder kehrten vor kurzem zurück, und ich habe mich sehr gefreut, als sie mir von deiner Treue erzählten und berichteten, wie du in der Wahrheit lebst. ⁴Ich kenne keine größere Freude als zu hören, dass meine Kinder so leben, wie es der Wahrheit Gottes entspricht.

Sorge um die Arbeiter des Herrn

⁵Lieber Freund, du dienst Gott, wenn du dich um die Brüder kümmerst, die bei euch Rast machen, auch wenn sie Fremde für dich sind. ⁶Sie haben der Gemeinde hier von deiner liebevollen Freundlichkeit berichtet. Es ist gut von dir, wenn du sie mit allem versorgst, was sie für ihre Reise benötigen, denn ein solches Handeln gefällt Gott. ⁷Sie sind für den Herrn* unterwegs und nehmen nichts von Leuten an, die Gott nicht kennen. ⁸Deshalb sollten wir sie unbedingt unterstützen, damit wir Mitarbeiter im Dienst für die Wahrheit werden.

⁹Ich habe einen entsprechenden Brief an die Gemeinde geschickt, aber Diotrephes, der gern die Gemeinde leiten will, erkennt uns nicht an. ¹⁰Wenn ich komme, werde ich darauf zu sprechen kommen, was er tut, und auch auf sein schlechtes Gerede über uns. Nicht nur, dass er sich selbst weigert, die reisenden Brüder aufzunehmen, er fordert auch die anderen auf, ihnen nicht beizustehen. Und wenn sie es doch tun, schließt er sie aus der Gemeinde aus.

¹¹Mein lieber Freund, lass dich von diesem schlechten Beispiel nicht beeinflussen. Halte dich vielmehr an das Gute! Denke daran, dass diejenigen, die Gutes tun, Gottes Kinder sind. Diejenigen aber, die Böses tun, kennen Gott nicht. ¹²Doch von Demetrius spricht jeder voller Hochachtung, sogar der Herr selbst, der die Wahrheit ist. Auch wir können ihm nur ein gutes

---

7 Griech. *den Namen.*

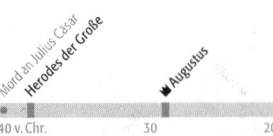

Zeugnis ausstellen, und du weißt, dass wir die Wahrheit sagen.

Abschließende Bemerkungen

¹³Ich habe dir so viel zu sagen, aber ich möchte es nicht in einem Brief tun. ¹⁴Denn ich hoffe, dass ich dich bald sehen werde, und dann können wir persönlich miteinander reden.

¹⁵Ich wünsche dir den Frieden Gottes! Deine Freunde hier lassen dich grüßen. Bitte grüße jeden unserer Freunde persönlich von mir!

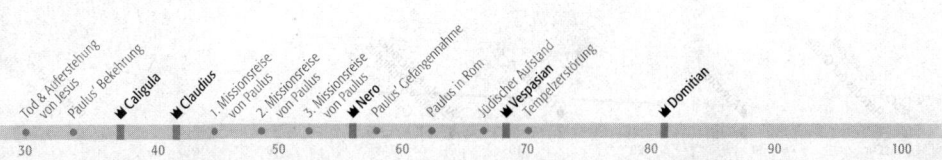

Ich hab nun 28 Jahr seit ich Doktor geworden bin, stetig in der Biblia gelesen und draus geprediget, doch bin ich ihrer nicht mächtig und find' noch alle Tag etwas Neues drinnen.

Martin Luther

Judas

Inhalt
Judas warnt die Empfänger vor Menschen unter ihnen, die einen nichtchristlichen Lebensstil unter Berufung auf Gottes Vergebung rechtfertigen. Sie und ihr Schicksal vergleicht er mit Personen und Ereignissen aus dem Alten Testament sowie aus einem Buch, das zu den geistlich-theologischen Schriften gehört, die zwischen dem Alten und dem Neuen Testament entstanden sind. Er fordert die Christen auf, bei ihrem Glauben zu bleiben. Sie sollen die Verführten barmherzig behandeln und ihnen zurechthelfen. Judas schließt mit einem Lobpreis Gottes, der allein rettet und bewahren kann.

Wichtige Personen
Judas — Briefautor; nach der Tradition leiblicher Bruder von Jakobus und Jesus

Im Rückblick:
- Mose: vgl. 5. Mose 34,5-6
- Kain: 1. Mose 4,3-12
- Bileam: 4. Mose 22,15-22
- Korach: 4. Mose 16
- Henoch: 1. Mose 5,22-24

Wichtige Orte
Im Rückblick:
- Ägypten: 2. Mose 12,51; 4. Mose 14,26-33
- Sodom und Gomorra: 1. Mose 19,24-25

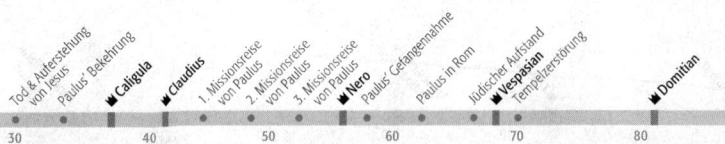

Der Brief von Judas

JUDASBRIEF	
V. 1-2	Grüße von Judas
V. 3-16	Die Bedrohung durch falsche Lehrer
V. 17-23	Eine Ermahnung, treu zu bleiben
V. 24-25	Ein Lob Gottes

Grüße von Judas

¹Dieser Brief ist von Judas, einem Diener von Jesus Christus und Bruder von Jakobus.

Ich schreibe an alle, die zum Glauben berufen sind. Sie sind von Gott, dem Vater, geliebt und von Jesus Christus bewahrt. ²Es ist mein Wunsch, dass ihr immer mehr mit der Gnade, dem Frieden und der Liebe Gottes beschenkt werdet!

Die Bedrohung durch falsche Lehrer

³Meine lieben Freunde, ich hatte euch schon lange über die Erlösung schreiben wollen, die uns allen gehört. Doch nun will ich euch über etwas anderes schreiben: Ich muss euch auffordern, für die Wahrheit der Botschaft zu kämpfen, die Gott ein für alle Mal denen geschenkt hat, die ihm gehören*. ⁴Ich sage das, weil einige gottlose Leute sich bei euch eingeschlichen haben und behaupten, wir könnten die Vergebung Gottes dazu

---

3 Griech. *seinen Heiligen.*

Judas 21

Gottes Liebe, Gottes Zorn
Mit einem einzigen Satz macht der Verfasser des Bibeltextes eine gewichtige Aussage: »Bleibt in der Liebe Gottes« – die Liebe Gottes ist das Fundament von allem, was wir haben, sind und tun. Wir werden von dieser Liebe getragen – durch das Leben und auch durch den Tod hindurch. »Wartet auf Jesus«: In seinem Sohn Jesus Christus nahm sich Gott ganz persönlich seiner Schöpfung an, um sich den Menschen zu zeigen und uns zu retten.
Wir warten auf seine Wiederkunft, denn dann wird er sein begonnenes Werk vollenden. »Jesus bringt uns das ewige Leben« – dies hat er grundlegend schon getan, indem er durch seinen Tod und seine Auferstehung sein eigenes Leben mit uns teilte. Und doch warten wir darauf, dass wir das von Gott durch Jesus geschenkte Leben in seiner ganzen Fülle genießen können. Dann wird es keinen Tod, keine Trauer, kein Weinen und keinen Schmerz mehr geben (Offb 21,4), und wird Gott »alles in allem« sein (1 Kor 15,28) (Offenbarung 19,11-21 «)

1
Grüße. Mahnung sich von falschen Lehrern nicht verführen zu lassen. Festhalten am Glauben und an der Liebe. Abschließendes Lobgebet.

[Gottes Königsherrschaft und der Messias]

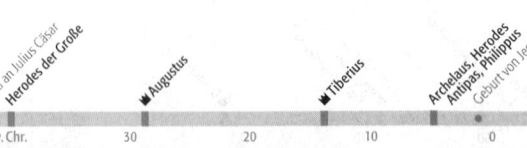

missbrauchen, ein zügelloses Leben zu führen. Das Schicksal solcher Menschen ist längst besiegelt, denn sie haben sich gegen unseren einzigen Herrn und Herrscher, Jesus Christus, gewandt.

⁵Und obwohl ihr alles ein für allemal* wisst, muss ich euch daran erinnern, dass der Herr* zwar das Volk Israel aus Ägypten rettete, doch beim nächsten Mal dann alle tötete, die nicht mehr an ihn glaubten. ⁶Und ich erinnere euch an die Engel, die die Grenzen ihrer von Gott verliehenen Vollmacht nicht anerkannten, sondern den Platz verließen, an den sie gehörten. Gott hält sie im Gefängnis der Finsternis gefesselt und verwahrt sie dort bis zum Tag des Gerichts. ⁷Vergesst auch nicht die Städte Sodom und Gomorra und ihre Nachbarorte, in denen ebenfalls Unzucht und sexuelle Ausschweifung herrschten. Diese Städte wurden durch das ewige Feuer vernichtet und sind bis heute ein warnendes Beispiel.

⁸Auch diese falschen Lehrer, die sich auf ihre Träume berufen, führen ein unzüchtiges Leben, ordnen sich keiner Herrschaft unter und verspotten die himmlischen Mächte. ⁹Dabei hat es nicht einmal Michael, einer der mächtigsten Engel, gewagt, den Satan im Streit um den Körper von Mose zu verspotten. Er sagte nur: »Der Herr bestrafe dich.« ¹⁰Doch diese Leute spotten und fluchen über die Dinge, die sie nicht verstehen. Wie unvernünftige Tiere folgen sie ihrem inneren Trieb und laufen so in ihr eigenes Verderben. ¹¹Es wird ihnen schrecklich ergehen! Denn sie folgen dem Weg Kains, der seinen Bruder ermordete. Wie Bileam sind sie bereit, für Geld alles zu tun. Und wie Korach werden sie wegen ihrer Auflehnung untergehen!

¹²Wenn solche Leute sich euch anschließen, während ihr beim gemeinsamen Mahl die Liebe des Herrn feiert, sind sie ein Schandfleck für euch, denn schamlos sind sie nur auf ihr eigenes Wohl bedacht. Sie sind wie Wolken, die über dürres Land ziehen, ohne Regen zu spenden. Sie sind wie Bäume, die zur Erntezeit keine Früchte tragen; sie sind nicht nur tot, sondern in doppelter Hinsicht tot, denn sie wurden mitsamt ihren Wurzeln ausgerissen. ¹³Wie stürmische Wellen des Meeres wühlen sie den Schmutz ihrer schlechten Taten auf. Sie sind umherirrende Sterne, die im ewigen Dunkel der Finsternis verloren gehen. ¹⁴Über diese Leute hat auch Henoch prophezeit, der sieben Generationen nach Adam lebte. Er sagte:

»Siehe, der Herr ist gekommen mit Tausenden seiner Heiligen. ¹⁵Er wird über die Menschen der Welt Gericht halten. Er wird die gottlosen Menschen, die sich gegen ihn aufgelehnt haben, für ihr Handeln bestrafen und sie für alle Beleidigungen gegen ihn verurteilen.«*

¹⁶Das sind Leute, die ständig nörgeln und sich beschweren und sich von ihren Begierden beherrschen lassen. Es sind großspurige Angeber, und sie schmeicheln anderen, um sich Vorteile zu verschaffen.

Eine Ermahnung, treu zu bleiben

¹⁷Ihr aber, meine lieben Freunde, sollt an das denken, was die Apostel von unserem Herrn Jesus Christus euch vorausgesagt haben: ¹⁸Sie sagten euch, dass es in den letzten Tagen Spötter geben wird, die mit ihrem Leben nichts Besseres anzufangen wissen, als ihren eigenen gottlosen Leidenschaften nachzugehen. ¹⁹Jetzt sind sie da und stiften Unfrieden unter euch. Sie haben Gottes Geist nicht in sich und lassen sich nur von ihrem Denken leiten, das von der Welt geprägt ist. ²⁰Ihr dagegen, liebe Freunde, sollt euer Leben auf dem Fundament eures heiligen Glaubens aufbauen. Bleibt im Gebet und lasst euch darin vom Heiligen Geist leiten.* ²¹Bleibt in der Liebe Gottes, während ihr darauf wartet, dass Jesus Christus, unser Herr, euch in seiner Barmherzigkeit das ewige Leben bringen wird. ²²Seid barmherzig zu denen, deren Glauben ins Wanken geraten ist. ²³Rettet sie, indem ihr sie den Flammen des Gerichts entreißt. Den anderen gegenüber zeigt Barmherzigkeit, aber seht euch dabei vor, dass ihr euch nicht von ihren Sünden anstecken lasst!*

Ein Lob Gottes

²⁴Dem, der euch bewahren kann, damit ihr nicht fallt, und der euch bereit macht, damit ihr makellos und voller Freude seid für seine große Herrlichkeit, ²⁵gehört alle Ehre. Er allein ist Gott, unser Retter durch Jesus Christus, unseren Herrn. Ihm gehören Ehre, Majestät, Macht und Gewalt; schon vor aller Zeit, jetzt und in Ewigkeit! Amen.

5a In wichtigen Handschriften heißt es *obwohl ihr alles wisst, muss ich euch daran erinnern, dass der Herr zwar das eine Mal das Volk Israel aus Ägypten rettete, doch beim zweiten Mal alle ...* **5b** Die besten Handschriften haben statt *der Herr Jesus*. **14-15** Das Zitat stammt aus einer apokryphen Schrift, aus dem Henochbuch 1,9. **20** Griech. *Betet im Heiligen Geist*. **23** Griech. *aber hasst sogar das vom Fleisch befleckte Gewand*.

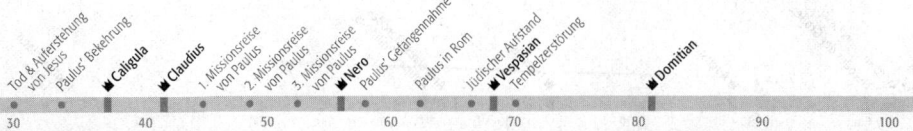

Kein Buch der Schrift kann dem Ausleger so deutlich die Grenzen menschlicher Auslegungsarbeit zeigen wie dies Buch [die Offenbarung des Johannes]. Wenn schon zur Auslegung jedes biblischen Buches ein langes – oder doch wenigstens reiches – Leben der Einübung im Glauben und Gehorsam gehört, so gilt das von diesem Buche mehr als von irgendeinem anderen.

Hanns Lilje

Offenbarung

Inhalt
Die Offenbarung ist eine prophetische Botschaft an die christliche Gemeinde. Johannes hat aufgeschrieben, was er eines Tages von Jesus und einem Engel gezeigt bekommen und gehört hat. Diese Offenbarungen sind zunächst für sieben genannte Ortsgemeinden bestimmt (s.u. »Wichtige Orte«). Darüber hinaus dienen sie dazu, verfolgte Christen überall in ihrem Leiden zu stärken.

Die Visionen beginnen, indem Jesus sich Johannes vorstellt und ihm den Auftrag zum Aufschreiben gibt. Es folgt eine Botschaft für jede der sieben Gemeinden; diese kurzen Briefe enthalten Lob, Warnungen und Verheißungen.

Die folgenden Visionen beinhalten Bilder und Zahlen, von denen etliche bereits bei den Propheten Sacharja, Daniel, Hesekiel und Jesaja vorkommen. Sie im Einzelnen zu deuten und einzuordnen ist bis heute kaum schlüssig möglich, wie die unübersehbar vielen Versuche zeigen. Man sollte diese Bilder und Zahlen nicht voreilig mit Personen oder Institutionen, natürlichen oder politischen Ereignissen verbinden. Vieles dagegen erklärt sich selbst oder auf dem Hintergrund des übrigen Neuen Testaments.

Als Nächstes bekommt Johannes Einblick in den Himmel. Er sieht, wie Gott und Jesus angebetet werden. Dann beginnt Jesus, eine Schriftrolle mit sieben Siegeln zu öffnen. Es entfalten sich dreimal sieben prophetisch geschaute Ereignisse (siehe Seite 1692), zumeist Katastrophen auf der Erde.

Dazwischen sieht Johannes verschiedene Auftritte: Mächte, die Wunder tun, Gott lästern, Menschen verführen und Christen verfolgen. Zeugen von Jesus, Märtyrer, Christen, die schwer geprüft worden sind, den Mächten widerstanden haben und jetzt in Gottes Nähe sind. Engel, die Menschen den Zorn Gottes spüren lassen, Heil oder Unheil ankündigen, Siegesnachrichten ausrufen.

Der letzte Teil des Buches schildert ausführlich, was schon in der Mitte verkündet wird: Die Zeit der Unterdrückung ist vorbei. Eine (vorletzte) Schlacht wird geschlagen. Jesus siegt, die bösen Mächte und ihre Anhänger werden beseitigt, der Satan wird gefangen genommen. Die, die Jesus treu geblieben sind, erstehen auf und herrschen mit ihm für »tausend Jahre«. Danach wird der Satan freigelassen und sammelt Anhänger für einen Krieg gegen die Christen. Doch bevor ein Kampf ausbricht, kommen Gottes Gegner um. Darauf folgt die Auferstehung aller Menschen, das letzte Gericht und die endgültige Beseitigung derer, die »nicht im Buch des Lebens geschrieben standen«. Jesus ist unangefochtener Herr. Himmel und Erde verschwinden; »die erste Welt mit ihrem ganzen Unheil ist für immer vergangen«.

»Ja, ich mache alles neu!« Ein neuer Himmel und eine neue Erde sind plötzlich da, und »die heilige Stadt, das neue Jerusalem« kommt von Gott aus dem Himmel. Sie wird in wunderbaren Bildern beschrieben; und sie hat keinen Tempel, weil Gott und Jesus selbst dort sind.

Wichtige Person
Johannes	Empfänger der Offenbarung

Wichtige Orte
Patmos: Mittelmeerinsel vor der Westküste der heutigen Türkei

Empfängergemeinden der Sonderbotschaften:
- Ephesus
- Smyrna
- Pergamon
- Thyatira
- Sardes
- Philadelphia
- Laodizea

alle in der Provinz Asien (im Westen der heutigen Türkei)

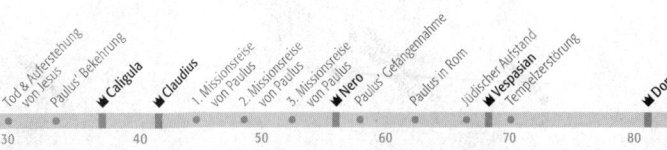

DIE OFFENBARUNG

1	Einführung
2–3	Botschaften an die sieben Gemeinden
4–5	Vision vom Thron Gottes
6–11	Die sieben Siegel und Posaunen
12–14	Die Gegner Gottes
15–16	Die sieben Schalen voller Plagen
17–18	Der Sturz der Hure Babylon
19	Der Sieg des Reiters
20	Die 1000 Jahre
21,1–22,6	Das neue Jerusalem
22,7-21	Jesus kommt bald

1–2

Einleitung und Grüße an die sieben Gemeinden. Johannes sieht eine Vision des Menschensohnes. Brief an die Gemeinde in Ephesus.

[Gottes Königsherrschaft und der Messias]

Offenbarung 1,6-20

Erwählung

Das letzte Buch der Bibel beschreibt die Erwählung der Gemeinde mit bekannten und mit neuen Bildern.
Gottes Königreich und Gottes Priesterschaft zu sein war schon die Berufung Israels (2Mo 19,5-6). Briefe von Paulus und Petrus haben das auch auf die Gemeinde bezogen (siehe die Erklärungen zu Tit 2,14 und 1Petr 2,9-10). Gottes Reich ist – den Worten von Jesus zufolge – der Gemeinde geschenkt (Lk 12,32). Offenbarung 1,6 geht noch weiter und setzt die Gemeinde und Gottes Reich gleich (siehe auch 5,10).
Neuartig ist das Bild von den Leuchtern (V. 12-13.20; 2,1). Sie stehen für einzelne Ortsgemeinden. Christus steht und lebt mitten zwischen ihnen: Darin besteht die Hoheit und die Auszeichnung seiner Gemeinde.
(1. Petrus 2,9-10 ««| »» Römer 8,19)

Offenbarung 1,7

Gott redet

Das letzte Buch der Bibel zeigt, wer letztendlich den Kampf zwischen Gut und Böse gewinnen wird. Das geschlachtete Lamm, Jesus selbst, hat durch seinen Tod schon jetzt den endgültigen Sieg errungen (5,9-10).
Die christlichen Gemeinden damals brauchten diese Zusicherung Gottes. Sie standen in der ständigen Versuchung, Kompromisse einzugehen, um so einer römischen Verfolgung zu entkommen. Wir brauchen die gleiche Zusicherung, um in unserer Zeit als treue Nachfolger des Lammes standhaft zu bleiben. Hier wird das Entsetzen aller, die Jesus ablehnten, und die große Hoffnung aller, die ihm treu dienten, vorausgesagt: »Er kommt mit den Wolken des Himmels. Und alle werden ihn sehen« (V. 7).
(Hebräer 1,1-3 ««| »» Offenbarung 1,10-16)

Offenbarung 1,10-16

Gott redet

Gott spricht im Buch der Offenbarung vom Anfang bis zum Ende. Er redet durch Johannes, den Seher, oder durch eine laute Stimme, durch Engel oder durch Visionen.
Wir, die wir heute dieses Buch lesen, hören die Stimme Gottes im Text und durch ihn. In erster Linie offenbart dieses Buch Jesus selbst. Er wird als der Menschensohn vorgestellt, der so auftritt, wie Gott im Alten Testament aufgetreten war (vgl. Offb 1,14; Dan 7,9). Er leuchtet, glänzt, strahlt, seine Stimme erschallt und sein Wort ist mächtig wie ein Schwert. Er erscheint als der siegende Herr mitten unter den Leuchtern mit sieben Sternen in seiner Hand. So ist er der siegende Herr der sieben Gemeinden, an die sich dieses Buch richtet.
(Offenbarung 1,7 ««| »» Offenbarung 5,1-7)

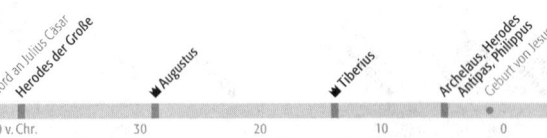

Die Offenbarung

Prolog

1 Dies ist eine Offenbarung von Jesus Christus*, die ihm Gott gegeben hat, um seinen Dienern die Ereignisse, die in Kürze eintreten, bekannt zu machen. Ein Engel wurde gesandt, der sie Johannes, dem Diener Gottes, verkündete. ²Johannes hat das Wort Gottes und das Zeugnis von Jesus Christus – und alles, was er sah – bezeugt.

³Gott segnet jeden, der diese prophetische Rede an die Gemeinde liest, und er segnet alle, die sie hören und befolgen. Denn die Zeit, in der diese Dinge geschehen werden, steht kurz bevor.

Johannes grüßt die sieben Gemeinden

⁴Dieser Brief stammt von Johannes und richtet sich an die sieben Gemeinden in der Provinz Asien. Ich wünsche euch Gnade und Frieden von dem, der ist, der immer war und der noch kommen wird; von den sieben Geistern vor seinem Thron; ⁵und von Jesus Christus, dem treuen Zeugen dieser Dinge, der als Erster von den Toten auferstand* und Herr über alle Herrscher der Erde ist!

Lob sei ihm, der uns liebt und uns von unseren Sünden befreit hat, indem er sein Blut für uns vergoss. ⁶Er hat uns zu seinem Reich und zu seinen Priestern gemacht, um Gott, seinem Vater, zu dienen. Gebt ihm Ehre bis in alle Ewigkeit! Er herrscht für immer und ewig! Amen.

⁷Siehe! Er kommt mit den Wolken des Himmels. Und alle werden ihn sehen – sogar die, die ihn durchbohrt haben. Und alle Völker der Erde werden um ihn trauern. Ja! Amen!

⁸»Ich bin das Alpha und das Omega – der Anfang und das Ende«, spricht der Herr und Gott, der ist, der immer war und der noch kommen wird, der Allmächtige.

Vision des Menschensohnes

⁹Ich bin Johannes, euer Bruder. Wir sind in Jesus verbunden: Durch ihn leiden wir gemeinsam, hoffen auf das Reich Gottes und warten geduldig und standhaft darauf. Man hat mich auf die Insel Patmos verbannt, weil ich das Wort Gottes verkündet und von Jesus erzählt habe. ¹⁰Es war der Tag des Herrn, und ich betete im Geist. Plötzlich hörte ich hinter mir eine laute Stimme wie von einer Posaune. ¹¹Sie sprach: »Schreibe, was du siehst, in ein Buch und schicke es an die sieben Gemeinden: Ephesus, Smyrna, Pergamon, Thyatira, Sardes, Philadelphia und Laodizea!«

¹²Als ich mich umdrehte, um zu sehen, wer zu mir sprach, sah ich sieben goldene Leuchter. ¹³Und mitten unter den Leuchtern stand der Menschensohn*. Er trug ein langes Gewand mit einem goldenen Gürtel über der Brust. ¹⁴Sein Kopf und sein Haar waren weiß wie Wolle, so weiß wie Schnee. Und seine Augen leuchteten wie Feuerflammen. ¹⁵Seine Füße glänzten wie im Feuer gereinigtes Erz, und seine Stimme war wie das Tosen mächtiger Meereswellen. ¹⁶Er hielt sieben Sterne in seiner rechten Hand, und aus seinem Mund kam ein scharfes zweischneidiges Schwert. Und sein Gesicht strahlte wie die Sonne in ihrer ganzen Pracht.

¹⁷Als ich ihn sah, fiel ich wie tot vor seine Füße. Aber er legte seine rechte Hand auf mich und sagte: »Fürchte dich nicht! Ich bin der Erste und der Letzte ¹⁸und der Lebendige. Ich war tot und bin lebendig für immer und ewig! Ich habe die Schlüssel des Todes und des Totenreichs. ¹⁹Schreibe auf, was du gesehen hast – das, was jetzt geschieht, und das, was später geschehen wird. ²⁰Das ist die Bedeutung der sieben Sterne, die du in meiner rechten Hand gesehen hast, und der sieben goldenen Leuchter: Die sieben Sterne sind die Engel* der sieben Gemeinden, und die sieben Leuchter sind die sieben Gemeinden selbst.

Die Botschaft an die Gemeinde in Ephesus

2 Schreibe diesen Brief dem Engel* der Gemeinde in Ephesus. Das ist die Botschaft dessen, der die sieben Sterne in seiner rechten Hand hält und der unter den sieben goldenen Leuchtern umhergeht:

²Ich weiß alles, was du tust. Ich habe dein Bemühen und dein geduldiges Warten gesehen. Ich weiß, dass du böse Menschen nicht ertragen kannst. Du hast jene geprüft, die sich als Apostel ausgeben, es aber nicht sind, und sie als Lügner entlarvt. ³Du hast geduldig für mich* gelitten, ohne aufzugeben. ⁴Aber ich habe gegen dich einzuwenden, dass ihr mich und euch einander nicht mehr so liebt wie am Anfang! ⁵Erkenne doch, wie weit du dich von deiner ersten Liebe entfernt hast! Kehre wieder zu mir zurück und bemühe dich so, wie du es am Anfang getan hast.

1,1 O. *eine Offenbarung über Jesus Christus.*   1,5 Griech. *der Erstgeborene der Toten.*   1,13 O. *einer, der aussah wie der Menschensohn.*   1,20 O. *die Boten.*   2,1 O. *den Boten; so auch in 2,8.12.18.*   2,3 Griech. *wegen meines Namens.*

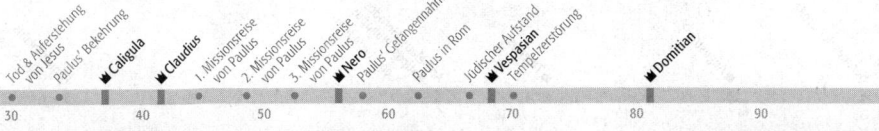

DIE OFFENBARUNG

1	Einführung
2–3	Botschaften an die sieben Gemeinden
4–5	Vision vom Thron Gottes
6–11	Die sieben Siegel und Posaunen
12–14	Die Gegner Gottes
15–16	Die sieben Schalen voller Plagen
17–18	Der Sturz der Hure Babylon
19	Der Sieg des Reiters
20	Die 1000 Jahre
21,1–22,6	Das neue Jerusalem
22,7-21	Jesus kommt bald

2–3
Briefe an die Gemeinden in Smyrna, Pergamon, Thyatira, Sardes und Philadelphia.

[Gottes Königsherrschaft und der Messias]

Wenn du dich nicht änderst, werde ich kommen und deinen Leuchter von seinem Platz unter den Gemeinden wegnehmen. ⁶Aber ich will auch etwas an dir loben: Du hasst die Taten der Nikolaïten genauso, wie ich es tue.

⁷Wer bereit ist zu hören, der höre auf das, was der Geist den Gemeinden sagt! Wer siegreich ist, dem werde ich in Gottes Paradies vom Baum des Lebens zu essen geben.

Die Botschaft an die Gemeinde in Smyrna

⁸Schreibe diesen Brief dem Engel der Gemeinde in Smyrna. Das ist die Botschaft des Ersten und des Letzten, der tot war und wieder lebendig geworden ist:

⁹Ich weiß von deinen Leiden und von deiner Armut – aber du bist reich! Ich kenne den Spott derer, die gegen dich arbeiten, die sich als Juden ausgeben, es aber nicht sind, weil ihre Synagoge eine Synagoge des Satans ist. ¹⁰Fürchte dich nicht vor den Leiden, die dir bevorstehen! Der Teufel wird einige von euch ins Gefängnis werfen und euch versuchen. Ihr werdet zehn Tage lang verfolgt werden. Bleibe treu bis zum Tod, dann will ich dir den Siegeskranz des ewigen Lebens geben.

¹¹Wer bereit ist zu hören, der höre auf das, was der Geist den Gemeinden sagt! Wer siegreich ist, dem wird der zweite Tod nichts anhaben können.

Offenbarung 1,17-18

Erwählung
Das Buch der Offenbarung von Johannes benutzt eine ganz eigene Sprache, stellt damit aber dieselbe Hoheit von Christus heraus wie die anderen Schriften des Neuen Testaments. Jesus ist hier buchstäblich die Schlüsselperson: Er kann das Totenreich aufschließen und Menschen ins Leben rufen, er kann den Tod für immer wegschließen (vgl. 3,7; 20,14). Als der Erste und der Letzte umgreift er die ganze Geschichte.
Das symbolisieren auch die Buchstaben A und O (1,8) – der erste und der letzte Buchstabe des griechischen Alphabets. Ihn, Christus, gab es schon immer und zugleich ist er der, der künftig kommen wird. Jetzt steht er im Zentrum als der Lebendige.
(Apostelgeschichte 10,42 «« | »» Offenbarung 5,2-5)

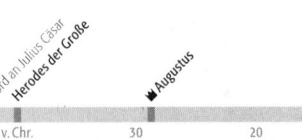

Die Botschaft an die Gemeinde in Pergamon

¹²Schreibe diesen Brief dem Engel der Gemeinde in Pergamon. Das ist die Botschaft dessen, der ein zweischneidiges, scharfes Schwert führt:

¹³Ich weiß, dass du in der Stadt lebst, in der sich der große Thron Satans befindet; und doch bist du meinem Namen treu geblieben. Du hast dich geweigert, den Glauben an mich zu verleugnen – auch, als mein treuer Zeuge Antipas vor deinen Augen ermordet wurde. ¹⁴Und doch habe ich eines gegen dich. Du duldest Menschen in deiner Mitte, die wie Bileam sind, der Balak zeigte, wie er dem Volk Israel eine Falle stellen konnte. Er verführte die Israeliten dazu, Fleisch zu essen, das Götzen geopfert worden war, und Unzucht zu treiben. ¹⁵Außerdem duldest du in deiner Mitte solche, die den Lehren der Nikolaïten folgen. ¹⁶Kehre um, sonst komme ich bald und kämpfe mit dem Schwert meines Mundes gegen sie.

¹⁷Wer bereit ist zu hören, der höre auf das, was der Geist den Gemeinden sagt! Wer siegreich ist, wird von dem Manna essen, das im Himmel verborgen ist. Und ich werde ihm einen weißen Stein geben; und auf dem Stein wird ein neuer Name geschrieben sein, den niemand kennt außer dem, der ihn erhält.

Die Botschaft an die Gemeinde in Thyatira

¹⁸Schreibe diesen Brief dem Engel der Gemeinde in Thyatira. Das ist die Botschaft von dem Sohn Gottes, dessen Augen wie Feuerflammen sind und dessen Füße glänzen wie im Feuer gereinigtes Erz:

¹⁹Ich weiß alles, was du tust – ich kenne deine Liebe, deinen Glauben, deinen Dienst und deine Geduld. Und ich sehe, dass du darin ständig Fortschritte machst. ²⁰Aber ich habe eines gegen dich einzuwenden: Du lässt zu, dass diese Frau – Isebel, die sich eine Prophetin nennt – meine Diener vom richtigen Weg abbringt. Sie verführt sie dazu, Götzen anzubeten, von dem Fleisch der Götzenopfer zu essen und Unzucht zu treiben. ²¹Ich habe ihr Zeit zur Buße gegeben, aber sie will ihr unzüchtiges Verhalten nicht aufgeben. ²²Deshalb werde ich sie aufs Krankenbett werfen, und alle, die mit ihr Unzucht getrieben haben, werden leiden, wenn sie sich nicht von den bösen Taten dieser Frau abwenden. ²³Ich werde ihre Kinder töten. Und alle Gemeinden werden wissen, dass ich der bin, der die Gedanken und Absichten* eines jeden Menschen kennt. Und ich werde jedem von euch geben, was er verdient. ²⁴Aber ich habe auch eine Botschaft an die Übrigen in Thyatira, die dieser Irrlehre nicht gefolgt sind, die die Tiefen Satans, wie sie es nennen, nicht erkannt haben. Ich werde nichts weiter von euch verlangen, ²⁵ihr sollt nur festhalten, was ihr habt, bis ich komme!

²⁶Wer siegreich und bis zum Ende mir gehorsam ist, dem werde ich Macht über alle Völker geben. ²⁷Er wird mit eisernem Stab über die Völker herrschen und sie wie Tontöpfe zerschlagen. ²⁸Und er wird Macht haben, wie auch ich von meinem Vater Macht empfangen habe, und ich werde ihm den Morgenstern geben! ²⁹Wer bereit ist zu hören, der höre auf das, was der Geist den Gemeinden sagt!

Die Botschaft an die Gemeinde in Sardes

3 Schreibe diesen Brief dem Engel* der Gemeinde in Sardes. Das ist die Botschaft dessen, der die sieben Geister Gottes und die sieben Sterne hat:

Ich weiß alles, was du tust und dass du den Ruf hast, lebendig zu sein – aber du bist tot. ²Wach auf! Stärke das wenige, das noch übrig ist und kurz davor steht zu sterben. Deine Taten können in meines Gottes Augen nicht bestehen. ³Denk daran zurück, wie du die Botschaft empfangen und gehört hast; halte daran fest und wende dich wieder zu mir! Wenn du nicht aufwachst, werde ich so unerwartet und plötzlich wie ein Dieb über dich kommen.

⁴Doch selbst in Sardes gibt es noch einige, die ihre Kleider nicht beschmutzt haben. Weiß gekleidet werden sie mit mir gehen, denn sie sind es wert. ⁵Wer siegreich ist, wird in weiße Kleider gekleidet werden. Und ich werde seinen Namen nicht aus dem Buch des Lebens löschen, sondern vor meinem Vater und seinen Engeln bekennen, dass er zu mir gehört*. ⁶Wer bereit ist zu hören, der höre auf das, was der Geist den Gemeinden sagt!

Die Botschaft an die Gemeinde in Philadelphia

⁷Schreibe diesen Brief dem Engel der Gemeinde in Philadelphia. Das ist die Botschaft dessen, der heilig und wahrhaftig ist und der den Schlüssel Davids hat. Was er öffnet, kann niemand schließen, und was er schließt, kann niemand öffnen.

⁸Ich weiß alles, was du tust, und ich habe eine Tür für dich geöffnet, die niemand schließen kann; denn du bist nicht stark, aber hast an meinem Wort festgehalten und meinen Namen nicht verleugnet. ⁹Ich werde einige von denen, die zu Satan gehören – sie lügen, denn sie geben sich als Juden aus, sind es aber nicht –, dazu brin-

---

2,23 Griech. *Nieren und Herzen erforscht.*   **3,1** O. *den Boten*; so auch in 3,7.14.   **3,5** Griech. *seinen Namen bekennen.*

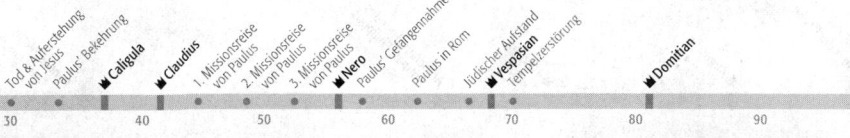

	DIE OFFENBARUNG
1	Einführung
2–3	Botschaften an die sieben Gemeinden
4–5	Vision vom Thron Gottes
6–11	Die sieben Siegel und Posaunen
12–14	Die Gegner Gottes
15–16	Die sieben Schalen voller Plagen
17–18	Der Sturz der Hure Babylon
19	Der Sieg des Reiters
20	Die 1000 Jahre
21,1–22,6	Das neue Jerusalem
22,7-21	Jesus kommt bald

3–5
Brief an die Gemeinde in Laodizea. Gott wird im Himmel von verschiedenen Wesen angebetet.
Eine Schriftrolle, die niemand öffnen kann.

[Gottes Königsherrschaft und der Messias]

gen, zu kommen und sich vor deinen Füßen niederzuwerfen. Sie werden erkennen, dass ich dich geliebt habe.
¹⁰Weil du meinen Befehl befolgt hast, geduldig zu warten, werde ich dich vor der schweren Zeit der Prüfung beschützen, die über die ganze Welt kommen wird, um alle zu prüfen, die auf dieser

Offenbarung 4,9-11

Die Antwort des Menschen
Dem Seher wird ein Blick in den Thronsaal Gottes gewährt. Er sieht strahlende Edelsteine, leuchtende Regenbogen, festliche Kleidung und goldene Kronen. Er sieht Blitz und Donner und ein Meer aus Kristallglas. Das ist jedoch nur die äußere Ausstattung. Im Mittelpunkt steht ein Thron und Gott der Schöpfer sitzt darauf. Um ihn herum stehen Vertreter der ganzen Schöpfung, Lebewesen und Menschen und alle beten Gott an.
In diesem Bild geht es vor allem um die Anbetung Gottes, nicht nur in der Zukunft und nicht nur von schon verstorbenen Menschen. Das Bild veranschaulicht, was täglich oder wöchentlich geschieht, wenn Gottes Kinder sich treffen, um Gott anzubeten. Aus unserer Sicht erscheinen uns unsere Gottesdienste wohl oft dürftig und unvollkommen. Aber aus der himmlischen Sicht gesehen sind wir jetzt schon Teil eines himmlischen Chores, der zusammen mit den Heiligen aller Zeiten Gott lobt und preist: »Du bist würdig, unser Herr und Gott, Herrlichkeit und Ehre und Macht entgegenzunehmen.«
(Markus 13,13 ‹‹‹)

Offenbarung 5,1-7

Gott redet
Offenbarung 4 und 5 stellen die zentrale Botschaft dieses letzten Bibelbuches dar. Der lebendige Gott sitzt auf dem Thron und wird das letzte Wort der Weltgeschichte haben. Er gewinnt! Alle Feinde werden ihm unterworfen oder beseitigt werden. Das geschlachtete Lamm – Jesus – wird auf dem Thron sitzen: er, der durch sein aufopferndes Leben und seinen stellvertretenden Tod zum Sieger wurde, und mit ihm alle, die dem geschlachteten Lamm folgen (Offb 3,21). Wer zu Jesus gehört, ist auf der Seite des Siegers. Diesem gebührt die Ehre. Er ist würdig, die versiegelte Schriftrolle zu öffnen, also die Entfaltung der Weltgeschichte zu enthüllen und diese zu ihrem Ziel zu bringen.
Damals wurden verfolgte Christen getröstet, die unter der oft teuflischen und abgöttischen Macht des Römischen Reiches litten. Sie gewannen neuen Mut, standhaft zu sein und voller Hoffnung auf Gottes endgültigen Sieg zu warten. Dieser Text kann für uns das Gleiche tun, wenn wir zuhören, wie Gott heute noch durch ihn redet.
(Offenbarung 1,10-16 ‹‹‹)

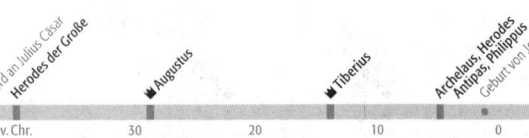

Erde leben. ¹¹Ja, ich komme bald! Halte an dem fest, was du hast, damit dir niemand deinen Siegeskranz nimmt! ¹²Wer siegreich ist, den werde ich zu einer Säule im Tempel meines Gottes machen, und er wird ihn nie verlassen müssen. Ich werde ihn mit dem Namen meines Gottes kennzeichnen, und er wird Bürger in der Stadt meines Gottes sein – in dem neuen Jerusalem, das von meinem Gott aus dem Himmel herabkommt. Und mein neuer Name wird auf ihm geschrieben stehen. ¹³Wer bereit ist zu hören, der höre auf das, was der Geist den Gemeinden sagt!

Die Botschaft an die Gemeinde in Laodizea

¹⁴Schreibe diesen Brief dem Engel der Gemeinde in Laodizea. Das ist die Botschaft dessen, der das Amen ist – der treue und wahrhaftige Zeuge, der Anfang der Schöpfung Gottes:

¹⁵Ich weiß alles, was du tust und dass du weder heiß noch kalt bist. Ich wünschte, du wärest entweder das eine oder das andere! ¹⁶Aber da du wie lauwarmes Wasser* bist, werde ich dich aus meinem Mund ausspucken! ¹⁷Du sagst: »Ich bin reich. Ich habe alles, was ich will. Ich brauche nichts!« Und du merkst nicht, dass du erbärmlich und bemitleidenswert und arm und blind und nackt bist. ¹⁸Ich rate dir, von mir Gold zu kaufen, das im Feuer gereinigt wurde. Dann wirst du reich sein. Und kaufe auch weiße Kleider, damit du dich bekleiden kannst und dich wegen deiner Nacktheit nicht schämen musst. Und kaufe Salbe für deine Augen, damit du sehen kannst. ¹⁹Wen ich liebe, den weise ich zurecht und erziehe ihn streng. Bleibe nicht gleichgültig, sondern kehre um!

²⁰Siehe, ich stehe vor der Tür und klopfe an. Wenn jemand mich rufen hört und die Tür öffnet, werde ich eintreten, und wir werden miteinander essen. ²¹Ich werde jeden, der siegreich ist, einladen, mit mir auf meinem Thron zu sitzen, so wie ich siegreich war und mich mit meinem Vater auf seinen Thron gesetzt habe. ²²Wer bereit ist zu hören, der höre auf das, was der Geist den Gemeinden sagt!«

Anbetung im Himmel

4 Als ich dann aufschaute, sah ich im Himmel eine Tür offen stehen, und dieselbe Stimme, die sich zuvor wie eine Posaune angehört hatte, sprach zu mir: »Komm hier herauf, und ich werde dir zeigen, was nach diesen Dingen noch geschehen muss.« ²Und im selben Augenblick sah ich im Geist einen Thron im Himmel, auf dem jemand saß. ³Und der auf dem Thron saß, war so strahlend wie Edelsteine – wie Jaspis und Karneol. Und ein Glanz wie der eines Smaragds umleuchtete seinen Thron wie ein Regenbogen. ⁴Rings um den Thron standen vierundzwanzig Throne, auf denen vierundzwanzig Älteste saßen. Sie trugen alle weiße Kleider und hatten goldene Kronen auf ihren Köpfen. ⁵Und von dem Thron gehen Blitze, Stimmen und Donner aus. Vor dem Thron befinden sich sieben Fackeln mit brennenden Flammen. Das sind die sieben Geister Gottes. ⁶Vor dem Thron sah ich ein glänzendes Meer aus Glas, das wie Kristall funkelte.

In der Mitte und um den Thron stehen vier lebendige Wesen, voller Augen vorne und hinten. ⁷Das erste dieser lebendigen Wesen sieht aus wie ein Löwe, das zweite wie ein junger Stier. Das dritte lebendige Wesen hat ein Gesicht wie ein Mensch und das vierte gleicht einem fliegenden Adler. ⁸Jedes dieser lebendigen Wesen hat sechs Flügel, die innen und außen voller Augen waren. Tag für Tag und Nacht für Nacht hören sie nicht auf zu rufen:

»Heilig, heilig, heilig ist der Herr, Gott, der Allmächtige, der immer war, der ist und der noch kommen wird.«

⁹Immer wenn die lebendigen Wesen dem, der auf dem Thron sitzt und in alle Ewigkeit lebt, Herrlichkeit und Ehre und Dank bringen, ¹⁰fallen die vierundzwanzig Ältesten nieder vor dem, der auf dem Thron sitzt, und beten den an, der in alle Ewigkeit lebt. Und sie legen ihre Kronen vor den Thron und sagen:

¹¹»Du bist würdig, unser Herr und Gott, Herrlichkeit und Ehre und Macht entgegenzunehmen. Denn du hast alle Dinge geschaffen; weil du es wolltest, sind sie da und wurden sie geschaffen.«

Das Lamm öffnet die Schriftrolle

5 Und ich sah eine Schriftrolle in der rechten Hand dessen, der auf dem Thron saß. Sie war innen und außen beschrieben und mit sieben Siegeln versiegelt. ²Und ich sah einen starken Engel, der mit lauter Stimme rief: »Wer ist würdig, die Siegel dieser Schriftrolle zu brechen und sie zu öffnen?« ³Aber niemand im Himmel oder auf der Erde oder unter der Erde konnte die Schriftrolle öffnen und lesen.

⁴Da weinte ich, weil man niemanden finden konnte, der würdig war, die Schriftrolle zu öffnen und sie zu lesen. ⁵Aber einer der Ältesten

---

3,16 Griech. *lauwarm bist.*

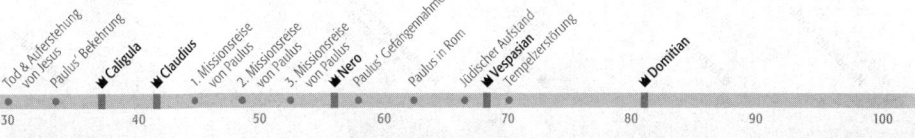

DIE OFFENBARUNG

1	Einführung
2–3	Botschaften an die sieben Gemeinden
4–5	Vision vom Thron Gottes
6–11	Die sieben Siegel und Posaunen
12–14	Die Gegner Gottes
15–16	Die sieben Schalen voller Plagen
17–18	Der Sturz der Hure Babylon
19	Der Sieg des Reiters
20	Die 1000 Jahre
21,1–22,6	Das neue Jerusalem
22,7-21	Jesus kommt bald

5–7
Das geschlachtete Lamm ist würdig, die Schriftrolle zu öffnen. Beim Öffnen jedes der sechs Siegel geschehen gewaltige Dinge. Gottes Volk bekommt sein Siegel.

[Gottes Königsherrschaft und der Messias]

sagte zu mir: »Weine nicht! Siehe, der Löwe aus dem Stamm Juda, der Erbe* aus der Wurzel Davids, hat gesiegt. Er ist würdig, die Schriftrolle zu öffnen und ihre sieben Siegel zu brechen.«

⁶Und ich sah ein Lamm, das wie geschlachtet aussah. Es stand zwischen dem Thron und den vier lebendigen Wesen und inmitten der vierundzwanzig Ältesten und hatte sieben Hörner und sieben Augen. Das sind die sieben Geister Gottes, die in alle Teile der Erde ausgesandt worden sind. ⁷Es trat vor und nahm die Schriftrolle aus der rechten Hand dessen, der auf dem Thron saß. ⁸Und als es die Schriftrolle nahm, fielen die vier lebendigen Wesen und die vierundzwanzig Ältesten vor dem Lamm nieder. Jeder von ihnen hatte eine Harfe, und sie hielten goldene Schalen in den Händen, die mit Weihrauch gefüllt waren. Der Weihrauch sind die Gebete derer, die zu Gott gehören*!

⁹Und sie sangen ein neues Lied mit folgenden Worten:

»Du bist würdig, die Schriftrolle zu nehmen und ihre Siegel zu öffnen. Denn du wurdest als Opfer geschlachtet, und dein Blut hat Menschen für Gott freigekauft, Menschen aus jedem Stamm und jeder Sprache und jedem Volk und jeder Nation. ¹⁰Du hast sie für Gott zu einem Königreich und zu seinen Priestern gemacht. Und sie werden auf der Erde regieren.«

5,5 Griech. *der Spross.*   5,8 Griech. *der Heiligen.*

Offenbarung 5,2-5

Erwählung
Wir werden hier zu Zuschauern eines Geschehens um den himmlischen Thron Gottes herum. Gesucht wird jemand, der würdig genug ist, um eine Schriftrolle zu öffnen. Diese Schriftrolle ist wohl ein Zeichen der Königswürde (wie in 2Kön 11,12). Zugleich entfaltet sich von ihr her in geheimnisvoller Weise das Schicksal der Welt (vgl. 6,1–8,2).
Innerhalb der Vorstellungskraft der menschlichen und der himmlischen Welt gibt es niemanden, der diese Rolle öffnen und so die Königsherrschaft empfangen könnte. Keiner erreicht die erforderliche Würde.
Wenn dann doch noch jemand gefunden wird, muss das eine völlig außergewöhnliche Gestalt sein, in nichts mit anderen zu vergleichen. Das ist Christus, der hier im Bild des geschlachteten Lammes erscheint. Seine Hoheit ist völlig überragend – gerade weil er sich geopfert hat. Seine Würde liegt auch in seinen Wunden.
(Offenbarung 1,17-18 « | » Offenbarung 22,16)

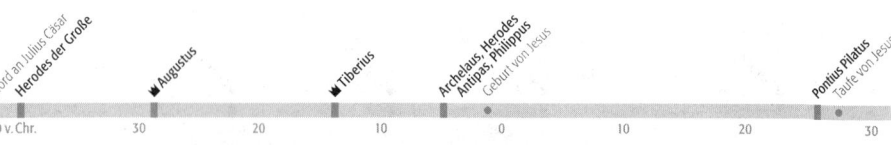

¹¹Dann sah ich wieder Tausende und Abertausende von Engeln um den Thron und um die lebendigen Wesen und die Ältesten und hörte ihr Singen. ¹²Und sie sangen in einem gewaltigen Chor:

»Würdig ist das Lamm, das geschlachtet worden ist. Es ist würdig, Macht und Reichtum entgegenzunehmen und Weisheit und Stärke und Ehre und Herrlichkeit und Lob.«

¹³Und dann hörte ich, wie alle Geschöpfe im Himmel und auf der Erde und unter der Erde und im Meer sangen:

»Lob und Ehre und Herrlichkeit und Macht stehen dem zu, der auf dem Thron sitzt, und dem Lamm für immer und ewig.«

¹⁴Und die vier lebendigen Wesen sagten: »Amen!« Und die vierundzwanzig Ältesten fielen nieder und beteten an.

Das Lamm bricht die ersten sechs Siegel

6 Da sah ich, wie das Lamm das erste der sieben Siegel der Schriftrolle öffnete. Dann rief eines der lebendigen Wesen mit einer Stimme, die wie Donner klang: »Komm!« ²Ich blickte auf und sah ein weißes Pferd. Sein Reiter trug einen Bogen und ihm wurde ein Siegeskranz gegeben. Er ritt triumphierend hinaus, um den Sieg zu erringen.

³Als das Lamm das zweite Siegel öffnete, hörte ich das zweite lebendige Wesen sagen: »Komm!« ⁴Da erschien ein anderes, ein feuerrotes Pferd. Seinem Reiter wurde ein mächtiges Schwert gereicht und die Macht gegeben, den Frieden von der Erde wegzunehmen, damit sich die Menschen gegenseitig vernichteten.

⁵Als das Lamm das dritte Siegel öffnete, hörte ich das dritte lebendige Wesen sagen: »Komm!« Ich blickte auf und sah ein schwarzes Pferd, dessen Reiter eine Waage in der Hand hielt. ⁶Und etwas wie eine Stimme sprach von dort aus der Mitte der vier lebendigen Wesen: »Ein Laib Weizenbrot oder drei Laib Gerste für einen Tagelohn.* Und verschwende* das Olivenöl und den Wein nicht!«

⁷Und als das Lamm das vierte Siegel öffnete, hörte ich das vierte lebendige Wesen sagen: »Komm!« ⁸Und ich blickte auf und sah ein Pferd, dessen Farbe fahl war. Und sein Reiter hieß »Tod« und das Totenreich folgte ihm. Sie erhielten Macht über ein Viertel der Erde, um durch Schwert und Hunger, tödliche Krankheit und wilde Tiere zu töten.

⁹Und als das Lamm das fünfte Siegel brach, sah ich unter dem Altar die Seelen aller, die getötet worden waren, weil sie am Wort Gottes und an ihrem Bekenntnis zu Christus festgehalten hatten. ¹⁰Mit lauter Stimme riefen sie: »Heiliger und wahrhaftiger Herr, wie lange wird es noch dauern, bis du die Menschen, die dieser Welt angehören, für das Unrecht richtest, das sie uns zugefügt haben?« ¹¹Da wurde jedem von ihnen ein weißes Gewand gegeben. Und es wurde ihnen gesagt, sie sollten noch eine kleine Weile Geduld haben, denn auch unter ihren Brüdern, die wie sie Christus dienten, gibt es noch einige, die zuvor noch für ihren Glauben sterben müssen.

¹²Ich blickte auf, als das Lamm das sechste Siegel brach, und es gab ein großes Erdbeben. Die Sonne wurde so dunkel wie ein schwarzes Tuch, und der Mond wurde so rot wie Blut. ¹³Dann fielen die Sterne des Himmels auf die Erde, so wie Feigen durch einen starken Wind vom Baum geschüttelt werden. ¹⁴Und der Himmel verschwand, so wie eine Schriftrolle zusammengerollt wird, und alle Berge und alle Inseln verschwanden mit ihm. ¹⁵Da versteckten sich die Könige der Erde, die Herrscher, die Befehlshaber, die Reichen, die Machthaber und auch alle Sklaven und Freien in den Höhlen und zwischen den Felsen der Berge. ¹⁶Und sie riefen den Bergen und den Felsen zu: »Fallt auf uns und verbergt uns vor dem Angesicht dessen, der auf dem Thron sitzt, und vor dem Zorn des Lammes. ¹⁷Denn der große Tag ihres Zorns ist gekommen, und wer wird ihn überleben?«

Gottes Volk wird bewahrt werden

7 Dann sah ich vier Engel an den vier Enden der Erde stehen. Sie hinderten die vier Winde daran, über die Erde zu wehen, damit auf der Erde, über dem Meer und in den Bäumen kein Wind wehte. ²Und ich sah einen anderen Engel vom Osten her kommen, der das Siegel des lebendigen Gottes trug. Und er rief diesen vier Engeln, denen die Macht gegeben worden war, dem Land und dem Meer Schaden zuzufügen, mit lauter Stimme zu: ³»Wartet! Zerstört nicht das Land oder das Meer oder die Bäume, bis wir den Dienern Gottes sein Siegel auf die Stirn gedrückt haben!«

⁴Und ich erfuhr, wie viele Menschen das Siegel Gottes erhielten. Es waren hundertvierundvierzigtausend aus allen Stämmen Israels, die das Siegel erhielten: ⁵aus Juda zwölftausend, aus

---

6,6a Griech. *Einen Choinix Weizen für einen Denar und drei Choinix Gerste für einen Denar* (ein Choinix war ein Getreidemaß). **6,6b** O. *beschädige*.

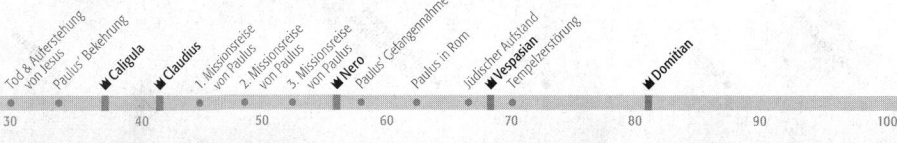

DIE OFFENBARUNG

1	Einführung
2–3	Botschaften an die sieben Gemeinden
4–5	Vision vom Thron Gottes
6–11	Die sieben Siegel und Posaunen
12–14	Die Gegner Gottes
15–16	Die sieben Schalen voller Plagen
17–18	Der Sturz der Hure Babylon
19	Der Sieg des Reiters
20	Die 1000 Jahre
21,1–22,6	Das neue Jerusalem
22,7-21	Jesus kommt bald

7–9
Das Lamm wird angebetet und öffnet das letzte Siegel. Die ersten sechs Posaunen werden geblasen und gewaltiges Unheil kommt über die Erde.

[Die Vollendung: Gott alles in allem]

Ruben zwölftausend, aus Gad zwölftausend, ⁶aus Asser zwölftausend, aus Naftali zwölftausend, aus Manasse zwölftausend, ⁷aus Simeon zwölftausend, aus Levi zwölftausend, aus Issachar zwölftausend, ⁸aus Sebulon zwölftausend, aus Josef zwölftausend, aus Benjamin zwölftausend.

Der Lobpreis der Menge
⁹Danach sah ich eine riesige Menschenmenge – viel zu groß, um sie zählen zu können – aus allen Nationen und Stämmen und Völkern und Sprachen vor dem Thron und vor dem Lamm stehen. Sie waren mit weißen Gewändern bekleidet und hielten Palmzweige in ihren Händen. ¹⁰Und sie riefen laut: »Die Rettung kommt von unserem Gott, der auf dem Thron sitzt, und von dem Lamm!«

¹¹Und alle Engel standen rings um den Thron und um die Ältesten und die vier lebendigen Wesen. Und sie fielen vor dem Thron nieder und beteten Gott an. ¹²Sie riefen: »Amen! Lob und Herrlichkeit und Weisheit und Dank und Ehre und Macht und Stärke gehören unserem Gott für immer und ewig. Amen!«

¹³Dann fragte mich einer der vierundzwanzig Ältesten: »Wer sind diese, die in Weiß gekleidet sind? Woher kommen sie?«

¹⁴Und ich sagte zu ihm: »Mein Herr, du weißt es.«

Da sagte er zu mir: »Das sind diejenigen, die aus der großen Prüfung kommen. Sie haben ihre Kleider im Blut des Lammes gewaschen und weiß gemacht. ¹⁵Deshalb stehen sie nun vor dem Thron Gottes und dienen ihm Tag und Nacht in seinem Tempel. Und er, der auf dem Thron sitzt, wird über ihnen wohnen. ¹⁶Sie werden nie wieder hungern oder Durst leiden, und sie werden vor der brennenden Sonne und jeder Gluthitze geschützt sein. ¹⁷Denn das Lamm, das in der Mitte auf dem Thron ist, wird ihr Hirte sein und für sie sorgen. Es wird sie zu den Quellen führen, aus denen das Wasser des Lebens strömt. Und Gott wird alle ihre Tränen abwischen.«

Das Lamm bricht das siebte Siegel

8 Als das Lamm das siebte Siegel öffnete, herrschte etwa eine halbe Stunde lang Stille im Himmel. ²Und ich sah die sieben Engel, die vor Gott stehen, und es wurden ihnen sieben Posaunen gegeben.

³Dann kam ein anderer Engel mit einer goldenen Räucherpfanne und trat vor den Altar. Ihm wurde viel Räucherwerk gegeben, damit er es mit

den Gebeten derer, die zu Gott gehören*, auf dem goldenen Altar vor dem Thron darbringe. ⁴Der Rauch des Räucherwerks stieg mit ihren Gebeten von dem Altar, auf den der Engel sie ausgegossen hatte, zu Gott auf. ⁵Dann füllte der Engel die Räucherpfanne mit Feuer vom Altar und warf sie auf die Erde; da donnerte und blitzte es, und die Erde erbebte.

Die ersten vier Posaunen

⁶Dann machten sich die sieben Engel bereit, um in ihre Posaunen zu blasen.

⁷Als der erste Engel in seine Posaune blies, wurden Hagel und Feuer, mit Blut vermischt, auf die Erde geschleudert, und ein Drittel der Erde geriet in Brand. Ein Drittel der Bäume und alles Gras verbrannte.

⁸Dann blies der zweite Engel in seine Posaune, und etwas wie ein großer Berg aus Feuer wurde ins Meer geworfen. Da wurde ein Drittel des Meerwassers zu Blut. ⁹Ein Drittel aller Lebewesen des Meeres starb, und ein Drittel der Schiffe auf dem Meer wurde zerstört.

¹⁰Dann blies der dritte Engel in seine Posaune, und ein großer Stern fiel vom Himmel, der wie eine Fackel brannte und auf ein Drittel der Flüsse und Wasserquellen stürzte. ¹¹Der Name des Sterns lautete »Bitterkeit«*. Er ließ ein Drittel des Wassers bitter werden, und viele Menschen starben, weil das Wasser bitter geworden war.

¹²Dann blies der vierte Engel in seine Posaune, und ein Drittel der Sonne, ein Drittel des Mondes und ein Drittel der Sterne wurde ausgelöscht. Und ein Drittel des Tages und auch ein Drittel der Nacht wurden dunkel.

¹³Dann blickte ich auf und hörte einen Adler, der hoch oben am Himmel flog, laut schreien: »Unheil, Unheil, Unheil über alle, die auf dieser Erde wohnen, durch das, was geschehen wird, wenn die letzten drei Engel ihre Posaunen erklingen lassen!«

Die fünfte Posaune bringt das erste Unheil

9 Dann blies der fünfte Engel in seine Posaune, und ich sah einen Stern, der vom Himmel auf die Erde gefallen war; ihm wurde der Schlüssel zum Schacht des Abgrunds gegeben. ²Als er ihn öffnete, stieg Qualm aus dem Schacht wie aus einem riesigen Ofen, und die Sonne und die Luft wurden von dem Rauch verdunkelt.

³Dann kamen Heuschrecken aus dem Rauch heraus und ließen sich auf der Erde nieder; ihnen wurde Macht gegeben, wie Skorpione zu stechen. ⁴Sie wurden angewiesen, nicht dem Gras oder den Pflanzen oder den Bäumen Schaden zuzufügen, sondern die Menschen anzugreifen, die nicht das Siegel Gottes an ihrer Stirn trugen. ⁵Es wurde ihnen befohlen, diese Menschen nicht zu töten, sondern sie fünf Monate lang mit Schmerzen zu quälen, wie sie beim Stich eines Skorpions auftreten. ⁶In diesen Tagen werden die Menschen den Tod suchen, ihn aber nicht finden. Sie werden sich danach sehnen zu sterben, aber der Tod wird vor ihnen fliehen!

⁷Die Heuschrecken sahen aus wie zum Kampf gerüstete Pferde. Sie trugen auf den Köpfen etwas, das wie goldene Kronen aussah, und hatten menschliche Gesichter. ⁸Ihr Haar war lang wie Frauenhaar, und ihre Zähne glichen den Zähnen eines Löwen. ⁹Sie trugen etwas wie eiserne Rüstungen, und ihre Flügel lärmten wie ein Heer von Streitwagen, die in den Krieg rollen. ¹⁰Sie hatten Schwänze und Stacheln wie Skorpione, und darin die Macht, die Menschen fünf Monate lang zu quälen. ¹¹Ihr König ist der Engel aus dem Abgrund; sein Name lautet auf Hebräisch Abaddon und auf Griechisch Apollyon – der Zerstörer.

¹²Das erste Verderben ist vorüber, doch es kommen noch zwei weitere!

Die sechste Posaune bringt das zweite Unheil

¹³Dann blies der sechste Engel in seine Posaune, und ich hörte eine Stimme aus den vier Hörnern des goldenen Altars, der vor Gott steht. ¹⁴Die Stimme sprach zu dem sechsten Engel, der die Posaune hielt: »Lass die vier Engel frei, die am großen Euphratstrom gefesselt sind!« ¹⁵Und die vier Engel, die für diese Stunde und diesen Tag und diesen Monat und dieses Jahr bereitgehalten worden waren, wurden freigelassen, um ein Drittel aller Menschen auf der Erde zu töten. ¹⁶Sie führten eine Armee von zweihundert Millionen berittenen Soldaten an – ich hörte, wie ihre Zahl genannt wurde.

¹⁷Und in meiner Vision sah ich die Pferde und die Reiter, die auf ihnen saßen. Die Reiter trugen eine feuerrote und dunkelblaue und schwefelgelbe Rüstung. Die Köpfe der Pferde sahen aus wie Löwenköpfe, und aus ihren Mäulern kamen Feuer und Rauch und brennender Schwefel. ¹⁸Ein Drittel aller Menschen auf der Erde wurde durch diese drei Plagen getötet – durch das Feuer und den Rauch und den brennenden Schwefel, die aus den Mäulern der Pferde kamen. ¹⁹Ihre Macht lag in ihren Mäulern, aber

---

8,3 Griech. *der Heiligen.* **8,11** Griech. *Wermut.*

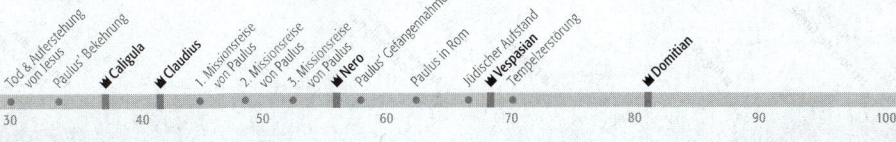

DIE OFFENBARUNG

1	Einführung
2–3	Botschaften an die sieben Gemeinden
4–5	Vision vom Thron Gottes
6–11	Die sieben Siegel und Posaunen
12–14	Die Gegner Gottes
15–16	Die sieben Schalen voller Plagen
17–18	Der Sturz der Hure Babylon
19	Der Sieg des Reiters
20	Die 1000 Jahre
21,1–22,6	Das neue Jerusalem
22,7-21	Jesus kommt bald

9–11
Johannes sieht einen Engel mit einer Schriftrolle. Über das Auftreten der zwei Propheten. Die siebte Posaune wird geblasen und die Ältesten beten.

[Gottes Königsherrschaft und der Messias]

auch in ihren Schweifen, denn ihre Schweife hatten Köpfe wie Schlangen, und mit ihnen konnten sie Menschen verletzen.
²⁰Aber die Menschen, die nicht durch diese Plagen starben, dachten dennoch nicht daran, von ihrem falschen Weg umzukehren. Sie beteten weiter Dämonen und Götzenbilder aus Gold, Silber, Bronze, Stein und Holz an – Götzen, die weder sehen noch hören noch gehen! ²¹Und sie kehrten nicht um und hörten nicht auf, zu morden, Zauberei zu betreiben, sich der Unzucht hinzugeben oder zu stehlen.

Der Engel und die kleine Schriftrolle

10 Dann sah ich einen anderen mächtigen Engel vom Himmel herabkommen. Er war von einer Wolke umgeben, und ein Regenbogen leuchtete über seinem Kopf. Sein Gesicht strahlte wie die Sonne, und seine Füße waren wie Feuersäulen. ²In seiner Hand befand sich eine kleine Schriftrolle, die er aufgerollt hatte. Er stand mit seinem rechten Fuß auf dem Meer und mit seinem linken Fuß auf festem Boden. ³Und er gab einen lauten Schrei von sich, wie das Brüllen eines Löwen. Als er geschrien hatte, antworteten die sieben Donner mit ihrer Stimme.
⁴Als die sieben Donner geantwortet hatten, wollte ich gerade anfangen, es niederzuschreiben. Aber eine Stimme aus dem Himmel rief

Offenbarung 11,19

Bundesschlüsse
Wenn wir weit vorwärts in Gottes Geschichte springen und Einblick bekommen, welche Wirklichkeit in Gottes Gegenwart herrscht, dann hat Gott zwischenzeitlich weitere Bundesschlüsse geschenkt: den mit David und den neuen Bund in Jesus Christus. Der Sinaibund ist dadurch aber nicht ersetzt oder bedeutungslos geworden. Was Gott mit ihm schenken wollte, ist im neuen Bund aufgenommen, vertieft und ausgeweitet.
Dennoch hat der Bundesschluss vom Sinai seinen besonderen Platz vor Gott. Der Tempel im Himmel – in der unsichtbaren Welt Gottes – enthält auch die Bundeslade und damit die Gesetzestafeln und das Bundesbuch: die Zeichen des Bundesschlusses vom Sinai.
Die Kostbarkeit des Sinaibundes und die Wertschätzung durch Gott wird mit diesem prophetischen Bild eindrucksvoll gezeigt. Der Bund ist vor Gott so lange gegenwärtig, bis es in der neuen Welt Gottes gar keinen Tempel mehr geben wird (Offb 21,22).
(Esra 10,3 ‹‹ | ›› 2. Samuel 7,11-16)

mir zu: »Halte geheim, was die sieben Donner gesagt haben. Schreibe es nicht auf!«

⁵Dann hob der mächtige Engel, der auf dem Meer und dem Festland stand, seine rechte Hand zum Himmel. ⁶Und er schwor einen Eid beim Namen dessen, der in alle Ewigkeit lebt und der den Himmel mit allem, was darin ist, die Erde mit allem, was auf ihr ist, und das Meer mit allem, was darin ist, geschaffen hat. Er sagte: »Gott wird nicht länger warten. ⁷Sondern wenn der siebte Engel seine Posaune erklingen lässt, wird Gottes verborgener Plan erfüllt werden. Es wird genau so geschehen, wie er es seinen Dienern, den Propheten, verkündet hat.«

⁸Dann sprach die Stimme aus dem Himmel wieder mit mir: »Geh und nimm die geöffnete Schriftrolle von dem Engel entgegen, der auf dem Meer und dem Festland steht!«

⁹Da trat ich zu ihm und bat ihn, mir die Schriftrolle zu geben. Und er sagte zu mir: »Ja, nimm sie und iss sie. Zuerst wird sie in deinem Mund süß wie Honig schmecken, aber nachdem du sie heruntergeschluckt hast, wird sie dir bitter im Magen liegen!« ¹⁰Ich nahm die kleine Schriftrolle aus der Hand des Engels und aß sie. Und sie schmeckte süß in meinem Mund, aber in meinem Magen war sie bitter. ¹¹Dann sagte jemand zu mir: »Du musst noch weiter prophetisch reden über viele Völker, Nationen, Sprachen und Könige.«

Die zwei Zeugen

11 Dann wurde mir eine Art Messlatte gereicht und jemand sagte zu mir: »Geh und miss den Tempel Gottes und den Altar und zähle die Betenden! ²Den äußeren Hof sollst du jedoch nicht messen, denn er wurde den anderen Völkern überlassen. Und sie werden die heilige Stadt zweiundvierzig Monate lang verwüsten. ³Doch ich werde meinen beiden Zeugen den Auftrag geben, und sie werden in Säcken gekleidet sein und eintausendzweihundertundsechzig Tage lang prophetisch reden.«

⁴Diese zwei Propheten sind die zwei Ölbäume und die zwei Leuchter, die vor dem Herrn der ganzen Erde stehen. ⁵Wenn jemand versucht, ihnen zu schaden, flammt Feuer aus ihrem Mund und vernichtet ihre Feinde. So wird jeder getötet, der versucht, ihnen zu schaden. ⁶Sie haben die Macht, den Himmel zu verschließen, sodass es nicht regnet, solange sie prophetisch reden. Und sie haben Macht, Wasser in Blut zu verwandeln und alle Arten von Plagen über die Erde zu schicken, so oft sie wollen.

⁷Und wenn sie ihren Auftrag erfüllt haben, wird das Tier, das aus dem Abgrund heraufkommt, ihnen den Krieg erklären. Es wird sie besiegen und töten. ⁸Und ihre Leichname werden in der großen Stadt auf der Straße liegen – in der Stadt, die »Sodom« und »Ägypten« genannt wird, in der Stadt, in der ihr Herr gekreuzigt wurde. ⁹Und dreieinhalb Tage lang werden Menschen aus allen Völkern und Stämmen, Sprachen und Nationen herbeiströmen, um ihre Leichname zu sehen. Und es wird niemandem erlaubt werden, sie zu begraben. ¹⁰Alle Menschen, die auf der Erde wohnen, werden sich freuen und einander Geschenke machen, um den Tod der zwei Propheten zu feiern, die sie gequält hatten.

¹¹Doch nach dreieinhalb Tagen wird der Geist des Lebens von Gott in sie kommen, und sie werden sich wieder erheben! Entsetzen überkommt dann alle, die sie sehen. ¹²Dann ruft eine laute Stimme vom Himmel: »Kommt hier herauf!« Und sie werden vor den Augen ihrer Feinde in einer Wolke zum Himmel aufsteigen.

¹³Und in derselben Stunde wird es ein großes Erdbeben geben, das ein Zehntel der Stadt zerstört. Siebentausend Menschen werden bei diesem Erdbeben sterben. Und wer nicht stirbt, erschrickt voller Angst und ehrt den Gott des Himmels.

¹⁴Das zweite Unheil ist vorüber, doch jetzt kommt bald das dritte.

Die siebte Posaune bringt das dritte Unheil

¹⁵Dann blies der siebte Engel in seine Posaune, und laute Stimmen riefen im Himmel: »Die ganze Erde ist jetzt zum Reich unseres Herrn und seines Christus geworden, und er wird in alle Ewigkeit herrschen.«

¹⁶Und die vierundzwanzig Ältesten, die vor Gott auf ihren Thronen saßen, fielen vor ihm nieder und beteten Gott an. ¹⁷Und sie riefen:

»Wir danken dir, Herr, Gott, Allmächtiger, der ist und der immer war, denn jetzt hast du von deiner großen Macht Gebrauch gemacht und deine Herrschaft angetreten. ¹⁸Die Völker waren zornig auf dich, doch jetzt ist die Zeit deines Zorns gekommen. Jetzt ist die Zeit, die Toten zu richten und deine Diener zu belohnen. Du wirst deine Propheten und alle, die zu dir gehören*, belohnen, alle, die deinen Namen fürchten, vom Geringsten bis zum Größten. Und du wirst alle vernichten, die Vernichtung über die Erde gebracht haben.«

11,18 Griech. *die Heiligen*.

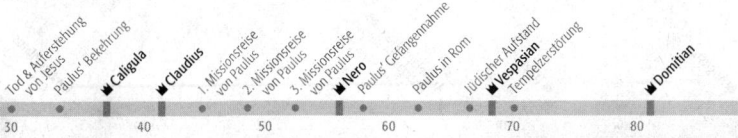

DIE OFFENBARUNG

1	Einführung
2–3	Botschaften an die sieben Gemeinden
4–5	Vision vom Thron Gottes
6–11	Die sieben Siegel und Posaunen
12–14	Die Gegner Gottes
15–16	Die sieben Schalen voller Plagen
17–18	Der Sturz der Hure Babylon
19	Der Sieg des Reiters
20	Die 1000 Jahre
21,1–22,6	Das neue Jerusalem
22,7-21	Jesus kommt bald

11–13
Die Jagd des Drachen auf eine Frau und ihr Kind. Ein Tier aus dem Meer tritt auf. Danach folgt ein Tier aus der Erde.

[Gottes Königsherrschaft und der Messias]

¹⁹Dann wurde im Himmel der Tempel Gottes geöffnet, und die Lade seines Bundes war in seinem Tempel zu sehen. Blitze zuckten und Donner grollten; es gab einen schrecklichen Hagelsturm, und die Welt wurde von einem Erdbeben erschüttert.

Die Frau und der Drache

12 Dann erschien ein großes Zeichen am Himmel. Ich sah eine Frau, die mit der Sonne bekleidet war, den Mond unter ihren Füßen hatte und eine Krone aus zwölf Sternen auf ihrem Kopf trug. ²Sie war schwanger und schrie vor Schmerzen, denn die Wehen hatten bereits begonnen und die Geburt ihres Kindes stand kurz bevor.
³Dann erschien noch ein anderes Zeichen am Himmel. Ich sah einen großen roten Drachen mit sieben Köpfen und zehn Hörnern, der sieben Kronen auf seinen Köpfen trug. ⁴Sein Schwanz fegte ein Drittel der Sterne weg, die er auf die Erde warf. Er stand vor der Frau, die kurz davor war, ihr Kind zu gebären, um es gleich nach der Geburt zu verschlingen.
⁵Sie gebar einen Sohn, der alle Völker mit eisernem Stab regieren* sollte. Das Kind wurde zu Gott und seinem Thron hinaufgehoben. ⁶Die Frau floh in die Wüste, wo Gott einen Ort für

12,5 Griech. *weiden*.

Offenbarung 12,10-12

Gott befreit
Durch das Leben, den Tod und die Auferstehung von Jesus ist der Sieg über Satan gesichert. Nach diesem Text feiert die himmlische Welt jetzt schon den großen Sieg Gottes, auch wenn die Nachfolger von Jesus hier auf der Erde immer noch von der Schlange (d.h. dem Drachen, dem Teufel, Satan, siehe V. 9) verfolgt werden.
Wir leben in der Hoffnung, dass der Sieg des Lammes eines Tages die ganze Schöpfung umfassen wird. Jesus hat schon gesiegt und dieser Sieg gehört denen, die zu ihm gehören, schon jetzt. Sie sind sogar seine Mitkämpfer, die auch den Drachen besiegen: »Sie haben ihn durch das Blut des Lammes besiegt und dadurch, dass sie an der Botschaft Gottes festhielten und bereit waren zu sterben« (V. 11). Ob wir leben oder sterben, wir sind auf der Seite des Siegenden, der uns befreit hat. »Jetzt ist es geschehen: Die Rettung und die Kraft und das Reich unseres Gottes und die Macht seines Christus sind da!« (V. 10).
(Römer 8,20-23 ‹‹‹)

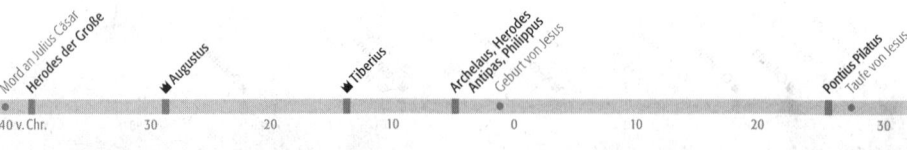

sie bereithielt, an dem eintausendzweihundertundsechzig Tage für sie gesorgt wurde.

⁷Dann kam es im Himmel zum Krieg. Michael und die Engel unter seinem Befehl kämpften gegen den Drachen und seine Engel. ⁸Der Drache verlor den Kampf und wurde aus dem Himmel vertrieben. ⁹Dieser große Drache – die alte Schlange, die Teufel genannt wird oder Satan oder der, der die ganze Welt verführt – wurde mit all seinen Engeln auf die Erde geworfen.

¹⁰Dann hörte ich eine laute Stimme durch den Himmel rufen:

»Jetzt ist es geschehen: Die Rettung und die Kraft und das Reich unseres Gottes und die Macht seines Christus sind da! Denn der Ankläger unserer Brüder, der sie Tag und Nacht vor unserem Gott verklagte, wurde auf die Erde hinabgeworfen. ¹¹Sie haben ihn durch das Blut des Lammes besiegt und dadurch, dass sie an der Botschaft Gottes festhielten und bereit waren zu sterben. ¹²Freut euch, ihr Himmel! Und ihr, die ihr in den Himmeln wohnt, jubelt! Doch über die Erde und das Meer wird Schrecken kommen. Denn der Teufel ist voller Zorn zu euch hinabgekommen, und er weiß, dass ihm nur wenig Zeit bleibt!«

¹³Und als der Drache erkannte, dass er auf die Erde hinabgeworfen worden war, verfolgte er die Frau, die das Kind zur Welt gebracht hatte. ¹⁴Aber es wurden ihr die beiden Flügel eines großen Adlers gegeben. So konnte sie an einen Ort fliegen, der in der Wüste für sie vorbereitet worden war, wo sie für dreieinhalb Jahre* versorgt wurde und vor dem Drachen* geschützt werden konnte.

¹⁵Dann versuchte der Drache, die Frau mit einer Flut zu ertränken, die er aus seinem Maul herauswarf. ¹⁶Aber die Erde half der Frau, indem sie ihren Mund öffnete und die Flut aus dem Maul des Drachen trank. ¹⁷Da wurde der Drache zornig über die Frau und erklärte ihren übrigen Kindern den Krieg – allen, die Gottes Gebote halten und bekennen, dass sie zu Christus gehören.

Das Tier aus dem Meer

¹⁸Und er stellte sich* an das Ufer des Meeres.

13 Und dann sah ich ein Tier aus dem Meer aufsteigen, das sieben Köpfe und zehn Hörner hatte. Und auf seinen Hörnern hatte es zehn Kronen. Und auf jedem Kopf stand ein Name, der Gott verspottete. ²Dieses Tier sah aus wie ein Panther, aber es hatte Bärentatzen und ein Löwenmaul! Und der Drache gab ihm seine Kraft und seinen Thron und große Macht.

³Ich sah, dass einer der Köpfe des Tieres offenbar tödlich verwundet war, aber die tödliche Wunde wurde geheilt. Die ganze Welt staunte über dieses Wunder und folgte dem Tier. ⁴Sie beteten den Drachen an, weil er dem Tier solche Macht gegeben hatte, und sie beteten das Tier an. »Wer kann sich mit dem Tier messen?«, sagten sie. »Wer kann mit ihm kämpfen?«

⁵Dann wurde dem Tier erlaubt, schreckliche Dinge und schlimme Lästerungen gegen Gott auszusprechen. Und es erhielt die Macht, zweiundvierzig Monate lang zu tun, was es wollte. ⁶Da stieß es Lästerungen gegen Gott aus und verhöhnte seinen Namen und sein Zelt und alle, die im Himmel wohnen. ⁷Und es wurde dem Tier erlaubt, Krieg gegen die Heiligen Gottes zu führen und sie zu besiegen. Und es erhielt Macht über alle Stämme und alle Völker und alle Sprachen und alle Nationen. ⁸Alle Menschen, die auf dieser Erde wohnen, werden es anbeten; alle, deren Namen nicht seit Erschaffung der Welt im Buch des Lebens aufgeschrieben sind – in dem Buch des Lammes, das geschlachtet wurde.

⁹Wer bereit ist zu hören, der höre und verstehe! ¹⁰Die Menschen, denen das Gefängnis bestimmt ist, werden in Gefangenschaft geführt werden. Diejenigen, denen der Tod durch das Schwert bestimmt ist, werden getötet werden. Dann benötigen jene, die zu Gott gehören,* Standhaftigkeit und Glauben.

Das Tier aus der Erde

¹¹Dann sah ich ein anderes Tier aus der Erde aufsteigen. Es hatte zwei Hörner wie ein Lamm und sprach mit der Stimme eines Drachen. ¹²Es hatte alle Macht des ersten Tieres und brachte alle, die dieser Welt angehören, dazu, das erste Tier anzubeten, dessen tödliche Wunde geheilt worden war. ¹³Es wirkte erstaunliche Wunder und ließ vor den Augen der Menschen Feuer vom Himmel auf die Erde regnen. ¹⁴Und mit den Wundern, die es mit der Erlaubnis des ersten Tieres tat, verführte es die Menschen, die auf der Erde wohnen. Es forderte sie auf, ein großes Standbild des ersten Tieres anzufertigen, das tödlich verwundet worden und wieder ins Leben zurückgekehrt war. ¹⁵Es wurde ihm gestattet, dem Standbild des Tieres Leben zu verleihen, sodass es

---

12,14a Griech. *eine Zeit, zwei Zeiten und eine halbe Zeit.* **12,14b** Griech. *der Schlange*; so auch in 12,15; siehe 12,9.
12,18 In manchen Handschriften heißt es *Dann stand ich ...* und manche Handschriften fügen diesen Satz in Vers 13,1 ein.
13,10 Griech. *die Heiligen.*

DIE OFFENBARUNG

1	Einführung
2–3	Botschaften an die sieben Gemeinden
4–5	Vision vom Thron Gottes
6–11	Die sieben Siegel und Posaunen
12–14	Die Gegner Gottes
15–16	Die sieben Schalen voller Plagen
17–18	Der Sturz der Hure Babylon
19	Der Sieg des Reiters
20	Die 1000 Jahre
21,1–22,6	Das neue Jerusalem
22,7-21	Jesus kommt bald

13–16

Das Lamm auf dem Berg Zion. Drei Engel verkünden Botschaften. Die Erde wird abgeerntet. Die sieben Schalen mit den sieben Plagen werden über der Erde ausgegossen.

[Gottes Königsherrschaft und der Messias]

sprechen konnte. Da befahl das Standbild des Tieres, jeden zu töten, der es nicht anbetete.

¹⁶Und das zweite Tier verlangte, dass jeder – ob groß oder klein, reich oder arm, Freier oder Sklave – sich ein Zeichen auf die rechte Hand oder auf die Stirn prägen ließ. ¹⁷Ohne dieses Zeichen, das entweder der Name des Tieres oder das Zahlensymbol seines Namens war, konnte niemand irgendetwas kaufen oder verkaufen. ¹⁸Man benötigt Weisheit, um das zu verstehen. Wer Verstand hat, der errechne die Zahl des Tieres! Denn es ist die Zahl eines Menschen. Sie lautet sechshundertsechsundsechzig.

Das Lamm

14 Dann sah ich das Lamm auf dem Berg Zion stehen und mit ihm hundertvierundvierzigtausend, auf deren Stirn sein Name und der Name seines Vaters geschrieben standen. ²Und ich hörte aus dem Himmel eine Stimme wie das Tosen eines riesigen Wasserfalls oder das Rollen eines mächtigen Donners. Es klang so, als würden unendlich viele Harfenspieler gemeinsam spielen.

³Dieser große Chor sang ein neues Lied vor dem Thron Gottes und vor den vier lebendigen Wesen und den Ältesten. Und niemand außer den hundertvierundvierzigtausend, die von der Erde erlöst worden waren, konnte dieses neue Lied lernen. ⁴Denn sie haben sich nicht mit Frauen befleckt, sondern sie sind rein wie Jungfrauen und folgen dem Lamm, wohin es geht. Sie wurden als erste Opfergabe* für Gott und das Lamm aus den Menschen ausgewählt*. ⁵Ihnen kann keine Lüge vorgeworfen werden; sie sind vorbildlich.

Die drei Engel

⁶Und ich sah einen weiteren Engel durch den Himmel fliegen, der die ewige Botschaft Gottes trug, um sie den Menschen zu verkünden, die auf der Erde wohnen – allen Nationen und Stämmen, allen Sprachen und Völkern. ⁷»Habt Achtung vor Gott und gebt ihm die Ehre!«, rief er, »denn die Stunde ist gekommen, in der er Gericht halten wird. Betet den an, der Himmel und Erde, das Meer und alle Wasserquellen gemacht hat!«

⁸Dann folgte ihm ein weiterer Engel und rief: »Babylon – die große Stadt – ist gefallen, weil sie die Völker der Welt verführt hat, vom Wein ihrer Unzucht zu trinken.«

14,4a Griech. *als Erstlinge*. **14,4b** Griech. *erkauft*.

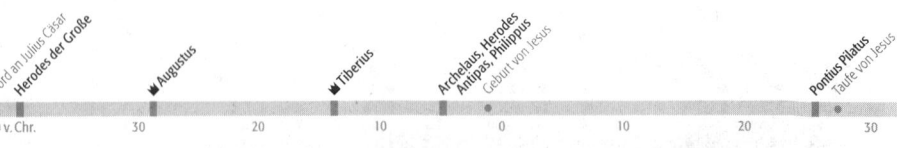

⁹Dann folgte ein dritter Engel, der rief mit lauter Stimme: »Wer das Tier und sein Standbild anbetet und sein Zeichen auf der Stirn oder der Hand annimmt, ¹⁰muss den Wein des Zornes Gottes trinken, der unverdünnt in den göttlichen Kelch des Zorns eingeschenkt wird. Und sie werden in der Gegenwart der heiligen Engel und des Lammes mit Feuer und Schwefel gequält werden. ¹¹Der Rauch ihrer Qualen wird für alle Zeit aufsteigen, und sie werden Tag und Nacht keine Erleichterung finden, weil sie das Tier und seine Statue angebetet und das Zeichen seines Namens angenommen haben. ¹²Das soll jene, die zu Gott gehören*, ermutigen, alles geduldig zu ertragen und bis zum Ende standhaft zu bleiben, alle, die Gottes Gebote halten und auf Jesus vertrauen.«

¹³Und ich hörte eine Stimme aus dem Himmel sagen: »Schreibe auf: Gesegnet sind die, die von nun an im Herrn sterben. Ja, spricht der Geist, sie sollen von all ihren Mühen ausruhen; denn ihre guten Taten folgen ihnen nach*!«

Die Ernte der Erde

¹⁴Dann sah ich einen, der wie der Menschensohn* aussah, auf einer weißen Wolke sitzen. Er hatte eine goldene Krone auf dem Kopf und eine scharfe Sichel in der Hand. ¹⁵Ein Engel kam aus dem Tempel und rief dem, der auf der Wolke saß, mit lauter Stimme zu: »Gebrauche die Sichel, denn nun ist die Zeit gekommen zu ernten. Die Ernte auf der Erde ist reif!« ¹⁶Da schwang der, der auf der Wolke saß, seine Sichel über die Erde, und die Erde wurde abgeerntet.

¹⁷Danach kam ein anderer Engel aus dem Tempel im Himmel, und auch er hatte eine scharfe Sichel. ¹⁸Ein weiterer Engel, der die Macht über das Feuer hatte, kam aus dem Altar hervor und rief dem Engel mit der scharfen Sichel zu: »Gebrauche jetzt deine Sichel, um die Trauben von dem Weinstock der Erde zu ernten, denn seine Beeren sind reif geworden!« ¹⁹Da schwang der Engel seine Sichel über die Erde und erntete den Weinstock der Erde ab und warf die Trauben in die große Weinpresse des Zornes Gottes. ²⁰Und die Trauben wurden außerhalb der Stadt in der Weinpresse getreten und Blut floss aus der Weinpresse in einem Strom, der dreihundert Kilometer* lang war und so hoch, dass er den Pferden bis an die Zügel reichte.

Das Lied von Mose und dem Lamm

15 Dann sah ich am Himmel ein anderes Zeichen, das groß und wunderbar war. Sieben Engel hielten die sieben letzten Plagen, die Gottes Zorn vollendeten. ²Ich sah vor mir etwas, das wie ein mit Feuer vermischtes Kristallmeer aussah. An seinem Ufer standen alle Menschen, die über das Tier und sein Standbild und die Zahl seines Namens gesiegt hatten. Alle hatten von Gott Harfen bekommen, ³und sie sangen das Lied Moses, des Dieners Gottes, und das Lied des Lammes:

»Groß und wunderbar sind deine Taten, Herr, Gott, Allmächtiger. Gerecht und wahrhaftig sind deine Wege, König der Völker*. ⁴Wer sollte dich nicht fürchten, Herr, und deinen Namen verherrlichen? Denn du allein bist heilig. Alle Völker werden kommen und vor dir anbeten, denn deine gerechten Taten sind offenbart worden.«

Die sieben Schalen mit den sieben Plagen

⁵Dann blickte ich auf und sah, dass der Tempel im Himmel – das Heiligtum im Zelt Gottes – weit geöffnet wurde! ⁶Die sieben Engel, welche die Schalen der sieben Plagen trugen, kamen aus dem Tempel; sie waren in reines, weißes Leinen gekleidet und hatten goldene Gürtel über der Brust. ⁷Und eines der vier lebendigen Wesen reichte jedem der sieben Engel eine goldene Schale, gefüllt mit dem schrecklichen Zorn Gottes, der in alle Ewigkeit lebt. ⁸Der Tempel war vom Rauch der Herrlichkeit und Macht Gottes erfüllt. Niemand konnte den Tempel betreten, bis die sieben Engel die sieben Plagen ausgegossen hatten*.

16 Dann hörte ich eine laute Stimme aus dem Tempel zu den sieben Engeln sagen: »Geht jetzt und gießt die sieben Schalen mit dem Zorn Gottes über die Erde aus!«

²Da verließ der erste Engel den Tempel und goss seine Schale über die Erde aus. Ein schlimmes, bösartiges Geschwür brach an allen Menschen aus, die das Zeichen des Tieres trugen und sein Standbild angebetet hatten.

³Danach goss der zweite Engel seine Schale über dem Meer aus, und das Wasser im Meer wurde wie das Blut eines Toten. Und alles, was im Meer lebte, starb.

14,12 Griech. *die Heiligen*. **14,13** Griech. *mit ihnen*. **14,14** O. *einen, der wie ein Mensch aussah*. **14,20** Griech. *1.600 Stadien* (296 km). **15,3** In manchen Handschriften heißt es *König der Äonen*; in anderen *König der Heiligen*. **15,8** Griech. *bis die sieben Plagen der sieben Engel vollendet waren*.

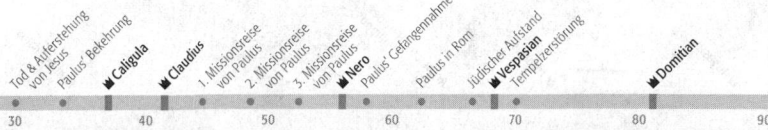

DIE OFFENBARUNG

1	Einführung
2–3	Botschaften an die sieben Gemeinden
4–5	Vision vom Thron Gottes
6–11	Die sieben Siegel und Posaunen
12–14	Die Gegner Gottes
15–16	Die sieben Schalen voller Plagen
17–18	Der Sturz der Hure Babylon
19	Der Sieg des Reiters
20	Die 1000 Jahre
21,1–22,6	Das neue Jerusalem
22,7-21	Jesus kommt bald

16–18
Menschen kehren trotz der Plagen nicht um. Das Gericht über die große Hure. Der Untergang Babylons.

[Gottes Königsherrschaft und der Messias]

⁴Und der dritte Engel goss seine Schale über den Flüssen und Quellen aus, und sie wurden zu Blut. ⁵Ich hörte den Engel, der Macht über alle Wasser hatte, sagen: »Du bist gerecht, dieses Gericht zu schicken, du Heiliger, der ist und der immer war. ⁶Denn dein heiliges Volk und deine Propheten wurden ermordet, und ihr Blut strömte auf die Erde. Deshalb hast du ihren Mördern zu Recht Blut zu trinken gegeben.« ⁷Und ich hörte eine Stimme vom Altar sagen: »Ja, Herr, Gott, Allmächtiger, deine Gerichte sind wahr und gerecht.«

⁸Dann goss der vierte Engel seine Schale über die Sonne aus und brachte sie dazu, die Menschen mit ihrem Feuer zu verbrennen. ⁹Und die Menschen wurden von großer Hitze verbrannt, aber dennoch verhöhnten sie den Namen Gottes, der Macht über all diese Plagen hatte. Aber sie kehrten nicht um und gaben ihm nicht die Ehre.

¹⁰Dann goss der fünfte Engel seine Schale auf den Thron des Tieres aus, und sein Reich wurde in Finsternis gestürzt. Und die Menschen zerbissen sich vor Schmerz ihre Zungen ¹¹und verfluchten den Gott des Himmels wegen ihrer Schmerzen und Geschwüre nur noch mehr. Aber sie weigerten sich, von ihrem falschen Weg umzukehren.

¹²Dann goss der sechste Engel seine Schale über den großen Strom Euphrat aus, und er vertrocknete, sodass die Könige aus dem Osten mit ihren Heeren ungehindert nach Westen marschieren konnten. ¹³Und ich sah drei böse Geister, die wie Frösche aussahen, aus dem Mund des Drachen, des Tieres und des falschen Propheten springen. ¹⁴Weil diese Dämonen Zeichen und Wunder taten, veranlassten sie alle Herrscher der Erde, sich an jenem großen Tag Gottes zum Kampf gegen den Allmächtigen zu sammeln.

¹⁵Der Herr spricht: »Siehe, ich komme so unerwartet wie ein Dieb! Glücklich ist der, der wachsam auf mich wartet und seine Kleider anbehält, damit er nicht nackt gehen und sich schämen muss.«

¹⁶Und die bösen Geister versammelten alle Herrscher und ihre Heere an einem Ort, der auf Hebräisch Harmagedon genannt wird.

¹⁷Dann goss der siebte Engel seine Schale in die Luft aus. Und ein mächtiger Ruf kam vom Thron des Tempels im Himmel und sagte: »Es ist geschehen!« ¹⁸Dann krachte und grollte Donner, und Blitze leuchteten. Und es gab ein großes Erdbeben, das so gewaltig war wie kein anderes Erdbeben, seit es Menschen auf der Erde gibt. ¹⁹Die große Stadt Babylon wurde in drei Teile gespalten, und die Städte der Völker zerfielen zu Schutt. So erinnerte Gott sich an die Schuld

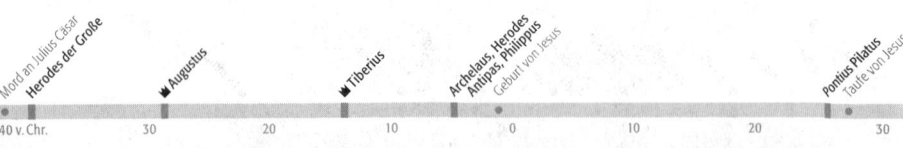

Babylons und ließ sie den Kelch trinken, der mit dem Wein seines schrecklichen Zorns gefüllt war. ²⁰Und alle Inseln verschwanden und alle Berge wurden dem Erdboden gleichgemacht. ²¹Es gab einen furchtbaren Hagelsturm, und riesige Hagelkörner* fielen vom Himmel auf die Menschen herab. Und doch verfluchten sie Gott für den Hagelsturm, der eine außerordentlich schreckliche Plage war.

Die große Hure

17 Einer der sieben Engel, die die sieben Schalen ausgegossen hatten, kam zu mir und sprach mich an. »Komm«, sagte er, »und ich werde dir das Gericht über die große Hure zeigen, die an vielen Wassern sitzt. ²Die Herrscher der Erde haben Unzucht mit ihr getrieben, und die Menschen, die die Erde bewohnen, haben sich mit dem Wein ihrer Unzucht betrunken.«

³Da versetzte der Engel mich im Geist in die Wüste. Dort sah ich eine Frau auf einem scharlachroten Tier sitzen, das sieben Köpfe und zehn Hörner hatte, die über und über mit Lästerungen gegen Gott beschrieben waren. ⁴Die Frau trug purpurne und scharlachrote Kleidung und Schmuck aus Gold und kostbaren Edelsteinen und Perlen. In ihrer Hand hielt sie einen goldenen Becher, der mit Abscheulichkeiten und dem Schmutz ihrer Unzucht gefüllt war. ⁵Ein geheimnisvoller Name stand auf ihrer Stirn geschrieben: »Babylon, die Große, die Mutter aller Huren und aller Abscheulichkeiten auf der Erde.« ⁶Ich konnte sehen, dass die Frau betrunken war vom Blut derer, die zu Gott gehören* und sich zu Jesus bekannt hatten. Ich starrte sie voller Verwunderung an.

⁷»Warum bist du so erstaunt?«, fragte der Engel. »Ich will dir das Geheimnis dieser Frau und des Tieres mit den sieben Köpfen und zehn Hörnern, das sie trägt, enthüllen. ⁸Das Tier, das du gesehen hast, war lebendig, ist es jetzt aber nicht. Aber bald wird es aus dem Abgrund heraufkommen und in die ewige Vernichtung gehen. Und die Menschen, die auf der Erde wohnen, deren Namen aber nicht seit Erschaffung der Welt im Buch des Lebens geschrieben stehen, werden über die Rückkehr dieses Tieres staunen, das gestorben war.

⁹Hier ist Weisheit nötig und Verstand: Die sieben Köpfe des Tieres stehen für die sieben Berge, auf denen die Frau sitzt, und sie stehen auch für sieben Könige. ¹⁰Fünf Könige sind bereits gefallen, der sechste herrscht jetzt, und der siebte wird noch kommen, aber seine Herrschaft wird nur kurz sein. ¹¹Das scharlachrote Tier, das lebendig war und dann starb, ist der achte König. Er ist wie die anderen Könige, und auch er wird in sein Verderben rennen. ¹²Seine zehn Hörner sind zehn Könige, die noch nicht an die Macht gekommen sind; sie werden für eine Stunde königliche Macht erhalten, um mit dem Tier zu regieren. ¹³Sie werden sich einigen, ihm ihre Macht und Gewalt abzutreten. ¹⁴Gemeinsam werden sie gegen das Lamm Krieg führen, aber das Lamm wird sie besiegen, weil es Herr über alle Herren und König über alle Könige ist; und die, die zu ihm gehören, werden die Berufenen und die Auserwählten und die Treuen genannt.«

¹⁵Und der Engel sagte zu mir: »Die Wasser, an denen die Hure sitzt, sind Scharen von Menschen aus allen Völkern und Sprachen. ¹⁶Das scharlachrote Tier und seine zehn Hörner – welche für zehn Könige stehen, die mit ihm herrschen werden – hassen die Hure. Sie werden sie verwüsten, sie entkleiden, ihr Fleisch essen und ihre Reste im Feuer verbrennen. ¹⁷Denn Gott hat ihnen einen Plan eingegeben, der sie zu Werkzeugen seiner Absicht macht. Sie werden vereinbaren, ihre Vollmacht an das scharlachrote Tier abzutreten, bis sich Gottes Worte erfüllt haben. ¹⁸Und die Frau, die du gesehen hast, steht für die große Stadt, die über die Könige der Erde herrscht.«

Der Fall Babylons

18 Nach alledem sah ich einen anderen Engel aus dem Himmel herabkommen, der große Vollmacht hatte, und die Erde wurde von seiner Herrlichkeit erleuchtet. ²Er rief mit lauter Stimme: »Babylon ist gefallen – die große Stadt ist gefallen! Sie ist zum Schlupfwinkel von Dämonen und unreinen Geistern geworden, zum Nest für unreine Vögel und zur Zuflucht für alle unreinen und verhassten Tiere. ³Denn alle Völker haben vom Wein ihres Zorns und ihrer Unzucht getrunken. Die Herrscher der Welt haben Unzucht mit ihr getrieben, und die Händler der Erde sind durch ihren Wohlstand* reich geworden.«

⁴Dann hörte ich eine andere Stimme aus dem Himmel rufen: »Kommt fort von ihr, mein Volk. Beteiligt euch nicht an ihren Sünden, sonst werdet ihr mit ihr bestraft. ⁵Denn ihre Sünden

---

16,21 Griech. *schwer wie ein Talent*; das entspricht etwa 35 kg. *Üppigkeit*.   17,6 Griech. *der Heiligen*.   18,3 Griech. *durch die Macht ihrer*

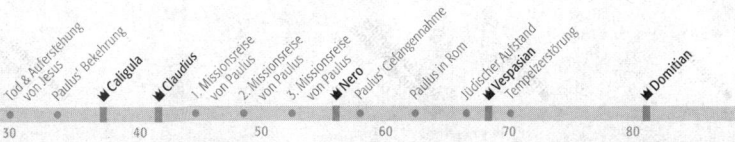

DIE OFFENBARUNG

1	Einführung
2–3	Botschaften an die sieben Gemeinden
4–5	Vision vom Thron Gottes
6–11	Die sieben Siegel und Posaunen
12–14	Die Gegner Gottes
15–16	Die sieben Schalen voller Plagen
17–18	Der Sturz der Hure Babylon
19	Der Sieg des Reiters
20	Die 1000 Jahre
21,1–22,6	Das neue Jerusalem
22,7-21	Jesus kommt bald

18–19
Der Untergang Babylons.
Jubel im Himmel.
Der Treue auf dem weißen Pferd.

[Gottes Königsherrschaft und der Messias]

türmen sich bis zum Himmel, und Gott wird sie bald für ihre ungerechten Taten bestrafen. ⁶Vergeltet ihr, was sie eurem Volk angetan hat. Straft sie doppelt für ihre bösen Taten! Schenkt ihr in den Kelch, den sie eingeschenkt hat, das Doppelte ein. ⁷Gebt ihr in dem Maß Qualen und Leid, wie sie zuvor in Wohlstand und Überfluss gelebt hat. Sie prahlt: ›Ich bin Königin auf meinem Thron. Ich bin keine hilflose Witwe; mir wird nichts geschehen.‹ ⁸Deshalb werden die Nöte des Todes und der Trauer und des Hungers sie an einem einzigen Tag überfallen. Sie wird vom Feuer verbrannt werden, denn der Herr, Gott, der sie gerichtet hat, ist mächtig.«

⁹Und die Herrscher der Welt, die sich mit ihr eingelassen haben* und mit ihr im Überfluss schwelgten, werden um sie trauern, wenn sie den Rauch sehen, der von ihren brennenden Trümmern aufsteigt. ¹⁰Sie werden aus Furcht vor ihren großen Schmerzen in weitem Abstand stehen bleiben und rufen: »Wie schrecklich, wie schrecklich für Babylon, diese große und starke Stadt! In einer einzigen Stunde kam das Gericht über dich.«

¹¹Die Händler der Erde werden um sie weinen und trauern, weil niemand mehr ihre Waren kauft. ¹²Sie kaufte große Mengen Gold, Silber, Edelsteine, Perlen, feines Leinen, Purpur, Seide, scharlachroten Stoff, alle Arten von Duftholz, Gegenstände aus Elfenbein und Gegenstände

---

18,9 Griech. *die mit ihr Unzucht getrieben haben.*

Offenbarung 19,11-21

Gottes Liebe, Gottes Zorn
Dieser Text spricht in Bildern. Jesus ist »das Wort Gottes« (V. 13) und der »König der Könige und Herr der Herren« (V. 16). Aber der Verfasser zeichnet zunächst kein friedliches Bild von einer wiederhergestellten Welt, sondern ein schreckliches, grauenvolles, eins von Verwüstung und Schlachten. Zwei Armeen bekämpfen sich. Die Gegner Gottes sind »das Tier und der falsche Prophet«, die gegen die Herrschaft Gottes ankämpfen.
Doch letztlich sind beide die Verlierer. »Sowohl das Tier als auch der falsche Prophet wurden lebendig in den Feuersee geworfen, der mit Schwefel brennt« (V. 20). Alle, die diesen beiden angehören, kommen ebenfalls ums Leben (V. 21). Wohlgemerkt: In der Offenbarung gibt es nur zwei »Waffen«, mit denen die Fürsprecher Gottes ausgestattet sind: Das Wort Gottes und das Blut des Lammes. Durch ein sich selbst aufopferndes Leben und das göttliche Wort besiegt Jesus die Feinde Gottes und rettet alle, die bereit sind, aufseiten des geschlachteten Lammes zu stehen.
(1. Johannes 3,1.16) «‹ | »› Judas 21)

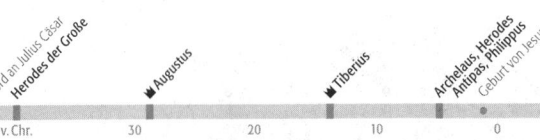

aus kostbarem Holz, Erz, Eisen und Marmor. ¹³Außerdem kaufte sie Zimt, Balsam, Räucherwerk, Myrrhe, Weihrauch, Wein, Olivenöl, feines Mehl, Weizen, Vieh, Schafe, Pferde, Wagen und Sklaven und handelte sogar mit Menschen. ¹⁴»All diese Reichtümer, die du so liebtest, sind verschwunden«, rufen sie. »Das Kostbare und der Glanz, der dir so viel bedeutete, ging für immer verloren und wird niemals wiederkehren.«

¹⁵Die Händler, die reich wurden, weil sie ihr all diese Waren verkauften, werden aus Furcht vor ihren großen Schmerzen weit entfernt stehen bleiben. Sie werden weinen und rufen: ¹⁶»Wie schrecklich, wie schrecklich für diese große Stadt! Sie war schön wie eine Frau, die in feinstes Leinen aus Purpur und Scharlach gekleidet und mit Gold und kostbaren Steinen und Perlen geschmückt ist! ¹⁷Und in einer einzigen Stunde ist der gesamte Reichtum der Stadt verschwunden!«

Und jeder Steuermann und Kapitän der Handelsschiffe und alle ihre Matrosen blieben weit entfernt stehen. ¹⁸Sie weinten, als sie den Rauch aufsteigen sahen, und sagten: »Welche Stadt auf der ganzen Welt war so großartig wie diese?« ¹⁹Und sie streuten Staub auf ihre Köpfe, um ihrer Trauer Ausdruck zu verleihen, und sagten: »Wie schrecklich, wie schrecklich für diese große Stadt! Durch ihren großen Reichtum hat sie uns alle, die wir Schiffe auf dem Meer haben, reich gemacht. Und nun ist alles in einer Stunde verwüstet worden!«

²⁰Aber du, Himmel, freue dich über ihr Schicksal! Und alle, die ihr zu Gott gehört,* und ihr Apostel und ihr Propheten sollt euch freuen, denn Gott hat sie um euretwillen gerichtet!

²¹Dann hob ein mächtiger Engel einen Felsbrocken auf, der so groß war wie ein Mühlstein. Er warf ihn ins Meer und rief: »Babylon, die große Stadt, wird so gewaltsam wie dieser Felsbrocken hinabgestürzt werden und für immer verschwinden. ²²Nie wieder wird man in dir den Klang von Harfen, Liedern, Flöten oder Posaunen hören. Es wird kein Handwerk und keine Kunst mehr geben, und kein Mühlstein wird mehr mahlen. ²³Keine Lampe wird deine finsteren Nächte erhellen, und die fröhlichen Stimmen von Braut und Bräutigam wird man nicht mehr vernehmen. Das alles wird geschehen, weil deine Händler die Großen der Erde waren und weil die Völker durch deine Zauberei verführt wurden. ²⁴In den Straßen Babylons wurde das Blut der Propheten vergossen und das Blut derer, die zu Gott gehören*. Sie war es, die überall in der Welt Gottes Volk umbrachte.

Das Siegeslied im Himmel

19 Danach hörte ich eine große Menge im Himmel rufen: »Halleluja! Die Rettung kommt von unserem Gott. Ihm allein gehören Herrlichkeit und Macht. ²Seine Urteile sind wahr und gerecht. Er hat die große Hure bestraft, die die Erde mit ihrer Unzucht verdorben hat, und er hat das Blut seiner Diener an ihr gerächt.« ³Und wieder erklangen die Stimmen: »Halleluja! Der Rauch dieser Stadt steigt in Ewigkeit auf!«

⁴Da fielen die vierundzwanzig Ältesten und die vier lebendigen Wesen nieder und beteten Gott an, der auf dem Thron sitzt. Sie riefen aus: »Amen. Halleluja!«

⁵Und vom Thron war eine Stimme zu hören, die sagte: »Lobt unseren Gott, alle seine Diener, die ihn fürchten, vom geringsten bis zum größten.«

⁶Dann hörte ich wieder etwas, das wie das Rufen einer riesigen Menschenmenge oder das Rauschen mächtiger Meereswellen oder das Krachen lauter Donnerschläge klang: »Halleluja! Denn der Herr, unser Gott, der Allmächtige, herrscht. ⁷Lasst uns fröhlich sein und jubeln und ihn ehren. Denn die Zeit für das Hochzeitsmahl des Lammes ist gekommen, und seine Braut hat sich vorbereitet. ⁸Sie darf sich in strahlend weißes Leinen kleiden.« Denn das strahlende Leinen steht für die guten Taten der Menschen, die zu Gott gehören*.

⁹Und der Engel sagte: »Schreib auf: Gesegnet sind diejenigen, die zum Hochzeitsmahl des Lammes eingeladen sind.« Und er fügte hinzu: »Das sind Gottes Worte, die wahr und zuverlässig sind.«

¹⁰Da fiel ich vor seinen Füßen nieder, um ihn anzubeten, aber er sagte: »Nein, bete nicht mich an! Denn ich bin ein Diener Gottes, genau wie du und alle anderen, die ihr an der Botschaft von Jesus festhaltet. Bete Gott an! Denn das Wesen der prophetischen Rede besteht in der Botschaft von Jesus.«

Der Reiter auf dem weißen Pferd

¹¹Dann sah ich den Himmel geöffnet, und es stand dort ein weißes Pferd. Und der, der auf dem Pferd saß, wird der Treue und Wahrhaftige genannt, weil er gerecht richtet und Krieg führt. ¹²Seine Augen waren wie Feuerflammen, und auf dem Kopf hatte er viele Kronen. Es stand ein Name auf seiner Stirn geschrieben, und nur er wusste, was dieser Name bedeutete. ¹³Er trug ein Gewand, das in Blut getaucht worden war,

---

18,20 Griech. *ihr Heiligen.* 18,24 Griech. *der Heiligen.* 19,8 Griech. *der Heiligen.*

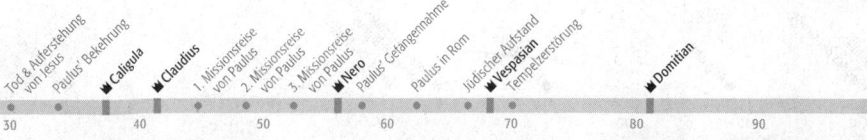

DIE OFFENBARUNG

1	Einführung
2–3	Botschaften an die sieben Gemeinden
4–5	Vision vom Thron Gottes
6–11	Die sieben Siegel und Posaunen
12–14	Die Gegner Gottes
15–16	Die sieben Schalen voller Plagen
17–18	Der Sturz der Hure Babylon
19	Der Sieg des Reiters
20	Die 1000 Jahre
21,1–22,6	Das neue Jerusalem
22,7-21	Jesus kommt bald

19–21

Der Reiter nimmt den Drachen gefangen. Der Drache wird tausend Jahre eingesperrt und anschließend vernichtet. Das letzte Gericht findet statt. Der neue Himmel und die neue Erde.

[Die Vollendung: Gott alles in allem]

und sein Name ist »Das Wort Gottes«. ¹⁴Die in weißes, reines Leinen gekleideten Heerscharen des Himmels folgten ihm auf weißen Pferden. ¹⁵Aus seinem Mund kam ein scharfes Schwert. Mit ihm wird er die Völker schlagen. Er wird sie mit eisernem Stab regieren; und er tritt die Weinpresse des schrecklichen Zorns des allmächtigen Gottes. ¹⁶Auf seinem Gewand und auf seinem Schenkel stand folgender Titel geschrieben: König der Könige und Herr der Herren.

¹⁷Dann sah ich einen Engel in der Sonne stehen, der den Vögeln, die hoch oben am Himmel flogen, zurief: »Kommt! Sammelt euch zum großen Mahl, das Gott vorbereitet hat. ¹⁸Kommt und fresst das Fleisch von Königen, Befehlshabern und starken Kriegern, von Pferden und ihren Reitern und von allen Menschen, ob Freie oder Sklaven, kleinen oder großen!«

¹⁹Dann sah ich, wie das Tier die Könige der Erde und ihre Heere versammelte, um gegen den Reiter auf dem Pferd und sein Heer zu kämpfen. ²⁰Und das Tier wurde gefangen und mit ihm der falsche Prophet, der in seinem Namen große Wunder getan und damit alle verführt hatte, die das Zeichen des Tieres angenommen und sein Standbild angebetet hatten. Sowohl das Tier als auch der falsche Prophet wurden lebendig in den Feuersee geworfen, der mit Schwefel brennt. ²¹Die übrigen wurden durch das Schwert getötet, das aus dem Mund

Offenbarung 21,1-27

Erwählung

Am Ziel der Geschichte, bei der Vollendung der Welt, ist Gottes Absicht mit seinen Erwählten in Erfüllung gegangen. Im Mittelpunkt stehen Gott und sein *einer* Erwählter, das Lamm – Christus (V. 22-23). Gott wohnt bei den Glaubenden, seinem erwählten Eigentumsvolk (V. 3; 22,3-5). Die Bildersprache vom neuen Jerusalem (V. 10-21) macht deutlich, dass Israel und die Gemeinde von Jesus gemeinsam zu den Erwählten gehören: Die Basis ist das, was das Opferlamm für die Erlösung getan hat – diese Botschaft verkündeten die »Apostel des Lammes« (V. 14). Sie bilden die Grundsteine. Die zwölf Stämme Israels bilden die Stadttore, und zwar als Perlen (V. 12.21) – Gottes Volk Israel bleibt bis zuletzt Gottes kostbarer Schatz.

In Gottes neuer Welt bleibt die Erinnerung daran wach, dass nicht alle Menschen Gottes Handeln an sich zuließen (V. 8.27; 22,15) und deshalb nicht hinein können. Doch der Segen ist andererseits für die, die Gott suchten, grenzenlos: Die Bäume am Strom des Thrones Gottes machen alle Völker gesund (siehe Hes 47,1-12).

(Römer 8,19 «« | »» Jesaja 2,2-3)

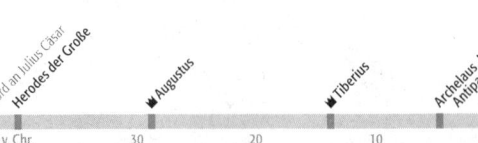

dessen kam, der auf dem weißen Pferd saß. Und alle Vögel des Himmels wurden satt von ihrem Fleisch.

Die tausend Jahre

20 Dann sah ich einen Engel aus dem Himmel herabkommen, der den Schlüssel zum Abgrund und eine schwere Kette in der Hand hatte. ²Er packte den Drachen – die alte Schlange, den Teufel, Satan – und legte ihn für tausend Jahre in Ketten. ³Der Engel warf ihn in den Abgrund und verschloss und versiegelte ihn, sodass Satan die Völker bis zum Ablauf der tausend Jahre nicht mehr verführen konnte. Danach muss er noch einmal für kurze Zeit losgelassen werden.

⁴Dann sah ich Throne, auf die sich Menschen setzten, die Vollmacht erhielten, Gericht zu halten. Und ich sah die Seelen derer, die getötet worden waren, weil sie Jesus bezeugt und das Wort Gottes verkündet hatten. Sie hatten das Tier und sein Standbild nicht angebetet und das Zeichen nicht auf ihrer Stirn und auf ihrer Hand getragen. Sie wurden wieder lebendig und herrschten tausend Jahre lang mit Christus. ⁵Die übrigen Toten wurden nicht wieder lebendig, bis die tausend Jahre vorüber waren. Das ist die erste Auferstehung. ⁶Glücklich und heilig sind die, die an der ersten Auferstehung teilhaben. Über sie hat der zweite Tod keine Macht, sondern sie werden Priester Gottes und Christi sein und tausend Jahre lang mit ihm herrschen.

Die endgültige Vernichtung Satans

⁷Wenn die tausend Jahre vorüber sind, wird Satan aus seinem Gefängnis freigelassen werden. ⁸Er wird umherziehen, um die Völker der ganzen Erde, die Gog und Magog genannt werden, zu verführen. Er wird sie zum Krieg sammeln – zu einem mächtigen Heer, so zahllos wie der Sand am Meer. ⁹Und ich sah sie, wie sie über die ganze Breite der Erde heraufzogen und Gottes Volk* und die geliebte Stadt umzingelten. Doch vom Himmel fiel Feuer auf sie herab und vernichtete sie.

¹⁰Dann wurde der Teufel, der sie betrogen hatte, zu dem Tier und dem falschen Propheten in den Feuersee geworfen, der mit Schwefel brennt. Und sie werden in alle Ewigkeit gequält werden Tag und Nacht.

Das letzte Gericht

¹¹Und ich sah einen großen weißen Thron und den, der darauf sitzt. Die Erde und der Himmel flohen vor seiner Gegenwart, aber sie fanden keinen Ort, um sich zu verbergen. ¹²Ich sah die Toten, die großen und die kleinen, vor Gottes Thron stehen. Und es wurden Bücher aufgeschlagen, darunter auch das Buch des Lebens. Und die Toten wurden nach dem gerichtet, was in den Büchern über sie geschrieben stand, nachdem, was sie getan hatten. ¹³Das Meer gab die Toten her, die darin waren, und der Tod und das Totenreich gaben die Toten her, die in ihnen waren. Sie alle wurden nach ihren Taten gerichtet. ¹⁴Und der Tod und das Totenreich wurden in den Feuersee geworfen. Das ist der zweite Tod – der Feuersee. ¹⁵Und alle, deren Namen nicht im Buch des Lebens geschrieben standen, wurden ebenfalls in den Feuersee geworfen.

Das neue Jerusalem

21 Dann sah ich einen neuen Himmel und eine neue Erde, denn der alte Himmel und die alte Erde waren verschwunden. Und auch das Meer war nicht mehr da. ²Und ich sah die heilige Stadt, das neue Jerusalem, von Gott aus dem Himmel herabkommen wie eine schöne Braut, die sich für ihren Bräutigam geschmückt hat.

³Ich hörte eine laute Stimme vom Thron her rufen: »Siehe, die Wohnung Gottes ist nun bei den Menschen! Er wird bei ihnen wohnen und sie werden sein Volk sein und Gott selbst wird bei ihnen sein. ⁴Er wird alle ihre Tränen abwischen, und es wird keinen Tod und keine Trauer und kein Weinen und keinen Schmerz mehr geben. Denn die erste Welt mit ihrem ganzen Unheil ist für immer vergangen.«

⁵Und der, der auf dem Thron saß, sagte: »Ja, ich mache alles neu!« Und dann sagte er zu mir: »Schreib es auf, denn was ich dir sage, ist zuverlässig und wahr!« ⁶Und er sagte auch: »Es ist vollendet! Ich bin das Alpha und das Omega – der Anfang und das Ende. Jedem, der durstig ist, werde ich aus der Quelle, die das Wasser des Lebens enthält, umsonst zu trinken geben! ⁷Wer siegreich ist, wird dies alles empfangen; ich werde sein Gott sein, und er wird mein Sohn sein. ⁸Doch die Feigen und Treulosen und diejenigen, die abscheuliche Taten tun und die Mörder und Unzüchtigen und die, die Zauberei treiben, die Götzendiener und alle Lügner – sie erwartet der See, der mit Feuer und Schwefel brennt. Das ist der zweite Tod.«

⁹Dann kam einer der sieben Engel, welche die sieben Schalen mit den sieben Plagen getragen

---

20,9 Griech. *die Heiligen.*

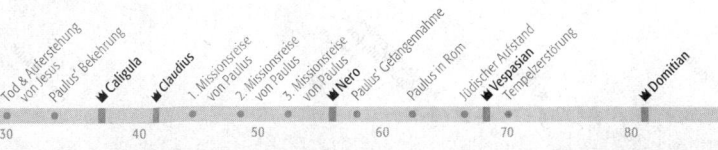

DIE OFFENBARUNG

1	Einführung
2–3	Botschaften an die sieben Gemeinden
4–5	Vision vom Thron Gottes
6–11	Die sieben Siegel und Posaunen
12–14	Die Gegner Gottes
15–16	Die sieben Schalen voller Plagen
17–18	Der Sturz der Hure Babylon
19	Der Sieg des Reiters
20	Die 1000 Jahre
21,1–22,6	Das neue Jerusalem
22,7-21	Jesus kommt bald

21–22
Beschreibung des neuen Jerusalems. Jesus sagt Johannes, dass er bald wiederkommt.

[Die Vollendung: Gott alles in allem]

hatten, und sagte zu mir: »Komm mit mir! Ich will dir die Braut, die Frau des Lammes, zeigen.« ¹⁰Da nahm er mich im Geist auf einen großen, hohen Berg und zeigte mir die heilige Stadt, Jerusalem, die von Gott aus dem Himmel herabkam. ¹¹Sie war ganz von der Herrlichkeit Gottes erfüllt und funkelte wie ein kostbarer Edelstein, kristallklar wie Jaspis. ¹²Ihre Mauern waren breit

Offenbarung 22,16

Bundesschlüsse

Auf der letzten Seite der Bibel taucht der Name David wieder in Zusammenhang mit Jesus Christus auf. Hier ist aber mehr gesagt, als dass Christus den Davidsbund erfüllt. Das Bekenntnis greift weit zurück: Jesus ist der Ursprung Davids – und dann auch noch sein Nachkomme.
Als Gott seinen Sohn Jesus schickte, dachte er also an den Davidsbund – aber an mehr als das: Jesus erfüllt auch den Bund mit Abraham.
Und der Bundesschluss vom Sinai? Weil dieser Bund zweiseitig war und auch das Volk als Bundespartner zur Treue verpflichtete, konnte dieser Bund durch Menschen gebrochen werden. Gottes Antwort darauf war ein neuer Bundesschluss – der sich wiederum in Christus erfüllt.
Dem gebrochenen Sinaibund und dem neuen Bund werden die jetzt folgenden Bibelstellen nachgehen.
(Lukas 1,32 ‹‹‹ | ››› Psalm 78,10)

Offenbarung 22,16

Erwählung

David war in der Geschichte Israels eine ganz besondere Gestalt. Von ihm sagte Gott: »David, der Sohn Isais, ist ein Mann nach meinem Herzen. Er wird alles tun, was ich von ihm will« (Apg 13,22; 1Sam 13,14).
Am Ende der Geschichte steht einer, der von diesem David herkommt (»sein Nachkomme«), aber zugleich schon vor ihm da war (»der Ursprung Davids«). David war einer der wenigen Männer, die im Alten Testament mit größten Versprechen ausgestattet waren, doch am Ziel der Geschichte ist er von Jesus überboten. Wenn David ein besonders Erwählter war, dann ist Jesus umso mehr *der* Erwählte.
Im Ausdruck »Ursprung« oder »Wurzel Davids« erfüllt sich die Ankündigung von Jesaja 11,1: Der versprochene »Spross« geht nicht aus David hervor, sondern aus dem Baumstumpf des Vaters von David, Isai. Dieser »Spross« (ein messianischer Titel) setzt also schon vor David an.
(Offenbarung 5,2-5 ‹‹‹ | ››› Johannes 20,21)

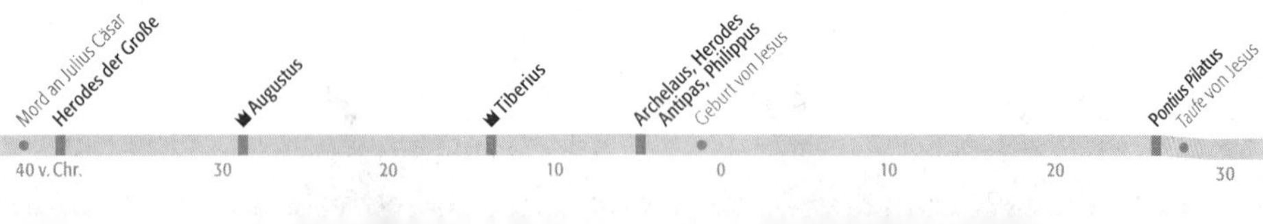

und hoch und hatten zwölf Tore, die von zwölf Engeln bewacht wurden. Und auf den Toren standen die Namen der zwölf Stämme Israels geschrieben. ¹³An jeder Seite – im Osten, Norden, Süden und Westen – befanden sich drei Tore. ¹⁴Die Mauer der Stadt hatte zwölf Grundsteine, auf denen die Namen der zwölf Apostel des Lammes geschrieben standen.

¹⁵Der Engel, der mit mir gesprochen hatte, hielt eine goldene Messlatte in der Hand, um die Stadt, ihre Tore und ihre Mauer zu vermessen. ¹⁶Als er sie maß, stellte sich heraus, dass sie viereckig und genauso lang wie breit war. Ihre Länge und Breite und Höhe betrugen je zweitausendzweihundertzwanzig Kilometer*. ¹⁷Dann maß er die Mauer, die fünfundsechzig Meter* dick war. Dabei benutzte der Engel ein bei Menschen übliches Maß.

¹⁸Die Mauer bestand aus Jaspis, und die Stadt war reines Gold, so klar wie Glas. ¹⁹Die Mauer der Stadt war auf zwölf Grundsteinen erbaut, die mit zwölf Edelsteinen geschmückt waren: Der erste war ein Jaspis, der zweite ein Saphir, der dritte ein Chalzedon, der vierte ein Smaragd, ²⁰der fünfte ein Sardonyx, der sechste ein Karneol, der siebte ein Chrysolith, der achte ein Beryll, der neunte ein Topas, der zehnte ein Chrysopras, der elfte ein Hyazinth, der zwölfte ein Amethyst.

²¹Die zwölf Tore bestanden aus zwölf Perlen – jedes Tor aus einer einzigen Perle! Und die Hauptstraße war reines Gold, so klar wie Glas. ²²Kein Tempel war in der Stadt zu sehen, denn der Herr, Gott, der Allmächtige, und das Lamm sind ihr Tempel. ²³Und die Stadt braucht keine Sonne und keinen Mond, damit es in ihr hell wird, denn die Herrlichkeit Gottes erleuchtet die Stadt, und das Lamm ist ihr Licht. ²⁴Die Völker der Erde werden in ihrem Licht leben, und die Könige der Welt werden kommen und ihre Herrlichkeit in die Stadt bringen. ²⁵Ihre Tore bleiben geöffnet, denn es gibt dort keine Nacht mehr. ²⁶Und alle Völker werden ihre Herrlichkeit und Ehre in die Stadt bringen. ²⁷Nichts Unreines wird hinein dürfen, auch niemand, der Götzendienst treibt und Lügen verbreitet, sondern nur die, deren Namen im Lebensbuch des Lammes geschrieben stehen.

22 Und der Engel zeigte mir einen reinen Fluss mit dem Wasser des Lebens, so klar wie Kristall, der vom Thron Gottes und des Lammes entspringt ²und in der Mitte der Hauptstraße hinabfließt. Auf beiden Seiten des Flusses ist je ein Baum des Lebens, der zwölf verschiedene Früchte trägt und jeden Monat eine neue Frucht hervorbringt. Die Blätter dienen zur Heilung der Völker.

³Nichts wird je wieder unter einem Fluch stehen. Denn der Thron Gottes und des Lammes wird dort sein, und seine Diener werden ihn anbeten. ⁴Und sie werden sein Gesicht sehen, und sein Name wird auf ihren Stirnen geschrieben stehen. ⁵Und es wird dort keine Nacht mehr geben – man wird weder Lampen noch das Licht der Sonne brauchen –, weil der Herr, Gott, über ihnen leuchten wird. Und sie werden für immer und ewig herrschen.

⁶Dann sagte der Engel zu mir: »Diese Worte sind zuverlässig und wahr: ›Der Herr, Gott, der seinen Propheten mitteilt, was in der Zukunft liegt, hat seinen Engel geschickt, um seinen Dienern zu sagen, was bald geschehen muss.‹«

Jesus kommt bald

⁷»Ja, ich komme bald! Glücklich ist, wer an der prophetischen Rede in dieser Schriftrolle festhält.«

⁸Ich, Johannes, bin derjenige, der all diese Dinge hörte und sah. Und als ich dies alles gehört und gesehen hatte, fiel ich nieder, um den Engel anzubeten, der es mir gezeigt hatte. ⁹Aber er sagte: »Nein, bete nicht mich an! Ich bin ein Diener Gottes, genau wie du und deine Brüder, die Propheten, und alle, die an dem festhalten, was in dieser Schriftrolle steht. Bete Gott an!«

¹⁰Dann wies er mich an: »Versiegle die prophetischen Worte dieses Buches nicht, die du niedergeschrieben hast, denn die Zeit ist nahe! ¹¹Wer Unrecht tut, soll weiter Unrecht tun; wer unrein ist, soll sich weiter verunreinigen; wer gerecht ist, soll weiter gerecht handeln; und wer heilig ist, soll weiter heilig leben.«

¹²»Siehe, ich komme bald und mein Lohn mit mir, um allen zu vergelten, was sie getan haben. ¹³Ich bin das Alpha und das Omega, der Erste und der Letzte, der Anfang und das Ende.

¹⁴Glücklich sind diejenigen, die ihre Kleider waschen, damit sie durch die Tore der Stadt eintreten und das Recht haben, vom Baum des Lebens zu essen. ¹⁵Außerhalb der Stadt sind die Hunde – die Zauberer, die Unzüchtigen, die Mörder, die Götzendiener und alle, die es lieben, in Lüge zu leben.

¹⁶Ich, Jesus, habe meinen Engel geschickt, um euch diese Botschaft für die Gemeinden zu bezeugen. Ich bin der Ursprung Davids und zugleich sein Nachkomme*. Ich bin der glänzende Morgenstern.«

21,16 Griech. *12.000 Stadien.*   **21,17** Griech. *144 Ellen.*   **22,16** Griech. *die Wurzel und das Geschlecht.*

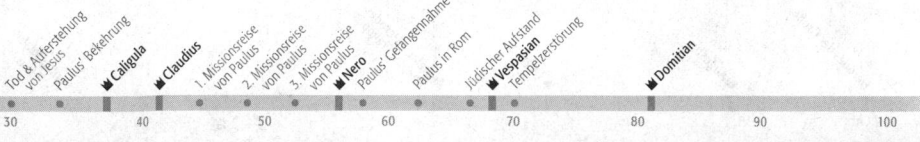

DIE OFFENBARUNG

1	Einführung
2–3	Botschaften an die sieben Gemeinden
4–5	Vision vom Thron Gottes
6–11	Die sieben Siegel und Posaunen
12–14	Die Gegner Gottes
15–16	Die sieben Schalen voller Plagen
17–18	Der Sturz der Hure Babylon
19	Der Sieg des Reiters
20	Die 1000 Jahre
21,1–22,6	Das neue Jerusalem
22,7-21	Jesus kommt bald

22 Einladung, zu kommen, und Mahnung, die Worte ernst zu nehmen. Segen.

[**Die Vollendung: Gott alles in allem**]

¹⁷Der Geist und die Braut sagen: »Komm!« Und wer sie hört, soll sagen: »Komm!« Wer durstig ist, der komme. Wer will, soll kommen und umsonst vom Wasser des Lebens trinken! ¹⁸Und ich versichere jedem, der die prophetischen Worte dieses Buchs hört: »Wenn jemand dem, was hier geschrieben steht, irgendetwas hinzufügt, wird Gott ihm die Plagen zufügen, die in diesem Buch beschrieben werden. ¹⁹Und wenn jemand irgendetwas von den prophetischen Worten dieses Buchs wegnimmt, wird Gott ihm seinen Anteil am Baum des Lebens und an der Heiligen Stadt wegnehmen, die in diesem Buch beschrieben werden.«

²⁰Derjenige, der dies alles bezeugt, sagt: »Ja, ich komme bald!«

Amen! Komm, Herr Jesus!

²¹Die Gnade des Herrn Jesus soll euch begleiten!

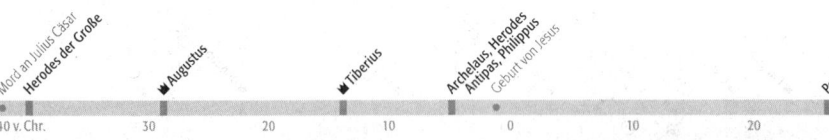

Anhang Orientierungsbibel

1. Gattungen und Textformen der Bibel

Um einen biblischen Text richtig zu verstehen, ist es wichtig, seine Form zu erkennen. Ein Gleichnis hat ein anderes Aussageziel als ein Gesetzestext. Ein Gebet ist nicht dasselbe wie eine Mahnrede. Die einzelnen Textformen nennt man auch »Gattungen«.

Im Folgenden sind wichtige Gattungen des Alten und Neuen Testaments aufgeführt. Im Anschluss ist jeweils mindestens ein Beispieltext angegeben – über das Genannte hinaus gibt es noch viel mehr Texte der jeweiligen Gattung.

a) Gattungen im Alten Testament

Berufungsbericht (Jes 6,1-13)
Brief (Esra 7,12-26; Jer 29,4-23)
Fabel (Ri 9,8-15 – Satire?)
Gebet (1Sam 2,1-10; Jes 37,15-20)
Geschichtsrückblick (Ps 78; 105; 106)
Geschichtsbericht (2Kön 18,13–19,37)
Gesetzestext (3Mo 19)
Lied (Jes 5,1-7)
Novelle? (Jona?)
Prophetenwort (»Scheltrede und Drohwort«; Schuldaufweis und Strafankündigung; Mi 3,1-4)
Summarium (Sammelbericht, der andauernde Zustände oder stets wiederkehrende Ereignisse zusammenfasst; Ri 2,11-18)
Psalmen:
- Klagelied des Volkes (2Chr 20,3-17)
- Klagelied des Einzelnen (einschließlich Unschuldsbeteuerung und Vertrauenspsalm) (Zur Entstehung solcher Texte und ihrem »Sitz im Leben« siehe 1Sam 1,9-18; Jes 37,14-15)
- Danklied des Volkes (124; 129; 2Mo 15,21)
- Danklied des Einzelnen (116)
- Hymnus (148; 150)
- Liturgische Psalmen (Dankliturgie: 107; 118; Tempeleinlassliturgie: 15; 24; Wallfahrtslied: 120–134)
- Weisheitspsalm (37)
- Zionslied (87)
- Königspsalm (72)
- Jahwe-Königs-Lied (47; 93; 96–99)

Weisheitslied (Spr 1,20-33)
Weisheitsspruch (Spr 21)
Seligpreisung (Ps 32,1-2)
Visionsbericht (Jer 1,11-19; Sach 1,7-17)
Zahlenspruch (Spr 30,15-31)

b) Gattungen im Neuen Testament

Berufungsbericht (Mk 1,16-20; Apg 13,1-3)
Brief (Phlm)
Geschichtsrückblick (Apg 7,2-53)
Haustafel (Kol 3,18–4,1)
Tugend- und Lasterverzeichnis (Gal 5,17-22; Phil 2,1-2; 1Tim 1,9-12)
Wunderbericht (Mt 8,1-4)
Visionsbericht (Apg 22,6-11; 2Kor 12,1-4)
Mahnrede (Phil 4,1-8)
Seligpreisung (Jak 1,12)
Summarium (Mt 4,23-25; Apg 2,42-47)
Gebet (Apg 4,24-30)
Streitgespräch (Mt 12,24-30; Mk 2,24-28; 2Kor 11,16-32)
Kurzbericht mit einem sich daraus ergebenden Ausspruch (Lk 11,27-28; 20,20-25; 21,1-4)
Gleichnis (Mt 13,31-32)
Reisebericht (Apg 14,20-28)
Sinnspruch (Mt 15,13; 24,28)
Lobpreis/Hymnus (Röm 11,33-36; 16,25-27)
Weheruf (Mt 23,13-32)

2. Wohnstätten von Abraham und seinen Nachkommen bis zur ägyptischen Sklaverei

1Mo 12,6:	Kanaan; Sichem	1Mo 23,4:	Abraham bezeichnet sich als »Fremdling bei den Hetitern«
1Mo 12,8:	zwischen Bethel und Ai		
1Mo 12,9:	Südland (Negev)		
1Mo 12,10:	nach Ägypten wegen Hungersnot	1Mo 23,7-20:	Höhle Machpela als Erbbegräbnis gekauft
1Mo 13,1:	Südland (Negev)	1Mo 24,62:	Isaak wohnt im Südland
1Mo 13,3:	zurück nach Bethel/Ai	1Mo 26,1:	Isaak flieht vor Hungersnot nach Gerar; vgl. 26,6
1Mo 13,12:	Abram in Kanaan		
1Mo 13,18:	Mamre bei Hebron. Vgl. 14,13; 18,1	1Mo 26,23:	Beerscheba
		1Mo 27,43-28,9:	Flucht Jakobs nach Mesopotamien. Esau bleibt in Kanaan
1Mo 17,8:	Abraham »Fremdling« in Kanaan		
1Mo 20,1:	Südland zwischen Kadesch und Schur, dann Gerar	1Mo 28,19:	Jakob in Haran. Unterwegs über Bethel
		1Mo 29,1:	im Land im Osten bei Laban
1Mo 20,14:	Abimelech stellt Abraham die Wahl des Ortes frei	1Mo 31,18:	Rückkehr zu Isaak nach Kanaan
1Mo 21,31-32:	Bundesschluss mit Abimelech in Beerscheba	1Mo 33,17:	Sukkot
		1Mo 33,18f.:	Landkauf bei Sichem
1Mo 22,2:	Opferung Isaaks in Morija	1Mo 35,6:	Lus (Bethel)
1Mo 22,19:	Beerscheba	1Mo 35,16:	Ephrata
1Mo 23,2:	Sara: Hebron. Abraham: auf dem Weg dorthin zur Totenklage	1Mo 35,21:	Migdal-Eder
		1Mo 35,27:	Mamre (Hebron) als Fremdling
		1Mo 37,1:	Joseph in Kanaan

3. Völker, Länder und Orte der Bibel

Ägypten
Griech. *aigyptos*, hebr. *mizrajim*, nach einem Sohn Hams (1Mo 10,6). Nordafrikanisches Land am Nil. Das ca. 3000 v.Chr. gegründete, von Pharaonen und einer Priesterkaste beherrschte Staatswesen weist die längste kontinuierliche Geschichte im Altertum auf, die bis 30 v.Chr. reicht, als Ägypten römische Provinz wird. In der Mächtekonstellation des Alten Orients stellt Ägypten gegenüber den wechselnden Herrschaftsgruppierungen in Mesopotamien die beständige südliche Großmacht dar.

Die Fruchtbarkeit des Nillandes machte Ägypten zu einer Kornkammer der Alten Welt, weshalb die Menschen aus den unfruchtbaren und von Hungersnöten heimgesuchten Gegenden Vorderasiens nach Ägypten drängten (1Mo 12,10; 42,1ff). Die Struktur des Staates bedingte, dass die Masse der Bevölkerung und auch abhängige Volksgruppen wie Israel rücksichtslos zu Sklavenarbeiten für Paläste, Tempel, Pyramiden, Bewässerungssysteme, Festungen und Vorratsstädte (2Mo 1,11) herangezogen wurden. In Israels Geschichte stellt Ägypten deshalb das Sklavenhaus dar, aus dem Gott sein Volk durch den Auszug unter Mose (2Mo 3–15) befreit hat. Das ist die grundlegende Gotteserfahrung Israels, der jedes Jahr beim Passah gedacht werden soll. In geistlicher Übertragung ist Ägypten in der Bibel häufig das Bild der Knechtschaft unter die Sünde.

Amalekiter
Nomadenvolk im Süden Israels zwischen Ägypten und Arabien, nach seinem Stammvater, einem Enkel Esaus, oft auch kurz Amalek (1Mo 36,12) genannt. Wegen seines hinterlistigen Überfalls auf das gerade den Ägyptern entkommene Israel (2Mo 17,8) wird Amalek von Gott dem Gericht preisgegeben, das Israel später vollziehen soll (1Sam 15,2-3). Zunächst aber leben die Amalekiter in ständiger Feindschaft mit Israel und verbinden sich deshalb auch mit anderen Steppenvölkern des Ostens, z.B. mit den Midianitern (Ri 6,33). David u.a. vollziehen das Gericht an den Amalekitern (2Sam 8,12), sodass sie zur Zeit Hiskias aus dem Zeugnis der Bibel verschwinden (1Chr 4,43).

Ammon(iter)
Östlich des Jordan zwischen Arnon und Jabbok lebendes Volk, das von Ben-Ammi, einem Sohn Lots, abstammt (1Mo 19,38), daher auch »Söhne Ammon« genannt. Wegen dieser Stammesverwandtschaft durfte Israel bei seiner Landnahme auf Gottes Gebot hin das Gebiet der Ammoniter nicht antasten, eroberte aber das Land des Amoriterkönigs Sihon, das dieser den Ammonitern entrissen hatte. Da Israel dann mit den Stämmen Ruben und Gad hier zwischen den Ammonitern im Osten und dem Jordan im Westen siedelte, bestand fortan dauernde Feindschaft zwischen den beiden Völkern. In der Spätantike verschwanden die Ammoniter aus der Geschichte, weil sie wie Moabiter und Edomiter im Arabertum aufgingen, womit sich die Prophezeiung von Hes 25,2-7 erfüllte. Der Name der heutigen Hauptstadt Jordaniens, Amman, das biblische Rabba, erinnert noch an sie.

Amoriter
Die Babylonier bezeichneten Syrien und Kanaan als das Land der Amoriter, die in der altorientalischen Geschichte bis nach Mesopotamien hin eine bedeutende Rolle gespielt haben. Sie stellten die erste babylonische Dynastie (Hammurabi, 1792–1750 v.Chr.). Weil die Amoriter wahrscheinlich das stärkste Volk in Kanaan waren, wird das Land in der Bibel für die vorisraelitische Zeit allgemein als das Land der Amoriter bezeichnet (1Mo 15,16). Andererseits betrachtet die Bibel die Amoriter aber auch als eines der sieben Völker Kanaans, die Israel vertreiben sollte (5Mo 7,1), was aber nicht vollständig gelang. Reste der amoritischen Bevölkerung werden noch zur Zeit Esras erwähnt (Esr 9,1).

Aram(äer)
Aram, ein Sohn Sems (1Mo 10,22), ist der Stammvater der Aramäer, einer Völkergruppe, die ihren Ursprung in Mesopotamien hat und dann nach Westen, besonders nach Syrien, gewandert ist. Die Familie Abrahams wird als Aramäer bezeichnet (1Mo 25,20; 5Mo 26,5). In der Königszeit Israels spielt das Aramäerreich in Syrien mit der Hauptstadt Damaskus – meistens als Gegner – eine bedeutende Rolle, bis es wie Israel von den Großmächten Assyrien und Babylonien unterworfen wird. Das Aramäische aber, eine westsemitische, dem Hebräischen verwandte Sprache, wird seit dem 8. Jh. im Alten Orient zur Verkehrssprache (2Kön 18,26). So sind auch einige Kapitel des AT in Aramäisch geschrieben (z.B. Dan 2,4–7,28). Zur Zeit Jesu wurde von den Juden außerhalb der Synagoge Aramäisch gesprochen.

Asien
Asien wird nur im NT genannt und bezeichnet nicht den Erdteil im modernen Sinne,

sondern die römische Provinz Asia (seit 133 v.Chr.), d.i. der westliche und südwestliche Teil Kleinasiens (d.h. der heutigen Türkei) mit der Hauptstadt Ephesus. Asien umfasste die Landschaften von Mysien, Lydien, Phrygien und Karien. Die sieben Gemeinden der Sendschreiben in Offb 2–3 liegen sämtlich im Gebiet der Provinz Asien.

Assyrien/Assur/Assyrer
Assyrien liegt mit seinem Kernland am Oberlauf des Tigris, als Hauptstädte sind Assur und Ninive bekannt. Es ist als Staat seit dem 18. Jh. v.Chr. gut bezeugt. Der äußerst brutale Militärstaat wird unter Tiglat-Pileser III. (746–727 v.Chr.) zur Großmacht, die Babylonien, Aram und das Nordreich Israel (722/21 v.Chr.; Wegführung eines Teils der Bevölkerung) unterwirft, sogar Ägypten wird 671 v.Chr. erobert. Das belagerte Jerusalem des judäischen Königs Hiskia kann dagegen nicht eingenommen werden (2Kön 19,35-36). Der durch dauernde Kriege geschwächte Staat wird schließlich durch die Meder und die aufständischen Babylonier nach der Eroberung Ninives (612 v.Chr.) und der letzten Hauptstadt Haran (609 v.Chr.) vernichtet und auf Medien und Babylon aufgeteilt.

Babel/Babylonien
Stadt am Euphrat im mittleren Mesopotamien, ältestes politisches Zentrum in der Bibel (1Mo 10,10). Der Name wird wegen der Sprachenverwirrung beim Turmbau zu Babel als »Verwirrung« gedeutet (1Mo 11,1-9). Als Babylon mit der Landschaft Babylonien wird die Stadt seit dem Beginn des 2. Jahrtausends v.Chr. zur beherrschenden Macht in Vorderasien (Altbabylonisches Reich unter Hammurabi) und erlebt nach zeitweiliger Unterwerfung durch Assyrien als Neubabylonisches Reich unter Nebukadnezar eine neue Blüte (6. Jh. v.Chr.). Mit der Eroberung Jerusalems und der Babylonischen Gefangenschaft der Juden (597 und 587/86 bis 539 v.Chr.) beenden die Babylonier (oder Chaldäer) die Königszeit Israels. Auch nach der Unterwerfung Babyloniens durch die Perser (539 v.Chr.) und durch Alexander d.Gr. (331 v.Chr.) bleibt Babylons zentrale Rolle bestehen, die erst mit dem Niedergang der griechischen Diadochenstaaten im 2. Jh. v.Chr. endet.

Im NT wird Babylon zum Sinnbild widergöttlicher und antichristlicher Mächte (Offb 14,8; 16,19; 18,19) und wird vielleicht auch als Deckname für die damalige Weltmacht Rom verwendet (1Petr 5,13).

Chaldäa/Chaldäer
Chaldäa wurde im Alten Orient das südliche Mesopotamien genannt, seine Bewohner infolgedessen Chaldäer. Durch die Sumerer war es das älteste Kulturland Vorderasiens. Hier lag auch Ur, die Heimatstadt Abrams, ehe er mit der Familie seines Vaters nach Haran in Nordmesopotamien zog (1Mo 11,28.31). Zwar kam Chaldäa unter die Herrschaft Babylons, wegen der kulturellen Bedeutung Chaldäas aber wurden Babylonier und Chaldäer austauschbare Begriffe, besonders im Neubabylonischen Reich Nebukadnezars (vgl. 2Kön 24,10 mit 25,5 / 2Chr 36,17). Das große Ansehen der hochgebildeten chaldäischen Priesterkaste führte dazu, dass Wissenschaftler und Sterndeuter allgemein als Chaldäer bezeichnet wurden (Dan 1,4).

Damaskus
Die östlich des Hermongebirges gelegene heutige Hauptstadt Syriens ist eine der ältesten Städte der Welt und hat ihre zeitweiligen Eroberer wie Ninive und Babylon um Jahrtausende überdauert. In der Bibel wird der wichtige Kreuzungspunkt von Karawanenstraßen schon zur Zeit Abrahams erwähnt (1Mo 14,15; 15,2). In der Zeit des israelischen Königreiches (seit ca. 1000 v.Chr.) war Damaskus das Zentrum des Reiches der Syrer oder Aramäer, das den israelischen Königen in Samaria im 9. und 8. Jh. v.Chr. ein gefährlicher Gegner war; aber wie Israel kam auch Damaskus nacheinander unter die Herrschaft der Assyrer, Babylonier, Perser, Griechen und Römer.

Im Römischen Reich kam es wenige Monate unter die Herrschaft des arabischen Königs der Nabatäer (2Kor 11,32). Eine christliche Gemeinde bildete sich hier schon früh. – Das »Damaskus-Erlebnis« des Saulus von Tarsus, der vor Damaskus Christus begegnete, wurde zum Ausgangspunkt der Heidenmission (Apg 9).

Edom(iter)
Edom bedeutet im Hebräischen »rot« und ist der Spottname für Esau, den Sohn Isaaks und Bruder Jakobs, wegen seiner Gier nach dem roten Linsengericht (1Mo 25,30), vielleicht auch wegen seiner roten Haare (1Mo 25,25). Der Name ging als Edomiter auf seine Nachkommen über, deren Land, südöstlich des Toten Meeres, als Edom bezeichnet wurde. Da es auf dem Gebirge Seïr lag, wird dieser Name in der Bibel oft als Synonym für Edom verwendet (z.B. Hes 25,8).

Seit David stand Edom unter der Herrschaft der Könige Israels bzw. Judas, schüttelte aber später deren Oberhoheit ab und reihte sich in die Front der Feinde Israels und Judas ein, weswegen Gott an Edom Gericht übte (Hes 35,5ff). Von den arabischen Nabatäern bedrängt, verlegten die Edomiter ihr Gebiet in den Norden, südwestlich des Toten Meeres. Griechen und Römer bezeichneten ihr Land als Idumäa, das in der Zeit jüdischer Selbstständigkeit unter den Hasmonäern dem jüdischen Staat (Juda) einverleibt wurde. Aus Idumäa stammte Herodes d.Gr., der als König (27–4 v.Chr.) unter römischer Oberherrschaft die Regierung der Hasmonäer beendete, aber als Nichtjude – trotz des Tempelbaus – beim Volk unbeliebt war.

Nach der Zerstörung Jerusalems (70 n.Chr.) verschwanden die Edomiter aus der Geschichte.

Elam(iter)
Elam, der erstgenannte Sohn Sems (1Mo 10,22), ist der Stammvater der Elamiter, die im Osten von Babylonien ein Reich errichteten, das entweder in feindlichem Gegensatz zu den mesopotamischen Mächten stand oder auch von ihnen unterworfen wurde. Nach der Eroberung Samarias durch die Assyrer (722/21 v.Chr.) wurden Israeliten bis nach Elam in die Verbannung geschickt (Jes 11,11); ebenso handelten später die Babylonier (Esr 2,5-6). Andererseits siedelten die Assyrer auch Elamiter im Land Israel an (Esr 4,9-10). Die Perserkönige erhoben Susa, die Hauptstadt Elams, wegen seiner Höhenlage in den Bergen oberhalb Mesopotamiens zu ihrer Sommerresidenz; hier ereignete sich die Geschichte der Königin Ester. Unter den Hörern der Pfingstpredigt waren auch Diaspora-Juden aus Elam (Apg 2,9).

Galatien
Landschaft in Kleinasien, die im 3. Jh. v.Chr. von keltischen Stämmen besiedelt und beherrscht wurde (vgl. das keltische Gallien und die gälische Sprache der Kelten). 25 v.Chr. wurde Galatien mit einigen anderen kleinasiatischen Gebieten die römische Provinz »Galatia«. Die von Paulus und Barnabas besuchten Städte Antiochia in Pisidien, Ikonion, Lystra und Derbe (Apg 13/14) lagen im Süden dieser Provinz. Ob sich die weiteren Angaben über Galatien in der Apostelgeschichte und im Brief an die Galater auf dieses Gebiet oder auf die nördlicher gelegene Landschaft Galatien (das alte Stammesgebiet der keltischen Galater) beziehen, ist umstritten.

Galiläa
Nördlicher Landesteil Israels, westlich des Sees Genezareth, Heimat der Stämme Asser, Naftali, Sebulon, Issaschar und (später) Dan. Da die Assyrer nach der Unterwerfung des Nordreiches Israel (722/21 v.Chr.) die Bevölkerung zum Teil gegen heidnische Mesopotamier ausgetauscht hatten, galten die Galiläer den Juden in Judäa nicht als rein israelitisch und wurden noch zur Zeit Christi abfällig beurteilt (Joh 7,52), obwohl gerade die jüdische Mehrheit in Galiläa – streng getrennt von der heidnischen Minderheit – sehr gesetzestreu war und viele

Synagogen hatte (Lk 2,39.41). Schon Jesaja hatte dem noch zu seiner Zeit unterworfenen Landesteil das Heil des Messias prophezeit (Jes 8,23–9,6), und wirklich verlegte Jesus Christus seine Wirksamkeit zum großen Teil nach Galiläa und wurde wegen seiner Herkunft aus Nazareth in Galiläa als Nazarener von vielen Juden verachtet (Joh 1,46). Galiläa gehörte damals zum Reich des Herodes Antipas unter römischer Oberherrschaft.

Griechen
Unter Griechen im engeren Sinn verstehen wir das Volk der Hellenen, das im Altertum das heutige Griechenland, die Küsten Kleinasiens, Zypern, Sizilien und die Küste Unteritaliens besiedelte. Durch die Eroberungen Alexanders d.Gr. (336–323 v.Chr.) wurde der gesamte östliche Mittelmeerraum und Vorderasien durch viele griechische Stadtgründungen von griechischer Kultur und Sprache beherrscht (= Hellenismus). Für diesen Raum war auch im Römischen Reich das Griechische die Weltsprache.

Insofern wird im NT von Griechen gesprochen, wenn die heidnische Bevölkerung im Gegensatz zu den Juden gemeint ist (z.B. Röm 1,16; in der »Neues Leben«-Übersetzung wird »Griechen« dann meist anders umschrieben). Andererseits wurden aber auch die Juden und Proselyten aus der Diaspora (Zerstreuung) wegen ihrer griechischen Sprache von den Juden im Land Israel als Griechen bezeichnet (Joh 7,35; in der »Neues Leben«-Übersetzung hier mit »Heiden« wiedergegeben), gab es doch in den meisten Städten des östlichen Mittelmeerraumes jüdische Gemeinden mit ihren Synagogen (Apg 15,21).

Hebräer
Die zum ersten Mal auf Abraham angewandte Bezeichnung (1Mo 14,13) weist wahrscheinlich über den Vorfahren Eber (1Mo 10,21.24-25) auf die Abkunft von Sem hin, unter dessen prophetischem Segen durch Noah (1Mo 9,26) auch Abraham stand. Später aber ist Hebräer eher ein abfälliger Ausdruck im Munde von Ägyptern und Philistern (1Mo 43,32; 1Sam 14,11). Andererseits übernahmen die Israeliten den Namen und bezeichneten sich selbst als Hebräer (2Mo 7,16; Jona 1,9), wodurch es zum Synonym für Israeliten wurde. So auch im NT, wenn sich die Aramäisch sprechenden Juden von den Griechisch sprechenden Juden, den Griechen oder Hellenisten (Apg 6,1), unterscheiden wollten oder wenn der Benjaminiter Paulus seine Zugehörigkeit zum Volk der Hebräer als Auszeichnung betrachtete (2Kor 11,22).

Hetiter
Indogermanisches Volk, das sich im 2. Jahrtausend v.Chr. von Zentral-Kleinasien her nach Süden bis Syrien und Mesopotamien ausbreitete. Nach dem Zusammenbruch des Hetiter-Reiches im 12. Jh. v.Chr. blieben im nördlichen Syrien sieben kleinere Königreiche bestehen, die noch geraume Zeit eine politische Rolle spielten, z.B. Hamat, das mit David verbündet war (2Sam 8,9-10) und noch zur Zeit Elisas (9. Jh.) den Syrern von Damaskus als Bedrohung erschien (2Kön 7,6). Ein kleiner Teil der Hetiter wird unter den sieben Völkern Kanaans erwähnt (Jos 24,11), die Israel vertreiben sollte. Einzelne Hetiter tauchen in der Geschichte Israels bis in die Königszeit auf, z.B. Uria, der Mann der Batseba (2Sam 11,3). Nach der Unterwerfung Syriens und Israels durch die Assyrer verschwinden die Hetiter aus der Geschichte.

Judäa
Bezeichnung für das südliche Gebiet Israels zur Zeit Christi, das 931/30–587/86 v.Chr. der Staat Juda eingenommen hatte. Schon in der Zeit des Jeremia (um 600 v.Chr.) wurden die Bewohner Judäer genannt (Jer 32,12), woraus dann nach der Babylonischen Gefangenschaft »Juden« wurde. Die Bewohner Judäas hegten gegenüber der Bevölkerung anderer Landesteile, z.B. Galiläas, ein religiöses Überlegenheitsgefühl, das sich auf ihre Hauptstadt Jerusalem mit

dem Tempel und ihre vermeintlich größere Gesetzestreue gründete. Seit 63 v.Chr. unter römischer Herrschaft, wurde Judäa entweder von römischen Prokuratoren oder von Herodes d.Gr. und seinen Nachkommen (37 v. bis 6 n.Chr. und 41–44 n.Chr.) regiert.

Kanaan(iter)
Sohn Hams, des jüngsten Sohnes Noahs (1Mo 10,6). Auf Kanaan ruhte in besonderer Weise der Fluch Noahs (1Mo 9,25-27). Kanaans Nachkommen bildeten die nichtsemitische vorisraelitische Bevölkerung des Israel verheißenen Landes, die aber auch Phönizien besiedelten, wo sie als seefahrendes Volk ihre Kultur am längsten bewahrten. Die Kanaaniter wurden unter den sieben Nationen des Israel verheißenen Landes genannt, die Israel vertreiben sollte (Jos 24,11). Andererseits wurden die Bewohner des Landes aber zuweilen auch insgesamt als Kanaaniter bezeichnet, die dem Land seinen Namen, Kanaan, gaben (1Mo 12,5-6; 2Mo 13,11). Wegen ihrer sittlichen Verkommenheit (Kinderopfer u.a.) unterlagen sie dem besonderen Gericht Gottes, das Israel an ihnen vollziehen sollte (5Mo 18,9-12). Die Reste der nicht ausgerotteten Kanaaniter, die noch Jahrhunderte unter den Israeliten lebten, werden bei Esra (um 450 v.Chr.) zum letzten Mal erwähnt (Esr 9,1).

Kusch
Sohn Hams (1Mo 10,6) und Land beiderseits des Nil, südlich von Ägypten, auch Nubien und in vielen antiken Quellen Äthiopien genannt (Apg 8,27), heute der nördliche Sudan. Die Bevölkerung besteht aus Schwarzafrikanern, die auch in anderen Ländern als Sklaven (2Sam 18,21) oder als Beamte (Jer 38,7ff) dienen konnten. Das kuschitische Reich mit der Hauptstadt Napata war oft in Kriege mit Ägypten verwickelt, in Phasen des Niedergangs Ägyptens konnten Kuschiten bis nach Juda vordringen (2Chr 14,8ff). 712–664 v.Chr. wurde Ägypten sogar von einer kuschitischen Dynastie regiert. Ab 530 war Meroë die Hauptstadt von Kusch, wo zur Zeit des Neuen Testaments Königinnen herrschten, die Kandake genannt wurden (Apg 8,27 [s. Anm. dort]). Im 4. Jh. n.Chr. entstanden dort christliche Reiche.

Libanon
»Das weiße Gebirge«, so wegen seiner schneebedeckten Gipfel genannt, ist bis zu 3000 m hoch und erstreckt sich in nord-südlicher Richtung im Westen Syriens. Im Osten des Libanon befindet sich der Gebirgszug des Anti-Libanon mit dem Hermon (2814 m), dazwischen liegt das Bekaa-Tal.

Nach Jos 3,5 sollte der Libanon zum verheißenen Land Israels gehören, er lag aber meistens jenseits der Nordgrenze. Berühmt waren seine Zedern, mit deren Holz die Phönizier Handel trieben und David und Salomo für ihre Paläste und den Tempelbau belieferten (2Sam 5,11; 1Kön 5,24).

Meder/Medien
Indogermanisches, mit den Persern verwandtes Volk im Iran, südlich vom Kaspischen Meer. Zunächst den Assyrern tributpflichtig, vernichteten sie im Bündnis mit den Babyloniern das Assyrische Reich (609 v.Chr.) und dehnten ihre Macht bis Kleinasien aus, mussten sich aber schließlich 550 v.Chr. der Oberherrschaft des Persers Kyrus II. (559–529 v.Chr.) unterordnen. Das Reich der Meder und Perser unterwarf 539 v.Chr. das Neubabylonische Reich und beendete die Babylonische Gefangenschaft der Juden. Der in Dan 6 genannte Meder Darius kann Vizekönig unter Kyrus gewesen sein.

Mesopotamien
Der Name leitet sich aus dem Griechischen her: »zwischen den Strömen«, die große Tiefebene in Vorderasien an Euphrat und Tigris; neben Ägypten das älteste Kulturland der Erde. Hier ereignete sich der Turmbau von Babel (1Mo 11). Abram zog mit seiner Sippe von Ur im äußersten Süden

Mesopotamiens nach Haran in den aramäischen Norden, ehe er sich von Gott nach Kanaan führen ließ. Wie Ägypten haben auch die politischen Mächte Mesopotamiens immer wieder auf Land und Volk Israel eingewirkt, besonders die Assyrer, die Babylonier und die Perser. Die durch Assyrer und Babylonier vorgenommenen Umsiedlungen großer Bevölkerungsteile Israels bzw. Judas führten diese zumeist nach Mesopotamien, wo die Juden noch 1500 Jahre nach der Babylonischen Gefangenschaft eine bedeutende Rolle spielten (Babylonischer Talmud, 7. Jh. n.Chr.).

Midian(iter)
Sohn Abrahams von der Ketura (1 Mo 25,2). Wie auch die anderen Söhne der Ketura wurde er von seinem Vater weg vom Sohn der Verheißung, Isaak, in die Steppen- und Wüstengebiete des Ostens geschickt (1 Mo 25,6), wo seine Nachkommen, die Midianiter, zwischen Sinai und Mesopotamien ein halbnomadisches Leben führten. Der midianitische Priester Reguël/Jitro war Schwiegervater Moses (2 Mo 2,18ff; 18,1ff), während sich die Midianiter später als Feinde Israels erwiesen, aber vom Richter Gideon vernichtend geschlagen wurden (Ri 6–8). Danach verschwanden sie aus der Geschichte.

Moab(iter)
Östlich des Toten Meeres lebendes Volk, das von Moab, einem Sohn Lots, abstammt (1 Mo 19,37). Wegen dieser Stammesverwandtschaft durfte Israel bei seiner Landnahme auf Gottes Gebot hin das Gebiet der Moabiter nicht antasten, eroberte aber das Land des Amoriterkönigs Sihon, das dieser zum Teil den Moabitern entrissen hatte. Der Stamm Ruben erhielt auf diese Weise im Nordosten des Toten Meeres altes Moabiterland, was zur dauernden Feindschaft zwischen Israel und Moab führte. Bei Esra (9,1) und Nehemia (13,23) werden sie zum letzten Mal erwähnt. Sie verschwanden in der Spätantike aus der Geschichte, weil sie wie die Ammoniter und die Edomiter im Arabertum aufgingen, womit sich die Prophezeiungen der Propheten erfüllten (Jes 15–16).

Perser/Persien
Indogermanisches Volk im südlichen Iran, das unter Kyrus II. d.Gr. (559–529 v.Chr.) die Vorherrschaft der stammesverwandten Meder beendete und das Reich der Meder und Perser bildete. Es dehnte seine Herrschaft vom Indus bis Kleinasien und Ägypten aus. 539 wurde durch die Unterwerfung des Babylonischen Reiches auch das Land Israels und Judas dem Persischen Weltreich einverleibt. Kyrus gestattete die Rückkehr der Juden aus der Babylonischen Gefangenschaft, worauf es unter Darius I. (522–485) zum Bau des zweiten Tempels in Jerusalem kam (520–516). In die Zeit des Königs Xerxes (485–465), der die Griechen an den Thermopylen besiegte, aber die Seeschlacht bei Salamis verlor, fiel die Geschichte der Königin Ester. Esra und Nehemia wirkten unter der Regierung des Königs Artaxerxes I. (465–424). In einem großen Eroberungskrieg unterwarf schließlich Alexander d.Gr. (336–323) das Perserreich, wodurch die Juden unter griechisch-makedonische Herrschaft (Griechen) kamen.

Philister/Philistäa
Ihre Abkunft vom Hamiten Mizrajim wird schon 1 Mo 10,14 erwähnt, ihre geografische Herkunft wird Am 9,7 mit Kaftor (= Kreta) angegeben. Sie gehörten wahrscheinlich zu den sog. Seevölkern, die im 12. Jh. Ägypten angriffen und abgewehrt wurden. Die Philister ließen sich nach Osten in die Gegend des heutigen Gaza-Streifens abdrängen, wo Philister schon zur Zeit Abrahams lebten und wo sie fünf Stadtkönigtümer gründeten: Aschdod, Aschkelon, Ekron, Gat und Gaza (Jos 13,3). Sie unterschieden sich sprachlich, kulturell und in technischer Hinsicht von den Kanaanitern, ebenso auch von Israel. Dessen Götzendienst führte als Gerichtshandeln Gottes zur Vorherrschaft der Philister in der Zeit der Richter (Ri 13,1), wozu auch ihre mili-

tärische Überlegenheit durch den Besitz des Eisenmonopols beim Übergang von der Bronze- zur Eisenzeit beitrug (1Sam 13,19-20). Erst David gelang es, sie endgültig zu besiegen und zum Teil zu unterwerfen (2Sam 8,1). Das Volk der Philister bestand noch bis zur Perserzeit und verschwand dann aus der Geschichte.

Phönizien/Phönizier
Das Land zwischen Libanon und Mittelmeer. Die Phönizier waren ein seefahrendes Handelsvolk mit reichen selbstständigen Seestädten, z.B. Tyrus, Sidon, Byblos. Durch ihren Handel mit Purpur (griech. *phoinos*) erhielten sie wahrscheinlich von den Griechen ihren Namen. Ihre Handelsbeziehungen erstreckten sich über den gesamten Mittelmeerraum bis an die europäische Atlantikküste und bis zu den Britischen Inseln. Sie waren *das* Handelsvolk des Altertums (vgl. Hes 27). Die Griechen erhielten von ihnen das Alphabet. Neben den Purpurstoffen waren die Phönizier besonders für ihre Glaswaren und ihre Metall- und Elfenbeinverarbeitungen berühmt; Byblos (vgl. griech. *biblos* = Buch, Bibel) war der Umschlaghafen für Papyrus und Buchrollen; ihr Zedernholz vom Libanon war ein begehrter Handelsartikel, mit dem der König von Tyrus in Beziehung zu David und Salomo trat (2Sam 5,11; 1Kön 5,15ff). Als Nachkommen Kanaans pflegten sie die typisch kanaanitischen religiösen Kulte um Baal und Astarte etc. mit Tempelprostitution und Menschenopfer. Insofern hatte die Ehe des israelitischen Königs Ahab mit der Königstochter von Sidon, Isebel, verderbliche Folgen für Israel (1Kön 16,31ff). In der Zeit nach Alexander d.Gr. (336–323 v.Chr.) wurden die Phönizier hellenisiert.

Samaria/Samariter
Hauptstadt des israelitischen Nordreiches (Israel), gegründet durch König Omri (884–874 v.Chr.). Nach dem Untergang des Nordreiches war Samaria Provinzhauptstadt unter den Assyrern, Babyloniern und Persern. Durch die Umsiedlungspolitik der Assyrer entstand in der Provinz Samaria national wie religiös eine Mischbevölkerung (2Kön 17,24ff), die sog. Samariter oder Samaritaner, die von den Juden noch zur Zeit Jesu verachtet wurden, nachdem ihnen schon die Mitarbeit am Bau des zweiten Tempels (521–516) verweigert worden war (Esr 4,2-3). Vom AT verehrten die Samariter nur die Fünf Bücher Mose als Heilige Schrift, und auf dem Berg Garizim errichteten sie einen eigenen Tempel, der aber 128 v.Chr. von den Juden zerstört wurde. Der Streit um den richtigen Anbetungsort, Jerusalem oder Garizim (Joh 4,20), ist für die Samariter bis heute nicht entschieden, die noch heute das Passah auf dem Garizim feiern. Andererseits war man gerade unter den Samaritern sehr offen für das Evangelium (Joh 4,42; Apg 8,5ff).

Sodom und Gomorra
Kanaanitische Städte in der Gegend des heutigen Toten Meeres. Wegen der besonders schweren Sünden ihrer Bewohner (1Mo 18,20) wurden sie von Gott durch eine Naturkatastrophe vernichtet (1Mo 19). Seitdem gelten die beiden Städte als Symbol schlimmer menschlicher Verirrungen und überhaupt der Sünde schlechthin.

Der Unglaube und der Ungehorsam Israels werden sowohl von den Propheten (Jer 23,14) als auch von Christus (Mt 11,23) mit Sodom und Gomorra verglichen.

Syrien
Das Land zwischen Euphrat und Mittelmeer, im Norden von Kleinasien, im Süden von Israel begrenzt. Im AT wird das Gebiet Aram genannt, seine Bewohner Aramäer, während das NT die römische Provinzbezeichnung Syrien vorzieht. Wichtige Städte in Syrien waren Damaskus (Apg 9,2) und Antiochia, nach Rom und Alexandria in Ägypten zur Zeit Jesu die drittgrößte Stadt der Welt (Apg 11,26).

Tarsis
Abgesehen von mehreren Eigennamen im AT, bezeichnet Tarsis einen Ort oder ein Ge-

biet, das die Phönizier mit ihren Handelsschiffen ansteuerten (Hes 27,25; Jona 1,3). Die in Hes 27,12 genannten Waren – Silber, Eisen, Zinn, Blei – lassen auf Südspanien schließen, wo Tartessos ein wichtiger Handelsplatz war. Allerdings könnten die Waren der Tarsisschiffe Salomos – Gold, Silber, Elfenbein, Affen, Paviane (1 Kön 10,22) – und das Scheitern der Tarsisschiffe Joschafats bei Ezjon-Geber am Roten Meer (1 Kön 22,49) eher Südarabien oder Ostafrika vermuten lassen, wenn nicht die Bezeichnung »Tarsisschiff« nur auf eine besondere Klasse schwerer Handelsschiffe hinweist, die gewöhnlich auf der Route nach Südspanien eingesetzt wurden.

Wüste
Sandiges oder steiniges, wasser- und vegetationsloses Gebiet, sowohl in der Ebene wie auch im Gebirge möglich. Zum Teil bezeichnet die Bibel auch vegetationsarme Steppen als Wüste, wo sich Viehherden gerade noch ernähren können. In der Geschichte Israels spielte die Wüste der Halbinsel Sinai, wo das Volk nach dem Auszug aus Ägypten 40 Jahre umherziehen musste, die größte Rolle. In der Wüste Juda westlich des Toten Meeres weilte David auf der Flucht vor Saul. Der Aufenthalt in der Wüste bedeutet in der Bibel Abgeschiedenheit von jeder menschlichen Hilfe und völlige Abhängigkeit von Gott.

Zerstreuung
Griech. *diaspora*; Begriff für die in der Welt verstreut lebenden Juden (Joh 7,35; Jak 1,1). Die Zerstreuung wird schon von den Propheten als Gericht Gottes angekündigt (Jer 9,15), beginnt mit der Wegführung von Bevölkerungsteilen des Nordreiches Israels durch die Assyrer, setzt sich fort mit der Babylonischen Gefangenschaft der Juden im 6. Jh. v.Chr., danach im gesamten Mittelmeerraum und erstreckt sich schließlich seit der Niederschlagung des Bar-Kochba-Aufstandes (135 n.Chr.) durch die Römer über die ganze Welt. In der Zerstreuung erfuhr das Judentum Höhepunkte seiner religiös-kulturellen Entwicklung, z.B. in Babylonien während des ersten nachchristlichen Jahrtausends (Babylonischer Talmud), jedoch auch viel grausame Verfolgung in zahlreichen Ländern. Die Propheten haben aber auch die Rückführung in das Land Israel verheißen (Hes 11,17), was im 20. Jh. eingetroffen ist: 1948 Gründung des Staates »Erez Israel«.

Zion
Der Name meint im Hebr. »Burg«. Ursprünglich die Jebusiterstadt auf dem südöstlichen Berg Jerusalems, von David erobert (2 Sam 5,6-10), danach auch »Stadt Davids« genannt. Später wurde der Name Zion auch auf den Tempelbezirk ausgedehnt und schließlich auf ganz Jerusalem (Ps 48,2-3). Zion wurde bei den Propheten als »Tochter Zion« zum Begriff für Land und Volk Israel mit der Hauptstadt Jerusalem, denen die Verheißungen Gottes über die Zerstreuung hinaus gelten (Zef 3,14ff; Sach 2,14).

4. Die Richter:
Heimatorte, Regierungszeit und Bibelstellenangaben

Richter	Regierungszeit	Text im Richterbuch	Ort
Otniël	40 Jahre	3,7-11	Debir?
Ehud	80	3,12-30	Benjamin?
Schamgar	?	3,31	Asser und Naphtali?
Debora	40	4–5	Ephraim?
Gideon	40	6–8	Ofra
Tola	23	10,1-2	Schamir
Jaïr	22	10,3-5	Kamon
Jeftah	6	10,6–12,7	Zafon
Ibzan	7	12,8-10	Bethlehem (in Galiläa? vgl. Jos 19,15)
Elon	10	12,11-12	Issaschar und Sebulon?
Abdon	8	12,13-15	Piraton
Simson	20	13–16	Zora

5. Davids Familie

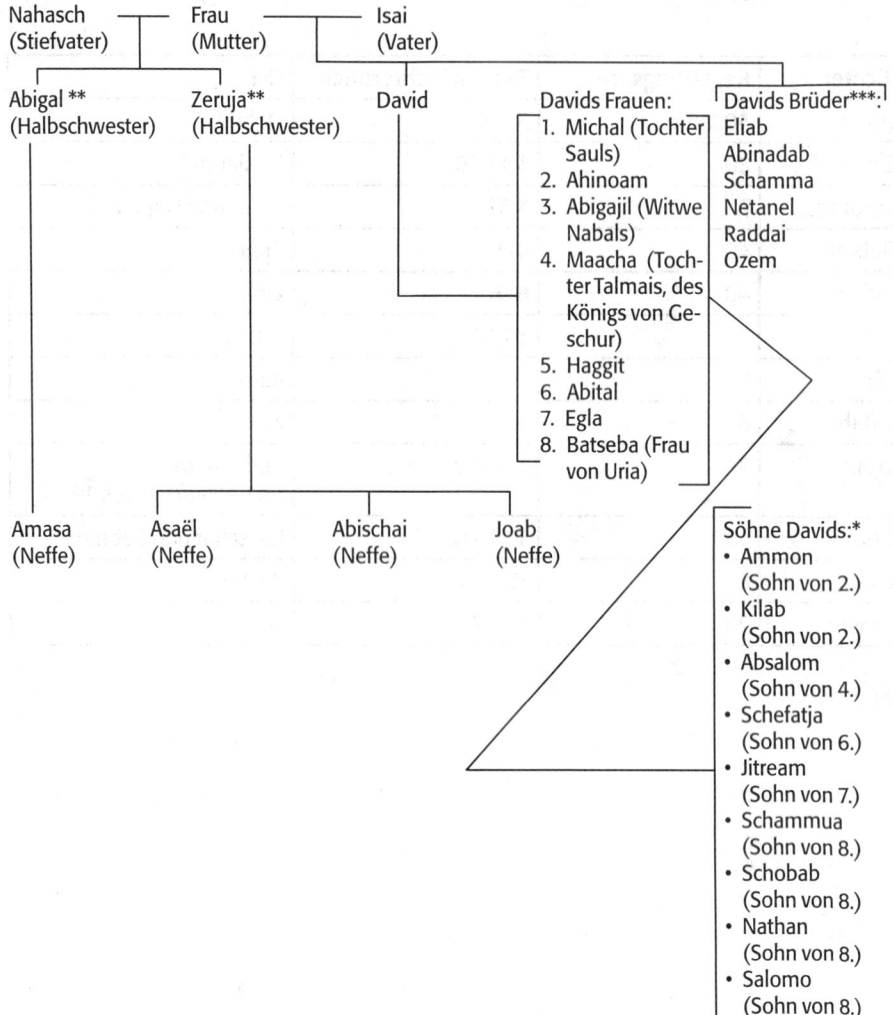

* nach 2Sam 3,2-5; 1Chr 3,1-9; 14,3-7. Weitere Söhne Davids waren: Jibhar, Elischua, Elifelet/Elpelet, Nogah, Nefeg, Jafia, Elischama, Eljada, Elifelet u.a.
** Abigal und Zeruja waren wahrscheinlich Halbschwestern von David (2Sam 17,25; 1Chr 2,16-17)
*** nach 1Chr 2,13-15

6. Propheten der Bibel

a) Propheten aus früher Zeit

- Abel (Lk 11,50)
- Henoch (Jud 14)
- Abraham (1Mo 20,7)
- Mose (5Mo 18,15-18)
- Aaron (2Mo 7,1)
- Mirjam (2Mo 15,20)
- (Bileam: eher ein Wahrsager [Jos 13,22] als ein Prophet, doch der Geist des HERRN spricht auch aus ihm [4Mo 24,2]; 4Mo 22–24)

b) Propheten der Richter- und Königszeit

Außer den Propheten, die ein Buch mit ihrer Botschaft hinterlassen haben (und im Inhaltsverzeichnis der Bibel leicht gefunden werden können), sind noch folgende weitere Propheten genannt:

Name	Bibelstelle	Regierender König	Botschaft	Zeichenhandlung
Debora	Ri 4–5	–	Barak soll zum Kampf aufbrechen	
Samuel	1Sam 3,20	später: Saul	z.B. Einsetzung Sauls, dann Davids	Salbung
Gad	1Sam 22,5; 2Sam 24,11-19	David	David soll nach Juda zurückkehren. Gottes Gericht über David wegen der Volkszählung. David soll einen Altar auf Araunas Tenne bauen	
Nathan	2Sam 7,2; 12,1-23	David	Verheißung für das Haus Davids. Tempelbau erst durch Salomo. Gericht über David wegen dessen Ehebruch	
David	Apg 2,30		Hinweise auf Christus in den Davidspsalmen	
Asaf, Heman und Jedutun und ihre Söhne	1Chr 25,1-7	David	Sie spielen prophetisch auf der Harfe, der Zimbel und der Zither. Die Psalmen von Asaf, Heman und Jedutun (siehe Kap. 10 b des Anhangs)?	
Ahia v. Silo	1Kön 11,29ff; 2Chr 9,29	Salomo (noch)	Einsetzung Jerobeams zum König	Zerteilung des Mantels
	1Kön 14,2ff	Jerobeam	Strafwort für Jerobeam: Sein Haus wird untergehen; sein Sohn wird sterben, aber als Einziger begraben werden.	(Sohn Jerobeams stirbt)

Name	Bibelstelle	Regierender König	Botschaft	Zeichenhandlung
Schemaja	1 Kön 12,22-24	Rehabeam	Kein Krieg gegen das Nordreich!	
	2Chron 12,5ff		Ruf zur Umkehr, weil man den Herrn verlassen hatte	
Iddo (=Jedo?)	2Chr 12,15, 13,22 (9,29)	Rehabeam, Abija (Salomo?)	gegen Jerobeam (Jedo)	
Anonymer Gottesmann aus Juda	1 Kön 13,1ff	Jerobeam	Gegen die Altäre Jerobeams	Zukunft: Entweihung des Altars. Gegenwart: Bersten des Altars, Verdorren der Hand des Königs
Alter Prophet in Bethel	1 Kön 13,11ff	Jerobeam	Belügt den Gottesmann aus Juda; verleitet ihn zum Ungehorsam. Dann: Strafankündigung als echtes Jahwewort	
Asarja ben Oded	2Chron 15,1ff	Asa	Ermutigung, beim Herrn zu bleiben	
Hanani	2Chron 16,7ff	Asa	Strafwort, weil Asa mit Benhadad von Aram gegen Nordreich koalierte, statt auf den Herrn zu vertrauen	
Jehu ben Hanani	1 Kön 16,1ff	Bascha	Strafankündigung gegen Bascha, weil er zur Sünde verführte und weil er das Haus Jerobeam vernichtete	
100 treue Jahwepropheten	1 Kön 18	Ahab		
Elia	1 Kön 17	Ahab	Trockenheit.	
Elia	1 Kön 18		Es soll wieder regnen	
Elia	1 Kön 18		Herausforderung der Baalspriester	Feuer auf den Altar
Elia	1 Kön 18		Ankündigung des Regens, Gebet um Regen?	Lief zu Fuß vor Ahab her nach Jesreel
Elia	1 Kön 19		Aufträge, zwei Männer zu Königen und Elisa zum Propheten zu salben. Berufung Elisas	Warf seinen Prophetenmantel um Elisa

Name	Bibelstelle	Regierender König	Botschaft	Zeichenhandlung
Elia als Briefschreiber	2Chron 21,12ff	Joram	Kritik an Abgötterei und an der Ermordung der eigenen Brüder	
Anonymer Prophet	1Kön 20,13ff.22ff.28	Ahab	Angriffspläne gegen die Aramäer; Ankündigung eines Angriffs Arams	
Einer der Prophetenjünger	1Kön 20,35ff	Ahab	Kritik an der Verschonung Benhadads	Ließ sich blutig schlagen und trug einen Verband. Vorher: Kündete Strafe dem Mann an, der ihn nicht hatte schlagen wollen → vom Löwen angefallen
Elisa	1Kön 19– 2Kön 13	hauptsächlich Joram	Hilfe zum Sieg gegen Moab; Ankündigung eines Sohnes für die Frau aus Schunem; Gottes Hilfe gegen die Aramäer und Anweisung, die besiegten Feinde zu verschonen; Nahrungsmangel in Samaria; Hasaël wird zum König von Aram bestimmt; Jehu soll zum König Israels gesalbt werden; Joasch wird die Aramäer besiegen	Wunder: Eine verdorbene Quelle wird gesund; das Öl einer Witwe geht nicht zur Neige; Totenauferweckung; Speisewunder; Heilung des Syrers Naaman; Rettung einer Eisenaxt aus dem Wasser Zeichen: Joasch schießt eine Pfeil und schlägt Pfeile auf den Boden
Prophetenschüler von Elisa	2Kön 9,1-13	Joram, Jehu	Jehu wird zum König Israels gesalbt und soll die Familie Ahabs ausrotten	Salbung
Micha ben Jimla	2Chron 18	Ahab (Josafat)	Gegen den Kampf gegen Ramot / Gilead; gegen Zedekia ben Kenaan	
Zedekia ben Kenaan, inmitten von 400 Hofpropheten	2Chron 18	Ahab	Für den Kampf gegen Ramot / Gilead, gegen Micha ben Jimla	Trug eiserne Hörner als Zeichen für den Sieg

Name	Bibelstelle	Regierender König	Botschaft	Zeichenhandlung
Jehu ben Hanani	2Chron 19,2f	Josafat	Zornankündigung wegen Koalition mit Ahab	
Jahasiël ben Sacharja	2Chron 20,14	Josafat	Ermutigung im Verteidigungskampf gegen die Ammoniter und Moabiter	
Eliëser ben Dodawa	2Chron 20,37	Josafat	Gegen Vertrag mit Ahasja, um Überseeschiffe zu bauen	
mehrere anonyme Propheten	2Chr 24,19	Joasch	Warnung und Ruf zur Umkehr	
Secharja	2Chr 24,20-22	Joasch	Unheil, weil man Götzen anbetet	
Jona ben Amittai	2Kön 14,25	Jerobeam II.	Jerobeam wird verlorene Gebiete für Israel zurückgewinnen	
anonymer Mann Gottes	2Chr 25,7-9	Amazja	Amazja soll keine Truppen aus Israel anwerben	
anonymer Prophet	2Chr 25,15-16	Amazja	Kritik an Amazjas Götzenverehrung	
Oded	2Chr 28,9-15	Ahas	Israel soll die gefangenen Judäer freilassen, anstatt sie zu versklaven	
Ehefrau von Jesaja	Jes 8,3	Ahas		
Hulda	2Kön 22,14	Josia	Das Unheil, das im Gesetzbuch für den Ungehorsam angedroht ist, soll über Jerusalem kommen, aber Josia wird verschont bleiben	
Uria ben Schemaja	Jer 26,20-23	Jojakim	Unheil für Jeruslem und das ganze Land Juda – wie Jeremia	

c) Propheten auf der Schwelle zum Neuen Testament

- Hanna (Lk 2,36)
- Johannes der Täufer (Mt 3,7-11; 11,13)

d) Propheten des Neuen Testaments

- Jesus: Mt 21,11; Lk 7,16; 24,19; Joh 4,19; 9,17
- Agabus: Apg 11,28; 21,11
- Barnabas: Apg 13,1
- Simeon Niger: Apg 13,1
- Luzius von Kyrene: Apg 13,1
- Manaën: Apg 13,1
- Saulus/Paulus: Apg 13,1; 1Kor 14,6; Eph 3,1-5
- Judas: Apg 15,32
- Silas: Apg 15,32
- Vier Töchter des Evangelisten Philippus: Apg 21,9
- Andere Propheten um Agabus: Apg 11,27

- Von Jesus ausgesandte Propheten: Mt 10,41; 23,34
- Frauen und Männer in Korinth: 1Kor 11,4f
- Leute in Thessaloniki: 1Thess 5,20
- Johannes (der Empfänger der Offenbarung, des letzten Buches der Bibel)

Hinzu kommen etwa zwölf ehemalige Jünger von Johannes dem Täufer, die zumindest einmal prophetisch geredet haben, aber nicht als Propheten bezeichnet werden (Apg 19,3-9).

7. Reisestationen von Elia

Elia war als Prophet oft unterwegs. Die folgenden Orte sind in der Reihenfolge seiner Reisewege aufgelistet. Die Koordinaten beziehen sich auf die Farbkarte im Anhang »Israel zur Zeit des Alten Testaments«.

Ortsname	Eintrag auf Karte im Anhang
Beërscheba	AT B7
Hebron	AT B6
Jerusalem	AT B5
Jericho	AT C5
Bethel	AT B5
Gilgal	AT C5 ?
Sichem	AT C4
Tirza	AT C4
Samaria	AT B4
Abel-Mehola	AT C4
Tischbe	(nördlich von Jabesch, AT C4)
Jesreël	AT C3
Megiddo	AT B3
Berg Karmel	AT B3
Tyrus	AT B2
Zarpat	AT C1

8. Göttliche Wunder durch Elia und Elisa

a) Elia

1. Elia wird von Raben versorgt (1 Kön 17,2-6)
2. Die Nahrung der Witwe wird vermehrt (1 Kön 17,7-16)
3. Der tote Sohn der Witwe wird wieder zum Leben erweckt (1 Kön 17,17-24)
4. Elias Altar und Opfertier wird verschlungen (1 Kön 18,30-39)
5. Ahasjas 102 Soldaten kommen um (2 Kön 1,9-16)
6. Der Jordan teilt sich (2 Kön 2,7-8)
7. Elia fährt in den Himmel (2 Kön 2,11)

b) Elisa

1. Der Jordan teilt sich (2 Kön 2,14)
2. Das Quellwasser in Jericho wird gereinigt (2 Kön 2,19-22)
3. Das Öl der Witwe vermehrt sich (2 Kön 4,1-7)
4. Der tote Sohn der Schunemiterin wird zum Leben erweckt (2 Kön 4,18-37)
5. Ein vergiftetes Gericht aus Kürbissen wird gereinigt (2 Kön 4,38-41)
6. Die Nahrung für die Propheten wird vermehrt (2 Kön 4,42-44)
7. Naaman wird vom Aussatz geheilt (2 Kön 5,1-19a)
8. Gehasi wird mit Aussatz geschlagen (2 Kön 5,19b-27)
9. Das Kopfstück einer Axt schwimmt an der Wasseroberfläche (2 Kön 6,1-7)
10. Pferde und Streitwagen umgeben die Stadt Dotan (2 Kön 6,8-17)
11. Aramäische Soldaten werden mit Blindheit geschlagen (2 Kön 6,18-23)

9. Schafan und seine Nachkommen

Schafan
Fand das Gesetzbuch zur Zeit Josias (2Kön 22,3-12; 2Chr 34)

Ahikam
Wurde von Josia mit seinem Vater Schafan zur Prophetin Hulda gesandt, um Auskunft vom HERRN über die Botschaft des Gesetzbuches zu bekommen (2Kön 22,12-20; 2Chr 34,20). Bewahrte Jeremia davor, zum Tode verurteilt zu werden (Jer 26,24).

Gemarja
Drängte Jojakim, die Schriftrolle Jeremias nicht zu zerstören (Jer 36,12.25).

Elasa
Nahm Jeremias Briefe in das Babylonische Exil mit (Jer 29,1-3).

Jaasanja
Nahm am Götzendienst im Tempel teil (Hes 8,11-12).

Gedalja
Wurde von Nebukadnezar zum Statthalter von Juda ernannt (Jer 39,14; 40,5) und später ermordet.

Michaja
Teilte den Hofbeamten mit, dass Jeremias Rolle von Baruch vorgelesen wurde (Jer 36,11-25).

10. Gruppen von Psalmen

a) Nach Büchern

- Buch 1: 1–41
- Buch 2: 42–72
- Buch 3: 73–89
- Buch 4: 90–106
- Buch 5: 107–150

b) Nach Verfasser (oder Widmungsträger?)

- Von (oder für) Mose: 90
- Von (oder für) David: 3–9; 11–32; 34–41; 51–65; 68–70; 86; 101; 103; 108–110; 122; 131; 133; 138–145
- Von (oder für) Salomo: 72; 127
- Von (oder für) Asaf: 50; 73–83
- Von (oder für) Heman: 88
- Von (oder für) Etan: 89
- Von (oder für) die Nachkommen Korachs: 42; 44–49; 88
- Für Jedutun: 39; 62; 77

c) Nach Inhalt

- Psalmen in bedrängter Lage: 4; 5; 11; 28; 41; 55; 59; 64; 109; 120; 140
- Lob- und Danklieder: 18; 29; 106; 111; 113; 117; 118; 134–136; 138; 144–150
- Morgenlieder: 3; 5; 19; 57; 63; 108
- Schöpfungspsalmen: 8; 19; 29; 33; 104; 136,4-9.25
- geschichtliche Psalmen: 78; 105; 106
- Königspsalmen: 92–100
- Wallfahrtslieder (Stufenlieder): 120–134

d) Nach Verwendung oder Auslegung

- Hallel (gebetet u.a. zum Abschluss des Passahabends): 113–118
- Psalmen beim Morgenopfer für die einzelnen Wochentage (nach Angaben des Talmud): 24; 48; 82; 94; 81; 93; 92
- Die sechs Bußpsalmen (nach der Zusammenstellung der Alten Kirche): 6; 32; 38; 51; 102; 130; 143
- messianische Psalmen: 2; 16; 22; 24; 40; 45; 69; 72; 110

11. Alphabetische Psalmgebete

Psalmen gibt es nicht nur im Buch der Psalmen, sondern auch in anderen Büchern der Bibel (siehe Kapitel 12 des Anhangs). Einige davon sind so gestaltet, dass die Zeilenanfänge nach dem hebräischen Alphabet geordnet sind. Manchmal sind auch mehrere Verse, z.B. drei oder acht, zu einer Gruppe zusammengefasst und die Gruppen folgen dem Alphabet.

- Vollständige Alphabetgedichte: Ps 25; 34; 37; 111; 112; 119; 145; Spr 31,10-31; Klgl 1; 2; 3; 4
- Unvollständige Alphabetgedichte: Ps 9–10; Nah 1,2-8

In Ps 119 beginnt alle acht Verse eine neuer Anfangsbuchstabe, in Klgl 3 alle drei Verse.

12. Gebete der Bibel außerhalb des Psalmenbuchs

a) im Alten Testament
- 1Mo 18,23-33: Fürbitte von Abraham
- 2Mo 15,1-18: Loblied von Mose
- 2Mo 15,21: Loblied von Mirjam
- 4Mo 14,11-19: Fürbitte von Mose
- 4Mo 6,22-24: Der aaronitische Segen
- 5Mo 9,26-19: Fürbitte von Mose
- 5Mo 32,1-43: Das Lied des Mose
- Ri 15,28: Bittgebet von Simson
- 1Sam 2,1-10: Loblied von Hanna
- 1Kön 8,12-61: Gebete von Salomo zur Einweihung des Tempels
- 1Chr 4,10: Gebet von Jabez
- 1Chr 16,8-36: Danklied von David
- 1Chr 17,6-27: Dankgebet von David
- 1Chr 29,10b-17: Lobgebet von David
- 2Chr 20,6-12: Bittgebet von Joschafat in Bedrängnis
- Neh 9,5b-37 Bußgebet von Nehemia
- Hiob 7,7-21; 10,2-22; 14,13-17,3-4; 40,4-5; 42,1-6: Gebete von Hiob
- Spr 30,7-9: Gebet von Agur
- Jes 12,1-6: Lob und Dank
- Jes 25,1-5: Dank für Rettung
- Jes 26,1-6: Dankbares und vertrauensvolles Gebet
- Jes 37,15-20: Bittgebet von Hiskia
- Jes 38,9-20: Danklied von Hiskia
- Jes 51,9-10: Bitte um Gottes Eingreifen
- Jes 61,10-11: Freudiges Lobgebet
- Jes 63,15–64,11: Gebet um Barmherzigkeit und Vergebung
- Jer 10,19-25: Klagegebet von Jeremia
- Jer 12,1-4: Klagegebet von Jeremia
- Jer 14,7-9: Klagegebet des Volkes
- Jer 15,10-18: Klagegebet von Jeremia
- Jer 17,13-18: Bittgebet von Jeremia
- Jer 32,17-25: Bittgebet von Jeremia
- Jer 51,15-19: Lobpsalm
- Klgl 1–5: Klagepsalmen eines Einzelnen und des Volkes
- Dan 4,31b-34: Bekenntnis und Lob von Nebukadnezar
- Dan 9,4-19: Bußgebet von Daniel
- Hos 14,3b-4: Ehrliches Bußgebet
- Joel 1,15-20: Klagegebet
- Jona 2,3-10: Dankpsalm für Rettung
- Mi 7,18-20: Lobgebet von Micha
- Nah 1,1-8: Ein Psalm von Nahum
- Hab 3,1-19: Psalm von Habakuk

b) im Neuen Testament
- Mt 22,39: Gebet von Jesus in Gethsemane
- Mt 27,46: Klageruf zu Gott von Jesus am Kreuz
- Mt 6,9-11; Lk 11,2b-4: Vaterunser
- Lk 1,46b-57: Marias Lobgesang
- Lk 1,68-79: Gebet von Zacharias
- Lk 2,29-32: Gebet von Simeon
- Lk 10,21bf.23bf: Lobpreis von Jesus
- Lk 23,34: Fürbitte von Jesus am Kreuz für seine Feinde
- Lk 23,46: Vertrauensgebet von Jesus am Kreuz
- Joh 11,41-42: Gebet von Jesus bei der Auferweckung des Lazarus
- Joh 12,28: Gebet von Jesus um Verherrlichung des Namens Gottes
- Joh 17: Abschiedsgebet von Jesus für seine Jünger
- Apg 4,24b-30: Bittgebet der Gemeinde
- Apg 7,58-59: Gebet des sterbenden Stephanus
- Röm 11,33-36: Lobgebet von Paulus
- Röm 16,25-27: Lobgebet von Paulus
- 2Kor 1,3-7: Lobgebet von Paulus
- Eph 1,3-14: Lobgebet von Paulus
- Eph 1,16-23: Bittgebet von Paulus
- Eph 3,14-21: Bitt- und Lobgebet von Paulus
- 1Thess 5,23-24: Segensbitte
- 2Thess 2,16-17: Fürbitte für die Gemeinde
- 2Thess 3,16: Segensbitte
- 1Tim 1,17: Lobgebet von Paulus
- 1Petr 1,3-5: Lobgebet von Petrus
- 1Joh 1,5b-9: Hymnus auf die Vergebung
- Hebr 13,20f: Fürbitte, Segensgebet
- Jud 24: Lobgebet von Judas
- Die 14 Lobpreisungen der Offenbarung finden sich im Kapitel 26 c) des Anhangs.

13. Seligpreisungen

Seligpreisungen sprechen bestimmten Menschen das Glück zu. Meist werden sie übersetzt mit »Wohl dem, der ...« oder »Glücklich (ist), wer ...«

In der Übersetzung der Neues-Leben-Bibel werden auch einige andere Formulierungen gewählt, z.B.: »Gesegnet ist ...«, »Freut euch«, »Gott belohnt«. Aufgrund dieser Variationen sind in dieser Übersetzung nicht alle Seligpreisungen auf den ersten Blick zu erkennen. Die folgende Übersicht stellt sie daher zusammen.

a) im Alten Testament

5Mo 33,29: Gesegnet bist du, Israel! Wer ist wie du: ein Volk, das der Herr gerettet hat? Er ist dein Schild, das dich schützt, und dein Schwert, das dir zum Sieg verhilft! Deine Feinde werden dir ihre Ergebenheit heucheln, du aber wirst über sie triumphieren!

1Kön 10,8: Wie glücklich dieses Volk sein muss! Welch ein Vorrecht für deine Minister, dir Tag für Tag zu dienen und deine Weisheit zu hören.

Hi 5,17: Wie gut hat es ein Mensch, der von Gott auf den richtigen Weg zurückgebracht wird! Wehre dich also nicht dagegen, wenn der Allmächtige dich erzieht.

Ps 1,1: Glücklich ist der Mensch, der nicht auf den Rat der Gottlosen hört, der sich am Leben der Sünder kein Beispiel nimmt und sich nicht mit Spöttern abgibt.

Ps 2,12: Beugt euch vor dem Sohn Gottes, damit er nicht zornig wird und ihr euer Leben verliert, denn sein Zorn bricht leicht aus. Glücklich sind alle, die bei ihm Schutz suchen!

Ps 32,1-2: Glücklich ist der, dessen Sünde vergeben ist und dessen Schuld zugedeckt ist. Glücklich ist der, dem der Herr die Sünden nicht anrechnet und der ein vorbildliches Leben führt!

Ps 33,12: Glücklich ist das Volk, dessen Gott der Herr ist und das er sich zu seinem Eigentum erwählt hat.

Ps 40,5: Glücklich ist der, der auf den Herrn vertraut und nicht den Stolzen und den Lügnern glaubt.

Ps 41,2: Glücklich ist, wer für die Armen sorgt. Wenn er in Not gerät, rettet ihn der Herr.

Ps 65,5: Wie werden sich die freuen, die zu dir kommen und in deinen heiligen Vorhöfen wohnen dürfen! Große Freude erwartet uns in deinem heiligen Tempel.

Ps 84,5-6: Wie glücklich sind die, die in deinem Hause wohnen dürfen, sie werden dich jederzeit loben. Glücklich sind die Menschen, die in dir ihre Stärke finden und von Herzen dir nachfolgen.

Ps 84,13: Allmächtiger Herr, glücklich ist der Mensch, der auf dich vertraut.

Ps 89,16: Glücklich ist das Volk, das dir zujubelt, denn sie werden im Licht deiner Gegenwart leben.

Ps 94,12: Herr, glücklich ist der Mensch, den du zurechtweist und den du dein Gesetz lehrst.

Ps 106,3: Glücklich sind die, die seine Gebote halten und immer tun, was recht ist.

Ps 112,1: Glücklich ist der Mensch, der Ehrfurcht hat vor dem Herrn. Ja, glücklich ist, der sich über seine Gebote freut.

Ps 119,1-2: Glücklich sind die Menschen, die ihr Leben aufrichtig leben, die das Gesetz des Herrn befolgen. Glücklich sind die, die sich an seine Weisungen halten und ihn von ganzem Herzen suchen.

Ps 127,5: Glücklich ist der Mann, dessen Köcher voll ist! Sie werden nicht zugrunde gehen, wenn sie sich an den Toren der Stadt ihren Feinden stellen.

Ps 128,1-2: Glücklich ist der, der den Herrn fürchtet und auf seinen Wegen geht! Du wirst die Frucht deiner Arbeit genießen. Du wirst glücklich sein und es wird dir gut gehen!

Ps 137,8-9: Babylon, du selbst wirst zerstört werden. Glücklich ist der, der Vergeltung an dir übt für das, was du uns angetan hast. Glücklich ist der, der deine kleinen Kinder an den Felsen zerschmettert!
Ps 144,15: Glücklich ist das Volk, dem es so ergeht. Glücklich ist das Volk, dessen Gott der Herr ist!
Ps 146,5: Doch glücklich ist der, dem der Gott Israels hilft, der seine Hoffnung auf den HERRN, seinen Gott, setzt.
Spr 3,13: Glücklich ist der Mensch, der Weisheit findet und Einsicht gewinnt!
Spr 8,34: Glücklich ist, wer auf mich hört und täglich an meinen Toren nach mir Ausschau hält und vor meinem Haus auf mich wartet!
Spr 14,21: Es ist Sünde, einen anderen Menschen zu verachten; gesegnet ist, wer den Armen hilft!
Spr 16,20: Wer auf Unterweisung hört, dem wird es gut gehen; wer auf den HERRN vertraut, wird glücklich sein.
Spr 20,7: Ein gottesfürchtiger Mensch führt ein vorbildliches Leben; durch ihn werden seine Kinder gesegnet sein.
Spr 28,14: Glücklich ist der Mensch, der vor Gott ein reines Gewissen hat, wer sich aber trotzig gegen Gott verschließt, fällt ins Unglück.
Pred 10,17: Dem Land dagegen wird es gut gehen, dessen König von edler Familie abstammt und dessen Würdenträger dann feiern, wenn die Zeit dafür gekommen ist; sie bewahren die richtigen Umgangsformen und führen sich nicht wie Säufer auf.
Jes 30,18: Deshalb wartet der Herr sehnlich darauf, euch zu begnadigen. Er wird sich erheben, um euch sein Erbarmen zu zeigen. Denn der Herr ist ein gerechter Gott. Glücklich ist, wer auf ihn vertraut.
Jes 32,20: Ihr seid zu beglückwünschen, denn ihr könnt an allen Wassern säen und euren Rindern und Eseln freien Lauf lassen.
Jes 56,2: Gesegnet ist, wer danach handelt und daran festhält – wer meinen Sabbat hält, ihn nicht entweiht und seine Finger von allem Unrecht lässt.
Dan 12,12: Freuen darf sich jeder, der wartet und durchhält bis zum Ende der 1.335 Tage!

b) im Neuen Testament

Mt 5,3-11: Gott segnet die, die erkennen, dass sie ihn brauchen, denn ihnen wird das Himmelreich geschenkt. Gott segnet die, die traurig sind, denn sie werden getröstet werden. Gott segnet die Freundlichen und Bescheidenen, denn ihnen wird die ganze Erde gehören. Gott segnet die, die nach Gerechtigkeit hungern, denn sie werden sie im Überfluss erhalten. Gott segnet die Barmherzigen, denn sie werden Barmherzigkeit erfahren. Gott segnet die, die ein reines Herz haben, denn sie werden Gott sehen. Gott segnet die, die sich um Frieden bemühen, denn sie werden Kinder Gottes genannt werden. Gott segnet die, die verfolgt werden, weil sie in Gottes Gerechtigkeit leben, denn das Himmelreich wird ihnen gehören. Gott segnet euch, wenn ihr verspottet und verfolgt werdet und wenn Lügen über euch verbreitet werden, weil ihr mir nachfolgt.
Mt 11,6: Gott segnet die, die keinen Anstoß an mir nehmen.
Mt 13,16: Eure Augen aber sind gesegnet, weil sie sehen, und eure Ohren, weil sie hören können.
Mt 16,17: Da erwiderte Jesus: »Du bist gesegnet, Simon, Sohn des Johannes. Denn das hat dir mein Vater im Himmel offenbart. Von einem Menschen konntest du das nicht haben.«
Mt 24,46: Wenn der Herr zurückkommt und feststellt, dass der Diener seine Aufgabe zu seiner Zufriedenheit erfüllt, ist der Diener glücklich zu schätzen.
Lk 1,48: Er hat seiner unbedeutenden Magd Beachtung geschenkt, darum werden

mich die Menschen in alle Ewigkeit glücklich preisen.

Lk 6,20-23: Dann wandte Jesus sich an seine Jünger und sagte: »Gott segnet euch, die ihr arm seid, denn euch wird das Reich Gottes geschenkt. Gott segnet euch, die ihr jetzt hungert, denn ihr werdet satt werden. Gott segnet euch, die ihr jetzt weint, denn die Zeit wird kommen, in der ihr vor Freude lachen werdet. Gott segnet euch, die ihr gehasst und ausgeschlossen und verspottet und verflucht werdet, weil ihr zum Menschensohn gehört.«

Lk 10,23: Als sie allein waren, wandte er sich an die Jünger und sagte: »Glücklich zu schätzen sind die, deren Augen sehen, was ihr seht.«

Lk 11,27-28: Während er noch sprach, rief eine Frau in der Menge: »Gott segne deine Mutter, die dich zur Welt brachte und an ihren Brüsten nährte!« Er aber erwiderte: »Ja, aber gesegnet sind alle, die das Wort Gottes hören und danach leben.«

Lk 12,37-38: Gesegnet sind diejenigen, die vorbereitet sind und seine Rückkehr erwarten. Ich verspreche euch, er wird sie Platz nehmen lassen, sich eine Schürze umbinden und sie bedienen, während sie sitzen und essen! Vielleicht kommt er mitten in der Nacht oder kurz vor der Morgendämmerung. Doch wann er auch kommt: Gesegnet sind all diejenigen von seinen Dienern, die dann bereit sind!

Lk 12,43: Wenn der Herr zurückkommt und feststellt, dass der Diener seine Sache gut gemacht hat, wird es eine Belohnung geben.

Lk 14,14: Bei der Auferstehung der Gottesfürchtigen wird Gott dich belohnen, weil du Menschen eingeladen hast, die es dir nicht vergelten konnten.

Lk 14,15: Als ein Mann, der mit Jesus am Tisch saß, das hörte, rief er aus: »Gesegnet sind die, die am Festessen im Reich Gottes teilnehmen!«

Lk 23,29: Denn es kommt die Zeit, da werden sie sagen: »Glücklich sind die Frauen, die kinderlos geblieben sind, deren Körper nie ein Kind geboren und deren Brüste keinen Säugling gestillt haben.«

Joh 13,17: Ihr wisst das alles – nun handelt auch danach. Das ist der Weg des Segens!

Joh 20,29: Da sagte Jesus zu ihm: »Du glaubst, weil du mich gesehen hast. Gesegnet sind die, die mich nicht sehen und dennoch glauben.«

Apg 20,35: Stets war ich euch ein Vorbild, wie ihr durch harte Arbeit den Armen helfen könnt. Behaltet die Worte von Jesus, dem Herrn, in Erinnerung: »Es liegt mehr Glück im Geben als im Nehmen.«

Röm 14,22: Du selbst handle so, dass du es allein vor Gott verantworten kannst, und übertrage deine Ansichten nicht auf andere Menschen. Glücklich ist der, der sich nicht selbst für etwas verurteilen muss, das er für sich gutheißt.

Jak 1,12: Gott segnet denjenigen, der die Prüfungen des Glaubens geduldig erträgt. Wenn er sich bewährt hat, wird er das ewige Leben empfangen, das Gott denen versprochen hat, die ihn lieben.

Jak 1,25: Wer aber ständig auf das vollkommene Gesetz Gottes achtet – das Gesetz, das uns frei macht – und befolgt, was es sagt, und nicht vergisst, was er gehört hat, den wird Gott segnen.

Jak 5,11: Denn wir schätzen jene glücklich, die im Leiden durchgehalten haben. Ihr kennt die Geduld Hiobs und wisst, wie der Herr alles zu einem guten Ende führte, denn er ist voll Mitgefühl und Barmherzigkeit.

1 Petr 3,14: Doch selbst wenn ihr dafür leidet, dass ihr das Richtige tut: Gott wird euch dafür belohnen. Also habt keine Angst und seid unbesorgt.

1 Petr 4,14: Freut euch, wenn ihr beschimpft werdet, weil ihr zu Christus gehört. Denn daran wird sichtbar, dass der Geist der Herrlichkeit Gottes bei euch ist.

Offb 1,3: Gott segnet jeden, der diese prophetische Rede an die Gemeinde liest, und er segnet alle, die sie hören und befolgen. Denn die Zeit, in der diese Dinge geschehen werden, steht kurz bevor.

Offb 14,13: Und ich hörte eine Stimme aus dem Himmel sagen: »Schreibe auf: Gesegnet sind die, die von nun an im Herrn sterben. Ja, spricht der Geist, sie sollen von all ihren Mühen ausruhen; denn ihre guten Taten folgen ihnen nach!«

Offb 16,15: Der Herr spricht: »Siehe, ich komme so unerwartet wie ein Dieb! Glücklich ist der, der wachsam auf mich wartet und seine Kleider anbehält, damit er nicht nackt gehen und sich schämen muss.«

Offb 19,9: Und der Engel sagte: »Schreib auf: Gesegnet sind diejenigen, die zum Hochzeitsmahl des Lammes eingeladen sind.« Und er fügte hinzu: »Das sind Gottes Worte, die wahr und zuverlässig sind.«

Offb 20,6: Glücklich und heilig sind die, die an der ersten Auferstehung teilhaben. Über sie hat der zweite Tod keine Macht, sondern sie werden Priester Gottes und Christi sein und tausend Jahre lang mit ihm herrschen.

Offb 22,7: Ja, ich komme bald! Glücklich ist, wer an der prophetischen Rede in dieser Schriftrolle festhält.

Offb 22,14: Glücklich sind diejenigen, die ihre Kleider waschen, damit sie durch die Tore der Stadt eintreten und das Recht haben, vom Baum des Lebens zu essen.

14. Alttestamentliche Zitate im Neuen Testament

Die Bibel ist ein Buch voller erstaunlicher Bezüge. Die von Gott geleiteten Autoren des Neuen Testaments waren zu Hause im Alten Testament und befanden sich in tiefem Gespräch mit den alttestamentlichen Texten. Deshalb finden sich im Neuen Testament viele Zitate aus dem Alten.

Diese Bezüge sind im Text der Neues-Leben-Bibel nicht hervorgehoben. Damit man ihnen dennoch vergleichend nachgehen kann, sind sie in der folgenden Tabelle aufgeführt. Meist handelt es sich um direkte Zitate aus dem Alten Testament.

Der Hebräerbrief und die Offenbarung sind besonders reich an solchen Bezügen. Wo kein direktes Zitat, wohl aber ein deutlicher Anklang vorliegt, sind die entsprechenden Stellenangaben schräg gedruckt.

NT	AT
Matthäus 1,23	Jesaja 7,14
Matthäus 2,6	Micha 5,1.3 2. Samuel 5,2
Matthäus 2,15	Hosea 11,1
Matthäus 2,18	Jeremia 31,15
Matthäus 3,3	Jesaja 40,3
Matthäus 3,17	1. Mose 22,2 Psalm 2,7 Jesaja 42,1

NT	AT
Matthäus 4,4	5. Mose 8,3
Matthäus 4,6	Psalm 91,11-12
Matthäus 4,7	5. Mose 6,16
Matthäus 4,10	5. Mose 5,9; 6,13; 10,20
Matthäus 4,15-16	Jesaja 8,23–9,1
Matthäus 5,31	5. Mose 24,1
Matthäus 5,33	3. Mose 19,12
Matthäus 5,34	4. Mose 30,3

NT	AT
Matthäus 5,35	Jesaja 66,1
	Psalm 48,3
Matthäus 5,38	2. Mose 21,24
	3. Mose 24,20
	5. Mose 19,21
Matthäus 5,43	3. Mose 19,18
Matthäus 6,13	1. Chronik 29,11-13
Matthäus 7,23	Psalm 6,9
Matthäus 8,4	3. Mose 13,49; 14,2-32
Matthäus 8,17	Jesaja 53,4
Matthäus 9,13	Hosea 6,6
Matthäus 9,36	4. Mose 27,17
	2. Chronik 18,16
	1. Könige 22,17
	Hesekiel 34,5
Matthäus 10,35-36	Micha 7,6
Matthäus 11,5	Jesaja 29,18; 35,5-6
	Jesaja 26,19
	Jesaja 61,1
Matthäus 11,10	2. Mose 23,20;
	Maleachi 3,1
Matthäus 11,23	Jesaja 14,13.15
Matthäus 11,29	Jeremia 6,16
	Jesaja 28,12
Matthäus 12,7	s. Matthäus 9,13
Matthäus 12,18-21	Jesaja 42,1-4
Matthäus 12,40	Jona 2,1
Matthäus 13,14-15	Jesaja 6,9-10
Matthäus 13,32	Psalm 104,12
	Daniel 4,8-18
	Hesekiel 17,23
Matthäus 13,35	Psalm 78,2
Matthäus 13,42	Daniel 3,6
Matthäus 13,50	Daniel 3,6
Matthäus 15,4	2. Mose 20,12; 21,17
	5. Mose 5,16
	3. Mose 20,9
Matthäus 15,8-9	Jesaja 29,13

NT	AT
Matthäus 16,27	Psalm 62,13
Matthäus 17,5	Psalm 2,7
	Jesaja 42,1
	5. Mose 18,15
Matthäus 17,10-11	Maleachi 3,23
Matthäus 18,16	5. Mose 19,15
Matthäus 18,22	1. Mose 4,24
Matthäus 19,4	1. Mose 1,27; 5,2
Matthäus 19,5	1. Mose 2,24
Matthäus 19,7	5. Mose 24,1
Matthäus 19,18	2. Mose 20,13-16
	5. Mose 5,17-20
Matthäus 19,19	2. Mose 20,12
	5. Mose 5,16
	3. Mose 19,18
Matthäus 19,26	1. Mose 18,14
	Hiob 42,2
Matthäus 21,5	Jesaja 62,11
	Sacharja 9,9
Matthäus 21,9	Psalm 118,25-26
Matthäus 21,13	Jesaja 56,7
	Jeremia 7,11
Matthäus 21,16	Psalm 8,3
Matthäus 21,33	Jesaja 5,1-2
Matthäus 21,42	Psalm 118,22-23
Matthäus 22,24	5. Mose 25,5-6
Matthäus 22,32	2. Mose 3,6
Matthäus 22,37	5. Mose 6,5
	Josua 22,5
Matthäus 22,39	3. Mose 19,18
Matthäus 22,44	Psalm 110,1
Matthäus 23,39	Psalm 118,26
Matthäus 24,6	Daniel 2,28
Matthäus 24,15	Daniel 9,27; 11,31; 12,11
Matthäus 24,21	Daniel 12,1
	Joel 2,2

NT	AT
Matthäus 24,29	Jesaja 13,10; 34,4 *Joel 2,10* *Haggai 2,6.21*
Matthäus 24,30	Daniel 7,13-14 *Sacharja 12,10.12*
Matthäus 24,31	Sacharja 2,10
Matthäus 24,38	*1. Mose 7,7*
Matthäus 26,15	Sacharja 11,12
Matthäus 26,28	2. Mose 24,8 Jeremia 31,31
Matthäus 26,31	Sacharja 13,7
Matthäus 26,38	Psalm 42,6.12; 43,5
Matthäus 26,64	Psalm 110,1 Daniel 7,13
Matthäus 27,9-10	Sacharja 11,13
Matthäus 27,10	Jeremia 18,2-3; 32,7-9
Matthäus 27,34	*Psalm 69,22*
Matthäus 27,35	Psalm 22,19
Matthäus 27,39	Psalm 22,8
Matthäus 27,43	Psalm 22,9
Matthäus 27,46	Psalm 22,2
Matthäus 27,48	*Psalm 69,22*
Markus 1,2	2. Mose 23,20 Maleachi 3,1
Markus 1,3	Jesaja 40,3
Markus 4,12	Jesaja 6,9-10
Markus 4,29	Joel 4,13
Markus 4,32	Psalm 104,12 *Daniel 4,8f.18* *Hesekiel 17,23*
Markus 6,23	Ester 5,3.6; 7,2
Markus 6,34	s. Matthäus 9,36
Markus 7,6-7	Jesaja 29,13
Markus 7,10	3. Mose 20,9 5. Mose 5,16 2. Mose 20,12; 21,17
Markus 8,18	Jeremia 5,21 Hesekiel 12,2

NT	AT
Markus 9,7	Psalm 2,7 Jesaja 42,1 5. Mose 18,15
Markus 9,48	Jesaja 66,24
Markus 10,4	5. Mose 24,1
Markus 10,6	1. Mose 1,27; 5,2
Markus 10,7-8	1. Mose 2,24
Markus 10,19	2. Mose 20,12-16 5. Mose 5,16-20; 24,14-15
Markus 10,27	1. Mose 18,14 Hiob 42,2
Markus 11,9	Psalm 118,25-26
Markus 11,17	Jesaja 56,7 Jeremia 7,11
Markus 12,1	*Jesaja 5,1-2*
Markus 12,10-11	Psalm 118,22-23
Markus 12,19	5. Mose 25,5
Markus 12,26	2. Mose 3,6
Markus 12,29	5. Mose 6,4
Markus 12,30	5. Mose 6,5 Josua 22,5
Markus 12,31	3. Mose 19,18
Markus 12,32	5. Mose 4,35; 6,4 Jesaja 45,21
Markus 12,33	5. Mose 6,5 Josua 22,5 3. Mose 19,18 1. Samuel 15,22 Hosea 6,6
Markus 12,36	Psalm 110,1
Markus 13,14	Daniel 9,27; 11,31; 12,11
Markus 13,19	Daniel 12,1 Joel 2,2
Markus 13,24	Jesaja 13,10 Joel 2,10
Markus 13,25	Jesaja 34,4
Markus 13,26	Daniel 7,13-14

NT	AT
Markus 14,27	Sacharja 13,7
Markus 14,34	Psalm 42,6.12; 43,5
Markus 14,62	Daniel 7,13 Psalm 110,1
Markus 15,24	Psalm 22,19
Markus 15,29	Psalm 22,8
Markus 15,34	Psalm 22,2
Markus 15,36	*Psalm 69,22*
Markus 16,19	*2. Könige 2,3.11* *Psalm 110,1*
Lukas 1,13	1. Mose 17,19-20
Lukas 1,15	4. Mose 6,3
Lukas 1,17	Maleachi 3,23
Lukas 1,31	*Jesaja 7,14* *1. Mose 17,19*
Lukas 1,32-33	2. Samuel 7,13 Jesaja 6,9
Lukas 1,37	1. Mose 18,14 Hiob 42,2
Lukas 1,46-55	1. Samuel 2,1-10 47: Habakuk 3,18 48: 2. Samuel 1,11 1. Mose 30,13 49: 5. Mose 10,21 Psalm 111,9 50: Psalm 103,13.17 51: Psalm 89,11 52: Hesekiel 21,31 Psalm 147,6 Hiob 5,11; 12,19 53: Psalm 107,9; 34,11 54: Jesaja 41,8f Psalm 98,3 55: 2. Samuel 22,51 1. Mose 17,7
Lukas 1,68	Psalm 41,14; 72,18; 106,48; 111,9
Lukas 1,69	1. Samuel 2,10 Psalm 18,3; 132,17
Lukas 1,71	Psalm 106,10

NT	AT
Lukas 1,72	Psalm 105,8; 106,45 2. Mose 2,24 3. Mose 26,42
Lukas 1,73	1. Mose 22,16f Jeremia 11,5 Micha 7,20
Lukas 1,76	Maleachi 3,1 2. Mose 23,20
Lukas 1,79	Jesaja 9,1; 42,7 Psalm 107,10
Lukas 2,23	2. Mose 13,2.12.15
Lukas 2,24	3. Mose 12,8
Lukas 2,31	Jesaja 52,10
Lukas 2,32	Jesaja 49,6; 42,6; 46,13
Lukas 2,52	1. Samuel 2,26
Lukas 3,4-6	Jesaja 40,3-5
Lukas 4,4	5. Mose 8,3
Lukas 4,8	5. Mose 5,9; 6,13; 10,20
Lukas 4,10-11	Psalm 91,11-12
Lukas 4,12	5. Mose 6,16
Lukas 4,18-19	Jesaja 29,18; 58,6; 61,1-2
Lukas 5,14	3. Mose 13,49; 14,2-32
Lukas 7,22	Jesaja 26,19; 29,18; 35,5-6; 61,1
Lukas 7,27	2. Mose 23,20 Maleachi 3,1
Lukas 8,10	Jesaja 6,9
Lukas 9,35	Psalm 2,7 5. Mose 18,15
Lukas 9,54	2. Könige 1,10.12
Lukas 10,15	Jesaja 14,13.15
Lukas 10,27	3. Mose 19,18 5. Mose 6,5 Josua 22,5
Lukas 12,35	2. Mose 12,11

NT	AT
Lukas 12,53	Micha 7,6
Lukas 13,19	Psalm 104,12 Daniel 4,8f.18 Hesekiel 17,23
Lukas 13,27	Psalm 6,9
Lukas 13,35	Jeremia 12,7; 22,5 Psalm 69,26; 118,26
Lukas 17,14	3. Mose 13,49; 14,2-32
Lukas 17,27	1. Mose 7,7
Lukas 17,29	1. Mose 19,15.23f
Lukas 18,20	2. Mose 20,12-16 5. Mose 5,16-20
Lukas 19,38	Psalm 118,26
Lukas 19,46	Jesaja 56,7 Jeremia 7,11
Lukas 20,17	Psalm 118,22
Lukas 20,28	5. Mose 25,5
Lukas 20,37	2. Mose 3,6
Lukas 20,43	Psalm 110,1
Lukas 21,9	Daniel 2,28
Lukas 21,24	Sacharja 12,3
Lukas 21,26	Jesaja 34,4 Joel 2,10
Lukas 21,27	Daniel 7,13-14
Lukas 22,69	Daniel 7,13 Psalm 110,1
Lukas 23,30	Hosea 10,8
Lukas 23,34	Psalm 22,19
Lukas 23,46	Psalm 31,6
Johannes 1,23	Jesaja 40,3
Johannes 1,51	1. Mose 28,12
Johannes 2,17	Psalm 69,10
Johannes 6,31	2. Mose 16,1-31 Psalm 78,24
Johannes 7,42	2. Samuel 7,12-16 Micha 5,1
Johannes 10,34	Psalm 82,6
Johannes 12,13	Psalm 118,25-26
Johannes 12,15	Jesaja 40,9 Sacharja 9,9
Johannes 12,27	Psalm 6,4-5
Johannes 12,38	Jesaja 53,1
Johannes 12,40	Jesaja 6,9f
Johannes 13,18	Psalm 41,10
Johannes 15,25	Psalm 35,19; 69,5
Johannes 19,24	Psalm 22,19
Johannes 19,36	2. Mose 12,46 4. Mose 9,12 Psalm 34,12
Johannes 19,37	Sacharja 12,10
Apostelgeschichte 1,20	Psalm 69,26; 109,8
Apostelgeschichte 2,17-21	Joel 3,1-5
Apostelgeschichte 2,25-28	Psalm 16,8-11
Apostelgeschichte 2,34-35	Psalm 110,1
Apostelgeschichte 3,13	2. Mose 3,6
Apostelgeschichte 3,22	5. Mose 18,15-20
Apostelgeschichte 3,23	3. Mose 23,29 5. Mose 18,19
Apostelgeschichte 3,25	1. Mose 22,18; 26,4; 12,3
Apostelgeschichte 4,11	Psalm 118,22
Apostelgeschichte 4,24	2. Mose 20,11 Psalm 146,6
Apostelgeschichte 4,25-26	Psalm 2,1-2
Apostelgeschichte 4,27	Psalm 2,2
Apostelgeschichte 7,3	1. Mose 12,1

NT	AT
Apostelgeschichte 7,5	1. Mose 12,7. 13,15; 16,1; 17,8 5. Mose 2,5
Apostelgeschichte 7,6-7	1. Mose 15,13-14
Apostelgeschichte 7,7	*2. Mose 3,12*
Apostelgeschichte 7,9	*1. Mose 37,11.28; 39,2*
Apostelgeschichte 7,10	*1. Mose 39,21; 41,37-44 Psalm 105,21*
Apostelgeschichte 7,18	2. Mose 1,8
Apostelgeschichte 7,27-28	2. Mose 2,14
Apostelgeschichte 7,30	*2. Mose 3,2f*
Apostelgeschichte 7,32	2. Mose 3,6
Apostelgeschichte 7,33	2. Mose 3,5
Apostelgeschichte 7,34	2. Mose 3,7-8.10
Apostelgeschichte 7,35	2. Mose 2,14
Apostelgeschichte 7,37	5. Mose 18,15
Apostelgeschichte 7,40	2. Mose 32,4.6; 32,1
Apostelgeschichte 7,42	*Jeremia 8,2; 19,13*
Apostelgeschichte 7,42-43	Amos 5,25-27
Apostelgeschichte 7,49-50	Jesaja 66,1-2
Apostelgeschichte 8,32-33	Jesaja 53,7-8
Apostelgeschichte 10,39	*5. Mose 21,22*
Apostelgeschichte 13,17	2. Mose 6,1.6

NT	AT
Apostelgeschichte 13,18	2. Mose 16,35 4. Mose 14,34 5. Mose 1,31; 7,1
Apostelgeschichte 13,22	Psalm 89,21 1. Samuel 13,14 Jesaja 44,28
Apostelgeschichte 13,33	Psalm 2,7
Apostelgeschichte 13,34	Jesaja 55,3
Apostelgeschichte 13,35	Psalm 16,10
Apostelgeschichte 13,41	Habakuk 1,5
Apostelgeschichte 13,47	Jesaja 49,6; 42,6
Apostelgeschichte 14,15	2. Mose 20,11 Psalm 146,6
Apostelgeschichte 15,16-18	Jeremia 12,15 Amos 9,11-12
Apostelgeschichte 17,31	Psalm 96,13; 98,9
Apostelgeschichte 23,5	2. Mose 22,27
Apostelgeschichte 28,26-27	Jesaja 6,9-10
Römer 1,17	Habakuk 2,4
Römer 2,6	Sprüche 24,12 Psalm 62,13
Römer 2,24	Jesaja 52,5 Hesekiel 36,20
Römer 3,4	Psalm 116,11 Psalm 51,6
Römer 3,11-12	Psalm 14,2-3
Römer 3,13	Psalm 5,10 Psalm 140,4
Römer 3,14	Psalm 10,7
Römer 3,15	Jesaja 59,7 Sprüche 1,16
Römer 3,17	Jesaja 59,8
Römer 3,18	Psalm 36,2

Anhang

NT	AT
Römer 3,20	Psalm 143,2
Römer 4,3	1. Mose 15,6
Römer 4,7	Psalm 32,1-2
Römer 4,17	1. Mose 17,5
Römer 4,18	1. Mose 15,5
Römer 4,22	1. Mose 15,6
Römer 7,7	2. Mose 20,17 5. Mose 5,21
Römer 8,36	Psalm 44,23
Römer 9,7	1. Mose 21,12
Römer 9,9	1. Mose 18,10.14
Römer 9,12	1. Mose 25,23
Römer 9,13	Maleachi 1,2-3
Römer 9,15	2. Mose 33,19
Römer 9,17	2. Mose 9,16
Römer 9,20	Jesaja 29,16; 45,9
Römer 9,25	Hosea 2,25
Römer 9,26	Hosea 2,1
Römer 9,27-28	Hosea 2,1 Jesaja 10,22; 28,22
Römer 9,29	Jesaja 1,9
Römer 9,33	Jesaja 28,16; 8,14
Römer 10,5	3. Mose 18,5
Römer 10,6-8	5. Mose 20,12-14
Römer 10,6	5. Mose 9,4; 30,12-14 Psalm 107,26
Römer 10,8	5. Mose 30,14
Römer 10,11	Jesaja 28,16
Römer 10,13	Joel 3,5
Römer 10,15	Jesaja 52,7
Römer 10,16	Jesaja 53,1
Römer 10,18	Psalm 19,5
Römer 10,19	5. Mose 32,21
Römer 10,20-21	Jesaja 65,1-2
Römer 11,2	Psalm 94,14

NT	AT
Römer 11,3	1. Könige 19,10.14
Römer 11,4	1. Könige 19,18
Römer 11,8	Jesaja 29,10 5. Mose 29,3
Römer 11,9	Psalm 69,23-24
Römer 11,26-27	Jesaja 59,20-21; 27,9
Römer 11,27	Jeremia 31,33f
Römer 11,34-35	Jesaja 40,13-14
Römer 12,16	Sprüche 3,7
Römer 12,17	Sprüche 3,4
Römer 12,19	5. Mose 32,35.41
Römer 12,20	Sprüche 25,21
Römer 13,9	2. Mose 20,13-17 5. Mose 5,17-21 3. Mose 19,18
Römer 14,11	Jesaja 45,23; 49,18
Römer 15,3	Psalm 69,10
Römer 15,9	Psalm 18,50
Römer 15,10	5. Mose 32,43
Römer 15,11	Psalm 117,1
Römer 15,12	Jesaja 11,1.10
Römer 15,21	Jesaja 52,15
1. Korinther 1,19	Jesaja 29,14 Psalm 33,10
1. Korinther 1,31	Jeremia 9,23
1. Korinther 2,9	Jesaja 64,3 Jeremia 3,16
1. Korinther 2,16	Jesaja 40,13
1. Korinther 3,19	Hiob 5,12-13
1. Korinther 3,20	Psalm 94,11
1. Korinther 5,13	5. Mose 17,7; 19,9
1. Korinther 6,16	1. Mose 2,24
1. Korinther 9,9	5. Mose 25,4
1. Korinther 10,7	2. Mose 32,6
1. Korinther 10,22	5. Mose 32,21
1. Korinther 10,26	Psalm 24,1

NT	AT
1. Korinther 11,25	Jeremia 31,31
1. Korinther 14,21	Jesaja 28,11-12
1. Korinther 14,25	Jesaja 45,14; Sacharja 8,23
1. Korinther 15,25	Psalm 110,1
1. Korinther 15,27	Psalm 8,7
1. Korinther 15,32	Jesaja 22,13
1. Korinther 15,45	1. Mose 2,7
1. Korinther 15,54	Jesaja 25,8
1. Korinther 15,55	Hosea 13,14
1. Korinther 16,13	Psalm 31,25 Josua 1,7
2. Korinther 3,3	2. Mose 24,12; 34,1 Jeremia 31,33 Hesekiel 11,19; 36,26
2. Korinther 3,16	2. Mose 34,34
2. Korinther 4,13	Psalm 116,10
2. Korinther 6,2	Jesaja 49,8
2. Korinther 6,16	3. Mose 26,11-12 Hesekiel 37,27 Jeremia 31,33; 32,38
2. Korinther 6,17	Jesaja 52,11 Hesekiel 20,41 Zefanja 3,20
2. Korinther 6,18	2. Samuel 7,14 Jeremia 31,9 Jesaja 43,6 Amos 3,13
2. Korinther 8,15	2. Mose 16,18
2. Korinther 8,21	Sprüche 3,4
2. Korinther 9,7	Sprüche 22,8
2. Korinther 9, 9	Psalm 112,9
2. Korinther 9,10	Jesaja 55,10 Hosea 10,12
2. Korinther 10,17	Jeremia 9,23
2. Korinther 13,1	5. Mose 19,15
Galater 1,15	Jesaja 49,1
Galater 3,6	1. Mose 15,6

NT	AT
Galater 3,8	1. Mose 12,3; 18,18
Galater 3,10	5. Mose 27,26
Galater 3,11	Habakuk 2,4
Galater 3,12	3. Mose 18,5
Galater 3,13	5. Mose 21,23
Galater 3,16	1. Mose 17,1-11; 22,18
Galater 4,27	Jesaja 54,1
Galater 4,30	1. Mose 21,10
Galater 5,14	3. Mose 19,18
Epheser 1,20	Psalm 110,1
Epheser 1,22	Psalm 8,7
Epheser 4,8	Psalm 68,19
Epheser 4,24	1. Mose 1,26
Epheser 4,25	Sacharja 8,16
Epheser 4,26	Psalm 4,5 5. Mose 24,15
Epheser 5,31	1. Mose 2,24
Epheser 6,2-3	2. Mose 20,12 5. Mose 5,16
Philipper 1,19	Hiob 13,16
Philipper 2,10-11	Jesaja 45,23
Philipper 2,15	5. Mose 32,5
Philipper 2,16	Jesaja 65,23; 49,4
Kolosser 2,22	Jesaja 29,13
1. Thessalonicher 2,16	1. Mose 15,16 Daniel 8,23
1. Thessalonicher 4,5	Jeremia 10,25
1. Thessalonicher 5,8	Jesaja 59,17
2. Thessalonicher 1,8	*2. Mose 3,2* Jesaja 66,4.15 *Psalm 79,6*
2. Thessalonicher 1,9	Jesaja 2,11.17 Psalm 89,8
1. Timotheus 5,18	5. Mose 25,4
1. Timotheus 5,19	5. Mose 19,15
2. Timotheus 2,19	4. Mose 16,5 Jesaja 26,13

Anhang

NT	AT
2. Timotheus 4,14	Psalm 62,12; 28,4
Titus 2,14	Psalm 130,8 Hesekiel 37,23 2. Mose 19,5 5. Mose 14,2
Hebräer 1,5	Psalm 2,7 2. Samuel 7,14
Hebräer 1,6	Psalm 97,7 5. Mose 32,43
Hebräer 1,7	Psalm 104,4
Hebräer 1,8-9	Psalm 45,7-8
Hebräer 1,10-12	Psalm 102,26-28
Hebräer 1,13	Psalm 110,1
Hebräer 2,6-8	Psalm 8,5-7
Hebräer 2,12	Psalm 22,23
Hebräer 2,13	Jeremia 8,17f 2. Samuel 22,3 Jesaja 8,18
Hebräer 2,16	*Jesaja 41,8f*
Hebräer 3,5	4. Mose 12,7
Hebräer 3,7-11	Psalm 95,7-11
Hebräer 3,15	Psalm 95,7-8
Hebräer 3,17	*4. Mose 14,29*
Hebräer 4,1	Psalm 95,11
Hebräer 4,3	Psalm 95,11
Hebräer 4,4	1. Mose 2,2
Hebräer 4,5	Psalm 95,11
Hebräer 4,7	Psalm 95,7-8
Hebräer 4,10	Psalm 95,11 1. Mose 2,2
Hebräer 5,5	Psalm 2,7
Hebräer 5,6	Psalm 110,4
Hebräer 5,9	Jesaja 45,17
Hebräer 5,10	Psalm 110,4
Hebräer 6,8	1. Mose 3,17f
Hebräer 6,13	1. Mose 22,16
Hebräer 6,14	1. Mose 22,17

NT	AT
Hebräer 6,19	*3. Mose 16,2.12*
Hebräer 6,20	Psalm 110,4
Hebräer 7,1	1. Mose 14,17-19
Hebräer 7,2	1. Mose 14,18-20
Hebräer 7,3	Psalm 110,4
Hebräer 7,4-5	4. Mose 18,21 1. Mose 14,20
Hebräer 7,10	1. Mose 14,17
Hebräer 7,11	Psalm 110,4
Hebräer 7,17	Psalm 110,4
Hebräer 7,21	Psalm 110,4
Hebräer 7,24	Psalm 110,4
Hebräer 7,28	Psalm 2,7 Psalm 110,4
Hebräer 8,1	Psalm 110,1
Hebräer 8,5	2. Mose 25,40
Hebräer 8,8-12	Jeremia 31,31-34
Hebräer 9,20	2. Mose 24,8
Hebräer 9,28	*Jesaja 53,12*
Hebräer 10,5-7	Psalm 40,7-9
Hebräer 10,8	Psalm 40,7
Hebräer 10,9	Psalm 40,8-9
Hebräer 10,12	Psalm 110,1
Hebräer 10,16-17	Jeremia 31,33-34
Hebräer 10,27	Jesaja 26,11
Hebräer 10,28	5. Mose 17,6
Hebräer 10,29	2. Mose 24,8
Hebräer 10,30	5. Mose 32,35f Psalm 135,14
Hebräer 10,37-38	Habakuk 2,3-4 Jesaja 26,20
Hebräer 11,5	*1. Mose 5,24*
Hebräer 11,8	*1. Mose 12,1.4*
Hebräer 11,9	*1. Mose 26,3*

NT	AT
Hebräer 11,12	*1. Mose 15,5* *1. Mose 22,17* *2. Mose 32,13*
Hebräer 11,17	*1. Mose 22,1f*
Hebräer 11,18	1. Mose 21,12
Hebräer 11,21	1. Mose 48,8-16; 47,31
Hebräer 11,23	*2. Mose 2,2*
Hebräer 11,26	*Psalm 69,10; 89,51f*
Hebräer 11,28	*2. Mose 12,11.13.22f*
Hebräer 12,2	*Psalm 110,1*
Hebräer 12,5-6	*Sprüche 3,11-12*
Hebräer 12,12	*Jesaja 35,3* *Hiob 4,3f*
Hebräer 12,13	*Sprüche 4,26*
Hebräer 12,14	*Psalm 34,15*
Hebräer 12,15	5. Mose 29,17
Hebräer 12,16	1. Mose 25,33f
Hebräer 12,18-19	*2. Mose 19, 16-19* *2. Mose 20,19* *5. Mose 4,11*
Hebräer 12, 20	*2. Mose 19,13*
Hebräer 12,21	5. Mose 9,19
Hebräer 12,26	Haggai 2,6
Hebräer 12,29	5. Mose 4,24; 9,3 Jesaja 33,14
Hebräer 13,5	1. Mose 28,15 5. Mose 31,6.8 Josua 1,5
Hebräer 13,6	Psalm 118,6
Hebräer 13,11	*3. Mose 16,27*
Hebräer 13,15	*Psalm 50, 14.23* *Hosea 14,3*
Jakobus 1,10	*Jesaja 40,6f*
Jakobus 2,8	3. Mose 19,18
Jakobus 2,11	2. Mose 20,13-14 5. Mose 5,17-18
Jakobus 2,21	*1. Mose 22,9*

NT	AT
Jakobus 2,23	*1. Mose 15,6* *Jesaja 41,8*
Jakobus 3,9	*1. Mose 1,26f*
Jakobus 3,23	1. Mose 15,6 2. Chronik 20,7 Jesaja 41,8
Jakobus 4,6	Sprüche 3,34
Jakobus 5,4	5. Mose 24,14-15 Jesaja 5,9
Jakobus 5,5	Jeremia 12,3
Jakobus 5,20	Sprüche 10,12
1. Petrus 1,16	3. Mose 11,44-45 3. Mose 19,2
1. Petrus 1,18	*Jesaja 52,3*
1. Petrus 1,24-25	Jesaja 40,6-8
1. Petrus 2,3	Psalm 34,9
1. Petrus 2,4.6	Jesaja 28,16
1. Petrus 2,7-8	Psalm 118,22 Jesaja 8,14
1. Petrus 2,9	2. Mose 19,5-6 Jesaja 43,20-21
1. Petrus 2,10	Hosea 1,6.9 ; 2,3.25
1. Petrus 2,22	Jesaja 53,9
1. Petrus 2,24-25	Jesaja 53,4-6.11-12
1. Petrus 3,10-12	Psalm 34,13-17
1. Petrus 3,14	Jesaja 8,12f
1. Petrus 4,6	Jesaja 28,16
1. Petrus 4,7	Psalm 118,22
1. Petrus 4,8	Sprüche 10,12
1. Petrus 4,14	Jesaja 11,2
1. Petrus 4,18	Sprüche 11,31
1. Petrus 5,5	Sprüche 3,34
1. Petrus 5,7	Psalm 55,23
1. Petrus 5,8	Psalm 22,14
2. Petrus 2,22	Sprüche 26,11
2. Petrus 3,13	Jesaja 65,17; 66,22
1. Johannes 1,9	*5. Mose 32,4*

NT	AT
Judas 1,9	Sacharja 3,2
Offenbarung 1,1	Daniel 2,8f
Offenbarung 1,4	2. Mose 3,14
Offenbarung 1,5	Psalm 89,38.28 Psalm 130,8
Offenbarung 1,7	Daniel 7,13 Sacharja 12,10 1. Mose 12,3; 28,14
Offenbarung 1,13	Daniel 7,13 Hesekiel 9,2.11 Daniel 10,5
Offenbarung 1,14	Daniel 7,9; 10,6
Offenbarung 1,15	Hesekiel 1,24; 43,2
Offenbarung 1,17	Jesaja 44,2.6
Offenbarung 1,19	Daniel 2,29
Offenbarung 2,7	1. Mose 2,9 Hesekiel 31,8
Offenbarung 2,8	Jesaja 44,6
Offenbarung 2,10	Daniel 1,12.14
Offenbarung 2,14	4. Mose 31,16 ; 25,1
Offenbarung 2,17	Psalm 78,24 Jesaja 62,2
Offenbarung 2,18	Daniel 10,5
Offenbarung 2,20	4. Mose 31,16; 25,1f
Offenbarung 2,23	Psalm 7,10 Jeremia 11,20 Psalm 62,13 Sprüche 24,12
Offenbarung 2,26-27	Psalm 2,8f
Offenbarung 3,5	2. Mose 32,32 Psalm 69,29 Daniel 12,1
Offenbarung 3,7	Jesaja 22,22
Offenbarung 3,9	Jesaja 60,14; 43,4
Offenbarung 3,12	Hesekiel 48,35 Jesaja 62,2
Offenbarung 3,14	Psalm 89,38 Sprüche 14,5
Offenbarung 3,17	Hosea 12,9

NT	AT
Offenbarung 3,19	Sprüche 3,12
Offenbarung 4,1	2. Mose 19,16.24 Daniel 2,29
Offenbarung 4,3	Jesaja 6,1 Hesekiel 1,26-28
Offenbarung 4,5	2. Mose 19,16 Sacharja 4,2 Hesekiel 1,22
Offenbarung 4,6	Hesekiel 1,22; 1,5.18
Offenbarung 4,7	Hesekiel 1,10
Offenbarung 4,8	Jesaja 6,2 Hesekiel 1,18 Jesaja 6,3
Offenbarung 4,9	Jesaja 6,1 Daniel 6,27; 12,7
Offenbarung 5,1	Jesaja 6,1 Hesekiel 2,9f Jesaja 29,11
Offenbarung 5,5	1. Mose 49,9 Jesaja 11,10
Offenbarung 5,6	Jesaja 53,7 Sacharja 4,10
Offenbarung 5,7	Jesaja 6,1
Offenbarung 5,8	Psalm 141,2
Offenbarung 5,9	Psalm 33,3
Offenbarung 5,10	2. Mose 19,6; Jesaja 61,6
Offenbarung 5,11	Daniel 7,10
Offenbarung 5,12	Jesaja 53,7
Offenbarung 5,13	Jesaja 6,1
Offenbarung 6,2	Sacharja 1,8; 6,3.6
Offenbarung 6,4	Sacharja 1,8; 6,2
Offenbarung 6,5	Sacharja 6,2.6
Offenbarung 6,8	Hosea 13,14 Jeremia 14,12; 15,3 Hesekiel 5,12.17; 14,21

NT	AT
Offenbarung 6,10	Sacharja 1,12 Psalm 79,5 5. Mose 32,43 2. Könige 9,7
Offenbarung 6,12	Jesaja 13,10; 50,3 Hesekiel 32,8 Joel 3,4
Offenbarung 6,13f	Jesaja 34,4
Offenbarung 6,15	Psalm 2,2 Jesaja 24,21; 2,10.19
Offenbarung 6,16	Hosea 10,8 Jesaja 6,1
Offenbarung 6,17	Joel 2,11 Nahum 1,6
Offenbarung 7,1	Hesekiel 9,4.6
Offenbarung 7,10	Jesaja 6,1
Offenbarung 7,14	Daniel 12,1 1. Mose 49,11
Offenbarung 7,15	Jesaja 6,1
Offenbarung 7,16-17	Jesaja 49,10
Offenbarung 7,17	Jesaja 25,8 Hesekiel 34,23 Psalm 23,2 Jeremia 2,13
Offenbarung 8,3	Psalm 141,2
Offenbarung 8,5	3. Mose 16,12 2. Mose 19,16
Offenbarung 8,8	Jeremia 51,25 2. Mose 7,20
Offenbarung 9,2	2. Mose 19,18 1. Mose 19,28 Joel 2,10
Offenbarung 9,3	2. Mose 10,12
Offenbarung 9,4	2. Mose 10,15 Hesekiel 9,4
Offenbarung 9,6	Hiob 3,21
Offenbarung 9,7	Joel 2,4f
Offenbarung 9,9	Joel 2,5
Offenbarung 9,14	1. Mose 15,18

NT	AT
Offenbarung 9,20	Jesaja 2,8.20; 17,8 Daniel 5,4.23 Psalm 115,4-7; 135,15-17
Offenbarung 10,3	Amos 3,8
Offenbarung 10,4	Daniel 12,4.9
Offenbarung 10,5-6	Daniel 12,7 1. Mose 14,19.22 Nehemia 9,6
Offenbarung 10,9-10	Hesekiel 2,8; 3,1-3
Offenbarung 10,11	Jeremia 1,10 Daniel 3,4; 7,14
Offenbarung 11,2	Sacharja 12,3 Jesaja 63,18
Offenbarung 11,4	Sacharja 4,3.11-14
Offenbarung 11,5	2. Könige 1,10 2. Samuel 22,9
Offenbarung 11,6	1. Könige 17,1 2. Mose 17,1 Samuel 4,8
Offenbarung 11,7	Daniel 7,3.7.21
Offenbarung 11,11	Hesekiel 37,5.10 1. Mose 15,12
Offenbarung 11,12	2. Mose 19,24 2. Könige 2,11
Offenbarung 11,13	Hesekiel 38,19f
Offenbarung 12,3	Daniel 7,7
Offenbarung 12,4	Daniel 8,10 Micha 5,2
Offenbarung 12,5	Jesaja 66,7 Psalm 2,9
Offenbarung 12,7	Daniel 10,13.20f
Offenbarung 12,9	1. Mose 3,1.14 Sacharja 3,1 Hiob 1,6
Offenbarung 12,12	Jesaja 44,23
Offenbarung 12,14	Daniel 7,25; 12,7
Offenbarung 13,1	Daniel 7,3.7
Offenbarung 13,2	Daniel 7,4-6
Offenbarung 13,5	Daniel 7,8.25

NT	AT
Offenbarung 13,7	*Daniel 7,21*
Offenbarung 13,8	*Daniel 12,7* *Psalm 69,29* *Jesaja 53,7*
Offenbarung 13,10	*Jeremia 15,2; 43,11*
Offenbarung 13,15	*Daniel 3,5f*
Offenbarung 14,1	*Daniel 7,3.7*
Offenbarung 14,2	*Hesekiel 1,24; 43,2*
Offenbarung 14,5	*Zefanja 3,13* *Jesaja 53,9*
Offenbarung 14,7	*2. Mose 20,11*
Offenbarung 14,8	*Jesaja 21,9* *Daniel 4,27* *Jeremia 51,7f*
Offenbarung 14,10	*Jesaja 51,17.22* *Psalm 75,9* *Jeremia 25,15* *1. Mose 19,24*
Offenbarung 14,11	*Jesaja 34,9f*
Offenbarung 14,14	*Daniel 7,13*
Offenbarung 14,15	*Joel 4,13*
Offenbarung 14,18	*Joel 4,13*
Offenbarung 14,20	*Joel 4,13* *Jesaja 63,3*
Offenbarung 15,3	*2. Mose 15,1; 14,31; 15,11* *Psalm 111,2; 139,14* *Amos 3,13* *5. Mose 32,4* *Psalm 145,17* *Jeremia 10,7*
Offenbarung 15,4	*Jeremia 10,7* *Psalm 86,9*
Offenbarung 15,5	*2. Mose 40,34*
Offenbarung 15,6	*3. Mose 26,21* *Daniel 10,5* *Hesekiel 9,2.11*
Offenbarung 15,8	*2. Mose 40,34f* *1. Könige 8,10* *Jesaja 6,4*

NT	AT
Offenbarung 16,1	*Jesaja 66,6* *Zefanja 3,8*
Offenbarung 16,2	*5. Mose 28,35* *2. Mose 9,9f*
Offenbarung 16,3	*2. Mose 7,17-21*
Offenbarung 16,4	*2. Mose 7,19*
Offenbarung 16,5	*Psalm 119,137* *5. Mose 32,4*
Offenbarung 16,6	*Psalm 79,3* *Jesaja 49,26*
Offenbarung 16,7	*Psalm 19,10*
Offenbarung 16,10	*2. Mose 7,21f*
Offenbarung 16,12	*Jeremia 50,38*
Offenbarung 16,17	*Jesaja 66,6*
Offenbarung 16,18	*2. Mose 19,16* *Daniel 12,1*
Offenbarung 16,19	*Daniel 4,27* *Jesaja 51,17.22* *Jeremia 25,15*
Offenbarung 16,21	*2. Mose 9,22-26*
Offenbarung 17,1	*Jeremia 51,13*
Offenbarung 17,2	*Jesaja 23,17* *Hesekiel 27,33* *Jeremia 25,15f*
Offenbarung 17,3	*Daniel 7,7*
Offenbarung 17,4	*Jeremia 51,7*
Offenbarung 17,5	*Daniel 4,27*
Offenbarung 17,8	*Daniel 7,3* *2. Mose 32,32f* *Psalm 69,29*
Offenbarung 17,12	*Daniel 7,24*
Offenbarung 17,14	*5. Mose 10,17* *Daniel 2,47*
Offenbarung 17,15	*Jeremia 51,13* *Daniel 3,4*
Offenbarung 18,1	*Hesekiel 43,2*
Offenbarung 18,2	*Jesaja 21,9* *Daniel 4,27* *Jesaja 13,21; 34,11* *Jeremia 50,39*

NT	AT
Offenbarung 18,3	Jeremia 51,7 Jesaja 23,17 Hesekiel 27,33
Offenbarung 18,5	Jeremia 51,9
Offenbarung 18,7	Jesaja 47,7f
Offenbarung 18,8	Jesaja 47,9 Jeremia 50,34
Offenbarung 18,9	Hesekiel 27,31-33 Jesaja 23,17
Offenbarung 18,11	Hesekiel 27,31.36
Offenbarung 18,15	Hesekiel 27,31.36
Offenbarung 18,17	Hesekiel 27,27-34
Offenbarung 18,19	Hesekiel 26,19
Offenbarung 18,20	Jesaja 44,23 5. Mose 32,43
Offenbarung 18,21	Jeremia 51,63f Daniel 4,27 Hesekiel 26,31
Offenbarung 18,22	Jesaja 24,8 Hesekiel 26,13 Jeremia 25,10
Offenbarung 18,23	Jesaja 23,8; 47,9 Nahum 3,4
Offenbarung 19,2	Psalm 19,10 2. Könige 9,7
Offenbarung 19,3	Jesaja 34,10
Offenbarung 19,4	Jesaja 6,1
Offenbarung 19,5	Psalm 134,1 Psalm 115,13
Offenbarung 19,6	Hesekiel 1,24; 43,2 Psalm 93,1 Daniel 7,14
Offenbarung 19,7	Psalm 118,24
Offenbarung 19,11	Hesekiel 1,1 Psalm 96,13
Offenbarung 19,12	Daniel 10,6
Offenbarung 19,15	Jesaja 11,4; 49,2 Psalm 2,9
Offenbarung 19,16	5. Mose 10,17 Daniel 2,47

NT	AT
Offenbarung 19,17	Hesekiel 39,4.17-20
Offenbarung 19,19	Psalm 2,2
Offenbarung 19,21	Hesekiel 39,17.20
Offenbarung 20,2	1. Mose 3,1 Sacharja 3,1 Hiob 1,6
Offenbarung 20,4	Daniel 7,9.22
Offenbarung 20,9	2. Könige 1,10.12 Hesekiel 38,22; 39,6 Habakuk 1,6 Psalm 87,2
Offenbarung 20,10	Hesekiel 38,22
Offenbarung 20,11	Jesaja 6,1 Psalm 114,3.7 Daniel 2,35
Offenbarung 20,12	Daniel 7,10 Psalm 69,29 Psalm 28,4
Offenbarung 20,13	Hosea 13,14 Jesaja 25,8
Offenbarung 20,15	2. Mose 32,32f Daniel 12,1 Psalm 69,29
Offenbarung 21,1	Jesaja 65,17; 66,22
Offenbarung 21,2	Jesaja 52,1; 61,10
Offenbarung 21,3	3. Mose 26,11 Hesekiel 37,27 Sacharja 2,14 Jesaja 8,18
Offenbarung 21,4	Jesaja 25,8 Jesaja 65,19; 35,10
Offenbarung 21,5	Jesaja 6,1; 43,19
Offenbarung 21,6	Jesaja 55,1 Sacharja 14,8
Offenbarung 21,7	2. Samuel 7,14 Hesekiel 11,20
Offenbarung 21,8	Hesekiel 38,22
Offenbarung 21,9	3. Mose 26,21
Offenbarung 21,10	Hesekiel 40,2 Jesaja 52,1
Offenbarung 21,11	Jesaja 60,1f

NT	AT
Offenbarung 21,12	*Hesekiel 48,31* *2. Mose 28,21*
Offenbarung 21,13	*Hesekiel 48,31-35*
Offenbarung 21,15	Hesekiel 40,3.5
Offenbarung 21,17	Hesekiel 40,5
Offenbarung 21,19f	*Hesekiel 28,13*
Offenbarung 21,23	Jesaja 60,1.19
Offenbarung 21,24	Jesaja 60,3.11 Psalm 72,10
Offenbarung 21,25	Sacharja 14,7
Offenbarung 21,27	Jesaja 52,1; 4,3 Daniel 12,1 Psalm 69,29
Offenbarung 22,1	*1. Mose 2,10* Sacharja 14,8
Offenbarung 22,4	*Psalm 17,15*
Offenbarung 22,5	Jesaja 60,19 Daniel 7,18.27
Offenbarung 22,6	Daniel 2,28
Offenbarung 22,7	*Sacharja 2,14*
Offenbarung 22,11	Daniel 12,10
Offenbarung 22,12	*Sacharja 2,14* Jesaja 40,10 Psalm 28,4
Offenbarung 22,13	Jesaja 44,6
Offenbarung 22,14	*1. Mose 2,9; 3,22*
Offenbarung 22,17	Jesaja 55,1 Sacharja 14,8
Offenbarung 22,18	5. Mose 4,2; 13,1; 29,20
Offenbarung 22,19	5. Mose 4,2 1. Mose 2,9; 3,22

15. Die Wunder von Jesus

Die folgende Übersicht über die Wunder von Jesus ist nach Sachgruppen geordnet. Das Johannesevangelium legt Wert auf eine Folge von »Zeichen«. Insgesamt sind es sieben. In der Spalte zu Johannes sind sie mit einer Zahl im Klammern bezeichnet: (1) = das erste Zeichen usw.

a) Gewalt über Naturkräfte	Matthäus	Markus	Lukas	Johannes
Fischzug des Petrus			5,1-11	
Fischzug nach Jesu Auferstehung				21,1-11
Gehen auf dem See	14,22-33	6,45-52		6,16-21 (5)
Hochzeit zu Kana				2,1-11 (1)
Münze im Fischmaul	17,24-27			
Speisung der 5.000	14,15-21	6,35-44	9,12-17	6,5-13 (4)
Speisung der 4.000	15,32-38	8,1-9		
Stillung des Sturmes	8,23-27	4,37-41	8,22-25	
Verdorrter Feigenbaum	21,18-22	11,12-14		
b) Heilung körperlicher und seelischer Krankheiten	**Matthäus**	**Markus**	**Lukas**	**Johannes**
Aussätziger	8,2-3	1,40-42	5,12-13	
Zehn Aussätzige			17,11-19	
Besessener Gadarener	8,28-34	5,1-15	8,27-35	
Besessener, stumm	9,32-33			
Besessener, blind und stumm	12,22		11,14	
Besessener in der Synagoge		1,23-26	4,33-35	
Blinder Bartimäus und anderer	20,29-34	10,46-52	18,35-43	
Blinder in Betsaida		8,22-26		
Blindgeborener				9,1-41 (6)
Zwei Blinde	9,27-31			
Blutflüssige Frau	9,20-22	5,25-29	8,43-48	
Diener des Hauptmanns von Kapernaum	8,5-13		7,1-10	
Fallsüchtiger Junge	17,14-18	9,17-29	9,38-43	
Gelähmter durchs Dach gelassen	9,2-7	2,3-12	5,18-25	

Kranker am Teich Betesda				5,2-9 (3)
Ohr des Malchus			22,50-51	18,10-11
Sohn des königlichen Beamten				4,46-54 (2)
Schwiegermutter des Petrus	8,14-15	1,30-31	4,38-39	
Taubstummer		7,31-37		
Tochter der Kanaanäerin	15,21-28	7,24-30		
Verdorrte Hand	12,10-13	3,1-5	6,6-10	
Verkrümmte Frau			13,11-13	
Wassersüchtiger			14,1-4	
c) Totenauferweckungen	**Matthäus**	**Markus**	**Lukas**	**Johannes**
Junger Mann aus Nain			7,11-15	
Jaïrus' Tochter	9,18-19	5,22-42	8,41-56	
Lazarus				11,1-44 (7)

16. Die Gleichnisse von Jesus

a) Himmelreichsgleichnisse	Matthäus	Markus	Lukas
Fischnetz	13,47-48		
Kostbare Perle	13,45-46		
Sauerteig	13,33		13,20-21
Schatz im Acker	13,44		
Selbstwachsende Saat		4,26-29	
Senfkorn	13,31-32	4,30-32	13,18-19
Unkraut im Weizen	13,24-30		
Vierfaches Ackerfeld	13,3-8	4,3-8	8,5-8
b) Verloren – gefunden	**Matthäus**	**Markus**	**Lukas**
Verlorenes Schaf	18,12-13		15,3-7
Verlorener Groschen			15,8-10
Verlorener Sohn			15,11-32

c) Reichtum und Barmherzigkeit	Matthäus	Markus	Lukas
Barmherziger Samariter			10,30-37
Reicher Kornbauer			12,16-21
Reicher Mann und armer Lazarus*			16,19-31
Unbarmherziger Knecht	18,23-34		
Ungerechter Haushalter			16,1-8
Zwei Schuldner			7,41-43
* kein Gleichnis im eigentlichen Sinn			
d) Nachfolge; Bedingungen, Gehorsam, Treue, Wachsamkeit	**Matthäus**	**Markus**	**Lukas**
Arbeiter im Weinberg	20,1-16		
Großes Abendmahl			14,16-24
Haus auf dem Felsen	7,24-27		6,47-49
Herr und Knecht			17,7-10
Königliche Hochzeit	22,2-14		
Splitter und Balken im Auge	7,3-5		6,41-42
Treuer Haushalter			12,42-48
Treulose Weingärtner	21,33-41	12,1-9	20,9-16
Talente/Pfunde	25,14-30		19,12-27
Turmbau und Kriegführung			14,28-33
Wachsame Knechte			12,35-40
Zehn Jungfrauen	25,1-13		
Zwei ungleiche Söhne	21,28-31		
e) Vom Beten	**Matthäus**	**Markus**	**Lukas**
Bittender Freund			11,5-8
Bittende Witwe			18,2-5
Pharisäer und Zöllner			18,10-14
f) Verschiedenes	**Matthäus**	**Markus**	**Lukas**
Ehrenplätze bei der Hochzeit			14,7-14
Feigenbaum ohne Früchte			13,6-9
Feigenbaum als Zeichen der Zeit	24,32-33	13,28-29	21,29-31
Flicken auf altem Kleid	9,16	2,21	5,36

		Matthäus	Markus	Lukas
Neuer Wein in alten Schläuchen		9,17	2,22	5,37-38
Licht der Welt		5,14-15	4,21-22	8,16; 11,33
Salz der Erde		5,13		
Weltgericht		25,31-36		
g) Ich bin:	Johannes			
Auferstehung und das Leben	11,25			
Brot des Lebens	6,35			
Guter Hirte	10,11			
Licht der Welt	8,12			
Tür	10,9			
Weg, Wahrheit, Leben	14,6			
Weinstock	15,1			

17. Jüngerkreise von Jesus

Wenn man von Jesus' Jüngern spricht, denken die meisten nur an den Zwölferkreis, dessen Namen in Matthäus 10,1-4 und den Parallelstellen (siehe Angaben im Bibeltext) verzeichnet sind. Doch die Schar der Nachfolgerinnen und Nachfolger von Jesus ist größer und außerdem stärker gegliedert.

Die größte Gruppe, die wir erkennen können, sind die zweiundsiebzig »anderen Jünger« (Lk 10,1), die Jesus aussandte, damit sie predigen und Kranke heilen.

Im Lukasevangelium begegnen uns weitere Jünger, die nicht zum Zwölferkreis gehörten, nämlich die beiden Jünger auf dem Weg nach Emmaus (Lk 24,13-34). Von einem der beiden ist sein Name bekannt: Kleopas (Lk 24,18). Ob sie zur Gruppe der Zweiundsiebzig gehörten, ist nicht bekannt. Ebenso wissen wir nicht, ob Mnason, ein »Jünger aus der Anfangszeit« (so Apg 21,16 wörtlich), kurz nach Pfingsten zum Glauben kam oder schon zum weiteren Jüngerkreis von Jesus vor dem Karfreitag gehörte.

Auf weiten Strecken der Reisewege von Jesus war der Zwölferkreis ergänzt durch eine Gruppe von Frauen, die Jesus und seine Jünger begleiteten und durch Geld und Mithilfe bei der Verkündigung unterstützen (Lk 8,1-3).

Die nächstkleinere Gruppe ist der Zwölferkreis.

Innerhalb dieser Zwölf gab es noch eine »Kerngruppe«, die aus Petrus, Jakobus und Johannes bestand. Jesus zog sie oft in besonderen Situationen heran (Mt 17,1; 26,37; Mk 5,37).

Außerdem sind noch drei Geschwister zu nennen, bei denen Jesus öfter zu Gast war und denen er in Freundschaft verbunden war: Maria, Marta und Lazarus (Lk 10-38-42; Joh 11,1-44).

18. Das Herrscherhaus von Herodes

Herodes der Große
König von Palästina, 37–4 v.Chr. (Lk 1,5);
verantwortlich für den bethlehemitischen Kindermord (Mt 2,1-17)

Antipater	Alexander	Herodes Aristobulus	**Herodes Philippus I.** 4 v.–34 n.Chr. (Mt 14,3b; Mk 6,17).	**Herodes Antipas** Tetarch von Galiläa und Peräa, 4 v.–39 n.Chr. (Lk 13,31-33). Ließ Johannes den Täufer enthaupten (Mk 6,14-29). Befragte Jesus bei seiner Gerichtsverhandlung (Lk 23,7-12)	**Herodes Archelaus** Ethnarch von Judäa, Samaria und Idumäa, 4 v.–6 n.Chr. (Mt 2,22).	**Herodes Philippus II.** Tetarch von Ituräa und Trachonitis 4 v.–34 n.Chr. (Lk 3,1). Heiratete Herodias' Tochter Salome.

Herodes von Chalkis 41–48 n.Chr.	**Herodes Agrippa I.** König über Palästina, 37–44 n.Chr. Ließ den Apostel Jakobus töten (Apg 12,1-2). Ließ Petrus ins Gefängnis werfen (Apg 12,3-11).	Herodias Heiratete (1) ihren Onkel Herodes Philippus I. (Mt 14,3), (2) ihren Onkel Herodes Antipas (Mk 6,17)

Herodes Agrippa II. Tetarch von Chalkis und des Nordreichs, 50–70 n.Chr. verhörte Paulus (Apg 25,13–26,32).	Drusilla Frau von Felix, Statthalter von Judäa, 52–59 n.Chr., dem Paulus vorgeführt wurde (Apg 23,26–24,27).	Berenike Heiratete ihren Onkel Herodes von Chalkis. War mit ihrem Bruder bei Paulus' Gerichtsverhandlung anwesend (Apg 25,13; 26,30)

Die fett gedruckten Namen kommen im Neuen Testament vor.

19. Römische Kaiser in neutestamentlicher Zeit

Augustus (31 v.Chr.–14 n.Chr.)
Er ordnete die Volkszählung an, die Josef und Maria nach Bethlehem führte (Lk 2,1).

Tiberius (14–37 n.Chr)
Unter seiner Regierung predigte Jesus und wurde gekreuzigt (Lk 3,1;20,22.25; 23,2; Joh 19,12.15).

Caligula (37–41 n.Chr.)

Klaudius (41–54 n.Chr.)
Während seiner Regierungszeit brach eine große Hungersnot aus (Apg 11,28); er verbannte Juden aus Rom, darunter auch Aquila und Priszilla, ins Exil (Apg. 18,2).

Nero (54–68 n.Chr.)
Unter seiner Regierung fanden Paulus und Petrus den Märtyrertod; er führte schreckliche Christenverfolgungen durch und war der Kaiser, an den Paulus wegen einer fairen Gerichtsverhandlung appellierte (Apg 25,8.10-12.21; 26,32 ; 27,24; 28,19).

Galba (68–69 n.Chr.)

Otho (69 n.Chr.)

Vitellius (69 n.Chr.)

Vespasian (69–79 n.Chr.)
Er schlug den jüdischen Aufstand nieder; sein Sohn Titus zerstörte im Jahr 70 n.Chr. den Tempel in Jerusalem.

20. Parallelen im Dienst von Petrus und Paulus

Petrus

Apg		
	3,1-11	Die Heilung eines von Geburt an Gelähmten.
	5,15-16	Der Schatten des Petrus heilt viele Menschen.
	5,17	Sein Erfolg erregt die Eifersucht der Hohen Priester und Sadduzäer.
	8,9-24	Der Zauberer Simon.
	9,36-41	Die Auferweckung der Tabita.

Paulus

Apg		
	14,8-18	Heilung eines von Geburt an Gelähmten.
	19,11-12	Die Tücher und Kleidungsstücke von Paulus heilen viele Menschen.
	13,45	Sein Erfolg erregt den Neid der Juden.
	13,6-11	Der Zauberer Barjesus.
	20,9-12	Die Auferweckung des Eutychus.

21. Predigten und Reden in der Apostelgeschichte

Redner			Anlässe und/oder Hörer	Städte	Bibelstelle
Petrus	**Paulus**	**andere**			
(1) Petrus			Erwählung eines Nachfolgers für Judas im Zwölferkreis	Jerusalem	1,16-22
(2) Petrus			Pfingstwunder	Jerusalem	2,14-36
(3) Petrus			Heilung eines Gelähmten im Tempel	Jerusalem	3,12-26
(4) Petrus			Verteidigung der Predigt des Auferstandenen vor dem Sanhedrin	Jerusalem	4,8-12
		Gamaliel	Vor dem Sanhedrin über Petrus und andere	Jerusalem	5,35-39
		Stephanus	Vor dem Sanhedrin nach seiner Gefangennahme	Jerusalem	7,2-53
(5) Petrus			Evangelistische Predigt im Haus des Kornelius	Cäsarea	10,34-43
(6) Petrus			Verteidigung vor den Judenchristen angesichts der Vorgänge in Cäsarea	Jerusalem	11,4-17
	(1) Paulus		Sabbatrede vor den Juden in der Synagoge	Antiochia in Pisidien	13,16-41
	(2) Paulus	u. Barnabas	Vor dem Volk, das sie anbeten möchte	Lystra	14,15-17
(7) Petrus			Vor dem Apostelkonzil	Jerusalem	15,7-11
		Jakobus	Vor dem Apostelkonzil	Jerusalem	15,13-21
	(3) Paulus		Vor den Athenern auf dem Areopag	Athen	17,22-31
		Demetrius	Vor Handwerkern, die über Paulus' Predigt aufgebracht sind	Ephesus	19,25-27
		Stadtschreiber	Beim Aufruhr in Ephesus	Ephesus	19,35-40
	(4) Paulus		Vor der Versammlung der Ältesten in Ephesus	Milet	20,18-35
	(5) Paulus		Vor dem Mob, der versucht, ihn zu töten	Jerusalem	22,1-21
	(6) Paulus		Verteidigungsrede vor dem Sanhedrin	Jerusalem	23,1-6

Redner			Anlässe und/oder Hörer	Städte	Bibelstelle
Petrus	Paulus	andere			
	(7) Paulus		Verteidigung vor Felix	Cäsarea	24,10-21
	(8) Paulus		Verteidigung vor Festus	Cäsarea	25,8.10-11
	(9) Paulus		Verteidigung vor Herodes Agrippa II.	Cäsarea	26,1-23
	(10) Paulus		Vor den Männern auf dem Schiff in einem schweren Sturm	Mittelmeer zwischen Kreta und Malta	27,21-26
	(11) Paulus		Zeugnis vor den jüdischen Führern	Rom	28,17-20.25-28

22. Reisewege von Petrus

Aus dem Neuen Testament lassen sich natürlich nicht alle Reisen rekonstruieren, die Petrus gemacht hat. Folgende Orte, die er nach Pfingsten als Apostel aufgesucht hat, sind bekannt.

Ort	Schriftstelle	auf den Karten im Anhang zu finden bei ...
* Samarien *	Apg 8,14-25	AT B4
* Lydda	Apg 9,32-35	NT B5
Joppe	Apg 9,36-43	NT A5
Cäsarea *	Apg 10	NT B4
* Antiochia *	Gal 2,11	RAP G3
Korinth (Das NT berichtet von keiner Reise nach Korinth, aber die Tatsache, dass es dort eine »Petrus-Partei« gab, macht einen Aufenthalt von Petrus wahrscheinlich. Jedenfalls hat Petrus Reisen mit seiner Frau unternommen.)	1Kor 1,12; 3,22; (9,5)	RAP C3
Rom? (Wenn es zutrifft, dass »Babylon« ein Deckname für Rom war, dann gibt der 1. Petrusbrief einen Hinweis darauf, dass er aus Rom geschrieben wurde.)	1Petr 5,13	RAP A1

* Jerusalem als Ausgangs- und/oder Zielort ist jeweils mit einem Sternchen angegeben.

23. Reisewege von Paulus vor den drei Missionsreisen

Die drei Missionsreisen von Paulus und die Reise nach Rom sind auf der farbigen Karte im Anhang dargestellt. Dort kann man auch die einzelnen Reisestationen erkennen.

In der Zeit zuvor hat Paulus ebenfalls Reisewege zurückgelegt. Er war – nach den biblischen Angaben – an folgenden Orten:

Ort	Schriftstelle	auf den Karten im Anhang zu finden bei ...
Jerusalem	Apg 7,58–8,1; 22,3	NT B5
Damaskus	Apg 9,1-25	NT E1
Arabien	Gal 1,17	NT E3-4; RAP G4-5
Damaskus	Gal 1,17	NT E1
Jerusalem	Gal 1,18	NT B5
Cäsarea	Apg 9,29-30	NT B4
Tarsus	Apg 9,29-30	RAP F2
Antiochia (Syrien)	Apg 11,25-26	RAP G3

24. Christliche Gemeinden in neutestamentlicher Zeit

Einige christliche Gemeinden der neutestamentlichen Zeit sind gut bekannt, z.B. weil an sie Briefe geschrieben wurden. Doch aus den Angaben des Neuen Testaments werden noch viel mehr Orte erkennbar, in denen es eine christliche Gemeinde gab:

Ort	auf den Karten im Anhang zu finden bei ...
Jerusalem	NT B5, RAP G4
Antiochia (Syrien)	RAP G3
Samaria	AT B4
Lydda	NT B5
Joppe	NT A5
Cäsarea am Meer	NT B4; RAP G4
Damaskus	NT E1
Ptolemaïs	NT B3, RAP G4
Tyrus	NT B2, RAP G4
Sidon	NT C1, RAP G4

Ort	auf den Karten im Anhang zu finden bei ...
Derbe	RAP F2
Lystra	RAP F2
Ikonion	RAP F2
Antiochia in Pisidien	RAP E2
Perge	RAP E3
Troas	RAP D2
Pergamon	RAP D2
Thyatira	RAP E2
Sardes	RAP E2
Philadelphia	RAP E2
Laodizea	RAP E2
Kolossä	RAP E2
Smyrna	RAP D2
Ephesus	RAP D2
Hierapolis	RAP E2
Philippi	RAP D1
Thessalonich	RAP C2
Beröa	RAP C2
Athen	RAP C2
Korinth	RAP C3
Kenchreä	RAP C3
Nikopolis	RAP C2
Kreta: mehrere Städte	RAP D3
Zypern	RAP F3
Puteoli	RAP A1
Rom	RAP A1
Kyrene	RAP C4

25. Zur Offenbarung des Johannes

a) Sieben Gemeindebriefe

	Christus	Lob
Ephesus (2,1-7)	Hält die sieben Sterne in seiner Rechten und geht unter den sieben goldenen Leuchtern umher	Werke, Mühen, Geduld; kann das Böse nicht ertragen; hasst die Werke der Nikolaïten.
Smyrna (2,8-11)	Der Erste und der Letzte, der tot war und ist lebendig geworden.	Bedrängnis und Armut
Pergamon (2,12-17)	Hat das scharfe, zweischneidige Schwert.	Hält am Namen von Christus fest; hat den Glauben nicht verleugnet.
Thyatira (2,18-29)	Der Sohn Gottes, der Augen hat wie Feuerflammen und Füße wie reines Erz.	Werke, Liebe, Glauben, Dienst, Geduld; ständige Fortschritte.
Sardes (3,1-6)	Hat die sieben Geister Gottes und die sieben Sterne.	Werke; hat den Namen, dass sie lebt.
Philadelphia (3,7-13)	Der Heilige und Wahrhaftige, der den Schlüssel Davids hat.	Werke; hat das Wort von Christus bewahrt und seinen Namen nicht verleugnet; hat Geduld
Laodizea (3,14-22)	Der Amen heißt, der treue und wahrhaftige Zeuge, der Anfang der Schöpfung Gottes.	–

b) Die 7 Siegel, 7 Posaunen und 7 Schalen des Zorns

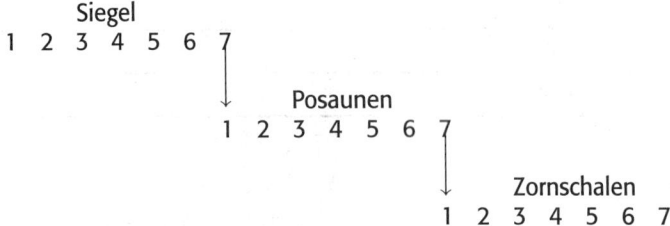

Sieben Siegel: 6,1-17 und 8,1
Sieben Posaunen: 8,6–9,21 und 11,14-19
Sieben Schalen: 15,5–16,21

Tadel	Ermahnung	Verheißung an den Sieger
Hat die erste Liebe verlassen-	Denke daran, wo du einmal warst, kehre um, tue die ersten Werke.	Wird vom Baum des Lebens essen.
–	Fürchte dich nicht. Sei treu bis an den Tod.	Wird die Krone des Lebens erhalten; der zweite Tod wird nicht schaden können.
Hat Leute, die sich an die Lehre Bileams und der Nikolaïten halten.	Kehre um.	Erhält das verborgene Manna und einen weißen Stein, auf dem ein neuer Name geschrieben ist.
Duldet Isebel, die die Gläubigen zu Unzucht und Götzendienst verführt.	Gott vergilt nach den Taten. Haltet fest, was ihr habt.	Wird Macht über die Völker und den Morgenstern erhalten.
Tot.	Werde wach und stärke das andere. Denke daran, wie du empfangen hast und halte es fest und tue Buße.	Wird weiß bekleidet werden; Jesus bekennt sich vor dem Vater und seinen Engeln zu ihm.
–	Halte fest, was du hast.	Wer überwindet, wird zur Säule im Tempel werden; der Name Gottes wird auf ihn geschrieben sein.
Weder kalt noch warm; elend, jämmerlich, arm, blind und nackt.	Kaufe von Christus gereinigtes Gold, weiße Kleider und Augensalbe; sei nicht gleichgültig, sonder kehre um.	Wer überwindet, wird mit Christus essen und mit ihm herrschen.

c) Die vierzehn Lobpreisungen im Buch der Offenbarung

Stellen	Wer lobt?	Wem gilt das Lob?
4,8	Die vier Gestalten	Gott Vater
4,10	Die vierundzwanzig Ältesten	Gott Vater
5,8-9	Die vierundzwanzig Ältesten und vier Gestalten	dem Lamm (Christus)
5,11-12	Viele Engel	dem Lamm
5,13	Jedes Geschöpf	Gott Vater und dem Lamm
7,9-10	Eine große Schar	Gott Vater und dem Lamm
7,11	Engel, die Ältesten und die vier Gestalten	Gott Vater

Stellen	Wer lobt?	Wem gilt das Lob?
11,16-18	Die vierundzwanzig Ältesten	Gott Vater
15,2-4	Die Heiligen aus der Zeit der großen Trübsal	Gott Vater und dem Lamm
16,5-6	Der Engel der Wasser	Gott Vater
16,7	»Der Altar«	Gott Vater
19,1-3	Eine große Schar	Gott Vater
19,4	Die vierundzwanzig Ältesten und die vier Gestalten	Gott Vater
19,6-8	Eine große Schar	Gott Vater

26. Hausgemeinden im Neuen Testament

Die meisten frühen christlichen Gemeinden waren Hausgemeinden. In größeren Städten wird es mehrere Hausgemeinden gegeben haben. Im Neuen Testament begegnen uns folgende Hausgemeinden:
- Jerusalem: Apg 2,46; 5,42; 8,3
- Rom: bei Priska und Aquila, Röm 16,5
- Rom: bei Gajus; Röm 16,23
- Ephesus: bei Priska und Aquila; 1 Kor 16,19 (dieser Brief wurde von Ephesus aus geschrieben)
- Laodizea: bei Nympha, Kol 4,15
- Kolossä: bei Philemon; Phlm 2

27. Biblische Texte verstehen und auslegen

a) Prophetische Texte richtig deuten

Die Propheten des Alten Testaments waren Boten Gottes, die zu einer bestimmten Zeit und zu bestimmten Menschen gesandt wurden. Die alttestamentliche Prophetie ist zu großen Teilen keine Zukunftsvorhersage (und schon gar keine Wahrsagerei). Oft ist sie ein aufrüttelnder Ruf zur Umkehr, der an die Zeitgenossen des Propheten ergeht.

Dennoch enthalten sehr viele Prophetenworte weitere Tiefenschichten. Die Zeitgenossen der Propheten konnten sie nicht alle ausschöpfen. Gottes Wort blickt oft in die jeweilige Gegenwart *und* darüber hinaus in die Zukunft.

Das macht es für Bibelleser heute nicht leicht, richtig zu verstehen, was Gottes Wort jeweils meint. Ist das Prophetenwort ausschließlich den Israeliten damals gesagt? Oder hat es zusätzlich auch noch eine Bedeutung für die Gemeinde von Jesus heute? Oder zielt es (auch oder nur) auf die Zukunft, die auch jetzt noch vor uns liegt?

Übereinanderliegende Schichten

Für das Verstehen prophetischer Texte ist es hilfreich, wenn man davon ausgeht, dass verschiedene zeitliche Perspektiven zugleich in *einem* Wort liegen können. Wenn wir einen Text in der Bibel vor uns haben, ist nicht nur das Papier eine ebene Fläche, auf dem der Text gedruckt ist. Der Inhalt kommt uns oft auch wie eine ebene Fläche vor: Alles steht gleichrangig nebeneinander.

Tatsächlich aber können mehrere Zeitebenen *übereinander*liegen. Was dem Le-

Abbildung 1

ser zunächst als gleich nah oder gleich fern erscheint, hat in Wirklichkeit eine unterschiedliche Entfernung. Ein bildliches Beispiel kann helfen, sich das vorzustellen.

Ein perspektivisches Bild
Wenn ich die drei Gegenstände aus Abbildung 1 – den Baum, das Haus und das Schiff – vor mir sehe, dann scheinen sie einfach nebeneinandergestellt zu sein. Ich verschaffe mir so eine Vorstellung von ihnen: Das Schiff scheint recht klein zu sein, denn es ist nicht höher als ein Baum. Der Baum ist recht groß – mehr als zwei Stockwerke hoch. Das Haus scheint eine normale Größe zu haben.

In Wirklichkeit aber haben diese drei Gegenstände ganz andere Größenverhältnisse. Das erkenne ich erst, wenn ich sozusagen von oben darauf schaue und eine dreidimensionale Perspektive gewinne. Dann ergibt sich folgendes Bild in unserem Beispiel:

(Zeichnungen: Sammy Krüger)

Abbildung 2

Jetzt wird klar: Das Schiff ist in Wirklichkeit sehr groß – es ist ja viel weiter entfernt als das Haus. Der Baum dagegen ist kleiner als das Haus, er steht viel näher bei mir als Betrachter. Auf dem Papier, in Zentimetern gemessen, sind die Dinge gleich groß, in der perspektivischen Vorstellung aber nicht.

Prophetische Ankündigungen richtig deuten heißt: Sie sozusagen »dreidimensional« in gesamtbiblischer Perspektive sehen.

Wir müssen also unterscheiden, was sich in einem Prophetenwort sehr bald erfüllt, was erst später im Laufe der Geschichte eintrifft und was erst für das Ende der Zeiten gesagt ist.

An einem biblischen Beispieltext können wir uns das klarmachen: Joel 3.

Beispiel 1: Joel 3

»In den letzten Tagen«, spricht Gott, »werde ich meinen Geist über alle Menschen ausgießen. Eure Söhne und Töchter werden weissagen, eure alten Männer werden prophetische Träume und eure jungen Männer Visionen haben. ²In diesen Tagen werde ich meinen Geist sogar über alle meine Diener, ob Mann oder Frau, ausgießen, und sie werden weissagen. ³Und ich werde Wunder oben am Himmel tun und Zeichen unten auf der Erde – Blut und Feuer und Rauchwolken. ⁴Die Sonne wird finster werden und der Mond blutrot, ehe der große und herrliche Tag des HERRN anbricht. ⁵Und jeder, der den Namen des HERRN anruft, wird gerettet werden. Denn auf dem Berg Zion und in Jerusalem wird man Hilfe finden, wie es der HERR versprochen hat. Jeder, der sich an den HERRN wendet, wird entkommen.«

Dieses prophetische Wort hat eine besondere Zeitangabe: »In den letzten Tagen«. Von daher würde man meinen, alles Gesagte erfüllt sich am Ende der Zeiten.

Doch wenn man innerhalb der Bibel vergleicht, wann sich welche Elemente des Wortes erfüllen, dann stößt man auf verschiedene Zeitpunkte.

Als zu Pfingsten Gottes Geist zu allen Glaubenden kam, erfüllte sich aus Joel 3,1-2 die Geistausgießung über alle, Männer und Frauen, und das Weissagen. Aus V. 5 erfüllte sich die Ortsangabe des Geschehens – Jerusalem – und die Verheißung: »Jeder, der den Namen des HERRN anruft, wird gerettet werden« (Apg 2,1-13). All das greift Petrus in seiner Predigt auf (Apg 2,14-36). Vers 3-4 aber erfüllte sich hier noch nicht.

Die erstaunlichen Zeichen an Himmel und Erde, an Sonne und Mond, die in V. 3-4 genannt werden, erfüllen sich erst am Ende der Zeiten, beim Kommen des Menschensohns (Mt 24,29). Für die Verfinsterung der Sonne (V. 4) kann man eine Vorab-Erfüllung kurz vor dem Tod von Jesus auf Golgatha in Betracht ziehen (Mt 27,45). Auch das also gehört zu den prophetischen Perspektiven: Manche Ankündigungen erfüllen sich zu einem bestimmten Zeitpunkt teilweise und vorläufig und dann später vollständig.

Und für die Zeitgenossen von Joel? Was galt für sie? Zweifellos sollen auch sie dazu ermuntert werden, dass sie den Namen des HERRN anrufen (V. 5).

Beispiel 2: Jesaja 61,1-2

Ein anderes Beispiel für das rechte Verstehen eines Prophetenwortes finden wir bei Jesus. Als er in der Synagoge von Nazareth das Wort ergreift, liest er aus Jesaja 61,1-2 vor (Lk 4,14-22; im Bericht von Lukas sind noch Worte aus Jes 58,6 eingebaut).

»Der Geist Gottes, des Herrn, ruht auf mir, denn der Herr hat mich gesalbt, um den Armen eine gute Botschaft zu verkünden. Er hat mich gesandt, um die zu heilen, die ein gebrochenes Herz haben und zu verkündigen, dass die Gefangenen freigelassen und die Gefesselten befreit werden. ²Er hat mich gesandt, um ein Gnadenjahr des Herrn *und einen Tag der Rache unseres Gottes* auszurufen *und alle Trauernden zu trösten*« (Jes 61,1-2).

Jesus hat nun aber seine Schriftlesung vor dem Ende von Vers 2 abgebrochen.

Was im Jesajazitat hier schräg gedruckt ist, gehörte nicht zu seiner Lesung. Die Ankündigung des Rachetages hat er also weggelassen! Und seinen Zuhörern ist das sofort aufgefallen, denn sie waren erstaunt über die »Worte der Gnade« (Lk 4,22, wörtlich übersetzt). Ihnen war bewusst, dass Jesus jetzt eine einseitige Gnadenbotschaft brachte und den Rest aus Jesaja 61,2 nicht aussprach.

Dahinter steht die Schriftauslegung von Jesus. Er hat innerhalb von Jesaja 61,1-2 verschiedene Zeitebenen gesehen. Jetzt in Nazareth ist Zeit der Gnade. Als Richter wird Christus erst später kommen. Für die Zeit, da Jesus auf der Erde lebt, gilt: »Gott sandte seinen Sohn nicht in die Welt, um sie zu verurteilen, sondern um sie durch seinen Sohn zu retten« (Joh 3,17).

Schlussfolgerung
Für das Verständnis von Prophetenworten der Bibel ist also wichtig: Nicht alles, was in einem Atemzug gesagt ist, erfüllt sich auch gleichzeitig. Es gibt immer wieder ein Nacheinander. Um die Zeitschichten eines Prophetenwortes zu unterscheiden, muss man sie mit dem gesamten Zusammenhang der Bibel vergleichen.

b) Vier Schlüsselfragen zur Bibelauslegung

Bei Glaubenden entstehen viele Diskussionen darüber, wie man bestimmte Bibelworte anwenden soll. Die Bibel gilt – das steht fest. Aber was gilt mir?

Soll ein Christ sich politisch engagieren? Wird Gott mir alles geben, um das ich ihn bitte? Wie viel Geld muss ich an Gott abgeben? Manche spenden 10 % ihres Einkommens, weil sie Gottes Wort folgen wollen. Andere haben für ihre Spenden ein ganz anders Maß gefunden und berufen sich darauf, dass die Bibel die freiwillige Gabe hoch schätzt. Die einen sagen: Für Krankheiten ist heute das Gesundheitswesen zuständig und Glaubensheilungen sind nicht mehr aktuell für uns. Andere beten für Kranke und trauen Gott sehr viel zu dabei. Wer kann sich mit größerem Recht auf die Bibel berufen?

In Ländern, wo man selten Schuhe trägt, gibt es viele Menschen, die sich beim Laufen auf steinigem Bodern verletzen. Und das, obwohl Psalm 91,11-12 sagt: »Denn er befiehlt seinen Engeln, dich zu beschützen, wo immer du gehst. Auf Händen tragen sie dich, damit du deinen Fuß nicht an einen Stein stößt.« Für die einen ist an einem Tag, an dem sie sich verletzen, dieses Bibelwort offenbar nicht vorgesehen. Andere irgendwo auf der Welt haben vermutlich zur gleichen Zeit Hoffnung gerade aus diesem Vers gezogen.

Vier Schlüsselfragen zur Bibelauslegung können hilfreich sein. Mit ihnen kann man sich orientieren und sozusagen die »Reichweite« biblischer Worte erahnen. Dabei geht es nicht darum, die Heilige Schrift in gültige und ungültige Verse einzuteilen und auch nicht darum zu sortieren, was aktuell und was veraltet wäre. Vielmehr haben viele biblische Texte *in sich* schon eine Absicht. Wer die erfasst, kann Gottes Wort besser verstehen, ohne es zu verbiegen.

Beim Lesen eines Bibelwortes können wir vier verschiedene mögliche Absichten unterscheiden, indem wir fragen: Was ist das für ein Text? Ist es

- ein Bericht?
- ein Bekenntnis?
- eine Verheißung?
- ein Auftrag?

1. Ist es ein Bericht?
Berichtet wird in der Bibel sehr viel. Die Geschichte des Volkes Gottes ist von unglaublich farbiger Vielfalt. Nicht alles, was damals vorkam, ist Gottes Wille gewesen. Oft lesen wir einfach, was Menschen sich dachten, dass sie es tun sollten oder dürften. Der Prophet Elia hat die heidnischen Priester

des Gottes Baal zu einer Probe herausgefordert. Er wollte es auf den Punkt bringen, welcher Gott Gebete erhören kann – Jahwe oder Baal. Gott hat sich zu diesem Unternehmen gestellt und öffentlich seine Macht gezeigt. Elia hat damit also nicht an Gott vorbei gehandelt. Dann aber wird berichtet, dass Elia die heidischen Priester niedermetzelte (1 Kön 18,18-40). Das war *seine* Idee gewesen. Seine Tat steht in der Bibel. Aber hat Elia damit auch noch Gottes Willen befolgt – den Willen des Gottes, der sich wenig später zeigt im sanften Wehen und nicht im Gewitter (1 Kön 19,12)?

Als Paulus in Ephesus predigte, stibitzten einige Menschen seine Kopf- und Taschentücher und legten sie auf Kranke, damit die gesund wurden. So viel traute man der »Ausstrahlung« von Paulus zu (Apg 19,12). In der Tat heilte Gott diese Kranken. Aber wenn die Bibel davon berichtet, gibt sie uns zugleich eine Verheißung? Oder gar einen Auftrag? Oder ist es eben bloß ein Bericht von der religiösen Erwartung der Menschen? Es fällt jedenfalls auf, dass Jesus, wenn er seine Jünger aussendet, zwar von Krankenheilung spricht, aber keinen Auftrag gibt, Gegenstände zu verwenden.

Man vergleiche hier auch das Zitat von Otto Rodenberg auf Seite 308.

2. Ist es ein Bekenntnis?
Viele Psalmen enthalten die persönliche Erfahrung des Beters. Gott hat dem Betreffenden eine ganz bestimmte Hilfe geschenkt. Ob er sie so auch allen andere Glaubenden gibt, ist damit noch nicht gesagt. An vielen Stellen geht der Beter aber über seine eigene Erfahrung hinaus und zieht Rückschlüsse auf das Wesen Gottes. Er hat aus der Erfahrung ein Bekenntnis abgeleitet. Und wenn dieses Bekenntnis in Gottes Wort steht, hat das einen grundlegenderen Charakter als die bloße Erfahrung eines Einzelnen.

David zum Beispiel ist oft von Gott gerettet worden. In Psalm 18 dankt er ihm dafür. In Vers 7 und 33-37 spricht er voller Dank darüber, was Gott für ihn getan hat. Darüber hinaus finden sich in Vers 3 aber weitere Bekenntnisse: »Der Herr ist mein Fels, meine Burg und mein Retter; mein Gott ist meine Zuflucht, bei dem ich Schutz suche. Er ist mein Schild, die Stärke meines Heils und meine Festung!« Das ist zwar sehr persönlich formuliert – »mein Fels« – aber diese Bezeichnungen Gottes finden sich auch an vielen anderen Stellen der Bibel. Hier liegt also ein allgemeingültiges Bekenntnis zu Gott vor. So ist Gott immer.

Auch die Psalmen 103 und 147 stecken voller zeitloser Bekenntnisse. Um zu unterscheiden, ob es nur eine Einzelerfahrung oder ein übergreifendes Glaubensbekenntnis ist, hilft die Frage: Sind die betreffenden Aussagen durch weitere Schriftstellen abgedeckt?

3. Ist es eine Verheißung?
Das Wort über die Engel, die jemanden bewahren, damit er seine Fuß nicht an einen Stein stößt, ist zweifellos ein *Versprechen*. Darauf kann man sich berufen (und sollte dabei bedenken, dass da »dich« steht, aber nicht »alle« und »immer«: »Denn er befiehlt seinen Engeln, dich zu beschützen, wo immer du gehst; Ps 92,11). Einen *Auftrag* kann man aber nicht daraus ableiten – etwa dass wir nur noch barfuß laufen sollten, um aller Welt Gottes bewahrende Macht zu zeigen.

In den USA gibt es die Bewegung der »Schlangenaufheber«. Man hat die Verheißung aus Markus 16,17-18 genommen: »Und diese Zeichen werden die begleiten, die glauben: Sie werden in meinem Namen ... Schlangen anfassen ...« Auch Lukas 10,19 wird zitiert: »Ich habe euch Vollmacht über den Feind gegeben; ihr könnt unter Schlangen und Skorpionen umhergehen und sie zertreten. Nichts und niemand wird euch etwas anhaben können.« Mit Berufung darauf werden Gottesdienste gehalten, in denen Menschen Klapperschlangen in die Hand nehmen. Mehr als 100 Menschen sind dadurch bereits ums Leben gekommen oder schwer verletzt worden.

Hier wurde aus einer Verheißung zu Unrecht ein Auftrag gemacht.

4. Ist es ein Auftrag?

Bei dieser vierten Kategorie sind wir auf festem Boden, wenn wir Leitlinien suchen, um unser Leben zu gestalten. Gott lieben mit ganzem Herren, ganzer Seele, allem Verstand und aller Kraft (Mk 12,30) – das ist dran. Immer und für jeden. Das gilt mir. Auch das andere: nicht nur Gott Liebe zu erweisen, sondern sie von ihm zu empfangen. »Bleibt in meiner Liebe« (Joh 15,9) – ein klares Gebot von Jesus.

Für Kranke beten? Nach Jakobus 5,14-16 nicht nur eine Verheißung, sondern ein Auftrag an die Kranken, für sich beten zu lassen (man beachte, an wen die Aufforderung ergeht: *hier* nicht an den Beter). Und was ist mit dem Spenden von Geld? Da ist es etwas komplizierter. Abraham gab zehn Prozent seines Besitzes ab und Zachäus fünfzig – das sind *Berichte* (1. Mose 14,20; Lukas 19,8). Ein *Auftrag* an Gottes Volk, 10 Prozent zu geben, findet sich in Maleachi 3,10. Aber die Bibel enthält noch weitere Aufträge zum Thema: »Im Augenblick habt ihr viel und könnt ihnen helfen. Ein andermal können sie dann mit euch teilen, wenn ihr es nötig habt. Auf diese Weise hat jeder, was er braucht« (2Kor 8,14 – Die Übersetzung der Neues-Leben-Bibel ist hier etwas zu frei. Im Grundtext steht eine Aufforderung: »Euer Überfluss soll ihrem Mangel abhelfen«). – »Jeder von euch muss selbst entscheiden, wie viel er geben möchte. Gebt jedoch nicht widerwillig oder unter Zwang, denn Gott liebt den Menschen, der gerne gibt« (2Kor 9,7). Und: »Verkauft, was ihr habt, und gebt es den Bedürftigen« (Lk 12,33). Wie auch immer man diese verschiedenen Weisungen für sich in Einklang bekommt: All das sind keine unverbindlichen Beispiele, sondern Aufträge.

Jesus und die Bibel

Die Aussageabsichten der Bibeltexte unterscheiden – Jesus konnte das. Wir sehen das gerade an dem Psalmvers, der davon spricht, wie Gottes Engel jemanden auf Händen tragen und ihn davor schützen, dass er sich seinen Fuß an einem Stein aufstößt.

Jesus begegnete diesem Schriftwort, als er aus der Wüste heraus auf geheimnisvolle Weise auf die höchste Ecke des Tempels gestellt wurde (Mt 4,5-7). Es war der Teufel, der dies tat, um Jesus in Versuchung zu führen, und vom Teufel hörte Jesus das Wort aus Psalm 91,11-12. Die naheliegende Schlussfolgerung: Spring herunter – dann wird Gott sein Versprechen erfüllen! Doch Jesus leitet aus der Verheißung keinen Auftrag ab. Der klare Auftrag war für ihn vielmehr in 5. Mose 6,16 gegeben: »Fordere den Herrn, deinen Gott, nicht heraus.«

Auch eine andere Versuchung des Teufels hat mit Bibelauslegung zu tun. Jesus sollte sich aus Steinen Brot machen. Jesus aber antwortete: »Der Mensch braucht mehr als nur Brot zum Leben. Er lebt auch von jedem Wort, das aus dem Mund Gottes kommt« (5Mo 8,3). In diesem alttestamentlichen Schriftwort heißt es vorher, dass Gott die Israeliten, als sie Hunger hatten, mit Manna versorgte. Daraus hätte Jesus ja auch folgern können: Wenn Gott das tat, dann wird er mir jetzt in der Wüste auch im Glauben gelingen lassen, aus Steinen Brot zu schaffen. Aber die Sätze über den Gott, der versorgt, waren im biblischen Text eben ein *Bericht* – und kein *Auftrag*, selbst die Initiative zu ergreifen.

Anschlussfragen

Mit den vier Schlüsselfragen zur Bibelauslegung ist natürlich nicht jeder Zweifelsfall geklärt. Wir haben hier kein System, mit dem man jeden Vers der Bibel mechanisch in das richtige Kästchen sortieren könnte.

Weitere Fragen müssen folgen: Inwiefern gelten Weisungen für das Israel des Alten Testaments auch den Christen heute? Oft gelten sie auch heute noch – aber nicht immer. Hat Jesus eine bestimmte Weisung aus dem Alten Testament erfüllt, sodass sie für uns erledigt ist? Oder hat Jesus uns – umgekehrt – erst manche Verheißungen aufgeschlossen, sodass sie für uns zugänglich sind? Hat Jesus bestimmte Themen der Bibel neu ausgelegt und mit dem Zentrum von Gottes Willen in Verbindung gebracht – wie wir es z.B. in der Bergpredigt lesen? Hat Jesus durch sein eigenes Leben etwas zum Thema »verkündigt«?

Gottes Wort heute anwenden ist nicht immer einfach. Es erfordert viel Nachdenken, Bibelkenntnis, Gebet und die Leitung durch den Heiligen Geist. Ein Teil des Nachdenkens kann aber darin bestehen, die vier hier genannten Schlüsselfragen zu stellen und die Worte der Bibel damit zu vergleichen.

c) Bibelauslegung und das eigene Leben

Die Bibel ist ein Buch, das einfachen Menschen mit geringer Bildung viel zu sagen hat und das gleichermaßen von gelehrten Menschen intensiv erforscht werden kann. Viele Aussagen sind von großer Klarheit, vieles andere muss man in der richtigen Weise deuten.

Die Heilige Schrift verstehen und auslegen – das ist aber keine Fertigkeit, für die man bloß den Verstand braucht. Sondern es gelingt am besten, die Bibel zu verstehen, wenn sie tief im eigenen Leben verwurzelt ist.

Ein gutes Beispiel für solche Bibelauslegung ist der Schriftgelehrte Esra. Über ihn lesen wir:

»Esra hatte beschlossen, das Gesetz des Herrn zu studieren, ihm zu gehorchen und Israel in Satzung und Recht zu unterweisen« (Esra 7,10).

Bei diesem Schriftausleger kamen drei Dinge zusammen, die unbedingt zusammen gehören:
- studieren
- gehorchen
- unterweisen (das Erkannte weitergeben)

Unser Verstehen der Bibel heute gelingt, wenn auch bei uns diese drei Faktoren zusammen kommen.

Wer die Bibel nur *studiert* und ihr *gehorcht*, aber nichts davon *weitergibt*, der bleibt mit dem allein, was er erkannt hat. Ihm fehlt das Gespräch mit anderen Glaubenden. Hier kann er ergänzt und auch korrigiert werden. Solche Ergänzung und Richtigstellung ist nötig. Wer sich isoliert und mit dem allein bleibt, was er aus Gottes Wort empfangen hat, dessen Glaube kann dem Wildwuchs verfallen und in fragwürdige Richtungen treiben. Und die Gemeinschaft der Glaubenden muss darauf verzichten, was der Einzelne an Gutem aus der Heiligen Schrift bekommen hat. Die Gemeinschaft dient dem einzelnen Bibelleser und der Bibelleser dient der Gemeinschaft.

Wer der Heiligen Schrift nur *gehorcht* und andere *unterweist*, aber auf ein tiefes, intensives *Eindringen* in die Bibel verzichtet, dessen Einsichten bleiben letzten Endes oberflächlich und hohl. Sie mögen für eine kurze Zeit weiter führen, haben aber auf Dauer – und in Situationen der Bedrängnis – keinen Bestand.

Wer Gottes Wort *studiert* und andere darin *belehrt*, aber ihm nicht selbst *gehorcht*, der erfährt nichts von der Kraft Gottes. Seine Einsicht bleibt lebensfern, ja tot. Er hat im eigenen Leben nicht bewährt, was Gott ihm sagte. Daher wird auch jede Autorität fehlen, etwas von Gottes Wort weiterzugeben.

Der Schriftgelehrte Esra zeigt, dass man auf keinen der drei genannten Faktoren verzichten kann. Und er macht deutlich, dass Gottes Wort nur der wirklich versteht, der es lebt.

Oder wie Martin Luther es sagte: »Und das sehe ich, dass der kein Theologe ist, der viel weiß und viel lehrt, sondern der heilig und theologisch lebt. Je weiter ich diesem Leben fremd bin, desto mehr missfällt mir mein Beruf.«

28. Fahrplan zum Bibellesen

a) Fahrplan durch das Alte Testament

Es gibt verschiedene Ansätze, einmal das Alte Testament ganz zu lesen. Am häufigsten wird man es einfach der Reihe nach von Anfang bis Ende versuchen. Man könnte auch probieren, die Bücher chronologisch zu ordnen und die Propheten in die entsprechenden Stellen der geschichtlichen Bücher einzureihen. Bei dieser Methode lassen sich allerdings die so enannten Weisheitsbücher (Psalmen, Hiob, Sprüche, Prediger, Hoheslied) schlecht unterbringen. Auch die Bücher der Chronik bereiten Schwierigkeiten. Genau wie beim Lesen »von vorne bis hinten« scheinen sie nirgendwo richtig zu passen, da sie im Anschluss an die Königsbücher deren Geschichte noch mal von vorne erzählen.

Es gibt jedoch noch eine andere Buchreihenfolge des Alten Testaments, die den meisten Bibellesern kaum bekannt sein dürfte: Im Talmud, der alten jüdischen Überlieferung, werden im Traktat Baba Bathra 14b die biblischen Schriften aufgelistet. Die dort beschriebene Reihenfolge gilt als eine der ältesten von jüdischer Seite autorisierten Zusammenstellungen. Wir können davon ausgehen, dass sie zur Zeit Jesu schon festgelegt war.

Bereits im Vorwort zum apokryphen Buch Sirach (um 130 v.Chr.) ist die Dreiteilung des Alten Testaments in »das Gesetz, die Propheten und die anderen Schriften« bezeugt. Die Propheten werden gewöhnlich noch einmal aufgeteilt in »Vordere« und »Hintere Propheten«, sodass wir vier etwa gleich große Abschnitte des Altes Testaments erhalten:

I. Das Gesetz (Thora)
- 1. – 5. Mose

Die fünf Bücher Mose legen mit der Befreiung aus Ägypten und dem Bundesschluss die Grundlage für das Verständnis der Geschichte Gottes mit seinem Volk. Dabei scheinen 2. – 4. Mose ursprünglich ein zusammenhängendes Werk gewesen zu sein, in dessen literarischem Zentrum der Versöhnungstag (3Mo 16) steht. Alle folgenden Bücher des Alten Testaments nehmen immer wieder Bezug auf die Thora (das Gesetz). Besonders deutlich wird dies am Beginn und am Ende der »Propheten« (siehe Jos 1,7-8 und Mal 3,22-24).

II. Die vorderen Propheten (Neviim rischonim)
- Josua
- Richter
- 1./2. Samuel (gelten als ein Buch)
- 1./2. Könige (gelten als ein Buch)

Die vorderen Propheten erzählen in chronologischer Reihenfolge die Geschichte Israels von der Landnahme bis zur Zerstörung Jerusalems 586 v.Chr. Dabei werden der Bund Gottes mit David (2Sam 7) und der Bau des Tempels (1Kön 6–9) zu zentralen Themen, die bis weit in das Neue Testament hineinreichen. Die Königsbücher enden mit der Zerstörung des Tempels, der Wegführung aus dem verheißenen Land und der Hinrichtung der Königssöhne. Doch in den letzten Versen versteckt sich ein Funken Hoffnung: Mit der Begnadigung des Königs Jojachin ist das Königtum Davids nicht ganz ausgelöscht. Die Weichen für einen Neuanfang sind gestellt (vgl. Am 9,11).

III. Die hinteren Propheten (Neviim acharonim)
- Jeremia
- Hesekiel
- Jesaja
- Das »Zwölfprophetenbuch« (Hosea bis Maleachi)

Jeremia knüpft am Untergang Jerusalems an, Hesekiel wirkt während der Babylonischen Gefangenschaft und Jesaja thematisiert gegen Ende die Hoffnung auf Rückkehr aus dem Exil.

Die zwölf sogenannten »kleinen Propheten« sind mit wenigen Ausnahmen chronologisch angeordnet. Von den ersten sechs wirkten die meisten im 8. Jahrhundert vor Christus. Hosea, Amos und Micha nennen die Gründe, die zum Niedergang des Nordreichs und später auch des Südreichs führten. Die undatierten, dazwischen eingeordneten Propheten sind thematische Ergänzungen: Joel führt das Konzept vom »Tag des Herrn« ein, das von den folgenden Propheten als bekannt vorausgesetzt wird. Obadja entfaltet das Gerichtswort gegen das feindliche Edom aus Amos 9,12. Jona hingegen warnt Israel vor frommer Selbstgerechtigkeit und betont die Barmherzigkeit Gottes.

Die Propheten Nahum, Habakuk und Zefanja (7. Jahrhundert) wirken vor dem Hintergrund der neu aufkommenden Großmacht Babylon, die 612 Ninive zerstörte, 609 die Assyrer besiegte und nun zu Gottes Gerichtswerkzeug gegen das Südreich Juda wird.

Die letzten drei Propheten Haggai, Sacharja und Maleachi treten nach dem Ende des Babylonischen Exils auf und thematisieren die äußere und innere Wiederherstellung Israels.

Wie bei den vorderen Propheten endet auch dieser Teil mit einem hoffnungsvollen Ausblick auf einen Neuanfang: Es ist die Verheißung, die auf Johannes den Täufer hinweist (vgl. Mal 3,23-24 mit Mt 17,10-13).

IV. Die Schriften (*Ketuvim*)
- Rut
- Psalmen
- Hiob
- Sprüche
- Prediger
- Hoheslied
- Klagelieder
- Daniel
- Ester
- Esra/Nehemia (gelten als ein Buch)
- 1./2. Chronik (gelten als ein Buch)

Dieser Teil wurde vermutlich vom Ende der Babylonischen Gefangenschaft her zusammengestellt. Das Buch Rut kann als Hinführung verstanden werden. Es weist auf König David hin, dem eine ewige Thronfolge verheißen ist. Der Psalter und die Chronik bilden mit der Hauptbotschaft einen Rahmen: Gottes Herrschaftsanspruch (Königtum Davids) und Gottes Zuspruch der Gemeinschaft (Tempel) fordert den Menschen zur Entscheidung auf, den richtigen Weg zu wählen. Dazwischen befindet sich eine weisheitliche Reihe von Leid zu Freude (Hiob bis Hohelied) sowie eine national-historische Reihe von Leid zu Freude (Klagelieder bis Esra/Nehemia).

Den Abschluss des Alten Testaments bildet dann die Chronik, welche den Bogen spannt von Adam (1 Chr 1,1) bis zum Ende der Gefangenschaft unter König Kyrus (2 Chr 36,22-23). Als Schlussstein des Alten Testaments erhält die Chronik so einen ganz besonderen Stellenwert. Sie ist dann mehr als eine bloße Wiederholung der Königsbücher.

Das Neue Testament scheint daran nicht nur zufällig anzuknüpfen: Matthäus 1 schreibt die Abstammungslinie fort bis zu Jesus (dem »zweiten Adam«, vgl. 1 Kor 15,45-47). Der Sendungsbefehl Jesu am Ende des Matthäusevangeliums hat beachtliche Parallelen (in Übereinstimmung und Kontrast) zum Schlussvers 2. Chronik 36,23.

Es kann ein großer Gewinn sein, das Alte Testament einmal in der Reihenfolge der jüdischen Tradition zu lesen.

(Die Aufbaustruktur der »Schriften« ist der Abhandlung von Julius Steinberg »Die Ketuvim: Ihr Aufbau und ihre Botschaft«, Hamburg 2006, entnommen. Außerdem sind weitere Gedanken eingeflossen aus dem »Themenbuch zur Theologie des Alten Testaments«, herausgegeben von Herbert H. Klement und Julius Steinberg, Gießen 2007)

b) Fahrplan durch das Neue Testament

Wer das Neue Testament einmal ganz lesen möchte, wird – der Reihe nach – zunächst die vier Evangelien lesen. Auch wenn es einen Reiz haben mag, die vier Perspektiven und Schwerpunkte von Matthäus, Markus, Lukas und Johannes auf sich wirken zu lassen, kann das irritieren, weil sich dabei doch vieles wiederholt.

Um einen anderen Zugang zu gewinnen, wird das Neue Testament in vier Leseblöcke unterteilt. Jeder Block beginnt mit einem Evangelium

I. Matthäusevangelium – Jakobusbrief – Hebräerbrief

Vom Alten Testament her kommend eignet sich dieser Block als Einstieg. Matthäus und der Hebräerbrief nehmen vielfach Bezug auf das Alte Testament, um zu zeigen, wie sich die Verheißungen in Jesus Christus erfüllt haben und was das für den Alten Bund bedeutet.

Mit zahlreichen Zitaten aus dem Alten Testament belegt Matthäus, dass »die Schrift« durch Jesus erfüllt wurde. Jesu Verhältnis zum Alten Bund wird besonders betont, zum Beispiel in der Bergpredigt und in der Auseinandersetzung mit den Pharisäern.

Der Jakobusbrief hat starke Bezüge zur Bergpredigt (Mt 5–7). Er könnte daher auch direkt nach Matthäus 7 gelesen werden. Im Hebräerbrief finden wir ausführliche Auslegungen zu Abschnitten aus den Psalmen und den Propheten, die auf Jesus hinweisen.

II. Lukasevangelium – Apostelgeschichte – Galaterbrief – 1. und 2. Thessalonicherbrief – Philipperbrief – 1. und 2. Korintherbrief – Römerbrief – Epheserbrief – Kolosserbrief – Philemonbrief – Titusbrief – 1. und 2. Timotheusbrief

Lukas zeigt starkes Interesse an historischen Details (vgl. Lukas 1,1-4). Ausführlich werden die Begegnungen verschiedener Menschen mit Jesus dargestellt.

Die Apostelgeschichte ist die direkte Fortsetzung des Lukasevangeliums und konzentriert sich in der zweiten Hälfte auf die Missionstätigkeit des Paulus.

Passend dazu werden im Anschluss alle Paulusbriefe gelesen. Die vorgeschlagene Reihenfolge ist größtenteils chronologisch, in einigen Abweichungen aber auch aus inhaltlichen Gründen gewählt. Zu den möglichen Abfassungszeiten der Paulusbriefe siehe Kasten.

Die Briefe chronologisch vor dem Hintergrund der Apostelgeschichte zu lesen, wirft auch noch einmal einen anderen Blick auf Paulus als Mensch. Sogar die sonst eher wenig beachteten Grußworte am Ende der Briefe werden dadurch interessant: Ein Vergleich von Epheser 6,21-23 mit Kolosser 4,7-18 lässt vermuten, dass Paulus' Mitarbeiter Tychikus beide Briefe – zusammen mit einem nicht mehr erhaltenen Brief an die Gemeinde in Laodizea (siehe Kol 4,16) – als Bote in die Region Kleinasien auslieferte. Sogar eine Verbindung zum Philemonbrief besteht (vgl. Kol 4,7-9 mit Phlm 10-12).

Variante für Langstreckenleser:

Die Ereignisse der Apostelgeschichte wirken noch lebendiger, wenn man einige der kürzeren Briefe als Einschub dazu liest. So könnte der Galaterbrief bereits vor Beginn der zweiten Missionsreise (Apg 15,36) und die Thessalonicherbriefe am Ende der Reise (Apg 18,22) gelesen werden. Der Philipperbrief passt gut nach Apostelgeschichte 19,20 (vgl. Phil 2,19 mit Apg 19,22). Die anderen Briefe eignen sich aufgrund ihrer Länge nicht dazu, auch noch in die Apostelgeschichte »eingeblendet« zu werden.

III. Markusevangelium – 1. und 2. Petrusbrief – Judasbrief

Im Zentrum des kürzesten Evangeliums steht die Frage nach der Identität Jesu und das Geheimnis um seine Person. Der Verfasser, Johannes Markus, war nicht nur zeitweiliger Reisebegleiter von Paulus, sondern stand auch Petrus nahe (Apg 12,11-12; 1 Petr 5,13). Nach einer alten Überlieferung (einer Notiz des Bischofs Papias, um 130 n.Chr.) war er Dolmetscher von Petrus. Denkbar ist, dass sein Evangelium stark davon geprägt wurde, wie Petrus Jesus erlebte.

Wie das Markusevangelium richten sich auch die Petrusbriefe vorwiegend an Christen ohne jüdischen Hintergrund.

Das zweite Kapitel des 2. Petrusbriefs weist deutliche Bezüge zum Judasbrief auf.

IV. Johannesevangelium – 1., 2. und 3. Johannesbrief – Offenbarung

Alle Schriften des letzten Blocks stammen vom gleichen Verfasser, dem Jünger, der Jesus besonders nahestand (siehe Joh 21,20-25). (In der wissenschaftlichen Theologie wird das teilweise anders gesehen, doch erkennt man auch hier die sprachliche und theologische Zusammengehörigkeit dieser Bücher an.) Markant ist der für uns ungewohnte Stil. Im Gegensatz zu den linear und logisch aufgebauten Argumenten der Paulusbriefe werden bei Johannes Themen meditativ umkreist, wiederholt und aus unterschiedlichen Perspektiven dargestellt.

Das Johannesevangelium will zeigen, dass Jesus der ist, den das Alte Testament angekündigt hat. Die Wunder dienen dabei als »Zeichen« seiner Bestätigung durch Gott. Zahlreiche alttestamentliche Bilder werden auf Jesus bezogen, zum Beispiel der Tempel, die hoch aufgerichtete Schlange aus 4. Mose 21, das wahre Brot, der gute Hirte, der wahre König.

Mit dem Schwerpunktthema »Liebe« knüpft der 1. Johannesbrief an die ausführlichen Abschiedsreden Jesu (Joh 13-17) an.

Auch die Offenbarung verwendet viele Bilder aus dem Alten Testament und setzt ihre Kenntnis voraus. Ein guter Anstoß, nach dem Lesen des Neuen Testament wieder mit dem Alten zu beginnen ...

Übersicht über mögliche Datierungen (n.Chr.) und Abfassungsorte der Paulus-Briefe
(Viele Daten können noch um mehrere Jahre abweichen.)

Galaterbrief	49–52 vor oder während 2. Missionsreise (Apg 16–18) oder 53–54 in Ephesus (Apg 19)	Frühe Datierung nach der sogenannten »südgalatischen Hypothese«, späte Datierung nach der »nordgalatischen«.
1. Thessalonicherbrief	50/51 in Korinth (Apg 18)	
2. Thessalonicherbrief	50/51 in Korinth (Apg 18)	
1. Korintherbrief	54/55 in Ephesus (Apg 19)	Vor dem 1. Korintherbrief gab es bereits einen (nicht mehr erhaltenen) Brief an die Korinther (vgl. 1 Kor 5,9).
Philipperbrief	52–54 während möglicher Gefangenschaft in Ephesus (Apg 19) oder 56–58 in Cäsarea oder 58–60 während Gefangenschaft in Rom	Eine Gefangenschaft in Ephesus ist nicht dokumentiert, aber denkbar: vgl. 2 Kor 1,8-9; 11,23; Röm 16,7. Für Abfassung in Ephesus könnte Phil 2,19 sprechen, vgl. Apg 19,22. Phil 1,13 und 4,22 hingegen müssen nicht zwangsläufig auf Rom bezogen werden.
2. Korintherbrief	54/55 in Mazedonien, auf dem Weg nach Korinth (Apg 20,1)	Zwischen dem 1. und 2. Korintherbrief steht der sogenannte »Tränenbrief« (vgl. 2 Kor 7,6-7) – in der Bibel nicht enthalten.

Römerbrief	55/56 in Korinth (Apg 20,2-3)
Epheserbrief	58–60 während Gefangenschaft in Rom
Kolosserbrief	58-60 während Gefangenschaft in Rom
Philemonbrief	58-60 während Gefangenschaft in Rom
1. Timotheusbrief	63-66 ?
Titusbrief	63-66 ?
2. Timotheusbrief	67 während 2. Gefangenschaft (?) in Rom

29. Register zu den farbigen Landkarten

Die vier verschiedenen Karten am Ende des Anhangs werden folgendermaßen bezeichnet:
- AT: Israel zur Zeit des Alten Testaments
- AO: Der Alte Orient zur Zeit des Alten Testaments
- NT: Israel zur Zeit des Neuen Testaments
- RAP: Die Reisen des Apostels Paulus

Ortsname	Koordinaten
(Bet-) Baal-Meon	AT D6
(Tell el-Amarna)	AO B5
Abel-Bet-Maacha	AT C2
Abel-Keramim	AT D5
Abel-Mehola	AT C4
Abel-Schittim	AT C5
Abila mittig	NT D3
Abila nördlich	NT D1
Abila südlich	NT C5
Achsib	AT B2
Adam(a)	AT C5
Adami-Nekeb	AT C3
Adorajim	AT B6
Adramyttion	RAP D2
Afek	AT B5, AT C3
Akkad?	AO E4
Akko	AT B3
Akrabata	NT C5
Alexandreion	NT C5
Alexandria	RAP E5
Amathus	NT C4
Amphipolis	RAP D2
Ankyra	RAP F2
Anthedon	NT A6
Antiochia (Pisidien)	RAP E2
Antiochia (Syrien)	RAP G3
Antipatris	NT B5, RAP G4
Apollonia	NT B4, RAP C2
Arabien	NT E3-4; RAP G4-5
Arad	AT B7
Archelaïs	NT C5

Arimathäa	NT B5
Aroër (südöstl.)	AT D6
Aroër (südlich)	AT B7
Arpad	AO D3
Aruma	AT C4
Arwad	AO D3
Aschdod	AT A5
Aschkelon	AT A6, NT A6
Aschtarot	AT D3
Aseka	AT B6
Assos	RAP D2
Assur	AO E3
Atarot	AT C6
Athen	AO A2, RAP C2
Attalia	RAP E3
Azotos	NT A5
Baal-Zefon	AO C4
Babel	AO E4
Betanien	NT B5/C5
Beërscheba	AT B7
Beröa	RAP C2
Besek	AT C4
Bet-Schean	AT C4
Bethel	AT B5
Bethlehem	AT B6, NT B6
Bet-Hogla	AT C5
Bet-Horon	AT B5
Bet-Jeschimot	AT C5
Betletefa	NT B6
Bet-Nimra	AT C5
Betogabri	NT B6
Bet-Peor	AT D5
Betsaida	NT C3

Bet-Schemesch	AT B5
Bet-Zur	AT B6
Bozra	AO C4
Cäsarea am Meer	NT B4; RAP G4
Cäsarea Philippi	NT C2
Chalkis	NT D1
Chios	RAP D2
Chorazin	NT C3
Daberat	AT C3
Damaskus	AO D4, AT E1, NT E1, RAP G4
Debir	AT B6
Dedan	AO D5
Delphi	AO A2
Derbe	RAP F2
Dibon	AT D6
Dion	NT D3
Dor	AT B3
Dora	NT B3
Dotan	AT B4
Duma	AO D5
Ebla	AO D3
Edreï	AO C4, AT D3
Eglon?	AT B6
Ekbatana, Achmeta	AO F3
Ekron	AT B5
Elale	AT D5
Elat	AO C5
Ellasar?	AO F4
Elteke	AT B5
Elusa	NT A7
Emmaus	NT B5
En-Dor	AT C3

Engadi	NT C6	Hamat	AO D3
En-Gedi	AT C6	Hammat	AT C3
Ephesus	AO B2, RAP D2	Haran	AO D3
Ephraim	NT C5	Hattuscha	AO C2
Erech	AO F4	Hazor	AT C2
Eschtemoa	AT B6	Hebron	AT B6, NT B6
Esebon	NT D5	Helbon	AT E1
Ezjon-Geber	AO C5	Heliopolis	RAP F5
Fasaëlis	NT C5	Herodeion	NT B6
Forum Appii	RAP A1	Herodeion?	NT C5
Gaba	NT B3	Heschbon	AT D5
Gadara	NT C3	Hierapolis	RAP E2
Gadora	NT D5	Hippos	NT C3
Gamala?	NT D3	Horma	AT B7
Gat	AT B6	Horonajim	AT C7
Gat-Hefer	AT C3	Hyrkaneion	NT C5
Gaza	AO C4, AT A6, NT A6	Ijon	AT C2
Geba	AT C5	Ikonion	RAP F2
Gebal, Byblos	AO C3	Jabesch	AT C4
Genezareth	NT C3	Jabneël	AT A5
Gerar?	AT A6	Jafo	AO C4, AT A5
Gerasa	NT D4	Jahaz	AT D6
Geser	AT B5	Jamnia	NT A5
Gibeon	AT B5	Jaser?	AT D5
Gilead	AT D5	Jericho	AT C5, NT C5
Gilgal?	AT C5	Jerusalem	AO C4, AT B5, NT B5, RAP G4
Ginäa	NT C4	Jesreël	AT C3
Gischala	NT C2	Jibleam	AT C4
Gofna	NT B5	Jiron	AT C2
Gosan (Tell Halaf)	AO D3	Jogboha	AT D5
Guthafen	RAP D3	Jokneam	AT B3
Hadid	AT B5	Joppe	NT A5
Hadrach?	AO D3		

Jotapata	NT C3
Julias	NT C3
Jutta	AT B6
Kabul	AT B3
Kadesch (nördlich)	AO D3
Kadesch (südlich)	AO C4
Kallirhoë	NT C6
Kana	AT C3, NT C3
Kapernaum	NT C3
Karkar	AO D3
Karkemisch	AO D3
Karmel	AT B6
Karmel (Berg)	AT B3, NT B3
Karnajim	AT D3
Kedeiisch	AT C2
Keïla	AT B6
Kelach	AO E3
Kenchreä	RAP C3
Kerijot	AT D6
Kina	AT B7
Kinneret	AT C3
Kirjatajim	AT C6
Knidos	RAP E3
Knossos	AO A3
Kolossä	RAP E2
Korinth	RAP C3
Kos	RAP D3
Kreta	RAP D3
Kuta	AO E4
Kypros	NT C5
Kyrene	RAP C4
Lachisch	AT B6

Lajisch	AT C2
Laodizea	RAP E2
Lasäa?	RAP D3
Lebona	AT B5
Libna	AT B6
Livias	NT C5
Lod	AT B5
Luhit	AT C7
Lydda	NT B5
Lystra	RAP F2
Mabortha	NT C4
Machärus	NT C6
Magdala	NT C3
Mahanajim	AT C4
Malatha	NT B7
Maon	AO C4, AT B6
Marescha	AT B6
Mari	AO E3
Masada	NT C6
Medeba	AT D5; NT D5/6
Megiddo	AT B3, AO C4
Memphis	RAP F5
Michmas	AT C5
Migdol?	AO C4
Milet	RAP D3
Mitylene	RAP D2
Mizpa	AT D5
Modeïn	NT B5
Myra	RAP E3
Nain	NT C3
Nazareth	NT C3
Neapolis	NT C4, RAP D1
Nebo	AT D5

Nikopolis	RAP C2, RAP G2, RAP D1
Ninive	AO E3
Nof (Memfis)	AO B4
On (Heliopolis)	AO B4
Ono	AT B5
Palmyra	RAP G3
Paphos	RAP F3
Paran	AO C5
Patara	RAP E3
Pella	NT C4
Pergamon	RAP D2
Perge	RAP E3
Persepolis	AO G4
Pessinus	RAP E2
Petra	RAP G5
Philadelphia	NT D5, RAP E2
Philippi	RAP D1
Phönix	RAP D3
Piraton	AT B4
Pitom	AO B4
Ptolemaïs	NT B3, RAP G4
Punon	AO C4
Puteoli	RAP A1
Qumran	NT C5
Raba(t-Ammon)	AT D5
Rafana?	NT D3
Rakkat	AT C3
Rama	AT B5, AT C3
Rama(t-Negev)	AT B7
Ramot?	AT D4
Ramses (Avaris)	AO B4
Rezef?	AO D3

Rhegion	RAP A2
Rhodos	RAP E3
Ribla	AO D3
Rom	RAP A1
Salamis	RAP F3
Salzstadt	AT C6
Samaria	AT B4
Samos	RAP D3
Sardes	AO B2, RAP E2
Sarepta	NT C1
Sarid	AT B3
Schunem	AT C3
Sebaste	NT B4
Sechacha	AT C5
Seleuzia	RAP G3
Sephoris	NT C3
Sichem	AT C4
Sidon	AO C4, AT C1, NT C1, RAP G4
Sif	AT B6
Silo	AT C5
Sinope	RAP F1
Skythopolis	NT C4
Smyrna	RAP D2
Socho	AT B4
Sukkot	AO B4, AT C4
Pnuël	AT C4
Susa	AO F4
Sychar	NT C4
Syrakus	RAP A3
Taanach	AT B4
Taanat-Silo	AT C4
Tadmor, Palmyra	AO D3

Tamar	AO C4, AT C7
Tamna	NT B5
Tappuach	AT B5
Tarsus	RAP F2
Tavium	RAP F2
Tebez	AT C4
Tekoa	AT B6
Tema	AO D5
Thessalonich	RAP C2
Thyatria	RAP E2
Tiberias	NT C3
Tifsach	AO D3
Timna?	AT B5
Timnat-Heres/Serach	AT B5
Tirza	AT C4
Tres Tabernae	RAP A1
Troas	RAP D2
Tyrus	AO C4, AT B2, NT B2, RAP G4
Ugarit	AO D3
Ur	AO F4
Zafon	AT C4
Zaretan	AT C5
Zarpat (Sarepta)	AT C1
Ziklag?	AT B6
Zoan	AO B4
Zoar	AT C7, NT C7
Zypern	AO C3, RA F3

Übersicht ▶
über heilsgeschichtliche Phasen in der Bibel

(Bitte aufklappen)

Heilsgeschichtliche Phasen in der Bibel

Zeitabschnitt	Biblische Bücher	Bund
1. Urgeschichte	1. Mose 1–8/11	Noahbund
2. Vätergeschichte	1. Mose 12–36/50	Abrahambund
3. Zum Sinai, vom Sinai her: Gott schafft sich ein Volk	2. Mose bis Rut	Sinaibund
4. Zeit der Könige und Propheten	1. Samuel bis 2. Chronik einige Psalmen Jesaja, Jeremia, Hosea, Amos, Micha, Nahum, Zefanja	Davidbund
5. Die Zeit des Exils	Schluss von 2. Könige und 2. Chronik einige Psalmen Jesaja 40–55, Jeremia, Klagelieder, Daniel, Hesekiel	
6. Der Tempel von Serubbabel	Jesaja 56–66 Esra, Nehemia Haggai, Sacharja, Maleachi manche Psalmen	
7. Gottes Königsherrschaft und der Messias	Matthäus bis Offenbarung	Neuer Bund in Christus
8. Die Vollendung: Gott alles in allem	Offenbarung 21–22 1. Korinther 15,24-28 manche Abschnitte aus den atl. Propheten	Bundeszusagen sind erfüllt

Inhalt

Zeittafeln

Zeittafel zum Alten Testament
Zeittafel zum Neuen Testament

Karten

Israel zur Zeit des Alten Testaments
Der Alte Orient zur Zeit des Alten Testaments
Israel zur Zeit des Neuen Testaments
Die Reisen des Apostels Paulus

Pläne

Die Stiftshütte
Der Tempel Salomos
Jerusalem in alttestamentlicher Zeit
Jerusalem in neutestamentlicher Zeit
Der Tempel des Herodes

Zeittafel zum Alten Testament

2000 v. Chr. — 1900 — 1800 — 1700

Vom Buch 1. Mose abgedeckte Zeit

2. Mose

Erzväterzeit

Israel

Abraham (ca. 2150) — Isaak — Jakob — Josef

- Abraham verlässt Ur
- Jakobs Familie lässt sich in Ägypten nieder
- Sklaverei in Ägypten. Der Pharao setzt Aufseher über die Israeliten und verpflichtet sie zu Zwangsarbeit. Sie erbauen die Städte Pitom und Ramses

Der Nahe Osten im Altertum

- Mittleres Reich – die zweite große Blütezeit der ägyptischen Kultur (2134–1786)
- Gründung des Hetiterreichs
- Gesetze des Hammurabi von Babylon

2000 v. Chr. — 1900 — 1800 — 1700

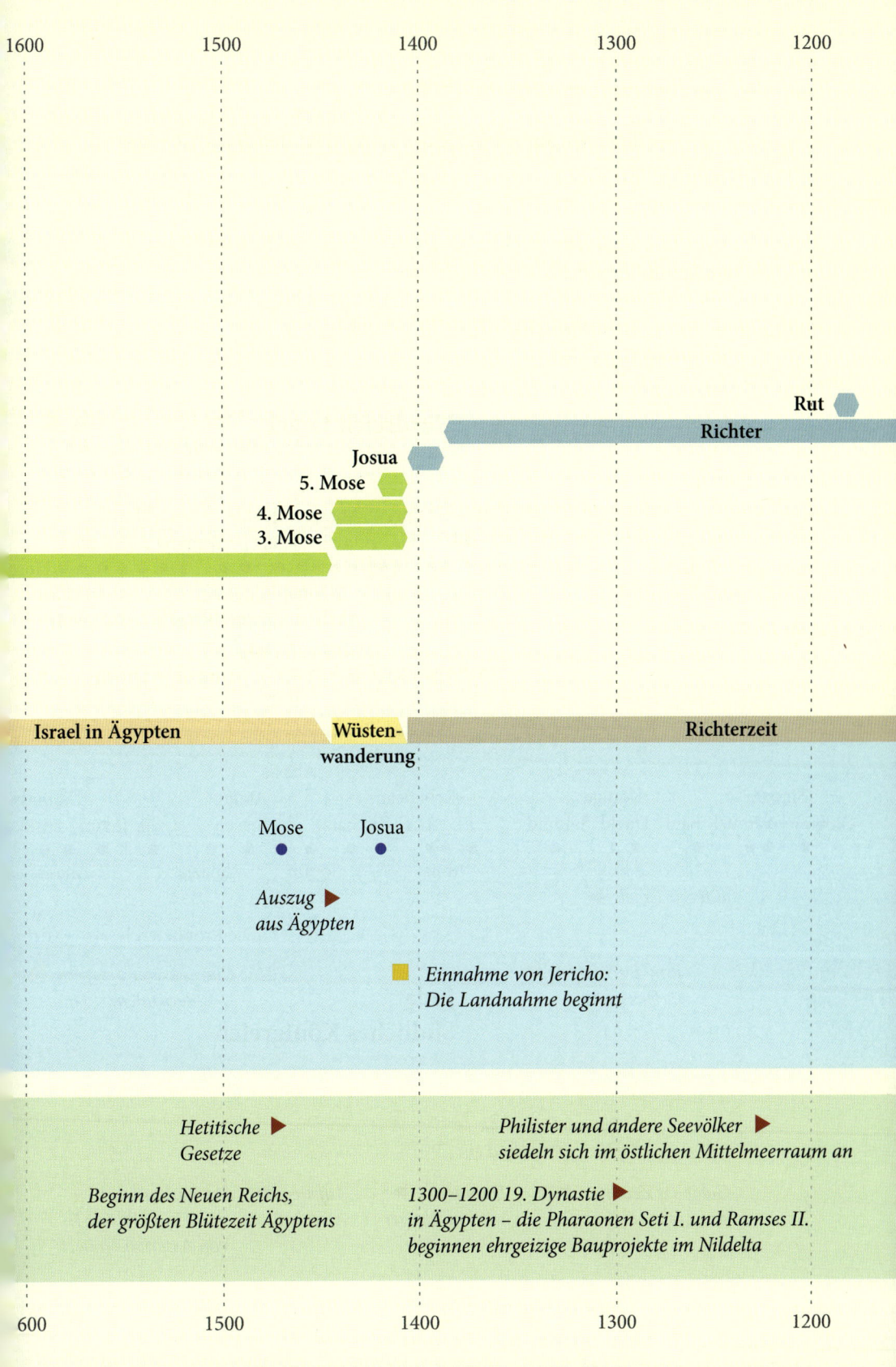

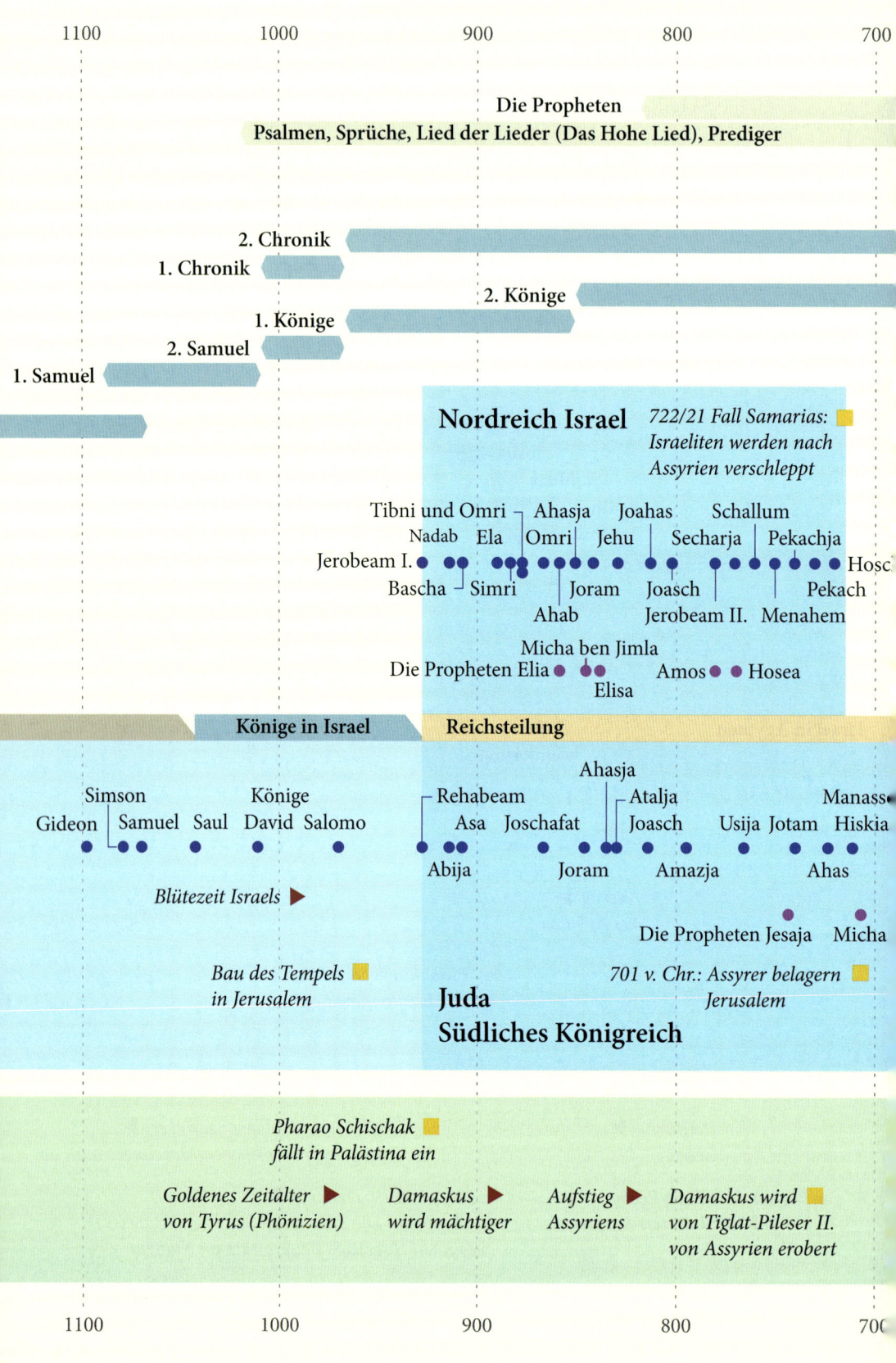

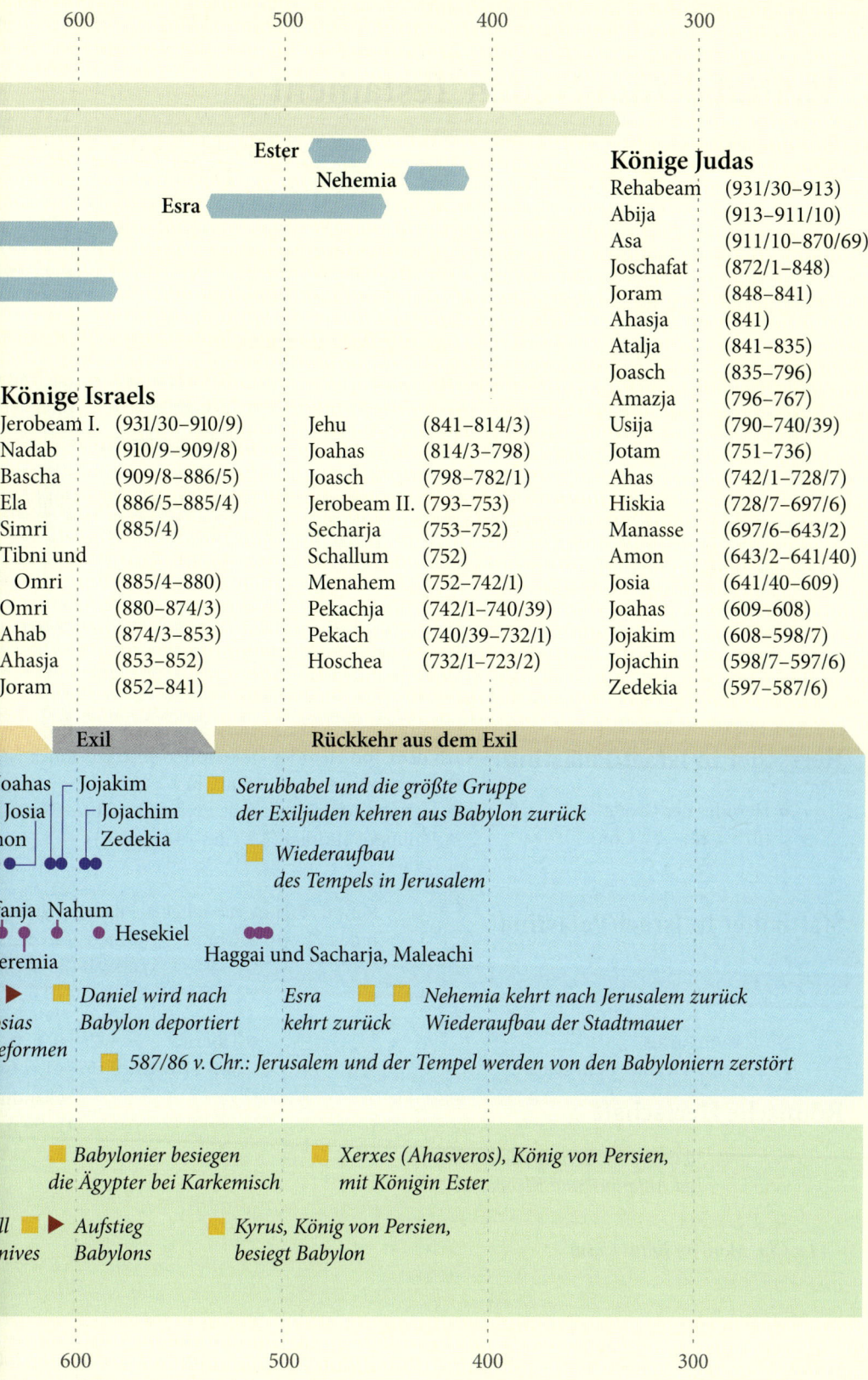

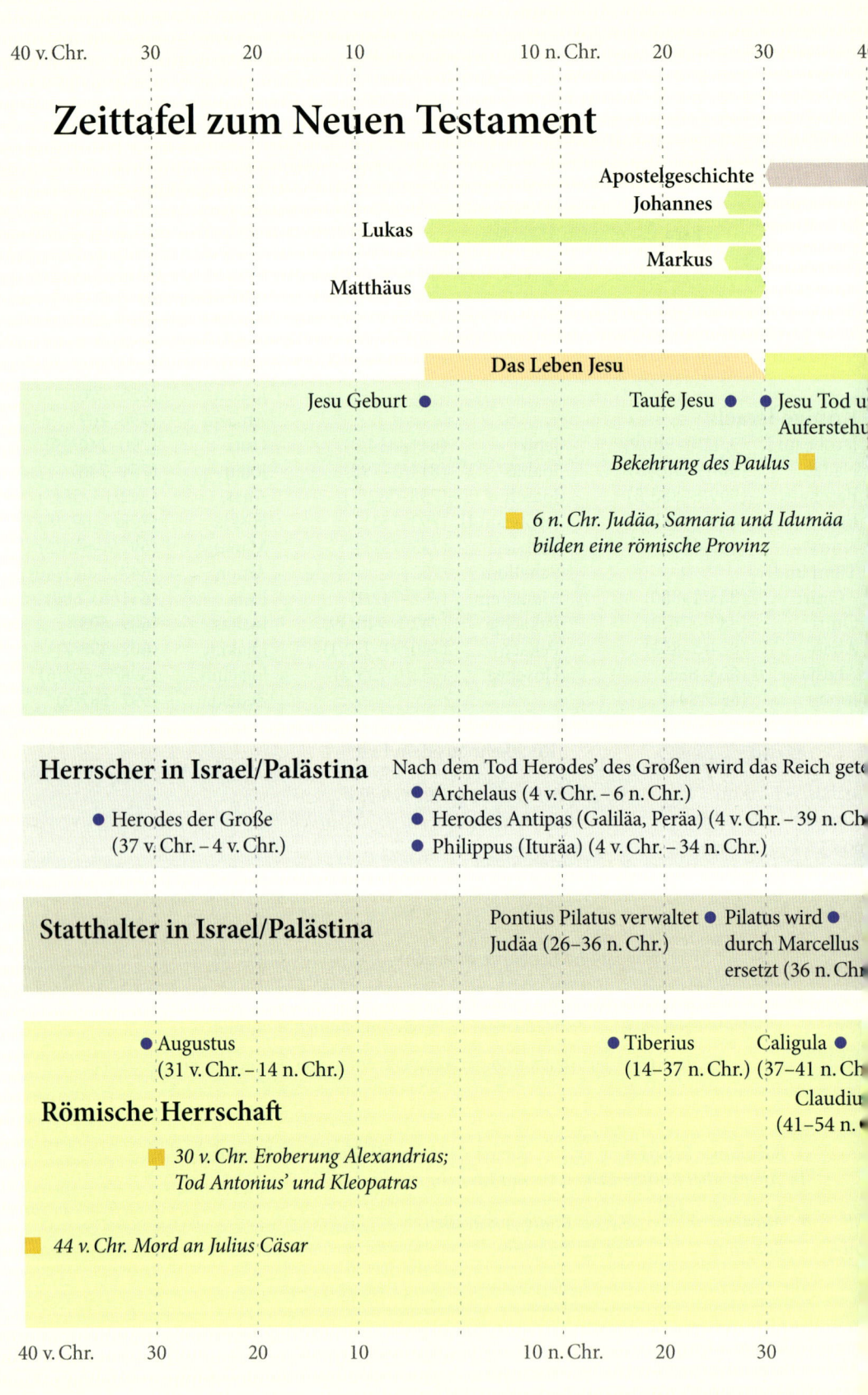

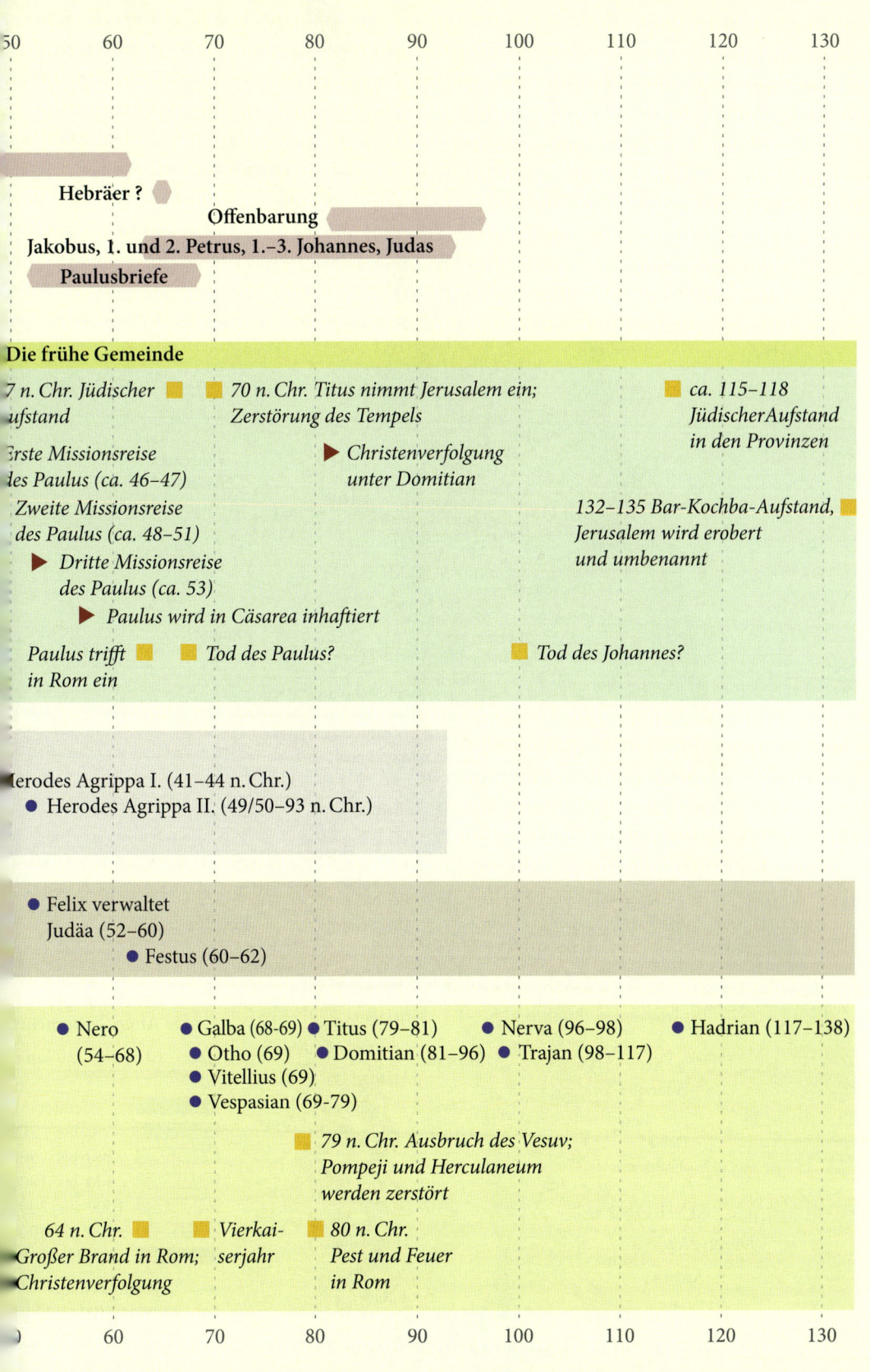

Die Stiftshütte (Zelt der Begegnung/Heiliges Zelt)

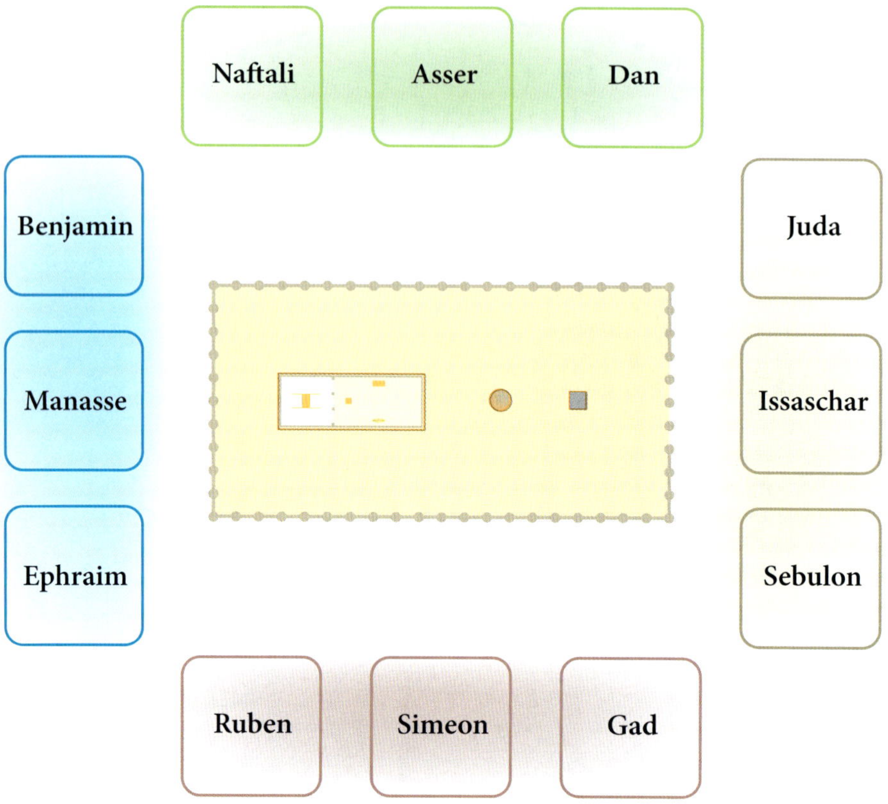

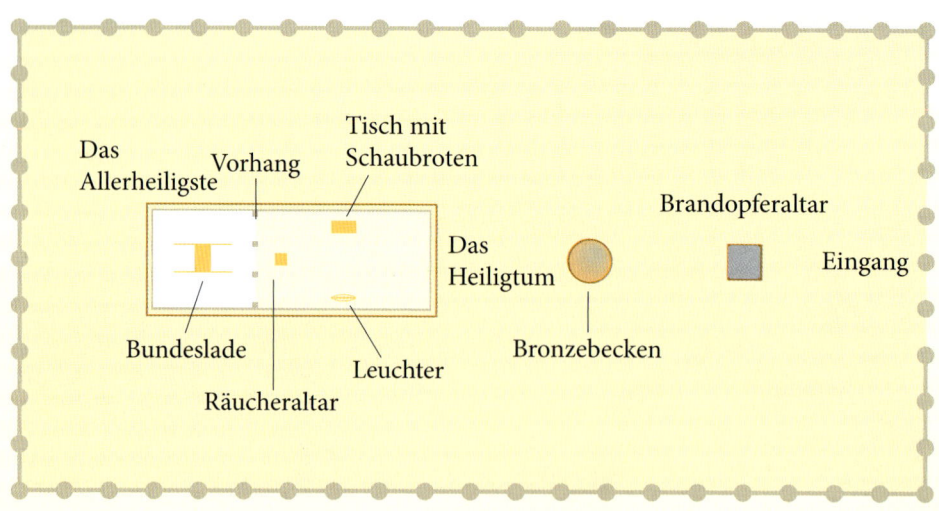

Anordnung der Stämme in Israels Lager

Aufbau der Stiftshütte

Der Tempel Salomos

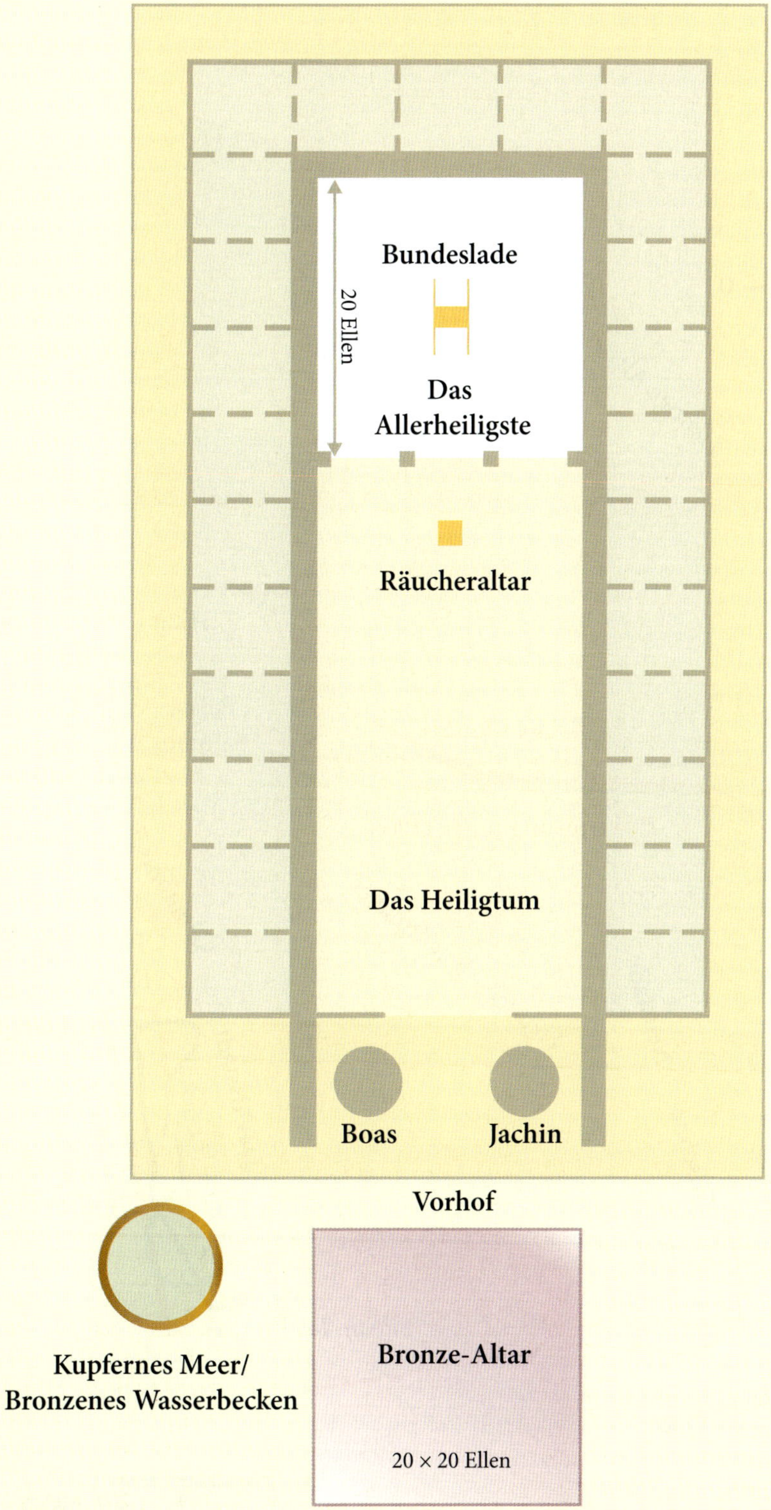

Bundeslade

20 Ellen

Das Allerheiligste

Räucheraltar

Das Heiligtum

Boas   Jachin

Vorhof

Kupfernes Meer/
Bronzenes Wasserbecken

Bronze-Altar

20 × 20 Ellen

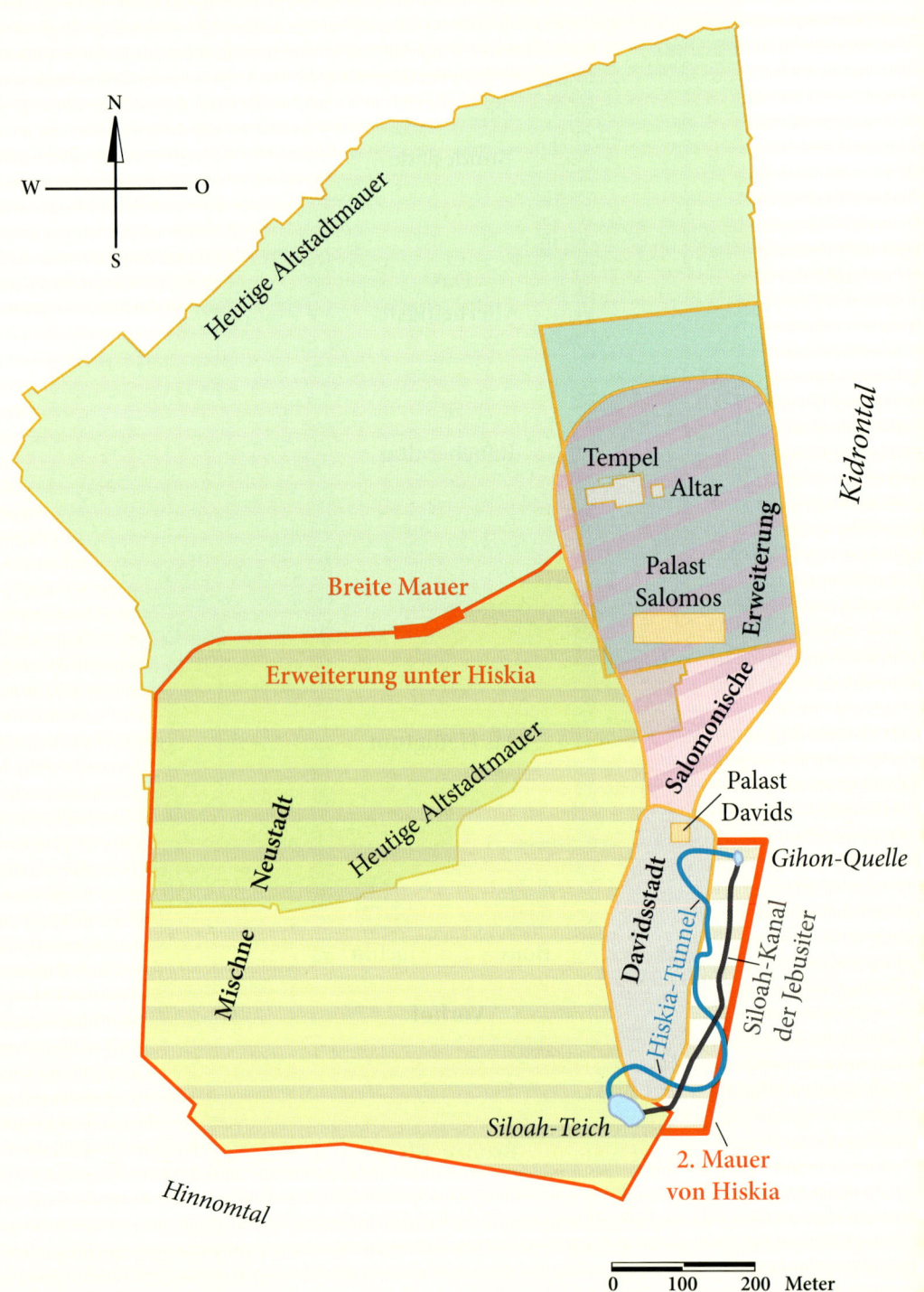

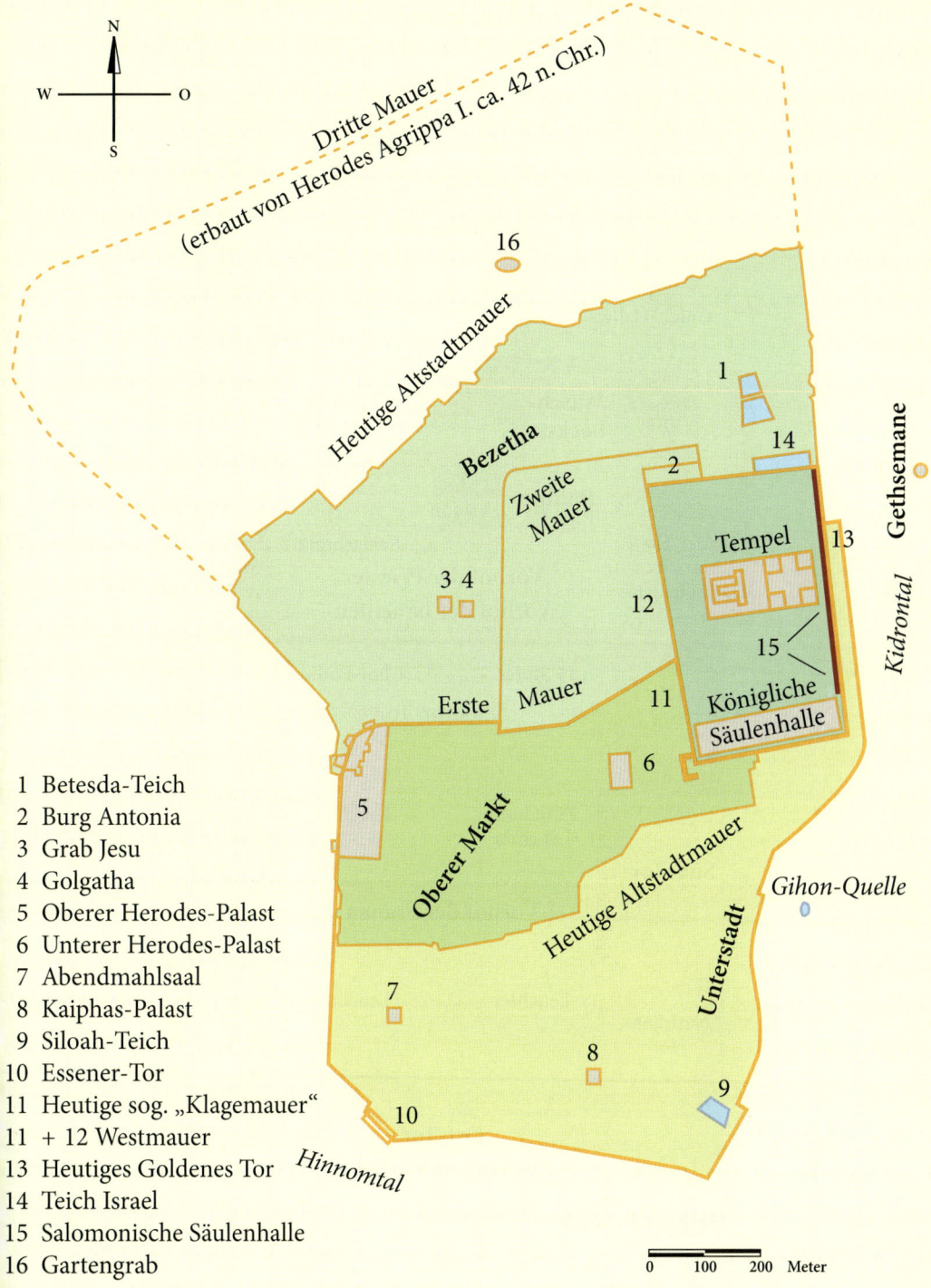

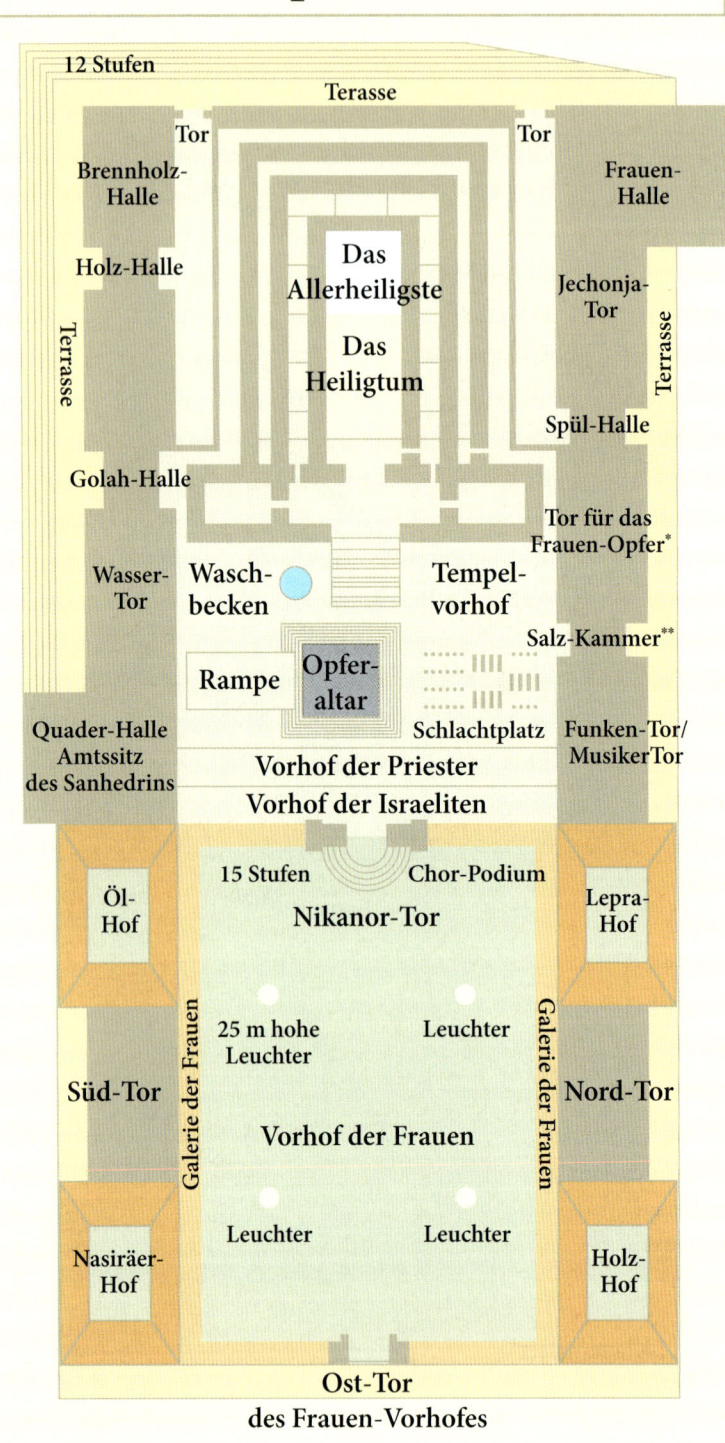

Der Tempel des Herodes

* Im Tor für das Frauen-Opfer übergaben die Frauen den Priestern ihre Opfer.
** Auf dem Dach der Salz-Kammer Ritualbad für den Versöhnungstag (Yom Kippur).

Übersicht ▶

**über
die Könige
von Israel
und Juda**

(Bitte aufklappen)

Synopse der Könige Israels und Judas

Stelle	Könige Israels (Nordreich)	Könige Judas (Südreich)	Bibelstelle	Bibelstelle
		Saul (1050–1011)	1Sam 9–31	
		David (1011–971)	1Sam 16–1Kön 2	
		Salomo (971–931)	1Kön 1–11	
		Rehabeam (931/30–913)	1Kön 12,1-24	2Chr 10,1–12,16
1Kön 12,20-33	Jerobeam I. (931/30–910/9)			
		Abija (913–911/10)	1Kön 15,1-8	2Chr 13,1-23
1Kön 15,25-31	Nadab (910/9–909/8)			
		Asa (911/10–870/69)	1Kön 15,9-24	2Chr 14,1–16,14
1Kön 15,32–16,5	Bascha (909/8–886/5)			
1Kön 16,8-10	Ela (886/5–885/4)	Joschafat (872/1–848)	1Kön 22,41-50	2Chr 17,1–20,37
1Kön 16,8-20	Simri (885/4)			
1Kön 16,21-22	Tibni und Omri (885/4–880)			
1Kön 16,23-28	Omri (880–874/3)			
1Kön 16,29-33	Ahab (874/3–853)			
1Kön 22,52-54	Ahasja (853–852)			
2Kön 3,1-27	Joram (852–841)	Joram (848–841)	2Kön 8,16-24	2Chr 21,1-20
		Ahasja (841)	2Kön 8,25-29	2Chr 22,1-9
2Kön 9,1-7	Jehu (841–814/3)	Atalja (841–835)	2Kön 11,1-20	2Chr 22,10–23,21
2Kön 13,1-25	Joahas (814/3–798)	Joasch (835–796)	2Kön 12,1-22	2Chr 24
2Kön 12,1-20	Joasch (798–782/1)	Amazja (796–767)	2Kön 14,1-20	2Chr 25
2Kön 14,23-28	Jerobeam II. (782–753)	Usija (790–740/39)	2Kön 15,1-7	2Chr 26
2Kön 15,8-11	Secharja (753–752)			
2Kön 15,10-13	Schallum (752)			
2Kön 15,14-21	Menahem (752–742/1)	Jotam (751–736)	2Kön 15,32-38	2Chr 27,1-9
2Kön 15,22-26	Pekachja (742/1–740/39)	Ahas (742/1–728/7)	2Kön 16,1-20	2Chr 28
2Kön 15,25-30	Pekach (740/39–732/1)			
2Kön 17,1–18,12	Hoschea (732/1–723/2)			
		Hiskia (728/7–697/6)	2Kön 18,1–20,21	2Chr 29–32; Jes 36–39
		Manasse (697/6–643/2)	2Kön 21,1-18	2Chr 33,1-20
		Amon (643/2–641/40)	2Kön 21,19-26	2Chr 33,21-25
		Josia (641/40–609)	2Kön 22,1–23,30	2Chr 34–35
		Joahas (609–608)	2Kön 23,31-34	2Chr 36,1-3
		Jojakim (608–598/7)	2Kön 23,34–24,6	2Chr 36,3-8
		Jojachin (598/7–597/6)	2Kön 24,8-16; 25,27-30	2Chr 36,8-10
		Zedekia (597–587/6)	2Kön 24,17–25,22	2Chr 36,11-21